An Alphabetical Index to the *Hanyu Da Cidian*

Victor H. Mair, Editor
Fang Shizeng, Associate Editor
Xu Wenkan, Copy Editor
Tian Guozhong, Copy Editor

UNIVERSITY OF HAWAI'I PRESS
HONOLULU

Published in North America by
University of Hawai'i Press
2840 Kolowalu Street
Honolulu, Hawai'i 96822

First Published in China by
Hanyu Da Cidian Chubanshe
14F, 193 Fujian Zhong Lu
Shanghai, 200001 China

Printed in China

A CIP catalogue record of this book is available from the Library of Congress.

ISBN 0-8248-2816-X

Contents

Preface ....(2)
Foreword ....(3)
User's Guide ....(11)

The Index(1-1505)
A 1
B 11
C 87
D 184
E 259
F 268
G 326
H 391
J 471
K 589
L 621
M 703
N 757
O 781
P 783
Q 819
R 893
S 915
T 1040
W 1100
X 1150
Y 1247
Z 1389

Preface

Zhou Youguang
(Senior Researcher, State Language Commission)

Traditionally, China had character dictionaries, but no word dictionaries. Later, there were word dictionaries, but only small-scale ones and no large-scale ones. Still later, there were large-scale word dictionaries, but only those dealing with modern language, and no comprehensive word dictionaries including both modern language and ancient language. *Hanyu Da Cidian (Unabridged Dictionary of Sinitic)*, published in 1986-1994, is the first large-scale, comprehensive word dictionary in Chinese history that encompasses both ancient and modern language.

The compilation of *Hanyu Da Cidian*, which began in 1975 and was completed in 1993, lasted for more than a decade. The dictionary, containing approximately 370,000 entries, is divided into twelve large volumes and has a supplementary index volume. The main principle of compilation was to "comprise both ancient and modern, to provide both origins and derivations." The dictionary represents the fruits of the diligent labors of more than four hundred experienced scholars from Shanghai city and the provinces of Jiangsu, Shandong, Zhejiang, Anhui, and Fujian ("five provinces and one city") and signifies a completely new creation in Chinese cultural history.

In the compilation of Sinitic dictionaries, an inevitable difficulty that will be encountered is the question of an index. A good dictionary without a good index is like a good road without adequate signposts and lighting. In terms of its indexing, *Hanyu Da Cidian* made some advancements over traditional methods, but the main body of the dictionary is arranged according to "radicals, strokes, order of strokes," and so forth, and the alphabetical listing in its index volume has only single characters, not the word entries of the dictionary together with their spellings. For Chinese users, this makes looking up words in the dictionary inconvenient, while for non-native users it is all the more inconvenient to look things up. Chinese culture is just now heading toward the new world of a globalized age, and - in such an age - the question of dictionary indices constitutes a not inconsiderable impediment to cultural exchange.

The noted American Sinologist, Victor H. Mair, has provided funding that has allowed for the hiring of specialists to add pronunciations for all the entries in the dictionary. After this, the entries were arranged in a single-sort alphabetical ordering, resulting in this *Hanyu Da Cidian Cimu Yinxu Suoyin* (Alphabetical Index of Entries in the Unabridged Dictionary of Sinitic), making the *Hanyu Da Cidian* even more splendid than it already was. Although this achievement may seem like a small matter, in fact it required the solution to many difficult problems in order to carry it out. Indeed, the making of this single sort alphabetical index was premised upon a type of exploratory research work that was by no means trivial or easily accomplished. This alphabetical index represents innovative work that permits the installation of new signposts and lighting for the highway of Chinese culture, as it were, i. e., a modern technique for looking up words. This has implications for raising the efficiency of Chinese cultural work, and efficiency is a matter of fundamental importance for modern cultural life that cannot be overlooked.

Foreword

Victor H. Mair

The present work is a through-alphabetized index to the twelve content volumes of *Hanyu Da Cidian [Unabridged Dictionary of Sinitic* [1]; hereafter *HDC*]. This reference volume enables its users to quickly locate a word in *HDC* provided they know its currently accepted Modern Standard Mandarin (MSM) pronunciation.[2]

HDC is the most important development in Chinese lexicography of the last century. Initiated in 1975 and published between 1986 and 1994, *HDC* was compiled by more than 400 researchers and editors. A few statistics may give some indication of its unprecedented scope: a. approximately 370,000 entries, b. more than 1,500,000 citations, c. roughly 23,000 different characters. For written Sinitic, *HDC* is the closest approximation to the *Oxford English Dictionary* that is available. While not as large as Morohashi Tetsuji, Editor-in-Chief, *Dai Kan-Wa jiten [Unabridged Sino-Japanese Dictionary]* (completed 1955-60, revised and enlarged 1984-86) with approximately 500,000 entries and 49,964 different head characters or *Zhongwen Da Cidian [Unabridged Dictionary of Written Sinitic]*, which is essentially a translation of the Morohashi dictionary, *HDC* displays a greater awareness of historical principles operative in the development of language. *Dai Kan-Wa Jiten* and *Zhongwen Da Cidian* are encyclopedic reference works that list names of people, places, and texts, as well as terms, phrases, collocations, and allusions useful for the study of Literary Sinitic (*wenyan[wen]*) texts. In contrast, *HDC* is primarily a dictionary of monosyllabic and polysyllabic **words**, including both literary usages and well-established vernacular expressions. *HDC* is not meant to function as a dictionary of contemporary written, much less spoken, Mandarin, but is intended rather as a comprehensive repository of the words in the written language of recent, early modern, and pre-modern Sinitic (Hanyu) back to about the fifth or sixth century BCE.

HDC provides citations of words *in context* from their earliest occurrence through the middle of the twentieth century, and gives multiple definitions that bring out the semantic evolution of terms during the past two millennia and more. Since the publication of *HDC*, scholars have naturally discovered instances of earlier occurrences and different meanings for various entries, but overall this Dictionary provides a remarkably accurate and complete picture of the history of written Sinitic after the oracle bone inscriptions of the Shang period and the bronze inscriptions of the Zhou period. The single major deficiency of the *HDC* is that it does not pay any attention to the etymology of the roots of Sinitic words. As a matter of fact, no dictionary has ever systematically delved into the question of the ultimate origins of Sinitic words. Indeed, most of what passes for "etymology" in the study of Sinitic is actually merely explanations of the structure, pronunciation, and meaning of Chinese graphs à la *Shuo wen jie zi [Explanation of Simple and Compound Graphs]* of Xu Shen (100 CE).[3] Since the *Hanyu Da Zidian [Unabridged Sinitic Character Dictionary]* (which was similarly compiled as a national project at approximately the same time as *HDC*) provides basic data about the structure of 54,678 sinographs, *HDC* dispenses altogether with such details, although it does give extensive information concerning the rudimentary and extended meanings of all the individual graphs that it contains, regardless of whether they are bound (word-forming elements) or free (can function as words by themselves).

Despite the lack of genuine etymologies (i. e. , indications of roots and other primary morphological features), *HDC* otherwise offers an extremely helpful fund of detailed information about the monosyllabic and polysyllabic words that it contains. However, gaining ready access to the rich materials that the Dictionary embraces is not nearly so easy as it might be. Except for the other lexicographical works in the ABC Series (of which this Index forms a part), such is nearly always the case with Sinitic dictionaries and indices. Fortunately, *HDC* was provided with an alphabetical index of its more than twenty thousand individual graphs in a thirteenth, separate volume. While this speeds things up considerably, one still has to go through the following time-consuming steps to find the term or expression one desires: 1. search for the relevant head (i. e. , first) character, either through the radical and residual stroke system according to which the Dictionary is arranged or via the alphabetical index of single characters in the thirteenth volume; 2. count the number of strokes in the second character of the expression one wishes to find, then scan through the tens or scores of entries with second characters which have that number of strokes. Assuming that one has correctly counted the strokes of the second character of the term for which one is seeking (this often turns out not to be the case), one can finally succeed in locating the desired expression. 3. If the expression one is seeking has more than two characters, then one must repeat step two for the third and all succeeding characters. Step three, of course, goes much more quickly than step one or step two, because there are usually only a few expressions sharing the same third or succeeding characters.

While the usual method for finding words and expressions in *HDC* described here is actually much faster than that one must necessarily employ for locating terms in Morohashi and *Zhongwen Da Cidian*, it is still agonizingly protracted. This is especially the case when one considers that the serious Sinologist may have to look up dozens, scores, or even hundreds of words and expressions in the course of reading a pre-modern text. The profligate waste of time and the frustration that must be endured can be readily imagined. Even more aggravating is the fact that these supremely distasteful aspects of using Sinitic dictionaries are completely unnecessary in the vast majority of cases.

Usually when one needs to look up a Sinitic word or expression, one knows (or can guess at with a fairly high degree of accuracy) the pronunciation of the constituent graphs. What one does not know is the overall meaning of the word or expression as a whole. In the rare instances were one does not know (or cannot readily surmise) the pronunciation of a constituent graph, it is most efficient to look it up in one of the many small, handy character dictionaries (such as the ubiquitous *Xinhua zidian*) that are available. This is naturally almost never required for the third and succeeding syllables of an expression because there are exceedingly few expressions that are homophonous beyond the second syllable. In other words, once one has narrowed down one's search to items with the correct syllables in the first two positions, there are at most only a very small number of terms and expressions that are homophonous in the third syllable and beyond.

Given the realities described in the previous paragraph, it is obvious that the quickest, easiest, most efficient, and least frustrating way to find a word or expression in a Sinitic dictionary (just as with dictionaries in virtually any other language, including Turkish, Vietnamese, Arabic, Hebrew, Thai, Tibetan, Korean, Tamil, Hindi, and Japanese—and even in long extinct languages such as Egyptian, Akkadian, and Hittite) is by its pronunciation. This is the principle that has been a-

dopted in the present Index. Although the correctness of this principle has been repeatedly demonstrated by experiment and by practical application (as with the first generation of ABC dictionaries in this Series), there is tremendous resistance to its wider adoption simply because of the visceral attachment to the shapes of Chinese characters rather than to their sounds. Many potentially valuable reference works (e.g., dictionaries of place names, historical encyclopedias, indices, and so on) are rendered virtually useless because they adopt shape-based lookup systems rather than phonetically-based ones.[4] Consequently, most people simply do not dare to look inside their covers.

It is somehow imagined that the visual appearance of the sinographs provides more direct access to the meanings of Sinitic words than do their phonetic properties. In point of fact, the relative importance of sound versus shape for extracting meaning from a graph is almost exactly the opposite of the view espoused by traditionalists. The priority of sound over shape for the Chinese writing system has been affirmed by the careful investigations of psycholinguists, morphologists, and other specialists, and the phenomenon has been thoroughly and convincingly documented by John DeFrancis in *The Chinese Language: Fact and Fantasy* (Honolulu: University of Hawaii Press, 1984) and *Visible Speech: The Diverse Oneness of Writing Systems* (Honolulu: University of Hawaii Press, 1989).

Despite the traditionalists' distrust of alphabetical ordering, and especially of the single-sort alphabetical ordering employed here, our determination to make access to *HDC* as easy, fast, and efficient as possible has compelled us to produce this Index. It has not been a simple task.

Among the major obstacles that confronted us in the compilation of this Index are the following:

1. Sheer size. Amalgamating the contents of twelve large volumes arranged by radicals (semantic keys with different shapes) in one single alphabetical order poses enormous problems of sorting and programming. All other problems mentioned below (and many other problems not mentioned here) have been magnified by the gigantic scope of this Dictionary.

2. Obscure graphs. Most computer fonts contain about 6,500 different characters. Of these forms, 3,800 cover approximately 99.9% of all occurrences in running texts normally encountered by most readers. The remaining 2,700 graphs in typical electronic fonts are already very rare, accounting all together for less than .1% of occurrences in typical texts.[5] One can well imagine, therefore, how obscure and infrequent many of the graphs in *HDC* are. Though they may occur only once or twice in its nearly 18,314 double-columned pages, they still had to be accounted for in the typesetting of the Index. Yet even very large electronic fonts in commercially available and custom software seldom contain more than 20,000 different graphs. Consequently, we ourselves had to design over 2,500 characters, more than a tenth of the 23,000 different characters in the Dictionary, and install them in our typesetting program. This in itself involved an extraordinary amount of labor. Furthermore, for logistical and technical reasons, the creation of these custom characters had to wait until the last stage—that of typesetting. (The fact that the custom characters could only be accommodated in the typesetting program in batches of around 300 caused additional nightmares. Ultimately, we resorted to

stripping away more than 2,500 unneeded characters from the original font and replacing them with our custom characters.[6]) This means that all of the compilation, editing, sorting, delicate merging of very large files, and checking that was required before final typesetting had to be carried out using an elaborate set of so-called placeholders for unusual graphic forms. While it would be tedious and unnecessary to describe the precise nature and construction of these placeholders, suffice it to say that they are both ingenious and highly complicated.

3. Determination of correct pronunciation. Although sinographs are not, as commonly misconceived, ideographs or—still less—pictographs, but logographs or—more precisely—morphosyllabographs, they do not give a clear and unambiguous indication of how they should be pronounced. It is not necessary here to confront the mind-numbing problem of how the characters possess radically dissimilar pronunciations in the countless Sinitic languages, dialects, and sub-dialects. The magnitude of the difficulty in determining the correct MSM pronunciations of words written with sinographs is by itself so great as to be unimaginable for those who are not required to read and write them on a daily basis. Many very common graphs have two, three, four, or even more different pronunciations in MSM. Without embarking on a disquisition concerning the historical, regional, and other reasons for the multiple pronunciations of individual graphs in Sinitic as a whole, it needs to be pointed out here only that the variant pronunciations of graphs within MSM usually indicate different semantic and grammatical functions.

For example, by far the highest frequency graph in written MSM, 的 has three pronunciations: *dí, dì,* and *de.* The first, *dí* , cannot be used by itself, but is found in words like *dídàng* ("apt; appropriate") and *díquè* ("indeed"). The second, *dì* , is found in literary expressions with the meaning "target, bull's eye" and enters into words such as *mùdì* ("goal, aim"). The third, *de* (sometimes written informally in romanization as *d),* is that of a particle that forms possessives, adjectives, attributives, relative clauses, and emphatic constructions (*shì … de*). The case of 的 is relatively straightforward and clear-cut. There are many other characters for which the distinctions in pronunciation are far more ambiguous or even completely arbitrary. For instance, the graph 堡 may be read as *bǎo, bǔ,* or *pù* . While the first pronunciation enters into words like *bǎolěi* that mean "fort" or "fortress," it may also signify a small town, in which case it overlaps with the other two pronunciations which are employed as the final syllable of place names. Yet whether a town is called *Wǔbǎo* or *Wǔpù* ("Fifth Burg"), for example, is now purely a matter of local preference or habit.

In many cases, even experts customarily mispronounce words. The common terms 大乘 and 小乘 (for Mahāyāna ["Greater Vehicle"] and Hīnayāna ["Lesser Vehicle"] respectively) are almost always pronounced *Dāchéng* and *Xiǎochéng* , even by Buddhist scholars, whereas they should be read as *Dàshèng* and *Xiǎoshèng.* (The pronunciation *chéng* is for verbal uses of the graph ["ride in; take advantage of; multiply"], whereas *shèng* is for nominal uses ["vehicle; historical record"].)

Determining the correct readings of all the entries in *HDC* has been a daunting task, since the Dictionary itself only gives pronunciations for the initial graphs and extremely rarely for succeeding graphs. It must be emphasized, however, that the compilers of this Index have done their utmost to provide accurate readings. Furthermore, to reassure the user, it should be stressed that, in over 99% of the cases (see note 5), the educated reader will readily be able to arrive at a pronunciation

that permits him / her to find the desired item swiftly in the Index (and hence in the Dictionary).

4. Orthography. Once the correct pronunciations of the constituent graphs of an entry are determined, it would be desirable to divide them properly into words according to the official orthographical rules ("Hanyu Pinyin Zhengcifa Jiben Guize"; see *ABC Chinese-English Dictionary*, pp. 835-847) promulgated by the Chinese government in 1996. Since the majority of the entries in *HDC* are indeed words, it is appropriate to link up their constituent syllables. However, there are also not a few expressions in the Dictionary that are actually phrases, clauses, and occasionally even whole sentences. In such cases, where the entry consists of more than one word, providing word boundaries (spaces) would be helpful for understanding and information processing. Unfortunately, the lack of consensus on the recently promulgated orthographical rules and their own incompleteness has made it impossible for us to provide word separation within entries for this Index. Although this is regrettable, it should not unduly diminish the effective attainment of the goal of the Index, which is simply to find particular entries in the main body of the Dictionary as rapidly as possible.

5. Checking and proofing. In order to keep errors to a minimum, the complete contents of the Index have been repeatedly checked. This required sending successive drafts of the individual volumes back and forth between Shanghai and Beijing several times. This (checking and rechecking), the last stage of the production of the Index before amalgamation, typesetting, and printing, went on for over five years. Despite our best efforts, it is inevitable that mistakes will still remain, due to the gargantuan size of the Index and the complexity of its compilation (as described above). For this, we ask the understanding of users of the Index and earnestly request notification of any such problems so that we may correct them in a future edition or at least on an errata sheet.

Planning for this single-sort alphabetical index began in the late 1980s, already before the Dictionary itself had been completed. Thus, it has now been more than a decade since the project was initiated. During the protracted period of compilation, which was formally launched in 1995, many people have been involved in various aspects of work related to the Index. In Beijing, the compilers included Jiang Jun, Lang Shuyuan, Liu Shiqin, † Liu Zexian, Sun Yan, Wang Weizhi, † Yin Binyong, Zhai Shaohua, Zhang Yunfan, and Zhu Shoutao. The Beijing team was coordinated by the Associate Editor, Fang Shizeng, who was also responsible for computer programming and typesetting design. In Shanghai, the checkers included Chen Jing, Gu Xiurong, Li Aizhen, Li Hongfu, Li Weiping, Li Ye, Liu Zheng, and Tian Guozhong. The Shanghai team was supervised by the Responsible Editor, Xu Wenkan, who also was our liaison to the publisher of *HDC* and of this Index in China, Hanyu Da Cidian Chubanshe. I would also like to express my gratitude to William Hamilton, Director of the University of Hawaii Press, and Patricia Crosby, Executive Editor, for overseeing publication of the Index in the United States. I am grateful to John DeFrancis, J. Marshall Unger, and William Hannas who read and commented on early drafts of this Foreword, although they cannot be held responsible for any of the statements herein. Finally, it is my pleasure to acknowledge the generous assistance of the Freeman Foundation. Without the support of

the Foundation during the past six years, it would have been impossible to bring our work to a satisfactory conclusion.

Although the road to the completion of the Index has been long and arduous, with the help of many friends we have finally reached its end. If our collective efforts serve to lighten the load of those who do research on Chinese language, history, and culture, they will not have been in vain.

Notes

1. Sino-Tibetan is a large, highly ramified language family much like Indo-European (IE), Uralic, Semitic, or Austronesian. It has two main groups: Tibeto-Burman and Sinitic, comparable to Italic, Germanic, Celtic, Balto-Slavic, and Indo-Iranian within IE. The so-called major dialects (*dafangyan*) of Chinese (an imprecise term) are actually branches within the Sinitic group of the Sino-Tibetan family; many of them (e. g. , Mandarin, Cantonese) have true languages, dialects, and sub-dialects, which differ among themselves much less than any of them differs from the languages, dialects, and sub-dialects of other Sinitic branches. For example, the Wu branch of Sinitic may be divided into the languages of Shanghai, Suzhou, Ningbo, and so forth.

In order to avoid confusion, the word *fangyan* should normally (i. e. , in non-linguistic discourse) be rendered in English as "topolect" (see *The American Heritage Dictionary of the English Language* , 4th ed. , *s. v.*), since it can variously and loosely be applied to entities that are actually branches, languages, dialects, and sub-dialects, some of which are completely mutually unintelligible. Only when it is being used in the precise, technical sense demanded by linguistic classification should *fangyan* be translated as "dialect." See Victor H. Mair, "What Is a Chinese 'Dialect / Topolect'? Reflections on Some Key Sino-English Linguistic Terms," *Sino-Platonic Papers*, 29 (September, 1991), 1-31.

The most authoritative works on Chinese linguistics recognize that Hanyu is a group, not a single language. In the widely accepted formulation of the *Zhongguo Da Baike Quanshu [Encyclopedia of China]*, volume on *Yuyan Wenzi [Language and Script]*, p. 523b, "*Hanyu zai yuyan xishu fenlei zhong xiangdang yu yi ge yuzu de diwei* (In linguistic classification, Sinitic is equivalent to a language group)." At the next higher level of classification, the consensus among historical linguists is that Hanyu bears a discernible relationship to Tibeto-Burman. Therefore, Tibeto-Burman and Hanyu are customarily joined together as a single family and referred to as Sino-Tibetan. In order to maintain terminological and classificatory consistency, Hanyu is best expressed in English as "Sinitic" (Sino→Sinitic).

Like other language groups, Sinitic has undergone a complicated process of development. Throughout its long history, Sinitic has interacted with Indo-European, Austronesian, Austroasiatic, Tibeto-Burman, Turkic, Tungusic, Mongolic, and other languages. The nature of the relationships between Sinitic and the languages and groups with which it has come in contact remains to be determined more fully.

The editors of *HDC* chose their title carefully. They did not refer to the object of their research as Zhongwen, Zhongguohua, Putonghua, Guoyu, Huayu, or any of the other terms that are loosely translated as "Chinese." Instead, they consciously and deliberately selected Hanyu as the designation that would best reflect the linguistic parameters they wished to circumscribe, namely, the historical sources for the common language of the main ethnicity of the modern nation-state of China. This language, Hanyu (Sinitic; it might also appropriately be styled "Hanic"), additionally serves as the official national language of Zhonghua Renmin Gongheguo (The People's Republic of the Central [Cultural] Florescence, i. e. , "China"). Zhonghua Renmin Gongheguo (abbreviated as ZRG) is composed of scores of ethnic groups who speak numerous different languages. Many of these languages belong to non-Sinitic groups, resulting in an exceptionally complex linguistic mosaic.

Like the Han ethnicity, which has absorbed cultural and genetic traits from all of the diverse peoples living within the territory of ZRG, Hanyu (the language of the Han) has assimilated elements from the substrate and neighboring languages that it encountered as it expanded throughout the course of history from its original base in the East Asian Heartland (EAH), the

Central Plains or Yellow River Valley.

2. The nature of this Index and the manner of its use will be described in greater detail below in this Foreword and in the "Fanli [Guide to the Use of the Index]."

3. During the past century, there has gradually emerged an awareness that the genuine etymology of Sinitic words must be arrived at by focusing on the evolution of sounds and meanings independently of the vagaries of the writing system. Above all, true etymologies cannot be determined without paying due attention to cognates and borrowings from non-Sinitic languages, thus establishing phonological rules and morphological patterns that help to illuminate the regular (or sometimes irregular) changes in etymons through time. This new type of etymological study, however, is still in its relative infancy, so it is understandable that the editors of *HDC* were not able to include such information.

4. Without the aid of some pronunciation-based transcription, Chinese characters can only be categorized according to their graphic structure or, worse, arbitrarily, as with the telegraph code and various cumbersome computer inputting systems that require excruciating feats of memorization to master the codes for several hundred of the most frequent characters.

5. The following statistics taken from Beijing Yuyan Xueyuan [Beijing College of Languages] and Yuyan Jiaoxue Yanjiusuo [Institute for Language Pedagogy], comp., *Xiandai Hanyu Pinlü Cidian [Frequency Dictionary of Modern Sinitic]* (Beijing: Beijing Yuyan Xueyuan Chubanshe, 1986) reveal the starkly miniscule and increasingly diminishing returns from the addition of characters above the first three thousand:

Total Number of Characters	Rate of Coverage
1,000	91.36559%
2,000	98.06666%
3,000	99.63918%
4,000	99.96001%
4,500	99.99591%

These figures show that the least frequent 15,500 characters in a font that includes 20,000 characters all together account for only .00409% of occurrences in typical running texts. The average frequency for each of the least frequent 15,500 characters is .0000002%. Since there are super-large fonts containing 70,000 (Unicode), 80,000 (Mojikyō—文字鏡), or even 120,000 (private, custom-made fonts accumulated by Japanese and Korean researchers), it is easy to see that the frequency of the rarest 50,000 and more characters is utterly infinitesimal.

It must be pointed out that these incredibly small frequencies for extremely rare (meaning those beyond the most frequent 4,500) characters are of a completely different nature than are the low frequencies of rare words in English or other alphabetically written languages. All the million and more words of the English language are made up of just 26 letters. The only elements of the writing system used for English that a typesetter needs to keep in his font are the 26 letters of the alphabet (multiplied times two for capitals) plus a few punctuation marks and numerals. All of these elements fit comfortably within the single byte ASCII code, with plenty of room to spare. In contrast, each of the 20,000+ characters of a large electronic font for Chinese is a discrete, independent element of the writing system. As such, it requires a separate designator or locator in order to be called up and entered in a text. The Unicode font, which contains over 70,000 Chinese characters, requires more than a single byte for each character to accommodate such vast numbers of components in the writing system. One of the most popular formats of Unicode, due to its compatibility with ASCII, is called UTF-8. In this format, a variable number of bytes is used for each character: ASCII characters are one byte, some European characters are two bytes, most Chinese characters are three bytes, and some rare ("Extension B") Chinese characters are four bytes. Obviously, Chinese texts—which commonly have a hundred (2,600 ÷ 26 = 100) or more times the number of discrete written symbols in comparison with English texts—are extraordinarily greedy for memory. In

works such as *HDC* where there are a considerable number of extremely rare characters — though each of them may occur only once or twice — the challenges this poses for the typesetter are severe. Even the best linguists are frequently at a loss when called upon to determine the pronunciation and meaning of characters beyond the 20,000 most frequent ones. Indeed, above about 8,000 characters, it will be necessary to consult various specialized reference works to do so. When we make the quantum leap to fonts with 70,000 or more characters, it becomes almost impossible to locate and address (i. e., assign a specific, rationally recoverable designator) — much less to determine the pronunciation, meaning, and semantic indicator — for those characters above about 50,000.

English has well over a million words, and Mandarin over half a million words, so the total vocabulary of both languages is of a comparable order of magnitude. Conversely, however, the Chinese writing system consists of 70,000 or more discrete elements, each one of which must be dealt with independently as a separate unit in fonts and memories, whereas English fundamentally has only 26 separate elements in its writing system. 70,000 is of an entirely different order of magnitude than 26, being more than 2,692 times larger than the latter figure.

6. As a matter of fact, although we started with a font that had only 7,000 different characters (the largest we could find at the time the project began), the special typesetting system we ended up employing for this Index contains over 20,000 graphs. Even with such a huge font, it lacked approximately 2,500 of the graphs needed for the production of this Index. Consequently, despite our being forced to create roughly 2,500 special graphs, there were over 6,000 useless graphs in the font of our typesetting program. *HDC* itself was produced with lead type, so the problems of missing characters manifested themselves elsewise — whenever an unusual form was needed, the typesetters had to mold it.

User's Guide

1. This index contains all of the 347,426 multisyllabic entries of the *Hanyu Da Cidian.* It does not include the monosyllabic entries of the dictionary, since a separate alphabetical index has already been published for them. The entries contained in this index are completely faithful to the original forms of the characters in the *Hanyu Da Cidian.* They have not been subjected to any simplification or modification whatsoever. This index uses Hanyu Pinyin (HP, i. e., romanization of Modern Standard Mandarin) to provide phonetic annotation for all of the multisyllabic Chinese character entries in the dictionary, enabling the user to locate the entries by means of their alphabetical order.

2. In the phonetic annotation of the characters, transcriptions are written without exception in lower case letters and without any breaks between syllables no matter how long or short the entries are. The purpose of the romanization is to indicate the pronunciation of the entries and to assist the user in finding them. The romanizations indicate only the original tones of the individual characters and do not take into account tonal changes that occur in speech. The index eschews archaic readings in favor of standardized contemporary pronunciations.

3. All of the entries in the index are arranged according to their alphabetical order and are distributed under the appropriate initial letter from A to Z. Entries that have the same spellings are arranged according to the sequence of their tones. In cases where entries have the identical alphabetical and tonal sequence, in principle they are arranged according to the number of their strokes. The letter "u" with an umlaut (i. e., "ü") always comes after "u" without an umlaut. The character 兒 has both the full syllabic reading *ér* and the reading *r*, which signifies suffixation of a nonsyllabic *r* to nouns (occasionally also verbs and adjectives), resulting in the retroflexion of the preceding vowel. In order to reduce the ambiguity of having to decide whether 兒 is stressed or unstressed, this index adopts the convention of romanizing 兒 as *er* when it occurs at the end of a word.

4. When a given entry has one form in characters but more than one pronunciation, it appears in more than one place in the alphabetical sequence. For example 長子 is found both as *chángzi* and as *zhǎngzǐ*

5. The romanization for entries consisting of more than six characters is reduced to four syllables, e. g., 車如流水馬如龍 is represented by *chērúliúshuǐ*···. Similarly, long entries containing commas are reduced to four syllables of romanization, e. g. 城門失火，殃及池魚 is represented by *chéngménshīhuǒ*···

6. Page references in this index are to the volume, page, and column of *Hanyu Da Cidian*, e. g., "*chèxiāo* 撤消 6-889A" and "*chèxiāo* 撤銷 6-889B" indicate that 撤消 is in column A on page 889 of volume 6 and that 撤銷 is in column B on page 889 of volume 6.

7. When entries that have the same form and sound are found in more than one

column or on more than one page, they receive a special notation. For example, "*dòngrán* 洞然 5-1147A / 1147B" indicates that 洞然 may be found both in column A and in column B on page 1147 of volume 5. Likewise, "*hángjiān* 行間 3-912B / 913A" indicates that 行间 is found both in column B on page 912 in volume 3 and in column A on page 913 of volume 3. If separate entries having the same form and sound are found in the same column on the same page, only a single reference is entered and no special notation is given.

8. When the dictionary indicates that a given entry has both an ancient reading and a modern reading, this index separately lists the entry in two places for the convenience of the user. For instance, 葉公好龍 may be found both under *yègōnghàolóng* 9-456A and *shègōnghàolóng* 9-456A.

9. The first and last entries on each page are printed respectively at the top left and right of the headers to facilitate skimming and searching.

A

ābā 阿八 11-923B
ābà 阿爸 11-930A
ābǎi 阿伯 11-928B
ābàng 阿傍 11-935B
ābàng 阿旁 11-933B
āběnláng 阿本郎 11-925B
ābí 阿鼻 11-937B
ābídìyù 阿鼻地獄 11-937B
ābíguǐ 阿鼻鬼 11-937B
ābíyù 阿鼻獄 11-937B
ābó 阿伯 11-928B
ābùgān 阿步干 11-928A
àcéng 阿曾 11-936A
āchá 阿茶 11-931A
āchì 阿叱 11-926A
āchù 阿閦 11-937B
ācuò 阿措 11-934A
ādà 阿大 11-924A
ādāi 阿呆 11-928A
āděng 阿等 11-935B
ādì 阿弟 11-928B
ādiē 阿爹 11-933A
ādǒu 阿斗 11-925A
āduàn 阿段 11-932A
āduī 阿堆 11-934B
āduì 阿對 11-937A
āduìfù 腌對付 6-1330B
āduìquán 阿對泉 11-937A
āduō 阿多 11-927A
āduǒhuí 阿韠回 11-942A
āduǒhuí 阿韠迴 11-942A
āfēi 阿飛 11-932B
āfù 阿父 11-925A
āfù 阿負 11-932A
āfúróng 阿芙蓉 11-928A
āfúrónggāo 阿芙蓉膏 11-928A
āgān 阿干 11-924A
āgē 阿哥 11-933A
āgèchuò 阿各綽 11-927A
āgōng 阿公 11-925A
āgǒu'āmāo 阿狗阿猫 11-930A
āgū 阿姑 11-930B
āgū 阿家 11-933B
āgūpó 阿姑婆 11-931A
āhā 啊哈 3-370B
āhái'ér 阿孩兒 11-932B
āhé 阿合 11-927A
āhéng 阿衡 11-938A
āhōng 阿訇 11-932A
āhóu 阿侯 11-932A
āhuán 阿環 11-940A
āhūdìyù 阿呼地獄 11-929B
āhún 阿渾 11-936A
āi'āi 哀哀 3-336B
āi'āi 唉唉 3-371A
āi'āi 欸欸 6-1444A
āi'ǎi 埃藹 2-1109A
āi'ài 埃壒 2-1109A
āi'ài 埃壒 2-1108B
āi'ài 埃堨 2-1108B
ái'ái 啀啀 3-376A
ái'ái 嘊嘊 3-492B
ái'ái 皚皚 8-274A
ái'ái 隑隑 11-1095B
ái'ái 磑磑 7-1089B
ǎi'ǎi 藹藹 9-622B
ǎi'ǎi 靄靄 11-777B
ǎi'ǎi 㱯靄 6-1462A
ài'ài 艾艾 9-271A
ài'ài 隘隘 11-1096B
ài'ài 薆薆 9-565B
ài'ài 曖曖 5-841A
ài'ài 瞹瞹 8-276B
ài'ài 曖曖 7-1262B
ài'ài 譺譺 11-458B
ài'ài 靉靉 11-778A
ài'ài 餩餩 12-538A
ài'ài 阨隘 11-914A
āi'āicācā 挨挨擦擦 6-628B
āi'āicuòcuò 挨挨錯錯 6-628B
āi'āi'er 捱捱兒 6-642A
ài'àihēnghēng 隘隘亨亨 11-1097A
āi'āijǐjǐ 挨挨擠擠 6-628B
āi'āijǐjǐ 捱捱擠擠 6-642A
āi'āiqiāngqiāng 挨挨搶搶 6-628B
āi'āiyàyà 挨挨軋軋 6-628A
āi'āizāzā 挨挨拶拶 6-628A
āi'āizāzā 挨挨桚桚 6-628B
àibāgē'er 愛八哥兒 7-632A
áibái 皚白 8-274A
àibǎo 愛寶 7-636B
àibǎo 愛寶 7-637A
àibāwù'er 愛巴物兒 7-633A
āibēi 哀悲 3-338B
àibèi 艾焙 9-272A
àibì 隘庳 11-1096B
āibiān 挨邊 6-629A
áibiàn 癌變 8-358A
āibīngbìshèng 哀兵必勝 3-335B
àibó 隘薄 11-1097A
āibǔ 挨捕 6-628A
àibùrěnshì 愛不忍釋 7-632B
àibùshìshǒu 愛不釋手 7-632B
ǎicǎi 藹彩 9-622B
àicáirúmìng 愛才如命 7-632A
àicáirúmìng 愛財如命 7-634B
àicáiruòkě 愛才若渴 7-632A
āicǎn 哀慘 3-340A
āicè 哀册 3-335B
āicè 哀惻 3-339A
āicè 哀策 3-338B
āichá 哀察 3-340A
āichá 挨查 6-628A
āichá 捱查 6-642A
áichá 挨查 6-628A
áichái 啀喍 3-376A
áichái 嘊喍 3-492B
āichánqǔ 哀蟬曲 3-341A
āichén 埃塵 2-1109A
àichēng 愛稱 7-636A
áichī 騃癡 12-848A
àichīzǎo'ertāng 愛吃棗兒湯 7-633A
àichǒng 愛寵 7-636B
āichóu 哀愁 3-339B
āichǔ 哀楚 3-339A
āichuàng 哀愴 3-339B
āichuīháozhú 哀吹豪竹 3-335B
āicí 哀詞 3-338B
āicí 哀辭 3-341B
āicì 挨次 6-627B
āicì 捱次 6-642A
āicuī 哀摧 3-340A
āicuì 哀悴 3-338A
ǎicuó 矮矬 7-1548A
āidá 哀怛 3-336A
áidǎ 挨打 6-627B
àidǎi 僾逮 1-1696A
àidǎi 薆逮 9-565B
àidài 愛戴 7-636B
àidài 曖曃 5-841A
àidài 曖𣊱 5-841A
àidài 靉靆 11-777B
àidài 騣隸 12-1376A
àidài 騣黛 12-1376A
āidào 哀悼 3-338A
ǎidèng 矮凳 7-1548A
áidǐ 捱抵 6-642A
áidiān 騃顛 12-848A
āidiào 哀弔 3-335A
āidiào 哀吊 3-335B
āidìměidūnshū 哀的美敦書 3-336A
āidìměidùnshū 哀的美頓書 3-336A
àiduǎn 隘短 11-1096B
àiduàn 礙斷 7-1117B
ǎidǔdǔ 矮篤篤 7-1548A
ǎiduì 靄霨 11-777B
àiduì 薆薱 9-565B
āidùn 哀頓 3-339A
áidùn 騃鈍 12-847B
áiduò 騃惰 12-847B
ǎiduòduò 矮垛垛 7-1548A
ài'è 隘厄 11-1096A
ài'ēn 愛恩 7-634B
ái'ér 騃兒 12-847B
āi'érbùshāng 哀而不傷 3-335B
àifà 艾髮 9-272B
āifāngkàoyuàn 挨坊靠院 6-627B
āifēn 埃氛 2-1108B
āifèn 哀憤 3-340B
āifēng 哀風 3-336B
ǎifēng 靄峰 11-777A
àifēng 噫風 3-530B
āifēngjīfèng 挨風緝縫 6-628A
āifēngjīfèng 捱風緝縫 6-642A
àifú 艾服 9-271B
àifú 艾符 9-272A
àifú 愛服 7-633B
àifǔ 愛撫 7-636A
āigài 哀丐 3-335A
āigǎn 哀感 3-339A
áigàng 騃戇 12-848A
āigǎnwányàn 哀感頑豔 3-339A
āigào 哀告 3-335B
àigāo 艾餻 9-272B
āigē 哀歌 3-340A
āigè 挨個 6-628B
ǎigè 矮個 7-1548A
àigēn 愛根 7-634B
āigěng 哀哽 3-337A
āigòng 挨貢 6-628A
āigòu 埃垢 2-1108B
àigù 愛顧 7-637A
āiguāng 挨光 6-627B
āiguāng 捱光 6-642A
àiguó 愛國 7-635A
àiguǒ 愛果 7-633B
àiguóbù 愛國布 7-635A
āihā 哎哈 3-253B
àihǎi 愛海 7-634B
àihài 隘害 11-1096B
áihān 騃憨 12-848A
áihàn 騃漢 12-848A
āiháo 哀號 3-339B
āihào 哀耗 3-337A
àihāo 艾蒿 9-272A
àihào 愛好 7-633A
āihè 哀壑 3-341A
àihé 愛河 7-634A
àihè 艾褐 9-272A
āihēi 挨黑 6-628B
āihèn 哀恨 3-337A
āihóng 哀鴻 3-341A
āihóngbiànyě 哀鴻遍野 3-341A
āihòu 哀厚 3-336B
àihóu 嗌喉 3-469A
āihù 挨户 6-627B
àihǔ 艾虎 9-271B
àihù 愛護 7-637A
āihuāng 哀荒 3-336B
āihuáng 哀惶 3-339A
ǎihuáng 矮黃 7-1548A

āihuǐ 哀毀 3-339B
āihuì 埃穢 2-1109A
àihuì 愛惠 7-635B
āihuǐgǔlì 哀毀骨立 3-339B
āihuǐjílì 哀毀瘠立 3-339B
āihūn 埃昏 2-1108B
àihuǒ 愛火 7-633A
āijī 哀激 3-341A
āijí 哀急 3-336B
āijǐ 挨擠 6-629A
āijǐ 捱擠 6-642A
āijì 哀祭 3-338A
àijī 愛迹 7-634A
āijiā 哀家 3-337B
āijiā 哀笳 3-338A
àijiā 艾豭 9-272A
àijiā 艾猳 9-272B
āijiābǐhù 挨家比户 6-628B
āijiālí 哀家梨 3-337B
āijiān 挨肩 6-627B
áijiǎn 騃蹇 12-848A
āijiānbìngzú 挨肩並足
6-627B
āijiāncābǎng 挨肩擦膀
6-628A
āijiāncābèi 挨肩擦背
6-627B
āijiāndiébèi 挨肩疊背
6-628A
āijiǎo 哀角 3-336A
āijiào 哀叫 3-335B
àijiāo 愛嬌 7-636B
àijiǎo 隘角 11-1096A
àijiǎo 礙脚 7-1117B
àijiào 礙叫 7-1117A
āijiē 哀嗟 3-338B
āijiē 哀結 3-339A
āijiě 唉姐 3-371A
āijiě 娭毑 4-367B
āijiè 埃芥 2-1108B
àijié 愛藉 7-636B
āijīn 哀矜 3-337A
āijìng 哀敬 3-338B
āijìng 埃境 2-1109A
àijǐng 愛景 7-635B
àijìng 愛敬 7-635B
àijiǒng 隘窘 11-1096B
āijiù 哀疚 3-336A
àijiǔ 艾酒 9-272A
āijù 哀懼 3-341B
àijú 隘跼 11-1097A
āijuàn 哀眷 3-338A
àijuàn 隘狷 11-1096B
āikào 挨靠 6-629A
āikào 捱靠 6-642A
āikěn 哀懇 3-341A
ǎikōng 靄空 11-777A
āikòu 哀叩 3-335B
àikǒu 隘口 11-1096A
àikǒu 愛口 7-632B
àikǒu 礙口 7-1117A
àikǒushíxiū 愛口識羞
7-632B
āikū 哀哭 3-337B
āikǔ 哀苦 3-336A
áikǔ 捱苦 6-642A
àikuǎn 愛款 7-635B
āikǔn 哀悃 3-337B
āilài 挨賴 6-629A
āilán 挨藍 6-629A
āiláo 哀牢 3-336A
àilǎo 艾老 9-271A
àilǎo 愛老 7-633A
āilè 哀樂 3-340B
àilè 愛樂 7-636B
āilěi 哀誄 3-339B
āilí 哀梨 3-338A
āilì 哀厲 3-340A
āilì 哀麗 3-341B
àilì 愛力 7-632A
àilì 愛利 7-633A
āilián 哀憐 3-340B
āiliàn 哀戀 3-341B
àilián 愛憐 7-636A
àiliàn 愛戀 7-637A
àilìcúnyáng 愛禮存羊
7-636B
āilín 哀臨 3-341A
àilìn 愛吝 7-633B
àilìn 愛悋 7-634A
àiliú 愛流 7-634B
ǎilòu 矮陋 7-1547B
àilòu 隘陋 11-1096B
àilòu 阸陋 11-914A
ǎilù 靄露 11-777B
àilǚ 愛侶 7-633B
āimǎn 挨滿 6-629A
āimàn 哀曼 3-338A
àimáofǎnqiú 愛毛反裘
7-633A
āiméi 埃煤 2-1108B
áimèi 騃昧 12-847B
ǎimèi 靄昧 11-777A
àiměi 愛美 7-634A
àimèi 愛媚 7-635B
àimèi 薆昧 9-565B
àimèi 曖昧 5-840B
āimén 挨門 6-628A
áimén 挨門 6-628A
àimén 隘門 11-1096A
āimí 哀迷 3-337A
àimiànzi 愛面子 7-634A
āimiè 埃滅 2-1108B
āimǐn 哀閔 3-339A
āimǐn 哀愍 3-339B
āimǐn 哀憫 3-340B
àimín 艾緡 9-272B
àimǐn 愛憫 7-636B
āimò 哀默 3-341A
āimò 埃墨 2-1109A
āimò 挨磨 6-629A
áimó 挨磨 6-629A
áimó 捱磨 6-642A
àimònéngzhù 愛莫能助
7-634B
āimù 哀慕 3-340A
àimù 愛慕 7-636A
àimù 礙目 7-1117A
āiná 挨拿 6-628B
àinà 艾納 9-272A
àinà 艾蒳 9-272A
āinài 埃暨 2-1109A
áinài 挨耐 6-628A
ǎinǎi 欸乃 6-1443B
àinǎi 曖廼 5-840B
ǎinǎicí 欸乃詞 6-1444A
ǎinǎigē 欸乃歌 6-1444A
ǎinǎiqǔ 欸乃曲 6-1443B
àinán 礙難 7-1117B
āinào 挨鬧 6-629A
áinè 騃吶 12-847B
àiní 僾尼 1-1696A
àinì 愛溺 7-636A
àinì 愛暱 7-636A
āiniàn 哀念 3-336A
àinián 艾年 9-271A
āinòng 哀弄 3-335B
ǎinú 矮奴 7-1547B
áinǚ 騃女 12-847B
àinǚ 愛女 7-632B
áinǚchī'ér 騃女癡兒
12-847B
áinǚchīnán 騃女癡男
12-847B
ǎipǎ 矮杷 7-1548A
āipái 挨排 6-628B
áipái 挨牌 6-629A
áipái 捱牌 6-642A
āipáo 哀匏 3-338A
àipì 阸僻 11-914A
àipì 陒薜 11-958A
àipì 陒僻 11-958A
āipíng 哀平 3-335B
āipò 哀迫 3-336A
āiqī 哀戚 3-338A
āiqī 哀慽 3-340A
āiqī 哀慼 3-340B
āiqí 哀祈 3-336B
āiqǐ 哀啓 3-338A
āiqì 哀泣 3-336A
āiqì 哀氣 3-337B
ǎiqì 噯氣 3-529B
àiqì 艾氣 9-271B
àiqì 愛氣 7-634B
àiqì 噫氣 3-530B
àiqiàn 噫欠 3-530A
āiqiè 哀切 3-335A
áiqiè 騃怯 12-847B
àiqīn 愛親 7-636B
āiqíng 哀情 3-338A
āiqǐng 哀請 3-340B
àiqīng 愛卿 7-634B
àiqíng 愛情 7-635A
àiqīnzuòqīn 愛親做親
7-636B
āiqióng 哀煢 3-338A
āiqióng 哀惸 3-339A
āiqióng 哀焭 3-339A
āiqióng 哀甇 3-339B
āiqiū 哀丘 3-335B
āiqiú 哀求 3-335B
āiqú 哀臞 3-341B
āiqú 哀癯 3-341B
àiqū 隘曲 11-1096A
àiqū 阸曲 11-914A
àiqū 陒嶇 11-958A
àiqù 隘闃 11-1097A
āiquè 哀愨 3-340B
ǎirán 藹然 9-622B
àirán 僾然 1-1696A
àirán 曖然 5-841A
àirán 馤然 12-442B
àirǎn 愛染 7-634A
āirǎng 埃壤 2-1109A
āirén 哀人 3-335A
ǎirén 矮人 7-1547B
àirén 艾人 9-271A
àirén 隘人 11-1096A
àirén 愛人 7-632A
àirěn 愛忍 7-633B
ǎirénguānchǎng 矮人觀場
7-1547B
ǎirénkànchǎng 矮人看場
7-1547B
ǎirénkànxì 矮人看戲
7-1547B
àirényǐdé 愛人以德 7-632A
àirì 愛日 7-632B
àirì 曖日 5-840B
āiróng 哀容 3-337B
āiróng 哀榮 3-340A
àiróng 艾絨 9-272A
ǎirú 藹如 9-622B
āisà 哀颯 3-340A
àisài 隘塞 11-1097A
àisài 阸塞 11-914A
àisài 陒塞 11-958A
āisāndǐngsì 捱三頂四
6-641B
āisāndǐngwǔ 挨三頂五
6-627B
āisāndǐngwǔ 捱三頂五
6-641B
àisè 艾色 9-271A
àisè 愛色 7-633A
àisè 愛嗇 7-635B
àisè 礙塞 7-1117B
àishā 愛殺 7-634B
āishāng 哀傷 3-339B
àishǎng 愛賞 7-636A
àishàng 愛尚 7-633B
āishānsèhǎi 挨山塞海
6-627B
àishè 隘懾 11-1097A
āishēn 挨身 6-627B
àishēn 愛身 7-633B
àishén 愛神 7-634A
āishēng 哀聲 3-341A
āishēngtànqì 唉聲嘆氣
3-371A
āishēngtànqì 唉聲歎氣
3-371A
āishēngtànqì 噯聲歎氣
3-529B
āishí 哀石 3-335B
āishí 哀時 3-337A

āishí 哀識 3-341B
àishì 愛嗜 7-635B
àishì 礙事 7-1117A
àishì 阨室 11-914A
àishǒu 礙手 7-1117A
àishòu 艾綬 9-272B
àishǒu'àijiǎo 礙手礙脚 7-1117A
āishū 哀書 3-338A
āishù 哀恕 3-337B
áishù 騃豎 12-847B
áishù 騃豎 12-848A
àishù 隘束 11-1096A
àishù 愛樹 7-636B
àishuāng 艾孀 9-272B
àishuǐ 愛水 7-633A
āisī 哀思 3-336B
āisī 哀絲 3-339A
àisǐ 愛死 7-633A
āisīháozhú 哀絲豪竹 3-339A
āisù 哀素 3-337A
āisù 哀訴 3-338B
āisuān 哀酸 3-340A
àisùhàogǔ 愛素好古 7-634B
āisuò 哀些 3-336A
āitái 哀駘 3-340B
àitài 曖態 5-841A
āitán 哀彈 3-340B
āitàn 哀嘆 3-340A
āitàn 哀歎 3-340B
āitáng 挨搪 6-629A
àitáng 愛棠 7-635B
āiténgténg 靄騰騰 11-777A
āitīng 哀聽 3-341B
āitōng 哀恫 3-337A
āitòng 哀痛 3-338B
āitòng 哀慟 3-340A
áitóng 騃童 12-847B
áitóngdùnfū 騃童鈍夫 12-847B
āitòngzhào 哀痛詔 3-338B
āitǔ 埃土 2-1108B
áituī 挨推 6-628B
áituō 挨脱 6-628B
āiwā 哀哇 3-336B
āiwǎn 哀挽 3-337A
āiwǎn 哀婉 3-338B
āiwǎn 哀惋 3-338A
āiwǎn 挨晚 6-628B
àiwán 愛玩 7-633B
àiwán 愛翫 7-636B
àiwǎn 礙輓 7-1117B
àiwǎng 愛網 7-636A
āiwángsūn 哀王孫 3-335A
āiwén 哀文 3-335A
āiwō 溾涹 5-1492B
àiwōwo 艾窩窩 9-272A
āiwū 哀烏 3-337B
āiwù 埃霧 2-1109A
ǎiwū 矮屋 7-1548A
àiwù 愛惡 7-635B
àiwù 愛物 7-633B
àiwù'er 愛物兒 7-633B
àiwūjíwū 愛屋及烏 7-634A
āiwūláng 哀烏郎 3-337B
āixī 哀惜 3-338A
àixī 愛惜 7-635A
àixí 艾席 9-271B
àixí 愛習 7-635A
àixiá 隘狹 11-1096B
àixiá 隘陋 11-1096B
àixiá 愛狎 7-633B
àixiá 阨狹 11-914A
àixiá 阸陝 11-957B
àixiá 阸狹 11-957B
àixiá 阸陋 11-957B
āixián 哀弦 3-336B
āixián 哀絃 3-338B
àixiǎn 隘險 11-1097A
àixiǎn 礙嶮 7-1117B
àixiǎn 阨險 11-914B
àixiàn 阸限 11-957B
āixiǎng 哀響 3-341B
àixiàng 隘巷 11-1096B
àixiàng 愛向 7-633A
àixiàng 阨巷 11-914A
ǎixiǎo 矮小 7-1547B
àixiāo 艾蕭 9-272B
àixiǎo 愛小 7-632A
āixīn 哀心 3-335A
àixīn 愛心 7-633A
àixīn 閡心 12-116A
àixíng 隘形 11-1096A
àixǐng 愛省 7-634A
àixìng 愛幸 7-633B
āixiōng 哀凶 3-335A
āixiǔ 挨宿 6-628B
àixīyǔmáo 愛惜羽毛 7-635A
āixū 哀吁 3-335B
āixù 哀卹 3-336A
āixù 哀恤 3-337A
àixù 愛卹 7-633B
àixù 愛恤 7-634A
áixuě 皚雪 8-274A
áixuè 騃謔 12-848A
āiya 哎呀 3-253B
āiya 噯呀 3-529B
āiyǎ 哀雅 3-338B
āiyàn 哀艷 3-341B
āiyàn 哀豔 3-341B
áiyán 挨延 6-627B
áiyán 捱延 6-642A
àiyǎn 愛眼 7-635A
àiyǎn 礙眼 7-1117A
àiyàn 愛餤 7-636B
àiyǎng 愛養 7-636A
āiyě 哎也 3-253B
āiyě 挨也 6-627B
āiyè 哀咽 3-336B
áiyè 騃冶 12-847B
áiyě 騃野 12-847B
āiyē 噫噎 3-531A
àiyè 礙夜 7-1117A
āiyǐ 挨倚 6-628B
àiyī 艾衣 9-271A
àiyì 愛異 7-635A
àiyì 僾唈 1-1696A
àiyì 餲饐 12-569B
āiyīn 哀音 3-337A
āiyǐn 哀隱 3-341A
āiyō 哎喲 3-253B
āiyō 噯喲 3-529B
áiyōng 騃庸 12-847B
āiyōu 哀憂 3-340B
āiyōu 噯呦 3-529B
āiyòu 哀狖 3-336A
āiyòu 哀宥 3-337A
áiyòu 騃幼 12-847B
àiyǒu 愛友 7-632B
āiyú 哀娛 3-337B
āiyù 哀玉 3-335A
āiyù 哀鬱 3-341B
āiyù 哀籲 3-342A
āiyù 埃鬱 2-1109A
ǎiyù 藹鬱 9-622B
ǎiyù 靄鬱 11-777B
àiyù 愛育 7-633B
àiyù 愛欲 7-635A
àiyù 愛遇 7-635B
àiyù 愛譽 7-637A
àiyù 噫鬱 3-531A
āiyuàn 哀怨 3-336B
àiyuán 愛緣 7-636B
àiyuàn 艾怨 9-271B
āiyuè 哀樂 3-340B
āiyuè 哀籥 3-341B
àiyuè 愛悦 7-634B
āizā 挨匝 6-627B
āizā 挨拶 6-628A
āizá 挨雜 6-629A
āizàn 哀贊 3-341B
àizēng 愛憎 7-636A
àizēngfēnmíng 愛憎分明 7-636A
āizhàng 哀杖 3-335B
àizhàng 艾帳 9-272A
āizhào 哀詔 3-338B
āizhēng 哀箏 3-338B
āizhěng 哀拯 3-336B
áizhì 騃滯 12-848A
áizhì 騃穉 12-848A
ǎizhǐ 矮紙 7-1548A
àizhì 艾灸 9-271A
àizhì 愛智 7-635B
àizhòng 愛重 7-634A
àizhù 艾炷 9-271B
āizhuàn 哀轉 3-341A
āizhuàn 哀囀 3-341B
āizhuàng 哀壯 3-336A
àizhuàng 艾壯 9-271B
áizhuō 騃拙 12-847B
àizhuó 愛著 7-634B
āizǐ 哀子 3-335A
áizi 瘊子 8-329B
áizǐ 騃子 12-847B
ǎizi 矮子 7-1547B
àizǐ 艾子 9-271A
àizǐ 愛子 7-632B
ǎiziguānchǎng 矮子觀場 7-1547B
ǎizikànxì 矮子看戲 7-1547B
àizǔ 隘阻 11-1096A
àizú'àishǒu 礙足礙手 7-1117A
ājí 阿吉 11-927A
ājiā 阿伽 11-928B
ājiā 阿家 11-933B
ājiālúxiāng 阿迦嚧香 11-931A
ājiālúxiāng 阿迦爐香 11-931A
ājiǎn 阿囝 11-927A
ājiàn 阿監 11-937A
ājiāo 阿嬌 11-938B
ājiě 阿姐 11-931A
ājiě 阿毑 11-931A
ājiě 阿姊 11-929A
ājiù 阿舅 11-936B
ājùn 阿鵔 11-939A
ākēchì 阿可赤 11-925B
ākēchuò 阿磕綽 11-938A
ākěchuò 阿可綽 11-925B
ākǔ 腌苦 6-1330A
ākuàng 阿況 11-930A
ālā 阿拉 11-929A
ālà 阿剌 11-931B
ālābātú 阿拉巴圖 11-929A
āladá 腌剌答 6-1330A
āláilái 阿來來 11-929B
ālàiyé 阿賴耶 11-939B
ālàiyéshí 阿賴耶識 11-939B
ālàjí 阿剌吉 11-931B
ālàjíjiǔ 阿剌吉酒 11-931B
ālàjiǔ 阿剌酒 11-931B
ālán 阿蘭 11-941B
ālàn 阿濫 11-940B
ālànduī 阿濫堆 11-940B
āláng 阿郎 11-930A
ālángzásuì 阿郎雜碎 11-930B
ālánruò 阿蘭若 11-941B
ālǎo 阿老 11-927A
ālāqí 阿拉奇 11-929A
ālāqì 阿拉氣 11-929A
ālí 阿梨 11-934B
ālí 阿黎 11-938A
ālián 阿連 11-933A
āliàn 阿練 11-939A
ālībāzān 腌裏巴臢 6-1330B
ālíhētuō 阿梨訶吔 11-934B
ālíhētuó 阿梨訶陀 11-934B
ālǐng 阿領 11-937B
ālíyéshí 阿黎耶識 11-938A
ālíyí 阿黎姨 11-935B
ālóng 阿龍 11-939B
āluó 阿羅 11-941B
āluóhàn 阿羅漢 11-941B
āluóhànguǒ 阿羅漢果 11-941B
āluóyé 阿羅耶 11-941B
āluóyéshí 阿羅耶識 11-941B
āmā 阿媽 11-937A

āmă 阿馬 11-932B
āmăi 阿買 11-935B
āmán 阿瞞 11-939B
āmán 阿蠻 11-942A
āmăng 阿莽 11-932B
āmāo'āgŏu 阿猫阿狗 11-934B
āme 阿没 11-928B
āmèi 阿妹 11-930B
āmen 阿們 11-933A
āmén 阿門 11-930B
āméng 阿蒙 11-936B
āménshī 阿門詩 11-930B
āmí 阿婺 11-935A
āmí 阿孾 11-942A
āmíbā 阿彌巴 11-940B
āmó 阿麽 11-937B
āmó 阿謩 11-940A
āmó 阿麼 11-937B
āmódūn 阿摩敦 11-938B
āmógū 阿麽姑 11-937B
āmógū 阿麼姑 11-937B
āmŭ 阿姥 11-932B
āmŭ 阿母 11-926B
āmŭ 阿姆 11-931A
āmùhūláng 阿木忽郎 11-924B
āmùlín 阿木林 11-924B
āmŭzĭ 阿母子 11-926B
ānà 阿那 11-927B
ānàbōnà 阿那波那 11-927B
ānàhán 阿那含 11-927B
ānàhū 阿那忽 11-927B
ānăi 阿妳 11-931A
ānăi 阿嬭 11-940B
ān'ài 䅬薆 12-442A
ān'ài 䅬䨠 12-442A
ăn'ăi 晻濭 5-759B
ăn'ăi 晻藹 5-759B
ăn'ăi 晻靄 5-760A
ăn'ài 晻曖 5-759B
àn'ăi 闇藹 12-137A
àn'ăi 暗藹 5-804A
àn'ăi 暗靄 5-804B
àn'ài 闇隘 12-135B
àn'ài 暗曖 5-804A
àn'ài 黯曖 12-1374B
ānān 阿囡 11-927A
ān'ān 安安 3-1316B
ān'ān 菴菴 9-436B
ān'ān 諳諳 12-662B
ān'ān 戩戩 9-643B
ānán 阿難 11-941A
ăn'ăn 晻晻 5-759B
ăn'ăn 罯罯 8-1039A
àn'àn 闇闇 12-136B
àn'àn 陪闇 11-1086A
àn'àn 岸岸 3-806A
àn'àn 暗暗 5-802A
àn'àn 黯闇 12-1374B
àn'àn 黯黯 12-1375A
ān'ānlán 安安藍 3-1317A
ānántuó 阿難陀 11-941A
ànbà 暗壩 5-804B
ănbāguó 唵叭國 3-376B
ànbái 暗白 5-797B
ānbăn 諳版 11-351B
ānbàn 安辦 3-1330B
ànbān 按班 6-590B
ànbăn 按板 6-590A
ànbăn 案板 4-1009B
ānbāng 安邦 3-1315B
ānbāngdìngguó 安邦定國 3-1315B
ānbăo 安保 3-1320B
ànbăo 暗堡 5-801B
ănbāxiāng 唵叭香 3-376B
ănbāxiāng 唵吧香 3-376B
ānbèi 鞍鞴 12-195B
ànbēi 案杯 4-1009B
ànbèi 晻哱 5-759B
ànběn 按本 6-589A
ànbĭ 闇鄙 12-136A
ànbĭ 按比 6-589A
ànbĭ 案比 4-1008B
ànbì 闇敝 12-135A
ànbì 闇愎 12-135B
ànbì 闇蔽 12-136A
ànbì 犴狴 5-10A
ànbì 暗愎 5-801B
ànbì 暗蔽 5-802B
ànbì 黯敝 12-1373B
ānbiān 安邊 3-1331A
ànbiàn 案辨 4-1011B
ànbiāo 岸標 3-806B
ànbīng 按兵 6-589B
ànbīng 案兵 4-1009B
ànbìng 暗病 5-800B
ànbīngbùdòng 按兵不動 6-590A
ànbīngshùjiă 案兵束甲 4-1009B
ānbó 安泊 3-1320A
ànbó 闇薄 12-136B
ànbó 案伯 4-1009B
ānbù 安步 3-1317B
ānbù 安瓿 3-1326A
ànbù 按部 6-590B
ànbù 案部 4-1010B
ānbùdāngchē 安步當車 3-1317B
ànbùjiùbān 按步就班 6-589B
ànbùjiùbān 按部就班 6-590B
ānbùwàngwēi 安不忘危 3-1314A
áncān 桙飧 4-935A
ăncăn 唵噆 3-376B
àncăn 暗黲 5-804B
àncăn 黯慘 12-1374B
àncăn 黯黲 12-1375A
āncáng 安藏 3-1330B
àncáng 暗藏 5-803B
ānchā 安插 3-1324B
ānchá 痷茶 8-330B
ànchá 按察 6-592B
ànchá 案察 4-1011A
ànchá 暗查 5-799A
ànchāi 暗差 5-799B
ānchán 安禪 3-1330B
ānchàn 鞍韂 12-195B
ānchāng 安昌 3-1319A
ānchàng 安常 3-1323B
ānchàng 諳嘗 11-352A
ànchăng 暗娼 5-801A
ànchăng 暗場 5-801A
ànchàng 暗唱 5-801A
ānchángxígù 安常習故 3-1323B
àncháo 暗潮 5-803A
ānchē 安車 3-1317A
ānchē 鞍車 12-195A
ānchēgŭ 安車骨 3-1317B
ànchén 暗塵 5-802B
ànchénchén 暗沉沉 5-798A
ànchéng 按懲 6-593B
ānchēpúlún 安車蒲輪 3-1317B
ānchēruănlún 安車輭輪 3-1317B
ānchí 安坻 3-1318B
ànchóng 闇蟲 12-137A
ànchóng 暗蟲 5-804A
ānchŭ 安處 3-1323B
ānchù 安處 3-1323B
ànchù 暗處 5-801A
ànchuídărén 暗錘打人 5-803B
ānchún 安淳 3-1324B
ānchún 鶴鶉 12-1121B
ànchūn 暗春 5-799A
ānchúngŭduò'er 鶴鶉骨飿兒 12-1121B
ānchúngŭduò'er 鶴鶉餶飿兒 12-1121B
ānchùxiānsheng 安處先生 3-1323B
āncì 安次 3-1316B
àncí 按辭 6-593B
āncún 安存 3-1315B
àncŭn 黯忖 12-1373B
āncuò 安厝 3-1321B
āncuò 安措 3-1323A
āndá 諳達 11-351B
ăndā 唵嗒 3-376B
àndá 按答 6-591B
àndá 傝偺 1-1716B
àndāi 闇騃 12-136B
āndān 安躭 3-1324A
ăndăn 晻黮 5-760A
ăndàn 晻淡 5-759B
ăndàn 晻澹 5-759B
ăndàn 晻靇 5-760A
àndăn 闇黮 12-137A
àndăn 黯默 12-1374B
àndàn 闇淡 12-135B
àndàn 暗淡 5-801A
àndàn 暗澹 5-803B
àndàn 黯淡 12-1373B
àndàn 黯澹 12-1374B
àndàn 黯黮 12-1375A
àndàn 黯黮 12-1374B
àndāng 闇當 12-135B
àndàntān 黯淡灘 12-1374A
àndàntān 黯黮灘 12-1375A
āndé 安德 3-1329A
āndēng 安登 3-1326B
àndēng 暗燈 5-803B
āndĭ 安抵 3-1318B
āndì 安地 3-1315B
āndì 安諦 3-1330A
àndī 暗滴 5-802B
àndì 暗地 5-797B
āndiàn 安奠 3-1326B
àndiăn 案典 4-1009B
àndiăntóu 暗點頭 5-804A
àndié 案牒 4-1011A
àndìli 暗地裏 5-797B
āndìng 安定 3-1320A
àndīng 闇丁 12-133B
àndìng 按定 6-590A
àndĭzi 暗底子 5-798B
àndòngdòng 暗洞洞 5-799B
āndōu 裺篼 9-105B
àndòumíngzhēng 暗鬬明争 5-804B
āndŭ 安堵 3-1323A
āndù 安度 3-1320B
àndú 桉牘 4-1008A
àndú 按牘 6-593B
àndú 案櫝 4-1012A
àndú 案牘 4-1012A
àndŭ 按堵 6-591A
àndŭ 案堵 4-1010B
àndù 暗度 5-799B
ànduăn 闇短 12-135B
ànduăn 暗短 5-801B
àndùchéncāng 暗度陳倉 5-799B
ànduì 闇對 12-136A
ànduì 案隊 4-1011A
ànduì 黯霸 12-1375A
āndŭlèyè 安堵樂業 3-1323A
āndùn 安頓 3-1327A
àndùn 闇鈍 12-135B
àndùn 暗鈍 5-801B
ānduò 鞍馱 12-195B
ànduò 闇惰 12-135B
ān'ē 媕阿 4-390A
ān'ē 媕婀 4-390A
ān'ē 媕娿 4-390A
ān'ē 媕婀 4-390A
ān'ē 婘婀 4-369B
ān'ē 揞婀 6-770B
ăn'è 碪碍 7-1077A
àn'è 黯惡 12-1374A
àn'ĕr 黯爾 12-1374B
ànfā 按發 6-591B
ànfā 案發 4-1011A
ànfă 按法 6-590A
ànfă 案法 4-1010A
ānfàng 安放 3-1319B
ànfáng 暗房 5-798B
ànfăng 暗訪 5-801A

ànfàng 案放 4-1009B
ānfèn 安分 3-1314A
ānfèn 諳分 11-351A
ànfēng 暗風 5-799B
ànfèng 案奉 4-1009B
ānfènshǒujǐ 安分守己 3-1314A
ānfènshǒujǐ 安份守己 3-1316A
ānfú 安伏 3-1316A
ānfú 安服 3-1319B
ānfú 安福 3-1328A
ānfǔ 安撫 3-1329A
ānfù 安咐 3-1319A
ānfù 安阜 3-1319B
ānfù 安富 3-1326B
ānfù 安復 3-1325B
ānfù 安覆 3-1331A
ànfū 闇夫 12-133B
ànfū 暗夫 5-797A
ànfǔ 按撫 6-592B
ànfǔ 案撫 4-1011B
ànfù 按覆 6-593B
ànfù 案覆 4-1012A
ānfǔshǐ 安撫使 3-1329A
ānfùzūnróng 安富尊榮 3-1326B
āngài 盦蓋 7-1473B
āngān 安乾 3-1323B
àngān 闇干 12-133B
àngān 闇奸 12-134A
áng'áng 昂昂 5-637A
áng'áng 駈駈 12-812A
áng'áng 卬卬 2-511B
áng'áng 仰仰 1-1209A
àngàng 闇戇 12-137A
àng'àng 盎盎 7-1421B
àngàng 暗戇 5-804B
ángcáng 昂藏 5-638A
ángcángqīchǐ 昂藏七尺 5-638A
ángdài 昂黛 5-638A
āngē 安歌 3-1328B
àngē 按歌 6-592A
àngé 按閣 6-592B
āngēn 安根 3-1321A
ángfèn 昂奮 5-638A
ángguì 昂貴 5-637B
ángguì 卬貴 2-512A
ángjī 昂激 5-638A
àngjì 盎齊 7-1421B
ángjiāo 靮角 12-189A
āngōng 安弓 3-1314A
āngōngzǐ 安公子 3-1314B
àngōu 暗溝 5-802A
ángqì 昂氣 5-637B
ángrán 昂然 5-637B
ángrán 卬然 2-512A
àngrán 盎然 7-1421B
ángshān 岇山 3-805B
ángshǒu 昂首 5-637B
ángshǒukuòbù 昂首闊步 5-637B
ángshǒushēnméi 卬首信眉 2-512A
ángshǒutǐngxiōng 昂首挺胸 5-637B
ángshuǎng 昂爽 5-637B
àngsī 盎司 7-1421B
ángsǒng 昂聳 5-638A
ángtóukuòbù 昂頭闊步 5-638A
ángtóukuòbù 卬頭闊步 2-512A
ángtóutǐngxiōng 昂頭挺胸 5-638A
āngǔ 安穀 3-1329A
āngù 安固 3-1319A
àngǔ 岸谷 3-806A
àngǔ 暗谷 5-798A
ànguǐ 案軌 4-1010A
ànguǐ 案晷 4-1011A
ànguì 暗櫃 5-804B
ānguó 安國 3-1324A
ànguò 闇過 12-135A
àngǔzhībiàn 岸谷之變 3-806A
āngùzhòngqiān 安故重遷 3-1320B
ángxiāo 昂霄 5-638A
ángyáng 昂揚 5-637B
ángyǎng 昂仰 5-637A
ángyì 昂屹 5-637A
àngyì 盎溢 7-1421B
àngyúxiāngjī 盎盂相擊 7-1421B
àngyúxiāngqiāo 盎盂相敲 7-1421B
āngzāng 骯髒 12-405A
āngzàng 醃臟 9-1418A
āngzāngqì 骯髒氣 12-405B
ángzào 卬燥 2-512A
ángzhōu 卬州 2-511B
ànhǎi 暗海 5-800B
ànhài 暗害 5-800B
ānháng 諳行 11-351B
ànháng 按行 6-589B
ànháng 案行 4-1009A
ànháng 暗行 5-797B
ānhǎo 安好 3-1317A
ànhào 暗耗 5-800A
ànhào 暗號 5-802A
ānhé 安和 3-1319A
ànhé 闇合 12-134A
ànhé 按劾 6-590A
ànhé 按核 6-590B
ànhé 按覈 6-593B
ànhé 暗合 5-797B
ànhé 暗河 5-798B
ànhè 按喝 6-591B
ànhēi 暗黑 5-801B
ànhēi 黯黑 12-1374A
ànhēi 黵黑 12-1375B
ànhěn 闇很 12-134B
ànhèn 暗恨 5-799B
ànhóng 黯紅 12-1373B
ānhòu 安候 3-1321B
ànhóu 干侯 2-913B
ānhū 諳乎 11-351B
ānhū 諳忽 11-351B
ānhú 安胡 3-1320B
ànhū 闇忽 12-134A
ànhū 闇曶 12-134A
ànhū 岸忽 3-806A
ànhū 暗曶 5-798A
ànhú 按鶻 6-593B
ànhù 犴户 5-10A
ānhuā 鞍花 12-195A
ànhuā 暗花 5-798A
ànhuà 闇化 12-133B
ànhuà 暗化 5-797A
ànhuà 暗話 5-802A
ānhuái 安懷 3-1331B
ānhuǎn 安緩 3-1330A
ànhuàn 暗换 5-800A
ànhùbǐmín 案户比民 4-1009A
ànhuì 闇晦 12-135A
ànhuì 闇穢 12-137A
ànhuìxiāochén 黯晦消沉 12-1373B
ǎnhùn 唵諢 3-376B
ànhūn 暗昏 5-798A
ànhūnhūn 暗昏昏 5-798A
ànhuǒ 暗火 5-797A
ànhuò 闇惑 12-135B
ànhuò 暗惑 5-801B
āní 阿尼 11-926A
āniáng 阿娘 11-934A
āniáng 阿孃 11-942A
ānjī 安緝 3-1330A
ānjī 鞍韉 12-195B
ānjí 安吉 3-1315B
ānjí 安戢 3-1325A
ānjí 安集 3-1325B
ānjí 安輯 3-1330A
ānjì 安迹 3-1320B
ānjì 安濟 3-1331A
ānjì 諳記 11-351B
ànjì 闇記 12-135A
ànjī 闇機 12-136B
ànjī 按几 6-589A
ànjī 案緝 4-1011B
ànjī 案几 4-1008B
ànjī 暗機 5-803A
ànjí 桉籍 4-1008A
ànjí 按籍 6-593B
ànjí 案籍 4-1012A
ànjí 暗疾 5-800B
ànjì 案紀 4-1010A
ànjì 案記 4-1010B
ànjì 暗記 5-800B
ànjì 黯寂 12-1374A
ānjiā 安佳 3-1319B
ānjiā 安家 3-1322B
ānjiǎ 鞍甲 12-194B
ānjià 安駕 3-1329B
ǎnjiā 俺家 1-1463A
ànjiǎ 按甲 6-589A
ànjiǎ 案甲 4-1009A
ǎnjiāde 俺家的 1-1463A
ānjiāfèi 安家費 3-1322B
ānjiālèyè 安家樂業 3-1323A
ānjiālìyè 安家立業 3-1322B
ānjiāluòhù 安家落户 3-1322B
ānjiān 鞍韉 12-195B
ānjiàn 安健 3-1322A
ànjiǎn 按檢 6-593A
ànjiǎn 案檢 4-1011B
ànjiàn 按劍 6-592B
ànjiàn 案件 4-1009A
ànjiàn 案劍 4-1011B
ànjiàn 暗箭 5-803A
ānjiāng 安疆 3-1331B
ànjiàng 闇將 12-135B
ànjiànnánfáng 暗箭難防 5-803A
ànjiànshāngrén 暗箭傷人 5-803A
ànjiāo 暗礁 5-803B
ànjiào 按校 6-590B
ànjiào 案校 4-1010A
ànjiǎqǐnbīng 按甲寢兵 6-589B
ànjiǎxiūbīng 按甲休兵 6-589A
ànjiǎxiūbīng 案甲休兵 4-1009A
ānjié 安節 3-1327B
ānjiě 諳解 11-352A
ànjiě 闇解 12-136A
ànjié 按節 6-591B
ànjié 按詰 6-592A
ànjié 案節 4-1011A
ānjìfāng 安濟坊 3-1331A
ānjīn 安矜 3-1321A
ānjìn 安近 3-1318A
ànjīn 岸巾 3-806A
ànjìn 暗勁 5-799A
ānjìng 安靖 3-1327B
ānjìng 安靜 3-1328A
ànjīng 暗經 5-802A
ànjìng 暗靜 5-802A
ānjìqiáo 安濟橋 3-1331A
ānjiū 諳究 11-351B
ānjiǔ 盦酒 7-1473B
ànjiū 暗糾 5-799A
ànjiǔ 按酒 6-591A
ànjiǔ 案酒 4-1010B
ànjiǔ 暗九 5-796B
ànjiù 黯舊 12-1374B
ānjū 安居 3-1320A
ànjū 按鞠 6-593A
ànjū 按鞫 6-593A
ànjū 案鞫 4-1012A
ànjǔ 按舉 6-593A
ànjǔ 案舉 4-1011B
ànjǔ 黯沮 12-1373B
ànjù 按據 6-593A
ànjù 案具 4-1009B
ànjù 案劇 4-1011B
ànjù 案據 4-1011B
ànjuàn 案卷 4-1009B

ànjué 按決 6-590A
ānjūlèyè 安居樂業 3-1320B
ànjūn 闇君 12-134A
ànjūn 按軍 6-590B
ànjūn 暗君 5-798A
ānkǎi 鞍鎧 12-195B
ānkāng 安康 3-1324B
ānkāng 鮟鱇 12-1231B
ànkǎo 案考 4-1009A
ànkǎo 暗考 5-797B
ànkòu 按扣 6-589B
ànkòu 暗扣 5-797B
ànkuǎnzhuàng 案款狀 4-1011A
ànkuī 暗虧 5-803B
ānlā 安拉 3-1318B
ānlán 安瀾 3-1331B
ānlán 痷婪 8-330B
ànlǎn 案覽 4-1012A
ànláofēnpèi 按勞分配 6-591B
ànláofùchóu 按勞付酬 6-591B
ānlǎohuáishào 安老懷少 3-1315B
ànláoqǔchóu 按勞取酬 6-591B
ānlè 安樂 3-1329B
ānlè 鞍勒 12-195A
ānlèjīn 安樂巾 3-1329B
ānlèshìjiè 安樂世界 3-1329B
ānlèwō 安樂窩 3-1330A
ānlèyǐ 安樂椅 3-1329B
ānlì 安立 3-1315A
ānlì 安利 3-1317B
ānlì 諳歷 11-352A
ànlǐ 按理 6-591A
ànlǐ 案理 4-1010B
ànlǐ 暗裏 5-802A
ànlì 案吏 4-1009A
ānliàn 安戀 3-1332A
ānliàn 諳練 11-352A
ānliàn 闇練 12-136B
ànliàn 按練 6-593A
ànliè 闇劣 12-133B
ànliè 案列 4-1009A
ànliè 暗劣 5-797B
ānlǐhuì 安理會 3-1323A
ànlín 按臨 6-593A
ànlín 案臨 4-1011B
ànlín 暗林 5-798A
ānlíng 安陵 3-1323A
ānliú 安流 3-1322B
ānliú 安榴 3-1328B
ānliú 安劉 3-1329A
ànliú 暗流 5-800B
ānlóng 鞍籠 12-195B
ánlòng 喑哢 3-433B
ānlòu 媕陋 4-390A
ànlòu 闇陋 12-134B
ànlòu 暗陋 5-799A
ànlòu 黯陋 12-1373B
ànlóuzi 暗樓子 5-802B
ānlú 庵廬 3-1239A
ānlú 菴廬 9-437A
ānlù 安祿 3-1326B
ànluàn 闇亂 12-136A
ànlún 暗輪 5-802B
ànlùn 按論 6-592B
ànlùn 案論 4-1011B
ānluó 菴羅 9-437A
ānlǘ 菴蕳 9-436B
ānlǘ 菴閭 9-436B
ānlǚ 安履 3-1329B
ànlǜxīhóng 暗綠稀紅 5-802B
ānmǎ 鞍馬 12-195A
ànmǎ 暗碼 5-802B
ànmài 按脈 6-590B
ànmài 案脈 4-1010B
ànmào 闇瞀 12-136B
ānmèi 安寐 3-1326B
ǎnměi 俺每 1-1462B
ànměi 黯黣 12-1374B
ànmèi 闇昧 12-134B
ànmèi 晻昧 5-759A
ànmèi 暗昧 5-799A
ànmèi 黯昧 12-1373B
ānméidàiyǎn 安眉待眼 3-1321A
ānméidàiyǎn 安眉帶眼 3-1321A
ǎnmen 俺們 1-1463A
ànmén 闇門 12-134B
ànmén 闇汶 12-134A
ànmén 暗門 5-798B
ànméng 暗濛 5-803B
ànméngméng 暗蒙蒙 5-802A
ànménjīn 暗門襟 5-798B
ànménzi 暗門子 5-798B
ānmì 安謐 3-1331A
ànmì 闇沕 12-134A
ānmián 安眠 3-1321B
ànmiàn 暗面 5-799A
ānmiányào 安眠藥 3-1321B
ànmiǎo 闇眇 12-134B
ānmín 安民 3-1315A
ānmínbǎng 安民榜 3-1315B
ānmìng 安命 3-1319B
ànmíng 闇冥 12-135A
ànmíng 闇暝 12-136A
ànmíng 暗冥 5-800B
ānmíngàoshì 安民告示 3-1315A
ànmíngzéshí 按名責實 6-589B
ànmiù 暗繆 5-804A
ànmiù 暗謬 5-804A
ànmó 按摩 6-592B
ànmó 按磨 6-593A
ànmó 案摩 4-1011B
ànmò 闇没 12-134A
ànmò 闇莫 12-135A
ànmò 闇漠 12-136A
ànmò 闇墨 12-136B
ànmò 暗漠 5-802A
ànmò 暗默 5-803B
ànmò 黯漠 12-1374B
ànmò 黯默 12-1374B
ānmólè 菴摩勒 9-436B
ānmóluó 菴摩羅 9-436B
ānmù 安穆 3-1330A
ànmù 闇穆 12-136B
ànmù 案目 4-1009A
ànmù 暗目 5-797B
ànmù 暗幕 5-801B
ànnà 按納 6-591A
ànnà 按捺 6-591A
ànnài 按耐 6-590A
ānnàn 安難 3-1331A
ānnáng 裺囊 9-105B
ānnàqízhǔyì 安那其主義 3-1317A
ānnèi 安内 3-1314A
ānnèirǎngwài 安内攘外 3-1314A
ànniǎo 闇鳥 12-135A
ānníng 安寧 3-1328B
ànnuò 闇懦 12-136B
ànnuò 暗懦 5-804A
ānóng 阿儂 11-938A
ānóngjiā 阿儂佳 11-938A
ānòu 阿耨 11-939A
àn'ǒu 按偶 6-591A
ānòudáchí 阿耨達池 11-939A
ānòudáshān 阿耨達山 11-939A
ānòuduōluó 阿耨多羅 11-939A
ānòuduōluó… 阿耨多羅三藐三菩提 11-939A
ānpà 鞍帕 12-195A
ānpái 安排 3-1323A
ānpāi 按拍 6-590A
ànpán 暗盤 5-803A
ānpéi 安培 3-1323A
ānpèi 安轡 3-1332A
ānpèi 鞍轡 12-195B
ànpèi 按轡 6-593B
ānpéijì 安培計 3-1323A
ànpénpén 暗盆盆 5-799B
ānpǐ 安否 3-1317B
ānpián 安便 3-1320B
ānpín 安貧 3-1324A
ānpíng 安平 3-1314B
ānpínlèdào 安貧樂道 3-1324A
ànpò 闇魄 12-136A
ànpò 暗魄 5-802B
ānqī 安期 3-1325A
ànqī 按期 6-591B
ànqì 暗泣 5-798B
ànqì 暗器 5-803B
ànqì 暗磧 5-803B
ānqiǎn 媕淺 4-390A
ànqiǎn 闇淺 12-135B
ānqiáng 安彊 3-1330B
ānqiáng 安强 3-1326B
ànqiāng 暗槍 5-802B
ānqiánmǎhòu 鞍前馬後 12-195A
ānqiáo 鞍橋 12-195B
ānqiáo 鞍鞽 12-195B
ànqiāo 按蹺 6-593B
ānqí'ér 安琪兒 3-1324B
ānqīgōng 安期公 3-1325A
ànqíméi 案齊眉 4-1011A
ānqīn 安親 3-1330B
ānqǐn 安寢 3-1329A
ànqíng 案情 4-1010B
ānqīngmáng 揞青盲 6-774A
ānqióng 安窮 3-1329A
ànqióng 暗蛩 5-801B
ānqīshēng 安期生 3-1325A
ānqīshēng 安其生 3-1318B
ānqiū 安丘 3-1315A
ànqiú 按求 6-589B
ānqīzǎo 安期棗 3-1325A
ānqīzǐ 安期子 3-1325A
ānqū 安驅 3-1332A
ànqǔ 按曲 6-589B
ānquán 安全 3-1316A
ānquán 安痊 3-1324B
ānquàn 安勸 3-1331B
ànquán 暗泉 5-799B
ānquánbōli 安全玻璃 3-1316A
ānquándài 安全帶 3-1316B
ānquándǎo 安全島 3-1316B
ānquándēng 安全燈 3-1316B
ānquánlǐshìhuì 安全理事會 3-1316B
ānquánmào 安全帽 3-1316B
ānquánmén 安全門 3-1316A
ānquántī 安全梯 3-1316B
ānquánwǎng 安全網 3-1316B
ānquánxìshù 安全係數 3-1316A
ānquányī 安全衣 3-1316A
ānrán 安然 3-1326A
ànrán 闇然 12-135B
ànrán 晻然 5-759B
ànrán 岸然 3-806B
ànrán 黯然 12-1374A
ànrǎn 黯冉 12-1373B
ànrándàomào 岸然道貌 3-806B
ānrǎng 安攘 3-1331B
ànránshénshāng 黯然神傷 12-1374A
ànránshīsè 黯然失色 12-1374A
ànránwúsè 黯然無色 12-1374A
ānránwúyàng 安然無恙 3-1326A
ànránxiāohún 黯然銷魂 12-1374A
ānráo 安饒 3-1331B

ānrǎo 安擾 3-1331A
ānrén 安人 3-1313A
ānrén 安仁 3-1314A
ānrěn 安忍 3-1318B
ànrén 闇人 12-133B
ānróng 安榮 3-1328B
ānróu 安柔 3-1321A
ànruò 闇弱 12-135A
ànruò 暗弱 5-801A
ànruò 黯弱 12-1373B
ānrútàishān 安如太山 3-1317A
ānrútàishān 安如泰山 3-1317A
ànsào 岸埽 3-806B
ànsè 闇塞 12-136A
ànsè 闇澀 12-136B
ànsè 暗色 5-798A
ànsè 暗澀 5-804A
ànsè 黯色 12-1373B
ànsēnsēn 黯森森 12-1374A
ànshā 按殺 6-590B
ànshā 案殺 4-1010B
ànshā 暗沙 5-798A
ànshā 暗殺 5-800B
ānshàn 安善 3-1326A
ānshàng 安上 3-1313B
ànshāng 闇傷 12-136A
ànshāng 按觴 6-593B
ànshāng 暗傷 5-802A
ànshào 暗哨 5-800A
ānshè 安設 3-1324A
ānshè 菴舍 9-436B
ànshè 暗射 5-800A
ànshè 暗麝 5-804A
ànshèdìtú 暗射地圖 5-800A
ānshēn 安身 3-1318A
ānshén 安神 3-1321A
ānshēng 安生 3-1315A
ānshēng 盦生 7-1473B
ānshèng 安勝 3-1325B
ānshēngfúyè 安生服業 3-1315A
ānshēnglèyè 安生樂業 3-1315A
ānshēnlèyè 安身樂業 3-1318A
ānshēnlìmìng 安身立命 3-1318A
ānshí 安食 3-1320B
ānshí 安時 3-1321B
ānshí 諳實 11-352A
ānshí 諳識 11-352B
ānshǐ 安史 3-1315A
ānshǐ 安矢 3-1315A
ānshì 安適 3-1328B
ānshì 諳事 11-351B
ànshí 闇時 12-135A
ànshí 闇蝕 12-136A
ànshí 按時 6-590B
ànshí 按實 6-592B
ànshí 案時 4-1010A
ànshí 暗石 5-797A
ànshì 闇世 12-133B
ànshì 闇室 12-134B
ànshì 闇飾 12-136A
ànshì 晻世 5-759A
ànshì 犴噬 5-10A
ànshì 按視 6-591A
ànshì 按試 6-592A
ànshì 案事 4-1009B
ànshì 案視 4-1011A
ànshì 暗世 5-797A
ànshì 暗示 5-797A
ànshì 暗事 5-798A
ànshì 暗室 5-799B
ànshìbùqī 闇室不欺 12-135A
ànshìbùqī 暗室不欺 5-800A
ānshíchǔshùn 安時處順 3-1321B
ānshíliú 安石榴 3-1314B
ànshìwūlòu 暗室屋漏 5-800A
ànshǒu 案首 4-1010A
ānshū 安舒 3-1325B
ānshú 諳熟 11-352A
ānshù 安竪 3-1326B
ànshū 闇書 12-135A
ànshū 暗書 5-801A
ànshū 暗疏 5-801B
ànshǔ 暗數 5-802B
ànshù 暗數 5-802B
ānshuǐ 氨水 6-1037B
ānshuì 安睡 3-1327A
ànshuǐ 暗水 5-797A
ānshùn 安順 3-1325B
ànshuō 按說 6-592B
ānsì 安肆 3-1326B
ānsòng 諳誦 11-352A
ànsòng 闇誦 12-136A
ànsòng 犴訟 5-10A
ànsòng 暗誦 5-802B
ànsòngqiūbō 暗送秋波 5-799B
ānsù 安素 3-1321A
ànsú 闇俗 12-134B
ànsuàn 暗算 5-802B
ānsuī 鞍轙 12-195B
ānsuí 安綏 3-1328A
ànsǔn 暗筍 5-801B
ànsǔn 暗損 5-801B
ānsuǒ 安所 3-1319B
ànsuǒ 暗索 5-800A
ànsuǒ 暗鎖 5-804A
àntà 案沓 4-1009B
àntà 暗沓 5-798A
āntài 安泰 3-1321A
āntán 黤黮 12-442A
āntǎn 安坦 3-1318B
àntán 按彈 6-592B
àntàn 暗探 5-801A
āntáng 庵堂 3-1239A
àntǎo 按討 6-590B
āntǐ 安體 3-1332A
āntì 鞍屜 12-195A
āntì 鞍屉 12-195A
āntián 安恬 3-1321A
àntián 按田 6-589B
àntiào 闇跳 12-136A
āntiē 安怗 3-1320A
āntiē 安貼 3-1325A
āntiē 安帖 3-1319A
āntié 鞍鞊 12-195B
āntíng 安停 3-1324A
àntíng 犴庭 5-10A
āntōng 諳通 11-351B
āntóng 安童 3-1326A
àntóng 暗同 5-797B
àntóu 闇投 12-134A
àntóu 岸頭 3-806B
àntóu 案頭 4-1011B
àntóu 暗投 5-798A
àntóulǐ 暗頭裏 5-803A
āntǔ 安土 3-1313B
àntú 暗途 5-800B
àntǔ 案土 4-1008B
āntǔlèyè 安土樂業 3-1313B
àntún 按屯 6-589A
àntún 案屯 4-1008B
āntuō 安稅 3-1325B
āntuō 安托 3-1315B
āntuǒ 安妥 3-1318A
àntúsuǒjì 按圖索驥 6-592A
àntúsuǒjùn 按圖索駿 6-592A
āntǔzhòngjiù 安土重舊 3-1313B
āntǔzhòngjū 安土重居 3-1313B
āntǔzhòngqiān 安土重遷 3-1313B
ānú 阿奴 11-926A
ānùdáshān 阿傉達山 11-935B
ānǚ 阿女 11-924B
ànwán 案抏 4-1009B
ànwáng 闇王 12-133B
ānwēi 安危 3-1316B
ānwěi 諳委 11-351B
ānwèi 安慰 3-1329A
ànwěi 闇僞 12-136A
ànwèi 按味 6-590A
ànwèi 案衛 4-1011B
ànwèi 黯蔚 12-1374B
ānwěn 安穩 3-1331B
ānwěn 安隱 3-1330B
ànwèn 按問 6-591B
ànwèn 案問 4-1011A
ānwò 安臥 3-1319A
ànwǔ 按舞 6-592A
ànwù 案抏 4-1009A
ànwútiānrì 闇無天日 12-135B
ànwútiānrì 暗無天日 5-801B
ānxī 安息 3-1322A
ānxī 諳悉 11-351B
ānxí 安席 3-1322B
ānxí 安習 3-1324B
ānxí 諳習 11-351B
ànxī 闇夕 12-133B
ànxī 暗息 5-800B
ànxī 暗惜 5-801A
ànxí 按習 6-591B
ànxí 暗檄 5-803B
ànxí 暗襲 5-804A
ànxǐ 暗喜 5-801A
ānxiá 安暇 3-1327A
ānxià 安下 3-1313B
ànxiá 暗匣 5-798A
ànxià 按下 6-589A
ànxià 暗下 5-796B
ānxián 安閒 3-1326B
ānxián 安閑 3-1326B
ānxián 安嫻 3-1329B
ānxián 鞍銜 12-195B
ānxián 諳閑 11-352A
ànxiàn 岸限 3-806A
ànxiàn 按縣 6-593A
ànxiàn 案陷 4-1010B
ànxiàn 暗綫 5-802B
ānxiáng 安祥 3-1323A
ānxiáng 安翔 3-1326A
ānxiáng 安詳 3-1327B
ānxiáng 諳詳 11-352A
ānxiǎng 安享 3-1319B
ànxiāng 暗香 5-799A
ànxiāng 暗箱 5-803A
ànxiàng 闇相 12-134B
ànxiàng 暗相 5-799A
ànxiāngshūyǐng 暗香疏影 5-799B
ānxiǎo 諳曉 11-352A
ànxiào 暗笑 5-800A
ānxiē 安歇 3-1327A
ānxié 安諧 3-1330A
ànxié 按協 6-590A
ànxiě 暗寫 5-803A
ānxīn 安心 3-1314B
ànxīn 暗心 5-797A
ānxíng 安行 3-1316A
ànxíng 桉行 4-1008A
ànxíng 闇行 12-133B
ànxíng 按行 6-589B
ànxíng 案行 4-1009A
ànxíng 暗行 5-797B
ànxǐng 按省 6-590A
ànxǐng 案省 4-1010A
ānxīnlèyè 安心樂業 3-1314B
ānxīnlèyì 安心樂意 3-1314B
ānxīnluòyì 安心落意 3-1314B
ānxīrì 安息日 3-1322A
ānxīsìzhèn 安西四鎮 3-1315B
ānxiū 安休 3-1316A
ànxiū 闇修 12-134B
ānxīxiāng 安息香 3-1322A
ānxú 安徐 3-1322A
ānxù 安卹 3-1319B
ānxù 安恤 3-1321A
ànxū 闇虛 12-135A

ànxuǎn 按選 6-593A
ànxūfēnpèi 按需分配 6-592A
ānxún 安循 3-1325B
ànxún 按巡 6-589B
ànxún 按尋 6-591B
ànxùn 按訊 6-590B
ànxùn 案訊 4-1010B
ànyā 按壓 6-593A
ānyán 安言 3-1318B
ānyàn 安宴 3-1323A
ānyàn 安晏 3-1321B
ānyàn 安燕 3-1330A
ānyǎn 揞揜 6-774A
ànyǎn 按眼 6-591A
ànyǎn 案衍 4-1010A
ànyàn 按驗 6-593B
ànyàn 案驗 4-1012A
ānyǎng 安養 3-1328B
ānyánglǐ 安陽李 3-1324B
ānyǎngyuàn 安養院 3-1328B
ǎnyào 唵嘌 3-376B
ānyè 安業 3-1327A
ànyě 闇野 12-135A
ànyè 按擫 6-593A
ànyè 暗夜 5-798A
ānyí 安宜 3-1320A
ānyí 安怡 3-1320A
ānyì 安乂 3-1313B
ānyì 安佚 3-1317B
ānyì 安易 3-1319A
ānyì 安逸 3-1324A
ānyì 安意 3-1328A
ānyì 諳憶 11-352B
ányì 唵囈 3-433B
ǎnyì 唵囈 3-376B
ǎnyì 晻曀 5-759B
ànyī 案衣 4-1009A
ànyì 岸異 3-806B
ànyì 按抑 6-589B
ānyíng 安營 3-1330B
ànyīng 按鷹 6-594A
ànyǐng 暗影 5-803A
ānyíngxiàzhài 安營下寨 3-1330B
ānyíngzhāzhài 安營扎寨 3-1330B
ànyōng 暗庸 5-801A
ànyóu 案由 4-1009A
ànyǒu 闇黝 12-136B
ànyǒu 案友 4-1008B
ànyǒu 暗牖 5-803A
ànyōuyōu 暗幽幽 5-799A
ànyǒuyǒu 暗黝黝 5-804A
ānyú 安輿 3-1330B
ānyù 安育 3-1320A
ānyù 安喻 3-1325B
ānyù 安愈 3-1327B
ānyù 安豫 3-1329B
ānyù 安燠 3-1330B
ǎnyù 晻鬱 5-760A
ànyú 暗愚 5-802A
ànyú 颵颵 12-641B
ànyǔ 犴圄 5-10A
ànyǔ 按語 6-592A
ànyǔ 案語 4-1011A
ànyǔ 暗語 5-802B
ànyù 犴獄 5-10A
ànyù 岸獄 3-806B
ànyù 按獄 6-592A
ànyù 暗喻 5-801B
ànyuán 案元 4-1008B
ànyuàn 按院 6-590B
ànyuàn 案掾 4-1011A
ànyuē 暗約 5-800A
ànyuē 黯約 12-1373B
ànyuè 按樂 6-593A
ànyuè 按閱 6-592B
ànyuè 暗月 5-797A
ànyún 黯雲 12-1374A
ānyúpánshí 安於盤石 3-1320A
ānyúxiànzhuàng 安於現狀 3-1320A
ānzā 安扎 3-1314A
ānzāi 安哉 3-1320B
ānzān 腤臢 6-1354A
ānzān 腤臢 6-1353B
ǎnzán 俺咱 1-1462B
ānzānbìng 腤臢病 6-1353B
ānzāng 媕臟 4-390B
ānzàng 安葬 3-1325A
ānzānqì 腤臢氣 6-1353B
ānzāntóu 腤臢頭 6-1353B
ànzé 岸幘 3-806B
ànzé 按責 6-591A
ànzé 案責 4-1010B
ānzhá 安札 3-1314B
ānzhái 安宅 3-1316B
ànzhàn 暗戰 5-803B
ànzhàn 黯湛 12-1374B
ànzhāng 闇彰 12-136B
ànzhāng 按章 6-591A
ànzhào 按照 6-591B
ànzhào 案照 4-1011A
ànzhào 暗棹 5-801B
ānzhēn 安貞 3-1320B
ānzhēn 安禎 3-1328A
ānzhěn 安枕 3-1318B
ānzhèn 安鎮 3-1331A
ānzhěn'érwò 安枕而卧 3-1318B
ànzhèng 闇政 12-134B
ànzhèng 按證 6-593B
ānzhī 諳知 11-351B
ānzhǐ 安止 3-1314A
ānzhì 安志 3-1317A
ānzhì 安制 3-1319A
ānzhì 安置 3-1327A
ànzhì 闇質 12-136B
ànzhì 按治 6-590A
ànzhì 按置 6-591B
ànzhì 案志 4-1009B
ànzhì 案治 4-1010A
ànzhì 案致 4-1010A
ānzhīruòsù 安之若素 3-1313B
ānzhòng 安種 3-1328B
ānzhòng 安重 3-1320B
ānzhòng 安衆 3-1325B
ànzhōng 闇中 12-133B
ànzhōng 暗中 5-797A
ànzhōngmōsuo 暗中摸索 5-797A
ānzhōuxīng 安周星 3-1319B
ānzhù 安住 3-1317B
ànzhū 案誅 4-1011A
ànzhú 暗竹 5-797B
ànzhǔ 闇主 12-133B
ànzhǔ 暗主 5-797B
ànzhù 暗祝 5-800A
ànzhuǎn 暗轉 5-804A
ānzhuāng 安裝 3-1328A
ànzhuāng 暗樁 5-802B
ànzhǔn 案准 4-1010B
ānzhuó 安著 3-1323B
ānzhuó 安着 3-1324B
ànzhuō 闇拙 12-134A
ànzhuō 案桌 4-1010A
ānzi 安子 3-1314A
ānzi 鞍子 12-194B
ànzi 案子 4-1008B
ànzì 暗自 5-797B
ānzigēng 鵪子羹 12-1121B
ānzijú 鞍子局 12-194B
ànzōu 暗陬 5-801A
ànzòu 案奏 4-1010A
ānzú 安足 3-1317B
ànzuì 按罪 6-591B
ànzuì 案罪 4-1011A
ānzuò 安坐 3-1318A
ānzuò 鞍座 12-195A
ànzuò 案坐 4-1009B
ànzuò 暗做 5-801A
ào'ǎi 懊藹 7-740A
ào'ài 隩愛 11-1112A
ào'àn 傲岸 1-1589B
ào'àn 驁岸 12-866B
áo'áo 敖敖 5-438B
áo'áo 嗷嗷 3-453B
áo'áo 熬熬 7-220A
áo'áo 磝磝 7-1084A
áo'áo 謷謷 11-359B
áo'áo 翱翱 9-684A
áoáo 嚣嚣 3-562A
ào'ào 謷謷 11-360A
ào'ào 驁驁 12-866B
áo'áodàibǔ 嗷嗷待哺 3-454A
áo'áojiānjiān 熬熬煎煎 7-220A
áo'áojíjí 熬熬汲汲 7-220A
áo'áoxiāoxiāo 嚣嚣嘵嘵 3-562B
āobǎn 凹版 2-472A
áobāo 敖包 5-438B
àobào 敖暴 5-439B
áobèi 鼇背 12-1402B
àobèi 傲悖 1-1590B
áobí 鼇鼻 12-1403A
àobì 傲愎 1-1591A
àobì 奧壁 2-1556B
àobì 驁愎 12-866B
àobì 驁辟 12-866B
áobiàn 鼇抃 12-1402B
áobīng 鏖兵 11-1382A
àobìng 奧屏 2-1555A
áobō 熬波 7-219B
áobō 鼇波 12-1402B
àobó 奧博 2-1555B
áobù 遨步 10-1118A
áobùguò 熬不過 7-219A
áobùzhù 熬不住 7-219A
áocāng 敖倉 5-439A
áocáo 敖曹 5-439A
áocáo 嗷曹 3-453B
áocáo 嗷嘈 3-454A
áocáo 遨曹 10-1118B
áocáo 璈曹 4-613B
àocǎo 奧草 2-1554B
áochá 熬茶 7-219B
àochàng 懊悵 7-739B
áochángguādù 熬腸刮肚 7-220A
áochǎo 熬鬻 7-220B
àochǐ 傲侈 1-1590A
áochóu 熬愁 7-219B
áochǒu 謷醜 11-359B
àochǔ 奧處 2-1555B
àocuì 懊悴 7-739B
āodá 凹答 2-472A
àodá 傲達 1-1590B
àodá 慠達 7-675B
àodà 奧大 2-1554A
áodài 鼇戴 12-1403B
àodàn 傲誕 1-1591A
àodàn 慠誕 7-675B
áodàng 敖蕩 5-439B
áodàng 敖盪 5-439B
àodàng 傲蕩 1-1591A
áodiào 鼇釣 12-1403A
àodiào 拗調 6-533A
àodié 坳垤 2-1093A
àodié 坳垤 2-1071B
āodòng 凹洞 2-472A
áodòu 鏖鬭 11-1382B
ǎoduàn 拗斷 6-533A
àoduò 敖惰 5-439A
ào'ěr 傲爾 1-1591A
áofàng 遨放 10-1118A
àofàng 傲放 1-1590A
àofàng 驁放 12-866B
áofēng 鼇峯 12-1402B
áofū 熬稃 7-219B
àofū 敖夫 5-438B
àofǔ 奧府 2-1554B
àogé 拗格 6-532B
áogēngshǒuyè 熬更守夜 7-219A
áogōng 鼇宮 12-1402B
áogǔ 熬穀 7-220B
àogū 奧姑 2-1554B
àogǔ 傲骨 1-1590A
àogǔ 奧古 2-1554A

áoguǎn 璈管 4-613B
àoguǐ 奧詭 2-1556A
áoguō 熬鍋 7-220B
áoguó 鏖馘 11-1382B
áohǎi 鼇海 12-1403A
àohàn 謷悍 11-359B
àohàn 驁悍 12-866B
áoháo 嗷嚎 3-454A
àohǎo 驁好 12-866B
àohěn 傲佷 1-1590A
àohěn 傲很 1-1590A
àohěn 傲狠 1-1590A
àohěn 慠佷 7-675B
àohěn 慠很 7-675B
àohěn 驁很 12-866B
àohěn 驁狠 12-866B
àohèn 懊恨 7-739A
àohéng 驁横 12-1136B
áohóng 嗷鴻 3-454A
àohóng 坳泓 2-1093A
àohū 傲忽 1-1590A
àohū 慠忽 7-675B
àohū 驁忽 12-866B
àohú 坳胡 2-1093A
ǎohuā 拗花 6-532A
àohuá 驁猾 12-866B
àohuái 懊懷 7-740A
àohuǐ 懊悔 7-739A
àohuì 奧薉 2-1556B
àohuì 奧穢 2-1556B
áohún 遨魂 10-1118B
áohún 遨魂 10-1118B
áohuó 熬活 7-219B
áojí 鼇極 12-1403A
áojiǎ 鼇甲 12-1402B
àojiǎ 澳甲 6-142A
āojiān 爊煎 7-312A
áojiān 廒間 3-1253A
áojiān 熬煎 7-220A
áojiǎn 鏖剪 11-1382A
àojiǎn 驁蹇 12-866B
àojiàng 謷將 11-359B
àojiàng 拗强 6-533A
áojiāngxiācù 熬薑呷醋 7-220B
áojiāo 嶅膠 8-939A
àojié 傲桀 1-1590B
àojié 驁傑 12-866B
áojìn 鼇禁 12-1403A
āojìng 凹鏡 2-472A
āojìng 顱徑 12-336B
àojiù 拗救 6-532B
àojù 拗句 6-531B
àojù 傲倨 1-1590B
àojù 驁倨 12-866B
àojué 奧絶 2-1556A
àojùgé 拗句格 6-531B
áojūn 鏖軍 11-1382A
àokāi 拗開 6-533A
āokàng 爊炕 7-312A
àokàng 拗抗 6-532A
àokàng 慠亢 7-675A
àokàng 驁亢 12-866A
áokè 敖客 5-438B
àokè 傲客 1-1590B
àokǒu 拗口 6-531B
àokǒufēng 拗口風 6-531B
àokǒulìng 拗口令 6-531B
āokōuyǎn 凹摳眼 2-472A
áokù 敖庫 5-439A
àokū 奧窟 2-1556A
áokùn 熬困 7-219A
àokǔn 奧閫 2-1556B
áokūshòudàn 熬枯受淡 7-219B
àolǎn 傲覽 1-1591B
àolào 懊憦 7-739B
áolè 遨樂 10-1119A
áolèi 熬累 7-219B
àolǐ 奧理 2-1555A
àolì 拗戾 6-532A
àolì 拗捩 6-532B
àolì 傲吏 1-1589B
àolì 傲戾 1-1590A
āoliǎn 顱臉 12-336B
áoliàn 熬煉 7-220A
áolǐduózūn 鼇裹奪尊 12-1403A
áolǐn 敖廩 5-439B
àolínpǐkè… 奧林匹克運動會 2-1554B
ǎolǒng 拗攏 6-533B
àolǔ 奧魯 2-1556A
àolǜ 拗律 6-532B
àolüè 奧略 2-1555B
àomài 慠邁 7-675B
ǎomàn 趏蔓 11-610A
àomàn 敖慢 5-439B
àomàn 傲慢 1-1591A
àomàn 慠慢 7-675B
àoměi 奧美 2-1555A
àomèn 懊悶 7-739B
àoměng 慠猛 7-675B
àomì 奧祕 2-1555A
àomì 奧密 2-1555B
āomiànjìng 凹面鏡 2-472A
āomiànzhōng 凹面鍾 2-472A
ǎomiǎo 眑眇 7-1202A
àomiǎo 奧渺 2-1556A
àomiào 奧妙 2-1554B
áomín 敖民 5-438B
àomín 慠民 7-675A
àomíng 澳溟 6-142B
áomó 熬磨 7-220B
ǎomù 眑目 7-1202A
àonǎo 敖惱 5-439A
ǎonǎo 趏趒 11-610A
àonáo 懊憹 7-740A
àonǎo 懊惱 7-739B
àonǎo 忺惱 7-433A
àonáogē 懊憹歌 7-740A
àonǎogē 懊惱歌 7-739B
àonáoqǔ 懊憹曲 7-740A
àonǎoqǔ 懊惱曲 7-739B
àonǎozéjiā 懊惱澤家 7-739B
àonèi 奧内 2-1554A
àonì 敖倪 5-439A
àonì 敖睨 5-439A
àonì 傲倪 1-1590B
àonì 傲睨 1-1591A
àonì 懊膩 7-740A
áonòng 敖弄 5-438B
àonóng 懊儂 7-739B
àonòng 傲弄 1-1589B
àonòng 慠弄 7-675B
àonónggē 懊儂歌 7-740A
àonóngqǔ 懊儂曲 7-740A
àonù 拗怒 6-532B
áonüè 傲虐 1-1590A
àopán 鰲盤 11-1359B
àopì 敖辟 5-439A
àopì 傲辟 1-1591A
àopì 傲僻 1-1591B
àopì 奧僻 2-1556A
àopiē 傲撇 1-1591A
áopū 鏖撲 11-1382A
àoqì 傲氣 1-1590B
àoqì 傲棄 1-1591A
àoqì 奧氣 2-1555A
āoqiáo 顱翹 12-336B
àoqiào 拗峭 6-532B
àoqiào 奧峭 2-1555A
àoqiào 奧竅 2-1556B
àoqīng 澳清 6-142A
áoqīngshǒudàn 熬清守淡 7-219B
áoqīngshòudàn 熬清受淡 7-219B
áoqiū 鼇丘 12-1402B
áoqū 嶅屈 8-684A
ǎoqǔ 拗取 6-532A
àoqū 奧區 2-1555A
àoqū 隩區 11-1112A
àoqù 奧趣 2-1556A
áoquē 鼇闕 12-1403B
àoquè 拗卻 6-532B
áorán 敖然 5-439A
áorán 嗷然 3-453B
áorán 熬然 7-219B
àorán 謷然 11-359B
áorán 囂然 3-560B
àorán 謷然 11-359B
àorán 傲然 1-1590B
àorán 驁然 12-866B
àorǎng 奧壤 2-1556B
àorè 懊熱 7-739B
áorìtóu 熬日頭 7-219A
áoròu 熬肉 7-219A
āorù 凹入 2-471B
àorú 慠如 7-675A
àosǎn 傲散 1-1590B
àosàng 懊喪 7-739B
áosāo 嗷騷 3-454A
àosè 謷色 11-359B
àosè 拗澀 6-533A
àosè 傲色 1-1589B
àosè 奧澀 2-1556A
àosè 奧澀 2-1556B
áoshān 鼇山 12-1402A
àoshān 奧山 2-1554A
àoshàn 奧贍 2-1557A
āoshàng 凹上 2-471B
áoshāng 廒商 3-1253A
áoshǎng 遨賞 10-1118B
àoshāng 懊傷 7-739B
àoshàng 傲上 1-1589B
áoshén 遨神 10-1118B
áoshěn 熬審 7-220B
ǎoshén 媼神 4-387A
àoshēn 奧深 2-1555B
àoshēng 拗聲 6-533A
áoshī 翺師 9-684A
àoshì 傲世 1-1589B
àoshì 傲視 1-1590B
àoshì 奧室 2-1555A
àoshì 慠世 7-675A
áoshòu 囂獸 3-562A
áoshǔ 鼇署 12-1403A
àoshū 奧樞 2-1556A
àoshuāng 傲霜 1-1591B
àoshuǐ 奧水 2-1554A
àoshuō 奧説 2-1556A
àosī 奧思 2-1554B
àosǐ 傲死 1-1589B
àosì 傲肆 1-1591A
àosì 驁肆 12-866B
áosǒu 嶅叟 8-684A
àosǒu 奧藪 2-1556B
áosù 敖粟 5-439A
àosú 傲俗 1-1590A
àosú 慠俗 7-675B
àosuì 奧邃 2-1556B
āotà 凹榻 2-472A
ǎotāi 夭胎 2-1459B
àotài 傲態 1-1591A
àotàn 懊歎 7-739B
áotāng 熬湯 7-219B
àotáng 坳堂 2-1093A
àotáng 坳塘 2-1093A
àotǐ 拗體 6-533B
áotiān 鼇天 12-1402B
áotiào 嗷咷 3-453B
àotīng 傲聽 1-1591B
àotǐshī 拗體詩 6-533B
áotóng 傲童 1-1591A
áotóu 遨頭 10-1119A
áotóu 鼇頭 12-1403A
àotóu 鰲頭 11-1359B
àotóu'àonǎo 傲頭傲腦 1-1591B
áotóudúzhàn 鼇頭獨占 12-1403B
áotóu'er 熬頭兒 7-220B
āotòujìng 凹透鏡 2-472A
āotóusēng 爊頭僧 7-230A
āotū 凹凸 2-471B
áotū 鏖突 11-1382A
áotú 鼇圖 12-1403A
àotū 坳突 2-1071B
āotūhuā 凹凸花 2-472A
àotún 奧敦 2-1555B
àotún 奧屯 2-1554A
àotuō 驁侻 12-866B

āotūyìn 凹凸印 2-472A
āowā 凹窪 2-472A
āowā 頔窊 12-336B
āowā 呅嗗 3-217B
àowā 坳窊 2-1093A
àowā 坳窪 2-1093A
àowā 噢嗗 3-511A
àowán 傲頑 1-1591A
àowǎn 懊惋 7-739B
àowū 傲兀 1-1589B
aòwū 奡兀 1-574B
àowū 奧屋 2-1555A
àowǔ 傲侮 1-1590A
àowǔ 驁侮 12-866B
àowù 傲物 1-1589B
àowù 慠物 7-675B
áoxī 敖嬉 5-439B
áoxī 遨嬉 10-1118B
áoxì 敖戲 5-439B
áoxì 遨戲 10-1119A
áoxì 傲戲 1-1591B
àoxī 懊惜 7-739B
àoxiá 傲狎 1-1590A
àoxià 驁夏 12-866B
āoxiǎn 凹嶮 2-472A
āoxiàn 凹陷 2-472A
áoxiáng 敖翔 5-439A
áoxiáng 敖詳 5-439A
áoxiáng 遨翔 10-1118B
áoxiáng 翱翔 9-684A
ǎoxiàng 拗項 6-532B
ǎoxiàng 媪相 4-387A
áoxiángzìdé 遨翔自得 10-1118B
àoxiāo 驁囂 12-867A
áoxiè 螯蟹 8-939A
āoxīn 熬心 7-219A
àoxīn 懊心 7-739A
āoxīnfèilì 熬心費力 7-219A
áoxíng 熬刑 7-219A
àoxìng 傲性 1-1590A
āoxīnyàn 凹心硯 2-471B
àoxù 懊緒 7-739B
àoxué 奧學 2-1556B
áoyá 聱牙 8-683B
áoyá 聱齖 8-684A
àoyǎ 傲雅 1-1590B
àoyǎ 奧雅 2-1555B
áoyájiéqū 聱牙詰曲 8-684A
áoyájiéqū 聱牙詰屈 8-684A
áoyájǐkǒu 聱牙戟口 8-684A
áoyájíqū 謷牙詰屈 11-359B
áoyán 熬鹽 7-220B
áoyǎn 熬眼 7-219B
àoyán 敖言 5-438B
àoyǎn 奧衍 2-1554B
àoyàn 鏊研 11-1359B
àoyàn 鏊硯 11-1359B
āoyáo 頔頗 12-336B
àoyào 奧窔 2-1555B
āoyáoláo 鷗顤顟 12-1134B
áoyáqūqū 聱牙詘曲 8-684A
áoyē 鼇掖 12-1403A
áoyè 獓狪 5-97B
áoyè 熬夜 7-219B
àoyē 徼徆 3-1047A
āoyì 窅寏 8-443B
áoyì 遨逸 10-1118B
àoyì 傲易 1-1589B
àoyì 傲逸 1-1590B
àoyì 奧義 2-1556A
áoyóu 敖游 5-439A
áoyóu 敖遊 5-439A
áoyóu 遨遊 10-1118B
áoyóu 遨游 10-1118B
áoyóu 遨遊 10-1118B
áoyóu 翱遊 9-684A
áoyóufèihuǒ 熬油費火 7-219B
áoyú 鼇魚 12-1403A
áoyǔ 敖庾 5-439A
ǎoyù 媪嫗 4-387A
àoyú 奧隅 2-1555B
àoyú 隩隅 11-1112A
àoyǔ 拗語 6-533A
àoyǔ 奧宇 2-1554A
àoyù 奧域 2-1555A
àoyù 奧鬱 2-1557A
àoyuán 奧援 2-1555B
àoyuǎn 奧遠 2-1556A
àoyuàn 懊怨 7-739A
áoyuèzi 熬月子 7-219A
àoyùn 奧蘊 2-1556B
àoyùnhuì 奧運會 2-1556A
àozàng 奧藏 2-1556B
áozāo 鏖𪘽 11-1382B
áozāo 鏖糟 11-1382A
àozāo 懊糟 7-740A
àozào 奧竈 2-1557A
àozào 懊躁 7-740A
àozé 奧賾 2-1556B
àozhá 澳牐 6-142A
áozhàn 鏖戰 11-1382A
àozhàn 鏊戰 11-1359B
ǎozhé 拗折 6-531B
àozhé 拗折 6-532A
àozhé 奧折 2-1554A
áozhì 熬炙 7-219A
àozhǐ 奧旨 2-1554A
àozhǐ 奧祉 2-1554B
áozhìjīngqù 鼇擲鯨呿 12-1403B
áozhìjīngtūn 鼇擲鯨吞 12-1403B
áozhōu 鼇洲 12-1402B
áozhǔ 熬煮 7-219B
áozhù 翱翥 9-684A
áozhù 鼇柱 12-1402B
àozhǔ 奧主 2-1554A
àozhǔ 驁主 12-866B
àozhù 奧助 2-1554A
àozhuō 拗拙 6-532A
áozī 謷訾 11-359B
ǎozi 襖子 9-138A
àozi 鏊子 11-1359A
àozì 拗字 6-531B
àozòng 傲縱 1-1591B
áozú 鼇足 12-1402B
ǎozǔ 拗阻 6-532A
àozǔ 奧阻 2-1554B
àozuò 奧阼 2-1554B
āpáng 阿房 11-930B
āpén'er 腌盆兒 6-1330A
āpiàn 阿片 11-925A
āpídámó 阿毗達磨 11-931B
āpídìyù 阿毗地獄 11-931B
āpíng 阿平 11-925B
āpíngjuédǎo 阿平絕倒 11-925B
āpítán 阿毗曇 11-931B
āpó 阿婆 11-935A
āpómiàn 阿婆面 11-935A
āQ 阿 Q11-924A
āqiéjiātuóyào 阿伽陀藥 11-928B
āqíná 阿其那 11-929B
āqióng 阿瓊 11-941A
āquè 阿䧿 11-939B
āquè 阿鵲 11-941A
āquèyán 阿鵲鹽 11-941A
āqūlǎo 腌軀老 6-1330B
ārè 阿熱 11-938A
āróng 阿戎 11-926B
āsǎo 阿嫂 11-936A
āsēngqí 阿僧衹 11-937A
āsēngqíjié 阿僧衹劫 11-937A
āsēngzhījié 阿僧秖劫 11-937B
āshē 阿奢 11-934B
āshé 阿闍 11-939B
āshè 阿社 11-928B
āshéi 阿誰 11-938B
āshélí 阿闍梨 11-940A
āshélí 阿闍黎 11-940A
āshī 阿師 11-933A
āshì 阿士 11-924B
āshì 腌勢 6-1330B
āshǐdé 阿史德 11-926A
āshǐnà 阿史那 11-926A
āshū 阿叔 11-929B
āshūjiā 阿輸迦 11-939B
āsīpǐlín 阿司匹林 11-926A
ātài 阿太 11-924B
ātáng 阿堂 11-934B
ātèmíshī 阿忒迷失 11-928A
ātì 阿嚏 11-940A
ātóng 阿童 11-936A
ātǔgǔ 阿土古 11-924A
ātún 阿屯 11-924B
āwǎn 阿婉 11-935A
āwèi 阿譽 11-942B
āwèi 阿魏 11-940A
āwēiwēi 阿癐癐 11-941A
āwēng 阿翁 11-933B
āwú 阿吳 11-928A
āwǔ 阿武 11-929A
āwù 阿騖 11-942A
āwù'er 阿物兒 11-929B
āwǔpó 阿武婆 11-929A
āwǔzǐ 阿武子 11-929A
āxián 阿咸 11-931B
āxiāng 阿香 11-931B
āxiāng 阿鄉 11-935A
āxiāngchē 阿香車 11-931B
āxiǎo 阿小 11-924B
āxiōng 阿兄 11-926A
āxiūluó 阿修羅 11-932A
āyā 啊呀 3-370B
āya 阿呀 11-928A
āyáng 阿陽 11-935A
āyǎwěi 阿雅偉 11-935B
āyé 阿耶 11-929B
āyéniáng 阿耶孃 11-929B
āyí 阿夷 11-927A
āyí 阿宜 11-930A
āyí 阿姨 11-932B
āyì 阿驛 11-942A
āyō 啊唷 3-370B
āyō 啊喲 3-370B
āyù 阿育 11-930A
āyuàn 阿媛 11-936B
āyùdì 阿育帝 11-930A
āyǔduō 阿庾多 11-935A
āyuè 阿月 11-925A
āyuè 阿越 11-935B
āyuèhúnzǐ 阿月渾子 11-925A
āyùtǎ 阿育塔 11-930A
āyùwáng 阿育王 11-930A
āzā 腌臢 6-1330B
āzā 醃臢 9-1418A
āzān 腌臢 6-1330B
āzān 醃臢 9-1418A
āzānhùndùn 腌臢混沌 6-1330B
āzhāng 阿章 11-935A
āzhàng 阿丈 11-924A
āzhē 阿奢 11-936A
āzhě 阿者 11-929A
āzhēng 腌脝 6-1330B
āzhèng 阿正 11-925B
āzhí 阿侄 11-929B
āzhǔ 阿主 11-926A
āzhǔshālǐ 阿主沙里 11-926A
āzǐ 阿子 11-924B
āzǐ 阿紫 11-935B

B

bà'ǎi 欛矮 7-1554B
bā'āishī 八哀詩 2-12A
bā'àn 八案 2-15A
bà'àn 霸岸 11-732A
bāba 粑粑 9-205A
bābā 八八 2-1B
bābā 巴巴 4-73B
bābā 叭叭 3-45A
bābā 吧吧 3-250A
bāba 巼巼 4-15B
bābǎ 把把 6-422B
bàba 爸爸 6-1118A
bābā'erde 巴巴兒的 4-74A
bābài 八拜 2-11B
bábái 拔白 6-443B
bābǎigūhán 八百孤寒 2-5A
bābàijiāo 八拜交 2-11B
bābǎilǐ 八百里 2-5A
bābǎilǐbó 八百里駮 2-5A
bābàimìng 八敗命 2-15B
bābáishì 八白室 2-5A
bābǎiyīnjiāo 八百姻嬌 2-5A
bābàizhījiāo 八拜之交 2-11B
bābǎizhuàngshì 八百壯士 2-5A
bābǎizhūhóu 八百諸侯 2-5B
bābajiējiē 巴巴結結 4-74A
bābājiéjié 巴巴劫劫 4-74A
bābājíjí 巴巴急急 4-74A
bābān 疤瘢 8-288A
bābàngshíjiā 八棒十枷 2-16B
bābàngshíjiā 八棒十挾 2-16B
bābāniǎo 哵哵鳥 3-363A
bābànzi 八瓣子 2-22A
bābǎo 八寶 2-23A
bābǎocài 八寶菜 2-23A
bābǎochē 八寶車 2-23A
bābǎofàn 八寶飯 2-23A
bābǎoshān 八寶山 2-23A
bābǎoxiāng 八寶箱 2-23A
bābātóu 巴巴頭 4-74A
bàbàtóu 䯩䯩頭 12-733A
bābāxí 八八席 2-1B
bǎbèi 把背 6-423A
bǎbēi 把杯 6-422B
bābèicán 八輩蠶 2-20B
bābèizi 八輩子 2-20B
báběn 拔本 6-443A
báběnsèyuán 拔本塞原 6-443B
báběnsèyuán 拔本塞源 6-443B
bābí 巴鼻 4-76A
bǎbí 把鼻 6-425A
bābǐ 八比 2-3A
bābǐ 八鄙 2-18A
bābì 八陛 2-13B
bābì 巴壁 4-76B
bābì 巴避 4-76B
bābì 巴臂 4-76B
bābì 笆壁 8-1116B
bǎbì 把臂 6-425B
bǎbǐ 把筆 6-424B
bǎbì 把臂 6-425B
bābiǎo 八表 2-7B
bābǐng 八柄 2-10A
bābǐng 八枋 2-8A
bābìng 八病 2-14B
bábīng 拔兵 6-444B
bǎbǐng 把柄 6-423A
bàbīng 罷兵 8-1041B
bàbǐng 霸柄 11-732B
bàbǐng 欛柄 4-1372B
bàbǐng 杷柄 4-885B
bābìngjiǔtòng 八病九痛 2-15A
bǎbìrùlín 把臂入林 6-425B
bābó 八伯 2-7A
bābó 笆箔 8-1116A
bābù 八部 2-15A
bábǔ 拔補 6-447B
bábù 拔步 6-444A
bábù 跋踄 10-441B
bábùchuáng 拔步牀 6-444B
bábùchuáng 跋步牀 10-440A
bábùchūtuǐ 拔不出腿 6-443A
bābùde 巴不得 4-73B
bābùde 巴不的 4-73B
bābùnénggòu 巴不能勾 4-73B
bācái 八才 2-2A
bācái 八材 2-7A
bācǎi 八采 2-8B
bācǎi 八彩 2-15B
bācǎi 八綵 2-20A
bàcái 霸才 11-730B
bācǎiméi 八彩眉 2-15B
bācán 八蠶 2-23B
bāchā 八叉 2-2B
bāchā 吧嚓 3-250A
bàchǎn 灞滻 6-223A
bǎchǎng 把場 6-424A
bǎchǎng 靶場 12-189B
báchāo 跋朝 10-441B
bàcháo 罷朝 8-1043A
bàcháo 霸朝 11-733A
bàchén 霸臣 11-732A
bāchéng 八成 2-5B
báchéng 拔城 6-445A
bàchéng 霸城 11-732B
bàchéngmén 霸城門 11-732B
báchì 跋勑 10-440B
báchì 跋勅 10-440A
báchì 跋敕 10-440B
bǎchí 把持 6-423A
bàchí 霸池 11-732A
bàchí 霸持 11-732A
bàchí 灞池 6-223A
bàchì 罷斥 8-1041A
bāchǐlóng 八尺龍 2-4A
bāchōng 八衝 2-20B
bāchú 八廚 2-20B
báchū 拔出 6-443B
báchú 拔除 6-445B
bàchū 罷出 8-1041A
bàchǔ 霸楚 11-733B
bàchù 罷黜 8-1044A
bāchuān 八川 2-2B
bàchuān 霸川 11-731A
bāchuānglínglóng 八窗玲瓏 2-17B
bāchuānglínglóng 八牕玲瓏 2-20B
bāchuí 八陲 2-15A
bācī 八疵 2-16A
bācí 八慈 2-18B
bācì 八次 2-6A
bàcí 罷祠 8-1042A
bācóng 巴賨 4-76B
bácóng 拔叢 6-449A
bácóngchūlèi 拔叢出類 6-449A
bácuì 拔萃 6-446A
bácuìchūlèi 拔萃出類 6-446B
bácuìchūqún 拔萃出羣 6-446B
bācùncè 八寸策 2-2A
bācùnsānfēnmàozi 八寸三分帽子 2-2A
bādā 巴嗒 4-75B
bādā 巴噠 4-76B
bādā 巴答 4-75B
bādā 叭嗒 3-45B
bādā 叭噠 3-45B
bādā 叭嗒 3-45B
bādā 吧嗒 3-250A
bādā 吧噠 3-250A
bādā 吧嗒 3-250A
bādá 八達 2-16B
bādàbāxiǎo 八大八小 2-2A
bādàhútòng 八大胡同 2-2A
bādài 八代 2-4B
bàdàirì 霸代日 11-732A
bādàjiā 八大家 2-2B
bādálǐng 八達嶺 2-16B
bādāmáxié 八搭麻鞋 2-16A
bādámáxié 八答麻鞋 2-17A
bādàn 巴旦 4-74A
bādǎng 八黨 2-22B
bādànxìng 巴旦杏 4-74A
bādāo 八刀 2-2A
bādǎo 八倒 2-14B
bādào 八到 2-8A
bàdào 霸道 11-733B
bàdào 伯道 1-1266B
bàdàohéngxíng 霸道橫行 11-733B
bádāoxiāngxiàng 拔刀相向 6-442B
bádāoxiāngzhù 拔刀相助 6-442B
bādàshānrén 八大山人 2-2A
bādàwáng 八大王 2-2A
bādáxìng 叭噠杏 3-45B
bādáxìng 八達杏 2-16B
bādé 八德 2-20B
bādé 巴得 4-75A
bàdé 霸德 11-734A
bādéchí 八德池 2-20B
bāděng 八等 2-17A
bādí 八狄 2-7A
bādǐ 巴氐 4-74A
bádì 拔地 6-444A
bàdì 壩地 2-1244B
bādiāo 八貂 2-17B
bǎdiào 把釣 6-424A
bádīng 拔釘 6-446A
bádìng 拔碇 6-447B
bǎdìng 把定 6-422B
bādīngbīng 八丁兵 2-1B
bádīngchōuxiē 拔丁抽楔 6-442B
bádīngqián 拔釘錢 6-446A
bádīngzi 拔釘子 6-446A
bādòng 八洞 2-12B
bādòngshénxiān 八洞神仙 2-12B
bādǒu 八斗 2-4A
bādǒu 巴斗 4-73B
bādǒu 笆斗 8-1116A
bādòu 巴豆 4-74B
bādǒucái 八斗才 2-4A
bādū 八都 2-13B
bádū 拔都 6-446A
bádú 拔毒 6-445A
bádù 拔度 6-445B
bádù 拔渡 6-447A
bǎdū 把都 6-423B
bàdù 霸杜 11-732A
bǎduàn 把斷 6-425B
bàduǎn 罷短 8-1043A
bàduǎn 霸短 11-733B
bàduàn 罷斷 8-1044A
bāduànjǐn 八段錦 2-11B
báduǎntī 拔短梯 6-447A
bādū'ér 八都兒 2-13B
bādū'ér 巴都兒 4-75A
bǎdū'ér 把都兒 6-423B
bāduì 八對 2-19A
báduì 拔隊 6-447A
báduìzhǎn 跋隊斬 10-441A
bādūlǔ 八都魯 2-14A
bǎduò 把舵 6-424A
bǎduò 把柁 6-423A
bādūzhǐ 八都紙 2-13B
bā'er 叭兒 3-45A
bā'ér 巴兒 4-74B
bā'ergǒu 叭兒狗 3-45A
bā'érgǒu 吧兒狗 3-250A
bǎ'erjìngzi 靶兒鏡子 12-189B
bā'érsī 巴而思 4-74B

bā'érsī 巴兒思 4-74B
bāfǎ 八法 2-9A
bāfǎ 八灋 2-23A
bāfǎ 趴法 10-62B
bāfān 八番 2-17A
bāfān 八蕃 2-20A
bāfāng 八方 2-4A
bāfāng 八坊 2-7A
bāfānghūyìng 八方呼應 2-4A
bǎfànjiàojī 把飯叫飢 6-424B
bāfǎzhēn 八法針 2-9A
bàfèi 罷廢 8-1043B
bāfēn 八分 2-3B
báfèn 拔份 6-444A
bāfēng 八風 2-12A
báfèng 拔縫 6-449A
bǎfēng 把風 6-423A
bāfēngōng 八分公 2-3B
bāfēngqǔ 八風曲 2-12A
bāfēngshuǐ 八風水 2-12A
bāfēngtái 八風臺 2-12A
bāfēngwǔ 八風舞 2-12A
bāfēnshū 八分書 2-3B
bāfǔ 八輔 2-19A
báfú 拔拂 6-444B
bàfū 霸夫 11-731B
bàfǔ 霸府 11-732A
báfúdǎo 跋弗倒 10-440A
bāfǔxún'àn 八府巡按 2-9A
bāgā 巴嘎 4-76A
bāgāi 八垓 2-10A
bágàn 拔榦 6-447B
bāgāng 八綱 2-20A
bāgāngyú 八掆輿 2-15B
bágāo 拔高 6-446A
bāgāocǎidī 扒高踩低 6-338B
bāgāowàngshàng 巴高望上 4-75A
bāgāozhī'er 巴高枝兒 4-75A
bāgē 八哥 2-14A
bāgē 唎哥 3-363A
bāgē 捌哥 6-618A
bāgé 捌格 6-618A
bāgèzì 八個字 2-14B
bāgōng 八公 2-3B
bágòng 拔貢 6-446A
bǎgǒng 把拱 6-423A
bàgōng 罷工 8-1040B
bàgōng 霸功 11-731B
bàgōng 伯功 1-1262B
bāgōngcāo 八公操 2-3B
bāgōngdéshuǐ 八功德水 2-4B
bāgōngnǔ 八弓弩 2-2B
bāgōngshān 八公山 2-3B
bāgòu 八垢 2-10A
bāgǔ 八股 2-8B
bāgǔ 八穀 2-20A
bāgù 八故 2-10A
bāgù 八顧 2-23A
bāguà 八卦 2-7B
báguā 茇苦 9-335A
bāguàdān 八卦丹 2-7B
bāguàfāngwèi 八卦方位 2-8A
bāguàjiào 八卦教 2-8A
bāguàlú 八卦爐 2-8A
bāguān 八關 2-22B
bāguān 八觀 2-23B
bǎguān 把關 6-426A
bàguān 罷官 8-1042A
bàguān 霸官 11-732A
bāguānjiè 八關戒 2-22B
bāguānliùyàn 八觀六驗 2-23B
bāguānshíliùzǐ 八關十六子 2-22B
bāguānzhāi 八關齋 2-22B
bāguàquán 八卦拳 2-8A
bāguàtú 八卦圖 2-8A
bāguàyī 八卦衣 2-8A
bāguàzhǎng 八卦掌 2-8A
bāguàzhèn 八卦陣 2-8A
bāguǐ 八簋 2-21B
bāguì 八桂 2-14A
bāguì 八貴 2-17A
bāguì 八跪 2-18A
báguī 拔歸 6-449A
bàguī 罷歸 8-1044A
bàguǐ 霸軌 11-732B
bǎgùn 把棍 6-424B
bàguó 霸國 11-733A
bàguó 伯國 1-1266A
báguōjuǎnxí 拔鍋捲席 6-449A
bāguóliánjūn 八國聯軍 2-15B
bāgǔshì 八股式 2-9A
bāhǎi 八海 2-15A
báhǎi 拔海 6-446A
bāhàn 巴漢 4-76B
bāháng 八行 2-5B
bāhángshū 八行書 2-5B
báhào 拔號 6-447B
báhé 拔禾 6-443B
báhé 拔和 6-445A
báhé 拔河 6-445A
báhè 菝藺 9-429B
bāhén 疤痕 8-288A
bāhéshí 八合識 2-5B
bāhóng 八紘 2-15B
bāhóng 八鴻 2-21B
bāhóngtóngguǐ 八紘同軌 2-15B
bāhǔ 八虎 2-8A
báhú 跋胡 10-440A
báhù 拔扈 6-447A
báhù 跋扈 10-440B
bāhù 抪搉 6-358B
bǎhù 把笏 6-423B
bǎhuá 把滑 6-424B
bǎhuá 把猾 6-424B
bǎhuà 把話 6-425A
bāhuán 八還 2-20B
báhuán 拔還 6-448B
bāhuāng 八荒 2-10A
bāhuāzhuān 八花塼 2-7A
báhùfēiyáng 跋扈飛揚 10-441A
bāhuì 八會 2-18B
báhuì 拔簪 6-449A
báhùjiāngjūn 跋扈將軍 10-441A
bāhuǒ 巴火 4-73B
bǎhuǒ 把火 6-422A
báhuǒguàn 拔火罐 6-443A
báhuǒguàn'er 拔火罐兒 6-443A
báhuǒguànzi 拔火罐子 6-443A
báhǔxū 拔虎鬚 6-445A
báhúzhìwěi 跋胡疐尾 10-440A
báhùzìsuī 跋扈恣睢 10-441A
báhùzìzì 跋扈自恣 10-441A
bái'ài 白艾 8-170A
bái'ái'ái 白皚皚 8-208A
bái'àn 白暗 8-202B
bài'àolì 拜奧禮 6-432A
báibā 白八 8-165A
bàibǎ 拜把 6-428A
bàibà 拜罷 6-433B
báibái 白白 8-171A
bǎibǎi 伯伯 1-1263B
bǎibài 百拜 8-232B
bàibai 拜拜 6-430A
bàibài 㟑㟑 3-871A
báibān 白班 8-187A
báibān 白斑 8-197A
báibǎn 白板 8-178B
báibǎn 白版 8-180B
báibàn 白半 8-171B
bǎibān 百般 8-234A
bǎibān 擺班 6-959A
báibǎng 白榜 8-204B
báibǎng 白膀 8-204B
báibàng 白榜 8-204B
báibàng 白棒 8-197B
báibàng 白棓 8-198A
báibànggǔchuán 白艕牯船 8-211A
báibǎnhóu 白版侯 8-180B
bǎibānjiāo 百般嬌 8-234A
báibǎntiānzǐ 白板天子 8-178B
báibǎntiānzǐ 白版天子 8-180B
báibào 白豹 8-189A
báibào 白報 8-197B
bǎibǎo 百寶 8-246A
bǎibǎochú 百寶橱 8-246B
bǎibǎonáng 百寶囊 8-246B
bǎibǎowànhuò 百寶萬貨 8-246A
bǎibǎoxiāng 百寶箱 8-246B
báibàozhǐ 白報紙 8-197B
báibáqià 白菝葜 8-191B
bǎibāwán 百八丸 8-220A
bǎibāzhēnzhū 百八真珠 8-220A
bàibǎzi 拜把子 6-428A
báibèi 白背 8-184A
bǎibèi 百倍 8-234A
bǎibèi 百琲 8-236B
bǎibèi 百輩 8-242B
bàiběi 敗北 5-461A
báiběn 白本 8-170A
bàibēn 敗奔 5-461B
bàiběn 拜本 6-427B
bàiběn 敗本 5-461A
báibí 白鼻 8-205A
báibǐ 白筆 8-199B
báibì 白賁 8-197A
báibì 白璧 8-214B
bǎibì 百辟 8-241A
bàibǐ 敗筆 5-463B
bàibì 稗秕 8-101B
bàibì 拜璧 6-434B
bàibì 敗敝 5-463B
báibiàn 白辨 8-211B
bǎibiàn 百變 8-247A
bàibiǎo 拜表 6-428B
bǎibìdāo 百辟刀 8-241A
bàibié 拜別 6-428B
báibíguā 白鼻騧 8-205A
báibīng 白兵 8-176B
báibǐng 白餅 8-205A
bǎibǐng 百餅 8-241B
bǎibìng 百病 8-234B
báibìqīngyíng 白璧青蠅 8-214B
báibìsānxiàn 白璧三獻 8-214B
báibìwēixiá 白璧微瑕 8-214B
báibìwúxiá 白璧無瑕 8-214B
báibìxiá 白璧瑕 8-214B
báibízi 白鼻子 8-205A
báibō 白波 8-182A
bǎibō 擺撥 6-960B
bǎibǒ 擺簸 6-961B
bàibó 拜帛 6-429A
báibú 白醭 8-215A
báibǔ 白捕 8-187A
báibù 白布 8-170B
báibù 白部 8-189B
bǎibù 擺布 6-958A
bǎibù 擺佈 6-958B
bàibǔ 敗卜 5-460B
bǎibùchuānyáng 百步穿楊 8-228A
bǎibùdāngyī 百不當一 8-222A
bǎibùdēng 百步燈 8-228A
bǎibùshīyī 百不失一 8-222A
bǎibùwáng 百步王 8-228A
bǎibùwéiduō… 百不爲多，一不爲少 8-222A

bàibùxuánzhǒng 敗不旋踵 5-460B
bǎibùyīdài 百不一貸 8-222A
bǎibùyīyù 百不一遇 8-222A
bǎibùzǎ 百不咋 8-222A
bǎibùzhī 百不知 8-222A
báibùzīliě 白不呲咧 8-166B
báicǎi 白彩 8-194A
báicài 白菜 8-191B
bǎicái 百材 8-228A
bàicái 敗財 5-462B
bàicáishāngjǐn 敗材傷錦 5-461B
báicàn 白粲 8-202A
báicàn 白燦 8-213A
bǎicán 百殘 8-237B
báicǎncǎn 白慘慘 8-206A
báicàncàn 白燦燦 8-213A
báicáng 白藏 8-212A
báicǎo 白草 8-183A
bǎicǎo 柏操 4-919A
bǎicǎo 百草 8-232A
bàicǎo 敗草 5-462A
bàicǎo 稗草 8-101B
bǎicǎoshuāng 百草霜 8-232A
bǎicéng 百層 8-243B
bǎicéng 百增 8-242A
báichá 白茶 8-183A
báichá 白槎 8-202A
bàichá 拜茶 6-430A
bǎichán 百廛 8-243A
bǎichán 百鄽 8-245A
bǎichán 百墨 8-241A
bàichàn 拜懺 6-434B
báichāng 白昌 8-180B
báicháng 白裳 8-204B
báichǎng 白氅 8-210B
bǎichāng 百昌 8-230B
bǎicháng 百常 8-236A
bàichàng 唄唱 3-359B
báicháo 白嘲 8-208A
báichē 白車 8-176A
báichě 白扯 8-175B
bǎichē 柏車 4-916B
bǎichè 擺掣 6-960A
bàichēchén 拜車塵 6-428B
bǎichèn 百稱 8-241B
bàichén 拜塵 6-433A
báichéng 白髩 8-201A
bǎichéng 百城 8-232A
bǎichéng 柏成 4-916A
bǎichéng 柏城 4-917A
bàichéng 敗乘 5-463A
bǎichéngbiǎo 百城表 8-232A
báichéngjiāng 白澄漿 8-208B
bǎichéngshū 百城書 8-232A
bǎichéngzǐgāo 柏成子高 4-916A
bǎichéngzǐgāo 柏成子皐 4-916A
báichī 白螭 8-211A
báichī 白癡 8-216A
bǎichǐ 百尺 8-223B
bǎichǐchǔ 百尺杵 8-223B
bǎichǐgān 百尺竿 8-223B
bǎichǐgāntóu 百尺竿頭 8-223B
bǎichǐgāntóu… 百尺竿頭更進一步 8-223B
báichīhóu 白吃猴 8-172B
bǎichǐlóu 百尺樓 8-224A
báichǐqīngméi 白齒青眉 8-208A
bǎichǐshū 百齒梳 8-242B
bǎichǐshuāng 百齒霜 8-242B
bǎichǐwúzhī 百尺無枝 8-224A
bǎichǐyàn 百尺堰 8-223B
bǎichóng 百重 8-232B
bàichǒng 拜寵 6-434B
bǎichóngcāng 百蟲倉 8-245B
bǎichóngjiāngjūn 百蟲將軍 8-245B
báichōu 白紬 8-196B
báichǒu 白丑 8-169A
báichǔ 白楮 8-197B
bǎichū 百出 8-225A
bǎichù 擺觸 6-961B
bàichú 拜除 6-430B
bǎichuān 百川 8-221A
bǎichuān 百穿 8-233A
bǎichuāncháohǎi 百川朝海 8-221A
bǎichuānguīhǎi 百川歸海 8-221A
báichuí 白槌 8-202A
báichuí 白椎 8-197B
bàichūn 拜春 6-430A
bǎichuò 擺齪 6-961B
báicí 白瓷 8-189B
báicì 白刺 8-179A
bàicí 拜詞 6-432A
bàicí 拜辭 6-434B
bàicì 拜刺 6-429A
bàicì 拜賜 6-433A
bàicìzhīshī 拜賜之師 6-433B
báicóng 白從 8-194A
báicuì 白毳 8-199B
báicuì 白翠 8-206B
bǎicuì 擺翠 6-960B
bàicuī 敗摧 5-464A
báicuō 白醝 8-210B
báicuó 白鹺 8-216B
báicuó 白酇 8-217A
bàicuò 敗挫 5-462B
bàicuōdiāo 敗撮鳥 5-464A
báidā 白搭 8-197A
báidá 白荅 8-183A
báidǎ 白打 8-170A
báidà 白大 8-165B
bǎidā 擺搭 6-960A
báidài 白帶 8-192B
báidài 白袋 8-193B
bǎidài 百代 8-224B
bǎidàichéng 百代城 8-224B
bǎidàiwénzōng 百代文宗 8-224B
báidān 白丹 8-168B
báidàn 白啖 8-193B
bàidān 拜單 6-432A
báidāng 白當 8-202B
bǎidāng 擺當 6-960A
bǎidàng 擺蕩 6-960B
bǎidàng 擺檔 6-961A
báidānyī 白單衣 8-199A
báidào 白道 8-200A
báidào 白稻 8-208A
báidào 白纛 8-219A
bǎidào 百道 8-239A
bàidǎo 拜倒 6-430B
bàidǎo 拜蹈 6-434A
bàidǎo 拜禱 6-434B
bàidǎo 敗倒 5-463A
bàidào 敗道 5-463B
báidāozijìnqù… 白刀子進去,紅刀子出來 8-165A
bǎidázhù 百達柱 8-236B
bàidé 拜德 6-433B
bàidé 敗德 5-464B
bàidēng 拜登 6-432A
báidèngdèng 白鄧鄧 8-206B
báidī 白氐 8-171B
báidí 白狄 8-177A
báidí 白翟 8-206B
báidí 白蹢 8-213B
báidì 白地 8-172A
báidì 白帝 8-185A
báidì 白蔕 8-204B
bǎidì 擺遞 6-960B
báidiān 白顛 8-215A
bǎidiǎn 百典 8-230B
bàidiàn 拜奠 6-432A
bàidiàn 拜殿 6-432B
bàidiàn 拜墊 6-432B
báidiǎnfēng 白點風 8-212B
báidiànfēng 白癜風 8-214A
bǎidiào 擺掉 6-959B
báidiàotóngxīn 白蘿同心 8-212B
báidìcāng 白帝倉 8-185A
báidié 白牒 8-203A
báidié 白疊 8-218A
báidié 白氎 8-219A
bǎidié 百疊 8-246B
báidiébù 白疊布 8-218A
báidiébù 白㲲布 8-219A
báidiébù 白氎布 8-219A
báidiéjīn 白疊巾 8-218A
báidiéjīn 白氎巾 8-219A
báidiézhāoxiábù 白氎朝霞布 8-219A
báidìjiāngjūn 白地將軍 8-172A
báidìkuǎn 白地款 8-172B
báidìlì 白地栗 8-172A
báidìmíngguāngjǐn 白地明光錦 8-172A
báidīng 白丁 8-164B
báidīngxiāng 白丁香 8-165A
báidìqián 白地錢 8-172B
báidìwén 白地文 8-172A
báidìzǐ 白帝子 8-185A
bǎidòng 柏洞 4-917B
bǎidòng 擺動 6-959B
báidōngguā 白冬瓜 8-171B
báidòu 白豆 8-176A
báidòu 白脰 8-194A
bàidǒu 拜斗 6-427B
báidòukòu 白豆蔻 8-176A
báidú 白犢 8-215B
bǎidū 百都 8-233B
bǎidú 百毒 8-232A
bǎidú 百讀 8-247A
bǎidǔ 百堵 8-235B
bǎidù 百度 8-233A
bǎidù 擺渡 6-960A
bǎidù 擺踱 6-961A
bàidú 拜讀 6-435A
bàidù 敗度 5-462B
báiduān 白端 8-205B
bǎiduān 百端 8-241B
bǎiduāndàijǔ 百端待舉 8-242A
bǎidúbùyàn 百讀不厭 8-247A
bàidúcài 敗毒菜 5-462A
bǎiduì 擺隊 6-960A
bǎiduì 擺對 6-960B
bàidùn 敗遁 5-463B
báidǔnòu 白篤耨 8-211A
báiduó 白奪 8-204B
báiduò 白墮 8-206B
báiduò 白隋 8-206B
bǎiduò 擺舵 6-959B
bái'é 白俄 8-184B
bái'é 白額 8-214B
bái'è 白堊 8-191A
bǎi'ē 百痾 8-238B
bǎi'è 百惡 8-237A
bái'éhóu 白額侯 8-214B
bái'éhǔ 白額虎 8-214B
bái'éjiāngjūn 白額將軍 8-214B
bái'éjū 白額駒 8-214B
bài'ēn 拜恩 6-430B
bái'ěr 白耳 8-172B
bǎi'ěr 百爾 8-241A
bǎi'èr 百二 8-219B
bài'ěrfànmù 稗耳販目 8-101A
bǎi'èrguānhé 百二關河 8-220A
bǎi'èrjīn'ōu 百二金甌 8-220A
bái'ěrlóng 白耳龍 8-172B
bǎi'èrshānchuān 百二山川 8-220A
bǎi'èrshānhé 百二山河 8-220A
bǎi'èrzǐ 百二子 8-220A

bái'èxiān 白萼仙 8-197B
báifā 白發 8-201A
báifǎ 白法 8-182A
báifǎ 白髮 8-206B
bǎifá 百罰 8-241B
bǎifǎ 百法 8-231A
bàifā 拜發 6-432A
bàifǎ 敗法 5-462A
bǎifābǎizhòng 百發百中 8-239A
báifān 白帆 8-172B
báifān 白幡 8-208A
báifán 白薠 8-209A
báifàn 白飯 8-200A
bǎifán 百凡 8-221A
bǎifàn 百販 8-236A
bǎifàn 擺飯 6-960A
bàifàn 稗販 8-101B
bàifàn 稗飯 8-101B
bǎifándàijǔ 百凡待舉 8-221A
báifǎng 白舫 8-189A
bǎifāng 百方 8-223A
bǎifàng 擺放 6-959A
bàifǎng 拜訪 6-431B
báifángzi 白房子 8-182A
báifánlóu 白樊樓 8-207B
báifánlóu 白礬樓 8-216A
báifàqīngshān 白髮青衫 8-207A
báifàyú 白髮魚 8-207A
báifěi 白匪 8-187A
báifèi 白費 8-200B
bǎifēi 百非 8-230A
bǎifèi 百廢 8-243A
bǎifèidàijǔ 百廢待舉 8-243B
bǎifèidàixīng 百廢待興 8-243B
bǎifèijùjǔ 百廢具舉 8-243A
bǎifèijùjǔ 百廢俱舉 8-243B
bǎifèijùxīng 百廢具興 8-243A
bǎifèijùxīng 百廢俱興 8-243B
bǎifèijùzuò 百廢具作 8-243A
bǎifèitāng 百沸湯 8-231B
bǎifèixiánjǔ 百廢咸舉 8-243A
báifēn 白分 8-168B
báifēn 白紛 8-190B
báifěn 白粉 8-190A
báifèn 白墳 8-207A
bǎifēn 百分 8-222B
bàifén 拜墳 6-433A
bǎifēnbǐ 百分比 8-223A
báifèng 白鳳 8-205A
bǎifēng 百封 8-232A
bǎifèng 百鳳 8-241B
bàifēng 拜風 6-430A
bàifēng 韛風 12-211A
báifènghuáng 白鳳皇 8-205B
báifènghuáng 白鳳凰 8-205B
bǎifēnlǜ 百分率 8-223A
bǎifēnshù 百分數 8-223A
bǎifēnzhì 百分制 8-223A
bǎifēnzhībǎi 百分之百 8-223A
bàifó 唄佛 3-359B
báifú 白拂 8-178A
báifú 白服 8-181A
báifú 白洑 8-186A
báifú 白符 8-193B
báifú 白鳧 8-203A
báifǔ 白脯 8-194A
báifù 白附 8-177B
báifù 白坿 8-178A
báifù 白傅 8-199B
báifù 白腹 8-203A
báifù 白縛 8-212A
bǎifū 百夫 8-221B
bǎifū 伯夫 1-1261B
bǎifú 百福 8-241A
bǎifǔ 柏府 4-917A
bǎifù 百賦 8-242B
bàifú 拜伏 6-428A
bàifú 拜服 6-429B
bàifú 敗服 5-462A
bàifǔ 拜府 6-429B
bàifù 拜覆 6-434B
bàifù 敗覆 5-464B
bǎifúbèi 百幅被 8-238A
bǎifūliáng 百夫良 8-221B
bǎifūxióng 百夫雄 8-221B
bǎifūzhǎng 百夫長 8-221B
báigài 白蓋 8-201A
báigān 白乾 8-192A
bǎigǎn 百感 8-239B
báigǎnbīng 白桿兵 8-192A
bǎigǎnjiāojí 百感交集 8-240A
báigǎnjūn 白桿軍 8-192A
báigāo 白蓇 8-191B
báigǎo 白縞 8-212A
bǎigāo 柏高 4-917B
bàigāo 敗膏 5-464A
bàigǎo 敗藁 5-464B
báigāomào 白高帽 8-189B
báigé 白葛 8-197B
báigé 白閣 8-206A
bǎigé 擺格 6-959A
bǎigě 百舸 8-236A
bàigé 拜閤 6-433A
bàigé 拜閣 6-433A
báigēbiāo 白鴿標 8-212B
báigédàozhě 白閣道者 8-206A
báigēn 白根 8-188B
báigēpiào 白鴿票 8-212B
báigōng 白宮 8-186A
báigǒng 白澒 8-208B
bǎigōng 百工 8-220A
bǎigōng 百弓 8-221B
bǎigōng 百功 8-224A
bǎigōng 伯公 1-1262B
bǎigǒng 百栱 8-234A
bǎigòng 擺供 6-959A
bàigōng 敗功 5-461A
báigōngdī 白公堤 8-168B
báigōngguǎn 白公館 8-168B
báigōngguì 白公檜 8-168B
bǎigōngyá 百工衙 8-220B
báigǒu 白狗 8-181B
bǎigōu 擺鉤 6-960B
báigǒuguó 白狗國 8-181B
báigǒuzi 白狗子 8-181B
báigǔ 白骨 8-184B
bǎigū 百觚 8-238B
bǎigǔ 百谷 8-229A
bǎigǔ 百穀 8-242B
bǎigǔ 百賈 8-239B
bǎigǔ 百槃 8-243B
bǎigǔ 柏谷 4-916B
bǎigù 百故 8-232A
bàigǔ 敗穀 5-464A
báiguā 白瓜 8-171A
bǎiguài 百怪 8-231B
bǎiguàiqiānqí 百怪千奇 8-231B
báiguān 白冠 8-186A
báiguǎn 白琯 8-197A
bǎiguān 百官 8-231B
bǎiguān 百關 8-246A
bàiguān 拜官 6-429B
bàiguān 敗官 5-462A
bàiguān 稗官 8-101A
bàiguāncí 稗官詞 8-101B
báiguānlíyīng 白冠氂纓 8-186A
báiguānlíyīng 白冠釐纓 8-186A
bàiguānnián 拜官年 6-429B
bǎiguāntú 百官圖 8-231B
bàiguānxiǎoshuō 稗官小説 8-101A
bàiguānyěshǐ 稗官野史 8-101A
báigǔdīng 白鼓釘 8-201A
báiguī 白圭 8-171B
báiguī 白珪 8-187A
báiguī 白規 8-191A
báiguī 白龜 8-213A
báiguǐ 白鬼 8-185A
bǎiguǐ 百鬼 8-232B
bàiguībǎn 敗龜板 5-464B
báiguīfūzǐ 白圭夫子 8-171B
bǎiguǐzhòngmèi 百鬼衆魅 8-232B
bǎigǔn 百滾 8-242A
bàigǔnnián 拜袞年 6-431A
bàigǔnzhīsuì 拜袞之歲 6-430B
báiguǒ 白果 8-180B
báiguò 白過 8-193B
báiguò 白栝 8-188A
bǎiguó 柏國 4-918A
bǎiguǒ 百果 8-230A
bǎiguǒ 柏椁 4-918B
bǎiguǒ 柏槨 4-919A
bàiguó 敗國 5-463A
bàiguósàngjiā 敗國喪家 5-463A
bàiguówángjiā 敗國亡家 5-463A
bàigǔpí 敗鼓皮 5-463B
bǎigǔshān 柏谷山 4-916B
bǎigǔwáng 百谷王 8-229A
bǎihái 百骸 8-242B
bǎihǎi 柏海 4-917B
bǎiháijiǔqiào 百骸九竅 8-243A
bǎiháiliùzàng 百骸六藏 8-243A
báihān 白蚶 8-193B
báihàn 白汗 8-174B
báihàn 白翰 8-209A
báihàn 白鶾 8-215A
bǎihàn 擺撼 6-961A
báihàndào 白漢稻 8-206A
báihāo 白蒿 8-201B
báiháo 白毫 8-194B
báiháo 白豪 8-205B
báihào 白耗 8-187A
bàihǎo 敗好 5-461B
báiháoguāng 白毫光 8-194B
báihàohào 白浩浩 8-190A
báiháoxiàng 白毫相 8-194B
báiháozǐ 白毫子 8-194B
báihé 白合 8-173A
báihé 白河 8-182A
bǎihé 百合 8-226B
bǎihé 百和 8-230B
bǎihé 百翮 8-243B
bǎihé 擺闔 6-961B
bàihè 拜荷 6-430B
bàihè 敗褐 5-464A
bǎihébìng 百合病 8-226B
báihèchá 白鶴茶 8-217B
báihèfēng 白鶴峯 8-217B
báihēi 白黑 8-199A
bàihēi 敗黑 5-463B
báihēibùfēn 白黑不分 8-199B
báihēidiāndǎo 白黑顛倒 8-199B
báihēizhòng 白黑衆 8-199B
báihèlíng 白鶴翎 8-217B
bǎihèn 百恨 8-233A
báihéng 白珩 8-187A
báihèwòxuě 白鶴臥雪 8-217B
báihèxiān 白鶴仙 8-217B
bǎihéxiāng 百和香 8-230B
báihèzi 白鶴子 8-217B
báihóng 白虹 8-184A
báihóngguànrì 白虹貫日 8-184A
báihóu 白侯 8-185A
báihòu 白后 8-173A
bǎihóu 柏侯 4-917B
bàihòu 拜候 6-430B
báihú 白鵠 8-213B

báihú 白狐 8-181B
báihú 白縠 8-209A
báihǔ 白虎 8-179A
báihǔ 白琥 8-197A
báihù 白户 8-169A
bǎihú 百斛 8-236A
bǎihú 百壺 8-237A
bǎihù 百户 8-223A
bǎihù 百笏 8-234A
báihuā 白花 8-175B
báihuā 白華 8-188A
báihuá 白華 8-188A
báihuà 白畫 8-200B
báihuà 白話 8-203A
bǎihuā 百花 8-227A
bǎihuā 百華 8-233B
bǎihuá 百劃 8-242A
bǎihuà 百化 8-222B
bǎihuà 擺話 6-960B
bǎihuà 擺劃 6-960B
bàihuā 敗華 5-462B
báihuàbāgǔ 白話八股 8-203B
báihuāhuā 白花花 8-175B
báihuāhuā 白華華 8-188A
báihuāhuā 白嘩嘩 8-202B
bāihuai 刐劃 2-657B
bàihuài 敗壞 5-465A
bǎihuājiǔ 百花酒 8-227B
bǎihuākuí 百花魁 8-227B
bǎihuālǐ 百花醴 8-228A
bǎihuālóngjǐn 百花龍錦 8-227B
báihuāluò 白花駱 8-176A
báihuán 白環 8-212A
báihuán 白圜 8-211A
bǎihuán 百鍰 8-245A
bāihuǎng 掰謊 6-636A
bǎihuáng 柏皇 4-917A
bǎihuáng 柏黄 4-918A
bǎihuáng 柏篁 4-919A
bǎihuángcháng 柏黄腸 4-918A
báihuǎnghuǎng 白晃晃 8-188B
bǎihuāqífàng 百花齊放 8-227B
bǎihuāqífàng… 百花齊放,百家争鳴 8-227B
bàihuàshāngfēng 敗化傷風 5-460B
bǎihuāshēngrì 百花生日 8-227A
báihuàshī 白話詩 8-203B
bǎihuātán 百花潭 8-227B
bǎihuating 百花亭 8-227B
bǎihuāwáng 百花王 8-227A
báihuàwén 白話文 8-203B
báihuàxì 白話戲 8-203B
bǎihuāzhāo 百花朝 8-227B
báihuāzhīyuàn 白華之怨 8-188A
bǎihuāzhōu 百花洲 8-227B
báihǔchē 白虎車 8-179B
báihǔdiàn 白虎殿 8-180A
báihǔfān 白虎幡 8-180A
báihǔfùyí 白虎復夷 8-180A
báihǔguàn 白虎觀 8-180A
báihuī 白灰 8-172B
báihuī 白麾 8-208B
báihuī 白煒 8-203B
báihuì 白彗 8-191A
bǎihuì 百卉 8-224B
bǎihuì 百喙 8-237B
bǎihuì 百會 8-240B
bàihuǐ 敗悔 5-463A
bàihuǐ 敗毀 5-464B
bàihuì 拜惠 6-432A
bàihuì 拜會 6-432B
bàihuì 敗檜 5-464A
bǎihuījùjǔ 百墮俱舉 8-242A
bǎihuìnáncí 百喙難辭 8-238A
bǎihuìrúyī 百喙如一 8-238A
bǎihuìyīcí 百喙一詞 8-238A
báihǔmén 白虎門 8-179B
báihuò 白貨 8-193B
bǎihuò 百貨 8-236A
bàihuǒ 敗火 5-460B
báihǔquē 白虎闕 8-180A
báihǔtāng 白虎湯 8-180A
báihǔwáng 白虎王 8-179B
báihǔxing 白虎星 8-179B
báihǔzhèn 白虎陣 8-180A
báihǔzūn 白虎樽 8-180A
báijì 白芨 8-172B
báijī 白雞 8-214A
báijí 白及 8-165B
báijí 白棘 8-198A
báijí 白籍 8-216B
báijì 白記 8-189B
báijì 白驥 8-219A
bǎijí 百疾 8-234B
bǎijì 百伎 8-226A
bǎijì 百技 8-226B
bǎijì 百計 8-233A
bǎijì 百際 8-241A
bǎijì 百濟 8-245A
bàijì 拜既 6-430B
bàijì 拜寄 6-431B
bàijì 拜祭 6-431B
bàijì 唄偈 3-359B
bàijì 敗迹 5-462B
bàijì 敗績 5-464B
bàijì 稗記 8-101B
báijiá 白袷 8-196A
báijiá 白裌 8-200B
bǎijiā 百家 8-234B
bǎijiā 百嘉 8-241A
bǎijiǎ 百甲 8-224B
bǎijiǎ 柏檟 4-919B
bǎijià 百稼 8-243A
bǎijià 百駕 8-243B
bǎijià 擺駕 6-961A
bàijiā 拜嘉 6-432B
bàijiā 敗家 5-463A
bàijiǎ 拜假 6-431B
bàijià 敗駕 5-464B
bǎijiāfàn 百家飯 8-235A
bàijiājīng 敗家精 5-463A
báijiǎjūn 白甲軍 8-171A
báijiálánshān 白袷藍衫 8-196A
báijiān 白間 8-200B
báijiān 白閒 8-200B
báijiǎn 白檢 8-212B
báijiǎn 白簡 8-214A
báijiàn 白見 8-176A
báijiàn 白澗 8-208B
bǎijiān 百姦 8-233B
bǎijiàn 百箭 8-243A
bàijiān 拜牋 6-432A
bàijiàn 拜見 6-428B
báijiāng 白殭 8-212B
báijiāng 白蔣 8-204A
bǎijiàng 百將 8-236B
bàijiàng 敗將 5-463B
bàijiàng 敗醬 5-465A
báijiāngjiāng 白僵僵 8-208A
bàijiāngzhū 拜江豬 6-428A
báijiāniǎo 白鵁鳥 8-213B
bàijiànqián 拜見錢 6-428B
bǎijiǎnqún 百襉裙 8-245A
bǎijiàntú 百諫圖 8-244A
báijiǎnwūsī 白䌫烏絲 8-216B
báijiāo 白膠 8-208B
báijiǎo 白角 8-177A
báijiǎo 白脚 8-194A
báijiào 白教 8-191A
bǎijiāo 百嬌 8-243B
bǎijiǎo 百脚 8-236A
bǎijiǎo 擺脚 6-959B
bàijiào 拜教 6-431A
báijiǎojiǎo 白皎皎 8-194A
bǎijiǎolù 百腳路 8-240B
bǎijiǎoqí 百腳旗 8-240B
báijiáoqū 白嚼蛆 8-216B
báijiāoshān 白蕉衫 8-207B
báijiǎoshàn 白角扇 8-177A
báijiāoxiāng 白膠香 8-208B
bǎijiāpǔ 百家譜 8-235A
bàijiāqìng 拜家慶 6-431A
bǎijiāsuǒ 百家鎖 8-235A
bàijiāxiàng 敗家相 5-463A
bǎijiāxìng 百家姓 8-235A
bǎijiāyī 百家衣 8-235A
bǎijiāyītǐ 百家衣體 8-235A
bǎijiāyǔ 百家語 8-235A
bǎijiāzhēngmíng 百家争鳴 8-234B
bǎijiàzi 擺架子 6-959A
bàijiāzǐ 敗家子 5-463A
báijiē 白接 8-191A
báijié 白袷 8-196A
báijié 白劫 8-175B
bǎijié 百結 8-239B
bǎijié 百節 8-240B
bǎijiè 百界 8-232B
bàijié 拜節 6-432B
bǎijiéchóucháng 百結愁腸 8-239B
báijiéfáng 白截肪 8-204A
bǎijiéhuā 百結花 8-239B
báijiēlí 白接籬 8-191A
báijiēlí 白接羅 8-191A
bǎijiéqiú 百結裘 8-239B
bǎijiēshèng 擺階嵊 6-960A
bǎijiéxuánchún 百結懸鶉 8-239B
bǎijiéyī 百結衣 8-239B
báijīmèng 白雞夢 8-214A
báijīn 白巾 8-165B
báijīn 白金 8-180A
bǎijīn 百金 8-231A
bàijīn 拜金 6-429A
bàijìn 拜覲 6-434B
báijīng 白荆 8-183A
báijīng 白莖 8-188A
báijīng 白粳 8-203B
báijīng 白經 8-204A
báijīng 白精 8-206A
báijǐng 白景 8-199A
báijǐng 白頸 8-210B
báijìng 白凈 8-182A
báijìng 白淨 8-186A
bǎijīng 百精 8-242A
bǎijìng 百徑 8-234A
bàijǐng 拜井 6-427B
bàijìng 敗境 5-464A
bàijǐngtuíyuán 敗井頹垣 5-460B
báijīnguīlóng 白金龜龍 8-181A
báijǐngwū 白頸烏 8-210B
báijīnián 白鷄年 8-217A
bǎijīnnuò 百金諾 8-231A
báijīnsānpǐn 白金三品 8-181A
báijīnshā 白金砂 8-181A
bàijīnzhǔyì 拜金主義 6-429A
bǎijìqiānfāng 百計千方 8-233A
báijìqiú 白罽裘 8-212B
bàijìshījù 敗績失據 5-464B
bǎijìsuì 百圾碎 8-225A
báijiū 白鳩 8-203A
báijiǔ 白酒 8-190A
bǎijiǔ 柏酒 4-917B
bǎijiǔ 擺酒 6-959B
bàijiù 敗臼 5-461A
báijīzhīmèng 白雞之夢 8-214A
báijū 白駒 8-207A
báijù 白劇 8-208A
bǎijǔ 百舉 8-244A
bǎijǔ 百擧 8-244B
bǎijǔ 柏莒 4-917A

bǎijǔ 柏舉 4-919B
bàijú 敗局 5-461B
bàijǔ 敗沮 5-462A
bàijù 拜具 6-429A
bàijù 敗句 5-461A
báijuàn 白卷 8-182A
báijuàn 白絹 8-204A
báijuànxiéfēng 白絹斜封 8-204A
bǎijǔbǎijié 百舉百捷 8-244A
bǎijǔbǎiquán 百舉百全 8-244A
báijué 白決 8-177B
báijué 白鷢 8-218A
bǎijué 百桷 8-235B
bàijué 拜爵 6-434A
báijūguòxì 白駒過郤 8-207A
báijūguòxì 白駒過隙 8-207A
báijūkōnggǔ 白駒空谷 8-207A
báijūn 白君 8-177B
báijūn 白軍 8-186A
báijùn 白菌 8-191B
bǎijūn 百君 8-229B
bǎijūn 百鈞 8-238B
bàijūn 敗軍 5-462B
bàijūnzhījiàng 敗軍之將 5-462B
bǎijūnzǐ 百君子 8-229B
bǎikāi 擺開 6-960A
bǎikāiróusuì 掰開揉碎 6-635B
báiké 白殼 8-197B
báikè 白客 8-186A
bǎikē 百苛 8-229B
bǎikē 百榼 8-241A
bǎikè 百克 8-228A
bǎikè 百刻 8-231A
bàikè 拜客 6-430A
bàikěn 拜懇 6-434A
báikōng 白空 8-182A
bǎikǒngqiānchuāng 百孔千瘡 8-224A
bǎikǒngqiānchuāng 百孔千創 8-224A
báikǒu 白口 8-165B
bǎikǒu 百口 8-220B
bàikòu 拜叩 6-428A
bǎikǒumòbiàn 百口莫辯 8-221A
bǎikǒuqiáo 百口橋 8-221A
bǎikuǎn 擺款 6-960A
báikuàng 白纊 8-216B
bàikuàng 拜貺 6-432A
bǎikuí 百揆 8-237A
bàikùn 敗困 5-461B
bǎikuò 擺闊 6-961A
báilā 白拉 8-178A
báilà 白蠟 8-217A
báilà 白鑞 8-218A
bǎilā 擺拉 6-958B
báilàcā 白剌擦 8-183B
báilài 白賴 8-209B
bǎilài 百籟 8-246B
báilàlà 白辣辣 8-205B
báilàmíngjīng 白臘明經 8-215B
báilàmíngjīng 白蠟明經 8-217A
báilán 白蘭 8-216A
báilán 白襴 8-218A
báilándì 白蘭地 8-216A
báiláng 白狼 8-189A
báilàng 白浪 8-190A
bǎilàng 擺浪 6-959B
bǎilǎnqiānyōng 百嬾千慵 8-246A
báiláo 白醪 8-213B
báilǎo 白老 8-172A
bǎiláo 百牢 8-229A
bǎiláoguān 百牢關 8-229B
bǎilǎozīgé 擺老資格 6-958B
bǎilàyún 百辣雲 8-241B
bǎilè 柏樂 4-919A
bǎiléi 百雷 8-240A
bǎilěi 百累 8-236A
bàilèi 敗類 5-465A
bǎilèitái 擺擂檯 6-961A
báilèng 白楞 8-201B
báilèng 白愣 8-200B
báilǐ 白醴 8-216B
bǎilí 百罹 8-244A
bǎilí 百離 8-245B
bǎilǐ 百里 8-228A
bǎilǐ 百禮 8-245A
bǎilì 百吏 8-225A
bǎilì 百利 8-229A
bǎilì 百沴 8-231B
bǎilì 百隸 8-244B
bǎilì 柏歷 4-919A
bǎilì 柏瀝 4-919B
bàilǐ 拜禮 6-434A
bàilì 敗力 5-460B
bàilì 稗糲 8-102A
bāiliǎn 掰臉 6-636A
báilián 白蓮 8-201A
báiliǎn 白臉 8-213B
báiliǎn 白蘞 8-216A
báiliàn 白練 8-209A
bǎiliàn 百煉 8-240B
bǎiliàn 百鍊 8-244B
bǎiliànchénggāng 百煉成鋼 8-240B
báiliánchí 白蓮池 8-201A
bǎiliàndāo 百鍊刀 8-244B
báiliáng 白粮 8-203B
báiliáng 白粱 8-204A
báiliáng 白糧 8-214A
bǎiliáng 柏梁 4-918A
bǎiliàng 百兩 8-230A
bǎiliàngāng 百鍊剛 8-244B
bǎiliàngāng 百鍊鋼 8-245A
bǎiliángdiàn 柏梁殿 4-918A
bǎiliàngfǔ 柏亮父 4-917B
bǎiliǎngjīn 百兩金 8-230A
bǎiliángpiān 柏梁篇 4-918B
bǎiliǎngpiān 百兩篇 8-230A
báiliángshān 白涼衫 8-196A
báiliángsù 白粱粟 8-200B
bǎiliángtái 柏梁臺 4-918A
bǎiliángtǐ 柏梁體 4-918B
bǎiliángyàn 柏梁宴 4-918A
báiliánhuì 白蓮會 8-201B
bǎiliànjiàn 百鍊鑑 8-245A
báiliánjiào 白蓮教 8-201B
bǎiliànjīn 百鍊金 8-244B
bǎiliànjìng 百鍊鏡 8-245A
bǎiliànqiān 百鍊鉛 8-245A
báiliànqún 白練裙 8-209A
báiliánshè 白蓮社 8-201A
báiliànyī 白練衣 8-209A
báiliáo 白鐐 8-216B
bǎiliáo 百僚 8-241B
bǎiliáo 百寮 8-243B
bǎiliáo 百鷯 8-247A
báiliáoliáo 白遼遼 8-208A
báiliǎoliǎo 白了了 8-165A
báiliǎoliǎo 白醥醥 8-216B
bǎilǐcái 百里才 8-228A
bǎiliè 百裂 8-237B
bǎiliè 擺列 6-958B
bǎilǐjūn 百里君 8-228B
báilín 白驎 8-217B
báilín 白麟 8-218B
báilín 白鱗 8-218B
bǎilín 擺鱗 6-961B
bàilíncánjiǎ 敗鱗殘甲 5-465A
báilíng 白陵 8-190B
báilíng 白翎 8-194A
báilíng 白綾 8-206B
bǎilíng 百齡 8-246A
bǎilíng 百靈 8-247A
bǎilíng 柏陵 4-917B
bàilíng 拜陵 6-431A
bàilíng 拜聆 6-431A
bǎilíngbǎilì 百伶百俐 8-229A
bǎilíng'er 柏翎兒 4-918A
báilínglíng 白泠泠 8-182A
bǎilíngniǎo 百靈鳥 8-247A
báilíngshā 白靈砂 8-218B
bǎilínsì 柏林寺 4-917A
bǎilǐtiāoyī 百裏挑一 8-240B
bǎiliú 百流 8-234B
bǎiliù 百六 8-223A
bàiliǔcánhuā 敗柳殘花 5-462A
bǎiliùgōng 百六公 8-223A
bǎiliùyuàn 百六掾 8-223A
bǎilǐzǎi 百里宰 8-228B
bǎilǐzhīmìng 百里之命 8-228B
báilóng 白龍 8-211B
báilóngduī 白龍堆 8-211B
báilónghuò 白龍臛 8-212A
bǎilóngménzhèn 擺龍門陣 6-961A
bàilóngpái 拜龍牌 6-434A
báilóngyúfú 白龍魚服 8-211B
báilóu 白樓 8-207B
bǎilóu 百樓 8-242B
bǎilòuchuán 百漏船 8-242A
báilóutíng 白樓亭 8-207B
báilǔ 白虜 8-202B
báilù 白露 8-217A
báilù 白鹿 8-195A
báilù 白路 8-202B
báilù 白輅 8-202A
bǎilù 百祿 8-239A
bǎilù 柏露 4-919B
bǎilù 柏路 4-918B
bàilù 敗露 5-465A
bàiluàn 敗亂 5-464A
báiluánlíng 白鸞綾 8-219A
báiluánwěi 白鸞尾 8-219A
báilùbì 白鹿幣 8-195B
báilùchē 白鹿車 8-195A
bàilùchén 拜路塵 6-432B
báilùcuī 白鷺縗 8-218B
báilùdòng 白鹿洞 8-195A
báilùdòngshūyuàn 白鹿洞書院 8-195A
bǎilù'ér 百祿兒 8-239A
báilùjīn 白鹿巾 8-195A
báilún 白綸 8-206B
báilùn 白論 8-208B
báiluò 白落 8-197B
báiluò 白駱 8-209A
bǎiluó 百羅 8-246A
bǎiluò 擺落 6-960A
bàiluò 拜洛 6-430A
báiluóménshū 白蘿門書 8-217B
bàiluòshòutú 拜洛受圖 6-430A
báilùpíbì 白鹿皮幣 8-195A
báilùsuō 白鷺簑 8-218B
báilùxiāng 白鷺纕 8-218B
báilùyuán 白鹿原 8-195B
báilùzhǐ 白鹿紙 8-195B
báilùzhuǎnhuā 白鷺轉花 8-218B
báilúzi 白爐子 8-216B
bǎilǜ 百率 8-236B
bǎilǜ 百慮 8-242B
bǎilǜyīzhì 百慮一致 8-242B
báimá 白麻 8-195A
báimǎ 白馬 8-187A
bǎimǎ 百馬 8-233B
bǎimǎ 柏馬 4-917B
báimǎdī 白馬氐 8-187B
báimài 白脈 8-189A
báimài 白麥 8-192B
bǎimài 百脈 8-234B
báimǎjīn 白馬津 8-187B
báimán 白蠻 8-219A
bǎimán 百蠻 8-247A
bǎimáng 百忙 8-226B

bǎimáng 擺忙 6-958B
báimángmáng 白茫茫 8-183A
báimǎngmǎng 白漭漭 8-203B
báimànmàn 白漫漫 8-206A
báimáo 白毛 8-168A
báimáo 白茅 8-178B
báimáo 白旄 8-189B
báimáo 白髳 8-204A
báimáo 白茆 8-178A
báimào 白眊 8-184A
báimào 白帽 8-199A
báimáofēng 白毛風 8-168A
báimáorén 白茅人 8-178B
báimáoxiāng 白茅香 8-178B
báimǎqīngliú 白馬清流 8-188A
báimǎsānláng 白馬三郎 8-187B
báimǎshēng 白馬生 8-187B
báimáshū 白麻書 8-195A
báimǎsì 白馬寺 8-187B
báimǎsùchē 白馬素車 8-187B
báimǎxiǎo'ér 白馬小兒 8-187B
báimǎyǐ 白螞蟻 8-211A
báimǎzhǎngshǐ 白馬長史 8-187B
báimázhǐ 白麻紙 8-195A
báimázǐ 白麻子 8-195A
báiméi 白眉 8-186B
báiméi 白梅 8-192A
báiméi 白媒 8-200B
bǎimèi 百媚 8-239A
báiméichìyǎn 白眉赤眼 8-186B
bǎimèiqiānjiāo 百媚千嬌 8-239A
báiméishén 白眉神 8-187A
báimén 白門 8-182B
bàimén 拜門 6-429B
báiméng 白蒙 8-201B
bàiméng 拜盟 6-432A
bàiméng 敗盟 5-464A
báiméngméng 白濛濛 8-212A
báiménlóu 白門樓 8-182B
bǎiménmiàn 擺門面 6-959A
báimǐ 白米 8-174B
báimì 白蜜 8-206A
báimián 白棉 8-197B
báimián 白綿 8-206B
báimiàn 白面 8-183B
báimiàn 白麪 8-207B
báimiàn 白麵 8-216B
bàimiǎn 拜免 6-428B
bàimiàn 敗面 5-462A
báimiàn'ér 白面兒 8-183B
báimiàn'érláng 白面兒郎 8-183B
báimiànguǎn 白麵館 8-216B
báimiànhǔ 白面虎 8-183B
báimiànkè 白麵客 8-216B
báimiànláng 白面郎 8-183B
báimiànlángjūn 白面郎君 8-183B
bǎimiànléi 百面雷 8-232A
báimiànrúguān 白面儒冠 8-184A
báimiànrúshēng 白面儒生 8-184A
báimiànshēng 白面生 8-183B
báimiànshūláng 白面書郎 8-184A
báimiànshūshēng 白面書生 8-183B
báimiáo 白描 8-191A
báimiètíng 白蔑艇 8-204A
báimímí 白迷迷 8-185A
báimín 白民 8-171B
báimín 白珉 8-182B
bǎimíng 百名 8-226B
bǎimíng 擺明 6-959A
bàimíng 敗名 5-461A
bàimìng 拜命 6-429A
báimíngrì 白明日 8-180B
báimínguó 白民國 8-171B
bǎimìyīshū 百密一疏 8-236B
báimò 白没 8-177B
báimò 白沫 8-182A
báimò 白漠 8-203B
báimò 白墨 8-208A
bǎimó 擺磨 6-961A
bǎimò 百末 8-224A
bàimò 敗没 5-461B
bàimò 敗殁 5-461B
báimǔ 白牡 8-176B
báimù 白木 8-166B
báimù 白幕 8-201B
bǎimǔ 百畝 8-234B
bǎimǔ 百畮 8-237B
bǎimù 百木 8-222A
bàimǔ 拜母 6-428A
bàimù 拜墓 6-432A
báimǔdān 白牡丹 8-176B
bǎimùzhǎng 百木長 8-222A
bǎinà 百衲 8-233A
bǎinà 百納 8-235B
bàinà 拜内 6-427B
bàinà 拜納 6-431A
bàinà 敗衲 5-462B
bǎinàbēi 百衲碑 8-233B
bǎinàběn 百衲本 8-233A
báinài 白柰 8-183A
bǎinán 百男 8-228B
bàináng 鞴囊 12-211A
bàináng 排囊 6-662B
bǎinángwǎng 百囊網 8-246B
bǎinàqín 百衲琴 8-233B
bǎinàyī 百衲衣 8-233B
báinèn 白嫩 8-206B
bǎinéng 百能 8-235B
bǎinéngbǎilì 百能百俐 8-235B
bǎinéngbǎiqiǎo 百能百巧 8-235B
báinènnèn 白嫩嫩 8-206B
báiní 白蜺 8-204B
báiní 白霓 8-210B
báinì 白膩 8-211B
báiniàn 白念 8-181A
bǎinián 百年 8-225B
bǎiniàn 百念 8-231A
bàinián 拜年 6-428A
bǎiniánbùyù 百年不遇 8-225B
bǎiniándàjì 百年大計 8-225B
bǎiniángē 百年歌 8-226A
bǎiniánhǎoshì 百年好事 8-225B
bǎiniánshī 百年詩 8-226A
bǎiniánshùrén 百年樹人 8-226A
bǎiniánxiélǎo 百年偕老 8-225B
bǎiniánxiélǎo 百年諧老 8-226A
báiniānzéi 白拈賊 8-178A
bǎiniánzhīhǎo 百年之好 8-225B
bǎiniánzhīyuē 百年之約 8-225B
báiniǎo 白鳥 8-193B
bǎiniǎo 百鳥 8-236A
bǎiniǎofáng 百鳥房 8-236A
báiniè 白蘖 8-217B
báiniú 白牛 8-167B
bǎiniú 百牛 8-222B
báiniúchē 白牛車 8-168A
bǎinòng 百弄 8-226B
bǎinòng 擺弄 6-958B
báinǔ 白弩 8-182B
bǎinuò 百諾 8-243A
bàinǜ 敗衄 5-463A
bàinǜ 敗屻 5-462A
bái'ōu 白鷗 8-217B
bái'ǒu 白藕 8-213A
bàipái 拜牌 6-432A
báipáo 白袍 8-190A
báipèi 白旆 8-189B
bǎipèi 百轡 8-247A
bǎipéng 百朋 8-231A
báipéngchuán 白篷船 8-211A
báipí 白皮 8-171B
báipián 白骿 8-206A
bǎipiān 百篇 8-243A
bǎipiānkē 百篇科 8-243A
báipiǎo 白醥 8-213B
báipiào 白票 8-192B
báipín 白蘋 8-215A
bǎipǐn 百品 8-232B
báipíng 白平 8-171A
báipíng 白萍 8-192A
bǎipíng 百馮 8-238B
bǎipíng 柏屏 4-917B
bǎipíng 擺平 6-958B
bǎipǐnqiāntiáo 百品千條 8-232B
bǎipǐnwèi 百品味 8-232B
báipínzhōu 白蘋洲 8-215A
báipíshū 白皮書 8-171B
báipō 白醱 8-215B
báipó 白婆 8-196A
báipò 白破 8-188B
báipú 白蒲 8-201B
báipù 白舖 8-208B
bǎipū 擺撲 6-960B
bǎipú 百濮 8-245A
bǎipǔ 百譜 8-246A
bǎipǔ 擺譜 6-961B
bǎipù 擺舖 6-961A
báiqí 白旂 8-189B
báiqí 白旗 8-205B
báiqí 白騎 8-213A
báiqí 白騏 8-213A
báiqí 白蘄 8-215A
báiqì 白契 8-182B
báiqì 白氣 8-188B
báiqì 白磧 8-210B
bǎiqí 百祇 8-231B
bǎiqí 百畦 8-236A
bǎiqí 百騎 8-245A
bǎiqí 擺棋 6-960A
bǎiqì 擺弃 6-958B
bàiqǐ 拜起 6-430B
bàiqǐ 拜啓 6-431B
báiqià 白帢 8-193B
báiqià 白帢 8-184B
báiqià 白幍 8-202B
báiqián 白錢 8-211A
bǎiqiān 百千 8-221A
bàiqián 拜錢 6-433B
bǎiqiānbān 百千般 8-221A
bǎiqiánbǔ 百錢卜 8-244A
báiqiāng 白鏘 8-215B
báiqiǎng 白鏹 8-216B
bǎiqiǎo 百巧 8-224A
bàiqiáo 拜橋 6-433B
bǎiqiǎochéngqióng 百巧成窮 8-224A
bǎiqiǎoqiānqióng 百巧千窮 8-224A
báiqiàqīngshān 白帢青衫 8-184B
báiqìn 白親 8-211B
báiqín 白芩 8-176A
bǎiqín 百禽 8-238B
bǎiqǐn 柏寢 4-919A
bàiqìn 拜親 6-434A
bàiqīn 敗親 5-464B
báiqīng 白青 8-177B
bǎiqǐng 百頃 8-235B
bǎiqǐng 百請 8-243A
bàiqìng 拜慶 6-433B
bǎiqínzhǎng 百禽長 8-238B
báiqiú 白虯 8-176B
báiqiú 白梂 8-192A
báiqiú 白裘 8-202A
bǎiqiū 百秋 8-232B
bàiqiú 拜求 6-428B
báiqū 白區 8-192B
báiqú 白渠 8-196A
báiqú 白蕖 8-204A
bàiqū 拜趨 6-434A
bàiqū 敗趨 5-464B

báiquán 白泉 8-184B
báiquǎn 白犬 8-166B
bǎiquán 百全 8-226A
bǎiquánjì 百全計 8-226B
báiquè 白雀 8-193A
báiquè 白鵲 8-215A
bàiquē 拜闕 6-434B
bàiquē 敗缺 5-463A
bàiquē 敗闕 5-465A
bàiquè 敗卻 5-462A
bàiqún 敗羣 5-464A
báiráng 白穰 8-218A
báirǎng 白壤 8-216A
báiráo 白饒 8-216B
bǎirǎo 百遶 8-242A
bàiráo 敗橈 5-464B
báirè 白熱 8-207A
báirèhuà 白熱化 8-207A
báirén 白人 8-165A
báirén 白仁 8-168B
báirèn 白刃 8-166A
bǎirén 百人 8-220A
bǎirén 柏人 4-916A
bǎirěn 百忍 8-229B
bǎirèn 百仞 8-224B
bàirén 稗人 8-100B
bǎirěnchéngjīn 百忍成金 8-229B
bǎirénhuì 百人會 8-220A
báirènzhàn 白刃戰 8-166A
báirì 白日 8-166B
bǎirì 百日 8-222A
bǎirìdān 百日丹 8-222B
báirìfēishēng 白日飛升 8-167A
báirìfēishēng 白日飛昇 8-167A
báirìguǐ 白日鬼 8-167A
bǎirìhóng 百日紅 8-222B
bǎirìhuáng 百日黄 8-222B
báirìjiànguǐ 白日見鬼 8-166B
bǎirìké 百日咳 8-222B
bǎirìliáng 百日糧 8-222B
báirìmèng 白日夢 8-167A
bǎirìqīng 百日青 8-222B
báirìqīngtiān 白日青天 8-167A
báirìshàngshēng 白日上昇 8-166B
báirìshēngtiān 白日昇天 8-167A
báirìxiùyī 白日繡衣 8-167B
báirìzéi 白日賊 8-167A
báirìzhuàng 白日撞 8-167A
báirìzuòmèng 白日作夢 8-167A
báirìzuòmèng 白日做夢 8-167A
bǎiróng 百戎 8-225A
bǎirǒng 百冗 8-223B
bàiróng 拜容 6-431A
báiróngróng 白茸茸 8-183A
báiróngróng 白絨絨 8-201A
báiròu 白肉 8-172B
báirǔ 白乳 8-181A
bàirù 拜辱 6-430B
bàirǔ 敗辱 5-462B
bàirù 拜褥 6-433B
báiruí 白桵 8-192A
báiruí 白蕤 8-207B
bǎiruì 百瑞 8-239B
báirùn 白潤 8-208B
báiruò 白蒻 8-201B
báirǔtóu 白乳頭 8-181A
bǎirǔyí 百乳彝 8-231A
bǎisǎ 擺灑 6-961B
báisǎng 白顙 8-216A
báisānsān 白毿毿 8-208B
bàisǎo 拜掃 6-431A
bàisǎo 拜埽 6-431A
báisè 白色 8-173A
bǎisè 百色 8-226B
bàisè 敗色 5-461A
báisèkǒngbù 白色恐怖 8-173A
báisēnsēn 白森森 8-197B
báishā 白沙 8-177A
báishā 白紗 8-190B
bǎishā 擺殺 6-959B
báishādī 白沙隄 8-177A
báishài 白曬 8-218A
bàishài 敗色 5-461A
báishālóng 白沙龍 8-177B
báishāmào 白紗帽 8-190B
bàishāmén 稗沙門 8-101A
báishān 白山 8-165B
báishān 白衫 8-182A
báishān 白羶 8-216A
báishàn 白扇 8-190A
báishàn 白善 8-200A
báishàn 白鱓 8-218A
bǎishàn 百善 8-238B
bàishàng 拜上 6-427A
báishāngsùjié 白商素節 8-195B
báishānhēishuǐ 白山黑水 8-165B
báishāo 白燒 8-212A
báishāshān 白沙山 8-177A
báishé 白虵 8-184B
báishé 白蛇 8-193B
báishè 白社 8-177B
bǎishé 百舌 8-226A
bǎishè 百舍 8-231A
bǎishè 百射 8-234A
bǎishè 擺設 6-959B
bàishé 敗折 5-461B
bǎishèchóngjiǎn 百舍重趼 8-231A
bǎishèchóngjiǎn 百舍重繭 8-231A
bǎishé'ér 百舌兒 8-226A
báishèkè 白社客 8-177B
báishēn 白參 8-196B
báishēn 白身 8-176B
báishěn 白瀋 8-214A
báishèn 白甚 8-182B
báishèn 白蜃 8-202A
bǎishēn 百身 8-229A
bǎishén 百神 8-233B
bàishén 敗神 5-462B
báishěng 白眚 8-188B
báishèng 白盛 8-192B
bǎishēng 百生 8-224B
bǎishèng 百乘 8-234A
bǎishèng 百勝 8-238B
bàishēng 拜生 6-428A
bàishēng 唄聲 3-359B
bàishèng 稗乘 8-101B
báishēngsheng 白生生 8-171A
bǎishēnhéshú 百身何贖 8-229A
bǎishéniǎo 百舌鳥 8-226A
báishènme 白甚麼 8-183A
bǎishēnmòshú 百身莫贖 8-229A
báishēnrén 白身人 8-176B
báishènyún 白蜃雲 8-202A
báishèrén 白社人 8-177B
báishèrénxíngshītú 白舍人行詩圖 8-180B
bǎishézǐ 百舌子 8-226A
báishī 白絁 8-196B
báishí 白石 8-170A
báishí 白食 8-185A
báishí 白實 8-206A
báishǐ 白矢 8-171A
báishǐ 白豕 8-176A
báishì 白士 8-165B
báishì 白事 8-179A
báishì 白室 8-186A
báishì 白視 8-196A
bǎishí 百十 8-220A
bǎishí 百什 8-222B
bǎishí 柏實 4-919A
bǎishì 百氏 8-223A
bǎishì 百世 8-224B
bǎishì 百事 8-230A
bǎishì 百室 8-233A
bǎishì 百試 8-240B
bǎishì 擺式 6-958B
bǎishì 擺飾 6-960B
bàishī 拜師 6-430B
bàishí 拜石 6-427B
bàishí 拜時 6-430B
bàishí 拜識 6-434B
bàishí 稗實 8-102A
bàishǐ 稗史 8-101A
bàishì 敗事 5-461B
bàishì 敗室 5-462B
bàishì 稗士 8-100B
bǎishìbùmó 百世不磨 8-224B
bǎishìbùyì 百世不易 8-224B
báishícàn 白石粲 8-170B
bǎishìdàjí 百事大吉 8-230A
báishídàorén 白石道人 8-170B
báishífēixiān 白石飛仙 8-170B
báishílàn 白石爛 8-170B
báishíláng 白石郎 8-170B
bǎishìliúfāng 百世流芳 8-224B
bǎishìliúfēn 百世流芬 8-224B
bǎishírén 柏實人 4-919A
báishíshēng 白石生 8-170A
bǎishìshī 百世師 8-224B
bǎishìtōng 百事通 8-230A
báishíxiān 白石仙 8-170B
báishíxiānshēng 白石先生 8-170B
bǎishìyīrén 百世一人 8-224B
bàishìyǒuyú… 敗事有餘,成事不足 5-461B
báishízhī 白石芝 8-170B
báishízhī 白石脂 8-170B
bǎishìzhīlì 百世之利 8-224B
báishǒu 白手 8-168A
báishǒu 白首 8-185A
báishòu 白獸 8-215B
bǎishǒu 擺手 6-958A
bǎishòu 百獸 8-246A
bàishǒu 拜手 6-427B
bàishǒu 拜首 6-430A
bàishòu 拜受 6-429B
bàishòu 拜壽 6-433A
báishǒuběimiàn 白首北面 8-185B
báishǒuchéngjiā 白手成家 8-168A
báishòufān 白獸幡 8-215B
báishǒukōngguī 白首空歸 8-185B
báishǒukōngquán 白手空拳 8-168A
báishǒuláng 白首郎 8-185B
báishòumén 白獸門 8-215B
báishǒuqǐjiā 白手起家 8-168A
báishǒuqíméi 白首齊眉 8-185B
báishǒuqióngjīng 白首窮經 8-185B
báishǒurúxīn 白首如新 8-185B
bǎishòushuàiwǔ 百獸率舞 8-246A
báishòutà 白獸闥 8-215B
bǎishòutāng 百壽湯 8-241A
báishǒutóngguī 白首同歸 8-185B
bǎishòutú 百壽圖 8-241A
bǎishòuwáng 百獸王 8-246A
báishǒuwéiláng 白首爲郎 8-185B
báishǒuxiāngzhuāng

白首相莊 8-185B
báishǒuxīngjiā 白手興家 8-168A
báishǒuyījié 白首一節 8-185B
bǎishòuzhǎng 百獸長 8-246A
báishòuzūn 白獸樽 8-215B
báishū 白書 8-190B
báishǔ 白鼠 8-203A
bǎishū 百疏 8-239A
bǎishū 百蔬 8-242B
bǎishū 伯叔 1-1264A
bǎishǔ 百數 8-242B
bǎishǔ 柏署 4-918B
bǎishù 百數 8-242B
bàishū 拜書 6-431A
bàishū 拜疏 6-432A
bàishǔ 拜署 6-432B
bàishuài 拜帥 6-430A
báishuāngshuāng 白霜霜 8-212B
bǎishùdòng 柏樹洞 4-919A
báishuǐ 白水 8-167B
bǎishuì 百說 8-241B
bàishuǐ 敗水 5-460B
bàishuì 敗稅 5-463B
báishuǐní 白水泥 8-167B
báishuǐsùnǚ 白水素女 8-167B
báishuǐzhēnrén 白水真人 8-167B
bǎishùn 百順 8-238B
bǎishùnbǎiyī 百順百依 8-238B
bǎishùnqiānsuí 百順千隨 8-238B
bǎishuō 擺說 6-960B
bǎishuò 擺搠 6-960A
bǎishuò 擺槊 6-960B
bàishuō 稗說 8-101B
bàishuōsuǒyǔ 稗說瑣語 8-102A
bǎishùtái 柏樹臺 4-919A
báisī 白絲 8-201A
bǎisī 百司 8-225A
bǎisǐ 百死 8-225A
bǎisì 百寺 8-225A
bǎisì 百祀 8-229B
bǎisì 百駟 8-242A
bǎisì 百禩 8-246B
bàisǐ 敗死 5-461A
bǎisībùjiě 百思不解 8-232B
báisīdǎ 白廝打 8-208B
báisīlài 白廝賴 8-208B
bǎisīmòjiě 百思莫解 8-232B
bǎisǐyīshēng 百死一生 8-225A
báisōng 白菘 8-191B
bàisòng 拜送 6-430A
báisōngshàn 白松扇 8-179A
báisǒu 白叟 8-184B
báisū 白蘇 8-215A
báisù 白素 8-187A
báisù 白宿 8-196A
bàisú 敗俗 5-462A
bàisù 敗訴 5-463B
bǎisuí 百隧 8-242A
bǎisuì 百歲 8-240A
bàisuì 拜歲 6-432A
bàisuì 敗歲 5-464A
bǎisuìgēng 百歲羹 8-240A
bǎisuìsuǒ 百歲索 8-240A
bǎisuìzhiméng 百歲之盟 8-240A
báisǔn 白鶽 8-217A
bàisǔn 敗損 5-463B
bǎisǔnhuáng 百損黃 8-239B
bǎisūnyuàn 百孫院 8-235B
bǎisuǒ 百索 8-234A
bàisúshāngfēng 敗俗傷風 5-462A
bàisúshānghuà 敗俗傷化 5-462A
báitǎ 白塔 8-197A
báitǎ 白墖 8-204A
báità 白榻 8-204A
báitái 白台 8-171B
bǎitái 柏臺 4-919A
bǎitái 擺檯 6-961B
bǎitài 百汰 8-229A
bǎitài 百態 8-242A
bàitái 拜臺 6-432B
báitán 白檀 8-212B
báitàn 白炭 8-184B
bǎitān 擺攤 6-961B
bǎitán 擺談 6-961A
bàitán 拜壇 6-433B
bàitàn 鞴炭 12-211A
báitāng 白湯 8-200B
báitáng 白唐 8-189B
báitáng 白棠 8-199A
báitáng 白糖 8-212A
bǎitáng 柏堂 4-918A
bàitáng 拜堂 6-431A
báitáo 白陶 8-190B
bǎitǎsì 百塔寺 8-236B
báitǎsuǐ 白獺髓 8-215B
báitè 白特 8-188B
bǎitè 百匿 8-233B
bǎitè 百慝 8-241A
bǎitè 百螣 8-244A
báiténg 白藤 8-213B
báití 白題 8-213B
báitǐ 白體 8-218A
bǎitī 柏梯 4-918A
bǎitǐ 百體 8-246B
bàití 稗稊 8-101B
báitiān 白天 8-166A
báitián 白田 8-171A
bàitiāndì 拜天地 6-427B
bàitiāngōng 敗天公 5-460B
báitiānjiànguǐ 白天見鬼 8-166A
báitiānshòu 白天壽 8-166A
báitiáo 白條 8-188B
báitiáo 白鰷 8-212B
báitiáo 白鰷 8-217B
bǎitiáo 擺調 6-961A
bǎitiáo 擺條 6-959B
báitiáotiáo 白迢迢 8-182B
báitiáozǐ 白芀子 8-170A
bàitiě 拜帖 6-429A
báitiěshù 白鐵樹 8-217A
bàitiěxiá 拜帖匣 6-429A
báitíng 白庭 8-185A
báitǐng 白挺 8-182B
báitǐng 白梃 8-188A
báitíngshā 白庭砂 8-185A
báitíwǔ 白題舞 8-213B
báitóng 白桐 8-188A
báitóng 白銅 8-205A
báitóngdī 白銅堤 8-205A
báitóngdī 白銅鞮 8-205A
báitōngmào 白通帽 8-190B
báitóngtí 白銅蹄 8-205A
báitóu 白頭 8-209B
bǎitóu 擺頭 6-961A
báitóubùzhōng 白頭不終 8-209B
báitóudá 白頭達 8-210B
báitóudiéxuě 白頭疊雪 8-210B
báitóudiéyì 白頭踥跇 8-210B
báitóu'érxīn 白頭而新 8-209B
báitóuháng 白頭行 8-209B
báitóuqīn 白頭親 8-210B
báitóurén 白頭人 8-209B
báitóurúxīn 白頭如新 8-209B
báitóutiězi 白頭帖子 8-210A
báitóuwēng 白頭翁 8-210A
báitóuwū 白頭烏 8-210A
báitóuxiāngbìng 白頭相並 8-210A
báitóuxiélǎo 白頭偕老 8-210B
báitóuxīn 白頭新 8-210B
báitóuyín 白頭吟 8-210A
báitóuzhītàn 白頭之嘆 8-209B
báitú 白徒 8-189A
báitǔ 白土 8-165A
báitù 白兔 8-181A
báitù 白菟 8-191B
bǎitú 百涂 8-234B
bǎitú 柏塗 4-918B
báituán 白團 8-204B
báitùchìwū 白兔赤烏 8-181B
báitùdǎoyào 白兔擣藥 8-181B
báitǔfěn 白土粉 8-165A
báitùgōng 白兔公 8-181A
báitùgōngzǐ 白兔公子 8-181A
bàituì 敗退 5-462B
báituō 白脫 8-194A
báituó 白鼉 8-219A
bǎituō 捭脫 6-684A
bǎituō 捭棁 6-684A
bǎituō 擺脫 6-959B
bàituō 拜托 6-428A
báituōyóu 白脫油 8-194A
báitūtū 白突突 8-186A
báitùyùshǐ 白兔御史 8-181B
báiwǎn 白菀 8-192A
bǎiwàn 百萬 8-237B
bǎiwànfùwēng 百萬富翁 8-237B
báiwàng 白望 8-195B
bǎiwáng 百王 8-221B
bàiwáng 敗亡 5-460B
bàiwàng 拜望 6-431B
báiwēi 白薇 8-209A
báiwèi 白衛 8-208A
bǎiwéi 百圍 8-238A
bǎiwéi 百爲 8-238B
bǎiwěi 百僞 8-241B
bǎiwèi 百味 8-230B
bàiwèi 拜位 6-428B
bàiwèi 拜慰 6-433B
bǎiwèigēng 百味羹 8-230B
bǎiwěiyáotóu 擺尾搖頭 6-958B
báiwén 白文 8-168B
bǎiwén 襬紋 9-147A
bàiwèn 拜問 6-431B
bǎiwénbùrúyījiàn 百聞不如一見 8-242A
bàiwén'er 掰文兒 6-635B
báiwēng 白翁 8-189A
báiwényìn 白文印 8-169A
báiwū 白屋 8-186B
báiwū 白烏 8-188B
báiwǔ 白舞 8-204B
báiwù 白物 8-180B
bǎiwū 柏烏 4-917B
bǎiwǔ 百五 8-222A
bǎiwù 百物 8-230B
bǎiwù 百務 8-235B
bàiwǔ 拜舞 6-433A
bàiwù 敗物 5-461B
báiwúcháng 白無常 8-199B
báiwǔfān 白武幡 8-177B
bàiwùjiào 拜物教 6-429A
bǎiwújìnjì 百無禁忌 8-238A
bǎiwùjùjǔ 百務具舉 8-235B
bǎiwúliáolài 百無聊賴 8-238A
bǎiwǔrì 百五日 8-222A
bǎiwúshìchù 百無是處 8-238A
bǎiwúsuǒchéng 百無所成 8-238A
bǎiwúyīchéng 百無一成 8-238A
bǎiwúyīkān 百無一堪 8-238A
bǎiwúyīnéng 百無一能

8-238A
bǎiwúyīshī 百無一失 8-238A
bǎiwúyīshì 百無一是 8-238A
bǎiwúyīyòng 百無一用 8-238A
báiwūzhīshì 白屋之士 8-186B
báixī 白晰 8-199A
báixī 白皙 8-198A
báixī 白晳 8-202A
báixī 白羲 8-212A
báixí 白席 8-189B
báixí 白霫 8-215B
bǎixí 柏席 4-917B
bǎixì 百隰 8-241A
bǎixì 百戲 8-244B
bàixī 敗醯 5-465A
bàixǐ 拜洗 6-430A
báixiā 白瞎 8-208A
báixià 白下 8-165B
bàixiá 拜匣 6-428B
bǎixiàbǎiquán 百下百全 8-220B
bǎixiàbǎizháo 百下百着 8-220B
báixiān 白鮮 8-213A
báixián 白鷳 8-218B
báixián 白鷴 8-218B
báixiàn 白莧 8-188A
bǎixiàn 百縣 8-243B
bàixiàn 拜獻 6-434B
bàixiàn 敗陷 5-463A
báixiáng 白祥 8-190A
báixiǎng 白鮝 8-213A
báixiǎng 白鯗 8-214A
báixiàng 白相 8-183B
báixiàng 白象 8-194B
bǎixiāng 柏鄉 4-918B
bǎixiáng 百祥 8-235B
bǎixiǎng 百響 8-246B
bàixiàng 拜相 6-430A
bàixiàng 敗象 5-463B
báixiàngjiǎn 白象簡 8-194B
báixiàngrén 白相人 8-183B
bǎixiāngtáng 擺香堂 6-959A
bǎixiàngtú 百像圖 8-240B
báixiàngwū 白項烏 8-197A
báixiāo 白消 8-190A
báixiǎo 白小 8-165B
báixiǎo 白曉 8-211A
bǎixiāo 百宵 8-235B
bǎixiāo 百驍 8-246B
bàixiǎo 稗小 8-100B
bǎixiàrén 柏下人 4-916A
báixiè 白緤 8-208B
báixiè 白薤 8-209A
bǎixié 百邪 8-225B
bàixiè 拜謝 6-434A
báixīn 白心 8-169A
bǎixīn 百心 8-223B
bǎixīn 百辛 8-229A
báixíng 白錫 8-212B
báixíng 白行 8-173A
bǎixīng 百星 8-232B
bǎixíng 百刑 8-225A
bǎixíng 百行 8-226A
bǎixǐng 百省 8-232A
bǎixìng 百姓 8-230B
bǎixìng 百姓 8-231B
bàixīng 拜興 6-433B
bàixíng 敗行 5-461A
bàixíng 敗形 5-461B
bàixìng 敗興 5-464B
bàixìngniǎo 敗興鳥 5-464B
báixióng 白熊 8-206B
bǎixiōng 百凶 8-222B
báixírén 白席人 8-189B
bǎixìrén 百戲人 8-244B
bǎixiū 百羞 8-234B
bǎixiǔ 百宿 8-236B
bàixiǔ 敗朽 5-461A
bǎixìyī 百戲衣 8-244B
báixū 白繻 8-208B
báixū 白須 8-200A
báixū 白鬚 8-217B
báixù 白絮 8-200B
báixù 白緒 8-206B
bǎixū 百需 8-241B
bǎixù 百緒 8-242A
bàixù 敗絮 5-463B
báixuān 白宣 8-186A
báixuán 白琁 8-191A
báixuǎn 白選 8-208B
báixuānmào 白宣帽 8-186A
báixuánxuán 白懸懸 8-216B
báixuē 白削 8-184A
báixué 白學 8-211A
báixuě 白雪 8-192B
báixuè 白血 8-173A
bàixuè 敗血 5-461A
bàixuèbìng 敗血病 5-461A
báixuělóu 白雪樓 8-193A
báixuěxuě 白雪雪 8-193A
báixuěyángchūn 白雪陽春 8-193A
bàixuèzhèng 敗血症 5-461A
bǎixuézhū 百穴珠 8-225A
báixūgōng 白鬚公 8-217B
bǎixún 百尋 8-239A
báiyā 白鴉 8-208A
báiyā 白鵶 8-215A
báiyá 白芽 8-175B
báiyá 白崖 8-193B
báiyán 白言 8-177A
báiyán 白鹽 8-218B
báiyǎn 白眼 8-193A
báiyàn 白鵝 8-219A
báiyàn 白雁 8-198A
báiyàn 白鴈 8-207B
báiyàn 白燕 8-209A
báiyàn 白鷰 8-218A
bǎiyàn 百燄 8-234B
bǎiyàn 擺宴 6-959B
bǎiyǎnchú 百眼櫥 8-236A
bǎiyāndēng 擺烟燈 6-959B
báiyǎn'ér 白眼兒 8-193A
báiyáng 白洋 8-186A
báiyáng 白楊 8-201B
bǎiyāng 百殃 8-232A
bǎiyǎng 百痒 8-234A
bǎiyǎng 百癢 8-236B
bǎiyàng 擺樣 6-961A
bàiyāng 拜央 6-427B
báiyángchē 白羊車 8-174B
báiyángdāo 白陽刀 8-196B
báiyángdāo 白楊刀 8-201B
báiyángjiǔ 白羊酒 8-174B
báiyángtí 白揚提 8-197A
báiyángyáng 白洋洋 8-186A
báiyǎnwō 白眼窩 8-193B
báiyǎnxiāng 白眼香 8-193A
báiyǎnzhūzi 白眼珠子 8-193A
báiyāo 白腰 8-203A
báiyáo 白瑶 8-204A
báiyào 白藥 8-213B
báiyào 白鷂 8-217A
bǎiyāo 柏夭 4-916A
bǎiyào 百藥 8-245B
bǎiyàojiān 百藥煎 8-245B
bǎiyàomián 百藥綿 8-245B
báiyàozi 白鷂子 8-217A
báiyě 白也 8-166A
báiyè 白曳 8-172B
báiyè 白夜 8-181B
báiyè 白頁 8-183B
báiyè 白液 8-196A
báiyè 白業 8-202B
báiyè 白鵺 8-216A
bǎiyě 百冶 8-229A
bǎiyè 百頁 8-232A
bǎiyè 百葉 8-237A
bǎiyè 百業 8-240A
bǎiyè 柏葉 4-918B
bàiyě 稗野 8-101B
bàiyè 拜謁 6-433B
bàiyè 鞴液 12-211A
bǎiyèchuāng 百頁窗 8-232A
bǎiyèchuāng 百葉窗 8-237B
bǎiyèhóng 百葉紅 8-237B
bǎiyèjì 百葉髻 8-237B
bǎiyèjiǔ 柏葉酒 4-918B
bǎiyèshū 柏葉書 4-918B
bǎiyètú 百葉圖 8-237B
bǎiyèxiāng 百葉箱 8-237B
bǎiyèxiānrén 百葉仙人 8-237A
bǎiyèzhú 百葉竹 8-237B
báiyī 白衣 8-173A
báiyí 白夷 8-172B
báiyí 白移 8-188A
báiyǐ 白乙 8-164B
báiyǐ 白螘 8-211A
báiyǐ 白蟻 8-215B
báiyì 白栥 8-212A
báiyì 白役 8-177A
báiyì 白意 8-203B
báiyì 白義 8-203B
báiyì 白翳 8-212B
báiyì 白鷁 8-215B
báiyì 白鷊 8-217B
báiyì 白秇 8-193B
báiyì 白粃 8-200A
báiyì 白蓺 8-197B
báiyì 白驤 8-218A
bǎiyī 百一 8-219B
bǎiyī 百壹 8-236B
bǎiyì 百役 8-229A
bǎiyì 百異 8-236A
bǎiyì 百意 8-240B
bǎiyì 百溢 8-241A
bǎiyì 百億 8-243A
bǎiyì 百鎰 8-245B
bǎiyì 柏翳 4-919B
bàiyī 拜揖 6-432A
bàiyī 敗衣 5-461A
bàiyì 拜邑 6-428B
bàiyì 拜意 6-432B
bàiyì 拜義 6-432B
bàiyì 敗浥 5-463A
bàiyì 敗意 5-464A
bǎiyībǎishùn 百依百順 8-230B
bǎiyībǎisuí 百依百隨 8-230B
báiyīcānggǒu 白衣蒼狗 8-174B
báiyīdào 白衣道 8-174B
báiyīdàshì 白衣大士 8-173B
báiyīgōngqīng 白衣公卿 8-173B
báiyīguān 白衣冠 8-174A
báiyīguānyīn 白衣觀音 8-174B
bǎiyìhóng 百益紅 8-234B
báiyīhuì 白衣會 8-174B
báiyījiǔ 白衣酒 8-174B
bǎiyíliàngfǔ 柏夷亮父 4-916A
báiyīméimìngjūn 白衣没命軍 8-174A
báiyīmínzú 白衣民族 8-174A
báiyín 白銀 8-205A
báiyǐn 白飲 8-200A
bǎiyǐn 百尹 8-223B
bǎiyìn 擺印 6-958B
bàiyīn 唄音 3-359B
báiyīng 白英 8-178A
báiyīng 白鷹 8-218B
bǎiyíng 百楹 8-239B
bàiyǐng 拜影 6-433B
báiyǐngzhū 白影珠 8-208A
bàiyīnshòu 拜陰壽 6-431A
báiyīqīngxiàng 白衣卿相 8-174A
báiyīrén 白衣人 8-173B
báiyīshàngshū 白衣尚書 8-174A
báiyīshì 白衣士 8-173B
bǎiyīshī 百一詩 8-219B
báiyīsòngjiǔ 白衣送酒 8-174A

báiyītiānshǐ 白衣天使 8-173B
báiyīxiàng 白衣相 8-174A
báiyīxiānrén 白衣仙人 8-174A
báiyīxiùshì 白衣秀士 8-174A
báiyīzǎixiàng 白衣宰相 8-174B
báiyǐzhēngxué 白蟻争穴 8-215B
bǎiyīzhōng 百一鍾 8-219B
báiyǒu 白鴝 8-212B
bǎiyōu 百憂 8-242B
bǎiyóu 柏油 4-917A
bǎiyóulù 柏油路 4-917A
bǎiyóumǎlù 柏油馬路 4-917A
bǎiyóuzhǐ 柏油紙 4-917A
báiyú 白魚 8-194A
báiyú 白榆 8-202A
báiyǔ 白羽 8-175A
báiyǔ 白雨 8-179A
báiyǔ 白語 8-205B
báiyù 白玉 8-169A
bàiyù 敗御 5-463B
báiyuān 白淵 8-200B
báiyuán 白元 8-166A
báiyuán 白猨 8-200A
báiyuán 白猿 8-203A
báiyuán 白緣 8-209A
báiyuán 白蝯 8-208A
báiyuán 白黿 8-212A
bǎiyuán 百原 8-234A
bǎiyuán 百源 8-240B
bǎiyuàn 百怨 8-233A
bàiyuàn 拜愿 6-433A
báiyuángōng 白猿公 8-203A
báiyuánwēng 白猿翁 8-203A
bǎiyuánxuépài 百源學派 8-240B
báiyùbǎn 白玉板 8-169A
báiyùchán 白玉蟬 8-170A
báiyùchán 白玉蟾 8-170A
báiyùchí 白玉墀 8-169B
báiyúchìwū 白魚赤烏 8-194B
báiyùchuán 白玉船 8-169A
báiyùchuán 白玉船 8-169A
bàiyúchuíchéng 敗於垂成 5-462A
báiyúdēngzhōu 白魚登舟 8-194B
báiyuè 白月 8-168B
báiyuè 白越 8-197A
bǎiyuè 百粵 8-238B
bǎiyuè 百越 8-236B
báiyùgōu 白玉鉤 8-169B
báiyùguān 白玉棺 8-169B
báiyùguǎn 白玉琯 8-169B
báiyǔjiàn 白羽箭 8-175B
báiyùjiāng 白玉漿 8-169B
báiyùjīng 白玉京 8-169A
báiyùliánhuābēi 白玉蓮花杯 8-169B
báiyùliánhuāzhǎn 白玉蓮花盞 8-169B
báiyùlóu 白玉樓 8-169B
báiyùluán 白玉鸞 8-170A
báiyún 白雲 8-198A
báiyùn 白暈 8-202B
báiyúncānggǒu 白雲蒼狗 8-198B
bǎiyùnjiān 百韻牋 8-246A
báiyúnjū 白雲居 8-198B
báiyúnpiān 白雲篇 8-198B
báiyúnqīnshè 白雲親舍 8-199A
báiyúnrén 白雲人 8-198B
báiyúnshěng 白雲省 8-198B
báiyúnshì 白雲士 8-198B
báiyúnsī 白雲司 8-198B
báiyúntíng 白雲亭 8-198B
báiyúnxiāng 白雲鄉 8-198B
báiyúnyáo 白雲謠 8-199A
báiyùpán 白玉盤 8-169B
báiyúrùzhōu 白魚入舟 8-194A
báiyǔshàn 白羽扇 8-175A
báiyùshí 白玉石 8-169A
báiyǔshūshēng 白羽書生 8-175A
báiyúsùchē 白輿素車 8-212B
báiyùtáng 白玉堂 8-169A
báiyùtuán 白玉團 8-169B
báiyùwēixiá 白玉微瑕 8-169B
báiyùxǐ 白玉璽 8-170A
báiyùyīng 白玉嬰 8-169B
báiyùyú 白玉腴 8-169B
báiyùzhóu 白玉軸 8-169B
báizāi 白灾 8-177B
bǎizǎi 百載 8-239B
bǎizǎishùrén 百載樹人 8-239B
bàizàn 唄讚 3-359B
báizǎo 白棗 8-198A
báizào 白阜 8-176B
báizào 白皂 8-177A
bǎizáxiāng 百雜香 8-245B
báizé 白幘 8-204B
báizé 白澤 8-212A
báizé 白奥 8-185A
bǎizé 百則 8-232B
báizéi 白賊 8-202B
báizhāi 白齋 8-213A
báizhān 白旃 8-189B
báizhān 白氈 8-213A
báizhàn 白戰 8-211A
bǎizhǎn 百艬 8-243A
bǎizhǎn 百盞 8-240A
bǎizhǎn 百醆 8-242B
bǎizhàn 百戰 8-243B
bǎizhàn 擺站 6-959B
bàizhān 拜氈 6-434A
bǎizhànbǎibài 百戰百敗 8-244A
bǎizhànbǎishèng 百戰百勝 8-244A
bǎizhànbùdài 百戰不殆 8-244A
báizhāng 白章 8-195B
báizhāng 白麞 8-218A
bǎizhāng 擺張 6-960A
bǎizhǎng 百長 8-229B
bǎizhǎng 伯長 1-1264A
bǎizhàng 百丈 8-220B
bǎizhàng 百障 8-241A
bǎizhàng 百嶂 8-241B
bàizhāng 拜章 6-431B
bàizhàng 拜杖 6-428A
bàizhàng 敗仗 5-461A
bǎizhànggāntóu 百丈竿頭 8-220B
bǎizhàngxū 百丈鬚 8-220B
báizhànjiā 白戰家 8-211A
báizhāntán 白旃檀 8-190A
bǎizhànwúqián 百戰無前 8-244A
báizhào 白旐 8-200A
bǎizhāo 柏招 4-917A
bǎizhāo 柏昭 4-917A
báizhāojǔ 白招矩 8-178A
báizhāojǔ 白招拒 8-178A
báizházi 白劄子 8-204B
báizhè 白柘 8-183A
bǎizhé 百適 8-242A
bǎizhé 百折 8-226B
bǎizhé 百蟄 8-244B
bǎizhé 百謫 8-245B
bàizhé 拜摺 6-433A
bǎizhébùcuī 百折不摧 8-227A
bǎizhébùhuí 百折不回 8-227A
bǎizhébùnáo 百折不撓 8-227A
bǎizhébùqū 百折不屈 8-227A
bǎizhébùyí 百折不移 8-227A
bǎizhèn 擺陣 6-959A
bàizhèn 敗陣 5-462B
bǎizhēng 擺掙 6-959A
bǎizhèng 擺正 6-958A
bǎizhèng 稗政 8-101B
bǎizhéqiānhuí 百折千回 8-227A
bǎizhéqún 百摺裙 8-241A
bǎizhěqún 百褶裙 8-244A
báizhézi 白摺子 8-204A
bàizhézi 拜摺子 6-433A
báizhī 白汁 8-171B
báizhī 白芝 8-172B
báizhí 白直 8-178A
báizhí 白跖 8-199A
báizhǐ 白茝 8-188A
báizhǐ 白芷 8-175B
báizhǐ 白紙 8-190B
báizhì 白雉 8-202B
báizhì 白幟 8-208A
báizhì 白質 8-208A
bǎizhī 百枝 8-229B
bǎizhī 柏脂 4-917B
bǎizhí 百執 8-235B
bǎizhí 百植 8-237B
bǎizhí 百職 8-245B
bǎizhǐ 百祉 8-231B
bǎizhǐ 百指 8-232A
bǎizhì 百志 8-227A
bǎizhì 百雉 8-240A
bǎizhì 擺制 6-959A
bǎizhì 擺治 6-959A
bǎizhì 擺置 6-960B
bàizhí 拜職 6-434A
bàizhǐ 敗紙 5-463A
bàizhì 拜至 6-428A
báizhǐhēizì 白紙黑字 8-190B
bǎizhīlǜ 柏枝緑 4-917A
bǎizhíshì 百執事 8-235B
bǎizhīzhī 百支支 8-222A
bǎizhīzhī 百枝枝 8-230A
báizhǒng 白冢 8-190A
báizhǒng 白種 8-204B
bǎizhōng 百鐘 8-246A
bǎizhōng 擺鐘 6-961B
bǎizhǒng 百種 8-241B
bǎizhòng 百中 8-222B
bǎizhòng 百衆 8-238B
bàizhǒng 敗種 5-464A
báizhōu 白粥 8-200B
báizhòu 白晝 8-196B
bǎizhōu 柏舟 4-916B
bǎizhòu 百啄 8-236A
bǎizhōujié 柏舟節 4-916B
báizhǔ 白煮 8-197B
báizhù 白苧 8-178A
báizhù 白紵 8-196B
báizhù 白著 8-191B
báizhù 白箸 8-204B
bǎizhù 百住 8-229A
bǎizhuāi 擺拽 6-959A
báizhuàn 白撰 8-207B
báizhuàn 白譔 8-216A
bǎizhuàn 百轉 8-245B
bǎizhuàn 百囀 8-246B
báizhuāng 白妝 8-177B
báizhuāng 白粧 8-200A
báizhuàng 白撞 8-207B
bǎizhuāng 柏裝 4-918B
bǎizhuāng 擺莊 6-959A
báizhuàngyǔ 白撞雨 8-207B
bǎizhuànqiānshēng 百囀千聲 8-246B
báizhùcí 白苧詞 8-178A
báizhùcí 白紵詞 8-196B
báizhùcí 白紵辭 8-196B
báizhùgē 白苧歌 8-178A
báizhùgē 白紵歌 8-196B
báizhuó 白著 8-191B
báizhuó 白濁 8-212A
bǎizhuō 百拙 8-229B
bàizhuó 拜擢 6-434A
bǎizhuōqiānchǒu 百拙千醜

8-229B
bǎizhuóxiāng 百濯香 8-245A
báizhūshā 白硃砂 8-192B
báizhùshān 白苧衫 8-178A
báizhùwǔ 白紵舞 8-196B
báizǐ 白梓 8-192A
báizì 白字 8-175A
bǎizi 擺子 6-958A
bǎizǐ 百子 8-221A
bǎizǐ 柏子 4-916A
bǎizǐ 伯子 1-1261B
bǎizì 百字 8-226B
bàizi 稗子 8-101A
bàizi 敗子 5-460B
bàizì 敗字 5-461A
bǎizǐchán 柏子禪 4-916A
bǎizǐchí 百子池 8-221A
bǎizǐgāo 柏子高 4-916A
bǎizǐhù 柏子户 4-916A
bàizǐhuítóujīnbùhuàn
敗子回頭金不換 5-460B
bǎizīkèlǐkèshíkū
柏孜克里克石窟 4-916B
bǎizǐlíng 百子鈴 8-221B
bǎiziqiānhóng 百紫千紅
8-237B
bǎizǐtǎ 柏子塔 4-916A
bǎizǐtáng 百子堂 8-221B
bǎizǐtú 百子圖 8-221B
bǎizǐwèng 百子瓮 8-221A
bǎizǐxiāng 柏子香 4-916A
bǎizǐzhàng 百子帳 8-221B
bǎizōng 百宗 8-231B
bǎizǒng 百總 8-245A
bǎizòng 擺蹤 6-961B
bǎizòngqiānsuí 百縱千隨
8-245A
báizòu 白奏 8-182B
bàizǒu 敗走 5-461B
báizú 白足 8-176A
báizú 白族 8-195B
bǎizú 百足 8-228B
bǎizú 百族 8-236B
bàizú 敗足 5-461B
bǎizúbùjiāng 百足不僵
8-228B
báizúchánsēng 白足禪僧
8-176B
báizúchánshī 白足禪師
8-176B
báizúgāosēng 白足高僧
8-176A
báizúhéshàng 白足和尚
8-176A
báizuì 白罪 8-202B
báizuì 白醉 8-207B
bǎizuì 百晬 8-237B
báizúsēng 白足僧 8-176A
bǎizúzhīchóng 百足之蟲
8-228B
bǎizúzhīchóng…
百足之蟲，斷而不蹶
8-228B
bǎizúzhīchóng…
百足之蟲，死而不僵
8-228B
bǎizúzhīchóng…
百足之蟲，至斷不蹶
8-228B
bǎizúzhīchóng…
百足之蟲，至死不僵
8-228B
bājī 吧唧 3-250A
bājí 八及 2-2B
bājí 八極 2-17A
bājǐ 巴戟 4-75B
bājì 八紀 2-13B
bājì 八際 2-19A
bájì 拔迹 6-445B
bájì 拔濟 6-449A
bájì 軷祭 9-1234B
bàjì 伯迹 1-1264B
bàjì 霸迹 11-732B
bàjì 霸跡 11-733B
bājiā 八家 2-15A
bǎjiā 把家 6-423B
bājiān 八姦 2-13B
bājiān 八鍵 2-17A
bājiān 巴牋 4-75B
bájiān 拔尖 6-444A
bájiǎn 拔簡 6-449A
bājiǎncán 八繭蠶 2-21B
bājiǎndù 八鍵度 2-17A
bájiànlùngōng 拔劍論功
6-448B
bājiāo 巴焦 4-75B
bājiāo 芭蕉 9-316A
bājiǎo 八角 2-7A
bájiāo 跋焦 10-441B
bájiǎo 拔脚 6-446B
bǎjiāo 把交 6-422B
bàjiào 罷教 8-1042B
bājiǎogǔ 八角鼓 2-7B
bājiǎohuíxiāng 八角茴香
2-7B
bājiǎolián 八角蓮 2-7B
bājiǎomào 八角帽 2-7B
bājiāoshàn 芭蕉扇 9-316A
bājiāotú 八椒圖 2-16B
bájǐchéngyīduì
拔戟成一隊 6-447A
bājie 巴結 4-76A
bājiē 八階 2-16A
bājiē 八堦 2-16B
bājié 八節 2-18A
bājié 巴劫 4-74B
bājié 巴拮 4-74B
bājié 巴竭 4-76A
bājiè 八戒 2-6B
bájié 拔節 6-447B
bájié 拔絜 6-447A
bájiě 拔解 6-447B
bǎjié 把截 6-425A
bājiéfēng 八節風 2-18A
bājiétān 八節灘 2-18A
bājiētáokōng 扒街淘空
6-338B
bājǐn 巴錦 4-76B
bájìn 拔進 6-446B
bàjīn 霸衿 11-732B
bājīnbàn 八斤半 2-3B
bājīng 八經 2-19A
bājǐng 八景 2-17A
bājìng 八境 2-19A
bàjìng 靶鏡 12-189B
bājǐngyú 八景輿 2-17A
bájiǒng 拔迥 6-445A
bājǐtiān 巴戟天 4-75B
bājiǔ 八九 2-1B
bājiǔ 巴酒 4-75A
bájiù 拔救 6-446B
bǎjiǔ 把酒 6-423B
bājiǔbùlíshí 八九不離十
2-1B
bǎjiǔchí'áo 把酒持螯
6-423B
bājiǔtūn 八九吞 2-2A
bājū 巴苴 4-74B
bājū 巴且 4-74A
bájǔ 拔舉 6-448B
bájù 拔拒 6-444A
bájù 拔距 6-446B
bájù 跋距 10-440B
bàjù 霸據 11-734A
bǎjuàn 把卷 6-422B
bājué 八訣 2-16A
bājué 八絕 2-18A
bājué 八覺 2-23A
bájué 拔絶 6-447B
bǎjué 把絶 6-424B
bājùn 八俊 2-11B
bājùn 八儁 2-19B
bājùn 八駿 2-21A
bájūn 拔軍 6-445B
bájùn 拔俊 6-445B
bájùn 拔儁 6-448A
bājūnzǐ 八君子 2-7B
bākǎi 八凱 2-17A
bākǎi 八愷 2-18B
bàkǎi 𤓰𤓰 7-1554B
bākē 八科 2-11B
bàkè 罷課 8-1043B
bākèshí 巴克什 4-74B
bākǒu 八口 2-2B
bākǔ 八苦 2-8A
bākuāng 笆筐 8-1116A
bākuí 八魁 2-18B
bákuí 拔葵 6-447A
bákuíqùzhī 拔葵去織
6-447A
bákuò 茇葀 9-335A
bālā 扒拉 6-338B
bālà 疤瘌 8-288A
bálà 拔剌 6-445B
bálà 跋剌 10-440A
bālābàn 巴拉半 4-74B
báláifùwǎng 拔來報往
6-445A
báláifùwǎng 跋來報往
10-440A
bālaliúxīng 疤瘌流星
8-288A
bālàliúxīng 疤瘌流星
8-288A
bālǎn 八覽 2-23A
bālǎn 巴欖 4-76B
bálán 跋藍 10-442A
bǎlán 把攔 6-426A
bǎlán 𢹿攔 6-995B
bǎlǎn 把攬 6-426A
bàlǎn 霸攬 11-734B
bálàng 跋浪 10-440B
bālǎnzǐ 巴覽子 4-76B
bālǎo 八老 2-5A
bālàyǎn'er 疤瘌眼兒
8-288A
bàle 罷了 8-1040B
bálèguó 跋勒國 10-440B
bálèi 拔類 6-449B
bàlěi 罷壘 8-1044A
bálèichāoqún 拔類超羣
6-449B
bālěiwǔ 芭蕾舞 9-316A
bālèng 巴睖 4-76A
bālí 巴籬 4-76B
bālí 芭黎 9-316A
bālí 芭籬 9-316A
bālí 笆籬 8-1116B
bālǐ 巴里 4-74B
bālǐ 巴俚 4-74B
bálì 拔立 6-443B
bàlì 罷吏 8-1041A
bāliáo 八髎 2-22B
bàliáo 霸僚 11-734A
bàliǎo 罷了 8-1040B
bāliè 八列 2-5B
báliè 跋躐 10-442A
bàliě 罷咧 8-1042A
bàliè 罷列 8-1041A
bālìmén 巴力門 4-73A
bālín 八鄰 2-20A
bālín 八隣 2-20A
bālíng 八靈 2-23B
bālíng 巴陵 4-75A
bàlíng 霸陵 11-733A
bàlíng 灞陵 6-223A
bàlíng'àn 霸陵岸 11-733A
bàlíngqiáo 霸陵橋 11-733A
bàlíngzuìwèi 霸陵醉尉
11-733A
bāliú 八流 2-15A
bàliú 霸留 11-733A
bāliùzǐ 八六子 2-4A
bālízi 巴黎子 4-76B
bālízi 笆籬子 8-1116B
bālóng 八龍 2-21A
bālóng 笆籠 8-1116B
bālǒu 笆簍 8-1116B
bālù 八路 2-18A
bálù 跋録 10-442A
bāluán 八鑾 2-24A
bāluán 八鸞 2-24A
bālùjūn 八路軍 2-18A
bálún 拔倫 6-446A
bàlùn 罷論 8-1043B
bàlùn 霸論 11-734A

bālúnchuán 八輪船 2-20A
bāluò 八絡 2-18A
bāluò 八落 2-16B
bálǚ 跋履 10-441B
bàlüè 霸略 11-733A
bálǚshānchuān 跋履山川 10-441B
bāmǎ 八馬 2-13B
bámǎ 跋馬 10-440B
bǎmá 把麻 6-424A
bāmài 八脈 2-14B
bǎmài 把脈 6-423B
bǎmài 把賣 6-425A
bāmán 八蠻 2-23B
bāmàn 巴漫 4-76B
bāmàn 巴謾 4-76B
bāmàn 巴鏝 4-76B
bàmán 霸蠻 11-734B
bámànbù 拔慢步 6-448A
bāmáng 笆芒 8-1116A
bāmáo 笆茅 8-1116A
bámáo 拔茅 6-444B
bámáojìshì 拔毛濟世 6-443A
bámáoliánrú 拔茅連茹 6-444B
bāmǎzǐ 巴馬子 4-75A
bāméi 八眉 2-13B
bǎmèi 把袂 6-423B
bāmén 八門 2-9A
bǎmén 把門 6-423A
bàmén 霸門 11-732A
bāmǐ 八米 2-6A
bāmiàn 八面 2-10B
bàmiǎn 罷免 8-1041B
bāmiànfēng 八面鋒 2-11A
bāmiànjiànguāng 八面見光 2-10B
bāmiànlínglóng 八面瓏瓏 2-11A
bāmiànlínglóng 八面玲瓏 2-10B
bāmiànshǐfēng 八面駛風 2-11A
bāmiànshòudí 八面受敵 2-10B
bāmiànwēi 八面威 2-10B
bāmiànwēifēng 八面威風 2-10B
bāmiànyíngchè 八面瑩澈 2-11A
bāmiànyuán 八面圓 2-11A
bāmiànzhāngluo 八面張羅 2-11A
bámiáozhùzhǎng 拔苗助長 6-444B
bāmǐlúláng 八米盧郎 2-6A
bāmǐn 八閩 2-20A
bāmíng 八冥 2-15A
bāmíng 八溟 2-18B
bāmìng 八命 2-8B
bāmǐshī 八米詩 2-6A
bàmò 耙耱 8-596A
bámù 拔木 6-443A
bǎná 把拏 6-423B
bānán 八難 2-22A
bánàn 拔難 6-449B
bǎn'àn 阪岸 11-915A
bàn'àn 辦案 11-499B
bǎnbā 板芭 4-863A
bānbái 班白 4-559A
bānbái 斑白 4-594B
bānbái 頒白 12-269A
bānbái 辬白 11-500B
bànbái 半白 1-709B
bànbǎi 半百 1-709B
bānbān 班班 4-562B
bānbān 般般 9-4A
bānbān 斑斑 4-596A
bānbān 斒斑 6-1548B
bānbān 彬斑 3-1122B
bānbān 般般 6-1480A
bǎnbǎn 板板 4-863A
bǎnbǎn 版版 6-1042B
bǎnbǎn 反反 2-857A
bānbǎng 頒榜 12-270B
bǎnbǎng 板榜 4-865B
bànbanlālā 半半拉拉 1-709B
bǎnbǎnliùshísì 板板六十四 4-863A
bǎnbǎnliùshísì 版版六十四 6-1042B
bànbànlùlù 半半路路 1-709B
bànbàntiān 半半天 1-709B
bǎnbǎnzhèngzhèng 板板正正 4-863A
bǎnbào 板報 4-865A
bànbào 半豹 1-712B
bānbèi 班輩 4-565A
bànbèi 辦備 11-500A
bànbèizi 半輩子 1-715B
bānběn 扳本 6-389A
bānběn 班本 4-558B
bǎnběn 板本 4-862A
bǎnběn 版本 6-1042A
bǎnběnxué 板本學 4-862A
bānbǐ 班筆 4-564A
bānbǐ 般比 9-3B
bǎnbì 板壁 4-866B
bànbì 半壁 1-716A
bànbì 半臂 1-716B
bànbì 半璧 1-716B
bànbiān 半邊 1-716B
bànbiàn 姅變 4-334B
bànbiānlián 半邊蓮 1-716B
bànbiānrén 半邊人 1-716B
bànbiāntiān 半邊天 1-716B
bānbiāo 彬彪 3-1122B
bànbiaozi 半彪子 1-713B
bànbìbèizi 半臂背子 1-716B
bànbìhéshān 半壁河山 1-716A
bànbìjiāngshān 半壁江山 1-716A
bānbīn 頒斌 12-270A
bānbìn 斑鬢 4-597B
bānbìn 頒鬢 12-271A
bānbīng 班兵 4-560A
bānbīng 搬兵 6-805B
bānbīng 頒冰 12-269B
bānbǐng 班禀 4-564B
bànbìrěnhán 半臂忍寒 1-716B
bànbìshānhé 半壁山河 1-716A
bànbìxiāng 半壁廂 1-716A
bānbō 班剝 4-563A
bānbō 般剝 9-4A
bānbō 斑剝 4-595B
bānbó 扳駁 6-389B
bānbó 班駁 4-564B
bānbó 班駮 4-565B
bānbó 斑駁 4-596B
bānbó 斑駮 4-597A
bānbó 搬駁 6-806A
bānbólùlí 班駁陸離 4-564B
bānbólùlí 班駮陸離 4-565B
bānbólùlí 斑駁陸離 4-596B
bānbólùlí 斑駮陸離 4-597A
bānbù 肦布 6-1180B
bānbù 班布 4-558B
bānbù 班部 4-563B
bānbù 班簿 4-566B
bānbù 斑布 4-594B
bānbù 頒布 12-269A
bānbù 頒佈 12-269B
bǎnbù 版部 6-1042B
bǎnbù 版簿 6-1044A
bānbùdǎo'er 扳不倒兒 6-388B
bànbùlúnyǔ 半部論語 1-713A
bǎncā'er 板擦兒 4-866B
bāncǎi 班彩 4-563B
bāncǎi 斑彩 4-595B
bāncǎi 斑綵 4-596B
bāncāng 斑蒼 4-596A
bāncāo 班操 4-565B
bāncáo 班曹 4-563B
bāncǎo 班草 4-562A
bǎncáo 版曹 6-1042B
bǎncè 板冊 4-862B
bǎnchā 板插 4-865A
bǎnchā 版臿 6-1042B
bǎnchā 版插 6-1043A
bànchāi 半拆 1-710B
bànchāi 辦差 11-499B
bānchán 班禪 4-566A
bǎnchán 版纏 6-1044A
bànchán 半蟾 1-717A
bànchǎn 半產 1-713B
bānchán'é'ěrdéní 班禪額爾德尼 4-566A
bāncháng 斑裳 4-596B
bāncháng 頒常 12-270A
bānchǎng 搬場 6-806A
bānchàng 搬唱 6-806A
bāncháo 班朝 4-564A
bāncháolù 班朝錄 4-564A
bānchē 班車 4-560A
bǎnchē 板車 4-863A
bànchéngpǐn 半成品 1-710A
bǎnchéngzhǔkǒu 板城渚口 4-864A
bānchǐ 班齒 4-565A
bǎnchí 坂坻 2-1039B
bǎnchǐ 板齒 4-866A
bǎnchǐ 版齒 6-1043B
bànchì 半翅 1-712B
bànchóu 半籌 1-717A
bànchóubùnà 半籌不納 1-717A
bànchóumòzhǎn 半籌莫展 1-717A
bànchú 半除 1-712A
bānchuāng 瘢瘡 8-355B
bǎnchuāng 板瘡 4-866A
bǎnchuáng 板牀 4-863B
bànchuáng 半床 1-710B
bànchuáng 半牀 1-711B
bānchuí 班倕 4-563A
bānchuí 般倕 9-4A
bānchūn 班春 4-561B
bānchúndìshé 搬脣遞舌 6-806A
bànchúnjuēzuǐ 拌脣撅嘴 6-502A
bānchúnnòngshé 搬脣弄舌 6-806A
bānchúnnòngshé 搬脣弄舌 6-806A
bāncī 瘢疵 8-347B
bāncì 班次 4-560A
bāncì 班賜 4-565A
bāncì 頒賜 12-270B
bǎncì 板刺 4-863A
bǎncì 版次 6-1042A
bǎncì 版刺 6-1042B
bàncì 半刺 1-711A
bǎncuò 板銼 4-866A
bāncuòtóu 扳錯頭 6-390A
bāndǎ 班打 4-558B
bàndà 半大 1-707B
bàndá'er 半答兒 1-714A
bǎndài 板帶 4-864B
bāndān 般擔 9-4B
bāndàng 般當 9-4B
bǎndàng 板蕩 4-866A
bǎndàng 版蕩 6-1043B
bàndāng 伴當 1-1281B
bàndāng 伴儅 1-1281B
bàndǎng 伴黨 1-1282A
bàndāngyāo 半當腰 1-714A
bāndǎo 扳倒 6-389A
bāndào 扳道 6-389B
bǎndāo 板刀 4-861B
bǎndào 阪道 11-915A
bàndǎo 半島 1-713A
bàndǎo 絆倒 9-797B
bàndào 半道 1-714A
bàndào 辦道 11-500A
bǎndāomiàn 板刀麵 4-861B
bāndàorén 斑道人 4-596A
bàndǎotǐ 半導體 1-715B

bàndàyè 伴大夜 1-1280B
bǎndèng 板凳 4-865B
bǎndèng 板櫈 4-867A
bànděng 伴等 1-1281B
bāndí 班狄 4-560B
bāndǐ 班底 4-561A
bāndì 班第 4-563B
bāndiǎn 班點 4-566A
bāndiǎn 斑點 4-597A
bàndiǎn 半點 1-716A
bàndiàozi 半吊子 1-710A
bàndībùgāo 半低不高 1-710B
bāndié 班氎 4-566B
bǎndié 板堞 4-865A
bāndìng 頒定 12-269B
bǎndìng 板定 4-863B
bǎndìng 鈑錠 11-1219A
bàndīng 半丁 1-707A
bàndōng 辦東 11-499B
bàndǒngbùdǒng 半懂不懂 1-715B
bāndòu 搬逗 6-805B
bāndòu 搬鬭 6-806B
bāndú 斑犢 4-597A
bǎndú 版牘 6-1044A
bàndú 伴讀 1-1282A
bǎnduì 板對 4-865B
bǎndùnmán 板楯蠻 4-865A
bàn'é 半額 1-716B
bānéng 八能 2-15B
bān'er 斑兒 4-595A
bān'ěr 般爾 9-4B
bǎn'er 板兒 4-863A
bānfā 頒發 12-270A
bànfǎ 辦法 11-499B
bānfān 扳翻 6-390A
bānfàn 班范 4-560B
bànfān 絆翻 9-797B
bānfāng 頒方 12-269A
bānfáng 班房 4-561A
bǎnfáng 板房 4-863B
bànfáng 辦房 11-499B
bànfānjì 半翻髻 1-716B
bànfànzhǐhuīshǐ 伴飯指揮使 1-1281B
bǎnfēi 板扉 4-865A
bànfēn 半分 1-708B
bànfēngjiàn 半封建 1-711B
bānfù 班傅 4-564A
bānfù 頒付 12-269A
bǎnfǔ 板斧 4-863B
bǎnfǔ 板腐 4-865B
bànfù 半腹 1-714B
bǎngài 版蓋 6-1043A
bàngāi 半垓 1-711B
bāng'àn 幫岸 3-764A
bǎngàn 板榦 4-865B
bàngānbàngà 半間半界 1-714A
bàngānbùgà 半間不界 1-714A
bāngào 班告 4-560A
bāngào 頒告 12-269B
bàngǎo 辦稿 11-500B
bāngbàn 幫辦 3-765A
bàngbǎn 榜板 4-1224A
bāngbāng 彭彭 3-1130B
bàngbàngjī 棒棒雞 4-1072B
bāngbāngqiāng 梆梆槍 4-955A
bāngbāngyìng 梆梆硬 4-955A
bāngbǎo 邦寶 10-587A
bāngběn 邦本 10-583A
bāngbǐ 邦比 10-583A
bǎngbǐ 榜筆 4-1225A
bǎngbì 膀臂 6-1367A
bàngbiān 傍邊 1-1610A
bàngbiān 並邊 2-107A
bāngbiǎo 邦表 10-584A
bǎngbiāo 榜標 4-1225A
bǎngbiǎo 膀表 6-1050A
bàngbiē 鮮鼈 12-1205A
bàngbīng 棒冰 4-1072A
bàngbìngchéngzhū 蚌病成珠 8-864B
bàngbìngshēngzhū 蚌病生珠 8-864B
bāngbó 邦伯 10-583B
bàngbó 謗勃 11-385A
bāngbǔ 幫補 3-764B
bāngbù 邦布 10-583A
bāngcǎi 邦采 10-584A
bāngchāi 幫差 3-764A
bàngchán 謗讒 11-386B
bāngchǎng 幫場 3-764A
bàngcháo 謗嘲 11-386A
bàngchē 旁車 6-1594A
bāngchèn 幫襯 3-765A
bāngchéng 邦成 10-583B
bàngchēng 棓槍 4-1121B
bàngchèng 磅秤 7-1092B
bàngchī 謗嗤 11-385B
bāngchǔ 邦儲 10-586B
bāngchuán 幫船 3-764A
bǎngchuán 榜船 4-1225A
bàngchuāng 棒瘡 4-1073A
bàngchuí 棒棰 4-1072B
bàngchuí 棒槌 4-1072B
bàngcí 謗詞 11-385B
bàngcì 謗刺 11-385A
bāngcòu 幫湊 3-764B
bǎngcù 榜簇 4-1225B
bāngcuì 邦瘁 10-586A
bāngdài 幫帶 3-764A
bǎngdài 綁帶 9-801B
bāngdǎng 邦黨 10-586B
bāngdào 邦盜 10-585B
bāngdào 邦道 10-585B
bǎngdào 榜道 4-1225A
bǎngdào 膀道 6-1050A
bàngdǎyuānyāng 棒打鴛鴦 4-1072A
bàngdǐ 謗詆 11-385B
bāngdiǎn 邦典 10-584A
bāngdiàn 邦甸 10-584A
bāngdié 邦諜 10-586B
bāngdīng 幫丁 3-763B
bāngdòng 邦棟 10-585B
bāngdū 邦都 10-584B
bàngdú 棒毒 4-1072B
bàngdú 謗黷 11-386B
bàngdú 謗讟 11-386B
bàngduān 謗端 11-386A
bāngē 班哥 4-562B
bǎngé 板閣 4-865B
bǎng'é 榜額 4-1225B
bǎng'é 牓額 6-1050A
bàngē 伴哥 1-1281A
bāngēng 扳絙 6-389B
bàngēng 半更 1-710B
bàngēngzǐ 半更子 1-710B
bàngèqiánchéng 半個前程 1-712B
bāng'er 幫兒 3-764A
bàngéshī 半格詩 1-712A
bāngfǎ 邦法 10-584B
bāngfǎ 邦灋 10-587A
bàngfǎ 棒法 4-1072A
bàngfān 蚌帆 8-864A
bàngfǎng 榜舫 4-1224B
bàngfěi 謗誹 11-386A
bāngfú 邦符 10-585B
bāngfú 幫扶 3-763B
bāngfǔ 挷輔 6-733A
bāngfù 邦賦 10-586A
bāngfù 幫縛 3-765A
bǎngfù 綁縛 9-802A
bǎngfū 榜夫 4-1223B
bǎnggé 榜格 4-1224B
bǎnggē 榜歌 4-1225A
bànggé 蚌蛤 8-864B
bānggōng 幫工 3-763B
bānggǒuchīshí 幫狗吃食 3-764A
bānggǔ 梆鼓 4-955A
bǎngguà 膀挂 6-1050A
bāngguàn 邦貫 10-585B
bāngguó 邦國 10-585A
bàngguó 謗國 11-385B
bānghàn 邦翰 10-586B
bànghē 棒喝 4-1072B
bànghè 棓喝 4-1121B
bànghēdǎng 棒喝黨 4-1072B
bànghēi 傍黑 1-1609A
bànghēzhǔyì 棒喝主義 4-1072B
bānghóu 邦侯 10-584B
bānghòu 邦后 10-583B
bānghù 幫護 3-765A
bànghǔ 蚌虎 8-864B
bǎnghuā 榜花 4-1224B
bānghǔchīshí 幫虎吃食 3-764A
bānghuì 幫會 3-764B
bànghuǐ 謗毀 11-385B
bāngjī 邦基 10-585A
bāngjī 邦畿 10-586A
bāngjí 邦極 10-585B
bāngjí 邦籍 10-587A
bāngjì 邦績 10-586B
bāngjì 邦紀 10-584B
bāngjì 邦計 10-584B
bāngjì 邦寄 10-585B
bàngjī 棓擊 4-1121B
bàngjī 謗譏 11-386A
bàngjí 謗嫉 11-385B
bàngjì 謗忌 11-385A
bāngjiā 邦家 10-585A
bǎngjià 綁架 9-801B
bàngjiāng 蚌漿 8-865A
bàngjiàng 蚌醬 8-865A
bāngjiāo 邦交 10-583B
bāngjiào 邦教 10-585A
bāngjié 邦桀 10-585A
bāngjié 邦傑 10-585B
bāngjié 邦節 10-586A
bǎngjié 綁劫 9-801B
bǎngjiè 綁解 9-802A
bàngjié 謗訐 11-385A
bāngjìn 邦禁 10-585B
bàngjīn 傍今 1-1607B
bàngjìn 傍近 1-1608A
bāngjīng 邦經 10-586A
bàngjìng 傍境 1-1609B
bàngjiù 謗咎 11-385A
bàngjǔ 謗沮 11-385A
bāngjūn 邦君 10-584A
bàngkào 傍靠 1-1610A
bāngkè 邦客 10-584B
bàngké 蚌殼 8-864B
bàngkè 棒客 4-1072B
bāngkǒu 幫口 3-763B
bàngkǒu 謗口 11-384B
bàngkuī 鎊虧 11-1373B
bānglǎo 邦老 10-583A
bànglǎo'èr 棒老二 4-1072A
bànglěi 謗累 11-385B
bànglèi 蚌淚 8-864B
bānglí 挷籬 6-733A
bānglǐ 邦理 10-585A
bānglǐ 邦禮 10-586B
bǎnglì 榜吏 4-1224A
bǎnglì 榜例 4-1224A
bànglì 謗詈 11-385B
bānglián 邦聯 10-586B
bànglián 蚌鐮 8-865A
bāngliáng 邦良 10-584A
bàngliàng 傍亮 1-1608B
bànglín 並鄰 2-106B
bànglín 並隣 2-106B
bānglóu 幫樓 3-765A
bānglù 邦祿 10-585B
bānglùn 邦論 10-586A
bànglùn 謗論 11-386A
bāngluó 梆鑼 4-955A
bàngluó 蚌螺 8-865A
bàngluó 蚌蠃 8-865A
bānglǘ 邦閭 10-586A
bānglüè 邦略 10-585A
bàngmà 謗罵 11-386A
bǎngmài 榜賣 4-1225A
bǎngmài 膀賣 6-1050A
bāngmáng 幫忙 3-763B
bāngmào 邦懋 10-586B
bāngmén 邦門 10-584B

bǎngménmàiguān 牓門賣官 6-1050A
bàngmíng 傍明 1-1608A
bāngmù 邦牧 10-584A
bāngmù 邦墓 10-585B
bǎngmù 榜募 4-1225A
bàngmù 謗木 11-384B
bàngnù 謗怒 11-385A
bàngnǚ 榜女 4-1223B
bāngòng 班貢 4-562B
bàngōng 半工 1-707B
bàngōng 半弓 1-708A
bàngōng 辦公 11-499A
bàngōngbàndú 半工半讀 1-707B
bàngōngshì 辦公室 11-499A
bāngpài 幫派 3-764A
bàngpán 蚌盤 8-865A
bāngpéng 邦朋 10-584B
bāngpéng 邦倗 10-584B
bǎngpiào 綁票 9-801B
bǎngpiàofěi 綁票匪 9-801B
bāngpǔ 邦浦 10-585A
bāngqí 邦圻 10-583B
bāngqì 邦器 10-586B
bǎngqī 榜期 4-1225A
bàngqì 謗棄 11-385B
bāngqiāng 幫腔 3-764B
bàngqiào 謗誚 11-386A
bāngqiè 幫挈 3-764A
bàngqiè 榜妾 4-1224A
bàngqiè 謗篋 11-386A
bàngqiú 棒球 4-1072B
bǎngquē 牓闕 6-1050A
bàngquē 謗缺 11-385A
bàngquè 謗黖 11-385B
bāngrǎng 邦壤 10-586B
bāngrén 邦人 10-583A
bāngrén 幫人 3-763B
bàngrén 榜人 4-1223B
bàngrénlíbì 傍人籬壁 1-1607B
bàngrénlíluò 傍人籬落 1-1607B
bàngrénménhù 傍人門户 1-1607B
bàngrǔ 謗辱 11-385A
bāngruì 邦瑞 10-585B
bàngsài 並塞 2-106A
bàngshā 棒殺 4-1072B
bàngshàn 謗訕 11-385A
bàngshāng 謗傷 11-385B
bàngshǎng 傍晌 1-1608B
bǎngshàngwúmíng 榜上無名 4-1223B
bǎngshànzi 牓扇子 6-1367A
bāngshè 邦社 10-584A
bāngshēn 幫身 3-764A
bàngshèn 蚌蜃 8-865A
bàngshèn 蜯蜄 8-899A
bàngshēng 榜聲 4-1225B
bàngshēng 謗聲 11-386A
bàngshēngpò 旁生霸 6-1593A
bàngshēngpò 旁生魄 6-1593A
bāngshí 幫石 3-763B
bāngshì 邦士 10-583A
bāngshì 邦事 10-584A
bǎngshì 榜示 4-1223B
bǎngshì 榜式 4-1224A
bǎngshì 牓示 6-1050A
bàngshī 榜師 4-1224B
bàngshí 傍實 1-1609B
bàngshí 棒實 4-1073A
bàngshǐ 謗史 11-384B
bàngshì 並世 2-104B
bāngshǒu 邦守 10-583B
bāngshǒu 幫手 3-763B
bǎngshǒu 榜首 4-1224B
bǎngshū 榜書 4-1224B
bàngshū 謗書 11-385A
bàngshuō 謗説 11-386A
bàngshuò 謗鑠 11-386A
bāngsì 邦祀 10-584A
bàngsǐpò 旁死霸 6-1593B
bàngsǐpò 旁死魄 6-1593A
bāngsòng 邦頌 10-586A
bàngsòng 謗誦 11-386A
bàngtà 謗嗒 11-385B
bàngtāi 蚌胎 8-864B
bàngtài 榜汰 4-1224A
bàngtáng 棒糖 4-1073A
bāngtào 幫套 3-764A
bǎngtí 榜題 4-1225B
bǎngtí 牓題 6-1050A
bàngtián 塝田 2-1175B
bāngtiē 幫貼 3-764A
bǎngtiě 榜帖 4-1224A
bǎngtiě 牓帖 6-1050A
bàngtiě 謗帖 11-385A
bāngtóng 幫同 3-763B
bāngtǒng 邦統 10-585B
bàngtōng 傍通 1-1608B
bàngtóng 榜童 4-1225A
bàngtóng 搒童 6-817B
bǎngtóu 榜頭 4-1225B
bàngtóu 棒頭 4-1073A
bàngtóuchūxiàozǐ 棒頭出孝子 4-1073A
bāngtú 邦途 10-585A
bāngtú 邦圖 10-586A
bāngtǔ 邦土 10-583A
bāngtuǐ 幫骽 3-765A
bǎngtuǐ 綁腿 9-802A
bǎngtuō 綁拖 9-801B
bāngū 班姑 4-561B
bāngǔ 斑穀 4-596B
bǎngǔ 板鼓 4-865A
bàngū 伴姑 1-1280B
bàngǔ 半古 1-709A
bānguān 頒官 12-269B
bānguǎn 班管 4-564B
bānguǎn 斑管 4-596B
bǎnguān 板官 4-863B
bǎnguī 板規 4-864A
bǎnguǐ 板庋 4-863A
bànguī 半規 1-713A
bǎnguó 版國 6-1043A
bàngùshi 扮故事 6-390B
bàngwǎn 傍晚 1-1609A
bǎngwén 榜文 4-1223B
bàngwēngcài 蒡蓊菜 9-517A
bāngwū 邦誣 10-586A
bàngwū 謗誣 11-385B
bàngwǔ 蚌舞 8-865A
bàngwǔ 傍午 1-1607B
bàngwǔ 旁午 6-1592B
bāngxián 幫閒 3-764B
bāngxián 摮閑 6-733A
bāngxiàn 邦憲 10-586B
bāngxiàn 邦縣 10-586B
bàngxiǎn 傍險 1-1610A
bāngxiāng 邦鄉 10-585A
bāngxiāng 幫箱 3-765A
bàngxiāng 棒香 4-1072B
bāngxiánmǒzuǐ 幫閒抹嘴 3-764B
bāngxiánzuānlǎn 幫閒鑽懶 3-764B
bāngxiánzuānlǎn 幫閑鑽懶 3-764B
bǎngxiàzhuōxù 榜下捉壻 4-1223B
bàngxiè 謗褻 11-386A
bǎngxìn 榜信 4-1224B
bāngxìng 幫興 3-765A
bāngxiōng 幫兇 3-763B
bāngxuǎn 邦選 10-586A
bāngxùn 邦訓 10-585A
bāngyàn 邦彥 10-584B
bǎngyǎn 榜眼 4-1224B
bǎngyǎn 牓眼 6-1050A
bàngyán 謗言 11-384B
bàngyán 旁沿 6-1594B
bàngyǎn 傍眼 1-1609A
bàngyàn 蚌研 8-864B
bàngyàn 蚌硯 8-864B
bàngyàn 謗餤 11-386A
bǎngyàng 榜樣 4-1225A
bǎngyàng 牓樣 6-1050A
bāngyí 邦儀 10-586A
bāngyí 邦彝 10-586B
bāngyì 邦邑 10-583B
bāngyì 邦埸 10-585A
bàngyī 傍依 1-1608A
bàngyì 榜枻 4-1224B
bàngyì 謗議 11-386A
bāngyìng 邦硬 10-585B
bāngyìng 梆硬 4-955A
bāngyìng 幫硬 3-764A
bàngyǐng 傍影 1-1610A
bàngyìng 棒硬 4-1072B
bāngyōng 幫傭 3-764B
bāngyù 邦域 10-585A
bǎngyù 榜諭 4-1225B
bǎngyù 牓諭 6-1050A
bàngyú 硥魚 7-1050B
bàngyú 鎊餘 11-1373B
bàngyú 鮮魚 12-1205A
bàngyǔ 謗語 11-385B
bàngyù 謗譽 11-386A
bǎngyuán 榜元 4-1223B
bǎngyuán 牓元 6-1050A
bàngyuán 並緣 2-106B
bàngyuán 旁緣 6-1598A
bàngyuàn 謗怨 11-385A
bāngyuándòng 幫源洞 3-765A
bǎngyùn 榜運 4-1225A
bàngyùnshuāngzhū 蚌孕雙珠 8-864A
bàngyùxiāngchí 蚌鷸相持 8-865A
bāngzǎi 邦宰 10-585A
bǎngzāsuǒ 綁扎所 9-801B
bāngzé 啷嘖 3-316A
bāngzéi 邦賊 10-586A
bàngzhàng 棒杖 4-1072A
bàngzhào 傍照 1-1609B
bāngzhé 邦哲 10-584B
bāngzhēn 邦楨 10-585B
bāngzhēn 邦禎 10-586A
bāngzhèng 邦政 10-584B
bàngzhèng 謗政 11-385A
bāngzhì 邦治 10-584B
bǎngzhì 榜誌 4-1225A
bàngzhǐ 磅紙 7-1093A
bàngzhōngyuè 蚌中月 8-864A
bàngzhōu 榜舟 4-1224A
bāngzhù 幫助 3-764A
bàngzhū 蚌珠 8-864B
bāngzhuó 邦汋 10-583B
bāngzi 梆子 4-955A
bāngzi 幫子 3-763B
bǎngzi 榜子 4-1223B
bǎngzi 牓子 6-1049B
bǎngzi 牓子 6-1366B
bǎngzì 榜字 4-1224A
bàngzi 蚌子 8-864A
bàngzi 棒子 4-1072A
bàngzi 謗訾 11-385B
bàngzǐ 榜子 4-1223B
bàngzidiào 牓子弔 6-1366B
bàngzi'er 鎊子兒 11-1373B
bàngzigútou 棒子骨頭 4-1072A
bàngzihútu 棒子糊塗 4-1072A
bàngzimiàn 棒子麵 4-1072A
bāngziqiāng 梆子腔 4-955A
bàngzishǒu 棒子手 4-1072A
bāngzitóu 梆子頭 4-955A
bāngzixì 梆子戲 4-955A
bāngzú 邦族 10-585B
bāngzǔ 邦組 10-585B
bàngzǔ 謗詛 11-385B
bāngzuǒ 邦佐 10-583B
bānhàn 班漢 4-564B
bānháng 班行 4-559B
bānhè 班賀 4-564B
bànhé 半合 1-710A
bànhé 湴河 5-1414A
bànhé'er 半合兒 1-710A
bānhén 斑痕 4-595B

bānhén 瘢痕 8-347B
bānhóng 斑紅 4-595A
bānhǔ 班虎 4-561A
bǎnhú 板胡 4-864A
bǎnhù 板户 4-862A
bǎnhù 板笏 4-864A
bànhù 辦護 11-500B
bànhù 辨護 11-498B
bānhuá 辮華 11-500B
bǎnhuā 板花 4-862B
bǎnhuà 板畫 4-865A
bǎnhuà 版畫 6-1043A
bànhuàn 伴換 1-1281A
bānhuáng 斑篁 4-596B
bǎnhuāng 板荒 4-864A
bànhuì 半會 1-714B
bànhuì 扮會 6-390B
bānhuǒ 扳火 6-388B
bànhuò 拌和 6-502A
bániàn 拔签 6-448A
bāniè 疤痆 8-288A
bāniúnǔ 八牛弩 2-3B
bānjī 扳機 6-390A
bānjī 班姬 4-563A
bānjī 班機 4-565B
bānjī 班齋 4-566B
bānjí 班級 4-562B
bānjí 班籍 4-566B
bānjǐ 頒給 12-270A
bānjì 班廚 4-566A
bānjì 斑廚 4-597A
bānjì 瘢迹 8-347B
bānjì 瘢跡 8-347B
bǎnjí 板籍 4-867A
bǎnjí 版籍 6-1044A
bànjī 絆羈 9-797B
bànjí 辦集 11-500A
bànjǐ 辦給 11-500A
bànjì 半紀 1-712A
bànjì 絆驥 9-798A
bànjì 辦濟 11-500B
bānjiā 搬家 6-806A
bānjiǎ 班賈 4-564B
bānjià 頒駕 12-270B
bànjià 半賈 1-714A
bànjià 半價 1-715B
bànjià 伴駕 1-1281B
bānjiàn 班見 4-560A
bānjiàn 班劍 4-565A
bānjiàn 班餞 4-566A
bānjiàn 斑劍 4-596B
bǎnjiàn 板檻 4-867A
bānjiǎng 頒獎 12-270B
bānjiàng 班匠 4-559A
bānjiàng 班將 4-563B
bānjiàng 般匠 9-3B
bānjiàng 頒降 12-269B
bǎnjiāng 板僵 4-866A
bǎnjiāng 板殭 4-866B
bānjiāngshǔ 般薑鼠 9-4B
bānjiānǚshī 班家女師 4-563A
bǎnjiǎo 板角 4-863A
bànjiǎoshí 絆脚石 9-797B
bànjiǎosuǒ 絆脚索 9-797B
bànjībànbǎo 半饑半飽 1-717A
bānjīcíniǎn 班姬辭輦 4-563B
bānjié 班婕 4-563B
bǎnjié 板結 4-865A
bànjié 半截 1-715A
bànjiě 半解 1-714B
bànjiě 辦解 11-500A
bànjiéhànzi 半截漢子 1-715A
bànjiéhuítóurén 半截回頭人 1-715A
bànjiérùtǔ 半截入土 1-715A
bànjiéyāo 半截腰 1-715A
bànjiěyìzhī 半解一知 1-714B
bānjīn 般斤 9-3B
bānjīn 頒金 12-269B
bǎnjīn 板巾 4-861B
bànjīnbāliǎng 半斤八兩 1-708B
bānjīnbōliǎng 搬斤播兩 6-805A
bānjīng 班荆 4-561B
bānjìng 班鏡 4-566B
bànjǐng 半景 1-713B
bànjìng 半徑 1-712B
bànjìng 半鏡 1-717A
bānjīngdàogù 班荆道故 4-561B
bānjīngdàojiù 班荆道舊 4-561B
bānjīngguǎn 班荆館 4-562A
bǎnjīnjiàn 鈑金件 11-1219A
bānjīshàn 班姬扇 4-563B
bānjiū 班鳩 4-564B
bānjiū 斑鳩 4-596A
bānjiū 鵃鳩 12-1136A
bānjiǔ 搬九 6-805A
bànjū 絆拘 9-797B
bànjù 辦具 11-499B
bànjù 辨具 11-495A
bānjué 班爵 4-566A
bānjué 般爵 9-5A
bānjūn 班軍 4-562A
bànkāimén 半開門 1-714A
bānkào 頒犒 12-270B
bǎnkè 版刻 6-1042B
bànkē 拌磕 6-502B
bànkè 半刻 1-711B
bànkè 辦課 11-500B
bànkōng 半空 1-711B
bānkǒu 搬口 6-805A
bǎnkǒu 版口 6-1042A
bànkuà 跘跨 10-454A
bànlā 半拉 1-710B
bānlài 班賚 4-565A
bānlài 頒賚 12-270B
bànlājià 半拉架 1-711A
bānlán 班闌 4-566B
bānlán 班蘭 4-566B
bānlán 班斕 4-566B
bānlán 斑闌 4-597A
bānlán 斑蘭 4-597A
bānlán 斑斕 4-597A
bānlán 斒斕 6-1548B
bānlǎn 斒孄 6-1548B
bānlàn 班爛 4-566B
bǎnlán 板藍 4-866B
bànláng 伴郎 1-1280B
bànlánjiǎo 半籃脚 1-717A
bànlǎotóu 半老頭 1-709B
bànlāzi 半拉子 1-710B
bǎnlèi 板肋 4-862B
bānléng 瘢楞 8-347B
bānlí 斑貍 4-596B
bānlì 班立 4-559A
bānlì 班曆 4-565B
bānlì 班歷 4-565B
bānlì 頒曆 12-270B
bānlì 頒歷 12-270B
bǎnlí 板釐 4-867A
bǎnlì 板栗 4-864A
bànlǐ 半禮 1-716A
bànlǐ 辦理 11-500A
bànlì 辦吏 11-499B
bānlián 班聯 4-566A
bānlián 班瞵 4-566A
bānlián 斑連 4-595B
bǎnliǎn 板臉 4-867A
bànliǎng 半兩 1-711A
bānliáo 班僚 4-564B
bānliáo 班寮 4-565A
bānliè 班列 4-559A
bānlín 班璘 4-565A
bānlín 斑林 4-595A
bānlín 斑璘 4-597A
bǎnlìng 板令 4-862B
bànlíng 伴靈 1-1282A
bànlǐng 半嶺 1-716A
bānliú 扳留 6-389A
bànliú 伴流 1-1281A
bānlóng 班龍 4-566A
bānlóng 斑龍 4-597A
bānlù 班禄 4-564A
bānlù 班鷺 4-566B
bǎnlù 板録 4-866B
bànlù 半路 1-714B
bànlùchūjiā 半路出家 1-714B
bànlùfūqī 半路夫妻 1-714B
bànlùlǐyīnjuàn 半路裏姻眷 1-714B
bānlún 班輪 4-565A
bànlún 半輪 1-715B
bànlùxiūxíng 半路修行 1-714B
bànlǚ 伴侣 1-1280B
bānmǎ 班馬 4-562B
bānmǎ 斑馬 4-595B
bānmǎ 頒馬 12-270A
bànmǎi 辦買 11-500A
bànmǎkēng 絆馬坑 9-797B
bānmāo 斑貓 4-596B
bānmáo 班毛 4-558B
bānmáo 班茅 4-560B
bānmáo 斑毛 4-594B
bānmáo 斑蝥 4-596B
bānmáo 盤蝥 8-946A
bānmáo 盤蟊 8-946A
bànmǎsuǒ 絆馬索 9-797B
bānmén 班門 4-561B
bǎnmén 板門 4-863B
bànmèngbànxǐng 半夢半醒 1-714A
bānménnòngfǔ 班門弄斧 4-561B
bānmì 斑密 4-596A
bànmǐ 半米 1-710A
bǎnmiàn 版面 6-1042B
bànmiàn 半面 1-711B
bànmiànzhījiāo 半面之交 1-712A
bànmiànzhījiù 半面之舊 1-712A
bànmiànzhuāng 半面粧 1-712A
bānmìng 班命 4-561A
bānmò 班墨 4-565A
bǎnmò 板墨 4-866A
bànmó 瓣膜 11-509A
bànnà 辦納 11-500A
bànnánnǚ 半男女 1-710B
bànniáng 伴娘 1-1281A
bānniè 瘢痆 8-347B
bānnòng 般弄 9-3B
bānnòng 搬弄 6-805A
bānnòngshìfēi 搬弄是非 6-805B
bānnú 班奴 4-559A
bānnú 斑奴 4-594B
bānnǚ 班女 4-558A
bānnǚshàn 班女扇 4-558A
bǎnòng 把弄 6-422B
bàn'ǒu 伴偶 1-1281A
bānpèi 班配 4-562B
bānpèi 般配 9-4A
bānpèi 搬配 6-805B
bǎnpéng 板棚 4-865A
bǎnpiàn 板片 4-862A
bànpiào 半票 1-713B
bānpǐn 班品 4-562A
bǎnpíng 板平 4-862A
bànpíngcù 半瓶醋 1-713A
bānpǒ 斑皤 4-597A
bànpò 半魄 1-715A
bànpōyízhǐ 半坡遺址 1-711A
bǎnpù 板鋪 4-866A
bānqí 瘢耆 8-347B
bànqí 半旗 1-715B
bànqì 半氣 1-712B
bànqiā 半掐 1-713B
bànqià 半恰 1-712A
bānqiān 搬遷 6-806B
bànqiān 半千 1-708A
bǎnqiáng 板牆 4-867A
bǎnqiáo 板橋 4-866A
bānqiè 班妾 4-561A

bānqièciníăn 班妾辭輦 4-561A
bānqín 頒禽 12-270A
bànqīngbànhuáng 半青半黄 1-710B
bānqǐshítou… 搬起石頭打自己的脚 6-805B
bānqiú 斑虬 4-595A
bànqǔ 辦取 11-499B
bǎnquán 阪泉 11-915A
bǎnquán 板權 4-867A
bǎnquán 版權 6-1044A
bǎnquánshī 阪泉師 11-915A
bǎnquánshì 阪泉氏 11-915A
bǎnquányè 版權頁 6-1044A
bānrán 班然 4-564A
bānrán 斑然 4-596A
bànrě 絆惹 9-797B
bǎnrén 板人 4-861B
bànrén 半人 1-707A
bànrì 半日 1-708A
bānróng 班榮 4-564B
bānrú 班如 4-560A
bānruì 班瑞 4-564B
bǎnruò 板弱 4-864A
bānsàn 班散 4-564A
bànsānbùsì 半三不四 1-707B
bǎnsè 板澀 4-867A
bànshà 半霎 1-715B
bānshàn 班扇 4-563A
bānshàn 斑扇 4-595B
bànshān 半山 1-707B
bānshǎng 頒賞 12-270B
bànshǎng 半晌 1-712B
bànshàng 半上 1-707B
bànshàngbànxià 半上半下 1-707B
bǎnshàngdìngdīng 板上釘釘 4-861B
bànshǎnglàxià 半上落下 1-707B
bànshàngrìzhòu 半上日晝 1-707B
bànshǎngwu 半晌午 1-712B
bǎnshàngzádīng 板上砸釘 4-861B
bǎnshàngzǒuwán 阪上走丸 11-915A
bànshāntíng 半山亭 1-708A
bànshè 半舍 1-711A
bànshēn 半身 1-710B
bànshēnbùsuí 半身不遂 1-710B
bānshēng 班生 4-558B
bānshēng 班聲 4-566A
bǎnshēng 板升 4-862A
bànshēng 半升 1-708B
bànshēng 半生 1-709A
bànshēngbànshóu 半生半熟 1-709A
bànshēngbùshóu 半生不熟 1-709A
bānshēnglú 班生廬 4-559A
bànshéyīn 半舌音 1-710A
bānshī 班師 4-563A
bānshī 般師 9-4A
bānshī 頒師 12-270A
bānshí 斑石 4-594B
bānshǐ 班史 4-558B
bānshì 班士 4-558A
bānshì 班示 4-558B
bānshì 頒示 12-269A
bānshì 頒式 12-269B
bǎnshí 板實 4-865B
bǎnshì 板式 4-862B
bǎnshì 版式 6-1042A
bànshí 半時 1-712B
bànshí 伴食 1-1281A
bànshì 半世 1-709A
bànshì 辦事 11-499B
bànshícìshǐ 伴食刺史 1-1281A
bānshìlú 班氏廬 4-558B
bànshìyuán 辦事員 11-499B
bànshízǎixiàng 伴食宰相 1-1281A
bànshízhōngshū 伴食中書 1-1281A
bānshǒu 扳手 6-388B
bānshǒu 班首 4-562A
bānshǒu 般首 9-4A
bānshǒu 斑首 4-595A
bānshòu 班授 4-563B
bānshòu 板授 4-864B
bǎnshòu 版授 6-1042B
bānshū 班叔 4-561A
bānshū 班書 4-563A
bānshū 班輸 4-565B
bānshū 般輸 9-5A
bǎnshū 板書 4-864A
bànshū 半菽 1-713B
bǎnshuā 板刷 4-863B
bǎnshuì 板税 4-865A
bǎnshuì 版税 6-1043A
bānshuò 班朔 4-563A
bānshuò 頒朔 12-270A
bānsī 班司 4-559A
bānsī 斑絲 4-596A
bànsǐ 半死 1-709B
bànsǐbànshēng 半死半生 1-709B
bānsībèi 班絲貝 4-564B
bānsībù 班絲布 4-564B
bànsǐbùhuó 半死不活 1-709B
bànsǐlàhuó 半死辣活 1-710A
bānsīshuò 斑絲稍 4-596A
bānsīshuò 斑絲槊 4-596A
bānsòng 班送 4-562A
bànsù 伴宿 1-1281A
bànsuàn 拌蒜 6-502B
bànsuànjiācōng 拌蒜加葱 6-502B
bānsuí 班隨 4-565A
bànsuí 伴隨 1-1281B
bānsǔn 斑笋 4-595B
bānsǔn 斑筍 4-596A
bānsuō 搬唆 6-806A
bǎntà 板搭 4-865A
bǎntà 板榻 4-865B
bǎntà 板闥 4-867A
bāntái 班台 4-559A
bǎntàtà 板蹋蹋 4-866B
bāntèchǔshì 斑特處士 4-595B
bǎntī 板梯 4-864B
bǎntí 板題 4-867A
bāntiǎn 搬拱 6-806A
bǎntián 阪田 11-915A
bǎntián 坂田 2-1039B
bǎntián 板田 4-862A
bàntiān 半天 1-708A
bàntiānjiāo 半天嬌 1-708A
bāntiáo 般調 9-4B
bāntiáo 搬調 6-806B
bāntiáo 頒條 12-270A
bāntiǎo 搬挑 6-805B
bāntíng 班廷 4-559B
bāntíng 班庭 4-562A
bàntǐng 辦艇 11-500A
bǎntóng 板桐 4-864A
bàntōng 半通 1-713A
bàntóng 伴同 1-1280B
bàntǒng 扮桶 6-390B
bāntóu 班頭 4-565B
bǎntóu 板頭 4-866A
bàntóushǎng 半頭晌 1-715B
bàntóuzé 半頭幘 1-715B
bāntū 斑秃 4-595A
bǎntú 版圖 6-1043A
bàntú 半途 1-712B
bàntú 半塗 1-715A
bàntǔbànlòu 半吐半露 1-710A
bàntú'érfèi 半途而廢 1-712B
bàntú'érfèi 半塗而廢 1-715A
bàntuībànjiù 半推半就 1-713A
bàntūnbàntǔ 半吞半吐 1-710A
bánüè 魃虐 12-467B
bǎnwǎ 板瓦 4-861B
bǎnwǎ 版瓦 6-1042A
bǎnwǎ 瓪瓦 5-287B
bànwà 半襪 1-717A
bànwǎn 半晚 1-713B
bānwěi 斑尾 4-595A
bānwěi 瘢痏 8-347B
bānwèi 扳位 6-389A
bānwèi 班位 4-560A
bǎnwèi 板位 4-863A
bǎnwèi 版位 6-1042A
bànwèi 瓣胃 11-509A
bānwén 斑文 4-594B
bānwén 斑紋 4-595B
bānwén 斕文 10-43A
bànwénbànbái 半文半白 1-708B
bànwénbùbái 半文不白 1-708B
bānwén'er 班文兒 4-558B
bànwénmáng 半文盲 1-709A
bānwū 斑污 4-595A
bǎnwū 板屋 4-864A
bǎnwū 版屋 6-1042B
bànwǔ 伴伍 1-1280B
bànwù 辨物 11-495B
bànwúchǎnjiējí 半無産階級 1-713B
bānxi 班錫 4-565B
bānxi 斑犀 4-596A
bānxi 頒錫 12-270B
bānxi 搬戲 6-806B
bǎnxí 阪隰 11-915A
bǎnxí 板襲 4-867B
bǎnxí 版檄 6-1043B
bànxì 扮戲 6-390B
bānxiá 班霞 4-566A
bānxiá 斑瑕 4-596A
bànxià 半夏 1-712B
bànxiàdào 半夏稻 1-712B
bǎnxiǎn 阪險 11-915A
bǎnxiǎn 坂險 2-1039B
bǎnxiǎn 坂嶮 2-1039B
bànxiān 半仙 1-709A
bǎnxiāng 板箱 4-866A
bànxiāng 瓣香 11-509A
bànxiǎng 半餉 1-715A
bànxiàng 扮相 6-390B
bānxiāngsòngyàn 班香宋豔 4-562A
bànxiántáng 半閒堂 1-714A
bànxiānxi 半仙戲 1-709B
bànxiāo 半宵 1-713A
bànxiāo 半霄 1-715B
bānxiè 班謝 4-566B
bànxiē 半歇 1-714B
bānxīn 班心 4-558B
bǎnxīn 板心 4-862A
bǎnxīn 版心 6-1042A
bànxīnbànjiù 半新半舊 1-714B
bànxìnbànyí 半信半疑 1-712A
bànxīnbùjiù 半新不舊 1-714B
bànxìnbùxìn 半信不信 1-712A
bānxíng 班行 4-559B
bānxíng 頒行 12-269B
bǎnxíng 板行 4-862B
bǎnxíng 版行 6-1042A
bǎnxíng 版型 6-1042B
bànxīng 半星 1-712A
bānxīngfèi 搬興廢 6-806B
bànxiǔ 半宿 1-713B
bànxiù 半袖 1-713A
bànxìzi 扮戲子 6-391A
bānxù 班序 4-560B
bānxù 班叙 4-562A
bānxù 班敍 4-563B

bānxuān 班宣 4-562A
bānxuān 頒宣 12-270A
bānxuán 班旋 4-563B
bānxuàntóu 搬楦頭 6-806A
bānxué 頒學 12-270B
bǎnxué 板學 4-866B
bànxūkōng 半虛空 1-713B
bānxún 班荀 4-562A
bānyā 搬枒 6-805B
bānyà 班迓 4-560A
bǎnyā 板鴨 4-866B
bǎnyá 板牙 4-861B
bànyà 半亞 1-711A
bānyǎn 般演 9-4B
bānyǎn 搬演 6-806B
bǎnyān 板煙 4-865A
bǎnyán 板檐 4-866B
bǎnyǎn 板眼 4-864B
bànyán 辦嚴 11-500B
bànyán 辨嚴 11-498A
bànyǎn 扮演 6-390B
bànyàn 哌喭 3-218A
bānyáng 班揚 4-563B
bānyáng 頒揚 12-270A
bànyǎnmén'er 半掩門兒 1-713A
bānyè 班謁 4-566A
bǎnyè 版謁 6-1043B
bànyè 半夜 1-711A
bànyèsāngēng 半夜三更 1-711B
bānyī 班衣 4-560A
bānyī 斑衣 4-594B
bānyī 頒衣 12-269B
bānyí 搬移 6-806A
bānyí 瘢夷 8-347B
bānyí 瘢痍 8-347B
bānyì 班役 4-560B
bànyī 半衣 1-710A
bànyíbànxìn 半疑半信 1-715A
bǎnyǐn 阪尹 11-915A
bǎnyǐn 版尹 6-1042A
bǎnyìn 板印 4-862B
bànyīn 半陰 1-713A
bànyìn 半印 1-709B
bānyíng 班迎 4-560B
bànyǐng 半影 1-715B
bānyínjiāngjūn 斑寅將軍 4-595B
bànyīnyáng 半陰陽 1-713A
bānyīxìcǎi 班衣戲綵 4-560A
bānyīxìcǎi 斑衣戲彩 4-594B
bànyōng 伴傭 1-1281B
bānyóu 瘢疣 8-347B
bǎnyóu 板油 4-863B
bānyú 班魚 4-563B
bānyú 斑魚 4-595B
bānyù 班諭 4-566A
bǎnyú 板魚 4-864B
bǎnyú 板輿 4-866B
bǎnyú 版輿 6-1043B
bǎnyú 版轝 6-1044A
bǎnyǔ 昄宇 5-594B
bànyù 辨浴 11-496A
bānyuán 班媛 4-564A
bǎnyuán 版輐 6-1043B
bànyuányīn 半元音 1-708A
bànyuè 半月 1-708B
bànyuèkān 半月刊 1-708B
bànyuèquán 半月泉 1-708B
bānyún 斑筠 4-596A
bānyùn 般運 9-4B
bānyùn 搬運 6-806A
bànyún 拌匀 6-502A
bǎnyǔqiú 板羽球 4-862B
bànzào 辦造 11-499B
bānzēng 扳罾 6-390A
bānzēng 扳繒 6-390A
bānzèng 頒贈 12-270B
bānzēngfǎ 扳罾法 6-390A
bǎnzhá 板閘 4-865A
bànzhān 半氈 1-716A
bānzhāng 班張 4-563B
bānzhǎng 班長 4-560B
bānzhàng 斑杖 4-595A
bǎnzhāng 昄章 5-594B
bǎnzhāng 版章 6-1043A
bǎnzhàng 板鄣 4-865A
bǎnzhàng 板仗 4-862B
bǎnzhàng 板帳 4-864B
bǎnzhàng 板障 4-865A
bànzhàng 半仗 1-709A
bànzhànghóng 半丈紅 1-707B
bǎnzhàngqián 板帳錢 4-864B
bǎnzhàngqián 版帳錢 6-1043A
bànzhào 半照 1-714B
bānzhè 斑鷓 4-597B
bànzhé 半折 1-710B
bānzhěn 斑疹 4-595B
bānzhèng 頒正 12-269A
bānzhèng 班政 4-561B
bānzhèng 頒政 12-269B
bānzhī 瘢胝 8-347B
bānzhí 班直 4-560B
bānzhí 頒職 12-270B
bānzhǐ 扳指 6-389A
bānzhǐ 班指 4-561B
bānzhǐ 斑指 4-595A
bānzhǐ 搬指 6-805B
bānzhǐ 瘢痕 8-347B
bānzhì 班制 4-561A
bānzhì 班秩 4-563A
bānzhì 頒秩 12-270A
bǎnzhī 板脂 4-864A
bǎnzhí 板直 4-863A
bǎnzhí 板職 4-867A
bǎnzhí 版職 6-1044A
bǎnzhì 板滯 4-865A
bànzhǐ 半紙 1-713A
bànzhì 辦治 11-499B
bànzhì 辨治 11-495B
bànzhīfēng 半肢瘋 1-711A
bānzhīhuā 班枝花 4-561A
bānzhīhuā 斑枝花 4-595A
bànzhímíndì 半殖民地 1-713B
bànzhìpǐn 半制品 1-711A
bànzhòng 伴種 1-1281B
bànzhōngjiān 半中間 1-708B
bànzhōngyāo 半中腰 1-708B
bānzhú 班竹 4-559B
bānzhú 斑竹 4-594B
bānzhǔ 班主 4-559A
bǎnzhú 版築 6-1043B
bǎnzhǔ 板渚 4-864B
bǎnzhù 板築 4-866B
bànzhù 絆住 9-797B
bānzhuāng 扳莊 6-389A
bānzhuāng 搬莊 6-805B
bànzhuāng 半妝 1-710B
bànzhuāng 半粧 1-714A
bànzhuāng 扮粧 6-390B
bànzhuāng 辦裝 11-500B
bànzhuāng 辨裝 11-497A
bānzhuāngxiàngjiǎo 扳樁相脚 6-390A
bǎnzhúfànniú 版築飯牛 6-1043B
bānzhuī 斑隹 4-595A
bānzhuī 斑騅 4-597A
bǎnzhuō 板桌 4-864A
bànzhuō 半桌 1-712B
bānzhǔrèn 班主任 4-559A
bǎnzhǔsuídī 板渚隋堤 4-864B
bānzhūténg 斑珠藤 4-595B
bānzhúzhì 斑竹帙 4-594B
bānzi 班子 4-558A
bānzī 班資 4-564B
bānzǐ 斑子 4-594A
bǎnzi 板子 4-861B
bǎnzi 版子 6-1042A
bànzi 絆子 9-797B
bànzi 柈子 4-935A
bànzǐ 半子 1-708A
bànzǐ 辦梓 11-500A
bànzìdòng 半自動 1-710A
bànzìgēngnóng 半自耕農 1-710A
bànzituǐ 絆子腿 9-797B
bǎnzòu 版奏 6-1042B
bànzòu 伴奏 1-1280B
bǎnzǒuwán 阪走丸 11-915A
bǎnzú 板卒 4-863B
bǎnzǔ 阪阻 11-915A
bānzuǐ 搬嘴 6-806B
bànzuǐ 拌嘴 6-502B
bànzuì 辦罪 11-500A
bànzuǐbànshé 拌嘴拌舌 6-502B
bānzuǒ 班左 4-558B
bānzuò 班坐 4-560B
bǎo'ā 保阿 1-1389B
bǎo'ài 保艾 1-1387B
bǎo'ài 保愛 1-1394A
bǎo'ài 葆愛 9-474B
bǎo'ài 寶愛 3-1652A
bǎo'ān 保安 1-1389A
bǎo'ān 飽諳 12-519B
bào'àn 抱案 6-492A
bào'àn 報案 2-1157B
bǎo'āndui 保安隊 1-1389A
bǎo'ānshìgù 飽諳世故 12-519B
bǎo'ānyǔ 保安語 1-1389A
bǎo'ānzú 保安族 1-1389A
bǎo'ǎo 保媪 1-1393B
bǎo'ào 鴇奧 12-1074B
bào'ào 暴敖 5-826B
bào'ào 暴警 5-830A
bào'ào 暴傲 5-828A
bào'ào 暴慠 5-829A
bào'ào 暴驁 5-830B
bāobá 褒拔 9-130B
bàobà 報罷 2-1159B
bāobài 褒拜 9-131A
bāobài 褒擯 9-134A
bǎobái 保白 1-1387B
bāobàn 包辦 2-187A
bàobān 豹斑 10-1330B
bàobǎn 報板 2-1155B
bāobàndàitì 包辦代替 2-187A
bǎobǎo 保保 1-1391A
bǎobǎo 寶寶 3-1656B
bǎobào 保抱 1-1389B
bāobèi 褒被 9-131A
bāobèi 裸被 9-116B
bǎobèi 寶貝 3-1644A
bàobèi 暴悖 5-827A
bǎobèidàn 寶貝蛋 3-1644A
bǎobèigēda 寶貝疙瘩 3-1644A
bāobēn 褒賁 9-132A
bǎoběn 保本 1-1387B
bàoběn 報本 2-1154B
bàoběnfǎnshǐ 報本反始 2-1154B
bàobēng 暴崩 5-827A
bāobì 包庇 2-183A
bǎobì 保庇 1-1389B
bǎobì 保弼 1-1393B
bǎobì 保壁 1-1396A
bǎobì 堡壁 2-1151B
bǎobì 寶幣 3-1653A
bǎobì 寶璧 3-1655B
bàobí 鮑鼻 12-1423B
bàobì 抱璧 6-495B
bàobì 暴斃 5-830A
bāobiǎn 褒貶 9-131B
bàobiàn 豹變 10-1332A
bāobiǎo 褒表 9-130A
bǎobiāo 保標 1-1395A
bǎobiāo 保鏢 1-1396B
bǎobiāo 保鑣 1-1397A
bàobiǎo 報表 2-1155B
bàobiǎoqǐnshéng 抱表寢繩 6-490B
bàobié 豹別 10-1329A
bāobìng 苞并 9-354A
báobǐng 薄餅 9-578B
bǎobìng 飽病 12-517B

bàobīng 抱冰 6-490A
bàobīng 暴兵 5-823B
bàobīng 鏝冰 11-1428A
bàobīng 刨冰 2-644A
bàobìng 抱病 6-491B
bàobìng 暴病 5-826B
bàobìnggōngshì 抱冰公事 6-490A
bāobō 胞波 6-1236B
bāobó 褒博 9-132A
bāobó 褒襮 9-134B
bǎobō 寶鉢 3-1651B
bǎobó 寶帛 3-1645A
bǎobó 寶舶 3-1649A
bǎobó 寶鎛 3-1655B
bàobó 暴勃 5-825A
báobù 雹布 11-688B
bàobǔ 抱哺 6-491B
bàobǔ 抱補 6-492B
bàobù 抱布 6-489B
bǎobùdìng 保不定 1-1386B
bàobùmàosī 抱布貿絲 6-489B
bàobùpíng 抱不平 6-489B
bǎobùqí 保不齊 1-1387A
bǎobùquán 保不全 1-1386B
bǎobùyán 保不嚴 1-1387A
bǎobùzhù 保不住 1-1386B
bǎobùzhǔn 保不準 1-1386B
bāocǎi 褒采 9-130B
bǎocái 寶財 3-1647B
bàocái 抱才 6-489A
bàocái 抱材 6-490A
bàocǎi 豹采 10-1330A
bǎocān 飽參 12-517B
bǎocān 飽餐 12-519A
bàocán 抱慚 6-493B
bàocán 暴殘 5-827B
bāocáng 包藏 2-187A
bāocáng 苞藏 9-355B
bǎocáng 保藏 1-1396A
bǎocáng 寶藏 3-1655A
bāocánghuòxīn 包藏禍心 2-187A
bāocánghuòxīn 苞藏禍心 9-355B
bāocángjiānxīn 包藏姦心 2-187A
bàocángwù 豹藏霧 10-1331B
bǎocánshǒuquē 保殘守缺 1-1393A
bàocánshǒuquē 抱殘守缺 6-492A
bàocánshǒuquē 抱殘守闕 6-492A
bāocè 褒册 9-129B
bǎocè 寶册 3-1643A
bǎocè 寶策 3-1650B
bàocè 豹策 10-1330B
bǎochà 寶刹 3-1645A
bàochá 暴察 5-829B
bǎochāi 寶釵 3-1649A
bàochāi 報差 2-1156B
bǎochāilóu 寶釵樓 3-1649B
bāochán 包纏 2-187B
bāochán 褒襌 9-133B
bǎochǎn 寶産 3-1649B
bǎochàn 寶懺 3-1656A
bàochán 豹幨 10-1331B
bàochǎn 抱産 6-492A
bàochǎn 豹産 10-1330B
bāochǎng 包場 2-185A
bǎocháng 保長 1-1389B
bǎocháng 飽嘗 12-518B
bàocháng 報償 2-1160A
bāochāo 包抄 2-183A
bāochāo 包鈔 2-185B
bǎochāo 寶鈔 3-1650B
bàochāo 暴鈔 5-828A
bàochǎodòu'er 爆炒豆兒 7-310B
bāochē 包車 2-183A
báochē 雹車 11-688B
bǎochē 葆車 9-474B
bǎochē 寶車 3-1644A
bǎochén 寶臣 3-1643B
bàochèn 報稱 2-1159B
bāochēng 褒稱 9-132B
bāochéng 包程 2-185A
bāochéng 褒成 9-130A
bāochéng 褒懲 9-134A
bǎochéng 保城 1-1391A
bǎochéng 寶城 3-1646A
bǎochéng 寶乘 3-1647B
bàochéngwén 豹成文 10-1329A
bāochǐ 褒侈 9-130B
bāochǐ 齙齒 12-1452B
bǎochí 保持 1-1390B
bǎochí 寶持 3-1646A
bǎochǐ 寶尺 3-1642B
bǎochì 保赤 1-1389A
bàochí 抱持 6-491A
bàochì 暴抶 5-824A
bǎochìdāo 寶赤刀 3-1644A
bāochóng 褒崇 9-131B
bāochǒng 褒寵 9-134A
bàochóng 暴蟲 5-830B
bàochóu 抱愁 6-493A
bàochóu 報仇 2-1154B
bàochóu 報酬 2-1159A
bàochóu 報讎 2-1161A
bàochóuxuěchǐ 報仇雪恥 2-1154B
bàochóuxuěhèn 報仇雪恨 2-1154B
bàochóuxuěhèn 報讎雪恨 2-1161A
bàochū 虣出 8-850B
bǎochuāi 保揣 1-1393A
bǎochuán 寶船 3-1649A
bǎochuán 寶傳 3-1651B
bǎochuàn 寶串 3-1644B
bǎochuàn 寶釧 3-1649A
bàochuán 報船 2-1158A
bǎochuáng 寶牀 3-1645B
bàochuáng 刨床 2-644B
bǎochuì 寶吹 3-1644B
bàochūn 報春 2-1156A
bàochūnhuā 報春花 2-1156A
bàochūnniǎo 報春鳥 2-1156A
bǎochuò 飽啜 12-517B
bǎochùtǎ 保俶塔 1-1391B
bāocì 褒賜 9-133A
bǎocí 寶祠 3-1647A
bàocí 豹祠 10-1330A
báocuì 薄脆 9-576B
bǎocún 保存 1-1388A
bàocuō 抱撮 6-494A
bǎocùshēng 飽醋生 12-519A
bàocūtuǐ 抱粗腿 6-492A
bāodá 褒妲 9-130B
bāodá 褒答 9-132A
baodà 褒大 9-129B
bāodà 葆大 9-474A
bǎodà 保大 1-1386B
bàodá 報答 2-1158B
bǎodài 寶帶 3-1648B
bàodài 抱戴 6-495A
bāodān 包單 2-185A
bǎodān 保單 1-1393B
bàodān 抱擔 6-494B
bàodān 報單 2-1158B
bàodàn 抱蛋 6-492A
bàodàn 爆彈 7-311B
bàodàng 報當 2-1159A
bǎodāo 寶刀 3-1642A
bǎodǎo 葆禱 9-475A
bǎodào 寶纛 3-1656B
bàodāo 刨刀 2-644A
bàodǎo 報導 2-1160A
bàodào 抱道 6-492B
bàodào 報到 2-1155B
bàodào 報道 2-1158B
bāodǎtīng 包打聽 2-182B
bāodé 褒德 9-133A
bǎodé 飽德 12-519A
bàodé 抱德 6-494A
bàodé 報德 2-1159B
bàodé 暴德 5-829B
bǎodedìng 保得定 1-1392B
bāodéhóu 褒德侯 9-133A
bǎodēng 寶燈 3-1654B
bàodēnghuā 爆燈花 7-311B
bǎodì 寶地 3-1643A
bàodí 暴敵 5-830A
bǎodiǎn 寶典 3-1645A
bǎodiàn 寶殿 3-1652A
bǎodiàn 寶鈿 3-1651B
bàodiǎn 報點 2-1160A
bǎodiāogōng 寶雕弓 3-1654B
bàodiē 暴跌 5-827B
bàodié 抱牒 6-493A
bǎodīng 保丁 1-1386A
bǎodǐng 寶鼎 3-1650A
bǎodìng 保定 1-1390B
bàodīng 報丁 2-1154B
bàodòng 暴動 5-827A
bǎodǒu 保斗 1-1387A
bàodōu 抱兜 6-492A
bàodòu 爆豆 7-310A
bǎodú 飽讀 12-519B
bàodú 抱獨 6-495A
bàodú 抱牘 6-495B
bàodú 抱犢 6-495B
bàodǔ 爆肚 7-310B
bàodǔ 抱肚 6-490A
bǎoduó 寶鐸 3-1656B
bàoduó 暴奪 5-829A
bāo'è 褒鄂 9-131B
bǎo'è 飽呃 12-517A
bǎo'è 寶鍔 3-1655A
bào'ē 抱痾 6-492B
bào'è 暴惡 5-827B
bào'ēn 抱恩 6-491B
bào'ēn 報恩 2-1157A
bào'ēnsì 報恩寺 2-1157A
bào'ēnzhū 報恩珠 2-1157A
bǎo'er 保兒 1-1390A
bǎo'ér 鴇兒 12-1074B
bǎo'ér 寶兒 3-1645A
bǎo'ěr 寶珥 3-1647A
bǎo'ěr 寶餌 3-1652B
bào'ěr 抱珥 6-491B
bǎo'érchì 保兒赤 1-1390B
bào'érdānghù 抱兒當户 6-490B
bǎofá 寶筏 3-1650B
bàofā 暴發 5-828A
bàofā 爆發 7-311A
bàofǎchǔshì 抱法處勢 6-490B
bàofāhù 暴發户 5-828B
bàofājiā 暴發家 5-828B
bàofālì 爆發力 7-311A
bāofàn 包飯 2-185B
bǎofān 寶幡 3-1653A
bǎofān 寶旛 3-1655B
bǎofàn 飽飯 12-518A
bǎofàn 寶飯 3-1650B
bàofàn 報販 2-1157B
bǎofāng 寶方 3-1642B
bǎofāng 寶坊 3-1644A
bàofāng 抱方 6-489B
bàofáng 豹房 10-1330A
bàofáng 報房 2-1156A
bàofāxīng 爆發星 7-311A
bàofāyīn 爆發音 7-311B
bāofěi 包篚 2-186B
bāofěi 苞篚 9-355A
bǎofēi 飽飛 12-517B
bàofèi 報廢 2-1160A
bàofèn 抱忿 6-490B
bàofèn 抱憤 6-494A
bāofēng 包封 2-183B
bāofēng 褒封 9-130B
bǎofèng 寶鳳 3-1652B
bàofēng 抱風 6-491A
bàofēng 暴風 5-825B
bàofēngjíyǔ 暴風疾雨 5-825B
bàofēngxuě 暴風雪 5-825B
bàofēngyǔ 暴風雨 5-825B
bàofēngzhòuyǔ 暴風驟雨 5-825B
bàofó 報佛 2-1155B

bàofójiāo 抱佛脚 6-490A
bāofu 包袱 2-184B
bāofu 包複 2-186A
bāofú 褒拂 9-130B
bāofù 包覆 2-187A
bǎofū 寶跗 3-1650A
bǎofú 保福 1-1394A
bǎofú 寶符 3-1648B
bǎofǔ 寶府 3-1645B
bǎofù 保傅 1-1393B
bǎofù 媬傅 4-388A
bǎofù 飽腹 12-518A
bǎofù 鴇婦 12-1074B
bàofú 抱伏 6-489B
bàofú 報伏 2-1155A
bàofǔ 暴斧 5-824B
bàofù 抱負 6-491A
bàofù 抱腹 6-493A
bàofù 報復 2-1158B
bàofù 報覆 2-1160B
bàofù 暴富 5-828A
bàofù 暴賦 5-829B
bāofudǐ 包袱底 2-185A
bāofupí 包袱皮 2-185A
bǎogài 葆蓋 9-474B
bǎogài 寶蓋 3-1651A
bǎogàitóu 寶蓋頭 3-1651A
bāogān 包乾 2-184B
bàogān 爆竿 7-310B
bāogānzhì 包乾制 2-184B
bàogào 抱告 6-490A
bàogào 報告 2-1155B
bàogàowénxué 報告文學 2-1155B
bāogē 包戈 2-182A
bǎogē 飽咯 12-517A
bǎogé 飽嗝 12-518A
bǎogé 飽膈 12-518B
bǎogé 寶閣 3-1653A
bàogé 豹革 10-1330A
bāogèn 包亘 2-182B
bǎogēng 飽更 12-517A
bàogēng 報更 2-1155A
bàogēng 鮑羹 12-1218A
bāogōng 包工 2-182A
bāogōng 包公 2-182A
bāogōng 褒功 9-129B
bāogòng 包貢 2-183B
bǎogōng 保宮 1-1391B
bǎogōng 葆宮 9-474B
bǎogōng 鴇公 12-1074B
bàogōng 報功 2-1154B
bàogōng 儤工 1-1733A
bàogōng 刨工 2-644A
bàogōngzǐ 暴公子 5-822B
bǎogòu 寶構 3-1652B
bāogǔ 包穀 2-186A
bāogǔ 苞穀 9-355A
bǎogū 保辜 1-1393A
bǎogù 保固 1-1390A
bàogū 鮑姑 12-1217A
bàogǔ 暴鼓 5-828B
bàogǔ 爆穀 7-311B
bāoguā 包瓜 2-182B
bāoguǎn 包管 2-186A
bāoguàn 包貫 2-185A
bǎoguān 保官 1-1390B
bǎoguān 寶冠 3-1646B
bǎoguān 寶倌 3-1647B
bǎoguǎn 保管 1-1394B
bǎoguǎn 寶管 3-1652B
bàoguān 抱關 6-495B
bàoguān 豹關 10-1331B
bàoguān 報關 2-1161A
bàoguān 暴官 5-824B
bàoguǎn 豹管 10-1331A
bàoguǎn 報館 2-1160A
bāoguǎng 褒廣 9-132B
bǎoguāng 保光 1-1388A
bǎoguāng 葆光 9-474A
bǎoguāng 寶光 3-1643B
bàoguāng 曝光 5-849A
bàoguǎng 暴獷 5-830A
bàoguāngbiǎo 曝光表 5-849A
bàoguānjītuó 抱關擊柝 6-495B
bàoguānqiú 抱官囚 6-490B
bǎoguǎnyuán 保管員 1-1394B
bàoguānzhíyuè 抱關執籥 6-495B
bǎogǔgǔ 飽鼓鼓 12-518A
bāoguǐ 包匭 2-184B
bǎoguī 保歸 1-1396B
bǎoguī 寶圭 3-1643A
bǎoguī 寶珪 3-1647A
bǎoguī 寶龜 3-1655A
bǎoguì 寶貴 3-1650A
bàoguì 暴貴 5-827B
bàogūjǐng 鮑姑井 12-1217A
bāogǔn 褒衮 9-131A
bāoguǒ 包裹 2-186A
bāoguǒ 苞裹 9-355A
bāoguǒ 胞裹 6-1236B
bàoguó 報國 2-1157B
bǎoguósì 保國寺 1-1392B
bàogūyàn 鮑孤雁 12-1217A
bàogūyàn 鮑孤鴈 12-1217A
bǎohǎi 寶海 3-1648A
bàohài 暴害 5-827A
bāohán 包含 2-183A
bāohán 包函 2-183B
bāohán 包涵 2-184B
bāohán 苞含 9-354A
bǎohán 飽含 12-517A
bǎohán 寶函 3-1646A
bǎohàn 保扞 1-1388A
bǎohàn 寶翰 3-1654A
bàohǎn 虣闞 8-850B
bàohàn 抱憾 6-495A
bàohàn 暴悍 5-827A
bàohàn 暴暵 5-829B
bǎohànbùzhī… 飽漢不知餓漢飢 12-518B
bǎoháng 鴇行 12-1074B
bǎohào 寶號 3-1651B
bàoháo 暴豪 5-829A
bǎohé 保和 1-1390A
bǎohé 葆和 9-474B
bǎohé 飽和 12-517A
bǎohé 鴇合 12-1074B
bǎohé 寶盒 3-1649B
bàohē 暴訶 5-828A
bàohè 儤賀 1-1733A
bǎohédiǎn 飽和點 12-517A
bǎohédiàn 保和殿 1-1390A
bàohěn 暴佷 5-824B
bàohěn 暴狠 5-826A
bàohèn 抱恨 6-491B
bàohèn 報恨 2-1156B
bǎohéng 保衡 1-1396A
bàohéng 暴橫 5-829B
bǎohóng 寶泓 3-1645B
bāohòu 褒后 9-130A
bāohòu 褒厚 9-130B
bǎohòu 保候 1-1391B
bǎohòu 堡堠 2-1151B
bàohóu 豹侯 10-1330A
bāohǔ 包虎 2-183B
bǎohù 保護 1-1397A
bǎohù 寶護 3-1656A
bàohū 暴忽 5-824B
bàohú 豹胡 10-1330A
bàohǔ 暴虎 5-824A
bāohuà 褒化 9-129B
bǎohuā 寶花 3-1644A
bǎohuā 寶華 3-1647B
bàohuā 鉋花 11-1247B
bàohuā 爆花 7-310A
bàohuā 刨花 2-644A
bàohuābǎn 刨花板 2-644B
bāohuái 胞裹 6-1236B
bàohuái 抱懷 6-495B
bàohuàjī 報話機 2-1159B
bàohuán 豹環 10-1331B
bāohuāng 包巟 2-182B
bāohuāng 包荒 2-183B
bāohuāng 包慌 2-185B
bǎohuáng 保皇 1-1391A
bàohuāng 報荒 2-1156B
bǎohuángdǎng 保皇黨 1-1391A
bǎohuánghuì 保皇會 1-1391A
bǎohuángpài 保皇派 1-1391A
bàohuāshuǐ 刨花水 2-644A
bǎohùguó 保護國 1-1397A
bāohuì 褒諱 9-133B
bǎohuì 保惠 1-1393A
bǎohuì 寶賄 3-1651B
bǎohuì 寶繪 3-1656A
bǎohuò 寶貨 3-1649A
bàohuǒwòxīn 抱火卧薪 6-489B
bàohǔpínghé 暴虎馮河 5-824A
bǎohùrén 保護人 1-1397A
bǎohùsǎn 保護傘 1-1397A
bǎohùsè 保護色 1-1397A
bāojì 褒績 9-134A
bāojī 褒譏 9-134A
bāojì 包髻 2-186B
bǎojī 寶雞 3-1655B
bǎojí 保極 1-1393A
bǎojí 寶笈 3-1646B
bǎojí 寶籍 3-1656A
bǎojì 飽計 12-517B
bǎojì 鴇妓 12-1074B
bǎojì 寶偈 3-1649A
bǎojì 寶髻 3-1654A
bǎojì 寶蹟 3-1655B
bàojī 抱雞 6-495A
bàojī 暴擊 5-830A
bàojī 爆擊 7-311B
bàojí 抱疾 6-492A
bàojí 抱棘 6-492A
bàojí 暴急 5-826A
bàojí 暴疾 5-826B
bàojí 暴集 5-828A
bāojiā 褒加 9-129B
bāojiā 褒嘉 9-132B
bǎojiā 保家 1-1392A
bǎojiā 寶珈 3-1646A
bǎojiǎ 保甲 1-1387B
bǎojià 保駕 1-1395B
bǎojià 寶駕 3-1654A
bàojià 抱嫁 6-493B
bàojiāgū 鮑家姑 12-1217A
bàojiājù 鮑家句 12-1217A
bāojiàn 褒薦 9-133B
bǎojiàn 保見 1-1389A
bǎojiàn 保健 1-1392A
bǎojiàn 保薦 1-1395B
bǎojiàn 寶劍 3-1653B
bǎojiàn 寶鑑 3-1656B
bàojiàn 鮑箭 12-405B
bǎojiàncāo 保健操 1-1392A
bāojiǎng 包漿 2-186B
bāojiǎng 褒獎 9-132B
bǎojiǎng 保獎 1-1395A
bàojiànlǐ 抱見禮 6-490A
bǎojiànmàiyǔlièshì… 寶劍賣與烈士，紅粉贈與佳人 3-1653B
bǎojiànrén 保見人 1-1389A
bǎojiànzèngyǔlièshì… 寶劍贈與烈士，紅粉贈與佳人 3-1654A
bǎojiànzhàn 保健站 1-1392A
bǎojiǎo 寶鉸 3-1652B
bǎojiào 保教 1-1392B
bǎojiào 寶校 3-1647B
bàojiāo 抱燋 6-495A
bàojiǎo 豹脚 10-1330B
bàojiǎo 豹腳 10-1331A
bàojiǎochuáng 抱角牀 6-490B
bàojiǎowén 豹脚蚊 10-1330B
bàojiāshī 鮑家詩 12-1217A
bǎojiāwèiguó 保家衛國 1-1392B
bǎojiàxìn 保價信 1-1395A
bǎojiàyóujiàn 保價郵件 1-1395A
bāojiè 褒借 9-131A
bǎojiē 寶階 3-1649B
bǎojié 保捷 1-1392B
bǎojié 保結 1-1393B

bǎojiè 保介 1-1387A
bǎojiè 保界 1-1391A
bǎojiè 寶界 3-1646B
bàojié 抱節 6-493A
bàojié 報捷 2-1157B
bàojié 暴劫 5-823A
bàojié 暴桀 5-826B
bàojiéjūn 抱節君 6-493A
bàojīkě 抱飢渴 6-491B
bāojīn 包巾 2-182A
bāojīn 包金 2-183B
bāojìn 褒進 9-131B
bǎojìn 寶費 3-1654B
bàojìn 暴禁 5-828B
bāojīng 褒旌 9-132A
bǎojīng 寶精 3-1653A
bǎojǐng 寶井 3-1642B
bǎojìng 保境 1-1394B
bǎojìng 寶鏡 3-1656A
bàojǐng 報警 2-1160B
bǎojīngfēngshuāng
飽經風霜 12-518B
bǎojīngfēngyǔ 飽經風雨
12-518B
bǎojīngshìbiàn 飽經世變
12-518B
bǎojīngshìgù 飽經世故
12-518B
bǎojīngshuāngxuě
飽經霜雪 12-518B
bǎojīngyōuhuàn 飽經憂患
12-518B
bàojīpó 抱雞婆 6-495B
bǎojiù 保就 1-1393B
bǎojiù 葆就 9-474B
bàojiù 抱疚 6-490B
bāojū 包苴 2-183A
bāojū 苞苴 9-354B
bāojú 包橘 2-186B
bāojǔ 包舉 2-186B
bāojǔ 苞舉 9-355A
bāojǔ 褒舉 9-133B
bāojù 苞屨 9-355B
bǎojú 寶局 3-1644B
bǎojǔ 保舉 1-1396A
bǎojù 保聚 1-1394B
bǎojù 保據 1-1395B
bǎojù 堡聚 2-1151B
bǎojù 寶具 3-1645A
bǎojù 寶炬 3-1645B
bàojǔ 暴舉 5-830A
bǎojuàn 寶卷 3-1645B
bǎojuàn 寶眷 3-1649B
bàojuān 報捐 2-1157A
bǎojué 寶玦 3-1644B
bǎojué 寶訣 3-1649B
bàojué 暴厥 5-827B
bàojué 暴絶 5-828B
bàojué 暴蹶 5-830B
bàojué 暴蹷 5-830B
bàojūn 暴君 5-823B
bàojūnzhī 報君知 2-1155B
bǎokān 保勘 1-1392B
bǎokàn 飽看 12-517B
bàokān 報刊 2-1154B
bàokàng 暴伉 5-823A
bàokàng 暴抗 5-823A
bàokǎo 報考 2-1155A
bàokē 抱疴 6-491B
bàokē 暴苛 5-824A
bàokě 報可 2-1155A
bàokè 暴刻 5-824B
bàokè 暴客 5-826A
bàokōngwō 抱空窩 6-490B
bàokòu 暴寇 5-827B
bǎokù 寶庫 3-1647B
bàokù 暴酷 5-829A
bàokuáng 暴狂 5-823B
bàokuàng 報況 2-1156A
bàokuàng 報貺 2-1158A
bàokuì 抱愧 6-492B
bāokuò 包括 2-183B
bāokuò 苞括 9-354B
bàokuò 豹鞹 10-1331B
bǎolà 寶蠟 3-1656B
bāolài 褒賚 9-133A
bāolǎn 包攬 2-187B
bǎolán 寶藍 3-1655A
bǎolǎn 飽覽 12-519B
bǎolàn 保爁 1-1396A
bàolàn 暴濫 5-830B
bāolǎncísòng 包攬詞訟
2-187B
bāoláng 苞稂 9-355A
bàolǎo 鮑老 12-1216B
bàolào 鮑酪 12-1217B
bàolǎo'ér 鮑老兒 12-1217A
bǎolè 寶勒 3-1648B
bǎolěi 保壘 1-1396B
bǎolěi 堡壘 2-1151B
bàolěngmén 爆冷門 7-310B
bāolì 苞櫟 9-355B
bāolì 褒厲 9-132B
bāolì 褒勵 9-133B
bǎolí 保釐 1-1396A
bǎolì 葆力 9-474A
bǎolì 寶利 3-1644B
bǎolì 寶曆 3-1654A
bǎolì 寶歷 3-1654A
bàolǐ 抱理 6-492A
bàolǐ 報李 2-1155A
bàolǐ 報禮 2-1160B
bàolì 抱磿 6-495A
bàolì 暴力 5-822A
bàolì 暴利 5-823B
bàolì 暴戾 5-824B
bàolì 暴厲 5-829A
bǎolián 寶蓮 3-1651B
bǎolián 寶奩 3-1652B
bǎolián 寶匳 3-1653A
bàoliǎn 暴斂 5-830A
bàoliǎnhéngzhēng
暴斂橫征 5-830A
bǎoliànshìgù 飽練世故
12-519A
bǎoliè 寶埒 3-1647B
bàoliè 暴烈 5-826B
bàoliè 暴裂 5-827B
bàoliè 爆烈 7-310B
bàoliè 爆裂 7-311A
bàolièdàn 爆裂彈 7-311A
bàolièyào 爆裂藥 7-311A
bàolìgémìng 暴力革命
5-822A
bǎolín 保林 1-1390A
bǎolín 保隣 1-1395A
bǎolín 寶林 3-1644B
bǎolín 寶鄰 3-1653A
bǎolíng 寶鈴 3-1652A
bǎolíng 寶靈 3-1656B
bàolíng 暴陵 5-827A
bàolǐng 抱領 6-493B
bàolìng 暴令 5-822B
bàolíngǔ 豹林谷 10-1329B
bǎoliú 保留 1-1392A
bàoliú 瀑流 6-201B
bǎoliújùmù 保留劇目
1-1392A
bàoliúquán 爆流泉 7-311A
bàolìzi 爆栗子 7-310B
bàolìzìsuī 暴戾恣睢
5-824B
bāolóng 褒隆 9-132A
bāolǒng 包籠 2-187B
bāolǒng 包攏 2-187A
bāolóngtú 包龍圖 2-187A
bǎolóu 寶樓 3-1653A
bǎolòu 寶鏤 3-1656A
bāolú 苞蘆 9-355B
bāolù 褒録 9-133B
bǎolú 寶爐 3-1656A
bǎolù 飽祿 12-518A
bǎolù 寶露 3-1656B
bǎolù 寶輅 3-1651B
bǎolù 寶路 3-1651B
bǎolù 寶録 3-1654B
bǎolù 寶璐 3-1655A
bǎolù 寶籙 3-1656B
bàolú 豹顱 10-1332A
bàolù 報路 2-1159A
bàolù 虣露 8-850B
bāoluàn 苞亂 9-355A
bǎoluán 保鑾 1-1397A
bàoluǎn 抱卵 6-490B
bàoluàn 暴亂 5-828B
bàoluàn 虣亂 8-850B
bàolùn 豹論 10-1331A
bāoluó 包羅 2-187B
bāoluó 苞羅 9-355B
bāoluò 包絡 2-185B
bāoluò 胞絡 6-1236B
bǎoluò 寶絡 3-1651A
bàoluó 抱鑼 6-495B
bàoluó 報羅 2-1161A
bàoluó 鮑螺 12-1217B
bàoluó 蚫螺 8-877B
bàoluò 暴落 5-827B
bàoluósū 蚫螺酥 8-877B
bāoluówànxiàng 包羅萬象
2-187B
bāoluówànyǒu 包羅萬有
2-187B
bàolùrén 報録人 2-1160A
bàolǚ 豹旅 10-1330A
bǎolüè 飽掠 12-517B
bàolüè 豹略 10-1330B
bàolüè 暴掠 5-827A
bǎomǎ 寶馬 3-1647B
bàomǎ 報馬 2-1157A
bǎomán 鴇姏 12-1074B
bǎomǎn 飽滿 12-519A
bàomǎn 爆滿 7-311B
bàomàn 暴嫚 5-829B
bàomàn 暴慢 5-829B
bàomàn 暴謾 5-830B
bāomáo 包茅 2-183A
bāomáo 苞茅 9-354B
bàomāo 豹貓 10-1331A
bǎomǎxiāngchē 寶馬香車
3-1647B
bāoměi 褒美 9-131A
bǎoméi 保媒 1-1393B
bǎoméi 寶煤 3-1652A
bāoměng 包蒙 2-185B
bāoméng 苞蒙 9-355A
bàoměng 暴猛 5-827B
bāomǐ 包米 2-183A
bāomǐ 苞米 9-354A
bǎomì 保秘 1-1391B
bǎomì 保密 1-1393A
bǎomì 寶祕 3-1647A
bāomiǎn 褒勉 9-131A
bǎomiǎn 寶冕 3-1648B
bǎomiáo 保苗 1-1390A
bǎomiáo 寶苗 3-1644B
bàomiào 報廟 2-1160A
bàomiè 暴滅 5-829A
bàomiè 暴蔑 5-829A
bàomǐhuā 爆米花 7-310A
bǎomín 保民 1-1387B
bàomín 暴民 5-823A
bāomíng 褒明 9-130B
bāomìng 褒命 9-130B
bǎomíng 保明 1-1390A
bǎomìng 寶命 3-1645B
bàomíng 報名 2-1155A
bàomíng 爆鳴 7-311B
bàomìng 報命 2-1156A
bàomiù 暴繆 5-830B
bǎomò 飽秣 12-517B
bǎomò 寶墨 3-1653B
bǎomò 寶袜 3-1648A
bàomò 抱默 6-495A
bàomò 瀑沫 6-201B
bāomù 苞木 9-354A
bāomù 褒睦 9-132A
bǎomǔ 保母 1-1388A
bǎomǔ 保姆 1-1390B
bǎomǔ 褓姆 9-116B
bǎomǔ 鴇母 12-1074B
bǎomǔ 寶姥 3-1647A
bǎomǔ 寶母 3-1643A
bǎomù 飽目 12-517A
bàomù 抱木 6-489A
bàomù 報幕 2-1159A
bāomùlǚ 枹木履 4-931B

bāonà 包納 2-184A
bāonà 苞納 9-355A
bāonà 褒納 9-131A
bǎonà 保納 1-1392B
bàonáng 豹囊 10-1332A
bǎoněi 飽餒 12-519A
bàonèi 暴内 5-822B
bǎoní 寶猊 3-1649B
bàonì 暴逆 5-826A
bǎoniǎn 寶輦 3-1653A
bàonián 報年 2-1155A
bāoniè 苞柟 9-354B
bāoniè 苞孽 9-355B
bāoniè 苞蘖 9-355B
bǎoniè 寶鑷 3-1657A
bǎonìng 保寧 1-1395A
bàonòng 抱弄 6-490A
bàonú 豹奴 10-1329A
bàonù 暴怒 5-826A
bǎonuǎn 保暖 1-1394A
bǎonuǎn 飽暖 12-518A
bǎonuǎn 飽煖 12-518A
bǎonuǎnshēngyínyù
飽煖生淫慾 12-518A
bǎonuǎnsīyínyù
飽暖思淫慾 12-518A
bàonuè 暴謔 5-830A
bàonuò 報喏 2-1157B
bāonǚ 褒女 9-129B
bàonüè 暴虐 5-825B
bàonüè 虣虐 8-850B
bāopéi 包賠 2-186A
bǎopèi 寶佩 3-1645A
bàopéng 爆棚 7-311A
bǎopéngpéng 飽蓬蓬
12-518A
bāopí 包皮 2-182B
bàopī 報批 2-1155A
bàopǐ 抱癖 6-495B
bàopiān 豹篇 10-1331A
bàopiàn 爆片 7-310A
bāopiào 包票 2-184B
bǎopiào 保票 1-1392B
bàopìgu 報屁股 2-1155B
bàopìn 報聘 2-1159A
bàopínáng 豹皮囊 10-1329A
bǎopíng 寶瓶 3-1648A
bàopípá 抱琵琶 6-492A
bàopò 抱魄 6-493B
bàopò 暴迫 5-824B
bàopò 爆烞 7-310B
bàopò 爆破 7-310B
bàopòtǒng 爆破筒 7-310B
bǎopú 寶璞 3-1654A
bàopú 抱璞 6-494A
bàopǔ 抱朴 6-489B
bàopǔ 抱樸 6-494B
bāoqǐ 苞杞 9-354A
bǎoqī 保棲 1-1393A
bǎoqì 瑶器 4-554B
bǎoqì 寶氣 3-1647B
bǎoqì 寶器 3-1654B
bàoqí 豹騎 10-1331B
bàoqǐ 暴起 5-826B
bàoqì 抱氣 6-491B
bàoqì 抱器 6-494B
bàoqì 暴氣 5-826B
bàoqì 暴棄 5-828A
bǎoqì 飽氣 12-1217A
bāoqiān 褒遷 9-133A
bǎoqiàn 寶塹 3-1655B
bàoqián 豹錢 10-1331B
bàoqiàn 抱歉 6-493B
bàoqiàn 抱槧 6-494A
bǎoqiāng 寶鏹 3-1656A
bǎoqiáng 保彊 1-1396A
bǎoqiǎng 褓襁 9-116B
bǎoqiǎng 褓繦 9-116B
bàoqiāng 抱槍 6-493B
bàoqiáng 暴彊 5-830A
bàoqiáng 暴强 5-828A
bàoqiànhuáiqiān 抱槧懷鉛
6-494A
bàoqiáo 抱橋 6-494B
bàoqiáo 豹喬 10-1330B
bǎoqiè 寶篋 3-1653B
bǎoqīn 保親 1-1396A
bàoqīn 抱衾 6-491B
bàoqīnchóu 抱衾裯 6-491B
bǎoqīng 飽卿 12-517B
bǎoqìng 寶磬 3-1654A
bàoqíng 暴晴 5-827B
bàoqǐng 報請 2-1160A
bàoqīngfēng 鮑清風
12-1217B
bāoqīngtiān 包青天 2-183A
bāoqiū 苞丘 9-354A
bàoqiú 豹裘 10-1331A
bàoqiú 報囚 2-1155A
bǎoqú 寶衢 3-1656B
bǎoqù 飽覷 12-519B
bàoqū 抱屈 6-490B
bàoqū 豹祛 10-1330B
bāoquàn 褒勸 9-134A
bǎoquán 保全 1-1388B
bǎoquàn 寶券 3-1645B
bàoquán 抱拳 6-492A
bàoquán 瀑泉 6-201B
bàoquǎn 豹犬 12-1412A
bǎoquánjú 寶泉局 3-1646B
bǎoquē 寶闕 3-1655B
bàoquè 抱慤 6-494A
bǎoqún 褓裙 9-116B
bǎoqún 緥裙 9-943A
bǎoráng 保禳 1-1397A
bǎorén 保人 1-1386B
bǎorèn 保任 1-1388A
bàorén 報人 2-1154B
bàorén 暴人 5-822A
bàorén 鮑人 12-1216B
bàorěn 暴忍 5-824A
bàorèn 抱認 6-493B
bāoróng 包容 2-184A
bāoróng 苞容 9-354B
bāoróng 褒榮 9-132B
bǎorǔ 褓乳 9-116B
bàorú 豹襦 10-1331B
bǎoruì 寶瑞 3-1651A
bǎosài 保塞 1-1394A
bǎosài 堡塞 2-1151B
bǎosài 葆塞 9-474B
bàosài 報賽 2-1160B
báosàn 雹散 11-688B
bāosāng 包桑 2-184A
bāosāng 苞桑 9-354B
bàosāng 報喪 2-1158A
bàosǎo 報嫂 2-1157B
bàosǎo 報嫂 2-1159A
bǎosè 葆嗇 9-474B
bǎosè 寶色 3-1643B
bǎosè 寶瑟 3-1651A
bǎosè 寶穡 3-1655B
bàosè 報塞 2-1159B
bàosèbùchuīyú
抱瑟不吹竽 6-493A
bàoshā 暴殺 5-826B
bàoshà 抱廈 6-493A
bāoshàn 褒善 9-132A
bǎoshān 保山 1-1386B
bǎoshān 寶山 3-1642A
bǎoshàn 寶扇 3-1648A
bāoshǎng 褒賞 9-133A
bǎoshāng 保墒 1-1394B
bàoshàng 暴上 5-822A
bǎoshānkōnghuí 寶山空回
3-1642A
bǎoshānpó 保山婆 1-1386B
bāoshānzū 包山租 2-182A
bǎoshāo 寶燒 3-1654B
bàoshāo 刨梢 2-644B
bàoshàtīng 抱廈廳 6-493B
bǎoshè 保社 1-1389B
bǎoshè 保攝 1-1397A
bàoshè 報社 2-1155B
bàoshè 鮑舍 12-1217A
báoshén 雹神 11-688B
bǎoshēn 保申 1-1387B
bǎoshēn 保身 1-1389A
bǎoshēn 寶身 3-1644B
bàoshēn 報身 2-1155B
bàoshén 抱神 6-491B
bàoshēnfó 報身佛 2-1155B
bāoshēng 褒升 9-129B
bāoshēng 褒陞 9-131A
bǎoshēng 保生 1-1387B
bǎoshèng 寶乘 3-1647B
bǎoshèng 寶勝 3-1650B
bàoshèng 豹乘 10-1330A
bāoshènghóu 褒聖侯 9-132A
bāoshēngōng 包身工 2-183A
bǎoshèngsì 保聖寺 1-1394A
bāoshì 褒飾 9-132A
bǎoshī 保師 1-1392A
bǎoshí 飽食 12-517B
bǎoshí 飽識 12-519B
bǎoshí 寶石 3-1643A
bǎoshì 保氏 1-1387A
bǎoshì 保世 1-1387A
bǎoshì 保釋 1-1397A
bǎoshì 寶勢 3-1651A
bǎoshì 寶飾 3-1652A
bàoshī 報失 2-1155A
bàoshī 報施 2-1156B
bàoshí 抱石 6-489B
bàoshí 報時 2-1157A
bàoshǐ 儤使 1-1733A
bàoshì 豹飾 10-1331A
bàoshì 暴世 5-822B
bàoshì 暴事 5-824A
bàoshì 虣世 8-850B
bàoshì 鮑室 12-1217A
bàoshìcōng 鮑氏驄 12-1216B
bǎoshídǐng 寶石頂 3-1643A
bǎoshìjiè 飽世界 12-517A
bǎoshínuǎnyī 飽食煖衣
12-517B
bǎoshízhōngrì 飽食終日
12-517B
bāoshòu 褒授 9-131B
bǎoshǒu 保守 1-1388B
bǎoshǒu 葆守 9-474A
bǎoshǒu 寶守 3-1643B
bǎoshòu 飽受 12-517A
bǎoshòu 寶綬 3-1653A
bǎoshòu 寶獸 3-1656A
bǎoshǒupài 保守派 1-1389A
bāoshù 褒述 9-130B
bǎoshū 寶書 3-1648A
bǎoshù 寶樹 3-1654A
bàoshū 報書 2-1157B
bàoshū 鮑叔 12-1217A
bàoshǔ 抱暑 6-492B
bàoshǔ 抱蜀 6-493A
bàoshǔ 豹鼠 10-1331A
bàoshù 抱樹 6-494B
bàoshù 報數 2-1159B
bàoshuǐ 暴水 5-822B
bàoshuì 暴稅 5-828A
bāoshuò 褒朔 9-131A
bǎoshuò 飽朔 12-517B
bàoshuō 報説 2-1159B
bàoshǔqíbiān 豹鼠奇編
10-1331A
bāosì 褒姒 9-130A
bǎosī 寶思 3-1646B
bǎosì 寶笥 3-1648B
bǎosì 寶肆 3-1651A
bàosī 抱思 6-491A
bàosǐ 暴死 5-823A
bàosì 報嗣 2-1159A
bàosì 鮑肆 12-1217B
bàosǐliúpí 豹死留皮
10-1329A
bāosòng 褒頌 9-132B
bǎosòng 保送 1-1391B
bāosù 包宿 2-184B
bāosù 包粟 2-185A
bàosù 抱素 6-491B
bàosù 暴速 5-826B
bǎosuàn 寶算 3-1652B
bǎosuí 保綏 1-1394B
bàosuǐ 豹髓 10-1332A
bàosuì 報歲 2-1159A
bāosǔn 苞筍 9-355A
bǎosuǒ 寶所 3-1645A
bǎotǎ 寶塔 3-1650A

bàotà 暴沓 5-824A
bǎotǎcài 寶塔菜 3-1650A
bāotāi 胞胎 6-1236B
bǎotāi 保胎 1-1391B
bǎotái 寶臺 3-1652B
bàotāi 豹胎 10-1330A
bǎotàichíyíng 保泰持盈 1-1391B
bāotán 包彈 2-186B
bāotán 褒彈 9-133B
bāotán 褒談 9-133A
bāotàn 包探 2-184B
bāotàn 褒歎 9-132B
bǎotān 寶攤 3-1656B
bǎotán 寶檀 3-1655A
bàotàn 爆炭 7-310B
bǎotáng 寶糖 3-1654B
bǎotángduī 寶糖䭔 3-1654B
bàotāo 豹弢 10-1330A
bàotāo 豹韜 10-1331B
bàotāowèi 豹韜衛 10-1332A
bǎotǎshān 寶塔山 3-1650A
bǎotǎshī 寶塔詩 3-1650A
bǎotǎtáng 寶塔糖 3-1650A
bàotè 暴慝 5-829A
bǎoténg 飽騰 12-519B
bàoténg 暴騰 5-830B
bàoténg 爆騰 7-311B
bǎoténgténg 飽騰騰 12-519B
bǎotí 保題 1-1396B
báotián 薄田 9-573B
bǎotián 寶鈿 3-1651B
bàotiǎn 暴殄 5-825A
bàotiǎntiānwù 暴殄天物 5-825A
bàotiáo 報條 2-1157A
bàotiào 暴跳 5-828B
bàotiào 爆趒 7-311B
bàotiàorúléi 暴跳如雷 5-828B
bàotiàorúléi 爆跳如雷 7-311B
bàotiě 報帖 2-1156A
bàotóng 抱同 6-489B
bàotóng 報童 2-1158B
bàotòng 抱痛 6-492B
bāotóu 包頭 2-186B
bàotou 骲頭 12-406A
bàotóu 報投 2-1155A
bàotóu 報頭 2-1160A
bǎotóu'er 寶頭兒 3-1654A
bàotóushǔcuàn 抱頭鼠竄 6-494B
bàotóuzhěn 豹頭枕 10-1331A
báotū 雹凸 11-688B
báotū 雹突 11-688B
báotū 雹葵 11-688B
bǎotú 保徒 1-1392A
bǎotú 寶圖 3-1652B
bàotū 趵突 10-430B
bàotú 暴徒 5-826B
bǎotuán 堡團 2-1151B
bāotūn 包吞 2-183A
bǎotuò 寶唾 3-1648B
bǎotuóyán 寶陀巖 3-1644B
bàotūquán 趵突泉 10-430B
báowā 窇穵 8-441A
bǎowàijiùyī 保外就醫 1-1387B
bǎowàizhíxíng 保外執行 1-1387B
bǎowán 保完 1-1389B
bǎowán 寶玩 3-1644B
bǎowán 寶翫 3-1654A
bǎowáng 寶王 3-1642B
bàowáng 暴亡 5-822A
bàowáng 暴王 5-822B
bàowànzhāiguā 抱蔓摘瓜 6-493B
bāowéi 包圍 2-185A
bāowèi 褒慰 9-133A
bǎowèi 保衛 1-1395A
bǎowèi 葆衛 9-474B
bǎowèi 寶位 3-1644B
bàowēi 暴威 5-825A
bàowéi 抱圍 6-492B
bàowěi 豹尾 10-1329A
bàowèi 豹蔚 10-1331A
bàowěibān 豹尾班 10-1329B
bàowěichē 豹尾車 10-1329B
bàowěifān 豹尾旛 10-1329B
bàowěiqiāng 豹尾槍 10-1329B
bǎowēn 保溫 1-1393B
bǎowén 飽聞 12-519A
bǎowén 寶文 3-1642B
bàowén 豹文 10-1328B
bàowén 報聞 2-1159B
bǎowēnbēi 保溫杯 1-1393B
bǎowèng 寶甕 3-1655B
bàowèng 抱甕 6-495A
bàowèngguànyuán 抱甕灌園 6-495A
bàowénjiān 豹文韉 10-1329A
bǎowēnpíng 保溫瓶 1-1393B
bàowénshǔ 豹文鼠 10-1328B
bǎowò 寶幄 3-1650B
bàowō 抱窩 6-493B
bǎowǔ 保伍 1-1388A
bǎowù 堡塢 2-1151B
bǎowù 寶物 3-1645A
bǎowù 寶婺 3-1651A
bàowù 豹霧 10-1331B
bàowù 報務 2-1157B
bàowù 暴物 5-824B
bàowùyǐn 豹霧隱 10-1331B
bāoxī 褒錫 9-133B
bǎoxī 保息 1-1392A
bǎoxī 保惜 1-1393A
bǎoxī 寶惜 3-1649B
bǎoxī 寶犀 3-1651A
bǎoxǐ 寶璽 3-1656A
bàoxī 抱膝 6-494A
bàoxí 豹席 10-1330A
bàoxí 暴習 5-827B
bàoxǐ 報喜 2-1158A
bàoxì 豹舃 10-1330B
bàoxià 暴下 5-822A
bāoxián 褒賢 9-133A
bāoxiǎn 褒顯 9-134B
báoxiàn 雹霰 11-688B
bǎoxián 寶賢 3-1653A
bǎoxiǎn 保險 1-1395A
bǎoxiǎndāo 保險刀 1-1395B
bǎoxiǎndēng 保險燈 1-1395B
bǎoxiǎnfǎ 保險法 1-1395B
bāoxiāng 包廂 2-185B
bǎoxiāng 寶香 3-1646B
bǎoxiàng 保相 1-1391A
bǎoxiàng 寶相 3-1646A
bǎoxiàng 寶像 3-1651B
bàoxiǎng 報享 2-1156A
bàoxiǎng 爆響 7-311B
bǎoxiànghuā 寶相花 3-1646A
bǎoxiǎnglǎoquán 飽饗老拳 12-519B
bàoxiānglǚ 抱香履 6-491A
bǎoxiǎngōngsī 保險公司 1-1395B
bǎoxiǎnguì 保險櫃 1-1395B
bǎoxiàngzhī 寶相枝 3-1646A
bǎoxiǎnsī 保險絲 1-1395B
bǎoxiǎnxiāng 保險箱 1-1395B
bāoxiāo 包銷 2-186A
bàoxiāo 報銷 2-1159B
bàoxiāo 刨削 2-644B
bàoxiǎo 報曉 2-1160A
bàoxiào 報効 2-1156A
bàoxiào 報效 2-1157A
bāoxié 褒斜 9-131B
bǎoxiè 寶屧 3-1654A
bàoxiè 報謝 2-1160B
bàoxiè 鮑謝 12-1217B
bāoxiédào 褒斜道 9-131B
bāoxiélù 褒斜路 9-132A
bǎoxìn 保信 1-1391A
bàoxìn 抱舋 6-495B
bàoxìn 抱釁 6-495B
bàoxìn 報信 2-1156B
bǎoxīng 寶星 3-1646B
bǎoxíng 寶行 3-1643B
bǎoxìng 寶性 3-1645B
bàoxíng 暴行 5-823A
bàoxīnjiùfén 抱薪救焚 6-494B
bàoxīnjiùhuǒ 抱薪救火 6-494B
bàoxīnxiān 暴新鮮 5-829A
bāoxióng 褒雄 9-132B
bàoxiōng 暴凶 5-822B
bāoxiū 包羞 2-184A
bǎoxiù 飽嗅 12-518A
bàoxiū 報修 2-1156B
bàoxiù 豹袖 10-1330B
bàoxiù 豹褎 10-1331A
bāoxiūrěnchǐ 包羞忍恥 2-184A
bàoxīyáng 鮑夕陽 12-1216B
bàoxīyín 抱膝吟 6-494A
bāoxū 包胥 2-183B
bāoxǔ 褒許 9-132A
bāoxù 包畜 2-184A
bāoxù 包蓄 2-185B
bāoxù 褒序 9-130A
bāoxù 褒卹 9-130B
bāoxù 褒敘 9-131A
bāoxù 褒恤 9-131A
bǎoxù 寶蓄 3-1651B
bǎoxù 寶緒 3-1653A
bàoxù 抱蓄 6-493A
bǎoxuàn 寶鉉 3-1652A
bǎoxué 飽學 12-519A
bàoxué 抱學 6-495A
bàoxuě 報雪 2-1157B
bǎoxuézhīshì 飽學之士 12-519A
bǎoxùn 保訓 1-1392A
bǎoxùn 寶訓 3-1647B
bàoxùn 暴迅 5-823A
bāoyá 齙牙 12-1452A
bǎoyā 寶鴨 3-1654B
bàoyá 報衙 2-1159B
bāoyán 褒言 9-130A
bāoyán 褒閻 9-134A
bāoyàn 褒豔 9-134B
bǎoyǎn 飽眼 12-517B
bǎoyàn 飽饜 12-521A
bǎoyàn 寶焰 3-1650B
bǎoyàn 寶餤 3-1654B
bàoyán 儤筵 1-1733A
bàoyǎn 爆眼 7-311A
bàoyàn 報驗 2-1161A
bāoyáng 褒揚 9-132A
bǎoyáng 飽颺 12-519B
bǎoyǎng 保養 1-1394B
bǎoyǎng 葆養 9-474B
bàoyǎng 抱養 6-493B
bàoyàng 抱恙 6-492A
bàoyānpù 刨烟鋪 2-644B
bǎoyào 寶曜 3-1655B
bàoyāo 抱腰 6-493A
bàoyáo 暴繇 5-830A
bàoyāolǜ 抱腰綠 6-493A
bǎoyè 珤曆 4-554B
bǎoyè 寶葉 3-1650A
bǎoyè 寶業 3-1651B
bǎoyè 寶曆 3-1656B
bàoyè 報謁 2-1160A
bāoyī 包衣 2-182B
bāoyī 胞衣 6-1236B
bāoyī 褒衣 9-130A
bāoyì 褒益 9-131A
bāoyì 褒異 9-131B
bǎoyī 褓衣 9-116B
bǎoyī 寶衣 3-1643B
bǎoyí 葆頤 9-474B
bǎo'yì 保艾 1-1387B
bǎo'yì 保乂 1-1386B
bǎoyì 保役 1-1389B
bǎoyì 保義 1-1394A
bǎoyì 葆佾 9-474B
bǎoyì 飽佚 12-517A
bǎoyì 寶意 3-1652A
bàoyī 抱一 6-489A
bàoyì 暴益 5-827A

bàoyì 暴溢 5-829A
bāoyībódài 褒衣博帶 9-130A
bāoyīdì 胞衣地 6-1236B
bǎoyǐlǎoquán 飽以老拳 12-517A
bāoyín 包銀 2-186A
bāoyǐn 褒引 9-129B
bāoyìn 苞蔭 9-355A
bǎoyín 寶銀 3-1652B
bǎoyǐn 保引 1-1387A
bàoyín 暴淫 5-827B
bàoyǐn 豹隱 10-1331B
bǎoyīng 保膺 1-1396A
bǎoyīng 寶瑛 3-1649B
bǎoyìng 寶應 3-1655B
bàoyīng 抱膺 6-495A
bàoyǐng 抱景 6-492B
bàoyǐng 抱影 6-494A
bàoyìng 報應 2-1160B
bǎoyíngchítài 保盈持泰 1-1391B
bǎoyōng 保庸 1-1392B
bǎoyōng 保傭 1-1394A
bǎoyòng 保用 1-1387B
bǎoyòng 寶用 3-1643A
bàoyōng 抱擁 6-494B
bāoyōu 褒優 9-134A
bǎoyǒu 保有 1-1388A
bǎoyòu 保右 1-1387B
bǎoyòu 保佑 1-1389A
bǎoyòu 保宥 1-1391B
bǎoyòu 保祐 1-1391B
bàoyòu 報祐 2-1157A
bāoyǔ 胞與 6-1236B
bāoyǔ 褒語 9-132B
bāoyù 苞育 9-354B
bāoyù 褒諭 9-133B
bāoyù 褒譽 9-134B
bǎoyú 寶輿 3-1655A
bǎoyú 寶轝 3-1656A
bǎoyǔ 葆羽 9-474B
bǎoyǔ 飽雨 12-517A
bǎoyǔ 寶宇 3-1643B
bǎoyù 保育 1-1390B
bǎoyù 飽飫 12-518A
bǎoyù 寶玉 3-1642B
bǎoyù 寶諭 3-1654B
bǎoyù 寶籞 3-1656B
bàoyú 鮑魚 12-1217B
bàoyǔ 暴雨 5-824A
bàoyǔ 鮑庾 12-1217B
bàoyù 抱玉 6-489B
bāoyuán 包元 2-182A
bàoyuān 報冤 2-1158A
bàoyuàn 抱怨 6-491A
bàoyuàn 報怨 2-1156B
bàoyuàn 暴怨 5-826A
bāoyuán'er 包圓兒 2-185B
bǎoyuánjú 寶源局 3-1652A
bāoyuè 包月 2-182A
bǎoyuè 飽閱 12-519A
bǎoyuè 寶月 3-1642B
bàoyuèwū 豹月烏 10-1328B
bāoyùn 包孕 2-182B
bāoyùn 包蘊 2-187A
bāoyùn 包韞 2-187A
bǎoyún 寶雲 3-1650A
bǎoyùn 寶運 3-1651A
bàoyǔn 報允 2-1154B
bàoyùwòzhū 抱玉握珠 6-489B
bǎoyùyuán 保育員 1-1390B
bǎoyùyuàn 保育院 1-1390B
bàoyúzhīcì 鮑魚之次 12-1217B
bàoyúzhīsì 鮑魚之肆 12-1217B
bāozā 包紮 2-184B
bǎozài 飽載 12-518A
bāozàn 褒贊 9-134A
bāozàn 褒讚 9-134B
bǎozàng 葆臧 9-474B
bǎozàng 寶藏 3-1655A
bǎozàng 寶臧 3-1652B
bàozào 暴懆 5-830A
bàozào 暴燥 5-830B
bàozào 暴躁 5-830B
bàozàorúléi 暴躁如雷 5-830B
bāozé 褒責 9-131A
bǎozé 保澤 1-1396A
bàozéi 暴賊 5-828B
bāozēng 褒增 9-132B
bāozèng 褒贈 9-134A
bǎozhá 寶札 3-1643A
bǎozhà 堡柵 2-1151A
bàozhà 暴詐 5-828A
bàozhà 爆炸 7-310B
bǎozhài 保債 1-1394A
bǎozhài 堡砦 2-1151A
bǎozhài 堡寨 2-1151B
bàozhài 抱瘵 6-495A
bàozhàjī 爆炸機 7-310B
bǎozhàn 飽綻 12-519A
bǎozhāng 保章 1-1393A
bǎozhāng 寶章 3-1649B
bǎozhāng 寶璋 3-1653A
bǎozhǎng 保長 1-1389B
bǎozhàng 保障 1-1394A
bǎozhàng 堡障 2-1151B
bǎozhàng 飽漲 12-519A
bǎozhàng 飽脹 12-518A
bǎozhàng 寶仗 3-1643A
bǎozhàng 寶帳 3-1648B
bàozhāng 報章 2-1158A
bàozhǎng 暴長 5-824A
bàozhǎng 暴漲 5-829A
bàozhàng 報賬 2-1159B
bàozhàng 爆仗 7-310A
bàozhàng 爆杖 7-310A
bǎozhāngzhèng 保章正 1-1393A
bàozhàxīnwén 爆炸新聞 7-310B
bǎozhě 保者 1-1389B
bàozhejiùhuángli 抱着舊皇曆 6-492A
bǎozhēn 保真 1-1391B
bǎozhēn 葆真 9-474B
bǎozhēn 寶珍 3-1646A
bǎozhěn 寶枕 3-1645A
bǎozhèn 寶鎮 3-1655B
bàozhēn 抱真 6-491B
bàozhěn 抱疹 6-492A
bàozhěn 豹枕 10-1329B
bàozhèn 爆震 7-311B
bǎozhèng 保正 1-1387A
bǎozhèng 保證 1-1396B
bàozhēng 報蒸 2-1159A
bàozhēng 暴征 5-824B
bàozhēng 暴徵 5-830A
bàozhèng 報政 2-1156B
bàozhèng 暴政 5-825A
bǎozhèngjīn 保證金 1-1396B
bǎozhèngrén 保證人 1-1396B
bǎozhèngshū 保證書 1-1396B
bāozhí 苞殖 9-355A
bǎozhī 寶芝 3-1643B
bǎozhí 保殖 1-1393A
bǎozhì 保識 1-1396B
bǎozhì 保治 1-1390B
bǎozhì 保質 1-1395A
bǎozhì 寶寘 3-1652A
bǎozhì 寶質 3-1653B
bàozhī 豹脂 10-1330A
bàozhī 報知 2-1156A
bàozhí 抱直 6-490B
bàozhí 豹犆 10-1330B
bàozhí 豹直 10-1329B
bàozhí 儤直 1-1733A
bàozhí 儤值 1-1733A
bàozhí 爆直 7-310B
bàozhǐ 報紙 2-1157B
bàozhì 抱志 6-490A
bàozhì 刨治 2-644B
bāozhōng 褒忠 9-130B
bāozhòng 褒重 9-131A
bǎozhōng 保中 1-1387A
bǎozhōng 保終 1-1393A
bǎozhòng 保重 1-1391A
bǎozhòng 寶重 3-1646B
bǎozhōu 寶舟 3-1643B
bǎozhóu 寶軸 3-1650A
bǎozhǒu 寶帚 3-1645B
bǎozhòu 寶胄 3-1646B
bāozhú 包竹 2-182B
bāozhù 苞貯 9-355A
báozhú 箔竹 8-1210B
bǎozhū 寶珠 3-1647A
bǎozhù 飽貯 12-517B
bǎozhù 寶柱 3-1646B
bàozhū 報珠 2-1157A
bàozhú 爆竹 7-310A
bàozhǔ 報主 2-1155A
bàozhǔ 暴主 5-822B
bàozhù 抱柱 6-491A
bǎozhuā 寶撾 3-1652B
bǎozhuàn 寶篆 3-1653B
bāozhuāng 包裝 2-186A
bǎozhuāng 寶莊 3-1647B
bǎozhuāng 寶裝 3-1652A
bǎozhuàng 保狀 1-1390B
bǎozhuàng 寶幢 3-1653A
bàozhuàng 報狀 2-1156A
bǎozhūchá 寶珠茶 3-1647B
bàozhùhúlubùkāipiáo 抱住葫蘆不開瓢 6-490A
bǎozhǔn 保準 1-1394A
bāozhǔn'er 包准兒 2-184A
bāozhuó 褒擢 9-134A
bàozhuō 抱拙 6-490B
bǎozhūshānchá 寶珠山茶 3-1647A
bǎozhūshìbǐng 寶珠市餅 3-1647B
bàozhútǒngzi 爆竹筒子 7-310A
bāozi 包子 2-182A
bāozǐ 孢子 4-231A
báozi 雹子 11-688B
bǎozǐ 保子 1-1386B
bǎozǐ 鴇子 12-1074B
bǎozǐ 寶子 3-1642B
bǎozì 寶字 3-1643B
bàozi 豹子 10-1328B
bàozi 報子 2-1154B
bàozi 刨子 2-644A
bàozī 豹姿 10-1330A
bàozǐ 抱子 6-489A
bàozǐ 暴子 5-822A
bàozì 暴恣 5-826B
bàozidǎn 豹子膽 10-1328B
bàozimǎ 豹子馬 10-1328B
bàozìpái 豹字牌 10-1329A
bàozǐzhīwǒ 鮑子知我 12-1216B
bāozǐzhíwù 孢子植物 4-231A
bǎozōng 寶蹤 3-1655B
bàozòng 暴縱 5-830B
bǎozòu 保奏 1-1390B
bāozū 包租 2-184A
bāozú 胞族 6-1236B
bǎozú 飽足 12-517A
bàozú 豹足 10-1329A
bàozú 暴卒 5-824B
bǎozuàn 寶鑽 3-1657A
bàozuì 抱罪 6-493A
bàozuì 報最 2-1158A
bǎozuǒ 保佐 1-1389A
bǎozuò 寶祚 3-1647A
bǎozuò 寶座 3-1648A
bàozuò 暴作 5-823B
bāpái 靶牌 12-189B
bāpéi 八裴 2-19A
bāpèi 八轡 2-23B
bāpí 扒皮 6-338A
bāpì 八辟 2-18B
bāpǐn 八品 2-11A
bāpíng 把憑 6-425B
bápú 拔蒲 6-447B
bāqí 八圻 2-6B
bāqí 八旗 2-19B
báqí 拔奇 6-445A
báqǐ 拔起 6-445B

bàqì 罷棄 8-1043A
bàqì 霸氣 11-732B
bàqì 伯氣 1-1265A
báqiā 菝葜 9-429B
báqià 菝葀 9-429B
bàqiǎ 跁跒 10-438B
báqiān 拔搴 6-448A
bǎqiǎn 把淺 6-424A
bàqiǎn 罷遣 8-1043A
bàqiáng 霸彊 11-734A
báqiánjiéhòu 跋前疌後 10-440A
bāqiānjuànlóu 八千卷樓 2-2B
bāqiánsuànhòu 巴前算後 4-75A
báqiánzhìhòu 跋前疐後 10-440A
báqiánzhìhòu 跋前躓後 10-440A
bāqiào 八竅 2-22A
bàqiáo 霸橋 11-734A
bàqiáo 灞橋 6-223A
bāqíbīng 八旗兵 2-19B
bāqín 八禽 2-17B
báqīn 拔親 6-449A
bāqióng 八瓊 2-21B
bāqízhìdù 八旗制度 2-19B
bāqízǐdì 八旗子弟 2-19B
bāqū 八區 2-15B
bāqú 八衢 2-23B
bāqǔ 巴曲 4-74B
báqǔ 拔取 6-444B
bàqù 罷去 8-1041A
bàquán 霸權 11-734A
bàquánzhǔyì 霸權主義 11-734B
bāquè 八闋 2-21B
báqún 拔羣 6-448A
báqúnchūcuì 拔羣出萃 6-448A
bárǎng 軷壤 9-1234B
bārén 巴人 4-73A
bàrèn 罷任 8-1041B
bāréndàjiào 八人大轎 2-1B
bārénxiàlǐ 巴人下里 4-73A
bāróng 八戎 2-5A
bārú 八儒 2-21A
bárú 拔茹 6-445B
bǎrú 把如 6-422B
bàrú 霸儒 11-734A
bàrùnzhīcháo 霸閏之朝 11-733B
básà 弊摋 2-1320A
bàsàn 罷散 8-1043A
bāsānlǎnsì 巴三覽四 4-73A
bàsào 壩埽 2-1244B
bǎsè 把色 6-422B
bāshā 八殺 2-14B
bāshā 八煞 2-18B
báshā 拔摋 6-447B
bāshān 八埏 2-9B
bāshān 岜山 3-805B
báshān 拔山 6-442B
bàshān 霸山 11-731A
bāshāndùlǐng 巴山度嶺 4-73A
báshǎng 拔賞 6-448B
bàshàng 霸上 11-731A
bàshàng 灞上 6-223A
báshāngàishì 拔山蓋世 6-442B
báshāngāngdǐng 拔山扛鼎 6-442B
bàshàngxì 霸上戲 11-731A
bāshānhǔ 巴山虎 4-73A
báshānjǔdǐng 拔山舉鼎 6-443A
báshānjūn 拔山軍 6-442B
báshānshèchuān 跋山涉川 10-439B
báshānshèshuǐ 跋山涉水 10-439B
bāshānyuèlǐng 巴山越嶺 4-73A
báshào 拔紹 6-447A
bāshé 巴蛇 4-75A
bāshè 八舍 2-8B
báshè 拔舍 6-445A
báshè 拔涉 6-446A
báshè 茇舍 9-335A
báshè 茇涉 9-335A
báshè 跋涉 10-440B
báshè 軷涉 9-1234B
bàshè 罷社 8-1041B
báshédìyù 拔舌地獄 6-444A
bāshén 八神 2-13A
báshēn 拔身 6-444B
bāshèng 八乘 2-14A
bàshěng 罷省 8-1042A
bāshēnggānzhōu 八聲甘州 2-21B
báshèshānchuān 跋涉山川 10-440B
bāshī 八師 2-14B
bāshí 八石 2-4B
bāshí 八識 2-22A
bāshǐ 八矢 2-4B
bāshǐ 八使 2-8B
bāshì 八士 2-2A
bāshì 八世 2-4B
báshí 拔識 6-449B
báshì 拔士 6-442B
bǎshì 把式 6-422A
bǎshì 把勢 6-424B
bàshǐ 霸史 11-731B
bàshì 罷市 8-1041A
bàshì 霸世 11-731B
bàshì 霸事 11-732A
bàshì 伯世 1-1262B
bàshì 伯事 1-1264A
báshídéwǔ 拔十得五 6-442A
bāshí'èrhǎo 八十二好 2-1A
bāshíhái'er 八十孩兒 2-1A
bǎshìjiàng 把式匠 6-422A
báshíshīwǔ 拔十失五 6-442A
bāshísìdiào 八十四調 2-1A
bāshítián 八識田 2-22A
bāshíyìjié 八十億刼 2-1B
bāshíyīyuánshì 八十一元士 2-1A
bāshíyīzhāng 八十一章 2-1A
bāshíyīzhǒnghǎo 八十一種好 2-1A
bāshízhǒnghǎo 八十種好 2-1A
báshòu 拔授 6-446A
bǎshou 把手 6-422A
bǎshǒu 把守 6-422B
bàshōu 罷收 8-1041B
bàshǒu 罷手 8-1040B
bàshǒu 伯首 1-1264B
bāshū 八書 2-15A
bāshū 巴菽 4-75A
bāshǔ 巴蜀 4-76A
bāshù 八樹 2-20B
bàshù 伯術 1-1266A
bāshuǐ 八水 2-3A
bàshuō 霸說 11-734A
báshùsōugēn 拔樹搜根 6-448B
báshùxuējì 拔樹削跡 6-448B
báshùxúngēn 拔樹尋根 6-448B
básī 拔絲 6-447B
bǎsì 把似 6-422A
bāsībāzì 八思巴字 2-11A
bāsīmǎ 八司馬 2-5A
bāsòng 八頌 2-18B
bāsǒu 八藪 2-21B
bāsù 八素 2-13B
bású 拔俗 6-445B
bǎsù 把素 6-423B
bāsuǒ 八索 2-14A
bātà 八闥 2-23A
bātà 吧踏 3-250A
bǎtái 靶臺 12-189B
bātáibāzuò 八擡八座 2-21A
bātáidàjiào 八擡大轎 2-21A
bātàiyé 八太爺 2-3A
bātàjiāngjūn 八搨將軍 2-18A
bātàn [貝巴]賧 10-125A
bátán 軷壇 9-1234B
bātàxié 八踏鞵 2-20B
bātǐ 八體 2-23A
bátí 跋題 10-442A
bàtián 壩田 2-1244B
bátíhé 跋提河 10-441A
bǎtǐmiàn 把體面 6-426A
bātíng 八停 2-15B
bàtíng 灞亭 6-223A
bātǐshū 八體書 2-23B
bātōng 八通 2-15B
bātóng 巴童 4-75B
bātǒng 八統 2-18A
bàtǒng 霸統 11-733B
bātóu 扒頭 6-339A
bátóu 拔頭 6-448B
bǎtóu 把頭 6-425A
bātóutànnǎo 巴頭探腦 4-76B
bātū 拔突 6-445B
bàtú 霸圖 11-733B
bàtú 伯啚 1-1266A
bàtú 伯圖 1-1267A
bátuǐ 拔腿 6-447B
bàtuì 罷退 8-1042A
bātúlǔ 巴圖魯 4-76A
bātún 八屯 2-3A
bátuō 拔脫 6-446B
bāwài 八外 2-5A
bǎwán 把玩 6-422B
bǎwán 把翫 6-425A
bǎwàn 把腕 6-424B
bāwáng 八王 2-2B
bāwàng 巴望 4-75A
bàwáng 霸王 11-731A
bàwáng 伯王 1-1261B
bàwángbiān 霸王鞭 11-731B
bàwángtīng 霸王廳 11-731B
bāwángzhīluàn 八王之亂 2-3A
bāwànsìqiān 八萬四千 2-16B
bāwēi 八威 2-10B
bāwéi 八維 2-20A
bāwèi 八位 2-7A
báwěi 跋尾 10-440A
báwěi 癹骫 8-526B
báwěi 茷骫 9-380A
báwén 跋文 10-439B
bǎwěn 把穩 6-426A
bǎwò 把握 6-424A
bāwù 八物 2-8B
bǎwù 把晤 6-424A
bāxī 八夕 2-2B
bāxī 八溪 2-18B
bāxí 八襲 2-23B
bāxǐ 八璽 2-22A
bāxì 八郤 2-11B
báxī 跋膝 10-441B
báxǐ 拔徙 6-446B
bǎxì 把細 6-424A
bǎxì 把戲 6-425B
bǎxì [扌霸]戲 6-995B
bàxí 霸習 11-733A
bāxiā 扒瞎 6-338B
bāxiá 八遐 2-18A
bāxiá 巴峽 4-75A
bāxià [虫八]蝦 8-856B
bǎxià 把下 6-421A
bàxià 霸下 11-731A
bāxiàlǐ 八下裏 2-2A
bāxiān 八仙 2-4B
bāxiān 八鮮 2-21B
bāxián 八賢 2-20A
bāxiàn 八綫 2-20A
bāxiàn 八線 2-20B
bàxián 罷閒 8-1043A
bāxiāng 八鄉 2-16A

bāxiāng 八廂 2-17B
bāxiàng 八相 2-10A
bāxiàng 八象 2-16A
bǎxiāng 把箱 6-425A
bàxiàng 罷相 8-1042A
bàxiàng 霸相 11-732B
bāxiānguòhǎi 八仙過海 2-4B
bāxiàngzhùyì 八項注意 2-16A
bāxiánwáng 八賢王 2-20A
bāxiānzhuō 八仙桌 2-4B
bāxiào 八校 2-14A
báxiátóujǐng 拔轄投井 6-449A
bāxié 八邪 2-5B
báxiè 拔薤 6-448B
báxiè 跋躠 10-442A
bǎxiè 把蟹 6-426A
bàxiè 罷謝 8-1044A
bāxīhóu 巴西侯 4-74A
bǎxīn 靶心 12-189B
bàxīn 霸心 11-731B
báxīncǎo 拔心草 6-443A
bāxíng 八刑 2-5A
bāxíng 八行 2-5B
bāxíng 八陘 2-13B
bāxìng 八姓 2-9B
báxīng 拔興 6-449A
báxīnlǐngyì 拔新領異 6-447B
bàxiū 罷休 8-1041B
báxīzhuóxiàng 拔犀擢象 6-447B
bàxù 霸緒 11-734A
báxuǎn 拔選 6-448B
bàxué 罷學 8-1043B
bàyà 罷亞 8-1041B
bàyà 羅𥝩 7-1554B
bàyà 穲稏 8-161B
bàyà 耙稏 8-58A
bāyǎn 八演 2-20A
bāyángjīng 八陽經 2-16A
bāyánshī 八言詩 2-7B
bāyào 八要 2-10B
bàyè 罷業 8-1043A
bàyè 霸業 11-733B
bàyè 伯業 1-1267A
bāyī 巴依 4-74B
bāyí 八姨 2-13B
bāyì 八佾 2-8B
bāyì 八溢 2-18B
bāyì 八裔 2-18B
bāyì 八翼 2-21B
bāyì 八譯 2-23A
bāyì 八議 2-23A
báyǐ 犮乙 5-3B
báyì 拔意 6-447B
bàyì 罷議 8-1044A
bāyījiànjūnjié 八一建軍節 2-1A
bāyīmiàn 八一麵 2-1A
bāyīn 八音 2-12A
bāyín 八吟 2-7A
bāyín 八垠 2-10A
bāyín 八寅 2-16A
bāyín 八夤 2-19B
bāyín 八殥 2-20B
báyìn 跋印 10-439B
bāyīn'èmì 八音遏密 2-12B
bāyíng 八瀛 2-22B
báyíng 拔營 6-449A
bāyīnhézi 八音盒子 2-12B
bāyīnhuì 八音會 2-12B
bāyīnliánhuān 八音聯歡 2-12B
bāyīnlǐngxiù 八音領袖 2-12B
bāyīnqín 八音琴 2-12B
bāyīnshǒuqiāng 八音手槍 2-12B
bāyīnxiá 八音匣 2-12B
bāyīnxiǎng 八音響 2-12B
bāyīnzǐ 八音子 2-12B
bāyītōngfěn 八一通粉 2-1A
bāyǒng 八詠 2-17B
báyòng 拔用 6-443B
bāyǒnglóu 八詠樓 2-17B
bāyǒngshī 八詠詩 2-17B
bāyōu 八幽 2-11B
bāyǒu 八友 2-3A
bāyǒu 八牖 2-20B
bāyòu 八宥 2-13A
báyóu 拔尤 6-443A
bāyú 八隅 2-16A
bāyú 八嵎 2-17A
bāyú 八虞 2-18A
bāyú 巴渝 4-75B
bāyú 巴俞 4-74B
bāyú 巴歈 4-76A
bāyǔ 八宇 2-6A
bāyǔ 八羽 2-6B
bāyǔ 八寓 2-17B
báyǔ 跋語 10-441B
báyù 魃蜮 12-467B
bǎyǔ 把與 6-425A
bāyuán 八元 2-3A
báyuán 跋援 10-441B
báyuè 跋踰 10-442A
báyuè 跋越 10-441A
bāyuèchá 八月槎 2-4A
bāyuèchūn 八月春 2-4A
bāyuèhuáng 八月黄 2-4A
bāyuèjié 八月節 2-4A
bāyúgē 巴渝歌 4-75B
bāyùnshī 八韻詩 2-22B
bāyúwǔ 巴渝舞 4-76A
bāzā 巴扎 4-73B
bāzā 吧咂 3-250A
bāzé 八則 2-11A
bāzé 八澤 2-21A
bāzhā 吧喳 3-250A
bāzhǎ 犯鮓 5-27A
bāzhà 八蜡 2-19A
bāzhà 虮蜡 8-856B
bāzhà 虮蚱 8-856B
bǎzhǎ 把鮓 6-425A
bázhái 拔宅 6-444A
bázhài 拔砦 6-446B
bázhài 拔寨 6-448A
bázhāifēishēng 拔宅飛昇 6-444A
bázhāishàngshēng 拔宅上昇 6-444A
bǎzhǎn 把醆 6-425A
bǎzhǎn 把盞 6-425A
bǎzhǎn 把醆 6-425A
bàzhàn 罷戰 8-1043B
bàzhàn 霸占 11-731B
bàzhàn 霸佔 11-732A
bāzhang 把掌 6-424B
bāzhǎng 巴掌 4-75B
bāzhào 八詔 2-17B
bázhǎo 拔爪 6-443A
bázhǎoduǎnchóu 拔着短籌 6-446B
bázhàoqí 拔趙旗 6-448A
bázhàoyìhàn 拔趙易漢 6-448A
bázhàozhì 拔趙幟 6-448A
bázhàozhìlìchìzhì 拔趙幟立赤幟 6-448A
bázhàozhìyìhànzhì 拔趙幟易漢幟 6-448A
bāzhàshén 八蜡神 2-19A
bāzhàxiùcái 虮蚱秀才 8-856B
bázhē 跋遮 10-441B
bàzhě 伯者 1-1264A
bāzhēn 八珍 2-9B
bāzhèn 八陳 2-15A
bāzhèn 八陣 2-13A
bāzhèn 八鎮 2-21B
bāzhènfǎ 八陣法 2-13A
bāzhēng 八徵 2-20B
bāzhèng 八正 2-4A
bāzhèng 八政 2-9B
bāzhèng 八證 2-22A
bázhěng 拔拯 6-445A
bàzhèng 罷政 8-1042A
bàzhèng 霸政 11-732B
bāzhèngdào 八正道 2-4B
bāzhèntú 八陣圖 2-13A
bāzhēnyùshí 八珍玉食 2-9B
bāzhēnzhǔrén 八珍主人 2-9B
bāzhí 八職 2-21B
bāzhǐ 八枳 2-10A
bāzhì 八帙 2-8B
bāzhì 八秩 2-14A
bāzhì 八袠 2-16A
bázhì 拔置 6-447B
bázhì 拔滯 6-448A
bázhì 拔幟 6-448B
bázhì 跋識 10-442A
bázhì 跋陟 10-440A
bázhì 跋滯 10-441B
bázhì 跋疐 10-441B
bázhì 跋疐 10-441B
bázhì 跋躓 10-442A
bàzhí 罷直 8-1042A
bàzhí 罷職 8-1044A
bàzhǐ 罷止 8-1040B
bàzhì 罷秩 8-1042B
bàzhì 羅雉 7-1554B
bázhìshùzhì 拔幟樹幟 6-448B
bāzhōu 八州 2-6A
bázhóufǎ 拔軸法 6-447A
bāzhú 笆竹 8-1116A
bāzhù 八柱 2-10A
bázhú 跋燭 10-442A
bǎzhù 把住 6-422B
bàzhú 罷逐 8-1042B
bàzhǔ 霸主 11-732A
bàzhǔ 伯主 1-1262B
bàzhù 罷筯 8-1043A
bàzhù 罷箸 8-1043B
bāzhuān 八磚 2-20B
bāzhuānxuéshì 八塼學士 2-19A
bāzhuānxuéshì 八磚學士 2-20B
bāzhùguó 八柱國 2-10B
bázhuó 拔擢 6-449A
bǎzhuō 把捉 6-423B
bāzhūqián 八銖錢 2-19B
bázhúzhīzī 跋燭之咨 10-442A
bāzǐ 八子 2-2B
bāzǐ 巴子 4-73A
bāzǐ 䞴子 10-62B
bāzì 八字 2-6A
bāzì 巴字 4-74B
bāzi 把子 6-421B
bǎzi 靶子 12-189A
bàzi 把子 6-422A
bàzi 壩子 2-1244B
bāzìbù 八字步 2-6B
bāzìdǎkāi 八字打開 2-6A
bāzìfān 八字帆 2-6A
bāzǐguó 巴子國 4-73B
bāzìháiméiyǒu… 八字還没有一撇 2-6B
bāzìhú 八字鬍 2-6B
bāzìjiǎo 八字脚 2-6B
bāzìjūn 八字軍 2-6B
bāzìméi 八字眉 2-6B
bāzìméijiànyīpiě 八字没見一撇 2-6B
bāzìménlóu 八字門樓 2-6B
bāzìtiě 八字帖 2-6B
bāzìxíngchuán 八字行船 2-6B
bāzìxū 八字鬚 2-6B
bāzìyáshū 八字牙梳 2-6A
bǎzǒng 把總 6-425B
bāzōu 八騶 2-22B
bāzú 八族 2-16A
bázú 拔足 6-444B
bázú 跋足 10-440A
bàzǔ 霸祖 11-732B
bázuǐ 跋嘴 10-441B
bāzuò 八坐 2-7A
bāzuò 八座 2-14B
bǎzuò 把作 6-422B

bǎzuò 把做 6-424A
bǎzuòshàngshū 八座尚書 2-14B
bèi'ā 倍阿 1-1516A
bēi'āi 悲哀 7-570A
bēi'ài 卑隘 1-874A
bèi'ān 鞁鞍 12-191B
bèi'àn 備案 1-1594B
bèi'ānkù 備安庫 1-1593A
bèi'ānqián 備安錢 1-1593A
bèi'àntóumíng 背暗投明 6-1230A
bèi'ào 悖傲 7-537B
bèi'ào 悖慠 7-537B
bèi'ào 悖驁 7-538A
bèi'àomèizào 背奥媚竈 6-1229A
bèibǎi 倍百 1-1515B
bèibǎixìng 備百姓 1-1592B
bēibǎn 碑板 7-1058A
bēibǎn 碑版 7-1058A
bèibǎn 被板 9-57A
bèibàn 倍半 1-1515B
bèibàn 備辦 1-1596B
bēibǎng 碑榜 7-1059A
bēibǎng 碑牓 7-1059B
bèibǎng 背榜 6-1230B
běibǎng 北榜 2-204A
bèibǎng 背綁 6-1229B
bèibǎng 備榜 1-1595B
běibànqiú 北半球 2-193A
bèibāo 背包 6-1225A
bèibào 悖暴 7-537B
bèibào 誖暴 11-220B
bèibāofu 背包袱 6-1225A
bēibēi 卑卑 1-871A
běibèi 北貝 2-194B
bèibèi 悖悖 7-537A
bèibèi 輩輩 9-1285A
bèibèi 鮊鮊 12-1205B
bèibèi 颰颰 12-637A
bēibēibùzúdào 卑卑不足道 1-871A
bèibēifùjú 背碑覆局 6-1230A
běibēinántiè 北碑南帖 2-203B
bēibēiqièqiè 悲悲切切 7-572A
bēibēiqīqī 悲悲戚戚 7-572A
bēiběn 碑本 7-1057B
bèiběn 背本 6-1225A
bèiběn 倍本 1-1515B
bèiběnjiùmò 背本就末 6-1225A
bèiběnqūmò 背本趨末 6-1225A
bēibǐ 卑鄙 1-874A
bēibì 卑庳 1-873B
bēibì 卑弊 1-875A
bēibì 杯幣 4-813A
běibǐ 北鄙 2-203B
bèibì 貝幣 10-46B
bēibiān 卑籩 1-876A
bēibiān 卑匾 1-875B
bēibiàn 卑弁 1-870A
běibiān 北邊 2-205B
bèibiān 貝編 10-47A
bèibiān 備邊 1-1596B
bēibiǎo 碑表 7-1058A
bèibiǎo 褙褾 9-112A
bèibīng 被兵 9-57A
bèibīng 備兵 1-1593A
bèibìng 被病 9-58A
běibīngyáng 北冰洋 2-194A
bēibǐwòchuò 卑鄙齷齪 1-874A
bēibǐwúchǐ 卑鄙無耻 1-874A
běibǐzhīshēng 北鄙之聲 2-203B
běibǐzhīyīn 北鄙之音 2-203B
bēibō 悲剝 7-571A
bēibó 卑薄 1-875A
běibó 北亳 2-199B
bēibù 悲怖 7-569B
běibù 北部 2-200A
bèibuzhù 備不住 1-1592B
bèibúzhù 背不住 6-1224A
bēibùzìshèng 悲不自勝 7-568A
bēibùzúdào 卑不足道 1-870A
bēicái 碑材 7-1058A
bèicái 貝財 10-46A
bēicǎn 悲慘 7-573B
bēicǎn 悲憯 7-574B
bèicān 被參 9-59A
bèicān 鋇餐 11-1299A
bèicáng 備藏 1-1596B
běicáo 北曹 2-201A
bèicáopāofèn 背槽拋糞 6-1231A
bēicè 悲惻 7-572B
bēichà 悲詫 7-573A
bèichā 倍差 1-1516A
bèichá 備查 1-1594A
bèichá 焙茶 7-95A
bèichà 倍差 1-1516A
bēichǎn 卑諂 1-875A
bēicháng 悲腸 7-573A
bēichàng 悲悵 7-571B
bèicháng 倍常 1-1516A
bèicháng 倍償 1-1517A
bèicháng 備嘗 1-1595B
bèichǎng 背場 6-1229A
běicháo 北朝 2-202A
běichén 北辰 2-194B
bèichén 背臣 6-1225B
bèichén 備陳 1-1594B
bèichèn 背襯 6-1232A
bēichēng 卑稱 1-875A
bèichēng 倍稱 1-1517A
bèichéng 貝城 10-45B
bèichéng 背城 6-1226A
bèichéng 倍程 1-1516B
bèichéngjièyī 背城借一 6-1226A
bèichéngyìzhàn 背城一戰 6-1226A
bēichí 陂池 11-958B
bēichí 杯池 4-812A
bēichí 波池 5-1117A
bēichǐ 悲恥 7-570B
bèichí 背肶 6-1228B
bèichí 背馳 6-1229B
bèichí 被池 9-56B
bèichǐ 貝齒 10-46B
bèichǒngruòjīng 被寵若驚 9-61A
bēichóu 悲愁 7-573A
bēichǔ 悲楚 7-572B
běichǔ 北楚 2-203B
bèichū 被出 9-56B
bèichū 輩出 9-1285A
bèichǔ 倍處 1-1516A
bèichù 背處 6-1228B
bèichuǎn 憊喘 7-721B
bēichuàng 悲愴 7-573A
bèichuāng 被創 9-59A
běichuí 北垂 2-195B
běichuí 北陲 2-201A
bēicī 卑疵 1-873B
bēicí 卑詞 1-874A
bēicí 卑辭 1-875B
bèicí 被辭 9-61A
bēicíhòubì 卑辭厚幣 1-876A
bēicíhòulǐ 卑辭厚禮 1-876A
bēicízhòngbì 卑辭重幣 1-876A
bēicóngzhōnglái 悲從中來 7-571A
bēicù 卑促 1-872A
bēicù 悲促 7-569B
bēicù 悲蹙 7-575A
bēicuī 悲摧 7-573A
bēicuì 悲悴 7-571B
bēicuì 悲瘁 7-573A
bēicuì 悲顇 7-575A
běicuì 北毳 2-203A
bèicuò 貝錯 10-47A
bēidá 悲怛 7-569B
bèidā 背褡 6-1231A
bèidā 褙褡 9-112A
běidàhuāng 北大荒 2-192A
bēidài 陂埭 11-959A
bèidài 背帶 6-1228B
bèidài 貝帶 10-46A
bèidài 背袋 6-1228B
bèidài 倍貸 1-1516B
bèidài 被袋 9-58B
bēidàn 悲旦 7-568B
bèidān 被單 9-59A
bèidàn 背誕 6-1230A
bēidàng 陂蕩 11-959B
bēidào 悲悼 7-571B
běidào 北道 2-203A
bèidào 背道 6-1229B
bèidào 倍道 1-1516B
bèidào 備道 1-1595B
bèidào'érchí 背道而馳 6-1229B
běidàozhǔrén 北道主人 2-203A
bèidāzi 背褡子 6-1231A
bèidāzi 被搭子 9-59A
bèidé 背德 6-1231A
bèidé 倍德 1-1517A
bèidé 誖德 11-220B
běidí 北狄 2-195A
běidí 北翟 2-204B
běidì 北地 2-193B
běidì 北帝 2-198B
běidì 北第 2-201B
bèidí 背敵 6-1231A
bèidì 背地 6-1225A
bēidiàn 陂淀 11-959A
bèidiǎn 貝典 10-45B
bèidiāo 貝雕 10-47A
bēidié 悲惵 7-572B
bèidié 貝氎 10-47B
bèidìlǐ 背地裏 6-1225B
bèidǐyuānyāng 被底鴛鴦 9-57B
bēidòng 碑洞 7-1058B
bèidòng 被動 9-58B
bēidōngmén 悲東門 7-569A
běidǒu 北斗 2-192B
bèidōu 背兜 6-1228B
bèidōu 背篼 6-1231B
bèidǒu 背斗 6-1224B
běidǒuxīng 北斗星 2-192B
bēidù 杯渡 4-813A
běidū 北都 2-199B
bèidú 倍讀 1-1517B
bēiduān 悲端 7-573B
bèiduō 貝多 10-45A
bèiduō 倍多 1-1515B
bèiduōjīng 貝多經 10-45B
bèiduōluó 貝多羅 10-45B
bèiduōyè 貝多葉 10-45A
bèiduōyèshū 貝多葉书 10-45B
bēidùsōng 杯渡松 4-813A
bēi'é 碑額 7-1059B
bēi'è 陂遏 11-959A
bēi'è 陂堨 11-959A
bèi'è 悖惡 7-537A
bèi'ēn 背恩 6-1227B
bèi'ēnfùyì 背恩負義 6-1227B
bèi'ēnqìyì 背恩弃義 6-1227B
bèi'ēnqìyì 背恩棄義 6-1227B
bèi'ēnwàngyì 背恩忘義 6-1227B
bèi'ěr 背珥 6-1227B
bèi'èr 背貳 6-1228B
bèi'èr 倍貳 1-1516B
běifā 北發 2-203B
běifá 北伐 2-194A

běifájūn 北伐軍 2-194A
bēifán 悲煩 7-573A
běifān 北番 2-203A
běifān 北蕃 2-204B
bèifǎn 背反 6-1224B
bèifǎn 倍反 1-1515B
bèifàn 貝梵 10-46A
běifāng 北方 2-192B
běifáng 北房 2-197A
bèifáng 備防 1-1593A
běifānghuà 北方話 2-192B
bēifēi 卑飛 1-872A
bēifěi 卑菲 1-873A
běifēi 北非 2-195A
běifēi 北扉 2-203A
bēifèn 悲忿 7-569A
bēifèn 悲憤 7-574A
bèifěn 焙粉 7-95A
bèifèn 備份 1-1593A
bèifèn 輩分 9-1284B
bèifèn 輩份 9-1285A
bēifēng 悲風 7-569B
běifēng 北風 2-198A
běifēng 北酆 2-206A
bèifēng 背風 6-1227A
bèifēng 被風 9-58A
bèifěng 倍諷 1-1517A
běifēngxíng 北風行 2-198A
bèiféngyìn 背縫印 6-1231B
běifēngzhīliàn 北風之戀 2-198A
bēifèntiányīng 悲憤填膺 7-574A
bēifū 碑趺 7-1059A
bēifú 卑伏 1-870B
bēifú 卑服 1-871B
bēifú 悲夫 7-568A
bēifú 杯浮 4-903A
bēifǔ 卑俯 1-872B
bēifù 背負 6-1227A
běifǔ 北府 2-196A
běifù 北阜 2-195B
bèifú 被服 9-57B
bèifú 被襆 9-60B
bèifù 背負 6-1227A
bèifù 被覆 9-60B
běifǔbīng 北府兵 2-196B
bèifùshòudí 背腹受敵 6-1230A
bèigāi 備該 1-1595B
bèigài 被蓋 9-59A
bèigālá'er 背旮旯兒 6-1225B
bēigān 椑乾 4-1119A
bēigǎn 悲感 7-572B
bèigào 被告 9-57A
bèigàorén 被告人 9-57A
bēigē 悲歌 7-573A
běigē 北歌 2-204A
bēigējīzhú 悲歌擊筑 7-573B
bèigēlázi 背肐拉子 6-1226A
bēigěng 悲哽 7-570B
bēigěng 悲梗 7-571A
bèigēng 備耕 1-1594B
bēigēngzhīràng 杯羹之讓 4-813B
bēigēyìshuǐ 悲歌易水 7-573B
bēigōng 卑宮 1-872A
bēigōng 卑恭 1-872B
bēigōng 卑躬 1-872B
bēigōng 碑工 7-1057B
běigōng 北宮 2-199A
bèigōng 貝宮 10-46A
bèigōng 背工 6-1224A
bèigōng 背弓 6-1224A
bèigōng 背公 6-1224B
bèigōng 背躬 6-1228A
bèigōng 倍功 1-1515B
bēigōngfēishí 卑宮菲食 1-872A
bēigōngjiāocuò 杯觥交錯 4-813A
bēigōngjiāozá 盃觥交雜 7-1416A
bēigōngqūjié 卑躬屈節 1-872B
bēigōngqūxī 卑躬屈膝 1-872B
bēigōngshéyǐng 杯弓蛇影 4-811A
bēigōngshéyǐng 盃弓蛇影 7-1415B
bēigōngshìhǔ 杯弓市虎 4-811A
bèigōngxiàngsī 背公向私 6-1224B
bèigōngyíngsī 背公營私 6-1224B
běigōngzǐ 北宮子 2-199A
bēigōu 陂溝 11-959B
bēigǔ 悲谷 7-569A
běigù 北固 2-195B
běigù 北顧 2-206A
bèigū 備辜 1-1595A
bèigǔ 貝賈 10-46B
bèigù 備固 1-1594A
běiguā 北瓜 2-193A
bèiguāi 誖乖 11-220A
bēiguān 陂官 11-959A
bēiguān 卑官 1-871B
bēiguān 悲觀 7-575B
bèiguān 備官 1-1594A
bèiguāng 背光 6-1225B
bèiguāngxìng 背光性 6-1225B
běigùlóu 北固樓 2-195B
bēiguō 背鍋 6-1231B
bēiguó 卑國 1-873A
běiguō 北郭 2-199B
běiguó 北國 2-201B
bèiguòqì 背過氣 6-1228B
běiguōshíyǒu 北郭十友 2-199B
běiguōxiānshēng 北郭先生 2-199B
bēihǎi 陂海 11-959A
běihǎi 北海 2-200A
bèihài 被害 9-58A
běihǎishù 北海術 2-200B
běihǎizūn 北海尊 2-200B
běihǎizūn 北海樽 2-200B
bēihàn 悲憾 7-574B
bèihán 貝函 10-45B
bèihàn 悖悍 7-537A
bèihàn 被旱 9-57A
bèihàn 誖悍 11-220A
bēiháng 卑行 1-870B
bèiháng 輩行 9-1285A
bēiháo 悲號 7-572B
bēihào 卑號 1-874B
běihé 北河 2-196B
běihé 北貉 2-204A
bēihēiguō 背黑鍋 6-1229A
bēihèn 悲恨 7-570A
běihóng 北紘 2-201A
bèihōng 焙烘 7-95A
bèihòu 背後 6-1226B
bèihòu 備厚 1-1594A
bēihú 陂湖 11-959A
bēihù 卑扈 1-873B
běihù 北户 2-192B
bèihuā 背花 6-1225B
bēihuái 悲懷 7-575A
bèihuài 背壞 6-1231B
bèihuài 憊壞 7-722A
bēihuān 悲懽 7-575A
bēihuān 悲歡 7-575A
bēihuān 悲讙 7-575B
běihuàn 北煥 2-201B
bèihuán 倍還 1-1517A
bèihuàn 備患 1-1595A
bēihuāng 悲荒 7-569B
bēihuáng 陂潢 11-959B
bēihuáng 悲惶 7-572B
běihuāng 北荒 2-197B
bèihuāng 備荒 1-1594A
bēihuángquǎn 悲黃犬 7-571A
bēihuānlíhé 悲歡離合 7-575A
bēihúbǐngliàng 陂湖禀量 11-959A
bēihuǐ 悲悔 7-571A
bēihuì 悲恚 7-570A
bèihuǐ 背悔 6-1228A
bèihuǐ 背毀 6-1230A
bèihuǐ 悖悔 7-537A
bèihuì 背晦 6-1228B
bèihuì 背會 6-1230A
bèihuì 悖晦 7-537A
bèihuì 誖晦 11-220A
bèihuì 孛彗 4-202B
bèihuìshíyán 背惠食言 6-1229A
běihuò 北貨 2-201B
bèihuǒ 被火 9-56A
bèihuǒ 備火 1-1592B
bèihuǒ 焙火 7-95A
bèihuò 貝貨 10-46A
bèihuò 悖惑 7-537A
bèihuò 被禍 9-59A
bēijī 悲激 7-574B
bēijì 悲寂 7-571B
bēijì 悲悸 7-571B
bēijì 碑記 7-1058B
běijí 北極 2-202A
běijì 北際 2-204B
bèijī 貝璣 10-47A
bèijí 背集 6-1229A
bèijí 倍極 1-1516B
bèijí 被疾 9-58A
bèijí 備極 1-1595A
bèijǐ 背脊 6-1228A
bēijiā 悲笳 7-571A
bēijiá 鵯鶋 12-1123B
bēijiǎ 杯斝 4-812B
bēijiǎ 盃斝 7-1416A
bèijiā 貝夾 10-45B
bèijiā 倍加 1-1515B
bèijiǎ 貝甲 10-45A
bèijiǎ 被假 9-58B
bèijià 倍價 1-1517A
bèijià 備價 1-1596A
bēijiàn 卑賤 1-875A
bēijiàn 悲健 7-570B
běijiàn 北監 2-204A
běijiàn 北澗 2-204B
bèijiān 倍奸 1-1515B
bèijiǎn 背剪 6-1228B
bèijiǎn 焙薑 7-95A
bèijiàn 貝檻 10-47A
bèijiàn 備件 1-1593A
bēijiàng 碑匠 7-1057B
běijiāng 北江 2-194B
běijiāng 北疆 2-206A
bèijiàng 背匠 6-1225B
bēijiǎo 卑脚 1-873A
bēijiǎo 悲角 7-569A
bēijiào 杯筊 4-813A
bēijiào 杯珓 4-812A
bēijiào 盃珓 7-1415B
bēijiào 柸筊 4-903A
bēijiào 柸珓 4-903A
bēijiào 柸校 4-903A
běijiāo 北郊 2-196B
běijiǎo 北徼 2-205A
bēijiào'er 碑珓兒 7-1058B
bēijiáyǔ 鵯鶋雨 12-1123B
bēijiē 悲嗟 7-572A
bēijié 碑碣 7-1059A
bēijiè 悲唶 7-571A
bèijiē 背街 6-1229B
bèijié 被節 9-59B
bèijié 憊竭 7-722A
bèijiè 備戒 1-1593A
bèijiè 備誡 1-1595B
běijíguāng 北極光 2-202B
bēijìn 陂寖 11-959B
bēijìn 卑近 1-871A
běijīn 北津 2-199A
bèijīn 憊衿 7-721B
bèijǐn 貝錦 10-47A
bèijìn 備盡 1-1596A
běijīng 北京 2-195B
běijìng 北境 2-204B

bèijīng 貝經 10-46B
bèijīng 倍經 1-1516B
bèijǐng 背景 6-1229A
bèijǐng 備警 1-1596B
bèijìng 背境 6-1230B
bèijìng 背静 6-1230B
bèijǐnglíxiāng 背井離鄉 6-1224A
běijīngrén 北京人 2-196A
běijīngshì 北京市 2-196A
běijīngshíjiān 北京時間 2-196A
běijīngyā 北京鴨 2-196A
běijīngyuánrén 北京猿人 2-196A
běijíquān 北極圈 2-202B
bēijiǔ 杯灸 4-812A
bēijiǔ 盃酒 7-1416A
bēijiù 悲疚 7-569A
bèijiū 備究 1-1593B
bèijiǔ 被酒 9-58A
bēijiǔgēmáo 杯酒戈矛 4-812B
bèijiǔjiāng 備酒漿 1-1594B
bēijiǔjiāohǎo 杯酒交好 4-812B
bēijiǔjiěyuàn 盃酒解怨 7-1416A
bēijiǔshìbīngquán 杯酒釋兵權 4-812B
bēijiǔyánhuān 杯酒言歡 4-812B
běijíxīng 北極星 2-202B
běijíxióng 北極熊 2-202B
bēijū 卑居 1-871B
bēijū 鵯鶋 12-1123B
bēijú 卑局 1-871A
bēijù 卑劇 1-875A
bēijù 悲劇 7-574A
bèijǔ 備舉 1-1596B
bèijù 被具 9-57A
bèijù 備具 1-1593B
běijuàn 北卷 2-196B
bèijuǎn 被捲 9-58B
bèijuàn 憊倦 7-721B
bēijué 鵯鴂 12-1123B
bèijué 背譎 6-1231B
bèijué 背鐍 6-1232A
bèijué 背璚 6-1231A
bèijué 背穴 6-1225A
bèijué 倍譎 1-1517A
běijūn 北君 2-195A
běijūn 北軍 2-199A
bèijūn 背軍 6-1227A
bēikǎi 悲慨 7-572B
bēikài 悲嘅 7-572A
bèikǎo 備攷 1-1593A
bèikǎo 備考 1-1592B
bèikàobèi 背靠背 6-1231A
bēikè 碑刻 7-1058B
bèiké 貝殼 10-46A
bèikè 備恪 1-1594B
bèikè 備課 1-1596A
bēikěn 悲懇 7-574B
bēikǒng 悲恐 7-570B
bēikū 悲哭 7-570B
bēikǔ 悲苦 7-569A
bēikù 悲酷 7-573B
bèikuáng 悖狂 7-536B
bēikùn 卑困 1-870B
bèilā 背拉 6-1226A
běilài 北籟 2-206A
bèilài 憊賴 7-722A
bèilài 憊懶 7-722A
bēilán 箄籃 8-1197B
bèilǎn 備覽 1-1597A
bèilǎn 憊懶 7-722A
běiláng 北廊 2-201B
bèiláo 憊勞 7-721B
bèilǎo 憊老 7-721B
bèilè 貝勒 10-46A
bèilè 鞴勒 12-211A
bēilěi 碑誄 7-1059A
bēilei 悲淚 7-571A
bēilèi 碑淚 7-1059A
bèiléi 琲瓃 4-592A
bèilěi 被壘 9-60B
bèilěi 碚礧 7-1063B
bèilěi 碚磊 7-1063B
bèilěi 蓓蕾 9-504A
bèilěi 蓓藟 9-504A
bèilěi 蓓蕾 9-530B
bèilèi 輩類 9-1285B
bēilì 陂吏 11-958B
bēilì 卑立 1-870A
bēilì 卑吏 1-870B
bēilì 悲栗 7-570B
bēilì 悲慄 7-573A
bēilì 悲篥 7-574B
bèilì 背利 6-1226A
běilǐ 北里 2-194B
bèilí 背離 6-1231B
bèilǐ 背理 6-1228A
bèilǐ 背禮 6-1231B
bèilǐ 備禮 1-1596B
bèilì 背立 6-1225A
bèilì 背戾 6-1226A
bèilì 倍利 1-1515B
bèilì 悖戾 7-536B
bèilì 悖盭 7-538A
bèilì 備利 1-1593A
bèilì 孛戾 4-202B
bèilì 孛沴 4-202A
bèilì 佛戾 7-482B
bēilián 悲憐 7-574B
bēiliàn 悲戀 7-575A
bēiliáng 卑梁 1-873B
bēiliáng 悲涼 7-570B
bēiliáng 悲凉 7-571A
bēiliàng 陂量 11-959A
běiliáng 北梁 2-202A
bēiliánggōng 悲良弓 7-569A
bèiliào 備料 1-1594B
bēiliè 卑劣 1-870B
bèiliè 備列 1-1592B
bēilǐhòubì 卑禮厚幣 1-875B
bēilín 碑林 7-1058A
běilín 北林 2-195A
běilín 北鄰 2-204A
bèilín 背臨 6-1231B
bēilíndí 悲鄰笛 7-573B
běilíng 北陵 2-200B
bèiliū 背溜 6-1230B
bèiliú 背流 6-1228A
bèiliú 輩流 9-1285A
bēilǒng 碑壠 7-1059B
bèilóng 被籠 9-61B
bēilóu 杯樓 4-813A
bēilòu 卑陋 1-871B
bèilǒu 背簍 6-1231B
bēilù 陂路 11-959B
běilǔ 北虜 2-203B
běilù 北陸 2-200B
běilù 北路 2-203B
bèilú 被爐 9-61A
bèilù 貝輅 10-46B
bèilù 倍祿 1-1516B
bèilù 備錄 1-1596B
bēiluàn 卑亂 1-874B
bèiluàn 背亂 6-1230A
bèiluàn 悖亂 7-537B
bèiluàn 誖亂 11-220B
bēiluánshàn 悲鸞扇 7-575B
bèilùn 倍論 1-1517A
bèilùn 備論 1-1596A
bèilùn 誖論 11-220B
bèilùnrén 被論人 9-60A
bēiluó 杯螺 4-813B
běiluò 北落 2-202A
běiluófēng 北羅酆 2-205B
běiluòshīmén 北落師門 2-202A
bēilùqí 悲路岐 7-572B
bēilùqióng 悲路窮 7-573A
běilùyú 北路魚 2-203B
bèilǚ 背僂 6-1230A
bèilǚ 背呂 6-1225B
bèilǚ 背膂 6-1230B
bèilǚ 備縷 1-1596B
bèilǚ 輩旅 9-1285A
bèilǜ 被律 9-58A
běimǎ 北馬 2-199B
bèimǎ 鞁馬 12-191B
bèimǎ 備馬 1-1594B
bèimǎ 鞴馬 12-211A
bèimǎn 被滿 9-59B
bèimàn 悖嫚 7-537B
bèimàn 悖慢 7-537B
bèimàn 誖謾 11-220B
běimáng 北邙 2-193A
běimáng 北芒 2-193B
běimángxíng 北邙行 2-193A
bèimào 悖冒 7-537A
bèimào 悖耄 7-537A
bèimào 被冒 9-57B
bèimào 誖眊 11-220A
bèiméi 背霉 6-1231A
bèiměi 備美 1-1594B
bēimèn 悲悶 7-572B
bēimèn 悲懣 7-575A
běimén 北門 2-197A
bèimèn 憊懣 7-722A
bèiméng 背盟 6-1230A
bèiméng 被蒙 9-59A
běiménguǎnyuè 北門管鑰 2-197B
běiménsuǒyuè 北門鎖鑰 2-197B
běiménxuéshì 北門學士 2-197B
běiménzhīguǎn 北門之管 2-197B
běiménzhījì 北門之寄 2-197B
bēimí 卑靡 1-876A
bèimì 拔密 6-447A
běimiàn 北面 2-197B
bèimiàn 貝面 10-45B
bèimiàn 背面 6-1226B
bèimiàn 被面 9-57B
běimiànguān 北面官 2-198A
bēimín 痺民 8-333B
bēimǐn 悲愍 7-573A
bēimǐn 悲憫 7-574B
běimǐn 北皿 2-193A
bèimín 備民 1-1592B
bēimíng 杯茗 4-812A
bēimíng 悲鳴 7-573B
bēimíng 碑銘 7-1059B
běimíng 北冥 2-200B
běimíng 北溟 2-204A
bèimíng 備名 1-1593A
bèimíng 焙茗 7-95A
bèimìng 被命 9-57A
bēimíngzhījìng 杯茗之敬 4-812A
bèimiù 背謬 6-1231B
bèimiù 悖謬 7-538A
bèimiù 誖繆 11-220B
bèimiù 誖謬 11-220B
bēimò 卑末 1-870A
bēimò 悲默 7-574B
bèimóu 悖繆 7-537B
bēimù 卑目 1-870A
bēimù 悲慕 7-573A
bèimǔ 貝母 10-45A
bēinǎn 卑湳 1-874A
bèinàn 被難 9-61A
bèináng 鞴囊 12-685A
bèináng 貝囊 10-47B
bèináng 背囊 6-1232A
bèináng 被囊 9-61A
bēináo 悲撓 7-574A
bēináo 悲橈 7-574B
bēinǎo 悲惱 7-572B
běináo 北撓 2-204B
běinèi 北内 2-192A
bēinì 卑閉 1-874B
bèinǐ 備擬 1-1596B
bèinì 背逆 6-1227A
bèinì 悖逆 7-537A
bèinì 誖逆 11-220A
bèinì 佛逆 7-482B
bèinián 倍年 1-1515B
bēiniè 卑孽 1-876A

bēinìng 卑佞 1-870B
běinóng 北儂 2-204B
bēinù 悲怒 7-570A
bèinú 憊駑 7-722A
bēinuò 卑懦 1-875B
bèinüè 悖虐 7-536B
běi'ōu 北歐 2-204B
bèi'ǒu 輩偶 9-1285A
bèi'ǒu 輩耦 9-1285A
bēipán 杯柈 4-812A
bēipán 杯盤 4-813A
bèipàn 背判 6-1226A
bèipàn 背叛 6-1227A
bèipàn 背畔 6-1227B
bèipàn 倍叛 1-1516A
bèipàn 倍畔 1-1516A
bèipàn 悖叛 7-537A
bèipàn 悖畔 7-537A
bēipánlángjí 杯盤狼籍 4-813A
bēipánlángjí 杯盤狼藉 4-813A
bēipánwǔ 杯柈舞 4-812A
bēipánwǔ 杯槃舞 4-813A
bèipéng 貝朋 10-45B
bèipéng 背蓬 6-1230A
bèipéng 背篷 6-1231B
bēipēnggǒu 悲烹狗 7-571A
bèipì 背僻 6-1231A
bēipiáo 杯瓢 4-813A
bèipǐn 備品 1-1594B
běipíng 北平 2-193A
bèipǔ 背譜 6-1231B
bēiqī 卑棲 1-873B
bēiqī 悲恓 7-570A
bēiqī 悲淒 7-570B
bēiqī 悲悽 7-571B
bēiqī 悲戚 7-571A
bēiqī 悲慽 7-573B
bēiqī 悲慼 7-574A
bēiqì 悲泣 7-569B
běiqí 北齊 2-204A
bèiqī 貝萋 10-46A
bèiqí 背鰭 6-1232A
bèiqǐ 輩起 9-1285A
bèiqì 背弃 6-1226A
bèiqì 背氣 6-1228A
bèiqì 背棄 6-1229B
bèiqì 倍棄 1-1516B
bēiqiān 卑謙 1-875B
bēiqiǎn 卑淺 1-873B
bèiqiánmianhòu 背前面後 6-1227A
bēiqiè 卑怯 1-871B
bēiqiè 悲切 7-568B
bèiqiè 倍切 1-1515A
bēiqièqiè 悲切切 7-568B
bèiqīn 被衾 9-58A
bēiqíng 悲情 7-571A
bèiqíng 倍情 1-1516B
bēiqiū 悲秋 7-569B
bèiqiū 貝丘 10-45A
bèiqiú 貝裘 10-46B
bēiqū 卑屈 1-871B
bēiqú 陂渠 11-959A
běiqǔ 北曲 2-194A
bèiqǔ 備取 1-1593B
bēiquān 杯圈 4-812B
bēiquān 杯棬 4-812B
bēiquán 悲泉 7-569B
běiquán 北泉 2-198A
běiquán 北拳 2-200A
bēiquè 碑闕 7-1059B
běiquē 北闕 2-205B
bèiquē 貝闕 10-47A
bèiquēzhūgōng 貝闕珠宮 10-47B
bèiqún 背羣 6-1230B
bèiqún 背群 6-1230B
bèiqún 輩羣 9-1285A
běiqúnkōng 北羣空 2-204A
bèiqūyāogōng 背曲腰躬 6-1225B
bèiqūyāowān 背曲腰彎 6-1225B
bēiràng 卑讓 1-876A
bēirǎnsī 悲染絲 7-570A
bēirén 卑人 1-869A
běirén 北人 2-191B
bèirén 背人 6-1224A
bèirén 焙人 7-95A
bèirèn 備任 1-1593A
bēiréng 陂艿 11-958B
bèirì 倍日 1-1515A
bèirìxìng 背日性 6-1224A
bēirǒng 卑宂 1-870A
bēirǒng 卑冗 1-870A
běiróng 北戎 2-193A
bēiróu 卑柔 1-872A
bēirǔ 卑辱 1-872B
bèirù 被褥 9-60A
běiruǎn 北阮 2-194B
bēiruò 卑弱 1-873A
bēisàng 悲喪 7-572A
bèisǎosǎ 備埽灑 1-1594B
bèisǎsǎo 備灑掃 1-1597A
bèisè 貝色 10-45B
bèisè 被色 9-56B
bèisè 憊色 7-721B
běishān 北山 2-192A
bèishàn 備善 1-1595A
bēishāng 杯觴 4-813B
bēishāng 盃觴 7-1416A
bēishāng 悲商 7-571A
bēishāng 悲傷 7-573A
běishàng 北上 2-192A
bèishǎng 倍賞 1-1517A
bèishàng 倍上 1-1515A
bèishānqǐlóu 背山起樓 6-1224A
běishānwén 北山文 2-192A
běishānyí 北山移 2-192A
běishānzhì 北山志 2-192A
bēisháo 杯杓 4-812A
bēisháo 杯勺 4-811A
bēishé 杯蛇 4-812B
bēishè 卑攝 1-876A
běishè 北社 2-195A
bèishè 備舍 1-1594A
bèishè 備設 1-1595A
bēishéguǐchē 杯蛇鬼車 4-812B
bēishéhuànyǐng 杯蛇幻影 4-812B
bēishēn 卑身 1-871A
bēishēn 悲呻 7-569A
bèishēn 背身 6-1226A
bèishēn 備身 1-1593B
bèishēndāo 備身刀 1-1593B
bēishēng 悲聲 7-574B
běishēng 北聲 2-205A
běishěng 北省 2-198A
bèishēng 被聲 9-60B
bèishèng 鞁乘 12-191B
bèishèng 備盛 1-1595A
bèishēng'ér 背生兒 6-1225A
bèishēngtàn 焙笙炭 7-95A
bēishēngzàidào 悲聲載道 7-574B
bēishēnjiàntǐ 卑身賤體 1-871A
bēishēnqūtǐ 卑身屈體 1-871A
bēishī 卑溼 1-874B
bēishī 卑濕 1-875B
bēishí 碑石 7-1057B
bēishì 卑室 1-872A
bēishì 卑視 1-873B
bēishì 椑柹 4-1119A
bēishì 椑柿 4-1119A
běishǐ 北使 2-195B
běishì 北室 2-199A
bèishī 邶詩 10-604B
bèishī 被施 9-58A
bèishí 背時 6-1227B
bèishí 倍時 1-1516A
bèishí 悖時 7-537A
bèishǐ 備史 1-1592B
bèishǐ 備使 1-1594A
bèishì 貝飾 10-46B
bèishì 背世 6-1225A
bèishì 背誓 6-1230B
bèishì 倍世 1-1515B
bèishì 備飾 1-1595B
bèishíguǐ 背時鬼 6-1227B
bēishǒu 碑首 7-1058B
bēishòu 碑獸 7-1059B
běishǒu 北首 2-198B
běishòu 北狩 2-198B
bèishōu 被收 9-56B
bèishǒu 背手 6-1224B
bèishǒu 備守 1-1593A
bèishòu 被受 9-57B
bēishǒudāo 卑手刀 1-870A
bēishù 卑庶 1-873A
bèishū 貝書 10-46A
bèishū 背書 6-1228A
bèishū 倍殊 1-1516A
bèishù 貝樹 10-47A
bèishù 背述 6-1226A
bèishù 備述 1-1593B
bèishù 備數 1-1596A
bèishù 輩數 9-1285A
bèishuài 倍率 1-1516A
bēishuǐ 杯水 4-811B
bèishuǐ 被水 9-56A
bèishuǐ 備水 1-1592B
bēishuǐchēxīn 杯水車薪 4-811B
bēishuǐhòu 杯水候 4-811B
bēishuǐlìsù 杯水粒粟 4-811B
bèishuǐyīzhàn 背水一戰 6-1224A
bēishuǐyúxīn 杯水輿薪 4-812A
bèishuǐzhàn 背水戰 6-1224B
bèishuǐzhàng 背水仗 6-1224B
bèishuǐzhèn 背水陳 6-1224B
bèishuǐzhèn 背水陣 6-1224B
bēishuǐzhījìng 杯水之敬 4-811B
bēishuǐzhīxiè 杯水之謝 4-811B
bēishùn 卑順 1-873B
běishuò 北朔 2-200A
bèishuō 備說 1-1595B
bēisī 卑虒 1-872B
bēisī 悲思 7-569B
bēisī 悲絲 7-572B
bēisī 悲嘶 7-574A
běisī 北司 2-193A
běisì 北寺 2-193B
bēisīrǎn 悲絲染 7-572B
běisìtǎ 北寺塔 2-193B
běisìyù 北寺獄 2-193B
bēisǒng 悲悚 7-570B
bēisòng 碑頌 7-1059A
běisòng 北宋 2-195A
bèisòng 背誦 6-1230B
bèisòng 倍誦 1-1517A
běisǒu 北叟 2-198A
běisǒushīmǎ 北叟失馬 2-198A
bēisú 卑俗 1-872A
bēisù 卑素 1-872B
bēisuān 悲酸 7-573B
bèisuān 棓酸 4-1121B
bēisuì 卑碎 1-874A
bèisǔn 憊損 7-722A
bēisuǒ 卑瑣 1-874B
bēisùsī 悲素絲 7-570A
bēità 碑拓 7-1058A
bèitǎ 貝塔 10-46A
bēitái 悲臺 7-573A
bèitāi 被胎 9-58A
bēitàn 悲嘆 7-573B
bēitàn 悲歎 7-574A
běitán 北壇 2-204B
bèitān 倍貪 1-1516A
bēitáng 陂塘 11-959A
bēitáng 碑堂 7-1059A
běitáng 北唐 2-199B
běitáng 北堂 2-201A

bēitángliǔ 陂塘柳 11-959B
běitángxuān 北堂萱 2-201B
bēitào 碑套 7-1058B
bèitào 被套 9-58A
bèitè 悖忒 7-536B
bēitī 卑匾 1-873B
bēití 悲啼 7-572A
bēitǐ 卑體 1-876A
bēitì 卑迖 1-870B
bēitì 悲涕 7-570B
bèitǐ 備體 1-1597A
bēitián 陂田 11-958B
bēitián 悲田 7-568B
bēitiānmǐnrén 悲天憫人
7-568A
bēitiányuàn 卑田院 1-870A
bēitiányuàn 悲田院 7-568B
bèitiáo 被條 9-58A
bēitiè 碑帖 7-1058A
bēitíng 碑亭 7-1058B
běitíng 北廷 2-194A
běitíng 北庭 2-198B
bèitīng 背廳 6-1232A
bēitōng 悲恫 7-570A
bēitòng 悲痛 7-572A
bēitòng 悲慟 7-573B
bèitǒng 被筒 9-59A
bèitǒng 被筩 9-59B
bèitóu 被頭 9-60B
běitǔ 北土 2-192A
bèituó 背駝 6-1231A
bēiwā 卑窪 1-875A
bēiwǎn 悲婉 7-571B
bēiwǎn 悲惋 7-571B
bèiwán 備完 1-1593B
bèiwàn 倍萬 1-1516B
bèiwǎng 悖惘 7-537A
bèiwàng 悖妄 7-536B
bèiwàng 備忘 1-1593B
bèiwànglù 備忘錄 1-1593B
bēiwánshàn 悲紈扇 7-570A
bēiwēi 卑微 1-874B
bēiwěi 卑猥 1-874A
bēiwèi 卑位 1-871A
běiwéi 北闈 2-205A
běiwěi 北緯 2-204B
běiwèi 北魏 2-205A
bèiwéi 背嵬 6-1226B
bèiwéi 背嵬 6-1229A
bèiwéi 背違 6-1229B
bèiwèi 備位 1-1593B
bèiwèi 備衛 1-1596A
bēiwén 悲文 7-568B
bēiwén 碑文 7-1057B
bèiwén 貝文 10-44B
bèiwén 背文 6-1224B
bèiwén 倍文 1-1515B
bèiwén 備文 1-1592B
bèiwén 備聞 1-1595B
bèiwèn 被問 9-58B
bèiwèn 備問 1-1595A
bēiwēng 悲翁 7-570B
bèiwō 被窩 9-59B
bèiwò 被臥 9-57A
bēiwū 卑汙 1-870B
bēiwū 卑污 1-870B
bēiwū 埤汙 2-1128B
bēiwǔ 卑侮 1-872A
bēiwǔ 悲憮 7-574B
běiwú 北吳 2-194B
bèiwǔ 悖牾 7-537A
bèiwǔ 備伍 1-1593A
bèiwǔ 佛忤 7-482B
bèiwù 備物 1-1594A
bēixī 悲惜 7-571B
bēixǐ 悲喜 7-572A
bēixì 卑細 1-873B
běixī 北溪 2-204A
běixǐ 北洗 2-199A
bèixī 倍息 1-1516A
bèixī 備悉 1-1595A
bèixí 備席 1-1594B
bèixǐ 倍灑 1-1517B
bèixǐ 倍徙 1-1516A
bèixǐ 倍屣 1-1517A
bèixǐ 倍蓰 1-1516B
bèixì 備細 1-1595A
bēixiá 卑狹 1-872B
bēixiá 埤狹 2-1128B
bēixià 卑下 1-869B
bēixià 痺下 8-333B
bēixián 盃銜 7-1416A
bēixián 悲絃 7-571B
bèixiǎn 悖險 7-537B
bèixiàn 倍羨 1-1516B
bēixiǎng 悲響 7-575A
bēixiàng 碑像 7-1059A
běixiāng 北鄉 2-202A
běixiàng 北鄉 2-202A
běixiàng 北嚮 2-205B
běixiàng 北向 2-194A
bèixiāng 背鄉 6-1228B
bèixiáng 備詳 1-1595B
bèixiàng 背鄉 6-1228B
bèixiàng 背向 6-1225B
bèixiàng 背巷 6-1226B
běixiànghù 北嚮户 2-205B
bèixiānglíjǐng 背鄉離井
6-1228B
bēixiǎo 卑小 1-869B
bēixiào 悲嘯 7-574B
bēixiè 卑屑 1-873A
bēixiè 卑褻 1-875B
bēixiè 萆薢 9-445A
bèixiécéng 背斜層 6-1228B
bēixièfù 悲謝傅 7-575A
bēixǐjiāojí 悲喜交集
7-572A
bēixǐjù 悲喜劇 7-572A
bēixīn 悲心 7-568B
bēixīn 悲忻 7-569A
bēixīn 悲辛 7-569A
bēixīn 悲欣 7-569A
bèixīn 背心 6-1224B
bèixīn 倍心 1-1515B
bèixìn 背信 6-1226B
bēixíng 杯行 4-812A
bèixīng 孛星 4-202B
bèixīng 茀星 9-357A
bèixíng 背行 6-1225B
bèixìng 背興 6-1231B
bèixìnqìyì 背信弃義
6-1226B
bèixiōng 背胸 6-1228A
běixiōngnú 北匈奴 2-194A
bēixiū 悲羞 7-570B
běixiù 北宿 2-202A
běixīxiāng 北西廂 2-193B
bēixù 陂畜 11-959A
bēixù 卑畜 1-873A
bēixù 悲緒 7-574A
bèixù 被絮 9-59A
bēixuàn 悲泫 7-569B
bèixuǎn 備選 1-1596A
bèixuǎnjǔquán 被選舉權
9-60B
bēixuē 卑削 1-872A
bēixué 碑學 7-1059B
bēixuè 杯血 4-812A
běixué 北學 2-204B
bèixué 輩學 9-1285B
bēixùn 卑遜 1-874B
běiyá 北衙 2-203B
bēiyǎn 陂渰 11-959A
bēiyàn 陂堰 11-959A
běiyān 北燕 2-204B
běiyán 北巖 2-206A
běiyàn 北雁 2-202B
bèiyán 貝筵 10-46B
bèiyán 倍言 1-1515B
bèiyán 悖言 7-536B
bèiyán 備言 1-1593B
bèiyǎn 背眼 6-1228B
běiyáng 北洋 2-199A
bèiyáng 萯陽 9-478A
běiyángjūnfá 北洋軍閥
2-199A
bèiyánluàncí 悖言亂辭
7-536B
bèiyào 備要 1-1594A
bèiyào 焙藥 7-95A
bēiyē 悲噎 7-574A
bēiyè 悲咽 7-569B
bèiyè 貝葉 10-46A
bèiyègōng 貝葉宮 10-46B
bèiyèjì 貝葉偈 10-46B
bèiyèjīng 貝葉經 10-46B
bèiyèpiān 貝葉篇 10-46B
bèiyèshū 貝葉書 10-46B
bèiyèwén 貝葉文 10-46A
bēiyì 卑抑 1-870B
bēiyì 卑意 1-874B
bēiyì 悲抑 7-568B
bēiyì 悲悒 7-571A
běiyí 北夷 2-193B
běiyì 北裔 2-204A
bèiyī 倍依 1-1516A
bèiyī 背依 6-1226A
bèiyì 悖異 7-537A
bèiyì 佛異 7-482B
bèiyìfù'ēn 背義負恩
6-1230B
bèiyìfùxìn 背義負信
6-1230B
bēiyīn 悲音 7-570A
bēiyīn 碑陰 7-1058B
bēiyín 悲吟 7-569A
bēiyǐn 卑隱 1-875B
běiyīn 北音 2-198B
běiyīn 北殷 2-199B
běiyīn 北陰 2-201A
bèiyīn 背陰 6-1228A
bēiyǐng 杯影 4-813A
bèiyǐng 背影 6-1231A
bēiyǐngshégōng 杯影蛇弓
4-813A
bēiyīnwén 碑陰文 7-1059A
bèiyìwàng'ēn 背義忘恩
6-1230B
bēiyǐzìmù 卑以自牧 1-870A
bēiyōng 卑庸 1-873B
bèiyòng 備用 1-1592B
bèiyòngjīn 備用金 1-1592B
bēiyōu 悲憂 7-574A
bēiyòu 卑幼 1-870A
běiyóu 北游 2-203A
běiyǒu 北牖 2-204B
bēiyú 杯盂 4-812A
bēiyǔ 悲雨 7-569A
bēiyǔ 碑宇 7-1058A
bēiyù 悲鬱 7-575B
bēiyù 波籞 5-1122A
bèiyǔ 誖語 11-220B
bèiyù 貝玉 10-44B
bèiyù 倍僪 1-1517A
bèiyù 倍欲 1-1516A
bèiyù 被遇 9-59A
bèiyù 備御 1-1595A
bèiyù 備預 1-1595B
bèiyù 備豫 1-1596A
bèiyù 備禦 1-1596B
bēiyuàn 卑院 1-872A
bēiyuàn 悲怨 7-570A
bēiyuàn 悲願 7-575A
běiyuán 北園 2-203B
běiyuán 北轅 2-205A
běiyuàn 北苑 2-195A
bèiyuān 被冤 9-58B
bèiyuán 備員 1-1594B
běiyuànchá 北苑茶 2-195A
běiyuánshìchǔ 北轅適楚
2-205A
běiyuánshìyuè 北轅適粵
2-205A
běiyuànzhuāng 北苑妝
2-195A
bēiyuē 卑約 1-872A
bēiyuè 陂月 11-958B
běiyuè 北岳 2-195B
běiyuè 北越 2-202A
běiyuè 北嶽 2-205A
bèiyuē 背約 6-1227B
bèiyuè 備樂 1-1596A
bèiyuè 備閱 1-1596A
běiyùn 北韻 2-206A
bèiyún 背云 6-1224A

bèiyùn 背運 6-1229B
bèizāi 備災 1-1593B
bèizǎi 備載 1-1595B
bèizài 備載 1-1595B
bèizàng 貝藏 10-47A
bèizào 背竈 6-1232A
bèizào 焙造 7-95A
bēizé 陂澤 11-959B
bèizé 備責 1-1594B
bèizéméngxiū 被澤蒙庥 9-60B
bèizēng 背憎 6-1231A
bēizhà 陂柵 11-959A
bēizhà 悲吒 7-568B
bēizhà 悲咤 7-569B
bēizhài 背債 6-1230A
bēizhǎn 杯盞 4-813A
bèizhàn 背戰 6-1231A
bèizhàn 倍戰 1-1517A
bèizhàn 備戰 1-1596A
bēizhàng 陂鄣 11-959B
bēizhàng 陂障 11-959B
bèizhāo 倍招 1-1516A
bèizhào 被詔 9-59A
běizhèn 北鎮 2-205B
bèizhěn 被枕 9-57A
běizhénányuán 北轍南轅 2-205B
běizhēng 北征 2-195B
běizhèng 北正 2-193A
bèizhēng 背征 6-1226A
bēizhí 卑職 1-875B
bēizhì 卑秩 1-872B
bēizhì 悲智 7-572A
bēizhì 碑志 7-1058A
bēizhì 碑誌 7-1059B
běizhì 北至 2-193B
běizhì 北時 2-201B
bèizhī 備知 1-1594A
bèizhí 備職 1-1596B
bèizhǐ 背指 6-1226B
bèizhǐ 被旨 9-56B
bèizhì 貝帙 10-45B
bèizhì 倍摘 1-1516B
bèizhì 倍至 1-1515B
bèizhì 倍擿 1-1517A
bèizhì 被識 9-61A
bèizhì 備至 1-1593A
bèizhì 備置 1-1595B
bèizhì 焙治 7-95A
bèizhì 焙炙 7-95A
bēizhīwúshéngāolùn 卑之無甚高論 1-869B
bēizhōng 杯中 4-811B
bèizhòng 倍重 1-1516A
bèizhōnghuàdù 被中畫肚 9-56A
bèizhōnghuàfù 被中畫腹 9-56A
bēizhōnglù 杯中淥 4-811B
bēizhōnglù 杯中醁 4-811B
bēizhōnglù 杯中綠 4-811B
bēizhōngshéyǐng 杯中蛇影 4-811B
bēizhōngwù 杯中物 4-811B
bèizhōngxiānglú 被中香爐 9-56A
bēizhōngzhīwù 杯中之物 4-811B
běizhōu 北州 2-194A
běizhōu 北周 2-195B
bèizhǒu 被肘 9-57A
bèizhòu 貝胄 10-45B
bēizhú 悲筑 7-572A
bēizhù 杯筯 4-813A
bēizhù 杯箸 4-813A
běizhū 北珠 2-199B
běizhú 北燭 2-205A
běizhǔ 北渚 2-201B
bèizhǔ 背主 6-1225A
bèizhù 備注 1-1594A
bēizhuàng 悲壯 7-569A
bèizhuāng 貝裝 10-46B
bēizhuó 杯酌 4-812A
běizhúxiānrén 北燭仙人 2-205A
bēizi 杯子 4-811B
bēizi 盃子 7-1415B
bèizi 背子 6-1224A
bēizī 卑孜 1-871A
bēizǐ 卑子 1-870A
běizǐ 北紫 2-203A
bèizi 背子 6-1224A
bèizi 被子 9-56A
bèizi 褙子 9-112A
bèizi 輩子 9-1284B
bèizǐ 貝子 10-44B
bèizì 貝字 10-45B
běizōng 北宗 2-197A
bēizōu 卑陬 1-873A
běizǒu 北走 2-194B
bèizú 備足 1-1593A
bèizuì 背罪 6-1230A
bèizuì 被罪 9-59B
bēizuò 卑坐 1-871A
bēizuò 碑座 7-1058B
bèizuò 輩作 9-1285A
bēn'āi 奔哀 2-1518A
běn'àn 本案 4-714B
bēnbā 奔巴 2-1516B
běnbāng 本邦 4-707A
bēnběi 奔北 2-1516B
bēnbēn 奔奔 2-1517A
bēnbēn 賁賁 10-139A
běnběn 本本 4-706A
běnběnděngděng 本本等等 4-706A
bēnbēng 奔崩 2-1518B
bēnbèng 奔迸 2-1518A
bēnbèng 逩迸 10-952B
běnběnyuányuán 本本源源 4-706B
běnběnzhǔyì 本本主義 4-706A
běnbì 本幣 4-718A
bēnbiāo 奔飈 2-1520B
běnbiāo 本標 4-718B
běnbiāo 本薊 4-719A
běnbiāo 本剽 4-716B
běnbīng 本兵 4-708B
bènbìng 坌并 2-1055B
bènbìng 坌並 2-1055B
bènbìng 坌併 2-1055B
běnbīngfǔ 本兵府 4-708B
bēnbō 奔波 2-1517B
bēnbō 奔播 2-1519B
bēnbō 逩波 10-952B
běnbō 本波 4-710B
bènbó 坌勃 2-1055B
bènbó 笨伯 8-1117A
běnbù 本部 4-713B
běnbù 本埠 4-714B
běncái 本才 4-704B
běncǎi 本采 4-710B
běncāo 本操 4-719A
běncǎo 本草 4-711B
běnchā 畚臿 7-1339B
běnchā 畚插 7-1340A
běnchā 畚鍤 7-1340A
běnchá 本察 4-718A
běncháo 本朝 4-715B
bènchē 笨車 8-1117A
běnchéng 本誠 4-717A
bēnchí 奔馳 2-1519A
bēnchí 犇馳 6-279A
bēnchōng 奔衝 2-1519B
bènchōng 奔衝 2-1519B
běnchú 鐇鋤 11-1317B
bēnchù 奔絀 2-1518B
bēnchù 奔觸 2-1520A
běnchū 本出 4-707A
běnchū 本初 4-709B
běnchù 本處 4-714B
bènchǔn 坌蠢 2-1056A
běnchūzǐwǔxiàn 本初子午綫 4-709B
běncì 本次 4-708A
bēncòu 奔湊 2-1519A
bēncòu 奔輳 2-1519B
bēncòu 犇湊 6-279A
bēncòu 犇輳 6-279A
bēncù 奔蹙 2-1520A
bēncù 奔蹴 2-1520A
bēncù 犇蹙 6-279A
bēncuàn 奔竄 2-1520A
bēncuàn 犇竄 6-279A
bēncuì 犇萃 6-279A
běndài 本待 4-712A
bèndàn 笨蛋 8-1117B
bēndàng 奔蕩 2-1519B
bēndàng 濟盪 5-1349A
běndào 本道 4-716B
běnděng 本等 4-716A
bēndì 奔踶 2-1519B
běndí 本適 4-718A
běndǐ 本氐 4-706B
běndǐ 本底 4-710B
běndǐ 本柢 4-711B
běndì 本地 4-707A
běndì 本弟 4-709B
běndì 本第 4-714B
bēndiàn 奔電 2-1519A
bēndiàn 犇電 6-279A
běndiǎn 本典 4-710A
běndǐzi 本底子 4-710B
běndǒu 畚斗 7-1339B
běndū 本都 4-712B
běnduì 本隊 4-715A
běnduì 本對 4-717B
bēndùn 奔遁 2-1519A
bēndùn 奔遯 2-1519B
bēndùn 犇遁 6-279A
bēndùn 犇遯 6-279A
běn'è 本惡 4-715B
běn'èr 本二 4-704B
běnfǎ 本法 4-710B
běnfàn 本犯 4-706B
bēnfàng 奔放 2-1517B
běnfáng 本房 4-711A
bēnfèi 奔沸 2-1517B
běnfèn 本分 4-705A
běnfèn 本份 4-707B
bènfèn 坌憤 2-1056A
bēnfēng 奔蜂 2-1519A
běnfēng 本封 4-711B
běnfèng 本俸 4-713B
běnfènguān 本分官 4-705B
bēnfù 奔訃 2-1518A
bēnfù 奔赴 2-1517B
běnfū 本夫 4-705A
běnfú 本服 4-710B
běnfú 本福 4-717B
běnfǔ 本府 4-710B
běnfù 本婦 4-715A
běnfù 本富 4-716B
bènfū 体夫 1-1225A
běngàn 本幹 4-716B
běngàn 本榦 4-717B
bēngbā 絣扒 9-850B
bēngbā 絣把 9-850B
bēngbā 繃扒 9-908A
bēngbā 掤扒 6-696B
bēngbādiàokǎo 絣扒吊拷 9-850B
bēngbādiàokǎo 繃巴吊拷 9-908A
bēngbādiàokǎo 繃扒弔拷 9-908B
bēngbādiàokǎo 繃扒吊拷 9-908B
bèngbào 迸瀑 10-805A
bēngbèi 崩背 3-839A
bēngbēn 崩奔 3-838B
bèngbēn 迸奔 10-803A
bēngbēng 傍傍 1-1609B
bēngbēng 崩崩 3-839B
bēngbēng 嘣嘣 3-493A
bēngbēng 旁旁 6-1596A
bēngběng 菶菶 9-428B
bēngběng 唪唪 3-372A
bèngbèng 跰跰 10-480A
bèngbèngdiào 蹦蹦調 10-543A
bèngbèngxì 蹦蹦戲 10-543A
bēngbì 崩敝 3-839B
bèngbī 迸逼 10-804A

bèngbīng 迸兵 10-803A
bēngbō 崩波 3-839A
bēngbō 崩剥 3-839B
bēngchá 崩查 3-839A
bēngchá 崩槎 3-840A
bēngchāi 崩拆 3-838B
bēngchǎngmiàn 綳場面 9-908B
bēngchè 崩坼 3-838B
bèngchè 迸坼 10-803A
bēngchéng 崩城 3-839A
bēngchī 榜笞 4-1224B
bēngchí 崩弛 3-838B
bēngchí 崩弛 3-839A
bēngchǐ 崩褫 3-841A
bēngchǔ 榜楚 4-1225A
bèngchuáng 蹦床 10-543A
bēngchuí 榜棰 4-1225A
bēngchuí 榜箠 4-1225A
bèngcí 綳瓷 9-908B
bēngcú 崩殂 3-839A
bèngcuàn 迸竄 10-805A
bēngcuī 崩摧 3-840B
bēngcuì 崩脆 3-839B
bèngcuì 迸脆 10-803B
bèngdā 蹦搭 10-543A
bèngdá 蹦達 10-543A
bēngdài 綳帶 9-908B
bēngdàng 崩蕩 3-840B
bēngdàng 崩盪 3-841A
bèngdì 迸地 10-803A
bēngdiān 崩顛 3-841B
bèngdiǎn 迸點 10-805A
bēngdiào 綳吊 9-908B
bēngdiàokǎoxùn 綳吊考訊 9-908B
bēngdìng 綳定 9-908B
bēngdōng 綳冬 9-908B
bēngdòng 崩動 3-839B
bēngdú 榜毒 4-1224B
bèngduàn 迸斷 10-805A
běngé 本格 4-712B
běngēn 本根 4-712B
bèng'er 蹦兒 10-543A
bèngfā 迸發 10-804B
bèngfàng 迸放 10-803A
bēngfèi 崩沸 3-839A
bèngfēi 迸飛 10-803B
bēngfēn 崩分 3-838A
bēngfèn 崩憤 3-841A
bèngféng 迸縫 10-804B
bēngfú 榜服 4-1224A
bèngfú 迸伏 10-803A
bēnggǎn 崩感 3-840A
bēnggàng 綳杠 9-908B
bēnggé 榜格 4-1224B
bēnggěng 崩鯁 3-841A
bènggǔ 迸鼓 10-804B
bēnghài 崩駭 3-841A
bēngháo 崩號 3-840A
bēnghōng 崩洶 3-840A
bēnghōng 崩薨 3-841A
bēnghóng 絣紘 9-850B
bēnghuài 崩壞 3-841B
bēnghuǐ 崩毀 3-840A
bènghuō 迸騞 10-805A
bènghuǒ 迸火 10-803A
bēngjí 崩籍 3-841B
bēngjí 崩藉 3-841A
bèngjī 迸激 10-804B
bèngjī 迸擊 10-804B
bèngjí 迸集 10-804A
bèngjiàn 迸濺 10-805A
bēngjiǎo 崩角 3-838B
bēngjiē 綳接 9-908B
bēngjié 崩竭 3-840B
bēngjiě 崩解 3-840A
bēngjiè 綳褯 9-908B
bēngjiè 綳藉 9-908B
bèngjiē 迸階 10-804A
bèngjiē 迸堦 10-804A
bēngjǔ 崩沮 3-839A
běngjù 紺屨 9-929B
bèngjué 迸絶 10-804B
bēngkuì 崩愧 3-840A
bēngkuì 崩潰 3-840B
bēnglàng 崩浪 3-839B
bènglèi 迸淚 10-804A
bēnglí 崩離 3-841A
bènglián 迸連 10-803B
bēngliè 崩裂 3-840A
bēngliè 搠裂 6-696B
bèngliè 迸烈 10-803B
bèngliè 迸裂 10-804A
bēngliù 崩溜 3-840B
bèngliú 迸流 10-803B
bèngliù 迸溜 10-804B
bēnglóngzú 崩龍族 3-841A
bēnglòu 崩漏 3-840B
bēngluàn 崩亂 3-840A
bēnglún 崩淪 3-839B
bēngluò 崩落 3-839B
bèngluò 迸落 10-804A
bēnglüě 榜掠 4-1224B
bèngmò 迸沫 10-803A
běngōng 本宮 4-712A
bèngōng 坌工 2-1055A
bèngōng 搒功 2-1119B
bēngpádiàokǎo 綳爬吊拷 9-908B
běngpán'er 綳盤兒 9-908B
bēngpǐ 崩圮 3-838B
bēngpò 崩迫 3-839A
běngqī 奉萋 9-428B
bèngqì 迸砌 10-803A
bèngqì 迸氣 10-803B
bēngqiān 崩騫 3-841B
bēngqīng 崩傾 3-840A
bēngqíng 榜檠 4-1225B
bēngqíng 榜檄 4-1225B
bèngquán 迸泉 10-803A
bēngquē 崩缺 3-839B
bēngquē 崩闕 3-841B
bēngrǎo 崩擾 3-841A
běngróng 奉茸 9-428B
bèngsǎ 迸灑 10-805A
bèngsàn 迸散 10-804A
bēngsàng 崩喪 3-839B
bēngshā 榜殺 4-1224B
bēngshāng 崩傷 3-840A
bèngshāng 迸傷 10-804B
bèngshè 迸射 10-803B
bēngshí 崩石 3-838B
bēngshì 崩逝 3-839A
bèngshī 迸溼 10-804B
bèngshuǐ 迸水 10-803A
bēngsǐ 榜死 4-1224A
bēngsǔn 崩損 3-840A
bèngsǔn 迸筍 10-804A
bēngtā 崩塌 3-840A
bēngtà 榜撻 4-1225A
bèngtà 蹦躂 10-543A
bēngtān 崩坍 3-838B
bèngtào 蹦套 10-543A
bēngténg 崩騰 3-841B
bèngtì 迸涕 10-803B
bēngtián 祊田 7-842A
bèngtiào 迸跳 10-804B
bèngtiào 蹦跳 10-543A
bēngtóu 伻頭 1-1238A
bēngtú 伻圖 1-1238A
bēngtuān 崩湍 3-840A
bēngtuí 崩隤 3-840B
bēngtuí 崩頽 3-841A
bèngtuō 迸脱 10-804A
bèngtuò 迸籜 10-805A
běngū 本估 4-709A
běngù 本故 4-711B
bènguā 笨瓜 8-1117A
běnguān 本官 4-711A
běnguǎn 本管 4-718A
běnguàn 本貫 4-715A
běngùbāngnìng 本固邦寧 4-710A
běnguī 本規 4-714B
běnguó 本國 4-714B
bèngwáng 迸亡 10-803A
běngwěng 琫塕 2-1109A
bēngxī 崩析 3-838B
bēngxí 綳席 9-908B
bēngxì 榜繫 4-1225B
bèngxī 迸息 10-803B
bēngxiàn 崩陷 3-839B
bēngxiè 崩瀉 3-841B
bèngxiè 迸瀉 10-805A
bēngxīn 崩心 3-838B
bèngxué 迸穴 10-803A
bèngyá 迸芽 10-803A
bèngyān 迸煙 10-804B
bèngyè 搠拽 6-696B
bèngyì 迸逸 10-804A
bèngyì 迸溢 10-804B
bèngyíng 迸螢 10-804B
bèngyǒng 迸涌 10-803B
bēngyù 嗙喻 3-469A
bèngyuè 迸躍 10-805A
bēngyún 崩雲 3-840A
bēngyǔn 崩隕 3-840A
bēngyǔn 崩殞 3-840B
bēngyǔn 崩實 3-841A
bèngyún 迸雲 10-804A
bēngzé 榜責 4-1224B
bēngzhèng 崩症 3-839B
bēngzhì 崩陁 3-838B
bēngzhì 崩陁 3-838B
bèngzhí 迸直 10-803A
bēngzhǔ 閍主 12-96A
bèngzhū 迸珠 10-803B
bèngzhú 迸竹 10-803A
bèngzhú 迸逐 10-803B
bēngzhuài 綳拽 9-908B
bēngzhuì 崩墜 3-840B
bēngzǐ 綳子 9-908A
bèngzi 鬔子 5-296A
bèngzi 蹦子 10-543A
bèngzi 鏰子 11-1381B
bèngzòngcuàntiào 蹦縱竄跳 10-543A
bèngzǒu 迸走 10-803A
bèngzǒu 蹦走 10-543A
bènhàn 笨漢 8-1117B
běnháng 本行 4-707B
běnhào 本號 4-717A
bēnhū 犇呼 6-278B
běnhuái 本懷 4-720A
bēnhuī 奔蹷 2-1518A
běnhuì 本惠 4-715B
bēnhún 奔渾 2-1519A
bēnhuò 賁獲 10-139B
běnhuò 本貨 4-715A
bènhuò 笨貨 8-1117B
bènhuò 夯貨 2-1492B
bēnjī 奔激 2-1520A
bēnjí 犇急 6-279A
běnjī 本基 4-714B
běnjí 畚箕 7-1340A
běnjí 本籍 4-720A
běnjì 本紀 4-712B
běnjì 本計 4-712A
bènjí 坌集 2-1055B
běnjiā 本家 4-714A
běnjiǎ 本甲 4-706B
běnjià 本價 4-718B
běnjiàng 本將 4-715A
běnjiào 本教 4-714B
bènjiāo 笨膠 8-1117B
běnjiè 本屆 4-711A
běnjiè 本屆 4-711A
běnjīn 本金 4-710A
bēnjīng 奔精 2-1519B
bēnjīng 奔鯨 2-1520A
bēnjìng 奔競 2-1520A
bēnjìng 犇競 6-279B
běnjīng 本經 4-717B
bēnjū 奔駒 2-1519B
bēnjǔ 奔沮 2-1517B
běnjū 本居 4-711A
běnjū 畚挶 7-1339B
běnjū 畚裾 7-1340A
běnjú 畚梮 7-1340A
běnjú 畚蕐 7-1340A
běnjú 畚跼 7-1340A
běnjù 本據 4-719A
běnjué 本爵 4-719B
běnjué 本覺 4-720A
běnjūn 本軍 4-712A

běnjùn 本郡 4-712A
běnkē 本科 4-712A
bènkǒuzhuōshé 笨口拙舌 8-1117A
bēnkuì 奔潰 2-1519B
bēnkuì 賁潰 10-139B
bēnlài 犇瀨 6-279B
běnlái 本來 4-709B
běnláimiànmù 本來面目 4-710A
bēnléi 奔雷 2-1519A
bēnléi 犇雷 6-279A
bēnlí 奔離 2-1520A
bēnlì 犇厲 6-279A
běnlǐ 本里 4-708B
běnlì 本立 4-707A
běnlì 本利 4-708B
bēnliè 犇劣 6-278B
běnlǐng 本領 4-718A
bēnliú 奔流 2-1518B
bēnliú 犇流 6-279A
běnliú 本流 4-714A
bēnlóng 奔瀧 2-1520A
běnlún 本輪 4-718B
bēnmǎ 奔馬 2-1518A
bēnmǎ 犇馬 6-279A
bēnmáng 奔忙 2-1516B
bēnmáng 犇忙 6-278B
bènméi 坌塺 2-1056A
bènmèi 笨謎 8-1118A
bēnmén 賁門 10-138B
běnmiàn 本面 4-711B
bēnmìng 奔命 2-1517A
bēnmìng 犇命 6-278B
běnmíng 本名 4-707B
běnmìng 本命 4-710A
běnmìngchén 本命辰 4-710B
běnmìngnián 本命年 4-710B
běnmìngrì 本命日 4-710A
běnmò 本末 4-706A
bènmò 坌没 2-1055B
běnmòdàozhì 本末倒置 4-706A
běnmòtǐ 本末體 4-706A
běnmóu 本謀 4-719B
běnnéng 本能 4-714A
běnnián 本年 4-707B
bènniǎoxiānfēi 坌鳥先飛 2-1055B
bènniǎoxiānfēi 笨鳥先飛 8-1117B
bēnniú 奔牛 2-1516B
bènniú 笨牛 8-1117A
bēnniúbà 奔牛壩 2-1516B
běnnóng 本農 4-717A
bēnnǚ 奔女 2-1516B
bēnnǜ 奔衄 2-1518B
bēnpài 渀湃 5-1349A
bēnpàn 奔叛 2-1518A
bēnpǎo 奔跑 2-1519A
bēnpò 奔迫 2-1517A
běnpǔ 本樸 4-719A
běnpù 本舖 4-718B
běnqī 本妻 4-710A
bènqǐ 坌起 2-1055B
běnqián 本錢 4-719A
bēnqiào 奔峭 2-1518A
běnqīn 本親 4-719B
běnqíng 本情 4-715A
bēnqū 奔趨 2-1520A
bēnqū 奔趣 2-1519B
běnqū 本軀 4-719B
běnqù 本趣 4-718B
bènqū 笨麴 8-1118A
běnquàn 本券 4-710B
běnquē 本缺 4-713B
bènquè'erxiānfēi 夯雀兒先飛 2-1492B
běnrán 本然 4-716A
běnrén 本人 4-704B
běnrèn 本任 4-707B
bènrén 笨人 8-1117A
běnrì 本日 4-705A
bēnróng 奔戎 2-1516B
bènrǒng 坌冗 2-1055B
běnruì 本瑞 4-716B
bēnsàn 犇散 6-279A
bēnsāng 奔喪 2-1518B
bēnsāng 犇喪 6-279A
běnsǎng 本嗓 4-717A
běnsè 本色 4-708A
běnsè 本穡 4-719B
běnshān 本山 4-704B
běnshǎng 本賞 4-718B
bēnshé 奔蛇 2-1518B
běnshēn 本身 4-709A
běnshēng 本生 4-706B
běnshēngdēng 本生燈 4-706B
bēnshí 賁石 10-138B
bēnshǐ 奔駛 2-1519B
bēnshì 奔逝 2-1518A
bēnshì 賁士 10-138B
běnshī 本師 4-713B
běnshí 本實 4-718A
běnshǐ 本始 4-711B
běnshì 本事 4-709B
běnshì 本誓 4-717B
běnshìrén 本事人 4-709B
bènshǒubènjiǎo 笨手笨脚 8-1117A
běnshǔ 本屬 4-720A
běnshù 本數 4-718B
bēnshuǐ 奔水 2-1516B
běnsī 本司 4-707A
běnsú 本俗 4-712A
bēnsuí 奔隨 2-1519B
bèntà 坌沓 2-1055B
běntài 本態 4-718B
bēntáo 奔逃 2-1518A
bēnténg 奔騰 2-1520A
bēnténg 犇騰 6-279B
běntí 本題 4-719B
běntǐ 本體 4-720A
běntián 本鈿 4-717A
běntián 本田 4-706B
běntiáo 本條 4-713B
bēntíng 奔霆 2-1519A
běntǒng 本統 4-716B
běntóngmòlí 本同末離 4-707B
běntóngmòyì 本同末異 4-707A
bēntóu 奔投 2-1517A
běntóu 本頭 4-719A
bèntóu 奔頭 2-1519B
bèntóubènnǎo 笨頭笨腦 8-1117B
běntóu'er 本頭兒 4-719A
běntóuqián 本頭錢 4-719A
bēntū 奔突 2-1518A
bēntú 奔徒 2-1518B
běntú 本途 4-713B
běntú 本圖 4-718A
běntǔ 本土 4-704B
běntǔ 畚土 7-1339B
bēntuān 奔湍 2-1519A
bēntuì 奔退 2-1518A
bēntún 賁豚 10-139A
bēntún 賁豘 10-138B
bēnwáng 奔亡 2-1516A
bēnwáng 犇亡 6-278B
běnwàng 本望 4-715A
běnwěi 本委 4-710A
běnwèi 本位 4-709A
běnwèihuòbì 本位貨幣 4-709A
běnwèizhǔyì 本位主義 4-709A
běnwén 本文 4-705B
bēnwù 犇騖 6-279B
běnwù 本物 4-710A
běnwù 本務 4-714A
bēnxí 奔襲 2-1520B
běnxī 本息 4-713B
běnxì 本繫 4-719B
běnxì 本系 4-709A
běnxì 本戲 4-719B
bènxī 坌息 2-1055B
běnxiàn 本縣 4-719A
běnxiāng 本鄉 4-715A
běnxiàng 本相 4-711B
běnxiàng 本象 4-715A
běnxiàng 本項 4-715B
běnxiàng 本像 4-717A
běnxiāngběntǔ 本鄉本土 4-715B
bēnxiāo 奔霄 2-1519B
bēnxiè 奔瀉 2-1520A
běnxīn 本心 4-705B
bēnxīng 奔星 2-1518A
bēnxīng 犇星 6-279A
bēnxīng 賁星 10-139A
běnxíng 本刑 4-707A
běnxíng 本行 4-707B
běnxíng 本形 4-708B
běnxìng 本姓 4-711A
běnxìng 本性 4-710B
běnxùn 本訓 4-713B
běnyán 本言 4-709B
běnyáng 本洋 4-712A
běnyào 本要 4-711B
běnyè 本業 4-716B
bēnyì 奔逸 2-1518B
bēnyì 奔軼 2-1519A
bēnyì 犇佚 6-278B
bēnyì 犇逸 6-279A
běnyì 本意 4-717A
běnyì 本義 4-717B
běnyì 本誼 4-719A
běnyì 本議 4-720A
bènyì 坌溢 2-1055B
bēnyìjuéchén 奔逸絶塵 2-1518B
bēnyìjuéchén 奔軼絶塵 2-1519A
běnyín 本銀 4-718A
běnyíng 本營 4-719B
bēnyǒng 奔涌 2-1518B
bēnyǒng 奔湧 2-1519A
běnyòng 本用 4-706B
bènyǒng 坌涌 2-1055B
běnyóu 本由 4-706B
bēnyù 賁育 10-138B
běnyǔ 本語 4-718A
běnyù 本域 4-714B
běnyǔ 笨窳 8-1117B
běnyuán 本元 4-705A
běnyuán 本原 4-713A
běnyuán 本源 4-717B
běnyuán 本緣 4-719A
běnyuàn 本願 4-720A
bēnyuè 奔月 2-1516B
běnyuē 本約 4-712A
běnyuè 本月 4-705B
běnzàng 本臧 4-717B
běnzé 本則 4-711B
běnzhái 本宅 4-708A
běnzhàn 本戰 4-719A
běnzhāng 本章 4-715A
běnzhēn 本真 4-712B
běnzhèng 本政 4-711B
běnzhī 本支 4-705A
běnzhī 本枝 4-709B
běnzhí 本直 4-709B
běnzhí 本職 4-719B
běnzhǐ 本旨 4-707B
běnzhǐ 本恉 4-712A
běnzhǐ 本指 4-711B
běnzhì 本知 4-710A
běnzhì 本志 4-708B
běnzhì 本治 4-710B
běnzhì 本秩 4-713B
běnzhì 本質 4-718B
bènzhì 坌至 2-1055B
bènzhì 笨滯 8-1117B
běnzhībǎishì 本支百世 4-705A
běnzhībǎishì 本枝百世 4-709B
běnzhǒng 本種 4-718A
bènzhòng 笨重 8-1117B
běnzhōu 本州 4-708A
bēnzhū 賁諸 10-139B
bēnzhú 奔逐 2-1518A
bēnzhú 逩逐 10-952B
bēnzhú 犇逐 6-279A

bēnzhǔ 奔屬 2-1520B
bēnzhù 奔注 2-1517B
běnzhú 畚斸 7-1340A
běnzhǔ 本主 4-706B
běnzhù 畚築 7-1340A
běnzhuàn 本傳 4-717A
bènzhuō 笨拙 8-1117B
bēnzi 錛子 11-1317B
běnzi 本子 4-704B
běnzī 本資 4-717A
běnzì 本字 4-708A
běnzì 本自 4-707B
běnzōng 本宗 4-711A
bēnzǒu 奔走 2-1516B
bēnzǒu 犇走 6-278B
bēnzòu 奔奏 2-1517B
běnzòu 本奏 4-711B
bēnzǒuhūháo 奔走呼號 2-1517A
bēnzǒuxiānggào 奔走相告 2-1517A
bēnzǒuzhīyǒu 奔走之友 2-1517A
běnzǔ 本祖 4-712A
běnzuì 本罪 4-717A
bènzuǐbènsāi 夯嘴夯腮 2-1492B
bènzuǐbènshé 笨嘴笨舌 8-1117B
bènzuǐzhuōshé 笨嘴拙舌 8-1117B
běnzǔn 本蕁 4-718B
běnzǔn 苯蕁 9-325A
běnzuò 本作 4-709A
běnzuò 本座 4-713B
bènzuò 笨作 8-1117A
bī'ài 偪隘 1-1538A
bī'ài 逼隘 10-1027B
bǐ'ǎi 鄙矮 10-679B
bì'āi 碧埃 7-1069B
bì'ǎi 碧靄 7-1076B
bì'ài 庳隘 3-1241A
bì'ài 嬖愛 4-417A
bì'ài 避礙 10-1278A
bì'ǎi'ǎi 碧靄靄 7-1076B
bǐ'àn 彼岸 3-940A
bǐ'àn 鄙闇 10-680B
bǐ'àn 鄙晻 10-679A
bǐ'àn 鄙暗 10-679B
bì'àn 狴犴 5-54A
bì'àn 閉闇 12-28B
bì'àn 蔽闇 9-542A
bì'àn 避案 10-1273B
biān'āi 邊埃 10-1291B
biān'ài 邊隘 10-1296A
biǎn'ài 褊隘 9-119B
biǎn'ài 褊阸 9-118B
biǎn'ài 褊阨 9-118B
biān'àn 邊岸 10-1288B
biàn'ān 便安 1-1362A
biǎn'ào 褊傲 9-119B
biānbá 邊跋 10-1295A
biànbà 便罷 1-1368A
biànbái 辨白 11-494A
biànbái 辯白 11-510B
biànbài 徧拜 3-1045B
biānbān 邊班 10-1291A
biānbǎn 鞭板 12-205A
biānbāng 邊邦 10-1286A
biǎnbǎng 扁榜 7-362A
biǎnbǎng 扁牓 7-362A
biǎnbàng 貶謗 10-124B
biànbàng 辨謗 11-498A
biānbǎo 邊保 10-1290A
biānbǎo 邊堡 10-1295B
biānbào 邊報 10-1294B
biānbào 鞭爆 12-208B
biànbǎo 卞寶 1-987B
biànbào 徧報 3-1046A
biànbào 變豹 5-531B
biànbǎxì 變把戲 5-528B
biānbèi 編貝 9-949B
biānbèi 邊備 10-1295A
biānbèi 鞭背 12-205B
biànbēi 辨卑 11-495B
biànběnjiālì 變本加厲 5-528A
biānbǐ 邊鄙 10-1296B
biānbì 邊幣 10-1298A
biānbì 邊弊 10-1298A
biānbì 邊蔽 10-1297B
biānbì 鞭斃 12-208B
biǎnbī 褊逼 9-119B
biǎnbǐ 貶筆 10-123B
biànbì 便閉 1-1366B
biànbì 便秘 1-1365B
biǎnbiǎn 扁扁 7-361B
biànbiǎn 變褊 5-534A
biànbiàn 徧徧 3-1046A
biànbiàn 辨變 11-498B
biǎnbiǎndefú 匾匾的伏 1-979B
biǎnbiǎnfúfú 扁扁伏伏 7-362A
biānbiǎo 邊表 10-1288A
biǎnbiǎo 扁表 7-361B
biànbié 辨別 11-494B
biànbié 辯別 11-511A
biānbīng 邊兵 10-1287B
biànbīng 弁兵 2-1309B
biànbīng 變兵 5-528B
biànbìxǐ 卞璧璽 1-987B
biānbō 砭剝 7-1015B
biānbó 萹薄 9-491A
biǎnbō 貶剝 10-123A
biǎnbó 貶駁 10-124A
biǎnbó 貶駮 10-124B
biǎnbó 褊薄 9-119B
biànbó 辨博 11-496B
biànbó 辨駁 11-497A
biànbó 辯博 11-512B
biànbó 辯駁 11-513A
biānbù 邊部 10-1292A
biànbù 便步 1-1362B
biànbù 徧布 3-1045A
biànbù 遍布 10-1101B
biāncái 邊才 10-1285A
biāncái 邊材 10-1287B
biǎncái 貶裁 10-123B
biàncái 辨才 11-494A
biàncái 辨裁 11-496B
biàncái 辯才 11-510A
biàncái 變裁 5-532B
biàncáiwú'ài 辯才無礙 11-510B
biàncáiwúhé 辯才無閡 11-510A
biǎncāng 扁倉 7-362A
biāncáo 邊漕 10-1298A
biāncǎo 鞭草 12-205B
biǎncǎo 惼懆 7-667B
biāncè 邊冊 10-1286A
biāncè 邊側 10-1293B
biāncè 邊策 10-1295A
biāncè 鞭策 12-206B
biāncè 鞭筴 12-207A
biàncè 辨測 11-497A
biānchá 邊茶 10-1289B
biǎnchá 褊察 9-119B
biànchá 辨察 11-497B
biànchá 辯察 11-513B
biànchá 變察 5-534A
biānchán 編廛 9-952A
biānchǎn 編剗 9-950B
biànchǎn 變產 5-532B
biānchǎng 邊場 10-1294B
biàncháng 弁裳 2-1310A
biàncháng 辨嘗 11-497B
biàncháng 辯嘗 11-513A
biàncháng 變常 5-531B
biànchǎng 變場 5-532B
biànchàng 辯暢 11-513A
biānchángbùjí 鞭長不及 12-205A
biānchángbùjí… 鞭長不及馬腹 12-205A
biānchángjiàyuǎn 鞭長駕遠 12-205A
biānchángmòjí 鞭長莫及 12-205A
biǎnchè 貶撤 10-124A
biānchén 邊臣 10-1286B
biānchén 邊塵 10-1297B
biànchén 弁辰 2-1309B
biānchénbùjìng 邊塵不驚 10-1297B
biānchéng 邊城 10-1289B
biǎnchēng 貶稱 10-124A
biānchī 鞭笞 12-206A
biānchǐ 鞭恥 12-205B
biānchì 鞭叱 12-204B
biānchì 鞭抶 12-205A
biǎnchì 貶斥 10-121B
biànchí 便池 1-1362A
biànchì 辯斥 11-510B
biānchīluánfèng 鞭笞鸞鳳 12-206B
biānchōng 邊衝 10-1298B
biānchóu 邊愁 10-1296B
biānchóu 邊籌 10-1301A
biānchǒu 鞭杻 12-205A
biānchǔ 邊儲 10-1300A
biānchǔ 鞭楚 12-207A
biǎnchù 貶絀 10-123B
biǎnchù 貶處 10-123A
biǎnchù 貶黜 10-124B
biǎnchù 貶詘 10-123B
biànchú 變除 5-530B
biànchù 遍處 10-1102A
biǎnchuàn 貶竄 10-124B
biānchuī 邊吹 10-1287B
biānchuí 邊垂 10-1288B
biānchuí 邊陲 10-1292B
biānchuí 邊埵 10-1293A
biānchuí 鞭捶 12-206A
biānchuí 鞭箠 12-207B
biānchūn 鞭春 12-205A
biāncí 邊詞 10-1295B
biāncì 編次 9-949B
biǎncí 貶詞 10-123B
biǎncí 貶辭 10-125A
biǎncì 貶刺 10-122A
biàncí 辨辭 11-498B
biàncí 辯辭 11-514A
biàncí 變辭 5-536A
biàncì 徧賜 3-1046B
biāncòu 編湊 9-951A
biǎncù 褊促 9-118B
biǎncuì 貶悴 10-123B
biàncuī 變縗 5-535A
biāncūn 邊村 10-1287B
biàncún 徧存 3-1045A
biǎncuò 窆措 8-437B
biǎncuò 貶挫 10-122B
biāndǎ 鞭打 12-204B
biàndá 遍達 10-1102A
biàndá 辨達 11-496B
biàndá 辯答 11-512B
biàndá 辯達 11-512B
biǎndǎcèzhuō 匾打側卓 1-979A
biāndài 邊帶 10-1293A
biàndài 弁帶 2-1309B
biàndài 便待 1-1364B
biǎndan 扁擔 7-362B
biǎndan 匾擔 1-979B
biàndàn 變蛋 5-532B
biǎndàng 褊宕 9-118B
biàndang 便當 1-1367A
biǎndànhuā 扁擔花 7-362B
biǎndànshè 扁擔社 7-362B
biǎndànwǔ 扁擔舞 7-362B
biǎndànxīng 扁擔星 7-362B
biāndāo 揙刀 6-779A
biāndǎo 編導 9-952A
biāndào 邊道 10-1295B
biàndǎo 抃蹈 6-410A
biàndào 便道 1-1366B
biàndào 辯道 11-512B
biàndàyǎ 變大雅 5-526B
biāndèng 鞭鐙 12-209A
biāndèng 鞭蹬 12-208B
biāndèng 鞭凳 12-208A
biāndèng 鞭鐙 12-208B
biǎndèng 碥磴 7-1084A
biāndí 邊糴 10-1301A

biāndī 鞭韵 12-206B
biāndì 邊地 10-1286B
biǎndī 貶低 10-122A
biàndì 便地 1-1362A
biàndì 徧地 3-1045A
biàndì 遍地 10-1101B
biàndiàn 便殿 1-1367B
biàndiāntiè 辨顛帖 11-498A
biàndiànzhàn 變電站 5-533A
biāndiào 邊調 10-1299A
biāndiāo 辯雕 11-514A
biàndiào 辨釣 11-496A
biàndiào 變調 5-535A
biāndié 編牒 9-951B
biāndié 邊諜 10-1299B
biàndié 弁絰 2-1310A
biàndié 便碟 1-1367B
biàndié 遍疊 10-1102A
biàndìkāihuā 遍地開花
10-1101B
biāndīng 編町 9-949B
biāndīng 邊丁 10-1284B
biāndìng 編訂 9-950A
biàndīng 弁丁 2-1309A
biàndìng 辨訂 11-495B
biàndìng 辯訂 11-511B
biāndiū 鞭彫 12-207A
biàndòng 辯動 11-512A
biàndòng 變動 5-532A
biàndòngbùjū 變動不居
5-532A
biāndòu 邊豆 10-1287B
biāndòu 籩豆 8-1284B
biǎndòu 匾豆 1-982B
biǎndòu 扁豆 7-361B
biǎndòu 藊豆 9-594A
biàndòu 辯鬪 11-514B
biāndū 邊都 10-1291B
biāndū 鞭督 12-207A
biāndú 邊毒 10-1289A
biàndú 徧讀 3-1047A
biàndǔ 徧覩 3-1046B
biǎnduǎn 匾短 1-979B
biǎnduǎn 褊短 9-119B
biànduān 弁端 2-1310A
biànduān 變端 5-534A
biànduàn 辨斷 11-498A
biànduàn 辯斷 11-514A
biāndūhù 邊都護 10-1291B
biǎnduì 扁對 7-362A
biǎnduì 匾對 1-979B
biànduì 辨對 11-497B
biànduì 辯對 11-513A
biāndūn 邊墩 10-1298A
biǎnduó 貶奪 10-124A
biǎn'é 扁額 7-362B
biǎn'é 匾額 1-979B
biàn'é 辨訛 11-496B
biānfá 鞭罰 12-207B
biǎnfá 貶伐 10-122A
biǎnfá 貶罰 10-124A
biǎnfá 褊乏 9-118A
biànfǎ 辯瀍 11-514B
biànfǎ 變法 5-529B
biànfà 編髮 9-951B
biànfà 辮髮 11-509B
biànfǎ'er 變法兒 5-529B
biānfān 邊番 10-1295B
biānfān 邊藩 10-1300B
biānfān 邊蕃 10-1298B
biànfǎn 辨反 11-494A
biànfàn 便飯 1-1366B
biānfāng 邊方 10-1285B
biānfáng 邊防 10-1287A
biānfáng 邊房 10-1289A
biǎnfàng 貶放 10-122A
biànfāng 辨方 11-494A
biànfáng 便房 1-1364A
biānfèi 邊費 10-1296A
biǎnfèi 貶廢 10-124B
biānfēn 邊氛 10-1288B
biǎnfèn 褊忿 9-118B
biànfèn 卞忿 1-987A
biānfēng 邊封 10-1289A
biānfēng 邊烽 10-1294A
biānfēng 邊鋒 10-1299A
biānfèng 邊縫 10-1299B
biānfèng 邊俸 10-1291B
biǎnfēng 窆封 8-437A
biànfēng 便風 1-1364B
biànfēng 辯鋒 11-513B
biànfēng 變風 5-530B
biànfēnggǎisú 變風改俗
5-530B
biànfēngwǔrùn 抃風儛潤
6-410A
biànfēngyìsú 變風易俗
5-530B
biānfú 蝙蝠 8-933B
biānfú 邊服 10-1288B
biānfú 邊符 10-1293B
biānfú 邊幅 10-1295A
biānfǔ 邊府 10-1289A
biānfǔ 邊撫 10-1298A
biānfǔ 鞭拊 12-205A
biānfù 邊附 10-1288A
biānfù 邊腹 10-1296B
biānfù 邊賦 10-1298B
biānfù 鞭縛 12-208B
biànfú 弁服 2-1309B
biànfú 便服 1-1363A
biànfú 徧服 3-1045B
biànfú 變服 5-529B
biànfù 便附 1-1363A
biànfù 徧覆 3-1046B
biànfù 辨復 11-496B
biànfù 辯富 11-513A
biànfù 辯覆 11-514A
biànfù 變復 5-533A
biānfúbùzìjiàn…
蝙蝠不自見,笑他梁上燕
8-933B
biānfúbùzìjiàn…
蝙蝠不自見,笑他梁上鷰
8-933B
biānfúshàn 蝙蝠扇 8-934A
biàngāi 徧該 3-1046A
biàngǎi 變改 5-529A
biāngàn 邊幹 10-1296A
biǎngān 貶甘 10-121B
biàngān 變柑 5-530A
biāngàng 鞭杠 12-204B
biāngǎnliùzi 鞭杆溜子
12-204B
biàngào 徧告 3-1045B
biàngào 辨告 11-495A
biàngào 辯告 11-511A
biàngào 變告 5-528B
biāngē 砭割 7-1015B
biāngē 邊戈 10-1285B
biāngē 邊歌 10-1297B
biàngē 辨哥 11-495B
biàngē 辯哥 11-511B
biàngé 變革 5-529B
biàngé 變格 5-531A
biàngé 變隔 5-533A
biāngěng 邊梗 10-1293A
biàngēng 變更 5-528B
biāngōng 邊功 10-1285B
biàngōng 汴宮 5-992B
biàngōng 變工 5-526B
biàngōng 變宮 5-530B
biàngōngduì 變工隊 5-526B
biàngōngqiānxí 變躬遷席
5-531B
biāngǔ 砭骨 7-1015B
biāngǔ 邊鼓 10-1296A
biāngǔ 邊穀 10-1298B
biāngǔ 鞭鼓 12-207A
biǎngǔ 貶骨 10-122B
biàngù 變故 5-529B
biànguà 變卦 5-529A
biànguài 變怪 5-529B
biānguān 邊官 10-1289A
biānguān 邊關 10-1300B
biānguǎn 編管 9-951B
biānguǎn 邊館 10-1299B
biǎnguān 貶官 10-122A
biànguān 便官 1-1363B
biànguān 徧觀 3-1047A
biànguàn 變貫 5-532B
biānguǐ 籩簋 8-1285A
biàngǔluàncháng 變古亂常
5-528A
biānguō 邊郭 10-1292A
biānguó 邊國 10-1293B
biānguǒ 邊果 10-1288B
biàngǔyìcháng 變古易常
5-527B
biàngùyìcháng 變故易常
5-530A
biàngǔyìsú 變古易俗
5-527B
biānhǎi 邊海 10-1292A
biānhài 邊害 10-1292B
biànhài 變駭 5-535A
biānhán 邊韓 10-1300A
biānhàn 邊扞 10-1286B
biānhàn 邊捍 10-1291A
biànhán 弁韓 2-1310A
biànhán 便函 1-1364A
biānháo 邊豪 10-1297B
biānhào 編號 9-951A
biànhǎo 便好 1-1362A
biànhào 變號 5-533A
biànhǎodào 便好道 1-1362A
biànhǎozuò 便好做 1-1362A
biànhé 卞和 1-987A
biànhé 辨合 11-494B
biànhé 辨覈 11-498A
biànhè 抃賀 6-410A
biānhén 鞭痕 12-206B
biānhéshang 邊和尚
10-1288B
biànhóng 便鴻 1-1368B
biānhòu 邊候 10-1291B
biānhòu 邊堠 10-1294B
biānhū 鞭呼 12-205A
biānhù 編户 9-948B
biānhù 邊户 10-1285B
biǎnhū 貶忽 10-122A
biǎnhú 匾壺 1-979B
biànhú 便壺 1-1366B
biànhù 便户 1-1361B
biànhù 辯護 11-514B
biànhù 變互 5-526B
biānhuà 邊畫 10-1295B
biànhuà 辨畫 11-497A
biànhuà 辯畫 11-513A
biànhuà 變化 5-527A
biànhuàbùcè 變化不測
5-527A
biànhuàbùqióng 變化不窮
5-527A
biānhuái 邊淮 10-1294A
biànhuài 變壞 5-535B
biànhuàmòcè 變化莫測
5-527A
biānhuàn 邊患 10-1293B
biànhuàn 便换 1-1365A
biànhuàn 變幻 5-527B
biànhuàn 變换 5-531A
biànhuàn 變眩 5-531A
biànhuànbùcè 變幻不測
5-527B
biānhuāng 邊荒 10-1289B
biànhuànmòcè 變幻莫測
5-527B
biànhuànwúqióng 變幻無窮
5-527B
biànhuàshēn 變化身 5-527A
biànhuàwúcháng 變化無常
5-527A
biànhuàwúqióng 變化無窮
5-527A
biànhuì 便會 1-1367A
biǎnhuǐ 貶毁 10-124A
biǎnhuì 貶晦 10-123A
biànhuǐ 變悔 5-531B
biànhuì 辨慧 11-497B
biànhuì 辯惠 11-512B
biànhuì 辯慧 11-513B
biānhùmín 編户民 9-948B
biānhuǒ 邊火 10-1285B
biānhuò 邊禍 10-1295B
biànhuǒ 變火 5-527A

biànhuò 辨惑 11-496B
biànhuò 辯惑 11-512B
biànhuò 變惑 5-532B
biānhùqímín 編户齊民 9-948B
biànhùrén 辯護人 11-514B
biànhùshì 辯護士 11-514B
biānjī 邊機 10-1299A
biānjī 邊幾 10-1296A
biānjī 鞭擊 12-208B
biānjí 編緝 9-952A
biānjí 編集 9-951A
biānjí 編輯 9-952B
biānjí 邊急 10-1290B
biānjí 邊極 10-1294B
biānjì 砭劑 7-1015B
biānjì 邊績 10-1300A
biānjì 邊計 10-1290B
biānjì 邊寄 10-1294A
biānjì 邊際 10-1297A
biānjì 籩祭 8-1284B
biǎnjī 貶譏 10-125A
biǎnjī 褊激 9-119B
biǎnjí 褊急 9-119A
biǎnjí 褊瘠 9-119B
biǎnjí 褊愱 9-119A
biǎnjì 褊忌 9-118B
biànjī 遍緝 10-1102A
biànjī 辨激 11-498A
biànjī 變機 5-535A
biànjī 變几 5-526B
biànjí 卞急 1-987A
biànjí 便疾 1-1365B
biànjí 便檝 1-1368A
biànjí 遍及 10-1101B
biànjí 辨詰 11-497A
biànjí 辯詰 11-513A
biànjí 變急 5-530B
biànjí 獱疾 5-108A
biànjǐ 便給 1-1367A
biànjǐ 辨給 11-497A
biànjǐ 辯給 11-513A
biànjì 編結 9-951A
biànjì 便計 1-1365A
biànjì 偏祭 3-1046A
biànjì 辮髻 11-509B
biànjì 變計 5-530B
biānjiā 邊加 10-1286A
biānjiā 邊笳 10-1293B
biānjiǎ 邊甲 10-1286A
biǎnjiā 貶家 10-123A
biǎnjià 貶價 10-124A
biànjiā 便家 1-1365B
biànjià 變價 5-534B
biānjiān 編菅 9-951A
biānjiǎn 編檢 9-952B
biānjiǎn 編簡 9-952B
biānjiǎn 鞭簡 12-208B
biānjiǎn 鞭鐧 12-208B
biānjiàn 邊見 10-1287B
biānjiàn 鞭箭 12-208A
biǎnjiàn 貶賤 10-124A
biànjiān 便箋 1-1367B
biànjiàn 偏見 3-1045B
biānjiāng 邊壃 10-1299A
biānjiāng 邊疆 10-1301A
biānjiàng 邊將 10-1294B
biǎnjiàng 貶降 10-122A
biānjiāo 邊郊 10-1289A
biānjiǎo 邊角 10-1288A
biānjiǎo 邊徼 10-1299B
biānjiào 編校 9-950B
biānjiào 邊嶠 10-1298B
biànjiāo 拚嬌 6-625B
biànjiào 抃叫 6-409B
biānjiǎoliào 邊角料 10-1288A
biànjiǎráo 便假饒 1-1366A
biànjiǎruò 便假若 1-1366A
biānjíbù 編輯部 9-952B
biānjiē 邊街 10-1295B
biānjié 編結 9-951A
biānjié 邊捷 10-1293A
biānjié 鞭節 12-207A
biānjiè 邊届 10-1289A
biānjiè 邊界 10-1290A
biǎnjié 貶潔 10-123B
biǎnjiè 匾介 1-979A
biǎnjiè 貶解 10-124A
biǎnjiè 褊介 9-118A
biànjiē 變揭 5-532B
biànjié 便捷 1-1366A
biànjié 辨捷 11-496A
biànjié 辨潔 11-498A
biànjié 辨絜 11-496B
biànjié 辯捷 11-512A
biànjié 辯絜 11-512B
biànjié 變節 5-533A
biànjiě 辨解 11-497A
biànjiě 辯解 11-513A
biànjiè 偏戒 3-1045B
biànjiè 偏誡 3-1046A
biànjìhào 變記號 5-531B
biānjìn 邊近 10-1287B
biānjìn 邊祲 10-1294A
biānjìn 邊禁 10-1296A
biǎnjīn 扁巾 7-361A
biànjìn 便近 1-1362B
biānjǐng 邊儆 10-1297B
biānjǐng 邊警 10-1300B
biānjǐng 鞭警 12-208B
biānjìng 邊竟 10-1293B
biānjìng 邊境 10-1297A
biānjìng 邊競 10-1301A
biànjīng 汴京 5-992B
biànjǐng 變警 5-536A
biànjìsuǒzhíxìng 偏計所執性 3-1045B
biànjìsuǒzhízìxìng 偏計所執自性 3-1045B
biānjiǔ 砭灸 7-1015B
biānjiǔ 邊酒 10-1292A
biànjiù 變咎 5-529B
biānjú 邊局 10-1288A
biānjǔ 籩筥 8-1213A
biānjù 編劇 9-951B
biānjù 邊劇 10-1298B
biānjù 邊遽 10-1299B
biǎnjú 褊局 9-118B
biànjú 變局 5-529A
biànjú 變橘 5-535A
biànjǔ 偏舉 3-1046B
biànjù 辯據 11-513B
biǎnjuàn 褊狷 9-119A
biǎnjué 貶絶 10-123B
biànjué 辨決 11-495A
biànjué 辨譎 11-498B
biànjué 辯決 11-511A
biànjué 辯譎 11-514A
biānjūn 邊軍 10-1291A
biānjùn 邊郡 10-1291A
biànjùn 便郡 1-1365A
biànjùn 辯俊 11-511B
biānkè 邊客 10-1291A
biǎnkè 褊刻 9-118B
biànkè 卞克 1-987A
biànkè 辯客 11-511B
biānkǒu 邊口 10-1285A
biānkòu 邊寇 10-1294A
biànkǒu 辨口 11-494A
biànkǒu 辯口 11-510B
biànkǒulìcí 辯口利辭 11-510B
biànkǒulìshé 辯口利舌 11-510B
biānkuǎn 邊款 10-1294B
biānkuàng 邊框 10-1291B
biǎnkuàng 窆壙 8-437B
biānkuì 邊餽 10-1300A
biǎnkuì 褊匱 9-119B
biànkuì 變虧 5-535B
biānkǔn 邊閫 10-1299A
biànkuò 辨括 11-495B
biànlài 便賴 1-1368A
biānlán 編闌 9-952B
biānlán 編攔 9-953A
biānlán 編欄 9-953B
biānlán 邊闌 10-1300A
biānlán 邊欄 10-1301A
biānlán 邊襴 10-1301A
biànlǎn 便覽 1-1368B
biànlǎn 徧覽 3-1047A
biànlǎn 遍覽 10-1102A
biǎnlán'er 匾籃兒 1-979B
biànláng 艑郎 9-10B
biānláo 邊勞 10-1295B
biānláo 班勞 4-564A
biānlǎopiánpián 邊老便便 10-1286B
biānlè 鞭勒 12-206A
biànlè 變泐 5-529A
biānlěi 邊壘 10-1300B
biānlèi 編類 9-953A
biǎnlěi 貶累 10-123A
biànlèi 辯類 11-514A
biānlí 邊黎 10-1298B
biānlì 邊吏 10-1286B
biānlì 邊隸 10-1300A
biānlì 鞭勵 12-208B
biǎnlì 貶勵 10-124B
biànlí 辨離 11-498A
biànlǐ 徧禮 3-1046B
biànlǐ 辨理 11-496A
biànlǐ 辯理 11-512A
biànlǐ 變理 5-531B
biànlǐ 變禮 5-535B
biànlì 弁慄 2-1310A
biànlì 抃慄 6-410A
biànlì 便利 1-1362B
biànlì 徧歷 3-1046B
biànlì 遍歷 10-1102A
biànlì 辨利 11-495A
biànlì 辨麗 11-498A
biànlì 辯利 11-511A
biànlì 辯麗 11-514A
biànlì 變例 5-529A
biānliǎn 邊斂 10-1300A
biànliǎn 變臉 5-535B
biànliǎnbiànsè 變臉變色 5-535B
biānliáng 邊糧 10-1300B
biǎnliáng 貶量 10-123B
biǎnliàng 褊量 9-119B
biànliáng 汴梁 5-992B
biānliāo 邊橑 10-1299A
biānliāo 邊撩 10-1298A
biānliáo 邊遼 10-1298B
biānliào 邊料 10-1292A
biànliǎo 便了 1-1361B
biànliǎo 辨了 11-494B
biānliè 編列 9-949A
biānliè 編列 9-949A
biànliè 辯列 11-510B
biānlǐn 邊廩 10-1299B
biānlǐn 邊稟 10-1299B
biǎnlìn 褊悋 9-119A
biānlínchīfèng 鞭麟笞鳳 12-209A
biānlíng 甂瓴 5-294A
biānlìng 邊令 10-1286A
biānlíngzǒushí 鞭靈走石 12-209A
biānliǔ 編柳 9-950A
biǎnliú 貶流 10-123A
biànlíyǎngjí 變醨養瘠 5-535B
biānlǒng 邊隴 10-1300B
biānlóu 邊樓 10-1298B
biǎnlòu 褊陋 9-118B
biānlú 邊爐 10-1301A
biānlú 邊鑪 10-1301A
biānlǔ 邊虜 10-1296B
biānlù 編録 9-952B
biǎnlú 扁盧 7-362B
biǎnlù 貶戮 10-124B
biànlù 便路 1-1367A
biànluàn 變亂 5-533B
biānluánchīfèng 鞭鸞笞鳳 12-209A
biānlùn 邊論 10-1299A
biànlùn 弁論 2-1310A
biànlùn 辨論 11-497B
biànlùn 辯論 11-513B
biānluò 邊落 10-1294B
biǎnluó 扁螺 7-362B
biǎnluò 貶落 10-123B

biānluóhàn 邊羅漢 10-1300B
biānlǚ 邊旅 10-1292A
biānlǜ 邊慮 10-1298B
biànlǜ 變律 5-530A
biànlǜ 變率 5-532B
biānlüè 邊略 10-1293B
biānlüè 邊畧 10-1293A
biànlüè 辯略 11-512A
biānmǎ 編馬 9-950B
biānmǎ 編碼 9-951B
biānmǎ 邊馬 10-1291A
biànmǎ 便馬 1-1365A
biànmài 變賣 5-534B
biānmán 邊蠻 10-1301B
biànmǎn 遍滿 10-1102A
biānmào 鞭帽 12-206B
biǎnmáo 匾毛 1-979A
biànmáo 弁髦 2-1310A
biànmào 便帽 1-1366B
biànmào 變貌 5-533B
biǎnmáochùshēng 扁毛畜生 7-361A
biànměi 便美 1-1365A
biànmèi 便媚 1-1367A
biānmén 邊門 10-1289A
biànmén 便門 1-1364A
biānméng 編氓 9-950A
biānméng 編甿 9-950A
biānméng 邊氓 10-1289A
biānméng 邊甿 10-1288B
biānméng 邊萌 10-1293A
biànménqiáo 便門橋 1-1364A
biānmí 邊靡 10-1300B
biānmǐ 鞭弭 12-205B
biānmiàn 邊面 10-1290A
biānmiàn 鞭面 12-205B
biànmiǎn 弁冕 2-1309B
biànmiàn 便面 1-1364A
biànmiàn 變面 5-530A
biànmiè 變滅 5-533B
biānmín 編民 9-949A
biānmín 邊民 10-1286A
biànmǐn 便敏 1-1366A
biànmǐn 辨敏 11-496A
biànmǐn 辯敏 11-512A
biànmínfáng 便民房 1-1361B
biànmíng 辨明 11-495A
biànmíng 辯明 11-511A
biānmó 砭磨 7-1015B
biānmó 編摩 9-952A
biānmó 邊謨 10-1300A
biānmò 蝙蠈 8-934A
biānmò 邊漠 10-1297A
biǎnmò 貶没 10-122A
biànmóu 變謀 5-535A
biānmù 編目 9-949A
biānmù 邊幕 10-1296A
biānmù 鞭墓 12-207A
biànmù 弁目 2-1309A
biànmù 便幕 1-1367A
biànnǎi 便乃 1-1361B
biānnàn 邊難 10-1300B
biànnàn 辨難 11-498A
biànnàn 辯難 11-514A
biànnàn 變難 5-536A
biànnéng 便能 1-1365B
biǎnnì 貶匿 10-122B
biānnián 編年 9-949A
biānniánshǐ 編年史 9-949A
biānniántǐ 編年體 9-949A
biànniào 便溺 1-1367B
biānniē 編揑 9-951A
biānniè 編掜 9-950B
biānniè 邊孽 10-1300B
biānniú 鞭牛 12-204A
biànniú 抃牛 6-409B
biānnòng 編弄 9-949B
biànnòng 變弄 5-528B
biānnúcèjiǎn 鞭駑策蹇 12-208A
biànnǚ 辯女 11-510B
biān'ōu 甂甌 5-294A
biānpái 編排 9-950B
biānpài 編派 9-950A
biànpāi 徧拍 3-1045B
biānpàn 邊畔 10-1291B
biānpáng 邊傍 10-1295B
biānpáng 邊旁 10-1292A
biānpào 邊炮 10-1291A
biānpào 鞭炮 12-205B
biānpèi 編配 9-950B
biānpèi 鞭轡 12-209A
biànpén 便盆 1-1364B
biānpéng 編蓬 9-951A
biānpǐ 鞭擗 12-208A
biānpì 邊僻 10-1298B
biānpì 鞭辟 12-207B
biānpìjìnlǐ 鞭擗進裏 12-208A
biānpìjìnlǐ 鞭辟近裏 12-207B
biǎnpín 扁玭 6-779A
biānpìrùlǐ 鞭辟入裏 12-207B
biānpìxiànglǐ 鞭擗向裏 12-208A
biānpìxiànglǐ 鞭辟向裏 12-207B
biānpìzhuólǐ 鞭辟着裏 12-207B
biǎnpò 褊迫 9-118B
biànpōu 辨剖 11-496A
biànpōu 辯剖 11-511B
biānpū 鞭扑 12-204B
biānpū 鞭撲 12-208A
biānpū 鞭朴 12-204B
biānpú 編蒲 9-951A
biānpú 鞭蒲 12-207A
biānpù 邊鋪 10-1298B
biǎnpú 匾蒲 1-979B
biànpú 卞璞 1-987B
biànpǔ 辯圃 11-511B
biānpúsà 邊菩薩 10-1293A
biǎnpúyāng 扁蒲秧 7-362A
biānqí 邊圻 10-1287B
biānqí 邊騎 10-1300A
biānqì 邊氣 10-1291B
biǎnqì 窆器 8-437B
biǎnqì 貶棄 10-123B
biànqí 變齊 5-534A
biànqì 卞泣 1-987A
biànqì 便器 1-1368A
biànqì 變氣 5-531A
biànqì 變棄 5-533A
biānqiǎ 邊卡 10-1285B
biànqià 辨洽 11-495B
biānqián 邊前 10-1290B
biǎnqiǎn 褊淺 9-119B
biànqiān 變遷 5-534B
biànqián 便錢 1-1368A
biānqiáng 邊墻 10-1299A
biānqiáng 邊牆 10-1300A
biànqiánwù 便錢務 1-1368A
biànqiáo 便橋 1-1368A
biànqiǎo 便巧 1-1361B
biànqiǎo 辯巧 11-510B
biànqiǎo 變巧 5-527B
biànqiè 辨切 11-494A
biānqíng 邊情 10-1294A
biānqìng 編磬 9-952A
biǎnqīng 扁青 7-361B
biànqióng 弁瓊 2-1310A
biānqiú 邊酋 10-1290B
biānqū 邊區 10-1293A
biānqū 鞭驅 12-209A
biānqǔ 邊曲 10-1287A
biànqū 變趨 5-535A
biànquán 變權 5-536A
biānquē 邊缺 10-1291B
biǎnquè 扁鵲 7-362B
biǎnquè 褊埆 9-119A
biǎnquè 褊鵲 9-119B
biànrán 扁然 7-362A
biānrǎng 邊壤 10-1301A
biānrén 編人 9-948B
biānrén 邊人 10-1284B
biānrèn 邊任 10-1287A
biǎnrén 褊人 9-118A
biànrén 便人 1-1361B
biànrén 辨人 11-494A
biànrén 辯人 11-510A
biànrén 變人 5-526B
biànrèn 辨認 11-497B
biànrì 辨日 11-494A
biànrìyánliáng 辨日炎涼 11-494A
biānróng 邊戎 10-1286B
biànróng 變容 5-531B
biànrónggǎisú 變容改俗 5-531B
biānrù 編入 9-948B
biǎnrǔ 貶辱 10-122B
biānruò 砭焫 7-1015B
biànruòxuánhé 辨若懸河 11-495A
biànrúxuánhé 辨如懸河 11-494B
biānsài 邊塞 10-1297A
biǎnsāng 窆喪 8-437B
biānsè 邊色 10-1287A
biànsè 辨色 11-494B
biànsè 變色 5-528A
biànsèlóng 變色龍 5-528B
biānshā 邊沙 10-1288A
biānshā 鞭殺 12-205B
biǎnshài 貶殺 10-123A
biānshān 邊山 10-1285A
biānshàn 邊扇 10-1292B
biǎnshàn 貶膳 10-124B
biànshàn 扁善 7-362A
biànshàn 辯善 11-512B
biànshàn 辯贍 11-514B
biānshāng 邊商 10-1293B
biānshǎng 邊賞 10-1298B
biānshàng 邊上 10-1285A
biànshāng 變商 5-532B
biānshāo 邊梢 10-1293A
biānshāo 鞭鞘 12-208B
biānshāo 鞭弰 12-205B
biānshāo 鞭梢 12-206A
biānshāo 鞭稍 12-206B
biānshào 鞭哨 12-205B
biānsháofù 邊韶腹 10-1298A
biānsháolǎn 邊韶嬾 10-1298A
biānsháoqǐn 邊韶寢 10-1298A
biānsháosì 邊韶笥 10-1298A
biànshē 徧賒 3-1046A
biànshé 辨舌 11-494B
biànshé 辯舌 11-511A
biànshè 卞射 1-987A
biānshěn 編審 9-952A
biǎnshēn 貶身 10-122A
biànshēn 遍身 10-1102A
biānshēng 邊陞 10-1291A
biānshēng 邊聲 10-1300A
biānshēng 鞭聲 12-208B
biānshěng 邊省 10-1290A
biǎnshěng 貶省 10-122B
biànshēng 變聲 5-535A
biànshěng 變眚 5-531A
biànshēngbùcè 變生不測 5-528A
biānshēngjīngsì 邊生經笥 10-1286A
biànshēngzhǒuyè 變生肘腋 5-528A
biānshī 邊師 10-1292A
biānshī 鞭尸 12-204A
biānshī 鞭屍 12-205B
biānshí 砭石 7-1015A
biānshí 邊食 10-1290A
biānshí 鞭石 12-204B
biānshǐ 邊使 10-1288B
biānshì 編室 9-950B
biānshì 邊士 10-1284B
biānshì 邊市 10-1286A
biānshì 邊式 10-1286A
biānshì 邊事 10-1288A
biānshì 邊飾 10-1296B
biǎnshí 扁食 7-361B
biǎnshí 窆石 8-437A
biǎnshí 匾食 1-979A
biǎnshí 貶食 10-122B
biǎnshì 匾式 1-979A

biànshī 偏施 3-1045B
biànshí 便時 1-1365A
biànshí 辨識 11-498B
biànshí 辯識 11-514A
biànshí 變食 5-530B
biànshí 變時 5-531A
biànshì 便事 1-1363A
biànshì 便室 1-1365A
biànshì 便是 1-1364B
biànshì 便勢 1-1367A
biànshì 辨士 11-494A
biànshì 辨事 11-495A
biànshì 辨釋 11-498B
biànshì 辯士 11-510A
biànshì 辯事 11-511A
biànshì 辯釋 11-514B
biànshì 變事 5-529A
biànshì 變勢 5-533A
biànshì 變飾 5-533B
biānshìfù 邊氏腹 10-1285B
biānshǒu 邊守 10-1287A
biǎnshòu 貶瘦 10-124A
biànshǒu 弁首 2-1309B
biànshǒu 抃手 6-409B
biānshū 邊書 10-1292B
biānshǔ 編數 9-952A
biānshù 編述 9-950A
biānshù 邊戍 10-1286B
biānshù 邊豎 10-1298B
biànshū 辨疏 11-497A
biànshǔ 辯數 11-513B
biànshù 辯數 11-513B
biànshù 變術 5-532A
biànshù 變數 5-534B
biānshuài 邊帥 10-1290A
biǎnshuài 褊率 9-119A
biānshuì 邊稅 10-1295A
biànshuǐ 便水 1-1361B
biànshuǐ 辨水 11-494A
biànshuì 辯説 11-513A
biānshuò 邊朔 10-1292A
biànshuō 辨説 11-497B
biānsī 邊司 10-1286A
biānsī 邊思 10-1290A
biānsī 鞭絲 12-207A
biānsì 邊笥 10-1293B
biànsī 便私 1-1362B
biànsī 㑞私 1-1538B
biànsǐ 變死 5-528A
biànsì 徧祀 3-1045B
biànsì 辨似 11-494B
biānsīmàoyǐng 鞭絲帽影 12-207A
biànsòng 辨訟 11-496B
biànsòng 辯訟 11-512A
biànsòng 變頌 5-533B
biànsōu 徧搜 3-1046A
biānsú 砭俗 7-1015B
biānsú 邊俗 10-1290A
biānsù 邊粟 10-1294B
biǎnsú 貶俗 10-122B
biǎnsù 貶素 10-122B
biànsú 變俗 5-530A
biànsù 辨訴 11-497A
biànsù 辨愬 11-497B
biànsù 辯速 11-511B
biànsù 辯訴 11-512B
biànsù 變速 5-531A
biānsuàn 邊算 10-1297B
biānsuí 編隨 9-951B
biānsuì 邊燧 10-1299B
biànsuí 卞隨 1-987B
biānsǔn 邊筍 10-1291B
biānsǔn 邊筍 10-1295A
biānsǔn 鞭筍 12-205B
biānsǔn 鞭筍 12-207A
biānsǔn 籩筍 8-1284B
biǎnsǔn 貶損 10-123B
biānsǔndēnglóng 籩筍燈籠 8-1213A
biānsuǒ 邊瑣 10-1297A
biānsuǒ 邊鎖 10-1300B
biānsuǒ 邊璅 10-1298A
biǎnsuǒ 貶所 10-122A
biànsuǒ 便所 1-1363A
biànsuǒ 便索 1-1365A
biànsùqì 變速器 5-531A
biànsúyìjiào 變俗易教 5-530A
biànsùyùndòng 變速運動 5-531A
biāntǎ 猵獺 5-96A
biāntǎ 蝙獺 8-934A
biāntà 鞭撻 12-208A
biàntài 變泰 5-531A
biàntài 變態 5-534A
biàntàibǎichū 變態百出 5-534A
biàntàixīnlǐ 變態心理 5-534A
biǎntán 貶彈 10-124B
biàntán 徧談 3-1046B
biàntānlìbó 變貪厲薄 5-532B
biāntào 邊套 10-1291B
biǎntáo 扁桃 7-362A
biǎntáo 匾桃 1-979B
biǎntáotǐ 扁桃體 7-362A
biǎntáoxiàn 扁桃腺 7-362A
biǎntī 匾匜 1-979B
biǎntí 匾匜 1-979A
biàntǐ 遍體 10-1102A
biàntǐ 變體 5-536B
biāntián 邊田 10-1286A
biàntiān 變天 5-526B
biàntián 弁田 2-1309B
biàntiánjū 卞田居 1-987A
biàntiánjūn 卞田君 1-987A
biǎntiāo 扁挑 7-361B
biàntiáo 便條 1-1365B
biàntiào 徧覜 3-1046A
biàntǐlínshāng 遍體鱗傷 10-1102B
biāntīng 邊廳 10-1301B
biāntíng 邊廷 10-1287A
biāntíng 邊亭 10-1290B
biāntíng 邊庭 10-1290B
biāntǒng 鞭桶 12-206A
biàntong 變通 5-531B
biàntōng 徧通 3-1046A
biàntōng 辯通 11-512A
biàntǒng 便桶 1-1366A
biàntǒng 變統 5-533A
biāntóu 邊頭 10-1299B
biàntóu 變頭 5-535A
biāntú 邊圖 10-1297B
biāntǔ 邊土 10-1285A
biǎntuì 貶退 10-122B
biāntún 邊屯 10-1285A
biāntuò 邊柝 10-1289B
biàntuō 辨脱 11-496B
biànwǎ'èzhū 抃瓦匳珠 6-409B
biānwài 編外 9-949A
biānwài 邊外 10-1286A
biānwán 砭頑 7-1015B
biǎnwàng 貶望 10-123A
biānwēi 邊危 10-1287A
biānwéi 編韋 9-950B
biānwéi 邊維 10-1298A
biānwěi 邊委 10-1288B
biānwèi 邊衛 10-1298B
biànwèi 辨位 11-495A
biànwèi 辨味 11-495A
biànwèi 變味 5-529A
biànwén 便文 1-1361B
biànwén 徧聞 3-1046A
biànwén 變文 5-527A
biànwèn 辯問 11-512A
biànwénxiéyùn 變文協韻 5-527A
biānwǔ 編伍 9-949B
biānwù 邊務 10-1292B
biànwū 辯誣 11-513A
biànwǔ 忭舞 7-434B
biànwǔ 抃舞 6-410A
biànwǔ 抃儛 6-410A
biànwǔ 徧舞 3-1046A
biànwǔ 徧儛 3-1046B
biànwǔ 辯武 11-511A
biànwǔ 變侮 5-530A
biànwù 辨物 11-495B
biànwù 辨悟 11-496A
biànwù 辯悟 11-511B
biànwù 變物 5-529A
biànwù 變悟 5-531B
biànwùjūfāng 辨物居方 11-495B
biānxì 邊隙 10-1296A
biānxì 邊隙 10-1297A
biànxī 辨析 11-495A
biànxī 辨悉 11-496A
biànxī 辨晰 11-496B
biànxī 辯析 11-511A
biànxī 辯晳 11-512B
biànxí 便席 1-1365B
biànxí 便習 1-1366B
biānxiá 猵狹 5-96A
biānxiá 邊遐 10-1295B
biānxià 邊夏 10-1291B
biānxià 邊轄 10-1300A
biǎnxiá 褊狹 9-119A
biǎnxiá 褊陋 9-119B
biànxiá 便黠 1-1368B
biànxiá 辯黠 11-514A
biānxián 邊舷 10-1293B
biānxiǎn 邊險 10-1299A
biānxiàn 邊限 10-1289A
biānxiàn 邊羨 10-1297A
biānxiàn 邊縣 10-1299B
biànxián 變嫌 5-533B
biànxiàn 便線 1-1368A
biànxiàn 辯獻 11-514B
biànxiàn 變見 5-528B
biànxiàn 變現 5-531B
biānxiāng 邊廂 10-1293A
biānxiāng 邊鄉 10-1294B
biānxiāng 邊廂 10-1295B
biānxiǎng 邊餉 10-1297B
biānxiǎng 邊餉 10-1297B
biānxiǎng 邊饟 10-1301B
biànxiàng 變相 5-530A
biànxiàng 變象 5-532B
biānxiào 邊効 10-1289A
biānxiào 邊效 10-1292A
biǎnxiǎo 褊小 9-118A
biǎnxiào 貶笑 10-123A
biànxiǎo 徧曉 3-1046B
biànxiǎo 變小 5-526B
biànxiào 抃笑 6-410A
biànxiǎoyǎ 變小雅 5-526B
biānxiě 編寫 9-952A
biànxié 便鞋 1-1368A
biànxiè 便榭 1-1367B
biànxiè 徧謝 3-1046B
biànxìfǎ 變戲法 5-535B
biānxīn 邊心 10-1285B
biānxìn 邊信 10-1290A
biānxìn 邊釁 10-1301B
biǎnxīn 扁心 7-361A
biǎnxīn 惼心 7-667B
biǎnxīn 褊心 9-118A
biànxīn 忭忻 7-434B
biànxīn 變心 5-527B
biànxìn 便信 1-1364B
biànxìn 變釁 5-536B
biānxíng 鞭行 12-204B
biānxíng 籩鉶 8-1284B
biǎnxìng 褊性 9-118B
biànxīng 變星 5-530A
biànxíng 徧行 3-1045A
biànxíng 遍行 10-1102A
biànxíng 變刑 5-528A
biànxíng 變形 5-528B
biànxǐng 徧省 3-1045B
biànxǐng 辯省 11-511B
biànxǐng 變省 5-530A
biànxìng 忭幸 7-434B
biànxìng 變性 5-529B
biànxíngchóng 變形蟲 5-528B
biànxīnyìlǜ 變心易慮 5-527B
biānxiū 編修 9-950A
biānxū 邊須 10-1295B
biānxū 邊需 10-1297B

biānxǔ 邊糈 10-1299A
biānxù 萹蓄 9-491A
biānxuǎn 編選 9-952A
biànxuàn 便旋 1-1366A
biànxuànwúqióng 變炫無窮 5-530B
biānxuē 砭削 7-1015B
biānxuē 編削 9-950A
biānxuē 鞭靴 12-207A
biānxuè 鞭血 12-204B
biānxuē 貶削 10-122B
biànxué 辨學 11-498A
biànxué 辯學 11-513B
biànxuě 辨雪 11-496A
biànxuě 辯雪 11-512A
biànxuè 便血 1-1362A
biànxún 徧循 3-1046A
biānyá 邊崖 10-1293B
biānyá 邊涯 10-1294A
biànyǎ 變雅 5-532B
biānyán 邊沿 10-1289A
biānyán 邊嚴 10-1300B
biānyán 邊鹽 10-1301A
biǎnyán 貶顏 10-124B
biànyán 卞嚴 1-987B
biànyán 弁言 2-1309B
biànyán 辨言 11-495A
biànyán 辯言 11-511A
biànyán 變顏 5-535B
biànyǎn 辨眼 11-496A
biànyǎn 辯眼 11-512A
biànyàn 辨驗 11-498B
biànyàn 辯驗 11-514B
biànyàn 辯讞 11-514B
biànyánbiànsè 變顏變色 5-535B
biànyǎng 便養 1-1367B
biànyàng 變樣 5-534B
biānyào 砭藥 7-1015B
biānyào 邊要 10-1289B
biànyào 辨要 11-495B
biànyào 辯要 11-511B
biànyāqì 變壓器 5-535B
biānyě 邊野 10-1293A
biānyè 邊業 10-1296B
biànyě 遍野 10-1102A
biànyè 便液 1-1366B
biànyè 變業 5-533A
biānyī 邊衣 10-1287A
biānyí 邊夷 10-1286B
biānyì 編譯 9-953B
biānyì 邊役 10-1287B
biānyì 邊邑 10-1287B
biānyì 邊埸 10-1293A
biānyì 邊裔 10-1296B
biānyì 邊議 10-1301A
biānyì 邊驛 10-1301A
biǎnyī 褊衣 9-118B
biǎnyì 貶抑 10-122A
biǎnyì 貶易 10-122A
biǎnyì 貶異 10-123A
biǎnyì 貶義 10-124A
biǎnyì 貶議 10-125A
biànyī 便衣 1-1362A
biànyí 便宜 1-1363A
biànyí 變移 5-532A
biànyì 卞毅 1-987B
biànyì 便易 1-1363A
biànyì 便益 1-1365B
biànyì 便意 1-1367A
biànyì 辨異 11-496A
biànyì 辯逸 11-512A
biànyì 辯義 11-513A
biànyì 辯議 11-514B
biànyì 變易 5-529A
biànyì 變異 5-531B
biànyì 變意 5-533B
biǎnyìcí 貶義詞 10-124A
biànyícóngshì 便宜從事 1-1363B
biānyīn 邊音 10-1290B
biānyín 邊垠 10-1289B
biānyǐn 邊引 10-1285B
biānyìn 編印 9-949A
biǎnyǐn 貶引 10-121B
biànyīn 便音 1-1365A
biānyíng 邊營 10-1299B
biānyǐng 鞭影 12-208A
biānyīng 鶣鷹 12-1089A
biànyìng 變應 5-535B
biànyíshì 便宜事 1-1363B
biànyíshīxíng 便宜施行 1-1363B
biànyíxíngshì 便宜行事 1-1363B
biānyòng 邊用 10-1286A
biànyǒng 弁勇 2-1309B
biànyǒng 忭踴 7-434B
biànyǒng 抃踊 6-410A
biànyǒng 抃踴 6-410A
biānyōngzhēnsú 砭庸鍼俗 7-1015B
biānyōu 邊憂 10-1298B
biānyóu 邊郵 10-1291B
biānyóu 邊遊 10-1295B
biànyóu 便郵 1-1365B
biànyóu 徧遊 3-1046A
biànyòu 辨囿 11-495B
biànyòu 辯囿 11-511B
biānyòujié 邊幼節 10-1286A
biānyú 箯輿 8-1213A
biānyú 編餘 9-952A
biānyú 編輿 9-952B
biānyú 邊隅 10-1294B
biānyú 邊魚 10-1293B
biānyú 邊虞 10-1296A
biānyǔ 邊宇 10-1287A
biānyǔ 邊圉 10-1293B
biānyǔ 邊庾 10-1293B
biānyù 邊域 10-1293A
biànyú 便於 1-1363A
biànyǔ 弁語 2-1310A
biànyǔ 便羽 1-1362A
biànyǔ 遍宇 10-1102A
biànyǔ 辨雨 11-495A
biànyǔ 變羽 5-528B
biànyù 徧諭 3-1046B
biànyù 變獄 5-534A
biānyuán 邊垣 10-1289B
biānyuán 邊緣 10-1299A
biānyuǎn 邊遠 10-1296A
biǎnyuán 匾圓 1-979B
biānyuánkēxué 邊緣科學 10-1299A
biānyuē 邊約 10-1291A
biānyuē 鞭約 12-205B
biānyuè 邊鑰 10-1301B
biǎnyuē 貶約 10-122B
biǎnyuè 貶樂 10-124B
biànyuē 辨約 11-495B
biànyuè 忭躍 7-434B
biànyuè 抃悅 6-410A
biànyuè 抃躍 6-410A
biānyuējìnlǐ 鞭約近裏 12-205B
biānyùn 砭熨 7-1015B
biānyúzhōu 鯿魚舟 12-1250B
biǎnzā 匾扎 1-979A
biànzàn 徧贊 3-1046B
biǎnzàng 窆葬 8-437B
biānzào 編造 9-950B
biǎnzào 褊躁 9-120A
biànzào 卞躁 1-987B
biànzào 變造 5-531A
biānzé 鞭責 12-205B
biǎnzé 貶責 10-123A
biànzé 變則 5-530A
biànzé 頨幘 12-288B
biànzédào 便則道 1-1364B
biànzhà 辯詐 11-512B
biànzhà 變詐 5-533A
biānzhài 邊砦 10-1293A
biānzhài 邊寨 10-1298A
biǎnzhǎi 匾窄 1-979B
biǎnzhǎi 褊窄 9-119A
biànzhāi 便齋 1-1368B
biānzhāng 邊鄣 10-1297A
biānzhàng 邊帳 10-1293B
biānzhàng 邊障 10-1297A
biānzhàng 鞭杖 12-204B
biànzhāng 辨章 11-496B
biànzhāng 辨彰 11-497B
biànzhāng 辯章 11-512A
biànzhǎng 抃掌 6-410A
biànzhǎng 拚掌 6-625B
biànzhào 徧照 3-1046A
biànzhào 遍照 10-1102A
biànzhào 辨照 11-497A
biànzhào 辯照 11-513A
biānzhé 鞭磔 12-208A
biānzhě 編者 9-949B
biǎnzhé 貶折 10-122A
biǎnzhé 貶謫 10-124B
biànzhé 辨折 11-494B
biànzhé 辯折 11-511A
biānzhēn 砭針 7-1015B
biānzhēn 砭鍼 7-1015B
biānzhèn 邊鎮 10-1300B
biǎnzhēn 扁鍼 7-362B
biānzhěng 編整 9-952B
biānzhèng 邊政 10-1289B
biànzhēng 辨争 11-494B
biànzhēng 辯争 11-511A
biànzhēng 變争 5-528A
biànzhèng 辨正 11-494A
biànzhèng 辨證 11-498B
biànzhèng 辯正 11-510B
biànzhèng 辯政 11-511B
biànzhèng 辯證 11-514A
biànzhèng 變正 5-527B
biànzhèng 變證 5-536A
biànzhèngfǎ 辯證法 11-514A
biānzhī 編織 9-952B
biānzhí 邊執 10-1293A
biānzhí 邊職 10-1300B
biānzhì 砭治 7-1015B
biānzhì 編制 9-950A
biānzhì 編帙 9-950A
biānzhì 編置 9-951A
biānzhì 編製 9-951B
biānzhì 邊制 10-1288B
biǎnzhí 貶值 10-123A
biǎnzhí 貶職 10-124B
biǎnzhí 褊直 9-118B
biǎnzhì 貶秩 10-122B
biǎnzhì 褊忮 9-118B
biànzhī 徧知 3-1045B
biànzhī 辯知 11-511B
biànzhǐ 變徵 5-534B
biànzhì 班治 4-561A
biànzhì 徧至 3-1045A
biànzhì 辨志 11-494B
biànzhì 辨治 11-495B
biànzhì 辨秩 11-496A
biànzhì 辨智 11-496B
biànzhì 辯治 11-511B
biànzhì 辯智 11-512B
biànzhì 變置 5-533A
biànzhì 變質 5-534B
biānzhōng 編鍾 9-952B
biānzhōng 編鐘 9-953A
biānzhòng 邊衆 10-1295B
biǎnzhōng 褊衷 9-119A
biànzhōng 便中 1-1361B
biànzhǒng 變種 5-533B
biānzhōu 邊州 10-1287A
biānzhōu 扁舟 7-361A
biànzhōu 徧周 3-1045B
biànzhōu 遍周 10-1102A
biànzhòucǎo 變晝草 5-532B
biānzhū 編珠 9-950B
biānzhū 扁諸 7-362A
biānzhú 萹竹 9-491A
biānzhú 編竹 9-949B
biānzhù 編著 9-950B
biǎnzhú 貶逐 10-122B
biànzhǔ 變主 5-528A
biànzhù 抃祝 6-410A
biānzhuā 鞭撾 12-207B
biānzhuàn 編撰 9-951B
biǎnzhuǎn 鶣轉 12-1089A
biànzhuǎn 變轉 5-535B
biànzhuàn 抃轉 6-410A
biànzhuāng 卞莊 1-987A
biànzhuāng 便裝 1-1367B
biànzhuāngzǐ 卞莊子 1-987A

biànzhuāngzǐcìhǔ
卞莊子刺虎 1-987A
biānzhuì 編綴 9-951B
biānzhuó 砭灼 7-1015B
biānzhuó 鞭著 12-206A
biānzhuó 鞭茁 12-205A
biānzi 鞭子 12-204A
biānzi 鯿子 12-1249A
biānzǐ 邊子 10-1285A
biànzi 辮子 11-509A
biànzī 辯諮 11-514A
biānzōu 邊陬 10-1292B
biānzòu 邊奏 10-1289A
biànzòu 辨奏 11-495B
biànzòu 變奏 5-529B
biānzú 邊卒 10-1289A
biānzǔ 編組 9-951A
biānzǔ 邊俎 10-1290A
biànzǔ 弁組 2-1310A
biānzuǎn 編纂 9-953A
biānzuì 邊最 10-1294B
biānzuì 邊罪 10-1296B
biànzuǐ 辯嘴 11-513B
biānzuò 邊坐 10-1287B
biǎnzuò 貶坐 10-122A
biànzuò 便坐 1-1362B
biànzuò 便做 1-1366A
biànzuò 變作 5-528B
biànzuòdào 便做道 1-1366A
biànzǔqì 變阻器 5-529A
bí'āo 鼻凹 12-1416B
bí'ào 鼻坳 12-1417B
bì'ào 閟奥 12-100A
biāobá 標拔 4-1264A
biāobái 標白 4-1263A
biǎobái 表白 1-534B
biāobǎng 標榜 4-1268A
biāobǎng 標牓 4-1268A
biāobǎng 標搒 4-1267A
biāobǎng 摽牓 6-831B
biāobǎng 摽搒 6-831B
biāobàng 杓棒 4-786B
biǎobào 表報 1-538A
biǎobào 表暴 1-540A
biāobèi 彪被 8-813A
biǎobèi 表背 1-536B
biǎobèi 裱背 9-103B
biǎobèi 裱褙 9-103B
biǎobèijiàng 表背匠 1-536B
biǎobèijiàng 裱背匠 9-103B
biǎobèijiàng 裱褙匠 9-104A
biǎobèipù 裱背舖 9-103B
biǎobèipù 裱褙舖 9-104A
biāoběn 標本 4-1262B
biàobì 摽辟 6-831B
biāobiāo 彪彪 8-813A
biāobiāo 髟髟 12-728A
biāobiāo 嘌嘌 3-756B
biāobiāo 滮滮 6-83B
biāobiāo 麃麃 12-1289A
biāobiāo 儦儦 1-1737B
biāobiāo 瀌瀌 6-203B
biāobiāo 飆飆 12-652A
biāobiāo 鑣鑣 11-1428B
biāobiāo 贔贔 12-922B
biāobiāo 彫彫 12-637A
biāobiǎo 標表 4-1264A
biǎobiǎo 表表 1-536A
biǎobiǎo 褾褾 9-147A
biāobīng 標兵 4-1263B
biāobǐng 杓秉 4-786B'
biāobǐng 彪昺 8-813A
biāobǐng 彪炳 8-813A
biāobō 標撥 4-1268B
biāobō 摽撥 6-831B
biāobó 標駁 4-1267B
biǎobó 表伯 1-535B
biǎobó 表薄 1-540B
biǎobó 表襮 1-541A
biàobō 俵撥 1-1445A
biāocǎi 標采 4-1264B
biāocǎi 摽采 6-831A
biāocān 飆驂 12-652A
biǎocǎo 表草 1-536B
biǎocè 表册 1-535A
biǎocéng 表層 1-540B
biāochā 標叉 4-1262B
biǎochǎn 表闡 1-541A
biǎochàng 表倡 1-536B
biāochē 飆車 12-650B
biāochè 標徹 4-1269A
biāochén 飆塵 12-651B
biǎochén 表臣 1-535A
biǎochèn 裱襯 9-104A
biāochēng 標稱 4-1268A
biāochéng 標呈 4-1263B
biāochéng 標程 4-1267A
biǎochēng 表稱 1-539B
biāochí 滮池 5-1372B
biāochí 滮沱 5-1372B
biāochí 標持 4-1264B
biāochí 飆馳 12-651B
biāochǐ 標尺 4-1262B
biǎochǐ 表尺 1-534A
biǎochǐ 裱褫 9-104A
biàochì 摽抶 6-831A
biāochíshuǐ 滮池水 6-83B
biǎochóng 表崇 1-537B
biāochuán 標船 4-1266B
biāochuāng 瘭瘡 8-352A
biāocì 標刺 4-1264A
biǎocì 表次 1-535B
biǎodá 表達 1-538A
biāodāo 標刀 4-1262B
biāodào 滮稻 6-84A
biǎodé 表德 1-540A
biāodēng 標燈 4-1269B
biāodì 標的 4-1264A
biǎodì 表的 1-536A
biǎodì 表弟 1-535B
biāodiǎn 標顛 4-1269B
biāodiǎn 標點 4-1269B
biāodiǎnfúhào 標點符號
4-1269B
biāoduì 標隊 4-1266B
biāoduò 標垛 4-1264B
biāoduò 標舵 4-1266B
biǎoduó 表掇 1-537A
biāo'ěr 表餌 1-539B
biāofā 彪發 8-813B
biāofā 猋發 5-66A
biāofā 飆發 12-651B
biǎofā 表發 1-538B
biǎofǎ 裱法 9-103B
biāofādiànjǔ 飆發電舉
12-651B
biǎofàn 表範 1-540A
biāoféi 膘肥 6-1369A
biāoféitǐzhuàng 膘肥體壯
6-1369A
biāofén 飆焚 12-651A
biàofèn 俵分 1-1444B
biāofēng 猋風 5-66A
biāofēng 標封 4 1264B
biāofēng 熛風 7-229B
biāofēng 飆風 12-651A
biǎofú 表符 1-537B
biàofú 摽拂 6-831A
biāogān 標杆 4-1263B
biāogān 標竿 4-1265A
biāogàn 標幹 4-1267A
biāogāng 標缸 4-1265A
biāogāo 標高 4-1266A
biāogé 標格 4-1265B
biāogé 摽格 6-831A
biǎogē 表哥 1-536B
biǎogé 表格 1-536B
biāogōng 標功 4-1262B
biāogōng 鑣宮 11-1428B
biǎogōng 表功 1-534B
biǎogōng 裱工 9-103B
biāogǔ 標鵠 4-1269B
biǎoguà 裱挂 9-103B
biāoguān 標冠 4-1265B
biāoguàn 標冠 4-1265B
biāoguàn 摽冠 6-831A
biāoguāng 飆光 12-650B
biāoguǐ 標軌 4-1265A
biāogǔn 藨蓘 9-606A
biāogǔn 穮蓘 8-162A
biāohài 飆駭 12-651B
biǎohǎi 表海 1-537A
biǎohán 表函 1-536A
biǎohàn 表翰 1-540B
biāoháng 鏢行 11-1378A
biāohào 標號 4-1267A
biǎohào 表號 1-538B
biǎohè 彪赫 8-813B
biǎohé 表狢 1-536B
biǎohé 表覈 1-541A
biǎohè 表賀 1-538B
biāohéng 杓衡 4-786B
biǎohòu 表候 1-536B
biāohū 猋忽 5-66A
biāohū 飆忽 12-650B
biāohū 焱忽 7-95B
biāohǔ 彪虎 8-813A
biǎohú 裱糊 9-104A
biāohuá 標華 4-1265B
biǎohuàjiàng 裱畫匠 9-103B
biāohuàn 彪煥 8-813B
biǎohuàpù 裱畫舖 9-103B
biǎohúdiàn 裱糊店 9-104A
biāohuí 飆回 12-650B
biǎohújiàng 裱糊匠 9-104A
biāohuǒ 熛火 7-229A
biāohuò 摽貨 6-831A
biāojí 猋急 5-66A
biāojí 飆疾 12-651A
biāojí 焱集 7-95B
biāojì 猋騎 5-66B
biāojì 標季 4-1264A
biāojì 標記 4-1266A
biāojì 標寄 4-1266B
biǎojí 表極 1-538A
biǎojì 表記 1-537A
biàojǐ 俵給 1-1444B
biàojì 俵濟 1 1445A
biàojì 俵寄 1-1444B
biàojì 摽季 6-831A
biāojià 標價 4-1269A
biāojià 飆駕 12-651B
biāojià 鑣駕 11-1428B
biāojiǎn 標檢 4-1269B
biāojiàn 杓建 4-786B
biāojiàn 滮澗 6-84A
biāojiàn 標鑒 4-1270A
biāojiàn 臕健 6-1400B
biǎojiān 表箋 1-539B
biǎojiàn 表薦 1-540B
biāojiǎng 標獎 4-1268B
biǎojiàng 裱匠 9-103B
biāojiāo 膘膠 6-1369A
biāojiāo 臕澆 6-1400B
biāojiǎo 杓角 4-786B
biāojiǎo 標角 4-1264A
biàojiāo 鰾膠 12-1257A
biāojiē 標揭 4-1266B
biāojiē 摽揭 6-831A
biāojié 標碣 4-1268A
biǎojiē 表揭 1-538A
biǎojiě 表姐 1-536A
biǎojiě 表解 1-539A
biàojiè 俵解 1-1444B
biàojiè 摽戒 6-830B
biāojīn 標金 4-1264B
biāojìn 標勁 4-1265A
biāojìn 熛燼 7-229B
biǎojīng 表旌 1-537B
biǎojīng 表經 1-539B
biǎojiù 表救 1-537B
biǎojiù 表舅 1-538B
biāojū 瘭疽 8-352A
biāojū 漂疽 6-76B
biāojú 鏢局 11-1378A
biāojú 鑣局 11-1428B
biāojǔ 標矩 4-1265A
biāojǔ 標舉 4-1269A
biāojǔ 飆舉 12-652A
biāojǔ 摽舉 6-832A
biāojǔ 焱舉 7-96A
biāojù 標句 4-1263B
biǎojǔ 表舉 1-540B
biǎojuǎn 裱卷 9-103B
biāojǔdiànzhì 飆舉電至
12-652A

biāojué 摽蕝 6-831B
biǎojué 表決 1-535B
biǎojué 表蕝 1-540A
biǎojuéquán 表決權 1-535B
biāojùn 標俊 4-1265A
biāojùn 標峻 4-1265B
biāokè 標客 4-1265B
biāokè 鏢客 11-1378A
biāokè 鑣客 11-1428B
biāokǒu 彪口 8-813A
biāokǒu 鑣口 11-1418A
biǎokuǎn 表款 1-537B
biāolā 猋拉 5-66A
biāolǎo'er 標老兒 4-1263B
biǎolè 表勒 1-537B
biāolèi 標類 4-1270A
biāolí 飆離 12-652A
biāolì 標立 4-1263B
biǎolǐ 表裏 1-539A
biǎolǐ 表禮 1-540B
biǎolì 表厲 1-539B
biāoliè 彪列 8-813A
biāolǐng 標領 4-1268A
biāolìng 標令 4-1263A
biǎolíng 表靈 1-541A
biǎolíng 裱綾 9-104A
biǎolǐrúyī 表裏如一 1-539A
biǎolǐshānhé 表裏山河 1-539A
bí'āolǐshātáng 鼻凹裏砂糖 12-1417A
biāoliú 滮流 6-83B
biāoliú 標流 4-1266A
biāoliú 飆流 12-651A
biǎolǐwéijiān 表裏爲奸 1-539B
biǎolǐwéijiān 表裏爲姦 1-539B
biǎolǐxiāngfú 表裏相符 1-539B
biǎolǐxiāngyī 表裏相依 1-539B
biǎolǐxiāngyìng 表裏相應 1-539B
biǎolǐyīzhì 表裏一致 1-539A
biāolù 標録 4-1269A
biǎolù 表露 1-541A
biāolún 飆輪 12-651B
biāoluò 標落 4-1266B
biàoluò 摽落 6-831A
biāolǜ 標律 4-1265A
biǎolǘ 表閭 1-540A
biǎomà 表貉 1-538B
biǎomà 表禡 1-540A
biàomǎ 俵馬 1-1444B
biāomài 標賣 4-1268B
biāomài 摽賣 6-831B
biāomài 剽賣 2-739A
biàomài 俵賣 1-1445A
biāomǎn 膔滿 6-1400B
biāoméi 標梅 4-1266A
biǎomèi 表妹 1-536A
biàoméi 摽梅 6-831A
biāoméng 彪蒙 8-813B
biǎomiàn 表面 1-536B
biāomíng 標名 4-1263B
biāomíng 標明 4-1264A
biǎomíng 表明 1-536A
biāomò 標末 4-1262B
biāomò 標株 4-1264B
biāomò 摽末 6-830B
biǎomò 㯹株 4-1336A
biāomù 標目 4-1263A
biāomù 摽目 6-830B
biǎomù 表木 1-534A
biǎomù 表目 1-534B
biǎomù 表墓 1-538B
biāonù 熛怒 7-229B
biǎopà 表帕 1-536A
biāopái 標牌 4-1267A
biàopái 摽牌 6-831A
biǎopán 表盤 1-540B
biāopèi 鑣轡 11-1428B
biǎopí 表皮 1-535A
biāopiāo 飆飃 12-652A
biāopiào 標票 4-1266A
biāopǐn 標品 4-1265A
biǎopù 表曝 1-541A
biāoqí 鑣旗 11-1428B
biāoqǐ 熛起 7-229B
biāoqǐ 飆起 12-651A
biāoqǐ 焱起 7-95B
biǎoqí 表旗 1-539B
biǎoqǐ 表起 1-536B
biāoqiān 標簽 4-1269B
biàoqián 摽虔 6-831A
biāoqiāng 標槍 4-1268A
biāoqiāng 標鎗 4-1269B
biāoqiāng 鏢槍 11-1378A
biāoqiāng 鏢鎗 11-1378A
biāoqiāngpángpái 標槍旁排 4-1268A
biāoqiāngpángpái 標槍旁牌 4-1268A
biǎoqīn 表親 1-540B
biāoqíng 膘情 6-1369A
biǎoqíng 表情 1-538A
biǎoqìng 表慶 1-540B
biàoqīng 鰾清 12-1257A
biāoqíngduóqù 標情奪趣 4-1266B
biǎoqiú 表裘 1-538B
biāoqū 彪軀 8-813B
biāoqū 飆驅 12-652A
biāoqǔ 標取 4-1264A
biǎoquàn 表勸 1-541A
biāoquè 熛闕 7-229B
biāorán 飆然 12-651A
biāoróng 標容 4-1266A
biāoruì 飆鋭 12-651B
biāoruì 焱鋭 7-95B
biàosǎ 滮灑 6-84A
biàosàn 俵散 1-1444B
biāosǎo 飆掃 12-651A
biǎosè 表色 1-535A
biāoshā 鑣殺 11-1428B
biāoshǎng 標賞 4-1268B
biāoshēn 標參 4-1266B
biǎoshěn 表嬸 1-540B
biāoshèng 標勝 4-1267A
biǎoshēng 表生 1-534B
biǎoshēng 表甥 1-538A
biǎoshèng 表聖 1-538B
biāoshī 鏢師 11-1378A
biāoshí 標石 4-1263A
biāoshǐ 熛矢 7-229B
biāoshǐ 飆駛 12-651B
biāoshì 猋氏 5-66A
biāoshì 標示 4-1262B
biāoshì 標式 4-1263B
biǎoshì 表示 1-534B
biǎoshì 表式 1-535A
biǎoshì 表飾 1-539A
biǎoshì 表謚 1-540B
biàoshī 俵施 1-1444B
biāoshǒu 標首 4-1265A
biǎoshǒu 裱手 9-103B
biǎoshǒu 裱首 9-103B
biāoshǒuqián 標手錢 4-1262B
biāoshù 猋豎 5-66A
biāoshù 標樹 4-1269A
biǎoshū 表抒 1-535B
biǎoshū 表叔 1-536A
biǎoshū 表疏 1-538B
biǎoshù 表述 1-536A
biǎoshù 表樹 1-540B
biāoshuài 標率 4-1266B
biǎoshuài 表率 1-538A
biǎoshuài 表帥 1-536B
biāosīwù 鏢司務 11-1378A
biǎosú 表俗 1-536B
biǎosù 表訴 1-538B
biāotǎ 標塔 4-1266B
biāotài 標態 4-1268B
biǎotái 表台 1-535A
biǎotài 表態 1-540A
biāotàn 熛炭 7-229B
bí'āotáng 鼻凹糖 12-1417A
biāotè 標特 4-1266A
biāoténg 飆騰 12-652A
biāotí 標題 4-1269B
biāotí 摽題 6-832A
biǎotí 表題 1-540B
biāotián 滮田 6-83B
biāotǐng 飆霆 12-651B
biāotǐng 標挺 4-1264B
biāotǒng 標統 4-1267A
biāotóngfáyì 標同伐異 4-1263B
biǎotuō 表托 1-535A
biǎotuō 裱托 9-103B
biāowàng 標望 4-1266B
biāowāyìn 杓窊印 4-786B
biāowèi 彪蔚 8-813B
biāowèi 標位 4-1263B
biǎowēi 表微 1-538B
biāowén 彪文 8-813A
biǎowén 表文 1-534A
biǎowén 表聞 1-540A
biāowù 標悟 4-1266A
biāoxī 膘息 6-1369A
biāoxī 膔息 6-1400B
biāoxià 標下 4-1262B
biāoxiān 標鮮 4-1269B
biāoxiǎn 標顯 4-1270A
biāoxiǎn 摽顯 6-832A
biāoxiàn 標綫 4-1268B
biǎoxián 表賢 1-540A
biǎoxiǎn 表顯 1-541A
biǎoxiàn 表見 1-535B
biǎoxiàn 表現 1-537A
biǎoxiàng 表相 1-536B
biǎoxiàng 表象 1-537B
biāoxiě 標寫 4-1269A
biǎoxiè 表謝 1-540B
biāoxīn 標心 4-1262B
biāoxīn 標新 4-1267A
biāoxīnchuàngyì 標新創異 4-1267B
biāoxíng 彪形 8-813A
biāoxīnjìngyì 標新競異 4-1267B
biāoxīnlǐngyì 標新領異 4-1267B
biāoxīnlìyì 標新立異 4-1267A
biāoxīnshùyì 標新竪異 4-1267B
biǎoxīnzhǐ 表心紙 1-534A
biāoxióng 標雄 4-1267A
biǎoxiōng 表兄 1-534B
biǎoxiōngdì 表兄弟 1-534B
biǎoxiōngmèi 表兄妹 1-534B
biāoxiū 彪休 8-813A
biāoxiù 標秀 4-1263B
biāoxū 飆欻 12-651A
biāoxū 飆歘 12-652A
biāoxù 標序 4-1264A
biāoxù 驫駴 12-922A
biāoxuán 標懸 4-1270A
biāoxūn 熛薰 7-229B
biāoxùn 猋迅 5-66A
biāoxùn 飆迅 12-650B
biāoyā 標押 4-1264A
biāoyàn 熛焰 7-229B
biāoyàn 熛焱 7-229B
biāoyàn 熛爓 7-229B
biāoyàn 飆燄 12-652A
biǎoyǎn 表演 1-540A
biāoyáng 標揚 4-1266B
biāoyáng 飆揚 12-651A
biǎoyáng 表揚 1-538A
biǎoyáng 俵揚 1-1444B
biàoyǎng 俵養 1-1445A
biāoyáo 麃摇 12-1289A
biāoyào 彪耀 8-813B
biāoyè 飆燁 12-651B
biāoyí 標儀 4-1269A
biāoyì 標異 4-1266A
biāoyì 標譯 4-1270A
biāoyì 麃邑 12-1289A
biǎoyí 表儀 1-540A
biǎoyì 表異 1-537B

biǎoyì 表意 1-539B
biāoyíng 標營 4-1269A
biāoyǐng 標穎 4-1269A
biāoyìng 標映 4-1265A
biāoyǒng 猋勇 5-66A
biāoyǒng 焱勇 7-95B
biǎoyòng 表用 1-535A
biāoyóu 飆斿 12-651A
biāoyóu 飆游 12-651A
biāoyòu 髟鼬 12-728A
biāoyǔ 標宇 4-1263B
biāoyǔ 標語 4-1268B
biāoyù 標遇 4-1267A
biāoyù 標譽 4-1270A
biāoyù 飆御 12-651A
biāoyù 飆馭 12-651A
biāoyù 飆颶 12-651B
biāoyù 摽遇 6-831A
biǎoyǔ 表語 1-539B
biàoyǔ 俵與 1-1444B
biāoyún 杓雲 4-786B
biāoyùn 標韻 4-1270A
biàoyǔn 摽隕 6-831B
biǎozǎi 表載 1-538B
biǎozàn 表贊 1-541A
biǎozé 表則 1-536B
biāozhāi 摽摘 6-831B
biāozhàn 標占 4-1263A
biāozhāng 彪章 8-813B
biǎozhāng 表章 1-537B
biǎozhāng 表彰 1-539B
biǎozhàng 表丈 1-534A
biǎozhàngrén 表丈人 1-534A
biāozhēng 標徵 4-1269A
biāozhèng 標證 4-1270A
biǎozhēng 表徵 1-540B
biǎozhèng 表正 1-534B
biǎozhèng 表證 1-541A
biāozhǐ 標指 4-1264B
biāozhì 標識 4-1270A
biāozhì 標志 4-1263B
biāozhì 標致 4-1265B
biāozhì 標置 4-1267A
biāozhì 標誌 4-1268B
biāozhì 標幟 4-1268B
biāozhì 標質 4-1269A
biāozhì 標緻 4-1269B
biāozhì 熛至 7-229B
biāozhì 熛鷙 7-229B
biāozhì 摽置 6-831B
biāozhì 摽幟 6-831B
biāozhì 焱至 7-95B
biāozhì 焱鷙 7-96A
biǎozhí 表姪 1-536B
biǎozhǐ 表紙 1-537A
biǎozhì 表識 1-541A
biǎozhì 表致 1-536B
biǎozhì 表幟 1-540A
biāozhìpái 標誌牌 4-1268B
biāozhīyělù 標枝野鹿 4-1264A
biǎozhōngguàn 表忠觀 1-536A
biāozhóu 標軸 4-1267A
biǎozhóu 裱軸 9-103B
biāozhù 標注 4-1264B
biāozhù 標柱 4-1265A
biǎozhù 表著 1-537A
biǎozhù 俵著 1-1444B
biāozhuàng 彪壯 8-813A
biāozhuàng 臕壯 6-1400B
biǎozhuàngbùrú… 表壯不如裏壯 1-535B
biǎozhuì 表畷 1-538B
biǎozhuì 表綴 1-540A
biāozhǔn 標准 4-1266A
biāozhǔn 標準 4-1267B
biǎozhǔn 表埻 1-537A
biāozhǔnhuà 標準化 4-1267B
biāozhǔnjiàn 標準件 4-1267B
biāozhǔnshí 標準時 4-1267B
biāozhǔnshíjiān 標準時間 4-1267B
biāozhǔntái 標準臺 4-1267B
biāozhǔnyīn 標準音 4-1267B
biāozhǔnyǔ 標準語 4-1267B
biǎozhuó 表擢 1-540B
biāozi 杓子 4-786B
biāozi 膘子 6-1304B
biāozi 標子 4-1262B
biǎozi 婊子 4-367B
biǎozǐ 表子 1-534A
biǎozì 表字 1-535B
biàozi 俵子 1-1444B
biǎozǐmèi 表姊妹 1-536A
biǎozòu 表奏 1-536A
biǎozuǒ 表左 1-534B
biǎozuò 表座 1-537A
bìbà 畢罷 7-1323A
bǐbài 秕稗 8-32B
bǐbài 粃粺 9-198B
bìbǎng 臂膀 6-1398B
bìbàng 避謗 10-1278A
bǐbǎo 筆寶 8-1168B
bǐbào 鄙抱 10-677A
bìbāo 孼褒 4-417B
bìbào 熚爆 7-173A
bìbào 壁報 2-1231A
bìbào 避暴 10-1277A
bǐbǎomòhān 筆飽墨酣 8-1166A
bǐbèi 鄙背 10-677B
bǐbèi 鄙倍 10-678A
bǐbèi 鄙悖 10-678A
bìbèi 畢備 7-1322B
bìbèi 弊憊 2-1320A
bìběn 弊本 2-1318A
bībèng 逼迸 10-1025A
bǐbèng 比迸 5-266A
bìběng 琿琫 4-618A
bībī 逼逼 10-1027A
bǐbǐ 比比 5-261A
bǐbì 秕敝 8-32B
bǐbì 鄙蔽 10-679B
bìbì 吡吡 3-207B
bìbì 佖佖 1-1283B
bìbì 怭怭 7-482B
bìbì 苾苾 9-356B
bìbì 陛陛 11-981A
bìbì 敝敝 5-469A
bìbì 閉壁 12-28A
bìbì 愊愊 7-654B
bìbì 辟辟 11-490A
bìbì 辟拂 11-486B
bìbì 鉍鉍 11-1248A
bìbì 閟閟 12-100A
bìbì 弊弊 2-1320A
bìbì 熚熚 7-214B
bìbì 獙獙 5-106B
bìbì 躃躃 10-562B
bìbì 贔贔 10-307B
bǐbiàn 筆辯 8-1168B
bībībōbō 逼逼剥剥 10-1027A
bìbìbōbō 必必剥剥 2-647B
bìbìbōbō 必必剥剥 7-396A
bìbìbōbō 畢畢剥剥 7-1321B
bìbìbōbō 嗶嗶剥剥 3-461B
bìbìbōbō 熚熚剥剥 7-214B
bìbìbōbō 咇咇剥剥 3-312A
bìbìbóbó 腷腷膊膊 6-1341A
bìbìbǔbǔ 碧碧卜卜 7-1073A
bìbié 躃蹩 10-562B
bǐbǐjiēshì 比比皆是 5-261A
bìbìlūlū 咇咇碌碌 3-312A
bíbínàngnàng 鼻鼻齉齉 12-1420B
bībìng 逼併 10-1024B
bǐbìng 比并 5-263A
bǐbìng 比並 5-264B
bǐbìng 比併 5-264B
bìbīng 陛兵 11-980B
bìbīng 辟兵 11-486A
bìbīng 避兵 10-1269B
bìbìng 弊病 2-1319B
bìbīngfú 辟兵符 11-486A
bìbīngzēng 辟兵繒 11-486A
bìbìpòpò 熚熚烞烞 7-214B
bìbìqīngyě 閉壁清野 12-28A
bībō 偪剥 1-1538A
bībō 逼撥 10-1028B
bībó 逼駁 10-1028A
bǐbō 必剥 2-647B
bǐbó 鄙薄 10-680A
bìbō 畢剥 7-1322A
bìbō 嗶喇 3-461B
bìbō 嗶剥 3-461B
bìbō 蓽撥 9-502B
bìbō 碧波 7-1069A
bìbō 搣撥 6-503A
bìbó 賁帛 10-138B
bìbó 苾勃 9-356B
bìbó 愎勃 7-661A
bìbó 滭浡 6-13A
bìbó 腷膊 6-1341A
bìbó 幣帛 3-757B
bìbó 弊帛 2-1318B
bìbó 弊薄 2-1320A
bìbó 蔽薄 9-542A
bìbó 馝馞 12-441B
bìbó 斃踣 5-525A
bìbó 臂膊 6-1398B
bìbó 璧帛 4-643B
bìbó 埤薄 2-1129A
bìbǒ 躃跛 10-562B
bìbōbō 髩剥剥 10-1383A
bìbōbō 咇剥剥 3-312A
bìbōluó 畢鉢羅 7-1323A
bǐbǔ 比捕 5-266B
bǐbù 比部 5-267A
bìbū 畢逋 7-1321B
bìbǔ 裨補 9-108B
bìbù 躃步 10-562B
bībùdéyǐ 逼不得已 10-1023A
bǐcái 筆才 8-1160A
bǐcái 筆材 8-1162A
bǐcǎi 筆采 8-1162A
bǐcǎi 筆彩 8-1164B
bìcái 幣財 3-758A
bìcǎi 璧采 4-643B
bìcǎi 璧彩 4-644B
bǐcāng 彼蒼 3-940A
bìcáng 庇藏 3-1210A
bìcáng 閉藏 12-28A
bìcáng 壁藏 2-1231B
bìcáng 避藏 10-1278A
bìcǎo 碧草 7-1069B
bīcè 逼側 10-1026B
bìcè 庳側 3-1241A
bìcè 湢測 5-1450A
bìcén 碧岑 7-1068B
bìchāi 辟差 11-487B
bìchāi 壁拆 2-1230B
bīchán 逼禪 10-1028B
bìchán 避讒 10-1278B
bìchán 臂纏 6-1399A
bǐchàng 匕鬯 2-191A
bìcháng 敝腸 5-469B
bǐchàngbùjīng 匕鬯不驚 2-191A
bīchāo 逼綽 10-1028B
bìcháobiànfú 避朝變服 10-1274A
bīchāodāozi 逼綽刀子 10-1028B
bìcháosǔnshàn 避朝損膳 10-1274A
bīchāozǐ 逼綽子 10-1028B
bìchē 辟車 11-486A
bìchē 椑車 4-1119A
bìchè 堛拆 2-1146A
bìchèchè 必徹徹 7-397A
bìchēléimǎ 弊車羸馬 2-1318B
bīchén 偪臣 1-1537B
bīchèn 逼趁 10-1027A
bǐchén 比辰 5-263A
bǐchén 鄙臣 10-676B
bìchén 弼臣 4-132A
bìchén 辟塵 11-490B
bìchén 碧沈 7-1068B
bìchén 嬖臣 4-416B

bìchén 避塵 10-1276B
bìchén 拂臣 6-504B
bìchénchén 碧沉沉 7-1068B
bìchéng 弼承 4-132A
bìchéng 碧城 7-1069A
bìchéngchéng 碧澄澄 7-1074B
bìchéngcōng 避乘驄 10-1273A
bìchénxī 辟塵犀 11-490B
bīchǐ 逼齒 10-1028B
bīchì 逼斥 10-1023B
bíchì 鼻赤 12-1417A
bíchì 鼻翅 12-1418A
bǐchì 鄙斥 10-676B
bìchī 陛螭 11-981B
bìchí 辟池 11-486A
bìchí 碧池 7-1068A
bìchí 碧墀 7-1074A
bìchí 璧池 4-643A
bìchǐ 陂侈 11-958B
bìchì 毖勑 5-274A
bìchì 辟斥 11-485A
bìchìchì 必赤赤 7-396A
bìchǒng 賁寵 10-140A
bìchǒng 嬖寵 4-417B
bìchǒng 避寵 10-1278B
bǐchóu 比儔 5-270A
bǐchóu 比讎 5-271B
bìchóu 碧籌 7-1076A
bìchóu 避仇 10-1268A
bìchóu 避讎 10-1278B
bìchóu 避讐 10-1278B
bīchú 逼除 10-1025B
bīchǔ 偪處 1-1538A
bīchǔ 逼處 10-1026B
bǐchǔ 筆楮 8-1165A
bǐchù 筆觸 8-1168B
bìchú 苾芻 9-356B
bìchú 苾蒭 9-357A
bìchú 辟除 11-487B
bìchú 壁厨 2-1231A
bìchú 壁廚 2-1231B
bìchú 壁橱 2-1231B
bìchú 璧除 4-644A
bìchǔ 敝楮 5-469A
bìchǔ 碧楮 7-1072A
bìchǔ 避處 10-1273B
bìchuàn 臂釧 6-1398B
bíchuāng 鼻瘡 12-1420B
bǐchuáng 筆床 8-1162A
bǐchuáng 筆牀 8-1162B
bìchuāng 碧窗 7-1072B
bíchuī 鼻吹 12-1417A
bìchuí 閉錘 12-28A
bìchúní 苾芻尼 9-357A
bǐcí 筆詞 8-1165A
bǐcí 鄙詞 10-679A
bǐcǐ 彼此 3-939B
bǐcì 比次 5-263A
bǐcì 比佽 5-264B
bǐcì 筆次 8-1161B
bìcí 陂辭 11-959B
bìcí 陛辭 11-981B
bìcí 畢辭 7-1323A
bìcí 詖辭 11-133B
bìcí 閟祠 12-100A
bìcí 避辭 10-1278A
bìcì 髲髢 12-739A
bìcì 避次 10-1269B
bīcóng 逼從 10-1027A
bícōng 鼻囪 12-1417A
bǐcóng 鄙悰 10-678B
bìcōng 避驄 10-1278B
bìcōngmǎ 避驄馬 10-1278B
bīcòu 逼湊 10-1027B
bīcù 偪促 1-1538A
bīcù 逼促 10-1025A
bīcù 逼簇 10-1029A
bīcù 逼蹙 10-1029A
bīcù 逼蹴 10-1029A
bǐcù 鄙促 10-678A
bǐcuàn 匕爨 2-191B
bìcuì 辟萃 11-488A
bìcuì 碧脆 7-1070A
bìcuì 鷩毳 12-1159B
bīdǎ 逼打 10-1023A
bǐdá 舭𦪇 9-3A
bǐdá 筆答 8-1165A
bìdá 愊怛 7-654B
bìdà 必大 7-395B
bìdàfū 嬖大夫 4-416B
bìdài 辟帶 11-488A
bìdài 碧帶 7-1071A
bìdài 壁帶 2-1231A
bìdài 薜帶 9-585A
bìdài 璧帶 4-644A
bīdàn 逼憚 10-1028B
bídǎn 鼻膽 12-1421A
bǐdǎn 筆膽 8-1168A
bǐdàn 鄙誕 10-679B
bǐdǎng 比黨 5-271B
bìdāng 璧璫 4-645A
bìdàng 辟蕩 11-490B
bídào 鼻道 12-1419B
bǐdāo 筆刀 8-1160A
bǐdào 筆到 8-1162B
bǐdāo 篦刀 8-1232B
bìdǎo 弼導 4-132B
bìdào 壁道 2-1231A
bìdào 避道 10-1274B
bìdào 蹕道 10-527A
bǐdé 比德 5-269B
bǐdé 鄙悳 10-679A
bìděi 必得 7-396B
bìdēng 壁燈 2-1231B
bìdèng 碧磴 7-1075A
bìdéyuàn 弼德院 4-132B
bídí 鼻笛 12-1419A
bǐdǐ 筆底 8-1162B
bìdí 閉糴 12-29A
bìdì 辟地 11-485A
bìdì 避地 10-1269A
bìdì 避弟 10-1270B
bìdì 避第 10-1273B
bìdì 避墜 10-1277A
bīdiàn 逼阽 10-1024A
bìdiàn 陛殿 11-981B
bìdiàn 碧甸 7-1068B
bìdiàn 碧殿 7-1073A
bìdiàn 避殿 10-1276A
bìdiàn 璧殿 4-644B
bìdiànjiǎnshàn 避殿減膳 10-1276A
bìdiànsǔnshàn 避殿損膳 10-1276A
bìdiànzi 碧澱子 7-1074B
bìdiànzi 碧靛子 7-1074B
bǐdiào 筆調 8-1167A
bǐdǐchāoshēng 筆底超生 8-1162B
bǐdǐchūnfēng 筆底春風 8-1162B
bìdié 辟牒 11-489B
bǐdǐlóngshé 筆底龍蛇 8-1162B
bídīng 鼻疔 12-1417A
bìdìng 吡啶 3-207B
bìdīng 避丁 10-1268A
bìdìng 必定 7-396A
bǐdìngrúyì 筆錠如意 8-1168A
bìdiūbùdā 必丟不搭 7-396A
bìdiūpìdā 必丟疋搭 7-396A
bìdiūpúdá 必丟僕答 7-396A
bídòng 鼻洞 12-1418A
bìdòng 閉凍 12-27A
bìdòng 碧洞 7-1069B
bīdǒu 逼陡 10-1025B
bīdòu 豍豆 9-1348B
bídòu 鼻竇 12-1421B
bǐdǒu 筆陡 8-1163B
bìdòu 敝竇 5-469B
bìdòu 弊竇 2-1320B
bìdòu 獘竇 5-102B
bìdòu 篳竇 8-1230B
bǐdú 筆櫝 8-1168B
bǐdú 筆牘 8-1168B
bǐdú 鄙黷 10-681A
bǐdù 比度 5-266A
bǐdù 秕蠹 8-33A
bǐdù 粃蠹 9-199A
bǐdù 粃斁 9-199A
bǐdù 鄙妒 10-677A
bìdù 敝蠹 5-469B
bìdù 弊蠹 2-1320B
bíduān 鼻端 12-1420B
bǐduān 筆端 8-1166B
bǐduàn 筆斷 8-1168B
bìduān 弊端 2-1320A
bìduǎn 蔽短 9-541B
bíduānbái 鼻端白 12-1420B
bíduānchūhuǒ 鼻端出火 12-1420B
bíduānshēnghuǒ 鼻端生火 12-1420B
bìdūchì 必闍赤 7-397A
bǐduì 比對 5-269A
bìduì 陛對 11-981B
bìduì 畢對 7-1323A
bǐdùn 鄙鈍 10-679A
bìdùn 陛楯 11-981B
bìdùn 詖遁 11-133A
bìdùnláng 陛楯郎 11-981B
bīduó 逼奪 10-1028A
bǐduó 比度 5-266A
bìduǒ 避躲 10-1275B
bī'è 逼厄 10-1023A
bī'è 逼遏 10-1027A
bǐ'è 鄙惡 10-679A
bì'é 弊訛 2-1319B
bì'ě 髲鬞 12-739A
bì'è 庳惡 3-1241A
bì'è 敝惡 5-469A
bì'è 閉戹 12-25B
bì'è 辟惡 11-488B
bì'è 弊惡 2-1319B
bì'è 蔽惡 9-541A
biébá 䟆跋 10-454B
biébái 別白 2-625A
biébǎo 別堡 2-630A
biébàopípá 別抱琵琶 2-626B
biéběn 別本 2-625A
biébì 蹩躄 10-546A
biébiàn 別辨 2-633A
biébiàn 別變 2-634A
biébié 蹩蹩 10-546A
biébiè 別別 2-626B
biēbiējiāojiāo 憋憋焦焦 7-698B
biébǒ 䟆跛 10-454B
biébù 別部 2-629A
biébù 別簿 2-633B
biēcài 鼈菜 12-1404B
biécái 別才 2-624B
biécái 別材 2-626A
biécái 別裁 2-630A
biécáiyìjū 別財異居 2-628B
biécáng 別藏 2-633A
biēcǎo 憋懆 7-698B
biéchǎn 別産 2-629B
biécháng 別腸 2-631A
biéchǎnghuā 別場花 2-630A
biéchè 敝撤 5-469B
bì'èchē 辟惡車 11-488B
biéchēng 別稱 2-631B
biéchóu 別愁 2-631A
biéchǔ 別處 2-629A
biéchù 別處 2-629A
biéchuàngyìgé 別創一格 2-630B
biéchūjīzhù 別出機杼 2-625A
biéchūshǒuyǎn 別出手眼 2-625A
biéchūxīncái 別出心裁 2-625A
biéchūxīncái 別出新裁 2-625A
biéchūxīnyì 別出新意 2-625A
biécí 別辭 2-633B
biécì 別次 2-626A
biécóng 別悰 2-629B

biédǎng 別黨 2-633B
biédǎo 別島 2-628B
biédǎo 別隝 2-631B
biédǎo 別隯 2-633A
biédǐ 別邸 2-626B
biédì 別第 2-629B
biédiàn 別殿 2-631B
biēdiǎo 鼈鳥 12-1404B
biédiào 別調 2-632B
biédòngduì 別動隊 2-629B
biédū 別都 2-628A
biédú 別瀆 2-633B
biē'ér 鼈臑 12-1405A
biéfāndào 別番倒 2-630B
biéfāng 別坊 2-626A
biéfáng 別房 2-627A
biéfēn 別分 2-624B
biēfēng 鼈封 12-1404A
biéfēng 別封 2-627A
biéfēng 別風 2-627B
biéfēnghuáiyǔ 別風淮雨 2-627B
biēfū 憋怤 7-698A
biēfū 憋憋 7-698B
biēfū 鵏鵏 12-1116A
biēfú 鼈伏 12-1404A
biéfū 別柎 2-627A
biéfú 蟞蜉 8-959A
biéfǔ 別府 2-627A
biēgàichē 鼈蓋車 12-1404B
biēgàizi 鼈蓋子 12-1404B
biégàn 別幹 2-630B
biégē 別割 2-630B
biégé 別格 2-628B
biégè 別個 2-628B
biégōng 別宮 2-628A
biégòng 別貢 2-628A
biégòu 別構 2-631B
biēgǔ 憋古 7-698A
biēgǔ 撇古 6-845A
biéguān 別觀 2-634A
biéguǎn 別管 2-631B
biéguǎn 別館 2-633A
biéguàn 別觀 2-634A
biéguǐ 別晷 2-630A
biéguó 別國 2-629B
biéhào 別號 2-631A
biéhè 別鶴 2-634A
biéhècāo 別鶴操 2-634A
biéhègūluán 別鶴孤鸞 2-634A
biéhèlíluán 別鶴離鸞 2-634A
biéhèn 別恨 2-627B
biéhènòng 別鶴弄 2-634A
biéhèyuàn 別鶴怨 2-634A
biéhú 別鵠 2-633B
biēhuà 鼈化 12-1404A
biéhuà 別話 2-631A
biéhuái 別懷 2-633B
biéhuáng 蛂蟥 8-874B
bí'èhuījīn 鼻堊揮斤 12-1419A
biéhūn 別婚 2-629B
biéhún 別魂 2-630B
biēhuò 鼈臛 12-1405A
biéjí 別集 2-630A
biéjí 別籍 2-633B
biéjì 別紀 2-628A
biējiǎ 鼈甲 12-1404A
biéjià 別價 2-632A
biējiǎchē 鼈甲車 12-1404A
biéjiàn 別劍 2-632B
biējiàng 憋强 7-698B
biéjiàng 別將 2-629B
bièjiàng 彆强 4-150B
biéjiǎo 別脚 2-629B
biéjiǎo 蹩脚 10-546A
biéjiě 別解 2-631A
biéjìng 別徑 2-628B
biéjìng 別敬 2-630A
bì'èjiǔ 辟惡酒 11-488B
biéjíyìcái 別籍異財 2-634A
biéjíyìjū 別籍異居 2-634A
biéjū 別居 2-627A
biéjū 襒裾 9-136A
biéjùfèicháng 別具肺腸 2-627A
biéjùjiàngxīn 別具匠心 2-626B
biéjūn 別軍 2-628A
biéjùshǒuyǎn 別具手眼 2-626B
biéjùxīncháng 別具心腸 2-626B
biéjūyìcái 別居異財 2-627A
biéjùyīgé 別具一格 2-626B
biéjùzhīyǎn 別具隻眼 2-627A
biékāishēngmiàn 別開生面 2-630B
biékāixījìng 別開蹊徑 2-630B
biékāiyīgé 別開一格 2-630B
biēké 鼈欬 12-1404B
biēké 鼈咳 12-1404A
biēké 鼈殼 12-1404B
biékēsāi 別頦腮 2-632B
biēkéshàn 鼈殼扇 12-1404B
biékù 別庫 2-629A
bielā 蹩拉 10-546A
biélái 別來 2-626B
biélèi 別淚 2-629B
biélèifēnmén 別類分門 2-633B
biélí 別離 2-633B
biēliè 憋劣 7-698A
biēliè 襒裂 9-135B
biēlíng 鼈泠 12-1404A
biēlíng 鼈靈 12-1405A
biēlíng 鼈令 12-1404A
biéliú 別流 2-629A
biélú 別廬 2-633B
biélù 別路 2-631A
biélù 別録 2-633A
biélùn 別論 2-632B
biémèi 別袂 2-628A
biēmēn 憋悶 7-698A
biēmèn 憋悶 7-698A
biēmèn 鼈悶 12-1404B
biémèng 別夢 2-630B
biémiào 別廟 2-632B
biémíng 別名 2-625B
biémò 別墨 2-632A
biémógǎiyàng 別模改様 2-631B
biémù 別目 2-625A
biéniàn 別念 2-627A
biēniǔ 撇扭 6-845A
biēniù 憋拗 7-698A
biēniù 鼈拗 12-1404A
biéniǔ 蹩扭 10-546A
bièniu 別扭 2-626A
bièniu 彆扭 4-150B
bièniǔ 癟扭 8-361A
bièniù 彆拗 4-150B
biépài 別派 2-627B
biépǔ 別浦 2-629A
biēqì 憋氣 7-698A
biéqí 黹齊 12-442A
biéqǐ 別乞 2-624B
biéqǐ 別啓 2-629B
biēqì 蹩氣 10-546A
bièqì 彆氣 4-150B
biéqǐn 別寢 2-632A
biéqíng 別情 2-629B
biēqū 憋屈 7-698A
biéqū 別區 2-629A
biéqū 別趣 2-632A
biéqǔ 別曲 2-625B
biéqù 別趣 2-632A
biéquàn 別券 2-627A
biéquè 別却 2-626A
biēqún 鼈裙 12-1404B
bì'ěr 偪邇 1-1538A
bī'ěr 逼耳 10-1023B
bī'ěr 逼爾 10-1028A
bī'ěr 逼邇 10-1029A
bí'er 鼻兒 12-1417B
bǐ'ér 比兒 5-264B
bì'ěr 辟耳 11-485A
bì'ěr 鏎耳 11-1421A
biérén 別人 2-624B
biēròu 鼈肉 12-1404A
biēsān 瘪三 8-361A
biésǎn 別散 2-630A
biěshàbiěshà 癟煞癟煞 8-361A
biéshāng 別觴 2-633B
biéshè 別舍 2-627A
biéshèng 別乘 2-628B
biéshēngzhījié 別生枝節 2-625A
biēshí 鼈石 12-1404A
biéshí 別食 2-627B
biéshí 別識 2-633B
biéshǐ 別史 2-625A
biéshì 別士 2-624B
biéshì 別室 2-628A
biéshì 別是 2-627B
biéshì 別試 2-631A
biěshòu 癟瘦 8-361A
biéshū 別書 2-629A
biéshū 別疏 2-630B
biéshù 別墅 2-631B
biéshù 別壄 2-632B
biéshuài 別帥 2-627B
biéshuō 別説 2-632A
biéshùyīqí 別樹一旗 2-632B
biéshùyīzhì 別樹一幟 2-632B
biésī 別思 2-627B
biésuì 別歲 2-630B
biēsuǒ 鼈索 12-1404B
biésuǒ 別所 2-627A
biétí 別提 2-630A
biétǐ 別體 2-634A
biétǒng 別統 2-630B
biétóu 別頭 2-632B
biétóuchǎng 別頭場 2-632B
biétóushì 別頭試 2-633A
biétú 別途 2-628B
biétú 別塗 2-631B
biétún 別屯 2-624B
biéwài 別外 2-625A
biéwū 別屋 2-628A
biéwù 別騖 2-633B
biéwú'èrzhì 別無二致 2-630A
biéwúzhǎngwù 別無長物 2-630A
biéxī 別息 2-628B
biéxì 別細 2-630A
biéxián 別弦 2-627A
biéxián 別嫌 2-631B
biéxiàn 別縣 2-633A
biéxiè 襒僁 3-1069B
biéxiè 蹩躠 10-546B
biéxiè 蹩躠 10-546B
biéxiè 蹩薛 10-546B
biéxiè 嫳屑 4-406B
biēxíng 鼈行 12-1404A
biēxìng 憋性 7-698A
biéxìng 別姓 2-627A
biéxiù 別袖 2-629A
biéxù 別緒 2-632A
biéxuē 別削 2-627B
biēyán 鼈巖 12-1405A
biéyán 別筵 2-630A
biéyán 別顏 2-633B
biéyǎn 別眼 2-629A
biéyàng 別樣 2-632A
biéyè 別業 2-631A
biéyè 蹩曳 10-546A
biéyí 別儀 2-632A
biéyì 別異 2-629A
biéyì 別意 2-631A
biéyì 別義 2-631B
biéyì 別裔 2-631A
biēyǐn 鼈飲 12-1404B
biéyòu 別囿 2-627B
biéyòu 別宥 2-628A

biéyǒudòngtiān 別有洞天 2-625B
biéyǒufèicháng 別有肺腸 2-625B
biéyǒufēngwèi 別有風味 2-625B
biéyǒurénjiān 別有人間 2-625B
biéyǒutiāndì 別有天地 2-625B
biéyǒuxīncháng 別有心腸 2-625B
biéyǒuxīngān 別有心肝 2-625B
biéyǒuyòngxīn 別有用心 2-625B
biēyú 鼈魚 12-1404B
biéyú 別餘 2-632B
biéyǔ 別宇 2-626A
biéyǔ 別語 2-632A
biéyù 別籞 2-634A
biěyǔ 癟窳 8-361A
biéyuán 別源 2-631B
biéyuàn 別苑 2-626B
biéyuàn 別怨 2-627B
biéyuàn 別院 2-628A
biéyùn 別孕 2-625A
biéyùn 別韻 2-633B
biēzào 憋皂 7-698A
biēzào 憋噪 7-698B
biēzào 鼈慥 12-1405A
biēzào 鼈燥 12-1405A
biézé 別擇 2-632B
biézhái 別宅 2-626A
biēzhǎo 鼈爪 12-1404B
biézhào 別棹 2-630A
biézhēn 別真 2-628A
biézhēn 別針 2-628B
biézhī 別枝 2-626B
biézhì 別致 2-628B
biézhìyīhuì 別置一喙 2-631A
biēzhīzhī 憋支支 7-698A
biézhǒng 別種 2-631B
biēzhū 鼈珠 12-1404B
biézhuǎn 別轉 2-633B
biézhuàn 別傳 2-631A
biézhuāng 別莊 2-628A
biézhuó 別酌 2-628B
biézi 別子 2-624B
biézi 㧙子 6-503A
biézǐ 別子 2-624B
biézì 別字 2-626A
biézì 別自 2-625B
biězi 癟子 8-361A
biézú 別族 2-629B
biězuǐ 癟嘴 8-361B
biézuòliángtú 別作良圖 2-626B
biézuòyīyǎn 別作一眼 2-626B
bīfǎ 逼法 10-1024B
bǐfá 筆伐 8-1161B
bǐfǎ 比法 5-265A
bǐfǎ 比灋 5-271B
bǐfǎ 筆法 8-1162B
bìfā 觱發 10-1383A
bìfā 奰發 2-1569B
bìfǎ 幣法 3-758A
bìfǎ 弊法 2-1318B
bǐfákǒuzhū 筆伐口誅 8-1161B
bìfǎn 璧返 4-643B
bìfándǒujié 避煩鬬捷 10-1276A
bǐfāng 比方 5-261A
bǐfǎng 比仿 5-262B
bìfāng 必方 7-396A
bìfāng 畢方 7-1320A
bìfāng 弊方 2-1318B
bìfāng 碧芳 7-1068B
bìfāng 駜方 9-140A
bìfáng 敝房 5-468B
bìfáng 閉房 12-25B
bìfáng 璧房 4-643B
bìfàng 避放 10-1271B
bìfāngjiǔ 碧芳酒 7-1068B
bīfèi 逼廢 10-1028B
bǐfēi 筆飛 8-1163B
bìfēi 辟非 11-486B
bìfēi 壁飛 2-1231A
bìfèi 閉廢 12-28A
bìfèi 滭沸 6-13A
bìfèi 蔽芾 9-540B
bìfèi 蔽茀 9-540B
bìfèi 觱沸 10-1382B
bǐfēn 比分 5-261A
bǐfèn 筆分 8-1160B
bìfēn 苾芬 9-356B
bìfēn 碧芬 7-1068B
bífēng 鼻風 12-1417B
bífēng 鼻峯 12-1418A
bǐfēng 筆鋒 8-1167A
bǐfěng 比諷 5-270A
bìfēng 敝風 5-469A
bìfēng 弊風 2-1319A
bìfēng 避風 10-1272A
bìfēng 避鋒 10-1277B
bìfēng 贔風 10-307A
bìfèng 碧鳳 7-1073B
bìfēngdēng 避風燈 10-1272A
bìfēnggǎng 避風港 10-1272A
bìfēngtái 避風臺 10-1272A
bìfēngtou 避風頭 10-1272A
bīfú 鵖鴔 12-1115B
bīfù 逼附 10-1024A
bǐfū 鄙夫 10-676A
bǐfú 比服 5-264B
bǐfù 比附 5-263A/263B
bǐfù 比坿 5-263B
bǐfù 比傅 5-267B
bǐfù 鄙婦 10-679A
bìfū 賁敷 10-139B
bìfú 閉伏 12-25B
bìfú 滭弗 6-13A
bìfú 熚炥 7-214B
bìfú 蔽芾 9-540B
bìfú 蔽茀 9-540B
bìfú 薜服 9-584B
bìfú 避伏 10-1269A
bìfú 駜幅 9-140A
bìfú 鷩服 12-1159A
bìfú 咇茀 3-312A
bìfú 滭泼 2-432A
bìfǔ 弼輔 4-132A
bìfù 庇覆 3-1210A
bìfù 畀付 7-1308A
bìfù 敝賦 5-469B
bìfù 弊賦 2-1320A
bìfù 避複 10-1277A
bìfù 臂縛 6-1398B
bìfù 贔負 10-307A
bìfúróng 碧芙蓉 7-1068A
bígā'er 鼻嘎兒 12-1420A
bǐgài 鄙概 10-679B
bìgài 弊蓋 2-1320A
bìgài 避蓋 10-1275A
bìgài 髀蓋 12-408B
bìgàibùqì 敝蓋不棄 5-469A
bīgǎn 逼趕 10-1028A
bǐgān 比干 5-260B
bǐgān 筆乾 8-1164B
bǐgǎn 筆杆 8-1161B
bìgāng 璧釭 4-644B
bǐgǎnzi 筆杆子 8-1162A
bǐgǎnzi 筆桿子 8-1164B
bìgāo 璧羔 4-644A
bìgào 璧誥 4-644B
bǐgé 筆格 8-1163B
bǐgé 筆閣 8-1166B
bǐgè 比各 5-263A
bǐgè 彼各 3-939B
bìgē 臂擱 6-1399A
bìgé 閉革 12-26B
bìgé 閉隔 12-27A
bìgé 閟隔 12-100A
bìgé 臂閣 6-1398B
bǐgēmòwǔ 筆歌墨舞 8-1166A
bígēn 鼻根 12-1418A
bǐgēng 筆耕 8-1163B
bìgěng 弊梗 2-1319B
bìgěng 獘梗 5-102B
bìgésīguò 閉閣思過 12-28A
bìgézìzé 閉閣自責 12-28A
bīgōng 逼攻 10-1023B
bīgōng 逼宮 10-1025A
bīgòng 逼供 10-1024B
bǐgōng 筆工 8-1160A
bǐgōng 筆公 8-1160B
bǐgòng 筆供 8-1162A
bìgōng 辟公 11-484B
bìgōng 閟宮 12-100A
bìgōng 壁宮 2-1231A
bìgōng 璧宮 4-644A
bìgòng 幣貢 3-758A
bìgōngbìjìng 必恭必敬 7-396B
bìgōngbìjìng 畢恭畢敬 7-1321B
bìgōngbìqīn 必躬必親 7-396B
bìgōngdiàn 避宮殿 10-1272B
bīgòngxìn 逼供信 10-1024B
bígōu 鼻鈎 12-1419B
bígōu 鼻溝 12-1420A
bǐgōu 比句 5-262A
bǐgǒu 鄙耇 10-677B
bìgōu 臂鞲 6-1399A
bìgōu 臂韝 6-1399A
bīgǔ 逼古 10-1023A
bīgǔ 逼骨 10-1025A
bǐgǔ 秕穀 8-32B
bǐgù 鄙固 10-677B
bìgū 畢辜 7-1322A
bìgū 蔽辜 9-541B
bìgǔ 閉骨 12-26B
bìgǔ 辟穀 11-490B
bìgǔ 避穀 10-1277A
bìgǔ 避蠱 10-1278B
bìgǔ 髀骨 12-408A
bìgù 必固 7-396A
bìgù 閉固 12-25B
bìgù 閉錮 12-28A
bìgù 痹痼 8-331A
bìgù 弊故 2-1319A
bìgù 蔽固 9-540B
bìgù 蔽錮 9-542A
bìguà 辟卦 11-486B
bìguà 壁掛 2-1231A
bìguāfánglǐ 避瓜防李 10-1269A
bìguāi 避乖 10-1271A
bìguāilóng 避乖龍 10-1271A
bíguān 鼻官 12-1417B
bíguān 鼻觀 12-1421B
bíguǎn 鼻管 12-1420B
bǐguǎn 筆管 8-1166A
bìguān 閉關 12-28B
bìguān 辟官 11-487A
bìguān 壁觀 2-1232A
bǐguǎncài 筆管菜 8-1166A
bìguāng 碧光 7-1068A
bìguānjuéshì 閉關絕市 12-29A
bǐguǎnqiāng 筆管鎗 8-1166B
bìguànquè 碧鸛雀 7-1076B
bìguānquèsǎo 閉關却掃 12-29A
bǐguǎnshù 筆管樹 8-1166B
bìguānsuǒguó 閉關鎖國 12-29A
bìguānzìshǒu 閉關自守 12-28B
bìguānzìzhǔ 閉關自主 12-28B
bìgǔfēngliú 辟穀封留 11-490B
bìguī 敝規 5-469A
bìguī 篳圭 8-1039B
bìguī 璧圭 4-643A
bìguī 璧珪 4-644A
bìguī 鼊龜 12-1406B
bìguǐ 敝鬼 5-469A
bìguì 弊劾 2-1318B
bǐguó 鄙國 10-678B
bìguó 敝國 5-469A

bìguó 避國 10-1273B
bìguò 愎過 7-661B
bìguò 拂過 6-506A
bìgǔsàngtún 敝鼓喪豚 5-469A
bīhài 逼害 10-1026A
bǐhǎi 筆海 8-1164B
bìhǎi 碧海 7-1070A
bìhǎi 璧海 4-644A
bìhài 弊害 2-1319B
bìhài 避害 10-1273B
bìhǎishèrén 碧海舍人 7-1070A
bīhàn 逼漢 10-1028B
bìhān 鼻鼾 12-1421A
bǐhàn 筆翰 8-1167B
bǐhàn 鄙悍 10 678A
bìhán 辟寒 11-489A
bìhán 避寒 10-1274B
bǐhǎn 吡嗽 3-207B
bìhǎn 罼罕 8-1039B
bìhǎn 罼罕 8-1039B
bìhàn 碧漢 7-1073B
bìhàn 蔽扞 9-540A
bìhàn 蔽捍 9-541A
bìhàn 避捍 10-1273A
bīhàncǎo 逼汗草 10-1023B
bìhánchāi 辟寒釵 11-489A
bìhándiàn 辟寒鈿 11-489B
bìhánjīn 辟寒金 11-489A
bǐhānmòbǎo 筆酣墨飽 8-1165A
bìhānrúléi 鼻鼾如雷 12-1421A
bǐhànrúliú 筆翰如流 8-1167B
bìhánxī 辟寒犀 11-489A
bìhánxiāng 辟寒香 11-489A
bǐháo 筆毫 8-1164B
bìhào 幣號 3-758A
bīhé 逼和 10-1024B
bǐhé 筆盒 8-1164B
bìhé 碧荷 7-1069B
bìhé 璧合 4-643A
bìhè 陛賀 11-981B
bìhè 敝褐 5-469B
bìhédiànlù 閉合電路 12-25B
bìhěn 愎佷 7-661A
bìhěn 愎很 7-661A
bìhěn 愎狠 7-661A
bīhéng 楅衡 4-1163B
bìhézhūlián 璧合珠連 4-643A
bìhézhūlián 璧合珠聯 4-643A
bīhóng 逼紅 10-1025B
bǐhǔ 筆虎 8-1162A
bǐhù 比户 5-261B
bìhú 碧壺 7-1071B
bìhǔ 壁虎 2-1230B
bìhù 庇護 3-1210A
bìhù 陛枑 11-981A
bìhù 狴户 5-54A
bìhù 畢扈 7-1322A
bìhù 梐枑 4-1037A
bìhù 閉户 12-25A
bìhù 蔽護 9-542B
bìhù 薜户 9-584B
bìhù 避護 10-1278B
bǐhua 比畫 5-268A
bǐhua 比劃 5-269A
bǐhuā 筆花 8-1161B
bǐhuà 筆畫 8-1165B
bǐhuà 筆劃 8-1166B
bìhuā 賁華 10-139A
bìhuá 碧華 7-1069B
bìhuà 敝化 5-468A
bìhuà 壁畫 2-1231A
bǐhuàcházìfǎ 筆畫查字法 8-1165B
bìhuācōng 避花驄 10-1269B
bǐhuái 鄙懷 10-681A
bìhuài 敝壞 5-469B
bìhuài 弊壞 2-1320B
bìhuán 鼻環 12-1421A
bìhuán 碧環 7-1075A
bìhuán 臂環 6-1398B
bìhuán 璧還 4-645A
bìhuàn 避患 10-1273B
bìhuāng 避荒 10-1271B
bìhuǎng 碧幌 7-1073A
bìhuánhóngxiù 碧鬟紅袖 7-1076B
bǐhuāshēng 筆花生 8-1161B
bíhuàyuányīn 鼻化元音 12-1416B
bǐhuì 秕穢 8-33A
bǐhuì 筆會 8-1165B
bǐhuì 鄙穢 10-681A
bìhuī 璧暉 4-644B
bìhuí 避回 10-1269A
bìhuí 避迴 10-1271B
bìhuí 璧回 4-643A
bìhuì 閉會 12-27B
bìhuì 辟諱 11-491A
bìhuì 弊穢 2-1320B
bìhuì 蔽晦 9-541A
bìhuì 避諱 10-1277B
bìhuǐjiùyù 避毀就譽 10-1275B
bǐhùkěfēng 比户可封 5-261B
bīhūn 逼婚 10-1027A
bìhùn 弊混 2-1319B
bìhūnjià 畢婚嫁 7-1322A
bīhuǒ 逼火 10-1023A
bǐhuò 筆禍 8-1165B
bìhuò 閉貨 12-27A
bìhuò 蔽惑 9-541B
bìhuò 嬖惑 4-417A
bìhuò 避禍 10-1274B
bìhuòjiùfú 避禍就福 10-1274B
bìhuòqiúfú 避禍求福 10-1274B
bījí 逼急 10-1025A
bījí 逼疾 10-1026A
bījí 逼詰 10-1027B
bǐjì 荸薺 9-411B
bǐjī 筆機 8-1167B
bǐjí 比及 5-260B
bǐjí 比集 5-267B
bǐjí 比輯 5-270A
bǐjǐ 彼己 3-939B
bǐjì 比迹 5-266A
bǐjì 比跡 5-268B
bǐjì 比際 5-268B
bǐjì 彼記 3-940A
bǐjì 彼其 3-940A
bǐjì 筆迹 8-1163A
bǐjì 筆記 8-1164A
bǐjì 筆偈 8-1164B
bǐjì 筆跡 8-1165B
bǐjì 筆蹟 8-1168A
bǐjì 鄙計 10-678A
bìjí 紕罽 9-756B
bìjī 狴犴 6-1015A
bìjī 嗶嘰 3-461B
bìjī 辟積 11-491A
bìjī 辟雞 11-491B
bìjī 閟機 12-100B
bìjī 碧雞 7-1075B
bìjī 碧鷄 7-1076B
bìjī 嬖姬 4-417A
bìjī 篦箕 8-1232B
bìjī 篦筐 8-1232B
bìjī 避稽 10-1277B
bìjī 襞積 9-140B
bìjī 襞績 9-140B
bìjí 陛級 11-981A
bìjí 畢集 7-1322B
bìjí 幣籍 3-758A
bìjí 蹕踖 10-562B
bìjǐ 陛戟 11-981A
bìjǐ 畢給 7-1322B
bìjì 閉跡 12-27B
bìjì 辟忌 11-486B
bìjì 碧芰 7-1068A
bìjì 壁記 2-1231A
bìjì 避迹 10-1272B
bìjì 避忌 10-1270B
bìjì 避寂 10-1274A
bìjì 避跡 10-1275B
bìjì 襞襀 9-140B
bījiā 逼夾 10-1024A
bījià 逼嫁 10-1028A
bíjiǎ 鼻甲 12-1416B
bǐjiā 匕筴 2-191B
bǐjiā 鄙家 10-678B
bǐjiǎ 比甲 5-262A
bǐjiǎ 比假 5-267A
bǐjià 比價 5-269B
bǐjià 筆架 8-1163B
bìjiǎ 敝甲 5-468A
bìjiǎ 蔽甲 9-540A
bìjiǎ 臂胛 6-1398B
bìjià 閉架 12-26B
bījiān 逼尖 10-1023B
bījiān 逼姦 10-1025B
bíjiān 鼻尖 12-1417A
bǐjiān 比肩 5-265A
bǐjiān 筆尖 8-1161B
bǐjiǎn 秕減 8-32B
bǐjiǎn 筆簡 8-1168B
bǐjiǎn 鄙儉 10-680A
bǐjiàn 比諫 5-270A
bǐjiàn 筆健 8-1164A
bǐjiàn 筆箭 8-1167A
bǐjiàn 筆諫 8-1168A
bǐjiàn 鄙見 10-677A
bǐjiàn 鄙僭 10-678A
bǐjiàn 鄙賤 10-680A
bǐjiàn 鄙諫 10-680B
bìjiān 賁戔 10-138B
bìjiān 臂肩 6-1398B
bìjiān 襞牋 9-140A
bìjiān 襞箋 9-140B
bìjiǎn 碧簡 7-1075B
bìjiǎn 壁繭 2-1232A
bìjiàn 陛見 11-980B
bìjiàn 陛檻 11-981B
bìjiàn 畢見 7-1320B
bìjiàn 婢賤 4-373A
bìjiàn 愎諫 7-661B
bìjiàn 碧澗 7-1074B
bǐjiāndiéjì 比肩疊跡 5-265B
bǐjiāndiézhǒng 比肩疊踵 5-265B
bǐjiāng 鄙疆 10-681A
bǐjiàng 筆匠 8-1161A
bìjiāng 碧江 7-1068A
bìjiàngēng 碧澗羹 7-1074B
bǐjiānguà 比肩褂 5-265B
bǐjiānjiēzhǒng 比肩接踵 5-265B
bǐjiānjìzhǒng 比肩繼踵 5-265B
bǐjiānliánmèi 比肩連袂 5-265A
bǐjiānmín 比肩民 5-265A
bǐjiānrén 比肩人 5-265A
bìjiānshéyǐng 壁間蛇影 2-1231B
bǐjiānshòu 比肩獸 5-265B
bǐjiānsuízhǒng 比肩隨踵 5-265B
bǐjiānxìzhǒng 比肩係踵 5-265A
bījiào 逼醮 10-1029A
bǐjiǎo 筆脚 8-1164B
bǐjiào 比較 5-268A
bǐjiào 比校 5-266B
bìjiǎo 壁角 2-1230B
bìjiào 弼教 4-132A
bǐjìběn 筆記本 8-1164B
bìjìbì 避藉陛 10-1278A
bìjìcángshí 避跡藏時 10-1275B
bìjīduàn 嗶嘰緞 3-461B
bījiē 逼接 10-1026B
bījié 逼截 10-1028A
bǐjiè 俖介 1-1537B
bǐjié 筆傑 8-1165A
bǐjiè 鄙介 10-676B

bìjiē 陛階 11-981A
bìjié 畢劫 7-1320B
bìjié 畢結 7-1322B
bìjié 閉結 12-27A
bìjié 避劫 10-1269B
bìjié 避節 10-1275B
bìjié 泌瀄 5-1102B
bìjié 袐結 7-903A
bìjiè 庇借 3-1209B
bìjīfāng 碧雞坊 7-1076A
bìjīfāng 碧鷄坊 7-1076B
bìjījí 碧藉藉 7-1075A
bījǐn 逼緊 10-1028A
bījìn 偪近 1-1538A
bījìn 逼近 10-1024A
bījìn 逼進 10-1027A
bíjīn 鼻斤 12-1416B
bǐjìn 比近 5-263A
bǐjìn 鄙近 10-677A
bìjīn 畀矜 7-1308A
bìjīn 蹕金 10-562B
bìjǐn 幣錦 3-758A
bìjǐn 避堇 10-1273B
bìjǐn 避廑 10-1275A
bìjǐn 駜錦 9-140B
bìjìn 閉禁 12-27A
bìjìn 嬖近 4-416B
bǐjīng 筆精 8-1166B
bìjīng 壁經 2-1231B
bìjǐng 碧井 7-1067A
bìjǐng 蹕警 10-527B
bìjìng 必竟 7-396B
bìjìng 畢竟 7-1322A
bìjìng 碧脛 7-1071B
bìjìng 壁鏡 2-1232A
bìjìng 避浄 10-1272B
bìjìng 避境 10-1276B
bìjìng 避静 10-1276A
bìjǐngrùkǎn 避井入坎 10-1268A
bìjǐngrùkēng 避穽入坑 10-1272B
bìjìngzìshǒu 閉境自守 12-28A
bījiǔ 逼酒 10-1026A
bījiù 逼僦 10-1028A
bìjiū 畢究 7-1321A
bìjiǔ 弊久 2-1318A
bìjiǔ 碧酒 7-1070A
bìjiǔ 避酒 10-1273B
bìjiù 辟就 11-489A
bìjiù 避咎 10-1271B
bìjiù 避就 10-1274B
bìjìwéixīn 避迹違心 10-1272B
bìjìwēng 碧繼翁 7-1076B
bǐjìxiǎoshuō 筆記小說 8-1164A
bījù 逼聚 10-1028A
bījù 逼據 10-1028B
bījù 逼懼 10-1029B
bíjū 鼻疽 12-1419A
bǐjū 比居 5-265B
bǐjù 筆句 8-1161A
bǐjù 筆距 8-1164B
bǐjù 筆據 8-1167B
bìjū 敝苴 5-468B
bìjū 弊居 2-1319A
bìjū 壁居 2-1231A
bìjū 避居 10-1271B
bìjǔ 畢舉 7-1323A
bìjǔ 辟舉 11-491A
bìjù 畢具 7-1321A
bìjù 畢聚 7-1323A
bìjù 閉拒 12-25B
bìjù 弊句 2-1318B
bìjù 弊屨 2-1320B
bījuān 逼捐 10-1025B
bǐjuàn 筆倦 8-1164A
bìjué 敝蹻 5-469B
bìjué 閉絶 12-27A
bìjué 痹厥 8-331A
bìjué 閟絶 12-100A
bìjué 幣爵 3-758A
bìjué 弊蹻 2-1320B
bìjué 壁角 4-643B
bìjuéfēngqīng 弊絶風清 2-1320A
bījūjū 逼疽疽 10-1026A
bìjūnsānshè 避君三舍 10-1270B
bìjūnsānshè 避軍三舍 10-1272B
bǐkān 比勘 5-267A
bìkān 壁龕 2-1232A
bǐkāng 秕糠 8-33A
bǐkāng 粃糠 9-199A
bǐkàng 比伉 5-262B
bīkǎo 逼拷 10-1025A
bīkǎo 逼権 10-1029A
bǐkǎo 妣考 4-296B
bìkè 辟客 11-487B
bìkè 避課 10-1277B
bīkèn 逼掯 10-1026B
bìkēngluòjǐng 避坑落井 10-1269B
bíkǒng 鼻孔 12-1416B
bìkōng 碧空 7-1069A
bìkǒng 弊孔 2-1318A
bíkǒngcháotiān 鼻孔朝天 12-1416B
bíkǒngliāotiān 鼻孔撩天 12-1416B
bíkǒngliáotiān 鼻孔遼天 12-1416B
bīkòu 逼扣 10-1023B
bìkǒu 閉口 12-25A
bìkòu 避寇 10-1273B
bìkòu 避寇 10-1274A
bìkǒubǔshé 閉口捕舌 12-25A
bìkǒucángshé 閉口藏舌 12-25A
bìkǒujiéshé 閉口結舌 12-25A
bìkǒuyùn 閉口韵 12-25A
bìkù 弊袴 2-1319B
bǐkuài 筆快 8-1162A
bìkuān 髀髖 12-408B
bǐkuàng 比況 5-265A
bǐkuàng 鄙況 10-677B
bìkuāng 弼匡 4-132A
bìkuàng 碧丱 7-1067A
bìkuàng 碧丱 7-1068A
bìkuī 弊虧 2-1320A
bìkuī 蔽虧 9-542A
bìkuí 壁奎 4-643B
bìkǔn 梐梱 4-1037A
bìkùn 弊困 2-1318B
bǐkùnzhǐqióng 筆困紙窮 8-1162A
bǐlái 比來 5-263B
bìlài 賁賚 10-139B
bìlài 庇賴 3-1210A
bìlài 碧瀨 7-1076A
bìlài 苊賴 9-284B
bìlài 苊藾 9-284B
bǐlàn 鄙濫 10-680B
bìlán 碧藍 7-1075A
bìlán 碧闌 7-1075B
bìlán 碧蘭 7-1076A
bìlán 碧欄 7-1076B
bìlǎn 避懶 10-1278B
bǐláng 秕稂 8-32B
bǐlǎo 鄙老 10-676B
bìláo 毖勞 5-274B
bìláo 狴牢 5-54A
bìlǎo 畢老 7-1320B
bǐlǎomòxiù 筆老墨秀 8-1161A
bīlè 偪勒 1-1538A
bīlè 逼勒 10-1026B
bīlei 逼擸 10-1028A
bíléi 鼻雷 12-1420A
bǐlěi 鄙累 10-678B
bǐlèi 比類 5-271A
bìlěi 壁壘 2-1232A
bìlèi 愊類 7-661B
bìlèi 碧淚 7-1071B
bǐlèihéyì 比類合義 5-271A
bǐlèihéyì 比類合誼 5-271A
bìléiqì 避雷器 10-1275A
bìlěisēnyán 壁壘森嚴 2-1232A
bìléizhēn 避雷針 10-1275A
bīlěng 逼冷 10-1024A
bīlì 逼立 10-1023B
bǐlǐ 比里 5-263A
bǐlǐ 鄙俚 10-677B
bǐlì 比例 5-264A
bǐlì 筆力 8-1160A
bǐlì 筆立 8-1161A
bǐlì 筆吏 8-1161A
bǐlì 鄙戾 10-677B
bǐlí 篦籬 8-1233A
bǐlí 佛狸 1-1290A
bǐlí 佛貍 1-1292B
bǐlǐ 碧李 7-1068B
bìlǐ 避李 10-1269B
bìlì 吡唎 3-207B
bìlì 必力 7-395B
bìlì 畢力 7-1320A
bìlì 敝力 5-468A
bìlì 萆荔 9-445A
bìlì 愎戾 7-661A
bìlì 愎盭 7-661B
bìlì 嗶嘌 3-461B
bìlì 辟吏 11-485A
bìlì 篳篥 8-1277A
bìlì 壁立 2-1230A
bìlì 箄篥 8-1230B
bìlì 薜荔 9-584B
bìlì 觱栗 10-1382B
bìlì 觱篥 10-1383A
bìlì 避吏 10-1269A
bìlì 璧立 4-643A
bìlì 璧麗 4-645A
bìlì 跛立 10-455A
bìlián 陛廉 11-981B
bìlián 碧漣 7-1073A
bìlián 碧蓮 7-1072B
bìlián 篦簾 8-1233A
bìlián 璧連 4-644A
bìlián 璧聯 4-645A
bìliǎn 駜斂 9-140B
bìliàn 閉殮 12-28B
bìliàn 碧瀲 7-1076B
bíliáng 鼻梁 12-1419B
bíliáng 鼻樑 12-1420B
bǐliang 比量 5-267B
bǐliàng 比量 5-267B
bìliàng 弼亮 4-132A
bìliángfùyán 避涼附炎 10-1274A
bíliánggǔ 鼻梁骨 12-1419B
bǐliàngqíguān 比量齊觀 5-267B
bīliángwéichāng 逼良爲娼 10-1024A
bíliángzi 鼻梁子 12-1419B
bìliáo 碧寥 7-1073B
bìliǎo 畢了 7-1320A
bìlìbālā 吡哩叭喇 3-207B
bìlìbólā 嗶哩礴喇 3-461B
bìlìbólā 砭裏剥剌 7-1024B
bìlìbùlà 必力不剌 7-395B
bìlìchílí 必里遲離 7-396A
bìlící 佛貍祠 1-1292B
bīliè 逼裂 10-1027A
bǐliè 鄙劣 10-676B
bìliè 陛列 11-980B
bìliè 敝裂 5-469A
bìlìlì 嗶嘌嘌 3-461B
bīlín 逼鄰 10-1028B
bīlín 逼臨 10-1029A
bǐlín 比鄰 5-269A
bǐlín 比隣 5-269A
bǐlìn 鄙吝 10-677A
bǐlìn 鄙悋 10-678A
bǐlìn 鄙悋 10-676B
bìlín 賁臨 10-139B
bìlín 碧琳 7-1071B
bìlín 碧鱗 7-1076B
bìlín 璧鄰 2-1231B
bīlíng 逼凌 10-1026A
bīlìng 逼令 10-1023B

bìlíng 觱靈 10-683A
bìlìng 觱令 10-683A
bìlínglóng 碧玲瓏 7-1069A
bìlínhóu 碧琳侯 7-1071B
bìlínlín 碧粼粼 7-1073B
bìlínlín 碧鱗鱗 7-1076B
bìlìqiānrèn 壁立千仞 2-1230B
bìlìtóngxīn 畢力同心 7-1320A
bìliú 鄙流 10-678A
bìliú 碧流 7-1070B
bìliú 蔽旒 9-541B
bìliú 璧流 4-644A
bìliù 碧溜 7-1073A
bìliúbùlà 必留不剌 7-396B
bìliúlí 碧琉璃 7-1070B
bìliúlí 碧瑠璃 7-1073B
bìliúlí 璧流離 4-644A
bìlǐxiánguā 避李嫌瓜 10-1269B
bìlìyī 薜荔衣 9-584B
bílóng 鼻龍 12-1421A
bǐlóng 比隆 5-267A
bǐlóng 比籠 5-271B
bìlóng 壁龍 2-1231B
bìlǒng 陂隴 11-959B
bìlǒng 閉攏 12-28B
bìlòng 避弄 10-1269B
bìlòu 鄙陋 10-677B
bìlóu 碧樓 7-1074A
bìlòu 庳陋 3-1241A
bìlòu 敝陋 5-468B
bìlòu 弊陋 2-1319A
bìlú 篳蘆 8-1168B
bìlù 篳路 8-1165B
bìlù 篳録 8-1168A
bìlú 庳廬 3-1241A
bìlú 敝廬 5-469B
bìlú 辟纑 11-491B
bìlú 碧盧 7-1074B
bìlú 碧瓐 7-1076A
bìlú 碧矑 7-1076B
bìlú 碧鱸 7-1076B
bìlú 壁爐 2-1232A
bìlǔ 蔽櫓 9-542A
bìlǔ 避虜 10-1275A
bìlù 畢露 7-1323B
bìlù 蓽路 9-502B
bìlù 蓽輅 9-502B
bìlù 碧露 7-1076B
bìlù 碧輅 7-1072B
bìlù 篦簬 8-1233A
bìlù 篳路 8-1230A
bìlù 篳輅 8-1230A
bìlù 避禄 10-1274B
bìlù 避路 10-1275A
bìlù 蹕路 10-527A
bìluàn 弊亂 2-1320A
bìluàn 避亂 10-1275B
bìlùdiànshì 閉路電視 12-27B
bìlùlánlǚ 蓽露藍蔞 9-503A
bìlùlánlǚ 蓽路藍縷 9-502B
bìlùlánlǚ 篳路藍褸 8-1230A
bìlùlánlǚ 篳路藍縷 8-1230A
bìlùlánlǚ 篳路襤褸 8-1230B
bìlùlánlǚ 篳簬籃縷 8-1230B
bǐlún 比倫 5-267A
bǐlún 比輪 5-269B
bìlùn 筆論 8-1167A
bìlún 碧輪 7-1074A
bìlùn 詖論 11-133A
bīluó 逼邏 10-1029B
bǐluò 比落 5-267B
bǐluò 吡咯 3-207B
bìluó 畢羅 7-1323A
bìluó 嗶囉 3-461B
bìluó 辟邏 11-491B
bìluó 碧螺 7-1075A
bìluó 碧蘿 7-1076B
bìluó 薜蘿 9-585A
bìluó 饆饠 12-573A
bìluò 弊落 2-1319B
bìluò 碧落 7-1071B
bìluòbēi 碧落碑 7-1072A
bìluóchūn 碧螺春 7-1075A
bìluóchūn 碧蘿春 7-1076B
bìluòjiè 碧落界 7-1072A
bìluòshìláng 碧落侍郎 7-1071B
bìluótiān 碧羅天 7-1076A
bìluóyī 薜蘿衣 9-585A
bìluózǐ 薜蘿子 9-585A
bǐlǘ 比閭 5-269A
bǐlǚ 鄙旅 10-678A
bǐlǜ 比率 5-267A
bìlǘ 辟閭 11-490B
bìlǜ 碧緑 7-1074A
bìlǜbùlà 必律不剌 7-396B
bīlüè 逼掠 10-1026B
bīlüè 逼略 10-1026B
bǐlüè 鄙略 10-678B
bìlǜlǜ 必律律 7-396B
bīmǎ 逼碼 10-1028B
bìmá 萞麻 9-504A
bìmá 蓖麻 9-447A
bìmǎ 幣馬 3-758A
bìmǎ 避馬 10-1272B
bìmǎ 璧馬 4-644A
bìmài 碧麥 7-1071A
bǐmàn 鄙嫚 10-680A
bǐmàn 鄙慢 10-680A
bímáo 鼻毛 12-1416B
bǐmǎo 比卯 5-262A
bǐmào 筆帽 8-1165A
bìmǎo 畢昴 7-1321B
bìmào 庇冒 3-1209B
bìmào 蔽茂 9-540B
bìmāoshǔ 避猫鼠 10-1273B
bǐměi 比美 5-266A
bǐmèi 鄙昧 10-677B
bìměi 蔽美 9-541A
bìmèi 嬖媚 4-417A
bīmèn 逼悶 10-1027B
bìmén 畢門 7-1321B
bìmén 蓽門 9-502B
bìmén 壁門 2-1230B
bìmén 篳門 8-1230A
bìmén 璧門 4-643B
bìméng 蔽蒙 9-541B
bìméng 蔽幪 9-541B
bìméngēng 閉門羹 12-26B
bìménguīdòu 蓽門圭竇 9-502B
bìménguīdòu 篳門圭竇 8-1230A
bìménguīdòu 篳門閨竇 8-1230A
bìménguīyú 篳門圭窬 8-1230A
bìménguīyú 篳門閨窬 8-1230A
bìménhézhé 閉門合轍 12-25B
bìménjǐnhù 閉門墐户 12-26B
bìménmìjù 閉門覓句 12-26A
bìménquèguǐ 閉門却軌 12-26A
bìménquèsǎo 閉門却掃 12-26A
bìménsàoguǐ 閉門埽軌 12-26A
bìménsǎojì 閉門掃迹 12-26A
bìménsèdòu 閉門塞竇 12-26B
bìménsèhù 閉門塞户 12-26B
bìménsīguò 閉門思過 12-26A
bìménsīqiān 閉門思愆 12-26A
bìméntóuxiá 閉門投轄 12-26A
bìménwěixiàng 蓽門委巷 9-502B
bìménzàochē 閉門造車 12-26A
bìménzìshǒu 閉門自守 12-25B
bǐmí 鄙靡 10-681A
bìmí 獘靡 5-102B
bìmì 閉秘 12-26B
bìmì 閉密 12-27A
bìmì 閟密 12-100A
bīmiàn 逼面 10-1025A
bìmiǎn 避免 10-1270A
bìmiǎn 韠冕 12-685A
bìmiǎn 鷩冕 12-1159B
bìmiàn 避面 10-1271B
bìmiànyǐnxíng 避面尹邢 10-1271B
bímiáo 鼻苗 12-1417B
bǐmiào 筆妙 8-1162A
bǐmiào 鄙繆 10-681A
bìmín 弊民 2-1318B
bìmín 碧旻 7-1068B
bīmìng 逼命 10-1024B
bímíng 鼻鳴 12-1420A
bǐmíng 筆名 8-1161B
bìmíng 蔽明 9-540B
bìmíng 避名 10-1269A
bìmíng 避明 10-1271A
bìmìng 畢命 7-1321A
bìmìng 辟命 11-487A
bìmìng 避命 10-1271B
bìmìng 斃命 5-525A
bìmíngsècōng 閉明塞聰 12-25B
bìmíngsècōng 蔽明塞聰 9-540B
bǐmiù 粃繆 9-199A
bǐmiù 粃謬 9-199A
bǐmiù 鄙謬 10-681A
bìmiù 辟謬 11-491B
bǐmó 筆摩 8-1167B
bǐmò 筆墨 8-1166B
bìmò 弊末 2-1318A
bǐmòguānsī 筆墨官司 8-1167A
bǐmòhéngzī 筆墨横姿 8-1167A
bǐmòqí 筆墨畦 8-1167A
bǐmòqíjìng 筆墨畦徑 8-1167A
bǐmóu 比侔 5-264B
bìmóu 弊謀 2-1320A
bǐmòzhīlín 筆墨之林 8-1167A
bīmù 逼目 10-1023B
bīmù 逼暮 10-1028A
bímù 鼻目 12-1416B
bǐmù 比目 5-261B
bìmù 閉幕 12-27A
bìmù 辟幕 11-489B
bìmù 碧幕 7-1072B
bìmù 枇沐 4-814A
bìmùsè'ěr 閉目塞耳 12-25B
bìmùsètīng 閉目塞聽 12-25B
bǐmùyú 比目魚 5-261B
bīnà 逼納 10-1026A
bìnài 碧柰 7-1069B
bìnán 避難 10-1278A
bìnàn 辟難 11-491B
bìnàn 避難 10-1278A
bǐnáng 筆囊 8-1169A
bìnánjiùyì 避難就易 10-1278A
bìnánqūyì 避難趨易 10-1278A
bīnǎo 逼惱 10-1027B
bìnào 臂臑 6-1399A
bīnbái 賓白 10-213B
bīnbān 璸斒 4-654A
bìnbān 鬢斑 12-757B
bìnbǎo 鬢葆 12-757B
bìnbèi 儐背 1-1718B
bīnbì 賓辟 10-217B
bīnbīn 彬彬 3-1122A

bīnbīn 斌斌 6-1547B
bīnbīn 賓賓 10-217B
bīnbīn 賓儐 10-218A
bīnbīn 繽繽 9-1043A
bīnbīn 玢豳 4-531B
bīnbīn 玢瑸 4-531A
bīnbīn 份份 1-1207B
bīnbǐng 彬炳 3-1122A
bīnbīnjǐjǐ 彬彬濟濟 3-1122B
bīnbīnlínlín 瑸瑸璘璘 4-610A
bīnbīnyǒulǐ 彬彬有禮 3-1122B
bīnbǐshìkàng 彬比勢抗 3-1122A
bīnbó 斌駁 6-1548A
bìnbó 擯薄 6-945A
bīncǎi 賓寀 10-216B
bìnchāi 鬢釵 12-757A
bìnchán 鬢蟬 12-758A
bìnchē 殯車 5-179B
bīnchén 賓臣 10-213B
bīnchí 賓墀 10-217B
bìnchì 擯斥 6-944A
bīnchóu 賓幬 10-218B
bìnchú 擯除 6-944B
bìnchù 擯黜 6-945A
bìnchuí 鬢垂 12-757A
bīncí 賓詞 10-217A
bīncì 賓次 10-214A
bīncóng 賓從 10-216B
bìncóng 儐從 1-1718B
bìncuán 殯攢 5-179B
bīncuì 賓倅 10-215B
bīndài 賓待 10-215A
bīndǎng 賓黨 10-219A
bīndāo 鑌刀 11-1427B
bīndào 賓道 10-217A
bìndǎo 儐導 1-1718B
bīndì 賓帝 10-215A
bìndiàn 鬢鈿 12-757B
bīndōng 賓東 10-214B
bìndòu 儐豆 1-1718B
bìnduì 擯兑 6-944B
bīndùluó 賓度羅 10-215A
bìnduǒ 鬢朵 12-756B
bǐnè 鄙訥 10-678B
bìn'è 擯厄 6-944A
bìnfá 髕罰 12-422B
bìnfà 鬢髮 12-757B
bìnfà 鬢髲 12-757B
bīnfān 繽翻 9-1043A
bīnfān 繽繙 9-1043A
bīnfán 覾覻 10-358A
bìnfàng 擯放 6-944B
bìnfèi 擯廢 6-945A
bīnfēn 繽紛 9-1042B
bīnfēn 鑌芬 11-1427B
bīnfēn 毰毲 6-1020A
bīnfēn 闠闠 12-727B
bīnfēng 邠風 10-597A
bīnfēng 豳風 10-43A
bīnfēngtú 豳風圖 10-43A
bīnfú 賓伏 10-213B
bīnfú 賓服 10-214B
bīnfù 賓附 10-214A
bìnfú 殯服 5-179B
bīng'àn 冰案 2-394A
bǐng'ān 稟安 8-104B
bìng'àn 病案 8-293A
bǐngbǎ 柄靶 4-903A
bǐngbà 柄把 4-903A
bǐngbà 柄欛 4-903A
bǐngbái 稟白 8-104B
bīngbàng 冰棒 2-396A
bìngbǎng 並膀 2-106B
bīngbáo 冰雹 2-396B
bīngbào 兵暴 2-97B
bǐngbào 炳爆 7-49B
bǐngbào 稟報 8-106A
bìngbāo 并包 2-81A
bìngbāo'er 病包兒 8-290A
bǐngběng 鞞琫 12-197B
bǐngběng 鞞鞛 12-198A
bǐngběng 鞸琫 12-211B
bǐngběng 鞸鞛 12-211B
bǐngběng 琕琫 4-593A
bīngbǐ 冰筆 2-396A
bīngbì 冰碧 2-397B
bǐngbǐ 秉筆 8-31A
bǐngbì 炳賁 7-49A
bǐngbì 屏蔽 4-40B
bìngbǐ 並比 2-104B
bìngbì 病痺 8-294A
bìngbì 病弊 8-294A
bìngbì 病蔽 8-294A
bīngbiàn 兵弁 2-90B
bīngbiàn 兵變 2-99A
bǐngbiān 秉鞭 8-31B
bìngbiàn 病變 8-295B
bǐngbiāo 炳彪 7-48B
bīngbǐng 兵柄 2-93A
bǐngbǐng 丙丙 1-510A
bǐngbǐng 邴邴 10-604A
bǐngbǐng 怲怲 7-473B
bǐngbǐng 炳炳 7-48B
bìngbīng 併兵 1-1356B
bǐngbǐnglánglang 炳炳琅琅 7-48B
bǐngbǐnglǎnglǎng 炳炳烺烺 7-48B
bǐngbǐnglínlín 炳炳麟麟 7-48B
bìngbìngwāiwāi 病病歪歪 8-292B
bǐngbǐngxiǎnxiǎn 炳炳顯顯 7-48B
bìngbìngyàngyàng 病病恙恙 8-292B
bǐngbǐngyèyè 炳炳燁燁 7-48B
bǐngbǐngzáozáo 炳炳鑿鑿 7-48B
bǐngbǐtàijiàn 秉筆太監 8-31A
bǐngbìyánhuǒ 秉畀炎火 8-30A
bīngbò 冰檗 2-400A
bǐngbó 炳博 7-49A
bīngbù 兵部 2-94B
bīngbù 兵簿 2-99A
bǐngbù 丙部 1-510B
bīngbùjiērèn 兵不接刃 2-89B
bīngbùwūrèn 兵不汙刃 2-89B
bīngbùxuèrèn 兵不血刃 2-89B
bīngbùyànzhà 兵不厭詐 2-89B
bǐngcái 稟才 8-104B
bīngcán 冰蠶 2-401A
bǐngcàn 炳粲 7-49A
bǐngcáng 屏藏 4-41A
bīngcángwǔkù… 兵藏武庫,馬入華山 2-98A
bīngcánsī 冰蠶絲 2-401B
bīngcāo 冰操 2-399A
bīngcāo 兵操 2-97B
bīngcáo 兵曹 2-95A
bǐngcāo 秉操 8-31B
bǐngcāo 稟操 8-106B
bìngcǎo 病草 8-291B
bīngcáoniǎo 兵曹鳥 2-95A
bìngcè 屏廁 3-1230B
bìngcè 屏廁 4-39B
bīngcéng 冰層 2-399A
bīngchá 冰碴 2-398A
bǐngchá 餅茶 12-538B
bīngchāi 兵差 2-93A
bǐngchāi 鞞靫 12-197B
bīngchán 冰蟾 2-400B
bìngchán 病孱 8-293B
bīngchǎng 冰場 2-395B
bīngchǎng 兵場 2-95B
bǐngcháng 秉常 8-30B
bǐngcháo 柄朝 4-903A
bǐngchǎo 餅麨 12-538B
bīngchē 兵車 2-91B
bīngchè 冰澈 2-399A
bǐngchē 邴車 10-604A
bìngchē 病車 8-290B
bīngchén 兵塵 2-97A
bǐngchén 柄臣 4-902B
bǐngchén 枋臣 4-879B
bìngchén 病沈 8-291A
bǐngchéng 秉成 8-30A
bǐngchéng 秉承 8-30A
bǐngchéng 秉誠 8-31B
bǐngchéng 稟承 8-105B
bìngchēng 並稱 2-106B
bìngchéng 併程 1-1356B
bìngchéng 病呈 8-290B
bìngchéng 病程 8-293B
bìngchéng 病酲 8-294A
bīngchēzhīhuì 兵車之會 2-91B
bīngchēzhīzhǔ 兵車之屬 2-91B
bīngchí 冰池 2-391A
bīngchǐ 冰齒 2-398B
bǐngchí 秉持 8-30B
bǐngchì 屏斥 4-37B
bìngchí 並馳 2-106A
bìngchǐ 病齒 8-294B
bīngchōng 兵衝 2-97B
bīngchóng 冰蟲 2-400A
bìngchónghài 病蟲害 8-295A
bīngchóu 兵籌 2-99A
bīngchú 冰廚 2-399A
bīngchú 兵廚 2-97B
bīngchǔ 兵儲 2-98B
bǐngchú 秉芻 8-30B
bǐngchú 屏除 4-39A
bǐngchǔ 屏處 4-39B
bǐngchù 屏處 4-39B
bǐngchù 屏黜 4-41B
bǐngchú 摒除 6-782A
bìngchǔ 並處 2-105B
bīngchuān 冰川 2-390A
bīngchuán 冰船 2-395A
bīngchuán 兵船 2-95B
bìngchuán 並船 2-105B
bìngchuán 並傳 2-106A
bīngchuáng 冰床 2-391B
bīngchuáng 冰牀 2-392A
bìngchuāng 病瘡 8-294B
bìngchuāng 病創 8-293B
bìngchuáng 並牀 2-105B
bìngchuáng 病床 8-291A
bīngchuānqī 冰川期 2-390A
bǐngcí 稟詞 8-106A
bǐngcí 稟辭 8-106B
bǐngcì 稟賜 8-106B
bìngcóngkǒurù 病從口入 8-293A
bìngcòu 並湊 2-106A
bìngcú 病殂 8-291B
bǐngcuàn 屏竄 4-41B
bǐngcuì 稟粹 8-106A
bìngcuì 病悴 8-293B
bìngcuì 病瘁 8-294A
bìngcún 并存 2-81A
bìngcúnbùbèi 并存不悖 2-81A
bìngcuòdà 病措大 8-293A
bǐngdá 稟達 8-106A
bīngdàbǎn 冰大坂 2-389B
bīngdài 冰袋 2-394B
bīngdàn 冰蛋 2-395A
bǐngdān 稟單 8-106A
bǐngdàn 餅餤 12-538B
bīngdàng 冰蕩 2-398B
bìngdāng 併當 1-1356B
bìngdàng 摒擋 6-782B
bìngdàng 摒攩 6-782B
bìngdàng 屏當 4-40A
bìngdàng 屏擋 4-40B
bīngdāo 冰刀 2-389B
bīngdāo 兵刀 2-89A
bìngdāo 并刀 2-80B
bīngdào 兵道 2-96A
bǐngdào 秉道 8-31A
bǐngdé 秉德 8-31B

bìngdì 并蒂 2-82A
bìngdì 並蒂 2-106A
bìngdì 並蔕 2-106A
bìngdì 病蒂 8-293B
bīngdiǎn 冰點 2-400A
bīngdiàn 冰簟 2-400A
bǐngdiàn 丙殿 1-510B
bīngdiāo 冰雕 2-399B
bìngdié 并迭 2-81B
bìngdié 併疊 1-1356B
bìngdìlián 並蒂蓮 2-106A
bīngdīng 兵丁 2-89A
bǐngdīng 丙丁 1-509B
bǐngdìng 餅定 12-538B
bǐngdìng 餅錠 12-538B
bīngdòng 冰凍 2-393B
bǐngdú 秉牘 8-32A
bǐngdú 稟牘 8-106B
bǐngdù 稟度 8-105B
bìngdú 病毒 8-291B
bìngdǔ 病篤 8-294B
bīngduān 兵端 2-97A
bǐngduàn 屏斷 4-41B
bīngduì 兵隊 2-95B
bìngdǔluàntóuyī
病篤亂投醫 8-294B
bìngdùn 病頓 8-293B
bǐngduó 秉鐸 8-32A
bīngē 豳歌 10-43B
bīngé 賓閣 10-217B
bīngé 賓閤 10-217B
bīng'é 兵額 2-98B
bīng'è 冰鍔 2-400A
bīng'è 兵厄 2-89B
bìngēn 鬢根 12-757A
bīng'ér 冰兒 2-391B
bǐng'ěr 餅餌 12-538B
bǐng'ěr 餅餌 12-1023B
bìng'ěr 病耳 8-290A
bīngfǎ 兵法 2-92A
bǐngfā 炳發 7-49A
bǐngfǎ 稟法 8-105A
bìngfā 并發 2-82B
bìngfá 病乏 8-290A
bǐngfān 屏藩 4-41B
bīngfáng 兵防 2-91A
bīngfáng 兵房 2-92B
bǐngfàng 屏放 4-38A
bìngfāng 病坊 8-290B
bìngfáng 病房 8-291A
bīngfángyùjié 冰房玉節
2-392A
bìngfāzhèng 并發症 2-82B
bīngfěi 兵匪 2-93B
bīngfèi 兵費 2-96B
bǐngféi 餅肥 12-538B
bǐngfèi 鞞芾 12-197B
bǐngfèi 屏廢 4-40B
bìngfèi 病痱 8-294A
bìngfèi 病廢 8-294B
bǐngfèn 稟分 8-104B
bīngfēng 冰封 2-392A
bīngfēng 冰峰 2-393A
bīngfēng 兵鋒 2-97B
bìngfēng 并封 2-82A
bìngfēng 病風 8-291B
bìngfēngsàngxīn 病風喪心
8-291B
bīngfú 兵符 2-95A
bīngfǔ 冰斧 2-391B
bīngfǔ 兵府 2-92A
bǐngfú 秉拂 8-30A
bǐngfú 秉桴 8-30B
bǐngfú 屏伏 4-37B
bǐngfǔ 屏輔 4-40B
bǐngfù 秉賦 8-31B
bǐngfù 稟付 8-104B
bǐngfù 稟復 8-106A
bǐngfù 稟賦 8-106B
bǐngfù 稟覆 8-106B
bìngfū 病夫 8-290A
bìngfù 并覆 2-82B
bìnggài 並概 2-106A
bīnggān 栟柑 4-1007B
bǐnggān 餅乾 12-538B
bīnggāo 冰糕 2-399B
bǐnggào 稟告 8-104B
bīnggē 兵戈 2-90A
bīnggé 兵革 2-92B
bìnggé 并隔 2-82A
bìnggēn 病根 8-292A
bǐnggēng 秉耕 8-30B
bìnggēng 並耕 2-105B
bīnggōng 兵工 2-89A
bǐnggōng 秉公 8-29B
bīnggōngchǎng 兵工廠 2-89B
bǐnggōngmièsī 秉公滅私
8-29B
bǐnggōngrènzhí 秉公任直
8-29B
bìnggōu 病鉤 8-293B
bīnggǔ 冰谷 2-391A
bīnggǔ 冰骨 2-392B
bǐnggǔ 稟穀 8-106B
bìnggǔ 並轂 2-107A
bìnggǔ 病骨 8-291B
bìnggǔ 病蠱 8-295B
bìnggù 病故 8-291B
bīngguān 兵官 2-92B
bīngguǎn 冰管 2-398A
bǐngguǎn 邴管 10-604A
bīngguāng 冰光 2-391A
bǐngguī 秉圭 8-30A
bǐngguī 秉珪 8-30B
bǐngguī 屏歸 4-41B
bìngguǐ 並軌 2-105B
bīngguìshénsù 兵貴神速
2-95B
bīngguìxiānshēng
兵貴先聲 2-95B
bīnggùn 冰棍 2-396A
bǐngguó 秉國 8-30B
bǐngguó 柄國 4-903A
bǐngguó 枋國 4-879B
bìngguóyāngmín 病國殃民
8-293A
bīnghǎi 冰海 2-394A
bìnghái 病骸 8-294B
bìnghài 病害 8-292B
bīnghán 冰寒 2-396A
bǐnghàn 屏扞 4-37B
bǐnghàn 屏捍 4-39A
bǐnghàn 屏翰 4-41A
bìnghán 并涵 2-82A
bīnghányúshuǐ 冰寒于水
2-396A
bīnghányúshuǐ 冰寒於水
2-396A
bīnghào 兵號 2-96B
bìnghào 病號 8-293B
bīnghé 冰合 2-391A
bīnghé 冰河 2-391B
bǐnghè 炳赫 7-49A
bìnghé 并合 2-81A
bīnghéqī 冰河期 2-391B
bīnghéshídài 冰河時代
2-391B
bīnghòu 兵堠 2-95B
bìnghòu 並后 2-105A
bìnghòu 病候 8-292A
bīnghú 冰壺 2-395B
bīnghú 冰湖 2-396A
bīnghú 冰縠 2-399A
bīnghù 冰沍 2-391B
bīnghuā 冰花 2-391A
bīnghuā 冰華 2-393A
bīnghuá 兵譁 2-98B
bǐnghuà 稟化 8-104B
bǐnghuàn 昺煥 5-662A
bǐnghuàn 炳煥 7-49A
bìnghuàn 病患 8-293A
bīnghuāng 兵荒 2-92B
bǐnghuáng 炳煌 7-49A
bīnghuāngmǎluàn 兵荒馬亂
2-93A
bīnghuāngmǎluàn 兵慌馬亂
2-96A
bīnghuātáng 冰花糖 2-391A
bīnghú'er 冰核兒 2-393A
bīnghú'er 冰胡兒 2-392A
bīnghuī 冰暉 2-397A
bīnghuī 冰輝 2-398B
bīnghuǐ 兵燬 2-98B
bǐnghuī 炳輝 7-49B
bǐnghuì 炳慧 7-49B
bìnghuì 病恚 8-292A
bìnghuì 病喙 8-293B
bīnghún 冰魂 2-396B
bīnghúnsùpò 冰魂素魄
2-396B
bīnghúnxuěpò 冰魂雪魄
2-396B
bīnghuǒ 兵火 2-90A
bīnghuò 兵禍 2-96B
bǐnghuǒ 丙火 1-510A
bǐnghuǒ 稟火 8-104B
bīnghúqiūyuè 冰壺秋月
2-395B
bīngjī 兵飢 2-94A
bīngjī 兵機 2-97B
bīngjī 兵饑 2-99A
bīngjí 兵級 2-93B
bīngjí 兵籍 2-99A
bīngjǐ 兵戟 2-95B
bīngjì 兵忌 2-91B
bīngjì 兵紀 2-93B
bīngjì 兵祭 2-95B
bǐngjī 秉機 8-31B
bǐngjǐ 稟給 8-106A
bǐngjì 屏迹 4-38B
bǐngjì 屏寂 4-39B
bǐngjì 屏跡 4-40A
bǐngjì 屏蹟 4-41B
bìngjī 病肌 8-290B
bìngjí 病革 8-291B
bìngjí 病亟 8-291B
bìngjí 病疾 8-292B
bìngjì 病悸 8-293A
bīngjiā 兵家 2-94B
bīngjiǎ 兵甲 2-90A
bīngjià 冰稼 2-398B
bǐngjiǎ 稟假 8-105B
bìngjiā 并夾 2-81B
bìngjiā 病家 8-292B
bìngjià 並駕 2-106B
bìngjià 病假 8-293A
bīngjiān 冰繭 2-400A
bīngjiān 冰蠒 2-400B
bìngjiān 并剪 2-82A
bìngjiān 并翦 2-82B
bīngjiàn 冰鑑 2-401A
bīngjiàn 兵諫 2-98A
bīngjiàn 兵艦 2-99A
bǐngjiàn 丙鑒 1-510B
bǐngjiàn 秉鑑 8-32A
bǐngjiàn 炳見 7-48A
bǐngjiàn 稟見 8-105A
bìngjiān 并肩 2-81B
bìngjiān 并兼 2-82A
bìngjiān 並肩 2-105A
bìngjiān 併肩 1-1356B
bìngjiān 併兼 1-1356B
bìngjiàn 病閒 8-293B
bīngjiàng 兵匠 2-90B
bīngjiàng 兵將 2-95B
bìngjiāngjiānxiàng
并疆兼巷 2-82B
bīngjiāo 冰膠 2-399A
bīngjiāo 兵交 2-91A
bīngjiào 冰窖 2-396A
bǐngjiāo 秉椒 8-31A
bìngjiǎo 病脚 8-293A
bìngjiàqíqū 并駕齊驅
2-82B
bìngjiàqíqū 並駕齊驅
2-106B
bīngjié 冰結 2-396B
bīngjié 冰潔 2-399A
bīngjié 兵劫 2-91A
bīngjiě 冰解 2-397A
bīngjiě 兵解 2-96B
bǐngjié 秉節 8-31A
bǐngjié 鮩鮚 12-1213A
bǐngjié 屏潔 4-40B
bǐngjiè 秉戒 8-30A
bìngjié 并節 2-82B

bìngjiè 并介 2-80B
bǐngjiéchízhòng 秉節持重 8-31A
bīngjiědìpò 冰解的破 2-397A
bīngjiědòngshì 冰解凍釋 2-397A
bīngjiěrǎngfēn 冰解壤分 2-397B
bīngjiéyuānqīng 冰潔淵清 2-399A
bīngjiěyúnsàn 冰解雲散 2-397B
bīngjiéyùqīng 冰潔玉清 2-399A
bīngjilíng 冰激凌 2-399B
bìngjíluàntóuyī 病急亂投醫 8-291B
bīngjīn 冰衿 2-393A
bīngjìn 兵燼 2-98B
bǐngjīn 餅金 12-538B
bìngjìn 并進 2-82A
bìngjìn 並進 2-105B
bīngjīng 冰晶 2-396A
bīngjīng 冰兢 2-397B
bīngjīng 冰競 2-401A
bīngjīng 兵經 2-97A
bīngjǐng 冫井 2-390A
bīngjǐng 兵警 2-98B
bīngjìng 冰浄 2-393A
bīngjìng 冰敬 2-395B
bīngjìng 冰鏡 2-400B
bìngjìng 病競 8-295A
bīngjǐngtái 冰井臺 2-390A
bìngjiǔ 病酒 8-292B
bìngjiù 病疚 8-291A
bìngjù 兵具 2-92A
bǐngjū 屏居 4-38A
bǐngjù 稟懼 8-107A
bìngjū 並居 2-105B
bìngjǔ 并舉 2-82B
bìngjǔ 並舉 2-106B
bìngjù 并聚 2-82B
bìngjù 病句 8-290A
bīngjuàn 冰絹 2-397B
bìngjuǎn 并卷 2-81B
bǐngjué 屏絶 4-40A
bǐngjué 摒絶 6-782B
bǐngjūn 秉鈞 8-31A
bìngjūn 病菌 8-293A
bǐngjūnchízhóu 秉鈞持軸 8-31A
bǐngjūndāngzhóu 秉鈞當軸 8-31A
bǐngjūnhéng 秉鈞衡 8-31A
bǐngjūnzhóu 秉鈞軸 8-31A
bǐngkē 丙科 1-510A
bìngkē 并柯 2-82A
bìngkě 病渴 8-293B
bìngkè 病客 8-292A
bǐngkòng 稟控 8-105B
bīngkòu 兵寇 2-95B
bīngkū 冰窟 2-397B
bīngkù 兵庫 2-94A
bìngkǔ 病苦 8-291A
bīngkuài 兵快 2-91B
bìngkuáng 病狂 8-291A
bìngkuángsàngxīn 病狂喪心 8-291A
bìngkùn 病困 8-290B
bīnglài 冰籟 2-401A
bīngláijiàngdǎng… 兵來將擋,水來土掩 2-92A
bīngláijiàngdí… 兵來將敵,水來土堰 2-92A
bīngláijiàngyíng… 兵來將迎,水來土堰 2-92A
bīnglán 兵闌 2-98B
bīnglán 兵蘭 2-99A
bīnglán 兵欄 2-99A
bǐnglàn 炳爛 7-49B
bīngláng 檳榔 4-1353B
bǐnglǎng 炳琅 7-48B
bǐnglǎng 炳朗 7-48B
bǐnglǎng 炳朖 7-48B
bǐnglǎng 炳烺 7-49A
bǐnglěi 秉耒 8-30A
bìnglèi 病累 8-293A
bīngléng 冰棱 2-396A
bīngléng 冰楞 2-396B
bīngléng 冰稜 2-397A
bīngléng 兵稜 2-96B
bīnglěng 冰冷 2-391B
bīnglí 冰梨 2-394B
bīnglǐ 冰鯉 2-400A
bīnglì 冰栗 2-393A
bīnglì 兵力 2-89A
bīnglì 兵利 2-91B
bīnglì 兵隸 2-98B
bǐnglì 秉利 8-30A
bìnglǐ 病理 8-293A
bìnglì 并力 2-80B
bìnglì 并立 2-81A
bìnglì 並立 2-104B
bìnglì 併力 1-1356A
bìnglì 病力 8-290A
bìnglì 病利 8-290B
bìnglì 病例 8-291A
bìnglì 病歷 8-294B
bìnglì 病癘 8-295A
bìnglì 竝立 8-380B
bīnglián 冰奩 2-398A
bīngliǎn 冰臉 2-400A
bìnglián 并聯 2-82B
bīngliáng 冰涼 2-393B
bīngliáng 兵糧 2-98B
bǐngliáng 稟糧 8-106B
bīngliánhuòjiē 兵連禍接 2-94A
bīngliánhuòjié 兵連禍結 2-94A
bǐngliè 炳烈 7-48B
bìngliè 并列 2-81A
bìngliè 並列 2-104B
bīnglín 冰鱗 2-401A
bǐnglín 炳麟 7-49B
bīnglínchéngxià 兵臨城下 2-98B
bīnglíng 冰凌 2-393B
bǐnglíng 昞靈 5-662A
bǐnglíng 炳靈 7-49B
bǐnglíng 稟靈 8-107A
bǐnglìng 柄令 4-902B
bǐnglìng 稟令 8-104B
bǐnglínggōng 炳靈公 7-50A
bīnglínghuā 冰凌花 2-393B
bǐnglíngsìshíkū 炳靈寺石窟 7-50A
bīngliū 冰溜 2-397B
bīngliùzhù 冰溜柱 2-397B
bīngliúzi 冰流子 2-394A
bìnglóng 病癃 8-295A
bǐnglú 餅爐 12-539A
bǐnglù 炳露 7-49B
bīngluàn 兵亂 2-96B
bīnglún 冰輪 2-398B
bīnglún 兵輪 2-97A
bīngluó 冰羅 2-400B
bǐngluò 屏落 4-39B
bīnglǘ 栟閭 4-1007B
bīnglǘ 栟櫚 4-1007B
bīnglǚ 兵旅 2-94B
bīnglǜ 兵律 2-93A
bǐnglǚ 稟履 8-106B
bìnglǘ 并閭 2-82B
bīnglüè 兵略 2-95A
bīngmǎ 兵馬 2-93B
bīngmái 冰霾 2-401A
bīngmǎjí 兵馬籍 2-94A
bǐngmáo 秉旄 8-30B
bīngmǎsī 兵馬司 2-93B
bīngmǎwèidòng… 兵馬未動,糧草先行 2-93B
bīngméi 冰媒 2-396B
bìngmèi 病魅 8-294A
bīngmén 并門 2-82A
bīngméng 兵盟 2-96B
bìngmiǎn 病免 8-290B
bīngmín 兵民 2-90B
bìngmín 病民 8-290A
bǐngmíng 丙明 1-510A
bǐngmíng 炳明 7-48B
bǐngmíng 稟明 8-105A
bǐngmìng 并命 2-81B
bǐngmìng 稟命 8-105A
bìngmíng 併名 1-1356B
bìngmíng 病名 8-290B
bìngmìng 并命 2-81B
bìngmìng 並命 2-105A
bìngmìng 併命 1-1356B
bìngmó 病魔 8-295A
bìngmò 病殁 8-291A
bīngmóu 冰眸 2-394B
bīngmóu 兵謀 2-98A
bìngmóu 病眸 8-293A
bīngmù 兵木 2-89B
bīngmù 兵目 2-90A
bìngmù 病目 8-290A
bīngnáhuòjié 兵拏禍結 2-93B
bīngnàn 兵難 2-98B
bīngnáng 冰囊 2-401A
bīngnǎo 冰腦 2-397A
bìngnéng 病能 8-293A
bǐngnì 屏匿 4-39A
bīngniè 冰蘗 2-400B
bīngniè 冰蘖 2-400B
bǐngniè 秉臬 8-30B
bīngníng 冰凝 2-399B
bīngnǔ 兵弩 2-92B
bīngōng 豳公 10-43A
bīngòng 賓貢 10-215B
bīngōng 殯宮 5-179B
bīng'ōu 冰甌 2-398B
bìng'ǒu 並耦 2-106B
bīngpái 冰排 2-394A
bīngpái 兵牌 2-96A
bìngpái 并排 2-82A
bìngpái 併排 1-1356B
bīngpáizi 冰排子 2-394A
bīngpán 冰槃 2-398A
bīngpán 冰盤 2-398B
bīngpàn 冰泮 2-391B
bīngpàn 冰泮 2-391B
bǐngpèi 秉轡 8-32A
bìngpèi 并轡 2-82B
bìngpèi 並轡 2-107A
bīngpén 冰盆 2-392B
bīngpǐ 兵痞 2-96A
bǐngpí 屏毗 4-38A
bìngpǐ 病癖 8-295A
bīngpiàn 冰片 2-390B
bīngpìn 冰聘 2-396B
bīngpíng 冰瓶 2-393B
bīngpǐzi 兵痞子 2-96A
bīngpò 冰魄 2-398A
bīngpù 冰瀑 2-400B
bīngqī 冰期 2-395B
bīngqí 兵棋 2-95B
bīngqí 兵旗 2-97A
bīngqì 兵氣 2-94A
bīngqì 兵器 2-98A
bǐngqì 稟氣 8-105B
bǐngqì 屏氣 4-39A
bǐngqì 屏棄 4-40A
bìngqǐ 病起 8-292A
bìngqì 病氣 8-292A
bìngqì 摒棄 6-782B
bīngqián 兵鈐 2-96A
bǐngqiáng 稟牆 8-106B
bīngqiángmǎzhuàng 兵强馬壯 2-96B
bīngqiángzémiè 兵彊則滅 2-98A
bīngqiángzémiè 兵强則滅 2-96B
bīngqiāo 冰橇 2-399A
bīngqiáo 冰橋 2-399B
bìngqiě 并且 2-81A
bìngqiě 並且 2-104B
bīngqílín 冰淇淋 2-395A
bìngqīn 并親 2-82B

bìngqín 並禽 2-106A
bīngqīng 冰清 2-395A
bǐngqǐng 稟請 8-106B
bìngqíng 病情 8-293A
bīngqīngshuǐlěng 冰清水冷 2-395A
bīngqīngyùcuì 冰清玉粹 2-395A
bīngqīngyùjié 冰清玉潔 2-395A
bīngqīngyùrùn 冰清玉潤 2-395A
bǐngqìníngshén 屏氣凝神 4-39A
bǐngqìtūnshēng 屏氣吞聲 4-39A
bīngqiú 冰球 2-394A
bīngqū 冰蛆 2-394B
bǐngqù 屏去 4-37B
bìngqū 並驅 2-107A
bìngqū 病軀 8-295A
bīngquán 冰泉 2-392B
bīngquán 兵權 2-99A
bǐngquán 秉權 8-32A
bìngquán 病痊 8-293A
bìngqūzhēngxiān 並驅爭先 2-107A
bǐngrán 昞然 5-662A
bǐngrán 炳然 7-49A
bìngrán 並然 2-106A
bīngrén 冰人 2-389B
bīngrén 兵人 2-89A
bīngrèn 冰刃 2-390A
bīngrèn 兵刃 2-89B
bǐngrèn 柄任 4-902B
bìngrén 病人 8-289B
bìngrì 並日 2-104B
bìngrì'érshí 并日而食 2-80B
bīngróng 冰容 2-394A
bīngróng 兵戎 2-90B
bǐngróng 秉戎 8-30A
bìngróng 病容 8-292B
bìngróngbiànfù 并容徧覆 2-82A
bīngróngxiāngjiàn 兵戎相見 2-90B
bǐngrú 炳如 7-48A
bìngrùgāohuāng 病入膏肓 8-289B
bǐngrúguānhuǒ 炳如觀火 7-48A
bīngruí 冰蕤 2-398B
bìngruò 病弱 8-293A
bǐngruòguānhuǒ 炳若觀火 7-48B
bīngsàn 冰散 2-395B
bīngsāng 兵喪 2-95B
bīngsànwǎjiě 冰散瓦解 2-395B
bìngsēngquànhuànsēng 病僧勸患僧 8-294A
bìngshā 併殺 1-1356B
bīngshān 冰山 2-390A
bǐngshàn 稟贍 8-107A
bìngshān 病痁 8-292B
bīngshàngqūgùnqiú 冰上曲棍球 2-390A
bīngshàngrén 冰上人 2-390A
bīngshàngwǔdǎo 冰上舞蹈 2-390A
bīngshāo 兵梢 2-95A
bīngshè 冰麝 2-401A
bǐngshě 屏舍 4-38A
bǐngshè 丙舍 1-510A
bìngshè 病涉 8-292B
bìngshè 竝舍 8-380B
bìngshēn 病身 8-290B
bìngshěn 病沈 8-291A
bǐngshēng 邴生 10-604A
bǐngshēng 稟生 8-104B
bǐngshèng 稟聖 8-106A
bǐngshēngjìngqì 屏聲静氣 4-41A
bǐngshēngliǎnxī 屏聲斂息 4-41A
bīngshī 兵師 2-94A
bīngshí 冰食 2-392B
bīngshǐ 兵矢 2-90B
bīngshì 冰室 2-393A
bīngshì 冰釋 2-400B
bīngshì 兵士 2-89B
bīngshì 兵事 2-92A
bīngshì 兵勢 2-96B
bīngshì 兵埶 2-94B
bǐngshī 餅師 12-538B
bǐngshī 稟施 8-105B
bǐngshí 餅食 12-538B
bǐngshì 秉事 8-30A
bǐngshì 柄事 4-903A
bǐngshì 屏事 4-38A
bìngshí 并時 2-82A
bìngshí 並時 2-105B
bìngshǐ 病史 8-290A
bìngshì 并世 2-80B
bìngshì 並世 2-104B
bìngshì 並事 2-105A
bìngshì 並視 2-105B
bìngshì 病逝 8-292A
bìngshì 病勢 8-293B
bìngshì 竝世 8-380B
bīngshìcāo 兵式操 2-90B
bīngshìtǐcāo 兵式體操 2-90B
bìngshìwúliǎng 并世無兩 2-81A
bīngshǒu 兵守 2-91A
bīngshǒu 兵首 2-93A
bǐngshòu 柄授 4-903A
bǐngshòu 稟受 8-105A
bǐngshòu 稟授 8-105B
bìngshǒu 併手 1-1356A
bìngshǒu 病守 8-290B
bìngshòu 病瘦 8-294A
bīngshū 冰蔬 2-398B
bīngshū 兵書 2-94B
bīngshū 兵輸 2-97B
bīngshù 兵術 2-95B
bīngshuài 兵帥 2-93A
bīngshuāng 冰霜 2-399B
bīngshuò 冰槊 2-398A
bǐngshuò 炳爍 7-49B
bǐngshuò 稟朔 8-105B
bīngsī 冰斯 2-395B
bīngsī 冰絲 2-396B
bīngsī 冰凘 2-398A
bīngsī 冰澌 2-399A
bīngsī 兵廝 2-97B
bīngsǐ 兵死 2-90B
bǐngsī 枋司 4-879B
bǐngsì 餅肆 12-538B
bǐngsì 稟食 8-105B
bīngsīxián 冰絲絃 2-396B
bīngsǒu 冰叟 2-392B
bǐngsù 稟訴 8-106A
bìngsú 病俗 8-291B
bǐngsuàn 稟筭 8-106A
bīngsuì 冰碎 2-396B
bīngsuì 兵燧 2-98A
bǐngsuì 秉穗 8-31B
bǐngsuì 炳睟 7-49A
bìngsuí 並隨 2-106B
bīngsǔn 冰筍 2-396A
bǐngsuō 屏縮 4-41B
bìngtà 病榻 8-294A
bīngtái 冰台 2-391A
bīngtái 冰臺 2-397B
bìngtài 病態 8-294B
bīngtàn 冰炭 2-392A
bīngtànbùtónglú 冰炭不同爐 2-392B
bīngtànbùtóngqì 冰炭不同器 2-392B
bīngtáng 冰糖 2-399B
bīngtáng 冰餹 2-400A
bǐngtáng 稟堂 8-105B
bīngtánghúlu 冰糖壺盧 2-399B
bīngtánghúlu 冰糖葫蘆 2-399B
bīngtángjiǔ 冰堂酒 2-394B
bīngtǐ 兵體 2-99A
bīngtì 冰惕 2-395A
bǐngtǐ 稟體 8-107A
bìngtǐ 病體 8-295A
bīngtiān 冰天 2-390B
bīngtiānxuědì 冰天雪地 2-390B
bīngtiānxuějiào 冰天雪窖 2-390B
bīngtiáo 冰條 2-393A
bǐngtiě 稟帖 8-105A
bīngtīng 冰廳 2-401B
bǐngtǒng 秉統 8-31A
bìngtóng 並同 2-104B
bìngtòng 病痛 8-293B
bīngtóu 兵頭 2-98A
bìngtóu 並頭 2-106B
bìngtóucóng 並頭叢 2-106B
bìngtóuhóng 並頭紅 2-106B
bìngtóulián 並頭蓮 2-106B
bīngtù 冰兔 2-391B
bìngtú 病徒 8-292B
bìngtǔ 并土 2-80B
bīngtuán 冰團 2-398A
bīngtuán 兵團 2-97A
bǐngtuì 屏退 4-38B
bìngtuì 病退 8-292A
bìngtún 兵屯 2-90A
bìngtūn 并吞 2-81B
bìngtūn 併吞 1-1356B
bǐngtuō 稟脫 8-105B
bǐngtuò 餅拓 12-538A
bīngǔ 豳谷 10-43A
bìngù 賓故 10-215A
bìngǔ 臏骨 6-1400A
bìngǔ 髕骨 12-422B
bīnguǎn 賓館 10-218A
bìnguān 殯棺 5-179B
bīnguó 邠國 10-597A
bīnguó 賓國 10-216A
bīngwán 冰紈 2-393A
bìngwàng 病忘 8-291A
bīngwēi 兵威 2-93A
bīngwèi 兵尉 2-95B
bīngwèi 兵衛 2-97B
bǐngwēi 秉威 8-30B
bǐngwéi 屏圍 4-39B
bǐngwèi 丙魏 1-510B
bǐngwèi 邴魏 10-604A
bǐngwèi 炳蔚 7-49A
bǐngwèi 屏畏 4-38A
bǐngwèi 屏衛 4-40B
bìngwēi 病危 8-290B
bìngwēi'ǒushì 并威偶勢 2-82A
bīngwèixuèrèn 兵未血刃 2-90A
bīngwén 冰文 2-390B
bīngwén 冰紋 2-394A
bǐngwén 秉文 8-29B
bǐngwén 炳文 7-48A
bǐngwén 稟聞 8-106A
bǐngwèn 稟問 8-106A
bìngwén 并聞 2-82B
bīngwēng 冰翁 2-393A
bǐngwénjiānwǔ 秉文兼武 8-29B
bǐngwénjīngwǔ 秉文經武 8-29B
bǐngwénqián 柄文錢 4-902B
bīngwénzhuōsù 兵聞拙速 2-97A
bǐngwò 秉握 8-31A
bìngwò 病卧 8-291A
bīngwū 冰屋 2-393A
bīngwǔ 冰舞 2-398A
bīngwǔ 兵伍 2-91A
bīngwǔ 兵舞 2-97A
bīngwù 兵務 2-94B
bìngwù 並鶩 2-107A
bīngwúchángshì 兵無常勢 2-96A
bīngwúchángxíng 兵無常形 2-96A
bīngwúxuèrèn 兵無血刃

2-96A
bīngxī 冰溪 2-397B
bīngxī 冰嬉 2-399A
bīngxī 冰谿 2-400A
bǐngxī 屏息 4-39A
bìngxī 並悉 2-105B
bīngxiān 冰鮮 2-400A
bīngxián 冰弦 2-392A
bīngxián 冰絃 2-395A
bīngxián 冰銜 2-398A
bīngxiǎn 兵燹 2-98B
bīngxiàn 冰霰 2-400B
bǐngxiàn 秉憲 8-31B
bīngxiāng 冰箱 2-398B
bīngxiǎng 兵餉 2-97A
bīngxiàng 兵象 2-95B
bǐngxiàng 丙向 1-510A
bǐngxiàng 枋相 4-879B
bìngxiāng 病香 8-291B
bìngxiàng 病像 8-293B
bīngxiányùzhù 冰絃玉柱
2-395B
bīngxiāo 冰消 2-393B
bīngxiāo 冰綃 2-397B
bīngxiāo 冰銷 2-399A
bìngxiāo 病消 8-292B
bìngxiāo 病痟 8-293B
bīngxiāodòngjiě 冰消凍解
2-394A
bīngxiāogéyǎn 兵銷革偃
2-97B
bīngxiāowǎjiě 冰消瓦解
2-393B
bīngxiāowùsàn 冰消霧散
2-394A
bīngxiāowùsàn 冰銷霧散
2-399A
bīngxiāoxuěshì 冰消雪釋
2-394A
bīngxiāoyèsàn 冰銷葉散
2-399A
bīngxiāoyúnsàn 冰消雲散
2-394A
bīngxié 冰鞋 2-398B
bīngxiè 冰榭 2-398A
bīngxiè 兵械 2-95A
bǐngxiè 稟謝 8-106B
bīngxīn 冰心 2-390B
bīngxìn 兵釁 2-99B
bǐngxīn 秉心 8-29B
bǐngxìn 秉信 8-30B
bìngxīn 并心 2-80B
bìngxīn 併心 1-1356B
bìngxīn 病心 8-290A
bīngxíng 兵形 2-91A
bǐngxíng 稟形 8-104B
bǐngxìng 秉性 8-30A
bǐngxìng 稟性 8-105A
bìngxíng 并行 2-81A
bìngxíng 並行 2-105A
bìngxíng 竝行 8-380B
bìngxíngbùbèi 并行不悖
2-81A
bìngxíngbùbèi 並行不悖
2-105A
bīngxíngguǐdào 兵行詭道
2-91A
bīngxiōng 兵凶 2-90A
bīngxiōngzhànwēi
兵凶戰危 2-90A
bǐngxiū 秉修 8-30B
bǐngxiù 稟秀 8-105A
bìngxiūjià 病休假 8-290B
bǐngxù 稟卹 8-105A
bǐngxù 稟恤 8-105B
bǐngxuàn 炳絢 7-49A
bīngxuě 冰雪 2-394A
bǐngxué 丙穴 1-510A
bǐngxué 稟學 8-106B
bīngxuěcōngmíng 冰雪聰明
2-394B
bīngxuětáng 冰雪堂 2-394B
bīngyá 冰牙 2-390B
bīngyán 冰言 2-391B
bīngyán 冰顏 2-400A
bīngyán 兵嚴 2-98B
bīngyán 并鹽 2-82B
bǐngyán 秉言 8-30A
bǐngyán 屏言 4-38A
bìngyǎn 病眼 8-293A
bìngyǎn 病魘 8-295B
bǐngyáng 秉陽 8-30B
bìngyānyān 病懨懨 8-295A
bìngyānyān 病厭厭 8-294A
bīngyào 兵要 2-93A
bǐngyào 炳曜 7-49B
bǐngyào 炳燿 7-49B
bǐngyào 炳耀 7-49B
bīngyàodìzhì 兵要地志
2-93A
bǐngyàozhíběn 秉要執本
8-30B
bǐngyè 丙夜 1-510A
bǐngyè 炳曄 7-49B
bìngyē 病暍 8-293B
bìngyè 病葉 8-293B
bīngyí 冰夷 2-391A
bīngyǐ 冰蟻 2-400B
bīngyì 兵役 2-91B
bīngyì 兵意 2-97A
bǐngyí 秉夷 8-30A
bǐngyí 秉彝 8-32A
bǐngyí 屏移 4-39B
bǐngyì 秉意 8-31B
bǐngyì 稟議 8-107A
bǐngyì 屏翊 4-39B
bìngyǐ 病已 8-290A
bìngyì 並翼 2-107A
bìngyì 病議 8-295A
bīngyìfǎ 兵役法 2-91B
bǐngyín 餅銀 12-538B
bǐngyǐn 屏隱 4-41A
bìngyīn 病因 8-290A
bìngyīn 病瘖 8-294A
bīngyíng 冰瑩 2-399A
bīngyíng 兵營 2-98A
bǐngyíng 屏營 4-41A
bǐngyìng 炳映 7-48B
bǐngyìng 稟應 8-106B
bīngyìzhì 兵役制 2-91B
bīngyǒng 兵勇 2-93B
bǐngyōng 屏擁 4-40B
bǐngyòng 柄用 4-902B
bìngyòng 並用 2-104B
bīngyóuzi 兵油子 2-92B
bīngyú 冰魚 2-395A
bīngyǔ 冰語 2-398A
bīngyù 冰玉 2-390B
bīngyù 冰礜 2-400B
bǐngyú 蛃魚 8-874A
bǐngyǔ 屏語 4-40B
bǐngyù 炳矞 7-49A
bǐngyù 炳煜 7-49A
bìngyǔ 病窳 8-294B
bìngyù 並育 2-105A
bìngyù 病愈 8-294A
bīngyuān 冰淵 2-396A
bīngyuán 兵員 2-94A
bīngyuán 兵源 2-97A
bìngyuán 病原 8-292A
bìngyuán 病員 8-292A
bìngyuán 病源 8-294A
bìngyuàn 病院 8-292A
bìngyuánchóng 病原蟲
8-292A
bìngyuántǐ 病原體 8-292A
bīngyuè 冰月 2-390B
bǐngyuè 秉鉞 8-31A
bìngyuè 病月 3-1576B
bīngyùn 兵運 2-96A
bīngzāi 兵災 2-91B
bìngzài 並載 2-106A
bīngzào 兵譟 2-99A
bìngzào 病竈 8-295A
bīngzhǎn 冰盞 2-397A
bīngzhàn 兵站 2-94A
bīngzhàn 兵戰 2-98A
bīngzhǎng 兵長 2-92A
bīngzhàng 兵仗 2-90B
bīngzhàng 兵杖 2-91A
bǐngzhàng 屏障 4-40A
bìngzhàng 病杖 8-290B
bīngzhǎo 兵爪 2-90A
bǐngzhē 屏遮 4-40B
bǐngzhé 秉哲 8-30B
bìngzhě 病者 8-291A
bīngzhèn 冰鎮 2-400A
bīngzhèn 兵陳 2-94B
bīngzhèn 兵陣 2-93B
bīngzhèn 兵鎮 2-98B
bìngzhēn 並臻 2-106B
bīngzhēng 兵爭 2-91A
bīngzhèng 兵政 2-92B
bǐngzhèng 邴鄭 10-604A
bǐngzhèng 秉正 8-29B
bǐngzhèng 秉政 8-30B
bǐngzhèng 枋政 4-879B
bìngzhēng 病徵 8-294B
bìngzhèng 病症 8-292B
bìngzhèng 病證 8-295A
bǐngzhèngwúsī 秉正無私
8-30A
bīngzhì 兵制 2-92A
bīngzhì 兵秩 2-94A
bīngzhì 兵質 2-97B
bǐngzhī 稟知 8-105A
bǐngzhí 秉直 8-30A
bǐngzhí 秉執 8-30B
bǐngzhí 秉職 8-31B
bǐngzhì 秉志 8-30A
bǐngzhì 秉質 8-31B
bǐngzhì 秉鑕 8-32A
bǐngzhì 稟摯 8-106A
bǐngzhì 屏置 4-40A
bǐngzhì 屏擲 4-41A
bìngzhí 并植 2-82A
bìngzhì 並智 2-106A
bìngzhì 病滯 8-294A
bìngzhì 病質 8-294B
bīngzhǒng 兵種 2-97A
bīngzhòng 兵衆 2-96A
bìngzhòng 並重 2-105B
bīngzhōu 并州 2-81A
bīngzhòu 冰甃 2-397A
bǐngzhóu 秉軸 8-31A
bīngzhōudāo 并州刀 2-81A
bīngzhōu'ér 并州兒 2-81A
bīngzhōugē 并州歌 2-81B
bīngzhōujiǎn 并州剪 2-81B
bīngzhōuqì 并州器 2-81B
bīngzhū 兵誅 2-96B
bīngzhǔ 兵主 2-90B
bīngzhù 冰柱 2-392A
bīngzhù 冰筯 2-397A
bǐngzhú 秉燭 8-31B
bǐngzhú 炳燭 7-49B
bǐngzhú 屏逐 4-39A
bǐngzhù 炳著 7-48B
bìngzhū 病株 8-292A
bīngzhuān 冰磚 2-399B
bīngzhuàng 冰壯 2-391B
bìngzhuàng 病狀 8-291A
bǐngzhúdàidàn 秉燭待旦
8-31B
bīngzhuī 冰錐 2-399B
bǐngzhúyèyóu 秉燭夜遊
8-31B
bīngzī 冰姿 2-392B
bīngzī 兵資 2-96B
bīngzǐ 兵子 2-89B
bǐngzi 柄子 4-902B
bǐngzi 餅子 12-538A
bǐngzī 稟姿 8-105B
bǐngzī 稟資 8-106A
bǐngzìkù 丙字庫 1-510A
bǐngzitáo 餅子桃 12-538A
bǐngzòu 稟奏 8-105B
bīngzú 兵卒 2-92A
bìngzuì 病醉 8-294B
bǐngzuò 柄坐 4-903A
bìngzuò 并坐 2-81B
bīnhǎi 濱海 6-195B
bīnhàn 鬢頷 12-758A
bīnhé 賓合 10-213B
bīnhóng 賓鴻 10-218B
bīnhuà 賓畫 10-217A

bìnhuā 鬢花 12-756B
bìnhuá 鬢華 12-757A
bìnhuán 鬢環 12-758A
bìnhuán 鬢鬟 12-758A
bīnhuì 賓會 10-217A
bīnhūn 賓婚 10-216B
bīní 逼霓 10-1028B
bǐnǐ 比儗 5-270A
bǐnǐ 比擬 5-270A
bǐnì 比昵 5-265B
bǐnì 比暱 5-269A
bìnī 婢妮 4-372B
bìní 蔽泥 9-541A
bìnì 辟匿 11-488A
bìnì 閟匿 12-100A
bìnì 蔽泥 9-541A
bìnì 蔽匿 9-541A
bìnì 嬖昵 4-417A
bìnì 避匿 10-1272B
bìnì 奰逆 2-1569B
bīnián 逼年 10-1023B
bǐnián 比年 5-262B
bìnián 避年 10-1269A
bìniǎo 鷩鳥 12-1159B
bǐniè 筆孽 8-1168B
bìniè 嬖孽 4-417B
bìniè 嬖孼 4-417B
bìnìng 鄙佞 10-677A
bìníng 毖寧 5-274B
bìníng 毖甯 5-274B
bìnìng 嬖佞 4-416B
bìnìshānyú 避溺山隅
10-1276A
bíniú 鼻牛 12-1416B
bíniǔ 鼻鈕 12-1419B
bīnjí 賓籍 10-219A
bīnjì 賓祭 10-216B
bìnjì 擯跡 6-944B
bìnjì 鬢髻 12-758A
bīnjiàn 賓見 10-214A
bīnjiàn 賓薦 10-218A
bīnjiāng 邠壃 10-597A
bīnjiāng 賓將 10-216B
bīnjiànrìyuè 賓餞日月
10-218A
bīnjiào 賓校 10-215B
bìnjiǎo 髕脚 6-1400A
bìnjiǎo 髕腳 6-1400A
bìnjiǎo 髕脚 12-422B
bìnjiǎo 鬢角 12-756B
bìnjiǎo 鬢脚 12-757A
bìnjiǎozi 鬢角子 12-757A
bīnjiē 賓接 10-216A
bīnjiē 賓階 10-216B
bīnjiè 賓介 10-213B
bīnjiē 殯階 5-179B
bīnjìn 濱近 6-195B
bīnjìn 瀕近 6-208A
bīnjìng 賓敬 10-216B
bīnjiù 濱就 6-196A
bīnjué 賓爵 10-218B
bìnjué 擯絶 6-944B
bīnkè 賓客 10-215A
bīnkōng 賓空 10-214B
bīnláirúguī 賓來如歸
10-214B
bīnláng 賓郎 10-214B
bīnláng 賓桹 10-216A
bīnlǎo 賓老 10-213B
bīnlǐ 賓禮 10-218B
bīnlián 賓連 10-215B
bìnliǎn 殯斂 5-179B
bìnliàn 殯殮 5-179B
bīnliáo 賓僚 10-217B
bīnliáo 賓寮 10-218A
bìnliè 鬢鬣 12-758A
bīnlín 瀕臨 6-208A
bīnlín 玢璘 4-531A
bīnlín 瑞璘 4-610A
bìnlù 擯僇 6-945A
bìnluò 擯落 6-944B
bīnlǚ 賓侶 10-214B
bīnlǚ 賓旅 10-216A
bìnmái 殯埋 5-179B
bìnmáo 鬢毛 12-756B
bìnméi 鬢眉 12-757A
bīnmén 賓門 10-214B
bīnméng 賓氓 10-214B
bīnméng 賓萌 10-216A
bīnmèng 賓孟 10-215A
bīnményàojiàn 賓門藥餞
10-215A
bìnmí 鬢麋 12-758A
bìnmiàn 鬢面 12-757A
bīnmiè 賓滅 10-217B
bīnmiè 賓威 10-215B
bīnmìng 豩命 10-25B
bīnmò 賓末 10-213B
bìnmò 擯嘿 6-945A
bīnmóu 賓牟 10-214A
bīnmù 賓幕 10-217A
bìnmù 鬢目 12-756B
bīnniǎo 賓鳥 10-216A
bìnpái 擯排 6-944B
bīnpàn 邠盼 10-597A
bìnpàn 儐畔 1-1718B
bìnpàn 擯畔 6-944B
bìnpàn 鬢畔 12-757A
bīnpéng 賓朋 10-214B
bìnpéng 鬢蓬 12-757B
bìnpì 臏辟 6-1400A
bīnpú 賓僕 10-217B
bīnqī 賓戚 10-216A
bīnqì 賓器 10-218A
bìnqì 擯弃 6-944B
bìnqì 擯棄 6-944B
bīnqīn 賓親 10-218B
bīnquè 賓雀 10-216A
bìnquè 擯却 6-944B
bìnrán 鬢髯 12-757B
bīnrén 賓人 10-213A
bīnrén 豳人 10-43A
bīnróng 賓榮 10-217B
bīnróu 賓柔 10-215B
bīnrùrúguī 賓入如歸
10-213A
bīnsài 濱塞 6-196A
bìnsāng 殯喪 5-179B
bīnshāng 賓商 10-216B
bīnshè 賓射 10-215B
bīnshī 邠詩 10-597A
bīnshī 賓尸 10-213A
bīnshī 賓師 10-215B
bīnshī 豳詩 10-43B
bīnshí 賓食 10-215A
bīnshí 賓實 10-217B
bīnshí 豳什 10-43A
bīnshì 賓事 10-214B
bìnshī 儐尸 1-1718A
bīnshì 賓事 10-214B
bìnshì 擯士 6-944A
bìnshì 鬢飾 12-757B
bīnshǔ 賓署 10-217A
bīnshǔ 賓屬 10-219A
bìnshuāng 鬢霜 12-758A
bīnshùn 賓順 10-217A
bìnsī 鬢絲 12-757B
bīnsòng 豳頌 10-43B
bīntǎ 獱獺 5-130A
bīntà 賓榻 10-217B
bīntà 賓闥 10-219A
bīntiān 賓天 10-213A
bīntiě 賓鐵 10-219A
bīntiě 鑌鐵 11-1427B
bìntóu 鬢頭 12-758A
bīntú 賓徒 10-216A
bīntǔ 邠土 10-597A
bìntuì 擯退 6-944B
bìnú 嬖奴 4-416B
bìnǔ 碧砮 7-1070B
bìnù 奰怒 2-1569B
bìnù 贔怒 10-307A
bìnuǎnzuò 碧暖座 7-1072B
bìnuò 必諾 7-397A
bínǜ 鼻衄 12-1418B
bínǜ 鼻蚵 12-1417B
bìnǚ 婢女 4-372A
bìnǚ 嬖女 4-416B
bǐnüè 鄙虐 10-677B
bīnwáng 邠王 10-597A
bīnwáng 賓王 10-213A
bīnwēi 瀕危 6-208A
bīnwèi 彬蔚 3-1122B
bīnwèi 斌蔚 6-1548A
bīnwèi 賓位 10-214A
bīnxí 賓席 10-216A
bìnxī 殯穸 5-179B
bīnxià 賓下 10-213A
bīnxiàn 賓獻 10-218B
bīnxiǎng 賓饗 10-219A
bīnxiàng 賓相 10-215A
bìnxiàng 儐相 1-1718B
bìnxiàng 擯相 6-944B
bīnxīng 賓星 10-215A
bīnxīng 賓興 10-218A
bìnxuě 鬢雪 12-757A
bīnyá 濱涯 6-196A
bīnyǎ 彬雅 3-1122B
bīnyǎ 豳雅 10-43B
bìnyā 儐厭 1-1718B
bìnyā 擯壓 6-945A
bìnyā 鬢鴉 12-758A
bìnyā 鬢鵶 12-758A
bīnyán 賓筵 10-217A
bīnyàn 賓雁 10-216B
bīnyàn 賓燕 10-218A
bìnyān 鬢煙 12-757B
bìnyán 鬢顏 12-758A
bīnyè 賓謁 10-218B
bīnyí 賓儀 10-218A
bìnyì 擯抑 6-944A
bìnyíguǎn 殯儀館 5-179B
bīnyǐn 賓飲 10-217A
bìnyǐng 鬢影 12-758A
bīnyóu 賓游 10-217A
bīnyóu 賓遊 10-217A
bīnyǒu 賓友 10-213A
bīnyú 賓餘 10-218A
bīnyú 瀕于 6-208A
bīnyú 瀕於 6-208A
bīnyǔ 賓宇 10-214A
bīnyǔ 賓語 10-217B
bīnyù 彬郁 3-1122A
bīnyù 彬彧 3-1122A
bīnyù 彬棫 3-1122B
bīnyù 賓御 10-217A
bīnyù 賓馭 10-216B
bīnyuǎn 賓遠 10-217A
bīnyuè 豳籥 10-43B
bìnyún 鬢雲 12-757B
bīnzàn 賓贊 10-218B
bīnzàn 賓讚 10-219A
bìnzàn 儐贊 1-1718B
bìnzàn 擯贊 6-945A
bìnzàng 殯葬 5-179B
bìnzǎo 鬢棗 12-757B
bīnzhān 賓詹 10-217A
bīnzhǎng 賓長 10-214B
bìnzhào 擯詔 6-944B
bīnzhě 賓者 10-214A
bìnzhěn 鬢鬒 12-758A
bīnzhèng 賓正 10-213B
bīnzhí 賓職 10-218B
bīnzhì 賓秩 10-215B
bīnzhìrúguī 賓至如歸
10-213B
bīnzhǔ 賓主 10-213B
bìnzhú 擯逐 6-944B
bīnzi 檳子 4-1353B
bìnzī 鬢髭 12-758A
bīnzòu 豳奏 10-43A
bìnzǔ 鬢組 12-757A
bīnzuǒ 賓佐 10-214A
bīnzuò 賓阼 10-214A
bīnzuò 賓座 10-216A
bǐ'ǒu 比偶 5-267A
bǐ'ǒu 比耦 5-269A
bì'ōu 碧甌 7-1074A
bì'ǒu 碧藕 7-1075B
bìpà 避怕 10-1271B
bǐpán 比盤 5-269B
bípángdòu 鼻旁竇 12-1419A
bǐpèi 比配 5-266B
bìpèi 珌佩 4-542A
bǐpì 比譬 5-271B
bǐpì 秕僻 8-33A

bǐpì 粃僻 9-199A
bìpǐ 閉否 12-25B
bìpì 陂僻 11-959B
bìpì 避辟 10-1276A
bìpǐn 璧品 4-644A
bìpìn 辟聘 11-489B
bìpìn 幣聘 3-758A
bīpò 逼迫 10-1024B
bǐpò 鄙迫 10-677B
bìpō 滭潑 6-13A
bīpū 逼撲 10-1028B
bǐpǔ 鄙朴 10-676B
bǐpǔ 鄙樸 10-680B
bìpū 蹕撲 10-517A
bìpú 婢僕 4-372B
bìpú 弊仆 2-1318A
bīqì 逼氣 10-1025B
bíqí 荸臍 9-457B
bíqì 鼻氣 12-1418B
bǐqī 比期 5-267A
bǐqì 筆氣 8-1164A
bǐqì 鄙棄 10-679A
bǐqì 鄙器 10-680B
bìqī 弊欺 2-1319B
bìqí 弊騏 2-1320B
bìqì 畢氣 7-1321B
bìqì 敝棄 5-469A
bìqì 閉氣 12-26B
bìqì 愎氣 7-661A
bìqì 閟氣 12-100A
bìqì 閟器 12-100B
bìqì 幣器 3-758A
bìqì 碧氣 7-1070A
bìqì 避棄 10-1274B
bìqì 璧砌 4-643B
bìqì 璧氣 4-644A
bīqiǎn 逼遣 10-1027B
bíqiān 鼻褰 12-1421A
bǐqiān 筆鉛 8-1165B
bǐqián 罷錢 8-1043B
bǐqiǎn 鄙淺 10-678B
bìqiān 避遷 10-1277A
bìqián 閉鉗 12-27B
bìqián 閉箝 12-28A
bìqián 壁錢 2-1231B
bìqiǎn 避淺 10-1274A
bīqiáng 逼强 10-1027B
bíqiāng 鼻腔 12-1419B
bǐqiāng 筆槍 8-1166A
bìqiáng 畢强 7-1322B
bìqiángdǎruò 避强打弱 10-1274B
bìqiángjīduò 避强擊惰 10-1275A
bìqiángjīruò 避强擊弱 10-1275A
bìqiānqiān 碧芊芊 7-1068A
bíqiào 鼻竅 12-1421A
bìqiào 碧峭 7-1070A
bīqiè 逼切 10-1023A
bìqiè 婢妾 4-372B
bìqiè 蓽挈 9-445A
bìqiè 嬖妾 4-417A
bǐqiěqí 筆且齊 8-1160B
bìqièyú 婢妾魚 4-372B
bìqígōngyúyīyì 畢其功于一役 7-1321A
bìqīn 畢親 7-1323A
bìqīn 避親 10-1277B
bìqín 避秦 10-1272B
bìqǐn 辟寢 11-490B
bìqǐn 閟寢 12-100B
bìqǐn 避寢 10-1276B
bīqīng 逼清 10-1027A
bǐqíng 筆情 8-1165A
bìqīng 碧青 7-1068B
bìqīng 碧清 7-1071B
bìqīng 避青 10-1270B
bìqǐng 辟請 11-491A
bìqīngcōng 避青驄 10-1270B
bíqīng'ézhǒng 鼻青額腫 12-1417B
bíqīngliǎnzhǒng 鼻青臉腫 12-1417B
bíqīngyǎnwū 鼻青眼烏 12-1417A
bíqīngyǎnzhǒng 鼻青眼腫 12-1417A
bíqīngyǎnzǐ 鼻青眼紫 12-1417A
bìqínkè 避秦客 10-1272B
bìqǐnsǔnshàn 避寢損膳 10-1276B
bíqìrúléi 鼻氣如雷 12-1418B
bīqiú 逼遒 10-1027B
bíqiú 鼻鼽 12-1421A
bǐqiū 比丘 5-262A
bǐqiū 比邱 5-263A
bìqiū 秘邱 4-940A
bìqiū 髀鞦 12-408B
bìqiū 泌丘 5-1102B
bìqiú 敝裘 5-469A
bìqiú 閉囚 12-25B
bǐqiūní 比丘尼 5-262A
bǐqiūní 比邱尼 5-263A
bīqǔ 逼取 10-1024A
bǐqū 比驅 5-271B
bǐqū 筆區 8-1164B
bǐqū 鄙軀 10-681A
bǐqù 筆趣 8-1166B
bìqū 陂曲 11-958B
bìqū 碧蛆 7-1071B
bìqū 避詘 10-1274B
bìqū 避趨 10-1278A
bìqū 髀胠 6-1281A
bìqǔ 畢娶 7-1322A
bìqǔ 滭取 6-141A
bìqù 避去 10-1268B
bīquàn 逼勸 10-1029A
bìquán 幣泉 3-758A
bìquán 碧泉 7-1069B
bìquán 避權 10-1278B
bìquán 璧泉 4-644A
bǐquánliànglì 比權量力 5-271B
bǐrán 比然 5-268A
bìrán 賁然 10-139A
bìrán 必然 7-397A
bìrán 堛然 2-1146A
bìrán 贔然 10-307B
bìrǎn 駊染 9-140A
bīrǎng 偪壤 1-1538A
bīrǎng 逼壤 10-1029A
bìrǎng 畢壤 7-1323A
bìràng 避讓 10-1279A
bìránwángguó 必然王國 7-397A
bìránxìng 必然性 7-397A
bīrǎo 逼擾 10-1029A
bìrè 避熱 10-1277A
bīrén 逼人 10-1022B
bīrèn 逼認 10-1028A
bǐrén 彼人 3-939B
bǐrén 筆人 8-1160A
bǐrén 鄙人 10-676A
bìrén 敝人 5-468A
bìrén 辟人 11-484A
bìrén 弊人 2-1318A
bìrén 壁人 2-1230A
bìrén 嬖人 4-416B
bìrén 避人 10-1268A
bìrén 璧人 4-642B
bìrén 躃人 10-562B
bìrèn 辟任 11-486A
bìrèn 避妊 10-1272B
bìrén'ěrmù 避人耳目 10-1268A
bīréntàishèn 逼人太甚 10-1022B
bìrényǎnmù 避人眼目 10-1268A
bǐrì 比日 5-261A
bìrì 蔽日 9-540A
bìrì 璧日 4-643A
bīrǒng 逼宂 10-1023B
bǐrǒng 鄙宂 10-676B
bìróng 陛榮 11-981B
bìróng 碧茸 7-1069A
bìróng 碧榮 7-1073B
bìróng 避榮 10-1276B
bìróngróng 碧茸茸 7-1069B
bìróngróng 碧絨絨 7-1072B
bìròu 髀肉 12-408A
bìròu 髀肉 6-1281A
bìròufùshēng 髀肉復生 12-408A
bīrǔ 逼辱 10-1025B
bǐrú 比如 5-263A
bǐrú 鄙儒 10-680B
bǐrúchuán 筆如椽 8-1161B
bíruǐ 鼻蕊 12-1420B
bìruǐ 碧蘂 7-1076A
bǐrùn 筆潤 8-1167B
bìrùn 璧潤 4-645A
bǐruò 鄙弱 10-678B
bìruò 賁若 10-138B
bīsāi 偪塞 1-1538A
bǐsài 比賽 5-270B
bǐsài 筆賽 8-1168A
bǐsāi 鄙僿 10-680A
bìsāi 辟塞 11-490A
bìsǎn 碧傘 7-1072B
bìsānsān 碧毿毿 7-1074A
bìsānshè 避三舍 10-1268A
bìsǎo 閉掃 12-27A
bīsè 逼塞 10-1028A
bísè 鼻塞 12-1420A
bǐsè 鄙塞 10-679B
bǐsè 鄙色 10-677A
bǐsè 鄙嗇 10-679B
bìsè 閉塞 12-27B
bìsè 腷塞 6-1341A
bìsè 辟塞 11-490A
bìsè 辟色 11-486A
bìsè 閟嗇 12-100A
bìsè 蔽塞 9-541B
bìsè 壁塞 2-1231B
bìsè 嬖色 4-416A
bìsè 避色 10-1269B
bìsè 愊塞 3-750A
bìsēng 避僧 10-1276B
bìsēnsēn 碧森森 7-1072A
bìsèyǎnjīng…
閉塞眼睛捉麻雀 12-27B
bìshā 逼殺 10-1026A
bìshā 碧沙 7-1068B
bìshā 碧紗 7-1070B
bìshā 避煞 10-1275B
bìshà 璧翣 4-644B
bìshāchú 碧紗廚 7-1070B
bìshāchú 碧紗幮 7-1070B
bìshāchuāng 碧紗窗 7-1070B
bìshālóng 碧紗籠 7-1070B
bíshān 鼻山 12-1416A
bǐshàn 比善 5-268A
bìshān 碧山 7-1067A
bìshǎn 避閃 10-1273B
bìshàn 避禪 10-1277B
bīshàng 逼上 10-1022B
bíshàng 鼻上 12-1416A
bǐshàng 比尚 5-264A
bìshāng 斃傷 5-525A
bǐshàngbùzú…
比上不足,比下有餘 5-260B
bíshāngēn 鼻山根 12-1416A
bìshàngguān 壁上觀 2-1230A
bīshàngliángshān
逼上梁山 10-1023A
bǐshàngyíng 筆上蠅 8-1160B
bīshè 逼射 10-1026A
bīshè 逼攝 10-1029A
bǐshé 筆舌 8-1161B
bǐshè 比舍 5-264B
bìshé 敝舌 5-468A
bìshè 辟舍 11-487A
bìshè 避舍 10-1271A
bīshēn 逼身 10-1024A
bíshěn 鼻哂 12-1417B
bìshēn 畢身 7-1320B
bìshèn 毖慎 5-274B
bìshèn 避慎 10-1276A
bíshéng 鼻繩 12-1421B
bǐshēng 筆生 8-1161A
bǐshēng 鄙生 10-676B

bǐshèng 筆乘 8-1164A
bǐshèng 筆聖 8-1165B
bìshēng 畢生 7-1320B
bìshēng 避生 10-1268B
bìshēng 蹕聲 10-527B
bìshěng 避眚 10-1273A
bìshèng 芘乘 9-284B
bǐshēnghuā 筆生花 8-1161A
bīshǐ 逼使 10-1024B
bīshì 逼視 10-1027A
bìshì 楅室 4-1163B
bíshǐ 鼻屎 12-1418A
bǐshī 筆師 8-1164A
bǐshí 比時 5-266B
bǐshí 彼時 3-940A
bǐshí 筆石 8-1160B
bǐshí 鄙食 10-678A
bǐshí 鄙識 10-681A
bǐshì 比世 5-261B
bǐshì 比事 5-263B
bǐshì 比室 5-266A
bǐshì 比是 5-265B
bǐshì 比勢 5-268A
bǐshì 比試 5-268B
bǐshì 筆勢 8-1165B
bǐshì 筆試 8-1166A
bǐshì 鄙士 10-676A
bǐshì 鄙事 10-677A
bǐshì 鄙視 10-678B
bìshī 庳溼 3-1241A
bìshī 痺濕 8-331B
bìshì 壁虱 2-1231B
bìshī 埤濕 2-1129A
bìshí 畢時 7-1321B
bìshí 愊實 7-654B
bìshí 碧石 7-1068A
bìshí 避時 10-1273A
bìshí 髀石 12-408A
bìshǐ 婢使 4-372B
bìshǐ 庳矢 3-1240B
bìshì 賁室 10-139A
bìshì 賁飾 10-139B
bìshì 必世 7-396A
bìshì 畢世 7-1320B
bìshì 畢事 7-1321A
bìshì 敝室 5-469A
bìshì 辟士 11-484A
bìshì 辟世 11-484B
bìshì 弊世 2-1318A
bìshì 弊事 2-1318B
bìshì 碧氏 7-1067B
bìshì 碧室 7-1069B
bìshì 避世 10-1268B
bìshì 避仕 10-1268B
bìshì 避事 10-1271A
bìshì 鬢慝 12-755B
bìshì 拂士 6-504A
bìshìjīnmǎ 避世金馬 10-1268B
bìshìjīnmén 避世金門 10-1268B
bìshíjiùxū 避實就虛 10-1276B
bìshíjīxū 避實擊虛 10-1276B
bìshìlísú 避世離俗 10-1268B
bìshìqiángdōng 避世牆東 10-1268B
bǐshǒu 匕首 2-191A
bǐshòu 筆受 8-1162A
bìshǒu 畢手 7-1320A
bìshòu 避壽 10-1276B
bīshǒubījiǎo 逼手逼脚 10-1023A
bǐshǒuhuájiǎo 比手劃脚 5-261A
bīshū 逼輸 10-1028B
bīshú 逼熟 10-1028B
bīshǔ 逼曙 10-1029A
bīshù 偪束 1-1537B
bīshù 逼束 10-1024A
bīshù 逼豎 10-1028B
bǐshū 比疎 5-268A
bǐshū 比疏 5-268A
bǐshū 筆疏 8-1165B
bǐshǔ 比數 5-269B
bǐshǔ 比屬 5-271B
bǐshù 比數 5-269B
bǐshù 筆述 8-1162A
bìshū 辟書 11-488A
bìshū 碧疏 7-1072B
bìshū 壁書 2-1231A
bìshū 篦梳 8-1232B
bìshū 髀樞 12-408B
bìshǔ 辟暑 11-488B
bìshǔ 辟署 11-489B
bìshǔ 辟屬 11-491B
bìshǔ 避暑 10-1274A
bìshù 詖術 11-133A
bìshù 碧豎 7-1072B
bìshù 碧豎 7-1074A
bìshù 碧樹 7-1074B
bìshù 嬖豎 4-417B
bǐshuài 比率 5-267A
bìshuāi 避衰 10-1273A
bīshuǐ 逼水 10-1023A
bíshuǐ 鼻水 12-1416B
bìshuǐ 碧水 7-1067A
bìshuǐ 璧水 4-643A
bìshuì 避稅 10-1274B
bìshuǐxī 辟水犀 11-484B
bǐshùn 比順 5-267B
bǐshùn 筆順 8-1165A
bìshǔn 陛楯 11-981B
bīshuò 逼爍 10-1029A
bìshuō 詖説 11-133A
bìshǔshānzhuāng 避暑山莊 10-1274A
bìshǔxī 辟暑犀 11-488B
bìshǔyǐn 避暑飲 10-1274A
bīsì 逼似 10-1023B
bísì 鼻飼 12-1420A
bǐsī 筆思 8-1163A
bǐsì 比似 5-262B
bǐsì 鄙駛 10-680B
bìsī 碧絲 7-1072B
bìsǐ 壁死 2-1230B
bìsǐ 斃死 5-525A
bìsì 毖祀 5-274A
bìsì 閉肆 12-27A
bìsì 駜駛 12-842B
bìsītú 辟司徒 11-485A
bīsǒng 逼聳 10-1029A
bìsòng 皕宋 8-271A
bìsǒngsǒng 碧聳聳 7-1075B
bìsōngyān 碧松煙 7-1068B
bìsǒu 弊藪 2-1320B
bǐsú 比俗 5-266A
bǐsú 鄙俗 10-678A
bìsú 弊俗 2-1319A
bìsú 獘俗 5-102B
bìsú 避俗 10-1272A
bìsù 敝素 5-469A
bìsù 壁塑 2-1231B
bísuān 鼻酸 12-1420A
bǐsuàn 筆算 8-1166A
bīsuì 逼歲 10-1027B
bísuì 鼻隧 12-1420B
bǐsuǐ 筆髓 8-1168B
bǐsuì 比歲 5-268A
bǐsuì 鄙碎 10-679B
bìsuǐ 碧髓 7-1076B
bìsuì 畢歲 7-1322B
bìsuì 避歲 10-1275A
bìsuì 璧碎 4-644B
bīsǔn 逼損 10-1027B
bīsuǒ 逼索 10-1025B
bǐsuǒ 鄙瑣 10-679B
bìsuō 避縮 10-1278A
bìsuǒ 必索 7-396B
bìsuǒ 閉鎖 12-28B
bìsuǒ 避所 10-1271A
bìsúqūxīn 避俗趨新 10-1272A
bǐtà 筆鍇 8-1168A
bìtà 閟闒 12-100B
bítāchúnqīng 鼻塌唇青 12-1419B
bìtái 璧臺 4-644B
bǐtán 筆談 8-1167B
bǐtán 鄙談 10-680A
bǐtǎn 鄙袒 10-678B
bìtān 碧灘 7-1076B
bìtǎn 壁毯 2-1231A
bìtáng 閉堂 12-27A
bìtáng 碧堂 7-1071A
bìtáng 避唐 10-1273A
bìtáng 避堂 10-1273B
bìtáng 璧堂 4-644A
bìtántán 碧潭潭 7-1074A
bītǎo 逼討 10-1026A
bǐtào 筆套 8-1163B
bìtāo 碧濤 7-1075B
bìtáo 辟逃 11-487B
bìtáo 碧桃 7-1069B
bìtáo 避逃 10-1272A
bǐtàzi 筆榻子 8-1166A
bítāzuǐwāi 鼻塌嘴歪 12-1419B
bǐtè 鄙慝 10-679B
bìtè 匾匿 10-307A
bǐtèhēiyámén 筆特黑衙門 8-1164A
bítì 鼻洟 12-1418A
bítì 鼻涕 12-1419A
bítì 鼻嚏 12-1421A
bǐtǐ 比體 5-271B
bǐtǐ 筆體 8-1169A
bìtí 碧蹄 7-1074B
bìtí 鷩鶙 12-1159B
bìtǐ 蔽體 9-542B
bìtì 被鍚 9-60B
bìtì 髲髢 12-739A
bìtì 髲鬄 12-739A
bìtì 髲鬀 12-739A
bītiān 逼天 10-1023A
bìtiān 畢天 7-1320A
bìtiān 碧天 7-1067A
bìtiān 蔽天 9-540A
bìtián 璧田 4-643A
bítìchóng 鼻涕蟲 12-1419A
bǐtiě 筆帖 8-1162A
bǐtiěshì 筆帖式 8-1162A
bìtì'èsù 敝綈惡粟 5-469B
bítīng 鼻汀 12-1417A
bítíng 鼻亭 12-1417B
bǐtǐng 筆挺 8-1162B
bìtīng 壁聽 2-1232A
bìtíng 碧筳 7-1072B
bítíngshān 鼻亭山 12-1417B
bítíngshén 鼻亭神 12-1417B
bítìtuán 鼻涕團 12-1419A
bītóng 逼同 10-1023B
bǐtǒng 筆桶 8-1164B
bǐtǒng 筆筒 8-1165A
bìtóng 碧銅 7-1073B
bìtóng 嬖童 4-417A
bìtóng 嬖僮 4-417B
bìtǒng 碧筒 7-1072A
bìtǒng 碧第 7-1073A
bìtǒngbēi 碧桐杯 7-1069B
bìtǒngbēi 碧筒杯 7-1072B
bìtǒngbēi 碧第杯 7-1073A
bǐtǒngziyǎnlǐguāntiān 筆筒子眼裏觀天 8-1165A
bítóu 鼻頭 12-1420B
bǐtóu 筆頭 8-1167B
bìtóu 避頭 10-1277B
bǐtóubùdǎo 筆頭不倒 8-1168A
bítóuchūhuǒ 鼻頭出火 12-1421A
bìtóudàizhào 篦頭待詔 8-1232B
bǐtóugōng 筆頭公 8-1168A
bìtóujīn 碧頭巾 7-1074B
bìtóupù 篦頭鋪 8-1233A
bǐtóushēnghuā 筆頭生花 8-1168A
bītū 逼突 10-1025B
bītú 逼塗 10-1028A
bǐtǔ 鄙土 10-676A
bìtú 閉塗 12-27B
bìtuí 陂隤 11-959B

bìtuì 避退 10-1272B
bìtún 髀臀 12-408B
bìtún 胜臀 6-1281B
bītuó 驅駞 12-859A
bǐtuó 筆橐 8-1167B
bìtuō 庇託 3-1209B
bíwā 鼻窪 12-1420B
bìwǎ 碧瓦 7-1067A
bǐwàifǎ 筆外法 8-1161A
bīwǎn 逼晚 10-1026B
bìwān 臂彎 6-1399A
bìwán 痺頑 8-331A
bìwán 避丸 10-1268A
bìwǎn 碧盌 7-1070A
bìwǎn 碧椀 7-1072A
bìwǎn 碧碗 7-1072B
bìwāng 弊尪 2-1318B
bìwáng 辟王 11-484A
bíwāzi 鼻窪子 12-1420B
bīwēi 逼危 10-1023B
bīwēi 逼威 10-1025A
bīwèi 逼畏 10-1025A
bǐwěi 鄙猥 10-679A
bìwéi 敝帷 5-469A
bìwéi 敝幃 5-469A
bìwéi 弼違 4-132A
bìwéi 弊帷 2-1319B
bìwěi 璧緯 4-645A
bìwèi 庇衛 3-1210A
bìwèi 陛衛 11-981B
bìwèi 辟位 11-486B
bìwèi 避位 10-1270A
bìwéibùqì 敝帷不棄 5-469A
bīwèn 逼問 10-1027A
bǐwén 筆文 8-1160B
bìwēn 避瘟 10-1276B
bíwèng 鼻齆 12-1421B
bìwēng 碧翁 7-1070A
bìwèng 畢甕 7-1323A
bìwēngwēng 碧翁翁 7-1070A
bíwō 鼻窩 12-1420A
bǐwǒ 彼我 3-940A
bìwò 閟幄 12-100A
bìwò 避臥 10-1271A
bìwū 逼污 10-1023B
bǐwū 比屋 5-266A
bǐwǔ 比伍 5-262B
bǐwǔ 比武 5-263B
bǐwù 比物 5-264A
bǐwù 筆誤 8-1166B
bǐ'wù 鄙惡 10-679A
bǐwù 鄙誤 10-680A
bìwū 辟污 11-486A
bìwú 碧梧 7-1071A
bìwù 必務 7-396B
bìwù 幣物 3-757B
bìwù 碧霧 7-1075B
bìwù 壁隝 2-1231B
bǐwùchǒulèi 比物醜類
5-264A
bǐwùjiǎshì 比物假事
5-264A
bǐwūkěfēng 比屋可封
5-266B
bǐwùliánlèi 比物連類
5-264A
bǐwūliánméng 比屋連甍
5-266B
bǐwùzhǔshì 比物屬事
5-264A
bǐwùzuòniú 筆誤作牛
8-1166B
bíxī 鼻息 12-1418B
bíxī 鼻犀 12-1419B
bíxī 鼻瘜 12-1420B
bǐxǐ 筆洗 8-1163B
bǐxì 鄙細 10-679A
bìxī 敝膝 5-469B
bìxī 閉息 12-27A
bìxī 閉熄 12-28A
bìxī 閟惜 12-100A
bìxī 碧溪 7-1073A
bìxī 碧谿 7-1075B
bìxī 蔽鄰 9-541B
bìxī 蔽膝 9-542A
bìxī 糒糊 9-239B
bìxí 佛肸 1-1288B
bìxí 敝習 5-469A
bìxí 辟席 11-488A
bìxí 弊習 2-1319B
bìxí 嬖習 4-417A
bìxí 避廗 10-1276B
bìxí 避席 10-1273A
bìxǐ 敝屣 5-469B
bìxǐ 敝蹝 5-469B
bìxǐ 敝躧 5-470A
bìxǐ 弊屣 2-1320A
bìxǐ 弊躧 2-1320B
bìxǐ 壁蟢 2-1232A
bìxǐ 避徙 10-1273B
bìxì 庳細 3-1241A
bìxì 敝舄 5-469A
bìxì 閉繫 12-28B
bìxì 奰屓 2-1569A
bìxì 奰贔 2-1569B
bìxì 贔贔 10-307B
bìxì 贔屓 10-307A
bìxì 贔贔 10-307B
bīxiá 偪狹 1-1538A
bīxiá 逼夾 10-1024A
bīxiá 逼狹 10-1026A
bīxià 偪下 1-1537B
bīxià 逼下 10-1022B
bīxià 逼嚇 10-1029A
bǐxiá 筆匣 8-1162A
bǐxiá 鄙狹 10-678A
bǐxià 筆下 8-1160A
bǐxià 鄙下 10-676A
bìxiá 庳狹 3-1241A
bìxiá 碧霞 7-1075A
bìxià 陛下 11-980B
bìxià 庳下 3-1240B
bǐxiàchāoshēng 筆下超生
8-1160B
bìxiácí 碧霞祠 7-1075A
bīxiàn 逼限 10-1025A
bǐxiān 比先 5-262B
bǐxiān 筆仙 8-1161A
bǐxiān 筆僊 8-1166B
bǐxiàn 鄙縣 10-680B
bìxiān 必先 7-396A
bìxiān 詖憸 11-133A
bìxiān 碧鮮 7-1075B
bìxián 辟嫌 11-490A
bìxián 蔽賢 9-542A
bìxián 避慊 10-1276A
bìxián 避嫌 10-1276A
bìxián 避賢 10-1277A
bìxiǎn 陂險 11-959B
bìxiǎn 詖險 11-133A
bìxiǎn 碧蘚 7-1076A
bìxiàn 畢見 7-1320B
bìxiàn 畢現 7-1322A
bìxiàn 幣獻 3-758A
bīxiáng 逼降 10-1025A
bǐxiáng 比詳 5-268B
bǐxiàng 比象 5-267A
bǐxiàng 比像 5-268B
bìxiāng 碧香 7-1069B
bìxiāng 壁廂 2-1231A
bìxiāng 避鄉 10-1274A
bìxiǎng 贔響 10-307B
bìxiàng 賁象 10-139A
bìxiàng 弊象 2-1319B
bìxiánlù 避賢路 10-1277A
bìxiányì 避賢驛 10-1277A
bìxiányóu 避賢郵 10-1277A
bīxiāo 逼霄 10-1028B
bīxiào 逼肖 10-1024A
bíxiāo 鼻簫 12-1421B
bíxiào 鼻笑 12-1418B
bǐxiǎo 鄙小 10-676A
bǐxiào 鄙笑 10-678B
bìxiāo 碧宵 7-1070B
bìxiāo 碧霄 7-1074A
bìxiāo 碧簫 7-1076A
bìxiāo 避囂 10-1278B
bìxiǎo 庳小 3-1240B
bìxiǎo 碧篠 7-1074B
bìxiào 畢肖 7-1320B
bìxiāolù 碧霄路 7-1074A
bǐxiàshēnghuā 筆下生花
8-1160B
bìxiáxǐ 碧霞璽 7-1075A
bìxiáyuánjūn 碧霞元君
7-1075A
bìxiáyuánjūncí
碧霞元君祠 7-1075A
bīxié 偪脅 1-1538A
bīxié 逼邪 10-1023B
bīxié 逼脅 10-1026A
bīxié 逼脇 10-1026A
bǐxiè 鄙屑 10-678B
bǐxiè 鄙媟 10-679B
bǐxiè 鄙褻 10-680B
bìxiē 閉歇 12-27B
bìxié 畢協 7-1321A
bìxié 弼諧 4-132B
bìxié 詖邪 11-133A
bìxié 辟邪 11-485B
bìxié 避邪 10-1269A
bìxié 弼諧 4-121B
bìxiè 敝褻 5-469B
bìxiè 避謝 10-1278A
bìxiè 璧謝 4-645A
bìxiè 躃躠 10-562B
bìxiéjì 辟邪伎 11-485B
bìxiéjìn 辟邪燼 11-485B
bìxiéqí 辟邪旗 11-485B
bìxiéshù 辟邪樹 11-485B
bìxiéwēng 辟邪翁 11-485B
bìxiézhōng 辟邪鐘 11-485B
bīxīn 逼新 10-1027B
bǐxīn 筆心 8-1160B
bǐxīn 鄙心 10-676B
bìxīn 閉心 12-25A
bìxīn 避心 10-1268A
bìxìng 逼幸 10-1024A
bǐxíng 比行 5-263A
bǐxíng 筆形 8-1161B
bǐxìng 比興 5-270A
bǐxìng 筆興 8-1168A
bǐxìng 筆性 8-1162B
bìxīng 畢星 7-1321B
bìxíng 詖行 11-133A
bìxíng 蔽形 9-540B
bìxíng 避刑 10-1269A
bìxíng 避形 10-1269B
bìxìng 弊倖 2-1319B
bìxìng 嬖幸 4-417A
bìxìng 嬖倖 4-417A
bìxīnúyán 婢膝奴顏 4-372B
bìxiōng 避凶 10-1268A
bìxiōngqūjí 避凶趨吉
10-1268A
bíxīròu 鼻息肉 12-1418B
bíxīrúléi 鼻息如雷
12-1418B
bìxiū 庇庥 3-1209B
bìxiū 閉修 12-26B
bìxiū 避羞 10-1273B
bìxiù 畢宿 7-1322A
bìxiù 碧秀 7-1068B
bìxiù 壁宿 2-1231A
bìxiūkē 必修科 7-396B
bìxǐyú 婢屣魚 4-372B
bìxpiào 辟摽 11-490A
bíxū 鼻鬚 12-1421B
bìxū 必須 7-396B
bìxū 必需 7-397A
bìxū 碧虛 7-1071A
bìxù 婢壻 4-372B
bìxù 閉蓄 12-27A
bíxuǎn 鼻選 12-1420B
bǐxuān 筆宣 8-1163B
bǐxuán 筆懸 8-1168A
bǐxuǎn 比選 5-270A
bìxuān 駜騆 12-824B
bìxuān 避喧 10-1274A
bìxuān 避諠 10-1277B
bìxuān 駊騆 12-859B
bìxuǎn 辟選 11-491A
bīxuē 逼削 10-1025A
bǐxuē 筆削 8-1163A
bìxué 弊穴 2-1318B
bìxuè 碧血 7-1068A

bìxūláng 碧虛郎 7-1071A
bǐxùn 比馴 5-268A
bǐxùn 鄙訊 10-678A
bìxún 碧潯 7-1074A
bìxùn 避遜 10-1276A
bìxūpǐn 必需品 7-397A
bìxūshàngjiān 碧虛上監 7-1071A
bīyā 逼壓 10-1029A
bìyá 碧芽 7-1068A
bìyá 壁牙 2-1230A
bīyǎn 逼眼 10-1026B
bíyān 鼻烟 12-1419A
bíyān 鼻煙 12-1420A
bíyán 鼻炎 12-1417B
bíyǎn 鼻眼 12-1419A
bǐyán 鄙言 10-677A
bǐyàn 筆研 8-1163A
bǐyàn 筆硯 8-1165A
bǐyàn 鄙厭 10-680A
bǐyàn 鄙諺 10-680B
bìyān 碧煙 7-1073A
bìyán 辟言 11-486B
bìyán 閟嚴 12-100B
bìyán 碧檐 7-1075A
bìyán 壁延 2-1230B
bìyán 避姸 10-1270B
bìyán 避言 10-1270A
bìyán 避炎 10-1271B
bìyǎn 畢掩 7-1322A
bìyǎn 碧眼 7-1071A
bìyǎn 蔽掩 9-541A
bìyǎn 避眼 10-1273B
bìyǎn 璧琰 4-644B
bìyàn 嬖豔 4-417B
bìyǎn'ér 碧眼兒 7-1071A
bìyáng 疕瘍 8-284A
bìyāng 避殃 10-1271B
bìyàng 碧漾 7-1073B
bìyāngyāng 碧泱泱 7-1069A
bíyānhú 鼻烟壺 12-1419A
bíyānhú 鼻煙壺 12-1420A
bìyǎnhú 碧眼胡 7-1071A
bìyǎnhú'ér 碧眼胡兒 7-1071A
bǐyànjiù 筆研舊 8-1163A
bǐyánmiùshuō 秕言謬説 8-32B
bíyānpíng 鼻烟瓶 12-1419A
bǐyāo 鄙夭 10-676B
bǐyào 比要 5-265B
bìyào 賁耀 10-140A
bìyào 必要 7-396B
bìyáobēi 碧瑤盃 7-1073B
bìyàochǎnpǐn 必要產品 7-396B
bìyáojiān 碧瑤牋 7-1073B
bìyàoláodòng 必要勞動 7-396B
bìyāoquān 避妖圈 10-1270B
bìyáoshù 碧瑤樹 7-1073B
bìyáoyáo 碧遙遙 7-1073A
bìyáqiān 碧牙籤 7-1067A
bìyāxī 碧鴉犀 7-1076A
bìyáxī 碧牙西 7-1067A
bīyè 逼夜 10-1024B
bíyè 鼻液 12-1419B
bǐyě 鄙野 10-678B
bìyě 蔽野 9-541A
bìyè 畢業 7-1322B
bìyè 詖謁 11-133A
bìyèshēng 畢業生 7-1322B
bìyězhèngmíng 必也正名 7-396A
bìyèzuòzhòu 俾夜作晝 1-1508B
bīyì 逼抑 10-1024A
bíyí 鼻夷 12-1417A
bíyì 鼻翼 12-1421A
bǐyí 鄙夷 10-676B
bǐyì 比意 5-268B
bǐyì 比義 5-268B
bǐyì 比翼 5-270B
bǐyì 筆意 8-1166A
bǐyì 筆譯 8-1168B
bǐyì 鄙邑 10-677A
bǐyì 鄙易 10-677B
bǐyì 鄙異 10-678B
bǐyì 鄙意 10-679B
bìyī 庇依 3-1209B
bìyī 敝衣 5-468A
bìyī 痺醫 8-331B
bìyī 弊衣 2-1318B
bìyī 碧漪 7-1073B
bìyī 壁衣 2-1230B
bìyī 薜衣 9-584B
bìyī 鷩衣 12-1159A
bìyī 芘依 9-284B
bìyí 弼疑 4-132A
bìyí 幣儀 3-758A
bìyí 璧儀 4-644B
bìyí 蟞蛦 8-959A
bìyǐ 跛倚 10-455B
bìyì 庇翼 3-1210A
bìyì 畢弋 7-1320A
bìyì 敝邑 5-468B
bìyì 愊抑 7-654B
bìyì 愊億 7-654B
bìyì 愊憶 7-654B
bìyì 愊臆 7-654B
bìyì 腷臆 6-1341A
bìyì 裨益 9-108A
bìyì 辟易 11-486B
bìyì 弊邑 2-1318B
bìyì 蔽翳 9-542A
bìyì 罼弋 8-1039B
bìyì 避役 10-1270A
bìyì 避易 10-1271A
bìyì 避詣 10-1276A
bìyì 服臆 6-1204B
bǐyíbùxiè 鄙夷不屑 10-676B
bìyīlìshí 敝衣糲食 5-468B
bǐyìmán 比翼鸞 5-271A
bīyín 逼淫 10-1027A
bíyīn 鼻音 12-1418A
bíyǐn 鼻飲 12-1419B
bǐyīn 比音 5-266A
bǐyīn 筆音 8-1163B
bìyīn 畢姻 7-1321B
bìyīn 璧陰 4-644A
bìyín 閉淫 12-27A
bìyín 詖淫 11-133A
bìyǐn 閉隱 12-28A
bìyǐn 辟引 11-484B
bìyǐn 辟隱 11-491A
bìyǐn 蔽隱 9-542A
bìyǐn 避隱 10-1277B
bìyìn 庇陰 3-1209B
bìyìn 庇蔭 3-1209B
bìyìn 庇廕 3-1209B
bìyìn 芘蔭 9-284B
bìyīng 碧罌 7-1075B
bìyīng 臂鷹 6-1399A
bìyīng 璧英 4-643B
bìyíng 碧瑩 7-1074A
bìyíng 避盈 10-1272B
bìyǐng 畢景 7-1322B
bìyǐng 閉影 12-28A
bìyǐng 壁影 2-1231B
bìyǐng 避影 10-1277A
bìyìng 婢媵 4-372B
bìyìng 嬖媵 4-417B
bìyǐngliǎnjì 避影斂跡 10-1277A
bìyǐngnìxíng 避影匿形 10-1277A
bìyíngyíng 碧盈盈 7-1069B
bìyíngyíng 碧熒熒 7-1073B
bìyíngyíng 碧瑩瑩 7-1074A
bǐyìniǎo 比翼鳥 5-270B
bìyīnǚzǐ 碧衣女子 7-1068A
bǐyìshí…彼一時，此一時 3-939B
bǐyìshuāngfēi 比翼雙飛 5-271A
bìyīshūshí 弊衣疏食 2-1318B
bìyīxiāofù 敝衣枵腹 5-468B
bìyīyī 碧漪漪 7-1073B
bìyōng 閉壅 12-28A
bìyōng 辟雍 11-490A
bìyōng 辟雝 11-491B
bìyōng 辟廱 11-491B
bìyōng 蔽壅 9-542A
bìyōng 壁廱 2-1231B
bìyōng 璧雍 4-644B
bìyōng 璧廱 4-645A
bìyǒng 毖涌 5-274A
bìyǒng 蹕踊 10-562B
bìyǒng 蹕踴 10-562B
bīyòu 逼誘 10-1028A
bìyōu 敝幽 5-468B
bìyōu 閟幽 12-100A
bìyōu 弊幽 2-1319A
bìyóu 碧油 7-1068B
bìyǒu 璧友 4-643A
bìyòu 庇佑 3-1209B
bìyóuchē 碧油車 7-1069A
bìyōuyōu 碧幽幽 7-1069B
bìyōuyōu 碧悠悠 7-1071B
bìyóuyóu 碧油油 7-1069A
bìyóuzhuàng 碧油幢 7-1069A
bīyù 逼喻 10-1027A
bǐyū 鄙迂 10-676B
bǐyú 比余 5-263A
bǐyú 鄙愚 10-679B
bǐyǔ 筆語 8-1166B
bǐyǔ 鄙語 10-680A
bǐyù 比玉 5-261B
bǐyù 比喻 5-267B
bìyú 婢魚 4-372B
bìyú 幣餘 3-758A
bìyú 壁魚 2-1231A
bìyǔ 狴圄 5-54A
bìyǔ 碧宇 7-1068A
bìyǔ 蔽圉 9-541A
bìyǔ 璧羽 4-643B
bìyǔ 髗嶼 12-1406B
bìyù 狴獄 5-54A
bìyù 湢浴 5-1450A
bìyù 幣玉 3-757B
bìyù 弊獄 2-1320A
bìyù 碧玉 7-1067B
bìyù 蔽獄 9-542A
bìyù 嬖御 4-417A
bìyù 蹕御 10-527A
bìyù 璧玉 4-643A
bìyù 俾禦 1-1601B
bíyuān 鼻淵 12-1419B
bǐyuán 筆員 8-1164A
bǐyuàn 筆苑 8-1162A
bǐyuàn 鄙願 10-681A
bìyuán 弊源 2-1320A
bìyuán 碧原 7-1070A
bìyuǎn 辟遠 11-489B
bìyuǎn 避遠 10-1275A
bìyuàn 畢願 7-1323A
bìyuàn 避怨 10-1272A
bìyuàn 璧瑗 4-644B
bìyùchuán 碧玉椽 7-1067B
bīyuè 逼越 10-1027A
bǐyuè 筆籥 8-1169A
bìyuē 閉約 12-26B
bìyuè 碧月 7-1067A
bìyuè 璧月 4-643A
bìyuèxiūhuā 閉月羞花 12-25A
bìyùgē 碧玉歌 7-1067B
bìyùhú 碧玉壺 7-1067B
bìyùhuā 碧玉花 7-1067B
bìyǔjīfēng 畢雨箕風 7-1321A
bìyǔlíng 避雨陵 10-1271A
bīyún 逼雲 10-1027A
bìyūn 碧暈 7-1072B
bìyún 碧雲 7-1072A
bìyùn 避孕 10-1269A
bìyùnián 碧玉年 7-1067B
bíyùnmǔ 鼻韻母 12-1421B
bìyúnxiá 碧雲霞 7-1072A
bìyúnxiá 碧雲騢 7-1072A
bìyùrén 嬖御人 4-417A
bìyùshì 嬖御士 4-417A
bìyùtí 碧玉蹄 7-1067B

bìyùzān 碧玉篸 7-1068A
bìyùzān 碧玉簪 7-1068A
bīzā 偪拶 1-1538A
bīzā 逼匝 10-1023B
bīzā 逼拶 10-1025A
bīzā 逼桚 10-1025B
bǐzá 鄙雜 10-681A
bìzāi 避災 10-1270B
bìzāi 閟載 12-100A
bǐzāibǐzāi 彼哉彼哉 3-940A
bǐzān 筆簪 8-1168B
bìzān 碧簪 7-1075B
bìzàng 碧葬 7-1071B
bǐzào 鄙躁 10-681A
bìzào 避灶 10-1270A
bìzào 避竈 10-1278B
bīzé 逼笮 10-1026B
bīzé 逼責 10-1026B
bīzé 逼齰 10-1029B
bīzè 偪側 1-1538A
bīzè 偪仄 1-1537B
bīzè 逼仄 10-1023A
bìzè 湢汃 5-1450A
bìzéi 詖賊 11-133A
bìzéi 避賊 10-1275B
bìzēng 裨增 9-108B
bízhā 鼻皶 12-1420A
bízhā 鼻齇 12-1421A
bǐzhá 筆劄 8-1166A
bǐzhá 筆札 8-1160B
bǐzhà 鄙詐 10-679A
bīzhǎi 偪窄 1-1538A
bīzhǎi 逼窄 10-1026A
bīzhǎi 逼窋 10-1024B
bīzhài 逼債 10-1027B
bǐzhài 筆債 8-1165B
bìzhái 避宅 10-1269B
bìzhài 避債 10-1275B
bìzhàitái 避責臺 10-1273B
bìzhàitái 避債臺 10-1275B
bīzhàn 逼佔 10-1024B
bīzhàn 逼戰 10-1028B
bǐzhàn 筆戰 8-1168A
bìzhàn 蔽占 9-540A
bìzhàng 逼帳 10-1026B
bízhāng 鼻張 12-1419B
bǐzhǎng 比長 5-263B
bǐzhàng 筆仗 8-1161A
bǐzhàng 筆障 8-1166A
bìzhāng 臂章 6-1398B
bìzhǎng 陛長 11-981A
bìzhàng 碧鄣 7-1073A
bìzhàng 碧障 7-1073A
bìzhàng 碧嶂 7-1073B
bìzhàng 蔽鄣 9-541B
bìzhàng 蔽障 9-541B
bìzhàng 壁障 2-1231B
bìzhànzhàn 碧湛湛 7-1072B
bīzhào 逼照 10-1027B
bǐzhào 比照 5-268B
bìzhāo 避招 10-1271A
bìzhǎo 璧沼 4-643B
bìzhào 辟召 11-485A
bìzhào 碧照 7-1073A
bìzhào 璧趙 4-644B
bǐzhě 比者 5-263B
bǐzhě 筆者 8-1162A
bìzhé 閉蟄 12-28A
bìzhě 陛者 11-981A
bìzhě 襞褶 9-140B
bìzhědá 避者達 10-1271A
bīzhēn 偪真 1-1538A
bīzhēn 逼真 10-1025B
bízhēn 鼻針 12-1418B
bǐzhěn 筆枕 8-1162A
bǐzhèn 筆陣 8-1163B
bìzhēn 弼針 4-132A
bǐzhēng 鄙争 10-676B
bǐzhèng 秕政 8-32B
bǐzhèng 粃政 9-198B
bǐzhèng 筆政 8-1162B
bìzhèng 敝政 5-468B
bìzhèng 裨正 9-108A
bìzhèng 弊政 2-1319A
bìzhèng 獘政 5-102B
bìzhèngdiàn 避正殿 10-1268A
bìzhèngqǐn 避正寢 10-1268B
bìzhèngtáng 避正堂 10-1268A
bīzhí 逼直 10-1024B
bīzhì 逼制 10-1024B
bízhì 鼻痔 12-1419A
bízhì 鼻窒 12-1419B
bǐzhí 筆直 8-1162A
bǐzhí 鄙直 10-677A
bǐzhǐ 筆紙 8-1164B
bǐzhǐ 鄙旨 10-676B
bǐzhì 比至 5-262A
bǐzhì 比櫛 5-270B
bǐzhì 筆致 8-1163B
bǐzhì 鄙制 10-677B
bǐzhì 鄙滯 10-680A
bǐzhì 鄙質 10-680A
bìzhì 貏豸 10-1341B
bìzhì 髀殖 12-408B
bìzhī 陂知 11-958B
bìzhì 嗶吱 3-461B
bìzhǐ 弊止 2-1318A
bìzhǐ 碧沚 7-1068B
bìzhǐ 臂指 6-1398B
bìzhǐ 蹕止 10-527A
bìzhì 賁治 10-138B
bìzhì 必至 7-396A
bìzhì 陛制 11-981A
bìzhì 閉治 12-25B
bìzhì 閉置 12-27B
bìzhì 愎騺 7-661B
bìzhì 辟置 11-489B
bìzhì 辟質 11-490B
bìzhì 幣制 3-757B
bìzhì 弊制 2-1318B
bìzhì 鷩雉 12-1159B
bìzhì 咇嗞 3-312A
bìzhìruòměi 避之若浼 10-1268A
bǐzhōng 彼中 3-939B
bǐzhǒng 筆冢 8-1164B
bǐzhǒng 筆塚 8-1165B
bǐzhòng 比重 5-266A
bǐzhòng 比衆 5-268A
bǐzhòng 毖重 5-274A
bìzhòng 閟重 12-100A
bízhōnggé 鼻中隔 12-1416B
bìzhòngjiùqīng 避重就輕 10-1271B
bìzhōngshū 壁中書 2-1230A
bìzhōngsǒu 壁中叟 2-1230A
bǐzhǒngyànchuān 筆塚研穿 8-1165B
bìzhòngyángān 幣重言甘 3-758A
bízhǒngyǎnqīng 鼻腫眼青 12-1420A
bìzhòngzhúqīng 避重逐輕 10-1271B
bìzhōngzì 壁中字 2-1230A
bǐzhōu 比周 5-264B
bìzhōu 嗶啁 3-461B
bìzhōu 碧洲 7-1069B
bìzhǒu 敝帚 5-468B
bìzhǒu 敝箒 5-469B
bìzhǒu 弊帚 2-1319A
bìzhòu 碧甃 7-1073A
bìzhǒuqiānjīn 敝帚千金 5-468B
bìzhǒuqiānjīn 弊帚千金 2-1319A
bìzhǒuzìxiǎng 敝帚自享 5-468B
bìzhǒuzìzhēn 敝帚自珍 5-468B
bìzhǒuzìzhēn 弊帚自珍 2-1319A
bìzhòuzuòyè 俾晝作夜 1-1508B
bīzhú 逼逐 10-1025B
bīzhǔ 逼主 10-1023B
bīzhǔ 逼屬 10-1029B
bízhū 鼻珠 12-1418A
bízhù 鼻注 12-1417B
bízhù 鼻柱 12-1417B
bǐzhū 筆誅 8-1166A
bǐzhú 比竹 5-262B
bǐzhù 匕筯 2-191B
bǐzhù 匕箸 2-191B
bǐzhù 筆柱 8-1162B
bìzhū 碧珠 7-1069B
bìzhū 避株 10-1273A
bìzhú 閟蠋 12-100B
bìzhú 避逐 10-1273A
bìzhù 裨助 9-108A
bìzhù 臂助 6-1398A
bìzhuàng 愎戇 7-661B
bìzhuàng 碧幢 7-1074A
bǐzhuì 比綴 5-269A
bìzhuìzhǐ 碧硾紙 7-1072B
bízhǔn 鼻準 12-1420A
bìzhūniǎo 避株鳥 10-1273A
bízhuó 鼻斲 12-1420B
bǐzhuō 鄙拙 10-677A
bìzhuō 畢卓 7-1321A
bízi 鼻子 12-1416A
bǐzi 秕子 8-32B
bǐzī 筆資 8-1166A
bǐzǐ 柀子 4-945B
bǐzǐ 粃滓 9-198B
bǐzǐ 鄙子 10-676A
bǐzǐ 鄙訿 10-679B
bìzi 婢子 4-372A
bìzi 箅子 8-1195B
bìzi 髲子 12-739A
bìzi 篦子 8-1232B
bìzī 幣齎 3-758A
bìzī 碧滋 7-1072B
bìzǐ 婢子 4-372A
bìzǐ 弊子 2-1318A
bìzǐ 嬖子 4-416B
bízidǐxià 鼻子底下 12-1416A
bìzi'er 筆姿兒 8-1163B
bíziguǎn 鼻子管 12-1416B
bízitou 鼻子頭 12-1416B
bízixiàmiàn 鼻子下面 12-1416A
bíziyǎn'er 鼻子眼兒 12-1416A
bǐzòng 比蹤 5-271A
bǐzòng 筆蹤 8-1168A
bìzòng 閉縱 12-28B
bǐzòu 筆奏 8-1162B
bìzōu 畢陬 7-1322A
bìzǒu 避走 10-1269B
bìzòu 陛奏 11-981A
bǐzǒulóngshé 筆走龍蛇 8-1161B
bīzū 逼租 10-1026A
bízǔ 鼻祖 12-1418A
bǐzú 鄙族 10-678B
bǐzǔ 妣祖 4-296B
bìzú 畢足 7-1320B
bìzú 敝卒 5-468A
bìzú 躄足 10-562B
bìzǔ 碧組 7-1071B
bìzuì 辟罪 11-489B
bìzuì 蔽罪 9-541B
bìzuì 避罪 10-1275B
bǐzuò 比坐 5-263A
bìzuǒ 弼佐 4-132A
bìzuò 陛坐 11-981A
bìzuò 避坐 10-1270A
bìzuòfūrén 婢作夫人 4-372A
bìzuòjīchí 璧坐璣馳 4-643B
bó'ài 博愛 1-914A
bó'àn 駁岸 12-809B
bó'àn 薄暗 9-578A
bó'ào 博奧 1-913B
bóbái 襮白 9-146B
bóbài 帛拜 3-703A
bóbǎng 駁榜 12-811A
bóbǎng 駁牓 12-811A
bóbàng 駁蚌 12-809B
bōbēi 撥杯 6-896A

bōbèi 發背 8-553B
bóbèi 博備 1-913B
bōbēn 播奔 6-881B
bóbènchē 薄笨車 9-577A
bóbènchē 薄畚車 9-578A
bōbèng 波迸 5-1118A
bōbì 波畢 5-1118A
bóbǐ 伯比 1-1262A
bóbì 搏幣 6-796B
bóbì 搏弊 6-796B
bóbì 搏髀 6-797B
bóbì 踣弊 10-511B
bóbì 踣斃 10-512A
bóbì 馞馝 12-441B
bǒbǐ 簸粃 8-1261B
bǒbì 跛躃 10-456A
bǒbì 跛躄 10-456A
bóbiàn 博辨 1-915A
bóbiàn 博辯 1-916A
bóbiàn 駁辨 12-811B
bǒbiē 跛鼈 10-456B
bǒbié 跛蹩 10-456A
bǒbiēqiānlǐ 跛鼈千里
10-456B
bōbō 鮁鮁 12-1213B
bōbō 趵趵 10-430B
bōbō 波波 5-1117B
bōbō 剥剥 2-715A
bōbō 啵啵 3-393A
bōbō 僠僠 1-1675A
bōbō 撥撥 6-898A
bōbō 播播 6-882B
bōbō 餑餑 12-539A
bōbō 鱍鱍 12-1265A
bōbō 發發 8-566A
bōbō 番番 7-1363A
bōbō 潑潑 6-158A
bōbō 餑餑 12-565A
bóbó 暴暴 5-829B
bóbó 伯伯 1-1263B
bóbó 孛孛 4-202A
bóbó 泊泊 5-1086A
bóbó 勃勃 2-787B
bōbó 渤渤 5-1449B
bóbó 薄薄 9-578B
bóbó 馞馞 12-441B
bóbó 嚗嚗 3-540A
bóbó 教教 5-457A
bóbó 佛佛 1-1288A
bóbó 埻埻 2-1103B
bóbó 魄魄 12-469A
bóbó 焞焞 7-80A
bóbódīng 孛孛丁 4-202A
bōbōfáng 餑餑房 12-539B
bōbōjiéjié 波波刦刦
5-1117B
bōbōjiéjié 波波劫劫
5-1117B
bōbōjíjí 波波汲汲 5-1117B
bóbóliēliē 駁駁劣劣
12-811A
bōbōlùlù 波波淥淥 5-1117B
bōbōlùlù 波波碌碌 5-1117B
bōbù 播布 6-880B
bóbù 泊步 5-1086A
bōbùduàn 撥不斷 6-895B
bōcài 菠菜 9-452A
bōcài 播菜 6-882A
bócái 薄才 9-573B
bócái 薄材 9-574B
bócǎi 博采 1-910B
bócǎi 博彩 1-912B
bócǎi 博採 1-912A
bócǎi 駁彩 12-810A
bǒcǎi 簸采 8-1261B
bócǎo 薄草 9-575B
bōcǎoxúnshé 撥草尋蛇
6-896B
bōcǎozhānfēng 撥草瞻風
6-896B
bōchá 波槎 5-1119B
bōchǎ 波蹅 5-1120B
bóchá 駁查 12-809B
bóchǎn 薄產 9-577A
bōcháng 波長 5-1117A
bóchāng 伯昌 1-1264A
bócháng 伯常 1-1266A
bócháng 博長 1-909B
bóchǎng 博敞 1-913B
bóchǎng 博廠 1-914B
bóchǎng 箔場 8-1198A
bóchàng 博暢 1-914A
bōcháo 波潮 5-1120B
bōchē 撥車 6-896A
bòchè 擘拆 6-906A
bōchén 波臣 5-1116B
bóchéndǐng 伯晨鼎 1-1267A
bóchéng 伯成 1-1262B
bóchéngzǐgāo 伯成子高
1-1263A
bōchǐ 剥褫 2-717A
bóchí 薄持 9-575B
bóchǐ 博齒 1-914B
bóchì 悖熾 7-537B
bóchì 駁斥 12-809A
bóchì 駁飭 12-810B
bōchū 播出 6-881A
bōchú 剥除 2-715A
bōchù 撥觸 6-898B
bóchù 薄觸 9-579A
bōchuán 剥船 2-715B
bōchuán 撥船 6-897A
bōchuán 播傳 6-882B
bóchuán 舶船 9-6B
bóchuán 駁船 12-810A
bóchuǎn 駁舛 12-809A
bōchuáng 剥牀 2-714B
bōcì 剥刺 2-714B
bōcì 撥刺 6-896B
bócí 駁辭 12-811B
bōcōng 剥葱 2-715B
bōcòu 波湊 5-1119B
bócuò 博措 1-912A
bócuò 駁錯 12-811B
bódá 博達 1-913A
bódá 駁答 12-810B
bódà 博大 1-908B
bōdài 鉢帒 11-1227B
bōdài 鉢袋 11-1228A
bódài 博帶 1-912A
bódài 薄待 9-575B
bódàjīngshēn 博大精深
1-908B
bōdān 鉢單 11-1228A
bōdàng 波蕩 5-1120A
bōdàng 波盪 5-1121A
bōdàng 播蕩 6-882B
bōdàng 播盪 6-883A
bódàng 博蕩 1-914B
bódàng 渤蕩 5-1449B
bǒdàng 播蕩 6-882B
bǒdàng 簸蕩 8-1262A
bǒdàng 簸盪 8-1262A
bódāo 博刀 1-908A
bódāo 搏刀 6-795B
bódǎo 駁倒 12-809B
bódào 伯道 1-1266B
bódào 僰道 1-1659A
bódàowú'ér 伯道無兒
1-1266B
bódàozhīyōu 伯道之憂
1-1266B
bōdé 播德 6-883A
bódé 伯德 1-1267A
bódé 博得 1-912B
bōdèngfǎ 撥鐙法 6-898B
bódí 博糴 1-916A
bódì 博地 1-909A
bōdiàn 剥奠 2-716A
bódiān 踣顛 10-512A
bódiàn 伯甸 1-1263B
bōdiào 撥調 6-898A
bǒdiào 簸掉 8-1261B
bódiē 踣跌 10-511B
bódié 帛疊 3-703B
bódié 帛氎 3-704A
bódìhǎi 渤覯海 5-1450A
bódìhūtiān 踣地呼天
10-511B
bōdòng 波動 5-1119A
bódòng 搏動 6-796B
bǒdòng 播動 6-882A
bǒdòng 簸動 8-1261B
bódòu 搏鬬 6-797B
bódòu 駁竇 12-812A
bódū 伯都 1-1265A
bódǔ 博賭 1-914B
bōduàn 波段 5-1117B
bōduì 撥兑 6-896A
bódùn 踣頓 10-511B
bǒdùn 簸頓 8-1261B
bōduó 剥奪 2-716B
bóduó 博奪 1-914A
bōduōluó 鉢多羅 11-1227B
bó'è 薄惡 9-577B
bǒ'è 簸惡 8-1261B
bó'ěr 泊爾 5-1086A
bó'ěr 教爾 5-457B
bó'ergěng 脖兒梗 6-1278B
bó'erguǎi 脖兒拐 6-1278B
bō'érxiàng 波兒象 5-1117B
bōfā 撥發 6-897B
bófā 勃發 2-788A
bófá 薄伐 9-574A
bōfán 撥煩 6-898A
bōfán 撥繁 6-898B
bófàn 博氾 1-909A
bōfáng 玻房 4-542B
bōfáng 撥房 6-896B
bōfàng 剥放 2-714B
bófǎng 博訪 1-912B
bófàng 駁放 12-809B
bófèi 浡沸 5-1194B
bófèi 駁費 12-810B
bófēiyǐn 伯妃引 1-1263B
bōfēng 撥豐 6-898B
bófēng 伯封 1-1264B
bófēng 搏風 6-796A
bōfū 剥膚 2-716B
bōfū 播敷 6-882B
bōfú 播幅 6-882B
bōfù 波阜 5-1117B
bōfù 剥復 2-716A
bōfù 撥付 6-895B
bōfù 播賦 6-883A
bófū 薄夫 9-573B
bófú 襆扶 6-957B
bófǔ 搏拊 6-795B
bófǔ 搏撫 6-796B
bófù 伯父 1-1262A
bófù 博負 1-910B
bófù 博富 1-914A
bófù 駁復 12-810B
bófù 踣覆 10-512A
bǒfū 跛夫 10-455A
bōfūjísuǐ 剥膚及髓 2-716B
bógàn 薄幹 9-578A
bōgào 播告 6-881A
bógāo 伯高 1-1265B
bōgē 剥割 2-716B
bógē 鵓鴿 12-1107B
bógējìwǔ 伯歌季舞 1-1267A
bōgēng 播耕 6-881B
bógěng 脖梗 6-1278B
bógěng 脖頸 6-1278B
bógěngzi 脖梗子 6-1278B
bógēqīng 鵓鴿青 12-1107B
bōgōng 撥工 6-895A
bōgōng 撥弓 6-895A
bógōng 伯公 1-1262B
bógōng 亳宮 2-369B
bógōng 薄躬 9-576B
bōgǔ 撥穀 6-898A
bōgǔ 播穀 6-882B
bógū 伯姑 1-1264B
bógū 勃姑 2-787B
bógū 博沽 1-910B
bógū 駁估 12-809A
bógū 鵓姑 12-1107A
bógū 鵓鴣 12-1107A
bógū 蒲姑 9-520A
bógǔ 舶賈 9-6B
bógǔ 博古 1-909A
bógǔ 搏穀 6-796B
bóguǎi 脖拐 6-1278B
bōguān 波官 5-1117B

bóguān 博關 1-915B
bóguān 博觀 1-916A
bóguàn 博貫 1-913A
bōguāng 波光 5-1117A
bōguāng 播光 6-881A
bōguǐ 波詭 5-1120A
bógǔjiā 博古家 1-909A
bógǔtōngjīn 博古通今 1-909A
bógūyīng 鵓鴣英 12-1107B
bōhài 波害 5-1118B
bōhài 波駭 5-1120B
bōhài 剝害 2-715A
bóhǎi 勃海 2-787B
bóhǎi 渤海 5-1449B
bóhǎi 薄海 9-576B
bóhǎiqín 渤海琴 5-1449B
bōhàiyúnzhǔ 波駭雲屬 5-1120B
bōhán 剝寒 2-716B
bōhàn 撥汗 6-895B
bóhán 薄寒 9-578A
bóhán 駁翰 12-813A
bóhào 博號 1-914A
bōhé 蕃荷 9-553B
bōhè 播荷 6-881B
bóhé 勃荷 2-787B
bóhé 博核 1-911B
bóhé 博覈 1-915B
bóhé 踣河 10-511B
bòhe 薄荷 9-576A
bòhé 捭闔 6-684A
bōhóng 波鴻 5-1120B
bóhòu 博厚 1-910B
bóhū 伯忽 1-1264B
bóhú 博壺 1-913A
bóhǔ 搏虎 6-796A
bōhuà 波畫 5-1119B
bōhuà 播化 6-880B
bóhuà 帛畫 3-703B
bòhuà 擘畫 6-906A
bòhuà 擘劃 6-906B
bōhuài 剝壞 2-717A
bōhuàn 剝漶 2-716B
bōhuàn 撥換 6-896B
bóhuán 駁還 12-811B
bóhuàn 博換 1-911B
bóhuàn 駁換 12-809B
bóhuàn 薄宦 9-576A
bōhuǐ 剝毀 2-716B
bóhuí 駁回 12-809A
bōhún 蕃渾 9-554A
bóhūn 伯昏 1-1264B
bōhuǒ 撥火 6-895B
bōhuò 播穫 6-883A
bóhuǒ 駁火 12-808B
bóhuò 舶貨 9-6B
bóhuò 博禍 1-914A
bóhuò 搏獲 6-797A
bòhuō 擘騞 6-906B
bōhuǒbàng 撥火棒 6-895B
bōjí 波及 5-1116B
bōjí 剝極 2-716A
bójī 伯姬 1-1265B
bójī 博鷄 1-916A
bójī 搏激 6-797A
bójī 搏擊 6-797A
bójī 駁擊 12-811B
bójī 駁譏 12-811B
bójī 緢績 9-1039A
bójí 博極 1-913B
bójí 駁詰 12-810B
bójí 踣籍 10-512A
bójí 薄瘠 9-578B
bójí 博濟 1-915B
bójí 搏撠 6-796B
bójì 伯季 1-1264B
bójì 薄伎 9-574A
bójì 薄技 9-574B
bòjī 簸箕 8-1261B
bójiá 搏頰 6-796B
bójiǎn 博謇 1-915B
bójiǎn 博簡 1-915B
bójiàn 博見 1-909B
bǒjiǎn 跛蹇 10-456A
bòjiān 擘牋 6-906A
bòjiān 擘箋 6-906B
bòjiǎn 擘繭 6-906B
bōjiǎnchōusī 剝繭抽絲 2-717A
bōjiàng 撥降 6-896B
bōjiàng 播降 6-881B
bójiāng 伯姜 1-1264B
bōjiǎo 波脚 5-1119A
bōjiǎo 撥脚 6-897A
bójiāo 蟧蟭 8-941B
bójiǎo 駁脚 12-810A
bójiǎo 鵓角 12-1107A
bǒjiǎo 跛脚 10-456A
bōjíbìfù 剝極必復 2-716A
bòjīchóng 簸箕蟲 8-1262A
bōjiè 撥解 6-898A
bójiē 伯喈 1-1266A
bójiē 博接 1-912A
bójiè 薄借 9-576B
bójiézhú 暴節竹 5-828B
bòjīfēnlǐ 擘肌分理 6-906A
bōjíjiāngfù 剝極將復 2-716A
bójìn 博進 1-912B
bōjìng 波競 5-1121B
bójìng 踣僥 10-511B
bǒjīng 播精 6-882B
bójīngshéng 箔經繩 8-1198A
bójiū 博究 1-909B
bójiū 駁究 12-809A
bójiū 鵓鳩 12-1107A
bójiù 伯舅 1-1267A
bòjīxīng 簸箕星 8-1261B
bójīyǐn 伯姬引 1-1265B
bōjízéfù 剝極則復 2-716A
bòjīzhǎng 簸箕掌 8-1262A
bójú 博局 1-909B
bójù 博具 1-910A
bójù 薄具 9-575A
bójù 薄遽 9-578B
bōjuān 撥捐 6-896B
bōjuàn 撥卷 6-896A
bōjué 播厥 6-882A
bójué 伯爵 1-1267B
bójué 浡潏 5-1194B
bójué 渤潏 5-1449B
bójué 搏攫 6-797B
bójué 踣蹶 10-512A
bǒjué 跛蹶 10-456A
bōjuéyúnguǐ 波譎雲詭 5-1121B
bōjùn 波峻 5-1118B
bójùn 駁駿 12-811B
bókān 駁勘 12-810A
bǒkāngmīmù 播穅眯目 6-883A
bǒkāngmīmù 播糠眯目 6-883A
bókǎo 伯考 1-1262B
bókǎo 博考 1-909A
bóké 駁殼 12-810A
bókè 伯克 1-1263B
bòkē 擘窠 6-906B
bòkēdàzì 擘窠大字 6-906B
bókéqiāng 剝殼槍 2-715A
bókéqiāng 駁殼槍 12-810A
bòkēshū 擘窠書 6-906B
bòkēzì 擘窠字 6-906B
bǒkuà 跛跨 10-456A
bōkuǎn 撥款 6-897A
bòkuàng 擘絖 6-906B
bōlā 撥拉 6-896A
bōlā 撥喇 6-897B
bōlà 撥剌 6-896B
bōlà 撥蠟 6-898B
bōlà 鱍剌 12-1264B
bōlà 發剌 8-553A
bólái 舶來 9-6B
bóláipǐn 舶來品 9-6B
bōlālā 撥喇喇 6-897B
bōlán 波瀾 5-1121B
bōlàn 波濫 5-1121A
bōlàn 剝爛 2-717A
bólán 孛籃 4-202B
bólán 薄襤 9-579A
bólǎn 博覽 1-916A
bólǎn 博攬 1-916A
bólàn 駁濫 12-811B
bòlán 擘藍 6-906B
bòlán 擘蘭 6-906B
bólánchuán 帛闌船 3-703B
bólánchuán 帛蘭船 3-703B
bōlàng 波浪 5-1118B
bōlàng 撥浪 6-897A
bólàng 博浪 1-911B
bólàngchuí 博浪椎 1-911B
bōlànggǔ 波浪鼓 5-1118B
bōlànggǔ 撥浪鼓 6-897A
bólànggǔ 博浪鼓 1-911B
bōlánggǔ 播郎鼓 6-881B
bólàngshā 博浪沙 1-911B
bólǎnhuì 博覽會 1-916A
bólǎnwǔchē 博覽五車 1-916A
bōlánzhuàngkuò 波瀾壯闊 5-1122A
bóláo 伯勞 1-1266B
bóláo 博勞 1-913B
bólǎo 孛老 4-202A
bōlǎo'ér 波老兒 5-1116B
bóláofēiyàn 伯勞飛燕 1-1266B
bōlàsī 波剌斯 5-1117B
bōlè 剝泐 2-714B
bólè 伯樂 1-1267B
bólègù 伯樂顧 1-1267B
bōlěi 波累 5-1119A
bōléng 波棱 5-1119B
bōléng 波稜 5-1119B
bōléng 菠稜 9-452A
bōléng 菠薐 9-452A
bōléng 撥楞 6-897B
bōlénggài 波棱蓋 5-1119B
bólèxiàngmǎ 伯樂相馬 1-1267B
bólèyīgù 伯樂一顧 1-1267B
bōlí 波黎 5-1120B
bōli 玻璃 4-542B
bōli 玻瓈 4-543A
bōlí 剝離 2-717A
bōlǐ 撥理 6-897A
bōlì 撥歷 6-898B
bōlì 撥捩 6-897A
bólǐ 伯理 1-1265B
bólǐ 泊禮 5-1086B
bólì 勃厲 2-788A
bólì 博麗 1-915B
bólì 駁吏 12-809A
bólì 駁躒 12-812A
bólì 駁轢 12-812A
bólì 薄利 9-574B
bòlǐ 擘李 6-906A
bōlián 波連 5-1118A
bōlián 波漣 5-1120A
bōliǎn 剝斂 2-717A
bóliǎn 薄斂 9-579A
bóliàn 博練 1-915A
bòliǎngfēnxīng 擘兩分星 6-906A
bóliáo 伯鷯 1-1267B
bōlíchūn 玻璃春 4-543A
bōlíchūn 玻瓈春 4-543A
bōliè 剝裂 2-716A
bóliè 薄劣 9-574A
bōligāng 玻璃鋼 4-543A
bōlíjiāng 玻璃江 4-543A
bōlíjiāng 玻瓈江 4-543A
bōlín 波鄰 5-1120A
bólín 博臨 1-915A
bōlíng 波靈 5-1122A
bólǐng 脖領 6-1278B
bólǐngzi 脖領子 6-1278B
bōlíquán 玻瓈泉 4-543A
bōlisī 玻璃絲 4-543A
bōliú 波流 5-1118B
bōliú 播流 6-881B
bóliú 駁騮 12-812A
bóliú 薄流 9-576B
bōliúmáomǐ 波流茅靡 5-1118B

bōlixiānwéi 玻璃纖維 4-543A
bólǐxǐtiāndé 伯理璽天德 1-1265B
bōlizhǐ 玻璃紙 4-543A
bōlóng 鉢龍 11-1228A
bōlǒng 波隴 5-1121A
bólóng 駁龍 12-811B
bǒlóng 箔籠 8-1198A
bólóngtōng 泊隆通 5-1086A
bólóngyítóng 駁龍儀同 12-811B
bólóu 孛婁 4-202B
bólòu 薄陋 9-575A
bólóulóu 嘞嘍嘍 3-413A
bōlū 啵嚕 3-393A
bōlú 剝廬 2-717A
bōlú 礡盧 7-1065A
bōlú 撥爐 6-898B
bōlù 波路 5-1119B
bōlù 剝露 2-717A
bōlù 剝戮 2-717A
bólú 勃盧 2-788A
bólú 薄櫨 9-579A
bólú 欂盧 4-1358A
bólú 欂櫨 4-1358A
bólù 孛轆 4-202B
bólù 博陸 1-912A
bólù 踣鹿 10-511B
bólù 薄祿 9-578A
bòlú 擘纑 6-907A
bōluàn 剝亂 2-716B
bōluàn 撥亂 6-897B
bōluàn 播亂 6-882B
bóluán 伯鸞 1-1267B
bóluàn 勃亂 2-788A
bóluàn 浡亂 5-1194B
bóluàn 駁亂 12-810B
bóluándéyào 伯鸞德耀 1-1268A
bōluànfǎnzhèng 撥亂反正 6-897B
bōluànfǎnzhì 撥亂反治 6-898A
bōluànwéizhì 撥亂爲治 6-898A
bóluánzhīzào 伯鸞之竈 1-1268A
bōlún 波輪 5-1120A
bólún 伯倫 1-1265A
bólùn 駁論 12-811A
bólúnqībèi 伯倫七輩 1-1265A
bōluó 波羅 5-1121A
bōluó 波蘿 5-1122A
bōluó 菠蘿 9-452A
bōluò 剝落 2-715B
bōluò 撥落 6-897A
bóluó 孛羅 4-202B
bóluó 桲羅 4-1032B
bóluó 桲欏 4-1032B
bóluó 博羅 1-915B
bóluò 暴樂 5-830A
bóluò 爆爍 7-311B
bóluò 博落 1-913A
bóluò 駁樂 12-811A
bóluò 駁落 12-810B
bóluò 駁犖 12-811A
bóluò 駁駱 12-811A
bóluò 薄落 9-577B
bǒluó 簸羅 8-1262A
bǒluó 簸籮 8-1262A
bōluó'àn 波羅岸 5-1121A
bōluógài 波羅蓋 5-1121A
bǒluógài 跛羅蓋 10-456A
bǒluóhuí 簸羅迴 8-1262A
bǒluóhuí 簸邏迴 8-1262A
bōluómì 波羅密 5-1121A
bōluómì 波羅蜜 5-1121A
bōluómì 菠蘿蜜 9-452A
bōluósàixì 波羅塞戲 5-1121A
bōluóshēhuā 波羅奢花 5-1121A
bōluóshù 波羅樹 5-1121B
bōluósī 播羅絲 6-883A
bólǚ 鎛鋁 11-1366A
bólǜ 伯慮 1-1267A
bǒlǘ 跛驢 10-456B
bōlüè 剝掠 2-715A
bōlüè 鉢略 11-1228A
bōmá 剝麻 2-715B
bómá 綼麻 9-1039A
bómǎ 駁馬 12-809B
bómǎ 駮馬 12-842B
bómǎi 博買 1-913B
bómǎiwù 博買務 1-913B
bómàn 薄慢 9-578B
bómàn 敎慢 5-457B
bōmáng 撥忙 6-895B
bómào 鈸帽 11-1229A
bōměi 播美 6-881B
bóméi 薄眉 9-576A
bómèi 薄媚 9-578A
bōmèn 撥悶 6-897B
bōmí 波靡 5-1121B
bōmǐ 波靡 5-1121B
bómí 薄靡 9-579A
bómiàn 薄面 9-575B
bòmiàn 擘面 6-906A
bōmiànpí 剝面皮 2-714B
bómiào 勃繆 2-788A
bǒmiǎo 跛眇 10-455B
bōmiè 撥滅 6-898A
bōmín 嶓岷 3-867A
bōmín 嶓暋 3-867A
bómín 薄民 9-573B
bómǐn 博敏 1-912A
bōmíng 播名 6-881A
bómíng 博名 1-909B
bómíng 博明 1-910A
bómíng 薄明 9-575A
bómíng 薄暝 9-578B
bómìng 薄命 9-575A
bòmíng 擘名 6-906A
bōmò 撥墨 6-898A
bómó 薄嫫 9-579A
bómò 魄莫 12-469A
bómǔ 伯母 1-1262B
bómù 伯牧 1-1264B
bómù 薄莫 9-576A
bómù 薄暮 9-578B
bōná 鉢拏 11-1227B
bōná 鉢那 11-1227B
bōnà 波那 5-1117A
bónàn 駁難 12-811B
bōnáng 鉢囊 11-1228A
bóní 佛泥 1-1288B
bónì 勃逆 2-787B
bóniáng 伯娘 1-1265B
bòniè 擘齧 6-906B
bōnièpán 般涅槃 9-4B
bōníhuán 般泥洹 9-4A
bóniú 伯牛 1-1262A
bóniú 犦牛 6-290A
bóniú 犻牛 6-268B
bóniúzāi 伯牛災 1-1262A
bōnong 撥弄 6-895B
bōnong 播弄 6-881A
bónòng 搏弄 6-795B
bǒnòng 簸弄 8-1261A
bōnuòcí 播掿詞 6-882A
bōpēi 撥醅 6-898A
bópèi 白旆 8-189B
bópéng 醇䴶 12-442A
bōpí 剝皮 2-714A
bōpiāo 剝剽 2-716B
bōpínángcǎo 剝皮囊草 2-714B
bōpíng 撥平 6-895B
bōpíshícǎo 剝皮實草 2-714B
bópó 伯婆 1-1266A
bōpōu 剝剖 2-715A
bōpù 撥鋪 6-898A
bōqí 撥畦 6-897A
bōqì 撥氣 6-897A
bōqì 撥棄 6-897B
bōqì 播棄 6-882B
bóqí 脖臍 6-1279A
bóqí 伯奇 1-1264A
bóqí 博棋 1-913A
bóqí 薄耆 9-576A
bóqǐ 勃起 2-787B
bóqǐ 浡起 5-1194B
bóqì 薄氣 9-576B
bóqì 薄器 9-579A
bóqì 鎛器 11-1366A
bǒqī 跛踦 10-456A
bóqià 博洽 1-911A
bōqiān 波遷 5-1120A
bōqiān 播遷 6-882B
bōqián 鉢錢 11-1228A
bōqián 播潛 6-883A
bōqiǎn 撥遣 6-897B
bóqiǎn 薄譴 9-579A
bǒqián 簸錢 8-1262A
bòqián 擘錢 6-906B
bóqiáng 伯彊 1-1267B
bóqiáng 伯强 1-1266B
bōqiào 波俏 5-1117B
bōqiào 波峭 5-1118A
bóqiè 薄怯 9-575A
bóqièqiè 薄怯怯 9-575A
bōqín 播琴 6-882A
bóqín 伯琴 1-1266A
bóqíng 薄情 9-577B
bóqiú 博求 1-909B
bóqiūzǐ 亳丘子 2-369B
bōqǔ 剝取 2-714B
bōqù 撥去 6-895B
bóqū 駁屈 12-809B
bóqū 薄曲 9-574A
bóqū 薄軀 9-579A
bóqǔ 博取 1-909B
bóqǔ 搏取 6-796A
bōquē 剝缺 2-715A
bōrǎn 播染 6-881B
bórán 悖然 7-537B
bórán 泊然 5-1086A
bórán 勃然 2-787B
bórán 敎然 5-457B
bórán 艴然 9-16B
bórán 魄然 12-469A
bórǎng 勃壤 2-788B
bóràng 薄讓 9-579B
bōráo 剝橈 2-717A
bōrǎo 波擾 5-1121A
bōrě 般若 9-3B
bōrě 波若 5-1117A
bōrén 剝人 2-714A
bórén 伯仁 1-1262A
bórén 鎛人 11-1366A
bōrětāng 般若湯 9-3B
bōrǒng 撥宂 6-895B
bōrǒng 撥冗 6-895B
bóróng 博容 1-912A
bórǒng 駁宂 12-809A
bóróu 駁糅 12-811A
bōrǔ 剝辱 2-715A
bórú 泊如 5-1086A
bōruǎn 撥阮 6-895B
bòruǎn 擘阮 6-906A
bōrùn 波潤 5-1120B
bóruò 薄弱 9-577A
bōsǎ 播洒 6-881B
bōsǎ 播灑 6-883B
bósài 博塞 1-914A
bósài 博賽 1-915B
bósài 博簺 1-915B
bōsàimò 鉢塞莫 11-1228A
bōsàn 播散 6-882A
bósàn 孛散 4-202B
bōsāng 剝喪 2-716A
bósāng 搏桑 6-796A
bósǎng 搏顙 6-797B
bósè 薄濇 9-579A
bōshā 撥沙 6-896A
bóshā 搏殺 6-796A
bóshà 博唼 1-912A
bóshài 薄曬 9-579B
bǒshāi 簸篩 8-1262A
bōshān 波扇 5-1118B
bóshān 博山 1-908B
bóshānlú 博山爐 1-908B
bóshāntóng 博山銅 1-908B

bóshǎo 薄少 9-573B
bóshè 亳社 2-369B
bóshè 博射 1-911B
bóshè 博涉 1-911B
bóshè 薄設 9-577A
bóshè 蒲社 9-520A
bōshén 波神 5-1118A
bóshēn 博深 1-913A
bóshēn 薄身 9-574B
bóshěn 駁審 12-811A
bōshēng 播生 6-881A
bóshēng 犦牲 6-290A
bóshèshè 薄設設 9-577A
bōshí 剝蝕 2-716B
bōshí 撥食 6-896B
bōshí 播食 6-881B
bōshí 播時 6-881B
bōshì 波勢 5-1119B
bōshì 玻室 4-542B
bōshì 剝示 2-714A
bóshī 博施 1-911A
bóshī 踣尸 10-511B
bóshī 鎛師 11-1366A
bóshí 伯時 1-1265A
bóshí 博石 1-909A
bóshí 博實 1-914B
bóshí 博識 1-915B
bóshí 駁蝕 12-811A
bóshí 薄食 9-575B
bóshí 薄蝕 9-578B
bóshǐ 伯始 1-1264B
bóshì 伯氏 1-1262B
bóshì 博士 1-908A
bóshì 搏噬 6-797A
bóshì 薄室 9-576A
bóshì 襏襫 9-140A
bóshìdìzǐ 博士弟子 1-908A
bóshìjìjiǔ 博士祭酒 1-908B
bóshījìzhòng 博施濟衆 1-911A
bōshíkù 撥什庫 6-895B
bóshìmǎilǘ 博士買驢 1-908B
bóshīshī 薄溼溼 9-578A
bōshòu 鉢授 11-1228A
bōshòu 播授 6-882A
bóshōu 薄收 9-574B
bóshǒu 搏手 6-795B
bóshòu 搏狩 6-796A
bóshòu 薄狩 9-576A
bóshū 伯叔 1-1264A
bóshū 帛書 3-703A
bóshū 駁書 12-809B
bóshǔ 搏黍 6-796B
bōshuǎi 撥甩 6-895B
bōshuǐ 波水 5-1116B
bóshuò 颮槊 8-280B
bóshuò 颮槊 8-281A
bóshuò 博碩 1-914A
bóshuò 犦矟 6-290A
bóshuò 犦槊 6-290A
bóshuò 穱矟 8-588A
bóshuò 穱槊 8-588B
bóshuòféitú 博碩肥腯 1-914A
bōsī 波斯 5-1119A
bōsī 波廝 5-1120B
bósì 伯姒 1-1264A
bōsīcǎo 波斯草 5-1119A
bōsīdǐ 波斯邸 5-1119A
bōsīdiàn 波斯店 5-1119A
bōsīguǎn 波斯館 5-1119B
bōsīhú 波斯胡 5-1119A
bōsījú 波斯菊 5-1119B
bōsīyǎn 波斯眼 5-1119B
bōsīzǎo 波斯棗 5-1119B
bōsòng 播送 6-881B
bósōngsōng 薄鬆鬆 9-579A
bósū 教窣 5-457B
bósú 薄俗 9-575B
bósù 勃窣 2-788A
bósù 犻秙 6-1009B
bōsǔn 剝損 2-716B
bōsǔn 撥損 6-897B
bōtǎ 撥獺 6-898B
bǒtài 簸汰 8-1261B
bōtán 駁彈 12-811A
bǒtān 跛癱 10-456A
bōtánmóluó… 鉢曇摩羅伽大寶 11-1228A
bōtāo 波濤 5-1120B
bōtáo 波逃 5-1118A
bótáo 伯桃 1-1265A
bótǎo 伯討 1-1265A
bōtáo 播鞉 6-882B
bōtáo 播鼗 6-883A
bōtáogǔ 播鼗鼓 6-883A
bōtèmó 鉢特摩 11-1227B
bōténg 波騰 5-1121B
bǒténg 簸騰 8-1262A
bótēngtēng 勃騰騰 2-788B
bóténgténg 垺騰騰 2-1103B
bōtī 剝剔 2-715A
bōtī 撥剔 6-896B
bōtián 播田 6-881A
bōtiānguān 撥天關 6-895B
bótiāo 擈挑 6-957B
bótiào 踣跳 10-511B
bótiào 踍跳 10-484A
bótiě 踣鉄 10-511B
bótiě 踣銕 10-511B
bótiě 踣鐵 10-512A
bótōng 伯通 1-1265B
bótōng 博通 1-912A
bótóng 僰僮 1-1659A
bótōngqiáo 伯通橋 1-1265B
bótōngwǔ 伯通廡 1-1265B
bōtóu 砵頭 7-1017A
bōtóu 鉢頭 11-1228A
bōtóu 撥頭 6-898A
bótóu 博投 1-909B
bǒtou 箔頭 8-1198A
bótū 暴突 5-826A
bótú 帛圖 3-703B
bótú 博徒 1-911B
bótú 博腯 1-914A
bótú 薄徒 9-576B
bótǔ 垺土 2-1103B
bōtuō 剝脫 2-715B
bótuō 餺飥 12-573A
bótuō 飥飥 12-512B
bótuō 餑飥 12-496A
bótuō 餺飥 12-583A
bótuó 勃馱 2-788A
bótuó 荑詑 9-192A
bótuōhuì 餑飥會 12-496A
bǒtǔyángchén 播土揚塵 6-880B
bǒtǔyángshā 簸土揚沙 8-1261A
bówán 帛丸 3-703A
bówǎn 薄晚 9-577A
bōwáng 播亡 6-880B
bówáng 亳王 2-369B
bówàng 博望 1-912B
bǒwāng 跛匡 10-455B
bówàngchá 博望槎 1-913A
bówàngshāotún 博望燒屯 1-913A
bówàngyuàn 博望苑 1-912B
bōwànlúnqiān 撥萬輪千 6-897A
bōwànlùnqiān 撥萬論千 6-897A
bōwěi 波委 5-1117A
bówéi 駁違 12-810B
bówèi 泊位 5-1086A
bōwěiyúnjí 波委雲集 5-1117B
bōwén 波文 5-1116B
bōwén 波紋 5-1118B
bōwén 剝文 2-714A
bówén 博文 1-908B
bówén 博聞 1-914B
bówén 駁文 12-808B
bówèn 駁問 12-810A
bówēng 伯翁 1-1265A
bówénqiángjì 博聞強記 1-914B
bówénqiángzhì 博聞彊識 1-914B
bówénqiángzhì 博聞彊志 1-914B
bówénqiángzhì 博聞強識 1-914B
bówényuēlǐ 博文約禮 1-909A
bówò 踣臥 10-511B
bōwù 播物 6-881B
bówù 舶物 9-6B
bówù 博物 1-910A
bówùguǎn 博物館 1-910A
bówùjūnzǐ 博物君子 1-910A
bówùqiàwén 博物洽聞 1-910A
bówùxìgù 薄物細故 9-575A
bówùxuéjiā 博物學家 1-910A
bówùyuàn 博物院 1-910A
bōxǐ 播徙 6-882A
bóxī 勃谿 2-788B
bóxī 勃磎 2-788B
bóxī 博悉 1-912B
bóxī 搏腊 6-796B
bóxī 駁犀 12-810B
bóxí 博習 1-913A
bóxì 博戲 1-915A
bǒxī 跛奚 10-455B
bǒxí 跛擊 10-456A
bǒxí 跛覡 10-456A
bòxī 擘析 6-906A
bóxiá 駁瑕 12-810B
bōxiǎn 波險 5-1120B
bōxiàn 播憲 6-883A
bóxiān 鮊鮮 12-1215B
bóxiǎn 駁蘚 12-812A
bóxiàng 脖項 6-1278B
bóxiàng 孛相 4-202B
bóxiàng 薄相 9-575B
bóxiāo 博梟 1-912B
bóxiǎo 薄曉 9-579A
bóxiào 伯校 1-1265A
bóxiào 博笑 1-911B
bóxiázhǐlèi 駁瑕指纇 12-810B
bōxiè 剝卸 2-715A
bóxiè 勃解 2-788A
bóxiè 勃屑 2-787B
bóxiè 勃澥 2-788B
bóxiè 渤解 5-1449B
bóxiè 渤澥 5-1449B
bóxièsāngtián 渤澥桑田 5-1449B
bōxīn 波心 5-1116B
bōxīn 播馨 6-883B
bóxīn 搏心 6-795B
bóxīncháng 薄心腸 9-573B
bōxíng 播刑 6-881A
bóxīng 勃興 2-788A
bóxīng 教興 5-457B
bóxíng 駁行 12-809A
bóxíng 薄刑 9-573B
bóxíng 薄行 9-574A
bóxìng 薄幸 9-574B
bóxìng 薄倖 9-576B
bǒxíng 跛行 10-455B
bǒxíng 簸行 8-1261A
bóxiōng 伯兄 1-1262B
bōxǔ 播糈 6-883A
bóxuǎn 博選 1-915A
bóxuǎn 駁選 12-811A
bōxuē 剝削 2-714B
bóxué 博學 1-915A
bóxuéhóngcí 博學宏詞 1-915A
bóxuéhóngcí 博學鴻詞 1-915A
bóxuéhóngrú 博學鴻儒 1-915A
bōxuējiējí 剝削階級 2-715A
bōxún 波旬 5-1117A
bóyá 伯牙 1-1261B
bóyǎ 伯雅 1-1266A
bóyǎ 博雅 1-913B

bōyǎn 波衍 5-1118A
bóyán 伯顏 1-1267B
bóyán 博延 1-909B
bóyán 薄言 9-574B
bóyǎn 博衍 1-910B
bóyǎn 博掩 1-912A
bóyǎn 博揜 1-913A
bóyǎn 搏掩 6-796B
bóyǎn 搏揜 6-796B
bōyáng 播揚 6-882A
bóyāng 脖胦 6-1278B
bóyáng 伯陽 1-1266A
bóyáng 博羊 1-909B
bǒyáng 簸揚 8-1261B
bǒyáng 簸颺 8-1262A
bóyàngjīn 踣様巾 10-512A
bǒyángkāngbǐ 簸揚糠粃
8-1261B
bóyáo 駁堯 12-810B
bóyáqín 伯牙琴 1-1262A
bóyáxián 伯牙絃 1-1262A
bóyé 博邪 1-909B
bóyè 博夜 1-910B
bóyè 薄夜 9-575A
bóyè 薄業 9-578A
bǒyè 跛曳 10-455B
bōyì 波溢 5-1120A
bōyì 剥異 2-715B
bōyì 播逸 6-882A
bōyì 播藝 6-883A
bóyī 博依 1-910B
bóyí 百夷 8-225A
bóyí 伯夷 1-1263A
bóyí 猼訑 5-99B
bóyí 猼訑 5-99B
bóyì 伯益 1-1265B
bóyì 伯翳 1-1267B
bóyì 博易 1-910A
bóyì 博弈 1-911A
bóyì 博藝 1-915B
bóyì 博議 1-916A
bóyì 渤溢 5-1449B
bóyì 駁異 12-810A
bóyì 駁議 12-812A
bòyì 譒譯 11-421A
bōyīn 播音 6-881B
bóyīn 亳殷 2-369B
bóyīn 駁陰 12-810A
bóyǐn 博引 1-909A
bóyīng 伯英 1-1264A
bóyīng 搏膺 6-797B
bóyǐng 搏景 6-796B
bóyǐng 搏影 6-796B
bóyìng 博映 1-910B
bóyìng 駁映 12-809B
bóyíshūqí 伯夷叔齊
1-1263A
bóyìyóuxián 博弈猶賢
1-911A
bóyǒng 渤湧 5-1449B
bóyóu 薄游 9-578A
bóyóu 薄遊 9-577B
bóyǒu 伯有 1-1262B
bóyòu 薄祐 9-576A
bōyú 盋盂 7-1421A
bōyú 鉢盂 11-1227B
bōyú 鉢釪 11-1228A
bóyú 伯余 1-1263B
bóyú 伯俞 1-1264B
bóyú 伯魚 1-1266A
bóyú 伯瑜 1-1266B
bóyú 博魚 1-912B
bóyǔ 伯禹 1-1264B
bóyù 勃鬱 2-788B
bóyù 勃鬱 2-788B
bóyù 浡鬱 5-1194B
bóyù 博喻 1-913B
bóyù 博裕 1-914A
bóyù 博鬻 1-916A
bóyù 薄域 9-577A
bǒyù 簸颶 8-1261B
bōyuàn 剥怨 2-715A
bóyuǎn 博遠 1-914A
bóyuǎntiè 伯遠帖 1-1267A
bōyuè 播越 6-882A
bóyuē 博約 1-911A
bóyuē 彴約 3-925A
bóyuè 搏躍 6-797B
bōyùgāo 波律膏 5-1118A
bōyújīng 鉢盂精 11-1227B
bōyǔliáoyún 撥雨撩雲
6-896A
bōyùn 剥運 2-716B
bóyùn 駁運 12-810B
bǒyùn 簸運 8-1261B
bōyúnjiànrì 撥雲見日
6-897B
bōyùxiāng 波律香 5-1118A
bózá 博雜 1-915B
bózá 駁雜 12-811B
bózàng 薄葬 9-577B
bǒzāng 跛牂 10-455B
bǒzāng 跛牂 10-455B
bózé 駁責 12-810A
bózé 薄責 9-577A
bōzhā 波查 5-1117B
bōzhā 波喳 5-1119B
bōzhā 鉢吒 11-1227B
bōzhà 波吒 5-1117A
bōzhà 波咤 5-1117B
bózhàn 搏戰 6-797A
bózhǎng 伯長 1-1264A
bózhàng 箔幛 8-1198A
bòzhāng 擘張 6-906A
bōzhào 玻罩 4-542B
bózhào 伯趙 1-1267A
bózhào 帛詔 3-703B
bózhào 舶䑰 9-6B
bózhào 博照 1-914A
bózhàoshì 伯趙氏 1-1267A
bōzhàozǐ 撥棹子 6-897A
bōzhé 波折 5-1117A
bōzhé 波磔 5-1120A
bōzhé 剥折 2-714B
bōzhé 播謫 6-883A
bōzhèng 撥正 6-895B
bózhēng 博徵 1-914B
bózhēng 駁争 12-809A
bózhèng 博證 1-915B
bózhèng 駁正 12-809A
bōzhī 波祇 5-1118A
bōzhí 播植 6-882A
bōzhí 播殖 6-882A
bōzhì 剥制 2-714B
bōzhì 撥置 6-897B
bózhí 搏埴 6-796A
bózhí 搏埶 6-796A
bózhí 薄植 9-577B
bózhí 薄殖 9-577B
bózhì 搏摯 6-796B
bózhì 搏鷙 6-797B
bózhì 駁炙 12-809B
bózhì 踣躓 10-512A
bózhì 薄質 9-578B
bǒzhì 跛躓 10-456A
bòzhǐ 擘指 6-906A
bǒzhīyángzhī…
簸之揚之,穅粃在前
8-1261A
bōzhǒng 嶓冢 3-867A
bōzhǒng 播種 6-882B
bózhōng 薄終 9-577B
bózhōng 鎛鍾 11-1366A
bózhōng 鎛鐘 11-1366A
bózhòng 伯仲 1-1263A
bǒzhōng 簸蝩 8-1262A
bózhòngjiān 伯仲間 1-1263B
bózhòngshūjì 伯仲叔季
1-1263B
bózhòngzhījiān 伯仲之間
1-1263A
bōzhòu 波皺 5-1120B
bózhōu 博周 1-910B
bōzhú 撥斸 6-898B
bózhú 搏逐 6-796A
bózhǔ 泊主 5-1086A
bózhǔ 舶主 9-6B
bōzhuǎn 撥轉 6-898B
bózhuàn 薄饌 9-579A
bózhuāng 薄妝 9-574B
bózhuāng 薄粧 9-578A
bózhuāng 薄裝 9-578B
bózhuàng 薄壯 9-574B
bózhuì 踣墜 10-512A
bōzhūluó 剥猪玀 2-715B
bōzhuó 剥啄 2-715B
bōzhuó 剥琢 2-715B
bōzhuó 剥斲 2-716B
bózhuō 颮颮 12-637B
bózhuó 薄酌 9-576A
bózhuōfēng 舶趠風 9-7A
bōzhǔyúnwěi 波屬雲委
5-1122A
bōzi 撥子 6-895A
bōzī 啵滋 3-393A
bózi 脖子 6-1278B
bózi 帛子 3-703A
bózi 膊子 6-1360B
bózī 博咨 1-911A
bózǐ 伯子 1-1261B
bózǐ 伯姊 1-1264A
bózǐ 鈸子 11-1229A
bǒzi 跛子 10-455A
bóziguǎi 脖子拐 6-1278B
bózòng 博綜 1-914B
bózòng 博縱 1-915B
bózú 勃崒 2-787B
bózǔ 伯祖 1-1265A
bózǔ 駁阻 12-809A
bǒzú 跛足 10-455B
bózǔbǐ 伯祖妣 1-1265A
bǒzúcóngshì 跛足從事
10-455B
bōzuǐ 撥嘴 6-898B
bózuǐ 博嘴 1-915A
bózuǐ 駁嘴 12-811B
bōzuǐliāoyá 撥嘴撩牙
6-898B
bózǔmǔ 伯祖母 1-1265A
bōzuò 剥坐 2-714B
bǒzuǒ 尯尯 2-1575A
bù'ài 不硋 1-440A
bù'ài 不礙 1-477B
bù'àiqián 不愛錢 1-459B
bù'àishì 不礙事 1-478A
bǔ'àn 捕桉 6-597A
bǔ'àn 捕案 6-597A
bù'ān 不安 1-410B
bù'àn 部案 10-652B
bù'àn 簿案 8-1267B
bù'ānfèn 不安分 1-410B
bù'ànjūnchén 不按君臣
1-426A
bù'ānyúshì 不安於室
1-410B
bǔ'áo 補鼇 9-94A
bù'ào 不驁 1-480A
bùbá 不拔 1-417B
bǔbái 補白 9-88A
bǔbài 補敗 9-91A
bùbái 不白 1-404A
bùbái 布白 3-676A
bùbǎi 布擺 3-682B
bùbǎi 佈擺 1-1238A
bùbài 不拜 1-429B
bǔbáiběn 補白本 9-88A
bùbáizhīyuān 不白之冤
1-404A
bùbàn 不辦 1-473B
bùbàn 部辦 10-654B
bùbānpéi 不搬陪 1-456B
bǔbào 補報 9-91B
bùbào 不報 1-448A
bùbáyīmáo 不拔一毛 1-417B
bùbèi 餔糒 12-539B
bǔbèi 補背 9-89B
bùbèi 不倍 1-436A
bùbèi 不悖 1-437B
bùbèi 不備 1-451A
bùbèi 不勃 1-427A
bùbèi 布被 3-679A
bùbēibùkàng 不卑不亢
1-423A
bùbèiwǎqì 布被瓦器 3-679A
būbì 餔毗 12-1232B
bǔbì 補敝 9-91B

bǔbì 補裨 9-92B
bǔbì 補弊 9-92B
bùbī 不偪 1-442A
bùbǐ 不比 1-398A
bùbǐ 布筆 3-680B
bùbì 不必 1-405A
bùbì 不避 1-473B
bùbì 布幣 3-681B
bùbiàn 不便 1-429B
bùbiàn 布徧 3-680B
bùbiànbùgé 不變不革 1-482B
bùbiàndào 不便道 1-429B
bùbiànshuǐtǔ 不便水土 1-429B
bùbiànshūmài 不辨菽麥 1-473A
bùbiànshūmài 不辯菽麥 1-481B
bùbiànshūsù 不辨菽粟 1-473B
bùbiǎo 不表 1-417A
bùbié 部別 10-651B
bùbìfǔyuè 不避斧鉞 1-473B
bùbīn 不賓 1-464B
bùbīng 布兵 3-677A
bùbīng 步兵 5-333B
bùbìng 不竝 1-437A
bùbīnzhīshì 不賓之士 1-465A
bùbìshuǐhuǒ 不避水火 1-473B
bùbìtānghuǒ 不避湯火 1-473B
bùbìzímǎo 不辟子卯 1-461B
būbō 逋播 10-880A
bǔbó 捕搏 6-597B
bùbó 布帛 3-677A
būbōchén 逋播臣 10-880A
būbù 逋布 10-877B
bǔbǔ 卜卜 1-983A
bùbǔ 不卜 1-395B
bùbù 步步 5-333A
bùbù 丕丕 1-491B
bùbùdēng 咘咘噔 3-258B
bùbùjiāo 步步嬌 5-333B
bùbùrénjiǎo 不步人脚 1-412B
bùbùshēngliánhuā 步步生蓮華 5-333B
bùbùwéiyíng 步步爲營 5-333B
bùcái 不才 1-396B
bùcái 不材 1-412A
bùcǎi 不采 1-423A
bùcǎi 不倸 1-436A
bùcǎi 不採 1-439B
bùcǎi 不睬 1-458B
bùcài 佈菜 1-1237B
būcán 逋殘 10-879A
bǔcánshǒuquē 補殘守缺 9-91B
bùcáo 布槽 3-682A
bùcáo 部曹 10-653A
bùcǎo 布草 3-677B
bùcè 不測 1-454B
bùcè 布策 3-680B
bùcéng 不曾 1-454A
bùcèzhīyōu 不測之憂 1-454B
bùcèzhīyuān 不測之淵 1-454B
bùcèzhīzuì 不測之罪 1-454B
bǔchā 補差 9-90A
bǔchá 補察 9-92B
bùchā 不差 1-431B
bùchā 步叉 5-332B
bùchā 步靫 5-335A
bùchá 不察 1-465A
bùchāi 鞴靫 12-211A
bùchán 步蟾 5-337B
bǔcháng 補償 9-93B
bùchāng 不昌 1-420B
bùcháng 不常 1-440A
bùcháng 不嘗 1-463A
bùchāo 簿鈔 8-1268A
bùchāshàngxià 不差上下 1-431B
bùchāshénme 不差什麽 1-431B
bùchāsì 不差似 1-431B
bùchē 布車 3-676B
bùchè 不徹 1-468A
būchén 逋臣 10-877B
bǔchèn 補襯 9-94A
bùchén 不臣 1-405B
bùchén 不辰 1-412B
bùchén 不塵 1-464A
bùchén 布陳 3-679A
bùchén 部臣 10-651A
bùchèn 不稱 1-463B
bùchēng 不稱 1-463B
bùchéng 不成 1-407A
bùchéng 不懲 1-478A
bùchéng 部丞 10-651B
bùchěng 不逞 1-434B
bùchéngcái 不成才 1-407A
bùchēngdá 不撐達 1-465B
bùchénghuà 不成話 1-407A
bùchéngqì 不成器 1-407A
būchéngqián 逋城錢 10-878A
bùchéngrén 不成人 1-407A
bùchéngtǐtǒng 不成體統 1-407B
bùchéngwàng 不承望 1-426A
bùchéngwénfǎ 不成文法 1-407A
bùchéngyàngzi 不成樣子 1-407A
bùchěngzhītú 不逞之徒 1-435A
bùchètóu 不徹頭 1-468A
būchí 逋弛 10-878A
būchí 逋弛 10-878A
bùchǐ 不侈 1-422B
bùchǐ 不恥 1-433A
bùchǐ 不齒 1-466B
bùchì 不翅 1-434A
bùchì 不啻 1-453A
bùchībùlóng 不癡不聾 1-479B
bùchījìn 不吃勁 1-408A
bùchǐxiàwèn 不恥下問 1-433A
bǔchōng 補充 9-88B
bùchóngzhāo 不崇朝 1-440B
būchǒu 逋醜 10-880B
bùchōu 不瘳 1-473A
bùchóu 不讎 1-482B
bùchóu 不讐 1-482B
bùchǒubùcǎi 不偢不倸 1-442A
bùchǒubùcǎi 不瞅不睬 1-463A
bùchǒurén 不偢人 1-442A
bùchǒurén 不瞅人 1-463A
bǔchù 補處 9-91A
bùchǔ 不處 1-440A
bùchuāi 不揣 1-448A
bùchuǎimàomèi 不揣冒昧 1-448A
bùchuán 不傳 1-459A
bùchǔjià 不儲價 1-475A
bǔchún 補脣 9-90A
bùchún 不純 1-439A
bùchúnkūshé 布脣枯舌 3-678B
būchuò 餔啜 12-539B
būchuò 餔歠 12-540A
bǔchuò 哺啜 3-353B
bǔchuò 哺歠 3-354A
bùchuò 不惙 1-445B
bùchuò 不輟 1-466A
bǔcí 卜辭 1-986B
bǔcì 補刺 9-89A
bùcí 不詞 1-453A
bùcí 不慈 1-461A
bùcí 不辭 1-478A
bùcì 不次 1-410A
bùcì 部次 10-651B
bùcíbùxióng 不雌不雄 1-463A
bùcóng 不從 1-444A
bùcóng 部從 10-653A
bǔcòu 補湊 9-92A
būcuàn 逋竄 10-880B
bùcuī 布衰 3-679A
bùcún 不存 1-406B
bùcúnbùjì 不存不濟 1-406B
bùcuò 不錯 1-471B
bùcuòdié 不蹉疊 1-463A
bùcuòyǎn 不錯眼 1-471B
búdà 不大 1-396B
bùdá 不達 1-448A
bùdá 布達 3-680A
bùdá 佈達 1-1237B
bùdǎ 不打 1-400B
bùdǎ 步打 5-332B
bùdà 部大 10-650B
bùdǎbùxiāngshí 不打不相識 1-400B
búdàdiǎn 不大點 1-396B
būdài 逋怠 10-878B
būdài 逋貸 10-879B
būdài 餔待 12-539B
bǔdài 補代 9-88A
bùdài 不迨 1-426A
bùdài 不待 1-430A
bùdài 不怠 1-432B
bùdài 不殆 1-428A
bùdài 不逮 1-446A
bùdài 不貸 1-451A
bùdài 不戴 1-474A
bùdài 布代 3-676A
bùdài 布袋 3-679B
bùdàihéshang 布袋和尚 3-679B
bùdàijiàn 不待見 1-430B
bùdàimù'ǒu 布袋木偶 3-679B
bùdàitóujīn… 不帶頭巾男子漢 1-440A
bùdàitóujīn… 不戴頭巾男子漢 1-474A
bùdàiyǎng 不逮養 1-446A
bùdàiyīn 不帶音 1-440A
bùdǎjià'er 不打價兒 1-401A
búdàjǐn 不大緊 1-396B
bùdǎjǐn 不打緊 1-401A
bùdálāgōng 布達拉宮 3-680A
bùdàlí 不大離 1-396B
bǔdàn 卜旦 1-984A
bùdān 不單 1-450B
bùdān 步擔 5-336B
bùdān 部單 10-653B
bùdàn 不但 1-414B
bùdànfán 不憚煩 1-469A
būdàng 逋蕩 10-880A
bùdāng 不當 1-457B
bùdǎng 不黨 1-480A
bùdǎng 部黨 10-654B
bùdàng 不當 1-457B
bùdāngbùzhèng 不當不正 1-458A
bùdàngcūn 不當村 1-458A
bùdāngdào 不當道 1-458B
bùdāngjiā 不當家 1-458A
bùdàngjià 不當價 1-458B
bùdāngjiāhuāhuāde 不當家化化的 1-458B
bùdāngjiāhuālā 不當家花拉 1-458B
bùdāngjiāhuōlā 不當家豁拉 1-458B
bùdāngjǐn 不當緊 1-458B
bùdàngqí 不當奇 1-458A
bùdàngrén 不當人 1-458A
bùdāngrénzǐ 不當人子 1-458A
bùdàngshì 不當事 1-458A
bùdāngwěnbiàn 不當穩便 1-458B
bǔdǎo 補導 9-93A

bùdāo 布刀 3-675B
bùdǎo 不倒 1-435B
bùdǎo 步禱 5-337B
bùdào 不到 1-419B
bùdào 不道 1-453B
bùdào 佈道 1-1237B
bùdào 步道 5-335A
bùdàode 不到得 1-420A
bùdàode 不到的 1-420A
bùdàode 不道得 1-454A
bùdàode 不道的 1-454A
bùdàodé 不道德 1-454A
bùdàohuánghé… 不到黃河心不死 1-420A
bùdàojiā 不到家 1-420A
bùdǎokǒu 不倒口 1-435B
bùdàorén 不道人 1-454A
bùdàotóu 不到頭 1-420A
bùdǎowēng 不倒翁 1-435B
bùdàowūjiāng… 不到烏江心不死 1-420A
bùdǎqiú 步打毬 5-332B
bùdǎzìzhāo 不打自招 1-400B
bùdé 不得 1-442B
bùdé 不德 1-467B
bùdébiàn 不得便 1-443B
bùdébù 不得不 1-443A
bùdé'érzhī 不得而知 1-443A
bùdégērmen 不得哥兒們 1-443B
bùdéjí 不得及 1-443A
bùdéjìn 不得勁 1-443B
bùdékāijiāo 不得開交 1-443B
bùdéliǎn 不得臉 1-444A
bùdéliǎo 不得了 1-443A
bùdēng 不登 1-456A
bùděng 不等 1-451A
bùdēngdàyǎ 不登大雅 1-456A
bùdēngdàyǎzhītáng 不登大雅之堂 1-456A
bùdēngdēng 不登登 1-456A
bùdèngdèng 不鄧鄧 1-465B
bùděngshì 不等式 1-451A
bùdéqísǐ 不得其死 1-443B
bùdéqísuǒ 不得其所 1-443B
bùdérénxīn 不得人心 1-443A
bùdésǐ 不得死 1-443A
bùdéyāolǐng 不得要領 1-443B
bùdéyàolǐng 不得要領 1-443B
bùdéyǐ 不得已 1-443A
bùdéyì 不得意 1-443B
bùdézhì 不得志 1-443A
bǔdì 卜地 1-984A
bǔdì 卜第 1-985B
bǔdì 卜禘 1-986A
bùdí 不的 1-423A
bùdí 不迪 1-420B
bùdí 不敵 1-469A
bùdǐ 不抵 1-418A
bùdì 不第 1-441B
bùdì 步遞 5-335B
bùdì 丕的 1-491B
bùdì 丕地 1-491B
bùdiǎn 不典 1-420B
bùdiàn 布奠 3-680B
bùdiǎn'er 不點兒 1-475A
bùdiǎnshí 不點實 1-475A
bǔdiāo 補貂 9-92A
bùdiào 不弔 1-400A
bùdiào 不掉 1-439A
bùdiào 不調 1-468B
bùdiào 步調 5-336A
bùdié 不迭 1-422A
bùdié 簿牒 8-1268A
bùdīfáng 不隄防 1-446B
bǔdīng 補丁 9-87A
bǔdīng 補帄 9-88A
bǔdīng 補釘 9-90B
bǔdǐng 卜鼎 1-985B
bǔdìng 補定 9-89B
bǔdìng 補訂 9-90A
bùdīng 布丁 3-675B
bùdǐng 不頂 1-439A
bùdìng 不定 1-425A
bùdīngdiǎn'er 不釘點兒 1-436A
bùdīngduì 不釘對 1-436A
bùdǐngshì 不頂事 1-439A
bùdǐshì 不抵事 1-418A
bùdòngchǎn 不動產 1-441B
bùdònggǎng 不凍港 1-436B
bùdòngmíngwáng 不動明王 1-441A
bùdòngshēngsè 不動聲色 1-441B
bùdǒngyǎn 不懂眼 1-469A
bùdòngzūn 不動尊 1-441B
bùdǒu 步斗 5-332B
bùdòu 不逗 1-434A
bùdòu 步鬪 5-338A
bùdǒután 步斗壇 5-332B
bǔdú 補牘 9-94A
bùdū 部督 10-654A
bùdú 不獨 1-472A
bùdú 不瀆 1-477B
bùdú 不殰 1-478A
bùdú 不黷 1-482A
bùdú 不牘 1-478B
bùdù 不度 1-431A
bǔduǎn 補短 9-92A
bùduān 不端 1-464B
bùduàn 不段 1-429B
bùduàn 不鍛 1-472A
bùduàn 不斷 1-477B
bùduànqì 不斷氣 1-477B
bùduànrúdài 不斷如帶 1-477B
bùduàntóu 不斷頭 1-477B
bùdúbùfā 不毒不發 1-426A
bùduì 不對 1-463A
bùduì 不懟 1-476B
bùduì 步隊 5-335A
bùduì 部隊 10-653B
bùduì 簿對 8-1268A
bùduìchá'er 不對碴兒 1-463A
bùduìdāng 不對當 1-463A
bùduìjìn 不對勁 1-463A
bùduìtóu 不對頭 1-463A
būdùn 逋遁 10-879B
bùdùn 不頓 1-457A
bùdùn 步頓 5-335B
būduò 逋惰 10-879B
būduò 逋墮 10-879B
bǔduó 卜度 1-985A
bùduó 不度 1-431A
bùduóshí 不奪時 1-462B
bùduōzhēng 不多争 1-409B
bùdǔshí 不睹時 1-467A
bùdǔshì 不睹事 1-458B
bùdǔshì 不睹是 1-458B
bùdǔshì 不覩事 1-466A
bùdǔshì 不覩是 1-466A
bùdǔshì 不賭是 1-467A
bù'ē 不阿 1-417A
bù'è 不惡 1-448B
bǔ'ér 卜兒 1-984B
bù'ěr 不爾 1-462B
bù'èr 不二 1-395A
bù'èr 不貳 1-447A
bù'èrfǎ 不二法 1-395A
bù'èrfǎmén 不二法門 1-395B
bù'èrguò 不貳過 1-447A
bù'èrjià 不二價 1-395B
bù'èrmén 不二門 1-395B
bù'èrsè 不二色 1-395A
bù'ěrshíwéikè 布爾什維克 3-681B
bù'èrwèi 不二味 1-395A
būfā 逋髮 10-879B
bùfā 部發 10-653B
bùfá 不乏 1-399B
bùfá 不伐 1-408B
bùfá 步伐 5-333A
bùfá 簿伐 8-1267B
bùfá 簿閥 8-1268A
bùfǎ 不法 1-424B
bùfān 布帆 3-676A
bùfān 布颿 3-682B
bùfán 不凡 1-397A
bùfán 不煩 1-461A
bùfàn 不犯 1-404B
bǔfāng 哺坊 3-353A
bǔfáng 捕房 6-596B
bùfāng 不方 1-400A
bùfáng 不妨 1-417A
bùfāng 不方 1-400A
bùfáng 不防 1-410B
bùfáng 不妨 1-417A
bùfáng 布防 3-676B
bùfáng 佈防 1-1237B
bùfángshì 不妨事 1-417A
bùfángshì 不防事 1-410B
bùfángtóu 不防頭 1-410B
bùfānwúyàng 布帆無恙 3-676A
bùfānwúyàng 布颿無恙 3-682B
bùféi 不萉 1-439B
bùfèi 部費 10-653B
bùfèichuīhuī… 不費吹灰之力 1-455B
bùfèijiānghé 不廢江河 1-469A
bùfèizhīhuì 不費之惠 1-455B
bùfēn 不分 1-399B
bùfēn 部分 10-650B
bùfèn 不分 1-399B
bùfèn 不忿 1-423B
bùfèn 部分 10-650B
bǔfēng 捕風 6-596B
bǔféng 補縫 9-93B
bǔfèng 卜鳳 1-986A
bùfēng 不封 1-426A
bùfēng 部封 10-652A
bùfēngbùjiǎn 不豐不儉 1-476B
bùfēngbùshā 不豐不殺 1-476B
bǔfēngzhuōyǐng 捕風捉影 6-596B
bùfènqì 不憤氣 1-469A
bùfēnqīngbái 不分青白 1-399B
bùfēnxuānzhì 不分軒輊 1-399B
bùfēnyùshí 不分玉石 1-399B
bùfēnzàobái 不分皂白 1-399B
būfù 逋負 10-878A
būfù 逋賦 10-880A
bǔfú 補伏 9-88A
bǔfú 補服 9-89B
bǔfù 補復 9-92A
bùfū 不敷 1-466A
bùfú 不伏 1-408A
bùfú 不孚 1-415B
bùfú 不服 1-423B
bùfú 不符 1-441B
bùfú 布服 3-677A
bùfǔ 不腐 1-464A
bùfù 不婦 1-446B
bùfù 布復 3-680B
bùfù 布覆 3-682B
bùfù 佈覆 1-1238A
bùfù 步負 5-334A
bùfù 部覆 10-654B
bùfùkānmìng 不復堪命 1-451B
bùfǔnéng 不甫能 1-412A
bùfùnéng 不付能 1-404A
bùfúqì 不服氣 1-423B
bùfúshāomái 不伏燒埋 1-408A
bùfúshǒu 不伏手 1-408A
bùfúshuǐtǔ 不伏水土

1-408A
bùfúshuǐtǔ 不服水土 1-423B
bùgāi 不該 1-460A
bùgān 不甘 1-401A
bùgǎn 不敢 1-446A
bùgàn 不幹 1-457A
bùgàn 布幹 3-681A
bùgānbùgà 不尷不尬 1-474B
bùgānbùgà 不尲不尬 1-482B
bùgānbùjìng 不乾不浄 1-439B
bùgǎndāng 不敢當 1-446B
bùgāng 不綱 1-465B
bùgāng 步罡 5-334A
bùgāng 步綱 5-336A
bùgāngà 不尷尬 1-475A
bùgāngà 不尲尬 1-482B
bùgǎngāopān 不敢高攀 1-446B
bùgāngtàdǒu 步罡踏斗 5-334A
bùgāngtán 步罡壇 5-334A
bùgānjìng 不乾浄 1-440A
bùgànshì 不幹事 1-457A
bùgǎntàng 不趕趟 1-462A
bùgǎnyuèléichí… 不敢越雷池一步 1-446B
bǔgào 捕告 6-596A
bùgào 布告 3-677A
bùgào 佈告 1-1237B
bùgē 不擱 1-474A
bùgē 怖鴿 7-474A
bùgé 不革 1-426B
bùgé 不格 1-433B
bùgēdàng'er 不擱當兒 1-474A
bùgēn 不根 1-433B
bùgēng 不更 1-412A
bùgèng 不更 1-412A
bùgēngshì 不更事 1-412B
bùgēnzhītán 不根之談 1-433B
bǔgōng 卜工 1-983B
bùgōng 不公 1-399B
bùgōng 不功 1-401A
bùgōng 不恭 1-433B
bùgōng 不龔 1-482A
bùgōng 不共 1-405B
bùgōng 步弓 5-332B
bùgòng 不共 1-405B
bùgòngdàitiān 不共戴天 1-405B
bùgōngzìpò 不攻自破 1-411B
bùgǒu 不苟 1-418B
bùgōu 不勾 1-399B
bùgòu 不彀 1-456B
bùgǒuyánxiào 不苟言笑 1-418B
būgǔ 晡鼓 5-729B
bǔgǔ 卜骨 1-985A
bùgū 不孤 1-426A
bùgū 不辜 1-449B
bùgǔ 不轂 1-474A
bùgǔ 不古 1-401B
bùgǔ 不穀 1-466A
bùgǔ 不蠱 1-482B
bùgǔ 布鼓 3-680B
bùgǔ 布穀 3-682A
bùgǔ 步鼓 5-335A
bùgù 不顧 1-481B
bǔguà 卜卦 1-984B
bǔguà 補褂 9-92B
bùguà 布卦 3-677A
bùguài 不怪 1-425A
bǔguān 卜官 1-984B
bǔguān 補官 9-89B
bùguān 不官 1-425B
bùguān 不關 1-480A
bùguān 布冠 3-678B
bùguǎn 不管 1-463B
bùguàn 不慣 1-464B
bùguǎnbùgù 不管不顧 1-464A
bùguānfēng 不關風 1-480A
bùguāng 不光 1-407B
bùguāng 步光 5-333A
bùguǎng 不廣 1-464B
bùguānjǐnyào 不關緊要 1-480A
bùguǎnsānqī… 不管三七二十一 1-464A
bùguāntòngyǎng 不關痛癢 1-480A
bùguàyǎn 不掛眼 1-439A
bùgǔbùlóng 不瞽不聾 1-476B
bùguī 不歸 1-477A
bùguǐ 不軌 1-427A
bùguǐ 步晷 5-335A
bùguì 不劌 1-466B
bùguīshì 不歸事 1-477A
bùguīzé 不規則 1-439A
bǔgǔn 補衮 9-90B
bǔguò 補過 9-91A
bùguǒ 不果 1-420A
bùguò 不過 1-440B
bùguò'ěr'ěr 不過爾爾 1-441A
bùguòrúcǐ 不過如此 1-441A
bǔguòshìfēi 補過飾非 9-91A
bùguòyì 不過意 1-441A
bǔgǔzhī 補骨脂 9-90A
bùhài 怖駭 7-474A
bùhán'érlì 不寒而栗 1-455A
bùhán'érlì 不寒而慄 1-455A
bùhánhū 不含糊 1-415B
būhào 逋耗 10-878B
bùháo 部豪 10-654A
bùhǎo 不好 1-411A
bùhào 不好 1-411A
bùhǎoguò 不好過 1-411B
bùhǎohuó 不好活 1-411B
bùhǎokàn 不好看 1-411A
bùhǎoyìsi 不好意思 1-411B
bùhé 不合 1-409A
bùhé 不和 1-422B
bùhè 布褐 3-682A
bùhéjié 不合節 1-409B
bǔhén 補痕 9-91B
bùhéng 不恒 1-432A
bùhéshíyí 不合時宜 1-409B
bùhóu 布侯 3-678A
būhù 逋户 10-877B
bùhù 布護 3-683A
bùhù 布濩 3-682A
bǔhuā 補花 9-88B
bǔhuà 補化 9-88A
bùhuā 不花 1-412A
bùhuā 不華 1-433B
bùhuá 佈劃 1-1238A
bùhuà 不化 1-399A
bùhuà 布化 3-675B
bùhuà 布畫 3-680B
bùhuà 部畫 10-653B
bùhuái 不懷 1-480A
bùhuàishēn 不壞身 1-477B
būhuǎn 逋緩 10-880A
bǔhuán 補還 9-93B
bùhuán 步環 5-336B
bùhuàn 不患 1-440B
bùhuān'érsàn 不歡而散 1-481A
bùhuáng 不皇 1-430A
bùhuáng 不偟 1-442A
bùhuáng 不遑 1-451B
bùhuāngbùmáng 不慌不忙 1-455A
bùhuángméijǔ 不遑枚舉 1-451B
bùhuángxiáshí 不遑暇食 1-451B
bùhuánzhǒng 不還踵 1-470B
būhuì 逋穢 10-880B
búhuì 不會 1-459B
bùhuī 布揮 3-680A
bùhuí 不回 1-408A
bùhuǐ 不毀 1-471B
bùhuì 不惠 1-450A
bùhuì 不慧 1-465B
bùhuì 不憓 1-469A
bùhuì 不諱 1-472B
bùhuì 不譓 1-478B
bùhuì 部彙 10-654A
búhuìde 不會得 1-459B
bùhuīmù 不灰木 1-406B
bùhuìzhīcháo 不諱之朝 1-473A
bùhuìzhīlù 不諱之路 1-473A
bùhuìzhīmén 不諱之門 1-473A
bùhūnbùsù 不葷不素 1-449B
bǔhuò 捕獲 6-597B
bùhuò 不惑 1-450A
bùhuò 不獲 1-472A
bùhuò 布貨 3-679B
bùhuòmìng 不獲命 1-472A
bùhuòyǐ 不獲已 1-472A
bùhùxìxíng 不護細行 1-481A
būjī 逋積 10-880B
bǔjī 卜稽 1-986A
bǔjī 哺雞 3-353B
bǔjī 捕機 6-597B
bǔjī 捕擊 6-598A
bǔjī 補緝 9-93A
bǔjí 卜吉 1-984A
bǔjí 補緝 9-93A
bǔjí 補輯 9-93A
bǔjǐ 補給 9-92A
bǔjì 捕跡 6-597B
bǔjì 補劑 9-93B
bǔjì 補濟 9-93B
bùjī 不稽 1-467B
bùjī 不緝 1-469B
bùjī 不羈 1-483A
bùjī 不覊 1-483A
bùjī 不幾 1-456B
bùjī 步屐 5-334B
bùjí 不及 1-397A
bùjí 不吉 1-405A
bùjí 不即 1-416B
bùjí 不急 1-431A
bùjí 不戢 1-450B
bùjí 不極 1-450A
bùjí 不集 1-451B
bùjí 步級 5-334A
bùjí 部集 10-653B
bùjí 簿籍 8-1268B
bùjǐ 不給 1-456A
bùjǐ 不幾 1-456B
bùjì 不忌 1-416B
bùjì 不洎 1-432A
bùjì 不暨 1-465B
bùjì 不濟 1-476A
bùjì 不蹟 1-477A
bùjì 不霽 1-482A
bùjì 怖忌 7-473B
bùjì 怖悸 7-474A
bùjì 部寄 10-653A
bùjì 簿記 8-1267B
bǔjiǎ 卜甲 1-984A
bǔjiǎ 補假 9-91B
bǔjià 補假 9-91B
bùjiā 不加 1-405A
bùjiā 不佳 1-422B
bùjiā 蔀家 9-516B
bùjiǎ 不假 1-442B
bùjiǎ 布甲 3-675B
bùjiān 不肩 1-425B
bùjiǎn 不揀 1-447B
bùjiǎn 不減 1-454B
bùjiǎn 不檢 1-474B
bùjiàn 不見 1-413A
bùjiàn 步健 5-334B
bùjiàn 部件 10-651A
bùjiànbiàn 不見便 1-413A
bùjiānbùjiè 不間不界 1-455B
bùjiànde 不見得 1-413A
bùjiànde 不見的 1-413A

bùjiǎndiǎn 不檢點 1-474B
bùjiāng 不姜 1-431B
bùjiāng 不將 1-446B
bùjiàng 部將 10-653A
bùjiànguāncai… 不見棺材不下淚 1-413A
bùjiànjīngzhuàn 不見經傳 1-413A
bùjiànqǐ 不見起 1-413A
bùjiànshì 不見事 1-413A
bùjiàntiānrì 不見天日 1-413A
bǔjiāo 卜郊 1-984B
bǔjiǎo 卜筊 1-985B
bǔjiǎo 捕勦 6-597B
bǔjiǎo 補角 9-88B
bǔjiào 卜珓 1-985A
bùjiǎo 布絞 3-680B
bùjiào 不校 1-433B
bùjiào 布教 3-679B
bùjiào 部校 10-652B
bùjiǎobùmèi 不皦不昧 1-477A
bùjiāobùzào 不驕不躁 1-481B
bùjiào'érzhū 不教而誅 1-439B
bùjiǎsīsuǒ 不假思索 1-442B
bùjíbùlí 不即不離 1-416B
bǔjiē 補接 9-91A
bùjiē 不階 1-446B
bùjié 不結 1-456A
bùjié 不節 1-459A
bùjié 不潔 1-469A
bùjiě 不解 1-459B
bùjiè 不籍 1-480B
bùjiè 不介 1-399A
bùjiè 不借 1-435A
bùjiè 不藉 1-474B
bùjiè 部界 10-652B
bùjièmù 不藉木 1-474B
bùjiěshì 不解事 1-460A
bùjiěyī 不解衣 1-460A
bùjièyì 不介意 1-399B
bùjiézhīfǔ 不竭之府 1-464A
bùjiězhīyuán 不解之緣 1-460A
bùjígé 不及格 1-397B
bùjìlìhai 不計利害 1-431A
bùjìliū 不鲫溜 1-477A
bùjǐmìng 不給命 1-456A
bǔjìn 補進 9-91A
bùjīn 不矜 1-432B
bùjīn 不禁 1-457A
bùjīn 布巾 3-675B
bùjǐn 不僅 1-459A
bùjǐn 不緊 1-462B
bùjǐn 不謹 1-477A
bùjìn 不盡 1-465A
bùjìn 不禁 1-457A
bùjīnbùgǔ 不今不古 1-399B
bùjìnbùyóu 不禁不由 1-457A
bùjìndàoli 不近道理 1-415A
bùjīng 不經 1-461B
bùjīng 不精 1-464B
bùjīng 布荊 3-677B
bùjǐng 布景 3-680B
bùjǐng 佈景 1-1237B
bùjìng 不浄 1-432A
bùjìng 不敬 1-449A
bùjìng 不靖 1-460B
bùjìng 不静 1-462A
bùjìng 不競 1-481A
bùjìng 步徑 5-334B
bùjìngbùqiú 不競不絿 1-481A
bùjìng'érzǒu 不脛而走 1-444A
bùjīnghuái 不經懷 1-462A
bùjǐngqì 不景氣 1-450B
bùjīngshì 不經事 1-462A
bùjīngxì 不精細 1-464B
bùjīngxīn 不經心 1-462A
bùjīngyì 不經意 1-462A
bùjīngyīshì… 不經一事,不長一智 1-461B
bùjīngzhīshuō 不經之説 1-461B
bùjīngzhītán 不經之談 1-462A
bùjīngzhīyǔ 不經之語 1-461B
bùjìnrán 不盡然 1-465A
bùjìnrénqíng 不近人情 1-415A
bùjīnxìxíng 不矜細行 1-432B
bùjìqíshù 不計其數 1-431A
bùjíqiū 不及秋 1-397B
bùjíshì 不及事 1-397B
bùjìshì 不濟事 1-476A
bǔjiù 補救 9-91A
bùjiū 不究 1-416B
bùjiǔ 不久 1-397A
bùjiù 不疚 1-424B
bùjiù 不就 1-453A
bùjiūbùcǎi 不揪不採 1-448A
bùjiùjìwǎng 不咎既往 1-424A
bùjízhīwù 不急之務 1-431A
bùjìzhōu 不繫舟 1-477B
bǔjū 卜居 1-984B
bǔjū 哺鞠 3-353B
bǔjū 捕鞠 6-598A
bǔjū 補苴 9-89A
bùjū 不居 1-425B
bùjū 不拘 1-418A
bùjū 部居 10-652A
bùjú 布局 3-677A
bùjú 佈局 1-1237B
bùjǔ 不舉 1-471A
bùjǔ 怖沮 7-473B
bùjù 不具 1-420A
bùjù 怖遽 7-474A
bùjù 怖懼 7-474A
bùjù 部聚 10-654A
bùjuān 不蠲 1-482B
bùjuàn 不倦 1-436A
bùjué 不覺 1-480B
bùjué 不屈 1-425B
bùjué 步爵 5-337A
bùjué 簿决 8-1267B
bǔjuéguàlòu 補厥挂漏 9-91B
bùjuéjìyǎng 不覺技癢 1-480B
bùjuérúdài 不絶如帶 1-456A
bùjuérúfà 不絶如髮 1-456B
bùjuérúlǚ 不絶如縷 1-456B
bùjuéruòxiàn 不絶若綫 1-456B
bùjuérúxiàn 不絶如綫 1-456A
bùjǔhuǒ 不舉火 1-471A
būjùn 庯峻 3-1232B
bùjūn 不君 1-416B
bùjūn 不均 1-411B
bùjūn 步軍 5-334A
bùjùn 不俊 1-430A
bùjūnshǒu 不龜手 1-475A
bùjūnshǒuyào 不龜手藥 1-475B
bǔjūxiàlòu 補苴罅漏 9-89A
bùjūxiǎojié 不拘小節 1-418A
bùjūxìjié 不拘細節 1-418B
bùjūxíngjì 不拘形迹 1-418A
bùjūxìxíng 不拘細行 1-418A
bùjūyīgé 不拘一格 1-418A
bùkāiyǎn 不開眼 1-455B
bùkān 不刊 1-400B
bùkān 不堪 1-447A
bùkànfómiàn… 不看佛面看金面 1-429B
būkàng 逋抗 10-878A
bùkāng 不康 1-444B
bùkàng 不亢 1-400A
bùkàngbùbēi 不亢不卑 1-400A
bùkàngbùbēi 不抗不卑 1-411B
bùkānhuíshǒu 不堪回首 1-447B
bùkànjīnmiàn… 不看金面看佛面 1-429B
bùkānqī 不堪七 1-447B
bùkānrù'ěr 不堪入耳 1-447B
bùkānrùmù 不堪入目 1-447B
bùkànsēngmiàn… 不看僧面看佛面 1-429B
bùkānshèxiǎng 不堪設想 1-447B
bùkānyījī 不堪一擊 1-447B
bùkānzàojiù 不堪造就 1-447B
bùkānzhīlùn 不刊之論 1-400B
bùkānzhīshuō 不刊之説 1-400B
bǔkǎo 補考 9-88A
būkè 逋刻 10-878A
būkè 逋客 10-878B
būkè 逋課 10-880A
bǔkè 卜課 1-986B
bǔkè 補課 9-93A
bùkě 不可 1-401B
bùkè 不克 1-412A
bùkè 不剋 1-426B
bùkè 不恪 1-432A
bùkè 布客 3-678B
bùkědāng 不可當 1-403A
bùkěduōdé 不可多得 1-402A
bùkěgàorén 不可告人 1-402A
bùkěhuì 不可諱 1-403A
bùkějiùliáo 不可救療 1-402B
bùkějiùyào 不可救藥 1-402B
bùkěkāijiāo 不可開交 1-403A
bùkěkànglì 不可抗力 1-402A
bùkělǐyù 不可理喻 1-402B
bùkěméijǔ 不可枚舉 1-402A
bùkěmíngzhuàng 不可名狀 1-401B
bùkěmómiè 不可磨滅 1-403A
bùkěmōzhuō 不可摸捉 1-403A
bùkěn 不肯 1-420A
bùkěnài 不可耐 1-402B
bùkěnàihé 不可奈何 1-402A
bùkěshèngdào 不可勝道 1-403A
bùkěshèngjì 不可勝紀 1-403A
bùkěshèngjì 不可勝計 1-403A
bùkěshèngjì 不可勝記 1-403A
bùkěshèngjǔ 不可勝舉 1-403A
bùkěshèngshǔ 不可勝數 1-403A
bùkěshèngsuàn 不可勝算 1-403A
bùkěshèngyán 不可勝言 1-403A
bùkěshōushi 不可收拾 1-402A
bùkěsīyì 不可思議 1-402B
bùkětóngnián'éryǔ 不可同年而語 1-401B
bùkětóngrì'éryǔ 不可同日而語 1-401B
bùkěxiàng'ěr 不可嚮邇

1-403B
bùkěxiàng'ěr 不可向邇 1-401B
bùkěyán 不可言 1-402A
bùkěyányù 不可言喻 1-402A
bùkěyánzhuàng 不可言狀 1-402A
bùkěyīshì 不可一世 1-401B
bùkěyúyuè 不可逾越 1-402B
bùkězhīlùn 不可知論 1-402A
bùkězhōngrì 不可終日 1-402B
bùkězhuōmō 不可捉摸 1-402B
bǔkòng 補空 9-89B
bùkōng 步空 5-334A
bùkǒng 怖恐 7-474A
būkòu 逋寇 10-879A
bùkǔ 不苦 1-418B
bùkù 布庫 3-679A
bùkù 部庫 10-652B
bǔkuài 捕快 6-596A
bùkuài 不快 1-416A
bùkuài 步快 5-333B
bùkuǎn 部款 10-653B
būkuáng 逋誑 10-879B
bùkuāng 不匡 1-405A
bùkuāng 不恇 1-432A
bùkuāng 不誆 1-460A
būkuì 餔餽 12-539B
bǔkuí 卜揆 1-985B
bùkuī 不虧 1-475A
bùkuí 不揆 1-448A
bùkuì 不媿 1-455B
bùkuì 不愧 1-455A
bùkuì 不匱 1-462B
bùkuítáomèi 不揆檮昧 1-448A
bùkuìwūlòu 不愧屋漏 1-455A
bùkuìxiàxué 不媿下學 1-455B
bùkuīyuán 不闚園 1-480A
bùlā 不拉 1-418B
bùlà 不剌 1-427B
bùlái 不來 1-419A
bùlái 不倈 1-435B
bùlài 不賴 1-470A
bùláiqì 不來氣 1-419A
bùláishén 不來神 1-419A
bùláitou 不來頭 1-419A
bùlàlà 不剌剌 1-427B
bùlán 步欄 5-337B
bùlándài 不闌帶 1-476A
bùláng 步廊 5-335A
bùláng 部郎 10-652A
bùlángbùxiù 不郎不秀 1-425B
bùlángbùyǒu 不稂不莠 1-451A
bǔlànggǔ 卜浪鼓 1-985A
bùlánggǔ 不郎鼓 1-425B
bùlánggǔ 不琅鼓 1-439A
bùlǎnglǎng 不朗朗 1-438A
bùlǎngzú 布朗族 3-679A
bùlánxī 不蘭奚 1-480A
bǔlāo 捕撈 6-597B
bǔláo 補牢 9-89A
bǔlǎo 卜老 1-984A
bùláo 不牢 1-416A
bùlǎochūn 不老春 1-405B
bùláo'érchéng 不勞而成 1-454A
bùláo'érhuò 不勞而獲 1-454A
bǔláogùquǎn 補牢顧犬 9-89A
bùlǎoqì 不老氣 1-405B
bùlǎoshǎo 不老少 1-405B
bùlǎoyī 不老衣 1-405B
bùlàtóu 不剌頭 1-427B
būlè 餔樂 12-539B
bùlè 部勒 10-653A
būlěi 逋累 10-879A
bùléi 佈雷 1-1237B
bùlèi 不類 1-479B
bùlèi 部類 10-654B
bǔléng 卜楞 1-985B
bǔlǐ 補理 9-91A
bùlí 不離 1-477B
bùlí 步犁 5-335A
bùlǐ 不理 1-439A
bùlǐ 不禮 1-476A
bùlì 不力 1-396A
bùlì 不利 1-414B
bùlì 不戾 1-425B
bùlì 不粒 1-445A
bùlì 步曆 5-336B
bùlì 怖栗 7-474A
bùlì 怖慄 7-474A
bùlì 部吏 10-651A
bùlì 部例 10-652A
bùlì 簿吏 8-1267B
bùlì 簿曆 8-1268B
bùlì 簿歷 8-1268B
bùlián 不廉 1-460B
bùlián 布帘 3-677B
bùlián 布簾 3-682B
būliáng 逋糧 10-880B
bùliáng 不良 1-416B
bùliáng 步量 5-335A
bùliàng 不亮 1-431A
bùliàng 不量 1-450B
bùliàng 不諒 1-468B
bùliángbùsuān 不涼不酸 1-436B
bùliángcái 不良才 1-416B
bùliǎnglì 不兩立 1-419B
bùliángrén 不良人 1-416B
bùliáo 不聊 1-439B
bùliǎo 不了 1-396A
bùliǎo [illegible] 9-9B
bùliào 不料 1-437A
bùliǎobùdàng 不了不當 1-396A
bùliǎo'érliǎo 不了而了 1-396A
bùliǎogé 不了格 1-396A
bùliàoliàng 不料量 1-437A
bùliǎoliǎozhī 不了了之 1-396A
bùliáoshēng 不聊生 1-439B
bùliǎoshì 不了事 1-396A
bùliǎoyuán 不了緣 1-396A
bùliè 布列 3-676A
bùliè 布裂 3-680B
bùliè 部列 10-651A
bùliè 簿列 8-1267B
bùlièděng 不躐等 1-482A
bùlièfāngtóu 不劣方頭 1-407B
bǔlín 卜林 1-984B
bǔlín 卜鄰 1-986A
bǔlǐn 補廩 9-93B
bùlìn 不吝 1-415B
bùlìn 不恡 1-432A
bùlìn 不甐 1-473B
bùlínbùzī 不磷不緇 1-474B
bùlíng 不靈 1-482B
bùlǐng 部領 10-654A
bùlǐng 簿領 8-1268A
bùlìng 不令 1-404B
bùlìng 布令 3-676A
bùlínglì 不怜悧 1-425A
bùlínglì 不伶俐 1-415A
bùlǐngshū 簿領書 8-1268B
bùlìngzhī 不令支 1-404B
bùlìshì 不利市 1-414B
būliú 逋流 10-879A
būliú 逋留 10-879A
bùliú 布流 3-679A
bùliùgū 步六孤 5-332B
bùliúyúdì 不留餘地 1-436B
bùlìwénzì 不立文字 1-405A
bùlóngbùcuò 不礲不錯 1-481A
bùlǒu 瓿甊 5-290B
bùlǒu [illegible] 12-1025B
bùlòu 步漏 5-335B
bǔlòudìng'é 補漏訂訛 9-92B
būlǔ 逋虜 10-879B
būlù 逋祿 10-879B
būlù 餔祿 12-539B
bǔlú 卜盧 1-986B
bǔlǔ 捕虜 6-597B
bǔlǔ 捕擄 6-597B
bǔlù 哺露 3-354A
bùlù 不祿 1-455A
bùlù 不錄 1-472A
bùlù 布露 3-683A
bùlù 布路 3-681A
bùlù 簿錄 8-1268B
bùlùfēngmáng 不露鋒鋩 1-481B
bùlùguījiǎo 不露圭角 1-481A
bǔlùn 捕論 6-597B
bùlún 不倫 1-435B
bùlùn 不論 1-468A
bùlúnbùlèi 不倫不類 1-435B
bùlùnyāngzi 不論秧子 1-468B
bǔluò 卜洛 1-985A
bǔluò 卜落 1-985B
bùluò 不落 1-449A
bùluò 部落 10-653B
bùluòbiānjì 不落邊際 1-449B
bùluòdào 不落道 1-449B
bùluòjī 步落稽 5-335A
bǔluòjiā 補落迦 9-91B
bùluòjiā 不落夾 1-449B
bùluòjiá 不落莢 1-449B
bùluòkējiù 不落窠臼 1-449B
bùluòshǒu 不落手 1-449A
bùluòsútào 不落俗套 1-449B
bùluòtǐ 不落體 1-449B
bùluòyǎn 不落眼 1-449B
bùluòyī 蔀落衣 9-516B
bùlùpǔ 不露樸 1-481B
bùlùshēngsè 不露聲色 1-481B
bùlùxíngsè 不露形色 1-481B
bùlǚ 布縷 3-682B
bùlǚ 步履 5-336B
bùlǜ 不律 1-430B
bùlǜtóu 不律頭 1-430B
bùmǎ 步馬 5-334A
bùmàizhālí 不賣查梨 1-466A
bùmàizhàng 不賣帳 1-466A
būmán 逋蠻 10-880B
būmàn 逋慢 10-879B
bùmán 不瞞 1-470B
bùmǎn 不滿 1-464B
bùmàn 布幔 3-681B
bùmànbùzhī 不蔓不支 1-462A
bùmànbùzhī 不蔓不枝 1-462A
bùmángbùbào 不忙不暴 1-410B
bùmáo 不毛 1-399A
bùmáo 布毛 3-675B
bùmào 布冒 3-678A
bùměi 不美 1-431B
bùmèi 不昧 1-428B
bùmèi 不媚 1-456A
bùmén 部門 10-652A
būmí 餔糜 12-540A
būmí 餔麋 12-540A
būmǐ 逋米 10-877B
búmí 醭醾 9-1442A
bùmiǎn 不免 1-415B
bùmiào 不妙 1-417A
bùmíbùluǎn 不麛不卵 1-481A
būmín 逋民 10-877B
būmín 逋緡 10-880A
bùmín 部民 10-650B

bùmǐn 不泯 1-415B
bùmǐn 不敏 1-441B
bǔmíng 卜名 1-984A
bùmíng 不名 1-409B
bùmíng 不明 1-420B
bùmíng 不瞑 1-467A
bùmíngbùbái 不明不白 1-420B
bùmíngyīgé 不名一格 1-409B
bùmíngyīqián 不名一錢 1-409B
bùmíngyīwén 不名一文 1-409B
bùmíngyù 不名譽 1-409B
bùmó 不磨 1-473A
bùmò 不没 1-416A
bùmōtóu 不摸頭 1-456B
bùmóu 不侔 1-423A
bùmóu 不謀 1-472A
bùmóu'érhé 不謀而合 1-472B
bùmóu'értóng 不謀而同 1-472B
bùmóutóngcí 不謀同辭 1-472B
būmǔ 逋畝 10-879A
bùmǔ 布母 3-676A
bùmù 不目 1-403B
bùmù 不牧 1-422A
bùmù 布幕 3-681A
bùmù 部目 10-650B
bùmǔzūn 布母縛 3-676A
bǔná 捕拏 6-596B
bǔná 捕拿 6-597A
bǔnà 補衲 9-90A
bǔnà 補納 9-90B
bùnǎi 不乃 1-396A
bùnài 不奈 1-419B
bùnài 不耐 1-428A
bùnàifán 不奈煩 1-419B
bùnàifán 不耐煩 1-428A
bùnǎigēng 不乃羹 1-396A
bùnàihé 不奈何 1-419B
bùnàizhīhé 不奈之何 1-419B
bùnán 不男 1-413B
bùnǎnbùsǒng 不戁不竦 1-482A
bùnáng 布囊 3-683A
bùnáo 不撓 1-465B
bùnaó 不橈 1-470A
bùnáobùqū 不撓不屈 1-465B
bùnáobùzhé 不撓不折 1-465B
bùnéng 不而 1-406A
bùnéng 不耐 1-428A
bùnénggòu 不能勾 1-438B
bùnénggòu 不能夠 1-438B
bùnénggòu 不能彀 1-438B
bùnéngzànyīcí 不能贊一辭 1-438B
bùnéngzìbá 不能自拔 1-438B
būnì 逋逆 10-878B
bǔnǐ 補擬 9-93B
bùnǐ 不擬 1-474A
bǔnián 卜年 1-984A
bùniǎn 步輦 5-336A
bùniànjiù'è 不念舊惡 1-423A
bùniànsēngmiàn… 不念僧面也念佛面 1-423A
būniè 逋孽 10-880B
bùnìng 不寧 1-465A
bùnìng 不佞 1-414B
bùnìngbùnài 不寧不耐 1-465A
bùnìngnài 不寧奈 1-465A
bùnìngwéishì 不寧唯是 1-465A
bùnú 不孥 1-426A
bùnú 不帑 1-426A
bùnuǎnxí 不暖席 1-458B
bǔnuò 捕搦 6-597B
bùnuò 不那 1-410B
bùnǚ 不女 1-398A
bù'ǒu 不偶 1-442A
bù'ǒu 不耦 1-465B
bùpà 不怕 1-425A
bùpà 布帊 3-677A
bùpàguān… 不怕官,只怕管 1-425A
bùpái 布牌 3-680B
būpàn 逋叛 10-878B
bùpàn 部判 10-651B
bùpáo 布袍 3-679A
bùpèi 不配 1-434A
bùpǐ 布疋 3-676A
bùpiānbùdǎng 不偏不黨 1-442B
bùpiānbùyǐ 不偏不倚 1-442B
bǔpiānjiùbì 補偏救弊 9-91B
bǔpiào 補票 9-91A
bǔpǐn 補品 9-90A
bùpíng 不平 1-403B
bùpíng 不憑 1-472A
bùpíng 部憑 10-654B
bùpíngděngtiáoyuē 不平等條約 1-403B
bùpíngshēng 不平生 1-403B
bùpíngzémíng 不平則鳴 1-403B
bùpòbùlì 不破不立 1-434A
bǔqì 補氣 9-90B
bǔqì 補葺 9-91B
bùqī 不期 1-448B
bùqī 不棲 1-450A
bùqí 步綦 5-335B
bùqí 步騎 5-337A
bùqǐ 不起 1-433A
bùqì 不棄 1-460B
bùqì 不器 1-470B
bùqì 布氣 3-678B
bùqì 步砌 5-334A
bùqià 不洽 1-432A
bùqiàhǎo 不恰好 1-432A
būqiān 逋遷 10-880A
būqián 逋錢 10-880B
būqiàn 逋欠 10-877B
bǔqián 卜錢 1-986B
bùqiān 不愆 1-459B
bùqiān 不僭 1-467B
bùqiān 不遷 1-466B
bùqián 不虔 1-434A
bùqián 布錢 3-682A
bùqiǎn 不遣 1-459A
bùqiānchē 步牽車 5-335A
bùqiān'èr 不遷貳 1-466B
bùqiáng 不彊 1-474A
bùqiǎng 不彊 1-474A
bùqī'ànshì 不欺闇室 1-449A
bùqī'ànshì 不欺暗室 1-449A
bùqiānzhīmiào 不遷之廟 1-466B
bùqiānzhǔ 不遷主 1-466B
būqiào 峬峭 3-816A
būqiào 庯峭 3-1232B
būqiào 逋峭 10-878B
būqiào 俌俏 1-1360A
bǔqiǎo 卜巧 1-983B
bùqiǎo 不巧 1-401A
bùqìcháng 不氣長 1-435A
bùqiè 不切 1-398A
bùqiè 不愜 1-455A
bùqiè 怖怯 7-473B
bùqièqì 不怯氣 1-425A
bùqièqì 不愜氣 1-455A
bùqī'érhuì 不期而會 1-448B
bùqī'érrán 不期而然 1-448B
bùqī'értóng 不期而同 1-448B
bùqī'éryù 不期而遇 1-448B
bùqǐjìn 不起勁 1-433A
bùqīn 不親 1-473A
bùqīn 布衾 3-679A
bùqín 不勤 1-456B
bùqín'érhuò 不勤而獲 1-457A
bùqīng 不傾 1-459B
bùqíng 不情 1-445A
bùqǐng 不請 1-468A
bùqǐngzhīfǎ 不請之法 1-468A
bùqíngzhīqǐng 不情之請 1-445B
bùqǐngzhīyǒu 不請之友 1-468A
bùqióng 不窮 1-469B
bùqīrán 不期然 1-448B
bùqīrán'érrán 不期然而然 1-448B
būqiú 逋囚 10-877B
bùqiú 布裘 3-681A
bùqiūcǎo 不秋草 1-429B
bùqiúdezěn 不毬的怎 1-441A
bùqiúrén 不求人 1-412A
bùqiúshènjiě 不求甚解 1-412A
bùqīwūlòu 不欺屋漏 1-449A
bùqǐyǎn 不起眼 1-433A
bǔqǔ 捕取 6-596B
bùqū 不屈 1-425B
bùqū 不趨 1-474A
bùqū 步趍 5-335A
bùqū 步曲 5-333A
bùqū 步屈 5-334A
bùqū 步蚰 5-335A
bùqū 步趨 5-337A
bùqū 步驅 5-337B
bùqū 部曲 10-651A
bùqǔ 不取 1-418B
būquàn 逋券 10-878A
bùquān 不悛 1-437B
bùquán 布泉 3-678A
bùqūbùnáo 不屈不撓 1-426A
bǔquē 補缺 9-90A
bǔquē 補闕 9-93B
bùquē 部闕 10-654B
bùquè 不闋 1-476B
bùqún 不羣 1-461A
bùqūshì 不趨事 1-474A
bùrán 不然 1-452B
bùráng 不瓤 1-482A
bùráng 不穰 1-482A
bùràng 不讓 1-483A
bùràng 布讓 3-683A
bùràng 佈讓 1-1238A
bùrǎnyīchén 不染一塵 1-432A
bùráo 不饒 1-480B
bùráo 布饒 3-683A
būrén 逋人 10-877B
bǔrén 卜人 1-983B
bǔrèn 補任 9-88B
bǔrèn 補紉 9-90A
bùrén 不人 1-395B
bùrén 不仁 1-399A
bùrén 步人 5-332B
bùrén 部人 10-650A
bùrěn 不忍 1-417A
bùrèn 不任 1-408B
bùrèn 步仞 5-333A
bùréndào 不人道 1-395B
bùrèndì 不恁的 1-435B
bùrèndì 不恁地 1-435B
bùrènqīn 不認親 1-464A
bùrěyǎn 不惹眼 1-449A
bǔrì 卜日 1-983B
bùrì 不日 1-398A
bùrìbùyuè 不日不月 1-398B
bùróng 不容 1-437B
bùróng 不融 1-470A
bùróng 布戎 3-676A
bùróngfēnshuō 不容分說 1-437B
bùróngkǒu 不容口 1-437B
bùróngzhìyí 不容置疑

1-437B
bǔrǔ 哺乳 3-353B
bùrú 不如 1-410B
bùrú 布襦 3-682B
bùrǔ 不辱 1-434A
bǔrǔdòngwù 哺乳動物 3-353B
bùrù'ěr 不入耳 1-395B
bùrúguī 不如歸 1-411A
bùrúguīqù 不如歸去 1-411A
bùrùhǔxué… 不入虎穴,焉得虎子 1-395B
bùruí 不蕤 1-466A
bùruò 不若 1-418B
bùruò 不弱 1-438B
bùrúróu 不茹柔 1-426B
bùrǔshǐmìng 不辱使命 1-434A
bùrùshíyí 不入時宜 1-396A
bùrùsú 不入俗 1-395B
bùrùyǎn 不入眼 1-396A
bùrúyì 不如意 1-411A
bùrúyìshì… 不如意事常八九 1-411A
bùrùyòng 不入用 1-395B
bùrúzhì 不如志 1-411A
bùsà 布薩 3-682A
bùsāibùliú… 不塞不流,不止不行 1-461A
bùsǎn 不糂 1-469A
bùsǎn 不糝 1-476A
bùsǎn 布散 3-680A
bùsàn 布散 3-680A
bùsānbùsì 不三不四 1-396B
bùsàngbǐchàng 不喪匕鬯 1-449B
bǔsè 補色 9-88B
bùsè 布色 3-676B
bùsēngbùsú 不僧不俗 1-464A
bùshā 不沙 1-416A
bùshā 不殺 1-436A
bùshà 不嗄 1-458B
bùshà 不煞 1-460A
bùshài 不殺 1-436A
bùshān 布衫 3-677B
bùshàn 不善 1-453B
bùshàn 不贍 1-480A
bùshàn 簿扇 8-1267B
bùshānbùlǚ 不衫不履 1-425B
bùshàng 不上 1-397A
bùshàngbùluò 不上不落 1-397A
bùshàngbùxià 不上不下 1-397A
bùshāngpíwèi 不傷脾胃 1-459B
bùshàngsuàn 不上算 1-397A
bùshàngtáimiàn 不上臺面 1-397A
bùshàngtáipán 不上臺盤 1-397A
bùshǎngzhīgōng 不賞之功 1-467A
bùshǎo 不少 1-398A
bùshào 步哨 5-334A
bǔshè 補攝 9-94A
bùshě 不舍 1-423A
bùshě 不捨 1-439B
bùshè 布設 3-680A
bùshè 步涉 5-334B
bùshè 怖慴 7-474A
bùshè 怖懾 7-474A
bùshěde 不捨得 1-439B
bùshén 不神 1-432B
bùshěn 不審 1-469B
bùshèn 不甚 1-426B
bǔshēng 捕生 6-596A
bùshēng 不升 1-399A
bùshěng 不省 1-428A
bùshèng 不勝 1-452A
bùshèngbēisháo 不勝桮杓 1-452B
bùshēngbùkēng 不聲不吭 1-474A
bùshēngbùqì 不聲不氣 1-474A
bùshēngbùxiǎng 不聲不響 1-474A
bùshèngméijǔ 不勝枚舉 1-452B
bùshèngqífán 不勝其煩 1-452B
bùshèngyī 不勝衣 1-452B
bùshènliǎoliǎo 不甚了了 1-426B
bùshèsù 不射宿 1-436A
būshí 晡食 5-729B
būshí 餔食 12-539B
būshí 餔時 12-539B
būshì 逋事 10-878A
bǔshī 卜師 1-985A
bǔshí 卜食 1-985A
bǔshí 哺食 3-353B
bǔshí 補實 9-92B
bǔshì 卜士 1-983B
bǔshì 卜世 1-984A
bǔshì 卜室 1-985A
bǔshì 卜筮 1-985B
bǔshì 卜簭 1-986B
bǔshì 補試 9-92A
bǔshì 補謚 9-93B
bùshī 不失 1-404A
bùshī 不施 1-431B
bùshī 不師 1-436A
bùshī 布施 3-678A
bùshī 佈施 1-1237B
bùshī 步師 5-334B
bùshí 不食 1-430B
bùshí 不時 1-434B
bùshí 不實 1-465A
bùshí 不識 1-478B
bùshǐ 不施 1-431B
bùshǐ 不使 1-422B
bùshǐ 部使 10-652A
bùshì 不世 1-401A
bùshì 不式 1-405A
bùshì 不事 1-419A
bùshì 不室 1-432B
bùshì 不是 1-428B
bùshì 不試 1-460A
bùshì 不適 1-464B
bùshì 不釋 1-480B
bùshì 步士 5-332B
bùshì 部事 10-651B
bùshì 部試 10-654A
bùshì 蔀室 9-516B
bùshìbiānfú 不事邊幅 1-419B
bùshíbùzhī 不識不知 1-478B
bùshìchù 不是處 1-429A
bùshídàtǐ 不識大體 1-478B
bùshídéyǒu 不識得有 1-479A
bùshídīng 不識丁 1-478B
bùshìdōngfēng… 不是東風壓了西風,就是西風壓了東風 1-428B
bùshídōngjiā 不識東家 1-479A
bùshìgè'er 不是個兒 1-428B
bùshíhǎodǎi 不識好歹 1-479A
bùshìhuà 不是話 1-429A
bùshìhuàtóu 不是話頭 1-429A
bùshíjúmiàn 不識局面 1-479A
bùshìlù 不是路 1-429A
bùshílúshān… 不識廬山真面目 1-479B
bùshímiàn 不識面 1-479A
bùshíqiào 不識竅 1-479B
bùshíqǐdǎo 不識起倒 1-479A
bùshíshí 不識時 1-479A
bùshìshì 不事事 1-419B
bùshìshì 不是事 1-428B
bùshíshíwù 不識時務 1-479A
bùshīshǔlěi 不失黍絫 1-404A
bùshítáijǔ 不識擡舉 1-479B
bùshítàishān 不識泰山 1-479A
bùshìtou 不是頭 1-429A
bùshìwánde 不是玩的 1-428B
bùshìwèi'er 不是味兒 1-428B
bùshíxián'er 不識閑兒 1-479B
bùshíxiàng 不識相 1-479A
bùshíyán 不食言 1-430B
bùshíyānhuǒ 不食烟火 1-431A
bùshíyí 不拾遺 1-426A
bùshíyīdīng 不識一丁 1-478B
bùshìyuānjiā… 不是冤家不聚頭 1-429A
bùshízhīcí 不實之詞 1-465A
bùshízhīdì 不食之地 1-430B
bùshízhīwú 不識之無 1-478B
bùshízhīxū 不時之須 1-434B
bùshízhōusù 不食周粟 1-430B
bùshìzīwèi 不是滋味 1-429A
bǔshòu 補授 9-91A
bùshǒu 不手 1-399A
bùshǒu 不首 1-432B
bùshǒu 部守 10-651B
bùshǒu 部首 10-652B
bùshòu 不讎 1-482B
bùshòu 不讐 1-482B
bùshòu 不售 1-442A
bùshòuyòng 不受用 1-423A
bǔshòuzhī'ǒu 卜數隻偶 1-986A
bǔshū 捕書 6-597A
bǔshǔ 補署 9-92A
bǔshù 卜數 1-986A
bùshū 不殊 1-434A
bùshū 不淑 1-445A
bùshū 步叔 5-333B
bùshū 簿書 8-1267B
bùshú 不熟 1-468B
bùshǔ 不數 1-467A
bùshǔ 不屬 1-481B
bùshǔ 布署 3-681A
bùshǔ 部署 10-654A
bùshǔ 部屬 10-654B
bùshù 不數 1-467A
bùshù 不樹 1-470A
bùshù 布述 3-677A
bùshuāi 不衰 1-436B
bùshuǎi 不甩 1-404B
bùshuài 不率 1-444B
bùshuài 部率 10-653A
bùshuāng 不雙 1-477A
bùshuǎng 不爽 1-440A
bùshuǎngháofà 不爽毫髮 1-440A
bùshuǎnglèishǔ 不爽累黍 1-440A
bùshuǎnglì 不爽利 1-440A
būshuì 逋稅 10-879A
bǔshuǐ 補水 9-88A
bùshuǐ 布水 3-675B
bùshùn 不順 1-451A
bùshùn 不瞚 1-470B
bùshùn 不瞬 1-475A
bùshùnqì 不順氣 1-451B
bùshùnyǎn 不順眼 1-451B
bùshuòshuò 不數數 1-467A

bǔshùshī 卜數師 1-986A
būsì 餔飼 12-539B
bǔsì 卜肆 1-985B
bǔsì 哺食 3-353B
bùsì 不祀 1-416B
bùsì 不嗣 1-459A
bùsǐbùhuó 不死不活 1-406B
bùsǐbùshēng 不死不生 1-406B
bùsǐcǎo 不死草 1-406B
bùsǐfāng 不死方 1-406B
bùsǐguó 不死國 1-406B
bùsìjià 不俟駕 1-430A
bùsǐmiàn 不死麪 1-406B
bùsǐniú 不死牛 1-406B
bùsǐshù 不死樹 1-407A
bùsǐtíng 不死庭 1-406B
bùsǐxiāng 不死鄉 1-406B
bùsǐyào 不死藥 1-407A
bùsòng 部送 10-652B
bùsòng 簿訟 8-1268A
bùsòngqì 不送氣 1-431B
būsǒu 逋叟 10-878A
būsǒu 逋藪 10-880B
bùsú 不俗 1-430A
bùsù 不速 1-433B
bùsù 不宿 1-445B
bùsù 不肅 1-461A
bùsù 布素 3-678B
bǔsuàn 卜算 1-986A
bùsuàn 不算 1-463B
bùsuàn 布算 3-681B
bǔsuànzǐ 卜算子 1-986A
bǔsuì 卜歲 1-985B
bǔsuì 補遂 9-92A
bùsuì 不遂 1-454A
bùsuì 步歲 5-335B
bùsuíliù'er 不隨溜兒 1-465B
bǔsuǒ 捕索 6-597A
bùsuǒ 不索 1-433B
bùsuǒ 布索 3-678B
bùsuǒ 部索 10-652B
bùsùzhīkè 不速之客 1-434A
bùtā 不他 1-404B
bútái 醭苔 9-1442A
bǔtái 補臺 9-92B
bùtài 步態 5-335B
bùtāihái 不胎孩 1-431A
bǔtǎn 補袒 9-90B
bùtáng 部堂 10-653A
bùtǎng 部帑 10-652A
bùtànhǔxué… 不探虎穴,安得虎子 1-439B
būtáo 逋逃 10-878A
bǔtāo 撲挑 6-863A
bǔtáo 撲桃 6-863B
bǔtǎo 捕討 6-597A
bùtāo 不慆 1-461A
bùtāo 不滔 1-461A
bùtāo 不謟 1-475B
būtáosǒu 逋逃藪 10-878A
būtè 逋慝 10-879B
bùtè 不貸 1-451A
bùtè 不貳 1-447A
bùtè 不忒 1-412B
bùtè 不特 1-435A
bǔtègāluó 補特伽羅 9-90B
bùtēngtēng 不騰騰 1-480B
bùtí 不題 1-476B
bùtǐ 不體 1-482A
bùtì 不弟 1-416A
bùtì 不悌 1-437B
bǔtiān 補天 9-87B
bǔtián 補填 9-92A
bǔtián 甫田 1-525A
bùtiān 不天 1-398A
bùtiān 步天 5-332B
bùtián 部填 10-653B
bùtiǎn 不忝 1-417B
bùtiǎn 不殄 1-428A
bùtiǎn 不腆 1-452A
bǔtiānchuān 補天穿 9-87B
bùtiāngàidì 布天蓋地 3-675B
bǔtiānshǒu 補天手 9-87B
bǔtiānyùrì 補天浴日 9-87B
bùtiāo 不挑 1-426A
bùtiāo 不祧 1-438A
bùtiáo 不調 1-468B
bùtiáo 不蜩 1-463B
bùtiǎo 不恌 1-432A
bùtiǎo 不窕 1-432B
bùtiǎo 不窱 1-445B
bùtiáotiē 不調貼 1-468B
bùtiāozhīzōng 不祧之宗 1-438A
bùtiāozhīzǔ 不祧之祖 1-438A
bǔtiē 補貼 9-91B
bǔtiē 補帖 9-89B
bùtiě 部帖 10-652A
bǔtīng 捕廳 6-598A
bùtīng 不聽 1-482A
bùtīng 簿聽 8-1268B
bùtīng 簿廳 8-1268B
bùtíng 不廷 1-408A
bùtíng 不庭 1-431B
bùtíngdàng 不停當 1-442B
bùtīngshǒu 不聽手 1-482A
bǔtōng 卜通 1-985A
bùtōng 不通 1-438B
bùtóng 不同 1-407B
bùtóng 布同 3-676A
bùtòngbùyǎng 不痛不癢 1-453A
bùtóngdàitiān 不同戴天 1-408A
bùtóngfánxiǎng 不同凡響 1-408A
bùtōngpí 不通皮 1-439A
bùtōngshíyí 不通時宜 1-439A
bùtōngshuǐhuǒ 不通水火 1-439A
bǔtóu 捕頭 6-597B
bùtōu 不偷 1-442A
bùtōu 不愉 1-455A
bùtóu 步頭 5-336B
bùtóu 怖頭 7-474A
bùtóu 部頭 10-654B
bùtóu 埠頭 2-1129A
bùtóu 埔頭 2-1103B
bùtǒu 餢鍮 12-564B
bùtǒu 餢飳 12-564B
bùtǒu 麭麰 12-1025B
bùtóujiān 布頭牋 3-682A
būtú 庯庩 3-1232B
bùtú 不徒 1-436A
bùtú 不圖 1-463B
bùtǔ 布土 3-675B
bùtǔ 簿土 8-1267B
bùtǔbùrú 不吐不茹 1-407B
bùtúhé 不屠何 1-446B
bùtuì 不退 1-432B
bǔtuó 補陀 9-89A
bǔtuó 補陁 9-89A
bùtuō 不托 1-405B
bùtuō 不託 1-436B
bùtuō 不脫 1-444A
bùtuǒ 不妥 1-415A
bǔtuóluòjiā 補陁落迦 9-89A
bǔwài 補外 9-88A
bùwài 不外 1-404B
bǔwán 補完 9-89A
bùwǎn 步挽 5-334A
bùwǎnchē 步挽車 5-334A
bùwǎnchē 步輓車 5-335B
būwáng 逋亡 10-877B
bùwáng 不王 1-398A
bùwǎng 不枉 1-419A
bùwàng 不王 1-398A
bùwàng 不望 1-444B
bùwànggōuhè 不忘溝壑 1-415B
bùwàqīngxié 布襪青鞋 3-682B
būwéi 逋違 10-879B
bùwéi 不唯 1-440B
bùwéi 不惟 1-445B
bùwéi 不爲 1-452A
bùwéi 不違 1-455B
bùwéi 布韋 3-678B
bùwéi 布帷 3-679B
bùwěi 不委 1-422B
bùwěi 不韙 1-477A
bùwèi 不爲 1-452A
bùwèi 不謂 1-472B
bùwèi 步位 5-333B
bùwèi 怖愄 7-474A
bùwèi 怖畏 7-473B
bùwèi 部位 10-651B
bùwèi 簿尉 8-1268A
bùwéidào 不惟道 1-445B
bùwéinóngshí 不違農時 1-455B
bùwéiyǐshèn 不爲已甚 1-452A
bǔwēn 補温 9-92A
bǔwèn 卜問 1-985B
bùwén 不文 1-399B
bùwén 布聞 3-682A
bùwén 部文 10-650B
bùwěn 不穩 1-478A
bùwèn 不問 1-445B
bùwèn 簿問 8-1268A
bùwěnbiàn 不穩便 1-478A
bùwénbùwèn 不聞不問 1-465A
bùwènbùwén 不問不聞 1-446A
būwēng 逋翁 10-879A
bùwènqīnghóng… 不問青紅皂白 1-446A
bùwènsānqī… 不問三七二十一 1-446A
bùwènzàobái 不問皂白 1-446A
bùwò 部握 10-653B
bùwū 不誣 1-464A
bùwū 蔀屋 9-516B
bùwū 篰屋 8-1235A
bùwú 不無 1-450B
bùwǔ 不武 1-417A
bùwǔ 布伍 3-676B
bùwǔ 布武 3-677A
bùwǔ 步伍 5-333A
bùwǔ 步武 5-333B
bùwǔ 步舞 5-335B
bùwǔ 步廡 5-336A
bùwǔ 部伍 10-651A
bùwǔ 簿伍 8-1267B
bùwù 不物 1-422B
bùwù 不悟 1-437B
bùwù 不寤 1-465A
bùwù 部務 10-653A
bùwùjiān 不誤間 1-464A
bùwùkōngmíng 不務空名 1-439A
bùwùzhèngyè 不務正業 1-439A
bùwǔzhīhè 不舞之鶴 1-463B
būxī 晡夕 5-729B
bǔxí 補習 9-91B
bǔxì 捕繫 6-598A
bǔxì 捕係 6-596B
bùxī 不夕 1-397A
bùxī 不息 1-436A
bùxī 不悉 1-444A
bùxī 不惜 1-445B
bùxī 篰息 8-1235A
bùxí 布席 3-679A
bùxǐ 步屣 5-335B
bùxì 不係 1-430A
bùxì 不戲 1-475A
bùxì 步戲 5-337A
bùxì 部系 10-651B
bùxiá 不狎 1-424A
bùxiá 不暇 1-458B
bùxiá 不瑕 1-456B
bùxiá 部轄 10-654B
bùxià 不下 1-396B
bùxià 部下 10-650A
būxiān 逋仙 10-877B

bùxiān 不忺 1-416A
bùxiān 不鮮 1-475A
bùxián 不閑 1-455B
bùxián 不咸 1-427B
bùxián 不閑 1-455B
bùxián 不賢 1-466B
bùxiǎn 不鮮 1-475A
bùxiǎn 不顯 1-482B
bùxiàn 不羨 1-461A
bùxiàn 布憲 3-682B
bùxiàn 部縣 10-654B
bùxiánbùdàn 不咸不淡
1-428A
bùxiándūtóu 不賢都頭
1-466B
būxiǎng 餔餉 12-539B
bǔxiàng 卜相 1-984B
bùxiáng 不祥 1-438A
bùxiáng 不詳 1-460A
bùxiǎng 不享 1-424A
bùxiǎng 不想 1-457A
bùxiàng 不象 1-444A
bùxiàng 不像 1-459B
bùxiāngchēn 不相稱 1-427A
bùxiǎngchū 不想出 1-457A
bùxiǎngdào 不想道 1-457A
bùxiāngdé 不相得 1-427A
bùxiāngdēng 不相登 1-427A
bùxiāngfàng 不相放 1-427A
bùxiānggān 不相干 1-426B
bǔxiànggōng 卜相工 1-985A
bùxiànghuà 不象話 1-444A
bùxiànghuà 不像話 1-459B
bùxiāngnéng 不相能 1-427A
bùxiángrén 不祥人 1-438A
bùxiāngshàngxià 不相上下
1-426B
bùxiàngshì 不象事 1-444A
bùxiāngtóu 不相投 1-427A
bùxiāngwéimóu 不相爲謀
1-427A
bùxiāngxià 不相下 1-426B
bùxiàngyàng 不像樣 1-459B
bùxiàngyì 不像意 1-459B
bùxiāngzhòng 不相中 1-426B
bùxiǎnshān…
不顯山,不顯水 1-482B
bùxiāo 不消 1-437A
bùxiāo 不銷 1-468A
bùxiào 不孝 1-411B
bùxiào 不肖 1-412B
bùxiào 不効 1-424B
bùxiào 不效 1-436B
bùxiāode 不消得 1-437A
bùxiǎokě 不小可 1-397A
bùxiǎoshì 不曉事 1-470B
bùxiǎoshìwù 不曉世務
1-470B
bùxiāoshuō 不消説 1-437A
bùxídìtǔ 不習地土 1-446B
bǔxiě 補寫 9-93A
bǔxiè 補瀉 9-93B
bùxiē 不歇 1-458B
bùxié 不協 1-419B
bùxié 不諧 1-472B
bùxié 不擕 1-481A
bùxiě 布寫 3-682A
bùxiè 不解 1-459B
bùxiè 不卸 1-429B
bùxiè 不屑 1-438A
bùxiè 不懈 1-473B
bùxiè 不謝 1-475B
bùxiè 布燮 3-682B
bùxiè 步屧 5-336A
bùxiédàng 不諧當 1-472B
bùxièyīgù 不屑一顧 1-438B
bùxīn 布新 3-681B
bùxìn 不信 1-430A
bùxìn 布信 3-678A
bùxīng 不興 1-470B
bùxīng 部星 10-652A
bùxíng 不行 1-409A
bùxíng 不形 1-411B
bùxíng 布行 3-676B
bùxíng 步行 5-333A
bùxǐng 不省 1-428A
bùxǐng 不醒 1-470A
bùxìng 不興 1-470B
bùxìng 不幸 1-417B
bùxǐngrénshì 不省人事
1-428B
bùxīngsōng 不惺憽 1-455A
bùxīngxīng 不惺惺 1-455A
bùxíngxuéshì 步行學士
5-333A
bùxínsi 不尋思 1-455B
bùxíshuǐtǔ 不習水土
1-446B
bǔxiū 補休 9-88A
bùxiū 不休 1-408A
bùxiū 不修 1-430A
bùxiū 不羞 1-437A
bùxiū 不脩 1-435B
bùxiǔ 不朽 1-405B
bùxiūbiānfú 不修邊幅
1-430A
bùxiūbiānfú 不脩邊幅
1-435B
bùxiùgāng 不銹鋼 1-468A
bùxiūjiàn 不羞見 1-437A
bùxiùqì 不秀氣 1-414B
bùxiūxiǎojié 不修小節
1-430A
bǔxù 補敘 9-90A
bǔxù 補續 9-94A
bùxū 不須 1-451B
bùxū 步虛 5-334B
bùxǔ 不許 1-444B
bùxù 不序 1-415B
bùxù 不卹 1-423A
bùxù 不恤 1-432A
bùxù 布序 3-677A
bùxù 布絮 3-680B
būxuán 逋懸 10-880B
bùxuān 不宣 1-432A
bùxuān 不諼 1-472B
bùxuān 布宣 3-678B
bùxuǎn 部選 10-654A
bùxuándǒu 步玄斗 5-333A
bùxuànkuǐ 不旋跬 1-444B
bùxuànshí 不旋時 1-444B
bùxuánzhǒng 不旋踵 1-444B
bùxūbiān 不須鞭 1-451B
bùxūcí 步虛詞 5-334B
bǔxuē 補削 9-89B
bǔxuè 補血 9-88B
bùxué 不學 1-471A
bùxuéhǎo 不學好 1-471B
bùxuémiànqiáng 不學面牆
1-471B
bùxuèshí 不血食 1-409A
bùxuéwúshí 不學無識
1-471B
bùxuéwúshù 不學無術
1-471B
bùxùn 不孫 1-438B
bùxùn 不徇 1-430B
bùxùn 不遜 1-461B
bùxúnsú 不尋俗 1-455B
bùxūrén 步虛人 5-334B
bùxūshí 不胥時 1-432B
bùxūtán 步虛壇 5-334B
bùxūzǐ 步虛子 5-334B
bǔyá 補牙 9-88A
bùyā 部押 10-651B
bùyá 不涯 1-445A
bùyǎ 不雅 1-450B
bùyà 不亞 1-418B
bùyǎbùlóng 不啞不聾
1-440B
bǔyǎn 捕掩 6-597A
bùyán 不言 1-415B
bùyán 步檐 5-337A
bùyán 步壛 5-337B
bùyán 步簷 5-337B
bùyán 步櫚 5-337B
bùyǎn 不厭 1-462B
bùyǎn 布演 3-682A
bùyàn 不厭 1-462B
bùyàn 不饜 1-482B
bùyàn 不驗 1-482A
bùyán'éryù 不言而喻
1-415B
bùyán'éryù 不言而諭
1-415B
bǔyǎng 哺養 3-353B
bǔyǎng 補養 9-92B
bùyáng 不揚 1-447B
bùyáng 不颺 1-477A
bùyáng 布揚 3-680A
bùyàng 不恙 1-437A
bùyànqífán 不厭其煩
1-462B
bùyànqífán 不厭其繁
1-462B
bùyànqíxiáng 不厭其詳
1-462B
bùyānshí 不淹時 1-445A
bǔyào 補藥 9-93B
bùyáo 不烑 1-437A
bùyáo 步搖 5-335B
bùyào 不要 1-427B
bùyào 不藥 1-476B
bùyáoguān 步搖冠 5-335B
bùyàojǐn 不要緊 1-427B
bùyàoliǎn 不要臉 1-427B
bǔyě 補冶 9-88B
bǔyè 卜夜 1-984B
bùyè 不夜 1-424A
bǔyèbǔzhòu 卜夜卜晝
1-984B
bùyèchéng 不夜城 1-424A
bùyèhóu 不夜侯 1-424B
bǔyěshì 補冶士 9-89A
bùyēzhīniǎo 不噎之鳥
1-467A
bùyèzhū 不夜珠 1-424B
būyì 逋逸 10-879A
búyī 鵏衣 12-1038A
bǔyī 補衣 9-88B
bǔyí 補遺 9-93A
bǔyì 捕役 6-596A
bǔyì 補益 9-90B
bǔyì 補蓺 9-92B
bùyī 不一 1-394B
bùyī 不依 1-422B
bùyī 不壹 1-448A
bùyī 布衣 3-676B
bùyí 不怠 1-432B
bùyí 不夷 1-407B
bùyí 不宜 1-425A
bùyí 不怡 1-425A
bùyí 不儀 1-467B
bùyǐ 不已 1-397B
bùyǐ 不以 1-400A
bùyì 不乂 1-395B
bùyì 不亦 1-410A
bùyì 不易 1-420B
bùyì 不異 1-440B
bùyì 不意 1-460B
bùyì 不義 1-460B
bùyì 不億 1-467B
bùyì 不誼 1-468B
bùyì 不懌 1-473B
bùyì 布義 3-681B
bùyì 部議 10-654B
bùyíbùhuì 不夷不惠 1-407B
bùyīdìng 不一定 1-395A
bùyīduān 不一端 1-395A
bùyì'érfēi 不翼而飛
1-476B
bùyī'érsān 不壹而三
1-448B
bùyī'érzú 不一而足
1-395A
bùyī'érzú 不壹而足
1-448B
bùyíguǐ 不移晷 1-441A
bùyīhuì'er 不一會兒
1-395A
bùyījiāo 布衣交 3-676B
bùyíjùxì 不遺巨細 1-467B
bùyìlèhū 不亦樂乎 1-410A
būyǐn 逋隱 10-880B
bǔyǐn 卜尹 1-983B
bǔyìn 補廕 9-92A

bùyín 不淫 1-445A
bùyǐn 布飲 3-680B
bùyǐn 部引 10-650B
bùyìn 不慭 1-470A
bùyīnbùyáng 不陰不陽 1-438B
bùyīnbùyóu 不因不由 1-408A
bǔyǐng 捕景 6-597A
bǔyǐng 捕影 6-597B
bùyīng 不應 1-475B
bùyīng 布纓 3-683A
bùyíng 不盈 1-432B
bùyíng 不營 1-473B
bùyíng 不贏 1-481A
bùyǐng 步景 5-335A
bùyìng 不應 1-475B
bǔyǐngxìfēng 捕影繫風 6-597B
bùyíngzì 不盈眦 1-432B
bùyīnrénrè 不因人熱 1-408A
bùyìnyí 不慭遺 1-470A
bùyīnyīshì… 不因一事，不長一智 1-408A
bùyǐrénfèiyán 不以人廢言 1-400A
bùyírì 不移日 1-441A
bùyíshí 不移時 1-441A
bùyǐwéichǐ 不以爲耻 1-400B
bùyīwéidài 布衣韋帶 3-676B
bùyǐwéiqí 不以爲奇 1-400B
bùyǐwéirán 不以爲然 1-400B
bùyǐwéiyì 不以爲意 1-400B
bùyīyī 不一一 1-395A
bùyíyīn 不移陰 1-441A
bùyíyúlì 不遺餘力 1-467B
bùyìzhīcái 不義之財 1-460B
bùyìzhīlùn 不易之論 1-420B
bùyīzú 布依族 3-677A
būyōng 逋壅 10-880B
bùyǒng 不永 1-405A
bùyòng 不用 1-404B
bǔyòu 卜右 1-984A
bùyōu 不嚘 1-477A
bùyóu 不由 1-404A
bùyóu 不猶 1-452B
bùyóu 步遊 5-335A
bùyǒu 不友 1-398A
bùyǒu 不有 1-406A
bùyóude 不由得 1-404A
bùyóufēnshuō 不由分説 1-404A
bùyóurén 不由人 1-404A
bùyóuzìzhǔ 不由自主 1-404A
būyú 逋餘 10-880A
bǔyǔ 卜宇 1-984A
bǔyù 哺育 3-353B
bùyú 不渝 1-454B
bùyú 不虞 1-457B
bùyú 步輿 5-337A
bùyù 不聿 1-410B
bùyù 不育 1-424B
bùyù 不悆 1-444A
bùyù 不遇 1-450B
bùyù 不豫 1-469B
bùyù 布諭 3-682A
būyuàn 逋怨 10-878B
bǔyuán 捕援 6-597A
bǔyuán 補圓 9-92A
bùyuán 不圓 1-459A
bùyuán 部元 10-650B
bùyuán 部員 10-652B
bùyuán 簿圓 8-1268A
bùyuàn 不嚾 1-470B
bùyuàn 布怨 3-678A
bùyuàn 部院 10-652B
bùyǔbīng 不語兵 1-464A
bǔyuè 補刖 9-88B
bùyuè 步月 5-332B
bùyuē'érchì 不約兒赤 1-433A
bùyuē'értóng 不約而同 1-432B
bùyújǔ 不踰矩 1-470B
bùyún 步雲 5-335A
bùyǔn 不允 1-400B
bùyùn 不韻 1-479B
bùyùn 步運 5-335A
bùyùn 步韻 5-337B
bùyùn 部運 10-653B
bùyúshí 不逾時 1-452A
bùyúshí 不踰時 1-470B
bùyùshí 不遇時 1-450B
bùyǔxiānsheng 不語先生 1-464A
bùyúzhīxì 不虞之隙 1-457B
bùyúzhīyù 不虞之譽 1-457B
bùzā 不扎 1-398A
bùzá 不雜 1-477B
bùzǎi 不宰 1-437B
bùzài 不再 1-405B
bùzài 不在 1-406A
bùzàiháng 不在行 1-406A
bùzàihu 不在乎 1-406A
bùzàihuàxià 不在話下 1-406A
bùzàiqíwèi… 不在其位，不謀其政 1-406A
bùzàiyì 不在意 1-406B
bùzán 不咱 1-429A
bǔzàng 卜葬 1-985B
bùzāng 不臧 1-463A
bùzànyīcí 不贊一詞 1-478A
būzāo 餔糟 12-540A
bùzáo 不鑿 1-483A
bùzào 不皂 1-415A
bùzào 不造 1-435A
būzāochuòlí 餔糟啜漓 12-540A
būzāochuòlí 餔糟啜醨 12-540A
būzāochuòlí 餔糟歠漓 12-540A
būzāochuòlí 餔糟歠醨 12-540A
bǔzāochuòlí 哺糟啜醨 3-353B
bǔzāochuòlí 哺糟歠醨 3-353B
bùzǎodāngwǎn 不早當晚 1-407B
bùzāoshí 不遭時 1-462B
bùzé 不則 1-429A
bùzé 不擇 1-469B
bùzé 布幘 3-681B
bùzé 簿責 8-1268A
bǔzēng 補增 9-93A
bùzěnmeyàng 不怎麽樣 1-429B
bùzéshēng 不則聲 1-429A
bùzéshēnglěng 不擇生冷 1-470A
bùzéshǒuduàn 不擇手段 1-470A
būzhài 逋責 10-879A
būzhài 逋債 10-879B
bǔzhái 卜宅 1-984A
bǔzhān 卜占 1-984A
bǔzhàn 補裢 9-92B
bǔzhàn 補綻 9-92B
bùzhān 不沾 1-424B
bùzhǎn 不斬 1-439B
bùzhǎn 布展 3-679A
bùzhàn 步戰 5-336B
bùzhāng 不彰 1-464A
bùzhǎng 部長 10-651B
bùzhàng 布帳 3-679B
bùzhàng 步鄣 5-335B
bùzhàng 步帳 5-335A
bùzhàng 步障 5-335B
bùzhàng 部帳 10-653A
bùzhàng 簿帳 8-1268A
bùzhàngfū 不丈夫 1-397A
bùzhǎnghuìyì 部長會議 10-651B
bùzhǎngjìn 不長進 1-417B
bùzhǎngjùn 不長俊 1-417B
bùzhàngqī 不杖期 1-412A
bùzhǎngxīn 不長心 1-417B
bùzhǎnyǎn 不斬眼 1-439B
bùzhānzhīshū 不占之書 1-403B
bùzhào 不照 1-458B
bùzhào 部照 10-654A
bùzhāojià 不招架 1-418B
būzhé 逋讁 10-880B
bǔzhě 卜者 1-984B
bùzhé 不哲 1-433A
bùzhě 部者 10-651B
bùzhébùkòu 不折不扣 1-411B
bùzhēn 不斟 1-456B
bùzhēn 不臻 1-470A
bùzhěn 不枕 1-419A
bùzhèn 不振 1-433A
bùzhèn 不震 1-466B
bùzhèn 布陣 3-678B
bùzhèn 部陳 10-652B
bùzhèn 部陣 10-652B
bǔzhēng 卜征 1-984B
bǔzhèng 卜正 1-983B
bǔzhèng 補正 9-88A
bùzhēng 不争 1-409B
bùzhēng 不征 1-423A
bùzhēng 不正 1-401A
bùzhěng 不整 1-470A
bùzhèng 不正 1-401A
bùzhèng 布政 3-677B
bùzhèng 簿正 8-1267B
bùzhèngbǎng 布政牓 3-677B
bùzhēngduō 不争多 1-410A
bùzhēngqì 不争氣 1-410A
bùzhèngshǐ 布政使 3-677B
bùzhèngzhīfēng 不正之風 1-401A
būzhì 逋滯 10-879B
bǔzhí 捕執 6-597A
bǔzhì 捕治 6-596B
bǔzhì 補治 9-89B
bǔzhì 補置 9-92A
bùzhī 不支 1-398A
bùzhī 不隻 1-436A
bùzhī 不智 1-451A
bùzhí 不直 1-419A
bùzhí 不值 1-435A
bùzhí 不殖 1-450B
bùzhí 不職 1-476B
bùzhí 部執 10-653A
bùzhí 部職 10-654B
bùzhǐ 不止 1-398A
bùzhǐ 布旨 3-676B
bùzhǐ 布指 3-677B
bùzhǐ 步趾 5-334B
bùzhì 不至 1-407B
bùzhì 不治 1-424B
bùzhì 不致 1-434A
bùzhì 不智 1-451A
bùzhì 不置 1-459A
bùzhì 不櫛 1-474B
bùzhì 布治 3-677B
bùzhì 布致 3-678B
bùzhì 布置 3-681A
bùzhì 佈置 1-1237B
bùzhì 部帙 10-652A
bùzhì 部秩 10-652B
bùzhìbāobiǎn 不置褒貶 1-459A
bùzhībùjué 不知不覺 1-421A
bùzhìbùqiú 不忮不求 1-416A
bùzhìcáirén 不櫛才人 1-474B
bùzhídàng 不值當 1-435B
bùzhíde 不值得 1-435A
bùzhīdiāndǎo 不知顛倒 1-422A

bùzhīdǐngdǒng 不知薡董 1-422A
bùzhīfánjǐ 不知凡幾 1-421A
bùzhīgānkǔ 不知甘苦 1-421A
bùzhīgāodī 不知高低 1-421B
bùzhīgāoxià 不知高下 1-421B
bùzhīhǎodǎi 不知好歹 1-421A
bùzhīhù 不脂户 1-436B
bùzhìjǐn 不至緊 1-407B
bùzhìjìnshì 不櫛進士 1-474B
bùzhījìntuì 不知進退 1-421B
bùzhījiùlǐ 不知就裏 1-422A
bùzhìkěfǒu 不置可否 1-459A
bùzhīliàng 不知量 1-422A
bùzhīlìhai 不知利害 1-421A
bùzhīqǐdǎo 不知起倒 1-421B
bùzhīqīngzhòng 不知輕重 1-422A
bùzhīqǐnshí 不知寢食 1-422A
bùzhīrén 不知人 1-420B
bùzhīrénjiān… 不知人間有羞耻事 1-420B
bùzhīshēnqiǎn 不知深淺 1-421B
bùzhīsǐhuó 不知死活 1-421A
bùzhīsuǒchū 不知所出 1-421A
bùzhīsuǒcuò 不知所厝 1-421A
bùzhīsuǒcuò 不知所措 1-421B
bùzhīsuǒcuò 不知所錯 1-421B
bùzhīsuǒkě 不知所可 1-421A
bùzhīsuǒwéi 不知所爲 1-421B
bùzhīsuǒyǐ 不知所以 1-421A
bùzhīsuǒyún 不知所云 1-421A
bùzhīsuǒzhōng 不知所終 1-421B
bùzhīténgyǎng 不知疼癢 1-421B
bùzhītòngyǎng 不知痛癢 1-422A
bùzhītóunǎo 不知頭腦 1-422A
bùzhīxiāngchòu 不知香臭 1-421B
bùzhíyīqián 不直一錢 1-419A
bùzhíyīqián 不值一錢 1-435A
bùzhíyīwén 不直一文 1-419A
bùzhíyīxiào 不值一笑 1-435A
bùzhìyú 不至於 1-407B
bùzhìzhīzhèng 不治之症 1-424B
bùzhōng 不中 1-398B
bùzhōng 不衷 1-436B
bùzhōng 不終 1-446B
bùzhǒng 布種 3-681B
bùzhǒng 佈種 1-1237B
bùzhòng 不中 1-398B
bùzhòng 不衷 1-436B
bùzhòng 布種 3-681B
bùzhòng 部衆 10-653B
bùzhòngtīng 不中聽 1-399A
bùzhòngyì 不中意 1-399A
bùzhōngyòng 不中用 1-398B
bùzhōngzhāo 不終朝 1-447A
bùzhōngzhīyào 不終之藥 1-447A
bùzhòngzī 不中訾 1-398B
bùzhōu 不周 1-423B
bùzhòu 步驟 5-337B
bǔzhòubǔyè 卜晝卜夜 1-985B
bùzhōufēng 不周風 1-424A
bùzhōushān 不周山 1-424A
bùzhōuyán 不周延 1-424A
būzhū 逋誅 10-879B
búzhù 不住 1-415A
bǔzhū 捕誅 6-597B
bǔzhú 卜築 1-986B
bǔzhú 捕逐 6-597A
bǔzhù 卜祝 1-985A
bǔzhù 補助 9-88B
bǔzhù 補注 9-89B
bǔzhù 補註 9-92A
bùzhǔ 不屬 1-481B
bùzhù 不著 1-439B
bǔzhuǎn 補轉 9-93B
bùzhuàn 不摶 1-462A
bùzhuàn 不傳 1-459A
bǔzhuàng 捕壯 6-596B
bùzhuāng 不莊 1-433B
bùzhuàng 簿狀 8-1267B
bùzhuǎnjīng 不轉睛 1-476B
bùzhuǎntóu 不轉頭 1-476B
bùzhuǎnyǎn 不轉眼 1-476B
bùzhǔgùcháng 不主故常 1-405A
būzhuì 餔醊 12-539B
būzhuì 餔餟 12-539B
bǔzhuì 補綴 9-92B
bùzhuì 不墜 1-465B
bùzhuì 不贅 1-474A
bùzhuìjìwǎng 不追既往 1-430A
bùzhǔn 不純 1-439A
bùzhǔn 不准 1-436B
bùzhǔn 不準 1-461A
bǔzhuō 捕捉 6-596B
bùzhuó 不著 1-439B
bùzhuó 不斵 1-475B
bùzhuóbiānjì 不着邊際 1-445A
bùzhuódiào 不着調 1-445A
bùzhuófénmù 不着墳墓 1-445A
bùzhuójiā 不着家 1-444B
bùzhuóqíng 不着情 1-445A
bùzhuórén 不着人 1-444B
bùzhuóténgrè 不着疼熱 1-444B
bùzhuóyì 不着意 1-445A
búzhùqì 不住氣 1-415A
búzhùzǐ 不住子 1-415A
bǔzi 堡子 2-1151A
bǔzi 補子 9-87B
bùzi 步子 5-332B
bùzi 簿子 8-1267B
bùzī 不貲 1-457A
bùzī 不資 1-460B
bùzī 不訾 1-457A
bùzī 部咨 10-652B
bùzǐ 不子 1-397B
bùzǐ 不訾 1-457A
bùzì 不字 1-410B
bùzì 布字 3-676B
bùzìjīn 不自禁 1-409A
bùzìjué 不自覺 1-409A
bùzìliàng 不自量 1-408B
bùzìliáo 不自聊 1-408B
bùzìliào 不自料 1-408B
bùzìmǎnjiǎ 不自滿假 1-409A
bùzìshèng 不自勝 1-408B
bùzìxǐ 不自喜 1-408B
bùzìyì 不自意 1-409A
bùzìzài 不自在 1-408B
bùzǐzhīqì 不訾之器 1-457B
bùzǒng 布總 3-682B
būzǒu 逋走 10-878A
bùzǒu 不走 1-411B
bùzǒu 步走 5-333A
bùzǒuluò 不走落 1-411B
būzū 逋租 10-879A
bǔzú 補足 9-88B
bùzú 不足 1-413B
bùzú 步卒 5-333B
bùzú 部卒 10-652A
bùzú 部族 10-653A
bùzúchǐshǔ 不足齒數 1-414A
bùzúdào 不足道 1-414A
bùzúduō 不足多 1-413B
bùzúguàchǐ 不足掛齒 1-413B
būzūguó 逋租國 10-879A
būzuì 逋罪 10-879B
bùzuì 布罪 3-681A
bùzuì 簿最 8-1268A
bǔzuìxiān 捕醉仙 6-597B
bùzuó 不作 1-414B
bùzuò 不怎 1-442A
bùzuò 不作 1-414B
bùzuòbùxiū 不做不休 1-442A
bùzuòměi 不做美 1-442A
bùzuòrén 不做人 1-441B
bùzuòròu 不做肉 1-442A
bùzuòshēng 不作聲 1-415A
bùzuòshēng 不做聲 1-442A
bùzuòxīng 不作興 1-414B
bùzúqīngzhòng 不足輕重 1-414A
bùzúshǔ 不足數 1-414A
bùzúwéifǎ 不足爲法 1-414A
bùzúwéijù 不足爲據 1-414A
bùzúwéipíng 不足爲憑 1-414A
bùzúwéiqí 不足爲奇 1-414A
bùzúwéixùn 不足爲訓 1-414A
bùzúwéiyì 不足爲意 1-414A
bùzúxī 不足惜 1-413B
bùzúxìng 不足興 1-414B
bùzúyán 不足言 1-413B

C

cābèi 擦背 6-945B
cācā 擦擦 6-946A
cāchuáng 擦牀 6-945B
cāchuáng'er 礤牀兒 7-1116A
cā'ěrwā 擦爾挖 6-946A
cāfěntú'é 擦粉塗額 6-946A
cāgāng 擦扛 6-945B
cāguā 擦刮 6-945B
cāhēi 擦黑 6-946A
cǎi'ài 采艾 10-1306A
cǎi'ài 採艾 6-688B
cǎi'áo 彩鰲 3-1125A
cǎibá 采拔 10-1306B
cǎibá 採拔 6-689A
càibǎ 菜把 9-446A
cǎibàn 采辦 10-1310B
cǎibàn 採辦 6-692A
cāibào 猜暴 5-70A
cáibǎo 財寶 10-88B
càibāozi 菜包子 9-445B
cáibèi 財貝 10-85A
cáiběn 財本 10-84B
cāibī 猜逼 5-69A
cāibì 猜愎 5-69A
cáibǐ 才筆 1-303B
cáibì 財幣 10-88A
cǎibǐ 采筆 10-1308B
cǎibǐ 彩筆 3-1124A
cǎibǐ 綵筆 9-906A
cǎibì 采幣 10-1309B
cǎibì 彩幣 3-1124B
cǎibì 綵幣 9-906B
cáibiān 裁編 9-67B
cáibiàn 才辨 1-305B
cáibiàn 才辯 1-306A
cáibiàn 材辯 4-759A
cáibiàn 裁辨 9-68A
cáibié 裁别 9-63B
cáibìng 裁併 9-64A
cǎibǐshēnghuā 綵筆生花 9-906A
cāibó 猜薄 5-70A
cáibó 財帛 10-85B
cǎibó 採搏 6-690B
cǎibó 綵帛 9-905B
cáibózhìshuāi 材薄質衰 4-758B
cáibù 財布 10-84B
cǎibǔ 采捕 10-1307B
cǎibǔ 採捕 6-689B
cǎibǔ 採補 6-690B
cǎibǔ 踩捕 10-510A
cáicǎi 財采 10-85B
cǎicǎi 采采 10-1307A
cǎicǎi 採採 6-690A
cǎicàn 采粲 10-1309A
cáicāo 才操 1-305A
cǎicǎo 踩草 10-510A
cāicè 猜測 5-69A
cáicè 才策 1-303B
cāichá 猜察 5-69B
cáichá 財察 10-88A
cáichá 裁察 9-67A
cǎichá 採察 6-691A
cǎichágē 采茶歌 10-1307A
cāichán 猜讒 5-70B
cáichǎn 財産 10-86B
cǎichán 彩蟾 3-1125A
càicháng 菜腸 9-446B
càichǎng 菜場 9-446B
cáichángbǔduǎn 裁長補短 9-63B
cáichǎnquán 財産權 10-86B
cáichè 裁撤 9-67B
cáichén 才臣 1-300B
cáichén 材臣 4-756A
cáichéng 財成 10-85A
cáichéng 裁成 9-63A
cāichì 猜斥 5-67B
cáichǐ 裁尺 9-62B
cǎichī 采絺 10-1309B
cǎichóu 彩綢 3-1124B
cǎichǒu 睬瞅 7-1234A
cáichǔ 裁處 9-65B
cáichù 裁黜 9-68A
cáichuán 裁船 9-65B
cǎichuán 采椽 10-1309A
cǎichuán 棌椽 4-1119A
cǎichuánbùzhuó 棌椽不斲 4-1119A
cǎichuī 綵吹 9-905B
cáicí 才辭 1-306A
cáicí 裁辭 9-68B
cáicǐ 纔此 9-1063A
cáicì 裁賜 9-67B
cǎicí 采茨 10-1307A
cǎicí 采薺 10-1310B
cǎicuì 彩翠 3-1124B
càicuì 縩綷 9-1007B
cāicǔn 猜忖 5-67B
cáicuò 裁挫 9-64B
cǎicuò 彩錯 3-1125A
cāidǎ 猜打 5-67B
cáidá 裁答 9-66A
cǎidǎ 採打 6-688B
cáidài 才待 1-302A
cáidài 纔待 9-1063B
càidài 㚲帶 12-747B
cāidàn 猜憚 5-70A
cǎidàn 彩旦 3-1123A
càidān 菜單 9-446B
cáidànányòng 材大難用 4-755B
cáidāng 裁當 9-66B
cáidānlìjié 財殫力竭 10-88B
cáidānlìjìn 財殫力盡 10-88B
cáidāo 裁刀 9-62B
càidāo 菜刀 9-445B
cáidàqìcū 財大氣粗 10-84B
cáidé 才德 1-305A
cáidé 材德 4-758B
cāidēng 猜燈 5-70A
cáidì 才地 1-300B
cáidì 材地 4-756A
cǎidì 寀地 3-1530B
cǎidì 采地 10-1306A
cǎidì 採地 6-689A
càidì 菜地 9-445B
cáidiào 才調 1-305A
cáidiào 材調 4-758B
cǎidié 綵牒 9-906B
cáidīng 財丁 10-84B
cáidìng 裁定 9-64A
cǎidìng 采定 10-1307A
cáidōng 財東 10-85A
cǎidōng 采蝀 10-1309B
càidòu 菜豆 9-446A
cāidú 猜毒 5-68A
cāidù 猜妒 5-68A
cāidù 猜妬 5-68A
cáidù 才度 1-302A
cáidù 裁度 9-64B
càidù 菜肚 9-446A
cáiduàn 裁斷 9-68A
cǎiduàn 綵段 9-905B
cāiduó 猜度 5-68B
cáiduó 裁度 9-64B
cáiduó 裁奪 9-67A
cǎiduō 采掇 10-1308A
cǎiduō 採掇 6-690A
cāi'èr 猜貳 5-68B
cáifá 才伐 1-300B
cáifá 財閥 10-88A
cǎifá 采伐 10-1306B
cǎifá 採伐 6-689A
cǎifān 綵幡 9-906B
cǎifān 綵旛 9-907A
cǎifán 采蘩 10-1311A
càifàn 菜飯 9-446B
cāifáng 猜防 5-67B
cáifāng 才方 1-300A
cáifāng 纔方 9-1063A
cǎifāng 彩坊 3-1123A
cǎifǎng 采訪 10-1308A
cǎifǎng 採訪 6-690B
cǎifǎng 踩訪 10-510A
cǎifǎngshǐ 采訪使 10-1308A
cǎifǎngshǐ 採訪使 6-690B
cáifèi 財費 10-87A
cāifèn 猜忿 5-68A
cáifèn 才分 1-300A
cáifèn 材分 4-755B
cáifēn 財分 10-84B
cáifeng 裁縫 9-68A
cáifēng 才峰 1-302A
cáifēng 才鋒 1-305A
cáifēng 裁封 9-64B
cáiféng 裁縫 9-68A
cǎifēng 采風 10-1307B
cǎifēng 采葑 10-1308B
cǎifēng 採風 6-689B
cǎifèng 彩鳳 3-1124B
cǎifèng 綵鳳 9-906B
cǎifēngcǎifēi 采葑采菲 10-1308B
cáiféngpù 裁縫鋪 9-68A
cǎifèngsuíyā 彩鳳隨鴉 3-1124B
cǎifèngsuíyā 綵鳳隨鴉 9-906B
cǎifēngwènsú 采風問俗 10-1307B
cáifú 裁服 9-64A
cáifù 才賦 1-305A
cáifù 財富 10-87A
cáifù 財賦 10-88A
cáifù 裁復 9-66A
cáifù 裁覆 9-68A
cǎifú 采服 10-1307A
cǎifú 彩服 3-1123B
cǎifú 綵服 9-905B
càifú 采服 10-1307A
cáigàn 才幹 1-304A
cáigàn 材幹 4-758A
cǎigǎn 踩桿 10-510A
cáigāng 才剛 1-302A
cáigāng 纔剛 9-1063B
cǎigāngsuǒ 踩鋼索 10-510B
cáigāobādǒu 才高八斗 1-302B
cǎigāogān 踩高竿 10-510A
cǎigāoqiāo 踩高蹺 10-510A
cǎigāoqiāo 踩高蹻 10-510A
cáigāoqībù 才高七步 1-302B
cáigāoqìqīng 才高氣清 1-302B
cáigāoxíngjié 才高行潔 1-302B
cáigāozhìshēn 材高知深 4-757A
cáigē 裁割 9-66A
cáigé 才格 1-302A
cáigé 裁革 9-64B
cǎigē 採割 6-690B
cǎigé 采葛 10-1308B
càigēng 菜羹 9-447A
cáigòng 材貢 4-757A
cáigòng 財貢 10-86B
cǎigōng 採工 6-688B
cǎigòu 采購 10-1310B
cáigū 裁觚 9-66A
cáigǔ 財穀 10-88A
cǎigū 踩估 10-510A
cǎigù 採顧 6-692B
càigǔ 菜骨 9-446B
càiguā 菜瓜 9-445B
cáiguān 才觀 1-306A
cáiguān 材官 4-756B
cǎiguān 采棺 10-1308B
càiguǎn 菜館 9-447A
cáiguānjiāngjūn 材官將軍 4-757A
cáiguǎnlù 材館録 4-758B

cáiguānxiàowèi 材官校尉 4-757A
cáiguī 裁規 9-65A
cáiguó 裁國 9-65B
cǎiguǒ 采椁 10-1308B
cāihài 猜害 5-68B
cāihài 猜駭 5-70A
cǎihàn 彩翰 3-1124B
cǎihàn 綵翰 9-907A
cǎiháo 采毫 10-1308B
cǎiháo 彩毫 3-1123B
cǎiháo 綵毫 9-906A
cǎihào 彩號 3-1124A
cáihé 裁核 9-64B
cāihěn 猜狠 5-68A
cāihèn 猜恨 5-68B
cáihèn 裁恨 9-64B
cáihóng 財紅 10-86B
cǎihóng 彩虹 3-1123B
cáihóngdiǎncuì 裁紅點翠 9-64B
cǎihóu 采侯 10-1307B
càihóuzhǐ 蔡侯紙 9-538B
càihù 菜户 9-445B
cáihuá 才華 1-302A
cáihuá 裁劃 9-67A
cáihuà 裁畫 9-66B
cǎihuā 採花 6-689A
cǎihuā 綵花 9-905B
cǎihuà 采畫 10-1309A
cǎihuà 彩畫 3-1124A
càihuā 菜花 9-446A
càihuāshuǐ 菜花水 9-446A
càihuāshuǐ 菜華水 9-446B
cāihuǐ 猜毀 5-69B
cáihuī 裁撝 9-67B
cáihuì 才惠 1-303B
cáihuì 才會 1-304A
cáihuì 才慧 1-304B
cáihuì 財賄 10-87B
cǎihuī 綵灰 9-905A
cǎihuì 采會 10-1309A
cǎihuì 采繢 10-1311A
cǎihuì 采繪 10-1311A
cǎihuì 彩繪 3-1125A
cǎihuì 綵繪 9-907A
cǎihuījiǔ 綵灰酒 9-905A
cáihūn 財昏 10-85B
cāihuò 猜惑 5-69A
cāihuò 猜禍 5-69A
cáihuò 財貨 10-86B
cǎihuò 采獲 10-1310B
cǎihuò 採獲 6-692A
cǎihuò 採穫 6-692A
càihuò 菜貨 9-446B
cāijí 猜急 5-68B
cāijí 猜嫉 5-69B
cāijì 猜忌 5-67B
cáijī 材積 4-758B
cáijī 財齎 10-88B
cáijī 裁緝 9-67B
cáijì 才伎 1-300B
cáijì 才技 1-301A
cáijì 材伎 4-756A
cáijì 材技 4-756A
cáijì 財計 10-86A
cáijì 裁劑 9-68A
cǎijī 采緝 10-1310A
cǎijī 採緝 6-691A
cǎijī 踩緝 10-510B
cǎijí 采集 10-1309A
cǎijí 采輯 10-1310A
cǎijí 採集 6-690B
cǎijí 採輯 6-691B
càijī 采畿 10-1310A
càijì 䰂紒 12-747A
càijiǎ 菜甲 9-445B
cāijiàn 猜間 5-69A
cáijiān 裁械 9-66B
cáijiǎn 財減 10-87A
cáijiǎn 裁減 9-65B
cáijiǎn 裁剪 9-65B
cáijiǎn 裁減 9-66A
cáijiǎn 裁翦 9-67B
cáijiàn 裁諫 9-68A
cáijiàn 裁鑒 9-68B
cǎijiān 采箋 10-1309B
cǎijiān 彩牋 3-1124A
cǎijiān 彩箋 3-1124A
cǎijiān 綵牋 9-906A
cǎijiàn 踩踐 10-510B
cáijiāng 才將 1-303B
cáijiàng 才將 1-303B
cāijiáo 猜矯 5-70B
cáijiǎo 裁鉸 9-67A
cǎijiào 彩轎 3-1125A
cǎijiào 綵轎 9-907A
càijiǎo 菜脚 9-446B
cāijiě 猜解 5-69B
cáijié 才捷 1-303A
cáijié 才傑 1-303B
cáijié 才節 1-304A
cáijié 材桀 4-757A
cáijié 材傑 4-758A
cáijié 裁節 9-66B
cáijié 裁截 9-67A
cǎijié 採拮 6-689B
cǎijiè 踩界 10-510A
cáijiélìjìn 財竭力盡 10-88A
cáijīn 裁襟 9-68A
cáijǐn 裁錦 9-68A
cáijìn 才盡 1-304B
cáijìn 財賮 10-88B
cáijìn 裁禁 9-66B
càijīn 菜金 9-446A
cāijīng 猜驚 5-70B
cāijǐng 猜警 5-70B
cáijīng 財經 10-87B
cáijiū 裁糾 9-64B
cǎijiū 採揪 6-690B
cāijù 猜懼 5-70B
cáijú 才局 1-301A
cáijù 才具 1-301A
cáijù 材具 4-756B
cǎijú 彩局 3-1123B
cǎijù 彩具 3-1123B
cāijué 猜覺 5-70B
cáijué 才決 1-301A
cáijué 才絶 1-304A
cáijué 財決 10-85A
cáijué 裁决 9-63A
cáijué 裁決 9-63B
cǎijué 采蕨 10-1309B
cǎijué 採掘 6-690A
cǎijué 採攫 6-692B
cáijūn 裁軍 9-64B
cáijùn 才雋 1-304A
cáijùn 才俊 1-301B
cáijùn 才畯 1-303B
cáijùn 才儁 1-304B
cáijùn 材俊 4-757A
cǎijùn 採捃 6-689B
cáijùzhìdà 材劇志大 4-758B
cǎikàn 踩看 10-510A
cāikè 猜克 5-67B
cāikè 猜刻 5-68A
cáikě 裁可 9-62B
cáikě 纔可 9-1063A
cáikè 才客 1-302A
cáikòu 裁扣 9-63A
càikū 菜枯 9-446A
cáikuābādǒu 才誇八斗 1-304A
cáikuài 財會 10-87B
cāikuáng 猜狂 5-67B
cǎikuí 采葵 10-1308B
cáikuìlìchù 財匱力絀 10-88A
cáilǎn 財覽 10-88B
cǎilán 采蘭 10-1311B
cǎilán 採蘭 6-692A
cǎilǎn 采覽 10-1311B
cáiláng 才郎 1-301B
cǎilánzèngsháo 采蘭贈芍 10-1311B
cǎilánzèngsháo 採蘭贈芍 6-692B
cǎilánzèngyào 採蘭贈藥 6-692B
cǎilánzǐ 採蘭子 6-692B
cāilí 猜離 5-70B
cáilǐ 才理 1-303A
cáilǐ 材理 4-757B
cáilǐ 財禮 10-88B
cáilì 才力 1-299B
cáilì 才吏 1-300B
cáilì 才麗 1-305B
cáilì 材力 4-755A
cáilì 材吏 4-756A
cáilì 財力 10-84B
cáilì 財利 10-85A
cǎilǐ 采禮 10-1310B
cǎilǐ 采醴 10-1311B
cǎilǐ 彩禮 3-1125A
cǎilǐ 睬理 7-1234A
cǎilián 采蓮 10-1309A
cǎilián 採蓮 6-690B
cǎiliánduì 採蓮隊 6-691A
cāiliáng 猜量 5-69A
cáiliáng 才良 1-301A
cáiliáng 材良 4-756A
cáiliáng 財糧 10-88B
cáiliáng 裁量 9-65B
cáiliàng 才量 1-303B
cáiliàng 裁量 9-65B
cǎiliánqǔ 採蓮曲 6-691A
cǎiliánzǐ 采蓮子 10-1309A
cāiliào 猜料 5-68B
cáiliào 才料 1-302B
cáiliào 材料 4-757A
cáiliào 裁料 9-65A
cǎiliáo 采僚 10-1309B
cǎiliáo 寀僚 3-1530B
cǎiliáo 寀寮 3-1530B
cǎiliè 采獵 10-1311A
cǎiliè 採獵 6-692A
cáilín 才林 1-301A
cǎilín 采鱗 10-1311B
cǎilíng 采菱 10-1308A
cǎilíng 採菱 6-690A
cǎilínggē 採菱歌 6-690B
cǎilíngqǔ 採菱曲 6-690B
cáiliú 才流 1-302B
cáiliú 裁留 9-65A
cǎiliú 采旒 10-1309B
cǎiliú 采斿 10-1307B
cǎiliú 綵旒 9-906B
cǎiliú 綵斿 9-905B
cǎilóu 綵樓 9-906B
cáilǔ 財鹵 10-86B
cáilǔ 財虜 10-87B
cáilù 財禄 10-87A
cáilù 財賂 10-87B
cáilù 財路 10-87B
cǎilù 采録 10-1310B
cǎilù 采緑 10-1309B
cǎilù 採録 6-692A
cǎiluán 彩鸞 3-1125B
cǎiluán 綵鸞 9-907A
cǎiluō 采捋 10-1307B
cāilǜ 猜慮 5-69B
cǎilǚ 綵縷 9-907A
cáilüè 才略 1-303A
cáilüè 材略 4-757B
cǎilüè 採掠 6-690A
cáimǎ 財馬 10-86B
cǎimǎi 採買 6-690B
cáimáng 財忙 10-85A
càimǎng 蔡莽 9-538B
cáimào 才皃 1-301A
cáimào 才貌 1-304B
cáimào 財貿 10-87A
cáimào 裁帽 9-66A
cǎimáo 采旄 10-1307B
cǎimào 採芼 6-689A
cáimàoshuāngquán 才貌雙全 1-304B
cáimàoxíngjié 材茂行絜 4-756B
cāiméi 猜枚 5-68A
cáimén 財門 10-85B
cáiméndùnlǘ 財門鈍驢 10-85B
cāimí 猜謎 5-70A

cáimí 財迷 10-86A
cáimiǎn 裁免 9-63B
cáimǐn 才敏 1-303A
cáimíng 才名 1-300B
cáimíng 才明 1-301A
cáimìng 才命 1-301A
cǎimíng 采名 10-1306B
cáimíxīnqiào 財迷心竅 10-86A
cāimō 猜摸 5-69A
cāimó 猜摹 5-69B
cāimó 猜摩 5-70A
cáimó 才謨 1-305B
cáimó 裁模 9-67A
cāimóu 猜謀 5-70A
cáimóu 才謀 1-305B
cáimòzhīsǒu 才墨之藪 1-305A
cáimù 材木 4-755B
cǎimù 採木 6-688B
cǎimù 採沐 6-689A
cǎinà 采納 10-1308A
cǎinà 採納 6-690A
cáinán 才難 1-305B
cáinán 材難 4-759A
cáinéng 才能 1-302B
cáinéng 材能 4-757B
cáinéng 財能 10-86B
cǎiní 彩霓 3-1124B
càiniú 菜牛 9-445B
càinóng 菜農 9-446B
cáinǚ 才女 1-300A
cáinǚ 材女 4-755B
cǎinǚ 采女 10-1305B
cǎinǚ 婇女 4-373A
cǎinǚ 彩女 3-1123A
cǎinǚ 綵女 9-905A
càinǚ 蔡女 9-538B
cāinüè 猜虐 5-68A
cáinǚyuè 材女樂 4-755B
cáipái 裁排 9-65B
cǎipái 彩排 3-1123B
cáipàn 裁判 9-63B
cáipànguān 裁判官 9-63B
cáipànsuǒ 裁判所 9-63B
cáipànyuán 裁判員 9-63B
cǎipéng 彩棚 3-1124A
cǎipéng 綵棚 9-906A
cáipí 裁皮 9-63A
cáipiào 財票 10-86B
cǎipiào 彩票 3-1123B
cáipǐn 才品 1-301B
cáipǐn 材品 4-757A
cáipìn 財聘 10-87A
cǎipín 采蘋 10-1311A
cǎipǐn 彩品 3-1123B
càipǐn 菜品 9-446B
cāipò 猜迫 5-68A
cāipò 猜破 5-68B
cáipōu 裁剖 9-65A
cáipǔ 材朴 4-756A
cáipǔ 材樸 4-758B
cáipù 材鋪 4-758B
càipǔ 菜圃 9-446B
càipǔ 菜譜 9-447A
cáiqì 才氣 1-302A
cáiqì 才器 1-305A
cáiqì 材氣 4-757A
cáiqì 材器 4-758B
cáiqì 財氣 10-86B
cáiqì 財器 10-88B
cǎiqí 采齊 10-1309B
cǎiqí 彩旗 3-1124B
cǎiqì 彩氣 3-1123B
càiqí 采圻 10-1306B
càiqí 菜畦 9-446B
cáiqià 纔恰 9-1063B
cáiqián 財錢 10-88B
cáiqiǎn 裁遣 9-66B
cǎiqiàn 彩蒨 3-1124A
cáiqiǎo 才巧 1-300B
cǎiqiáo 采樵 10-1310A
cǎiqiáo 採樵 6-691B
cáiqiē 裁切 9-62B
cǎiqín 采芹 10-1306B
cāiqíng 猜情 5-68B
cáiqīng 才卿 1-302B
cáiqíng 才情 1-303B
cǎiqīng 採清 6-690B
càiqīng 菜青 9-446A
cáiqīngdébó 材輕德薄 4-758A
cǎiqínrén 採芹人 6-689A
cáiqiú 財求 10-85A
cǎiqiú 彩毬 3-1123B
cǎiqiú 採求 6-689A
cǎiqiú 綵毬 9-906A
cáiqǔ 財取 10-85A
cáiqǔ 裁取 9-64A
cǎiqǔ 采取 10-1306B
cǎiqǔ 採取 6-689B
cǎiqǔ 踩麯 10-510B
cāiquán 猜拳 5-68B
cáiquán 財權 10-88B
cáiquē 裁缺 9-65A
cǎiquè 採榷 6-691A
cáirán 才然 1-304A
cáirán 纔然 9-1063B
cāirǎo 猜擾 5-70B
cāirěn 猜忍 5-68A
cáirén 才人 1-299B
cáirén 材人 4-755A
cáirén 裁人 9-62B
cǎirén 踩人 10-510A
càirén 菜人 9-445B
càirèn 采任 10-1306B
cáirénshūhuì 才人書會 1-299B
cáiróng 才容 1-302B
cǎiróng 采榮 10-1309B
cáirǔ 裁辱 9-65A
càirú 菜茹 9-446A
cǎiruǎnsuǒ 踩軟索 10-510A
cǎisāng 采桑 10-1308A
cǎisāng 採桑 6-689B
cǎisāngdù 採桑度 6-690A
cǎisāngzǐ 采桑子 10-1308A
cǎisāngzǐ 採桑子 6-690A
cāisānhēwǔ 猜三喝五 5-67B
cāisānhuáwǔ 猜三劃五 5-67B
cáisè 才色 1-300B
cáisè 財色 10-85A
cǎisè 采色 10-1306B
cǎisè 彩色 3-1123A
càisè 菜色 9-445B
cǎisèpiān 彩色片 3-1123A
cáishān 裁芟 9-63B
cáishàn 才贍 1-306A
cǎishān 採山 6-688B
cǎishān 綵山 9-905A
cǎishàn 采善 10-1309A
cáishè 裁赦 9-65B
cáishēn 財紳 10-86B
cáishén 財神 10-86A
cáishèn 裁慎 9-66B
cáishěng 裁省 9-64B
cǎishēng 採生 6-688B
cǎishèng 彩勝 3-1124A
cǎishèng 綵乘 9-906A
cǎishèng 綵勝 9-906A
cǎishēngzhégē 採生折割 6-688B
cáishényé 財神爺 10-86B
cáishī 財施 10-86A
cáishī 裁詩 9-66B
cáishí 才時 1-302A
cáishí 才實 1-304B
cáishí 才識 1-306A
cáishí 材實 4-758A
cáishí 材識 4-759A
cáishí 財食 10-86A
cáishí 財實 10-88A
cáishí 裁什 9-62B
cáishǐ 材使 4-756B
cáishǐ 財使 10-85B
cáishǐ 裁使 9-64A
cáishì 才士 1-300A
cáishì 材士 4-755B
cáishì 財勢 10-87A
cáishì 裁示 9-62B
cǎishī 采詩 10-1309B
cǎishī 採詩 6-691A
cǎishí 采石 10-1306A
cǎishí 采拾 10-1307A
cǎishí 採拾 6-689B
cǎishì 采飾 10-1309A
càishí 采食 10-1307B
càishí 菜食 9-446B
càishì 菜市 9-445B
cǎishíjī 采石磯 10-1306A
càishìkǒu 菜市口 9-445B
cáishìliànbīng 材士練兵 4-755B
cáishǒu 才守 1-300B
cáishū 才淑 1-303B
cáishū 裁書 9-65A
cáishǔ 財署 10-87B
cáishù 才術 1-303A
cáishù 才數 1-305A
cáishù 材術 4-757B
cáishù 材樹 4-758B
cǎishū 采菽 10-1308A
càishū 菜蔬 9-446B
cǎishuǐ 踩水 10-510A
cáishuō 才説 1-304B
cáishūxuéqiǎn 才疏學淺 1-304A
cáishūyìguǎng 才疏意廣 1-304A
cáishūzhìdà 才疏志大 1-304A
cáishūzhìdà 材疏志大 4-758A
cáisī 才思 1-301B
cǎisī 綵絲 9-906B
cǎisīxìhǔ 綵絲繫虎 9-906B
cáisǒu 材藪 4-759A
cáisǒu 財藪 10-88B
cáisù 財粟 10-87A
cǎisù 彩塑 3-1124A
cǎisuì 踩歲 10-510B
cáisǔn 裁損 9-66B
cǎisuǒ 綵索 9-905B
cǎità 踩踏 10-510B
cáitài 裁汰 9-63B
càitái 菜薹 9-447A
cáitǎng 財帑 10-85B
cǎitáo 彩陶 3-1123B
cǎitáowénhuà 彩陶文化 3-1123B
cǎitián 踩田 10-510A
cǎitīng 采聽 10-1311B
cǎitīng 採聽 6-692B
cáitóngmiàojì 材童妙妓 4-758A
cáitóu 材頭 4-758B
cǎitóu 采頭 10-1310B
cǎitóu 彩頭 3-1124B
cāitóu'er 猜頭兒 5-70A
cáituán 財團 10-88A
cáituán 裁剸 9-66B
cáituì 裁退 9-64B
cáiwàng 才望 1-303A
cáiwàng 材望 4-757B
cáiwàngguānshēng 財旺官生 10-85B
cáiwàngshēngguān 財旺生官 10-85A
cāiwèi 猜畏 5-68A
cáiwèi 財位 10-85A
cǎiwēi 采薇 10-1310A
cǎiwēi 採薇 6-691B
càiwèi 采衛 10-1310B
cáiwèn 裁問 9-65B
cǎiwén 采文 10-1306A
cǎiwèn 採問 6-690B
cǎiwò 綵幄 9-906A
cǎiwōzi 踩窩子 10-510B
cāiwǔ 猜忤 5-67B
cáiwǔ 材武 4-756A
cáiwù 才悟 1-302B
cáiwù 材物 4-756B
cáiwù 財物 10-85B
cáiwù 財務 10-86B
cǎiwù 采物 10-1307A

cǎiwù 彩物 3-1123B
cǎiwù 綵物 9-905B
cāixì 猜隙 5-69A
cáixǐ 財喜 10-87A
cǎixí 采席 10-1307B
cǎixǐ 跴屣 10-510B
cǎixì 采戲 10-1310B
cǎixiá 彩霞 3-1125A
cāixián 猜嫌 5-69B
cāixiǎn 猜險 5-70A
cāixiǎn 猜嶮 5-70A
cáixián 才賢 1-304B
cáixián 材賢 4-758B
cǎixiàn 采綖 10-1309A
cāixiáng 猜詳 5-69B
cāixiǎng 猜想 5-69A
cǎixiāngjìng 采香涇
10-1307B
cǎixiāngjìng 采香徑
10-1307A
cǎixiāngjìng 采香逕
10-1307A
cǎixiānglù 采香路 10-1307B
cáixiào 財校 10-86B
cǎixiào 采效 10-1307B
cāixié 猜攜 5-70B
cáixiè 裁謝 9-68A
cǎixié 采擷 10-1311A
cǎixié 采纈 10-1311B
cǎixié 採擷 6-692A
cāixìn 猜釁 5-70B
cǎixīn 采薪 10-1310A
cǎixīn 採薪 6-691B
cáixīng 才星 1-301B
cáixīng 財星 10-86A
cáixíng 才行 1-300B
cáixíng 材行 4-756A
cáixǐng 裁省 9-64B
cáixìng 才性 1-301A
cáixìng 材性 4-756B
cáixìng 財幸 10-85A
cáixìng 裁幸 9-63B
cáixīnlòushé 裁心鏤舌
9-62B
cǎixīnzhīhuàn 採薪之患
6-691B
cǎixīnzhījí 采薪之疾
10-1310A
cǎixīnzhījí 採薪之疾
6-691B
cǎixīnzhīyōu 采薪之憂
10-1310A
cǎixīnzhīyōu 採薪之憂
6-691B
cáixióng 才雄 1-303B
cáixióng 財雄 10-87A
cáixióngdémào 材雄德茂
4-758A
cáixiù 才秀 1-301A
cáixiù 材秀 4-756A
cǎixiù 采繡 10-1311A
cǎixiù 彩繡 3-1125A
cáixiǔxínghuì 材朽行穢
4-756A
càixǐyáncái 蔡屣延才
9-538B
cáixū 才諝 1-305B
cáixū 材諝 4-758B
cáixǔ 裁許 9-65B
cáixù 才緒 1-304B
cáixù 財蓄 10-87B
cǎixù 采蓄 10-1309A
cǎixuǎn 采選 10-1310A
cǎixuǎn 彩選 3-1124B
cǎixuàn 彩絢 3-1124A
cǎixuǎngé 彩選格 3-1124B
cáixuē 裁削 9-64B
cáixué 才學 1-305B
cāiyà 猜訝 5-68B
càiyá 菜蚜 9-446B
cáiyàn 才彥 1-302A
cáiyàn 材彥 4-757A
cǎiyàn 彩燕 3-1124B
cǎiyàn 彩豔 3-1125B
cǎiyàn 綵燕 9-907A
càiyáng 菜羊 9-446A
cáiyáo 財爻 10-84B
cǎiyào 采葯 10-1308B
cǎiyào 采藥 10-1311A
càiyáo 菜肴 9-446A
càiyáo 菜殽 9-446B
cáiyè 才業 1-304A
cáiyè 財業 10-87B
cāiyí 猜疑 5-69B
cāiyì 猜意 5-69B
cáiyī 裁衣 9-63A
cáiyì 才義 1-304A
cáiyì 才蓺 1-304B
cáiyì 才藝 1-305B
cáiyì 材異 4-757B
cáiyì 材藝 4-759A
cáiyì 裁抑 9-63A
cǎiyī 采衣 10-1306B
cǎiyī 彩衣 3-1123A
cǎiyī 綵衣 9-905A
cǎiyì 采刈 10-1306A
cǎiyì 彩鷁 3-1125A
cǎiyì 採挹 6-689B
cǎiyì 綵鷁 9-907A
càiyì 采邑 10-1306B
càiyì 菜邑 9-446A
cáiyīn 裁音 9-64B
cáiyīng 才英 1-301A
cáiyíng 裁營 9-68A
cáiyǐng 才穎 1-305B
cáiyīrì 裁衣日 9-63A
cǎiyīyúqīn 綵衣娛親
9-905B
cáiyǒng 才勇 1-302A
cáiyǒng 材勇 4-757A
cáiyòng 才用 1-300B
cáiyòng 材用 4-755B
cáiyòng 財用 10-84B
cǎiyōng 采庸 10-1308B
cǎiyòng 采用 10-1306A
cǎiyòng 採用 6-689A
cáiyóu 才猷 1-304A
cáiyóu 材猷 4-758A
càiyóu 菜油 9-446A
cáiyōugànjǐ 材優幹濟
4-759A
cāiyú 猜虞 5-69A
cáiyú 才魚 1-303A
cáiyǔ 才語 1-304B
cáiyǔ 裁與 9-66B
cáiyù 才譽 1-306A
cáiyù 材譽 4-759A
cáiyù 財欲 10-86B
cǎiyú 采漁 10-1309B
cǎiyú 彩輿 3-1125A
càiyù 菜玉 9-445B
cāiyuàn 猜怨 5-68B
cáiyuán 財源 10-87B
cáiyuán 裁員 9-65A
càiyuán 菜園 9-446B
cáiyún 裁雲 9-65B
cáiyùn 才緼 1-305A
cáiyùn 才韻 1-306A
cáiyùn 財運 10-87A
cǎiyūn 彩暈 3-1124A
cǎiyún 彩雲 3-1124A
cǎiyún 綵雲 9-906A
cáiyùnhēngtōng 財運亨通
10-87A
cáiyúnjiǎnshuǐ 裁雲翦水
9-65B
cǎiyúnyìsàn 彩雲易散
3-1124A
cáizǎo 才藻 1-305B
cǎizǎo 采藻 10-1311A
cǎizǎo 綵藻 9-907A
cáizàoyuàn 裁造院 9-65A
cáizé 才則 1-301B
cáizé 財擇 10-88A
cáizé 裁擇 9-67B
cáizé 纔則 9-1063B
cǎizé 采擇 10-1310A
cǎizé 採擇 6-691A
cāizéi 猜賊 5-69B
cāizèn 猜譖 5-70B
cǎizēng 采繒 10-1311A
cǎizēng 綵繒 9-907A
cāizhà 猜詐 5-69A
cǎizhāi 采摘 10-1309B
cǎizhāi 採摘 6-691A
cǎizhāi 採擿 6-692A
cǎizhān 采旃 10-1307B
cǎizhàn 采戰 10-1310B
cǎizhàn 彩戰 3-1125A
cǎizhàn 採戰 6-691B
cǎizhàn 綵戰 9-907A
cáizhāng 才章 1-303A
cǎizhāng 采章 10-1308B
cǎizhāng 彩章 3-1123B
cǎizhāng 綵章 9-906A
cǎizhàng 彩仗 3-1123A
cǎizhàng 綵仗 9-905A
cǎizhàng 綵杖 9-905B
cáizhào 裁詔 9-66A
cǎizhào 採召 6-689A
cáizhé 才哲 1-302A
cáizhé 裁折 9-63A
cǎizhé 採折 6-689A
cáizhēn 財珍 10-85B
cǎizhēn 采真 10-1307B
cǎizhēn 采甄 10-1309A
cáizhēng 財征 10-85B
cáizhěng 裁整 9-67B
cáizhèng 財正 10-84B
cáizhèng 財政 10-85B
cáizhèng 裁正 9-62B
cǎizhèng 采政 10-1307A
cáizhèngguǎtóu 財政寡頭
10-86A
cáizhèngzīběn 財政資本
10-86A
cāizhì 猜忮 5-67B
cāizhì 猜鷙 5-70B
cáizhí 材植 4-757B
cáizhí 材職 4-759A
cáizhǐ 裁止 9-62B
cáizhǐ 裁旨 9-63A
cáizhì 才知 1-301A
cáizhì 才志 1-301A
cáizhì 才致 1-302A
cáizhì 才智 1-303B
cáizhì 才質 1-305A
cáizhì 材知 4-756B
cáizhì 材致 4-757A
cáizhì 材智 4-758A
cáizhì 材質 4-758B
cáizhì 財制 10-85B
cáizhì 裁制 9-64A
cáizhì 裁治 9-64A
cáizhì 裁致 9-65A
cáizhì 裁紩 9-65B
cáizhì 裁製 9-67A
cǎizhī 采芝 10-1306A
cǎizhī 採芝 6-689A
cǎizhí 采摭 10-1309B
cǎizhí 採摭 6-691A
cǎizhì 采緻 10-1310B
cǎizhīcāo 採芝操 6-689A
cáizhíwùliào 材植物料
4-757B
cáizhōng 裁中 9-62B
cáizhōng 裁衷 9-65A
cǎizhōu 綵舟 9-905A
cáizhǔ 財主 10-84B
cáizhǔ 裁屬 9-68B
cáizhǔ 纔屬 9-1063B
cáizhù 財柱 10-86A
cǎizhū 採珠 6-689B
cāizhuān 猜專 5-68B
càizhuàn 菜饌 9-447A
cáizhuāng 財裝 10-87B
cáizhuàng 才壯 1-301A
cáizhuì 裁綴 9-67A
cǎizhuī 跴追 10-510A
cǎizhuì 采綴 10-1309B
cǎizhuì 採綴 6-691A
cáizhuó 裁酌 9-65A
cáizhuó 裁琢 9-65B
cǎizhuó 采擢 10-1310B
cǎizhuó 採斫 6-689B
cǎizhuó 採琢 6-690B

cǎizhuó 採斲 6-691A
cǎizhuó 採擢 6-692A
cǎizhuó 採斸 6-692A
cáizī 材資 4-758A
cáizī 財貲 10-87B
cáizī 財資 10-87B
cáizī 財訾 10-87B
cáizī 纔茲 9-1063B
cáizǐ 才子 1-300A
cáizǐ 材子 4-755B
cáizì 才自 1-300B
cǎizǐ 彩子 3-1123A
càizǐ 菜子 9-445B
cáizǐjiārén 才子佳人 1-300A
cáizǐshū 才子書 1-300A
càizǐyóu 菜子油 9-445B
cāizǔ 猜阻 5-68A
cáizú 材卒 4-756B
cǎizǔ 采組 10-1308B
càizū 菜葅 9-446B
cáizǔn 裁撙 9-67B
cājiān 擦肩 6-945B
cājiǎn 擦減 6-946A
cālànwū 拆爛污 6-474A
cāliǎn 擦臉 6-946B
cāliàng 擦亮 6-945B
cāmiǎn 擦免 6-945B
cāmó 擦摩 6-946A
cāmó 擦磨 6-946A
cāmǒ 擦抹 6-945B
cǎn'àn 慘闇 7-718B
cǎn'àn 慘案 7-715B
cǎn'àn 慘黯 7-718B
cānbài 參拜 2-843A
cǎnbái 慘白 7-714B
cǎnbài 穇稗 8-151B
cānbàn 參半 2-839B
cānbàn 參辦 2-849B
cānbǎng 參榜 2-847A
cánbào 殘暴 5-173A
cánbào 慚豹 7-703A
cǎnbào 慘暴 7-718A
cánbǎobǎo 蠶寶寶 8-1009A
cánbēi 殘杯 5-169B
cánbēi 殘碑 5-172A
cánbēi 慚悲 7-703B
cánbēilěngzhì 殘杯冷炙 5-169B
cānběn 參本 2-839B
cánběn 殘本 5-168A
cánbī 殘逼 5-171B
cánbì 殘敝 5-171B
cánbì 殘弊 5-173A
cānbiàn 參變 2-850B
cánbiān 殘編 5-173B
cánbiǎn 蠶匾 8-1007A
cǎnbiàn 慘變 7-719A
cánbiānduànjiǎn 殘編斷簡 5-173B
cánbiānlièjiǎn 殘編裂簡 5-173B
cānbiāo 驂鑣 12-882A
cānbiǎo 參表 2-841B
cānbǐng 參秉 2-842A
cānbìng 參并 2-841A
cánbīng 殘兵 5-169A
cánbìng 殘病 5-170B
cánbīngbàijiàng 殘兵敗將 5-169A
cānbó 參駁 2-847A
cánbō 殘剥 5-171A
cánbó 殘薄 5-173B
cánbó 蠶箔 8-1007B
cánbó 蠶薄 8-1008A
cānbù 參部 2-845A
cānbù 餐布 12-541A
cánbù 殘步 5-169A
cánbù 慚怖 7-702B
cǎnbù 慘怖 7-715A
cǎnbùrěndǔ 慘不忍睹 7-714A
cǎnbùrěnwén 慘不忍聞 7-714A
cǎnbùrěnyán 慘不忍言 7-714A
cāncān 驂驂 12-882A
cǎncǎn 慘慘 7-717B
cǎncǎn 憯憯 7-736A
cǎncǎn 黲黲 12-1375B
càncàn 粲粲 9-215A
càncàn 燦燦 7-300B
càncàn 璨璨 4-634B
cǎncǎnyōuyōu 慘慘幽幽 7-718A
cáncǎo 殘草 5-170A
cāncè 參廁 2-845A
cáncè 慚惻 7-703B
cǎncè 慘惻 7-717A
cǎncè 憯惻 7-735B
cānchá 參察 2-847B
cānchái 餐柴 12-542A
cānchān 參覘 2-846A
cānchán 參禪 2-849B
cánchán 殘蟬 5-174A
cānchǎng 參場 2-846A
cánchàng 慚悵 7-703B
cāncháo 參朝 2-846A
cānchē 餐車 12-541A
cānchè 參撤 2-848A
cānchén 參陳 2-845A
cānchéng 參承 2-842B
cānchéng 驂乘 12-881B
cánchí 蠶池 8-1005A
cánchǐ 慚恥 7-703A
cánchǒu 殘醜 5-173B
cānchǔ 參處 2-845A
cānchù 參觸 2-850B
cǎnchǔ 慘楚 7-717A
cǎnchuài 噆嘬 3-507A
cánchuǎn 殘喘 5-171B
cǎnchuàng 慘愴 7-717B
cànchuí 參搥 2-846A
cànchuí 摻槌 6-848A
cánchūn 殘春 5-170A
cāncóng 參從 2-845B
cáncóng 蠶叢 8-1008B
cáncónglù 蠶叢路 8-1008B
cáncóngniǎodào 蠶叢鳥道 8-1008B
cáncù 慚蹙 7-704B
cáncù 蠶蔟 8-1007B
cáncù 蠶簇 8-1008A
cǎncù 傪酢 1-1659A
cǎncù 慘醋 7-718A
cǎncù 慘蹙 7-718B
cáncuán 蠶攢 8-1009A
cáncuì 殘悴 5-171B
cǎncuì 傪悴 1-1659A
cǎncuì 慘悴 7-716A
cǎncuì 慘顇 7-718B
cǎncuì 憯悴 7-735B
cǎncuì 憯瘁 7-736A
cáncún 殘存 5-168B
càncuō 璨瑳 4-634B
càncuò 燦錯 7-300B
cǎndá 慘怛 7-715A
cǎndá 憯怛 7-735B
cǎndài 慘黛 7-718B
cāndàn 餐啖 12-542A
cāndàn 餐啗 12-542A
cándān 蠶簞 8-1008B
cándàn 蠶啗 8-1007A
cǎndàn 慘淡 7-716A
cǎndàn 慘澹 7-718B
cǎndàn 黲淡 12-1375B
cǎndàn 黲澹 12-1375B
cándǎng 殘黨 5-174B
cándàng 殘蕩 5-173A
cǎndànjīngyíng 慘淡經營 7-716A
cǎndànjīngyíng 慘澹經營 7-718B
cāndāo 餐刀 12-541A
cǎndāo 慘忉 7-714B
cǎndào 慘悼 7-716A
cándé 慚德 7-704A
cándēng 殘燈 5-174A
cándèngyǔ 慚鄧禹 7-704A
cāndiǎn 參典 2-842A
cāndiàn 驂驔 12-882A
cāndìng 參定 2-842B
cāndìng 參訂 2-843A
cándīng 慚丁 7-702A
cándōng 殘冬 5-168A
cándòng 殘凍 5-170B
cándòu 蠶豆 8-1005B
cándòuxiàng 蠶豆象 8-1005B
cándú 殘毒 5-170A
cǎndú 慘毒 7-715A
cǎndú 慘黷 7-719A
cǎndú 憯毒 7-735B
cǎndú 黲黷 12-1376A
cǎnduàn 憯斷 7-736A
cānduì 參對 2-847A
cānduó 參度 2-843A
cán'é 蠶蛾 8-1007B
cán'é 蠶䖸 8-1007B
cǎn'è 慘惡 7-716A
cān'ěr 餐餌 12-542B
cān'èr 參貳 2-845B
cán'er 蠶兒 8-1005B
cǎn'ěr 慘爾 7-717B
cānfá 參罰 2-847A
cánfá 殘伐 5-168B
cānfàn 餐飯 12-542B
cānfǎng 參訪 2-845B
cánfāng 殘芳 5-168B
cánfáng 蠶房 8-1005B
cānfēi 驂騑 12-881B
cánfèi 殘廢 5-173B
cánfèn 慚忿 7-702B
cánfèn 慚憤 7-704A
cānfēng 餐風 12-541B
cānfèng 參奉 2-841B
cánfèng 殘俸 5-170B
cānfēngmùyǔ 餐風沐雨 12-541B
cānfēngnièxuě 餐風嚙雪 12-542A
cānfēngrúxuě 餐風茹雪 12-541B
cānfēngsìxiá 驂風駟霞 12-881B
cānfēngsùcǎo 餐風宿草 12-542A
cānfēngsùlù 餐風宿露 12-542A
cānfēngsùshuǐ 餐風宿水 12-542A
cānfēngsùyǔ 餐風宿雨 12-542A
cānfēngyànlù 餐風咽露 12-541B
cānfēngyǐnlù 餐風飲露 12-542A
cānfú 餐服 12-541B
cānfú 驂服 12-881B
cānfù 參附 2-841B
cánfú 慚伏 7-702A
cánfú 慚服 7-702B
cánfú 蠶鳧 8-1006A
cánfù 慚負 7-702B
cánfù 蠶婦 8-1007A
cǎnfú 慘服 7-714B
cǎnfù 慘腹 7-717A
cánfúqǐhè 慚鳧企鶴 7-704A
cángǎi 慚胲 7-703A
cāngān 參干 2-839A
cāng'àn 蒼黯 9-509A
cángǎn 慚感 7-704A
cángāng 殘釭 5-171A
cáng'áng 藏昂 9-592A
cāng'áo 倉敖 1-1440A
cāng'áo 倉厫 1-1440B
cāng'áo 倉廒 1-1440B
cāngào 參告 2-841A
cángāo 殘膏 5-172B
cángǎo 殘稿 5-173A
cángāoshèngfù 殘膏剩馥 5-172B
cángāoshèngfù 殘膏賸馥 5-172B
cāngbái 蒼白 9-505A
cāngbèi 傖輩 1-1603A

cāngbǐ 傖鄙 1-1603A
cāngbiǎn 倉扁 1-1440A
cāngbō 滄波 6-24B
cāngbó 滄渤 6-26B
cāngcái 傖才 1-1602A
cāngcāng 倉倉 1-1440A
cāngcāng 滄滄 6-26B
cāngcāng 蒼蒼 9-507B
cāngcānghuánghuáng 倉倉皇皇 1-1440A
cāngcāngliángliáng 滄滄涼涼 6-26B
cāngcén 蒼岑 9-505B
cāngchǎng 倉場 1-1440B
cāngchí 滄池 6-24B
cāngchì 蒼赤 9-505B
cāngchǔ 倉儲 1-1441A
cāngchǔ 傖楚 1-1603A
cāngcù 倉促 1-1439B
cāngcù 倉猝 1-1440B
cāngcù 倉卒 1-1439B
cāngcù 蒼猝 9-507B
cāngcù 蒼卒 9-506A
cāngcuì 蒼翠 9-508A
cángcuī 巘崔 3-874B
cāngdì 蒼帝 9-506B
cāngdù 倉蠹 1-1441A
cángduǒ 藏躲 9-593A
cāngé 参革 2-842B
cángēng 殘更 5-169A
cángēng 蠶耕 8-1006B
cángēnglěngzhì 殘羹冷炙 5-174B
cāng'ér 傖兒 1-1602B
cāng'ěr 滄耳 6-24B
cāng'ěr 蒼耳 9-505A
cāngfǎ 倉法 1-1439B
cāngfáng 倉房 1-1439B
cángfēng 藏鋒 9-593A
cángfēngliǎn'è 藏鋒斂鍔 9-593A
cángfēngliǎnruì 藏鋒斂鋭 9-593A
cángfēngliǎnyǐng 藏鋒斂穎 9-593A
cāngfū 傖夫 1-1602B
cāngfǔ 倉府 1-1439B
cāngfǔ 倉腐 1-1440B
cāngfù 傖父 1-1602B
cángfú 藏伏 9-591B
cánggài 藏蓋 9-593A
cānggē 傖歌 1-1603A
cānggēng 倉庚 1-1439B
cānggēng 倉鶊 1-1441A
cānggēng 蒼庚 9-506A
cānggēng 鶬鶊 12-1138A
cānggǒu 倉狗 1-1439B
cānggǒu 蒼狗 9-506A
cánggōu 藏鈎 9-592B
cánggōu 藏鉤 9-593A
cānggǒubáiyī 蒼狗白衣 9-506A
cānggǒubáiyún 蒼狗白雲 9-506A
cánggòunàwū 藏垢納污 9-592A
cānggǔ 倉穀 1-1441A
cānggǔ 蒼古 9-504B
cāngguā 鶬鴰 12-1138A
cāngguā 鶬括 12-1138A
cāngguān 倉官 1-1439B
cāngguān 蒼官 9-506A
cángguāng 藏光 9-591B
cāngguǐ 傖鬼 1-1603A
cángguǐ 藏庋 9-592A
cānghǎi 倉海 1-1440A
cānghǎi 滄海 6-25A
cānghǎi 蒼海 9-507A
cānghǎihéngliú 滄海横流 6-25B
cānghǎijūn 滄海君 6-25A
cānghǎikè 滄海客 6-25A
cānghǎirén 滄海人 6-25A
cānghǎisāngtián 滄海桑田 6-25A
cānghǎiyīlín 滄海一鱗 6-25A
cānghǎiyīsù 滄海一粟 6-25A
cānghǎiyízhū 滄海遺珠 6-25B
cānghǎizhū 滄海珠 6-25A
cānghào 蒼昊 9-506A
cānghào 蒼顥 9-509A
cānghēi 倉黑 1-1440B
cānghēi 蒼黑 9-507B
cānghú 蒼鶻 9-509A
cānghuá 蒼華 9-506B
cānghuāng 傖荒 1-1602B
cānghuáng 倉皇 1-1439B
cānghuáng 倉黄 1-1440B
cānghuáng 倉徨 1-1440B
cānghuáng 倉惶 1-1440B
cānghuáng 倉遑 1-1440B
cānghuáng 蒼皇 9-506B
cānghuáng 蒼黄 9-507A
cānghuáng 蒼惶 9-507B
cāngjī 鶬鷄 12-1138A
cāngjí 倉急 1-1440A
cāngjí 蒼極 9-507B
cángjī 藏機 9-593B
cángjiān 藏奸 9-591B
cāngjiāng 滄江 6-24B
cāngjiào 倉窖 1-1440A
cángjiāo 藏嬌 9-593B
cāngjié 倉頡 1-1440B
cāngjīn 滄津 6-25A
cāngjìng 蒼勁 9-506B
cángjiū 藏鬮 9-594A
cāngjù 倉遽 1-1441A
cángjǔ 藏弆 9-592A
cángjǔ 藏去 9-591A
cángjǔ 臧弆 5-237B
cángjǔ 臧去 5-237A
cángkōu 藏彄 9-593A
cāngkù 倉庫 1-1440A
cāngkuài 倉廥 1-1441A
cāngláng 倉琅 1-1440A
cāngláng 滄浪 6-25B
cāngláng 蒼狼 9-507A
cāngláng 蒼琅 9-507A
cāngláng 蒼筤 9-508A
cāngláng 簹筤 8-1233A
cānglàng 倉浪 1-1440A
cānglàng 蒼浪 9-507A
cānglánggēn 倉琅根 1-1440A
cānglángjūn 滄浪君 6-26A
cānglángkè 滄浪客 6-26A
cānglánglǎorén 滄浪老人 6-26A
cānglángsǒu 滄浪叟 6-26A
cānglángtiān 滄浪天 6-26A
cānglángtíng 滄浪亭 6-26A
cānglángzhōu 滄浪洲 6-26A
cānglángzǐ 滄浪子 6-26A
cānglǎo 蒼老 9-505A
cānglí 蒼黎 9-508A
cānglì 倉吏 1-1439A
cāngliáng 倉糧 1-1441A
cāngliáng 滄涼 6-26B
cāngliáng 蒼凉 9-507A
cāngliáng 蒼涼 9-507B
cāngliè 傖劣 1-1602B
cānglǐn 倉廩 1-1441A
cānglíng 倉靈 1-1441B
cānglíng 蒼靈 9-509A
cāngliú 滄流 6-25B
cānglóng 倉龍 1-1441A
cānglóng 蒼龍 9-508B
cánglóngwòhǔ 藏龍臥虎 9-593B
cānglòu 傖陋 1-1602B
cānglù 滄路 6-26B
cānglù 蒼輅 9-508A
cānglù 蒼鷺 9-509A
cāngluán 蒼鸞 9-509B
cāngmáng 倉忙 1-1439A
cāngmáng 倉茫 1-1439B
cāngmáng 滄茫 6-25A
cāngmáng 蒼忙 9-505A
cāngmáng 蒼茫 9-506B
cāngmǎng 滄漭 6-26B
cāngmǎng 蒼莽 9-507A
cángmāo'er 藏貓兒 9-593A
cángmāomāo 藏猫猫 9-592B
cāngméng 蒼氓 9-506A
cāngméng 蒼甿 9-506A
cāngméng 蒼萌 9-507B
cāngmí 傖靡 1-1603B
cāngmí 鶬麋 12-1138A
cāngmǐ 倉米 1-1439A
cāngmín 蒼民 9-505A
cāngmín 蒼旻 9-506A
cāngmíng 滄溟 6-26B
cāngmíng 蒼冥 9-507A
cāngmíng 蒼溟 9-508A
cángmíng 藏名 9-591B
cángmìng 藏命 9-592A
cángmìng 臧命 5-237B
cāngnáng 獊囊 5-102A
cángnì 藏匿 9-592B
cángnì 臧匿 5-237B
cāngniǎo 蒼鳥 9-507B
cāngníng 傖甯 1-1603B
cāngníng 傖儜 1-1603B
cāngníng 傖獰 1-1603B
cāngníng 獊獰 5-102A
cāngnú 倉奴 1-1439A
cāngnú 傖奴 1-1602B
cángnù 藏怒 9-592B
cāngòng 参共 2-840A
cángōng 蠶工 8-1004B
cángōng 蠶功 8-1005A
cángōng 蠶宫 8-1006A
cāngpó 蒼皤 9-509A
cāngpò 倉迫 1-1439B
cāngqí 蒼祇 9-506B
cāngqì 傖氣 1-1603A
cángqì 臧器 5-238A
cāngqián 蒼黔 9-508B
cángqìdàishí 藏器待時 9-593B
cāngqióng 蒼穹 9-506A
cāngqiú 蒼虬 9-505B
cāngqiú 蒼虯 9-506A
cāngqūn 倉囷 1-1439A
cāngrǎng 傖攘 1-1603B
cāngrè 滄熱 6-26B
cāngrén 傖人 1-1602A
cāngrùn 蒼潤 9-508A
cāngsāng 滄桑 6-26A
cāngshān 蒼山 9-504B
cāngshén 蒼神 9-506B
cángshēn 藏身 9-591B
cāngshēng 蒼生 9-505A
cāngshèng 倉聖 1-1440B
cāngshí 倉實 1-1440B
cāngshǐ 倉史 1-1439A
cángshōu 藏收 9-591B
cāngshū 蒼舒 9-507B
cángshū 藏書 9-592B
cāngshuǐshǐ 蒼水使 9-504B
cāngsì 倉兕 1-1439A
cāngsì 蒼兕 9-505B
cāngsú 倉俗 1-1439B
cāngsú 傖俗 1-1603A
cāngsù 倉粟 1-1440B
cāngtái 蒼苔 9-506A
cāngtáng 蒼唐 9-507A
cāngtǎng 倉帑 1-1439B
cāngtiān 蒼天 9-504B
cāngtóu 倉頭 1-1441A
cāngtóu 傖頭 1-1603B
cāngtóu 蒼頭 9-508B
cángtóukàngnǎo 藏頭亢腦 9-593B
cángtóukàngnǎo 藏頭伉腦 9-593B
cángtóulòuyǐng 藏頭漏影 9-593B
cángtóulùwěi 藏頭露尾 9-593B
cángtóuyènǎo 藏頭擫腦 9-593B
càngǔ 粲谷 9-214B

càngǔ 摻鼓 6-848A
cānguān 參官 2-842B
cānguān 參觀 2-850B
cānguǎn 參管 2-847A
cānguǎn 餐館 12-542B
cānguàn 參貫 2-845B
cánguān 蠶官 8-1005B
cánguǎn 蠶館 8-1008A
cānguāng 參光 2-840A
cánguǎng 殘獷 5-174A
cānguǐ 參軌 2-842B
cángwǎng 藏往 9-592A
cāngwèi 艙位 9-10B
cāngwū 蒼烏 9-507A
cángwūnàgòu 藏污納垢
9-591B
cāngxiá 蒼霞 9-509A
cangxiāng 倉箱 1-1441A
cāngxiè 滄澥 6-26B
cángxíng 藏行 9-591B
cángxìng 藏幸 9-592A
cāngxiù 蒼秀 9-505B
cángxiū 藏修 9-592B
cángxiū 藏脩 9-592B
cāngxū 倉胥 1-1440A
cángxù 藏畜 9-592B
cángxù 藏蓄 9-593A
cāngxuán 蒼玄 9-505A
cāngyá 蒼牙 9-504B
cāngyǎ 倉雅 1-1440B
cāngyǎ 蒼啞 9-507B
cāngyān 蒼煙 9-508A
cāngyán 傖言 1-1602B
cāngyán 蒼顏 9-509A
cāngyàn 鶬鴳 12-1138A
cāngyàn 鶬鷃 12-1138A
cángyē 藏掖 9-592B
cángyè 藏擫 9-593B
cángyè 藏壓 9-594A
cāngyín 蒼垠 9-506B
cāngyīng 倉英 1-1439A
cāngyīng 倉鷹 1-1441B
cāngyīng 蒼鷹 9-509A
cāngyíng 滄瀛 6-26B
cāngyíng 蒼蠅 9-509A
cángyòng 藏用 9-591B
cāngyú 蒼鷉 9-509A
cāngyú 鶬鷉 12-1138A
cāngyǔ 倉庾 1-1440B
cāngyǔ 傖語 1-1603A
cāngyǔ 蒼宇 9-505B
cāngyù 倉玉 1-1439A
cāngyù 倉獄 1-1440B
cāngyù 蒼鬱 9-509B
cāngyuān 滄淵 6-26B
cángzhīmíngshān 藏之名山
9-591A
cāngzhòng 傖重 1-1603A
cāngzhōu 滄洲 6-25A
cángzhōu 藏舟 9-591B
cāngzhōujiǔ 滄州酒 6-24B
cāngzhú 蒼朮 9-504B
cángzhūmíngshān 藏諸名山
9-593A
cángzhuō 藏拙 9-592A
cāngzǐ 傖子 1-1602A
cánhái 殘骸 5-173A
cánhài 殘害 5-171A
cánhài 慚駭 7-704A
cánhán 殘寒 5-172A
cánhàn 慚汗 7-702A
cánhào 殘耗 5-170A
cǎnháo 慘號 7-717A
cānhé 參合 2-840B
cānhé 參劾 2-842B
cānhé 參核 2-844A
cānhé 參覈 2-850A
cānhé 餐和 12-541B
cānhè 參賀 2-846A
cánhé 殘河 5-169B
cánhé 蠶禾 8-1005A
cánhè 慚荷 7-703A
cǎnhé 慘礉 7-718B
cǎnhé 慘覈 7-718B
cánhèn 慚恨 7-702B
cǎnhèn 慘恨 7-715B
cānhéng 參衡 2-849A
cánhèng 殘橫 5-173A
cánhóng 殘紅 5-170A
cánhóng 殘虹 5-170A
cānhòu 參候 2-844B
cánhòu 蠶候 8-1006B
cānhù 參互 2-839B
cánhú 殘壺 5-171B
cánhù 蠶户 8-1005A
cǎnhū 慘呼 7-714B
cānhuá 參華 2-844A
cānhuà 參畫 2-846A
cánhuā 殘花 5-168B
cánhuā 蠶花 8-1005A
cànhuā 粲花 9-214B
cánhuābàiliǔ 殘花敗柳
5-168B
cānhuái 參懷 2-850A
cánhuài 殘壞 5-174A
cǎnhuái 慘懷 7-718B
cànhuàn 燦煥 7-300B
cánhuāng 殘荒 5-170A
cánhuáng 慚皇 7-702B
cánhuáng 慚惶 7-703B
cǎnhuáng 慘黃 7-715B
cǎnhuáng 慘惶 7-717A
cànhuáng 燦黃 7-300B
cānhuì 參會 2-846B
cānhuì 參穢 2-850A
cánhuī 殘暉 5-172A
cánhuǐ 殘毀 5-172B
cánhuǐ 慚悔 7-703A
cánhuì 殘穢 5-174A
cánhuì 慚恚 7-703A
cánhuì 慚諱 7-704B
cǎnhuī 慘灰 7-714B
cánhún 殘魂 5-172A
cánhún 慚魂 7-704A
cánhuǒ 殘火 5-168A
cǎnhuò 慘禍 7-717A
cānjī 參稽 2-848A
cānjí 參集 2-846A
cānjí 參詰 2-846B
cānjì 參迹 2-843A
cānjì 參計 2-843A
cānjì 參劑 2-849B
cánjí 殘疾 5-170B
cánjī 殘機 5-173B
cánjī 蠶姬 8-1006B
cánjí 慚急 7-702B
cánjì 慚悸 7-703B
cánjì 蠶績 8-1008A
cánjì 蠶忌 8-1005B
cǎnjí 慘急 7-715A
cǎnjí 慘棘 7-716B
cǎnjí 憯急 7-735B
cǎnjì 慘悸 7-716A
cānjiā 參加 2-840A
cānjia 餐痂 12-542A
cānjià 參假 2-845B
cānjià 參駕 2-848B
cānjià 驂駕 12-881B
cánjiā 蠶家 8-1006B
cānjiǎn 參檢 2-849B
cānjiàn 參見 2-841A
cánjiǎn 蠶繭 8-1008B
cánjiǎn 蠶璽 8-1009A
cānjiǎng 參講 2-849B
cānjiàng 參將 2-845B
cánjiǎnzhǐ 蠶繭紙 8-1008B
cānjiáo 餐嚼 12-543A
cānjiào 參較 2-846A
cānjiào 參校 2-844A
cánjiǎo 殘角 5-169A
cǎnjiào 慘叫 7-714B
cānjiě 參解 2-846B
cánjié 殘碣 5-172B
cǎnjiē 慘嗟 7-716B
cǎnjié 慘劫 7-714B
cǎnjié 慘結 7-717A
cǎnjié 慘節 7-717A
cānjīn 餐巾 12-541A
cānjìn 參覲 2-849B
cānjìn 驂靳 12-881B
cánjìn 蠶禁 8-1007A
cǎnjìn 慘勁 7-715A
cǎnjìn 憯盡 7-736A
cánjīng 慚驚 7-704B
cánjīng 蠶精 8-1007B
cǎnjǐng 慘景 7-716B
cānjiū 參究 2-841B
cānjiù 參咎 2-842A
cánjiǔ 殘酒 5-171A
cánjiù 慚疚 7-702B
cánjìxièkuāng 蠶績蟹匡
8-1008A
cānjū 驂駒 12-881B
cānjù 參據 2-848B
cānjù 餐具 12-541B
cánjú 殘局 5-169A
cánjú 殘菊 5-171A
cánjǔ 慚沮 7-702B
cánjù 慚懅 7-704B
cánjù 慚懼 7-704B
cánjù 蠶具 8-1005B
cǎnjǔ 慘沮 7-714B
cǎnjǔ 慘舉 7-718A
cǎnjù 慘劇 7-718A
cánjuàn 殘卷 5-169B
cānjué 參決 2-841B
cānjué 參訣 2-845B
cánjué 慚噱 7-704B
cǎnjué 慘絕 7-717A
cǎnjuérénhuán 慘絕人寰
7-717A
cānjūn 參軍 2-844A
cānjūnxì 參軍戲 2-844A
cánkǎi 慚慨 7-703B
cānkàn 參看 2-843A
cānkǎo 參考 2-840A
cānkǎoshū 參考書 2-840A
cánke 殘苛 5-169B
cánkē 殘榼 5-172B
cánkè 殘刻 5-169B
cánkè 殘客 5-170A
cǎnkè 慘刻 7-714B
cǎnkě 懆剋 7-761B
cǎnkěkě 慘可可 7-714A
cānkòu 參叩 2-839B
cānkòu 參扣 2-840A
cánkù 殘酷 5-172B
cǎnkǔ 慘苦 7-714B
cǎnkù 慘酷 7-717B
cǎnkù 憯酷 7-736A
cānkuǎn 參款 2-846A
cánkuì 殘潰 5-173B
cánkuì 慚媿 7-704A
cánkuì 慚愧 7-703B
cǎnkuì 慘愧 7-717A
cǎnkuì 慘憒 7-718A
cánkùn 殘困 5-169A
cánlà 殘臈 5-174A
cánlà 殘臘 5-174A
cǎnlàirén 慘瀨人 7-718B
cànlàn 粲爛 9-215A
cànlàn 燦爛 7-300B
cànlàn 璨爛 4-634B
cánlè 殘泐 5-169A
cānlǐ 參禮 2-849B
cānlì 參麗 2-850A
cānlì 參儷 2-850B
cánlí 殘黎 5-173A
cánlǐ 蠶禮 8-1008A
cánlì 殘吏 5-168B
cánlì 殘戾 5-169B
cánlì 慚慄 7-704A
cǎnlì 慘慄 7-717A
cǎnlì 慘厲 7-717B
cànlì 粲麗 9-215A
cánlián 蠶連 8-1006B
canliáng 參量 2-846A
cànliàng 燦亮 7-300B
cánliánzhǐ 蠶連紙 8-1006B
cānliáo 參僚 2-847A
cānliáo 參寥 2-847B
cānliáo 參寮 2-848B
cānliáozǐ 參寥子 2-847B
cānliè 參列 2-840A
cánliè 殘烈 5-170B
cǎnliè 慘冽 7-714B

cǎnliè 慘烈 7-715B
cǎnliè 慘裂 7-716B
cánlìn 慚吝 7-702A
cánlìn 慚悋 7-702A
cǎnlǐn 慘凛 7-718A
cǎnlǐn 慘廩 7-718A
cǎnlǐn 慘懍 7-718B
cǎnlǐn 憯懍 7-736A
cānlíng 參靈 2-851A
cānlǐng 參領 2-847B
cánlíng 殘零 5-172A
cánliú 殘留 5-170B
cánliù 殘溜 5-172B
cánlóng 蠶籠 8-1009A
cánlòu 殘漏 5-173A
cānlù 參録 2-849A
cánlù 殘露 5-174B
cánlù 殘僇 5-172B
cánlù 殘戮 5-173B
cǎnlù 慘戮 7-718A
cānluán 驂鸞 12-882A
cānluàn 參亂 2-846B
cānluánlǚ 驂鸞侶 12-882A
cānluányùhè 驂鸞馭鶴
12-882A
cānlùn 參論 2-848B
cánluò 殘落 5-171B
cānlǜ 參慮 2-848A
cánlǚ 蠶縷 8-1008B
cǎnlǜ 慘緑 7-718A
cǎnlǜchóuhóng 慘緑愁紅
7-718A
cánlüè 殘掠 5-171A
cánlüè 殘略 5-171A
cǎnlǜniánhuá 慘緑年華
7-718A
cǎnlǜshàonián 慘緑少年
7-718A
cánmá 蠶麻 8-1007A
cánmài 蠶麥 8-1007A
cánmàn 殘慢 5-173A
cànmàn 燦熳 7-300B
cánméi 殘梅 5-171A
cánméi 蠶眉 8-1006B
cánméi 蠶莓 8-1006B
cánméng 殘氓 5-169B
cánměng 殘猛 5-171A
cánmèng 殘夢 5-172A
cánmián 蠶眠 8-1006B
cánmián 蠶綿 8-1008A
cánmiánzì 蠶眠字 8-1006B
cánmiáo 蠶蚺 8-1006B
cánmiǎo 殘杪 5-169B
cánmiè 殘滅 5-172B
cánmín 殘民 5-168A
cánmìng 蠶命 8-1005B
cǎnmò 黲墨 12-1375B
cānmóu 參謀 2-849A
cánmóu 蠶蝥 8-1008A
cānmóuzǐ 參牟子 2-841A
cánmǔ 蠶母 8-1005A
cǎnmù 慘目 7-714B
cánnǎn 慚赧 7-703B
cánnǎn 慚赧 7-703A
cánnǎn 慚戁 7-704B
cǎnnàn 慘難 7-718B
cánnè 慚訥 7-703B
cánnián 殘年 5-168B
cánniáng 蠶娘 8-1006B
cánniè 殘孽 5-174A
cánniǔ 慚忸 7-702A
cánnóng 蠶農 8-1007B
cánnù 慚怒 7-702B
cǎnnù 慘怒 7-715B
cánnǚ 蠶女 8-1004B
cánnǜ 慚恧 7-703A
cánnüè 殘虐 5-170A
cǎnnüè 慘虐 7-715A
cān'ǒu 參耦 2-848A
cánpā 殘葩 5-171B
cānpāyǐnlù 餐葩飲露
12-542B
cānpéi 參陪 2-845A
cānpèi 參配 2-844B
cǎnpì 慘僻 7-718A
cánpiān 殘篇 5-173B
cánpiàn 殘片 5-168A
cánpiānduànjiǎn 殘篇斷簡
5-173B
cānpò 參破 2-844B
cánpò 殘破 5-170B
cánpò 殘魄 5-172B
cānpú 驂僕 12-881B
cānqí 參齊 2-847B
cānqì 參契 2-842B
cánqí 殘棋 5-171B
cánqǐ 慚企 7-702A
cánqì 殘弃 5-169A
cánqì 蠶器 8-1008A
cǎnqī 慘凄 7-715B
cǎnqī 慘悽 7-716A
cǎnqī 慘戚 7-716A
cǎnqī 慘慽 7-717B
cǎnqī 慘慼 7-718A
cǎnqī 憯悽 7-735B
cànqǐ 璨綺 4-634B
cānqián 餐錢 12-542B
cánqiāng 殘戕 5-170A
cānqiányǐhéng 參前倚衡
2-843B
cánqiè 慚怯 7-702B
cánqiè 蠶妾 8-1005B
cǎnqiè 慘切 7-714A
cānqīng 參卿 2-844B
cānqǐng 參請 2-848A
cānqiú 參求 2-841A
cánqiū 殘秋 5-170A
cānqǔ 參取 2-842A
cánqū 殘軀 5-174A
cánqū 蠶曲 8-1005A
cānquàn 參勸 2-850A
cánquē 殘缺 5-170B
cánquē 殘闕 5-174A
cǎnrán 慘然 7-716B
cǎnrán 憯然 7-735B
cànrán 粲然 9-214B
cànrán 燦然 7-300B
cànrán 璨然 4-634B
cánrè 殘熱 5-173A
cānrén 參人 2-839A
cānrèn 參任 2-840B
cánrén 蠶人 8-1004B
cánrěn 殘忍 5-169A
cánrì 殘日 5-168A
cànrì 燦日 7-300B
cānróng 參戎 2-840A
cǎnróng 慘容 7-715B
cānrù 參入 2-839A
cànrú 粲如 9-214B
cānsài 參賽 2-849B
cānsān 參三 2-839A
cánsāng 蠶桑 8-1006B
cánsāo 蠶繅 8-1009A
cánsāo 蠶繰 8-1008B
cánsè 慚色 7-702A
cánsè 蠶穡 8-1008B
cánshā 殘殺 5-170B
cánshā 蠶沙 8-1005B
cǎnshā 慘殺 7-715B
cánshābǐng 蠶紗餅 8-1007A
cánshān 殘山 5-167B
cánshān 蠶山 8-1004B
cánshāng 殘傷 5-172B
cǎnshāng 慘傷 7-717A
cǎnshāng 憯傷 7-735B
cánshānshèngshuǐ
殘山剩水 5-167B
cánshānshèngshuǐ
殘山賸水 5-168A
cánshāo 殘燒 5-174A
cānshè 參涉 2-845A
cánshè 蠶舍 8-1005B
cānshěn 參審 2-848B
cánshén 蠶神 8-1006A
cānshèng 參乘 2-844B
cānshèng 參聖 2-846A
cānshèng 餐勝 12-542B
cánshēng 殘生 5-168A
cánshèng 殘賸 5-174A
cānshí 參實 2-847B
cānshí 餐食 12-541B
cānshì 參市 2-839B
cānshì 參事 2-842A
cānshì 餐事 12-541B
cānshì 餐室 12-542A
cánshí 蠶食 8-1006A
cánshí 蠶蝕 8-1007B
cánshǐ 蠶矢 8-1005A
cánshì 蠶市 8-1005A
cánshì 蠶事 8-1005B
cánshì 蠶室 8-1006A
cǎnshí 噆食 3-507A
cǎnshì 慘事 7-714B
cánshíjīngtūn 蠶食鯨吞
8-1006A
cánshìyù 蠶室獄 8-1006A
cānshū 參樞 2-848A
cānshǔ 參署 2-846B
cānshù 參數 2-848A
cánshū 殘書 5-171A
cánshū 蠶書 8-1006B
cánshú 蠶熟 8-1008A
cánshǔ 殘暑 5-171B
cánshù 蠶術 8-1007A
cǎnshū 慘舒 7-716B
cánshuì 殘税 5-171B
cánshùn 慚順 7-703B
cànshuò 燦鑠 7-301A
cānsì 參伺 2-841B
cánsī 蠶絲 8-1007A
cánsǒng 慚悚 7-703A
cānsōngdànbǎi 餐松啖柏
12-541B
cānsōngyǐnjiàn 餐松飲澗
12-541B
cǎnsù 慘肅 7-717B
cǎnsù 憯遬 7-736A
cānsuí 參隨 2-847B
cánsuì 殘歲 5-172A
cánsǔn 殘損 5-172A
cántāi 蠶胎 8-1006A
cántái 蠶臺 8-1007B
cāntán 參彈 2-848B
cāntán 參覃 2-846A
cāntán 參潭 2-848B
cāntán 參譚 2-850A
cāntán 趁趕 9-1153A
cāntán 趁蹕 9-1153A
cántàn 慚歎 7-704A
cāntáng 參堂 2-845A
cāntǎo 參討 2-844B
cāntí 參提 2-846A
cāntí 參題 2-850A
cāntǐ 參體 2-850B
cántì 殘替 5-171B
cántì 慚惕 7-703B
cǎntì 慘惕 7-716A
cāntiān 參天 2-839A
cántiǎn 慚忝 7-702A
cántiǎn 慚腆 7-703B
cántiǎn 慚靦 7-704B
cāntiáo 鰲鯈 12-1234B
cāntiáo 鰲鰷 12-1234B
cántiáo 殘蜩 5-172B
cāntīng 參聽 2-850B
cāntīng 餐廳 12-543B
cāntóng 參同 2-840A
cǎntōng 憯痌 7-735B
cǎntòng 慘痛 7-716B
cǎntòng 慘慟 7-717B
cǎntòng 憯痛 7-735B
cǎntòng 憯慟 7-736A
cāntóu 參頭 2-848B
cāntòu 參透 2-844B
cántóu 蠶頭 8-1008A
càntóu 孱頭 4-240A
cántóumǎwěi 蠶頭馬尾
8-1008A
cántóushǔwěi 蠶頭鼠尾
8-1008A
cántóuyànwěi 蠶頭鷰尾
8-1008A
cāntú 參圖 2-847A
cántú 殘荼 5-170A
cántuì 蠶蜕 8-1007B
cántuō 殘脱 5-171A

cānwán 參玩 2-841B
cánwǎn 慚惋 7-703B
cānwàng 參望 2-845B
cánwáng 殘亡 5-168A
cánwǎng 蠶網 8-1008A
cǎnwáng 慘亡 7-714A
cānwēi 參微 2-846B
cānwēi 餐薇 12-542B
cānwèi 參味 2-842A
cānwèi 餐衛 12-542B
cǎnwèi 噆味 3-507A
cànwèi 燦蔚 7-300B
cānwèn 參問 2-845B
cǎnwén 慘文 7-714A
cānwǔ 參伍 2-840B
cānwù 參悟 2-845A
cánwū 蠶屋 8-1006B
cǎnwúréndào 慘無人道 7-716B
cǎnwúrénlǐ 慘無人理 7-716B
cǎnwútiānrì 慘無天日 7-716B
cánxī 殘息 5-170B
cánxí 殘席 5-170B
cānxiá 餐霞 12-542B
cánxiá 殘霞 5-174A
cānxiákè 餐霞客 12-543A
cānxiáng 參詳 2-846B
cānxiǎng 參餉 2-847A
cánxiāng 殘香 5-170A
cánxiāng 蠶鄉 8-1007A
cǎnxiàng 慘象 7-716A
cǎnxiào 慘笑 7-715B
cānxiárén 餐霞人 12-542B
cānxiáshùxiè 餐霞漱瀣 12-543A
cānxiáxīlù 餐霞吸露 12-543A
cānxiáyǐnjǐng 餐霞飲景 12-543A
cānxiáyǐnxiè 餐霞飲瀣 12-543A
cānxiáyǐnyè 餐霞飲液 12-543A
cānxiázǐ 餐霞子 12-543A
cānxiè 參燮 2-849B
cānxiè 參謝 2-849B
cānxiè 湌泄 5-1494A
cánxiè 慚謝 7-704B
cánxiè 蠶蟹 8-1009A
cánxīn 殘心 5-168A
cānxīng 驂星 12-881B
cānxǐng 參省 2-842B
cánxíng 殘刑 5-168B
cánxìng 慚幸 7-702B
cānxīngzhuófǔ 餐腥啄腐 12-542B
cánxiōng 殘兇 5-168B
cánxiū 慚羞 7-703A
cǎnxiū 慘羞 7-715B
cānxù 參序 2-841B
cǎnxù 慘恤 7-715A
cānxuán 參玄 2-839B
cānxuǎn 參選 2-848B
cānxué 參學 2-848B
cánxuē 殘削 5-170A
cánxuě 殘雪 5-171A
cānxún 參尋 2-846A
cányá 蠶芽 8-1005A
cányá 蠶崖 8-1007A
cānyán 參言 2-841B
cānyàn 參驗 2-850B
cányán 慚顏 7-704B
cányán 蠶鹽 8-1009A
cányàn 殘雁 5-171B
cányàn 殘艷 5-174B
cǎnyán 慘顏 7-718B
cànyàn 燦燗 7-300B
cànyàn 燦艷 7-301A
cānyǎng 餐仰 12-541A
cányáng 殘陽 5-171B
cǎnyáng 慘陽 7-716A
cányāo 殘夭 5-168A
cányào 蠶要 8-1005B
cānyè 參謁 2-849A
cányè 殘夜 5-169B
cányè 蠶葉 8-1007A
cǎnyè 慘咽 7-715A
cānyī 參一 2-839A
cānyí 參疑 2-847B
cānyǐ 餐苡 12-541A
cānyì 參詣 2-846B
cānyì 參議 2-850B
cānyì 餐挹 12-542A
cányī 蠶衣 8-1005A
cányí 殘夷 5-168B
cányǐ 蠶蟻 8-1009A
cányì 殘佚 5-169A
cányì 殘邑 5-169A
cǎnyī 黲衣 12-1375B
cānyìhuì 參議會 2-850B
cányǐn 慚隱 7-704B
cǎnyīn 慘陰 7-715B
cānyīng 餐英 12-541B
cányīng 殘英 5-169B
cányīng 殘鶯 5-174B
cānyìyuàn 參議院 2-850B
cānyòng 參用 2-839B
cányǒng 蠶蛹 8-1007B
cányǒngyóu 蠶蛹油 8-1007B
cānyú 餐魚 12-542B
cānyú 鰺魚 12-1234B
cānyù 參與 2-846B
cānyù 參預 2-847A
cānyù 參豫 2-848B
cānyù 餐玉 12-541A
cānyù 驂御 12-881B
cānyù 驂馭 12-881B
cányú 殘餘 5-173B
cányú 蠶漁 8-1008A
cányú 戔餘 5-213B
cányǔ 殘雨 5-169B
cǎnyù 慘域 7-715B
cǎnyù 慘遇 7-716B
cǎnyù 慘獄 7-717B
cǎnyuàn 慘怨 7-715A
cānyuè 參閱 2-848B
cányuè 殘月 5-168A
cányuè 殘刖 5-168B
cányuè 蠶月 8-1004B
cányún 殘雲 5-171B
cānyúnwòshí 餐雲卧石 12-542B
cǎnyǔsuānfēng 慘雨酸風 7-714B
cānzá 參雜 2-850A
cānzàn 參贊 2-850A
cānzé 參擇 2-848B
cánzè 慚仄 7-702A
cánzéi 殘賊 5-172A
cánzéi 蠶賊 8-1007B
cānzhān 餐氈 12-543A
cānzhān 餐氊 12-543A
cānzhǎn 參展 2-845A
cānzhàn 參戰 2-848B
cānzhǎng 參掌 2-846A
cānzhānshǐ 餐氊使 12-543A
cānzhānsū 餐氊蘇 12-543A
cānzhào 參照 2-846B
cánzhào 殘照 5-172B
cánzhāyúniè 殘渣餘孽 5-172A
cānzhé 參謫 2-850A
cánzhé 殘折 5-168B
cànzhě 粲者 9-214B
cánzhèn 慚震 7-704A
cānzhèng 參正 2-839B
cānzhèng 參政 2-842B
cānzhèng 參證 2-850A
cānzhī 參知 2-842A
cānzhī 餐芝 12-541A
cānzhí 參直 2-842A
cānzhì 參治 2-842B
cānzhì 參質 2-848A
cánzhī 蠶織 8-1008B
cánzhǐ 蠶紙 8-1007A
cánzhì 殘帙 5-169B
cánzhì 殘摯 5-173A
cǎnzhìkèhé 慘鷙刻覈 7-719A
cánzhīluò 蠶支落 8-1004B
cánzhǒng 蠶種 8-1007B
cǎnzhòng 慘重 7-715A
cānzhú 參逐 2-844B
cānzhù 參注 2-842B
cánzhú 殘竹 5-168B
cànzhuā 參撾 2-847A
cànzhuā 摻撾 6-848A
cānzhuàn 參撰 2-848A
cánzhuāng 殘妝 5-169A
cánzhuāng 殘粧 5-171B
cǎnzhuàng 慘狀 7-715A
cānzhuì 參綴 2-848A
cánzhuì 蠶槌 8-1007B
cānzhuō 餐桌 12-542A
cānzhuó 參酌 2-844A
cānzhuó 餐啄 12-542A
cánzhuó 殘酌 5-170B
cánzhuó 慚灼 7-702A
cānzī 參咨 2-843A
cānzī 參諮 2-849B
cánzǐ 殘滓 5-172B
cánzǐ 蠶子 8-1004B
cánzì 殘恣 5-171A
cǎnzi 穇子 8-151B
cǎnzǐ 慘紫 7-716B
cānzōng 參綜 2-848A
cānzǒng 參總 2-849B
cānzòng 參蹤 2-850A
cānzòu 參奏 2-842B
cánzū 殘租 5-170B
cānzuǎn 參纂 2-850B
cánzuì 殘醉 5-173A
cánzuì 慚罪 7-704A
cánzūn 殘尊 5-171B
cánzūn 殘樽 5-173B
cānzuǒ 參左 2-839B
cānzuǒ 參佐 2-841A
cānzuǒ 驂左 12-881B
cánzuò 慚怍 7-702B
cánzuò 蠶作 8-1005B
cánzuò 蠶座 8-1006B
cǎo'ān 草庵 9-372B
cǎo'ān 草菴 9-371B
cǎo'àn 草案 9-371B
cáo'áo 嘈嗷 3-485A
cǎobá 草跋 9-373B
cáobáiyú 曹白魚 5-730A
cāobàn 操辦 6-917A
cāobào 操暴 6-916B
cǎobāo 草包 9-367A
cǎobào 懆暴 7-762A
cáobèi 曹輩 5-732A
cǎoběn 草本 9-367A
cǎoběnzhíwù 草本植物 9-367A
cāobǐ 操筆 6-916A
cǎobǐ 草鄙 9-374B
cǎobiàn 草辮 9-377B
cáobiāo 漕標 6-72B
cǎobiāo 草標 9-375B
cǎobiǎo 草表 9-368B
cāobīng 操兵 6-914B
cāobǐng 操柄 6-915B
cǎobù 草蔀 9-374B
cáocāng 曹倉 5-731A
cáocāng 漕倉 6-71B
cáocáo 嘈嘈 3-485A
cǎocǎo 草草 9-369B
cǎocǎo 懆懆 7-762A
cǎocǎo 慅慅 7-669A
cáocáojiējiē 嘈嘈唶唶 3-485B
cǎocǎoliǎoshì 草草了事 9-370A
cáocáoqièqiè 嘈嘈切切 3-485B
cǎocè 草測 9-374A
cǎochá 草茶 9-370A
cǎochá 草苴 9-368B
cāochǎng 操場 6-916A
cāochàng 操暢 6-916B
cǎochǎng 草場 9-373A
cāochě 操扯 6-914A
cāochēn 操嗔 6-916B

cáochén 漕臣 6-71A
cáochéng 漕程 6-72A
cāochí 操持 6-915A
cǎochóng 草蟲 9-377A
cáochuán 漕船 6-71B
cǎochuán 草船 9-372B
cáochuáng 槽牀 4-1258A
cǎochuàng 草刱 9-370B
cǎochuàng 草創 9-373B
cāocì 操次 6-914A
cǎocì 草次 9-368A
cǎocì'er 草刺兒 9-369A
cǎocóng 草叢 9-377A
cǎocù 草猝 9-372B
cǎocù 草蹙 9-377A
cáocuǐ 漕漼 6-72B
cāocún 操存 6-913B
cáodàgū 曹大家 5-730A
cáodǎng 曹黨 5-732A
cāodāo 操刀 6-912B
cāodǎo 操蹈 6-917A
cáodào 漕道 6-72A
cáodào 槽道 4-1258A
cāodāobìgē 操刀必割
6-912B
cāodāoshāngjǐn 操刀傷錦
6-912B
cāodāozhìjǐn 操刀製錦
6-912B
cǎodǐ 草底 9-369B
cǎodì 草地 9-367B
cāodiǎn 操典 6-914B
cǎodiàn 草奠 9-374A
cǎodiànzi 草甸子 9-368B
cǎodiànzi 草墊子 9-375A
cāodiào 操調 6-917A
cáodòng 曹洞 5-731A
cáodòngzōng 曹洞宗 5-731A
cǎodòukòu 草豆蔻 9-368B
cāodù 操度 6-915B
cāoduàn 操斷 6-917B
cāoduì 操兌 6-914B
cáoduì 槽碓 4-1258A
cáo'é 曹娥 5-731A
cǎo'è 慅惡 7-761B
cáo'ébēi 曹娥碑 5-731A
cǎofá 草垡 9-370B
cǎofǎ 草法 9-369B
cáofāng 槽坊 4-1258A
cáofāng 槽枋 4-1258A
cáofáng 槽房 4-1258A
cáofǎng 漕舫 6-71B
cáofèi 漕費 6-72A
cáofǔ 漕府 6-71A
cáofù 漕賦 6-72B
cǎofú 草服 9-369B
cǎofù 草賦 9-375B
cǎofùcàicháng 草腹菜腸
9-374B
cāofǔfákē 操斧伐柯 6-915A
cǎofúróng 草芙蓉 9-368A
cǎogāi 草荄 9-370A
cáogàn 曹幹 5-731B
cǎogǎo 草稾 9-375B
cǎogǎo 草稿 9-375B
cǎogǎo 草藁 9-377A
cǎogǎo 屮稾 4-255B
cāogē 操戈 6-913A
cāogē 操割 6-916B
cāogērùshì 操戈入室
6-913A
cāogētóngshì 操戈同室
6-913A
cáogōng 曹公 5-730A
cáogòng 漕貢 6-71B
cāogū 操觚 6-916A
cāogǔ 操鼓 6-916B
cáogǔ 漕穀 6-72B
cǎogū 草菇 9-372A
cáoguān 曹官 5-731A
cǎoguān 草莞 9-371A
cáoguó 漕國 6-71B
cǎoguǒ 草果 9-369A
cáoguójiù 曹國舅 5-731B
cāogūrǎnhàn 操觚染翰
6-916A
cāohàn 操翰 6-917A
cáohào 曹好 5-730B
cáohào 漕耗 6-71A
cáohé 漕河 6-71A
cǎohè 草褐 9-375A
cāohú 操弧 6-915A
cáohú 漕斛 6-71B
cáohù 槽户 4-1258A
cǎohuāng 草荒 9-370A
cāohuì 操篲 6-917A
cǎohuī 草灰 9-367B
cǎohuì 草薉 9-376A
cǎohuì 草穢 9-377A
cáojì 漕計 6-71A
cǎojī 草雞 9-377A
cǎojí 草棘 9-373B
cǎojiá 草莢 9-370B
cǎojià 草架 9-370B
cāojiǎn 操檢 6-917A
cáojiàn 漕薦 6-72B
cǎojiān 草菅 9-372A
cǎojiān 草間 9-374A
cǎojiān 草閒 9-374A
cǎojiàn 草荐 9-369B
cǎojiàn 草薦 9-376A
cáojiànbáijiā 嘈閒白夾
3-485A
cāojiāng 操江 6-914A
cǎojiānqiúhuó 草間求活
9-374A
cǎojiānrénmìng 草菅人命
9-372A
cǎojiànzi 草薦子 9-376A
cāojié 操節 6-916B
cāojiè 操介 6-913B
cáojié 漕截 6-72A
cǎojiè 草介 9-367A
cǎojiè 草芥 9-368A
cǎojièrénmìng 草芥人命
9-368B
cāojīnkè 操斤客 6-913A
cáojiū 嘈啾 3-485A
cǎojiù 草就 9-374A
cáojú 曹局 5-730B
cáojù 曹聚 5-731B
cǎojū 草駒 9-375A
cǎojù 草具 9-369A
cāojué 操决 6-914A
cǎojuē 草屩 9-377B
cǎojué 屮蹻 4-255B
cāokē 操柯 6-915B
cǎokē 草科 9-370B
cǎokē 草窠 9-374B
cáokǒu 槽口 4-1258A
cǎokòu 草寇 9-373A
cáokuí 漕魁 6-72A
cǎokùlún 草庫倫 9-371A
cāolà 操剌 6-915B
cǎolái 草萊 9-371B
cáoláng 曹郎 5-731A
cāoláo 操勞 6-916A
cǎolǎo 慅恅 7-653A
cāolì 操立 6-913B
cáolì 曹吏 5-730B
cáolì 槽歷 4-1258B
cáolì 槽櫪 4-1258B
cǎolì 草立 9-367B
cǎolì 草隸 9-376B
cāoliàn 操練 6-917A
cāoliàng 操量 6-916A
cáoliáng 漕糧 6-72B
cǎoliáo 草寮 9-375B
cǎoliào 草料 9-371B
cǎoliàochǎng 草料場 9-371B
cāoliè 操烈 6-915B
cǎolǐfāngān 草裏旛竿
9-374B
cǎolǐjīn 草裏金 9-374B
cáoliú 曹劉 5-732A
cáolù 漕路 6-72A
cǎolú 草廬 9-377B
cǎolù 草露 9-377B
cáoluàn 嘈亂 3-485A
cǎoluó 草騾 9-377B
cǎolúsāngù 草廬三顧
9-377B
cāolǚ 操履 6-917A
cáolǚ 曹侶 5-731A
cǎolú 草驢 9-378A
cǎolǜ 草律 9-370B
cǎolù 草綠 9-375A
cāolüè 操略 6-915B
cǎolüè 草略 9-372B
cáomǎ 曹馬 5-731A
cǎomá 草麻 9-372B
cǎomǎ 草馬 9-370B
cǎomǎ 草碼 9-375B
cāomàn 操縵 6-917A
cáomán 曹瞞 5-732A
cǎomǎng 草莽 9-370B
cáomáo 槽矛 4-1258A
cǎomáo 草茅 9-368B
cǎomáo 草茆 9-368B
cǎomáo 屮茅 4-255A
cǎomào 草帽 9-373B
cāomáorùshì 操矛入室
6-913B
cāomèi 操袂 6-915B
cǎoméi 草莓 9-371A
cǎomèi 草昧 9-370A
cǎomèi 屮昧 4-255A
cǎomǐ 糙米 9-234B
cáomǐ 漕米 6-71A
cǎomí 草迷 9-370B
cǎomí 草靡 9-377B
cǎomián 草棉 9-373B
cǎomiáo 草苗 9-368B
cǎomín 草民 9-367B
cǎomìng 草命 9-369B
cáomù 曹牟 5-730B
cǎomù 草木 9-367A
cǎomùjiēbīng 草木皆兵
9-367A
cáonào 嘈鬧 3-485B
cǎonǐ 草擬 9-376B
cǎoniáng 草娘 9-371B
cǎoniè 草孽 9-377B
cāonòng 操弄 6-914A
cáo'ǒu 曹偶 5-731B
cáo'ǒu 曹耦 5-732A
cǎopéng 草棚 9-373B
cǎopí 草皮 9-367B
cǎopián 草緶 9-376A
cāopíng 操坪 6-914B
cáopíng 漕平 6-70B
cǎopíng 草坪 9-368B
cāoqī 糙漆 9-234B
cāoqí 操奇 6-914B
cáoqí 螬蠐 8-952B
cǎoqī 草慼 9-375B
cǎoqì 慅愒 7-668B
cāoqiān 操鉛 6-916B
cǎoqiān 草籤 9-377B
cāoqiè 操切 6-913A
cǎoqiè 草竊 9-377B
cāoqíjìyíng 操奇計贏
6-914B
cǎoqǐn 草寢 9-375A
cāoqióng 操撓 6-916B
cáoqiū 曹丘 5-730A
cáoqiū 曹邱 5-730B
cáoqiūshēng 曹丘生 5-730A
cāoqízhúyíng 操奇逐贏
6-914B
cáoqú 漕渠 6-71B
cāoquán 操權 6-917B
cāoquàn 操券 6-915A
cáoquánbēi 曹全碑 5-730B
cǎoqūn 草囷 9-369A
cáorán 嘈然 3-485A
cáorán 傮然 1-1630A
cáorǎng 嘈嚷 3-485B
cǎorǎo 草擾 9-377A
cǎorén 草人 9-366A
cáoróu 槽柔 4-1258A
cāoróumózhì 操揉磨治
6-916A
cǎorù 草蓐 9-374B
cǎorù 草褥 9-376A
cǎosā 草靸 9-373B

cáoshà 嘈啥 3-485A
cāoshàn 操擅 6-917A
cǎoshān 草苫 9-368B
cāoshàng 操尚 6-914B
cǎoshàngfēi 草上飛 9-366B
cǎoshàngshuāng 草上霜 9-366B
cāoshě 操舍 6-915A
cáoshè 曹社 5-730B
cǎoshè 草舍 9-369B
cǎoshéhuīxiàn 草蛇灰綫 9-372B
cǎoshéhuīxiàn 草蛇灰線 9-372B
cāoshén 操神 6-915B
cáoshěn 曹沈 5-730B
cǎoshèng 草聖 9-374A
cāoshēnxíngshì 操身行世 6-914B
cáoshì 曹事 5-731A
cáoshì 漕事 6-71A
cáoshì 漕試 6-72A
cǎoshí 屮實 4-255A
cǎoshì 草市 9-367B
cǎoshì 草室 9-370B
cǎoshídòngwù 草食動物 9-370B
cāoshǒu 操守 6-914A
cāoshù 操術 6-915B
cáoshǔ 曹署 5-731B
cáoshǔ 曹屬 5-732A
cǎoshū 草書 9-371B
cǎoshū 草疏 9-374A
cǎoshū 草蔬 9-375B
cǎoshuā'er 草刷兒 9-369B
cǎoshuài 草率 9-373A
cǎoshuàishōubīng 草率收兵 9-373A
cáoshuǐ 漕水 6-70B
cáosī 曹司 5-730B
cáosī 漕司 6-70B
cáosōu 漕艘 6-72B
cáosù 漕粟 6-71B
cáosūn 曹孫 5-731A
cǎotà 草榻 9-375A
cáotái 漕臺 6-72A
cǎotái 草臺 9-374B
cǎotáibān 草臺班 9-374B
cǎotáixì 草臺戲 9-374B
cāotán 操彈 6-917A
cǎotàn 草炭 9-370B
cǎotáng 草堂 9-372A
cǎotángní 草塘泥 9-374A
cǎotángtǐ 草堂體 9-372A
cǎotǐ 草體 9-377B
cǎotì 草薙 9-376A
cǎotián 草田 9-367A
cǎotiě 草帖 9-369A
cǎotìqínmí 草薙禽獮 9-376A
cáotóu 槽頭 4-1258A
cǎotóu 草頭 9-376A
cǎotóulù 草頭露 9-376B
cáotóumǎimǎ… 槽頭買馬看母子 4-1258B
cǎotú 草圖 9-375A
cǎotǔ 草土 9-366B
cāotuán 操剸 6-916B
cǎotuánbiāo 草團標 9-375A
cǎotuánpiáo 草團瓢 9-375A
cǎotǔchén 草土臣 9-366B
cǎowā 草洼 9-370B
cáowǎn 漕挽 6-71B
cáowǎn 漕輓 6-72A
cáowáng 曹王 5-730A
cáowéi 漕闈 6-72B
cáowèi 曹魏 5-732A
cāowù 操惡 6-916A
cáowǔ 曹伍 5-730B
cáowù 曹惡 5-731B
cáowù 曹務 5-731B
cáowù 漕務 6-71B
cāoxí 操習 6-916A
cáoxī 曹溪 5-731B
cǎoxí 草席 9-371A
cǎoxí 草檄 9-376B
cāoxián 操絃 6-916A
cǎoxián 草賢 9-375B
cáoxiǎng 漕饟 6-72B
cáoxiàng 漕項 6-71B
cáoxiāo 嘈囂 3-485B
cáoxiè 曹謝 5-732A
cǎoxié 草鞋 9-375A
cǎoxiě 草寫 9-376A
cǎoxiéfèi 草鞋費 9-375A
cǎoxiéqián 草鞋錢 9-375A
cǎoxiéqīn 草鞋親 9-375B
cāoxīn 操心 6-913B
cāoxíng 操行 6-914A
cáoxíng 螬行 8-952B
cǎoxíng 草行 9-367B
cǎoxínglùsù 草行露宿 9-367B
cāoxiū 操修 6-915B
cǎoxuán 草玄 9-367B
cāoxué 操學 6-917A
cāoxuè 操血 6-914A
cáoyá 槽牙 4-1258A
cāoyǎn 操演 6-916B
cǎoyǎn 草偃 9-372B
cǎoyāo 草妖 9-368B
cǎoyào 草藥 9-377A
cāoyè 操業 6-916B
cáoyè 嘈喝 3-485A
cǎoyě 草野 9-372A
cāoyī 操衣 6-914A
cāoyì 操意 6-916B
cǎoyī 草衣 9-368A
cǎoyì 草異 9-372B
cáoyīchūshuǐ 曹衣出水 5-730B
cáoyīn 嘈音 3-485A
cáoyǐn 漕引 6-70B
cǎoyīn 草茵 9-370A
cǎoyīn 草裀 9-373A
cāoyíng 操贏 6-917B
cǎoyīng 草纓 9-378A
cǎoyīng 慅嬰 7-669A
cāoyíngzhìqí 操贏致奇 6-917B
cǎoyīshì 草衣士 9-368A
cāoyòuquàn 操右券 6-913B
cáoyǔ 漕庾 6-71B
cáoyù 漕浴 6-71B
cǎoyú 草魚 9-372B
cáoyuàn 曹掾 5-731B
cáoyuàn 漕院 6-71A
cǎoyuán 草原 9-371A
cǎoyuē 草約 9-370B
cáoyùn 漕運 6-72A
cáoyùnsī 漕運司 6-72A
cáozá 嘈哢 3-485A
cáozá 嘈嘖 3-485B
cáozá 嘈襍 3-485B
cáozá 嘈雜 3-485B
cáozá 嘈囐 3-485B
cáozá 嘈囋 3-485B
cāozǎi 操宰 6-915B
cáozàng 漕藏 6-72B
cǎozé 草澤 9-376B
cǎozéi 草賊 9-374B
cáozèng 漕贈 6-72B
cǎozhá 草札 9-367A
cāozhāng 操張 6-916A
cáozhǎng 曹長 5-730B
cǎozhǎngyīngfēi 草長鶯飛 9-368B
cǎozhào 草詔 9-374A
cáozhé 漕折 6-71A
cāozhí 操執 6-915B
cāozhí 操植 6-916A
cāozhì 操制 6-915A
cǎozhǐ 草止 9-367A
cǎozhǐ 草紙 9-371B
cǎozhì 草制 9-369A
cāozhīguòcù 操之過蹙 6-913A
cāozhīguòjī 操之過激 6-913A
cāozhīguòjí 操之過急 6-913A
cāozhīguòqiè 操之過切 6-913A
cǎozhōng 草螽 9-376B
cāozhōu 操舟 6-914A
cáozhōu 漕舟 6-71A
cǎozhǒu'er 草帚兒 9-369B
cāozhú 操築 6-917A
cáozhǔ 曹主 5-730A
cǎozhū 草豬 9-375B
cáozhuǎn 漕轉 6-72B
cǎozhuàn 草篆 9-375B
cǎozhùn'er 草稕兒 9-374B
cǎozhuó 草酌 9-371A
cáozi 槽子 4-1258A
cǎozǐ 草子 9-366B
cǎozì 草字 9-368A
cāozǒng 操揔 6-916A
cāozǒng 操總 6-917B
cāozòng 操縱 6-917B
cǎozòu 草奏 9-369B
cáozú 漕卒 6-71A
cāozuò 操作 6-914B
cǎozuò 草座 9-371A
cāozuǒquàn 操左券 6-913B
cāpìgu 擦屁股 6-945B
cāquánmózhǎng 擦拳磨掌 6-946A
cāshēngshēng 擦生生 6-945A
cāshì 擦拭 6-945B
cāsǔn 擦損 6-946A
cātóupí 擦頭皮 6-946A
cāxī 擦西 6-945B
cāxǐ 擦洗 6-945B
cāyǎnmǒlèi 擦眼抹淚 6-946A
cāyīn 擦音 6-945B
cāzhǎngmóquán 擦掌磨拳 6-946A
cāzhīmǒfěn 擦脂抹粉 6-946A
cāzhuó'er 擦卓兒 6-945B
cāzi 擦子 6-945A
cāzuò 擦坐 6-945B
cèbà 策罷 8-1147B
cèbǎi 側柏 1-1543A
cèbài 册拜 1-1030A
cèbài 策拜 8-1145B
cèbǎo 册寶 1-1031A
cèbào 測報 5-1458A
cèbèi 側背 1-1543A
cèbǐ 側筆 1-1544B
cèbì 廁篦 3-1251B
cèbiān 側邊 1-1545B
cèbiàn 側弁 1-1541B
cèbù 測步 5-1457B
cècè 畟畟 7-1324B
cècè 側側 1-1544A
cècè 惻惻 7-657A
cècè 測測 5-1458B
cècè 策策 8-1146B
cècè 筞筞 8-1172B
cèchàng 惻悵 7-656B
cèchén 側臣 1-1541B
cèchén 測辰 5-1457B
cèchóu 廁籌 3-1251B
cèchóu 策籌 8-1148B
cèchū 側出 1-1541B
cèchú 册除 1-1030A
cèchǔ 惻楚 7-657A
cèchuáng 廁牀 3-1251A
cèchuàng 惻愴 7-657A
cècíyànqǔ 側辭豔曲 1-1545B
cècù 惻促 7-656B
cècuò 廁錯 3-1251B
cèdá 惻怛 7-656B
cèdāo 側刀 1-1541A
cèdé 策得 8-1146B
cèdì 測地 5-1457B
cèdì 策第 8-1146A
cèdiē 側跌 1-1544B
cèdìng 測定 5-1457B
cèdòng 惻動 7-656B

cèdòng 策動 8-1146A
cèdú 策牘 8-1148A
cèduì 册對 1-1030B
cèduì 策對 8-1147A
cèduó 測度 5-1457B
cèduó 策度 8-1145B
cè'ēn 測恩 5-1457B
cè'ěr 側耳 1-1541B
cèfá 測罰 5-1458B
cèfǎn 策反 8-1144B
cèfàn 側犯 1-1541B
cèfēi 側妃 1-1542A
cèfěi 惻悱 7-657A
cèfēng 册封 1-1030A
cèfǔ 册府 1-1030A
cèfǔ 策府 8-1145B
cèfù 側附 1-1542B
cègān 測桿 5-1458A
cègào 策告 8-1145A
cègāojià 策高駕 8-1146A
cègāozú 策高足 8-1146A
cègēn 側根 1-1543B
cègōng 册功 1-1029B
cègōng 側躬 1-1543B
cègōng 策功 8-1144B
cèguān 策官 8-1145B
cèguǎn 測管 5-1458B
cèhǎilí 測海蠡 5-1458A
cèhán 册函 1-1030A
cèhán 側寒 1-1544B
cèhēi 測黑 5-1458A
cèhòu 側厚 1-1543A
cèhòu 測候 5-1458A
cèhuà 測劃 5-1458B
cèhuà 策畫 8-1146B
cèhuà 策劃 8-1147B
cèhuì 測繪 5-1458B
cèhuì 策彗 8-1146A
cèhùn 廁溷 3-1251B
cèjī 側擊 1-1545B
cèjí 册籍 1-1031A
cèjí 策籍 8-1148A
cèjì 册祭 1-1030B
cèjì 側記 1-1543B
cèjì 廁迹 3-1251B
cèjì 廁跡 3-1251B
cèjì 測計 5-1457B
cèjiān 側肩 1-1542B
cèjiǎn 廁簡 3-1251B
cèjiǎn 策蹇 8-1148A
cèjiǎn 策簡 8-1148A
cèjiǎn 筞蹇 8-1172B
cèjiàn 廁賤 3-1251B
cèjiǎnlǘ 策蹇驢 8-1148A
cèjiǎolí 側腳裏 1-1545A
cèjiē 側階 1-1544B
cèjiè 策戒 8-1145A
cèjìn 側近 1-1542A
cèjìn 策進 8-1146B
cèjiū 測究 5-1457B
cèkuí 測揆 5-1458A
cèkuò 策括 8-1145B
cèlài 測賴 5-1458B
cèlài 測癩 5-1458B
cèlǐ 册禮 1-1030B
cèlǐ 側理 1-1544A
cèlì 册立 1-1029B
cèlì 册歷 1-1030B
cèlì 側立 1-1541B
cèlì 側麗 1-1545B
cèlì 惻悷 7-657A
cèlì 策力 8-1144A
cèlì 策立 8-1144B
cèlì 策厲 8-1147A
cèlì 策勵 8-1147B
cèliáng 測量 5-1458A
cèliángbiāozhì 測量標志 5-1458A
cèliángxué 測量學 5-1458A
cèliè 廁列 3-1251B
cèlíng 側聆 1-1544A
cèlǐzhǐ 側理紙 1-1544A
cèlòu 側陋 1-1542B
cèlùn 策論 8-1147B
cèlúnchē 側輪車 1-1545A
cèlǜ 策慮 8-1147B
cèlüè 策略 8-1146A
cèlüè 策畧 8-1146A
cèmǎ 廁馬 3-1251B
cèmǎ 策馬 8-1145B
cèmǎfēiyú 策馬飛輿 8-1145B
cèmài 側脈 1-1543B
cèmào 側帽 1-1544B
cèmào'er 策帽兒 8-1146B
cèmèi 側媚 1-1544B
cèmén 側門 1-1542B
cèmiǎn 册免 1-1029B
cèmiǎn 策免 8-1145A
cèmiǎn 策勉 8-1145B
cèmiàn 側面 1-1543A
cèmǐn 惻憫 7-657A
cèmíng 册名 1-1029B
cèmíng 策名 8-1144B
cèmìng 册命 1-1029B
cèmìng 策命 8-1145A
cèmíngjiùliè 策名就列 8-1145A
cèmíngwěizhì 策名委質 8-1144B
cèmóu 策謀 8-1148A
cèmù 側目 1-1541A
cèmù 策目 8-1144B
cén'áo 岑嶅 3-804A
cēncēn 穇穇 8-151B
cēncēn 嵾嵾 3-864A
cēncēn 篸篸 8-1240B
céncén 岑岑 3-804A
céncén 涔涔 5-1213B
cēncī 嵾差 3-864A
cēncī 嵾嵯 3-864A
cēncī 嵾嵳 3-864A
cēncī 篸篵 8-1240B
cēncī 參差 2-843A
cēncībùqí 參差不齊 2-843B
cēncīcuòluò 參差錯落 2-843B
cēncīzhú 參差竹 2-843B
cēncuò 參錯 2-849A
céndī 涔滴 5-1214A
cēn'é 嵾峨 3-864A
cén'è 岑崿 3-804A
céngbǎo 層飽 4-61B
céngbào 層報 4-61B
céngbì 層陛 4-61A
céngbì 層碧 4-61B
céngbì 層壁 4-62B
céngbiāo 層標 4-62A
céngbiāo 曾標 5-780B
céngbiāo 曾飈 5-780B
céngbīng 層冰 4-60A
céngbīng 增冰 2-1222B
céngbō 層波 4-60B
céngbō 曾波 5-779A
céngcéng 層層 4-62A
céngcéngdiédié 層層迭迭 4-62A
céngcéngdiédié 層層疊疊 4-62A
céngcéngjiāmǎ 層層加碼 4-62A
céngcháo 層巢 4-61B
céngchéng 層城 4-60B
céngchéng 曾城 5-779B
céngchéng 增城 2-1222B
céngchū 層出 4-60A
céngchūbùqióng 層出不窮 4-60A
céngchūdiéxiàn 層出疊見 4-60A
céngcì 層次 4-60A
céngdèng 嶒嶝 3-868A
cèngdèng 蹭蹬 10-557A
céngdì 層遞 4-61B
céngdiān 層顛 4-62B
céngdiān 層巔 4-62B
céngdiān 曾顛 5-780B
céngdiān 曾巔 5-780B
céngdiàn 層殿 4-61B
céngdié 層疊 4-62B
céngdòng 層棟 4-61B
céng'ē 層阿 4-60B
céng'ē 曾阿 5-779A
céng'é 嶒峨 3-868A
céngfù 層複 4-62A
céngfù 層覆 4-62B
cénggé 層閣 4-62A
cénggèn 層亙 4-60A
cénggōng 增宮 2-1223A
cénggòu 層構 4-62A
cénggòu 增搆 2-1223B
céngguàn 層觀 4-63A
cénghàn 層漢 4-62A
cénghè 層壑 4-62B
cénghóng 嶒泓 3-867B
cénghóng 嶒竑 3-867B
cénghóng 曾閎 5-780A
cénghuā 曾華 5-779B
cénghuī 曾暉 5-780A
céngjí 層級 4-61A
céngjiā 曾加 5-779A
céngjiá 曾頰 5-780B
céngjiǎn 曾繭 5-780B
céngjiāo 層椒 4-61B
céngjǐhéshí 曾幾何時 5-780A
céngjìn 層禁 4-61B
céngjīng 曾經 5-780B
céngjīngcānghǎi 曾經滄海 5-780B
céngjùn 層峻 4-61A
céngjùn 嶒峻 3-868A
céngkōng 層空 4-60B
céngkōng 曾空 5-779A
cénglán 層嵐 4-61B
cénglěi 層纍 4-62B
cénglěi 層累 4-61A
cénglěi 曾累 5-780A
cénglěi 增累 2-1223A
céngléng 嶒稜 3-868A
cēnglénqiānglāng 噌楞嗆啷 3-541B
cénglíng 嶒崚 3-868A
cénglǐng 曾嶺 5-780B
cénglóngjuéyì 層龍絶藝 4-62B
cénglóu 層樓 4-62A
céngluándiézhàng 層巒疊嶂 4-62B
céngluó 層羅 4-62B
céngméng 層甍 4-62A
céngmì 層密 4-61A
céngnì 嶒嶷 3-868A
céngpán 層盤 4-62A
céngpéng 層朋 4-60B
céngqiáo 曾喬 5-780A
céngqīng 曾青 5-779A
céngqióng 層穹 4-60B
céngqióng 曾穹 5-779A
céngqū 層曲 4-60A
céngqū 曾曲 5-779A
céngquán 層泉 4-61A
céngquán 曾泉 5-779B
céngshān 層山 4-60A
céngshāng 曾傷 5-780B
céngshēn 層深 4-61A
céngshì 曾逝 5-779B
céngsī 曾颸 5-780B
céngtà 層遝 4-61B
cèngtà 蹭踏 10-557A
céngtái 層臺 4-61B
céngtán 曾潭 5-780B
céngtāo 層濤 4-62B
cēnguǎn 篸管 8-1240B
cèngwō 蹭窩 10-557A
cèngxì 蹭戲 10-557A
céngxiǎn 層嶮 4-62B
céngxiàncuòchū 層見錯出 4-60B
céngxiàndiéchū 層見迭出 4-60B
céngxiàndiéchū 層見疊出 4-60B
céngxiāo 層霄 4-62A
céngxiù 層秀 4-60B
céngxuān 層軒 4-61A

céngyá 曾崖 5-780A
céngyán 層岩 4-60B
céngyán 層嵒 4-61B
céngyán 層巖 4-62B
céngyǎn 層巘 4-63A
céngyē 層掖 4-61A
céngyē 曾掖 5-780A
céngyīn 層陰 4-61A
céngyīn 層闉 4-62B
céngyīn 曾陰 5-780A
céngyíng 層楹 4-61B
céngyú 層隅 4-61A
céngyún 層雲 4-61B
céngyún 曾雲 5-780A
céngzhǎn 嶒嶄 3-868A
céngzhàng 層嶂 4-62A
céngzhé 層折 4-60B
céngzhì 層峙 4-61A
céngzhòu 層宙 4-60B
cèngzhú 蹭躅 10-557B
cèngzuò 蹭坐 10-557A
cénhàn 涔旱 5-1213B
cénhè 岑壑 3-804B
cènì 側匿 1-1543B
cènì 側睨 1-1545A
cèniàn 惻念 7-656B
cénjì 岑寂 3-804A
cénjiǔ 醮酒 9-1429B
cénlì 岑立 3-803B
cēnlǐng 篸嶺 8-1240B
cénlǐng 岑嶺 3-804B
cénlóu 岑樓 3-804B
cénmóu 岑牟 3-804A
cénqiào 岑峭 3-804A
cénruì 岑鋭 3-804B
cénsháo 涔勺 5-1213B
cénshí 岑石 3-803B
cénshuǐ 涔水 5-1213B
céntí 涔蹄 5-1214A
cènúlìdùn 策駑礪鈍 8-1147B
cénwèi 岑蔚 3-804A
cényán 岑嵓 3-804A
cényì 岑翳 3-804B
cényín 涔淫 5-1213B
cényǐn 醮飲 9-1429B
cényù 岑欝 3-804B
cényún 涔雲 5-1213B
cénzhuó 涔濁 5-1214A
cèpàn 側畔 1-1543B
cèpèi 策轡 8-1148B
cèpì 側僻 1-1545A
cèpiān 側篇 1-1545A
cèqī 惻悽 7-656B
cèqí 測旗 5-1458B
cèqiè 惻切 7-656B
cèqīng 側傾 1-1545A
cèqiū 側楸 1-1544B
cèrán 畟然 7-1324B
cèrán 惻然 7-657A
cèróng 惻容 7-656B
cèrù 側入 1-1541A
cèsè 惻塞 7-657A
cèshā 側殺 1-1543B
cèshāng 惻傷 7-657A
cèshāngdiào 側商調 1-1544A
cèshēn 側身 1-1542A
cèshēn 廁身 3-1251A
cèshēng 側生 1-1541B
cèshí 測識 5-1458B
cèshǐ 策使 8-1145A
cèshì 册謚 1-1030B
cèshì 側室 1-1543A
cèshì 側視 1-1544B
cèshì 廁飾 3-1251B
cèshì 測試 5-1458B
cèshì 策士 8-1144A
cèshì 策世 8-1144B
cèshì 策事 8-1145A
cèshì 策筮 8-1147A
cèshì 策試 8-1147A
cèshǒu 側手 1-1541A
cèshǒu 側首 1-1543A
cèshòu 册授 1-1030B
cèshū 册書 1-1030A
cèshū 策書 8-1146A
cèshù 側庶 1-1544A
cèshù 策數 8-1147B
cèsōu 測廋 5-1458A
cèsuàn 測算 5-1458B
cèsuí 策綏 8-1147A
cèsuì 册襚 1-1030B
cèsuǒ 廁所 3-1251A
cètàn 測探 5-1458A
cètào 策套 8-1145B
cètí 策題 8-1148A
cètiān 測天 5-1457B
cètián 廁填 3-1251B
cètīng 側聽 1-1545B
cètòng 惻痛 7-657A
cètóu 側頭 1-1545A
cèwàng 側望 1-1544B
cèwàng 策望 8-1146B
cèwánmódùn 策頑磨鈍 8-1147A
cèwēi 側微 1-1545A
cèwén 册文 1-1029B
cèwén 側聞 1-1545A
cèwén 策文 8-1144B
cèwèn 策問 8-1146B
cèwò 側臥 1-1542B
cèwū 廁屋 3-1251B
cèwǔ 側武 1-1542B
cèwù 測悟 5-1458A
cèwúyísuàn 策無遺算 8-1146B
cèxī 側息 1-1543B
cèxí 側席 1-1544A
cèxí 策檄 8-1148A
cèxǐ 册璽 1-1030B
cèxiá 册匣 1-1029B
cèxiǎng 側想 1-1544B
cèxiào 策效 8-1146A
cèxīn 側心 1-1541B
cèxíng 側行 1-1541B
cèxiū 側修 1-1543A
cèxù 策序 8-1145A
cèxuǎn 策選 8-1147B
cèxué 策學 8-1148A
cèxūn 册勳 1-1030B
cèxūn 策勛 8-1146B
cèxūn 策勳 8-1147B
cèyá 側芽 1-1542A
cèyān 惻焉 7-656B
cèyán 側言 1-1542B
cèyǎn 側眼 1-1544A
cèyàn 側豔 1-1545B
cèyàn 廁匽 3-1251A
cèyàn 測驗 5-1458B
cèyè 册頁 1-1030A
cèyè 册葉 1-1030B
cèyì 側翼 1-1545B
cèyì 測意 5-1458B
cèyǐn 側隱 1-1545B
cèyǐn 惻隱 7-657A
cèyìn 册印 1-1029B
cèyǐng 側影 1-1545A
cèyǐng 測景 5-1458A
cèyǐng 測影 5-1458B
cèyìng 策應 8-1148A
cèyǐngtái 測景臺 5-1458A
cèyǒng 側泳 1-1542B
cèyú 廁牏 3-1251B
cèyù 廁豫 3-1251B
cèyù 惻惐 7-656B
cèyù 惻淢 7-656B
cèyù 策馭 8-1146B
cèyuán 策援 8-1146B
cèyuándì 策源地 8-1147A
cèzài 側載 1-1544B
cèzéi 策賊 8-1147A
cèzèng 册贈 1-1030B
cèzèng 策贈 8-1148A
cèzhàng 策杖 8-1145A
cèzhèng 册正 1-1029B
cèzhī 側枝 1-1542B
cèzhí 側直 1-1542B
cèzhì 側遲 1-1545A
cèzhǒng 策踵 8-1147B
cèzhòng 側重 1-1543A
cèzhù 册祝 1-1030A
cèzhù 側佇 1-1542A
cèzhù 側注 1-1542B
cèzhù 策祝 8-1145B
cèzhuì 册綴 1-1030B
cèzhuì 策綴 8-1148A
cèzi 册子 1-1029B
cèzǐ 策子 8-1144A
cèzǐ 萴子 9-459B
cèzì 測字 5-1457B
cèzòu 册奏 1-1030A
cèzú 側足 1-1542A
cèzú 廁足 3-1251A
cèzú 策足 8-1145A
cèzūn 側尊 1-1544B
cèzuò 側坐 1-1542B
chā'ài 插艾 6-762B
chā'àn 插岸 6-763A
chá'àn 查案 4-907B
chá'àn 察按 3-1596A
chābān 插班 6-763B
chābǎn 插板 6-763A
chábàn 查辦 4-909B
chábào 查報 4-908A
chābāzi 叉巴子 2-853A
chábēi 茶杯 9-382A
chábǐ 查比 4-906A
chábiān 查邊 4-910A
chábiàn 察辨 3-1598B
chábiàn 察辯 3-1599A
chābiāo 插標 6-764B
chàbié 差别 2-975A
chábóshì 茶博士 9-382B
chābù 艖䑺 9-10B
chābù 差布 2-974B
chābù 舣䑰 9-3A
chábǔ 察捕 3-1596B
chábùchūhào'er 查不出號兒 4-905B
chàbudiǎn 差不點 2-974A
chàbùduō 差不多 2-974A
chàbulí 差不離 2-974B
chácān 查參 4-908A
chācha 喳喳 3-413A
chāchā 插插 6-764A
chāchā 喳喳 3-413A
cháchá 查察 4-909A
cháchá 茶茶 9-382A
cháchá 槎槎 4-1194B
cháchá 察察 3-1597B
cháchà 槎杈 4-1194B
chàchà 姹姹 4-348B
chàchà 刹刹 2-672A
chàchàchénchén 刹刹塵塵 2-672A
cháchàhūhū 蹅蹅忽忽 10-517A
chāchāi 插釵 6-764A
cháchāo 查抄 4-906A
chāchāqīqī 喳喳嘁嘁 3-413A
cháchÁwéimíng 察察爲明 3-1598A
chāchē 叉車 2-853A
chàchén 刹塵 2-672B
cháchēng 茶鐺 9-384A
cháchéng 槎程 4-1194B
chāchí 差池 2-975A
chāchí 差遲 2-978A
cháchí 茶匙 9-382B
chàchí 差池 2-975A
chàchì 侘傺 1-1357A
chàchì 㤞憏 7-528A
chāchìnánfēi 插翅難飛 6-763B
chāchìnántáo 插翅難逃 6-763B
cháchǔ 查處 4-907B
chàchū 岔出 3-805A
chāchuǎn 差舛 2-974B
cháchuán 茶船 9-382B
cháchuǎn 茶荈 9-382A
cháchuī 茶炊 9-382A
chāchuò 叉蔟 2-853B
chácí 察辭 3-1598B

chácì 察伺 3-1595B
chácuī 查催 4-908B
chācuò 差錯 2-978B
chādǎ 插打 6-762B
chādài 叉袋 2-853A
chādài 插戴 6-764B
chādàipó 插帶婆 6-764A
chádàn 搽旦 6-734B
chàdào 叉道 2-853A
chàdào 岔道 3-805A
chàdàokǒu 岔道口 3-805A
chádiǎn 查點 4-909B
chádiǎn 茶點 9-384A
chádiǎn 察典 3-1596A
chádiàn 查店 4-906B
chàdian 差點 2-978B
chàdìlì 刹帝利 2-672A
chādìng 插定 6-763B
chádù 察度 3-1596B
cháduàn 察斷 3-1598B
chàduàn 岔斷 3-805B
chāduì 插隊 6-764A
cháduì 查對 4-908B
chāduìluòhù 插隊落户 6-764A
cháduó 查度 4-907A
cháduó 查奪 4-908B
cháduó 察度 3-1596B
cháduó 察奪 3-1597B
chā'é 差訛 2-977A
chā'é 差額 2-979A
chā'é 差譌 2-979B
chà'è 詫愕 11-210A
chā'er 杈兒 4-792B
chá'er 查兒 4-906B
chá'er 楂兒 4-1148A
chà'er 岔兒 3-805A
chá'ěrwǎ 查爾瓦 4-908B
chā'éxuǎnjǔ 差額選舉 2-979B
cháfā 查發 4-908A
cháfàn 茶飯 9-383A
chàfán 差樊 2-978A
cháfáng 查房 4-906B
cháfáng 茶坊 9-381B
cháfáng 茶房 9-382A
cháfǎng 查訪 4-908A
cháfǎng 察訪 3-1597A
chāfēn 差分 2-974B
chāfèn 插糞 6-764B
cháfěn 搽粉 6-734B
cháfēng 查封 4-906B
cháfēng 察風 3-1596B
cháfū 茶夫 9-381A
cháfú 槎浮 4-1194B
chāgān 叉竿 2-853A
chāgǎn 叉杆 2-853A
chàgān 刹竿 2-672A
chāgǎn'er 杈桿兒 4-792B
chágǎng 查崗 4-907B
chàgǎng 叉港 2-853A
chàgǎng 汊港 5-940B
chāgàngzi 插杠子 6-763A
chágěng 槎梗 4-1194B
chāgōng 鍤工 11-1350A
chágōng 查工 4-905B
chágǒushǐ 踏狗屎 10-517A
chāgū 喳咕 3-412B
chágǔ 茶鼓 9-383A
chágǔ 茶皷 9-383B
chàguài 詫怪 11-210A
chāguan 插關 6-764B
cháguān 查關 4-910A
cháguān 察官 3-1596A
cháguān 察觀 3-1599A
cháguǎn 茶館 9-384A
chàhǎi 刹海 2-672B
chāhàn 插漢 6-764A
cháhǎn 察罕 3-1596A
cháhé 查核 4-907A
cháhé 查覈 4-910A
cháhé 督核 11-198A
cháhé 察核 3-1596B
cháhé 察覈 3-1598B
cháhè 茶褐 9-383B
chàhé 汊河 5-940B
chāhù 差互 2-974B
cháhú 茶壺 9-382B
cháhù 茶户 9-381B
chāhuā 插花 6-763A
chāhuà 插畫 6-764A
chāhuà 插話 6-764A
cháhuā 茶花 9-381B
cháhuà 茶話 9-383B
cháhuà 搽畫 6-734B
cháhuàhuì 茶話會 9-383B
chāhuī 叉灰 2-853A
cháhuì 茶會 9-383B
cháhuì 察惠 3-1597B
cháhuì 察慧 3-1598A
cháhuīmǒtǔ 搽灰抹土 6-734B
chāhuǒ 插伙 6-763A
cháhuò 查獲 4-909B
cháibà 柴壩 4-971B
chāibái 拆白 6-472B
chāibáidǎng 拆白黨 6-472B
chāibáidàozì 拆白道字 6-472B
chāibáimí 拆白謎 6-472B
cháibèi 儕輩 1-1718A
cháibì 柴蓽 4-970B
cháibì 柴篳 4-971A
chāibìjiǎo 拆壁脚 6-474A
chāibō 差撥 2-978A
chāibǔ 差補 2-977B
chāicāo 差操 2-978B
cháicǎo 柴草 4-969B
cháicèlǐ 柴册禮 4-968A
chàichài 蠆蠆 8-988B
cháichē 柴車 4-969A
cháichē 輂車 9-1306A
chāichéng 靫宬 12-186A
chāichéng 差承 2-976A
cháichéng 柴城 4-969A
chāichú 差除 2-976B
chāichú 拆除 6-473B
cháichū 豺貙 10-1328A
chāichuān 拆穿 6-473A
chāichuàn 釵釧 11-1211A
cháicí 柴瓷 4-969B
cháicù 柴蔟 4-971A
chāidài 靫袋 12-186A
chāidé 釵德 11-1211A
cháiděng 儕等 1-1718A
chāidōngbǔxī 拆東補西 6-473A
chāidōngqiáng… 拆東牆補西牆 6-473A
cháidū 柴都 4-969B
chàidú 蠆毒 8-961B
chāiduǎn 拆短 6-473B
cháiduī 柴堆 4-970A
chāiduó 差度 2-976A
chāiduǒ 釵朶 11-1210B
cháiduò 柴垜 4-969A
chāi'ěr 釵珥 11-1210B
chāifā 差發 2-977B
chāifǎ 差法 2-975B
chàifà 蠆髮 8-961B
cháifáng 柴房 4-969A
cháifēi 柴扉 4-970B
chāifēn 釵分 11-1210B
chàifēng 蠆鋒 8-962A
chāifú 釵符 11-1211A
cháigào 柴告 4-969A
cháigēng 豺羹 10-1328B
cháigǒu 豺狗 10-1327B
cháigòu 豺遘 10-1328A
chāigǔ 拆股 6-473A
chāigǔ 釵股 11-1210B
cháigǔ 柴轂 4-971B
chāiguān 差官 2-976A
cháiguān 柴關 4-971B
cháigùn 柴棍 4-970A
chāiguó 釵幗 11-1211A
chāigǔzhuàn 釵股篆 11-1210B
chāihào 拆號 6-474A
cháihǎo 儕好 1-1717B
cháihé 柴禾 4-968A
cháihéduò 柴禾垛 4-968A
chāihéméng 釵盒盟 11-1211A
chāihéngbìnluàn 釵橫鬢亂 11-1211A
cháihú 柴胡 4-969B
cháihú 茈胡 9-365B
cháihǔ 豺虎 10-1327B
cháihù 柴户 4-968A
chāihuán 釵環 11-1211B
chāihuán 釵鐶 11-1211B
chāihuǐ 拆毁 6-474A
cháihuǐ 柴毁 4-970B
cháihuǐ 豺虺 10-1327B
cháihuǐgǔlì 柴毁骨立 4-970B
cháihǔkū 豺虎窟 10-1327B
chāihuǒ 拆伙 6-472B
cháihuǒ 柴火 4-968A
cháihuǒfàn 柴火飯 4-968A
cháihuǒqián 柴火錢 4-968A
cháijī 柴積 4-971A
cháijī 柴雞 4-971B
cháijí 柴棘 4-970B
cháijí 柴瘠 4-971A
cháijì 柴祭 4-970A
cháijì 豺祭 10-1328A
cháijià 柴架 4-969B
chāijiājīng 拆家精 6-473B
chāijiè 拆借 6-473B
cháijié 豺節 10-1328A
chàijiè 蠆介 8-961B
chàijiè 蠆芥 8-961B
chāijīng 釵荊 11-1210B
cháijīng 柴荊 4-969A
chāijīngqúnbù 釵荊裙布 11-1210B
cháijiōng 柴扃 4-969B
cháijiù 豺舅 10-1328A
cháijū 儕居 1-1717B
chāijuàn 拆卷 6-473A
chāikāi 拆開 6-473B
chāikē 差科 2-976A
chāikētóu 差科頭 2-976A
chàikuǎi 瘥蒯 9-28B
cháiláng 查郎 4-906B
cháiláng 犲狼 5-10B
cháiláng 豺狼 10-1328A
cháilángdāngdào 豺狼當道 10-1328A
cháilángdānglù 豺狼當路 10-1328A
cháilánghéngdào 豺狼橫道 10-1328A
cháilěi 柴羸 4-971B
cháilèi 儕類 1-1718A
chāilì 差吏 2-974B
cháilì 柴立 4-968B
cháilián 柴簾 4-971B
chāiliáng 釵梁 11-1211A
chāiliángfèng 釵梁鳳 11-1211A
cháiliáo 柴燎 4-971A
cháiliáogàotiān 柴燎告天 4-971A
cháilìbù'ē 柴立不阿 4-968B
chāiliè 拆裂 6-473B
cháilín 柴林 4-969A
cháilìqízhōngyāng 柴立其中央 4-968B
cháiliú 儕流 1-1717B
chāiluán 釵鸞 11-1211B
chāilún 差論 2-978A
cháilún 儕倫 1-1717B
chāilǜ 差率 2-977A
cháilǚ 儕侶 1-1717B
chāimài 拆賣 6-474A
chàimáng 蠆芒 8-961B
chāimángyuè 拆忙月 6-472B
chāimén 差門 2-976A
cháimén 柴門 4-969A
cháimǐ 柴米 4-968B
cháimǐfūqī 柴米夫妻 4-968B

cháimín 儕民 1-1717B
cháimǐyóuyán…
柴米油鹽醬醋茶 4-968B
cháimù 柴木 4-967B
cháimù 豺目 10-1327B
chāinǐ 差擬 2-978B
chāiniè 釵鑷 11-1211B
chái'ǒu 儕偶 1-1717B
cháipá 柴扒 4-968A
chāipái 差排 2-976B
chāipáidàozì 拆牌道字 6-473B
cháipán 柴爿 4-968A
chāipèi 差配 2-976B
chāipèi 釵珮 11-1211A
chàipén 蠆盆 8-961B
chāipì 拆副 6-473B
cháipǐ 儕匹 1-1717B
cháipiàn 柴片 4-968A
chāipiào 差票 2-976B
chāipiào 拆票 6-473B
cháiqī 豺漆 10-1328A
chāiqiān 拆遷 6-474A
chāiqián 差錢 2-978B
chāiqián 拆錢 6-474A
chāiqiǎn 差遣 2-977B
chàiqián 蠆鬈 8-962A
chāiquē 差缺 2-976B
chāiquè 釵雀 11-1211A
chāiqún 釵裙 11-1211A
chāirén 差人 2-974A
chāirèn 差任 2-974B
chāiróng 釵茸 11-1210B
cháirǔguāngē 柴汝官哥 4-969A
chāisǎn 拆散 6-473B
chāisàn 拆散 6-473B
cháisāng 柴桑 4-970A
cháisānglìng 柴桑令 4-970A
cháisānglún 柴桑倫 4-970A
cháisāngmén 柴桑門 4-970A
cháisāngwēng 柴桑翁 4-970A
cháisāngzhǔ 柴桑主 4-970A
cháishān 犲山 5-10B
cháishān 柴山 4-967B
chāishāo 拆梢 6-473B
chāishè 差攝 2-979B
cháishēng 豺聲 10-1328A
chāishǐ 差使 2-975B
chāishì 差事 2-975B
cháishī 茈施 9-365B
cháishǐ 豺豕 10-1327B
cháishì 柴市 4-968A
cháishìjié 柴市節 4-968B
chāishū 釵梳 11-1211A
chāishǔ 差署 2-977B
cháishǔ 儕屬 1-1718A
chāishuì 差稅 2-977B
cháishuǐ 柴水 4-968A
cháishǔzǐ 豺鼠子 10-1328A
cháisì 豺兕 10-1327B
cháisú 儕俗 1-1717B
cháisù 柴粟 4-970B
cháitǎ 豺獺 10-1328A
chāitái 拆臺 6-474A
cháitān 豺貪 10-1328A
cháitán 柴壇 4-971A
cháitàn 柴炭 4-969B
cháitiāngǎiwù 柴天改物 4-967B
cháitiāngǎiyù 柴天改玉 4-967B
chāitóu 釵頭 11-1211B
cháitóu 柴頭 4-971A
chāitóufèng 釵頭鳳 11-1211B
chāitóufú 釵頭符 11-1211B
cháitóunǎoké 柴頭腦殼 4-971A
cháitú 儕徒 1-1717B
cháiwàng 柴望 4-970A
chāiwàxiàn 拆襪線 6-474A
chāiwěi 差委 2-975B
chāiwèi 差尉 2-977A
chàiwěi 蠆尾 8-961B
chàiwěichóng 蠆尾蟲 8-961B
chàiwěishū 蠆尾書 8-961B
chàiwěiyíngōu 蠆尾銀鈎 8-961B
cháiwǔ 豺武 10-1327B
cháiwǔ 儕伍 1-1717B
chāixi 拆息 6-473B
chāixǐ 拆洗 6-473A
chāixiè 拆卸 6-473A
cháixīn 柴薪 4-971A
cháixīn 豺心 10-1327B
chāixuǎn 差選 2-978B
cháiyá 豺牙 10-1327B
chāiyàn 釵燕 11-1211A
cháiyān 柴烟 4-969B
chāiyáo 差徭 2-977B
cháiyáo 柴窑 4-970A
chāiyì 差役 2-975A
chāiyín 差銀 2-978A
cháiyǐng 柴潁 4-971A
chāiyǒng 差勇 2-976B
cháiyóu 柴油 4-969A
cháiyǒu 柴槱 4-971A
cháiyóujī 柴油機 4-969A
chāiyú 釵魚 11-1211A
cháiyǔ 豺羽 10-1327B
chāiyù 差愈 2-978A
cháizào 柴竈 4-971B
chāizé 差擇 2-978B
chāizé 釵澤 11-1211B
chāizhàn 差占 2-974B
chāizhàng 拆帳 6-473B
cháizhòng 儕衆 1-1718A
chāizhù 差注 2-975B
cháizhú 柴竹 4-968B
cháizhuàn 柴摶 4-970B
cháizhuō 柴桌 4-969B
chāizi 釵子 11-1210B
chāizì 拆字 6-472B
chāizìgé 拆字格 6-473A
chāizìlìng 拆字令 6-473A
chāizìshī 拆字詩 6-473A
chájī 查緝 4-909B
chájī 茶几 9-381A
chájì 楂髻 4-1148A
chājià 插架 6-763B
chājià 差價 2-978A
chájiān 查監 4-908B
chájiǎn 查檢 4-909B
chájiàn 察見 3-1595B
chájiàn 踏踐 10-517A
chájiànyuānyúzhě…
察見淵魚者不祥 3-1595B
chājiǎo 插脚 6-764A
chájié 查詰 4-908B
chájié 查截 4-908B
chájiè 查解 4-908B
chájìn 查禁 4-908A
chájìn 茶禁 9-383A
chàjìn 差勁 2-976A
chájīng 茶晶 9-383A
chájǐng 察警 3-1598B
chájìng 茶鏡 9-384A
chájiū 查究 4-906B
chájiū 察究 3-1596A
chājù 差距 2-977A
chájǔ 察舉 3-1598A
chájǔ 鉏齟 11-1230B
chájù 茶具 9-382A
chájué 察覺 3-1598B
chàjué 詫絶 11-210A
chākān 差堪 2-977A
chákān 查勘 4-907B
chákān 察勘 3-1597A
chákàn 查看 4-907A
chákàn 察看 3-1596B
chákǎo 查考 4-906A
chákǎo 察考 3-1595B
chākě 差可 2-974B
chákè 茶客 9-382B
chákè 茶課 9-383B
chákè 槎客 4-1194B
chákè 察刻 3-1596A
chākēdǎhùn 插科打諢 6-763B
chākēshǐqì 插科使砌 6-763B
chākǒu 叉口 2-852B
chákǒu 茬口 9-364B
chákòu 查扣 4-906A
chàkǒu 岔口 3-805A
chālán 差闌 2-979A
chálǎn 查覽 4-910A
chálǎn 察覽 3-1599A
chālàzhú 插蠟燭 6-764B
chálí 查黎 4-909A
chálǐ 查理 4-907B
chálǐ 茶禮 9-384A
chálǐ 察理 3-1597A
chálì 察吏 3-1595B
chàlì 差戾 2-976A
chàlì 刹利 2-672A
chálián 察廉 3-1597B
cháliàng 察諒 3-1598A
chāliáo 犮獠 5-11A
cháliáo 茶寮 9-383B
chálìng 茶令 9-381B
chāliǔ 插柳 6-763B
chàliú 汊流 5-940B
chàliú 岔流 3-805A
chálóu 茶樓 9-383B
chálǔ 茶滷 9-383B
chàlù 跁路 10-431A
chàlù 叉路 2-853B
chàlù 岔路 3-805A
chàlùkǒu 岔路口 3-805A
chāluò 差落 2-977A
chámài 察脈 3-1597A
chāmáquè 叉麻雀 2-853A
chāméi 察眉 3-1596B
chámǐn 察敏 3-1597A
chámíng 查明 4-906B
chámíng 茶茗 9-382A
chāmiù 差繆 2-979A
chāmiù 差謬 2-979A
chámò 槎沫 4-1194B
chàmò 刹末 2-671B
chāná 查拏 4-907A
cháná 查拿 4-907A
chánà 察納 3-1597A
chànà 刹那 2-672A
chán'ài 纏礙 9-1054A
chán'ān 禪庵 7-956A
chǎn'àn 諂闇 11-316A
chǎn'ǎo 產媼 7-1520A
chànbá 懺拔 7-795B
chánbǎn 禪版 7-953B
chánbàng 讒謗 11-470B
chānbào 覘報 10-337B
chánbāo 纏包 9-1051B
chánbāo 饞包 12-588A
chánbèi 蟾背 8-980A
chānbǐ 佔俾 1-1238B
chānbì 襜蔽 9-144A
chānbì 呫畢 3-259A
chānbì 呫嗶 3-259A
chānbì 佔畢 1-1238A
chānbì 佔嗶 1-1238B
chānbì 佔僤 1-1238B
chánbì 纏蔽 9-1052B
chánbì 纏臂 9-1054A
chánbì 躔陛 10-568A
chánbì 讒蔽 11-470A
chánbì 讒嬖 11-470B
chǎnbì 諂俾 11-315A
chànbǐ 顫筆 12-367B
chánbiàn 蟬弁 8-967A
chānbiāo 覘標 10-337B
chánbìjīn 纏臂金 9-1054A
chánbìn 蟬鬢 8-969A
chánbìn 蟬鬢 8-970A
chánbǐng 讒柄 11-468B
chánbìng 禪病 7-955A
chánbō 巉剥 3-876B
chánbō 讒波 11-468B
chánbó 禪伯 7-953A
chǎnbó 諂薄 11-315B
chánbù 廛布 3-1278A

chànbǔ 羼補 9-195B
chàncǎi 蟾彩 8-980B
chǎncǎochúgēn 剗草除根 2-701A
chǎncè 諂側 11-315A
chàncè 羼廁 9-195B
chānchá 覘察 10-337B
chánchā 饞扠 12-588A
chánchà 禪刹 7-953B
chānchān 梴梴 4-977B
chānchān 幨幨 3-763A
chānchān 襜襜 9-144A
chānchān 觇觇 7-258B
chānchān 呫呫 3-259A
chānchān 佔佔 1-1238A
chánchán 孱孱 4-240A
chánchán 潺潺 6-150B
chánchán 儳儳 1-1739A
chánchán 巉巉 3-876B
chánchán 撣撣 6-871B
chánchán 漸漸 6-69B
chánchǎn 讒諂 11-470B
chǎnchán 諂讒 11-316A
chǎnchǎn 幝幝 3-759A
chànchàn 儳儳 1-1739A
chànchàn 儳羼 1-1739A
chànchàn 顫顫 12-368A
chànchànbōbō 顫顫波波 12-368A
chànchànbǒbǒ 顫顫簸簸 12-368A
chāncháng 襜裳 9-144A
chánchàng 蟬唱 8-968A
chánchánróngróng 潺潺溶溶 6-150B
chànchànwēiwēi 顫顫微微 12-368A
chànchànwēiwēi 顫顫巍巍 12-368A
chānchē 幨車 3-763A
chānchē 襜車 9-143B
chǎnchē 剗車 2-700B
chǎnchē 鏟車 11-1386A
chànchè 顫掣 12-367B
chánchén 讒臣 11-467B
chànchén 懺陳 7-796A
chānchēng 攙槍 6-966A
chānchēng 攙搶 6-965B
chánchēng 欃槍 4-1369A
chánchéng 禪乘 7-955A
chánchì 蟬翅 8-967B
chánchìtà 蟬翅搨 8-967B
chánchǐyáng 纏齒羊 9-1053A
chánchóng 饞蟲 12-589A
chánchǒu 僝偢 1-1687A
chánchú 蟬蜍 8-968B
chánchú 蟾蜍 8-980B
chánchú 蟾諸 8-981A
chánchǔ 蟾蠩 8-981A
chǎnchú 剗除 2-701B
chǎnchú 剗鋤 2-702A
chǎnchú 剷除 2-739B
chǎnchú 鏟除 11-1386B
chànchú 懺除 7-795B
chánchuáng 禪床 7-953B
chánchuáng 禪牀 7-954B
chǎnchuáng 產床 7-1519A
chǎnchuǎng 剗磢 2-702A
chánchuǎnléigān 蟬喘雷乾 8-968A
chánchúgōng 蟾蜍宮 8-981A
chánchúkēng 蟾蜍坑 8-981A
chánchúlán 蟾蠩蘭 8-981A
chánchún 讒脣 11-468B
chánchún 讒唇 11-469A
chánchúpò 蟾蜍魄 8-981A
chāncì 覘伺 10-337A
cháncī 巉差 3-876B
chánci 讒疵 11-469A
chánci 讒詞 11-469A
cháncì 躔次 10-568A
chǎncí 諂辭 11-316A
cháncóng 潺淙 6-150A
chāncuō 攙搓 6-965B
chāncuò 攙錯 6-966A
cháncuò 纏錯 9-1053B
chāndā 攙搭 6-965B
chándá 纏達 9-1052B
chándài 禪帶 7-955B
chándài 纏帶 9-1052A
chándài 纏袋 9-1052A
chāndàn 嘽啴 3-508A
chándāo 劖刀 2-758A
chándào 禪道 7-956A
chǎndāo 鏟刀 11-1386A
chǎndǎo 闡導 12-172A
chǎndào 剗道 2-701B
chàndào 儳道 1-1739A
chándé 孱德 4-240A
chándé 禪德 7-957A
chǎnde 產的 7-1519A
chǎndé 諂德 11-315B
chándēng 禪燈 7-957A
chándēng 饞燈 12-589A
chándǐ 廛邸 3-1278B
chándǐ 鄽邸 10-695B
chándǐ 讒詆 11-469A
chǎndí 剗滌 2-701B
chǎndì 剗的 2-701A
chǎndì 剗地 2-700B
chǎndì 產地 7-1519A
chǎndì 剷地 2-739B
chàndí 懺滌 7-796A
chándiāo 蟬貂 8-968B
chàndiào 顫掉 12-367A
chándīdī 饞滴滴 12-589A
chándǐng 毚鼎 2-757A
chándǐng 讒鼎 11-469A
chándǐng 鑱鼎 11-1432A
chándǐng 饞鼎 12-589A
chándìng 禪定 7-954A
chǎndìpí 鏟地皮 11-1386A
chàndòng 顫動 12-367B
chàndǒu 顫抖 12-367A
chàndǒudǒu 顫抖抖 12-367A
chàndǒusōu 顫抖搜 12-367A
chāndǔ 覘覩 10-337B
chándú 讒讟 11-471A
chándù 躔度 10-568A
chándù 讒妒 11-468A
chándù 讒妬 11-468B
chǎndú 諂瀆 11-316A
chǎndú 諂黷 11-316A
chàndù 懺度 7-795B
chánduǎn 讒短 11-469A
chàndǔdǔ 顫篤篤 12-368A
chānduì 攙兌 6-965A
chándūn 蟾踆 8-981A
chándùn 孱鈍 4-240A
chānduó 攙奪 6-966A
chǎnduó 剗奪 2-701B
chànduōsuō 顫多梭 12-367A
chàndǔsù 顫篤速 12-368A
chàndǔsù 顫篤簌 12-368A
chǎn'é 產額 7-1520B
chǎn'èchújiān 剗惡鋤奸 2-701B
chán'ěr 蟬珥 8-967B
chán'èr 讒二 11-467B
chán'èr 讒貳 11-469A
chǎn'ér 產兒 7-1519A
chǎn'ěr 諂耳 11-314A
chǎn'ěr 囅爾 3-565B
chán'érdèng 蟬兒鞥 8-967B
chàn'erduōsuō 顫兒哆嗦 12-367A
chánfǎ 禪法 7-954A
chǎnfā 闡發 12-172A
chǎnfá 剗伐 2-700B
chànfǎ 懺法 7-795B
chánfáng 禪房 7-954A
chǎnfáng 產房 7-1519B
chánfēi 禪扉 7-956A
chánfēi 蟾妃 8-979B
chánfěi 讒誹 11-470A
chánfēng 禪鋒 7-957A
chánfēng 饞風 12-588B
chǎnfèng 諂奉 11-314B
chānfú 摻扶 6-848A
chānfú 攙扶 6-965A
chánfū 孱夫 4-239A
chánfū 讒夫 11-467B
chánfū 鑱膚 11-1432A
chánfǔ 鑱斧 11-1431B
chánfù 孱婦 4-240A
chánfù 蟬腹 8-969A
chánfù 纏縛 9-1054A
chǎnfū 諂夫 11-314A
chǎnfū 闡敷 12-172A
chǎnfú 剗袚 2-701B
chǎnfù 產婦 7-1520A
chǎnfù 諂附 11-314B
chànfù 儳婦 1-1739A
chánfùguīcháng 蟬腹龜腸 8-969A
chānfúpó 攙扶婆 6-965A
chàng'ài 毾礙 2-206B
cháng'ān 長安 11-585B
cháng'ān 常安 3-736B
cháng'àn 長案 11-596A
cháng'āndào 長安道 11-586A
cháng'ānjūdàbúyì 長安居大不易 11-586A
cháng'ānmǐguì 長安米貴 11-586A
cháng'ānqíjú 長安棋局 11-586A
cháng'ānrì 長安日 11-586A
cháng'ānshàonián 長安少年 11-586A
chàngbái 唱白 3-379B
chàngbái 暢白 5-817A
chàngbài 唱拜 3-381A
chángbān 長班 11-594B
chángbān 常班 3-739B
chángbǎn 長阪 11-586A
chángbǎn 長坂 11-586A
chángbǎng 長榜 11-602B
chángbǎng 長膀 11-603A
chángbāo 長苞 11-588B
chāngbèi 猖悖 5-77B
chāngbèi 猖勃 5-77B
chángbèi 常備 3-742A
chángbèibùxiè 常備不懈 3-742A
chāngběn 昌本 5-589B
chàngběn 唱本 3-379B
chángbì 常辟 3-743A
chāngbiān 鯧鯿 12-1240B
chángbiān 長編 11-606A
chángbiàn 長便 11-593A
chángbiàn 常便 3-739A
chàngbiàn 倡辯 1-1501A
chàngbiàn 暢辦 5-819A
chángbiāo 長飈 11-609A
chángbiǎo 長表 11-587B
chángbié 長別 11-586B
chángbīng 長兵 11-587A
chángbǐng 常柄 3-738B
chāngbó 昌博 5-591A
chángbō 長波 11-591A
chángbó 長箔 11-603A
chángbó 長薄 11-606A
chángbó 常伯 3-736B
chángbū 償逋 1-1732B
chángbǔ 償補 1-1732B
chángbùkěn 常不肯 3-734A
chángbèijūn 常備軍 3-742A
chángcái 長才 11-579B
chángcái 長材 11-586A
chángcái 常才 3-734A
chángcái 常材 3-736B
chángcáiduǎnyù 長才短馭 11-579B
chángcáiguǎngdù 長才廣度 11-579B
chángcáimàoxué 長材茂學 11-586B
chángcáixiǎoshì 長材小試

11-586B
chángcān 常參 3-741B
chángcānguān 常參官 3-741B
chángcāo 常操 3-745A
chàngcǎo 鬯草 2-206B
chàngcǎo 暢草 5-818A
chángcè 長册 11-583A
chángcè 長策 11-600A
chángcénzhǎng 長岑長 11-586B
chángchān 長攙 11-609A
chángchān 長鑱 11-610A
chángchǎn 常産 3-741A
chángchānchān 長攙攙 11-609A
chāngchang 昌昌 5-590A
chāngchāng 倀倀 1-1445A
chángcháng 長長 11-587B
chángcháng 常常 3-741A
chángcháng 裳裳 9-98A
chǎngchǎng 惝惝 7-596A
chàngchàng 悵悵 7-589A
chàngchàng 暢暢 5-819A
chángchángduǎnduǎn 長長短短 11-588A
chàngchàngliēliē 唱唱咧咧 3-381B
chāngcháo 昌朝 5-591A
chángcháo 常朝 3-741B
chángchē 長車 11-586B
chángchē 常車 3-736B
chǎngchē 敞車 5-490B
chàngchē 暢唓 5-818A
chāngchén 昌辰 5-589B
chángchén 常臣 3-735B
chǎngchén 廠臣 3-1277B
chàngchén 唱陳 3-381A
chángchéng 長城 11-592A
chángchéng 常程 3-742A
chāngchì 昌熾 5-592B
chāngchì 猖熾 5-78A
chāngchōng 琩珫 4-592B
chángchóng 長蟲 11-607B
chángchǒng 常寵 3-745B
chángchòng 長銃 11-603A
chángchóu 長籌 11-609A
chángchóu 常愁 3-743A
chángchóu 常儔 3-745A
chàngchóu 倡訓 1-1500A
chàngchóu 倡酧 1-1500A
chàngchóu 倡酬 1-1500A
chàngchóu 唱訓 3-382A
chàngchóu 唱酬 3-382A
chàngchóu 唱籌 3-383B
chàngchóu 唱讎 3-383B
chàngchóu 悵惆 7-589A
chàngchóuliángshā 唱籌量沙 3-383B
chángchǔ 常處 3-741A
chángchǔ 萇楚 9-429A
chángchǔ 場杵 2-1149A
chángchù 長處 11-596B
chángchù 常處 3-741A
chàngchù 悵觸 7-589B
chángchuān 長川 11-580A
chángchuān 常川 3-734A
chángchuāng 償創 1-1732B
chángchuí 長椎 11-598B
chángchūn 長春 11-591B
chángchūnbùlǎo 長春不老 11-591B
chàngchūndiào 唱春調 3-381A
chángchūnmù 常春木 3-738B
chángchūnshù 長春樹 11-591B
chàngchūnyuán 暢春園 5-818A
chángchūnzǐ 長春子 11-591B
chángchuòdàjué 長啜大嚼 11-597A
chángchūqì 長出氣 11-583A
chāngcí 昌辭 5-592B
chángcí 長詞 11-600B
chángcí 長辭 11-608B
chǎngcì 場次 2-1149A
chàngcí 唱詞 3-381B
chàngcí 唱辭 3-383A
chángcǐyǐwǎng 長此以往 11-584A
chángcōng 長從 11-597B
chángcóng 常從 3-741A
chángcún 長存 11-584A
chángcún 常存 3-735B
chāngdá 昌達 5-591A
chāngdà 昌大 5-589A
chángdá 償達 1-1732B
chángdà 長大 11-579B
chàngdá 倡答 1-1500A
chàngdá 鬯達 2-206B
chàngdá 暢達 5-818B
chángdǎn 嘗膽 5-816A
chāngdàng 倡蕩 1-1500B
chāngdāng 廠璫 3-1278A
chángdǎnmiánxīn 嘗膽眠薪 5-816A
chángdǎnwòxīn 嘗膽卧薪 5-816A
chángdào 長道 11-600B
chángdào 常道 3-742B
chàngdǎo 昌導 5-592A
chàngdǎo 倡導 1-1500B
chàngdǎo 倡道 1-1500A
chàngdǎo 唱導 3-382B
chàngdào 唱到 3-380B
chàngdào 唱道 3-381B
chàngdào 悵悼 7-589A
chàngdào 暢道 5-818B
chàngdàoqíng 唱道情 3-382A
chàngdàoshì 暢道是 5-818B
chāngdé 昌德 5-592A
chángdé 常德 3-744B
chángděng 常等 3-742A
chángděngduǎnděng 長等短等 11-600A
chángdí 長狄 11-587A
chángdí 長笛 11-597A
chángdí 長翟 11-604A
chángdí 嘗敵 5-816A
chángdì 長遞 11-601B
chángdì 常棣 3-741B
chángdì 嘗禘 5-815B
chǎngdì 場地 2-1149A
chàngdì 唱第 3-381B
chángdiǎn 常典 3-737B
chǎngdiàn 廠甸 3-1277B
chángdiào 長調 11-605A
chángdiào 長銚 11-603A
chángdiào 常調 3-744B
chángdìbēi 常棣碑 3-742A
chángdílínjiā 長笛鄰家 11-597B
chángdìng 長錠 11-607A
chángdǐngyīluán 嘗鼎一臠 5-815B
chángdòu 常梪 3-740B
chángdū 長都 11-594B
chángdù 長度 11-593B
chángdù 常度 3-739B
chángdù 腸肚 6-1346A
chángduǎn 長短 11-599A
chángduàn 常斷 3-745B
chángduàn 腸斷 6-1347A
chàngduàn 唱段 3-381A
chángduǎngē 長短歌 11-600A
chángduǎnjù 長短句 11-599B
chángduǎnshù 長短術 11-600A
chángduǎnshuō 長短説 11-600A
chángduǎnxīng 長短星 11-599B
chángduǎnyán 長短言 11-599B
chàngduìtáixì 唱對臺戲 3-382B
chángduǒ 長垜 11-592A
chángé 禪閣 7-956B
cháng'é 長蛾 11-601B
cháng'é 常娥 3-740B
cháng'é 嫦娥 4-404A
chǎngé 剗革 2-701A
chǎngé 鏟革 11-1386A
cháng'èbùquān 長惡不悛 11-598B
chángéjìng 蟾閣鏡 8-981A
cháng'èmíquān 長惡靡悛 11-598B
cháng'ēn 長恩 11-595A
chǎngēng 諂羹 11-316A
cháng'ěr 長耳 11-583B
chǎng'èr 氅毦 6-1016B
chàng'ér 悵而 7-588B
chàng'ěr 悵爾 7-589B
cháng'ěrgōng 長耳公 11-583B
chángfā 長發 11-600B
chángfǎ 長法 11-590B
chángfǎ 常法 3-738A
chángfà 長髮 11-604A
chàngfā 暢發 5-819A
chāngfán 昌繁 5-592B
chángfān 長番 11-600B
chǎngfàn 廠畈 3-1277B
chàngfǎndiào 唱反調 3-379B
chǎngfáng 廠房 3-1277B
chángfāngxíng 長方形 11-581B
chángfángyú 長房萸 11-591A
chángfàwáng 長髮王 11-604A
chāngfēi 閶扉 12-124A
chángféinǎomǎn 腸肥腦滿 6-1346B
chángfèn 常分 3-734B
chángfèn 嘗糞 5-816A
chāngfēng 昌丰 5-589A
chāngfēng 昌風 5-590B
chāngfēng 閶風 12-124A
chángfēng 長風 11-593B
chángfēng 常風 3-739A
chángfèng 常奉 3-737A
chángfèng 常俸 3-740A
chángfēngpòlàng 長風破浪 11-593B
chāngfū 娼夫 4-370B
chāngfú 昌符 5-591A
chāngfú 昌福 5-592A
chāngfù 昌阜 5-590A
chāngfù 昌富 5-591B
chāngfù 娼婦 4-370B
chāngfù 倡婦 1-1500A
chángfū 長夫 11-580B
chángfū 長伕 11-585A
chángfú 常服 3-738A
chángfú 裳服 9-97B
chángfǔ 長府 11-590B
chángfǔ 長斧 11-590A
chángfù 常賦 3-744A
chángfù 腸腹 6-1346B
chángfù 償付 1-1732B
chángfù 償負 1-1732B
chǎngfū 鶬鴩 12-1122A
chàngfú 倡扶 1-1498B
chánggān 長干 11-579A
chánggānqǔ 長干曲 11-579A
chánggào 長告 11-587A
chànggāodiào 唱高調 3-381A
chánggē 長戈 11-581A
chánggē 長歌 11-602B
chánggé 常格 3-739B
chànggē 唱歌 3-382A
chánggēdàngkū 長歌當哭 11-602B
chānggēn 娼根 4-370B
chánggēng 長更 11-586B
chánggēng 長庚 11-590B

chánggēng 長賡 11-605B
chánggěngzǔ 腸梗阻 6-1346B
chánggōng 長工 11-579B
chánggōng 長功 11-581B
chánggōng 長肱 11-590A
chánggōng 場功 2-1149A
chànggōng 倡工 1-1498B
chànggōng 鬯弓 2-206A
chànggōng 唱工 3-379A
chànggōng 韔弓 12-679A
chánggōngshè 長弓射 11-580A
chànggōngxì 唱工戲 3-379A
chānggōngyú 鯧鮯魚 12-1240B
chānggǔ 昌谷 5-589B
chánggǔ 長轂 11-607A
chánggǔ 長古 11-582A
chánggǔ 長股 11-590A
chánggǔ 長鼓 11-601A
chánggǔ 常古 3-734B
chánggǔ 常骨 3-739A
chánggǔ 嘗穀 5-816A
chánggù 長顧 11-609A
chánggù 常故 3-738B
chànggǔ 暢轂 5-819A
chángguà 長褂 11-602A
chángguāi 長乖 11-589A
chāngguǎn 娼館 4-370B
chāngguǎn 倡館 1-1501A
chángguān 長冠 11-594A
chángguān 長關 11-608B
chángguān 常官 3-738B
chāngguāng 昌光 5-589B
chāngguǐ 倀鬼 1-1445A
chángguī 長規 11-596B
chángguī 長歸 11-608A
chángguī 常規 3-740B
chángguǐ 常軌 3-738B
chángguì 長跪 11-601B
chǎngguī 場規 2-1150A
chàngguī 鬯圭 2-206A
chánggǔn 場磙 2-1150B
chàngguó 倡國 1-1500A
chānggǔxuānwǔ 鼚鼓軒舞 12-1398B
chánghān 長酣 11-598B
chánghàn 長漢 11-603B
chànghàn 悵憾 7-589B
chángháo 長毫 11-597B
chángháo 長嗥 11-604B
chángháo 長號 11-601B
chánghǎo 常好 3-736B
chánghào 長號 11-601B
chánghào 常好 3-736B
chánghào 償耗 1-1732B
chàngháo 唱噑 3-383A
chànghǎo 唱好 3-380A
chànghǎo 暢好 5-817A
chànghào 唱號 3-382A
chánghàodào 常好道 3-736B
chànghǎodào 暢好道 5-817A
chánghàoshì 常好是 3-736B
chànghǎoshì 唱好是 3-380A
chànghǎoshì 暢好是 5-817A
chānghé 閶闔 12-124B
chānghé 閶闔 12-152B
chánghé 長河 11-590B
chánghé 嘗禾 5-815A
chǎnghé 場合 2-1149A
chànghé 暢和 5-817B
chànghè 倡和 1-1499A
chànghè 唱喝 3-381B
chànghè 唱和 3-380B
chānghéfēng 昌盍風 5-590B
chānghéfēng 閶闔風 12-124B
chānghégōng 閶闔宮 12-124B
chānghémén 閶闔門 12-124B
chánghèn 長恨 11-594A
chànghèn 悵恨 7-588B
chánghéng 常恒 3-739B
chánghóng 長紅 11-594B
chánghóng 長虹 11-592B
chánghóng 萇弘 9-429A
chánghóng 萇宏 9-429A
chánghóngguànrì 長虹貫日 11-592B
chānghóu 昌侯 5-590A
chānghóu 鯧鯸 12-1240B
chánghòu 常候 3-740A
chànghǒu 唱吼 3-380A
chānghù 昌户 5-589A
chánghū 長呼 11-588B
chánghū 長忽 11-590A
chànghū 倡呼 1-1499A
chànghū 唱呼 3-380B
chānghuá 昌華 5-590B
chānghuá 猖猾 5-77B
chānghuà 昌化 5-589A
chánghuà 長畫 11-600B
chánghuà 長話 11-602A
chánghuà 常話 3-743A
chǎnghuà 場化 2-1149A
chánghuái 長淮 11-598A
chánghuái 長懷 11-608B
chánghuái 常懷 3-745B
chànghuái 悵懷 7-589B
chànghuái 暢懷 5-819B
chánghuán 長鬟 11-609B
chánghuán 償還 1-1732B
chánghuàn 長患 11-597A
chànghuàn 唱喚 3-381A
chánghuāng 腸荒 6-1346B
chǎnghuǎng 徜恍 3-988A
chǎnghuǎng 惝慌 7-736A
chǎnghuǎng 惝悦 7-596A
chǎnghuǎng 惝恍 7-596A
chǎnghuǎng 敞克 5-490B
chǎnghuǎng 敞悦 5-490B
chǎnghuǎng 惝悦 7-736A
chǎnghuǎng 惝恍 7-736A
chànghuǎng 悵悦 7-588B
chánghuāngfùrè 腸荒腹熱 6-1346B
chánghuāngfùrè 腸慌腹熱 6-1346B
chānghuàshí 昌化石 5-589A
chānghuáyuàn 昌華苑 5-590B
chānghuī 昌暉 5-591B
chānghuī 昌煇 5-592A
chānghuì 昌會 5-591B
chánghuī 長麾 11-605B
chánghuī 長徽 11-607B
chánghuì 長喙 11-599A
chánghuì 常會 3-743A
chánghuì 嘗穢 5-816B
chānghūn 閶閽 12-124B
chànghùn 唱諢 3-383A
chānghuò 昌霍 5-592A
chánghuó 長活 11-594A
chánghuǒ 長火 11-581B
chánghuò 長惑 11-598B
chánghuò 場藿 2-1150B
chǎnghuō 敞豁 5-491A
chànghuō 暢豁 5-819B
chǎnghuōhuō 敞豁豁 5-491A
chāngjī 昌姬 5-590B
chāngjī 昌基 5-590B
chāngjí 倡籍 1-1501A
chāngjì 娼妓 4-370B
chāngjì 倡伎 1-1498B
chāngjì 倡技 1-1498B
chángjī 長基 11-596B
chángjí 長棘 11-598B
chángjí 長籍 11-609A
chángjí 常疾 3-740A
chángjǐ 長戟 11-598B
chángjì 長技 11-586A
chángjì 長計 11-593B
chángjì 長跽 11-602B
chángjì 長髻 11-606A
chángjì 常紀 3-739B
chángjì 常計 3-739A
chángjì 常祭 3-741A
chǎngjí 場籍 2-1150B
chǎngjì 場記 2-1150A
chàngjī 唱機 3-382B
chàngjí 唱籍 3-383A
chāngjiā 娼家 4-370B
chāngjiā 倡家 1-1499B
chángjiā 長枷 11-592B
chángjiā 常家 3-740B
chángjiá 長鋏 11-605A
chángjiǎ 長假 11-597B
chángjià 長假 11-597B
chángjià 常價 3-744B
chǎngjiā 廠家 3-1277B
chàngjiā 鬯浹 2-206B
chángjiáguīlái 長鋏歸來 11-605A
chángjiān 長膂 11-600A
chángjiān 長箋 11-603A
chángjiǎn 常檢 3-745A
chángjiàn 長見 11-586B
chángjiàn 長劍 11-605A
chángjiānbīng 常堅冰 3-741A
chángjiāng 長江 11-585B
chángjiānghòulàng… 長江後浪催前浪 11-585B
chángjiānghòulàng… 長江後浪推前浪 11-585B
chāngjiào 昌教 5-590B
chángjiāo 長姣 11-594B
chángjiāo 長茭 11-592A
chángjiāo 常郊 3-738A
chàngjiào 唱叫 3-379B
chàngjiào 暢叫 5-817A
chàngjiào 暢教 5-818A
chàngjiàoyángjí 唱叫揚疾 3-379B
chàngjiàoyángjí 暢叫揚疾 5-817A
chángjiàyuǎnyù 長駕遠馭 11-605B
chángjībāshíjīn 長戟八十斤 11-598B
chángjiē 長嗟 11-599A
chángjiē 長街 11-600A
chángjié 長結 11-601A
chángjié 常節 3-743A
chángjiě 長解 11-602A
chángjiēduǎnxiàng 長街短巷 11-600A
chángjièmǎ 長借馬 11-595A
chángjiězǐ 長解子 11-602A
chángjǐgāomén 長戟高門 11-598B
chángjìguāngtǔ 常寂光土 3-741B
chángjīn 長津 11-594A
chángjīn 償金 1-1732B
chángjìn 常禁 3-742B
chāngjìng 鯧鏡 12-1240B
chángjīng 長鯨 11-608B
chángjīng 常經 3-743A
chángjìng 常境 3-743B
chǎngjǐng 場景 2-1150A
chǎngjìng 敞静 5-491A
chàngjīng 唱經 3-382A
chángjǐnglù 長頸鹿 11-606B
chángjǐngniǎohuì 長頸鳥喙 11-606B
chàngjīngwén 唱經文 3-382A
chángjīngyǐn 長鯨飲 11-608B
chángjítǐ 長吉體 11-583B
chāngjiǔ 昌九 5-589A
chángjiǔ 長久 11-580A
chángjiǔ 常久 3-734A
chángjiǔ 嘗酒 5-815B
chàngjiǔ 鬯酒 2-206B
chàngjiù 暢臼 5-817A
chángjiūjiū 長赳赳 11-592A
chángjiǔrì 長久日 11-580A
chángjìyuǎnlǜ 長計遠慮

11-593B

cháng jū 長裾 11-602A
cháng jū 長沮 11-591A
cháng jū 常居 3-738B
cháng jū 嘗駒 5-816A
cháng jū 裳裾 9-98A
cháng jú 長局 11-587B
cháng jú 常局 3-737A
cháng jù 長句 11-583A
cháng juàn 長卷 11-590B
chāng jué 猖獗 5-77B
chāng jué 猖蹶 5-78A
chāng jué 猖麗 5-78A
chāng jué 倡儷 1-1500B
chāng jué 倡儺 1-1500A
cháng jué 長決 11-587B
cháng jué 長訣 11-597B
cháng jué 長絶 11-601A
cháng jué 常爵 3-745A
cháng jué 腸絶 6-1346B
cháng jūn 常君 3-737A
cháng jūn 常均 3-736B
chǎng kāi 敞開 5-490B
chàng kāi 唱凱 3-381B
chàng kǎi 悵慨 7-589A
chàng kān 鞚軒 12-197A
cháng kāng 長康 11-598A
cháng kē 常科 3-739A
cháng kě 常可 3-734B
cháng kè 常客 3-739B
cháng kè 常課 3-744B
cháng kěn 償墾 1-1733A
cháng kōng 長空 11-591A
cháng kòu 嘗寇 5-815B
chǎng kǒu 敞口 5-490B
chàng kǒu 唱口 3-379A
chǎng kǒuchuán 敞口船
　5-490B
cháng kū 長哭 11-595A
chāng kuài 倡儈 1-1500B
chǎng kuài 敞快 5-490B
chàng kuài 暢快 5-817B
chāng kuáng 昌狂 5-589B
chāng kuáng 猖狂 5-77A
chāng kuáng 倡狂 1-1499A
cháng kuí 長逵 11-596B
cháng kuì 長喟 11-599A
cháng kuò 長闊 11-607B
cháng láng 長廊 11-598A
cháng làng 長浪 11-596A
chǎng lǎng 敞朗 5-490B
chàng lǎng 暢朗 5-818A
cháng láo 嘗醪 5-816B
chāng lè 昌樂 5-592A
cháng lè 長樂 11-605B
cháng lèdiàn 長樂殿
　11-606A
cháng lègōng 長樂宮
　11-606A
cháng lèguǎn 長樂舘
　11-606A
cháng lèguàn 長樂觀
　11-606A
cháng lèhuā 長樂花 11-605B

cháng lèhuā 長樂華 11-606A
cháng lèi 常類 3-745B
cháng lèlǎo 長樂老 11-605B
cháng lèpō 長樂坡 11-606A
chāng lí 昌黎 5-592A
chāng lì 昌曆 5-592A
chāng lì 昌歷 5-592A
cháng lí 長離 11-608A
cháng lí 長麗 11-608A
cháng lí 常驪 3-745B
cháng lǐ 常理 3-740B
cháng lǐ 常禮 3-745B
cháng lì 長利 11-587B
cháng lì 長曆 11-606B
cháng lì 常例 3-738B
cháng lì 常隷 3-745A
chǎng lì 敞麗 5-491A
chàng lǐ 唱理 3-381A
chàng lǐ 唱禮 3-383A
chàng lì 暢利 5-817B
cháng lián 長鎌 11-608A
cháng lián 長鐮 11-609A
chǎng liǎn 敞臉 5-491A
chàng liàn 悵戀 7-589B
cháng liáng 長糧 11-608A
chāng liàng 惝恨 7-596A
chǎng liàng 敞亮 5-490B
chàng liàng 悵恨 7-588B
chàng liàng 暢亮 5-818A
chāng liáo 娼寮 4-370B
cháng liáo 常僚 3-743B
chāng lǐbài 廠禮拜 3-1278A
cháng líchūlái…
　腸裏出來腸裏熱
　6-1347A
cháng liè 長列 11-584A
cháng liè 長烈 11-594B
cháng liè 長鬣 11-610A
chǎng liè 場坮 2-1150A
cháng liègōng 長鬣公
　11-610A
cháng lín 長林 11-588B
cháng lǐn 長稟 11-602A
cháng lìn 常賃 3-743A
cháng línfēngcǎo 長林豐草
　11-588B
chāng líng 倡伶 1-1499A
cháng líng 長陵 11-596B
cháng líng 長齡 11-609A
cháng líng 長靈 11-609B
cháng lìng 常令 3-735A
chàng lìngjiā 唱令家 3-379B
cháng línhuān 常林歡
　3-737B
cháng lìqián 常例錢 3-738A
cháng liú 長流 11-595B
cháng liú 常流 3-740A
cháng liù 長溜 11-602A
cháng liù 長霤 11-607B
cháng liúshuǐ 長流水
　11-596A
chāng lóng 昌隆 5-591A
cháng lóng 長龍 11-607A
chàng lóngyǎn 唱龍眼

3-383A
chāng lóu 娼樓 4-370B
chāng lóu 倡樓 1-1500B
cháng lòu 長漏 11-603B
chàng lòu 唱漏 3-382B
chāng lù 昌籙 5-592B
cháng lù 長路 11-601B
cháng lù 常路 3-743A
cháng luán 長鑾 11-609B
chàng luàn 倡亂 1-1500A
chàng luàn 唱亂 3-382A
cháng lún 長綸 11-604A
cháng lún 常倫 3-740A
cháng lùn 常論 3-744A
chàng lùn 倡論 1-1500B
cháng lú 常閭 3-744A
cháng lù 長律 11-593B
cháng lù 長慮 11-604B
cháng lù 常律 3-739A
cháng lùgùhòu 長慮顧後
　11-604B
cháng lùhòugù 長慮後顧
　11-604B
cháng lùquègù 長慮卻顧
　11-604B
cháng mài 長邁 11-604A
cháng mài 常賣 3-744A
cháng mài 嘗麥 5-815B
cháng màipū 常賣舖 3-744A
cháng mǎn 常滿 3-743B
cháng mǎnbēi 常滿盃
　3-743B
cháng mǎncāng 常滿倉
　3-743B
cháng mǎndēng 常滿燈
　3-744A
cháng mǎng 長莽 11-594B
cháng mǎnzūn 常滿尊
　3-743B
chāng mào 昌茂 5-590A
chāng mào 昌懋 5-592B
cháng máo 長髦 11-604A
cháng máo 長毛 11-581A
cháng máo 長矛 11-583A
cháng mào 長袤 11-598A
cháng mào 長楙 11-601B
cháng mào 長懋 11-607B
chàng mǎo 唱卯 3-380A
chàng mào 鬯茂 2-206A
chàng mào 暢茂 5-817B
cháng máoróng 長毛絨
　11-581A
cháng méi 長眉 11-594B
cháng mèi 長袂 11-594A
cháng mèi 長寐 11-600B
cháng mèi 常寐 3-742B
chāng mén 昌門 5-590A
chāng mén 閶門 12-124A
chāng mén 倡門 1-1499B
cháng mén 長門 11-591B
chàng mén 唱門 3-380B
cháng ményuàn 長門怨
　11-591B
cháng mí 長糜 11-607B

cháng mì 腸秘 6-1346B
cháng mián 長眠 11-595A
cháng miǎn 長眄 11-592B
chǎng miàn 場面 2-1149A
chǎng miànrén 場面人
　2-1149B
chǎng miànshang 場面上
　2-1149B
cháng miáo 場苗 2-1149A
cháng mín 常民 3-735A
chāng míng 昌明 5-590A
cháng míng 長名 11-585B
cháng míng 長鳴 11-602B
cháng míng 常名 3-736A
cháng mìng 長命 11-589B
cháng mìng 償命 1-1732B
chàng míng 倡明 1-1499A
chàng míng 唱名 3-380A
chàng míng 唱明 3-380B
chàng míng 暢明 5-817B
cháng mìngbǎisuì 長命百歲
　11-589B
cháng míngbǎng 長名榜
　11-585B
cháng míngbǎng 長名牓
　11-585B
cháng míngdēng 長明燈
　11-588B
cháng míngdēng 常明燈
　3-737B
cháng mìngdēng 長命燈
　11-589B
cháng míngdūwèi 長鳴都尉
　11-603A
cháng mìngfùguì 長命富貴
　11-589B
cháng mìnghuā 長命花
　11-589B
cháng míngjī 長鳴雞
　11-603A
cháng mìnglǚ 長命縷
　11-589B
cháng mìngmiàn 長命麵
　11-589B
cháng mìngsuǒ 長命鎖
　11-589B
chāng míngtóngzǐ 昌明童子
　5-590A
cháng mó 常模 3-743B
cháng mò 長沒 11-587B
cháng mò 長陌 11-591B
chàng móu 倡謀 1-1501A
chàng móu 唱謀 3-383A
chāng mǔ 倡姥 1-1499A
chāng mǔ 倡母 1-1498B
cháng mǔ 長畝 11-595B
cháng mù 長暮 11-602B
chàng mù 暢目 5-817A
cháng mùfēi'ěr 長目飛耳
　11-582A
cháng ní 長蜺 11-602B
cháng ní 長霓 11-606B
chāng nián 昌年 5-589B
cháng nián 長年 11-584B

chángnián 常年 3-735B
chàngniàn 唱念 3-380B
chángniánlěiyuè 長年累月 11-584B
chángniánlěiyuè 常年累月 3-735B
chángniànquèlǜ 長念卻慮 11-590A
chàngniànzuòdǎ 唱念做打 3-380B
chángníng 常寧 3-744A
chángnú 常奴 3-735A
chàngnuò 倡諾 1-1500B
chàngnuò 唱喏 3-381A
chàngnuò 唱諾 3-382B
chāngnǚ 娼女 4-370A
chāngnǚ 倡女 1-1498B
chángōng 禪宮 7-954B
chángōng 蟾宮 8-980A
chǎngōng 蕆工 9-546B
chǎngōng 蕆功 9-547A
chángōngkè 蟾宮客 8-980A
chángōngpānguì 蟾宮扳桂 8-980A
chángōngzhéguì 蟾宮折桂 8-980A
chāng'ōu 倡謳 1-1501A
chángōu 蟾鉤 8-981A
chángòu 讒搆 11-469B
chángòu 讒詬 11-469B
chángòu 讒構 11-470A
chāngpái 倡俳 1-1499B
chāngpái 倡排 1-1499B
chángpāi 長拍 11-588A
chángpái 長排 11-596B
chángpái 長牌 11-600A
chàngpàn 唱叛 3-381A
chángpáo 長袍 11-596A
chángpǎo 長跑 11-599A
chángpèi 長轡 11-609B
chángpèiyuǎnyù 長轡遠御 11-609B
chángpèiyuǎnyù 長轡遠馭 11-609B
chǎngpéngchē 敞篷車 5-491A
chāngpī 昌披 5-590A
chāngpī 猖披 5-77B
chāngpī 裮被 9-107A
chángpī 長鈚 11-600B
chángpī 長鈹 11-601B
chángpī 長鉟 11-601B
chángpiān 長篇 11-604B
chángpiān 常篇 3-744B
chàngpiàn 唱片 3-379B
chángpiāndàlùn 長篇大論 11-605A
chángpiāndàtào 長篇大套 11-605A
chángpiānlěidú 長篇累牘 11-605A
chángpiānxiǎoshuō 長篇小說 11-605A
chàngpiào 唱票 3-381A
chángpín 長頻 11-606B
chángpǐn 常品 3-739A
chángpíng 長平 11-582A
chángpíng 常平 3-734B
chǎngpíng 敞平 5-490B
chǎngpíng 敞坪 5-490B
chángpíngběnqián 常平本錢 3-734B
chángpíngcāng 常平倉 3-735A
chángpíngfǎ 常平法 3-735A
chángpíngqián 常平錢 3-735A
chángpíngyán 常平鹽 3-735A
chāngpú 昌蒲 5-591B
chāngpú 昌僕 5-592A
chāngpú 昌濮 5-592B
chāngpú 昌濮 5-592A
chāngpú 菖蒲 9-440A
chángpǔ 場圃 2-1150A
chāngpújié 菖蒲節 9-440A
chāngpújiǔ 菖蒲酒 9-440A
chāngpúzū 昌蒲菹 5-591B
chāngpúzū 昌蒲葅 5-591B
chāngqī 昌期 5-591A
chángqī 長戚 11-596B
chángqī 長期 11-598B
chángqī 長慼 11-604B
chángqī 常期 3-741B
chángqī 場期 2-1150A
chángqí 長蚑 11-595A
chángqí 長跂 11-597A
chángqí 蝪蚑 8-911B
chángqǐ 長企 11-585A
chángqì 常器 3-745A
chǎngqī 場期 2-1150A
chàngqià 暢洽 5-818A
chángqiān 長遷 11-604B
chángqián 長錢 11-607A
chángqiàn 長塹 11-607B
chángqiāng 長槍 11-602B
chángqiāng 長鎗 11-608A
chàngqiāng 唱腔 3-381B
chángqiànzèngchú 長倩贈芻 11-595A
chángqiāo 長蹻 11-608A
chángqiáo 長橋 11-606A
chángqiáo 長趫 11-608A
chángqiǎo 嘗巧 5-815A
chángqīduǎnbā 長七短八 11-579A
chàngqiè 暢愜 5-819A
chángqǐjū 常起居 3-739B
chángqǐn 長寢 11-603B
chángqīng 長青 11-587B
chángqīng 長卿 11-595B
chángqīng 償清 1-1732B
chángqíng 常情 3-741A
chángqìng 長慶 11-605B
chàngqíng 暢情 5-818A
chángqīngbìng 長卿病 11-595B
chángqìngchì 長慶赤 11-605B
chángqīngjí 長卿疾 11-595B
chángqìngtǐ 長慶體 11-605B
chāngqíngyěsī 倡情冶思 1-1500A
chángqiū 長秋 11-593A
chángqiū 長楸 11-601B
chángqiūgōng 長秋宮 11-593A
chāngqú 昌衢 5-592B
chángqū 長敺 11-604B
chángqū 長駈 11-604A
chángqū 長驅 11-609A
chángqú 長衢 11-609B
chángquán 長拳 11-595B
chángqūjìngrù 長驅徑入 11-609A
chángqūshēnrù 長驅深入 11-609A
chángqūzhíjìn 長驅直進 11-609A
chángqūzhírù 長驅直入 11-609A
chángrán 常然 3-742A
chǎngrán 惝然 7-596A
chàngrán 悵然 2-206B
chàngrán 悵然 7-589A
chàngrán 暢然 5-818B
chángránzhǔbù 長髯主簿 11-604A
chàngrě 唱喏 3-382B
chàngrě 唱喏 3-381A
chāngrén 倡人 1-1498B
chángrén 長人 11-579A
chángrén 長壬 11-581A
chángrén 常人 3-734A
chángrén 場人 2-1148B
chángrèn 常任 3-735B
chàngrénqín 悵人琴 7-588B
chángrì 長日 11-581A
chángrì 常日 3-734B
chāngróng 昌容 5-590B
chángrú 長襦 11-608B
chángrù 長人 11-579A
chàngrú 悵如 7-588B
chāngruì 昌瑞 5-591B
chàngruò 唱偌 3-381A
chàngsà 唱薩 3-382B
chángsān 長三 11-579A
chángsāng 長桑 11-596B
chángsāngjūn 長桑君 11-596B
chángsāngwēng 長桑翁 11-596B
chàngsè 悵塞 7-589B
chàngsè 暢塞 5-819A
chángshā 長沙 11-587B
chángshā 長鎩 11-608A
chángshā 常沙 3-737A
chángshāfù 長沙傅 11-587B
chángshān 長山 11-580A
chángshān 長衫 11-591A
chángshān 長潸 11-605B
chángshàn 長扇 11-596A
chángshàn 嘗膳 5-816A
chàngshàn 唱善 3-381B
chángshǎng 常賞 3-744A
chángshàng 長上 11-579B
chǎngshāng 場商 2-1150A
chángshàngjiàng 長上匠 11-580A
chángshānshé 常山舌 3-734A
chángshānshé 常山蛇 3-734A
chángshānzhèn 常山陣 3-734A
chángshāo 長旓 11-602A
chángshāo 長綃 11-602B
chángsháo 長勺 11-580A
chàngshāzuòmǐ 唱沙作米 3-380B
chángshé 長舌 11-584B
chángshé 長虵 11-593A
chángshé 長蛇 11-597A
chángshéfēngshǐ 長蛇封豕 11-597A
chángshéfù 長舌婦 11-584B
chángshēn 長身 11-587A
chángshèn 腸腎 6-1346B
chàngshēn 唱呻 3-380B
chāngshèng 昌盛 5-591A
chángshēng 長生 11-582A
chángshēng 常生 3-735A
chángshēng 常聲 3-745A
chǎngshēng 敞聲 5-491A
chàngshēng 唱聲 3-383A
chàngshèng 暢盛 5-818A
chángshēngbǎn 長生板 11-582B
chángshēngbùlǎo 長生不老 11-582B
chángshēngbùsǐ 長生不死 11-582B
chángshēngdiàn 長生殿 11-582B
chángshēngguǒ 長生果 11-582B
chángshēnghuā 長生花 11-582B
chángshéngjìjǐng 長繩繫景 11-609A
chángshéngjìrì 長繩繫日 11-608B
chángshēngjiǔshì 長生久視 11-582B
chángshēngkù 長生庫 11-582B
chángshēnglùwèi 長生祿位 11-582B
chángshēngpái 長生牌 11-582B
chángshēngpáiwèi 長生牌位 11-582B
chángshēngyuàn 長生院 11-582B
chángshēngyùn 長生運 11-582B

chángshēngzhōng 長生鐘 11-583A
chángshēngzǐ 常生子 3-735A
chángshézhèn 長蛇陣 11-597A
chāngshí 昌時 5-590B
chāngshì 昌世 5-589B
chángshī 常師 3-740A
chángshī 場師 2-1150A
chángshí 常食 3-739A
chángshí 常時 3-740A
chángshí 常識 3-745B
chángshí 嘗食 5-815A
chángshì 長世 11-581B
chángshì 長侍 11-589A
chángshì 長是 11-592B
chángshì 長逝 11-594B
chángshì 常世 3-734B
chángshì 常式 3-735B
chángshì 常事 3-737B
chángshì 常侍 3-738A
chángshì 常勢 3-742B
chángshì 常試 3-743A
chángshì 嘗試 5-815B
chǎngshì 場事 2-1149A
chàngshī 唱詩 3-382A
chàngshǐ 倡始 1-1499B
chàngshǐ 唱始 3-381A
chàngshì 暢是 5-818A
chàngshì 暢適 5-819A
chángshíbā 長十八 11-579A
chàngshībān 唱詩班 3-382A
chángshíwàn 常十萬 3-733B
chángshǒu 常守 3-736A
chángshòu 長壽 11-602B
chángshòu 嘗受 5-815A
chàngshǒu 倡首 1-1499B
chàngshǒu 唱手 3-379B
chàngshǒu 唱首 3-381A
chángshòumiàn 長壽麪 11-602B
chāngshū 昌舒 5-591B
chāngshú 昌熟 5-592A
chāngshǔ 昌鼠 5-591B
chángshū 長書 11-596A
chángshū 長蔬 11-604A
chángshú 償贖 1-1733A
chángshù 長術 11-597B
chángshù 常戍 3-735B
chángshù 常數 3-744A
chàngshū 唱書 3-381A
chàngshū 暢舒 5-818B
chàngshuài 倡率 1-1500A
chàngshuài 唱率 3-381B
chàngshuǎng 暢爽 5-818A
chángshùn 常順 3-742A
chángshuò 長稍 11-601A
chángshuò 長槊 11-603B
chāngsì 猖肆 5-77B
chāngsì 倡肆 1-1500A
chángsī 長思 11-593A
chángsī 長嘶 11-604B
chángsǐ 償死 1-1732B
chángsì 常祀 3-737A
chǎngsī 場私 2-1149A
chángsōng 長松 11-588B
chàngsòng 昌誦 5-592A
chàngsòng 唱誦 3-382B
chángsú 常俗 3-739A
chángsù 長素 11-594B
chángsuàn 長筭 11-601B
chángsuàn 長算 11-603A
chángsuàn 常筭 3-743A
chángsuàn 常算 3-743B
chángsuànyuǎnlüè 長算遠略 11-603A
chángsuí 長隨 11-603B
chángsuí 常隨 3-744A
chángsuì 長隧 11-604A
chángsuì 常歲 3-742B
chàngsuí 倡隨 1-1500B
chàngsuí 唱隨 3-382B
chàngsuì 鬯遂 2-206B
chàngsuì 暢遂 5-818B
chángsuídàiduòzi 長隨帶馱子 11-603B
chángsuǒ 長鎖 11-608A
chángsuǒ 常所 3-738A
chǎngsuǒ 場所 2-1149A
chàngsuǒyùwéi 暢所欲爲 5-818A
chàngsuǒyùyán 暢所欲言 5-817B
chāngtài 昌泰 5-590B
chángtài 常態 3-744A
chàngtài 暢泰 5-818A
chángtàixī 長太息 11-580B
chángtán 長談 11-605B
chángtán 常談 3-745A
chángtán 常譚 3-745B
chángtàn 長嘆 11-602B
chángtàn 長歎 11-604A
chàngtán 暢談 5-819A
chàngtàn 唱歎 3-382B
chángtāng 長湯 11-600B
chángtāngwū 長湯屋 11-600B
chángtāngxì 嘗湯戲 5-815B
chángtánkuòlùn 長談闊論 11-605B
chángtào 常套 3-739B
chángtǐ 常體 3-745B
chángtiān 長天 11-580B
chángtiāndàrì 長天大日 11-580B
chángtiānlǎorì 長天老日 11-580B
chángtiānrì 長天日 11-580B
chāngtiáo 倡條 1-1499B
chángtiāo 長挑 11-592A
chángtiáo 長條 11-595A
chángtiáo 常調 3-744B
chángtiào 長眺 11-597A
chāngtiáoyěyè 倡條冶葉 1-1499B
chángtiáozi 長條子 11-595A
chāngtíng 昌庭 5-590B
chángtīng 長汀 11-583A
chángtíng 長亭 11-593B
chǎngtīng 敞廳 5-491A
chāngtínglǚshí 昌亭旅食 5-590B
chāngtíngzhīkè 昌亭之客 5-590B
chángtǒng 長統 11-601A
chángtòng 長痛 11-600B
chángtòng 長慟 11-603B
chàngtōng 鬯通 2-206B
chàngtōng 暢通 5-818A
chángtóu 長頭 11-606A
chàngtóu 唱頭 3-382B
chángtóu'ér 長頭兒 11-606B
chāngtǔ 昌圖 5-592A
chángtú 長徒 11-595A
chángtú 長途 11-595A
chángtú 長塗 11-602A
chángtú 長圖 11-603A
chángtú 常徒 3-740A
chángtú 常途 3-740A
chángtú 常塗 3-743A
chángtúdiànhuà 長途電話 11-595B
chángtuōtuō 長拖拖 11-588A
chánggū 廛沽 3-1278B
chánggǔ 纏骨 9-1051B
chánggǔ 讒蠱 11-471A
chǎngǔ 產蝦 7-1520B
chǎngǔ 諂骨 11-314B
chānguā 剗刮 2-701A
chānguǎn 攙管 6-966A
chánguān 禪關 7-957A
chánguān 禪觀 7-957B
chánguān 蟬冠 8-967B
chánguàn 禪觀 7-957B
chánguāng 蟾光 8-979B
chánguānzhìxiù 蟬冠豸繡 8-967B
chánguī 禪規 7-955B
chánguì 蟾桂 8-980A
chǎnguǐ 諂詭 11-315B
chǎngǔn 驏衮 3-565B
chǎnguó 蒇國 10-337A
chánguō 廛郭 3-1278B
chánguō 鄽郭 10-696A
chánguǒ 纏裹 9-1052B
chàngwài 暢外 5-817A
chángwán 常玩 3-737B
chàngwǎn 悵惋 7-589A
chāngwáng 昌亡 5-589A
chāngwáng 猖亡 5-77A
chángwáng 長王 11-580B
chángwǎng 長往 11-589B
chángwàng 長望 11-598A
chǎngwǎng 惝罔 7-596A
chǎngwǎng 惝惘 7-596A
chǎngwǎng 敞网 5-490B
chǎngwǎng 敞罔 5-490B
chǎngwǎng 惝惘 7-736A
chàngwǎng 鬯罔 2-206B
chàngwǎng 悵罔 7-588B
chàngwǎng 悵惘 7-589A
chàngwàng 悵望 7-589A
chàngwàng 暢旺 5-817B
chángwǎngyuǎnyǐn 長往遠引 11-589B
chángwéi 長圍 11-599A
chángwéi 長違 11-600B
chángwéi 常違 3-742B
chángwéi 裳帷 9-98A
chángwéi 裳幃 9-98A
chángwèi 常位 3-737A
chángwèi 腸胃 6-1346B
chángwèi 嘗味 5-815A
chǎngwèi 廠衛 3-1278A
chángwěixiānsheng 長尾先生 11-587B
chàngwénshū 唱文書 3-379B
chángwū 場屋 2-1149B
chángwǔ 長廡 11-605B
chángwǔ 常武 3-737B
chángwù 長物 11-589A
chángwù 長騖 11-608B
chángwù 常物 3-737B
chángwù 常務 3-740B
chángwù 跟蹬 10-488B
chǎngwū 場屋 2-1149B
chǎngwū 敞屋 5-490B
chǎngwū 廠屋 3-1277B
chǎngwù 場務 2-1150A
chángwúyǒu 常無有 3-742A
chāngxī 昌熙 5-592A
chāngxì 倡戲 1-1501A
chángxī 長息 11-595A
chángxī 長欷 11-597B
chángxī 常羲 3-745A
chángxī 償息 1-1732B
chángxí 長檄 11-607A
chángxí 常習 3-741B
chángxǐ 常枲 3-739B
chángxì 長繫 11-608A
chángxì 常餼 3-745B
chàngxī 悵惜 7-589A
chàngxí 唱檄 3-383A
chàngxì 唱戲 3-383A
chāngxiá 昌遐 5-591B
chángxià 長夏 11-594B
chángxiān 嘗鮮 5-816A
chángxiàn 長綫 11-604A
chángxiàn 常限 3-738B
chángxiàn 常憲 3-745A
chángxiàn 腸綫 6-1347A
chǎngxián 敞閑 5-491A
chàngxiān 唱先 3-380A
chàngxiàn 暢見 5-817B
chāngxiáng 昌翔 5-591B
chángxiáng 常祥 3-740B
chángxiǎng 長想 11-601A
chángxiàng 常象 3-741A
chǎngxiāng 淌湘 5-1372B
chàngxiǎng 暢想 5-819A
chángxiāngsī 長相思 11-592A

chángxiāo 長宵 11-596A
chángxiào 長笑 11-595A
chángxiào 長嘯 11-606B
chàngxiāo 暢銷 5-819A
chàngxiāo 唱曉 3-383A
chángxiàogōng 長嘯公 11-606B
chángxiàotái 長嘯臺 11-607A
chángxié 長斜 11-597B
chángxiè 長謝 11-607B
chángxiè 長紲 11-604A
chángxīn 長心 11-581B
chángxīn 常心 3-734B
chángxīn 嘗新 5-815B
chángxìn 長信 11-593A
chàngxīn 暢心 5-817A
chāngxīng 昌興 5-592A
chángxīng 長星 11-592B
chángxīng 長興 11-607A
chángxīng 常星 3-739A
chángxíng 長行 11-585A
chángxíng 常刑 3-735B
chángxíng 常行 3-736A
chángxíng 常形 3-736B
chángxìng 長性 11-591A
chángxìng 常姓 3-738B
chángxìng 常性 3-738A
chàngxíng 鬯行 2-206A
chàngxíng 暢行 5-817A
chángxīngchìkǒu 長星赤口 11-592B
chángxíngjú 長行局 11-585A
chángxìngōng 長信宮 11-593A
chángxīngxīng 常惺惺 3-742B
chāngxióng 昌雄 5-591B
chángxiū 長休 11-585A
chángxiū 常羞 3-740A
chángxiù 長秀 11-587A
chángxiù 長袖 11-596A
chángxiù 常宿 3-741B
chǎngxiū 廠休 3-1277B
chǎngxiū 鶬鶹 12-1122A
chángxiūfàn 長休飯 11-585A
chángxiūgào 長休告 11-585A
chángxiùshànwǔ 長袖善舞 11-596A
chángxū 長墟 11-602B
chángxū 長歔 11-604B
chángxū 長鬚 11-609A
chángxū 長吁 11-584A
chángxù 長敘 11-594B
chángxù 常序 3-737A
chángxù 腸緒 6-1347A
chàngxù 倡序 1-1499A
chàngxù 暢敘 5-818A
chàngxù 暢敘 5-818A
chāngxuān 鬵軒 12-1398B
chángxuǎn 常選 3-745A
chàngxuān 鬯宣 2-206B
chángxūduǎnqì 長吁短氣 11-584A
chángxūduǎntàn 長嘘短嘆 11-602B
chángxūduǎntàn 長吁短嘆 11-584A
chángxūgōng 長鬚公 11-609B
chángxūzhǔbù 長鬚主簿 11-609B
chāngyán 昌延 5-589B
chāngyán 昌言 5-589B
chāngyǎn 昌衍 5-590B
chángyān 長煙 11-602A
chángyán 長延 11-585A
chángyán 長言 11-587A
chángyán 長筵 11-600A
chángyán 長巖 11-608A
chángyán 常言 3-737A
chángyán 腸炎 6-1346B
chǎngyǎn 昶衍 5-683A
chàngyán 昌言 5-590A
chàngyán 倡言 1-1499A
chàngyán 唱言 3-380A
chàngyán 暢顏 5-819B
chàngyǎn 唱演 3-382B
chángyánchē 長檐車 11-607B
chángyánchē 長簷車 11-608B
chāngyáng 昌羊 5-589B
chāngyáng 昌洋 5-590B
chāngyáng 昌陽 5-591A
chāngyáng 猖洋 5-77B
chángyáng 長揚 11-598B
chángyáng 長楊 11-601A
chángyáng 常羊 3-736A
chángyáng 常陽 3-741B
chángyáng 常暘 3-743A
chángyáng 常楊 3-742B
chángyáng 徜徉 3-987B
chángyáng 倡佯 1-1499A
chángyáng 儻佯 1-1739B
chángyáng 儻徉 1-1739B
chángyáng 尚羊 2-1661A
chángyáng 尚佯 2-1661B
chángyáng 尚陽 2-1662A
chángyáng 倘佯 1-1496B
chàngyáng 倡揚 1-1500A
chàngyáng 唱揚 3-381B
chàngyáng 暢揚 5-818B
chàngyàng 悵怏 7-588B
chángyánggōng 長楊宮 11-601A
chángyāo 長腰 11-602A
chángyáo 長謠 11-607B
chángyào 嘗藥 5-816B
chángyāomǐ 長腰米 11-602A
chángyāoqiāng 長腰鎗 11-602A
chángyè 長夜 11-590A
chángyè 常業 3-742B
chángyè 腸液 6-1346B
chángyèguó 長夜國 11-590A
chángyèshì 長夜室 11-590A
chángyètái 長夜臺 11-590A
chángyèyǐn 長夜飲 11-590A
chāngyì 昌逸 5-591A
chāngyì 昌意 5-591B
chángyī 長衣 11-585B
chángyī 長揖 11-598B
chángyī 常壹 3-741B
chángyī 腸衣 6-1346A
chángyī 裳衣 9-97B
chángyí 長夷 11-584A
chángyí 長迤 11-589A
chángyí 常儀 3-744B
chángyí 尚儀 2-1662B
chángyì 長蹢 11-604B
chángyì 長撎 11-604A
chángyì 長憶 11-607A
chángyì 長翼 11-607B
chǎngyī 廠衣 3-1277B
chǎngyī 氅衣 6-1016B
chàngyì 昌義 5-591B
chàngyì 倡義 1-1500A
chàngyì 倡議 1-1501A
chàngyì 唱義 3-382A
chàngyì 唱議 3-383B
chàngyì 悵悒 7-588B
chàngyì 暢意 5-819A
chàngyì 暢懌 5-819A
chāngyǐn 倡飲 1-1500A
chāngyìn 昌胤 5-590B
chángyīn 常因 3-735B
chángyīn 常音 3-739B
chángyīn 常陰 3-740B
chángyín 長吟 11-586B
chángyǐn 長引 11-581B
chàngyín 唱吟 3-380A
chàngyǐn 倡引 1-1498B
chàngyǐn 唱引 3-379B
chàngyǐn 暢飲 5-818B
chángyīng 長纓 11-609B
chángyíng 長贏 11-607A
chángyíng 長贏 11-609A
chàngyǐng 唱影 3-382B
chángyōng 長墉 11-602B
chángyōng 常庸 3-741A
chángyōng 腸臃 6-1347A
chángyōng 腸瘫 6-1347A
chángyōng 腸癰 6-1347A
chángyǒng 長永 11-583A
chángyǒng 長咏 11-588B
chángyǒng 長詠 11-600B
chángyòng 常用 3-735A
chàngyǒng 倡踊 1-1500B
chāngyōu 娼優 4-370B
chāngyōu 倡優 1-1501A
chángyōu 長悠 11-597B
chángyōu 長憂 11-604B
chángyóu 常尤 3-734A
chángyòu 長右 11-582A
chángyòu 場囿 2-1149B
chǎngyóu 淌游 5-1372B
chàngyóu 唱游 3-382A
chàngyóu 暢游 5-818B
chàngyóu 暢遊 5-818B
chāngyǔ 昌寓 5-591B
chángyú 長魚 11-597B
chángyǔ 長語 11-603B
chángyǔ 常雨 3-737B
chángyǔ 常語 3-743B
chángyù 長御 11-600B
chángyù 常奧 3-742A
chángyù 常與 3-743B
chángyù 常燠 3-745A
chǎngyù 廠獄 3-1278A
chàngyú 唱喁 3-381B
chàngyú 唱于 3-379A
chàngyù 暢鬱 5-819B
chāngyuán 倡園 1-1500A
chángyuān 償寃 1-1732B
chángyuán 長圓 11-601B
chángyuán 常員 3-740A
chángyuán 嘗黿 5-816A
chángyuán 場園 2-1150B
chángyuǎn 長遠 11-601A
chángyuǎn 常遠 3-742B
chángyuàn 常願 3-745B
chángyuàn 償怨 1-1732B
chángyuàn 場院 2-1149B
chǎngyuàn 場院 2-1150A
chàngyuǎn 暢遠 5-819A
chángyuángōng 長源公 11-602A
chāngyuánhuā 倡園花 1-1500A
chāngyuè 倡樂 1-1501A
chángyuè 常月 3-734B
chàngyuè 唱月 3-379B
chàngyuè 暢月 5-816B
chàngyuè 暘月 7-1403B
chāngyún 昌雲 5-591B
chāngyùn 昌運 5-591B
chángyún 長雲 11-599A
chángyùn 長韻 11-608B
chángyùn 常均 3-736B
chàngyún 唱云 3-379B
chángzài 常在 3-735B
chāngzàn 昌歜 5-592B
chāngzàn 菖歜 9-440B
chāngzànyángzǎo 昌歜羊棗 5-592B
chǎngzào 場灶 2-1149A
chàngzào 唱造 3-381A
chángzé 常則 3-738B
chángzé 償責 1-1732B
chángzéshì 長則是 11-592B
chángzéshì 常則是 3-739A
chángzhāi 長齋 11-607B
chángzhài 償責 1-1732B
chángzhài 償債 1-1732B
chángzhǎoláng 長爪郎 11-581A
chángzhēn 常珍 3-738B
chángzhèn 常陳 3-740B
chàngzhēn 唱針 3-381A
chángzhěndàbèi 長枕大被

11-588B
chángzhěndàqīn 長枕大衾 11-588B
chángzhēng 長征 11-589A
chángzhēng 常正 3-734B
chāngzhì 昌志 5-589B
chángzhī 長支 11-580B
chángzhí 長直 11-588B
chángzhí 常職 3-745B
chángzhì 長至 11-584A
chángzhì 長制 11-589A
chángzhì 常制 3-737B
chángzhì 常秩 3-740A
chàngzhì 暢志 5-817A
chángzhìjiǔ'ān 長治久安 11-591A
chángzhōng 長終 11-598A
chángzhōu 長洲 11-594A
chángzhòu 嘗酎 5-815B
chángzhōucípài 常州詞派 3-736A
chángzhōuhuàpài 常州畫派 3-736A
chángzhōuxuépài 常州學派 3-736A
chángzhǔ 常主 3-735A
chángzhù 常住 3-737A
chángzhù 嘗炷 5-815A
chángzhuàn 常饌 3-745B
chàngzhuàn 唱賺 3-383A
chángzhuàng 長壯 11-587B
chángzhǔn 常準 3-743A
chángzhùnú 常住奴 3-737A
chángzhuó 長彴 11-585A
chāngzǐ 倡子 1-1498B
chángzi 長子 11-580A
chángzi 腸子 6-1346A
chángzi 場子 2-1148B
chángzi 長兹 11-594A
chǎngzi 場子 2-1148B
chǎngzi 廠子 3-1277B
chángzōng 常宗 3-738B
chàngzōu 唱騶 3-383A
chāngzū 昌葅 5-591A
chāngzū 昌菹 5-591A
chāngzú 昌族 5-591A
chāngzú 倡卒 1-1499B
chángzú 長足 11-586B
chángzú 常足 3-736B
chángzuì 長醉 11-604B
chángzūn 常尊 3-742A
chāngzuò 昌作 5-589B
chàngzuò 倡作 1-1498B
chánhài 讒害 11-468B
chǎnhài 諂害 11-315A
chánhàn 廛閈 3-1278B
chānhángduóshì 攙行奪市 6-965A
chánháo 毚毫 2-757A
chánhào 禪號 7-956A
chānhé 摻合 6-848A
chānhé 攙合 6-965A
chánhé 禪和 7-953B
chánhé 禪河 7-954A
chǎnhè 燀赫 7-257A
chànhè 儳和 1-1739A
chánhěn 讒狠 11-468B
chánhéqì 禪和氣 7-953B
chánhézǐ 禪和子 7-953B
chǎnhóng 闡弘 12-171A
chānhòu 覘候 10-337A
chǎnhòu 産後 7-1519B
chǎnhòufēng 産後風 7-1519B
chǎnhòurè 産後熱 7-1519B
chánhú 獑胡 5-102B
chánhú 獑猢 5-102B
chánhú 蟾壺 8-980B
chánhú 獑胡 10-1343A
chánhú 蟵胡 8-952A
chánhù 禪户 7-952B
chánhù 儳互 1-1738B
chánhù 蟾户 8-979B
chánhuā 蟬花 8-967A
chánhuà 禪話 7-956B
chánhuà 蟬化 8-967A
chǎnhuà 闡化 12-171A
chánhuái 儃佪 1-1697A
chánhuái 蟬槐 8-968B
chānhuàjiēshé 攙話接舌 6-965B
chánhuán 鄽闤 10-696A
chánhuán 蟬鬟 8-970A
chǎnhuǎn 闡緩 12-172A
chǎnhuǎn 嘽緩 3-508B
chānhuǎng 幨幌 3-763A
chānhuǎng 襜幌 9-144A
chánhuī 蟾輝 8-981A
chánhuí 儃回 1-1697A
chánhuí 纏回 9-1051B
chánhuǐ 讒毀 11-469B
chánhuì 禪慧 7-957A
chánhuì 鄽闠 10-696A
chánhuì 蟬嘒 8-969A
chánhuì 讒喙 11-469A
chánhuì 廛闠 1-946B
chǎnhuì 剗穢 2-702A
chànhuǐ 懺悔 7-795B
chànhuǐ 讖悔 11-466B
chánhūn 孱昏 4-239B
chánhún 饞魂 12-589A
chánhùn 纏混 9-1052A
chānhuo 摻和 6-848A
chānhuò 攙和 6-965B
chánhuǒ 饞火 12-588A
chánhuò 讒貸 11-469A
chánhuò 讒惑 11-469A
chǎnhuò 諂惑 11-315A
chànhuò 羼和 9-195B
chánìè 查枿 4-907A
chánìè 槎枿 4-1194B
chānjī 攙擠 6-966A
chánjī 孱肌 4-239B
chánjī 禪機 7-957A
chánjī 蟬機 8-969A
chánjī 讒姬 11-469A
chánjī 讒箕 11-470A
chánjī 讒譏 11-471A
chánjí 蟬急 8-967B
chánjí 纏疾 9-1052A
chánjí 讒疾 11-468B
chánjí 讒嫉 11-469B
chánjǐ 讒擠 11-470B
chánjì 禪寂 7-956A
chánjì 讒忌 11-468A
chánjì 讒計 11-468B
chánjì 讒惎 11-469A
chǎnjí 産疾 7-1520A
chǎnjí 諂嫉 11-315B
chǎnjì 諂祭 11-315A
chǎnjì 鏟跡 11-1386B
chǎnjì 闡濟 12-172B
chànjì 顫悸 12-367B
chānjiǎ 摻假 6-848A
chānjiǎ 攙假 6-965B
chánjiā 禪家 7-955B
chánjiā 纏夾 9-1051B
chánjiá 讒頰 11-470B
chǎnjiá 鏟鋏 11-1386B
chǎnjiǎ 産假 7-1520A
chǎnjiādàqì 産家大器 7-1520A
chánjiā'èrxiānshēng 纏夾二先生 9-1051B
chānjiàn 覘見 10-337A
chánjiàn 瀍澗 6-203B
chánjiàn 讒間 11-469A
chánjiàn 讒閒 11-469B
chánjiàn 讒箭 11-470A
chánjiǎng 禪講 7-957A
chánjiáo 纏嚼 9-1054A
chánjiáo 饞嚼 12-589B
chánjiǎo 纏脚 9-1052A
chánjiǎo 纏繳 9-1054A
chánjiǎo 纏攪 9-1054B
chánjiǎo 讒譟 11-470B
chǎnjiāo 諂交 11-314B
chǎnjiào 闡教 12-171B
chǎnjiào 闡校 12-171B
chánjiāzǐ 禪家子 7-955B
chánjié 禪偈 7-956A
chánjié 巉巀 3-876B
chánjié 纏結 9-1052B
chánjié 躔結 10-568A
chánjì'er 纏髻兒 9-1053B
chǎnjìn 剗盡 2-702A
chánjīng 禪經 7-956B
chánjīng 蟾精 8-981A
chánjīng 纏經 9-1052B
chánjǐng 鄽井 10-695B
chánjìng 蟾鏡 8-981A
chǎnjìng 諂敬 11-315A
chǎnjìng 諂競 11-316A
chànjīngjīng 顫兢兢 12-367B
chánjiōng 禪扃 7-955B
chánjiū 纏糾 9-1051B
chǎnjiū 闡究 12-171B
chǎnjiùmóuxīn 剗舊謀新 2-702A
chǎnjìxiāoshēng 鏟跡銷聲 11-1386B
chánjū 廛居 3-1278B
chánjū 禪居 7-954B
chánjū 鄽居 10-695B
chánjǔ 讒沮 11-468A
chánjù 禪句 7-953A
chǎnjù 産具 7-1519A
chánjuān 嬋娟 4-408B
chánjuān 蟬娟 8-967B
chánjuān 蟬蜎 8-968B
chánjuān 鑱鐫 11-1432A
chánjuān 嬗娟 4-416A
chánjuānzǐ 嬋娟子 4-409A
chānjué 覘决 10-337A
chánjué 蟬攫 8-970A
chánjué 巉絶 3-876B
chǎnjué 剗絶 2-701B
chǎnjué 闡抉 12-171B
chánkǎi 禪鎧 7-957A
chánkān 禪龕 7-957B
chánkě 饞渴 12-589A
chánkè 禪客 7-955A
chánkè 劖刻 2-758A
chánkè 巉刻 3-876A
chánkè 讒刻 11-468A
chánkè 讒客 11-468B
chánkè 鑱刻 11-1431B
chǎnkē 産科 7-1519B
chǎnkè 剗刻 2-701A
chánkōng 巉空 3-876A
chànkǒng 顫恐 12-367A
chānkǒu 攙口 6-965A
chánkǒu 讒口 11-467B
chǎnkǒu 諂口 11-314A
chánkǒushuò 讒口鑠 11-467B
chánkǒushuòjīn 讒口鑠金 11-467B
chánkǒutāng 纏口湯 9-1051A
chánkū 禪窟 7-956B
chánkū 蟾窟 8-981A
chǎnkuáng 諂誑 11-315B
chānkuī 覘窺 10-337B
chánkùn 孱困 4-239B
chánkuò 廛廓 3-1278B
chānlǎn 覘覽 10-337B
chánláo 饞勞 12-589A
chánláo 饞癆 12-589A
chánlǎo 饞獠 12-589A
chánláobìng 饞癆病 12-589A
chánláopǐ 饞癆痞 12-589A
chánléi 孱羸 4-240B
chánlěi 纏累 9-1052A
chǎnlèi 剗類 2-702A
chǎnlèi 諂淚 11-315A
chánlí 孱嫠 4-240A
chánlí 躔離 10-568A
chánlǐ 廛里 3-1278B
chánlǐ 禪理 7-955B
chánlǐ 鄽里 10-695B
chánlì 巉立 3-876A
chǎnlì 剗戾 2-701A
chǎnlì 産利 7-1519A

chànlǐ 懺禮 7-796A
chànlì 顫栗 12-367A
chànlì 顫慄 12-367B
chánlián 嬋連 4-408B
chánlián 嬋聯 4-409A
chánlián 蟬連 8-967B
chánlián 蟬聯 8-969B
chánliáncánxù 蟬聯蠶緒 8-969B
chǎnliàng 產量 7-1520A
chánliánwǎngfù 蟬聯往復 8-969B
chánliáo 禪寮 7-957A
chánliáo 嚵獠 3-556B
chánlín 禪林 7-953B
chànlǐn 顫凛 12-368A
chánlíng 讒魗 11-471A
chánlìng 纏令 9-1051B
chánlíngzi 蟬靈子 8-970A
chánliú 禪流 7-955B
chánlòu 孱陋 4-239B
chánlòu 僝陋 1-1687A
chánlù 廛路 3-1278B
chánlù 蟬露 8-970A
chánlù 讒路 11-469B
chánlù 讒戮 11-470B
chànlù 儳路 1-1739A
chánluàn 儳亂 1-1739A
chánlún 蟾輪 8-981A
chānluó 覘邏 10-337B
chānluò 攙落 6-965B
chánluò 瀍洛 6-203B
chánluò 纏絡 9-1052B
chǎnluózi 剗騾子 2-702A
chánlǚ 禪侶 7-953B
chánlǜ 禪律 7-954B
chǎnmǎ 剗馬 2-701B
chǎnmǎ 產馬 7-1519B
chǎnmǎ 摌馬 6-841A
chǎnmǎ 鏟馬 11-1386B
chǎnmán 諂謾 11-316A
chǎnmàn 諂慢 11-315B
chánmáng 瀍邙 6-203B
chánmáo 鋋矛 11-1266B
chánmào 讒媢 11-469B
chǎnmào 諂冒 11-314B
chǎnmào 諂貌 11-315B
chánmátóuxùmáwěi 纏麻頭續麻尾 9-1052A
chánmèi 孱昧 4-239B
chǎnmèi 諂媚 11-315A
chánmén 禪門 7-954A
chǎnmén 產門 7-1519B
chánménchánhù 纏門纏户 9-1051B
chánméng 孱蒙 4-240A
chánmí 纏縻 9-1054A
chánmián 纏綿 9-1052B
chánmián 纏緜 9-1053A
chánmiǎn 蟬冕 8-968A
chánmiǎn 纏緬 9-1053A
chánmiánfěicè 纏綿悱惻 9-1052B
chánmiánfěicè 纏緜悱惻 9-1053A
chánmiánqiǎnquǎn 纏綿繾綣 9-1052B
chánmiánqiǎnquǎn 纏緜繾綣 9-1053A
chǎnmiè 剗滅 2-701B
chǎnmiè 剷滅 2-739B
chǎnmiè 鏟滅 11-1386B
chǎnmíng 闡明 12-171B
chànmíng 羼名 9-195A
chánmíngdào 蟬鳴稻 8-969A
chánmíngshǔ 蟬鳴黍 8-969A
chánmó 禪魔 7-957B
chánmó 纏磨 9-1053B
chànmó 懺摩 7-796A
chánmótóu 纏摩頭 9-1053A
chánmótóu 纏磨頭 9-1053B
chánmóu 讒謀 11-470B
chǎnmǔ 產母 7-1519A
chǎnmù 產牧 7-1519A
chǎnmù 諂目 11-314A
chǎnmǔláo 產母癆 7-1519A
chánnà 禪那 7-953A
chánnà 禪衲 7-955A
chānnǎn 覘譫 10-337B
chǎnnán 產難 7-1520B
chánnáo 讒撓 11-470A
chǎnnèi 剗内 2-700A
chánnì 讒逆 11-468B
chánniàn 禪念 7-954A
chǎnniǎn 赧赧 8-457A
chánniǎo 蟬鳥 8-968A
chànniǎo 顫裊 12-367B
chánniè 讒孽 11-470B
chánnìng 讒佞 11-468A
chánnìng 饞佞 12-588B
chǎnnìng 諂佞 11-314B
chánnù 讒怒 11-468B
chǎnnú 譂奴 11-420A
chánnuò 孱懦 4-240B
chánnǚ 讒女 11-467B
chánpán 蟾盤 8-981A
chánpáo 禪袍 7-955B
chánpèi 蟬佩 8-967B
chǎnpì 闡闢 12-172B
chǎnpǐn 產品 7-1519B
chǎnpíng 剗平 2-700B
chánpò 蟾魄 8-981A
chánpò 纏迫 9-1051B
chǎnpó 產婆 7-1520A
chánqī 禪棲 7-956A
chánqī 讒欺 11-469A
chǎnqī 剗期 2-701B
chǎnqī 產期 7-1520A
chǎnqì 剗棄 2-701B
chǎnqì 產氣 7-1520A
chànqī 懺七 7-795B
chànqí 懺祈 7-795B
chānqiàn 裧輤 9-109B
chánqiān 纏牽 9-1052A
chánqiǎn 孱淺 4-240A
chǎnqián 產前 7-1519B
chānqiánluòhòu 攙前落後 6-965B
chánqiǎo 讒巧 11-467B
chánqiào 蟬殼 8-968A
chánqiào 巉峭 3-876B
chǎnqiǎo 諂巧 11-314A
chǎnqiāo'er 剗鍬兒 2-702A
chánqiè 讒妾 11-468A
chánqīkè 禪棲客 7-956A
chānqīn 攙親 6-966A
chánqīng 蟬清 8-968A
chànqīnqīn 顫欽欽 12-367B
chǎnqiú 鏟球 11-1386B
chānqū 覘覷 10-337B
chánqū 孱軀 4-240B
chánqú 蟬匷 8-970A
chǎnqū 諂曲 11-314A
chǎnqū 諂屈 11-314B
chánquē 蟾闕 8-981A
chǎnquè 剗卻 2-701A
chānqún 襜裙 9-144A
chánrán 巉嵓 3-876B
chánrǎn 纏染 9-1052A
chǎnrán 驏然 3-565B
chànrán 儳然 1-1739A
chánrǎo 纏擾 9-1054A
chánrǎo 纏繞 9-1054A
chánrě 纏惹 9-1052B
chānrén 覘人 10-336B
chánrén 廛人 3-1278A
chánrén 禪人 7-952B
chánrén 讒人 11-467B
chánrén 饞人 12-588A
chǎnrén 諂人 11-314A
chánróng 嚵榮 3-556B
chǎnróng 諂容 11-315A
chānrú 襜如 9-143B
chānrú 襜襦 9-144A
chánrú 讒魗 11-471A
chánrù 鑱入 11-1431B
chǎnrǔ 產乳 7-1519B
chǎnrù 產蓐 7-1520A
chǎnrù 產褥 7-1520B
chànrù 羼入 9-195A
chánruí 蟬緌 8-969A
chánruìxièkuāng 蟬緌蟹匡 8-969A
chánruò 孱弱 4-239B
chánruò 僝弱 1-1687A
chǎnruò 燀爇 7-257A
chǎnrùqī 產褥期 7-1520B
chǎnrùrè 產褥熱 7-1520B
chānsǎ 𩋓靸 12-194A
chǎnsài 剗塞 2-701B
chǎnsè 產穡 7-1520B
chànsè 顫澀 12-368A
chánsēng 禪僧 7-956B
chánshā 蟬紗 8-968A
chánshā 讒殺 11-468B
chánshāng 纏商 9-1052A
chánshānlíndài 蟬衫麟帶 8-967B
chānshāzi 摻沙子 6-848A
chānshè 攙摵 6-965B
chánshé 蟬蛇 8-968A
chánshé 讒舌 11-468A
chánshè 廛舍 3-1278B
chǎnshè 產舍 7-1519A
chànshé 懺舌 7-795B
chánshēn 纏身 9-1051B
chánshēng 纏聲 9-1054A
chánshēng 闡聲 12-175A
chǎnshēng 產生 7-1518B
chànshēng 顫聲 12-368A
chānshì 覘眎 10-337A
chānshì 覘視 10-337A
chánshī 禪師 7-955A
chánshí 鑱石 11-1431B
chánshí 饞食 12-588B
chánshì 廛市 3-1278A
chánshì 禪士 7-952B
chánshì 禪室 7-954B
chánshì 鄽市 10-695B
chánshì 饞嗜 12-589A
chǎnshí 產蒔 7-1520A
chǎnshì 剗釋 2-702A
chǎnshì 蕆事 9-547A
chǎnshì 諂事 11-314B
chǎnshì 闡士 12-171A
chǎnshì 闡示 12-171A
chǎnshì 闡釋 12-172B
chànshì 懺事 7-795B
chánshīkū 禪師窟 7-955A
chánshǒu 纏手 9-1051A
chǎnshǒu 諂首 11-314B
chánshū 孱踈 4-240A
chánshū 讒書 11-468B
chánshù 禪數 7-957A
chánshù 纏束 9-1051B
chánshù 讒豎 11-470A
chǎnshù 闡述 12-171B
chǎnshuā 剗刷 2-701A
chǎnshuā 鏟刷 11-1386A
chánshuǐ 饞水 12-588A
chánshuì 廛税 3-1278B
chǎnshùn 諂順 11-315A
chānshuō 攙説 6-966A
chánshuō 禪説 7-956B
chánshuō 纏説 9-1052B
chánshuō 讒説 11-470A
chánshuò 讒鑠 11-471A
chánsī 禪思 7-954B
chánsì 廛肆 3-1278B
chánsì 禪寺 7-953A
chánsì 鄽肆 10-696A
chánsīmǎnǎo 纏絲馬腦 9-1052B
chánsīmǎnǎo 纏絲瑪瑙 9-1052B
chánsǒng 巉聳 3-876B
chánsòng 禪誦 7-956B
chánsǒu 讒嗾 11-470A
chánsū 蟾酥 8-980B
chánsú 鄽俗 10-696A
chánsù 讒愬 11-470A
chǎnsù 諂訴 11-315A
chánsūchǎo 蟾酥麨 8-980B
chánsǔn 孱㦏 4-240A

chánsuǒ 孱瑣 4-240A
chánsuǒ 纏索 9-1052A
chànsuǒ 顫索 12-367A
chántà 禪榻 7-956B
chántài 饞態 12-589A
chǎntài 剗汰 2-700B
chāntàn 覘探 10-337A
chántán 禪談 7-957A
chántán 毚檀 2-757B
chántán 欃檀 4-1369A
chántàn 躔探 10-568A
chántáng 禪堂 7-956A
chǎntàng 鏟蹚 11-1386B
chántáotùdùn 蟾逃兔遁 8-980A
chántè 讒慝 11-469B
chántí 蟬啼 8-968B
chǎntī 剗剔 2-701B
chǎntí 闡提 12-172A
chǎntì 剗薙 2-702A
chǎntì 鏟薙 11-1386B
chàntí 羼提 9-195B
chāntiān 攙天 6-965A
chántiān 禪天 7-952B
chántiān 鑱天 11-1431B
chántián 澶湉 6-178B
chāntiào 覘眺 10-337A
chántiáo 蟬蜩 8-969A
chāntīng 覘聽 10-337B
chántíng 禪庭 7-954B
chántóng 孱僮 4-240A
chántóu 纏頭 9-1053B
chǎntóu 剷頭 2-740A
chǎntóu 諂頭 11-316A
chántóuguǒnǎo 纏頭裹腦 9-1053B
chántóuhuí 纏頭回 9-1053B
chántóujǐn 纏頭錦 9-1053B
chántóukè 纏頭客 9-1053B
chántóuzī 纏頭貲 9-1053B
chántú 讒徒 11-468B
chántù 毚兔 2-757A
chántù 蟾兔 8-980A
chántuì 蟬蛻 8-968B
chǎntuì 產毻 7-1520A
chántuìlóngbiàn 蟬蛻龍變 8-969A
chántuìshéjiě 蟬蛻蛇解 8-969A
chǎntǔjī 鏟土機 11-1386A
chántuò 饞唾 12-588B
chǎntuò 闡拓 12-171B
chàntuō 顫脱 12-367B
chànǚ 姹女 4-348A
chǎnwā 闡鼃 12-172B
chǎnwà 剗韈 2-702A
chǎnwà 剗韤 2-702A
chánwán 巉岏 3-876A
chánwǎn 嬋婉 4-409A
chánwǎn 纏挽 9-1052A
chānwàng 覘望 10-337A
chánwáng 孱王 4-239A
chánwǎng 讒枉 11-468A
chánwàng 讒妄 11-468A
chǎnwàng 諂妄 11-314B
chānwéi 幨帷 3-763A
chānwéi 襜帷 9-143B
chánwēi 孱微 4-240A
chánwēi 毚微 2-757A
chánwèi 禪味 7-953B
chǎnwēi 燀威 7-257A
chǎnwěi 諂僞 11-315B
chànwēiwēi 顫巍巍 12-368A
chánwén 蟬紋 8-968A
chánwěn 蟾吻 8-979B
chánwěn 饞吻 12-588A
chǎnwēng 產翁 7-1520A
chānwò 襜幄 9-143B
chánwū 讒誣 11-470A
chánwù 禪悟 7-955B
chánwù 巉屼 3-876A
chánwù 讒惡 11-469A
chǎnwù 產物 7-1519A
chǎnwù 闡悟 12-171B
chānxí 攙襲 6-966A
chánxī 禪錫 7-957A
chánxì 孱細 4-240A
chánxì 讒隙 11-469B
chánxì 讒鬩 11-470B
chánxì 讒閲 11-470B
chànxǐ 懺洗 7-795B
chànxì 羼戲 9-195B
chǎnxiá 諂狎 11-314B
chānxiān 攙先 6-965A
chānxiān [illegible]妗 4-375A
chánxián 纏絃 9-1052B
chánxián 饞涎 12-588B
chánxiǎn 巉險 3-876B
chánxiǎn 巉嶮 3-876B
chánxiàn 纏陷 9-1052A
chánxiàn 讒陷 11-469A
chánxiàng 饞相 12-588B
chánxiányùdī 饞涎欲滴 12-588B
chǎnxiāo 產銷 7-1520B
chǎnxiào 諂笑 11-315A
chǎnxiàoxiéjiān 諂笑脅肩 11-315A
chánxié 讒邪 11-467B
chǎnxié 剷斜 2-739B
chǎnxié 諂邪 11-314A
chǎnxié 鏟斜 11-1386B
chǎnxié 闡諧 12-172A
chǎnxié 嘽諧 3-508B
chànxiè 懺謝 7-796A
chánxīn 禪心 7-952B
chǎnxīn 剗新 2-701B
chǎnxīn 諂心 11-314A
chānxīng 攙星 6-965B
chānxíng 覘行 10-336B
chánxìng 讒倖 11-468B
chánxiōng 讒凶 11-467B
chánxiù 巉秀 3-876A
chǎnxuǎn 嘽咺 3-508A
chánxuē 劖削 2-758A
chánxuē 巉削 3-876B
chánxuē 鑱削 11-1431B
chánxué 禪學 7-957A
chǎnxuē 剗削 2-701A
chǎnxuē 剷削 2-739B
chǎnxuē 摌削 6-841A
chǎnxuē 鏟削 11-1386A
chǎnxùn 諂徇 11-314B
chánxùzhānní 禪絮沾泥 7-956A
chānyán 攙言 6-965A
chānyàn 攙燕 6-966A
chányān 嬋嫣 4-409A
chányān 蟬焉 8-968A
chányān 蟬嫣 8-969A
chányán 孱顏 4-240B
chányán 潺顏 6-150B
chányán 暫巖 7-1099A
chányán 儳巖 1-1739A
chányán 巉然 3-876B
chányán 巉嵒 3-876B
chányán 巉巖 3-877A
chányán 巉巗 3-877A
chányán 讒言 11-468A
chányán 嶄巖 3-862A
chányǎn 禪眼 7-956A
chányǎn 饞眼 12-588B
chányàn 蟾硯 8-980B
chányàn 讒焰 11-469A
chǎnyán 諂顏 11-316A
chǎnyǎn 闡衍 12-171B
chànyān 儳焉 1-1739A
chànyán 儳言 1-1739A
chányánchányǔ 劖言劖語 2-758A
chányàng 饞様 12-589A
chǎnyáng 產羊 7-1519A
chǎnyáng 闡揚 12-172A
chǎnyángguāngdà 闡揚光大 12-172A
chányǎnkǒng 饞眼孔 12-588B
chányǎnnǎo 饞眼腦 12-588B
chányánsānzhì… 讒言三至,慈母不親 11-468A
chányánshànyǔ 劖言訕語 2-758A
chànyǎnshūméi 貼眼舒眉 7-1196B
chānyāo 攙腰 6-965B
chányào 禪要 7-954B
chǎnyào 燀燿 7-257A
chǎnyào 燀耀 7-257A
chǎnyào 闡曜 12-172B
chányě 廛野 3-1278B
chányè 單閼 3-425B
chǎnyè 產業 7-1520A
chǎnyè 燀業 7-257A
chǎnyègōngrén 產業工人 7-1520B
chānyī 襜衣 9-143B
chányī 禪衣 7-953A
chányī 蟬衣 8-967A
chányǐ 禪椅 7-956A
chányì 禪意 7-956B
chányì 蟬翼 8-969B
chányì 劖刈 2-758A
chǎnyí 諂施 11-314B
chǎnyì 剗艾 2-700B
chǎnyì 剗刈 2-700B
chǎnyì 剷刈 2-739B
chǎnyì 諂意 11-315B
chǎnyì 闡繹 12-172B
chànyí 懺儀 7-796A
chányìběn 蟬翼本 8-969B
chányìfǎ 蟬翼法 8-969B
chányìluó 蟬翼羅 8-970A
chānyǐn 攙引 6-965A
chányín 蟬吟 8-967B
chányǐn 蟬飲 8-968B
chànyīn 顫音 12-367A
chányíng 纏縈 9-1053B
chányíng 讒蠅 11-470B
chányǐng 蟾影 8-981A
chányìshā 蟬翼紗 8-969B
chányìshàn 蟬翼扇 8-969B
chányìwéizhòng… 蟬翼爲重,千鈞爲輕 8-969B
chányōng 孱庸 4-239B
chányǒu 禪友 7-952B
chányǒu 讒莠 11-468B
chǎnyōu 闡幽 12-171B
chǎnyòu 諂誘 11-315B
chànyōu 顫悠 12-367B
chǎnyōujuéwēi 闡幽抉微 12-171B
chǎnyōumíngwēi 闡幽明微 12-171B
chǎnyōutànzé 闡幽探賾 12-171B
chànyōuyōu 顫悠悠 12-367B
chānyú 覘覦 10-337B
chānyú 襜褕 9-144A
chānyù 攙預 6-965B
chányū 纏紆 9-1052A
chányú 孱愚 4-240A
chányú 讒諛 11-470A
chányú 饞魚 12-588B
chányú 單于 3-418B
chányǔ 禪宇 7-953A
chányǔ 禪語 7-956B
chányǔ 讒語 11-470A
chányù 毚欲 2-757A
chǎnyú 諂諛 11-315B
chǎnyǔ 諂語 11-315B
chǎnyù 產育 7-1519B
chǎnyù 產毓 7-1520B
chǎnyù 諂譽 11-316A
chányuān 澶淵 6-178A
chányuán 嬋媛 4-409A
chányuán 潺湲 6-150A
chányuán 禪源 7-956B
chányuán 蟬媛 8-968B
chányuán 亶爰 2-385B
chányuán 撣援 6-871B
chányuán 澶湲 6-178B
chányuàn 禪院 7-955A
chǎnyuàn 產院 7-1519B
chányúdēng 饞魚燈 12-588B

chānyuè 攙越 6-965B
chányuē 纏約 9-1052A
chányuè 禪悅 7-955B
chányuè 蟾月 8-979B
chànyuè 儳越 1-1739A
chányún 潺沄 6-150A
chányún 欃雲 4-1369A
chányún 鑱雲 11-1431B
chányùn 蟬韻 8-970A
chǎnyùnchē 鏟運車 11-1386B
chānzá 摻雜 6-848B
chānzá 攙雜 6-966A
chànzá 羼雜 9-195B
chánzáo 鑱鑿 11-1432A
chánzào 蟬噪 8-969A
chǎnzào 諂躁 11-316A
chánzè 巉崱 3-876B
chǎnzé 鏟咋 11-1386A
chǎnzé 闡擇 12-172A
chánzéi 讒賊 11-469B
chánzèn 讒譖 11-471A
chánzhā 讒哳 11-468B
chánzhá 纏札 9-1051A
chǎnzhà 諂詐 11-315A
chánzhāi 禪齋 7-957A
chánzhái 廛宅 3-1278B
chānzhàn 攙占 6-965A
chánzhàng 禪杖 7-953A
chánzhàng 纏仗 9-1051B
chánzhàng 纏帳 9-1052A
chánzhàng 纏障 9-1052B
chánzhàng 纏賬 9-1053A
chànzhàng 顫杖 12-367A
chǎnzhe 剗着 2-701B
chānzhēn 覘偵 10-337A
chánzhēn 禪真 7-955A
chánzhēn 鑱針 11-1431B
chánzhēn 鑱鍼 11-1432A
chànzhèn 顫震 12-367B
chǎnzhèng 闡證 12-172B
chānzhī 覘知 10-337A
chánzhī 禪枝 7-953B
chánzhī 蟾枝 8-979B
chánzhī 纏織 9-1054A
chánzhī 饞脂 12-588B
chánzhí 纏縶 9-1054A
chánzhǐ 禪旨 7-953A
chánzhì 孱質 4-240A
chánzhì 纏滯 9-1052B
chǎnzhí 產植 7-1520A
chǎnzhí 產殖 7-1520A
chánzhōng 禪鐘 7-957B
chánzhòng 禪衆 7-956A
chánzhòu 僝㤘 1-1687A
chánzhòu 僝驟 1-1687A
chánzhòu 㦃㤘 7-744B
chānzhú 攙逐 6-965B
chánzhú 讒逐 11-468B
chánzhù 儃佇 1-1697A
chǎnzhù 闡著 12-172A
chānzhuāi 攙拽 6-965B
chānzhuó 攙捔 6-965B
chánzhuō 孱拙 4-239B
chánzhuō 纏捉 9-1052A
chánzhuó 瀺灂 6-215B
chánzi 蟬子 8-967A
chánzī 讒訾 11-469B
chánzi 棎子 4-1133A
chánzǐ 禪子 7-952B
chánzǐ 蟬紫 8-968A
chánzi 讒子 11-467B
chǎnzi 鏟子 11-1386A
chǎnzǐ 產子 7-1518B
chǎnzǐ 諂子 11-314A
chǎnzijiàn 剗子箭 2-700A
chánzōng 禪宗 7-954A
chǎnzōng 闡綜 12-172A
chǎnzǒu 諂走 11-314B
chánzú 巉崒 3-876B
chánzú 巉崪 3-876B
chánzú 纏足 9-1051B
chánzǔ 禪祖 7-955A
chánzǔ 蟬組 8-968A
chánzǔ 巉岨 3-876A
chánzuān 禪鑽 7-957B
chánzuǐ 饞嘴 12-589A
chánzuò 禪坐 7-953B
cháo'ǎi 朝靄 6-1329B
cháo'ào 嘲傲 3-505A
chāobá 超拔 9-1124B
chāobái 抄白 6-372A
chāobài 超拜 9-1125A
cháobái 潮白 6-125A
cháobài 朝拜 6-1319A
cháobān 朝班 6-1320A
cháobàng 嘲謗 3-506A
chāobào 抄報 6-373A
chāobào 抄暴 6-373B
chāobào 鈔暴 11-1218A
cháobào 朝報 6-1323B
chǎobāozi 吵包子 3-207B
chāobǎzi 抄靶子 6-373A
chāoběn 抄本 6-372A
chāoběn 鈔本 11-1217A
chāobì 鈔幣 11-1218A
cháobì 朝韠 6-1328B
cháobiàn 朝弁 6-1315A
cháobìn 嘲擯 3-506A
cháobǐng 朝柄 6-1319A
chāobō 鈔撥 11-1218A
cháobō 嘲撥 3-505B
cháobō 潮波 6-125B
cháobó 嘲薄 3-505B
chāobǔ 超補 9-1128B
chāobù 超步 9-1124B
cháobù 朝部 6-1320B
cháobùtīng 朝簿廳 6-1328A
cháocǎi 朝采 6-1317B
cháocài 巢菜 4-452A
cháocān 朝參 6-1323A
cháocān 朝驂 6-1329A
cháocáo 嘲嘈 3-505B
cháocè 朝策 6-1324A
chāochǎn 超產 9-1127B
chāocháng 超常 9-1126B
chāochàng 怊悵 7-483A
cháocháng 朝常 6-1321B
cháochàng 嘲唱 3-504B
chāochāo 怊怊 7-483A
chāochāo 訬訬 11-67A
chāochāo 超超 9-1127B
chāochāo 吵吵 3-207B
chāochāo 颮颮 12-636B
cháocháo 嘲嘲 3-504B
chāochāonàonào 炒炒鬧鬧 7-36B
chǎochǎoqīqī 炒炒七七 7-36B
chāochāoxuánzhù 超超玄箸 9-1127B
chāochē 超車 9-1124B
cháochē 巢車 4-451B
cháochē 朝車 6-1316A
cháochē 轈車 9-1330B
chāochén 超辰 9-1124B
chāochén 超塵 9-1129B
cháochén 朝臣 6-1315A
cháochén 朝辰 6-1316A
chāochénbású 超塵拔俗 9-1129B
chāochéng 超乘 9-1126A
chāochéng 超程 9-1128A
chāochénzhúdiàn 超塵逐電 9-1129B
cháochī 嘲嗤 3-505A
cháochì 嘲叱 3-504A
chāochōu 怊惆 7-483A
chāochū 超出 9-1124A
chāochú 超除 9-1126A
cháochǔ 朝處 6-1321B
cháochǔ 橾處 4-1297B
cháochù 潮搐 6-126A
chāochuō 超踔 9-1129B
chāochuō 超逴 9-1126B
chāochuò 超趠 9-1129B
chāocì 超次 9-1124A
cháocí 朝辭 6-1328B
cháocì 朝次 6-1316A
chǎocì 炒刺 7-36B
cháocóng 朝從 6-1322A
chāocuō 抄撮 6-373B
chāocuō 鈔撮 11-1218A
chāodá 超達 9-1127B
cháodá 朝達 6-1323A
cháodàfū 朝大夫 6-1311B
cháodài 朝代 6-1314B
cháodài 朝帶 6-1321B
cháodàng 潮蕩 6-126B
chāodào 抄盜 6-373A
chāodào 抄道 6-373A
chāodào 鈔盜 11-1217B
chāodào 鈔盜 11-1218A
chāodēng 超登 9-1128B
chāoděng 超等 9-1128A
chāodiǎn 抄點 6-373B
cháodiǎn 朝典 6-1317A
cháodiào 嘲調 3-505B
cháodìng 朝定 6-1318A
chǎodìpí 炒地皮 7-36B
chāodòng 超洞 9-1125B
cháodǒng 晁董 5-711A
cháodòng 潮動 6-126A
cháodǒu 朝斗 6-1314A
chāodù 超度 9-1125B
chāodù 超渡 9-1128B
chāoduàn 抄斷 6-374A
cháoduān 朝端 6-1325B
chāoduō 抄掇 6-373A
chāoduō 鈔掇 11-1217B
chāoduó 抄敓 6-373A
chāoduó 抄奪 6-373B
chāoduó 鈔奪 11-1218A
chāodùpí 鈔肚皮 11-1217B
chāo'é 超額 9-1130B
cháo'ēn 朝恩 6-1320A
chāo'er 鈔兒 11-1217B
chāo'ér 勦兒 2-821B
chāofǎ 鈔法 11-1217B
chāofán 超凡 9-1123A
chāofàn 鈔犯 11-1217A
chǎofān 吵翻 3-208B
chǎofán 吵煩 3-208A
chāofàng 超放 9-1125A
cháofáng 朝房 6-1318B
chǎofáng 吵房 3-208A
chāofánrùshèng 超凡入聖 9-1123A
cháofēng 嘲風 3-504A
cháofēng 謿風 11-418A
cháofěng 嘲諷 3-506A
cháofèng 朝奉 6-1316B
cháofēngnòngyuè 嘲風弄月 3-504A
cháofēngyǒngyuè 嘲風詠月 3-504B
cháofényuánliáo 巢焚原燎 4-452A
cháofú 朝服 6-1317B
cháofú 朝韍 6-1327B
cháofǔ 巢父 4-451A
cháofǔ 朝府 6-1318A
chǎogān 炒肝 7-36B
cháogāng 朝綱 6-1326A
chāogé 超格 9-1126A
cháogē 嘲歌 3-505B
chāogēngzhǐ 抄更紙 6-372B
cháogōng 朝宮 6-1319B
cháogǒng 朝拱 6-1318B
cháogòng 朝貢 6-1320A
cháogòu 嘲詬 3-505A
cháogòu 謿詬 11-418A
chāogū 抄估 6-372B
cháogǔ 潮鼓 6-126A
chāoguān 鈔關 11-1218B
cháoguān 朝官 6-1318A
cháoguān 朝冠 6-1319B
chāoguāng 超光 9-1124A
cháoguāng 巢光 4-451B
chāogǔguànjīn 超古冠今 9-1124A
cháoguī 巢龜 4-452B
cháoguī 朝規 6-1321A
cháoguǐ 朝軌 6-1319A
cháoguì 朝貴 6-1324A
chāoguò 超過 9-1127A

chǎoguō 吵聒 3-208A
chǎoguō 炒聒 7-36B
cháohāi 嘲咍 3-504A
cháohǎi 潮海 6-125B
cháohán 嘲唅 3-504B
cháoháng 朝行 6-1315B
cháohàntái 朝漢臺 6-1326A
chāohé 勦合 2-821B
cháohè 朝賀 6-1324B
cháohén 潮痕 6-126A
cháohéng 朝衡 6-1327A
chāohōng 超烘 9-1126B
cháohóng 潮紅 6-125B
cháohòu 潮候 6-125B
chāohū 超忽 9-1125A
cháohù 朝笏 6-1320B
cháohù 潮户 6-125A
chāohuà 抄化 6-372A
cháohuà 朝化 6-1314A
cháohuà 謿話 11-418A
chāohuàn 超換 9-1126A
cháohūhū 潮乎乎 6-125A
cháohūhū 潮忽忽 6-125B
cháohuī 嘲詼 3-505A
cháohuī 謿詼 11-418A
cháohuì 朝會 6-1325A
cháohūn 朝婚 6-1323A
cháohùn 嘲諢 3-506A
chāohuō 超豁 9-1130A
chǎohuò 炒貨 7-36B
chāojī 抄擊 6-373B
chāojī 鈔擊 11-1218B
chāojí 抄集 6-373A
chāojí 抄籍 6-374A
chāojí 超級 9-1126A
chāojí 超籍 9-1130B
chāojí 鈔集 11-1218A
chāojì 超迹 9-1125B
chāojì 超跡 9-1129A
cháojī 朝機 6-1327A
cháojī 朝雞 6-1328A
cháojī 朝鷄 6-1329A
cháojī 嘲譏 3-506A
cháojī 潮雞 6-126B
cháojí 朝集 6-1324A
cháojí 朝籍 6-1328B
cháojì 朝迹 6-1319B
cháojì 朝寄 6-1322B
chāojiā 抄家 6-372B
chāojià 超假 9-1127A
cháojiā 朝家 6-1321A
cháojià 朝假 6-1322A
chǎojià 吵架 3-208A
chāojiǎn 抄檢 6-373B
chāojiàn 抄件 6-372A
chāojiàn 超薦 9-1129B
cháojiàn 巢澗 4-452B
cháojiàn 朝見 6-1316A
cháojiàn 朝踐 6-1326A
chāojiǎng 超獎 9-1129B
chāojiǎo 鈔角 11-1217B
chāojiào 鈔校 11-1217B
chāojiē 超階 9-1127B
chāojié 抄劫 6-372B
chāojié 抄刼 6-372B
chāojié 抄截 6-373A
chāojié 超捷 9-1126B
chāojié 鈔劫 11-1217B
chāojié 鈔截 11-1218A
cháojiē 朝階 6-1322B
cháojié 嘲訐 3-504B
cháojié 謿訐 11-418A
cháojiě 潮解 6-126A
chāojìn 抄近 6-372B
chāojìn 超進 9-1127A
cháojìn 朝巾 6-1311B
cháojìn 朝覲 6-1328A
chǎojīn 炒金 7-36B
chāojīng 綽經 9-890A
chāojǐng 超警 9-1130B
cháojīng 朝京 6-1318A
cháojīng 朝經 6-1325A
cháojìng 朝敬 6-1323B
cháojìng 嘲競 3-506B
chāojīnguànggǔ 超今冠古 9-1123B
chāojīnjuégǔ 超今絶古 9-1123B
cháojíshǐ 朝集使 6-1324A
chāojiù 超救 9-1126B
chāojú 鈔局 11-1217B
chāojù 超距 9-1127A
cháojū 巢居 4-451B
cháojū 朝裾 6-1325A
cháojù 巢聚 4-452B
cháojù 嘲劇 3-505B
cháojù 潮劇 6-126B
cháojuàn 朝眷 6-1322B
chāojué 超絶 9-1128B
chāojué 鈔絶 11-1218A
cháojué 嘲噱 3-505B
chāojué'ér 勦絶兒 2-821B
chāojùn 超雋 9-1128A
chāojùn 超俊 9-1125B
chāojùn 超峻 9-1126A
cháojūzǐ 巢居子 4-451B
cháokǎo 朝考 6-1315A
cháokē 巢窠 4-452B
cháokē 朝珂 6-1318B
cháokè 朝客 6-1319B
chāokōng 超空 9-1125A
chāokòng 超鞚 9-1130A
chāokòng'er 抄空兒 6-372B
cháokū 巢窟 4-452B
chāokuàng 超曠 9-1130B
chāokuò 超闊 9-1130A
chāolǎng 超朗 9-1126B
cháoláng 朝郎 6-1318B
chāolèijuélún 超類絶倫 9-1130B
chǎolěngfàn 炒冷飯 7-36B
chāolí 超離 9-1130B
cháolǐ 朝理 6-1321A
cháolǐ 朝禮 6-1327B
cháolì 嘲詈 3-505A
chāoliáo 超遼 9-1129B
cháoliáo 朝僚 6-1325B
cháoliáo 朝寮 6-1326B
chāoliè 超躐 9-1130B
cháoliè 朝列 6-1315A
chāolíng 超凌 9-1126B
chāolíng 超齡 9-1130B
cháolíng 朝陵 6-1321A
cháolínyīzhī 巢林一枝 4-451B
cháoliú 潮流 6-125B
cháolǐwúrén… 朝裹無人莫做官 6-1325A
chāolú 鈔艫 11-1218B
chāolǔ 抄虜 6-373A
chāolǔ 鈔虜 11-1218A
chāolù 抄録 6-373B
chāolù 鈔録 11-1218A
cháolù 朝路 6-1325A
chǎoluànzi 吵亂子 3-208A
chāolùmǎ 綽路馬 9-889B
chāolún 超倫 9-1126B
cháolún 朝倫 6-1320B
cháolùn 朝論 6-1326B
chāolúnyìqún 超倫軼羣 9-1126B
chāoluó 鈔邏 11-1218B
chāoluó 鈔鑼 11-1218B
chǎoluósī 吵螺絲 3-208A
chǎoluósī 吵螺螄 3-208A
chāolùqí 綽路騎 9-889B
chāolüè 抄掠 6-373A
chāolüè 抄略 6-373A
chāolüè 鈔掠 11-1217B
chāolüè 鈔略 11-1217B
cháomǎ 朝馬 6-1320A
cháomà 嘲罵 3-505B
chāomài 超邁 9-1129B
chǎomài 炒賣 7-36B
chǎomǎichǎomài 炒買炒賣 7-36B
cháomǎn 潮滿 6-126A
cháomàn 嘲慢 3-505B
cháomào 朝帽 6-1324A
cháomēn 潮悶 6-126A
cháomén 巢門 4-451B
cháomén 朝門 6-1318B
chǎomǐ 炒米 7-36B
chǎomì 麨蜜 12-1023A
cháomiàn 潮面 6-125B
chǎomiàn 炒麵 7-37A
chǎomiàn 麨麵 12-1023A
chāomiǎo 超邈 9-1130A
chāomiào 超妙 9-1124B
cháomiào 朝廟 6-1326B
chāomíng 抄名 6-372A
cháomìng 朝命 6-1317B
cháomíngdiànchè 潮鳴電掣 6-126A
chāomò 抄没 6-372B
cháomó 朝謨 6-1327B
cháomò 朝末 6-1314A
cháomù 巢幕 4-452A
chāonà 抄内 6-372A
cháonán 巢南 4-451B
cháonàn 嘲難 3-506A
cháonǎo 潮腦 6-126A
chǎonào 吵鬧 3-208A
chǎonào 炒鬧 7-36B
cháonì 潮膩 6-126B
cháoniánnián 潮黏黏 6-126B
cháonòng 嘲弄 3-504A
cháo'ōu 嘲謳 3-506A
cháopái 嘲排 3-504B
chāopángqián 鈔旁錢 11-1217B
chāopiāo 鈔剽 11-1218A
chāopiào 鈔票 11-1217B
cháopìn 朝聘 6-1324B
cháopíng 嘲評 3-505A
cháopíng 潮平 6-125A
chāoqí 超奇 9-1125A
chāoqí 鈔騎 11-1218B
chāoqǐ 綽起 9-889B
cháoqī 巢棲 4-452A
cháoqī 潮期 6-126A
cháoqì 潮氣 6-125B
chǎoqī 炒戚 7-36B
chāoqiān 超遷 9-1129B
cháoqiān 朝僉 6-1325A
cháoqiǎn 朝譴 6-1328B
chāoqiǎng 抄搶 6-373A
chāoqiánjuéhòu 超前絶後 9-1125B
chāoqiányìhòu 超前軼後 9-1125B
cháoqiào 嘲誚 3-505B
chāoqiè 抄竊 6-374A
chāoqiè 鈔竊 11-1218B
chāoqiè 勦竊 2-822A
chāoqīng 訬輕 11-67A
cháoqǐng 朝請 6-1326B
cháoqìng 朝慶 6-1326B
chǎoqīng 炒青 7-36B
cháoqīngluǎnfù 巢倾卵覆 4-452B
cháoqīngluǎnpò 巢傾卵破 4-452A
chāoqǔ 抄取 6-372B
chāoqǔ 勦取 2-821B
cháoquán 朝權 6-1329A
cháoquē 朝闕 6-1328A
chāoqún 超羣 9-1129A
chāoqúnbácuì 超羣拔萃 9-1129A
chāoqúnbálèi 超羣拔類 9-1129A
chāoqúnbálèi 超群拔類 9-1129A
chāoqúnchūzhòng 超羣出衆 9-1129A
chāoqúnchūzhòng 超群出衆 9-1129A
chāoqúnjuélún 超羣絶倫 9-1129A
chāorán 超然 9-1128A
chǎorǎng 吵嚷 3-208B
chāoránwùwài 超然物外 9-1128B
chāoránxiàngwài 超然象外

9-1128B
chǎorǎo 吵擾 3-208A
cháorě 嘲惹 3-505A
cháorè 潮熱 6-126A
chāorén 超人 9-1123A
cháorì 朝日 6-1313B
cháorìlián 朝日蓮 6-1313B
cháorìtán 朝日壇 6-1313B
cháoróng 朝容 6-1321A
cháorú 朝儒 6-1327A
cháorùn 潮潤 6-126B
cháosǎn 朝散 6-1323B
chāoshà 超越 9-1129B
cháoshān 朝山 6-1311B
cháoshān 朝衫 6-1318B
cháoshàn 嘲訕 3-504B
cháoshàng 朝上 6-1311B
chǎosháo 炒勺 7-36B
cháoshè 朝社 6-1316B
chāoshēn 抄身 6-372B
cháoshēn 朝紳 6-1323A
cháoshěn 朝審 6-1326B
cháoshěn 嘲哂 3-504A
cháoshěn 謿哂 11-418A
chāoshēng 超升 9-1123B
chāoshēng 超生 9-1124A
chāoshēng 超昇 9-1125A
chāoshēng 超陞 9-1125B
chāoshèng 超乘 9-1126A
chāoshèng 超勝 9-1128A
cháoshēng 巢笙 4-452A
cháoshěng 朝省 6-1319A
cháoshèng 朝聖 6-1324B
chāoshí 超石 9-1124A
chāoshí 剿拾 2-740A
chāoshì 抄示 6-372A
chāoshì 抄事 6-372B
chāoshì 超世 9-1123B
cháoshī 潮濕 6-126B
cháoshí 朝識 6-1328B
cháoshǐ 朝使 6-1317B
cháoshì 朝士 6-1311B
cháoshì 朝市 6-1314B
cháoshì 朝式 6-1315A
cháoshì 朝事 6-1317A
cháoshì 朝侍 6-1317B
chāoshìjuélún 超世絶倫 9-1124A
chāoshìjuésú 超世絶俗 9-1124A
cháoshìrén 朝市人 6-1315A
chāoshǒu 抄手 6-372A
chāoshòu 超授 9-1126B
chāoshǒuhuíláng 超手迴廊 9-1123B
chāoshǒuyóuláng 超手遊廊 9-1123B
chāoshū 超殊 9-1126A
chāoshū 超攄 9-1130A
chāoshǔ 抄數 6-373B
cháoshū 巢書 4-452A
cháoshǔ 朝署 6-1325A
cháoshuǐ 潮水 6-125A
chāoshuō 剿説 2-740B
chāoshuō 勦説 2-822A
cháoshuò 朝朔 6-1320B
chāoshūxū 鈔書胥 11-1217B
cháosī 朝司 6-1315A
cháosì 朝寺 6-1315A
cháosì 朝肆 6-1324B
cháosīsī 潮絲絲 6-126A
cháosǒu 巢藪 4-452B
chāosú 超俗 9-1125B
cháosù 朝宿 6-1322B
cháosù 嘲訴 3-505A
cháosuàn 朝筭 6-1325A
cháosuì 巢燧 4-452B
cháotà 朝闥 6-1329A
cháotái 朝臺 6-1325A
cháotáng 朝堂 6-1321B
cháotāo 潮濤 6-126B
chāotè 超特 9-1126A
chāoténg 超騰 9-1130B
chāoténg 鈔謄 11-1218B
chāotī 抄擿 6-373B
cháotiān 朝天 6-1312B
cháotián 潮田 6-125A
chàotián 抄田 6-372A
cháotiāndǎoluàn 朝天搗亂 6-1312B
cháotiānhúntún 朝天餛飩 6-1312B
cháotiānjì 朝天髻 6-1312B
cháotiānyīzhùxiāng 朝天一柱香 6-1312B
cháotiānyīzhùxiāng 朝天一炷香 6-1312B
cháotiáo 嘲調 3-505B
chǎotiě 炒鐵 7-37A
cháotīng 朝聽 6-1329A
cháotíng 朝廷 6-1315B
cháotíng 朝庭 6-1319B
cháotóu 潮頭 6-126B
cháotóu 濤頭 6-180A
chāotū 超突 9-1125B
chāotū 鈔突 11-1217B
chǎotuán 炒團 7-36B
chāotuō 超脱 9-1127A
cháowàng 朝望 6-1322B
cháowěi 朝緯 6-1327A
cháowèi 朝位 6-1316B
cháowèi 潮位 6-125B
cháowèn 嘲問 3-505A
chǎowōzi 吵窩子 3-208A
chāowǔ 超伍 9-1124A
chāowù 超物 9-1125A
chāowù 超悟 9-1126B
cháowù 朝物 6-1317B
cháowù 朝務 6-1321A
chāoxí 抄襲 6-374A
chāoxí 鈔襲 11-1218B
chāoxí 剿襲 2-740B
chāoxí 勦襲 2-822A
cháoxī 朝夕 6-1312A
cháoxī 潮汐 6-125A
cháoxì 嘲戲 3-506A
chǎoxǐ 吵喜 3-208A
cháoxián 朝賢 6-1326A
cháoxiǎn 朝幰 6-1328A
cháoxiàn 朝憲 6-1327A
cháoxiàn 朝獻 6-1328B
chāoxiāng 超驤 9-1130B
cháoxiǎng 朝享 6-1318A
cháoxiǎng 朝饗 6-1329A
cháoxiàng 朝向 6-1315B
cháoxiānshēn 朝鮮参 6-1327B
cháoxiānzú 朝鮮族 6-1327B
cháoxiào 嘲哮 3-504B
cháoxiào 嘲笑 3-504B
cháoxiào 謿笑 11-418A
cháoxīchí 朝夕池 6-1312B
chāoxiě 抄寫 6-373B
chāoxiě 鈔寫 11-1218A
cháoxié 嘲諧 3-505B
cháoxiè 嘲褻 3-506A
cháoxīmùjiè 朝欷暮唶 6-1322A
cháoxìn 潮信 6-125B
chāoxíng 超形 9-1124A
cháoxǐng 朝省 6-1319A
cháoxiū 嘲咻 3-504A
chāoxū 抄胥 6-372B
chāoxū 鈔胥 11-1217B
cháoxǔ 巢許 4-452A
cháoxù 朝序 6-1316B
chāoxuǎn 鈔選 11-1218A
cháoxuān 巢軒 4-452A
cháoxuán 朝玄 6-1315A
chāoxuě 超雪 9-1126B
cháoxuē 朝靴 6-1324B
cháoxuē 朝鞾 6-1328A
cháoxué 巢穴 4-451A
cháoxuè 嘲謔 3-505B
cháoxuè 謿謔 11-418A
cháoxùn 潮汛 6-125B
chāoyǎ 超雅 9-1128A
chāoyán 超言 9-1124B
cháoyān 潮煙 6-126A
cháoyàn 朝彥 6-1319B
cháoyàn 朝宴 6-1321A
cháoyàn 朝讌 6-1329B
cháoyáng 朝陽 6-1323A
cháoyángmén 朝陽門 6-1323A
chǎoyāngzi 吵殃子 3-208A
chǎoyāngzi 吵秧子 3-208A
chāoyáo 超摇 9-1129A
chāoyáo 超遥 9-1129A
cháoyào 朝要 6-1319A
chǎoyǎo 炒咬 7-36B
chāoyě 超野 9-1126B
cháoyě 朝冶 6-1316B
cháoyě 朝野 6-1321B
cháoyè 朝謁 6-1327A
chāoyì 超異 9-1126B
chāoyì 超逸 9-1127A
chāoyì 超軼 9-1128A
chāoyì 超詣 9-1129A
cháoyī 朝衣 6-1316A
cháoyí 巢夷 4-451B
cháoyí 朝儀 6-1326A
cháoyì 朝邑 6-1316B
cháoyì 朝議 6-1328B
cháoyì 謿讛 11-418A
cháoyīdōngshì 朝衣東市 6-1316A
chāoyìjuéchén 超逸絶塵 9-1127B
chāoyìjuéchén 超軼絶塵 9-1128A
chāoyǐn 鈔引 11-1217A
cháoyīn 朝音 6-1319B
cháoyīn 潮音 6-125B
cháoyín 潮銀 6-126A
cháoyǐn 巢飲 4-452A
cháoyǐn 朝隱 6-1327B
chāoyǐnfǎ 鈔引法 11-1217A
chāoyǐng 超影 9-1129B
chāoyǐng 超穎 9-1130A
cháoyīng 朝英 6-1317A
cháoyīng 朝纓 6-1329B
chāoyǐnkù 鈔引庫 11-1217A
chāoyòng 超用 9-1124A
cháoyǒng 嘲詠 3-505A
cháoyǒng 潮勇 6-125B
cháoyǒng 潮涌 6-126A
chāoyōu 超幽 9-1125A
cháoyóu 巢繇 4-452B
cháoyóu 巢由 4-451A
cháoyòu 朝右 6-1314A
chǎoyóuyú 炒魷魚 7-36B
chāoyú 超逾 9-1128A
chāoyú 超踰 9-1130A
chāoyú 超踰 9-1129B
chāoyuǎn 超遠 9-1128B
cháoyuán 朝元 6-1313A
cháoyuàn 朝苑 6-1317A
cháoyuángé 朝元閣 6-1313A
chāoyuè 超越 9-1127B
chāoyuè 超躍 9-1130B
chāozā 抄扎 6-371B
chāozài 超載 9-1128B
cháozǎi 朝宰 6-1321A
cháozān 朝簪 6-1328A
cháozé 朝則 6-1319A
chāozéi 鈔賊 11-1218A
chāozēngbǔlǐn 超增補廩 9-1129B
chāozhá 抄札 6-372A
chāozhǎn 抄斬 6-373A
cháozhāng 朝章 6-1322A
cháozhǎng 朝長 6-1317A
chǎozhàng 吵仗 3-207B
cháozhāngguódiǎn 朝章國典 6-1322B
cháozhāngguógù 朝章國故 6-1322B
cháozhēn 朝真 6-1320A
cháozhēng 朝正 6-1314A
cháozhèng 朝政 6-1318B
chāozhī 超支 9-1123B
chāozhí 抄直 6-372B
chāozhǐ 抄紙 6-372B
chāozhì 超陟 9-1125B
cháozhí 朝直 6-1317A

cháozhǐ 朝旨 6-1316A
cháozhì 朝制 6-1317B
cháozhòng 朝衆 6-1324A
cháozhóu 朝軸 6-1323B
cháozhōudàluógǔ
潮州大鑼鼓 6-125A
cháozhōumùdiāo 潮州木雕
6-125A
chāozhù 超著 9-1126B
cháozhū 朝珠 6-1319B
cháozhú 朝燭 6-1327B
cháozhù 朝宁 6-1315A
cháozhù 朝著 6-1321A
chāozhuǎn 超轉 9-1130A
chāozhuàn 抄撰 6-373B
chāozhuì 鈔綴 11-1218A
chāozhuó 超卓 9-1125A
chāozhuó 超擢 9-1130A
chǎozi 吵子 3-207B
cháozōng 朝宗 6-1318A
chāozǒng'er 抄總兒 6-374A
chāozǒu 超走 9-1124B
cháozòu 朝奏 6-1318B
chāozú 超足 9-1124B
chāozuǎn 抄纂 6-374A
chǎozuǐ 吵嘴 3-208A
cháozuò 朝坐 6-1316B
cháozuò 朝座 6-1320B
chápán 查盤 4-909A
chápàn 察判 3-1596A
chápí 茶毗 9-382B
chápí 茶毘 9-382B
chāpíng 插屏 6-763B
chápù 查鋪 4-909A
chápù 茶鋪 9-383B
chāqí 差歧 2-975A
cháqí 茶旗 9-383B
cháqì 查訖 4-907A
chàqí 差歧 2-975B
chàqì 岔氣 3-805A
cháqián 茶錢 9-384A
chāqiān'erde 插簽兒的
6-764B
cháqiāng 茶槍 9-383B
chāqiángrényì 差彊人意
2-978B
chāqiángrényì 差强人意
2-977B
cháqín 查勤 4-908A
cháqīng 查清 4-908A
chāqǔ 插曲 6-762B
chāqù 插趣 6-764A
chàqǔ 岔曲 3-805A
cháquán 搽拳 6-734B
cháquè 茶榷 9-383B
chārèn 扱衽 6-349B
chārèn 接刃 6-705B
chàrén 差人 2-974A
chāruòháolí…
差若毫釐,謬以千里
2-975A
chāsāncuòsì 差三錯四
2-974A
chásè 茶色 9-381B
chásè 察色 3-1595B
cháshàng 茶上 9-381A
chāshāo 叉燒 2-853B
chāshāo 插燒 6-764B
cháshào 查哨 4-907A
chāshāoròu 叉燒肉 2-853B
cháshè 茶社 9-382A
chāshēn 插身 6-763A
cháshén 茶神 9-382B
cháshěn 查審 4-909B
chāshī 差失 2-974B
cháshī 察失 3-1595B
cháshí 查實 4-909A
cháshí 茶食 9-382B
cháshí 察識 3-1598B
cháshì 查視 4-908A
cháshì 茶市 9-381B
cháshì 察士 3-1595A
cháshì 察事 3-1596A
cháshì 察視 3-1597B
chàshí 刹時 2-672A
chàshì 岔事 3-805A
chàshì 差事 2-975B
chàshì 詫事 11-210A
chāshǒu 叉手 2-852B
chāshǒu 扠手 6-350A
chāshǒu 插手 6-762B
cháshōu 查收 4-906A
cháshōu 察收 3-1595B
cháshǒu 查手 4-906A
chǎshǒu 叉手 2-852B
chāshǒuchājiāo 叉手叉脚
2-852B
chāshǒudí 叉手笛 2-853A
chāshǒuguǎn 叉手管
2-853A
chāshǒuji 叉手髻 2-853A
chāshǒutiělóng 叉手鐵龍
2-853A
chāshū 差殊 2-976B
chāshù 差數 2-978A
cháshū 察書 3-1597A
cháshǔ 查數 4-909A
cháshù 查數 4-909A
cháshù 茶樹 9-384A
cháshù 察恕 3-1597A
chàshū 差殊 2-976B
chàshù 差數 2-978A
chāshuǎng 差爽 2-976B
cháshuǐ 茶水 9-381A
chásì 茶肆 9-383A
chàsì 刹寺 2-671B
chásuàn 查筭 4-908B
chásuàn 查算 4-908B
chásǔn 茶笋 9-382B
chásǔn 茶筍 9-383A
chátà 蹅踏 10-517A
chátàn 查探 4-907B
chátàn 察探 3-1597A
chàtǎn 衩袒 9-28A
chàtàn 詫嘆 11-210A
chátāng 茶湯 9-383A
chátānghú 茶湯壺 9-383A
chātè 差貸 2-977B
chātè 差忒 2-975A
chātián 插田 6-762B
chátián 查田 4-906A
chátiándìngchǎn 查田定産
4-906A
chátīng 察聽 3-1599A
chātóu 插頭 6-764B
chátóu 查頭 4-909B
chátóu 楂頭 4-1194B
chátóubiān 查頭鯿 4-909B
chátóubiān 楂頭鯿 4-1194B
chátóusuōjǐngbiān
楂頭縮頸鯿 4-1194B
chátóuzi 查頭子 4-909B
chātú 插圖 6-764A
chàtǔ 刹土 2-671B
chátuī 察推 3-1597A
chátuō 茶托 9-381B
chāwéi 差違 2-977B
cháwēi 察微 3-1597B
cháwěi 鉈尾 11-1274B
chàwéi 差違 2-977B
chāwèn 扱免 6-349B
cháwèn 查問 4-908A
cháwèn 察問 3-1597B
chāwù 差悞 2-976B
chāwù 差誤 2-978A
cháwúshíjù 查無實據
4-908A
cháxī 察悉 3-1597A
cháxiān 茶仙 9-381B
cháxiān 茶筅 9-383A
cháxiàng 察相 3-1596A
chāxiāo 插銷 6-764B
cháxiāo 查銷 4-909A
cháxiǎo 察曉 3-1598A
chāxù 插敘 6-763B
cháxuǎn 察選 3-1598A
cháxué 查學 4-909B
chàxuězhōu 咤雪洲 3-348A
chāxùn 差遜 2-978A
cháxún 查詢 4-908B
cháxùn 查訊 4-907A
cháxún 跴尋 10-431A
chāyā 杈椏 4-792B
chāyā 杈枒 4-792B
chāyá 叉牙 2-852B
chāyá 扠扨 6-350A
chāyá 差牙 2-974B
cháyā 楂枒 4-1194B
cháyā 楂枒 4-1147B
cháyá 查牙 4-906A
cháyá 嵖岈 3-853A
cháyá 楂牙 4-1194A
cháyá 楂岈 4-1194B
cháyá 鉏牙 11-1229B
chàyà 姹婭 4-348B
chāyán 插言 6-763A
cháyán 察言 3-1595B
cháyàn 查驗 4-910A
cháyàn 察驗 3-1599A
chāyāng 插秧 6-763B
cháyánguānsè 察言觀色
3-1596A
cháyánguānsè 察顔觀色
3-1598B
cháyánguānxíng 察言觀行
3-1596A
chāyāo 叉腰 2-853B
chāyāo 扠腰 6-350A
chāyāotūdù 扠腰凸肚
6-350A
chāyè 插頁 6-763B
cháyè 查夜 4-906B
cháyè 茶葉 9-383A
cháyèdàn 茶葉蛋 9-383A
chāyí 差移 2-977A
cháyí 茶儀 9-383B
cháyì 察議 3-1598B
chàyī 衩衣 9-28A
chàyí 差移 2-977A
chàyì 差異 2-976B
chàyì 詫异 11-210A
chàyì 詫異 11-210A
chàyì 咤異 3-348A
chàyīdiǎn 差一點 2-974A
chāyǐháolí…
差以毫釐,謬以千里
2-974B
cháyǐn 茶引 9-381B
cháyǐng 查影 4-909A
cháyóu 茶油 9-382A
chāyǔ 插羽 6-763A
chāyù 差愈 2-978A
cháyù 察獄 3-1597B
cháyuàn 察院 3-1596B
cháyuānyú 察淵魚 3-1597B
chāyuè 差越 2-977A
cháyuè 查閱 4-909B
cháyuè 察閱 3-1598A
cháyúfànhòu 茶餘飯後
9-383B
chāyǔjiārén 插羽佳人
6-763A
cháyújiǔhòu 茶餘酒後
9-383B
cháyǔn 察允 3-1595B
cházào 茶竈 9-384A
chàzé 差則 2-976A
chǎzhǎ 土苴 2-986A
cházhàn 察戰 3-1598A
cházhàng 查丈 4-905B
cházhàng 查帳 4-907B
cházhào 查照 4-908A
cházhào 察照 3-1597B
cházhèn 查賑 4-908B
cházhèng 查證 4-910A
chàzhēng 差争 2-975A
chāzhī 插枝 6-763A
cházhī 察知 3-1596A
cházhī 察隻 3-1596B
cházhì 楂桎 4-1194B
cházhì 楂櫛 4-1194B
chāzhīháolí…
差之毫釐,失之千里
2-974A
chāzhīháolí…
差之毫釐,謬以千里

2-974A
chāzhīháolí…
差之毫釐,失之千里
2-974A
cházhīmǒfěn 搽脂抹粉
6-734B
cházhōu 茶粥 9-383A
chāzhú 插燭 6-764B
chāzhù 臿築 8-1288B
chàzhù 剎柱 2-672A
cházhuān 茶磚 9-384A
chāzhuàng 插狀 6-763B
cházhuī 查追 4-907A
chāzi 叉子 2-852B
chāzi 插子 6-762B
chāzǐ 插子 6-762B
cházi 茬子 9-364B
cházi 槎子 4-1194A
cházǐ 察子 3-1595B
chàzi 杈子 4-792B
chàzi 汊子 5-940B
chàzi 岔子 3-805A
cházìfǎ 查字法 4-906A
chāzifèn 杈子糞 4-792B
chàzǐyānhóng 姹紫嫣紅
4-348B
chāzú 插足 6-763A
chāzuǐ 叉嘴 2-853B
chāzuǐ 插嘴 6-764B
chāzuò 插座 6-764A
cházuò 茶座 9-382B
chè'ān 徹桉 3-1092A
chè'àn 徹案 3-1092A
chè'àn 撤案 6-889A
chē'áo 車熬 9-1194B
chē'áo 車螯 9-1196A
chē'áo 蟶螯 8-896B
chē'áo 蟶蠔 8-896B
chēbà 車把 9-1188B
chěbā 扯巴 6-369B
chěbái 扯白 6-369B
chèbái 掣白 6-634B
chèbái 徹白 3-1091A
chēbàn 車絆 9-1192B
chèbǎn 掣板 6-635A
chèbǎn 撤版 6-889A
chēbānbān 車班班 9-1190A
chēbānbān 車斑斑 9-1193A
chēbāng 車幫 9-1196B
chèbǎo 撤保 6-889A
chēbǎshì 車把式 9-1188B
chēbǎshì 車把勢 9-1188B
chèbèi 徹備 3-1092A
chèbèi 撤備 6-889B
chēbì 車幣 9-1195A
chēbì 車弊 9-1195A
chèbiān 徹編 3-1092B
chèbǐláng 掣筆郎 6-635A
chēbīng 車兵 9-1188B
chēbǐng 車柄 9-1189B
chèbīng 徹兵 3-1091A
chèbīng 撤兵 6-888B
chēbó 車駁 9-1196A
chèbù 撤蔀 6-889B
chècái 撤材 6-888B
chècǎi 硩采 7-1046A
chēcāng 車艙 9-1196B
chēcèguōmén 車側郭門
9-1192A
chèchá 徹查 3-1091B
chèchá 撤茶 6-889A
chèchá 澈查 6-145B
chèchāi 撤差 6-889A
chēchān 車襜 9-1197B
chēchǎng 車場 9-1193A
chēchǎng 車廠 9-1196A
chěcháng 扯常 6-370A
chèchè 掣掣 6-635A
chèchè 徹徹 3-1092B
chèchè 呫呫 3-259A
chēchén 車塵 9-1195A
chēchéngxiàng 車丞相
9-1188A
chēchénmǎzú 車塵馬足
9-1195A
chèchèxièxiè 掣掣洩洩
6-635A
chěchězhuāizhuāi
扯扯拽拽 6-369B
chēchí 車馳 9-1194A
chēchímǎzhòu 車馳馬驟
9-1194A
chèchóng 徹重 3-1091B
chèchú 撤除 6-889A
chēchuán 車舩 9-1191A
chēchuán 車船 9-1192A
chēchuāng 車窗 9-1193B
chēchuáng 車床 9-1188B
chēchuáng 車牀 9-1189A
chēcì 車次 9-1188A
chēcóng 車從 9-1192A
chēcòu 車湊 9-1193B
chècù 硩蔟 7-1046A
chěcuō 扯撮 6-370B
chècùshì 硩蔟氏 7-1046A
chědà 扯大 6-369B
chèdá 徹達 3-1092A
chēdàimǎfán 車怠馬煩
9-1190A
chēdàimǎfán 車殆馬煩
9-1189B
chēdān 車擔 9-1196A
chēdàn 車檐 9-1197A
chědàn 扯淡 6-370A
chědàn 扯蛋 6-370A
chèdǎn 徹膽 3-1093A
chèdàn 徹旦 3-1091A
chēdàng 車檔 9-1196B
chēdāo 車刀 9-1186B
chēdào 車道 9-1193B
chědǎo 扯倒 6-370A
chēdàoshānqián…
車到山前必有路
9-1189A
chēdàoshānqián…
車到山前自有路
9-1189A
chēdēng 車燈 9-1196B
chēdēng 車蹬 9-1197B
chèdǐ 徹底 3-1091B
chèdǐ 澈底 6-145B
chēdiàn 車店 9-1189A
chēdiàn 車墊 9-1194B
chèdiǎn 撤點 6-889B
chèdiàn 掣電 6-635A
chèdiàn 撤佃 6-889A
chèdiào 撤調 6-889B
chèdǐchéngqīng 澈底澄清
6-145B
chèdòng 撤動 6-889A
chēduì 車隊 9-1192B
chèdùn 掣頓 6-635A
chèduò 硩陊 7-1046A
chē'è 車栀 9-1188B
chē'è 車軛 9-1191B
chē'ěr 車耳 9-1188A
chēfān 車藩 9-1197B
chēfān 車轓 9-1197B
chēfān 車蕃 9-1195A
chěfān 扯翻 6-370B
chèfáng 撤防 6-888B
chēfánmǎbì 車煩馬斃
9-1194B
chēfēi 車非 9-1189A
chēfèi 車費 9-1193B
chèfèi 撤廢 6-889B
chēfèn 車份 9-1188A
chēfēng 車封 9-1189B
chěfēng 扯風 6-370A
chēfū 車夫 9-1187A
chēfú 車服 9-1189A
chēfú 車輻 9-1196A
chēfǔ 車府 9-1189A
chēfǔ 車輔 9-1194B
chēfù 車賦 9-1195B
chēfǔlìng 車府令 9-1189A
chēgài 車盖 9-1192B
chēgài 車蓋 9-1194A
chēgāng 車缸 9-1189B
chēgāng 車釭 9-1192A
chēgé 車革 9-1189B
chēgé 車蛤 9-1193B
chègē 徹歌 3-1092B
chègēndàodǐ 撤根到底
6-889A
chēgōng 車工 9-1186B
chēgōng 車公 9-1187B
chēgōng 車宮 9-1190A
chēgōngmǎtóng 車攻馬同
9-1188B
chēgōu 車鈎 9-1193B
chēgǔ 車轂 9-1196B
chègǔ 徹骨 3-1091B
chègǔ 澈骨 6-145B
chèguān 徹官 3-1091B
chěgǔduóqí 撦鼓奪旗
6-832B
chēguǐ 車軌 9-1189B
chēguǐgòngwén 車軌共文
9-1189B
chēgūlu 車軲轆 9-1193A
chēgūlùhuì 車箍轆會
9-1195A
chēguòfùtòng 車過腹痛
9-1191B
chēháng 車航 9-1191A
chēháng 車行 9-1188A
chèháng 徹行 3-1091A
chēhéng 車衡 9-1196B
chèhóu 徹侯 3-1091B
chèhòu 坼堠 2-1087A
chěhòutuǐ 扯後腿 6-370A
chēhù 車户 9-1187B
chēhù 車戽 9-1189A
chèhù 坼嫭 2-1087A
chèhuài 撤壞 6-890A
chēhuàn 車轘 9-1198A
chèhuàn 撤换 6-889A
chěhuǎng 扯謊 6-370B
chēhuì 車槥 9-1195A
chèhuí 撤回 6-888B
chèhuǐ 撤毀 6-889B
chēhuò 車禍 9-1193B
chèhuǒ 撤火 6-888B
chèhuò 掣獲 6-635B
chējī 車屐 9-1191B
chējī 車汲 9-1188A
chējǐ 車戟 9-1193A
chējì 車迹 9-1189B
chējì 車技 9-1188B
chējì 車跡 9-1194B
chèjí 徹棘 3-1092A
chèjí 撤棘 6-889B
chējiā 車家 9-1191A
chējiǎ 車甲 9-1187B
chējià 車架 9-1190A
chējià 車價 9-1195B
chējià 車駕 9-1196A
chējiān 車間 9-1193B
chèjiǎn 徹簡 3-1093A
chèjiàn 徹鑒 3-1093A
chējiàng 車匠 9-1188A
chējiǎo 車脚 9-1192A
chējiào 車轎 9-1197B
chějiāo 扯嬌 6-370B
chèjiǎo 掣繳 6-635B
chējiǎofū 車脚夫 9-1192B
chějīmàgǒu 扯雞罵狗
6-370B
chējìng 車鏡 9-1198A
chèjīng 掣鯨 6-635B
chèjǐng 撤警 6-890A
chèjiū 澈究 6-145B
chèjiǔ 撤酒 6-889A
chējīzhōulián 車擊舟連
9-1197A
chējū 瑋琚 4-567B
chèjuàn 徹卷 3-1091B
chèjūn 撤軍 6-889A
chēkè 車客 9-1190A
chēkǒu 車口 9-1187A
chēkù 車庫 9-1191A
chělā 扯拉 6-369B
chēlán 車闌 9-1197A
chēlán 車蘭 9-1198A
chēlán 車欄 9-1198A

chèlǎng 徹朗 3-1092A
chělànwū 扯爛污 6-371A
chèlànwū 撤爛污 6-890A
chēléi 車雷 9-1194B
chēlì 車笠 9-1191B
chèlí 撤離 6-889B
chēlián 車簾 9-1198A
chèlián 徹簾 3-1093A
chèlián 撤簾 6-890A
chēliáng 車梁 9-1192B
chēliàng 車兩 9-1188B
chēliàng 車輛 9-1195B
chèliàng 澈亮 6-145B
chēliángdǒushǔ 車量斗數 9-1193B
chēliángmù 車梁木 9-1192B
chèlǐchèwài 徹裏徹外 3-1092A
chēliè 車裂 9-1193A
chěliè 撦裂 6-832B
chèliè 拆裂 2-1087A
chēlìméng 車笠盟 9-1192A
chēlín 車隣 9-1195A
chēlíng 車軨 9-1193A
chēlíng 車鈴 9-1194B
chēlìng 車令 9-1188A
chělíng 扯鈴 6-370B
chělǐsūn 扯裏猻 6-370B
chēliú 車流 9-1191A
chèlǐzhìwài 徹裏至外 3-1092A
chēlóng 車龍 9-1196B
chēlú 車廬 9-1198A
chēlù 車路 9-1194B
chēlù 車輅 9-1194A
chělǔ 扯擄 6-370B
chēlún 車輪 9-1195B
chēlúncài 車輪菜 9-1195B
chēlúnzhàn 車輪戰 9-1195B
chěluō 扯攞 6-371A
chěluò 扯絡 6-370A
chěluò 扯落 6-370A
chēmǎ 車馬 9-1190B
chēmǎfèi 車馬費 9-1190B
chēmǎkè 車馬客 9-1190B
chēmàn 車幔 9-1195A
chēmǎrúlóng 車馬如龍 9-1190B
chēmǎtiánmén 車馬填門 9-1190B
chēmǎyíngmén 車馬盈門 9-1190B
chēmén 車門 9-1189A
chèmì 徹冪 3-1092A
chèmì 徹羃 3-1092B
chèmiǎn 撤免 6-889A
chèmíng 徹明 3-1091A
chèmìng 徹命 3-1091A
chèmò 澈漠 6-145B
chēmǔ 車畝 9-1191A
chén'āi 塵埃 2-1194A
chén'āi 沈哀 5-1001A
chén'āi 沈埃 5-1001B
chén'ài 塵壒 2-1197B
chén'ài 塵壒 2-1195B
chén'āichuánrǎn 塵埃傳染 2-1194B
chén'ān 晨安 5-733B
chén'ān 塵鞍 2-1197A
chènán 詀諵 11-102A
chēnáng 車囊 9-1198A
chēnǎo 車腦 9-1194B
chén'ào 沈奧 5-1006B
chénbái 陳白 11-1009A
chēnbǎn 琛板 4-598B
chènbān 趁班 9-1120A
chènbàn 趁伴 9-1119A
chènbàn 趁辦 9-1122A
chénbàng 塵謗 2-1198A
chēnbǎo 琛寶 4-599A
chēnbǎo 賝寶 10-278B
chénbǎo 陳寶 11-1016A
chénbào 陳報 11-1013A
chénbào 塵抱 2-1192B
chēnbèi 琛貝 4-598B
chēnbèi 琛琲 4-598B
chénbēi 沈悲 5-1006B
chénbēi 沈碑 5-1008A
chènbèi 襯背 9-151A
chénbèn 塵坌 2-1192A
chēnbì 琛幣 4-599A
chénbǐ 宸筆 3-1456A
chénbǐ 塵粃 2-1194B
chénbǐ 塵鄙 2-1196A
chénbì 宸蹕 3-1457A
chénbì 陳弊 11-1014B
chénbì 沈碧 5-1010A
chénbì 沈璧 5-1015A
chènbǐ 趁筆 9-1121A
chénbiān 陳編 11-1015B
chénbiān 塵編 2-1197A
chénbiàn 陳辯 11-1016B
chènbiàn 趁便 9-1119B
chénbiāo 塵熛 2-1197A
chénbiǎo 陳表 11-1010A
chénbiǎo 塵表 2-1192B
chénbīng 陳兵 11-1010A
chénbìng 陳病 11-1012A
chénbìng 沈病 5-1002A
chēnbō 瞋波 7-1243A
chēnbó 琛帛 4-598B
chénbó 沈博 5-1005B
chénbójuélì 沈博絶麗 5-1005B
chènbōzhúlàng 趁波逐浪 9-1119B
chénbù 陳布 11-1009A
chénbù 晨步 5-733B
chènbù 趁步 9-1119A
chènbù 讖步 11-466B
chéncāi 沈猜 5-1004A
chèncái 稱才 8-112B
chèncái 稱材 8-113B
chèncái 稱財 8-115A
chéncān 晨湌 5-734B
chéncān 晨餐 5-735A
chéncāng 陳倉 11-1012A
chéncáng 沈藏 5-1014B
chéncānmùlǐ 晨参暮禮 5-734B
chéncānmùxǐng 晨参暮省 5-734B
chēncè 琛册 4-598B
chéncè 陳策 11-1013A
chénchà 塵刹 2-1193A
chéncháng 沈長 5-998B
chénchàng 晨唱 5-734B
chénchàng 沈唱 5-1004A
chèncháng 趁常 9-1120B
chènchǎng 趁場 9-1120B
chéncháo 晨朝 5-734B
chèncháo 趁朝 9-1121A
chēnchēn 棽棽 4-1088B
chēnchēn 嗔嗔 3-459A
chēnchēn 嵅嵅 3-828B
chénchén 臣臣 8-720A
chénchén 陳陳 11-1012A
chénchén 塵塵 2-1197A
chénchén 霃霃 11-700B
chénchén 沈沈 5-997B
chénchén 棧棧 4-1097B
chěnchěn 磣磣 7-1110A
chènchèn 闖闖 12-143A
chénchénchàchà 塵塵刹刹 2-1197A
chénchéng 陳誠 11-1014A
chènchéng 趁程 9-1121A
chènchènmōmō 趁趁摸摸 9-1120B
chénchénxiāngyīn 陳陳相因 11-1012A
chēnchì 嗔叱 3-458A
chénchí 沈遲 5-1012B
chénchì 陳赤 11-1009B
chénchì 沈斥 5-996A
chènchǐ 齔齒 12-1450A
chénchǒng 宸寵 3-1457B
chénchóu 陳疇 11-1016A
chénchóu 沈愁 5-1008B
chénchú 陳芻 11-1012A
chénchǔ 諶杵 11-331A
chénchù 臣畜 8-721A
chénchù 塵觸 2-1198B
chēnchuán 獭猭 5-107A
chénchuán 宸傳 3-1456B
chénchuán 櫬椽 4-1237A
chènchuán 趁船 9-1120B
chénchuáng 塵牀 2-1193A
chénchuī 晨炊 5-733B
chénchún 沈醇 5-1011B
chěnchuō 踸踔 10-515B
chènchuò 稱娖 8-115B
chéncí 忱辭 7-435B
chéncí 宸慈 3-1456B
chéncí 陳詞 11-1013B
chéncí 陳辭 11-1016A
chéncí 沈祠 5-1001A
chéncí 沈辭 5-1015A
chéncí 湛祠 5-1441B
chèncí 讖詞 11-467A
chèncí 讖辭 11-467A
chèncì 闖伺 12-142A
chéncílàndiào 陳詞濫調 11-1013B
chéncílàndiào 陳辭濫調 11-1016A
chēncóng 琛賨 4-599A
chéncōng 宸聰 3-1457A
chéncù 陳醋 11-1015A
chéncuàn 晨爨 5-736A
chéncuì 沈悴 5-1005A
chéncuì 沈粹 5-1010B
chéndá 陳達 11-1013A
chéndá 沈達 5-1005B
chěndà 磣大 7-1110A
chèndā 趁搭 9-1120B
chèndā 襯搭 9-151B
chèndā 襯褡 9-151B
chèndǎhòng 趁打哄 9-1118B
chèndǎhuǒ 趁打夥 9-1119A
chéndài 沈殆 5-1000A
chéndān 沈耽 5-1001B
chéndàn 晨旦 5-733A
chéndàn 沈淡 5-1004B
chéndàn 沈澹 5-1013B
chéndàng 沈蕩 5-1011B
chèndāng 稱當 8-116B
chēndào 嗔道 3-459A
chéndào 臣道 8-721A
chéndào 陳道 11-1013B
chéndào 沈到 5-998B
chéndào 沈悼 5-1005A
chèndàopáo 襯道袍 9-151B
chéndé 陳德 11-1015A
chéndé 沈德 5-1012A
chéndèngdèng 塵鄧鄧 2-1197A
chéndì 辰地 10-1B
chéndiān 沈顛 5-1015A
chéndiǎn 塵點 2-1198A
chéndiàn 塵玷 2-1193B
chéndiàn 沈墊 5-1010A
chéndiàn 沈澱 5-1014A
chéndiāndiān 沈顛顛 5-1015A
chéndiāndiān 沈甸甸 5-997B
chéndiǎndiǎn 沈點點 5-1014B
chéndiàndiàn 沈鈿鈿 5-1008B
chéndiàndiàn 沈墊墊 5-1010A
chéndiào 沈釣 5-1004A
chèndié 趁迭 9-1119B
chèndié 趁趃 9-1120B
chéndìng 沈定 5-999B
chéndìng 湛定 5-1441B
chéndòng 塵動 2-1195B
chéndǒu 辰斗 10-1B
chēndú 嗔毒 3-458B
chēndú 瞋毒 7-1243A
chēndù 嗔妒 3-458A
chēndù 嗔妬 3-458B
chéndú 陳瀆 11-1016A
chéndú 陳牘 11-1016A
chéndú 陳黷 11-1016B

chéndú 塵瀆 2-1198B
chéndú 塵黷 2-1199A
chéndú 沈毒 5-999B
chéndǔ 沈篤 5-1013A
chéndù 塵蠹 2-1199A
chěndú 墋黷 2-1211A
chěndú 磣黷 7-1110A
chèndú 疢毒 8-288A
chèndú 疹毒 8-306A
chénduàn 宸斷 3-1457A
chénduàn 沈斷 5-1015A
chénduì 陳對 11-1014B
chènduì 趁隊 9-1120B
chéndūn 蠶蜳 8-950A
chéndùn 沈遁 5-1006B
chéndùn 沈頓 5-1008A
chén'ē 陳痾 11-1013B
chén'ē 沈痾 5-1006B
chén'é 陳娥 11-1012B
chén'é 沈哦 5-1002A
chén'è 沈惡 5-1005B
chén'è 沈厄 5-995A
chén'è 沈閼 5-1014A
chènèichèwài 徹内徹外 3-1090B
chén'ēn 宸恩 3-1455B
chén'ēn 沈恩 5-1002A
chén'ěr 沈耳 5-996A
chénfā 陳發 11-1013B
chénfā 晨發 5-734B
chénfán 塵凡 2-1191A
chénfán 塵煩 2-1196A
chénfán 塵樊 2-1197A
chènfàn 趁飯 9-1121A
chènfàn 襯飯 9-151B
chénfàng 陳放 11-1010B
chénfàng 沈放 5-999A
chènfāng 趁坊 9-1119A
chénfàngshì 辰放氏 10-2A
chénfānshì 陳蕃室 11-1015A
chénfāntà 陳蕃榻 11-1015A
chénfàntúgēng 塵飯塗羹 2-1195B
chénfānxiàtà 陳蕃下榻 11-1015A
chénfēi 宸扉 3-1456A
chénfèi 塵肺 2-1193A
chénfèi 沈廢 5-1012A
chēnfèn 嗔忿 3-458A
chēnfèn 嗔憤 3-459A
chēnfèn 瞋忿 7-1243A
chénfēn 塵氛 2-1192B
chénfēn 塵紛 2-1195A
chénfēn 沈氛 5-999A
chénfèn 塵坋 2-1192A
chēnfènfèn 嗔忿忿 3-458A
chénfēng 晨風 5-734A
chénfēng 塵封 2-1193B
chénfèng 陳鳳 11-1014B
chènfēng 趁風 9-1119B
chénfēngjìngtuò 沈烽静柝 5-1004B
chènfēngliáng 趁風涼 9-1120A
chènfēngshǐtuó 趁風使柁 9-1120A
chènfēngzhuǎnfān 趁風轉帆 9-1120A
chènfēngzhuǎnpéng 趁風轉篷 9-1120A
chénfú 臣伏 8-720A
chénfú 臣服 8-720B
chénfú 陳伏 11-1009B
chénfú 陳浮 11-1012A
chénfú 晨服 5-733B
chénfú 晨鳧 5-735A
chénfú 塵伏 2-1192A
chénfú 沈伏 5-996A
chénfú 沈浮 5-1002B
chénfú 湛浮 5-1441B
chénfú 湛涪 5-1442A
chénfǔ 陳腐 11-1014B
chénfǔ 塵腐 2-1196B
chénfù 臣附 8-720B
chénfù 晨婦 5-734B
chénfù 沈覆 5-1015A
chènfú 讖符 11-467A
chènfù 趁赴 9-1119B
chènfù 稱副 8-115B
chēng'ài 稱愛 8-116B
chéngāi 陳荄 11-1010B
chéng'āi 成哀 5-199A
chéng'ài 懲艾 7-769A
chéng'ài 懲乂 7-769A
chéng'ài 懲忞 7-769B
chéng'ān 承安 1-772A
chéng'àn 成案 5-200B
chéng'àn 呈案 3-185B
chéng'àn 塍岸 6-1354A
chèngǎn 趁趕 9-1121B
chēng'ànjiùchuán 撐岸就船 6-867B
chéngào 辰告 10-1B
chéngào 陳告 11-1009B
chēngbà 稱霸 8-119A
chēngbà 稱伯 8-113B
chéngbài 成敗 5-201B
chéngbàidéshī 成敗得失 5-201B
chéngbàilìdùn 成敗利鈍 5-201B
chéngbàilùnrén 成敗論人 5-201B
chéngbàixīngfèi 成敗興廢 5-201B
chéngbàn 承辦 1-776B
chéngbàn 懲辦 7-770B
chěngbàn 逞辦 10-898A
chēngbàng 槍棓 4-1218A
chéngbāngjiéduì 成幫結隊 5-205B
chēngbāo 稱褒 8-118A
chéngbāo 承包 1-771B
chéngbǎo 城保 2-1096B
chéngbǎo 城堡 2-1097B
chéngbào 呈報 3-186A
chěngbào 逞暴 10-897B
chěngbào 騁暴 12-845A
chēngbēi 稱悲 8-116A
chéngbēi 乘杯 1-668B
chéngběixúgōng 城北徐公 2-1094B
chéngbēn 乘奔 1-668B
chéngběn 成本 5-194A
chéngběn 呈本 3-185A
chēngbǐ 稱比 8-112B
chéngbǐ 成比 5-193A
chéngbì 丞弼 1-524B
chéngbì 成畢 5-200B
chéngbì 成辟 5-203B
chéngbì 承弼 1-775A
chéngbì 承弊 1-776A
chéngbì 城壁 2-1098B
chéngbì 誠必 11-164A
chéngbì 澄碧 6-153B
chéngbì 懲毖 7-770A
chěngbǐ 逞筆 10-897A
chēngbiàn 稱便 8-114B
chéngbiān 城編 2-1098B
chéngbiān 乘邊 1-674B
chéngbiǎn 懲貶 7-770A
chéngbiàn 乘便 1-669B
chéngbiàn 澄辨 6-154A
chěngbiàn 逞辨 10-898A
chěngbiàn 逞辯 10-898B
chěngbiàn 逞變 10-898B
chěngbiàn 騁辨 12-845A
chěngbiàn 騁辯 12-845B
chéngbiǎo 呈表 3-185A
chēngbiē 赬鱉 9-1185B
chéngbié 澄別 6-151B
chéngbīn 承賓 1-776A
chéngbìn 承擯 1-776B
chēngbīng 稱兵 8-113B
chēngbìng 稱病 8-115A
chéngbǐng 呈稟 3-186A
chéngbǐng 承稟 1-775B
chéngbìng 成病 5-200A
chěngbīng 騁兵 12-844A
chēngbō 撐撥 6-868B
chēngbō 振撥 6-637B
chéngbō 棖撥 4-1073B
chéngbō 澄波 6-152A
chéngbó 澄泊 6-152A
chěngbó 逞博 10-897A
chéngbù 丞簿 1-524B
chéngbù 成布 5-194A
chěngbù 騁步 12-844A
chéngbùde 成不的 5-193A
chèngbùlítuó 秤不離鉈 8-67A
chēngcái 稱財 8-115A
chéngcái 成才 5-192B
chéngcái 成材 5-196B
chéngcái 程才 8-86A
chéngcái 程材 8-87A
chěngcái 逞才 10-895B
chěngcái 逞材 10-896A
chěngcái 騁才 12-843B
chéngcān 丞參 1-524B
chěngcán 逞殘 10-897A
chéngcāng 澄滄 6-153B
chéngcāo 成操 5-205A
chéngcāo 城操 2-1098B
chéngcè 乘策 1-671B
chéngcè 程策 8-88B
chéngchá 乘查 1-669B
chéngchá 乘槎 1-672B
chéngchá 乘楂 1-672B
chéngchá 澄察 6-153B
chéngchāi 承差 1-773B
chéngchái 城柴 2-1096B
chēngchái'ěrcuàn 稱柴而爨 8-115A
chēngcháng 撐腸 6-868B
chēngcháng 蟶腸 8-975B
chéngcháng 城場 2-1097B
chēngchǎngmian 撐場面 6-868A
chēngchángzhǔdù 撐腸拄肚 6-868B
chēngchángzhǔfù 撐腸拄腹 6-868B
chéngcháo 乘潮 1-673B
chéngchè 澄徹 6-153B
chéngchè 澄澈 6-153B
chéngchēdàilì 乘車戴笠 1-668B
chēngchén 稱臣 8-113A
chēngchén 稱陳 8-115B
chéngchén 承塵 1-776A
chéngchén 誠臣 11-164A
chēngchēng 琤琤 4-556B
chēngcheng 撐撐 6-868B
chēngchēng 瞠瞠 7-1251B
chēngchēng 鎗鎗 11-1372B
chéngchéng 成城 5-198B
chéngchéng 承承 1-773A
chéngchéng 乘城 1-669A
chéngchéng 乘乘 1-670B
chéngchéng 棖棖 4-1073B
chéngchéng 程程 8-88B
chéngchéng 酲酲 9-1408A
chéngchéng 澄澄 6-154A
chéngchéngduànjīn 成城斷金 5-198B
chēngchēngjiǎojiǎo 鎗鎗鉸鉸 11-1372B
chéngchéngníngníng 搶搶攘攘 6-813B
chéngchērùshǔxué 乘車入鼠穴 1-668B
chēngchí 撐持 6-868A
chēngchì 瞠眙 7-1251A
chéngchí 成持 5-198B
chéngchí 城池 2-1095B
chěngchí 騁馳 12-844B
chèngchì 瞪眙 7-1254B
chēngchòng 盯曈 10-429B
chéngchóng 成蟲 5-206A
chéngchǒng 承寵 1-777A
chéngchú 乘除 1-670A
chéngchǔ 懲處 7-770A
chéngchù 棖觸 4-1073B
chēngchuán 稱傳 8-116B

chēngchuán 撐船 6-868A
chéngchuàn 成串 5-196B
chēngchuāng 撐摐 6-868B
chēngchuāng 鎗摐 11-1372B
chēngchuāng 鎗鏦 11-1372B
chéngchuàng 澄愴 6-153B
chéngchuàng 懲創 7-770B
chéngchuàng 徵創 3-1081A
chéngchuánzǒumǎ···
乘船走馬三分命 1-671B
chèngchuí 稱錘 8-118A
chèngchuí 秤錘 8-67B
chèngchuí 秤鎚 8-67B
chèngchuíbùlíchènggǎn
秤錘不離秤杆 8-67B
chéngchún 誠純 11-165B
chēngcì 撐刺 6-867B
chéngcí 成辭 5-206A
chéngcí 呈詞 3-186A
chéngcí 呈辭 3-186B
chěngcí 逞詞 10-897A
chěngcí 逞辭 10-898A
chěngcí 騁詞 12-844B
chěngcí 騁辭 12-845A
chēngcōng 琤瑽 4-557A
chēngcōng 琤璁 4-557A
chēngcóng 琤淙 4-556B
chēngcóng 琤琮 4-556B
chéngcōng 乘驄 1-674B
chéngcóng 承從 1-774B
chéngcóng 乘從 1-671B
chéngcuì 丞倅 1-524B
chēngdá 稱達 8-116A
chēngdá 撐達 6-868A
chéngdā 承搭 1-775A
chéngdā 承塌 1-775B
chéngdá 承答 1-775A
chēngdài 稱貸 8-116A
chéngdài 成貸 5-202A
chéngdài 城大 2-1094B
chéngdān 成丹 5-193B
chéngdān 成單 5-202A
chéngdān 承擔 1-776B
chéngdàn 城旦 2-1094B
chéngdàn 乘旦 1-668A
chéngdàn 澄淡 6-153A
chéngdàn 澄澹 6-154A
chéngdāng 承當 1-775B
chéngdāng 誠當 11-166B
chéngdǎng 誠讜 11-168A
chéngdànshū 城旦書
2-1095A
chēngdào 稱道 8-116B
chéngdào 成道 5-202B
chéngdào 誠道 11-166A
chēngdé 稱德 8-117B
chéngdé 成德 5-204B
chéngdé 承德 1-776B
chēngdǐ 撐抵 6-867B
chéngdí 澂滌 6-141A
chéngdǐ 承抵 1-772B
chéngdì 呈遞 3-186A
chéngdì 城第 2-1097A
chéngdì 誠諦 11-167B
chéngdiǎn 成典 5-197B
chéngdiǎn 程典 8-87A
chéngdiàn 乘電 1-672B
chéngdiāo 城雕 2-1098B
chéngdiào 乘釣 1-671B
chěngdiāo 逞刁 10-895B
chēngdìchēngwáng
稱帝稱王 8-115A
chéngdié 城堞 2-1097B
chēngdǐfàn 鎗底飯
11-1372A
chēngdǐng 鐺鼎 11-1419A
chéngdīng 成丁 5-191B
chéngdīng 橙丁 4-1320A
chéngdǐng 承頂 1-774B
chéngdìng 澄定 6-152A
chēngdòng 稱動 8-115B
chéngdū 程督 8-88B
chéngdǔ 誠篤 11-167A
chéngdù 乘杜 1-668B
chéngdù 程度 8-87B
chěngdú 逞毒 10-896B
chéngdūbǔ 成都卜 5-199B
chéngduī 成堆 5-201A
chéngduì 成對 5-203B
chéngdūmàibǔ 成都賣卜
5-199B
chéngdùn 程頓 8-88B
chéngduò 城垛 2-1096B
chéngduǒkǒu 城垛口
2-1096B
chēng'è 瞠愕 7-1251A
chéngē 宸歌 3-1456B
chéng'ē 城阿 2-1095B
chéngē 沈擱 5-1014A
chéngé 沈閣 5-1011A
chéng'è 承萼 1-776A
chéng'è 懲惡 7-770A
chěng'è 逞惡 10-897A
chéngēn 陳根 11-1011B
chéngēn 塵根 2-1194B
chéng'ēn 承恩 1-774A
chéngèn 沈亘 5-996A
chéngēng 陳耕 11-1011B
chéngēng 陳羹 11-1016A
chéngēng 塵羹 2-1198B
chéngēngtúfàn 塵羹塗飯
2-1198B
chéng'èquànshàn
懲惡勸善 7-770B
chēngfá 稱伐 8-113A
chéngfá 承乏 1-771B
chéngfá 懲罰 7-770B
chéngfǎ 成法 5-198A
chéngfǎ 乘法 1-669A
chéngfǎ 程法 8-87B
chěngfǎ 逞法 10-896A
chēngfān 稱藩 8-118B
chēngfān 稱蕃 8-117B
chéngfán 酲煩 9-1408A
chéngfāng 成方 5-193B
chéngfāng 程方 8-86B
chéngfáng 成房 5-198A
chéngfáng 城防 2-1095B
chéngfàng 盛放 7-1427A
chěngfāng 逞芳 10-896A
chéngfángjūn 城防軍
2-1095B
chéngféi 乘肥 1-669A
chéngféiyìqīng 乘肥衣輕
1-669A
chéngfēn 澄芬 6-151B
chéngfèn 成分 5-193A
chéngfèn 成份 5-195A
chéngfèn 懲忿 7-769B
chéngfèn [illegible]分 10-211A
chěngfèn 逞忿 10-896A
chéngfēng 成風 5-199A
chéngfēng 承風 1-773B
chéngfēng 乘風 1-669B
chéngfèng 承奉 1-772B
chěngfēng 逞風 10-896B
chéngfēngjīn 成風斤 5-199A
chéngfēngjìn'è 成風盡堊
5-199A
chéngfēngpòlàng 乘風破浪
1-669B
chéngfēngxīnglàng
乘風興浪 1-669B
chéngfēngzhīzhuó
成風之斫 5-199A
chéngfēngzhuǎnduò
乘風轉舵 1-669B
chéngfènzhìyù 懲忿窒欲
7-769B
chéngfènzhìyù 懲忿窒慾
7-770A
chéngfó 成佛 5-196B
chéngfózuòzǔ 成佛作祖
5-196B
chēngfū 赬膚 9-1185A
chēngfú 稱伏 8-113A
chēngfú 稱服 8-114B
chēngfú 撐扶 6-867B
chēngfù 稱賦 8-117B
chéngfú 成服 5-197B
chéngfú 成福 5-203B
chéngfú 承伏 1-772A
chéngfú 承福 1-775B
chéngfú 城郛 2-1096B
chéngfú 乘桴 1-671A
chéngfú 誠服 11-164B
chéngfǔ 丞輔 1-524B
chéngfǔ 承輔 1-776A
chéngfǔ 城府 2-1096A
chéngfù 承附 1-772B
chěngfù 逞富 10-897A
chéngfúlì 承符吏 1-774B
chénggǎi 懲改 7-769B
chēnggān 蟶乾 8-975B
chénggǎn 誠感 11-166B
chénggàn 城幹 2-1098A
chènggǎn 秤杆 8-67A
chēnggāng 撐扛 6-867A
chénggāng 乘剛 1-670A
chēnggāntiàogāo 撐竿跳高
6-868A
chēnggāo 撐篙 6-868B
chénggāo 城皐 2-1097B
chénggāo 澄高 6-152B
chénggāo 橙膏 4-1320B
chénggǎo 呈稿 3-186A
chénggào 呈告 3-185A
chénggāojuéshuǐ 乘高決水
1-670B
chēnggē 稱戈 8-112B
chēnggē 稱歌 8-117A
chēnggé 鐺鬲 11-1418B
chénggē 乘戈 1-668A
chénggé 成格 5-199B
chénggé 懲革 7-770A
chénggēn 城根 2-1096B
chénggēng 懲羹 7-771A
chénggěng 誠鯁 11-167B
chénggēngchuījī 懲羹吹齏
7-771A
chénggēngchuījī 懲羹吹虀
7-771A
chēnggōng 稱功 8-113A
chēnggōng 稱觥 8-117A
chénggōng 成公 5-193B
chénggōng 成功 5-193B
chénggōng 程工 8-86A
chénggōng 程功 8-86B
chěnggōng 逞功 10-895B
chénggōnglǜ 成功率 5-194A
chēnggōngsòngdé 稱功頌德
8-113A
chēnggōngsòngdé 稱功誦德
8-113A
chěnggōngxuànqiǎo
逞工衒巧 10-895B
chénggōu 城溝 2-1098A
chénggòu 承構 1-776A
chènggōu 秤鉤 8-67B
chēnggū 稱孤 8-114B
chénggǔ 成骨 5-199A
chénggǔ 城鼓 2-1098A
chénggù 承顧 1-777B
chèngguà 秤挂 8-67A
chéngguāi 乘乖 1-669A
chěngguài 逞怪 10-896B
chěngguài 騁怪 12-844A
chěngguàipīqí 逞怪披奇
10-896B
chéngguān 城關 2-1099A
chéngguàn 成冠 5-199B
chéngguàn 城觀 2-1099B
chéngguàn 誠貫 11-165B
chěngguān 騁觀 12-845B
chéngguāng 成光 5-195A
chéngguāng 承光 1-772A
chěngguāng 騁光 12-843B
chēnggūdàoguǎ 稱孤道寡
8-114B
chéngguī 成規 5-201A
chéngguī 誠歸 11-167B
chéngguǐ 成軌 5-198B
chéngguō 城郭 2-1096B
chéngguó 成國 5-201B
chéngguǒ 成果 5-197B
chéngguǒ 成裹 5-204A

chéngguōguó 城郭國 2-1096B
chénghǎilóu 澄海樓 6-152B
chénghàn 城閈 2-1097A
chěnghán 逞寒 10-897A
chěnghàn 逞憾 10-898A
chéngháng 成行 5-195A
chēnghào 稱號 8-116B
chéngháo 城壕 2-1099A
chéngháo 城濠 2-1099A
chénghǎo 成好 5-196A
chénghào 乘號 1-672B
chènghǎo 秤毫 8-67B
chènghào 稱耗 8-115A
chēnghè 稱賀 8-116B
chénghé 成合 5-195B
chénghé 成和 5-197B
chénghé 承荷 1-773B
chénghé 城河 2-1096A
chénghé 城闔 2-1099A
chénghé 澄和 6-151B
chēnghéng 稱衡 8-118A
chénghēng 啥哼 3-468A
chènghéng 秤衡 8-67B
chēnghóng 噌吰 3-512B
chēnghóng 噌竑 3-512B
chēnghóng 繒紘 10-1326A
chénghóng 成弘 5-194B
chénghóng 澄泓 6-152A
chénghóng 橙紅 4-1320B
chēnghòu 瞠後 7-1251A
chénghòu 承候 1-774A
chénghòu 誠厚 11-164B
chēnghū 稱呼 8-114A
chēnghù 鐺户 11-1418B
chénghú 城狐 2-1096A
chénghuā 澄華 6-152B
chénghuá 呈華 3-185B
chénghuá 承華 1-773B
chénghuà 成化 5-193A
chénghuà 成畫 5-203A
chénghuà 成話 5-203B
chénghuà 承化 1-771B
chénghuà 乘化 1-668A
chénghuái 誠懷 11-168A
chénghuái 澄懷 6-154B
chénghuài 成壞 5-206A
chěnghuái 騁懷 12-845A
chénghuān 成歡 5-206B
chénghuān 承歡 1-777B
chénghuàn 成涣 5-200B
chēnghuáng 鎗鍠 11-1372B
chénghuáng 城隍 2-1097B
chénghuáng 乘黄 1-670B
chénghuáng 誠惶 11-166A
chénghuáng 橙黄 4-1320B
chénghuángchéngkǒng
誠惶誠恐 11-166A
chēnghūhòuyǐ 瞠乎後已
7-1251A
chēnghūhòuyǐ 瞠乎後矣
7-1251A
chēnghuì 稱諱 8-118B
chénghuī 承徽 1-777A
chénghuī 澄暉 6-153A
chénghuī 澄輝 6-153B
chénghūn 成昏 5-198A
chénghūn 成婚 5-202A
chénghún 酲魂 9-1408A
chēnghuò 瞠惑 7-1251A
chénghuó 成活 5-199A
chěnghuò 逞禍 10-897B
chénghuólǜ 成活率 5-199A
chēnghūqíhòu 瞠乎其後
7-1251A
chénghúshèshǔ 城狐社鼠
2-1096A
chēngjí 稱疾 8-115A
chēngjì 稱績 8-118B
chēngjì 稱紀 8-115A
chēngjì 稱計 8-114B
chéngjī 成基 5-201A
chéngjī 成積 5-205A
chéngjī 承基 1-774B
chéngjī 乘機 1-673B
chéngjī 乘積 1-673B
chéngjī 橙齏 4-1320B
chéngjī 橙虀 4-1320B
chéngjī 盛積 7-1430A
chéngjí 成集 5-202A
chéngjí 承籍 1-777A
chéngjí 承藉 1-777A
chéngjí 乘急 1-669B
chéngjí 程級 8-88A
chéngjì 成績 5-206A
chéngjì 成紀 5-199B
chéngjì 成濟 5-205B
chéngjì 承繼 1-777A
chéngjì 誠績 11-167B
chéngjì 澄寂 6-153A
chéngjì 澄霽 6-154B
chěngjì 逞伎 10-895B
chěngjì 逞技 10-896A
chěngjì 騁迹 12-844A
chěngjì 騁績 12-845A
chěngjì 騁伎 12-843B
chěngjì 騁技 12-843B
chěngjì 騁跡 12-844B
chēngjiā 稱家 8-115A
chēngjiá 赬頰 9-1185B
chēngjià 撐駕 6-868B
chéngjiā 成家 5-200B
chéngjiā 承家 1-774A
chéngjiā 澄浹 6-152B
chéngjià 成賈 5-203A
chéngjià 成價 5-204B
chéngjià 乘駕 1-673B
chēngjiàfū 撐駕夫 6-868B
chéngjiālìjì 成家立計
5-200B
chéngjiālìyè 成家立業
5-200B
chēngjiān 赬肩 9-1185A
chēngjiàn 稱薦 8-118A
chéngjiān 成奸 5-196A
chéngjiān 城尖 2-1095A
chéngjiān 乘肩 1-669A
chéngjiǎn 澄檢 6-154A
chéngjiǎn 澄簡 6-154B
chéngjiàn 成覸 5-206A
chéngjiàn 成見 5-196B
chéngjiàn 成鑒 5-206B
chéngjiàn 承間 1-775A
chéngjiàn 城建 2-1096A
chéngjiàn 乘間 1-672A
chéngjiàn 乘踐 1-673A
chéngjiàn 誠諫 11-167B
chéngjiàn 澄鑒 6-154B
chěngjiān 逞奸 10-895B
chěngjiān 逞姦 10-896B
chěngjiàn 逞劍 10-897B
chéngjiāncèféi 乘堅策肥
1-671A
chéngjiàndǐxì 乘間抵隙
1-672A
chēngjiǎng 稱獎 8-117B
chéngjiāng 承漿 1-776B
chéngjiāng 澄江 6-151B
chèngjiàng 秤匠 8-67A
chéngjiānqūliáng
乘堅驅良 1-671A
chéngjiànsìxì 乘間伺隙
1-672A
chéngjiāo 成交 5-196A
chéngjiāo 呈交 3-185A
chéngjiāo 城郊 2-1096A
chéngjiāo 橙椒 4-1320B
chéngjiǎo 城角 2-1095B
chéngjiǎo 城脚 2-1097A
chéngjiào 呈教 3-185B
chéngjiào 承教 1-774B
chéngjiào 程較 8-88B
chéngjiào 程校 8-88A
chěngjiāo 逞驕 10-898B
chěngjiǎo 逞狡 10-896B
chěngjiào 騁教 12-844B
chěngjiāochéngměi
逞嬌呈美 10-898A
chēngjiǎocìshǐ 鐺脚刺史
11-1418B
chěngjiāodòumèi 逞嬌鬭媚
10-898A
chēngjiǎozhèng 鐺脚政
11-1418B
chéngjǐchéngwù 成己成物
5-192B
chéngjīdǎjié 乘機打劫
1-673B
chēngjiē 稱嗟 8-116A
chēngjiè 稱借 8-115A
chéngjiē 承接 1-774B
chéngjié 成結 5-203A
chéngjié 承睞 1-775A
chéngjié 承睫 1-775B
chéngjié 誠節 11-166B
chéngjié 誠潔 11-167A
chéngjiě 酲解 9-1408A
chéngjiè 成戒 5-196A
chéngjiè 承藉 1-777A
chéngjiè 懲戒 7-769B
chéngjiè 懲誡 7-770B
chěngjié 逞捷 10-897A
chěngjié 逞節 10-897B
chěngjié 騁節 12-844B
chēngjìn 稱進 8-115B
chéngjīn 成金 5-197B
chéngjīn 澄襟 6-154B
chéngjǐn 誠謹 11-167B
chéngjìn 呈進 3-186A
chéngjìn 城禁 2-1098A
chéngjìn 誠藎 11-167B
chēngjīndiānliǎng
稱斤掂兩 8-112B
chēngjīng 赬莖 9-1185A
chēngjǐng 稱警 8-119A
chéngjīng 成荆 5-198B
chéngjīng 成精 5-204A
chéngjǐng 成景 5-202A
chéngjǐng 乘警 1-674B
chéngjǐng 懲儆 7-770B
chéngjǐng 懲警 7-771A
chéngjìng 程敬 8-88B
chéngjìng 誠敬 11-165B
chéngjìng 澄凈 6-152A
chéngjìng 澄淨 6-152B
chéngjìng 澄靖 6-153B
chéngjìng 澄靜 6-153B
chéngjìng 澄鏡 6-154B
chēngjīnyuēliǎng
稱斤約兩 8-112B
chéngjísīhànlíng
成吉思汗陵 5-194B
chéngjiū 成鳩 5-203A
chéngjiū 懲糾 7-770A
chéngjiǔ 程酒 8-88A
chéngjiǔ 澄酒 6-152B
chéngjiù 成就 5-202B
chěngjiǔ 逞酒 10-896B
chéngjǐxíngwù 誠己刑物
11-163B
chéngjīzhījí 程姬之疾
8-88B
chēngjǔ 稱舉 8-118A
chēngjù 掌拒 5-281B
chēngjù 掌距 5-281B
chēngjù 撐拒 6-867B
chēngjù 撐距 6-868A
chēngjù 牚拒 10-443A
chēngjù 牚距 10-443A
chéngjū 成居 5-198B
chéngjū 澄居 6-152A
chéngjú 丞局 1-524A
chéngjú 成局 5-197A
chéngjú 承局 1-772B
chéngjú 棖橘 4-1073B
chéngjǔ 懲沮 7-770A
chéngjù 成句 5-194A
chéngjù 城聚 2-1098A
chéngjù 乘具 1-669A
chéngjù 懲懼 7-771A
chéngjuàn 呈卷 3-185B
chéngjuàn 承眷 1-775A
chēngjué 撐抉 6-867B
chéngjué 乘蹻 1-674B
chěngjué 逞譎 10-898A
chěngjuésè 逞角色 10-896A

chéngjúhù 橙橘户 4-1320B
chéngjūn 成君 5-197A
chéngjūn 成均 5-196A
chéngjūn 成軍 5-199B
chéngjūn 程君 8-87A
chéngjùn 澄峻 6-152B
chěngjùn 逞儁 10-897B
chěngjùn 騁駿 12-845A
chéngjūnjiàn 成均監 5-196A
chéngkǎi 乘塏 1-672A
chéngkǎi 誠剴 11-166A
chéngkāijiēdàjí…
成開皆大吉，
閉破莫商量 5-203A
chéngkǎn 乘坎 1-668B
chéngkàn 城闞 2-1099A
chéngkāng 成康 5-201B
chéngkǎo 程考 8-86B
chēngkē 赬柯 9-1185A
chéngkē 成科 5-199A
chéngkè 乘客 1-669B
chéngkè 程課 8-89A
chéngkè 誠恪 11-165A
chéngkěn 誠懇 11-167B
chéngkěn 誠悫 11-167B
chéngkōng 乘空 1-669A
chéngkōng 澄空 6-152A
chéngkǒng 誠恐 11-165A
chéngkòng 呈控 3-185B
chéngkòng 乘空 1-669A
chēngkǒu 撐口 6-867A
chéngkū 城窟 2-1098A
chěngkuā 騁夸 12-843B
chēngkuài 稱快 8-114A
chéngkuài 乘快 1-668B
chěngkuài 逞快 10-896A
chěngkuài 騁快 12-844A
chéngkuǎn 誠欵 11-165B
chéngkuǎn 誠款 11-165B
chéngkuāng 承筐 1-775A
chéngkuàng 成壙 5-205B
chéngkǔn 城閫 2-1098B
chéngkǔn 誠悃 11-165B
chéngkùn 酲困 9-1408A
chéngkuò 成闊 5-206A
chéngkuò 承闊 1-777A
chéngkuò 城廓 2-1098A
chéngkuò 澄廓 6-153B
chénglán 乘籃 1-674B
chénglán 澄嵐 6-153A
chénglán 澄瀾 6-154B
chénglǎn 呈覽 3-186B
chénglǎn 承攬 1-777B
chéngláng 丞郎 1-524A
chénglǎng 澄朗 6-152B
chéngláo 成勞 5-203A
chéngláo 乘勞 1-672A
chéngláo 澄醪 6-154B
chénglǎo 程老 8-86B
chěngláo 騁勞 12-844B
chéngléi 乘雷 1-672B
chénglěi 城壘 2-1099A
chēnglí 撐犁 6-868A
chēnglí 撐犂 6-868B
chēnglǐ 撐里 6-867B
chēnglǐ 赬鯉 9-1185B
chénglǐ 成理 5-201A
chénglǐ 成禮 5-205B
chénglǐ 乘理 1-670B
chénglǐ 乘鯉 1-674B
chénglǐ 程李 8-87A
chénglǐ 誠理 11-165B
chénglì 成立 5-194B
chénglì 成利 5-196B
chénglì 成例 5-197B
chénglì 承吏 1-772A
chénglì 乘利 1-668B
chénglì 程吏 8-86B
chénglì 程隸 8-89B
chénglì 誠力 11-163B
chénglì 誠礪 11-167B
chénglì 澄麗 6-154B
chěnglì 逞力 10-895B
chěnglì 逞麗 10-898A
chěnglì 騁力 12-843B
chénglián 成連 5-199B
chéngliàn 成練 5-205A
chéngliàn 成殮 5-205B
chéngliàn 澄練 6-154A
chéngliàn 盛殮 7-1430B
chěnglián 逞憐 10-898A
chěngliǎn 逞臉 10-898A
chēngliáng 稱量 8-116A
chēngliáng 稱量 8-157B
chēngliáng 秤量 8-67B
chéngliáng 成梁 5-202A
chéngliáng 乘涼 1-670B
chéngliáng 程糧 8-89B
chéngliáng 程量 8-88B
chéngliáng 盛涼 7-1428A
chéngliáng 盛糧 7-1430B
chéngliàng 程量 8-88B
chéngliàng 誠亮 11-165A
chēngliè 稱列 8-113A
chéngliè 成列 5-195A
chéngliè 成烈 5-200A
chéngliè 塍埒 6-1354A
chéngliè 誠烈 11-165B
chéngliè 澄洌 6-152A
chēnglígūtú 撐犁孤塗
6-868A
chēnglín 稱臨 8-118B
chēnglín 赬鱗 9-1185B
chénglíng 乘凌 1-670B
chénglíng 乘陵 1-670B
chénglǐng 承領 1-776A
chénglìng 誠令 11-164A
chénglìng 徵令 3-1078A
chénglíngjī 城陵磯 2-1097A
chénglíngshān 城陵山
2-1097A
chēngliǔ 檉柳 4-1335A
chéngliú 承流 1-774A
chéngliú 乘流 1-670B
chéngliù 承霤 1-777A
chénglìxíshèng 乘利席勝
1-668B
chénglóng 成龍 5-205B
chénglóng 乘龍 1-673B
chénglǒng 塍隴 6-1354A
chénglóngjiāxù 乘龍佳壻
1-674A
chénglóngkuàixù 乘龍快婿
1-674A
chénglóngpèifèng
乘龍配鳳 1-674A
chénglóu 城樓 2-1098B
chénglú 成盧 5-205A
chénglǔ 城櫓 2-1099A
chénglù 呈露 3-186B
chénglù 承露 1-777B
chénglù 乘路 1-672B
chénglù 乘輅 1-672B
chénglù 程露 8-89B
chěnglù 逞露 10-898B
chēngluǎn 赬卵 9-1184B
chēngluàn 稱亂 8-117A
chéngluán 乘鸞 1-675A
chěngluàn 逞亂 10-897B
chéngluánkuàfèng
乘鸞跨鳳 1-675B
chéngluánnǚ 乘鸞女 1-675B
chéngluánzǐ 乘鸞子 1-675B
chēnglùn 稱論 8-118A
chénglùn 成論 5-204B
chénglùnáng 承露囊 1-777B
chéngluó 程羅 8-89B
chéngluò 承落 1-775A
chénglùpán 承露盤 1-777B
chénglǜ 成律 5-199A
chénglǜ 程律 8-87B
chénglǜ 澄緑 6-153B
chénglǜ 澄慮 6-153B
chéngmǎ 乘馬 1-670A
chéngmǎ 騬馬 12-868A
chěngmǎ 騁馬 12-844A
chéngmǎi 承買 1-775A
chěngmài 逞邁 10-897B
chěngmài 騁邁 12-845A
chěngmán 逞蠻 10-898B
chēngmāo 稱貓 8-117B
chēngměi 稱美 8-115A
chēngmèi 稱媚 8-116B
chéngměi 成美 5-199A
chéngmèi 成寐 5-203A
chěngmèi 逞媚 10-897B
chēngméinǔyǎn 撐眉努眼
6-868A
chéngmén 乘門 1-669A
chéngméndùxuě 程門度雪
8-87B
chéngménfēixuě 程門飛雪
8-87B
chéngméng 承蒙 1-775B
chéngméng 盯矇 7-1131B
chéngmèng 酲夢 9-1408A
chēngménhù 撐門户 6-867B
chéngménhù 成門户 5-198A
chéngménlìxuě 程門立雪
8-87B
chéngménlóu 城門樓
2-1096B
chēngménmiàn 撐門面
6-868A
chéngménshīhuǒ…
城門失火，殃及池魚
2-1096A
chéngményúyāng 城門魚殃
2-1096B
chéngmí 程縻 8-89B
chéngmì 澄謐 6-154B
chēngmiàn 赬面 9-1185A
chéngmián 成眠 5-200A
chéngmiàn 呈面 3-185B
chēngmiáo 蟶苗 8-975B
chéngmiǎo 澄邈 6-154B
chěngmiào 逞妙 10-896A
chéngmiè 乘滅 1-673A
chéngmín 澄旻 6-151B
chēngmíng 稱名 8-113B
chéngmíng 成名 5-195B
chéngmíng 呈明 3-185B
chéngmíng 承明 1-772B
chéngmíng 誠明 11-164B
chéngmíng 澂明 6-141A
chéngmíng 澄明 6-151B
chéngmìng 成命 5-197B
chéngmìng 承命 1-773A
chéngmìng 程命 8-87B
chéngmíngchéngjiā
成名成家 5-195B
chēngmíngdàoxìng
稱名道姓 8-113B
chéngmínglú 承明廬 1-772B
chéngmò 程墨 8-89A
chéngmò 塍陌 6-1354A
chéngmóu 成謀 5-205B
chěngmóu 騁謀 12-845A
chēngmù 稱慕 8-117A
chēngmù 撐目 6-867A
chēngmù 瞠目 7-1250B
chēngmù 瞕目 7-1267B
chéngmù 乘木 1-667B
chéngmù 澄穆 6-154A
chěngmù 騁目 12-843B
chēngmùjiǎoshé 瞠目撟舌
7-1251A
chēngmùjiéshé 瞠目結舌
7-1250B
chēngmùtù 撐目兔 6-867A
chēngmùzéshé 瞠目咋舌
7-1250B
chēngná 撐拏 6-868A
chéngnà 呈納 3-185B
chéngnà 承納 1-774B
chéngnàn 懲難 7-771A
chēngnéng 稱能 8-115B
chéngnéng 程能 8-88B
chéngnéng 誠能 11-165B
chěngnéng 逞能 10-897A
chěngnéng 騁能 12-844B
chéngní 乘蜺 1-673A
chéngnì 承逆 1-773B
chéngnián 成年 5-195A
chéngniǎn 城輦 2-1098B
chéngniàn 誠念 11-164B

chéngniángŭdài 成年古代 5-195A
chéngniánjie 成年家 5-195A
chéngniánlěiyuè 成年累月 5-195A
chéngniánliùbèi 成年溜輩 5-195A
chéngniè 乘躡 1-675A
chéngniè 棖臬 4-1073B
chéngniè 棖闑 4-1073B
chēngníng 撐獰 6-868B
chéngníng 澄寧 6-153B
chéngníng 澄凝 6-154A
chéngníng 搶攘 6-814A
chéngnǐng 盯矃 7-1131B
chéngnìng 承寧 1-776A
chèngniŭ 秤紐 8-67A
chéngnóng 酲醲 9-1408A
chěngnòng 逞弄 10-895B
chēngnù 赬怒 9-1185A
chěngnù 逞怒 10-896B
chéngnuò 承諾 1-776B
chěngnüè 逞虐 10-896B
chēngòng 琛貢 4-598B
chēngòng 賝貢 10-278B
chéngōng 臣工 8-719B
chèngōng 趁工 9-1118A
chèngòng 襯供 9-151A
chéngōngjìng 陳宮鏡 11-1011B
chēngòu 嗔詬 3-459A
chéngōu 辰勾 10-1B
chéngōu 沈鉤 5-1006B
chéngòu 塵垢 2-1193B
chéngòubĭkāng 塵垢粃糠 2-1193B
chéngòunáng 塵垢囊 2-1193B
chéngpái 成排 5-201A
chēngpán 赬盤 9-1185B
chéngpán 承槃 1-776A
chéngpán 承盤 1-776B
chèngpán 秤盤 8-67B
chéngpèi 成配 5-199B
chěngpèi 騁轡 12-845B
chéngpī 成批 5-196A
chéngpí 城陴 2-1097A
chéngpí 城埤 2-1097A
chéngpí 橙皮 4-1320B
chéngpǐ 成癖 5-206A
chéngpiān 成篇 5-204B
chéngpiān 程篇 8-89A
chéngpǐn 成品 5-198B
chéngpǐn 程品 8-87B
chēngpǐng 赬頩 9-1185B
chéngpíng 成平 5-194A
chéngpíng 承平 1-771B
chéngpò 承破 1-773B
chéngpǔ 誠樸 11-167A
chéngpǔ 橙圃 4-1320B
chéngpù 城鋪 2-1098B
chéngqī 程期 8-88B
chéngqí 呈奇 3-185A
chéngqí 乘騎 1-674B
chéngqí 誠祈 11-164B
chéngqì 成器 5-205A
chéngqì 承泣 1-773A
chéngqì 程氣 8-88A
chéngqì 誠契 11-164B
chéngqì 盛器 7-1430A
chěngqí 逞奇 10-896A
chěngqí 騁奇 12-844A
chěngqì 逞氣 10-896B
chěngqì 騁氣 12-844B
chéngqián 承前 1-773B
chéngqián 乘乾 1-671A
chéngqián 誠虔 11-165B
chéngqiǎn 誠慊 11-166B
chéngqiàn 城塹 2-1098A
chéngqiàn 城壍 2-1099A
chéngqiánbìhòu 懲前毖後 7-770A
chéngqiānchéngwàn 成千成萬 5-192B
chéngqiáng 城牆 2-1099A
chěngqiáng 逞强 10-897B
chěngqiáng 騁强 12-844B
chěngqiángchēngnéng 逞强稱能 10-897B
chěngqiánghàoshèng 逞强好勝 10-897B
chéngqiānlěiwàn 成千累萬 5-192B
chéngqiānlùnwàn 成千論萬 5-192B
chéngqiánqǐhòu 承前啟後 1-773B
chéngqiānshàngwàn 成千上萬 5-192B
chéngqiáo 城譙 2-1099A
chéngqiáo 乘橋 1-673B
chéngqiǎo 程巧 8-86B
chěngqiǎo 逞巧 10-895B
chěngqiǎo 騁巧 12-843B
chěngqíbēnyù 騁耆奔欲 12-844A
chēngqídàojué 稱奇道絕 8-114A
chéngqié 澄茄 6-151B
chéngqiě 乘且 1-668A
chéngqiè 誠切 11-163B
chéngqìhou 成氣候 5-200A
chéngqīn 成親 5-205B
chéngqīn 承衾 1-774A
chéngqín 成禽 5-202A
chéngqín 成擒 5-204B
chéngqín 誠勤 11-166A
chéngqǐn 成寢 5-204A
chēngqíng 稱情 8-115B
chēngqìng 稱慶 8-118A
chéngqīng 澂清 6-141A
chéngqīng 澄清 6-153A
chéngqǐng 呈請 3-186A
chéngqǐng 誠請 11-167A
chéngqìng 成慶 5-205A
chěngqíng 騁情 12-844B
chéngqīngqūféi 乘輕驅肥 1-673A
chéngqiū 乘丘 1-668A
chēngqiúluǎn 赬虬卵 9-1184B
chēngqiúzhū 赬虬珠 9-1184B
chěngqíxuànyì 逞奇眩異 10-896A
chéngqū 成趣 5-204B
chéngqū 城曲 2-1095B
chéngqū 城區 2-1097A
chéngqū 塍區 6-1354A
chéngqù 成趣 5-204B
chéngquān 城圈 2-1097A
chéngquán 成全 5-195B
chéngquán 承權 1-777B
chéngquán 乘權 1-674B
chéngquán 澄泉 6-152B
chéngquǎn 塍畎 6-1354A
chéngquàn 成券 5-198A
chéngquàn 懲勸 7-771A
chěngquán 逞權 10-898B
chèngquán 稱權 8-119A
chèngquán 秤權 8-67B
chéngquè 城闕 2-1099A
chéngquè 誠慤 11-167A
chéngquè 誠確 11-167A
chéngqún 成羣 5-203B
chéngqúndǎhuǒ 成羣打夥 5-203B
chéngqúnjídǎng 成羣集黨 5-203B
chéngqúnjiédǎng 成羣結黨 5-203B
chéngqúnjiéduì 成羣結隊 5-203B
chéngqúnjiéhuǒ 成羣結夥 5-203B
chéngqúnzhúduì 成羣逐隊 5-203B
chéngqúnzuòduì 成羣作隊 5-203B
chēngrán 琤然 4-556B
chēngrán 瞠然 7-1251A
chēngrán 赬然 9-1185A
chēngrán 鎗然 11-1372A
chéngrán 成然 5-202B
chéngrán 誠然 11-166A
chēngrǎng 赬壤 9-1185B
chēngránzìshī 瞠然自失 7-1251A
chéngrèdǎtiě 乘熱打鐵 1-673A
chéngrén 成人 5-192A
chéngrén 成仁 5-193A
chéngrén 乘人 1-667B
chéngrèn 成任 5-195A
chéngrèn 承認 1-776A
chéngrénbùzìzài… 成人不自在，自在不成人 5-192A
chéngrénqǔyì 成仁取義 5-193A
chéngrénzhīměi 成人之美 5-192A
chéngrénzhīshàn 成人之善 5-192A
chéngrénzhīwēi 乘人之危 1-667B
chéngrì 成日 5-193A
chéngrì 乘日 1-668A
chéngrì 程日 8-86A
chéngrìchéngyè 成日成夜 5-193A
chéngrìjie 成日家 5-193A
chéngrìjie 成日價 5-193A
chěngróng 逞容 10-896B
chěngróng 騁容 12-844B
chēngrǔ 樘乳 4-1335A
chéngrú 涨濡 5-1193B
chéngruán 城壖 2-1099A
chēngruǐ 赬蕊 9-1185A
chéngruì 呈瑞 3-186A
chěngruì 逞瑞 10-897B
chěngruì 騁鋭 12-845A
chéngrùn 澄潤 6-154A
chéngruò 程若 8-87A
chéngruò 誠若 11-164B
chéngsài 乘塞 1-673A
chěngsài 逞賽 10-898A
chéngsāng 成喪 5-202A
chéngsàng 成喪 5-202A
chéngsānpò'èr 成三破二 5-192A
chēngsè 撐塞 6-868B
chéngsè 成色 5-195B
chèngsè 秤色 8-67A
chēngshā 赬殺 9-1185A
chéngshàn 承禪 1-776B
chéngshàn 誠善 11-166A
chēngshāng 稱觴 8-118B
chēngshǎng 稱賞 8-117B
chéngshāng 成商 5-202A
chéngshāng 澄觴 6-154B
chēngshāngjǔshòu 稱觴舉壽 8-118B
chéngshàngqǐxià 承上起下 1-771B
chēngshāngshàngshòu 稱觴上壽 8-118B
chéngshànlíhé 承嬗離合 1-776B
chēngshé 撐舌 6-867A
chéngshè 承舍 1-773A
chéngshè 城社 2-1095B
chěngshè 騁射 12-844B
chēngshēn 稱身 8-113B
chéngshēn 成身 5-196B
chéngshēn 呈身 3-185A
chéngshēn 誠身 11-164A
chéngshēn 澄深 6-153A
chěngshén 騁神 12-844A
chēngshēng 稱聲 8-118B
chēngshèng 稱盛 8-115B
chéngshēng 呈生 3-185A
chéngshèng 乘勝 1-672A
chěngshèng 逞勝 10-897A
chéngshénlíxíng 澄神離形 6-152B

chēngshǐ 稱使 8-114B
chēngshì 憆視 7-706A
chēngshì 撐事 6-867B
chēngshì 瞠視 7-1251A
chéngshī 成師 5-200A
chéngshí 乘石 1-668A
chéngshí 乘時 1-670A
chéngshí 誠實 11-166B
chéngshí 澄什 6-151A
chéngshí 橙實 4-1320B
chéngshǐ 丞史 1-524A
chéngshǐ 誠使 11-164B
chéngshì 成世 5-194A
chéngshì 成市 5-194A
chéngshì 成式 5-194B
chéngshì 成事 5-197A
chéngshì 成室 5-199A
chéngshì 成勢 5-203A
chéngshì 成埶 5-201A
chéngshì 呈示 3-185A
chéngshì 呈試 3-186A
chéngshì 承式 1-772A
chéngshì 承事 1-772B
chéngshì 承侍 1-773A
chéngshì 城市 2-1095A
chéngshì 宬室 3-1422B
chéngshì 乘勢 1-672A
chéngshì 乘埶 1-670B
chéngshì 程式 8-86B
chéngshì 程試 8-89A
chéngshì 誠士 11-163B
chéngshì 誠是 11-164B
chéngshì 澄視 6-153A
chéngshì 懲示 7-769A
chěngshī 逞施 10-896B
chěngshì 逞勢 10-897B
chěngshìbēnyù 騁嗜奔欲 12-844B
chěngshìbēnyù 騁嗜奔慾 12-844B
chéngshìbìng 城市病 2-1095A
chéngshìbùshuō 成事不説 5-197A
chéngshìbùzú… 成事不足,敗事有餘 5-197A
chéngshìdòngzuò 程式動作 8-86B
chéngshìměiróngshī 城市美容師 2-1095A
chēngshìmiàn 撐市面 6-867A
chéngshìpínmín 城市貧民 2-1095A
chéngshìshǐqì 乘勢使氣 1-672B
chéngshìwǎngluò 城市網絡 2-1095A
chēngshǒu 稱首 8-115A
chēngshòu 稱壽 8-117A
chéngshǒu 承守 1-772A
chéngshǒu 城守 2-1095B
chéngshòu 承受 1-773A
chéngshòu 承授 1-774B
chēngshǔ 稱數 8-117B
chēngshǔ 撐暑 6-868B
chēngshù 稱述 8-114A
chēngshù 偁述 1-1555B
chēngshù 穪述 8-157B
chéngshū 成書 5-201A
chéngshū 程書 8-88A
chéngshú 成孰 5-201B
chéngshú 成熟 5-204B
chéngshǔ 丞屬 1-524B
chéngshǔ 城署 2-1098A
chéngshǔ 乘屬 1-675A
chéngshù 成數 5-204B
chéngshù 城戍 2-1095A
chéngshù 誠恕 11-165B
chěngshù 逞術 10-897A
chèngshù 稱數 8-117B
chéngshuāi 成衰 5-200A
chéngshuāi 承衰 1-774A
chéngshuāng 成雙 5-206A
chéngshuǎng 澄爽 6-152B
chéngshuāngchéngduì 成雙成對 5-206A
chéngshuāngzuòduì 成雙作對 5-206A
chēngshuǐ 秤水 8-67A
chéngshuǐ 澄水 6-151A
chéngshuǐbó 澄水帛 6-151A
chéngshuǐbùlòu 盛水不漏 7-1425A
chéngshùn 承順 1-775A
chéngshùnshuǐchuán 乘順水船 1-671B
chēngshuō 稱説 8-117B
chéngshuō 成説 5-204A
chěngshuō 騁説 12-845A
chéngsī 澄思 6-152A
chéngsī 橙絲 4-1320B
chéngsì 承祀 1-772B
chéngsì 承嗣 1-775B
chéngsì 城寺 2-1095A
chéngsì 城肆 2-1098A
chěngsī 逞私 10-896A
chěngsì 逞肆 10-897B
chěngsì 騁肆 12-844B
chéngsīmiǎolǜ 澄思渺慮 6-152B
chēngsòng 稱頌 8-117A
chēngsòng 稱誦 8-117B
chéngsòng 成誦 5-204A
chéngsòng 呈送 3-185B
chēngsù 稱訴 8-116A
chēngsù 赬素 9-1185A
chéngsú 成俗 5-199A
chéngsù 成速 5-199B
chéngsù 呈訴 3-186A
chéngsù 誠素 11-165A
chéngsù 誠愫 11-166B
chéngsù 澄肅 6-153B
chēngsuàn 稱算 8-117B
chéngsuàn 成算 5-204A
chēngsuì 稱遂 8-116B
chéngsuì 成遂 5-202B
chéngsuì 成歲 5-203A
chéngsūn 承孫 1-774A
chēngtán 稱談 8-118A
chēngtàn 噌嘆 3-512B
chēngtàn 稱嘆 8-117A
chēngtàn 稱歎 8-117B
chéngtāng 成湯 5-203A
chéngtáng 成堂 5-201B
chéngtáng 呈堂 3-185B
chéngtào 成套 5-199B
chēngtí 稱提 8-116A
chéngtí 承題 1-777A
chéngtǐ 成體 5-206B
chèngtí 秤提 8-67B
chēngtián 蟶田 8-975B
chéngtiān 成天 5-192B
chéngtiān 承天 1-771B
chéngtiānjì 成天際 5-192B
chéngtiānjie 成天價 5-192B
chéngtiānmìng 承天命 1-771B
chēngtiānzhǔdì 撐天拄地 6-867A
chēngtiáo 蟶條 8-975B
chéngtiāo 承祧 1-774A
chēngtíng 稱亭 8-114B
chēngtíng 稱停 8-115B
chēngtíng 秤停 8-67A
chéngtīng 承聽 1-777B
chéngtíng 澄渟 6-153A
chēngtínglièyuè 撐霆裂月 6-868B
chēngtóng 赬桐 9-1185A
chéngtóng 成童 5-202B
chéngtǒng 承統 1-775A
chéngtòng 徵痛 3-1081B
chēngtóu 鐺頭 11-1419A
chéngtóu 成頭 5-205A
chéngtóu 呈頭 3-186A
chéngtóu 承頭 1-776B
chéngtóu 城頭 2-1098B
chéngtóu 程頭 8-89B
chěngtóujiǎo 逞頭角 10-898A
chéngtóuzǐlù 城頭子路 2-1098B
chēngtū 㨃突 6-833B
chēngtū 撐突 6-868A
chéngtú 程途 8-88A
chéngtuān 城湍 2-1098A
chéngtuándǎkuài 成團打塊 5-203B
chēngtuō 稱託 8-115A
chéngtuō 承托 1-772A
chéngtuò 城柝 2-1096B
chèngtuó 稱鉈 8-116B
chèngtuó 秤鉈 8-67B
chèngtuósuīxiǎo… 秤鉈雖小壓千觔 8-67B
chéngū 沈辜 5-1006A
chéngǔ 陳穀 11-1014B
chéngǔ 晨鼓 5-735A
chéngǔ 塵轂 2-1198A
chéngǔ 沈汩 5-997B
chéngǔ 沈蠱 5-1015B
chéngù 陳故 11-1011A
chéngù 疢痼 8-288A
chéngù 沈痼 5-1009A
chéngù 沈錮 5-1013B
chénguà 陳卦 11-1010A
chēnguài 嗔怪 3-458B
chēnguài 瞋怪 7-1243A
chénguān 臣官 8-720B
chénguàn 晨祼 5-734B
chénguāng 辰光 10-1B
chénguāng 晨光 5-733A
chénguāngxiāng 沈光香 5-996A
chéngǔcìjīn 陳古刺今 11-1009A
chénguī 陳規 11-1012B
chénguǐ 辰晷 10-2B
chénguǐ 晨晷 5-734B
chénguǐ 塵軌 2-1193B
chénguǒ 沈果 5-999A
chéngǔzilànzhīmá 陳穀子爛芝麻 11-1014B
chéngǔzilànzhīmá 陳穀子爛芝蔴 11-1014B
chēngwán 稱玩 8-114A
chěngwán 逞頑 10-897B
chēngwàng 稱望 8-115B
chéngwáng 成王 5-192B
chéngwàng 承望 1-774B
chéngwàng 誠忘 11-164A
chěngwàng 騁望 12-844B
chěngwàng 騁朢 12-845A
chéngwángbàikòu 成王敗寇 5-192B
chēngwángchēngbà 稱王稱霸 8-112B
chēngwángchēngbà 稱王稱伯 8-112B
chēngwěi 撐委 6-867B
chēngwěi 赬尾 9-1184B
chēngwèi 稱謂 8-118A
chéngwēi 城隈 2-1097B
chéngwēi 乘危 1-668A
chéngwéi 成爲 5-202A
chéngwéi 城圍 2-1097B
chéngwěi 誠僞 11-166B
chéngwèi 丞尉 1-524B
chéngwèi 成位 5-196B
chéngwèi 呈味 3-185A
chéngwèi 承衛 1-776B
chéngwèi 城衛 2-1098B
chéngwèi 程位 8-87A
chěngwēi 逞威 10-896B
chěngwèi 逞味 10-896A
chēngwén 赬文 9-1184B
chéngwén 成文 5-193B
chéngwén 呈文 3-185A
chéngwén 程文 8-86B
chéngwénfǎ 成文法 5-193B
chēngwù 稱物 8-114A
chéngwū 乘屋 1-669B
chéngwǔ 城舞 2-1098A
chéngwù 成物 5-197B

chéngwù 成務 5-201A
chéngwù 承務 1-774A
chéngwù 承誤 1-776A
chéngwù 城塢 2-1098A
chéngwù 乘物 1-669A
chéngwù 懲惡 7-770A
chěngwù 騁騖 12-845A
chēngwùpíngshī 稱物平施 8-114A
chéngwùyuán 乘務員 1-670B
chēngxǐ 稱喜 8-116A
chéngxí 成習 5-202A
chéngxí 成襲 5-206B
chéngxí 承檄 1-777A
chéngxí 承襲 1-777B
chéngxǐ 澄洗 6-152B
chéngxì 乘隙 1-672A
chēngxiá 赬霞 9-1185B
chéngxiá 丞轄 1-524B
chéngxià 乘罅 1-674A
chēngxiǎn 稱顯 8-119A
chēngxiàn 稱羨 8-116A
chéngxiān 成仙 5-194A
chéngxiān 澄鮮 6-154B
chéngxián 承弦 1-773A
chéngxián 乘閒 1-672A
chéngxiǎn 呈顯 3-186B
chéngxiǎn 城險 2-1098B
chéngxiàn 成憲 5-205B
chéngxiàn 呈見 3-185A
chéngxiàn 呈現 3-185B
chéngxiàn 呈獻 3-186B
chéngxiàn 乘羨 1-673A
chéngxiàn 程限 8-87B
chéngxiǎndǐxī 乘險抵巇 1-673B
chēngxiàng 秤象 8-67B
chéngxiāng 城廂 2-1097B
chéngxiāng 噌哼 3-468A
chéngxiáng 呈祥 3-185B
chéngxiáng 呈詳 3-186A
chéngxiǎng 承想 1-775B
chéngxiàng 丞相 1-524A
chéngxiàng 成象 5-201B
chéngxiàng 承向 1-772A
chěngxiáng 逞祥 10-896B
chěngxiǎng 逞想 10-897B
chéngxiānqǐhòu 承先啟後 1-772A
chēngxiánshǐnéng 稱賢使能 8-117B
chéngxiào 成效 5-200B
chéngxiào 程効 8-87B
chéngxiào 程效 8-88A
chéngxiào 誠孝 11-164A
chéngxiào 誠効 11-164B
chéngxiào 誠效 11-165B
chěngxiào 騁効 12-844A
chéngxiàzhīméng 城下之盟 2-1094B
chéngxiàzhīrǔ 城下之辱 2-1094B
chéngxìdǎoxū 乘隙擣虛 1-672A
chēngxiè 稱謝 8-118B
chéngxiē 程歇 8-89A
chéngxiè 承洩 1-773B
chéngxiè 誠謝 11-167B
chéngxiè 橙蟹 4-1320B
chéngxì'érrù 乘隙而入 1-672A
chéngxīn 成心 5-193B
chéngxīn 誠心 11-163B
chéngxīn 澄心 6-151A
chéngxìn 乘釁 1-674B
chéngxìn 乘衅 1-675A
chéngxìn 誠信 11-165A
chěngxīn 逞心 10-895B
chěngxīn 騁心 12-843B
chèngxīn 秤心 8-67A
chéngxīnchéngyì 誠心誠意 11-163B
chēngxīn'ércuàn 稱薪而爨 8-118A
chēngxīng 槍星 4-1217B
chéngxíng 成行 5-195A
chéngxíng 成形 5-196A
chéngxíng 成型 5-198B
chéngxíng 呈形 3-185A
chéngxíng 程行 8-87A
chéngxǐng 澄省 6-152A
chéngxìng 成性 5-198A
chéngxìng 承興 1-776B
chéngxìng 乘興 1-673B
chěngxíng 逞刑 10-895B
chěngxìng 逞興 10-898A
chēngxīng 稱星 8-114B
chèngxīng 秤星 8-67A
chéngxīnglǚcǎo 承星履草 1-773A
chěngxìngzi 逞性子 10-896A
chēngxīnliángshuǐ 秤薪量水 8-67B
chěngxīnrúyì 逞心如意 10-895B
chéngxīnshíyì 誠心實意 11-163B
chéngxīntáng 澄心堂 6-151A
chéngxīntángzhǐ 澄心堂紙 6-151A
chéngxīnzhǐ 澄心紙 6-151A
chēngxióng 稱雄 8-116A
chéngxiōng 乘凶 1-668A
chéngxiòng 澄敻 6-153B
chěngxiōng 逞凶 10-895B
chěngxiōng 逞兇 10-895B
chěngxiōng 逞胸 10-896B
chěngxióng 逞雄 10-897A
chēngxiōngdàodì 稱兄道弟 8-113A
chéngxiū 承休 1-772A
chēngxǔ 稱栩 8-115A
chēngxǔ 稱許 8-115B
chēngxǔ 稱詡 8-117A
chéngxū 乘虛 1-671A
chéngxū 澄虛 6-153A
chéngxù 成緒 5-204A
chéngxù 承序 1-772B
chéngxù 承緒 1-776A
chéngxù 承續 1-777B
chéngxù 城洫 2-1096B
chéngxù 程序 8-87A
chéngxù 澄序 6-151B
chéngxù 澄敘 6-152B
chēngxuán 鐺旋 11-1419A
chéngxuān 承宣 1-773B
chéngxuān 乘軒 1-670A
chéngxuán 誠縣 11-167A
chéngxuán 誠懸 11-168A
chěngxuàn 逞炫 10-896B
chèngxuán 稱縣 8-118A
chéngxuánbǐjiàn 誠懸筆諫 11-168A
chéngxuānhè 乘軒鶴 1-670A
chéngxūdǎoxì 乘虛蹈隙 1-671B
chéngxué 承學 1-776B
chéngxuě 澄雪 6-152B
chěngxué 逞學 10-898A
chéngxū'érrù 乘虛而入 1-671A
chéngxùkòngzhì 程序控制 8-87A
chéngxūn 成勳 5-205B
chéngxún 呈詢 3-186A
chéngxùn 成訓 5-200A
chéngxùn 承訓 1-774A
chéngyá 城牙 2-1094B
chēngyán 稱言 8-113B
chēngyán 赬顏 9-1185B
chēngyàn 稱諺 8-118B
chēngyàn 稱驗 8-119A
chéngyán 成言 5-197A
chéngyán 成鹽 5-206B
chéngyán 承顏 1-777A
chéngyán 誠言 11-164A
chéngyàn 呈驗 3-186B
chěngyán 騁妍 12-844A
chěngyàn 逞艷 10-898B
chěngyàn 逞豔 10-898B
chěngyándòusè 逞妍鬬色 10-896A
chēngyáng 稱揚 8-116A
chēngyáng 鎗洋 11-1372A
chéngyáng 澄陽 6-153A
chéngyàng 呈樣 3-186A
chéngyánggōng 成陽公 5-202A
chéngyànmò 承晏墨 1-774A
chēngyāo 撐腰 6-868B
chéngyáo 成窑 5-202A
chéngyáo 成窯 5-205A
chéngyào 成藥 5-206A
chěngyāo 逞妖 10-896A
chéngyè 成夜 5-198A
chéngyè 成業 5-203A
chéngyè 呈拽 3-185B
chéngyè 承業 1-775B
chéngyè 程業 8-89A
chéngyěxiāohé… 成也蕭何，敗也蕭何 5-192B
chéngyěxiāohébàixiāohé 成也蕭何敗蕭何 5-192B
chéngyī 成衣 5-196A
chéngyī 誠壹 11-165B
chéngyī 澄一 6-151A
chéngyī 澄壹 6-153A
chéngyī 澄漪 6-153B
chéngyí 程儀 8-89A
chéngyǐ 朾螘 4-723B
chéngyì 成益 5-200B
chéngyì 成議 5-206A
chéngyì 呈藝 3-186B
chéngyì 承意 1-775B
chéngyì 城邑 2-1095B
chéngyì 椉鷖 4-1121A
chéngyì 程役 8-87A
chéngyì 誠意 11-166B
chéngyì 澄意 6-153B
chéngyì 懲刈 7-769A
chěngyì 呈臆 3-186B
chěngyì 逞意 10-897B
chěngyì 逞臆 10-898A
chěngyì 逞藝 10-898A
chěngyì 騁逸 12-844B
chéngyījièbǎi 懲一戒百 7-769A
chéngyījǐngbǎi 懲一儆百 7-769A
chéngyījǐngbǎi 懲一警百 7-769A
chěngyìkuānéng 逞異誇能 10-897A
chēngyǐn 稱引 8-113A
chéngyīn 成因 5-195A
chéngyīn 成媔 5-203A
chéngyīn 城闉 2-1099A
chéngyīn 乘茵 1-669B
chéngyǐn 承引 1-771B
chéngyìn 承印 1-771B
chéngyìn 承廕 1-775B
chéngyìn 程蔭 8-88B
chéngyīng 懲膺 7-770B
chéngyíng 承迎 1-772A
chéngyíng 澄瑩 6-153B
chéngyíng 澄瀛 6-154B
chéngyǐng 承影 1-776B
chéngyìng 呈應 3-186B
chéngyìng 承應 1-777A
chéngyìng 澄映 6-152A
chěngyīng 逞應 10-898A
chéngyīpù 成衣鋪 5-196A
chēngyǒng 稱詠 8-116A
chéngyōng 城墉 2-1098A
chéngyōng 乘墉 1-673A
chéngyǒng 成踊 5-203B
chéngyǒng 誠勇 11-165A
chéngyòng 承用 1-771B
chěngyǒng 逞勇 10-896B
chēngyóu 鐺油 11-1418B
chéngyōu 澄幽 6-152B

chéngyǒu 澄黝 6-154A
chéngyòu 成幼 5-194B
chèngyǒu 秤友 8-67A
chēngyú 稱諛 8-118A
chēngyǔ 稱與 8-116B
chēngyù 稱喻 8-116A
chēngyù 稱譽 8-119A
chéngyú 城隅 2-1097A
chéngyú 乘輿 1-674A
chéngyú 乘轝 1-674B
chéngyǔ 成語 5-204A
chéngyù 成育 5-198A
chéngyù 成獄 5-204A
chéngyù 城域 2-1097A
chéngyù 城閾 2-1098B
chéngyù 乘御 1-671B
chéngyù 乘馭 1-671B
chéngyù 懲禦 7-770B
chěngyú 騁娛 12-844B
chěngyù 逞欲 10-897A
chěngyù 逞慾 10-897B
chěngyù 逞譽 10-898B
chěngyù 騁欲 12-844B
chēngyuān 稱冤 8-115B
chēngyuàn 稱願 8-119A
chéngyuán 成員 5-200A
chéngyuán 城垣 2-1096B
chéngyuǎn 澄遠 6-153A
chéngyuàn 丞掾 1-524B
chéngyuàn 城苑 2-1096A
chéngyuàn 誠愿 11-166B
chéngyuàn 誠願 11-167B
chěngyuàn 逞願 10-898A
chēngyuè 稱樂 8-118A
chéngyuē 成約 5-199B
chéngyuē 程約 8-88A
chéngyuè 成月 5-193B
chéngyuè 呈閱 3-186A
chéngyuè 承悦 1-774A
chéngyuè 乘月 1-668A
chéngyuè 誠説 11-166B
chéngyuè 誠悦 11-165B
chěngyuè 騁越 12-844B
chéngyún 承雲 1-775A
chéngyún 乘雲 1-671B
chéngyún 棄雲 4-1121A
chéngyǔn 成允 5-193B
chéngyǔn 承允 1-771B
chéngyùn 承運 1-775A
chéngyùn 乘運 1-672A
chéngyúnxíngní 乘雲行泥 1-671B
chēngyùpán 赬玉盤 9-1184B
chéngyúqiáo 乘魚橋 1-671B
chéngzài 承載 1-775B
chéngzài 盛載 7-1429A
chēngzàn 稱贊 8-119A
chēngzàn 稱讚 8-119A
chéngzǎng 乘駔 1-673A
chéngzào 成造 5-200A
chěngzǎo 騁藻 12-845A
chéngzé 承澤 1-776B
chéngzé 程擇 8-89B
chéngzé 懲責 7-770A
chéngzéwéiwáng… 成則爲王,敗則爲寇 5-198B
chéngzéwéiwáng… 成則爲王,敗則爲虜 5-198B
chéngzéwéiwáng… 成則爲王,敗則爲賊 5-198B
chéngzhà 城柵 2-1096B
chēngzhài 稱責 8-115B
chéngzhài 城砦 2-1097A
chéngzhài 城寨 2-1098A
chéngzhāitǐ 誠齋體 11-167B
chéngzhān 乘邅 1-673B
chéngzhàn 澄湛 6-153A
chēngzhang 稱張 8-116A
chéngzhāng 成章 5-201B
chéngzhǎng 成長 5-197A
chéngzhàng 乘鄣 1-673A
chéngzhàng 乘障 1-673A
chèngzhǎng 秤長 8-67A
chéngzhāo 成招 5-197A
chéngzhāo 承招 1-772B
chéngzhào 承詔 1-775A
chéngzhēn 成真 5-199B
chéngzhēn 誠貞 11-164B
chéngzhēn 誠真 11-165A
chéngzhèn 城鎮 2-1099A
chéngzhèng 成政 5-198B
chéngzhèng 成證 5-206A
chéngzhèng 呈政 3-185B
chéngzhèng 乘正 1-668A
chéngzhèng 誠正 11-163B
chéngzhèng 澄正 6-151B
chēngzhī 撐支 6-867A
chēngzhì 稱制 8-114B
chēngzhì 稱秩 8-115A
chéngzhī 城雉 2-1098A
chéngzhí 承直 1-772B
chéngzhí 承值 1-774A
chéngzhí 誠直 11-164B
chéngzhí 誠職 11-167B
chéngzhǐ 成旨 5-195B
chéngzhǐ 呈紙 3-185B
chéngzhǐ 承旨 1-772A
chéngzhǐ 承指 1-773A
chéngzhì 成致 5-200A
chéngzhì 呈質 3-186A
chéngzhì 承志 1-772A
chéngzhì 承制 1-773A
chéngzhì 承贊 1-777A
chéngzhì 城治 2-1096A
chéngzhì 乘治 1-669A
chéngzhì 誠至 11-164A
chéngzhì 誠志 11-164A
chéngzhì 誠摯 11-167A
chéngzhì 誠質 11-167A
chéngzhì 懲治 7-770A
chéngzhì 懲窒 7-770A
chěngzhì 逞志 10-896A
chěngzhì 逞智 10-897A
chěngzhì 騁志 12-843B
chéngzhìjīnkāi 誠至金開 11-164A
chēngzhòng 稱重 8-114B
chéngzhōng 誠忠 11-164B
chéngzhòng 承重 1-773A
chéngzhōu 成周 5-198A
chéngzhóu 成軸 5-202A
chěngzhōu 騁舟 12-843B
chěngzhòu 騁驟 12-845B
chēngzhǔ 撐拄 6-867B
chēngzhù 樘柱 4-1272A
chéngzhū 程朱 8-87A
chéngzhū 騬豬 12-868A
chéngzhú 成竹 5-195A
chéngzhǔ 城主 2-1095A
chéngzhù 騁駐 12-860A
chéngzhù 盛貯 7-1428B
chěngzhú 騁逐 12-844A
chéngzhuǎn 承轉 1-777A
chéngzhuàn 乘傳 1-672B
chéngzhuāng 成莊 5-199B
chéngzhuāng 誠莊 11-165A
chéngzhuàng 呈狀 3-185B
chěngzhuàng 逞壯 10-896A
chéngzhùhuàikōng 成住壞空 5-196B
chéngzhūlǐxué 程朱理學 8-87A
chéngzhǔn 成准 5-200A
chéngzhǔn 程準 8-89A
chéngzhuó 澄濁 6-154A
chéngzhūxuépài 程朱學派 8-87A
chéngzhúzàixiōng 成竹在胸 5-195A
chéngzhūzhīxué 程朱之學 8-87A
chēngzi 蟶子 8-975B
chēngzǐ 檉子 4-1335A
chéngzi 呈子 3-185A
chéngzi 棖子 4-1073B
chéngzī 成資 5-203B
chéngzǐ 程子 8-86A
chěngzī 騁姿 12-844A
chéngziyáyízhǐ 城子崖遺址 2-1094B
chéngzǐyī 程子衣 8-86A
chéngzǒng 成總 5-206A
chéngzǒng 承總 1-777A
chěngzòng 逞縱 10-898A
chěngzòng 騁縱 12-845A
chéngzōu 城陬 2-1097A
chéngzòu 程奏 8-87B
chéngzú 成卒 5-198A
chéngzǔ 城阻 2-1096A
chěngzú 騁足 12-844A
chéngzuì 酲醉 9-1408A
chěngzuǐ 逞嘴 10-898A
chēngzūn 稱尊 8-116A
chēngzuò 稱作 8-113B
chéngzuò 承做 1-774B
chéngzuò 乘坐 1-668B
chéngzuò 澄坐 6-151B
chénhái 沈骸 5-1011B
chénhǎi 塵海 2-1194B
chénhān 沈酣 5-1006A
chénhān 沈鼾 5-1014B
chénhán 辰韓 10-3A
chénhán 沈涵 5-1005A
chénhán 沈寒 5-1007B
chénhàn 辰漢 10-2B
chénhàn 宸漢 3-1456B
chénhàn 宸翰 3-1457A
chénhàn 沈悍 5-1003A
chènhàn 趁漢 9-1121B
chénháng 沈航 5-1002A
chènháng 趁行 9-1119A
chēnhē 嗔呵 3-458A
chēnhē 嗔訶 3-459A
chēnhè 嗔喝 3-459A
chēnhè 瞋喝 7-1243B
chénhé 沈和 5-999A
chénhé 沈河 5-999A
chénhè 陳賀 11-1013B
chènhé 稱合 8-113B
chénhēi 沈黑 5-1006B
chēnhèn 嗔恨 3-458B
chēnhèn 瞋恨 7-1243A
chénhèn 沈恨 5-1001A
chénhéng 辰衡 10-3A
chénhéngshìjūn 陳恒弑君 11-1010B
chénhéxì 辰河戲 10-2A
chénhóng 陳紅 11-1011B
chénhóng 沈宏 5-998B
chénhóng 沈紅 5-1001B
chènhòng 趁哄 9-1119B
chènhòngdǎjié 趁哄打劫 9-1119B
chénhòu 辰堠 10-2B
chénhòu 沈厚 5-999B
chénhòu 沈後 5-1001A
chènhòu 讖候 11-466B
chénhú 晨鵠 5-735B
chénhǔ 沈虎 5-998B
chénhuà 塵化 2-1191B
chěnhuà 磣話 7-1110A
chénhuái 宸懷 3-1457B
chénhuái 塵懷 2-1198B
chènhuái 趁懷 9-1122B
chènhuái 稱懷 8-119A
chénhuān 沈歡 5-1015B
chénhuán 塵寰 2-1197B
chénhuán 塵闤 2-1199A
chénhuàn 宸渙 3-1455B
chénhuàn 塵幻 2-1191B
chénhuàn 湛患 5-1442A
chénhuāng 沈荒 5-999B
chēnhuì 嗔恚 3-458B
chēnhuì 瞋恚 7-1243A
chénhuī 晨暉 5-735A
chénhuī 塵灰 2-1191B
chénhuī 沈灰 5-996A
chénhuī 沈暉 5-1008B
chénhuì 陳晦 11-1012B
chénhuì 陳穢 11-1016A
chénhuì 塵穢 2-1198A
chénhuì 沈晦 5-1004A
chēnhuìxīn 嗔恚心 3-458B

chénhūn 晨昏 5-733B
chénhūn 塵昏 2-1193A
chénhūn 沈昏 5-999A
chénhún 沈渾 5-1007A
chénhún 沈魂 5-1009A
chénhùn 塵溷 2-1196A
chénhūndìngxǐng 晨昏定省 5-733B
chénhuò 陳貨 11-1012B
chénhuò 沈惑 5-1006A
chènhuǒdǎjié 趁火打劫 9-1118B
chènhuǒdǎjié 趁夥打劫 9-1121B
chènhuǒqiǎngjié 趁火搶劫 9-1118B
chēní 車輗 9-1195B
chēnì 車逆 9-1190A
chēniǎn 車輦 9-1195A
chènìè 呫囁 3-259A
chēniú 車牛 9-1187B
chénjī 晨雞 5-735B
chénjī 晨鷄 5-736A
chénjī 塵機 2-1197B
chénjī 塵鞿 2-1198B
chénjī 塵羈 2-1199A
chénjī 沈機 5-1013A
chénjī 沈積 5-1013A
chénjī 沈幾 5-1007B
chénjī 湛積 5-1443B
chénjí 臣極 8-721A
chénjí 辰極 10-2B
chénjí 宸極 3-1456A
chénjí 晨極 5-734B
chénjí 沈疾 5-1002A
chénjí 沈極 5-1006A
chénjì 陳迹 11-1011A
chénjì 陳跡 11-1014A
chénjì 陳蹟 11-1016A
chénjì 塵迹 2-1194A
chénjì 塵跡 2-1196A
chénjì 沈忌 5-998B
chénjì 沈寂 5-1005A
chénjì 沈跡 5-1008B
chénjì 沈濟 5-1014B
chénjì 沈齊 5-1010B
chénjì 湛寂 5-1442A
chènjī 趁機 9-1122A
chènjí 疢疾 8-288A
chènjí 疹疾 8-306A
chènjí 疢疾 8-306B
chènjì 讖記 11-466B
chénjià 辰駕 10-3A
chénjià 宸駕 3-1456B
chénjià 沈稼 5-1012A
chènjiā 稱家 8-115B
chènjiǎ 襯甲 9-150B
chénjiān 晨間 5-734B
chénjiān 塵間 2-1195B
chénjiàn 辰鑒 10-3A
chénjiàn 宸鑒 3-1457B
chénjiàn 陳見 11-1009B
chénjiàn 陳諫 11-1015B
chénjiàn 沈健 5-1002A
chènjiàn 趁間 9-1121A
chénjiāng 沈江 5-996B
chénjiǎo 辰角 10-1B
chènjiǎo 趁脚 9-1120B
chènjiǎoqiāo 趁腳蹺 9-1121B
chénjiāxiàng 陳家巷 11-1012A
chènjiāzhīyǒuwú 稱家之有無 8-115B
chénjiāzǐ 陳家紫 11-1012A
chénjiē 辰階 10-2B
chénjiē 宸階 3-1456A
chénjiē 湛結 5-1442B
chénjié 臣節 8-721A
chénjié 陳結 11-1014A
chénjié 塵劫 2-1192A
chénjié 沈結 5-1007B
chénjié 沈潔 5-1012A
chénjiè 晨戒 5-733B
chénjiè 塵芥 2-1192A
chénjiè 塵界 2-1194A
chénjiè 沈犗 5-1010A
chènjié 趁節 9-1121A
chēnjìn 琛賮 4-599A
chēnjìn 賝賮 10-278B
chénjīn 宸襟 3-1457A
chénjīn 塵襟 2-1198B
chénjǐn 沈謹 5-1015A
chénjìn 陳進 11-1012B
chénjìn 沈浸 5-1002B
chénjìn 湛浸 5-1441B
chènjīn 襯金 9-151A
chénjīng 辰精 10-2B
chénjīng 宸京 3-1455A
chénjīng 晨精 5-735A
chénjǐng 宸景 3-1456A
chénjǐng 陳井 11-1008B
chénjǐng 晨景 5-734B
chénjǐng 沈井 5-995A
chénjìng 塵境 2-1196B
chénjìng 沈净 5-1001A
chénjìng 沈靖 5-1009A
chénjìng 沈静 5-1009B
chénjìng 湛靖 5-1442B
chénjìng 湛静 5-1443A
chènjǐng 趁景 9-1121A
chénjìngguǎyán 沈静寡言 5-1010A
chénjīngxīlì 晨兢夕厲 5-735A
chénjīngzuò 陳驚座 11-1016B
chénjiǒng 沈窘 5-1007B
chénjiū 沈究 5-998B
chénjiǔ 陳久 11-1008B
chénjiǔ 沈酒 5-1002A
chénjiù 陳舊 11-1015B
chēnjǔ 瞋沮 7-1243A
chénjū 辰居 10-2A
chénjū 宸居 3-1455A
chénjǔ 陳舉 11-1015B
chénjù 陳具 11-1010B
chénjù 沈劇 5-1011B
chènjù 襯句 9-150B
chénjuān 塵涓 2-1194B
chénjuàn 宸眷 3-1456A
chénjuàn 宸睠 3-1456A
chénjuǎnfēng 塵卷風 2-1193A
chēnjué 瞋決 7-1242B
chēnjūn 瞋菌 7-1243A
chénjùn 沈俊 5-1001A
chénjùn 沈峻 5-1002A
chénjùn 沈儁 5-1010A
chénkē 沈疴 5-1002A
chénkě 塵渴 2-1195B
chénkè 辰刻 10-2A
chénkè 塵客 2-1194A
chénkè 塵堁 2-1195A
chénkè 沈刻 5-999A
chènkè 趁課 9-1122A
chěnkēkē 磣磕磕 7-1110A
chěnkěkě 磣可可 7-1110A
chènkòng 趁空 9-1119B
chènkǒu 趁口 9-1118B
chénkū 塵堀 2-1195A
chènkù 襯褲 9-151B
chěnkuǎn 磣款 7-1110A
chénkuí 宸奎 3-1455B
chénkuì 沈潰 5-1012B
chénkǔn 忱悃 7-435B
chénkùn 沈困 5-997A
chénlài 沈籟 5-1015B
chénlán 沈藍 5-1014A
chénlǎn 塵覽 2-1198B
chénlàn 陳爛 11-1016B
chénláng 陳郎 11-1010B
chènlàng 趁浪 9-1120B
chènlàngzhúbō 趁浪逐波 9-1120B
chénláo 塵勞 2-1195B
chénlǎo 沈潦 5-1012B
chénlǎolao 陳姥姥 11-1011B
chénléi 陳雷 11-1014A
chénléi 沈雷 5-1008A
chénléi 沈纍 5-1015B
chénlěi 塵累 2-1195A
chénléijiāoqī 陳雷膠漆 11-1014A
chénlèng 沈楞 5-1008A
chēnlí 棽離 4-1088B
chēnlí 棽麗 4-1088B
chēnlí 棽儷 4-1088B
chēnlí 琛縭 4-599A
chēnlì 琛麗 4-599A
chēnlì 瞋詈 7-1243B
chénlí 晨離 5-735B
chénlǐ 臣禮 8-721B
chénlǐ 沈醴 5-1015B
chénlì 臣隸 8-721B
chénlì 宸歷 3-1457A
chénlì 陳力 11-1008B
chěnlì 踸厲 10-515B
chènlǐ 襯裹 9-151B
chènlì 賝利 10-310A
chènlì 疢癘 8-288A
chènlì 稱力 8-112B
chēnliàn 抻練 6-452A
chénliàn 沈練 5-1012B
chénliáng 陳糧 11-1016A
chènliáng 趁涼 9-1120A
chènliáng 趁凉 9-1120B
chénliáo 臣僚 8-721B
chénliáo 臣寮 8-721B
chénliáo 沈寥 5-1011A
chénliáo 沈燎 5-1013B
chénliè 陳列 11-1009A
chénliè 沈烈 5-1002A
chénlièpǐn 陳列品 11-1009B
chénlièshì 陳列室 11-1009B
chénlǐfúguā 沈李浮瓜 5-996B
chénlìjiùliè 陳力就列 11-1008B
chénlìliè 陳力列 11-1008B
chénlín 臣鄰 8-721B
chénlín 沈鱗 5-1016A
chénlínxí 陳琳檄 11-1013A
chénliú 辰旒 10-2B
chénliú 宸旒 3-1456B
chénliú 沈流 5-1002B
chénliúbājùn 陳留八俊 11-1012A
chénlǒng 塵籠 2-1199A
chénlòu 塵陋 2-1193A
chēnlù 琛賂 4-598B
chēnlù 賝賂 10-278B
chénlú 沈廬 5-1013A
chénlǔ 臣虜 8-721A
chénlù 宸路 3-1456A
chénlù 陳露 11-1016B
chénlù 晨露 5-736A
chénlù 塵露 2-1198B
chénlù 塵路 2-1196A
chénlù 沈陸 5-1003B
chènlù 趁路 9-1121A
chènlù 讖録 11-467A
chènlù 讖錄 11-467A
chénluàn 沈亂 5-1008B
chénlún 宸綸 3-1456B
chénlún 沈淪 5-1004B
chénlún 沈綸 5-1011A
chénlùn 陳論 11-1015A
chēnluó 棽羅 3-828B
chénluò 沈落 5-1005B
chénlǘ 沈閭 5-1011A
chénlǚ 塵侶 2-1193A
chénlǜ 宸慮 3-1456B
chénlǜ 陳慮 11-1015A
chénlǜ 塵慮 2-1197A
chénlǜ 沈慮 5-1011B
chènlǚ 襯履 9-151B
chénlüè 沈略 5-1004A
chēnmà 瞋罵 7-1243B
chénmǎ 辰馬 10-2A
chénmái 塵埋 2-1194A
chénmái 塵霾 2-1199A
chénmái 沈埋 5-1001B
chénmái 沈薶 5-1014A
chénmái 沈霾 5-1015B
chénmài 沈脈 5-1002A

chénmāma 陳媽媽 11-1014A
chénmàn 沈嫚 5-1011A
chénmàn 沈漫 5-1011A
chénmǎng 沈漭 5-1009A
chénmào 塵冒 2-1194A
chénmào 沈茂 5-998B
chénmào 沈瞀 5-1011A
chénměi 陳美 11-1011A
chénměi 塵浼 2-1194B
chénmèi 陳昧 11-1011A
chénmèi 晨昧 5-734A
chénmèi 塵昧 2-1194A
chénmèi 沈昧 5-1000A
chénmèi 沈痗 5-1006B
chénmèi 沈魅 5-1010A
chènmèi 疢痗 8-288A
chénmén 晨門 5-734A
chénmèn 沈悶 5-1007B
chénmèn 沈懣 5-1015A
chènmén 闖門 12-142A
chénmēng 塵蒙 2-1196A
chénmèng 塵夢 2-1196A
chénmèng 沈夢 5-1008A
chénménrúshì 臣門如市 8-720B
chénmí 塵迷 2-1194A
chénmí 沈迷 5-1001A
chénmǐ 陳米 11-1009B
chénmì 沈密 5-1005B
chénmì 沈謐 5-1014B
chénmì 湛密 5-1442A
chēnmiàn 抻麵 6-452A
chénmián 沈眠 5-1002A
chénmián 沈綿 5-1011A
chénmián 沈緜 5-1012A
chénmiǎn 沈沔 5-997B
chénmiǎn 沈湎 5-1007A
chénmiǎn 沈醽 5-1013A
chénmiǎn 湛沔 5-1441B
chénmiǎn 湛湎 5-1442B
chénmiàn 塵面 2-1194A
chēnmiànxì 嗔面戲 3-458B
chénmiǎo 塵邈 2-1198A
chénmìguǎyán 沈密寡言 5-1005B
chénmín 臣民 8-720A
chénmín 沈緡 5-1012B
chénmǐn 沈泯 5-999A
chénmǐn 沈敏 5-1004A
chénmíng 宸明 3-1455A
chénmíng 陳明 11-1010B
chénmíng 晨明 5-733B
chénmíng 晨暝 5-735A
chénmíng 塵冥 2-1195A
chénmíng 沈名 5-996B
chénmíng 沈明 5-999A
chénmíng 沈冥 5-1003A
chénmíng 沈暝 5-1010A
chénmíng 湛冥 5-1441B
chénmìng 宸命 3-1455A
chénmìng 沈命 5-999A
chénmìngfǎ 沈命法 5-999A
chénmíngshíjī 沈明石雞 5-999A
chénmò 宸謨 3-1457A
chénmó 陳謨 11-1016A
chénmò 塵没 2-1192B
chénmò 塵末 2-1191B
chénmò 沈嘿 5-1011B
chénmò 沈没 5-997B
chénmò 沈寞 5-1009B
chénmò 沈漠 5-1009A
chénmò 沈墨 5-1011B
chénmò 沈默 5-1013A
chénmò 湛没 5-1441B
chénmò 湛默 5-1443B
chénmòguǎyán 沈默寡言 5-1013A
chénmòmò 沈默默 5-1013A
chēnmóu 瞋眸 7-1243A
chénmóu 宸謀 3-1457A
chénmóu 沈謀 5-1012A
chénmóuchónglǜ 沈謀重慮 5-1012A
chénmóuyánlǜ 沈謀研慮 5-1012A
chēnmù 嗔目 3-458A
chēnmù 瞋目 7-1242B
chénmǔ 辰牡 10-1B
chénmǔ 諶母 11-331A
chénmǔ 諶姆 11-331A
chénmù 辰暮 10-2B
chénmù 晨暮 5-735A
chénmù 沈木 5-995A
chénmù 沈穆 5-1013A
chēnmù'èqiān 瞋目扼掔 7-1242B
chēnmù'èwàn 瞋目扼腕 7-1242B
chēnmù'èwàn 瞋目搤腕 7-1242B
chēnmùshùméi 瞋目豎眉 7-1242B
chénmùxiāng 沈木香 5-995A
chēnmùzhāngdǎn 瞋目張膽 7-1242B
chénnà 沈捺 5-1003B
chēnnǎo 嗔惱 3-459A
chénnǎo 沈腦 5-1008B
chénnào 沈淖 5-1004B
chènnào 趁鬧 9-1121B
chénní 塵泥 2-1193A
chénní 沈泥 5-999A
chénnì 塵膩 2-1197B
chénnì 沈泥 5-999A
chénnì 沈昵 5-1000A
chénnì 沈匿 5-1001B
chénnì 沈溺 5-1009B
chénnì 湛溺 5-1443A
chénnián 陳年 11-1009B
chénnián 沈年 5-996A
chénniàn 宸念 3-1455A
chénniàn 塵念 2-1193A
chènnián 齔年 12-1450A
chénniàngchuān 沈釀川 5-1016A
chénniè 臣孽 8-721B
chénniè 陳臬 11-1011B
chénníng 沈凝 5-1013B
chénniú 沈牛 5-995B
chénnóng 陳農 11-1014A
chēnnù 嗔怒 3-458B
chēnnù 瞋怒 7-1243A
chēnnùyǔ 瞋怒雨 7-1243A
chénpái 辰牌 10-2B
chénpài 沈泒 5-997B
chènpāi 趁拍 9-1119A
chēnpàn 瞋盼 7-1243A
chènpáo 襯袍 9-151A
chénpèi 辰旆 10-2A
chènpèi 稱配 8-115A
chénpiān 陳篇 11-1015A
chénpiāo 塵影 2-1196B
chénpiāo 沈漂 5-1010B
chénpǐn 塵品 2-1194A
chénpìn 晨牝 5-733A
chénpíngcóngmò 陳平從默 11-1009A
chénpíngfēnròu 陳平分肉 11-1009A
chénpíngxí 陳平蓆 11-1009A
chénpíngzǎishè 陳平宰社 11-1009A
chénpópo 陳婆婆 11-1012B
chénpú 臣僕 8-721B
chénpǔ 沈朴 5-996A
chénpǔ 沈樸 5-1012B
chènpù 襯舖 9-151B
chénqí 陳祈 11-1010B
chénqǐ 陳乞 11-1008B
chénqǐ 陳啟 11-1013A
chénqì 陳器 11-1015B
chénqì 晨氣 5-734A
chénqì 塵氣 2-1194B
chénqì 沈棄 5-1007A
chènqī 趁期 9-1121A
chénqiān 塵牽 2-1195B
chénqián 沈漸 5-1010B
chénqián 沈潛 5-1012B
chénqián 湛漸 5-1443A
chénqiàn 陳欠 11-1008B
chènqián 賝錢 10-310B
chènqián 趁錢 9-1122A
chènqián 襯錢 9-151B
chénqiāng 沈槍 5-1010A
chénqiāng 沈鎗 5-1015A
chénqiáobīngbiàn 陳橋兵變 11-1015B
chénqiè 臣妾 8-720B
chénqiè 沈切 5-995B
chènqiè 稱愿 8-116B
chènqiè 稱愜 8-116B
chénqín 宸廑 3-1456B
chénqín 晨禽 5-734B
chénqíng 陳情 11-1012B
chénqíng 塵情 2-1195B
chénqíng 沈情 5-1005A
chénqǐng 陳請 11-1015A
chènqíng 稱情 8-115B
chénqíngbiǎo 陳情表 11-1013A
chénqínmùchǔ 晨秦暮楚 5-734A
chénqiū 陳丘 11-1009A
chénqiú 塵球 2-1195A
chénqū 晨趨 5-735B
chénqū 塵區 2-1195A
chénqū 沈屈 5-999B
chénqǔ 晨曲 5-733A
chènqǔ 趁取 9-1119A
chēnquán 嗔拳 3-458B
chénquán 沈泉 5-1001A
chēnquánbùdǎ… 嗔拳不打笑面 3-458B
chénquē 宸闕 3-1457A
chénquè 沈慤 5-1011B
chènqún 襯裙 9-151B
chénrán 沈然 5-1006B
chénrán 沈燃 5-1013B
chěnrán 踸然 11-1347A
chènrán 闖然 12-142B
chénrǎng 塵壤 2-1198B
chénràng 陳讓 11-1016B
chènrè 趁熱 9-1121B
chènrèdǎtiě 趁熱打鐵 9-1122A
chénrén 臣人 8-719B
chénrén 陳人 11-1008A
chénrén 沈人 5-995A
chěnrěn 踸踔 11-1347A
chènrèn 稱任 8-113B
chènrènào 趁熱鬧 9-1122A
chènrénzhīwēi 趁人之危 9-1118A
chénróng 陳戎 11-1009A
chénróng 塵容 2-1194B
chénrǒng 塵冗 2-1191B
chènróng 襯絨 9-151B
chēnruì 琛瑞 4-598B
chènruì 讖瑞 11-467A
chènrújíshǒu 疢如疾首 8-287B
chēnsè 嗔色 3-458A
chénsè 塵色 2-1192A
chénsè 沈塞 5-1009B
chènsè 稱塞 8-117A
chénshā 辰砂 10-2A
chénshā 塵沙 2-1192B
chénshājié 塵沙劫 2-1192B
chénshàn 晨膳 5-735B
chènshān 襯衫 9-151A
chénshǎng 宸賞 3-1456B
chènshāng 趁墒 9-1121B
chénshào 陳紹 11-1013A
chénshè 陳設 11-1012B
chénshè 沈麝 5-1015B
chènshè 趁社 9-1119A
chénshēn 辰參 10-2B
chénshēn 沈身 5-997A
chénshēn 沈深 5-1005A
chénshēn 湛身 5-1441A
chénshēn 湛深 5-1442A

chénshěn 沈審 5-1012B
chènshēn 稱身 8-113B
chénshēng 宸聲 3-1457A
chénshēng 沈生 5-995B
chénshēng 沈聲 5-1014A
chénshēngjìngqì 沈聲靜氣 5-1014A
chēnshì 嗔視 3-459A
chēnshì 瞋視 7-1243A
chénshī 陳師 11-1011B
chénshī 陳詩 11-1014B
chénshí 沈實 5-1011A
chénshí 沈識 5-1015A
chénshǐ 臣使 8-720B
chénshì 臣仕 8-720A
chénshì 臣事 8-720B
chénshì 辰事 10-2A
chénshì 陳示 11-1008B
chénshì 陳事 11-1010A
chénshì 陳室 11-1011B
chénshì 晨事 5-733B
chénshì 塵世 2-1191B
chénshì 塵市 2-1191B
chénshì 塵事 2-1192B
chénshì 塵視 2-1195B
chěnshì 磣事 7-1110A
chènshī 䞋施 10-310A
chènshī 嚫施 3-553B
chènshī 襯施 9-151A
chènshí 趁食 9-1119B
chènshí 趁時 9-1120A
chènshí 稱時 8-115A
chènshì 趁市 9-1119A
chènshì 趁勢 9-1121A
chènshì 趁試 9-1121B
chènshì 稱事 8-114A
chènshì 稱是 8-114B
chènshíchènjié 趁時趁節 9-1120A
chènshīqián 襯施錢 9-151A
chénshíwèidào 陳寔遺盜 11-1013B
chénshǒu 陳首 11-1011A
chénshǒu 沈首 5-1001A
chènshǒu 趁手 9-1118B
chènshǒu 稱手 8-112B
chènshǒu 襯手 9-150B
chénshū 宸樞 3-1456B
chénshú 陳熟 11-1015B
chénshú 沈熟 5-1012A
chénshǔ 臣屬 8-721B
chénshù 臣庶 8-721A
chénshù 臣術 8-721A
chénshù 陳述 11-1010A
chènshū 讖書 11-466B
chènshú 趁熟 9-1122A
chènshù 稱數 8-117B
chènshù 讖術 11-467A
chénshuǐ 沈水 5-995B
chénshuì 沈睡 5-1008A
chènshuǐhuóní 趁水和泥 9-1118B
chénshuǐxiāng 沈水香 5-995B
chénshuō 陳説 11-1014B
chénshuò 臣朔 8-721A
chénshuò 沈鑠 5-1016A
chénshūpǔ 沈書浦 5-1003A
chénsī 臣司 8-720A
chénsī 陳思 11-1011A
chénsī 塵思 2-1194A
chénsī 沈思 5-1000A
chénsī 湛思 5-1441B
chénsì 辰巳 10-1B
chénsīhànzǎo 沈思翰藻 5-1000A
chénsīmòxiǎng 沈思默想 5-1000A
chénsǐrén 陳死人 11-1009B
chénsīshúlǜ 沈思熟慮 5-1000A
chénsú 陳俗 11-1011A
chénsú 塵俗 2-1194A
chénsù 陳宿 11-1013A
chénsù 陳粟 11-1013A
chénsù 陳訴 11-1013B
chénsù 陳愬 11-1014B
chénsù 塵素 2-1194A
chénsù 沈速 5-1001B
chénsù 沈肅 5-1009B
chènsú 稱俗 8-114B
chénsuàn 宸算 3-1456B
chénsuì 沈祟 5-1003B
chénsuì 沈邃 5-1015A
chènsuì 稱遂 8-116B
chènsuì 齔歲 12-1450A
chénsuídiào 陳隋調 11-1013A
chénsuǒ 塵瑣 2-1196B
chéntà 陳榻 11-1014B
chéntà 塵榻 2-1196B
chéntài 辰太 10-1B
chéntàiguàbì 陳泰挂壁 11-1011B
chéntán 沈潭 5-1012A
chéntán 沈檀 5-1014B
chéntàn 沈嘆 5-1010A
chéntàn 沈歎 5-1011B
chèntāngtuī 趁湯推 9-1121A
chéntào 陳套 11-1011B
chéntí 宸題 3-1457A
chèntǐ 趁體 9-1122B
chèntǐ 稱體 8-119A
chéntiǎn 塵忝 2-1192B
chéntiáo 陳條 11-1011B
chèntiáo 齔髫 12-1450A
chèntiē 趁貼 9-1121A
chèntiē 襯貼 9-151B
chéntīng 宸聽 3-1457B
chéntīng 塵聽 2-1199A
chéntíxīmìng 晨提夕命 5-734B
chéntòng 沈痛 5-1006B
chéntòng 沈慟 5-1011A
chèntóng 齔童 12-1450A
chéntóu 塵頭 2-1197B
chéntú 塵途 2-1194B
chéntǔ 塵土 2-1191A
chèntú 趁途 9-1120A
chéntuì 晨退 5-734A
chéntuì 塵蜕 2-1196A
chéntuì 沈退 5-1001B
chéntūn 晨暾 5-735A
chéntuō 陳託 11-1012A
chèntuō 襯托 9-150B
chēnǔ 車弩 9-1189B
chènuò 掣搦 6-635A
chēnwā 瞋蛙 7-1243B
chénwài 塵外 2-1191B
chénwán 塵頑 2-1195B
chénwǎn 沈婉 5-1005B
chénwáng 陳王 11-1008B
chénwǎng 宸網 3-1456B
chénwǎng 塵網 2-1197A
chénwàng 塵妄 2-1192A
chénwángfù 陳王賦 11-1008B
chénwēi 宸威 3-1455A
chénwēi 塵微 2-1196A
chénwēi 沈微 5-1008B
chénwěi 辰尾 10-2A
chénwěi 辰緯 10-3A
chénwěi 塵委 2-1193A
chénwěi 沈委 5-999A
chénwèi 臣位 8-720A
chénwèi 臣衛 8-721B
chénwèi 宸衛 3-1456B
chènwěi 讖緯 11-467A
chènwèi 稱位 8-113B
chénwén 宸文 3-1454B
chénwén 陳文 11-1008B
chénwén 陳聞 11-1014B
chénwěn 沈穩 5-1015A
chènwén 讖文 11-466B
chénwò 沈卧 5-998B
chénwū 晨烏 5-734A
chénwū 塵汙 2-1192A
chénwū 塵污 2-1192A
chénwū 沈洿 5-1001A
chénwū 沈誣 5-1010B
chénwú 陳吳 11-1009B
chénwù 陳物 11-1010B
chénwù 塵物 2-1193A
chénwù 塵務 2-1195A
chénwù 塵霧 2-1198A
chènwù 䞋物 10-310A
chènwù 稱物 8-114A
chénxī 陳錫 11-1015B
chénxī 晨夕 5-733A
chénxī 晨羲 5-735B
chénxī 晨曦 5-735B
chénxī 沈犀 5-1007B
chénxí 塵習 2-1195B
chénxì 沈細 5-1005B
chènxí 稱襲 8-119A
chénxiá 晨霞 5-735B
chénxià 臣下 8-719B
chénxià 塵下 2-1191A
chénxià 沈下 5-995A
chēnxián 嗔嫌 3-459A
chēnxián 瞋嫌 7-1243B
chēnxiàn 琛獻 4-599A
chénxián 沈涎 5-1001A
chénxiàn 陳獻 11-1016A
chénxiàn 沈陷 5-1003B
chènxiān 趁先 9-1119A
chènxián 趁閒 9-1121A
chènxián 趁閑 9-1121A
chénxiāng 塵香 2-1194A
chénxiāng 沈香 5-1000A
chénxiāng 沈湘 5-1007A
chénxiāng 沈箱 5-1012A
chénxiáng 沈翔 5-1007A
chénxiáng 沈詳 5-1009A
chénxiǎng 塵想 2-1196A
chénxiǎng 塵響 2-1198B
chénxiǎng 沈想 5-1008A
chénxiàng 辰象 10-2B
chénxiàng 宸象 3-1455B
chénxiàng 陳巷 11-1010B
chénxiàng 塵相 2-1193B
chénxiāngguǎi 沈香拐 5-1000B
chénxiāngpǔ 沈香浦 5-1000B
chénxiāngsè 沈香色 5-1000B
chénxiāngtíng 沈香亭 5-1000B
chénxiánzhīhàn 陳咸之憾 11-1011A
chénxiāo 晨宵 5-734B
chénxiāo 塵宵 2-1194B
chénxiāo 塵囂 2-1199A
chénxiāo 沈銷 5-1012A
chénxiào 陳效 11-1012A
chénxiě 陳寫 11-1015B
chénxiè 陳謝 11-1016A
chénxiè 塵屑 2-1195A
chénxiè 沈屑 5-1003B
chēnxīn 嗔心 3-458A
chēnxīn 瞋心 7-1242B
chénxīn 宸心 3-1454B
chénxīn 塵心 2-1191B
chénxīn 沈心 5-995B
chénxīn 湛心 5-1441A
chènxīn 趁心 9-1118B
chènxīn 稱心 8-112B
chénxīng 辰星 10-2A
chénxīng 晨星 5-734A
chénxīng 晨興 5-735B
chénxǐng 晨省 5-734A
chénxìng 臣姓 8-721A
chènxìng 趁興 9-1122A
chénxīnjìngqì 沈心靜氣 5-995B
chènxīnkuàiyì 稱心快意 8-113A
chènxīnmǎnyì 稱心滿意 8-113A
chènxīnmǎnyì 稱心滿意 8-157B
chènxīnmǎnyuàn 稱心滿願 8-113A
chénxīnrúshuǐ 臣心如水 8-720A

chènxīnrúyì 趁心如意 9-1118B
chènxīnrúyì 稱心如意 8-113A
chénxióng 沈雄 5-1006A
chènxípáo 襯褶袍 9-151B
chénxiū 陳修 11-1011A
chénxiū 晨羞 5-734A
chénxiù 辰宿 10-2B
chénxiù 沈秀 5-997A
chénxù 辰序 10-2A
chénxù 陳序 11-1010A
chénxù 陳叙 11-1011A
chénxù 晨旭 5-733A
chénxù 沈酗 5-1004A
chènxū 趁虚 9-1120B
chènxū 趁墟 9-1121B
chénxuān 宸軒 3-1455B
chénxuān 塵喧 2-1195B
chénxuán 陳玄 11-1009A
chénxuǎn 辰選 10-2B
chénxún 忱恂 7-435A
chénxùn 陳訓 11-1012A
chénxùn 陳遜 11-1014A
chénxùn 諶訓 11-331A
chénxùn 沈遜 5-1009B
chényā 沈壓 5-1014B
chényá 晨衙 5-735A
chényǎ 沈雅 5-1006A
chènyá 趁衙 9-1121B
chényān 晨烟 5-734B
chényān 晨煙 5-735A
chényān 塵烟 2-1194B
chényān 沈湮 5-1007A
chényān 沈煙 5-1009A
chényán 宸筵 3-1456A
chényán 宸嚴 3-1457B
chényán 陳言 11-1010A
chényán 陳筵 11-1013B
chényán 塵言 2-1192B
chényán 塵顏 2-1198A
chényán 沈研 5-999B
chényàn 晨鴈 5-735A
chényàn 沈宴 5-1003A
chènyán 讖言 11-466B
chényánfūcí 陳言膚詞 11-1010A
chényāng 塵鞅 2-1196B
chényǎng 塵坱 2-1192B
chènyàng 疢恙 8-306A
chényánlǎotào 陳言老套 11-1010A
chényào 宸曜 3-1457A
chényào 晨曜 5-735B
chényē 宸掖 3-1455B
chényè 辰夜 10-2A
chényè 晨夜 5-733B
chényè 沈液 5-1005A
chényī 臣一 8-719B
chényī 晨衣 5-733A
chényī 湛一 5-1441A
chényí 辰儀 10-2B
chényí 宸儀 3-1456B
chényí 沈疑 5-1010A
chényǐ 宸扆 3-1455B
chényì 敕議 9-1226B
chényì 臣役 8-720A
chényì 陳挹 11-1011B
chényì 陳義 11-1014A
chényì 陳誼 11-1015A
chényì 陳議 11-1016A
chényì 塵役 2-1192A
chényì 塵意 2-1196A
chényì 塵曀 2-1197B
chényì 塵翳 2-1198A
chényì 諶義 11-331B
chényì 沈佚 5-997A
chényì 沈抑 5-996B
chényì 沈毅 5-1012A
chényì 沈翳 5-1014B
chényì 沈懿 5-1015B
chènyī 襯衣 9-150B
chènyì 趁意 9-1121B
chènyì 稱意 8-117A
chènyìcái 稱意才 8-117A
chényífàngǎn 陳遺飯感 11-1015A
chènyìhuā 稱意花 8-117A
chényīn 宸音 3-1455B
chényīn 陳因 11-1009B
chényīn 塵音 2-1194A
chényīn 沈音 5-1001A
chényīn 沈陰 5-1003B
chényín 沈吟 5-997A
chényín 沈淫 5-1005A
chényǐn 沈飲 5-1006B
chényǐn 沈隱 5-1014A
chényìn 沈蔭 5-1008A
chényìn 沈垽 5-1002B
chényínbùjué 沈吟不決 5-997A
chényīng 晨嬰 5-735B
chényīng 晨纓 5-736A
chényīng 塵纓 2-1199A
chènyìng 襯映 9-151A
chényínwèijué 沈吟未決 5-997A
chényīzhǔ'èr 臣一主二 8-719B
chényǒng 沈泳 5-999A
chényǒng 沈勇 5-1001B
chényǒng 沈禜 5-1012A
chényòng 沈醟 5-1014B
chényōu 沈憂 5-1011B
chényóu 宸游 3-1456A
chényóu 宸遊 3-1456A
chényóu 沈遊 5-1007A
chényǒu 沈黝 5-1014B
chēnyú 嗔魚 3-459A
chényū 沈紆 5-1001B
chényú 宸輿 3-1457A
chényú 陳魚 11-1012B
chényú 沈魚 5-1004A
chényú 沈榆 5-1008A
chényǔ 宸宇 3-1455A
chényǔ 塵羽 2-1192A
chényǔ 沈羽 5-996B
chényǔ 沈雨 5-998B
chényù 臣御 8-721A
chényù 陳諭 11-1015B
chényù 塵域 2-1195A
chényù 沈玉 5-995B
chényù 沈獄 5-1010B
chényù 沈瘉 5-1010B
chényù 沈鬱 5-1016A
chènyú 趁魚 9-1120B
chènyǔ 讖語 11-467A
chènyù 趁欲 9-1120B
chēnyuàn 嗔怨 3-458B
chényuān 陳寃 11-1013A
chényuān 沈冤 5-1003A
chényuān 沈淵 5-1007A
chényuán 宸垣 3-1455A
chényuán 塵緣 2 1197B
chényuǎn 沈遠 5-1007B
chényuàn 沈怨 5-1001A
chènyuàn 趁願 9-1122B
chènyuàn 稱願 8-119A
chényùdùncuò 沈鬱頓挫 5-1016A
chényuè 陳閱 11-1015B
chényuè 陳黦 11-1016A
chényúluòyàn 沈魚落雁 5-1004A
chényūn 沈薾 5-1011B
chényún 沈雲 5-1006A
chényǔn 沈隕 5-1007B
chényùn 塵韻 2-1198B
chényùn 沈菀 5-1004A
chényùn 沈蘊 5-1015A
chènyùn 趁韵 9-1121B
chènyùn 趁韻 9-1122B
chényúsè 沈魚色 5-1004A
chénzá 塵雜 2-1198A
chénzá 沈雜 5-1015A
chénzāi 沈菑 5-1005B
chénzǎi 臣宰 8-721A
chénzāng 陳臧 11-1014A
chénzǎo 宸藻 3-1457A
chénzǎo 晨早 5-733A
chénzào 宸造 3-1455B
chènzǎo 趁早 9-1119A
chènzǎo 稱早 8-113A
chénzàochǎnwā 沈竈産鼃 5-1015B
chénzàoshēngwā 沈竈生鼃 5-1015B
chēnzé 嗔責 3-458B
chènzé 稱責 8-115B
chénzèng 宸贈 3-1457B
chénzèng 塵甑 2-1197B
chénzhá 宸札 3-1455A
chénzhāi 晨齋 5-735B
chénzhài 沈瘵 5-1013B
chénzhàn 沈湛 5-1007A
chēnzhàng 瞋脹 6-1360A
chénzhāng 宸章 3-1455B
chénzhāng 沈鄣 5-1009A
chénzhàng 塵漲 2-1197A
chénzhàng 塵障 2-1196B
chénzhāo 晨朝 5-734B
chénzhào 沈照 5-1008B
chènzhào 讖兆 11-466B
chénzhé 塵轍 2-1198B
chénzheliǎn 沈着臉 5-1004B
chénzhēng 晨征 5-733B
chénzhěng 沈整 5-1013A
chénzhèng 宸正 3-1455A
chénzhèng 陳政 11-1010B
chénzhèng 晨正 5-733A
chénzhèng 沈正 5-995B
chénzhèngzì 陳正字 11-1008B
chénzhǐ 宸旨 3-1455A
chénzhì 臣制 8-720B
chénzhì 塵至 2-1191B
chénzhì 諶摯 11-331B
chénzhì 沈至 5-996A
chénzhì 沈志 5-996B
chénzhì 沈滯 5-1010B
chénzhì 沈摯 5-1011B
chénzhì 沈質 5-1012A
chénzhì 沈緻 5-1014A
chénzhì 沈鷙 5-1015B
chénzhì 湛滯 5-1443A
chènzhí 趁職 9-1122A
chènzhí 稱職 8-118B
chènzhǐ 趁旨 9-1119A
chènzhǐ 稱旨 8-113B
chènzhǐ 稱指 8-114B
chēnzhōng 棽鐘 4-1088B
chénzhōng 宸衷 3-1455B
chénzhōng 晨鐘 5-735B
chénzhǒng 沈塚 5-1008A
chénzhǒng 沈種 5-1010A
chénzhòng 沈重 5-1000B
chénzhōngmùgǔ 晨鐘暮鼓 5-736A
chénzhōu 宸州 3-1455A
chénzhōu 沈舟 5-996B
chénzhóu 晨軸 5-734B
chénzhōupòfǔ 沈舟破釜 5-996B
chénzhū 陳朱 11-1009B
chénzhū 沈朱 5-996A
chénzhǔ 宸矚 3-1457B
chénzhù 宸注 3-1455A
chènzhū 嚫珠 3-553B
chènzhú 趁逐 9-1120A
chénzhuāng 晨妝 5-733B
chénzhuāng 晨裝 5-735A
chénzhuāng 晨粧 5-735B
chénzhuàng 陳狀 11-1010B
chénzhuàng 沈壯 5-998B
chènzhuāng 襯裝 9-151B
chénzhuì 沈膇 5-1008B
chénzhuì 沈墜 5-1011A
chénzhuì 沈綴 5-1011A
chénzhūn 沈屯 5-995A
chénzhuó 塵躅 2-1198B
chénzhuó 塵濁 2-1197B
chénzhuó 沈著 5-1003B
chénzhuó 沈着 5-1004B
chénzhuó 沈濁 5-1013B
chénzhuó 湛著 5-1442A
chénzhuó 湛濁 5-1443B

chénzhuótòngkuài 沈著痛快 5-1003B
chénzhuótòngkuài 沈着痛快 5-1004B
chénzhūpǔ 沈珠浦 5-1001B
chénzhùqì 沈住氣 5-997A
chénzi 橙子 4-1320B
chénzi 沈子 5-995A
chénzī 塵緇 2-1197A
chénzī 沈姿 5-1001A
chénzǐ 臣子 8-720A
chénzǐ 陳紫 11-1013A
chénzǐ 塵滓 2-1196A
chénzǐ 沈滓 5-1009A
chénzǐ 陳胔 11-1013A
chénzì 沈漬 5-1010B
chènzī 賝資 10-310B
chènzì 襯資 9-151B
chènzì 襯字 9-151A
chénzòu 陳奏 11-1010B
chènzǒu 趁走 9-1119A
chénzú 沈族 5-1004A
chénzú 湛族 5-1442A
chénzǔ 陳俎 11-1011A
chénzǔ 沈阻 5-998B
chénzuì 沈醉 5-1011B
chènzuǐ 趁嘴 9-1122A
chénzūntóuxiá 陳遵投轄 11-1015B
chénzūnxiá 陳遵轄 11-1015B
chénzuǒ 臣佐 8-720A
chènzuò 趁座 9-1120A
chēpán 車盤 9-1196A
chēpèi 車旆 9-1191A
chěpéng 扯篷 6-370B
chěpénglāqiàn 扯篷拉縴 6-370B
chēpí 車皮 9-1188A
chěpí 扯皮 6-369B
chèpì 坼副 2-1087A
chēpiào 車票 9-1191B
chèpín 徹貧 3-1092A
chēpíng 車軿 9-1194B
chèpōu 坼剖 2-1087A
chēpú 車僕 9-1195A
chēqí 車旗 9-1195A
chēqí 車騎 9-1197A
chēqì 車器 9-1196B
chěqì 扯氣 6-370A
chèqì 撤弃 6-889A
chēqián 車前 9-1190A
chēqián 車錢 9-1196B
chèqiān 掣簽 6-635B
chèqiān 掣籤 6-635B
chēqiánbāzōu 車前八騶 9-1190A
chěqiànlāyān 扯縴拉烟 6-370B
chēqiánzǐ 車前子 9-1190A
chèqiè 掣挈 6-635A
chěqífàngpào 扯旗放炮 6-370B
chēqímǎ 車騎馬 9-1197B
chēqú 車渠 9-1192B
chēqú 硨磲 7-1046A
chēqú 琿璖 4-567B
chèqǔ 掣取 6-635A
chěquàn 扯勸 6-370B
chērén 車人 9-1186B
chēróu 車輮 9-1196A
chèrú 咕嚅 3-259A
chērúliúshuǐ… 車如流水馬如龍 9-1188B
chěsào 扯臊 6-370B
chēsè 車轖 9-1198A
chèsè 徹瑟 3-1092A
chèsè 撤瑟 6-889B
chèshàn 徹膳 3-1093A
chèshàngchèxià 徹上徹下 3-1090B
chēshàngtùyīn 車上吐茵 9-1187A
chèshāo 徹梢 3-1092A
chēshēn 車身 9-1188B
chèshēn 徹身 3-1091A
chèshēn 撤身 6-889A
chēshèng 車乘 9-1190B
chèshēng 澈聲 6-145B
chēshēng'ěr 車生耳 9-1187B
chēshī 車師 9-1191A
chēshí 車什 9-1187B
chēshì 車士 9-1186B
chēshì 車飾 9-1194B
chēshǒu 車手 9-1187B
chěshou 扯手 6-369B
chěshǒu 扯首 6-370A
chèshǒu 掣手 6-634B
chèshǒu 撤守 6-888B
chēshū 車書 9-1191B
chèshǔ 徹曙 3-1093A
chēshuǐ 車水 9-1187A
chēshuǐmǎlóng 車水馬龍 9-1187A
chěshùnfēngqí 扯順風旗 6-370A
chēsì 車肆 9-1193B
chēsīmǎ 車司馬 9-1188A
chēsù 車速 9-1190B
chèsuō 掣縮 6-635B
chèsuǒ 掣所 6-635A
chētà 車踏 9-1195B
chētāi 車胎 9-1189B
chětán 扯談 6-370B
chētī 車梯 9-1191B
chètí 詀啼 11-102A
chètiān 徹天 3-1090B
chètián 徹田 3-1091A
chètián 徹畇 3-1091B
chětiānchědì 扯天扯地 6-369B
chētiánmǎ'ài 車塡馬隘 9-1193B
chētiáo 車條 9-1190B
chètīng 徹聽 3-1093A
chētōng 車通 9-1191B
chētóngguǐ 車同軌 9-1188A
chētóu 車頭 9-1196A
chětóu 扯頭 6-370B
chètóu 徹頭 3-1092B
chètòu 澈透 6-145B
chètóuchèwěi 徹頭徹尾 3-1092B
chētú 車徒 9-1191A
chětuǐ 扯腿 6-370B
chètuì 撤退 6-889A
chētuó 車陀 9-1188B
chēwǎ 車瓦 9-1187A
chēwǎn 車輓 9-1195A
chēwéi 車帷 9-1191B
chēwéi 車圍 9-1193B
chēwěi 車尾 9-1188B
chèwéi 撤圍 6-889B
chēwū 車屋 9-1190A
chèwù 徹悟 3-1092A
chèwù 澈悟 6-145B
chēxì 車戲 9-1197A
chèxí 徹席 3-1092A
chēxiá 車轄 9-1197A
chēxiá 車鍺 9-1197B
chēxiá 車輵 9-1196A
chèxià 坼罅 2-1087A
chēxiàlǐ 車下李 9-1186B
chēxiǎn 車幰 9-1198A
chēxiàn 車韅 9-1198A
chěxián 撦撏 6-832B
chēxiāng 車廂 9-1191B
chēxiāng 車箱 9-1195B
chěxiàngōngxì 扯線宮戲 6-370B
chěxiánpiān 扯閑篇 6-370A
chēxiāo 車削 9-1189B
chèxiāo 徹宵 3-1092A
chèxiāo 撤消 6-889A
chèxiāo 撤銷 6-889B
chèxiǎo 徹曉 3-1093A
chèxiǎo 撤曉 6-889B
chēxíngdào 車行道 9-1188A
chèxū 澈虛 6-145B
chèxuán 徹縣 3-1092B
chèxuán 徹懸 3-1093A
chěxún 扯撏 6-370B
chēyá 車牙 9-1187A
chēyán 車簷 9-1198A
chèyàn 掣驗 6-635B
chēyāng 車鞅 9-1194B
chēyáoyáo 車遙遙 9-1194B
chēyè 車葉 9-1193A
chěyě 撦冶 6-832B
chěyè 撦拽 6-832B
chèyè 掣曳 6-634B
chèyè 徹夜 3-1091A
chèyè 澈夜 6-145B
chèyè 㢚曳 3-1253A
chěyè'er 扯葉兒 6-370A
chèyèyè 掣曳曳 6-634B
chēyī 車衣 9-1188A
chēyí 車儀 9-1196A
chēyǐ 車輢 9-1195B
chēyīn 車茵 9-1189B
chēyīn 車音 9-1189B
chēyīn 車裀 9-1192B
chēyǐn 車靷 9-1194A
chèyín 咕唫 3-259A
chēyíng 車營 9-1196B
chèyìng 澈映 6-145B
chēyǒu 車牖 9-1195B
chēyòu 車右 9-1187B
chēyú 車魚 9-1192B
chēyú 車輿 9-1197A
chēyú 車轝 9-1198A
chēyǔ 車羽 9-1188B
chēyǔ 車雨 9-1188B
chēyù 車馭 9-1193A
chēyuán 車轅 9-1197A
chēyuè 車軏 9-1190B
chèyuè 徹樂 3-1092B
chēzài 車載 9-1194A
chēzàibǎn 車載板 9-1194A
chēzàichuánzhuāng 車載船裝 9-1194A
chēzàidǒuliáng 車載斗量 9-1194A
chèzhá 徹扎 3-1090B
chèzhá 徹札 3-1091A
chèzhāi 徹齊 3-1092B
chēzhàn 車站 9-1191A
chēzhàn 車棧 9-1193A
chēzhàn 車戰 9-1196B
chēzhǎng 車掌 9-1193B
chēzhàng 車仗 9-1187B
chēzhàng 車帳 9-1191B
chèzhàng 撤帳 6-889A
chēzhào 車照 9-1194B
chèzhào 坼兆 2-1087A
chēzhē 唓遮 3-353A
chēzhē 唓嗻 3-353A
chēzhé 車軼 9-1193A
chēzhé 車轍 9-1197B
chězhé 撦磔 6-832B
chèzhé 詀讁 11-102B
chēzhémǎjì 車轍馬迹 9-1197B
chēzhémǎjì 車轍馬跡 9-1197B
chēzhěn 車枕 9-1188B
chēzhěn 車軫 9-1193A
chēzhèng 車正 9-1187B
chēzhī 車脂 9-1191A
chēzhǐ 車軹 9-1193A
chězhí 扯直 6-369B
chèzhí 撤職 6-889B
chèzhǐ 徹止 3-1090B
chèzhì 掣制 6-635A
chēzhòng 車重 9-1189B
chēzhōu 車輈 9-1194A
chēzhóu 車軸 9-1193A
chèzhǒu 掣肘 6-634B
chèzhòu 徹晝 3-1092A
chēzhóucǎo 車軸草 9-1193A
chēzhóuhàn 車軸漢 9-1193A
chēzhǔ 車主 9-1188A
chēzhù 車注 9-1189A
chězhuāi 扯拽 6-369B

chēzhuǎn 車轉 9-1197B
chèzhuàn 徹饌 3-1093A
chèzhuì 徹綴 3-1092B
chēzi 車子 9-1187A
chēzī 車輜 9-1195B
chēzǐ 車子 9-1187A
chēzòng 車蹤 9-1197B
chèzòng 掣縱 6-635B
chēzōu 車騶 9-1198A
chèzǒu 撤走 6-888B
chèzǔ 徹俎 3-1091B
chèzuǐ 撤嘴 6-889B
chēzuò 車座 9-1191A
chězuó 扯捽 6-370A
chèzuò 徹坐 3-1091A
chī'āi 嗤騃 3-471B
chī'ái 蚩騃 8-873B
chī'ái 癡騃 8-365A
chī'ài 癡愛 8-364B
chí'āi 遲挨 10-1234B
chí'āi 遲捱 10-1235A
chì'àn 赤岸 9-1162B
chī'ào 螭坳 8-946B
chǐ'ào 侈傲 1-1346A
chí'áobǎjiǔ 持螯把酒 6-553A
chíbá 持拔 6-550A
chíbá 馳跋 12-804A
chíbǎ 持把 6-549B
chǐbā 尺八 4-5B
chìbá 赤发 9-1159A
chìbá 拸拔 6-595B
chìbà 斥罷 6-1055A
chìbābā 赤巴巴 9-1158B
chíbǎi 池柏 5-937B
chìbái 赤白 9-1159A
chìbáibái 赤白白 9-1159A
chǐbáichúnhóng 齒白唇紅 12-1446A
chībáifàn 吃白飯 3-129B
chībáijiǔ 吃白酒 3-129B
chìbáilì 赤白痢 9-1159A
chībáimòfàn 吃白墨飯 3-129B
chìbáináng 赤白囊 9-1159B
chībáishí 吃白食 3-129B
chìbáiwán 赤白丸 9-1159A
chībáixiāngfàn 吃白相飯 3-129B
chíbǎn 持板 6-550A
chǐbān 齒班 12-1447B
chǐbǎn 尺板 4-7B
chǐbàn 尺半 4-7A
chìbǎn 赤阪 9-1160B
chìbǎn 赤坂 9-1161A
chìbǎn 赤板 9-1162A
chībǎndāomiàn 吃板刀麵 3-130B
chǐbǎndǒushí 尺板斗食 4-7B
chībǎng 笞榜 8-1134A
chībǎng 笞搒 8-1134A
chìbǎng 翅膀 9-643A
chìbǎng 敕牓 5-459B
chìbàng 赤棒 9-1168B
chībǎnzi 吃板子 3-130B
chíbào 持抱 6-550A
chǐbào 哆暴 3-334B
chìbào 赤豹 9-1166A
chībǎodūn 吃飽蹲 3-134A
chìbāo'er 赤包兒 9-1159B
chíbèi 弛備 4-107A
chíbèi 持備 6-551B
chǐbèi 褫褙 9-124B
chǐbèi 齒貝 12-1446B
chìbèi 敕備 5-459A
chìbèi 飭備 12-498B
chīběn 吃本 3-129B
chībèn 癡笨 8-364A
chíbēn 馳奔 12-802A
chíbèn 遲笨 10-1235A
chíbèn 遲夯 10-1233A
chíbēng 弛崩 4-107A
chībí 嗤鼻 3-471B
chībǐ 蚩鄙 8-873A
chībǐ 嗤鄙 3-471B
chībǐ 摛筆 6-816A
chībì 螭陛 8-947A
chíbǐ 持筆 6-551B
chíbì 馳幣 12-804B
chǐbì 尺璧 4-9B
chìbí 赤鼻 9-1171A
chìbì 斥幣 6-1055A
chìbì 赤壁 9-1175A
chìbì 赤髀 9-1175B
chìbì 赤鷩 9-1177A
chībiān 笞鞭 8-1134B
chíbiàn 持辨 6-553B
chíbiàn 持辯 6-553B
chíbiàn 馳辯 12-806B
chìbiān 赤鞭 9-1176A
chìbiànzhàngrén 赤弁丈人 9-1159B
chǐbiǎo 尺表 4-7B
chìbiāo 赤熛 9-1173B
chìbiǎo 飭表 12-498A
chìbiāonù 赤熛怒 9-1173B
chìbiāoyítóng 赤彪儀同 9-1167A
chībiē 吃癟 3-135B
chíbié 持別 6-549B
chìbíjī 赤鼻磯 9-1171A
chìbìjī 赤壁磯 9-1175B
chìbìn 斥擯 6-1055B
chībìng 癡病 8-364A
chíbīng 弛兵 4-106B
chíbīng 持兵 6-549B
chíbīng 馳兵 12-802A
chìbīng 斥兵 6-1053B
chìbīng 飭兵 12-498A
chìbǐng 斥屏 6-1054A
chǐbīngcùntiě 尺兵寸鐵 4-7B
chǐbìshécún 齒弊舌存 12-1448B
chìbǐshū 赤筆書 9-1169A
chībó 蚩薄 8-873A
chíbō 持鉢 6-552A
chíbō 馳波 12-802B
chíbó 馳薄 12-805A
chǐbō 尺波 4-7B
chǐbō 褫剥 9-124B
chǐbó 尺帛 4-7B
chǐbó 侈博 1-1346A
chìbō 叱撥 3-58A
chìbō 赤剥 9-1166B
chìbō 赤撥 9-1172B
chìbó 斥駁 6-1055A
chìbó 赤膊 9-1171B
chìbó 赤駁 9-1170B
chìbó 赤駮 9-1174A
chìbōbō 赤剥剥 9-1166B
chìbóchuán 赤膊船 9-1171B
chǐbōdiànxiè 尺波電謝 4-7B
chìbóshàngzhèn 赤膊上陣 9-1171B
chībózi 癡伯子 8-362B
chībù 摛布 6-816A
chíbǔ 馳捕 12-803A
chíbù 馳步 12-802A
chǐbù 尺布 4-6B
chìbǔ 飭捕 12-498B
chǐbùdǒusù 尺布斗粟 4-6B
chībufú 吃不服 3-129A
chíbùgǔguòléimén 持布鼓過雷門 6-549A
chībuguò 吃不過 3-129A
chībukāi 吃不開 3-129A
chībukèhuà 吃不克化 3-128B
chībulái 吃不來 3-129A
chībuliǎobāozhezǒu 吃不了包着走 3-128B
chībuliǎodōuzhezǒu 吃不了兜着走 3-128B
chībuqīng 吃不清 3-129A
chībushàng 吃不上 3-128B
chǐbùshéngqū 尺步繩趨 4-7B
chībutòu 吃不透 3-129A
chībutuì 吃不退 3-129A
chībuwándōuzhezǒu 吃不完兜着走 3-129A
chībuxiāo 吃不消 3-129A
chībuzhù 吃不住 3-128B
chībuzhùjìn 吃不住勁 3-128B
chībuzhǔn 吃不準 3-129A
chìcái 飭材 12-498A
chīcàishìmó 吃菜事魔 3-132B
chǐcàn 齒粲 12-1448A
chīcǎo 齝草 12-1453A
chícāo 持操 6-553A
chìcǎo 赤草 9-1163B
chìcè 赤側 9-1167B
chīchá 吃茶 3-131A
chìchá 飭查 12-498B
chíchàng 持倡 6-551A
chìchāng 熾昌 7-262B
chìchāo 赤鈔 9-1169B
chìcháo 赤潮 9-1173B
chǐcháozhīshì 齒朝之士 12-1448A
chīchē 癡車 8-362B
chíchē 馳車 12-802A
chíchè 持掣 6-551B
chìchē 赤車 9-1161A
chìchén 斥臣 6-1053B
chìchén 赤忱 9-1161B
chíchéng 馳誠 12-804B
chíchěng 馳騁 12-805A
chíchěng 駝騁 12-824A
chìchéng 赤城 9-1163B
chìchéng 赤誠 9-1170A
chìchéng 飭城 12-514A
chìchēshǐzhě 赤車使者 9-1161A
chīchī 吃吃 3-130A
chīchī 蚩蚩 8-872B
chīchī 嗤嗤 3-471B
chīchī 鴟鴟 12-1082B
chīchī 喰喰 3-400A
chīchì 笞叱 8-1133B
chíchí 持持 6-550B
chíchí 持遲 6-553A
chíchí 趍趍 9-1131B
chíchí 遲遲 10-1237A
chíchí 謘謘 11-392B
chíchì 馳勑 12-803A
chǐchǐ 侈侈 1-1345A
chǐchǐ 齒齒 12-1448B
chǐchǐ 哆哆 3-334A
chìchī 赤螭 9-1174B
chìchí 赤墀 9-1172B
chìchì 叱叱 3-57A
chìchì 叱斥 3-57A
chìchì 斥叱 6-1053B
chìchì 斥斥 6-1053B
chìchì 忕忕 7-511A
chìchì 趩趩 9-1153A
chìchì 厈厈 1-918A
chìchì 翄翄 9-644B
chìchì 湁湁 6-188B
chìchì 眙眙 7-1202A
chǐchǐbùxiū 侈侈不休 1-1345A
chīchīchǔnchǔn 蚩蚩蠢蠢 8-873A
chìchìhāhā 赤赤哈哈 9-1161A
chǐchǐhéhé 哆哆和和 3-334A
chìchìkēkē 啻啻磕磕 3-437A
chīchīméng 蚩蚩氓 8-873A
chīchīnìnì 癡癡昵昵 8-365B
chīchīyínyín 蚩蚩嚚嚚 8-873A
chīchīzhě 蚩蚩者 8-873A
chīchóng 癡蟲 8-365A
chíchóu 持籌 6-553B
chíchóu 踟躕 10-509A
chìchòu 赤臭 9-1165B
chíchóuwòsuàn 持籌握算

6-553B
chīchù 嗤黜 3-472A
chíchú 荎藸 9-365A
chíchú 峙⿰山屠 5-354A
chíchú 峙⿰足屠 5-354A
chíchú 踟躇 10-509A
chíchú 踟蹰 10-509A
chíchú 踟躕 10-509A
chíchú 踟跦 10-509A
chíchù 馳觸 12-806A
chǐchǔ 尺楮 4-8B
chìchú 斥除 6-1054A
chìchú 赤除 9-1165A
chìchù 彳亍 3-884A
chìchù 斥絀 6-1054B
chìchù 斥黜 6-1055B
chǐchuán 尺椽 4-8B
chīchuáng 癡床 8-362B
chīchuáng 癡牀 8-363B
chīchuānyòngdù 吃穿用度 3-131B
chīchuí 笞捶 8-1134A
chīchuí 笞棰 8-1134A
chīchuí 笞箠 8-1134A
chǐchuí 尺捶 4-8A
chǐchuí 尺棰 4-8B
chǐchuí 尺箠 4-9A
chìchūn 赤春 9-1163B
chǐchúnyīn 齒脣音 12-1447B
chīcí 摛詞 6-816A
chīcí 摛辭 6-816B
chící 馳辭 12-806A
chícì 持刺 6-550A
chícì 遲次 10-1234A
chǐcí 侈詞 1-1346A
chǐcí 侈辭 1-1347A
chǐcì 齒次 12-1446B
chìcī 斥疵 6-1054B
chìcì 赤賜 9-1173A
chìcì 敕賜 5-459B
chícóng 侈從 1-1345B
chīcù 吃醋 3-134B
chìcuàn 斥竄 6-1055B
chìcuàn 熾爨 7-263B
chìcuàn 饎爨 12-580A
chícuī 持衰 6-551A
chìcuī 飭催 12-499A
chǐcùn 尺寸 4-6A
chìcùn 赤寸 9-1157A
chǐcunqiānlǐ 尺寸千里 4-6A
chǐcuò 齒錯 12-1449A
chìcuō 跮差 10-461B
chìcuō 跮蹉 10-461B
chīdá 吃答 3-133B
chǐdà 侈大 1-1344A
chǐdà 哆大 3-334A
chǐdà 奓大 2-1540B
chìdā 叱搭 3-58A
chìdá 敕答 5-459A
chìdà 斥大 6-1053A
chīdādā 吃搭搭 3-133A
chīdàguōfàn 吃大鍋飯 3-128B
chīdàhù 吃大户 3-128B
chīdāi 癡呆 8-362B
chīdāi 癡獃 8-364B
chídài 弛怠 4-106B
chídài 遲怠 10-1234B
chǐdài 褫帶 9-124B
chìdài 赤帶 9-1166B
chídàn 弛擔 4-108A
chìdǎn 赤膽 9-1175B
chídàng 弛蕩 4-107B
chídàng 馳蕩 12-805A
chìdǎng 赤黨 9-1176B
chìdǎnzhōnggān 赤膽忠肝 9-1175B
chìdǎnzhōngxīn 赤膽忠心 9-1175B
chīdǎo 癡倒 8-363B
chídǎo 池島 5-937B
chídào 馳道 12-804A
chídào 遲到 10-1234A
chǐdāo 尺刀 4-5B
chìdāo 赤刀 9-1156B
chìdāo 鋫刀 11-1250B
chìdào 斥道 6-1054B
chìdào 赤道 9-1169B
chīdàowǔgǔxiǎngliùgǔ 吃到五穀想六穀 3-130B
chǐdé 齒德 12-1449A
chìdé 赤德 9-1173B
chīdeguāng 吃得光 3-132B
chīdekāi 吃得開 3-133A
chīdelái 吃得來 3-132B
chīdèngdèng 癡瞪瞪 8-365A
chīdexiāo 吃得消 3-132B
chīdezhù 吃得住 3-132B
chīdézhǔn 吃得準 3-133A
chīdǐ 嗤詆 3-471B
chǐdì 尺地 4-7A
chǐdì 齒弟 12-1447A
chìdí 赤狄 9-1161B
chìdí 赤翟 9-1172B
chìdì 斥地 6-1053B
chìdì 赤地 9-1159B
chìdì 赤帝 9-1164B
chīdiǎn 嗤點 3-472A
chídiàn 馳電 12-804A
chìdiàn 赤電 9-1170A
chīdiē 吃跌 3-133B
chǐdié 齒疊 12-1448A
chǐdié 齒臷 12-1448A
chìdié 勑牒 2-795A
chìdié 赤牒 9-1170A
chìdié 敕牒 5-459A
chīdìng 吃定 3-131A
chīdìng 癡定 8-363B
chīdīngzi 吃釘子 3-132A
chìdīngzǐ 赤丁子 9-1156B
chìdìqiānlǐ 赤地千里 9-1159B
chìdìzǐ 赤帝子 9-1164B
chīdòng 吃動 3-132B
chìdòng 飭動 12-514B
chīdòu 笞鬭 8-1134B
chǐdòu 侈鬭 1-1347B
chìdòu 赤豆 9-1161A
chīdòufu 吃豆腐 3-130A
chīdū 笞督 8-1134A
chīdù 癡妬 8-363B
chǐdú 尺牘 4-9B
chǐdù 尺度 4-7B
chìdū 赤都 9-1165A
chìdú 叱犢 3-58A
chìdú 斥黷 6-1055B
chìdú 赤牘 9-1176A
chǐduān 侈端 1-1346B
chìduàn 敕斷 5-459B
chǐduǎncùncháng 尺短寸長 4-8B
chīdūn 鴟蹲 12-1083A
chīdùn 癡鈍 8-364A
chídùn 遲鈍 10-1235B
chídùn 遲頓 10-1236A
chíduò 弛惰 4-107A
chǐduō 侈哆 1-1345A
chǐduó 褫奪 9-124B
chìduō 叱咄 3-57B
chìduó 斥奪 6-1055A
chìduó 跮踱 10-461B
chīdúshí 吃獨食 3-135A
chīdúzhuō 吃獨桌 3-135A
chī'é 螭額 8-948A
chī'è 蚩惡 8-873A
chí'é 遲俄 10-1234B
chí'è 弛惡 4-107A
chí'è 坻鄂 2-1087B
chí'è 坻堮 2-1087B
chí'è 坻崿 2-1087B
chì'é 勑額 2-795A
chì'é 赤俄 9-1164A
chì'é 敕額 5-459B
chì'è 赤厄 9-1158A
chì'è 眙愕 7-1202A
chì'è 眙愕 7-1202A
chì'è 眙⿰目咢 7-1202A
chǐ'ēnxíchǒng 侈恩席寵 1-1345B
chī'ér 癡兒 8-363A
chǐ'èr 尺二 4-5B
chī'ér'áinǚ 癡兒騃女 8-363A
chī'ér'áizi 癡兒騃子 8-363A
chǐ'èrcùndú 尺二寸牘 4-5B
chǐ'èrguī 尺二圭 4-5B
chī'érnǚ 癡兒女 8-363A
chǐ'èrxiùcái 尺二秀才 4-5B
chǐ'èryuānjiā 尺二冤家 4-5B
chí'éyèjī 池鵝夜擊 5-939A
chīfá 笞罰 8-1134A
chīfǎ 笞法 8-1133B
chífǎ 持法 6-550B
chǐfà 齒髮 12-1448B
chìfā 熾發 7-263B
chìfǎ 敕法 5-458B
chìfǎ 飭法 12-514B
chīfàn 吃飯 3-133B
chífàn 馳範 12-805A
chìfàn 斥犯 6-1053B
chīfànchù 吃飯處 3-133B
chīfǎng 螭舫 8-947A
chífāng 馳芳 12-802A
chífáng 弛防 4-106B
chífàng 弛放 4-106B
chǐfāng 尺方 4-6B
chìfāng 赤方 9-1158B
chìfàng 斥放 6-1054A
chīfànjiāhuo 吃飯家伙 3-133B
chīfànjiāshēng 吃飯家生 3-133B
chīféi 吃肥 3-131A
chīféi 癡肥 8-363A
chífèi 弛廢 4-107B
chǐfèi 侈費 1-1346A
chīfēicù 吃飛醋 3-131B
chīfēilì 吃飛利 3-131B
chífēn 持分 6-548B
chǐfēn 齒芬 12-1446B
chǐfèn 恥忿 7-492B
chìfēn 饎餴 12-580A
chīfēng 癡風 8-363B
chífēng 馳風 12-802B
chífēng 遲風 10-1234B
chífèng 池鳳 5-938B
chǐfēng 侈風 1-1345A
chìfēng 赤風 9-1164A
chìfēng 敕封 5-458B
chìfèng 赤鳳 9-1171B
chīfèngbiānluán 笞鳳鞭鸞 8-1134B
chífēngchěngyǔ 馳風騁雨 12-802B
chìfènghuáng 赤鳳皇 9-1171B
chìfènghuáng 赤鳳凰 9-1171B
chìfènghuánglái 赤鳳皇來 9-1171B
chìfènglái 赤鳳來 9-1171B
chìfènruò 赤奮若 9-1174A
chìfótáng 赤佛堂 9-1161B
chīfú 笞服 8-1133B
chīfú 癡福 8-364B
chīfù 癡腹 8-364B
chífū 馳夫 12-801B
chífú 池紼 5-938A
chífú 池綍 5-938B
chífú 持扶 6-549B
chífú 持服 6-550A
chífǔ 持斧 6-550A
chífù 持複 6-552B
chífù 馳赴 12-802B
chǐfú 尺幅 4-8B
chǐfú 侈服 1-1345A
chǐfù 侈富 1-1346A
chìfú 赤伏 9-1160A
chìfú 赤芾 9-1161A
chìfú 赤茀 9-1162A
chìfú 赤符 9-1167A

chìfú 赤紱 9-1168B
chìfú 赤紼 9-1168B
chìfú 赤韍 9-1172A
chìfú 敕符 5-459A
chìfú 眙伏 7-1202A
chìfǔ 赤府 9-1163A
chìfǔ 赤斧 9-1163A
chìfù 熾富 7-263B
chǐfúcùnjiān 尺幅寸縑 4-8B
chìfúfú 赤伏符 9-1160A
chīfùwēng 笞婦翁 8-1134A
chífǔwēng 持斧翁 6-550A
chìgài 赤蓋 9-1170A
chīgān 黐竿 12-1385A
chígān 池干 5-937A
chígān 持竿 6-550B
chìgān 叱干 3-57A
chìgàn 赤幹 9-1170A
chǐgānchéngféi 齒甘乘肥 12-1446A
chīgānfàn 吃乾飯 3-132B
chígāng 持綱 6-552B
chígāowùyuǎn 馳高騖遠 12-803B
chīgé 絺葛 9-872B
chīgé 鴟革 12-1082A
chígé 池閣 5-938B
chǐgé 恥格 7-492B
chǐgé 褫革 9-124A
chǐgé 齒革 12-1447A
chìgé 斥革 6-1054A
chìgé 赤葛 9-1168B
chìgé 敕格 5-458B
chǐgēn 齒根 12-1447B
chìgēncài 赤根菜 9-1165A
chígēng 持更 6-549B
chǐgēng 豉羹 9-1346B
chìgěng 赤綆 9-1170B
chígēshìmǎ 持戈試馬 6-548B
chīgèshīziliúzhījiǎo 吃箇蝨子留隻腳 3-134B
chígōng 弛弓 4-106A
chígōng 持公 6-548B
chìgōng 敕躬 5-458B
chìgōng 飭躬 12-498B
chīgōu 鴟溝 12-1082B
chīgòu 笞詬 8-1134A
chǐgòu 齒垢 12-1447A
chīgǔ 癡骨 8-363B
chīgù 鴟顧 12-1083A
chígǔ 弛罟 4-107A
chígù 遲顧 10-1237B
chìgǔ 赤股 9-1163A
chìgǔ 赤骨 9-1164A
chìgǔ 飭蠱 12-499B
chīguǎcù 吃寡醋 3-134B
chīguài 嗤怪 3-471A
chìguài 叱怪 3-57B
chīguàizi 嗤怪子 3-471A
chíguǎn 池舘 5-938B
chíguǎn 池館 5-938B
chíguǎn 持管 6-552B
chíguǎn 馳管 12-804B
chíguàn 池觀 5-939A
chǐguān 褫官 9-124A
chìguān 飾官 12-514A
chīguāng 摛光 6-816A
chíguāng 馳光 12-801B
chíguāng 遲光 10-1233B
chìguāng 赤光 9-1160A
chìguāngguāng 赤光光 9-1160A
chīguānshì 吃官事 3-131A
chīguānsī 吃官司 3-131A
chīguǎnzi 吃館子 3-135A
chīguī 螭龜 8-948A
chīguī 鴟龜 12-1083A
chǐguǐ 尺晷 4-8B
chìguī 飭歸 12-499A
chìgǔlèi 赤骨肋 9-1164A
chìgǔlì 赤骨力 9-1164A
chìgǔlì 赤骨立 9-1164A
chìgǔlǜ 赤骨律 9-1164A
chìgùn 赤棍 9-1169A
chǐguō 尺郭 4-8A
chǐguó 侈國 1-1345B
chǐguò 恥過 7-493B
chìguō 赤郭 9-1166A
chìguǒ 翅果 9-643A
chìguò 飭過 12-498B
chǐguòjiānsuí 齒過肩隨 12-1447B
chīhái 癡骸 8-365A
chíhǎi 蚳醢 8-877A
chìhǎi 赤海 9-1166A
chìhài 眙駭 7-1202A
chīhān 癡憨 8-365A
chīhàn 摛翰 6-816A
chīhàn 癡漢 8-365A
chíhán 馳函 12-802B
chíhàn 馳翰 12-805A
chǐhán 尺函 4-7B
chǐhán 齒寒 12-1448A
chǐhàn 尺翰 4-9A
chìhán 赤寒 9-1169B
chìhàn 赤汗 9-1160B
chìhàn 赤旱 9-1161A
chìhàn 赤漢 9-1172A
chìhàn 翅翰 9-643A
chìhànmǎ 赤汗馬 9-1160B
chīháo 摛毫 6-816A
chíháo 馳毫 12-803B
chǐhào 侈浩 1-1345B
chìhào 敕號 5-459A
chīhē 吃喝 3-133A
chīhè 絺褐 9-872B
chīhè 鴟嚇 12-1083A
chǐhè 褫褐 9-125A
chìhē 叱呵 3-57A
chìhē 叱訶 3-58A
chìhē 斥呵 6-1053B
chìhé 翅翮 9-643A
chìhè 叱喝 3-58A
chìhè 赤褐 9-1172A
chìhēi 赤黑 9-1169A
chīhēifàn… 吃黑飯,護漆柱 3-133B
chīhēizǎo 吃黑棗 3-133B
chǐhén 齒痕 12-1448A
chíhéng 持衡 6-553A
chíhéngyōngxuán 持衡擁璇 6-553A
chīhēwánlè 吃喝玩樂 3-133B
chìhóng 赤紅 9-1165A
chìhōnghōng 赤烘烘 9-1166A
chíhóu 弛侯 4-106B
chíhòu 持後 6-550B
chìhòu 斥候 6-1054A
chìhòu 斥堠 6-1054B
chìhòu 赤后 9-1160A
chīhǔ 螭虎 8-946B
chíhǔ 持虎 6-550A
chíhù 持護 6-553B
chìhū 叱呼 3-57B
chìhú 赤狐 9-1163A
chìhǔ 赤虎 9-1162B
chīhuá 摛華 6-816A
chīhuà 吃化 3-129A
chīhuà 癡話 8-364B
chíhuà 馳化 12-801B
chǐhuá 侈華 1-1345B
chǐhuà 拸畫 6-585B
chìhuà 赤化 9-1158A
chìhuà 敕畫 5-459A
chìhuà 飭化 12-497B
chíhuái 馳懷 12-806A
chíhuái 遲徊 10-1234B
chíhuài 弛壞 4-108A
chíhuáibùjué 遲徊不決 10-1234B
chíhuáiguānwàng 遲徊觀望 10-1234B
chīhuājiǔ 吃花酒 3-130A
chíhuǎn 弛緩 4-107B
chíhuǎn 遲緩 10-1237B
chìhuán 赤寰 9-1175A
chìhuàn 敕喚 5-458B
chíhuáng 池隍 5-938A
chíhuáng 池潢 5-938B
chíhuáng 馳惶 12-804A
chìhuáng 赤黃 9-1166B
chìhuáng 敕黃 5-458B
chīhuāyān 吃花烟 3-130A
chīhǔdǎn 吃虎膽 3-130B
chīhuǐ 嗤毀 3-471B
chíhuī 弛隳 4-108A
chíhuī 池灰 5-937B
chíhuī 馳暉 12-804A
chíhuī 馳輝 12-805A
chíhuī 遲暉 10-1236A
chíhuí 遲囘 10-1233B
chíhuí 遲回 10-1233B
chíhuí 遲囬 10-1234A
chíhuí 遲佪 10-1234A
chíhuí 遲廻 10-1234A
chíhuí 遲迴 10-1234B
chíhuì 遲晦 10-1235A
chǐhuī 哆噅 3-334B
chǐhuì 侈繢 1-1347A
chǐhuì 恥恚 7-492B
chìhuī 赤煒 9-1170B
chìhuì 斥諱 6-1055A
chìhuì 赤卉 9-1158B
chíhuíguānwàng 遲回觀望 10-1233B
chīhūn 眵昏 7-1204B
chǐhún 褫魂 9-124B
chìhùn 赤鯶 9-1176B
chíhúndàngpò 馳魂宕魄 12-804A
chíhúnduópò 馳魂奪魄 12-804A
chīhūnfàn 吃葷飯 3-133A
chìhùngōng 赤鯶公 9-1176B
chīhúntún 吃餛飩 3-135A
chīhuò 癡惑 8-364A
chíhuò 遲貨 10-1235A
chǐhuō 齒豁 12-1449B
chǐhuō 哆豁 3-334B
chǐhuò 尺蠖 4-9B
chìhuò 斥蠖 6-1055B
chǐhuò 蚸蠖 8-877A
chìhuǒ 熾火 7-262B
chǐhuōtóutóng 齒豁頭童 12-1449B
chìhǔyítóng 赤虎儀同 9-1162B
chījī 笞擊 8-1134B
chījì 吃悸 3-133A
chījì 癡計 8-363B
chíjí 遲疾 10-1235A
chíjǐ 持己 6-548B
chíjǐ 持戟 6-551B
chíjì 持寄 6-551B
chíjì 馳績 12-805B
chǐjí 尺籍 4-10A
chǐjí 齒及 12-1445B
chǐjí 齒籍 12-1449B
chǐjì 齒迹 12-1447B
chǐjì 齒記 12-1447B
chǐjì 齒跡 12-1448A
chìjī 赤畿 9-1174A
chìjī 赤雞 9-1176A
chìjí 赤籍 9-1176B
chìjí 湁潗 5-1440B
chìjì 赤冀 9-1174B
chìjì 赤罽 9-1175B
chìjì 赤蘢 9-1176A
chìjì 赤驥 9-1177B
chìjì 飭紀 12-498B
chījià 吃價 3-134B
chījià 螭駕 8-947B
chíjia 持家 6-551A
chǐjiā 侈家 1-1345B
chǐjiá 齒頰 12-1449A
chìjiá 赤頰 9-1174B
chìjiá 懘忿 7-769A
chìjiǎ 赤岬 9-1162B
chìjiǎ 赤甲 9-1159A
chìjiǎ 赤瘕 9-1172A
chìjiǎ 敕甲 5-458A
chìjià 飭駕 12-499A

chìjiǎdǐbīng 飭甲底兵 12-513A
chījiāfàn'ēyěshǐ 吃家飯屙野屎 3-132A
chījiāfànsāyěshǐ 吃家飯撒野矢 3-132A
chǐjiáguàrén 齒頰掛人 12-1449A
chījiān 吃監 3-134A
chījiàn 癡箭 8-365A
chíjiān 持堅 6-551B
chíjiān 馳牋 12-804A
chíjiǎn 遲蹇 10-1237B
chǐjiān 尺箋 4-8B
chǐjiān 尺縑 4-9A
chǐjiān 齒殲 12-1449B
chǐjiǎn 尺簡 4-9B
chǐjiàn 侈僭 1-1346B
chǐjiàn 齒劍 12-1448B
chìjiàn 赤箭 9-1173A
chìjiàn 敕見 5-458A
chìjiàn 敕建 5-458B
chījiàncái 吃劍才 3-134B
chìjiàng 赤醬 9-1176A
chījiǎngchá 吃講茶 3 135B
chǐjiànrúguī 齒劍如歸 12-1448B
chījiàntóu 吃劍頭 3-135A
chījiànzéi 吃劍賊 3-135A
chījiāo 吃交 3-130A
chījiāo 螭蛟 8-947A
chījiāo 黐膠 12-1385B
chījiǎo 螭角 8-946B
chījiào 吃教 3-132A
chíjiào 馳教 12-803B
chǐjiāo 侈驕 1-1347B
chǐjiǎo 齒角 12-1446B
chìjiǎo 赤角 9-1161B
chìjiǎo 赤脚 9-1167B
chìjiǎo 赤腳 9-1170A
chìjiào 叱叫 3-57A
chìjiào 敕教 5-458B
chìjiǎobì 赤脚婢 9-1168A
chìjiǎobì 赤腳婢 9-1170A
chìjiǎodàxiān 赤脚大仙 9-1167B
chìjiǎohàn 赤脚漢 9-1168A
chìjiǎoxiānrén 赤脚仙人 9-1167B
chìjiǎoyīshēng 赤脚醫生 9-1168A
chǐjiáshēngxiāng 齒頰生香 12-1449A
chǐjiáxiāng 齒頰香 12-1449A
chǐjíduǎnshū 尺籍短書 4-10A
chījiē 螭堦 8-947A
chíjié 持節 6-552A
chíjié 馳結 12-804A
chíjiě 弛解 4-107B
chíjiè 持戒 6-549B
chíjiè 馳介 12-801B
chìjiē 叱嗟 3-58A
chìjié 赤節 9-1170A
chìjié 熾結 7-263B
chìjiè 勑戒 2-794B
chìjiè 勑誡 2-795A
chìjiè 敕戒 5-458A
chìjiè 飭戒 12-498A
chìjiè 飭誡 12-499A
chìjiēfēngyún 叱嗟風雲 3-58A
chījīn 絺巾 9-872A
chījǐn 吃緊 3-134A
chījǐn 摛錦 6-816A
chījìn 吃勁 3-131A
chījìn 笞靳 8-1134A
chījìn 嗤靳 3-471B
chíjìn 弛禁 4-107B
chǐjīn 侈矜 1-1345B
chǐjīn 褫衿 9-124B
chǐjǐn 尺錦 4-9A
chǐjìn 尺燼 4-9B
chǐjìn 齒盡 12-1448B
chìjīn 赤斤 9-1158B
chìjīn 赤金 9-1163A
chìjǐn 赤槿 9-1172B
chìjǐn 飭謹 12-499A
chìjìn 斥近 6-1053B
chìjìn 赤盡 9-1172A
chìjìn 赤祲 9-1168B
chìjìn 飭盡 12-499A
chìjìn 飭禁 12-498B
chìjǐnde 赤緊的 9-1170B
chījīng 吃驚 3-135B
chíjīng 馳精 12-804B
chíjǐng 馳景 12-803B
chíjǐng 遲景 10-1235B
chíjìng 池鏡 5-939A
chíjìng 持敬 6-551B
chíjìng 馳競 12-806B
chìjīng 赤精 9-1172A
chìjǐng 敕警 5-459B
chìjìng 斥境 6-1055A
chìjìng 赤脛 9-1168A
chìjīngjīng 赤精精 9-1172A
chījīngshòupà 吃驚受怕 3-135B
chìjīngzǐ 赤精子 9-1172A
chìjīnjīn 赤津津 9-1164B
chījiū 鴟鳩 12-1082B
chījiǔ 鴟久 12-1081A
chíjiǔ 持久 6-548B
chíjiǔ 持酒 6-551A
chíjiǔ 遲久 10-1233A
chǐjiǔ 豉酒 9-1346B
chǐjiù 恥疚 7-492B
chǐjiù 齒舊 12-1449B
chìjiǔ 赤九 9-1156B
chíjiǔlínzì 池酒林胾 5-938A
chíjiǔzhàn 持久戰 6-548B
chǐjíwǔfú 尺籍伍符 4-10A
chījīzǎixiàng 吃虀宰相 3-135B
chījú 吃局 3-130B
chījù 吃具 3-130B
chíjú 遲局 10-1234A
chǐjù 恥懼 7-493A
chǐjù 齒句 12-1446A
chìjú 敕局 5-458A
chījué 吃蹶 3-135B
chījué 笞決 8-1133B
chījué 螭桷 8-947A
chījué 癡絕 8-364A
chījué 離玦 11-886B
chíjué 弛絕 4-107B
chíjué 馳角 12-802A
chǐjué 齒決 12-1447A
chǐjué 齒爵 12-1449B
chìjué 斥絕 6-1054B
chìjué 瘛瘚 8-345A
chìjuéxiándānshū 赤爵銜丹書 9-1175B
chíjūn 持鈞 6-552A
chíjūn 馳軍 12-803A
chǐjūn 侈君 1-1345A
chìjūnzǐ 赤軍子 9-1164B
chǐjūwánghòu 恥居王後 7-492B
chīkāi 吃開 3-134A
chīkān 吃勘 3-132A
chīkàn 癡看 8-363B
chīkè 癡客 8-363B
chíkē 持柯 6-550B
chíkěn 馳懇 12-805B
chīkòng 吃空 3-131A
chíkōng 馳空 12-802B
chíkòng 馳控 12-803B
chīkǒu 吃口 3-128B
chīkǒu 吃口 3-128B
chīkǒu 齝口 12-1452B
chǐkǒu 尺口 4-6A
chǐkǒu 侈口 1-1344B
chǐkǒu 哆口 3-334A
chìkǒu 赤口 9-1157A
chìkǒubáishé 赤口白舌 9-1157A
chīkǒulìng 吃口令 3-128B
chìkǒurì 赤口日 9-1157A
chìkǒushāochéng 赤口燒城 9-1157B
chīkǔ 吃苦 3-130B
chìkǔ 斥苦 6-1053B
chìkǔ 赤苦 9-1162A
chìkuǎn 赤款 9-1168B
chīkuáng 癡狂 8-362B
chīkuàng 絺纊 9-873A
chíkuàng 弛曠 4-108A
chīkǔbùgān 吃苦不甘 3-130B
chīkuī 吃虧 3-135A
chǐkuí 齒頄 12-1447B
chǐkuì 恥愧 7-493A
chīkūn 笞髡 8-1134A
chìkǔn 赤悃 9-1166A
chǐkuò 侈闊 1-1347A
chǐkuò 奓闊 2-1540B
chīlā 嗤啦 3-471B
chīlàiwǎn 吃癩碗 3-135B
chīlàmiàn 吃辣麪 3-134B
chīlán 鴟闌 12-1083A
chīlǎn 癡嬾 8-365B
chīlǎn 癡懶 8-365B
chìlánqiáo 赤闌橋 9-1175B
chìlánqiáo 赤欄橋 9-1176B
chíláo 持牢 6-549B
chìlǎo 赤老 9-1159B
chìlǎo 赤佬 9-1163A
chīlǎoběn 吃老本 3-129B
chīláojīn 吃勞金 3-133B
chǐlè 侈樂 1-1346B
chìlè 勑勒 2-794B
chìlè 敕勒 5-459A
chìlègē 敕勒歌 5-459A
chīlěi 吃累 3-132B
chīlěi 癡猵 8-365B
chīlèi 眵淚 7-1204B
chīlèi 嗤累 3-471B
chìlěi 飭壘 12-499A
chīlelǎoniang… 吃了老娘洗脚水 3-128A
chǐlěng 齒冷 12-1446B
chìléngléng 翅楞楞 9-643A
chīlepīshuāngyàolǎohǔ 吃了砒霜藥老虎 3-128A
chìlèshù 敕勒術 5-459A
chīlì 吃力 3-128A
chīlì 吃利 3-130A
chīlì 癡立 8-362A
chílí 持蠡 6-554A
chílì 弛力 4-106A
chílì 遲立 10-1233B
chílì 遲利 10-1234A
chǐlí 侈離 1-1347A
chǐlǐ 尺鯉 4-9B
chǐlǐ 齒禮 12-1449B
chǐlì 侈麗 1-1347A
chǐlì 齒力 12-1445B
chǐlì 齒歷 12-1449A
chìlí 斥離 6-1055B
chìlǐ 叱李 3-57A
chìlǐ 赤鯉 9-1176A
chìlǐ 飭理 12-514B
chìlì 勑厲 2-795A
chìlì 叱利 3-57A
chìlì 叱詈 3-58A
chìlì 斥力 6-1053A
chìlì 斥詈 6-1054B
chìlì 赤立 9-1159B
chìlì 赤痢 9-1169B
chìlì 赤曆 9-1174A
chìlì 赤歷 9-1174A
chìlì 敕力 5-457B
chìlì 敕厲 5-459B
chìlì 飭力 12-497B
chìlì 飭厲 12-499A
chìlì 飭勵 12-499A
chīlián 螭奩 8-947A
chílián 馳戀 12-806B
chìliǎn 赤臉 9-1175B
chìliàn 赤蝀 9-1174B
chīliáng 吃糧 3-135B
chīliàng 吃量 3-133B
chìliáng 赤粱 9-1170B

chíliǎngduān 持兩端 6-550A
chìliánshé 赤縺蛇 9-1175B
chìliànshé 赤楝蛇 9-1170A
chìliànshé 赤練蛇 9-1174A
chìliǎo 熾燎 7-263B
chīlìbùtǎohǎo
吃力不討好 3-128B
chīlìduō 吃栗多 3-131B
chíliè 馳獵 12-805B
chíliè 馳鴷 12-805A
chǐliè 齒列 12-1446A
chǐliè 齒躐 12-1449B
chìliè 叱列 3-57A
chìliè 赤烈 9-1165B
chìliè 赤裂 9-1169A
chìliè 熾烈 7-263A
chìlièfú 叱列伏 3-57A
chǐlìhóngyǎn 侈麗閎衍
1-1347A
chìlìlì 赤力力 9-1156B
chìlìlì 赤歷歷 9-1174A
chílín 池鱗 5-939A
chìlín 赤磷 9-1175B
chìlín 赤麟 9-1177A
chìlín 赤鱗 9-1177A
chílíng 馳齡 12-806A
chílǐng 持領 6-552B
chìlíng 赤靈 9-1177A
chìlíng 翅翎 9-643A
chìlǐng 赤嶺 9-1175B
chìlìng 叱令 3-57A
chìlìng 赤令 9-1159B
chìlìng 敕令 5-458A
chìlìng 飭令 12-498A
chīlíngbīngliáng
吃凌冰糧 3-132A
chìlíngfú 赤靈符 9-1177B
chìlínlín 赤淋淋 9-1168B
chīlǐpáwài 吃裏扒外
3-134A
chīlǐpáwài 吃裏爬外
3-134A
chīlìqié 吃力伽 3-128B
chīliū 哧嚁 3-350B
chīliū 嗤溜 3-471B
chīliū 蚩溜 8-945B
chíliú 馳流 12-803B
chíliú 遲留 10-1235A
chíliǔ 池柳 5-937B
chíliù 池溜 5-938B
chìliú 赤劉 9-1173B
chìliūchūlǜ 赤溜出律
9-1170B
chìliúchūlǜ 赤留出律
9-1166A
chìliúqǐliáng 赤留乞良
9-1166A
chìliúwūlà 赤留兀剌
9-1166A
chīlóng 螭龍 8-948A
chīlóng 癡龍 8-365A
chīlóng 癡聾 8-365B
chílóng 漦龍 6-45B
chìlóng 赤龍 9-1174B
chìlóngzhǎo 赤龍爪
9-1175A
chìlóngzǐ 赤龍子 9-1175A
chīlòu 蚩陋 8-872B
chīlú 螭爐 8-948A
chīlù 笞戮 8-1134B
chílǔ 遲魯 10-1236B
chílù 池鷺 5-939A
chílù 持祿 6-552A
chǐlù 齒錄 12-1449B
chìlǔ 斥鹵 6-1054B
chìlù 赤露 9-1176B
chílùn 持論 6-553A
chǐlún 齒輪 12-1448B
chǐlùn 侈論 1-1346B
chǐlùn 齒論 12-1449A
chìlún 赤輪 9-1172B
chíluò 弛落 4-107A
chǐluò 褫落 9-124B
chìluó 叱羅 3-58A
chìluó 斥邏 6-1055B
chìluó 赤羅 9-1176A
chìluó 赤蘿 9-1177A
chìluǒ 赤倮 9-1165B
chìluǒ 赤裸 9-1170B
chìluǒ 赤躶 9-1173B
chìluò 斥落 6-1054B
chìluǒluǒ 赤裸裸 9-1170B
chǐluòshédùn 齒落舌鈍
12-1448A
chílùyǎngjiāo 持祿養交
6-552A
chílǜ 持律 6-550B
chìlǚ 飾履 12-515B
chìlǜ 赤綠 9-1172B
chīlüè 笞掠 8-1134A
chìlǜlǜ 赤律律 9-1164A
chìlǚyǐn 叱呂引 3-57A
chímǎ 馳馬 12-803A
chǐmǎ 尺碼 4-9A
chìmá 赤麻 9-1168A
chìmǎ 赤馬 9-1165A
chìmà 叱罵 3-58A
chìmà 斥罵 6-1055A
chímài 遲脈 10-1235A
chǐmài 尺脈 4-8A
chǐmài 齒邁 12-1448B
chìmài 斥賣 6-1055A
chìmài 庍賣 3-1230B
chìmǎjié 赤馬劫 9-1165A
chīmálìzi 吃麻栗子 3-133A
chímǎn 持滿 6-552B
chímàn 弛慢 4-107B
chímàn 遲慢 10-1236B
chǐmǎn 侈滿 1-1346B
chǐmàn 侈慢 1-1346B
chímǎnjièyíng 持滿戒盈
6-552B
chímào 馳冒 12-802B
chǐmào 侈袤 1-1346A
chǐmào 齒耄 12-1447B
chìmào 熾茂 7-262B
chīmǎpì 吃馬屁 3-131B
chǐmǎzhījù 齒馬之懼
12-1447B
chǐmǎzhīxián 齒馬之嫌
12-1447B
chīmèi 螭魅 8-947A
chīmèi 螭魅 8-947A
chīmèi 魑魅 12-473A
chīmèi 離彪 11-892B
chīmèi 禠袜 7-950B
chǐměi 侈美 1-1345B
chǐmèi 侈袂 1-1345B
chǐmèi 移袂 8-77B
chìméi 赤眉 9-1164B
chìméi 赤糜 9-1175B
chìméibìng 赤霉病 9-1173A
chīméidùnyǎn 癡眉鈍眼
8-363B
chíméidùnyǎn 遲眉鈍眼
10-1234B
chìméisù 赤霉素 9-1173A
chīmèiwǎngliǎng 螭彪魍魎
8-947A
chīmèiwǎngliǎng 螭魅罔兩
8-947B
chīmèiwǎngliǎng 螭魅魍魎
8-947B
chīmèiwǎngliǎng 魑魅罔兩
12-473A
chīmèiwǎngliǎng 魑魅魍魎
12-473A
chīmèn 吃悶 3-134A
chímén 池門 5-937B
chīméng 蚩氓 8-872B
chīméng 鴟甍 12-1082B
chīmèng 癡夢 8-364B
chìměng 熾猛 7-263A
chīmí 鴟靡 12-1083A
chīmí 癡迷 8-363B
chǐmí 侈靡 1-1347B
chìmǐ 赤米 9-1160B
chìmiǎn 斥免 6-1053B
chìmiǎn 飭勉 12-498B
chìmiàn 赤面 9-1164A
chímiànyú 匙面魚 2-207B
chímíng 馳名 12-802A
chímìng 馳命 12-802B
chìmíng 叱名 3-57A
chìmíng 赤明 9-1162B
chìmíng 赤溟 9-1170B
chìmìng 勑命 2-794B
chìmìng 敕命 5-458B
chīmíngbùchī'àn
吃明不吃暗 3-130B
chímiù 弛謬 4-108A
chìmiù 斥謬 6-1055B
chīmó 癡魔 8-365B
chīmò 吃没 3-130B
chǐmò 尺墨 4-9A
chìmò 斥莫 6-1054A
chìmò 飭末 12-497B
chīmòhú 癡抹糊 8-363A
chímǔ 蚳母 8-877A
chímǔ 蝭母 8-928A
chímù 馳目 12-801B
chímù 馳慕 12-804B
chímù 遲莫 10-1234B
chímù 遲暮 10-1236A
chǐmù 尺木 4-6B
chǐmù 侈目 1-1344B
chǐmù 齒目 12-1446A
chǐmù 齒暮 12-1448B
chìmù 赤目 9-1159A
chìmù 敕目 5-458A
chìmù 眙目 7-1202A
chīmùhū 眵目糊 7-1204B
chīmùhǔwěn 鴟目虎吻
12-1081B
chìná 飭拏 12-498B
chìnài 赤柰 9-1163B
chīnǎijìn'er 吃奶勁兒
3-129B
chīnǎiqiāng 吃奶腔 3-129B
chīnǎiqìlì 吃奶氣力
3-129B
chínán 遲難 10-1237B
chīnán'áinǚ 癡男騃女
8-362B
chìnáng 赤囊 9-1177A
chīnányuànnǚ 癡男怨女
8-362B
chīnánzǐ 癡男子 8-362B
chīnǎo 吃惱 3-133B
chīnè 吃訥 3-133A
chǐní 齒覷 12-1449B
chìní 赤泥 9-1163B
chīnián 黐黏 12-1385B
chīniàn 癡念 8-363A
chínián 馳年 12-801B
chíniàn 持念 6-550A
chíniàn 馳念 12-802B
chǐnián 齒年 12-1446A
chìniàng 熾釀 7-263B
chīniǎo 鴟鳥 12-1082A
chìniǎo 赤鳥 9-1167B
chìniǎojiārì 赤鳥夾日
9-1167B
chīniè 吃蘖 3-135B
chǐniè 尺蘖 4-10A
chīníng 蚩儜 8-873B
chīníng 蚩獰 8-873B
chīniǔ 螭紐 8-947A
chìniúzhōngwèi 赤牛中尉
9-1158A
chīnòng 蚩弄 8-872B
chìnóng 飭農 12-499A
chìnú 叱奴 3-57A
chínuò 遲懦 10-1237B
chìnǚ 斥女 6-1053A
chǐnüè 侈虐 1-1345A
chí'ōu 池漚 5-938B
chīpáitóu 吃排頭 3-132A
chīpán 螭盤 8-947B
chīpán 螭蟠 8-948A
chípàn 池畔 5-937B
chǐpán 侈媻 1-1346A
chǐpàn 齒盼 12-1447A
chīpánhǔjù 螭盤虎踞
8-947B
chīpánqiújié 螭蟠虬結

8-948A
chípǎo 馳跑 12-804A
chípèi 馳轡 12-806B
chípèi 遲旆 10-1235A
chìpèi 赤旆 9-1164B
chìpèi 赤旆 9-1166A
chìpèi 滯沛 6-80A
chīpèng 吃碰 3-134A
chīpǐ 癡癖 8-365B
chīpì 吃屁 3-130B
chìpí 赤羆 9-1176A
chìpín 赤貧 9-1167B
chīpíng 吃洴 3-131B
chípíng 持平 6-549A
chìpíng 赤萍 9-1166B
chípíngzhīlùn 持平之論
6-549A
chǐpò 褫魄 9-124B
chìpōpō 赤潑潑 9-1173B
chīpū 笞扑 8-1133B
chīpū 笞撲 8-1134B
chípǔ 池圃 5-937B
chípǔ 遲樸 10-1237B
chìpū 抶撲 6-463A
chìpǔ 赤朴 9-1160A
chìpù 熾曝 7-263B
chīqí 蚩旗 8-873A
chíqī 弛期 4-107A
chíqí 持綦 6-551B
chíqí 馳騎 12-805B
chíqí 馳騎 12-806A
chíqǐ 馳企 12-801B
chíqǐ 蚳跂 8-928A
chíqì 池砌 5-937B
chíqì 持氣 6-551A
chǐqì 褫氣 9-124B
chìqí 赤旂 9-1166A
chìqí 赤旗 9-1172A
chìqì 斥棄 6-1054B
chìqì 赤氣 9-1165B
chīqián 癡錢 8-365A
chīqiǎn 笞譴 8-1134B
chíqián 驪靬 12-921A
chíqiàn 池塹 5-938B
chíqiàn 池壍 5-939A
chíqiàn 遲欠 10-1233A
chìqiān 赤牽 9-1168B
chìqiān 赤髶 9-1177A
chìqiǎn 斥遣 6-1055A
chìqiǎn 斥譴 6-1055B
chìqiáng 熾彊 7-263B
chìqiǎng 赤襁 9-1175B
chīqiáo 吃喬 3-133B
chīqiǎo 吃巧 3-129B
chīqiào 嗤誚 3-471B
chíqiǎo 遲巧 10-1233A
chìqiáo 翅翹 9-643B
chìqiào 翅鞘 9-643A
chīqiāocái 吃敲才 3-134B
chīqiāocái 吃敲材 3-134B
chīqiāozéi 吃敲賊 3-134B
chíqiè 遲怯 10-1234A
chíqīn 馳駸 12-805B
chíqín 馳禽 12-804A
chìqín 赤菫 9-1166B
chīqīng 吃青 3-130B
chīqíng 癡情 8-364A
chīqǐng 吃請 3-135A
chíqíng 馳情 12-803B
chǐqīng 侈卿 1-1345B
chǐqíng 褫情 9-124B
chìqíng 赤情 9-1168B
chìqíng 赤晴 9-1169A
chìqínshān 赤菫山 9-1166B
chǐqióng 齒窮 12-1449A
chìqióng 赤窮 9-1173B
chīqiú 絺裘 9-872B
chīqiú 螭虬 8-947A
chīqiú 癡求 8-362B
chíqiú 馳求 12-802A
chìqiú 赤虬 9-1162B
chīqū 吃屈 3-131A
chíqū 馳敺 12-805A
chíqū 馳駈 12-805A
chíqū 馳趨 12-805B
chíqū 馳驅 12-806B
chìqū 赤區 9-1166B
chìqù 斥去 6-1053A
chīquán 吃拳 3-132A
chíquán 持權 6-553B
chíquánhébiàn 持權合變
6-553B
chǐquē 褫缺 9-124B
chìquè 赤雀 9-1167A
chìquè 眙却 7-1202A
chìquèxiándānshū
赤雀銜丹書 9-1167A
chìquèxiánshū 赤雀銜書
9-1167A
chīrán 蚩然 8-873A
chǐrán 侈然 1-1346A
chǐrán 哆然 3-334A
chìrán 斥然 6-1054B
chìrán 熾然 7-263A
chǐràng 齒讓 12-1449B
chìrǎng 叱嚷 3-58A
chìrǎng 赤壤 9-1176B
chìrè 赤熱 9-1172B
chìrè 熾熱 7-263B
chīrén 吃人 3-128A
chīrén 蚩人 8-872A
chīrén 癡人 8-361B
chírèn 遲任 10-1233B
chǐrèn 尺刃 4-6A
chìrén 赤人 9-1156B
chìrén 翅人 9-643A
chìrén 饎人 12-580A
chīrénbùtǔgútou
吃人不吐骨頭 3-128A
chírénchángduǎn 持人長短
6-548A
chǐrénguāntīng 侈人觀聽
1-1344A
chīrénjiazuǐruǎn
吃人家嘴軟 3-128A
chīrénshuōmèng 癡人說夢
8-361B
chírì 馳馹 12-804B
chírì 遲日 10-1233A
chìrì 赤日 9-1158A
chírìkuàngjiǔ 遲日曠久
10-1233A
chíróng 持容 6-551A
chǐróng 侈榮 1-1346B
chìróng 飾容 12-514B
chíróu 馳蹂 12-805A
chìròu 赤肉 9-1160A
chīròubùtǔgútou
吃肉不吐骨頭 3-130A
chīròuluán 癡肉臠 8-362A
chīròutuán 癡肉團 8-362A
chīrǔ 蚩辱 8-872B
chīrǔ 笞辱 8-1133B
chǐrǔ 恥辱 7-493A
chìrǔ 叱辱 3-57B
chīruǎnbùchīyìng
吃軟不吃硬 3-132B
chǐrúbiānbèi 齒如編貝
12-1446B
chǐrúhánbèi 齒如含貝
12-1446B
chǐruòbiānbèi 齒若編貝
12-1447A
chǐrúqíbèi 齒如齊貝
12-1446B
chìsài 斥塞 6-1055A
chǐsàn 褫散 9-124B
chìsàn 飭散 12-498B
chísāng 持喪 6-551B
chìsǎsǎ 赤灑灑 9-1177A
chísè 遲澀 10-1237B
chìsè 赤色 9-1160A
chìsè 赤棟 9-1165A
chīshā 笞殺 8-1134A
chìshā 赤砂 9-1163B
chīshàn 摛掞 6-816A
chíshān 池杉 5-937B
chìshān 赤山 9-1157B
chìshān 熾煽 7-263B
chìshàn 斥訕 6-1054B
chìshàn 飾繕 12-516A
chǐshāncùnshuǐ 尺山寸水
4-6A
chīshǎng 吃晌 3-131B
chíshāng 持觴 6-553B
chíshāng 坻場 2-1087B
chìshàng 斥上 6-1053A
chìshànmáo 翅扇毛 9-643A
chǐshào 齒少 12-1446A
chìshāo 赤燒 9-1175A
chìsháo 赤芍 9-1159B
chǐshàoqìruì 齒少氣銳
12-1446A
chǐshàoxīnruì 齒少心銳
12-1446A
chíshè 持攝 6-553B
chíshè 馳射 12-803B
chǐshē 侈奢 1-1345B
chǐshé 齒舌 12-1446A
chìshé 赤舌 9-1160A
chìshé 赤蛇 9-1167A
chìshè 赤社 9-1162A
chìshè 敕設 5-459A
chìshè 飭射 12-498B
chíshēn 持身 6-549B
chíshén 馳神 12-803A
chǐshēn 褫身 9-124A
chìshēn 勑身 2-794B
chìshēn 赤參 9-1168B
chìshēn 赤身 9-1161B
chìshēn 敕身 5-458A
chìshēn 飭身 12-498A
chìshén 赤神 9-1164B
chìshěn 飭審 12-499A
chìshèn 赤蜃 9-1170A
chíshēng 持生 6-549A
chíshēng 馳聲 12-805B
chíshēng 遲聲 10-1237B
chíshèng 持勝 6-552A
chíshèng 馳乘 12-803A
chǐshēng 侈聲 1-1347A
chǐshéng 尺繩 4-10A
chǐshèng 侈盛 1-1345B
chìshēng 斥生 6-1053B
chìshēng 赤生 9-1159A
chìshéng 赤繩 9-1176A
chìshěng 赤眚 9-1165B
chìshèng 熾盛 7-263A
chīshēnghuó 吃生活 3-129B
chīshēngmǐ 吃生米 3-129B
chìshéngwǎnzú 赤繩綰足
9-1176B
chìshéngxìzòng 赤繩繫蹤
9-1176B
chìshéngxìzú 赤繩繫足
9-1176B
chíshēngzǒuyù 馳聲走譽
12-805B
chìshēnluǒtǐ 赤身裸體
9-1161B
chìshēnlùtǐ 赤身露體
9-1161B
chìshéshāochéng 赤舌燒城
9-1160A
chīshí 吃食 3-131B
chīshì 鴟視 12-1082A
chíshī 馳詩 12-804B
chíshí 持時 6-551A
chíshǐ 馳使 12-802B
chíshǐ 馳駛 12-804B
chíshì 持世 6-549A
chíshì 持事 6-550A
chíshì 持勢 6-552A
chǐshì 侈飾 1-1346A
chìshí 叱石 3-57A
chìshí 赤石 9-1158B
chìshí 赤實 9-1172A
chìshǐ 勑使 2-794B
chìshǐ 敕使 5-458A
chìshì 斥事 6-1053B
chìshì 赤氏 9-1158B
chìshì 眙視 7-1202A
chìshǐbìzhōng 敕始毖終
5-458B
chìshíchéngyáng 叱石成羊
3-57A

chīshífāng 吃十方 3-128A
chīshìhǔgù 鴟視虎顧 12-1082A
chīshíhuìshí 吃食諱食 3-131B
chīshìlánggù 鴟視狼顧 12-1082A
chīshīliúdàtuǐ 吃蝨留大腿 3-135A
chìshízhī 赤石脂 9-1159A
chìshízìhuì 赤十字會 9-1156B
chīshīziliúhòutuǐ 吃蝨子留後腿 3-135A
chīshǒu 螭首 8-947A
chīshòu 吃受 3-131A
chīshòu 螭綬 8-947B
chíshǒu 持守 6-549B
chìshǒu 赤手 9-1158A
chìshòu 赤綬 9-1172B
chìshòu 赤獸 9-1176A
chìshòu 敕授 5-458B
chìshǒukōngquán 赤手空拳 9-1158A
chìshǒuqǐjiā 赤手起家 9-1158A
chīshū 癡叔 8-363A
chíshū 持書 6-551A
chíshū 持樞 6-552B
chíshū 馳書 12-803B
chíshù 馳術 12-803B
chǐshū 尺書 4-8A
chǐshū 尺疏 4-8B
chǐshǔ 齒數 12-1448B
chìshū 勑書 2-794B
chìshū 斥疏 6-1054B
chìshū 赤書 9-1166B
chìshū 赤菽 9-1166B
chìshū 敕書 5-458B
chìshú 赤熟 9-1173B
chìshǔ 熾暑 7-263A
chīshuǎ 癡耍 8-363B
chǐshuāi 齒衰 12-1447B
chíshuǎng 馳爽 12-803B
chìshuāngpáo 赤霜袍 9-1175B
chīshuǐ 吃水 3-129A
chīshuǐ 癡水 8-362A
chíshuì 馳說 12-804B
chǐshuǐ 尺水 4-6B
chìshuǐ 赤水 9-1158A
chǐshuǐzhàngbō 尺水丈波 4-6B
chīshùnbùchīqiáng 吃順不吃强 3-133A
chíshuò 遲數 10-1236B
chǐshuō 侈說 1-1346B
chīshǔtuōjiāng 癡鼠拖薑 8-364B
chísī 馳思 12-802B
chísì 馳駟 12-804B
chǐsì 侈肆 1-1346A
chìsì 熾肆 7-263B
chīsǐfàn 吃死飯 3-130A
chīsǐrénbùtǔgǔtou 吃死人不吐骨頭 3-130A
chīsīwàngxiǎng 癡思妄想 8-363B
chísòng 持誦 6-552B
chìsōng 赤松 9-1162A
chìsòng 赤誦 9-1171B
chìsōngzǐ 赤松子 9-1162A
chìsòngzǐ 赤誦子 9-1171B
chìsōngzǐyú 赤松子輿 9-1162B
chīsù 吃素 3-131B
chīsù 絺素 9-872B
chísù 持素 6-551A
chísù 馳遡 12-804B
chísù 遲速 10-1234B
chǐsú 侈俗 1-1345A
chǐsù 尺素 4-8A
chǐsù 齒宿 12-1448A
chìsū 赤蘇 9-1176A
chísuàn 持算 6-552B
chǐsuàn 齒筭 12-1448A
chīsuì 魑祟 12-472B
chǐsuì 齒歲 12-1448A
chīsuǒ 絺索 9-872B
chǐsuǒ 齒索 12-1447B
chìsuǒ 叱索 3-57B
chītà 笞撻 8-1134B
chítà 弛沓 4-106B
chítái 池臺 5-938B
chǐtài 侈太 1-1344B
chǐtài 侈忕 1-1345A
chǐtài 侈汰 1-1344B
chǐtài 侈泰 1-1345B
chǐtài 奓太 2-1540B
chǐtài 奓汰 2-1540B
chītàipíngfàn 吃太平飯 3-129A
chítán 池潭 5-938B
chǐtán 侈談 1-1346B
chìtān 叱灘 3-58A
chítāng 池湯 5-938A
chítáng 池堂 5-938A
chítáng 池塘 5-938B
chǐtáng 侈搪 1-1346A
chìtáng 赤棠 9-1169A
chìtāo 赤絛 9-1169A
chíténg 馳騰 12-806A
chìténg 赤藤 9-1176A
chìténg 熾騰 7-263B
chítì 弛替 4-107A
chǐtí 尺蹏 4-9A
chǐtí 尺題 4-9A
chǐtí 哆嗁 3-334A
chìtí 斥題 6-1055B
chìtí 赤緹 9-1174A
chìtǐ 赤體 9-1177A
chítián 池田 5-937A
chítián 馳田 12-801B
chìtiān 赤天 9-1157B
chǐtiáncùnbǎo 尺田寸寶 4-7A
chītiáo 鴟苕 12-1082A
chìtiáo 敕條 5-458B
chìtiáojīngguāng 赤條精光 9-1165B
chìtiáotiáo 赤條條 9-1165B
chǐtiě 尺鐵 4-10A
chìtiě 赤鐵 9-1176B
chìtiěkuàng 赤鐵礦 9-1177A
chītiěshí 吃鐵石 3-135B
chìtiězhǔyì 赤鐵主義 9-1177A
chítíng 池亭 5-937B
chítíng 遲停 10-1235B
chìtíng 赤亭 9-1164A
chìtǐshàngzhèn 赤體上陣 9-1177A
chītōng 吃通 3-132A
chítǒng 持統 6-552A
chìtóng 赤銅 9-1171A
chìtǒng 赤統 9-1169B
chītóu 螭頭 8-947B
chītóu 癡頭 8-365A
chītòu 吃透 3-131B
chítóu 池頭 5-938B
chǐtou 尺頭 4-9A
chìtóu 敕頭 5-459B
chītóubǐ 螭頭筆 8-947B
chītóufǎng 螭頭舫 8-947B
chītóuguān 螭頭官 8-947B
chītóujiǔ 鴟頭酒 12-1082B
chītóuzǎibǐ 螭頭載筆 8-947B
chītóuzhù 螭頭柱 8-947B
chītū 癡突 8-363B
chítū 馳突 12-803A
chǐtú 尺圖 4-8B
chǐtǔ 尺土 4-5B
chìtǔ 斥土 6-1053A
chìtǔ 赤土 9-1157A
chìtù 赤兔 9-1163A
chìtù 赤菟 9-1166B
chítuān 馳湍 12-804A
chìtǔguó 赤土國 9-1157A
chìtuì 斥退 6-1054A
chìtúntún 赤燉燉 9-1175A
chītuō 觝觗 12-1216A
chítuó 持橐 6-553A
chítuò 弛柝 4-106B
chítuò 跐跅 10-431A
chítuózānbǐ 持橐簪筆 6-553A
chìwǎbùlà 赤瓦不剌 9-1158A
chìwǎbùlàhǎi 赤瓦不剌海 9-1158A
chīwán 嗤玩 3-471A
chīwán 癡頑 8-364A
chíwán 弛玩 4-106B
chíwán 持玩 6-549B
chíwǎn 遲晚 10-1235A
chìwán 赤丸 9-1157B
chīwǎnchá 吃碗茶 3-134A
chīwàng 蚩妄 8-872B
chīwàng 癡妄 8-362A
chīwàng 癡望 8-364A
chíwàng 馳望 12-803B
chìwǎng 赤網 9-1172B
chīwánlǎo 癡頑老 8-364B
chīwánlǎozi 癡頑老子 8-364B
chīwǎpiàn 吃瓦片 3-129A
chīwěi 蚩尾 8-872B
chīwěi 鴟尾 12-1082A
chíwēi 持危 6-549A
chíwéi 弛維 4-107B
chíwéi 遲違 10-1236A
chíwèi 持位 6-549B
chǐwěi 侈僞 1-1346B
chǐwèi 齒位 12-1446B
chìwéi 赤帷 9-1167A
chìwèi 赤位 9-1161B
chìwèi 赤尉 9-1168B
chìwèiduì 赤衛隊 9-1173B
chīwèi'er 吃味兒 3-130B
chǐwēifàxiù 齒危髮秀 12-1446B
chíwēifúdiān 持危扶顛 6-549A
chìwèijūn 赤衛軍 9-1173B
chīwén 吃文 3-129B
chīwén 摛文 6-816A
chīwén 螭文 8-946B
chīwěn 蚩吻 8-872B
chīwěn 螭吻 8-946B
chīwěn 鴟吻 12-1081B
chíwén 池文 5-937A
chíwěn 弛紊 4-107A
chìwén 赤文 9-1158B
chìwén 敕文 5-457B
chìwèn 叱問 3-57B
chìwèn 斥問 6-1054B
chíwò 持握 6-551B
chīwù 癡物 8-363A
chíwù 馳騖 12-806B
chíwù 馳鶩 12-806A
chíwù 馳鶩 12-806B
chíwù 遲悞 10-1235A
chíwù 遲誤 10-1236B
chǐwǔ 尺五 4-6B
chǐwù 侈物 1-1345A
chǐwù 侈務 1-1345B
chìwū 赤烏 9-1165B
chìwú 魅魖 12-468A
chīwūfàn'ēhēishǐ 吃烏飯痾黑屎 3-132A
chīwūguī 癡烏龜 8-364A
chǐwǔtiān 尺五天 4-6B
chīwùxiāo 吃勿消 3-129B
chīxǐ 吃喜 3-133A
chīxì 嗤戲 3-471B
chīxì 絺綌 9-872B
chīxì 絺緆 9-872B
chíxí 馳檄 12-805B
chíxí 馳襲 12-806B
chíxì 馳繫 12-806A
chìxī 叱吸 3-57A
chìxí 翅席 9-643A
chìxì 雵霫 11-689A
chìxì 赤舄 9-1169A
chíxiá 馳俠 12-802B

chìxiá 赤瑕 9-1170A
chìxià 赤夏 9-1165A
chīxián 嗤嫌 3-471B
chíxiàn 持憲 6-553B
chíxiàn 馳羡 12-804B
chìxiān 斥仙 6-1053B
chìxiàn 赤縣 9-1174B
chìxiàn 敕憲 5-459B
chìxiàn 趩[illegible] 9-1153A
chìxiánbáixián 赤閑白閑 9-1169B
chīxiànchéngfàn 吃現成飯 3-132A
chīxiánfàn 吃閒飯 3-134A
chīxiánfàn 吃閑飯 3-134A
chīxiāng 吃香 3-131A
chīxiǎng 癡想 8-364B
chīxiàng 吃相 3-131A
chíxiáng 馳翔 12-804A
chíxiáng 駝翔 12-823B
chíxiǎng 馳想 12-804A
chíxiǎng 馳響 12-806B
chíxiǎng 遲想 10-1235B
chìxiáng 赤祥 9-1166A
chìxiàng 赤象 9-1168A
chìxiànshénzhōu 赤縣神州 9-1174B
chīxiāo 鴟梟 12-1082A
chīxiāo 鴟鴞 12-1082B
chīxiāo 鵄鴞 12-1088B
chīxiǎo 癡小 8-362A
chīxiào 吃笑 3-132A
chīxiào 蚩笑 8-872B
chīxiào 嗤笑 3-471A
chīxiào 癡笑 8-363B
chīxiào 喫笑 3-400A
chǐxiào 恥笑 7-493A
chìxiāo 赤霄 9-1173A
chìxiǎo 赤小 9-1157A
chìxiǎo 敕曉 5-459B
chìxiǎodòu 赤小豆 9-1157A
chíxiè 弛卸 4-106B
chíxiè 弛懈 4-108A
chíxiè 池榭 5-938B
chǐxié 侈邪 1-1344B
chìxiè 赤蟹 9-1176A
chǐxiéjiàng 齒鞋匠 12-1448B
chīxīn 吃心 3-129B
chīxīn 癡心 8-362A
chíxīn 池心 5-937A
chíxīn 持心 6-548B
chíxīn 馳心 12-801B
chǐxīn 尺薪 4-9A
chǐxīn 侈心 1-1344B
chǐxīn 恥心 7-492B
chìxīn 赤心 9-1158B
chìxìn 赤焮 9-1169B
chìxīnbàoguó 赤心報國 9-1158B
chīxīnchīkǔ 吃辛吃苦 3-130A
chìxīnfèngguó 赤心奉國 9-1158B
chīxíng 笞刑 8-1133B
chíxíng 弛刑 4-106B
chíxíng 弛行 4-106B
chíxíng 持行 6-549A
chíxíng 馳行 12-801B
chìxīng 赤星 9-1164A
chìxíng 飭刑 12-498A
chìxíng 飭行 12-498A
chìxíng 飾行 12-513A
chíxíngtú 弛刑徒 4-106B
chīxīnwàngxiǎng 癡心妄想 8-362A
chīxiū 鴟鵂 12-1083A
chìxiū 飭修 12-498B
chìxiū 飭脩 12-498B
chīxū 吃虛 3-132B
chíxú 遲徐 10-1235A
chíxù 持續 6-554A
chǐxù 齒序 12-1447A
chǐxù 齒敘 12-1447B
chìxū 赤須 9-1169A
chìxǔ 敕許 5-459A
chīxuàn 蚩眩 8-872B
chīxuàn 嗤眩 3-471A
chíxuán 弛縣 4-108A
chíxuán 弛懸 4-108A
chǐxuàn 侈衒 1-1345B
chìxuān 赤軒 9-1165A
chīxuè 吃血 3-130A
chíxué 持學 6-553A
chǐxuē 褫削 9-124A
chǐxué 齒學 12-1449A
chǐxuě 尺雪 4-8A
chíxūn 篪塤 8-1233A
chíxún 池潭 5-938B
chíxún 持循 6-551B
chìxūn 赤纁 9-1176B
chìxùxù 赤煦煦 9-1170A
chìxūzǐ 赤須子 9-1169B
chīyà 嗤訝 3-471B
chǐyá 齒牙 12-1445B
chìyā 赤鴉 9-1173A
chīyādàn 吃鴨蛋 3-135A
chīyán 蚩妍 8-872B
chīyán 嗤妍 3-471A
chīyán 媸妍 4-400B
chīyǎn 眵眼 7-1204B
chíyàn 摛豔 6-816B
chíyān 馳煙 12-804B
chíyān 遲淹 10-1235B
chíyán 池鹽 5-939A
chíyán 遲延 10-1233B
chíyǎn 持掩 6-551B
chíyǎn 馳掩 12-803B
chǐyán 侈言 1-1344B
chǐyán 齒筵 12-1448A
chǐyán 奓言 2-1540B
chǐyǎn 侈弇 1-1345A
chǐyàn 尺鷃 4-10A
chìyàn 斥鴳 6-1055B
chìyàn 斥鷃 6-1055B
chìyàn 鴟鷃 12-1081A
chìyàn 斥言 6-1053B
chìyán 斥鹽 6-1055B
chìyán 赤炎 9-1163A
chìyán 赤鹽 9-1177A
chìyán 熾炎 7-263A
chìyǎn 赤眼 9-1167A
chìyàn 赤雁 9-1169A
chìyàn 赤鴈 9-1172B
chìyàn 熾焰 7-263B
chíyáng 遲陽 10-1235B
chíyǎng 持養 6-552B
chíyǎng 馳仰 12-801B
chìyáng 赤楊 9-1170A
chīyángcháng 叱羊腸 3-57A
chīyángfàn 吃洋飯 3-131B
chíyào 馳曜 12-805B
chíyào 馳燿 12-806A
chǐyào 齒藥 12-1449B
chǐyáwéihuá 齒牙爲猾 12-1445B
chǐyáwéihuò 齒牙爲禍 12-1445B
chǐyáyúhuì 齒牙餘惠 12-1445B
chǐyáyúhuì 齒牙餘慧 12-1445B
chǐyáyúlùn 齒牙餘論 12-1445B
chǐyázhīhuá 齒牙之猾 12-1445B
chíyè 弛夜 4-106B
chìyě 赤野 9-1167A
chīyī 絺衣 9-872B
chīyī 螭衣 8-946B
chīyí 鴟夸 12-1081B
chīyí 鴟鵜 12-1083A
chīyí 鴟夷 12-1081B
chīyí 鴟彝 12-1083A
chīyì 鴟義 12-1082B
chíyí 持疑 6-552B
chíyí 持頤 6-553A
chíyí 遲夷 10-1233B
chíyí 遲疑 10-1236A
chíyí 狋鷩 5-27B
chíyì 弛易 4-106B
chíyì 持異 6-551B
chíyì 持議 6-553B
chíyì 馳弋 12-801B
chíyì 馳軼 12-803B
chíyì 馳意 12-804B
chíyì 馳義 12-804B
chíyì 馳驛 12-806B
chǐyī 尺一 4-5A
chǐyì 侈意 1-1346B
chǐyì 侈溢 1-1346B
chìyī 赤衣 9-1160B
chìyí 赤桋 9-1165A
chìyǐ 赤蛾 9-1170A
chìyǐ 赤螘 9-1174B
chìyǐ 赤蟻 9-1176A
chìyì 赤邑 9-1161B
chìyì 赤疫 9-1164B
chìyì 翅翼 9-643A
chìyì 飾翼 12-516A
chìyì 佁儗 1-1295B
chǐyībǎn 尺一板 4-5B
chíyíbùdìng 遲疑不定 10-1236A
chíyíbùduàn 遲疑不斷 10-1236B
chíyíbùjué 遲疑不決 10-1236A
chǐyīdú 尺一牘 4-5B
chīyīfàn 吃衣飯 3-130A
chíyíguānwàng 遲疑觀望 10-1236B
chíyígùwàng 遲疑顧望 10-1236B
chīyījié… 吃一節,剥一節 3-128A
chīyīkànshí 吃一看十 3-128A
chǐyīměishí 侈衣美食 1-1344B
chǐyín 齒齦 12-1449B
chǐyìn 齒印 12-1446A
chǐyìn 齒垽 12-1447B
chìyīn 斥闉 6-1055B
chìyìn 敕印 5-458A
chīyíng 癡蠅 8-365B
chíyíng 持盈 6-551A
chíyǐng 馳影 12-805A
chǐyǐng 尺景 4-8B
chìyǐng 翅影 9-643A
chíyíngbǎotài 持盈保泰 6-551A
chìyīngpán 赤瑛盤 9-1168B
chíyíngshǒuchéng 持盈守成 6-551A
chīyīqiàn… 吃一塹,長一智 3-128A
chīyīqián'èrkànsān 吃一箝二看三 3-128A
chìyīshǐzhě 赤衣使者 9-1160B
chǐyīshū 尺一書 4-5B
chíyíwèijué 遲疑未決 10-1236B
chǐyīzhào 尺一詔 4-5B
chīyízǐ 鴟夷子 12-1081B
chīyízǐ 鴟彝子 12-1083A
chīyízǐpí 鴟夷子皮 12-1081B
chīyōng 蚩庸 8-873A
chīyòng 吃用 3-129B
chíyōng 遲壅 10-1237B
chíyǒng 馳甬 12-802A
chíyǒng 馳涌 12-803B
chǐyòng 齒用 12-1446A
chīyóu 蚩蚘 8-872B
chīyóu 蚩尤 8-872A
chǐyóu 侈遊 1-1346A
chǐyóu 齒肬 12-1447A
chìyōu 斥幽 6-1054A
chìyóu 赤油 9-1163A
chīyóuchéng 蚩尤城 8-872A
chīyóucí 蚩尤祠 8-872A
chīyóuqí 蚩尤旗 8-872A
chīyóuqì 蚩尤氣 8-872A
chīyóushén 蚩尤神 8-872A

chǐyǒusuǒduǎn 尺有所短 4-7A
chǐyǒusuǒduǎn… 尺有所短，寸有所長 4-7A
chīyóuxì 蚩尤戲 8-872B
chīyóuxuè 蚩尤血 8-872A
chīyóuzhǒng 蚩尤冢 8-872A
chīyū 癡迂 8-362A
chīyú 螭魚 8-947A
chīyú 癡愚 8-364B
chīyǔ 癡雨 8-363A
chíyú 池魚 5-938A
chíyú 遲逾 10-1235B
chíyù 弛馭 4-107A
chíyù 弛獄 4-107B
chíyù 池籞 5-939A
chíyù 馳譽 12-806A
chíyù 遲豫 10-1237A
chǐyǔ 侈語 1-1346B
chǐyǔ 侈窳 1-1346B
chǐyù 尺玉 4-6B
chǐyù 侈欲 1-1345B
chǐyù 侈御 1-1346A
chǐyù 侈豫 1-1346B
chǐyù 齒育 12-1447A
chǐyù 齒遇 12-1448A
chìyǔ 赤羽 9-1160B
chìyǔ 翅羽 9-643A
chìyǔ 敕語 5-459B
chìyù 叱馭 3-57B
chìyù 敕諭 5-459B
chīyuān 鴟鳶 12-1082B
chíyuān 池淵 5-938A
chíyuán 蚳蝯 8-877A
chíyuàn 池苑 5-937B
chìyuǎn 斥遠 6-1054B
chìyuàn 飭愿 12-499A
chīyuānwang 吃冤枉 3-132A
chǐyúcùnxiá 尺瑜寸瑕 4-8B
chǐyuè 侈樂 1-1346B
chìyuè [illegible]籥 7-767A
chíyúhuò 池魚禍 5-938A
chǐyǔkuàiwǔ 恥與噲伍 7-493A
chíyúmùyàn 池魚幕燕 5-938A
chīyún 螭雲 8-947A
chīyún 癡雲 8-364A
chìyùn 赤運 9-1169B
chīyún'áiyǔ 癡雲騃雨 8-364A
chīyúnnìyǔ 癡雲膩雨 8-364A
chīyǔshī 吃語詩 3-134B
chíyútángyàn 池魚堂燕 5-938A
chìyùxì 赤玉舄 9-1158B
chíyúzhīhuò 池魚之禍 5-938A
chíyúzhīlǜ 池魚之慮 5-938A
chíyúzhīyāng 池魚之殃 5-938A
chīzài 吃儎 3-134B
chízài 持載 6-552A
chìzàng 勑葬 2-794B
chìzàng 敕葬 5-459A
chīzǎo 摛藻 6-816A
chízǎo 遲早 10-1233B
chìzào 敕造 5-458B
chīzé 笞責 8-1134A
chízé 池澤 5-939A
chízé 持擇 6-553A
chǐzé 尺澤 4-9A
chìzé 斥澤 6-1055B
chìzé 叱責 3-57B
chìzé 斥責 6-1054B
chìzé 斥澤 6-1055A
chìzé 赤幘 9-1171A
chìzé 飭責 12-498B
chìzè 赤仄 9-1157B
chízèng 持贈 6-553B
chìzèqián 赤仄錢 9-1157B
chìzhā 赤查 9-1163B
chìzhà 叱吒 3-57A
chìzhà 叱咤 3-57B
chìzhà 嘯吒 3-532A
chìzhà 嘯咤 3-532A
chìzhàfēngyún 叱咤風雲 3-57B
chìzhàfēngyún 嘯吒風雲 3-532A
chìzhàfēngyún 嘯咤風雲 3-532B
chīzhāi 吃齋 3-135B
chīzhāi 嗤摘 3-471B
chízhāi 持齋 6-553B
chǐzhái 尺宅 4-7A
chìzhái 赤宅 9-1160B
chízhān 池氈 5-939A
chízhān 馳瞻 12-805B
chǐzhàn 齒戰 12-1449A
chìzhān [illegible] 7-767A
chìzhǎn 赤盞 9-1170A
chīzhāng 摛章 6-816A
chīzhāng 鴟張 12-1082A
chīzhǎng 癡長 8-362B
chīzhàng 笞杖 8-1133B
chízhāng 弛張 4-107A
chízhàng 弛仗 4-106A
chízhàng 持仗 6-549A
chǐzhāng 侈張 1-1346A
chǐzhǎng 齒長 12-1447A
chǐzhàng 侈長 1-1345A
chǐzhàng 齒杖 12-1446B
chìzhāng 赤章 9-1168A
chìzhāng 熾張 7-263A
chīzhāngménhù 鴟張門户 12-1082A
chīzhāngshǔfú 鴟張鼠伏 12-1082B
chīzhāngyǐjù 鴟張蟻聚 12-1082B
chīzhāngyúlàn 鴟張魚爛 12-1082B
chízhǎo 池沼 5-937B
chǐzhào 尺詔 4-8B
chǐzhào 齒召 12-1446A
chìzhào 赤詔 9-1169B
chízhǎowù 池沼物 5-937B
chīzhé 蚩謫 8-873B
chīzhediézikànzhewǎn 吃着碟子看着碗 3-133A
chízhēn 持貞 6-550B
chízhèn 馳陣 12-803B
chīzhēng 癡掙 8-363B
chízhèng 弛政 4-106B
chízhèng 持正 6-548B
chízhèng 持政 6-550B
chìzhèng 斥正 6-1053A
chìzhèng 敕正 5-458A
chìzhèng 飭正 12-497B
chízhèngbù'ē 持正不阿 6-549A
chīzhewǎnlǐkànzheguōlǐ 吃着碗裹看着鍋裹 3-133A
chīzhì 鴟峙 12-1082A
chīzhì 鴟跱 12-1082B
chīzhì 癡滯 8-365A
chízhī 持支 6-548B
chízhí 弛職 4-108A
chízhǐ 馳指 12-802B
chízhì 持質 6-553A
chízhì 馳志 12-802A
chízhì 馳擲 12-805B
chízhì 遲滯 10-1236B
chízhì 趫鷙 9-1146B
chǐzhí 褫職 9-125A
chǐzhǐ 尺咫 4-8A
chǐzhǐ 尺紙 4-8A
chǐzhì 侈志 1-1344B
chǐzhì 侈質 1-1346B
chǐzhì 齒穉 12-1449B
chìzhī 飭知 12-498A
chìzhí 斥埴 6-1054B
chìzhí 赤埴 9-1166B
chìzhí 熾殖 7-263A
chìzhǐ 抶疻 6-463A
chìzhǐ 敕旨 5-458A
chìzhì 斥陟 6-1054A
chìzhì 赤制 9-1162B
chìzhì 赤彘 9-1169B
chìzhì 赤幟 9-1173A
chìzhì 飭治 12-498B
chìzhīsāi 赤支毢 9-1157B
chìzhīshā 赤支沙 9-1157B
chìzhīshā 赤支砂 9-1157B
chīzhīyǐbí 嗤之以鼻 3-471A
chízhīyǐhéng 持之以恆 6-548B
chízhīyǐhéng 持之以恒 6-548B
chízhìyīwú 馳志伊吾 12-802A
chízhīyǒugù 持之有故 6-548B
chǐzhìzhīchē 齒至之車 12-1446A
chīzhǒng 癡種 8-365A
chīzhòng 吃重 3-131B
chízhōng 持中 6-548B
chízhòng 持重 6-550B
chízhòng 遲重 10-1234B
chǐzhōng 尺中 4-6B
chìzhōng 赤忠 9-1162B
chìzhōng 赤衷 9-1166A
chìzhōng 赤鍾 9-1175B
chìzhǒng 赤腫 9-1170A
chízhōngwù 池中物 5-937A
chízhòu 持咒 6-550A
chízhòu 持呪 6-550A
chízhòu 馳驟 12-806B
chǐzhòu 齒胄 12-1447A
chìzhóu 赤軸 9-1169A
chīzhù 絺紵 9-872B
chízhū 踟蛛 10-509A
chízhū 跢跦 10-479B
chízhú 馳逐 12-803A
chízhú 篪竹 8-1233A
chízhù 踟佇 10-508B
chízhù 遲佇 10-1234A
chízhù 跢佇 10-479B
chìzhū 赤株 9-1165A
chìzhū 赤珠 9-1165A
chìzhū 赤誅 9-1170B
chìzhú 斥逐 6-1054A
chízhuàn 馳傳 12-804A
chìzhuàn 赤篆 9-1173A
chìzhuàn 敕撰 5-459B
chìzhuàn 飭饌 12-516A
chǐzhuàng 齒壯 12-1447A
chìzhuāng 飭裝 12-499A
chìzhuāng 飾裝 12-515A
chìzhuǎzi 赤爪子 9-1158B
chízhuì 弛墜 4-107B
chìzhuì 赤綴 9-1172B
chīzhǔn 吃準 3-134A
chìzhǔn 敕准 5-458B
chīzhuō 蚩拙 8-872B
chīzhuō 癡拙 8-363A
chīzhuó 癡濁 8-365A
chízhuō 弛拙 4-106B
chízhuō 遲拙 10-1234A
chìzhuó 熾灼 7-262B
chīzhuóbujìn 吃著不盡 3-132B
chǐzhúwǔfú 尺竹伍符 4-7A
chīzi 癡子 8-362A
chízi 池子 5-937A
chízi 匙子 2-206B
chǐzi 尺子 4-6A
chìzi 翅子 9-643A
chìzī 斥資 6-1055A
chìzī 赤髭 9-1174A
chìzī 赤頾 9-1176A
chìzǐ 赤子 9-1157B
chìzǐ 赤紫 9-1169A
chìzì 赤字 9-1160B
chìzībáizú 赤髭白足 9-1174A
chìzǐzhīxīn 赤子之心 9-1157B

chìzīzī 赤資資 9-1170B
chízōng 馳踪 12-805A
chízòng 弛縱 4-108A
chǐzòng 侈縱 1-1347A
chìzòng 瘛瘲 8-345A
chìzòng 瘈瘲 8-335B
chǐzòngtōugǒu 侈縱偷苟 1-1347A
chízǒu 馳走 12-802A
chǐzú 齒族 12-1448A
chǐzǔ 尺組 4-8B
chìzú 赤足 9-1161A
chìzú 赤卒 9-1163A
chìzú 赤族 9-1168A
chìzǔ 叱咀 3-57B
chìzǔ 赤組 9-1168B
chīzuǐ 吃嘴 3-135A
chīzuì 吃罪 3-134A
chīzuì 笞罪 8-1134A
chǐzūn 齒尊 12-1448A
chìzūn 斥尊 6-1054B
chīzuò 癡坐 8-362B
chízuò 池座 5-937B
chǐzuò 恥怍 7-492B
chǐzuò 齒坐 12-1446B
chōng'ái 沖騃 5-970B
chōng'ài 衝隘 3-1085B
chóng'ǎi 重藹 10-401A
chóng'ài 崇愛 3-848B
chǒng'ài 寵愛 3-1640A
chōng'àn 沖闇 5-971A
chóng'àn 重案 10-386B
chǒngbá 寵拔 3-1637A
chóngbài 崇拜 3-845A
chóngbài 重拜 10-383B
chóngbáilà 蟲白蠟 8-963A
chóngbān 崇班 3-845B
chóngbǎn 重版 10-380B
chóngbànwèi 重瓣胃 10-401A
chōngbǎo 充飽 2-258A
chǒngbāo 寵褒 3-1640B
chōngbèi 充備 2-257B
chóngbēi 崇卑 3-845A
chóngběn 崇本 3-843B
chóngběn 重本 10-375A
chǒngbēn 寵賁 3-1639A
chóngběnyìmò 崇本抑末 3-843B
chóngbì 崇庳 3-847A
chóngbì 蟲臂 8-966A
chóngbì 重閉 10-389A
chóngbì 重壁 10-398B
chóngbì 重璧 10-400B
chǒngbì 寵嬖 3-1641A
chōngbiān 充邊 2-259B
chōngbiāo 衝猋 3-1088A
chōngbiāo 衝飈 3-1089B
chōngbiāo 衝飆 3-1089B
chōngbiāo 衝颮 3-1089B
chóngbiāo 崇標 3-849A
chóngbiǎo 崇表 3-844B
chóngbiǎo 重表 10-379A
chǒngbié 寵別 3-1637A
chóngbìjùzhé 蟲臂拒轍 8-966A
chóngbìshǔgān 蟲臂鼠肝 8-966A
chōngbō 衝波 3-1085B
chōngbó 充博 2-257A
chōngbó 沖泊 5-967A
chōngbó 沖薄 5-970A
chōngbǒ 舂簸 8-1289B
chóngbó 崇伯 3-844A
chóngbó 重帛 10-380B
chóngcǎi 蟲彩 8-964B
chóngcǎi 重采 10-381A
chóngcǎi 重彩 10-388A
chóngcǎi 重綵 10-395B
chóngcāng 重蒼 10-392A
chōngcāo 沖操 5-970A
chóngcǎo 蟲草 8-963B
chóngcāojiùyè 重操舊業 10-397B
chōngcè 充側 2-257A
chóngchā 重差 10-384A
chóngchá 重茬 10-382B
chōngcháng 充腸 2-258A
chōngcháng 舂常 8-1289B
chōngchǎng 沖場 5-968B
chōngchàng 充暢 2-258B
chōngchàng 忡悵 7-432A
chōngchàng 沖鬯 5-968A
chóngchǎng 崇敞 3-848A
chóngchàng 重唱 10-388A
chōngcháo 充朝 2-257A
chōngchē 充車 2-255B
chōngchē 衝車 3-1085A
chōngchē 轒車 9-1333A
chōngchē 橦車 4-1318A
chōngchén 衝辰 3-1085A
chōngchèn 沖齓 5-970B
chóngchén 重陳 10-386B
chóngchèn 重櫬 10-401B
chǒngchén 寵臣 3-1636B
chóngchéng 崇城 3-845A
chóngchéng 重城 10-382B
chōngchì 充斥 2-254B
chōngchì 充熾 2-259B
chōngchì 衝斥 3-1084B
chóngchí 重池 10-377B
chóngchǐ 崇侈 3-845A
chōngchōng 充充 2-255A
chōngchōng 忡忡 7-432A
chōngchōng 沖沖 5-966B
chōngchōng 憧憧 7-740B/7-741A
chōngchōng 衝衝 3-1088B
chōngchōng 㹐㹐 7-799A
chōngchōng 橦橦 4-1318A
chōngchōng 㤝㤝 7-528A
chóngchóng 崇崇 3-847A
chóngchóng 漴漴 6-92A
chóngchóng 爞爞 7-322A
chóngchóng 重重 10-383A
chóngchǒng 崇寵 3-850A
chóngchǒng 重寵 10-401B
chōngchōngjǐngjǐng 舂舂井井 8-1289A
chōngchōngrǎorǎo 憧憧擾擾 7-741A
chóngchóngsūn 重重孫 10-383B
chōngchǔ 舂杵 8-1289A
chóngchū 蟲出 8-963A
chóngchū 重出 10-376A
chóngchuànchuàn 蟲串串 8-963A
chōngchuāng 衝摐 3-1088A
chóngchuāng 重創 10-391A
chóngchuàng 重創 10-391A
chòngchuáng 衝牀 3-1085B
chóngchuángdiéjià 重床叠架 10-379A
chóngchuángdiéwū 重床叠屋 10-379A
chóngchuānyǐshí 蟲穿蟻蝕 8-964A
chōngchuò 忡惙 7-432B
chōngcì 衝刺 3-1085B
chóngcí 重慈 10-393B
chǒngcì 寵賜 3-1640B
chōngcōng 衝蓯 3-1088A
chōngcóng 舂淙 8-1289B
chōngcuàn 舂爨 8-1289B
chōngcuì 充粹 2-258B
chōngcuì 沖粹 5-969B
chǒngcún 寵存 3-1636B
chōngdá 忡怛 7-432A
chōngdá 沖達 5-969A
chōngdǎ 衝打 3-1084B
chóngdá 崇達 3-847B
chóngdá 重沓 10-380A
chóngdà 崇大 3-843A
chǒngdá 寵答 3-1639B
chōngdài 沖怠 5-967B
chóngdài 重代 10-375B
chóngdài 重戴 10-399A
chǒngdāi 寵待 3-1638A
chōngdàn 沖淡 5-968B
chōngdàn 沖澹 5-970B
chóngdàn 崇憚 3-849B
chǒngdàn 寵憚 3-1640B
chōngdāng 充當 2-258A
chōngdàng 衝蕩 3-1088B
chōngdàng 衝盪 3-1089B
chóngdǎofùzhé 重蹈覆轍 10-399B
chōngdé 沖德 5-970A
chóngdébàogōng 崇德報功 3-849A
chōngdí 衝滌 3-1088A
chōngdì 沖帝 5-967A
chōngdiàn 充電 2-258A
chóngdiàn 重殿 10-394A
chōngdiànwǎng 充甸網 2-255B
chōngdiào 充調 2-259A
chóngdiāo 蟲凋 8-964A
chóngdiāo 蟲彫 8-964B
chóngdiāo 蟲雕 8-966A
chóngdié 重叠 10-394A
chóngdié 重疊 10-401A
chóngdié 重疉 10-402A
chóngdǐng 崇鼎 3-848A
chóngdìng 重訂 10-384A
chóngdǐngzhàng 重頂帳 10-387B
chōngdòng 充棟 2-257A
chōngdòng 衝動 3-1087B
chòngdòng 揰挏 6-765B
chōngdònghànniú 充棟汗牛 2-257A
chōngdòngyíngchē 充棟盈車 2-257B
chōngdǒu 衝斗 3-1084B
chóngdú 重讀 10-402B
chóngdǔ 崇篤 3-849B
chóngdù 蟲蠹 8-966B
chōngduì 舂碓 8-1289B
chōngdùn 衝遁 3-1088A
chòngdǔn'er 衝盹兒 3-1086A
chōngduō 充多 2-255A
chóngduò 崇墮 3-849A
chóngdǔtiānrì 重睹天日 10-392A
chóng'ē 崇阿 3-844B
chōng'ěr 充耳 2-255A
chōng'ěr 珫耳 4-557A
chóng'er 蟲兒 8-963B
chóng'ér 蟲兒 8-963B
chóng'ér 重栭 10-385B
chóng'ěr 重耳 10-376A
chǒng'ér 寵兒 3-1637B
chōng'ěrbùwén 充耳不聞 2-255A
chōngfā 充發 2-257B
chōngfā 衝發 3-1088A
chōngfán 衝繁 3-1089B
chōngfàn 沖犯 5-966B
chōngfàn 衝犯 3-1085A
chōngfáng 充房 2-256A
chǒngfǎng 寵訪 3-1639A
chōngfánpínán 衝繁疲難 3-1089B
chōngféi 充肥 2-256A
chōngfèn 充分 2-254B
chōngfèn 充份 2-255A
chóngfēn 重氛 10-380B
chóngfén 崇墳 3-849A
chóngfén 重棼 10-390A
chōngfēng 衝風 3-1086A
chōngfēng 衝鋒 3-1088B
chóngfēng 重封 10-382A
chóngféng 重逢 10-386A
chóngfèng 崇奉 3-844B
chōngfēnghào 衝鋒號 3-1089A
chōngfēngmàoyǔ 衝風冒雨 3-1086A
chōngfēngpòlàng 衝風破浪 3-1086A
chōngfēngqiāng 衝鋒槍 3-1089A
chōngfēngxiànjiān

衝鋒陷堅 3-1089A
chōngfēngxiànruì 衝鋒陷鋭 3-1089A
chōngfēngxiànzhèn 衝鋒陷陣 3-1089A
chōngfù 充腹 2-258A
chōngfù 充賦 2-259A
chōngfù 沖富 5-969A
chōngfù 種複 9-113A
chóngfú 崇福 3-848B
chóngfú 重桴 10-387B
chóngfù 崇阜 3-845A
chóngfù 緟複 9-943A
chóngfù 重複 10-395B
chóngfù 重阜 10-380B
chóngfù 重富 10-391B
chóngfù 重復 10-390B
chǒngfú 寵服 3-1637B
chóngfùlùmíng 重赴鹿鳴 10-382B
chóngfùqiónglín 重赴瓊林 10-382B
chōnggǎi 衝改 3-1085A
chónggài 重蓋 10-392A
chōnggān 充榦 2-258B
chónggāng 重岡 10-380A
chónggāng 重剛 10-386A
chōnggāo 沖高 5-968A
chōnggāo 舂槀 8-1289B
chōnggāo 舂槁 8-1289B
chónggāo 崇高 3-846A
chōnggé 充格 2-256B
chónggèn 崇亘 3-844A
chōnggōng 充公 2-254B
chōnggòng 充貢 2-256B
chónggōng 重攻 10-377B
chónggōng 重宮 10-384B
chónggòu 崇構 3-849A
chōnggǔ 沖古 5-966A
chōnggǔ 舂穀 8-1289B
chónggǔ 重轂 10-399A
chónggù 重固 10-380A
chónggù 重故 10-383A
chǒnggù 寵顧 3-1641B
chóngguà 重卦 10-379A
chōngguān 衝冠 3-1086B
chōngguǎn 衝管 3-1088B
chōngguàn 充貫 2-257A
chóngguān 崇觀 3-850A
chóngguān 重關 10-401B
chóngguān 重闗 10-400A
chóngguǎn 重館 10-398A
chǒngguàn 寵慣 3-1640B
chōngguānfānù 衝冠髮怒 3-1087A
chōngguǎng 充廣 2-258B
chóngguāng 重光 10-376B
chǒngguāng 寵光 3-1636B
chóngguānglěiqià 重光累洽 10-376B
chóngguānjītuò 重關擊柝 10-401B
chōngguānnùfà 衝冠怒髮 3-1087A
chōngguānzìliè 衝冠眥裂 3-1087A
chóngguī 重規 10-387A
chóngguī 重閨 10-395B
chóngguǐ 崇軌 3-845A
chóngguì 崇貴 3-848A
chǒngguì 寵貴 3-1639B
chóngguīdájǔ 重規沓矩 10-387A
chóngguīdiéjǔ 重規疊矩 10-387B
chóngguīdiézǔ 重珪疊組 10-385A
chóngguīlěijǔ 重規累矩 10-387B
chóngguīxíjǔ 重規襲矩 10-387B
chōnghán 充寒 2-257B
chōnghán 衝寒 3-1088A
chōnghàn 沖漢 5-969B
chóngháng 重行 10-377A
chónghǎo 崇好 3-844A
chónghào 崇好 3-844A
chónghào 崇號 3-848B
chǒnghào 寵號 3-1640A
chōnghé 沖和 5-967A
chónghé 崇和 3-845A
chónghé 重合 10-377A
chónghè 崇赫 3-848B
chónghè 蟲鶴 8-966B
chǒnghè 寵鶴 3-1641B
chónghéshǔshāng 蟲齕鼠傷 8-966A
chónghóng 崇弘 3-844A
chónghóng 崇宏 3-844A
chónghóng 崇紘 3-847A
chónghóng 崇閎 3-848A
chónghōngtóngmèng 蟲薨同夢 8-965B
chōnghòu 沖厚 5-967A
chónghóu 重侯 10-383B
chónghóu 重猴 10-383B
chónghòu 崇厚 3-845A
chónghú 重湖 10-391A
chónghǔ 蟲虎 8-963B
chónghù 重户 10-374B
chōnghuá 充華 2-256B
chōnghuá 沖華 5-967B
chónghuá 重華 10-385B
chónghuà 崇化 3-843B
chónghuà 蟲化 8-963A
chónghuàfāng 崇化坊 3-843B
chónghuágōng 重華宮 10-385B
chónghuái 重踝 10-396B
chōnghuǎn 衝緩 3-1089A
chónghuán 重環 10-398B
chōnghuáng 琉璜 4-557A
chónghuáng 蟲蝗 8-965B
chōnghuì 衝會 3-1088A
chónghuī 重暉 10-392B
chónghuǐ 蟲虺 8-963B
chónghuì 崇薈 3-849B
chónghuì 蟲穢 8-966B
chǒnghuì 寵惠 3-1639B
chǒnghuì 寵誨 3-1640B
chónghuīdiézhào 重徽疊照 10-399B
chónghūn 重昏 10-381A
chónghūn 重昬 10-385A
chónghūn 重婚 10-389B
chónghūn 重闇 10-398B
chōnghuǒ 充夥 2-258B
chǒnghuò 寵惑 3-1639B
chōngjī 充飢 2-256B
chōngjī 充積 2-259B
chōngjī 充饑 2-259B
chōngjī 充羈 2-260A
chōngjī 沖激 5-970B
chōngjī 沖擊 5-970B
chōngjī 舂擊 8-1289B
chōngjī 舂汲 8-1289A
chōngjī 衝機 3-1089A
chōngjī 衝激 3-1089A
chōngjī 衝擊 3-1089A
chōngjī 潼激 6-145A
chōngjǐ 充給 2-257B
chōngjì 沖寂 5-968B
chóngjī 崇基 3-846B
chóngjī 蟲雞 8-966B
chóngjī 重基 10-387B
chóngjí 崇極 3-847B
chóngjí 重級 10-385A
chóngjì 重紀 10-385A
chóngjì 重祭 10-388B
chóngjì 重跡 10-392B
chǒngjī 寵姬 3-1638B
chǒngjǐ 寵給 3-1640A
chǒngjì 寵寄 3-1639A
chóngjiǎ 重甲 10-375A
chóngjià 重駕 10-397B
chǒngjiā 寵嘉 3-1640A
chōngjiǎn 沖儉 5-970A
chōngjiǎn 沖簡 5-971A
chóngjiǎn 崇簡 3-850A
chóngjiǎn 重趼 10-388A
chóngjiǎn 重繭 10-400A
chóngjiǎn 重璽 10-401B
chóngjiàn 重澗 10-397A
chóngjiàn 重薦 10-397B
chōngjiàng 衝降 3-1085B
chóngjiāng 重江 10-377B
chóngjiǎng 崇獎 3-849A
chóngjiàng 崇匠 3-844A
chǒngjiǎng 寵獎 3-1640B
chóngjiàntiānrì 重見天日 10-377B
chóngjiāo 蟲膠 8-965B
chǒngjiāo 寵嬌 3-1641A
chóngjiāoqīngqī 蟲膠清漆 8-965B
chóngjìbǐngqì 重跡屏氣 10-392B
chōngjiē 衝街 3-1088A
chóngjiē 崇階 3-847A
chóngjié 重劫 10-377B
chóngjié 重結 10-391B
chóngjié 重睫 10-392A
chóngjiè 重介 10-374B
chǒngjiē 寵接 3-1638B
chǒngjiè 寵借 3-1638B
chōngjīhuàbǐng 充飢畫餅 2-257A
chōngjīn 沖衿 5-967B
chōngjīn 沖襟 5-971A
chōngjǐn 衝緊 3-1088A
chóngjīn 重金 10-380B
chóngjīn 重襟 10-400B
chóngjǐn 重錦 10-398A
chǒngjìn 寵進 3-1638B
chòngjìn 衝勁 3-1086A
chōngjǐng 憧憬 7-740B
chōngjìng 沖静 5-969B
chōngjìng 衝境 3-1088A
chóngjīng 重睛 10-392A
chóngjìng 崇敬 3-847B
chǒngjīng 寵旌 3-1639A
chǒngjìng 寵敬 3-1639B
chóngjīnjiānzǐ 重金兼紫 10-380B
chóngjīnxítāng 重金襲湯 10-381A
chōngjiǒng 充熲 2-259A
chóngjiōng 重扃 10-384B
chóngjiǔ 崇酒 3-846B
chóngjiǔ 重九 10-373B
chóngjiǔdēnggāo 重九登高 10-373B
chóngjiǔyì 重九譯 10-373B
chōngjīyù 沖激玉 5-970B
chōngjǔ 沖舉 5-970B
chōngjǔ 翀舉 9-643B
chōngjù 衝劇 3-1088B
chóngjǔ 重舉 10-398A
chóngjù 崇聚 3-849A
chóngjù 重句 10-375B
chōngjuàn 沖眷 5-968A
chǒngjuàn 寵眷 3-1639A
chóngjuānshǔniè 蟲鐫鼠齧 8-966B
chōngjué 沖决 5-966B
chōngjué 沖決 5-967A
chōngjué 衝決 3-1085A
chōngjué 褈襬 9-76A
chóngjué 崇崛 3-847A
chóngjué 崇絶 3-848A
chóngjué 重較 10-392A
chǒngjué 寵爵 3-1641A
chōngjūn 充軍 2-256B
chōngjūn 衝軍 3-1087A
chóngjùn 崇峻 3-846A
chóngjùn 重峻 10-386A
chóngkān 重刊 10-374B
chóngkǎn 重坎 10-377B
chóngkàng 重亢 10-374B
chōngkè 充課 2-259A
chōngkè 沖克 5-966B
chōngkè 沖剋 5-968A
chōngkè 衝剋 3-1085B
chóngkē 崇科 3-845B
chóngkè 重刻 10-381B
chōngkézi 沖殻子 5-968A

chōngkǒu 衝口 3-1084A
chōngkǒu'érchū 衝口而出 3-1084A
chōngkuàng 充纊 2-259B
chōngkuàng 沖曠 5-971A
chōngkuàng 䘪絖 12-1014B
chóngkuàng 崇曠 3-849B
chóngkuàng 重纊 10-402A
chǒngkuàng 寵貺 3-1639B
chóngkùn 重困 10-378A
chōngkuò 充擴 2-259B
chónglái 重來 10-379B
chǒnglài 寵賚 3-1640B
chóngláiguōjí 重來郭伋 10-379B
chónglán 崇蘭 3-850A
chónglán 重欄 10-402A
chōnglàng 衝浪 3-1087B
chóngláng 重郎 10-381B
chōnglàngyùndòng 衝浪運動 3-1087B
chóngláo 蟲牢 8-963B
chónglǎo 重橑 10-397B
chónglǎo 重轑 10-401A
chǒngláo 寵勞 3-1639B
chǒnglè 寵樂 3-1641A
chōnglèi 充類 2-259B
chónglěi 重絫 10-391B
chónglěi 重壘 10-400B
chónglěi 重累 10-388A
chōnglèizhìjìn 充類至盡 2-259B
chōnglèng 充楞 2-258A
chōnglì 充吏 2-255A
chōnglì 充歷 2-259B
chónglí 重離 10-400B
chónglǐ 崇禮 3-849B
chónglì 崇麗 3-850A
chónglì 重鬲 10-385B
chónglì 重櫟 10-401A
chǒnglì 寵利 3-1637A
chǒnglì 寵厲 3-1640A
chónglián 重匳 10-396A
chónglián 重簾 10-401A
chōngliáng 舂糧 8-1289B
chōngliàng 充量 2-257B
chōngliàng 沖量 5-969A
chōngliè 充列 2-255A
chónglǐjiùyè 重理舊業 10-387A
chónglín 重林 10-379B
chōnglíng 沖齡 5-971A
chónglíng 崇陵 3-846B
chónglǐng 重嶺 10-399B
chǒnglíng 寵靈 3-1641B
chōngliú 衝流 3-1087B
chóngliū 重霤 10-400B
chóngliú 蟲流 8-964A
chǒngliǔjiāohuā 寵柳嬌花 3-1637B
chōnglóng 衝隆 3-1087B
chónglóng 崇隆 3-847A
chónglóng 崇巄 3-849A
chōnglóngyù 沖龍玉 5-970B
chónglóu 重樓 10-395B
chónglòu 蟲漏 8-965A
chónglòu 蟲鏤 8-966B
chónglóujīnxiàn 重樓金綫 10-395B
chónglóujīnxiàn 重樓金線 10-395B
chōnglú 充盧 2-259B
chōnglú 艟艫 9-11B
chōnglǔ 衝櫓 3-1089B
chǒnglù 寵祿 3-1640A
chǒnglù 寵賂 3-1640A
chònglù 蹱路 10-554B
chóngluán 重巒 10-402B
chóngluán 重欒 10-402B
chóngluǎn 重卵 10-378B
chóngluàn 崇亂 3-848B
chóngluàn 重亂 10-393A
chóngluándiéyǎn 重巒疊巘 10-402B
chóngluándiézhàng 重巒疊嶂 10-402B
chóngluánfùzhàng 重巒複嶂 10-402B
chónglún 重輪 10-395B
chónglùnhóngyì 崇論吰議 3-849A
chónglùnhóngyì 崇論宏議 3-849A
chónglùnhóngyì 崇論紘議 3-849A
chónglùnhóngyì 崇論閎議 3-849A
chōngluó 充羅 2-259B
chóngluó 蟲羅 8-966B
chóngluó 重羅 10-401A
chóngluò 蟲落 8-965A
chóngluò 重落 10-390A
chóngluómiàn 重羅麪 10-401A
chóngluómiàn 重羅麵 10-401A
chōnglǘ 充閭 2-259A
chóngmǎ 重馬 10-385A
chōngmài 沖邁 5-970A
chōngmài 衝脈 3-1087A
chōngmǎn 充滿 2-258B
chōngmǎn 沖滿 5-970A
chóngmàn 重幔 10-395A
chōngmào 充茂 2-256A
chōngmào 衝冒 3-1086A
chóngmào 崇茂 3-844B
chōngměi 充美 2-256A
chōngmèi 沖昧 5-967A
chōngmèi 惷昧 7-685A
chóngméi 重鋂 10-397A
chóngméihuā 蟲媒花 8-965A
chóngmén 重門 10-382A
chóngméndiéhù 重門疊户 10-382A
chōngméng 沖蒙 5-969B
chōngméng 衝蒙 3-1088A
chōngméng 艟艨 9-11B
chóngméng 重盟 10-392B
chóngménjītuò 重門擊柝 10-382A
chōngmì 沖祕 5-967B
chōngmì 沖謐 5-970B
chóngmì 崇秘 3-846A
chóngmì 重密 10-389A
chóngmiǎn 崇緬 3-849B
chǒngmiǎn 寵眄 3-1637B
chōngmiǎo 沖眇 5-967A
chōngmiǎo 沖藐 5-970B
chōngmiǎo 沖邈 5-970B
chōngmiào 沖妙 5-967A
chóngmiǎo 崇邈 3-849B
chōngmíng 惷冥 7-685A
chóngmíng 崇名 3-844A
chóngmíng 崇明 3-845A
chóngmíng 蟲螟 8-966A
chóngmíng 重名 10-377A
chóngmíng 重明 10-379B
chóngmíng 重冥 10-386B
chóngmíng 重溟 10-394A
chǒngmìng 寵命 3-1637B
chóngmíngjié 重明節 10-380A
chóngmíngjìyàn 重明繼燄 10-380A
chóngmíngzhěn 重明枕 10-380A
chóngmíngzhōngyuè 蟲鳴螽躍 8-965A
chōngmò 沖末 5-966A
chōngmò 沖寞 5-969B
chōngmò 沖漠 5-969B
chōngmò 沖默 5-970B
chōngmòwúzhèn 沖漠無朕 5-969B
chōngmù 沖穆 5-970B
chǒngmù 寵沐 3-1637A
chōngněi 充餒 2-259A
chōngní 衝泥 3-1085B
chǒngnì 寵昵 3-1638A
chǒngnì 寵暱 3-1640B
chōngnián 沖年 5-966B
chóngnián 崇年 3-844A
chóngniàn 重念 10-381A
chǒngniàn 寵念 3-1637B
chóngniáng 蟲娘 8-964A
chóngniàng 重釀 10-403A
chóngniǎo 蟲鳥 8-964B
chōngniè 衝齧 3-1089B
chóngniè 蟲孽 8-966B
chǒngniè 寵孽 3-1641A
chōngníng 沖凝 5-970B
chóngpā 重葩 10-390A
chōngpái 衝排 3-1087B
chóngpālěizǎo 重葩累藻 10-390A
chǒngpàn 寵盼 3-1638A
chōngpáo 充庖 2-256A
chòngpào 銃炮 11-1274B
chòngpào 銃礮 11-1274B
chōngpèi 充沛 2-255B
chóngpèi 崇配 3-846A
chōngpéng 衝輣 3-1088B
chōngpéng 艟輣 9-1333A
chōngpéng 橦棚 4-1318A
chōngpí 衝疲 3-1087B
chōngpì 衝僻 3-1088B
chóngpídiésuǐ 重皮叠髓 10-376A
chóngpín 重貧 10-388B
chōngpíngyíyì 沖平夷易 5-966A
chóngpīyìmiào 重紕貤繆 10-387A
chōngpò 衝破 3-1087A
chōngqǐ 充起 2-256B
chōngqì 沖氣 5-968A
chōngqì 衝氣 3-1087A
chóngqī 崇期 3-847B
chóngqí 重騎 10-400A
chóngqì 蟲氣 8-964A
chǒngqī 寵戚 3-1638B
chǒngqì 寵契 3-1637B
chōngqià 充洽 2-256B
chōngqiān 沖謙 5-970B
chóngqiān 重遷 10-396A
chóngqián 重錢 10-398A
chóngqiàn 重塹 10-395A
chōngqiáng 充强 2-257B
chóngqiáng 重彊 10-398B
chòngqiāng 銃槍 11-1274B
chóngqiáo 重喬 10-390B
chóngqiào 崇峭 3-846A
chǒngqiè 寵妾 3-1637B
chōngqíliàng 充其量 2-256A
chóngqǐlúzào 重起爐竈 10-385A
chóngqīn 重衾 10-386A
chóngqīn 重親 10-398B
chōngqíng 沖情 5-968B
chóngqíng 蟲情 8-965A
chóngqìng 重慶 10-397A
chōngqióng 充窮 2-259A
chōngqiú 舂酋 8-1289A
chóngqiū 崇丘 3-844A
chóngqiú 重求 10-377B
chōngqū 充倔 2-256B
chōngqū 充屈 2-256A
chōngqū 充詘 2-257B
chōngqú 充衢 2-260A
chōngqú 衝衢 3-1089B
chóngqū 蟲蛆 8-964A
chóngquán 重泉 10-383B
chōngrán 充然 2-257B
chōngrán 沖然 5-969A
chòngrán 衝然 3-1088A
chōngràng 沖讓 5-971A
chóngrǎng 重壤 10-401B
chóngránhuī 重然灰 10-391A
chōngrǎo 憧擾 7-741A
chóngrǎo 重擾 10-400A
chōngrén 沖人 5-965B
chōngrén 舂人 8-1289A
chōngrěn 充忍 2-255B
chōngrèn 充仞 2-254B

chōngrèn 充任 2-255A
chōngrèn 充牣 2-255B
chóngrén 蟲人 8-963A
chóngrèn 重仞 10-375B
chǒngrén 寵人 3-1636B
chǒngrèn 寵任 3-1636B
chōngrì 衝日 3-1084B
chóngrì 崇日 3-843B
chōngróng 充融 2-259B
chōngróng 沖溶 5-969B
chōngróng 沖融 5-970A
chōngróng 沖瀜 5-971A
chōngróng 沖瀜 5-1280A
chōngróng 舂容 8-1289A
chōngróng 舂融 8-1289B
chōngróng 褈褣 9-138B
chóngróng 爞融 7-322A
chǒngróng 寵榮 3-1640B
chōngróngdàyǎ 舂容大雅 8-1289A
chóngròu 重肉 10-376B
chōngrú 沖孺 5-971A
chóngrù 重褥 10-397A
chǒngrǔ 寵辱 3-1638A
chǒngrǔbùjīng 寵辱不驚 3-1638A
chóngruí 重蕤 10-395B
chōngruò 忡弱 7-432A
chōngruò 沖弱 5-968A
chōngruò 惷弱 7-685A
chǒngrǔruòjīng 寵辱若驚 3-1638A
chōngsāi 衝塞 3-1088A
chōngsài 衝塞 3-1088A
chóngsài 重塞 10-394A
chóngsān 重三 10-373B
chóngsāndiésì 重三疊四 10-373B
chóngsāndiésì 重三疉四 10-373B
chóngsāng 崇喪 3-847B
chóngsāng 重喪 10-390A
chóngsānyì 重三譯 10-373B
chōngsǎo 衝掃 3-1087B
chōngsè 充塞 2-258B
chōngshā 衝殺 3-1087A
chóngshā 蟲沙 8-963B
chóngshā 重沙 10-379A
chōngshàn 充贍 2-259B
chóngshān 崇山 3-843A
chóngshān 重山 10-374A
chóngshàn 重膳 10-398B
chóngshānfùlǐng 重山複嶺 10-374A
chóngshānfùshuǐ 重山複水 10-374A
chōngshāng 沖殤 5-970A
chóngshāng 重傷 10-393A
chóngshāng 重觴 10-400B
chóngshàng 崇尚 3-844B
chǒngshǎng 寵賞 3-1640B
chóngshānjùnlǐng 崇山峻嶺 3-843A
chóngshānjùnlǐng 重山峻嶺 10-374A
chóngshāyuánhè 蟲沙猿鶴 8-963B
chōngshè 充攝 2-259B
chóngshé 蟲蛇 8-964B
chóngshé 重舌 10-376B
chóngshè 重設 10-388B
chōngshēn 沖深 5-968B
chōngshèn 沖慎 5-969B
chóngshēn 崇深 3-847A
chóngshēn 重申 10-375A
chóngshēn 重身 10-378B
chóngshēn 重深 10-388B
chóngshěn 重審 10-397A
chōngshèng 充盛 2-257A
chōngshèng 沖聖 5-969A
chóngshēng 重生 10-375B
chóngshēng 重甥 10-390B
chóngshèng 崇盛 3-846B
chǒngshèng 寵盛 3-1638B
chóngshēngfùmǔ 重生父母 10-375B
chóngshèngsì 崇聖寺 3-848A
chōngshí 充實 2-258B
chōngshì 充事 2-256A
chōngshì 充試 2-258A
chōngshì 沖室 5-967B
chōngshì 沖適 5-969B
chōngshì 舂市 8-1289A
chóngshí 蟲蝕 8-965B
chóngshí 崇實 3-849A
chóngshí 重十 10-373A
chóngshǐ 蟲使 8-963B
chóngshì 崇事 3-844B
chóngshì 崇飾 3-848B
chóngshì 重世 10-374B
chóngshì 重適 10-395A
chóngshíniǎobù 蟲蝕鳥步 8-965A
chóngshìxià 重侍下 10-380B
chóngshízì 蟲蝕字 8-965A
chōngshǒu 沖守 5-966B
chǒngshòu 寵授 3-1638B
chòngshǒu 銃手 11-1274B
chóngshǒulěizú 重手累足 10-374B
chōngshǔ 螩蟀 8-950A
chōngshù 充數 2-259A
chóngshū 蟲書 8-964A
chóngshù 崇樹 3-849B
chǒngshù 寵數 3-1640B
chǒngshù 寵樹 3-1641A
chōngshuā 沖刷 5-967A
chōngshuā 衝刷 3-1085B
chōngshuǎng 沖爽 5-968A
chóngshuāng 蟲霜 8-966A
chōngshuǐ 衝水 3-1084B
chōngshuì 舂稅 8-1289B
chóngshūniǎojì 蟲書鳥跡 8-964A
chóngshūniǎozhuàn 蟲書鳥篆 8-964A
chóngsī 蟲絲 8-965A
chóngsī 重思 10-383A
chóngsǐ 重死 10-376B
chóngsì 崇祀 3-844B
chóngsì 重笥 10-388A
chǒngsī 寵私 3-1637A
chōngsōng 䗥鬆 12-759B
chóngsǒng 崇竦 3-848A
chóngsòng 重頌 10-393A
chóngsōu 蟲鎪 8-966A
chōngsù 沖素 5-967B
chóngsù 重素 10-385A
chōngsuì 沖歲 5-969B
chōngsuì 沖邃 5-970B
chóngsuì 崇邃 3-849B
chóngsuì 重歲 10-392A
chóngsuì 重邃 10-400A
chǒngsuí 寵綏 3-1640A
chǒngsuì 寵遂 3-1639B
chōngsǔn 沖損 5-969A
chóngsūn 重孫 10-387A
chóngsūnnǚ 重孫女 10-387A
chóngtà 重闥 10-402A
chóngtái 重臺 10-394A
chóngtái 重儓 10-398A
chóngtáijù 重臺屨 10-394B
chóngtáilǚ 重臺履 10-394B
chōngtáng 充堂 2-257A
chōngtáng 舂堂 8-1289A
chōngtáng 舂塘 8-1289B
chóngtāng 重湯 10-391A
chóngtáng 重堂 10-388A
chóngtè 崇特 3-846A
chōngténg 衝騰 3-1089B
chōngtī 衝梯 3-1087B
chōngtì 忡惕 7-432A
chōngtì 衝替 3-1087B
chóngtǐ 重體 10-402B
chóngtì 崇替 3-847B
chóngtì 崇薙 3-849B
chōngtiān 沖天 5-966A
chōngtiān 衝天 3-1084A
chōngtián 充填 2-258A
chōngtián 沖田 5-966A
chōngtián 沖恬 5-967B
chóngtiān 蟲天 8-963A
chóngtiān 重天 10-374A
chōngtiāndàjiāngjūn 衝天大將軍 3-1084B
chōngtiānhè 沖天鶴 5-966A
chōngtiānpào 沖天炮 5-966A
chōngtiānpào 沖天礮 5-966A
chōngtiānsèdì 充天塞地 2-254B
chōngtiānwù 沖天物 5-966A
chōngtíng 充庭 2-256A
chōngtóng 沖童 5-969A
chóngtóng 重同 10-376B
chóngtóng 重童 10-391A
chóngtóng 重瞳 10-399A
chóngtóngmù 重瞳目 10-399B
chóngtóngzǐ 重童子 10-391A
chóngtóngzǐ 重瞳子 10-399B
chóngtóu 重頭 10-397B
chōngtū 沖突 5-967B
chōngtū 衝突 3-1086B
chōngtú 衝途 3-1087A
chòngtū 衝突 3-1086B
chōngtuì 沖退 5-967B
chōngtuò 充拓 2-255B
chōngtuózi 衝駝子 3-1088B
chóngwán 重完 10-379A
chóngwáng 蟲王 8-963A
chóngwǎng 蟲網 8-965A
chóngwǎng 重輞 10-395B
chǒngwàng 寵望 3-1639A
chōngwèi 充位 2-255B
chōngwèi 茺蔚 9-394B
chōngwèi 衝位 3-1085A
chōngwèi 衝衛 3-1089A
chóngwēi 重隈 10-389B
chóngwéi 重圍 10-390B
chóngwéi 重幃 10-390B
chóngwéi 重闈 10-400A
chóngwěi 崇偉 3-847A
chóngwèi 重味 10-379B
chǒngwèi 寵位 3-1637A
chǒngwèi 寵慰 3-1641A
chóngwēn 重溫 10-391A
chóngwén 崇文 3-843B
chóngwén 蟲文 8-963A
chóngwén 重文 10-374B
chóngwénguǎn 崇文館 3-843B
chóngwénguàn 崇文觀 3-843B
chóngwēnjiùmèng 重溫舊夢 10-391A
chóngwēnjiùyè 重溫舊業 10-391A
chóngwényuàn 崇文院 3-843B
chōngwò 沖幄 5-969A
chǒngwò 寵渥 3-1639B
chōngwǔ 衝午 3-1084B
chóngwū 重屋 10-384B
chóngwǔ 重五 10-374A
chóngwǔ 重午 10-374B
chōngxí 衝襲 3-1089B
chōngxǐ 沖喜 5-969A
chōngxì 充餼 2-259B
chóngxī 重熙 10-394B
chóngxí 崇習 3-847A
chóngxí 重席 10-386B
chóngxí 重襲 10-402B
chǒngxī 寵惜 3-1639A
chǒngxī 寵錫 3-1641A
chǒngxí 寵習 3-1639A
chōngxiá 衝狹 3-1087A
chóngxiā 蟲蝦 8-965B
chóngxiā 蟲鰕 8-966B
chǒngxiá 寵狎 3-1637B
chōngxián 沖閒 5-969A

chōngxiàn 充羨 2-258A
chōngxiàn 衝陷 3-1087B
chóngxiǎn 崇險 3-849B
chóngxiǎn 崇顯 3-850A
chóngxiǎn 重險 10-397A
chóngxiàn 重現 10-387A
chōngxiāng 充箱 2-259A
chōngxiǎng 沖想 5-969B
chōngxiàng 舂相 8-1289A
chóngxiāng 重箱 10-396B
chóngxiǎng 蟲蠁 8-966A
chóngxiǎng 蟲響 8-966B
chóngxiàng 蟲象 8-964B
chōngxiāo 充銷 2-259A
chōngxiāo 沖霄 5-970A
chōngxiāo 衝霄 3-1088B
chóngxiāo 重霄 10-396A
chóngxiē 蟲蝎 8-965B
chóngxié 蟲邪 8-963A
chǒngxié 寵攜 3-1641B
chóngxīlěijì 重熙累績
10-394B
chóngxīlěiqià 重熙累洽
10-394B
chóngxīlěishèng 重熙累盛
10-394B
chóngxīlěiyè 重熙累葉
10-394B
chōngxīn 衝心 3-1084B
chóngxīn 重新 10-393B
chóngxìn 崇信 3-845B
chǒngxìn 寵信 3-1638A
chōngxīng 衝星 3-1086A
chóngxìng 重姓 10-382A
chǒngxíng 寵行 3-1636B
chǒngxìng 寵幸 3-1637A
chǒngxìng 寵倖 3-1638B
chóngxióng 崇雄 3-847B
chōngxiù 沖秀 5-966B
chóngxiū 重修 10-383B
chóngxiū 重羞 10-386B
chóngxiù 重岫 10-380A
chōngxū 充虛 2-257A
chōngxū 沖虛 5-968A
chóngxū 崇虛 3-846B
chōngxuán 沖玄 5-966B
chōngxuǎn 充選 2-259A
chóngxuān 重宣 10-384B
chóngxuān 重軒 10-385B
chóngxuán 蟲旋 8-965A
chóngxuán 重玄 10-375B
chóngxuǎn 重選 10-397A
chóngxuánguǎn 崇玄館
3-844A
chóngxuánxué 崇玄學
3-844A
chōngxuè 充血 2-255A
chōngxùn 沖遜 5-969B
chóngxùn 重巽 10-391B
chōngyá 衝牙 3-1084B
chōngyǎ 沖雅 5-969A
chóngyá 崇牙 3-843B
chóngyá 蟲牙 8-963A
chóngyá 重牙 10-374A
chóngyá 重崖 10-388A
chóngyá 重涯 10-388B
chóngyǎchùfú 崇雅黜浮
3-847B
chōngyán 衝炎 3-1085B
chōngyǎn 充衍 2-256A
chōngyàn 充厭 2-258B
chóngyán 崇嚴 3-850A
chóngyán 重言 10-379A
chóngyán 重檐 10-399A
chóngyán 重簷 10-401A
chóngyán 重櫩 10-401B
chóngyán 重巖 10-402B
chóngyǎn 崇演 3-849A
chóngyǎn 蟲眼 8-964A
chóngyǎn 重演 10-395B
chóngyǎn 重巘 10-402B
chǒngyàn 寵餤 3-1641A
chōngyánchōngyǔ 沖言沖語
5-966B
chóngyándiézhàng
重岩疊嶂 10-380A
chóngyándiézhàng
重巖疊嶂 10-402B
chōngyáng 沖陽 5-968B
chōngyǎng 充養 2-258B
chóngyáng 重洋 10-384B
chóngyáng 重陽 10-389A
chóngyǎng 崇仰 3-844A
chóngyánggāo 重陽糕
10-389B
chóngyángjiǔ 重陽酒
10-389B
chóngyángluòmào 重陽落帽
10-389B
chóngyànlùmíng 重宴鹿鳴
10-386B
chóngyánniǎojì 蟲言鳥跡
8-963B
chóngyànqiónglín
重宴瓊林 10-386B
chōngyāo 舂抗 8-1289A
chōngyào 衝要 3-1086A
chóngyāo 蟲妖 8-963B
chóngyáo 重爻 10-374B
chóngyào 重曜 10-400B
chǒngyào 寵要 3-1637B
chǒngyào 寵耀 3-1641B
chōngyè 充咽 2-256A
chōngyè 衝夜 3-1085B
chóngyè 重葉 10-389B
chóngyè 重業 10-392A
chóngyèchéngzì 蟲葉成字
8-965A
chóngyèméi 重葉梅 10-389B
chōngyí 沖夷 5-966B
chōngyí 沖頤 5-970A
chōngyì 充益 2-257A
chōngyì 充溢 2-258A
chōngyì 沖挹 5-967B
chōngyì 沖逸 5-968A
chōngyì 衝溢 3-1088A
chóngyī 蟲鷖 8-967A
chóngyī 重衣 10-377B
chóngyǐ 蟲蛾 8-965A
chóngyǐ 蟲螘 8-966A
chóngyǐ 蟲蟻 8-966B
chóngyì 緟貤 9-942B
chóngyì 重帟 10-384A
chóngyì 重貤 10-385B
chóngyì 重翳 10-399A
chóngyì 重譯 10-401B
chǒngyí 寵貽 3-1639B
chǒngyì 寵貤 3-1638A
chǒngyì 寵異 3-1638B
chōngyīn 沖音 5-967A
chōngyǐn 充隱 2-259B
chōngyǐn 沖隱 5-970B
chóngyīn 重痏 10-391A
chóngyīn 重茵 10-382B
chóngyīn 重音 10-384A
chóngyīn 重陰 10-387A
chóngyīn 重裀 10-389A
chóngyīn 重隂 10-389B
chóngyīn 重鞇 10-395B
chóngyīn 重闉 10-400A
chóngyín 重齦 10-402A
chóngyǐn 崇飲 3-848A
chóngyìn 重印 10-375B
chǒngyǐn 寵引 3-1636B
chōngyīng 充應 2-259B
chōngyíng 充盈 2-256B
chōngyíng 沖盈 5-967B
chóngyīng 重英 10-379B
chóngyíng 重瀛 10-401A
chóngyǐng 蟲癭 8-967A
chóngyǐng 重景 10-390B
chóngyǐng 重穎 10-398B
chǒngyìng 寵媵 3-1640A
chóngyīnlièdǐng 重裀列鼎
10-389A
chōngyǒng 充勇 2-256B
chōngyòng 沖用 5-966A
chóngyōng 崇墉 3-849A
chóngyōng 重雍 10-393B
chóngyòng 崇用 3-844A
chǒngyòng 寵用 3-1636B
chóngyōngbǎizhì 崇墉百雉
3-849A
chōngyóu 舂揄 8-1289B
chōngyòu 沖幼 5-966B
chōngyòuguàn 沖祐觀 5-967B
chōngyú 充腴 2-257B
chōngyú 惷愚 7-685A
chōngyǔ 衝雨 3-1085B
chōngyù 充欲 2-257A
chōngyù 充裕 2-257B
chōngyù 沖裕 5-969A
chōngyù 沖豫 5-970A
chōngyù 衝鬱 3-1090A
chóngyú 蟲魚 8-964B
chóngyǔ 崇禹 3-845B
chóngyù 崇遇 3-848A
chǒngyù 寵育 3-1637B
chǒngyù 寵遇 3-1639B
chǒngyù 寵馭 3-1639A
chǒngyù 寵諭 3-1641A
chōngyuǎn 沖遠 5-969A
chóngyuān 重淵 10-391B
chóngyuán 重垣 10-382B
chóngyuán 重圓 10-393A
chóngyuán 重源 10-393B
chóngyuándiésuǒ 重垣疊鎖
10-382B
chōngyuē 沖約 5-967B
chōngyuè 充悅 2-257A
chóngyuè 重月 10-374B
chóngyùlùmíng 重預鹿鳴
10-394A
chóngyūn 重暈 10-392B
chóngyún 重雲 10-390A
chóngyùn 崇蘊 3-849B
chóngyùn 重韻 10-401A
chóngyúxué 蟲魚學 8-964B
chóngyúzhuàn 蟲魚篆 8-964B
chóngzāi 蟲災 8-963B
chǒngzàng 寵葬 3-1639B
chōngzé 充澤 2-259B
chōngzèng 充贈 2-259B
chǒngzèng 寵贈 3-1641A
chóngzhà 重柵 10-383A
chóngzhái 重翟 10-395B
chōngzhàng 沖帳 5-968A
chóngzhǎng 崇長 3-844B
chǒngzhāng 寵章 3-1639A
chóngzhāo 崇朝 3-847B
chǒngzhāo 寵招 3-1637A
chǒngzhào 寵召 3-1636B
chōngzhēn 沖真 5-967B
chōngzhèn 衝陣 3-1087B
chōngzhèng 沖正 5-966A
chóngzhēng 重徵 10-397A
chóngzhěngqígǔ 重整旗鼓
10-397B
chóngzhènqígǔ 重振旗鼓
10-385A
chōngzhǐ 沖旨 5-966B
chóngzhī 重知 10-380B
chóngzhī 重胝 10-383B
chóngzhǐ 重旨 10-377A
chóngzhì 崇雉 3-848B
chóngzhì 蟲豸 8-963A
chǒngzhì 寵秩 3-1638A
chóngzhǐlěizhá 重紙累札
10-387A
chóngzhōng 崇衷 3-846A
chóngzhòng 崇重 3-845B
chǒngzhòng 寵重 3-1638A
chōngzhōu 充周 2-256A
chóngzhòu 蟲籀 8-966B
chōngzhōuguòfǔ 衝州過府
3-1085A
chōngzhōuzhuàngfǔ
沖州撞府 5-966B
chōngzhōuzhuàngfǔ
衝州撞府 3-1085A
chōngzhǔ 沖主 5-966B
chōngzhù 舂築 8-1289B
chōngzhù 衝注 3-1085B
chóngzhū 蟲珠 8-964A
chóngzhù 崇著 3-846B
chóngzhù 重注 10-381B

chóngzhù 重著 10-387B
chǒngzhù 寵注 3-1637B
chóngzhuàn 蟲篆 8-965B
chōngzhuàng 充壯 2-255B
chōngzhuàng 沖撞 5-970A
chōngzhuàng 舂撞 8-1289B
chōngzhuàng 衝撞 3-1088B
chóngzhuāng 重裝 10-394A
chóngzhuàng 崇壯 3-844B
chōngzhuō 惷拙 7-685A
chǒngzhuó 寵擢 3-1641A
chóngzi 蟲子 8-963A
chóngzǐ 重梓 10-387B
chóngzì 重字 10-377B
chǒngzǐ 寵子 3-1636B
chǒngzì 寵恣 3-1638B
chòngzi 銃子 11-1274B
chòngzǐ 沖子 5-966A
chóngzòu 重奏 10-382A
chōngzú 充足 2-255B
chōngzú 衝踤 3-1088B
chóngzú 崇崒 3-847A
chóngzú 重足 10-378A
chóngzǔ 崇阻 3-844B
chóngzǔ 重阻 10-379A
chóngzúbǐngqì 重足屏氣 10-378A
chóngzúbǐngxī 重足屏息 10-378A
chóngzú'érlì 重足而立 10-378A
chóngzúlěixī 重足累息 10-378A
chóngzūn 崇尊 3-848A
chōngzuò 充鑿 2-260A
chóngzuò 重坐 10-378B
chóngzúyījì 重足一迹 10-378A
chóngzúyījì 重足一蹟 10-378A
chóu'āi 愁哀 7-625A
chóu'àn 愁黯 7-628B
chóu'àn'àn 愁黯黯 7-628B
chōubá 抽拔 6-453B
chǒubāguài 醜八怪 9-1433A
chǒubāguài 醜巴怪 9-1433A
chóubài 酬拜 9-1404B
chóubān 讎扳 11-906A
chóubàn 儔伴 1-1710B
chóubàn 籌辦 8-1274B
chóubào 愁抱 7-624A
chóubào 酬報 9-1405A
chóubào 讎報 11-907A
chǒubǎo 丑寶 1-483B
chóubēi 愁悲 7-626A
chóubèi 儔輩 1-1711A
chóubèi 籌備 8-1274A
chóubǐ 儔比 1-1710B
chóubǐ 籌筆 8-1274A
chóubǐ 讎比 11-905B
chóubì 酬幣 9-1406A
chǒubǐ 醜比 9-1433A
chóubiān 籌邊 8-1274B
chóubiàn 酬辨 9-1406B
chóubiàn 酬辯 9-1407A
chōubiāo 抽膘 6-456B
chǒubiǎogōng 醜表功 9-1433B
chóubīn 酬賓 9-1406A
chóubīn 酬賔 9-1406A
chóubìn 愁鬢 7-628B
chóubīng 籌兵 8-1273A
chóubǐyì 籌筆驛 8-1274A
chōubō 抽剝 6-454B
chōubō 抽撥 6-456B
chóubō 籌撥 8-1274B
chǒubó 醜博 9-1434B
chóubù 紬布 9-791A
chóubù 愁怖 7-624B
chóubùdài 愁布袋 7-624A
chōucǎi 抽彩 6-455A
chóucāi 愁猜 7-625B
chǒucǎi 偢采 1-1550A
chǒucǎi 偢保 1-1550A
chǒucǎi 偢採 1-1550A
chǒucǎi 偢睬 1-1550A
chǒucǎi 瞅采 7-1238A
chǒucǎi 瞅睬 7-1238A
chǒucǎi 揪采 6-765A
chǒucǎi 揪採 6-765A
chǒucǎi 揪睬 6-765A
chóucǎn 愁慘 7-627A
chóucǎn 愁黲 7-628B
chóucǎncǎn 愁慘慘 7-627B
chóucè 儔策 1-1711A
chóucè 籌策 8-1274A
chóucè 籌筴 8-1274A
chóucè 檮筴 4-1350B
chōuchá 抽查 6-454A
chǒuchā 醜叉 9-1433A
chǒuchà 醜姹 9-1434A
chǒuchà 醜差 9-1434A
chǒuchà 醜詫 9-1435A
chōuchài 瘳差 8-355A
chǒuchái 醜儕 9-1435B
chōucháng 抽腸 6-456A
chóucháng 愁腸 7-627A
chóucháng 酬償 9-1406B
chóuchàng 惆悵 7-601A
chóuchàng 愁悵 7-626A
chóuchàng 詶唱 11-209B
chóuchàng 酬倡 9-1404B
chóuchàng 酬唱 9-1405A
chóuchángbǎijié 愁腸百結 7-627A
chóuchángjiǔzhuǎn 愁腸九轉 7-627A
chōuchè 抽掣 6-455B
chǒuchě 醜魏 9-1435B
chǒuchě 醜魏 12-476A
chóuchén 疇辰 7-1407A
chóuchéng 愁城 7-624B
chóuchǐ 仇恥 1-1106A
chǒuchǐ 醜恥 9-1434A
chòuchóng 臭蟲 8-1339B
chōuchōu 抽抽 6-453B
chóuchóu 仇仇 1-1105B
chóuchóu 仇讎 1-1106B
chóuchóu 仇讐 1-1106B
chóuchóu 愁愁 7-627A
chóuchóu 綢綢 9-909A
chóuchóu 懤懤 7-767A
chóuchóu 讎仇 11-905B
chōuchōuchùchù 抽抽搐搐 6-454A
chōuchōulièliè 抽抽趔趔 6-454A
chōuchù 抽搐 6-456A
chóuchú 惆憪 7-601B
chóuchú 躊躇 10-563A
chóuchú 躊蹰 10-563A
chóuchǔ 愁楚 7-626B
chóuchù 躊竚 10-563A
chóuchù 躊踀 10-563A
chóuchúmǎnzhì 躊躇滿志 10-563A
chòuchūn 臭椿 8-1339B
chōuchuò 抽啜 6-454B
chōucì 紬次 9-791A
chóucí 仇詞 1-1106A
chǒucí 醜辭 9-1435B
chóucóng 愁悰 7-626A
chóucù 愁促 7-624B
chóucù 愁蹙 7-628A
chóucuán 籌攢 8-1275A
chóucùcù 愁蹙蹙 7-628A
chóucuì 愁悴 7-626A
chóucuì 愁瘁 7-627A
chóucuì 愁翠 7-627B
chǒucuì 醜顇 9-1435B
chōucuō 搊撮 6-815B
chóucuò 籌厝 8-1273B
chóucuò 籌措 8-1273B
chōudā 抽搭 6-455A
chōudá 抽答 6-455B
chōudá 抽達 6-455B
chōudǎ 抽打 6-453A
chóudá 詶答 11-209B
chóudá 酬荅 9-1404B
chóudá 酬答 9-1405B
chóudá 綢沓 9-909A
chóudá 疇答 7-1407B
chóudài 愁黛 7-628A
chóudài 酬待 9-1404B
chóudài 疇代 7-1406B
chǒudàn 醜誕 9-1435A
chóudǎng 儔黨 1-1711A
chóudǎng 讎黨 11-908A
chǒudǎng 醜黨 9-1436A
chōudǎo 抽導 6-456B
chóudé 酬德 9-1406A
chōudì 抽地 6-453A
chóudī 愁滴 7-627A
chóudí 仇敵 1-1106B
chóudí 詶敵 11-209B
chóudí 讎敵 11-907B
chóudì 酬地 9-1404B
chǒudǐ 醜詆 9-1434B
chǒudì 丑地 1-483A
chǒudì 醜地 9-1433A
chóudiàn 愁墊 7-627A
chóudiàn 酬奠 9-1405B
chóudiàn 籌墊 8-1274A
chǒudiǎn 醜點 9-1435B
chōudiào 抽調 6-456B
chóudié 愁慄 7-626B
chóudié 稠疊 8-104A
chōudīng 抽丁 6-452B
chóudìng 讎定 11-906A
chóudìng 讎訂 11-906B
chōudīngbáxiē 抽丁拔楔 6-453A
chōudòng 抽動 6-454B
chōudǒu 抽斗 6-453A
chòudòufu 臭豆腐 8-1339A
chóudú 愁毒 7-624B
chǒudú 醜毒 9-1434A
chóuduān 愁端 7-627A
chóuduàn 紬緞 9-791A
chóuduàn 綢緞 9-909A
chóuduì 仇對 1-1106B
chóuduì 詶對 11-209B
chóuduì 酬對 9-1405B
chóuduì 讎對 11-907B
chóuduì 讎懟 11-908A
chōuduó 籌度 8-1273A
chóu'é 愁蛾 7-627A
chǒu'è 醜惡 9-1434B
chǒu'è 醜悪 9-1434A
chòu'è 殠惡 5-176A
chóu'ēn 酬恩 9-1404B
chóu'er 籌兒 8-1273A
chóufǎ 讎法 11-906A
chóufà 愁髮 7-627B
chóufán 愁煩 7-627A
chōufèn 抽分 6-453A
chóufèn 愁憤 7-627B
chóufèn 讎忿 11-906A
chóufèn 讎憤 11-907B
chōufēng 抽風 6-454A
chōufēng 抽豐 6-457B
chōufěng 抽諷 6-457A
chóufèng 酬奉 9-1404A
chōufú 搊扶 6-815A
chōufù 抽付 6-453A
chóufù 酬復 9-1405B
chóufù 疇阜 7-1407A
chóufù 籌附 8-1273A
chóufù 讎覆 11-907B
chóufùcǎo 愁婦草 7-626A
chǒufùjiāzhōngbǎo 醜婦家中寶 9-1434B
chòufǔshénqí 臭腐神奇 8-1339B
chóugǎn 愁感 7-626B
chóugàn 籌幹 8-1274A
chóugāoxùn 稠膏蕈 8-103B
chōugē 抽割 6-455B
chóugé 幬革 3-765B
chóugēng 酬賡 9-1406A
chóugōng 酬功 9-1404A
chōugōngfu 抽功夫 6-453A
chóugōngjǐxiào 酬功給效 9-1404A
chóugòu 讎姤 11-906B
chóugū 愁辜 7-626A

chóugǔ 疇古 7-1406B
chóugǔ 讎古 11-906A
chóugù 綢固 9-909A
chǒuguāi 醜乖 9-1433B
chǒuguài 醜怪 9-1433B
chōuguàn 抽貫 6-455A
chóuguān 疇官 7-1407A
chóugūdū 稠咕嘟 8-103B
chóuguó 籌國 8-1273B
chóuguó 讎國 11-907A
chóuhǎi 愁海 7-625B
chóuhài 仇害 1-1106A
chóuhài 讎害 11-906B
chōuhàn 抽翰 6-457A
chōuhàn 讎憾 11-907B
chōuháo 抽毫 6-455A
chóuhé 疇合 7-1407A
chóuhé 籌河 8-1273A
chóuhè 詶和 11-209B
chóuhè 酬和 9-1404B
chóuhè 酬賀 9-1405B
chóuhèn 仇恨 1-1106A
chóuhèn 愁恨 7-625A
chóuhèn 讎恨 11-906B
chóuhóng 愁紅 7-625B
chóuhóngcǎnlǜ 愁紅慘緑 7-625B
chóuhóngyuànlǜ 愁紅怨緑 7-625B
chóuhòu 綢厚 9-909A
chóuhú 愁胡 7-624B
chóuhuà 籌畫 8-1274A
chǒuhuà 醜化 9-1433A
chǒuhuà 醜話 9-1435A
chóuhuái 愁懷 7-628B
chóuhuái 疇懷 7-1407B
chōuhuàn 抽換 6-454B
chóuhuán 愁環 7-628A
chōuhuángduìbái 抽黄對白 6-454B
chóuhūhū 稠呼呼 8-103B
chōuhuǐ 抽毁 6-456A
chóuhuí 籌迴 8-1273A
chǒuhuì 醜穢 9-1435B
chóuhūn 籌昏 8-1273A
chóuhuǒ 稠夥 8-103B
chóuhuò 仇貨 1-1106A
chóuhuò 讎貨 11-907A
chǒuhuò 醜禍 9-1434B
chōujī 紬績 9-791A
chōujī 犨雞 6-290B
chōují 瘳疾 8-355A
chóujī 愁機 7-628A
chóují 仇疾 1-1106A
chóují 愁疾 7-625B
chóují 酬詰 9-1405B
chóují 籌集 8-1274A
chóují 讎疾 11-906B
chóují 讎嫉 11-907B
chóujì 仇忌 1-1105B
chóujì 愁寂 7-626A
chóujì 稠穊 8-103B
chóujì 詶寄 11-209B
chóujì 詶繼 11-209B
chóujì 酬寄 9-1405A
chóujì 籌計 8-1273A
chóujì 讎忌 11-906A
chòují 蓋集 9-503A
chóujiā 仇家 1-1106A
chóujiā 讎家 11-907A
chóujià 酬價 9-1406A
chōujiǎn 抽揀 6-455B
chōujiǎn 抽繭 6-457B
chōujiǎn 瘳減 8-355A
chōujiàn 瘳健 8-355A
chóujiān 愁煎 7-627A
chóujiàn 籌建 8-1273A
chóujiàn 讎賤 11-907B
chǒujiàn 瞅見 7-1238A
chǒujiàn 醜譖 9-1436A
chōujiǎng 抽奬 6-456A
chóujiǎng 酬奬 9-1406A
chōujiǎnlùmǎ 抽檢祿馬 6-457A
chōujiǎnlùmǎ 抽簡禄馬 6-457B
chōujiǎo 抽脚 6-455A
chóujiào 讎較 11-907A
chóujiào 讎校 11-906B
chǒujiǎo 丑角 1-483B
chóujiào'er 愁窨兒 7-626B
chòujiàzi 臭架子 8-1339B
chōujiě 抽解 6-456A
chóujiē 詶接 11-209B
chóujiē 酬接 9-1405A
chóujié 愁結 7-626B
chóujié 讎劫 11-906A
chóujiè 籌借 8-1273B
chǒujié 醜訐 9-1434A
chǒujié 醜羯 9-1435B
chōujīn 抽筋 6-455B
chōujīn 抽觔 6-456B
chōujìn 抽進 6-455A
chóujīn 愁襟 7-628A
chóujīn 酬金 9-1404B
chǒujǐn 瞅緊 7-1238B
chōujìng 抽痙 6-455B
chóujǐnjǐn 稠緊緊 8-103B
chóujiǒng 愁窘 7-626B
chóujiǔ 酬酒 9-1404B
chóujú 籌局 8-1273A
chóujǔ 愁沮 7-624B
chóujǔ 酬沮 9-1404B
chóujù 愁懼 7-628B
chóujù 酬據 9-1406B
chǒujǔ 醜沮 9-1433B
chōujuān 抽捐 6-454B
chóujuàn 綢絹 9-909A
chóujué 愁絶 7-626B
chóujué 酬決 9-1404A
chóujué 籌決 8-1273A
chǒujué 丑角 1-483B
chǒujué 丑脚 1-483B
chóukān 讎刊 11-905B
chóukān 讎勘 11-907A
chóukàng 詶抗 11-209A
chóukàng 酬抗 9-1404A
chóukào 酬犒 9-1406A
chōukè 抽課 6-456B
chóukè 愁客 7-625A
chóukè 讎尅 11-906B
chōukòng 抽空 6-454A
chǒukòng 瞅空 7-1238A
chóukǒu 仇口 1-1105A
chóukòu 讎寇 11-907A
chóukǔ 愁苦 7-624A
chóukuǎn 籌款 8-1273B
chóukuì 愁憒 7-627B
chóukùn 愁困 7-624A
chóulài 酬賚 9-1406A
chǒulàlà 醜剌剌 9-1434A
chóuláo 愁勞 7-626B
chóuláo 酬勞 9-1405B
chóuláo 疇勞 7-1407B
chóulěi 愁壘 7-628A
chóulèi 酬酹 9-1405B
chóulèi 儔類 1-1711A
chóulèi 疇類 7-1407B
chǒulèi 醜類 9-1436A
chōulěngzi 抽冷子 6-453B
chǒulěngzi 田冷子 7-1191A
chōulí 抽釐 6-457B
chóulì 儔儷 1-1711A
chóulì 籌曆 8-1274B
chǒulì 醜詈 9-1434B
chǒulì 醜厲 9-1435A
chōuliǎn 抽斂 6-457B
chōuliǎn 讎斂 11-907B
chóuliáng 疇量 7-1407B
chóuliáng 籌量 8-1273B
chōuliánghuànzhù 抽梁换柱 6-455A
chóuliǎo 薵蓼 9-588A
chǒuliào 杻鐐 4-885B
chǒuliào 鈕鐐 11-1224B
chōuliè 抽列 6-453B
chōuliè 抽裂 6-455B
chóuliè 儔列 1-1710B
chǒuliè 醜劣 9-1433B
chóulín 愁霖 7-628A
chóulín 稠林 8-103B
chóulǒng 疇隴 7-1407B
chóulǒng 疇壟 7-1407B
chǒulòu 醜陋 9-1433B
chǒulòu 醜漏 9-1435A
chóulǔ 仇虜 1-1106B
chóulǔ 讎虜 11-907A
chǒulǔ 醜虜 9-1434B
chóulún 愁輪 7-627B
chóulún 儔倫 1-1711A
chóulùn 酬論 9-1406A
chóulùn 躊論 10-563A
chóulǚ 愁旅 7-625B
chóulǚ 儔侶 1-1711A
chóulǜ 愁慮 7-627B
chóulǜ 籌慮 8-1274B
chóulüè 籌略 8-1273B
chōumǎ 抽馬 6-454B
chóumǎ 籌馬 8-1273A
chóumǎ 籌碼 8-1274B
chòumà 臭駡 8-1339B
chōumǎi 抽買 6-455B
chǒumàn 醜慢 9-1435A
chóumáo 仇矛 1-1105B
chóuméi 愁眉 7-625A
chóuméi 籌枚 8-1273A
chóuméibùzhǎn 愁眉不展 7-625A
chóuméicù'é 愁眉蹙額 7-625A
chóuméijǐn 愁眉錦 7-625A
chóuméikǔliǎn 愁眉苦臉 7-625A
chóuméikǔyǎn 愁眉苦眼 7-625A
chóuméilèiyǎn 愁眉淚眼 7-625A
chóumèn 愁悒 7-626A
chóumèn 愁悶 7-626B
chóumèn 愁懣 7-628A
chōumí 犨麋 6-290B
chóumì 稠密 8-103B
chóumì 綢密 9-909A
chóumián 紬綿 9-791A
chóumiáo 愁苗 7-624B
chōumìchěngyán 抽祕騁妍 6-454A
chóumín 讎民 11-906A
chǒumíng 醜名 9-1433B
chòumíngzhāozhù 臭名昭著 8-1339A
chóumó 愁魔 7-628B
chóumó 籌謨 8-1274B
chǒumò 醜末 9-1433A
chóumòmò 愁脉脉 7-624B
chóumòmò 愁脈脈 7-625B
chóumóu 綢繆 9-909B
chóumóu 籌謀 8-1274B
chóumóusāngtǔ 綢繆桑土 9-909B
chóumóuwéiwò 綢繆帷幄 9-909B
chóumóuwèiyǔ 綢繆未雨 9-909B
chóumóuwéizhàng 綢繆帷帳 9-909B
chóumóuyǒuhù 綢繆牖户 9-910A
chóumóuzhàngyǐ 綢繆帳扆 9-909B
chóumǔ 疇畝 7-1407A
chóumù 愁慕 7-627A
chóumù 稠木 8-103B
chóumù 籌募 8-1273B
chóunà 詶納 11-209B
chóunà 酬納 9-1404B
chóunàn 讎難 11-908A
chóunǎng 疇曩 7-1407B
chóunǎo 愁惱 7-626B
chóunào 稠鬧 8-104A
chóunǐ 儔擬 1-1711A
chǒunì 醜逆 9-1434A
chóunián 稠黏 8-104A
chóunián 疇年 7-1407A
chōuniú 犨牛 6-290B
chóunóng 稠濃 8-104A

chǒunú'ér 醜奴兒 9-1433A
chōunuó 抽那 6-453B
chōunuò 抽搦 6-456A
chóunuò 詶諾 11-209B
chǒunüè 醜虐 9-1434A
chǒunüè 醜謔 9-1435B
chóu'ǒu 疇偶 7-1407A
chōupán 抽盤 6-456B
chóupán 愁盤 7-627B
chóupānbìngshěn 愁潘病沈 7-628A
chóupǐ 儔匹 1-1710B
chóupǐ 疇匹 7-1406B
chóupì 詶譬 11-209B
chòupídài 臭皮袋 8-1339A
chòupínáng 臭皮囊 8-1339A
chōupíng 抽馮 6 455B
chǒupíng 揪枰 6-765A
chōupípá 搊琵琶 6-815A
chóupò 愁魄 7-627A
chōuqì 抽泣 6-454A
chōuqì 抽氣 6-454B
chóuqī 愁悽 7-626A
chóuqī 愁戚 7-625B
chóuqī 愁慼 7-627B
chóuqí 疇騎 7-1407B
chóuqì 愁泣 7-624B
chǒuqī 醜娸 9-1434B
chǒuqì 醜氣 9-1434A
chōuqiān 抽籤 6-457B
chòuqián 臭錢 8-1339B
chōuqiáng 犨牆 6-290B
chóuqín 愁勤 7-626B
chóuqín 愁懃 7-628A
chóuqíng 愁情 7-626A
chóuqīqī 愁戚戚 7-625B
chōuqǔ 抽取 6-454A
chōuqù 搊趣 6-815B
chōuquán 瘳痊 8-355A
chóuquàn 酬勸 9-1406B
chóurán 愁然 7-626A
chóurán ⿰氵愁然 6-169B
chóurǎng 稠穰 8-104A
chóuráo 籌饒 8-1274B
chóurǎo 愁擾 7-628A
chóurén 仇人 1-1105A
chóurén 愁人 7-623B
chóurén 稠人 8-103A
chóurén 儔人 1-1710B
chóurén 疇人 7-1406B
chóurén 讎人 11-905B
chóurèn 裯衽 9-109A
chóurénguǎngzhòng 稠人廣衆 8-103B
chóurénguǎngzuò 稠人廣坐 8-103A
chóurénjiànmiàn… 仇人見面,分外眼紅 1-1105A
chóurénxiāngjiàn… 仇人相見,分外明白 1-1105A
chóurénxiāngjiàn… 仇人相見,分外眼紅 1-1105A
chóurénxiāngjiàn… 仇人相見,分外眼明 1-1105A
chóurénxiāngjiàn… 仇人相見,分外眼睁 1-1105A
chóurénxiāngjiàn… 讎人相見,分外眼明 11-905B
chóurì 疇日 7-1406B
chóuróng 愁容 7-625B
chóurǒngrǒng 愁冗冗 7-624A
chǒuròu 丑肉 1-483B
chóurù 稠縟 8-104A
chǒurǔ 醜辱 9-1434A
chóusài 詶賽 11-209B
chóusài 酬賽 9-1406B
chóusè 愁色 7-624A
chōushā 抽沙 6-453B
chōushā 抽紗 6-454B
chōushā 搊殺 6-815A
chóushā 仇殺 1-1106A
chóushā 愁殺 7-625B
chóushā 愁煞 7-627A
chóushā 讎殺 11-906B
chǒushàn 醜扇 9-1434A
chóushāng 籌商 8-1273B
chóushǎng 詶賞 11-209B
chóushǎng 酬賞 9-1406A
chóushǎng 疇賞 7-1407B
chóushānmènhǎi 愁山悶海 7-624A
chóushè 籌設 8-1273B
chōushēn 抽身 6-453B
chóushén 愁神 7-625A
chóushén 酬神 9-1404B
chǒushēng 醜生 9-1433A
chǒushēng 醜聲 9-1435B
chóushēngrì 酬生日 9-1404A
chōushí 搊拾 6-815A
chóushī 擣蓍 6-935B
chóushì 仇視 1-1106A
chóushì 籌室 8-1273A
chóushì 讎視 11-907A
chóushì 讎釋 11-908A
chǒushì 醜事 9-1433B
chǒushì 醜飾 9-1435A
chǒushì 醜謚 9-1435B
chōushōu 抽收 6-453B
chōushòu 搊瘦 6-815B
chóushū 讎書 11-907A
chóushú 酬贖 9-1407A
chóushù 稠庶 8-103B
chóushù 疇墅 7-1407B
chóushù 檮樹 4-1350B
chóushuāng 愁霜 7-628A
chōushuì 抽税 6-455B
chōushuǐmǎtǒng 抽水馬桶 6-453A
chōusī 抽思 6-454A
chōusī 抽絲 6-456A
chóusī 愁思 7-624B
chóusī 愁絲 7-626B
chóusī 籌思 8-1273A
chóusì 儔似 1-1710B
chòusǐ 臭死 8-1339A
chóusòng 讎訟 11-907A
chōusōu 搊搜 6-815A
chōusōu 搊颼 6-815B
chóusù 愁訴 7-626B
chǒusú 醜俗 9-1434A
chóusuàn 籌筭 8-1274A
chóusuàn 籌算 8-1274A
chōusuì 抽穗 6-457A
chōusǔn 瘳損 8-355A
chóusǔn 愁損 7-626B
chōusuō 抽縮 6-457B
chǒusuǒ 杻鎖 4-885B
chóutà 稠沓 8-103B
chōutái 抽薹 6-457A
chōutái 搊擡 6-815B
chǒutài 醜態 9-1435A
chǒutàibǎichū 醜態百出 9-1435A
chōutāihuàngǔ 抽胎换骨 6-454A
chōután 搊彈 6-815B
chóután 愁嘆 7-627A
chóután 愁歎 7-627B
chōutáncí 搊彈詞 6-815B
chōutánjiā 搊彈家 6-815B
chóutè 仇慝 1-1106B
chōuténgtiáo 抽藤條 6-457B
chōuti 抽屜 6-454A
chōutì 抽替 6-455A
chóutì 惆惕 7-601B
chóutì 愁惕 7-626A
chóutiānhǎiwū 籌添海屋 8-1273B
chōutiáo 抽條 6-454B
chóutīng 愁聽 7-628B
chōutòng 抽慟 6-456A
chóutòng 愁痛 7-626B
chōutóu 抽頭 6-457A
chóutǔ 疇土 7-1406B
chǒutú 醜徒 9-1434A
chǒutǔ 醜土 9-1433A
chóuwǎn 惆惋 7-601B
chóuwǎn 籌椀 8-1273B
chóuwéi 籌帷 8-1273B
chóuwéi 籌維 8-1274B
chóuwěi 讎僞 11-907B
chóuwèi 愁畏 7-624B
chòuwèi 臭味 8-1339A
chóuwèikē 酬魏顆 9-1406B
chóuwèn 讎問 11-907A
chǒuwén 醜聞 9-1435A
chǒuwèn 偢問 1-1550A
chǒuwèn 瞅問 7-1238A
chǒuwèn 醜問 9-1434B
chóuwénzhǐ 綢紋紙 9-909A
chóuwò 籌幄 8-1274A
chóuwǔ 儔伍 1-1710B
chóuwù 仇惡 1-1106A
chóuwù 愁霧 7-628A
chóuwù 酬物 9-1404B
chǒuwū 醜汙 9-1433B
chǒuwū 醜誣 9-1435A
chōuxī 抽吸 6-453B
chóuxī 疇昔 7-1407A
chóuxì 仇隙 1-1106A
chóuxì 讎隙 11-907A
chóuxì 讎隟 11-907A
chóuxì 讎隙 11-907A
chōuxiá 抽匣 6-453B
chōuxiá 抽暇 6-456A
chóuxián 仇嫌 1-1106B
chóuxián 稠涎 8-103B
chóuxián 讎嫌 11-907B
chóuxiàn 酬獻 9-1407A
chǒuxiǎn 醜險 9-1435B
chōuxiàng 抽象 6-455A
chóuxiāng 愁鄉 7-626A
chóuxiǎng 仇餉 1-1106B
chóuxiǎng 籌餉 8-1274B
chóuxiǎng 籌饟 8-1275A
chóuxiào 酬効 9-1404B
chōuxié 抽脅 6-454B
chōuxiě 抽寫 6-456B
chóuxiè 酬謝 9-1406B
chǒuxiè 醜媟 9-1434B
chǒuxiè 醜褻 9-1435B
chǒuxiè 杻械 4-885A
chōuxīn 抽心 6-453A
chóuxīn 愁心 7-624A
chóuxīn 愁辛 7-624A
chóuxīn 酬心 9-1404A
chóuxìn 讎釁 11-908A
chóuxíng 稠餳 8-104A
chǒuxíng 醜行 9-1433B
chōuxīnshè 抽心舍 6-453A
chóuxīnyǎn'er 稠心眼兒 8-103B
chōuxīnzhǐfèi 抽薪止沸 6-457A
chōuxù 抽緒 6-456A
chóuxǔ 酬許 9-1405A
chóuxù 愁緒 7-627B
chōuxuǎn 抽選 6-456B
chóuxūn 酬勛 9-1405B
chóuxūn 酬勳 9-1406B
chōuyá 抽芽 6-453B
chóuyà 儔亞 1-1711A
chōuyǎn 抽演 6-456A
chóuyān 愁煙 7-627A
chóuyán 愁顔 7-628A
chóuyán 詶言 11-209B
chóuyǎn 檮演 4-1350B
chóuyǎn 檮戭 4-1350B
chóuyǎn 檮敵 4-1350B
chóuyàn 愁豔 7-628B
chóuyàn 酬讌 9-1407A
chóuyàn 酬驗 9-1407A
chǒuyán 醜言 9-1433B
chōuyáng 抽揚 6-455B
chōuyàng 抽樣 6-456B
chóuyǎnyǎn 稠掩掩 8-103B
chòuyāo 臭么 8-1338B
chōuyē 抽噎 6-456B
chōuyè 抽咽 6-454A
chóuyě 疇野 7-1407A

chōuyì 抽繹 6-457B
chōuyì 紬繹 9-791A
chōuyì 搊繹 6-814B
chóuyí 儔夷 1-1710B
chóuyí 讎夷 11-906A
chóuyì 愁悒 7-625B
chóuyì 籌議 8-1274B
chǒuyí 醜夷 9-1433A
chǒuyí 醜儀 9-1435B
chǒuyì 醜異 9-1434B
chǒuyì 醜裔 9-1435A
chóuyǐlán 愁倚闌 7-625B
chóuyǐlánlìng 愁倚闌令
7-625B
chōuyǐn 抽引 6-453A
chōuyìn 抽印 6-453A
chóuyīn 愁陰 7-625B
chóuyīn 幬茵 3-765B
chóuyín 愁吟 7-624A
chǒuyīn 醜音 9-1434B
chóuyìng 詶應 11-209B
chóuyìng 酬應 9-1406B
chóuyìng 讎應 11-907B
chóuyōng 愁慵 7-627A
chóuyōng 酬庸 9-1405A
chóuyōng 疇庸 7-1407A
chóuyōu 愁憂 7-627B
chōuyù 瘳愈 8-355A
chóuyǔ 愁予 7-624A
chóuyǔ 儔與 1-1711A
chǒuyǔ 醜語 9-1435A
chōuyuán 抽援 6-455B
chóuyuān 讎冤 11-907A
chóuyuàn 仇怨 1-1106A
chóuyuàn 愁怨 7-624B
chóuyuàn 酬愿 9-1405B
chóuyuàn 酬願 9-1406B
chóuyuàn 讎怨 11-906B
chóuyuē 愁約 7-625B
chóuyuè 詶悅 11-209B
chóuyuè 讎閱 11-907B
chóuyún 愁雲 7-626A
chóuyún 稠雲 8-103B
chóuyùn 籌運 8-1274A
chóuyúncǎnwù 愁雲慘霧
7-626A
chóuyùyù 愁鬱鬱 7-628B
chōuzā 搊扎 6-815A
chóuzá 稠雜 8-104A
chǒuzá 醜雜 9-1435B
chōuzān 抽簪 6-457B
chōuzé 抽擇 6-457A
chóuzéi 仇賊 1-1106B
chóuzéi 讎賊 11-907A
chǒuzéishēng 醜賊生
9-1435A
chóuzèng 酬贈 9-1407A
chōuzhāi 抽摘 6-456A
chóuzhàn 讎戰 11-907B
chǒuzhān 瞅粘 7-1238A
chóuzhàng 幬帳 3-765B
chóuzhèn 愁陣 7-625A
chóuzhèn 籌賑 8-1274A
chōuzhēng 抽徵 6-456B
chóuzhèng 酬證 9-1407A
chóuzhèng 讎正 11-905B
chǒuzhèng 醜正 9-1433A
chóuzhí 稠直 8-103B
chóuzhí 詶直 11-209B
chóuzhí 酬直 9-1404A
chóuzhí 綢直 9-909A
chóuzhì 酬志 9-1404A
chǒuzhì 醜質 9-1435B
chóuzhòng 稠衆 8-103B
chóuzhù 籌飭 8-1274A
chóuzhù 籌箸 8-1274A
chǒuzhuàng 醜狀 9-1434A
chóuzhuì 愁惴 7-626B
chóuzhuì 稠綴 8-104A
chǒuzhǔn 瞅準 7-1238B
chōuzhuó 抽擢 6-457A
chóuzhuó 稠濁 8-104A
chóuzhuó 籌酌 8-1273B
chǒuzhuō 醜拙 9-1433B
chōuzi 抽子 6-453A
chóuzi 籌子 8-1272B
chóuzī 愁咨 7-625A
chóuzī 詶咨 11-209B
chóuzī 詶諮 11-209B
chóuzī 酬咨 9-1404B
chóuzī 酬諮 9-1406B
chóuzī 疇咨 7-1407A
chóuzī 疇諮 7-1407B
chóuzīzhīyōu 疇咨之憂
7-1407A
chǒuzú 醜族 9-1434B
chóuzuó 疇昨 7-1407A
chóuzuò 愁坐 7-624A
chóuzuò 酬酢 9-1405A
chóuzuò 酬醋 9-1406A
chóuzuò 讎柞 11-906B
chǒuzuò 丑座 1-483B
chuāhuā 欻砉 6-1458A
chù'ài 觸礙 10-1391A
chuāibā 揣巴 6-760B
chuàicǎn 嘬噆 3-508A
chuǎicè 揣測 6-761A
chuǎichèn 揣稱 6-761B
chuàichuài 嘬嘬 3-508A
chuàidēng 踹蹬 10-518B
chuǎiduó 揣度 6-761A
chuǎiduó 揣奪 6-761B
chuàifāng 踹坊 10-518A
chuǎigǔ 揣骨 6-761A
chuǎigǔtīngshēng
揣骨聽聲 6-761A
chuǎihé 揣合 6-760B
chuàihúnshuǐ 踹渾水
10-518B
chuǎijǐ 揣己 6-760B
chuàijiàn 踹踐 10-518B
chuǎijiānbǎhuá 揣奸把猾
6-760B
chuàijiàng 踹匠 10-518A
chuǎijiào 揣較 6-761B
chuàijiēmǎ 踹街馬 10-518B
chuǎijū 揣駒 6-761B
chuàikàn 踹看 10-518B
chuàilā 啜喇 3-401A
chuǎilì 揣力 6-760B
chuǎiliáng 揣量 6-761A
chuǎiliào 揣料 6-761A
chuàiluò 踹落 10-518B
chuǎimō 揣摸 6-761A
chuǎimó 揣摹 6-761B
chuǎimó 揣摩 6-761B
chuǎimǒ 揣抹 6-760B
chuǎimóu 揣侔 6-760B
chuǎinǐ 揣擬 6-762A
chuǎiqiē 揣切 6-760B
chuǎiqíng 揣情 6-761A
chuǎishì 揣事 6-760B
chuǎishíduólì 揣時度力
6-761A
chuǎishuì 揣説 6-761B
chuàishuǐ 踹水 10-518A
chuàità 嘬嚃 3-508A
chuàità 踹踏 10-518B
chuǎiwāi 揣歪 6-760B
chuǎiwāiniēguài 揣歪揑怪
6-760B
chuǎiwēi 揣微 6-761B
chuàiwō 踹窩 10-518B
chuǎixiǎng 揣想 6-761B
chuàiyà 踹砑 10-518B
chuàiyíng 踹營 10-518B
chuǎiyǔ 揣與 6-761B
chuǎizhān 揣占 6-760B
chuàizhēng 闒闒 12-118B
chuàizhī 踹知 10-518B
chuālā 欻拉 6-1457B
chū'àn 出按 2-488A
chū'àn 出案 2-493A
chū'àn 貙犴 10-1343B
chū'àn 貙豻 10-1343B
chú'àn 除闇 11-991A
chǔ'àn 楚岸 4-1153B
chuán'àn 傳案 1-1622B
chuánbā 傳芭 1-1618A
chuānbài 穿敗 8-434B
chuánbài 傳拜 1-1620A
chuānbàn 穿扮 8-433A
chuánbǎn 傳板 1-1618B
chuánbāng 船幫 9-8B
chuánbāng 傳梆 1-1621B
chuánbàng 傳棒 1-1624A
chuánbāngdài 傳幫帶
1-1628B
chuánbào 傳報 1-1624A
chuánbēi 傳杯 1-1618B
chuánbēi 傳盃 1-1620A
chuánbēihuànzhǎn
傳杯換盞 1-1618B
chuánbēinòngzhǎn
傳杯弄盞 1-1618B
chuánbēinòngzhǎn
傳盃弄盞 1-1620A
chuánběn 傳本 1-1616B
chuānbēng 穿崩 8-434B
chuānbēng 穿綳 8-435B
chuānbí 穿鼻 8-435B
chuānbì 穿敝 8-435A
chuānbì 穿弊 8-435B
chuānbì 穿壁 8-436A
chuánbǐ 椽筆 4-1200B
chuánbì 傳蹕 1-1628B
chuànbì 釧臂 11-1205A
chuānbiǎn 穿窆 8-433B
chuánbǐmèng 傳筆夢 1-1624B
chuānbǐng 穿秉 8-433B
chuánbǐng 傳稟 1-1626A
chuánbǐngyíjiè 傳柄移藉
1-1620A
chuànbízi 串鼻子 1-625B
chuánbō 傳播 1-1627A
chuánbó 船舶 9-8A
chuánbó 椽欂 4-1201A
chuǎnbō 舛剥 3-1170B
chuǎnbó 舛駁 3-1170B
chuǎnbó 舛駮 3-1171A
chuǎnbó 踳駁 10-515A
chuǎnbó 踳駮 10-515B
chuánbōdài 傳鉢袋 1-1625B
chuánbù 船步 9-7B
chuánbù 船埠 9-8A
chuánbù 傳布 1-1617A
chuánbù 傳佈 1-1618A
chuáncān 傳飡 1-1625A
chuáncān 傳餐 1-1627B
chuáncān 傳飱 1-1625B
chuáncǎo 傳草 1-1620A
chuáncáobìng 傳槽病
1-1627A
chuāncén 川岑 1-629A
chuānchā 穿插 8-435A
chuǎnchā 舛差 3-1170B
chuànchá 串茶 1-624B
chuánchán 傳禪 1-1628A
chuánchàng 傳唱 1-1623A
chuánchāo 傳抄 1-1617B
chuánchāo 傳鈔 1-1624B
chuānchè 穿徹 8-435B
chuánchē 輲車 9-1301A
chuànchē 串車 1-624A
chuànchè 串徹 1-625B
chuānchéng 川程 1-630A
chuānchéng 穿城 8-433B
chuánchēng 傳稱 1-1626A
chuánchéng 傳承 1-1619B
chuānchí 川坻 1-629A
chuǎnchí 舛馳 3-1170B
chuǎnchí 僢馳 1-1679A
chuǎnchí 踳馳 10-515A
chuānchuān 川川 1-628B
chuǎnchuǎn 喘喘 3-427B
chuànchuàn 僢僢 1-1679A
chuāncuàn 穿竄 8-436A
chuáncuī 傳催 1-1625B
chuǎncuò 舛錯 3-1171A
chuándá 傳答 1-1624B
chuándá 傳達 1-1624A
chuāndài 穿帶 8-434B
chuāndài 穿戴 8-436A
chuándài 傳代 1-1617A
chuándài 傳袋 1-1623B
chuāndàn 穿擔 8-435B

chuándān 傳單 1-1624A
chuāndǎng 川黨 1-631A
chuándǎo 傳導 1-1627B
chuándào 傳道 1-1624B
chuàndào 串道 1-625B
chuándàohuì 傳道會 1-1625A
chuándàojiāngxīn…
船到江心補漏遲 9-7B
chuándàoqiáomén…
船到橋門自然直 9-7B
chuándàoqiáotóu…
船到橋頭自會直 9-7B
chuándáshì 傳達室 1-1624A
chuándēng 傳燈 1-1628A
chuándēng 傳鐙 1-1629A
chuāndǐ 川砥 1-629B
chuāndì 川地 1-629A
chuándì 傳遞 1-1625B
chuāndiàn 川奠 1-630A
chuándiǎn 傳點 1-1628B
chuàndiàn 串店 1-624B
chuándiāo 傳貂 1-1624B
chuándīng 船丁 9-7A
chuándòng 傳動 1-1623B
chuándòng 椽棟 4-1200B
chuándòngdài 傳動帶
1-1623B
chuándòu 傳讀 1-1629B
chuāndú 川瀆 1-631A
chuāndù 穿度 8-433B
chuāndù 穿蠹 8-436A
chuándùn 篅笹 8-1212B
chuànduó 串掇 1-625A
chuán'é 傳訛 1-1623B
chuán'é 傳譌 1-1629A
chuǎn'é 舛訛 3-1170B
chuǎn'é 舛譌 3-1171A
chuǎn'é 踳譌 10-515B
chuān'ěr 穿耳 8-433A
chuánfā 傳發 1-1625A
chuánfǎ 傳法 1-1619B
chuǎnfá 喘乏 3-426B
chuánfān 傳番 1-1624B
chuánfàn 傳飯 1-1624B
chuānfāng 穿方 8-432B
chuānfáng 川防 1-629A
chuánfāng 傳芳 1-1618A
chuánfáng 傳房 1-1619B
chuánfǎng 船舫 9-8A
chuànfǎng 串訪 1-625A
chuānfángrùhù 穿房入户
8-433B
chuánfǎyuàn 傳法院 1-1619B
chuānfèi 川費 1-630B
chuánfēi 遄飛 10-1035A
chuánfěn 傳粉 1-1622A
chuánfēng 傳烽 1-1623B
chuánfěng 傳諷 1-1628A
chuánfēng 傳風 1-1620B
chuánfèng 傳奉 1-1618B
chuánfèngguān 傳奉官
1-1618B
chuánfēngshànhuǒ
傳風搧火 1-1620B
chuānfǔ 川府 1-629A
chuānfù 川阜 1-629A
chuānfù 穿復 8-435A
chuānfù 穿腹 8-435A
chuánfū 船夫 9-7B
chuánfú 傳服 1-1619B
chuánfú 傳福 1-1626A
chuánfù 傳付 1-1617A
chuángān 傳甘 1-1616B
chuángān 傳柑 1-1620A
chuāngāng 川岡 1-629A
chuāngǎo 穿縞 8-436A
chuángào 傳告 1-1618A
chuāngbā 瘡疤 8-348A
chuāngbā 創疤 2-728B
chuāngbān 瘡瘢 8-349A
chuāngbān 創瘢 2-730B
chuàngbàn 創辦 2-731A
chuángbāo 幢葆 3-761B
chuāngbìng 創病 2-729A
chuāngcán 瘡殘 8-349A
chuāngcán 創殘 2-729B
chuàngcǎo 創草 2-728B
chuàngcè 愴惻 7-681A
chuāngchán 窗蟾 8-446B
chuàngchéng 創懲 2-731A
chuángchī 噇喫 3-512A
chuángchú 牀幮 7-804B
chuàngchū 創出 2-727A
chuàngchǔ 創楚 2-729B
chuàngchǔ 愴楚 7-681A
chuāngchuāng 摐摐 6-839B
chuángchuáng 味味 3-366A
chuángchuáng 幢幢 3-762A
chuàngchuàng 愴愴 7-681A
chuángchuí 牀垂 7-803B
chuàngchuí 創垂 2-728A
chuāngcī 瘡疵 8-349A
chuāngcuò 磢錯 7-1100A
chuàngdá 愴怛 7-680B
chuàngdà 創大 2-726B
chuángdān 牀單 7-804A
chuǎngdàng 闖蕩 12-142B
chuàngdàng 創蕩 2-730B
chuángdǎo 味搗 3-366A
chuàngdǎo 創導 2-730B
chuángdiàn 牀簟 7-804B
chuàngdiào 創調 2-730B
chuàngdìng 創定 2-728A
chuāngdòng 窗洞 8-445B
chuàngdòng 愴動 7-680B
chuāngdú 瘡毒 8-348A
chuāngdú 創毒 2-728B
chuàngduān 創端 2-730B
chuángduì 幢隊 3-761B
chuángē 傳歌 1-1626A
chuángēng 傳庚 1-1619B
chuángfān 幢幡 3-762A
chuāngfēi 窗扉 8-446A
chuángfū 牀敷 7-804B
chuánggài 幢蓋 3-762A
chuànggǎi 創改 2-728A
chuánggān 橦竿 4-1318A
chuánggān 幢竿 3-761B
chuānggǎo 窗稿 8-446A
chuànggǎo 創槀 2-730B
chuānggé 窗格 8-445B
chuānggé 窗隔 8-446A
chuānggé 窗槅 8-446A
chuānggé 窗閣 8-446A
chuànggé 創革 2-728B
chuànggé 創格 2-728B
chuánggōng 牀公 7-803B
chuānggōu 窗鉤 8-446A
chuǎngguǎmén 闖寡門
12-142B
chuàngguān 創觀 2-731B
chuǎngguāndōng 闖關東
12-143A
chuānghài 瘡害 8-348B
chuànghài 創駭 2-731A
chuānghǎowàngtòng
瘡好忘痛 8-348A
chuānghén 瘡痕 8-349A
chuānghén 創痕 2-729A
chuànghèn 愴恨 7-680B
chuānghù 窗户 8-445A
chuānghuā 窗花 8-445B
chuànghuà 創化 2-726B
chuànghuái 愴懷 7-681A
chuānghuǎng 愴怳 7-680B
chuànghuāng 愴慌 7-681A
chuànghuáng 愴惶 7-681A
chùanghuǎng 倉怳 1-1439B
chuànghuǎng 倉兄 1-1439A
chuánghuī 幢麾 3-762A
chuànghuì 創滙 2-730A
chuǎnghuò 闖禍 12-142B
chuànghuò 創獲 2-731A
chuǎnghuòjīng 闖禍精
12-142B
chuānghùyǎn'er 窗户眼兒
8-445A
chuāngjí 瘡疾 8-348B
chuángjǐ 幢戟 3-761B
chuàngjī 創基 2-729A
chuàngjì 創跡 2-729B
chuāngjiā 瘡家 8-348B
chuāngjiā 瘡痂 8-348B
chuāngjiàn 窗檻 8-446B
chuǎngjiàn 闖見 12-142A
chuàngjiàn 創見 2-727B
chuàngjiàn 創建 2-728A
chuángjiàng 幢將 3-761B
chuǎngjiàng 闖將 12-142B
chuàngjiàng 創匠 2-727A
chuǎngjiānghú 闖江湖
12-142A
chuāngjiānguòmǎ 窗間過馬
8-446A
chuāngjiē 瘡癤 8-349A
chuángjié 幢節 3-762A
chuàngjié 愴結 7-681A
chuāngjièzhījí 瘡疥之疾
8-348A
chuāngjīn 摐金 6-839B
chuǎngjìn 闖勁 12-142A
chuāngjīnjiáyù 鏦金戛玉
11-1381B
chuāngjù 創鉅 2-729B
chuàngjú 創局 2-727B
chuàngjǔ 創舉 2-731A
chuāngjùtòngrēng
創巨痛仍 2-726B
chuāngjùtòngréng
創鉅痛仍 2-729B
chuāngjùtòngshēn
創巨痛深 2-726B
chuāngjùtòngshēn
創劇痛深 2-730B
chuāngjùxìnshēn 瘡巨釁深
8-348A
chuàngkāi 創開 2-729B
chuàngkān 創刊 2-727A
chuàngkāncí 創刊詞 2-727A
chuàngkānhào 創刊號
2-727A
chuāngkē 瘡科 8-348A
chuāngkè 窗課 8-446B
chuǎngkè 闖客 12-142A
chuāngkǒu 窗口 8-445A
chuāngkǒu 瘡口 8-348A
chuāngkǒu 創口 2-726B
chuánglán 牀欄 7-804B
chuāngléng 窗楞 8-446A
chuángléng 牀稜 7-804A
chuānglì 瘡癘 8-349A
chuànglì 創立 2-727A
chuànglì 創例 2-728A
chuànglì 創歷 2-730A
chuànglì 創曆 2-730B
chuànglì 創歷 2-730B
chuānglián 窗簾 8-446B
chuǎngliàn 闖練 12-143A
chuàngliàn 創練 2-730B
chuàngliáng 愴涼 7-680B
chuàngliáng 愴凉 7-680B
chuàngliàng 愴悢 7-680B
chuāngliáo 窗寮 8-446B
chuānglín 窗櫺 8-446B
chuānglíng 窗欞 8-446B
chuānglíng 葱靈 9-479B
chuānglóng 窗籠 8-446B
chuànglù 創戮 2-730B
chuànglùn 創論 2-730B
chuànglǜ 愴慮 7-681A
chuāngmàn 窗幔 8-446A
chuāngmén 窗門 8-445B
chuǎngmén 闖門 12-142A
chuàngmiàn 創面 2-728B
chuāngmíngjījìng
窗明几净 8-445B
chuángmò 橦末 4-1318A
chuángmò 撞末 6-886B
chuàngmóu 創謀 2-731A
chuángmòzhījì 橦末之伎
4-1318A
chuángmǔ 牀母 7-803B
chuàngnáng 愴囊 7-681A
chuǎngnánzǒuběi 闖南走北
12-142A
chuángnóngdǎoxuè

噇膿搗血 3-512A
chuāngōng 穿宮 8-433B
chuángōng 船工 9-7A
chuángōng 船宮 9-7B
chuàngòng 串供 1-624B
chuàngpì 創闢 2-731A
chuángpíng 牀屏 7-803B
chuǎngpò 闖破 12-142B
chuángpózi 牀婆子 7-804A
chuángpù 床鋪 3-1208B
chuángpù 床舖 3-1208B
chuángpù 牀鋪 7-804B
chuángqí 幢旗 3-762A
chuàngqī 愴悽 7-680B
chuàngqǐ 創啓 2-729B
chuǎngqiè 闖竊 12-143A
chuāngqín 窗禽 8-446A
chuángqǐn 牀寢 7-804B
chuàngqíng 愴情 7-680B
chuángqún 牀裙 7-804A
chuǎngrán 闖然 12-142B
chuàngrán 愴然 7-680B
chuāngrèn 創刃 2-726B
chuángrèn 床衽 3-1208B
chuángrèn 牀衽 7-803B
chuángruì 牀銳 7-804B
chuǎngsāng 闖喪 12-142B
chuāngshā 窗紗 8-445B
chuāngshàn 窗扇 8-445B
chuāngshāng 創傷 2-730A
chuàngshāng 愴傷 7-681A
chuángshàng'ānchuáng 牀上安牀 7-803B
chuángshàngdiéchuáng 牀上疊牀 7-803B
chuángshàngshīchuáng 床上施床 3-1208B
chuángshàngshīchuáng 牀上施牀 7-803B
chuàngshè 創設 2-729A
chuàngshén 愴神 7-680B
chuàngshēng 創生 2-727A
chuǎngshí 磢石 7-1100A
chuǎngshì 闖事 12-142A
chuàngshǐ 創始 2-728A
chuàngshǐrén 創始人 2-728A
chuàngshòu 創壽 2-730A
chuàngshōu 創收 2-727A
chuàngshù 創述 2-728A
chuàngsī 創思 2-728B
chuàngsī 愴思 7-680B
chuángtà 床榻 3-1208B
chuángtà 牀榻 7-804A
chuángtà 牀闥 7-804B
chuāngtái 窗臺 8-446A
chuāngtì 窗屜 8-446A
chuàngtǐ 創體 2-731A
chuángtiē 牀貼 7-804A
chuāngtòng 瘡痛 8-349A
chuāngtòng 創痛 2-729B
chuàngtòng 愴痛 7-681A
chuángtóu 牀頭 7-804B
chuángtóujīnjìn 床頭金盡 3-1208B
chuángtóujīnjìn 牀頭金盡 7-804B
chuángtóuqián 牀頭錢 7-804B
chuángtóurén 牀頭人 7-804B
chuǎngtū 闖突 12-142A
chuàngtú 創圖 2-730B
chuāngǔ 川谷 1-629A
chuángǔ 傳鼓 1-1625A
chuàngǔ 串鼓 1-625B
chuānguān 穿關 8-436A
chuānguǎn 川館 1-630B
chuānguàn 穿貫 8-435A
chuánguān 傳觀 1-1629B
chuànguàn 串貫 1-625B
chuānguāng 川光 1-629A
chuānguī 川歸 1-631A
chuánguīxízǐ 傳龜襲紫 1-1628B
chuánguīxízǔ 傳圭襲組 1-1617A
chuánguó 傳國 1-1623A
chuánguóbǎo 傳國寶 1-1623B
chuánguóxǐ 傳國璽 1-1623B
chuàngwǎn 愴惋 7-680B
chuāngwàng 窗望 8-446A
chuǎngwáng 闖王 12-142A
chuāngwéi 窗帷 8-446A
chuāngwéi 窗幃 8-446A
chuāngwěi 瘡痏 8-348B
chuāngwěi 創痏 2-729A
chuángwéi 床幃 3-1208B
chuángwéi 牀帷 7-804A
chuángwéi 牀幃 7-804A
chuángwèi 床位 3-1208B
chuángwèi 牀位 7-803B
chuàngwén 創聞 2-730B
chuángwū 牀屋 7-803B
chuángwù 牀杌 7-803B
chuángxí 牀席 7-804A
chuǎngxí 闖席 12-142B
chuángxià'ānchuáng 牀下安牀 7-803B
chuàngxiàn 創見 2-727B
chuángxiàng 幢相 3-761B
chuāngxiāo 窗綃 8-446A
chuángxiào 幢校 3-761B
chuàngxīn 創新 2-730A
chuàngxīn 愴心 7-680B
chuàngxīng 創興 2-731A
chuàngxíng 創行 2-727A
chuàngxù 愴恤 7-680B
chuāngxuān 窗軒 8-445B
chuángyá 幢牙 3-761B
chuāngyǎn 窗眼 8-445B
chuángyán 牀沿 7-803B
chuángyán 牀筵 7-804A
chuāngyáng 瘡瘍 8-349A
chuàngyàng 愴怏 7-680B
chuàngyè 創業 2-729B
chuàngyèchuítǒng 創業垂統 2-729B
chuāngyí 瘡痍 8-348B
chuāngyí 創夷 2-727A
chuāngyí 創痍 2-729A
chuāngyì 窗誼 8-446B
chuāngyì 窗藝 8-446B
chuàngyì 創艾 2-727A
chuàngyì 創刈 2-726B
chuàngyì 創意 2-730A
chuàngyì 創義 2-730A
chuàngyì 創議 2-731A
chuāngyímǎnmù 瘡痍滿目 8-349A
chuāngyímímù 瘡痍彌目 8-349A
chuángyīn 牀茵 7-803B
chuángyín 牀垠 7-803B
chuàngyìzàoyán 創意造言 2-730A
chuàngyòng 創用 2-727A
chuāngyóu 瘡疣 8-348A
chuāngyǒu 窗友 8-445A
chuāngyǒu 窗牖 8-446B
chuàngzào 創造 2-728B
chuàngzàolì 創造力 2-729A
chuàngzàoshè 創造社 2-729A
chuàngzàoxìng 創造性 2-729A
chuángzé 牀簀 7-804B
chuángzhàng 牀帳 7-804A
chuāngzhěn 瘡疹 8-348B
chuāngzhǐ 窗紙 8-445B
chuàngzhì 創制 2-728A
chuàngzhì 創置 2-729B
chuāngzhǒng 瘡腫 8-349A
chuāngzhǒu 瘡帚 8-348A
chuángzhǔ 幢主 3-761B
chuàngzhú 創築 2-730B
chuàngzhuàn 創撰 2-730B
chuāngzi 窗子 8-445A
chuángzǐ 牀笫 7-803B
chuángzinǔ 牀子弩 7-803B
chuàngzuǎn 創纂 2-731A
chuàngzuò 創作 2-727B
chuàngzuòchōngdòng 創作衝動 2-727B
chuàngzuòfāngfǎ 創作方法 2-727B
chuàngzuòjiā 創作家 2-727B
chuǎnhàn 喘汗 3-427A
chuánhào 傳號 1-1625B
chuānhé 川河 1-629B
chuānhè 川壑 1-630B
chuǎnhé 舛和 3-1170B
chuǎnhè 喘喝 3-427B
chuǎnhè 喘嚇 3-427B
chuànhé 串合 1-624B
chuānhéng 川衡 1-630B
chuānhóng 川紅 1-629B
chuánhóng 傳紅 1-1621B
chuànhòng 串哄 1-624B
chuānhóngzhuólǜ 穿紅着綠 8-434A
chuānhòu 川后 1-629A
chuánhū 傳呼 1-1619A
chuánhù 船户 9-7B
chuǎnhū 喘呼 3-427A
chuǎnhù 舛互 3-1170A
chuǎnhù 舛㸦 3-1170A
chuànhù 串户 1-624A
chuānhuā 川華 1-629B
chuánhuā 傳花 1-1617B
chuánhuà 傳化 1-1616A
chuánhuà 傳話 1-1626A
chuànhuā 串花 1-624A
chuānhuā'er 穿花兒 8-433A
chuānhuāfèng 穿花鳳 8-433A
chuànhuājiā 串花家 1-624A
chuānhuājiádié 穿花蛺蝶 8-433A
chuànhuājiē 串花街 1-624A
chuánhuājīgǔ 傳花擊鼓 1-1617B
chuánhuàn 傳喚 1-1621B
chuānhuàn 穿換 8-434A
chuànhuàn 串換 1-625A
chuánhuàtǒng 傳話筒 1-1626A
chuǎnhūhū 喘呼呼 3-427A
chuǎnhuì 喘喙 3-427B
chuānhuò 川貨 1-630A
chuánhuǒ 傳火 1-1616B
chuánjī 傳雞 1-1629A
chuánjí 船楫 9-8A
chuánjí 船檝 9-8B
chuánjí 遄急 10-1035A
chuánjí 遄疾 10-1035B
chuánjí 傳集 1-1624B
chuánjí 傳籍 1-1629A
chuánjì 船驥 9-8B
chuánjì 傳繼 1-1629B
chuǎnjí 喘急 3-427A
chuánjiā 船家 9-8A
chuánjiā 傳家 1-1622B
chuánjiābǎo 傳家寶 1-1622B
chuánjiàn 船艦 9-8B
chuánjiàn 傳見 1-1618A
chuánjiàn 傳箭 1-1627B
chuánjiǎng 傳講 1-1628B
chuánjiàng 船匠 9-7B
chuànjiǎng 串講 1-626A
chuánjiǎo 船脚 9-8A
chuánjiào 傳教 1-1622B
chuánjiàofān 傳教旛 1-1623A
chuānjiǎolǚ 穿角履 8-433B
chuánjiàoshī 傳教師 1-1623A
chuánjiàoshì 傳教士 1-1622B
chuānjiē 穿接 8-434B
chuānjié 穿結 8-435A
chuānjiè 川界 1-629B
chuánjiè 傳戒 1-1617B
chuānjìng 川境 1-630B
chuánjīng 傳經 1-1626A
chuánjǐng 傳警 1-1629A
chuānjìngdùjí 穿荆度棘 8-433B
chuānjù 川劇 1-630B
chuānjué 穿決 8-433B

chuānjué 穿掘 8-434B
chuánjué 椽桷 4-1200B
chuánkàn 傳看 1-1620A
chuánkǎo 傳考 1-1617A
chuánkè 傳刻 1-1619B
chuǎnké 喘欬 3-427A
chuǎnké 喘咳 3-427A
chuànkè 串客 1-624B
chuānkōng 穿空 8-433B
chuānkǒng 穿空 8-433B
chuánkōng 傳空 1-1619B
chuānkǒu 川口 1-628B
chuánkuì 傳饋 1-1629A
chuánlà 傳蠟 1-1629B
chuǎnlàn 舛濫 3-1171A
chuánláo 傳勞 1-1625A
chuánlǎodà 船老大 9-7B
chuānlì 川吏 1-629A
chuǎnlì 舛戾 3-1170B
chuǎnlì 舛盭 3-1171B
chuānlián 穿連 8-434A
chuànlián 穿連 8-434A
chuànlián 串連 1-625A
chuànlián 串聯 1-625B
chuānliándāngkù 穿連襠褲 8-434A
chuānliáng 川梁 1-630A
chuànliǎnhú 串臉鬍 1-626A
chuānlín 川鱗 1-631A
chuánlǐn 圌廩 3-650A
chuānlíng 川靈 1-631A
chuánlǐng 傳領 1-1626B
chuánlìng 傳令 1-1617A
chuǎnlìng 舛令 3-1170B
chuànlíng 串鈴 1-625B
chuānliú 川流 1-630A
chuánliú 遄流 10-1035B
chuánliú 傳流 1-1622A
chuánliú 傳留 1-1622A
chuānliúbùxī 川流不息 1-630A
chuānlòu 穿漏 8-435B
chuánlòu 傳漏 1-1627A
chuānlù 川陸 1-630A
chuānlù 川路 1-630B
chuánlú 傳臚 1-1629A
chuánlù 傳録 1-1628A
chuánluán 椽欒 4-1201A
chuǎnluàn 踳亂 10-515A
chuánlún 輲輪 9-1301B
chuānluò 穿落 8-435A
chuánluó 傳鑼 1-1629B
chuǎnluò 踳落 10-515A
chuánmài 遄邁 10-1035B
chuánmài 傳賣 1-1627A
chuānméi 川湄 1-630B
chuǎnmèi 踳昧 10-515A
chuànmén 串門 1-624B
chuànménzi 串門子 1-624B
chuǎnmiào 踳繆 10-515B
chuánmǐn 傳敏 1-1623B
chuánmíng 傳名 1-1617B
chuánmìng 傳命 1-1619A
chuǎnmíng 喘鳴 3-427B
chuǎnmiù 舛繆 3-1171A
chuǎnmiù 舛謬 3-1171A
chuǎnmiù 踳謬 10-515B
chuānmò 川墨 1-630B
chuánmó 傳摹 1-1626A
chuǎnnì 舛逆 3-1170B
chuǎnnì 喘逆 3-427A
chuǎnnì 踳逆 10-515A
chuànniē 串捏 1-625A
chuǎnniú 喘牛 3-426B
chuànnǚ 串女 1-623B
chuánpài 傳派 1-1621A
chuànpào 串炮 1-624B
chuánpéng 船篷 9-8B
chuànpiàn 串騙 1-626A
chuánpiào 傳票 1-1623A
chuànpiào 串票 1-625A
chuànpiào 賗票 10-210B
chuānpò 穿破 8-434A
chuānqí 川祇 1-629B
chuānqì 川氣 1-629B
chuánqí 傳奇 1-1619A
chuǎnqì 喘氣 3-427A
chuánqiān 傳簽 1-1629A
chuānqiáng 穿牆 8-436A
chuánqiáo 船橋 9-8B
chuānqín 川禽 1-630A
chuànqīn 串親 1-625B
chuánqíng 傳情 1-1623B
chuānqīngyībàohēizhù 穿青衣抱黑柱 8-433B
chuānqiú 穿求 8-433B
chuānqǔ 穿取 8-433B
chuānquǎn 川甽 1-629A
chuánrǎn 傳染 1-1621A
chuánrǎnbìng 傳染病 1-1621A
chuánrāng 傳嚷 1-1629A
chuánrǎnqī 傳染期 1-1621A
chuánrě 傳惹 1-1624A
chuánrè 傳熱 1-1627A
chuānrén 川人 1-628B
chuánrén 船人 9-7A
chuánrén 傳人 1-1616A
chuánrǒng 腨軵 6-1369A
chuánrù 傳入 1-1616A
chuǎnrú 喘蝡 3-427B
chuánruǎn 遄耎 10-1035A
chuǎnruǎn 喘耎 3-427A
chuǎnruǎn 惴耎 7-659B
chuānsài 川塞 1-630B
chuānsài 穿塞 8-435A
chuānsè 川色 1-629A
chuánshàn 傳嬗 1-1628A
chuánshàn 傳繕 1-1629A
chuánshāng 傳觴 1-1629A
chuánshāng 傳觴 1-1629A
chuánshǎng 傳賞 1-1627A
chuānshānjiǎ 穿山甲 8-432B
chuánshén 傳神 1-1621A
chuánshěn 傳審 1-1627B
chuánshēng 傳聲 1-1628B
chuánshèng 船乘 9-7B
chuánshèng 傳乘 1-1622A
chuánshēngqì 傳聲器 1-1628B
chuánshēngtǒng 傳聲筒 1-1628B
chuānshī 川師 1-629B
chuānshì 川室 1-629B
chuānshì 川逝 1-629B
chuánshī 船師 9-8A
chuánshī 傳尸 1-1616A
chuánshī 傳屍 1-1621B
chuánshí 傳食 1-1620B
chuánshǐ 傳矢 1-1617A
chuánshì 遄逝 10-1035A
chuánshì 傳世 1-1616B
chuánshì 傳示 1-1616B
chuánshìbǎn 傳事板 1-1619A
chuánshìgǔ 傳世古 1-1616B
chuānshíjié 穿石節 8-432B
chuánshīláo 傳屍癆 1-1621B
chuānshǒu 川守 1-629A
chuánshǒu 傳首 1-1620B
chuánshòu 傳受 1-1619A
chuánshòu 傳授 1-1623A
chuānshǔ 川蜀 1-630B
chuánshū 傳書 1-1622B
chuánshū 傳輸 1-1627B
chuánshù 傳述 1-1618B
chuǎnshū 舛殊 3-1170B
chuánshūgē 傳書鴿 1-1622B
chuānshuǐ 川水 1-628B
chuánshuǐ 遄水 10-1035A
chuánshuǐ 傳水 1-1616A
chuánshuō 傳説 1-1626B
chuánsǐ 遄死 10-1035A
chuánsì 傳嗣 1-1625B
chǔ'ānsīwēi 處安思危 8-838B
chuánsòng 傳送 1-1620B
chuánsòng 傳頌 1-1625B
chuánsòng 傳誦 1-1626B
chuánsòngdài 傳送帶 1-1620B
chuānsǒu 川藪 1-631A
chuǎnsòu 喘嗽 3-427B
chuánsù 遄速 10-1035A
chuánsù 傳素 1-1621B
chuānsuō 穿梭 8-434B
chuántà 傳搨 1-1625A
chuántà 傳踏 1-1627A
chuántái 船臺 9-8A
chuāntáng 川堂 1-630A
chuāntáng 穿堂 8-434B
chuántāng 傳湯 1-1625A
chuāntángfēng 穿堂風 8-434B
chuāntí 穿蹄 8-435B
chuāntiānjié 穿天節 8-432B
chuántiě 傳帖 1-1619A
chuāntíngyuèzhì 川渟嶽峙 1-630A
chuāntōng 穿通 8-434A
chuántōng 傳通 1-1622B
chuántǒng 傳桶 1-1623A
chuántǒng 傳統 1-1625A
chuàntōng 串通 1-625A
chuàntóng 串同 1-624A
chuāntòu 穿透 8-434A
chuántóu 船頭 9-8B
chuántóushāobǐng 椽頭燒餅 4-1200B
chuāntú 川涂 1-629B
chuāntú 川途 1-629B
chuāntú 川塗 1-630B
chuāntǔ 川土 1-628B
chuántú 遄塗 10-1035B
chuànwǎ 串瓦 1-623B
chuánwán 傳玩 1-1618B
chuánwán 傳翫 1-1627B
chuānwàng 穿望 8-435A
chuánwèi 傳位 1-1618A
chuánwén 傳聞 1-1627A
chuánwèn 傳問 1-1623B
chuǎnwén 舛文 3-1170A
chuánwényìcí 傳聞異詞 1-1627A
chuánwényìcí 傳聞異辭 1-1627A
chuānwénzáojù 穿文鑿句 8-432B
chuǎnwò 舛斡 3-1171A
chuānwū 穿屋 8-433B
chuānwù 川騖 1-631A
chuánwù 船塢 9-8A
chuǎnwǔ 舛午 3-1170A
chuǎnwǔ 舛忤 3-1170B
chuǎnwǔ 舛迕 3-1170B
chuǎnwù 舛誤 3-1171A
chuǎnwù 舛騖 3-1171A
chuǎnwù 踳誤 10-515B
chuánxī 傳錫 1-1628A
chuánxí 傳席 1-1622A
chuánxí 傳習 1-1624A
chuánxí 傳檄 1-1628B
chuánxí 傳襲 1-1629B
chuǎnxī 喘息 3-427B
chuànxì 串戲 1-625B
chuǎnxiā 喘呀 3-427A
chuánxián 傳賢 1-1627A
chuánxiāng 傳香 1-1620A
chuānxiào 穿孝 8-433A
chuānxiāoliányè 穿宵連夜 8-434A
chuānxiǎoxié 穿小鞋 8-432B
chuánxiě 傳寫 1-1627B
chuānxīn 穿心 8-432B
chuánxīn 傳心 1-1616B
chuánxīn 傳薪 1-1627B
chuánxīn 傳馨 1-1629A
chuánxìn 傳信 1-1620A
chuānxíng 穿行 8-433A
chuánxíng 遄行 10-1035A
chuánxíng 傳行 1-1617A
chuánxíng 傳形 1-1617B
chuānxīnlián 穿心蓮 8-432B
chuánxìnniǎo 傳信鳥 1-1620B
chuánxìnpái 傳信牌 1-1620B
chuānxiōng 穿䠾 8-434A

chuānxiù 川岫 1-629A
chuánxù 傳序 1-1618B
chuǎnxū 喘嘘 3-427B
chuǎnxū 喘吁 3-427A
chuánxuān 傳宣 1-1621A
chuānxué 穿穴 8-433A
chuānxuéyúqiáng 穿穴踰牆 8-433A
chuánxùn 遄迅 10-1035A
chuánxùn 傳訊 1-1622A
chuǎnxūxū 喘嘘嘘 3-427B
chuǎnxūxū 喘吁吁 3-427A
chuánxùyàn 傳壻硯 1-1624A
chuānyán 川巖 1-631A
chuānyán 川鹽 1-631A
chuányán 傳言 1-1618A
chuányǎn 傳衍 1-1620B
chuányǎn 傳演 1-1626B
chuànyān 串烟 1-625A
chuànyān 串煙 1-625B
chuànyǎn 串衍 1-624B
chuànyǎn 串演 1-625B
chuānyáng 穿楊 8-435A
chuányáng 傳揚 1-1624A
chuànyāng 串秧 1-625A
chuānyángguànshī 穿楊貫虱 8-435A
chuānyè 穿夜 8-433B
chuányè 傳夜 1-1619B
chuányè 傳葉 1-1624A
chuányè 傳業 1-1625B
chuǎnyē 喘噎 3-427B
chuányī 傳衣 1-1617B
chuányí 傳疑 1-1626B
chuányí 傳遺 1-1627B
chuányì 傳意 1-1626A
chuányì 傳譯 1-1629B
chuányì 椽杙 4-1200B
chuǎnyǐ 舛倚 3-1170B
chuányībō 傳衣鉢 1-1617B
chuānyījìng 穿衣鏡 8-433A
chuányìn 傳胤 1-1620B
chuànyǐn 串飲 1-625B
chuányǐng 傳影 1-1627A
chuānyītiáokùzi 穿一條褲子 8-432B
chuányǒng 傳詠 1-1624B
chuānyóu 川游 1-630A
chuányóu 傳郵 1-1622A
chuànyóu 串游 1-625B
chuānyú 穿窬 8-435B
chuānyú 穿踰 8-435B
chuānyù 川域 1-630A
chuānyù 穿域 8-434B
chuányǔ 傳語 1-1626B
chuányù 傳諭 1-1628A
chuányù 傳譽 1-1629A
chuányù 傳鬻 1-1629B
chuānyuán 川原 1-629B
chuányuán 船員 9-7B
chuānyuè 川岳 1-629A
chuānyuè 川嶽 1-630B
chuānyuè 穿越 8-435A
chuányuè 傳閱 1-1627B
chuǎnyuè 喘月 3-426B
chuànyuè 串月 1-624A
chuǎnyuèwúniú 喘月吴牛 3-426B
chuányùn 傳運 1-1625A
chuānyúnlièshí 穿雲裂石 8-435A
chuānzā 穿紮 8-434B
chuǎnzá 舛雜 3-1171A
chuǎnzá 踳雜 10-515B
chuánzǎi 傳載 1-1625A
chuānzáo 穿鑿 8-436A
chuānzáofùhuì 穿鑿附會 8-436A
chuānzáofùhuì 穿鑿傅會 8-436B
chuānzé 川澤 1-630B
chuānzhá 穿札 8-432B
chuánzhá 船閘 9-8A
chuánzhǎn 傳盞 1-1625B
chuánzhàn 傳戰 1-1628A
chuānzhāng 穿章 8-434B
chuánzhǎng 傳掌 1-1624A
chuǎnzhāng 舛張 3-1170B
chuànzhàng 串仗 1-624A
chuànzhàng 串杖 1-624A
chuànzhàng 串幛 1-625B
chuánzhào 傳召 1-1617A
chuánzhào 傳詔 1-1624B
chuánzhàotóng 傳詔童 1-1624B
chuānzhēn 穿針 8-434A
chuānzhēn 穿鍼 8-436A
chuánzhēn 傳真 1-1621B
chuánzhēndiànbào 傳真電報 1-1621B
chuánzhēng 遄征 10-1035A
chuánzhèng 傳政 1-1620A
chuānzhēnlóu 穿針樓 8-434A
chuānzhēnxì 穿針戲 8-434A
chuānzhēnyǐnxiàn 穿針引綫 8-434A
chuānzhēnyǐnxiàn 穿鍼引線 8-436A
chuānzhí 穿執 8-434B
chuānzhǐ 川沚 1-629A
chuānzhì 穿治 8-433B
chuánzhī 船隻 9-7B
chuánzhī 傳巵 1-1618A
chuánzhǐ 傳旨 1-1617B
chuánzhǐ 傳指 1-1620A
chuánzhì 傳質 1-1627B
chuánzhìjiāo 傳致膠 1-1621B
chuánzhǒng 傳種 1-1626A
chuánzhòng 傳重 1-1620A
chuānzhōngjì 穿中記 8-432B
chuānzhú 穿斸 8-436A
chuānzhǔ 川渚 1-630A
chuānzhù 穿築 8-435B
chuánzhú 傳燭 1-1628B
chuánzhú 椽燭 4-1200B
chuánzhǔ 船主 9-7B
chuánzhù 傳著 1-1623A
chuànzhū 串珠 1-624B
chuānzhuó 穿著 8-434B
chuānzhuó 穿着 8-435A
chuànzhuó 釧鐲 11-1205A
chuānzī 川資 1-630B
chuánzi 椽子 4-1200B
chuánzi 船子 9-7A
chuànzi 串子 1-623B
chuánzōngjiēdài 傳宗接代 1-1619B
chuánzòu 傳奏 1-1619B
chuánzuǐ 傳嘴 1-1628A
chuánzuò 傳坐 1-1618A
chuánzuò 傳祚 1-1621B
chuánzuò 傳座 1-1622A
chuànzuò 串作 1-624B
chuànzuò 串座 1-625A
chū'áo 出敖 2-490B
chǔ'ào 楚媪 4-1158A
chūbá 出拔 2-483B
chūbá 出跋 2-497A
chǔbā 楚巴 4-1150B
chùbà 黜罷 12-1361B
chúbài 除拜 11-988B
chūbān 出班 2-490A
chūbǎn 出版 2-486A
chūbǎn 初版 2-619B
chúbān 除班 11-989A
chǔbān 楚班 4-1156A
chūbǎnběn 初版本 2-619B
chūbǎng 出榜 2-500A
chūbǎng 出牓 2-500B
chǔbāng 楚邦 4-1151A
chǔbàng 杵棒 4-855B
chūbǎnshè 出版社 2-486A
chūbǎnsuǒ 出版所 2-486A
chūbǎnwù 出版物 2-486A
chūbǎo 出葆 2-496B
chūbǎo 出寶 2-505B
chúbào'ānliáng 除暴安良 11-990B
chǔbàwáng 楚霸王 4-1163A
chǔbèi 楮貝 4-1074B
chǔbèi 儲備 1-1735B
chǔbèiliáng 儲備糧 1-1736A
chūbēn 出奔 2-484A
chūbēn 出犇 2-497A
chūběn 初本 2-618A
chúběn 雛本 11-867B
chūbǐ 出筆 2-497A
chúbì 除陛 11-988B
chǔbì 楮幣 4-1075A
chǔbì 楚壁 4-1162A
chùbí 搐鼻 6-817B
chùbí 觸鼻 10-1390A
chūbiān 出邊 2-505A
chǔbiàn 楮弁 4-1074B
chǔbiàn 楚卞 4-1150B
chǔbiàn 處變 8-841B
chùbiǎn 黜貶 12-1361B
chǔbié 處别 8-838B
chūbìn 出殯 2-504B
chǔbìn 楚鬢 4-1163A
chùbìn 黜殯 12-1362A
chūbīng 出兵 2-481B
chúbīng 廚兵 3-1271A
chùbīng 黜兵 12-1360A
chùbǐng 黜屏 12-1361A
chǔbìsuízhēn 楚壁隋珍 4-1162A
chūbó 出鈸 2-499A
chūbó 搊博 6-832B
chūbó 樗博 4-1271B
chúbó 除薄 11-990B
chúbó 鉏鎛 11-1230B
chǔbō 楚波 4-1154A
chǔbō 楚剥 4-1156B
chǔbō 楮帛 4-1074B
chùbō 觸撥 10-1390A
chùbó 觸搏 10-1389B
chǔbóshí 杵搏石 4-855B
chūbǔ 出補 2-498A
chūbù 出布 2-478B
chūbù 初步 2-619A
chúbù 躇步 10-537B
chūcái 出材 2-481B
chūcái 樗材 4-1271A
chūcǎi 出彩 2-495A
chǔcái 楚才 4-1149A
chǔcái 楚材 4-1152A
chǔcái 儲才 1-1734A
chǔcái 儲材 1-1734A
chǔcái 處裁 8-840A
chǔcǎi 儲寀 1-1735B
chǔcáijìnyòng 楚才晉用 4-1149A
chǔcáijìnyòng 楚材晉用 4-1152A
chūcān 出參 2-496A
chūcán 樗蠶 4-1271B
chúcán 除殘 11-990A
chúcāng 廚倉 3-1271A
chǔcáng 儲藏 1-1737A
chúcánqùhuì 除殘去穢 11-990A
chūcāo 出操 2-502B
chǔcāo 楚操 4-1161A
chǔcè 楚惻 4-1158A
chǔcén 楚岑 4-1152B
chǔcén 儲岑 1-1734A
chūchà 出岔 2-482B
chūchà 出差 2-489A
chúchā 鉏鍤 11-1230B
chūchāi 出差 2-489A
chúchāi 除拆 11-987B
chúchāi 除差 11-988B
chūchán 出禪 2-503B
chūchán 初禪 2-623A
chūchǎn 出産 2-495B
chúchán 蜍蟾 8-902B
chúchǎn 鉏剗 11-1230A
chùchǎn 畜産 7-1336B
chūchǎng 出場 2-496B
chūchǎng 出廠 2-502A
chūchǎng 初場 2-621B
chǔcháng 處常 8-840A
chùchǎng 憷場 7-761A
chūchángdiào 出常調 2-494B

chūchāo 出超 2-496A
chūchāo 出鈔 2-497B
chūcháo 出朝 2-497A
chūchàzi 出岔子 2-482B
chūchàzi 出差子 2-489A
chūchē 出車 2-481B
chúchē 廚車 3-1271A
chūchén 出塵 2-500B
chūchén 初晨 2-621A
chūchěn 出磣 2-503A
chǔchēn 楚琛 4-1157A
chǔchén 楚臣 4-1151B
chùchén 俶辰 1-1477B
chùchén 絀臣 9-799A
chùchén 觸塵 10-1390A
chūchéng 出丞 2-481A
chūchéng 出乘 2-491A
chūchéng 初程 2-622A
chǔchéng 楚城 4-1154B
chùchéng 俶成 1-1477B
chǔchén'ōu 楚臣謳 4-1151B
chūchényìxīn 出陳易新 2-493A
chūchētiǎnkòu 出車殄寇 2-481B
chūchì 出敕 2-494A
chúchí 蹰踟 10-567B
chúchí 躇峙 10-546B
chúchì 廚饎 3-1271B
chǔchí 楚池 4-1152A
chùchì 黜斥 12-1360A
chūchōng 出充 2-481A
chǔchōng 杵舂 4-855B
chǔchóng 楚重 4-1155A
chǔchóngtóng 楚重瞳 4-1155A
chūchǒu 出醜 2-503A
chūchǒu 樗醜 4-1271B
chúchóu 躇躊 10-537B
chúchóu 蹰躊 10-567B
chūchǒufàngguāi 出醜放乖 2-503A
chūchǒuyángjí 出醜揚疾 2-503A
chūchū 出出 2-479B
chūchū 初初 2-619B
chūchú 出除 2-490A
chūchǔ 出處 2-494A
chūchù 出處 2-494A
chúchú 鋤除 11-1300A
chúchú 躇蹰 10-537B
chúchú 躇蹰 10-537B
chúchú 蹰躇 10-567B
chǔchǔ 楚楚 4-1158B
chǔchǔ 齼齼 12-1458B
chǔchǔ 處處 8-840A
chǔchǔ 髗髗 12-1314B
chǔchǔ 齼齼 12-1458B
chǔchù 杵觸 4-856A
chùchú 黜除 12-1361A
chùchù 怵怵 7-473A
chùchù 豖豖 10-13B
chùchù 處處 8-840A
chùchù 觸處 10-1388A
chùchù 矗矗 1-916B
chùchù 犓犓 10-1355B
chùchù 怡怡 7-483A
chúchuán 廚船 3-1271B
chǔchuán 楚船 4-1157A
chūchuàng 初創 2-622A
chúchuāng 櫥窗 4-1308A
chǔchǔbùfán 楚楚不凡 4-1158B
chǔchǔdòngrén 楚楚動人 4-1159A
chǔchuí 楚捶 4-1156B
chǔchuí 楚棰 4-1157B
chǔchuí 楚箠 4-1160A
chùchùjīlái 觸處機來 10-1388B
chūchǔjìntuì 出處進退 2-494B
chǔchǔkě'ài 楚楚可愛 4-1158B
chǔchǔkělián 楚楚可憐 4-1158B
chǔchǔkěrén 楚楚可人 4-1158B
chūchūliūliū 出出溜溜 2-479B
chūchūlǜlǜ 出出律律 2-479B
chūchūmáolú 初出茅廬 2-618B
chūchūn 初春 2-620A
chùchuò 怵臭 7-473B
chùchùshēng 觸觸生 10-1391B
chūchǔshūtú 出處殊途 2-494B
chūchǔshūtú 出處殊塗 2-494B
chǔchǔsùsù 楚楚謖謖 4-1159A
chǔchǔyǒuzhì 楚楚有致 4-1159A
chūchǔyǔmò 出處語默 2-494B
chǔchǔzuòtài 楚楚作態 4-1159A
chūcí 出辭 2-505A
chūcì 出次 2-481A
chūcì 出刺 2-484A
chūcì 出賜 2-501B
chūcì 初次 2-619A
chúcì 除次 11-987B
chǔcí 楚祠 4-1155B
chǔcí 楚詞 4-1157B
chǔcí 楚辭 4-1162B
chùcì 黜刺 12-1360A
chùcì 觸刺 10-1387B
chǔcítǐ 楚辭體 4-1162B
chūcítǔqì 出詞吐氣 2-497B
chūcū 出粗 2-495B
chūcuì 出萃 2-494A
chùcuī 觸衰 10-1388A
chūcūn 樗村 4-1271A
chǔcún 儲存 1-1734A
chūcuò 出錯 2-503B
chùcuò 黜挫 12-1361A
chùdá 怵怛 7-473A
chūdàchāi 出大差 2-475B
chǔdàfū 楚大夫 4-1149A
chūdàgōng 出大恭 2-475B
chūdài 出貸 2-497B
chǔdài 處待 8-839B
chùdài 怵殆 7-473A
chǔdàizhì 楮待制 4-1075A
chūdàn 初旦 2-618A
chūdǎng 出擋 2-502A
chūdàng 出盪 2-504B
chúdàng 除蕩 11-990B
chǔdāng 處當 8-840B
chǔdàng 處當 8-840B
chūdǎo 出倒 2-491B
chūdào 出道 2-498A
chúdǎo 躇蹈 10-537B
chúdào 除道 11-990A
chùdǎo 觸蹈 10-1390B
chùdào 畜道 7-1337A
chūde 出的 2-486A
chūde 出地 2-479B
chǔdé 儲德 1-1737A
chǔdéchǔgōng 楚得楚弓 4-1156B
chūděng 出等 2-497A
chūděng 初等 2-622A
chùdēng 矗燈 1-916B
chūděngjiàoyù 初等教育 2-622A
chūděngxiǎoxué 初等小學 2-622A
chūdí 出糴 2-506A
chūdì 出地 2-479B
chūdì 初地 2-618B
chúdí 除滌 11-990B
chǔdī 楚堤 4-1157B
chǔdí 儲嫡 1-1736B
chǔdǐ 儲邸 1-1734B
chǔdì 楚地 4-1151B
chùdǐ 觸抵 10-1387B
chùdǐ 觸牴 10-1389A
chùdì 觸地 10-1387A
chūdiǎn 出典 2-485A
chūdiàn 出店 2-486B
chǔdiàn 楚甸 4-1152B
chǔdiàn 楚殿 4-1159B
chùdiǎn 黜典 12-1360A
chùdiàn 觸電 10-1389B
chūdiǎnzi 出點子 2-504A
chūdiào 出調 2-502A
chúdiào 除掉 11-989A
chǔdiào 楚調 4-1161A
chǔdiàoqǔ 楚調曲 4-1161A
chūdìbùyì 出敵不意 2-502A
chūdié 出牒 2-499A
chùdìháotiān 觸地號天 10-1387A
chūdīng 出丁 2-474A
chūdǐng 出頂 2-494A
chūdìng 出定 2-487A
chūdìng 初定 2-620A
chǔdìng 楮錠 4-1075B
chūdíyìwài 出敵意外 2-502A
chūdōng 初冬 2-618B
chūdòng 出動 2-495A
chùdòng 搐動 6-817B
chùdòng 觸動 10-1388B
chúdòu 芻豆 2-189A
chǔdòu 楚豆 4-1152B
chùdòumánzhēng 觸鬬蠻爭 10-1391B
chūdù 初度 2-620B
chǔdū 楚都 4-1156A
chǔdú 楚毒 4-1154B
chǔduān 儲端 1-1736B
chǔduàn 處斷 8-841A
chūduì 出兑 2-483A
chǔ'é 楚娥 4-1156B
chù'è 黜惡 12-1361B
chú'ér 雛兒 11-867B
chǔ'ěr 楮耳 4-1074B
chǔ'èr 楚貳 4-1157A
chǔ'èr 儲二 1-1734A
chǔ'èr 儲貳 1-1735B
chù'ěr 俶爾 1-1478A
chù'ěr 畜耳 7-1336A
chū'ěrfǎn'ěr 出爾反爾 2-500B
chú'èwùběn 除惡務本 11-989B
chú'èwùjìn 除惡務盡 11-989B
chūfā 出發 2-498A
chúfǎ 除法 11-988A
chúfà 雛髮 11-867B
chǔfá 處罰 8-841A
chǔfǎ 處法 8-839B
chùfā 觸發 10-1389A
chùfá 絀乏 9-799A
chùfá 黜罰 12-1361B
chūfǎbó'àn 出法駁案 2-486B
chūfādiǎn 出發點 2-498B
chūfāfúróng 初發芙蓉 2-622A
chūfān 出藩 2-504B
chūfàn 出飯 2-497B
chūfàn 初犯 2-618B
chǔfān 楚帆 4-1151B
chǔfān 儲蕃 1-1736B
chǔfán 楚樊 4-1160B
chùfān 觸藩 10-1390B
chùfàn 觸犯 10-1387A
chùfāndī 觸藩羝 10-1391A
chūfáng 出防 2-481A
chūfǎng 出訪 2-495B
chūfàng 出放 2-486B
chúfáng 廚房 3-1271A
chúfàng 除放 11-988A
chǔfāng 處方 8-838A
chǔfáng 楚房 4-1154A
chùfàng 黜放 12-1360B
chūfèi 出費 2-498A
chúfēi 除非 11-987B

chúfèi 除廢 11-990B
chǔfēi 楚妃 4-1152A
chǔfēi 儲妃 1-1734A
chùféi 畜肥 7-1336B
chùfèi 黜廢 12-1361B
chǔfēitàn 楚妃歎 4-1152A
chǔfēiyín 楚妃吟 4-1152A
chūfēn 出分 2-477B
chūfèn 出糞 2-504A
chǔfēn 楚氛 4-1154A
chǔfèn 處分 8-837B
chūfēng 出風 2-488B
chūfēng 出鋒 2-502A
chúfèng 雛鳳 11-867B
chǔfēng 楚風 4-1155A
chǔfèng 楚鳳 4-1160A
chùfēng 搐風 6-817B
chùfēng 觸鋒 10-1390A
chūfēngtou 出風頭 2-489A
chūfēngtou 出鋒頭 2-502A
chūfēngtóushuǐ 初風頭水 2-620B
chūfènzi 出分子 2-477B
chūfū 出夫 2-476B
chūfū 出伕 2-480A
chūfú 出伏 2-480A
chūfú 出服 2-486B
chūfú 出綍 2-500A
chūfú 初伏 2-619A
chūfú 初服 2-619B
chūfú [illegible]琈 4-629A
chūfǔ 出輔 2-500B
chūfù 出付 2-479A
chūfù 出婦 2-496A
chūfù 出腹 2-499B
chúfú 除拂 11-987B
chúfú 除服 11-988A
chúfù 除赴 11-988B
chúfù 媰婦 4-395B
chǔfú 楮幅 4-1075A
chǔfú 楚服 4-1154A
chǔfù 楚賦 4-1160B
chǔfù 儲副 1-1735B
chǔfù 儲傅 1-1736A
chǔfù 處婦 8-840A
chùfú 黜伏 12-1360A
chùfú 黜浮 12-1361A
chùfù 黜婦 12-1361B
chúfújíjí 除服即吉 11-988A
chūfùzǐ 出腹子 2-499B
chúgǎi 除改 11-987B
chùgǎn 觸感 10-1389B
chūgǎng 出港 2-498A
chúgàng 鋤杠 11-1300A
chǔgāng 楚岡 4-1153B
chūgǎo 初稿 2-622B
chūgǎo 初藁 2-623A
chúgǎo 芻稾 2-190A
chúgǎo 芻藁 2-190B
chūgàofǎnmiàn 出告反面 2-481B
chūgé 出閤 2-501A
chūgé 出格 2-491A
chūgé 出閤 2-501A
chúgé 除革 11-988B
chǔgē 杵歌 4-855B
chǔgē 楚歌 4-1159B
chǔgě 楚舸 4-1157A
chùgé 黜革 12-1360B
chūgěi 出給 2-498B
chúgēn 除根 11-989A
chūgēng 初更 2-619A
chúgěng 除鯁 11-991A
chùgēng 絮羹 9-852A
chǔgēsìhé 楚歌四合 4-1159B
chǔgēsìmiàn 楚歌四面 4-1159B
chǔgēsìqǐ 楚歌四起 4-1159B
chǔgéxiāngshā 楚葛湘紗 4-1157B
chǔgēzhījì 楚歌之計 4-1159B
chūgōng 出工 2-475B
chūgōng 出恭 2-490B
chūgòng 出貢 2-490B
chūgòng 初供 2-619B
chúgōng 除宮 11-988B
chúgōng 鋤功 11-1299B
chǔgōng 楚弓 4-1149A
chǔgōng 楚宮 4-1155A
chǔgōng 楚龔 4-1163A
chǔgōng 儲宮 1-1735A
chǔgōng 儲躬 1-1735A
chǔgòng 楚貢 4-1156A
chǔgòng 儲供 1-1734B
chǔgōngchǔdé 楚弓楚得 4-1149A
chǔgōngfùdé 楚弓復得 4-1149A
chūgōngpái 出恭牌 2-490B
chūgōngwàngsī 出公忘私 2-477B
chǔgōngwúyuàn 楚宮吳苑 4-1155B
chǔgōngyāo 楚宮腰 4-1155B
chǔgōngyī 楚宮衣 4-1155B
chǔgōngyíyǐng 楚弓遺影 4-1149A
chǔgōngzhōng 楚公鐘 4-1150B
chúgōu 鉏鉤 11-1230A
chúgōu 鋤鉤 11-1300A
chúgǒu 芻狗 2-189B
chūgǔ 出谷 2-482B
chūgǔ 初古 2-618A
chūgù 出僱 2-500B
chǔguā 杵瓜 4-855B
chùguà 觸挂 10-1387B
chūguǎi 出拐 2-483B
chūguāilòngchǒu 出乖弄醜 2-485B
chūguāilùchǒu 出乖露醜 2-485B
chūguān 出官 2-487A
chūguān 出關 2-505B
chūguān 初官 2-620A
chūguàn 初冠 2-620B
chúguān 除官 11-988B
chúguān 除關 11-991A
chúguàn 鉏灌 11-1230B
chǔguān 楮冠 4-1075A
chǔguān 楚冠 4-1155B
chǔguān 楚關 4-1162B
chǔguǎn 楚管 4-1160A
chǔguǎn 楚舘 4-1161B
chǔguǎn 楚館 4-1161B
chǔguǎn 處館 8-841A
chǔguàn 楚觀 4-1163A
chùguān 黜官 12-1360B
chǔguāng 儲光 1-1734A
chǔguǎnmánxián 楚管蠻絃 4-1160A
chǔguǎnqínlóu 楚館秦樓 4-1161B
chūguī 出規 2-494B
chūguī 出歸 2-505A
chūguǐ 出軌 2-488A
chūguǐ 出鬼 2-488B
chúguì 橱櫃 4-1308B
chǔguī 楚珪 4-1155B
chǔguì 儲櫃 1-1737A
chùguǐ 俶詭 1-1478A
chùguǐ 諔詭 11-276A
chūguǐrùshén 出鬼入神 2-488B
chūguó 出國 2-494B
chúguò 除過 11-989B
chǔguógōng 楮國公 4-1075A
chǔguómèng 楚國夢 4-1156B
chūgǔqiānqiáo 出谷遷喬 2-482B
chūgǔyīng 出谷鶯 2-482B
chūhǎi 出海 2-492B
chǔhài 楚害 4-1156A
chūhán 初寒 2-622A
chǔhàn 楮翰 4-1075B
chǔhàn 楚漢 4-1160B
chǔhàn 礎汗 7-1114B
chùhán 觸寒 10-1389A
chūháng 出航 2-492A
chūhào 出號 2-498B
chǔhào 儲號 1-1736A
chùháo 畜豪 7-1337A
chūhé 出荷 2-490B
chúhé 鋤禾 11-1299B
chúhè 鉏鶴 11-1230B
chǔhé 處和 8-839A
chūhédiǎnjì 出何典記 2-481B
chùhēi 黜黑 12-1361B
chūhéjīngdiǎn 出何經典 2-482A
chūhéliáng 出荷糧 2-490B
chúhóng 除紅 11-988B
chūhóngchāi 出紅差 2-490A
chúhóngzhuōlǜ 除紅捉綠 11-989A
chūhòu 出後 2-488B
chǔhóu 楚猴 4-1157B
chǔhòu 儲后 1-1734A
chùhóu 觸喉 10-1389A
chūhū 出乎 2-479A
chūhǔ 貙虎 10-1343B
chūhù 出笏 2-491B
chúhù 廚户 3-1270B
chǔhú 楚縠 4-1161A
chǔhù 楚户 4-1150B
chǔhù 儲户 1-1734A
chùhù 俶祜 1-1478A
chūhuà 出化 2-477A
chūhuà 初化 2-617B
chǔhuà 處畫 8-840B
chùhuá 黜華 12-1361A
chūhuā'er 出花兒 2-481A
chǔhuái 楚懷 4-1162B
chúhuán 雛鬟 11-868A
chúhuàn 芻豢 2-190A
chúhuàn 犓豢 6-286B
chúhuàn 犓[illegible] 6-286B
chūhuáng 初篁 2-623A
chúhuāng 鋤荒 11-1300A
chǔhuáng 儲皇 1-1735A
chūhuāyàng 出花樣 2-481B
chūhūfǎnhū 出乎反乎 2-479A
chūhuī 初輝 2-622B
chūhuì 出會 2-499A
chūhuì 初會 2-622B
chúhuǐ 除毀 11-990A
chùhuì 觸諱 10-1390B
chúhuìbùxīn 除穢布新 11-991A
chūhūn 初昏 2-620A
chūhūn 初婚 2-621B
chǔhún 楚魂 4-1158A
chùhūn 黜昏 12-1360B
chùhūnqǐshèng 黜昏啟聖 12-1360B
chūhuó 出活 2-489B
chūhuǒ 出火 2-477B
chūhuò 出豁 2-504B
chūhuò 出貨 2-495A
chúhuō 除豁 11-991A
chǔhuō 楚籗 4-1163A
chǔhuǒ 楮火 4-1074A
chǔhuò 楮貨 4-1075A
chùhuò 觸禍 10-1389A
chūhuǒzhū 出火珠 2-477B
chūhūyìbiǎo 出乎意表 2-479A
chūhūyìliào 出乎意料 2-479A
chūhūyìwài 出乎意外 2-479A
chūhūyùliào 出乎預料 2-479A
chuí'āi 垂哀 2-1081A
chuí'ài 垂愛 2-1083B
chuíbái 垂白 2-1078B
chuíbǎng 箠搒 8-1197A
chuíbàng 椎棒 4-1185A
chuībàngměngzhà 吹鎊懵詐 3-241A

chuíbèi 搥背 6-769A
chuíbǐ 椎鄙 4-1115B
chuíbì 垂斃 2-1085B
chuībiān 吹鞭 3-241A
chuíbiǎo 捶表 6-667B
chuībīn 歈豳 12-1503B
chuībǐng 炊餅 7-38A
chuíbīng 垂冰 2-1079B
chuíbīng 椎冰 4-1114A
chuībǒ 吹簸 3-241B
chuíbō 椎剥 4-1115A
chuíbó 垂箔 2-1084A
chuíbù 椎布 4-1114A
chuíbùxiǔ 垂不朽 2-1078A
chuícè 捶策 6-668A
chuícè 棰策 4-1113A
chuícè 箠策 8-1197A
chuíchá 垂察 2-1084B
chuīchàng 吹唱 3-238A
chuícháng 垂裳 2-1084A
chuíchē 椎車 4-1114A
chuīchén 吹塵 3-240A
chuíchēng 垂稱 2-1084A
chuíchéng 垂成 2-1079A
chuīchí 吹篪 3-241A
chuíchī 捶笞 6-668A
chuíchī 箠笞 8-1197A
chuíchì 垂翅 2-1081B
chuíchì 箠抶 8-1197A
chuíchì 箠敕 8-1197A
chuíchú 捶搽 6-667B
chuíchǔ 捶楚 6-668A
chuíchǔ 棰楚 4-1113A
chuíchǔ 槌杵 4-1185A
chuíchǔ 箠楚 8-1197A
chuíchǔ 椎儲 4-1116B
chuíchuáng 搥牀 6-769A
chuíchuí 垂垂 2-1080A
chuíchuí 腄腄 6-1332A
chuìchuì 吹吹 3-236B
chuìchuì 惙惙 7-606B
chuīchuīdādā 吹吹打打 3-236B
chuīchuīpāipāi 吹吹拍拍 3-236B
chuīchún 吹唇 3-237B
chuīchún 吹脣 3-238A
chuīcuàn 炊爨 7-38B
chuícuì 錘淬 11-1330A
chuīdǎ 吹打 3-236A
chuídǎ 捶打 6-667B
chuídǎ 箠打 8-1197A
chuīdàfǎluó 吹大法螺 3-235A
chuídài 垂殆 2-1081A
chuīdàniú 吹大牛 3-235A
chuīdàqì 吹大氣 3-235A
chuīdēng 吹燈 3-241A
chuīdēngbálà 吹燈拔蠟 3-241A
chuīdí 吹笛 3-238A
chuídiǎn 垂典 2-1080A
chuīdiāo 炊雕 7-38B
chuídiào 垂釣 2-1082B
chuídiàowēng 垂釣翁 2-1082B
chuíduàn 錘鍛 11-1330A
chuíduàn 椎鍛 4-1116B
chuīdūdū 吹都都 3-237B
chuídùn 棰頓 4-1113A
chuídùn 椎鈍 4-1115A
chuíduó 椎敓 4-1115A
chuíduó 椎奪 4-1115B
chuīdùyú 吹肚魚 3-236B
chuí'ē 垂阿 2-1079B
chuí'é 槌額 4-1185B
chuí'é 椎額 4-1116B
chuí'è 捶扼 6-667B
chuí'ēn 垂恩 2-1081B
chuí'ěr 垂耳 2-1078B
chuí'ěr 垂餌 2-1084A
chuí'ěrhǔkǒu 垂餌虎口 2-1084A
chuí'ěrxiàshǒu 垂耳下首 2-1078B
chuīfā 吹發 3-239A
chuífǎ 垂法 2-1080B
chuífà 垂髮 2-1084B
chuīfǎluó 吹法螺 3-237A
chuīfàn 炊飯 7-38A
chuífàn 垂範 2-1084B
chuífāng 垂芳 2-1079B
chuīfēng 吹風 3-237B
chuīfèng 吹鳳 3-240A
chuífēng 椎鋒 4-1116A
chuīfēnghūshào 吹風唿哨 3-237B
chuīfēnghúshào 吹風胡哨 3-237B
chuīfēngjī 吹風機 3-237B
chuífēngxiànzhèn 椎鋒陷陣 4-1116A
chuīfú 吹拂 3-237A
chuīfù 炊婦 7-38A
chuífǔ 椎斧 4-1114B
chuífūbōsuǐ 椎膚剥髓 4-1115B
chuífūbōtǐ 椎膚剥體 4-1116A
chuígān 垂竿 2-1081A
chuígāo 垂櫜 2-1085B
chuígào 垂誥 2-1084A
chuígé 棰革 4-1113A
chuígǒng 垂拱 2-1080B
chuígǒngsìjié 垂拱四傑 2-1080B
chuígōu 垂鉤 2-1083B
chuígōu 捶鈎 6-668A
chuígōu 捶鉤 6-668A
chuígōu 錘鈎 11-1330A
chuīgòusuǒbān 吹垢索瘢 3-237A
chuīgǔ 吹蠱 3-242A
chuīgǔ 炊骨 7-38A
chuígǔ 槌鼓 4-1185B
chuígǔ 錘骨 11-1330A
chuígǔ 椎鼓 4-1115B
chuígù 垂顧 2-1086A
chuíguà 垂掛 2-1082A
chuīguǎn 吹筦 3-239B
chuīguǎn 吹管 3-240A
chuíguāng 垂光 2-1079A
chuīguì 炊桂 7-38A
chuígǔlìsuǐ 捶骨瀝髓 6-667B
chuīgǔshǒu 吹鼓手 3-239A
chuīhái 炊骸 7-38B
chuíhàn 椎悍 4-1115A
chuíhóng 垂虹 2-1081A
chuíhóngqiáo 垂虹橋 2-1081A
chuíhóngtíng 垂虹亭 2-1081A
chuīhū 吹呼 3-237A
chuīhǔ 吹唬 3-238A
chuíhú 垂弧 2-1080B
chuíhú 垂胡 2-1080B
chuíhù 垂祜 2-1081B
chuīhuā 吹花 3-236A
chuíhuā'èrmén 垂花二門 2-1079B
chuīhuàhú 吹畫壺 3-239A
chuīhuājiáoruǐ 吹花嚼蕊 3-236B
chuīhuājié 吹花節 3-236B
chuíhuāmén 垂花門 2-1079B
chuīhuáng 吹簧 3-241A
chuīhúdèngyǎn 吹鬍瞪眼 3-241B
chuīhuī 吹灰 3-236A
chuíhuī 垂輝 2-1084B
chuíhuǐ 槌毁 4-1185B
chuíhuǐ 椎毁 4-1115B
chuíhuì 椎卉 4-1114A
chuīhuīzhīlì 吹灰之力 3-236A
chuīhún 吹魂 3-239A
chuīhuǒ 吹火 3-236A
chuīhuǒ 炊火 7-37B
chuīhuǒtǒng 吹火筒 3-236A
chuīhúzi 吹鬍子 3-241A
chuīhúzidèngyǎn 吹鬍子瞪眼 3-241A
chuīhúzidèngyǎnjing 吹鬍子瞪眼睛 3-241A
chuījī 吹齏 3-241B
chuījī 吹虀 3-242A
chuījī 吹齑 3-242A
chuījī 吹整 3-241B
chuíjī 垂基 2-1082A
chuíjī 捶擊 6-668B
chuíjī 槌擊 4-1185B
chuíjī 錘擊 11-1330A
chuíjī 椎擊 4-1116B
chuíjí 垂及 2-1077B
chuíjí 垂棘 2-1083A
chuíjì 垂跡 2-1083B
chuíjì 垂髻 2-1085A
chuíjì 魋髻 12-472B
chuíjì 魋結 12-472B
chuíjì 椎紒 4-1115A
chuíjì 椎髻 4-1116A
chuījiā 吹葭 3-238B
chuíjiàn 垂鑒 2-1086A
chuíjiāng 垂韁 2-1086A
chuījiànshǒu 吹劍首 3-240B
chuījiǎo 吹角 3-236B
chuíjiào 垂教 2-1082A
chuījiāzǐ 炊家子 7-38A
chuíjiē 垂接 2-1082A
chuíjié 椎結 4-1115A
chuíjiè 垂戒 2-1079B
chuíjiè 垂誡 2-1084A
chuíjiè 椎髤 4-1115B
chuíjiéjījù 椎結箕踞 4-1115A
chuíjièniǎoyán 椎髤鳥言 4-1115B
chuíjiézuǒrèn 椎結左衽 4-1115A
chuíjiézuǒyǔ 椎結左語 4-1115A
chuíjìhuìcháng 椎髻卉裳 4-1116A
chuíjìjīzuò 椎髻箕坐 4-1116B
chuījìn 炊燼 7-38B
chuíjīn 垂矜 2-1081B
chuījīn 吹金 3-237A
chuíjīng 垂精 2-1084A
chuíjìniǎoyǔ 椎髻鳥語 4-1116B
chuījīnzhuànyù 炊金饌玉 7-38A
chuījiù 炊臼 7-37B
chuíjìzhuāshǒu 椎髻髽首 4-1116B
chuíjìzuǒyán 椎髻左言 4-1116A
chuījù 炊具 7-37B
chuíjù 捶句 6-667B
chuíjuàn 垂眷 2-1082B
chuíjué 垂絶 2-1083A
chuīkāngjiànmǐ 吹糠見米 3-241A
chuíkǎo 捶考 6-667B
chuīkǒushào 吹口哨 3-235A
chuílā 捶拉 6-667B
chuīlǎba 吹喇叭 3-239A
chuílǎo 垂老 2-1078B
chuīlātánchàng 吹拉彈唱 3-237A
chuílè 捶勒 6-668A
chuīlěi 炊累 7-38A
chuīlèi 吹擂 3-240B
chuíléi 椎纍 4-1116B
chuílèi 垂淚 2-1082B
chuīlěngfēng 吹冷風 3-236B
chuīlěngjī 吹冷齏 3-236B
chuílián 垂憐 2-1085A
chuílián 垂簾 2-1085B
chuíliàn 錘煉 11-1330A
chuíliàn 錘鍊 11-1330A
chuíliàn 椎鍊 4-1116B
chuíliàng 垂諒 2-1084B
chuīliángkuàwèi 炊粱跨衞

7-38A
chuíliántīngjué 垂簾聽决 2-1085B
chuíliántīngzhèng 垂簾聽政 2-1085B
chuílìng 箠令 8-1197A
chuīlíng 吹苓 3-237A
chuíliú 垂旒 2-1084A
chuíliǔ 垂柳 2-1081A
chuílòu 椎陋 4-1114B
chuílú 錘爐 11-1330A
chuílǔ 椎魯 4-1116A
chuílù 垂露 2-1086A
chuíluǎn 椎卵 4-1114A
chuílǔdūnpǔ 椎魯敦樸 4-1116A
chuīlún 吹綸 3-240A
chuílún 垂綸 2-1084B
chuílún 槌輪 4-1185B
chuílún 椎輪 4-1115B
chuílúndàlù 椎輪大輅 4-1115B
chuīlúnxù 吹綸絮 3-240A
chuīluó 吹螺 3-241A
chuíluó 垂螺 2-1085B
chuíluò 垂落 2-1083A
chuílǔpǔdùn 椎魯樸鈍 4-1116A
chuílùshū 垂露書 2-1086A
chuīlǜ 吹律 3-237B
chuīlǜdìngxìng 吹律定姓 3-237B
chuílüè 捶掠 6-668A
chuílüè 箠掠 8-1197A
chuímà 箠罵 8-1197B
chuímái 椎埋 4-1114B
chuímáichuānjué 椎理穿掘 4-1114B
chuímáigǒuqiè 椎埋狗竊 4-1114B
chuímáitúgǒu 椎埋屠狗 4-1114B
chuímáng 垂芒 2-1079A
chuīmáo 吹毛 3-235A
chuīmào 吹帽 3-239A
chuīmáojiàn 吹毛劍 3-235B
chuīmáoqiúcī 吹毛求疵 3-235B
chuīmáoqiúxiá 吹毛求瑕 3-235B
chuīmáoshǔjié 吹毛數睫 3-235B
chuīmáosuǒbān 吹毛索瘢 3-235B
chuīmáosuǒcī 吹毛索疵 3-235B
chuīmáosuǒgòu 吹毛索垢 3-235B
chuīmáoxǐgòu 吹毛洗垢 3-235B
chuīméi 吹梅 3-238A
chuíměi 垂美 2-1081A
chuīmǐ 炊米 7-37B
chuímǐn 垂愍 2-1084A
chuímǐn 垂憫 2-1085A
chuímíng 垂名 2-1079A
chuímìng 垂命 2-1080A
chuímò 垂没 2-1079B
chuímò 垂歿 2-1080A
chuímù 垂目 2-1078B
chuímù 垂暮 2-1084A
chuínè 椎訥 4-1115A
chuínián 垂年 2-1079A
chuíniàn 垂念 2-1080A
chuīniú 吹牛 3-235A
chuíniú 搥牛 6-769A
chuíniú 槌牛 4-1185A
chuíniú 椎牛 4-1113B
chuíniúfāzhǒng 椎牛發冢 4-1113B
chuíniúfāzhǒng 椎牛發塚 4-1113B
chuíniúhèn 椎牛恨 4-1113B
chuīniúpāimǎ 吹牛拍馬 3-235A
chuīniúpí 吹牛皮 3-235A
chuíniúshàxuè 椎牛歃血 4-1113B
chuíniúshījiǔ 槌牛釃酒 4-1185A
chuīnòng 吹弄 3-236A
chuínú 椎奴 4-1114A
chuí'ōu 捶毆 6-668B
chuí'ōu 椎毆 4-1113A
chuípāi 椎拍 4-1114A
chuípāiwǎnzhuǎn 椎拍宛轉 4-1114A
chuípàn 垂盼 2-1081A
chuípèi 箠轡 8-1197B
chuīpěng 吹捧 3-238A
chuípēng 捶搒 6-668A
chuípiáo 椎剽 4-1115B
chuípò 椎破 4-1114B
chuípū 捶撲 6-668B
chuípǔ 捶扑 6-667B
chuípǔ 箠朴 8-1197A
chuípǔ 椎朴 4-1114A
chuípǔ 椎樸 4-1116B
chuíqì 垂泣 2-1080B
chuīqiāng 吹腔 3-239A
chuíqiāng 槌槍 4-1185B
chuíqín 椎秦 4-1114B
chuíqín 椎琴 4-1115A
chuíqīng 垂青 2-1080A
chuíqíng 垂情 2-1082B
chuīqióngruòguì 炊瓊爇桂 7-38B
chuīqìrúlán 吹氣如蘭 3-237B
chuīqìshènglán 吹氣勝蘭 3-237B
chuīqiú 吹求 3-236B
chuìrán 惙然 7-606B
chuīrén 炊人 7-37B
chuírén 垂仁 2-1078A
chuíróng 垂榮 2-1084B
chuīrǔ 吹乳 3-237A
chuírǔ 箠辱 8-1197A
chuīsàn 吹散 3-238B
chuīshā 吹沙 3-236B
chuīshā 吹霎 3-241A
chuíshā 箠殺 8-1197A
chuíshā 椎殺 4-1114B
chuīshālòubīng 炊沙鏤冰 7-37B
chuíshān 圌山 3-650A
chuíshāo 垂梢 2-1082A
chuíshāo 垂髾 2-1085B
chuīshāozuòfàn 炊沙作飯 7-37B
chuīshāzuòfàn 炊砂作飯 7-38A
chuīshāzuòmí 炊沙作糜 7-37B
chuíshēn 垂紳 2-1082B
chuīshēng 吹笙 3-238A
chuīshēngmiào 吹笙廟 3-238A
chuīshí 炊食 7-38A
chuīshì 炊事 7-37B
chuíshì 垂世 2-1078B
chuíshì 垂示 2-1078B
chuíshì 垂式 2-1078B
chuíshì 菙氏 9-442B
chuīshìyuán 炊事員 7-37B
chuīshǒu 吹手 3-235A
chuíshǒu 垂手 2-1078A
chuíshǒurén 垂手人 2-1078A
chuíshǒusàngqì 垂首喪氣 2-1081A
chuīshú 炊熟 7-38B
chuīshuā 吹刷 3-237A
chuíshuǐ 垂水 2-1078A
chuísī 垂絲 2-1083A
chuísǐ 垂死 2-1079A
chuísì 垂四 2-1078B
chuísīhǎitáng 垂絲海棠 2-1083B
chuísǐzhēngzhá 垂死掙扎 2-1079A
chuísuí 垂綏 2-1084A
chuísuì 椎碎 4-1115B
chuísǔn 箠損 8-1197A
chuīsuǒ 吹索 3-237B
chuítà 捶撻 6-668A
chuítà 箠撻 8-1197B
chuítà 椎搨 4-1115A
chuítà 椎榻 4-1115B
chuítà 椎拓 4-1114A
chuītái 吹臺 3-239B
chuītái 吹臺 3-239B
chuītán 吹彈 3-240B
chuītándepò 吹彈得破 3-240B
chuítáng 垂堂 2-1082A
chuítáng 椎塘 4-1115B
chuītángēwǔ 吹彈歌舞 3-240B
chuītángrén 吹糖人 3-241A
chuītángǔbǎn 吹彈鼓板 3-240B
chuīténg 吹騰 3-241B
chuítǐ 垂體 2-1086B
chuítì 垂涕 2-1082A
chuítiān 垂天 2-1077B
chuítiānchì 垂天翅 2-1078A
chuítiānqiāngdì 椎天搶地 4-1113B
chuítiānyì 垂天翼 2-1078A
chuítiáo 垂條 2-1081B
chuítiáo 垂髫 2-1084B
chuítiáo 垂齠 2-1086A
chuítīng 垂聽 2-1086A
chuītóng 吹銅 3-240A
chuītǒng 吹筒 3-239A
chuítǒng 垂統 2-1083A
chuítóu 垂頭 2-1085A
chuítóu 椎頭 4-1116B
chuítóudāchì 垂頭塌翅 2-1085A
chuítóusāi'ěr 垂頭塞耳 2-1085A
chuítóusàngqì 垂頭喪氣 2-1085A
chuítóushāyǔ 垂頭鎩羽 2-1085A
chuítóutàyì 垂頭搨翼 2-1085A
chuítuó 垂槖 2-1085A
chuítuókǔnzǎi 垂槖稇載 2-1085A
chuīwàn 吹萬 3-238A
chuíwán 捶丸 6-667B
chuíwǎn 垂晚 2-1082A
chuíwáng 垂亡 2-1077B
chuīwǎngyùmǎn 吹網欲滿 3-240A
chuíwēi 垂危 2-1079A
chuíwéi 垂帷 2-1082B
chuíwěi 垂委 2-1080A
chuíwén 垂文 2-1078A
chuíwèn 垂問 2-1082B
chuīxī 吹噏 3-240B
chuíxián 垂涎 2-1081B
chuíxiàn 垂綫 2-1084B
chuíxiàn 垂憲 2-1085B
chuíxiàng 垂象 2-1082B
chuīxiānlùqīng 炊鮮漉清 7-38B
chuíxiánsānchǐ 垂涎三尺 2-1081B
chuíxiányùdī 垂涎欲滴 2-1081B
chuíxiànzú 垂綫足 2-1084B
chuīxiāo 吹簫 3-241B
chuīxiāokè 吹簫客 3-241B
chuīxiāonǚzǐ 吹簫女子 3-241B
chuīxiāosànchǔ 吹簫散楚 3-241B
chuīxiāowúshì 吹簫吳市 3-241B
chuíxīn 垂心 2-1078B
chuíxīn 槌心 4-1185A
chuíxīn 椎心 4-1113B
chuíxīndùnzú 椎心頓足

4-1113B
chuíxīn'ǒuxuè 椎心嘔血 4-1114A
chuíxīnqìxuè 椎心泣血 4-1113B
chuíxīnyǐnqì 椎心飲泣 4-1113B
chuíxiōngdiējiǎo 捶胸跌脚 6-668A
chuíxiōngdiējiǎo 搥胸跌脚 6-769A
chuíxiōngdiēzú 搥胸跌足 6-769A
chuíxiōngdiēzú 椎胸跌足 4-1115A
chuíxiōngdùnjiǎo 捶胸頓脚 6-668A
chuíxiōngdùnzú 捶胸頓足 6-668A
chuíxiōngdùnzú 椎胸頓足 4-1115A
chuíxiōngtàdì 槌胸蹋地 4-1185A
chuíxiū 垂休 2-1079A
chuīxū 吹嘔 3-239B
chuīxū 吹嘘 3-239B
chuīxū 吹歔 3-240B
chuīxū 吹呴 3-237A
chuīxū 吹吁 3-236A
chuīxù 吹煦 3-239A
chuíxuán 錘旋 11-1330A
chuíxūn 垂勳 2-1085A
chuíxún 垂詢 2-1083B
chuíxùn 垂訓 2-1081B
chuīxūtūyǎn 吹鬚突眼 3-242A
chuīyān 吹烟 3-238A
chuīyān 吹煙 3-239B
chuīyān 炊烟 7-38A
chuīyān 炊煙 7-38A
chuīyáng 吹揚 3-238B
chuīyǎng 炊養 7-38B
chuíyáng 垂楊 2-1083B
chuíyào 垂曜 2-1085B
chuíyào 垂燿 2-1085B
chuíyào 垂耀 2-1086A
chuīyè 吹葉 3-238B
chuíyě 椎野 4-1115A
chuíyè 垂業 2-1083B
chuīyèjiáoruǐ 吹葉嚼蕊 3-238B
chuíyī 垂衣 2-1079B
chuíyí 椎移 4-1115A
chuíyì 垂意 2-1083B
chuíyì 垂翼 2-1085B
chuíyīn 垂音 2-1081A
chuíyīn 垂陰 2-1082A
chuíyìn 垂蔭 2-1083B
chuíyīng 垂纓 2-1086B
chuíyǐng 垂穎 2-1085A
chuíyīngdùnzú 椎膺頓足 4-1116B
chuīyǐnglòuchén 吹影鏤塵 3-240B
chuíyīshang 垂衣裳 2-1079B
chuíyòu 垂佑 2-1079B
chuíyòu 垂祐 2-1081B
chuīyú 吹竽 3-237A
chuīyù 炊玉 7-37B
chuīyù 炊糞 7-38B
chuíyú 垂魚 2-1082B
chuíyú 垂腴 2-1083A
chuíyú 垂褕 2-1083B
chuíyú 椎愚 4-1115B
chuíyù 垂欲 2-1082B
chuíyù 垂裕 2-1083A
chuìyuè 吹樂 3-240B
chuīyún 吹雲 3-238B
chuíyún 垂雲 2-1083A
chuīyúnzhēng 吹雲箏 3-238B
chuízáo 槌鑿 4-1185B
chuízáo 椎鑿 4-1116B
chuízé 垂則 2-1081A
chuīzèng 炊甑 7-38B
chuízēng 垂繒 2-1085B
chuízhàng 棰杖 4-1112B
chuízhàng 箠杖 8-1197A
chuízhēn 垂針 2-1081B
chuízhēn 槌砧 4-1185A
chuīzhēng 炊烝 7-38A
chuīzhì 吹製 3-240A
chuízhí 垂直 2-1080A
chuízhǐ 垂祉 2-1080B
chuízhímiàn 垂直面 2-1080A
chuízhípíngfēnxiàn 垂直平分綫 2-1080A
chuízhíxiàn 垂直綫 2-1080A
chuīzhǒu 炊帚 7-38A
chuīzhǒu 炊箒 7-38A
chuīzhòuyīchíchūnshuǐ 吹皺一池春水 3-240B
chuīzhú 吹竹 3-236A
chuīzhǔ 炊煮 7-38A
chuízhū 垂珠 2-1081B
chuīzhuó 炊灼 7-37B
chuízhuō 椎拙 4-1114A
chuízhuó 搥琢 6-769A
chuízhuó 槌琢 4-1185A
chuízhuó 椎斲 4-1116A
chuīzhútánsī 吹竹彈絲 3-236A
chuīzǐ 吹紫 3-239A
chuīzi 炊子 7-37B
chuízi 錘子 11-1330A
chuízǐ 垂紫 2-1083A
chuízì 捶字 6-667B
chuīzòu 吹奏 3-237A
chuízú 垂足 2-1079B
chuízuò 椎坐 4-1114A
chūjī 出擊 2-504A
chūjī 初笄 2-621A
chūjī 初基 2-621A
chūjī 㯉雞 4-1271B
chūjí 出籍 2-505B
chūjí 初吉 2-618B
chūjí 初級 2-620B
chūjì 出繼 2-506A
chújī 鋤擊 11-1300B
chújí 除疾 11-989A
chújí 除籍 11-991A
chǔjī 楮雞 4-1075B
chǔjī 楚姬 4-1156B
chǔjī 儲積 1-1737A
chǔjí 楚棘 4-1157B
chǔjí 楚籍 4-1163A
chǔjí 儲極 1-1735B
chǔjí 儲集 1-1736A
chǔjì 儲季 1-1734B
chǔjì 處劑 8-841A
chǔjì 處齊 8-841A
chùjī 觸機 10-1390A
chùjī 觸激 10-1390B
chùjī 觸擊 10-1390B
chùjí 觸及 10-1386A
chùjì 怵悸 7-473A
chùjì 黜迹 12-1360B
chùjì 觸忌 10-1387B
chūjiā 出家 2-492B
chūjiǎ 出甲 2-478B
chūjià 出嫁 2-500A
chūjià 出價 2-501B
chūjià 初嫁 2-622B
chǔjiā 處家 8-839B
chǔjiǎ 楚甲 4-1150B
chǔjiǎ 儲賈 1-1736A
chǔjià 儲價 1-1736B
chǔjià 儲駕 1-1737A
chūjiā'ér 出家兒 2-493A
chūjiāguīdào 出家歸道 2-493A
chūjiān 出尖 2-480A
chūjiān 出監 2-500B
chūjiān 初間 2-622A
chūjiàn 出見 2-481B
chūjiàn 出餞 2-503B
chūjiàn 初見 2-619B
chújiān 廚監 3-1271B
chújiān 鋤奸 11-1300A
chújiǎn 除翦 11-990B
chújiǎn 鉏翦 11-1230B
chújiàn 芻賤 2-190A
chǔjiàn 楚劍 4-1160B
chùjiān 黜姦 12-1361A
chùjiān 詘姦 11-128B
chùjiàn 俶建 1-1477B
chùjiàn 觸踐 10-1390A
chùjiàn 觸諫 10-1390B
chūjiāng 出疆 2-505B
chūjiàng 出降 2-487B
chūjiàng 出將 2-496A
chǔjiāng 楚江 4-1151B
chǔjiàng 楚匠 4-1151B
chùjiàng 黜降 12-1360B
chǔjiāngpíng 楚江萍 4-1151B
chūjiàngrùxiàng 出將入相 2-496A
chǔjiāngtǐ 楚江體 4-1152A
chǔjiāngwáng 楚江王 4-1151B
chūjiāo 初交 2-619A
chūjiǎo 出角 2-482B
chūjiǎo 出脚 2-495A
chūjiào 出教 2-494A
chūjiào 初醮 2-623A
chūjiào 初校 2-621A
chújiāo 芻茭 2-189B
chǔjiāo 楚郊 4-1154A
chǔjiāo 楚嬌 4-1161A
chǔjiāo 處交 8-838B
chǔjiǎo 楚角 4-1152B
chǔjiào 楚徼 4-1161A
chǔjiào 楚嶠 4-1160B
chùjiāo 觸礁 10-1390B
chùjiǎo 觸角 10-1387A
chūjiāqiúdào 出家求道 2-493A
chūjiārén 出家人 2-492B
chūjiārùdào 出家入道 2-493A
chūjiāxiūdào 出家修道 2-493A
chūjiāxiūxíng 出家修行 2-493A
chūjiē 出街 2-497B
chūjiē 初階 2-621B
chūjié 出結 2-498B
chūjié 出潔 2-502A
chūjié 初節 2-622B
chūjiè 出界 2-488A
chūjiè 出借 2-491B
chǔjié 楚潔 4-1161A
chǔjiè 楚界 4-1155A
chújìn 除饉 11-991A
chǔjīn 楚金 4-1154A
chǔjīn 楚津 4-1155A
chùjìn 觸禁 10-1389B
chūjīng 出驚 2-506A
chūjǐng 出景 2-497A
chūjǐng 初景 2-621B
chūjìng 出境 2-500A
chǔjīng 楚荊 4-1154B
chǔjīng 儲精 1-1736B
chǔjìng 處境 8-841A
chùjǐng 觸景 10-1388B
chūjǐngrùbì 出警入蹕 2-505A
chùjǐngshānghuái 觸景傷懷 10-1389A
chùjǐngshāngqíng 觸景傷情 10-1389A
chùjǐngshāngxīn 觸景傷心 10-1389A
chùjǐngshēngqíng 觸景生情 10-1389A
chújìnnǚ 除饉女 11-991A
chūjíshè 初級社 2-620B
chūjiǔ 出九 2-475B
chūjiǔ 出玖 2-481A
chūjiǔ 初九 2-617B
chújiù 芻廄 2-189B
chǔjiū 楚鳩 4-1159B
chǔjiǔ 楚酒 4-1156A
chǔjiù 杵臼 4-855B
chújiùbùxīn 除舊布新 11-990B

chǔjiùjiāo 杵臼交 4-855B
chūjiùwàifù 出就外傅 2-497B
chūjíxiǎoxué 初級小學 2-620B
chūjízhōngxué 初級中學 2-620B
chūjū 出居 2-487B
chūjú 出局 2-483B
chūjǔ 出舉 2-503A
chūjù 出句 2-479B
chūjù 出具 2-485A
chǔjū 楚居 4-1154A
chǔjù 楚炬 4-1154A
chǔjù 楚劇 4-1160B
chǔjù 儲具 1-1734B
chǔjù 儲聚 1-1736B
chūjuān 出捐 2-490B
chūjuàn 出圈 2-495A
chùjuàn 畜圈 7-1336B
chūjué 出決 2-483B
chūjué 出爵 2-504A
chǔjué 楚絶 4-1158A
chǔjué 處決 8-838B
chǔjué 處決 8-838B
chùjué 觸蹶 10-1391A
chùjué 觸覺 10-1391B
chūjūn 出君 2-483B
chūjūn 出軍 2-489B
chújùn 廚俊 3-1271A
chǔjūn 楮君 4-1074B
chǔjūn 儲君 1-1734B
chǔjùqínhuī 楚炬秦灰 4-1154A
chūjǔxīngshēng 出舉興生 2-503B
chúkāi 除開 11-990A
chǔkāng 杵糠 4-856A
chūkǎo 初考 2-618B
chǔkǎo 楚拷 4-1154B
chūkē 出科 2-488B
chūké 出殼 2-496B
chūkè 出客 2-489B
chūkè 初刻 2-620A
chǔkè 楚客 4-1155A
chǔkècí 楚客詞 4-1155B
chúkěn 鉏墾 11-1230B
chūkōng 出空 2-487A
chūkǒu 出口 2-475B
chúkòu 雛鷇 11-868A
chūkǒuchéngzhāng 出口成章 2-476A
chùkǒu'er 搐口兒 6-817B
chūkǒurù'ěr 出口入耳 2-476A
chūkǒushuì 出口稅 2-476A
chǔkù 楚酷 4-1160A
chūkuà 出跨 2-498B
chǔkuài 儲膾 1-1737A
chūkuǎn 出款 2-496A
chǔkuǎn 儲款 1-1735B
chūkuàng 出壙 2-503B
chǔkuáng 楚狂 4-1152B
chǔkuàng 楚纊 4-1163A
chǔkuángrén 楚狂人 4-1153A
chǔkuángshì 楚狂士 4-1153A
chǔkuángzǐ 楚狂子 4-1153A
chǔkuí 楚葵 4-1157B
chūkǔn 出閫 2-502A
chǔkǔn 楚壼 4-1158A
chǔkùn 處困 8-838B
chǔlà 楚剌 4-1155A
chūlái 出來 2-484B
chūlái 初來 2-619B
chǔlài 楚瀨 4-1162B
chūláizhàdào 初來乍到 2-619B
chūlán 出藍 2-504A
chǔlán 楚蘭 4-1162B
chúlángdéhǔ 除狼得虎 11-989A
chǔláo 楚醪 4-1162A
chǔlǎo 楚老 4-1151A
chúle 除了 11-986B
chūlèi 出類 2-505B
chúlěi 鉏耒 11-1230A
chúlèi 鉏纇 11-1230B
chǔlěi 楚纍 4-1163A
chǔlěi 楚儽 4-1163A
chùlèi 觸類 10-1391A
chùlèi 畜類 7-1338A
chūlèibácuì 出類拔萃 2-505B
chùlèi'értōng 觸類而通 10-1391A
chùlèi'érzhǎng 觸類而長 10-1391A
chùlèipángtōng 觸類旁通 10-1391A
chūlí 出離 2-505A
chūlí 貙貍 10-1344A
chūlǐ 樗里 4-1271A
chūlì 出力 2-475B
chūlì 樗櫟 4-1271B
chūlì 樗櫪 4-1271B
chúlí 鉏犁 11-1230A
chúlí 鋤犂 11-1300A
chúlǐ 鋤理 11-1300A
chúlì 除例 11-988A
chúlì 廚吏 3-1271A
chǔlí 楚黎 4-1160B
chǔlǐ 楮李 4-1074B
chǔlǐ 楚醴 4-1163A
chǔlǐ 處理 8-840A
chǔlì 楚厲 4-1160A
chǔlì 楚瀝 4-1162B
chǔlì 楚麗 4-1162B
chǔlì 儲吏 1-1734A
chǔlì 儲隸 1-1737A
chùlì 怵慄 7-473B
chùlì 矗立 1-916B
chùlì 畜力 7-1335B
chūliàn 初戀 2-623B
chǔlián 楚蓮 4-1158A
chǔliǎn 儲斂 1-1737A
chǔliàn 楮練 4-1075B
chǔliàn 楚練 4-1161A
chūliáng 出糧 2-505A
chūliáng 初涼 2-621B
chúliáng 芻糧 2-190B
chǔliǎng 儲兩 1-1734B
chǔliàng 儲量 1-1735B
chǔliǎnggōng 楚兩龔 4-1153A
chǔliáo 處療 8-841A
chūliè 出列 2-480A
chūliè 出獵 2-505A
chūlín 出臨 2-504A
chūlín 出淋 2-495B
chūlín 出臨 2-504A
chūlìn 出賃 2-499A
chúlǐn 廚廩 3-1271B
chǔlín 楚林 4-1153A
chǔlín 楚鄰 4-1160B
chùlín 觸鱗 10-1391B
chūlìng 出令 2-479A
chūlìng 初令 2-618A
chúlíng 除靈 11-991A
chúlíng 芻靈 2-190B
chǔlíng 楚舲 4-1157A
chǔlìng 楮令 4-1074A
chùlíng 俶靈 1-1478B
chǔlíngjūn 楚靈均 4-1163B
chǔlǐpǐn 處理品 8-840A
chūliū 出溜 2-499B
chūliú 貙劉 10-1344A
chūliú 貙鎦 10-1344A
chūliúchūlǜ 出留出律 2-492A
chūlóng 出籠 2-506A
chùlónglín 觸龍鱗 10-1390B
chūlóu 貙婁 10-1343B
chūlóu 貙蔞 10-1343B
chúlóu 鋤耬 11-1300B
chūlú 出爐 2-505B
chūlù 出祿 2-498A
chūlù 出路 2-499A
chúlù 鉏僇 11-1230A
chúlù 廚簏 3-1271B
chúlù 橱簏 4-1308B
chǔlù 楚路 4-1159A
chùlù 觸露 10-1391B
chùlù 觸鹿 10-1388B
chùluàn 俶亂 1-1478A
chūluànzi 出亂子 2-499A
chūlùfēngmáng 初露鋒芒 2-623B
chūlún 出倫 2-491B
chūlún 出綸 2-501A
chúlùn 芻論 2-190A
chùlún 觸綸 10-1390A
chūluo 出落 2-496B
chúluò 除落 11-989B
chǔluó 楚羅 4-1162B
chùluó 觸羅 10-1391A
chùluò 俶落 1-1478A
chùluò 黜落 12-1361B
chùluòfǎ 黜落法 12-1361B
chūlùtóujiǎo 初露頭角 2-623B
chūlúyín 出鑪銀 2-506A
chūlǘ 貙膢 10-1344A
chūlǚ 出旅 2-492B
chūlǜ 出律 2-488B
chǔlüè 楚掠 4-1156B
chūmǎ 出馬 2-490B
chūmài 出賣 2-501A
chūmàifēngléi 出賣風雷 2-501B
chūmàifēngyúnléiyǔ 出賣風雲雷雨 2-501B
chūmàn 貙獌 10-1344A
chūmàn 貙𧳜 10-1344A
chūmàn 貙𧳜 10-1344A
chūmàn 貙𧲝 10-1344A
chúmán 雛鬘 11-868A
chǔmán 楚蠻 4-1163B
chùmán 觸蠻 10-1391B
chùmàn 黜嫚 12-1361B
chǔmáo 楚茅 4-1153A
chùmào 觸冒 10-1387B
chūmáobìng 出毛病 2-477A
chūméi 出梅 2-494A
chǔméi 楚梅 4-1156B
chùméi 觸媒 10-1389A
chùméitóu 觸楣頭 10-1389B
chùméitóu 觸霉頭 10-1390A
chūmén 出門 2-487A
chúmén 除門 11-988B
chǔmén 楚門 4-1154A
chūméng 貙氓 10-1343B
chūméng 貙甿 10-1343B
chǔmèng 楚夢 4-1158B
chūménhézhé 出門合轍 2-487A
chūménrén 出門人 2-487A
chūménrúbīn 出門如賓 2-487B
chūményìngzhé 出門應轍 2-487B
chūménzi 出門子 2-487A
chūmián 初眠 2-621A
chūmiàn 出面 2-488A
chúmiǎn 除免 11-987B
chùmiǎn 黜免 12-1360A
chùmiǎn 詘免 11-128A
chūmiànqiāng 出面腔 2-488A
chūmiáo 出苗 2-484A
chúmiáo 鋤苗 11-1300A
chǔmiáo 楚苗 4-1153A
chǔmiào 楚廟 4-1161A
chúmiè 除滅 11-990B
chúmiè 鉏滅 11-1230A
chūmín 初民 2-618B
chúmín 鉏民 11-1230A
chùmín 觸民 10-1387A
chùmín 畜民 7-1335B
chūmíng 出名 2-480B
chūmíng 初名 2-619A
chūmìng 出命 2-486B
chúmíng 除名 11-987A
chúmìng 除命 11-988A
chǔmíng 儲明 1-1734B
chǔmìng 儲命 1-1734B
chùmíng 黜名 12-1360A

chǔmíngguāng 楚明光 4-1153B
chūmò 出没 2-483A
chūmò 初末 2-618A
chúmó 芻摩 2-190A
chúmǒ 除抹 11-987B
chúmò 除陌 11-988B
chúmò 芻秣 2-189B
chǔmò 楮陌 4-1074B
chǔmò 楮墨 4-1075B
chùmō 觸摸 10-1389B
chùmó 觸劘 10-1391B
chùmǒ 觸抹 10-1387B
chǔmòbǐyàn 楮墨筆硯 4-1075B
chūmòbùcháng 出没不常 2-483A
chúmòqián 除陌錢 11-988B
chūmóuhuàcè 出謀劃策 2-503B
chūmòwúcháng 出没無常 2-483B
chūmǔ 出母 2-479B
chūmù 出沐 2-483A
chūmù 出牧 2-485B
chūmù 齣目 12-1452A
chúmù 除目 11-987A
chúmù 除幕 11-990A
chúmù 芻牧 2-189B
chǔmù 楚木 4-1150A
chǔmù 楚牧 4-1154A
chǔmù 楚幕 4-1158B
chùmù 觸目 10-1386B
chùmù 畜牧 7-1336A
chùmùbēngxīn 觸目崩心 10-1386B
chùmùjiēshì 觸目皆是 10-1386B
chùmùjīngxīn 怵目驚心 7-473A
chùmùjīngxīn 觸目經心 10-1386B
chùmùjīngxīn 觸目驚心 10-1386B
chùmùjǐngxīn 觸目儆心 10-1386B
chùmùjǐngxīn 觸目警心 10-1386B
chùmùshānghuái 觸目傷懷 10-1386B
chùmùshāngxīn 觸目傷心 10-1386B
chùmùtòngxīn 觸目慟心 10-1386B
chūnà 出内 2-476B
chūnà 出納 2-493A
chǔnà 楮衲 4-1075A
chūn'ǎi 春靄 5-657A
chǔn'ái 蠢騃 8-992B
chún'ān 鶉鵪 12-1129A
chǔnán 楚南 4-1154B
chǔnàn 楚難 4-1162A
chūn'àng 春盎 5-647B
chūn'àng 春醠 5-655B
chǔnáng 處囊 8-841B
chǔnángzhīqíng 楚囊之情 4-1163A
chún'ào 淳奥 5-1410A
chùnǎo 觸惱 10-1389A
chūnàzhīlìn 出納之吝 2-493B
chúnbái 純白 9-753A
chúnbái 淳白 5-1408A
chúnbái 醇白 9-1419A
chūnbáidì 春白地 5-641A
chūnbān 春頒 5-651B
chūnbàn 春半 5-641B
chūnbǎng 春榜 5-652A
chūnbǎng 春牓 5-652B
chūnbào 春菢 5-648B
chǔnbǎo 蠢寶 8-992B
chūnbēi 春杯 5-643B
chūnbēi 春盃 5-645A
chūnbèi 春焙 5-650B
chúnbèi 純備 9-754B
chúnbèi 淳備 5-1410A
chúnbèi 醇備 9-1420B
chúnbēn 鶉奔 12-1128A
chúnbēn 鶉賁 12-1128B
chǔnbèn 蠢坌 8-990B
chǔnbèn 蠢笨 8-991B
chǔnbèn 蠢夯 8-990B
chūnbì 春碧 5-652A
chúnbì 醇碧 9-1420B
chūnbiāo 春飆 5-656B
chūnbīng 春冰 5-642A
chūnbǐng 春餅 5-652B
chūnbìng 春病 5-648A
chúnbìshéfǔ 脣敝舌腐 6-1280B
chūnbō 春波 5-644B
chūnbō 春播 5-653B
chúnbó 淳博 5-1409B
chúnbó 醇駁 9-1420B
chúnbó 醇薄 9-1421A
chúnbó 醇駮 9-1421A
chǔnbó 惷駁 7-606B
chǔnbó 䮞駁 12-859A
chūnbùlǎo 春不老 5-640A
chūncǎi 春彩 5-649A
chūncǎi 春綵 5-653B
chúncài 蓴菜 9-534A
chǔncái 蠢才 8-990B
chǔncái 蠢材 8-990B
chūncán 春殘 5-650A
chūncán 春蠶 5-657A
chūncáo 春曹 5-648B
chūncǎo 春草 5-644B
chūncén 春岑 5-642B
chūnchá 春茶 5-644B
chǔnchái 蠢儕 8-992A
chūnchǎng 春場 5-649B
chūncháo 春朝 5-650A
chūncháo 春潮 5-654B
chūnchē 輴車 9-1301B
chúnchén 純臣 9-753A
chūnchéng 春酲 5-652B
chūnchéng 春盛 5-649A
chúnchéng 純誠 9-754B
chúnchéng 淳誠 5-1410A
chúnchǐ 脣齒 3-357A
chúnchǐ 脣齒 6-1281A
chúnchǐxiāngxū 脣齒相須 6-1281A
chúnchǐxiāngyī 脣齒相依 3-357A
chúnchǐxiāngyī 脣齒相依 6-1281A
chúnchǐyīn 脣齒音 3-357A
chǔnchóng 蠢蟲 8-992B
chūnchóu 春愁 5-651B
chūnchú 春鋤 5-654A
chūnchūn 輴輴 9-1301B
chúnchún 淳淳 5-1409B
chúnchún 肫肫 6-1177A
chǔnchǔn 偆偆 1-1525A
chǔnchǔn 惷惷 7-606B
chǔnchǔn 蠢蠢 8-992B
chǔnchǔnjíjí 蠢蠢戢戢 8-993A
chúnchúnmènmèn 醇醇悶悶 9-1420B
chúnchúnshíshí 醇醇實實 9-1420B
chǔnchǔnsīdòng 蠢蠢思動 8-992B
chǔnchǔnxuānxuān 蠢蠢翾翾 8-993A
chǔnchǔnyùdòng 蠢蠢欲動 8-992B
chūncí 春祠 5-646B
chūncí 春詞 5-650B
chúncī 醇疵 9-1420A
chūncōng 春葱 5-649B
chūncóng 春叢 5-656A
chúncuì 純粹 9-755A
chúncuì 淳粹 5-1410B
chúncuì 醇粹 9-1420B
chúncuì 漳粹 6-30A
chūndài 春貸 5-650A
chūndài 春黛 5-655B
chūndàn 春旦 5-641A
chúndàn 淳淡 5-1409B
chúndàn 淳澹 5-1411A
chúndàn 醇淡 9-1420A
chúndé 純德 9-755B
chúndé 淳德 5-1410B
chúndé 醇德 9-1420B
chūndēng 春燈 5-655A
chūndèng 春凳 5-653B
chūndì 春帝 5-646B
chǔndí 蠢迪 8-990B
chūndiǎn 春典 5-643B
chūndiàn 春甸 5-643A
chúndiàn 鶉甸 12-1128A
chǔndíjiǎnxiá 蠢迪檢柙 8-991A
chǔndíjiǎnxiá 蠢迪檢押 8-991A
chǔndòng 蠢動 8-991B
chǔndònghánlíng 蠢動含靈 8-991B
chūndù 春度 5-646B
chúndǔ 純篤 9-755B
chúndǔ 淳篤 5-1411A
chúndǔ 醇篤 9-1421A
chūnduāntiě 春端帖 5-653A
chūnduāntiězi 春端帖子 5-653A
chǔnduīduī 蠢堆堆 8-991B
chūnèizhīlìn 出内之吝 2-476B
chǔnéng 儲能 1-1735B
chǔn'ěr 蠢爾 8-992A
chūnfān 春幡 5-654A
chūnfān 春旛 5-656A
chūnfán 春繁 5-655B
chūnfāng 春方 5-640B
chūnfāng 春坊 5-642A
chūnfāng 春芳 5-642B
chūnfānshèng 春幡勝 5-654A
chūnféi 春肥 5-644A
chūnfēn 春分 5-640B
chūnfēng 春風 5-645B
chúnfēng 純風 9-754A
chúnfēng 淳風 5-1409A
chúnfēng 醇風 9-1419B
chūnfēngdéyì 春風得意 5-646A
chūnfēngfèngrén 春風風人 5-646A
chūnfēnghéqì 春風和氣 5-646A
chūnfēnghuàyǔ 春風化雨 5-646A
chūnfēngmiàn 春風面 5-646A
chūnfēngyěhuǒ 春風野火 5-646A
chūnfēngyīdù 春風一度 5-646A
chūnfū 春夫 5-640A
chūnfū 春敷 5-653B
chūnfú 春服 5-644A
chūnfǔ 春府 5-644A
chūnfù 春婦 5-649B
chūnfù 春賦 5-654A
chúnfú 鶉服 12-1128A
chúnfǔchǐluò 脣腐齒落 6-1281A
chúnfǔxiānglián 脣輔相連 6-1281A
chūngāi 春陔 5-644B
chúngāng 淳剛 5-1409A
chúngàng 純鋼 9-755B
chǔngàng 惷戇 7-606B
chǔngàng 蠢戇 8-993A
chūngāo 春膏 5-652B
chúngāo 脣膏 3-357A
chūngāozhǐ 春膏紙 5-653A
chūngē 春歌 5-652B
chūngé 春閣 5-653B
chūngēng 春耕 5-647A
chúngēng 蒓羹 9-533A
chúngēng 蓴羹 9-534A
chúngēnglúkuài 蓴羹鱸膾 9-534A

chūngōng 春工 5-639B
chūngōng 春弓 5-639B
chūngōng 春宮 5-646B
chūngòng 春貢 5-647A
chúngōu 純鈎 9-754B
chúngōu 純鉤 9-754B
chúngōu 淳鉤 5-1410A
chūngǔ 春谷 5-643A
chúngǔ 純嘏 9-755A
chúngǔ 淳古 5-1408A
chúngǔ 醇古 9-1419A
chúngǔ 醇嘏 9-1420B
chúngù 純固 9-753B
chúngù 淳固 5-1408B
chúngù 醇固 9-1419A
chūnguān 春官 5-644B
chūnguān 春關 5-656B
chūnguāndié 春關牒 5-656B
chūnguāng 春光 5-641B
chúnguāng 淳光 5-1408B
chūnguānghǎo 春光好 5-641B
chūnguānshì 春官氏 5-644B
chūnguānshì 春官試 5-644B
chūnguī 春閨 5-653B
chūnguī 春歸 5-656A
chūnguì 春桂 5-647A
chūnguì 春櫃 5-656A
chūnguì 椿桂 4-1146A
chūnguó 春國 5-649A
chūnhàn 春旱 5-642B
chǔnhàn 蠢悍 8-991B
chǔnhàn 蠢漢 8-992A
chúnhǎo 淳好 5-1408B
chūnhé 春和 5-644A
chúnhé 純和 9-753B
chúnhé 淳和 5-1408B
chúnhé 醇和 9-1419A
chúnhè 鶉褐 12-1128B
chūnhèn 春恨 5-646B
chūnhóng 春紅 5-647A
chūnhóng 春鴻 5-655B
chūnhóngnǚ 春紅女 5-647A
chūnhòu 春候 5-647B
chúnhòu 純厚 9-753B
chúnhòu 淳厚 5-1409A
chúnhòu 醇厚 9-1419B
chǔnhòu 蠢厚 8-991A
chūnhù 春扈 5-649B
chūnhù 春鳸 5-654B
chúnhú 純狐 9-753B
chūnhuā 春花 5-642B
chūnhuā 春華 5-647A
chūnhuà 春化 5-640B
chūnhuà 春畫 5-650B
chúnhuá 淳華 5-1409A
chúnhuà 純化 9-752B
chúnhuà 淳華 5-1409A
chúnhuà 淳化 5-1408A
chúnhuà 醇化 9-1419A
chǔnhuà 蠢話 8-992A
chūnhuàn 春喚 5-647B
chūnhuāng 春荒 5-645A
chūnhuáng 春皇 5-645B
chūnhuǎng 春幌 5-651B
chūnhuāqiūshí 春花秋實 5-642B
chūnhuāqiūshí 春華秋實 5-647A
chūnhuāqiūyuè 春花秋月 5-642B
chūnhuāzuòwù 春花作物 5-642B
chūnhuī 春暉 5-651A
chūnhuī 春輝 5-654A
chúnhuī 淳輝 5-1410B
chúnhuì 脣喙 6-1280B
chūnhún 春魂 5-650B
chūnhuǒ 春火 5-640B
chúnhuǒ 鶉火 12-1127B
chǔnhuò 蠢貨 8-992A
chūnì 出溺 2-499B
chúní 芻尼 2-189A
chúní 芻泥 2-189B
chǔnǐ 儲擬 1-1737A
chǔnì 楚膩 4-1161B
chùnì 觸逆 10-1388A
chūnián 初年 2-618B
chúniáng 廚娘 3-1271A
chǔniáng 楚娘 4-1156B
chǔniàng 楚釀 4-1163B
chùniè 觸齧 10-1391B
chùniè 畜孽 7-1338A
chúniú 犓牛 6-286B
chūnjí 春藉 5-655B
chūnjì 春季 5-644A
chūnjì 春祭 5-649A
chūnjì 春霽 5-656B
chúnjì 淳寂 5-1409B
chūnjià 春假 5-649A
chūnjiān 春尖 5-641B
chūnjiǎn 春減 5-650B
chūnjiǎn 春繭 5-656A
chūnjiǎn 春蠒 5-656B
chūnjiàn 春見 5-642B
chūnjiàn 春箭 5-654A
chūnjiàn 春薦 5-654B
chúnjiǎn 淳儉 5-1410B
chūnjiāng 春江 5-642A
chūnjiānghuāyuèyè 春江花月夜 5-642A
chúnjiānshélì 脣尖舌利 6-1280B
chūnjiāo 春嬌 5-654B
chūnjiǎo 春脚 5-649A
chúnjiāo 淳澆 5-1411A
chúnjiāo 醇澆 9-1421A
chúnjiāo 鶉郊 12-1128A
chúnjiāokǒuzào 脣焦口燥 3-356B
chúnjiāokǒuzào 脣焦口燥 6-1280B
chúnjiāoshébì 脣焦舌敝 3-356B
chúnjiāoshébì 脣焦舌敝 6-1280B
chūnjié 春結 5-650B
chūnjié 春節 5-651B
chúnjié 純潔 9-755B
chúnjié 純絜 9-754B
chúnjié 淳潔 5-1410B
chúnjié 淳絜 5-1409B
chúnjié 醇潔 9-1421A
chúnjié 鶉結 12-1128B
chúnjiēchǐhán 脣揭齒寒 6-1280B
chúnjiéchǐhán 脣竭齒寒 6-1281A
chūnjīn 春襟 5-656A
chūnjīn 椿津 4-1146A
chūnjǐn 春錦 5-655A
chūnjǐn 椿槿 4-1146B
chūnjìn 春盡 5-653A
chūnjìn 春禁 5-651A
chúnjīn 純金 9-753B
chúnjǐn 純謹 9-755B
chúnjǐn 淳謹 5-1411A
chúnjǐn 脣緊 6-1281A
chúnjǐn 醇謹 9-1421B
chūnjīng 春精 5-653A
chúnjīng 淳精 5-1410B
chúnjīng 醇精 9-1420B
chúnjìng 純净 9-753B
chúnjìng 淳勁 5-1409A
chúnjìng 淳静 5-1410A
chūnjiǔ 春酒 5-648A
chúnjiǔ 醇酒 9-1420A
chúnjiǔfùrén 醇酒婦人 9-1420A
chúnjiǔměirén 醇酒美人 9-1420A
chūnjū 春駒 5-653B
chúnjū 鶉居 12-1128A
chúnjū 鶉裾 12-1128B
chǔnjū 蠢居 8-991A
chūnjuǎn 春卷 5-644A
chūnjuǎn 春捲 5-648B
chúnjūkòushí 鶉居鷇食 12-1128A
chúnjūkòuyǐn 鶉居鷇飲 12-1128A
chūnjūn 椿菌 4-1146A
chúnjūn 純鈞 9-754B
chúnjūn 淳均 5-1408B
chúnjūn 淳鈞 5-1410A
chúnjùn 醇峻 9-1419B
chúnkòu 鶉鷇 12-1129A
chūnkū 春枯 5-645A
chūnkùn 春困 5-642B
chūnlài 春瀨 5-656B
chūnlán 春嵐 5-650A
chūnlán 春蘭 5-656B
chūnlánqiūjú 春蘭秋菊 5-656B
chūnláo 春醪 5-656A
chūnlǎo 春老 5-641B
chúnláo 醇醪 9-1421A
chúnlè 醇樂 9-1421A
chūnléi 春雷 5-651A
chūnléi 春靁 5-657A
chūnléi 輴欙 9-1301B
chǔnlèi 蠢類 8-992B
chūnlǐ 春醴 5-656B
chūnlì 春力 5-639A
chūnlì 春吏 5-641B
chúnlí 淳漓 5-1410A
chúnlí 淳醨 5-1411A
chúnlí 醇漓 9-1420B
chúnlí 醇醨 9-1421A
chúnlǐ 醇醴 9-1421B
chúnlì 純吏 9-753A
chúnlì 純利 9-753B
chúnlì 純麗 9-756A
chǔnlì 蠢戾 8-991A
chūnlián 春聯 5-655B
chúnliáng 純良 9-753B
chúnliáng 淳良 5-1408B
chúnliáng 醇良 9-1419A
chūnliào 春料 5-648A
chúnliè 脣裂 3-356B
chúnliè 醇冽 9-1419B
chūnlín 春霖 5-655A
chūnlǐn 春廩 5-655A
chūnlíng 春陵 5-648B
chūnlíng 椿齡 4-1146B
chūnlíng 椿靈 4-1146B
chūnlìng 春令 5-641A
chūnliú 春流 5-648A
chūnliú 春騮 5-656B
chūnliù 春溜 5-652A
chúnliú 淳流 5-1409A
chúnlóng 鶉籠 12-1129A
chūnlòu 春漏 5-653A
chǔnlòu 蠢陋 8-991A
chūnlù 春路 5-651B
chūnlù 春醁 5-653B
chúnlǔ 淳鹵 5-1409B
chúnlǔ 淳魯 5-1410B
chūnluó 春羅 5-656B
chūnlǜ 春律 5-645B
chūnmài 春麥 5-648B
chūnmǎn 春滿 5-653A
chūnmáng 春忙 5-642A
chūnmáng 春芒 5-641B
chúnmáng 純尨 9-754A
chúnmáng 淳茫 5-1409A
chūnmào 春貌 5-652B
chúnmào 純茂 9-753B
chúnmào 淳茂 5-1408B
chúnmào 醇茂 9-1419A
chúnměi 純美 9-754A
chúnměi 淳美 5-1409A
chúnměi 醇美 9-1419B
chúnmèn 淳悶 5-1410A
chūnmèng 春夢 5-651A
chūnmèng 春孟 5-644B
chúnméng 醇甿 9-1419A
chūnmèngpó 春夢婆 5-651A
chūnmí 春謎 5-655A
chúnmì 純密 9-754A
chūnmián 春眠 5-647B
chúnmián 純綿 9-755A
chúnmián 純緜 9-755A
chūnmiǎo 春杪 5-643B
chūnmíng 春明 5-643B
chūnmíng 春茗 5-645A
chūnmíng 春溟 5-652A

chúnmíng 純明 9-753B
chúnmíng 淳明 5-1408B
chúnmíng 醇明 9-1419A
chūnmíngmén 春明門 5-643B
chūnmò 春陌 5-644B
chúnmò 淳默 5-1411A
chūnnèn 春嫩 5-653B
chūnnián 春年 5-641B
chūnnián 椿年 4-1146A
chūnniàn 春念 5-644A
chūnniàng 春釀 5-657A
chúnniàng 醇釀 9-1421B
chúnniǎo 鶉鳥 12-1128B
chūnniú 春牛 5-640A
chūnniútú 春牛圖 5-640A
chūnnóng 春農 5-651B
chūnnóng 春濃 5-655A
chúnnóng 淳濃 5-1411A
chúnnóng 醇濃 9-1421A
chúnnóng 醇醲 9-1421B
chūnnòu 春耨 5-654B
chūnnuǎn 春暝 5-651A
chūnnǚ 春女 5-639B
chǔnòng 楚弄 4-1152A
chǔnòngwúchuī 楚弄吴吹 4-1152A
chúnóngyè 鋤農業 11-1300B
chúnòu 鉏耨 11-1230B
chúnòu 鋤耨 11-1300B
chūnpán 春盤 5-654A
chúnpáng 純龐 9-756A
chúnpáng 淳龐 5-1411A
chǔnpàng 蠢胖 8-991A
chūnpáo 春袍 5-648B
chūnpēi 春醅 5-653B
chūnpèi 春旆 5-648A
chūnpí 椿皮 4-1146A
chūnpǔ 春圃 5-647B
chūnpǔ 春浦 5-648A
chúnpǔ 純朴 9-753A
chúnpǔ 純樸 9-755B
chúnpǔ 淳朴 5-1408B
chúnpǔ 淳樸 5-1411A
chúnpǔ 醇朴 9-1419A
chúnpǔ 醇樸 9-1421A
chǔnpǔ 蠢朴 8-990B
chūnqī 春期 5-649B
chūnqī 椿期 4-1146B
chūnqí 春畦 5-649A
chūnqí 春旗 5-653A
chūnqí 春騎 5-656A
chūnqì 春氣 5-647B
chúnqí 鶉旗 12-1128B
chúnqì 純氣 9-754A
chúnqì 淳氣 5-1409A
chǔnqì 蠢氣 8-991A
chūnqiǎn 春淺 5-649B
chúnqiāngshéjiàn 脣槍舌劍 3-356B
chúnqiāngshéjiàn 脣槍舌劍 6-1280B
chúnqiāngshéjiàn 脣鎗舌劍 6-1281A
chūnqiáo 春翹 5-656A
chūnqín 春禽 5-650A
chūnqīng 春卿 5-648A
chūnqíng 春情 5-649B
chūnqiū 春秋 5-645A
chūnqiūbǎng 春秋榜 5-645B
chūnqiūbǐ 春秋筆 5-645B
chūnqiūbǐfǎ 春秋筆法 5-645B
chūnqiūkē 春秋科 5-645B
chūnquán 春銓 5-652B
chúnquán 純全 9-753A
chúnquè 純愨 9-755A
chúnquè 淳愨 5-1410B
chúnquè 醇愨 9-1420B
chúnquè 醇確 9-1420B
chúnquè 鶉雀 12-1128B
chūnqūn 椿囷 4-1146A
chúnrán 純然 9-754B
chǔnrán 蠢然 8-992A
chūnrén 春人 5-639A
chúnrén 純仁 9-752B
chúnrén 淳人 5-1408A
chúnrén 淳仁 5-1408A
chǔnrén 蠢人 8-990B
chǔnrěn 朐忍 6-1235B
chūnrì 春日 5-640A
chūnróng 春容 5-648B
chūnróng 春榮 5-653A
chūnróng 春融 5-654B
chūnróu 春柔 5-646B
chúnrú 純儒 9-755B
chúnrú 醇儒 9-1421A
chúnrú 鶉鴽 12-1129A
chǔnrú 蠢蝡 8-992A
chūnruì 春瑞 5-650B
chǔnrùn 朐䏰 6-1251A
chǔnrùn 朐䏰 6-1235B
chūnsài 春賽 5-655B
chúnsānkǒusì 脣三口四 3-356B
chūnsè 春色 5-641B
chūnshā 春紗 5-648B
chūnshān 春山 5-639B
chúnshàn 純善 9-754B
chúnshàn 淳善 5-1410A
chúnshàn 醇善 9-1420A
chūnshang 春上 5-639B
chūnshǎng 春賞 5-654A
chūnshāo 春梢 5-648B
chūnsháo 春韶 5-653A
chūnshē 春畬 5-650A
chūnshè 春社 5-643A
chūnshè 春設 5-649A
chūnshè 椿舍 4-1146A
chúnshé 唇舌 3-356B
chúnshé 脣舌 6-1280B
chūnshēn 春申 5-641A
chūnshēn 春身 5-643A
chūnshēn 春深 5-649B
chūnshén 春神 5-646B
chúnshēn 淳深 5-1409B
chúnshēn 醇深 9-1420A
chūnshēng 春生 5-641A
chūnshēng 春聲 5-655B
chūnshèng 春勝 5-650A
chǔnshēng 蠢生 8-990B
chǔnshēngshēng 蠢生生 8-990B
chūnshēnjiàn 春申澗 5-641A
chūnshēnjiāng 春申江 5-641A
chūnshēnjūn 春申君 5-641A
chūnshēnpǔ 春申浦 5-641A
chūnshéqiūyǐn 春蛇秋蚓 5-649A
chūnshǐ 春史 5-641A
chūnshì 春事 5-643B
chūnshì 春試 5-651B
chúnshí 純實 9-755A
chúnshí 淳實 5-1410B
chǔnshì 蠢事 8-990B
chūnshǒu 春首 5-646B
chūnshòu 椿壽 4-1146B
chúnshǒu 鶉首 12-1128B
chūnshū 春書 5-648B
chūnshū 春蔬 5-653B
chūnshú 春熟 5-654B
chúnshū 純淑 9-754A
chúnshū 淳淑 5-1409B
chúnshú 純熟 9-755B
chúnshú 淳熟 5-1410B
chúnshú 醇熟 9-1421A
chūnshuǐ 春水 5-640A
chūnshuì 春税 5-650A
chūnshùmùyún 春樹暮雲 5-654B
chūnsī 春司 5-641B
chūnsī 春思 5-645A
chūnsī 春絲 5-650B
chūnsī 春澌 5-652B
chūnsī 春澌 5-654B
chūnsì 春耜 5-648B
chúnsī 蓴絲 9-534A
chúnsì 醇駟 9-1420B
chūnsòngxiàxián 春誦夏弦 5-652B
chūnsòngxiàxián 春誦夏絃 5-652B
chūnsōu 春蒐 5-649B
chūnsù 春素 5-647A
chúnsú 淳俗 5-1409A
chúnsú 醇俗 9-1419B
chúnsù 純素 9-754A
chúnsù 淳素 5-1409A
chúnsù 醇素 9-1419B
chǔnsú 蠢俗 8-991A
chūnsuì 椿歲 4-1146B
chūnsǔn 春筍 5-647B
chūnsǔn 春筍 5-650A
chūntái 春苔 5-643A
chūntái 春臺 5-652A
chūntài 春態 5-653B
chūntáixì 春臺戲 5-652A
chūntáng 椿堂 4-1146B
chūntiān 春天 5-639B
chūntián 春田 5-641A
chūntiáo 春條 5-647B
chūntiě 春帖 5-643B
chūntiězi 春帖子 5-644A
chūntiězící 春帖子詞 5-644A
chūntíng 春霆 5-652B
chūntíng 椿庭 4-1146A
chúntīng 醇聽 9-1421B
chūntíngxuāncǎotáng 椿庭萱草堂 4-1146A
chūntíngxuānshì 椿庭萱室 4-1146A
chūntóu 春頭 5-655A
chǔntóuchǔnnǎo 蠢頭蠢腦 8-992A
chúntù 鶉兔 12-1128A
chūntuán 春團 5-652B
chùnù 觸怒 10-1388A
chùnuò 搐搦 6-817B
chūnúrùzhǔ 出奴入主 2-479B
chūnǚ 出女 2-476B
chǔnǚ 處女 8-837B
chǔnǚdì 處女地 8-837B
chǔnüè 楚虐 4-1155A
chǔnǚmó 處女膜 8-837B
chǔnǚyāozhī 楚女腰肢 4-1149B
chǔnǚzhēn 楚女真 4-1149B
chǔnǚzuò 處女作 8-837B
chūnwǎn 春晚 5-649A
chǔnwán 蠢頑 8-992A
chūnwáng 春王 5-639B
chúnwángchǐhán 唇亡齒寒 3-356B
chúnwángchǐhán 脣亡齒寒 6-1280A
chūnwángpǔ 春王圃 5-639B
chūnwángyuán 春王園 5-639B
chūnwéi 春闈 5-655B
chūnwèi 春味 5-643B
chúnwéi 淳維 5-1410B
chúnwěi 鶉尾 12-1128A
chúnwěi 鶉緯 12-1128B
chúnwèi 醇味 9-1419A
chūnwēn 春温 5-650B
chūnwēn 春瘟 5-653A
chúnwēn 醇温 9-1420B
chúnwén 唇紋 3-356B
chúnwěn 唇吻 3-356B
chúnwěn 脣吻 6-1280B
chúnwěn 脣맨 6-1280B
chūnwèng 春甕 5-655B
chūnwū 春烏 5-647B
chūnwú 春蕪 5-653B
chūnwù 春物 5-644A
chūnwù 春務 5-648B
chǔnwù 蠢物 8-991A
chūnxī 春熙 5-652A
chūnxī 春曦 5-656B
chūnxí 春席 5-648A
chūnxì 春禊 5-652A
chúnxī 純熙 9-755A
chúnxī 純犧 9-756A
chúnxī 淳熙 5-1410A

chúnxī 醇熙 9-1420B
chúnxī 醇醯 9-1421B
chúnxī 鶉腊 12-1128B
chūnxiān 春纖 5-657A
chūnxiàn 春見 5-642B
chūnxiǎng 春享 5-644A
chūnxiàng 椿象 4-1146B
chúnxiāng 醇香 9-1419B
chúnxiàng 淳象 5-1409B
chǔnxiàng 蠢相 8-991A
chūnxiāo 春宵 5-648A
chūnxiǎo 春曉 5-655A
chúnxiào 純孝 9-753A
chúnxiào 淳孝 5-1408B
chūnxiāogōng 春宵宮 5-648A
chūnxié 春纈 5-656B
chūnxīn 春心 5-640B
chūnxìn 春信 5-645B
chúnxìn 淳信 5-1409B
chūnxīng 春興 5-655A
chūnxíng 春餳 5-655B
chūnxìng 春興 5-655A
chúnxīng 鶉星 12-1128B
chúnxíng 純行 9-753A
chúnxíng 淳行 5-1408B
chúnxíng 鶉刑 12-1127B
chúnxióng 淳雄 5-1409B
chūnxiù 春秀 5-642B
chúnxiū 醇修 9-1419B
chǔnxiù 蠢臭 8-991A
chūnxù 春序 5-643A
chūnxù 春煦 5-651A
chūnxuān 春暄 5-651A
chūnxuān 椿萱 4-1146B
chūnxuān 輴軒 9-1301B
chūnxuǎn 春選 5-654B
chúnxuán 鶉懸 12-1129A
chūnxuānbìngmào 椿萱並茂 4-1146B
chúnxué 醇學 9-1421A
chūnxùn 春汛 5-642A
chūnxùn 春訊 5-648A
chūnyá 春芽 5-642A
chūnyá 椿芽 4-1146A
chúnyǎ 純雅 9-754B
chúnyǎ 淳雅 5-1409B
chúnyǎ 醇雅 9-1420A
chūnyān 春煙 5-652A
chūnyán 春妍 5-643A
chūnyǎn 春眼 5-649A
chūnyàn 春燕 5-654B
chūnyàn 春鷰 5-657A
chūnyàn 春艷 5-657A
chúnyán 淳言 5-1408B
chúnyàn 醇醲 9-1421B
chúnyàn 鶉鴳 12-1128B
chúnyàn 鶉鷃 12-1129A
chūnyāng 春秧 5-647B
chūnyáng 春陽 5-649B
chúnyáng 純陽 9-754A
chúnyángjīn 純陽巾 9-754B
chúnyángzǐ 純陽子 9-754B
chúnyào 淳曜 5-1411A
chúnyào 淳燿 5-1411A
chúnyào 淳耀 5-1411A
chūnyě 春野 5-649A
chūnyè 春液 5-649B
chūnyè 春饁 5-656A
chúnyě 鶉野 12-1128B
chūnyī 春衣 5-642A
chūnyǐ 春蟻 5-656B
chūnyì 春意 5-651B
chúnyī 純一 9-752B
chúnyī 純衣 9-753A
chúnyī 純壹 9-754B
chúnyī 淳一 5-1408A
chúnyī 淳壹 5-1409B
chúnyī 醇一 9-1419A
chúnyī 醇壹 9-1420A
chúnyī 鶉衣 12-1127B
chúnyì 純懿 9-756A
chúnyì 淳意 5-1410A
chúnyì 淳懿 5-1411A
chúnyì 醇懿 9-1421B
chúnyībǎijié 鶉衣百結 12-1127B
chúnyīhúmiàn 鶉衣鵠面 12-1128A
chúnyīkòushí 鶉衣鷇食 12-1128A
chūnyīn 春陰 5-648B
chúnyīn 脣音 3-356B
chúnyīn 純陰 9-754A
chúnyín 純銀 9-755A
chǔnyīn 蠢殷 8-991A
chūnyǐnbǐ 春蚓筆 5-647B
chūnyīng 春英 5-643A
chūnyǐng 春影 5-654A
chūnyīngzhuàn 春鶯囀 5-656B
chūnyǐnqiūshé 春蚓秋蛇 5-647B
chūnyìtú 春意圖 5-652A
chūnyōng 春慵 5-653A
chūnyóu 春游 5-650B
chūnyóu 春遊 5-650B
chūnyú 春餘 5-654A
chūnyú 芚愚 9-284A
chūnyǔ 春雨 5-643B
chúnyú 淳于 5-1408A
chúnyú 錞于 11-1340B
chúnyù 醇郁 9-1419A
chǔnyú 惷愚 7-606B
chǔnyú 蠢愚 8-992A
chūnyuán 春元 5-640A
chūnyuán 春原 5-647A
chūnyuǎn 春遠 5-651A
chūnyuàn 春怨 5-646B
chūnyuàn 春院 5-646B
chúnyuán 淳元 5-1408A
chúnyuán 淳源 5-1410A
chúnyuán 醇源 9-1420B
chūnyuè 春月 5-640B
chūnyuè 春礿 5-643A
chúnyuè 淳越 5-1409B
chūnyuèliǔ 春月柳 5-640B
chūnyún 春雲 5-650A
chūnyùn 春運 5-650B
chūnyùn 春暈 5-651B
chūnyùn 春醞 5-655A
chūnzǎo 春藻 5-656A
chǔnzào 蠢躁 8-992B
chūnzé 春澤 5-655A
chúnzé 淳則 5-1409A
chūnzhāi 春齋 5-655B
chūnzhǎng 春漲 5-653A
chūnzhàng 春仗 5-641A
chūnzhàng 春賬 5-654A
chūnzhàng 春瘴 5-655A
chūnzhāo 春朝 5-650A
chūnzhào 春棹 5-650A
chūnzhěn 春枕 5-643B
chúnzhēn 純真 9-754A
chúnzhèn 淳酖 5-1409B
chūnzhēng 春正 5-640B
chúnzhèng 純正 9-753A
chúnzhèng 淳正 5-1408A
chúnzhèng 醇正 9-1419A
chūnzhī 春枝 5-643A
chūnzhí 春直 5-643A
chūnzhí 春職 5-656A
chūnzhì 春至 5-641B
chúnzhī 脣脂 3-356B
chúnzhí 淳直 5-1408B
chúnzhǐ 醇旨 9-1419A
chúnzhì 純至 9-753A
chúnzhì 純摯 9-755A
chúnzhì 純質 9-755A
chúnzhì 淳至 5-1408B
chúnzhì 淳致 5-1409A
chúnzhì 淳質 5-1410B
chúnzhì 醇質 9-1420B
chūnzhōng 春中 5-640A
chūnzhòng 春仲 5-641B
chúnzhòng 淳重 5-1409A
chǔnzhòng 蠢重 8-991A
chūnzhòu 春酎 5-647A
chúnzhòu 醇酎 9-1419B
chūnzhǔ 春渚 5-649A
chúnzhù 淳著 5-1409B
chǔnzhū 蠢猪 8-992A
chūnzhuāng 春妝 5-643A
chūnzhuāng 春粧 5-650B
chūnzhuó 春酌 5-647A
chúnzuì 醇醉 9-1420B
chúnzuì 𨠵醉 9-1394B
chūnzuò 春作 5-642B
chǔnzuǒ 蠢左 8-990B
chuò'ài 輟硋 9-1296A
chuòbǎn 綽板 9-889A
chuōbāo'er 戳包兒 5-258A
chuōbèijǐ 戳背脊 5-258A
chuòbǐ 輟筆 9-1296A
chuōbiějiǎo 戳癟脚 5-258B
chuōbìjiǎo 戳壁脚 5-258B
chuòbīng 綴兵 9-926B
chuòbǔ 啜哺 3-401A
chuòbǔ 輟哺 9-1295B
chuòbù 輟步 9-1295B
chuòcái 輟才 9-1295A
chuòcài 綽菜 3-987B
chuòcài 綽菜 9-889B
chuòcè 輟策 9-1296A
chuòchà 逴姹 10-953A
chuòchá 齪茶 12-1455B
chuòcháo 輟朝 9-1296A
chuōchěn 踔踸 10-496B
chuòchí 啜持 3-401A
chuòchì 啜叱 3-400B
chuòchì 啜吒 3-400B
chuòchōng 輟舂 9-1296A
chuōchuān 戳穿 5-258A
chuōchuō 逴逴 10-953A
chuòchuò 踀踀 10-566B
chuòchuò 辵辵 10-714A
chuòchuò 娖娖 4-361B
chuòchuò 惙惙 7-606B
chuòchuò 綽綽 9-890A
chuòchuò 輟輟 9-1296B
chuòchuò 齪齪 12-1455B
chuòchuò 婥婥 4-370A
chuòchuòyǒuyú 綽綽有餘 9-890A
chuòchuòyǒuyù 綽綽有裕 9-890A
chuòcù 啜醋 3-401A
chuòdá 惙怛 7-606B
chuòde 綽的 9-889A
chuōdēng 戳燈 5-258B
chuòdēng 綽燈 9-890A
chuòdēng 齪燈 12-1455B
chuōdiǎn 戳點 5-258B
chuōdiào 踔掉 10-496A
chuòdùn 惙頓 7-606B
chuō'er 戳兒 5-258A
chuòfáng 輟防 9-1295B
chuōfēi 踔飛 10-496A
chuòfèng 輟俸 9-1295B
chuōfù 逴覆 10-953B
chuògēng 啜羹 3-401B
chuògēng 輟耕 9-1295B
chuògōng 輟功 9-1295B
chuògǒuwěi 啜狗尾 3-400B
chuògū 啜咕 3-400B
chuōguōlòu 戳鍋漏 5-258B
chuòhàn 輟翰 9-1296B
chuòhào 綽號 9-889B
chuòháoqīdú 輟毫栖牘 9-1296A
chuòhé 輟閡 9-1296B
chuòhǒng 啜哄 3-401A
chuōhuò 戳禍 5-258B
chuōhuó'er 戳活兒 5-258A
chuōjì 戳記 5-258B
chuòjǐ 輟己 9-1295A
chuòjiá 綴跲 9-927A
chuòjià 輟駕 9-1296B
chuōjiàn 逴見 10-953A
chuòjiǎn 輟簡 9-1296B
chuòjiàn 綽見 9-889A
chuòjīn 輟斤 9-1295B
chuòjīn 輟津 9-1295B
chuòjǔ 啜咀 3-400B
chuòjuàn 輟卷 9-1295B
chuōjué 逴絶 10-953A
chuòjué 輟絶 9-1296A

chuòkāi 綽開 9-889B
chuòkuān 綽寬 9-890A
chuōlì 踔厲 10-496A
chuōlì 歠醨 6-1475A
chuòlì 綽立 9-889A
chuōlìfènfā 踔厲奮發 10-496B
chuōlìfēngfā 踔厲風發 10-496A
chuōlìjùnfā 踔厲駿發 10-496B
chuòliú 輟流 9-1295B
chuòliú 輟留 9-1295B
chuōlóng 逴龍 10-953B
chuōluò 逴躒 10-953B
chuōluò 逴犖 10-953A
chuōmài 逴邁 10-953B
chuòmíng 啜茗 3-401A
chuòmíng 綽名 9-889A
chuònì 淖溺 5-1372A
chuōniángde 戳娘的 5-258B
chuōnòng 戳弄 5-258A
chuònuó 輟那 9-1295B
chuònuò 婼搦 4-362A
chuōpò 戳破 5-258B
chuòqì 啜泣 3-400B
chuòqì 輟棄 9-1296A
chuòqiào 綽俏 9-889A
chuòqù 綽趣 9-890A
chuòrán 惙然 7-606B
chuòrán 輟然 9-1296A
chuòrányǒuyú 綽然有餘 9-889B
chuòrénzéi 啜人賊 3-400B
chuòruò 淖弱 5-1372A
chuòsǎo 綽掃 9-889B
chuōshā 戳紗 5-258B
chuōshé 戳舌 5-258A
chuòshí 啜食 3-401A
chuòshí 輟食 9-1295B
chuòshǒu 輟手 9-1295A
chuòshū 啜菽 3-401A
chuòshuǐ 輟水 9-1295A
chuòshūyǐnshuǐ 啜菽飲水 3-401A
chuòshūyǐnshuǐ 歠菽飲水 6-1475A
chuōsújuéwù 逴俗絕物 10-953A
chuōtà 踔踏 10-496B
chuòtài 綽態 9-890A
chuòtì 啜涕 3-401A
chuòtú 輟塗 9-1296A
chuōtuǐ 戳腿 5-258B
chuòwéi 輟圍 9-1296A
chuòwèi 輟味 9-1295B
chuōwò 逴斡 10-953A
chuōwúlù'er 戳無路兒 5-258B
chuòxī 啜息 3-401A
chuòxiàng 齪巷 12-1455B
chuòxiē 綽楔 9-889B
chuòxiè 綽屑 9-889B
chuòxiè 輟謝 9-1296B
chuōxíng 踔行 10-496A
chuōxíng 逴行 10-953A
chuōxīnguànsuǐ 戳心灌髓 5-258A
chuòxiū 輟休 9-1295B
chuōxū 踔虛 10-496A
chuòxuē 綽削 9-889A
chuòxué 輟學 9-1296B
chuòxuè 啜血 3-400B
chuòyè 輟業 9-1296A
chuòyǐ 輟已 9-1295A
chuòyì 綽異 9-889B
chuòyǐn 啜飲 3-401A
chuòyīngjǔhuá 啜英咀華 3-400B
chuōyōu 逴優 10-953B
chuòyòu 啜誘 3-401A
chuòyǒuyúxiá 綽有餘暇 9-889A
chuòyǒuyúyù 綽有餘裕 9-889A
chuòyù 綽裕 9-889B
chuōyuǎn 逴遠 10-953A
chuōyuè 踔越 10-496A
chuōyuè 踔躍 10-496B
chuōyuè 逴越 10-953A
chuòyuē 綽約 9-889A
chuòyuē 婥約 4-370A
chuòyuē 淖約 5-1372A
chuòyuē 汋約 5-927A
chuòzèng 輟贈 9-1296B
chuòzhàn 輟戰 9-1296B
chuōzhǐ 戳指 5-258A
chuòzhī 啜汁 3-400B
chuòzhí 輟職 9-1296B
chuòzhǐ 輟止 9-1295A
chuòzhuàn 啜賺 3-401A
chuōzi 戳子 5-258A
chuòzǐ 綽子 9-889A
chūpái 出牌 2-497A
chūpán 出盤 2-501B
chūpàn 出判 2-483A
chǔpēi 楚醅 4-1160B
chúpí 除皮 11-987A
chùpī 觸挒 10-1389B
chùpǐ 黜否 12-1360A
chǔpiān 楚篇 4-1160B
chǔpiàn 處片 8-837B
chūpǐn 出品 2-488A
chūpìn 出聘 2-498B
chúpín 除貧 11-989B
chūpíng 初平 2-618A
chǔpíng 楚萍 4-1156B
chùpíng 觸瓶 10-1388A
chūpò 出破 2-491A
chūpò 初魄 2-622B
chúpò 除破 11-989A
chǔpò 楚魄 4-1160A
chúpóu 鉏掊 11-1300A
chūpú 摴蒱 6-832B
chūpú 摴蒲 6-833A
chūpú 樗蒱 4-1271B
chūpú 樗蒲 4-1271B
chǔpū 楚扑 4-1150B
chǔpú 楚璞 4-1161A
chūpújǐn 摴蒱錦 6-832B
chūpújǐn 摴蒲錦 6-833A
chūqī 出妻 2-485A
chūqī 初妻 2-619B
chūqī 初期 2-621B
chūqí 出奇 2-484A
chūqǐ 初起 2-620B
chūqì 出氣 2-491A
chūqì 出器 2-503A
chǔqī 楚凄 4-1156A
chǔqí 楚蘄 4-1162A
chùqí 俶奇 1-1477B
chùqì 黜棄 12-1361B
chùqì 觸器 10-1390B
chūqiān 樗鉛 4-1271B
chūqián 出錢 2-503B
chūqiǎn 初淺 2-621A
chǔqián 楮錢 4-1075B
chǔqián 楚鉗 4-1159A
chǔqiàn 楚塹 4-1159B
chùqiān 俶遷 1-1478A
chùqiǎn 絀遣 9-799A
chùqiǎn 黜遣 12-1361B
chùqiāndǎowàn 觸千擣萬 10-1386A
chúqiáng 鉏强 11-1230A
chǔqiāng 楮鏹 4-1075B
chúqiángfúruò 鋤强扶弱 11-1300B
chúqiángwū 除牆屋 11-991A
chūqiǎnrùshēn 出淺入深 2-495B
chūqiào 出竅 2-505A
chūqíbùbèi 出其不備 2-484A
chūqíbùqióng 出奇不窮 2-484B
chūqíbùyì 出其不意 2-484A
chūqíbùyì… 出其不意,攻其不備 2-484A
chūqíbùyì… 出其不意,攻其無備 2-484A
chūqíbùyì… 出其不意,掩其不備 2-484A
chūqíbùyú 出其不虞 2-484A
chūqìdòng 出氣洞 2-491A
chǔqiè 楚切 4-1150A
chǔqiè 處妾 8-839B
chūqíhuàcè 出奇劃策 2-484B
chūqín 出勤 2-498B
chǔqín 楚琴 4-1157A
chǔqíng 楚情 4-1157A
chùqíng 觸情 10-1388B
chūqínlǜ 出勤率 2-498B
chūqíqǔshèng 出奇取勝 2-484B
chūqìtǒng 出氣筒 2-491A
chūqiū 初秋 2-620B
chǔqiū 楚丘 4-1151A
chǔqiū 楚邱 4-1152B
chǔqiú 楚囚 4-1150B
chǔqiúduìqì 楚囚對泣 4-1151A
chǔqiúxiāngduì 楚囚相對 4-1151A
chūqíwúqióng 出奇無窮 2-484B
chūqízhìshèng 出奇制勝 2-484B
chūqízhìshèng 出奇致勝 2-484B
chūqù 出去 2-477B
chúqù 除去 11-987A
chǔqū 楚屈 4-1154A
chǔquán 楮泉 4-1074B
chǔquàn 楮券 4-1074B
chūquān'er 出圈兒 2-495A
chūquē 出缺 2-491A
chúquè 除却 11-987B
chúquè 除卻 11-988B
chǔquè 楚雀 4-1156B
chūqún 出羣 2-499B
chūqúnbácuì 出羣拔萃 2-500A
chūqúncái 出羣才 2-499B
chūqúncái 出羣材 2-499B
chūqúnqì 出羣器 2-500A
chūqúntí 出羣蹄 2-500A
chūrán 初然 2-622A
chùrán 怵然 7-473A
chùrán 矗然 1-916B
chūràng 出讓 2-506A
chǔrǎng 楚壤 4-1162B
chúráo 芻蕘 2-190A
chùrǎo 俶擾 1-1478A
chūrè 出熱 2-501B
chùrè 觸熱 10-1390A
chūrén 出人 2-474A
chūrén 貙人 10-1343B
chūrèn 出任 2-480B
chúrén 廚人 3-1270B
chǔrén 處人 8-837A
chǔréngōng 楚人弓 4-1148B
chǔrénqián 楚人鉗 4-1148B
chǔrénsāo 楚人騷 4-1149A
chūréntóudì 出人頭地 2-474B
chūrénwàngwài 出人望外 2-474A
chūrénxià 出人下 2-474A
chǔrénxiū 楚人咻 4-1148B
chūrényì 出人意 2-474B
chūrényìbiǎo 出人意表 2-474B
chǔrényījù 楚人一炬 4-1148B
chūrényìliào 出人意料 2-474B
chūrényìwài 出人意外 2-474B
chūrì 出日 2-476B
chūrì 初日 2-617B
chúrì 除日 11-986B

chūrìfúróng 初日芙蓉 2-617B
chūróng 初榮 2-622B
chūrù 出入 2-474B
chǔrǔ 楚辱 4-1156A
chùrǔ 黜辱 12-1361A
chūrùfǎ 出入法 2-475A
chūrùgé 出入格 2-475A
chūrùjiàngxiàng 出入將相 2-475A
chūrùlúwěi… 初入蘆葦,不知深淺 2-617B
chǔrùn 楚潤 4-1161A
chǔrùn'éryǔ 礎潤而雨 7-1114B
chūrùqǐjū 出入起居 2-475A
chūrùrénzuì 出入人罪 2-475A
chūrùshēngsǐ 出入生死 2-475A
chūrùshénguǐ 出入神鬼 2-475A
chūrùwújiàn 出入無間 2-475A
chūsài 出塞 2-499B
chūsài 初賽 2-623A
chūsǎn 樗散 4-1271B
chūsǎncái 樗散材 4-1271B
chūsāng 出喪 2-497A
chúsāng 除喪 11-989B
chǔsānhù 楚三户 4-1149A
chǔsānlǘ 楚三閭 4-1149A
chúsāo 除騷 11-991A
chúsǎo 除掃 11-989B
chǔsāo 楚騷 4-1162A
chūsè 出色 2-480B
chǔsè 楚色 4-1151B
chǔsè 楚瑟 4-1158A
chùsè 絀塞 9-799A
chùsè 黜色 12-1360A
chùsè 觸瑟 10-1389B
chúshà 廚萐 3-1271A
chúshà 廚箑 3-1271B
chūshān 出山 2-476A
chúshàn 廚膳 3-1271B
chǔshān 楚山 4-1149A
chùshān 觸山 10-1386A
chūshàng 出上 2-475B
chúshāng 鉏商 11-1230A
chǔshānwūshuǐ 楚山巫水 4-1149A
chūshào 出哨 2-491A
chúshāo 鋤燒 11-1300B
chūshè 出舍 2-486A
chūshè 樗社 4-1271A
chúshè 除舍 11-988A
chúshè 鋤社 11-1300A
chǔshè 楚社 4-1153A
chǔshè 處舍 8-839B
chùshè 觸射 10-1388A
chùshēchóngjiǎn 黜奢崇儉 12-1361A
chūshēn 出身 2-482A
chūshén 出神 2-489B
chúshēn 除身 11-987B
chǔshēn 處身 8-838B
chǔshén 楚神 4-1155B
chūshēng 出生 2-478B
chūshēng 出聲 2-504A
chūshēng 初生 2-618A
chūshèng 出剩 2-497A
chūshèng 出賸 2-504A
chúshēng 除陞 11-988B
chúshěng 除省 11-988B
chǔshēng 杵聲 4-856A
chǔshēng 楮生 4-1074A
chǔshēng 楚聲 4-1161B
chùshēng 黜升 12-1359B
chùshēng 畜生 7-1335B
chùshēng 畜牲 7-1336B
chùshēngdào 畜生道 7-1335B
chūshēngdìzhǔyì 出生地主義 2-479A
chūshēngdú'ér 初生犢兒 2-618A
chūshēngdú'ér… 初生犢兒不怕虎 2-618A
chūshēnglǜ 出生率 2-479A
chūshèngrùshén 出聖入神 2-498B
chūshēngrùsǐ 出生入死 2-478B
chūshēngzhīdú 初生之犢 2-618A
chūshēngzhīdú… 初生之犢不懼虎 2-618A
chūshēngzhīdú… 初生之犢不畏虎 2-618A
chūshēnjiāmín 出身加民 2-482B
chūshénrùdìng 出神入定 2-490A
chūshénrùhuà 出神入化 2-490A
chūshī 出師 2-492A
chūshí 初食 2-620B
chūshí 初時 2-621A
chūshǐ 出使 2-485B
chūshǐ 初始 2-620A
chūshì 出世 2-478B
chūshì 出仕 2-479A
chūshì 出示 2-477B
chūshì 出事 2-484A
chūshì 出室 2-489B
chūshì 出適 2-500B
chūshì 初世 2-618A
chūshì 初事 2-619B
chūshì 初試 2-622B
chúshī 廚師 3-1271A
chúshí 芻食 2-189B
chúshí 鋤食 11-1300A
chúshì 除試 11-990B
chúshì 除飾 11-990B
chúshì 除釋 11-991A
chúshì 躇峙 10-537B
chǔshī 褚師 9-105A
chǔshí 楮實 4-1075B
chǔshí 楚石 4-1150B
chǔshí 礎石 7-1114B
chǔshí 處石 8-838B
chǔshí 處實 8-841A
chǔshì 楚市 4-1151A
chǔshì 楚室 4-1155A
chǔshì 處士 8-837A
chǔshì 處世 8-838A
chǔshì 處事 8-839A
chǔshì 處勢 8-840B
chùshī 黜尸 12-1359B
chùshí 觸石 10-1386A
chùshí 觸時 10-1388A
chùshí 畜食 7-1336B
chùshì 觸氏 10-1386A
chùshì 觸事 10-1387B
chūshǐbàiyù 出豕敗御 2-481B
chūshìchāofán 出世超凡 2-478B
chūshìfǎ 出世法 2-478B
chūshìfēngmáng 初試鋒芒 2-622B
chūshìjiān 出世間 2-478B
chùshíjuémù 觸石決木 10-1386B
chūshìlíqún 出世離群 2-478B
chúshíqián 廚食錢 3-1271A
chūshìrén 出世人 2-478A
chūshìsè 出世色 2-478A
chūshīwèijiéshēnxiānsǐ 出師未捷身先死 2-492A
chūshīwúmíng 出師無名 2-492A
chǔshìxīng 處士星 8-837A
chūshīyǒumíng 出師有名 2-492A
chǔshìzhéxué 處世哲學 8-838B
chūshìzuò 出世作 2-478A
chūshǒu 出手 2-476B
chūshǒu 出守 2-481A
chūshǒu 出首 2-489A
chūshòu 出狩 2-489A
chūshòu 出售 2-495A
chúshǒu 除守 11-987B
chúshòu 除授 11-989B
chǔshǒu 處守 8-838B
chùshǒu 觸手 10-1386A
chùshòu 觸受 10-1387B
chùshòu 畜獸 7-1338A
chūshǒudélú 出手得盧 2-477A
chùshǒushēngchūn 觸手生春 10-1386A
chūshù 出戍 2-480A
chūshù 出樹 2-502B
chúshū 除書 11-989A
chúshū 芻叔 2-189B
chúshū 芻菽 2-189B
chǔshū 儲書 1-1735B
chǔshǔ 處暑 8-840A
chùshǔ 觸暑 10-1388B
chùshù 矗豎 1-916B
chūshuāng 初霜 2-623A
chúshuāng 媰孀 4-395B
chūshuǐ 出水 2-476B
chǔshuǐ 楚水 4-1150A
chùshuǐ 滀水 6-36B
chǔshuǐbāshān 楚水巴山 4-1150B
chūshuǐfúróng 出水芙蓉 2-476B
chūshuìmǔ 初稅畝 2-622A
chǔshuǐwúshān 楚水吴山 4-1150B
chǔshuǐyānshān 楚水燕山 4-1150B
chǔshùn 處順 8-840B
chúshuō 芻説 2-190A
chǔshuō 儲説 1-1736B
chūsǐ 出死 2-480A
chūsì 出嗣 2-499A
chúsī 廚司 3-1270B
chúsǐ 除死 11-987A
chúsì 除巳 11-986B
chúsì 除四 11-987A
chǔsī 楚思 4-1155A
chǔsī 楚絲 4-1158A
chǔsī 儲思 1-1734B
chǔsǐ 處死 8-838B
chǔsì 楚肆 4-1158A
chǔsì 儲嗣 1-1736A
chùsī 觸絲 10-1389B
chùsǐ 觸死 10-1387A
chūsǐduànwáng 出死斷亡 2-480A
chūsǐrùshēng 出死入生 2-480A
chūsòng 出宋 2-483B
chūsòng 出訟 2-495B
chǔsòng 楚頌 4-1159A
chùsǒng 矗聳 1-916B
chūsōu 出蒐 2-496B
chǔsōu 楚艘 4-1160B
chǔsǒu 楚藪 4-1162A
chūsú 出俗 2-488B
chūsù 出宿 2-496A
chúsù 芻粟 2-189B
chúsù 耡粟 8-596B
chǔsú 楚俗 4-1155A
chǔsù 楮素 4-1075A
chǔsuān 楚酸 4-1160A
chūsuì 出鐩 2-505B
chūsuì 初歲 2-622B
chúsuì 除歲 11-990A
chúsuì 除隧 11-990B
chǔsǔn 楚笋 4-1157B
chùsǔn 觸損 10-1389B
chūsuō 出縮 2-504B
chǔsuò 楚些 4-1153B
chùsuō 搐縮 6-817B
chùsuǒ 處所 8-839A
chǔtà 楚撻 4-1160B
chùtà 滀漯 6-36B
chūtāi 出胎 2-488B
chūtái 出臺 2-500A

chǔtái 楚臺 4-1159B
chùtài 黜汰 12-1360A
chūtàn 出探 2-494A
chútán 除壇 11-990B
chūtáng 初唐 2-621A
chútáng 除堂 11-989B
chūtángchāi 出堂差 2-494B
chūtángsìjié 初唐四傑 2-621A
chǔtángyànquè 處堂燕雀 8-840A
chǔtángyànquè 處堂燕鵲 8-840A
chūtáo 出逃 2-488B
chūtǎo 出討 2-492A
chǔtáo 楮桃 4-1075A
chǔtáo 楚檮 4-1162A
chūtí 出題 2-504B
chūtì 出涕 2-492B
chūtì 出屜 2-496A
chútì 除替 11-989B
chútì 鋤薙 11-1300B
chǔtǐ 楚體 4-1163A
chǔtǐ 儲體 1-1737A
chùtī 跦踼 10-439A
chùtì 怵愁 7-473A
chùtì 怵惕 7-473A
chùtì 术愁 4-720B
chūtián 出田 2-478B
chūtián 出畋 2-488A
chútián 除田 11-987A
chǔtiān 楚天 4-1150A
chǔtián 楚田 4-1150B
chǔtiānyúnyǔ 楚天雲雨 4-1150A
chǔtiānzǐ 儲天子 1-1734A
chūtiāo 出挑 2-487B
chūtiáo 出條 2-491B
chūtiào 出跳 2-499A
chūtiào 出糶 2-506A
chǔtiáo 楮條 4-1075A
chǔtiáo 柠條 4-939B
chūtiáozi 出條子 2-491B
chūtiě 出帖 2-485B
chǔtiě 楚鐵 4-1163A
chūtíng 出庭 2-489A
chútìng 鋤梃 11-1300A
chūtíngfèi 出庭費 2-489A
chǔtòng 楚痛 4-1157B
chùtōng 觸通 10-1388A
chùtǒng 觸桶 10-1388A
chūtóu 出頭 2-502B
chūtóu 初頭 2-623A
chútou 鉏頭 11-1230B
chútou 鋤頭 11-1300B
chútóu 除頭 11-990B
chǔtóu 杵頭 4-855B
chùtóu 怵頭 7-473B
chùtóu 憷頭 7-761A
chūtóubàngzi 出頭棒子 2-502B
chūtóuchuán'er… 出頭椽兒先朽爛 2-503A
chūtóudechuánzixiānlàn 出頭的椽子先爛 2-502B
chūtóulùmiàn 出頭露面 2-503A
chūtóumian 出頭面 2-502B
chūtóuniǎo 出頭鳥 2-502B
chūtóurén 出頭人 2-502B
chútóuyǔ 鋤頭雨 11-1300B
chútóuzàonǎo 廚頭竈腦 3-1271B
chūtú 出徒 2-492A
chūtú 出途 2-492A
chūtǔ 出土 2-475B
chútú 除徒 11-989A
chútú 除涂 11-989A
chútù 蜍兔 8-902B
chǔtǔ 杵土 4-855A
chùtū 觸突 10-1388A
chùtú 觸途 10-1388A
chùtú 觸塗 10-1390A
chūtuī 出推 2-494A
chùtuì 黜退 12-1360B
chūtūn 初暾 2-623A
chǔtūn 楚焞 4-1158A
chūtuō 出脱 2-495A
chútuō 除托 11-987A
chútuō 除脱 11-989B
chǔtuówúqiáng 楚柁吴檣 4-1155A
chǔwǎ 楚瓦 4-1150A
chūwài 出外 2-479B
chúwài 除外 11-987A
chǔwǎn 楚挽 4-1156A
chǔwǎn 楚晼 4-1159A
chūwáng 出亡 2-476B
chūwǎng 出王 2-476B
chūwǎng 出往 2-486A
chúwáng 除亡 11-986B
chǔwáng 楚王 4-1149B
chǔwàng 楚望 4-1157A
chùwǎng 觸網 10-1390A
chǔwángchéng 楚王城 4-1149B
chǔwángcí 楚王祠 4-1150A
chǔwángfēng 楚王風 4-1149B
chǔwánggōng 楚王宫 4-1150A
chǔwángpíng 楚王萍 4-1150A
chǔwángshān 楚王山 4-1149B
chǔwángshén 楚王神 4-1150A
chǔwángtái 楚王臺 4-1150A
chǔwàngtái 楚望臺 4-1157A
chūwéi 出圍 2-497A
chūwéi 出闈 2-504B
chūwèi 出位 2-482A
chúwēi 芻微 2-190A
chúwěi 雛尾 11-867B
chǔwéi 儲闈 1-1737A
chǔwěi 楚尾 4-1153A
chǔwèi 楚味 4-1153B
chǔwèi 儲位 1-1734B
chǔwěiwútóu 楚尾吴頭 4-1153A
chùwèixuēdì 黜位削地 12-1360A
chūwén 初文 2-617B
chūwēng 樗翁 4-1271B
chūwénrùwǔ 出文入武 2-477B
chūwǔ 貙武 10-1343B
chūwù 出塢 2-498B
chúwǔ 除廡 11-990B
chǔwū 楚巫 4-1152B
chǔwū 楚烏 4-1156A
chǔwǔ 楚舞 4-1160A
chǔwù 楚杌 4-1152B
chǔwù 處物 8-839A
chùwū 觸污 10-1387A
chùwǔ 觸忤 10-1387B
chùwǔ 觸迕 10-1387A
chùwù 觸物 10-1387B
chùwù 觸悟 10-1388A
chùwù 畜物 7-1336A
chǔwū'é 楚巫娥 4-1152B
chǔwūhuán 楚巫鬟 4-1152B
chǔwǔwúgē 楚舞吴歌 4-1160A
chūxī 出息 2-491B
chūxī 初昔 2-619B
chūxī 初晰 2-621B
chūxí 出席 2-492A
chūxǐ 出洗 2-489B
chūxì 出細 2-496A
chúxì 除夕 11-986B
chǔxì 礎舄 7-1114B
chùxī 怵息 7-473A
chūxià 出下 2-475B
chūxià 初夏 2-621A
chúxià 廚下 3-1270B
chǔxiá 楚峽 4-1156A
chǔxià 楚夏 4-1156A
chǔxià 齼夏 12-1458B
chúxià'ér 廚下兒 3-1270B
chūxián 初弦 2-620A
chūxiǎn 出險 2-502A
chūxiàn 出見 2-481B
chūxiàn 出現 2-493B
chūxiàn 出綫 2-501A
chūxiàn 初獻 2-623A
chǔxiān 楚鮮 4-1161B
chǔxián 楚弦 4-1154B
chǔxián 楚絃 4-1157A
chǔxiàn 楚羨 4-1158A
chùxiàn 俶獻 1-1478A
chùxiàn 觸陷 10-1388A
chūxiáng 出降 2-487B
chūxiàng 出相 2-488A
chūxiàng 出項 2-496A
chúxiáng 除祥 11-989A
chǔxiāng 楚鄉 4-1157A
chǔxiāng 楚襄 4-1161B
chǔxiǎng 儲餉 1-1736B
chǔxiàng 楚相 4-1154B
chǔxiàng 楚項 4-1157A
chǔxiàngduànshé 楚相斷蛇 4-1155A
chūxiánlì 出閒力 2-498A
chūxiànquán 出綫權 2-501A
chǔxiānshēng 楮先生 4-1074B
chǔxiānshēng 褚先生 9-104B
chùxiànyíhuá 黜羨遺華 12-1361B
chūxiāo 初宵 2-621A
chūxiǎo 初小 2-617B
chūxiào 出孝 2-481A
chúxiào 除孝 11-987B
chǔxiāo 楚簫 4-1162B
chùxiāo 矗削 1-916B
chūxiǎogōng 出小恭 2-475B
chǔxié 楚鞋 4-1160B
chǔxiè 楚榭 4-1159B
chùxié 觸邪 10-1387A
chùxiéchóngzhèng 黜邪崇正 12-1360A
chùxiéguān 觸邪冠 10-1387A
chūxīn 出薪 2-502B
chūxīn 初心 2-617B
chūxīn 初昕 2-619B
chúxīn 芻薪 2-190A
chǔxīn 處心 8-838A
chùxīn 怵心 7-473A
chūxíng 出行 2-480B
chūxìng 出姓 2-487B
chūxìng 出幸 2-483B
chūxìng 出性 2-486B
chúxíng 雛形 11-867B
chúxíng 雛型 11-867B
chǔxíng 處刑 8-838B
chùxìng 觸興 10-1390B
chǔxīnjīlǜ 處心積慮 8-838A
chūxiōng 出胸 2-492A
chūxiū 出羞 2-492B
chūxiǔ 樗朽 4-1271A
chūxiù 出秀 2-481B
chūxiù 出岫 2-485B
chǔxiū 楚咻 4-1155A
chǔxiù 楚岫 4-1153B
chǔxiù 楚袖 4-1156A
chùxiù 觸嗅 10-1389B
chǔxiùqínyún 楚岫秦雲 4-1153B
chǔxiùyáojī 楚岫瑶姬 4-1153B
chūxù 初旭 2-619A
chǔxū 楚墟 4-1159B
chǔxū 儲胥 1-1735A
chǔxū 儲須 1-1736A
chǔxù 儲畜 1-1735A
chǔxù 儲蓄 1-1736A
chǔxù 儲稸 1-1736B
chùxū 觸鬚 10-1391B
chùxù 觸緒 10-1390A
chùxù 觸續 10-1391B
chǔxuàn 儲鉉 1-1736B
chǔxuánlí 楚懸黎 4-1163A
chūxué 出學 2-503B
chūxué 初學 2-623A
chūxuě 初雪 2-621A

chūxuè 出血 2-480B
chúxuē 鋤削 11-1300A
chǔxuē 褚薛 9-105A
chǔxué 楚學 4-1161B
chǔxuě 楚雪 4-1156B
chùxuē 黜削 12-1360B
chūxūgōng 出虛恭 2-494A
chūxún 出巡 2-481A
chūxún 初旬 2-619A
chūxùn 出徇 2-488B
chūyā 出押 2-483B
chūyá 出芽 2-481A
chūyá 貙牙 10-1343B
chūyà 出迓 2-481B
chǔyǎ 楚雅 4-1157B
chūyán 出言 2-482B
chūyán 初筵 2-622A
chūyǎn 出眼 2-494B
chūyǎn 出演 2-501A
chúyān 鉏烟 11-1230A
chúyān 鉏煙 11-1230A
chúyán 芻言 2-189A
chǔyán 楚言 4-1153A
chǔyán 楚顏 4-1162A
chǔyàn 楚豔 4-1163B
chùyǎn 觸眼 10-1388B
chùyǎn 畜眼 7-1336B
chūyánbùxùn 出言不遜 2-483A
chūyánchéngzhāng 出言成章 2-483A
chǔyáncílǐ 楚筵辭醴 4-1157B
chūyáng 出洋 2-489B
chūyáng 初陽 2-621B
chúyǎng 芻養 2-190A
chǔyǎng 儲養 1-1736B
chùyāng 觸殃 10-1387B
chùyáng 觸羊 10-1387A
chúyǎngchén 廚養臣 3-1271B
chǔyángtái 楚陽臺 4-1157A
chǔyángǔ 楚嚴鼓 4-1162B
chūyángxiàng 出洋相 2-489B
chūyántǔcí 出言吐詞 2-483A
chūyántǔqì 出言吐氣 2-483A
chūyántǔyǔ 出言吐語 2-483A
chūyánwúzhuàng 出言無狀 2-483A
chūyáo 出爻 2-477B
chǔyāo 楚腰 4-1159A
chǔyáo 楚謠 4-1161B
chǔyào 杵藥 4-856A
chǔyāoqílǐng 楚腰蠐領 4-1159A
chǔyāowèibìn 楚腰衛鬢 4-1159A
chūyáshēngzhí 出芽生殖 2-481A
chūyè 出液 2-495B
chūyè 出謁 2-503B
chūyè 初夜 2-620A
chūyè 初葉 2-621B
chúyè 除夜 11-988A
chǔyě 楚野 4-1156B
chǔyè 楮葉 4-1075A
chǔyè 處業 8-840B
chūyī 初一 2-617B
chūyī 初衣 2-619A
chūyì 出易 2-485A
chūyì 出意 2-499B
chūyì 出臆 2-504A
chūyì 初役 2-619B
chūyì 初意 2-622B
chúyí 除移 11-989B
chúyì 芻議 2-190B
chúyì 廚役 3-1271A
chúyì 鋤艾 11-1299B
chúyì 鋤刈 11-1299B
chǔyì 楚邑 4-1152B
chǔyì 楚逸 4-1157A
chǔyì 楚翼 4-1162A
chǔyì 楚驛 4-1163A
chǔyì 處逸 8-840A
chǔyì 處議 8-841A
chùyī 觸衣 10-1387A
chùyì 黜抑 12-1360B
chùyì 觸意 10-1389B
chùyì 畜疫 7-1336B
chǔyīn 楚音 4-1155A
chǔyín 楚吟 4-1152B
chǔyǐn 楚引 4-1150B
chǔyìn 儲胤 1-1735A
chùyǐn 觸引 10-1386A
chūyīng 出膺 2-504A
chūyíng 出迎 2-482B
chǔyīng 楮英 4-1074B
chǔyǐng 楮穎 4-1075B
chūyírùxiǎn 出夷入險 2-480A
chùyīsuōshí 黜衣縮食 12-1360A
chūyītóu 出一頭 2-474A
chūyītóudì 出一頭地 2-474A
chúyōng 著雍 9-433B
chúyōng 著雝 9-434A
chúyòng 除用 11-987A
chǔyǒng 楮湧 4-1075A
chūyōu 出幽 2-488B
chūyóu 出游 2-498A
chūyóu 出遊 2-497B
chūyòu 出幼 2-479B
chúyōu 耡櫌 8-597A
chúyōu 鉏櫌 11-1230B
chúyōu 鉏耰 11-1230B
chúyōu 鋤櫌 11-1300B
chúyōu 鋤耰 11-1300B
chǔyōu 楚幽 4-1155A
chǔyōu 楚優 4-1161B
chǔyóu 楚柚 4-1155A
chùyōu 黜幽 12-1360B
chūyōuqiānqiáo 出幽遷喬 2-488B
chūyǒurùwú 出有入無 2-480A
chūyōushēnggāo 出幽升高 2-488B
chùyōuzhìmíng 黜幽陟明 12-1360B
chūyǔ 出語 2-500B
chūyù 出浴 2-492B
chūyù 出御 2-497B
chūyù 出獄 2-500B
chūyù 出豫 2-502A
chúyú 芻輿 2-190A
chúyú 鉏畬 11-1230A
chúyú 犓腴 6-286B
chúyù 除愈 11-990A
chǔyú 處于 8-837A
chǔyú 處於 8-839B
chǔyǔ 楚雨 4-1153B
chǔyǔ 楚語 4-1160A
chǔyǔ 儲與 1-1736A
chǔyù 楚玉 4-1150B
chǔyù 楚獄 4-1160A
chùyǔ 觸雨 10-1387B
chūyuán 初元 2-617B
chūyuàn 出院 2-490A
chūyuàn 初願 2-623A
chǔyuán 楚猿 4-1159B
chǔyuán 儲元 1-1734A
chǔyuàn 楚媛 4-1158A
chùyuǎn 黜遠 12-1361B
chǔyuángōng 儲元宮 1-1734A
chūyǔchéngzhāng 出語成章 2-500B
chūyuè 出月 2-477B
chūyuè 初月 2-617B
chúyuè 涂月 5-1236A
chǔyuē 處約 8-839B
chǔyuè 楚越 4-1157A
chùyuē 絀約 9-799A
chùyuē 詘約 11-128B
chǔyuèzhījí 楚越之急 4-1157B
chūyuèzi 出月子 2-477B
chūyùn 出韻 2-505A
chúyún 鉏耘 11-1230A
chúyún 鋤耘 11-1300A
chǔyún 楚妘 4-1153A
chǔyún 楚雲 4-1157B
chǔyùn 儲運 1-1736A
chūyúnrùní 出雲入泥 2-497A
chǔyúnxiāngyǔ 楚雲湘雨 4-1157B
chūyúrùniǎn 出輿入輦 2-504A
chǔyǔwūyún 楚雨巫雲 4-1153B
chūyúyìbiǎo 出於意表 2-486B
chūyúyìwài 出於意外 2-486B
chūzǎi 出宰 2-493A
chūzǎi 初載 2-622B
chúzǎi 廚宰 3-1271A
chǔzāi 楮災 4-1074B
chǔzǎi 儲宰 1-1735A
chùzài 俶載 1-1478A
chǔzāo 楚糟 4-1162A
chǔzé 楚澤 4-1161B
chùzé 黜責 12-1361A
chūzhài 出責 2-493B
chūzhàn 出戰 2-503A
chūzhàn 初戰 2-623A
chǔzhǎn 處斬 8-840A
chùzhàn 觸戰 10-1390B
chūzhāng 出張 2-496A
chūzhǎng 出長 2-483B
chūzhàng 出帳 2-495A
chúzhàng 廚帳 3-1271B
chǔzhàng 楚帳 4-1156B
chǔzhàng 楚嶂 4-1160A
chūzhào 初肇 2-622B
chúzhào 除召 11-987A
chǔzhāo 楚招 4-1153A
chūzhé 出蟄 2-504A
chūzhé 出轍 2-505A
chúzhé 除折 11-987B
chùzhé 黜謫 12-1362A
chūzhěn 出診 2-497B
chūzhěn 初診 2-622A
chūzhèn 出陳 2-493A
chūzhèn 出陣 2-490A
chūzhèn 出震 2-501B
chūzhèn 出鎮 2-505A
chúzhēn 廚珍 3-1271A
chǔzhēn 杵砧 4-855B
chǔzhēn 楚真 4-1156A
chǔzhēn 楚砧 4-1156B
chǔzhèn 楚鎮 4-1162A
chūzhēng 出征 2-486A
chūzhèng 初政 2-620A
chúzhèng 除正 11-987A
chǔzhèng 處正 8-838A
chūzhènjìlí 出震繼離 2-501B
chūzhènyùjí 出震御極 2-501B
chūzhènzhījūn 出震之君 2-501B
chūzhěnzi 出疹子 2-492B
chūzhī 出知 2-485B
chūzhí 出職 2-504B
chūzhǐ 初旨 2-619A
chūzhǐ 初指 2-620B
chūzhì 出治 2-486B
chūzhì 出滯 2-501A
chūzhì 出質 2-501B
chūzhì 初志 2-619A
chúzhì 除制 11-988A
chúzhì 除治 11-988A
chúzhì 鉏治 11-1230A
chúzhì 鋤治 11-1300A
chúzhì 躇跱 10-537B
chúzhì 雛稚 11-867B
chǔzhī 楚芝 4-1151B
chǔzhǐ 楮紙 4-1075A
chǔzhǐ 儲祉 1-1734B
chǔzhì 楚制 4-1154A
chǔzhì 楚製 4-1160A

chǔzhì 儲峙 1-1735A
chǔzhì 儲峙 1-1735A
chǔzhì 儲偫 1-1735B
chǔzhì 儲跱 1-1736A
chǔzhì 礎礩 7-1114B
chǔzhì 處制 8-839A
chǔzhì 處治 8-839B
chǔzhì 處置 8-840B
chùzhí 觸值 10-1388A
chùzhì 絀陟 9-799A
chùzhì 黜陟 12-1361A
chùzhì 觸豸 10-1387A
chùzhì 觸置 10-1389B
chǔzhībái 楮知白 4-1074B
chǔzhīchuòrán 處之綽然 8-837A
chǔzhíguī 楚執珪 4-1156B
chǔzhīpíng 楚之平 4-1149A
chǔzhītàirán 處之泰然 8-837A
chūzhìyān 出滯淹 2-501A
chǔzhīyànrán 處之晏然 8-837A
chǔzhīyírán 處之夷然 8-837A
chǔzhīyírán 處之怡然 8-837A
chùzhìyōumíng 黜陟幽明 12-1361A
chūzhōng 初中 2-617B
chūzhōng 初衷 2-621A
chūzhōng 初終 2-621B
chūzhōng 初鍾 2-623A
chūzhòng 出衆 2-497B
chúzhōng 除中 11-986B
chǔzhōng 處中 8-837B
chùzhǒng 黜冢 12-1361A
chùzhǒng 畜種 7-1337A
chūzhòu 出晝 2-496A
chùzhōuwànglǔ 黜周王魯 12-1360A
chūzhū 出誅 2-499B
chūzhǔ 出主 2-479B
chūzhù 出注 2-486B
chúzhū 鋤誅 11-1300B
chúzhù 除注 11-988A
chǔzhú 楚竹 4-1151B
chǔzhǔ 儲主 1-1734A
chǔzhù 礎柱 7-1114B
chùzhú 黜逐 12-1361A
chúzhuàn 廚傳 3-1271B
chúzhuàn 廚饌 3-1271B
chǔzhuāng 楚妝 4-1153A
chùzhuāng 俶裝 1-1478A
chǔzhúchén 楚逐臣 4-1156A
chūzhuì 出贅 2-503B
chǔzhuī 楚騅 4-1162A
chúzhuó 除擢 11-990B
chǔzhuó 楚灼 4-1153A
chùzhuó 黜濁 12-1362A
chùzhuó 觸着 10-1388B
chǔzhúyāngē 楚竹燕歌 4-1151B
chūzī 出貲 2-498B
chūzī 出資 2-499B
chūzǐ 出子 2-476B
chūzì 出自 2-480B
chúzi 廚子 3-1270B
chúzi 橱子 4-1308A
chúzǐ 鉏子 11-1229B
chúzǐ 雛子 11-867B
chǔzǐ 楚子 4-1149B
chǔzǐ 處子 8-837A
chǔzǐ 處姊 8-839A
chūzìyìwài 出自意外 2-480B
chǔzòng 楚粽 4-1160B
chūzǒu 出走 2-481A
chūzòu 出奏 2-487B
chǔzòu 楚奏 4-1154B
chūzū 出租 2-491B
chūzú 出卒 2-486B
chūzú 貙卒 10-1343B
chūzǔ 出祖 2-489B
chūzǔ 初祖 2-620B
chúzú 躇足 10-537B
chǔzǔ 楚組 4-1157A
chūzuì 出罪 2-499A
chúzuì 除罪 11-990A
chùzuì 觸罪 10-1389B
chūzūn 出尊 2-498A
chūzūn 出樽 2-502B
chūzuǒ 出佐 2-482A
chǔzuǒ 儲佐 1-1734B
chǔzuò 楚酢 4-1159A
chūzūqìchē 出租汽車 2-491B
cí'ài 慈藹 7-650B
cí'ài 慈愛 7-649B
cí'àn 詞案 11-123A
cí'àn 辭案 11-504B
cǐ'àn 此岸 5-331A
cíbā 糍粑 9-233B
cíbā 餈巴 12-538A
cìbà 賜罷 10-264A
cìbǎi 刺柏 2-653A
cíbǎn 瓷版 5-288B
cìbān 賜頒 10-263B
cìbǎn 賜板 10-261A
cíbǎo 慈保 7-648B
cíbēi 慈悲 7-649B
cǐbèi 此輩 5-331B
cìbèi 刺背 2-653A
cíbǐ 祠祉 7-906A
cíbǐ 詞筆 11-123B
cíbǐ 辭筆 11-505A
cíbì 辭避 11-507B
cǐbǐ 泚筆 5-1141A
cìbí 刺鼻 2-656A
cìbǐ 次比 6-1435A
cìbǐ 賜筆 10-263A
cìbì 刺臂 2-657A
cíbiàn 詞辨 11-126B
cíbiàn 詞辯 11-127A
cíbiàn 辭辯 11-508B
cìbiāo 刺彪 2-654B
cíbié 辭别 11-502B
cībìng 疵病 8-313A
cíbīng 祠兵 7-905B
cíbǐng 詞柄 11-122A
cíbìng 辭病 11-504B
cìbīng 刺兵 2-652A
cìbīng 賜冰 10-260A
cībó 疵駁 8-313B
cíbō 詞波 11-121B
cíbó 詞伯 11-120B
cíbó 辭博 11-505A
cìbō 刺撥 2-656B
cìbó 賜帛 10-261A
cíbù 祠部 7-906A
cíbù 辭布 11-501B
cìbù 次布 6-1435B
cìbù 絘布 9-846A
cíbùdǎiyì 詞不逮意 11-119B
cíbùdáyì 詞不達意 11-119B
cíbùdáyì 辭不達意 11-501B
cíbùdáyì 辭不達義 11-501B
cíbùdié 祠部牒 7-906A
cíbùhuòmìng 辭不獲命 11-501B
cícái 詞才 11-119B
cícǎi 詞采 11-121B
cícǎi 詞彩 11-123B
cícǎi 辭采 11-503A
cícǎi 辭彩 11-504B
cícān 辭餐 11-507B
cícán 詞慙 11-125A
cícáo 螆螬 8-983B
cícáo 祠曹 7-906A
cícáo 詞曹 11-123A
cícáo 辭曹 11-504B
cícǎo 茨草 9-386B
cìcǎo 刺草 2-653A
cícè 慈惻 7-649B
cìcè 賜册 10-260A
cìcè 賜策 10-263A
cīcēn 差參 2-977A
cìchá 刺察 2-656A
cìchái 刺柴 2-654A
cíchán 堲讒 2-1108B
cíchàn 詞懺 11-127A
cìchán 次躔 6-1438A
cíchǎng 詞場 11-123B
cíchǎng 磁場 7-1083B
cíchǎng 辭場 11-505A
cǐchàngbǐhè 此唱彼和 5-331B
cícháo 辭朝 11-505A
cīchè 齹掣 12-1457B
cìchē 次車 6-1435B
cíchén 詞臣 11-120A
cíchén 辭臣 11-502A
cíchēng 瓷鐺 5-289A
cíchéng 祠城 7-906A
cíchéng 辭呈 11-502B
cīchí 差池 2-975A
cīchí 差馳 2-977B
cīchí 柴池 4-968B
cīchí 傑池 1-1600B
cìchǐ 刺齒 2-656B
cìchǐ 賜尺 10-259B
cìchì 賜敕 10-262A
cíchǒng 慈寵 7-650B
cíchǒng 辭寵 11-508B
cìchōng 刺充 2-651B
cíchū 辭出 11-502A
cìchù 刺觸 2-657B
cíchuán 詞傳 11-124B
cìchuán 刺舩 2-654A
cìchuán 刺船 2-655A
cìchuángtiáogēng 賜牀調羹 10-261A
cǐchùbùliúrén… 此處不留人,會有留人處 5-331B
cǐchùbùliúrén… 此處不留人,自有留人處 5-331B
cìchuí 賜垂 10-261A
cīchún 疵醇 8-313B
cìchūn 次春 6-1436B
cīcī 差差 2-976B
cīcī 呲呲 3-320B
cīcī 齹齹 12-1457B
cīcì 差次 2-975A
cící 慈雌 7-650A
cící 雌雌 11-840A
cǐcǐ 玼玼 4-545B
cǐcǐ 佌佌 1-1336A
cǐcǐ 泚泚 5-1141A
cǐcǐ 傂傂 1-1339A
cǐcì 此次 5-330B
cìcì 刺刺 2-652B
cìcìbùxiū 刺刺不休 2-652B
cìcìnáonáo 刺刺撓撓 2-652B
cícíshíshí 瓷瓷實實 5-288B
cìcù 刺蹙 2-657A
cídā 雌搭 11-839B
cídá 雌答 11-840A
cídá 辭達 11-505A
cìdá 刺答 2-655A
cìdǎ 刺打 2-651A
cídài 磁帶 7-1083B
cìdàlù 次大陸 6-1435A
cídàn 辭憚 11-507A
cìdàn 刺旦 2-651A
cídǎo 祠禱 7-907A
cǐdǎo 跐蹈 10-462A
cìdāo 刺刀 2-650B
cīděng 差等 2-977B
cídēng 慈燈 7-650B
cǐdēng 跐蹬 10-462A
cǐděng 此等 5-331B
cìděng 次等 6-1437B
cīdǐ 疵詆 8-313A
cīdì 差第 2-977A
cídì 辭第 11-504B
cǐdì 此地 5-330B
cìdì 次第 6-1437A
cìdì 賜第 10-262A
cīdiǎn 疵點 8-313B
cīdiǎn 疵玷 8-312B
cídiǎn 祠典 7-905B

cídiǎn 詞典 11-121A
cídiǎn 辭典 11-503A
cìdiàn 賜奠 10-263A
cídiǎnxué 辭典學 11-503A
cídiào 詞調 11-125B
cídiào 辭調 11-507A
cídié 詞牒 11-124B
cìdīng 次丁 6-1435A
cìdīng 刺釘 2-654B
cǐdìwúyínsānbǎiliǎng
此地無銀三百兩 5-330B
cǐdòngbǐyìng 此動彼應
5-331B
cídǔ 慈篤 7-650A
cìdù 刺肚 2-652A
cīduǎn 疵短 8-313A
cǐduàn 此段 5-331A
cìduàn 刺斷 2-657A
cíduì 辭對 11-506A
cìduì 次對 6-1438A
cìduì 賜對 10-263B
cìduìguān 次對官 6-1438A
cìdūn 賜墩 10-264A
cìduō 刺剟 2-654B
cí'è 詞鍔 11-126B
cǐ'é 泚額 5-1141A
cì'é 賜額 10-265A
cí'ēn 慈恩 7-648B
cí'ēnsì 慈恩寺 7-648B
cí'ēntíjì 慈恩題記
7-648B
cí'er 詞兒 11-121A
cí'ér 雌兒 11-839A
cì'er 刺兒 2-652B
cì'ěr 刺耳 2-651B
cì'ercài 刺兒菜 2-653A
cǐ'érkěrěn…
此而可忍,孰不可忍
5-330B
cì'ertóu 刺兒頭 2-653A
cífǎ 詞法 11-121B
cǐfābǐyìng 此發彼應
5-331B
cífàn 詞犯 11-120A
cǐfān 此番 5-331B
cìfǎng 刺訪 2-655A
cīfèi 疵廢 8-313B
cífèi 詞費 11-124A
cífèi 辭費 11-505B
cìfēi 次非 6-1436A
cìfēi 佽非 1-1354B
cìfēi 佽飛 1-1355A
cìfēi 刺蜚 2-656A
cìfēi 賜緋 10-264A
cìfēixiù 刺蜚繡 2-656A
cífēng 詞峯 11-122B
cífēng 詞峰 11-122B
cífēng 詞鋒 11-125B
cífēng 磁鋒 7-1083B
cífēng 雌風 11-839A
cífēng 辭鋒 11-507A
cìfēng 賜封 10-261B
cìfèngmiáoluán 刺鳳描鸞
2-656A
cífú 雌伏 11-838B
cífú 辭伏 11-502A
cífú 辭服 11-503A
cífú 辭紱 11-505A
cífǔ 詞府 11-121B
cífù 詞賦 11-125A
cífù 慈父 7-647A
cífù 辭賦 11-506B
cìfú 次浮 6-1437A
cìfú 賜福 10-263B
cìfǔ 次輔 6-1437B
cìfù 賜復 10-263A
cǐfúbǐqǐ 此伏彼起 5-330B
cífùkē 詞賦科 11-125A
cìfūyuè 賜鈇鉞 10-263A
cìfǔyuè 賜斧鉞 10-261A
cīgān 疵酐 8-313B
cìgān 刺干 2-650B
cígāo 糍糕 9-233B
cígāo 餈糕 12-538A
cígāo 餈餻 12-538A
cígào 辭誥 11-506A
cìgào 賜告 10-260B
cìgào 賜誥 10-264A
cígé 詞格 11-122B
cígé 辭格 11-504A
cǐgè 此個 5-331A
cǐgè 此箇 5-331B
cígēn 詞根 11-122B
cígōng 祠宮 7-906A
cígōng 瓷宮 5-288B
cígōng 慈宮 7-648B
cígōng 慈躬 7-648B
cìgōng 次公 6-1435B
cìgòng 賜貢 10-261B
cīgòu 疵垢 8-312B
cīgòu 疵詬 8-313B
cīgǔ 骴骨 12-406A
cígū 茨菰 9-386B
cígū 慈姑 7-648A
cígū 慈菰 7-649A
cígǔ 詞骨 11-122A
cígǔ 磁骨 7-1083B
cìgǔ 次骨 6-1436B
cìgǔ 刺股 2-653A
cìgǔ 刺骨 2-653A
cìgù 賜顧 10-265B
cíguāi 詞乖 11-121A
cíguān 祠官 7-905B
cíguān 詞官 11-121B
cíguān 辭官 11-503B
cíguān 辭觀 11-508B
cíguǎn 祠館 7-907A
cíguǎn 詞館 11-126A
cíguǎn 辭館 11-507B
cìguān 賜官 10-261A
cìguàn 賜灌 10-265B
cíguāng 慈光 7-647B
cìguāng 賜光 10-260A
cíguī 辭歸 11-508A
cìguī 刺規 2-654B
cìguī 刺閨 2-656A
cīguó 疵國 8-313A
cìguó 賜國 10-262A
cìgǔpín 刺骨貧 2-653B
cìgǔyǔ 刺骨語 2-653B
cíhǎi 詞海 11-123A
cìháigǔ 賜骸骨 10-264A
cíhàn 詞翰 11-125B
cíhàn 辭翰 11-507A
cíháng 慈航 7-649A
cìháng 次行 6-1435B
cíhànkè 詞翰客 11-126A
cìhào 賜號 10-263A
cíhé 慈和 7-648A
cíhóng 雌虹 11-839A
cíhòu 慈厚 7-648A
cǐhòu 此後 5-331A
cìhòu 次後 6-1436B
cìhòu 刺候 2-654A
cìhòu 伺候 1-1284A
cìhū 刺呼 2-652B
cìhǔ 刺虎 2-652B
cíhuá 詞華 11-122B
cíhuá 辭華 11-503B
cíhuà 詞話 11-124B
cíhuà 磁畫 7-1083B
cíhuádiǎnshàn 詞華典贍
11-122B
cìhuái 刺槐 2-655B
cìhuán 刺環 2-657A
cìhuán 賜環 10-265A
cìhuán 賜闤 10-264B
cìhuǎn 賜緩 10-264B
cíhuáng 詞黃 11-123A
cíhuáng 雌黃 11-839A
cìhǔchíyù 刺虎持鷸 2-652B
cīhuǐ 疵悔 8-313A
cīhuǐ 疵毀 8-313A
cíhuì 詞彙 11-124B
cíhuì 慈惠 7-649A
cíhuì 慈誨 7-650A
cíhuì 慈慧 7-650A
cìhuì 賜惠 10-262B
cíhuìxué 詞彙學 11-125A
cìhǔjiē 刺唬瘖 2-655A
cíhuó 辭活 11-503B
cíhuò 茨藿 9-386B
cíhuò 辭禍 11-505A
cìhuǒ 賜火 10-259B
cìhuò 次貨 6-1437B
cíjí 茨棘 9-386B
cíjí 詞級 11-122B
cíjí 辭疾 11-504B
cíjǐ 辭給 11-505A
cíjì 祠祭 7-906B
cíjì 詞技 11-120B
cíjì 辭迹 11-503B
cǐjì 此際 5-331B
cìjì 刺笄 2-654A
cìjī 刺激 2-657A
cìjī 刺擊 2-657A
cìjī 刺譏 2-657A
cìjī 刺幾 2-655B
cìjī 賜几 10-259B
cìjí 次及 6-1435A
cìjǐ 刺戟 2-655A
cìjǐ 賜戟 10-262B
cìjì 刺薊 2-656B
cìjì 賜祭 10-262A
cījiā 疵瘕 8-313B
cíjiā 詞家 11-123A
cíjiā 辭家 11-504B
cíjiǎ 雌甲 11-838B
cíjià 詞價 11-125B
cǐjiā 此家 5-331A
cǐjiá 泚頰 5-1141A
cìjiā 次家 6-1437A
cìjià 賜假 10-262A
cījiān 差肩 2-976A
cījiàn 疵賤 8-313B
cíjiān 詞牋 11-124A
cíjiān 詞箋 11-125A
cíjiǎn 慈儉 7-650A
cíjiàn 祠監 7-906B
cíjiàn 祠薦 7-907A
cíjiàn 雌劍 11-840B
cǐjiān 此間 5-331B
cǐjiàn 跐踐 10-462A
cìjiān 刺姦 2-653B
cìjiàn 刺劍 2-656B
cìjiàn 賜見 10-260B
cìjiàn 賜劍 10-264A
cìjiàn 賜餞 10-264B
cíjiànbān 辭見班 11-502B
cījiàng 差降 2-976A
cíjiǎng 慈獎 7-650A
cíjiàng 詞匠 11-120A
cìjiàng 次將 6-1437B
cǐjiāng'ěrjiè 此疆爾界
5-332A
cíjiǎnyìgāi 辭簡義賅
11-508A
cíjiào 祠醮 7-907A
cíjiào 慈教 7-649A
cìjiào 賜教 10-262A
cíjié 詞杰 11-121A
cíjié 詞傑 11-124A
cíjié 雌節 11-840A
cíjiě 辭解 11-505B
cìjiè 次介 6-1435B
cìjiè 刺戒 2-652A
cǐjièbǐjiāng 此界彼疆
5-331A
cījìn 骴禁 12-406A
cíjìn 詞禁 11-124A
cíjīndǎohǎi 辭金蹈海
11-503A
cíjìng 詞境 11-125A
cìjìng 刺徑 2-654A
cíjìsī 祠祭司 7-906B
cìjīsù 刺激素 2-657A
cījiù 疵咎 8-312B
cìjiǔ 刺灸 2-652A
cíjù 祠具 7-905B
cíjù 詞句 11-120A
cíjù 辭句 11-502A
cíjù 辭拒 11-502B
cǐjù 跐跙 10-480A
cìjǔ 刺舉 2-656B
cíjuàn 詞卷 11-121B
cìjuān 賜蠲 10-265B

cìjuàn 次卷 6-1436B
cíjué 辭決 11-502B
cíjué 辭訣 11-504B
cíjué 辭絶 11-505B
cíjué 辭爵 11-507B
cìjué 賜玦 10-260B
cìjué 賜爵 10-265A
cǐjūn 此君 5-330B
cíkǎi 慈愷 7-650A
cíkē 詞科 11-122A
cíkè 詞客 11-122A
cíkè 辭客 11-503B
cǐkè 此刻 5-331A
cìkè 刺客 2-653B
cìkǒu 刺口 2-650B
cìkuàng 賜貺 10-262B
cíkǔn 慈壼 7-649B
cìlài 賜賚 10-264A
cíláo 辭勞 11-505A
cílǎo 鶿鶩 12-1090A
cílǎo 辭老 11-502A
cílǎo 鷀鴰 12-1135B
cílǎo 鷀鶩 12-1135B
cìláo 賜勞 10-263A
cílǎohǔ 雌老虎 11-838B
cíléi 疵累 8-313A
cílèi 玼纇 4-545B
cílèi 疵累 8-313A
cílèi 疵纇 8-314A
cíléi 雌雷 11-840A
cílèi 詞類 11-127A
cílèi 慈淚 7-649A
cílǐ 疵禮 8-314A
cílì 疵戾 8-312B
cílì 疵厲 8-313B
cīlì 疵癘 8-313B
cǐlì 呰厲 11-170A
cílǐ 詞理 11-123A
cílǐ 辭理 11-504B
cílǐ 辭醴 11-508B
cílì 磁力 7-1083A
cílì 辭力 11-501B
cìlì 刺詈 2-655A
cílián 慈憐 7-650A
cìlián 賜憐 10-264B
cíliáng 差量 2-977A
cíliáng 慈良 7-647B
cíliáo 磁療 7-1084A
cíliè 雌劣 11-838B
cìliè 次列 6-1435B
cīlìn 玼吝 4-545B
cīlìn 疵吝 8-312B
cílín 詞林 11-121A
cílín 慈臨 7-650B
cílín 辭林 11-503A
cílǐn 祠廩 7-907A
cìlín 次鱗 6-1438A
cìlín 刺臨 2-657A
cìlín 賜臨 10-265A
cílíng 辭靈 11-508B
cílǐng 辭領 11-506A
cílìng 詞令 11-120A
cílìng 辭令 11-501B
cìliū 刺溜 2-655B
cíliū 跐蹓 10-462A
cíliú 詞流 11-123A
cìlóng 賜龍 10-265A
cílóngcóngyǔ 辭隆從窳 11-505A
cīlòu 疵陋 8-312B
cílù 祠禄 7-906B
cílù 鶿鷺 12-1090A
cílù 辭禄 11-505B
cìlù 次路 6-1437B
cìlù 次輅 6-1437B
cílún 慈綸 7-650A
cílùn 辭論 11-507A
cílǜ 詞律 11-122A
cìlǚ 賜履 10-264B
címǎn 辭滿 11-506B
cìmáng 刺芒 2-651B
cìmǎng 賜蟒 10-264B
cīmáo 疵毛 8-312B
címáo 茨茅 9-386B
címào 詞貌 11-125A
címào 辭貌 11-506A
cìmáo 刺蝥 2-656B
cìmáochóng 蛓毛蟲 8-889A
cìmáoshòutǔ 賜茅授土 10-260B
cìmáoyīng 蛓毛鷹 8-889A
cìméi 刺莓 2-654A
cìměi 刺美 2-653B
címéidáyàng 雌没答樣 11-839A
címén 茨門 9-386B
címén 詞門 11-121B
címéng 詞盟 11-124A
cìmì 刺蜜 2-656A
cīmiàn 疵面 8-313A
címiǎn 慈眄 7-648B
címiǎn 辭免 11-502B
címiàn 辭面 11-503B
cìmiàn 刺面 2-653A
címiào 祠廟 7-906B
címiào 辭廟 11-507A
címǐn 慈愍 7-650A
címǐn 慈憫 7-650A
címíng 詞名 11-120B
címíng 慈明 7-647B
címìng 詞命 11-121B
címìng 慈命 7-648A
címìng 辭命 11-503A
cìmíng 賜名 10-260A
cìmìng 賜命 10-261A
címíngwúshuāng 慈明無雙 7-648A
cīmiù 疵謬 8-314A
címó 詞魔 11-127A
címó 慈謨 7-650B
címǔ 慈母 7-647A
címù 詞目 11-119B
címù 慈目 7-647A
címù 慈睦 7-649B
cìmù 刺目 2-651A
cìmù 賜沐 10-260B
cìmù 賜墓 10-263A
címǔfú 慈母服 7-647A
cìnán 次男 6-1435B
cìnáo 刺撓 2-656B
cìnǎo 刺惱 2-655B
cìnào 刺鬧 2-656B
cíní 雌蜺 11-840A
cíní 雌霓 11-840B
cíní 鳰蜺 12-1090A
cíniǎn 辭輦 11-506B
cíniàn 慈念 7-648A
cìniè 刺涅 2-654B
cínízhìsòng 雌霓之誦 11-840B
cínuò 雌懦 11-840B
cípái 詞牌 11-124A
cípài 詞派 11-122A
cìpèi 刺配 2-654A
cìpēn 刺噴 2-656B
cìpéng 刺篷 2-656B
cípǐ 詞癖 11-126B
cīpǐn 差品 2-976A
cípǐn 詞品 11-122A
cìpǐn 次品 6-1436B
cípíng 瓷瓶 5-288B
cípǔ 詞譜 11-127A
cìpú 賜酺 10-263B
cíqī 瓷漆 5-289A
cíqì 祠器 7-907A
cíqì 瓷器 5-289A
cíqì 詞氣 11-122B
cíqì 磁器 7-1084A
cíqì 辭氣 11-504A
cīqī 跐蹊 10-462A
cìqī 次妻 6-1436A
cìqì 刺啓 2-655A
cìqì 賜乞 10-259B
cīqiān 疵愆 8-313B
cíqiān 辭愆 11-505B
cìqián 次前 6-1436B
cìqiǎn 賜遣 10-263A
cìqiàn 刺芡 2-652A
cíqiāng 詞腔 11-124A
cìqiángjíjiān 賜牆及肩 10-265A
cìqiāngnòngbàng 刺槍弄棒 2-655B
cìqiāngshǐbàng 刺槍使棒 2-656A
cìqiǎo 賜巧 10-259B
cíqiāxióngyín 雌呿雄吟 11-839A
cǐqǐbǐfú 此起彼伏 5-331A
cǐqǐbǐluò 此起彼落 5-331A
cìqiè 刺切 2-650B
cíqīn 慈親 7-650A
cíqīng 辭青 11-503A
cíqíng 辭情 11-505A
cìqīng 次卿 6-1437A
cìqǐng 刺請 2-656B
cìqìng 賜慶 10-264B
cíqīngsòngjiǎn 詞清訟簡 11-123B
cíqióng 詞窮 11-125B
cíqióng 辭窮 11-507A
cíqiónglǐjìn 詞窮理盡 11-125B
cíqiónglǐjué 詞窮理絶 11-125B
cíqiónglǐqū 詞窮理屈 11-125B
cíqiónglǐqū 辭窮理屈 11-507A
cíqiú 祠求 7-905B
cìqiū 刺楸 2-655B
cíqū 辭屈 11-503B
cíqǔ 詞曲 11-120A
cíqù 辭去 11-501B
cíqù 辭趣 11-506B
cìqǔ 刺取 2-652A
cīquē 呰缺 11-169A
cíquē 辭闕 11-508A
círàng 慈讓 7-650B
círàng 辭讓 11-508B
círén 詞人 11-119A
círén 慈仁 7-647A
círén 辭人 11-501A
círěn 慈忍 7-647B
cìrén 刺人 2-650A
círóng 祠容 7-906A
círóng 慈容 7-649A
círóng 辭榮 11-506B
círóu 慈柔 7-648B
círuò 雌弱 11-839A
cǐruò 此若 5-331A
cìruò 刺爇 2-657A
císài 祠賽 7-907A
cǐsǎng 泚顙 5-1141B
císè 詞色 11-120B
císè 慈色 7-647B
císè 辭色 11-502A
cìshā 刺殺 2-654B
cìshādàn 刺殺旦 2-654B
cīshài 差殺 2-976B
císhàn 慈善 7-649B
cìshān 刺山 2-650B
cìshǎng 次賞 6-1438A
cìshǎng 賜賞 10-264A
cìshànghuàxià 刺上化下 2-650B
císhānshén 祠山神 7-905A
císhè 詞社 11-120B
cìshé 刺舌 2-651B
cìshè 次舍 6-1436A
cìshè 賜舍 10-261A
cìshěn 刺審 2-656B
císhēng 雌聲 11-840B
cǐshēng 此生 5-330B
cìshēng 賜生 10-260A
cìshèng 次乘 6-1437A
cìshèng 次聖 6-1437B
cīshī 疵失 8-312B
císhí 瓷實 5-288B
císhí 慈石 7-647A
císhí 磁石 7-1083B
císhí 磁實 7-1083B
císhí 礠石 7-1115B
císhǐ 詞史 11-120A
císhì 祠事 7-905B
císhì 祠室 7-906A

císhì 詞士 11-119B
císhì 詞侍 11-121A
císhì 慈氏 7-647A
císhì 慈侍 7-648A
císhì 雌視 11-839B
císhì 辭世 11-501B
cǐshí 此時 5-331A
cìshī 刺詩 2-655B
cìshí 賜食 10-261B
cìshǐ 刺史 2-651A
cìshì 次世 6-1435B
cìshì 次事 6-1436A
cìshì 次室 6-1436B
cìshì 刺世 2-651A
cìshì 刺事 2-652B
cìshì 刺螫 2-657A
cìshì 賜氏 10-259B
cìshì 賜示 10-259B
cìshì 賜諡 10-265A
cìshì 賜謚 10-265A
cìshǐzhōu 刺史州 2-651A
císhǒu 詞手 11-119B
císhǒu 詞首 11-122A
císhǒu 雌守 11-838B
císhǒu 辭手 11-501B
císhòu 辭受 11-503A
cìshǒu 刺手 2-650B
cìshòu 賜壽 10-263B
císhū 辭書 11-504B
císhǔ 詞署 11-124A
císhù 慈恕 7-649A
cǐshǔ 此屬 5-332A
cìshū 賜書 10-262A
cìshù 次述 6-1436A
cìshù 次數 6-1438A
císhuì 詞説 11-125A
císhuì 辭説 11-506B
císhuō 詞説 11-125A
císhuō 辭説 11-506B
císì 祠寺 7-905A
císì 祠祀 7-905B
cìsǐ 賜死 10-260A
cìsì 次祀 6-1436A
císòng 詞訟 11-123B
císòng 辭訟 11-504B
císù 詞素 11-122B
císù 詞訴 11-124A
císù 辭訴 11-505A
císù 辭愬 11-506B
císuì 辭歲 11-505B
císūn 慈孫 7-649A
cìsuǒ 次所 6-1436A
cǐtā 此他 5-330B
cítán 祠壇 7-906B
cítán 詞壇 11-125B
cìtàn 刺探 2-654B
cítáng 祠堂 7-906A
cítáng 雌堂 11-839B
cítáng 辭堂 11-504B
cītè 疵慝 8-313B
cìtè 刺慝 2-655B
cítí 詞題 11-126B
cítǐ 詞體 11-127A
cìtí 次題 6-1438A
cítián 祠田 7-905A
cìtiān 刺天 2-650B
cìtián 刺填 2-655B
cìtián 賜田 10-260A
cítiáo 詞條 11-122B
cítiáo 辭條 11-504A
cítīng 辭聽 11-508B
cítíng 詞庭 11-122A
cìtīng 賜聽 10-265B
cítǒng 詞筩 11-124B
cítǒng 瓷筒 12-538A
cìtóng 刺桐 2-654A
cìtòng 刺痛 2-655B
cítóu 詞頭 11-126A
cítóu 辭頭 11-507A
cìtóu 刺頭 2-656B
cìtóunílǐxiàn
刺頭泥裹陷 2-656B
cítú 詞塗 11-124B
cítǔ 瓷土 5-288B
cítǔ 詞吐 11-120A
cítǔ 辭吐 11-502A
cítuán 瓷團 12-538A
cítuī 辭推 11-504B
cítuì 辭退 11-503B
cítuō 辭托 11-502A
cíwǎ 磁瓦 7-1083A
cǐwài 此外 5-330B
cìwǎng 刺網 2-656A
cíwēi 雌威 11-839A
cíwéi 詞闈 11-126B
cíwéi 慈帷 7-649A
cíwéi 慈幃 7-649B
cíwéi 慈闈 7-650B
cíwéi 辭違 11-505B
cíwěi 祠尾 7-905B
cíwěi 詞尾 11-121A
cíwèi 祠位 7-905B
cíwèi 辭位 11-502B
cíwèi 辭味 11-503A
cǐwěi 仳猥 1-1336A
cìwéi 刺猬 2-655B
cìwèi 賜慰 10-264B
cìwèi 賜遺 10-264A
cīwèn 疵璺 8-314A
cíwēn 慈溫 7-649B
cíwén 詞文 11-119B
cìwén 刺文 2-650B
cìwèn 刺問 2-655A
cìwèn 賜問 10-262B
cǐwènbǐnàn 此問彼難
5-331B
cìwénkù 刺文褲 2-651A
cíwò 慈渥 7-649B
cīwū 疵污 8-312B
cīwù 疵物 8-312B
cíwū 祠屋 7-906A
cíwū 慈烏 7-648B
cíwǔ 慈武 7-647B
cìwúwèi 賜無畏 10-262B
cíxī 祠鱉 7-907A
cíxī 慈息 7-648B
cíxī 慈膝 7-650A
cìxī 次息 6-1437A
cìxí 次席 6-1437A
cìxí 賜席 10-261B
cīxiá 玼瑕 4-545B
cīxiá 疵瑕 8-313A
cīxià 疵下 8-312B
cíxiān 瓷仙 5-288B
cíxiān 詞仙 11-120A
cíxián 雌絃 11-839B
cìxiàn 賜獻 10-265B
cíxiáng 慈祥 7-649A
cíxiǎng 祠享 7-905B
cíxiàng 詞向 11-120B
cíxiàng 詞象 11-123B
cìxiāng 賜香 10-261B
cìxiàng 次相 6-1436B
cíxiào 慈孝 7-647B
cíxiē 辭歇 11-505B
cíxiè 辭卸 11-503B
cíxiè 辭謝 11-507B
cìxié 刺邪 2-651B
cìxiélǐ 刺邪裹 2-651B
cìxiélǐ 刺斜裹 2-655A
cíxìn 疵釁 8-314A
cíxīn 詞心 11-119B
cíxīn 慈心 7-647A
cíxīn 雌心 11-838B
cìxīn 刺心 2-651A
cíxíng 辭行 11-502A
cíxìng 詞性 11-121B
cíxìng 磁性 7-1083B
cìxīng 賜腥 10-263B
cìxìng 賜姓 10-261A
cìxīnkègǔ 刺心刻骨 2-651A
cìxīnliègān 刺心裂肝
2-651A
cìxīnqiègǔ 刺心切骨
2-651A
cíxiōng 慈兄 7-647A
cíxióng 詞雄 11-123B
cíxióng 雌雄 11-839B
cíxióngjiàn 雌雄劍 11-840A
cíxióngshù 雌雄樹 11-840A
cìxiū 賜休 10-260A
cìxiù 刺綉 2-655B
cìxiù 刺繡 2-657B
cīxù 差序 2-975A
cíxù 詞序 11-120B
cíxù 慈恤 7-648B
cìxǔ 賜許 10-262B
cìxù 次序 6-1436A
cìxù 次叙 6-1436B
cìxù 次緒 6-1438A
cìxù 佽恤 1-1355A
cìxù 賜卹 10-261A
cíxuān 慈萱 7-649A
cíxué 詞學 11-126A
cíxué 辭學 11-507B
cìxuè 刺血 2-651B
cíxuéjiānmàokē
詞學兼茂科 11-126A
cíxuékē 詞學科 11-126A
cíxùn 詞訓 11-123A
cíxùn 慈訓 7-649A
cíxùn 雌遜 11-840A
cíxùn 辭訓 11-504A
cíxùn 辭遜 11-506A
cìxūn 賜勳 10-264B
cīyá 嵯岈 3-857A
cīyá 齹齖 12-1457B
cīyà 疵釁 8-314A
cíyā 慈鴉 7-650A
cíyǎ 詞雅 11-123B
cíyǎ 雌啞 11-839B
cíyábànchǐ 雌牙扮齒
11-838B
cīyáliězuǐ 呰牙咧嘴
3-320B
cíyáliězuǐ 雌牙裂嘴
11-838B
cíyálùzuǐ 雌牙露嘴
11-838B
cíyán 茨簷 9-386B
cíyán 詞言 11-120B
cíyán 慈顏 7-650B
cíyán 辭言 11-502B
cíyǎn 詞眼 11-123B
cíyǎn 慈眼 7-649A
cǐyán 泚顏 5-1141A
cìyǎn 刺眼 2-654B
cìyàn 次宴 6-1437A
cìyàn 刺讞 2-657B
cìyàn 賜宴 10-261B
cìyàn 賜燕 10-264B
cìyàn 賜讌 10-265B
cìyang 刺癢 2-657B
cíyániǔzuǐ 雌牙扭嘴
11-838B
cíyánqìzhèng 辭嚴氣正
11-508A
cíyányìmì 詞嚴義密
11-127A
cíyányìzhèng 詞嚴義正
11-126B
cíyányìzhèng 辭嚴意正
11-508A
cíyányìzhèng 辭嚴義正
11-508A
cíyányìzhèng 辭嚴誼正
11-508A
cíyāo 辭要 11-503B
cíyáo 瓷窯 5-289A
cíyáo 瓷窰 5-289A
cìyào 次要 6-1436B
cíyē 詞掖 11-123A
cíyè 祠謁 7-907A
cíyè 詞業 11-124A
cíyè 辭謁 11-507B
cìyè 刺謁 2-657A
cíyí 螆蛦 8-983B
cīyì 疵疫 8-313A
cīyì 疵議 8-314A
cíyì 詞意 11-124B
cíyì 詞義 11-124B
cíyì 詞誼 11-125B
cíyì 詞藝 11-126B
cíyì 慈懿 7-650B
cíyì 辭邑 11-502B
cíyì 辭意 11-505B

cíyì 辭義 11-506A
cǐyǐ 此以 5-330A
cìyí 螆蛦 8-933B
cìyí 賜疑 10-264A
cìyì 賜邑 10-260B
cíyīn 詞因 11-120B
cíyīn 慈蔭 7-649B
cíyǐn 詞隱 11-126B
cíyǐn 慈隱 7-650B
cìyǐn 賜隱 10-265A
cìyìn 次印 6-1435B
cìyìn 賜蔭 10-263A
cìyìn 賜廕 10-263B
cíyīng 瓷罌 5-289A
cíyīng 詞英 11-121A
cíyīng 磁罌 7-1084A
cíyǐng 慈景 7-649B
cìyíng 賜塋 10-263B
cíyìqián 辭役錢 11-502B
cǐyīshíbǐyīshí
此一時彼一時 5-330A
cīyōng 疵癰 8-314A
cìyōng 賜饔 10-265B
cìyòng 賜用 10-260A
cíyǒu 詞友 11-119B
cíyòu 詞囿 11-122A
cíyòu 慈幼 7-647B
cíyòu 慈宥 7-648B
cíyòu 慈祐 7-648B
cìyòu 刺宥 2-653B
cíyòujú 慈幼局 7-647B
cíyú 詞餘 11-125B
cíyǔ 祠宇 7-905A
cíyǔ 茨宇 9-386B
cíyǔ 詞語 11-125A
cíyǔ 慈雨 7-647B
cíyǔ 辭語 11-506A
cíyù 詞獄 11-125A
cíyù 慈育 7-648A
cìyú 賜予 10-259B
cìyú 賜魚 10-262A
cìyǔ 刺語 2-656A
cìyǔ 賜與 10-263A
cíyuán 詞元 11-119B
cíyuán 詞垣 11-122A
cíyuán 詞園 11-124A
cíyuán 詞源 11-124B
cíyuán 辭源 11-506A
cíyuàn 詞苑 11-121A
cíyuē 詞約 11-122A
cìyuè 賜樂 10-264B
cíyuēzhǐmíng 詞約指明
11-122B
cíyún 慈雲 7-649B
cíyùn 詞韻 11-127A
cìyùn 次韻 6-1438A
cīzá 疵雜 8-314A
cízǎo 詞藻 11-126B
cízǎo 辭藻 11-508A
cízào 祠竈 7-907A
cízào 慈造 7-648B
cízào 辭竈 11-508B
cízǎohónglìkē
詞藻宏麗科 11-126B
cízé 慈澤 7-650B
cìzé 賜則 10-261B
cízhá 詞札 11-119B
cìzhá 賜札 10-260A
cīzhāi 疵摘 8-313B
cìzhān 賜霑 10-264B
cízhāng 詞章 11-123B
cízhāng 辭章 11-505A
cízhàng 詞丈 11-119B
cìzhǎng 次長 6-1436A
cìzhàng 賜杖 10-260A
cìzhǎngzǔ 次長祖 6-1436A
cìzhào 刺棹 2-655A
cǐzhě 此者 5-331A
cízhěn 瓷枕 5-288B
cízhěn 磁枕 7-1083B
cìzhēn 刺針 2-654B
cìzhèn 賜酖 10-262A
cìzhèn 賜賑 10-263B
cìzhèn 賜鴆 10-264B
cīzhèng 疵政 8-312B
cízhèng 祠正 7-905A
cízhèng 辭證 11-508B
cízhènglǐzhí 詞正理直
11-119B
cīzhì 差秩 2-976B
cīzhì 柴庣 4-969B
cīzhì 傑傂 1-1600B
cízhí 詞職 11-126B
cízhí 辭職 11-508A
cízhǐ 詞旨 11-120B
cízhǐ 詞指 11-122A
cízhǐ 詞紙 11-123A
cízhǐ 慈旨 7-647B
cízhǐ 辭旨 11-502A
cízhǐ 辭恉 11-503B
cízhǐ 辭指 11-503B
cízhì 詞志 11-120B
cízhì 詞致 11-122B
cízhì 辭秩 11-504A
cízhì 辭致 11-504A
cǐzhì 茈庣 9-365B
cǐzhì 此豸 5-330B
cǐzhì 跐豸 10-462A
cìzhí 賜直 10-260B
cìzhǐ 次止 6-1435B
cìzhǐ 刺紙 2-654B
cízhìtí 雌雉啼 11-840A
cízhōng 慈衷 7-649A
cìzhōu 刺舟 2-651B
cízhōuyáo 磁州窯 7-1083B
cízhú 慈竹 7-647B
cízhú 雌竹 11-838B
cízhǔ 祠主 7-905A
cízhǔ 詞主 11-120A
cízhù 祠祝 7-906A
cízhù 瓷注 5-288B
cǐzhù 跐住 10-462A
cìzhú 刺竹 2-651B
cìzhǔ 次主 6-1435B
cìzhù 佽助 1-1354B
cìzhù 賜祝 10-261B
cízhuān 瓷磚 5-289A
cìzhuàn 次傳 6-1437B
cìzhuàn 次篆 6-1438A
cìzhuàn 賜篆 10-264A
cìzhuàn 賜饌 10-265B
cízhuàng 詞狀 11-121B
cízhuàng 辭狀 11-503B
cízhuì 詞綴 11-125A
cīzhuō 疵拙 8-312B
cìzhuó 刺斫 2-653A
cìzhúsǔn 刺竹筍 2-651B
cízì 雌字 11-839A
cìzī 次資 6-1437B
cìzǐ 賜紫 10-262B
cìzì 刺字 2-651B
cìzǐyīngtáo 賜紫櫻桃
10-262B
cízōng 詞宗 11-121B
cízōng 辭宗 11-503B
cízǔ 詞組 11-123B
cízǔ 辭阻 11-503A
cìzū 賜租 10-261B
cìzú 賜族 10-262B
cìzǔ 次祖 6-1437A
cízuǐ 雌嘴 11-840B
cìzuò 賜胙 10-261B
cóng'ān 從鞍 3-1014B
cōngbái 葱白 9-478A
cóngbān 從班 3-1010A
cóngbānliè 從班列 3-1010A
cóngbǎo 叢葆 2-893B
cóngbào 叢報 2-893B
cóngbēi 叢悲 2-893B
cóngbì 從婢 3-1012A
cóngbì 從蹕 3-1015B
cóngbì 琮璧 4-598A
cōngbiàn 聰辯 8-698B
cóngbiàn 從便 3-1008B
cóngbiǎodì 從表弟 3-1006B
cóngbiǎozhí 從表姪 3-1006B
cóngbīng 從兵 3-1005B
cóngbó 從伯 3-1006A
cóngbó 藂薄 9-588A
cóngbó 叢泊 2-892B
cóngbó 叢薄 2-894B
cóngbù 賨布 10-278A
cōngcàn 葱粲 9-479A
cóngcán 藂殘 9-588A
cóngcán 叢殘 2-893B
cōngcǎo 怱草 7-447B
cóngcáojùbù 叢曹劇部
2-893A
cōngchá 聰察 8-698A
cóngchán 淙潺 5-1418B
cóngchán 潨潺 6-142A
cóngchángjìjiào 從長計較
3-1006B
cóngchángjìyì 從長計議
3-1006B
cóngchángshāngyì
從長商議 3-1006B
cóngchē 從車 3-1005B
cóngchén 從臣 3-1005A
cóngchén 叢辰 2-892A
cōngchēng 瑽琤 4-629B
cóngchēng 淙琤 5-1418A
cóngchēng 琮琤 4-598A
cóngchóng 叢重 2-892B
cōngchǔ 葱楚 9-479A
cóngchū 從初 3-1006A
cóngchuáng 潨淙 6-142A
cōngcì 怱次 7-447B
cóngcí 從祠 3-1010A
cóngcí 藂祠 9-588A
cóngcí 叢祠 2-892B
cóngcǐ 從此 3-1005B
cōngcōng 囱囱 3-624B
cōngcōng 匆匆 2-180B
cōngcōng 悤悤 7-426B
cōngcōng 怱怱 7-447B
cōngcōng 葱葱 9-478B
cōngcōng 聰聰 8-679B
cōngcōng 樅樅 4-1277A
cōngcōng 瑽瑽 4-630A
cōngcōng 鏦鏦 11-1381B
cōngcōng 傯傯 1-1556A
cōngcōng 偬偬 1-1643A
cóngcóng 從從 3-1011B
cóngcóng 淙淙 5-1418A
cóngcóng 淙潨 5-1418B
cóngcóng 琮琮 4-598A
cóngcóng 漎漎 6-92B
cóngcóng 潨潨 6-142A
cóngcóng 藂藂 9-588B
cóngcóng 叢叢 2-895B
cóngcóng 灇灇 6-218A
cóngcóng 猔猔 5-103A
cóngcóngguōguō 淙淙活活
5-1418B
cóngcòu 叢湊 2-894A
cōngcù 匆促 2-180B
cōngcù 匆猝 2-180B
cōngcù 匆卒 2-180B
cōngcù 怱促 7-447B
cōngcù 怱卒 7-447B
cōngcù 偬卒 1-1643A
cóngcù 叢簇 2-895A
cóngcuán 叢攢 2-895B
cōngcuì 葱翠 9-479A
cóngcuì 叢悴 2-893A
cóngcuì 叢萃 2-893A
cóngcuì 叢顇 2-895A
cóngcuǒ 叢脞 2-893A
cóngcuò 叢錯 2-895A
cōngdá 聰達 8-697B
cóngdǎ 從打 3-1004A
cóngdào 從道 3-1012B
cóngdào 叢倒 2-892B
cóngdí 從敵 3-1014B
cóngdì 從弟 3-1006A
cóngdòng 潨洞 6-142A
còngdòng 謥詷 11-349B
cóng'è 叢惡 2-893B
cōng'ěr 聰耳 8-696A
cóng'ér 從而 3-1005A
cóng'ér 從兒 3-1007B
cóng'èrúbēng 從惡如崩
3-1012A
cóng'èruòbēng 從惡若崩
3-1012A

cóngfán 叢煩 2-894A
cóngfán 叢繁 2-895A
cóngfàn 從犯 3-1004B
cóngfāng 叢芳 2-892A
cóngfēng 從風 3-1009A
cóngfēng'érmí 從風而靡 3-1009A
cóngfú 從服 3-1008A
cóngfù 從父 3-1003B
cóngfù 從賦 3-1014B
cóngfùxiōng 從父兄 3-1003B
cóngfùzǐmèi 從父姊妹 3-1003B
cónggé 從革 3-1008B
cónggōng 從公 3-1004A
cónggōnggē 從公歌 3-1004A
cónggū 從姑 3-1008B
cónggǔ 淙汩 5-1418A
cóngguān 從官 3-1008A
cóngguàn 叢灌 2-895B
cōnghǎi 葱海 9-478B
cōnghéng 璁珩 4-629B
cōnghéng 鏓衡 11-1381B
cōnghuā 葱花 9-478B
cónghuà 從化 3-1003B
cónghuàn 從宦 3-1009B
cónghuáng 琮璜 4-598A
cónghuáng 叢篁 2-894B
cōnghuì 聰惠 8-698A
cōnghuì 聰慧 8-698A
cónghuì 叢薈 2-894B
cónghuì 叢穢 2-895B
cónghuǒ 叢夥 2-894B
cónghuò 賨貨 10-278B
cōngjí 總極 9-997A
cōngjì 聰記 8-697B
cóngjī 從姬 3-1011B
cóngjí 從吉 3-1005A
cóngjí 藂棘 9-588A
cóngjí 藂集 9-588A
cóngjí 叢棘 2-893B
cóngjí 叢集 2-893B
cóngjià 從嫁 3-1013B
cóngjià 從駕 3-1014B
cóngjià 賨幏 10-278B
cōngjiàn 聰鑒 8-698B
cóngjiān 從閒 3-1012B
cóngjiān 叢菅 2-893A
cóngjiàn 從諫 3-1015A
cóngjiàn 叢箭 2-894B
cóngjiànrúliú 從諫如流 3-1015A
cóngjiào 從教 3-1011B
cōngjiě 聰解 8-698A
cóngjīn 從今 3-1004A
cōngjīnfágǔ 樅金伐鼓 4-1277A
cōngjīng 葱菁 9-478B
cōngjǐng 聰警 8-698B
cóngjǐngjiùrén 從井救人 3-1003B
cóngjiù 從就 3-1012B
cóngjiù 從舅 3-1013A
cōngjù 匆劇 2-180B
cōngjù 匆遽 2-180B
cōngjù 忩遽 7-426B
cōngjù 怱遽 7-447B
cōngjù 傯遽 1-1556A
cóngjū 從居 3-1008A
cóngjù 叢聚 2-894A
cóngjù 叢劇 2-894B
cóngjù 叢遽 2-894B
cōngjùn 聰雋 8-697B
cōngjùn 聰儁 8-698A
cōngjùn 聰俊 8-697B
cóngjūn 從軍 3-1009B
cóngjūnxíng 從軍行 3-1009B
cóngkān 叢刊 2-891B
cóngkǎojiù 從考舅 3-1005A
cōngkè 聰刻 8-697B
cóngkè 叢刻 2-892B
cóngkuí 從魁 3-1013A
cónglái 從來 3-1007A
cónglái 從徠 3-1011B
cónglán 叢蘭 2-895B
cōnglǎng 聰朗 8-697B
cōnglì 聰利 8-696A
cónglì 從立 3-1004B
cónglì 從吏 3-1005A
cōngliàng 聰亮 8-697B
cóngliáng 從良 3-1006A
cōngliǎo 聰了 8-696A
cóngliáo 叢繆 2-895A
cóngliè 從列 3-1005A
cónglín 藂林 9-588A
cónglín 叢林 2-892A
cōnglíng 葱靈 9-479B
cōnglìng 聰令 8-696A
cónglíng 悰靈 7-605A
cōnglíngchē 轗𨏳車 9-1306A
cónglìngrúliú 從令如流 3-1004B
cóngliú 從流 3-1010B
cóngliú 潨流 6-142A
cóngliúwàngfǎn 從流忘反 3-1010B
cōnglóng 葱隆 9-479A
cōnglóng 葱蘢 9-479A
cōnglóng 葱曨 9-479B
cōnglóng 葱籠 9-479B
cōnglóng 葱聾 9-479B
cōnglóng 璁瓏 4-629B
cōnglóng 聦朧 6-1353B
cónglóng 從龍 3-1015A
cóngluàn 從亂 3-1013A
cōnglǜ 葱綠 9-479A
cónglǚ 賨旅 10-278A
cōngmǎ 驄馬 12-880B
cóngmǎ 從馬 3-1010A
cōngmǎkè 驄馬客 12-881A
cōngmǎláng 驄馬郎 12-881A
cōngmáng 匆忙 2-180B
cōngmáng 忩忙 7-426B
cōngmáng 怱忙 7-447B
cóngmǎng 叢莽 2-892B
cōngmào 葱茂 9-478B
cóngmáo 叢毛 2-891B
cóngmào 藂茂 9-588A
cóngmào 叢茂 2-892A
cōngmǎshǐ 驄馬使 12-880B
cóngmǎzhí 從馬直 3-1010A
cóngmèi 從妹 3-1008A
cōngméng 葱矇 9-479A
cōngméng 葱蒙 9-479A
cóngmì 叢密 2-893A
cōngmǐn 聰敏 8-697B
cōngmǐn 聰慜 8-698A
cōngmíng 怱明 7-447B
cōngmíng 聰明 8-696A
cóngmìng 從命 3-1007B
cōngmíngcáizhì 聰明才智 8-697A
cōngmíng'ér 聰明兒 8-697A
cōngmíngfǎnbèi… 聰明反被聰明誤 8-697A
cōngmínglínglì 聰明伶俐 8-697A
cōngmíngniǎo 聰明鳥 8-697A
cōngmíngruìzhī 聰明睿知 8-697A
cōngmíngruìzhì 聰明睿智 8-697A
cōngmíngruìzhī 聰明叡知 8-697B
cōngmíngwán 聰明丸 8-697A
cōngmíngwù 聰明誤 8-697B
cōngmíngyīshì… 聰明一世,糊塗一時 8-696B
cōngmíngyīshì… 聰明一世,懵懂片時 8-697A
cōngmíngyīshì… 聰明一世,懵懂一時 8-696B
cōngmíngzìwù 聰明自誤 8-697A
cōngmóu 聰謀 8-698A
cóngmǔ 從母 3-1004B
cóngmù 叢木 2-891B
cóngmǔkūndì 從母昆弟 3-1004B
cóngmǔkūndì 從母晜弟 3-1005A
cóngnà 從納 3-1011B
cóngnì 從逆 3-1009A
cóngniǎn 從輦 3-1013B
cóngniú 從牛 3-1003B
cóngnú 從奴 3-1004B
cóngnǚ 從女 3-1003B
cóngpáng 叢龐 2-895B
cóngpián 叢駢 2-894B
cóngpǐn 從品 3-1008B
cóngqí 從騎 3-1015B
cōngqiān 葱芊 9-478A
cōngqiàn 葱倩 9-478B
cōngqiàn 葱蒨 9-478B
cóngqián 從前 3-1009A
cóngqián 賨錢 10-278B
cóngqiǎo 叢巧 2-892A
cóngqín 從禽 3-1012A
cōngqīng 葱青 9-478B
cóngqìng 叢箐 2-894B
cóngqīngzhézhóu 叢輕折軸 2-894A
cóngquán 從權 3-1015B
cóngquán 淙泉 5-1418A
cóngquèyuānyú 叢雀淵魚 2-893A
cōngrán 從然 3-1012B
cōngrán 瑽然 4-629B
cóngrán 漎然 6-92B
cóngrán 叢然 2-894A
cóngrén 從人 3-1003A
cōngróng 從容 3-1010B
cōngróng 從頌 3-1013A
cōngróng 蓯蓉 9-538A
cōngróng 瑽瑢 4-629B
cōngrǒng 匆冗 2-180B
cóngróng 從戎 3-1005A
cóngróng 從容 3-1010B
cóngrǒng 叢冗 2-891B
cóngróngbùpò 從容不迫 3-1011A
cóngróngjiùyì 從容就義 3-1011A
cóngróngzìrú 從容自如 3-1011A
cóngróngzìruò 從容自若 3-1011A
cóngróu 叢糅 2-894B
cōngruì 聰睿 8-698A
cōngruì 聰叡 8-698A
cóngruì 叢芮 2-892A
cóngsāng 從喪 3-1012A
cóngsǎo 從嫂 3-1013A
cōngshā 鏓殺 11-1381B
cóngshàn 從善 3-1012B
cóngshǎng 從賞 3-1014B
cóngshānjùnlǐng 叢山峻嶺 2-891B
cóngshànrúdēng 從善如登 3-1012B
cóngshànrúliú 從善如流 3-1012B
cóngshànruòliú 從善若流 3-1012B
cóngshè 叢社 2-892A
cóngshè 叢射 2-892B
cóngshēng 從甥 3-1012A
cóngshēng 從聲 3-1015A
cóngshēng 叢生 2-892A
cóngshéng 從繩 3-1015B
cóngshěngfú 從省服 3-1008B
cóngshī 從師 3-1010B
cóngshī 叢蓍 2-894A
cóngshí 從食 3-1009A
cóngshí 從時 3-1010A
cóngshí 從實 3-1013B
cóngshǐ 從史 3-1004B
cóngshǐ 從使 3-1007B
cóngshì 從世 3-1004B
cóngshì 從仕 3-1004B
cóngshì 從事 3-1006B
cóngshì 從是 3-1008B
cóngshì 從試 3-1013A

cóngshì 從適 3-1013B
cóngshìshān 從事衫 3-1007A
cóngshǒu 叢手 2-891B
cóngshū 從叔 3-1007B
cóngshū 叢書 2-893A
cóngshǔ 從屬 3-1015B
cóngshùn 從順 3-1012A
cóngsī 從私 3-1005B
cóngsǐ 從死 3-1005A
cóngsì 從祀 3-1006A
cōngsù 怱速 7-447B
cóngsú 從俗 3-1008B
cóngsù 從速 3-1010A
cóngsuí 從隨 3-1013B
cóngsūn 從孫 3-1011B
cóngsunshēng 從孫甥 3-1011B
cóngsuǒ 叢瑣 2-894A
cóngtà 叢沓 2-892A
cóngtái 叢臺 2-894A
cóngtán 叢談 2-894B
cóngtáng 從堂 3-1011B
cóngtiān 從天 3-1003B
cóngtiān'érjiàng 從天而降 3-1003B
cóngtiān'érxià 從天而下 3-1003B
cóngtiè 叢帖 2-892A
cōngtīng 聰聽 8-698B
cóngtīng 從聽 3-1015B
cōngtóng 鏓硐 11-1381B
cóngtóng 從同 3-1005B
còngtōng 憁恫 7-711A
cóngtóu 從頭 3-1014B
cóngtóuchèwěi 從頭徹尾 3-1015A
cóngtóudàowěi 從頭到尾 3-1015A
cóngtóuzhìwěi 從頭至尾 3-1015A
cóngtú 從徒 3-1010B
cóngtú 叢塗 2-894A
cóngtuó 從橐 3-1013B
cóngtuó 從槖 3-1014B
cōngwèi 葱蔚 9-479A
cóngwéi 從違 3-1013A
cóngwěi 叢委 2-892B
cóngwěi 叢猥 2-894A
cóngwèi 從衛 3-1014B
cóngwèi 叢蔚 2-894A
cóngwēng 從翁 3-1010B
cōngwù 聰悟 8-697B
cóngwú 叢蕪 2-894B
cóngwù 從物 3-1007B
cóngwù 叢物 2-892A
cóngxǐ 琮璽 4-598A
cóngxì 藂細 9-588A
cóngxì 叢細 2-893B
cōngxiá 聰黠 8-698A
cóngxiān 從先 3-1005B
cóngxiàn 從獻 3-1015B
cóngxiǎng 從享 3-1008A
cóngxiǎng 從饗 3-1015B
cóngxiāo 叢霄 2-894B
cóngxiǎo 從小 3-1003B
cóngxiǎo 叢篠 2-895A
cóngxiè 潨瀉 6-142A
cóngxīn 從心 3-1004A
cóngxīn 從新 3-1013A
cóngxìn 從信 3-1009A
cóngxīng 從星 3-1008B
cóngxíng 從行 3-1005B
cóngxīnsuǒyù 從心所欲 3-1004A
cóngxiōng 從兄 3-1004B
cóngxiōngdiménzhōng 從兄弟門中 3-1004B
cōngxū 聰虛 8-697B
cōngxū 蟌蝑 8-957B
cóngxǔ 從許 3-1012A
cóngxù 悰緒 7-605A
cóngxué 從學 3-1015A
cóngxùn 從殉 3-1010A
cóngyàn 叢豔 2-895B
cóngyè 從業 3-1013A
cóngyī 從一 3-1003A
cóngyí 從宜 3-1008A
cóngyí 從彝 3-1015B
cóngyǐ 叢倚 2-892B
cóngyì 從役 3-1006A
cóngyì 從意 3-1013B
cóngyì 從義 3-1013B
cóngyì 藂翳 9-588B
cóngyì 藂藝 9-588B
cóngyì 叢翳 2-895A
cóngyī'érzhōng 從一而終 3-1003A
cóngyìláng 從義郎 3-1013B
cōngyǐng 聰穎 8-698A
cóngyōng 叢擁 2-894B
cóngyóu 從游 3-1012B
cóngyóu 從遊 3-1012B
cóngyù 葱鬱 9-479B
cóngyù 從欲 3-1011B
cóngyù 叢玉 2-891B
cóngyù 叢育 2-892B
cóngyuàn 叢怨 2-892B
cóngyún 叢雲 2-893B
cóngyǔn 從允 3-1004A
cóngzá 藂襍 9-588B
cóngzá 叢雜 2-895B
cóngzàng 從葬 3-1012A
cóngzàng 叢葬 2-893B
cóngzhàn 叢戰 2-895A
cōngzhé 聰哲 8-697B
cóngzhě 從者 3-1006B
cōngzhēng 鏦錚 11-1381B
cóngzhēng 從征 3-1007B
cóngzheng 從徵 3-1014B
cóngzhèng 從正 3-1004B
cóngzhèng 從政 3-1008B
cōngzhì 聰識 8-698B
cōngzhì 聰智 8-698A
cōngzhì 總至 9-993B
cóngzhí 從直 3-1006B
cóngzhí 從姪 3-1010A
cóngzhí 叢植 2-893B
cóngzhì 叢緻 2-895A
cóngzhǒng 叢冢 2-892B
cóngzhòng 從衆 3-1012A
cóngzhuó 淙濁 5-1418B
cóngzī 從兹 3-1009B
cóngzī 叢滋 2-894A
cóngzǐ 從子 3-1003B
cóngzǐ 從姊 3-1006B
cóngzì 從自 3-1005B
cóngzǐmèi 從姊妹 3-1006B
cóngzú 從卒 3-1008A
cóngzǔfù 從祖父 3-1009B
cóngzǔgū 從祖姑 3-1009B
cóngzǔkūndì 從祖昆弟 3-1009B
cóngzǔmǔ 從祖母 3-1009B
cóngzuǒ 從佐 3-1005B
cóngzuò 從坐 3-1006A
cóngzǔshūmǔ 從祖叔母 3-1009B
cóngzǔzǔfù 從祖祖父 3-1009B
cóngzǔzǔfùmǔ 從祖祖父母 3-1010A
cóngzǔzǔmǔ 從祖祖母 3-1010A
còubó 湊泊 5-1439B
còubó 湊拍 5-1439A
còubó 輳泊 9-1297B
còuchī 鯫鮐 12-1245B
còucòu 湊湊 5-1440A
còudā 湊搭 5-1439B
còudǎnzi 湊膽子 5-1440A
còuduì 輳隊 9-1297B
còuduō 揍掇 6-734A
còufènzi 湊份子 5-1439A
còufù 湊付 5-1439A
còuhe 湊和 5-1439A
còuhé 湊合 5-1439A
còuhé 輳合 9-1297B
còuhuì 湊會 5-1440A
còuhuì 腠會 6-1340B
còujī 輳積 9-1297B
còují 湊亟 5-1439B
còují 湊集 5-1439B
còují 輳集 9-1297B
còujìn 湊近 5-1439A
còujù 湊聚 5-1440A
còukǒumántou 湊口饅頭 5-1438B
còukuàng 輳況 9-1297B
còulǐ 湊理 5-1439B
còulǐ 腠理 6-1340B
còulǒng 湊攏 5-1440B
còulǒng 輳攏 9-1298A
cǒumǎ 趣馬 9-1143B
còumì 湊密 5-1439B
còumíng 奏明 2-1536B
còuqiǎn 湊淺 5-1439B
còuqiāng 湊腔 5-1440A
còuqiǎo 湊巧 5-1438B
còuqiǎo 輳巧 9-1297B
còuqù 湊趣 5-1440A
còurènào 湊熱鬧 5-1440A
còushǒu 湊手 5-1438B
còushǒubùjí 湊手不及 5-1438B
còushù 湊數 5-1440A
còusìhéliù 湊四合六 5-1439A
còuwǎn 輳輓 9-1297B
còuxìng 湊興 5-1440A
còuyù 輳遇 9-1297B
còuyùn 湊韻 5-1440B
còuzhù 湊助 5-1439A
cū'ān 粗安 9-206B
cuánbào 攢報 6-987A
cuànbǎozǐbēi 爨寶子碑 7-324A
cuānbēn 躥奔 10-573B
cuànběn 爨本 7-323A
cuánbǐ 攢筆 6-987A
cuànbì 竄避 8-485A
cuànbì 爨婢 7-323B
cuànbiǎn 竄貶 8-484A
cuánbìn 殯殯 5-181B
cuánbìn 攢殯 6-988A
cuànbǐng 竄屏 8-484A
cuānbō 躥撥 10-574A
cuànbó 爨僰 7-323B
cuánbù 欑布 4-1371A
cuánbù 攢布 6-985A
cuàncáng 竄藏 8-485A
cuánchá 攢茶 6-985B
cuànchén 篡臣 8-1228B
cuànchì 竄斥 8-483A
cuánchù 攢矗 6-988B
cuànchù 竄黜 8-485A
cuānchuán 攛椽 6-979A
cuànchuī 爨炊 7-323A
cuánchún 攢脣 6-986B
cuáncì 攢刺 6-985B
cuàncí 篡辭 8-1229B
cuáncóng 巑叢 3-883B
cuáncóng 攢叢 6-988B
cuáncòu 攢湊 6-987A
cuáncòu 攢凑 6-987A
cuáncù 攢簇 6-988A
cuáncù 攢蹙 6-988A
cuáncuán 巑巑 3-883B
cuáncuán 攢攢 6-988B
cuàncuàn 竄竄 8-485A
cuáncuì 攢萃 6-986B
cuáncuò 攢錯 6-988A
cuándǎ 攢打 6-985A
cuàndài 篡代 8-1228B
cuàndǎngduóquán 篡黨奪權 8-1229B
cuāndào 攛道 6-979A
cuàndào 篡盜 8-1229B
cuándǐ 攢詆 6-987A
cuàndí 爨滌 7-323B
cuándiǎn 攢典 6-985B
cuándiǎn 攢點 6-988A
cuàndiǎn 竄點 8-485A
cuándǐng 攢頂 6-986B
cuàndǐng 爨鼎 7-323B
cuàndìng 竄定 8-483B
cuāndòng 躥動 10-574A

cuándòng 攢動 6-986B
cuàndòng 竄動 8-484A
cuānduàn 攛斷 6-979B
cuànduānnìjì 竄端匿迹 8-484B
cuánduì 攢隊 6-987A
cuāndùn 攛頓 6-979A
cuānduō 攛掇 6-979A
cuánduō 攢掇 6-986B
cuànduó 篡奪 8-1229B
cuànduó 竄掇 8-484A
cuán'é 攢蛾 6-987A
cuàn'è 竄惡 8-484B
cuànfàn 竄犯 8-483A
cuánfēng 攢峯 6-986A
cuánfēng 攢峰 6-986A
cuánfēng 攢鋒 6-987B
cuánfēngjùdí 攢鋒聚鏑 6-987B
cuànfū 篡夫 8-1228B
cuànfū 爨夫 7-323A
cuànfú 竄伏 8-483A
cuànfù 竄附 8-483B
cuànfù 爨婦 7-323B
cuàngǎi 篡改 8-1229A
cuàngǎi 竄改 8-483B
cuángē 攢戈 6-985A
cuángōng 欑宮 4-1371A
cuángōng ⿰歹贊宮 5-181A
cuángōng 攢宮 6-986A
cuàngù 竄錮 8-485A
cuànguān 竄官 8-483B
cuāngǔ'er 攛鼓兒 6-979A
cuànguì 爨桂 7-323A
cuànguìchuīyù 爨桂炊玉 7-323A
cuànguó 篡國 8-1229A
cuánhào 攢號 6-987A
cuánhé 攢合 6-985A
cuánhé 攢盒 6-986B
cuānhóng 攛紅 6-978B
cuānhǒng 攛哄 6-978B
cuánhuán 攢環 6-988A
cuánhuǐ 攢毀 6-987A
cuánhuì 攢會 6-987A
cuānhuǒ 躥火 10-573B
cuánhuǒ 攢火 6-985A
cuànhuǒ 爨火 7-323A
cuànhuò 爨鑊 7-324B
cuánjī 攢擊 6-988A
cuánjí 欑集 4-1371A
cuánjí 攢集 6-987A
cuánjǐ 攢擠 6-988A
cuànjí 竄殛 8-484B
cuànjì 竄寄 8-484B
cuànjì 竄跡 8-484B
cuánjiǎn 攢檢 6-988A
cuānjiǎo 攛角 6-978B
cuánjiào 攢教 6-986B
cuànjiě 篡解 8-1229B
cuānjìn 躥勁 10-574A
cuánjìn 攢勁 6-986A
cuánjù 攢聚 6-987A
cuànjù 篡據 8-1229B
cuànjù 竄句 8-483A
cuànjù 竄據 8-484B
cuànjù 爨具 7-323A
cuànjué 篡絕 8-1229B
cuànjué 竄絕 8-484B
cuánkē 攢柯 6-986A
cuànkuì 爨饋 7-324A
cuànlà 爨蠟 7-324B
cuánlán 攢欄 6-988B
cuánlì 攢立 6-985A
cuànlì 篡立 8-1228B
cuánliǎn 攢斂 6-988A
cuánliàn 攢殮 6-988A
cuánliè 攢列 6-985A
cuànliú 竄流 8-484A
cuànlóngyánbēi 爨龍顔碑 7-323B
cuánluán 攢巒 6-988B
cuánluán 攢欒 6-988B
cuànluàn 篡亂 8-1229B
cuànluàn 竄亂 8-484B
cuánluó 欑羅 4-1371A
cuánluó 攢羅 6-988B
cuānmán 攛瞞 6-979B
cuánmáng 攢忙 6-985A
cuánméi 攢眉 6-986A
cuànmíng 竄名 8-483A
cuànmìng 竄命 8-483B
cuànmóu 竄謀 8-485A
cuánmù 攢木 6-984B
cuànnáo 竄撓 8-484B
cuànnì 篡逆 8-1229A
cuànnì 竄匿 8-484A
cuānnòng 攛弄 6-978B
cuànnòng 爨弄 7-323A
cuànnüè 篡虐 8-1229A
cuán'ōu 攢毆 6-987B
cuánpán 攢槃 6-987B
cuánpán 攢盤 6-987B
cuànpàn 篡叛 8-1229A
cuànpàn 篡畔 8-1229A
cuànpǎo 竄跑 8-484B
cuánpín 攢顰 6-988B
cuánqì 攢砌 6-986A
cuànqì 篡器 8-1229B
cuánqián 攢錢 6-988A
cuànqiè 篡竊 8-1229B
cuànqiè 竄竊 8-485A
cuànqín 爨琴 7-323B
cuànqǔ 篡取 8-1229A
cuànqǔ 竄取 8-483B
cuānquánlǒngxiù 攛拳攏袖 6-979A
cuànquè 竄却 8-483A
cuánqún 攢羣 6-987A
cuànrǎo 竄擾 8-485A
cuànrǎo 竄遶 8-484B
cuánrèn 攢刃 6-984B
cuànrén 篡人 8-1228B
cuànrén 爨人 7-322B
cuànrǔ 竄辱 8-484A
cuánsān 攢三 6-984B
cuànsàn 竄散 8-484B
cuánsānjíwǔ 攢三集五 6-984B
cuánsānjùwǔ 攢三聚五 6-984B
cuánshā 攢沙 6-985B
cuànshā 篡殺 8-1229A
cuànshà 篡煞 8-1229B
cuánshè 攢射 6-986B
cuánshēn 攢身 6-985B
cuànshēn 竄身 8-483B
cuánshēng 攢生 6-985A
cuánshì 攢室 6-986A
cuánshì 攢視 6-987A
cuànshì 篡事 8-1229A
cuànshì 篡弒 8-1229A
cuànshì 爨室 7-323A
cuánshízì 攢十字 6-984B
cuánshǒu 攢首 6-986A
cuánshù 攢樹 6-987B
cuánsī 攢司 6-985A
cuànsǐ 竄死 8-483A
cuānsǒng 攛慫 6-979B
cuānsǒng 攛聳 6-979B
cuānsǒu 攛嗾 6-979A
cuánsuàn 攢筭 6-987A
cuánsuàn 攢算 6-987A
cuānsuō 攛唆 6-979A
cuānsuō 攛梭 6-979A
cuánsuǒ ⿰歹贊所 5-181A
cuánsuǒ 攢所 6-985B
cuāntà 躥躂 10-574A
cuàntáo 竄逃 8-483B
cuántí 攢蹄 6-987B
cuántiān 攢天 6-984B
cuāntiáo 攛調 6-979B
cuāntiào 躥跳 10-574A
cuántǐng 攢挺 6-985B
cuàntóng 爨桐 7-323A
cuàntǒng 篡統 8-1229B
cuántóu 攢頭 6-987B
cuàntóu 竄投 8-483A
cuántú 欑塗 4-1371A
cuántú 菆塗 9-435B
cuàntū 竄突 8-483B
cuánwán 巑岏 3-883B
cuánwán 攢抏 6-985B
cuánwán 攢玩 6-985B
cuànwáng 竄亡 8-483A
cuánwèi 攢蔚 6-987A
cuánwèi 攢蝟 6-987B
cuànwěi 篡僞 8-1229B
cuànwèi 篡位 8-1228B
cuánwú 攢蕪 6-987B
cuànxī 爨犀 7-323B
cuànxǐ 竄徙 8-484A
cuànxià 爨下 7-322B
cuànxiàcán 爨下殘 7-322B
cuànxiàjiāo 爨下焦 7-322B
cuānxiāng 攛廂 6-979A
cuānxiāng 攛箱 6-979B
cuànxiàxīn 爨下薪 7-323A
cuànxiàyīn 爨下音 7-322B
cuànxiàyú 爨下餘 7-322B
cuánxiě 攢寫 6-987B
cuánxīn 攢心 6-985A
cuànxīn 爨薪 7-323B
cuánxīng 攢星 6-986A
cuánxíng 攢刑 6-985A
cuánxíng 攢形 6-985B
cuànxīng 爨星 7-323A
cuánxīnhézi 攢心盒子 6-985A
cuànxuē 竄削 8-483B
cuànyān 爨烟 7-323A
cuànyān 爨煙 7-323B
cuànyán 竄言 8-483B
cuànyǎn 爨演 7-323B
cuānyǎo 攛咬 6-978B
cuányǐ 攢倚 6-986B
cuányì 攢瘞 6-987B
cuànyì 竄易 8-483B
cuànyì 竄益 8-484A
cuànyì 竄逸 8-484A
cuànyì 竄軼 8-484B
cuányìng 攢映 6-986A
cuányōng 攢擁 6-987B
cuányuán 攢沅 6-985B
cuányuán 攢蚖 6-986A
cuānyuè 攛越 6-979A
cuànyuè 竄越 8-484B
cuánzá 攢雜 6-988B
cuànzá 竄雜 8-485A
cuánzào 攢造 6-986A
cuànzào 爨竈 7-324B
cuánzè 巑崱 3-883B
cuánzè 欑仄 4-1371A
cuánzè 攢仄 6-985A
cuànzé 竄責 8-484A
cuànzéi 篡賊 8-1229B
cuánzhàng 攢帳 6-986B
cuànzhé 竄謫 8-485A
cuànzhèng 篡政 8-1229A
cuánzhí 欑植 4-1371A
cuánzhí 攢植 6-987A
cuànzhì 爨炙 7-323A
cuánzhú 攢竹 6-985A
cuánzhù 欑柱 4-1371A
cuànzhú 篡逐 8-1229A
cuànzhú 竄逐 8-484A
cuànzhuó 爨濯 7-323B
cuānzi 汆子 5-897A
cuànzǐ 篡子 8-1228B
cuànzǒu 竄走 8-483A
cuānzuǐ 攛嘴 6-979B
cù'ào 蹙澳 10-541A
cùbài 酢敗 9-1400A
cūbàn 麤夯 12-1306B
cūbào 粗暴 9-209A
cūbào 麤暴 12-1310A
cùbào 猝暴 5-79B
cùbào 卒暴 1-878B
cūbèi 麤備 12-1289A
cúbèi 徂背 3-934A
cúbèi 殂背 5-155B
cūbèn 粗笨 9-208B
cūbèn 粗夯 9-206B
cūbèn 麤坌 12-1307A
cūbǐ 粗鄙 9-209A
cūbǐ 麤鄙 12-1309B

cūbì 犓婢 10-1356A
cūbì 犓弊 10-1356A
cūbì 麤弊 12-1310A
cùbī 蹙偪 10-540B
cùbí 蹙鼻 10-540B
cùbiàn 蹙變 10-542A
cùbīng 錯兵 11-1312A
cùbìng 促病 1-1399B
cūbó 麤帛 12-1307B
cùbō 蹴波 10-553A
cùbó 簇箔 8-1239B
cūbù 粗布 9-206B
cūbù 麤布 12-1306B
cùbù 促步 1-1398A
cùbù 蹙怖 10-540A
cùbù 蹴步 10-553A
cùbùjífáng 猝不及防 5-79B
cūcái 粗才 9-206A
cūcái 麤才 12-1306A
cūcái 麤材 12-1307A
cùcán 簇蠶 8-1240A
cūcāo 粗糙 9-209B
cūcāo 麤糙 12-1310B
cūcǎo 麤慅 12-1310B
cūchádànfàn 粗茶淡飯
9-207B
cùchén 蹙塵 10-541A
cùchéng 促成 1-1398A
cūchī 麤絺 12-1310A
cūchǒu 粗醜 9-209B
cūchǒu 麤醜 12-1310B
cùchú 蹴躇 10-554B
cùchǔ 促杵 1-1398A
cùchù 蹴觸 10-554B
cúchuān 徂川 3-933B
cūchǔn 麤蠢 12-1311B
cūcí 麤詞 12-1309B
cūcì 麤刺 12-1307B
cùcí 錯辭 11-1316B
cūcū 粗粗 9-208B
cūcū 麤粗 12-1309A
cūcū 麤犓 12-1309A
cūcū 麤麤 12-1311B
cùcù 促促 1-1398B
cùcù 猝猝 5-79B
cùcù 蔟蔟 9-539B
cùcù 踧踧 10-495B
cùcù 簇簇 8-1239B
cùcù 蹙促 10-540A
cùcù 蹙蹙 10-541B
cùcù 蹙踖 10-541A
cùcù 戚戚 5-228B
cùcù 趨趨 9-1152A
cùcù 鼀鼀 12-1401A
cùcù 卒卒 1-877B
cùcù 捽捽 6-703A
cūcuī 麤衰 12-1308B
cūcuì 麤悴 12-1309A
cūcuìzhǎn 麤縗斬 12-1311A
cùcùmíchěng 蹙蹙靡騁
10-541B
cùcuò 蹴踖 10-553B
cùcùrán 蹴蹴然 10-554B
cùcùxīn 簇簇新 8-1240A
cūdà 粗大 9-206A
cūdà 麤大 12-1306A
cùdá 蹙沓 10-539B
cùdà 醋大 9-1416B
cūdàn 粗淡 9-208B
cūdàn 麤誕 12-1310A
cùdǎo 蹴蹈 10-554A
cùdí 蹙敵 10-541A
cùdì 蹙地 10-539B
cùdì 蹴地 10-553A
cúdiān 徂顛 3-935A
cùdiào 促調 1-1400A
cùdīdī 醋滴滴 9-1417B
cùdié 簇蝶 8-1239B
cùdié 蹴蹀 10-554A
cūdìng 粗定 9-207A
cūdìng 犓定 10-1355B
cūdìng 麤定 12-1307B
cùdìng 簇飣 8-1239A
cùdǒng 趣董 9-1144A
cùdòng 簇動 8-1239B
cùdòng 蹙動 10-540A
cùdòu 瘄痘 8-330A
cùdū 趣督 9-1144A
cùdù 醋妒 9-1417A
cùdùn 蹙頓 10-540B
cū'è 粗惡 9-208B
cū'è 犓惡 10-1356A
cū'è 麤惡 12-1309B
cù'é 蹙頞 10-541B
cù'è 蹙遏 10-540B
cù'è 蹙頞 10-541A
cù'è 蹙齃 10-542A
cù'è 顣頞 12-357B
cù'è 錯愕 11-1314A
cù'è 錯遌 11-1314A
cù'è 錯遻 11-1315B
cù'è 錯諤 11-1316A
cù'è 錯愕 11-1315B
cù'è 錯腭 11-1315A
cù'ér 卒而 1-877A
cù'ěr 卒爾 1-878B
cùfā 趨發 9-1151A
cùfǎ 錯法 11-1312B
cūfàn 麤飯 12-1309B
cūfǎng 粗紡 9-208A
cūfàng 粗放 9-207A
cùfāng 醋坊 9-1417A
cùfèi 蹙沸 10-540A
cūfěn 麤粉 12-1308B
cúfēng 徂風 3-934B
cùfēng 捽風 6-703A
cūfēngbàoyǔ 粗風暴雨
9-207B
cùfēngbàoyǔ 卒風暴雨
1-877B
cūfú 麤服 12-1307B
cūfú 麤浮 12-1308B
cùfú 蹴伏 10-553A
cùfǔ 錯輔 11-1315A
cūfúluàntóu 粗服亂頭
9-207A
cūfúluàntóu 麤服亂頭
12-1307B
cūgàng 麤戇 12-1311B
cūgěng 麤梗 12-1308B
cūgōng 粗工 9-206A
cūgōng 麤功 12-1306B
cùgōng 蹴工 10-552B
cùgōng 錯躬 11-1312B
cūgǔ 麤骨 12-1308A
cūgù 麤故 12-1308A
cūguài 麤怪 12-1307B
cùguāi 瘄瘷 8-330A
cūguān 粗官 9-207A
cūguān 麤官 12-1307B
cùguǎn 促管 1-1400A
cūguǎng 粗獷 9-209B
cūguǎng 麤獷 12-1311A
cùguànzi 醋罐子 9-1417B
cùguī 錯龜 11-1316A
cūgǔngǔn 麤滾滾 12-1310A
cùguó 蹙國 10-540A
cùhǎi 醋海 9-1417A
cūhàn 粗悍 9-208A
cūhàn 麤悍 12-1308B
cùhàn 蹙頞 10-541B
cūhàng 麤沆 12-1289A
cūháo 粗豪 9-209A
cūháo 犓豪 10-1356A
cūháo 麤豪 12-1310A
cùhé 簇合 8-1239A
cùhén 蹙痕 10-540B
cūhū 粗忽 9-207A
cùhù 醋户 9-1416B
cūhuà 粗話 9-209A
cúhuà 殂化 5-155B
cūhuì 麤穢 12-1311A
cúhuī 徂暉 3-934B
cúhuī 徂輝 3-934B
cùhúlu 醋葫蘆 9-1417B
cúhún 徂魂 3-934B
cūhuó 粗活 9-207B
cuī'ái 漼溰 2-432A
cuìbá 翠拔 9-659B
cuībài 摧敗 6-837A
cuìbái 粹白 9-231B
cuìbǎo 翠葆 9-661B
cuīběi 摧北 6-835B
cuìbèi 翠被 9-661A
cuībèng 催迸 1-1633B
cuībēngdòngshé 榱崩棟折
4-1220A
cuībī 催逼 1-1634A
cuībī 摧逼 6-837B
cuībǐ 催比 1-1632A
cuībì 摧敝 6-837B
cuìbì 翠碧 9-663B
cuībiāo 催臕 1-1634A
cuìbìn 翠鬢 9-667A
cuībìng 催併 1-1633A
cuìbǐng 翠餅 9-663B
cuìbìniǎo 翠碧鳥 9-663B
cuībō 摧剥 6-837A
cuībō 摧撥 6-838A
cuìbó 脆薄 6-1248B
cuìbó 悴薄 7-604A
cuìbó 翠箔 9-663B
cuìbó 翠駮 9-665A
cuìbù 毳布 6-1012B
cuīcài 崔蔡 3-836A
cuǐcǎi 璀采 4-629A
cuǐcǎi 璀彩 4-629A
cuìcǎi 翠采 9-659B
cuìcǎi 翠彩 9-661B
cuìcǎi 翠綵 9-664A
cuìcài 萃蔡 9-449A
cuìcài 綷蔡 9-910B
cuìcài 綷縩 9-910B
cuìcài 綷纅 9-910B
cuīcán 摧殘 6-837B
cuǐcàn 漼潫 6-91B
cuǐcàn 璀粲 4-629A
cuǐcàn 璀璨 4-629B
cuǐcàn 熣燦 7-230A
cuìcàn 綷粲 9-910B
cuìcàn 翠粲 9-662B
cuìcàn 翠燦 9-665B
cuīcáng 摧藏 6-838B
cuīchā 衰差 9-31A
cuìchāi 翠釵 9-661B
cuīchǎn 催産 1-1633B
cuìchán 翠蟬 9-666A
cuīcháng 衰裳 9-34A
cuìcháng 啐嘗 3-391B
cuìchē 倅車 1-1514B
cuìchē 翠車 9-659A
cuīchéng 衰城 9-30B
cuìchénzhūyǎng 翠塵珠坱
9-664A
cuǐchí 漼弛 6-91B
cuìchì 悴憏 7-604A
cuìchōng 粹冲 9-231B
cuìchóu 翠幬 9-665B
cuīchú 摧鋤 6-838A
cuīchù 摧黜 6-838B
cuīchuán 榱椽 4-1220A
cuìchuàn 翠釧 9-661B
cuīchuàng 摧愴 6-838A
cuīcī 崔嵯 3-836A
cuīcì 衰次 9-30A
cuìcì 萃次 9-449A
cuīcū 縗粗 9-971B
cuīcū 縗麤 9-971B
cuīcū 衰粗 9-32B
cuīcū 衰麤 9-36A
cuīcù 催促 1-1633A
cuīcù 催趣 1-1634A
cuìcù 脆促 6-1248A
cuìcù 顇蹙 12-324A
cuīcuī 崔崔 3-836A
cuīcuì 摧悴 6-837B
cuīcuì 摧萃 6-837A
cuǐcuǐ 漼漼 6-91B
cuǐcuǐ 璀璀 4-629A
cuǐcuǐ 皠皠 8-274B
cuìcuì 倅倅 1-1514B
cuìcuì 萃萃 9-449A
cuìcuì 毳毳 6-1013A
cuìcuì 瘁瘁 8-334A
cuìcuìbēngbēng 脆脆崩崩
6-1248B

cuīcuò 崔錯 3-836B
cuīcuò 摧剉 6-836B
cuīcuò 摧挫 6-836B
cuīcuò 摧錯 6-838B
cuīcuò 錐錯 11-1381A
cuīcuò 漼錯 6-91B
cuǐcuō 璀瑳 4-629A
cuǐcuò 璀錯 4-629A
cuìdài 翠黛 9-665B
cuìdāidāi 翠呆呆 9-659A
cuìdàn 瘁癉 8-334A
cuìdāng 翠璫 9-665B
cuìdàngyáofān 翠蕩瑤翻 9-664B
cuìdī 翠滴 9-664A
cuìdì 翠的 9-659B
cuìdiàn 毳殿 6-1013B
cuìdiàn 翠鈿 9-663A
cuìdiàn 翠簟 9-666A
cuīdié 縗絰 9-971B
cuīdié 衰絰 9-33A
cuīdòng 榱棟 4-1220A
cuīdū 催督 1-1634A
cuìduàn 脆斷 6-1248B
cuì'é 翠娥 9-661A
cuì'é 翠蛾 9-662B
cuì'è 萃惡 9-449A
cuì'er 焠兒 7-94B
cuì'èr 倅貳 1-1514B
cuì'èr 卒貳 1-878A
cuīfā 催發 1-1634A
cuīfá 衰乏 9-29B
cuìfà 翠髮 9-664A
cuìfàn 毳飯 6-1013A
cuīfāng 摧方 6-835A
cuīféi 催肥 1-1633A
cuìfēi 淬妃 5-1412A
cuīfēn 衰分 9-29B
cuīfēng 摧鋒 6-838A
cuìfēng 翠峯 9-660B
cuìfèng 翠鳳 9-663B
cuīfēngxiànjiān 摧鋒陷堅 6-838B
cuīfēngxiànzhèn 摧鋒陷陣 6-838A
cuīfú 摧伏 6-835B
cuīfú 摧服 6-836A
cuīfú 縗服 9-971B
cuīfú 衰服 9-30B
cuìfú 毳服 6-1013A
cuìfǔ 翠釜 9-660B
cuìgài 翠蓋 9-662B
cuīgān 摧肝 6-836A
cuìgǎo 悴槁 7-604A
cuīgé 衰葛 9-33A
cuìgē 翠哥 9-660B
cuìgōng 毳工 6-1012B
cuīgòu 衰構 9-34A
cuìgǔ 脆骨 6-1248A
cuìguā 翠瓜 9-658B
cuīguān 衰冠 9-31A
cuìguān 毳冠 6-1013A
cuìguān 翠冠 9-660A
cuìguǎn 脆管 6-1248B
cuìguǎn 翠管 9-663B
cuìguǎn 翠舘 9-665A
cuìguǎn 翠館 9-665A
cuīguī 催歸 1-1634B
cuìguī 翠嫣 9-664B
cuìhàn 翠翰 9-665A
cuìhǎo 脆好 6-1248A
cuìhé 毳毼 6-1013B
cuìhé 粹和 9-231B
cuìhè 毳褐 6-1013B
cuìhóngxiāng 翠紅鄉 9-660A
cuìhú 翠縠 9-665A
cuīhuà 催化 1-1632B
cuìhuā 翠花 9-659A
cuìhuá 翠華 9-660B
cuìhuá 翠滑 9-662B
cuìhuādiàn 翠花鈿 9-659A
cuīhuāgǔ 催花鼓 1-1632B
cuīhuài 摧壞 6-838B
cuīhuàjì 催化劑 1-1632B
cuìhuán 翠鬟 9-666B
cuìhuāng 悴荒 7-604A
cuìhuáng 翠黄 9-661A
cuìhuáng 翠篁 9-664B
cuìhuǎng 翠幌 9-663A
cuīhuāyǔ 催花雨 1 1632B
cuīhuī 崔徽 3-836B
cuīhuǐ 摧毀 6-837B
cuìhuì 淬潰 5-1412A
cuìhuǒ 淬火 5-1412A
cuìjī 翠雞 9-666A
cuìjí 萃集 9-449A
cuìjì 毳罽 6-1013B
cuìjì 翠髻 9-664B
cuìjiǎ 翠斝 9-662A
cuījiān 摧堅 6-837A
cuìjiān 翠尖 9-658B
cuìjiān 翠菅 9-661A
cuìjiǎn 翠筧 9-663A
cuìjiàn 悴賤 7-604A
cuìjiàn 淬鑑 5-1412B
cuījiānxiànzhèn 摧堅陷陣 6-837A
cuījiǎo 摧角 6-836A
cuìjiāo 翠蛟 9-662A
cuìjié 翠節 9-663A
cuìjiè 倅介 1-1514B
cuījìn 催進 1-1633B
cuìjīn 翠衿 9-660A
cuìjīn 翠襟 9-666A
cuìjǐn 毳錦 6-1013B
cuìjǐn 翠錦 9-665A
cuìjīng 翠旌 9-661B
cuìjīng 翠旍 9-661B
cuìjīng 翠晶 9-662A
cuìjǐng 瘁景 8-334A
cuìjìng 淬鏡 5-1412B
cuìjiǔ 啐酒 3-391B
cuījǔ 摧沮 6-836A
cuìjū 翠裾 9-663B
cuìjǔ 悴沮 7-604A
cuìjù 萃聚 9-449A
cuījué 摧決 6-836A
cuījué 摧絕 6-837B
cuījué 榱桷 4-1220A
cuīkē 催科 1-1633A
cuìkè 毳客 6-1013A
cuīkèshēng 催課生 1-1634A
cuìkōng 翠空 9-659B
cuīkū 摧枯 6-836A
cuìkū 顇枯 12-324A
cuìkuài 脆快 6-1248A
cuīkūlāfǔ 摧枯拉腐 6-836B
cuīkūlāxiǔ 摧枯拉朽 6-836A
cuīkūzhéfǔ 摧枯折腐 6-836A
cuīkūzhènxiǔ 摧枯振朽 6-836B
cuīlā 摧拉 6-836A
cuìlà 翠蠟 9-666B
cuǐlàn 璀爛 4-629B
cuìlán 翠嵐 9-662A
cuìlán 翠藍 9-665B
cuìlàng 翠浪 9-660B
cuìlánggān 翠琅玕 9-661A
cuīlǎo 榱橑 4-1220A
cuīlè 摧勒 6-837A
cuǐlěi 磪磈 7-1100B
cuìlèi 萃類 9-449A
cuīlèidàn 催淚彈 1-1634A
cuìlǐ 啐醴 3-391B
cuìlì 淬厲 5-1412A
cuìlì 淬勵 5-1412A
cuìlì 淬濿 5-1412B
cuìlì 淬礪 5-1412B
cuìlì 翠粒 9-661B
cuìlián 毳簾 6-1013B
cuìlián 翠蓮 9-662B
cuìlián 翠簾 9-666B
cuìliàn 淬練 5-1412A
cuìliàn 翠瀲 9-666B
cuīliáng 催糧 1-1634B
cuìliàng 脆亮 6-1248A
cuìliánguó 翠蓮國 9-662B
cuīliè 摧裂 6-837B
cuìliè 悴劣 7-604A
cuìliè 翠鬣 9-667A
cuìlín 翠麟 9-667A
cuìlín 翠鱗 9-667A
cuìlíng 翠翎 9-661B
cuìlǐng 翠嶺 9-665B
cuìlóng 翠龍 9-665A
cuìlóng 翠籠 9-666B
cuìlóu 翠樓 9-664B
cuīlú 崔盧 3-836B
cuìlù 翠輅 9-662B
cuìlù 翠麓 9-666A
cuìlù 翠籙 9-666B
cuīlún 摧輪 6-838A
cuìlún 焠輪 7-95A
cuìlún 翠綸 9-664A
cuìlúnguì'ěr… 翠綸桂餌,反以失魚 9-664A
cuīluò 摧落 6-837B
cuìluó 翠螺 9-665B
cuìluó 翠羅 9-666A
cuīluóshí 崔羅什 3-836B
cuìlǚ 翠履 9-664B
cuìlǜ 翠緑 9-664A
cuīmá 縗麻 9-971B
cuīmá 衰麻 9-32B
cuìmǎ 倅馬 1-1514B
cuìmà 啐駡 3-391B
cuìmàn 毳幔 6-1013B
cuìmàn 翠幔 9-663B
cuìmáo 倅毛 1-1514B
cuìmáo 毳毛 6-1012B
cuìmáo 粹毛 9-231A
cuìmáo 翠毛 9-658A
cuìmáo 翠旄 9-660B
cuìmào 瘁貌 8-334A
cuìmào 翠茂 9-659B
cuìmào 翠旄 9-659B
cuìmào 翠帽 9-662A
cuīméi 摧眉 6-836B
cuìméi 翠眉 9-660A
cuìměi 脆美 6-1248B
cuìměi 粹美 9-231B
cuìměi 粹媺 9-232A
cuīméizhéyāo 摧眉折腰 6-836B
cuīmí 摧靡 6-838B
cuīmián 催眠 1-1633B
cuīmiǎn 衰冕 9-32B
cuìmiǎn 淬勉 5-1412A
cuìmiǎn 毳冕 6-1013A
cuīmiángē 催眠歌 1-1633B
cuīmiánqǔ 催眠曲 1-1633B
cuīmiánshù 催眠術 1-1633B
cuīmiányào 催眠藥 1-1633B
cuīmiè 摧滅 6-838A
cuìmiè 翠篾 9-665B
cuìmín 悴民 7-604A
cuìmín 翠珉 9-659B
cuīmìng 催命 1-1633A
cuīmìngfú 催命符 1-1633A
cuīmìngguǐ 催命鬼 1-1633A
cuìmó 淬磨 5-1412B
cuìmò 翠墨 9-664B
cuìmù 毳幕 6-1013B
cuìmù 毳幙 6-1013B
cuìmù 粹穆 9-232A
cuìmù 翠幕 9-662B
cuìnà 毳衲 6-1013A
cuīnǎi 催奶 1-1632B
cuìnǎn 瘁赧 8-334A
cuìnáng 毳囊 6-1013B
cuìniǎn 翠輦 9-664A
cuìniǎo 翠鳥 9-661B
cuìnú 顇奴 12-324A
cuīnǜ 摧衄 6-837A
cuīnǜ 摧屻 6-836B
cuìpán 翠盤 9-664B
cuìpáo 毳袍 6-1013A
cuìpèi 翠佩 9-659B
cuìpèi 翠旆 9-660A
cuìpèi 翠珮 9-660A
cuīpǐ 摧圮 6-835B
cuìpì 翠被 9-661A
cuìpìbàoxì 翠被豹舄

9-661A
cuìpíng 翠屏 9-660A
cuìpíng 翠軿 9-662B
cuīpò 催迫 1-1633A
cuīpò 摧破 6-837A
cuīpū 摧撲 6-838A
cuìqí 翠旗 9-664A
cuìqì 粹器 9-232A
cuìqì 翠氣 9-660B
cuīqián 催錢 1-1634B
cuìqián 翠錢 9-665A
cuīqiāng 摧戕 6-836A
cuìqiáo 翠翹 9-666A
cuīqiè 催切 1-1632B
cuìqiè 脆怯 6-1248A
cuìqīn 翠衾 9-660B
cuìqín 翠禽 9-662A
cuīqīng 催青 1-1633A
cuīqíng 催情 1-1634A
cuīqǐng 催請 1-1634A
cuìqīng 粹清 9-231B
cuìqīng 翠青 9-659B
cuìqióng 翠瓊 9-666A
cuìqiú 毳裘 6-1013B
cuìqiú 翠虯 9-659B
cuìqiú 翠裘 9-662B
cuīqū 催驅 1-1634B
cuīqū 摧屈 6-836A
cuīqǔ 催取 1-1633A
cuìqū 踤陆 10-511A
cuìqú 瘁臞 8-334A
cuìquè 粹愨 9-232A
cuìquè 翠雀 9-661A
cuìquè 翠鵲 9-666A
cuìqún 翠裙 9-662B
cuīrán 錐然 11-1381A
cuīrán 漼然 6-91B
cuǐrán 漼然 6-91B
cuìrán 粹然 9-231B
cuìràozhūwéi 翠繞珠圍
9-666A
cuīrèn 衰衽 9-31A
cuìrèn 淬刃 5-1412A
cuìróng 悴容 7-604A
cuìróng 翠茸 9-659B
cuīrǔ 摧辱 6-836B
cuìrǔ 萃辱 9-449A
cuìruí 翠緌 9-664A
cuìruí 翠蕤 9-664B
cuìruò 脆弱 6-1248B
cuīshā 摧鎩 6-838B
cuīshài 衰殺 9-32A
cuìshān 毳羶 6-1013B
cuìshàn 粹善 9-232A
cuīshāng 摧傷 6-838A
cuīshāo 摧燒 6-838B
cuīshǎo 衰少 9-29A
cuìsháo 翠杓 9-659A
cuìsháo 翠勺 9-658A
cuìshè 瘁攝 8-334A
cuīshēng 催生 1-1632B
cuīshēngfú 催生符 1-1632B
cuīshēnglǐ 催生禮 1-1632B
cuīshēngpó 催生婆 1-1632B
cuìshēngshēng 脆生生
6-1248A
cuìshēngshēng 翠生生
9-658B
cuìshēngshí 翠生石 9-658B
cuìshí 翠實 9-664A
cuīshǒu 催首 1-1633B
cuīshú 催熟 1-1634B
cuìshū 綷疏 9-910B
cuìshú 粹孰 9-231B
cuīshuì 催稅 1-1634A
cuīsìrù 崔四入 3-836A
cuìsǒng 萃傱 9-449A
cuìsú 毳俗 6-1013A
cuīsuǒ 催索 1-1633B
cuìsuǒ 毳索 6-1013A
cuìsuǒ 瘁索 8-334A
cuītā 摧塌 6-837B
cuītǎo 催討 1-1633B
cuìtāo 翠濤 9-665B
cuītāoféngcíhǔ
崔韜逢雌虎 3-836B
cuītí 榱提 4-1220A
cuītí 榱題 4-1220A
cuītiǎn 摧殄 6-836B
cuìtiáo 翠條 9-660B
cuìtīng 倅廳 1-1515A
cuītóu 催頭 1-1634B
cuītuí 崔隤 3-836B
cuītuí 摧隤 6-838A
cuītuí 摧頹 6-838B
cuītǔjì 催吐劑 1-1632B
cuìwǎ 翠瓦 9-658A
cuīwēi 崔巍 3-836B
cuīwéi 崔嵬 3-836B
cuīwéi 崔嵬 3-836A
cuīwéi 磪嵬 7-1100A
cuīwěi 摧萎 6-837B
cuǐwěi 璀瑋 4-629A
cuìwēi 翠微 9-663A
cuìwéi 翠帷 9-661A
cuìwéi 翠幃 9-662A
cuìwěi 翠尾 9-659B
cuìwēigōng 翠微宫 9-663A
cuìwēiwēi 翠巍巍 9-666B
cuìwéizhūguǒ 翠圍珠裹
9-662A
cuìwéizhūrào 翠圍珠繞
9-662A
cuìwēn 粹温 9-232A
cuìwò 翠幄 9-662A
cuīwū 摧兀 6-835A
cuìwǔ 翠甒 9-665A
cuìwù 翠霧 9-666A
cuìxī 毳錫 6-1013B
cuìxiá 翠裉 9-665A
cuìxiá 翠霞 9-665B
cuīxián 摧絃 6-837B
cuīxiàn 摧陷 6-837A
cuìxiǎn 翠幰 9-666B
cuīxiànkuòqīng 摧陷廓清
6-837A
cuìxiāo 翠綃 9-663B
cuìxiāo 翠篠 9-665A
cuīxiè 摧謝 6-838B
cuìxiè 倅廨 1-1515A
cuīxīn 摧心 6-835A
cuìxīn 瘁心 8-334A
cuìxìng 脆性 6-1248A
cuīxiǔ 摧朽 6-835B
cuìxiù 翠袖 9-660B
cuìxiùhóngqún 翠袖紅裙
9-661A
cuīxiǔlākū 摧朽拉枯
6-835B
cuīxù 衰序 9-30A
cuìxū 翠虛 9-661A
cuìxué 粹學 9-232A
cuīyá 催芽 1-1632B
cuìyá 翠牙 9-658A
cuìyá 翠芽 9-659A
cuìyǎ 粹雅 9-231B
cuīyán 催顏 1-1634B
cuīyán 摧顏 6-838B
cuìyān 翠煙 9-663B
cuìyán 悴顏 7-604A
cuìyǎn 翠琰 9-660B
cuìyǎn 翠琰 9-661B
cuìyǎn 翠巘 9-666B
cuìyào 粹要 9-231B
cuìyè 翠葉 9-661B
cuìyè 翠靨 9-666B
cuīyī 衰衣 9-30A
cuǐyí 漼溰 6-91B
cuīyì 摧抑 6-835B
cuìyī 毳衣 6-1012B
cuìyī 翠衣 9-658B
cuìyí 粹夷 9-231B
cuìyì 翠帟 9-660A
cuìyì 翠鷁 9-666B
cuìyīn 毳裀 6-1013A
cuìyīn 瘁音 8-334A
cuìyīn 瘁瘖 8-334A
cuìyīn 翠茵 9-659B
cuìyǐn 啐飲 3-391B
cuīyīng 崔鶯 3-836B
cuīyīngyīng 崔鶯鶯 3-836B
cuìyíngyíng 翠瑩瑩 9-664B
cuìyíngyíng 翠盈盈 9-660A
cuìyǐyǔyāngshēn
翠以羽殃身 9-658B
cuìyǐyǔzìcán 翠以羽自殘
9-658B
cuìyǒng 綷詠 9-910B
cuìyǔ 毳羽 6-1013A
cuìyǔ 粹語 9-232A
cuìyǔ 翠羽 9-658B
cuìyù 淬浴 5-1412A
cuìyù 翠玉 9-658B
cuìyuàn 粹愿 9-232A
cuìyuè 翠樾 9-665A
cuìyǔgài 翠羽蓋 9-659A
cuìyǔmíngdāng 翠羽明璫
9-659A
cuìyǔmíngzhū 翠羽明珠
9-659A
cuìyún 翠筠 9-663A
cuìyún 翠雲 9-661B
cuìyúnchāi 翠雲釵 9-661B
cuìyúnguǎn 翠筠管 9-663A
cuìyúnhuán 翠雲鬟 9-662A
cuìyúnqiáo 翠雲翹 9-662A
cuìyúnqiú 翠雲裘 9-662A
cuìyǔpì 翠羽被 9-659A
cuìyǔzhàng 翠羽帳 9-659A
cuīzǎn 催儹 1-1634B
cuīzǎn 催趲 1-1634B
cuìzān 翠簪 9-666A
cuìzàng 膵臟 6-1367B
cuìzǎo 粹藻 9-232A
cuìzé 縗幘 9-971B
cuīzhǎn 衰斬 9-32B
cuìzhān 翠旃 9-660B
cuīzhàng 衰杖 9-30A
cuìzhǎng 焠掌 7-94B
cuìzhàng 毳帳 6-1013A
cuìzhàng 翠帳 9-661A
cuīzhé 摧折 6-835B
cuìzhēn 焠針 7-94B
cuīzhēng 催徵 1-1634A
cuīzhēng 衰征 9-30B
cuīzhèng 衰政 9-31A
cuìzhèng 粹正 9-231A
cuìzhí 倅職 1-1515A
cuìzhǐ 萃止 9-448B
cuìzhì 瘁志 8-334A
cuìzhì 粹質 9-232A
cuìzhīchéng 翠織成 9-666A
cuìzhú 翠竹 9-658B
cuìzhú 翠燭 9-665B
cuīzhuāng 催妝 1-1632B
cuīzhuāng 催粧 1-1634A
cuīzhuāngshī 催妝詩
1-1632B
cuīzhuāngshī 催粧詩
1-1634A
cuìzhúhuánghuā 翠竹黄花
9-658B
cuìzhuó 淬琢 5-1412A
cuīzū 催租 1-1633B
cuīzú 崔崒 3-836A
cuīzú 崔崪 3-836A
cuìzú 倅卒 1-1514B
cuìzú 悴族 7-604A
cuìzú 顇族 12-324A
cuīzūbān 催租瘢 1-1633B
cuīzuǐ 摧嘴 6-838A
cuìzūn 倅樽 1-1515A
cuìzūn 翠尊 9-662A
cuìzūn 翠樽 9-665A
cuīzuó 摧捽 6-837A
cūjì 麤迹 12-1308A
cūjì 麤跡 12-1310A
cùjī 蹙擊 10-541A
cùjī 蹴擊 10-554A
cùjī 蹴幾 10-553B
cùjí 促急 1-1398B
cùjí 促疾 1-1399B
cùjí 猝急 5-79B
cùjí 踧踖 10-495B
cùjí 踧蹐 10-495B
cùjí 簇集 8-1239B

cùjí 蹙踖 10-541A
cùjí 卒急 1-877B
cùjí 捽急 6-703A
cùjià 促駕 1-1400A
cùjià 趣駕 9-1144A
cūjiàn 麤健 12-1308B
cùjiān 蹴尖 10-553A
cùjiàn 蹴踐 10-553B
cùjiāng 酢漿 9-1400A
cùjiāng 醋漿 9-1417B
cùjiāngcǎo 酢漿草 9-1400B
cùjícùmáng 促急促忙
1-1399A
cùjiē 猝嗟 5-79B
cùjié 促節 1-1399B
cùjiè 促界 1-1398B
cūjǐn 麤錦 12-1310B
cūjìn 麤近 12-1307A
cùjīn 促衿 1-1399A
cùjǐn 蹙金 10-539B
cùjǐn 蹙緊 10-540B
cùjìn 促進 1-1399B
cùjìn 醋勁 9-1417A
cùjìncáogōng 醋浸曹公
9-1417A
cùjǐng 促景 1-1399B
cùjìng 蹙境 10-540B
cùjīnjiéxiù 蹙金結繡
10-540A
cūjiǔ 粗酒 9-208A
cùjiǔ 酢酒 9-1400A
cùjiǔ 醋酒 9-1417A
cùjiǔ 簇酒 8-1239A
cùjiù 促救 1-1399B
cūjū 麤苴 12-1307B
cūjū 蔍苴 9-539A
cūjū 且苴 1-508B
cūjǔ 觕舉 10-1356A
cùjū 蹙鞠 10-541A
cùjū 蹴鞠 10-554A
cùjú 蹴踘 10-554A
cùjú 蹴毬 10-553A
cùjú 蹴鞠 10-554B
cùjù 促遽 1-1400B
cùjù 簇聚 8-1239B
cùjù 蹙聚 10-540B
cùjù 卒遽 1-878B
cūkāng 粗糠 9-209B
cūkè 麤客 12-1308A
cùkǒu 踧口 10-495A
cūkuài 麤快 12-1307A
cūkuáng 麤狂 12-1307A
cūkuī 觕窺 10-1356A
cūlā 粗拉 9-207A
cúlái 徂來 3-933B
cúlái 徂徠 3-934A
cūlàlà 粗剌剌 9-207B
cùlàng 蹙浪 10-540A
cūlǐ 觕理 10-1355B
cūlì 粗厲 9-209A
cūlì 粗礪 9-210A
cūlì 粗糲 9-210A
cūlì 觕礪 10-1356A
cūlì 麤戾 12-1308A
cūlì 麤厲 12-1310A
cūlì 麤糲 12-1311B
cùlì 醋栗 9-1417A
cùliǎn 促斂 1-1400B
cùliǎn 蹙斂 10-541B
cūliáng 粗糧 9-210A
cūliáng 麤良 12-1307A
cúliàng 徂兩 3-933B
cūliè 粗劣 9-206B
cūliè 麤劣 12-1306B
cùlín 促鱗 1-1400B
cúlíng 徂齡 3-935A
cùlíng 促齡 1-1400B
cùlíng 蹙零 10-540B
cùlìng 促令 1-1397B
cùlíngshuǐ 蹙凌水 10-540A
cùliūjílà 卒溜急剌 1-878B
cùliūyú 醋溜魚 9-1417B
cùlǒng 蹙攏 10-542A
cūlòu 粗陋 9-207A
cūlòu 麤陋 12-1308A
cùlòu 促漏 1-1400A
cūlú 觕臚 10-1356A
cūlǔ 粗鹵 9-208A
cūlǔ 粗魯 9-209B
cūlǔ 麤鹵 12-1308B
cūlǔ 麤虜 12-1309B
cūlǔ 麤魯 12-1310B
cūlù 麤露 12-1311B
cùlù 促路 1-1399B
cūlùn 麤論 12-1310B
cūluò 觕犖 10-1356A
cúluò 徂落 3-934A
cúluò 殂落 5-156A
cúluò 殂殆 5-156A
cùluó 瘯蠡 8-354A
cùluǒ 瘯瘰 8-354A
cūlǚ 麤履 12-1310B
cūlǚ 麤縷 12-1311A
cùlǚ 蹴履 10-554A
cùlǜ 卒律 1-877B
cūlüè 粗略 9-208A
cūlüè 麤略 12-1308B
cùlǜlǜ 卒律律 1-877B
cùmài 促脈 1-1399A
cūmàn 麤謾 12-1311A
cūmǎng 粗莽 9-208A
cūmǎng 麤莽 12-1308A
cùmáng 促忙 1-1398A
cùmángcùjí 促忙促急
1-1398A
cūmáo 麤毛 12-1306A
cùméi 踧眉 10-495A
cūměng 粗猛 9-208B
cūměng 麤猛 12-1309A
cūmǐ 麤靡 12-1311B
cūmǐ 麤米 12-1307A
cūmì 麤密 12-1309A
cùmì 促密 1-1399B
cùmì 蹙密 10-540B
cūmiào 麤妙 12-1307A
cùmiè 促滅 1-1400A
cúmò 徂沒 3-933B
cúmò 徂歿 3-934A
cúmò 殂沒 5-155B
cúmò 殂殁 5-155B
cúmò 殂歿 5-155B
cūmóu 麤繆 12-1311A
cúmú 醠醭 9-1399B
cùmǔ 酢母 9-1400A
cùmǔ 醋母 9-1416B
cùmù 數目 5-508A
cùmǔcǎo 醋母草 9-1417A
cún'ài 存愛 4-190B
cūn'ān 村庵 4-764B
cún'ān 存安 4-187B
cún'àn 存案 4-189B
cūn'ǎo 村拗 4-762A
cūn'ǎo 村媼 4-765B
cùnbái 寸白 2-1246A
cùnbáichóng 寸白蟲 2-1246A
cùnbáijūn 寸白軍 2-1246A
cūnbàngbàng 村棒棒 4-765A
cūnbànjiě 村伴姐 4-761A
cūnbǎo 邨堡 10-596A
cùnbào 寸報 2-1247B
cúnběn 存本 4-186B
cūnbǐ 村鄙 4-765B
cūnbì 村婢 4-764B
cúnbì 存庇 4-187B
cùnbì 寸碧 2-1248A
cùnbiāo 寸飈 2-1249A
cùnbīng 寸兵 2-1246B
cùnbǐng 寸柄 2-1247A
cùnbǐng 寸稟 2-1248A
cùnbīngchǐtiě 寸兵尺鐵
2-1246B
cūnbō 皴剥 8-524B
cúnbó 存泊 4-188A
cūnbǔ 村堡 4-765A
cūnbù 村步 4-761A
cūnbù 村部 4-763B
cùnbǔ 寸補 2-1247B
cùnbù 寸步 2-1246A
cùnbùbùlí 寸步不離
2-1246A
cùnbùnánxíng 寸步難行
2-1246B
cùnbùnányí 寸步難移
2-1246B
cùnbùqiānlǐ 寸步千里
2-1246A
cūncái 村材 4-761A
cùncǎo 寸草 2-1247A
cùncǎobùliú 寸草不留
2-1247A
cùncǎochūnhuī 寸草春暉
2-1247A
cùncǎoxiánjiē 寸草銜結
2-1247A
cǔncè 忖惻 7-412A
cǔncè 忖測 7-412A
cúnchá 存查 4-188B
cūnchán 村廛 4-767A
cùnchǎn 寸產 2-1247B
cūncháng 村場 4-764B
cùncháng 寸長 2-1246B
cùncháng 寸腸 2-1248A
cùnchángchǐduǎn 寸長尺短
2-1246B
cùnchángchǐjì 寸長尺技
2-1246B
cùnchángpiànshàn
寸長片善 2-1246B
cūnchāo 村鈔 4-765A
cùnchén 寸忱 2-1246B
cūnchéng 村程 4-765A
cūnchéng 村塍 4-766A
cúnchéng 存誠 4-190B
cùnchéng 寸誠 2-1248A
cùnchǐ 寸尺 2-1245B
cūnchōng 村舂 4-764A
cúnchǔ 存楚 4-190A
cúnchǔ 存儲 4-191A
cúnchǔ 存處 4-189B
cùnchǔ 寸楮 2-1247B
cūnchǔn 村蠢 4-768A
cúncì 存賜 4-191A
cūncū 村粗 4-764B
cūncūn 墫墫 2-1221B
cūncūn 趡趡 9-1142A
cúncún 存存 4-187A
cúncún 蹲蹲 10-556B
cúncún 浚浚 5-1293A
cǔncǔn 蹲蹲 10-557A
cùncùn 寸寸 2-1245A
cūncūnbàngbàng 村村棒棒
4-761A
cūncūnshìshì 村村勢勢
4-761A
cūncuòdà 村措大 4-764A
cūncuōdiāo 村撮鳥 4-766B
cúndān 存單 4-190A
cùndān 寸丹 2-1245B
cúndàng 存檔 4-191A
cūndào 村道 4-765A
cūndí 村笛 4-764A
cùndì 寸地 2-1246A
cūndiàn 邨店 10-596A
cūndiàn 村店 4-762A
cūndiǎo 村鳥 4-764B
cùndìchǐtiān 寸地尺天
2-1246A
cúndìng 存定 4-188A
cūndìzǐhái'er
村弟子孩兒 4-761B
cùndù 寸度 2-1247A
cùnduàn 寸斷 2-1248B
cǔnduó 刌度 2-594B
cǔnduó 忖度 7-411B
cǔnduó 忖奪 7-412A
cún'érbùlùn 存而不論
4-187B
cūnfǎ 皴法 8-524B
cūnfàn 村飯 4-765A
cūnfàn 村範 4-766B
cūnfāng 村坊 4-761A
cúnfǎng 存訪 4-189B
cúnfàng 存放 4-188A
cūnfángdàodiàn 村房道店
4-762A
cūnfēi 村扉 4-765A

cūnfū 村夫 4-760A
cūnfú 村服 4-762A
cūnfǔ 村父 4-760A
cūnfù 村婦 4-764B
cúnfǔ 存撫 4-191A
cúnfù 存覆 4-191B
cūnfǔlǎo 村父老 4-760A
cūnfūsúzǐ 村夫俗子 4-760A
cūnfūzǐ 村夫子 4-760A
cūngē 村歌 4-766A
cūngēlǐfù 村哥里婦 4-763A
cūngēluò 村肐落 4-761A
cúngēn 存根 4-189A
cūngēshègǔ 村歌社鼓
4-766A
cungeshèwǔ 村歌社舞
4-766A
cūngōng 村公 4-760A
cùngōng 寸功 2-1245B
cūngū 邨酤 10-596A
cūngū 村姑 4-762B
cūngū 村沽 4-762A
cūngū 村酤 4-765A
cūngǔ 村谷 4-761A
cúngū 存孤 4-188A
cúngù 存顧 4-191B
cūnguài 村怪 4-762A
cùnguǎn 寸管 2-1248B
cùnguānchǐ 寸關尺 2-1249A
cùnguāng 寸光 2-1246A
cūnguǐ 村鬼 4-762B
cùnguī 寸晷 2-1247B
cùnguǐfēngyán 寸晷風檐
2-1247B
cūnguō 村郭 4-763B
cūnhān 村憨 4-767A
cūnhàn 村漢 4-766B
cùnhán 寸函 2-1246B
cūnhángzi 村杭子 4-762A
cūnháo 村豪 4-766B
cùnháo 寸毫 2-1247B
cúnhòu 存候 4-189A
cūnhù 村户 4-760A
cúnhù 存户 4-186B
cūnhuā 村花 4-761A
cūnhuà 村話 4-766A
cùnhuī 寸輝 2-1248B
cúnhuó 存活 4-188B
cúnhuò 存貨 4-189B
cúnián 徂年 3-933B
cùniǎn 簇輦 8-1239B
cùniángzǐ 醋娘子 9-1417A
cùniè 蹴躡 10-554B
cūnjī 邨雞 10-596B
cūnjī 邨鷄 10-596B
cūnjī 村姬 4-763B
cūnjí 村集 4-765A
cūnjì 村妓 4-761B
cūnjì 村際 4-766A
cúnjī 存積 4-191A
cúnjì 存紀 4-189A
cúnjì 存記 4-189B
cúnjì 存濟 4-191B
cūnjiā 村家 4-763B
cǔnjiǎ 蹲甲 10-555A
cúnjiàn 存見 4-187B
cùnjiān 寸箋 2-1248A
cùnjiǎn 寸簡 2-1248B
cúnjiǎng 存獎 4-190B
cūnjiāo 村郊 4-762A
cūnjiàoshū 村校書 4-763A
cùnjié 寸節 2-1248A
cùnjiè 寸介 2-1245B
cūnjīn 村筋 4-765A
cùnjìn 寸進 2-1247B
cūnjǐng 村井 4-759B
cūnjìng 村徑 4-763B
cūnjìng 村逕 4-763A
cúnjìng 存荆 4-188B
cùnjìng 寸敬 2-1247B
cùnjīnzhúsuǒ 寸金竹索
2-1246B
cūnjiǔ 邨酒 10-596A
cūnjiǔ 村酒 4-763B
cúnjiù 存救 4-189B
cùnjīzhūlěi 寸積銖累
2-1248B
cūnjū 邨居 10-596A
cūnjū 村居 4-762B
cūnjù 村聚 4-766A
cúnjù 存聚 4-190B
cúnjù 存據 4-191A
cǔnjù 蹲聚 10-556A
cūnjuǎn 村卷 4-762A
cūnjuǎn 村捲 4-764A
cúnjuàn 存眷 4-189B
cùnjué 寸絶 2-1248A
cùnkǎi 寸楷 2-1248A
cūnkě 皴渴 8-524B
cūnkè 村客 4-763A
cūnkǒu 村口 4-759B
cùnkǒu 寸口 2-1245A
cúnkù 存庫 4-189B
cúnkuǎn 存款 4-190A
cūnlái 村倈 4-763B
cúnlán 存欄 4-191B
cūnláng 村郎 4-762A
cūnláo 邨醪 10-596B
cūnláo 村醪 4-767B
cunlǎo 村老 4-760B
cūnlǎo 村獠 4-767A
cúnláo 存勞 4-190A
cūnlàojiǔ 村酪酒 4-765B
cūnlǎolao 村老老 4-760B
cūnlǎozǐ 村老子 4-760B
cūnlí 皴釐 8-525A
cūnlǐ 村里 4-761A
cūnlǐ 村俚 4-762B
cūnlǐ 皴理 8-524B
cūnlì 村吏 4-760B
cūnlì 村笠 4-764B
cúnlǐ 存理 4-189B
cúnlì 存立 4-187A
cùnlián 寸蓮 2-1248A
cǔnliáng 忖量 7-412A
cùnliángzhūchēng
寸量銖稱 2-1247B
cǔnliào 忖料 7-412A
cūnliè 皴裂 8-524B
cùnliè 寸裂 2-1247B
cūnlín 村鄰 4-766B
cùnlǐn 寸廩 2-1248B
cūnlìng 村伶 4-761A
cúnliú 存留 4-189A
cǔnliú 忖留 7-412A
cūnlǒng 村壟 4-768A
cūnlòu 村陋 4-762B
cūnlú 村壚 4-768A
cūnlú 村廬 4-768A
cūnlǔ 村鹵 4-764A
cūnlǔ 村魯 4-767A
cūnlù 邨路 10-596A
cūnlù 村路 4-765B
cúnlù 存録 4-191A
cùnlù 寸禄 2-1248A
cūnluò 邨落 10-596A
cūnluò 村落 4-764B
cūnlùqí 村路歧 4-765B
cūnlǘ 村閭 4-766B
cūnlǘ 村驢 4-768A
cùnlǚ 寸縷 2-1248B
cūnlǜyuàn 村律院 4-762B
cūnmà 村罵 4-767A
cùnmài 寸脈 2-1247A
cūnmán 村蠻 4-768A
cūnmǎnggàng 村莽戇 4-763A
cūnmánhàn 村蠻漢 4-768A
cūnméi 村眉 4-763A
cūnmén 村門 4-762A
cūnméng 邨氓 10-596A
cūnméng 邨甿 10-596A
cūnméng 村氓 4-762A
cūnméng 村甿 4-762A
cūnmiáo 村苗 4-762A
cūnmín 邨民 10-595B
cūnmín 村民 4-760B
cúnmìng 存命 4-188A
cùnmíng 寸名 2-1246A
cūnmò 村末 4-760A
cúnmò 存没 4-187B
cúnmò 存歿 4-188A
cùnmóu 寸眸 2-1247B
cúnmù 存目 4-187A
cùnmùcénlóu 寸木岑樓
2-1245B
cúnnà 存納 4-189B
cùnnánchǐnǚ 寸男尺女
2-1246B
cǔnniàn 忖念 7-411B
cūnniàng 村釀 4-768A
cūnniú 村牛 4-760A
cūnnóng 村農 4-766A
cúnnuǎn 存暖 4-190A
cūnnǚ 村女 4-759B
cūn'ōu 村謳 4-768A
cūnpào 皴皰 8-524B
cūnpēi 村醅 4-766B
cūnpèi 村旆 4-763B
cūnpí 皴皮 8-524B
cūnpǐ 皴劈 8-525A
cūnpì 村僻 4-766B
cūnpín 村貧 4-764B
cúnpǐn 存品 4-188B
cūnpō 村潑 4-767A
cūnpó 村婆 4-764B
cūnpú 村僕 4-766B
cūnpǔ 村圃 4-763A
cūnpǔ 村樸 4-767A
cūnqī 村妻 4-762A
cūnqí 村耆 4-763A
cūnqí 村旗 4-766B
cūnqì 村氣 4-763B
cūnqián 村虔 4-763A
cūnqián 村錢 4-767B
cūnqiáng 村强 4-765B
cūnqiào 村峭 4-763B
cūnqíng 村情 4-764B
cùnqíng 寸情 2-1247B
cūnqiú 村囚 4-760B
cūnqiú 村毬 4-764A
cūnqū 村區 4-764A
cūnquán 村拳 4-763B
cúnquán 存全 4-187B
cūnquē 皴皵 8-524B
cūnrǎn 皴染 8-524B
cùnrǎng 寸壤 2-1249A
cūnrén 村人 4-759B
cùnrèn 寸刃 2-1245A
cūnrújiǔ 村醹酒 4-768A
cúnrùn 存潤 4-191A
cūnsài 村賽 4-767B
cūnsāng 村桑 4-764A
cūnsè 村色 4-761A
cūnshā 村沙 4-761B
cūnshā 村殺 4-763B
cūnshà 村煞 4-766A
cǔnshā 忖沙 7-411B
cūnshāduàn 村沙段 4-761B
cùnshān 寸山 2-1245A
cùnshàn 寸善 2-1247B
cūnshàng 村上 4-759B
cùnshǎng 寸賞 2-1248B
cùnshànpiàncháng
寸善片長 2-1247B
cūnshè 邨舍 10-596A
cūnshè 邨社 10-596A
cūnshè 村舍 4-762A
cūnshè 村社 4-761B
cūnshēn 村深 4-764B
cúnshēn 存身 4-187B
cúnshén 存神 4-189A
cūnshēng 村聲 4-767B
cúnshēng 存生 4-187A
cūnshēngpōsǎng 村聲潑嗓
4-767B
cūnshēngpōzhǎng 村生泊長
4-760B
cūnshèzhǎng 村社長 4-761B
cūnshì 村市 4-760B
cúnshí 存食 4-188B
cúnshì 存視 4-189B
cùnshí 寸食 2-1247A
cūnshìshā 村勢煞 4-765B
cúnshíyīyúqiānbǎi
存十一於千百 4-185B
cúnshǒu 存守 4-187B

cūnshū 邨書 10-596A
cūnshū 村書 4-763B
cūnshū 村疏 4-765B
cūnshú 邨塾 10-596B
cūnshú 村塾 4-766B
cūnshù 邨墅 10-596A
cūnshù 村戍 4-760B
cūnshù 村墅 4-766A
cūnshù 村豎 4-766B
cūnsī 村司 4-760B
cūnsī 村廝 4-767A
cūnsì 邨寺 10-595B
cūnsì 邨肆 10-596A
cūnsì 村寺 4-760B
cúnsī 存思 4-188B
cǔnsī 忖思 7-411B
cùnsībùguà 寸絲不掛 2-1248A
cūnsǒu 村叟 4-762B
cūnsú 村俗 4-762B
cūntán 村潭 4-767A
cūntián 村田 4-760A
cùntián 寸田 2-1245B
cùntiánchǐzhái 寸田尺宅 2-1245B
cūntiánlè 村田樂 4-760B
cūntiányǎn 村田眼 4-760A
cùntíchǐjiān 寸蹄尺縑 2-1248B
cùntiě 寸鐵 2-1249A
cùntiěshārén 寸鐵殺人 2-1249A
cūntǐng 村艇 4-765A
cūntóng 村童 4-765A
cūntóu 村頭 4-767A
cùntóu 寸頭 2-1248B
cūntóucūnnǎo 村頭村腦 4-767A
cūntú 村屠 4-764B
cùntǔ 寸土 2-1245A
cūntuǎn 村疃 4-767B
cùntǔchǐjīn 寸土尺金 2-1245A
cùnù 蹙怒 10-540A
cùnǜ 踧沮 10-495A
cūnwá 村娃 4-763A
cūnwán 村頑 4-765B
cúnwáng 存亡 4-185B
cúnwángjìjué 存亡繼絶 4-186A
cúnwángjuéxù 存亡絶續 4-186A
cúnwángxùjué 存亡續絶 4-186B
cúnwèi 存慰 4-191A
cúnwèn 存問 4-189B
cūnwēng 村翁 4-763B
cūnwǔ 村伍 4-760B
cūnwù 邨塢 10-596A
cūnwù 村塢 4-765B
cūnwù 村務 4-764A
cūnwù 村隖 4-765B
cúnwǔ 蹲舞 10-556A
cūnwùjiǔ 村務酒 4-764A
cūnwùnǚ 村務女 4-764A
cūnxì 村戲 4-767B
cúnxī 存息 4-189A
cùnxì 寸隙 2-1248A
cūnxiàn 村縣 4-767A
cūnxiāng 村鄉 4-764B
cūnxiàng 村巷 4-762B
cúnxiǎng 存想 4-190A
cúnxiàng 存項 4-190A
cǔnxiǎng 忖想 7-412A
cūnxiānsheng 村先生 4-760B
cùnxiào 寸效 2-1247A
cūnxiāoshègǔ 村簫社鼓 4-768A
cùnxiázhìlún 寸轄制輪 2-1248B
cúnxiè 存謝 4-191B
cūnxìn 村信 4-762B
cúnxīn 存心 4-186B
cùnxīn 寸心 2-1245B
cūnxíng 村行 4-761A
cūnxìng 村性 4-762A
cúnxǐng 存省 4-188B
cúnxīnjīlǜ 存心積慮 4-186B
cúnxīnyǎngxìng 存心養性 4-186B
cúnxióng 存雄 4-190A
cūnxū 邨墟 10-596A
cūnxū 村胥 4-763A
cūnxū 村墟 4-766A
cúnxù 存卹 4-188A
cúnxù 存恤 4-189A
cúnxù 存續 4-191B
cūnxué 村學 4-767A
cūnxuéjiū 村學究 4-767A
cūnxuéjiūyǔ 村學究語 4-767B
cūnxuétáng 村學堂 4-767B
cùnxún 寸旬 2-1246A
cūnyān 邨烟 10-596A
cūnyān 村烟 4-763B
cūnyān 村煙 4-766A
cūnyán 村言 4-761B
cùnyán 寸言 2-1246B
cúnyǎng 存養 4-190B
cūnyàng'er 村樣兒 4-766B
cūnyáo 村謡 4-767B
cūnyě 村野 4-764A
cūnyè 村業 4-765B
cūnyì 村邑 4-761A
cūnyì 村驛 4-768A
cúnyí 存疑 4-190B
cúnyì 存肄 4-190B
cúnyì 存意 4-190B
cúnyì 存義 4-190B
cùnyì 寸意 2-1248A
cùnyì 寸義 2-1248A
cùnyīn 寸陰 2-1247A
cùnyīnruòsuì 寸陰若歲 2-1247A
cūnyōng 村傭 4-766A
cūnyú 村愚 4-765B
cūnyǔ 村宇 4-761A
cūnyù 村嫗 4-766B
cúnyù 存育 4-188A
cúnyù 存諭 4-191A
cūnyuán 村垣 4-762B
cūnyuán 村原 4-763A
cūnyuán 村園 4-765B
cūnyuàn 村院 4-763A
cùnyuàn 寸願 2-1249A
cúnzài 存在 4-187A
cúnzhá 存札 4-186B
cùnzhá 寸札 2-1245B
cūnzhāi 村齋 4-767B
cūnzhài 村寨 4-766B
cùnzhǎn 寸斬 2-1247B
cūnzhǎng 村長 4-761B
cúnzhǎng 存長 4-188A
cúnzhào 存照 4-190A
cúnzhé 存摺 4-190B
cùnzhé 寸折 2-1246A
cùnzhé 寸磔 2-1248B
cūnzhēn 村砧 4-763A
cūnzhèn 村鎮 4-767B
cūnzhèng 村正 4-760A
cúnzhěng 存拯 4-188A
cúnzhèng 存正 4-186B
cúnzhèng 存政 4-188A
cúnzhí 存執 4-189B
cúnzhì 存志 4-187B
cùnzhǐ 寸紙 2-1247A
cùnzhì 寸志 2-1246A
cùnzhǐcèyuān 寸指測淵 2-1246B
cùnzhōng 寸衷 2-1247A
cūnzhòu 村紂 4-763A
cūnzhòu 村胄 4-762B
cūnzhòu 皴皺 8-524B
cūnzhú 皴瘃 8-524B
cúnzhù 存注 4-188A
cúnzhù 存貯 4-190A
cūnzhuāng 邨莊 10-596A
cūnzhuāng 村妝 4-761B
cūnzhuāng 村莊 4-763A
cūnzhuāng 村粧 4-765A
cūnzhuàng 村壯 4-761B
cúnzhuī 存追 4-188B
cūnzhuó 村濁 4-767B
cūnzi 村子 4-759B
cùnzī 寸資 2-1248A
cūnzuì 村醉 4-766B
cúnzuò 存坐 4-187B
cuó'ǎi 矬矮 7-1547A
cuò'ài 錯愛 11-1314B
cuò'àn 錯案 11-1312B
cuò'āntóu 錯安頭 11-1311B
cuōbái 撮白 6-869B
cuōbài 蹉敗 10-523B
cuóbái 酇白 10-698A
cuòbài 挫敗 6-619B
cuōbǎn 搓板 6-775A
cuòbǎn 錯扳 11-1311B
cuòbàn 措辦 6-639B
cuōbáo 蹉雹 10-523B
cuòbǎo 錯寶 11-1316B
cuōbǎxì 撮把戲 6-870A
cuòběi 挫北 6-618B
cuòbǐ 挫筆 6-619B
cuòbǐ 措筆 6-639A
cuòbǐ 錯比 11-1311A
cuòbì 錯臂 11-1316A
cuòbiān 厝邊 1-926B
cuòbiān 錯邊 11-1316A
cuòbiézì 錯別字 11-1311B
cuòbīng 挫兵 6-619A
cuōbǔ 撮哺 6-870B
cuōcā 搓擦 6-775A
cuòcǎi 錯采 11-1312A
cuòcǎi 錯彩 11-1313A
cuòcǎilòujīn 錯彩鏤金 11-1313A
cuócè 鹺筴 12-1030A
cuōchāo 撮抄 6-870A
cuòchē 錯車 11-1311B
cuòchén 錯陳 11-1313A
cuòchóng 錯重 11-1312B
cuòchū 錯出 11-1311A
cuòchǔ 錯楚 11-1314B
cuòchǔ 錯處 11-1313A
cuòchù 挫詘 6-619B
cuòchù 錯處 11-1313A
cuóchuán 鹺船 12-1030A
cuòchuǎn 錯舛 11-1311B
cuóchuāng 痤瘡 8-320B
cuòcí 厝辭 1-927A
cuòcí 措詞 6-639B
cuòcí 措辭 6-640A
cuòcuì 遳脆 10-1134B
cuòcuī 錯崔 11-1313A
cuōcuō 瑳瑳 4-610A
cuōcuō 磋磋 7-1083A
cuōcuō 蹉蹉 10-524A
cuócuó 虘虘 11-718B
cuòcuò 措措 6-639A
cuòcuò 錯錯 11-1316A
cuòdà 措大 6-638B
cuòdài 錯帶 11-1313A
cuódǎo 矬倒 7-1547A
cuòdāo 銼刀 11-1301B
cuòdāo 錯刀 11-1310B
cuòdàodǐ 錯到底 11-1312A
cuōdiǎo 撮鳥 6-870B
cuōdiē 差跌 2-977A
cuōdiē 磋跌 7-1082B
cuōdiē 蹉跌 10-523B
cuōdié 差迭 2-975B
cuódiē 籊跌 12-1455B
cuòdiē 跮跌 10-485A
cuòdié 錯迭 11-1312A
cuōdòng 蹉動 10-523B
cuòdòng 挫動 6-619B
cuòduàn 錯斷 11-1316B
cuōduì 蹉對 10-524A
cuòduì 剉碓 2-698B
cuòdùn 厝頓 1-926B
cuòdùn 挫頓 6-619B
cuó'é 嵯峨 3-857A
cuò'è 錯愕 11-1314A
cuò'è 錯愕 11-1314A
cuófǎ 鹺法 12-1030A

cuòfā 錯發 11-1314A
cuófèi 痤疿 8-320B
cuòfēi 錯非 11-1312A
cuòfēn 錯分 11-1311A
cuòfēn 錯氛 11-1312A
cuòfēn 錯紛 11-1313A
cuòfēng 挫鋒 6-619B
cuòfèng'er 錯縫兒 11-1316A
cuòfú 挫服 6-619A
cuógāng 鹺綱 12-1030A
cuógǔ 鹺賈 12-1030A
cuòguài 錯怪 11-1312B
cuóguǎn 鹺館 12-1030A
cuóguǐ 鹺簋 12-1030A
cuoguò 蹉過 10-523B
cuòguò 挫過 6-619B
cuòguò 錯過 11-1313A
cuōhé 撮合 6-869B
cuòhé 錯合 11-1311B
cuòhé 錯祫 11-1312B
cuòhéng 錯衡 11-1315B
cuōhéshān 撮合山 6-869B
cuōhǒng 撮哄 6-870B
cuóhóu 鄼侯 10-698A
cuòhóu 錯喉 11-1314A
cuòhù 錯互 11-1311A
cuòhuà 措畫 6-639B
cuòhuái 厝懷 1-927A
cuóhūn 瘥昏 8-344A
cuòhuǒ 厝火 1-926A
cuòhuǒjīxīn 厝火積薪 1-926A
cuòhuǒliáoyuán 厝火燎原 1-926B
cuōjī 撮箕 6-870B
cuōjì 撮記 6-870B
cuójì 鬖髻 12-750B
cuòjī 厝基 1-926B
cuójiǎ 痤瘕 8-320B
cuójià 鹺價 12-1030A
cuòjiǎn 錯簡 11-1316A
cuòjiàn 剉薦 2-698B
cuòjiàn 錯見 11-1311B
cuòjiǎoméiren 剉角媒人 2-698B
cuòjiǎoméiren 挫角媒人 6-619A
cuōjiǎotíngzi 撮角亭子 6-870A
cuōjiè 撮借 6-870B
cuòjié 挫劫 6-619A
cuòjié 錯節 11-1314B
cuòjiépángēn 錯節盤根 11-1314B
cuòjīn 錯金 11-1312A
cuōjīnshū 撮襟書 6-871A
cuòjīnyín 錯金銀 11-1312A
cuòjiū 錯繆 11-1316A
cuōjǔ 撮舉 6-870B
cuójū 痤疽 8-320B
cuójū 痤雎 8-320B
cuòjū 錯居 11-1312B
cuòjǔ 挫沮 6-619A
cuòjǔ 錯舉 11-1315B
cuòjué 錯絕 11-1314A
cuòjué 錯覺 11-1316B
cuókè 鹺課 12-1030A
cuòkè 銼刻 11-1301B
cuōkēdǎhòng 撮科打閧 6-870B
cuōkōng 撮空 6-870A
cuōkǒu 撮口 6-869B
cuòkǒu 措口 6-638B
cuòkǒu 錯口 11-1311A
cuōkǒuhū 撮口呼 6-869B
cuòkū 挫枯 6-619A
cuōlěi 磋磥 7-1083A
cuólì 瘥癘 8-344A
cuòlì 錯立 11-1311A
cuòlì 錯戾 11-1312B
cuòlì 錯盭 11-1316B
cuòlián 錯連 11-1312B
cuòliǎn 措斂 6-639B
cuòliè 錯列 11-1311B
cuōlóng 磋礱 7-1083A
cuōlòu 遳陋 10-1134B
cuólòu 矬陋 7-1547A
cuòlòu 錯鏤 11-1316B
cuōlù 撮録 6-871A
cuōlù 蹉路 10-523B
cuǒlù 脞録 6-1282A
cuòluàn 錯亂 11-1314B
cuòluó 銼鑼 11-1301B
cuòluò 錯落 11-1313B
cuòluòbùqí 錯落不齊 11-1314A
cuòluòcēncī 錯落参差 11-1314A
cuòluògāoxià 錯落高下 11-1314A
cuòluòyǒuzhì 錯落有致 11-1314A
cuōlüè 撮略 6-870B
cuòmáng 錯忙 11-1311B
cuòmíng 錯明 11-1312A
cuòmiù 錯繆 11-1316A
cuòmiù 錯謬 11-1316B
cuōmó 搓磨 6-775A
cuōmó 瑳磨 4-610A
cuōmó 磋摩 7-1083A
cuōmó 磋磨 7-1083A
cuómò 瘥瘼 8-344A
cuòmó 挫磨 6-619B
cuòmó 錯磨 11-1316A
cuòmò 挫秣 6-619A
cuòmò 錯莫 11-1312B
cuòmò 錯漠 11-1314B
cuòmù 錯莫 11-1312B
cuōnáng 撮囊 6-871A
cuònì 錯逆 11-1312B
cuòniàn 厝念 1-926B
cuòniàn 錯念 11-1312A
cuóniè 嵯櫱 3-857B
cuōnòng 搓弄 6-774B
cuōnòng 撮弄 6-870A
cuōnuó 搓挪 6-775A
cuònǜ 挫衄 6-619A
cuònǜ 挫衂 6-619A
cuòpán 錯盤 11-1315B
cuōpào 撮泡 6-870A
cuōpěng 撮捧 6-870B
cuòqǐ 錯綺 11-1315A
cuòqì 挫氣 6-619A
cuòqián 錯錢 11-1316A
cuòqiáng 挫强 6-619B
cuōqiào 撮俏 6-870B
cuōqiē 瑳切 4-610A
cuōqiē 磋切 7-1082B
cuōqǔ 撮取 6-870A
cuòqū 挫屈 6-619A
cuórán 痤然 8-320B
cuòrán 錯然 11-1314A
cuōrǎng 撮壤 6-871A
cuōrǎng 蹉躟 10-524A
cuòrǎng 錯壤 11-1316B
cuórén 痤人 8-320B
cuórén 矬人 7-1547A
cuòrèn 錯認 11-1315A
cuòrènshuǐ 錯認水 11-1315A
cuǒrǒng 脞冗 6-1282A
cuōróu 搓揉 6-775A
cuòróu 錯揉 11-1313B
cuòróu 錯糅 11-1315B
cuòrǔ 剉辱 2-698B
cuòrǔ 挫辱 6-619A
cuóruǎn 矬檽 7-1547A
cuòruì 挫鋭 6-619B
cuòshǎn 錯閃 11-1313A
cuōshāng 磋商 7-1082B
cuóshāng 鹺商 12-1030A
cuòshāng 挫傷 6-619B
cuòshè 厝舍 1-926B
cuòshēn 厝身 1-926B
cuòshēn 措身 6-639A
cuòshēng 厝生 1-926B
cuōshī 蹉失 10-523B
cuōshí 撮十 6-869B
cuōshí 撮拾 6-870A
cuóshǐ 鹺使 12-1030A
cuòshī 剉屍 2-698B
cuòshī 厝施 1-926B
cuòshī 挫失 6-618B
cuòshī 措施 6-639A
cuòshī 錯失 11-1311A
cuòshì 錯飾 11-1314B
cuōshǒu 搓手 6-774B
cuòshǒu 厝手 1-926A
cuòshǒu 措手 6-638B
cuòshǒu 錯手 11-1311A
cuòshǒubùjí 措手不及 6-639A
cuōshǒudùnzú 搓手頓足 6-774B
cuōshù 撮述 6-870A
cuóshuì 鹺税 12-1030A
cuǒshuō 脞説 6-1282A
cuòsī 措思 6-639A
cuōsuàn 撮算 6-870B
cuòsǔn 錯筍 11-1314A
cuōsuō 搓挲 6-775A
cuòsuō 挫縮 6-620A
cuòsuǒ 厝所 1-926B
cuòsuǒ 錯榡 11-1315A
cuōtà 蹉踏 10-524A
cuōtà 蹉蹋 10-524A
cuótái 鄼臺 10-698B
cuǒtán 脞談 6-1282A
cuōtí 撮題 6-871A
cuòtóu 錯頭 11-1315B
cuōtǔ 撮土 6-869B
cuòtú 錯塗 11-1315A
cuōtuó 蹉跎 10-523B
cuōtuó 蹉跑 10-523B
cuōtuó 蹉跎 10-516A
cuòwéi 錯違 11-1314A
cuòwèi 錯立 11-1311A
cuòwèizútán 錯立族談 11-1311A
cuòwén 錯文 11-1311A
cuówù 鹺務 12-1030A
cuòwǔ 錯忤 11-1312A
cuòwǔ 錯迕 11-1312A
cuòwǔ 錯牾 11-1313A
cuòwǔ 錯牿 11-1313A
cuòwǔ 錯逜 11-1312B
cuòwù 錯悞 11-1312B
cuòwù 錯誤 11-1315A
cuòxī 挫西 6-618B
cuóxián 鹺鹹 12-1030B
cuòxiǎng 措想 6-639B
cuóxiǎo 矬小 7-1547A
cuòxié 錯纈 11-1316B
cuòxīn 厝心 1-926B
cuòxīn 措心 6-639A
cuòxīn 錯薪 11-1315B
cuòxíng 錯行 11-1311B
cuòxīnjīlǜ 措心積慮 6-639A
cuòxiù 錯繡 11-1316B
cuōxù 撮序 6-870A
cuòxù 錯緒 11-1315A
cuōyá 搓掗 6-774B
cuòyá 齰牙 12-1456A
cuǒyán 脞言 6-1282A
cuòyán 厝言 1-926B
cuòyán 厝顔 1-927A
cuōyánrùhuǒ 撮鹽入火 6-871A
cuōyánrùshuǐ 撮鹽入水 6-871A
cuōyào 撮要 6-870A
cuōyào 撮藥 6-871A
cuòyào 剉藥 2-698B
cuōyì 磋議 7-1083A
cuòyí 厝疑 1-926B
cuòyí 錯疑 11-1315A
cuòyì 厝意 1-926B
cuòyì 挫抑 6-619A
cuòyì 措意 6-639B
cuōyǐn 撮引 6-869B
cuóyīn 鹺茵 12-1030A
cuòyīn 錯音 11-1312B
cuōyǐng 撮影 6-870B
cuòyíng 錯迎 11-1312A
cuōyōng 撮擁 6-870B
cuòyǒng 錯踴 11-1315A

cuōyuàn 醝院 9-1436A
cuóyuàn 鹺院 12-1030A
cuòzá 錯雜 11-1316B
cuōzǎo 搓澡 6-775A
cuòzé 錯擇 11-1315B
cuózhá 痤札 8-343B
cuózhà 虘詐 8-835A
cuòzhǎn 剉斬 2-698B
cuòzhào 厝兆 1-926B
cuòzhé 剉折 2-698A
cuòzhé 挫折 6-618B
cuòzhé 錯折 11-1311B
cuòzhěn 錯紾 11-1313A
cuózhèng 鹺政 12-1030A
cuōzhì 蹉躓 10-524A
cuòzhì 厝置 1-926B
cuòzhì 措置 6-639B
cuòzhì 錯峙 11-1312B
cuòzhì 錯置 11-1314B
cuòzhīlà 措支剌 6-638B
cuòzhīlà 錯支剌 11-1311A
cuòzhōng 厝衷 1-926B
cuòzhù 措注 6-639A
cuózhuì 痤贅 8-321A
cuōzhuó 磋琢 7-1082B
cuòzhuóshuǐ 錯着水
11-1313A
cuòzhǔshuǐ 錯煮水 11-1313A
cuōzǐ 遳子 10-1134B
cuózi 矬子 7-1547A
cuòzi 銼子 11-1301B
cuòzì 錯字 11-1311B
cuòzōng 錯綜 11-1315A
cuòzú 措足 6-639A
cuòzú 踿足 10-485A
cùpāi 促拍 1-1398A
cùpāi 簇拍 8-1239A
cùpán 簇盤 8-1239B
cùpǎo 蹴跑 10-553A
cūpáolìshí 麤袍糲食
12-1308B
cùpèi 促轡 1-1400B
cùpěng 簇捧 8-1239B
cùpǐ 蹙圮 10-539B
cùpíngjì 蹴瓶伎 10-553A
cùpò 促迫 1-1398B
cùpò 猝迫 5-79B
cùpò 踧迫 10-495A
cùpò 蹙迫 10-539B
cùpò 蹴破 10-553A
cùpò 卒迫 1-877B
cūpǔ 粗樸 9-209B
cūpǔ 牰樸 10-1356A
cūpǔ 麤樸 12-1310B
cùqí 蹙訾 10-542A
cùqì 促刺 1-1398A
cùqì 酢器 9-1400B
cùqì 蹙刺 10-539B
cùqiā 促掐 1-1399B
cùqiā 促掐 1-1399B
cùqià 促恰 1-1399A
cūqiǎn 粗淺 9-208B
cūqiǎn 麤淺 12-1309A
cúqiān 徂遷 3-934B
cūqiáng 麤彊 12-1310B
cùqiāng 蹴蹌 10-554A
cūqiě 麤且 12-1306B
cùqǐng 促請 1-1400A
cùqiú 蹙毬 10-540A
cùqiú 蹴毬 10-553A
cùqū 蹙趨 10-541A
cùqǔ 促曲 1-1398A
cùrán 猝然 5-79B
cùrán 踧然 10-495B
cùrán 蹙然 10-540B
cùrán 蹴然 10-553A
cùrán 倅然 1-1514B
cùrán 卒然 1-878A
cūrén 粗人 9-206A
cūrén 牰人 10-1355B
cūrén 麤人 12-1306A
cūrǒng 麤冗 12-1306A
cùróng 蹙戎 10-539B
cùróng 蹙融 10-541A
cūruí 麤蕤 12-1310A
cūruò 麤弱 12-1308B
cùruò 蹙弱 10-540A
cúsāng 殂喪 5-156A
cúsàng 徂喪 3-934B
cūsè 麤色 12-1306B
cūsè 麤澁 12-1310B
cūsè 麤澀 12-1311A
cùsè 酢蹔 9-1400A
cūshā 粗紗 9-208A
cūshà 麤箑 12-1310A
cùshè 簇射 8-1239A
cùshēn 錯身 11-1312A
cūshēng 麤生 12-1306B
cúshēng 徂生 3-933B
cùshēng 促生 1-1397B
cùshēng 簇生 8-1239A
cùshéng 蹙繩 10-542A
cùshèng 蹙剩 10-540B
cùshèng 錯勝 11-1314A
cūshí 粗食 9-207B
cūshí 牰識 10-1356A
cūshí 麤食 12-1308A
cūshǐ 粗使 9-207A
cūshǐ 麤使 12-1307B
cūshì 麤事 12-1307B
cúshī 徂師 3-934A
cúshì 徂逝 3-934A
cúshì 殂逝 5-155B
cùshī 鼀鼊 12-1401A
cùshǐ 促使 1-1398A
cùshǐ 趨使 9-1149A
cùshǐ 趣使 9-1143B
cùshì 錯事 11-1312A
cūshífān 粗十番 9-206A
cùshǒu 錯守 11-1311B
cùshòu 促壽 1-1400A
cūshū 粗疏 9-209A
cūshū 牰疏 10-1356A
cūshū 麤書 12-1308B
cūshū 麤疎 12-1309B
cūshū 麤疏 12-1309B
cūshū 麤踈 12-1310A
cūshù 麤束 12-1307A
cúshǔ 徂暑 3-934B
cùshú 促熟 1-1400A
cūshuài 粗率 9-208B
cūshuài 牰率 10-1356A
cūshuài 麤率 12-1309A
cùshuò 促數 1-1400A
cùshuò 趨數 9-1151B
cùshuò 趣數 9-1144A
cùsǐ 促死 1-1398A
cùsǐcùmiè 促死促滅
1-1398A
cūsòng 麤誦 12-1310A
cùsǒng 蹙竦 10-540B
cūsú 粗俗 9-207B
cūsú 麤俗 12-1308A
cùsù 促速 1-1399A
cùsù 戚速 5-228A
cùsuān 醋酸 9-1417B
cúsuì 徂歲 3-934B
cùsǔn 蹙損 10-540B
cùsuō 踧蹜 10-495B
cùsuō 踧縮 10-495B
cùsuō 蹙蹜 10-541B
cùsuō 蹙縮 10-541B
cùsuō 蹴縮 10-554A
cùtà 蹙踏 10-541A
cùtà 蹙蹋 10-541A
cùtà 蹴蹹 10-554B
cùtà 蹴踏 10-553B
cùtà 蹴蹋 10-554A
cùtà 蹴蹦 10-554B
cùtánzi 醋罎子 9-1417B
cùtǎo 蹴討 10-553A
cūtōng 粗通 9-208A
cūtōng 麤通 12-1308B
cùtǔ 蹙土 10-539B
cūtuǐ 粗腿 9-209A
cùtuì 促退 1-1399A
cūwán 麤頑 12-1309B
cùwǎng 錯枉 11-1312A
cūwěi 麤猥 12-1309B
cùwèi 酢味 9-1400A
cùwèi 醋味 9-1417A
cūwèn 麤璺 12-1311B
cūwū 麤屋 12-1308A
cūwǔ 麤武 12-1307A
cūwù 麤物 12-1307B
cūxì 粗細 9-208B
cūxì 麤細 12-1309A
cùxī 促膝 1-1400A
cùxí 促席 1-1399B
cùxí 趣襲 9-1144B
cùxiá 促狹 1-1399A
cùxiáguǐ 促狹鬼 1-1399A
cūxiǎn 麤險 12-1310B
cūxiàng 麤相 12-1308A
cūxiàntiáo 粗綫條 9-209A
cūxiè 麤屑 12-1308B
cúxiè 徂謝 3-934B
cúxiè 殂謝 5-156A
cūxīn 粗心 9-206B
cùxīn 醋心 9-1416B
cùxīn 簇新 8-1239B
cūxīndàyì 粗心大意 9-206B
cūxīnfúqì 粗心浮氣 9-206B
cūxīnfúqì 麤心浮氣
12-1306B
cūxíng 麤行 12-1306B
cūxíng 麤形 12-1307A
cùxíng 踧行 10-495A
cùxíng 錯刑 11-1311A
cùxǐng 促醒 1-1400A
cùxìng 醋性 9-1417A
cūxióng 麤雄 12-1309B
cùxīqián 醋息錢 9-1417A
cūxìshífān 粗細十番
9-208B
cùxù 蹙蓄 10-540B
cùxuē 蹙削 10-540A
cùxuě 蹙雪 10-540A
cūxún 麤紃 12-1308A
cūyán 麤言 12-1307A
cúyán 徂顏 3-935A
cùyán 趣嚴 9-1144B
cūyào 麤藥 12-1311A
cúyāo 殂夭 5-155B
cūyě 粗野 9-208A
cūyī 麤衣 12-1306B
cūyì 牰義 10-1356A
cūyì 麤易 12-1307B
cùyì 醋意 9-1417B
cùyì 錯意 11-1314B
cūyīdànfàn 麤衣淡飯
12-1306B
cūyī'èshí 麤衣惡食
12-1306B
cùyíhuàzhì 錯儀畫制
11-1315B
cūyīlìshí 麤衣糲食
12-1306B
cúyīn 徂音 3-934A
cúyīn 徂陰 3-934A
cùyīn 促音 1-1399A
cūyìng 麤硬 12-1309B
cūyòng 麤用 12-1306B
cùyōng 簇擁 8-1239B
cūyǔ 麤語 12-1310A
cùyǔ 簇羽 8-1239A
cùyù 蹙鬱 10-542A
cùyuán 蹴圓 10-553B
cúyǔn 殂隕 5-156A
cúyǔn 殂殞 5-156A
cùyùn 促韻 1-1400B
cūzá 粗雜 9-209B
cùzā 蹙拶 10-540A
cùzài 促載 1-1399B
cùzài 酢截 9-1400A
cùzǎn 促趲 1-1400B
cūzàng 麤奘 12-1308B
cūzào 麤慥 12-1310A
cùzé 蹴迮 10-553A
cūzēng 麤繒 12-1311B
cùzhà 踧笮 10-495B
cùzhà 卒乍 1-877A
cūzhān 麤饘 12-1311B
cúzhān 徂旃 3-934A
cùzhàn 趨戰 9-1152A
cùzhǎnxīn 簇嶄新 8-1239B

cùzhào 促棹 1-1399B
cùzhé 蹙踅 10-540B
cùzhé 蹙折 10-539B
cùzhé 蹴折 10-553A
cùzhěn 促軫 1-1399B
cùzhěn 瘄疹 8-330A
cúzhēng 徂征 3-934A
cūzhī 麤知 12-1307B
cūzhì 麤滯 12-1310A
cūzhì 麤質 12-1310B
cùzhī 促織 1-1400B
cùzhī 趨織 9-1152B
cùzhī 趣織 9-1144B
cùzhǐ 錯指 11-1312B
cùzhì 錯置 11-1314B
cùzhì 錯質 11-1315B
cūzhīdàyè 粗枝大葉 9-207A
cūzhīdàyè 麤枝大葉 12-1307B
cūzhìlànzào 粗製濫造 9-209A
cūzhōng 麤中 12-1306A
cūzhòng 粗重 9-207B
cūzhòng 麤重 12-1308A
cùzhōng 促中 1-1397B
cùzhòng 卒中 1-877A
cūzhōngyǒuxì 粗中有細 9-206A
cūzhōu 麤粥 12-1309B
cùzhòu 蹙皺 10-541A
cùzhù 促柱 1-1398B
cūzhuàng 粗壯 9-206B
cūzhuàng 麤壯 12-1307A
cùzhuāng 促裝 1-1400A
cùzhuāng 趣裝 9-1144A
cūzhūdàyè 粗株大葉 9-208A
cùzhuì 錯綴 11-1316A
cūzhuō 粗拙 9-207A
cūzhuō 麤拙 12-1307A
cūzhuó 麤濁 12-1310B
cúzī 徂茲 3-934A
cùzi 瘄子 8-330A
cùzī 趿跐 10-495A
cùzī 瞀咨 3-489A
cūzòng 麤縱 12-1311A
cùzú 趿足 10-495A
cùzuò 促坐 1-1398A

D

dà'āfú 大阿福 2-1345B
dà'āgē 大阿哥 2-1345B
dǎ'āi 打捱 6-322B
dǎ'āichén 打埃塵 6-320A
dá'àn 答案 8-1153A
dà'ān 大安 2-1339A
dà'àn 大案 2-1366A
dǎ'áo 打熬 6-329B
dǎ'ào 打拗 6-316A
dà'áo 大嚣 2-1401B
dǎbǎ 打靶 6-328B
dàbǎ 大把 2-1340A
dàbāchéng 大八成 2-1323A
dǎbādāo 打八刀 6-310B
dábāhàn 達巴漢 10-1016A
dābái 搭白 6-735B
dābái 答白 8-1152A
dábài 答拜 8-1153A
dǎbài 打敗 6-323A
dàbái 大白 2-1332A
dàbāi 大伯 2-1343A
dàbài 大拜 2-1355B
dàbáicài 大白菜 2-1332B
dàbàikuīshū 大敗虧輸
2-1369B
dàbàimén 大拜門 2-1355B
dàbǎiniáng 大伯娘 2-1343A
dàbáirì 大白日 2-1332A
dàbáitiān 大白天 2-1332A
dàbǎiyé 大伯爺 2-1343A
dàbáiyǔ 大白羽 2-1332A
dǎbǎizi 打擺子 6-335B
dàbǎizi 大伯子 2-1343A
dàbājiàn 大八件 2-1323A
dǎbājiǎo 打扒角 6-312A
dǎbǎlán 打把攔 6-314B
dābàn 搭伴 6-736A
dábǎn 達坂 10-1016B
dǎban 打扮 6-314B
dǎbān 打扳 6-314B
dàbān 大班 2-1361A
dàbǎn 大板 2-1346B
dàbàn 大半 2-1333A
dàbǎnchē 大板車 2-1346B
dābān'er 搭班兒 6-736B
dābāng 搭幫 6-738A
dàbāng 大邦 2-1334A
dàbāng 大幫 2-1396B
dàbànlǎ 大半拉 2-1333A
dābānzi 搭班子 6-736B
dābāo 搭包 6-735B
dābāo 褡包 9-111A
dábào 答報 8-1153B
dǎbāo 打包 6-312B
dǎbāo 打苞 6-316A
dàbāo 大包 2-1332B
dàbǎo 大保 2-1356B
dàbǎo 大寶 2-1400B
dàbào 大報 2-1374A
dǎbàobùpíng 打抱不平
6-316A
dàbāodàlǎn 大包大攬
2-1332B
dàbāodān 大包單 2-1333A
dàbǎoguī 大寶龜 2-1400B
dàbǎojú 大寶局 2-1400B
dǎbāopiào 打包票 6-312B
dǎbāosēng 打包僧 6-313A
dàbǎozhǎng 大保長 2-1356B
dǎbǎshi 打把式 6-314B
dǎbǎshi 打把勢 6-314B
dàbāzhōu 大八洲 2-1323A
dābàzi 搭把子 6-736A
dǎbǎzi 打把子 6-314B
dábèi 瘩背 8-335B
dǎbēi 打悲 6-326A
dǎbēi 打碑 6-328B
dǎbèi 打揹 6-331A
dàbēi 大悲 2-1376A
dàběi 大北 2-1331A
dàbèi 大貝 2-1341B
dàbèi 大被 2-1366A
dàbèi 大備 2-1377A
dàbèi 大茀 2-1346B
dǎbēi'ē 打悲阿 6-326A
dàběishèng 大北勝 2-1331A
dàbēizhòu 大悲咒 2-1376A
dáběn 達本 10-1016A
dǎběn 打本 6-312A
dàbēn 大奔 2-1347A
dàběn 大本 2-1330B
dǎbēn'er 打喯兒 6-323A
dǎbèng 打迸 6-319B
dǎbèng 打甏 6-333A
dǎbèng'er 打蹦兒 6-336A
dàběnqǔ 大本曲 2-1331A
dàběntou 大本頭 2-1331A
dàběnyíng 大本營 2-1331A
dǎbǐ 打比 6-311A
dàbǐ 大比 2-1327A
dàbǐ 大筆 2-1376B
dàbì 大辟 2-1386B
dàbì 大拂 2-1346A
dábiàn 答辯 8-1155A
dábiàn 達變 10-1021B
dàbiān 大邊 2-1398B
dàbiàn 大卞 2-1328B
dàbiàn 大弁 2-1334A
dàbiàn 大便 2-1356A
dàbiàn 大偏 2-1377B
dàbiàn 大遍 2-1379A
dàbiàn 大辨 2-1396A
dàbiàn 大辯 2-1402A
dǎbiāngǔ 打邊鼓 6-336A
dábiāo 達標 10-1020A
dábiǎo 答表 8-1152B
dǎbiāo 打標 6-331B
dàbiǎo 大表 2-1345B
dàbié 大別 2-1342A
dàbiémíng 大別名 2-1342A
dàbiéshān 大別山 2-1342A
dàbīn 大賓 2-1389B
dǎbìng 打并 6-314A
dǎbìng 打並 6-317A
dǎbìng 打併 6-316B
dǎbìng 打屏 6-319B
dàbīng 大兵 2-1342B
dàbǐng 大丙 2-1331A
dàbǐng 大柄 2-1354A
dàbǐng 大餅 2-1388B
dàbìng 大病 2-1364B
dàbìng 大枋 2-1346B
dǎbìnghuǒ 打并伙 6-314A
dàbǐrúchuán 大筆如椽
2-1376B
dǎbìshí 打髀石 6-335A
dǎbǐtào 打筆套 6-327A
dǎbìzhí 打髀殖 6-335A
dābó 搭膊 6-737B
dābó 褡膊 9-111B
dābó 褡褲 9-111B
dābó 膳膊 6-1340B
dǎbō 打啵 6-323A
dǎbó 打博 6-325A
dàbó 大伯 2-1343A
dàbō 大帛 2-1349A
dàbōbo 大餑餑 2-1391B
dàbózi 大伯子 2-1343A
dàbózibìng 大脖子病
2-1371A
dábù 怛怖 7-475A
dǎbǔ 打捕 6-320A
dàbù 大布 2-1331A
dàbù 大部 2-1364B
dàbù 大埠 2-1368A
dǎbǔding 打補釘 6-327B
dǎbǔding 打補靪 6-327B
dàbùgōng 大不恭 2-1326B
dàbuguò 大不過 2-1326B
dàbùjìng 大不敬 2-1326B
dàbuliǎo 大不了 2-1326B
dàbùliúxīng 大步流星
2-1341B
dǎbùpíng 打不平 6-311A
dàbùtou 大部頭 2-1364B
dàbùwěi 大不韙 2-1327A
dábùyě 答不也 8-1152A
dácái 達才 10-1015B
dácái 達材 10-1016B
dácái 達財 10-1018A
dǎcǎi 打采 6-317A
dǎcǎi 打彩 6-324B
dàcái 大才 2-1324A
dàcái 大材 2-1340B
dàcǎi 大采 2-1349B
dàcài 大菜 2-1368B
dàcài 大蔡 2-1387A
dàcáicuīpán 大才榱槃
2-1324A
dàcáipánpán 大才槃槃
2-1324A
dàcáixiǎoyòng 大材小用
2-1340B
dǎcān 打参 6-325A
dǎcǎn 打慘 6-331A
dàcān 大參 2-1373A
dàcān 大餐 2-1394A
dàcán 大蠶 2-1402B
dàcānfáng 大餐房 2-1394A
dàcānjiān 大餐間 2-1394A
dǎcǎo 打草 6-318B
dàcāo 大操 2-1393A
dàcáo 大漕 2-1389A
dǎcǎogǔ 打草穀 6-318B
dǎcǎojīngshé 打草驚蛇
6-318B
dǎcǎoshéjīng 打草蛇驚
6-318B
dácè 答策 8-1153B
dàcè 大策 2-1376B
dāchá 搭茬 6-736B
dāchá 答碴 8-1154A
dǎchā 打插 6-325B
dǎchǎ 打鑔 6-337A
dǎchà 打杈 6-315A
dǎchà 打岔 6-315B
dǎchācha 打喳喳 6-326B
dǎchà'er 答岔兒 8-1152A
dàcháhú 大茶壺 2-1353B
dǎcháhuì 打茶會 6-318B
dǎchāi 打差 6-319B
dǎchán 搭纏 6-738B
dǎchān 打攙 6-336B
dáchànà 呾剎那 3-259A
dácháng 達常 10-1018B
dǎcháng 打長 6-315B
dǎcháng 打場 6-325B
dǎchǎng 打場 6-325B
dàcháng 大長 2-1345B
dàcháng 大常 2-1369B
dàcháng 大腸 2-1384B
dàcháng 大嘗 2-1388A
dàcháng 大場 2-1373B
dàchǎng 大場 2-1373B
dàchǎng 大氅 2-1394A
dǎchǎng'er 打場兒 6-325B
dàchánggǎnjūn 大腸杆菌
2-1384B
dàchángqiū 大長秋 2-1346A
dàchángrìzi 大長日子
2-1345B
dǎchǎngzi 打場子 6-325B
dàchǎnxié 大鏟鞋 2-1400A
dàchányú 大單于 2-1376B
dǎchǎo 打吵 6-315A
dàchāo 大鈔 2-1377B
dàcháo 大巢 2-1373A
dàcháo 大朝 2-1374B
dàcháo 大潮 2-1392B
dàcháojìn 大朝覲 2-1375A
dáchāshǐluó 呾叉始羅
3-259A
dǎcháwéi 打茶圍 6-318B
dāchē 搭車 6-736A
dàchē 大車 2-1340B
dàchē 大俥 2-1356A
dàchèdàwù 大徹大悟
2-1391B

dàchèdàwù 大澈大悟 2-1392B
dáchén 達臣 10-1016B
dáchèn 達嚫 10-1021B
dǎchèn 打趁 6-325A
dàchén 大臣 2-1335B
dàchén 大辰 2-1341A
dàchén 大晨 2-1369B
dáchēng 達稱 10-1020A
dáchéng 達成 10-1016B
dáchéng 達誠 10-1020A
dǎchēng 打撐 6-331B
dàchéng 大成 2-1336B
dàchéng 大城 2-1353A
dàchéng 大乘 2-1363B
dàchéng 大程 2-1376B
dàchéng 大晟 2-1362B
dàchéngcí 大晟詞 2-1362B
dàchéngdiàn 大成殿 2-1336B
dàchéngfǔ 大晟府 2-1362B
dǎchéngyīpiàn 打成一片 6-313B
dàchéngzhìshèng… 大成至聖先師 2-1336B
dáchǐ 達恥 10-1018A
dàchì 大赤 2-1340A
dàchì 大糦 2-1399A
dāchīchī 嗒答答 3-510A
dàchīyījīng 大吃一驚 2-1337A
dàchōng 大衝 2-1391B
dàchōng 大衝 2-1398B
dàchóng 大蟲 2-1398B
dàchǒng 大寵 2-1400B
dàchóngbùchīfúròu 大蟲不吃伏肉 2-1398B
dàchóngchīxiǎochóng 大蟲吃小蟲 2-1398B
dàchōngduì 大舂碓 2-1367B
dǎchōngfēng 打衝鋒 6-332A
dàchǒu 大醜 2-1394A
dǎchōufēng 打抽豐 6-315B
dǎchù 打怵 6-317B
dàchù 大處 2-1369A
dǎchuán 打船 6-324A
dàchuāng 大瘡 2-1392A
dàchuāng 大創 2-1378A
dàchuǎnqì 大喘氣 2-1376A
dǎchūdiàorù 打出吊入 6-313A
dǎchūdiàorù 打出調入 6-313A
dǎchuí 打捶 6-322B
dàchuīdàdǎ 大吹大打 2-1342A
dàchuīdàléi 大吹大擂 2-1342A
dàchuīfǎluó 大吹法螺 2-1342A
dàchuíshǒu 大垂手 2-1348B
dàchūjìn 大出進 2-1333B
dàchùluòmò 大處落墨 2-1369A
dǎchūn 打春 6-318A
dàchūn 大春 2-1353A
dàchūn 大椿 2-1381B
dàchún 大醇 2-1390B
dàchúnxiǎocī 大醇小疵 2-1390B
dàchūsāng 大出喪 2-1333B
dǎchūshǒu 打出手 6-313A
dàchūshǒu 大出手 2-1333B
dàchūxuè 大出血 2-1333B
dàchùzhuóyǎn 大處着眼 2-1369A
dácí 答詞 8-1153B
dácí 答辭 8-1154B
dácí 達辭 10-1021B
dàcì 大次 2-1339A
dàcídàbēi 大慈大悲 2-1386A
dácōng 達聰 10-1021A
dǎcóng 打從 6-324A
dàcōng 大葱 2-1374B
dàcóng 大從 2-1370B
dàcòu 大湊 2-1378B
dǎcū 打粗 6-324B
dǎcù 打蔟 6-330A
dǎcù 打簇 6-335A
dàcū 大粗 2-1372A
dǎcuān 打攛 6-336B
dǎcuāngǔ'er 打攛鼓兒 6-337A
dàcuò 大錯 2-1395B
dàcuòduì 大剉碓 2-1357A
dàcuòtècuò 大錯特錯 2-1395B
dǎcùtàn 打醋炭 6-331B
dādā 嗒嗒 3-407B
dādā 噠噠 3-501A
dādā 答答 8-1153B
dádá 怛怛 7-475A
dádá 答答 8-1153B
dádá 達怛 10-1017B
dádá 達達 10-1019A
dádá 達靼 10-1020A
dádá 韃靼 12-213B
dàdá 大達 2-1374A
dàdà 大大 2-1324A
dādāchīchī 嗒嗒嗤嗤 3-510A
dàdǎchūshǒu 大打出手 2-1330A
dàdàfāfǎ 大大法法 2-1324A
dādài 答帶 8-1153A
dàdāi 大獃 2-1388A
dàdài 大帶 2-1368B
dàdài 大戴 2-1396B
dǎdāigē 打呆歌 6-315A
dàdàishǔ 大袋鼠 2-1370B
dàdàlàlà 大大落落 2-1324A
dádálǐ 韃韃里 12-213B
dàdàliēliē 大大咧咧 2-1324A
dàdàluōluō 大大落落 2-1324A
dádàn 達旦 10-1016A
dǎdān 打單 6-326B
dǎdān 打擔 6-333A
dǎdàn 打擔 6-333A
dǎdàn 打彈 6-333A
dàdǎn 大膽 2-1397B
dàdǎnbāoshēn 大膽包身 2-1397B
dādāng 褡襠 9-111B
dādàng 搭當 6-737A
dādàng 搭擋 6-738A
dādāng 搭檔 6-738A
dǎdāng 打當 6-328B
dǎdàng 打當 6-328B
dàdāng 大當 2-1382B
dàdāng 大璫 2-1396B
dàdǎnòng 大打弄 2-1330A
dádào 怛悼 7-475A
dádào 達到 10-1017A
dádào 達道 10-1019B
dǎdǎo 打倒 6-321A
dǎdào 打倒 6-321A
dǎdào 打道 6-327A
dàdāo 大刀 2-1323A
dàdào 大盜 2-1378B
dàdào 大道 2-1378A
dàdào 大纛 2-1403A
dàdāohuì 大刀會 2-1323A
dàdāokuòfǔ 大刀闊斧 2-1323A
dàdàoqǔ 大道曲 2-1378B
dàdǎoshī 大導師 2-1392B
dàdāotóu 大刀頭 2-1323A
dǎdàozi 打道子 6-327A
dádázhàn 答答戰 8-1153B
dádé 達德 10-1020B
dàdé 大德 2-1391B
dàdēng 大登 2-1379B
dǎdēnghǔ 打燈虎 6-334B
dǎdǐ 打底 6-317A
dàdī 大堤 2-1373B
dàdī 大氐 2-1332B
dàdí 大敵 2-1392A
dàdǐ 大底 2-1341B
dàdǐ 大底 2-1350A
dàdǐ 大抵 2-1346A
dàdì 大地 2-1335A
dàdì 大弟 2-1344A
dàdì 大帝 2-1358B
dádiǎn 達典 10-1017A
dǎdian 打點 6-334B
dǎdiǎn 打典 6-316B
dàdiǎn 大典 2-1348A
dàdiǎn 大點 2-1397A
dàdiàn 大殿 2-1386B
dàdiàn 大電 2-1382B
dǎdiànhuà 打電話 6-328B
dàdiāo 大貂 2-1378A
dàdìchūnhuí 大地春回 2-1335A
dǎdiē 打跌 6-326B
dǎdié 打迭 6-316B
dǎdié 打揲 6-325B
dǎdié 打疊 6-337A
dàdié 大耋 2-1374A
dàdìhuíchūn 大地回春 2-1335A
dǎdīliū 打滴溜 6-331A
dǎdīliū 打提溜 6-325B
dǎdǐng 打頂 6-322B
dǎdìng 打定 6-317B
dǎdìpù 打地鋪 6-313A
dàdīqǔ 大堤曲 2-1373B
dádìzhīgēn 達地知根 10-1016A
dǎdòng 打洞 6-319B
dǎdòng 打動 6-324A
dàdōng 大冬 2-1332B
dàdōng 大東 2-1346B
dàdònggānhuǒ 大動肝火 2-1370B
dàdòngmài 大動脈 2-1370B
dàdòngzuò 大動作 2-1370B
dàdǒu 大斗 2-1329B
dàdòu 大豆 2-1341A
dādù 搭渡 6-737A
dádù 達度 10-1018A
dǎdǔ 打賭 6-332A
dàdū 大都 2-1361A
dàdù 大度 2-1358A
dǎduǎn 打短 6-326B
dǎduàn 打斷 6-336A
dàduān 大端 2-1389A
dàduàn 大段 2-1356A
dǎduǎngōng 打短工 6-326B
dàdùhé 大渡河 2-1379A
dàdūhuì 大都會 2-1361B
dāduì 搭對 6-737B
dáduì 答對 8-1154A
dǎduī 打堆 6-322B
dàduì 大隊 2-1373A
dàduì 大對 2-1387B
dàduì 大憝 2-1396A
dàduìlú 大對盧 2-1387B
dǎduìzi 打對子 6-330B
dǎdúmò 打獨磨 6-334A
dǎdǔmò 打篤磨 6-334A
dǎdǔn 打盹 6-319A
dǎdǔn'er 打躉兒 6-336A
dǎduó 打奪 6-330B
dǎduò 打垜 6-318A
dàduō 大多 2-1338B
dàduōshù 大多數 2-1338B
dǎduōsuo 打哆嗦 6-319A
dǎdùpíguānsi 打肚皮官司 6-315B
dàdúrìtou 大毒日頭 2-1353A
dǎdǔsài 打賭賽 6-332A
dàdūxiàn 大都憲 2-1361B
dàdùzi 大肚子 2-1343B
dǎ'è 打呃 6-315A
dà'é 大峨 2-1363A
dà'è 大惡 2-1374A
dà'ér 大兒 2-1349A
dà'ěr'ér 大耳兒 2-1335A
dà'érhuàzhī 大而化之 2-1336A
dā'ěrmào 搭耳帽 6-736A
dà'ěrwēng 大耳翁 2-1335B
dà'érwúdàng 大而無當

2-1336A
dā'ěryīn 打耳暗 6-313A
dǎfa 打發 6-327B
dàfa 大發 2-1379B
dàfā 大發 2-1379B
dàfǎ 大法 2-1350B
dàfāléitíng 大發雷霆 2-1380A
dǎfán 打攀 6-336B
dàfān 大藩 2-1398A
dàfán 大凡 2-1325B
dáfǎng 答訪 8-1153A
dàfāng 大方 2-1329A
dàfáng 大防 2-1339B
dàfáng 大房 2-1351B
dàfǎng 大舫 2-1364A
dàfàngjuécí 大放厥詞 2-1350B
dàfàngjuécí 大放厥辭 2-1350B
dàfāngxiàng 大方向 2-1329A
dǎfāngxuán 打方旋 6-312A
dàfāngzhījiā 大方之家 2-1329A
dáfānshū 答蕃書 8-1154A
dàfàntiān 大梵天 2-1368B
dàfǎxiǎolián 大法小廉 2-1350B
dàfēi 大妃 2-1339B
dàfèi 大費 2-1379B
dàféinuò 大肥喏 2-1349B
dáfēisuǒwèn 答非所問 8-1152B
dáfèn 達分 10-1016A
dàfèn 大分 2-1328A
dàfèn 大糞 2-1398A
dāfèn'er 搭分兒 6-735B
dàfēng 大封 2-1353A
dàfēng 大風 2-1357A
dàféng 大馮 2-1378A
dàfèng 大鳳 2-1388B
dàfēngcí 大風詞 2-1357B
dàfēngdàlàng 大風大浪 2-1357B
dàfēnggē 大風歌 2-1357B
dàféngjūn 大馮君 2-1378A
dǎfènglāolóng 打鳳撈龍 6-331A
dǎfèngláolóng 打鳳牢龍 6-330B
dàfēngpiān 大風篇 2-1357B
dàfēngqǔ 大風曲 2-1357B
dàfēngshī 大風詩 2-1357B
dàféngxiǎoféng 大馮小馮 2-1378A
dàfēngzǐ 大風子 2-1357B
dāfú 搭伏 6-736A
dāfú 搭扶 6-736A
dāfú 搭袱 6-737A
dāfù 搭負 6-736B
dáfū 達夫 10-1015B
dáfù 答賦 8-1154A
dáfù 答覆 8-1154B
dàfū 大夫 2-1326A
dàfú 大服 2-1349B
dàfú 大福 2-1386B
dàfǔ 大府 2-1350A
dàfǔ 大輔 2-1387B
dàfù 大父 2-1328A
dàfù 大副 2-1368B
dàfù 大婦 2-1373A
dàfù 大賦 2-1391A
dàfùgǔ 大腹賈 2-1385A
dǎfùjìpín 打富濟貧 6-327B
dàfǔpī 大斧劈 2-1349B
dàfùpiánpián 大腹便便 2-1384B
dàfusōng 大夫松 2-1326B
dàfuzhī 大夫枝 2-1326B
dágài 達概 10-1019B
dàgài 大概 2-1381B
dàgài 大槩 2-1386B
dàgàiqí 大概其 2-1382A
dàgàiqí 大概齊 2-1382A
dágān 達干 10-1015B
dágàn 達幹 10-1019B
dǎgàn 打幹 6-328B
dàgàn 大幹 2-1381B
dàgāng 大剛 2 1363A
dàgāng 大綱 2-1389B
dǎgàngzi 打杠子 6-315A
dǎgǎo 打稿 6-332A
dàgāo 大高 2-1364B
dàgào 大誥 2-1388B
dágē 達戈 10-1015B
dǎgé 打嗝 6-329A
dàgē 大哥 2-1362A
dàgē 大割 2-1379A
dàgēbì 大戈壁 2-1327A
dàgélán 大葛蘭 2-1374B
dàgémìng 大革命 2-1354A
dàgénánguó 大唄喃國 2-1370A
dǎgēng 打更 6-315A
dàgēnjiǎo 大根脚 2-1362A
dágēwén 達戈紋 10-1015B
dàgèzi 大個子 2-1363B
dǎgōng 打工 6-310B
dǎgōng 打恭 6-320A
dǎgōng 打躬 6-321A
dǎgǒng 打拱 6-318A
dǎgòng 打供 6-316B
dàgōng 大工 2-1323B
dàgōng 大弓 2-1325B
dàgōng 大公 2-1328B
dàgōng 大功 2-1330A
dàgōng 大恭 2-1361B
dàgōng 大紅 2-1360A
dàgǒng 大拱 2-1353A
dàgǒng 大共 2-1335B
dàgòng 大共 2-1335B
dàgōnggàochéng 大功告成 2-1330B
dàgòngmíng 大共名 2-1335B
dǎgōngsī 打公司 6-311B
dàgōngwúsī 大公無私 2-1328B
dágōngxié 達公鞋 10-1016A
dàgōngzǔ 大公祖 2-1328B
dǎgōngzuōyī 打恭作揖 6-320A
dǎgōngzuòyī 打躬作揖 6-321A
dǎgǒngzuōyī 打拱作揖 6-318A
dāgōu 搭鈎 6-737A
dāgōu 鎝鈎 11-1349A
dǎgōu 打勾 6-311B
dágǔ 荅鼓 8-1153B
dágǔ 達古 10-1016A
dágǔ 達詁 10-1019A
dǎgǔ 打鼓 6-328A
dàgū 大估 2-1342B
dàgū 大姑 2-1352B
dàgū 大觚 2-1388A
dàgū 大家 2-1365B
dàgǔ 大古 2-1330B
dàgǔ 大谷 2-1343B
dàgǔ 大鼓 2-1380A
dàgǔ 大賈 2-1382B
dàgù 大故 2-1354A
dāguà 搭挂 6-736A
dǎguā 打瓜 6-312B
dǎguà 打卦 6-316A
dàguà 大褂 2-1386A
dǎguāi 打乖 6-316B
dǎguāi'er 打乖兒 6-316B
dáguān 達官 10-1017B
dáguān 達觀 10-1021B
dǎguǎn 打舘 6-334A
dàguān 大官 2-1351A
dàguān 大冠 2-1359B
dàguān 大棺 2-1375A
dàguān 大關 2-1400B
dàguān 大觀 2-1402B
dàguǎn 大管 2-1388A
dàguǎn 大舘 2-1395B
dǎguānfáng 打官防 6-317B
dǎguānfáng 打關防 6-336B
dǎguǎng 打廣 6-331A
dǎguānggùn 打光棍 6-313B
dáguānguìrén 達官貴人 10-1017B
dáguānguìyào 達官貴要 10-1017B
dǎguānhuà 打官話 6-317B
dǎguānjié 打關節 6-336B
dàguānjiémù 大關節目 2-1400B
dàguānlóu 大觀樓 2-1402B
dǎguānqiāng 打官腔 6-317B
dàguānrén 大官人 2-1351A
dǎguānsi 打官司 6-317B
dàguāntiě 大觀帖 2-1402B
dàguānwǔ 大觀舞 2-1402B
dáguānxiǎnhuàn 達官顯宦 10-1017B
dáguānyàorén 達官要人 10-1017B
dàguānzǐxià 大冠子夏 2-1359B
dáguì 達貴 10-1019A
dǎguǐ 打鬼 6-319A
dàguī 大圭 2-1334B
dàguī 大歸 2-1398B
dàguī 大騩 2-1399A
dàguī 大龜 2-1397B
dàguīnü 大閨女 2-1389B
dàgǔjiébìng 大骨節病 2-1355B
dàgǔlái 大古來 2-1330B
dàgǔlǐ 大古里 2-1330B
dàgǔlǐ 大古裏 2-1330B
dàgūmō 大估摸 2-1342B
dǎgǔn 打滾 6-329B
dàgūniang 大姑娘 2-1352B
dàgūniáng 大姑娘 2-1352B
dǎgùnzi 打棍子 6-326A
dǎguò 打過 6-324A
dàguó 大國 2-1370A
dàguò 大過 2-1370B
dàguōcài 大鍋菜 2-1395B
dàguōfàn 大鍋飯 2-1395B
dàguóshāwénzhǔyì 大國沙文主義 2-1370A
dàguózhǔyì 大國主義 2-1370A
dàgūshān 大孤山 2-1352A
dàgǔshū 大鼓書 2-1380B
dàgūzi 大姑子 2-1352B
dáhā 達哈 10-1018A
dǎhāha 打哈哈 6-319A
dáhái 答孩 8-1153A
dàhǎi 大海 2-1365A
dǎháigòu 打骸垢 6-332A
dàhǎilāozhēn 大海撈針 2-1365A
dǎhān 打鼾 6-335A
dàhán 大寒 2-1379A
dàhàn 大漢 2-1389A
dǎhāng 打夯 6-312A
dǎháng 打行 6-313B
dàháng 大航 2-1364A
dàháng 大桁 2-1362A
dàháng 大行 2-1337B
dàhángdàshì 大行大市 2-1338A
dǎhánjìn 打寒噤 6-327B
dàhànwàngyún 大旱望雲 2-1341B
dǎhánzhàn 打寒戰 6-327B
dǎhào 打耗 6-319B
dǎhào 打號 6-329A
dàháo 大豪 2-1388B
dàháo 大號 2-1383A
dàhǎo 大好 2-1339B
dàhào 大耗 2-1360B
dàhào 大號 2-1383A
dàhǎohéshān 大好河山 2-1339B
dàhǎolǎo 大好老 2-1339B
dáhè 答和 8-1152B
dáhè 答賀 8-1153B
dáhè 憚赫 7-737B
dǎhé 打合 6-313B
dǎhè 打和 6-316B

dàhé 大和 2-1348B
dàhé 大河 2-1350B
dàhè 大壑 2-1397A
dàhéchàng 大合唱 2-1338A
dǎhēhē 打呵呵 6-316A
dǎhěn'er 打狠兒 6-319B
dǎhēng 打哼 6-321A
dǎhéng 打横 6-331B
dǎhèng 打横 6-331B
dàhēng 大亨 2-1344A
dàhéng 大横 2-1390A
dǎhéngpào 打横炮 6-331B
dǎhēqiàn 打呵欠 6-316A
dàhéshàng 大和上 2-1348B
dàhéshàng 大和尚 2-1348B
dǎhòng 打哄 6-319A
dǎhòng 打鬨 6-333A
dàhóng 大紅 2-1360A
dàhóng 大鴻 2-1398A
dàhóngdàlǜ 大紅大綠 2-1360A
dàhōngdàwēng 大轟大嗡 2-1401B
dàhòngdàwēng 大哄大嗡 2-1355A
dàhóngdàzǐ 大紅大紫 2-1360A
dàhóngquántiě 大紅全帖 2-1360A
dàhóngrìzi 大紅日子 2-1360A
dǎhōu 打齁 6-336B
dàhóu 大侯 2-1356B
dàhòu'er 大後兒 2-1357A
dàhòufāng 大後方 2-1357A
dàhòunián 大後年 2-1357A
dàhòurì 大後日 2-1357A
dàhòutiān 大後天 2-1357A
dāhù 搭護 6-738B
dāhù 褡護 9-111B
dǎhū 打呼 6-316A
dǎhǔ 打虎 6-316A
dàhù 大户 2-1329B
dàhù 大護 2-1401A
dàhù 大頀 2-1402A
dàhù 大濩 2-1396A
dāhuà 搭話 6-737A
dáhuà 怛化 7-475A
dáhuà 答話 8-1153B
dǎhuā 打花 6-314B
dǎhuá 打滑 6-327A
dǎhuà 打化 6-311B
dǎhuà 打話 6-329B
dàhuā 大嘩 2-1383A
dàhuā 大譁 2-1397B
dàhuá 大滑 2-1378B
dàhuá 大猾 2-1378A
dàhuà 大化 2-1328A
dàhuà 大話 2-1385A
dàhuābiān 大花邊 2-1340B
dǎhuāgǔ 打花鼓 6-315A
dàhuáigōng 大槐宫 2-1381B
dǎhuāliǎn 打花臉 6-315A
dàhuāliǎn 大花臉 2-1340B
dáhuàn 達宦 10-1018A
dǎhuàn 打唤 6-321A
dǎhuàn 打换 6-320A
dàhuán 大寰 2-1396B
dàhuán 大還 2-1394B
dàhuàn 大幻 2-1330A
dàhuàn 大患 2-1370A
dàhuándān 大還丹 2-1394B
dǎhuǎng 打謊 6-334A
dàhuāng 大荒 2-1353B
dàhuáng 大皇 2-1356B
dàhuáng 大黄 2-1368A
dǎhuángbiǎo 打璜錶 6-331A
dǎhuángbiǎo 打簧錶 6-335A
dàhuāngluò 大荒落 2-1353B
dàhuāngluò 大荒駱 2-1353B
dàhuāngluò 大芒落 2-1335B
dàhuāngluò 大芒駱 2-1335B
dàhuángyú 大黄魚 2-1368A
dǎhuátà 打滑撻 6-327A
dǎhuátà 打滑澾 6-327A
dáhuì 達惠 10-1019A
dàhuì 大會 2-1384A
dàhuì 大諱 2-1396A
dàhuì 大穢 2-1398B
dǎhuīduī 打灰堆 6-313A
dàhuìgāi 大會垓 2-1384B
dǎhuípiào 打回票 6-313B
dǎhuítóu 打回頭 6-313B
dàhuíxiāng 大茴香 2-1353B
dǎhǔláolóng 打虎牢龍 6-316A
dàhūléi 大忽雷 2-1350A
dàhūlōng 大呼隆 2-1347B
dàhūlōng 大嘑隆 2-1370A
dǎhūlu 打呼嚕 6-316B
dǎhún 打渾 6-327B
dǎhùn 打諢 6-334A
dǎhùn 打顐 6-336B
dàhūn 大昏 2-1349B
dàhūn 大婚 2-1373A
dàhūn 大葷 2-1374B
dàhūn 大閽 2-1396B
dàhún 大渾 2-1378B
dàhúnjiā 大渾家 2-1378B
dāhuǒ 搭伙 6-736A
dāhuǒ 搭夥 6-737B
dāhuò 搭褸 6-738A
dāhuò 褡褸 9-111B
dáhuò 達越 10-1019A
dǎhuǒ 打火 6-312A
dǎhuǒ 打夥 6-330B
dàhuǒ 大火 2-1329B
dàhuǒ 大夥 2-1388A
dàhuò 大惑 2-1375A
dàhuòbùjiě 大惑不解 2-1375A
dǎhuǒdāo 打火刀 6-312A
dǎhuǒdiàn 打火店 6-312A
dǎhuǒji 打伙計 6-313B
dǎhuǒjī 打火機 6-312A
dǎhuǒshí 打火石 6-312A
dǎhūshào 打唿哨 6-323A
dǎhúshào 打胡哨 6-318B
dǎhǔtiào 打虎跳 6-316A
dàhūxiǎohē 大呼小喝 2-1347B
dàhūxiǎojiào 大呼小叫 2-1347B
dǎhúxuàn 打胡旋 6-318B
dǎi'àn 逮案 10-1013B
dài'ān 怠安 7-467B
dài'àn 埭岸 2-1141A
dài'áo 怠敖 7-468A
dài'áo 戴鰲 5-251B
dài'ào 怠傲 7-468A
dài'ào 怠慠 7-468B
dài'ào 怠驁 7-469A
dàibái 戴白 5-249A
dàibài 代拜 1-1134B
dāibǎn 呆板 3-199A
dàibān 玳斑 4-533B
dàibàn 代辦 1-1137A
dàibàng 帶傍 3-732A
dàibào 待報 3-944A
dàiběi 代北 1-1132A
dàibèihèfà 駘背鶴髮 12-831A
dāibèn 呆笨 3-199A
dàiběn 代本 1-1132A
dàiběn 貸本 10-169B
dàibǐ 代比 1-1132A
dàibǐ 代筆 1-1136A
dàibǐ 帶比 3-730A
dàibì 待弊 3-945B
dàibì 待斃 3-946A
dàibiàn 帶便 3-731A
dàibiǎo 代表 1-1133B
dàibiǎozuò 代表作 1-1133B
dāibìng 呆病 3-199A
dàibǔ 待哺 3-943B
dàibǔ 待補 3-944B
dàibǔ 逮捕 10-1013B
dàibù 代步 1-1133A
dāibùténg 呆不騰 3-198B
dāicái 呆才 3-198B
dàicǎi 帶彩 3-731B
dāicáiliào 呆才料 3-198B
dàicǎn 黛慘 12-1359A
dàicǎo 黛草 12-1358B
dàicén 黛岑 12-1358B
dàichá 代茶 1-1134B
dàichá 待茶 3-943A
dàichāi 待差 3-943A
dāichán 呆禪 3-200A
dàicháng 代償 1-1137B
dàicháng 貸償 10-170B
dàicháo 待潮 3-945B
dàichēng 代稱 1-1136B
dàichēng 貸稱 10-170B
dàichéng 待承 3-943A
dàichéng 埭程 2-1141A
dāichī 呆癡 3-200A
dàichí 怠弛 7-467B
dàichí 怠弛 7-467B
dàichí 帶持 3-731A
dàichú 待除 3-943A
dāichuànlepí 獃串了皮 5-97A
dāicí 呆詞 3-199B
dàicí 代詞 1-1136A
dàicì 待次 3-942A
dàicì 帶刺 3-730B
dāidà 呆大 3-198B
dàidābùlǐ 待搭不理 3-944A
dāidáhái 呆答孩 3-199B
dāidǎhái 呆打孩 3-198B
dāidāi 呆獃 3-199B
dàidài 棣棣 4-1134A
dàidài 遞帶 10-1140B
dàidài 駘駘 12-831A
dāidāidāi 呆獃獃 3-199B
dāidāidèngdèng 呆呆鄧鄧 3-198B
dàidài'er 待待兒 3-943A
dàidàihuā 代代花 1-1132B
dāidāizhèngzhèng 呆呆掙掙 3-198B
dāidǎkē 呆打頦 3-198B
dàidàn 待旦 3-941B
dàidàng 帶擋 3-732B
dàidàng 駘宕 12-831A
dàidàng 駘蕩 12-831A
dàidàng 駘盪 12-831B
dàidào 待到 3-942B
dàidào 待道 3-944B
dàidāowò 帶刀卧 3-730A
dàidé 代德 1-1137A
dàidé 待得 3-943B
dàidé 戴德 5-251A
dàiděng 待等 3-944B
dāidēngdēng 呆登登 3-199B
dāidèngdèng 呆鄧鄧 3-200A
dàidí 代翟 1-1136B
dàidí 待敵 3-945B
dàidǐ 代邸 1-1133A
dàidiàn 代電 1-1136A
dāidiǎo 呆鳥 3-199B
dàidié 戴絰 5-251A
dāidìng 呆定 3-199A
dàidōng 待東 3-942B
dàidòng 帶動 3-731B
dǎidòu 歹鬪 5-146B
dàidǒu 岱斗 3-811A
dàidǒu 戴斗 5-249A
dǎidú 歹毒 5-146A
dàidú 帶犢 3-733A
dàiduì 待對 3-945A
dàidūlái 待都來 3-943B
dāidùn 呆鈍 3-199B
dāidùndùn 呆頓頓 3-199B
dàiduò 怠惰 7-468B
dàiduò 怠墮 7-469A
dàiduò 怠憧 7-469A
dàidùzi 帶肚子 3-730B
dài'é 黛娥 12-1358B
dài'é 黛蛾 12-1359A
dàifǎ 貸法 10-170A
dàifàhánchǐ 戴髮含齒 5-251A
dàifàhányá 戴髮含牙 5-251A

dàifāng 貸方 10-169B
dàifàng 待放 3-943A
dàifàng 怠放 7-467B
dàifàng 貸放 10-169B
dàifèi 怠廢 7-469A
dàifén 戴鳻 5-251A
dàifèng 戴奉 5-249B
dāifǔ 呆腐 3-199B
dǎifù 逮赴 10-1013B
dàifu 大夫 2-1326B
dàifù 貸負 10-170A
dàigān 戴干 5-248B
dàigān 戴竿 5-249B
dàigāng 待剛 3-943B
dàigāomào'er 戴高帽兒
5-250A
dàigāomàozi 戴高帽子
5-250A
dǎigé 逮革 10-1013B
dāigēn 呆根 3-199A
dàigēng 代耕 1-1134B
dàigōng 代工 1-1132A
dàigōng 怠工 7-467B
dàigōu 代溝 1-1136B
dàigōu 帶鉤 3-732A
dàigòu 代購 1-1137B
dàigū 待沽 3-943A
dàigǔ 代谷 1-1133A
dàigǔ 待古 3-941B
dāiguā 獃瓜 5-97A
dàiguān 代官 1-1134A
dàiguǎn 帶管 3-732B
dàiguānláng 戴冠郎 5-250A
dàiguō 帶郭 3-731B
dàiguòqǔ 帶過曲 3-731B
dāihān 呆憨 3-200A
dāihàn 呆漢 3-200A
dāihàn 獃悍 5-97B
dàihǎo 待好 3-942A
dàihào 代號 1-1136A
dàihào 駘浩 12-831A
dàihè 黛壑 12-1359A
dàihēi 黛黑 12-1359A
dàihén 黛痕 12-1358B
dàihū 怠忽 7-467B
dàihú 帶湖 3-732A
dāihuà 呆話 3-199B
dāihuà 歹話 5-146A
dàihuā 帶花 3-730B
dàihuán 代還 1-1137A
dàihuán 黛鬟 12-1359A
dàihuǎn 怠緩 7-469A
dàihuàn 代換 1-1135A
dàihuāng 怠荒 7-467B
dàihuáng 怠皇 7-468A
dàihuáng 怠遑 7-468B
dāihuì 待會 3-945A
dāihuò 呆貨 3-199B
dàihuò 帶和 3-730B
dǎijí 逮及 10-1013A
dàijī 待機 3-946A
dàijí 代及 1-1132A
dàijí 代籍 1-1137B
dàijí 迨及 10-768A
dàijí 迨吉 10-768A
dàijì 代濟 1-1137B
dàijì 代紀 1-1134B
dàijiǎ 帶甲 3-730B
dàijiǎ 貸假 10-170A
dàijià 代價 1-1137A
dàijià 待賈 3-944B
dàijià 待價 3-945B
dàijià'érgū 待賈而沽
3-945A
dàijià'érgū 待價而沽
3-945B
dàijiàgū 待賈沽 3-945A
dǎijiàn 逮賤 10-1014A
dàijiān 戴肩 5-249B
dàijiān 黛尖 12-1358B
dàijiǎn 玳檢 4-534A
dàijiǎn 貸減 10-170B
dàijiàn 待間 3-944B
dàijiàn 待見 3-942A
dàijiàn 待間 3-944B
dàijiàn 帶劍 3-732B
dàijiàn 戴見 5-249B
dàijiàng 代匠 1-1132B
dàijiǎnwéi 帶減圍 3-732A
dàijiǎnyāowéi 帶減腰圍
3-732A
dàijiāo 待交 3-942A
dàijiāo 黛嬌 12-1359A
dàijiǎo 戴角 5-249B
dàijiào 待教 3-943B
dàijiào 怠教 7-468A
dàijiē 待接 3-943B
dàijiè 代解 1-1136B
dàijiè 貸借 10-170A
dàijiè 戴鵖 5-251B
dàijìn 待盡 3-945B
dàijìn 殆盡 5-158A
dàijìn 帶勁 3-731A
dàijīnpèizǐ 帶金佩紫
3-731A
dàijīpèitún 戴雞佩豚
5-251B
dàijiǔ 帶酒 3-731B
dàijiù 貸救 10-170A
dǎijū 逮鞫 10-1014A
dàijú 帶局 3-730B
dàijǔ 待舉 3-946A
dàijuàn 怠倦 7-468A
dàijué 待決 3-942A
dàijué 待絕 3-944B
dàijué 帶鐍 3-733A
dǎikǎo 逮考 10-1013B
dàikǎo 待考 3-942A
dàikè 代課 1-1137A
dàikè 待客 3-943A
dāikēkē 獃磕磕 5-97B
dàikǒu 帶口 3-730A
dàikòu 待扣 3-942A
dàikū 代哭 1-1135A
dàikuà 帶銙 3-732B
dàikuà 帶胯 3-731A
dàikuǎn 貸款 10-170A
dāikuàng 獃況 5-97A
dàikuāng 戴匡 5-249A
dàikuāng 戴筐 5-250B
dàikuàng 怠曠 7-469A
dàikuī 待虧 3-946A
dàikuì 代匱 1-1136B
dàilà 待臘 3-946A
dàilà 待臘 3-946A
dāiláo 呆傍 3-199B
dàiláo 代勞 1-1136A
dāilǎohàn 呆老漢 3-198B
dǎiléi 逮累 10-1013B
dàilěi 帶累 3-731B
dàilěi 黛耒 12-1358B
dāilèng 呆愣 3-199B
dàilǐ 代理 1-1135B
dàilì 代力 1-1132A
dàilì 帶厲 3-732A
dàilì 帶礪 3-733A
dàilì 戴笠 5-250A
dàilì 戴粒 5-250B
dàilián 玳簾 4-534A
dàiliáng 玳梁 4-533B
dàiliàng 帶量 3-732A
dàilǐbùlǐ 待理不理 3-943B
dàilìchéngchē 戴笠乘車
5-250A
dàilìgùjiāo 戴笠故交
5-250A
dàilín 蹛林 10-542A
dàilǐng 岱嶺 3-811A
dàilǐng 帶領 3-732B
dàilìng 待令 3-942A
dàilǐrén 代理人 1-1135B
dāilǐsājiān 呆裏撒奸
3-199B
dàilòu 待漏 3-945B
dàilòulóng 代漏龍 1-1136B
dàilòuyuàn 待漏院 3-945B
dǎilù 逮錄 10-1014A
dàilù 待祿 3-944B
dàilù 帶路 3-732A
dàiluó 帶羅 3-733A
dàiluó 黛螺 12-1359A
dàilǚ 戴履 5-251A
dàilǚ 載履 9-1246A
dàilǜ 黛綠 12-1359A
dàimǎ 代馬 1-1135A
dàimài 帶脈 3-731A
dàimaì 貸賣 10-170B
dàimàn 待慢 3-945B
dàimàn 怠嫚 7-469A
dàimàn 怠慢 7-468B
dàimào 玳瑁 4-533B
dàimào 戴帽 5-250B
dàimào 毒冒 7-824B
dàimào 蝳蝐 8-925A
dàimàobān 玳瑁班 4-534A
dàimàobān 玳瑁斑 4-534A
dàimàobiān 玳瑁編 4-534A
dàimàochán 玳瑁蟬 4-534A
dàimàolián 玳瑁簾 4-534A
dàimàoliáng 玳瑁梁 4-534A
dàimàoniú 玳瑁牛 4-534A
dàimàoxíng 戴帽餳 5-250B
dàimàoyán 玳瑁筵 4-534A
dàimàoyú 玳瑁魚 4-534A
dàimàozān 玳瑁簪 4-534A
dàimàozhóu 玳瑁軸 4-534A
dàimàozi 戴帽子 5-250B
dàimǎwàngběi 代馬望北
1-1135A
dàimǎyīfēng 代馬依風
1-1135A
dàiméi 黛眉 12-1358B
dàiméihánchǐ 戴眉含齒
5-250A
dàimiǎn 帶冕 3-731B
dàimiàn 大面 2-1354B
dàimiàn 代面 1-1134B
dàimiàn 戴面 5-249B
dàimiàn 黛面 12-1358B
dàimíng 代明 1-1133B
dàimìng 待命 3-942B
dàimìng 貸命 10-169B
dàimíngcí 代名詞 1-1132B
dàimò 黛墨 12-1359A
dāimù 呆木 3-198B
dàimù 戴目 5-249A
daimùtou 呆木頭 3-198B
dàinán 戴南 5-249B
dāinǎodāitóu 呆腦呆頭
3-199B
dàinián 待年 3-942A
dàiniánfù 待年婦 3-942A
dàiniǎo 駄鳥 12-1042B
dàiniú 玳牛 4-533B
dàiniúpèidú 帶牛佩犢
3-730A
dàinǚ 待女 3-941B
dàipàn 待伴 3-942B
dàipàn 待泮 3-943A
dàipáo 代庖 1-1134A
dàipèi 帶佩 3-731A
dàipèi 帶珮 3-731A
dàipén 戴盆 5-249B
dàipénwàngtiān 戴盆望天
5-249B
dàipiàn 詒騙 11-134A
dàipìn 待聘 3-944B
dàipíngjīng 戴憑經 5-251B
dàipíngxí 戴憑席 5-251B
dàipō 黛潑 12-1359A
dāiqì 呆氣 3-199A
dāiqì 獃氣 5-97A
dàiqī 待期 3-944A
dàiqí 殆其 5-158A
dàiqì 怠棄 7-468B
dàiqì 戴氣 5-250A
dàiqiān 代遷 1-1136B
dàiqián 貸錢 10-170B
dàiqiè 帶挈 3-731A
dǎiqīn 逮親 10-1014A
dàiqīng 黛青 12-1358B
dàiqìng 代倩 1-1135A
dàiqīnglǚzhuó 戴清履濁
5-250B
dàiqiū 戴丘 5-249A
dàiqǔ 待取 3-942B

dàiquán 貸全 10-169B
dàiquàn 貸券 10-169B
dàiquē 待闕 3-946A
dàirǎng 黛壤 12-1359A
dāirén 呆人 3-198B
dǎirén 歹人 5-146A
dàirén 代人 1-1132A
dàirén 待人 3-941B
dàirén 戴仁 5-249A
dàirén 戴鵀 5-251B
dàirèn 帶衽 3-731B
dàirèn 戴任 5-249A
dàirèn 戴紝 5-251A
dàirénjiēwù 待人接物 3-941B
dàirì 戴日 5-248B
dàirìdàidǒu 戴日戴斗 5-248B
dāiróng 呆容 3-199A
dàiróng 怠容 7-468A
dàirǔfěn 代乳粉 1-1134A
dāirúmùjī 呆如木雞 3-198B
dāiruòmùjī 呆若木雞 3-198B
dàisǎn 怠散 7-468A
dāisè 呆澀 3-200A
dàisè 黛色 12-1358B
dàishān 岱山 3-811A
dàishān 戴山 5-248B
dàishàn 代嬗 1-1137B
dàishàn 袋扇 9-46B
dàishàn 貸贍 10-170B
dàishān'áo 戴山鰲 5-248B
dàishān'áo 戴山鼇 5-248B
dàishāng 貸商 10-170A
dàishē 貸賒 10-170B
dàishě 貸舍 10-169B
dàishě 貸捨 10-170A
dàishè 代舍 1-1134A
dàishēn 代身 1-1133A
dàishèng 戴勝 5-250B
dàishī 貸施 10-170A
dàishí 代食 1-1134B
dàishí 待時 3-943B
dàishǐ 代史 1-1132B
dàishì 代室 1-1134B
dàishì 待試 3-945A
dàishì 怠事 7-467B
dàishì 貸貰 10-170A
dàishì 詒試 11-134A
dàishǒu 代手 1-1132A
dàishū 代書 1-1135B
dàishū 代輸 1-1137A
dàishú 代贖 1-1137B
dàishǔ 袋鼠 9-46B
dàishù 代數 1-1136B
dàishù 殆庶 5-158A
dàishuānglǚbīng 戴霜履冰 5-251B
dàishuǐtuōní 帶水拖泥 3-730A
dàishùxué 代數學 1-1136B
dāisī 呆廝 3-200A
dàisǐ 貸死 10-169B
dàisì 怠肆 7-468B
dàisì 黛耜 12-1358B
dāisìmùjī 呆似木雞 3-198B
dàisīqín 帶絲禽 3-732A
dǎisòng 逮送 10-1013B
dàisuì 帶歲 3-732A
dàisuǒ 帶索 3-731A
dàità 怠沓 7-467B
dàitài 岱泰 3-811A
dàitànlǒuzi 戴炭簍子 5-249B
dàitè 貸貣 10-170A
dàitì 代替 1-1135B
dàitì 待替 3-944A
dàitì 怠替 7-468A
dàitiān 戴天 5-248B
dàitián 代田 1-1132B
dàitiānjídì 戴天踖地 5-248B
dàitiānlǚdì 戴天履地 5-248B
dàitiè 貸帖 10-169B
dàitīng 帶鞓 3-732B
dǎitōng 逮通 10-1013B
dàitóng 帶同 3-730B
dāitóu 呆頭 3-200A
dàitōu 怠偷 7-468A
dàitōu 怠媮 7-468B
dàitóu 帶頭 3-732B
dàitóu 戴頭 5-251A
dāitóudāinǎo 呆頭呆腦 3-200A
dāitóudāinǎo 獃頭獃腦 5-97B
dàitóushíliǎn 戴頭識臉 5-251B
dǎitú 歹徒 5-146A
dàitù 待兔 3-942B
dàituō 詒託 11-133B
dàitùshǒuzhū 待兔守株 3-943B
dàiwán 怠玩 7-467B
dàiwáng 大王 2-1326A
dàiwàng 待望 3-943B
dàiwēi 殆危 5-158A
dàiwéi 帶圍 3-732A
dàiwèi 代立 1-1132B
dàiwèi 代位 1-1133A
dǎiwèn 逮問 10-1014A
dàiwén 黛文 12-1358B
dàiwèn 待問 3-943B
dāiwù 呆物 3-199A
dàiwǔ 代舞 1-1136B
dàiwǔ 怠侮 7-468A
dàiwù 待物 3-942B
dàiwù 怠惡 7-468A
dǎixì 逮繫 10-1014A
dàixī 怠息 7-468A
dàixī 貸息 10-170A
dàixí 代襲 1-1138A
dàixí 玳席 4-533B
dàixì 怠隙 7-468B
dàixì 怠戲 7-469A
dǎixià 逮下 10-1013A
dàixià 代下 1-1132A
dàixià 帶下 3-730A
dàixián 待賢 3-945B
dàixián 帶銜 3-732B
dāixiàng 獃相 5-97A
dàixiāo 代銷 1-1137A
dàixiào 帶孝 3-730B
dàixiào 戴孝 5-249A
dāixiǎozhèng 呆小症 3-198B
dàixiàyī 帶下醫 3-730A
dàixié 帶脅 3-731B
dàixié 帶攜 3-732B
dàixié 帶攜 3-733A
dàixiè 代謝 1-1137B
dàixiè 怠解 7-468B
dàixiè 怠懈 7-469A
dàixìn 待信 3-943A
dàixìn 待釁 3-946A
dāixìng 呆性 3-199A
dàixīng 代興 1-1137A
dàixīng 戴星 5-249B
dàixíng 代行 1-1132B
dàixíng 帶行 3-730B
dàixìng 代姓 1-1134A
dàixū 待須 3-944B
dàixù 代序 1-1133B
dàixù 代敍 1-1135B
dàixù 貸卹 10-169B
dàixù 黛蓄 12-1359A
dàixuǎn 待選 3-946A
dàixuánlǚhuáng 戴玄履黃 5-249A
dàixùfǎ 帶敘法 3-731B
dǎixùn 逮訊 10-1013B
dàiyān 黛煙 12-1359A
dàiyán 代言 1-1133A
dàiyán 玳筵 4-533B
dàiyǎn 帶眼 3-731B
dàiyǎn 戴眼 5-250A
dàiyǎn 黛巘 12-1359B
dàiyàn 代雁 1-1136A
dàiyàn 怠厭 7-468B
dàiyàn 玳宴 4-533B
dàiyàn 玳讌 4-534B
dǎiyǎng 逮養 10-1014A
dàiyáng 戴陽 5-250B
dàiyǎng 待養 3-945B
dàiyǎng 戴仰 5-249A
dàiyánrén 代言人 1-1133B
dàiyào 待要 3-943A
dàiyè 待業 3-945A
dàiyè 怠業 7-468B
dàiyè 黛葉 12-1359A
dǎiyì 歹意 5-146A
dǎiyì 逮意 10-1014A
dàiyī 黛漪 12-1359A
dàiyí 怠疑 7-468B
dàiyì 代易 1-1134A
dàiyì 待役 3-942B
dàiyì 怠斁 7-469A
dàiyì 戴翼 5-251B
dǎiyǐn 逮引 10-1013B
dàiyīn 帶音 3-731A
dàiyīng 代英 1-1133B
dàiyōng 代庸 1-1135B
dàiyòng 代用 1-1132B
dàiyòng 待用 3-942A
dàiyòng 貸用 10-169B
dàiyòngpǐn 代用品 1-1132B
dàiyòu 貸宥 10-170A
dǎiyù 逮獄 10-1014A
dàiyú 岱輿 3-811A
dàiyú 帶魚 3-731B
dàiyǔ 代語 1-1136B
dàiyǔ 怠窳 7-469A
dàiyù 待欲 3-943B
dàiyù 待遇 3-944A
dàiyuán 待援 3-944A
dàiyuàn 黛怨 12-1358B
dàiyuānjiàn 戴淵劍 5-250B
dàiyuánlǚfāng 戴圓履方 5-251A
dàiyuē 帶約 3-731A
dàiyuè 代越 1-1135B
dàiyuè 岱嶽 3-811A
dàiyuè 帶月 3-730A
dàiyuè 戴說 5-251A
dàiyuè 戴月 5-249A
dàiyuè 戴悅 5-250A
dàiyuèpáozǔ 代越庖俎 1-1136A
dàiyuèpīxīng 帶月披星 3-730A
dàiyuèpīxīng 戴月披星 5-249A
dàiyuèxīxiāng 待月西廂 3-941B
dàiyún 岱雲 3-811A
dàiyùn 代運 1-1136A
dàizān 玳簪 4-534A
dàizé 戴幘 5-251A
dāizhàng 呆賬 3-200A
dàizhàng 代杖 1-1133A
dàizhàngzuǒyòu 帶仗左右 3-730B
dàizhào 待詔 3-944B
dàizhedǒulìqīnzuǐ 戴着斗笠親嘴 5-250A
dāizhèng 呆怔 3-199A
dāizhèng 呆掙 3-199A
dāizhì 呆窒 3-199B
dāizhì 呆滯 3-200A
dǎizhì 逮至 10-1013B
dǎizhì 逮治 10-1013B
dàizhí 帶職 3-732B
dàizhǐ 代指 1-1134B
dàizhì 迨至 10-768A
dàizhì 待制 3-942B
daizhìzhì 呆緻緻 3-200A
dāizhòng 呆重 3-199A
dàizhōng 代終 1-1135B
dàizhōng 待中 3-941B
dàizhōng 待終 3-944A
dàizhōng 怠終 7-468A
dāizhōngsājiān 呆衷撒奸 3-199A
dàizhóu 玳軸 4-533B
dàizhù 帶住 3-730B

dàizhuī 代追 1-1134B
dàizhuó 代斲 1-1137B
dāizi 呆子 3-198B
dāizi 獃子 5-97A
dāizi 懛子 7-767A
dàizi 帶子 3-730A
dàizi 袋子 9-46B
dàizī 貸貲 10-170B
dàizǐ 貸子 10-169B
dàizǐ 嗿子 3-453A
dàizì 代字 1-1132B
dàizì 待字 3-942A
dàizōng 代宗 1-1134A
dàizōng 岱宗 3-811A
dàizòng 怠縱 7-469A
dàizòu 代奏 1-1134A
dǎizú 傣族 1-1589A
dàizuì 待罪 3-945A
dàizuì 貸罪 10-170B
dàizuì 戴罪 5-251A
dàizuìlìgōng 帶罪立功 3-732A
dàizuìlìgōng 戴罪立功 5-251A
dǎizuò 逮坐 10-1013B
dàizuò 代作 1-1133A
dājī 搭圾 6-735B
dájǐ 妲己 4-320A
dájì 答記 8-1153A
dájì 達濟 10-1021A
dǎjī 打稽 6-332A
dǎjī 打擊 6-334B
dǎjí 打脊 6-321B
dàjī 大飢 2-1364A
dàjī 大機 2-1393B
dàjī 大饑 2-1401A
dàjí 大吉 2-1334B
dàjí 大棘 2-1375A
dàjí 大極 2-1375A
dàjí 大集 2-1377B
dàjì 大忌 2-1345A
dàjì 大紀 2-1360B
dàjì 大計 2-1357B
dàjì 大寂 2-1372B
dàjì 大祭 2-1371A
dàjì 大薊 2-1393A
dàjì 大齊 2-1389A
dǎjià 打架 6-319B
dǎjià 打價 6-332A
dàjiā 大枷 2-1354B
dàjiā 大家 2-1365B
dàjiá 大戛 2-1368B
dàjiǎ 大甲 2-1331B
dàjià 大駕 2-1392B
dàjiāchù 大家畜 2-1366A
dàjiāfēngfàn 大家風範 2-1365B
dàjiāguīxiù 大家閨秀 2-1366A
dàjiāhuǒ 大家夥 2-1366A
dǎjiājiédào 打家截道 6-322A
dǎjiājiéshè 打家劫舍 6-322A
dǎjiājiéshè 打家截舍 6-322A
dājiān 搭肩 6-736A
dájiàn 達見 10-1016B
dájiàn 達鑒 10-1021B
dǎjiān 打尖 6-313B
dǎjiān 打襉 6-335B
dàjiān 大姦 2-1360A
dàjiān 大堅 2-1368B
dàjiān 大儉 2-1391B
dàjiàn 大建 2-1351B
dàjiàn 大漸 2-1389A
dàjiàn 大諫 2-1396A
dàjiàn 大鑒 2-1402A
dājiāng 搭漿 6-738A
dǎjiāng 打漿 6-333A
dǎjiǎng 打講 6-335A
dàjiāng 大江 2-1339A
dàjiàng 大匠 2-1336A
dàjiàng 大將 2-1372B
dàjiāngdōngqù 大江東去 2-1339A
dàjiāngjūn 大將軍 2-1372B
dàjiǎngsài 大獎賽 2-1389B
dǎjiāngshān 打江山 6-314A
dàjiàngyùnjīn 大匠運斤 2-1336B
dàjiǎnjià 大減價 2-1378B
dājiào 搭醮 6-738A
dájiào 答教 8-1153A
dájiào 達教 10-1018B
dǎjiāo 打交 6-314A
dǎjiǎo 打脚 6-324B
dǎjiǎo 打攪 6-337B
dǎjiào 打醮 6-336A
dàjiāo 大椒 2-1375A
dàjiāo 大教 2-1368A
dàjiǎo 大角 2-1343B
dàjiǎo 大脚 2-1371A
dàjiào 大教 2-1368A
dàjiào 大較 2-1382B
dàjiào 大轎 2-1399B
dàjiào 大醮 2-1399B
dǎjiāodài 打交待 6-314A
dǎjiāodào 打交道 6-314A
dǎjiāoduì 打交對 6-314A
dàjiàohuàn 大叫喚 2-1331B
dàjiǎolì 大脚力 2-1371A
dàjiǎopiàn'er 大脚片兒 2-1371A
dàjiǎosān 大脚三 2-1371A
dàjiǎosè 大脚色 2-1371A
dàjiāshù 大家數 2-1366A
dàjiātíng 大家庭 2-1366A
dǎjiāzéi 打家賊 6-322A
dǎjiāzhàng 打夾帳 6-315A
dājiàzi 搭架子 6-736B
dàjiāzi 大家子 2-1365B
dàjiāzǐ 大家子 2-1365B
dǎjībàofù 打擊報復 6-334B
dājié 搭截 6-737B
dājiè 搭界 6-736B
dájié 達節 10-1019B
dájiě 達解 10-1020A
dǎjiē 打揭 6-325B
dǎjié 打劫 6-314B
dǎjié 打結 6-328A
dǎjié 打截 6-330A
dàjiē 大街 2-1377B
dàjié 大劫 2-1340A
dàjié 大捷 2-1367B
dàjié 大結 2-1380A
dàjié 大節 2-1383B
dàjiě 大姐 2-1352B
dàjiě 大解 2-1385A
dàjiè 大戒 2-1340A
dàjiějiě 大姐姐 2-1352B
dàjiémù 大節目 2-1383B
dājiétí 搭截題 6-737B
dàjiéxiǎojié 大桀小桀 2-1364B
dàjiēxiǎoxiàng 大街小巷 2-1377B
dàjiéyè 大節夜 2-1384A
dǎjīhuang 打飢荒 6-321B
dǎjīhuang 打饑荒 6-336B
dǎjīmàgǒu 打鷄駡狗 6-337A
dǎjǐn 打緊 6-330A
dǎjìn 打噤 6-333B
dàjīn 大金 2-1349A
dàjīn 大襟 2-1399A
dàjìn 大盡 2-1389B
dàjìn 大浸 2-1365A
dàjìn 大祲 2-1372B
dàjìn 大禁 2-1381B
dàjīnchuān 大金川 2-1349A
dǎjīndǒu 打觔斗 6-319B
dǎjīndǒu 打筋斗 6-326B
dájīng 達經 10-1020A
dájìng 達敬 10-1019A
dàjīng 大荆 2-1353B
dàjīng 大經 2-1386B
dàjìng 大净 2-1350B
dàjīngdàfǎ 大經大法 2-1387A
dàjīngshīsè 大驚失色 2-1402A
dàjīngxiǎoguài 大驚小怪 2-1402A
dàjiōngzhīcán 大坰之慙 2-1346A
dājiù 搭救 6-737A
dājiù 答救 8-1153A
dǎjiù 打救 6-323A
dàjiǔ 大酒 2-1365A
dàjiù 大咎 2-1350A
dàjiù 大舅 2-1384A
dàjiǔdàròu 大酒大肉 2-1365A
dàjiǔgāng 大酒缸 2-1365A
dàjiùyé 大舅爺 2-1384A
dàjiǔzhōu 大九州 2-1323A
dàjiùzi 大舅子 2-1384A
dǎjiǔzuò 打酒坐 6-321B
dǎjiǔzuò 打酒座 6-321B
dǎjīwō 打鷄窩 6-337A
dājù 搭棋 6-737A
dàjú 大局 2-1345A
dàjǔ 大矩 2-1355B
dàjǔ 大舉 2-1395A
dàjù 大具 2-1347B
dájuàn 答卷 8-1152B
dǎjuàn 打圈 6-323B
dàjuàn 大卷 2-1350B
dàjué 大噱 2-1394A
dàjué 大嚼 2-1401A
dàjué 大覺 2-1401A
dàjuéjīnxiān 大覺金仙 2-1401A
dàjūn 大君 2-1345A
dàjūn 大均 2-1340A
dàjūn 大軍 2-1359B
dàjūn 大鈞 2-1377B
dàjùn 大郡 2-1359B
dàjūnzǐ 大君子 2-1345A
dàjūzhèng 大居正 2-1352A
dàkǎ 大卡 2-1331A
dàkǎi 大凱 2-1376B
dàkǎi 大愷 2-1386A
dàkǎi 大楷 2-1381B
dǎkāitiānchuāng… 打開天窗説亮話 6-327B
dǎkān 打勘 6-322B
dákàng 答抗 8-1152A
dǎkǎo 打拷 6-318A
dàkǎo 大考 2-1334B
dākè 搭客 6-736B
dákē 匌匌 2-190B
dàkē 大科 2-1355B
dàkē 大窠 2-1386A
dàkè 大客 2-1359A
dàkè 大課 2-1392A
dǎkēchòng 打瞌銃 6-332A
dǎkēchòng 打瞌眈 6-332A
dǎkēchòng 打磕銃 6-332A
dǎkēgē 打頦歌 6-332B
dǎkēngkēng 打吭吭 6-315A
dǎkēshuì 打瞌睡 6-332A
dǎkēshuì 打磕睡 6-332A
dàkōng 大空 2-1351B
dǎkòu 打扣 6-313A
dàkǒu 大口 2-1325A
dàkǔ 大苦 2-1346B
dàkuài 大會 2-1384A
dàkuài 大塊 2-1373B
dàkuàirénxīn 大快人心 2-1344B
dǎkuàitōngquán 打快通拳 6-315B
dàkuàitou 大塊頭 2-1373B
dàkuàiwénzhāng 大塊文章 2-1373B
dákuǎn 答款 8-1153B
dákuàng 答貺 8-1153B
dǎkuángyǔ 打誑語 6-331A
dàkuānzhuǎn 大寬轉 2-1389A
dàkuí 大魁 2-1384A
dàkuítiānxià 大魁天下 2-1384A
dàkuò 大廓 2-1385B
dāla 搭拉 6-736A

dāla 搭落 6-737A
dālā 耷拉 8-655A
dālā 搭拉 6-736A
dālā 嗒喇 3-510A
dālà 搭剌 6-736B
dālà 答剌 8-1152B
dálà 荅剌 9-384B
dálà 答臘 8-1154B
dálàbùhuā 答剌不花 8-1152B
dálàgǔ 答臘鼓 8-1154B
dálàhǎn 答剌罕 8-1152B
dálàhuāchì 答剌花赤 8-1152B
dálài 達賴 10-1021A
dàlái 大來 2-1347A
dàlài 大賚 2-1390B
dǎláihuí 打來回 6-316A
dálàilǎma 達賴喇嘛 10-1021A
dàlālā 大拉拉 2-1346A
dàlālā 大喇喇 2-1376A
dàlàlà 大剌剌 2-1354B
dálàléngdēng 答剌稜登 8-1152B
dálāmì 達拉密 10-1017A
dálǎn 達覽 10-1021B
dǎlán 打攔 6-336B
dǎlànzhàng 打爛帳 6-337A
dálǎo 達老 10-1016A
dǎlāo 打撈 6-331B
dàláo 大牢 2-1344B
dàlǎo 大老 2-1334B
dàlǎocū 大老粗 2-1335A
dàlǎoguān 大老官 2-1335A
dàlǎomǔ 大老母 2-1335A
dàlǎopo 大老婆 2-1335A
dàlǎoye 大老爺 2-1335A
dàlǎoyémen'er 大老爺們兒 2-1335A
dàlǎoyuǎn 大老遠 2-1335A
dàlǎozi 大老子 2-1334B
dálàsū 答剌蘇 8-1153A
dǎlàsū 打剌酥 6-318B
dǎlàsū 打剌蘇 6-319A
dǎlàsū 打辣酥 6-331A
dàlàsū 大辣酥 2-1388B
dálàsūn 答剌孫 8-1152B
dǎlàsūn 打剌孫 6-318B
dǎlè 打樂 6-333A
dàlè 大樂 2-1393A
dǎléi 打雷 6-328B
dǎlèi 打擂 6-333A
dàléi 大雷 2-1382B
dàléi 大罍 2-1401B
dǎlèitái 打擂臺 6-333A
dǎlèitái 打擂臺 6-330A
dáléng 達稜 10-1019A
dǎlěngchuí 打冷捶 6-315B
dǎlěngqiāng 打冷槍 6-315B
dǎléngzhēng 打掕掙 6-322B
dǎléngzhēng 打薆薆 6-335B
dālǐ 搭理 6-737A
dālǐ 答理 8-1153A
dálǐ 荅禮 8-1154B
dálǐ 達理 10-1018B
dálǐ 達禮 10-1021A
dálì 達吏 10-1016B
dálì 達例 10-1017A
dǎlǐ 打理 6-322B
dàlì 大鷙 2-1400A
dàlǐ 大理 2-1367B
dàlǐ 大禮 2-1398A
dàlì 大力 2-1323B
dàlì 大吏 2-1335B
dàlì 大例 2-1349A
dàlì 大荔 2-1353B
dàlì 大厲 2-1387B
dàlì 大曆 2-1394A
dālián 搭連 6-736B
dālián 搭褳 6-737B
dālián 褡連 9-111A
dālián 褡褳 9-111B
dālián 褡聯 9-111B
dālián 緒縺 9-930A
dáliàn 達練 10-1021A
dǎliǎn 打臉 6-335A
dàliǎn 大斂 2-1397B
dàliàn 大練 2-1393A
dàliàn 大殮 2-1397A
dàliàn 大戀 2-1402B
dāliánbù 搭連布 6-736B
dāliánbù 褡連布 9-111B
dǎliang 打量 6-326A
dǎliáng 打糧 6-336A
dǎliáng 打量 6-326A
dǎliàng 打諒 6-332B
dàliáng 大梁 2-1372A
dàliǎng 大兩 2-1347A
dàliàng 大量 2-1376A
dàliángshān 大涼山 2-1364B
dǎliǎnguàxū 打臉挂鬚 6-335A
dàliángzào 大良造 2-1344B
dǎliánhuālào 打蓮花落 6-328B
dǎliánxiāng 打連廂 6-320B
dáliáo 達僚 10-1020A
dǎliáo 打寮 6-332B
dǎliào 打料 6-321B
dàliáo 大僚 2-1388B
dàliào 大料 2-1365A
dàlǐbài 大禮拜 2-1398A
dǎlǐdǎwài 打裹打外 6-329B
dǎliè 打獵 6-336A
dàliēliē 大咧咧 2-1355A
dàlǐfú 大禮服 2-1398A
dàlǐhuà 大離話 2-1399A
dàlǐhuā 大理花 2-1367B
dàlìhuā 大麗花 2-1399B
dàlìjī 大利稽 2-1342B
dàlǐjiāngjūn 大李將軍 2-1340B
dàlìjú 大立菊 2-1333A
dàlín 大臨 2-1397A
dàlìn 大臨 2-1397A
dàlìn 大吝 2-1344A
dálíng 達靈 10-1022A
dǎlíng 打零 6-328B
dǎlìng 打令 6-312B
dàlìng 大令 2-1332B
dàlìrén 大荔人 2-1353B
dàlǐshí 大理石 2-1367B
dàlìshì 大力士 2-1323B
dàlìshícáizǐ 大曆十才子 2-1394A
dàlǐsì 大理寺 2-1367B
dàlǐtáng 大禮堂 2-1398A
dàlìtǐ 大曆體 2-1394A
dǎliú 打流 6-322A
dàliù 大溜 2-1386A
dàlìwán 大力丸 2-1323B
dàlǐyuàn 大理院 2-1367B
dàlóngqiū 大龍湫 2-1396A
dālù 搭路 6-737A
dálǔ 韃虜 12-213B
dǎlǔ 打擄 6-333A
dàlú 大爐 2-1401A
dàlú 大鑪 2-1403A
dàlǔ 大鹵 2-1369A
dàlù 大陸 2-1366B
dàlù 大鹿 2-1371B
dàlù 大祿 2-1379B
dàlù 大僇 2-1384A
dàlù 大路 2-1383A
dàlù 大輅 2-1382A
dàlù 大戮 2-1393A
dàlù 大錄 2-1395B
dàlù 大麓 2-1399B
dàluán 大孌 2-1403A
dàluàn 大亂 2-1384B
dàlùchuílún 大路椎輪 2-1382A
dálūgáqí 達嚕噶齊 10-1021B
dálǔhuāchì 達魯花赤 10-1020B
dàlùhuó 大路活 2-1383A
dàlùhuò 大路貨 2-1383A
dàlùjià 大陸架 2-1366B
dálùn 達論 10-1020B
dǎlùn 打論 6-332B
dàlún 大倫 2-1363B
dàlùn 大論 2-1392A
dāluó 搭羅 6-738A
dǎluó 打羅 6-336A
dǎluò 打落 6-326A
dàluó 大羅 2-1400A
dàluó 大鑼 2-1403A
dàluò 大落 2-1374B
dàluóbiàn 大羅便 2-1400A
dàluóbiàn 大邏便 2-1402A
dàluódàgǔ 大鑼大鼓 2-1403A
dàluòluò 大落落 2-1374B
dàluóshénxian 大羅神仙 2-1400A
dàluóshì 大羅氏 2-1400A
dǎluòshuǐgǒu 打落水狗 6-326A
dàluótiān 大羅天 2-1400A
dàlùxìngqìhòu 大陸性氣候 2-1366B
dàlǚ 大呂 2-1336B
dàlǚ 大旅 2-1364B
dàlǜ 大律 2-1357A
dàlǜ 大慮 2-1391A
dǎlüè 打掠 6-322B
dàlüè 大略 2-1370A
dámǎ 達馬 10-1018A
dǎmǎ 打馬 6-320A
dàmā 大媽 2-1386B
dàmá 大麻 2-1371B
dàmǎ 大馬 2-1361A
dǎmáfan 打麻煩 6-324B
dàmáfēng 大麻風 2-1371B
dàmáhǎyú 大麻哈魚 2-1371B
dàmǎhǎyú 大馬哈魚 2-1361A
dàmǎhóu 大馬猴 2-1361A
dǎmǎhuyǎn 打馬虎眼 6-320A
dāmài 搭脉 6-736B
dǎmài 打麥 6-323A
dàmài 大麥 2-1369A
dǎmáifu 打埋伏 6-320A
dàmǎjīndāo 大馬金刀 2-1361A
dàmǎjué 大馬爵 2-1361A
dàmāmā 大媽媽 2-1386B
dàmáng 大忙 2-1339A
dǎmánpíngbá 打謾評跋 6-336A
dàmáo 大毛 2-1328A
dāmáogài 搭毛蓋 6-735B
dàmáogōng 大毛公 2-1328A
dǎmàosào 打毷氉 6-329A
dàmàoshān 大茂山 2-1346B
dàmāoxióng 大貓熊 2-1391B
dàmǎpā 大馬趴 2-1361A
dàméi 大媒 2-1379B
dàměi 大美 2-1358B
dǎmén 打門 6-317B
dàmén 大門 2-1351B
dàménbùchū… 大門不出,二門不邁 2-1352A
dàméng 大盟 2-1383A
dàméng 大蒙 2-1381B
dàmèng 大夢 2-1381A
dàménguān 大門官 2-1352A
dǎmèngùn 打悶棍 6-327B
dàménhù 大門户 2-1352A
dǎmènhúlu 打悶葫蘆 6-327B
dǎmènléi 打悶雷 6-327B
dàméntóu'er 大門頭兒 2-1352A
dàménzhōng 大門中 2-1352A
dámì 咀蜜 3-259B
dàmǐ 大米 2-1339A
dāmiàn 搭面 6-736B
dàmiàn 大面 2-1354B
dàmiàn'ershàng 大面兒上 2-1355A
dàmiànpí'er 大面皮兒 2-1355A
dǎmiè 打滅 6-329B
dámíng 達名 10-1016B

dámíng 達明 10-1017A
dámìng 達命 10-1017A
dǎmíng 打明 6-316B
dàmíng 大名 2-1338B
dàmíng 大明 2-1347B
dàmíng 大冥 2-1366A
dàmìng 大命 2-1349A
dàmíngdǐngdǐng 大名鼎鼎 2-1338B
dàmínggōng 大明宫 2-1348A
dàmínghú 大明湖 2-1347B
dàmínglì 大明曆 2-1347B
dàmíngnánjū 大名難居 2-1338B
dàmiù 大繆 2-1398A
dàmiù 大謬 2-1398B
dàmiùbùrán 大繆不然 2-1398A
dàmiùbùrán 大謬不然 2-1398B
dámó 達麽 10-1020A
dámó 達摩 10-1020B
dámó 達磨 10-1021A
dámò 妲末 4-320A
dǎmō 打摸 6-328A
dǎmó 打磨 6-334A
dǎmǒ 打抹 6-315B
dǎmò 打末 6-312A
dàmó 大摹 2-1387A
dàmò 大莫 2-1362A
dàmò 大漠 2-1386A
dàmò 大幕 2-1381A
dámóchán 達摩禪 10-1020B
dàmódàyàng 大模大樣 2-1387A
dàmògù 大沫崓 2-1350B
dǎmóhē 打麽訶 6-331A
dǎmóhu 打模糊 6-330A
dǎmòmò 打磨磨 6-334B
dàmóshiyàng 大模尸樣 2-1387B
dàmósīyàng 大模厮樣 2-1387B
dǎmótuó 打磨陀 6-334B
dàmóu 大謀 2-1396A
dàmòxiǎomò 大貉小貉 2-1384B
dàmòxiǎomò 大貊小貊 2-1384B
dǎmòxuàn 打磨旋 6-334B
dàmǔ 大母 2-1334A
dàmù 大幕 2-1381A
dàmù 大暮 2-1387A
dámǔdàn 達姆彈 10-1017B
dàmǔgē 大拇哥 2-1346A
dàmǔzhǐ 大母指 2-1334A
dàmǔzhǐ 大拇指 2-1346A
dàmǔzhǐtou 大拇指頭 2-1346A
dàmǔzi 大姆子 2-1353A
dàná 大拿 2-1364A
dān'ài 躭捱 10-709B
dān'ài 耽愛 8-658B
dān'ài 躭愛 10-710A
dàn'ǎi 淡靄 5-1418A
dànǎinai 大奶奶 2-1334A
dánàn 答難 8-1154B
dǎn'àn 黕闇 12-1372B
dǎn'àn 黕暗 12-1372B
dǎn'àn 黕黯 12-1372B
dànán 大男 2-1341B
dànán 大難 2-1399A
dànàn 大難 2-1399A
dànànbùsǐ… 大難不死，必有後福 2-1399B
dànànbùsǐ… 大難不死，必有後禄 2-1399A
dànándànǚ 大男大女 2-1341B
dànánxiǎonǚ 大男小女 2-1342A
dànányòunǚ 大男幼女 2-1342A
dǎnào 打鬧 6-331A
dànáo 大撓 2-1390A
dànáo 大橈 2-1393A
dànǎo 大腦 2-1385A
dàn'ào 誕傲 11-181B
dànǎoké 大腦殼 2-1385A
dànǎopícéng 大腦皮層 2-1385A
dànǎopízhì 大腦皮質 2-1385A
dǎnàotái 打鬧臺 6-331A
dànǎoyán 大腦炎 2-1385A
dānàzhū 答納珠 8-1153A
dānbá 丹魃 1-689A
dànbāgū 淡巴姑 5-1415A
dànbāgū 淡巴菰 5-1415A
dànbāgū 淡巴苽 5-1415A
dānbái 丹白 1-680A
dànbái 蛋白 8-885A
dànbáiméi 蛋白酶 8-885A
dànbáizhì 蛋白質 8-885A
dānbǎn 擔板 6-922B
dānbāng 單幫 3-425B
dānbǎngzhuàngyuan 擔榜狀元 6-924A
dānbǎnhàn 擔板漢 6-922B
dānbǎnhàn 檐板漢 4-1346A
dānbǎo 擔保 6-922B
dānbào 丹抱 1-681B
dànbǎo 誕保 11-181A
dǎnbāoshēntǐ 膽包身體 6-1389A
dānbì 丹筆 1-687B
dānbì 丹陛 1-683A
dānbì 丹碧 1-688B
dānbì 丹蹕 1-691B
dānbì 單弊 3-424B
dānbì 單斃 3-425B
dānbì 殫弊 5-178B
dànbì 憚避 7-737B
dānbiāo 丹飈 1-692B
dànbiǎo 旦表 5-557A
dānbīng 單兵 3-420B
dānbìng 躭病 10-709B
dànbǐng 餤餅 12-565A
dānbó 丹薄 1-690B
dānbó 丹魄 1-689A
dānbó 單薄 3-425A
dǎnbó 膽薄 6-1391A
dànbó 淡泊 5-1415B
dànbó 淡薄 5-1417B
dànbó 憺怕 7-763B
dànbó 澹泊 6-176B
dànbó 澹薄 6-177B
dànbó 惔怕 7-605A
dānbù 單步 3-420B
dànbù 誕布 11-180A
dànbùdàn 淡不淡 5-1414B
dànbùjì 淡不濟 5-1414B
dànbùlà 淡不剌 5-1414B
dānbùqǐ 擔不起 6-922A
dānbùshi 擔不是 6-922A
dāncái 單財 3-422A
dāncǎi 丹采 1-682A
dāncǎi 丹彩 1-686A
dāncǎi 丹綵 1-689B
dàncǎi 旦彩 5-557B
dàncài 淡菜 5-1416A
dāncán 殫殘 5-178A
dāncán 撣殘 6-871B
dàncǎn 啖喒 3-495B
dāncǎo 丹草 1-682B
dāncè 丹册 1-680A
dāncén 丹岑 1-681A
dānchāi 擔差 6-923A
dānchán 耽禪 8-659A
dānchán 擔纏 6-925A
dānchǎn 單産 3-423A
dāncháng 丹裳 1-689A
dàncháng 啖嘗 3-393A
dànchàng 誕暢 11-182A
dàncháo 旦朝 5-557B
dānchē 單車 3-420B
dānchě 酖䤖 9-1396A
dānchén 丹忱 1-681A
dānchén 丹宸 1-684B
dānchén 酖沈 9-1396A
dānchén 湛沈 5-1441B
dānchén 撣塵 6-871B
dànchén 誕辰 11-180B
dānchéng 丹城 1-682B
dānchéng 丹誠 1-688B
dānchéng 躭承 10-709B
dānchéng 單誠 3-424A
dānchéng 擔承 6-922B
dǎnchéng 亶誠 2-385B
dānchéngbìlǜ 殫誠畢慮 5-178A
dānchénhuì 撣塵會 6-858B
dānchēshǐ 單車使 3-420B
dānchī 單絺 3-424A
dānchí 丹池 1-680B
dānchí 丹墀 1-690A
dānchí 耽遲 8-659A
dānchí 躭遲 10-710A
dānchì 丹赤 1-681A
dānchì 單赤 3-420B
dànchī 笪笞 8-1118B
dànchí 贉池 10-292A
dānchíbùdāncuò 擔遲不擔錯 6-924A
dānchǒng 耽寵 8-659B
dānchóu 丹幬 1-691B
dānchóu 擔愁 6-924A
dānchóu 殫籌 5-179A
dānchú 丹除 1-683A
dānchǔ 單處 3-422B
dānchù 殫絀 5-178A
dànchú 禫除 7-952A
dànchǔ 窞處 8-453B
dānchuán 單傳 3-424A
dànchuán 蛋船 8-891B
dānchuáng 擔幢 6-924A
dànchuàng 憾愴 7-761B
dānchuángjì 擔幢伎 6-924A
dānchún 丹脣 1-685B
dānchún 單純 3-422B
dānchúncí 單純詞 3-422B
dànchuò 啖啜 3-393A
dāncí 單詞 3-423B
dāncí 單辭 3-426A
dāncì 單刺 3-421A
dàncí 誕辭 11-183B
dāncōng 丹聰 1-691A
dǎncōng 亶聰 2-385B
dāncù 單蹙 3-426A
dāncù 殫蹙 5-179A
dāncuì 單縗 3-425B
dāncuì 殫瘁 5-178A
dāncùn 丹寸 1-679A
dǎncūqìzhuàng 膽粗氣壯 6-1390A
dāndǎ 單打 3-419B
dǎndàbāotiān 膽大包天 6-1388B
dāndài 耽待 8-658A
dāndài 躭代 10-709A
dāndài 躭待 10-709B
dāndài 躭帶 10-709B
dāndài 擔代 6-922A
dāndài 擔待 6-923A
dāndài 擔帶 6-923B
dāndài 擔戴 6-924B
dǎndài 黕黱 12-1372A
dāndān 眈眈 7-1190B
dāndān 耽耽 8-658A
dāndān 躭躭 10-709B
dāndān 單單 3-423A
dāndān 覘覘 10-339B
dǎndǎn 紞紞 9-774B
dǎndǎn 亶亶 2-385B
dǎndǎn 默默 12-1347A
dǎndǎn 默黕 12-1347A
dǎndǎn 黕默 12-1372B
dǎndǎn 黕黕 12-1372B
dàndàn 旦旦 5-557A
dàndàn 啖啖 3-393A
dàndàn 淡淡 5-1416A
dàndàn 啿啿 3-406B
dàndàn 憚憚 7-737B
dàndàn 憺憺 7-763B

dàndàn 澹澹 6-177B
dàndàn 饕淡 12-575A
dāndāndídí 眈眈逐逐 7-1190B
dāndāng 擔當 6-923B
dāndàng 單檔 3-425B
dǎndāng 膽當 6-1390B
dàndàng 淡宕 5-1415B
dàndàng 淡蕩 5-1417B
dàndàng 誕宕 11-181A
dàndàng 誕蕩 11-182B
dàndàng 澹宕 6-177A
dàndàng 澹蕩 6-177B
dāndānhǔshì 眈眈虎視 7-1190B
dandànshǒu 擔擔手 6 924B
dāndānzhúzhú 耽耽逐逐 8-658A
dāndāo 單刀 3-418B
dāndào 丹道 1-687B
dāndào 耽道 8-658B
dāndāofùhuì 單刀赴會 3-418B
dāndāohuì 單刀會 3-418B
dāndāozhírù 單刀直入 3-418B
dǎndàpōtiān 膽大潑天 6-1389A
dǎndàrúdǒu 膽大如斗 6-1388B
dǎndàwàngwéi 膽大妄爲 6-1388B
dǎndàxīncū 膽大心粗 6-1388B
dǎndàxīncū 膽大心麁 6-1388B
dǎndàxīncū 膽大心麤 6-1388B
dǎndàxīnxì 膽大心細 6-1388B
dǎndàxīnxióng 膽大心雄 6-1388B
dāndǎyī 單打一 3-419B
dǎndàyúshēn 膽大於身 6-1389A
dàndé 誕得 11-181B
dàndé 誕德 11-182B
dāndēng 擔簦 6-924B
dàndēng 誕登 11-181B
dàndēng 檐簦 4-1346B
dāndèngzi 單凳子 3-425A
dāndì 丹地 1-680B
dāndiàn 丹殿 1-688B
dǎndiǎn 黕點 12-1347A
dāndiào 單吊 3-420A
dāndiào 單調 3-425A
dàndiǎo 淡屌 5-1415A
dāndīng 單丁 3-418B
dāndǐng 丹頂 1-685A
dāndǐng 丹鼎 1-687A
dàndīng 蛋丁 8-885A
dàndīng 蜑丁 8-891A
dàndìng 淡定 5-1415B
dāndǐnghè 丹頂鶴 1-685A
dāndòng 丹洞 1-683A
dāndòu 丹竇 1-692B
dāndòu 簞豆 8-1244A
dāndòuxiànsè 簞豆見色 8-1244A
dāndú 丹毒 1-682B
dāndú 耽讀 8-659B
dāndú 躭獨 10-710A
dāndú 單獨 3-425B
dàndǔ 誕篤 11-183A
dǎnduì 黮䨴 12-1372B
dǎnduì 黮[illegible] 12-1372B
dànduì 澹濧 6-177B
dànduì 澹瀩 6-177B
dànduì 澹䨴 6-178A
dànduì 霮濧 11-730A
dànduì 霮䨴 11-730A
dànduò 淡沲 5-1415B
dànduò 淡沱 5-1415B
dànduò 澹沲 6-176B
dànduò 澹沱 6-177A
dān'è 丹堊 1-685A
dān'è 丹崿 1-687B
dàn'é 淡蛾 5-1417A
dàn'è 癉惡 8-358A
dànèi 大内 2-1327B
dánéng 達能 10-1018B
dān'ěr 丹餌 1-689A
dān'ěr 儋耳 1-1696B
dàn'er 擔兒 6-922B
dàn'ér 旦兒 5-557B
dàn'érbùyàn 淡而不厭 5-1415A
dān'ěrwēng 儋耳翁 1-1697A
dàn'érwúwèi 淡而無味 5-1415A
dān'èshǒu 丹堊手 1-685B
dǎn'èsī 癉惡司 8-358A
dānfá 單乏 3-419A
dānfá 殫乏 5-177B
dànfā 誕發 11-181B
dànfá 誕伐 11-180A
dānfàn 單汎 3-420B
dǎnfán 膽礬 6-1391B
dànfán 但凡 1-1239B
dànfán 憚煩 7-737B
dànfàn 啖飯 3-393A
dànfàn 淡飯 5-1416B
dànfàn 淡飰 5-1416B
dànfàn 噉飯 3-495B
dànfànchù 噉飯處 3-495B
dànfàndì 噉飯地 3-495B
dānfāng 丹方 1-679B
dānfāng 單方 3-419B
dānfáng 丹房 1-682A
dànfàng 誕放 11-180B
dànfànhuángjī 淡飯黃虀 5-1416B
dānfēi 丹扉 1-687B
dānfèi 單費 3-423B
dànféi 氮肥 6-1037B
dānfén 丹墳 1-690A
dānfěn 丹粉 1-684A
dānfèn 丹憤 1-690B
dànfēn 但分 1-1239B
dànfěn 淡粉 5-1416A
dànfěn 蛋粉 8-885B
dānfēng 丹楓 1-688A
dānfěng 單覂 3-422A
dānfèng 丹鳳 1-689A
dànfēng 蟺蜂 8-983B
dānfèngcháoyáng 丹鳳朝陽 1-689A
dānfèngchéng 丹鳳城 1-689A
dānfèngquè 丹鳳闕 1-689B
dānfēngtuó 單峯駝 3-422A
dānfèngxì 丹鳳舄 1-689A
dānfèngyǎn 丹鳳眼 1-689A
dānfèngzhào 丹鳳詔 1-689B
dānfū 丹跗 1-687A
dānfū 擔夫 6-922A
dānfú 丹符 1-686A
dānfú 丹黻 1-691B
dānfú 單幅 3-423B
dānfǔ 丹府 1-682A
dānfù 單複 3-424B
dānfù 儋負 1-1697A
dānfù 擔負 6-923A
dǎnfǔ 亶甫 2-385B
dǎnfǔ 亶父 2-385B
dànfū 誕敷 11-182B
dànfú 淡服 5-1415B
dànfú 憚服 7-737B
dànfú 禫服 7-952A
dànfù 蜑婦 8-891B
dānfúmén 單幅門 3-423B
dānfūzhīfù 單夫隻婦 3-419A
dǎngǎi 黵改 12-1376A
dàng'ái 宕挨 3-1372B
dāngān 丹干 1-679A
dāngān 丹矸 1-682A
dāngàn 單幹 3-424A
dāng'àn 當案 7-1396A
dǎngǎn 膽敢 6-1390A
dǎngàn 膽幹 6-1390B
dàng'àn 檔案 4-1337A
dāngàng 單槓 3-424B
dàng'ànguǎn 檔案館 4-1337A
dāngānxì 擔干係 6-921B
dàngāo 蛋糕 8-885B
dàngào 誕告 11-180B
dǎngbāgǔ 黨八股 12-1365B
dàngbǎi 當百 7-1390B
dāngbān 當班 7-1394B
dǎngbǎn 擋板 6-912A
dǎngbàn 黨伴 12-1366B
dǎngbào 黨報 12-1368B
dǎngbēi 黨碑 12-1369A
dǎngbèi 黨輩 12-1369B
dāngběn 當本 7-1389B
dàngběng 瑒琫 4-601A
dàngběng 璗琫 4-634B
dāngbǐ 當筆 7-1398A
dāngbì 當壁 7-1402A
dǎngbǐ 黨比 12-1365B
dǎngbì 黨庇 12-1366B
dàngbì 瑒珌 4-601A
dāngbīng 當兵 7-1391A
dàngbó 蕩薄 9-559A
dāngbù 當簿 7-1402B
dǎngbù 黨部 12-1367B
dāngbùde 當不得 7-1387B
dāngbùde 當不的 7-1387B
dāngbùguò 當不過 7-1388A
dāngbùqǐ 當不起 7-1387B
dāngbùzhù 當不住 7-1387B
dāngcái 當才 7-1387A
dāngcáo 當曹 7-1396B
dāngcáo'erde 當槽兒的 7-1400A
dàngcè 檔册 4-1336B
dāngchāi 當差 7-1394A
dàngchǎn 蕩產 9-557B
dāngchǎng 當場 7-1397B
dàngchǎng 當場 7-1397B
dāngchǎngchūcǎi 當場出彩 7-1397B
dàngchǎngchūcǎi 當場出彩 7-1397B
dāngchǎngchūchǒu 當場出醜 7-1397B
dàngchǎngchūchǒu 當場出醜 7-1397B
dàngchǎnqīngjiā 蕩產傾家 9-557B
dāngcháo 當朝 7-1397B
dàngcháo 當朝 7-1397B
dǎngchē 擋車 6-911B
dǎngchēgōng 擋車工 6-912A
dǎngchén 讜臣 11-477B
dāngchēng 當撐 7-1400A
dāngchéng 當承 7-1393B
dàngchéng 當成 7-1390B
dāngchōng 當衝 7-1400B
dǎngchóu 黨仇 12-1365B
dāngchū 當初 7-1391B
dàngchú 蕩除 9-557B
dàngchú 盪除 7-1474B
dāngchù 當處 7-1396B
dǎngcí 讜詞 11-478A
dǎngcí 讜辭 11-478A
dāngcūbèn 當粗坌 7-1397A
dāngdài 當代 7-1389B
dāngdài 當待 7-1394A
dàngdài 當代 7-1389B
dàngdài 蕩駘 9-558B
dǎngdàibiǎo 黨代表 12-1366A
dāngdān 當擔 7-1401A
dāngdāng 鐺鐺 11-1419A
dāngdang 當當 7-1399A
dāngdāng 璫璫 4-635A
dàngdàng 當當 7-1399A
dàngdàng 宕宕 3-1372B
dàngdàng 潒潒 6-98A
dàngdàng 蕩蕩 9-558B
dàngdàng 盪盪 7-1475A
dāngdāngxiǎng 當當響 7-1399A
dàngdàngyōuyōu 蕩蕩悠悠

9-559A
dāngdào 當道 7-1398B
dàngdào 當道 7-1398B
dàngdào 逿倒 10-1029B
dāngdàojuēkēng 當道撅坑 7-1398B
dāngdé 當得 7-1397A
dāngdí 當敵 7-1400B
dāngdǐ 當抵 7-1392A
dāngdì 當地 7-1390A
dàngdí 宕滌 3-1372B
dàngdí 蕩滌 9-558B
dàngdí 盪滌 7-1475A
dàngdì 當地 7-1390A
dàngdì 蕩地 9-557A
dàngdiǎn 當典 7-1392B
dàngdiàn 當店 7-1393A
dǎngdiào 擋調 6-912A
dàngdiào 蕩掉 9-557B
dàngdiào 檔調 4-1337A
dàngdiē 宕跌 3-1372B
dàngdìng 蕩定 9-557B
dāngdōng 當東 7-1392A
dāngdǔ 當堵 7-1396A
dāngdǔ 當賭 7-1400B
dāngduànbùduàn 當斷不斷 7-1402A
dāngduì 當對 7-1400A
dāngē 丹哥 1-683B
dāngē 丹歌 1-689A
dāngē 耽擱 8-659A
dāngē 躭擱 10-710A
dāngē 擔擱 6-924B
dāngé 丹閣 1-689B
dāngé 耽閣 8-659A
dāngé 躭閣 10-710A
dāngé 擔閣 6-924A
dāngě 單舸 3-422B
dāng'è 當阨 7-1391A
dǎng'ē 黨阿 12-1366B
dǎng'è 黨惡 12-1368B
dàngē 但歌 1-1240A
dāng'er 當兒 7-1393A
dāng'ěr 璫珥 4-635A
dàng'er 當兒 7-1393A
dàng'er 檔兒 4-1337A
dàng'ěrbiānfēng 當耳邊風 7-1390A
dàng'ěrpángfēng 當耳旁風 7-1390A
dāngéyèyōu 擔隔夜憂 6-923B
dǎng'èyòujiān 黨惡佑奸 12-1368B
dǎngfá 黨伐 12-1366A
dǎngfá 黨閥 12-1369B
dāngfān 當番 7-1398B
dàngfān 盪幡 7-1475A
dāngfāng 當方 7-1388B
dàngfāng 當方 7-1388B
dàngfāng 當坊 7-1391A
dàngfáng 當房 7-1393B
dǎngfèi 黨費 12-1369A
dàngféi 氹肥 5-896B
dàngféi 凼肥 2-506A
dàngfèi 蕩廢 9-559A
dāngfēng 當風 7-1394A
dāngfēng 當鋒 7-1400B
dǎngfēng 黨風 12-1367A
dàngfēng 盪風 7-1474B
dǎngfù 黨附 12-1366B
dàngfù 蕩婦 9-557B
dàngfù 蕩覆 9-559B
dàngfù 盪覆 7-1475A
dānggāi 當該 7-1399B
dǎnggāng 黨綱 12-1369B
dǎnggē 黨歌 12-1369A
dǎnggù 黨固 12-1367A
dǎnggù 黨錮 12-1369B
dāngguān 當官 7-1393A
dāngguān 當關 7-1402B
dāngguǎn 當管 7-1400A
dǎngguān 黨官 12-1367A
dàngguān 當官 7-1393A
dàngguǎn 當館 7-1401B
dāngguī 當歸 7-1401B
dǎngguī 讜規 11-478A
dǎnggùn 黨棍 12-1368B
dāngguō 當鍋 7-1401B
dāngguó 當國 7-1396B
dǎngguó 黨國 12-1368A
dàngguó 當國 7-1396B
dànghài 碭駭 7-1080B
dànghài 蕩駭 9-559A
dànghán 盪寒 7-1475A
dànghàn 愓悍 7-657B
dāngháng 當行 7-1390B
dàngháng 當行 7-1390B
dānghángchūsè 當行出色 7-1391A
dànghángchūsè 當行出色 7-1391A
dānghángjiā 當行家 7-1391A
dānghé 當合 7-1391A
dǎnghóng 鱨魟 12-1270B
dānghú 當瓳 7-1400B
dānghú 鱨瓳 12-1265B
dānghù 當户 7-1388B
dānghù 當扈 7-1397A
dǎnghù 黨護 12-1370A
dǎnghù 攩護 6-989A
dànghù 當户 7-1389A
dànghù 蕩户 9-556B
dānghuán 璫環 4-635A
dānghuáng 簹篁 8-1262B
dǎnghuī 黨徽 12-1370A
dànghuī 蕩隳 9-559B
dànghúnshèpò 蕩魂攝魄 9-558A
dǎnghuò 黨禍 12-1368B
dànghuò 蕩惑 9-558A
dāngjí 當即 7-1391B
dǎngjí 黨籍 12-1370A
dǎngjì 黨紀 12-1367B
dàngjī 碭基 7-1080B
dàngjī 蕩激 9-559A
dàngjī 盪擊 7-1475A
dàngjí 當即 7-1391B
dàngjí 碭極 7-1080B
dāngjiā 當家 7-1395A
dāngjià 當價 7-1400B
dāngjià 當駕 7-1400B
dǎngjiā 党家 2-277A
dǎngjiǎ 黨甲 12-1366A
dǎngjià 擋駕 6-912A
dàngjiā 當家 7-1395A
dāngjiāde 當家的 7-1395B
dǎngjiā'ér 党家兒 2-277A
dāngjiālǐjì 當家理紀 7-1396A
dāngjiālìjì 當家立紀 7-1395B
dāngjiālìjì 當家立計 7-1395B
dāngjiālìshì 當家立事 7-1395B
dāngjiālìyè 當家立業 7-1395B
dāngjiān 當間 7-1399A
dǎngjiàn 黨見 12-1366B
dàngjiǎn 蕩檢 9-559A
dàngjiàng 宕匠 3-1372A
dǎngjiànpái 擋箭牌 6 912A
dǎngjiānshìshèng 黨堅勢盛 12-1368A
dàngjiǎnyúxián 蕩檢逾閑 9-559A
dàngjiǎnyúxián 蕩檢踰閒 9-559B
dàngjiǎnyúxián 蕩檢踰閑 9-559A
dāngjiārén 當家人 7-1395B
dāngjiārén… 當家人,惡水缸 7-1395B
dāngjiāzǐ 當家子 7-1395B
dāngjiāzuòzhǔ 當家作主 7-1395B
dāngjiāzuòzhǔ 當家做主 7-1396A
dǎngjìbēi 黨籍碑 12-1370A
dāngjiē 當街 7-1398A
dàngjié 簜節 8-1246A
dāngjīlìduàn 當機立斷 7-1401A
dāngjīlìjué 當機立決 7-1401A
dāngjīn 當今 7-1388B
dāngjǐn 當緊 7-1400A
dǎngjìn 黨進 12-1368A
dǎngjìn 黨禁 12-1369A
dàngjīn 當今 7-1388B
dàngjìng 當境 7-1400A
dāngjīnwúbèi 當今無輩 7-1388B
dàngjīnwúbèi 當今無輩 7-1388B
dǎngjiù 黨舊 12-1370A
dàngjiǔ 盪酒 7-1474B
dāngjú 當局 7-1391B
dǎngjù 擋拒 6-911B
dàngjuān 當捐 7-1394B
dàngjuān 蕩蠲 9-559B
dàngjùduì 當句對 7-1389B
dàngjué 蕩潏 9-559A
dàngjué 盪決 7-1474B
dàngjué 盪潏 7-1475A
dāngjúzhěmí 當局者迷 7-1392A
dǎngkān 黨刊 12-1365B
dāngkāng 當康 7-1397A
dǎngkè 黨課 12-1369B
dàngkè 當刻 7-1393A
dāngkōng 當空 7-1393A
dāngkǒu 當口 7-1387A
dǎngkǒu 擋口 6-911B
dàngkǒu 當口 7-1387A
dàngkǒu 蕩口 9-556B
dàngkǒu 檔口 4-1336B
dǎngkuí 黨魁 12-1369A
dānglái 當來 7-1392B
dānglán 當闌 7-1401B
dānglán 當攔 7-1402B
dānglāng 當啷 7-1396B
dānglāng 噹啷 3-520B
dāngláng 當郎 7-1393B
dāngláng 璫琅 4-635A
dāngláng 璫瑯 4-635A
dāngláng 蟷蜋 8-976B
dānglānglāng 當啷啷 7-1397A
dānglānglāng 噹啷啷 3-520B
dānglángláng 當琅琅 7-1396A
dāngláo 當牢 7-1391B
dǎnglǎoyé 黨老爺 12-1366A
dǎnglèi 黨類 12-1370A
dānglí 當離 7-1402A
dǎnglǐ 黨里 12-1366A
dǎnglǐ 讜理 11-478A
dànglǐ 當理 7-1396A
dànglì 宕麗 3-1372B
dāngliáng 當梁 7-1397A
dāngliàng 當量 7-1398A
dānglìng 當令 7-1389B
dǎnglíng 黨齡 12-1370A
dànglìng 當令 7-1389B
dàngliú 蕩流 9-557B
dānglìzhīnián 當立之年 7-1390A
dānglú 當盧 7-1401B
dānglú 當壚 7-1402B
dānglú 當爐 7-1402B
dānglú 當罏 7-1402B
dānglú 當鑪 7-1403A
dānglú 當顱 7-1403A
dānglù 當路 7-1399A
dānglùjūn 當路君 7-1399A
dǎnglùn 黨論 12-1369B
dǎnglùn 讜論 11-478A
dàngluò 宕落 3-1372B
dānglùsài 當路塞 7-1399B
dānglùzi 當路子 7-1399A
dǎnglǚ 黨旅 12-1367B
dàngmài 當賣 7-1400A
dàngmài 宕邁 3-1372B
dǎngmǎng 灙漭 6-222B

dàngmǎng 蕩漭 9-558A
dàngmǎng 螗崖 3-860B
dǎngméi 黨梅 12-1368A
dāngmén 當門 7-1393B
dāngméndǐhù 當門抵户 7-1393B
dāngménhù 當門户 7-1393B
dāngménquǎn 當門犬 7-1393B
dāngmiàn 當面 7-1393B
dàngmiàn 當面 7-1393B
dāngmiàngǔduìmiànluó 當面鼓對面鑼 7-1393B
dāngmiànluóduìmiàngǔ 當面鑼對面鼓 7-1393B
dàngmiè 蕩滅 9-558A
dàngmiè 盪滅 7-1475A
dāngmíng 當名 7-1391A
dāngmìng 當命 7-1393A
dàngmíng 宕冥 3-1372B
dàngmó 盪摩 7-1475A
dàngmó 盪磨 7-1475A
dǎngmóu 讜謀 11-478A
dǎngmù 擋木 6-911B
dàngmù 盪目 7-1474B
dāngnàn 當難 7-1402B
dǎngnàn 黨難 12-1370A
dāngnáng 蟷蠰 8-976B
dǎngnì 黨逆 12-1367A
dāngnián 當年 7-1390B
dàngnián 當年 7-1390B
dǎngníbǎn 擋泥板 6-912A
dāngōng 丹宫 1-683A
dāngǒng 丹汞 1-680B
dàngōng 彈弓 4-152A
dāngōu 單勾 3-419B
dāngōu 單鉤 3-424A
dāngōu 單句 3-420A
dǎng'ǒu 黨偶 12-1368A
dǎngpái 擋牌 6-912A
dǎngpài 黨派 12-1367B
dǎngpéng 黨朋 12-1367A
dāngpǐ 當匹 7-1388A
dǎngpiān 黨偏 12-1368A
dǎngpián 黨騈 12-1369B
dǎngpiào 黨票 12-1368A
dàngpiào 當票 7-1396B
dàngpiàozi 當票子 7-1396B
dàngpíng 蕩平 9-556B
dàngpíng 蕩憑 9-559A
dàngpū 宕仆 3-1372A
dàngpù 當鋪 7-1400B
dǎngqī 黨戚 12-1368A
dǎngqí 黨旗 12-1369B
dàngqī 當期 7-1397B
dāngqián 當前 7-1394A
dāngqiāng 當戧 7-1400A
dǎngqiāng 黨羌 12-1366B
dǎngqiáng 黨强 12-1368B
dǎngqiàng 攩戧 6-989A
dāngqiāngshǐ 當槍使 7-1400A
dàngqiānqián 當千錢 7-1387A
dǎngqiè 讜切 11-477B
dàngqìhuícháng 蕩氣回腸 9-557B
dàngqìhuícháng 盪氣迴腸 7-1474B
dāngqǐn 當寢 7-1400A
dǎngqīn 黨親 12-1370A
dāngqú 當衢 7-1402B
dāngquán 當權 7-1402B
dǎngquán 黨權 12-1370B
dāngquánpài 當權派 7-1402B
dǎngqún 黨羣 12-1369A
dāngrán 當然 7-1398B
dǎngrán 黨然 12-1368B
dàngrán 蕩然 9-558A
dàngrǎng 蕩攘 9-559B
dàngránwúcún 蕩然無存 9-558A
dāngrén 當人 7-1387A
dāngrén 當仁 7-1388A
dǎngrén 黨人 12-1365A
dǎngrén 讜人 11-477B
dǎngrénbēi 黨人碑 12-1365B
dāngrénbùràng 當仁不讓 7-1388B
dǎngrénpái 擋人牌 6-911B
dāngrì 當日 7-1388A
dàngrì 當日 7-1388A
dāngrú 襠襦 9-143A
dàngruì 碭瑞 7-1080B
dāngruò 當若 7-1392A
dàngsàn 蕩散 9-558A
dāngsāng 當喪 7-1398A
dāngshàng 當上 7-1387A
dāngshāoshùn 當梢順 7-1396B
dǎngshè 黨社 12-1366B
dāngshēn 當身 7-1391B
dǎngshēn 黨參 12-1368A
dàngshēn 當身 7-1391B
dàngshèn 當甚 7-1393B
dāngshēng 當生 7-1389B
dàngshénme 當甚麼 7-1393B
dāngshí 當時 7-1394B
dāngshǐ 當使 7-1392B
dāngshì 當世 7-1389A
dāngshì 當事 7-1392A
dāngshì 當室 7-1394A
dāngshì 當勢 7-1399A
dǎngshǐ 黨史 12-1366A
dǎngshì 黨士 12-1365B
dǎngshì 黨事 12-1366B
dàngshī 盪失 7-1474B
dàngshí 當時 7-1395A
dàngshí 當實 7-1400A
dàngshì 當世 7-1389A
dàngshì 當事 7-1392B
dàngshì 當是 7-1394A
dàngshíqián 當十錢 7-1387A
dāngshìrén 當事人 7-1392B
dāngshìwúshuāng 當世無雙 7-1389B
dàngshìwúshuāng 當世無雙 7-1389B
dāngshìzhě 當事者 7-1392B
dāngshǒu 當手 7-1388A
dǎngshǒu 擋手 6-911B
dǎngshǒu 黨首 12-1367A
dāngshù 璫豎 4-635A
dǎngshú 黨塾 12-1369B
dàngshuǎ 當要 7-1394A
dàngshuì 當稅 7-1398A
dàngshuō 宕説 3-1372B
dāngsī 當司 7-1390A
dàngsī 蕩思 9-557B
dǎngsǐpái 擋死牌 6-911B
dāngsuì 當歲 7-1399A
dàngtài 蕩汰 9-557A
dàngtài 盪汰 7-1474B
dāngtáng 當堂 7-1396B
dàngtáng 當堂 7-1396B
dāngtiān 當天 7-1387B
dàngtiān 當天 7-1387B
dāngtíng 當庭 7-1394A
dàngtíng 當庭 7-1394A
dǎngtóngdùyì 黨同妬異 12-1366A
dǎngtóngfáyì 黨同伐異 12-1366A
dāngtóu 當頭 7-1401A
dàngtóu 當頭 7-1401A
dāngtóubàng 當頭棒 7-1401A
dāngtóubànghè 當頭棒喝 7-1401B
dāngtóuduìmiàn 當頭對面 7-1401B
dāngtóupào 當頭砲 7-1401A
dāngtóurén 當頭人 7-1401A
dāngtóuyībàng 當頭一棒 7-1401A
dāngtú 當涂 7-1395A
dāngtú 當途 7-1395A
dāngtú 當塗 7-1399B
dāngtù 當兔 7-1393A
dǎngtú 黨徒 12-1367B
dàngtū 碭突 7-1080B
dàngtū 盪突 7-1474B
dàngtǔ 當土 7-1387A
dǎngtuán 黨團 12-1369A
dāngtúgāo 當塗高 7-1399B
dāngǔ 丹轂 1-691A
dāngǔ 丹谷 1-681A
dāngǔ 耽古 8-657B
dǎngǔ 撢鼓 6-923B
dàngǔ 淡古 5-1415A
dàngǔ 檐鼓 4-1346A
dānguǎ 單寡 3-424B
dānguàhào 單掛號 3-421B
dānguǎn 膽管 6-1391A
dānguāng 丹光 1-680B
dǎngùchún 膽固醇 6-1389B
dānguǐ 單軌 3-421B
dānguì 丹桂 1-683B
dānguì 單跪 3-424A
dànguǐ 誕詭 11-182A
dānguǒ 丹果 1-682A
dànguòliáo 旦過寮 5-557B
dànguòsēng 旦過僧 5-557B
dàngwǎn 當晚 7-1396B
dàngwǎng 宕往 3-1372A
dāngwèi 當位 7-1391A
dǎngwěi 黨委 12-1367A
dāngwǔ 當午 7-1388A
dāngwù 當務 7-1396A
dǎngwǔ 黨伍 12-1366A
dǎngwù 黨務 12-1367B
dàngwū 蕩兀 9-556B
dàngwù 當物 7-1392B
dàngwù 當務 7-1396A
dāngwùzhījí 當務之急 7-1396A
dāngxī 當夕 7-1387A
dāngxī 當昔 7-1392A
dàngxī 當夕 7-1387B
dàngxī 蕩析 9-557B
dāngxià 當下 7-1387A
dāngxià 當謔 7-1400B
dǎngxiá 黨俠 12-1367A
dàngxià 當下 7-1387A
dāngxiān 當先 7-1390B
dǎngxiáng 黨庠 12-1367A
dǎngxiàng 党項 2-277A
dǎngxiàng 黨項 12-1368B
dàngxiāng 當鄉 7-1397B
dǎngxiàngqiāng 党項羌 2-277A
dǎngxiào 黨校 12-1367B
dǎngxiéchǒuzhèng 黨邪醜正 12-1366A
dǎngxiéxiànzhèng 黨邪陷正 12-1366A
dāngxīn 當心 7-1389A
dǎngxìn 黨信 12-1367A
dàngxin 當心 7-1389A
dàngxīn 蕩心 9-556B
dǎngxìng 黨性 12-1367A
dāngxíng'érwàng 當刑而王 7-1390A
dāngxiōng 當匈 7-1391A
dāngxiōng 當胸 7-1395A
dāngxióng 當熊 7-1400A
dāngxū 當須 7-1398B
dǎngxù 黨序 12-1366B
dāngxuǎn 當選 7-1400B
dàngxuǎn 當選 7-1400B
dāngxún 當巡 7-1391A
dāngyán 當言 7-1391B
dāngyǎn 當眼 7-1396B
dǎngyán 黨言 12-1366B
dǎngyán 讜言 11-477B
dàngyán 當言 7-1391B
dàngyán 宕延 3-1372A
dāngyāng 當央 7-1389B
dāngyáng 當陽 7-1397B
dàngyáng 蕩颺 9-559B
dàngyàng 蕩瀁 9-559B
dàngyàng 蕩漾 9-558B
dàngyàng 盪瀁 7-1475A
dàngyàng 盪漾 7-1475A
dāngyāo 當腰 7-1399B
dāngyè 當夜 7-1393A
dàngyè 當夜 7-1393A

dāngyī 當依 7-1393A
dāngyì 當扆 7-1396A
dāngyì 當役 7-1391B
dǎngyì 黨義 12-1369A
dǎngyì 黨翼 12-1370A
dǎngyì 黨議 12-1370B
dǎngyì 讜議 11-478B
dàngyí 蕩夷 9-557A
dàngyí 盪夷 7-1474B
dàngyì 當意 7-1399B
dàngyì 宕佚 3-1372A
dàngyì 宕逸 3-1372B
dàngyì 宕軼 3-1372B
dàngyì 蕩佚 9-557A
dàngyì 蕩逸 9-557B
dàngyì 蕩軼 9-558A
dǎngyǐn 黨引 12-1365B
dāngyìng 當應 7-1401B
dāngyīng 當膺 7-1401B
dāngyīrìhéshàng…
當一日和尚撞一天鐘 7-1387A
dǎngyǒu 黨友 12-1365B
dàngyòu 蕩宥 9-557B
dāngyù 當御 7-1398A
dāngyù 當禦 7-1401B
dǎngyǔ 黨羽 12-1366A
dǎngyǔ 黨與 12-1369A
dǎngyǔ 黨語 12-1369B
dǎngyù 黨獄 12-1369B
dǎngyù 黨譽 12-1370A
dàngyù 蕩颸 9-559B
dàngyù 蕩汩 9-557A
dāngyuán 當元 7-1387B
dāngyuán 當原 7-1394B
dǎngyuán 黨員 12-1367B
dǎngyuán 黨援 12-1368B
dàngyuàn 當院 7-1394A
dǎngyuē 黨約 12-1367B
dàngyuè 當月 7-1388B
dàngyuèqian 當月錢 7-1388B
dàngyùn 當運 7-1398B
dāngzāi 當災 7-1392A
dǎngzéi 黨賊 12-1369A
dàngzhá 簜札 8-1245B
dǎngzhàn 黨戰 12-1369B
dǎngzhāng 黨章 12-1368A
dàngzhàng 宕賬 3-1372B
dàngzhé 蕩折 9-557A
dāngzhe'ǎirén…
當着矮人,別説矮話 7-1397A
dāngzhe'ǎirén…
當着矮人,別説短話 7-1397A
dàngzhēn 當真 7-1394B
dàngzhèn 盪陣 7-1475A
dāngzhèng 當政 7-1393B
dǎngzhèng 黨正 12-1365B
dǎngzhèng 黨政 12-1367A
dǎngzhèng 黨證 12-1370A
dǎngzhèng 讜正 11-477B
dàngzhēnjiǎ 當真假 7-1394B
dāngzhí 當直 7-1392A
dāngzhí 當值 7-1395A
dāngzhí 當職 7-1401B
dāngzhì 當制 7-1392B
dǎngzhí 黨植 12-1368B
dǎngzhí 讜直 11-477B
dàngzhì 蕩志 9-557A
dāngzhīwúkuì 當之無愧 7-1387B
dāngzhōng 當中 7-1388A
dāngzhòng 當衆 7-1398A
dǎngzhòng 黨衆 12-1368B
dǎngzhòng 攩衆 6-989A
dāngzhóu 當軸 7-1398A
dāngzhòu 當晝 7-1397B
dàngzhōu 當州 7-1391A
dàngzhōu 蕩舟 9-557A
dàngzhōu 盪舟 7-1474B
dāngzhóuchǔzhōng 當軸處中 7-1398A
dāngzhū 璫珠 4-635A
dāngzhù 當宁 7-1390A
dǎngzhù 黨助 12-1366B
dàngzhǔ 盪主 7-1474B
dāngzhuàng 當壯 7-1392A
dàngzhuì 蕩墜 9-558B
dāngzhuóbùzhuó 當着不着 7-1397A
dāngzi 當子 7-1387B
dāngzi 璫子 4-635A
dǎngzi 擋子 6-911B
dǎngzǐ 欓子 4-1372B
dàngzi 當子 7-1387B
dàngzi 氹子 5-896B
dàngzi 檔子 4-1336B
dàngzǐ 宕子 3-1372A
dàngzǐ 蕩子 9-556B
dǎngzibān 擋子班 6-911B
dàngzibān 檔子班 4-1336B
dǎngzú 黨族 12-1368A
dǎngzǔ 黨組 12-1368A
dāngzuì 當罪 7-1399B
dàngzuò 當作 7-1391A
dàngzuò 當做 7-1397A
dānhǎi 丹海 1-684A
dānhán 單寒 3-423B
dǎnhán 膽寒 6-1390B
dànhán 啗函 3-390A
dànhàn 淡澉 5-1417B
dànhàn 澹澉 6-177A
dǎnhánfàshù 膽寒髮豎 6-1390B
dānháng 單行 3-420A
dānháo 丹毫 1-686B
dānháo 單毫 3-423A
dānhào 耽好 8-657B
dānhào 躭好 10-709A
dānhào 單耗 3-422A
dānhé 丹核 1-683B
dānhè 儋何 1-1697A
dānhè 擔荷 6-923A
dànhé 啖齕 3-393A
dǎnhēi 黕黑 12-1347A
dànhén 彈痕 4-154B
dānhóng 丹紅 1-683A
dānhóng 丹虹 1-683A
dānhóng 丹鴻 1-692A
dānhóngcì 單紅刺 3-422A
dānhóngtiě 單紅帖 3-422A
dānhòu 單厚 3-421B
dǎnhòu 亶厚 2-385B
dānhú 簞壺 8-1244B
dànhū 淡忽 5-1415B
dànhù 疍户 8-494A
dànhù 蛋户 8-885A
dànhù 蜑户 8-891A
dānhuā 丹華 1-683B
dānhuà 耽話 8-658B
dànhuā 蛋花 8-885A
dànhuà 淡化 5-1414B
dànhuà 淡話 5-1417A
dànhuà 蛋划 8-885A
dànhuà 澹話 6-177A
dānhuái 耽懷 8-659B
dànhuái 澹懷 6-178A
dānhuán 單桓 3-422A
dǎnhuàn 黮漶 12-1372B
dànhuàn 誕幻 11-180A
dànhuàn 誕漶 11-182B
dànhuànbùjīng 誕幻不經 11-180A
dānhuāng 耽荒 8-657B
dānhuāng 躭荒 10-709B
dānhuáng 丹黄 1-685B
dànhuáng 蛋黄 8-885B
dànhuáng 詹惶 11-187B
dānhuángguǎn 單簧管 3-425B
dānhuángjiǎyǐ 丹黄甲乙 1-685B
dànhuātāng 蛋花湯 8-885A
dānhuī 丹暉 1-688A
dānhuī 丹煇 1-688B
dānhuī 丹輝 1-690B
dānhuī 丹麾 1-690B
dānhuì 單惠 3-423A
dànhuì 旦會 5-558A
dānhūn 耽昏 8-657B
dǎnhūn 黮昏 12-1372B
dànhūn 旦昏 5-557B
dānhuǒ 丹火 1-679B
dānhuò 丹貨 1-686A
dānhuò 丹霍 1-691A
dānhuò 耽惑 8-658B
dānhúguǎfú 單鵠寡鳧 3-426A
dàní 大鯢 2-1400A
dànì 大逆 2-1358B
dǎniān 打蔫 6-330A
dànián 大年 2-1337A
dàniǎn 大輦 2-1390A
dàniánchūyī 大年初一 2-1337B
dàniáng 大娘 2-1367A
dàniángzǐ 大娘子 2-1367A
dàniánrì 大年日 2-1337B
dàniánsānshí 大年三十 2-1337B
dàniányè 大年夜 2-1337B
dànìbùdào 大逆不道 2-1358B
dániè 達枿 10-1018A
dǎniē 打揑 6-325B
dǎniè 打孽 6-336A
dàníng 大寧 2-1389B
dànìwúdào 大逆無道 2-1359A
dānjī 丹姬 1-685A
dānjī 丹基 1-685B
dānjī 丹雞 1-692A
dānjī 丹鷄 1-693A
dānjí 丹棘 1-687A
dānjí 丹極 1-687A
dānjí 躭疾 10-709B
dānjí 單極 3-423A
dānjí 擔笈 6-922B
dānjí 殫極 5-178A
dānjí 癉疾 8-358A
dānjì 丹紀 1-683A
dānjì 丹劑 1-691A
dānjì 殫技 5-177B
dǎnjì 膽悸 6-1390A
dànjī 蛋鷄 8-885B
dànjī 誕基 11-181A
dànjì 淡季 5-1415B
dànjì 淡寂 5-1416B
dànjì 誕計 11-181A
dànjì 禫祭 7-952A
dānjiā 丹家 1-684B
dānjiā 單家 3-422B
dānjiā 丹頰 1-691A
dānjiá 單袷 3-423A
dānjiǎ 丹甲 1-680A
dānjià 擔架 6-923A
dànjiā 蛋家 8-885B
dānjiàduì 擔架隊 6-923A
dànjiāgōng 蛋家公 8-885B
dānjiān 單間 3-423B
dānjiǎn 丹簡 1-692A
dānjiǎn 單簡 3-426A
dānjiàn 丹檻 1-692A
dànjiǎn 淡簡 5-1418A
dànjiǎn 澹簡 6-177B
dànjiàn 淡見 5-1415A
dànjiāng 誕將 11-181B
dànjiàng 誕降 11-181A
dānjiānjiǎ 擔肩胛 6-922B
dānjiànqiǎnwén 單見淺聞 3-420B
dānjiànqiàwén 殫見洽聞 5-177B
dānjiànzhé 丹檻折 1-692A
dānjiāo 丹椒 1-687A
dānjiāo 單椒 3-423A
dānjiǎo 單角 3-421A
dānjiǎo 單絞 3-423B
dānjiào 丹徼 1-691A
dānjiào 丹窖 1-687B
dānjiào 丹嶠 1-690B
dànjiáo 啖嚼 3-393A
dànjiáo 啗嚼 3-390A
dànjiǎo 擔脚 6-923B
dānjībáiquǎn 丹雞白犬

1-692A
dānjìdào 單季稻 3-421A
dānjié 丹節 1-688A
dānjié 單孑 3-419A
dānjié 單竭 3-424B
dānjié 殫竭 5-178B
dānjiè 單介 3-419A
dānjiè 單藉 3-425B
dànjiē 檐揭 4-1346A
dànjié 淡潔 5-1417B
dànjié 誕節 11-182A
dānjīn 丹襟 1-692A
dānjìn 丹禁 1-688A
dānjìn 單盡 3-425A
dānjìn 殫盡 5-178B
dànjīn 誕矜 11-181A
dānjīng 丹旌 1-686B
dānjīng 丹經 1-688B
dānjīng 耽驚 8-659B
dānjīng 擔驚 6-925A
dānjīng 殫精 5-178B
dānjǐng 丹井 1-679A
dānjǐng 丹景 1-687A
dānjǐng 丹頸 1-691A
dànjìng 窞穽 8-453B
dànjǐng 憚警 7-737B
dànjìng 淡淨 5-1416A
dànjìng 淡靜 5-1417B
dànjìng 誕靜 11-182A
dānjīngbìlì 殫精畢力
5-178B
dānjīngjiélì 殫精竭力
5-178B
dānjīngjiélǜ 殫精竭慮
5-178B
dānjīngjílǜ 殫精極慮
5-178B
dānjǐngkè 丹井客 1-679A
dānjīngrěnpà 擔驚忍怕
6-925A
dānjīngshòukǒng 擔驚受恐
6-925A
dānjīngshòupà 躭驚受怕
10-710A
dānjīngshòupà 擔驚受怕
6-925A
dānjiū 單究 3-421A
dānjiǔ 耽酒 8-658A
dānjiǔ 躭酒 10-709B
dānjiǔ 酖酒 9-1396A
dānjiù 丹臼 1-680B
dànjiǔ 蜑酒 8-891B
dānjū 丹居 1-682A
dānjú 丹局 1-681A
dānjú 丹菊 1-685B
dānjù 單句 3-420A
dānjù 單據 3-425A
dānjù 單窶 3-425B
dànjū 癉疽 8-358A
dànjù 淡句 5-1415A
dànjù 誕倨 11-181A
dànjuǎn 蛋卷 8-885B
dànjuàn 贉卷 10-292A
dānjué 丹訣 1-686B
dānjué 殫屈 5-178A
dǎnjué 膽決 6-1389B
dànjué 旦角 5-557A
dànjué 旦脚 5-557B
dànjué 誕譎 11-183B
dānjūn 單軍 3-421B
dānjūn 殫均 5-177B
dānkè 丹客 1-683A
dànkě 但可 1-1239B
dànkè 淡客 5-1416A
dānkěn 丹懇 1-691B
dānkěn 丹悃 1-691A
dànkēng 彈坑 4-152B
dānkōng 殫空 5-178A
dānkǒng 躭恐 10-709B
dànkǒng 憚恐 7-737B
dankǒu 單口 3-419A
dānkǒukuàibǎn 單口快板
3-419A
dānkǒuxiàngshēng
單口相聲 3-419A
dānkù 單褲 3-425A
dānkuǎn 丹款 1-686B
dānkuǎn 單欵 3-423A
dānkuǎn 單款 3-423A
dǎnkuàng 紞纊 9-774B
dànkuáng 誕誑 11-182B
dānkuí 丹葵 1-687A
dānkuì 殫匱 5-178B
dānkǔn 丹悃 1-684A
dānkǔn 單悃 3-422B
dānlái 單徠 3-422B
dānlái 擔倈 6-923B
dànlái 旦倈 5-557B
dānlán 儋藍 1-1697A
dānláo 單醪 3-426A
dānlǎo 單老 3-420A
dànláo 憚勞 7-737B
dānláotóuchuān 簞醪投川
8-1245A
dānlè 耽樂 7-1191A
dānlè 耽樂 8-659A
dānlè 躭樂 10-710A
dānlè 湛樂 5-1443A
dānléi 單羸 3-426A
dànlěng 淡冷 5-1415A
dānlǐ 丹醴 1-692B
dānlì 丹荔 1-682B
dānlì 丹礫 1-692B
dānlì 單立 3-420A
dānlì 單利 3-420B
dānlì 殫力 5-177B
dǎnlì 膽力 6-1388B
dǎnlì 膽栗 6-1389B
dǎnlì 膽慄 6-1390B
dānliǎn 丹臉 1-691B
dānliàn 耽戀 8-659B
dānliàn 單戀 3-426A
dǎnliàn 膽練 6-1391A
dànliàn 澹瀲 6-178A
dānliáng 丹良 1-681A
dānliè 單劣 3-420A
dǎnliè 膽烈 6-1389B
dǎnliè 膽裂 6-1390B
dǎnlièhúnfēi 膽裂魂飛
6-1390B
dānlín 丹林 1-682A
dànlín 澹林 6-176B
dānlíng 丹陵 1-685A
dānlíng 丹靈 1-693A
dānlìng 單另 3-419B
dànlíng 誕靈 11-183B
dānlìrén 單立人 3-420A
dānliú 丹旒 1-688B
dānliù 丹溜 1-688B
dānlóng 擔籠 6-925A
dānlóu 丹樓 1-690A
dānlòu 丹鏤 1-692B
dānlòu 單陋 3-421B
dānlú 丹爐 1-692B
dānlù 丹陸 1-685A
dānlù 丹碌 1-688A
dānlù 丹籙 1-693A
dānlù 單露 3-426A
dànlù 壇陸 2-1227A
dānluán 丹鸞 1-693A
dānlún 丹綸 1-689B
dānlún 丹輪 1-690A
dānlún 耽淪 8-658B
dānluò 膽落 6-1390B
dānlǚ 丹侶 1-682A
dānlǜ 殫慮 5-178B
dànlǜ 澹慮 6-177B
dǎnlüè 膽略 6-1390A
dànlüè 誕略 11-181A
dānmǎ 單馬 3-422A
dànmǎ 但馬 1-1240A
dànmǎ 誕馬 11-181A
dànmǎ 鞑馬 12-194A
dànmán 誕謾 11-183A
dànmàn 僤僈 1-1697A
dànmàn 誕慢 11-182B
dànmàn 誕漫 11-182B
dànmàn 誕蔓 11-182A
dànmàn 憚漫 7-737B
dànmàn 壇曼 2-1227A
dànmàn 澶漫 6-178B
dànmánbùjīng 誕謾不經
11-183A
dànmáng 澹茫 6-177A
dànmáo 髧髦 12-733A
dānmēn 殫悶 5-178A
dānmén 單門 3-421B
dǎnmén 膽門 6-1389B
dānméng 丹甍 1-689A
dànméngméng 淡蒙蒙
5-1417A
dānmí 躭迷 10-709B
dànmí 誕彌 11-183A
dānmián 單眠 3-422A
dānmiǎn 耽湎 8-658B
dānmiǎn 躭湎 10-710A
dānmiǎn 擔免 6-922B
dǎnmiàn 黵面 12-1376A
dānmiǎo 丹懇 1-692A
dānmín 單民 3-420A
dànmín 疍民 8-494B
dànmín 蜑民 8-885A
dānmíng 丹冥 1-684B
dànmíng 旦明 5-557B
dànmíng 啖名 3-392B
dànmíng 噉名 3-495A
dànmíng 憚明 7-737B
dànmìng 誕命 11-180B
dànmiù 誕謬 11-183B
dānmò 丹墨 1-690B
dānmò 擔纆 6-924B
dànmò 淡漠 5-1417A
dànmò 淡默 5-1418A
dànmò 澹漠 6-177A
dànmò 澹默 6-177B
dànmòbǎng 淡墨榜 5-1417B
dānmóulùlì 殫謀戮力
5-178B
dānmǔ 丹母 1-680B
dānmù 丹木 1-679A
dānmù 單幕 3-424A
dànmù 旦莫 5-557B
dànmù 旦暮 5-558A
dānnài 丹柰 1-682B
dànnán 憚難 7-737B
dǎnnáng 膽囊 6-1391B
dānnǎo 丹腦 1-688B
dānní 丹泥 1-682A
dānnì 耽溺 8-658B
dānnì 酖溺 9-1396A
dānniǎn 丹輦 1-690A
dǎnniáng 膽娘 6-1390A
dànniáng 蜑娘 8-891B
dānniǎo 丹鳥 1-686A
dànniǎo 鴠鳥 12-1077A
dānniǎoshì 丹鳥氏 1-686A
dànniè 啖齧 3-393A
dànníng 澹寧 6-177B
dànníng 淡泞 5-1415B
dānnüè 癉瘧 8-358A
dànóng 大農 2-1383B
dànòng 大弄 2-1340A
dān'ǒu 丹耦 1-689B
dān'ǒu 丹藕 1-692A
dānpā 丹葩 1-687A
dānpà 躭怕 10-709B
dānpán 耽槃 8-658B
dānpán 耽盤 8-659A
dānpàn 眈盼 7-1190B
dànpán 彈盤 4-155B
dǎnpáo 黕袍 12-1372B
dānpí 單皮 3-420A
dànpì 誕僻 11-182B
dānpiān 單篇 3-425A
dānpiáo 簞瓢 8-1244B
dānpiáolòushì 簞瓢陋室
8-1245A
dānpiáolòuxiàng 簞瓢陋巷
8-1244B
dānpiáolǚkōng 簞瓢屢空
8-1245A
dānpiáolǚqìng 簞瓢屢罄
8-1245A
dānpiáoshì 簞瓢士 8-1244B
dānpín 單貧 3-423A
dànpǐn 蛋品 8-885B

dānpíng 丹屏 1-683A
dānpíng 單平 3-419B
dǎnpíng 膽瓶 6-1390A
dànpíng 但憑 1-1240A
dǎnpíngjiāo 膽瓶蕉 6-1390A
dānpò 單破 3-422A
dǎnpò 膽破 6-1389B
dǎnpò 膽魄 6-1391A
dānpú 擔僕 6-924A
dānpǔ 丹浦 1-684A
dànpū 誕鋪 11-182B
dànpǔ 淡樸 5-1418A
dānqī 丹漆 1-689B
dānqī 單棲 3-423A
dānqí 丹旂 1-684A
dānqí 丹旗 1-689B
dānqí 單騎 3-426A
dānqǐ 丹綺 1-689B
dānqì 丹泣 1-682A
dānqì 丹氣 1-683B
dǎnqì 膽氣 6-1390A
dànqì 誕欺 11-181B
dànqì 旦氣 5-557B
dànqì 氮氣 6-1037B
dānqià 殫洽 5-178A
dānqiān 丹鉛 1-688A
dānqián 單錢 3-425B
dānqiàn 丹慊 1-688B
dānqiāngdúmǎ 單槍獨馬 3-424B
dānqiāngpǐmǎ 單槍匹馬 3-424B
dānqiāngpǐmǎ 單鎗匹馬 3-426A
dānqiānjiǎyǐ 丹鉛甲乙 1-688A
dānqiānshǒu 丹鉛手 1-688A
dānqiáo 丹翹 1-692A
dānqiào 丹竅 1-692A
dānqiè 丹切 1-679B
dǎnqiè 膽怯 6-1389B
dānqīn 單衾 3-422A
dānqín 丹禽 1-687B
dānqín 躭勤 10-710A
dānqīng 丹青 1-681A
dānqīng 單輕 3-424B
dānqíng 丹情 1-686B
dānqíng 耽情 8-658B
dānqíng 躭情 10-709B
dānqìng 殫罄 5-178B
dànqīng 蛋清 8-885B
dànqíng 淡晴 5-1416B
dànqìng 誕慶 11-182B
dānqīngdì 丹青地 1-681B
dānqīngkè 丹青客 1-681B
dànqīngsè 蛋青色 8-885B
dānqīngshǒu 丹青手 1-681B
dānqīngshù 丹青樹 1-681B
dānqīngzhèng 丹青峥 1-681B
dānqīngzhèng 丹青幀 1-681B
dānqīngzhú 丹青竹 1-681B
dānqióng 單煢 3-424A
dānqióng 殫窮 5-178B
dānqīsuímèng 丹漆隨夢 1-689B
dānqiū 丹丘 1-680A
dānqiū 丹邱 1-681A
dànqiū 蛋丘 8-885A
dānqiūshēng 丹丘生 1-680A
dānqū 丹麯 1-691A
dānqú 丹蕖 1-689A
dànqú 憚劬 7-737B
dānquán 丹泉 1-683A
dānquē 丹闕 1-692A
dānquè 丹雀 1-685B
dānquè 丹鵲 1-692B
dānqún 單裙 3-423B
dānrán 單然 3-423B
dǎnrán 紞然 9-774B
dànrán 淡然 5-1416B
dànrán 憺然 7-763B
dànrán 澹然 6-177A
dānráo 耽饒 8-659B
dānráo 躭饒 10-710A
dānráo 擔饒 6-924B
dǎnrè 燀熱 7-257A
dànrè 癉熱 8-358A
dānrèn 擔任 6-922A
dānrèn 擔認 6-924A
dànrén 蛋人 8-885A
dànrén 憚人 7-737A
dānrénhuá 單人滑 3-418B
dànrì 旦日 5-557A
dànrì 誕日 11-180A
dānróng 丹榮 1-689B
dǎnrú 紞如 9-774B
dànrú 澹如 6-176B
dànrǔ 誕乳 11-180B
dànrù 誕蓐 11-182A
dǎnrúdǒu 膽如斗 6-1389A
dānruò 丹若 1-681B
dānruò 單弱 3-422B
dānruò 殫弱 5-178A
dānsāi 丹鰓 1-692B
dānsān 耽毿 8-659A
dānsān 耽毶 8-659A
dànsān 髧鬖 12-733A
dǎnsànghúnjīng 膽喪魂驚 6-1390B
dǎnsànghúnxiāo 膽喪魂消 6-1390B
dànsǎo'éméi 淡掃蛾眉 5-1416A
dānsè 耽色 8-657B
dànsè 誕澁 11-183A
dànsè 憚色 7-737A
dānshā 丹沙 1-681A
dānshā 丹砂 1-682B
dānshājǐng 丹砂井 1-682B
dānshājué 丹砂訣 1-682B
dānshān 丹山 1-679A
dānshān 單衫 3-421B
dānshàn 丹扇 1-684B
dānshàng 耽尚 8-657B
dānshānniǎo 丹山鳥 1-679A
dānshǎo 單少 3-419A
dānshāwán 丹砂丸 1-682B
dānshé 丹蛇 1-686A
dǎnshè 膽懾 6-1391B
dànshè 彈射 4-154A
dànshè 憚慴 7-737B
dànshè 憚懾 7-737B
dānshēn 丹參 1-686B
dānshēn 單身 3-421A
dānshèng 單乘 3-422A
dànshēng 誕生 11-180A
dànshèng 誕聖 11-182A
dànshèngjié 誕聖節 11-182A
dànshēngyá 淡生涯 5-1415A
dānshēnhàn 單身漢 3-421A
dānshī 單師 3-422A
dānshí 丹石 1-679B
dānshí 丹實 1-689B
dānshí 單食 3-421B
dānshí 簞食 8-1244B
dānshí 甔石 5-296B
dānshǐ 丹史 1-680A
dānshǐ 單使 3-421A
dānshì 丹士 1-679A
dānshì 丹室 1-683A
dānshì 眈視 7-1191A
dānshì 耽嗜 8-658B
dānshì 躭嗜 10-710A
dǎnshí 亶時 2-385B
dǎnshí 膽識 6-1391A
dànshì 但是 1-1240A
dànshí 儋石 1-1696B
dànshí 擔石 6-922A
dànshí 啖食 3-392B
dànshí 淡食 5-1416A
dànshí 噉食 3-495B
dànshí 檐石 4-1346A
dànshì 旦奭 5-558A
dànshì 啖舐 3-393A
dànshì 啖噬 3-393A
dànshì 啗噬 3-390A
dànshì 淡事 5-1415A
dànshì 蛋市 8-885A
dànshì 噉噬 3-495B
dànshì 憚事 7-737B
dānshìbiānzhì 單式編制 3-420A
dānshídòugēng 簞食豆羹 8-1244B
dānshíhújiāng 簞食壺漿 8-1244B
dānshíhújiǔ 簞食壺酒 8-1244B
dānshípiáoyǐn 簞食瓢飲 8-1244B
dǎnshízhèng 膽石症 6-1389A
dànshízhīchǔ 儋石之儲 1-1696B
dānshòu 躭受 10-709A
dānshòu 擔受 6-922B
dǎnshǒu 膽守 6-1389A
dànshòu 誕受 11-180B
dànshòu 誕授 11-181A
dānshū 丹書 1-684B
dānshū 丹樞 1-690A
dānshū 耽書 8-658A
dānshū 單疎 3-423B
dānshū 單疏 3-423B
dānshū 儋書 1-1697A
dānshú 丹秫 1-683B
dānshù 丹術 1-686A
dānshù 單數 3-425A
dānshù 殫述 5-178A
dǎnshù 膽俞 6-1389B
dànshū 但書 1-1240A
dànshǔ 癉暑 8-358A
dānshuài 單率 3-423A
dànshuài 誕率 11-181B
dǎnshuǎizi 撣甩子 6-858B
dānshuāng 丹霜 1-691A
dānshūbáimǎ 丹書白馬 1-684B
dānshuǐ 丹水 1-679B
dǎnshuǐ 膽水 6-1389A
dànshuǐ 淡水 5-1414B
dànshuǐjiāoqíng 淡水交情 5-1414B
dānshuǐxiànghé… 擔水向河裏賣 6-922A
dānshuǐxiànghé… 擔水向河頭賣 6-922A
dànshūmíng 淡書名 5-1416A
dànshuō 誕說 11-182B
dānshūtiěqì 丹書鐵契 1-685A
dānshūtiěquàn 丹書鐵券 1-685A
dānsī 耽思 8-657B
dānsī 躭思 10-709B
dānsì 簞笥 8-1244B
dànsī 淡厮 5-1417B
dànsì 誕肆 11-182A
dānsībìng 單思病 3-421B
dānsībùchéngxiàn 單絲不成綫 3-423B
dānsībùchéngxiàn 單絲不成線 3-423B
dānsījílǜ 殫思極慮 5-178A
dānsīluó 單絲羅 3-424A
dānsù 丹素 1-683A
dānsù 丹粟 1-687A
dānsù 丹愫 1-688B
dànsù 淡素 5-1416A
dānsǔn 丹笋 1-684A
dāntái 丹臺 1-688B
dāntān 單癱 3-426A
dàntán 誕談 11-182B
dàntàn 誕歎 11-182B
dāntè 單特 3-422A
dāntī 丹梯 1-685B
dāntí 丹荑 1-682B
dàntì 憚惕 7-737B
dāntián 丹田 1-680A
dāntiáo 單條 3-422A
dāntiě 單帖 3-421A
dāntóng 丹童 1-687B
dǎntóng 膽銅 6-1391A
dāntóu 丹頭 1-690B
dàntóu 擔頭 6-924B
dāntú 丹圖 1-689A
dǎntǔ 膽土 6-1388B

dāntúbùyī 丹徒布衣 1-684A
dàntuì 淡退 5-1416A
dànú 大奴 2-1334A
dǎnuǎn 打暖 6-329A
dànuó 大難 2-1399A
dànuó 大儺 2-1401B
dànuò 大諾 2-1392A
dànǚ 大女 2-1326A
dànǜ 大衄 2-1364A
dànüè 大虐 2-1355A
dànǚrén 大女人 2-1326A
dǎnǚzhēn 打女真 6-311A
dànwǎ 誕瓦 11-180A
dānwài 單外 3-419B
dānwán 耽玩 8-657B
dānwán 耽翫 8-659A
dānwán 躭玩 10-709A
dānwán 躭翫 10-710A
dànwán 彈丸 4-151B
dànwǎn 旦晚 5-557B
dānwáng 殫亡 5-177B
dànwǎng 誕罔 11-180B
dànwàng 旦望 5-557B
dànwàng 淡忘 5-1415B
dànwàng 誕妄 11-180A
dànwǎngbùjīng 誕罔不經 11-180B
dànwàngbùjīng 誕妄不經 11-180A
dànwánhēizhì 彈丸黑誌 4-152A
dànwánhēizǐ 彈丸黑子 4-152A
dānwēi 單危 3-420B
dānwēi 單微 3-424A
dānwēi 殫微 5-178A
dānwéi 丹帷 1-686A
dānwéi 丹幃 1-687B
dānwèi 耽味 8-657B
dānwèi 躭味 10-709A
dānwèi 單位 3-421A
dānwèi 單味 3-421B
dànwèi 淡味 5-1415B
dànwèi 憚畏 7-737B
dànwèi 憺畏 7-763B
dànwèi 澹味 6-176B
dānwén 丹文 1-679B
dānwén 單文 3-419B
dānwéngūzhèng 單文孤證 3-419B
dānwò 丹雘 1-691B
dānwò 丹臒 1-692B
dānwò 丹渥 1-687B
dànwō 彈窩 4-155B
dānwū 丹烏 1-684A
dānwù 耽誤 8-658B
dānwù 躭悞 10-709B
dānwù 躭誤 10-710A
dānwù 單務 3-422B
dānwù 擔誤 6-924A
dǎnwǔ 膽武 6-1389B
dānxī 丹溪 1-688B
dānxī 丹谿 1-691B
dānxī 丹曦 1-692B
dānxī 擔錫 6-924B
dānxí 耽習 8-658B
dānxí 單席 3-422A
dānxì 眈盻 7-1190B
dànxī 旦夕 5-556B
dànxī 旦昔 5-557A
dànxī 膻裼 6-1391B
dànxǐ 誕喜 11-181B
dānxiā 丹蝦 1-690B
dānxiá 丹霞 1-691B
dānxiájiāng 丹霞漿 1-691B
dānxiān 丹仙 1-680A
dānxián 丹絃 1-686B
dānxián 單弦 3-421B
dānxián 單銜 3-424B
dānxiǎn 單鮮 3-425B
dānxiǎn 擔險 6-924B
dānxiàn 單綫 3-425A
dànxiān 誕纖 11-183B
dǎnxiáng 亶翔 2-385B
dànxiáng 禫祥 7-952A
dānxiāngsī 單相思 3-421B
dànxiāngzhīzhì 啖香之質 3-495A
dānxiànliánxì 單綫聯繫 3-425A
dānxiánpáiziqǔ 單弦牌子曲 3-421B
dānxiāo 丹霄 1-690A
dānxiāo 單綃 3-424B
dǎnxiǎoguǐ 膽小鬼 6-1389A
dānxiāolù 丹霄路 1-690A
dǎnxiǎorúdòu 膽小如豆 6-1389A
dǎnxiǎorúshǔ 膽小如鼠 6-1389A
dǎnxiǎorúxī 膽小如鼷 6-1389A
dānxiāozī 丹霄姿 1-690A
dànxiěqīngmiáo 淡寫輕描 5-1417B
dānxīn 丹心 1-679B
dānxīn 耽心 8-657B
dānxīn 躭心 10-709B
dānxīn 單心 3-419B
dānxīn 擔心 6-922A
dānxīn 殫心 5-177B
dǎnxīn 膽薪 6-1391A
dànxìn 誕信 11-181A
dānxíng 單行 3-420A
dānxíng 殫形 5-177B
dānxìng 單姓 3-421B
dànxìng 誕興 11-183A
dànxìng 誕性 11-181A
dānxíngběn 單行本 3-420A
dānxíngxiàn 單行綫 3-420B
dānxióng 單雄 3-423A
dānxiū 擔羞 6-923B
dànxiù 誕秀 11-180B
dānxū 單虛 3-422B
dānxū 殫虛 5-178A
dānxù 眈卹 7-1190B
dānxù 單緒 3-425A
dǎnxū 膽虛 6-1390A
dǎnxù 亶敘 2-385B
dànxū 誕虛 11-181A
dànxù 誕序 11-180B
dānxuān 單宣 3-421B
dǎnxuǎn 嘽咺 3-508A
dānxué 丹穴 1-680A
dānxué 眈學 7-1191A
dānxué 耽學 8-659A
dānxuě 丹雪 1-685B
dānxuéniǎo 丹穴鳥 1-680B
dānxuěsèjǐng 擔雪塞井 6-923B
dānxuětiánhé 擔雪填河 6-923B
dānxuětiánjǐng 擔雪填井 6-923B
dānyá 丹厓 1-682A
dānyá 丹崖 1-686A
dānyá 儋崖 1-1697A
dànyǎ 淡雅 5-1416B
dànyǎ 澹雅 6-177A
dānyán 眈研 7-1190B
dānyán 耽延 8-657B
dānyán 耽研 8-657B
dānyán 躭延 10-709A
dānyán 單言 3-421A
dānyán 擔延 6-922A
dānyǎn 丹巘 1-693A
dānyàn 丹爓 1-692B
dānyàn 丹艷 1-693A
dǎnyān 黕烟 12-1347A
dǎnyǎn 黮黤 12-1372B
dǎnyǎn 黮黭 12-1372B
dànyān 淡煙 5-1417A
dànyán 訑言 11-65A
dànyán 誕言 11-180B
dànyǎn 澹淡 6-177A
dànyàn 噉咽 3-495A
dànyàn 澹灩 6-178A
dànyàn 澹灧 6-178A
dànyàn 澹豔 6-178A
dānyáng 丹陽 1-686B
dànyǎng 啖養 3-393A
dànyàng 澹漾 6-177A
dānyángbùyī 丹陽布衣 1-686B
dānyǎnpí 單眼皮 3-422B
dānyāo 單幺 3-419A
dānyào 丹藥 1-692A
dānyào 丹鑰 1-693A
dànyào 誕曜 11-183A
dànyào 彈藥 4-156B
dānyē 丹掖 1-685A
dānyě 丹野 1-686A
dānyè 丹液 1-686B
dānyè 丹葉 1-687A
dànyě 淡冶 5-1415A
dànyě 澹冶 6-176B
dānyī 單一 3-418B
dānyī 單衣 3-420B
dānyī 襌衣 9-138A
dānyǐ 丹扆 1-684B
dānyì 丹繶 1-692B
dānyì 耽意 8-658B
dānyì 單議 3-426A
dǎnyì 膽意 6-1390B
dǎnyì 膽義 6-1390B
dǎnyì 黵易 12-1376A
dànyǐ 但已 1-1239B
dànyì 淡易 5-1415B
dànyì 誕逸 11-181B
dànyì 誕意 11-182A
dānyín 耽淫 8-658B
dānyín 躭淫 10-709B
dānyǐn 耽飲 8-658B
dānyǐn 躭飲 10-709B
dànyín 誕淫 11-181B
dànyǐn 噉飲 3-495B
dānyīncí 單音詞 3-421B
dānyīng 丹英 1-681B
dānyíng 丹楹 1-688A
dānyíng 丹螢 1-691A
dǎnyìng 膽硬 6-1390B
dànyīng 誕英 11-180B
dànyīng 誕膺 11-183A
dànyìng 誕應 11-183A
dānyíngkèjué 丹楹刻桷 1-688A
dānyòng 單用 3-419B
dǎnyǒng 膽勇 6-1389B
dānyōu 耽憂 8-659A
dānyōu 躭憂 10-710A
dānyōu 擔憂 6-924A
dānyǒu 丹黝 1-691B
dànyòu 髧右 12-733A
dānyōujícuì 單憂極瘁 3-425A
dànyōuyōu 淡悠悠 5-1416A
dānyú 丹萸 1-685B
dānyú 丹魚 1-686A
dānyú 丹愚 1-688A
dānyú 儋輿 1-1697A
dānyú 擔舁 6-922B
dānyǔ 丹羽 1-680B
dānyǔ 單語 3-424B
dānyù 丹籞 1-693A
dānyù 耽欲 8-658A
dānyú 擔輿 6-924B
dànyǔ 妲語 4-320A
dànyǔ 蜑雨 8-891B
dànyù 誕育 11-180B
dànyù 誕欲 11-181A
dànyù 誕毓 11-182A
dànyù 誕譽 11-183B
dānyuān 丹淵 1-687B
dānyuán 丹元 1-679A
dānyuán 單元 3-419A
dànyuán 蛋圓 8-885B
dànyuǎn 淡遠 5-1417A
dànyuǎn 澹遠 6-177A
dànyuàn 但願 1-1240A
dǎnyùdà'ér… 膽欲大而心欲小 6-1390A
dānyuè 眈悅 7-1191A
dānyuè 耽悅 8-658A
dànyuē 淡約 5-1416A
dànyuè 旦月 5-557A
dànyuè 啗說 3-390A

dànyuè 啗悦 3-390A
dànyuè 淡月 5-1414B
dànyuè 誕月 11-180A
dànyuè 澹月 6-176B
dànyún 旦雲 5-558A
dànyùn 誕孕 11-180A
dānyùnmǔ 單韻母 3-426A
dànyǔqiānglín 彈雨槍林 4-153A
dànzāi 澹災 6-176B
dànzài 誕載 11-182A
dānzào 丹皂 1-681A
dānzào 丹躁 1-692B
dānzào 丹竈 1-693A
dānzé 丹澤 1-691A
dànzé 啖咋 3-392B
dānzèng 丹甑 1-691A
dànzhà 誕詐 11-181B
dànzhái 旦宅 5-557A
dǎnzhàn 膽戰 6-1391A
dānzhàng 單帳 3-422B
dànzhāng 誕章 11-181B
dànzhàng 擔仗 6-922A
dànzhàng 擔杖 6-922B
dǎnzhànxīnhán 膽戰心寒 6-1391A
dǎnzhànxīnhuāng 膽戰心慌 6-1391A
dǎnzhànxīnjīng 膽顫心驚 6-1391B
dǎnzhànxīnjīng 膽戰心驚 6-1391A
dǎnzhànxīnyáo 膽戰心摇 6-1391A
dānzhào 丹旐 1-687B
dānzhào 丹詔 1-687B
dànzhāo 旦朝 5-557B
dànzhāo 誕昭 11-181A
dànzhào 啖趙 3-393A
dānzhě 丹赭 1-690A
dànzhé 誕哲 11-181A
dànzhé 憺折 7-763B
dànzhè 啖蔗 3-393A
dànzhè 噉蔗 3-495B
dānzhēn 丹貞 1-682B
dānzhī 丹芝 1-680B
dānzhī 丹枝 1-682A
dānzhī 丹脂 1-684A
dānzhí 丹直 1-682A
dānzhí 擔值 6-923B
dānzhì 丹志 1-681A
dānzhì 丹幟 1-690B
dānzhì 丹質 1-690B
dānzhì 耽志 8-657B
dǎnzhī 膽汁 6-1389A
dǎnzhì 膽志 6-1389A
dǎnzhì 膽智 6-1390B
dànzhí 憚直 7-737B
dànzhì 誕質 11-182B
dànzhì 禫制 7-952A
dānzhìjiélì 殫智竭力 5-178A
dānzhōng 丹衷 1-684A
dànzhōng 膻中 6-1391B
dānzhōu 聃周 8-660A
dānzhōu 單舟 3-420B
dǎnzhōu 亶州 2-385B
dǎnzhōu 亶洲 2-385B
dànzhōu 淡粥 5-1417A
dànzhōu 蜑舟 8-891B
dànzhòu 旦晝 5-557B
dānzhū 丹朱 1-680B
dānzhú 簞竹 8-1244A
dānzhǔ 殫褚 5-178B
dānzhù 丹柱 1-682B
dānzhù 單注 3-421A
dànzhù 淡竚 5-1416A
dànzhù 澹泞 6-176B
dànzhù 澹佇 6-176B
dànzhù 澹注 6-176B
dānzhuàn 丹篆 1-690B
dǎnzhuàng 膽壯 6-1389B
dànzhuāng 淡妝 5-1415A
dànzhuāng 淡粧 5-1417A
dànzhuāngnóngmǒ 淡粧濃抹 5-1417A
dànzhuāngnóngmò 淡妝濃抹 5-1415A
dǎnzhuàngqìcū 膽壯氣粗 6-1389B
dànzhuāngqīngmǒ 淡粧輕抹 5-1417A
dǎnzhuàngxīnxióng 膽壯心雄 6-1389B
dānzhuì 甔甀 5-296B
dǎnzhuó 黕濁 12-1372B
dānzi 單子 3-419A
dānzǐ 丹紫 1-687A
dānzì 丹字 1-680B
dānzì 單字 3-420B
dǎnzi 撣子 6-871B
dǎnzi 膽子 6-1389A
dǎnzi 撢子 6-858B
dànzi 擔子 6-922A
dànzi 蛋子 8-885A
dànzi 𨏔子 9-1335A
dànzī 誕姿 11-181A
dànzǐ 蜑子 8-891A
dànzǐ 彈子 4-152A
dànzǐ 檐子 4-1345B
dànzì 誕恣 11-181A
dànzǐwō 彈子渦 4-152A
dànzǐwō 彈子窩 4-152A
dānzōng 丹鬉 1-692B
dānzōng 單宗 3-421B
dànzòng 誕縱 11-183A
dānzú 丹鏃 1-692B
dānzú 單族 3-423A
dānzǔ 躭阻 10-709A
dānzuǐ 丹觜 1-688A
dànzuǐ 淡嘴 5-1418A
dànzuò 澹坐 6-176B
dào'ài 道愛 10-1081B
dào'ān 道安 10-1069B
dào'ān 道庵 10-1078A
dào'àn 盜案 7-1436A
dào'àn 道岸 10-1071B
dào'ǎo 道媪 10-1080A
dào'ào 道奥 10-1079B
dào'ào 燾奡 7-309A
dāobǎ 刀靶 2-551B
dāobà 刀把 2-549A
dāobà 刀欛 2-553A
dǎobá 倒拔 1-1467B
dǎobǎ 倒把 1-1467A
dǎobǎ 搗把 6-803B
dàobá 倒拔 1-1467B
dàobǎ 倒把 1-1467A
dǎobài 倒敗 1-1470B
dàobái 道白 10-1068A
dàobài 道拜 10-1073B
dāobān 刀瘢 2-552A
dǎobān 倒班 1-1469B
dǎobǎn 倒板 1-1467B
dǎobǎn 導板 2-1307A
dàobān 道班 10-1074B
dàobǎn 盜版 7-1434B
dàobàn 到伴 2-660B
dàobàn 道伴 10-1070A
dàobàn 道扮 10-1069B
dǎobāo 倒包 1-1466A
dàobāo 倒包 1-1466A
dàobào 盜暴 7-1438B
dāobàzi 刀把子 2-549A
dāobèi 刀背 2-549B
dǎobèi 蹈背 10-528B
dàobēi 悼悲 7-595B
dàobèirúliú 倒背如流 1-1468B
dàoběn 道本 10-1067B
dàobēnghái'er 倒綳孩兒 1-1473B
dàobēnghái'er 倒繃孩兒 1-1472B
dāobǐ 刀匕 2-547A
dāobǐ 刀筆 2-550B
dāobì 刀幣 2-551B
dǎobì 倒閉 1-1471A
dǎobì 倒斃 1-1475A
dǎobiàn 蹈抃 10-528B
dàobiān 盜邊 7-1439B
dàobiān 道邊 10-1087A
dàobǐ'àn 到彼岸 2-660B
dǎobiǎn'er 倒扁兒 1-1469A
dàobiānkǔlǐ 道邊苦李 10-1087A
dàobiē 稻鼈 8-126B
dàobié 道别 10-1070A
dàobiēqì 倒憋氣 1-1474B
dāobǐgǔshù 刀筆賈豎 2-551A
dāobǐlì 刀筆吏 2-551A
dāobīng 刀兵 2-549A
dāobǐng 刀柄 2-549B
dǎobīng 蹈冰 10-528B
dàobīng 倒兵 1-1467A
dàobīng 盜兵 7-1433B
dàobǐng 盜柄 7-1434B
dàobǐng 道柄 10-1073A
dàobǐng 稻餅 8-126A
dāobǐshì 刀筆士 2-551A
dāobǐsòngshī 刀筆訟師 2-551A
dāobǐxiānsheng 刀筆先生 2-551A
dǎobō 蹈波 10-528B
dāobù 刀布 2-548A
dàobù 道布 10-1068A
dàobùde 到不得 2-660A
dàobùde 到不的 2-659B
dàobùde 道不得 10-1066B
dàobùde 道不的 10-1066A
dàobùduōyí 道不掇遺 10-1066B
dàobùguòwǔnǚmén 盜不過五女門 7-1432A
dàobùjǔyí 道不舉遺 10-1066B
dàobùshi 道不是 10-1066B
dàobùshíyí 道不拾遺 10-1066B
dàobùxiāngmóu 道不相謀 10-1066A
dàocái 盜財 7-1435B
dǎocǎi 倒彩 1-1471A
dàocǎi 盜採 7-1436A
dàocān 盜驂 7-1439B
dǎocāng 倒倉 1-1470A
dàocāng 倒倉 1-1470A
dǎocáo 倒曹 1-1470B
dàocáo 道曹 10-1077A
dàocǎo 稻草 8-125A
dàocǎorén 稻草人 8-125A
dǎocè 倒側 1-1471A
dāochā 刀叉 2-548A
dǎochā 島叉 3-821A
dǎochá 倒茬 1-1468B
dàochā 倒插 1-1471A
dàochá 幬察 3-765B
dàochá 道碴 10-1083A
dàochà 道岔 10-1070A
dàochāi 到差 2-660B
dàochái 稻柴 8-125A
dàochāmén 倒插門 1-1471B
dàochāmén 倒踏門 1-1474B
dāochán 刀鋋 2-551B
dǎochǎn 倒産 1-1471A
dǎochǎn 導産 2-1307B
dàochǎn 倒産 1-1471A
dàocháng 倒裳 1-1473A
dàocháng 稻場 8-125B
dàochǎng 到場 2-661A
dàochǎng 道塲 10-1083A
dàochǎng 道場 10-1078B
dàochǎng 道氅 10-1085A
dàochàng 悼悵 7-595A
dàochánglùnduǎn 道長論短 10-1071A
dàochǎngshān 道場山 10-1078B
dǎochángxígù 蹈常習故 10-529A
dǎochángxígù 蹈常襲故 10-529A
dàochǎngyuàn 道場院 10-1078B

dàochángzhēngduǎn
道長争短 10-1071A
dàochāo 盜鈔 7-1437A
dàocháo 盜巢 7-1436B
dǎochàzi 搗叉子 6-803B
dǎochē 倒車 1-1467A
dàochē 倒車 1-1467A
dàochē 道車 10-1070A
dàochén 盜臣 7-1433A
dàochén 道臣 10-1068B
dàochèn 悼齔 7-595B
dàochēng 道稱 10-1083A
dàochéng 道程 10-1079A
dāochǐ 刀尺 2-548A
dāochì 刀勅 2-549B
dāochì 刀敕 2-550A
dàochí 倒持 1-1468B
dàochígāngē 倒持干戈
1-1468B
dàochígēmáo 倒持戈矛
1-1468B
dàochíshǒubǎn 倒持手板
1-1468B
dàochítài'ē 倒持太阿
1-1468B
dàochítài'ē 倒持泰阿
1-1468B
dàochóu 稻疇 8-126A
dàochōuleyīkǒuqì
倒抽了一口氣 1-1467B
dàochú 倒除 1-1469B
dàochǔ 悼楚 7-595B
dàochù 到處 2-661A
dàochù 悼怵 7-595A
dàochuān 道穿 10-1074A
dàochuán 盜船 7-1436B
dāochuāng 刀瘡 2-552A
dǎochuáng 倒牀 1-1468B
dàochuáng 道牀 10-1073A
dàochuàng 悼愴 7-595B
dàochuí 倒垂 1-1468A
dàochuílián 倒垂蓮 1-1468A
dǎocí 禱祠 7-967A
dǎocí 禱詞 7-967A
dǎocí 禱辭 7-967B
dàocí 悼詞 7-595B
dàocí 盜辭 7-1439B
dàocí 道祠 10-1074B
dàocì 道次 10-1069B
dāocóng 刀叢 2-552B
dǎocóng 導從 2-1307B
dǎocóng 道從 10-1078A
dàocóng 道從 10-1078A
dǎocuàn 蹈爨 10-530B
dàocuàn 盜篡 7-1439A
dàocúnmùjī 道存目擊
10-1068B
dǎocuò 擣剉 6-935A
dàocuò 倒挫 1-1469B
dàocuò 倒錯 1-1474B
dàocuò 到錯 2-661B
dāodá 刀呾 2-549A
dāodá 忉怛 7-397B
dǎodá 導達 2-1308A
dǎodá 道達 10-1079A
dǎodà 搗大 6-803B
dàodá 到達 2-661A
dàodá 道答 10-1079A
dàodá 道達 10-1079A
dàodà 倒大 1-1464B
dàodà 到大 2-659B
dàodàlái 倒大來 1-1465A
dàodàlái 到大來 2-659B
dǎodàn 倒蛋 1-1471A
dǎodàn 搗蛋 6-804A
dǎodàn 導彈 2-1308B
dàodǎng 盜黨 7-1439B
dāodāo 刀刀 2-547A
dāodāo 叨叨 3-75A
dāodāo 忉忉 7-397B
dǎodào 蹈道 10-529B
dàodào 盜道 7-1437A
dàodào 道道 10-1080A
dàodào 陶陶 11-1045A
dāodāokè 刀刀客 2-547A
dàodǎyīpá 倒打一耙
1-1465B
dàodǎyīwǎ 倒打一瓦
1-1465B
dǎodé 蹈德 10-530A
dàodé 到得 2-661A
dàodé 到的 2-660B
dàodé 道德 10-1084A
dàodéjīng 道德經 10-1084B
dàodélà 道德臘 10-1084B
dāodeng 叨登 3-76A
dāodeng 叨蹬 3-76B
dàodeyìngde 道得應得
10-1078A
dàodeyìngde 道的應的
10-1071B
dǎodí 蹈迪 10-528B
dǎodí 蹈敵 10-530A
dǎodí 蹈舦 10-529B
dǎodì 倒地 1-1466A
dǎodǐ 倒底 1-1468A
dàodǐ 到底 2-660B
dàodì 倒地 1-1466A
dàodì 到地 2-660A
dàodì 道地 10-1068A
dàodì 道弟 10-1070B
dǎodiàn 導電 2-1308A
dàodiān 倒顛 1-1475B
dàodiǎn 盜典 7-1434B
dàodiǎn 道典 10-1071B
dàodiàn 道店 10-1072A
dàodiào 倒弔 1-1465B
dàodiào 倒吊 1-1466A
dàodiào 道調 10-1084B
dàodìchēngxiōng 道弟稱兄
10-1070B
dàodiē 倒跌 1-1472A
dàodīng 道釘 10-1075B
dàodǐng 到頂 2-661A
dàodìng 道定 10-1072B
dǎodòng 倒動 1-1470B
dǎodòng 島洞 3-821B
dǎodòng 搗動 6-804A
dàodōngshuōxī 道東説西
10-1071A
dāodǒu 刀斗 2-548A
dāodòu 刀豆 2-549A
dàodú 倒讀 1-1476A
dàodù 道度 10-1074A
dàoduān 盜端 7-1438B
dàoduàn 倒斷 1-1475A
dǎoduì 搗碓 6-804A
dāodùn 刀楯 2-551B
dǎodùn 倒頓 1-1472B
dàodūn'er 倒蹲兒 1-1475B
dāoduō 忉咄 7-397B
dàoduó 盜奪 7-1438B
dàoduǒ 倒躲 1-1472B
dào'ēn 悼恩 7-595A
dào'ēn 盜恩 7-1435B
dào'er 道兒 10-1071B
dào'ěr 到耳 2-660A
dào'érbùjìng 道而不徑
10-1068B
dāofǎ 刀法 2-549B
dàofā 盜發 7-1437B
dàofá 盜伐 7-1433A
dàofá 道乏 10-1067A
dàofǎ 盜法 7-1434B
dàofǎ 道法 10-1072A
dǎofān 倒翻 1-1475A
dǎofàn 倒販 1-1470B
dàofān 倒翻 1-1475A
dàofān 道藩 10-1087A
dàofǎn 倒反 1-1465A
dàofàn 盜犯 7-1432B
dàofàn 盜販 7-1436B
dàofàn 道範 10-1084A
dàofàn 稻飯 8-126A
dǎofāng 蹈方 10-528A
dàofāng 道方 10-1067A
dàofáng 道房 10-1072B
dàofánnǎo 道煩惱 10-1082B
dàofǎnzhàng 倒反帳 1-1465A
dàofǎzìrán 道法自然
10-1072B
dǎofēi 導非 2-1307A
dàoféi 道肥 10-1072A
dàofěi 盜匪 7-1435B
dàofèi 道費 10-1080A
dàofèn 倒糞 1-1475A
dāofēng 刀風 2-549B
dāofēng 刀鋒 2-552A
dǎofēng 倒風 1-1469A
dàofēng 盜風 7-1435A
dàofēng 道封 10-1073A
dàofēng 道風 10-1074A
dàofèngdiānluán 倒鳳顛鸞
1-1473A
dǎofēngyìnxuè 蹈鋒飲血
10-530A
dàofó 道佛 10-1070A
dāofǔ 刀斧 2-549A
dǎofú 倒伏 1-1466B
dǎofú 禱福 7-967A
dǎofú 島服 12-1032B
dàofú 倒洑 1-1469A
dàofú 道服 10-1072A
dàofú 道茀 10-1071A
dàofǔ 道府 10-1072A
dàofù 道副 10-1077A
dàofù 燾覆 7-309A
dāofǔshǒu 刀斧手 2-549A
dǎofùtānghuǒ 蹈赴湯火
10-528B
dàogǎn 到敢 2-661A
dàogāng 道綱 10-1083B
dǎogào 禱告 7-966B
dàogǎo 稻藁 8-126A
dàogāodézhòng 道高德重
10-1076A
dàogāomózhòng 道高魔重
10-1076A
dàogāowàngzhòng 道高望重
10-1076A
dàogāoyīchǐ…
道高一尺,魔高一丈
10-1075B
dǎogē 倒戈 1-1465A
dǎogé 倒閣 1-1473A
dàogē 倒戈 1-1465A
dàogé 道閣 10-1083B
dàogé 道舺 10-1083A
dàogēn 盜根 7-1435B
dàogēn 道根 10-1075A
dàogēng 盜庚 7-1434B
dàogēng 盜耕 7-1435B
dāogēnghuǒnòu 刀耕火耨
2-550A
dāogēnghuǒyún 刀耕火耘
2-550A
dāogēnghuǒzhòng 刀耕火種
2-550A
dàogōng 道宮 10-1074A
dàogōngshí 到公石 2-660A
dāogōu 刀鉤 2-551B
dàogōu 道溝 10-1082B
dàogǒu 盜狗 7-1434B
dāogu 叨咕 3-75B
dǎogǔ 搗鼓 6-804A
dǎogǔ 蹈古 10-528A
dàogū 道姑 10-1073A
dàogǔ 道古 10-1067B
dàogǔ 道骨 10-1073B
dàogǔ 稻穀 8-126A
dàogù 道故 10-1073A
dàoguà 倒挂 1-1468B
dàoguà 倒掛 1-1470A
dàoguǎchēnggū 道寡稱孤
10-1083B
dàoguǎi 盜拐 7-1434A
dàoguàjīnzhōng 倒掛金鐘
1-1470A
dǎoguān 導官 2-1307A
dǎoguǎn 導管 2-1308A
dàoguān 到官 2-660B
dàoguān 道官 10-1072B
dàoguān 道冠 10-1074A
dàoguǎn 道館 10-1086A
dàoguàn 倒灌 1-1476A
dàoguàn 道觀 10-1087B

dàoguāng 道光 10-1069A
dāoguāngjiànyǐng 刀光劍影 2-548B
dāoguāngxuèyǐng 刀光血影 2-548B
dǎoguānluòpèi 倒冠落佩 1-1469B
dǎoguānluòpèi 倒冠落珮 1-1469A
dàoguàquè 倒挂雀 1-1468B
dàoguàzǐ 倒挂子 1-1468B
dāoguī 刀圭 2-548B
dǎoguǐ 搗鬼 6-803B
dǎoguì 禱禬 7-967B
dàoguī 道規 10-1077A
dàoguǐ 盜宄 7-1433A
dǎoguīxúnjǔ 蹈規循矩 10-529A
dāoguīyào 刀圭藥 2-548B
dǎoguó 島國 3-821B
dàoguó 盜國 7-1436B
dàoguǒ 道果 10-1071A
dàoguǒwéiyīn 倒果爲因 1-1468A
dàogǔxiānfēng 道骨仙風 10-1073B
dǎogùxícháng 蹈故習常 10-528B
dǎohǎi 蹈海 10-529A
dǎohǎifānjiāng 倒海翻江 1-1470A
dǎohǎirén 蹈海人 10-529A
dàohàn 盜汗 7-1433B
dǎoháng 導航 2-1307B
dàohǎo 倒好 1-1466B
dàohào 道號 10-1080B
dàohǎo'er 倒好兒 1-1467A
dǎohē 導呵 2-1307A
dǎohé 蹈和 10-528B
dàohé 道合 10-1069B
dàohè 道賀 10-1080A
dāohén 刀痕 2-550B
dàohèn 悼恨 7-595A
dàohéng 道行 10-1069A
dàohézhìtóng 道合志同 10-1069B
dǎohǔ 蹈虎 10-528B
dǎohuà 導化 2-1306A
dàohuā 稻花 8-125A
dàohuá 道華 10-1075A
dàohuà 道化 10-1067A
dàohuà 道話 10-1081B
dǎohuài 倒壞 1-1475B
dāohuán 刀環 2-552B
dāohuán 刀鐶 2-553A
dǎohuàn 倒换 1-1469B
dàohuán 倒還 1-1474B
dàohuán 盜環 7-1439A
dàohuàn 盜患 7-1436B
dǎohuǎng 搗謊 6-804B
dǎohuǐ 搗毀 6-804A
dǎohuǐ 擣毀 6-935B
dǎohuì 道誨 10-1083A
dàohuī 道徽 10-1086B
dàohuí 倒回 1-1466A
dàohuǐ 悼悔 7-595A
dàohuì 道會 10-1081B
dàohuì 道慧 10-1083B
dàohuìsī 道會司 10-1081B
dāohuǒ 刀火 2-548A
dǎohuò 蹈禍 10-529B
dàohuǒ 盜火 7-1432A
dàohuǒ 盜夥 7-1438B
dàohuò 倒惑 1-1471B
dǎohuǒfùtāng 蹈火赴湯 10-528A
dǎohuǒsuǒ 導火索 2-1306A
dǎohuǒtàntāng 蹈火探湯 10-528A
dǎohuǒxiàn 導火綫 2-1306A
dāojī 刀机 2-548B
dāojǐ 刀脊 2-550A
dāojǐ 刀戟 2-550B
dāojǐ 刀几 2-547A
dāojì 刀鱭 2-553A
dǎojī 蹈機 10-530A
dǎojí 蹈籍 10-530B
dǎojí 蹈藉 10-530A
dǎojì 導騎 2-1308B
dàojī 道基 10-1077A
dàojī 道機 10-1085A
dàojí 道極 10-1079A
dàojí 道籍 10-1087A
dàojǐ 倒戟 1-1471B
dàojì 盜跡 7-1438A
dàojì 道迹 10-1074A
dàojì 道紀 10-1074B
dàojì 道記 10-1075B
dàojì 道祭 10-1078A
dàojì 道跡 10-1081B
dàojì 稻稷 8-126A
dàojiā 倒茄 1-1467B
dàojiā 到加 2-660A
dàojiā 到家 2-660B
dàojiā 道家 10-1076A
dàojiá 盜頡 7-1438B
dàojià 道價 10-1084A
dàojià 道駕 10-1084B
dàojià 稻稼 8-126A
dāojiǎn 刀剪 2-550B
dāojiàn 刀劍 2-552A
dāojiàn 刀箭 2-552A
dǎojiàn 蹈踐 10-530A
dàojiǎn 倒剪 1-1471A
dǎojiào 倒嚼 1-1475B
dàojiǎo 倒繳 1-1475B
dàojiào 盜釂 7-1440B
dàojiào 道教 10-1077A
dàojiāpéngláishān 道家蓬萊山 10-1076B
dǎojié 蹈節 10-529B
dǎojiè 蹈躤 10-530B
dàojiē 道階 10-1078B
dàojié 倒睫 1-1472B
dàojié 盜劫 7-1433B
dàojié 盜截 7-1438B
dǎojiēwòxiàng 倒街卧巷 1-1472A
dàojígāngē 倒戢干戈 1-1471B
dàojīn 盜金 7-1434B
dàojīn 道巾 10-1066A
dàojīn 道津 10-1074A
dàojìn 道殣 10-1083B
dàojìn 道禁 10-1080B
dàojīng 道經 10-1082B
dàojīng 翿旌 9-693A
dàojǐng 倒井 1-1465A
dàojǐng 盜警 7-1439B
dàojìng 道徑 10-1075B
dàojìng 道境 10-1083A
dàojīngchǎng 道經廠 10-1082B
dàojìntúdān 道盡途殫 10-1083B
dàojìntúdān 道盡塗殫 10-1083B
dàojìntúqióng 道盡途窮 10-1083B
dàojìntúqióng 道盡塗窮 10-1083B
dàojìnxiāngwàng 道殣相望 10-1084A
dàojìnxiāngzhěn 道殣相枕 10-1084A
dàojìnxiāngzhǔ 道殣相屬 10-1084A
dàojìsī 道紀司 10-1074B
dǎojiù 搗臼 6-803B
dàojiù 道舊 10-1086B
dǎojīwòzhù 蹈機握杼 10-530A
dāojù 刀具 2-549A
dāojù 刀鋸 2-552B
dǎojǔ 蹈矩 10-528B
dǎojù 蹈據 10-530A
dàojū 盜居 7-1434B
dàojǔ 道舉 10-1085B
dàojù 倒句 1-1465B
dàojù 倒屨 1-1475A
dàojù 悼懼 7-596A
dàojù 盜具 7-1434A
dàojù 盜據 7-1439A
dàojù 道具 10-1071A
dàojuǎn 倒卷 1-1468A
dàojuǎn 倒捲 1-1470B
dāojùdǐnghuò 刀鋸鼎鑊 2-552B
dàojué 盜決 7-1434A
dàojué 盜掘 7-1436A
dàojué 道訣 10-1078A
dāojùfǔyuè 刀鋸斧鉞 2-552B
dǎojǔjiànmò 蹈矩踐墨 10-529A
dàojūn 倒君 1-1467B
dàojūn 盜軍 7-1435B
dàojūn 道君 10-1070B
dàojūnhuángdì 道君皇帝 10-1070B
dǎojǔxúnguī 蹈矩循規 10-529A
dǎojǔxúnhuò 蹈矩循矱 10-529A
dāojùzhīyú 刀鋸之餘 2-552B
dàokāng 稻糠 8-126A
dàokǎo 道考 10-1068A
dāokē 刀榼 2-551B
dāokè 刀客 2-550A
dǎokě 島可 3-821A
dàokè 盜課 7-1439A
dàokè 道客 10-1074A
dǎokōng 蹈空 10-528B
dāokǒu 刀口 2-547A
dǎokǒu 倒口 1-1465A
dàokǒu 到口 2-659B
dàokǒu 道口 10-1065B
dàokòu 盜寇 7-1436B
dàokǒuxī 道口錫 10-1065B
dǎokǒuzi 倒口子 1-1465A
dàokū 盜窟 7-1438B
dàokuā 盜夸 7-1433A
dàokuā 盜誇 7-1438A
dàokuà 盜跨 7-1438A
dàokuài 道快 10-1070B
dǎokuǎn 導款 2-1307B
dǎokuǎn 導窾 2-1308B
dǎokuì 倒潰 1-1474B
dàokuí 盜魁 7-1438A
dàokuí 道揆 10-1079A
dàokuí 道魁 10-1081B
dǎolā 倒喇 1-1471B
dǎolā 搗喇 6-804A
dàolā 唎喇 3-377B
dàolái 到來 2-660B
dāolang 刀螂 2-551B
dāolao 叨嘮 3-76A
dāoláo 虭蟧 8-857A
dàoláo 道勞 10-1080A
dàolǎo 到老 2-660A
dāoláoguǐ 刀勞鬼 2-551A
dǎolejià 倒了架 1-1464B
dāolì 刀礪 2-552B
dāolì 忉利 7-397B
dǎolì 導吏 2-1306B
dǎolì 蹈利 10-528B
dǎolì 蹈厲 10-529B
dàoli 道理 10-1076B
dàolí 盜驪 7-1440B
dàolǐ 道里 10-1070A
dàolǐ 道禮 10-1086B
dàolǐ 稻醴 8-126B
dàolì 倒立 1-1466A
dàolì 倒盭 1-1476A
dàolì 悼栗 7-595A
dàolì 悼慄 7-595B
dàolì 盜例 7-1434B
dàolì 道力 10-1065A
dàolì 道笠 10-1077B
dāolián 刀鐮 2-553A
dǎoliàn 搗練 6-804B
dàoliáng 道糧 10-1087A
dàoliáng 稻粮 8-126A
dàoliáng 稻粱 8-126A
dàoliángmóu 稻粱謀 8-126A

dǎoliànzǐ 搗練子 6-804B
dàoliǎo 到了 2-659B
dǎoliè 蹈躐 10-530B
dàolièjiàng 倒儠匠 1-1475A
dàolín 到臨 2-661B
dàolíng 盜鈴 7-1438A
dàolíngyǎn'ěr 盜鈴掩耳 7-1438A
dàolìngzhǐ 道令紙 10-1068A
dàolǐnqīngqūn 倒廩傾囷 1-1475A
dàolínzhǐ 道林紙 10-1071A
dāolìtiān 忉利天 7-397B
dāolìtiāngōng 忉利天宫 7-397B
dǎoliú 蹈流 10-529A
dàoliú 倒流 1-1470A
dàoliú 道流 10-1076A
dàoliú'er 倒流兒 1-1470A
dǎolù 導路 2-1308A
dàolú 稻廬 8-126B
dàolù 盜祿 7-1437B
dàolù 道路 10-1080B
dàolù 道録 10-1086A
dàolù 道籙 10-1087B
dǎoluàn 倒亂 1-1472B
dǎoluàn 搗亂 6-804B
dàoluàn 倒亂 1-1472B
dàoluàn 盜亂 7-1438A
dàolùcèmù 道路側目 10-1081B
dàolùjíjí 道路藉藉 10-1081B
dàolún 道倫 10-1075A
dàolùn 道論 10-1084B
dǎoluò 倒落 1-1471B
dàolùsī 道録司 10-1086A
dàolùyǐmù 道路以目 10-1081A
dàolùzhīyán 道路之言 10-1081A
dǎolǚ 蹈履 10-530A
dàolǚ 倒履 1-1474B
dàolǚ 道侶 10-1071B
dàolǜ 盜律 7-1435A
dǎolǘbùdǎojià 倒驢不倒架 1-1476B
dàolüè 盜掠 7-1436A
dàolüè 道略 10-1077B
dāomá 刀麻 2-550B
dǎomǎ 倒馬 1-1469B
dàomá 稻麻 8-125B
dàomǎ 盜馬 7-1435B
dàomǎ 道馬 10-1075A
dāomǎdàn 刀馬旦 2-550A
dāomá'er 刀麻兒 2-550B
dǎomáfan 搗麻煩 6-804A
dǎomài 倒賣 1-1473B
dǎomài 搗賣 6-804B
dàomǎi 盜買 7-1437A
dàomài 盜賣 7-1438B
dàomài 道脈 10-1075B
dàomài 稻麥 8-125B
dāománg 刀芒 2-548B
dàománg 稻芒 8-125A
dàomào 悼耄 7-595A
dàomào 道帽 10-1079A
dàomào 道貌 10-1083A
dàomào 燾冒 7-309A
dàomào'ànrán 道貌岸然 10-1083A
dàomàolǐnrán 道貌凛然 10-1083A
dàomàoyǎnrán 道貌儼然 10-1083A
dǎoméi 倒楣 1-1472B
dǎoméi 倒霉 1-1473B
dǎoměi 倒痗 1-1472A
dǎoméidàn 倒楣蛋 1-1472B
dǎoméidàn 倒霉蛋 1-1473B
dāomén 刀門 2-549B
dàomén 道門 10-1072B
dāomèng 刀夢 2-551B
dāomì 刀蜜 2-552A
dàomǐ 稻米 8-125A
dàomì 道秘 10-1075A
dàomiáo 稻苗 8-125A
dàomiào 道妙 10-1070B
dàomiào 道廟 10-1078A
dǎomín 道民 10-1068A
dàomín 道民 10-1068A
dàomǐn 悼愍 7-595B
dāomíng 刀銘 2-551B
dàomíng 盜名 7-1433A
dàomíng 盜明 7-1434A
dàomíng 道明 10-1071B
dàomìng 道命 10-1071B
dàomíngqīshì 盜名欺世 7-1433A
dàomíngzì 盜名字 7-1433A
dāomǒ 刀抹 2-549A
dāomò 刀墨 2-552A
dǎomò 倒抹 1-1467B
dǎomò 倒沫 1-1468B
dàomó 盜摩 7-1439A
dàomò 悼没 7-595A
dàomò 盜没 7-1434A
dàomò 道陌 10-1073A
dàomóu 道謀 10-1086A
dàomù 盜目 7-1432B
dàomù 盜墓 7-1437B
dàomù 道木 10-1066A
dàonà 倒納 1-1470A
dǎonàn 蹈難 10-530A
dǎonáng 倒囊 1-1476A
dàonáng 盜囊 7-1440A
dàonǎo 道惱 10-1080A
dàonǎzuòshānlǐ… 到哪座山裏唱哪個歌 2-660B
dàonì 倒逆 1-1469A
dàonì 倒睨 1-1472B
dàonì 盜匿 7-1435B
dāoniàn 叨念 3-75B
dǎoniàn 禱念 7-966B
dàoniàn 悼念 7-595A
dàoniàn 道念 10-1071B
dǎoniǎnzǐ 倒捻子 1-1470B
dāoniè 刀籋 2-553A
dāoniè 刀鑷 2-553A
dǎonòng 倒弄 1-1467A
dǎonòng 搗弄 6-803B
dàonòng 盜弄 7-1433B
dāopáishǒu 刀牌手 2-551A
dǎopán 倒盤 1-1474A
dǎopàn 禱盼 7-967A
dàopángkǔlǐ 道旁苦李 10-1076A
dàopàngkǔlǐ 道傍苦李 10-1079B
dàopànglǐ 道傍李 10-1079B
dàopàngzhīzhú 道傍之築 10-1079B
dàopàngzhúshì 道傍築室 10-1079B
dàopáo 道袍 10-1076B
dǎopéi 倒賠 1-1473B
dàopèi 道帔 10-1071B
dǎopén 倒盆 1-1469A
dǎopéng 倒篷 1-1474B
dàopénqián 到盆錢 2-660B
dāopī 刀鈚 2-551B
dàopī 倒披 1-1467B
dāopiàn 刀片 2-548A
dàopiān 道篇 10-1084A
dàopiàn 盜騙 7-1439B
dàopiào 盜剽 7-1437B
dàopǐn 道品 10-1073B
dàopó 道婆 10-1078A
dàopò 道破 10-1075A
dǎoqí 禱祈 7-967A
dǎoqì 搗氣 6-652B
dǎoqì 搗氣 6-804A
dǎoqì 導氣 2-1307B
dǎoqì 道氣 10-1075A
dàoqī 到期 2-661A
dàoqí 道奇 10-1071A
dàoqí 稻畦 8-125B
dàoqì 倒氣 1-1470A
dàoqì 道契 10-1073A
dàoqì 道氣 10-1075A
dàoqì 道器 10-1085B
dàoqià 道洽 10-1074A
dāoqián 刀錢 2-552B
dàoqiàn 道歉 10-1083B
dāoqiāng 刀槍 2-551B
dāoqiāngjiànjǐ 刀槍劍戟 2-551B
dāoqiào 刀鞘 2-552A
dāoqiào 刀削 2-549B
dàoqiáo 道橋 10-1085A
dǎoqiè 禱切 7-966B
dàoqiè 倒篋 1-1474A
dàoqiè 盜竊 7-1440A
dāoqiēdòufu… 刀切豆腐兩面光 2-548A
dàoqiègōngxíng 盜竊公行 7-1440B
dàoqièqīngkuāng 倒篋傾筐 1-1474A
dàoqièqīngnáng 倒篋傾囊 1-1474A
dǎoqīng 蹈青 10-528B
dǎoqǐng 禱請 7-967B
dàoqíng 道情 10-1078A
dàoqióng 道窮 10-1084B
dàoqípèi 稻畦帔 8-125B
dǎoqiú 擣遒 6-935B
dǎoqiú 禱求 7-966B
dàoqiū 盜丘 7-1432B
dàoqū 悼屈 7-595A
dàoqū 盜祛 7-1434A
dàoqū 盜區 7-1436A
dàoqú 盜渠 7-1436B
dàoqú 道衢 10-1087B
dàoqǔ 盜取 7-1434A
dàoqǔ 道曲 10-1069A
dàoqù 道趣 10-1083B
dàoquán 盜泉 7-1435A
dàoquán 盜權 7-1439B
dàoqūn 倒囷 1-1468A
dǎoráng 禬禳 7-967B
dàorǎng 盜攘 7-1439B
dàorǎo 道擾 10-1086B
dǎorè 導熱 2-1308B
dāorén 刀人 2-547A
dāorèn 刀刃 2-547B
dǎorén 隝人 11-1097B
dǎorén 蹈仁 10-528A
dǎorèn 蹈刃 10-528A
dàoren 道人 10-1065A
dàorén 盜人 7-1432A
dàorén 稻人 8-124B
dàorèn 到任 2-660A
dàorèn 道任 10-1069A
dàorènguī 到任規 2-660A
dǎorénlǚyì 蹈仁履義 10-528A
dàorentóu 道人頭 10-1065A
dàorì 倒日 1-1465A
dàorì 道日 10-1066B
dǎoróu 蹈蹂 10-530A
dàorú 盜儒 7-1439A
dàorú 道儒 10-1086A
dàorúshì 道儒釋 10-1086A
dǎosài 禱塞 7-967A
dǎosài 禱賽 7-967B
dàosài 盜塞 7-1438B
dàosānbùzháoliǎng 到三不着兩 2-659B
dàosānbùzháoliǎng 道三不着兩 10-1065A
dǎosāndiānsì 倒三顛四 1-1464B
dǎosǎng 倒嗓 1-1472B
dàosàng 悼喪 7-595B
dǎosǎngzi 搗嗓子 6-804A
dàosǎo 盜嫂 7-1437B
dàosǎoshòujīn 盜嫂受金 7-1437B
dàosēng 道僧 10-1083A
dàoshā 盜殺 7-1436A
dàoshā 道殺 10-1075B
dāoshān 刀山 2-547B
dàoshān 道山 10-1066A
dàoshāng 悼傷 7-595B

dàoshàng 道上 10-1065B
dāoshānhuǒhǎi 刀山火海 2-547B
dāoshānjiànshù 刀山劍樹 2-547B
dǎoshānqīnghǎi 倒山傾海 1-1465A
dàoshānxuéhǎi 道山學海 10-1066A
dǎoshè 蹈涉 10-529A
dàoshè 倒社 1-1467B
dàoshè 悼懾 7-596A
dàoshè 道舍 10-1071B
dàoshè 稻舍 8-125A
dāoshēn 刀身 2-549A
dǎoshēn 倒身 1-1467A
dàoshén 道神 10-1074B
dāoshéng 刀繩 2-553A
dǎoshēng 禱牲 7-967A
dǎoshéng 蹈繩 10-530B
dàoshēng 倒生 1-1465B
dàoshēng 盜聲 7-1439A
dàoshēngcǎo 道生草 10-1068A
dàoshénmeshānshàng… 到什麼山上唱什麼歌 2-660A
dāoshì 刀室 2-550A
dāoshì 刀鞸 2-552B
dǎoshī 倒失 1-1465B
dǎoshī 導師 2-1307B
dǎoshí 蹈拾 10-528B
dǎoshí 蹈實 10-530A
dǎoshì 導示 2-1306B
dàoshì 倒是 1-1469A
dàoshi 道士 10-1065A
dàoshī 倒施 1-1469A
dàoshī 道師 10-1075A
dàoshí 到時 2-660B
dàoshí 道實 10-1083B
dàoshí 稻實 8-126A
dàoshì 悼逝 7-595A
dàoshì 盜視 7-1436B
dàoshì 道式 10-1068A
dàoshì 道室 10-1074A
dàoshì 道試 10-1081B
dàoshì 道釋 10-1087A
dàoshi'é 道士鵝 10-1065B
dāoshìmì 刀舐蜜 2-550B
dàoshízhìbǎo 盜食致飽 7-1435A
dàoshizhuìlǘ 道士墜驢 10-1065B
dǎoshǒu 倒手 1-1465A
dǎoshǒu 導首 2-1307A
dǎoshòu 倒壽 1-1473A
dàoshōu 倒收 1-1466B
dàoshōu 稻收 8-125A
dàoshǒu 到手 2-660A
dàoshǒu 盜首 7-1435A
dàoshǒu 道首 10-1074A
dǎoshòujiāohán 島瘦郊寒 3-821B
dāoshù 刀術 2-550B
dǎoshū 禱書 7-967A
dǎoshú 倒熟 1-1474B
dàoshū 倒書 1-1470A
dàoshū 道書 10-1076B
dàoshū 道疏 10-1080A
dàoshū 稻菽 8-125B
dàoshú 稻秫 8-125B
dàoshǔ 倒數 1-1473B
dàoshǔ 道署 10-1081B
dàoshǔ 道屬 10-1087A
dàoshǔ 稻黍 8-126A
dàoshù 倒述 1-1467B
dàoshù 倒數 1-1473B
dàoshù 倒豎 1-1473B
dàoshù 道術 10-1077B
dàoshù 道數 10-1084A
dàoshù 道樹 10-1085A
dàoshuài 盜帥 7-1435A
dǎoshúhuà 倒熟話 1-1474A
dǎoshuǐ 蹈水 10-528A
dàoshuì 盜稅 7-1437A
dǎoshùn 道順 10-1079B
dāoshuò 刀稍 2-551B
dāoshuò 刀槊 2-551B
dàoshuō 道說 10-1083A
dǎosǐ 倒死 1-1466A
dǎosǐ 蹈死 10-528A
dǎosì 禱祀 7-966B
dàosī 盜私 7-1433B
dàosī 道思 10-1073B
dàosǐ 道死 10-1068B
dǎosòng 禱頌 7-967A
dǎosòng 道送 10-1074A
dàosòng 盜訟 7-1436B
dàosǒu 盜藪 7-1439B
dàosú 道俗 10-1073B
dàosù 道素 10-1074B
dàosù 稻粟 8-125B
dàosù 纛遬 9-1064A
dǎosuàn 搗蒜 6-804A
dǎosuàn 擣蒜 6-935B
dàosuàn 倒算 1-1473A
dàosuì 稻穗 8-126A
dàosuì 稻穟 8-126A
dàosuìshu 到歲數 2-661B
dàosūn 稻孫 8-125B
dàosuǒ 盜索 7-1435B
dǎotā 倒塌 1-1472A
dǎotái 倒臺 1-1473A
dàotái 道臺 10-1082B
dàotàmén 倒踏門 1-1474A
dǎotān 倒坍 1-1467A
dàotán 道壇 10-1085A
dàotàn 悼嘆 7-595B
dàotàn 悼歎 7-595B
dàotáng 道堂 10-1077A
dàotǎng 盜帑 7-1434B
dǎotāngfùhuǒ 蹈湯赴火 10-529B
dàotáo 盜逃 7-1435A
dǎoteng 倒騰 1-1475B
dǎoténg 捯騰 6-652B
dǎoténg 搗騰 6-804B
dǎoténg 蹈騰 10-530B
dǎotǐ 導體 2-1309B
dǎotì 倒替 1-1471A
dǎotì 搗替 6-804A
dàotí 倒提 1-1471A
dàotí 盜啼 7-1437A
dàotǐ 道體 10-1087B
dàotì 悼惕 7-595B
dàotiān 盜天 7-1432A
dàotián 稻田 8-124B
dàotiánnà 稻田衲 8-125A
dàotiányī 稻田衣 8-125A
dàotiào 盜糶 7-1440B
dàotiē 倒貼 1-1471B
dǎotíng 島庭 12-1033A
dàotīng 盜聽 7-1440A
dàotīng 道聽 10-1087A
dàotīng'ěrshí 道聽耳食 10-1087B
dàotīngtúshuō 道聽涂說 10-1087B
dàotīngtúshuō 道聽途說 10-1087B
dàotīngtúshuō 道聽塗說 10-1087B
dàotóng 道同 10-1069A
dàotóng 道童 10-1079B
dàotóng 道僮 10-1083A
dàotǒng 道統 10-1080A
dàotòng 悼痛 7-595B
dàotóngqìhé 道同契合 10-1069A
dàotóngyìhé 道同義合 10-1069A
dàotóngzhìhé 道同志合 10-1069A
dāotóu 刀頭 2-552A
dǎotóu 倒頭 1-1474B
dǎotóu 倒投 1-1467A
dàotóu 到頭 2-661B
dàotóu 道頭 10-1085A
dǎotóufàn 倒頭飯 1-1474B
dàotóuhuìwěi 道頭會尾 10-1085A
dāotóujiànshǒu 刀頭劍首 2-552A
dǎotóujīng 倒頭經 1-1474B
dàotóulái 到頭來 2-661B
dāotóumì 刀頭蜜 2-552A
dāotóuyànwěi 刀頭燕尾 2-552B
dàotóuzhīwěi 道頭知尾 10-1085A
dàotú 盜徒 7-1436A
dàotú 道徒 10-1075B
dàotú 道涂 10-1076A
dàotú 道途 10-1075B
dàotú 道塗 10-1082B
dàotú 稻稌 8-125B
dàotuì 倒退 1-1469B
dàotuì 倒褪 1-1473A
dàotuó 倒橐 1-1474B
dàowā 盜穵 7-1433B
dàowáng 悼亡 7-594B
dàowáng 道亡 10-1066A
dàowàng 道望 10-1078A
dǎowēi 蹈危 10-528B
dàowěi 稻尾 8-125A
dàowèi 到位 2-660A
dàowèi 盜位 7-1434A
dàowèi 道味 10-1071A
dàowèi 道慰 10-1084B
dàowēidébó 道微德薄 10-1081B
dǎowèikou 倒胃口 1-1469A
dǎowén 禱文 7-966B
dàowén 倒文 1-1465B
dàowén 悼文 7-594B
dàowēng 道翁 10-1075B
dǎowò 倒臥 1-1468A
dǎowū 禱巫 7-966B
dǎowǔ 蹈武 10-528B
dǎowǔ 蹈舞 10-530A
dǎowǔ 蹈儛 10-530A
dàowū 盜烏 7-1435B
dàowǔjì 倒舞伎 1-1473A
dàowúshíyí 道無拾遺 10-1079A
dǎoxí 導習 2-1307B
dǎoxí 蹈襲 10-530B
dǎoxǐ 蹈躧 10-530B
dǎoxì 蹈隙 10-529B
dàoxī 悼息 7-595A
dàoxī 悼惜 7-595A
dàoxí 盜襲 7-1440A
dàoxí 道席 10-1076A
dàoxǐ 倒屣 1-1473B
dàoxǐ 道喜 10-1079A
dǎoxiá 蹈瑕 10-529B
dǎoxià 倒下 1-1464B
dàoxiá 倒峽 1-1469B
dàoxiá 盜俠 7-1435A
dǎoxiān 導先 2-1307A
dǎoxián 蹈弦 10-528B
dǎoxiǎn 蹈險 10-530A
dǎoxiàn 導綫 2-1308B
dǎoxiàn 禱獻 7-967B
dàoxián 道咸 10-1073B
dàoxián 道銜 10-1083A
dàoxiàn 倒見 1-1467A
dàoxiàn 道憲 10-1086B
dǎoxiàng 導向 2-1307A
dàoxiāng 倒箱 1-1474A
dàoxiāng 盜香 7-1434B
dàoxiāng 道鄉 10-1078B
dàoxiāng 稻香 8-125A
dàoxiǎng 倒想 1-1472A
dàoxiàng 道巷 10-1073A
dàoxiàng 道像 10-1081B
dàoxiānghuì 倒箱會 1-1474A
dàoxiāo 道消 10-1076A
dāoxiāomiàn 刀削麵 2-549B
dàoxiáxièhé 倒峽瀉河 1-1469B
dǎoxiè 倒薤 1-1474B
dǎoxiè 導泄 2-1307A
dǎoxiè 禱謝 7-967B
dàoxiè 倒屧 1-1474B
dàoxiè 倒瀉 1-1475A

dàoxiè 盜械 7-1436A
dàoxiè 道謝 10-1086B
dàoxiè 稻蟹 8-126B
dǎoxīn 倒心 1-1465B
dàoxīn 悼心 7-594B
dàoxīn 盜心 7-1432B
dàoxīn 道心 10-1067A
dǎoxīnfújì 倒心伏計 1-1465B
dàoxíng 倒行 1-1466B
dàoxíng 道行 10-1069A
dàoxìng 盜幸 7-1434A
dàoxìng 道性 10-1072B
dǎoxíngfèi 導行費 2-1307A
dàoxíngnìshī 倒行逆施 1-1466B
dàoxīnjíshǒu 悼心疾首 7-595A
dàoxīnshītú 悼心失圖 7-594B
dàoxīnxǐ 道新喜 10-1082A
dǎoxiōng 蹈凶 10-528A
dàoxiōng 道兄 10-1068A
dàoxīshuōdōng 道西說東 10-1068B
dǎoxiū 倒休 1-1466B
dāoxù 叨絮 3-76A
dǎoxū 搗虛 6-804A
dǎoxū 擣虛 6-935B
dǎoxū 蹈虛 10-529A
dàoxū 盜虛 7-1436B
dàoxǔ 倒許 1-1471A
dàoxù 倒序 1-1467B
dàoxù 倒叙 1-1469A
dàoxù 道叙 10-1073B
dàoxuān 倒軒 1-1469B
dàoxuān 道宣 10-1074A
dàoxuán 倒縣 1-1474B
dàoxuán 倒懸 1-1475B
dàoxuán 到懸 2-661B
dàoxué 盜穴 7-1432B
dàoxué 道學 10-1085B
dàoxuéxiānsheng 道學先生 10-1086A
dǎoxùn 導訓 2-1307B
dàoxūn 道勳 10-1085B
dàoxùn 道訓 10-1075B
dǎoxūpiěkàng 擣虛撇抗 6-935B
dǎoxūpīkēng 擣虛批吭 6-935B
dāoyā 刀鴨 2-552B
dǎoyá 倒牙 1-1465A
dǎoyǎ 蹈雅 10-529A
dàoyá 道牙 10-1066B
dàoyá 稻芽 8-125A
dǎoyán 導延 2-1307A
dǎoyán 導言 2-1307A
dǎoyán 道言 10-1070B
dǎoyǎn 導衍 2-1307A
dǎoyǎn 導演 2-1308A
dǎoyàn 倒驗 1-1476A
dàoyán 倒言 1-1467B
dàoyán 盜言 7-1434A
dàoyán 道言 10-1070B
dàoyǎn 倒偃 1-1470B
dàoyǎn 倒靨 1-1476A
dàoyǎn 到眼 2-661A
dàoyǎn 道眼 10-1077B
dàoyàn 稻雁 8-125B
dǎoyáng 導揚 2-1307B
dǎoyáng 蹈揚 10-529A
dǎoyǎng 導養 2-1308A
dàoyǎng 道養 10-1083B
dàoyāng 稻秧 8-125B
dàoyáng 道揚 10-1078B
dàoyǎng 燾養 7-309A
dàoyǎng'er 倒仰兒 1-1466B
dǎoyào 擣藥 6-935B
dàoyāo 道夭 10-1067A
dàoyào 道要 10-1073A
dàoyāyùn 倒押韻 1-1467B
dāoyè 刀葉 2-550B
dàoyè 倒曳 1-1466A
dàoyè 倒拽 1-1468B
dàoyè 道業 10-1080B
dàoyè 道謁 10-1086A
dǎoyēqì 倒掖氣 1-1470B
dàoyēqì 倒噎氣 1-1473B
dǎoyī 搗衣 6-803B
dǎoyī 擣衣 6-935A
dǎoyí 島夷 3-821A
dǎoyí 鳥夷 12-1032A
dǎoyì 導翊 2-1307B
dǎoyì 導意 2-1308A
dǎoyì 導繹 2-1308B
dǎoyì 導譯 2-1309A
dǎoyì 蹈義 10-529B
dàoyī 倒衣 1-1466B
dàoyī 道衣 10-1069B
dàoyì 儔儗 1-1711A
dàoyì 道意 10-1082A
dàoyì 道義 10-1082A
dàoyì 道蓺 10-1083A
dàoyì 道誼 10-1084B
dàoyì 道藝 10-1086B
dǎoyīn 導因 2-1306B
dǎoyǐn 導引 2-1306B
dǎoyǐn 道引 10-1067A
dàoyǐn 道尹 10-1067A
dàoyìn 盜印 7-1432B
dàoyìn 道蔭 10-1080B
dàoyìn 道廕 10-1082A
dǎoyíng 導迎 2-1307A
dǎoyíng 道迎 10-1070A
dàoyǐng 倒景 1-1472A
dàoyǐng 倒影 1-1473B
dàoyìng 倒映 1-1469A
dàoyīnwéiguǒ 倒因爲果 1-1466A
dǎoyīshí 擣衣石 6-935A
dàoyìyǒudào 盜亦有道 7-1433B
dǎoyōng 蹈雍 10-529B
dǎoyōng 蹈壅 10-530A
dǎoyǒng 蹈詠 10-529B
dǎoyòng 蹈用 10-528A
dàoyòng 盜用 7-1432B
dàoyòngsīnóngyìn 倒用司農印 1-1465B
dàoyòngzì 倒用字 1-1465B
dǎoyóu 導遊 2-1308A
dǎoyóu 道游 10-1080A
dǎoyǒu 導牖 2-1308B
dǎoyòu 導誘 2-1308A
dàoyǒu 道友 10-1066B
dàoyòu 道右 10-1068A
dǎoyóuniáng 導遊娘 2-1308A
dāoyú 刀魚 2-550B
dǎoyú 導諛 2-1308B
dǎoyú 禱雩 7-967A
dǎoyú 道諛 10-1084B
dǎoyǔ 島嶼 3-821B
dǎoyǔ 導語 2-1308A
dǎoyǔ 禱雨 7-966B
dǎoyù 導諭 2-1308B
dǎoyù 導譽 2-1308B
dàoyú 盜竽 7-1435A
dàoyú 道隅 10-1078B
dàoyú 道腴 10-1079B
dàoyǔ 倒語 1-1473A
dàoyǔ 道宇 10-1069B
dàoyǔ 道語 10-1083A
dàoyù 盜獄 7-1438B
dàoyù 盜鬻 7-1440B
dàoyù 道嫗 10-1083B
dàoyù 道譽 10-1087A
dàoyù 燾育 7-309A
dǎoyuán 導源 2-1308A
dǎoyuán 道源 10-1082B
dàoyuán 盜源 7-1438B
dàoyuán 道員 10-1075A
dàoyuán 道園 10-1081B
dàoyuán 道源 10-1082B
dàoyuán 道緣 10-1085A
dàoyuán 稻園 8-126A
dàoyuàn 道院 10-1074B
dàoyuǎnzhījì 道遠知驥 10-1080B
dàoyuànzhǔrén 盜怨主人 7-1435A
dǎoyuè 蹈越 10-529A
dǎoyuè 蹈躍 10-530B
dàoyuè 倒月 1-1465A
dàoyuè 到月 2-660A
dàoyuè 道樾 10-1085A
dǎoyùn 倒運 1-1472A
dǎoyūn 倒暈 1-1472B
dàoyún 稻雲 8-125B
dàoyùn 道韻 10-1087A
dàoyùqiègōu 盜玉竊鉤 7-1432B
dǎozáde 搗雜的 6-804B
dǎozài 倒載 1-1472A
dàozāi 倒栽 1-1469B
dàozāi 稻栽 8-125A
dàozài 幬載 3-765B
dàozài 倒載 1-1472A
dàozài 燾載 7-309A
dàozāicōng 倒栽葱 1-1469B
dàozàigāngē 倒載干戈 1-1472A
dàozàirénwéi 道在人爲 10-1068B
dàozàishǐniào 道在屎溺 10-1068B
dàozān 道簪 10-1087A
dàozāng 倒臟 1-1476A
dàozāng 盜臧 7-1438B
dàozāng 盜贓 7-1440A
dàozàng 盜葬 7-1437A
dàozàng 道藏 10-1086B
dǎozào 倒竈 1-1476A
dǎozé 導擇 2-1308B
dàozé 稻澤 8-126A
dàozé 䆃擇 8-152A
dàozéi 盜賊 7-1437B
dàozéigōngxíng 盜賊公行 7-1437B
dàozéikè 盜賊課 7-1438A
dàozēng 盜憎 7-1439A
dàozēngzhǔrén 盜憎主人 7-1439A
dāozhá 刀札 2-548A
dàozhǎ 道砟 10-1075A
dàozhà 盜詐 7-1437A
dǎozhái 倒宅 1-1466B
dàozhāi 道齋 10-1086B
dǎozhàn 禱戰 7-967B
dāozhàng 刀仗 2-548A
dāozhàng 刀杖 2-549A
dǎozhàng 倒帳 1-1470B
dǎozhàng 倒賬 1-1473B
dǎozhàng 導仗 2-1306B
dàozhǎng 道長 10-1070B
dàozhàng 倒杖 1-1467A
dàozhàng 道丈 10-1065B
dàozhàngcè 倒杖策 1-1467A
dàozhāngjīng 纛章京 9-1064A
dàozhǎo 倒找 1-1467A
dǎozhe 倒着 1-1471A
dǎozhé 蹈轍 10-530A
dāozhēn 刀枯 2-549B
dāozhēn 刀砧 2-550A
dāozhēn 刀碪 2-551B
dǎozhēn 擣珍 6-935A
dǎozhēn 擣碪 6-935B
dàozhēn 道真 10-1075A
dāozhēnbǎn 刀砧板 2-550A
dǎozhèng 蹈正 10-528A
dàozhèng 道正 10-1067B
dāozhēnshā 刀砧殺 2-550A
dǎozhǐ 倒指 1-1468B
dǎozhǐ 禱祉 7-967A
dǎozhì 倒躓 1-1476A
dǎozhì 島跱 3-821B
dǎozhì 搗治 6-803B
dǎozhì 導致 2-1307A
dǎozhì 擣治 6-935A
dǎozhì 道志 10-1070A
dàozhī 倒殖 1-1471B
dàozhī 道知 10-1071B
dàozhí 倒植 1-1471B
dàozhí 到職 2-661B
dàozhí 盜跖 7-1437A

dàozhí 道職 10-1086B
dàozhǐ 道止 10-1066B
dàozhì 倒寘 1-1472B
dàozhì 倒置 1-1472B
dàozhì 倒擲 1-1475A
dàozhì 悼稚 7-595B
dàozhì 道志 10-1070A
dàozhì 道帙 10-1071B
dàozhì 道治 10-1072B
dàozhì 道質 10-1084A
dàozhìgāngē 倒置干戈 1-1472B
dàozhíshǒubǎn 倒執手版 1-1470B
dǎozhōng 蹈中 10-528A
dǎozhǒng 蹈踵 10-530A
dàozhōng 盜鍾 7-1439B
dàozhōng 道中 10-1067A
dàozhōng 道衷 10-1075B
dàozhōng 道終 10-1078B
dàozhǒng 道種 10-1083A
dàozhòng 道衆 10-1079B
dàozhōngyǎn'ěr 盜鍾掩耳 7-1439B
dāozhōu 刀州 2-548B
dàozhōu 道州 10-1069B
dàozhōu 道周 10-1072A
dāozhōumèng 刀州夢 2-548B
dǎozhù 禱祝 7-967A
dàozhǔ 盜主 7-1432B
dàozhǔ 道主 10-1068A
dàozhù 盜鑄 7-1440A
dàozhuǎn 倒轉 1-1475A
dàozhuàn 道賺 10-1086B
dǎozhuāng 搗裝 6-804B
dàozhuāng 倒裝 1-1473A
dàozhuāng 道妝 10-1070B
dàozhuāng 道粧 10-1080A
dàozhuāng 道裝 10-1082B
dàozhuāngmén 倒裝門 1-1473A
dàozhùfānjī 倒紵翻機 1-1471A
dāozhuī 刀錐 2-552B
dàozhuō 倒卓 1-1468A
dàozhuó 倒著 1-1470B
dàozhuó 倒箸 1-1473A
dàozhuó 悼灼 7-595A
dāozi 刀子 2-547B
dǎozi 搗子 6-803B
dǎozì 倒字 1-1466B
dàozi 道子 10-1066A
dàozi 稻子 8-124B
dàozī 盜資 7-1438A
dàozǐ 道子 10-1066A
dàozì 倒字 1-1466B
dàozì 道字 10-1069B
dāozibǎ 刀子靶 2-547B
dāozichèng 刀子秤 2-547B
dāozizuǐdòufuxīn 刀子嘴豆腐心 2-547B
dàozōng 盜蹤 7-1439B
dǎozōu 導騶 2-1308B
dāozǔ 刀俎 2-549B
dǎozú 蹈足 10-528B
dàozǔ 道祖 10-1074B
dǎozuì 蹈罪 10-529B
dàozuì 道罪 10-1081B
dàozūn 道尊 10-1080A
dàozuǒ 道左 10-1067B
dàozuò 倒坐 1-1467B
dàozuò 倒座 1-1470A
dàozuò 到坐 2-660B
dāozǔyúshēng 刀俎餘生 2-549B
dǎpāi 打拍 6-315B
dàpái 大排 2-1367B
dàpáidàng 大牌檔 2-1377A
dàpàn 大判 2-1344A
dàpándàwǎn 大盤大碗 2-1391B
dǎpánjiǎo 打盤脚 6-332B
dàpànpàn 大盼盼 2-1355A
dǎpào 打炮 6-319B
dǎpào 打泡 6-317B
dǎpào 打礮 6-337A
dàpáo 大庖 2-1350A
dàpào 大炮 2-1359A
dàpào 大礮 2-1401B
dāpèi 搭配 6-736B
dàpèi 大霈 2-1391A
dǎpèipèi 打柭柭 6-318B
dǎpéng 打棚 6-326A
dàpēng 大亨 2-1344A
dàpēng 大烹 2-1371B
dàpéng 大彭 2-1374A
dàpéng 大蓬 2-1381B
dàpéng 大鵬 2-1400A
dǎpēntì 打噴嚏 6-332A
dàpī 大伾 2-1342B
dàpī 大批 2-1340A
dàpī 大邳 2-1341B
dàpí 大岯 2-1348A
dàpiān 大偏 2-1370B
dàpiān 大篇 2-1391A
dǎpiānshǒu 打偏手 6-324A
dǎpiē 打撇 6-330A
dàpín 大貧 2-1371A
dàpǐn 大品 2-1355B
dàpìn 大聘 2-1381A
dǎpínghuǒ 打平火 6-312B
dǎpínghuǒ 打平伙 6-312B
dǎpínghuò 打平和 6-312B
dǎpò 打破 6-320B
dàpō 大坡 2-1346B
dǎpòmènhúlu 打破悶葫蘆 6-321A
dǎpòshāguō 打破砂鍋 6-320B
dǎpòshāguōwèndàodǐ 打破沙鍋問到底 6-320B
dǎpòshāguōwèndàodǐ 打破沙鍋璺到底 6-320B
dǎpòshāguōwèndàodǐ 打破砂鍋問到底 6-320B
dǎpòshāguōwèndàodǐ 打破砂鍋璺到底 6-321A
dǎpòwǎng'er 打破網兒 6-321A
dǎpū 打撲 6-331A
dǎpǔ 打譜 6-336B
dǎpù 打鋪 6-332B
dàpú 大酺 2-1387B
dàpǔ'er 大譜兒 2-1400B
dǎqì 打砌 6-319A
dǎqì 打氣 6-321A
dàqī 大朞 2-1374B
dàqī 大期 2-1374A
dàqí 大齊 2-1389A
dàqí 大亓 2-1330A
dàqì 大鼜 2-1402A
dàqì 大氣 2-1363A
dàqì 大器 2-1394B
dàqì 大[illegible] 2-1398A
dàqià 大洽 2-1359A
dǎqiān 打千 6-311A
dǎqiān 打釬 6-324A
dǎqián 打錢 6-334A
dàqiān 大千 2-1325B
dàqiān 大遷 2-1390B
dàqián 大錢 2-1395B
dàqiándàwù 大錢大物 2-1395B
dàqián'er 大前兒 2-1358B
dāqiāng 搭腔 6-737A
dāqiāng 答腔 8-1153B
dǎqiāng 打槍 6-330A
dǎqiǎng 打搶 6-328A
dàqiāng 大槍 2-1387B
dàqiánnián 大前年 2-1358B
dǎqiánshī 打前失 6-319B
dàqiānshìjiè 大千世界 2-1325B
dàqiántí 大前提 2-1358B
dàqiántiān 大前天 2-1358B
dǎqiánzhàn 打前站 6-319B
dāqiáo 搭橋 6-738A
dáqiào 韃蹻 12-190A
dàqiáo 大喬 2-1376B
dàqiáo 大橋 2-1393B
dàqiǎoruòzhuō 大巧若拙 2-1330A
dàqìcéng 大氣層 2-1363A
dàqǐdàluò 大起大落 2-1361A
dǎqǐfā 打啓發 6-325A
dàqǐjū 大起居 2-1361A
dǎqín 打勤 6-328A
dàqīn 大侵 2-1356B
dàqīn 大親 2-1396A
dàqín 大秦 2-1360B
dàqín 大琴 2-1373A
dàqǐn 大寢 2-1389B
dáqíng 達情 10-1018B
dǎqǐng 打請 6-332B
dàqīng 大青 2-1345B
dàqīng 大卿 2-1364B
dàqīng 大清 2-1372A
dàqíng 大情 2-1372B
dàqìng 大慶 2-1392A
dàqǐngdàshòu 大請大受 2-1391B
dàqīnglǎozǎo 大清老早 2-1372A
dǎqíngmàixiào 打情賣笑 6-324B
dǎqíngmàqiào 打情罵俏 6-324B
dǎqíngmàqù 打情罵趣 6-325A
dàqīngmíng 大清明 2-1372A
dàqīngnián 大青年 2-1345B
dàqīngzǎo 大清早 2-1372A
dàqínjǐngjiào… 大秦景教流行中國碑 2-1360B
dàqínjūn 大秦君 2-1360B
dǎqínláo 打勤勞 6-328B
dàqínsì 大秦寺 2-1360B
dàqínzhū 大秦珠 2-1360B
dáqióng 達窮 10-1020B
dàqióng 大窮 2-1392B
dǎqióngbēi 打窮碑 6-332B
dàqìpángbó 大氣磅礴 2-1363A
dǎqípǔ 打棋譜 6-326A
dǎqiú 打毬 6-324A
dǎqiú 打球 6-322B
dàqiū 大秋 2-1355B
dàqiú 大酋 2-1358B
dàqiú 大球 2-1367B
dàqiú 大裘 2-1382A
dǎqiūfēng 打秋風 6-319A
dàqiūzuòwù 大秋作物 2-1355B
dàqìwǎnchéng 大器晚成 2-1394B
dàqìwūrǎn 大氣污染 2-1363A
dàqìyā 大氣壓 2-1363A
dàqìyāqiáng 大氣壓强 2-1363A
dǎqū 打覷 6-335B
dǎqù 打趣 6-331B
dàqū 大曲 2-1336B
dàqū 大屈 2-1352A
dàqū 大區 2-1368B
dàqū 大麴 2-1397A
dàqú 大渠 2-1372A
dàqǔ 大曲 2-1336B
dàqù 大去 2-1330B
dàqù 大趣 2-1390A
dáquán 達權 10-1021B
dǎquān 打圈 6-323B
dǎquán 打拳 6-321B
dǎquán 打跧 6-329A
dàquán 大卷 2-1350B
dàquán 大全 2-1338A
dàquán 大泉 2-1356B
dàquán 大痊 2-1371B
dàquán 大權 2-1401B
dàquǎn 大犬 2-1327A
dàquánpángluò 大權旁落 2-1401B
dǎquānzi 打圈子 6-323B
dàquē 大闕 2-1399A

dàquè 大爵 2-1397B
dàquè 大雀 2-1369A
dàquè 大攉 2-1381A
dàquè 大榷 2-1387B
dàqún 大羣 2-1386B
dǎqúnjià 打羣架 6-329B
dárán 怛然 7-475B
dàráng 大穰 2-1402A
dàráng 大壤 2-1400B
dárǎo 答擾 8-1154B
dǎrǎo 打擾 6-335B
dǎrè 打熱 6-331B
dárén 達人 10-1015A
dàrén 大人 2-1322A
dàrěn 大稔 2-1383B
dàrèn 大任 2-1337B
dàrénbùjiàn…
大人不見小人怪 2-1322B
dàréngōng 大人公 2-1322B
dàrénguó 大人國 2-1322B
dàrénjia 大人家 2-1322B
dàrénwù 大人物 2-1322B
dàrénxiānsheng 大人先生 2-1322B
dárì 笪日 8-1118B
dàróng 大戎 2-1334A
dàròu 大肉 2-1337A
dàrú 大儒 2-1395B
dàruǎn 大阮 2-1339B
dàrùn 大潤 2-1392B
dǎrúyuàn 打如願 6-314A
dāsā 搭撒 6-737B
dāsà 搭颯 6-737B
dásà 答颯 8-1154A
dàsābāzhang 大撒巴掌 2-1390A
dásāi 答塞 8-1154A
dásài 答賽 8-1154B
dàsài 大賽 2-1398A
dǎsǎn 打散 6-325B
dǎsàn 打散 6-325B
dásāng 達喪 10-1019A
dàsāng 大喪 2-1375A
dàsǎnguān 大散關 2-1374B
dǎsǎo 打掃 6-322B
dàsǎo 大嫂 2-1379B
dàsǎochú 大掃除 2-1368A
dàsǎozi 大嫂子 2-1379B
dàsāshǒu 大撒手 2-1390A
dǎsāshǒu'er 打撒手兒 6-331A
dǎshā 打殺 6-321B
dàshā 大殺 2-1364A
dàshà 大厦 2-1375B
dàshāfēngjǐng 大殺風景 2-1364A
dàshāfēngjǐng 大煞風景 2-1385A
dàshāfēngqù 大煞風趣 2-1385A
dàshài 大晒 2-1362B
dàshàjiāngdiān 大厦將顛 2-1375B
dàshàjiāngqīng 大厦將傾 2-1375B
dāshān 答山 8-1152A
dāshàn 搭訕 6-737A
dāshàn 搭赸 6-736B
dāshàn 答訕 8-1153A
dáshàn 達善 10-1019A
dǎshān 打山 6-311A
dǎshǎn 打閃 6-322A
dǎshàn 打扇 6-322A
dàshān 大衫 2-1351B
dáshāng 怛傷 7-475B
dàshāng 大商 2-1371B
dàshàngzào 大上造 2-1324A
dàshānxiǎoshān 大山小山 2-1325A
dǎshào 打哨 6-321A
dàsháo 大磬 2-1393A
dàsháo 大韶 2-1389A
dàshào 大少 2-1327A
dàshàoyé 大少爺 2-1327A
dàshè 大舍 2-1349A
dàshè 大社 2-1344B
dàshè 大射 2-1363B
dàshè 大赦 2-1368A
dǎshédǎqīcùn 打蛇打七寸 6-323B
dàshéi 大誰 2-1392A
dàshēn 大身 2-1343A
dàshén 大神 2-1359B
dàshěn 大審 2-1392B
dàshěn 大嬸 2-1399A
dāshēng 答聲 8-1154A
dáshēng 達生 10-1016A
dáshēng 達聲 10-1021A
dǎshēng 打牲 6-319A
dàshēng 大生 2-1331B
dàshēng 大牲 2-1355B
dàshēng 大聲 2-1396B
dàshèng 大聖 2-1381A
dàshēngchù 大牲畜 2-1355B
dàshēngjíhū 大聲疾呼 2-1396B
dǎshénmebùjǐn 打甚麽不緊 6-318A
dǎshénmejǐn 打甚麽緊 6-318B
dàshēnzi 大身子 2-1343A
dàshèshè 大設設 2-1371B
dàshétou 大舌頭 2-1337B
dāshí 搭實 6-737B
dāshí 搭識 6-738A
dáshī 答施 8-1153A
dáshī 達師 10-1018A
dáshí 達識 10-1021B
dáshì 達士 10-1015B
dáshì 達仕 10-1016A
dáshì 達視 10-1018B
dǎshī 打失 6-312B
dǎshí 打食 6-319B
dǎshì 打視 6-325A
dǎshì 打誓 6-330A
dàshī 大師 2-1363B
dàshí 大食 2-1357A
dàshí 大時 2-1362B
dàshǐ 大使 2-1348B
dàshì 大士 2-1323B
dàshì 大市 2-1333A
dàshì 大事 2-1346B
dàshì 大室 2-1359A
dàshì 大視 2-1372B
dàshì 大勢 2-1380B
dàshìbùhútu 大事不糊塗 2-1347A
dàshìdàfēi 大是大非 2-1355A
dàshídiào 大石調 2-1331A
dàshīfu 大師父 2-1364A
dàshīfu 大師傅 2-1364A
dàshǐguǎn 大使館 2-1349A
dàshìjì 大事記 2-1347A
dàshìjiè 大世界 2-1330B
dáshīmán 達失蠻 10-1016A
dàshìniánbiǎo 大事年表 2-1347A
dǎshísān 打十三 6-310B
dàshìsuǒqū 大勢所趨 2-1380B
dàshīsuǒwàng 大失所望 2-1332A
dàshīxiōng 大師兄 2-1364A
dàshìyǐqù 大勢已去 2-1380B
dǎshìyǔ 打市語 6-313A
dàshìyuàn 大誓願 2-1387A
dàshǐzhě 大使者 2-1349A
dàshìzhì 大勢至 2-1380B
dāshǒu 搭手 6-735B
dǎshou 打手 6-311B
dàshóu 大熟 2-1392A
dàshǒu 大手 2-1327B
dàshòu 大受 2-1349B
dàshòu 大壽 2-1387A
dàshǒubǐ 大手筆 2-1327B
dàshǒudàjiǎo 大手大脚 2-1327B
dàshōushā 大收煞 2-1339B
dǎshǒushì 打手式 6-311B
dǎshǒushì 打手勢 6-311B
dǎshǒuyìn 打手印 6-311B
dáshǔ 達曙 10-1021A
dáshù 答數 8-1154A
dàshū 大叔 2-1347A
dàshū 大書 2-1366B
dàshū 大菽 2-1368B
dàshú 大孰 2-1371B
dàshǔ 大暑 2-1376A
dàshù 大術 2-1370B
dàshù 大數 2-1391A
dàshù 大樹 2-1393A
dàshuài 大率 2-1372A
dàshuài 大帥 2-1356B
dǎshuān 打拴 6-318A
dǎshuì 打睡 6-329A
dàshuǐ 大水 2-1327B
dǎshuǐbùhún 打水不渾 6-311B
dàshuǐchōngle…
大水冲了龍王廟 2-1327B
dàshùjiāngjūn 大樹將軍 2-1393B
dáshùn 達順 10-1019A
dàshùn 大舜 2-1378A
dàshùn 大順 2-1377A
dǎshùnfēngluó 打順風鑼 6-327A
dàshuō 大説 2-1388B
dàshūtèshū 大書特書 2-1366B
dáshūyóu 達書郵 10-1018B
dásī 達思 10-1018A
dàsī 大司 2-1333A
dàsì 大祀 2-1344B
dàsì 大肆 2-1380A
dàsībā 大厮八 2-1387B
dàsībǎ 大厮把 2-1387B
dàsìbā 大四八 2-1331B
dàsībìng 大厮併 2-1387B
dàsīchéng 大司成 2-1333B
dǎsǐhǔ 打死虎 6-313A
dàsìjuécí 大肆厥辭 2-1380A
dàsīkōng 大司空 2-1333B
dǎsǐlǎohǔ 打死老虎 6-313A
dàsīmǎ 大司馬 2-1333B
dàsīnóng 大司農 2-1333B
dàsītú 大司徒 2-1333B
dàsīwù 大司務 2-1333B
dàsīyuè 大司樂 2-1333B
dàsìzhì 大四至 2-1331B
dàslǜ 大率 2-1372A
dàsōu 大溲 2-1378B
dàsōu 大蒐 2-1374B
dàsū 大蘇 2-1399B
dàsù 大宿 2-1372B
dǎsuan 打算 6-330B
dàsuàn 大蒜 2-1381A
dǎsuànpan 打算盤 6-330B
dǎsùgān 打粟干 6-326A
dásuì 達遂 10-1019B
dàsuí 大綏 2-1387A
dàsuì 大隧 2-1389B
dātā 搭趿 6-737A
dátà 荅遝 9-384B
dátà 榙椺 4-1147A
dátà 榙㯓 4-1147A
dàtàbù 大踏步 2-1391A
dǎtāi 打胎 6-319B
dàtáigǎn 大抬杆 2-1346A
dàtàiyé 大太爺 2-1327A
dǎtán 打談 6-332B
dǎtàn 打探 6-322B
dàtán 大談 2-1392A
dàtáng 大堂 2-1369B
dǎtáo 打桃 6-320B
dàtè 大慝 2-1387A
dǎtēngtēng 打騰騰 6-336B
dātí 搭題 6-738A
dátì 怛惕 7-475A
dǎtì 打唏 6-321A
dǎtì 打嚔 6-334B
dàtí 大題 2-1398A
dàtǐ 大體 2-1402A

dátiān 達天 10-1015B
dàtiān 大天 2-1326A
dàtián 大佃 2-1342B
dàtián 大甸 2-1343B
dàtián 大田 2-1331B
dàtián 大填 2-1380A
dàtiānbáirì 大天白日 2-1326A
dàtiānguāng 大天光 2-1326A
dǎtiānxià 打天下 6-311A
dàtiánzuòwù 大田作物 2-1331B
dǎtiáo 打調 6-332B
dàtiāo 大挑 2-1353A
dǎtiě 打鐵 6-337A
dǎtiěchènrè 打鐵趁热 6-337A
dátīng 達聽 10-1021B
dǎting 打聽 6-337A
dàtīng 大廳 2-1403A
dàtíng 大廷 2-1337B
dàtíng 大庭 2-1358A
dǎtǐng'er 打挺兒 6-318A
dàtíngguǎngzhòng 大廷廣衆 2-1337B
dàtíngguǎngzhòng 大庭廣衆 2-1358A
dàtíngshì 大庭氏 2-1358A
dàtíqín 大提琴 2-1373B
dátōng 達通 10-1018B
dǎtōng 打通 6-322A
dǎtòng 打通 6-322A
dàtōng 大通 2-1367A
dàtóng 大同 2-1337A
dàtǒng 大統 2-1380A
dǎtōngguān 打通關 6-322A
dàtǒnglì 大統曆 2-1380A
dǎtōngxiāo 打通宵 6-322A
dàtóngxiǎoyì 大同小異 2-1337A
dǎtōngzhuàng 打通狀 6-322A
dātou 搭頭 6-738A
dǎtóu 打頭 6-333A
dàtóu 大投 2-1340A
dàtóu 大頭 2-1393B
dàtóucài 大頭菜 2-1394A
dǎtóufēng 打頭風 6-333B
dàtóujīn 大頭巾 2-1393B
dàtóunǎo 大頭腦 2-1394A
dǎtóupào 打頭炮 6-333B
dàtóuwáwa 大頭娃娃 2-1393B
dàtóuxiǎowěi 大頭小尾 2-1393B
dátóuyú 達頭魚 10-1021A
dàtóuyú 大頭魚 2-1394A
dǎtóuzhèn 打頭陣 6-333B
dàtóuzhēn 大頭針 2-1394A
dátū 怛突 7-475A
dátú 達徒 10-1018A
dàtú 大塗 2-1386A
dàtǔ 大土 2-1323B
dǎtuán 打團 6-330B
dàtuánjié 大團結 2-1388A
dàtuányuán 大團圓 2-1388A
dǎtuǐ 打腿 6-329B
dàtuǐ 大腿 2-1385A
dǎtuìtánggǔ 打退堂鼓 6-319B
dǎtuōmào 打脱冒 6-324B
dǎwǎ 打瓦 6-311B
dáwǎn 怛惋 7-475B
dǎwān 打彎 6-337B
dàwán 大頑 2-1380A
dàwǎn 大畹 2-1383B
dàwàn 大萬 2-1374B
dǎwǎng 打網 6-331A
dàwáng 大王 2-1326A
dàwàng 大忘 2-1344A
dàwàng 大望 2-1372A
dàwángfēng 大王風 2-1326A
dàwángfù 大王父 2-1326A
dǎwéi 打圍 6-326B
dàwēi 大威 2-1354B
dàwéi 大圍 2-1376B
dàwěi 大隗 2-1373A
dàwèi 大位 2-1343A
dàwèi 大味 2-1347B
dàwèi 大尉 2-1372B
dáwén 達聞 10-1020A
dáwèn 答問 8-1153A
dǎwèn 打問 6-325A
dàwén 大文 2-1328B
dàwén 大聞 2-1389B
dàwèn 大問 2-1372B
dǎwèngdūnpén 打甕墩盆 6-335B
dàwènkǒuwénhuà 大汶口文化 2-1344B
dáwènrúliú 答問如流 8-1153B
dǎwènxùn 打問訊 6-325A
dàwǒ 大我 2-1342B
dáwò'ěryǔ 達斡爾語 10-1020A
dáwò'ěrzú 達斡爾族 10-1020A
dáwū 笪屋 8-1118B
dàwū 大巫 2-1340B
dàwǔ 大武 2-1345B
dàwù 大惡 2-1374A
dàwù 大物 2-1348B
dàwù 大務 2-1367A
dàwù 大悟 2-1365A
dàwǔjīn 大五金 2-1326B
dàwúwèi 大無畏 2-1376B
dāxī 搭膝 6-737B
dáxī 達奚 10-1018B
dáxí 答席 8-1153A
dǎxǐ 打喜 6-325B
dǎxì 打細 6-325A
dàxī 大觿 2-1403A
dàxǐ 大喜 2-1374A
dàxì 大系 2-1343B
dàxì 大戲 2-1397A
dǎxià 打下 6-310B
dàxiá 大俠 2-1356A
dàxiá 大袷 2-1366B
dàxiá 大遐 2-1379B
dàxiá 大瑕 2-1380A
dàxià 大夏 2-1362A
dàxiàhóu 大夏侯 2-1362B
dǎxiàmǎwēi 打下馬威 6-310B
dáxián 達賢 10-1020B
dáxiǎn 達顯 10-1021B
dǎxián 打閑 6-327B
dàxiān 大仙 2-1332A
dàxián 大弦 2-1352A
dàxián 大咸 2-1354B
dàxián 大絃 2-1373A
dàxián 大閑 2-1379B
dàxián 大賢 2-1390B
dàxiàn 大限 2-1352A
dàxiàn 大峴 2-1363A
dàxiàn 大憲 2-1396B
dàxiàn 大獻 2-1400B
dǎxiānfēng 打先鋒 6-313B
dáxiāng 達鄉 10-1018B
dáxiàng 達巷 10-1018A
dǎxiáng 打降 6-318A
dǎxiǎng 打響 6-336B
dàxiáng 大祥 2-1366B
dàxiǎng 大享 2-1350A
dàxiǎng 大饗 2-1401A
dàxiàng 大象 2-1371A
dàxiàng 大項 2-1373B
dáxiàngdǎngrén 達巷黨人 10-1018A
dàxiàngguósì 大相國寺 2-1354B
dàxiāngjìngtíng 大相徑庭 2-1354B
dàxiāngjìngtíng 大相逕庭 2-1354A
dàxiàngkǒulǐ… 大象口裏拔生牙 2-1371A
dàxiàngqí 大象棋 2-1371A
dǎxiāngtán 打鄉談 6-325A
dàxiǎnshēnshǒu 大顯身手 2-1402A
dàxiǎnshéntōng 大顯神通 2-1402B
dàxiàntái 大憲臺 2-1396B
dàxiánxì 大弦戲 2-1352A
dàxiánzixì 大弦子戲 2-1352A
dáxiào 答效 8-1153A
dáxiào 達孝 10-1016B
dǎxiāo 打消 6-321B
dǎxiāo 打銷 6-332B
dàxiāo 大簫 2-1400A
dàxiǎo 大小 2-1324A
dàxiào 大校 2-1362A
dǎxiǎobàogào 打小報告 6-310B
dàxiǎodà 大小大 2-1324B
dàxiǎodài 大小戴 2-1325A
dàxiǎodù 大小杜 2-1324B
dàxiǎofāngmài 大小方脈 2-1324B
dàxiǎohǔ 大小虎 2-1325A
dǎxiǎojiān 打小尖 6-310B
dàxiǎojie 大小姐 2-1325A
dàxiǎojūn 大小君 2-1325A
dàxiǎolǐ 大小禮 2-1325A
dàxiǎomǐ 大小米 2-1324B
dàxiǎo'ōuyáng 大小歐陽 2-1325A
dàxiǎoruǎn 大小阮 2-1324B
dàxiǎoshān 大小山 2-1324B
dàxiǎosòng 大小宋 2-1324B
dàxiǎosū 大小蘇 2-1325A
dǎxiǎosuànpán 打小算盤 6-311A
dàxiǎoxiàhóu 大小夏侯 2-1325A
dàxiǎoxiè 大小謝 2-1325A
dàxiǎoxuéshì 大小學士 2-1325A
dàxiǎozi 大小子 2-1324B
dàxīběi 大西北 2-1335B
dáxiè 答謝 8-1154A
dǎxié 打挾 6-320A
dǎxié 打斜 6-324B
dàxiě 大寫 2-1392B
dàxièbākuài 大卸八塊 2-1355B
dàxífù 大媳婦 2-1386B
dàxǐguòwàng 大喜過望 2-1374A
dàxīmǐ 大西米 2-1335B
dáxīn 達心 10-1016A
dáxìn 達信 10-1018A
dàxīn 大心 2-1329B
dàxīn 大昕 2-1347B
dàxìn 大信 2-1356B
dàxīng 大星 2-1355A
dàxíng 大刑 2-1334A
dàxíng 大行 2-1337B
dàxíng 大型 2-1353A
dàxìng 大姓 2-1352B
dàxìng 大幸 2-1346B
dàxínghuángdì 大行皇帝 2-1338A
dàxínghuánghòu 大行皇后 2-1338A
dàxíngrén 大行人 2-1338A
dàxīngtǔmù 大興土木 2-1395A
dàxīngxīng 大猩猩 2-1378A
dàxíngxīng 大行星 2-1338A
dàxíngzhèngqū 大行政區 2-1338A
dǎxióng 打雄 6-326A
dàxiōng 大凶 2-1328A
dàxiōng 大兄 2-1331B
dàxióng 大雄 2-1375B
dàxióngbǎodiàn 大雄寶殿 2-1375B
dàxiōngdi 大兄弟 2-1331B
dàxióngfó 大雄佛 2-1375B
dàxióngmāo 大熊貓 2-1389B
dàxiū 大修 2-1356A
dàxīyáng 大西洋 2-1335B
dàxū 大胥 2-1359B

dàxú 大徐 2-1364A
dàxù 大序 2-1344A
dàxù 大畜 2-1365A
dǎxuán 打旋 6-324B
dǎxuàn 打渲 6-327A
dàxuǎn 大選 2-1392B
dǎxuánluó 打旋羅 6-324B
dǎxuánmò 打旋磨 6-324B
dǎxuánxuàn 打旋旋 6-324B
dǎxuánzi 打旋子 6-324B
dǎxuànzi 打漩子 6-331A
dáxué 達學 10-1021A
dǎxué 打踅 6-330A
dàxué 大學 2-1395A
dàxuě 大雪 2-1369A
dǎxuémò 打踅磨 6-330A
dàxuěshān 大雪山 2-1369A
dàxuésheng 大學生 2-1395A
dàxuéshēng 大學生 2-1395A
dàxuéshì 大學士 2-1395A
dàxuétáng 大學堂 2-1395A
dǎxuězhàng 打雪仗 6-323A
dáxùn 達訓 10-1018B
dàxūn 大勳 2-1395A
dàxún 大詢 2-1385B
dàxùn 大訓 2-1364B
dǎyá 打牙 6-311A
dàyá 大牙 2-1327A
dàyǎ 大疋 2-1333B
dàyǎ 大雅 2-1375B
dǎyádòuzuǐ 打牙逗嘴 6-311A
dǎyáfànzuǐ 打牙犯嘴 6-311A
dǎyájì 打牙祭 6-311A
dǎyājìngyuān 打鴨驚鴛 6-333B
dǎyājìngyuānyāng 打鴨驚鴛鴦 6-333B
dǎyáliàozuǐ 打牙撂嘴 6-311A
dǎyǎmí 打啞謎 6-323A
dāyán 答言 8-1152B
dāyǎn 搭眼 6-737A
dáyán 答言 8-1152B
dáyán 達言 10-1017A
dáyǎn 達眼 10-1018B
dǎyǎn 打眼 6-323A
dàyān 大烟 2-1365A
dàyān 大煙 2-1386A
dàyān 大閹 2-1396B
dàyán 大言 2-1343B
dàyán 大顏 2-1399A
dàyán 大鹽 2-1403A
dàyǎn 大衍 2-1356B
dàyàn 大鴈 2-1390B
dàyánbùcán 大言不慚 2-1344A
dàyánbùcán 大言不慙 2-1344A
dàyǎndèngxiǎoyǎn 大眼瞪小眼 2-1369B
dáyáng 答揚 8-1153B
dáyáng 達颺 10-1021B
dǎyǎng 打仰 6-313B
dǎyàng 打烊 6-321B
dǎyàng 打様 6-331B
dàyáng 大洋 2-1359A
dàyàng 大樣 2-1390B
dàyǎngpájiǎozi 大仰爬脚子 2-1337B
dàyángzhōu 大洋洲 2-1359A
dǎyǎnhù 打掩護 6-322B
dàyǎnlì 大衍曆 2-1357A
dǎyǎnmù 打眼目 6-323A
dàyǎnshù 大演數 2-1389A
dàyàntǎ 大雁塔 2-1375B
dàyǎnwàngxiǎoyǎn 大眼望小眼 2-1369B
dàyǎnzéi 大眼賊 2-1369B
dáyāo 韃妖 12-213B
dáyào 達要 10-1018A
dǎyào 打藥 6-335B
dàyāo 大腰 2-1384B
dàyāo 大[illegible] 2-1382B
dàyào 大要 2-1354B
dàyào 大藥 2-1398A
dàyáodàbǎi 大搖大擺 2-1381A
dàyāoxiǎohē 大吆小喝 2-1337A
dǎyápái 打牙牌 6-311A
dǎyápèizuǐ 打牙配嘴 6-311A
dàyātou 大丫頭 2-1325B
dáyè 答謁 8-1154A
dáyè 達業 10-1019B
dǎyě 打野 6-323A
dǎyè 打擛 6-325B
dàye 大爺 2-1377B
dàyé 大爺 2-1377B
dàyě 大冶 2-1344A
dàyě 大野 2-1369B
dàyè 大夜 2-1350A
dàyè 大業 2-1382B
dǎyěhē 打野呵 6-323B
dǎyěhú 打野胡 6-323B
dǎyèhú 打夜狐 6-317A
dǎyèhú 打夜胡 6-317A
dǎyějī 打野鷄 6-323B
dǎyèqián 打業錢 6-328B
dǎyěwài 打野外 6-323B
dǎyěyǎn 打野眼 6-323B
dàyèzhě 大謁者 2-1396A
dǎyèzuò 打夜作 6-317A
dāyì 塌翼 2-1173B
dáyī 答揖 8-1153B
dáyí 答疑 8-1154A
dáyí 韃夷 12-213B
dáyì 達意 10-1020A
dáyì 達義 10-1020A
dàyi 大意 2-1385B
dàyī 大一 2-1321B
dàyī 大衣 2-1338B
dàyí 大姨 2-1360A
dàyí 大儀 2-1391B
dàyì 大役 2-1343A
dàyì 大邑 2-1342A
dàyì 大易 2-1348A
dàyì 大疫 2-1358A
dàyì 大意 2-1385B
dàyì 大義 2-1385B
dàyì 大誼 2-1392A
dàyì 大議 2-1401A
dǎyībàngkuàiqiúzi 打一棒快毬子 6-310B
dàyīfu 大衣服 2-1339A
dàyīhuì 大一會 2-1322A
dǎyīliáng 打衣糧 6-314A
dàyìlǐnrán 大義凜然 2-1386A
dàyìmièqīn 大義滅親 2-1385B
dáyīn 達因 10-1016B
dǎyìn 打印 6-312B
dàyīn 大音 2-1358A
dàyǐn 大尹 2-1329B
dàyǐn 大隱 2-1396B
dāyìng 答應 8-1154A
dàyíng 大盈 2-1360A
dàyíngkù 大盈庫 2-1360A
dàyīnxīshēng 大音希聲 2-1358A
dǎyìnzi 打印子 6-312B
dàyītǒng 大一統 2-1322A
dàyízi 大姨子 2-1360A
dàyǒng 大勇 2-1360A
dàyòng 大用 2-1332B
dáyōu 達幽 10-1018A
dǎyóu 打油 6-317A
dàyōu 大幽 2-1355B
dàyōu 大憂 2-1390B
dàyōu 大優 2-1397B
dàyóu 大繇 2-1397B
dàyóu 大油 2-1350B
dàyóu 大猶 2-1378A
dàyóu 大猷 2-1386A
dàyǒu 大有 2-1336A
dàyǒu 大酉 2-1341A
dàyòu 大宥 2-1359A
dǎyóufēi 打油飛 6-317B
dǎyóufēi 打游飛 6-327A
dǎyóugē 打油歌 6-317B
dǎyóuhuǒ 打油火 6-317A
dǎyóujī 打游擊 6-327A
dàyǒujìngtíng 大有逕庭 2-1336A
dàyǒukěwéi 大有可爲 2-1336A
dàyǒunián 大有年 2-1336A
dàyǒurénzài 大有人在 2-1336A
dǎyóushī 打油詩 6-317B
dàyǒuwéi 大有爲 2-1336A
dàyǒuzuòwéi 大有作爲 2-1336A
dáyǔ 答語 8-1154A
dáyù 達御 10-1019A
dáyù 達鬱 10-1022A
dǎyù 打浴 6-321B
dàyú 大愚 2-1383A
dàyú 大餘 2-1391B
dàyǔ 大宇 2-1339A
dàyǔ 大羽 2-1339B
dàyǔ 大雨 2-1347A
dàyǔ 大禹 2-1356B
dàyǔ 大語 2-1388B
dàyǔ 大寓 2-1379A
dàyù 大雩 2-1369A
dàyù 大玉 2-1330A
dàyù 大域 2-1368A
dàyù 大欲 2-1370B
dàyù 大遇 2-1376A
dàyù 大馭 2-1373B
dàyù 大獄 2-1388B
dǎyuán 打援 6-325B
dàyuān 大宛 2-1351B
dàyuán 大原 2-1362B
dàyuán 大員 2-1363A
dàyuán 大援 2-1373B
dàyuán 大圓 2-1383B
dàyuán 大圜 2-1395A
dàyuǎn 大遠 2-1380A
dàyuàn 大院 2-1360A
dàyuàn 大願 2-1399B
dǎyuánchǎng 打圓場 6-329A
dǎyuānjia 打冤家 6-322A
dàyuánjìngzhì 大圓鏡智 2-1383B
dàyuànlì 大願力 2-1400A
dàyuānmǎ 大宛馬 2-1351B
dàyuánshuài 大元帥 2-1326B
dǎyuántái 打圓臺 6-329B
dàyuānxiàn 大淵獻 2-1378B
dàyuánzhì 大圓智 2-1383B
dàyùchí 大尉遲 2-1372B
dàyúchīxiǎoyú 大魚吃小魚 2-1371A
dáyuè 炟爚 7-50B
dáyuè 達樂 10-1020B
dáyuè 達月 10-1016A
dàyuē 大約 2-1360A
dàyuè 大樂 2-1393A
dàyuè 大月 2-1328B
dàyuè 大閱 2-1392B
dàyuēmo 大約摸 2-1360B
dàyuèzhī 大月氏 2-1328B
dàyǔjiàn 大羽箭 2-1340A
dàyǔlǐng 大庾嶺 2-1371B
dāyǔn 答允 8-1152A
dàyùn 大運 2-1379A
dàyùn 大韻 2-1400B
dàyùnhé 大運河 2-1379A
dàyùwǔ 大豫舞 2-1393A
dǎzá 打雜 6-336A
dàzáhuì 大雜燴 2-1399A
dàzǎng 大駔 2-1390A
dàzàng 大藏 2-1397A
dàzàng 大臧 2-1387B
dàzàng 大葬 2-1374B
dàzàngjīng 大藏經 2-1397A
dǎzào 打造 6-321A
dàzǎo 大早 2-1336B
dàzǎo 大棗 2-1375A
dàzào 大造 2-1363A
dàzào 大噪 2-1394B

dàzào 大竈 2-1402A
dàzáyuàn 大雜院 2-1399A
dàzé 大澤 2-1396A
dàzéxiāng 大澤鄉 2-1396B
dázhà 怛咤 7-475A
dǎzhà 打詐 6-327A
dàzhá 大札 2-1331A
dàzhà 大蜡 2-1388A
dàzhà 大褚 2-1379B
dǎzhāi 打齋 6-335A
dàzhāi 大齋 2-1398A
dàzhái 大宅 2-1339A
dázhàn 達占 10-1016A
dǎzhàn 打顫 6-337A
dǎzhàn 打戰 6-334A
dǎzhāng 打張 6-325A
dǎzhàng 打仗 6-312B
dǎzhàng 打帳 6-323B
dǎzhàng 打賬 6-332A
dàzhāng 大章 2-1371B
dàzhāng 大璋 2-1390A
dàzhǎng 大長 2-1345B
dàzhàng 大仗 2-1332A
dàzhàng 大杖 2-1340B
dàzhàng 大帳 2-1370A
dàzhāngchē 大章車 2-1371B
dàzhàngfu 大丈夫 2-1324A
dàzhǎnggōngzhǔ 大長公主 2-1345B
dǎzhāngjī'er 打張鷄兒 6-325A
dàzhāngqígǔ 大張旗鼓 2-1372B
dàzhāngtàfá 大張撻伐 2-1372B
dàzhàngzézǒu 大杖則走 2-1340B
dàzhǎnhóngtú 大展宏圖 2-1366B
dǎzhànzhàn 打戰戰 6-334A
dǎzhǎo 搭爪 6-735B
dázhào 答詔 8-1153B
dázhào 達照 10-1019B
dǎzhāo 打招 6-316A
dǎzhào 打照 6-329A
dàzhāo 大招 2-1346A
dàzhāo 大昭 2-1355A
dǎzhāohu 打招呼 6-316A
dǎzhàohuì 打照會 6-329A
dǎzhàomiàn 打照面 6-329A
dàzhāosì 大昭寺 2-1355A
dǎzhékòu 打折扣 6-314A
dǎzhēn 打針 6-321A
dǎzhěn 打診 6-327A
dàzhēn 大真 2-1362A
dàzhèn 大鎮 2-1398B
dázhèng 達政 10-1017B
dǎzhēng 打掙 6-318A
dǎzhěng 打整 6-333A
dàzhēng 大烝 2-1367A
dàzhēng 大正 2-1330A
dàzhèng 大正 2-1330A
dàzhèng 大政 2-1353A
dàzhèngfāngzhēn 大政方針 2-1353B
dàzhènzhàng 大陣仗 2-1359B
dázhī 達知 10-1017A
dázhǐ 達旨 10-1016B
dázhǐ 達恉 10-1018A
dázhì 達知 10-1017A
dázhì 達志 10-1016B
dázhì 達制 10-1017A
dázhì 達治 10-1017B
dázhì 達智 10-1019A
dàzhǐ 大旨 2-1338A
dàzhǐ 大恉 2-1359A
dàzhǐ 大指 2-1353A
dàzhì 大知 2-1348A
dàzhì 大至 2-1336B
dàzhì 大制 2-1348A
dàzhì 大治 2-1351A
dàzhì 大致 2-1362B
dàzhì 大智 2-1376B
dàzhì 大質 2-1391B
dàzhíruòqū 大直若屈 2-1346B
dàzhíruòqū 大直若詘 2-1346B
dàzhìruòyú 大智若愚 2-1376B
dàzhìrúyú 大智如愚 2-1376B
dàzhōng 大中 2-1327B
dàzhōng 大鍾 2-1397B
dàzhòng 大重 2-1356A
dàzhòng 大衆 2-1377A
dàzhōngcí 大忠祠 2-1348A
dǎzhōnghuǒ 打中火 6-311B
dǎzhōnghuǒ 打中伙 6-311B
dǎzhǒngliǎn… 打腫臉充胖子 6-329B
dàzhōngrén 大中人 2-1327B
dàzhòngyǔ 大衆語 2-1377B
dàzhòngyǔwén 大衆語文 2-1377B
dǎzhòu 打皺 6-332B
dàzhòu 大軸 2-1375A
dàzhòuzi 大軸子 2-1375A
dǎzhù 打住 6-315A
dàzhū 大誅 2-1385A
dàzhú 大築 2-1395A
dàzhù 大著 2-1368A
dāzhuǎn 搭轉 6-738A
dǎzhuǎn 打轉 6-335B
dǎzhuàn 打轉 6-335B
dàzhuān 大專 2-1368B
dàzhuàn 大傳 2-1384A
dàzhuàn 大篆 2-1391A
dázhuāng 達莊 10-1018A
dǎzhuāng 打樁 6-331B
dàzhuàng 大壯 2-1345B
dàzhuāngjia 大莊稼 2-1362A
dàzhuàngwǔ 大壯舞 2-1345B
dàzhuānyuànxiào 大專院校 2-1368B
dǎzhuànzhuàn 打轉轉 6-335B
dǎzhúcù 打竹簇 6-313B
dàzhǔjiào 大主教 2-1333A
dàzhǔkǎo 大主考 2-1333A
dǎzhǔyi 打主意 6-313A
dàzhùzuò 大著作 2-1368A
dāzi 搭子 6-735B
dāzi 褡子 9-111A
dāzǐ 搭子 6-735B
dázǐ 達子 10-1015B
dázǐ 韃子 12-213B
dǎzì 打字 6-314A
dàzī 大資 2-1385B
dàzǐ 大子 2-1325B
dàzì 大胔 2-1392A
dàzì 大字 2-1339A
dàzì 大漬 2-1389A
dàzīchǎnjiējí 大資産階級 2-1385B
dǎzìjī 打字機 6-314A
dàzìrán 大自然 2-1337B
dàzìzài 大自在 2-1337B
dǎzǒng 打總 6-335B
dàzōng 大宗 2-1351A
dàzǒng 大總 2-1398A
dàzōngbó 大宗伯 2-1351A
dàzōngshī 大宗師 2-1351A
dàzǒngtǒng 大總統 2-1398A
dàzǒu 大走 2-1340A
dǎzū 打租 6-321A
dàzū 大租 2-1363B
dàzú 大足 2-1341B
dàzú 大卒 2-1350A
dàzú 大族 2-1372A
dāzuǐ 搭嘴 6-738A
dázuǐ 答嘴 8-1154A
dǎzuǐ 打嘴 6-333B
dǎzuǐxiànshì 打嘴現世 6-334A
dǎzuìyǎnzi 打醉眼子 6-331B
dǎzuǐzhàng 打嘴仗 6-334A
dázūn 達尊 10-1019B
dàzūn 大樽 2-1393B
dǎzuò 打坐 6-315A
dàzuò 大作 2-1342B
dàzuò 大坐 2-1343A
dàzúshíkū 大足石窟 2-1341B
dé'àn 得按 3-995A
dé'àn 得案 3-996A
dé'ángzú 德昂族 3-1072A
débǎogē 得寶歌 3-1001A
débēi 德碑 3-1074B
déběn 德本 3-1071A
déběncáimò 德本財末 3-1071A
débèngē 得体歌 3-993B
débì 德庇 3-1072A
débiàn 得便 3-995A
débiàn 德便 3-1073A
débiāo 得標 3-1000A
débiǎo 德表 3-1072A
débǐng 德柄 3-1072B
débìng 得病 3-996A
dēbo 嘚啵 3-493B
débó 德薄 3-1075B
débǔ 得卜 3-989B
débù 得不 3-990B
débùbǔshī 得不補失 3-991A
débùchángsàng 得不償喪 3-991A
débùchángshī 得不償失 3-991A
débùchóushī 得不酬失 3-991A
débùdé 得不得 3-991A
débùjìnbù 得步進步 3-993A
décǎi 得采 3-994A
décǎi 得彩 3-996B
décáijiānbèi 德才兼備 3-1070B
décāo 德操 3-1075B
décè 得策 3-997B
déchē 德車 3-1071B
déchēng 德稱 3-1075B
déchěng 得逞 3-995B
déchǐ 德齒 3-1075B
déchǒng 得寵 3-1001A
déchóu 得籌 3-1001A
décì 德賜 3-1075B
décùndéchǐ 得寸得尺 3-990B
décùnjìnchǐ 得寸進尺 3-990B
dédài 得代 3-992A
dédāng 得當 3-998B
dédàng 得當 3-998B
dédào 得到 3-994A
dédào 得道 3-998A
dédào 德道 3-1074B
dédàoduōzhù 得道多助 3-998A
dédàoféi 得道肥 3-998A
dédé 得得 3-996B
dédì 得地 3-992B
dédì 得第 3-996B
dédìlǐ 得地裏 3-992B
dédù 得度 3-995A
dédù 德度 3-1073A
déduì 得對 3-999B
dé'èr 得二 3-989B
défǎ 得法 3-994B
défǎ 德法 3-1072A
défān 德藩 3-1076B
défàn 德範 3-1075B
défàngshǒushí… 得放手時須放手 3-994B
défēi 得非 3-994A
défēn 得分 3-991A
défēng 德風 3-1073A
défèng 得鳳 3-1000A
défó 得佛 3-993B
défù 得負 3-995A
dégāowàngzhòng 德高望重 3-1074A
dégōng 德功 3-1071A
dégōngfu 得工夫 3-990A
dégōngfū 得功夫 3-991B
déguì 得桂 3-995B
déguó 得國 3-996A
déguǒ 得果 3-994A

déguò 得過 3-996A
déguòqiěguò 得過且過 3-996B
dégùzi 得故子 3-995A
déhǎi 德海 3-1074A
déhào 德號 3-1074B
déhé 得合 3-993A
déhòu 德厚 3-1072B
déhòuliúguāng 德厚流光 3-1073A
déhuá 德華 3-1073B
déhuà 德化 3-1071A
déhuī 德煇 3-1075A
déhuī 德輝 3-1075B
déhuì 德惠 3-1074B
déhuì 德慧 3-1075B
déhuò 得獲 3-1000B
děikuī 得虧 3-1000B
déjī 得璣 3-1000B
déjī 德基 3-1074A
déjī 德機 3-1075B
déjī 德幾 3-1074B
déjí 得極 3-997B
déjǐ 得已 3-990B
déjì 得計 3-995A
déjì 得濟 3-1000B
déjiān 得兼 3-996A
déjiān 得間 3-998A
déjiān 得閒 3-998B
déjiào 德教 3-1074A
déjiě 得解 3-999A
déjiè 得解 3-999A
déjìn 得勁 3-995A
déjīng 德經 3-1075A
déjīng 德精 3-1075B
déjǔ 德舉 3-1076A
déjù 得句 3-992A
déjù 德句 3-1071A
déjūn 得君 3-993B
déjùn 得雋 3-997B
déjùn 得儁 3-1000A
dékào 得靠 3-1000B
dékòng 得空 3-994B
dékuàng 德況 3-1072A
delái 得來 3-993B
délái 得來 3-993B
délái 登來 8-529B
déle 得了 3-990A
délèi 德類 3-1076B
délǐ 得理 3-996A
délǐ 德禮 3-1076B
délì 得力 3-990A
déliǎn 得臉 3-1000B
déliàng 德量 3-1074B
déliǎo 得了 3-990A
déliè 登戾 8-530A
déliè 陟躐 11-983B
délín 德鄰 3-1075B
délìng 得令 3-992A
délìng 德令 3-1071A
délǒngwàngshǔ 得隴望蜀 3-1001A
délóngwàngzhòng 德隆望重 3-1074B
délóngwàngzūn 德隆望尊 3-1074B
délù 得鹿 3-997A
délù 得路 3-998B
délǚ 德履 3-1075B
délǜfēng 德律風 3-1073A
démào 德茂 3-1072A
démào 德懋 3-1076A
démǎshēngzāi 得馬生災 3-995B
démǎshīmǎ 得馬失馬 3-995B
démǎzhézú 得馬折足 3-995B
démén 德門 3-1072B
démín 得民 3-992B
démíng 得名 3-993A
démìng 得命 3-994A
démókèlāxī 德謨克拉西 3-1076B
démù 德牧 3-1072A
denà 的那 8-252A
dénán 得男 3-993A
dénéng 得能 3-996A
dénéng 德能 3-1074A
dèng'àichī 鄧艾吃 10-692A
dēngbá 登拔 8-529B
děngbàn 等伴 8-1138A
dēngbǎng 登榜 8-536A
dēngbǎng 登牓 8-536B
dèngbàng 鐙棒 11-1398B
dēngbào 登報 8-534B
dēngbào 燈爆 7-281B
děngbèi 等輩 8-1142A
dēngbì 燈婢 7-279B
děngbǐ 等比 8-1137A
děngbiānsānjiǎoxíng 等邊三角形 8-1142B
dēngbiāo 燈標 7-281A
děngbié 等別 8-1138A
děngbǐjíshù 等比級數 8-1137A
děngbǐshùliè 等比數列 8-1137A
dēngbù 登簿 8-539B
děngbùjí 等不及 8-1136B
dēngcǎi 燈彩 7-279B
dēngcǎi 燈綵 7-280B
dēngcǎo 燈草 7-279A
děngcáo 等曹 8-1140A
dēngcǎoxí 燈草席 7-279A
dèngcèng 蹬蹭 10-558B
děngchā 等差 8-1139B
děngchái 等儕 8-1142A
děngchājíshù 等差級數 8-1139B
dēngcháng 登場 8-534A
dēngchǎng 登場 8-534A
dēngchángōng 登蟾宮 8-539B
děngchángzhàng 等長杖 8-1138B
dēngcháo 登朝 8-534B
děngchāshùliè 等差數列 8-1139B
dēngchén 登臣 8-529A
dēngchén 登晨 8-533B
dēngchéng 登成 8-529A
dēngchéng 登程 8-535A
děngchèng 等秤 8-1139B
děngchèng 戥秤 5-233A
dèngchì 瞪眙 7-1258A
dēngchóng 登崇 8-533B
děngchóu 等儔 8-1142A
dèngchú 鐙鋤 11-1398B
dēngchuán 燈船 7-279B
dēngchuāng 燈窗 7-280A
dēngchūntái 登春臺 8-530B
dēngcí 燈詞 7-280A
děngcí 等慈 8-1141B
děngcì 等次 8-1138A
dēngcuàn 登爨 8-540A
děngcuī 等衰 8-1140A
dēngdá 登答 8-535A
dēngdàbǎo 登大寶 8-528A
dēngdài 登帶 8-533A
děngdài 等待 8-1139A
děngdāng 等當 8-1141B
děngdào 等到 8-1138B
děngdào 等道 8-1141A
dèngdào 蹬道 10-558B
dèngdào 隥道 11-1113A
dèngdào 墱道 2-1224B
dèngdào 嶝道 3-868A
dèngdào 磴道 7-1113B
dēngdé 登得 8-534A
děngdé 等得 8-1140B
dēngdēng 登登 8-535B
dēngděng 登等 8-535A
děngděng 等等 8-1141A
dèngdèng 瞪瞪 7-1258A
dèngdèngchǐchǐ 磴磴齒齒 7-1113B
dèngdèngdāidāi 鄧鄧呆呆 10-693A
dēngdēngdǔdǔ 登登篤篤 8-535B
dēngdì 登第 8-533B
děngdì 等地 8-1137A
děngdì 等第 8-1140B
dēngdōng 登東 8-529B
dēngdōngcè 登東廁 8-529B
dēngdōngzāguā 噔咚扎呫 3-513B
dēngdòu 登豆 8-529B
dēngduì 登對 8-536B
dēngdùn 登頓 8-536A
dèng'è 瞪愕 7-1258A
dēng'épūhuǒ 燈蛾撲火 7-280A
děng'érshàngzhī 等而上之 8-1137B
děng'érxiàzhī 等而下之 8-1137B
děng'éxuǎnjǔ 等額選舉 8-1142B
dēngfǎ 燈法 7-279A
děngfēn 等分 8-1137A
děngfèn 等分 8-1137A
dēngfēng 登封 8-530B
dēngfēng 登豐 8-539A
dēngfēngcǎo 登封草 8-530B
dēngfēnglǚrèn 登鋒履刃 8-537B
dēngfēngxiànzhèn 登鋒陷陣 8-537B
dēngfēngzàojí 登峰造極 8-531B
dēngfǔ 登斧 8-530A
dēngfù 登覆 8-539A
děngfù 等賦 8-1142A
dēnggāo 登高 8-532A
dēnggāobìfù 登高必賦 8-532B
dēnggāohuì 登高會 8-532B
dēnggāolǚwēi 登高履危 8-532B
dēnggāonéngfù 登高能賦 8-532B
dēnggāoshuǐ 登高水 8-532B
děnggāoxiàn 等高綫 8-1140A
děnggāozhòngzhí 等高種植 8-1140A
dēnggāozìbēi 登高自卑 8-532B
dēnggē 登哥 8-531B
dēnggē 登歌 8-536A
dēnggē 登謌 8-538B
dēnggé 登格 8-531B
dēnggé 登假 8-533B
dēnggǔ 登穀 8-536B
dènggǔ 鐙骨 11-1398B
dēngguà 燈掛 7-279B
dēngguāng 燈光 7-278B
dēnghào 登耗 8-531A
dēnghào 登號 8-536A
děnghǎo 等好 8-1138A
děnghào 等好 8-1138A
děnghào 等號 8-1141B
děnghào 戥耗 5-233A
dēnghéng 登衡 8-538A
dēnghóng 登閎 8-535A
dēnghóngjiǔlǜ 燈紅酒綠 7-279B
děnghòu 等候 8-1140A
dēnghǔ 燈虎 7-279A
dēnghuā 燈花 7-278B
dēnghuā 鐙花 11-1398B
dēnghuái 登槐 8-535B
děnghū'er 等忽兒 8-1138B
dēnghuì 燈會 7-280B
děnghuì 等惠 8-1140B
dènghuì 鄧惠 10-692B
děnghuì'er 等會兒 8-1141B
dēnghuǒ 燈火 7-278A
dēnghuǒ 鐙火 11-1398B
dēnghuǒdiàn 燈火店 7-278B
dēnghuǒguǎnzhì 燈火管制 7-278B
dēngjī 鷄雞 12-1162B
dēngjī 登基 8-533A
dēngjī 登躋 8-539B
dēngjí 登即 8-529B
dēngjí 登極 8-534B
dēngjì 登績 8-539A

dēngjì 登紀 8-531A
dēngjì 登記 8-532A
dēngjì 登濟 8-539A
dēngjì 燈伎 7-278B
dēngjì 蹬技 10-558A
děngjí 等級 8-1139B
děngjí 等極 8-1140B
děngjí 等籍 8-1142B
děngjǐ 等給 8-1141B
děngjì 等跡 8-1141B
děngjiàjiāohuàn 等價交換
8-1142A
děngjiàliánchéng
等價連城 8-1142A
dēngjiàn 登建 8-530A
dēngjiàn 登踐 8-537A
dēngjiàn 登薦 8-538A
dēngjiǎng 登講 8-538B
dēngjiàng 登降 8-530A
dèngjiāng 鄧漿 10-693A
dèngjiāngní 澄漿泥 6-154A
dèngjiǎo 磴角 7-1113B
dèngjiǎo 鞱脚 12-214A
děngjiāsùyùndòng
等加速運動 8-1137A
dèngjiātóngshān 鄧家銅山
10-692B
dèngjiāwúzǐ 鄧家無子
10-692B
dēngjiē 登階 8-534A
dēngjié 燈節 7-280B
dengjiè 登戒 8-529B
dèngjié 澄結 6-153A
dēngjièyóufāng 登界游方
8-530B
dēngjìn 登進 8-533B
dēngjìn 燈燼 7-281B
děngjìng 等競 8-1142B
dēngjǔ 登舉 8-538A
dēngjù 燈具 7-279A
dēngjù 燈炬 7-279A
dèngjú 鄧橘 10-693A
dēngjùn 登餕 8-537B
dēngkān 燈龕 7-281B
dēngkē 登科 8-531A
dēngkè 登課 8-537B
děngkē 等科 8-1139A
dēngkēdì 登科第 8-531A
dēngkējì 登科記 8-531A
dēngkējiǎ 登科甲 8-531A
dēngkēlù 登科録 8-531A
dēngkēng 登坑 8-529B
dēngkōng 蹬空 10-558A
dēnglǎn 登擥 8-539A
dēnglǎn 登覽 8-539B
děnglángxí 等郎媳 8-1139A
dēnglè 登勒 8-533A
děnglèi 等類 8-1142B
dēngléng 噔楞 3-513B
dēnglǐ 登禮 8-539A
dēnglì 登歷 8-538A
dēnglì 簦笠 8-1260B
dēngliáng 登良 8-529B
děngliàng 等量 8-1140B
dēngliàng'er 燈亮兒 7-279B
děngliàngqíguān 等量齊觀
8-1140B
dènglícángshēn 鐙裏藏身
11-1398B
děngliè 等列 8-1137B
dēnglín 登臨 8-538B
dènglín 鄧林 10-692B
dēngliú 登留 8-532A
děngliú 等流 8-1140A
dèngliú 墱流 2-1224B
děnglǐxiāngkàng 等禮相亢
8-1142A
děnglízǐtài 等離子態
8-1142B
děnglízǐtǐ 等離子體
8-1142B
dēnglóng 登隆 8-534A
dēnglóng 登龍 8-538A
dēnglóng 燈籠 7-281B
dēnglǒng 登隴 8-539A
dēnglǒng 登壟 8-539B
dēnglóngjǐn 燈籠錦 7-281B
dēnglóngkù 燈籠褲 7-281B
dēnglóngmén 登龍門 8-538B
dēnglóngshù 登龍術 8-538B
dēnglóngwèi 登龍位 8-538B
dēnglóu 登樓 8-537A
dēnglóu 燈樓 7-281A
dēnglòu 燈漏 7-280B
dēnglóufù 登樓賦 8-537A
dēnglù 登陸 8-533A
dēnglù 登路 8-536A
dēnglù 登録 8-538A
dènglù 磴路 7-1113B
dènglǔlúndūn 鄧虜淪敦
10-693A
dēnglún 燈輪 7-281A
děnglún 等倫 8-1140A
dènglǜ 澄濾 6-154B
dēngmǎ 燈馬 7-279B
dēngmài 登邁 8-536B
dēngméi 燈煤 7-280B
dèngméichēngyǎn 瞪眉瞠眼
7-1258A
dēngmén 登門 8-530A
dèngméng 瞪瞢 7-1258A
dèngméng 瞪矒 7-1258B
dēngmí 燈謎 7-281A
dèngmiǎn 瞪眄 7-1258A
dēngmiào 登廟 8-537B
dēngmíng 登名 8-529A
dēngmíng 登明 8-530A
děngmǐxiàguō 等米下鍋
8-1138A
dèngmò 澄漠 6-153B
dèngmóu 瞪眸 7-1258A
dēngmù 登木 8-528B
dèngmù 瞪目 7-1257B
dèngmùchǐkǒu 瞪目哆口
7-1257B
dèngmùjiéshé 瞪目結舌
7-1257B
dēngmùqiúyú 登木求魚
8-528B
dēngnà 登納 8-533A
děngnài 等耐 8-1139A
dēngnàn 登難 8-539A
dēngnéng 登能 8-533A
dèngní 澄泥 6-152A
dēngnián 登年 8-529A
dēngniǎn 燈捻 7-279B
dēngniè 登躡 8-540A
dèngníyàn 澄泥硯 6-152A
dēngpān 登攀 8-539A
dēngpán 登盤 8-537B
děngpán'er 等盤兒 8-1142A
dēngpào 燈泡 7-279A
dēngpèi 登配 8-531B
dēngpéngyíng 登蓬瀛 8-535B
dēngpí 登陴 8-533A
dēngpǐn 燈品 7-279A
dēngpíng 登平 8-528B
děngpíng 等平 8-1137A
dēngqī 登棲 8-534B
dēngqī 燈期 7-280A
dēngqí 登祇 8-530A
dēngqǐ 登起 8-531B
děngqī 等期 8-1140B
děngqí 等齊 8-1141B
děngqì 等契 8-1139A
dēngqiáng 登牆 8-539A
dēngqiétuó 登伽佗 8-529B
děngqīn 等親 8-1142A
dēngqīng 燈青 7-279A
dēngqíng 燈檠 7-281A
děngqíng 等情 8-1140B
dèngqīng 澄清 6-153A
děngqíngjùcǐ 等情據此
8-1140B
dēngqiū 登秋 8-530B
dēngqiú 燈毬 7-279B
dēngqiú 燈球 7-279B
dēngqū 登軀 8-539A
dēngrén 燈人 7-278A
dēngrěn 登稔 8-536A
děngrén 等人 8-1136B
dēngrén'er 燈人兒 7-278A
dēngrì 登日 8-528B
děngrì 等日 8-1137A
dēngsān 登三 8-527B
dēngsǎn 燈傘 7-280A
dēngsè 燈色 7-278B
dēngsēng 登僧 8-536B
dēngshā 登殺 8-532A
dèngshā 澄沙 6-151B
dèngshā 鄧沙 10-692B
děngshài 等殺 8-1140A
dēngshān 登山 8-528A
dēngshān 燈山 7-278A
dēngshàn 登禪 8-538B
dēngshàn 登善 8-535A
dēngshàn 登膳 8-538A
dèngshān 鄧山 10-692A
dēngshānjī 登山屐 8-528A
dēngshānlínshuǐ 登山臨水
8-528A
dēngshānshèshuǐ 登山涉水
8-528A
dēngshānyùndòng 登山運動
8-528A
dèngshātàilì 澄沙汰礫
6-151B
dēngshè 登涉 8-532B
děngshēn 等身 8-1138A
dēngshēng 登升 8-528B
děngshēnjīn 等身金 8-1138B
děngshēnqí 等身齊 8-1138B
děngshēnshū 等身書 8-1138B
děngshēntú 等身圖 8-1138B
děngshēnzhùzuò 等身著作
8-1138B
dēngshí 登時 8-531B
dēngshí 登實 8-536B
dēngshì 登仕 8-528B
dēngshì 燈市 7-278B
dēngshì 燈事 7-279A
děngshí 等時 8-1139B
děngshì 等式 8-1137A
děngshì 等事 8-1138B
děngshì 等是 8-1139A
děngshì 等視 8-1140B
dèngshī 鄧師 10-692B
dèngshí 嶝石 3-868A
dèngshí 磴石 7-1113B
dèngshí 饓食 12-583A
dèngshì 瞪眂 7-1258A
dèngshì 瞪視 7-1258A
dēngshíjiān 登時間 8-531B
dèngshìtóngshān 鄧氏銅山
10-692A
dēngshòu 登受 8-530A
dēngshòu 登壽 8-536A
děngshǒu 等守 8-1138A
dēngshǒudēngjiǎo
登手登脚 8-528B
dēngshū 登樞 8-537A
dēngshú 登孰 8-534A
dēngshú 登熟 8-537B
dēngshù 燈樹 7-281A
děngshū 等殊 8-1139B
děngshù 等數 8-1142A
dēngsī 燈絲 7-280A
dēngsì 登祀 8-529B
dèngsī 鄧緦 10-693A
dēngsù 登粟 8-534B
dēngsuì 登歲 8-536A
dēngsuì 燈穗 7-281B
dēngsuìzi 燈穗子 7-281B
dēngsǔn 登損 8-535B
děngsùyùndòng 等速運動
8-1139B
dēngtǎ 燈塔 7-279B
dēngtà 蹬躂 10-558B
dēngtà 蹬踏 10-558B
dēngtái 登臺 8-536A
dēngtái 燈臺 7-280B
dēngtái 鐙臺 11-1398B
dèngtài 澄汰 6-151B
dēngtáibàijiàng 登臺拜將
8-536A
dēngtáibùzhàozì

燈臺不照自 7-280B
dēngtáibùzìzhào 燈臺不自照 7-280B
dēngtáishǒu 燈臺守 7-280B
dēngtán 登壇 8-537B
dēngtán 蹬彈 10-558B
dēngtàn 登探 8-533A
dēngtánbàijiàng 登壇拜將 8-538A
dēngtáng 登堂 8-533A
dēngtángrùshì 登堂入室 8-533A
dēngtī 蹬梯 10-558A
dēngtiān 登天 8-528B
dēngtiào 登眺 8-533B
dēngtǒng 燈筩 7-280B
děngtóng 等同 8-1137B
dèngtōng 鄧通 10-692B
dèngtōngqián 鄧通錢 10-692B
dèngtōngshān 鄧通山 10-692B
dēngtóu 燈頭 7-281A
děngtóu 等頭 8-1142A
děngtóu 戥頭 5-233A
děngtóukōng 等頭空 8-1142A
dēngtú 登徒 8-532A
dēngtú 登途 8-532A
dēngtú 登塗 8-536A
dēngtuō 蹬脱 10-558B
děngtuó 等陀 8-1138B
dēngtúzǐ 登徒子 8-532A
dēngwāi 蹬歪 10-558B
děngwài 等外 8-1137A
děngwàipǐn 等外品 8-1137A
dēngwǎn 燈盌 7-279B
dēngwǎn 燈椀 7-280A
dēngwáng 鐙王 11-1398B
dēngwàng 登望 8-534A
děngwàng 等望 8-1140B
dēngwèi 登位 8-529B
děngwēi 等威 8-1139A
děngwèi 等爲 8-1141A
děngwèi 等位 8-1138A
dèngwèi 鄧尉 10-692B
dēngwén 登聞 8-536B
dēngwéngǔ 登聞鼓 8-536B
děngwēnxiàn 等温綫 8-1141A
dēngwō 燈窩 7-280B
děngwǔ 等仵 8-1138A
děngwù 等務 8-1140A
dèngwù 櫈杌 4-1354A
děngwújiànyuán 等無間緣 8-1141A
dēngxī 登巇 8-539B
dēngxī 燈夕 7-278A
dēngxí 登席 8-532B
dēngxiá 登假 8-535A
dēngxiá 登假 8-533B
dēngxiá 登遐 8-535B
dēngxiá 登霞 8-538B
dēngxià 登下 8-528A
dēngxiān 登仙 8-529A
dēngxiān 登僊 8-536B
dēngxián 登閑 8-535A
dēngxián 登賢 8-537A
dēngxiǎn 登顯 8-539B
dēngxiàn 登獻 8-539B
děngxián 等閒 8-1141B
děngxián 等閑 8-1141A
dēngxiāng 登相 8-530B
dēngxiāng 登廂 8-535A
dēngxiàng 登相 8-530B
děngxiánjiān 等閒間 8-1141B
děngxiánrénjiā 等閒人家 8-1141B
děngxiánshìzhī 等閒視之 8-1141B
děngxiánshìzhī 等閑視之 8-1141A
dēngxiánshū 登賢書 8-537A
dēngxiāo 登霄 8-537A
dēngxiāo 燈宵 7-279B
dēngxiào 登嘯 8-538A
děngxiào 等效 8-1140A
dèngxiāo 鄧蕭 10-693A
dēngxiázi 燈匣子 7-279A
dēngxiè 燈灺 7-279A
dēngxiè 燈炧 7-279B
děngxiē 等歇 8-1141B
dēngxīn 登心 8-528B
dēngxīn 燈心 7-278B
dēngxīn 燈芯 7-278B
dēngxīncǎo 燈心草 7-278B
dēngxīng 登興 8-538A
dēngxīnquán 蹬心拳 10-558A
dēngxīnquántou 蹬心拳頭 10-558A
dēngxīnróng 燈心絨 7-278B
dēngxū 登虛 8-533A
dēngxù 登敍 8-534A
dēngxù 登敘 8-534A
děngxù 等敘 8-1139A
dēngxué 登學 8-538A
dèngxué 鄧穴 10-692A
dēngxún 登尋 8-535A
dēngyán 登延 8-529A
dēngyǎn 登衍 8-531A
dēngyàn 燈宴 7-279B
dēngyàn 燈焰 7-280A
dēngyàn 燈燄 7-281A
dèngyǎn 瞪眼 7-1258A
dēngyàng 登様 8-537A
děngyàng 等様 8-1141B
dèngyǎnjīngchuīhúzi 瞪眼睛吹鬍子 7-1258A
dèngyǎnxiā 瞪眼瞎 7-1258A
dèngyǎnzéshé 瞪眼咋舌 7-1258A
dēngyào 登曜 8-539A
děngyāosānjiǎoxíng 等腰三角形 8-1141B
děngyāxiàn 等壓綫 8-1142A
dēngyè 燈夜 7-279A
dēngyí 登儀 8-537B
dēngyì 登翼 8-539A
děngyí 等夷 8-1137B
děngyí 等宜 8-1139A
děngyì 等異 8-1140B
děngyīdàchē 等一大車 8-1136B
dēngyīn 登闉 8-539A
děngyīn 等因 8-1138A
dèngyìn 澄窨 6-153B
děngyīnfèngcǐ 等因奉此 8-1138A
dēngyíng 登盈 8-531A
dēngyíng 登瀛 8-539B
dēngyǐng 燈影 7-281A
dēngyǐngxì 燈影戲 7-281A
dēngyíngzhōu 登瀛洲 8-539B
děngyízhīxīn 等夷之心 8-1137B
děngyízhīzhì 等夷之志 8-1137B
dēngyōng 登庸 8-534A
dēngyòng 登用 8-529A
dēngyóu 登遊 8-535A
dēngyóu 燈油 7-279A
dēngyòu 登侑 8-530A
děngyóu 等由 8-1137A
dèngyōuwúzǐ 鄧攸無子 10-692A
dèngyōuyōu 鄧攸憂 10-692B
dēngyǔ 燈語 7-280B
dēngyù 登御 8-535A
dēngyù 登譽 8-539B
děngyú 等于 8-1136B
děngyú 等於 8-1138B
dēngyuán 登緣 8-537B
dēngyuàn 登願 8-539B
dēngyūn 燈暈 7-280A
dēngyún 登雲 8-534B
dēngyúnlǚ 登雲履 8-535A
dēngyúntī 登雲梯 8-535A
dēngzǎi 登宰 8-532B
dēngzài 登載 8-535B
dēngzào 登造 8-531B
děngzé 等則 8-1139A
dēngzhāi 登齋 8-538B
dēngzhǎn 燈盞 7-280A
dèngzhàn 磴棧 7-1113B
dēngzhàng 登帳 8-533B
děngzhàng 等杖 8-1138A
dèngzhàng 鐙仗 11-1398B
dèngzhàng 鐙杖 11-1398B
dēngzhāo 登昭 8-530B
dēngzhào 燈罩 7-280A
dēngzhēn 登真 8-531B
děngzhèn 等陣 8-1139B
dēngzhēng 登丁 8-527B
dēngzhì 登陟 8-531A
děngzhī 等之 8-1136B
děngzhì 等志 8-1138A
děngzhì 等置 8-1141B
děngzhíxiàn 等值綫 8-1139B
dēngzhóu 登軸 8-534B
dēngzhú 燈燭 7-281B
dēngzhù 燈炷 7-279B
děngzhùhuí 等住回 8-1138A
dèngzhuì 澄墜 6-153B
dēngzhuó 登擢 8-538B
dèngzhuó 隥彴 11-1113A
děngzi 等子 8-1136B
děngzi 戥子 5-232B
dèngzi 凳子 2-293B
dēngzú 蹬足 10-558A
dēngzuò 登阼 8-529B
dēngzuò 登祚 8-531A
dēngzuò 登座 8-532B
dēngzuò 燈座 7-279B
dénián 得年 3-992B
déniàn 德念 3-1072A
dénuè 德虐 3-1073A
dépèi 德配 3-1073B
dépèitiāndì 德配天地 3-1073B
dépéng 得朋 3-994B
déqì 得氣 3-995B
déqì 德器 3-1076A
déqiǎo 得巧 3-991B
déqǐng 得請 3-1000B
déqísuǒ 得其所 3-993B
déqísuǒzāi 得其所哉 3-993B
déqù 得趣 3-1000A
déquán 得全 3-992B
déquán 德全 3-1071B
déquánrúzuì 德全如醉 3-1071B
déràng 德讓 3-1076B
déráorénchù… 得饒人處且饒人 3-1001A
dérén 得人 3-989B
dérén 德人 3-1070B
dérénxīn 得人心 3-989B
dérényì 得人意 3-990A
déróng 德容 3-1074A
déróngyángōng 德容言功 3-1074A
dérùn 德潤 3-1075B
désàng 得喪 3-997A
désè 得色 3-993A
désè 德色 3-1071B
déshén 得神 3-995B
déshēng 德聲 3-1076A
déshèng 得勝 3-997B
déshèngguà 得勝褂 3-998A
déshènghuícháo 得勝回朝 3-997B
déshènghúlú 得勝葫蘆 3-997B
déshènglìng 得勝令 3-997B
déshèngtóuhuí 得勝頭回 3-998A
déshèngtóuhuí 得勝頭迴 3-998A
déshèngtóuhuí 德勝頭廻 3-1074B
déshī 得失 3-991B
déshī 德施 3-1073B
déshí 得時 3-995B
déshí 得實 3-1000A

déshǐ 得使 3-994A
déshì 得士 3-990A
déshì 得勢 3-998B
déshì 得適 3-1000A
déshì 德士 3-1070B
déshǒu 得手 3-991A
déshǒu 德守 3-1071B
déshòu 得售 3-996B
déshòu 得壽 3-999B
déshòu 德壽 3-1075A
déshòugōng 德壽宮 3-1075A
déshǒuyìngxīn 得手應心 3-991A
déshù 得數 3-1000B
déshuāngyīng 得霜鷹 3-1000B
déshuǐ 德水 3-1071A
désǐ 得死 3-992B
désì 得似 3-992B
désù 德素 3-1073B
désuàn 得算 3-999B
désuí 德綏 3-1075A
désuì 得歲 3-998B
désuǒ 得所 3-994A
détǐ 得體 3-1001B
détǐ 德體 3-1076B
détiān 得天 3-990B
détiāndúhòu 得天獨厚 3-990B
détú 得途 3-996A
détuō 得托 3-992B
détuō 得脱 3-996B
détùwàngtí 得兔忘蹄 3-994B
déwáng 得亡 3-990B
déwàng 德望 3-1074A
déwēi 德威 3-1072B
déwèi 得位 3-993B
déwèicéngyǒu 得未曾有 3-991B
déwèichángyǒu 得未嘗有 3-991B
déwèn 德問 3-1074A
déwú 得毋 3-991B
déwú 得無 3-997B
déwù 得勿 3-991B
déxī 得悉 3-996B
déxiān 得仙 3-992A
déxián 得閒 3-998B
déxián 得閑 3-998A
déxiàn 德憲 3-1076A
déxīn 得心 3-991B
déxīn 得辛 3-993B
déxīn 德心 3-1071A
déxīn 德馨 3-1076B
déxìn 德信 3-1073A
déxing 德行 3-1071B
déxing 德性 3-1072B
déxīng 德星 3-1073A
déxíng 得行 3-992B
déxíng 德刑 3-1071A
déxíng 德行 3-1071B
déxìng 得姓 3-994B
déxìng 得幸 3-993B
déxìng 得性 3-994B
déxìng 德性 3-1072B
déxīnyìngshǒu 得心應手 3-991B
déxióng 得雄 3-997B
déxiù 德宿 3-1074A
déxuǎn 德選 3-1075B
déyán 得言 3-993B
déyán 德言 3-1072A
déyǎn 得眼 3-996A
déyáng'ēnpǔ 德洋恩普 3-1073B
déyàng'er 得樣兒 3-1000A
déyángōngmào 德言工貌 3-1072A
déyángōngróng 德言工容 3-1072A
déyánrónggōng 德言容功 3-1072A
déyào 得要 3-995A
déyào 德曜 3-1076B
déyào 德耀 3-1076B
déyè 德業 3-1074B
déyěmó 得也麼 3-990B
déyī 得一 3-989B
déyī 得壹 3-997A
déyí 得宜 3-994B
déyǐ 得已 3-990B
déyǐ 得以 3-991B
déyì 得益 3-996A
déyì 得意 3-999A
déyì 德意 3-1075A
déyì 德義 3-1075A
déyì 德藝 3-1076B
déyīn 德音 3-1073A
déyíng 得贏 3-1001A
déyīqián 得壹錢 3-997A
déyìwàngxiàng 得意忘象 3-999B
déyìwàngxíng 得意忘形 3-999B
déyìwàngyán 得意忘言 3-999B
déyìyángyáng 得意洋洋 3-999B
déyìyángyáng 得意揚揚 3-999B
déyīyuánbǎo 得一元寶 3-989B
déyīyuánbǎo 得壹元寶 3-997A
déyōng 德庸 3-1074A
déyòng 得用 3-992A
déyóu 德輶 3-1076A
déyǒu 德友 3-1071A
déyóurúmáo 德輶如毛 3-1076A
déyóurúyǔ 德輶如羽 3-1076A
déyú 得輿 3-1000B
déyú 德隅 3-1074B
déyǔ 德宇 3-1071B
déyǔ 德寓 3-1074B
déyù 德育 3-1072A
déyù 德譽 3-1076B
déyuán 德元 3-1070B
déyuángōng 德垣宮 3-1072B
déyuè 得月 3-991A
déyún 德雲 3-1074B
déyùn 德運 3-1074B
déyúwàngquán 得魚忘荃 3-997A
déyúwàngquán 得魚忘筌 3-997A
dézé 德澤 3-1076A
dézháo 得着 3-997A
dezhè 的這 8-253A
dézhè 得這 3-996B
dézhèng 得正 3-991B
dézhèng 得政 3-995A
dézhèng 德政 3-1072B
dézhèngbēi 德政碑 3-1072B
dézhī 得知 3-994A
dézhí 得職 3-1001A
dézhǐ 得旨 3-993A
dézhì 得志 3-993A
dézhìbǎo 得至寶 3-992B
dézhōng 得中 3-991A
dézhōng 得衷 3-996A
dézhòng 得中 3-991A
dézhòng 得衆 3-997B
dézuì 得罪 3-999A
dézuì 得辠 3-999A
dézūnwàngzhòng 德尊望重 3-1074B
dézuò 德祚 3-1073B
dī'ǎi 低矮 1-1273B
dī'ài 低隘 1-1273B
dī'àn 低黯 1-1275A
dī'àn 隄岸 11-1062A
dī'àn 堤岸 2-1147B
dǐ'àn 詆案 11-114A
diàn'ài 墊隘 2-1186B
diǎn'àn 典案 2-116A
diàn'ān 奠安 2-1557B
diǎn'ào 典奧 2-116B
diǎn'ào 簟隩 8-1195B
diānbá 顛跋 12-348A
diànbá 電拔 11-669B
diǎnbādiǎn 點把點 12-1350B
diānbài 顛敗 12-347B
diǎnbái 點白 12-1349B
diànbàn 店伴 3-1213A
diànbàn 墊辦 2-1187A
diànbāng 殿邦 6-1502A
diànbǎng 殿榜 6-1503B
diànbàng 電棒 11-673A
diǎnbǎo 典寶 2-119B
diǎnbǎo 點寶 12-1358A
diànbáo 電雹 11-673B
diànbào 電報 11-672B
diānbèi 顛狽 12-347A
diānbèi 攧背 6-983A
diànbèi 墊背 2-1186A
diànbēn 電奔 11-670A
diànběn 殿本 6-1501B
diànběn 墊本 2-1185B
diǎnbǐ 點比 12-1348B
diǎnbǐ 點筆 12-1354B
diǎnbì 點壁 12-1357B
diànbǐ 電筆 11-673A
diànbì 殿陛 6-1502B
diǎnbiān 典邊 2-119A
diǎnbiān 點編 12-1356A
diǎnbiàn 典變 2-120A
diànbiān 電鞭 11-676A
diànbiāo 電熛 11-675A
diànbiǎo 電表 11-669B
diǎnbìn 點鬢 12-1358A
diǎnbīng 典兵 2-113B
diǎnbīng 點兵 12-1351A
diànbīng 殿兵 6-1502A
diànbīnggui 電冰櫃 11-669B
diànbīngxiāng 電冰箱 11-669A
diānbō 顛波 12-345B
diānbō 顛播 12-349B
diānbó 顛踣 12-349B
diānbǒ 顛跛 12-348A
diānbǒ 顛簸 12-351B
diǎnbō 點撥 12-1356A
diǎnbō 點播 12-1356A
diǎnbó 典博 2-116B
diànbō 電波 11-670A
diānbǒbùpò 顛簸不破 12-351B
diǎnbǔ 點補 12-1354B
diǎnbù 典簿 2-119B
diǎnbù 踮步 10-511A
diànbu 墊補 2-1186B
diànbù 驔步 12-898A
diānbùlá 顛不剌 12-343B
diānbùlà 顛不辣 12-344A
diǎncái 典裁 2-116B
diǎncài 點菜 12-1353B
diàncái 墊財 2-1186A
diàncǎi 電采 11-670A
diàncān 驔驂 12-898A
diàncǎn [illegible]穇 8-152A
diǎncāng 點蒼 12-1355A
diāncǎo 顛草 12-345B
diàncǎo 靛草 11-577A
diǎncǎojià 點草架 12-1352A
diǎncè 典册 2-113A
diǎncè 典策 2-116B
diǎncè 點册 12-1350A
diàncè 電策 11-673A
diǎnchá 點查 12-1352A
diǎnchá 點茶 12-1352A
diànchá 電察 11-674B
diǎnchāi 點差 12-1352B
diànchán 鈿蟬 11-1232A
diǎncháng 典常 2-116A
diǎnchàng 點唱 12-1354A
diànchàngjī 電唱機 11-672A
diànchàngtóu 電唱頭 11-672A
diànchē 鈿車 11-1231B
diànchē 電車 11-669B
diànchè 電掣 11-673A
diànchèfēngchí 電掣風馳 11-673A

diānchén 顛沉 12-345A
diànchén 玷塵 4-533A
diànchén 電陳 11-671B
diǎnchéng 典成 2-113B
diǎnchéng 典城 2-114B
diǎnchéng 典程 2-116B
diǎnchéng 點呈 12-1351A
diànchèxīngchí 電掣星馳 11-673A
diānchī 顛癡 12-351B
diānchí 滇池 6-6A
diānchí 顛馳 12-348B
diānchǐ 顛齒 12-349B
diànchí 電池 11-669B
diànchí 電馳 11-673B
diànchǐ 鈿尺 11-1231A
diǎnchōng 點充 12-1350B
diànchóu 奠酬 2-1558A
diǎnchóuláng 點籌郎 12-1357B
diǎnchú 點除 12-1353A
diǎnchù 點觸 12-1358A
diànchuàiwō 墊踹窩 2-1186B
diānchuǎn 顛舛 12-344B
diànchuán 電船 11-672A
diànchuǎn'er 墊喘兒 2-1186B
diānchuí 玷捶 4-533A
diànchuīfēng 電吹風 11-669B
diǎnchún 點唇 12-1353A
diǎnchún 點脣 12-1353B
diànchūn 殿春 6-1502A
diānchúnbǒzuǐ 顛唇簸嘴 12-346A
diānchúnbǒzuǐ 攧脣簸嘴 6-983A
diānchúnguàchǐ 呫脣掛齒 3-391A
diǎncí 典辭 2-119B
diǎncì 點次 12-1350B
diàncígǎnyìng 電磁感應 11-674B
diàncōng 電驄 11-675B
diāncù 顛蹙 12-350B
diǎncù 點簇 12-1357A
diāncuàn 顛竄 12-351A
diǎncuān 點攛 12-1358A
diǎncuān 點躥 12-1358A
diǎncuàn 典爨 2-120A
diǎncuàn 點竄 12-1357B
diāncuì 顛瘁 12-348B
diǎncuì 點翠 12-1355B
diàncuì 奠竄 2-1558B
diàncuì 鈿翠 11-1232A
diǎncún 點存 12-1350A
diāncuò 顛錯 12-350A
diāndā 顛搭 12-347B
diāndá 顛答 12-348A
diǎndá 典達 2-116B
diàndá 電達 11-672B
diàndà 電大 11-668A
diǎndài 點黛 12-1357B
diāndāng 顛當 12-348B
diāndàng 顛蕩 12-349B
diǎndāng 典當 2-117A
diǎndàng 典當 2-117A
diāndǎo 顛倒 12-346A
diāndǎo 巔倒 3-878A
diāndào 呫道 3-391A
diāndào 傎倒 1-1597A
diāndào 傎到 1-1597A
diāndào 顛到 12-345B
diàndāo 墊刀 2-1185B
diāndǎodiān 顛倒顛 12-347A
diāndǎohēibái 顛倒黑白 12-347A
diāndǎoshìfei 顛倒是非 12-346B
diāndǎoyīcháng 顛倒衣裳 12-346B
diàndēng 電燈 11-675B
diàndēngpào 電燈泡 11-675B
diāndì 巔墒 3-878A
diǎndī 點滴 12-1355B
diǎndì 典地 2-113A
diǎndì 點的 12-1351B
diǎndì 點地 12-1350A
diàndǐ 店底 3-1213A
diàndì 甸地 7-1303A
diāndiān 呫呫 3-391A
diāndiān 蹎蹎 10-527A
diǎndiǎn 點點 12-1357A
diàndiàn 涏涏 5-1157B
diāndiānchīchī 顛顛癡癡 12-351A
diāndiānchīchī 癲癲痴痴 8-371B
diǎndiǎnchùchù 點點搐搐 12-1357A
diāndiāndǎodǎo 顛顛倒倒 12-351A
diāndiāndǎodǎo 癲癲倒倒 8-371B
diǎndiǎnshuòshuò 點點搠搠 12-1357A
diāndiào 顛掉 12-347A
diàndiào 電調 11-675A
diāndiē 蹎跌 10-526B
diāndiē 顛跌 12-348A
diāndǐng 顛頂 12-347A
diǎndǐng 碘酊 7-1055B
diǎndìng 典定 2-114A
diǎndìng 點定 12-1352A
diàndǐng 奠鼎 2-1558A
diàndìng 奠定 2-1557B
diāndōng 顛東 12-345B
diāndǒng 顛懂 12-350A
diāndòng 顛動 12-347B
diàndōng 店東 3-1213A
diàndòng 電動 11-672A
diàndòngjī 電動機 11-672A
diàndòngtìxūdāo 電動剃鬚刀 11-672A
diàndōu 佔侸 1-1238A
diǎndòu 點逗 12-1353A
diǎndū 點玨 12-1350B
diǎndù 典度 2-115A
diàndū 奠都 2-1557B
diàndú 玷瀆 4-533A
diànduàn 電斷 11-676A
diàndùbiǎo 電度表 11-670B
diānduì 掂對 6-701B
diǎnduì 點對 12-1355B
diànduì 電碓 11-673B
diāndùn 顛頓 12-348B
diānduō 敁敠 5-422B
diānduō 拈敠 6-451B
diānduō 拈掇 6-451A
diānduó 掂度 6-701A
diānduó 掂掇 6-701B
diānduó 顛奪 12-349A
diānduò 顛墮 12-349A
diǎnduò 點剁 12-1351B
diàndūzhī 店都知 3-1213A
diǎn'é 點額 12-1357B
diàn'ěrgē 店二哥 3-1213A
diǎnfā 點發 12-1354B
diǎnfǎ 典法 2-114A
diànfā 電發 11-673B
diànfā 墊發 2-1186B
diànfá 殿罰 6-1503B
diānfān 顛番 12-348A
diānfān 顛翻 12-350B
diānfān 攧番 6-983A
diānfān 攧翻 6-983B
diǎnfān 典藩 2-119A
diǎnfàn 典範 2-118A
diànfànbāo 電飯煲 11-673A
diǎnfàng 點放 12-1351B
diànfáng 店房 3-1213A
diànfànguō 電飯鍋 11-673A
diānfèn 顛僨 12-349A
diǎnfén 典賁 2-116B
diǎnfén 典墳 2-117B
diànfěn 澱粉 6-179B
diànfèn 奠分 2-1557B
diānfēng 顛風 12-345B
diànfēng 癜風 8-360A
diànfēngshàn 電風扇 11-670B
diānfú 顛匐 12-347B
diānfù 顛覆 12-350B
diànfú 甸服 7-1303A
diànfú 簟茀 8-1241B
diànfù 殿負 6-1502B
diànfù 電父 11-668B
diànfù 電赴 11-670A
diànfù 電覆 11-676A
diànfù 墊付 2-1185B
diànfùnóng 佃富農 1-1242B
dī'áng 低昂 1-1271A
dī'áng 低卬 1-1270A
diǎngāi 典該 2-117A
diàngǎi 電改 11-669B
diǎngàn 典幹 2-117A
diǎngāng 點鋼 12-1356B
diàngāng 靛缸 11-577A
diǎngào 典誥 2-117B
diàngǎo 電稿 11-675A
diàngào 電告 11-669B
diāngē 顛歌 12-349A
diǎngē 點歌 12-1355B
diàngē 電割 11-673B
diàngé 殿閣 6-1503B
diàngōng 電工 11-668A
diǎngǔ 點鼓 12-1355A
diǎngù 典故 2-114B
diǎngù 典雇 2-117A
diǎnguā 點瓜 12-1349B
diànguà 惦挂 7-604A
diānguài 顛怪 12-345B
diǎnguān 典冠 2-115A
diànguān 甸官 7-1303B
diànguāng 電光 11-669A
diànguāngchóu 電光綢 11-669A
diànguāngshíhuǒ 電光石火 11-669A
diānguǐ 癲鬼 8-371A
diǎnguǐ 點鬼 12-1352B
diǎnguǐbù 點鬼簿 12-1352B
diǎnguǐlù 點鬼錄 12-1352B
diàngǔnzi 電滾子 11-674A
diāngǔzi 顛骨子 12-345B
diànhài 電駭 11-675B
diǎnhàn 點焊 12-1354A
diǎnhàn 點翰 12-1356A
diànhán 鈿函 11-1231B
diànhàn 電焊 11-672A
diànhàn 靛頷 11-577B
diànhào 店號 3-1213B
diǎnhé 典核 2-115B
diànhē 殿呵 6-1502A
diànhé 鈿合 11-1231A
diànhé 鈿盒 11-1231B
diànhè 殿喝 6-1503A
diànhè 電荷 11-670B
diànhè 電賀 11-673B
diànhè 電赫 11-674A
diànhéjīnchāi 鈿合金釵 11-1231A
diànhóng 電虹 11-670A
diǎnhòu 典厚 2-115A
diànhóu 甸侯 7-1303B
diànhòu 殿後 6-1502A
diǎnhū 點呼 12-1351B
diǎnhù 典笏 2-115B
diǎnhù 典護 2-119B
diànhú 電弧 11-670A
diànhǔ 殿虎 6-1502A
diànhù 佃户 1-1242B
diǎnhuá 點劃 12-1355B
diǎnhuà 點化 12-1349A
diǎnhuà 點畫 12-1354B
diànhuā 靛花 11-577A
diànhuà 電話 11-674A
diànhuà 墊話 2-1186B
diǎnhuāchá 點花茶 12-1350B
diànhuàhuìyì 電話會議 11-674A
diànhuàjī 電話機 11-674A
diànhuàjiàoyù 電化教育 11-668B
diànhuàjú 電話局 11-674A
diǎnhuán 點鬟 12-1358A

diǎnhuāpái 點花牌 12-1351A
diànhuāqīng 靛花青 11-577A
diànhuàtíng 電話亭 11-674A
diànhúhànjiē 電弧焊接 11-670A
diānhuī 顛隳 12-350B
diǎnhuì 點穢 12-1357B
diànhuī 鈿徽 11-1232A
diànhuī 電揮 11-672B
diànhuī 電麾 11-675A
diànhuì 玷穢 4-533A
diànhuì 電匯 11-673B
diànhūn 墊昏 2-1185B
diǎnhuǒ 點火 12-1349A
diànhuǒ 店夥 3-1213B
diànhuǒ 電火 11-668B
diānjī 顛隮 12-350A
diānjī 顛躋 12-351B
diānjí 顛疾 12-347A
diānjí 巔疾 3-878A
diānjī 顛擠 12-350A
diǎnjī 點飢 12-1353B
diǎnjī 點饑 12-1357B
diǎnjí 典籍 2-119B
diǎnjí 點集 12-1354B
diǎnjí 點籍 12-1357B
diǎnjì 典計 2-115A
diǎnjì 典記 2-115B
diǎnji 點計 12-1352B
diànjī 甸畿 7-1303B
diànjī 奠基 2-1558A
diànjī 電激 11-675B
diànjī 電擊 11-675B
diànjí 電極 11-673A
diànjǐ 電戟 11-673A
diànjì 惦記 7-604A
diànjì 奠祭 2-1558A
diānjiā 顛茄 12-345A
diànjiā 店家 3-1213A
diànjiá 電鋏 11-675A
diànjiǎ 電甲 11-668B
diǎnjiǎn 點檢 12-1356B
diǎnjiàn 點見 12-1351A
diànjiān 墊肩 2-1185B
diànjiǎn 奠繭 2-1558B
diànjiàn 電鑒 11-676B
diānjiāng 顛僵 12-350A
diānjiāng 顛殭 12-350B
diǎnjiàng 典將 2-116B
diǎnjiàng 點將 12-1354A
diǎnjiàngchún 點絳脣 12-1354B
diǎnjiàngchún 點絳脣 12-1355A
diǎnjiànglù 點將録 12-1354A
diǎnjiǎnsuǒ 點檢所 12-1357A
diǎnjiāo 點交 12-1350B
diǎnjiǎo 踮脚 10-511A
diǎnjiào 典教 2-116A
diǎnjiào 典校 2-115B
diǎnjiào 點校 12-1353A
diànjiǎo 殿脚 6-1503A
diànjiǎo 電脚 11-672A
diànjiǎo 墊角 2-1185B
diànjiǎo 墊脚 2-1186A
diànjiào 電教 11-671B
diànjiào 電醮 11-676B
diànjiǎodèng 墊脚凳 2-1186A
diànjiǎonǚ 殿脚女 6-1503A
diànjiǎoshí 墊脚石 2-1186A
diànjiǎoxiāo 澱腳綃 6-179B
diǎnjiě 點解 12-1355A
diǎnjiè 典戒 2-113B
diǎnjiè 典借 2-115B
diǎnjiè 點解 12-1355A
diànjiě 電解 11-674A
diànjiè 墊借 2-1186A
diànjīlǐ 奠基禮 2-1558A
diǎnjīn 點金 12-1351B
diànjīn 鈿金 11-1231B
diànjīn 墊巾 2-1185B
diānjīnbōliǎng 掂斤播兩 6-701A
diānjīnbōliǎng 顛斤播兩 12-344A
diānjīnbōliǎng 掂斤播兩 6-450B
diǎnjīnchéngtiě 點金成鐵 12-1351B
diǎnjīnfáshù 點金乏術 12-1351B
diǎnjīng 典經 2-117B
diǎnjīng 點睛 12-1355A
diǎnjǐng 點景 12-1354B
diànjīng 電旌 11-672A
diānjīngūliǎng 掂斤估兩 6-701A
diānjīnmǒliǎng 掂斤抹兩 6-701A
diǎnjīnwúshù 點金無術 12-1351B
diǎnjīnzuòtiě 點金作鐵 12-1351B
diànjīshí 奠基石 2-1558A
diānjiǔ 顛酒 12-347A
diǎnjiǔ 碘酒 7-1055B
diǎnjiù 點就 12-1354B
diànjiǔ 奠酒 2-1558A
diǎnjù 典據 2-118A
diǎnjù 點句 12-1350A
diànjū 奠居 2-1557B
diànjú 電局 11-669B
diànjǔ 殿舉 6-1503B
diànjǔ 電舉 11-675B
diànjù 甸聚 7-1303B
diànjù 電炬 11-670A
diànjuàn 墊圈 2-1186A
diānjué 傎蹷 1-1597A
diānjué 蹎蹶 10-527A
diānjué 顛蹶 12-351A
diānjué 顛蹷 12-351A
diǎnjùn 典郡 2-115B
diànjūn 殿軍 6-1502B
diǎnkān 點勘 12-1353B
diǎnkàn 點看 12-1352A
diànkǎoxiāng 電烤箱 11-671A
diǎnkē 典柯 2-114B
diànkē 佃科 1-1242B
diànkē 鈿窠 11-1232A
diànkè 佃客 1-1242B
diǎnkù 典庫 2-115B
diànkǔ 阽苦 11-942B
diànkuǎn 墊款 2-1186A
diānkuáng 顛狂 12-344B
diānkuáng 癲狂 8-370B
diànkuāng 鈿筐 11-1232A
diǎnkuì 典饋 2-119B
diànkuí 殿魁 6-1503A
diànkuì 奠饋 2-1558B
diānkùn 顛困 12-344B
diānlái 掂俫 6-701A
diānláibōqù 顛來播去 12-345B
diānláibǒqù 顛來簸去 12-345B
diānláidǎoqù 顛來倒去 12-345B
diǎnlàmàn 點蠟幔 12-1358A
diànlán 靛藍 11-577B
diànlǎn 電纜 11-677A
diànlàn 電爛 11-676B
diànlǎohǔ 電老虎 11-669A
diànlàotiě 電烙鐵 11-671A
diǎnlěi 點累 12-1354A
diànléi 電雷 11-673B
diànlěi 玷累 4-533A
diànlèi 奠酹 2-1558B
diānlì 顛詈 12-348A
diǎnlǐ 典理 2-116A
diǎnlǐ 典禮 2-119A
diǎnlì 典吏 2-113A
diǎnlì 典例 2-114A
diǎnlì 典麗 2-119B
diànlǐ 奠禮 2-1558B
diànlì 奠立 2-1557B
diànlì 電力 11-668A
diānlián 顛連 12-346A
diānlián 貼賺 7-1196B
diānliáng 掂量 6-701B
diànliáo 甸燎 7-1303B
diànliáo 電療 11-676A
diànliào 墊料 2-1186A
diǎnliè 典列 2-113B
diànliè 墊裂 2-1186A
diànlín 電臨 11-676A
diǎnlǐng 典領 2-117B
diànlíng 電鈴 11-673B
diǎnliú 點留 12-1353B
diànliú 電流 11-671A
diànliúbiǎo 電流表 11-671B
diànliúqiángdù 電流强度 11-671B
diànliúxīngsàn 電流星散 11-671B
diànlóng 鈿籠 11-1232B
diànlòu 玷漏 4-533A
diànlú 殿廬 6-1503B
diànlú 電爐 11-676B
diànlù 電露 11-676B
diānluàn 傎亂 1-1597A
diānluàn 顛亂 12-348B
diānluándǎofèng 顛鸞倒鳳 12-351B
diǎnlùn 典論 2-118A
diǎnluò 攧落 6-983A
diànluó 鈿螺 11-1232A
diànluǒ 鈿羸 11-1232A
diǎnlǜ 典律 2-115A
diànlǘzi 電驢子 11-676B
diànmǎ 電碼 11-675A
diǎnmài 典賣 2-118A
diànmài 電邁 11-674B
diānmáo 顛毛 12-344A
diānmáo 顛旄 12-347A
diǎnmǎo 點卯 12-1350A
diǎnmǎo 點茆 12-1351A
diànmáo 電矛 11-668B
diànmào 玷冒 4-532B
diānmáozhǒngzhǒng 顛毛種種 12-344A
diǎnměi 典美 2-115A
diànmén 電門 11-670A
diǎnmēng 典蒙 2-117A
diānmí 顛迷 12-346A
diānmǐ 顛米 12-344B
diànmiàn 店面 3-1213A
diānmiǎo 顛杪 12-345B
diànmiè 電滅 11-674A
diānmíng 顛冥 12-347A
diānmíng 顛瞑 12-349B
diǎnmíng 典明 2-114A
diǎnmíng 點名 12-1350A
diǎnmíng 點明 12-1351A
diànmíng 玷名 4-532B
diānmò 顛没 12-345A
diānmò 顛末 12-344A
diānmò 巔末 3-878A
diǎnmó 典謨 2-118B
diǎnmó 點磨 12-1356B
diǎnmó 萛謨 9-441B
diǎnmǒ 點抹 12-1351A
diǎnmò 典没 2-113B
diǎnmò 點墨 12-1356A
diànmǒ 電抹 11-669B
diànmò 電沫 11-670A
diànmò 墊没 2-1185B
diànmò 墊陌 2-1186A
diànmóu 電眸 11-672A
diǎnmóxùngào 典謨訓誥 2-119A
diǎnmù 典牧 2-114A
diǎnmù 點募 12-1354A
diànmǔ 電母 11-668B
diànmù 奠牧 2-1557B
diànmù 電木 11-668A
diànmù 電目 11-668B
diǎnmùshǔ 典牧署 2-114A
diànnǎo 電腦 11-674A
diānnì 顛溺 12-348B
diànnì 墊溺 2-1186B
diǎnniǎn 點黏 12-1358A
diànniàn 惦念 7-603B

diànniǎo 鈿鳥 11-1231B
diànniǔ 電鈕 11-673A
diānnòng 啮弄 3-391A
diànnóng 佃農 1-1242B
diànnóng 甸農 7-1303B
diànnù 電怒 11-670B
diǎnpāi 點拍 12-1351A
diǎnpài 點派 12-1352B
diānpǎo 趙跑 9-1146A
diànpào 電泡 11-670A
diānpèi 蹎踬 10-526B
diānpèi 顛沛 12-345A
diànpèi 電旆 11-670B
diānpèiliúlí 顛沛流離 12-345A
diǎnpiào 典票 2-116A
diànpiāo 電飄 11-676B
diǎnpiē 點撆 12-1356A
diànpíng 電瓶 11-671A
diànpíngchē 電瓶車 11-671A
diǎnpò 點破 12-1353A
diānpū 蹎仆 10-526B
diānpū 顛撲 12-349A
diānpū 攧撲 6-983A
diānpū 蹎仆 10-574A
diānpú 顛仆 12-344A
diǎnpù 典鋪 2-118A
diànpú 佃僕 1-1242B
diànpù 店鋪 3-1213B
diànpù 店舗 3-1213B
diānpūbùmó 顛撲不磨 12-349B
diānpūbùpò 顛撲不破 12-349B
diānpūbùpò 攧撲不破 6-983A
diānpúliúlí 顛仆流離 12-344A
diānqí 顛奇 12-345B
diǎnqī 點漆 12-1355B
diǎnqì 典契 2-114A
diǎnqì 點砌 12-1352A
diànqí 甸圻 7-1303A
diànqí 電旂 11-671A
diànqì 佃契 1-1242B
diànqì 鈿砌 11-1231B
diànqì 電氣 11-670B
diànqì 電器 11-675B
diǎnqià 典洽 2-115A
diānqián 攧錢 6-983B
diǎnqiān 典籤 2-119B
diǎnqiān 點僉 12-1355A
diǎnqián 典錢 2-118B
diānqiándǎokūn 顛乾倒坤 12-347B
diǎnqībì 點漆壁 12-1355B
diànqìchē 電氣車 11-670B
diànqìdēng 電氣燈 11-670B
diǎnqìdì 典契地 2-114B
diǎnqiè 典切 2-112B
diànqiè 阽切 11-942B
diànqìfēngshàn 電氣風扇 11-670B
diànqìhuà 電氣化 11-670B
diànqǐn 殿寢 6-1503B
diǎnqīng 點青 12-1351A
diànqīng 靛青 11-577A
diànqǐng 電頃 11-672A
diànqìshí 電氣石 11-670B
diǎnqiú 點球 12-1353B
diànqiū 鈿鞦 11-1232A
diànqiú 墊球 2-1186A
diǎnqīyùzǐ 典妻鬻子 2-114A
diǎnqǔ 點取 12-1351A
diǎnqù 點覷 12-1357B
diànqū 電驅 11-676B
diǎnquán 典銓 2-117B
diànquān 墊圈 2-1186A
diǎnquē 點缺 12-1353A
diànquē 玷缺 4-533A
diànquē 玷闕 4-533A
diànquē 殿闕 6-1503B
diànquē 電闕 11-676A
diànquē 刮缺 2-623B
diànquè 鈿雀 11-1231B
diǎnrán 點燃 12-1356B
diǎnrǎn 點染 12-1352B
diànrǎn 玷染 4-532B
diànrào 電繞 11-676A
diànràoshūguāng 電繞樞光 11-676A
diànràoxuánshū 電繞璇樞 11-676A
diànrè 電熱 11-674B
diànrèbēi 電熱杯 11-674B
diànrèguō 電熱鍋 11-674B
diānrén 顛人 12-343B
diànrén 佃人 1-1242B
diànrén 甸人 7-1303A
diànrèsī 電熱絲 11-674B
diànrètǎn 電熱毯 11-674B
diānrì 顛日 12-344A
diǎnróng 典戎 2-113A
diǎnrǔ 點辱 12-1353A
diǎnrù 典縟 2-118B
diànrú 墊濡 2-1187A
diànrǔ 玷辱 4-532B
diànrù 墊洳 2-1186A
diànrù 墊褥 2-1186B
diānsāndǎosì 顛三倒四 12-343B
diànsǎo 電掃 11-671B
diànsǎo 電埽 11-671B
diǎnsè 點瑟 12-1355A
diànsè 淀塞 5-1418B
diànsè 電色 11-669A
diànsè 澱塞 6-179B
diǎnshàn 典贍 2-119B
diànshān 電烻 11-671A
diànshǎn 電閃 11-671B
diànshàn 鈿扇 11-1231B
diànshàn 電扇 11-671B
diǎnshāng 典商 2-116B
diànshāng 玷傷 4-533A
diànshāng 電商 11-672A
diànshànghǔ 殿上虎 6-1501B
diànshàngyùndòng 墊上運動 2-1185B
diànshǎnléimíng 電閃雷鳴 11-671B
diānshào 啮哨 3-391A
diānshāoshéběn 掂梢折本 6-701B
diǎnshè 點射 12-1353A
diànshé 電舌 11-669A
diànshè 店舍 3-1213A
diànshè 殿舍 6-1502A
diànshè 電射 11-671A
diànshégēn 墊舌根 2-1185B
diànshēn 阽身 11-942B
diànshěng 殿省 6-1502A
diǎnshēnmàimìng 典身賣命 2-113B
diānshī 顛師 12-347A
diǎnshī 點施 12-1352B
diǎnshí 典祏 2-115B
diǎnshí 典實 2-117B
diǎnshí 點石 12-1349B
diǎnshǐ 典史 2-112B
diǎnshì 典式 2-113A
diǎnshì 典視 2-116B
diǎnshì 典試 2-117A
diǎnshì 典誓 2-117B
diǎnshì 點視 12-1354A
diǎnshì 點試 12-1355A
diànshī 甸師 7-1303B
diànshī 墊溼 2-1186B
diànshí 電石 11-668B
diànshǐ 殿使 6-1502A
diànshì 殿試 6-1503A
diànshì 電逝 11-670B
diànshì 電視 11-672A
diǎnshíchéngjīn 點石成金 12-1349B
diànshìdàxué 電視大學 11-672A
diànshìfāshètǎ 電視發射塔 11-672B
diànshìjī 電視機 11-672B
diànshìjù 電視劇 11-672B
diànshìliánxùjù 電視連續劇 11-672B
diànshìpiàn 電視片 11-672B
diǎnshíshù 點石術 12-1349B
diànshìtái 電視臺 11-672B
diǎnshíwéijīn 點石爲金 12-1349B
diànshìxìlièpiàn 電視系列片 11-672B
diànshìzhuāntípiàn 電視專題片 11-672B
diānshǒu 顛首 12-346A
diǎnshōu 點收 12-1350B
diǎnshǒu 典守 2-113B
diǎnshǒu 點手 12-1349A
diǎnshǒu 點首 12-1352B
diānshǒudiānjiǎo 攧手攧脚 6-983A
diǎnshǒuhuájiǎo 點手擖脚 12-1349A
diǎnshū 典書 2-116A
diǎnshū 點書 12-1353B
diǎnshǔ 點鼠 12-1355A
diǎnshù 典術 2-116A
diànshū 電舒 11-673A
diànshū 電樞 11-674B
diānshuǎ 顛耍 12-345B
diànshuài 殿帥 6-1502A
diǎnshuǐ 點水 12-1349A
diǎnshuǐbùlòu 點水不漏 12-1349A
diǎnsī 典司 2-113A
diǎnsì 典祀 2-113B
diǎnsì 典肆 2-117A
diànsī 電絲 11-673B
diànsǐ 阽死 11-942B
diànsì 店肆 3-1213B
diānsù 顛素 12-346A
diǎnsū 點酥 12-1354A
diǎnsù 點素 12-1353A
diànsù 甸粟 7-1303B
diànsù 鈿粟 11-1232A
diànsù 電速 11-670B
diānsuàn 掂算 6-701B
diānsuàn 顛算 12-349A
diànsuàn 惦算 7-604A
diǎnsūniáng 點酥娘 12-1354B
diǎnsuǒ 點索 12-1353A
diàntà 殿闥 6-1503B
diàntà 電闥 11-676B
diāntái 顛臺 12-348B
diǎntái 點苔 12-1351A
diàntái 電臺 11-674A
diǎntāng 點湯 12-1354B
diàntáng 殿堂 6-1502B
diàntáng 蔵蓎 9-584B
diàntǎo 電討 11-671A
diāntí 啮題 3-391A
diāntí 掂提 6-701B
diāntí 顛題 12-350B
diāntì 顛嚏 12-350B
diǎntí 點題 12-1357B
diàntī 電梯 11-671B
diǎntián 典田 2-112B
diàntiān 電天 11-668A
diǎntiāndēng 點天燈 12-1348B
diǎntiē 典貼 2-116B
diǎntiě 點鐵 12-1358A
diǎntiěchéngjīn 點鐵成金 12-1358A
diàntíng 殿廷 6-1502A
diàntíng 殿庭 6-1502B
diāntóng 顛童 12-348A
diǎntǒng 典統 2-117A
diàntǒng 電筒 11-673A
diǎntónghú 點銅壺 12-1355B
diǎntóu 點頭 12-1356A
diàntóu 店頭 3-1213B
diàntóu 鈿頭 11-1232A
diàntòu 電透 11-670B
diāntóubōnǎo 顛頭播腦 12-350A
diāntóubǒnǎo 顛頭簸腦

12-350A
diàntóuguān 殿頭官 6-1503B
diǎntóuhāyāo 點頭哈腰 12-1356B
diǎntóuhuìyì 點頭會意 12-1356B
diāntóusǒngnǎo 顛頭聳腦 12-350A
diǎntóuzāzuǐ 點頭咂嘴 12-1356B
diǎntóuzhījiāo 點頭之交 12-1356B
diǎntú 典圖 2-117B
diàntú 鈿塗 11-1232A
diāntuí 顛頹 12-350A
diànwǎng 電往 11-670A
diànwǎng 電網 11-674B
diānwēi 顛危 12-344B
diānwěi 顛委 12-345B
diǎnwěi 典緯 2-118A
diànwēi 阽危 11-942B
diànwēi 電威 11-670A
diànwěi 電尾 11-669B
diànwèi 奠位 2-1557B
diànwèi 電位 11-669B
diànwèichā 電位差 11-669B
diānwēiwēi 巔巍巍 3-878A
diǎnwén 典文 2-112B
diǎnwén 點文 12-1349A
diànwén 奠文 2-1557B
diànwén 電文 11-668B
diànwén 簟文 8-1241B
diànwén 簟紋 8-1242A
diǎnwò 點涴 12-1354A
diànwò 墊沃 2-1185B
diǎnwū 點汙 12-1350B
diǎnwū 點污 12-1350B
diǎnwǔ 典午 2-112B
diǎnwù 典物 2-114A
diǎnwù 點悟 12-1353B
diànwū 玷汙 4-532B
diànwū 玷污 4-532B
diànwù 電騖 11-676B
diānxī 驒奚 12-898B
diānxí 驒騱 12-898B
diǎnxǐ 點洗 12-1352B
diǎnxì 點戲 12-1357A
diànxī 唸吚 3-389B
diànxī 殿屎 6-1502B
diànxī 殿吚 6-1502A
diànxí 簟席 8-1241B
diànxì 電絶 11-673B
diànxì 墊戲 2-1187A
diànxiá 玷瑕 4-533A
diànxiá 鈿匣 11-1231B
diànxià 殿下 6-1501B
diānxián 瘨癇 8-345B
diānxián 顛癇 12-350B
diānxián 癲癇 8-371A
diānxiǎn 顛險 12-350A
diānxiàn 顛陷 12-347A
diǎnxiàn 典憲 2-118B
diànxián 墊弦 2-1185B
diànxiàn 奠獻 2-1558B
diànxiàn 電綫 11-674B
diànxiàn 電線 11-675B
diànxiàn 墊陷 2-1186A
diānxiáng 啮詳 3-391A
diānxiáng 掂詳 6-701B
diǎnxiàng 典象 2-116A
diànxiǎng 奠享 2-1557B
diànxiǎng 奠饗 2-1558B
diànxiāngqián 墊箱錢 2-1186B
diànxiào 電笑 11-670B
diànxiǎo'èr 店小二 3-1213A
diànxiázi 電匣子 11-669B
diānxiè 攧屑 6-983A
diànxiē 店楔 7-360B
diànxiè 電謝 11-676A
diǎnxīn 點心 12-1349B
diànxìn 電信 11-670A
diǎnxíng 典刑 2-113A
diǎnxíng 典型 2-114B
diǎnxíng 點行 12-1350A
diǎnxǐng 點醒 12-1356B
diànxíng 電刑 11-668B
diànxíng 電行 11-669A
diǎnxínghuà 典型化 2-114B
diǎnxiōngxǐyǎn 點胸洗眼 12-1353B
diǎnxīqiáo 點犀盦 12-1354B
diànxiū 奠羞 2-1557B
diǎnxiùnǚ 點綉女 12-1355A
diānxù 顛旭 12-344B
diānxuàn 瘨眩 8-345A
diānxuàn 顛眴 12-347B
diānxuàn 癲眩 8-371A
diǎnxuǎn 典選 2-118A
diǎnxuàn 點絢 12-1355A
diànxūdāo 電鬚刀 11-676B
diǎnxué 典學 2-118B
diǎnxué 點穴 12-1350A
diānxūn 攧窨 6-983A
diǎnxùn 典訓 2-115A
diànxùn 電迅 11-669B
diànxùn 電訊 11-671A
diānyá 顛崖 12-347B
diānyá 顛崖 12-347B
diānyá 巔崖 3-878A
diānyá 顛牙 12-1458A
diǎnyā 典押 2-114A
diǎnyǎ 典雅 2-116B
diānyán 顛顏 12-350B
diǎnyán 典言 2-113B
diǎnyǎn 點眼 12-1353B
diǎnyàn 典硯 2-116B
diǎnyàn 點驗 12-1358A
diànyán 殿岩 6-1502A
diànyán 殿巖 6-1504A
diànyǎn 電眼 11-672A
diànyàn 奠雁 2-1558A
diànyàn 奠鴈 2-1558B
diànyàn 電娫 11-671A
diànyàn 電唁 11-670B
diànyàn 電餤 11-675B
diānyándiānyǔ 詀言詀語 11-102A
diānyāo 顛夭 12-344A
diǎnyào 典要 2-114B
diǎnyào 點藥 12-1357B
diànyāo 電邀 11-675B
diànyāo 墊腰 2-1186B
diànyào 電曜 11-676A
diànyào 電耀 11-676B
diānyàofēng 攧鷂風 6-983B
diànyāofēngjiǎo 電腰風脚 11-674A
diǎnyè 典業 2-117A
diǎnyè 典謁 2-118B
diǎnyè 點葉 12-1354A
diānyī 巔一 3-878A
diānyí 顛頤 12-350A
diānyì 顛逸 12-347B
diǎnyī 典衣 2-113B
diǎnyí 典儀 2-118A
diǎnyí 典彝 2-119A
diǎnyì 典義 2-117A
diǎnyì 典藝 2-119A
diǎnyì 點易 12-1351B
diǎnyì 點翳 12-1357A
diànyí 奠儀 2-1558B
diànyì 甸邑 7-1303A
diànyì 玷翳 4-533A
diànyì 墊溢 2-1186B
diānyīdàocháng 顛衣到裳 12-344B
diǎnyīdiǎn'èr 點一點二 12-1348B
diānyin 顛飲 12-348A
diānyin 顛窨 12-349A
diànyíng 奠楹 2-1558A
diànyǐng 電影 11-675A
diànyǐngfàngyìngjī 電影放映機 11-675A
diànyǐngjùběn 電影劇本 11-675A
diànyǐngshèyǐngjī 電影攝影機 11-675A
diànyǐngyuàn 電影院 11-675A
diǎnyòng 點用 12-1350A
diànyóu 玷郵 4-533A
diànyóu 電遊 11-673B
diànyǒu 店友 3-1213A
diǎnyù 典獄 2-117B
diǎnyù 典鬻 2-119B
diànyǔ 甸宇 7-1303A
diànyǔ 殿宇 6-1502A
diànyù 電諭 11-675B
diànyuán 店員 3-1213A
diànyuán 淀園 5-1418B
diànyuán 殿元 6-1501B
diànyuán 電源 11-674A
diànyuàn 殿院 6-1502B
diānyuè 顛越 12-348A
diānyuè 巔越 3-878A
diǎnyuè 典樂 2-118A
diǎnyuè 點閱 12-1356A
diànyuè 電鑰 11-676B
diànyuè 電躍 11-676B
diānyǔn 顛隕 12-348A
diānyǔn 顛殞 12-349A
diànyǔn 電隕 11-673B
diǎnzǎo 典藻 2-119A
diǎnzé 典則 2-115A
diǎnzéjùnyǎ 典則俊雅 2-115A
diǎnzhá 點札 12-1349B
diǎnzhá 點閘 12-1355A
diànzhá 電札 11-668B
diànzhá 電閘 11-674A
diànzhàn 電站 11-671A
diānzhāng 顛張 12-347B
diǎnzhāng 典章 2-116A
diǎnzhǎng 典掌 2-116B
diànzhàng 店帳 3-1213B
diǎnzhāngwénwù 典章文物 2-116B
diǎnzhāngzhìdù 典章制度 2-116B
diǎnzhào 點召 12-1350A
diǎnzhào 點照 12-1355A
diànzhào 電照 11-673B
diànzhàofēngxíng 電照風行 11-673B
dianzhé 掂折 6-701A
diānzhé 拈折 6-450B
diànzhēn 鈿針 11-1231B
diǎnzhèng 典正 2-112B
diǎnzhèng 典證 2-119B
diǎnzhèng 點正 12-1349B
diànzhēng 電征 11-670A
diànzhèng 電政 11-670A
diānzhǐ 顛趾 12-347B
diānzhì 傎躓 1-1597A
diānzhì 顛疐 12-349B
diānzhì 顛窒 12-347B
diānzhì 顛擲 12-350B
diānzhì 顛躓 12-351B
diǎnzhí 典職 2-119A
diǎnzhǐ 點指 12-1352A
diǎnzhǐ 點紙 12-1353B
diǎnzhì 典志 2-113B
diǎnzhì 典制 2-114A
diǎnzhì 典治 2-114A
diǎnzhì 典秩 2-115B
diǎnzhì 典質 2-118A
diǎnzhì 點治 12-1352A
diànzhí 殿直 6-1502A
diànzhì 奠摯 2-1558B
diànzhì 電至 11-669A
diànzhì 電騭 11-676B
diǎnzhífǎ 典執法 2-116A
diǎnzhǐhuàjiǎo 點指攁脚 12-1352A
diǎnzhǐhuàzì 點指畫字 12-1352A
diǎnzhǐhuàzì 點紙畫字 12-1353B
diǎnzhǐjié 點紙節 12-1353B
diǎnzhōng 典鐘 2-119B
diǎnzhǒng 踮踵 10-511A
diǎnzhǒng 點種 12-1355B
diǎnzhòng 典重 2-115A

diǎnzhòng 點中 12-1349A
diǎnzhòng 點種 12-1355B
diānzhòu 駢驟 12-858A
diànzhóu 鈿軸 11-1231B
diānzhú 攧竹 6-983A
diǎnzhǔ 典主 2-113A
diǎnzhǔ 點主 12-1350A
diǎnzhǔ 點黈 12-1357A
diǎnzhù 點注 12-1352A
diànzhū 電珠 11-670B
diànzhú 電燭 11-676A
diànzhú 電爛 11-676B
diànzhú 簟竹 8-1241B
diànzhǔ 殿主 6-1501B
diànzhǔ 電矚 11-676B
diànzhù 電柱 11-670A
diǎnzhuàn 典傳 2-117A
diànzhuǎn 電轉 11-676A
diànzhuàn 奠饌 2-1558B
diànzhuàn 殿撰 6-1503B
diànzhuǎn'er 電轉兒
11-676A
diǎnzhuāng 點粧 12-1354B
diānzhuì 顛隊 12-347B
diānzhuì 顛墜 12-349A
diǎnzhuì 點綴 12-1355B
diànzhuì 奠醊 2-1558B
diǎnzhuó 點灼 12-1351A
diǎnzhuó 點黥 12-1356A
diānzi 癲子 8-370B
diānzǐ 顛子 12-343B
diānzǐ 攧子 6-983A
diǎnzi 點子 12-1348B
diǎnzǐ 典子 2-112B
diǎnzì 點字 12-1350B
diànzi 甸子 7-1303A
diànzi 墊子 2-1185B
diànzi 簟子 8-1241B
diànzǐ 電子 11-668A
diànzǐguǎn 電子管 11-668A
diànzǐjìsuànjī
電子計算機 11-668A
diànzǐjìsuànqì
電子計算器 11-668A
diǎnzōng 典綜 2-117B
diǎnzǒng 典總 2-119A
diānzǔ 顛阻 12-345A
diǎnzū 典租 2-115B
diànzǔ 電阻 11-669B
diànzuàn 電鑽 11-677A
diànzuì 殿最 6-1503A
diǎnzuò 典坐 2-113B
diǎnzuò 典座 2-115B
dī'āo 低凹 1-1270A
dì'ǎo 地媪 2-1031B
diāo'ān 雕鞍 11-846A
diāo'ān 鵰鞍 12-1126B
diào'áo 釣鰲 11-1209B
diào'áo 釣鼇 11-1209B
diào'ào 稠嶅 8-103B
diào'áogān 釣鼇竿
11-1209B
diào'áokè 釣鰲客 11-1209B
diào'áokè 釣鼇客 11-1209B
diào'áorén 釣鰲人
11-1209B
diào'áoshǒu 釣鰲手
11-1209B
diāobài 凋敗 2-429B
diàobái 調白 11-299A
diàobǎi 調擺 11-312B
diāobǎn 雕板 11-842B
diàobàng 弔棒 4-86B
diàobàng 釣榜 11-1208A
diàobàngzi 弔膀子 4-87A
diāobǎo 碉堡 7-1060A
diàobāo 掉包 6-664A
diàobāo 調包 11-299A
diàobāo'er 孋包兒 4-421B
diāobèi 雕被 11-844A
diāoběn 彫本 3-1126A
diāoběn 雕本 11-842A
diāobì 凋敝 2-429B
diāobì 凋弊 2-431A
diāobì 凋蔽 2-430B
diāobì 凋獘 2-431A
diāobì 彫敝 3-1127A
diāobì 彫弊 3-1128A
diāobì 雕敝 11-844B
diāobì 雕弊 11-845B
diàobǐ 調筆 11-307B
diàobì 掉臂 6-666A
diāobiàn 凋變 2-431B
diàobiāo 掉膘 6-665B
diāobīng 凋兵 2-429A
diàobīng 調兵 11-300B
diàobīngqiǎnjiàng
調兵遣將 11-301A
diàobízi 弔鼻子 4-87A
diāobō 凋剥 2-429B
diāobó 彫薄 3-1128B
diàobō 調撥 11-310A
diàobōjiàgé 調撥價格
11-310A
diàobǔ 調補 11-308A
diàobù 調布 11-298B
diāobùzú 貂不足 10-1333A
diāobùzú…貂不足,狗尾續
10-1333A
diāocǎi 雕采 11-843A
diāocǎi 雕彩 11-844A
diàocǎi 釣采 11-1206B
diāocán 凋殘 2-430A
diāocán 彫殘 3-1127B
diāocán 雕殘 11-845A
diāocǎn 凋慘 2-431A
diàocāng 調艙 11-311B
diàocáo 釣槽 11-1208B
diàochā 釣差 11-1207A
diàochá 弔查 4-85B
diàochá 釣查 11-1206B
diàochá 釣槎 11-1208A
diàochá 調查 11-302B
diàochá 調茬 11-302B
diàochá 調察 11-310A
diàochái 掉柴 6-664B
diāochān 貂襜 10-1335A
diāochán 貂蟬 10-1334B
diàocháng 寫長 8-480B
diàochǎng 弔場 4-86B
diāochánguān 貂蟬冠
10-1335A
diāochē 雕車 11-842B
diàochē 弔車 4-85A
diàochē 釣車 11-1206B
diāochéng 雕城 11-843A
diāochí 彫弛 3-1126A
diāochì 彫侈 3-1126A
diāochóng 彫蟲 3-1129A
diāochóng 雕蟲 11-847A
diàochōng 調充 11-300A
diāochóngbójì 雕蟲薄技
11-847B
diāochóngkèzhuàn
雕蟲刻篆 11-847B
diāochóngmòjì 雕蟲末伎
11-847B
diāochóngmòjì 雕蟲末技
11-847B
diāochóngshǒu 雕蟲手
11-847B
diāochóngxiǎojì 彫蟲小技
3-1129A
diāochóngxiǎojì 雕蟲小技
11-847B
diāochóngxiǎoqiǎo
雕蟲小巧 11-847B
diāochóngxiǎoshì
雕蟲小事 11-847B
diāochóngxiǎoyì 雕蟲小藝
11-847B
diāochóngzhuànkè
彫蟲篆刻 3-1129A
diāochóngzhuànkè
雕蟲篆刻 11-847B
diāochú 鵰除 12-1126B
diàochuān 釣川 11-1206A
diàochuán 釣船 11-1207A
diàochuāng 弔窗 4-87A
diàochuáng 弔牀 4-85A
diàochuánlángzhōng
挑船郎中 6-570B
diàochúnliàozuǐ 挑唇料嘴
6-570A
diāocí 刁詞 2-555A
diāocì 刁刺 2-554B
diāocì 雕刺 11-842B
diàocí 弔祠 4-85B
diàocí 弔辭 4-88A
diāocú 凋徂 2-429A
diāocuī 凋摧 2-430B
diāocuī 彫摧 3-1128A
diāocuì 凋悴 2-429B
diāocuì 凋瘁 2-430B
diāocuì 彫悴 3-1127A
diāocuì 彫萃 3-1126B
diāocuì 彫瘁 3-1128A
diāocuì 彫顇 3-1129A
diāocuì 雕悴 11-844B
diǎocūn 鳥村 12-1032A
diāocuò 蛁錯 8-857A
diàodǎ 弔打 4-84A
diāodài 刁帶 2-554B
diàodài 弔帶 4-86A
diāodàn 刁蛋 2-554B
diàodàn 掉蛋 6-665A
diāodāng 貂璫 10-1334B
diāodàng 雕當 11-845A
diàodàng 掉蕩 6-665B
diàodàng 調當 11-308B
diàodǎnjīngxīn 弔膽驚心
4-88A
diàodǎntíxīn 弔膽提心
4-88A
diàodāo 掉刀 6-664A
diàodào 釣道 11-1207B
diāodēng 刁蹬 2-555B
diāodēng 刁鐙 2-555B
diàodēng 弔燈 4-88A
diàodiàn 弔奠 4-86B
diàodiǎn'er 掉點兒 6-666A
diāodiāo 刁刁 2-553B
diāodiāo 鵃鵰 5-177A
diāodiāo 雕雕 11-846B
diàodiào 調調 11-310B
diāodīng 貂丁 10-1333A
diàodòng 弔動 4-86A
diàodòng 掉動 6-665A
diàodòng 調動 11-306A
diāodǒu 刁斗 2-553B
diāodǒuqígān 刁斗旗杆
2-553B
diàodù 調度 11-303B
diāoduàn 雕鍛 11-846B
diàoduì 掉隊 6-665A
diāodùn 刁頓 2-555A
diàoduǒ 弔朵 4-84B
diāo'é 凋訛 2-429B
diāo'è 刁惡 2-554B
diāo'è 琱軛 4-593A
diāo'è 鵰鶚 12-1127A
diào'ě 弔噁 4-87B
diāo'ěr 貂珥 10-1334A
diào'ěr 釣餌 11-1208B
diào'érlángdāng
弔兒郎當 4-85A
diàofā 調發 11-308B
diàofá 弔伐 4-84B
diàofán 調繁 11-312B
diāofāng 鵰坊 12-1126A
diāofáng 碉房 7-1060A
diāofáng 雕房 11-843A
diàofáng 調防 11-300A
diāofèi 凋廢 2-431A
diāofèi 彫廢 3-1128B
diāofēng 刁風 2-554A
diāofēngguǎiyuè 刁風拐月
2-554A
diāofēnglòuyuè 雕風鏤月
11-843B
diāofú 彫服 3-1126A
diāofú 雕服 11-843A
diāofù 刁婦 2-554B
diàofú 弔服 4-85A
diàofú 調符 11-306A
diàofǔ 弔撫 4-87A

diàofù 弔賻 4-88A
diàofù 調賦 11-310A
diàofúdùwǎn 釣伏渡挽 11-1206A
diāogān 雕肝 11-842B
diàogān 釣杆 11-1206B
diàogān 釣竿 11-1206B
diàogàn 調幹 11-308B
diāogānlòushèn 雕肝鏤腎 11-842B
diāogānqiāshèn 雕肝掐腎 11-842B
diāogānshèn 雕肝腎 11-842B
diàogànshēng 調幹生 11-308B
diàogānshǒu 釣竿手 11-1206B
diāogānzhuólǚ 雕肝琢膂 11-842B
diāogānzhuóshèn 彫肝琢腎 3-1126A
diāogānzhuóshèn 雕肝琢腎 11-842B
diāogǎo 凋槁 2-431A
diāogào 刁告 2-554A
diāogē 彫戈 3-1125B
diāogē 琱戈 4-593A
diāogē 雕戈 11-841B
diàogē 釣歌 11-1208A
diàogé 調革 11-302B
diàogé 調格 11-304A
diàogè'er 掉個兒 6-664B
diàogēng 釣耕 11-1207A
diāogōng 彫弓 3-1125B
diāogōng 琱弓 4-593A
diāogōng 雕弓 11-841B
diāogōng 雕攻 11-842B
diāogōng 敦弓 5-492B
diàogōu 釣鈎 11-1207B
diàogōu 釣鉤 11-1208A
diāogǒuxiāngzhǔ 貂狗相屬 10-1333B
diāogū 彫菰 3-1126B
diāogù 凋固 2-429A
diàogǔ 弔古 4-84A
diāoguǎ 凋寡 2-431A
diāoguāi 刁乖 2-554A
diāoguǎi 刁拐 2-554A
diāoguài 刁怪 2-554A
diāoguān 貂冠 10-1334A
diàoguān 弔棺 4-86B
diàoguān 調官 11-302A
diāoguì 雕劫 11-842B
diāoguì 雕劌 11-846A
diàoguǐ 弔詭 4-87A
diàoguǐ 掉鬼 6-664B
diāogùn 刁棍 2-554B
diàoguó 弔國 4-86A
diàoguó 釣國 11-1207A
diāohàn 刁悍 2-554B
diāohàn 雕悍 11-844A
diāohàn 雕捍 11-843B
diāohàn 鵰悍 12-1126B
diǎohàn 鳥漢 12-1036A
diàohán 調函 11-302B
diāoháng 貂行 10-1333B
diāoháng 雕航 11-844A
diāoháo 貂毫 10-1334A
diāohào 凋耗 2-429A
diāohào 彫耗 3-1126B
diàohào 調號 11-308B
diāohé 彫涸 3-1127A
diāohé 貂鶡 10-1335A
diāohé 鵰翮 12-1126B
diāohè 貂褐 10-1334B
diàohè 弔鶴 4-88B
diāohèng 刁橫 2-555A
diāohòu 彫候 3-1126B
diàohóu 弔猴 4-86B
diāohú 凋胡 2-429A
diāohú 彫胡 3-1126A
diāohú 琱胡 4-593A
diāohú 琱瑚 4-593B
diāohú 雕弧 11-843A
diāohú 雕胡 11-843A
diāohú 鵰弧 12-1126A
diāohǔ 彫虎 3-1126A
diāohǔ 雕虎 11-843A
diāohù 雕瓠 11-844A
diàohù 釣户 11-1206A
diāohuā 刁譁 2-555B
diāohuā 雕花 11-842B
diāohuá 刁滑 2-555A
diāohuá 雕華 11-843B
diāohuà 彫畫 3-1127B
diāohuà 雕畫 11-845A
diàohuà 調話 11-309A
diāohuàn 凋换 2-429A
diāohuàn 彫焕 3-1127A
diāohuàn 雕焕 11-844B
diàohuán 弔環 4-88A
diàohuàn 掉换 6-664B
diàohuàn 調换 11-304A
diàohuàn 嬥换 4-422A
diāohuāng 凋荒 2-429A
diāohuāng 彫荒 3-1126A
diàohuáng 釣璜 11-1208B
diàohuǎng 弔謊 4-87B
diàohuǎng 掉謊 6-666A
diàohuǎng 調謊 11-311B
diàohuánggōng 釣璜公 11-1208B
diàohuánglǎo 釣璜老 11-1208B
diàohuángxī 釣璜溪 11-1208B
diàohuāqiāng 掉花槍 6-664B
diāohúfàn 雕胡飯 11-843B
diāohuǐ 凋毀 2-430B
diāohuǐ 彫毀 3-1128A
diāohuì 彫繢 3-1129A
diāohuì 琱繢 4-594A
diāohuì 雕繢 11-848A
diāohuì 雕繪 11-848A
diāohuì 鵰喙 12-1126B
diàohuì 弔會 4-87A
diāohǔjiāoyuán 雕虎焦原 11-843A
diàohǔlíshān 調虎離山 11-301B
diāohúmǐ 雕胡米 11-843B
diāohún 貂鼲 10-1335A
diāojī 彫几 3-1125B
diāojī 雕璣 11-846A
diāojī 鵰鷄 12-1127A
diāojí 凋瘠 2-431A
diāojí 彫瘠 3-1129B
diàojī 釣磯 11-1209A
diàojī 釣幾 11-1208B
diàojí 釣楫 11-1208A
diàojí 調集 11-307B
diàojì 弔祭 4-86A
diàojiā 釣家 11-1207A
diàojiǎ 調假 11-306B
diàojià 掉價 6-665B
diāojiān 刁姦 2-554A
diāojiān 凋殲 2-431B
diāojiǎn 彫翦 3-1128B
diāojiàn 刁健 2-554B
diāojiàn 雕檻 11-847A
diāojiǎo 刁狡 2-554A
diāojiǎo 貂脚 10-1334A
diāojiǎo 雕脚 11-844A
diāojiǎo 雕勦 11-845B
diāojiǎo 鵰勦 12-1126B
diāojiǎo 鵰勦 12-1126B
diàojiǎo 釣角 11-1206B
diàojiǎolóu 弔脚樓 4-86A
diāojié 刁訐 2-554B
diàojié 掉訐 6-664B
diàojié 釣碣 11-1208A
diāojīn 貂金 10-1333B
diāojīn 雕今 11-842A
diāojīn 雕金 11-843A
diāojǐn 貂錦 10-1334B
diāojìn 凋盡 2-431A
diàojǐng 弔頸 4-87A
diāojiǔ 刁酒 2-554B
diāojiù 雕鷲 11-848B
diāojù 凋劇 2-431A
diāojù 凋窶 2-431B
diāojù 彫窶 3-1128B
diàojǔ 調舉 11-311B
diàojù 釣具 11-1206B
diàojù 調聚 11-309A
diāojuān 彫鐫 3-1129A
diāojuān 彫鐫 3-1129B
diāojuān 琱鐫 4-594A
diāojuān 雕鐫 11-847B
diāojuān 雕鐫 11-848A
diāojuān 鵰鐫 12-1127A
diàojuàn 弔卷 4-85A
diàojuàn 調卷 11-302A
diāojué 刁決 2-554A
diāojué 刁厥 2-554B
diàokāi 調開 11-308A
diàokàn 碉磡 7-1060B
diàokǎo 弔拷 4-85A
diàokǎobēngbā 弔拷繃扒 4-85B
diàokǎobēngbā 弔拷掤扒 4-85B
diàokǎobīngbā 弔拷絣把 4-85B
diāokè 琱刻 4-593A
diāokè 雕刻 11-843A
diàokè 弔客 4-85B
diàokè 釣客 11-1207A
diāokěn 刁掯 2-554B
diāokòng 刁空 2-554A
diāokū 凋枯 2-429A
diāokū 彫枯 3-1126B
diàokū 弔哭 4-85B
diāokuì 凋匱 2-431A
diāokùn 凋困 2-428B
diāokùn 彫困 3-1126A
diāolài 刁賴 2-555A
diàolài 釣瀨 11-1209A
diāolán 琱闌 4-594A
diāolán 琱欄 4-594A
diāolán 雕闌 11-847A
diāolán 雕欄 11-848B
diàolán 弔籃 4-88B
diàolán 弔蘭 4-88B
diàolǎn 掉攬 6-666A
diāoláo 虭蟧 8-857A
diāolǎo 雕橑 11-846B
diàoláo 弔勞 4-86B
diàolèi 調類 11-313B
diāolì 彫勵 3-1128B
diāolì 彫麗 3-1129A
diāolì 琱麗 4-594A
diāolì 雕勵 11-846B
diāolì 雕麗 11-848A
diàolí 調離 11-313A
diàolǐ 弔禮 4-88A
diàolì 掉栗 6-664B
diàolì 掉慄 6-665A
diàolì 釣利 11-1206B
diàolì 調立 11-299A
diàoliǎn 調斂 11-312B
diāoliáng 彫梁 3-1127A
diāoliáng 雕梁 11-844B
diāoliánghuàdòng 雕梁畫棟 11-844B
diāoliángxiùhù 雕梁繡户 11-844B
diāoliáo 鳭鷯 12-1042B
diāoliáo 虭蟟 8-857A
diāoliáo 蛁蟧 8-885B
diāoliáo 蛁蟟 8-885B
diāoliáo 貂蟟 10-1334B
diǎoliǎo 鳥舸 12-1091A
diàoliáo 掉繚 6-666A
diàoliáo 趙繚 9-1136B
diàoliào 蜩蟉 8-920A
diāoliè 刁劣 2-553B
diàolín 弔臨 4-88A
diāolíng 凋零 2-430B
diāolíng 彫苓 3-1126A
diāolíng 彫零 3-1127B
diāolíng 雕陵 11-844A
diāolíng 雕翎 11-844A
diāolíng 雕零 11-845A
diāolíng 鵰翎 12-1126B
diàolìng 調令 11-299A

diāolíngjiàn 鵰翎箭 12-1126B
diāolíngquè 雕陵鵲 11-844A
diāoliú 彫流 3-1126B
diāolóng 彫龍 3-1128B
diāolóng 雕龍 11-846B
diāolóng 雕櫳 11-848A
diāolóng 雕礱 11-848B
diāolóng 雕籠 11-848B
diàolǒng 弔籠 4-88B
diāolónghuàfèng 雕龍畫鳳 11-846B
diāolóngkè 雕龍客 11-846B
diāolóu 碉樓 7-1060B
diāolòu 彫鏤 3-1129A
diāolòu 琱鏤 4-594A
diāolòu 雕鏤 11-848A
diàolóu 弔樓 4-87A
diāolòuzǎohuì 雕鏤藻繪 11-848A
diāolù 琱琭 4-593B
diāolù 雕輅 11-845A
diāoluǎn 雕卵 11-842B
diǎoluàn 鳥亂 12-1035B
diāoluánqǐjié 雕欒綺節 11-848B
diāolún 凋淪 2-429B
diāolún 琱輪 4-593B
diāolún 雕輪 11-846A
diàolún 釣綸 11-1208B
diàolún 釣輪 11-1208B
diāoluò 凋落 2-429B
diāoluò 彫落 3-1127A
diāoluò 雕落 11-844B
diàoluó 釣羅 11-1209A
diàoluòtuó 釣駱駝 11-1209A
diāolǚ 琱屨 4-593B
diàolǚ 釣侶 11-1206B
diàomǎ 調馬 11-304A
diàomài 掉賣 6-665B
diāomán 刁蠻 2-555B
diāomáo 貂毛 10-1333A
diāomào 貂帽 10-1334A
diàomén 調門 11-302B
diāoméng 彫甿 3-1126A
diāoméng 彫甍 3-1128A
diāomí 彫靡 3-1129B
diāomí 雕靡 11-848A
diāomiǎn 貂冕 10-1334A
diāomiàn 雕面 11-843B
diàomiǎn 弔勉 4-85B
diàomiàn 弔面 4-85B
diāomiè 彫滅 3-1128A
diāomín 刁民 2-553B
diàomín 弔民 4-84B
diàomín 釣緍 11-1208B
diàomín 釣緡 11-1209A
diàomǐn 弔愍 4-87A
diàomínfázuì 弔民伐罪 4-84B
diàomíng 弔名 4-84B
diàomíng 釣名 11-1206A
diàomínggūyù 釣名沽譽 11-1206A
diàomíngqīshì 釣名欺世 11-1206B
diàomíngyāoyù 釣名要譽 11-1206B
diāomó 彫摩 3-1128B
diāomò 刁墨 2-555A
diāomù 雕目 11-842A
diàomù 弔幕 4-87A
diāonàn 刁難 2-555B
diǎonánnǚ 鳥男女 12-1032B
diàonáo 掉撓 6-665B
diāonì 鵰睨 12-1126B
diāonián 凋年 2-428B
diāonián 彫年 3-1126A
diāoniǎn 琱輦 4-593B
diāoniǎn 雕輦 11-846A
diàonòng 掉弄 6-664B
diàonòng 調弄 11-300B
diāonüè 刁虐 2-554A
diàopái 弔牌 4-86B
diàopái 調排 11-305B
diàopài 調派 11-303B
diāopán 琱柈 4-593A
diāopán 琱槃 4-593B
diāopán 琱盤 4-593B
diāopán 雕盤 11-846A
diāopánqǐshí 雕盤綺食 11-846A
diāopáo 貂袍 10-1334A
diāopèi 雕轡 11-848B
diàopèi 調配 11-304A
diāopéng 彫蓬 3-1127B
diāopéng 鵰鵬 12-1126B
diàopéng 釣篷 11-1209A
diāopī 彫鈚 3-1128A
diāopí 凋疲 2-429A
diāopí 貂皮 10-1333A
diàopí 弔皮 4-84B
diàopí 掉皮 6-664A
diāopō 刁潑 2-555A
diāopó 刁婆 2-554B
diāopò 彫破 3-1126B
diāoqī 凋槭 2-431A
diāoqī 雕漆 11-846A
diāoqí 雕幾 11-845A
diāoqǐ 彫綺 3-1128B
diāoqì 雕砌 11-843B
diǎoqì 鳥氣 12-1033B
diàoqí 弔奇 4-85A
diàoqí 釣奇 11-1206B
diāoqiǎ 碉卡 7-1060A
diàoqiǎn 調遣 11-309A
diāoqiáng 雕墻 11-846A
diāoqiáng 雕牆 11-847A
diǎoqiáng 鳥强 12-1035A
diàoqiāng 掉搶 6-665A
diàoqiāng 調腔 11-307B
diàoqiānghuā 掉槍花 6-665B
diāoqiángjùnyǔ 雕牆峻宇 11-847A
diāoqiǎo 刁巧 2-553B
diāoqiǎo 雕巧 11-842A
diàoqiáo 弔橋 4-87B
diàoqiáo 釣橋 11-1209A
diàoqiào 掉俏 6-664B
diāoqīng 雕青 11-842B
diāoqìng 凋磬 2-431B
diàoqìng 弔慶 4-87B
diàoqìng 掉磬 6-665B
diàoqìng 掉罄 6-666A
diāoqióng 琱璚 4-593B
diāoqiú 貂裘 10-1334A
diàoqiú 調求 11-300B
diāoqiúhuànjiǔ 貂裘换酒 10-1334B
diàoqū 調驅 11-313B
diàoqǔ 調取 11-301A
diàoqù 掉趣 6-665B
diāoquē 凋缺 2-429A
diāoquè 貂却 10-1333B
diāoquè 貂卻 10-1333B
diāorán [illegible]然 3-390B
diāorén 雕人 11-841B
diǎorén 鳥人 12-1031A
diàorén 釣人 11-1205B
diàorèn 調任 11-300A
diāorù 雕縟 11-846B
diāorùn 彫潤 3-1128B
diāoruò 彫弱 3-1126B
diāosàn 凋散 2-429B
diāosàn 彫散 3-1127A
diāosàng 凋喪 2-430A
diāosàng 彫喪 3-1127A
diāosàng 雕喪 11-845A
diàosāng 弔喪 4-86B
diàosǎng 弔嗓 4-87A
diàosǎngzi 弔嗓子 4-87A
diàosǎngzi 調嗓子 11-309A
diāosāo 刁騷 2-555B
diāosāo 彫騷 3-1129A
diàoshǎi 掉色 6-664A
diāoshàn 貂扇 10-1334A
diāoshāng 凋傷 2-430B
diāoshāng 彫傷 3-1128A
diāoshāng 雕傷 11-845B
diāoshāng 雕觴 11-847B
diàoshāng 弔傷 4-87A
diàoshāo 掉捎 6-664B
diāoshé 蛁蟧 8-857A
diàoshé 掉舌 6-664A
diàoshè 釣射 11-1207A
diāoshēn 貂參 10-1334A
diàoshēn 調身 11-301A
diàoshěn 弔審 4-87B
diàoshěn 調審 11-310B
diàoshēng 弔生 4-84B
diàoshēng 釣聲 11-1209A
diàoshěng 調省 11-302B
diāoshēnglàngqì 刁聲浪氣 2-555A
diāoshì 凋逝 2-429A
diāoshì 彫飭 3-1127B
diāoshì 彫世 3-1126A
diāoshì 彫飾 3-1128A
diāoshì 琱飾 4-593B
diāoshì 貂侍 10-1333B
diāoshì 雕飾 11-845B
diǎoshì 鳥事 12-1032B
diàoshī 釣師 11-1207A
diàoshí 調食 11-303A
diàoshì 釣士 11-1206A
diàoshì 調式 11-299B
diàoshīdiào 釣詩釣 11-1208A
diàoshīgōu 釣詩鈎 11-1208A
diàoshīgōu 釣詩鉤 11-1208A
diàoshǒu 掉首 6-664B
diàoshòu 調授 11-305B
diāoshū 凋疎 2-430A
diāoshū 凋疏 2-430B
diāoshū 彫疎 3-1127B
diāoshū 彫疏 3-1127B
diāoshǔ 貂鼠 10-1334B
diàoshū 弔書 4-86A
diàoshǔ 調署 11-309A
diàoshǔ 調數 11-310A
diǎoshuǎ 鳥耍 12-1033A
diāoshuāi 凋衰 2-429A
diāoshuāi 彫衰 3-1126B
diāoshuāng 凋霜 2-431B
diàoshūdài 掉書袋 6-665A
diàoshūdài 調書帶 11-305A
diàoshūdài 調書袋 11-305A
diàoshuǐ 弔水 4-84A
diàoshuǐ 釣水 11-1206A
diàoshūnáng 掉書囊 6-665A
diàoshūyǔ 掉書語 6-665A
diàoshūzǐ 弔書子 4-86A
diāosì 貂寺 10-1333A
diàosī 釣絲 11-1208A
diàosǐ 弔死 4-84B
diàosǐfúshāng 弔死扶傷 4-84B
diàosǐguǐ 弔死鬼 4-84B
diàosǐwènjí 弔死問疾 4-84B
diàosǐwènshēng 弔死問生 4-84B
diàosīzhú 釣絲竹 11-1208A
diāosòng 刁訟 2-554B
diàosòng 調送 11-303B
diāosōu 彫鎪 3-1128B
diāosōu 彫颼 3-1129A
diāosōu 琱鎪 4-594A
diāosōu 雕鋑 11-847A
diāosōu 雕搜 11-844B
diāosōu 雕鎪 11-846B
diāosōu 鵰鎪 12-1126B
diàosǒu 釣叟 11-1207A
diāosú 雕俗 11-843B
diāosù 雕素 11-843B
diāosù 雕塑 11-845B
diàosuàn 調筭 11-304B
diàosuì 弔襚 4-88A
diāosǔn 彫損 3-1127B
diāosuō 刁唆 2-554A
diāosuō 叼唆 3-69B
diāosuǒ 凋索 2-429A
diàotǎ 弔塔 4-86B
diàotà 釣闒 11-1209B
diàotái 釣台 11-1206A
diàotái 釣臺 11-1208A

diàotài 調態 11-310A
diāotán 雕談 11-846A
diàotān 釣灘 11-1209B
diāotáng 彫棠 3-1127B
diāotáng 鵰堂 12-1126B
diāotāocùqiā 刁鑽促掐 2-556A
diāoténg 鵰騰 12-1127A
diàoténg 釣藤 11-1209A
diāotí 彫題 3-1129A
diāotí 雕題 11-847A
diāotǐ 雕體 11-848B
diàotì 凋替 2-429B
diàotǐ 調體 11-313B
diāotiānjuédì 刁天厥地 2-553B
diāotiānjuéndì 刁天決地 2-553B
diāotiáo 刁調 2-555A
diàotǐng 釣艇 11-1207B
diāotóng 彫彤 3-1126A
diāotóng 雕彤 11-842B
diāotóng 雕桐 11-843B
diàotǒng 弔桶 4-86A
diàotǒng 釣筒 11-1207B
diàotǒngdǐ 弔桶底 4-86A
diāotóu 刁頭 2-555A
diàotou 調頭 11-311A
diàotóu 掉頭 6-665B
diàotóu 調頭 11-311A
diāotú 刁徒 2-554B
diàotú 釣徒 11-1207A
diàotú 釣屠 11-1207B
diāotuí 凋頹 2-431B
diàotuō 掉脫 6-665A
diàowāi 掉歪 6-664B
diàowài 調外 11-299A
diāowán 刁頑 2-555A
diāowán 凋刓 2-428B
diāowán 凋翫 2-431A
diāowán 彫刓 3-1126A
diāowán 雕刓 11-842A
diàowǎn 弔挽 4-85B
diāowáng 凋亡 2-428B
diāowáng 彫亡 3-1125B
diāowēi 凋微 2-430B
diāowěi 凋萎 2-429B
diāowěi 彫僞 3-1128A
diāowěi 貂尾 10-1333B
diāowěi 雕萎 11-844A
diāowěi 雕僞 11-845B
diāowèi 雕蔚 11-845B
diàowěi 掉尾 6-664B
diàowěi 挑尾 6-569B
diàowèi 弔慰 4-87B
diàowèi 釣位 11-1206B
diàowèi 釣渭 11-1207B
diāowěishàn 貂尾扇 10-1333B
diāowēn 琱輼 4-593B
diāowén 彫文 3-1125B
diāowén 琱文 4-593A
diāowén 貂文 10-1333A
diāowén 雕文 11-842A
diāowěn 彫紊 3-1126B
diàowén 弔文 4-84A
diàowén 掉文 6-664A
diàowén 調文 11-298B
diàowèn 弔問 4-86B
diàowéndài 掉文袋 6-664A
diàowēng 釣翁 11-1207A
diàowéngōu 釣文鉤 11-1206A
diāowénkèlòu 雕文刻鏤 11-842A
diāowénzhīcǎi 雕文織綵 11-842A
diàowō 掉窩 6-665A
diāowū 雕杇 11-842B
diāoxī 雕腊 11-845A
diāoxì 雕舄 11-845A
diàoxī 弔惜 4-86B
diàoxī 釣溪 11-1208A
diāoxiá 刁黠 2-555B
diāoxiá 雕霞 11-846B
diǎoxià 鳥嚇 12-1037A
diàoxià 調下 11-298A
diāoxiān 雕幰 11-847B
diàoxián 釣賢 11-1208B
diàoxiàn 弔綫 4-87A
diàoxiàn 釣線 11-1209A
diāoxiàng 彫像 3-1128A
diāoxiàng 雕像 11-845B
diàoxiāng 釣鄉 11-1207B
diāoxiāo 刁蕭 2-555A
diāoxiāo 刁小 2-553B
diàoxiāo 弔銷 4-87B
diàoxiào 弔孝 4-85A
diāoxiē 凋歇 2-430B
diāoxiè 凋謝 2-431B
diāoxiè 彫謝 3-1129A
diāoxiè 雕謝 11-847A
diāoxīn 雕薪 11-846A
diàoxīng 釣星 11-1206B
diàoxīng 瘹星 8-352B
diàoxǐng 弔省 4-85B
diàoxíngdiàoyǐng 弔形弔影 4-85A
diāoxīnkèshèn 雕心刻腎 11-842A
diāoxīnyànzhǎo 鵰心雁爪 12-1126A
diāoxīnyànzhǎo 鵰心鴈爪 12-1126A
diāoxīnyīngzhǎo 雕心鷹爪 11-842A
diāoxīnyīngzhǎo 鵰心鷹爪 12-1126A
diāoxióng 貂熊 10-1334B
diāoxiū 雕修 11-843B
diāoxiǔ 凋朽 2-428B
diāoxiǔ 彫朽 3-1126A
diāoxiǔ 雕朽 11-842A
diāoxiù 貂袖 10-1334A
diāoxū 彫虛 3-1126B
diāoxù 貂續 10-1335A
diàoxù 弔卹 4-85A
diàoxù 弔恤 4-85B
diāoxuān 雕軒 11-843B
diàoxuǎn 調選 11-310B
diàoxuàn 掉眩 6-664B
diāoxuē 雕削 11-843B
diāoxuè 鵰䀲 12-1126B
diàoxuè 掉謔 6-666A
diāoyā 琱鴨 4-593B
diàoyáliàochún 挑牙料脣 6-569A
diāoyán 凋嚴 2-431B
diāoyán 雕筵 11-845A
diāoyán 雕顏 11-847B
diāoyǎn 彫掞 3-1126B
diāoyǎn 貂鼹 10-1335A
diàoyán 調研 11-302B
diàoyǎn 掉眼 6-665A
diàoyǎn 調演 11-310A
diàoyàn 弔唁 4-85B
diàoyàn 弔驗 4-88B
diàoyàn 調驗 11-313B
diāoyáng 刁羊 2-554A
diàoyāng 掉鞅 6-665A
diàoyáng 弔羊 4-85A
diàoyàng 掉瀁 6-666A
diàoyǎnzi 掉罨子 6-665A
diàoyǎnzi 調罨子 11-309A
diàoyāosākuà 弔腰撒跨 4-87A
diàoyè 弔夜 4-85A
diāoyī 貂衣 10-1333B
diǎoyì 鳥意 12-1035B
diàoyì 釣弋 11-1206A
diàoyì 調役 11-301A
diàoyì 調易 11-301B
diàoyì 調益 11-305A
diāoyīn 貂茵 10-1333B
diāoyìn 雕印 11-842A
diàoyǐn 弔引 4-84A
diàoyǐn 弔癮 4-88B
diàoyìn 調印 11-299A
diāoyīng 貂纓 10-1335A
diāoyíng 彫楹 3-1127B
diāoyíng 雕楹 11-845A
diāoyǐng 鵰影 12-1126B
diàoyǐng 弔影 4-87B
diāoyíngbìjiàn 雕楹碧檻 11-845A
diàoyǐqīngxīn 掉以輕心 6-664A
diàoyòng 調用 11-299A
diàoyóu 釣游 11-1208A
diàoyóu 釣遊 11-1207B
diāoyú 凋渝 2-430A
diāoyú 琱輿 4-593B
diāoyú 貂褕 10-1334B
diāoyǔ 貂羽 10-1333B
diāoyù 彫玉 3-1125B
diàoyú 釣魚 11-1207A
diàoyú 挑揄 6-570B
diàoyǔ 掉羽 6-664A
diàoyǔ 釣語 11-1208B
diàoyù 釣玉 11-1206A
diàoyù 釣譽 11-1209B
diāoyuān 鵰鳶 12-1126B
diàoyuǎn 窵遠 8-480B
diàoyúchē 釣魚車 11-1207A
diàoyuè 釣月 11-1206A
diàoyùgūmíng 釣譽沽名 11-1209B
diàoyúlún 釣魚輪 11-1207B
diāoyún 彫雲 3-1127B
diāoyún 雕雲 11-845A
diāoyǔn 凋隕 2-430B
diāoyǔn 凋殞 2-431A
diāoyǔn 彫殞 3-1128A
diàoyùn 調運 11-308A
diàoyútái 釣魚臺 11-1207B
diàozāi 弔災 4-85A
diàozàng 弔葬 4-86B
diāozáo 雕鑿 11-848B
diāozǎo 雕藻 11-848A
diàozèng 弔贈 4-88A
diāozhà 刁詐 2-554B
diāozhài 凋瘵 2-431B
diāozhài 彫瘵 3-1128B
diàozhàn 釣戰 11-1209A
diāozhāng 彫章 3-1126B
diāozhāng 雕章 11-844A
diāozhāng 鵰章 12-1126B
diāozhàng 貂帳 10-1334A
diāozhàng 鵰帳 12-1126B
diàozhāng 釣樟 11-1208B
diāozhānghuìjù 雕章繪句 11-844A
diāozhānglòujù 彫章鏤句 3-1126B
diāozhānglòujù 雕章鏤句 11-844A
diāozhāngrùcǎi 雕章縟彩 11-844A
diāozhāngzhuójù 雕章琢句 11-844A
diàozhǎnzi 掉盞子 6-665A
diàozhào 釣罩 11-1208A
diāozhěn 彫軫 3-1127B
diàozhèn 調陣 11-303B
diàozhēng 調征 11-302A
diàozhēng 調徵 11-310A
diàozhènzi 調陣子 11-303B
diāozhǐ 雕趾 11-844A
diāozhì 鵰鷙 12-1127A
diàozhí 調直 11-301B
diàozhí 調值 11-304B
diàozhí 調職 11-312B
diàozhǐ 弔紙 4-86A
diàozhǐ 調旨 11-300A
diàozhì 調製 11-309B
diàozhì 調質 11-310A
diàozhōu 釣舟 11-1206A
diāozhū 貂珠 10-1334A
diāozhù 雕柱 11-843B
diàozhù 釣築 11-1209A
diāozhuān 雕磚 11-846B
diāozhuàn 彫瑑 3-1127B
diāozhuàn 彫篆 3-1128B
diāozhuàn 琱瑑 4-593B
diāozhuàn 雕撰 11-846A
diāozhuàn 雕篆 11-846A

diàozhuǎn 掉轉 6-666A
diàozhuǎn 調轉 11-313A
diàozhuǎn 挑轉 6-572A
diàozhuāng 弔裝 4-87A
diāozhuì 凋墜 2-431A
diāozhuó 彫啄 3-1126B
diāozhuó 彫琢 3-1127A
diāozhuó 彫斲 3-1128B
diāozhuó 彫斵 3-1129A
diāozhuó 琱琢 4-593A
diāozhuó 琱斲 4-593B
diāozhuó 雕斫 11-843B
diāozhuó 雕琢 11-844B
diāozhuó 雕斲 11-845B
diāozhuó 雕斵 11-847A
diāozhuó 敦琢 5-495B
diàozi 弔子 4-84A
diàozi 銱子 11-1263A
diàozi 調子 11-298A
diàozi 銚子 11-1270B
diǎozishēng 鳥子聲 12-1031B
diāozǔ 彫俎 3-1126B
diāozuān 刁鑽 2-555B
diāozuān 雕鑽 11-848B
diāozuǎn 雕纂 11-846B
diāozuāncùxiá 刁鑽促狹 2-556A
diāozuāngǔguài 刁鑽古怪 2-555B
diāozuǐ 刁嘴 2-555A
diāozuì 刁罪 2-555A
diāozuǐ 鳥嘴 12-1036B
diàozuǐ 挑嘴 6-572A
diǎshēngdiǎqì 嗲聲嗲氣 3-467B
dībà 堤壩 2-1148A
dìbā 帝羓 3-712A
dìbā 第八 8-1130B
dìbā 第巴 8-1131B
díbǎichóng 敵百蟲 5-512A
dǐbǎn 底版 3-1219B
dìbǎn 地板 2-1024A
dǐbàng 詆謗 11-115A
dìbàng 地磅 2-1034A
díbǎo 的保 8-252B
díbǎo 迪保 10-754B
dǐbào 邸報 10-607B
dìbǎo 地保 2-1026A
dìbǎo 地堡 2-1031A
dìbǎo 地寶 2-1037B
dībèi 隄備 11-1062B
dībèi 提備 6-745B
dǐbèi 抵背 6-477A
dǐbèi 詆悖 11-114A
dìbēi 遞杯 10-1140A
dìběitiānnán 地北天南 2-1020B
díběn 的本 8-252A
dǐběn 底本 3-1219A
dībì 低庳 1-1273A
díbǐ 的筆 8-253A
díbì 的畢 8-253A
díbì 翟蔽 9-657B
dǐbì 抵秘 6-477A
dǐbì 抵拂 6-476B
dìbǐ 地比 2-1018B
dìbiàn 的便 8-252B
dǐbiàn 詆辯 11-115B
dìbiān 地邊 2-1037A
dìbiàn 地變 2-1038A
dìbiàn 遞變 10-1142A
dìbiàn 諦辨 11-353B
dìbiǎo 地表 2-1023B
dībiāohào 低標號 1-1274A
dìbiē 地鱉 2-1038A
dǐbīng 邸兵 10-607A
dǐbīng 底兵 3-1219A
dǐbīng 砥兵 7-1021A
dìbǐng 遞稟 10-1141B
dībó 低薄 1-1274B
dǐbó 詆薄 11-115A
díbó 的博 8-253A
díbù 笛步 8-1119A
dǐbǔ 抵補 6-478A
dǐbù 底簿 3-1221B
dìbǔ 遞補 10-1141A
dìbù 地步 2-1023B
dìbù 弟布 2-100B
díbùkějiǎ 敵不可假 5-511B
díbùkězòng 敵不可縱 5-511B
dìbùshào 遞步哨 10-1139B
dícái 笛材 8-1119A
dǐcái 砥才 7-1020B
dìcái 地財 2-1027A
dìcán 地蠶 2-1038A
dìcáng 地藏 2-1036A
dǐcāo 砥操 7-1022A
dǐcǎo 砥草 7-1021A
dǐcè 底册 3-1219A
dìcè 帝側 3-712B
dìcè 帝策 3-712B
dǐcéng 底層 3-1221B
dìcéng 地層 2-1035A
dìcéngxué 地層學 2-1035A
díchǎn 敵產 5-512B
dìchǎn 地產 2-1030A
dìchǎn 第產 8-1132A
dīchàng 低唱 1-1273A
dícháng 迪嘗 10-754B
díchǎng 滌場 6-16B
díchǎng 滌埸 6-16B
díchǎng 敵場 5-512B
díchàng 滌暢 6-16B
díchàng 滌暢 1-1487A
dǐcháng 抵償 6-479B
dìchāng 帝閶 3-714A
dìcháng 禘嘗 7-949B
dìchǎng 地場 2-1030A
dīchàngqiǎnzhēn 低唱淺斟 1-1273A
dīcháo 低潮 1-1274A
dǐchāo 邸抄 10-606B
dǐchāo 邸鈔 10-607B
díchē 翟車 9-657B
dìchē 帝車 3-709A
dìchē 遞車 10-1139B
dìchè 地坼 2-1024A
dīchén 低沉 1-1271A
dìchén 帝宸 3-712A
dīchéng 隄塍 11-1062B
dǐchéng 邸城 10-607A
dǐchéng 底成 3-1219A
dìchéng 帝城 3-710B
dìchéng 遞呈 10-1139B
dìchèng 地秤 2-1027A
dīchí 低遲 1-1274B
dǐchì 抵斥 6-475B
dǐchì 詆叱 11-113A
dǐchì 詆斥 11-113A
dǐchōng 抵充 6-476A
dǐchōng 抵沖 6-476B
dǐchóng 抵蟲 6-479B
dīchǒu 低醜 1-1274B
díchóu 敵讎 5-514A
dǐchóu 氐惆 6-1420A
dìchǒudéqí 地醜德齊 2-1036A
dìchǒulìdí 地醜力敵 2-1036A
díchū 嫡出 4-405B
díchú 滌除 6-16A
dǐchǔ 底處 3-1220A
dǐchù 抵觸 6-480A
dǐchù 牴觸 6-260A
dǐchù 觝觸 10-1358B
dìchǔ 帝儲 3-714A
dìchù 地處 2-1029A
dìchù 踶觸 10-517B
dīchuān 隄川 11-1062A
díchuán 嫡傳 4-406B
dìchuán 的傳 8-253B
dìchuán 遞傳 10-1141A
díchuáng 笛牀 8-1119A
dìchuānjiǎ 地穿甲 2-1026B
dǐchùfān 羝觸藩 9-173A
dīchuí 低垂 1-1271B
dǐcī 詆疵 11-114A
dìcí 地磁 2-1033A
dìcì 第次 8-1131B
dìcì 遞次 10-1139B
dìcì 諦伺 11-353A
dìcíjí 地磁極 2-1033A
dìcōng 帝聰 3-714A
dǐcū 牴觕 6-260A
dīcuī 低摧 1-1274A
dǐcuì 砥淬 7-1021B
dǐcuò 詆挫 11-113B
dīdā 低搭 1-1273A
dīdā 嘀嗒 3-494B
dīdā 嘀噠 3-494B
dīdā 滴搭 6-101A
dīdā 滴噠 6-102B
dīdā 滴答 6-101A
dīdá 低答 1-1273B
dǐdā 抵搭 6-477B
dǐdá 抵達 6-478A
dīdā 僀搭 1-1631A
dìdá 的達 8-253A
dīdǎi 低歹 1-1270A
dīdài 低黛 1-1275A
dìdài 地代 2-1020B
dìdài 地帶 2-1029A
dìdài 遞代 10-1139B
dìdǎn 地膽 2-1036B
dìdàn 地蛋 2-1030A
dīdàng 低檔 1-1275A
dídǎng 敵黨 5-513B
dídàng 的當 8-253B
dídàng 滌蕩 6-16B
dídàng 滌蕩 1-1487B
dǐdāng 抵當 6-478B
dǐdǎng 抵擋 6-479A
dǐdàng 抵當 6-478B
dǐdāng 觝艡 9-7A
dìdǎng 帝黨 3-714B
dìdǎng 締黨 9-947B
dìdàng 諦當 11-353B
dìdàng 弔當 4-87A
dīdāo 袛裯 9-52A
dídào 狄道 5-26B
dǐdào 抵盜 6-478A
dìdao 地道 2-1031A
dìdào 地道 2-1031A
dìdào 弟道 2-101B
dìdào 帝道 3-712B
dìdào 遞盜 10-1141A
dìdào 諦道 11-353B
dìdàozhàn 地道戰 2-1031A
dìdàwùbó 地大物博 2-1018B
dīde 滴得 6-101A
dǐdé 砥德 7-1022A
dìdé 地德 2-1034B
dìdé 帝德 3-713B
díděng 敵等 5-512B
dīděngdòngwù 低等動物 1-1273B
dīdī 低低 1-1270B
dīdī 堤堤 2-1147B
dīdī 滴滴 6-101B
dídí 踧踧 10-495B
dídí 的的 8-252B
dídí 滌滌 6-16B
dídí 鸐鸐 12-1171A
dídí 適適 10-1167A
dídí 滌滌 5-1235A
dídí 樀樀 4-1281A
dídí 逐逐 10-890B
dídì 敵地 5-512A
dǐdí 底迪 3-1219B
dǐdí 抵敵 6-479A
dǐdì 邸弟 10-607A
dǐdì 邸第 10-607B
dìdi 弟弟 2-101A
dìdǐ 地底 2-1024B
dìdì 逮逮 10-1014A
dìdì 的的 8-252A
dìdì 旳旳 5-583B
dìdì 遞遞 10-1141A
dìdì 諦諟 11-353B
dìdì 諟諦 11-340B
dídiàn 笛簟 8-1119A
dǐdiàn 邸店 10-607A
dǐdiàn 底墊 3-1220B
dǐdiàn 底簟 3-1221B
dìdiǎn 地點 2-1036B

dìdiǎn 帝典 3-709B
dīdiào 低調 1-1274A
dīdidādā 滴滴答答 6-102A
dīdīdādā 滴滴搭搭 6-102A
dīdīdādā 滴滴嗒嗒 6-102A
dīdīdādā 滴滴打打 6-102A
dídídāndān 逐逐眈眈 10-890B
dīdidèngdèng 滴滴鄧鄧 6-102A
dīdījīn 滴滴金 6-102A
dīdīlālā 滴滴拉拉 6-102A
dīdīliūliū 滴滴溜溜 6-102A
dìdìng 的定 8-252B
dǐdìng 底定 1-919A
dǐdìng 底定 3-1219B
dìdīng 地丁 2-1017B
dìdìng 諦定 11-353A
dìdìtiáotiáo 遞遞迢迢 10-1141A
dídíwèi 敵敵畏 5-513B
dìdìwúlèi 滌地無類 6-16A
dìdìyuán 的的圓 8-252B
dìdōng 地東 2-1024A
dìdōng 蝃蝀 8-925A
dìdòng 地洞 2-1026B
dìdòng 地動 2-1029A
dìdòngshāncuī 地動山摧 2-1029B
dìdòngshānyáo 地動山搖 2 1029A
dìdòngshuō 地動說 2-1029B
dìdòngyí 地動儀 2-1029B
dídǒu 敵鬬 5-514A
dǐdǒu 抵斗 6-475B
dǐdòu 抵鬬 6-480B
dìdòu 地豆 2-1023A
dìdòuwū 的脰烏 8-253A
dīdǔ 滴篤 6-102B
dìdū 帝都 3-711B
dìdú 諦讀 11-354A
dìdù 杕杜 4-768A
dǐduǎn 詆短 11-114A
dìduàn 地段 2-1026A
dīdǔbān 滴篤班 6-102B
dìdǔbān 的篤班 8-254B
dīdū'erdī 低都兒低 1-1272B
dìduì 的對 8-253B
díduì 敵對 5-513A
dǐduì 抵兑 6-476B
dǐduì 抵對 6-478B
dìduì 地碓 2-1032A
dǐdùn 砥鈍 7-1021B
dìdùn 遞頓 10-1141A
dīduó 滴沰 6-100B
dǐduōshǎo 抵多少 6-476A
dìdǔxì 的篤戲 8-254B
dī'é 低蛾 1-1273B
dī'è 隄遏 11-1062B
dī'è 隄閼 11-1062B
dī'è 提閼 6-748A
dǐ'è 底遏 3-1220A
dǐ'è 抵堮 6-477B
dǐ'è 抵遏 6-478A
dǐ'è 砥厄 7-1020B
dǐ'è 砥砨 7-1021B
dǐ'è 砥崿 7-1022A
dì'é 帝娥 3-712A
dì'è 棣萼 4-1134A
dì'è 棣蕚 4-1134A
dié'ài 耋艾 8-645B
dié'ān 蝶菴 8-925B
dié'àn 牒桉 6-1049A
diébàn 迭辦 10-759A
dì'èbāng 棣萼牓 4-1134A
diébào 牒報 6-1049A
diébào 諜報 11-332A
diébào 疊暴 7-1413B
diébì 牒辟 6-1049A
diébiàn 迭變 10-759B
diébiàn 疊遍 7-1413B
diēbó 跌踣 10-447A
diébó 迭暴 10-759A
diébū 眣晡 5-680B
diébù 迭步 10-757B
diébù 蹀步 10-516A
diébù 氎布 6-1021A
diébù 褻布 9-127B
diébùde 迭不得 10-757B
diébùde 迭不的 10-757B
diēchà 跌岔 10-445A
diéchá 諜查 11-332A
diēchéng 跌成 10-444B
diéchéng 牒呈 6-1048B
diéchóng 疊重 7-1412B
diéchuángjiàwū 疊床架屋 7-1412B
diécì 迭次 10-757B
diécì 疊次 5-850A
diécì 疊次 7-1412A
diécōng 蹀驄 10-516B
diécuì 疊翠 7-1413B
diēcuō 跌蹉 10-447A
diēcuò 跌蹉 10-446B
diēdǎ 跌打 10-444A
diēdà 跌大 10-444A
diédài 迭代 10-757B
diédài 絰帶 9-813B
diédài 蝶黛 8-926A
diēdànbānjiū 跌彈斑鳩 10-447A
diēdàng 跌宕 10-445A
diēdàng 跌逿 10-446A
diēdàng 跌蕩 10-446B
diédāng 螲蟷 8-959B
diédàng 迭宕 10-758A
diédàng 迭逿 10-758B
diédàng 迭蕩 10-759A
diédàng 詄砀 11-104B
diédàng 詄蕩 11-104B
diédàng 佚宕 1-1244A
diédàng 佚蕩 1-1245A
diédàng 軼蕩 9-1238A
diēdàngbùjī 跌宕不羈 10-445A
diēdàngbùjī 跌宕不羈 10-445B
diēdàngbùjī 跌蕩不羈 10-446B
diēdàngbùjū 跌蕩不拘 10-446B
diédàngdàng 詄蕩蕩 11-104B
diēdàngfēngliú 跌宕風流 10-445B
diēdàngfēngliú 跌蕩風流 10-446B
diēdànggé 跌宕格 10-445B
diēdàngzhāozhāng 跌宕昭彰 10-445B
diēdǎo 跌倒 10-445B
diēdǎsǔnshāng 跌打損傷 10-444A
diéděng 迭等 10-758B
diédì 疊地 7-1412A
diēdie 爹爹 6-1119B
diédié 迭迭 10-758A
diédié 喋喋 3-406B
diédié 惵惵 7-652B
diédié 殜殜 5-175A
diédié 牒牒 6-1049A
diédié 諜諜 11-332A
diédié 蹀蹀 10-516B
diédié 疊疊 7-1414B
diédié 惵惵 7-604B
diédié 跕蹀 10-443A
diédié 跕跕 10-442B
diédie 渫渫 5-1445A
diēdiēbànbàn 跌跌絆絆 10-446A
diédiébóbó 迭迭薄薄 10-758A
diédiébùxiū 喋喋不休 3-407A
diēdiēchōngchōng 跌跌衝衝 10-446A
diēdiēchòngchòng 跌跌銃銃 10-446A
diēdiēguāguā 跌跌踋踋 10-446A
diēdiēgǔngǔn 跌跌滾滾 10-446A
diēdiēpápá 跌跌爬爬 10-446A
diēdiēqiàngqiàng 跌跌蹌蹌 10-446B
diēdiēqiàngqiàng 跌跌蹡蹡 10-446B
diēdiētàtà 跌跌撻撻 10-446A
diēdiezhuàngzhuàng 跌跌撞撞 10-446A
diédú 牒牘 6-1049A
diēdùn 跌頓 10-446B
diéduó 蹀踱 10-516B
diéduò 跕墮 10-443A
diéduòshān 疊垛衫 7-1412B
diéfā 疊發 7-1413A
diēfān 跌翻 10-447A
diéfān 迭番 10-758B
diéfěn 蝶粉 8-925B
diéfěnfēnghuáng 蝶粉蜂黄 8-925B
diéféngjì 迭逢紀 10-758B
diéfū 諜夫 11-332A
diégēng 迭更 10-757B
diēgēntou 跌根頭 10-445B
diégòu 疊遘 5-850A
diégǔ 疊鼓 5-850A
diégǔ 疊鼓 7-1413A
diēguà 跌卦 10-445A
diéguàn 疊觀 7-1414B
diēguì 跌跪 10-446B
diéguǐ 蹀攱 10-516A
diéguǐ 蹀攱 10-516A
diéguō 喋聒 3-406B
diéhé 疊翮 7-1413B
diéhè 迭和 10-758A
diéhòu 諜候 11-332A
diéhú 疊縠 7-1413B
diéhù 迭互 10-757B
diéhuà 蝶化 8-925B
diéhuáng 絰皇 9-813B
diéhuáng 窒皇 8-443A
diéhuàzhuāngshēng 蝶化莊生 8-925B
diéhuàzhuāngzhōu 蝶化莊周 8-925B
diéhuǐ 迭毀 10-758B
diéhuǐ 軼毀 9-1237B
diéhún 蝶魂 8-926A
diéjī 迭激 10-759A
diéjī 蝶儿 8-925A
diéjí 牒籍 6-1049A
diéjì 迭繼 10-759B
diéjì 諜記 11-332A
diéjì 疊跡 7-1413A
diējià 跌價 10-447A
diējiādǎshì 跌家打事 10-445B
diéjiān 鰈鶼 12-1246A
diéjiān 疊肩 7-1412B
diéjiàn 諜間 11-332A
diéjiàng 疊降 5-850A
diējiāo 跌交 10-444B
diējiāo 跌跤 10-446B
diējiǎo 跌脚 10-445B
diējiǎobànshǒu 跌脚扮手 10-445B
diējiǎobànshǒu 跌脚絆手 10-445B
diējiǎochuíxiōng 跌脚捶胸 10-445B
diējiǎochuíxiōng 跌脚搥胸 10-446A
diējiǎochuíxiōng 跌脚槌胸 10-446A
diéjiē 耋嗟 8-645B
diéjìn 迭進 10-758B
diéjìng 蝶徑 8-925B
diéjīnhuáng 疊金黄 7-1412B
diéjǔ 牒舉 6-1049A
diéjù 惵懼 7-653A
diéjù 疊句 7-1412A
diéjǔchóngguī 疊矩重規

7-1412B
diējué 跌蹶 10-447A
diēkē 跌磕 10-446B
diékètuīduō 迭克推多 10-757B
diékòng 蹀鞚 10-516B
diékǒu 迭口 10-757B
diékǒu 堞口 2-1144B
diēláipèngqù 跌來碰去 10-445A
diélǎo 耋老 8-645B
diélěi 堞壘 2-1144B
diélěi 疊累 7-1413A
diēlexiàba 跌了下巴 10-444A
diélǐ 迭里 10-758A
diélì 耋吏 8-645B
diélì 昳麗 5-680B
diélián 迭連 10-758A
diélián 疊連 7-1413A
diélián 疊聯 7-1414A
diéliànfēngkuáng 蝶戀蜂狂 8-926B
diéliànhuā 蝶戀花 8-926A
diéliào 迭料 10-758B
diélǐdiéxié 蹀里蹀斜 10-516A
diélíjiānbèi 鰈離鶼背 12-1246A
diélíng 蝶翎 8-926A
diélǐng 疊嶺 7-1414A
diélóu 堞樓 2-1144B
diélòu 疊漏 7-1413B
diélǔ 㲲氌 6-1021B
diēluò 跌落 10-446A
diéluó 疊羅 7-1414A
diéluóhàn 疊羅漢 7-1414A
diéluóhuā 疊蘿花 7-1414B
diéluóhuáng 疊羅黄 7-1414A
diēmā 爹媽 6-1119B
diémǎ 蹀馬 10-516A
diémào 耋耄 8-645B
diéméng 喋盟 3-407A
diémèng 蝶夢 8-926A
diémián 瓞綿 8-280B
diémiàn 迭面 10-758A
diémín 耋民 8-645B
diēmù 跌目 10-444B
diémù 牒目 6-1048B
diéní 嵽嵲 3-862B
diénì 垤堄 2-1099B
diēniáng 爹娘 6-1119B
diéniè 垤㙞 2-1099B
diéniè 峌峴 3-813B
diéniè 喋囁 3-407A
diéniè 嵽嵲 3-862B
diéniè 嶫嵲 3-853A
diéniè 嵲峴 3-853B
diépāi 蝶拍 8-925B
diépèi 迭配 10-758A
diēpō 跌坡 10-445A
diépò 蝶魄 8-926A
diépò 疊破 7-1413A
diēpū 跌剥 10-445B
diēpū 跌扑 10-444B
diēpū 跌撲 10-446B
diēpú 跌仆 10-444A
diēpǔ 跌蹼 10-447A
diépū 疊撲 7-1413B
diépǔ 牒譜 6-1049A
diéqī 蝶期 8-926A
diéqí 疊基 7-1413A
diéqí 疊騎 7-1414A
diéqǐ 迭起 10-758A
diéqǐ 牒啓 6-1049A
diéqǐ 疊綺 7-1413B
diēqián 跌錢 10-447A
diéqiān 迭遷 10-759A
diēqiānjīn 跌千金 10-444A
diéqiè 蹀踥 10-516B
diéqún 蝶裙 8-926A
dí'ěr 滌耳 6-16A
dì'ěr 的爾 8-253B
dì'ěr 地耳 2-1022A
dì'èr 第二 8-1130A
diérào 疊繞 7-1414A
dì'èrchǎnyè 第二産業 8-1130B
dì'èrchéng 第二乘 8-1130B
dǐ'erdiào 底兒掉 3-1219B
diérén 諜人 11-331B
dì'èrgǔ 第二骨 8-1130B
diérì 迭日 10-757B
dì'èrrén 第二人 8-1130A
dì'èrrénchēng 第二人稱 8-1130A
dì'èrshēng 第二聲 8-1130B
dì'èrshìjiè 第二世界 8-1130B
dì'èrshǒu 第二手 8-1130A
dì'èrxìngzhēng 第二性徵 8-1130B
dì'èrxìnhàoxìtǒng 第二信號系統 8-1130B
diéshā 鰈魦 12-1246A
diéshàn 迭嬗 10-759A
diéshè 軲韘 12-678B
diéshēng 迭升 10-757B
diéshēng 迭聲 10-759A
diéshēng 疊聲 7-1414A
diēshī 跌失 10-444B
diéshǐ 蝶使 8-925B
diéshì 諜士 11-331B
diéshì 咥噬 3-320A
diéshǐfēngméi 蝶使蜂媒 8-925B
diéshíxiǎng 迭時餉 10-758B
diéshòu 耋壽 8-645B
diéshū 牒書 6-1049A
diéshuāng 疊雙 7-1414A
diēsìpíng 跌四平 10-444B
diésù 迭宿 10-758B
diésù 牒訴 6-1049A
diésuì 迭歲 10-758B
diétà 迭踏 10-759A
diétà 蹀蹋 10-516B
diétàn 諜探 11-332A
diētáng 跌踼 10-447A
diétáng 詄踼 11-105A
diētī 跌踢 10-447A
diétóu 迭頭 10-759A
diētuì 跌退 10-445B
diētuó 跌跎 10-446B
diétuó 蹀墒 10-516B
diéwàng 迭王 10-757B
diéwén 牒文 6-1048B
diēwō 跌踒 10-447A
diēwù 跌扤 10-444B
diēwù 跌誤 10-446B
diéwǔ 蝶舞 8-926A
diéwǔ 蹀舞 10-516B
diéxī 惵息 7-652B
diéxì 蝶戲 8-926A
diéxiān 碟仙 7-1077A
diéxiàn 迭見 10-757B
diéxiàn 疊見 7-1412B
diéxiàncéngchū 疊見層出 7-1412B
diéxiāng 迭相 10-758A
diéxiāngyīng 疊香英 7-1412B
diéxiāo 蝶綃 8-926A
diēxiè 鞊韘 12-190A
diéxiē 揲揳 6-734B
diéxiè 蹀躞 10-516B
diéxiè 疊燮 7-1414A
diéxiè 跕躞 10-443A
diéxiè 瑈瓔 4-600B
diéxièbùxià 蹀躞不下 10-517A
diēxièxie 跌躞躞 10-447A
diēxièxiè 跌屑屑 10-445B
diéxièxiè 迭屑屑 10-758B
diéxìng 迭興 10-759A
diéxiòng 諜詗 11-332A
diéxiù 疊秀 5-850A
diéxū 蹀虛 10-516A
diéxuě 疊雪 7-1413A
diéxuè 啑血 3-377B
diéxuè 喋血 3-406B
diéxuè 蹀血 10-516A
diéxuè 涉血 5-1198A
diéxuè 渫血 5-1445A
diéyǎn 疊巘 7-1414B
diéyáo 迭謡 10-759B
diéyī 蝶衣 8-925B
diéyī 褶衣 9-136B
diéyì 蹀跇 10-516B
diéyì 疊意 7-1413B
diēyìn 跌窨 10-446B
diéyīn 迭嗽 10-759A
diéyīn 嚸喑 3-562B
diéyìn 迭窨 10-759A
diéyìn 疊印 7-1412A
diéyǐng 蝶影 8-926A
diéyǐng 疊影 7-1413B
diéyǐng 疊穎 7-1414A
diéyìyīngqíng 蝶意鶯情 8-926A
diéyǒng 蝶泳 8-925B
diéyòng 牒用 6-1048B
diéyòng 疊用 7-1411B
diéyú 怢愉 7-480B
diéyǔ 蝶羽 8-925B
diéyuān 跕鳶 10-442B
diéyuànqióngqī 蝶怨蛩淒 8-925B
diéyuè 疊躍 7-1414B
diéyún 牒云 6-1048B
diéyùn 迭運 10-758B
diéyùn 疊韻 5-850A
diéyùn 疊韻 7-1414A
diéyùnshī 疊韻詩 7-1414B
diézéi 諜賊 11-332A
diézhān 㲲旃 6-1020B
diézhān 㲲旃 6-1021A
diézhǎng 疊掌 7-1413A
diézhàng 疊嶂 5-850A
diézhàng 疊障 7-1413B
diézhàng 疊嶂 7-1413B
diēzhé 跌折 10-444B
diézhě 諜者 11-332A
diézhī 諜知 11-332A
diézhǒng 疊踵 7-1413B
diézhuāng 蝶裝 8-926A
diézhuàng 牒狀 6-1049A
diēzhuì 跌墜 10-446B
diézhuì 跕墜 10-443A
diézhuó 碟酌 7-1077A
diēzǐ 跌子 10-444A
diézi 碟子 7-1077A
diézi 艓子 9-10A
diézi 蝶子 8-925B
diézǐ 疊子 5-850A
diézì 疊字 7-1412A
diézìshī 疊字詩 7-1412B
diézòu 迭奏 10-758A
diēzú 跌足 10-444B
diézú 蹀足 10-516A
diēzuò 跌坐 10-444B
dǐfā 底發 3-1220B
dǐfǎ 底法 1-919A
dǐfǎ 底法 3-1219B
dǐfǎ 抵法 6-477A
dìfā 遞發 10-1141A
dǐfán 底煩 3-1220B
dǐfàn 抵犯 6-475B
dīfáng 隄防 11-1062A
dīfáng 堤防 2-1147B
dīfáng 氐房 6-1420A
dīfáng 提防 6-742B
dífāng 敵方 5-512A
dìfang 地方 2-1019B
dìfāng 地方 2-1019B
dìfāngbìng 地方病 2-1020A
dìfangguān 地方官 2-1019B
dìfāngjù 地方劇 2-1020A
dìfangsècǎi 地方色彩 2-1019B
dìfāngshí 地方時 2-1020A
dìfāngshuì 地方税 2-1020A
dìfāngxì 地方戲 2-1020A
dìfangxìngzhíwù 地方性植物 2-1019B
dìfāngzhì 地方志 2-1019B
dífánzǐ 滌煩子 6-16B
dǐféi 底肥 3-1219B

dǐfěi 詆誹 11-115A
dīfēn 鞮芬 12-202B
dífēn 敵氛 5-512A
dǐfèn 底糞 3-1221A
dìfén 帝墳 3-713B
dìfèn 地分 2-1019A
dīfěncuōsū 滴粉搓酥 6-101A
dìfēng 隄封 11-1062A
dīfēng 堤封 2-1147B
dīfēng 鏑鋒 11-1386B
dǐfēngtíng'è 砥鋒挺鍔 7-1022A
dìfēnshěnbù 諦分審布 11-353A
dīfū 堤夫 2-1147B
dīfú 低服 1-1271B
dífú 翟茀 9-657B
dífù 嫡父 4-405B
dífù 嫡婦 4-406A
dífù 適婦 10-1166A
dǐfú 底伏 3-1219A
dǐfú 底服 3-1219B
dǐfù 抵負 6-477A
dìfū 地膚 2-1034B
dìfū 遞夫 10-1139A
dìfú 地符 2-1029B
dìfú 帝服 3-710A
dìfǔ 地府 2-1024B
dìfǔ 帝輔 3-713A
dìfù 地傅 2-1031A
dìfù 地腹 2-1032B
dìfù 弟父 2-100B
dìfù 弟婦 2-101A
dìfù 帝傅 3-712B
dìfù 娣婦 4-364A
dìfùhǎihán 地負海涵 2-1026A
dìfùtiānfān 地覆天翻 2-1037A
dìfūzǐ 地膚子 2-1034B
dígài 滌漑 6-16B
dìgāng 帝綱 3-713B
dìgàng 的杠 8-252A
dígǎo 的稿 8-254A
dǐgǎo 底稿 3-1221A
dǐgào 底告 1-919A
dìgāo 地膏 2-1033B
dīgé 鞮革 12-202B
dǐgé 邸閣 10-607B
dìgé 地格 2-1027A
dìgé 地閣 2-1033B
dìgé 帝閣 3-713B
dìgēn 地根 2-1027A
dǐgēn'er 底根兒 3-1219B
dìgēng 遞更 10-1139B
dīgōng 隄工 11-1062A
dígōng 迪功 10-754A
dígōng 笛工 8-1118B
dígōng 滌宮 6-16A
dígōng 敵工 5-511B
dǐgōng 底工 3-1218B
dǐgōng 底公 3-1218B
dǐgōng 詆攻 11-113A
dǐgòng 底貢 3-1219B
dìgōng 地工 2-1017B
dìgōng 地公 2-1019A
dìgōng 地宮 2-1026B
dìgōng 弟共 2-100B
dìgōng 帝弓 3-708A
dìgōng 帝功 3-708B
dìgōng 帝宮 3-711A
dìgōng 第功 8-1131B
dìgòng 地貢 2-1027A
dígōngláng 迪功郎 10-754B
dǐgòu 詆詬 11-114B
dìgōu 地溝 2-1032B
dìgòu 的彀 8-253B
dìgòu 締搆 9-947B
dìgòu 締構 9-947B
dīgū 低估 1-1270B
dīgǔ 滴骨 6-100B
dígū 嘀咕 3-494B
dígǔ 迪古 10-754B
dǐgǔ 骶骨 12-405B
dìgǔ 地骨 2-1026A
dìguā 地瓜 2-1021A
díguàn 滌盥 6-17A
dǐguān 抵官 6-477A
dǐguǎn 邸館 10-607B
dǐguàn 邸觀 10-607B
dìguān 地官 2-1025A
dìguān 地關 2-1037B
dìguān 帝關 3-714B
dìguān 諦觀 11-354A
dìguǎn 第館 8-1132A
dìguàn 第觀 8-1132A
dìguāng 地光 2-1022A
dīguānghé 低光荷 1-1270A
dìguǎngrénxī 地廣人希 2-1033B
dìguǎngrénxī 地廣人稀 2-1033B
dígùgēngxīn 滌故更新 6-16A
dǐguǐ 羝觤 6-259B
dìguī 地龜 2-1036B
dìguǐ 帝鬼 3-710B
dìguì 踶趹 10-517B
dìguì 蹏趹 10-522B
dìgùn 地棍 2-1030B
díguó 敵國 5-512A
dìguó 帝國 3-712A
dìguò 遞過 10-1140B
díguótōngzhōu 敵國通舟 5-512B
díguówàihuàn 敵國外患 5-512B
dìguózhǔyì 帝國主義 3-712B
dìgǔpí 地骨皮 2-1026A
dīgǔqīn 滴骨親 6-100B
dīhǎi 鞮海 12-202B
dīhán 鞮汗 12-202B
dīhàn 隄捍 11-1062A
dǐhàn 抵扞 6-475B
dǐhàn 抵捍 6-477A
dìhán 地寒 2-1031A
dìháng 第行 8-1131B
dìhào 的秏 8-253A
dǐhào 底號 3-1220B
dìhǎo 締好 9-947A
dìhào 帝號 3-713A
dǐhē 抵訶 6-478A
dǐhē 詆呵 11-113B
dǐhē 詆訶 11-114A
dǐhé 抵閡 6-479A
dǐhé 詆劾 11-113B
dìhé 地核 2-1027A
dìhé 締合 9-947A
díhéng 敵衡 5-513B
díhóng 荻洪 9-423A
díhóng 荻葓 9-423A
dìhóng 地紘 2-1028A
dìhóng 帝紘 3-712A
dìhóng 帝鴻 3-714B
díhòu 敵後 5-512A
dìhóu 地侯 2-1026A
dǐhù 柢枑 4-920B
dìhǔ 帝虎 3-709B
dìhù 地户 2-1020A
dìhù 帝祜 3-711A
dìhù 遞互 10-1139A
dìhuā 棣華 4-1133B
dìhuá 帝華 3-711B
dìhuà 遞化 10-1139A
dīhuái 低徊 1-1271B
dīhuái 低佪 1-1271B
dīhuái 低迴 1-1271B
dīhuán 低鬟 1-1275A
dīhuān 低緩 1-1274B
dǐhuán 抵還 6-479B
dǐhuàn 抵換 6-477B
dìhuàn 遞換 10-1140B
dìhuáng 地皇 2-1026A
dìhuáng 地黄 2-1029A
dìhuáng 帝皇 3-710B
dìhuáng 烼黄 7-83B
dìhuángniú 地黄牛 2-1029A
dīhuí 低回 1-1270B
díhuī 翟褘 9-658A
díhuì 滌穢 6-17A
dǐhuǐ 詆譭 11-115B
dǐhuǐ 詆毀 11-114B
dǐhuǐ 詆詯 11-115A
dǐhuì 抵諱 6-479B
dìhuī 帝暉 3-713A
dìhuī 帝徽 3-714A
dìhuǐ 遞毀 10-1141A
dìhuì 地喙 2-1030B
díhuìbùxīn 滌穢布新 6-17A
díhuìdàngxiá 滌穢蕩瑕 6-17A
díhuìdíyuàn 敵惠敵怨 5-512B
dìhūn 帝閽 3-714A
dìhūn 締婚 9-947B
dīhuǒ 隄火 11-1062A
dīhuò 低貨 1-1273A
dǐhuò 底貨 3-1220A
dìhuǒ 地火 2-1020A
dìhuò 地貨 2-1029B
dījí 低級 1-1272B
dījì 鞮寄 12-202B
díjí 迪吉 10-754B
díjǐ 迪戟 10-754B
díjì 鬏髻 12-743B
díjì 鬍髻 12-747A
dǐjì 厎績 1-919B
dǐjì 砥績 7-1022A
dǐjī 觝擊 10-1358B
dǐjī 詆擊 11-115A
dǐjī 詆譏 11-115A
dǐjī 提擊 6-748A
dǐjí 底極 3-1220A
dǐjí 抵極 6-478A
dǐjí 詆詰 11-114B
dǐjǐ 抵掎 6-477B
dǐjì 底績 3-1221A
dǐjì 抵忌 6-476B
dìjī 地基 2-1028B
dìjī 地機 2-1035B
dìjī 地積 2-1036A
dìjī 地雞 2-1037A
dìjī 帝姬 3-712A
dìjī 帝畿 3-713B
dìjī 帝機 3-714A
dìjī 遞積 10-1141B
dìjī 締緝 9-947B
dìjí 地極 2-1030B
dìjí 地籍 2-1037B
dìjǐ 地脊 2-1028A
dìjí 弟及 2-100A
dìjí 帝極 3-712B
dìjí 帝籍 3-714B
dìjí 帝藉 3-714A
dìjí 遞籍 10-1142A
dìjì 地紀 2-1027A
dìjì 地記 2-1027B
dìjì 帝迹 3-711A
dìjì 帝紀 3-711B
dìjì 帝記 3-711B
dìjì 禘祭 7-949B
dǐjiǎ 抵假 6-477B
dìjiā 帝家 3-712A
dìjiā 第家 8-1132A
dìjiā 遞加 10-1139B
dìjià 地架 2-1026B
dìjià 締架 9-947A
dījiàn 低賤 1-1274A
dījiàn 氐賤 6-1420A
díjiǎn 迪簡 10-754B
díjiàn 的見 8-252A
díjiàn 覿見 10-358A
dǐjiàn 詆賤 11-115A
dìjiǎn 地簡 2-1037A
dìjiǎn 遞減 10-1140B
dǐjiǎng 砥獎 7-1022A
dǐjiàng 邸將 10-607B
dìjiāng 地漿 2-1035A
dìjiāng 帝江 3-709A
dìjiàng 遞降 10-1140A
dìjiàng 鬄匠 12-747A
dǐjiǎo 底脚 3-1220A
dǐjiǎo 抵角 6-476A
dìjiāo 地郊 2-1024B

dìjiāo 地椒 2-1030A
dìjiāo 帝郊 3-710A
dìjiāo 禘郊 7-949A
dìjiāo 遞交 10-1139B
dìjiāo 締交 9-947A
dìjiǎo 地角 2-1023B
dìjiǎo 地脚 2-1030A
dìjiǎo 遞角 10-1139B
dìjiào 地窖 2-1031B
dìjiǎotiānyá 地角天涯
2-1023B
dìjiàshuì 地價稅 2-1034B
dǐjié 底節 3-1220B
dǐjié 砥節 7-1021B
dǐjié 詆訐 11-113B
dǐjiè 抵借 6 477B
dìjié 地岊 2-1023B
dìjié 地節 2-1032B
dìjié 締結 9-947B
dìjiè 地芥 2-1022B
dìjiè 地界 2-1025B
dìjiè 遞解 10-1141A
dìjiè 蔕芥 9-535A
dìjiè 慸葪 7-685B
dìjiè 慸介 7-685B
dìjiè 慸芥 7-685B
dǐjiélìxíng 砥節厲行
7-1021B
dǐjiélìxíng 砥節勵行
7-1021B
dǐjiélìxíng 砥節礪行
7-1021B
dìjímínpín 地瘠民貧
2-1035A
dǐjīn 底襟 3-1221B
dǐjìn 抵禁 6-478A
dìjīn 地金 2-1024B
dìjǐn 地錦 2-1036A
dìjìn 地禁 2-1031B
dìjìn 遞進 10-1140B
dǐjīng 砥京 7-1021A
dǐjìng 底靖 3-1220B
dìjīng 地經 2-1032B
dìjīng 地精 2-1033B
dìjīng 帝京 3-710A
dìjǐng 地景 2-1030B
dìjìng 地境 2-1033A
dìjìng 地鏡 2-1037A
dǐjìnshèjī 抵近射擊
6-476A
dìjiōng 帝扃 3-711A
dījíqùwèi 低級趣味
1-1272B
dìjítiānjīng 地棘天荆
2-1030B
dījiù 低就 1-1273B
díjiù 嫡舅 4-406B
dǐjiù 底就 3-1220A
dìjiǔtiāncháng 地久天長
2-1018B
dījù 鞮屨 12-203A
díjù 的句 8-252A
díjù 的據 8-254A
dǐjū 底居 3-1219B
dǐjú 抵局 6-476B
dǐjù 抵拒 6-476A
dǐjù 觝拒 10-1358A
dǐjù 觝距 10-1358B
dìjū 帝居 3-710A
díjué 的決 8-252A
dìjué 踶蹶 10-517B
dìjué 蹄蹶 10-523A
dǐjuéxì 觝角戲 10-1358A
dìjūn 帝君 3-709B
díkǎ 的卡 8-252A
díkǎ 滌卡 6-16A
díkài 敵愾 5-513A
díkàitóngchóu 敵愾同仇
5-513A
dìkān 諦勘 11-353B
dǐkàng 抵抗 6-476A
dìkàng 地炕 2-1025A
dǐkè 砥課 7-1022A
dìkè 地客 2-1026B
díkètuīduō 狄克推多 5-26A
dīkōng 低空 1-1271B
dìkǒng 第恐 8-1132A
díkòu 敵寇 5-512B
dìkū 地窟 2-1032B
díkuǎn 的款 8-253A
dìkuàngrénxī 地曠人稀
2-1037A
dīkuìyǐkǒng 隄潰蟻孔
11-1062B
dìkūn 弟昆 2-101A
dìkūn 弟晜 2-101A
dìlà 地臘 2-1037A
dǐlài 抵賴 6-479A
dìlài 地籟 2-1038A
dīlán 低欄 1-1275A
dílàn 滌濫 6-17A
dǐlán 抵攔 6-480A
dǐlán 抵讕 6-480A
dǐlán 詆讕 11-115B
díláng 條狼 1-1484A
dìláng 地狼 2-1027B
dílángshì 條狼氏 1-1484A
dílào 狄酪 5-26B
dǐlǎo 底老 3-1219A
dìláo 地牢 2-1023B
dìlǎohǔ 地老虎 2-1022A
dìlǎoshǔ 地老鼠 2-1022A
dìlǎotiānhuāng 地老天荒
2-1021B
dìlǎotiānhūn 地老天昏
2-1021B
dílěi 敵壘 5-513B
dìléi 地雷 2-1032A
dìlěi 締壘 9-947B
dìléizhàn 地雷戰 2-1032A
dìléizhèn 地雷陣 2-1032A
dìléng 地塄 2-1030A
dìléng 地稜 2-1030A
dìléng 地楞 2-1032A
dīlì 滴瀝 6-102B
dīlì 滴礫 6-102B
dílǐ 敵禮 5-513B
dílì 狄隸 5-26B
dīlì 適秝 10-1165A
dīlì 適歷 10-1167B
dǐlǐ 底裹 3-1220B
dǐlì 厎厲 1-919B
dǐlì 邸吏 10-606B
dǐlì 底力 3-1218B
dǐlì 底厲 3-1220B
dǐlì 底麗 3-1221B
dǐlì 砥厲 7-1022A
dǐlì 砥勵 7-1022A
dǐlì 砥礪 7-1022A
dǐlì 觝轢 10-1358B
dǐlì 詆詈 11-114A
dìlí 地梨 2-1029A
dìlí 地藰 2-1036B
dìlǐ 地里 2-1023A ,
dìlǐ 地理 2-1028A
dìlǐ 帝里 3-709B
dìlǐ 禘禮 7-949B
dìlì 的歷 8-254A
dìlì 的皪 8-255A
dìlì 的礫 8-254B
dìlì 的礰 8-255A
dìlì 的曬 8-255A
dìlì 地力 2-1017B
dìlì 地利 2-1023A
dìlì 地栗 2-1027A
dìlì 玓瓅 4-525B
dìlì 帝力 3-708A
dīlián 低廉 1-1274A
dīliǎn 低斂 1-1275A
dǐliàn 砥鍊 7-1022A
dìlián 締連 9-947A
dīliáng 隄梁 11-1062B.
díliánggōng 狄梁公 5-26B
díliángtūlú 狄良突盧
5-26A
dǐliánjùnyú 砥廉峻隅
7-1022A
dīliánlián 滴漣漣 6-101B
díliáo 敵寮 5-513B
dìliáo 螮蟧 8-932B
dìliào 諦料 11-353B
dīlidālā 滴裹搭拉 6-101A
dīlidūlū 滴里嘟嚕 6-100B
dīlidūlū 嘀里嘟嚕 3-494B
dìlidūlú 的歷都盧 8-254B
dīliè 低劣 1-1270A
dìliè 地埒 2-1027A
dìliè 地裂 2-1030B
dìlǐguǐ 地裏鬼 2-1032B
dīligūlū 嘀哩咕嚕 3-494B
dìlǐjiā 地理家 2-1028B
dílìjuéqì 敵力角氣 5-511B
dǐlìliányú 砥厲廉隅
7-1022A
dǐlìliányú 砥礪廉隅
7-1022B
dǐlìmínghào 砥厲名號
7-1022A
dǐlìmínghào 砥礪名號
7-1022B
dǐlìmíngjié 砥礪名節
7-1022B
dīlín 滴淋 6-101A
dìlín 地鄰 2-1033B
dìlín 地隣 2-1034A
dìlíng 地淩 2-1027B
dìlíng 地靈 2-1038A
dìlíng 帝靈 3-714B
dìlìng 弟令 2-100B
dìlìng 第令 8-1131B
dīlíngdālā 滴零搭拉
6-101A
dìlíngrénjié 地靈人傑
2-1038A
dìlìqīng 地瀝青 2-1037B
dìlǐshī 地理師 2-1028B
dìlǐtú 地理圖 2-1028B
dīliū 滴溜 6-101B
dīliū 提溜 6-746B
dìliú 遞流 10-1140B
dīliūdālā 滴溜打拉 6-101B
dīliúdálà 低留答剌
1-1272B
dīliúdálà 低留答臘
1-1272B
dīliūdānglāng 滴溜當啷
6-101B
dìliúdìlì 的留的立 8-253A
dīliūdūlu 滴溜嘟嚕 6-101B
dìliùgǎn 第六感 8-1131A
dìliùgǎnjué 第六感覺
8-1131A
dìliūgǔlù 的溜骨碌 8-253B
dìliújiāng 帝流漿 3-712A
dīliūliū 滴溜溜 6-101B
dīliúliú 滴流流 6-101A
dīliúliú 滴留留 6-100B
dìliūliū 的溜溜 8-253B
dīliūpū 滴溜撲 6-101B
dīliúpū 滴流撲 6-101A
dīliúpū 滴留撲 6-100B
dìliūpūlù 的溜撲碌 8-253B
dīliūtūlú 提溜禿盧 6-746B
dìliūyuán 的溜圓 8-253B
dìlǐxiānsheng 地理先生
2-1028B
dìlǐxué 地理學 2-1028B
dìlìyuán 的皪圓 8-255A
dìlóng 地龍 2-1036A
dìlǒng 地壠 2-1037A
dīlóu 鞮鞻 12-203A
dīlòu 滴漏 6-102A
dílóu 敵樓 5-513A
dìlòu 地漏 2-1033B
dīlóushì 鞮鞻氏 12-203A
dīlóushì 鞮韉氏 12-683A
dīlú 滴盧 6-102B
dīlù 滴漉 6-101B
dílǔ 敵鹵 5-512A
dílǔ 敵虜 5-513A
dílù 翟輅 9-657B
dǐlù 底祿 3-1220A
dǐlù 砥路 7-1021B
dìlú 的盧 8-254B
dìlú 的顱 8-255A
dìlú 地廬 2-1037A

dìlú 地爐 2-1037B
dìlú 地鑪 2-1038B
dìlù 地籙 2-1038A
dìlù 帝籙 3-714B
dílún 滌綸 6-16B
dìlùn 的論 8-254A
dìlún 地輪 2-1034A
dìlún 帝綸 3-713B
dìlún 締綸 9-947B
dìlùnzōng 地論宗 2-1035A
dīluō 低捋 1-1272B
dīluò 低落 1-1273B
dìluó 地羅 2-1037A
dìluò 地絡 2-1031B
dīlùyánzhū 滴露研朱 6-102B
dīlùyánzhū 滴露研珠 6-102B
dīlùyánzhū 滴露研硃 6-102B
dīlǜ 滴綠 6-102A
dílǜ 笛律 8-1119A
dílǜ 滌慮 6-17A
dǐlǚ 邸旅 10-607B
dìlǚ 帝履 3-713B
dǐmǎ 底碼 3-1221A
dǐmà 詆駡 11-115A
dìmǎ 遞馬 10-1140A
dìmǎ 踶馬 10-517B
dímài 嫡脉 4-406A
dìmài 地脉 2-1026A
dìmài 地脈 2-1027B
dǐmàn 詆嫚 11-114B
dìmàn 地幔 2-1033A
dīmào 鞮瞀 12-203A
dǐmào 抵冒 6-477A
dǐmào 詆冒 11-113B
dìmáo 地毛 2-1019A
dìmào 地貌 2-1033A
dīméi 低眉 1-1272A
dīmèi 鞮韎 12-203A
dìmèi 弟妹 2-101A
dìmèi 締袂 9-947A
dīméichuíyǎn 低眉垂眼 1-1272B
dīméishùnyǎn 低眉順眼 1-1272B
dīméixiàshǒu 低眉下首 1-1272B
dìmén 地門 2-1025A
dìmén 弟門 2-101A
dìmén 帝門 3-710A
dìméng 締盟 9-947B
dīmí 低迷 1-1272A
dīmì 低密 1-1273A
dīmiǎn 低勉 1-1272A
dīmiàn 低面 1-1271B
dímián 滌棉 6-16B
dímiàn 敵面 5-512A
dímiàn 覿面 10-358A
dǐmiàn 抵面 6-477A
dìmiǎn 睇眄 7-1223A
dìmiàn 地面 2-1025B
dìmiànfúshè 地面輻射 2-1025B
dìmiànwēndù 地面溫度 2-1025B
dímiáo 荻苗 9-423A
dǐmíng 砥名 7-1021A
dǐmìng 抵命 6-477A
dìmíng 帝名 3-709A
dìmíng 第名 8-1131B
dìmìng 帝命 3-710A
dìmíngxué 地名學 2-1022A
dīmò 低嘿 1-1274A
dīmò 滴墨 6-102B
dímó 笛膜 8-1119A
dímò 適莫 10-1165A
dǐmó 砥磨 7-1022A
dǐmò 底末 3-1218B
dìmó 帝謨 3-714A
dīmóu 低眸 1-1273A
dīmóu 鞮鍪 12-203A
dīmóu 鞮鞪 12-203A
dímóu 敵侔 5-512A
dímǔ 嫡母 4-405B
dímǔ 適母 10-1163B
dìmǔ 地母 2-1021B
dìmǔ 地畝 2-1027B
dìmǔ 帝母 3-709A
dìmù 第目 8-1131B
dìmù 睇目 7-1223A
dínán 嫡男 4-405B
dǐnàn 抵難 6-479B
dìnánzǐzhí 弟男子侄 2-100B
dīnéng 低能 1-1272B
dīnéng'ér 低能兒 1-1273A
dìng'àn 定案 3-1365B
dìng'àn 飣案 12-492A
dīngbā 丁八 1-142A
dīngbà 丁壩 1-147B
dìngbà 定霸 3-1371B
dǐngbài 頂拜 12-220B
dǐngbān 頂班 12-221A
dǐngbǎn 頂板 12-219A
dìngbàn 訂辦 11-25A
dīngbǎnzi 丁板子 1-144B
dǐngbāo 頂包 12-218B
dìngběn 定本 3-1361A
dīngbì 丁婢 1-146A
dǐngbǐ 頂筆 12-223A
dǐngbì 鼎庇 12-1317A
dìngbiān 定編 3-1370B
dìngbiān 訂編 11-24B
dìngbiàn 訂辨 11-25A
dìngbiàn 訂辯 11-25A
dīngbǐng 丁丙 1-143A
dǐngbó 頂脖 12-222A
dīngbù 丁步 1-144A
dīngbù 丁部 1-145B
dǐngbǔ 頂補 12-223A
dìngbǔ 訂補 11-24A
dīngcáo 丁漕 1-146B
dīngcè 丁册 1-143A
dìngcè 定册 3-1361A
dìngcè 定策 3-1367B
dìngcèguólǎo 定策國老 3-1368A
dīngchāi 丁差 1-145A
dīngchǎn 丁産 1-146A
dǐngchāng 鼎昌 12-1317A
dǐngchàng 鼎鬯 12-1318A
dìngchǎng 定場 3-1367A
dìngchǎngbái 定場白 3-1367A
dìngchǎngshī 定場詩 3-1367A
dīngchén 丁沉 1-144A
dīngchén 丁辰 1-144A
dǐngchén 鼎臣 12-1315B
dǐngchēng 鼎鐺 12-1321A
dǐngchéng 鼎成 12-1315B
dǐngchēng'ěr 鼎鐺耳 12-1321A
dǐngchénglóngqù 鼎成龍去 12-1315B
dǐngchénglóngshēng 鼎成龍升 12-1315B
dǐngchēngyùshí 鼎鐺玉石 12-1321A
dīngchǐpà 釘齒耙 11-1203A
dǐngchóng 頂蟲 12-226A
dǐngchū 鼎出 12-1315B
dǐngchù 頂觸 12-226A
dìngchǔ 錠楮 11-1341B
dìngchù 定處 3-1366B
dīngchuāng 疔瘡 8-283B
dǐngchuāng 頂瘡 12-224A
dǐngchuáng 頂橦 12-224A
dīngchuí 釘錘 11-1203B
dīngchūnchéng 釘春盛 11-1202B
dǐngcì 鼎賜 12-1320B
dìngcí 定甆 3-1369A
dìngcù 飣簇 12-492B
dīngcūnrén 丁村人 1-144A
dǐngdā 頂搭 12-222B
dǐngdà 頂大 12-217B
dǐngdài 頂代 12-218B
dǐngdài 頂帶 12-222A
dǐngdài 頂戴 12-225A
dìngdān 定單 3-1367B
dīngdāng 丁當 1-146A
dīngdāng 丁璫 1-147A
dīngdāng 叮噹 3-30B
dīngdāng 玎當 4-525A
dīngdāng 玎璫 4-525A
dīngdāng 釘鐺 11-1203B
dīngdàng 丁檔 1-147A
dǐngdǎng 頂擋 12-224A
dìngdāng 定當 3-1368B
dìngdàng 定當 3-1368B
dīngdāngdāng 叮噹噹 3-30B
dīngdāngdīng 叮噹叮 3-30B
dīngdāngxiǎng 叮噹響 3-30B
dīngdāngxiǎng 玎璫響 4-525A
dīngdǎo 丁倒 1-145B
dìngdào 定道 3-1368A
dìngdào 訂道 11-24A
dǐngdāzi 頂搭子 12-222B
dǐngdēng 頂燈 12-225A
dīngdiǎn 丁點 1-147A
dǐngdiān 頂顛 12-226A
dǐngdiān 頂巔 12-226A
dǐngdiǎn 頂點 12-225B
dìngdiàozi 定調子 3-1370B
dìngdié 定疊 3-1371B
dīngdīng 丁丁 1-141B
dīngdīng 玎玎 4-525A
dǐngdǐng 鼎鼎 12-1319B
dǐngdìng 鼎定 12-1317B
dìngdǐng 定鼎 3-1367B
dìngdìng 訂定 11-23B
dǐngdǐngdàmíng 鼎鼎大名 12-1319B
dīngdīngdāngdāng 丁丁當當 1-142A
dīngdīngdāngdāng 叮叮噹噹 3-30A
dīngdīngguāngguāng 丁丁光光 1-141B
dīngdīngliēliē 丁丁列列 1-141B
dīngdīngmāo 叮叮猫 3-30A
dìngdǐngmén 定鼎門 3-1367B
dǐngdǐngyǒumíng 鼎鼎有名 12-1319B
dīngdōng 丁冬 1-143A
dīngdōng 丁東 1-144B
dīngdōng 叮咚 3-30A
dīngdōng 玎玲 4-525A
dīngdōng 玎琜 4-525A
dìngdòu 飣餖 12-492B
dìngdòu 飣鬭 12-492B
dìngdū 定都 3-1365A
dǐngduān 頂端 12-223B
dìngduān 定端 3-1369B
dìngduàn 定斷 3-1371A
dīngdūhùgē 丁督護歌 1-146A
dǐngduì 頂對 12-223B
dìngduó 定奪 3-1369A
dǐng'é 頂額 12-226A
dǐng'é 鼎娥 12-1318A
dìng'é 定額 3-1371A
dìng'é 訂訛 11-24A
dìng'é 訂譌 11-25A
dǐng'ér 鼎臑 12-1320B
dǐng'ěr 鼎耳 12-1315B
dǐngfā 頂發 12-223A
dǐngfá 鼎閥 12-1320A
dǐngfà 頂髮 12-223B
dìngfǎ 定法 3-1363B
dīngfāng 丁方 1-142B
dǐngfèi 頂費 12-223A
dǐngfèi 鼎沸 12-1317A
dǐngfēn 鼎分 12-1315A
dìngfèn 定分 3-1360B
dǐngfēng 頂風 12-220B
dǐngfēng 頂峰 12-221B
dìngfēng 釘封 11-1202B
dìngfēng 定封 3-1364A
dìngfēngbō 定風波 3-1364B
dìngfēngbōlìng 定風波令

3-1364B
dìngfēngliú 定風流 3-1364B
dǐngfēngmàoxuě 頂風冒雪
12-220B
dìngfēngqí 定風旗 3-1364B
dìngfēngwénshū 釘封文書
11-1202B
dǐngfēnsānzú 鼎分三足
12-1315A
dǐngfó 頂佛 12-219A
dīngfū 丁夫 1-142A
dīngfū 丁伕 1-143B
dīngfù 丁賦 1-146B
dǐngfú 鼎伏 12-1316A
dǐngfǔ 鼎府 12-1317A
dǐngfǔ 鼎釜 12-1318A
dǐngfǔ 鼎輔 12-1320A
dǐngfù 鼎富 12-1319A
dǐngfù 鼎覆 12-1320B
dīngfùjiān 丁父艱 1-142B
dīngfùyōu 丁父憂 1-142B
dǐnggǎn 頂感 12-223A
dǐnggāng 頂缸 12-220B
dǐnggǎng 頂崗 12-222A
dǐnggàng 頂杠 12-219A
dìnggāng 釘缸 11-1202B
dìnggǎo 定稾 3-1370B
dìnggǎo 定稿 3-1369B
dìnggǎo 定藁 3-1371A
dǐnggé 頂格 12-221B
dǐnggé 頂隔 12-223A
dǐnggé 頂槅 12-223B
dǐnggé 鼎革 12-1317B
dǐnggè 頂個 12-221B
dìnggé 定格 3-1365A
dìnggēng 定更 3-1362A
dìnggēng 訂庚 11-23B
dǐnggōng 頂公 12-218A
dìnggōng 定功 3-1361A
dīnggōngténg 丁公藤 1-142B
dīnggōngzáojǐng 丁公鑿井
1-142B
dìnggòu 定購 3-1371A
dìnggòu 訂購 11-25A
dǐnggǔ 頂骨 12-220B
dìnggū 定估 3-1362B
dǐngguā 頂瓜 12-218B
dǐngguā 頂呱 12-219B
dǐngguāguā 頂刮刮 12-219B
dǐngguāguā 頂呱呱 12-219B
dǐngguāguā 頂括括 12-220B
dīngguǎi'er 丁拐兒 1-144B
dǐngguān 鼎官 12-1317B
dǐngguàn 頂罐 12-226A
dīngguāng 叮咣 3-30A
dìngguāng 定光 3-1361B
dìngguāngfózhàng
定光佛杖 3-1361B
dìngguānshí 釘官石
11-1202B
dǐngguānshùdài 頂冠束帶
12-221A
dǐngguāpí 頂瓜皮 12-218B
dǐngguì 頂櫃 12-226A
dǐngguì 鼎貴 12-1318B
dìngguī 定規 3-1366A
dìngguī 定歸 3-1371A
dìngguī 定軌 3-1364A
dǐngguō 鼎鍋 12-1320B
dǐngguó 鼎國 12-1318B
dìngguó 定國 3-1366B
dìngguǒpán 釘果盤 11-1202A
dīnghài 丁害 1-145B
dìnghài 定害 3-1365B
dǐnghào 頂號 12-223B
dìnghé 飣核 12-492A
dìnghèn 訂恨 11-24A
dìnghòugēn 腚後跟 6-1338B
dīnghù 丁户 1-143A
dǐnghú 鼎胡 12-1317B
dǐnghú 鼎湖 12-1319A
dìnghù 訂户 11-23A
dìnghuā 椗花 4-1130B
dìnghuà 定化 3-1360B
dǐnghuái 鼎槐 12-1319A
dǐnghuàn 頂換 12-221A
dǐnghuàn 鼎轘 12-1320B
dǐnghuāpí 頂花皮 12-219A
dìnghuì 定慧 3-1369B
dǐnghúlóngqù 鼎湖龍去
12-1319A
dìnghūn 定昏 3-1363B
dìnghūn 定昬 3-1365A
dìnghūn 定婚 3-1367A
dìnghūn 訂婚 11-24A
dǐnghuò 鼎鑊 12-1321A
dìnghuò 定貨 3-1366B
dìnghuò 訂貨 11-24A
dìnghuòdān 定貨單 3-1366B
dǐnghuòdāojù 鼎鑊刀鋸
12-1321A
dīngjī 丁屐 1-145B
dīngjí 丁籍 1-147A
dīngjì 丁祭 1-145B
dīngjì 酊劑 9-1370A
dǐngjì 頂髻 12-224A
dìngjī 訂稽 11-24B
dìngjí 定極 3-1367B
dìngjí 定籍 3-1371A
dìngjí 訂輯 11-24B
dìngjì 定計 3-1365A
dìngjì 錠劑 11-1341B
dīngjiǎ 丁甲 1-143A
dǐngjiǎ 鼎甲 12-1315A
dǐngjià 頂價 12-224A
dìngjiǎ 定甲 3-1361A
dìngjià 定價 3-1370A
dīngjiāhè 丁家鶴 1-145B
dīngjiājiān 丁家艱 1-145B
dīngjiān 丁艱 1-147A
dǐngjiàn 鼎建 12-1317B
dǐngjiàn 鼎薦 12-1320B
dìngjiàn 定見 3-1362A
dīngjiàng 丁匠 1-143B
dǐngjiāng 頂漿 12-224A
dīngjiǎo 釘鉸 11-1203A
dǐngjiǎo 頂角 12-219A
dǐngjiǎo 鼎角 12-1316B
dǐngjiǎo 鼎脚 12-1318B
dìngjiāo 定交 3-1361B
dìngjiāo 訂交 11-23B
dǐngjiāoguàn 鼎郊觀
12-1317A
dǐngjié 頂結 12-223A
dīngjīn 釘筋 11-1203A
dìngjīn 定金 3-1363B
dìngjīn 訂金 11-23B
dìngjīn 鋌金 11-1265B
dǐngjǐng 頂頸 12-224B
dǐngjìng 頂敬 12-222B
dìngjīng 定睛 3-1368B
dìngjiǔyāo 訂久要 11-23A
dīngjū 釘疽 11-1202B
dǐngjù 鼎鋸 12-1320B
dìngjū 定居 3-1364A
dìngjú 定局 3-1362B
dìngjù 定據 3-1370B
dīngjuān 丁絹 1-146B
dìngjūdiǎn 定居點 3-1364A
dìngjué 定决 3-1362A
dìngjūnshān 定軍山 3-1365A
dìngkǎo 訂考 11-23B
dǐngkē 鼎科 12-1317B
dìngkē 定科 3-1364B
dìngkè 錠錁 11-1341B
dīngkēng 丁坑 1-144A
dīngkǒu 丁口 1-142A
dīngkǒuqián 丁口錢 1-142A
dīngkuài 丁快 1-144A
dīngkuàichái 丁塊柴 1-146A
dìngkuàng 訂況 11-23B
dǐngkuì 鼎饋 12-1321A
dìngkūnchí 定昆池 3-1363A
dǐnglái 鼎來 12-1317A
dīnglán 丁蘭 1-147B
dīngláng 玎琅 4-525A
dīnglǎo 丁老 1-143B
dǐnglǎo 頂老 12-218B
dīnglì 丁力 1-142A
dīnglì 丁歷 1-147A
dīnglì 丁櫟 1-147A
dǐnglǐ 頂禮 12-225B
dǐnglì 鼎鬲 12-1318A
dǐnglì 鼎力 12-1315A
dǐnglì 鼎立 12-1315B
dìnglǐ 定理 3-1366A
dìnglǐ 定禮 3-1371A
dìnglǐ 訂禮 11-25A
dìnglì 定力 3-1360A
dìnglì 定立 3-1361A
dìnglì 定例 3-1363A
dìnglì 訂立 11-23B
dīnglián 丁簾 1-147A
dīngliáng 丁糧 1-147A
dǐngliáng 頂梁 12-222B
dìngliàng 定量 3-1367B
dìngliàngfēnxī 定量分析
3-1367B
dǐngliánggǔ 頂梁骨 12-222B
dǐngliángzhù 頂梁柱
12-222B
dǐnglǐcíyún 頂禮慈雲
12-225B
dǐngliè 鼎列 12-1315B
dǐnglǐmóbài 頂禮膜拜
12-225B
dīnglíng 丁泠 1-144B
dīnglíng 丁零 1-146A
dīnglíng 丁靈 1-147B
dīnglíng 仃伶 1-1103A
dīnglíng 叮泠 3-30A
dīnglíng 叮鈴 3-30B
dīnglíng 玎玲 4-525A
dīnglíng 釘鈴 11-1203A
dīnglíng 釘靈 11-1203B
dīnglìng 丁令 1-143A
dǐnglíng 頂翎 12-222A
dìnglíng 定陵 3-1366A
dìnglìng 定令 3-1361A
dīnglíngdāngláng
玎玲璫瑯 4-525A
dīnglìngwēi 丁令威 1-143A
dǐnglú 鼎爐 12-1321A
dǐnglú 鼎鑪 12-1321B
dǐnglù 鼎路 12-1319B
dìngluàn 定亂 3-1368B
dǐnglùmén 鼎路門 12-1319B
dìnglùn 定論 3-1370A
dīngluó 釘螺 11-1203B
dīngluò 丁犖 1-146B
dǐnglǚ 鼎呂 12-1316A
dìnglǜ 定律 3-1364B
dǐngmǎ 頂馬 12-221A
dìngmài 訂賣 11-24B
dīngmào 釘帽 11-1203A
dǐngmáo 頂毛 12-218A
dǐngmào 頂冒 12-220B
dǐngmào 頂帽 12-223A
dīngmǎoqiáo 丁卯橋 1-143A
dǐngmén 頂門 12-219B
dǐngmén 鼎門 12-1317B
dìngmén 定門 3-1364A
dǐngménchà 頂門杈 12-220A
dìngméng 訂盟 11-24B
dǐngméngàng 頂門杠
12-220A
dǐngméngǔ 頂門骨 12-220A
dǐngménhù 頂門户 12-220A
dǐngménhuǒ 頂門火 12-220A
dǐngménlìhù 頂門立户
12-220A
dǐngménshàngsi 頂門上司
12-220A
dǐngménshàngyīzhēn
頂門上一針 12-219B
dǐngményǎn 頂門眼 12-220A
dǐngményīzhēn 頂門一針
12-219B
dǐngményīzhēn 頂門一鍼
12-219B
dǐngménzhēn 頂門針
12-220A
dǐngménzhēn 頂門鍼
12-220A
dǐngménzhèngyǎn 頂門正眼
12-220A

dǐngménzhēnzi 頂門針子 12-220A
dǐngménzhuànghù 頂門壯户 12-220A
dǐngménzǐ 頂門子 12-220A
dīngmǐ 丁米 1-143B
dīngmì 釘密 11-1203A
dǐngmiǎn 頂冕 12-222A
dìngmiáo 定苗 3-1363A
dǐngmíng 頂名 12-219A
dǐngmíng 鼎銘 12-1320A
dǐngmìng 頂命 12-219B
dǐngmìng 鼎命 12-1317A
dìngmíng 定名 3-1361B
dìngmíng 訂明 11-23B
dìngmìng 定命 3-1363B
dìngmìngbǎo 定命寶 3-1363B
dìngmíngbǐ 定名筆 3-1361B
dīngmínggāng 釘明釭 11-1202B
dìngmìnglùn 定命論 3-1363B
dǐngmíngmàoxìng 頂名冒姓 12-219A
dǐngmíngtìshēn 頂名替身 12-219A
dìngmiù 訂謬 11-25A
dìngmó 定謨 3-1371A
dìngmóu 定謀 3-1370B
dīngmǔyōu 丁母憂 1-143B
dǐngnài 鼎鼐 12-1320A
dǐngnàihé 鼎鼐和 12-1320B
dǐngnàitiáohé 鼎鼐調和 12-1320B
dīngnán 丁男 1-144A
dīngnèijiān 丁内艱 1-142B
dīngnèiyōu 丁内憂 1-142B
dǐngnéng 鼎能 12-1318A
dǐngnì 頂逆 12-221A
dìngnǐ 定擬 3-1371A
dīngnián 丁年 1-143B
dīngniángshísuǒ 丁娘十索 1-145B
dīngniángzǐ 丁娘子 1-145B
dīngníng 丁寧 1-146B
dīngníng 叮嚀 3-30B
dīngníng 耵聹 8-653B
dǐngnǐng 頂顊 12-226A
dǐngnìng 濎濘 6-47B
dǐngnìng 葶藶 9-480A
dǐngnìng 濎濘 6-138A
dìngníng 定寧 3-1369B
dìngníng 定甯 3-1368A
dìngnìng 汀濘 5-904A
dǐngniú 頂牛 12-218A
dīngnú 丁奴 1-143B
dìngnuè 定虐 3-1364A
dìngnuò 訂諾 11-24B
dīngnǚ 丁女 1-142A
dìng'ǒu 訂偶 11-24A
dīngpá 釘鈀 11-1203A
dīngpá 釘耙 11-1202B
dǐngpán 頂盤 12-224A
dìngpán 飣盤 12-492A
dīngpánxīng 釘盤星 11-1203A
dìngpánxīng 定盤星 3-1370A
dìngpánzhēn 定盤針 3-1370A
dìngpèi 定配 3-1365A
dìngpéng 釘棚 11-1203A
dǐngpēng 鼎亨 12-1317A
dǐngpēng 鼎烹 12-1318B
dǐngpéng 頂棚 12-223A
dǐngpéng 頂篷 12-225A
dǐngpèng 頂碰 12-223A
dǐngpī 頂批 12-219A
dǐngpí'er 頂皮兒 12-218B
dìngpìn 定聘 3-1368B
dìngpíng 定評 3-1368A
dīngqī 丁妻 1-144B
dīngqī 丁期 1-146A
dǐngqī 頂期 12-222B
dǐngqì 鼎氣 12-1318A
dǐngqì 鼎器 12-1320B
dìngqī 定期 3-1367A
dìngqī 訂期 11-24A
dìngqì 定器 3-1370B
dìngqì 訂契 11-24A
dìngqì 錠器 11-1341B
dìngqián 丁錢 1-147A
dìngqián 定錢 3-1370B
dīngqiáng 丁彊 1-147A
dǐngqiàng 頂戧 12-223B
dìngqīcúnkuǎn 定期存款 3-1367B
dìngqīn 定親 3-1370B
dìngqīn 訂親 11-25A
dìngqīng 定傾 3-1368B
dìngqíng 定情 3-1366B
dìngqíng 訂情 11-24A
dīngqióng 丁窮 1-147A
dǐngqiú 頂球 12-222A
dìngqū 定趨 3-1370B
dìngquán 釘銓 11-1203A
dìngquē 訂闕 11-25A
dìngrán 定然 3-1368A
dīngrén 丁人 1-142A
dīngrén 盯人 7-1131B
dǐngrèn 鼎飪 12-1319A
dǐngròu 鼎肉 12-1316A
dīngruò 丁若 1-144B
dīngsāi 丁塞 1-146B
dǐngsǎng 頂顙 12-226A
dǐngsè 頂色 12-219A
dìngsēng 定僧 3-1369A
dǐngshàn 鼎膳 12-1320B
dǐngshàng 頂上 12-217B
dǐngshàngcháo 頂上巢 12-217B
dīngshāo 丁梢 1-145B
dīngshāo 盯梢 7-1131B
dīngshāo 釘梢 11-1202B
dǐngshè 鼎社 12-1317A
dìngshè 定舍 3-1363A
dīngshēn 丁身 1-144A
dìngshén 定神 3-1365A
dìngshēnfǎ 定身法 3-1362B
dǐngshèng 鼎盛 12-1318B
dìngshèng 定勝 3-1368A
dìngshèng 錠勝 12-565B
dǐngshēngwáng 頂生王 12-218B
dìngshēnjué 定身訣 3-1362B
dīngshēnqián 丁身錢 1-144A
dīngshí 丁時 1-145B
dīngshì 盯視 7-1131B
dǐngshí 鼎食 12-1318A
dǐngshí 鼎實 12-1320A
dǐngshì 頂事 12-219B
dǐngshì 鼎士 12-1315A
dǐngshì 鼎事 12-1317A
dǐngshì 鼎時 12-1319B
dìngshí 矴石 7-1005A
dìngshí 定時 3-1365B
dìngshí 定實 3-1369B
dìngshí 定識 3-1371A
dìngshí 訂實 11-24B
dìngshì 定式 3-1361B
dìngshì 定勢 3-1368B
dìngshì 訂誓 11-24B
dīngshìdīng…
丁是丁,卯是卯 1-144B
dìngshìdìng…
釘是釘,鉚是鉚 11-1202B
dǐngshímíngzhōng 鼎食鳴鍾 12-1318A
dǐngshímíngzhōng 鼎食鳴鐘 12-1318A
dìngshíqì 定時器 3-1365B
dīngshìsù 丁氏粟 1-142B
dǐngshìtú 頂視圖 12-222B
dìngshízhàdàn 定時炸彈 3-1365B
dìngshízhōng 定時鐘 3-1365B
dǐngshōu 頂收 12-219A
dǐngshǒu 頂手 12-218A
dǐngshǒu 頂首 12-220B
dǐngshòu 頂受 12-219B
dīngshū 丁書 1-145B
dīngshǔ 丁屬 1-147B
dǐngshù 頂數 12-224A
dìngshù 定數 3-1369B
dìngshù 訂述 11-23B
dīngshuì 丁税 1-146A
dìngshuǐ 定水 3-1360B
dǐngshuǐdiǎn 頂水點 12-218A
dìngshūjī 訂書機 11-24A
dìngshūjiàng 釘書匠 11-1202B
dìngshuō 定説 3-1369B
dìngshuò 定朔 3-1365B
dǐngsī 頂絲 12-223A
dǐngsī 鼎司 12-1315B
dǐngsù 鼎餗 12-1320B
dìngsuàn 定算 3-1369A
dìngsuǒ 定所 3-1363A
dǐngtái 鼎台 12-1315B
dǐngtàng 頂趟 12-223B
dǐngtánghuǒ 頂膛火 12-224A
dìngtáo 定桃 3-1365A
dǐngtì 頂替 12-222B
dìngtǐ 定體 3-1371B
dīngtián 丁田 1-143A
dǐngtiān 頂天 12-218A
dǐngtiānlìdì 頂天立地 12-218A
dǐngtiānzhǒngdì 頂天踵地 12-218A
dìngtiě 矴鐵 7-1005A
dìngtiě 定帖 3-1363A
dìngtiě 錠鐵 11-1341B
dīngtóu 丁頭 1-147A
dīngtóu 釘頭 11-1203A
dǐngtóu 頂頭 12-224A
dǐngtóufēng 頂頭風 12-224B
dǐngtóuqián 頂頭錢 12-224B
dǐngtóushàngsi 頂頭上司 12-224B
dǐngtóuyínliǎng 頂頭銀兩 12-224B
dǐngtóuzi 頂頭子 12-224B
dǐngtú 鼎圖 12-1320A
dǐngtuō 頂托 12-218B
dīngwàijiān 丁外艱 1-143A
dīngwàiyōu 丁外憂 1-143A
dìngwán 訂頑 11-24B
dǐngwàng 頂望 12-222A
dìngwángtái 定王臺 3-1360B
dǐngwèi 鼎位 12-1316B
dǐngwèi 鼎味 12-1317A
dìngwèi 定位 3-1362B
dīngwèn 叮問 3-30A
dīngwèn 釘問 11-1203A
dìngwèn 定問 3-1367A
dīngwēng 丁翁 1-145B
dìngwù 定物 3-1363A
dìngwǔlántíng 定武蘭亭 3-1362B
dìngwǔshí 定武石 3-1362B
dìngwǔshíkè 定武石刻 3-1362B
dīngxī 丁奚 1-145B
dǐngxí 鼎席 12-1318A
dìngxī 定息 3-1365B
dǐngxiàn 頂綫 12-223B
dǐngxiàn 頂線 12-224A
dìngxián 定弦 3-1364A
dìngxián 定絃 3-1367A
dìngxiàn 定限 3-1364A
dīngxiāng 丁香 1-144B
dǐngxiāng 頂箱 12-224A
dǐngxiàng 頂相 12-220B
dǐngxiàng 鼎象 12-1318B
dìngxiàng 定向 3-1361B
dīngxiānghé 丁香核 1-145A
dīngxiānghè 丁香褐 1-145A
dīngxiāngjié 丁香結 1-145A
dìngxiàngpéiyù 定向培育 3-1361B
dǐngxiāngqǐngyuàn 頂香請願 12-220B
dīngxiāngshì 丁香柿 1-145A
dìngxiàngtiānxiàn 定向天綫 3-1361B
dīngxiāngtóu 丁香頭 1-145A

dīngxiāngzhú 丁香竹 1-145A
dīngxié 丁鞵 1-147A
dīngxié 釘鞋 11-1203A
dīngxié 釘鞵 11-1203B
dǐngxiè 頂謝 12-225B
dìngxīfān 定西番 3-1361B
dǐngxīn 頂心 12-218B
dǐngxīn 鼎新 12-1320A
dǐngxìn 頂顖 12-226A
dīngxīng 虰蛵 8-856B
dīngxīng 丁星 1-144B
dǐngxīng 鼎興 12-1320B
dǐngxíng 鼎鉶 12-1320A
dǐngxìng 鼎姓 12-1317B
dìngxíng 定形 3-1362A
dìngxíng 定型 3-1364A
dìngxǐng 定省 3-1364B
dìngxìng 定性 3-1363B
dǐngxīngégù 鼎新革故
12-1320A
dìngxǐngqìngwēn 定省清温
3-1364B
dǐngxīnléi 頂心雷 12-218B
dìngxīnwán 定心丸 3-1360B
dǐngxiōng 頂凶 12-218A
dǐngxiōng 頂兇 12-219A
dīngxū 丁胥 1-145A
dǐngxuǎn 頂選 12-224A
dǐngxuàn 鼎鉉 12-1319B
dīngxuē 釘靴 11-1203A
dīngxuē 釘韡 11-1203B
dǐngyān 頂煙 12-223B
dǐngyán 鼎言 12-1317A
dìngyàn 定驗 3-1371B
dìngyàn 定讞 3-1371B
dǐngyǎng 鼎養 12-1320A
dìngyáng 定洋 3-1365A
dǐngyánggǔ 頂陽骨 12-222B
dīngyáo 丁徭 1-146B
dǐngyào 頂藥 12-226A
dìngyáo 定窯 3-1370B
dìngyào 錠藥 11-1341B
dīngyè 丁夜 1-144B
dǐngyè 頂謁 12-225A
dǐngyè 鼎業 12-1319A
dìngyè 定業 3-1368B
dīngyì 丁役 1-144A
dǐngyí 鼎彝 12-1320B
dǐngyí 鼎彛 12-1320B
dǐngyì 鼎邑 12-1316B
dìngyī 定衣 3-1362A
dìngyì 定義 3-1369A
dìngyì 訂義 11-24B
dìngyì 訂議 11-25A
dìngyíkǎowù 訂疑考誤
11-24B
dīngyīmǎo'èr 丁一卯二
1-141B
dīngyín 丁銀 1-146B
dǐngyín 頂銀 12-223B
dìngyín 定銀 3-1369A
dìngyìn 訂印 11-23B
dǐngyíng 鼎潒 12-1320B
dìngyīngǔ 定音鼓 3-1365A
dīngyīquè'èr 丁一确二
1-141B
dìngyīzūn 定一尊 3-1360A
dīngyōng 丁庸 1-146A
dǐngyòng 頂用 12-218B
dīngyōu 丁憂 1-146B
dǐngyóu 鼎游 12-1319A
dǐngyòu 鼎右 12-1315A
dǐngyú 鼎魚 12-1318B
dǐngyù 鼎玉 12-1315A
dìngyǔ 定語 3-1369B
dǐngyuán 鼎元 12-1315A
dìngyuán 定員 3-1365B
dìngyuǎn 定遠 3-1368A
dìngyuǎnhóu 定遠侯 3-1368A
dǐngyuè 鼎躍 12-1321A
dìngyuē 定約 3-1365A
dìngyuē 訂約 11-24A
dìngyuè 定閱 3-1370B
dìngyuè 訂閱 11-24B
dìngyuè 鋌鑰 11-1266A
dǐngyùguīfú 鼎玉龜符
12-1315A
dǐngyúmùyàn 鼎魚幕燕
12-1318B
dǐngyùn 鼎運 12-1319A
dìngzài 定在 3-1361B
dīngzé 丁則 1-144B
dìngzé 定則 3-1364B
dǐngzéi 鼎賊 12-1319B
dǐngzhá 鼎札 12-1315A
dǐngzhài 頂債 12-223B
dìngzhāng 定章 3-1366B
dìngzhāngchē 定張車
3-1367A
dìngzhāo 定着 3-1366B
dīngzhé 丁折 1-143B
dǐngzhé 鼎折 12-1316A
dǐngzhéfùsù 鼎折覆餗
12-1316A
dǐngzhēn 頂真 12-221A
dǐngzhēn 頂針 12-221B
dǐngzhēn 鼎真 12-1318A
dǐngzhēng 鼎争 12-1316A
dǐngzhèng 頂證 12-226A
dìngzhèng 定正 3-1361A
dìngzhèng 訂正 11-23A
dìngzhèng 訂證 11-25A
dǐngzhēnxùmá 頂真續麻
12-221B
dǐngzhēnxùmá 頂針緒麻
12-222A
dǐngzhēnxùmá 頂針續麻
12-222A
dǐngzhēnxùmá 頂鍼續麻
12-225B
dīngzhēnyǒngcǎo 丁真永草
1-145A
dǐngzhésùfù 鼎折餗覆
12-1316A
dīngzhì 丁稚 1-146A
dǐngzhí 頂職 12-226A
dǐngzhǐ 頂指 12-220B
dǐngzhǐ 頂趾 12-222A
dǐngzhǐ 鼎趾 12-1318B
dǐngzhì 頂製 12-223B
dǐngzhì 鼎治 12-1317B
dǐngzhì 鼎峙 12-1317B
dǐngzhì 鼎雉 12-1319B
dìngzhí 定執 3-1366B
dìngzhí 定植 3-1367B
dìngzhǐ 定止 3-1360B
dìngzhì 定志 3-1362A
dìngzhì 定制 3-1363A
dìngzhì 定質 3-1370A
dìngzhì 訂製 11-24B
dīngzhōng 丁中 1-142B
dīngzhǒng 疔瘇 8-283B
dǐngzhōng 鼎鍾 12-1320B
dǐngzhōng 鼎鐘 12-1321A
dǐngzhǒng 頂踵 12-224B
dǐngzhòng 鼎重 12-1317B
dǐngzhǒngjìnjuān
頂踵盡捐 12-225A
dǐngzhǒngjuānmí 頂踵捐縻
12-224B
dìngzhōngshēn 訂終身
11-24A
dǐngzhóu 鼎軸 12-1318B
dīngzhǔ 丁主 1-143B
dīngzhǔ 叮囑 3-30B
dǐngzhū 頂珠 12-221A
dǐngzhù 頂注 12-219B
dǐngzhù 頂祝 12-221A
dìngzhù 定住 3-1362B
dìngzhù 定著 3-1366B
dīngzhuàng 丁壯 1-144A
dǐngzhuāng 頂樁 12-224A
dǐngzhuàng 頂撞 12-223B
dǐngzhuāntóu 頂磚頭
12-224B
dìngzhǔn 定準 3-1369A
dìngzhuó 定著 3-1366B
dìngzhuó 定着 3-1366B
dǐngzhùzi 頂柱子 12-220B
dīngzi 釘子 11-1202A
dīngzǐ 丁子 1-142A
dīngzì 丁字 1-143B
dǐngzi 頂子 12-217B
dìngzi 錠子 11-1341A
dìngzǐ 定子 3-1360B
dìngzichá 錠子茶 11-1341B
dīngzìchǐ 丁字尺 1-143B
dīngzihù 釘子户 11-1202A
dìngzijīn 錠子金 11-1341B
dīngzìkù 丁字庫 1-143B
dīngzìlián 丁字簾 1-143B
dīngzǐxiāng 丁子香 1-142A
dìngziyào 錠子藥 11-1341B
dìngziyóu 錠子油 11-1341B
dìngzōng 定踪 3-1369B
dǐngzòu 頂奏 12-220B
dǐngzū 頂租 12-221B
dǐngzú 鼎足 12-1316A
dǐngzú 鼎族 12-1318B
dǐngzǔ 鼎俎 12-1317B
dìngzū 定租 3-1365B
dǐngzú'érlì 鼎足而立
12-1316B
dǐngzú'érsān 鼎足而三
12-1316B
dǐngzuǐ 頂嘴 12-225A
dǐngzuì 頂罪 12-223B
dīngzuǐtiěshé 釘嘴鐵舌
11-1203A
dǐngzújiè 鼎足戒 12-1316B
dǐngzuò 鼎祚 12-1318A
dìngzuò 定做 3-1366B
dìngzuò 飣坐 12-492A
dìngzuò 飣座 12-492A
dìngzuòlí 釘坐梨 11-1202A
dìngzuòlí 釘座梨 11-1202B
dìngzuòlí 飣坐梨 12-492A
dìngzuòlí 飣坐黎 12-492A
dìngzuòlí 飣座梨 12-492A
dìngzuònán 飣坐男 12-492A
dǐngzúsānfēn 鼎足三分
12-1316B
dǐngzúzhīshì 鼎足之勢
12-1316B
dínǐ 敵擬 5-513B
dínì 墆霓 2-1188A
dìnì 睇睨 7-1223B
dìnì 締昵 9-947A
dìnì 諦睨 11-353B
dìnián 遞年 10-1139B
dìniǎn 帝輦 3-713B
dìniàn 諦念 11-353A
dìniǎnzhīxià 帝輦之下
3-713B
díniè 嫡孽 4-406B
díniè 適孽 10-1167B
díniè 適蘗 10-1167B
dìniè 踶齧 10-518A
dìniè 踶嚙 10-518A
dìniè 蹄齧 10-523A
dìnièmǎ 踶齧馬 10-518A
dǐníng 底寧 3-1221A
dǐníng 底寍 1-919B
dǐniú 觝牛 10-1358A
dìniú 帝牛 3-708B
dìniǔ 地紐 2-1028A
dǐnlún 鼎綸 12-1320B
dínǚ 嫡女 4-405B
dìnǚ 帝女 3-708A
dìnǚquè 帝女雀 3-708B
dìnǚsāng 帝女桑 3-708B
dí'ǒu 敵偶 5-512B
dí'ǒu 敵耦 5-513A
dípài 嫡派 4-406A
dǐpái 底牌 3-1220A
dǐpái 抵排 6-477B
dǐpái 觝排 10-1358B
dǐpái 詆排 11-114A
dìpāishǔ 地拍鼠 2-1024A
dǐpán 底盤 3-1221A
dìpán 地盤 2-1034B
dìpàn 睇盼 7-1223A
dípèi 嫡配 4-406A
dìpí 地皮 2-1021A
dìpǐ 地痞 2-1031A
dìpǐ 地癖 2-1037A

dìpǐ 帝匹 3-708B
dǐpiàn 底片 3-1218B
dīpín 低頻 1-1274B
dīpǐn 低品 1-1271B
dìpǐn 第品 8-1132A
dǐpíng 底平 1-919A
dǐpíng 底平 3-1219A
dǐpíng 砥平 7-1020B
dìpíng 地平 2-1020B
dìpíng 地坪 2-1024A
dìpíngchuān 地平川 2-1020B
dìpíngmiàn 地平面 2-1020B
dìpíngtiānchéng 地平天成 2-1020B
dìpíngxiàn 地平綫 2-1020B
dìpò 地魄 2-1033A
dìpū 地鋪 2-1035A
dìpù 地鋪 2-1035A
dìpù 遞鋪 10-1141B
dìpù 遞舖 10-1141B
dīqī 低攲 1-1273B
díqī 嫡妻 4-406A
díqí 敵騎 5-513B
díqì 滌汔 6-16A
díqì 滌器 6-17A
dǐqī 抵欺 6-478A
dǐqī 抵諆 6-479A
dǐqī 詆娸 11-114A
dǐqī 詆欺 11-114A
dǐqī 詆諆 11-115A
dǐqì 底棄 3-1220A
dìqí 地祇 2-1025A
dìqí 地亓 2-1020B
dìqì 地契 2-1025A
dìqì 地氣 2-1027A
dìqì 締葺 9-947B
dīqián 低錢 1-1274B
dìqiān 遞遷 10-1141B
dīqiāng 氐羌 6-1420A
dìqiāng 地槍 2-1033A
díqiào 的竅 8-254B
dǐqiáo 詆譙 11-115A
dǐqiào 詆誚 11-114B
dìqiào 地殼 2-1030A
dīqiè 低趄 1-1273A
dīqiè 低切 1-1270A
díqiè 的切 8-252A
díqiè 嫡妾 4-406A
dǐqiè 詆切 11-113A
díqīn 嫡親 4-406B
díqǐn 適寢 10-1167A
díqìn 的親 8-254B
dìqín 地勤 2-1031B
dìqín 帝秦 3-711B
dìqǐn 帝寢 3-713B
díqíng 敵情 5-512B
dìqīng 帝青 3-709B
dīqíngqūyì 低情曲意 1-1273A
dìqítán 地祇壇 2-1025A
dīqiú 氐酋 6-1420A
díqiú 敵酋 5-512A
dìqiū 帝丘 3-708B
dìqiú 地毬 2-1029A
dìqiú 地球 2-1028A
dìqiúhuàxué 地球化學 2-1028A
dìqiúwùlǐxué 地球物理學 2-1028A
dìqiúyí 地球儀 2-1028A
díqū 敵區 5-512A
dìqū 地區 2-1029A
dìquán 地權 2-1037B
dìquàn 地券 2-1024B
díquè 的確 8-254A
dǐquè 底確 3-1221A
dìquē 帝闕 3-714B
dìquè 第却 8-1131B
díquèliáng 的確良 8-254A
díquèliáng 的確凉 8-254A
dírán 的然 8-253A
dǐràng 詆讓 11-115B
dīrè 低熱 1-1274A
dìrè 地熱 2-1034A
dīrén 低人 1-1269B
dīrén 氐人 6-1420A
dírén 狄人 5-26A
dírén 敵人 5-511B
dírén 適人 10-1162B
dǐrèn 抵任 6-476A
dǐrèn 砥刃 7-1020B
dìrén 遞人 10-1139A
dìrèn 諦認 11-353B
dīrénguó 氐人國 6-1420A
dìrèxué 地熱學 2-1034A
dírì 敵日 5-511B
dìrì 遞日 10-1139A
dìrìcǎo 地日草 2-1019A
dīróng 低容 1-1272B
dìróng 帝容 3-712A
dīróu 低柔 1-1272B
dīrǔ 羝乳 9-173A
dīrǔ 滴乳 6-100B
dǐrǔ 詆辱 11-113B
dìrǔ 地乳 2-1024B
dìrù 地入 2-1017B
dìrǔchá 的乳茶 8-252B
dīruò 低弱 1-1272B
díruò 敵弱 5-512A
dísài 敵賽 5-513B
dìsān 第三 8-1130B
dìsàn 遞散 10-1140B
dìsānchǎnyè 第三產業 8-1130B
dīsǎng 低顙 1-1275A
dìsāng 帝桑 3-712A
dìsǎng 的顙 8-254B
dìsānrénchēng 第三人稱 8-1130B
dìsānshēng 第三聲 8-1131A
dìsānshìjiè 第三世界 8-1130B
dīsānxiàsì 低三下四 1-1269B
dìsānzhě 第三者 8-1130B
dìsānzhǒngrén 第三種人 8-1131A
dīsào 堤埽 2-1147B
dīsè 低色 1-1270B
dīsè 隄塞 11-1062B
dǐsè 底色 3-1219A
dǐsè 抵塞 6-478B
dìsè 地澁 2-1035A
dìshā 遞殺 10-1140B
dìshà 地煞 2-1032B
dīshān 隄山 11-1062A
díshān 狄山 5-26A
dǐshàn 詆訕 11-113B
dìshàn 遞禪 10-1141B
dìshàn 遞嬗 10-1142A
dǐshāng 底墒 3-1220B
dǐshāng 詆傷 11-114B
dǐshàng 砥尚 7-1021A
dìshǎng 第賞 8-1132A
dìshàng 地上 2-1018B
dìshàngjīng 地上莖 2-1018B
dìshàngtiāngōng 地上天宮 2-1018B
dīshāo 低燒 1-1274B
dìsháo 帝韶 3-713B
dǐshè 邸舍 10-607A
dǐshè 邸射 10-607A
dìshè 弟舍 2-101A
dìshè 帝社 3-709B
dìshè 第舍 8-1132A
dǐshèn 底慎 1-919A
dǐshèn 底慎 3-1220B
dìshēn 遞申 10-1139B
dìshēn 遞身 10-1139B
dìshén 地神 2-1026B
dìshěn 諦審 11-353B
dīshēng 低聲 1-1274B
dìshēng 地聲 2-1036A
dìshēng 帝牲 3-710B
dìshēng 遞升 10-1139A
dìshēng 遞生 10-1139B
dìshēng 締生 9-947A
dīshēngbō 低聲波 1-1275A
dìshèngdìfù 遞勝遞負 10-1140B
dīshēngxiàqì 低聲下氣 1-1274B
dīshēngxìyǔ 低聲細語 1-1275A
dīshēngyǎqì 低聲啞氣 1-1275A
dǐshēnlìxíng 砥身礪行 7-1021A
dīshī 低濕 1-1275A
díshí 的實 8-254A
díshí 的識 8-254B
díshì 的是 8-252B
díshì 嫡室 4-406A
díshì 敵視 5-512B
díshì 適士 10-1162B
díshì 適室 10-1165A
dǐshī 抵噓 6-479A
dǐshí 底石 1-919A
dǐshí 底石 3-1219A
dǐshí 砥石 7-1020B
dǐshí 詆時 11-113B
dǐshí 提石 6-742A
dǐshǐ 邸史 10-606B
dǐshǐ 砥矢 7-1021A
dǐshì 底事 3-1219A
dǐshì 抵事 6-476B
dǐshì 抵視 6-477B
dǐshì 抵飾 6-478B
dǐshì 柢噬 4-920B
dǐshì 砥世 7-1020B
dǐshì 砥室 7-1021B
dìshī 地師 2-1027B
dìshī 帝師 3-711B
dìshí 帝食 3-710B
dìshí 諦實 11-353B
dìshǐ 第使 8-1132A
dìshì 的士 8-251B
dìshì 地市 2-1021B
dìshì 地事 2-1024A
dìshì 地室 2-1026B
dìshì 地勢 2-1031B
dìshì 地埶 2-1028B
dìshì 帝世 3-708B
dìshì 帝事 3-709B
dìshì 帝室 3-711A
dìshì 帝釋 3-714B
dìshì 第室 8-1132A
dìshì 睇視 7-1223A
dìshì 遞事 10-1140A
dìshì 諦眡 11-353A
dìshì 諦視 11-353B
dìshìqīng 帝釋青 3-714B
dìshìtiān 帝釋天 3-714B
dìshītǒng 遞詩筒 10-1141A
dīshǒu 低手 1-1270A
dīshǒu 低首 1-1272A
dīshǒu 氐首 6-1420A
díshǒu 敵手 5-511B
dǐshǒu 抵手 6-475B
dǐshòu 底授 3-1220A
dìshǒu 地首 2-1026A
dìshòu 帝狩 3-710B
dìshǒuhuò 遞手貨 10-1139A
dīshǒuxiàxīn 低首下心 1-1272A
díshù 嫡庶 4-406A
díshù 適庶 10-1166A
dǐshǔ 底屬 3-1221B
dǐshǔ 砥屬 7-1022B
dǐshù 砥束 7-1021A
dìshū 帝書 3-712A
dìshǔ 帝屬 3-714B
dìshù 地數 2-1034B
dìshù 遞述 10-1140A
dìshuāi 遞衰 10-1140B
dīshuǐ 隄水 11-1062A
dīshuǐ 滴水 6-100A
dīshuì 低睡 1-1273B
díshuǐ 狄水 5-26A
dìshuì 地稅 2-1031A
dīshuǐbùchàn 滴水不羼 6-100A
dīshuǐbùlòu 滴水不漏 6-100A
dīshuǐchéngbīng 滴水成冰 6-100A

dīshuǐchénghé 滴水成河 6-100A
dīshuǐchuānshí 滴水穿石 6-100A
dīshuǐnánxiāo 滴水難消 6-100A
dīshuǐyán 滴水檐 6-100A
dīshuǐyán 滴水簷 6-100A
dìshuò 的爍 8-254B
dísì 嫡嗣 4-406A
dísì 適嗣 10-1166B
dǐsǐ 底死 3-1219A
dǐsǐ 抵死 6-475B
dǐsì 邸寺 10-606B
dǐsì 邸肆 10-607B
dìsī 諦思 11-353A
dìsì 的嗣 8-253B
dìsì 娣姒 4-364A
dìsì 禘祀 7-949A
dísīkē 迪斯科 10-754B
dǐsǐmánshēng 抵死瞞生 6-476A
dǐsǐmánshēng 抵死謾生 6-476A
dǐsǐmànshēng 底死謾生 3-1219A
dǐsǐmànshēng 抵死漫生 6-476A
dìsìshēng 第四聲 8-1131B
dǐsòng 詆訟 11-114A
dìsòng 地訟 2-1030A
dìsòng 遞送 10-1140A
dīsù 低簌 1-1275A
dìsú 地俗 2-1026A
dìsù 遞宿 10-1140B
dìsù 締素 9-947A
dǐsuí 底綏 1-919B
dǐsuí 底綏 3-1220B
dìsuì 地隧 2-1034A
dísūn 嫡孫 4-406A
dísūn 適孫 10-1165B
dísǔn 荻笋 9-423A
dísǔn 荻筍 9-423A
dìsūn 帝孫 3-712A
dǐsuǒ 邸所 10-607A
dìsuǒ 帝所 3-710A
dǐtà 抵蹋 6-479B
dítái 敵臺 5-513A
dìtài 滌汰 6-16A
dìtái 帝臺 3-713A
dìtàn 敵探 5-512A
dǐtán 詆彈 11-115A
dìtān 地攤 2-1037B
dìtán 地壇 2-1035B
dìtǎn 地毯 2-1031A
dītáng 隄塘 11-1062B
dītáng 堤唐 2-1147B
dītáng 堤塘 2-1148A
dítáng 嫡堂 4-406A
dǐtáng 抵搪 6-478A
dìtáng 帝唐 3-711B
dìtáng 棣棠 4-1134A
dìtātiānhuāng 地塌天荒 2-1031B
dítè 敵特 5-512A
dìtè 地慝 2-1032B
dítí 狄鞮 5-26B
dítí 狄騠 5-26B
dítǐ 敵體 5-513B
dǐtī 詆擿 11-115A
dǐtì 抵替 6-477B
dìtǐ 地體 2-1038A
dìtiān 帝天 3-708B
dìtiě 地鐵 2-1037B
dítíng 敵庭 5-512A
dìtīng 地聽 2-1038A
dìtīng 諦聽 11-353B
dìtíng 帝廷 3-709A
dìtíng 帝庭 3-711A
dítǒng 嫡統 4-406A
dítǒng 適統 10-1166B
dìtǒng 地統 2-1031B
dìtǒng 帝統 3-712B
dītóu 低頭 1-1274B
dítóu 敵頭 5-513B
dǐtóu 抵頭 6-479B
dìtóu 地頭 2-1035B
dītóudānǎo 低頭奄腦 1-1274B
dītóudānǎo 低頭搭腦 1-1274B
dìtóudìnǎo 地頭地腦 2-1035B
dìtóuguǐ 地頭鬼 2-1035B
dītóuhāyāo 低頭哈腰 1-1274B
dìtóuqián 地頭錢 2-1035B
dītóusàngqì 低頭喪氣 1-1274B
dìtóushé 地頭蛇 2-1035B
dǐtū 底突 3-1219B
dǐtū 抵突 6-477A
dǐtū 觝突 10-1358B
dǐtū 詆突 11-113B
dǐtú 底圖 3-1220B
dǐtú 砥途 7-1021B
dǐtǔ 底土 3-1218B
dìtū 地突 2-1026B
dìtú 地圖 2-1033A
dìtú 弟徒 2-101A
dìtú 帝圖 3-713A
dìtǔ 地土 2-1017B
dìtǔdié 地土牒 2-1018A
dītǔhé 氐土貉 6-1420A
dǐtuí 坻隤 2-1087B
dǐtuí 坻頹 2-1087B
dǐtuí 坻穨 2-1087B
dìtuó 遞馱 10-1141A
dìtǔshé 地土蛇 2-1018A
diūbāo 丟包 2-836B
diūchǒu 丟醜 2-838A
diūdā 丟搭 2-837B
diūdā 丟搭 2-838A
diūdā 丟答 2-837B
diūdiào 丟掉 2-837A
diūdiào 丟寫 2-838A
diūdīng 丟丁 2-835B
diūdiūxiùxiù 丟丟秀秀 2-836B
diūdǔn 丟盹 2-837A
diūdǔn 丟睏 2-837B
diūfān 丟番 2-837B
diūfān 丟翻 2-838A
diūfēng 颩風 12-637A
diūfēngsājiǎo 丟風撒脚 2-837A
diūguà 丟卦 2-836B
diūhuāng 丟荒 2-837A
diūhúndiūpò 丟魂丟魄 2-838A
diūhúnsàngdǎn 丟魂喪膽 2-838A
diūhúnshīpò 丟魂失魄 2-837B
diūkāi 丟開 2-837B
diūkōng 丟空 2-836B
diūkuīpāojiǎ 丟盔抛甲 2-837A
diūkuīqìjiǎ 丟盔棄甲 2-837A
diūkuīxièjiǎ 丟盔卸甲 2-837A
diūliǎn 丟臉 2-838A
diūlíng 丟靈 2-838A
diūliū 丟溜 2-838A
diūlúnchěpào 丟輪扯砲 2-838A
diūluò 丟落 2-837B
diūmàoluòxié 丟帽落鞋 2-837B
diūméidiūyǎn 丟眉丟眼 2-837A
diūméinòngsè 丟眉弄色 2-837A
diūmiànzi 丟面子 2-837A
diūmǒ 丟抹 2-836B
diūmǒ 颩抹 12-637A
diūnàmā 丟那媽 2-836B
diūpiě 丟撇 2-838A
diūqì 丟棄 2-837B
diūqiǎozhēn 丟巧針 2-836A
diūquè 丟却 2-836B
diūrén 丟人 2-835B
diūrénxiànyǎn 丟人現眼 2-836A
diūsānlàsì 丟三拉四 2-836A
diūsānlàsì 丟三落四 2-836A
diūsānwàngsì 丟三忘四 2-836A
diūshēng 丟生 2-836A
diūshī 丟失 2-836B
diūshǒu 丟手 2-836A
diūtuō 丟脱 2-837B
diūxiàbǎ'er… 丟下鈀兒弄掃帚 2-836A
diūxīn 丟心 2-836A
diūxīnluòyì 丟心落意 2-836A
diūyǎn 丟眼 2-837A
diūyǎnsè 丟眼色 2-837A
diūzhēn'er 丟針兒 2-837A
diūzúbǎojū 丟卒保車 2-836B
dīwā 低窪 1-1274A
díwán 敵頑 5-512B
dìwán 諦玩 11-353A
dǐwǎng 詆誷 11-115A
dìwáng 帝王 3-708B
dìwǎng 地網 2-1034A
dìwǎng 帝網 3-713B
dìwàng 地望 2-1030A
dìwàng 諦妄 11-353A
díwángsuǒkài 敵王所愾 5-511B
dìwángzhōu 帝王州 3-708B
dīwēi 低偎 1-1273A
dīwēi 低微 1-1273B
dīwéi 堤圍 2-1147B
díwěi 敵僞 5-513A
díwèi 嫡位 4-405B
dìwéi 地維 2-1034A
dìwěi 地委 2-1024B
dìwèi 地位 2-1023A
dìwèi 帝位 3-709B
dìwèi 諦味 11-353A
dīwēn 低温 1-1273B
díwén 翟文 9-657B
dìwēn 地温 2-1031A
dìwén 地文 2-1019A
dìwén 帝文 3-708B
dìwōzi 地窩子 2-1032B
dīwù 低物 1-1271B
díwǔ 覿武 10-358A
dǐwū 底剭 3-1220A
dǐwū 詆誣 11-114B
dǐwú 抵梧 6-477B
dǐwú 柢梧 4-920B
dǐwú 牴梧 6-259B
dǐwú 牴牾 6-259B
dǐwú 牴牾 6-259B
dǐwǔ 抵午 6-475B
dǐwǔ 抵忤 6-476B
dǐwǔ 抵捂 6-477A
dǐwǔ 抵牾 6-477B
dǐwǔ 抵梧 6-477B
dǐwǔ 詆忤 11-113B
dǐwù 底物 3-1219B
dǐwù 詆惡 11-114A
dìwū 帝屋 3-711A
dìwū 第屋 8-1132A
dìwǔ 第五 8-1131A
dìwù 地物 2-1024A
dīwùjiàn 低物件 1-1271B
dìwǔzòngduì 第五縱隊 8-1131A
díxī 狄希 5-26A
díxì 的係 8-252B
díxì 嫡系 4-405B
dǐxī 詆嬉 11-115A
dǐxí 底席 1-919A
dǐxí 底席 3-1219B
dǐxì 底細 3-1220A
dǐxì 抵戲 6-479B
dǐxì 觝戲 10-1358B

dǐxì 詆戲 11-115A
dìxì 弟息 2-101A
dìxí 弟媳 2-101B
dìxí 遞襲 10-1142A
dìxì 地戲 2-1036B
dīxiá 低狹 1-1272B
dīxià 低下 1-1270A
díxiá 滌瑕 6-16B
dǐxià 底下 3-1218B
dìxia 地下 2-1018A
dìxiá 地匣 2-1023A
dìxiá 地峽 2-1027A
dìxiá 禘祫 7-949B
dìxià 地下 2-1018A
dìxià 第下 8-1131A
díxiádànggòu 滌瑕蕩垢 6-16B
díxiádànghuì 滌瑕盪穢 6-16B
dìxiàgōngdiàn 地下宮殿 2-1018A
dìxiàjǐng 地下莖 2-1018A
dìxiàláng 地下郎 2-1018A
díxián 鏑銜 11-1386B
díxián 適賢 10-1167A
dǐxiàn 底綫 3-1221A
dìxiān 地仙 2-1020B
dìxián 帝閑 3-712B
dìxiǎn 地險 2-1035A
dìxiàn 地綫 2-1034A
dìxiàn 遞獻 10-1142A
dǐxiàng 覴象 12-202B
díxiāng 狄香 5-26A
dìxiāng 帝鄉 3-712B
dìxiāng 遞相 10-1140A
dìxiàng 帝像 3-713A
dīxiǎo 低小 1-1270A
dǐxiāo 抵消 6-477B
dǐxiāo 抵銷 6-479A
dìxiǎo 諦曉 11-353B
dìxiào 遞孝 10-1139B
dìxiàrè 地下熱 2-1018A
dǐxiàrén 底下人 3-1218B
dìxiàshì 地下室 2-1018A
dǐxiàshū 底下書 3-1218B
dìxiàshuǐ 地下水 2-1018A
dìxiàtiědào 地下鐵道 2-1018A
dìxiàxiūwén 地下修文 2-1018A
dǐxiè 詆褻 11-115A
dìxiè 遞謝 10-1142A
dīxièxiè 滴屑屑 6-101A
dìxífù 弟媳婦 2-101B
dīxīn 低心 1-1270A
díxìn 的信 8-252B
díxìn 敵釁 5-514A
dǐxīn 底薪 3-1221A
dìxīn 地心 2-1020A
dìxìn 諦信 11-353B
dǐxíng 底行 3-1219A
dǐxíng 抵刑 6-475B
dǐxíng 砥行 7-1021A
dìxīng 帝星 3-710B
dìxīng 遞興 10-1141B
dìxíng 逮行 10-1013B
dìxíng 地形 2-1022B
dìxīngdìfèi 遞興遞廢 10-1141B
dìxíngjiā 地形家 2-1022B
dìxíngxiān 地行仙 2-1022A
dīxīnxiàyì 低心下意 1-1270A
dìxīnyǐnlì 地心引力 2-1020A
dìxiōng 弟兄 2-100B
dīxiù 氐宿 6-1420A
dǐxiǔ 抵宿 6-477B
dīxiūdiēxiè 滴羞跌屑 6-100B
dīxiūdiéxiè 滴羞蹀躞 6-100B
dīxiūdūsū 滴羞都蘇 6-100B
dīxiūdūsù 滴修都速 6-100B
dīxiūdūsù 滴脩都速 6-100B
dīxiūdǔsù 低羞篤速 1-1272B
dīxiūdǔsù 滴羞篤速 6-100B
dīxiūpūsù 滴羞撲速 6-100B
dìxiūtīshēn 的羞剔痒 8-253A
dìxiūtīyǎng 的羞剔癢 8-253A
dīxú 低徐 1-1272B
dǐxū 底須 3-1220A
dǐxǔ 底許 3-1220A
dìxù 帝緒 3-713B
dìxù 第序 8-1132A
dìxuān 帝宣 3-711A
dìxuān 帝軒 3-711B
dīxuè 滴血 6-100A
dìxué 地穴 2-1021B
dìxué 地學 2-1036A
dìxué 帝學 3-714A
dīxuètáng 低血糖 1-1270B
dìxūn 帝勛 3-712B
dìxūn 帝勳 3-714A
dìxùn 遞訓 10-1140B
dīyā 低壓 1-1275A
dīyǎ 低啞 1-1273A
dīyà 低亞 1-1271A
díyá 狄牙 5-26A
díyǎ 滌雅 6-16B
dǐyā 抵押 6-476B
dǐyā 抵鴉 6-479A
dìyā 地厭 2-1033A
dǐyá'er 抵牙兒 6-475B
dīyán 低顏 1-1275A
dīyàn 隄堰 11-1062B
dīyàn 堤堰 2-1147B
díyán 狄鹽 5-26B
díyàn 敵燄 5-513B
dǐyán 抵言 6-476B
dǐyán 詆嚴 11-115A
dìyǎn 遞衍 10-1140A
dìyǎn 遞演 10-1141B
dìyàn 地堰 2-1030A
dìyàn 地雁 2-1030B
dīyǎng 低仰 1-1270B
dǐyàng 底樣 3-1221A
dìyáng 地羊 2-1022B
dīyángchùfān 羝羊觸藩 9-173A
dīyángkùn 羝羊困 9-173A
dìyǎnsè 遞眼色 10-1140B
dīyāo 低腰 1-1273B
dìyāo 地妖 2-1023B
dìyáo 地窑 2-1035A
dìyáo 弟窑 2-101B
dǐyāpǐn 抵押品 6-476B
dìyè 帝掖 3-712A
dìyè 帝業 3-713A
dǐyěgā 底也伽 3-1218B
dīyì 低抑 1-1270B
dīyì 覴譯 12-203A
díyī 翟衣 9-657B
díyì 的役 8-252A
díyì 的意 8-253B
díyì 嫡裔 4-406B
díyì 敵意 5-513A
dǐyì 詆抑 11-113B
dǐyì 詆異 11-114A
dǐyì 詆議 11-115B
dìyī 地一 2-1017B
dìyī 地衣 2-1022B
dìyī 第一 8-1129A
dìyī 遞衣 10-1139B
dìyí 地宜 2-1025A
dìyì 帝義 3-713A
dìyì 遞易 10-1140A
dìyì 諦繹 11-353B
dìyì 墆翳 2-1188A
dìyībǎjiāoyǐ 第一把交椅 8-1129B
dìyībǎshǒu 第一把手 8-1129B
dìyīchǎnyè 第一産業 8-1130A
dìyīgǔ 第一骨 8-1129B
dìyīguān 第一官 8-1129B
dìyīhào 第一號 8-1130A
dìyīliú 第一流 8-1130A
dīyīn 低音 1-1272A
dīyín 低吟 1-1270B
dīyín 低銀 1-1274A
díyīn 的音 8-252B
díyǐn 敵飲 5-512B
dǐyīn 邸音 10-607A
dìyīn 帝姻 3-711A
dìyīn 帝禋 3-713A
dìyīn 帝闉 3-714B
dìyīn 締姻 9-947A
dìyín 地圻 2-1022B
dìyín 地垠 2-1025B
dìyǐn 地隱 2-1036A
dìyǐn 地螾 2-1036B
dìyìn 地窨 2-1033B
dìyìn 帝胤 3-711A
díyìng 的應 8-254B
díyìng 敵應 5-513B
dìyǐng 地景 2-1030B
dìyìnzi 地窨子 2-1033B
dìyīpào 第一炮 8-1129B
dìyīpǐn 第一品 8-1129B
díyīquè'èr 的一確二 8-251B
dìyīrén 第一人 8-1129A
dìyīrénchēng 第一人稱 8-1129A
dìyīshēng 第一聲 8-1130A
dìyīshìjiè 第一世界 8-1129B
dìyīshǒu 第一手 8-1129A
dìyīxiàn 第一綫 8-1130A
dìyìxiàngjì 覴譯象寄 12-203A
dìyīxìng 第一性 8-1129B
dìyīxìnhàoxìtǒng 第一信號系統 8-1129B
dìyīyì 第一義 8-1130A
dìyīyìdì 第一義諦 8-1130A
dīyōu 低幽 1-1271B
dīyóu 隄繇 11-1062B
dìyóu 帝猷 3-713A
dìyǒu 帝友 3-708B
dìyǒu 棣友 4-1133B
dīyǔ 低語 1-1274A
díyǔ 的語 8-254A
díyǔ 敵與 5-513A
dǐyǔ 詆語 11-114B
dǐyù 底豫 1-919B
dǐyù 邸寓 10-607B
dǐyù 底豫 3-1221A
dǐyù 抵禦 6-479B
dìyú 地榆 2-1032A
dìyú 地輿 2-1036B
dìyǔ 地宇 2-1022B
dìyǔ 帝宇 3-709A
dìyǔ 第宇 8-1131B
dìyǔ 諦語 11-353B
dìyù 地域 2-1028B
dìyù 地獄 2-1033A
dīyuán 滴圓 6-101A
dīyuàn 隄垸 11-1062A
dīyuàn 堤垸 2-1147B
dǐyuán 邸園 10-607B
dǐyuán 砥原 7-1021B
dǐyuàn 邸院 10-607A
dìyuán 帝垣 3-710B
dìyuánshuō 地圓說 2-1032B
dìyuē 地約 2-1026B
dìyuē 締約 9-947A
dìyuè 禘樂 7-949B
dìyuēguó 締約國 9-947A
dīyūn 羝氳 9-173A
díyùn 笛韻 8-1119A
dǐyùn 底藴 3-1221B
dǐyùn 柢藴 4-920B
dìyùn 帝運 3-712B
dìyùn 遞運 10-1141A
dìzài 帝載 3-712B
dīzān 低簪 1-1275A
dìzàng 地藏 2-1036A
dìzàngjié 地藏節 2-1036B
dìzàngpúsà 地藏菩薩 2-1036B

dìzàngwáng 地藏王 2-1036A
dǐzào 抵譟 6-480A
dìzào 地竈 2-1037B
dìzào 締造 9-947A
dìzé 帝則 3-710B
dǐzèn 詆譖 11-115A
dìzēng 遞增 10-1141B
dǐzhái 邸宅 10-606B
dǐzhài 抵債 6-478B
dìzhái 帝宅 3-709A
dìzhái 第宅 8-1131B
dízhàn 敵戰 5-513B
dìzhān 地氈 2-1036B
dìzhǎn 遞盞 10-1141A
dìzhàn 遞戰 10-1141B
dìzhàng 隄障 11-1062B
dìzhàng 堤障 2-1148A
dízhǎng 嫡長 4-405B
dízhǎng 適長 10-1164A
dǐzhǎng 底掌 3-1220A
dǐzhàng 底帳 3-1220A
dǐzhàng 抵賬 6-479A
dízhǎnggōngzhǔ 適長公主 10-1164A
dìzhǎngguì 地掌櫃 2-1030B
dízhǎngsūn 適長孫 10-1164A
dízhǎngzǐ 嫡長子 4-405B
dízhànqū 敵占區 5-512A
dìzhào 地照 2-1032B
dīzhé 低折 1-1270B
dízhé 迪哲 10-754B
dízhé 迪喆 10-754B
dīzhēn 鍉鍼 11-1349B
dízhēn 的真 8-253A
dízhèn 敵陣 5-512A
dìzhèn 地陣 2-1026B
dìzhèn 地震 2-1034A
dìzhènbǎn 地陣板 2-1026B
dìzhènbō 地震波 2-1034A
dízhēng 敵掙 5-512A
dízhèng 的正 8-252A
dízhèng 的證 8-254B
dízhèng 適正 10-1163B
dìzhēng 地征 2-1024B
dìzhēng 地政 2-1025B
dìzhèng 地正 2-1020B
dìzhèng 地政 2-1025B
dìzhènjì 地震計 2-1034A
dìzhènlièdù 地震烈度 2-1034A
dìzhènxué 地震學 2-1034B
dìzhènyí 地震儀 2-1034B
dìzhènzhènjí 地震震級 2-1034A
dízhī 的知 8-252A
dízhī 迪知 10-754B
dízhǐ 的旨 8-252A
dízhì 鸐雉 12-1171A
dízhì 翟雉 9-657B
dǐzhí 砥直 7-1021A
dǐzhí 詆直 11-113B
dǐzhǐ 底止 1-919A
dǐzhǐ 底止 3-1218B
dǐzhǐ 抵止 6-475B
dǐzhì 底滯 3-1220B
dǐzhì 抵制 6-476B
dǐzhì 抵滯 6-479A
dǐzhì 砥墆 7-1022A
dǐzhì 觝滯 10-1358B
dìzhì 提擲 6-748A
dìzhī 地支 2-1018B
dìzhī 地芝 2-1022A
dìzhī 地脂 2-1027B
dìzhī 帝枝 3-709B
dìzhí 地職 2-1036B
dìzhí 娣姪 4-364A
dìzhí 遞直 10-1140A
dìzhǐ 地址 2-1022B
dìzhǐ 帝祉 3-710A
dìzhì 地志 2-1022B
dìzhì 地制 2-1024A
dìzhì 地誌 2-1033B
dìzhì 地質 2-1034B
dìzhì 帝制 3-710A
dìzhì 第秩 8-1132A
dìzhìlìxué 地質力學 2-1034B
dìzhímíngxíng 樀埴冥行 4-1353B
dìzhìxué 地質學 2-1034B
dǐzhìyánsī 砥志研思 7-1021A
dìzhōng 地中 2-1019A
dìzhōng 遞鍾 10-1142A
dìzhōng 篴鐘 8-1237A
dìzhòng 地重 2-1026A
dìzhōu 帝州 3-709A
dìzhōu 遞舟 10-1139B
dìzhóu 地軸 2-1030B
dìzhòu 地胄 2-1025B
dìzhòu 帝胄 3-710B
dìzhòu 佚籀 1-1245A
dīzhōudìyī 氐州第一 6-1420A
dīzhū 滴珠 6-100B
dízhú 荻竹 9-423A
dízhú 笛竹 8-1118B
dízhǔ 適主 10-1163B
dǐzhū 抵誅 6-478B
dǐzhǔ 觝拄 10-1358A
dǐzhù 底柱 1-919A
dǐzhù 底柱 3-1219B
dǐzhù 砥砫 7-1021B
dǐzhù 砥柱 7-1021A
dìzhú 地燭 2-1036B
dìzhú 帝竹 3-709A
dìzhǔ 地主 2-1021A
dìzhǔ 帝渚 3-712B
dìzhǔ 第主 8-1131B
dìzhù 地著 2-1028B
dìzhuǎn 地轉 2-1037A
dìzhuǎn 遞轉 10-1142A
dìzhuàn 遞轉 10-1142A
dǐzhuāng 抵樁 6-479A
dìzhǔjiējí 地主階級 2-1021B
dízhǔn 的準 8-253B
dízhuó 的着 8-253A
dízhuó 滌濯 6-17A
dǐzhuó 底著 3-1220A
dìzhǔzhīyí 地主之儀 2-1021B
dìzhǔzhīyì 地主之誼 2-1021B
dǐzhùzhōngliú 砥柱中流 7-1021B
dīzǐ 滴子 6-100A
dízi 笛子 8-1118B
dízǐ 嫡子 4-405B
dízǐ 適子 10-1163A
dǐzi 底子 3-1218B
dǐzǐ 詆訾 11-114B
dǐzǐ 詆訛 11-114B
dìzi 地子 2-1018B
dìzǐ 的子 8-252A
dìzǐ 地子 2-1018B
dìzǐ 弟子 2-100A
dìzǐ 帝子 3-708A
dìzǐdūyǎng 弟子都養 2-100B
dìzǐhái'er 弟子孩兒 2-100A
dìzǐyuán 弟子員 2-100B
dìzōng 帝宗 3-710A
dìzòu 遞奏 10-1140A
dízú 樀足 4-1353B
dǐzú 抵足 6-476A
dǐzú 砥鏃 7-1022B
dìzū 地租 2-1027A
dìzú 遞卒 10-1140A
dìzǔ 帝祖 3-711A
dǐzuì 抵罪 6-478B
dǐzuì 柢罪 4-920B
dǐzuì 詆罪 11-114B
dìzuì 第罪 8-1132A
dǐzuò 底作 3-1219A
dǐzuò 底座 3-1220A
dìzuǒ 帝佐 3-709B
dìzuò 地坐 2-1023B
dìzuò 帝坐 3-709B
dìzuò 帝祚 3-711A
dìzuò 帝座 3-711B
dōng'ài 冬愛 3-1198B
dōng'áixīwěn 東捱西問 4-843A
dōng'āixīzhuàng 東挨西撞 4-840A
dòng'ān 洞諳 5-1148B
dòng'àn 洞案 5-1146A
dōng'āngōng 東安公 4-829B
dōngbái 東白 4-827B
dōngbājiào 東巴教 4-826B
dōngban 東班 4-839B
dōngbāng 東邦 4-827B
dōngbànqiú 東半球 4-827B
dōngbào 東報 4-845B
dōngbāwén 東巴文 4-826B
dōngběi 東北 4-827A
dōngbèi 東被 4-843A
dōngběihǔ 東北虎 4-827A
dōngběipíngyuán 東北平原 4-827A
dòngběn 動本 2-800B
dōngbēnxīcuàn 東奔西竄 4-833A
dōngbēnxīpǎo 東奔西跑 4-833A
dōngbēnxītáo 東奔西逃 4-833A
dōngbēnxīxiàng 東奔西向 4-833A
dōngbēnxīzhuàng 東奔西撞 4-833A
dōngbēnxīzǒu 東奔西走 4-833A
dōngbǐ 東鄙 4-847B
dōngbì 東壁 4-852A
dǒngbǐ 董筆 9-473B
dòngbǐ 凍筆 2-422B
dòngbǐ 動筆 2-803A
dòngbì 洞闢 5-1149A
dòngbì 凍閉 2-422A
dōngbiān 東邊 4-853A
dòngbiàn 動變 2-805A
dōngbiǎo 東表 4-831A
dòngbiāo 凍飈 2-423B
dōngbīn 東瀕 4-853B
dōngbīng 東兵 4-830B
dòngbīng 峒兵 3-813B
dòngbīng 凍冰 2-421B
dòngbīng 動兵 2-801A
dōngbō 東波 4-834B
dōngbó 東亳 4-841A
dòngbōbō 凍剥剥 2-422A
dōngbōxīliú 東播西流 4-850A
dōngbù 東布 4-826B
dòngbù 胴部 6-1244A
dòngbù 動步 2-801A
dòngbudòng 動不動 2-800A
dōngbùlā 冬不拉 3-1195A
dōngbùlā 東不拉 4-825B
dōngbùshí 東不識 4-825B
dōngbǔxīcòu 東補西湊 4-847A
dōngbùzhuóbiān… 東不着邊,西不着際 4-825B
dōngbùzī 東不訾 4-825B
dōngcài 冬菜 3-1197B
dòngcái 棟材 4-1090A
dōngcāixīchuāi 東猜西揣 4-844B
dōngcāixīyí 東猜西疑 4-844B
dōngcáng 冬藏 3-1198B
dōngcáng 冬臧 3-1198B
dōngcángxīduǒ 東藏西躲 4-852A
dōngcáo 冬曹 3-1197B
dòngcǎo 凍草 2-421B
dōngcè 東廁 4-846A
dòngchá 洞察 5-1148A
dòngchǎn 動産 2-802B
dòngchǎn 硐産 7-1043A
dòngchàn 動顫 2-805A

dōngchǎng 東廠 4-851B
dòngchǎng 洞敞 5-1147A
dōngchāngzhǐ 東昌紙 4-833A
dōngcháo 東朝 4-845B
dōngchāoxīxí 東抄西襲 4-830A
dōngchāoxīzhuǎn 東抄西轉 4-830A
dōngchāxīwù 東差西誤 4-838A
dòngchè 洞徹 5-1148A
dòngchè 洞澈 5-1148B
dōngchěhúlu… 東扯葫蘆西扯瓢 4-829B
dǒngchéng 董成 9-472B
dòngchéng 動程 2-803A
dòngchèng'er 動秤兒 2-802A
dōngchěxīlā 東扯西拉 4-829B
dōngchěxīlào 東扯西嘮 4-829B
dōngchěxīzhuāi 東扯西拽 4-829B
dòngchí 駧馳 12-832A
dòngchì 洞赤 5-1144B
dōngchíxīchěng 東馳西騁 4-847A
dōngchíxījī 東馳西擊 4-847A
dōngchíxīzhuàng 東馳西撞 4-847A
dōngchōngmǐ 冬舂米 3-1197B
dōngchóngxiàcǎo 冬蟲夏草 3-1199A
dōngchōngxījué 東衝西決 4-850B
dōngchōngxītū 東衝西突 4-851A
dōngchōngxīzhuàng 東衝西撞 4-851A
dōngchú 冬除 3-1197A
dōngchú 東廚 4-851A
dōngchǔ 冬儲 3-1199A
dōngchǔ 東儲 4-852B
dòngchū 洞出 5-1144A
dòngchuān 洞穿 5-1146A
dōngchuáng 東牀 4-835A
dòngchuāng 凍瘡 2-423A
dōngchuāngfù 東窗婦 4-847A
dōngchuāngjì 東窗計 4-847A
dōngchuángjiāokè 東牀嬌客 4-835B
dōngchuángjiāoxù 東牀姣婿 4-835B
dōngchuángjiāoxù 東牀嬌婿 4-835B
dōngchuángjiāxù 東牀佳婿 4-835B
dōngchuángkè 東牀客 4-835B
dōngchuāngshìfā 東窗事發 4-846B
dōngchuāngshìfàn 東窗事犯 4-846B
dōngchuángtǎnfù 東牀坦腹 4-835B
dōngchuāngxiāoxī 東窗消息 4-847A
dōngchuǎngxīduó 東闖西踱 4-853A
dōngchuángzéduì 東牀擇對 4-835B
dōngchuángzhīxuǎn 東牀之選 4-835A
dōngchuānxīzhuàng 東穿西撞 4-839A
dōngchuí 東垂 4-833B
dòngcí 動詞 2-803A
dòngcìcì 凍刺刺 2-421B
dōngcōng 冬葱 3-1197B
dōngcōng 冬蔥 3-1198B
dòngcū 動粗 2-802B
dōngcuàn 東爨 4-854B
dòngcuī 棟榱 4-1090B
dòngcūn 凍皴 2-422B
dōngcūnnǚ 東村女 4-830A
dòngdá 洞達 5-1147A
dòngdá 迵達 10-769B
dōngdài 東岱 4-833B
dōngdān 東丹 4-825B
dòngdan 動撣 2-804A
dòngdàn 洞蜑 5-1147A
dòngdàng 洞蕩 5-1148A
dòngdàng 洞盪 5-1149A
dòngdàng 動蕩 2-804A
dòngdàng 動盪 2-805A
dōngdàngxīchí 東蕩西馳 4-850A
dōngdàngxīchú 東蕩西除 4-850A
dōngdǎo 東島 4-840B
dōngdào 東道 4-846A
dǒngdào 董道 9-473B
dōngdǎoxīqī 東倒西欹 4-840B
dōngdǎoxīwāi 東倒西歪 4-840B
dōngdàozhǔ 東道主 4-846B
dōngdàozhǔrén 東道主人 4-846B
dǒngdé 懂得 7-735A
dōngdí 東覿 4-853A
dōngdǐ 冬底 3-1196B
dōngdì 東帝 4-838A
dōngdì 東第 4-844B
dòngdì 動地 2-801A
dōngdiàn 東佃 4-830B
dòngdìjīngtiān 動地驚天 2-801A
dōngdīng 東丁 4-823A
dòngdīng 峒丁 3-813B
dòngdīng 洞丁 5-1143A
dòngdìng 動定 2-802A
dōngdōng 䍶䍶 9-190B
dōngdōng 冬冬 3-1196A
dōngdōng 咚咚 3-311A
dōngdōng 東東 4-832B
dōngdōng 鼕鼕 12-1398A
dōngdōng 涷涷 2-422A
dǒngdǒng 董董 9-473A
dòngdòng 洞洞 5-1145B
dòngdòng 迵迵 10-769A
dòngdòng 湩湩 5-1484A
dōngdōnggǔ 鼕鼕鼓 12-1398A
dòngdòngxīngxīng 洞洞惺惺 5-1145B
dōngdōngxīxī 東東西西 4-832B
dòngdòngzhúzhú 洞洞灟灟 5-1145B
dòngdòngzhǔzhǔ 洞洞屬屬 5-1145B
dòngdòufu 凍豆腐 2-421B
dōngdū 東都 4-839B
dōngdù 東渡 4-846B
dǒngdū 董督 9-473B
dòngdǔ 洞睹 5-1147B
dòngdǔ 洞覩 5-1148A
dòngdù 洞度 5-1145A
dōngdūmén 東都門 4-840A
dòngduǒ 動嚲 2-805A
dōngduǒxīcáng 東躲西藏 4-848B
dōng'ē 東阿 4-831A
dòng'è 凍餓 2-423A
dòng'è 棟鄂 4-1090A
dòng'èbù 棟鄂部 4-1090A
dòngfā 洞發 5-1147B
dòngfā 動發 2-803A
dōngfān 東藩 4-853A
dōngfāng 東方 4-825B
dōngfáng 冬防 3-1196A
dōngfáng 東房 4-834B
dòngfáng 洞房 5-1145A
dōngfāngbùliàng… 東方不亮西方亮 4-826A
dōngfāngjì 東方騎 4-826B
dōngfāngqiānjì 東方千騎 4-826A
dōngfāngrén 東方人 4-826A
dōngfāngrìtou… 東方日頭一大堆 4-826A
dōngfāngsāndà 東方三大 4-826A
dōngfāngshēng 東方生 4-826A
dōngfāngshèngrén 東方聖人 4-826A
dōngfāngwénhuà 東方文化 4-826A
dōngfāngxīng 東方星 4-826A
dōngfāngxiù 東方宿 4-826A
dōngfāngxuéshì 東方學士 4-826B
dōngfāngzuò 東方作 4-826A
dōngfānxīdǎo 東翻西倒 4-853A
dōngfēi 東非 4-833A
dòngfēn 洞分 5-1143B
dōngfēng 冬風 3-1196B
dōngfēng 東封 4-835B
dōngfēng 東風 4-837A
dōngfēng 菄風 9-436A
dòngfēng 迵風 10-769A
dōngfēngcài 冬風菜 3-1197A
dōngfēngcài 東風菜 4-837B
dōngfēngchuīmǎ'ěr 東風吹馬耳 4-837B
dōngfēngdìyīzhī 東風第一枝 4-837B
dōngfēngguò'ěr 東風過耳 4-837B
dōngfēnghán 東風寒 4-837B
dōngfēngrénmiàn 東風人面 4-837B
dōngfēngrùlǜ 東風入律 4-837B
dōngfēngshèmǎ'ěr 東風射馬耳 4-837B
dōngfēngxīkuǎn 東封西款 4-835B
dōngfēngyādǎoxīfēng 東風壓倒西風 4-837B
dōngfū 冬夫 3-1195A
dōngfú 冬服 3-1196B
dōngfú 東服 4-834A
dōngfú 東榑 4-849A
dōngfǔ 東府 4-834A
dōngfù 東父 4-825B
dòngfú 棟桴 4-1090A
dòngfǔ 洞府 5-1144B
dōngfúxīdǎo 東扶西倒 4-829B
dònggāi 凍荄 2-421B
dònggǎn 洞感 5-1147B
dònggàn 棟幹 4-1090B
dōnggāng 冬釭 3-1197B
dōnggāng 東阬 4-829B
dōnggāng 東岡 4-833A
dònggāng 洞肛 5-1144B
dònggāng 胴肛 6-1244A
dōnggǎngzǐ 東崗子 4-844B
dònggānhuǒ 動肝火 2-801B
dōnggāo 東皋 4-840B
dōnggāojì 東皋計 4-840B
dōnggāozǐ 東皋子 4-840B
dōnggé 東閣 4-849B
dōnggé 東閤 4-850A
dōnggēng 冬耕 3-1197A
dōnggēng 東耕 4-839B
dōnggōng 東宮 4-838B
dònggōng 洞宮 5-1145B
dònggōng 動工 2-799B
dōnggōngcāng 東宮倉 4-839A
dōnggōngsānshào 東宮三少 4-839A
dōnggōngsānshī 東宮三師 4-839A
dōnggōngsāntài 東宮三太 4-839A
dōnggū 冬菇 3-1197B
dōnggǔ 東谷 4-830B
dōnggǔ 鼕鼓 12-1398A

dōnggù 東顧 4-854A
dōngguā 冬瓜 3-1195B
dōngguān 冬官 3-1196B
dōngguān 東關 4-853B
dōngguǎn 東館 4-851B
dōngguàn 冬灌 3-1199A
dōngguàn 東觀 4-854A
dòngguān 洞觀 5-1149A
dòngguàn 洞觀 5-1149A
dòngguàn 洞貫 5-1146B
dòngguāng 洞光 5-1144A
dōngguànzhīyāng 東觀之殃 4-854A
dōngguārángqīnghuā 東瓜穰青花 4-827B
dōngguī 東歸 4-853A
dōngguī 東龜 4-852B
dōnggǔnxīpá 東滚西爬 4-848B
dōngguō 東郭 4-841A
dōngguó 東國 4-844A
dōngguó 東虢 4-851A
dōngguōjùn 東郭逡 4-841A
dōngguōjùn 東郭鵔 4-841B
dōngguōlǚ 東郭履 4-841A
dōngguōxiānshēng 東郭先生 4-841A
dōngguōzhīchóu 東郭之疇 4-841A
dōngguōzhījì 東郭之跡 4-841A
dōnghǎi 東海 4-841B
dònghài 恫駭 7-520A
dònghài 凍害 2-422A
dōnghǎifūrén 東海夫人 4-841B
dōnghǎigōng 東海公 4-841B
dōnghǎiguān 東海關 4-842A
dōnghǎihuánggōng 東海黄公 4-841B
dōnghǎijīn 東海金 4-841B
dōnghǎijīngbō 東海鯨波 4-842A
dōnghǎilāozhēn 東海撈針 4-842A
dōnghǎishìbō 東海逝波 4-841B
dōnghǎiyángchén 東海揚塵 4-842A
dōnghàn 東漢 4-849B
dònghán 凍寒 2-422B
dònghàn 動撼 2-804B
dōnghànfēn 東漢分 4-849B
dǒngháng 懂行 7-734B
dōnghángbùjiàn… 東行不見西行利 4-829A
dòngháo 凍毫 2-422A
dōnghé 東河 4-834B
dònghé 洞合 5-1144A
dònghé 凍合 2-421A
dònghè 恫喝 7-520A
dònghè 恫嚇 7-520A
dònghè 洞壑 5-1148B
dònghè 詷喝 11-171A
dònghēi 洞黑 5-1147A
dōnghéngxīdǎo 東横西倒 4-850A
dōnghōng 冬烘 3-1197B
dōnghóng 東横 4-850A
dōnghōngxiānsheng 冬烘先生 3-1197B
dōnghòu 東后 4-829A
dōnghòuniǎo 冬候鳥 3-1197A
dōnghú 東胡 4-836A
dōnghú 東湖 4-846B
dōnghù 東户 4-826B
dònghù 峒户 3-813B
dònghù 洞户 5-1143B
dōnghuā 冬花 3-1196A
dōnghuā 冬華 3-1197A
dōnghuá 東華 4-840A
dònghuà 動化 2-800B
dōnghuámén 東華門 4-840A
dònghuan 動换 2-802A
dōnghuāng 東荒 4-836A
dōnghuáng 東皇 4-837A
dōnghuánggōng 東皇公 4-837A
dōnghuángtàiyī 東皇太一 4-837A
dònghuàpiàn 動畫片 2-803A
dōnghuázhēnrén 東華真人 4-840A
dǒnghúbǐ 董狐筆 9-473A
dōnghuī 冬灰 3-1196A
dōnghuì 東匯 4-847B
dōnghùjìzǐ 東户季子 4-826B
dōnghūn 東昏 4-834A
dònghuō 洞豁 5-1149A
dònghuó 洞越 5-1146B
dònghuǒ 動火 2-800B
dōnghùshè 東笏社 4-840B
dōngjí 冬集 3-1198A
dōngjí 東極 4-846A
dōngjì 冬季 3-1196B
dòngjī 動機 2-804B
dòngjì 動悸 2-803A
dōngjia 東家 4-842A
dōngjiā 東家 4-842A
dōngjiā 東嘉 4-849A
dōngjià 冬假 3-1197B
dōngjiāchǔzǐ 東家處子 4-843A
dōngjiāfūzǐ 東家夫子 4-842B
dōngjiāháng 東家行 4-842B
dōngjiākǒngzǐ 東家孔子 4-842B
dōngjiàn 東漸 4-849B
dōngjiàn 東箭 4-850B
dòngjiān 洞監 5-1148A
dòngjiàn 洞見 5-1144B
dòngjiàn 洞鑒 5-1149A
dòngjiāng 凍僵 2-423A
dōngjiànnánjīn 東箭南金 4-850B
dōngjiānǚ 東家女 4-842B
dōngjiāo 東郊 4-834B
dōngjiāo 東膠 4-851A
dòngjiǎo 動脚 2-802B
dōngjiāomínxiàng 東交民巷 4-829A
dōngjiāoxīxù 東膠西序 4-851A
dōngjiāqiū 東家丘 4-842B
dōngjiāxiàopín 東家效顰 4-843A
dōngjiāxīshè 東家西舍 4-842B
dōngjiāzǐ 東家子 4-842B
dōngjié 冬節 3-1198B
dòngjié 凍結 2-422B
dòngjiěbīngshì 凍解冰釋 2-423A
dōngjīn 東津 4-838B
dōngjìn 冬禁 3-1198A
dōngjìn 東晋 4-840A
dòngjìn 凍噤 2-423B
dòngjìn'er 動勁兒 2-802A
dōngjing 東京 4-834A
dōngjīng 東經 4-849A
dōngjǐng 東井 4-825A
dōngjìng 東凈 4-834B
dòngjīng 洞精 5-1148A
dòngjǐng 洞井 5-1143B
dòngjìng 動静 2-803B
dòngjìng 動競 2-805A
dōngjīngliùxìng 東京六姓 4-834A
dōngjǐngtiān 冬景天 3-1198A
dōngjīnxīmù 東金西木 4-833B
dōngjiōng 東坰 4-831B
dòngjiū 洞究 5-1144B
dòngjiǔ 挏酒 6-559A
dòngjiǔ 凍九 2-421A
dòngjiǔ 凍酒 2-422A
dòngjiǔ 湩酒 5-1484A
dōngjiǔshěng 東九省 4-823A
dòngjú 凍橘 2-423B
dòngjǔ 動舉 2-804B
dòngjù 恫懼 7-520B
dōngjuàn 東絹 4-849A
dōngjūn 東君 4-831A
dōngjūn 東軍 4-839A
dōngjùn 東郡 4-839A
dòngkāi 洞開 5-1147B
dōngkǎnxīzhuó 東砍西斫 4-836B
dōngkē'ěr 東科爾 4-837A
dōngkēng 東阬 4-829B
dōngkēng 東坑 4-830A
dōngkēxīzhuàng 東磕西撞 4-850B
dòngkǒng 恫恐 7-520A
dòngkǒng 洞孔 5-1144A
dòngkǒu 動口 2-800A
dòngkū 洞窟 5-1147B
dòngkuài 洞快 5-1144B
dōngkuāngxīpiàn 東誆西騙 4-848B
dōngkuí 冬葵 3-1198A
dòngkuì 洞潰 5-1148B
dōnglái 東萊 4-843B
dōngláixīqù 東來西去 4-833A
dōngláizǐqì 東來紫氣 4-833A
dònglán 凍嵐 2-422B
dōngláng 冬郎 3-1196B
dǒngláng 董莨 9-555B
dònglǎng 洞朗 5-1146A
dōnglánxīzǔ 東攔西阻 4-853B
dōngláo 冬醪 3-1199A
dōnglǎo 東老 4-828A
dòngláo 凍醪 2-423B
dòngláo 動勞 2-803A
dònglǎo 洞獠 5-1148B
dònglào 湩酪 5-1484A
dōnglāoxīmō 東撈西摸 4-850A
dōngláoxīyàn 東勞西燕 4-846B
dōnglāxīchě 東拉西扯 4-832A
dòngléi 凍雷 2-422B
dōnglí 東籬 4-854B
dōnglǐ 東里 4-830A
dǒnglǐ 董理 9-473A
dònglí 洞黎 5-1148A
dònglí 凍梨 2-422A
dònglí 凍黎 2-423A
dònglǐ 凍醴 2-423B
dònglǐ 湩醴 5-1484A
dònglì 動力 2-799B
dònglián 洞連 5-1146A
dòngliáng 棟梁 4-1090A
dòngliángcái 棟梁材 4-1090A
dōngliángxīzhé 東量西折 4-846A
dòngliǎo 洞了 5-1143B
dòngliè 凍冽 2-421B
dòngliè 凍裂 2-422B
dōnglièxīyú 東獵西漁 4-853A
dōnglín 東丛 4-826B
dōnglín 東林 4-832B
dōnglín 東鄰 4-849B
dōnglíndǎng 東林黨 4-832B
dōnglíng 冬凌 3-1197A
dōnglíng 東陵 4-843A
dōnglíng 東靈 4-854B
dōnglìng 冬令 3-1195B
dònglíng 凍凌 2-421B
dōnglíngdào 東陵道 4-843A
dōnglíngguā 東陵瓜 4-843A
dōnglínghóu 東陵侯 4-843A
dōnglíngxīluò 東零西落 4-847B
dōnglíngxīsǎn 東零西散 4-847B
dōnglíngxīsuì 東零西碎

4-847B
dōnglínshíbāxián 東林十八賢 4-832B
dōnglínshūyuàn 東林書院 4-832B
dōnglínsì 東林寺 4-832B
dōnglínxīshè 東鄰西舍 4-849B
dōnglínxīzhǎo 東鱗西爪 4-854A
dōngliú 東流 4-842A
dōngliù 東霤 4-853A
dòngliǔ 凍柳 2-421B
dōngliúshuǐ 東流水 4-842A
dōngliùxīguàng 東蹓西逛 4-852A
dōngliúxīluò 東流西落 4-842A
dōnglóng 冬瓏 3-1199A
dōnglóng 涷瀧 5-1347B
dōnglóng 玪瓏 4-542A
dōnglǒng 東籠 4-854A
dònglóng 棟隆 4-1090A
dònglòu 洞漏 5-1148A
dōnglú 東壚 4-853B
dōnglǔ 東魯 4-851A
dōnglù 東陸 4-843A
dōnglù 東路 4-847B
dōnglù 東麓 4-853B
dòngluàn 動亂 2-803B
dònglùlù 凍碌碌 2-422B
dònglún 凍輪 2-423A
dònglún 動輪 2-804B
dōngluò 東洛 4-838B
dōnglǔshū 東魯書 4-851A
dōnglǘ 東閭 4-849B
dònglǚ 動履 2-804B
dōnglǚxiāng 東呂鄉 4-829A
dōnglǘxīmò… 東驢西磨,麥城自破 4-854B
dòngmǎ 挏馬 6-559A
dōngmài 冬麥 3-1197B
dòngmài 動脈 2-802B
dòngmàiyìnghuà 動脈硬化 2-802B
dòngmǎjiǔ 挏馬酒 6-559A
dōngmán 東蠻 4-854B
dòngmán 洞蠻 5-1149B
dòngmán 動蠻 2-805A
dōngmǎyánxú 東馬嚴徐 4-839B
dōngmén 東門 4-834B
dōngméng 東蒙 4-847A
dòngméng 棟甍 4-1090B
dōngméngkè 東蒙客 4-847B
dōngménhuángquǎn 東門黄犬 4-835A
dōngménwú 東門吳 4-835A
dōngménxíng 東門行 4-835A
dōngményǎn 東門眼 4-835A
dōngménzhīdá 東門之達 4-835A
dōngménzhīyì 東門之役 4-834B
dōngménzhútù 東門逐兔 4-835A
dōngmián 冬眠 3-1197A
dōngmiàn 東面 4-836B
dōngmíng 東明 4-833A
dōngmíng 東溟 4-848B
dōngmíng 東銘 4-849A
dòngmíng 洞明 5-1144B
dòngmíng 洞冥 5-1146A
dòngmíngcǎo 洞冥草 5-1146A
dōngmíngchén 東溟臣 4-848B
dōngmíngxīyìng 東鳴西應 4-849A
dōngmíngyàng 東溟樣 4-849A
dōngmōxīmǒ 東摸西抹 4-847A
dōngmǒxītú 東抹西塗 4-832A
dōngmǔ 東畝 4-841A
dòngmù 動目 2-800B
dōngnán 東南 4-836A
dōngnánbànbì 東南半壁 4-836B
dōngnánměi 東南美 4-836B
dōngnánnèi 東南内 4-836B
dōngnán'ōu 東南歐 4-836B
dōngnánquèfēi 東南雀飛 4-836B
dōngnányà 東南亞 4-836B
dōngnányīwèi… 東南一尉,西北一候 4-836A
dōngnánzhībǎo 東南之寶 4-836B
dōngnánzhīměi 東南之美 4-836A
dōngnánzhīxiù 東南之秀 4-836A
dōngnánzhújiàn 東南竹箭 4-836B
dǒngnáo 揀撓 6-641B
dòngnáo 棟撓 4-1090B
dòngnáo 棟橈 4-1090B
dòngnǎojīn 動腦筋 2-803B
dōngnèi 東内 4-825B
dòngněi 涷餒 5-1347B
dòngněi 凍餒 2-423A
dòngněi 凍餧 2-423B
dòngnéng 動能 2-802B
dōngnián 冬粘 3-1197B
dòngnián 動黏 2-804B
dòngniàn 動念 2-801B
dōngniàng 冬釀 3-1199A
dōngniánjié 冬年節 3-1196A
dòngníng 凍凝 2-423B
dōngniǔxīniē 東扭西捏 4-830A
dòngnù 動怒 2-802A
dōngnuóxīcòu 東那西輳 4-829B
dōngnuóxīcòu 東挪西湊 4-836A
dōngnuóxīcuō 東挪西撮 4-836A
dōngnuóxījiè 東挪西借 4-836A
dōngnǚ 東女 4-824B
dōng'ōu 東歐 4-850B
dōng'ōu 東甌 4-850B
dōng'ōu 東謳 4-853A
dōng'ōu 東區 4-843B
dōngpǎoxīdiān 東跑西顛 4-846A
dōngpèngxīzhuàng 東碰西撞 4-847B
dōngpiān 東偏 4-844B
dōngpiāoxībó 東飄西泊 4-853B
dōngpiāoxīdàng 東飄西蕩 4-853B
dōngpiāoxīxǐ 東飄西徙 4-853B
dòngpǐn 動品 2-802A
dōngpíng 東平 4-826B
dōngpíngxiànsòng 東平獻頌 4-827A
dōngpíngzhīshù 東平之樹 4-827A
dōngpīnxīcòu 東拼西湊 4-835B
dōngpō 東坡 4-831B
dòngpò 動魄 2-804A
dōngpōgēng 東坡羹 4-832A
dōngpōjīn 東坡巾 4-831B
dòngpòjīngxīn 動魄驚心 2-804A
dōngpōjūshì 東坡居士 4-831B
dōngpōròu 東坡肉 4-831B
dōngpōshītǐ 東坡詩體 4-832A
dōngpōshūyuàn 東坡書院 4-832A
dōngpōtǐ 東坡體 4-832A
dōngpōyǐ 東坡椅 4-832A
dōngpōzhǐ 東坡紙 4-832A
dōngpōzhú 東坡竹 4-831B
dōngpǔ 東圃 4-840B
dòngpǔyújīng 凍浦魚驚 2-422A
dōngqí 東齊 4-849B
dǒngqí 董齊 9-473B
dòngqǐ 洞啓 5-1146B
dòngqǐ 動起 2-802A
dòngqì 動氣 2-802A
dòngqià 洞洽 5-1145B
dōngqiān 東遷 4-850B
dōngqián 東錢 4-851B
dòngqiān 動遷 2-804B
dōngqiāng 東羌 4-830B
dōngqiáng 東廧 4-852A
dōngqiáng 東薔 4-851B
dōngqiáng 東牆 4-852B
dōngqiáng 東蘠 4-853B
dōngqiángchǔzǐ 東牆處子 4-852B
dōngqiángkuīsòng 東牆窺宋 4-852B
dòngqiānhù 動遷户 2-804B
dōngqiānxīxǐ 東遷西徙 4-850B
dōngqiáo 東橋 4-851B
dōngqiāoxībī 東敲西逼 4-849B
dōngqiáoxīwàng 東瞧西望 4-852A
dòngqiè 動切 2-800A
dōngqín 東秦 4-839B
dōngqīng 冬青 3-1196B
dōngqīng 冬卿 3-1197A
dōngqīng 東圊 4-844A
dòngqīng 凍青 2-421B
dòngqíng 動情 2-802B
dòngqīnqīn 凍欽欽 2-422B
dōngqiū 東丘 4-827B
dōngqiú 冬裘 3-1198A
dǒngquàn 董勸 9-473B
dòngquán 凍泉 2-421B
dōngquè 東闕 4-853A
dòngquè 凍雀 2-422A
dòngquètángzhāo 凍雀唐昭 2-422A
dōngqūxībù 東趨西步 4-852A
dòngrán 洞然 5-1147A/1147B
dòngrán 洞燃 5-1148B
dòngrán 湩然 5-1484A
dòngrǎo 恫擾 7-520B
dōngrén 東人 4-823A
dòngrén 峒人 3-813B
dòngrén 凍人 2-421A
dòngrén 動人 2-799B
dòngrèn 動軔 2-802A
dòngrénxīnpò 動人心魄 2-799B
dòngrénxīnxián 動人心弦 2-799B
dōngrì 冬日 3-1195B
dōngróng 冬榮 3-1198B
dōngróng 東榮 4-849B
dòngróng 動容 2-802B
dòngróng 動搈 2-803B
dòngrǒng 動溶 2-803B
dòngrǔ 挏乳 6-559A
dòngrǔ 湩乳 5-1484A
dòngrù 洞入 5-1143A
dòngrúguānhuǒ 洞如觀火 5-1144B
dòngruòguānhuǒ 洞若觀火 5-1144B
dōngsānshěng 東三省 4-823A
dōngsānxīsì 東三西四 4-823A
dōngsè 東瑟 4-847A
dòngsè 動色 2-801A
dòngshā 硐砂 7-1043A
dōngshān 東山 4-823B

dōngshānfǎmén 東山法門 4-824B
dōngshānfùqǐ 東山復起 4-824B
dōngshàng 東上 4-823B
dòngshāng 凍傷 2-422B
dōngshāngāowò 東山高卧 4-824B
dōngshānjī 東山屐 4-824B
dōngshānjì 東山妓 4-824A
dōngshānkè 東山客 4-824B
dōngshānqǐ 東山起 4-824B
dōngshānrén 東山人 4-824A
dōngshānrìtou…
東山日頭一大堆 4-824A
dōngshānwò 東山卧 4-824B
dōngshànxiàlú 冬扇夏爐 3-1197B
dōngshānxièshì 東山謝氏 4-824B
dōngshǎnxīnuó 東閃西挪 4-843A
dōngshānyì 東山意 4-824B
dōngshānzàiqǐ 東山再起 4-824A
dōngshānzhīfǔ 東山之府 4-824A
dōngshānzhīzhì 東山之志 4-824A
dōngshāqúndǎo 東沙群島 4-830B
dōngshàxiàqiú 冬箑夏裘 3-1198B
dǒngshè 董攝 9-473B
dòngshēn 動身 2-801B
dòngshén 洞神 5-1146A
dōngshēng 東生 4-827A
dōngshěng 東省 4-836B
dōngshēngxījī 東聲西擊 4-852A
dōngshī 東施 4-838A
dōngshī 東師 4-840B
dōngshí 冬時 3-1197A
dōngshǐ 東使 4-833B
dōngshì 冬事 3-1196B
dōngshì 東市 4-827B
dōngshì 東事 4-832B
dǒngshì 董事 9-472B
dǒngshì 懂事 7-734B
dòngshí 洞識 5-1149A
dòngshí 凍石 2-421A
dòngshǐ 動使 2-801B
dòngshì 峒室 3-814A
dòngshì 洞室 5-1145B
dòngshì 洞視 5-1146B
dòngshì 洞釋 5-1149A
dòngshì 動事 2-801B
dōngshìcháoyī 東市朝衣 4-827B
dǒngshìhuì 董事會 9-473A
dōngshīxiàopín 東施效顰 4-838A
dōngshíxīsù 東食西宿 4-837A
dōngshǒu 東首 4-838A
dōngshòu 冬狩 3-1197A
dòngshǒu 動手 2-800A
dòngshǒudòngjiǎo
動手動脚 2-800A
dōngshǒujiēlái…
東手接來西手去 4-825B
dōngshū 東樞 4-850B
dōngshú 東塾 4-849B
dōngshù 東墅 4-849A
dōngshù 東野 4-844A
dòngshù 凍樹 2-423A
dǒngshuài 董率 9-473A
dǒngshuài 董帥 9-473A
dōngshuò 東朔 4-841B
dōngsī 東司 4-827B
dōngsī 東廝 4-851B
dōngsì 東寺 4-827B
dōngsì 東汜 4-829B
dǒngsī 董司 9-472B
dōngsōu 東蒐 4-845B
dōngsōuxīluó 東搜西羅 4-845B
dōngsǔn 冬笋 3-1197A
dōngsǔn 冬筍 3-1198A
dòngsǔn 凍筍 2-422B
dōngsuǒ 東索 4-840A
dōngsuōxīwàng 東睃西望 4-846A
dōngtái 東臺 4-849A
dòngtài 動態 2-804A
dōngtán 東壇 4-851B
dōngtǎn 東坦 4-831B
dòngtan 動彈 2-804B
dōngtáng 東堂 4-843B
dōngtángcè 東堂策 4-843B
dōngtángguì 東堂桂 4-843B
dōngtángmèng 東堂夢 4-844A
dōngtánxīshuō 東談西説 4-851A
dōngtáo 冬桃 3-1197A
dǒngtáogē 董逃歌 9-473A
dōngtáoxīcuàn 東逃西竄 4-837A
dōngtǎoxīfá 東討西伐 4-841A
dōngtǎoxīzhēng 東討西征 4-841A
dōngtí 東鯷 4-854A
dòngtǐ 胴體 6-1244B
dōngtiān 冬天 3-1195A
dōngtián 東田 4-827A
dòngtiān 洞天 5-1143B
dòngtiānfúdì 洞天福地 5-1143B
dòngtiānpíng 洞天缾 5-1143B
dòngtiānshèngjiǔ…
洞天聖酒將軍 5-1143B
dòngtiānxíng 凍天行 2-421A
dòngtīng 動聽 2-805A
dòngtíng 洞庭 5-1145A
dòngtíngchūn 洞庭春 5-1145A
dòngtíngchūnsè 洞庭春色 5-1145A
dòngtínghú 洞庭湖 5-1145B
dǒngtǒng 董統 9-473B
dòngtóng 洞同 5-1144A
dòngtóng 迵同 10-769A
dōngtóu 東頭 4-851B
dōngtóugòngfèng 東頭供奉 4-851B
dōngtóuxīcuàn 東投西竄 4-830A
dōngtōuxīmō 東偷西摸 4-844B
dōngtǔ 東土 4-823A
dòngtǔ 凍土 2-421A
dòngtǔ 動土 2-800A
dōngtǔfǎ 東土法 4-823B
dòngtuì 駧駾 12-832A
dōngtǔjiǔzǔ 東土九祖 4-823B
dōngtūjué 東突厥 4-839A
dōngtǔliùzǔ 東土六祖 4-823B
dōngtǔshān 東土山 4-823B
dōngtúxīmǒ 東塗西抹 4-848B
dōngtùxīwū 東兔西烏 4-834A
dōngwāixīdǎo 東歪西倒 4-836B
dōngwǎn 東宛 4-834B
dōngwáng 東王 4-824B
dōngwángfù 東王父 4-825A
dōngwánggōng 東王公 4-825A
dōngwàngxīguān 東望西觀 4-844B
dōngwánxīquē 東完西缺 4-831A
dōngwéi 東維 4-850A
dōngwéi 東闈 4-852B
dōngwèi 東魏 4-852B
dǒngwéi 董帷 9-473A
dòngwēi 動微 2-803B
dòngwéi 戙維 5-226A
dōngwēn 冬温 3-1198B
dōngwēn 冬瘟 3-1198B
dōngwén 東文 4-825B
dòngwèn 動問 2-803A
dōngwēng 東翁 4-840B
dōngwēnxiàqìng 冬温夏清 3-1198B
dōngwēnxiàqìng 冬温夏凊 3-1198B
dōngwō 東倭 4-840B
dōngwōzi 冬窩子 3-1198B
dōngwú 東吴 4-830A
dōngwǔ 東武 4-831A
dōngwǔ 東廡 4-851B
dòngwū 洞屋 5-1146A
dòngwǔ 動武 2-801B
dòngwù 洞悟 5-1146A
dòngwù 動机 2-801A
dòngwù 動物 2-801B
dòngwù 動悟 2-802B
dòngwùdiànfěn 動物澱粉 2-801B
dòngwùxiānwéi 動物纖維 2-801B
dòngwùxué 動物學 2-801B
dōngwǔyín 東武吟 4-831A
dōngwǔyínxíng 東武吟行 4-831A
dòngwùyóu 動物油 2-801B
dòngwùyuán 動物園 2-801B
dōngwúzhāoqìn…
東吴招親,弄假成真 4-830A
dōngxi 東西 4-828A
dōngxī 東西 4-828A
dōngxī 東曦 4-854A
dōngxǐ 東徙 4-844B
dōngxì 冬隙 3-1198A
dòngxī 洞悉 5-1146B
dòngxī 洞晰 5-1147A
dòngxī 動息 2-802A
dòngxí 洞習 5-1146B
dòngxì 侗戲 1-1336B
dòngxì 洞隙 5-1147B
dōngxiá 東轄 4-852A
dōngxià 東下 4-823B
dōngxià 東夏 4-840A
dòngxià 洞下 5-1143B
dōngxián 冬閑 3-1198A
dōngxiàn 冬霰 3-1199A
dòngxiān 洞仙 5-1144A
dòngxiāncí 洞仙詞 5-1144A
dōngxiāng 東鄉 4-845A
dōngxiāng 東廂 4-846A
dōngxiāng 東葙 4-845B
dōngxiāng 東箱 4-850B
dōngxiàng 東鄉 4-845A
dōngxiàng 東嚮 4-852B
dōngxiàng 東向 4-829A
dòngxiàng 動向 2-801A
dòngxiāngē 洞仙歌 5-1144A
dōngxiàng'érwàng…
東向而望,不見西牆 4-829A
dōngxiāngzú 東鄉族 4-845B
dōngxiánxīchě 東撏西撦 4-850A
dòngxiāo 洞霄 5-1148A
dòngxiāo 洞簫 5-1149A
dòngxiāo 動銷 2-804B
dòngxiǎo 洞曉 5-1148B
dòngxiāocí 洞霄祠 5-1148A
dòngxiāogōng 洞霄宫 5-1148A
dōngxiǎomài 冬小麥 3-1195A
dōngxībù 東西步 4-828B
dōngxīchǎng 東西廠 4-828B
dòngxié 恫脅 7-520A
dòngxiè 洞泄 5-1145A
dòngxiè 洞洩 5-1145B
dòngxiè 洞瀉 5-1149A
dōngxièmán 東謝蠻 4-852B

dōngxī'èrfǔ 東西二府 4-828A
dōngxīn 冬心 3-1195B
dòngxīn 洞心 5-1144A
dòngxīn 動心 2-800B
dōngxīnánběi 東西南北 4-828B
dōngxīnánběikè 東西南北客 4-828B
dōngxīnánběirén 東西南北人 4-828B
dōngxīnánshuò 東西南朔 4-828B
dōngxìng 東幸 4-831B
dòngxīng 棟星 4-1090A
dòngxíng 動刑 2-801A
dòngxíng 動行 2-801A
dōngxíngxībù 東行西步 4-829A
dòngxīnhài'ěr 洞心駭耳 5-1144A
dòngxīnhàimù 洞心駭目 5-1144A
dòngxīnrěnxìng 動心忍性 2-800B
dòngxiǔcuībēng 棟朽榱崩 4-1089B
dōngxīxiāng 東西廂 4-828B
dōngxǐxīqiān 東徙西遷 4-844B
dōngxīyìmiàn 東西易面 4-828B
dōngxīyù 東西玉 4-828A
dōngxū 東虛 4-843B
dōngxù 東旭 4-829A
dōngxù 東序 4-830B
dòngxū 洞虛 5-1146B
dōngxuān 冬暄 3-1198A
dōngxuān 東軒 4-840A
dōngxuán 東旋 4-844B
dōngxuǎn 東選 4-851B
dōngxuānzhù 東軒佇 4-840A
dōngxué 冬學 3-1198B
dōngxué 東學 4-851B
dòngxué 洞穴 5-1144A
dòngxué 洞學 5-1148B
dòngxuě 凍雪 2-422A
dōngxuéxīdǎo 東踅西倒 4-849A
dōngxún 東巡 4-829B
dōngxúnxīmì 東尋西覓 4-847A
dōngxùxījiāo 東序西膠 4-830B
dōngyá 東崖 4-844A
dōngyà 東亞 4-832A
dōngyàbìngfū 東亞病夫 4-832A
dōngyán 東巖 4-854A
dǒngyǎn 懂眼 7-735A
dòngyàn 凍研 2-421B
dòngyàn 凍硯 2-422A
dōngyáng 東洋 4-838B
dōngyáng 東陽 4-844B
dòngyáng 洞陽 5-1146B
dōngyángchē 東洋車 4-838B
dōngyángdàhǎi 東洋大海 4-838B
dōngyángdāo 東洋刀 4-838B
dōngyáng'èryà 東陽二軋 4-845A
dōngyángguǐ 東洋鬼 4-838B
dōngyángshēn 東洋參 4-838B
dōngyángshǒu 東陽守 4-845A
dōngyángshòu 東陽瘦 4-845A
dōngyángshòutǐ 東陽瘦體 4-845A
dōngyángxiāoshòu 東陽銷瘦 4-845A
dōngyángxīdàng 東揚西蕩 4-845B
dōngyāngxīgào 東央西告 4-827A
dōngyāngxīměi 東央西浼 4-827A
dōngyánjiǔ 東巖酒 4-854A
dōngyǎnxīzhē 東掩西遮 4-843B
dòngyáo 洞猺 5-1147B
dòngyáo 動搖 2-803B
dōngyē 東掖 4-843B
dōngyě 東野 4-844A
dōngyè 冬葉 3-1197B
dòngyě 洞冶 5-1144B
dòngyè 凍液 2-422A
dōngyěbàijià 東野敗駕 4-844A
dōngyěbārén 東野巴人 4-844A
dōngyěbùchéng… 東也不成,西也不就 4-825B
dōngyī 冬衣 3-1196A
dōngyí 東夷 4-828B
dōngyì 東易 4-833A
dōngyì 東裔 4-848B
dǒngyī 董一 9-472B
dǒngyì 董役 9-472B
dòngyí 恫疑 7-520A
dòngyí 洞疑 5-1148A
dòngyí 動移 2-802B
dòngyì 洞溢 5-1147B
dòngyì 動意 2-803B
dòngyì 動議 2-805A
dōngyīlángtou… 東一榔頭西一棒子 4-823A
dōngyīn 東音 4-838A
dòngyīn 動因 2-801A
dòngyǐn 凍歙 2-423A
dòngyǐn 凍飲 2-422B
dōngyíng 東楹 4-847B
dōngyíng 東瀛 4-853B
dòngyíng 棟楹 4-1090B
dòngyǐnzhúwēi 洞隱燭微 5-1148B
dōngyīpázi… 東一耙子西一掃帚 4-823A
dōngyīpázi… 東一筢子西一掃帚 4-823A
dòngyíxūhè 恫疑虛喝 7-520A
dòngyíxūhè 恫疑虛猲 7-520A
dòngyòng 動用 2-800B
dōngyóu 東繇 4-852B
dōngyǒu 東牖 4-850B
dōngyòubùzhuó… 東又不着,西又不着 4-823A
dōngyóuxīdàng 東游西蕩 4-846B
dōngyóuxīguàng 東游西逛 4-846B
dòngyōuzhúwēi 洞幽燭微 5-1145A
dòngyōuzhúyuǎn 洞幽燭遠 5-1145A
dōngyú 東隅 4-845A
dōngyú 東嵎 4-846A
dōngyú 東虞 4-847B
dōngyǔ 冬羽 3-1196A
dōngyǔ 東語 4-849A
dōngyǔ 涷雨 5-1347B
dōngyǔ 凍雨 2-421B
dōngyù 冬遇 3-1198A
dòngyǔ 凍雨 2-421B
dòngyǔ 棟宇 4-1089B
dòngyù 凍芋 2-421A
dōngyuán 東垣 4-835B
dōngyuán 東原 4-840B
dōngyuán 東園 4-848A
dōngyuán 東轅 4-852A
dòngyuán 動員 2-802A
dōngyuángōng 東園公 4-848A
dōngyuánjiàng 東園匠 4-848A
dōngyuánmìqì 東園祕器 4-848A
dōngyuánqì 東園器 4-848B
dōngyuánwēnmíng 東園溫明 4-848A
dōngyuànxīnù 東怨西怒 4-837B
dōngyuánzhǔzhāng 東園主章 4-848A
dōngyuánzǐguān 東園梓棺 4-848A
dōngyuánzǐqì 東園梓器 4-848A
dōngyuè 冬月 3-1195B
dōngyuè 東岳 4-833B
dōngyuè 東越 4-845B
dōngyuè 東嶽 4-852A
dòngyuè 凍樾 2-423A
dòngyuè 動躍 2-805A
dōngyuèdàdì 東嶽大帝 4-852B
dòngyún 凍雲 2-422B
dòngzhāng 洞章 5-1146B
dòngzhǎng 硐長 7-1043A
dōngzhāngxīqù 東張西覷 4-844B
dōngzhāngxīwàng 東張西望 4-844B
dōngzhāngxīzhāng 東張西張 4-844B
dōngzhāo 東沼 4-834B
dòngzhào 洞照 5-1147B
dōngzhé 冬蟄 3-1198B
dòngzhé 凍蟄 2-423B
dòngzhé 動輒 2-804A
dòngzhé 棟折 4-1089B
dòngzhécuībēng 棟折榱崩 4-1089B
dòngzhécuīhuài 棟折榱壞 4-1090A
dòngzhédéjiù 動輒得咎 2-804A
dōngzhēn 東真 4-840A
dōngzhèn 冬賑 3-1198B
dōngzhèn 東震 4-850B
dǒngzhèn 董振 9-473A
dòngzhèn 恫震 7-520A
dōngzhēng 東征 4-833B
dǒngzhèng 董正 9-472B
dōngzhēngxītǎo 東征西討 4-833B
dōngzhēngxīyuàn 東征西怨 4-833B
dōngzhèsānhuáng 東浙三黃 4-841B
dōngzhī 東織 4-853B
dōngzhì 冬至 3-1196A
dòngzhī 洞知 5-1144B
dòngzhī 動支 2-800A
dòngzhí 動植 2-803A
dòngzhǐ 動止 2-800A
dōngzhìdiǎn 冬至點 3-1196A
dōngzhímén 東直門 4-832A
dōngzhìxiàn 冬至線 3-1196A
dōngzhǐxīhuà 東指西畫 4-835B
dōngzhīxīwú 東支西吾 4-825A
dōngzhōng 東中 4-825B
dòngzhòng 洞中 5-1143B
dòngzhòng 動衆 2-803A
dòngzhōngxiān 洞中仙 5-1143B
dōngzhōu 東舟 4-829A
dōngzhōu 東周 4-834A
dōngzhōubīng 東州兵 4-829A
dōngzhōuxīfǎng 東舟西舫 4-829A
dōngzhōuyìdǎng 東州逸黨 4-829A
dōngzhū 東珠 4-839B
dōngzhǔ 東主 4-827B
dōngzhù 冬住 3-1196B
dòngzhú 洞燭 5-1149A

dòngzhú 洞燭 5-1149B
dòngzhú 凍瘃 2-423A
dòngzhǔ 洞主 5-1144A
dòngzhǔ 洞矚 5-1149B
dōngzhuā 東髽 4-852A
dòngzhuǎn 動轉 2-805A
dōngzhuāng 冬裝 3-1198B
dōngzhuànxīzhuàn 東轉西轉 4-853A
dōngzhūhóu 東諸侯 4-851A
dōngzī 東菑 4-843B
dòngzi 洞子 5-1143B
dòngzì 動字 2-801A
dōngzǒumí 東走迷 4-830A
dōngzǒuxīgù 東走西顧 4-830A
dōngzǒuxīzhuàng 東走西撞 4-830A
dòngzú 侗族 1-1336B
dòngzúdàgē 侗族大歌 1-1336B
dòngzuì 洞醉 5-1148A
dōngzǔnxījié 東撙西節 4-850A
dōngzuò 東作 4-830B
dǒngzuò 董作 9-472B
dòngzuò 動作 2-801A
dōngzuòxīchéng 東作西成 4-830B
dòu'ānchún 鬥鵪鶉 12-719A
dǒu'àng 斗盎 7-327B
dǒubá 斗拔 7-326A
dòubā 鬥八 12-711B
dòubā 痘疤 8-318A
dòubǎicǎo 鬥百草 12-712B
dòubān 鬥班 12-714B
dòubān 痘瘢 8-318A
dòubǎn 餖版 12-540A
dòubàn 豆瓣 9-1344A
dòubànjiàng 豆瓣醬 9-1344A
dòubāo 豆包 9-1341A
dòubào 鬥暴 12-717B
dǒubǐ 斗筆 7-329A
dǒubì 陡壁 11-977A
dòubī 豆逼 9-1342B
dòubī 豆䊧 9-1344A
dòubǐ 豆比 9-1341A
dòubiān 豆籩 9-1344B
dòubiàn 鬥辨 12-718A
dòubiàn 鬥辯 12-720A
dòubiàn 鬥變 12-720A
dǒubiāo 斗杓 7-326A
dòubiēqì 鬥憋氣 12-717B
dǒubǐng 斗柄 7-327A
dòubīng 鬥兵 12-713B
dòubǐng 豆餅 9-1343B
dǒubō 斗袯 7-328A
dǒubō 袦袯 9-45B
dōubǔ 兜捕 2-278A
dòucái 鬥才 12-712A
dòucǎi 鬥彩 12-715B
dòucǎo 鬥艸 12-713B
dòucǎo 鬥草 12-714A
dòucè 豆踖 9-1344A
dòuchá 鬥茶 12-714A
dǒuchán 斗躔 7-331A
dǒuchàn 抖顫 6-417B
dòuchǎng 鬥場 12-716A
dòuchánjuān 鬥嬋娟 12-718A
dōuchāo 兜抄 2-278A
dòuchǎo 鬥炒 12-714A
dǒuchē 斗車 7-326A
dòuchè 逗徹 10-886B
dòuchén 鬥臣 12-712B
dòuchèn 逗趁 10-886A
dǒuchéng 斗城 7-326B
dǒuchèng 斗稱 7-329B
dòuchěng 鬥騁 12-718B
dòuchēqí 竇車騎 8-486B
dōuchī 兜眵 2-278B
dòuchǐ 豆豉 9-1342B
dòuchǐyá 鬥齒牙 12-717B
dòuchóng 鬥虫 12-713A
dòuchǒng 鬥寵 12-719B
dǒuchǔ 斗儲 7-330B
dǒuchù 抖搐 6-417A
dòuchú 豆芻 9-1342A
dòuchù 鬥觸 12-720A
dǒuchuán 斗船 7-328A
dòuchuán 鬥船 12-715B
dòuchuāng 痘瘡 8-318A
dòuchúnhéshé 鬥脣合舌 12-715B
dòucí 鬥辭 12-719B
dòucòu 豆湊 9-1342B
dòucòu 鬥湊 12-716B
dòucòu 餖湊 12-540B
dòucòu 餖輳 12-540B
dòucuán 鬥攢 12-720A
dòucuò 豆莝 9-1342A
dòucùzhī 鬥促織 12-714B
dōudā 兜搭 2-278B
dōudā 毸毼 6-1016A
dōudā 捬搭 6-840A
dōudá 兜答 2-279A
dǒudà 斗大 7-325A
dòudǎ 鬥打 12-712B
dōudān 兜擔 2-279A
dǒudǎn 斗膽 7-330B
dōude 兜的 2-278A
dōude 兜底 2-278A
dōude 兜地 2-278A
dǒudèng 斗磴 7-330B
dòudēng 豆登 9-1343A
dōudézhuǎn 兜得轉 2-278B
dōudǐ 兜底 2-278A
dòudí 鬥敵 12-717B
dǒudiàn 斗店 7-326A
dòudiǎn 逗點 10-887A
dòudiàn 鬥鈿 12-717A
dòudié 鬥喋 12-716B
dòudié 鬥諜 12-718A
dòudié 鬥疊 12-720A
dōudǐng 兜頂 2-278B
dòudìng 鬥釘 12-715A
dòudìng 鬥飣 12-715A
dòudìng 餖飣 12-540B
dǒudòng 抖動 6-416B
dōudōu 兜兜 2-278B
dōudōukù 兜兜褲 2-278B
dòudòuluòluò 逗逗落落 10-886A
dǒudǒusèsè 抖抖瑟瑟 6-416A
dǒudǒusǒusǒu 抖抖擻擻 6-416A
dǒudǒusùsù 抖抖簌簌 6-416A
dōudu 兜肚 2-278A
dòudú 痘毒 8-318A
dòudǔ 鬥賭 12-717B
dòuduì 鬥隊 12-716A
dōudukù 兜肚褲 2-278A
dǒudùn 斗頓 7-329B
dǒudùn 陡頓 11-977A
dōuduō 吺哆 3-242A
dòuduó 鬥奪 12-717B
dòu'é 鬥鵝 12-718B
dòu'érzhùbīng 鬥而鑄兵 12-713A
dòu'érzhùzhuī 鬥而鑄錐 12-713A
dòufǎ 鬥法 12-714A
dōufan 兜翻 2-279B
dǒufān 抖翻 6-417B
dòufàn 豆飯 9-1342B
dǒufāng 斗方 7-325B
dòufāng 鬥芳 12-713B
dǒufāngmíngshì 斗方名士 7-325B
dǒufēn 斗分 7-325B
dòufēn 鬥紛 12-715B
dòufēn 毭毹 6-1009B
dòufèn 鬥分 12-712A
dōufēng 兜風 2-278A
dǒufēng 抖風 6-416B
dǒufēng 蚪峰 8-871A
dòufēng 鬥風 12-714B
dòufèng 鬥縫 12-718B
dòufēnguāpōu 豆分瓜剖 9-1341A
dòufènzi 鬥分子 12-712A
dōufū 兜夫 2-278A
dǒufǔ 斗府 7-326B
dòufu 豆腐 9-1343B
dòufū 鬥夫 12-712A
dòufǔ 豆脯 9-1342B
dòufù 鬥富 12-716B
dòufugān 豆腐乾 9-1343B
dòufuhuā 豆腐花 9-1343B
dòufujiāng 豆腐漿 9-1343B
dòufulào 豆腐澇 9-1343B
dòufunǎo 豆腐腦 9-1343B
dòufupí 豆腐皮 9-1343B
dòufurǔ 豆腐乳 9-1343B
dòufuyī 豆腐衣 9-1343B
dòufuzhā 豆腐渣 9-1343B
dǒugài 斗蓋 7-329A
dòugāi 豆荄 9-1341B
dòugān 鬥柑 12-714A
dǒugāng 斗剛 7-327B
dǒugāng 斗綱 7-330A
dòugē 鬥歌 12-717A
dòugé 鬥格 12-715A
dòugén 逗哏 10-886A
dòugēng 豆羹 9-1344A
dǒugōng 斗宮 7-327B
dǒugǒng 斗拱 7-326B
dǒugǒng 斗栱 7-327B
dǒugǒng 枓栱 4-880A
dòugōng 鬥攻 12-713B
dòugǒng 鬥拱 12-714A
dòugǒng 鬥栱 12-715A
dòugòu 鬥構 12-717A
dòuguàizhēngqí 鬥怪争奇 12-714A
dòugūniáng 鬥姑娘 12-714A
dōuguǒ 兜裹 2-279A
dǒuháng 斗行 7-326A
dǒuhào 斗耗 7-327B
dòuhào 逗號 10-886A
dòuhé 鬥合 12-713A
dòuhěn 鬥很 12-714B
dòuhěn 鬥狠 12-714B
dǒuhéng 斗衡 7-330A
dòuhòng 鬥鬨 12-718A
dǒuhú 斗斛 7-328B
dòuhuā 豆花 9-1341A
dòuhuā 鬥花 12-713B
dòuhuā 痘花 8-317B
dòuhuáng 豆黄 9-1342B
dòuhuāshuǐ 豆花水 9-1341A
dòuhuāshuǐ 豆華水 9-1341B
dǒuhuí 斗回 7-326A
dòuhùnjiāng 鬥混江 12-716A
dòuhuǒ 豆火 9-1341A
dòuhuǒ 鬥火 12-712A
dòuhuǒ 鬥夥 12-717B
dòuhuò 豆藿 9-1344A
dōujī 兜擊 2-279B
dǒujī 斗箕 7-329B
dǒujī 斗機 7-330A
dǒují 斗級 7-327B
dǒují 斗極 7-328B
dòujī 鬥擊 12-718B
dòujī 鬥雞 12-718B
dòujī 鬥鷄 12-720A
dòujì 豆祭 9-1342B
dòujiā 痘痂 8-318A
dòujiá 豆莢 9-1341B
dòujiǎ 豆甲 9-1341A
dōujiān 兜鞬 2-279B
dǒujiǎn 斗檢 7-330B
dǒujiàn 斗建 7-326B
dǒujiàn 斗健 7-327B
dòujiān 鬥煎 12-717A
dòujiàn 鬥艦 12-719B
dǒujiǎnfēng 斗檢封 7-330B
dòujiāng 豆漿 9-1344A
dòujiāng 痘漿 8-318A
dòujiàng 豆醬 9-1344A
dòujiàng 鬥將 12-716A
dòujiàngqīng 豆醬清 9-1344A
dōujiǎo 兜剿 2-279A
dōujiǎo 兜攪 2-280A

dōujiào 兜轎 2-279B
dǒujiǎo 斗脚 7-328A
dǒujiǎo 斗腳 7-329B
dòujiǎo 豆角 9-1341A
dòujiǎo 鬥角 12-713B
dòujiào 逗教 10-886A
dòujiào 竇窌 8-487A
dòujiào 竇窖 8-487A
dòujiāqī 竇家妻 8-487A
dōujié 兜結 2-279A
dòujiē 豆秸 9-1342B
dòujiē 豆稭 9-1343A
dòujiē 豆藍 9-1344B
dòujié 鬥捷 12-715B
dòujiéchéngzhī 逗節成枝 10-886B
dòujiēhuī 豆稭灰 9-1343A
dōujīn 兜巾 2-277B
dòujīn 郖津 10-624A
dòujīn 洰津 5-1195B
dòujǐn 竇錦 8-487A
dòujìn 鬥勁 12-714A
dòujìn 鬥進 12-715B
dǒujìng 抖勁 6-416B
dòujīng 豆莖 9-1342A
dòujìng 鬥競 12-720A
dòujìng 竇逕 8-486B
dòujītái 鬥雞臺 12-719A
dòujītái 鬥鷄臺 12-720A
dòujiǔ 豆酒 9-1342A
dòujiǔ 鬥酒 12-715A
dòujiǔ 酘酒 9-1395B
dòujiǔ 投酒 6-403B
dǒujiǔbǎipiān 斗酒百篇 7-327B
dòujiǔfēiquán 鬥酒飛拳 12-715B
dǒujiǔshuānggān 斗酒雙柑 7-328A
dǒujiǔxuéshì 斗酒學士 7-328A
dǒujiǔzhījī 斗酒隻雞 7-328A
dòujīxì 鬥雞戲 12-719A
dòujīxì 鬥鷄戲 12-720A
dòujīyǎn 鬥雞眼 12-719A
dòujīyǎnggǒu 鬥雞養狗 12-719A
dòujīzǒugǒu 鬥雞走狗 12-719A
dòujīzǒugǒu 鬥鷄走狗 12-720A
dòujīzǒumǎ 鬥雞走馬 12-719A
dòujīzǒuquǎn 鬥雞走犬 12-719A
dōujù 蔸距 9-538A
dòujù 鬥具 12-714A
dòujù 鬥聚 12-717A
dǒujué 斗絶 7-329A
dòujué 鬥決 12-713B
dǒujuéyīyú 斗絶一隅 7-329A
dǒujūn 斗君 7-326A
dǒujùn 斗峻 7-327B
dǒujùn 陡峻 11-976B
dòukǎn 鬥侃 12-714A
dòukàn 鬥闞 12-719B
dǒukē 蚪蝌 8-871A
dòukē 豆科 9-1341B
dòukè 痘客 8-318A
dǒukōngzhú 抖空竹 6-416B
dǒukǒu 斗口 7-325A
dòukǒu 鬥口 12-712A
dòukòu 豆蔻 9-1343A
dòukòu 豆蔻 9-1343A
dòukòu 荳蔻 9-411B
dòukǒuchǐ 鬥口齒 12-712A
dòukòuniánhuá 豆蔻年華 9-1343A
dǒukuāng 斗筐 7-329A
dǒukuí 斗魁 7-329B
dōulǎn 兜攬 2-280A
dōulǎn 挽攬 6-840A
dòulè 逗樂 10-886B
dòulèzi 逗樂子 10-886B
dōulí 兜離 2-279B
dǒulì 斗力 7-325A
dǒulì 斗笠 7-328A
dǒulì 斗曆 7-330A
dǒulì 陡立 11-976A
dòulì 鬥力 12-711B
dòulì 鬥詈 12-716B
dòulì 鬥麗 12-719A
dǒuliáng 斗糧 7-331A
dǒuliáng 斗量 7-329A
dǒuliángchēzài 斗量車載 7-329A
dǒuliángshāojì 斗量筲計 7-329A
dōulíng 兜鈴 2-279A
dōulíng 兜零 2-279A
dòuliú 逗留 10-886A
dòuliù 逗遛 10-886B
dòulìzhēngyán 鬥麗争妍 12-719A
dōulóng 篼篼 8-1238B
dōulǒng 兜籠 2-280A
dòulǒng 逗攏 10-887A
dòulǒng 鬥攏 12-719A
dòulóngzhōu 鬥龍舟 12-718A
dōulóu 兜婁 2-278B
dǒulou 抖摟 6-417A
dǒulou 抖漏 6-417A
dǒulou 抖露 6-417B
dòulóu 鬥樓 12-717B
dòulòu 逗漏 10-886B
dòulòu 鬥鏤 12-719B
dōulóupóxiāng 兜樓婆香 2-279A
dǒulù 斗禄 7-329A
dòulú 豆盧 9-1344A
dòulù 逗露 10-887A
dǒuluàn 抖亂 6-417A
dǒuluàn 陡亂 11-977A
dòuluàn 鬥亂 12-717A
dōuluó 兜羅 2-279B
dōuluó 兜籮 2-280A
dōuluò 兜絡 2-279A
dǒuluó 斗鑼 7-331A
dǒuluò 抖落 6-416B
dòuluò 逗落 10-886A
dōuluóbèi 兜羅被 2-280A
dōuluómián 兜羅綿 2-280A
dòulǜ 豆緑 9-1344A
dòumǎ 豆馬 9-1341B
dōumài 兜賣 2-279A
dòumǎi 鬥買 12-716B
dòumàn 逗鏝 10-887A
dòumǎng 鬥莽 12-715A
dǒumáo'er 抖毛兒 6-416A
dòuměikuālì 鬥美誇麗 12-714B
dòumèizhēngyán 鬥媚争妍 12-717A
dǒumén 斗門 7-326B
dòumènzi 逗悶子 10-886A
dòumènzi 鬥悶子 12-717A
dòumí 豆糜 9-1344A
dòumí 鬥靡 12-719B
dòumiáo 豆苗 9-1341B
dòumiáo 痘苗 8-317B
dǒumǐchǐbù 斗米尺布 7-326A
dòumíng 鬥茗 12-714A
dòumíng 脰鳴 6-1280A
dòumòlóu 豆莫婁 9-1342A
dōumóu 鍪鍪 11-1357A
dōumóu 兜牟 2-278A
dōumóu 兜鍪 2-279B
dōumòxiāng 兜末香 2-278A
dǒumǔ 斗姥 7-327B
dǒumǔ 斗姆 7-326B
dǒumù 斗目 7-325B
dǒumǔyuánjūn 斗母元君 7-326A
dǒunán 斗南 7-327A
dōunáng 兜囊 2-280A
dòunáo 逗撓 10-886B
dòunào 逗鬧 10-886B
dòuniáng 豆娘 9-1342A
dòuníng 鬥獰 12-718B
dǒuniú 斗牛 7-325A
dǒuniǔ 斗紐 7-328A
dòuniú 鬥牛 12-712A
dǒuniúfú 斗牛服 7-325B
dǒuniúgōng 斗牛宫 7-325B
dòunong 逗弄 10-885B
dòunòng 鬥弄 12-713B
dòunòu 詎譳 11-226B
dòunù 鬥怒 12-714B
dòu'ōu 逗毆 10-886B
dòu'ōu 鬥毆 12-717B
dòupái 鬥牌 12-716B
dōupán 兜盤 2-279A
dòupén 鬥盆 12-714B
dǒupéng 斗篷 7-330A
dǒupéng 衵朋 9-45B
dòupéng 豆棚 9-1342B
dòupéng 鬥朋 12-714A
dǒupì 斗辟 7-329B
dǒupì 斗僻 7-330A
dòupián 鬥諞 12-718A
dòupǐn 鬥品 12-714B
dǒupíng 斗瓶 7-327B
dǒupō 陡坡 11-976A
dòupōuguāfēn 豆剖瓜分 9-1342A
dǒuqì 抖氣 6-416B
dòuqí 豆萁 9-1342A
dòuqí 鬥奇 12-714A
dòuqí 鬥棊 12-716A
dòuqí 鬥棋 12-716A
dòuqí 鬥碁 12-717A
dòuqí 鬥旗 12-717B
dòuqí 鬥騎 12-718B
dòuqì 逗氣 10-886A
dòuqì 鬥氣 12-715A
dòuqiáng 鬥强 12-717A
dòuqiǎng 鬥搶 12-717A
dǒuqiào 斗峭 7-327B
dǒuqiào 陡峭 11-976B
dòuqiǎo 鬥巧 12-712B
dòuqiǎoyàn 鬥巧宴 12-712B
dòuqícái 豆萁才 9-1342A
dǒuqiè 陡趄 11-976B
dòuqīng 豆青 9-1341B
dòuqióng 鬥蛩 12-716A
dòuqírándòu 豆萁燃豆 9-1342A
dòuqíxiāngjiān 豆萁相煎 9-1342A
dōuqǔ 兜取 2-278A
dǒuqú 斗渠 7-328B
dòuqǔ 鬥取 12-714A
dòuqù 逗趣 10-886B
dōuquānzi 兜圈子 2-278B
dòuquè 鬥雀 12-715B
dǒurán 斗然 7-329A
dǒurán 抖然 6-416B
dǒurán 陡然 11-977A
dòurāng 逗嚷 10-887A
dòurǎo 逗橈 10-886B
dǒurèn 陡恁 11-976B
dòurén 逗人 10-885B
dòurén 鬥人 12-711B
dòurénzhǐmǎ 豆人紙馬 9-1340B
dòuróng 豆蓉 9-1343A
dòuròu 豆肉 9-1341A
dòurǔ 豆乳 9-1341B
dǒusè 斗色 7-326A
dǒusè 抖瑟 6-417A
dòusè 鬥色 12-713A
dòusèzhēngyán 鬥色争妍 12-713A
dōushā 兜紗 2-278B
dòushā 豆沙 9-1341A
dòushā 鬥殺 12-715A
dǒushān 斗山 7-325A
dǒushǎn 抖閃 6-416B
dǒushàng 陡上 11-976A
dòushāng 豆觴 9-1344A
dōushāo 兜艄 2-279A
dǒushāo 斗筲 7-329B
dǒushāozǐ 斗筲子 7-329B

dǒushè 斗舍 7-326A
dòushé 鬥蛇 12-715B
dòushén 痘神 8-318A
dǒushén'er 抖神兒 6-416B
dǒushēng 斗升 7-325B
dòushèng 鬥勝 12-716B
dǒushēngcháng 斗升腸 7-325B
dǒushí 斗食 7-327A
dǒushì 斗室 7-327A
dòushí 豆實 9-1344A
dòushí 鬥食 12-714B
dòushí 鬥蝕 12-717B
dòushì 鬥士 12-712A
dòushì 鬥試 12-717A
dòushíhú 鬥十胡 12-711B
dōushòu 兜售 2-278B
dǒushǒu 斗手 7-325B
dǒushǒu 抖手 6-416A
dǒushū 斗樞 7-330A
dòushū 豆蔬 9-1344A
dòushǔ 豆鼠 9-1343A
dòushǔ 豆薯 9-1344A
dòushuǎ 逗耍 10-886A
dòushuǎfāng 逗耍方 10-886A
dōushuài 兜率 2-278B
dǒushuāi 抖摔 6-417A
dòushuài 鬥蟀 12-718B
dōushuàigōng 兜率宮 2-278B
dōushuàitiān 兜率天 2-278B
dòushuāng'àoxuě 鬥霜傲雪 12-718B
dǒushuǐ 斗水 7-325A
dǒushuǐhuólín 斗水活鱗 7-325A
dōushùtiān 兜術天 2-278B
dòusī 豆絲 9-1343A
dǒusǒng 斗聳 7-330B
dòusòng 鬥訟 12-715B
dǒusōu 抖搜 6-416B
dǒusōu 陡搜 11-976B
dǒusǒu 斗叟 7-327A
dǒusǒu 斗擻 7-330B
dǒusǒu 斗藪 7-330B
dǒusǒu 抖擻 6-417A
dǒusǒu 抖藪 6-417B
dǒusù 斗粟 7-328B
dǒusù 抖觫 6-417A
dòusù 逗宿 10-886A
dòusǔn 鬥筍 12-715A
dòusǔn 鬥筍 12-716B
dǒusuǒ 抖索 6-416B
dǒusùsù 抖簌簌 6-417A
dōutà 吺譫 3-242A
dòutāofù 竇滔婦 8-487A
dòuténg 豆藤 9-1344A
dǒutǒng 斗桶 7-328A
dōutóu 兜頭 2-279B
dòutóu 逗頭 10-887A
dòutóu 鬥頭 12-718A
dòutuán 鬥摶 12-717A
dōutuō 兜拕 2-278A
dōutuó 兜馱 2-279A
dòuwā 鬥蛙 12-716B
dǒuwǎn 斗碗 7-329B
dòuwǎn 逗晚 10-886A
dòuwàn 鬥腕 12-716B
dōuwéi 兜圍 2-279A
dǒuwēifēng 抖威風 6-416B
dǒuwéijiān 斗圍監 7-329A
dǒuwén 斗文 7-325B
dǒuwén 斗紋 7-328A
dòuwōjiǎo 鬥蝸角 12-717B
dòuwǔ 鬥舞 12-717B
dòuwǔdòuliù 逗五逗六 10-885B
dǒuxī 斗錫 7-330B
dǒuxī 斗獻 7-331A
dòuxī 鬥嬉 12-718A
dòuxì 鬥戲 12-718B
dòuxì 鬥鬩 12-718B
dòuxì 鬥鬩 12-718B
dǒuxiǎn 陡險 11-977A
dòuxiǎn 鬥顯 12-720A
dǒuxiāng 斗香 7-327A
dǒuxiàng 斗象 7-328B
dòuxiāng 鬥香 12-714B
dòuxiàng 豆象 9-1342B
dōuxiāo 兜銷 2-279A
dǒuxiāo 陡削 11-976B
dòuxiāo 鬥躑 12-720A
dòuxiǎo 逗曉 10-887A
dòuxiào 逗笑 10-886A
dòuxiào'er 鬥笑兒 12-715A
dǒuxié 陡斜 11-976B
dòuxiè 豆屑 9-1342A
dòuxīn 鬥心 12-712B
dǒuxīng 斗星 7-327A
dòuxīng 鬥星 12-714B
dòuxíng 鬥行 12-713A
dōuxīnhuā 兜心花 2-278A
dòuxīnyǎn'er 鬥心眼兒 12-712B
dǒuxiōng 斗胸 7-327B
dòuxīshuài 鬥蟋蟀 12-718B
dǒuxiù 斗宿 7-328B
dōuxuánguó 兜玄國 2-278A
dòuxué 鬥穴 12-712B
dòuxuěhóng 鬥雪紅 12-715B
dǒuyá 陡崖 11-976B
dòuyā 鬥鴨 12-718A
dòuyá 豆芽 9-1341A
dòuyábànchǐ 鬥牙拌齒 12-712A
dòuyácài 豆牙菜 9-1341A
dòuyácài 豆芽菜 9-1341A
dǒuyǎn 斗眼 7-328A
dòuyán 逗延 10-885B
dòuyán 鬥妍 12-713B
dòuyǎn 鬥眼 12-715B
dòuyàn 鬥艷 12-719B
dòuyàn 鬥艷 12-720A
dòuyàn 鬥豔 12-720A
dòuyāng 豆秧 9-1342A
dòuyànzhēngfāng 鬥艷爭芳 12-720A
dòuyànzhēnghuī 鬥艷爭輝 12-720A
dòuyànzhēngyán 鬥艷爭妍 12-719B
dòuyànzhēngyán 鬥豔爭妍 12-720A
dòuyào 逗藥 10-887A
dòuyè 鬥葉 12-716A
dòuyèzi 鬥葉子 12-716A
dòuyǐ 鬥螘 12-718A
dòuyǐ 鬥蟻 12-719B
dòuyì 鬥意 12-717A
dǒuyìjiyáng 斗挹箕揚 7-327B
dǒuyìn 斗印 7-326A
dòuyǐn 逗引 10-885B
dòuyǐn 鬥引 12-712B
dòuyǐn 鬥飲 12-716B
dòuyíng 鬥迎 12-713B
dòuyìng 逗硬 10-886A
dòuyīnniú 鬥殷牛 12-715A
dǒuyǒng 斗甬 7-326A
dòuyóu 豆油 9-1341B
dōuyú 兜舁 2-278A
dǒuyú 斗餘 7-330A
dòuyú 鬥魚 12-715B
dòuyǔ 鬥羽 12-713B
dòuyùn 鬥韻 12-719B
dòuzáo 鬥鑿 12-720A
dòuzhā 豆渣 9-1343A
dǒuzhàn 抖戰 6-417A
dòuzhàn 鬥戰 12-718A
dǒuzhàng 斗帳 7-328A
dǒuzhé 斗折 7-326A
dōuzhēn 覴鍼 10-353A
dòuzhěn 豆枕 9-1341B
dòuzhěn 痘疹 8-318A
dòuzhèn 鬥陣 12-714B
dòuzhēng 鬥爭 12-713A
dòuzhèng 鬥諍 12-717A
dòuzhēngdòuhé 鬥爭鬥合 12-713A
dǒuzhéshéxíng 斗折蛇行 7-326A
dǒuzhí 陡直 11-976B
dòuzhī 豆汁 9-1341A
dòuzhī 豆枝 9-1341B
dòuzhì 鬥志 12-713B
dòuzhì 鬥智 12-716B
dòuzhì'ángyáng 鬥志昂揚 12-713B
dòuzhǐpái 鬥紙牌 12-715B
dōuzhǒng 蔸種 9-538A
dòuzhōu 豆粥 9-1343A
dōuzhuàn 兜轉 2-279B
dǒuzhuǎn 斗轉 7-330B
dòuzhuàn 鬥轉 12-718B
dǒuzhuǎnshēnhéng 斗轉參橫 7-330B
dōuzi 兜子 2-277B
dōuzi 篼籠 8-1238B
dōuzi 篼子 8-1238B
dǒuzi 斗子 7-325A
dǒuzǐ 斗紫 7-329A
dòuzi 豆子 9-1340B
dòuzi 痘子 8-317B
dǒuzǐyán 斗子鹽 7-325A
dòuzǔ 豆俎 9-1341B
dòuzuǐ 逗嘴 10-887A
dòuzuǐ 鬥嘴 12-718A
dòuzuǐpízi 逗嘴皮子 10-887A
dòuzuò 鬥作 12-713B
dǔ'ài 篤隘 8-1224A
dǔ'ài 篤愛 8-1224B
dǔ'àn 篤暗 8-1224B
duàn'ǎi 斷靄 6-1101B
duǎn'àn 短暗 7-1544B
duàn'ǎn 斷堰 6-1092A
duàn'àn 斷桉 6-1090B
duàn'àn 斷岸 6-1088B
duàn'àn 斷按 6-1089B
duàn'àn 斷案 6-1091A
duǎn'ǎo 短襖 7-1546B
duàn'áolìjí 斷鰲立極 6-1100B
duàn'áolìjí 斷鼇立極 6-1101A
duǎnbà 短罷 7-1545B
duǎnbà 短糴 7-1546B
duānbài 端拜 8-398B
duǎnbǎng 短榜 7-1545A
duànbēi 斷碑 6-1095A
duānběnchéngyuán 端本澄源 8-397A
duǎnbǐ 短筆 7-1544A
duànbí 斷鼻 6-1097A
duànbǐ 斷筆 6-1093B
duànbì 斷閉 6-1093A
duànbì 斷壁 6-1099A
duànbì 斷臂 6-1099B
duànbiān 斷編 6-1098A
duànbiāncánjiǎn 斷編殘簡 6-1098A
duànbiǎo 斷表 6-1088A
duànbìcányuán 斷壁殘垣 6-1099A
duǎnbīng 短兵 7-1540B
duǎnbīngjiē 短兵接 7-1540B
duǎnbīngxiāngjiē 短兵相接 7-1540B
duànbìránshēn 斷臂燃身 6-1099B
duànbìtuíyuán 斷壁頹垣 6-1099A
duǎnbō 短波 7-1542A
duānbù 端布 8-397A
duǎnbù 短簿 7-1546B
duǎnbùcí 短簿祠 7-1546B
duǎnbùliǎo 短不了 7-1539A
duànbùliǎo 斷不了 6-1086A
duǎncái 短才 7-1539A
duāncāo 端操 8-401B
duǎncè 短策 7-1544A
duàncéng 斷層 6-1097B
duànchá 斷茬 6-1089B
duànchá 斷槎 6-1095A
duànchá 斷察 6-1097A
duànchǎn 斷產 6-1093A
duǎncháng 短長 7-1541A

duàncháng 斷常 6-1092A
duàncháng 斷腸 6-1095B
duàncháng 斷裳 6-1096B
duànchǎng 斷場 6-1093A
duànchángbǔduǎn 斷長補短 6-1088A
duànchángcǎo 斷腸草 6-1096A
duàncháinghuā 斷腸花 6-1096A
duǎnchángtíng 短長亭 7-1541B
duànchángxùduǎn 斷長續短 6-1088A
duǎnchángyín 短長吟 7-1541A
duànchángyuán 斷腸猿 6-1096A
duānchèn 端稱 8-401A
duǎnchèn 短趁 7-1543B
duānchéng 端誠 8-400B
duǎnchéng 短程 7-1544A
duǎnchèng 短秤 7-1542B
duānchì 端飭 8-400A
duǎnchīshǎochuān 短吃少穿 7-1539B
duǎnchòng 短銃 7-1545A
duǎnchǒu 短醜 7-1546A
duǎnchù 短絀 7-1543B
duǎnchù 短處 7-1543A
duànchú 斷除 6-1090B
duànchǔ 斷楮 6-1093B
duànchuāng 斷牕 6-1097B
duànchuī 斷炊 6-1089A
duānchún 端醇 8-401B
duāncí 端辭 8-402A
duàncí 斷詞 6-1094A
duàncí 斷辭 6-1100B
duǎncù 短促 7-1542A
duāncuī 端衰 8-399A
duāncuì 端粹 8-401A
duàncuì 鍛淬 11-1355B
duǎncùlǜ 短卒律 7-1541B
duǎndǎ 短打 7-1539B
duàndǎ 鍛打 11-1355B
duǎndǎbàn 短打扮 7-1539B
duàndài 斷代 6-1086B
duàndàishǐ 斷代史 6-1086B
duàndàng 斷當 6-1095B
duàndàng 斷檔 6-1099A
duāndào 端道 8-400A
duǎndāo 短刀 7-1538B
duàndào 斷盜 6-1094A
duàndào 斷道 6-1094A
duǎndào'er 短道兒 7-1544A
duǎndāozhírù 短刀直入 7-1538B
duǎndǎwǔshēng 短打武生 7-1539B
duāndí 端的 8-398A
duāndǐ 端底 8-398A
duǎndí 短笛 7-1543A
duǎndì 短遞 7-1544B
duàndī 斷堤 6-1093A
duàndí 斷敵 6-1097B
duǎndiào 短調 7-1545B
duàndìng 斷定 6-1089A
duàndòu 斷脰 6-1092B
duàndòujuéfù 斷脰決腹 6-1092B
duǎndú 短犢 7-1546B
duàndù 斷渡 6-1094B
duānduān 端端 8-401A
duànduàn 段段 6-1481A
duànduàn 斷斷 6-1100A
duànduàn 躖躖 10-566B
duànduànjìjì 斷斷繼繼 6-1100A
duànduànxiūxiū 斷斷休休 6-1100A
duànduànxùxù 斷斷續續 6-1100A
duàndùn 斷頓 6-1095B
duànduó 斷度 6-1090A
duǎn'è 短惡 7-1543B
duàn'è 斷遏 6-1093B
duàn'ēn 斷恩 6-1091A
duān'èr 端貳 8-399B
duǎnfá 短乏 7-1539A
duǎnfà 短髮 7-1545A
duànfá 斷伐 6-1087A
duànfà 斷髮 6-1097B
duǎnfān 短番 7-1544A
duānfāng 端方 8-396B
duànfāng 鍛坊 11-1355B
duànfāng 斷方 6-1086A
duǎnfānjiàng 短蕃匠 7-1545B
duànfàwénshēn 斷髮文身 6-1097B
duànfàwénshēn 斷髮紋身 6-1097B
duànfěn 煅粉 7-198B
duǎnfēng 短封 7-1542A
duànfèng 斷俸 6-1091A
duānfǔ 端甫 8-397B
duānfù 端副 8-399A
duànfú 斷服 6-1089A
duànfǔ 腶脯 6-1353A
duànfǔ 鍛脯 11-1355B
duànfù 斷覆 6-1099B
duàngān 段干 6-1481A
duàngǎng 斷港 6-1094A
duàngē 斷割 6-1094B
duàngé 斷隔 6-1094B
duàngēn 斷根 6-1090B
duǎngěng 短綆 7-1544B
duàngěng 斷梗 6-1092A
duàngěng 斷綆 6-1096B
duàngěngfēipéng 斷梗飛蓬 6-1092A
duàngěngfúpíng 斷梗浮萍 6-1092A
duǎngěngjīshēn 短綆汲深 7-1544B
duàngěngpiāopéng 斷梗飄蓬 6-1092A
duàngěngpiāopíng 斷梗飄萍 6-1092A
duǎngēxíng 短歌行 7-1545A
duāngōng 端公 8-396A
duāngǒng 端拱 8-398A
duǎngōng 短工 7-1538B
duǎngōng 短功 7-1539B
duǎngòng 短供 7-1541B
duàngōng 鍛工 11-1355B
duàngōng 斷工 6-1085B
duāngōngxì 端公戲 8-396A
duàngǔ 斷谷 6-1087B
duàngǔ 斷骨 6-1089B
duàngǔ 斷穀 6-1097B
duǎnguà 短褂 7-1544B
duànguàichúyāo 斷怪除妖 6-1089A
duànguǎncánshěn 斷管殘瀋 6-1097A
duǎnguǐ 短晷 7-1543B
duànguīquēbì 斷珪缺璧 6-1090B
duànguīsuìbì 斷圭碎璧 6-1087A
duànguó 斷國 6-1092B
duànguǒ 斷果 6-1088A
duàngǔqì 斷骨契 6-1089B
duǎngǔqǔ 短古取 7-1539B
duǎnháng 短行 7-1540A
duànháng 斷航 6-1091A
duànháng 斷行 6-1087A
duǎnhào 短號 7-1544B
duānhé 端合 8-397A
duānhé 端盒 8-399B
duǎnhè 短褐 7-1545A
duànhé 斷合 6-1087A
duànhé 斷河 6-1089A
duànhè 斷喝 6-1093B
duǎnhèbùquán 短褐不全 7-1545A
duǎnhèbùwán 短褐不完 7-1545A
duànhēi 斷黑 6-1093B
duǎnhèpáo 短褐袍 7-1545A
duànhèxùfú 斷鶴續鳧 6-1100B
duànhóng 斷紅 6-1090B
duànhóng 斷虹 6-1089B
duànhóng 斷鴻 6-1099B
duānhòu 端厚 8-398B
duǎnhòu 短後 7-1542A
duànhòu 斷後 6-1090A
duǎnhòuyī 短後衣 7-1542A
duǎnhū 短忽 7-1541B
duǎnhú 短弧 7-1542A
duǎnhú 短狐 7-1541B
duànhū 斷乎 6-1086B
duānhuá 端華 8-399A
duǎnhuà 短話 7-1544B
duǎnhuái 短懷 7-1546B
duànhuài 斷壞 6-1100A
duànhuán 斷還 6-1099A
duǎnhuáng 短黃 7-1543A
duànhuánguīzōng 斷還歸宗 6-1099A
duānhuì 端慧 8-401A
duǎnhuǐ 短毀 7-1544B
duànhuǐ 斷毀 6-1095B
duànhún 斷魂 6-1095A
duànhuǒ 斷火 6-1086B
duānjí 端極 8-400A
duǎnjí 短楫 7-1544B
duǎnjí 短檝 7-1546A
duǎnjì 短計 7-1542B
duànjī 斷機 6-1098A
duànjī 斷磯 6-1099A
duànjǐ 斷給 6-1094B
duànjǐ 斷脊 6-1091A
duànjǐ 斷戟 6-1093B
duànjì 斷計 6-1090A
duǎnjià 短價 7-1545B
duānjiǎn 端簡 8-402A
duānjiàn 端漸 8-401A
duānjiàn 端箭 8-401B
duǎnjiān 短牋 7-1544A
duǎnjiān 短箋 7-1545A
duǎnjiǎn 短簡 7-1546B
duǎnjiàn 短見 7-1540A
duǎnjiàn 短劍 7-1545B
duànjiān 斷縑 6-1099A
duànjiǎn 斷簡 6-1099B
duànjiàn 鍛件 11-1355B
duànjiàn 斷見 6-1087B
duǎnjiànbóshí 短見薄識 7-1540B
duànjiǎncánbiān 斷簡殘編 6-1099B
duànjiānchǐchǔ 斷縑尺楮 6-1099A
duànjiāncùnzhǐ 斷縑寸紙 6-1099A
duànjiǎng 斷講 6-1099B
duànjiānlíngbì 斷縑零璧 6-1099A
duānjiào 端較 8-400A
duǎnjiǎo 短角 7-1540B
duànjiāo 斷交 6-1087B
duànjiǎo 斷角 6-1087B
duànjiāocìhǔ 斷蛟刺虎 6-1093B
duànjiāqiáo 段家橋 6-1481A
duānjié 端節 8-400A
duānjié 端潔 8-401B
duānjiè 端介 8-396A
duǎnjiē 短接 7-1543A
duànjié 斷結 6-1094B
duànjié 斷截 6-1096B
duànjié 斷碣 6-1096B
duànjié 斷竭 6-1097A
duànjié 斷截 6-1097B
duànjiéjié 斷截截 6-1096B
duànjīhuàzhōu 斷虀畫粥 6-1101A
duànjīkuàizhōu 斷齏塊粥 6-1101B
duānjǐn 端謹 8-402A
duànjīn 斷金 6-1088B
duànjìn 斷燼 6-1100A
duānjìng 端勁 8-398B

duānjìng 端净 8-398B
duānjìng 端靖 8-400B
duānjìng 端静 8-401A
duǎnjǐng 短景 7-1544A
duànjìng 斷脛 6-1092B
duànjǐngtuíyuán 斷井頹垣 6-1085B
duànjīnlíngfěn 斷金零粉 6-1088B
duànjīnlǚ 斷金侶 6-1088B
duànjīnqì 斷金契 6-1088B
duànjiǔ 斷酒 6-1091A
duānjū 端居 8-398A
duǎnjù 短句 7-1539B
duànjù 斷句 6-1086B
duǎnjuàn 短卷 7-1541B
duǎnjúcù 短局促 7-1541A
duànjué 斷絕 6-1065A
duànjué 斷决 6-1087B
duànjué 斷決 6-1087B
duànjué 斷絶 6-1094B
duànjuédì 斷絕地 6-1095A
duǎnjuējuē 短撅撅 7-1545B
duànjuérúliú 斷决如流 6-1087B
duànjuérúliú 斷決如流 6-1088A
duànkāi 斷開 6-1094B
duānkè 端恪 8-399A
duànkē 斷科 6-1090A
duànkè 斷刻 6-1089A
duànkè 斷客 6-1090B
duànkǒu 斷口 6-1085B
duǎnkuǎn 短款 7-1543B
duānkuí 端揆 8-399B
duànlài 斷籟 6-1101A
duànlàn 斷爛 6-1100B
duànlàncháobào 斷爛朝報 6-1100B
duānlǐ 端理 8-399A
duānlì 端麗 8-402A
duǎnlí 短籬 7-1546B
duǎnlǐ 短李 7-1540A
duǎnlì 短笠 7-1543A
duǎnlì 短曆 7-1546A
duǎnlì 短歷 7-1546A
duànlí 斷離 6-1100A
duànlǐ 斷理 6-1092A
duànlì 鍛礪 11-1356A
duànlì 斷例 6-1088B
duànlián 段聯 6-1481B
duànliàn 煅煉 7-198B
duànliàn 鍛湅 11-1356A
duànliàn 鍛煉 11-1356A
duànliàn 鍛練 11-1356A
duànliàn 鍛鍊 11-1356A
duānliáng 端良 8-397B
duānliáng 端量 8-400A
duānliàng 端亮 8-398B
duānliàng 端諒 8-401B
duānliáo 端僚 8-401A
duànliè 斷裂 6-1093B
duànliú 斷流 6-1091A
duànliǔ 鍛柳 11-1355B
duànlǒng 斷壟 6-1100B
duànlǒng 斷壠 6-1100B
duǎnlòu 短陋 7-1542A
duànlòu 斷漏 6-1097A
duǎnlù 短路 7-1544B
duànlú 鍛鑪 11-1356B
duànlù 斷祿 6-1094B
duànlù 斷路 6-1095B
duǎnlùn 短論 7-1545B
duànluò 段落 6-1481B
duànluò 斷絡 6-1094B
duànluò 斷落 6-1093A
duǎnlǜ 短慮 7-1545B
duǎnlüè 短略 7-1543A
duànmǎng 斷蟒 6-1099A
duānmào 端茂 8-397B
duǎnmào 短帽 7-1544A
duànméi 斷梅 6-1092A
duānmén 端門 8-398A
duānméng 端蒙 8-400A
duànmèng 斷夢 6-1095A
duànmí 斷糜 6-1099B
duānmiǎn 端冕 8-399A
duànmiàn 斷面 6-1089B
duānmiào 端妙 8-397B
duànmiè 斷滅 6-1096A
duànmièkōng 斷滅空 6-1096A
duānmǐn 端敏 8-399B
duānmíng 端明 8-397B
duǎnmìng 短命 7-1541B
duànmíng 斷明 6-1088A
duànmìng 斷命 6-1088B
duǎnmìngguǐ 短命鬼 7-1541B
duānmò 端末 8-396B
duānmò 端默 8-401B
duǎnmò 短陌 7-1542A
duànmó 鍛磨 11-1356A
duànmò 斷没 6-1087B
duànmòcánchǔ 斷墨殘楮 6-1097B
duànmòzhāi 碫磨齋 7-1081B
duānmù 端木 8-395B
duànmù 斷木 6-1085B
duànmù 斷目 6-1086B
duànmùjuédì 斷木掘地 6-1086A
duànnǎi 斷奶 6-1087A
duānní 端倪 8-399A
duānnì 端嶷 8-402A
duànní 斷蜺 6-1096B
duànní 斷霓 6-1098B
duànnián 斷年 6-1087A
duànniàn 斷念 6-1088B
duānníng 端凝 8-401B
duǎnnòng 短弄 7-1540A
duànnüè 斷瘧 6-1097A
duǎnpán 短盤 7-1545B
duǎnpánlǘ 短盤驢 7-1545B
duànpèi 斷配 6-1091A
duǎnpéng 短蓬 7-1544A
duǎnpéng 短篷 7-1546A
duànpéng 斷蓬 6-1095A
duànpéng 斷篷 6-1099A
duànpéngchuán 斷篷船 6-1099A
duānpǐ 端匹 8-396A
duànpǐ 段匹 6-1481A
duànpǐ 段疋 6-1481A
duànpǐ 緞匹 9-943A
duànpǐ 緞疋 9-943A
duànpì 斷辟 6-1096B
duǎnpiān 短篇 7-1545B
duànpiān 斷片 6-1086A
duànpiàn 斷片 6-1086A
duǎnpiānxiǎoshuō 短篇小説 7-1545B
duǎnpiào 短票 7-1543A
duànpǐkù 緞疋庫 9-943A
duānpíng 端平 8-397A
duǎnpíng 短屏 7-1542B
duǎnpíng 短評 7-1544A
duànpū 斷撲 6-1097B
duǎnqì 短氣 7-1542B
duànqī 斷七 6-1085B
duànqì 斷弃 6-1087B
duànqì 斷契 6-1089B
duànqì 斷氣 6-1091A
duànqì 斷訖 6-1091A
duànqì 斷棄 6-1094A
duànqì 斷磧 6-1098B
duǎnqián 短錢 7-1546A
duǎnqiǎn 短淺 7-1543A
duǎnqiàn 短欠 7-1539B
duànqián 鍛鉗 11-1356A
duànqiǎn 斷遣 6-1095B
duànqiàn 斷縴 6-1099B
duǎnqiāng 短槍 7-1544B
duǎnqiáng 短牆 7-1546B
duànqiáo 段橋 6-1481B
duànqiáo 斷嶠 6-1097B
duànqiáo 斷橋 6-1098A
duānqiè 端切 8-396A
duànqín 斷琴 6-1093A
duǎnqíng 短檠 7-1546A
duànqīng 斷清 6-1093A
duǎnqíngdēng 短檠燈 7-1546A
duǎnqióng 短筇 7-1543A
duànqiú 斷囚 6-1086B
duànqiú 斷球 6-1092A
duǎnqìxiè 短器械 7-1546A
duànqū 斷袪 6-1091B
duànqǔ 斷取 6-1088A
duǎnquàn 短券 7-1541B
duānquè 端慤 8-401A
duānquè 端確 8-401B
duǎnquē 短缺 7-1542B
duànquē 斷缺 6-1091A
duànquē 斷闕 6-1100A
duānrán 端然 8-400A
duànrán 斷然 6-1094A
duānrén 端人 8-395B
duānrénzhèngshì 端人正士 8-395B
duānrì 端日 8-396A
duǎnrì 短日 7-1539A
duānróng 端容 8-399A
duànròu 斷肉 6-1087A
duānrú 端如 8-397A
duànrǔ 斷乳 6-1089A
duǎnruò 短弱 7-1543A
duǎnsāng 短喪 7-1543B
duànsè 斷塞 6-1096B
duànshā 斷殺 6-1091A
duǎnshān 短衫 7-1542A
duànshān 斷山 6-1085B
duǎnshǎo 短少 7-1539A
duànshé 斷舌 6-1087A
duànshé 斷虵 6-1089B
duànshé 斷蛇 6-1092B
duānshēn 端身 8-397B
duānshěn 端審 8-401B
duānshèn 端慎 8-400B
duǎnshēng 短生 7-1539B
duànshēng 斷生 6-1086B
duānshí 端石 8-397A
duānshí 端實 8-401A
duānshì 端士 8-395B
duānshì 端視 8-399B
duānshì 端飾 8-400A
duǎnshí 短什 7-1539A
duǎnshì 短世 7-1539B
duǎnshì 短視 7-1543B
duànshí 斷石 6-1086B
duànshí 斷識 6-1100B
duànshǐ 鍛矢 11-1355B
duànshì 段氏 6-1481A
duànshì 煅事 7-198B
duànshì 斷市 6-1087A
duànshì 斷事 6-1088A
duànshígāo 煅石膏 7-198B
duànshìguān 斷事官 6-1088A
duānshǒu 端首 8-398B
duànshǒu 斷手 6-1086A
duànshǒu 斷首 6-1090B
duǎnshòucùmìng 短壽促命 7-1544B
duānshū 端淑 8-399B
duǎnshū 短書 7-1542B
duānshuǎng 端爽 8-399A
duànshuǐ 斷水 6-1086A
duànsī 斷絲 6-1095A
duànsī 斷澌 6-1097B
duànsǐ 斷死 6-1087A
duànsòng 斷送 6-1090A
duànsòng 斷訟 6-1092B
duānsù 端肅 8-400B
duǎnsuàn 短算 7-1545A
duǎnsuì 短歲 7-1544B
duànsuì 斷碎 6-1095A
duǎnsuō 短蓑 7-1544B
duǎnsuō 短縮 7-1546B
duǎntà 短榻 7-1544B
duǎntànchángxū 短嘆長吁 7-1545A
duǎntíchòng 短提銃 7-1543B
duàntiě 鍛鐵 11-1356B
duǎntíng 短亭 7-1542B
duǎntǐng 短艇 7-1544A
duǎntóu 短頭 7-1546A
duàntóu 斷頭 6-1098A

duàntóuguǐ 斷頭鬼 6-1098B
duàntóuhuà 斷頭話 6-1098B
duàntóujiàngjūn 斷頭將軍 6-1098B
duàntóulù 斷頭路 6-1098B
duàntóutái 斷頭臺 6-1098B
duàntóuxiāng 斷頭香 6-1098B
duàntú 斷屠 6-1093A
duàntuán 斷剸 6-1095A
duàntún 斷飩 6-1094A
duàntúrì 斷屠日 6-1093A
duàntúyuè 斷屠月 6-1093A
duànwàn 斷腕 6-1094A
duànwáng 斷亡 6-1085B
duànwàng 斷望 6-1093A
duānwéi 端闈 8-402A
duānwěi 端委 8-398A
duānwěi 端偉 8-399B
duànwèi 段位 6-1481A
duànwén 斷文 6-1086A
duànwén 斷紋 6-1091B
duànwénqín 斷紋琴 6-1092A
duānwǔ 端五 8-395B
duānwǔ 端午 8-396A
duànwú 斷無 6-1093B
duànwù 斷務 6-1091B
duànwù 斷霧 6-1099B
duānwǔsuǒ 端午索 8-396A
duānxī 端溪 8-400B
duànxī 鍛錫 11-1356A
duànxí 斷席 6-1091A
duānxià 端下 8-395B
duànxiá 斷霞 6-1099A
duānxián 端閑 8-400A
duǎnxiàn 短綫 7-1545A
duànxián 斷弦 6-1089A
duànxián 斷絃 6-1093A
duànxiǎn 斷險 6-1098A
duànxiàn 斷限 6-1089B
duànxiàn 斷綫 6-1097A
duànxiàn 斷線 6-1098A
duànxiànfēngzhēng 斷綫風箏 6-1097B
duànxiànfēngzhēng 斷線風箏 6-1098A
duānxiàng 端相 8-398B
duānxiáng 端翔 8-400A
duānxiáng 端詳 8-400B
duànxiāng 斷香 6-1089B
duànxiǎng 斷想 6-1095A
duànxiǎng 斷響 6-1100B
duànxiānglíngyù 斷香零玉 6-1090A
duànxiànyàozi 斷線鷂子 6-1098A
duǎnxiāo 短簫 7-1546B
duǎnxiǎo 短小 7-1539A
duǎnxiǎojīnghàn 短小精悍 7-1539A
duānxīn 端心 8-396B
duànxīn 斷心 6-1086B
duānxíng 端行 8-397A
duǎnxíng 短行 7-1540A
duànxíng 斷刑 6-1087A
duànxíng 斷行 6-1087A
duǎnxìngcái 短倖材 7-1542B
duānxiù 端秀 8-397B
duànxiū 段脩 6-1481A
duànxiū 腶脩 6-1353A
duànxiū 鍛修 11-1355B
duànxiū 鍛脩 11-1355B
duànxiù 斷岫 6-1088B
duànxiù 斷袖 6-1091B
duànxiù 斷褎 6-1097A
duànxiùpǐ 斷袖癖 6-1091B
duànxiùzhīhào 斷袖之好 6-1091B
duànxiùzhīqì 斷袖之契 6-1091B
duānxù 耑緒 8-778B
duānxù 端序 8-397B
duānxù 端緒 8-401A
duànxù 斷續 6-1100B
duǎnxūchángtàn 短吁長嘆 7-1539B
duǎnxué 短學 7-1546A
duānyá 端崖 8-399B
duānyá 端涯 8-399B
duānyǎ 端雅 8-400A
duànyá 斷厓 6-1088A
duànyá 斷崖 6-1092B
duānyán 端妍 8-397B
duānyán 端言 8-397B
duānyán 端嚴 8-402A
duānyǎn 端儼 8-402A
duānyàn 端硯 8-399B
duānyàn 端艷 8-402A
duǎnyán 短言 7-1540B
duànyān 斷烟 6-1091A
duànyān 斷煙 6-1096A
duànyán 斷言 6-1087B
duànyàn 斷雁 6-1093B
duànyàn 斷鴈 6-1097B
duànyàn 斷讞 6-1101B
duānyáng 端陽 8-399B
duànyāng 斷鞅 6-1096B
duànyáng 椴楊 4-1181A
duānyào 端要 8-398B
duānyī 端一 8-395B
duānyī 端衣 8-397A
duānyī 端壹 8-399B
duānyì 端懿 8-402A
duǎnyī 短衣 7-1540A
duànyí 斷疑 6-1097A
duànyì 斷意 6-1096A
duànyì 斷誼 6-1097B
duǎnyībāng 短衣幫 7-1540A
duānyǐn 端尹 8-396B
duānyǐng 端穎 8-401B
duànyíng 斷籯 6-1101A
duǎnyīngyīng 短纓纓 7-1546B
duǎnyīzhǎixiù 短衣窄袖 7-1540A
duǎnyǒng 短咏 7-1541B
duǎnyǒng 短詠 7-1544A
duànyòng 斷用 6-1086B
duānyōu 端憂 8-401B
duānyóu 端由 8-397A
duānyòu 端右 8-397A
duǎnyǔ 短語 7-1545A
duànyǔ 斷雨 6-1088A
duànyǔ 斷語 6-1097A
duànyù 斷獄 6-1097A
duānyuán 端原 8-399A
duānyuǎn 端遠 8-400A
duǎnyuán 短轅 7-1546A
duànyuān 斷冤 6-1091B
duànyuān 斷鳶 6-1096B
duànyuán 斷猿 6-1096A
duànyuán 斷轅 6-1099A
duànyuáncánbì 斷垣殘壁 6-1089B
duǎnyuánchē 短轅車 7-1546B
duànyǔcányún 斷雨殘雲 6-1088A
duānyuè 端月 8-396A
duànyuē 斷約 6-1090B
duànyuè 斷月 6-1086A
duànyǔjuélín 斷羽絶鱗 6-1087B
duānyún 端勻 8-396B
duǎnyùn 短韻 7-1546B
duànyún 斷雲 6-1093B
duànyùn 斷運 6-1094B
duǎnzàn 短暫 7-1545B
duànzào 鍛造 11-1355B
duànzào 鍛竈 11-1356B
duǎnzhá 短札 7-1539B
duǎnzhǎi 短窄 7-1542B
duànzhǎn 斷斬 6-1092A
duànzhàn 斷綻 6-1097B
duǎnzhāng 短章 7-1543A
duànzhāng 斷章 6-1092B
duànzhàng 斷嶂 6-1096B
duànzhāngjiéjù 斷章截句 6-1093A
duànzhāngqǔyì 斷章取意 6-1092B
duànzhāngqǔyì 斷章取義 6-1092B
duànzhāngzhāijù 斷章摘句 6-1093A
duānzhào 端兆 8-397A
duānzhào 端罩 8-400A
duǎnzhào 短棹 7-1543B
duǎnzhào 短櫂 7-1546B
duànzhǎo 鍛沼 11-1355B
duǎnzhé 短折 7-1540A
duànzhé 斷折 6-1087B
duānzhěng 端整 8-401B
duānzhèng 端正 8-396B
duànzhèng 斷正 6-1086B
duānzhēngyuè 端正月 8-397A
duānzhí 端直 8-397B
duānzhì 端志 8-397A
duànzhī 斷織 6-1100A
duànzhǐ 斷指 6-1089B
duànzhǐ 斷趾 6-1092A
duànzhì 斷制 6-1088B
duànzhì 斷治 6-1089A
duànzhì 斷置 6-1095B
duànzhǐyúmò 斷紙餘墨 6-1091B
duānzhòng 端重 8-398B
duànzhǒng 斷種 6-1096B
duǎnzhōngqǔcháng 短中取長 7-1539A
duànzhǔ 斷渚 6-1093A
duànzhù 鍛鑄 11-1356B
duānzhuāng 端莊 8-399A
duǎnzhuàng 短狀 7-1542A
duànzhuāng 斷莊 6-1090B
duǎnzhǔbù 短主簿 7-1539B
duǎnzhuō 短拙 7-1541B
duǎnzhùtǐ 短柱體 7-1542A
duānzǐ 端紫 8-400A
duànzi 段子 6-1481A
duànzi 緞子 9-943A
duànzǐ 斷菑 6-1092A
duànzǐ 斷葘 6-1093A
duànzǐjuésūn 斷子絶孫 6-1085B
duǎnzú 短足 7-1540B
duànzú 踹足 10-518B
duànzú 斷足 6-1087B
duànzǔ 斷阻 6-1088A
duànzuì 鍛罪 11-1356A
duànzuì 斷罪 6-1095B
duānzuò 端坐 8-397B
duǎnzuò 短祚 7-1542B
dúbá 獨拔 5-117B
dúbà 獨霸 5-127A
dùbá 渡拔 5-1496A
dùbà 杜霸 4-754B
dúbái 獨白 5-114B
dúbài 獨拜 5-119B
dùbài 斁敗 5-519B
dúbáicǎo 獨白草 5-114B
dūbàn 督辦 7-1229A
dúbàng 讟謗 11-478B
dūbǎo 都保 10-636B
dúbào 獨豹 5-120B
dùbāo 肚包 6-1170B
dūbǎozhèng 都保正 10-637A
dūbǎshi 都把勢 10-634B
dúbèi 牘背 6-1051B
dǔbèi 篤備 8-1224A
dùbēi 渡杯 5-1496A
dúběn 讀本 11-459B
dǔběn 賭本 10-232B
dūbǐ 都鄙 10-639A
dúbí 犢鼻 6-289B
dúbǐ 毒筆 7-825B
dǔbì 篤弼 8-1224A
dùbì 杜閉 4-752A
dùbì 杜蔽 4-753A
dùbì 蠹敝 8-1003B
dùbì 蠹弊 8-1003B
dùbiān 蠹編 8-1004A
dūbiāo 督標 7-1229A
dúbiāo 獨標 5-124B
dúbié 讀別 11-459B
dǔbiē 賭鱉 10-236A

dǔbié 賭別 10-233A
dǔbiēqì 賭鱉氣 10-236A
dúbíguā 犢鼻騧 6-290A
dúbíkūn 犢鼻裩 6-289B
dúbíkūn 犢鼻褌 6-289B
dūbìng 督併 7-1227A
dúbīng 黷兵 12-1377A
dúbìng 毒病 7-825A
dǔbìng 篤病 8-1223B
dùbìqīngyuán 杜弊清源 4-753A
dūbō 都波 10-636A
dūbō 都播 10-640B
dūbó 都伯 10-635A
dǔbō 堵波 2-1109B
dǔbó 賭博 10-234B
dùbó 杜伯 4-750A
dǔbóchǎng 賭博場 10-234B
dūbǔ 督捕 7-1227B
dūbù 都布 10-634B
dūbù 都部 10-637B
dúbù 獨步 5-116A
dúbùchūn 獨步春 5-116B
dúbùjiàn 獨不見 5-114A
dūcài 醏菜 9-1416B
dúcái 獨裁 5-122B
dúcái 黷財 12-1377B
dúcáitǐzhì 獨裁體制 5-122B
dǔcǎiyīzhì 賭彩一擲 10-234B
dúcáizhě 獨裁者 5-122B
dúcáizhì 獨裁制 5-122B
dūcān 督參 7-1228A
dūcāng 都倉 10-637B
dúcáng 櫝藏 4-1354B
dúcāo 獨操 5-125A
dúcǎo 毒草 7-824A
dùcáo 渡槽 5-1496B
dùcǎo 杜草 4-750B
dūcè 都廁 10-639A
dūcè 督策 7-1228A
dùcè 蠹册 8-1001B
dūchá 督察 7-1228B
dùchāi 杜茝 4-751A
dūchán 都壥 10-642A
dūchǎng 都場 10-638B
dúchàng 獨倡 5-120B
dúchàng 獨唱 5-121A
dǔchǎng 賭場 10-234B
dùcháng 肚腸 6-1171A
dǔchángjiàoduǎn 賭長較短 10-233A
dùchángnèn 肚腸嫩 6-1171A
dūcháyuàn 都察院 10-640B
dūchē 都車 10-634B
dūchē 督車 7-1227A
dúchē 犢車 6-289B
dūchén 督臣 7-1227A
dúchén 獨沉 5-117A
dùchēn 妒嗔 4-312A
dūchéng 都城 10-636B
dúchēng 獨稱 5-124B
dúchéng 獨醒 5-124B
dǔchéng 篤誠 8-1224B
dùchéng 度程 3-1226B
dūchénghé 都丞盒 10-634B
dūchéngpán 都盛盤 10-637B
dúchēzhǔwěi 犢車麈尾 6-289B
dūchī 督笞 7-1228A
dūchì 督飭 7-1228A
dúchì 毒熾 7-827A
dùchī 妒癡 4-312B
dùchǐ 度尺 3-1225A
dúchōng 獨舂 5-120B
dúchóng 毒蟲 7-827B
dùchóng 蠹蟲 8-1004A
dúchóu 毒愁 7-826A
dǔchóu 賭籌 10-236A
dúchū 獨出 5-115A
dúchǔ 獨處 5-121A
dúchù 獨處 5-121A
dùchù 杜黜 4-754A
dūchuán 都船 10-638A
dùchuán 渡船 5-1496A
dúchuāng 毒瘡 7-826B
dúchuàng 獨刱 5-119B
dúchuàng 獨創 5-123A
dúchǔchóu 獨處愁 5-121A
dǔchūn 賭春 10-233B
dúchūxīncái 獨出心裁 5-115A
dúchūxīncái 獨出新裁 5-115A
dúcì 毒刺 7-824A
dùcí 度詞 3-1226B
dùcóng 蠹藂 8-1004A
dùcóng 蠹叢 8-1004A
dūcù 督促 7-1227B
dūcù 督趣 7-1228B
dūcuī 督催 7-1228A
dùcuī 杜崔 4-752A
dūdà 都大 10-633A
dúdǎ 毒打 7-823B
dùdài 肚帶 6-1171A
dúdǎn 獨膽 5-126A
dǔdǎn 賭膽 10-236A
dúdāng 獨當 5-124A
dǔdāng 睹當 7-1224B
dǔdāng 覩當 10-339A
dǔdàng 堵當 2-1109B
dǔdàng 賭當 10-235A
dǔdàng 賭蕩 10-235B
dùdāng 肚當 6-1171A
dùdǎng 杜擋 4-753B
dúdāngyīmiàn 獨當一面 5-124A
dúdǎnyīngxióng 獨膽英雄 5-126A
dūdǎo 督導 7-1229A
dūdào 都道 10-639A
dúdǎo 獨島 5-120B
dúdào 獨到 5-117B
dúdé 獨得 5-121A
dùdéjī 杜德機 4-753A
dǔdī 陼陒 11-994A
dùdí 妒敵 4-312B
dūdiàn 都甸 10-635A
dùdié 度牒 3-1226B
dúdīng 獨丁 5-113B
dǔdìng 篤定 8-1222B
dǔdìngtàishān 篤定泰山 8-1222B
dǔdìngxīnsī 篤定心思 8-1222B
dǔdōng 賭東 10-233A
dǔdōngdào 賭東道 10-233A
dǔdòu 賭鬬 10-236A
dùdōu 肚兜 6-1171A
dúdòushù 獨桓樹 5-120B
dūdū 都督 10-639A
dūdū 嘟嘟 3-454B
dúdú 毒毒 7-824A
dúdú 獨獨 5-126A
dǔdǔ 篤篤 8-1225B
dùdú 蠹毒 8-1002A
dúduàn 獨斷 5-126B
dùduàn 杜斷 4-754A
dúduàndúxíng 獨斷獨行 5-126B
dùduànfángmóu 杜斷房謀 4-754A
dúduànzhuānxíng 獨斷專行 5-126B
dúduì 獨對 5-124B
dǔduì 賭對 10-235A
dūdūmōmō 都都摸摸 10-637A
dūdūmómó 都都磨磨 10-637A
dūdūmǒmǒ 都都抹抹 10-637A
dǔdǔmòmò 篤篤末末 8-1225B
dǔdǔnánnán 篤篤喃喃 8-1225B
dùduō 杜多 4-749B
dūdūtǒng 都都統 10-637A
dūdūzhī 都都知 10-637A
dū'é 都鵝 10-642A
dú'è 毒惡 7-825B
dǔ'ē 篤痾 8-1224A
dù'è 杜遏 4-752A
dù'è 度厄 3-1225A
dú'er 犢兒 6-289B
dú'ér 髑兒 12-422A
dú'ěr 毒餌 7-826A
dù'èr 杜二 4-748B
dù'èr 杜貳 4-752A
dǔ'érlùnzhī 篤而論之 8-1222A
dù'ěr'wùwén 杜耳惡聞 4-749A
dúfǎ 讀法 11-460A
dúfǎ 讀灋 11-461A
dùfǎ 度法 3-1225B
dūfán 都凡 10-633B
dúfán 黷煩 12-1377B
dúfàn 瀆犯 6-199B
dǔfàn 賭販 10-234A
dūfáng 都房 10-636A
dǔfāng 賭坊 10-233A
dǔfáng 賭房 10-233B
dùfáng 杜房 4-750A
dúfēi 獨非 5-117B
dǔfěi 篤棐 8-1224A
dùféi 蠹蜚 8-1003B
dùfèi 杜廢 4-753B
dúfēn 毒氛 7-824A
dúfèn'er 獨分兒 5-114A
dúfèng 讀賵 11-461A
dǔfēng 賭風 10-233B
dúfēngniú 獨峯牛 5-120A
dúfēngtuó 獨峯駝 5-120A
dūfū 都膚 10-640B
dūfú 都郛 10-637A
dūfǔ 都府 10-636A
dūfǔ 督府 7-1227A
dūfǔ 督撫 7-1228B
dúfū 獨夫 5-113B
dúfú 獨幅 5-122B
dúfǔ 獨撫 5-124B
dúfù 毒蝮 7-826B
dúfù 毒賦 7-826B
dùfù 妒婦 4-312A
dùfù 肚腹 6-1171B
dùfǔcǎotáng 杜甫草堂 4-749B
dùfùjīn 妒婦津 4-312A
dúfūmínzéi 獨夫民賊 5-114A
dúfùshān 獨婦山 5-122A
dúfùshèngliǎn 毒賦賸斂 7-826B
dùfǔxī 杜甫溪 4-749B
dùfùyú 杜父魚 4-749A
dūgāng 都綱 10-640B
dúgào 瀆告 6-199B
dùgé 杜格 4-751A
dùgé 杜隔 4-752A
dùgègāng 鍍鉻鋼 11-1358A
dùgēn 杜根 4-751A
dúgēnmiáo 獨根苗 5-120A
dúgēnnǚ 獨根女 5-119B
dūgēnzhǔ'er 都根主兒 10-637B
dūgēnzhǔzi 都根主子 10-637B
dūgōng 都工 10-633A
dūgōng 都公 10-633B
dūgōng 都功 10-633B
dǔgōng 篤恭 8-1223B
dùgōngbùcí 杜工部祠 4-748B
dùgōngcí 杜公祠 4-749A
dūgōu 都句 10-634A
dúgōu 毒鉤 7-825B
dúgòu 獨構 5-124A
dúgū 獨孤 5-119A
dúgǔ 毒蠱 7-827B
dúgù 獨固 5-118A
dǔgǔ 篤古 8-1221B
dǔgù 篤固 8-1222B
dǔgù 篤顧 8-1226A
dùgǔ 度古 3-1225A

dùguài 蠹怪 8-1002A
dūguān 都官 10-636A
dūguān 都關 10-642A
dūguǎn 都管 10-640A
dúguàn 獨冠 5-119B
dǔguǎn 賭館 10-236A
dūguǎng 都廣 10-640A
dúguāng 毒光 7-823B
dùguānrú 度關繻 3-1227A
dùguānshān 度關山 3-1227A
dúgūbù 獨孤部 5-119A
dúgūhún 獨孤渾 5-119A
dúguì 櫝匱 4-1354B
dǔguǐ 賭鬼 10-233B
dǔguì 賭賜 10-236A
dùguǐ 度軌 3-1225B
dúguìdújiàn 獨貴獨賤
5-122B
dǔgùn 賭棍 10-234B
dùgùn 蠹棍 8-1003B
dūguó 都國 10-638A
dūguò 督過 7-1228A
dúguō 瀆聒 6-199B
dúguó 獨國 5-121A
dùguó 蠹國 8-1003A
dùguóbìngmín 蠹國病民
8-1003A
dùguócánmín 蠹國殘民
8-1003A
dùguóhàimín 蠹國害民
8-1003A
dùguóhàomín 蠹國耗民
8-1003A
dùguójiáomín 蠹國嚼民
8-1003A
dúhài 毒害 7-825A
dùhài 妒害 4-312A
dùhài 蠹害 8-1002B
dúhán 毒寒 7-826A
dǔhán 竺寒 8-1105B
dǔhàn 賭漢 10-235B
dùhàn 妒悍 4-312A
dǔháng 賭行 10-233A
dǔhǎo 篤好 8-1222A
dǔhào 篤好 8-1222A
dùhào 蠹秏 8-1002B
dùhào 蠹耗 8-1002B
dùhào 斁耗 5-519B
dūhè 都赫 10-639B
dúhē 毒蠚 7-827B
dúhē 毒蛪 7-826A
dúhē 毒蛘 7-826A
dúhè 獨鶴 5-127A
dùhé 蠹蝎 8-1004A
dúhécǎo 獨荷草 5-119B
dúhèjīqún 獨鶴雞羣 5-127A
dúhěn 毒狠 7-824B
dúhèn 毒恨 7-824B
dǔhěn 賭狠 10-233B
dǔhèn 篤恨 8-1223A
dùhèn 妒恨 4-311B
dùhéng 杜衡 4-753B
dùhéng 杜蘅 4-754B
dùhéng 土衡 2-997A
dùhèng 蠹横 8-1004A
dūhòu 都候 10-637B
dúhòu 獨厚 5-119A
dǔhòu 篤厚 8-1223A
dúhòugǎn 讀後感 11-460A
dūhù 都護 10-642B
dūhù 督護 7-1229B
dúhú 獨鵠 5-126B
dúhù 匵護 1-982B
dùhù 妒嫮 4-312A
dúhuà 毒化 7-823B
dúhuà 獨化 5-114A
dúhuà 讀畫 11-460B
dùhuà 度化 3-1225A
dùhuà 蠹化 8-1001B
dúhuāhuā 毒花花 7-823B
dúhuái 獨懷 5-126B
dùhuài 斁壞 5-519B
dúhuàn 毒患 7-825B
dǔhuàn 篤患 8-1223B
dùhuàn 蠹患 8-1003A
dùhuāng 渡荒 5-1496A
dùhuànhuā 杜浣花 4-751A
dùhuānǚ 妒花女 4-311B
dūhùgē 督護歌 7-1229B
dūhuì 都會 10-639B
dúhuì 毒虺 7-824B
dúhuì 毒卉 7-823B
dúhuì 毒恚 7-824B
dúhuì 櫝槥 4-1354B
dúhuì 黷賄 12-1377B
dǔhuì 篤誨 8-1224B
dùhuǐ 蠹毀 8-1003B
dúhùjūn 獨户軍 5-114A
dúhūn 黷昏 12-1377A
dúhuó 獨活 5-119B
dúhuò 毒禍 7-826A
dúhuò 瀆貨 6-199B
dúhuò 黷貨 12-1377B
dùhuó 度活 3-1225B
dùhuǒ 妒火 4-311B
duì'àn 堆案 2-1128A
duì'àn 對案 2-1300B
duìbái 對白 2-1296B
duìbàn 對半 2-1297A
duìbǎo 對保 2-1299A
duìběn 對本 2-1296A
duìběnduìlì 對本對利
2-1296A
duìbǐ 敦比 5-492B
duìbǐ 對比 2-1295A
duìbǐ 對筆 2-1302A
duìbǐ 懟筆 7-766B
duìbiàn 兑便 2-269B
duībǐng 餢餅 12-571B
duībǐng 槌餅 4-1185B
duìbō 兑撥 2-270A
duìbù 隊部 11-1087A
duìbù 對簿 2-1305B
duìbuguò 對不過 2-1295A
duìbuqǐ 對不起 2-1295A
duìbuzhù 對不住 2-1295A
duìcè 對册 2-1297A
duìcè 對策 2-1302A
duìchá 對茬 2-1298B
duìchàng 對唱 2-1300B
duìchèn 對稱 2-1303B
duìchēng 對稱 2-1303B
duìchōng 碓舂 7-1056B
duìchuáng 對牀 2-1298B
duìchuángfēngyǔ 對牀風雨
2-1298B
duìchuángyèyǔ 對牀夜雨
2-1298B
duìchuángyèyǔ 對牀夜語
2-1298B
duìcí 敦辭 5-498B
duìcí 對詞 2-1302B
duìcì 對賜 2-1303B
duīcù 堆簇 2-1128A
duìdá 對荅 2-1298B
duìdá 對答 2-1302A
duìdǎ 對打 2-1296A
duìdài 黵黵 12-1376B
duìdài 對待 2-1299A
duìdāng 對當 2-1302B
duìdǎo 碓搗 7-1056B
duìdǎo 碓擣 7-1057A
duìdárúliú 對答如流
2-1302A
duìděng 對等 2-1302A
duìdeqǐ 對得起 2-1301A
duìdezhù 對得住 2-1301A
duīdī 搥提 6-769A
duìdí 對敵 2-1304A
duìdí 對糴 2-1305B
duìdiào 對調 2-1304A
duīdié 堆疊 2-1128B
duīdǔ 堆堵 2-1128A
duìdú 對讀 2-1305B
duīduī 堆堆 2-1128A
duīduī 塠塠 2-1153B
duìduì 敦敦 5-496A
duìduì 霨霨 11-745A
duīduò 堆垛 2-1127B
duīduòchǎng 堆垛場 2-1127B
duīduòsǐshī 堆垛死屍
2-1127B
duīduòzi 堆垛子 2-1127B
duìfang 堆房 2-1127B
duìfāng 兑坊 2-269B
duìfāng 碓坊 7-1056B
duìfāng 對方 2-1296A
duìfáng 碓房 7-1056B
duìféi 堆肥 2-1127B
duìfēn 對分 2-1295B
duīfù 堆阜 2-1127B
duīfù 塠阜 2-1153A
duìfu 對付 2-1296A
duìfù 兑付 2-269B
duìfù 隊副 11-1087A
duìfù 對副 2-1300B
duìgē 對歌 2-1303A
duìgǔ 對股 2-1298A
duìguān 隊官 11-1087A
duìguāng 對光 2-1297A
duìguó 對國 2-1300B
duìguò 對過 2-1300B
duìhài 譈譪 11-421A
duìhài 敦害 5-495A
duīhàn 堆焊 2-1128A
duìhàn 對捍 2-1299B
duìhàn 懟憾 7-766B
duìhào 對號 2-1302B
duìhé 對合 2-1297B
duìhèn 懟恨 7-766B
duìhézi 對合子 2-1297B
duīhóng 堆紅 2-1127B
duīhuā 堆花 2-1127B
duìhuà 對話 2-1303A
duìhuán 對還 2-1304B
duìhuàn 兑换 2-269B
duìhuàn 對换 2-1299B
duìhuànquàn 兑换券 2-269B
duīhuī 堆隓 2-1127B
duīhuí 塠垍 2-1153B
duìhuǒ 對火 2-1296A
duījī 堆積 2-1128A
duìjī 碓機 7-1057A
duìjiā 對家 2-1300B
duìjiàn 對見 2-1297B
duìjiàn'er 對檻兒 2-1305A
duìjiǎng 對講 2-1305A
duìjiāo 對膠 2-1304A
duìjiǎo 對角 2-1297B
duìjiào 對較 2-1302B
duìjiào 對校 2-1299B
duìjiǎoxiàn 對角綫 2-1297B
duìjiē 對接 2-1300B
duìjīn 對襟 2-1305B
duìjìn 對勁 2-1299A
duìjìn 對禁 2-1302B
duìjǐng 對景 2-1302A
duìjìng 對境 2-1303A
duìjǐngguàhuà 對景掛畫
2-1302A
duījīnjīyù 堆金積玉
2-1127B
duījīrúshān 堆積如山
2-1128A
duījīshān 堆積山 2-1128A
duìjiǔ 對酒 2-1300A
duìjiù 碓臼 7-1056B
duìjú 對局 2-1298A
duìjǔ 對舉 2-1305A
duìjù 對句 2-1296B
duìkāi 對開 2-1302B
duìkān 對勘 2-1300B
duìkàng 對抗 2-1297B
duìkàngsài 對抗賽 2-1297B
duìkàngxìngmáodùn
對抗性矛盾 2-1297B
duìkè 對課 2-1304A
duìkèhuīháo 對客揮毫
2-1299B
duìkōngcè 對空策 2-1298B
duìkǒu 對口 2-1294B
duìkǒuchuāng 對口瘡
2-1295A
duìkǒucí 對口詞 2-1295A
duìkǒujū 對口疽 2-1295A
duìkǒukuàibǎn 對口快板

2-1295A
duìkǒuxiàngsheng 對口相聲 2-1295A
duìkuí 憝魁 7-726B
duīlěi 堆壘 2-1128B
duìlěi 對壘 2-1305B
duīlí 追蠡 10-794B
duìlǐ 隊禮 11-1087A
duìlǐ 對理 2-1300B
duìlì 對立 2-1297A
duìlián 對聯 2-1305A
duìliè 隊列 11-1086B
duìlìmiàn 對立面 2-1297A
duìlín 對鄰 2-1303B
duìlìtǒngyīguīlǜ 對立統一規律 2-1297A
duìliú 對流 2-1300A
duìlù 對路 2-1303A
duìlùn 對論 2-1304A
duīluó 䭔饠 12-571B
duìmài 對脈 2-1300A
duìmén 對門 2-1298B
duìmiàn 對面 2-1299A
duìmiànjīn 對面襟 2-1299A
duìmìng 對命 2-1298A
duīmò 堆墨 2-1128A
duìnián 對年 2-1297A
duìniúgǔhuáng 對牛鼓簧 2-1295B
duìniútánqín 對牛彈琴 2-1295B
duìnù 懟怒 7-766B
duì'ǒu 對偶 2-1301A
duì'ǒu 對耦 2-1303B
duīpāi 䭔拍 12-571A
duīpāi 䭔餢 12-571A
duìpái 對牌 2-1302A
duìpán 敦槃 5-497A
duìpiězi 對撇子 2-1303A
duìpíng 對枰 2-1298B
duīqì 堆砌 2-1127B
duìqí 隊旗 11-1087A
duìqí 對棋 2-1301B
duìqīn 對親 2-1305A
duìqín 兌禽 2-270A
duìqīngzhú 對青竹 2-1298A
duīrén 追人 10-781A
duìrén 兌人 2-269B
duīréntíyì 槌仁提義 4-1185A
duìrì 隊日 11-1086B
duìrì 對日 2-1295A
duìsǎng 碓顙 7-1057A
duīshā 堆紗 2-1128A
duīshānjīhǎi 堆山積海 2-1127A
duìshāo 碓梢 7-1056B
duìshěn 對審 2-1304B
duìshēng 對生 2-1296A
duīshī 追師 10-786B
duìshí 樹榯 4-1352B
duìshí 對食 2-1299B
duìshí 對時 2-1299B
duìshi 敦實 5-497B
duìshì 對事 2-1298A
duìshǒu 對手 2-1295B
duìshū 祋殳 7-842A
duìshù 對數 2-1303B
duìshuài 隊率 11-1087A
duìshuài 隊帥 11-1087A
duìtáixì 對臺戲 2-1303A
duìtí 槌提 4-1185A
duìtǐng 碓桯 7-1056B
duìtǐngzuǐ 碓梃嘴 7-1056B
duìtóng 對同 2-1297A
duītóu 堆頭 2-1128A
duìtou 對頭 2-1304B
duìtóu 兌頭 2-270A
duìtóu 碓投 7-1056B
duìtóu 碓頭 7-1057A
duìtóu 對頭 2-1304B
duìtouyuānjia 對頭冤家 2-1304B
duìtuó 濧沲 6-202A
duìtuó 濧沱 6-202A
duìwàimàoyì 對外貿易 2-1297A
duìwán 對玩 2-1298A
duìwán 對翫 2-1304B
duìwèi 碓磑 7-1056B
duìwèi 對味 2-1298A
duìwèi 對蔚 2-1303A
duìwén 對文 2-1295B
duìwèn 對問 2-1301A
duìwō 對窩 2-1303A
duìwū 碓屋 7-1056B
duìwǔ 隊伍 11-1086B
duìwǔ 隊舞 11-1087A
duìxī 對膝 2-1304A
duìxí 對席 2-1300A
duìxì 對隙 2-1302B
duìxiā 對蝦 2-1303B
duìxiā 對鰕 2-1305B
duìxiǎn 懟險 7-766B
duìxiàn 兌現 2-270A
duìxiàng 對向 2-1297A
duìxiàng 對象 2-1301A
duìxiāo 對消 2-1300A
duìxiāo 對銷 2-1304A
duìxīn 對心 2-1296A
duìxíng 隊形 11-1086B
duìxīnyǎn 對心眼 2-1296A
duìxùn 對汛 2-1297B
duīyā 堆鴉 2-1128A
duìyán 對言 2-1297B
duìyǎn 對眼 2-1300B
duìyáng 對揚 2-1301B
duìyáng 對敭 2-1302B
duìyī 對揖 2-1301B
duìyí 對移 2-1300B
duìyì 對弈 2-1299B
duìyì 對義 2-1303A
duìyīn 兌音 2-269B
duìyīn 對姻 2-1299B
duìyìng 對應 2-1305A
duìyǒu 隊友 11-1086B
duìyú 兌隅 2-270A
duìyú 對於 2-1298A
duìyǔ 對語 2-1303B
duìyù 兌域 2-270A
duìyù 對御 2-1302A
duìyù 對遇 2-1302A
duìyù 對獄 2-1303B
duìyù 霨鬱 11-745A
duìyuán 隊員 11-1087A
duìyuán 對圓 2-1303A
duìyuàn 懟怨 7-766B
duìyuè 兌說 2-270A
duìyuè 兌悅 2-270A
duìyuè 隊樂 11-1087A
duìyuè 對月 2-1295B
duìyuè 對越 2-1301B
duīyún 堆雲 2-1128A
duìyùn 兌運 2-270A
duìzé 兌澤 2-270A
duìzhà 碓柵 7-1056B
duīzhàn 堆棧 2-1128A
duìzhàn 對戰 2-1304B
duìzhǎng 隊長 11-1086B
duìzhǎng 對掌 2-1301B
duìzhàng 隊仗 11-1086B
duìzhàng 對仗 2-1296B
duìzhào 對詔 2-1302B
duìzhào 對照 2-1302B
duìzhé 對折 2-1297B
duìzhé 敦適 5-497A
duìzhé'er 對轍兒 2-1305B
duìzhegàn 對着幹 2-1301A
duìzhehéshang… 對着和尚罵賊禿 2-1301A
duìzhēn 對針 2-1300A
duìzhēn 對鍼 2-1305A
duìzhèn 對陣 2-1299B
duìzhèng 隊正 11-1086B
duìzhèng 對症 2-1300A
duìzhèng 對證 2-1305B
duìzhèngfāyào 對症發藥 2-1300A
duìzhèngxiàyào 對症下藥 2-1300A
duìzhèngxiàyào 對證下藥 2-1305B
duìzhī 兌支 2-269B
duìzhí 對值 2-1299B
duìzhí 對蹠 2-1305B
duìzhì 對治 2-1298B
duìzhì 對峙 2-1299A
duìzhì 對質 2-1304A
duìzhǔ 隊主 11-1086B
duìzhǔ 對屬 2-1305B
duìzhù 對注 2-1298B
duìzhuǎn 兌轉 2-270A
duìzhuǎn 對轉 2-1305A
duìzhuàng 對狀 2-1298B
duìzhǔn 兌准 2-270A
duīzhuó 追琢 10-788B
duìzi 隊子 11-1086B
duìzi 對子 2-1295A
duìzǐ 對子 2-1295A
duìzì 對字 2-1297B
duìzuǐ 碓嘴 7-1057A
duìzuǐ 對嘴 2-1304B
duìzuǐduìshé 對嘴對舌 2-1304B
dūjī 都畿 10-640B
dújí 獨吉 5-115A
dújì 毒計 7-824B
dújì 毒劑 7-827A
dújì 讀記 11-460B
dújì 黷祭 12-1377B
dǔjī 堵擊 2-1110A
dǔjí 篤疾 8-1223B
dǔjì 覩記 10-339A
dùjī 杜機 4-753B
dùjí 妒疾 4-311B
dùjí 妒嫉 4-312A
dùjí 蠹籍 8-1004B
dùjì 渡濟 5-1496B
dùjì 妒忌 4-311B
dùjì 妒娼 4-312A
dùjì 度紀 3-1226A
dūjiā 都家 10-637B
dǔjiā 賭家 10-234A
dùjiācūn 杜家村 4-751B
dūjiǎn 督檢 7-1229B
dūjiàn 都監 10-640A
dújiǎn 獨繭 5-126A
dújiǎn 獨蠒 5-126B
dújiàn 毒箭 7-826B
dújiàn 獨見 5-116B
dújiàn 黷賤 12-1377B
dǔjiàn 篤見 8-1222B
dùjiǎn 蠹簡 8-1004A
dùjiàn 杜諫 4-754A
dújiǎnchōusī 獨繭抽絲 5-126B
dùjiànchúwēi 杜漸除微 4-753A
dūjiǎndiǎn 都檢點 10-641B
dùjiànfángméng 杜漸防萌 4-753A
dùjiànfángwēi 杜漸防微 4-753A
dūjiǎng 都講 10-641B
dūjiàng 都匠 10-634A
dūjiàng 都將 10-638B
dǔjiàng 篤降 8-1222B
dùjiāngjí 渡江楫 5-1496A
dùjiāngqǔ 渡江曲 5-1496A
dūjiǎngshēng 都講生 10-642A
dūjiāngyàn 都江堰 10-634B
dújiǎnlǚ 獨繭縷 5-126B
dújiǎnsī 獨繭絲 5-126B
dùjiǎnyíbiān 蠹簡遺編 8-1004A
dūjiào 都佼 10-636A
dǔjiào 篤教 8-1223B
dújiǎoguǐ 獨脚鬼 5-121B
dújiǎohǔ 獨脚虎 5-121B
dújiǎojiān 犢角繭 6-289B
dújiǎolián 獨脚蓮 5-121B
dújiǎotuǐ 獨脚腿 5-121B
dújiǎowǔtōng 獨脚五通 5-121B
dújiǎoxì 獨脚戲 5-121B

dújiǎoxiān 獨角仙 5-117A
dújiǎoxiān 獨脚仙 5-121B
dújiāyuàn 獨家院 5-120B
dùjiāzhōngdì 杜家中弟 4-751B
dūjiē 都街 10-638B
dūjié 督詰 7-1228B
dǔjié 堵截 2-1110A
dūjìn 督進 7-1228A
dújìn 獨勁 5-119A
dújìn 黷近 12-1377A
dǔjǐn 篤謹 8-1225B
dǔjìn 賭禁 10-235A
dùjīn 鍍金 11-1358A
dùjīn 塗金 2-1177B
dùjìn 杜禁 4-752B
dújǐng 毒穽 7-824B
dújìng 黷敬 12-1377B
dǔjīng 賭經 10-235A
dǔjìng 篤敬 8-1224A
dùjīngshān 杜莖山 4-751A
dùjīngzhōu 杜荊州 4-750B
dújǐnmán 獨錦蠻 5-126A
dūjìtáng 都祭堂 10-638A
dūjiù 都廐 10-639A
dújiǔ 毒酒 7-825A
dǔjiǔ 賭酒 10-234A
dǔjiù 篤舊 8-1225B
dùjiǔ 杜酒 4-751A
dūjū 都居 10-636A
dújū 獨居 5-118B
dújū 讀鞠 11-461A
dújǔ 獨舉 5-125B
dújù 獨具 5-118A
dǔjú 賭局 10-233A
dǔjù 賭句 10-232B
dǔjù 賭具 10-233A
dǔjù 篤劇 8-1225A
dùjǔ 杜舉 4-753B
dùjǔ 度矩 3-1225B
dújuàn 讀卷 11-459B
dǔjuàn 篤眷 8-1223B
dùjuān 杜鵑 4-754A
dùjuānhuā 杜鵑花 4-754A
dùjuānxuè 杜鵑血 4-754A
dújué 獨絶 5-123B
dújué 獨覺 5-126B
dùjué 杜厥 4-752A
dùjué 杜絶 4-752A
dùjuéqì 杜絶契 4-752B
dújùjiàngxīn 獨具匠心 5-118A
dūjūn 都君 10-635B
dūjūn 都軍 10-637A
dūjūn 督軍 7-1227B
dūjùn 都郡 10-637A
dújùn 毒菌 7-825A
dǔjùn 賭郡 10-234A
dūjūnzǐ 都君子 10-635B
dùjūqíchǔ 蠹居棊處 8-1002A
dújùzhīyǎn 獨具隻眼 5-118A
dūkān 督看 7-1227A
dūkàng 督亢 7-1227A
dùkāng 杜康 4-752A
dūkè 督課 7-1229A
dúkè 獨客 5-119B
dǔkè 賭客 10-234A
dùkè 渡客 5-1496A
dùkè 蠹尅 8-1002B
dúkēhuā 獨科花 5-119B
dūkēng 都坑 10-634B
dúkòng 瀆控 6-199B
dǔkōng 賭空 10-233B
dùkǒng 蠹孔 8-1001B
dūkǒngmù 都孔目 10-633B
dúkǒu 毒口 7-823A
dùkǒu 妒口 4-311A
dùkǒu 杜口 4-748B
dùkǒu 渡口 5-1496A
dùkǒuguǒzú 杜口裹足 4-749A
dùkǒujiéshé 杜口結舌 4-748B
dùkǒujuéyán 杜口絶言 4-748B
dùkǒutūnshēng 杜口呑聲 4-748B
dùkǒuwúyán 杜口無言 4-749A
dúkǔ 毒苦 7-824A
dǔkū 賭窟 10-235A
dǔkuài 賭快 10-233A
dūkuí 都魁 10-639B
dùkuí 杜葵 4-752A
dùkuí 度揆 3-1226A
dūkǔn 都閫 10-640B
dúkūn 犢裩 6-289B
dúlà 毒辣 7-826A
dūlái 都來 10-635B
dǔlài 睹睞 7-1224B
dúláidúwǎng 獨來獨往 5-117B
dùláigōng 杜萊公 4-752A
dúlàlà 毒辣辣 7-826B
dūlán 都藍 10-641B
dūlán 都籃 10-642A
dúlǎn 獨攬 5-127A
dǔlǎn 篤嬾 8-1226A
dúlàng 毒浪 7-825A
dùlánxiāng 杜蘭香 4-754B
dūlǎo 都老 10-634A
dǔlǎo 篤老 8-1221B
dùláo 蠹勞 8-1003B
dǔlǎochūn 賭老春 10-232B
dūlǎoye 都老爺 10-634A
dúlè 獨樂 5-125A
dǔlèi 賭擂 10-235B
dǔlèi 篤類 8-1225B
dúlèyuán 獨樂園 5-125A
dūlǐ 都里 10-635A
dūlǐ 督理 7-1228A
dūlǐ 闍里 12-122B
dūlì 都吏 10-634A
dūlì 都荔 10-636B
dūlì 都麗 10-642A
dūlì 督厲 7-1228B
dūlì 督勵 7-1229A
dúlǐ 讀禮 11-461A
dúlǐ 黷禮 12-1377B
dúlì 毒利 7-823B
dúlì 毒沴 7-824A
dúlì 毒詈 7-825B
dúlì 毒厲 7-826A
dúlì 毒癘 7-827A
dúlì 獨力 5-113B
dúlì 獨立 5-114B
dǔlì 堵立 2-1109B
dǔlì 賭力 10-232B
dǔlì 篤勵 8-1225B
dùlí 杜梨 4-752A
dùlǐ 杜里 4-750A
dùlǐ 肚裏 6-1171B
dùlì 杜麗 4-754B
dùlì 蠹吏 8-1002A
dúlián 獨憐 5-125A
dùlián 杜連 4-751A
dūliáng 都良 10-635A
dūliáng 都梁 10-638A
dúliáng 獨梁 5-122A
dǔliàng 篤亮 8-1223A
dùliàng 肚量 6-1171A
dùliàng 度量 3-1226A
dūliángxiāng 都梁香 10-638A
dūliǎo 都了 10-633A
dūliào 都料 10-637B
dúliáo 毒燎 7-827A
dūliàojiàng 都料匠 10-637B
dúliè 毒劣 7-823B
dúliè 毒烈 7-824B
dǔliè 篤烈 8-1223B
dúlìguó 獨立國 5-115A
dùlǐhuíchóng 肚裏蚘蟲 6-1171B
dùlǐlèixià 肚裏淚下 6-1171B
dúlín 毒鱗 7-827B
dūlǐng 都領 10-640A
dūlǐng 督領 7-1228B
dùlíng 杜陵 4-751B
dùlíngbùyī 杜陵布衣 4-751B
dùlíngfēngyuèshǒu 杜陵風月手 4-751B
dùlíngfēngyǔshǒu 杜陵風雨手 4-751B
dùlínghuā 杜陵花 4-751B
dùlíngjié 杜陵傑 4-751B
dùlínglǎo 杜陵老 4-751B
dùlíngsǒu 杜陵叟 4-751B
dùlíngwēng 杜陵翁 4-751B
dùlíngwū 杜陵屋 4-751B
dùlíngyěkè 杜陵野客 4-751B
dùlíngyělǎo 杜陵野老 4-751B
dùlíngyílǎo 杜陵遺老 4-752A
dùlìniáng 杜麗娘 4-754B
dùlǐshēngjīngjí 肚裏生荆棘 6-1171B
dúliú 毒瘤 7-826B
dúlìwángguó 獨立王國 5-115A
dùlǐyǒulóuluó 肚裏有僂儸 6-1171B
dúlìzìzhǔ 獨立自主 5-115A
dúlóng 毒龍 7-827A
dǔlóng 篤癃 8-1225B
dǔlóng 篤[illegible] 8-1225A
dúlóng'èwù 毒瀧惡霧 7-827B
dúlóngzú 獨龍族 5-126A
dúlóu 髑髏 12-422A
dūlu 都嚕 10-642A
dūlu 嘟嚕 3-455A
dūlú 都盧 10-641A
dūlǔ 嘟魯 3-454B
dūlù 都陸 10-637B
dūlù 都録 10-641B
dūlù 督録 7-1229A
dúlú 櫝櫨 4-1354B
dúlú 犢廬 6-290A
dúlú 髑髗 12-422A
dúlù 獨鹿 5-121B
dúlù 獨禄 5-123B
dúlù 獨漉 5-124B
dúlù 罜麗 8-1021A
dǔlù 篤禄 8-1224A
dùlù 度籙 3-1227A
dúluàn 毒亂 7-826A
dúluàn 瀆亂 6-199B
dúluàn 黷亂 12-1377B
dùluàn 斁亂 5-519B
dūlúchuáng 都盧橦 10-641B
dūlújì 都盧伎 10-641A
dúlún 獨輪 5-124B
dúlún 黷倫 12-1377B
dǔlùn 篤論 8-1225A
dùlún 斁倫 5-519B
dúlúnchē 獨輪車 5-124B
dǔlùngāoyán 篤論高言 8-1225A
dūluō 都囉 10-642B
dùluò 蠹落 8-1003B
dǔluòluò 篤洛洛 8-1223A
dūluōluōzú 都囉囉族 10-642B
dùluómián 妒羅綿 4-312B
dūlúxúnchuáng 都盧尋橦 10-641A
dūlúyuán 都盧緣 10-641B
dúlǚ 獨旅 5-120B
dǔlǜ 篤慮 8-1225A
dùlǜ 杜律 4-750B
dúlüè 毒掠 7-825A
dúmà 毒罵 7-826B
dūmài 督脈 7-1227B
dúmái 毒霾 7-827B
dúmài 獨邁 5-124B
dūmàn 都漫 10-640B
dūmàn 都縵 10-642A
dúmàn 瀆嫚 6-200A
dúmàn 瀆慢 6-199B

dúmàn 黷慢 12-1377B
dúmáo 獨茅 5-117B
dúmào 黷冒 12-1377A
dùmào 妒媢 4-312A
dùmáochái 杜茅柴 4-750A
dǔmàoxiàncān 覩貌獻飡 10-339A
dúmǎxiǎochē 獨馬小車 5-119B
dūměi 都美 10-637A
dǔměi 篤美 8-1223A
dùmèi 妒昧 4-311B
dūmén 都門 10-636A
dúmén 獨門 5-118B
dúmèn 毒悶 7-826A
dùmén 斁門 5-499A
dùmén 杜門 4-750A
dùménbùchū 杜門不出 4-750A
dúméndúyuàn 獨門獨院 5-118B
dùménhuìjì 杜門晦迹 4-750B
dùménjuéjì 杜門絶迹 4-750B
dùménjuékè 杜門絶客 4-750B
dùménmiànbì 杜門面壁 4-750A
dùménpíngjì 杜門屏迹 4-750B
dùménquèsǎo 杜門却掃 4-750A
dùménsāidòu 杜門塞竇 4-750B
dùménshī 杜門詩 4-750B
dùménxièkè 杜門謝客 4-750B
dùménzìjué 杜門自絶 4-750A
dùménzìshǒu 杜門自守 4-750A
dǔmì 篤密 8-1224A
dùmǐ 杜米 4-749B
dúmiáo 獨苗 5-117B
dúmiǎo 讀秒 11-460A
dúmiáomiáo 獨苗苗 5-117B
dǔmǐn 篤敏 8-1223B
dùmín 蠹民 8-1001B
dúmíng 獨明 5-118A
dúmìng 讀命 11-459B
dǔmíng 賭茗 10-233B
dǔmìng 賭命 10-233B
dùmíngěngzhèng 蠹民梗政 8-1002A
dūmó 㞘磨 4-47B
dūmǒ 都抹 10-635B
dúmó 獨磨 5-126A
dúmó 獨䃺 5-127A
dǔmó 篤麽 8-1225A
dǔmó 篤磨 8-1225B
dùmò 杜嘿 4-753A
dùmò 杜默 4-753B
dúmóhěnguài 毒魔狠怪 7-827B
dúmóu 毒謀 7-827A
dùmòzhé 度蛨蚝 3-1226B
dūmù 都目 10-634A
dūmù 都幙 10-639B
dǔmù 篤睦 8-1224B
dùmǔ 妒母 4-311B
dùmǔ 杜母 4-749B
dùmù 蠹木 8-1001B
dúmùbùchénglín 獨木不成林 5-114A
dúmùcǎixīn 犢牧採薪 6-289B
dùmǔcǎo 妒母草 4-311B
dúmùchuán 獨木船 5-114A
dúmùjù 獨幕劇 5-124A
dúmùnánzhī 獨木難支 5-114A
dúmùqiáo 獨木橋 5-114A
dúmùzǐ 犢木子 6-289A
dúmùzǐ 犢沐子 6-289B
dūn'ài 惇愛 7-603B
dūn'ài 敦愛 5-496A
dùn'ái 鈍騃 11-1216A
dūn'ān 蹲安 10-555B
dùnán 肚喃 6-1171A
dūnáng 嘟囔 3-455A
dùnáng 肚囊 6-1171B
dùnbài 遁敗 10-1040A
dūnbālízi 蹲笆籬子 10-556A
dūnbān 蹲班 10-556A
dūnbǎo 墩堡 2-1221B
dùnbǎo 頓堡 12-265A
dùnbǎo 頓飽 12-265B
dùnběi 遁北 10-1038A
dùnbèi 頓備 12-265A
dùnbèi 頓憊 12-267A
dūnběn 敦本 5-493A
dùnbēn 遁奔 10-1039A
dūnběnwùshí 敦本務實 5-493A
dūnbī 敦逼 5-495B
dūnbì 敦辟 5-496B
dùnbí 盾鼻 7-1188A
dùnbí 楯鼻 4-1186A
dùnbǐ 頓筆 12-265A
dùnbì 遁避 10-1041A
dùnbì 鈍敝 11-1215B
dùnbì 鈍弊 11-1216A
dùnbì 鈍獘 11-1216A
dùnbì 頓弊 12-266A
dùnbì 頓斃 12-267A
dùnbì 頓躄 12-267B
dùnbì 頓獘 12-266A
dùnbiàn 遁變 10-1041B
dùnbīng 鈍兵 11-1215A
dùnbīng 頓兵 12-262A
dūnbó 惇博 7-603B
dùnbó 頓踣 12-266B
dūnbù 墩布 2-1221B
dūnbù 蹲步 10-555B
dùncái 鈍才 11-1215A
dùncáng 遁藏 10-1041A
dùnchádùnfàn 頓茶頓飯 12-262B
dùnchē 砘車 7-1012B
dùnchéng 鈍丞 11-1215A
dùnchéng 鈍录 11-1215B
dūnchī 踆鴟 10-488B
dūnchī 蹲鴟 10-556B
dūnchì 敦敕 5-495A
dūnchì 敦飭 5-495B
dùnchí 鈍遲 11-1216A
dùnchí 頓遲 12-266A
dùnchí 頓遲 12-266B
dūnchóng 敦崇 5-495A
dūnchǔ 敦處 5-495A
dùnchù 頓處 12-264B
dǔnchuán 躉舩 10-548B
dǔnchuán 躉船 10-549A
dùnchuǎn 頓舛 12-261A
dùnchuí 鈍槌 11-1215B
dùnchuí 鈍鎚 11-1216B
dùnchuí 鈍椎 11-1215B
dūnchún 惇淳 7-603B
dūnchún 敦淳 5-495B
dūnchǔn 敦惷 5-496A
dùncí 遁詞 10-1040B
dùncí 遁辭 10-1041A
dùncì 頓次 12-261A
dūncù 敦促 5-494A
dūncù 敦趣 5-497B
dùncuàn 遁竄 10-1041A
dùncuì 頓悴 12-264B
dùncuì 頓萃 12-264B
dùncuì 頓顇 12-267A
dùncuì 頓卒 12-262B
dùncuò 頓剉 12-263A
dùncuò 頓挫 12-263A
dùncuòliáofǎ 頓挫療法 12-263B
dùncuòyìyáng 頓挫抑揚 12-263B
dūndá 蹲沓 10-555B
dūndà 惇大 7-603A
dūndà 敦大 5-492B
dǔndǎ 躉打 10-548B
dūndāng 蹲襠 10-556B
dǔndāng 躉當 10-549A
dùndǎng 頓黨 12-267B
dùndǎnghuáng 頓黨黄 12-267B
dùndǎnghuáng 頓穲黄 12-268A
dùndāo 頓刀 12-260B
dūndēng 蹲蹬 10-557A
dùndì 頓地 12-261A
dùndì 頓遞 12-265B
dūndiǎn 惇典 7-603A
dūndiǎn 蹲點 10-556B
dùndiē 頓跌 12-265A
dùndìjiǔ 頓遞酒 12-265B
dùndìsī 頓遞司 12-265B
dùndìsījiǔ 頓遞司酒 12-265B
dùndòu 頓逗 12-263B
dūndǔ 惇篤 7-603B
dūndǔ 敦篤 5-498A
dūndǔ 敦竺 5-493B
dùnduàn 頓段 12-263A
dùnduàn 頓斷 12-267B
dūndūn 惇惇 7-603B
dūndūn 敦敦 5-496A
dūndūn 韘鱅 12-683A
dùndùn 庉庉 3-1209B
dùndùn 沌沌 5-949A
dùndùn 頓頓 12-265B
dùndùn 忳忳 7-432A
dùndùn 豚豚 10-14A
dūndūnwǎnwǎn 踆踆踠踠 10-488A
dùnduó 頓奪 12-266A
dūnè 嘟呐 3-454B
dūn'è 蹲鶚 10-557A
dùn'è 頓阨 12-261B
dùn'è 頓軛 12-264B
dūnèi 都内 10-633B
dùnèi 度内 3-1225A
dùn'ěr 頓爾 12-266A
dùnfǎ 遁法 10-1039A
dùnfǎ 頓法 12-262B
dùnfàn 頓飯 12-265A
dūnfāng 敦方 5-492B
dùnfáng 頓防 12-261B
dùnfàng 頓放 12-262B
dùnféi 遁肥 10-1039A
dùnfèi 鈍廢 11-1216A
dùnfèi 頓廢 12-266B
dùnfēn 楯紛 4-1186A
dūnfēng 蹲鋒 10-556B
dūnfēngyǎn 蹲風眼 10-556A
dūnfú 蹲伏 10-555B
dūnfù 敦阜 5-493B
dùnfū 遁夫 10-1037B
dùnfū 鈍夫 11-1215A
dùnfú 頓伏 12-261A
dùnfú 頓服 12-262B
dùnfùzhīyán 頓腹之言 12-266A
dùngāngzhènjì 頓綱振紀 12-266B
dùngēn 鈍根 11-1215B
dùngēng 遁耕 10-1039B
dùngēngdùnfàn 頓羹頓飯 12-267B
dùngēnmiáo 鈍根苗 11-1215B
dùngōng 頓功 12-261A
dūngōnglǐ 噸公里 3-516B
dùngōngzǐ 鈍公子 11-1215A
dūngǒu 驐狗 12-906A
dùngōu 鈍鉤 11-1216A
dūngù 惇固 7-603A
dūngù 敦固 5-493B
dūngù 敦故 5-493B
dùngǔ 頓轂 12-267A
dūnguān 墩官 2-1221B
dùnguān 頓官 12-262B
dùnhài 遁害 10-1040A
dūnhǎilǐ 噸海里 3-516B
dùnhàn 鈍漢 11-1216A
dùnhàn 頓撼 12-266B
dùnhàn 頓頷 12-267A

dūnhǎo 敦好 5-493A
dùnhào 頓號 12-265B
dūnhòu 惇厚 7-603A
dūnhòu 敦厚 5-494A
dūnhòu 墩堠 2-1221B
dūnhù 敦護 5-498B
dūnhuà 敦化 5-492B
dùnhuà 遁化 10-1037B
dūnhuáng 敦煌 5-496A
dūnhuáng 燉煌 7-262B
dùnhuāng 遁荒 10-1039A
dūnhuángbiànwén 敦煌變文 5-496B
dūnhuángcí 敦煌詞 5-496B
dūnhuángshíkū 敦煌石窟 5-496B
dūnhuángshíshì 敦煌石室 5-496B
dūnhuángwǔlóng 敦煌五龍 5-496A
dūnhuì 惇惠 7-603B
dūnhuì 惇誨 7-603B
dūnhuì 敦惠 5-495B
dùnhuì 遁晦 10-1040A
dùnhún 慟溷 7-740B
dùnhùn 頓混 12-264B
dǔnhuò 躉貨 10-548B
dùnhuō 頓豁 12-267B
dúní 讀蜺 11-461A
dūniǎn 都捻 10-637B
dūniǎn 都輦 10-640B
dūniàn 嘟唸 3-454B
dūniàn 嘟念 3-454B
dǔniàn 篤念 8-1222B
dūniàng 都釀 10-642B
dūniǎnzi 都捻子 10-637B
dūniànzi 都念子 10-636A
dùniǎo 度鳥 3-1226A
dúniè 毒孽 7-827B
dùniè 蠹孽 8-1004B
dùniè 蠹蘖 8-1004B
dúniú 犢牛 6-289B
dūnjī 騶鷄 12-906A
dǔnjī 躉積 10-549A
dùnjī 頓積 12-267A
dùnjí 遁疾 10-1040A
dùnjí 遁戢 10-1040B
dùnjí 頓戢 12-265A
dùnjǐ 頓戟 12-264B
dùnjì 遁迹 10-1039B
dùnjì 遁跡 10-1040B
dùnjì 頓寄 12-264B
dùnjì 頓跡 12-265B
dùnjiǎ 遁甲 10-1038A
dùnjiǎ 頓甲 12-261A
dùnjià 頓駕 12-266B
dūnjiǎn 敦儉 5-497B
dùnjiàn 遁劍 10-1041A
dùnjiàn 頓漸 12-266A
dūnjiǎng 敦獎 5-497B
dùnjiāng 頓僵 12-266B
dùnjiànyáohuán 頓劍搖環 12-266B
dūnjiào 敦教 5-495A
dùnjiǎo 鈍角 11-1215A
dùnjiǎo 頓脚 12-264B
dùnjiào 頓教 12-264A
dùnjiǎochuíxiōng 頓脚捶胸 12-264B
dùnjiǎshén 遁甲神 10-1038A
dùnjìcángmíng 遁跡藏名 10-1040B
dūnjié 敦潔 5-497B
dùnjié 遁節 10-1040B
dùnjié 頓節 12-265B
dùnjiě 頓解 12-266A
dùnjìfāngwài 遁跡方外 10-1040B
dùnjìhuángguān 遁跡黃冠 10-1040B
dùnjìkōngmén 遁迹空門 10-1039B
dùnjìkōngmén 遁跡空門 10-1040B
dūnjǐn 惇謹 7-603B
dūnjǐn 敦謹 5-498A
dūnjìn 敦進 5-495A
dùnjīn 鈍金 11-1215A
dùnjìn 頓進 12-264B
dūnjìng 敦敬 5-495B
dùnjìnìyǐng 遁跡匿影 10-1040B
dùnjìqiánxíng 遁跡潛形 10-1040B
dùnjìsāngmén 遁跡桑門 10-1040B
dūnjiù 敦舊 5-498A
dùnjiù 遁疚 10-1039A
dùnjìxiāoshēng 遁迹銷聲 10-1039B
dūnjù 蹲距 10-556A
dūnjù 蹲踞 10-556A
dùnjū 遁居 10-1039A
dùnjù 頓具 12-262A
dùnjué 頓絕 12-265A
dùnjué 頓覺 12-267B
dùnjūn 頓軍 12-263A
dùnkāi 頓開 12-265A
dùnkāimáosè 頓開茅塞 12-265A
dūnkè 敦恪 5-494B
dūnkè 敦課 5-497B
dùnkè 頓刻 12-262B
dūnkěn 敦懇 5-498A
dūnkēng 蹲坑 10-555B
dùnkēshuì 頓瞌睡 12-266B
dùnkōng 頓空 12-262B
dùnkǒuwúyán 頓口無言 12-260B
dùnkǒuzhuōsāi 鈍口拙腮 11-1215A
dùnkuī 頓虧 12-267A
dùnkuì 遁潰 10-1041A
dūnkǔn 敦悃 5-494B
dǔnkùn 盹困 7-1167A
dùnkùn 頓困 12-261B
dùnláng 楯郎 4-1186A
dùnlǎo 頓老 12-261A
dùnlè 遁樂 10-1041A
dùnléi 頓羸 12-267B
dūnlǐ 敦禮 5-498A
dūnlǐ 嚹浬 3-516B
dūnlì 敦厲 5-497A
dūnlì 敦勵 5-497B
dūnlì 蹲立 10-555B
dùnlì 頓利 12-262A
dūnliáng 敦良 5-493B
dùnliǎo 頓了 12-260B
dùnliè 鈍劣 11-1215A
dùnliè 頓劣 12-261A
dùnliú 遁流 10-1040A
dùnliú 頓留 12-264A
dūnlóng 蹲龍 10-556B
dùnlǔ 盾鹵 7-1188A
dùnlǔ 盾櫓 7-1188A
dùnlǔ 鈍魯 11-1216A
dùnlǔ 楯櫓 4-1186A
dùnlù 遁路 10-1040B
dùnlù 頓碌 12-265B
dūnlún 敦倫 5-494B
dùnlún 頓淪 12-264B
dùnluò 頓落 12-264B
dùnlǚ 頓履 12-266B
dǔnmài 躉賣 10-549A
dùnmài 遁邁 10-1041A
dūnmáng 敦厖 5-494A
dūnmáng 敦庬 5-494B
dūnmào 敦茂 5-493B
dùnmáo 盾矛 7-1188A
dùnmáo 楯矛 4-1186A
dùnmào 鈍眊 11-1215B
dūnméi 敦脢 5-494B
dūnměi 敦美 5-494B
dǔnmèi 盹寐 7-1167A
dùnmèi 頓昧 12-263A
dùnmén 頓門 12-262B
dùnmèn 鈍悶 11-1215B
dūnméng 敦懞 5-498A
dùnméng 鈍蒙 11-1215B
dūnmì 敦密 5-495B
dūnmiǎn 敦勉 5-494B
dùnmiǎn 遁免 10-1039A
dūnmiáo 蹲苗 10-555B
dūnmǐn 惇敏 7-603A
dūnmǐn 敦敏 5-495A
dùnmín 遁民 10-1038A
dùnmín 鈍惛 11-1215B
dùnmín 鈍慴 11-1215B
dùnmín 鈍暋 11-1216A
dùnmǐn 鈍閔 11-1215B
dùnmǐn 鈍暓 11-1215B
dūnmíng 惇明 7-603A
dūnmíng 敦明 5-493B
dùnmíng 遁名 10-1038A
dùnmíng 鈍冥 11-1215B
dùnmìng 遁命 10-1039A
dùnmínggǎizuò 遁名改作 10-1038A
dùnmíngnìjì 遁名匿迹 10-1038B
dùnmò 盾墨 7-1188A
dùnmò 楯墨 4-1186A
dūnmòguǎyán 敦默寡言 5-498A
dùnmóu 頓牟 12-261B
dūnmù 惇睦 7-603B
dūnmù 敦睦 5-496A
dūnmù 敦慕 5-497A
dūnmù 敦穆 5-498A
dùnmǔ 遁母 10-1038A
dùnnǐ 鈍擬 11-1216B
dùnnì 遁匿 10-1039B
dūnóng 嘟噥 3-454B
dǔnòu 篤耨 8-1225A
dǔnòu 篤槈 8-1225A
dùnpāi 頓拍 12-262A
dùnpái 盾牌 7-1188A
dùnpàn 遁叛 10-1039B
dūnpáng 敦龐 5-498A
dūnpáng 敦龎 5-498B
dùnpèi 頓轡 12-268A
dūnpì 敦譬 5-498B
dǔnpī 躉批 10-548B
dùnpǐ 頓擗 12-267A
dùnpiě 頓撇 12-266A
dūnpǐn 敦品 5-494A
dūnpìn 敦聘 5-496B
dūnpò 敦迫 5-493B
dūnpǔ 惇朴 7-603A
dūnpǔ 惇樸 7-603B
dūnpǔ 敦朴 5-493A
dūnpǔ 敦樸 5-497B
dùnpú 頓仆 12-260B
dùnpǔ 鈍樸 11-1216A
dùnqī 遁栖 10-1040A
dùnqī 遁棲 10-1040B
dùnqì 遁棄 10-1040B
dùnqì 頓弃 12-262A
dùnqì 頓契 12-262B
dùnqì 頓氣 12-264A
dūnqià 敦洽 5-494B
dūnqiàchóumí 敦洽讎糜 5-494B
dūnqiǎn 敦遣 5-496A
dùnqín 遁秦 10-1039B
dūnqǐng 敦請 5-497B
dùnqíng 遁情 10-1040A
dùnqióng 頓窮 12-266B
dūnqiū 敦丘 5-493A
dùnqū 頓曲 12-261A
dūnquàn 敦勸 5-498A
dūnquè 敦碻 5-497B
dūnquè 敦慤 5-497A
dūnquè 敦愨 5-497B
dūnquè 敦慤 5-497B
dūnquè 敦確 5-497B
dùnquē 頓闕 12-267B
dūnrán 敦然 5-495B
dūnrán 敦然 5-495B
dùnrán 頓然 12-265A
dūnràng 敦讓 5-498B
dùnrǎo 頓擾 12-267B
dūnrén 敦仁 5-492B
dūnrèn 敦任 5-493A
dùnrén 遁人 10-1037A
dùnrèn 頓刃 12-260B

dùnróng 遁榮 10-1040B
dūnrú 敦如 5-493A
dūnrù 敦縟 5-498A
dùnrǔ 頓辱 12-263B
dùnrù 頓入 12-260B
dùnrùkōngmén 遁入空門 10-1037A
dùnsàn 遁散 10-1040A
dùnsǎng 頓顙 12-267B
dūnshàng 敦尚 5-493B
dùnshàng 遁上 10-1037A
dùnshě 遁捨 10-1040A
dùnshè 頓舍 12-262B
dūnshēn 蹲身 10-555B
dūnshèn 惇慎 7-603B
dūnshèn 敦慎 5-496B
dùnshēn 遁身 10-1038B
dùnshēn 頓身 12-262A
dùnshén 遁神 10-1039B
dùnshēnyuǎnjì 遁身遠跡 10-1038B
dūnshí 敦實 5-497A
dūnshǐ 惇史 7-603A
dūnshì 敦釋 5-498B
dùnshī 遁尸 10-1037A
dùnshī 頓師 12-264A
dùnshí 遁時 10-1040A
dùnshí 頓食 12-263A
dùnshí 頓時 12-263B
dùnshì 遁士 10-1037A
dùnshì 遁世 10-1037B
dùnshì 遁飾 10-1040B
dùnshìchángwǎng 遁世長往 10-1037B
dùnshìjuésú 遁世絶俗 10-1037B
dùnshìlíqún 遁世離羣 10-1038A
dūnshìlìsú 敦世厲俗 5-493A
dùnshìlísú 遁世離俗 10-1037B
dùnshìwúmèn 遁世無悶 10-1037B
dùnshìyǐnjū 遁世隱居 10-1037B
dùnshìyíróng 遁世遺榮 10-1037B
dùnshìyōujū 遁世幽居 10-1037B
dūnshòu 敦授 5-495A
dùnshǒu 遁守 10-1038B
dùnshǒu 頓首 12-263A
dǔnshù 躉數 10-549A
dùnshǔ 遁暑 10-1040B
dūnshuāi 撴摔 6-886A
dūnshuài 惇帥 7-603A
dūnshuài 敦率 5-495A
dùnshuāi 鈍衰 11-1215B
dùnshuāi 頓摔 12-266A
dūnshuǐ 敦水 5-492B
dǔnshuì 盹睡 7-1167A
dūnshuò 敦碩 5-497A
dùnshuō 頓説 12-266A
dùnsī 遁思 10-1039A
dùnsǒu 遁叟 10-1039B
dūnsù 惇素 7-603A
dūnsù 敦素 5-494B
dūnsù 敦肅 5-496B
dùnsú 遁俗 10-1039B
dùnsù 頓宿 12-264B
dùnsù 頓肅 12-266A
dūnsuǒ 墩鎖 2-1221B
dùnsuǒ 頓所 12-262A
dùnsúwúmèn 遁俗無悶 10-1039B
dūntà 蹲踏 10-556A
dùntā 頓塌 12-265B
dūntái 墩臺 2-1221B
dùntáo 遁逃 10-1039A
dùntáo 遁逃 10-1039B
dùntiān 遁天 10-1037A
dùntiānbèiqíng 遁天倍情 10-1037A
dùntiānwàngxíng 遁天妄行 10-1037A
dùntiānzhīxíng 遁天之刑 10-1037A
dùntóu 頓頭 12-267A
dūntù 踆兔 10-488A
dūntuǐ 蹲腿 10-556A
dùntuì 遁退 10-1039B
dùntuō 頓脱 12-264B
dúnǔ 毒弩 7-824A
dúnù 毒怒 7-824B
dǔnù 篤傉 8-1224A
dúnǚ 毒女 7-823A
dùnǚ 妒女 4-311A
dùnǚcí 妒女祠 4-311B
dúnüè 毒虐 7-824B
dùnǚjīn 妒女津 4-311B
dùnǚquán 妒女泉 4-311B
dùnwǎ 楯瓦 4-1186A
dùnwán 鈍頑 11-1215B
dùnwán 頓頑 12-265A
dùnwáng 遁亡 10-1037A
dùnwǎng 頓罔 12-262A
dūnwèi 敦慰 5-497B
dūnwèi 噸位 3-516B
dùnwēi 盾威 7-1188A
dùnwéi 遁違 10-1040B
dùnwěi 遁尾 10-1039A
dùnwěi 頓委 12-262A
dùnwén 鈍聞 11-1216A
dùnwò 頓卧 12-262A
dūnwū 踆烏 10-488A
dūnwù 惇物 7-603A
dūnwù 敦物 5-493B
dùnwǔ 遁五 10-1037B
dùnwù 頓勿 12-261A
dùnwù 頓悟 12-264A
dūnxí 敦習 5-495B
dùnxī 頓息 12-264A
dùnxī 頓膝 12-266B
dùnxī 頓錫 12-267A
dùnxià 頓下 12-260B
dūnxián 蹲銜 10-556A
dùnxiān 遁仙 10-1038A
dùnxiǎng 鈍響 11-1216B
dùnxiàng 頓相 12-262B
dūnxiǎo 敦曉 5-497B
dūnxiǎohào 蹲小號 10-555A
dùnxiē 頓歇 12-265B
dūnxīn 敦心 5-492B
dūnxìn 敦信 5-494A
dùnxīn 遁心 10-1037B
dūnxíng 敦行 5-493A
dùnxíng 遁形 10-1038B
dùnxíngshù 遁形術 10-1038B
dùnxíngyuǎnshì 遁形遠世 10-1038B
dūnxiū 敦修 5-494A
dùnxiū 頓修 12-263A
dùnxiǔ 頓朽 12-261A
dūnxù 惇序 7-603A
dūnxù 惇敍 7-603A
dūnxù 敦序 5-493A
dūnxù 敦叙 5-494B
dūnxù 敦敍 5-495A
dūnxù 敦敘 5-495A
dūnxué 敦學 5-498A
dùnxué 鈍學 11-1216A
dùnxùn 頓遜 12-266A
dūnyǎ 敦雅 5-495B
dūnyán 敦顏 5-498A
dùnyán 鈍顏 11-1216B
dùnyáng 頓楊 12-265B
dūnyào 敦樂 5-497B
dùnyě 遁野 10-1040A
dùnyè 頓咽 12-263A
dùnyè 頓曳 12-261A
dūnyí 蹲夷 10-555B
dūnyí 蹲踦 10-556A
dūnyì 惇懿 7-603B
dūnyì 敦懿 5-498B
dùnyì 遁佚 10-1038B
dùnyì 遁逸 10-1040A
dùnyì 頓抑 12-261B
dūnyǐn 敦引 5-493A
dùnyīn 遁音 10-1039B
dùnyǐn 遁隱 10-1041A
dùnyǐn 頓引 12-261A
dùnyīng 頓纓 12-268A
dùnyíng 頓營 12-267A
dùnyǐng 遁影 10-1041A
dùnyǐnnìyǐng 遁陰匿景 10-1040A
dùnyìwúmèn 遁逸無悶 10-1040A
dùnyòng 頓用 12-261A
dūnyǒu 敦友 5-492B
dūnyòu 敦誘 5-497A
dùnyōu 遁幽 10-1039A
dūnyú 敦諭 5-498A
dūnyǔ 敦圄 5-494B
dūnyǔ 敦圉 5-495A
dūnyù 惇裕 7-603B
dūnyù 敦喻 5-495B
dùnyú 頓愚 12-265B
dùnyǔ 鈍語 11-1216A
dùnyǔ 頓羽 12-261B
dùnyǔ 頓雨 12-262A
dùnyǔ 頓圄 12-264B
dūnyuàn 敦愿 5-497A
dǔnyuàn 躉願 10-549A
dūnyuè 敦樂 5-497B
dūnyuè 敦説 5-497A
dūnyuè 敦悦 5-494B
dūnyuè 敦閲 5-497B
dūnzāng 敦牂 5-495A
dùnzéi 遁賊 10-1040B
dùnzéi 鈍賊 11-1215B
dùnzhài 頓瘵 12-267A
dūnzhàn 蹲跕 10-556A
dǔnzhàng 躉賬 10-549A
dùnzhé 鈍折 11-1215A
dùnzhé 鈍磔 11-1216A
dùnzhé 頓折 12-261B
dūnzhěng 敦整 5-497B
dūnzhèng 敦貞 5-494A
dùnzhěng 頓整 12-267A
dùnzhèng 頓證 12-267B
dūnzhī 敦祗 5-494B
dūnzhí 敦直 5-493B
dūnzhì 敦至 5-493A
dūnzhì 敦質 5-497B
dùnzhī 遁芝 10-1038A
dùnzhí 鈍直 11-1215A
dùnzhǐ 頓止 12-260B
dùnzhì 遁志 10-1038B
dùnzhì 鈍致 11-1215B
dùnzhì 鈍置 11-1215B
dùnzhì 鈍滯 11-1216A
dùnzhì 頓峙 12-263A
dùnzhì 頓置 12-265B
dùnzhì 頓滯 12-266B
dùnzhì 頓躓 12-267B
dūnzhōng 敦忠 5-493B
dūnzhòng 敦重 5-494A
dùnzhòng 鈍重 11-1215B
dùnzhōu 頓舟 12-261A
dùnzhòu 遁呪 10-1039A
dūnzhǔ 敦囑 5-498B
dǔnzhù 躉柱 10-548B
dùnzhù 頓築 12-267A
dūnzhuàng 敦壯 5-493B
dùnzhuàng 頓壯 12-262A
dùnzhūn 鈍屯 11-1215A
dùnzhuō 鈍拙 11-1215A
dùnzhuó 鈍濁 11-1216A
dùnzhuó 頓著 12-264A
dūnzi 墩子 2-1221B
dūnzi 蹲子 10-555A
dùnzi 砘子 7-1012A
dùnzì 頓自 12-261A
dūnziwǔshēng 墩子武生 2-1221B
dūnzòng 蹲縱 10-556B
dùnzōng 遁蹤 10-1041A
dùnzǒu 遁走 10-1038B
dūnzú 蹲足 10-555B
dùnzú 頓足 12-261B
dùnzǔ 頓阻 12-262A
dùnzúchuíxiōng 頓足捶胸 12-261B
dùnzúchuíxiōng 頓足搥胸

12-261B
dùnzúchuíxiōng 頓足椎胸 12-261B
dùnzúcuōshǒu 頓足搓手 12-261B
dùnzúliè'ěr 頓足捩耳 12-261B
dūnzuò 敦坐 5-493A
dūnzuò 蹲坐 10-555B
dùnzuó 頓捽 12-264A
duó'āi 奪哀 2-1560B
duò'ào 惰傲 7-655B
duōbān 多般 3-1180A
duōbàn 多半 3-1177A
duōbì 多辟 3-1181B
duǒbì 躲避 10-711A
duǒbì 軃避 10-713B
duǒbì 嚲避 3-557B
duōbiān 多邊 3-1183B
duóbiāo 奪標 2-1561B
duǒbìn 鬌鬢 12-750A
duóbǐng 奪柄 2-1560B
duǒbō 嚲剥 3-557B
duòbō 陊剥 11-973A
duóbù 踱步 10-521B
duōcái 多才 3-1175B
duōcái 剟材 2-717B
duōcǎi 掇采 6-732A
duōcǎi 掇採 6-732B
duócǎi 奪彩 2-1561A
duōcáiduōyì 多才多藝 3-1175B
duōcáiduōyì 多材多藝 3-1178A
duōcáishàngǔ 多財善賈 3-1180A
duǒcáng 躲藏 10-711A
duōcánghòuwáng 多藏厚亡 3-1183A
duōcéng 多曾 3-1181A
duóchángxiédà 度長絜大 3-1225B
duóchángxiéduǎn 度長絜短 3-1225B
duóchén 鐸辰 11-1419B
duōchéng 多承 3-1179A
duōchì 咄叱 3-313B
duóchǐ 奪褫 2-1561B
duǒchǐ 朵哆 4-745B
duòchí 惰弛 7-655A
duòchǐ 惰侈 7-655A
duōchǒng 多寵 3-1184A
duòchōng 垛充 2-1102A
duōchóu 多愁 3-1181A
duōchóuduōbìng 多愁多病 3-1181B
duōchóushànbìng 多愁善病 3-1181B
duōchóushàngǎn 多愁善感 3-1181B
duōchú 剟除 2-717B
duòchū 媠出 4-386A
duōcì 剟刺 2-717B
duōcǐyìjǔ 多此一舉 3-1177A
duōcuì 咄啐 3-314A
duǒcuì 嚲翠 3-557B
duōdà 多大 3-1175B
duòda 剁搭 2-672B
duòdǎ 跺打 10-471A
duòdài 惰怠 7-655B
duòdài 墮怠 2-1207A
duódǎn 奪膽 2-1561B
duòdān 馱擔 12-798A
duōdǎng 多黨 3-1184A
duódāo 鐸刀 11-1419B
duódào 度道 3-1226B
duōdàshà 多大霎 3-1175B
duōdàxiǎo 多大小 3-1175B
duōdé 多得 3-1180B
duǒdehéshang… 躲得和尚躲不得寺 10-711A
duódéliánglì 度德量力 3-1227A
duòdēng 跺蹬 10-471A
duódí 奪嫡 2-1561B
duódí 奪適 2-1561B
duòdì 墮地 2-1206B
duǒdiàn 朵殿 4-745B
duòdiān 墮顛 2-1208B
duǒdié 垛堞 2-1102A
duōdìng 多定 3-1179A
duōduān 多端 3-1182A
duōduānguǎyào 多端寡要 3-1182A
duōduō 多多 3-1177B
duōduō 咄咄 3-313B
duōduō 哆哆 3-334A
duōduō 掇掇 6-732B
duòduò 隋隋 3-863B
duòduò 陀陀 11-956B
duòduò 馱垛 12-797A
duōduōbīrén 咄咄逼人 3-314A
duōduōguàishì 咄咄怪事 3-314A
duōduōshǎoshǎo 多多少少 3-1177B
duōduōshūkōng 咄咄書空 3-314A
duōduōxǔ 多多許 3-1177B
duōduōyìbàn 多多益辦 3-1177B
duōduōyìshàn 多多益善 3-1177B
duó'è 鐸遏 11-1419B
duǒ'érbié 朵兒別 4-745B
duōfán 多煩 3-1181B
duōfāng 多方 3-1176B
duǒfáng 垜防 2-1127A
duōfāngbǎijì 多方百計 3-1177A
duófāngbù 踱方步 10-521A
duòfèi 惰廢 7-656A
duōfèn 多分 3-1176B
duōfēng 掇蜂 6-732B
duófèng 奪俸 2-1560B
duǒfēng 躲風 10-710B
duōfú 多福 3-1181B
duófú 奪服 2-1560A
duòfū 墮夫 2-1206B
duòfù 墮負 2-1207A
duōgǎn 多敢 3-1180B
duōgǎn 多感 3-1181A
duògōng 舵工 9-8B
duògōng 柁工 4-939B
duògōng 柂工 4-915A
duōgǔ 多骨 3-1179B
duōgù 多故 3-1179A
duōguǎ 多寡 3-1182A
duōguǎn 多管 3-1182A
duóguān 奪官 2-1560B
duóguàn 奪冠 2-1560B
duōguì 掇桂 6-732B
duōgùzhīqiū 多故之秋 3-1179B
duōhē 咄呵 3-313B
duòhéluó 墮和羅 2-1206B
duōhuā 多花 3-1177B
duōhuà 多話 3-1181B
duǒhuá'er 躲猾兒 10-711A
duòhuài 陊壞 11-973A
duòhuài 惰壞 7-656A
duōhuì 多會 3-1181B
duōhūn 多昏 3-1180A
duōhūn 多婚 3-1180B
duòhūn 惰昏 7-655A
duòhùnpiāoyīn 墮溷飄茵 2-1208A
duōjì 多忌 3-1178A
duójì 度計 3-1225B
duǒjì 鬌紒 12-750A
duǒjī 垜積 2-1102A
duòjí 垛集 2-1102A
duòjì 墮祭 2-1207B
duòjì 墮髻 2-1208B
duǒjiān 鬌翦 12-750A
duōjiànguǎngshí 多見廣識 3-1178A
duōjiāo 多嬌 3-1182B
duòjiāo 惰驕 7-656A
duòjiǎo 跺脚 10-471A
duōjiē 咄嗟 3-314B
duōjiè 咄唶 3-314A
duòjié 墮睫 2-1208A
duōjīn 多金 3-1179A
duójǐn 奪錦 2-1561B
duōjǐnglóu 多景樓 3-1181A
duōjiǔ 多久 3-1176A
duòjiū 鵽鳩 12-1131A
duòjú 墮局 2-1206B
duójué 奪爵 2-1561B
duòjūn 惰君 7-655A
duōkě 多可 3-1177A
duǒkè 垜堁 2-1127A
duǒkòng 嚲鞚 3-557B
duōkǒu 多口 3-1176A
duǒkǒu 垛口 2-1102A
duǒkuài 垜塊 2-1127A
duókuàng'érchū 奪眶而出 2-1561A
duōkuī 多虧 3-1183A
duókuí 奪魁 2-1561A
duólā 踱拉 10-521B
duōlàn 多濫 3-1183B
duǒlǎn 躲懶 10-711A
duǒlǎn 嚲懶 3-557B
duòlǎn 惰嬾 7-656A
duòlǎn 惰孏 7-656A
duòlǎn 墮嬾 2-1208B
duòlǎn 墮懶 2-1208B
duǒláng 朵廊 4-745B
duōlǎngé 多覽葛 3-1184A
duōlàngé 多濫葛 3-1183B
duóláo 奪勞 2-1561A
duòlè 陊泐 11-973A
duōléi 多累 3-1180A
duōlěi 多壘 3-1183B
duōlèi 多累 3-1180A
duòlèi 墮淚 2-1207B
duòlèibēi 墮淚碑 2-1207B
duòlèijié 墮淚碣 2-1207B
duòlèizhuāng 墮淚妝 2-1207B
duōlì 多力 3-1175B
duólǐ 奪禮 2-1561B
duōlì 輢轢 9-1306A
duòlì 杕栗 4-768B
duòlì 惰力 7-655A
duóliáng 度量 3-1226B
duóliào 度料 3-1226A
duōlīduōsuō 哆哩哆嗦 3-334A
duòliè 惰劣 7-655A
duólíng 鐸鈴 11-1419B
duōlǐngdàopáo 裰領道袍 9-110A
duōlìniánrěn 多歷年稔 3-1182B
duōlìniánsuǒ 多歷年所 3-1182B
duǒlóu 朵樓 4-745B
duǒlóu 趓樓 9-1131B
duòlóu 墮樓 2-1208A
duòlóu 柁樓 4-940A
duòlóu 柂樓 4-915A
duōlù 多露 3-1184A
duōlù 剟録 2-717B
duōlù 掇摝 6-732B
duōlù 掇録 6-732B
duólú 頊顱 12-231B
duólù 奪路 2-1561A
duòlǔ 柁櫓 4-940A
duólún 奪倫 2-1560B
duòlún 舵輪 9-9A
duòlún 柁輪 4-940A
duōluó 多羅 3-1184A
duōluó 哆囉 3-334B
duǒluó 朵羅 4-746A
duòluǒ 裰裸 9-76A
duòluǒ 褙裸 9-112A
duòluò 陊落 11-973A
duòluò 墮落 2-1207B
duòluò 隋落 11-1058A
duòluóbōdǐ 墮羅鉢底

2-1208B
duōluólián 哆囉嗹 3-334B
duōluóní 哆囉呢 3-334B
duōluóní 哆羅呢 3-334B
duōluóróng 哆囉絨 3-334B
duòluóxī 墮羅犀 2-1208B
duōluóyè 多羅葉 3-1184A
duólǜ 度慮 3-1227A
duòlǘ 墮驢 2-1208B
duōmǎ 多馬 3-1180A
duōmà 咄罵 3-314B
duòmǎ 墮馬 2-1207A
duòmǎjì 墮馬髻 2-1207A
duòmán 媠謾 4-386B
duòmàn 惰慢 7-655B
duòmàn 墮慢 2-1208A
duǒmāomāo 躲猫猫 10-711A
duòmǎzhuāng 墮馬粧
2-1207A
duōme 多麼 3-1182A
duōmén 多門 3-1179A
duómén 奪門 2-1560B
duōméng 多蒙 3-1181A
duǒmiǎn 觶免 10-713A
duǒmiǎn 嚲免 3-557B
duōmiànshǒu 多面手 3-1179B
duòmín 惰民 7-655A
duòmín 墮民 2-1206B
duōmò 多末 3-1177A
duōmóushànduàn 多謀善斷
3-1183A
duōmóushànlǜ 多謀善慮
3-1183A
duōmóushǎoduàn 多謀少斷
3-1183A
duómù 度木 3-1224B
duómù 奪目 2-1560A
duòmù 垛募 2-1102A
duōmùjù 多幕劇 3-1181A
duōnài 多奈 3-1178B
duōnán 多男 3-1178A
duōnán 多難 3-1183B
duōnàn 多難 3-1183B
duōnànxīngbāng 多難興邦
3-1183B
duōnè 咄吶 3-313B
duōnéng 多能 3-1180A
duōnéngduōyì 多能多藝
3-1180A
duónǐ 度擬 3-1227A
duǒnì 躲匿 10-710B
duònì 惰倪 7-655B
duònì 跺泥 10-471A
duònì 墮倪 2-1207A
duōnián 多年 3-1177B
duōnòng 哆弄 3-334A
duōnòng 掇弄 6-732A
duònóng 惰農 7-655B
duōnuò 咄喏 3-314A
duōnuò 咄諾 3-314B
duòpán 舵盤 9-9A
duópáo 奪袍 2-1561A
duōpí 掇皮 6-732A
duōpì 多辟 3-1181B
duōpì 多僻 3-1182B
duōpiàn 掇騙 6-733A
duōpiāo 剟剽 2-717B
duòpín 惰貧 7-655B
duópò 敓魄 5-467B
duópò 奪魄 2-1561A
duòpódēng 墮婆登 2-1207B
duǒpóshí 躲婆石 10-711A
duōpóu 剟裒 2-717B
duōqí 多岐 3-1178A
duōqí 多奇 3-1178B
duōqí 多歧 3-1178B
duóqì 奪氣 2-1560B
duòqì 惰氣 7-655B
duōqiánshàngǔ 多錢善賈
3-1183A
duóqiào 鐸鞘 11-1419B
duóqiào 鐸鞩 11-1419B
duōqìn 掇芹 6-732A
duōqíng 多情 3-1180B
duóqíng 奪情 2-1561A
duōqíngduōgǎn 多情多感
3-1180B
duōqíngduōyì 多情多義
3-1180B
duōqíngshàngǎn 多情善感
3-1180B
duōqīngshízǐ 掇青拾紫
6-732A
duōqíngzhǒng 多情種
3-1180B
duōqíwángyáng 多歧亡羊
3-1178B
duōqǔ 剟取 2-717B
duóqǔ 奪取 2-1560A
duóquè 奪却 2-1560A
duóquè 奪卻 2-1560B
duòquè 鵽雀 12-1131A
duórǎng 敓攘 5-467B
duórǎng 敓斅 5-467B
duórǎng 奪攘 2-1561B
duǒràng 躲讓 10-711A
duórén 奪人 2-1560A
duōrì 多日 3-1176B
duòróng 惰容 7-655B
duòróng 墮容 2-1207A
duòruò 墮弱 2-1207A
duǒshā 躲煞 10-711A
duǒshǎn 躲閃 10-710B
duōshǎo 多少 3-1176A
duóshé 鐸舌 11-1419B
duòshē 惰奢 7-655B
duǒshén 觶神 10-713A
duōshēng 多生 3-1177A
duōshénjiào 多神教 3-1180A
duōshí 多時 3-1180A
duōshí 剟拾 2-717B
duōshí 掇石 6-731B
duōshí 掇拾 6-732A
duōshì 多士 3-1175B
duōshì 多氏 3-1176B
duōshì 多事 3-1178B
duōshì 掇飾 6-732B
duòshī 惰失 7-655A
duòshī 柁師 4-940A
duòshī 柂師 4-915A
duòshí 惰食 7-655A
duōshìzhīqiū 多事之秋
3-1178B
duōshòu 多壽 3-1182A
duòshǒu 舵手 9-9A
duōshōubìngxù 多收並畜
3-1177B
duōshǒuduōjiǎo 多手多脚
3-1176B
duōshù 多數 3-1182B
duóshù 度恕 3-1226A
duóshuò 鐸槊 11-1419B
duōsī 多私 3-1178A
duōsī 多思 3-1179B
duòsì 惰肆 7-655B
duōsòng 掇送 6-732A
duósuàn 度算 3-1227A
duōsuì 多歲 3-1181A
duōsuō 哆唆 3-334A
duōsuō 哆嗦 3-334A
duòtà 跺踺 10-471A
duótāi 奪胎 2-1560B
duòtāi 墮胎 2-1207A
duòtái 跺擡 10-471A
duótāihuàngǔ 奪胎換骨
2-1560B
duōtí 掇醍 6-732B
duòtì 墮替 2-1207B
duōtiánwēng 多田翁 3-1177A
duōtóu 多頭 3-1182B
duótóu 嚉頭 3-434B
duòtōu 惰偷 7-655B
duòtōu 惰媮 7-655B
duòtōu 墮媮 2-1208A
duǒtóubìlǎn 躲頭避懶
10-711A
duótóuduónǎo 踱頭踱腦
10-521B
duōtúnpěngpì 掇臀捧屁
6-732B
dú'ōu 毒毆 7-826B
duōwā 多哇 3-1179B
duōwéi 多違 3-1181A
duǒwěi 崜峗 3-835B
duǒwěi 嚲委 3-557B
duōwù 多物 3-1179A
duōwù 多務 3-1180A
duówǔ 鐸舞 11-1419B
duówù 奪誤 2-1561B
duóxí 奪席 2-1561A
duǒxī 朵覡 4-745B
duōxián 多嫌 3-1181B
duōxié 掇擷 6-732B
duōxiè 多謝 3-1183A
duǒxiè 躲卸 10-710B
duòxiè 惰懈 7-656A
duòxiè 墮懈 2-1208B
duōxīn 多心 3-1177A
duòxīn 惰心 7-655A
duōxìng 多幸 3-1178A
duòxíng 惰行 7-655A
duòxìng 惰性 7-655A
duōxiōngshǎojí 多凶少吉
3-1176B
duòxiūfěn 墮休粉 2-1206B
duōxǔ 多許 3-1180B
duōxù 多緒 3-1182A
duōxuē 剟削 2-717B
duòyá 柁牙 4-940A
duōyán 多言 3-1178A
duōyàn 多鷃 3-1184B
duōyàn 多顩 3-1184A
duōyánduōyǔ 多言多語
3-1178A
duōyàng 多樣 3-1182B
duōyàngshí 多樣時 3-1182B
duòyè 垛業 2-1102A
duōyí 多疑 3-1182A
duōyì 多易 3-1179A
duóyī 奪衣 2-1560A
duóyí 奪移 2-1561A
duǒyí 朵頤 4-745B
duòyì 墮羿 4-406B
duōyìcí 多義詞 3-1181B
duōyìduōcái 多藝多才
3-1183B
duóyǐn 度引 3-1225A
duóyìn 奪印 2-1560A
duōyīng 多應 3-1183B
duōyíng 多蠅 3-1184A
duōyǐng 多瘦 3-1184B
duōyǐng 多顥 3-1184B
duōyīshìbùrú…
多一事不如少一事
3-1175A
duōyīshìbùrú…
多一事不如省一事
3-1175B
duòyōng 惰慵 7-656A
duòyóu 惰游 7-655B
duōyú 多虞 3-1181A
duōyú 多餘 3-1182B
duóyǔ 鐸語 11-1419B
duòyǔ 惰窳 7-656A
duòyǔ 墮窳 2-1208A
duòyǔ 隋窳 11-1058A
duōyuán 多元 3-1176A
duōyuánlùn 多元論 3-1176A
duǒyún 朵雲 4-745B
duòyúnwùzhōng 墮雲霧中
2-1208A
duōyúzhīlòu 多魚之漏
3-1180B
duǒzāi 躲災 10-710B
duōzāiduōnàn 多災多難
3-1178A
duōzán 多咱 3-1179B
duōzán 多偺 3-1180B
duōzán 多喒 3-1181A
duōzǎn 多昝 3-1179B
duōzǎn 多儹 3-1184B
duōzǎo 多早 3-1177A
duōzǎowǎn 多早晚 3-1177B
duōzé 多則 3-1179B
duōzěn 多怎 3-1179B
duòzèng 墮甑 2-1208B

duǒzhài 躲債 10-711A
duǒzhàng 躲賬 10-711A
duózhēn 鐸針 11-1419B
duōzhì 多識 3-1184A
duōzhì 多志 3-1177B
duózhī 度支 3-1224B
duózhí 奪職 2-1561B
duózhì 奪志 2-1560A
duòzhǐ 墮指 2-1207A
duózhīshǐ 度支使 3-1225A
duōzhuǎn 掇轉 6-732B
duózhuǎn 奪轉 2-1561B
duòzhuāng 馱裝 12-798A
duōzhuì 多贅 3-1183A
duòzhuì 墮墜 2-1208A
duòzhuì 陀隧 11-956B
duōzi 掇子 6-731B
duōzī 多姿 3-1179B
duōzǐ 多子 3-1176A
duǒzi 垛子 2-1102A
duǒzi 躲子 10-710B
duǒzǐ 朵子 4-745B
duǒzǐ 錖子 11-1271A
duòzi 柁子 4-939B
duòzi 馱子 12-797A
duózōng 奪宗 2-1560A
duózǒu 踱走 10-521B
duòzú 跺足 10-471A
duōzuàn 掇賺 6-732B
duōzúgāng 多足綱 3-1178A
duōzuǐ 多嘴 3-1183A
duōzuì 多罪 3-1181A
duōzuǐduōshé 多嘴多舌 3-1183A
duōzuǐxiànqiān 多嘴獻淺 3-1183A
dǔpái 賭牌 10-234B
dǔpéng 賭朋 10-233B
dúpì 獨闢 5-127A
dǔpǐ 賭痞 10-234B
dùpí 肚皮 6-1170B
dùpǐ 斁圮 5-519B
dùpílǐdiǎndēnglong 肚皮裏點燈籠 6-1170B
dùpílǐhuíchóng 肚皮裏蛔蟲 6-1170B
dúpǐn 毒品 7-824B
dǔpín 篤貧 8-1223B
dúpìxījìng 獨闢蹊徑 5-127A
dūpò 督迫 7-1227A
dúpò 讀破 11-460A
dùpò 杜魄 4-753A
dúpòjù 讀破句 11-460B
dúpóniáng 毒婆娘 7-825B
dúpū 毒痡 7-1518A
dúpū 毒痡 7-825B
dūqí 都騎 10-642A
dūqí 督齊 7-1228B
dūqì 都契 10-636B
dúqì 毒氣 7-825A
dǔqí 賭棋 10-234B
dǔqí 賭碁 10-235A
dǔqì 賭氣 10-234A
dǔqì 賭器 10-235B
dùqí 肚臍 6-1171B
dùqì 杜棄 4-752A
dǔqián 賭錢 10-235B
dǔqiàn 賭欠 10-232B
dǔqiánchǎng 賭錢場 10-235B
dǔqiáng 堵牆 2-1110A
dūqiè 督切 7-1226B
dúqiè 毒切 7-823A
dǔqiè 篤切 8-1221B
dùqiè 蠹篋 8-1004A
dǔqīn 篤親 8-1225B
dǔqín 篤勤 8-1224B
dúqīng 獨清 5-122A
dúqíng 毒情 7-825B
dúqióng 黷穹 12-1377A
dúqiú 毒虯 7-824A
dùqiū 杜秋 4-750B
dùqiūniáng 杜秋娘 4-750B
dùqiūzhīnián 杜秋之年 4-750B
dǔqìzǐ 賭氣子 10-234A
dǔqǔ 賭取 10-233A
dùqū 杜曲 4-749A
dùqǔ 度曲 3-1225B
dūquàn 督勸 7-1229B
dǔquán 賭拳 10-234A
dùquán 杜權 4-754B
dūrán 都然 10-639A
dúrán 獨然 5-123A
dúrǎo 瀆擾 6-200A
dúrè 毒熱 7-826B
dūrén 都人 10-632B
dūrèn 督任 7-1227A
dúrén 毒人 7-823A
dúrèn 獨任 5-115B
dǔrén 篤人 8-1221B
dǔrén 篤仁 8-1221B
dūrénshi 都人士 10-633A
dūrénzi 都人子 10-633A
dùrì 度日 3-1225A
dùrìrúnián 度日如年 3-1225A
dùrìrúsuì 度日如歲 3-1225A
dúrìtou 毒日頭 7-823A
dúrú 讀如 11-459B
dúruò 讀若 11-459B
dùruò 杜若 4-750A
dǔsài 賭賽 10-236A
dùsāi 杜塞 4-752B
dǔsàng 堵搡 2-1109B
dǔsè 堵塞 2-1109B
dùsè 妒色 4-311B
dúshā 毒砂 7-824A
dúshā 毒殺 7-825A
dúshā 獨殺 5-120B
dǔshǎi 賭色 10-233A
dūshàn 督繕 7-1229B
dúshān 瀆山 6-199B
dúshàn 獨善 5-123A
dúshàn 獨擅 5-125B
dǔshàng 篤尚 8-1222B
dùshāng 蠹商 8-1003B
dùshāng 蠹傷 8-1003B
dúshànqíshēn 獨善其身 5-123A
dúshànwúshēn 獨善吾身 5-123A
dúshànyīshēn 獨善一身 5-123A
dūshè 督攝 7-1230A
dúshé 毒舌 7-823B
dúshé 毒蛇 7-825B
dúshè 讀社 11-459B
dǔshè 賭射 10-234A
dùshè 度涉 3-1226A
dùshè 渡涉 5-1496A
dúshéměngshòu 毒蛇猛獸 7-825B
dúshēn 獨身 5-116B
dúshén 瀆神 6-199B
dúshèn 獨甚 5-119A
dǔshēn 篤深 8-1224A
dǔshén 賭神 10-234A
dǔshèn 篤慎 8-1224B
dùshēn 度身 3-1225B
dǔshénfāzhòu 賭神發咒 10-234A
dūshěng 都省 10-636B
dūshèng 都勝 10-638B
dǔshēng 篤生 8-1221B
dǔshēng 竺生 8-1105A
dǔshèng 賭勝 10-234B
dǔshèng 篤聖 8-1224A
dùshēng 度聲 3-1227A
dúshēngzǐ 獨生子 5-114B
dúshēnzhǔyì 獨身主義 5-117A
dūshī 都師 10-637B
dūshī 督師 7-1227B
dūshì 都士 10-633A
dūshì 都市 10-634A
dūshì 都試 10-639B
dūshì 督眎 7-1227B
dūshì 督視 7-1228A
dúshí 櫝食 4-1354B
dúshǐ 毒矢 7-823B
dúshì 毒噬 7-826B
dúshì 獨逝 5-119B
dúshì 獨視 5-122A
dúshì 黷誓 12-1377B
dǔshí 篤實 8-1225A
dǔshì 覩事 10-339A
dǔshì 賭誓 10-235A
dǔshì 篤嗜 8-1224B
dǔshì 睹是 5-756A
dùshī 杜詩 4-752B
dùshí 蠹食 8-1002B
dùshí 蠹蝕 8-1003B
dùshì 度世 3-1225A
dùshì 度市 3-1225B
dùshì 渡世 5-1496A
dúshìdúfēi 獨是獨非 5-119B
dǔshìfāyuàn 賭誓發願 10-235A
dùshīhánjí 杜詩韓集 4-752B
dùshīhánwén 杜詩韓文 4-752B
dǔshíhàoxué 篤實好學 8-1225A
dùshíniáng 杜十娘 4-748B
dùshíyí 杜十姨 4-748B
dǔshǐzhīzhōng 覩始知終 10-339A
dūshǒu 督守 7-1227A
dūshòu 都授 10-637B
dúshǒu 毒手 7-823B
dúshǒu 獨守 5-116A
dúshòu 毒獸 7-827B
dǔshǒu 賭手 10-232B
dǔshǒu 篤守 8-1222A
dūshǔ 督署 7-1228B
dūshù 都數 10-640B
dúshū 牘書 6-1051B
dúshū 讀書 11-460B
dúshǔ 毒暑 7-825B
dúshǔ 鼣鼠 5-84A
dúshù 獨樹 5-125B
dúshù 讀數 11-461A
dǔshū 賭書 10-234A
dǔshù 賭術 10-234B
dǔshù 賭墅 10-235A
dùshū 蠹書 8-1002B
dùshù 杜墅 4-753A
dùshù 度數 3-1227A
dūshuài 督率 7-1228A
dūshuài 督帥 7-1227B
dúshūbǐjì 讀書筆記 11-460B
dúshùbùchénglín 獨樹不成林 5-125B
dùshūchóng 蠹書蟲 8-1002B
dúshuìwán 獨睡丸 5-124A
dúshūjūnzi 讀書君子 11-460B
dùshūkè 蠹書客 8-1002B
dúshuō 獨説 5-124B
dǔshuō 賭説 10-235B
dùshuò 度朔 3-1226A
dúshūrén 讀書人 11-460B
dùshùsāntiáomiè 肚束三條篾 6-1170B
dúshùyīzhì 獨豎一幟 5-124A
dúshùyīzhì 獨樹一幟 5-125B
dúshūzhǒngzi 讀書種子 11-460B
dūsì 都寺 10-634A
dúsì 黷祀 12-1377A
dǔsī 覩斯 10-339A
dǔsī 篤思 8-1223A
dǔsǐ 賭死 10-233A
dúsǐshū 讀死書 11-459B
dùsīxūn 杜司勳 4-749A
dúsòng 讀誦 11-461A
dúsōngguān 獨松關 5-117B
dūsù 都速 10-637B
dúsù 毒素 7-824B

dúsù 獨倲 5-119B
dúsù 獨速 5-120A
dúsù 獨宿 5-122A
dúsù 僴倲 1-1692B
dǔsú 篤俗 8-1223A
dǔsù 篤素 8-1223A
dǔsù 篤速 8-1223B
dùsú 蠹俗 8-1002B
dùsuì 度歲 3-1226B
dùsǔn 蠹損 8-1003B
dúsǔnniú 獨笋牛 5-120A
dúsǔnniú 獨筍牛 5-123A
dúsǔnzǐ 獨笋子 5-120A
dūsuǒ 督索 7-1227B
dùsuǒ 度索 3-1226A
dùsuǒjūn 度索君 3-1226A
dǔsùsù 篤速速 8-1223B
dǔsùsù 篤簌簌 8-1225B
dūtái 都臺 10-639B
dūtái 闍臺 12-122B
dǔtān 賭攤 10-236A
dūtáng 都堂 10-638A
dūtángǔ 都曇鼓 10-641B
dútè 獨特 5-120A
dútǐ 獨體 5-127A
dútián 瀆田 6-199B
dùtián 杜田 4-749A
dūtiānjiàozhǔ 都天教主 10-633B
dǔtiào 賭跳 10-235A
dútiè 讀帖 11-459B
dūtīng 都廳 10-642B
dūtīng 督聽 7-1230A
dūtíng 都亭 10-637A
dútīng 獨聽 5-127A
dūtǒng 都統 10-639A
dūtǒng 督統 7-1228A
dútòng 毒痛 7-826A
dūtǒnglǒng 都統籠 10-639A
dūtóu 都頭 10-641A
dǔtóu 堵頭 2-1110A
dǔtóu 賭頭 10-235B
dùtóu 渡頭 5-1496B
dútóujiǎn 獨頭繭 5-125B
dūtóuyìxìng 都頭異姓 10-641A
dútóuzhèngzhì 獨頭政治 5-125B
dūtú 都圖 10-640A
dǔtú 賭徒 10-234A
dūtuán 都團 10-640A
dútūn 獨吞 5-116A
dùtuō 度脱 3-1226A
dùwài 度外 3-1225A
dúwán 獨完 5-117A
dúwán 櫝丸 4-1354B
dúwán 皾丸 8-526A
dúwán 韇丸 12-215B
dúwán 韥丸 12-689B
dǔwán 篤頑 8-1224A
dúwáng 獨王 5-113B
dúwǎng 獨往 5-118A
dúwǎng 罜網 8-1021A
dúwǎngdúlái 獨往獨來 5-118B
dūwèi 都尉 10-638A
dúwēi 毒威 7-824A
dúwēi 獨威 5-119A
dúwéi 獨唯 5-121A
dúwéi 獨惟 5-122A
dúwéi 讀爲 11-460B
dúwěi 毒尾 7-823B
dúwěi 牘尾 6-1051B
dúwèi 毒味 7-824A
dùwèi 杜衛 4-753B
dùwéiniáng 杜韋娘 4-750B
dūwēiyí 都威儀 10-636B
dǔwēizhīzhù 睹微知著 7-1224B
dúwén 獨聞 5-124B
dǔwén 睹聞 7-1224B
dúwò 獨卧 5-117B
dǔwō 賭窩 10-235A
dūwú 都無 10-638B
dúwū 瀆汙 6-199B
dúwú 獨無 5-122B
dúwǔ 瀆武 6-199B
dúwǔ 黷武 12-1377A
dúwù 毒物 7-824A
dúwù 毒霧 7-827B
dúwù 獨悟 5-120B
dúwù 讀物 11-459B
dùwǔ 杜五 4-749A
dùwù 蠹物 8-1002A
dùwújí 度無極 3-1226B
dùwǔkù 杜武庫 4-750A
dúwǔqióngbīng 黷武窮兵 12-1377A
dǔwùsīrén 睹物思人 7-1224A
dǔxí 篤習 8-1224A
dǔxì 賭戲 10-236A
dùxì 杜隙 4-752A
dūxiá 都轄 10-641B
dūxià 都下 10-633A
dūxián 都咸 10-636B
dūxiàn 都憲 10-641B
dúxián 獨賢 5-125A
dúxiàn 毒腺 7-826A
dǔxiàn 賭綫 10-235B
dùxiàn 妒羨 4-312A
dūxiāng 都鄉 10-638B
dúxiǎng 獨享 5-118B
dúxiàng 獨鄉 5-122A
dúxiàng 獨嚮 5-126A
dǔxiàng 篤向 8-1222A
dùxiāng 蠹餉 8-1003B
dūxiānghóu 都鄉侯 10-638B
dùxiánjínéng 妒賢疾能 4-312A
dùxiánjínéng 妒賢嫉能 4-312A
dúxiánpáoqín 獨絃匏琴 5-122A
dúxiánqín 獨弦琴 5-119A
dūxiánzǐ 都咸子 10-636B
dúxiào 獨笑 5-120A
dúxiào 獨嘯 5-125B
dǔxiào 篤孝 8-1222A
dúxiě 獨寫 5-125A
dúxiè 瀆褻 6-200A
dúxiè 黷泄 12-1377A
dùxìfángwēi 杜隙防微 4-752A
dǔxīn 堵心 2-1109B
dǔxìn 篤信 8-1223A
dǔxìn 竺信 8-1105A
dùxīn 杜心 4-749A
dùxīn 蠹心 8-1001B
dǔxīndàijiù 篤新怠舊 8-1224B
dūxíng 督行 7-1227A
dúxíng 毒刑 7-823B
dúxíng 獨行 5-115B
dúxíng 黷刑 12-1377A
dúxǐng 獨醒 5-125B
dúxìng 毒性 7-824A
dúxìng 獨幸 5-117B
dǔxíng 篤行 8-1222A
dǔxìng 賭興 10-235B
dǔxìng 篤性 8-1222B
dúxíngdúduàn 獨行獨斷 5-116A
dúxínggēn 獨行根 5-116A
dúxínghǔ 獨行虎 5-116A
dúxíngjǔjǔ 獨行踽踽 5-116A
dúxíngqíshì 獨行其是 5-116A
dúxǐngrén 獨醒人 5-125B
dǔxìnhàoxué 篤信好學 8-1223A
dùxīntiě 鍍鋅鐵 11-1358A
dùxītiě 鍍錫鐵 11-1358A
dúxiù 獨秀 5-116B
dǔxiū 篤脩 8-1223B
dùxiǔ 蠹朽 8-1002A
dúxiùfēng 獨秀峰 5-116B
dúxù 殰殈 5-180A
dǔxù 篤序 8-1222B
dùxū 蠹胥 8-1002B
dūxué 督學 7-1229A
dúxué 獨學 5-126A
dúxué 讀學 11-461A
dǔxué 篤學 8-1225B
dùxué 杜學 4-753B
dǔxuébùjuàn 篤學不倦 8-1225B
dūxuéshǐzhě 督學使者 7-1229A
dūxùn 督訓 7-1228A
dūyā 督壓 7-1229B
dūyǎ 都雅 10-638B
dǔyǎ 篤雅 8-1224A
dúyān 毒煙 7-826A
dúyán 獨言 5-117A
dúyǎn 毒眼 7-825B
dúyàn 毒焰 7-826A
dúyàn 毒餤 7-826B
dúyàn 獨雁 5-122B
dúyàn 獨鴈 5-125A
dùyán 蠹言 8-1002A
dūyǎng 都養 10-640B
dúyáng 獨陽 5-122A
dúyǎngzǐ 獨養子 5-124B
dúyǎnlóng 獨眼龍 5-121A
dúyáo 獨搖 5-123B
dúyáo 獨謡 5-126A
dúyào 毒藥 7-827A
dúyáoshǒu 獨搖手 5-123B
dúyáozhī 獨搖芝 5-123B
dūyě 都冶 10-635A
dūyě 都野 10-638A
dúyè 毒液 7-825B
dúyè 獨夜 5-118B
dǔyē 堵噎 2-1110A
dùyè 蠹葉 8-1003B
dūyì 都邑 10-635A
dūyì 都肄 10-639B
dūyì 督役 7-1227A
dúyī 獨一 5-113B
dúyī 犢衣 6-289B
dúyǐ 獨乙 5-113B
dúyì 獨異 5-121A
dúyì 獨詣 5-124A
dúyì 瀆斁 6-200A
dǔyì 篤意 8-1224B
dǔyì 篤義 8-1224B
dǔyì 篤藝 8-1225B
dùyí 杜儀 4-753A
dùyì 杜義 4-752B
dùyì 蠹役 8-1002A
dūyìbù 都邑簿 10-635A
dúyīn 獨陰 5-120B
dúyīn 讀音 11-460A
dúyín 毒淫 7-825B
dúyín 獨吟 5-116B
dúyǐn 毒癮 7-827B
dùyín 蠹蟫 8-1004A
dùyǐn 度引 3-1225A
dùyǐn 渡引 5-1496A
dúyīwú'èr 獨一無二 5-113B
dūyíxiāng 都夷香 10-634B
dūyǒng 都踊 10-640A
dúyòng 獨用 5-114B
dúyòngjiāngjūn 獨用將軍 5-114B
dūyóu 都郵 10-637B
dūyóu 督郵 7-1227B
dúyóu 獨游 5-123B
dúyóu 獨遊 5-123A
dúyǒu 獨有 5-115A
dúyòu 獨侑 5-118A
dǔyǒu 賭友 10-232B
dǔyǒu 篤友 8-1221B
dùyóu 杜郵 4-751A
dùyóujiàn 杜郵劍 4-751A
dùyóutíng 杜郵亭 4-751A
dǔyōuyōu 篤悠悠 8-1223B
dùyóuzhīcì 杜郵之賜 4-751A
dùyóuzhīlù 杜郵之戮 4-751A
dūyú 都俞 10-637A
dūyù 督御 7-1228A

dúyǔ 獨語 5-124B
dúyù 獨狢 5-120B
dúyù 櫝玉 4-1354B
dúyù 牘聿 6-1051B
dǔyù 堵禦 2-1110A
dùyú 蠹魚 8-1003A
dùyǔ 杜宇 4-749B
dūyuán 督轅 7-1229B
dúyuán 獨園 5-124A
dúyuàn 獨院 5-119B
dǔyuán 堵垣 2-1109B
dùyuán 杜園 4-752B
dùyuán 蠹蝝 8-1004A
dúyuánnǔjūn 獨轅弩軍 5-126A
dùyuánsǔn 杜園笋 4-752B
dúyuē 讀曰 11-459B
dúyuè 毒月 7-823B
dúyuè 獨說 5-124B
dùyuè 度越 3-1226A
dùyuè 渡越 5-1496B
dúyùn 毒熨 7-826B
dúyùn 獨運 5-123B
dúyùn 櫝韞 4-1354B
dǔyùn 賭運 10-234B
dùyùn 杜醞 4-753B
dūyúxūfú 都俞吁咈 10-637A
dùyúyǒu 蠹魚友 8-1003B
dǔzāi 篤災 8-1222B
dùzǎi 渡仔 5-1496A
dūzào 都竈 10-642B
dūzào 督造 7-1227B
dúzào 獨造 5-120A
dùzào 杜造 4-751A
dūzé 都澤 10-641B
dūzé 督責 7-1228A
dǔzé 篤責 8-1223B
dúzéi 毒賊 7-826A
dǔzéi 賭賊 10-235A
dùzéi 蠹賊 8-1003B
dúzhá 黷扎 12-1377A
dúzhá 黷札 12-1377A
dǔzhài 賭債 10-235A
dǔzhài 篤瘵 8-1225B
dūzhàn 督戰 7-1229A
dúzhàn 獨占 5-114B
dúzhàn 獨佔 5-116B
dǔzhàn 賭戰 10-235B
dúzhàn'áotóu 獨占鰲頭 5-114B
dúzhàn'áotóu 獨占鼇頭 5-114B
dūzhǎng 都長 10-635B
dúzhǎng 獨掌 5-122B
dúzhàng 毒瘴 7-827A
dǔzhàng 賭帳 10-234B
dǔzhàng 賭賬 10-235B
dúzhànzīběn 獨占資本 5-114B
dúzhào 獨照 5-124A
dúzhāo'er 毒招兒 7-823B
dūzhè 都蔗 10-639B
dúzhě 讀者 11-459B
dùzhé 蠹折 8-1002A
dūzhèn 督陣 7-1227B
dūzhèn 督鎮 7-1229B
dūzhěng 督整 7-1229A
dūzhèng 督正 7-1227A
dúzhēng 黷征 12-1377A
dúzhèng 毒症 7-825A
dǔzhèng 篤正 8-1221B
dùzhèng 蠹政 8-1002A
dùzhèngbìngmín 蠹政病民 8-1002A
dùzhènghàimín 蠹政害民 8-1002B
dūzhī 都知 10-635B
dūzhì 督治 7-1227A
dúzhī 毒汁 7-823B
dúzhī 獨知 5-118A
dúzhí 瀆職 6-200A
dúzhì 毒螫 7-827A
dúzhì 毒治 7-824A
dúzhì 毒幟 7-826B
dúzhì 獨至 5-115B
dúzhì 獨志 5-116A
dúzhì 獨治 5-118B
dúzhì 獨智 5-122B
dǔzhì 堵雉 2-1109B
dǔzhì 篤至 8-1222A
dǔzhì 篤志 8-1222A
dǔzhì 篤摯 8-1225A
dǔzhì 竺埶 8-1105B
dùzhǐ 度紙 3-1226A
dùzhì 妒忮 4-311B
dùzhì 杜觶 4-754B
dùzhì 度制 3-1225B
dǔzhìhàoxué 篤志好學 8-1222B
dūzhōng 都中 10-633B
dúzhōng 獨鍾 5-126A
dúzhǒng 毒腫 7-826A
dúzhòng 讀衆 11-460B
dǔzhōng 篤終 8-1224A
dǔzhòng 篤重 8-1223A
dùzhòng 杜仲 4-749B
dūzhōngzhǐguì 都中紙貴 10-633B
dúzhǒu 獨帚 5-118B
dǔzhòu 賭呪 10-233A
dǔzhòu 賭咒 10-233A
dǔzhòufāshì 賭咒發誓 10-233B
dūzhù 都柱 10-636B
dūzhù 都紵 10-638B
dúzhú 毒逐 7-824B
dúzhù 獨著 5-120B
dúzhù 讀祝 11-460A
dǔzhù 賭注 10-233B
dùzhǔ 杜主 4-749A
dūzhuàn 督篆 7-1229A
dúzhuān 獨專 5-121A
dǔzhuān 篤專 8-1223B
dùzhuàn 杜撰 4-753A
dūzhuāng 都莊 10-637B
dúzhuó 獨酌 5-120A
dúzhuóyáo 獨酌謠 5-120A
dǔzhùzhīwēi 覩著知微 10-339A
dūzi 豚子 4-53B
dūzǐ 都子 10-633B
dúzǐ 獨子 5-113B
dúzǐ 犢子 6-289A
dúzì 獨自 5-115B
dǔzi 肚子 6-1170B
dǔzi 賭子 6-1305A
dǔzī 賭資 10-235A
dùzi 肚子 6-1170A
dùzǐ 渡子 5-1496A
dùzì 蠹字 8-1002A
dúzìgè 獨自個 5-115B
dúzìgè 獨自箇 5-115B
dùzǐwēi 杜紫微 4-752A
dùzìyú 蠹字魚 8-1002A
dūzǒng 都總 10-642A
dūzǒngguǎn 都總管 10-642A
dúzòu 獨奏 5-119A
dúzòu 讀奏 11-460A
dúzòuzhōu 獨奏州 5-119A
dūzuǎn 都纂 10-642A
dúzuǐ 毒觜 7-826A
dúzuì 獨醉 5-125A
dǔzuǐ 堵嘴 2-1110A
dúzūn 獨尊 5-123B
dūzuò 都坐 10-635A
dūzuò 都座 10-637B
dúzuǒ 獨姼 5-119A
dúzuò 獨坐 5-117A
dǔzuò 竺胙 8-1105A
dùzuò 杜做 4-752A
dūzuòyuàn 都作院 10-635A

E

è'ài 扼隘 6-361B
ē'ǎn 阿匼 11-929B
èbà 惡霸 7-562A
ébàn 額辦 12-342B
ēbàng 阿謗 11-940B
ēbǎo 阿保 11-932A
ébāo 鵝包 12-1111B
ébào 訛報 11-74B
ébào 鵝抱 12-1112A
èbāo 鄂褒 10-657A
èbào 惡報 7-558B
ébèi 鵝鞴 12-1115A
èbèi 鄂被 10-656B
éběn 訛本 11-73A
èběn 堊本 2-1110B
éběng 訛繃 11-75A
ēbǐ 阿比 11-924B
ēbì 阿避 11-940A
ébí 鵝鼻 12-1114B
ébì 訛弊 11-75A
èbí 鰐鼻 12-1423B
èbǐ 堊筆 2-1110B
èbì 扼臂 6-361B
èbì 遏閟 10-1034A
ébiān 額編 12-342A
ébiàn 峨弁 3-820A
ébiàn 訛變 11-76A
èbiǎo 鶚表 12-1132B
èbīn 惡賓 7-560A
ēbǐng 阿柄 11-931A
ébīng 額兵 12-341A
èbìng 餓病 12-544A
èbìnièzhǐ 搤臂嚙指 6-818A
èbó 惡薄 7-560B
èbó 鄂博 10-657A
èbó 遏勃 10-1033A
èbó 餓踣 12-544B
èbó 餓殍 12-544B
èbó 閼伯 12-128A
ébù 鵝步 12-1111B
èbù 咢布 3-321A
ébùshícǎo 鵝不食草 12-1111A
ècǎi 惡彩 7-558B
ècǎi 匎彩 2-190B
ècǎi 匎綵 2-191A
écáo 額漕 12-342A
ècǎo 惡草 7-556B
ècǎojù 惡草具 7-556B
écè 俄測 1-1401A
échā 訛差 11-74A
èchā 惡叉 7-553B
èchà 惡姹 7-557B
èchà 惡詫 7-559B
èchābáilài 惡叉白賴 7-553B
èchábáilài 惡茶白賴 7-556B
ēchǎn 阿諂 11-938B
écháng 鵝腸 12-1113B
échǎng 囮場 3-624B
ēchāngzú 阿昌族 11-929B
échē 鵝車 12-1111B
èchē 堊車 2-1110B
ēchèn 痾疢 8-321B
ēchèn 痾疹 8-321B
èchén 阨陳 11-914A
échēng 訛稱 11-75A
échéng 鵝城 12-1112A
èchénwúrǎn 惡塵無染 7-560A
échí 鵝池 12-1111B
èchì 鶚眙 12-1132B
èchì 䀉眙 7-1238A
èchòu 惡臭 7-558A
échú 鵝雛 12-1115A
èchù 惡處 7-558A
échuán 訛傳 11-74B
échuǎn 訛舛 11-73A
échújiǔ 鵝雛酒 12-1115A
ècí 惡辭 7-561B
ēcóng 阿從 11-934B
écù 頞蹙 12-293A
écuàn 訛竄 11-76A
écuì 娥翠 4-363B
écuì 鵝毳 12-1113B
ècuī 阨摧 11-914A
écuò 訛錯 11-75B
écùxīntòng 額蹙心痛 12-342B
èdá 餓答 12-544B
édài 蛾黛 8-902A
èdǎizi 惡歹子 7-554A
èdān 惡單 7-559A
ēdǎng 阿黨 11-941B
èdǎng 惡黨 7-561B
ēdǎngbǐzhōu 阿黨比周 11-941B
édànliǎn 鵝蛋臉 12-1113A
édànshí 鵝蛋石 12-1113A
èdǎo 惡禱 7-561B
èdào 惡道 7-559A
ēde 阿的 11-929B
èdé 惡得 7-558B
èdé 惡德 7-560B
èdí 遏糴 10-1034B
èdì 惡地 7-554B
èdì 鄂棣 10-657A
ēdiàn 阿殿 11-937A
édié 蛾蝶 8-902A
édìng 額定 12-341B
èdòu 惡鬥 7-557B
ēdǔ 阿堵 11-934A
ēdǔ 阿睹 11-936B
édù 訛蠹 11-76A
édù 額度 12-341B
ēdū 鄂都 10-656B
èdú 惡毒 7-556B
èduān 鄂端 10-657A
édùn 鈋鈍 11-1219A
ēduò 婀媠 4-367A
éduó 訛敓 11-74B
éduó 訛奪 11-75A
èduó 遏奪 10-1034A
èduò 惡垛 7-556B
ēdǔwù 阿堵物 11-934A
ē'ē 阿阿 11-929A
é'é 俄俄 1-1401A
é'é 娥娥 4-363A
é'é 峨峨 3-820B
é'é 訛僞 11-75A
é'é 蛾蛾 8-902A
é'é 額額 12-292A
é'é 額額 12-342B
è'è 岋岋 3-800B
è'è 呃呃 3-206A
è'è 砐硪 7-1005B
è'è 咢咢 3-321A
è'è 峉峉 3-814B
è'è 鄂鄂 10-657A
è'è 崿崿 3-855A
è'è 愕愕 7-659B
è'è 遏惡 10-1033B
è'è 遏閼 10-1034B
è'è 詻詻 11-198A
è'è 噩噩 3-516B
è'è 諤諤 11-344A
è'è 閼遏 12-128B
è'è 餩餩 12-564A
è'è 鍔鍔 11-1349B
è'è 啞啞 3-374A
è'èhúnhún 噩噩渾渾 3-516B
é'er 蛾兒 8-901A
é'ér 俄而 1-1400B
é'ér 睋而 7-1222B
é'ér 蛾而 8-901A
é'ér 鵝兒 12-1112A
é'ěr 俄爾 1-1401A
é'ěr 額爾 12-342A
è'ěr 啞爾 3-374B
é'ércháng 鵝兒腸 12-1112A
è'ěrduō 鄂爾多 10-657A
è'ěrduōsī 鄂爾多斯 10-657A
é'érhuáng 鵝兒黃 12-1112A
é'éshāngshāng 峨峨湯湯 3-820B
è'èshíshí 惡惡實實 7-558B
è'èyángshàn 遏惡揚善 10-1033B
é'éyángyáng 峨峨洋洋 3-820B
ēfǎ 阿法 11-930A
éfǎ 訛法 11-73B
èfā 惡發 7-559A
èfǎ 惡法 7-556B
èfàn 餓飯 12-544B
éfáng 鵝肪 12-1112A
èfáng 遏防 10-1032B
èfēi 惡非 7-558A
èfèi 遏廢 10-1034B
ēfèn 阿忿 11-930A
ēfèng 阿奉 11-929A
éfēng 訛風 11-73B
èfēng 惡風 7-557A
èfēng 齶鋒 12-1457A
ēfǔ 阿輔 11-937A
ēfù 阿附 11-929A
ēfù 阿阜 11-930A
ēfù 阿傅 11-935B
éfù 額賦 12-342A
éfù 額駙 12-342A
èfū 鄂不 10-656A
èfū 萼跗 9-471B
èfū 餓夫 12-543B
èfù 軛縛 9-1226A
ègǎn 惡感 7-559B
ēgǎo 阿縞 11-940A
égāoxùn 鵝膏蕈 12-1114B
ēgé 阿閣 11-937B
égě 峨舸 3-820B
ègǒu 惡狗 7-556A
ēgǔ 阿谷 11-928B
égǔ 額骨 12-292A
ègǔ 顎骨 12-334A
ègù 愕顧 7-659B
ègù 鶚顧 12-1133A
èguài 愕怪 7-659A
éguān 峨冠 3-820A
éguǎn 鵝管 12-1114B
éguàn 鵝鸛 12-1115A
éguǎnbīng 鵝管冰 12-1114B
éguānbódài 峨冠博帶 3-820A
éguāncǎo 鵝觀草 12-1115A
èguànmǎnyíng 惡貫滿盈 7-558B
éguǎnshí 鵝管石 12-1114B
èguànyǐyíng 惡貫已盈 7-558B
éguǎnyù 鵝管玉 12-1114B
ēguì 阿貴 11-935B
èguī 鶚龜 12-1133A
èguǐ 惡鬼 7-557A
èguǐ 餓鬼 12-544A
ègùn 惡棍 7-558B
èguǒ 惡果 7-556A
èguò 遏過 10-1033A
èh'āi 噁咍 3-426B
èhǎi 鰐海 12-1247B
èhài 厄害 1-917B
èhàn 餓漢 12-544B
èháng 扼吭 6-361A
èháng 搤吭 6-818A
èhángfǔbèi 扼吭拊背 6-361A
ēhǎo 阿好 11-928A
éhāo 莪蒿 9-418A
éhào 訛號 11-74B
èhào 惡耗 7-557B
èhào 噩耗 3-516A
èhé 輵螛 9-1301A
èhé 輵轄 9-1301A
èhè 呃嚇 3-206B
ēhéng 阿衡 11-938A
èhěnhěn 惡哏哏 7-557A

èhěnhěn 惡狠狠 7-557A
èhóu 扼喉 6-361A
èhòu 惡候 7-557B
èhóufǔbèi 扼喉撫背 6-361B
éhū 俄忽 1-1401A
éhú 鵝湖 12-1113B
èhuà 惡化 7-554A
èhuà 腭化 6-1349A
éhuán 峨鬟 3-821A
éhuán 蛾鬟 8-902A
éhuàn 訛幻 11-73A
éhuáng 娥皇 4-363A
éhuáng 蛾黄 8-901B
éhuáng 額黄 12-341B
éhuáng 鵝黄 12-1112B
éhuángjiǔ 鵝黄酒 12-1112B
éhuángsū 鵝黄酥 12-1112B
éhuī 娥輝 4-363B
èhuì 堊灰 2-1110B
èhuì 惡慧 7-560B
èhuì 惡穢 7-561B
èhuì 厄會 1-918A
èhuì 戹會 7-346B
èhuì 阨會 11-914A
èhuì 隂會 11-957B
èhuì 餓喙 12-544B
éhùn 訛溷 11-74B
ēhuò 痾禍 8-321B
éhuǒ 訛火 11-73A
èhuǒ 餓火 12-543B
èhuò 戹禍 7-346B
èhǔpūshí 餓虎撲食 12-543B
èhǔtūnyáng 餓虎吞羊 12-543B
éhúzhīhuì 鵝湖之會 12-1113B
éjí 額籍 12-342B
éjì 峨髻 3-821A
éjì 鵝罽 12-1115A
èjī 惡笄 7-557B
èjī 惡跡 7-559B
èjī 閼積 12-128B
èjí 惡疾 7-558A
èjí 厄急 1-917B
èjí 阨急 11-914A
éjiān 訛簡 11-75B
èjiān 隂艱 11-958A
èjiàn 惡劍 7-560B
èjiàn 鶚薦 12-1133A
èjiànfángméng 遏漸防萌 10-1034A
éjiāng 鰪鱂 12-1252A
éjiāngshuǐ 娥姜水 4-363A
ējiāo 阿膠 11-938B
éjiāo 娥姣 4-363A
éjiāo 額角 12-341A
èjiāo 惡燋 7-561A
éjiǎotóu 額角頭 12-341B
ējiē 阿街 11-935B
ējié 阿結 11-936B
ējiè 阿借 11-933A
éjiě 額解 12-342A
èjié 厄劫 1-917B
èjié 遏截 10-1034A
èjié 諤節 11-344A
èjīn 惡金 7-556A
èjǐn 餓饉 12-544B
ējǐng 阿井 11-924B
éjǐng 鵝經 12-1114A
éjǐng 俄景 1-1401A
éjǐng 鵝頸 12-1114B
èjīng 愕驚 7-659B
èjǐng 厄井 1-917A
èjǐng 阨阱 11-914A
èjǐng 厄境 1-918A
ējǐngjiāo 阿井膠 11-924B
èjìngtóu 惡境頭 7-560A
èjìnkòngyān 扼襟控咽 6-361B
ējīnniàoyín 屙金溺銀 4-49B
èjiǒng 阨窘 11-914A
éjiǔ 鵝酒 12-1112B
èjiǔ 惡酒 7-558A
èjíyíngzhǐ 惡籍盈指 7-561B
èjù 惡劇 7-560B
èjù 扼據 6-361B
èjù 愕懼 7-659B
éjuàn 鵝絹 12-1114B
èjué 隘絶 11-1097A
èjué 惡覺 7-562A
èjué 遏絶 10-1034A
èjué 閼絶 12-128B
èjūn 鄂君 10-656B
èjùn 惡郡 7-557B
èjūnbèi 鄂君被 10-656B
èjūnchuán 鄂君船 10-656B
èjūncuìbèi 鄂君翠被 10-656B
èjūnxiāngbèi 鄂君香被 10-656B
èjūnzhōu 鄂君舟 10-656B
ékè 俄刻 1-1401A
èkè 惡客 7-557B
ékǒu 鵝口 12-1111A
èkǒu 惡口 7-553B
èkòu 鶚鷇 12-1133A
ékǒubáichuāng 鵝口白瘡 12-1111A
ékǒuchuāng 鵝口瘡 12-1111A
èkǔ 厄苦 1-917B
èkǔ 戹苦 7-346B
ékuǎn 額款 12-342A
èkùn 厄困 1-917B
èkùn 戹困 7-346B
èkùn 隂困 11-957B
èlà 惡辣 7-560A
élài 訛賴 11-75B
èlài 惡賴 7-560B
élán 鵝欄 12-1115A
élàn 訛濫 11-75B
èlàn 惡濫 7-561B
èláng 餓狼 12-544A
èlàng 惡浪 7-558A
èlàng 鰐浪 12-1247B
èlǎochī 餓老鴟 12-543B
èlè 遏勒 10-1033A
èléi 餓羸 12-544B
èlèi 惡類 7-561B
élí 鵝梨 12-1113A
èlǐ 餓理 12-544A
èlì 惡例 7-556A
èlì 惡戾 7-556B
èlì 餓隷 12-544B
èlì 噩厲 3-516B
èlì 鶚立 12-1132B
èliǎn 惡臉 7-561B
èliè 惡劣 7-554B
èliè 腭裂 6-1349B
élíjiǎo'er 鵝梨角兒 12-1113A
élín 額林 12-341B
èlín 惡林 7-556A
élíng 鵝翎 12-1113A
élíngshì 娥陵氏 4-363A
èliú 遏劉 10-1034A
èliúyún 遏流雲 10-1033A
élíxuánfēngjì 鵝梨旋風髻 12-1113A
élóng 鵝籠 12-1115A
élóngshūshēng 鵝籠書生 12-1115A
ēlǒu 阿摟 11-937A
élóu 額樓 12-342A
èlòu 訛漏 11-75A
élú 額顱 12-342B
èlù 礣碌 7-1053A
èlú 堊廬 2-1110B
èlù 惡露 7-562A
éluàn 訛亂 11-74B
éluǎnshí 鵝卵石 12-1111B
élún 娥輪 4-363B
èlún 惡輪 7-560B
èlúnchūnzú 鄂倫春族 10-656B
éluó 蛾羅 8-902A
éluò 訛落 11-74B
ěluǒ 閜砢 12-98B
élǔtè 額魯特 12-342A
élù 娥緑 4-363B
élù 蛾緑 8-902A
èlù 蕚緑 9-471B
élüè 訛略 11-74A
èlùhuá 蕚緑華 9-472A
èlùjūn 蕚緑君 9-471B
émǎ 額馬 12-341B
èmǎ 惡馬 7-557B
émáo 鵝毛 12-1111A
émào 鵝帽 12-1113B
émáopiàn 鵝毛片 12-1111A
émáoshàn 鵝毛扇 12-1111B
émáosù 鵝毛素 12-1111A
émáotǐng 鵝毛艇 12-1111B
émáotǐng 鵝毛脡 12-1111A
émáoxuě 鵝毛雪 12-1111B
ēmèi 阿昧 11-931B
ēmèi 阿媚 11-936B
éméi 娥眉 4-363A
éméi 峨眉 3-820A
éméi 峨嵋 3-820B
éméi 蛾眉 8-901A
èmèi 扼昧 6-361A
éméibān 蛾眉班 8-901B
éméibǎoguāng 峨眉寶光 3-820A
éméidòu 蛾眉豆 8-901B
éméimànlù 蛾眉曼睩 8-901B
éméiqínshǒu 蛾眉螓首 8-901B
éméiyuè 蛾眉月 8-901B
ēmén 阿門 11-930B
émén 額門 12-341B
èmèng 惡夢 7-559B
èmèng 愕夢 7-659B
èmèng 噩夢 3-516B
ēmí 阿彌 11-940B
èmì 遏密 10-1033B
èmì 閼密 12-128B
émiǎn 峨冕 3-820B
ēmiánhuāshǐ 阿綿花屎 11-938A
émiáo 娥媌 4-363A
èmiè 遏滅 10-1034A
émín 峨岷 3-820A
émíng 額名 12-341A
èmíng 惡名 7-555A
ēmítuó 阿彌陀 11-940B
ēmítuófó 阿彌陀佛 11-940B
émiù 訛謬 11-75B
émiù 僞繆 1-1678B
émiù 僞謬 1-1678B
ēmó 阿磨 11-939B
èmó 惡魔 7-562A
émù 鵝目 12-1111B
èmù 惡木 7-553B
èmúyàng 惡模樣 7-560A
ēnà 阿那 11-927B
ènà 遏捺 10-1033A
ēnàhū 阿那忽 11-927B
ēn'ài 恩愛 7-498A
ènàn 厄難 1-918A
ènàn 阨難 11-914B
ēnáo 阿撓 11-938A
ēnáo 阿橈 11-939B
énào 訛鬧 11-75B
ēnbǎng 恩榜 7-498B
ēnbǎng 恩牓 7-498B
ēnbō 恩波 7-495A
ēnbùfàngzhài 恩不放債 7-494A
ēnchǒng 恩寵 7-500A
ēnchóu 恩仇 7-494A
ēnchóu 恩讎 7-500A
ēnchú 恩除 7-496A
ēncí 恩慈 7-498A
ēncì 恩賜 7-499A
ēndài 恩貸 7-497B
èndǎohúlu… 摁倒葫蘆瓢起來 6-803A
ēndé 恩德 7-499A
ēndì 恩地 7-494A
ēndiǎn 恩典 7-494B
ēndōng 恩東 7-494B

ěn'è 良崿 3-815B
èněi 餓餒 12-544B
èněi 餓餧 12-544B
ēnfèn 恩分 7-494A
ēnfēng 恩風 7-496A
ēnfèng 恩俸 7-496B
ēnfú 恩福 7-498A
ēnfǔ 恩府 7-495A
ēnfǔ 恩撫 7-499A
ēnfù 恩覆 7-500A
ēngāo 恩膏 7-498B
ēngōng 恩公 7-494A
ēngòng 恩貢 7-496B
ēngù 恩故 7-495A
ēngù 恩顧 7-500A
ēnguān 恩官 7-495A
ēnguāng 恩光 7-494B
ēnhǎo 恩好 7-494B
ēnhòu 恩厚 7-495B
ēnhuà 恩化 7-494A
ēnhuái 恩懷 7-500A
ēnhuán 恩環 7-499B
ēnhuàn 恩豢 7-498A
ēnhuī 恩輝 7-499A
ēnhuì 恩惠 7-497B
énì 訛倪 11-74A
ènì 惡逆 7-557A
ènì 呃逆 3-206A
ènì 愕眤 7-659B
ènì 遏匿 10-1033A
ènì 鶚睨 12-1133A
ènián 戹年 7-346B
èniàn 惡念 7-556A
èniè 梔臬 4-813B
èniè 惡孽 7-561B
èniǔ 厄紐 1-917B
ēnjì 恩紀 7-496A
ēnjì 恩寄 7-497A
ēnjiā 恩家 7-496B
ēnjiǎ 恩假 7-497A
ēnjià 恩假 7-497A
ēnjiǎng 恩獎 7-498B
ēnjiāngchóubào 恩將仇報 7-497B
ēnjiē 恩接 7-496B
ēnjié 恩結 7-497B
ēnjiè 恩借 7-496B
ēnjìng 恩敬 7-497B
ēnjiù 恩舊 7-499B
ēnjǔ 恩舉 7-499B
ēnjuàn 恩眷 7-497A
ēnjūn 恩軍 7-496A
ēnkē 恩科 7-495B
ēnkè 恩客 7-496A
ènkòu'er 摁扣兒 6-803A
ēnkuān 恩寬 7-498B
ēnkuǎn 恩款 7-497B
ēnkuàng 恩貺 7-497B
ēnlài 恩賚 7-499A
ēnlǐ 恩禮 7-500A
ēnlì 恩力 7-493B
ēnlì 恩例 7-495A
ēnlián 恩憐 7-499B
ēnlín 恩臨 7-500A
ēnlíng 恩靈 7-500A
ēnlún 恩綸 7-499A
ēnmén 恩門 7-495A
ēnmiǎn 恩免 7-494B
ēnmiǎn 恩眄 7-495B
ēnmìng 恩命 7-495A
ēnniàn 恩念 7-495A
ēnniúyuànlǐ 恩牛怨李 7-494A
ēnpàn 恩盼 7-495B
ēnpèi 恩霈 7-499A
ēnqī 恩戚 7-497A
ēnqín 恩勤 7-498A
ēnqíng 恩情 7-497A
ēnqìng 恩慶 7-499A
ēnrén 恩人 7-493B
ēnróng 恩榮 7-498B
ēnróngyàn 恩榮宴 7-498B
ēnrùn 恩潤 7-499B
ēnshǎng 恩賞 7-499A
ēnshè 恩赦 7-496B
ēnshěn 恩審 7-499B
ēnshēng 恩生 7-494A
ēnshēnwèiyáng 恩深渭陽 7-497A
ēnshī 恩施 7-496A
ēnshī 恩師 7-496B
ēnshí 恩實 7-498B
ēnshū 恩書 7-496B
ēnshù 恩數 7-499A
ēnsī 恩私 7-494B
ēntái 恩臺 7-498B
ēntián 恩田 7-494A
ēntóngshānyuè 恩同山岳 7-494B
ēntóngzàizào 恩同再造 7-494B
ēnuó 阿那 11-927B
ēnuó 阿娜 11-932B
ēnuó 阿郍 11-930A
ēnuó 婀娜 4-367A
ēnuó 猗那 5-75A
ēnuó 猗儺 5-76B
ēnuóqǔ 阿那曲 11-927B
ènǚ 惡女 7-553B
ènüè 惡虐 7-557A
ēnwēi 恩威 7-495B
ēnwèi 恩慰 7-499B
ēnwò 恩渥 7-497B
ènwō'er 摁窩兒 6-803A
ēnxī 恩錫 7-499B
ēnxiá 恩狎 7-495A
ēnxiàng 恩相 7-495B
ēnxìn 恩信 7-495B
ēnxīng 恩星 7-495B
ēnxìng 恩幸 7-494B
ēnxìng 恩倖 7-496B
ēnxiū 恩休 7-494B
ēnxiū 恩庥 7-496A
ēnxù 恩卹 7-495A
ēnxù 恩恤 7-496A
ēnxù 恩煦 7-498A
ēnyán 恩言 7-494B
ēnyǎng 恩養 7-498B
ēnyǎngqián 恩養錢 7-498B
ēnyì 恩異 7-497A
ēnyì 恩意 7-498A
ēnyì 恩義 7-498A
ēnyì 恩誼 7-499A
ēnyǐn 恩引 7-494A
ēnyǐn 恩隱 7-499B
ēnyìn 恩蔭 7-498A
ēnyìn 恩廕 7-498A
ēnyòu 恩宥 7-496A
ēnyòu 恩誘 7-498B
ēnyú 恩魚 7-497A
ēnyù 恩遇 7-497B
ēnyuàn 恩怨 7-496A
ēnyǔn 恩允 7-494A
ēnzào 恩造 7-496B
ēnzé 恩澤 7-499B
ēnzéhóu 恩澤侯 7-499B
ēnzhān 恩霑 7-499B
ēnzhào 恩詔 7-497B
ēnzhèng 恩政 7-495A
ēnzhī 恩知 7-495A
ēnzhǐ 恩旨 7-494B
ēnzhòngrúshān 恩重如山 7-495B
ēnzhǔ 恩主 7-494A
ēpáng 阿房 11-930B
ēpángdiàn 阿房殿 11-930B
ēpánggōng 阿房宫 11-930B
ēpì 阿辟 11-937A
épì 訛僻 11-75B
èpǐ 惡癖 7-561B
ēpiān 阿偏 11-934B
épiàn 訛騙 11-76A
èpiǎo 餓莩 12-544A
èpiǎo 餓芆 12-543B
èpiǎo 餓殍 12-544A
èpín 戹貧 1-917B
épò 娥魄 4-363B
ēpū 阿撲 11-938A
ēpù 阿鋪 11-938A
èqì 惡氣 7-557B
éqián 訛錢 11-75B
èqiān 扼擘 6-502B
èqián 惡錢 7-561A
éqiě 俄且 1-1400B
éqǐn 訛寢 11-75A
èqīn 鄂衾 10-656B
èqín 戹勤 1-918A
ēqīng 阿傾 11-936B
éqǐng 俄頃 1-1401A
éqìng 額慶 12-342A
èqióng 隘窮 11-1097A
èqióng 戹窮 1-918A
èqióng 阨窮 11-914B
èqióng 陒窮 11-958A
ēqiū 阿丘 11-926A
ēqū 阿曲 11-927A
ēqū 阿屈 11-930B
èqù 惡趣 7-560B
ēquánwǔshì 阿權膴仕 11-942A
équē 峨闕 3-821A
équē 訛缺 11-74A
équē 訛闕 11-76A
équē 額缺 12-341B
équē 鵝闕 12-1115A
équn 鵝羣 12-1114A
équntiè 鵝羣帖 12-1114A
équntiè 鵝群帖 12-1114A
èqǔxiào 惡取笑 7-555B
érán 俄然 1-1401A
érán 峨然 3-820B
èr'ān 二安 1-124A
èrán 咢然 3-321A
èrán 鄂然 10-657A
èrán 愕然 7-659A
èrán 諤然 11-344A
èrán 啞然 3-374A
ěr'ānyuǎnzhì 邇安遠至 10-1279A
ěrbā 耳巴 8-646B
ěrbā 耳扒 8-646B
èrbā 二八 1-118B
èrbá 二拔 1-126A
èrbà 二霸 1-140B
èrbǎdāo 二把刀 1-124B
érbài 兒拜 2-272A
ěrbǎi 餌柏 12-534B
èrbǎiwǔ 二百五 1-123A
érbǎn 兒版 2-272A
ěrbàn 耳伴 8-647B
ěrbàn 耳絆 8-650A
èrbān 二班 1-130B
ěrbào 耳報 8-650B
èrbāo 二包 1-122B
èrbǎo 二寶 1-140B
èrbào 二鮑 1-138B
ěrbàoshén 耳報神 8-650B
èrbǎshou 二把手 1-124B
érbèi 兒輩 2-273A
ěrbēi 耳杯 8-648A
ěrbèi 耳背 8-648B
èrbèizi 二輩子 1-137B
ěrbǐ 珥筆 4-545A
ěrbì 耳閉 8-650A
ěrbǐ 毦筆 6-1007B
èrbì 二辟 1-136B
èrbiān 二邊 1-140A
èrbiàn 二便 1-129A
èrbiàn 二變 1-140B
ěrbiānfēng 耳邊風 8-653A
ěrbiānxiāng 耳邊廂 8-653A
ērbiē 胹鼈 6-1243B
érbiē 臑鱉 6-1399B
érbiē 臑鼈 6-1399B
èrbié 二别 1-125A
ěrbīng 餌兵 12-534B
èrbǐng 二丙 1-122B
èrbǐng 二柄 1-128B
èrbìngsìjù 二并四具 1-124A
ěrbìnsīmó 耳鬢厮磨 8-653B
èrbó 二伯 1-125A
èrbó 二亳 1-131B
ěrbǔ 耳卜 8-646B
èrbù 貳部 10-136B
èrbùguàwǔ 二不挂五 1-120B

èrbùléng 二不楞 1-120B
èrbùléngdēng 二不稜登 1-120B
èrbùliūzi 二不溜子 1-120B
èrbùlóngdōng 二不隆冬 1-120B
èrbùzhì 二部制 1-132A
ěrcài 耳菜 8-650A
èrcāi 貳猜 10-136B
èrcài 二蔡 1-136B
èrcán 二蠶 1-140B
ěrcāng 耳艙 8-652B
ércáo 兒曹 2-272B
ěrcáo 爾曹 1-576A
èrcáo 二曹 1-132B
èrchàng 二唱 1-133A
èrcháo 二朝 1-134A
èrcháotíng 二朝廷 1-134A
érchē 輀車 9-1246B
èrchē 二車 1-124B
èrchē 貳車 10-135B
ěrchén 耳沉 8-647B
ěrchén 邇臣 10-1279A
èrchén 二臣 1-123A
èrchén 二辰 1-125A
èrchén 貳臣 10-135A
èrchéng 二乘 1-131B
èrchéng 二程 1-134B
èrchězi 二扯子 1-124B
érchǐ 兒齒 2-273A
ěrchí 耳池 8-647B
èrchī 二癡 1-140B
èrchī 二離 1-140A
èrchǐbàn 二尺半 1-122A
èrchǐsìcùn 二尺四寸 1-122A
èrchóngxìng 二重性 1-129A
èrchǒu 二丑 1-122A
èrchǔ 二楚 1-135B
èrchuān 二川 1-119B
èrchuán 二傳 1-136A
èrchuánshǒu 二傳手 1-136A
ěrchuí 耳垂 8-648A
ěrchuí 耳倕 8-649B
èrchuí 二垂 1-126B
érchūn 輀輴 9-1247A
ěrchún 耳唇 8-649B
ércǐ 而此 8-775A
èrcí 二辭 1-140A
èrcí 貳辭 10-137B
èrcìgémìng 二次革命 1-124A
ěrcōng 耳聰 8-653A
ěrcōngmùmíng 耳聰目明 8-653A
èrcūn 二村 1-124B
èrdài 二代 1-122B
èrdài 二戴 1-139A
èrdàliú 二大流 1-119B
ěrdān 餌丹 12-534B
èrdàn 二蛋 1-133B
ěrdāng 耳璫 8-652B
ěrdāng 珥璫 4-545A
èrdào 二道 1-135A
èrdàofànzi 二道販子 1-135A
èrdàomáo 二道毛 1-135A
èrdàomáozi 二道毛子 1-135A
èrdé 二德 1-138A
ěrděng 爾等 1-576A
ěrdí 餌敵 12-535A
èrdí 二嫡 1-137B
èrdí 二適 1-137A
èrdì 二帝 1-129B
èrdì 二諦 1-138B
èrdì 貳地 10-135A
èrdiǎn 二典 1-126B
ěrdiāo 珥貂 4-545A
ěrdiào 餌釣 12-534B
èrdīng 二丁 1-118B
èrdìsānhuáng 二帝三王 1-129B
èrdìzhǔ 二地主 1-123A
èrdōng 二冬 1-122B
èrdǒu 二斗 1-122A
ěrdú 餌毒 12-534B
èrdū 二都 1-130B
èrdū 貳都 10-136B
èrduān 二端 1-137A
èrduān 貳端 10-137A
ěrduǒ 耳朵 8-647B
ěrduǒ 耳躱 8-650B
ěrduǒdǐzi 耳朵底子 8-647B
ěrduǒfēng 耳朵風 8-647B
ěrduǒruǎn 耳朵軟 8-647B
ěrduǒyǎn'er 耳朵眼兒 8-647B
èr'é 二娥 1-132B
érén 訛人 11-72B
èrén 惡人 7-553A
èrěn 惡稔 7-559B
èrénxiāngàozhuàng 惡人先告狀 7-553A
èrénzìyǒu'èrénmó 惡人自有惡人磨 7-553A
ér'ér 洏洏 5-1139B
ér'ér 髵髵 12-740B
ěr'ěr 耳耳 8-647A
ěr'ěr 耳珥 8-649A
ěr'ěr 爾爾 1-576B
èr'èrhūhu 二二乎乎 1-116A
èr'èrhūhu 二二忽忽 1-116B
èr'èrhūhu 二二糊糊 1-116B
èr'èrhūhu 二二虎虎 1-116B
èrfàn 二范 1-126A
ěrfáng 耳房 8-648A
èrfāng 二方 1-122A
èrfāng 二坊 1-124B
èrfáng 二房 1-128A
èrfángdōng 二房東 1-128A
èrfēi 二妃 1-124A
èrfēn 二分 1-121A
ěrfēng 耳風 8-649A
èrfèng 二鳳 1-137A
èrfēnmíngyuè 二分明月 1-121B
èrfēnmíngyuèshè 二分明月社 1-121B
èrfēnzhījì 二分之祭 1-121B
èrfǒuzhōnghuò 二缶鍾惑 1-123B
érfū 而夫 8-774B
érfū 兒夫 2-271B
érfù 兒婦 2-272B
ěrfú 耳福 8-651A
ěrfǔ 栮脯 4-963B
èrfú 二伏 1-123B
èrfǔ 二府 1-127A
èrfǔ 二輔 1-136B
èrfǔ 貳府 10-135B
èrfù 二副 1-132B
èrfù 二傅 1-134B
èrfù 貳負 10-136A
èrgài 二蓋 1-135B
èrgān 二桿 1-132B
èrgānzi 二桿子 1-132B
ěrgāo 餌餻 12-535A
érgē 兒歌 2-273A
èrgē 二哥 1-131A
èrgé 二葛 1-134A
ěrgēn 耳根 8-649A
èrgēn 二根 1-131A
èrgēng 二更 1-124B
ěrgēnqīngjìng 耳根清净 8-649B
ěrgēnxiāng 耳跟廂 8-650B
érgōng 而公 8-774B
èrgōng 二公 1-121B
èrgōng 二功 1-122A
èrgōng 二宮 1-129B
èrgōng 二龔 1-140B
èrgōng 貳公 10-134B
èrgōng 貳功 10-135A
èrgōng 貳宮 10-136A
ěrgòu 耳垢 8-648B
ěrgǔ 耳鼓 8-650B
èrgǔ 二鼓 1-135B
èrgǔ 二賈 1-135B
èrgǔ 貳轂 10-137B
ěrguān 耳觀 8-653B
ěrguǎn 耳管 8-651A
èrguān 二關 1-140B
èrguān 貳官 10-136A
ěrguāng 耳光 8-647A
èrguǎng 二廣 1-137A
èrguǎng 貳廣 10-137A
ěrguāngzi 耳光子 8-647A
ěrguāzi 耳刮子 8-648A
èrguī 二嬀 1-138B
èrguǐ 二軌 1-128B
èrguǐ 二簋 1-139B
èrguǐ 二軓 1-128B
èrguǐzi 二鬼子 1-129A
ěrguō 耳郭 8-649B
ěrguó 耳摑 8-651A
èrguó 二虢 1-138A
èrguò 貳過 10-136B
èrguōtóu 二鍋頭 1-138B
ěrguōzi 耳聒子 8-650B
ěrguózi 耳摑子 8-651A
érhái 兒孩 2-272A
ěrhǎi 洱海 5-1130B
èrhài 二亥 1-124A
èrhàn 二漢 1-137A
èrháo 二豪 1-137A
érhé 而何 8-775A
érhé 胹合 6-1243B
ěrhé 洱河 5-1130B
ěrhé 珥鶡 4-545A
èrhé 二合 1-123B
èrhé 二何 1-125A
èrhè 二賀 1-135A
èrhé'èrmiàn 二合二面 1-123B
èrhéshuǐ 二河水 1-127B
èrhóng 二紅 1-130A
èrhóng 二鴻 1-139B
èrhóngfàn 二紅飯 1-130A
érhòu 而后 8-775A
érhòu 而後 8-775B
ěrhòu 爾後 1-575B
ěrhòu 邇後 10-1279B
èrhòu 二后 1-123B
ěrhòufēngshēng 耳後風生 8-648B
èrhu 二乎 1-122B
èrhú 二胡 1-128B
èrhú 二湖 1-135A
èrhǔ 二虎 1-126B
érhuà 兒化 2-271B
érhuà 兒話 2-273A
érhuà 濡化 6-184A
èrhuà 二華 1-130B
èrhuà 二話 1-136A
èrhuà 貳話 10-137A
èrhuāliǎn 二花臉 1-124B
èrhuàméishuō 二話没説 1-136B
èrhuàmíng 二化螟 1-121A
érhuán 而還 8-775B
ěrhuán 耳環 8-652B
ěrhuán 珥環 4-545A
érhuáng 兒皇 2-272A
èrhuáng 二皇 1-129A
èrhuáng 二黄 1-132B
èrhuáng 二簧 1-139B
érhuángdì 兒皇帝 2-272A
èrhuāngdì 二荒地 1-128B
érhuānǚhuā 兒花女花 2-271B
èrhǔbājī 二虎八咭 1-126B
èrhuī 二輝 1-137B
èrhuìjìngshuǎng 二惠競爽 1-134A
èrhuìzǐ 二襘子 1-139B
èrhuìzǐ 二會子 1-136A
èrhuìzǐfǎ 二會子法 1-136A
èrhūn 二婚 1-133B
èrhūnláng 二婚郎 1-133B
èrhūnpù 二葷鋪 1-134A
èrhūnqīn 二婚親 1-133B
èrhūntóu 二婚頭 1-133B
èrhùnzi 二混子 1-133A
èrhuǒ 二伙 1-123B
èrhuò 二和 1-126B

èrhuò 二惑 1-134A
èrhuòyào 二和藥 1-126B
èrì 戹日 1-917B
ěrjī 耳機 8-652B
ěrjí 耳級 8-649A
èrjī 二姬 1-132B
èrjí 二極 1-134A
èrjí 樲棘 4-1297B
èrjì 二迹 1-129A
èrjì 二忌 1-125B
èrjì 二季 1-126B
èrjì 二紀 1-130A
èrjì 二驥 1-140B
èrjì 貳紀 10-136B
érjiā 兒家 2-272B
èrjiǎ 二甲 1-122B
èrjiǎ 二賈 1-135B
èrjià 二架 1-130A
èrjià 二價 1-138A
èrjià 二駕 1-138B
ěrjiān 餌籛 12-535A
ěrjiàn 耳箭 8-652A
ěrjiàn 耳鑒 8-653B
èrjiàn 二見 1-125A
èrjiàn 二箭 1-138A
èrjiàn 二諫 1-138B
érjiàng 而降 8-775B
èrjiāng 二江 1-124A
èrjiāo 二郊 1-127B
èrjiào 二教 1-132B
èrjiào 二校 1-131A
èrjiào 貳醮 10-137B
érjié 栭楶 4-966B
ěrjié 餌結 12-535A
ěrjiè 耳界 8-648B
èrjié 貳節 10-137A
èrjíguǎn 二極管 1-134A
érjīhú 而姬壺 8-775B
érjīn 而今 8-774B
èrjìn 二晉 1-130B
èrjīnbàn 二斤半 1-121A
érjīn'érhòu 而今而後 8-774B
èrjīng 二京 1-127A
èrjīng 二精 1-137A
èrjǐng 二景 1-134B
èrjīngfù 二京賦 1-127A
érjiù 輀柩 9-1246B
èrjiǔ 二九 1-119A
èrjiǔ 二韭 1-128B
érjù 兒劇 2-273B
ěrjué 耳決 8-647B
èrjué 二絕 1-135A
èrjūn 貳君 10-135B
èrjùn 二俊 1-129A
èrjùn 貳郡 10-136A
érkè 兒客 2-272A
ěrkè 爾刻 1-575B
ěrkè 邇刻 10-1279B
ěrkǒng 耳孔 8-646B
èrkōng 二空 1-127B
ěrkuài 耳快 8-647B
ěrkuài 餌塊 12-534B
ěrkuài 餌鈌 12-535A
èrkuài 二蒯 1-135B
érkuàng 而況 8-775A
érkuàng 而况 8-775B
ěrkuàng 耳纊 8-653B
ěrkuì 耳聵 8-653A
ěrkuíbābā 餌魁巴巴 12-535A
érkūn 鮞鯤 12-1220A
èrkūn 二昆 1-126B
ěrkuò 耳廓 8-651A
ěrkuòzi 耳括子 8-648B
èrlà 二臘 1-140A
érlái 而來 8-775A
ěrlái 爾來 1-575B
ěrlái 邇來 10-1279B
èrlán 二藍 1-139A
érláng 兒郎 2-272A
èrláng 二郎 1-127B
èrlángshén 二郎神 1-127B
èrlángtuǐ 二郎腿 1-127B
érlángwěi 兒郎偉 2-272A
èrlángzuòxiàng 二郎作相 1-127B
èrlǎo 二老 1-123A
èrlèi 二類 1-140B
ěrlěng 耳冷 8-647B
èrlèngzi 二愣子 1-135A
érlì 而立 8-775A
érlì 栭栗 4-966B
ěrlì 耳力 8-646B
èrlí 貳離 10-137B
èrlǐ 二禮 1-139B
èrlì 二立 1-122B
èrlì 二麗 1-140A
érlián 洏漣 5-1139B
èrliáng 二梁 1-133A
érliánshòurǎo 兒憐獸擾 2-273B
ěrliáo 邇僚 10-1280A
èrliào 二料 1-132A
èrlín 二林 1-126A
èrlíng 二陵 1-132A
èrlíng 二靈 1-140B
èrlìng 貳令 10-135A
èrliú 二流 1-132A
èrliú 二劉 1-138A
èrliǔ 二柳 1-128B
èrliù 二六 1-121B
èrliùbǎn 二六板 1-121B
èrliúdǎguā 二流打瓜 1-132A
èrliúdàguà 二流大挂 1-132A
èrliùshí 二六時 1-121B
èrliúzi 二流子 1-132A
èrlóng 二龍 1-139A
èrlù 二陸 1-132A
èrlù 二路 1-135B
èrlù 二輅 1-135B
èrluǎnqìgānchéng 二卵棄干城 1-125B
èrlùdìzhǔ 二路地主 1-136A
érlún 輀輪 9-1247A
ěrlún 耳輪 8-652A
èrlún 二輪 1-137B
érluó 駬騾 12-857B
èrlǜ 貳慮 10-137A
érmǎ 兒馬 2-272A
érmǎ 駬馬 12-857B
èrmǎ 二馬 1-130B
èrmǎchēshuǐyāndài 二馬車水煙袋 1-130B
èrmǎhu 二馬虎 1-130B
èrmài 二麥 1-132B
ěrmǎnbímǎn 耳滿鼻滿 8-651B
èrmǎnsānpíng 二滿三平 1-137B
érmáo 耏毛 8-779A
èrmáo 二毛 1-121A
ěrmào'er 耳帽兒 8-650B
èrmáozi 二毛子 1-121A
èrmǎyīhǔ 二馬一虎 1-130B
érmén 耏門 8-779A
ěrmén 耳門 8-648B
èrmén 二門 1-128A
èrménhūngòu 二門婚媾 1-128A
èrménshàngménshén 二門上門神 1-128A
èrmǐ 二米 1-124A
ěrmián 爾綿 1-576B
èrmiàn 二面 1-128B
érmiáo 鴯鶓 12-1089B
èrmiào 二妙 1-125B
èrmiào 二廟 1-138A
ěrmíng 耳鳴 8-651A
èrmíng 二名 1-123B
èrmíng 二明 1-126B
èrmíng 二溟 1-136B
èrmìngdǎng 二命黨 1-127A
ěrmó 耳膜 8-651A
èrmò 二墨 1-137B
érmǔ 兒母 2-271B
ěrmù 耳目 8-646B
ěrmùcháng 耳目長 8-647A
ěrmùguān 耳目官 8-647A
ěrmùyīxīn 耳目一新 8-647A
èrmuzhǐtóu 二拇指頭 1-126A
érnǎi 而乃 8-774B
ěrnǎi 爾乃 1-575A
èrnài 二柰 1-128B
érnán 兒男 2-271B
èrnán 二南 1-128B
èrnán 二難 1-140A
èrnèi 二內 1-120B
ěrnián 邇年 10-1279A
èrniánshēng 二年生 1-123B
érnóng 兒儂 2-273B
èrnuò 二諾 1-138A
érnǚ 兒女 2-271A
èrnǚ 二女 1-119B
érnǚcháng 兒女腸 2-271B
érnǚchǒu 兒女醜 2-271B
érnǚfūqī 兒女夫妻 2-271A
érnǚhuā 兒女花 2-271A
érnǚqíng 兒女情 2-271B
érnǚqíngcháng 兒女情長 2-271B
érnǚqìngjia 兒女親家 2-271B
érnǚrén 兒女仁 2-271A
érnǚtài 兒女態 2-271B
érnǚxiàng 兒女像 2-271B
érnǚyīn 兒女姻 2-271A
érnǚyīnqīn 兒女姻親 2-271B
érnǚzhài 兒女債 2-271B
érnǚzǐ 兒女子 2-271A
érnǚzǐyǔ 兒女子語 2-271A
ērōng 阿容 11-934A
éróng 鵝絨 12-1113B
érǒng 鵝氄 12-1115A
èròu 惡肉 7-555A
èrpāi 二拍 1-126A
ěrpàn 耳畔 8-649B
ěrpángfēng 耳傍風 8-650B
ěrpángfēng 耳旁風 8-649B
ěrpēng 餌烹 12-534B
èrpéng 二朋 1-127A
ěrpiāo 耳剽 8-650B
ěrpíng 耳屏 8-649A
ěrqí 耳齊 8-651B
ěrqí 爾其 1-575B
èrqī 二七 1-118B
èrqí 二齊 1-137A
èrqì 二氣 1-131B
èrqián 二乾 1-132B
èrqiānshí 二千石 1-119B
érqiào 兒撬 2-273A
èrqiáo 二喬 1-134B
érqiě 而且 8-775A
érqiè 兒妾 2-272A
èrqīn 二親 1-139A
èrqīng 二清 1-133A
èrqīng 貳卿 10-136B
èrqíng 二情 1-133A
èrqíng 貳情 10-136B
èrqiū 二丘 1-122B
èrqīzhāi 二七齋 1-118B
èrqū 二曲 1-123A
èrqū 二屈 1-128A
ěrquān 耳圈 8-650A
èrquán 二泉 1-129A
ěrrǎnmùrú 耳染目濡 8-649A
ěrrè 耳熱 8-652A
ěrrén 餌人 12-534B
ěrrén 邇人 10-1279A
èrrénduó 二人奪 1-119A
èrréntái 二人臺 1-119A
èrrénzhuàn 二人傳 1-119A
èrrénzhuǎn 二人轉 1-119A
ěrrèyǎntiào 耳熱眼跳 8-652A
ěrrì 爾日 1-575A
ěrrì 邇日 10-1279A
èrrì 貳日 10-134B
èrrìběn 二日本 1-120B
érròu 濡肉 6-184A
ěrrǔ 耳擩 8-653A
ěrrǔ 爾汝 1-575A
ěrruǎn 耳軟 8-650A

èrruǎn 二阮 1-124A
ěrruǎnxīnhuó 耳軟心活 8-650A
ěrrǔgē 爾汝歌 1-575B
ěrrǔjiāo 爾汝交 1-575B
ěrrúmùjī 耳濡目擊 8-653A
ěrrúmùjí 耳濡目及 8-653A
ěrrúmùrǎn 耳濡目染 8-653A
érsāi 髵䰄 12-740B
ěrsāi 耳塞 8-651A
ěrsāijī 耳塞機 8-651A
èrsān 二參 1-133B
èrsān 二三 1-119A
èrsānjūnzǐ 二三君子 1-119B
ěrsānlòu 耳參漏 8-650A
ěrsānlòu 耳三漏 8-646B
èrsānzǐ 二三子 1-119B
èrsè 二色 1-123B
érshà 輀翣 9-1247A
ěrshǎn 邇陝 10-1280A
ěrshàn 耳扇 8-649B
ěrshàn 餌膳 12-535A
èrshǎn 二陝 1-130A
èrshàn 貳膳 10-137A
érshàng 而上 8-774B
èrshāng 貳觴 10-137B
ěrshè 耳舍 8-648A
èrshé 二舌 1-123B
èrshè 二舍 1-127A
ěrshēn 邇身 10-1279B
èrshén 二神 1-130A
ěrshēng 耳生 8-647A
èrshēng 二生 1-122B
èrshēng 二牲 1-129A
èrshēng 二聲 1-139A
èrshēng 佴生 1-1659A
èrshēng 佴牲 1-1659A
èrshěng 二省 1-129A
èrshèng 二乘 1-131B
èrshèng 二勝 1-134B
èrshèng 貳乘 10-136B
èrshènghuán 二勝環 1-134B
èrshènghuán 二聖環 1-135B
érshí 兒時 2-272A
érshí 鮞石 12-1220A
érshì 兒事 2-272A
ěrshí 耳食 8-648B
ěrshí 耳識 8-653B
ěrshí 爾時 1-576A
ěrshí 餌石 12-534B
ěrshí 餌食 12-534B
ěrshí 邇時 10-1280A
ěrshǐ 耳屎 8-649A
ěrshì 耳視 8-650A
ěrshì 邇室 10-1280A
èrshī 二師 1-131B
èrshī 貳尸 10-134B
èrshī 貳師 10-136B
èrshí 二時 1-131B
èrshí 二蝕 1-137A
èrshǐ 二史 1-122B
èrshǐ 二始 1-128A
èrshǐ 貳使 10-135B
èrshì 二氏 1-121B
èrshì 二世 1-122B
èrshì 二事 1-126A
èrshì 二室 1-129B
èrshì 二視 1-133A
èrshì 二適 1-137A
èrshì 貳事 10-135B
èrshì 貳室 10-136A
èrshì 貳適 10-137A
èrshíbācì 二十八次 1-116B
èrshíbādiào 二十八調 1-117A
èrshíbājiàng 二十八將 1-116B
èrshíbāshè 二十八舍 1-116B
èrshíbātiān 二十八天 1-116B
èrshíbāxīng 二十八星 1-116B
èrshíbāxiù 二十八宿 1-116B
èrshīchéng 貳師城 10-136B
èrshí'èrshǐ 二十二史 1-116B
èrshíliùshǐ 二十六史 1-117A
ěrshìmùtīng 耳視目聽 8-650A
èrshísì 二十四 1-117A
èrshísìbīnkè 二十四賓客 1-118B
èrshísìfān… 二十四番花信風 1-118A
èrshísìfānfēng 二十四番風 1-118A
èrshísìfānfēngxìn 二十四番風信 1-118A
èrshísìfānhuāxìn 二十四番花信 1-118A
èrshísìjié 二十四節 1-118A
èrshísìjiéqì 二十四節氣 1-118A
èrshísìkǎo… 二十四考中書令 1-117B
èrshísìpǐn 二十四品 1-117B
èrshísìqí 二十四旗 1-118A
èrshísìqì 二十四氣 1-118A
èrshísìqiáo 二十四橋 1-118B
èrshísìshén 二十四神 1-117B
èrshísìshí 二十四時 1-118A
èrshísìshǐ 二十四史 1-117A
èrshísìsī 二十四司 1-117B
èrshísìxiào 二十四孝 1-117B
èrshísìyǒu 二十四友 1-117A
èrshísìyùn 二十四韻 1-118B
èrshísìzhì 二十四治 1-117B
èrshíwǔlǎo 二十五老 1-117A
èrshíwǔlǐ… 二十五里罵知縣 1-117A
èrshíwǔshǐ 二十五史 1-117A
èrshíwǔxián 二十五弦 1-117A
èrshíwǔxián 二十五絃 1-117A
èrshǐxīng 二使星 1-126B
èrshíyījīng 二十一經 1-116B
èrshíyīshǐ 二十一史 1-116B
ěrshízhīlùn 耳食之論 8-649A
ěrshízhītán 耳食之談 8-649A
ěrshòu 耳受 8-648A
èrshǒu 二手 1-121A
èrshǒu 二守 1-124A
èrshǒu 貳守 10-135A
èrshòu 二獸 1-140A
èrshǒuhuò 二手貨 1-121A
èrshǒuliùshēn 二首六身 1-129B
érshù 兒豎 2-273A
ěrshú 耳熟 8-652A
ěrshǔ 耳鼠 8-651A
ěrshǔ 耳屬 8-653B
ěrshù 餌术 12-534B
èrshū 二叔 1-126B
èrshū 二疎 1-135A
èrshū 二疏 1-135A
èrshū 貳樞 10-137A
èrshǔ 二鼠 1-136A
èrshǔ 二蜀 1-136A
èrshǔ 貳屬 10-137B
èrshù 二竪 1-135B
èrshù 二豎 1-137B
ěrshuǐ 洱水 5-1130B
èrshuǐ 二水 1-120B
èrshuì 二稅 1-134B
èrshuǐhuò 二水貨 1-121A
ěrshùn 耳順 8-650B
ěrshúnéngxiáng 耳熟能詳 8-652B
èrsī 珥絲 4-545A
èrsī 二司 1-123A
èrsī 二絲 1-135A
èrsī 咡絲 3-318A
èrsì 二四 1-122B
ěrsōng 餌松 12-534B
ěrsòng 耳誦 8-651B
èrsōng 二松 1-126A
èrsòng 二宋 1-125B
èrsū 二蘇 1-140A
ěrsuì 邇歲 10-1280A
érsūn 兒孫 2-272B
érsūnzìyǒuérsūnfú 兒孫自有兒孫福 2-272B
èrtái 二台 1-123A
èrtái 二臺 1-136B
èrtàiyé 二太爺 1-120B
èrtáng 二堂 1-133A
èrtáo 二桃 1-131A
èrtáoshāsānshì 二桃殺三士 1-131A
èrtè 貳忒 10-135B
èrténg 毦藤 6-1007B
értí 兒啼 2-272B
ěrtí 耳提 8-650A
èrtǐ 二體 1-140B
èrtǐ 貳體 10-137B
èrtiān 二天 1-120A
èrtiāo 二祧 1-132A
èrtiáo 二條 1-131B
èrtījiǎo 二踢角 1-137B
èrtījiǎo 二踢脚 1-137B
ěrtímiànmìng 耳提面命 8-650A
ěrtímiànxùn 耳提面訓 8-650B
èrtíng 二庭 1-129A
ěrtīngbāfāng 耳聽八方 8-653B
értítiě 兒啼帖 2-272B
értóng 兒童 2-272B
ěrtóng 珥彤 4-544B
èrtǒng 貳統 10-137A
értóngjié 兒童節 2-273A
értóngjù 兒童劇 2-273A
értóngtuán 兒童團 2-273A
értóngwénxué 兒童文學 2-273A
èrtóngyīmǎ 二童一馬 1-134B
értóngzhījiàn 兒童之見 2-273A
értóngzhúmǎ 兒童竹馬 2-273A
értóngzǒuzú 兒童走卒 2-273A
èrtú 二圖 1-136B
èrtǔ 二土 1-119B
èrǔ 戹辱 7-346B
èrùn 厄閏 1-917B
èruò 惡弱 7-558A
ěrwā 耳挖 8-648B
érwài 而外 8-775A
érwǎng 而往 8-775A
èrwáng 二王 1-119B
èrwàng 二望 1-133A
èrwánghòu 二王後 1-120A
èrwángmiào 二王廟 1-120A
èrwángtiè 二王帖 1-120A
ěrwāsháo 耳挖勺 8-648B
ěrwāzi 耳挖子 8-648B
èrwèi 二位 1-125A
èrwèi 二衛 1-138A

èrwèi 二魏 1-139A
èrwèi 貳味 10-135B
èrwěizi 二尾子 1-125B
ěrwén 耳聞 8-651B
ěrwén 邇文 10-1279A
èrwén 二文 1-121B
èrwèn 貳問 10-137A
ěrwénbùrúmùdǔ
耳聞不如目睹 8-651B
ěrwénbùrúmùjiàn
耳聞不如目見 8-651B
ěrwénbùrúyǎnjiàn
耳聞不如眼見 8-651B
érwēng 而翁 8-775B
ěrwénmùdǔ 耳聞目睹 8-651B
ěrwénmùjī 耳聞目擊 8-652A
ěrwénmùjiàn 耳聞目見 8-651B
ěrwénmùlǎn 耳聞目覽 8-652A
ěrwénmùrǎn 耳聞目染 8-651B
ěrwényǎnjiàn 耳聞眼見 8-652A
ěrwō 耳蝸 8-651A
ěrwò 耳斡 8-651A
ěrwū 耳屋 8-649A
èrwú 二吳 1-125A
èrwǔ 二五 1-120A
èrwǔ 二武 1-126A
èrwǔ 二舞 1-136B
érwúchángfù 兒無常父 2-272B
èrwūlǐ 二屋裏 1-130A
èrwǔ'ǒu 二五耦 1-120B
èrwǔyǎn 二五眼 1-120B
érxī 兒息 2-272B
érxī 兒嬉 2-273B
érxí 兒媳 2-273A
érxì 兒戲 2-273B
ěrxī 爾夕 1-575A
èrxī 二郗 1-129A
èrxì 二繫 1-140A
érxià 而下 8-774B
ěrxiá 餌霞 12-535A
ěrxiá 邇狹 10-1280A
ěrxiá 邇陿 10-1280A
ěrxiá 邇遐 10-1280A
èrxián 二咸 1-128B
èrxián 二絃 1-133B
èrxián 二賢 1-137B
èrxiàn 二綫 1-137B
èrxiàn 貳憲 10-137A
èrxiáng 二祥 1-132A
èrxiǎng 二享 1-127A
èrxiǎng 二想 1-135B
èrxiàng 二象 1-133A
èrxiàng 貳相 10-136A
èrxiāo 二蕭 1-138B
èrxiáo 二崤 1-133A
èrxiǎo 二小 1-119B
èrxiào 二笑 1-131B
ěrxiāo'ěrxī 耳消耳息 8-649B
ěrxiàxiàn 耳下腺 8-646B
èrxié 二協 1-126A
èrxiè 二解 1-136A
èrxiè 二謝 1-139B
érxífu 兒媳婦 2-273A
ěrxīn 爾馨 1-576B
èrxīn 二心 1-122A
èrxīn 貳心 10-135A
ěrxìng 耳性 8-648A
èrxīng 二星 1-129A
èrxíng 二形 1-124B
èrxíng 貳行 10-135A
èrxìng 二姓 1-128A
èrxíngrén 二形人 1-124B
èrxìngzi 二性子 1-127B
èrxīnliǎngyì 二心兩意 1-122A
èrxiōng 二凶 1-121B
érxù 兒畜 2-272B
érxù 兒壻 2-272B
ěrxǔ 爾許 1-576A
ěrxù 邇續 10-1280A
èrxū 二虛 1-132B
èrxú 二徐 1-131B
èrxǔ 二許 1-133A
érxuān 輀軒 9-1246B
èrxuán 二玄 1-122B
ěrxué 耳穴 8-647A
ěrxué 耳學 8-652B
èrxué 二學 1-138B
èrxún 二荀 1-128B
ěryǎ 爾雅 1-576A
èryǎ 二雅 1-134A
ěryán 耳言 8-647B
ěryán 邇言 10-1279B
èryán 二言 1-125B
èryán 二嚴 1-140A
èryán 貳言 10-135B
ěryán'er 耳簷兒 8-653B
èryáng 二陽 1-133B
ěryānguǎn 耳咽管 8-648B
èryánshī 二言詩 1-125B
ěryáo 邇遙 10-1280A
ěryào 餌藥 12-535A
èryáo 二姚 1-130A
èryáo 貳軺 10-137A
èryào 二曜 1-139B
èryào 二耀 1-140B
ěryāzi 耳丫子 8-646B
ěryě 耳也 8-646B
èryé 二爺 1-134B
èryè 二葉 1-134A
èryè 二業 1-135B
éryǐ 而已 8-774B
éryì 而亦 8-775A
ěryī 耳衣 8-647B
èryí 二儀 1-138A
èryì 二意 1-136B
èryì 二義 1-136B
èryì 二翼 1-139B
ěryīn 耳喑 8-650B
èryīn 二陰 1-132A
èryīn 貳音 10-136A
èryǐn 二尹 1-122A
èryǐn 二隱 1-139A
èryǐn 貳尹 10-135A
ěryīng 邇英 10-1279B
èryíng 二嬴 1-139A
èryìng 二應 1-139B
ěryīngdiàn 邇英殿 10-1279B
ěryīnggé 邇英閣 10-1279B
ěryīnggé 邇英閤 10-1279B
èryītiānzuòwǔ
二一添作五 1-116A
éryóu 輀輶 9-1247A
ěryòu 餌誘 12-535A
èryǒu 二酉 1-125A
ěryú 耳餘 8-652A
ěryǔ 耳雨 8-648A
ěryǔ 耳語 8 651B
èryú 二虞 1-135B
èryú 貳虞 10-137A
èryù 二豫 1-138B
èryù 貳豫 10-137A
ěryuǎn 邇遠 10-1280A
ěryuàn 邇怨 10-1280A
èryuán 二袁 1-130B
èryuǎn 二遠 1-135B
èryuàn 二苑 1-126A
èryuánlùn 二元論 1-119B
ěryuè 邇月 10-1279A
èryuē 貳約 10-136B
èryuè 二鉞 1-136A
ěryùn 耳韵 8-651A
èryùnshī 二韻詩 1-140B
ěryúwǒzhà 爾虞我詐 1-576B
èrzàng 二藏 1-139A
ěrzé 耳擇 8-652B
èrzhāng 二張 1-133B
èrzhāng 二漳 1-137B
èrzhǎngguì 二掌櫃 1-134B
érzhào 輀旐 9-1247A
èrzhāo 二朝 1-134A
èrzhào 二趙 1-136B
ěrzhàwǒyú 爾詐我虞 1-576B
èrzhé 二哲 1-130B
èrzhè 二浙 1-132A
ěrzhēn 耳針 8-649B
èrzhēn 二斟 1-135B
èrzhēn 二甄 1-135B
èrzhēn 貳珍 10-136A
èrzhèng 二政 1-128A
èrzhèng 二鄭 1-137A
èrzhèng 貳正 10-135A
èrzhèng 貳政 10-136A
érzhì 兒稚 2-273A
ěrzhì 耳治 8-648A
ěrzhì 餌治 12-534B
ěrzhì 邇志 10-1279B
èrzhí 貳職 10-137B
èrzhì 二至 1-123A
èrzhì 二志 1-124B
èrzhì 二致 1-131A
èrzhì 二智 1-134B
èrzhì 二稚 1-136A
èrzhì 二稺 1-138A
èrzhì 貳志 10-135B
èrzhì 貳秩 10-136B
èrzhīrì 二之日 1-119B
ěrzhòng 耳重 8-648B
èrzhōng 二中 1-120B
èrzhòng 二中 1-120B
èrzhòng 二仲 1-123B
èrzhòng 二重 1-129A
èrzhōu 二周 1-127A
ěrzhū 尒朱 1-117A
ěrzhū 耳珠 8-649A
ěrzhū 爾朱 1-575A
èrzhuàn 二傳 1-136A
èrzhuàn 二篆 1-138A
èrzhuàn 貳饌 10-137B
èrzhuāngyán 二莊嚴 1-131A
ěrzhuì 耳墜 8-652A
èrzhūqián 二銖錢 1-136B
érzi 兒子 2-270B
ěrzi 耳子 8-646B
érziqì 兒子氣 2-271A
èrzōng 貳宗 10-135B
èrzǔ 二祖 1-129B
èrzūn 二尊 1-135A
èrzuǒ 貳佐 10-135B
èsài 扼塞 6-361B
èsài 阨塞 11-957B
ésǎng 額顙 12-292A
èsè 惡色 7-555A
èsè 厄塞 1-918A
èsè 扼塞 6-361B
èsè 遏塞 10-1034A
èsè 閼塞 12-128B
èshā 惡剎 7-556A
èshā 厄莎 1-917B
èshā 扼殺 6-361A
èshā 搤殺 6-818A
èshā 餓殺 12-544A
èshà 惡煞 7-559B
èshādūlái 惡殺都來 7-558A
éshān 額山 12-340B
èshān 惡山 7-553B
ēshàng 阿上 11-924B
éshǎng 額賞 12-342A
èshào 惡少 7-554A
èshàonián 惡少年 7-554A
èshàxīng 惡煞星 7-559B
éshè 額設 12-341B
èshé 惡舌 7-555A
èshēn 鄂申 10-656A
èshén 噩神 3-516A
éshēng 鵝笙 12-1113A
èshēng 惡聲 7-561A
èshēng'èqì 惡聲惡氣 7-561A
ēshī 阿失 11-926A
ēshí 阿時 11-933A
ēshǐ 屙屎 4-50A
ēshì 阿世 11-925B
ēshì 阿嗜 11-936B
éshī 訛失 11-73A
éshì 訛勢 11-74B
èshī 惡師 7-558A
èshī 惡詩 7-559B
èshī 遏失 10-1032B
èshí 惡石 7-554B

èshí 惡食 7-557A
èshí 惡實 7-560B
èshí 惡識 7-561B
èshí 遻時 10-1035A
èshì 惡世 7-554B
èshì 惡謚 7-561B
èshì 堊室 2-1110B
èshì 愕眎 7-659A
èshì 愕視 7-659A
èshì 鶚視 12-1133A
èshì 鄂眎 7-1238A
èshì 鄂視 7-1238A
èshìchuánqiānlǐ
惡事傳千里 7-556A
èshìlì 惡勢力 7-559A
ēshìmèisú 阿世媚俗
11-925B
ēshìqǔróng 阿世取容
11-925B
ēshíqūsú 阿時趨俗 11-933A
èshìshà 惡勢煞 7-559B
èshìxíngqiānlǐ
惡事行千里 7-556A
éshǒu 額手 12-341A
éshòu 訛獸 11-76A
èshǒu 惡首 7-557A
èshǒu 扼守 6-360B
éshǒuchēngqìng 額手稱慶
12-341A
éshǒuchēngsòng 額手稱頌
12-341A
éshǒuqìng 額手慶 12-341A
éshǒuxiāngqìng 額手相慶
12-341A
éshù 額數 12-342A
èshū 惡書 7-558A
èshū 鶚書 12-1133A
èshú 惡孰 7-558B
èshù 軛束 9-1226A
éshuāi 訛衰 11-74A
èshuǐ 惡水 7-554A
ēshùn 阿順 11-935B
éshùn 俄瞬 1-1401A
èshuō 惡説 7-560A
ēsī 阿私 11-928B
èsī 遏私 10-1033A
èsǐ 扼死 6-360B
èsǐpiāozhǔ 餓死漂渚
12-543B
èsǐshìxiǎo…
餓死事小，失節事大
12-543B
ésōng 哦松 3-363A
ésòng 哦誦 3-363B
èsòng 遏訟 10-1033B
ésú 訛俗 11-73B
ésù 鵝素 12-1112B
èsú 惡俗 7-557A
èsuì 惡歲 7-559B
ésuǒ 訛索 11-74A
ètái 厄臺 1-918A
étán 訛談 11-75B
ètán 惡談 7-560B
ètǎo 惡討 7-558A
ètè 惡慝 7-560A
étí 額題 12-342B
étǐ 訛體 11-76A
étì 訛替 11-74B
étiě 鵝帖 12-1112A
ètòng 齶痛 12-1457A
étóu 囮頭 3-624B
étóu 訛頭 11-75B
étóu 額頭 12-342B
étóu 鵝頭 12-1114B
ètóu'er 惡頭兒 7-561A
ètú 惡徒 7-558A
ètú 堊塗 2-1110B
étuǐzi 鵝腿子 12-1114A
étuō 訛脱 11-74A
ètuō 鄂托 10-656A
ètuó 惡沱 7-556B
ètuòkè 鄂拓克 10-656B
ētǔshēng 阿土生 11-924A
éwài 額外 12-341A
éwàizhīrén 額外之人
12-341A
éwàizhǔshì 額外主事
12-341A
ēwán 阿紈 11-932B
èwàn 扼擥 6-361B
èwàn 扼捥 6-361A
èwàn 扼腕 6-361B
èwàn 搤擥 6-818A
èwàn 搤掔 6-818A
èwàn 搤擥 6-818A
èwàn 搤捥 6-818A
èwàn 搤腕 6-818A
èwàn 搤擎 6-818A
èwàn 扼腕 6-502B
ēwǎng 阿枉 11-929B
ēwǎng 阿罔 11-929B
éwáng 鵝王 12-1111A
éwàng 訛妄 11-73B
èwáng 鄂王 10-656A
éwángzérǔ 鵝王擇乳
12-1111A
ēwéi 阿唯 11-934B
ēwěi 猗萎 5-75B
éwēi 峨巍 3-821A
éwěi 訛僞 11-75A
éwèi 訛未 11-73A
èwēi 餓薇 12-544B
éwén 訛文 11-73A
éwěn 訛紊 11-74A
èwén 惡文 7-554B
èwén 餓文 12-543B
èwén 餓紋 12-544A
èwēnkèzú 鄂温克族 10-657A
èwō 呃喔 3-206B
èwò 惡卧 7-556A
éwū 訛誣 11-75A
éwù 娥婺 4-363B
éwù 訛悮 11-74A
éwù 訛誤 11-75A
èwǔ 噩迕 3-516A
èwù 惡物 7-556A
ēxī 阿緆 11-938A
ēxī 阿錫 11-939B
éxī 鵝溪 12-1114A
èxī 鰐溪 12-1247B
èxī 鰐蜥 12-1247B
èxí 惡習 7-558B
èxì 惡戲 7-561A
èxì 呃嚱 3-206B
ēxià 阿下 11-924A
èxiá 軛磍 9-1301A
éxiàn 額限 12-341B
èxiǎn 扼險 6-361B
èxiǎn 餓顯 12-545B
èxiàn 惡限 7-556B
èxiāng 餓鄉 12-544B
èxiàng 惡相 7-556B
èxiàngdǎnbiānshēng
惡向膽邊生 7-555A
èxiānghuǒ 惡香火 7-557A
éxiànglǎndèng 鵝項懶凳
12-1113A
éxiàngyǐ 鵝項椅 12-1113A
èxiàngyí 惡相儀 7-557A
éxiáo 訛殽 11-74B
éxībái 鵝溪白 12-1114A
èxiěshì 屙血事 4-49B
éxījiān 鵝溪繭 12-1114A
éxījuàn 鵝溪絹 12-1114A
éxīn 訛心 11-73A
èxīn 惡心 7-554A
ěxīn 噁心 3-502A
ěxīn 惡心 7-554A
ěxīnfán 惡心煩 7-554B
éxíng 娥婭 4-363A
éxíng 鵝行 12-1111B
èxìng 惡性 7-556B
èxíng'èzhuàng 惡形惡狀
7-555B
éxíngyābù 鵝行鴨步
12-1111B
èxíngyún 遏行雲 10-1032B
èxīnqián 惡心錢 7-554B
èxīnxīn 惡歆歆 7-560A
èxīnxīn 惡噷噷 7-561A
éxīsù 鵝溪素 12-1114A
éxuàn 俄旋 1-1401A
èxuè 惡血 7-555A
èxuè 惡謔 7-561A
ēxún 阿循 11-936A
ēxún 阿狥 11-932A
ēxùn 阿徇 11-932A
éyā 鵝鴨 12-1114B
éyán 俄延 1-1401A
éyán 訛言 11-73B
éyǎn 訛衍 11-73B
éyǎn 鵝眼 12-1112B
éyàn 鵝研 12-1112B
éyàn 鵝雁 12-1113A
éyàn 鵝鴈 12-1114B
èyán 惡言 7-555B
èyán 遻顔 10-1035A
èyán 化言 1-1111A
èyǎn 餓眼 12-544A
èyàn 餓餤 12-544B
ēyǎng 痾痒 8-321B
ēyǎng 痾癢 8-321B
éyáng 蛾揚 8-901B
èyáng 遏陽 10-1033B
èyánlìsè 惡言厲色 7-555B
éyǎnqián 鵝眼錢 12-1112B
éyáo 訛謡 11-75B
èyào 惡藥 7-561B
èyào 扼要 6-361A
èyào 遏藥 10-1034B
èyào 扼要 6-502B
éyāxíng 鵝鴨行 12-1114B
éyāzhīzhēng 鵝鴨之争
12-1114B
ēyé 阿爺 11-936A
éyè 峨業 3-821A
èyè 惡業 7-559B
èyè 匐葉 2-190B
ēyī 阿倚 11-933A
ēyì 阿邑 11-928A
ēyì 阿意 11-936B
éyí 鵝胰 12-1112B
éyì 訛异 11-73B
éyì 訛佚 11-73B
éyì 訛異 11-74A
éyì 訛意 11-74B
éyì 額溢 12-342A
èyī 惡衣 7-555A
èyí 愕怡 7-659A
èyí 愕眙 7-659A
èyí 愕疑 7-659B
èyì 惡意 7-560A
èyì 厄抑 1-917B
èyì 愕異 7-659A
èyì 遏佚 10-1033A
èyì 遏抑 10-1033A
èyì 遏逸 10-1033A
èyì 噩異 3-516B
èyì 閼抑 12-128A
éyǐchuán'é 訛以傳訛
11-73A
èyī'èshí 惡衣惡食 7-555A
èyīfěishí 惡衣菲食 7-555A
èyīlìshí 惡衣糲食 7-555A
ēyǐn 阿隱 11-940A
éyīn 訛音 11-73B
éyín 額銀 12-342A
èyīn 遏音 10-1033A
èyǐn 遏隱 10-1034B
éyīng 娥英 4-363A
éyíng 娥嬴 4-363B
éyǐng 娥影 4-363B
ēyìqǔróng 阿意取容
11-936B
èyīshūshí 惡衣蔬食 7-555A
éyǐzī'é 訛以滋訛 11-73A
èyōng 閼壅 12-128B
ēyòu 阿右 11-925B
èyǒu 咢酉 3-321A
ēyú 阿諛 11-938B
ēyù 阿譽 11-941B
éyǔ 訛語 11-75A
éyù 囮育 3-624B
èyǔ 惡語 7-560A
èyù 惡欲 7-558B
èyù 遏禦 10-1034B

èyù 遏鬱 10-1034B
èyù 閼鬱 12-128B
èyuán 鄂垣 10-656B
èyuán'èyè 惡緣惡業 7-560B
éyuè 娥月 4-362B
éyuè 蛾月 8-901A
èyuè 遏樂 10-1034B
èyuè 鶚岳 12-1423B
èyún 遏雲 10-1033B
èyùn 惡運 7-559A
èyùn 惡韻 7-561B
èyùn 厄運 1-917B
èyùn 戹運 7-346B
èyùn 噩運 3-516B
èyúngē 遏雲歌 10-1034A
èyúnshè 遏雲社 10-1033B
ēyúqǔróng 阿諛取容 11-938B
èyǔshāngrénliùyuèhán 惡語傷人六月寒 7-560A
éyǔyǐngdài 訛語影帶 11-75A
ézá 訛雜 11-75B
èzá 搤搖 6-793A
ézāi 額載 12-342A
èzāi 厄菑 1-917B
èzāi 阸災 11-914A
èzāngpí 惡臟皮 7-562A
èzào 惡躁 7-561B
ézhà 訛詐 11-74B
èzhá 惡劄 7-560A
èzhá 惡札 7-554B
ēzhài 痾瘵 8-321B
èzhàn 惡戰 7-561A
ézhǎng 鵝掌 12-1113A
èzhāng 鶚章 12-1133A
èzhàng 惡障 7-560A
èzhàng 惡幛 7-560A
èzhàng 崿嶂 3-855A
èzhàng 遏障 10-1034A
ézhǎngcài 鵝掌菜 12-1113B
ézhǎngfēng 鵝掌風 12-1113B
èzhàngfū 惡丈夫 7-553B
ézhǎngqiū 鵝掌楸 12-1113B
èzhǎo 鶚爪 12-1132B
èzhào 惡兆 7-555A
èzhào 噩兆 3-516A
ézhè 鵝禽 12-1112B
èzhé 遏折 10-1032B
ēzhēn 阿甄 11-936B
ézhēn 鵝珍 12-1112A
ézhèn 鵝陳 12-1112B
ézhēng 額徵 12-342A
èzhēng 惡徵 7-560B
èzhēng 崿崝 3-855A
ēzhèngzhīhuà 阿鄭之化 11-937B
ēzhǐ 阿指 11-931A
ēzhǐ 痾疻 8-321B
ézhī 額支 12-340B
ézhì 鵝炙 12-1112A
èzhǐ 遏止 10-1032B
èzhì 隘制 11-1096A
èzhì 厄滯 1-918A
èzhì 扼制 6-361A
èzhì 崿峙 3-855A
èzhì 愕窒 7-659A
èzhì 遏制 10-1033A
èzhì 閼制 12-128A
èzhì 鶚跱 12-1133A
èzhíchǒuzhèng 惡直醜正 7-555B
èzhīshā 惡支沙 7-553B
èzhīshā 惡支煞 7-554A
èzhīshí 惡知識 7-556A
ēzhòng 阿衆 11-935B
èzhōng 惡終 7-558B
èzhōu 鄂舟 10-656B
èzhǒu 堊帚 2-1110B
ēzhù 阿助 11-928A
ézhū 額珠 12-341B
ézhū 鵝珠 12-1112B
èzhū 遏豬 10-1034A
èzhǔ 鄂渚 10-657A
èzhù 鶚駐 12-1133A
ézhuāng 娥妝 4-363A
ézhuāng 娥粧 4-363B
ézhuāng 額妝 12-341B
èzhuàng 惡狀 7-556B
èzhūn 戹屯 7-346B
èzhūngē 戹屯歌 7-346B
èzhuó 惡濁 7-561A
ēzì 阿恣 11-933B
ézi 蛾子 8-901A
ézǐ 額子 12-340B
ézǐ 鵝子 12-1111A
ézì 訛字 11-73B
èzǐ 惡子 7-553B
èzì 惡字 7-555B
ēzòng 阿縱 11-941A
èzú 鄂足 10-656B
èzǔ 惡阻 7-555B
èzǔ 遏岨 10-1033A
èzǔ 遏阻 10-1033A
ézuò 訛作 11-73B
èzuò 惡作 7-555B
èzuòjù 惡作劇 7-555B

F

fā'āi 發哀 8-554A
fā'ān 發韲 8-573A
fā'ān 發鞍 8-571A
fā'àn 發案 8-557B
fă'àn 法岸 5-1038B
fă'àn 法案 5-1043A
fābái 發白 8-545B
fābăn 發板 8-550B
făbàn 法辦 5-1048A
fābāo 發包 8-546A
fābào 發報 8-562B
făbăo 法寶 5-1049A
fābàojī 發報機 8-563A
fābèi 發背 8-553B
făběn 法本 5-1036A
fābì 發幣 8-570B
fábì 罰蔽 8-1039A
făbĭ 法比 5-1036A
făbĭ 法筆 5-1045A
făbì 法辟 5-1046B
făbì 法幣 5-1047A
fàbì 髮髲 12-735B
fābiàn 發變 8-578B
făbiān 法鞭 5-1048B
fàbiàn 髮辮 12-736A
fābiāo 發標 8-571B
fābiăo 發表 8-550A
fābiăofèi 發表費 8-550A
fàbìn 髮鬢 12-736A
fàbìn 髮鬂 12-736A
fàbìn 髪髩 12-732B
fābīng 發兵 8-548A
fābìng 發病 8-557A
fábīng 伐冰 1-1189B
fábīng 伐兵 1-1189B
făbĭng 法柄 5-1040A
fābìnglǜ 發病率 8-557A
fábīngzhījiā 伐冰之家
1-1189B
fābò 發檗 8-575B
făbō 法鉢 5-1046A
fābŭ 發補 8-565B
fābù 發布 8-544B
fábù 罰布 8-1038A
făbù 法部 5-1042B
făbùchuánliù'ĕr
法不傳六耳 5-1035B
fācái 發財 8-556B
fācăi 發采 8-551B
fācăi 發彩 8-560A
fàcăi 髮彩 12-734B
fàcài 髮菜 12-734B
fācáipiào 發財票 8-556B
fācáizhìfù 發財致富
8-556B
fācàn 發粲 8-567A
făcáo 法曹 5-1043B
fācè 發策 8-564A
fācèjuékē 發策決科 8-564B
fāchāi 發拆 8-550A
fāchàn 發顫 8-578B
fāchàng 發暢 8-569B
făchăng 法場 5-1044B
fāchāo 發抄 8-547A
fāchè 發坼 8-550A
fāchè 發徹 8-572A
fāchè 發撤 8-571A
făchē 法車 5-1037B
fāchén 發辰 8-547B
făchén 法塵 5-1047A
fāchéng 發程 8-564A
făchéng 法城 5-1040A
făchéng 法程 5-1045A
fāchī 發癡 8-577B
fāchì 發敕 8-558B
fáchì 罰抶 8-1038A
fàchĭ 髮齒 12-735B
fàchōngguān 髮衝冠 12-735B
fāchóu 發愁 8-567B
fáchóu 罰籌 8-1039A
fāchū 發出 8-546A
fāchù 發憷 8-574B
fāchuăn 發喘 8-564A
făchuán 法船 5-1044A
făchuáng 法幢 5-1047B
fāchūn 發春 8-553A
făchūyīmén 法出一門
5-1036B
făcóng 法從 5-1044A
fācù 發醋 8-571B
fācuàn 發爨 8-579B
fācūn 發村 8-547B
fādá 發達 8-562B
fādáguójiā 發達國家
8-562B
fādāi 發呆 8-548A
fādān 發單 8-564A
fādàn 發旦 8-545A
fădāng 法當 5-1045B
fādăo 發導 8-572B
fădāo 法刀 5-1035B
fădào 法道 5-1045B
fādé 發德 8-572A
fádé 伐德 1-1190B
fādēng 發登 8-566A
fădēng 法燈 5-1048A
fādì 發地 8-546A
fádì 乏地 1-644B
fādiān 發顛 8-577B
fādiān 發癲 8-578B
fādiăn 發點 8-575A
fādiàn 發奠 8-565A
fādiàn 發電 8-566B
fádiăn 罰典 8-1038A
fădiăn 法典 5-1038B
fādiànchì 發電赤 8-567A
fādiāo 發雕 8-574B
fādiào 發調 8-572A
fādìng 發碇 8-566B
fădìng 法定 5-1039B
fádírén 伐荻人 1-1190A
fādòng 發動 8-559A
fādòngjī 發動機 8-559B
fādònglì 發動力 8-559B
fādŏu 發抖 8-547A
fādŭ 發堵 8-558B
fádù 筏渡 8-1150A
fădù 法度 5-1041B
fāduān 發端 8-570A
fáduăn 乏短 1-645A
fàduănxīncháng 髮短心長
12-735A
fàduănxīncháng 髮短心長
12-732B
fádùn 乏頓 1-645A
fā'è 發惡 8-563A
fā'è 發愕 8-565B
fá'è 乏戹 1-644B
fá'è 乏餓 1-645B
fá'è 罰惡 8-1038B
fă'er 法兒 5-1039A
fāfā 發發 8-566A
fáfá 乏乏 1-644B
fāfán 發凡 8-543B
fāfán 發煩 8-568B
fāfáng 發房 8-553A
fāfàng 發放 8-551B
făfāng 法方 5-1036A
făfáng 法防 5-1037B
fāfèn 發忿 8-551B
fāfèn 發憤 8-572B
fāfèn 發奮 8-573B
fāfèndăolì 發奮蹈厲
8-573B
fāfēng 發瘋 8-570A
fáfèng 罰俸 8-1038B
fāfèntúqiáng 發憤圖强
8-573A
fāfèntúqiáng 發奮圖强
8-573B
fāfènwàngshí 發憤忘食
8-573A
fāfènwéixióng 發奮爲雄
8-573B
fāfènzhănbù 發憤展布
8-573A
fāfènzìlì 發憤自厲 8-573A
fāfènzìxióng 發憤自雄
8-573A
fāfú 發伏 8-546B
fāfú 發孚 8-549A
fāfú 發枹 8-553A
fāfú 發福 8-569A
fāfù 發付 8-545B
fāfù 發富 8-565B
fāfù 發覆 8-576B
făfú 法服 5-1039A
făfù 法賻 5-1048B
fàfū 髮膚 12-735B
fāgàn 發紺 8-560B
fāgàng 發槓 8-569A
făgāng 法綱 5-1047A
fāgāo 發糕 8-574B
fāgăo 發稿 8-571B
făgē 法歌 5-1046B
făgě 法舸 5-1044A
fāgēn 發根 8-556A
fàgēn 髮根 12-734B
fāgōng 發功 8-544B
fágōng 筏工 8-1150A
fágōng 罰觵 8-1039A
făgōng 法宮 5-1042A
făgòng 法供 5-1039A
fágōngjīnnéng 伐功矜能
1-1189B
făgŭ 法古 5-1036A
făgŭ 法鼓 5-1045B
fàgŭ 髮鼓 12-735A
fāguān 發官 8-552B
făguān 法官 5-1039B
făguān 法冠 5-1042A
fāguāng 發光 8-546B
fāguĭ 發軌 8-553A
fāguì 發貴 8-564A
fáguī 罰規 8-1038B
făguī 法規 5-1043B
făguĭ 法軌 5-1040B
făgŭn 法袞 5-1044B
fáguó 伐國 1-1190B
făguóhào 法國號 5-1044A
fāgŭpīlóng 發瞽披聾
8-576B
făhăi 法海 5-1043A
fāhán 發函 8-553A
fāhăn 發喊 8-564A
fāhàn 發汗 8-547A
fāhàn 發憾 8-574B
fāháng 發行 8-546B
făháng 法航 5-1042B
fāhào 發號 8-567A
făhào 法號 5-1045B
fāhàobùlìng 發號布令
8-567A
fāhàochūlìng 發號出令
8-567A
fāhàoshīlìng 發號施令
8-567B
fāhàotŭlìng 發號吐令
8-567B
fāhé 發和 8-551B
fāhěn 發狠 8-554A
fāhèn 發恨 8-555B
fāhèng 發橫 8-571A
fāhèngcái 發橫財 8-571B
fāhèngshuăyě 發橫耍野
8-571A
fāhóng 發洪 8-555A
fāhóují 發喉急 8-564A
făhòuwáng 法後王 5-1041A
fāhuā 發花 8-547B
fāhuá 發華 8-556A
fāhuà 發話 8-568B
fáhuà 乏話 1-645A
făhuā 法花 5-1037B
făhuà 法化 5-1036A
fāhuài 發壞 8-577A
fāhuán 發還 8-574A
fáhuán 罰鍰 8-1039A

fǎhuán 法環 5-1048A
fàhuán 髮環 12-735B
fāhuāng 發慌 8-565A
fāhuáng 發皇 8-554A
fǎhuáng 法皇 5-1041A
fāhuángzhāngdà 發皇張大 8-554A
fāhuī 發揮 8-562A
fāhuī 發暉 8-567A
fāhuī 發輝 8-571B
fǎhuī 法揮 5-1045A
fǎhuì 法會 5-1046A
fǎhuì 法諱 5-1048A
fāhūn 發昏 8-551B
fāhūnzhāngdìshíyī 發昏章第十一 8-551B
fāhuǒ 發火 8-544A
fáhuò 乏貨 1-645A
fǎhuò 法化 5-1036A
fǎhuò 法貨 5-1044A
fājī 發機 8-573B
fājī 發積 8-574A
fājí 發急 8-554A
fājí 發疾 8-557A
fājí 發極 8-563B
fājì 發迹 8-554B
fājì 發悸 8-560B
fājì 發跡 8-567B
fājì 發蹟 8-576B
fájí 罰極 8-1038B
fájí 罰殛 8-1038B
fǎjí 法集 5-1045A
fǎjí 法籍 5-1049A
fǎjì 法紀 5-1042A
fàjī 髮笄 12-734B
fàjī 髮積 12-735B
fàjì 髮紒 12-734B
fàjì 髮際 12-735A
fàjì 髮髻 12-735B
fājiā 發家 8-557B
fājiǎ 發甲 8-545A
fājià 發嫁 8-569A
fǎjiā 法家 5-1043A
fǎjià 法駕 5-1047B
fàjiá 髮夾 12-734A
fàjiǎ 髮瘕 12-735A
fǎjiàdǎoyǐn 法駕導引 5-1047B
fājiān 發奸 8-547A
fājiān 發姦 8-555B
fājiān 發緘 8-573A
fājiàn 發箭 8-572A
fājiàn 發薦 8-573A
fǎjiàn 法見 5-1037B
fàjiān 髮間 12-735A
fājiǎng 發講 8-575B
fājiàng 發强 8-566A
fǎjiàng 法匠 5-1037A
fǎjiàng 法將 5-1044B
fājiānlùfù 發奸露覆 8-547A
fājiāntīfú 發姦摘伏 8-555B
fājiāntīfú 發姦擿伏 8-555B
fājiāntīfù 發姦擿覆 8-555B
fājiāo 發交 8-547A
fājiāo 發焦 8-564B
fājiǎo 發脚 8-560A
fājiǎo 發腳 8-568A
fājiào 發酵 8-569B
fājiào 發轎 8-577B
fājiào 醱酵 9-1444B
fájiāo 伐交 1-1189B
fǎjiào 法教 5-1043B
fājiāzhìfù 發家致富 8-557B
fājiāzhìyè 發家致業 8-557B
fājìbiàntài 發跡變泰 8-567B
fājiē 發揭 8-562A
fājié 發節 8-568A
fājiè 發解 8-568A
fájiē 汎湕 5-930B
fájié 乏竭 1-645A
fǎjiè 法戒 5-1037B
fǎjiè 法界 5-1040B
fǎjièguān 法界觀 5-1040B
fǎjièxìng 法界性 5-1040B
fǎjièyǔ 法誡語 5-1046B
fǎjièzōng 法界宗 5-1040B
fājìn 發噤 8-573B
fájìn 伐矜 1-1190A
fájīn 罰金 8-1038B
fájìn 乏盡 1-645A
fǎjǐn 法錦 5-1048A
fǎjìn 法禁 5-1045B
fājīng 發精 8-570B
fǎjǐng 法警 5-1048B
fǎjìng 法鏡 5-1049A
fàjìng 髮莖 12-734B
fàjīng 髮晶 12-735A
fājiǒng 發窘 8-565B
fájiǒng 乏窘 1-645A
fājiǔ 發酒 8-557B
fǎjiǔ 法酒 5-1042B
fǎjiù 法廄 5-1047A
fājiǔfēng 發酒風 8-557B
fājiǔfēng 發酒瘋 8-557B
fǎjiǔshénzhēn 法灸神針 5-1038A
fājǔ 發舉 8-574A
fājù 發句 8-545B
fǎjù 法炬 5-1039A
fājuàn 發倦 8-557A
fájuàn 乏倦 1-644B
fǎjuàn 法眷 5-1044B
fàjuǎn 髮卷 12-734A
fàjuǎn 髮捲 12-734B
fājué 發決 8-549B
fājué 發掘 8-558B
fājué 發厥 8-564A
fājué 發爵 8-575B
fājué 發覺 8-578A
fájué 乏絕 1-645A
fájué 罰爵 8-1039A
fájué'er 乏角兒 1-644B
fájūnxīng 乏軍興 1-644B
fākāi 發開 8-566A
fākān 發刊 8-544B
fākāncí 發刊詞 8-544B
fākē 發科 8-553B
fākē 發棵 8-563B
fākè 發刻 8-552A
fākè 發課 8-572A
fákē 伐柯 1-1190A
fákē 罰科 8-1038B
fǎkē 法科 5-1041A
fākēdǎhùn 發科打諢 8-553B
fākēdǎqù 發科打趣 8-553B
fákērén 伐柯人 1-1190A
fākōng 發空 8-552B
fǎkōng 法空 5-1039B
fākǒu 發口 8-543A
fǎkū 法窟 5-1046B
fákuǎn 罰款 8-1038B
fākuáng 發狂 8-549A
fākuángbiànsǐ 發狂變死 8-549A
fākuí 發魁 8-568A
fākuì 發喟 8-564B
fākuì 發媿 8-566A
fākuì 發愧 8-565B
fákuì 乏匱 1-645A
fākùn 發困 8-548A
fákùn 乏困 1-644B
fālà 發辣 8-570A
fǎlā 法喇 5-1045A
fǎlà 法臘 5-1049A
fàlà 髮蠟 12-736A
fālǎn 發懶 8-578A
fālǎn 發纜 8-579A
fǎlán 法藍 5-1048B
fǎláng 法郎 5-1039B
fàláng 琺琅 4-597B
fàláng 琺瑯 4-597B
fàláng 髮廊 12-735A
fǎlángjī 法郎機 5-1039B
fǎlánróng 法藍絨 5-1048B
fǎlǎo 法老 5-1036B
fāláosāo 發牢騷 8-549B
fǎlè 法樂 5-1047B
fāléi 發擂 8-573A
fálèi 乏累 1-645A
fǎléi 法雷 5-1045B
fāléng 發楞 8-566B
fālěng 發冷 8-549B
fālèng 發棱 8-563B
fālèng 發愣 8-565B
fālèng 發殑 8-564A
fālǐ 發禮 8-575B
fālì 發立 8-546A
fálì 乏力 1-644A
fǎlǐ 法蠡 5-1049B
fǎlǐ 法理 5-1043A
fǎlì 法力 5-1035B
fǎlì 法吏 5-1036B
fǎlì 法例 5-1039A
fàlì 髮立 12-734A
fāliǎn 發斂 8-575A
fǎlián 法蓮 5-1045B
fàlián 髮簾 12-736A
fāliáng 發梁 8-560A
fāliàng 發亮 8-554B
fáliè 乏劣 1-644B
fālíng 發靈 8-578B
fālìng 發令 8-545B
fǎlìng 法令 5-1036A
fālìngqiāng 發令槍 8-545B
fālìshì 發利市 8-548A
fǎliú 法流 5-1043A
fàliǔ 髮綹 12-735B
fālóngzhènkuì 發聾振聵 8-578B
fālù 發露 8-578B
fālù 發祿 8-566A
fǎlù 法籙 5-1049B
fālùn 發論 8-572A
fǎlún 法輪 5-1047A
fāluò 發落 8-563A
fǎluó 法螺 5-1048B
fālǜ 發慮 8-571B
fǎlǚ 法侶 5-1039A
fǎlǜ 法律 5-1041A
fāmá 發麻 8-560A
fǎmǎ 法馬 5-1042A
fǎmǎ 法瑪 5-1046B
fǎmǎ 法碼 5-1047A
fǎmǎ 砝馬 7-1016B
fǎmǎ 砝碼 7-1017A
fāmài 發賣 8-571A
fāmài 發邁 8-571A
fǎmàizhǔnshéng 法脈準繩 5-1042B
fāmàn 發鏝 8-577B
fāmáng 發盲 8-551B
fāmáo 發毛 8-543B
fàmáo 髮毛 12-733B
fámáohuànsuǐ 伐毛換髓 1-1189B
fámáoxǐsuǐ 伐毛洗髓 1-1189B
fāméi 發霉 8-571B
fāmèi 發痗 8-565A
fāmēn 發悶 8-566A
fāmèn 發悶 8-566A
fǎmén 法門 5-1039B
fāmēng 發蒙 8-566A
fāméng 發矇 8-576B
fāméng 發蒙 8-566A
fāměng 發猛 8-560A
fāměng 發懵 8-577A
fāmèng 發夢 8-566A
fāméngjiěfù 發蒙解縛 8-566B
fāméngqǐbì 發蒙啓蔽 8-566B
fāméngqǐzhì 發蒙啓滯 8-566B
fāméngzhèngǎo 發蒙振槁 8-566B
fāméngzhènkuì 發矇振聵 8-576B
fāméngzhènluò 發蒙振落

8-566B
fāménsì 法門寺 5-1039B
fāmí 發迷 8-555A
fāmì 發祕 8-555B
fāmiàn 發麪 8-571B
fāmiàn 發麵 8-578A
fàmiǎo 髮杪 12-734A
fāmíng 發名 8-547A
fāmíng 發明 8-550B
fāmìng 發命 8-551B
fámìng 伐命 1-1190A
fǎmíng 法名 5-1037A
fāmò 發墨 8-571B
fàmò 髮末 12-734A
fāmóu 發謀 8-574B
fámóu 伐謀 1-1191A
fāmù 發木 8-543B
fámù 伐木 1-1189B
fàn'ài 汎愛 5-931A
fānàn 發難 8-577A
fān'àn 番案 7-1362A
fān'àn 翻案 9-688B
fán'àn 凡闇 2-289B
fǎnàn 法難 5-1048B
fàn'àn 犯案 5-7A
fàn'àng 汎盎 5-929B
fānǎo 發惱 8-565B
fānbǎ 翻把 9-686A
fǎnbǎ 反把 2-858B
fǎnbà 反霸 2-870A
fànbá 犯軷 5-7B
fānbái 翻白 9-685B
fánbǎi 凡百 2-284B
fànbái 汎白 5-928A
fànbài 汎拜 5-929A
fànbài 汎敗 5-930A
fànbài 梵唄 4-1031A
fānbáiyǎn 翻白眼 9-685B
fānbǎn 翻板 9-687A
fānbǎn 翻版 9-687B
fānbāng 番邦 7-1360A
fānbāng 藩邦 9-606B
fānbāng 轓邦 9-1332B
fánbào 煩抱 7-189B
fánbào 煩暴 7-194A
fǎnbào 反報 2-865A
fǎnbào 反暴 2-868A
fànbāo 飯包 12-500A
fànbào 犯暴 5-8B
fānbǎzhàng 翻把賬 9-686A
fànbàzi 飯把子 12-500A
fānbèi 翻背 9-687B
fánbēi 凡卑 2-285B
fánbèi 凡輩 2-289A
fánbèi 煩悖 7-191A
fǎnbèi 反北 2-857B
fǎnbèi 反背 2-861A
fànbèi 梵貝 4-1030A
fānběn 翻本 9-685B
fǎnběn 反本 2-857B
fánběn 繁本 9-983B
fǎnběn 反本 2-857B
fǎnběn 返本 10-739B
fànběn 梵本 4-1029A
fànběn 範本 8-1209B
fǎnběncháoyuán 返本朝元 10-739B
fǎnběnhuányuán 返本還元 10-739B
fǎnběnhuányuán 返本還原 10-739B
fǎnběnhuányuán 返本還源 10-739B
fānbì 藩蔽 9-608A
fānbì 蕃蔽 9-554A
fánbǐ 凡筆 2-288A
fánbǐ 凡鄙 2-288A
fánbǐ 煩鄙 7-193A
fánbì 凡蔽 2-288B
fánbì 煩敝 7-191A
fánbì 煩弊 7-193B
fǎnbí 反鼻 2-867B
fǎnbǐ 反比 2-856B
fǎnbì 反閉 2-865A
fǎnbì 反璧 2-869B
fǎnbì 返蹕 10-743A
fǎnbì 返璧 10-743B
fànbǐ 飯匕 12-499B
fànbì 犯蹕 5-9A
fànbì 飯餕 12-502A
fānbiàn 翻變 9-692B
fānbiàn 蕃變 9-555A
fǎnbiān 反鞭 2-869A
fànbiān 犯邊 5-9A
fānbiǎo 藩表 9-606B
fānbiǎo 蕃表 9-552B
fànbiǎo 梵表 4-1030A
fǎnbǐlì 反比例 2-856B
fánbīn 凡賓 2-289A
fānbīng 番兵 7-1360B
fānbīng 蕃兵 9-552B
fānbǐng 番餅 7-1363B
fānbìng 翻病 9-688B
fánbìng 繁併 9-984B
fǎnbīng 反兵 2-859A
fànbìng 犯病 5-7A
fānbó 帆舶 3-694A
fānbó 番舶 7-1362B
fānbó 幡薄 3-760B
fānbó 翻泊 9-687B
fānbó 藩伯 9-606B
fānbó 蕃舶 9-553B
fānbǒ 翻簸 9-692A
fánbó 凡薄 2-289B
fánbó 繁博 9-987A
fǎnbō 反撥 2-867B
fǎnbó 反駁 2-867A
fǎnbó 反駮 2-868A
fànbō 飯鉢 12-502A
fànbó 汎泊 5-929A
fànbó 汎博 5-930B
fānbù 帆布 3-694A
fānbù 番部 7-1362A
fānbù 幡布 3-759B
fānbù 翻布 9-685B
fānbù 藩部 9-607B
fānbù 颿布 12-642A
fǎnbǔ 反哺 2-862B
fǎnbǔ 返哺 10-741A
fǎnbù 返步 10-740A
fànbù 梵部 4-1031A
fànbùchū 犯不出 5-5A
fānbùchuáng 帆布床 3-694A
fànbùshàng 犯不上 5-5A
fànbùzháo 犯不着 5-5A
fāncài 番菜 7-1362B
fáncái 凡才 2-283B
fáncái 凡材 2-285A
fáncài 笲菜 8-1133B
fàncǎi 汎採 5-930A
fàncai 范蔡 9-356A
fàncài 飯菜 12-501B
fāncàiguǎn 番菜館 7-1362B
fáncáiqiǎnshí 凡才淺識 2-283B
fáncǎn 煩憯 7-194A
fáncáo 凡曹 2-287A
fáncǎo 凡草 2-286A
fǎncè 反側 2-864B
fàncè 梵册 4-1029A
fàncè 梵策 4-1031B
fàncèbèiyè 梵册貝葉 4-1029A
fǎncèzǐ 反側子 2-864B
fānchá 翻茬 9-687B
fānchà 幡刹 3-759B
fánchá 煩察 7-193B
fǎnchā 反差 2-861B
fànchá 汎查 5-929A
fànchá 汎槎 5-931A
fànchà 梵刹 4-1030A
fānchāi 翻拆 9-687A
fánchái 燔柴 7-260A
fānchāng 番昌 7-1361B
fānchāng 蕃昌 9-553A
fánchāng 繁昌 9-984B
fáncháng 凡常 2-287A
fáncháng 煩腸 7-193A
fǎncháng 反常 2-864A
fàncháng 汎常 5-930A
fàncháng 飯場 12-501B
fànchǎng 飯廠 12-502B
fànchàng 梵唱 4-1031B
fānchángjiǎodù 翻腸攪肚 9-690A
fāncháo 蕃朝 9-554A
fǎncháo 返潮 10-743A
fàncháo 汎潮 5-932A
fānchē 翻車 9-686B
fānchē 藩車 9-606B
fānchē 轓車 9-1332B
fǎnchē 軬車 9-1226B
fànchē 飯車 12-500A
fānchén 番沉 7-1361A
fānchén 藩臣 9-606B
fānchén 蕃臣 9-552B
fánchén 凡臣 2-284B
fánchén 凡塵 2-289A
fǎnchèn 反襯 2-870B
fānchénchūxīn 翻陳出新 9-688B
fánchéng 煩城 7-190A
fánchéng 煩酲 7-193B
fǎnchéng 反城 2-860A
fǎnchéng 返程 10-742A
fànchēng 汎稱 5-931B
fànchéng 梵城 4-1030B
fánchēngbóyǐn 繁稱博引 9-989A
fānchēyú 翻車魚 9-686B
fánchǐ 繁侈 9-984B
fánchì 蕃熾 9-554B
fánchì 繁熾 9-990A
fǎnchǐ 反齒 2-868A
fànchǐ 犯齒 5-8B
fánchíjià 樊遲稼 4-1278B
fánchízhīwèn 樊遲之問 4-1278B
fánchōng 繁充 9-984A
fánchóng 凡蟲 2-289B
fánchóng 煩重 7-190A
fánchóng 蟠蟲 8-974A
fànchōng 販舂 10-101B
fánchóu 凡儔 2-289B
fánchóu 煩愁 7-193A
fánchóu 繁稠 9-988B
fànchóu 犯愁 5-8A
fànchóu 範疇 8-1210B
fānchū 翻出 9-686A
fānchǔ 藩儲 9-608B
fánchǔ 煩楚 7-193A
fǎnchū 反初 2-859B
fǎnchú 反芻 2-863A
fànchú 汎除 5-929A
fànchù 犯忕 5-6B
fànchù 犯觸 5-9B
fānchuán 帆船 3-694A
fānchuán 颿船 12-642A
fánchuān 樊川 4-1277B
fánchuǎn 煩舛 7-189B
fǎnchuàn 反串 2-859A
fānchuáng 旛幢 6-1619A
fānchuáng 幡幢 3-760B
fànchuáng 犯床 5-6A
fànchuáng 飯牀 12-500B
fánchuānwēng 樊川翁 4-1277B
fǎnchúdòngwù 反芻動物 2-863A
fǎnchūfú 返初服 10-740B
fǎnchún 反唇 2-862B
fǎnchún 反脣 2-863B
fànchúnfànshé 汎唇汎舌 5-929A
fānchúnnòngshé 翻唇弄舌 9-688A
fǎnchúnxiāngjī 反唇相稽 2-862B
fǎnchúnxiāngjī 反唇相譏 2-862B
fǎnchúnxiāngjī 反脣相稽 2-864A
fǎnchúnxiāngjī 反脣相譏 2-864A
fāncí 翻詞 9-689B
fāncì 番次 7-1360B

fáncí 煩詞 7-191B
fáncí 繁詞 9-988A
fáncí 繁辭 9-991A
fáncǐ 凡此 2-284B
fǎncí 反辭 2-869B
fàncí 汎辭 5-933A
fáncòu 繁湊 9-987A
fáncòu 繁湊 9-988A
fáncòu 繁奏 9-985A
fáncù 煩促 7-190B
fáncù 繁促 9-985B
fǎncuì 反毳 2-865B
fāncuò 鱕錯 12-1260A
fáncuò 煩錯 7-194B
fáncuò 繁錯 9-990A
fǎndá 返答 10-742A
fāndài 番代 7-1360A
fàndài 畚帶 9-1242A
fàndài 飯袋 12-501B
fándàn 煩憺 7-194B
fàndān 范丹 9-356A
fàndān 飯單 12-501B
fāndāng 番當 7-1363A
fándàng 燔蕩 7-260B
fàndàng 汎蕩 5-931B
fāndǎo 翻倒 9-688A
fǎndào 反倒 2-862B
fǎndào 反道 2-865B
fǎndào 返倒 10-741A
fǎndào 返道 10-742A
fàndǎo 犯蹈 5-9A
fàndào 梵道 4-1031B
fàndào 飯稻 12-502B
fǎndé 反德 2-868A
fánděng 凡等 2-288A
fándèng 樊鄧 4-1278A
fàndeshàng 犯得上 5-7B
fàndeshàng 犯的上 5-6B
fàndezháo 犯得着 5-7B
fāndī 藩羝 9-607B
fāndī 籓羝 8-1276A
fāndǐ 藩邸 9-606B
fāndì 番地 7-1360A
fāndì 番第 7-1362B
fándǐ 凡底 2-285B
fàndí 販糴 10-102A
fàndì 梵帝 4-1031A
fāndiān 驅顛 12-642A
fándiǎn 凡典 2-285A
fǎndiàn 反坫 2-859B
fàndiàn 梵殿 4-1031B
fàndiàn 飯店 12-500B
fāndiāo 翻雕 9-691A
fándiào 凡調 2-289A
fàndiào 犯調 5-8B
fándié 煩慄 7-192A
fǎndiē 反跌 2-865B
fāndòng 翻動 9-689A
fándòng 繁動 9-987A
fǎndòng 反動 2-864A
fǎndòngpài 反動派 2-864B
fàndǒu 犯斗 5-5B
fàndǒu 汎斗 5-928A
fàndòu 飯豆 12-500A
fàndòu 飯豆 12-500A
fàndǒuchá 犯斗槎 5-5B
fándú 煩毒 7-190A
fándú 煩瀆 7-195A
fándú 煩黷 7-196A
fàndú 販毒 10-101A
fàndú 範讀 8-1210B
fàndù 範度 8-1210A
fánduǎn 凡短 2-287B
fǎnduì 反對 2-867A
fànduì 犯對 5-8B
fāndùn 藩盾 9-607A
fánduō 煩多 7-189B
fánduō 蕃多 9-552B
fánduō 繁多 9-983B
fánduǒ 繁朵 9-983B
fán'ē 煩痾 7-191B
fán'è 番閼 7-1364A
fán'è 凡惡 2-287B
fánèi 乏餧 1-645B
fàn'ēling 梵婀玲 4-1031A
fàn'ēn 汎恩 5-929B
fān'er 旛兒 6-1618B
fān'ěr 飜爾 12-711A
fán'ér 凡兒 2-285B
fán'ěr 凡耳 2-284B
fán'ěr 凡爾 2-288B
fǎn'ér 反而 2-858A
fǎn'ěr 反爾 2-867A
fàn'ér 販兒 10-101A
fàn'érbùjiào 犯而不校 5-6A
fán'ěrdīng 凡爾丁 2-288B
fàn'érwùjiào 犯而勿校 5-6A
fánfǎ 煩法 7-190A
fánfǎ 繁法 9-985A
fánfǎ 礬法 7-1119A
fànfá 犯罰 5-8B
fànfǎ 犯法 5-6B
fànfǎ 梵法 4-1030B
fānfān 旛旛 6-1619A
fānfān 憣憣 7-712B
fānfān 番番 7-1363A
fānfān 幡幡 3-760B
fānfān 翻翻 9-691B
fānfān 驅驅 12-642A
fānfān 飜飜 12-711B
fānfān 瀿瀿 6-218B
fánfán 煩煩 7-193A
fánfán 瀪瀪 5-1494B
fǎnfǎn 返返 10-740B
fànfàn 汎汎 5-928B
fànfàn 畚犯 9-1402A
fānfāng 蕃坊 9-552B
fānfáng 藩房 9-607A
fǎnfáng 返防 10-740A
fànfāng 梵方 4-1029A
fànfāng 梵坊 4-1029B
fànfáng 範防 8-1209B
fānfānshìfú 番番是福 7-1363A
fānfēi 翻飛 9-688A
fānfēi 轓騑 9-1333A
fānfēi 飜飛 12-710B
fánfèi 凡費 2-288A
fánfèi 煩費 7-192B
fánfèi 繁沸 9-985A
fánfèi 繁費 9-988A
fānfēn 翻翁 9-688A
fánfěn 礬粉 7-1119A
fànfèn 犯分 5-5B
fànfèn 汎拚 5-928B
fānfēng 驅風 12-642A
fǎnfēng 反風 2-861B
fànfēng 犯風 5-7A
fǎnfēngmièhuǒ 反風滅火 2-861B
fānfó 番佛 7-1360B
fānfú 帆幅 3-694A
fānfú 番蚨 7-1362A
fānfú 藩服 9-607A
fānfú 蕃服 9-553A
fānfǔ 藩輔 9-608A
fānfǔ 蕃輔 9-554A
fānfù 帆腹 3-694B
fānfù 翻覆 9-691B
fānfù 飜覆 12-711A
fánfū 凡夫 2-283B
fánfù 繁夷 9-986B
fánfù 煩複 7-193B
fánfù 煩富 7-192B
fánfù 蕃阜 9-553A
fánfù 繁複 9-989B
fánfù 繁阜 9-984B
fánfù 繁富 9-988A
fǎnfú 反服 2-860A
fǎnfú 反俘 2-861B
fǎnfù 反復 2-865B
fǎnfù 反縛 2-868B
fǎnfù 反覆 2-869A
fǎnfù 返復 10-742A
fǎnfù 返縛 10-743A
fǎnfù 返覆 10-743B
fànfū 販夫 10-100B
fànfú 汎拂 5-928B
fànfú 汎浮 5-929B
fànfú 梵服 4-1030B
fànfǔ 范釜 9-356A
fànfù 販負 10-101A
fànfù 販婦 10-101B
fǎnfùshǒu 反覆手 2-869B
fánfūsúzǐ 凡夫俗子 2-283B
fànfǔtiān 梵輔天 4-1032A
fǎnfùwúcháng 反復無常 2-865B
fǎnfùwúcháng 反覆無常 2-869B
fànfūzàolì 販夫皂隸 10-101A
fànfūzōuzú 販夫騶卒 10-101A
fànfūzǒuzú 販夫走卒 10-101A
fāngài 旛蓋 6-1619A
fāng'ài 方礙 6-1572A
fāngǎi 翻改 9-687A
fāng'ǎi 芳藹 9-315A
fāngài 幡蓋 3-760A
fāngài 翻蓋 9-690A
fáng'ài 防礙 11-922A
fáng'ài 妨礙 4-311A
fāngān 旛竿 6-1618B
fāng'àn 方案 6-1564B
fāngān 幡竿 3-759B
fǎngǎn 反感 2-866A
fǎng'àn 訪案 11-91A
fàngān 犯干 5-4B
fàngǎn 飯感 12-502A
fángāo 璠膏 4-633A
fángào 燔告 7-259B
fáng'ào 房奧 7-359A
fǎngào 反告 2-859B
fàng'áo 放敖 5-413B
fàng'ào 放傲 5-417A
fàng'ào 放驁 5-422A
fángbǎ 防把 11-917B
fàngbà 放罷 5-420A
fàngbáigē 放白鴿 5-409B
fāngbǎn 方板 6-1559A
fǎngbàn 仿辦 1-1214B
fǎngbàn 訪辦 11-93A
fàngbān 放班 5-413B
fàngbǎng 放榜 5-419A
fàngbǎng 放牓 5-419B
fāngbǎo 方寶 6-1572B
fāngbāo 芳苞 9-311B
fāngbèi 放悖 5-415A
fángbèi 防備 11-920A
fāngběn 方本 6-1554B
fāngběn 坊本 2-1064A
fàngbèng 放迸 5-413A
fāngbǐ 方比 6-1553A
fāngbǐ 方筆 6-1568A
fāngbì 方弼 6-1568A
fāngbì 方幣 6-1569B
fāngbì 芳苾 9-311B
fángbì 防弊 11-921A
fángbì 防避 11-921B
fángbì 妨蔽 4-311A
fàngbǐ 放筆 5-417A
fàngbì 放臂 5-421B
fāngbiàn 方便 6-1562A
fángbiān 防邊 11-922A
fāngbiànmén 方便門 6-1562B
fāngbiànnáng 方便囊 6-1562B
fāngbiànzhǔzi 方便主子 6-1562B
fāngbiānzuǒyòu 方邊左右 6-1571B
fāngbiǎo 方表 6-1558B
fángbiǎo 防表 11-917B
fāngbié 方別 6-1557B
fǎngbié 訪別 11-90A
fāngbīn 方賓 6-1569B
fángbīng 防兵 11-917B
fāngbó 方伯 6-1558A
fǎngbó 訪泊 11-90B
fángbōdī 防波堤 11-918A
fāngbóliánshuài 方伯連帥 6-1558A

fāngbù 方步 6-1557B
fāngbù 方部 6-1564A
fàngbù 放步 5-410B
fángbúshèngfáng 防不勝防 11-916B
fāngcái 方才 6-1551B
fāngcái 方纔 6-1572B
fāngcǎi 方綵 6-1570A
fángcāi 防猜 11-919B
fǎngcǎi 訪採 11-91A
fàngcān 放參 5-416B
fāngcānbìnglù 方驂並路 6-1572B
fāngcānbìnglù 方驂竝路 6-1572B
fāngcāo 方操 6-1570B
fāngcáo 方槽 6-1570A
fāngcǎo 芳草 9-312A
fāngcè 方册 6-1555A
fāngcè 方策 6-1567B
fāngcè 方筴 6-1569A
fǎngcè 訪册 11-90A
fángchá 防察 11-921A
fǎngchá 訪查 11-90B
fǎngchá 訪察 11-92A
fángchāi 房差 7-358A
fángchǎn 房產 7-358B
fàngchán 放嚵 5-422A
fāngchǎng 坊場 2-1065A
fàngchángxiàndiàodàyú 放長綫釣大魚 5-411B
fāngchángyí 方長宜 6-1558B
fàngcháo 放朝 5-416B
fāngchē 方車 6-1557B
fǎngchē 紡車 9-773B
fāngchén 芳辰 9-311B
fāngchén 芳塵 9-314A
fàngchén 放臣 5-410A
fàngchén 放沉 5-411A
fàngchén 放陳 5-415A
fàngchén 放𠻨 5-419B
fāngchéng 方城 6-1561A
fāngchéng 方程 6-1567B
fángchēng 魴赬 12-1212B
fángchéng 防盛 11-919B
fángchéngkù 防城庫 11-918A
fāngchéngshì 方程式 6-1567B
fāngchéntái 芳塵臺 9-314A
fāngchí 方馳 6-1568B
fāngchǐ 方尺 6-1554A
fàngchí 放弛 5-410A
fàngchì 放斥 5-409B
fàngchòng 放衝 5-420A
fǎngchóu 紡綢 9-774A
fāngchù 方處 6-1565A
fàngchū 放出 5-409B
fàngchù 放絀 5-416B
fàngchù 放黜 5-421A
fāngchuān 方穿 6-1563A
fāngchuán 方船 6-1565B
fángchuān 防川 11-916B
fàngchuán 放船 5-416A
fāngchuáng 方牀 6-1561A
fāngchuí 方垂 6-1559B
fǎngchuí 紡錘 9-774A
fāngchūn 芳春 9-312A
fǎngchūn 訪春 11-90B
fàngchūn 放春 5-412B
fāngchūnjié 芳春節 9-312A
fāngcí 方祠 6-1563A
fāngcí 芳詞 9-313B
fángcí 房祠 7-358A
fángcì 防次 11-917A
fángcì 防刺 11-917B
fángcì 防伺 11-917B
fàngcí 放詞 5-417B
fāngcóng 芳叢 9-315A
fángcóng 房從 7-358B
fāngcùn 方寸 6-1551B
fāngcùnbǐ 方寸匕 6-1551B
fāngcùndì 方寸地 6-1552A
fāngcùnluàn 方寸亂 6-1552A
fāngcùnxīn 方寸心 6-1552A
fàngdá 放達 5-416B
fàngdà 放大 5-407B
fàngdábùjī 放達不羈 5-416B
fàngdàdìng 放大定 5-408A
fǎngdǎi 訪逮 11-91A
fǎngdài 訪戴 11-93A
fàngdǎi 放歹 5-408A
fàngdàjìng 放大鏡 5-408A
fāngdān 方單 6-1567A
fǎngdān 仿單 1-1214B
fǎngdān 訪單 11-91B
fàngdǎn 放膽 5-421A
fàngdàn 放誕 5-418B
fàngdànbùjī 放誕不羈 5-418B
fàngdànbùjū 放誕不拘 5-418B
fàngdànfēngliú 放誕風流 5-418B
fāngdāng 方當 6-1568B
fàngdǎng 放黨 5-422A
fàngdàng 放蕩 5-419B
fàngdàng 放盪 5-421B
fàngdàngbùjī 放蕩不羈 5-419B
fàngdàngxínghái 放蕩形骸 5-420A
fāngdào 方道 6-1568A
fǎngdào 訪道 11-92A
fàngdǎo 放倒 5-414A
fāngdàozhāng 方道彰 6-1568A
fàngdàpào 放大炮 5-408A
fàngdàqì 放大器 5-408A
fàngdàzhǐ 放大紙 5-408A
fāngdé 方德 6-1570A
fǎngdé 訪德 11-92B
fāngděng 方等 6-1567B
fàngdēng 放燈 5-421A
fāngděngshēng 方等聲 6-1567B
fāngdǐ 方底 6-1560B
fāngdì 方地 6-1556A
fángdī 防隄 11-919B
fángdì 防地 11-917A
fángdì 房地 7-357A
fǎngdì 訪第 11-91A
fāngdiàn 坊店 2-1064B
fāngdiàn 芳甸 9-311B
fàngdiān 放顛 5-421B
fàngdiàn 放電 5-418A
fàngdiāo 放刁 5-407B
fàngdiāobǎlàn 放刁把濫 5-407B
fàngdiāosāpō 放刁撒潑 5-407B
fángdìchǎn 房地產 7-357A
fāngdǐng 方鼎 6-1567A
fàngdìng 放定 5-412A
fángdōng 防冬 11-917A
fángdōng 房東 7-357B
fángdòng 防凍 11-919A
fàngdòng 放凍 5-414A
fángdǔ 防堵 11-919A
fángdù 防杜 11-917B
fángdù 房杜 7-357A
fàngdú 放毒 5-412B
fǎngduàn 訪斷 11-93A
fǎngduì 訪對 11-92A
fàngduì 放對 5-419A
fàngdùn 放頓 5-418A
fāng'é 方額 6-1572A
fāng'é 坊額 2-1065A
fángē 凡歌 2-288B
fángé 凡格 2-287A
fáng'è 防扼 11-917B
fáng'è 防遏 11-919B
fāngē 反戈 2-856A
fàngé 梵閣 4-1032A
fàngé 飯格 12-501A
fǎngémìng 反革命 2-860A
fāngēn 反根 2-862B
fāngēndǒu 翻跟斗 9-690A
fāngēng 番更 7-1360B
fāngēng 翻更 9-686B
fāngēng 翻羹 9-692A
fāngèng 翻更 9-686B
fǎngēng 返耕 10-741A
fàngēng 飯羹 12-503B
fàngěng 汎梗 5-930A
fāngēntou 翻跟頭 9-690A
fāng'er 方兒 6-1560A
fāng'ěr 芳餌 9-314A
fàng'èrsì 放二四 5-407A
fāngēyījī 反戈一擊 2-856B
fāngfǎ 方法 6-1560B
fàngfá 放伐 5-410A
fàngfà 放髮 5-419B
fāngfǎlùn 方法論 6-1560B
fángfán 防樊 11-921A
fángfàn 防範 11-921B
fǎngfàn 訪犯 11-90A
fàngfān 放番 5-417B
fàngfān 放翻 5-421B
fāngfāngmiànmiàn 方方面面 6-1553B
fāngfāngqiàoqiào 方方竅竅 6-1554A
fàngfànliúchuò 放飯流歠 5-417B
fāngfēi 芳菲 9-313B
fàngfèi 放廢 5-420A
fāngfén 方墳 6-1570A
fāngfèn 方分 6-1553B
fángfèn 房分 7-356B
fángfèn 房份 7-357A
fàngfēn 放紛 5-415A
fāngfēng 芳風 9-312B
fángfēng 防封 11-918A
fángfēng 防風 11-918B
fǎngfēng 放風 5-413A
fàngfēng 放封 5-412B
fàngfēng 放風 5-413A
fàngfēng 放烽 5-416A
fángfēnglín 防風林 11-918B
fángfēngzhōu 防風粥 11-918B
fāngfū 坊夫 2-1064A
fāngfú 方幅 6-1567A
fāngfú 方滸 6-1569B
fāngfǔ 方府 6-1560A
fāngfù 芳馥 9-315A
fángfū 防夫 11-916B
fángfú 房箙 7-359A
fángfú 魴鮄 12-1212B
fángfǔ 防輔 11-920B
fǎngfú 倣佛 1-1234B
fǎngfú 倣彿 1-1234B
fǎngfú 仿佛 1-1213B
fǎngfú 彷彿 3-927B
fǎngfú 彷髴 3-928B
fǎngfú 昉昲 7-1190B
fǎngfú 髣拂 12-732B
fǎngfú 髣髴 12-732B
fǎngfú 髣髣 12-732B
fàngfú 放悲 5-413B
fānggài 方概 6-1568B
fānggàiyáo 方蓋軺 6-1568B
fānggāng 方剛 6-1564A
fánggǎo 房稿 7-359B
fànggào 放告 5-410B
fànggàopái 放告牌 5-410B
fānggé 方格 6-1563B
fānggě 方舸 6-1565B
fánggé 防閤 11-921A
fánggé 防隔 11-920A
fǎnggé 仿格 1-1214A
fànggē 放歌 5-419A
fànggē 放謌 5-421A
fānggěng 方鯁 6-1572A
fānggōng 方弓 6-1553A
fānggōng 方功 6-1554A
fānggòng 方貢 6-1563B
fànggōng 放工 5-407B
fǎnggòu 訪購 11-93A
fànggǒupì 放狗屁 5-412A
fānggǔ 方轂 6-1571B
fānggǔ 方古 6-1554B
fānggǔ 坊賈 2-1065A
fánggù 防顧 11-922B

fǎnggǔ 仿古 1-1213B
fǎnggǔ 倣古 1-1517B
fǎnggǔ 訪古 11-89B
fānggǔ 放古 5-409A
fànggǔ 放鼓 5-418A
fànggǔ 放穀 5-419B
fāngguǎi 方罫 6-1569A
fàngguāipō 放乖潑 5-412A
fāngguān 坊官 2-1064B
fángguān 房官 7-357B
fángguān 魴鰥 12-1212B
fàngguān 放官 5-412B
fāngguǎng 方廣 6-1569B
fàngguāng 放光 5-410A
fāngguāngwū 方光烏 6-1556A
fāngguī 芳規 9-313B
fāngguǐ 方軌 6-1561A
fāngguì 芳桂 9-313A
fǎngguī 訪珪 11-90B
fāngguō 坊郭 2-1065A
fāngguó 方國 6-1565B
fàngguò 放過 5-415B
fánghài 妨害 4-311A
fānghàn 芳翰 9-314B
fánghán 防寒 11-920A
fánghàn 防扞 11-917A
fánghàn 防汗 11-917A
fánghàn 防捍 11-919A
fànghào 放皓 5-417B
fǎnghè 訪鶴 11-93B
fànghédēng 放河燈 5-412A
fànghèng 放横 5-420A
fānghóng 方弘 6-1556A
fānghóng 方紅 6-1563B
fánghóng 防洪 11-918B
fánghóngqú 防洪渠 11-919A
fānghóu 方侯 6-1562B
fānghòu 方厚 6-1561B
fānghú 方壺 6-1566B
fānghǔ 方虎 6-1559A
fānghù 方户 6-1554A
fánghù 防護 11-922A
fánghù 房户 7-356B
fānghuā 芳花 9-311B
fānghuā 芳華 9-313A
fānghuá 芳華 9-313A
fǎnghuà 訪話 11-92A
fànghuà 放話 5-418B
fànghuái 放懷 5-422A
fánghuàn 防患 11-919B
fànghuān 放歡 5-422A
fànghuán 放還 5-420B
fānghuáng 芳黄 9-313B
fànghuāng 放荒 5-412B
fánghuànwèiméng 防患未萌 11-919B
fánghuànwèirán 防患未然 11-919B
fánghuànyúwèirán 防患于未然 11-919B
fánghuànyúwèirán 防患於未然 11-919B
fànghǔguīshān 放虎歸山 5-411B
fānghuí 方回 6-1556A
fānghuì 方賄 6-1568B
fānghuì 芳卉 9-311A
fānghuì 芳蕙 9-314A
fǎnghuì 訪繪 11-93A
fānghún 芳魂 9-313B
fǎnghūn 訪婚 11-91B
fànghún 放魂 5-418A
fànghuǒ 放火 5-408B
fànghuǒshāoshān 放火燒山 5-408B
fànghuǒshāoshēn 放火燒身 5-408B
fánghuòyúwèirán 防禍于未然 11-920A
fánghuòyúwèirán 防禍於未然 11-920A
fànghǔyíhuàn 放虎遺患 5-411B
fànghǔzìwèi 放虎自衛 5-411B
fāngjī 方畿 6-1570B
fāngjī 方積 6-1571A
fāngjí 方極 6-1567A
fāngjí 方籍 6-1572B
fāngjì 方伎 6-1556B
fāngjì 方技 6-1557A
fāngjì 方計 6-1562B
fāngjì 方劑 6-1571A
fāngjì 芳跡 9-314A
fángjī 防緝 11-921B
fángjì 防忌 11-917B
fángjì 房計 7-358A
fǎngjī 紡緝 9-774A
fǎngjì 紡績 9-774A
fǎngjī 訪稽 11-92B
fǎngjī 訪緝 11-92B
fǎngjí 訪輯 11-92B
fàngjí 放殛 5-417A
fàngjì 放迹 5-413A
fàngjì 放跡 5-418A
fàngjì 放蹟 5-421B
fāngjiā 方家 6-1564B
fāngjià 方駕 6-1570B
fàngjiǎ 放甲 5-409A
fàngjià 放假 5-415B
fàngjià 放駕 5-420B
fāngjiāhóng 方家紅 6-1564B
fāngjiān 坊間 2-1065A
fāngjiān 芳緘 9-314B
fāngjiǎn 方檢 6-1571B
fángjiān 房間 7-359A
fángjiǎn 防檢 11-922A
fángjiàn 房薦 7-359B
fāngjiāng 方將 6-1566A
fāngjiāo 芳郊 9-312A
fāngjiāo 芳椒 9-313B
fāngjiào 方徼 6-1571A
fāngjiào 方教 6-1565A
fàngjiāo 放嬌 5-420B
fàngjiǎo 放脚 5-416A
fàngjiào 放教 5-415A
fāngjié 方潔 6-1570B
fāngjié 方絜 6-1566B
fāngjié 芳節 9-314A
fāngjié 芳潔 9-314B
fāngjiè 方介 6-1553B
fǎngjiē 訪接 11-91A
fàngjiě 放解 5-418B
fàngjiè 放解 5-418B
fāngjiěshí 方解石 6-1569A
fāngjīn 方巾 6-1552B
fāngjīn 方今 6-1553B
fāngjīn 芳津 9-313A
fāngjīn 芳襟 9-315A
fāngjǐn 方謹 6-1572A
fángjīn 房金 7-357B
fángjìn 防禁 11-920A
fāngjīnchǒu 方巾丑 6-1553A
fāngjìng 方徑 6-1564A
fāngjìng 芳徑 9-313A
fāngjīnqì 方巾氣 6-1553A
fāngjiǔ 坊酒 2-1065A
fángjiù 防救 11-919A
fǎngjiù 訪舊 11-93A
fāngjú 方局 6-1558B
fāngjú 坊局 2-1064B
fāngjù 方具 6-1559A
fángjù 防拒 11-917B
fǎngjǔ 訪舉 11-92B
fángjuān 房捐 7-358A
fāngjué 方訣 6-1566A
fángjué 防絶 11-920A
fàngjué 放絶 5-418A
fāngjūn 方君 6-1558B
fāngjùn 方峻 6-1564A
fángjūn 防軍 11-919A
fàngkāi 放開 5-417B
fàngkāiliǎnpí 放開臉皮 5-417B
fǎngkàn 訪看 11-90B
fángkǎo 房考 7-357A
fāngkè 方客 6-1563A
fāngkè 坊刻 2-1064B
fángkē 房科 7-357B
fángkè 妨尅 4-311A
fángkè 房客 7-358A
fǎngkè 仿刻 1-1214A
fāngkǒng 方空 6-1560B
fángkōng 防空 11-918A
fàngkōng 放空 5-412B
fàngkòng 放鞚 5-421A
fángkōngdòng 防空洞 11-918A
fāngkǒnghú 方空縠 6-1560B
fàngkōngpào 放空炮 5-412B
fàngkōngqì 放空氣 5-412B
fāngkǒngqián 方孔錢 6-1554A
fàngkōngqiāng 放空槍 5-412B
fángkōngshào 防空哨 11-918A
fángkǒu 防口 11-916B
fàngkǒu 放口 5-408A
fāngkuài 方塊 6-1566B
fāngkuàizì 方塊字 6-1566B
fàngkuǎn 放款 5-416B
fàngkuáng 放狂 5-411A
fàngkuàng 放曠 5-421B
fāngkuì 方潰 6-1570B
fángkuí 房葵 7-359A
fānglái 方來 6-1559A
fànglài 放賴 5-420B
fāngláiwèi'ài 方來未艾 6-1559A
fānglán 芳蘭 9-315A
fǎnglǎn 訪覽 11-93B
fànglǎn 放懶 5-422A
fànglàn 放濫 5-421A
fānglándāngmén… 芳蘭當門,不得不鋤 9-315B
fángláng 房廊 7-358B
fànglàng 放浪 5-414B
fànglàngbùjī 放浪不羈 5-414B
fànglàngbùjū 放浪不拘 5-414B
fànglàngwújū 放浪無拘 5-415A
fànglàngxínghái 放浪形骸 5-415A
fānglánjìngtǐ 芳蘭竟體 9-315B
fānglánshēngmén… 芳蘭生門,不得不鉏 9-315B
fāngláo 芳醪 9-315A
fángláo 房勞 7-359A
fánglǎo 房老 7-357A
fánglào 防澇 11-921B
fánglěi 房累 7-358B
fāngléishì 方雷氏 6-1568B
fāngléng 方楞 6-1568B
fāngléng 方稜 6-1569A
fànglěngfēng 放冷風 5-411A
fànglěngjiàn 放冷箭 5-411A
fānglèyuàn 芳樂苑 9-314B
fānglí 方離 6-1572A
fānglǐ 方里 6-1557B
fānglǐ 芳醴 9-315B
fānglì 方立 6-1556A
fānglì 方厲 6-1569B
fánglì 防吏 11-917A
fánglì 防利 11-917B
fǎnglǐ 訪理 11-91A
fǎnglì 訪曆 11-92B
fānglián 方廉 6-1569A
fānglián 芳苓 9-311B
fánglián 房匳 7-359A
fánglián 房奩 7-359A
fánglián 房匲 7-359B
fāngliáng 方量 6-1567A
fāngliàng 方亮 6-1563A
fàngliáng 放良 5-411A
fàngliàng 放亮 5-413A
fàngliàng 放量 5-417A
fàngliángshū 放良書 5-411A
fǎngliánshǐzhǐ 仿連史紙 1-1214A

fāngliè 芳洌 9-312A
fāngliè 芳洌 9-312B
fāngliè 芳烈 9-313A
fǎngliè 訪獵 11-93A
fānglín 芳林 9-311B
fānglín 芳鄰 9-314A
fánglìn 房賃 7-359A
fānglíng 芳苓 9-311B
fānglíng 芳齡 9-315B
fānglǐng 方領 6-1569B
fánglíng 房陵 7-358B
fánglíng 房靈 7-360A
fānglǐngjǔbù 方領矩步 6-1569B
fānglǐngyuánguān 方領圓冠 6-1569B
fānglínyuán 芳林園 9-311B
fānglínyuàn 芳林苑 9-311B
fāngliú 方流 6-1564B
fāngliú 芳流 9-313B
fàngliū 放溜 5-419A
fàngliú 放流 5-414B
fàngliù 放溜 5-419A
fánglóng 房櫳 7-360A
fánglóng 房籠 7-360A
fǎnglǒng 訪壟 11-93A
fànglóngrùhǎi 放龍入海 5-421A
fānglù 芳醁 9-314B
fánglù 防録 11-921B
fánglù 房露 7-360A
fǎnglú 紡纑 9-774B
fǎnglùn 訪論 11-92B
fànglùn 放論 5-420A
fángluó 防邏 11-922B
fǎngluò 訪落 11-91B
fánglǜ 防慮 11-921B
fānglüè 方略 6-1565A
fānglüècè 方略策 6-1565A
fāngmǎ 方馬 6-1563B
fàngmǎhòupào 放馬後礮 5-413B
fàngmǎhuàyáng 放馬華陽 5-413B
fāngmài 方脈 6-1564A
fàngmài 放邁 5-419B
fàngmán 放蠻 5-422B
fàngmàn 放慢 5-419B
fàngmàn 放漫 5-419B
fàngmáo 放茅 5-411B
fàngméi 放眉 5-413B
fángmén 坊門 2-1064B
fángmén 防門 11-918A
fángméng 防萌 11-919A
fángméngdùjiàn 防萌杜漸 11-919A
fàngměngzhēng 放懞掙 5-421A
fángmǐ 防弭 11-919A
fǎngmì 訪覓 11-91A
fàngmí 放麛 5-422A
fāngmiàn 方面 6-1561B
fàngmiǎn 放免 5-410B
fāngmiàndà'ěr 方面大耳 6-1561B
fāngmiànguān 方面官 6-1561B
fāngmiànjūn 方面軍 6-1561B
fángmiào 房廟 7-359B
fángmiè 防滅 11-920B
fàngmiè 放蔑 5-419A
fángmín 房緡 7-359B
fàngmín 放民 5-409B
fāngmíng 方名 6-1557A
fāngmíng 方明 6-1559A
fāngmíng 芳名 9-311B
fāngmíng 芳茗 9-312A
fāngmìng 方命 6-1560A
fàngmìng 放命 5-412A
fǎngmìng 訪命 11-90B
fāngmíngtán 方明壇 6-1559B
fāngmò 坊陌 2-1064B
fángmò 房墨 7-359B
fǎngmó 仿摹 1-1214B
fǎngmó 仿模 1-1214B
fǎngmó 彷摹 3-928B
fāngmóu 方謀 6-1571A
fǎngmóu 訪謀 11-93A
fángmóudùduàn 房謀杜斷 7-359B
fāngmù 方目 6-1554B
fāngmù 方牧 6-1559B
fángmù 防墓 11-920A
fángmù 房木 7-356A
fǎngmù 訪募 11-91B
fàngmù 放目 5-409A
fàngmù 放牧 5-411B
fāngmùshā 方目紗 6-1554B
fāngmùshā 方目紫 6-1554B
fángná 防拏 11-919A
fǎngná 訪拏 11-90B
fǎngná 訪拿 11-91A
fàngnáng 放囊 5-422A
fāngnèi 方内 6-1553B
fángnèi 房内 7-356B
fāngnì 方慝 6-1569A
fángnǐ 防擬 11-921B
fàngní 放麑 5-421B
fāngnián 芳年 9-311A
fāngniǎn 方輦 6-1570A
fàngniánxué 放年學 5-410A
fàngniú 放牛 5-408A
fàngniúguīmǎ 放牛歸馬 5-408B
fāngōng 翻工 9-685A
fāngòng 翻供 9-687B
fāngòng 反供 2-860A
fángǒng 凡汞 2-285A
fǎngōng 反攻 2-858B
fǎngōng 反躬 2-863A
fǎngōng 返工 10-739A
fǎngōng 返攻 10-740A
fǎngōng 返躬 10-741A
fàngōng 梵宫 4-1031A
fàngòng 汎供 5-929A
fǎngōngdàosuàn 反攻倒算 2-858B
fǎngōngzìwèn 反躬自問 2-863A
fǎngōngzìzé 反躬自責 2-863A
fǎngōu 返勾 10-739A
fāngpái 坊牌 2-1065A
fángpái 防牌 11-920A
fāngpái 枋簰 4-879B
fǎngpái 訪牌 11-91B
fàngpái 放排 5-415A
fàngpái 放牌 5-417A
fàngpán 放盤 5-420A
fāngpáo 方袍 6-1564B
fàngpào 放礮 5-422A
fāngpáokè 方袍客 6-1564B
fāngpèi 方轡 6-1572B
fāngpéng 方蓬 6-1568B
fàngpì 放屁 5-411A
fángpiào 房票 7-358B
fàngpìlāsā 放屁喇撒 5-411B
fàngpìlàsāo 放屁辣臊 5-411B
fàngpìlàsāo 放屁辣騷 5-411B
fāngpíng 方平 6-1554B
fāngpíng 方屏 6-1563A
fángpíng 魴鮃 12-1212B
fǎngpínwènkǔ 訪貧問苦 11-91A
fàngpìtiānfēng 放屁添風 5-411A
fàngpìxiéchǐ 放辟邪侈 5-419A
fàngpìxiéchǐ 放僻邪侈 5-420A
fàngpìyínchǐ 放辟淫侈 5-419A
fàngpìyínyì 放僻淫佚 5-420A
fàngpō 放潑 5-420B
fàngpōsāháo 放潑撒豪 5-420B
fāngqí 方奇 6-1559A
fāngqí 方祇 6-1560B
fāngqǐ 方起 6-1563B
fāngqì 芳氣 9-313A
fángqí 防旗 11-921A
fángqì 房契 7-357B
fàngqì 放弃 5-411A
fàngqì 放氣 5-414A
fàngqì 放棄 5-417B
fángqián 房錢 7-359B
fàngqiān 放遷 5-420A
fàngqián 放錢 5-420B
fàngqiǎn 放遣 5-418A
fāngqiào 方峭 6-1564A
fāngqiě 方且 6-1554B
fāngqiè 方切 6-1553A
fángqīn 房親 7-360A
fǎngqīn 訪親 11-93A
fāngqīng 芳卿 9-313A
fāngqíng 方情 6-1566A
fāngqíng 芳情 9-313B
fàngqīng 放青 5-411B
fàngqíng 放情 5-416A
fàngqíng 放晴 5-417A
fàngqīngmiáo 放青苗 5-411B
fàngqíngqiūhè 放情丘壑 5-416B
fǎngqīnwènyǒu 訪親問友 11-93A
fāngqiū 方丘 6-1555A
fángqiū 防秋 11-918A
fǎngqiú 訪求 11-90A
fàngqiūlǒng 放秋壠 5-413A
fāngqū 方麯 6-1571B
fāngqū 方麴 6-1572A
fāngqū 坊曲 2-1064A
fángqū 防區 11-919A
fàngqū 放蛆 5-415B
fàngqù 放去 5-409A
fāngquán 芳荃 9-312A
fāngquán 汸泉 5-994A
fàngquē 放缺 5-414A
fàngquè 放却 5-410B
fāngrǎng 方攘 6-1572A
fàngràng 放讓 5-422A
fāngrén 方人 6-1551A
fāngrén 坊人 2-1064A
fāngrèn 方任 6-1556B
fángrén 防人 11-916B
fǎngrén 瓬人 5-288A
fǎngrén 旊人 6-1583A
fǎngrén 舫人 9-6A
fàngrén 放人 5-407B
fàngrèn 放任 5-410A
fàngrènzìliú 放任自流 5-410A
fāngróng 芳容 9-313B
fàngruǎnwán 放軟頑 5-415A
fāngruí 芳蕤 9-314B
fāngruì 方内 6-1553B
fāngruì 方枘 6-1558B
fāngruìyuánzáo 方枘圓鑿 6-1558B
fāngruìyuánzáo 方枘圜鑿 6-1559A
fāngrùn 芳潤 9-314B
fángsāi 防塞 11-920B
fángsài 防塞 11-920B
fāngsǎn 方繖 6-1572A
fàngsàn 放散 5-416B
fāngsānbài 方三拜 6-1551B
fāngsāng 方喪 6-1566B
fāngsǎng 方顙 6-1572A
fángsāng 防喪 11-919B
fāngsè 方色 6-1557A
fàngshā 放殺 5-414A
fāngshān 方山 6-1552B
fāngshàn 方扇 6-1564B
fǎngshàn 訪善 11-92A
fāngshàng 方上 6-1552B
fàngshǎng 放賞 5-420A
fāngshānguān 方山冠 6-1552B
fāngshānjīn 方山巾 6-1552B
fángshānshíjīng 房山石經 7-356A

fāngshānzǐ 方山子 6-1552B
fāngshào 方邵 6-1558B
fāngshào 方召 6-1556A
fàngshào 放哨 5-413B
fàngshāsǐ 放殺死 5-414A
fāngshè 方社 6-1558A
fángshè 房舍 7-357B
fàngshè 放射 5-414A
fàngshè 放赦 5-415A
fāngshén 方神 6-1563A
fāngshèn 方慎 6-1569A
fángshèn 防慎 11-920B
fàngshēn 放身 5-410B
fàngshén 放神 5-413B
fángshēndāo 防身刀 11-917B
fāngshēng 芳聲 9-315A
fāngshèng 方勝 6-1568A
fángshēng 房生 7-356B
fángshěng 房省 7-357B
fǎngshèng 訪勝 11-92A
fàngshēng 放生 5-409A
fàngshēng 放聲 5-421A
fàngshēngchí 放生池 5-409B
fǎngshēngxué 仿生學 1-1213B
fàngshèxiàn 放射綫 5-414A
fàngshèxíng 放射形 5-414A
fāngshí 方實 6-1569B
fāngshí 芳時 9-313A
fāngshǐ 方始 6-1561A
fāngshì 方士 6-1551B
fāngshì 方式 6-1556A
fāngshì 方事 6-1559A
fāngshì 坊市 2-1064A
fángshī 房師 7-358A
fángshì 防侍 11-918A
fángshì 房事 7-357B
fángshì 房室 7-358A
fǎngshí 訪實 11-92A
fǎngshǐ 昉始 5-638B
fǎngshì 訪世 11-89B
fǎngshì 訪事 11-90A
fàngshì 放式 5-409B
fàngshì 放士 5-407B
fàngshì 放世 5-409A
fàngshì 放弒 5-417B
fàngshì 放試 5-418B
fàngshì 放釋 5-422A
fǎngshìrén 訪事人 11-90A
fǎngshìyuán 訪事員 11-90B
fāngshōu 方收 6-1557A
fángshǒu 防守 11-917A
fǎngshǒu 紡手 9-773B
fàngshǒu 放手 5-408B
fāngshū 方叔 6-1559A
fāngshū 方書 6-1564B
fāngshù 方術 6-1565B
fāngshù 方數 6-1570A
fāngshù 芳樹 9-314B
fángshū 房書 7-358A
fángshù 防戍 11-917A
fángshù 房術 7-358B
fǎngshū 倣書 1-1517B
fǎngshū 訪書 11-91A
fàngshú 放贖 5-422A
fàngshù 放恕 5-415A
fāngshuài 方帥 6-1562B
fàngshuài 放率 5-416A
fāngshuǐ 方水 6-1553B
fángshuǐ 防水 11-917A
fàngshuǐ 放水 5-408A
fàngshuì 放稅 5-417A
fàngshuǐhuǒ 放水火 5-408A
fāngshuò 方朔 6-1564A
fāngshuòtáo 方朔桃 6-1564B
fāngshùshì 方術士 6-1565B
fāngshūyuán 芳蔬園 9-314B
fāngsì 方祀 6-1558B
fángsì 坊肆 2-1065A
fángsì 房祀 7-357A
fángsì 房駟 7-359B
fǎngsī 紡絲 9-773B
fàngsì 放肆 5-418A
fāngsīgé 方司格 6-1556A
fángsòng 防送 11-918B
fàngsōng 放鬆 5-421B
fàngsōng 放愡 5-416B
fàngsòng 放送 5-413A
fǎngsòngběn 仿宋本 1-1213B
fángsòngfū 防送夫 11-918B
fángsòngrén 防送人 11-918B
fǎngsòngtǐ 仿宋體 1-1214A
fǎngsòngzì 仿宋字 1-1214A
fángsòngzú 防送卒 11-918B
fāngsú 方俗 6-1562B
fángsù 防宿 11-919B
fángsù 防肅 11-920B
fǎngsú 訪俗 11-90B
fǎngsù 訪宿 11-91A
fāngsuì 芳歲 9-314A
fāngsūn 芳蓀 9-313B
fāngsuǒ 方所 6-1560A
fǎngsuǒ 訪索 11-90B
fángtà 房闥 7-360A
fǎngtán 訪覃 11-91B
fàngtán 放談 5-420A
fàngtáng 放唐 5-414B
fàngtáng 放堂 5-415A
fàngtáo 放桃 5-413B
fāngtáopìlǐ 方桃譬李 6-1563B
fǎngtí 訪提 11-91B
fàngtí 放蹄 5-420B
fàngtǐ 放體 5-422A
fāngtiān 方天 6-1553A
fāngtián 方田 6-1554B
fāngtiánfǎ 方田法 6-1555A
fāngtiānhuàjǐ 方天畫戟 6-1553A
fāngtiānjǐ 方天戟 6-1553A
fángtiě 房帖 7-357B
fāngtǐng 方挺 6-1561A
fàngtíng 放停 5-415B
fāngtínghóu 方亭侯 6-1563A
fāngtóng 方瞳 6-1571B
fāngtóu 方頭 6-1571A
fángtóu 防頭 11-921B
fángtóu 房頭 7-359B
fǎngtóu 訪投 11-90A
fàngtōu 放偷 5-415B
fàngtóu 放頭 5-420B
fāngtóubùliè 方頭不劣 6-1571A
fāngtóubùlǜ 方頭不律 6-1571A
fāngtǔ 方土 6-1551B
fángtú 房圖 7-359A
fángtuán 防團 11-921A
fàngtuì 放退 5-413B
fángtuō 防托 11-917A
fángtuò 防拓 11-917B
fàngtuō 放脱 5-416A
fāngǔ 翻古 9-685B
fǎngù 反故 2-860B
fángǔ 凡骨 2-286A
fángǔ 燔骨 7-260A
fángù 凡固 2-285B
fǎngǔ 反古 2-857A
fǎngǔ 反骨 2-861B
fǎngù 反顧 2-870A
fǎngù 返顧 10-743B
fàngū 販沽 10-101A
fàngū 販酤 10-101B
fàngǔ 販賈 10-102A
fàngǔ 飯鼓 12-502A
fānguā 番瓜 7-1360A
fānguà 翻卦 9-687A
fànguā 飯瓜 12-500A
fànguǎ 犯寡 5-8B
fānguān 番官 7-1361B
fánguàn 樊灌 4-1278B
fǎnguān 反關 2-869B
fǎnguān 反觀 2-870B
fǎnguān 返觀 10-743B
fànguān 犯官 5-6B
fànguān 汎觀 5-933B
fànguān 販官 10-101A
fànguǎn 梵館 4-1032B
fànguǎn 飯館 12-503A
fànguàn 飯罐 12-503B
fánguǎng 繁廣 9-989A
fǎnguāng 反光 2-858A
fǎnguāng 返光 10-740A
fànguǎng 汎廣 5-931B
fǎnguāngjìng 反光鏡 2-858A
fǎnguānnèishì 返觀內視 10-743B
fǎnguānnèizhào 返觀內照 10-743B
fànguānyùjué 販官鬻爵 10-101A
fānguàzi 翻褂子 9-690B
fánguī 樊槻 4-1278B
fánguǐ 繁詭 9-988B
fǎnguī 返歸 10-743B
fànguī 犯規 5-7A
fànguǐ 梵庋 4-1030A
fànguǐ 範軌 8-1210A
fāngǔn 翻滾 9-690A
fāngǔngǔn 番滾滾 7-1363A
fāngǔngǔn 翻滾滾 9-690B
fānguó 藩國 9-607B
fānguó 蕃國 9-553B
fánguō 煩聒 7-191B
fánguǒ 繁果 9-984B
fǎnguó 反國 2-864A
fǎnguò 反過 2-864A
fànguō 飯鍋 12-503A
fànguó 販國 10-101B
fāngwài 方外 6-1555A
fǎngwàihù 訪外護 11-90A
fāngwàijiāo 方外交 6-1555B
fāngwàikè 方外客 6-1555B
fāngwàilǚ 方外侶 6-1555B
fāngwàirén 方外人 6-1555B
fāngwàishì 方外士 6-1555B
fāngwàishíyǒu 方外十友 6-1555B
fāngwàisīmǎ 方外司馬 6-1555B
fāngwàiyóu 方外遊 6-1555B
fāngwàiyǒu 方外友 6-1555B
fāngwàizhīxué 方外之學 6-1555B
fàngwán 放玩 5-411B
fāngwàng 方望 6-1566A
fángwàng 房望 7-358B
fàngwáng 放亡 5-408A
fāngwéi 方圍 6-1567B
fāngwéi 方維 6-1570A
fāngwèi 方位 6-1558A
fángwēi 防微 11-920B
fángwéi 防維 11-921A
fángwéi 房帷 7-358B
fángwéi 房幃 7-359A
fángwéi 房闈 7-360A
fángwèi 防衛 11-921B
fángwèi 防衞 11-921B
fángwèi 房魏 7-360A
fàngwéi 放圍 5-417A
fāngwèicí 方位詞 6-1558A
fángwēidùjiàn 防微杜漸 11-920B
fángwēidùxìn 防微杜釁 11-920B
fángwěn 妨紊 4-311A
fǎngwén 訪聞 11-92A
fǎngwèn 訪問 11-91B
fángwō 房窩 7-359A
fángwò 房臥 7-357B
fángwò 房幄 7-359A
fāngwù 方物 6-1559B
fāngwù 芳物 9-312A
fángwū 房屋 7-358A
fángwù 防務 11-919A
fàngwù 放物 5-412A
fāngxì 方鉉 6-1566A
fāngxì 方舄 6-1568A
fǎngxí 倣習 1-1517B
fàngxí 放習 5-416B
fàngxī 放析 5-411B
fàngxī 放錫 5-421A
fàngxǐ 放徙 5-415B
fàngxǐ 放屣 5-419B
fāngxià 方夏 6-1563B
fángxià 房下 7-355B

fàngxià 放下 5-407B
fāngxiān 芳鮮 9-315A
fāngxiàn 方限 6-1561A
fángxián 防閑 11-920A
fángxián 防嫌 11-920B
fángxián 妨賢 4-311A
fángxiàn 防限 11-918A
fángxiàn 防綫 11-921A
fǎngxián 訪賢 11-92B
fàngxián 放閑 5-418A
fāngxiāng 方驤 6-1572B
fāngxiāng 坊廂 2-1065A
fāngxiāng 芳香 9-312B
fāngxiāng 芳薌 9-314A
fāngxiǎng 方響 6-1572B
fāngxiàng 方相 6-1561A
fāngxiàng 方嚮 6-1571B
fāngxiàng 方向 6-1556B
fāngxiàng 坊巷 2-1064B
fángxiǎng 防餉 11-921A
fàngxiǎng 放想 5-418A
fǎngxiàng 仿像 1-1214B
fǎngxiàng 彷像 3-928A
fǎngxiàng 倣象 1-1517B
fǎngxiàng 倣像 1-1517B
fǎngxiàng 髣像 12-732B
fǎngxiàng 放象 5-416A
fǎngxiàng 放像 5-418B
fàngxiǎng 放餉 5-419B
fāngxiàngduò 方向舵
6-1556B
fāngxiàngpán 方向盤
6-1556B
fāngxiàngshì 方相氏
6-1561A
fǎngxiànniáng 紡線娘
9-774A
fāngxiānsheng 方先生
6-1556A
fángxiǎo 防小 11-916B
fǎngxiào 仿効 1-1214A
fǎngxiào 仿效 1-1214A
fǎngxiào 倣效 1-1517B
fǎngxiào 倣傚 1-1517B
fǎngxiào 倣斅 1-1517B
fǎngxiào 倣學 1-1517B
fǎngxiào 放効 5-412A
fǎngxiào 放效 5-414A
fǎngxiào 放傚 5-417B
fàngxiàtúdāo…
放下屠刀,立地成佛
5-407B
fǎngxiě 仿寫 1-1214B
fàngxiè 放泄 5-412A
fàngxiè 放紲 5-416B
fàngxiè 放懈 5-421A
fāngxīn 方心 6-1554A
fāngxīn 芳心 9-311A
fāngxīn 芳馨 9-315A
fāngxìn 芳信 9-312B
fángxīn 房心 7-356B
fàngxīn 放心 5-408B
fāngxíng 方行 6-1556B
fángxīng 房星 7-357B
fángxíng 房行 7-357A
fǎngxíng 仿行 1-1213B
fàngxíng 放行 5-410A
fāngxīngwèi'ài 方興未艾
6-1571A
fāngxīngwèiyǐ 方興未已
6-1571A
fàngxīnjiětǐ 放心解體
5-409A
fángxīnshèxíng 防心攝行
11-917A
fàngxīntuōdǎn 放心托膽
5-409A
fāngxiōng 方兄 6-1555A
fángxiōng 房兄 7-356B
fāngxiū 芳羞 9-313B
fángxiù 房宿 7-358B
fāngxǔ 芳醑 9-314B
fāngxù 方絮 6-1568A
fāngxù 芳序 9-311B
fǎngxù 訪恤 11-90B
fāngxuān 方軒 6-1563B
fǎngxuānzhǐ 仿宣紙 1-1214A
fàngxué 放學 5-420B
fàngxuè 放血 5-410A
fāngxùn 芳訊 9-313B
fángxùn 防汛 11-917A
fǎngxún 訪尋 11-92A
fǎngxún 訪詢 11-92A
fǎngxùn 訪訊 11-91A
fàngxūn 放勛 5-417A
fàngxūn 放勳 5-420B
fángxùnbīng 防汛兵 11-917A
fāngyá 芳芽 9-311B
fāngyǎ 方雅 6-1567A
fàngyá 放衙 5-418B
fāngyán 方言 6-1558A
fāngyán 方嚴 6-1572A
fāngyán 芳顏 9-315A
fángyàn 房宴 7-358A
fángyàn 房燕 7-359B
fàngyán 放言 5-411A
fàngyǎn 放眼 5-415A
fāngyáng 方揚 6-1566B
fàngyáng 放佯 5-412A
fàngyáng 放洋 5-413A
fàngyǎng 放養 5-419B
fàngyángāolùn 放言高論
5-411A
fāngyánjǔxíng 方言矩行
6-1558A
fàngyànkou 放焰口 5-417B
fāngyào 方藥 6-1571B
fángyào 妨要 4-311A
fángyázi 房牙子 7-356A
fángyè 房掖 7-358B
fǎngyè 訪謁 11-92B
fàngyě 放野 5-415B
fàngyè 放夜 5-412A
fàngyěhuǒ 放野火 5-415B
fāngyí 方夷 6-1556A
fāngyí 方儀 6-1570A
fāngyí 方頤 6-1570B
fāngyǐ 芳蟻 9-315A
fāngyì 方裔 6-1569A
fāngyì 方詣 6-1569A
fāngyì 方毅 6-1570B
fāngyì 芳意 9-314A
fāngyì 芳懿 9-315B
fángyì 防抑 11-917B
fángyì 防疫 11-918B
fǎngyī 倣依 1-1517B
fǎngyī 放依 5-412A
fǎngyì 訪義 11-92A
fǎngyì 訪議 11-93A
fàngyì 放失 5-409B
fàngyì 放佚 5-410B
fàngyì 放逸 5-416A
fàngyì 放軼 5-417A
fàngyì 放意 5-418B
fàngyì 放溢 5-419A
fàngyì 放鷁 5-422A
fāngyǐlèijù 方以類聚
6-1554A
fāngyīn 方音 6-1563A
fāngyīn 方殷 6-1564A
fāngyīn 方堙 6-1566B
fāngyīn 方歅 6-1568B
fāngyīn 方諲 6-1571A
fāngyīn 芳茵 9-312A
fāngyīn 芳音 9-312B
fǎngyǐn 訪引 11-89B
fàngyín 放淫 5-416A
fàngyǐn 放飲 5-417B
fángyíng 防營 11-921B
fǎngyīng 訪英 11-90A
fǎngyǐng 倣影 1-1517B
fàngyīng 放鷹 5-422B
fàngyǐng 放影 5-420A
fàngyìng 放映 5-412B
fàngyìngduì 放映隊 5-413A
fàngyìngjī 放映機 5-413A
fàngyīngzhúquǎn 放鷹逐犬
5-422B
fàngyīnjī 放音機 5-413A
fángyìrúchéng 防意如城
11-920B
fàngyìsìzhì 放意肆志
5-419A
fángyìzhàn 防疫站 11-918B
fángyìzhēn 防疫針 11-918B
fángyǒng 防勇 11-919A
fàngyōng 放慵 5-419B
fāngyóu 方遊 6-1568A
fāngyóu 芳猷 9-314A
fángyǒu 房友 7-356A
fángyǒu 房牖 7-359B
fàngyóu 放遊 5-417B
fàngyòu 放宥 5-413B
fāngyú 方隅 6-1566A
fāngyú 方輿 6-1571B
fāngyú 坊隅 2-1065A
fāngyú 枋榆 4-879B
fāngyǔ 方語 6-1569A
fāngyù 方域 6-1565A
fāngyù 方喻 6-1567A
fāngyù 芳譽 9-315B
fángyú 防隅 11-919B
fángyú 防虞 11-920B
fángyú 魴魚 12-1212A
fángyǔ 房宇 7-357A
fángyù 防馭 11-919B
fángyù 防禦 11-922A
fángyù 房御 7-359A
fǎngyǔ 訪宇 11-90A
fàngyū 放淤 5-416A
fàngyǔ 放語 5-419B
fāngyuán 方員 6-1563B
fāngyuán 方圓 6-1568B
fāngyuán 方圜 6-1571A
fāngyuán 方轅 6-1571B
fāngyuàn 坊院 2-1064B
fángyuán 防援 11-919B
fángyuàn 房苑 7-357B
fǎngyuán 訪員 11-91A
fàngyuǎn 放遠 5-418A
fāngyuánkěshī 方員可施
6-1564A
fángyúchēngwěi 魴魚赬尾
12-1212A
fāngyuè 方岳 6-1560A
fāngyuè 方嶽 6-1571B
fángyuè 房樂 7-359B
fǎngyuè 訪樂 11-92B
fàngyuè 放越 5-416B
fàngyúrùhǎi 放魚入海
5-416A
fángyùshǐ 防禦使 11-922A
fángyúwěi 魴魚尾 12-1212A
fángyùzhōu 防禦州 11-922A
fāngzài 方載 6-1568A
fǎngzào 仿造 1-1214A
fǎngzào 倣造 1-1517B
fāngzáoyuánruì 方鑿圓枘
6-1572B
fāngzé 方澤 6-1571A
fāngzé 芳澤 9-314B
fǎngzé 訪擇 11-92B
fāngzhá 芳札 9-311A
fàngzhài 放責 5-415A
fàngzhài 放債 5-418B
fàngzhàn 放綻 5-419B
fāngzhāng 方張 6-1566A
fāngzhǎng 坊長 2-1064B
fāngzhàng 方丈 6-1552A
fāngzhàng 方帳 6-1565B
fángzhǎng 房長 7-357A
fàngzhàng 放仗 5-409B
fàngzhàng 放賬 5-420A
fāngzhàngsēng 方丈僧
6-1552B
fāngzhàngshì 方丈室
6-1552B
fāngzhàngzhōu 方丈洲
6-1552B
fāngzhàngzì 方丈字 6-1552B
fāngzhào 方兆 6-1557A
fǎngzhào 仿照 1-1214B
fǎngzhào 訪兆 11-90A
fàngzhào 放棹 5-417A
fāngzhé 方折 6-1557B
fāngzhě 方者 6-1558B

fāngzhèn 方陳 6-1565A
fāngzhēn 方珍 6-1561A
fāngzhēn 方貞 6-1562A
fāngzhēn 方針 6-1564A
fāngzhēn 方鍼 6-1571B
fāngzhěn 方枕 6-1559A
fāngzhěn 方診 6-1568A
fāngzhèn 方陳 6-1565A
fāngzhèn 方陣 6-1563A
fāngzhèn 方鎮 6-1571B
fángzhěn 防畛 11-919A
fángzhèn 防震 11-921A
fǎngzhēn 訪真 11-90B
fàngzhèn 放賑 5-419A
fāngzhěng 方整 6-1570B
fāngzhèng 方正 6-1554A
fāngzhèng 坊止 2-1064A
fángzhēng 房烝 7-358B
fàngzhèng 放鄭 5-419B
fāngzhèngzì 方正字 6-1554A
fāngzhí 方直 6-1558B
fāngzhí 方執 6-1565A
fāngzhǐ 方止 6-1553A
fāngzhǐ 方趾 6-1565A
fāngzhǐ 芳茝 9-313A
fāngzhǐ 芳旨 9-311B
fāngzhǐ 芳芷 9-311B
fāngzhì 方志 6-1557B
fāngzhì 方制 6-1559B
fāngzhì 方峙 6-1562A
fāngzhì 方誌 6-1569B
fāngzhì 方質 6-1570A
fángzhī 肪脂 6-1185B
fángzhí 房植 7-359A
fángzhǐ 防止 11-916B
fángzhì 防制 11-918A
fángzhì 防治 11-918A
fǎngzhī 紡織 9-774A
fǎngzhī 訪知 11-90B
fǎngzhǐ 仿紙 1-1214A
fǎngzhǐ 倣紙 1-1517B
fǎngzhì 仿製 1-1214B
fǎngzhì 訪質 11-92B
fàngzhì 放支 5-408A
fàngzhì 放志 5-410B
fàngzhì 放置 5-418A
fǎngzhīniáng 紡織娘 9-774B
fàngzhīsìhǎi'érjiēzhǔn 放之四海而皆準 5-408A
fāngzhǐyuánlú 方趾圓顱 6-1565A
fāngzhōng 方中 6-1553B
fāngzhòng 方重 6-1562A
fángzhōng 房中 7-356A
fángzhōngruòshuǐ 房中弱水 7-356A
fángzhōngshù 房中術 7-356A
fāngzhōngyǔ 坊中語 2-1064A
fángzhōngyuè 房中樂 7-356A
fāngzhōu 方州 6-1557A
fāngzhōu 方舟 6-1556B
fāngzhōu 芳洲 9-312B
fǎngzhōu 舫舟 9-6A
fǎngzhōu 訪舟 11-90A
fàngzhōu 放舟 5-410A
fàngzhōu 放粥 5-418A
fāngzhū 方諸 6-1570A
fāngzhú 方竹 6-1556A
fāngzhú 芳躅 9-315B
fángzhǔ 防主 11-917A
fángzhǔ 房主 7-356B
fàngzhú 放逐 5-413B
fàngzhù 放筯 5-418B
fāngzhuàn 芳饌 9-315B
fǎngzhuān 紡塼 9-774A
fǎngzhuān 紡磚 9-774A
fángzhuàng 房狀 7-357B
fāngzhǔn 方準 6-1569A
fāngzhuō 方拙 6-1558B
fāngzhuō 方桌 6-1563B
fàngzhuó 放著 5-415A
fàngzhuó 放濁 5-421A
fàngzhūsìhǎi'érjiēzhǔn 放諸四海而皆準 5-420A
fāngzhúzhàng 方竹杖 6-1556A
fāngzi 方子 6-1553A
fāngzi 坊子 2-1064A
fāngzī 芳姿 9-312B
fāngzì 方字 6-1557A
fángzi 房子 7-356A
fángzǐ 房子 7-356A
fǎngzī 紡緇 9-774A
fǎngzī 訪諮 11-93A
fàngzī 放資 5-418B
fàngzǐ 放子 5-408A
fàngzì 放恣 5-414B
fāngzīwèi'ài 方滋未艾 6-1568A
fàngzòng 放從 5-416A
fàngzòng 放縱 5-421B
fàngzòngbùjī 放縱不羈 5-421B
fàngzòngbùjū 放縱不拘 5-421B
fǎngzōu 訪諏 11-92B
fàngzǒu 放走 5-410A
fāngzú 方足 6-1557B
fāngzǔ 芳俎 9-312B
fángzū 房租 7-358A
fángzú 房族 7-358B
fángzǔ 房俎 7-357B
fǎngzú 訪族 11-91A
fàngzú 放足 5-410B
fàngzuì 放罪 5-418B
fàngzuì 放醉 5-420A
fāngzūn 芳尊 9-313B
fāngzūn 芳樽 9-314B
fāngzūn 芳罇 9-315A
fāngzuǒ 坊佐 2-1064B
fāngzúyuánlú 方足圓顱 6-1557B
fānhǎi 翻海 9-688B
fānhǎi 帆海 3-694A
fànhǎi 汎海 5-929B
fànhǎi 販海 10-101B
fànhài 犯害 5-7A
fānhàn 番漢 7-1363B
fānhàn 藩扞 9-606B
fānhàn 藩捍 9-607B
fānhàn 藩翰 9-608A
fānhàn 蕃扞 9-552B
fānhàn 蕃捍 9-553B
fánhàn 繁翰 9-990A
fǎnhàn 反汗 2-858A
fànhán 犯寒 5-8A
fànhàn 飯含 12-500B
fànhàn 飯唅 12-501A
fǎnháng 返航 10-741A
fānhào 番號 7-1363A
fánhào 凡號 2-288B
fánhào 煩號 7-193A
fánhào 繁浩 9-986B
fànhàomócāng 汎浩摩蒼 5-929B
fānhé 繙覈 9-1018B
fànhé 飯盒 12-501B
fānhèwéidiào 翻賀爲弔 9-690A
fānhóng 幡虹 3-759B
fánhóng 繁紅 9-985B
fánhóng 礬紅 7-1119A
fānhónghuā 番紅花 7-1361B
fānhóu 藩侯 9-607A
fānhòu 藩后 9-606B
fànhòuzhōng 飯後鐘 12-501A
fānhù 番户 7-1359B
fǎnhù 反户 2-857A
fānhuā 幡花 3-759B
fānhuā 幡華 3-759B
fānhuā 翻花 9-686B
fánhuā 凡花 2-285A
fánhuā 蕃華 9-553B
fánhuā 繁花 9-984A
fánhuā 繁華 9-986A
fánhuá 繁華 9-986A
fǎnhuà 反話 2-866B
fànhuā 梵花 4-1029B
fànhuà 汎話 5-931A
fánhuái 煩懷 7-195B
fánhuámèng 繁華夢 9-986A
fānhuán 翻環 9-691A
fánhuǎn 煩緩 7-194B
fǎnhuán 返還 10-743A
fànhuàn 犯患 5-7B
fānhuáng 翻黄 9-688B
fānhuáng 翻簧 9-691A
fànhuáng 梵皇 4-1030B
fānhuángdǎozào 飜黄倒皂 12-710B
fánhuátóng 繁華童 9-986A
fánhuázǐ 繁華子 9-986A
fānhuī 幡麾 3-760B
fānhuī 旛麾 6-1619A
fānhuí 翻回 9-686A
fānhuí 翻迴 9-687B
fānhuǐ 番悔 7-1362A
fānhuǐ 翻悔 9-688B
fǎnhuǐ 反悔 2-863B
fánhuì 凡卉 2-284A
fánhuì 煩穢 7-195A
fánhuì 繁晦 9-986B
fánhuì 繁會 9-988B
fánhuì 繁穢 9-991A
fǎnhuí 返回 10-740A
fǎnhuǐ 返悔 10-741B
fànhuì 犯諱 5-9A
fànhuì 飯會 12-502A
fānhùn 藩溷 9-608A
fánhùn 煩溷 7-193A
fǎnhún 返魂 10-742A
fǎnhúncǎo 返魂草 10-742A
fǎnhúndān 返魂丹 10-742A
fǎnhúnméi 返魂梅 10-742B
fǎnhúnshù 返魂樹 10-742B
fǎnhúnxiāng 反魂香 2-866A
fǎnhúnxiāng 返魂香 10-742A
fǎnhúnxiāng 返䰟香 10-742B
fǎnhúnyào 返䰟藥 10-742B
fānhuò 番貨 7-1362B
fānhuò 番禍 7-1363A
fánhuǒ 凡火 2-284A
fánhuǒ 繁夥 9-989A
fánhuò 煩或 7-190A
fánhuò 煩惑 7-191B
fánhuò 煩燰 7-194B
fǎnhuò 反惑 2-865A
fànhuò 反貨 2-864B
fànì 髮逆 12-734B
fāniàn 發念 8-551B
fàniǎn 髮捻 12-734B
fānié 發苶 8-550A
fāniè 發孽 8-577A
fānjī 幡緝 3-760B
fānjī 蕃畿 9-554B
fānjí 帆楫 3-694A
fānjí 帆檝 3-694B
fānjǐ 幡戟 3-760A
fánjī 煩積 7-194B
fánjī 煩幾 7-192B
fánjī 樊姬 4-1278A
fánjī 繁積 9-990A
fánjí 煩急 7-190B
fánjí 樊棘 4-1278A
fánjí 繁瘠 9-990A
fánjǐ 凡幾 2-288A
fánjì 墦祭 2-1221A
fánjì 凡迹 2-286B
fánjì 燔祭 7-260B
fǎnjī 反激 2-868B
fǎnjī 反擊 2-868B
fǎnjí 反籍 2-870A
fǎnjǐ 反己 2-856A
fǎnjǐ 返己 10-739A
fǎnjì 返迹 10-741A
fànjí 汎級 5-929A
fànjì 犯忌 5-6B
fànjì 汎祭 5-930A
fànjì 汎齊 5-931B
fànjì 梵迹 4-1030B
fànjì 梵偈 4-1031B
fànjì 梵寂 4-1031B
fànjì 飯齊 12-502B

fānjiā 番家 7-1362A
fānjià 番假 7-1362B
fánjiā 凡家 2-287A
fǎnjià 返駕 10-743A
fànjiā 梵夾 4-1029B
fànjiā 梵家 4-1031A
fànjiā 飯痂 12-501A
fànjiá 梵筴 4-1031B
fànjiá 梵莢 4-1031A
fānjiǎn 翻揀 9-689A
fānjiǎn 翻檢 9-691A
fánjiān 凡間 2-288A
fánjiān 煩煎 7-193A
fánjiǎn 繁減 9-988A
fánjiǎn 繁簡 9-991A
fánjiàn 凡賤 2-289A
fánjiàn 樊檻 4-1278B
fǎnjiǎn 反剪 2-864B
fǎnjiǎn 返碱 10-742B
fǎnjiàn 反間 2-865B
fǎnjiàn 反監 2-867A
fànjiān 犯奸 5-6A
fànjiān 犯姦 5-7A
fànjiàn 犯間 5-8A
fànjiàn 犯賤 5-8B
fànjiàn 犯諫 5-8B
fānjiāng 翻漿 9-691A
fānjiàng 番匠 7-1360A
fānjiàng 番降 7-1361B
fānjiàng 蕃匠 9-552B
fānjiāngdǎohǎi 翻江倒海 9-686A
fānjiāngjiǎohǎi 翻江攪海 9-686A
fǎnjiànjì 反間計 2-866A
fànjiànmàiguì 販賤賣貴 10-102A
fānjiāo 番椒 7-1363A
fānjiāo 番蕉 7-1363B
fānjiǎo 帆脚 3-694A
fānjiǎo 翻攪 9-692B
fānjiào 番教 7-1362B
fānjiào 番校 7-1362A
fānjiào 憣校 7-740A
fánjiāo 繁驕 9-991B
fánjiǎo 煩攪 7-195B
fànjiāo 汎交 5-928A
fànjiào 犯教 5-7B
fànjiāomǎimíng 販交買名 10-101A
fānjiāopòmǎn 反驕破滿 2-870B
fānjié 幡節 3-760A
fānjié 翻截 9-690B
fánjié 繁節 9-988B
fánjiè 凡界 2-286A
fǎnjiē 反接 2-863B
fǎnjié 反詰 2-866B
fànjiē 犯街 5-8A
fànjiē 汎階 5-930B
fànjié 犯節 5-8A
fànjiè 犯戒 5-6A
fànjiè 犯界 5-7A
fànjiè 梵界 4-1030B
fānjìn 番進 7-1362B
fánjīn 凡今 2-284A
fánjīn 煩襟 7-195B
fánjìn 凡近 2-285A
fánjìn 柉禁 4-878A
fǎnjīn 返金 10-740B
fǎnjǐn 返錦 10-743A
fànjīn 范金 9-356A
fànjīn 梵襟 4-1032B
fànjīn 笵金 8-1128A
fànjīn 範金 8-1210A
fànjìn 犯禁 5-8A
fànjìn 汎浸 5-929B
fānjīndǒu 翻斤斗 9-685B
fānjīndǒu 翻觔斗 9-688A
fānjīndǒu 翻筋斗 9-689B
fānjīng 翻經 9-690B
fānjīng 繙經 9-1018B
fānjìng 翻競 9-692B
fánjìng 凡境 2-288B
fǎnjīng 反經 2-866B
fǎnjǐng 返景 10-742A
fànjīng 梵經 4-1031B
fànjìng 犯境 5-8B
fànjìng 梵境 4-1032A
fānjīngchǎng 番經廠 7-1363B
fǎnjīnghédào 反經合道 2-867A
fǎnjīnghéyì 反經合義 2-867A
fànjīnhétǔ 範金合土 8-1210A
fánjiù 凡舊 2-289B
fànjiǔ 汎酒 5-929B
fānjú 翻局 9-687A
fánjū 煩且 7-189B
fánjù 煩劇 7-194A
fánjù 繁巨 9-983A
fánjù 繁鉅 9-987B
fánjù 繁聚 9-989A
fánjù 繁劇 9-989B
fǎnjù 反具 2-859B
fǎnjù 反據 2-868A
fànjū 梵居 4-1030B
fànjú 汎菊 5-930A
fànjú 飯局 12-500B
fànjǔ 飯筥 12-502A
fānjuǎn 翻捲 9-688B
fánjuàn 煩倦 7-190B
fànjuàn 犯眷 5-7B
fānjué 藩決 9-606B
fánjué 鐇钁 11-1394A
fànjué 汎决 5-928B
fánjùn 煩峻 7-190B
fànjūn 販君 10-101A
fánkāi 繁開 9-988A
fǎnkàng 反抗 2-858B
fānkè 番客 7-1361B
fānkè 翻刻 9-687B
fānkè 蕃客 9-553B
fánkē 煩苛 7-190A
fánkē 煩疴 7-190B
fánkē 繁苛 9-984A
fánkē 繁柯 9-985A
fánkē 繁科 9-985A
fánkě 煩渴 7-192A
fánkè 凡客 2-286B
fánkè 煩刻 7-190A
fánkè 礬課 7-1119B
fànkē 犯科 5-7A
fànkē 飯顆 12-503A
fànkè 犯尅 5-7A
fànkè 梵客 4-1031A
fànkè 販客 10-101B
fànkè 畚客 9-1242A
fānkēdǎojiù 番窠倒臼 7-1363A
fànkēng 飯坑 12-500A
fànkēshān 飯顆山 12-503A
fǎnkèwéizhǔ 反客爲主 2-862A
fānkōng 翻空 9-687B
fānkōng 飜空 12-710B
fānkōngchūqí 翻空出奇 9-687B
fānkǒu 翻口 9-685A
fánkǒu 凡口 2-283B
fánkǒu 樊口 4-1277B
fǎnkǒu 反口 2-856A
fǎnkòu 反寇 2-865A
fànkòu 犯寇 5-7B
fānkù 藩庫 9-607B
fánkū 凡枯 2-286A
fánkǔ 煩苦 7-189B
fánkǔ 繁苦 9-984A
fánkù 煩酷 7-193B
fǎnkū 反哭 2-862B
fànkù 飯庫 12-501A
fānkuài 番快 7-1361A
fánkuàiguān 樊噲冠 4-1278B
fànkuáng 犯狂 5-6A
fánkuì 凡憒 2-289A
fánkuì 煩匱 7-193B
fánkuì 煩憒 7-194A
fánkuì 煩聵 7-195A
fánkuì 燔潰 7-260B
fǎnkuì 反饋 2-870A
fānkǔn 藩閫 9-608B
fánkùn 煩困 7-189B
fánlái 燔萊 7-260A
fānláifùqù 番來復去 7-1361A
fānláifùqù 番來覆去 7-1361A
fānláifùqù 翻來覆去 9-687A
fǎnláifùqù 返來復去 10-740B
fànláikāikǒu 飯來開口 12-500B
fànláizhāngkǒu 飯來張口 12-500B
fānlán 翻瀾 9-692B
fánlán 煩濫 7-195A
fànlán 汎瀾 5-933A
fànlán 飯籃 12-503B
fànlǎn 汎覽 5-933A
fànlàn 汎濫 5-932A
fànlànchéngzāi 汎濫成灾 5-933A
fànlànpūmō 犯濫鋪摸 5-9A
fánláo 煩勞 7-192A
fánlǎo 樊橑 4-1278B
fǎnlǎo 返老 10-739B
fǎnlǎoguītóng 返老歸童 10-740A
fǎnlǎohuántóng 反老還童 2-858A
fǎnlǎohuántóng 返老還童 10-739B
fánléi 煩纍 7-191A
fánléi 繁纍 9-986B
fánlèi 凡類 2-290A
fánlěi 煩累 7-191A
fànlěi 犯壘 5-9A
fānlí 藩籬 9-609A
fānlí 藩杝 9-606B
fānlí 籓籬 8-1276A
fānlí 蕃籬 9-555A
fānlì 帆力 3-694A
fánlí 樊籬 4-1279A
fánlí 蕃鼊 9-555A
fánlǐ 凡俚 2-286A
fánlǐ 煩禮 7-195A
fánlǐ 繁禮 9-990B
fánlì 凡吏 2-284B
fánlì 凡例 2-285B
fánlì 繁麗 9-991A
fǎnlǐ 返里 10-740A
fǎnlì 反戾 2-860A
fànlì 犯吏 5-6A
fànlì 犯厲 5-8B
fànlì 犯歷 5-8B
fànlì 汎利 5-928B
fànlì 飯粒 12-501B
fànlì 範例 8-1209B
fānliǎn 翻臉 9-691A
fānliǎn 反臉 2-868B
fánliǎn 煩斂 7-194B
fànliàn 汎瀲 5-933A
fànliáng 飯粱 12-502A
fànliàng 飯量 12-501B
fānliǎnwúqíng 反臉無情 2-868B
fánliáo 凡僚 2-288B
fánliáo 燔寮 7-260B
fánliǎo 燔燎 7-261A
fānlícǎo 藩籬草 9-609A
fánliè 凡劣 2-284B
fánliè 燔烈 7-260A
fánliè 繁鬣 9-991B
fànliè 犯獵 5-9B
fànliè 犯躐 5-9B
fánlíhuā 樊梨花 4-1278A
fánlín 凡鱗 2-290A
fánlín 繁林 9-984B
fànlín 犯鱗 5-9B
fànlín 汎林 5-928B
fànlín 梵林 4-1030A
fānlǐng 翻領 9-690B
fànlíng 梵鈴 4-1031B

fànlìrúshū 飯糲茹蔬 12-503B
fānliú 旛旒 3-759B
fánliú 凡流 2-287A
fànliú 汎流 5-929B
fānliúshuǐ 飜流水 12-710B
fānlóng 籓籠 8-1276A
fánlóng 凡聾 2-290A
fánlóng 煩籠 7-195B
fánlóng 樊籠 4-1278B
fánlǒng 凡籠 2-290A
fànlóngzhōu 汎龍舟 5-932A
fánlóu 樊樓 4-1278B
fánlóu 礬樓 7-1119B
fánlòu 凡陋 2-285B
fánlóu 梵樓 4-1032A
fānlù 翻録 9-691A
fánlú 樊盧 4-1278B
fánlù 凡碌 2-288A
fánlù 樊鹿 4-1278A
fánlù 繁露 9-991B
fánlù 繁路 9-988B
fǎnlǔ 反虜 2-866A
fǎnlù 反路 2-866B
fǎnlù 返路 10-742B
fànlù 販路 10-102A
fánluán 蕃孿 9-555A
fánluàn 煩亂 7-193A
fánluàn 樊亂 4-1278A
fánluàn 繁亂 9-988B
fǎnluàn 反亂 2-866B
fànluàn 犯亂 5-8A
fánlún 凡倫 2-287A
fànlún 梵輪 4-1032A
fànlùn 汎論 5-931B
fānluó 番羅 7-1364A
fānluó 藩羅 9-609A
fānluò 番落 7-1362B
fānluò 藩落 9-608A
fānluò 蕃落 9-554A
fànluó 飯籮 12-503B
fánlǚ 凡侶 2-285B
fánlǚ 繁縷 9-990B
fánlǜ 煩慮 7-194A
fánlǜ 繁緑 9-989B
fánlǜ 繁慮 9-989B
fǎnlǚ 反旅 2-863B
fànlǚ 梵侶 4-1030A
fànlǜ 犯律 5-7A
fánlüè 繁略 9-986B
fānmà 翻罵 9-691A
fánmǎ 凡馬 2-286B
fǎnmǎ 反馬 2-862A
fànmǎi 販買 10-101B
fànmài 販賣 10-102A
fānmàn 帆幔 3-694B
fānmàn 翻蔓 9-690B
fánmán 煩悗 7-191A
fánmán 樊蠻 4-1279A
fánmàn 繁漫 9-989B
fánmáng 煩忙 7-189B
fánmáng 繁忙 9-984A
fānmào 旛旄 3-760A
fānmào 旛旄 3-759B
fánmáo 凡毛 2-283B
fánmào 番茂 7-1361A
fánmào 蕃茂 9-552B
fánmào 繁茂 9-984A
fànmǎo 犯卯 5-5B
fànmào 犯冒 5-7A
fànmào 販貿 10-101B
fánmèi 煩袂 7-190B
fǎnmèi 反袂 2-862A
fǎnmèi 返袂 10-741A
fànméi 飯煤 12-502A
fánmèn 煩滿 7-193B
fánmèn 煩悶 7-192B
fánmèn 煩懣 7-195A
fànmén 犯門 5-6B
fànmén 梵門 4-1030B
fānméng 番氓 7-1361B
fānméng 番朦 7-1364A
fánméng 凡氓 2-285B
fánmí 繁靡 9-991A
fánmì 煩密 7-191B
fánmì 繁密 9-987A
fǎnmí 返迷 10-741A
fànmǐ 飯米 12-500A
fànmì 梵秘 4-1031A
fǎnmiàn 反面 2-860B
fǎnmiànjiàoyuán 反面教員 2-860B
fǎnmiànrénwù 反面人物 2-860B
fǎnmiànwénzhāng 反面文章 2-860B
fǎnmiànwúqíng 反面無情 2-861A
fánmiè 燔滅 7-260B
fánmín 凡民 2-284B
fànmín 範民 8-1209B
fǎnmìng 反命 2-860A
fǎnmìng 返命 10-740B
fànmìng 犯命 5-6B
fānmiù 翻謬 9-691B
fánmiù 煩繆 7-195A
fānmó 翻摹 9-690B
fànmó 範模 8-1210B
fànmótiān 梵摩天 4-1032A
fǎnmóu 反謀 2-868A
fānmù 番目 7-1360A
fánmǔ 凡母 2-284B
fánmù 凡木 2-283B
fánmù 凡目 2-284A
fánmù 繁木 9-983A
fǎnmù 反目 2-857B
fānmùbiē 番木鼈 7-1359B
fānmùguā 番木瓜 7-1359B
fánmùmàn 凡木蔓 2-283B
fánná 煩拏 7-190B
fànnà 汎納 5-930A
fànnà 梵衲 4-1031A
fánnán 煩難 7-195B
fánnán 樊南 4-1277B
fánnán 繁難 9-991A
fànnán 犯難 5-9B
fànnàn 犯難 5-9B
fànnáng 飯囊 12-503B
fànnángjiǔwèng 飯囊酒甕 12-503B
fànnángyījià 飯囊衣架 12-503B
fánnáo 煩撓 7-193B
fánnǎo 煩惱 7-192A
fánnǎohǎi 煩惱海 7-192A
fánnǎokōng 煩惱空 7-192A
fánnǎomó 煩惱魔 7-192B
fánnǎoshēn 煩惱身 7-192A
fánnǎoshù 煩惱樹 7-192B
fánnǎosī 煩惱絲 7-192A
fánnǎoxīn 煩惱薪 7-192B
fánnǎoyè 煩惱業 7-192A
fánnǎozéi 煩惱賊 7-192A
fánnǎozhàng 煩惱障 7-192B
fánnè 凡訥 2-287B
fánnì 煩膩 7-194B
fánnì 燔溺 7-260B
fánnì 繁匿 9-985B
fǎnnì 反逆 2-862A
fànnì 犯逆 5-7A
fánniàn 凡念 2-285B
fánniàn 繁念 9-985A
fánniǎo 凡鳥 2-287B
fānniè 藩臬 9-607B
fánnìng 凡佞 2-285A
fǎnniǔ 反紐 2-863B
fànniú 飯牛 12-500A
fànniúbózi 犯牛脖子 5-5A
fànniúgē 飯牛歌 12-500A
fànniújìn 犯牛勁 5-5A
fànniútúgǒu 飯牛屠狗 12-500A
fānnòng 翻弄 9-686A
fánnóng 繁穠 9-991A
fànnòng 販弄 10-101A
fānnú 番奴 7-1360A
fánnú 凡駑 2-289A
fànnù 犯怒 5-7A
fán'ǒujìnqì 凡偶近器 2-287A
fánpā 繁葩 9-987B
fānpāi 翻拍 9-687A
fǎnpài 反派 2-862A
fānpán 翻盤 9-690B
fānpàn 翻叛 9-688A
fǎnpàn 反叛 2-861B
fǎnpàn 反畔 2-862B
fànpán 飯槃 12-502B
fánpáo 燔炮 7-260A
fánpáo 燔炰 7-260A
fānpèi 旛旆 3-760A
fǎnpèi 反旆 2-863B
fǎnpèi 返旆 10-741A
fǎnpèi 返旆 10-741B
fǎnpèi 返轡 10-743B
fànpèi 汎沛 5-928B
fǎnpèishōufān 返轡收帆 10-743B
fānpén 翻盆 9-688A
fànpēn 汎濆 5-932A
fānpī 翻披 9-687A
fānpí 翻皮 9-686A
fǎnpiáo 返朴 10-740A
fànpiāo 汎剽 5-931A
fànpiāo 汎僄 5-931A
fànpiāo 伂剽 1-1153B
fànpiào 飯票 12-501B
fánpǐn 凡品 2-286A
fānpíng 藩屏 9-607A
fānpíng 蕃屏 9-553B
fànpíng 汎萍 5-930A
fánpò 燔破 7-260A
fánpò 繁迫 9-984B
fānpū 翻撲 9-690B
fánpǔ 樊圃 4-1278A
fǎnpū 反撲 2-867B
fǎnpú 反璞 2-868A
fǎnpǔ 反朴 2-858A
fǎnpǔ 反樸 2-868A
fǎnpǔ 返樸 10-743B
fànpù 飯鋪 12-502B
fǎnpǔguīzhēn 返璞歸真 10-743A
fǎnpǔguīzhēn 返樸歸真 10-743A
fǎnpǔhuánchún 反朴還淳 2-858A
fǎnpǔhuánchún 返樸還淳 10-743A
fǎnpǔhuánzhēn 返樸還真 10-743A
fānqī 藩戚 9-607B
fānqí 旛旗 3-760B
fānqí 旛旂 6-1618B
fānqǐ 旛棨 3-760A
fánqì 凡氣 2-287A
fánqì 凡器 2-289B
fánqì 煩氣 7-190B
fánqì 燔器 7-260B
fǎnqī 返期 10-741B
fǎnqì 反氣 2-862B
fànqì 飯器 12-503A
fànqì 範器 8-1210B
fánqiǎn 凡淺 2-287B
fànqián 飯錢 12-503A
fānqiāng 翻腔 9-689B
fānqiáng 帆檣 3-694B
fānqiáng 藩牆 9-608B
fānqiáng 颿檣 12-642A
fánqiǎo 繁巧 9-983B
fānqié 番茄 7-1361A
fānqiè 翻切 9-685A
fǎnqiě 反且 2-857B
fǎnqiè 反切 2-856B
fànqín 飯秦 12-501A
fānqīndǎozhěn 翻衾倒枕 9-688A
fānqíng 番情 7-1362B
fánqīng 凡輕 2-288B
fánqíng 凡情 2-287B
fánqǐng 煩請 7-194A
fǎnqīng 反青 2-859B
fǎnqīng 返青 10-740B
fǎnqíng 反情 2-865A
fànqìng 梵磬 4-1032A
fànqìng 飯磬 12-502B

fānqiú 蕃酋 9-553A
fánqiú 凡囚 2-284A
fànqiǔ 飯糗 12-503A
fǎnqiúfùchú 反裘負芻 2-866A
fǎnqiúfùxīn 反裘負薪 2-866A
fànqiǔrúcǎo 飯糗茹草 12-503A
fǎnqiúshāngpí 反裘傷皮 2-866A
fǎnqiúzhūjǐ 反求諸己 2-858B
fánqīzǐ 燔妻子 7-260A
fánqū 凡軀 2-289B
fánqū 繁曲 9-983B
fànqū 犯麴 5-9B
fànqū 飯曲 12-500A
fānquè 翻却 9-686B
fánquē 繁缺 9-986A
fànquè 犯闕 5-9B
fǎnqún 反羣 2-866B
fānrán 番然 7-1363A
fānrán 幡然 3-760A
fānrán 憣然 7-740A
fānrán 翻然 9-689B
fānrán 飜然 12-711A
fánrán 樊然 4-1278A
fánrán 燔燃 7-261A
fánrán 繁然 9-987B
fànrán 汎然 5-930B
fànrǎn 范冉 9-356A
fánráng 繁穰 9-991B
fánrǎng 煩壤 7-195B
fānrángǎihuǐ 翻然改悔 9-689B
fānrángǎitú 翻然改圖 9-689B
fānránhuǐwù 翻然悔悟 9-689B
fánrǎo 煩擾 7-195A
fánrǎo 繁擾 9-990B
fǎnrǎo 反擾 2-868B
fánrè 煩熱 7-194A
fánrè 袢熱 9-54B
fānrén 番人 7-1359A
fānrén 蕃人 9-552A
fánrén 凡人 2-283A
fánrén 煩人 7-189A
fánrén 繁人 9-983A
fánrèn 煩任 7-189B
fǎnrén 反人 2-856A
fànrén 犯人 5-4B
fànrén 販人 10-100B
fànrén 範人 8-1209B
fánrèng 繁芿 9-984A
fānróng 蕃戎 9-552B
fánróng 繁榮 9-989A
fánróng 渢融 5-1494B
fánrǒng 凡宂 2-284A
fánrǒng 凡冗 2-284A
fánrǒng 煩宂 7-189B
fánrǒng 煩冗 7-189A
fánrǒng 繁冗 9-983B
fànróng 梵容 4-1031A
fànróng 範容 8-1210A
fànróng 範鎔 8-1210B
fánróngchāngshèng 繁榮昌盛 9-989B
fánróngchē 凡戎車 2-284B
fánròu 墦肉 2-1221A
fánròu 燔肉 7-259B
fánròu 膰肉 6-1380A
fānrú 番茹 7-1361B
fānrù 番入 7-1359B
fánrú 煩挐 7-191A
fánrú 煩茹 7-190A
fánrǔ 煩辱 7-190B
fánrù 煩溽 7-193A
fánrù 煩褥 7-194A
fánrù 煩縟 7-194B
fánrù 繁縟 9-990A
fánrù 袢溽 9-54B
fánruó 煩撋 7-193B
fánruò 凡弱 2-287A
fánruò 煩弱 7-191A
fánruò 蕃弱 9-553B
fánruò 燔焫 7-260B
fánruò 燔爇 7-261A
fánruò 繁弱 9-986B
fānsǎ 幡灑 3-761A
fànsǎ 汎灑 5-933A
fānsài 番塞 7-1363A
fànsài 犯塞 5-8A
fānsǎn 幡繖 3-761A
fánsǎn 煩散 7-191B
fànsǎn 飯糝 12-503B
fànsàn 汎散 5-930B
fánsàng 燔喪 7-260B
fànsǎo 梵嫂 4-1031B
fànsào 汎埽 5-930A
fànsè 犯色 5-6A
fànsēn 飯糁 12-502B
fānsēng 番僧 7-1363B
fánsēng 凡僧 2-288B
fànsēng 梵僧 4-1032A
fànsēng 飯僧 12-502B
fānshā 翻砂 9-687B
fǎnshā 反殺 2-863A
fánshān 礬山 7-1119A
fǎnshàn 反善 2-865B
fǎnshàn 返善 10-742A
fànshān 梵山 4-1028B
fànshān 飯山 12-499B
fānshāng 番商 7-1362B
fānshàng 番上 7-1359B
fánshāng 凡殤 2-289A
fánshāng 煩傷 7-193A
fǎnshāng 反傷 2-866B
fǎnshàng 反上 2-856A
fànshāng 犯傷 5-8A
fànshāng 汎觴 5-933A
fànshāng 販商 10-101B
fànshàng 犯上 5-5A
fànshānglíuyǔ 汎商流羽 5-930B
fànshàngzuòluàn 犯上作亂 5-5A
fánshānshuǐ 礬山水 7-1119A
fānshānyuèlǐng 翻山越嶺 9-685A
fānshāo 翻梢 9-688B
fánshāo 燔燒 7-260B
fǎnshào 返少 10-739A
fānshè 番社 7-1361A
fánshē 繁奢 9-986B
fánshē 繁奓 9-985A
fǎnshé 反舌 2-858A
fǎnshé 返舌 10-740A
fǎnshè 反射 2-862B
fǎnshè 返舍 10-740B
fànshé 犯舌 5-6A
fànshè 汎涉 5-929B
fānshēn 番身 7-1360B
fānshēn 翻身 9-686B
fánshēn 凡身 2-285A
fánshén 煩神 7-190B
fǎnshēn 反身 2-859A
fǎnshēn 返身 10-740A
fànshén 梵神 4-1031A
fānshèng 幡勝 3-760A
fānshèng 旛勝 6-1619A
fánshēng 凡生 2-284A
fánshēng 繁生 9-983B
fánshēng 繁聲 9-990B
fánshěng 煩省 7-190A
fánshěng 繁省 9-985A
fánshèng 凡聖 2-288A
fánshèng 蕃盛 9-553B
fánshèng 繁盛 9-986B
fǎnshēng 返生 10-739B
fànshēng 犯聲 5-9A
fànshēng 汎聲 5-932A
fànshēng 梵聲 4-1032B
fǎnshēngxiāng 反生香 2-857B
fǎnshēngxiāng 返生香 10-739B
fànshénlùn 汎神論 5-929A
fānshēnzhàng 翻身仗 9-687A
fǎnshēnzìwèn 反身自問 2-859A
fānshí 番石 7-1360A
fānshǐ 番使 7-1361B
fānshì 帆勢 3-694A
fānshì 藩飾 9-608A
fánshí 凡識 2-290A
fánshí 燔石 7-259B
fánshí 礬石 7-1119A
fánshǐ 凡使 2-285B
fánshǐ 煩使 7-190A
fánshì 凡士 2-283A
fánshì 凡世 2-284B
fánshì 凡事 2-285A
fánshì 凡是 2-286A
fánshì 繁飾 9-988B
fǎnshī 反詩 2-866B
fǎnshǐ 反始 2-860A
fǎnshì 反事 2-859B
fǎnshì 反是 2-861A
fǎnshì 反噬 2-868A
fǎnshì 返視 10-741B
fànshí 飯石 12-500A
fànshí 飯食 12-501A
fànshí 飯時 12-501A
fànshǐ 汎使 5-929A
fànshǐ 范史 9-356A
fànshì 反市 2-858A
fànshì 犯事 5-6B
fànshì 梵氏 4-1029A
fànshì 梵世 4-1029A
fànshì 梵事 4-1030A
fànshì 梵室 4-1031A
fànshì 梵釋 4-1032B
fànshì 範世 8-1209B
fànshì 範式 8-1209B
fánshìlín 凡士林 2-283A
fānshíliú 番石榴 7-1360A
fǎnshìnèizhào 返視內照 10-741B
fánshìyùzélì… 凡事豫則立，不豫則廢 2-285A
fānshǒu 番手 7-1359B
fānshǒu 番守 7-1360B
fānshǒu 番首 7-1361B
fānshǒu 翻手 9-685B
fānshǒu 飜手 12-710B
fánshǒu 頒首 12-269B
fánshǒu 凡首 2-286B
fánshǒu 煩手 7-189A
fánshǒu 繁手 9-983A
fǎnshǒu 反手 2-856B
fǎnshǒu 反首 2-862A
fànshǒu 犯手 5-5A
fànshòu 汎授 5-930A
fànshòu 販售 10-101B
fànshǒujiǎo 犯手脚 5-5B
fànshǒushì 犯手勢 5-5B
fānshǒushìyǔ… 翻手是雨，合手是雲 9-685B
fānshǒuwéiyún… 翻手爲雲，覆手爲雨 9-685B
fānshǒuyǔ 飜手雨 12-710B
fānshǒuyúnfùshǒuyǔ 飜手雲覆手雨 12-710B
fānshū 番書 7-1362A
fānshū 繙書 9-1018B
fǎnshū 反書 2-863B
fānshǔ 番薥 7-1364A
fānshǔ 番薯 7-1363B
fānshǔ 番藷 7-1364A
fānshǔ 藩屬 9-609A
fānshǔ 蕃薯 9-554B
fānshù 番戍 7-1360B
fánshū 礬書 7-1119A
fánshú 蕃孰 9-554A
fánshú 蕃熟 9-554B
fánshǔ 煩暑 7-191B
fánshǔ 繁暑 9-987B
fánshǔ 袢暑 9-54B
fánshù 凡庶 2-287B
fánshù 凡數 2-289A
fánshù 蕃庶 9-554A

fánshù 繁庶 9-987A
fǎnshū 反書 2-863B
fànshū 范叔 9-356A
fànshū 梵書 4-1031A
fànshū 販輸 10-102A
fànshū 飯蔬 12-502B
fànshū 飯蔬 12-502B
fànshǔ 犯暑 5-7B
fànshù 梵樹 4-1032A
fànshù 販豎 10-102A
fànshù 飯數 12-502B
fánshuāng 繁霜 9-990B
fànshuānglù 犯霜露 5-9A
fánshǔbòtún 燔黍捭豚 7-260B
fánshǔbòtún 燔黍擘豚 7-260B
fánshuǐ 礬水 7-1119A
fánshuǐ 氾水 5-904B
fǎnshuǐ 反水 2-856B
fǎnshuì 反税 2-865B
fànshuǐ 汎水 5-928A
fǎnshuǐbùshōu 反水不收 2-856B
fànshuǐkèrén 販水客人 10-101A
fànshuǐmóshān 範水模山 8-1209B
fánshūkēngrú 燔書阬儒 7-260A
fànshùn 犯順 5-7B
fánshuō 繁説 9-989A
fánshuò 煩數 7-194A
fánshuò 繁數 9-989B
fǎnshuō 反説 2-867B
fànshuō 汎説 5-931B
fànshūyǐnshuǐ 飯蔬飲水 12-502B
fānsī 翻思 9-687B
fānsī 藩司 9-606B
fānsì 番寺 7-1360A
fánsī 繁思 9-985A
fánsì 燔祀 7-260A
fǎnsǐ 返死 10-740A
fànsī 犯私 5-6A
fànsī 販私 10-101A
fànsì 販肆 10-101B
fànsì 飯飼 12-502A
fánsījíguǎn 繁絲急管 9-988A
fànsòng 梵誦 4-1032A
fānsū 翻蘇 9-691B
fānsù 番宿 7-1362B
fánsú 凡俗 2-286A
fánsú 繁俗 9-985B
fánsù 煩速 7-190B
fánsù 煩訴 7-191B
fánsù 樊素 4-1277B
fǎnsú 返俗 10-740B
fǎnsù 反素 2-862A
fǎnsù 反訴 2-865B
fǎnsù 返素 10-741A
fànsú 梵俗 4-1030B
fānsuàn 番蒜 7-1363A
fánsuì 煩碎 7-193A
fánsuì 燔燧 7-261A
fánsuì 繁碎 9-988B
fànsuì 犯歲 5-8A
fānsùjiāmén 番宿家門 7-1362B
fánsūn 樊孫 4-1278A
fànsūn 飯飧 12-502A
fānsuǒ 帆索 3-694A
fánsuǒ 凡瑣 2-288B
fánsuǒ 煩瑣 7-193A
fánsuǒ 繁瑣 9-988B
fǎnsuǒ 反鎖 2-869B
fànsuǒ 汎索 5-929A
fánsuǒzhéxué 煩瑣哲學 7-193B
fántà 蕃踏 9-554B
fàntǎ 梵塔 4-1031B
fàntǎ 梵墖 4-1032A
fāntāi 翻胎 9-688A
fāntái 翻檯 9-691A
fāntái 藩臺 9-608A
fántāi 凡胎 2-286B
fántāiròuyǎn 凡胎肉眼 2-286B
fántāizhuógǔ 凡胎濁骨 2-286B
fántāizhuótǐ 凡胎濁體 2-286B
fāntān 番攤 7-1364A
fàntān 飯攤 12-503B
fàntáng 梵堂 4-1031B
fàntáng 飯堂 12-501B
fǎntǎnkèpào 反坦克炮 2-859B
fāntāo 翻濤 9-691A
fāntǎo 繙討 9-1018B
fàntáotáo 汎淘淘 5-930B
fántáozhī 樊桃芝 4-1278A
fántè 煩慝 7-193B
fānténg 翻謄 9-691A
fānténg 翻騰 9-692A
fǎnténg 反騰 2-870A
fántǐ 凡體 2-290A
fāntiān 翻天 9-685A
fǎntiān 反天 2-856A
fàntiān 梵天 4-1028B
fāntiāncùdì 翻天蹙地 9-685A
fāntiānfùdì 翻天覆地 9-685A
fàntiānwáng 梵天王 4-1029A
fàntiānxiàzhībùwěi 犯天下之不韙 5-5A
fāntiānyìn 翻天印 9-685A
fāntiānzuòdì 翻天作地 9-685A
fāntiáo 翻調 9-690B
fāntiáo 藩條 9-607B
fāntiáo 蕃條 9-553B
fántiáo 繁條 9-986A
fàntiào 販糶 10-102A
fántiě 凡鐵 2-290A
fàntiē 販貼 10-101B
fàntiē 飯貼 12-501B
fántīng 凡聽 2-290A
fǎntīng 反聽 2-870B
fàntīng 飯廳 12-504B
fántǐzì 繁體字 9-991B
fántóng 凡桐 2-287A
fántóng 樊桐 4-1277B
fàntóng 笵銅 8-1128A
fàntóng 範銅 8-1210B
fàntǒng 飯桶 12-501B
fàntǒng 飯筒 12-501B
fāntóu 番頭 7-1364A
fántóu 礬頭 7-1119B
fàntou 犯頭 5-8B
fàntóu 汎頭 5-932A
fàntóu 飯頭 12-503A
fántú 凡徒 2-287A
fántǔ 凡土 2-283A
fàntú 販徒 10-101B
fàntǔ 犯土 5-4B
fàntǔ 梵土 4-1028B
fàntuán 飯糰 12-503B
fàntǔjìn 犯土禁 5-4B
fāntún 翻囤 9-686B
fānù 發怒 8-555B
fànùchōngguān 髮怒衝冠 12-734B
fǎnwài 反外 2-858A
fánwǎn 煩惋 7-191A
fànwán 飯丸 12-499B
fànwǎn 飯椀 12-501B
fànwǎn 飯碗 12-502A
fānwáng 藩王 9-606A
fānwáng 蕃王 9-552A
fǎnwǎng 反往 2-860A
fànwáng 梵王 4-1028B
fànwángdēng 梵王燈 4-1028B
fànwánggōng 梵王宮 4-1028B
fànwángjiā 梵王家 4-1028B
fànwángzhái 梵王宅 4-1028B
fànwángzì 梵王字 4-1028B
fānwéi 帆幃 3-694A
fānwéi 藩維 9-608A
fānwěi 番僞 7-1363B
fānwèi 翻胃 9-687B
fānwèi 藩衛 9-608B
fānwèi 蕃衛 9-554B
fánwēi 凡微 2-288B
fánwēi 燔煨 7-260B
fánwěi 凡猥 2-288A
fánwěi 煩委 7-190A
fánwěi 煩猥 7-191B
fánwěi 煩僞 7-193B
fánwěi 繁委 9-984B
fánwěi 繁猥 9-987B
fánwèi 繁蔚 9-989A
fǎnwèi 反位 2-859A
fǎnwèi 反胃 2-861A
fànwēi 犯危 5-6A
fànwēi 犯威 5-7A
fànwéi 犯圍 5-7B
fànwéi 犯違 5-8A
fànwéi 範圍 8-1210A
fànwěi 犯尾 5-6A
fānwén 番文 7-1359B
fánwén 煩文 7-189A
fánwén 繁文 9-983A
fánwěn 繁紊 9-986B
fǎnwèn 反問 2-865A
fànwén 梵文 4-1029A
fànwèng 飯甕 12-503B
fànwèng 飯罋 12-503B
fánwénmòjié 繁文末節 9-983A
fánwénrùjié 繁文縟節 9-983A
fánwénrùlǐ 煩文縟禮 7-189A
fánwénrùlǐ 繁文縟禮 9-983A
fánwò 蕃渥 9-554A
fànwǒyīrú 梵我一如 4-1030A
fānwǔ 幡舞 3-760B
fánwú 煩蕪 7-194A
fánwú 蕃蕪 9-554B
fánwú 繁蕪 9-989B
fánwú 繁廡 9-990A
fánwǔ 蕃廡 9-554B
fánwǔ 繁膴 9-990A
fánwǔ 繁[illegible] 9-990A
fánwù 凡物 2-285B
fánwù 煩惡 7-191B
fánwù 煩務 7-191A
fánwù 煩鶩 7-195B
fánwù 繁務 9-986B
fánwù 繁鶩 9-991A
fǎnwǔ 反忤 2-859B
fǎnwǔ 反迕 2-859A
fànwǔ 犯忤 5-6A
fànwǔ 犯迕 5-6A
fànwù 犯惡 5-7B
fànwù 飯物 12-500B
fànwù 範物 8-1209B
fànwùlù 犯霧露 5-9A
fānxí 帆席 3-694A
fānxí 翻席 9-688A
fānxǐ 幡纚 3-761A
fānxì 翻戲 9-691A
fánxī 煩悉 7-191A
fánxī 蕃息 9-553B
fánxī 繁息 9-986A
fánxǐ 繁禧 9-990A
fánxì 煩細 7-191B
fánxì 繁細 9-987A
fǎnxì 反繫 2-869B
fànxī 娩息 4-363B
fànxí 梵席 4-1031A
fànxì 汎系 5-928B
fānxià 番下 7-1359B
fánxià 凡下 2-283B
fànxiá 汎霞 5-932A
fànxià 汎下 5-928A
fānxiàn 翻陷 9-688B
fānxiān 蕃鮮 9-555A
fánxián 煩嫌 7-193A

fánxián 繁弦 9-985A
fánxián 繁絃 9-987A
fánxiàn 凡限 2-286A
fànxiān 販鮮 10-102A
fànxiān 範先 8-1209B
fànxián 範閑 8-1210A
fānxiáng 翻翔 9-690A
fánxiǎng 凡響 2-290A
fánxiǎng 煩想 7-193A
fánxiǎng 繁響 9-991A
fǎnxiǎng 反響 2-870A
fǎnxiàng 反相 2-860B
fànxiāng 梵香 4-1030B
fànxiǎng 犯想 5-8A
fànxiǎng 汎響 5-933A
fànxiǎng 梵響 4-1032B
fànxiàng 梵相 4-1030B
fànxiàng 梵像 4-1031B
fànxiàng 範像 8-1210B
fānxiāngdǎoguì 翻箱倒櫃 9-690B
fānxiāngdǎolóng 翻箱倒籠 9-690B
fānxiāngdǎoqiè 翻箱倒篋 9-690B
fánxiāngdǐnglǐ 燔香頂禮 7-260A
fǎnxiāngtuán 返鄉團 10-741B
fánxiánjíguǎn 繁弦急管 9-985A
fánxiánjíguǎn 繁絃急管 9-987A
fánxiāo 煩歊 7-193B
fánxiāo 煩噈 7-195B
fánxiāo 煩囂 7-195B
fánxiāo 燔銷 7-260B
fánxiāo 繁銷 9-989B
fánxiāo 繁囂 9-991B
fánxiǎo 凡小 2-283B
fǎnxiāo 返銷 10-743A
fànxiāo 犯宵 5-8B
fānxìdǎng 翻戲黨 9-691A
fānxié 翻擷 9-691A
fánxiè 煩褻 7-194B
fánxiè 繁屑 9-986B
fànxiè 梵屧 4-1032A
fǎnxiéguīzhèng 返邪歸正 10-740A
fānxīn 翻新 9-690A
fānxìn 幡信 3-759B
fánxīn 凡心 2-284A
fánxīn 煩心 7-189B
fǎnxīn 反心 2-857A
fànxīn 犯心 5-5B
fànxīn 梵心 4-1029A
fànxìn 犯釁 5-10A
fānxíng 番行 7-1360B
fánxīng 煩興 7-194B
fánxīng 繁星 9-985A
fánxīng 繁興 9-990A
fánxíng 凡形 2-285A
fánxíng 煩刑 7-189B
fánxíng 燔刑 7-259B
fánxíng 繁刑 9-983B
fánxìng 煩性 7-190A
fǎnxíng 反形 2-858B
fǎnxǐng 反省 2-861A
fànxīng 飯腥 12-502A
fànxíng 梵行 4-1029B
fànxíng 範形 8-1209B
fànxíng 範型 8-1210A
fànxìng 犯性 5-6B
fānxíngdào 翻形稻 9-686A
fànxíngxiānshēng 梵行先生 4-1029B
fánxióng 繁雄 9-987B
fānxiū 番休 7-1360B
fānxiū 番修 7-1361B
fānxiū 翻修 9-688A
fánxiù 繁繡 9-991A
fǎnxiū 返修 10-740B
fánxù 煩絮 7-192B
fánxù 繁絮 9-988A
fānxuān 翻軒 9-688A
fānxuān 藩宣 9-607A
fānxuān 轓軒 9-1332B
fānxuān 蕃宣 9-553A
fánxuān 煩喧 7-191B
fánxuān 煩諠 7-194B
fánxuán 繁漩 6-205A
fānxué 番學 7-1364A
fānxué 蕃學 9-554B
fānxuě 翻雪 9-689A
fànxué 梵學 4-1032A
fǎnxùn 反訓 2-863B
fǎnxūrùhún 返虛入渾 10-741B
fānyā 番鴨 7-1364A
fànyá'er 犯牙兒 5-5A
fànyàlín 梵亞林 4-1030A
fānyǎn 翻眼 9-689A
fányān 煩懨 7-195A
fányán 煩言 7-189B
fányán 繁言 9-984A
fányán 袢延 9-54B
fányǎn 藩衍 9-607A
fányǎn 凡眼 2-287A
fányǎn 蕃衍 9-553A
fányǎn 繁衍 9-985B
fányàn 凡艷 2-290A
fányàn 凡豔 2-290A
fányàn 煩厭 7-193B
fányàn 繁艷 9-991B
fǎnyán 反鉛 2-866B
fǎnyán 反言 2-859B
fǎnyán 反顏 2-869B
fǎnyán 返鹽 10-743B
fǎnyǎn 反掩 2-863B
fànyán 犯言 5-6A
fànyán 犯顏 5-9B
fànyán 梵言 4-1030A
fànyán 梵筵 4-1031B
fànyàn 汎艷 5-933B
fànyàn 汎灧 5-933B
fànyàn 汎豔 5-933B
fànyàn 汎灩 5-933B
fǎnyǎnbùxiāngshí 反眼不相識 2-864A
fānyáng 番陽 7-1362B
fānyàng 翻樣 9-690B
fányǎng 繁養 9-989A
fányàng 煩怏 7-190A
fànyàng 汎漾 5-931B
fànyàng 範樣 8-1210B
fànyǎnzi 眅眼子 7-1316A
fányào 凡要 2-286A
fányào 繁要 9-985A
fǎnyǎo 反咬 2-861B
fǎnyào 反要 2-860B
fànyáo 飯餚 12-503A
fānyē 潘噎 6-144B
fānyè 帆葉 3-694A
fányē 煩暍 7-193A
fányè 繁葉 9-987B
fǎnyè 反掖 2-863B
fànyè 犯夜 5-6B
fānyí 番夷 7-1360B
fānyí 翻移 9-689A
fānyí 蕃夷 9-552B
fānyì 番役 7-1361A
fānyì 番易 7-1361B
fānyì 番異 7-1362B
fānyì 翻異 9-689A
fānyì 翻意 9-690A
fānyì 翻繹 9-692A
fānyì 翻譯 9-692A
fānyì 藩翼 9-609A
fānyì 飜異 12-710B
fānyì 飜譯 12-711B
fānyì 繙繹 9-1018B
fānyì 繙譯 9-1018B
fānyì 潘溢 6-144B
fányí 凡醫 2-289B
fányí 煩疑 7-193B
fányì 凡裔 2-288B
fányì 凡翼 2-289B
fányì 凡臆 2-289B
fányì 燔瘞 7-260B
fányì 繁翳 9-990B
fǎnyī 反衣 2-858A
fǎnyì 反易 2-859B
fǎnyì 反異 2-864A
fǎnyì 反意 2-866B
fǎnyì 返易 10-740B
fànyí 犯疑 5-8B
fànyì 汎蟻 5-933A
fànyì 汎泆 5-929A
fànyì 汎溢 5-931A
fànyì 汎鷁 5-933A
fànyì 梵譯 4-1032B
fànyì 販易 10-101A
fǎnyìcí 反義詞 2-866B
fānyīfān 翻一番 9-685A
fānyìguān 繙譯官 9-1018B
fānyīn 番陰 7-1362A
fānyín 番銀 7-1363B
fānyìn 翻印 9-686A
fányīn 凡音 2-286B
fányīn 煩殷 7-190B
fányīn 繁音 9-985B
fányīn 繁陰 9-986B
fányín 煩淫 7-191A
fányìn 繁蔭 9-988A
fǎnyīn 反音 2-861B
fànyīn 汎音 5-929A
fànyīn 梵音 4-1030B
fànyín 汎淫 5-930B
fànyín 飯銀 12-502B
fànyìn 飯飲 12-502A
fányīncùjié 繁音促節 9-985B
fǎnyínfúyín 反吟伏吟 2-859A
fǎnyínfùyín 返吟復吟 10-740A
fānyǐng 帆影 3-694B
fányīng 煩膺 7-194B
fányīng 煩纓 7-195B
fányīng 樊纓 4-1278B
fányīng 繁英 9-984A
fányíng 樊縈 4-1278B
fǎnyīng 反膺 2-868B
fǎnyǐng 反景 2-865B
fǎnyǐng 返影 10-742B
fǎnyìng 反應 2-868B
fǎnyìng 反映 2-861A
fànyìng 汎應 5-932A
fǎnyìngduī 反應堆 2-868B
fǎnyìnglùn 反映論 2-861A
fànyìngqūdàng 汎應曲當 5-932A
fānyǐnqián 翻引錢 9-685B
fānyǒng 翻涌 9-688B
fānyǒng 飜涌 12-710B
fānyòng 番用 7-1360A
fányōng 凡庸 2-287B
fányōng 煩壅 7-194B
fányòng 繁用 9-983B
fǎnyōng 反庸 2-864B
fànyōng 販傭 10-102A
fànyǒng 汎涌 5-929B
fányōu 煩憂 7-194A
fányōu 繁憂 9-989B
fányǒu 凡有 2-284B
fányòu 繁囿 9-985A
fǎnyóu 反油 2-860A
fànyóu 犯由 5-5B
fànyóu 汎游 5-931A
fànyóu 汎遊 5-931A
fànyóubǎng 犯由榜 5-5B
fànyóupái 犯由牌 5-5B
fānyū 繙紆 9-1018B
fānyú 旛旟 6-1619A
fānyǔ 番語 7-1363B
fānyǔ 翻語 9-690B
fǎnyǔ 反語 2-867B
fānyù 番芋 7-1360A
fányū 煩紆 7-190B
fányú 凡愚 2-288B
fányú 蕃踰 9-554B
fányú 璠瑜 4-633A
fányǔ 凡宇 2-285A
fányǔ 凡羽 2-285A
fányǔ 凡語 2-289A
fányǔ 璠璵 4-633A

fányù 煩獄 7-193B
fányù 煩燠 7-194B
fányù 煩鬱 7-196A
fányù 蕃育 9-553A
fányù 蕃衰 9-554A
fányù 燔玉 7-259B
fányù 繁育 9-985A
fányù 袢燠 9-54B
fǎnyú 反隅 2-865A
fǎnyú 反虞 2-866A
fǎnyǔ 反宇 2-858B
fǎnyǔ 反羽 2-858B
fǎnyǔ 反語 2-867B
fǎnyù 反獄 2-867B
fǎnyù 返御 10-742A
fànyú 飯盂 12-500B
fànyǔ 梵宇 4-1029B
fànyǔ 梵語 4-1032A
fànyù 販鬻 10-102A
fànyù 飯玉 12-500A
fànyù 飯鬻 12-503B
fànyù 範域 8-1210A
fānyuán 藩垣 9-607A
fānyuán 藩援 9-608A
fānyuán 蕃援 9-554A
fānyuán 緐援 9-1018B
fányuān 煩冤 7-191A
fányuān 煩悁 7-191A
fányuān 襎褑 9-138A
fányuān 緐袢 9-1018B
fányuán 凡緣 2-289A
fányuán 煩緣 7-194A
fányuán 樊援 4-1278A
fányuàn 煩怨 7-190B
fǎnyuán 返轅 10-743A
fānyuè 番樂 7-1363B
fānyuè 翻越 9-689A
fānyuè 翻閱 9-690B
fānyuè 翻躍 9-692B
fānyuè 藩岳 9-606B
fānyuè 藩嶽 9-608B
fānyuè 蕃樂 9-554B
fānyuè 蕃岳 9-553A
fānyuè 緐閱 9-1018B
fányuē 繁約 9-985B
fǎnyuē 反約 2-862A
fànyuè 汎越 5-930B
fànyuè 梵樂 4-1032A
fányún 繁雲 9-987B
fányùn 凡韻 2-290A
fányùn 蕃孕 9-552B
fànyún 汎雲 5-930B
fànyún 梵雲 4-1031B
fànyùn 販運 10-101B
fānyúnfùyǔ 翻雲覆雨 9-689B
fányútuánshé 燔魚剸蛇 7-260B
fánzá 煩雜 7-195A
fánzá 繁雜 9-991A
fánzǎng 繁駔 9-989B
fǎnzàng 反葬 2-865A
fǎnzàng 返葬 10-741B
fànzāng 犯贓 5-9B
fānzǎo 番棗 7-1363A
fānzào 番皂 7-1360B
fānzào 翻造 9-688A
fánzào 煩燥 7-194B
fánzào 煩躁 7-195B
fánzé 繁澤 9-990A
fánzé 繁賾 9-990B
fǎnzé 反則 2-861A
fǎnzè 反仄 2-856A
fànzèng 范甑 9-356A
fànzèng 飯甑 12-503A
fānzhài 藩柴 9-607B
fànzhāi 犯齋 5-9A
fànzhái 汎宅 5-928B
fànzháifújiā 汎宅浮家 5 928B
fànzhāirén 犯齋人 5-9A
fānzhǎn 翻盞 9-690A
fānzhǎng 翻掌 9-689B
fānzhǎng 飜掌 12-710B
fānzhǎng 蕃長 9-552B
fǎnzhǎng 反掌 2-865A
fǎnzhāng 返張 10-741B
fǎnzhǎng 返掌 10-742A
fànzhāng 范張 9-356A
fànzhǎng 汎長 5-928B
fànzhàng 汎漲 5-931B
fānzhāo 翻招 9-687A
fǎnzhào 反棹 2-865A
fǎnzhào 反照 2-866A
fǎnzhào 反櫂 2-869A
fǎnzhào 返炤 10-741A
fǎnzhào 返棹 10-742A
fǎnzhào 返照 10-742B
fǎnzhào 返櫂 10-743B
fànzhào 汎棹 5-930B
fànzhào 汎櫂 5-933A
fǎnzhàohuíguāng 返照回光 10-742B
fǎnzhé 返轍 10-743B
fānzhèn 番陳 7-1362A
fānzhèn 番陣 7-1361B
fānzhèn 藩鎮 9-609A
fǎnzhēn 反真 2-862B
fǎnzhēn 返真 10-741A
fānzhèng 翻正 9-685B
fánzhēng 煩蒸 7-192B
fánzhèng 煩政 7-190A
fánzhèng 繁鄭 9-989A
fǎnzhèng 反正 2-857A
fǎnzhèng 反政 2-860A
fǎnzhèng 反證 2-869B
fǎnzhèng 返正 10-739A
fǎnzhèng 返政 10-740B
fànzhèng 犯政 5-7A
fànzhèng 犯証 5-8A
fànzhèng 犯證 5-9B
fǎnzhèngbōluàn 反正撥亂 2-857A
fǎnzhèngfǎ 反證法 2-869B
fǎnzhènghuánchún 反正還淳 2-857A
fǎnzhēnyuán 返真元 10-741A
fānzhī 幡織 3-761A
fǎnzhī 反巵 2-859A
fānzhí 番直 7-1361A
fānzhǐ 番紙 7-1362A
fānzhǐ 幡紙 3-760A
fānzhì 幡幟 3-760B
fānzhì 旛幟 6-1619A
fánzhī 凡枝 2-285A
fánzhī 繁枝 9-984B
fánzhí 樊縶 4-1278B
fánzhí 蕃植 9-554A
fánzhí 蕃殖 9-554A
fánzhí 繁殖 9-987B
fánzhǐ 蕃祉 9-553A
fánzhǐ 燔指 7-260A
fánzhǐ 繁祉 9-985A
fánzhì 凡致 2-287A
fánzhì 凡智 2-288A
fánzhì 煩治 7-190A
fánzhì 燔炙 7-260A
fǎnzhī 反之 2-856A
fǎnzhī 反支 2-856A
fànzhí 范埴 8-1128A
fànzhǐ 汎指 5-929A
fànzhì 犯治 5-6B
fànzhì 汎秩 5-929B
fànzhì 梵志 4-1029B
fànzhì 梵帙 4-1030A
fànzhì 販質 10-102A
fánzhǒng 凡種 2-288B
fánzhòng 煩重 7-190A
fánzhòng 繁重 9-985A
fǎnzhōng 返衷 10-741B
fǎnzhǒng 反種 2-867A
fǎnzhǒng 反踵 2-868A
fànzhōng 梵鐘 4-1032B
fànzhōng 飯鍾 12-503A
fànzhòng 犯衆 5-7B
fànzhòng 梵衆 4-1031B
fànzhòngtiān 梵衆天 4-1031B
fǎnzhóu 返軸 10-742A
fànzhōu 汎舟 5-928A
fànzhōu 販舟 10-101A
fànzhóu 汎軸 5-930B
fànzhǒu 飯帚 12-500B
fànzhòu 梵呪 4-1030A
fànzhòu 梵咒 4-1030A
fānzhù 飜翥 12-711A
fánzhǔ 凡主 2-284A
fànzhǔ 飯主 12-500A
fànzhù 飯祝 12-501A
fànzhù 範鑄 8-1210B
fānzhuǎn 翻轉 9-691B
fānzhuàn 藩篆 9-608B
fǎnzhuǎn 反轉 2-869A
fǎnzhuǎn 返轉 10-743B
fǎnzhuàng 反狀 2-860A
fànzhuāng 飯莊 12-501A
fǎnzhuǎnlái 反轉來 2-869A
fànzhǔn 範準 8-1210B
fānzhuō 番捉 7-1362A
fánzhuó 凡濁 2-289B
fánzhuó 煩濁 7-194B
fánzhuó 燔灼 7-259B
fànzhuō 犯拙 5-6B
fànzhuō 飯桌 12-501A
fānzhuówà 翻著襪 9-688B
fānzhuówà 翻著韈 9-688B
fānzi 幡子 3-759B
fānzi 番子 7-1359B
fānzì 翻梓 9-689A
fānzì 番字 7-1360B
fánzī 蕃滋 9-554A
fánzī 繁姿 9-985B
fánzī 繁滋 9-988A
fánzǐ 凡子 2-283B
fánzì 煩字 7-189B
fánzì 繁字 9-984A
fànzi 販子 10-100B
fànzī 飯資 12-502A
fànzǐ 汎子 5-928A
fànzì 梵字 4-1029B
fānzishǒu 番子手 7-1359B
fánzǒng 煩總 7-195A
fánzǒng 繁總 9-990B
fǎnzōng 反宗 2-860A
fánzǒu 凡走 2-285A
fánzòu 煩奏 7-190A
fǎnzǒu 反走 2-858B
fǎnzǒu 返走 10-740A
fānzú 番族 7-1362B
fánzǔ 膰俎 6-1380A
fánzǔ 繁組 9-985B
fánzuì 凡最 2-287B
fǎnzuǐ 返嘴 10-743A
fànzuì 犯罪 5-8A
fǎnzuò 反坐 2-859A
fǎnzuǒshū 反左書 2-857B
fǎnzuòyòng 反作用 2-859A
fǎnzǔxiànxiàng 返祖現象 10-741A
fā'ǒu 發嘔 8-569B
fāpái 發排 8-558B
fāpái 發牌 8-564B
fāpài 法派 5-1042A
fápàn 伐叛 1-1190A
fāpàng 發胖 8-554A
fāpèi 發配 8-556B
fāpēng 發怦 8-555B
fāpiān 發篇 8-572A
fāpiào 發票 8-558B
fàpiāo 髮漂 12-735B
fāpíhán 發脾寒 8-565A
fāpíqì 發脾氣 8-565A
fāpō 發潑 8-572B
fāqǐ 發起 8-555B
fāqì 發氣 8-556B
fáqì 伐器 1-1191A
fǎqì 法器 5-1047B
fàqī 髮妻 12-734A
fàqiǎ 髮卡 12-734A
fāqiān 發簽 8-577B
fāqiān 發籤 8-578B
fāqián 發潛 8-572B
fāqiǎn 發遣 8-567B
fǎqián 法錢 5-1048A
fāqiánchǎnyōu 發潛闡幽 8-572B

fāqiāng 發羌 8-549B
fāqiáng 發强 8-566A
fāqiáo 發喬 8-564A
fāqiào 發俏 8-553B
fǎqiáo 法橋 5-1047B
fāqīng 發青 8-549B
fāqíng 發情 8-560B
fāqǐrén 發起人 8-556A
fāqiú 發球 8-558B
fāqǔ 發取 8-550A
fáqǔ 伐取 1-1190A
fáqù 乏趣 1-645A
fǎqǔ 法曲 5-1037A
fāquán 發權 8-578B
fǎquán 法權 5-1049A
fàquán 髮鬈 12-736A
fáquē 乏闕 1-645B
fǎqǔxiànxiānyīn 法曲獻仙音 5-1037A
fārè 發熱 8-571A
fārèn 發刃 8-543B
fārèn 發軔 8-556A
fárén 乏人 1-644A
fárén 伐人 1-1189A
fǎrén 法人 5-1035A
fārénshēnsī 發人深思 8-543A
fārénshēnxǐng 發人深省 8-543A
fārì 發日 8-543B
fǎrì 法日 5-1036A
fārìchì 發日敕 8-543B
fāróng 發榮 8-570B
fārǒng 發軵 8-563B
fāróngzīzhǎng 發榮滋長 8-570B
fǎrǔ 法乳 5-1039A
fàrǔ 髮乳 12-734A
fāruǎn 發軟 8-558B
fāsàn 發散 8-563A
fāsāng 發喪 8-563B
fāsè 發色 8-547A
fāsè 發澀 8-575B
fāsēn 發森 8-563B
fāshā 發痧 8-565A
fáshā 伐殺 1-1190B
fāshǎn 發閃 8-558A
fāshàn 發訕 8-557A
fāshàn 發善 8-565A
fáshān 伐山 1-1189A
fáshàn 伐善 1-1190B
fǎshàn 法膳 5-1048A
fàshàngchōngguān 髮上衝冠 12-733B
fàshàngzhǐguān 髮上指冠 12-733B
fáshānyǔ 伐山語 1-1189A
fāshāo 發燒 8-574B
fáshǎo 乏少 1-644B
fāshè 發射 8-557A
fǎshè 法社 5-1038A
fáshéluó 伐闍羅 1-1191A
fāshēn 發身 8-549A
fáshén 罰神 8-1038B
fǎshēn 法身 5-1037B
fàshén 髮神 12-734B
fāshēng 發生 8-545A
fāshēng 發聲 8-575A
fāshèng 發乘 8-557A
fáshēng 伐生 1-1189B
fǎshéng 法繩 5-1049A
fāshēngchén 發生辰 8-545A
fāshēngfēng 發生風 8-545A
fāshēngqìguān 發聲器官 8-575A
fāshī 發師 8-557A
fāshí 發石 8-544B
fāshǐ 發矢 8-545A
fāshǐ 發始 8-553A
fāshì 發市 8-546A
fāshì 發視 8-560B
fāshì 發誓 8-569A
fáshí 乏食 1-644B
fáshì 乏事 1-644B
fáshì 罰誓 8-1039A
fǎshī 法施 5-1041B
fǎshī 法師 5-1042A
fǎshí 法食 5-1041A
fǎshí 法時 5-1042A
fǎshì 法士 5-1035B
fǎshì 法式 5-1036B
fǎshì 法事 5-1038A
fǎshì 法室 5-1042A
fǎshì 法勢 5-1045B
fàshì 髮式 12-734A
fāshíchē 發石車 8-544B
fāshǒu 發首 8-555A
fāshòu 發售 8-559B
fáshǒu 乏手 1-644B
fáshǒu 罰首 8-1038B
fǎshǒu 法守 5-1037B
fāshū 發抒 8-547B
fāshū 發書 8-558A
fāshū 發紓 8-558B
fāshū 發舒 8-564B
fāshū 發攄 8-576A
fāshǔ 發曙 8-575A
fáshú 罰贖 8-1039A
fáshù 伐樹 1-1191A
fǎshū 法書 5-1043A
fǎshǔ 法署 5-1046A
fǎshù 法術 5-1044A
fǎshù 法數 5-1047A
fàshù 髮豎 12-735B
fāshuǐ 發水 8-543B
fǎshuǐ 法水 5-1036A
fǎshūtiè 法書帖 5-1043A
fāsǐ 發死 8-546B
fásì 乏嗣 1-645A
fǎsī 法司 5-1036B
fǎsì 法寺 5-1036B
fǎsì 法祀 5-1038A
fǎsì 法嗣 5-1046A
fāsōng 發鬆 8-576A
fāsòng 發送 8-555A
fǎsú 法俗 5-1041A
fāsuān 發酸 8-569B
fǎsuàn 法算 5-1046B
fāsuì 發歲 8-567A
fásuì 乏歲 1-645A
fǎsuì 法歲 5-1045B
fàtǎ 髮塔 12-735A
fǎtái 法臺 5-1046B
fātán 發談 8-572A
fátán 伐檀 1-1191A
fátàn 伐炭 1-1190A
fǎtán 法壇 5-1047B
fātáng 發棠 8-564A
fātàng 發燙 8-574B
fátáng 伐棠 1-1190B
fǎtáng 法堂 5-1043B
fǎtào 法套 5-1042A
fātī 發剔 8-556B
fātí 發題 8-576B
fātǐ 發體 8-578B
fātì 發摘 8-569A
fātì 發擿 8-575A
fǎtǐ 法體 5-1049B
fàtì 髮鬄 12-735A
fǎtiān 法天 5-1035B
fǎtián 法田 5-1036A
fātiānpā 發天葩 8-543B
fátiánshì 墢田士 2-1224B
fātiáo 發條 8-557A
fǎtiě 法帖 5-1038B
fǎtiè 法帖 5-1038B
fātìjiānfú 發擿姦伏 8-575A
fātìjiānyǐn 發摘姦隱 8-569A
fǎtíng 法庭 5-1041B
fátóng 罰銅 8-1039A
fǎtǒng 法統 5-1045B
fātóu 發頭 8-573B
fátóu 垡頭 2-1099B
fǎtóulìshǒu 法頭例首 5-1047B
fātǔ 發吐 8-546B
fǎtú 法徒 5-1042B
fǎtuán 法團 5-1046B
fātuō 發脱 8-560A
fātuōkǒuchǐ 發脱口齒 8-560A
fāwāi 發歪 8-553A
fāwài 發外 8-545B
fāwàng 發旺 8-550B
fǎwáng 法王 5-1035B
fǎwǎng 法網 5-1047A
fàwǎng 髮網 12-735B
fǎwángjiā 法王家 5-1035B
fāwēi 發威 8-553A
fāwēi 發微 8-568A
fáwèi 乏味 1-644B
fǎwèi 法味 5-1038B
fāwén 發文 8-544A
fāwén 發聞 8-570B
fāwèn 發問 8-560B
fǎwǒjiàn 法我見 5-1037B
fāwù 發物 8-551B
fāwù 發悟 8-557B
fāwù 發寤 8-570B
fǎwǔ 法伍 5-1037A
fǎwù 法物 5-1038B
fàwū 髮屋 12-734B
fāwúbùjié 發無不捷 8-564A
fǎwú'èrmén 法無二門 5-1045A
fǎwúkědài 法無可貸 5-1045A
fǎwùkù 法物庫 5-1038B
fáwūlín 伐烏林 1-1190B
fāxǐ 發徙 8-560A
fǎxí 法席 5-1042B
fǎxǐ 法喜 5-1044B
fāxiān 發鮮 8-575B
fāxián 發癇 8-575B
fāxiàn 發見 8-547B
fāxiàn 發現 8-558B
fǎxiàn 法憲 5-1048A
fāxiànbùlìng 發憲布令 8-574B
fāxiáng 發祥 8-557B
fāxiǎng 發想 8-566B
fāxiǎng 發餉 8-569B
fǎxiāng 法香 5-1041A
fǎxiàng 法相 5-1040A
fǎxiàng 法象 5-1044B
fǎxiàng 法像 5-1046A
fāxiángdì 發祥地 8-558A
fǎxiàngzōng 法相宗 5-1040A
fǎxiānwáng 法先王 5-1037A
fāxiào 發孝 8-547A
fāxiào 發笑 8-557A
fǎxiào 法效 5-1042B
fǎxiào 法傚 5-1045A
fāxiè 發泄 8-552A
fāxiè 發洩 8-555A
fāxīn 發心 8-544A
fāxīn 發薪 8-573A
fāxìn 發信 8-553B
fāxìn 發釁 8-579A
fǎxìn 法信 5-1041A
fāxīng 發興 8-574B
fāxíng 發行 8-546B
fāxíng 發硎 8-558B
fāxíng 發鉶 8-569B
fāxǐng 發省 8-553B
fāxìng 發興 8-574A
fāxìng 發性 8-552B
fáxìng 乏興 1-645B
fáxìng 伐性 1-1190A
fǎxīng 法星 5-1040B
fǎxíng 法刑 5-1036B
fǎxíng 法行 5-1037A
fǎxìng 法性 5-1039A
fàxíng 髮型 12-734A
fáxìngdāo 伐性刀 1-1190A
fāxíngliàng 發行量 8-547A
fāxíngrén 發行人 8-547A
fáxìngzhīfǔ 伐性之斧 1-1190A
fāxiōng 發眴 8-553B
fǎxǐshí 法喜食 5-1044B
fǎxīsī 法西斯 5-1036B
fāxiù 發秀 8-548A
fàxiù 髮秀 12-734A

fàxiù 髮繡 12-736A
fāxū 發虛 8-559A
fāxù 發煦 8-567A
fāxuàn 發眩 8-556B
fàxuǎn 髮癬 12-736A
fàxuánliáng 髮懸樑 12-736A
fāxué 發噱 8-574A
fǎxué 法學 5-1048A
fǎxún 法循 5-1045B
fāyá 發牙 8-543B
fāyá 發芽 8-547B
fǎyá 法崖 5-1044A
fàyā 髮丫 12-733B
fāyán 發言 8-549A
fāyán 發炎 8-552A
fāyán 發顏 8-577A
fāyán 發嚴 8-577B
fāyàn 發豔 8-579A
fǎyán 法言 5-1038A
fǎyán 法筵 5-1045A
fǎyǎn 法眼 5-1043B
fāyáng 發揚 8-561A
fāyǎng 發養 8-570A
fāyǎng 發癢 8-577B
fǎyáng 法羊 5-1037B
fāyángcái 發洋財 8-555A
fāyángchuōlì 發揚踔厲 8-562A
fāyángdǎolì 發揚蹈厲 8-562A
fāyángdǎolì 發揚蹈勵 8-562A
fāyángguāngdà 發揚光大 8-561B
fāyánquán 發言權 8-549B
fāyánrén 發言人 8-549B
fāyányíngtíng 發言盈庭 8-549B
fǎyǎnzōng 法眼宗 5-1044A
fāyáo 發繇 8-575B
fāyào 發藥 8-576B
fāyào 發耀 8-578A
fǎyào 法要 5-1040B
fāyě 發野 8-559A
fāyè 發業 8-567A
fāyí 發頤 8-573A
fāyì 發意 8-568B
fāyì 發義 8-568B
fāyì 發瘞 8-572A
fāyì 發議 8-578A
fǎyī 法衣 5-1037A
fǎyī 法醫 5-1048B
fǎyí 法儀 5-1047B
fǎyì 法益 5-1042B
fǎyì 法意 5-1046A
fǎyì 法義 5-1046A
fǎyì 法議 5-1049A
fáyìdǎngtóng 伐異黨同 1-1190B
fāyìguānqíng 發意關情 8-568B
fāyīn 發音 8-554B
fāyǐn 發引 8-544A
fāyǐn 發隱 8-574B
fǎyīn 法音 5-1041B
fǎyìn 法印 5-1036B
fāyīnbùwèi 發音部位 8-554B
fāyīnfāngfǎ 發音方法 8-554B
fāyīng 發英 8-550A
fāyíng 發瑩 8-572B
fāyǐng 發穎 8-574B
fàyǐng 髮穎 12-735B
fāyínghuìqìn 發迎會親 8-549A
fāyīnqìguān 發音器官 8-555A
fāyǐntìfú 發隱擿伏 8-575A
fáyīquànbǎi 罰一勸百 8-1038A
fāyìshēngqíng 發意生情 8-568B
fāyòng 發用 8-545B
fàyǒngchōngguān 髮踊衝冠 12-735A
fāyōu 發憂 8-571B
fǎyǒu 法友 5-1035B
fāyū 發淤 8-560A
fāyǔ 發語 8-569B
fāyù 發育 8-552A
fāyù 發鬱 8-579B
fǎyú 法魚 5-1044A
fǎyǔ 法宇 5-1037B
fǎyǔ 法雨 5-1038A
fǎyǔ 法語 5-1046B
fǎyù 法獄 5-1046B
fàyú 髮魚 12-734B
fāyuán 發原 8-556B
fāyuán 發源 8-569A
fāyuàn 發願 8-577B
fáyuàn 罰愿 8-1039A
fáyuàn 罰願 8-1039A
fǎyuán 法元 5-1035B
fǎyuán 法源 5-1046A
fǎyuán 法緣 5-1047B
fǎyuàn 法苑 5-1038A
fǎyuàn 法院 5-1042A
fāyuándì 發源地 8-569A
fǎyuánsì 法源寺 5-1046A
fāyǔcí 發語詞 8-570A
fāyǔcí 發語辭 8-570A
fāyuě 發噦 8-573B
fāyuè 發越 8-560B
fáyuē 罰約 8-1038B
fáyuè 乏月 1-644B
fáyuè 伐閱 1-1191A
fáyuè 閥閱 12-111B
fǎyuè 法樂 5-1047B
fǎyuè 法悅 5-1043A
fāyūn 發暈 8-567A
fāyùn 發運 8-565B
fāyùn 發餫 8-575B
fāyùn 發蘊 8-576B
fǎyún 法雲 5-1045A
fǎyùn 法醞 5-1047B
fǎyúndì 法雲地 5-1045A
fǎzàng 法藏 5-1048B
fāzǎo 發藻 8-577A
fāzào 發燥 8-575B
fāzào 發躁 8-578A
fǎzé 法則 5-1040B
fāzhāi 發齊 8-570A
fāzhǎn 發展 8-558A
fāzhàn 發戰 8-574A
fāzhàng 發脹 8-565A
fǎzhāng 法章 5-1044B
fǎzhàng 法仗 5-1036A
fǎzhàng 法杖 5-1037B
fāzhào 發召 8-546A
fāzhào 發兆 8-547A
fāzhào 發棹 8-563B
fāzhào 發照 8-567A
fāzhé 發蟄 8-575A
fāzhé 發謫 8-577A
fāzhěn 發軫 8-563B
fāzhèn 發賑 8-569B
fāzhēng 發怔 8-552B
fāzhēng 發徵 8-572A
fāzhèng 發怔 8-552B
fāzhèng 發正 8-544B
fāzhèng 發政 8-553A
fǎzhèng 法正 5-1036A
fǎzhèng 法政 5-1040A
fàzhēng 髮徵 12-735B
fàzhēng 髮癥 12-736A
fàzhēngchóng 髮癥蟲 12-736A
fāzhí 發直 8-550A
fāzhǐ 發止 8-543B
fāzhǐ 發祉 8-553A
fāzhì 發志 8-547B
fázhí 罰直 8-1038A
fázhǐ 伐枳 1-1190A
fázhì 伐智 1-1190B
fǎzhí 法執 5-1043B
fǎzhǐ 法旨 5-1037A
fǎzhì 法志 5-1037B
fǎzhì 法制 5-1038B
fǎzhì 法治 5-1039A
fàzhí 髮植 12-735A
fàzhǐ 髮指 12-734A
fàzhǐzìliè 髮指眥裂 12-734A
fàzhǐzìliè 髮指眦裂 12-734A
fāzhōng 發中 8-543B
fāzhǒng 發冢 8-557B
fāzhòng 發衆 8-564B
fǎzhòng 法衆 5-1045A
fāzhòu 發咒 8-551B
fāzhòu 發冑 8-553B
fāzhòu 發皺 8-572A
fāzhú 發逐 8-556B
fāzhú 發燭 8-575B
fāzhù 發貯 8-564A
fǎzhū 法誅 5-1046A
fǎzhú 法燭 5-1048B
fǎzhǔ 法主 5-1036B
fāzhuàn 發傳 8-568A
fǎzhuàn 法饌 5-1049A
fāzhuāng 發妝 8-549B
fāzhuāng 發裝 8-569A
fǎzhǔn 法準 5-1046B
fāzī 發貲 8-567A
fāzì 發字 8-547A
fázi 筏子 8-1150A
fázī 乏資 1-645A
fázi 法子 5-1035B
fǎzǐ 法子 5-1035B
fázidì 垡子地 2-1099B
fāzòng 發蹤 8-576B
fāzòng 發縱 8-576A
fàzǒng 髮鬉 12-736A
fāzōngzhǐshǐ 發踪指使 8-571B
fāzòngzhǐshǐ 發縱指使 8-576A
fāzōngzhǐshì 發蹤指示 8-577A
fāzòngzhǐshì 發縱指示 8-576A
fāzòu 發奏 8-553A
fāzú 發足 8-548A
fǎzǔ 法祖 5-1042A
fázuì 伐罪 1-1190B
fázuì 罰罪 8-1038B
fǎzuì 法罪 5-1046A
fázuìdiàomín 伐罪弔民 1-1190B
fázuìdiàorén 伐罪弔人 1-1190B
fāzuò 發作 8-548B
fázuò 罰作 8-1038A
fǎzuò 法坐 5-1038A
fǎzuò 法座 5-1042B
fèi'ái 肺癌 6-1176A
fēi'áng 飛昂 12-695A
fēi'àng 飛枊 12-694B
fèibà 廢罷 3-1283B
fēibái 飛白 12-692A
féibái 肥白 6-1191B
fèibài 廢敗 3-1282A
fēibáishū 飛白書 12-692A
fēibān 飛班 12-696B
fēibàng 飛謗 12-707B
fěibāng 匪幫 1-974A
fēibàng 非謗 11-785A
fěibàng 誹謗 11-275B
fěibàng 誹謗 11-275B
fěibàngzhīmù 誹謗之木 11-276A
fēibáo 飛雹 12-702A
fēibào 飛豹 12-697A
fēibào 飛報 12-700A
fēibāoyìfēi 飛苞驛篚 12-694B
fēibèi 飛孛 12-693B
fēibēn 飛奔 12-694B
fèiběn 費本 10-174B
fēibèng 飛迸 12-696A
fēibǐ 非鄙 11-783B
fēibǐ 飛筆 12-700B
fēibì 飛陛 12-696A
fèibì 沸潷 5-1114A
fēibiān 飛邊 12-708A

fēibiàn 飛辯 12-709B
fēibiàn 飛變 12-710A
fēibiàn 蜚變 8-915A
fěibiàn 斐變 6-1548B
fēibiāo 飛鏢 12-708B
fēibiāo 飛飆 12-709B
fēibiāo 飛飇 12-709B
fēibiǎo 飛表 12-694A
féibiāo 肥膘 6-1196A
fěibīng 匪兵 1-972B
fěibǐng 斐炳 6-1548A
fèibìng 肺病 6-1175A
fèibìng 廢病 3-1281B
fēibō 飛播 12-704B
fēibó 非駁 11-784A
fēibó 非薄 11-784B
fēibó 非駮 11-784B
fēibó 飛帛 12-695A
fēibó 飛薄 12-705B
fěibó 菲薄 9-439B
fěibó 匪薄 1-974A
fèibō 沸波 5-1113A
fēibù 非不 11-779B
fēibù 飛布 12-691B
fēibù 飛步 12-693B
fēicái 非才 11-779A
fēicái 非材 11-780A
fěicái 菲才 9-438B
fěicái 菲材 9-438B
fèicāi 費猜 10-175B
fèicái 費才 10-174A
fèicái 費財 10-175A
fēicān 騑驂 12-857A
fèicán 廢殘 3-1282A
fēicāngzǒuhuáng 飛蒼走黄
12-701B
fēicǎo 飛草 12-695B
fěicè 悱惻 7-594A
fěicè 陫側 11-1017A
fěicèchánmián 悱惻纏綿
7-594A
fěicèchánmián 悱惻纏緜
7-594A
fēicén 飛岑 12-693B
fēichā 飛叉 12-690B
féichāi 肥差 6-1193A
fēichán 飛蟬 12-708A
fēichán 蜚讒 8-915A
fēichǎn 飛產 12-699A
fēicháng 非常 11-782A
féicháng 肥腸 6-1194B
féicháng 腓腸 6-1331A
fěicháng 棐常 4-1098B
fèicháng 肺腸 6-1175B
féichángmǎnnǎo 肥腸滿腦
6-1194B
fēichángshìduǎn 非長是短
11-780B
fēichángshíqī 非常時期
11-782B
fěicháo 匪巢 1-973B
fèichāo 費鈔 10-175B
fèicháo 廢朝 3-1282A
fēichē 飛車 12-693B
fēichè 飛掣 12-700B
fèichè 廢徹 3-1283B
fēichén 飛沉 12-694A
fēichén 飛塵 12-704B
fēichén 飛沈 12-694A
fěichén 朏晨 6-1241A
fěichén 匪忱 1-972B
fěichén 棐忱 4-1098B
fěichén 棐諶 4-1098B
féichéng 肥城 6-1192B
fěichéng 菲誠 9-439A
fēichēzǒubì 飛車走壁
12-693B
fēichī 蜚螭 8-914B
fēichí 飛馳 12-701B
fēichì 非斥 11-779B
fēichì 飛赤 12-693A
fěichì 匪啻 1-973B
fèichí 廢弛 3-1280B
fèichì 廢斥 3-1280A
féichīféihē 肥吃肥喝
6-1191B
féichīhǎihē 肥吃海喝
6-1191B
fèichǐyá 費齒牙 10-176A
fēichōng 飛衝 12-705B
fēichóng 飛蟲 12-708A
fēichóng 蜚蟲 8-915A
féichōng 肥充 6-1191B
féichóng 蟹蟲 8-919B
féichóngyǐ 肥蟲蟻 6-1196B
fěichóu 翡幬 9-657A
fèichóu 沸稠 5-1113B
fèichóu 費籌 10-176B
fēichú 飛除 12-696A
fēichú 飛芻 12-697A
fěichù 悱怵 7-594A
fèichū 費出 10-174B
fèichú 廢除 3-1281B
fèichù 狒狘 5-43B
fèichù 廢黜 3-1284A
fēichuán 飛船 12-699A
fèichuán 沸傳 5-1113B
fèichuāng 疿瘡 8-331A
fèichún 沸脣 5-1113A
fèichúnshé 費脣舌 10-175A
fèichuò 廢輟 3-1283B
fēichúwǎnlì 飛芻輓粒
12-697A
fēichúwǎnliáng 飛芻輓糧
12-697A
fēichúwǎnsù 飛芻挽粟
12-697A
fēichúwǎnsù 飛芻輓粟
12-697A
fēichúwǎnsù 飛蒭輓粟
12-702A
fēichúwǎnsù 蜚芻輓粟
8-913B
fēichúzhuǎnxiǎng
飛芻轉餉 12-697A
fēicì 非次 11-780A
fēicì 非刺 11-780B
féicí 肥辭 6-1196B
fèicí 費詞 10-175B
fèicí 費辭 10-176B
fēicōng 飛淙 12-699A
fēicuàn 飛竄 12-708B
fēicuī 飛榱 12-703B
féicuì 肥脆 6-1193B
fěicuì 翡翠 9-657A
fěicún 匪存 1-972A
fèicuò 廢措 3-1282A
féidǎ 肥打 6-1191A
féidà 肥大 6-1190B
féidādā 肥膖膖 6-1194B
féidādā 肥搭搭 6-1194B
fèidài 廢怠 3-1281B
fēidān 飛丹 12-691B
fēidàn 非但 11-780B
fēidàn 飛蛋 12-699B
fēidàn 飛彈 12-705B
fēidàng 飛蕩 12-705A
fěidǎng 匪黨 1-974B
fēidāo 飛刀 12-690B
fēidào 非道 11-783A
fēidào 飛道 12-701A
fēidé 非德 11-784B
fěidé 菲德 9-439A
fěidé 棐德 4-1098B
fèidé 俷德 1-1511A
fēiděi 非得 11-782B
fēidèng 飛磴 12-707B
fēidī 飛鏑 12-709A
fēidì 非地 11-780A
fēidì 飛地 12-692A
fēidì 飛遞 12-702B
fěidǐ 非詆 11-783A
fěidǐ 誹詆 11-275B
fèidì 廢帝 3-1281A
fēidiàn 飛殿 12-703B
fēidiàn 飛電 12-702A
fèidiǎn 沸點 5-1114A
fèidiǎn 廢典 3-1280B
fēidié 飛牒 12-702B
fēidié 飛碟 12-703B
fēidīng 飛丁 12-690B
fèidǐng 沸鼎 5-1113A
fēidòng 飛動 12-698B
fēidòng 飛棟 12-700A
fēidòng 蜚動 8-913B
fèidòng 沸動 5-1113A
fèidòngmài 肺動脈 6-1175A
féidōngshòunián 肥冬瘦年
6-1191B
fēidú 非獨 11-785A
fēidù 非度 11-781B
fēidù 飛渡 12-701A
fěidú 匪獨 1-974A
fěidú 誹讟 11-276A
fēiduǎn 非短 11-783A
fēiduǎnliúcháng 飛短流長
12-700B
fēidùn 飛遁 12-700B
fēidùn 飛遯 12-704A
fēidùn 蜚遯 8-914B
féidùn 肥遁 6-1194B
féidùn 肥鈍 6-1194B
féidùn 肥遯 6-1195A
féidùn 肥遂 6-1194B
fèidùn 廢頓 3-1282B
féidùnmínggāo 肥遯鳴高
6-1195A
fèiduò 廢墮 3-1283A
fēi'é 飛蛾 12-702A
fēi'è 飛崿 12-700B
fěi'é 匪莪 1-972B
fēi'éfùhuǒ 飛蛾赴火
12-702A
fēi'éfùyàn 飛蛾赴焰
12-702B
fēi'éfùzhú 飛蛾赴燭
12-702B
fèi'èpōlài 費厄潑賴
10-174A
fēi'épūhuǒ 飛蛾撲火
12-702B
fēi'ěr 飛耳 12-692B
fēi'èr 非貳 11-782B
fěi'ěr 斐爾 6-1548B
fèi'ěr 沸耳 5-1112B
fēi'étóuhuǒ 飛蛾投火
12-702A
fēifá 非罰 11-784A
fēifǎ 非法 11-781A
fēifā 悱發 7-594A
fèifá 剕罰 2-702A
fēifān 飛翻 12-708A
fēifān 飛飜 12-709B
fēifán 非凡 11-779A
fēifàn 非犯 11-779B
fēifàn 非泛 11-780B
fèifán 費煩 10-176A
fēifāng 非方 11-779B
fēifàng 飛放 12-695A
fèifàng 廢放 3-1281A
fèifǎnliántiān 沸反連天
5-1112B
fèifǎnyíngtiān 沸反盈天
5-1112B
fēifēi 非非 11-780B
fēifēi 飛飛 12-696A
fēifēi 婓婓 4-370A
fēifēi 菲菲 9-439A
fēifēi 裶裶 9-105B
fēifēi 霏霏 11-702A
fēifēi 馡馡 12-442A
fēifēi 騑騑 12-857A
fěifěi 匪匪 1-972B
fěifěi 蘴蘴 11-792B
fěifěi 朏朏 6-1240B
fěifěi 悱悱 7-594A
fěifěi 斐斐 6-1548A
fěifěi 誹誹 11-275B
fèifèi 蜰蜰 4-452B
fèifèi 沸沸 5-1112B
fèifèi 狒狒 5-43B
fèifèi 費費 10-175B
fèifèi 髴髴 12-738A
fèifèi 蟦蟦 8-1306B
fèifèishāngshāng
沸沸湯湯 5-1113A

fēifēixiǎng 非非想 11-781A
fèifèiyángyáng 沸沸揚揚 5-1112B
fēifèn 非分 11-779B
féifèn 肥分 6-1191A
fěifèn 悱憤 7-594A
fēifēng 飛風 12-696A
fēifēng 飛鋒 12-705A
fěifēng 菲葑 9-439A
fēifèngxuē 飛鳳靴 12-704A
fēifū 非夫 11-779B
fēifú 非服 11-781A
fēifú 飛伏 12-692B
fēifú 飛浮 12-697A
fēifú 飛符 12-698B
fēifú 飛鳧 12-702B
fēifú 騑服 12-857A
fēifù 非復 11-783A
féifǔ 肥脯 6-1194A
fěifú 匪服 1-972B
fèifǔ 肺府 6-1175A
fèifǔ 肺腑 6-1175B
fèifǔ 胇腑 6-1184A
fèifù 柿柎 4-805A
fèifù 柿附 4-805A
fèifù 肺附 6-1175A
fèifù 肺腹 6-1176A
fèifù 廢負 3-1281A
fèifù 胇附 6-1184A
fèifǔjiāo 肺腑交 6-1175B
fēifúxì 飛鳧舄 12-702B
fèifǔzhīyán 肺腑之言 6-1175B
fēigài 飛蓋 12-701B
fēigān 飛甘 12-691B
féigān 肥甘 6-1191A
fèigān 肺肝 6-1175A
fèigān 胇肝 6-1184A
féigānqīngnuǎn 肥甘輕暖 6-1191A
féigānqīngnuǎn 肥甘輕煖 6-1191B
féigāo 肥膏 6-1195B
fēigé 飛閣 12-704B
fēigé 飛閡 12-704B
fèigé 肺膈 6-1176A
fèigé 廢革 3-1281A
fèigé 廢格 3-1281B
fèigé 廢閣 3-1283B
fèigēng 沸羹 5-1114A
fēigōng 非功 11-779B
fēigōng 飛弓 12-690B
fēigōng 飛觥 12-703A
fěigōng 匪躬 1-973A
fèigōng 費工 10-174A
fèigōng 費功 10-174B
fēigōngxiànjiǎ 飛觥獻斝 12-703A
fēigōngzǒujiǎ 飛觥走斝 12-703A
fēigōu 飛鉤 12-701A
fēigòu 飛構 12-703B
fèigǒu 吠狗 3-205B
fēigū 非辜 11-782B
fēigǔ 飛轂 12-707A
fēigǔ 飛谷 12-693B
fèigù 廢痼 3-1282B
fèigù 廢錮 3-1284A
fèigù 癈痼 8-359B
fēiguài 非恠 11-781B
fēiguān 非關 11-785B
fēiguàn 飛觀 12-710A
fēiguàn 蜚觀 8-915A
fèiguān 廢官 3-1281A
fèiguàn 沸涫 5-1113A
fēiguāng 飛光 12-692B
fēiguī 飛歸 12-708A
fēiguī 飛龜 12-707B
fēiguǐ 飛詭 12-703A
fēigǔn 飛滚 12-703B
fěigùn 匪棍 1-973B
fèigǔn 沸滚 5-1114A
fèiguō 沸聒 5-1113A
fèiguó 廢國 3-1282A
fēiguòhǎi 飛過海 12-698A
fèihá 吠蛤 3-205B
fèihǎi 沸海 5-1113A
fèihài 費害 10-175B
fēihǎn 飛罕 12-694A
fēihàn 飛翰 12-705B
féihàn 肥漢 6-1195B
fēiháng 飛杭 12-694B
fēiháng 飛航 12-697A
fèiháo 吠嘷 3-206A
fèihào 費耗 10-175A
fēihé 飛翮 12-706A
fèihé 沸河 5-1112B
fēihèn 非恨 11-781B
fēihèng 非横 11-784B
fēihóng 飛紅 12-696B
fēihóng 飛鴻 12-707B
fēihóng 緋紅 9-888A
fēihóng 蜚紅 8-913B
fēihóng 蜚鴻 8-914B
fēihóng 霏紅 11-701B
fēihóngxuězhǎo 飛鴻雪爪 12-707B
fēihóngyìnxuě 飛鴻印雪 12-707B
féihòu 肥厚 6-1192B
fèihòu 廢后 3-1280B
fēihú 飛弧 12-695B
fēihú 飛狐 12-695A
fēihǔ 飛虎 12-694B
féihú 肥胡 6-1192B
fēihuā 飛花 12-693A
fēihuà 飛化 12-691A
fèihuà 費話 10-176A
fèihuà 廢話 3-1282B
fèihuái 肺懷 6-1176A
fèihuài 廢壞 3-1284A
fēihuālìng 飛花令 12-693A
fēihuáng 飛黃 12-697B
fēihuáng 飛蝗 12-705A
fēihuǎng 飛幌 12-702B
fěihuāng 匪荒 1-972B
fěihuáng 匪皇 1-972B
fěihuáng 匪遑 1-973B
fēihuángténgdá 蜚黃騰達 8-913B
fēihuángténgtà 飛黃騰達 12-698A
fēihuángténgtà 飛黃騰踏 12-698A
fēihúdào 飛狐道 12-695A
fēihuī 飛灰 12-692B
fēihuī 飛暉 12-702A
fěihuǐ 非毀 11-783B
fěihuǐ 誹毀 11-275B
fèihuì 沸卉 5-1112B
fèihuì 佛恚 7-482B
fēihúkǒu 蜚狐口 8-913B
fēihuǒ 飛火 12-691B
fēihuò 非禍 11-783A
fēihuò 飛禍 12-701B
fēihuò 飛藿 12-708B
fěihuò 匪禍 1-973B
fèihuǒ 肺火 6-1174B
fèihuóliàng 肺活量 6-1175A
fēihǔqí 飛虎旗 12-695A
fēihūxī 妃呼豨 4-280B
fēijī 非幾 11-783B
fēijī 飛屐 12-697B
fēijī 飛機 12-706A
fēijí 飛檝 12-705B
fēijí 蜚集 8-914A
fēijì 非計 11-781B
fēijì 非冀 11-784B
fēijì 非覬 11-785A
fēijì 飛寄 12-699A
féijí 肥塉 6-1194B
féijí 肥膌 6-1195B
féijí 肥瘠 6-1196A
féijǐ 肥己 6-1191A
fěijǐ 棐几 4-1098B
fěijī 誹譏 11-276A
fěijì 匪妓 1-972B
fèijī 沸激 5-1114A
fèijí 廢疾 3-1281B
fèijí 廢籍 3-1284A
fèijí 癈疾 8-359A
fēijià 飛架 12-696A
fēijià 飛價 12-705A
fēijià 飛駕 12-705B
fēijià 騑駕 12-857A
féijiā 肥家 6-1194A
fēijiàn 非間 11-783A
fēijiàn 飛箭 12-705A
fēijiàn 飛濺 12-708B
féijiàn 肥健 6-1193B
fèijiān 沸煎 5-1114A
fēijiāng 飛江 12-693A
fēijiāng 飛繮 12-709A
fēijiāng 飛韁 12-709B
fēijiàng 飛將 12-699B
fēijiǎng 飛槳 12-705B
fèijiǎng 費講 10-176B
fēijiàngjūn 飛將軍 12-699B
fēijiǎo 飛脚 12-699A
féijiǎo 肥佼 6-1192B
fèijiǎoshǒu 費脚手 10-175B
fēijīchǎng 飛機場 12-706A
fēijié 非訐 11-782A
fēijié 飛捷 12-697B
fēijiě 霏解 11-702A
féijié 肥潔 6-1196A
fèijiě 費解 10-176A
fèijiéhé 肺結核 6-1175B
fēijiézhī 飛節芝 12-702B
fēijīn 飛金 12-695A
fěijǐn 斐錦 6-1548B
fèijīn 肺金 6-1175A
fèijìn 費勁 10-175A
fēijīng 飛莖 12-696B
fēijīng 飛精 12-704A
fēijǐng 飛景 12-700B
fēijìng 飛鏡 12-709A
féijìng 肥勁 6-1193A
fěijìng 菲敬 9-439A
fèijǐng 沸井 5-1112B
fèijìngmài 肺靜脈 6-1176A
fèijìnxīnjī 費盡心機 10-176A
fēijū 騑駒 12-857A
fēijǔ 非沮 11-781B
fēijǔ 非舉 11-785A
fēijǔ 飛舉 12-706A
fēijù 非據 11-784B
fēijù 飛句 12-692A
fēijù 飛炬 12-695B
fēijù 飛遽 12-706A
fēijù 蜚虡 8-914A
fēijù 蜚遽 8-914B
fèijū 廢居 3-1281A
fèijǔ 廢舉 3-1283B
fèijù 屝屨 4-53B
fèijù 費句 10-174B
fèijuān 費捐 10-175A
fèijuān 廢捐 3-1281B
fèijuàn 廢卷 3-1281A
fèijué 沸潏 5-1114A
fèijué 廢絕 3-1282B
fēikàn 飛瞰 12-706A
fēikè 飛客 12-696A
fèikě 肺渴 6-1175B
fēikōng 飛空 12-695B
fēikòng 飛控 12-697B
fēikòng 飛鞚 12-707A
fèikǒu 費口 10-174A
fèikǒuchún 費口唇 10-174A
fěikū 匪窟 1-973B
fēikuà 飛跨 12-702A
fēikuài 飛快 12-694A
fèikuàng 廢曠 3-1284A
fèikuì 沸潰 5-1114A
fēiláifēng 飛來峰 12-694B
fēiláihénghuò 飛來横禍 12-694B
fēiláihuò 飛來禍 12-694B
fēiláijiǎn 飛來翦 12-694B
fēilǎn 蜚覽 8-915A
fēilàn 霏爛 11-702A
fěilán 斐蘭 6-1548B
fēilàng 飛浪 12-697B
fēiláo 飛澇 12-705B
fèiláo 肺勞 6-1175B

fèiláo 肺癆 6-1176A
fēiléi 飛鸓 12-710B
fēilěi 非累 11-782B
fēilěi 飛蠝 12-710A
fēilěi 飛猵 12-708A
fēilěi 飛蝠 12-709B
fēilěi 飛鸓 12-710B
fēilěi 蜚鸓 8-915A
fēilèi 非類 11-785B
fěilèi 匪類 1-974A
fèilěi 痱磊 8-331A
fèilěi 痱瘰 8-331A
fèilèi 費累 10-175B
fēilǐ 非理 11-782A
fēilǐ 非禮 11-785A
fēilì 飛利 12-693B
féilì 肥力 6-1190B
féilì 肥利 6-1192A
fèilǐ 費禮 10-176B
fèilì 費力 10-173B
fèilì 廢立 3-1280B
fèilì 廢曆 3-1283B
fēilián 飛廉 12-703A
fēilián 蜚廉 8-914A
fēiliàn 飛煉 12-703A
fēiliàn 飛練 12-705B
fēiliàn 飛鍊 12-707B
fěilián 蜚蠊 8-915A
fèilián 費連 10-175A
fěiliánchóng 蜚廉蟲 8-914B
fēiliáng 飛梁 12-699A
fēiliáng 蜚梁 8-914A
fēiliàng 非量 11-783A
fēiliángwǎnmò 飛糧輓秣 12-708B
féiliào 肥料 6-1194A
fèiliào 廢料 3-1281B
fěiliè 匪劣 1-972A
fēilǐfēitáo 非李非桃 11-780A
fēilín 飛鄰 12-704B
fēilín 飛鱗 12-710A
fēilíng 飛軨 12-700A
fēilíng 飛靈 12-710A
fēiliú 飛流 12-697B
fēiliù 飛溜 12-703B
fěiliú 匪流 1-973A
fèiliú 費留 10-175B
fēiliúduǎncháng 飛流短長 12-697B
fèiliúlí 吠瑠璃 3-205B
féiliūliū 肥溜溜 6-1195A
fēilóng 飛龍 12-706B
fēilóng 蜚龍 8-914B
fēilóngjiù 飛龍廄 12-706B
fēilóngzàitiān 飛龍在天 12-706B
fēilóu 飛樓 12-705A
fēilóu 蜚樓 8-914B
fěilòu 菲陋 9-438B
fēilú 飛廬 12-709A
fēilù 飛路 12-702A
fěilú 蜚蠦 8-915A
fēiluán 飛鑾 12-710A
fēiluán 飛鸞 12-710B
fèiluàn 沸亂 5-1113B
fēiluánxiángfèng 飛鸞翔鳳 12-710B
fēilún 飛輪 12-705A
fēilùn 非論 11-784B
fēiluò 霏落 11-701B
fèiluò 廢落 3-1282A
fēiluómiàn 飛羅麵 12-708B
fēilǘ 飛閭 12-704B
fēilǜ 非慮 11-784B
fēilǜ 緋綠 9-888B
fèilǚ 菲履 9-439A
fèilǚ 扉履 4-53B
fèilǚ 費呂 10-174B
fēilüè 飛掠 12-697B
fēilǘfēimǎ 非驢非馬 11-786A
fēimǎ 飛馬 12-696B
féimǎn 肥滿 6-1195B
fèimàn 廢慢 3-1283A
fēimáng 飛忙 12-693A
fèimáng 吠尨 3-205B
fèimáng 吠厖 3-205B
fēimáo 飛矛 12-692A
féimào 肥茂 6-1192B
fēimáotuǐ 飛毛腿 12-691A
fēimǎqián 飛馬錢 12-696B
féimǎqīngqiú 肥馬輕裘 6-1193B
féiméi 肥煤 6-1195A
féiměi 肥美 6-1193A
fěiměi 斐美 6-1548A
fēiméng 飛甍 12-703B
fēiméng 飛蝱 12-705A
fēiméng 飛宝 12-696A
fēiméng 蜚虻 8-913B
fēiméng 蜚宝 8-913B
fēimèng 飛夢 12-701B
fēimí 霏瀰 11-702A
fèimí 費糜 10-176B
fèimí 費靡 10-176B
fèimí 弗靡 4-102A
fèimiǎn 廢免 3-1280B
fèimiè 廢滅 3-1283A
fěimín 匪民 1-972A
fèimín 廢民 3-1280B
fēimíng 非名 11-780A
fēimíng 飛鳴 12-704A
fēimìng 非命 11-781A
fěimíng 朏明 6-1240B
fēimǐzhuǎnchú 飛米轉芻 12-693A
fēimò 飛沫 12-695B
fēimòchuánrǎn 飛沫傳染 12-695B
fēimóu 非謀 11-785A
fēimóudiàobàng 飛謀釣謗 12-706B
fēimóujiànbàng 飛謀薦謗 12-706B
fēimǔ 飛牡 12-693B
fēimù 飛幕 12-701B
fēinǎi 非乃 11-779A
fēinàn 非難 11-785A
fěinàn 匪難 1-974A
fèinán 費難 10-176B
fēináo 飛猱 12-701A
fèinào 沸鬧 5-1114A
féinèn 肥嫩 6-1195B
féinì 肥膩 6-1196A
fěinì 匪昵 1-972B
fēiniǎn 飛撚 12-704B
fēiniàn 飛念 12-695A
fēiniǎo 飛鳥 12-698B
fēiniǎo 蜚鳥 8-914A
fēiniǎojìn… 蜚鳥盡,良弓藏 8-914A
fēiniǎoshǐ 飛鳥使 12-698B
fēiniǎotú 飛鳥圖 12-698B
fēiniǎoyīrén 飛鳥依人 12-698B
féiniú 肥牛 6-1191A
féinóng 肥濃 6-1196B
féinóng 肥膿 6-1196B
féinóng 肥醲 6-1196B
fēinú 飛奴 12-692A
fèinù 怫怒 7-482B
féinuò 肥喏 6-1194A
fěinǜ 朏朒 6-1240B
fēi'ǒu 非偶 11-782B
féipàng 肥胖 6-1193A
féipàngbìng 肥胖病 6-1193A
fēipáo 緋袍 9-888A
fēipǎo 飛跑 12-700B
fēipào 飛砲 12-696B
fēipào 飛礮 12-709A
fèipào 肺泡 6-1175A
fēipèi 飛轡 12-709B
fēipèi 騑轡 12-857A
fēipéng 飛蓬 12-701B
fēipéng 蜚蓬 8-914A
fēipéngzhīwèn 蜚蓬之問 8-914A
fēipí 非羆 11-785B
fēipì 非辟 11-784A
fēipì 非僻 11-784B
féipì 腓辟 6-1331A
fěipì 匪辟 1-973B
fěipì 匪僻 1-974A
fèipì 剕辟 2-702A
fēipín 妃嬪 4-281A
fèipǐn 廢品 3-1281A
fēipíng 飛軿 12-702A
fēipò 飛魄 12-704A
fěipò 朏魄 6-1241A
fēipù 飛瀑 12-708B
fēiqí 非奇 11-780B
fēiqí 飛碁 12-701B
fēiqí 飛騎 12-708A
fēiqǐ 飛起 12-696B
fēiqǐ 飛啟 12-699B
féiqí 蟹蠐 8-919B
féiqí 蠙蠐 8-960B
fèiqì 費氣 10-175B
fèiqì 廢氣 3-1281B
fèiqì 廢棄 3-1282A
fēiqiān 飛鉛 12-703A
fēiqiān 飛騫 12-709A
fēiqiān 飛籤 12-710A
fēiqián 飛鉗 12-702B
fēiqián 飛箝 12-704A
fēiqián 飛錢 12-706A
fēiqián 飛潛 12-705A
fèiqián 費錢 10-176A
fēiqiándòngzhí 蜚潛動植 8-914B
fēiqiāng 飛搶 12-701B
féiqiáng 肥强 6-1194B
fēiqiáo 飛橋 12-705B
fēiqiáo 蜚翹 8-915A
féiqiāo 肥墝 6-1195B
féiqiāo 肥墽 6-1196A
féiqiāo 肥磽 6-1196B
fěiqiào 誹誚 11-275B
fēiqiè 妃妾 4-280B
fěiqiè 篚篋 8-1221A
fēiqígōuhuò 飛奇鉤貨 12-694B
fēiqín 飛禽 12-701A
fēiqín 蜚禽 8-914A
fěiqīn 匪親 1-974A
fēiqīnfēigù 非親非故 11-785A
féiqīng 肥輕 6-1195A
fèiqíng 費情 10-175B
fèiqǐnwàngcān 廢寢忘餐 3-1283A
fèiqǐnwàngcān 廢寢忘飱 3-1283A
fèiqǐnwàngshí 廢寢忘食 3-1283A
fēiqínzǒushòu 飛禽走獸 12-701A
fēiqióng 飛蛩 12-700A
fēiqióng 飛瓊 12-708A
fēiqiú 飛毬 12-698B
fèiqiū 廢丘 3-1280A
fèiqìzhǒng 肺氣腫 6-1175A
féiqú 肥臞 6-1197A
fèiqù 廢去 3-1280A
fēiquán 飛泉 12-696A
féiquán 肥泉 6-1193A
fèiquán 沸泉 5-1113A
fèiquǎn 吠犬 3-205A
fēiquē 飛缺 12-696B
féiquē 肥缺 6-1193B
fèiquē 廢缺 3-1281B
fèiquē 廢闕 3-1284A
fēiquèjìng 飛鵲鏡 12-708B
fēiqún 飛帬 12-697B
fēiqún 飛裙 12-701B
fěirán 朏然 6-1241A
fěirán 斐然 6-1548A
fèirán 沸然 5-1113B
fèirán 廢然 3-1282A
fèirán 怫然 7-483A
fěiránchéngzhāng 斐然成章 6-1548B
fēiráng 飛穰 12-709B
fěiránxiàngfēng 斐然鄉風 6-1548B

fěiránxiàngfēng 斐然嚮風 6-1548B
fěiránxiàngfēng 斐然向風 6-1548B
féiráo 肥饒 6-1196B
fèirè 沸熱 5-1114A
fèirè 廢熱 3-1283B
fēirén 非人 11-779A
fēirèn 非任 11-780A
fēirèn 飛刃 12-690B
fěirén 匪人 1-971B
fèirén 廢人 3-1280A
fēirì 飛馹 12-703B
fèirì 吠日 3-205A
fèirì 費日 10-174A
fēirìfēiyuè 非日非月 11-779B
fēiróng 飛容 12-697B
fēiróng 飛榮 12-704B
fēiròu 飛肉 12-692B
féiròu 肥肉 6-1191B
fěirú 匪茹 1-972B
fěirú 斐如 6-1548A
fēiruí 霏蕤 11-702A
féirùn 肥潤 6-1196A
fēisǎ 飛灑 12-709B
fēisǎn 飛傘 12-701A
fēisàn 飛散 12-700A
fèisàn 費散 10-175B
fèisàng 廢喪 3-1282A
fēisè 妃色 4-280B
fēisè 蜚色 8-913B
fěisè 匪色 1-972A
fēishān 飛煽 12-704B
fēishān 緋衫 9-888A
fěishàn 誹訕 11-275B
fēishānbīng 飛山兵 12-690B
fēishāng 飛觴 12-708B
fēishāngzǒujiǎ 飛觴走斝 12-708B
fēishāo 飛髾 12-707A
fēishāyánglì 飛沙揚礫 12-694A
fēishāyánglì 飛砂揚礫 12-695B
fēishāzhuǎnshí 飛砂轉石 12-695B
fēishāzǒulì 飛沙走礫 12-694A
fēishāzǒushí 飛沙走石 12-693B
fēishāzǒushí 飛砂走石 12-695B
fēishé 飛蛇 12-698A
fēishè 飛射 12-697A
fèishē 吠奢 3-205B
fèishé 費舌 10-174B
fèishě 廢舍 3-1281A
fèishè 吠舍 3-205B
fèishè 沸射 5-1113A
fèishè 費設 10-175B
fēishēn 飛申 12-691B
fēishēn 飛身 12-693B
fēishén 飛神 12-696A
fēishèn 非甚 11-781B
fèishēn 廢身 3-1280B
fèishén 費神 10-175A
fèishěn 沸瀋 5-1114A
fēishēng 飛升 12-691A
fēishēng 飛生 12-691B
fēishēng 飛昇 12-695A
fēishēng 飛聲 12-707A
fēishēng 蜚聲 8-914B
féishèng 肥盛 6-1194A
fēishèng 非聖 11-783B
fèishēng 吠聲 3-206A
fēishēngténgshí 飛聲騰實 12-707A
fēishī 飛尸 12-690B
fēishī 蜚尸 8-913B
fēishí 非時 11-781B
fēishí 飛石 12-691B
fēishǐ 飛矢 12-692A
fēishì 非世 11-779B
fēishì 非是 11-781B
fēishì 飛逝 12-696B
féishí 肥實 6-1195B
féishì 肥事 6-1192B
féishì 肥噬 6-1196A
fěishí 非什 9-438B
fěishí 非食 9-439A
fěishí 匪什 1-971B
fěishí 匪石 1-971B
fěishí 斐什 6-1548A
fěishí 榧實 4-1206B
fèishī 費失 10-174B
fèishī 廢失 3-1280A
fèishí 肺石 6-1174B
fèishí 費時 10-175A
fèishí 廢時 3-1281B
fèishí 胏石 6-1184A
fèishì 費士 10-174A
fèishì 費事 10-174B
fèishì 廢市 3-1280B
fèishì 廢事 3-1280B
fèishì 廢飾 3-1282B
fēishíjiāng 非時漿 11-782A
fēishíshí 非時食 11-782A
féishòu 肥瘦 6-1195B
fěishǒu 匪首 1-972B
fèishǒu 費手 10-174A
fèishǒujiǎo 費手脚 10-174A
fēishū 飛書 12-697B
fēishú 飛熟 12-705A
fēishǔ 飛鼠 12-702B
fēishù 飛漱 12-704B
féishù 肥庶 6-1194B
fèishū 廢書 3-1281B
fèishù 肺腧 6-1176A
fèishù 肺俞 6-1175A
fēishuāng 飛霜 12-707B
fēishuāng 霏霜 11-702A
féishuǐ 肥水 6-1191A
fèishuǐ 沸水 5-1112B
fèishuǐ 廢水 3-1280A
féishuò 肥碩 6-1195A
fēishūzǒuxí 飛書走檄 12-697B
féisī 肥私 6-1192A
fěisì 匪兕 1-972A
fěisì 匪嗣 1-973B
fèisī 費思 10-175A
fèisīlìgōng 廢私立公 3-1280B
fēisōng 飛松 12-694B
féisōng 肥松 6-1192B
fēisù 飛速 12-696B
fēisù 飛粟 12-700A
fēisǔn 飛隼 12-697A
fèisǔn 費損 10-176A
fèisǔn 廢損 3-1282B
fēisuō 飛梭 12-698A
fēisuǒ 非所 11-781A
fēità 飛闥 12-709A
fěitā 匪他 1-972A
fèitán 沸潭 5-1114A
fèitāng 沸湯 5-1113B
fēitáo 緋桃 9-888A
féitáo 肥桃 6-1193B
fēitè 非特 11-782A
fěitè 匪特 1-973A
fēiténg 飛騰 12-709A
fēiténg 蜚騰 8-915A
fèiténg 沸騰 5-1114A
fēitī 飛梯 12-698A
fēitǐ 非體 11-785B
fèitì 廢替 3-1282A
fēitiān 飛天 12-690B
féitián 肥田 6-1191B
féitián 肥甜 6-1194A
fèitiān 沸天 5-1112B
féitiáncǎo 肥田草 6-1191B
féitiánfěn 肥田粉 6-1191B
fēitiānhuò 飛天禍 12-691A
fēitiānjì 飛天紒 12-691A
fēitiānshíxiǎng 飛天十響 12-691A
fēitiānshǐzhě 飛天使者 12-691A
fēitiānyèchā 飛天夜叉 12-691A
fèitiānzhèndì 沸天震地 5-1112B
fēitiáo 飛條 12-696B
fēitiào 飛跳 12-702A
fēitīng 飛聽 12-709B
fēitǐng 飛艇 12-700B
fēitóngxiǎokě 非同小可 11-780A
fēitóu 飛頭 12-706A
féitóudà'ěr 肥頭大耳 6-1196A
féitóudàmiàn 肥頭大面 6-1196A
féitóupàng'ěr 肥頭胖耳 6-1196A
fēitú 非徒 11-782A
fēitù 飛兔 12-695A
fēitù 飛菟 12-698A
fēitù 飛逸 12-703B
féitú 肥腯 6-1194B
féitǔ 肥土 6-1190B
fěitú 匪徒 1-973A
fēituān 飛湍 12-701A
fèituì 廢退 3-1281B
fēituó 飛堶 12-699B
fēituó 飛駝 12-704B
fèituó 吠陀 3-205B
fēitǔzhúhài 飛土逐害 12-690B
fēitǔzhúròu 飛土逐肉 12-690B
fēiwābámù 蜚瓦拔木 8-913B
fēiwán 飛丸 12-690B
fēiwǎn 飛輓 12-703B
fēiwǎn 蜚輓 8-914B
fēiwàng 非望 11-782B
fèiwáng 廢亡 3-1280A
fèiwàng 廢王 3-1280A
fēiwēi 菲薇 9-439A
fēiwēi 霏微 11-701B
fēiwéi 非唯 11-782B
fēiwéi 非惟 11-782B
fēiwéi 非爲 11-783A
fēiwéi 非違 11-783B
fēiwěi 霏娓 11-701B
fēiwèi 非位 11-780B
fēiwèi 非謂 11-785A
fēiwèi 飛衛 12-705A
féiwěi 肥偉 6-1194A
féiwèi 肥遺 6-1195B
féiwèi 肥蟦 6-1196B
fěiwēi 菲微 9-439A
fěiwéi 匪唯 1-973A
fěiwéi 匪惟 1-973A
fěiwéi 翡帷 9-657A
fěiwěi 悱亹 7-594A
fěiwěi 斐尾 6-1548A
fěiwěi 斐韡 6-1548B
fěiwěi 斐亹 6-1548B
fěiwěi 斐亹 6-1548B
fèiwèi 胇胃 6-1237B
fèiwèi 蜚蟦 8-919B
fèiwèi 沸慣 5-1113B
fèiwèi 沸渭 5-1113B
fèiwèi 佛慣 7-483A
fēiwén 飛文 12-691B
fēiwěn 飛吻 12-693B
fēiwénrǎnhàn 飛文染翰 12-691B
féiwò 肥沃 6-1192A
fēiwǒzúlèi 非我族類 11-780B
fēiwū 飛屋 12-696A
fēiwū 飛誣 12-704A
fēiwú 飛鼯 12-709A
fēiwǔ 飛五 12-691A
fēiwǔ 飛舞 12-704A
fēiwù 霏霧 11-702A
fèiwù 費務 10-175B
fèiwù 廢物 3-1281A
fèiwù 廢務 3-1281B
fēixī 飛錫 12-706A
fēixí 飛檄 12-707A
fēixì 飛舄 12-700B
fēixì 霏細 11-701B

féixī 肥息 6-1193B
fěixí 匪席 1-973A
fěixì 誹戲 11-275B
fèixī 廢熄 3-1283A
fēixiábiāo 飛霞驃 12-707B
fēixiān 飛仙 12-692A
fēixiān 飛僊 12-704A
fēixiān 飛鶱 12-709B
fēixiān 蜚纖 8-915A
fēixián 飛唌 12-696A
fēixián 飛涎 12-696A
féixiān 肥仙 6-1191B
féixiān 肥鮮 6-1196B
fēixiáng 飛翔 12-701A
fēixiáng 蜚翔 8-914A
fēixiǎng 飛餉 12-704A
fēixiǎng 飛響 12-709A
fèixiǎng 費想 10-176A
fèixiàng 費項 10-175B
fēixiāngài 飛仙蓋 12-692A
fēixiǎngfēifēi…
非想非非想處 11-783B
fēixiǎngfēifēi…
非想非非想處天
11-783B
fēixiǎngtiān 非想天
11-783B
fēixiāo 飛綃 12-703B
fēixiào 非孝 11-780A
fēixiào 非笑 11-782A
féixiào 肥效 6-1194A
fěixiào 誹笑 11-275B
fèixīchóng 肺吸蟲 6-1174B
fēixiè 飛灺 12-693B
fēixiè 飛炧 12-696A
fēixiè 飛屧 12-705B
fēixiè 霏屑 11-701B
fěixié 誹諧 11-275B
fěixiè 匪解 1-973B
fěixiè 匪懈 1-974A
fěixiè 匪懈 1-974A
fèixiè 沸瀉 5-1114A
fēixīn 非心 11-779B
fèixīn 費心 10-174B
fèixīn 廢心 3-1280A
fēixīng 飛星 12-695B
fēixíng 非刑 11-779B
fēixíng 非行 11-780A
fēixíng 飛行 12-692B
féixīng 肥腥 6-1194B
fèixīng 廢興 3-1283B
fèixíng 吠形 3-205A
fèixíng 剕刑 2-702A
fēixíngdiàn 飛行殿 12-693A
fèixíngfèishēng 吠形吠聲
3-205A
fēixíngjī 飛行機 12-693A
fēixíngjíhuì 飛行集會
12-692B
fēixíngyuán 飛行員 12-692B
fēixiōng 蜚凶 8-913B
fēixióng 非熊 11-784A
fēixióng 飛熊 12-704B
fèixiōng 沸洶 5-1114A
fēixiōngliúshī 蜚凶流尸
8-913B
fēixióngzhào 非熊兆
11-784B
fēixù 飛絮 12-701B
fèixū 廢墟 3-1283A
fēixuān 飛軒 12-696B
fēixuán 飛旋 12-699A
fèixuān 沸喧 5-1113B
fēixuě 霏雪 11-701B
fěixué 匪穴 1-972A
fěixuè 誹謔 11-275B
fèixué 廢學 3-1283B
fèixuě 吠雪 3-205B
fēiyān 非烟 11-782A
fēiyān 非煙 11-784A
fēiyān 飛煙 12-703A
fēiyān 霏烟 11-701B
fēiyán 飛言 12-693B
fēiyán 飛檐 12-707A
fēiyán 飛簷 12-708B
fēiyán 飛櫩 12-709A
fēiyán 飛鹽 12-710A
fēiyán 蜚言 8-913B
fēiyǎn 飛眼 12-698A
fēiyàn 飛燕 12-705B
fēiyàn 飛爓 12-709A
fēiyàn 飛鷰 12-710A
féiyǎn 肥衍 6-1193A
fěiyán 誹言 11-275B
fèiyān 廢淹 3-1282A
fèiyán 肺炎 6-1175A
fèiyán 費言 10-174B
fēiyáng 飛揚 12-699B
fēiyáng 飛颺 12-708A
fēiyáng 蜚揚 8-914A
fèiyáng 沸揚 5-1113A
fēiyángbáhù 飛揚跋扈
12-700A
fèiyángyáng 沸洋洋 5-1113A
fēiyāngzǒuhuò 飛殃走禍
12-695B
fēiyánzǒubì 飛檐走壁
12-707A
fēiyánzǒubì 飛簷走壁
12-708B
fēiyánzǒujǐ 飛檐走脊
12-707A
fēiyáo 飛徭 12-702B
fēiyáo 飛謠 12-707B
fēiyáo 飛鰩 12-709B
fēiyáo 蜚搖 8-914A
fèiyáo 吠堯 3-205B
fēiyè 非業 11-783B
fèiyè 扉頁 7-369A
fèiyè 肺葉 6-1175B
fèiyè 廢業 3-1282B
fēiyī 緋衣 9-888A
fēiyí 非夷 11-780A
fēiyí 非儀 11-784B
fēiyí 非彝 11-785A
fēiyǐ 飛乙 12-690B
fēiyǐ 飛螘 12-706A
fēiyì 非意 11-783B
fēiyì 非義 11-784A
fēiyì 非議 11-785B
fēiyì 飛溢 12-703B
fēiyì 飛翼 12-707B
fēiyì 飛驛 12-709B
fēiyì 蜚翼 8-914B
féiyì 肥益 6-1194A
féiyì 肥逸 6-1194A
fěiyí 菲儀 9-439A
fěiyí 匪夷 1-972A
fěiyí 匪儀 1-974A
fěiyí 匪彝 1-974A
fěiyí 棐彝 4-1098B
fěiyì 誹議 11-276A
fèiyì 沸溢 5-1114A
fèiyì 費役 10-174B
fèiyì 廢軼 3-1282A
fěiyífěihuì 匪夷匪惠
1-972A
fēiyīn 飛音 12-696A
fèiyǐn 費引 10-174B
fēiyīng 飛英 12-694A
fēiyīng 飛霙 12-706A
fēiyīng 飛纓 12-710A
fēiyīng 蜚英 8-913B
fēiyīng 霏霙 11-702A
fēiyǐng 飛影 12-705A
fěiyíng 匪營 1-974A
fēiyīngbēnquǎn 飛鷹奔犬
12-710A
fèiyǐngfèishēng 吠影吠聲
3-205B
fēiyīngténgmào 蜚英騰茂
8-913B
fēiyīngzǒugǒu 飛鷹走狗
12-710A
fēiyīngzǒumǎ 飛鷹走馬
12-710A
fēiyīngzǒuquǎn 飛鷹走犬
12-710A
fēiyíntíng 飛吟亭 12-693B
fěiyísuǒsī 匪夷所思
1-972A
fēiyìxiānggān 非意相干
11-784A
fěiyīzhāoxī 匪伊朝夕
1-972A
fēiyǒng 飛泳 12-695B
fèiyǒng 沸涌 5-1113A
fèiyǒng 沸湧 5-1113B
fèiyǒng 沸踊 5-1114A
fèiyòng 費用 10-174B
féiyóuyóu 肥油油 6-1192B
fēiyú 飛魚 12-699A
fēiyú 緋魚 9-888A
fēiyǔ 非語 11-784A
fēiyǔ 飛宇 12-693A
fēiyǔ 飛羽 12-693A
fēiyǔ 飛雨 12-694B
fēiyǔ 飛語 12-704A
fēiyǔ 蜚語 8-914B
fēiyù 非譽 11-785B
fēiyù 飛譽 12-709A
féiyú 肥腴 6-1194B
féiyù 肥育 6-1192B
fěiyǔ 誹語 11-275B
fěiyù 誹譽 11-276A
fèiyǔ 廢語 3-1283A
fèiyù 沸鬱 5-1114B
fèiyù 弗鬱 4-102B
fēiyuān 飛鳶 12-704A
fēiyuàn 非怨 11-781B
féiyuán 肥圓 6-1194B
féiyuán 肥源 6-1195A
fěiyuàn 悱怨 7-594A
fěiyuàn 誹怨 11-275B
fèiyuán 廢員 3-1281B
fēiyúdài 飛魚袋 12-699A
fēiyúdài 緋魚袋 9-888A
féiyúdàròu 肥魚大肉
6-1194A
fēiyuè 飛越 12-699B
fēiyuè 飛躍 12-709B
fèiyuè 沸躍 5-1114B
fèiyuè 昲悦 5-684A
fēiyúfú 飛魚服 12-699A
fēiyúgōu 飛魚鈎 12-699A
fēiyún 非雲 11-783A
fēiyún 蜚雲 8-914A
fēiyúnchèdiàn 飛雲掣電
12-700B
fēiyúndān 飛雲丹 12-700B
fēiyúndiàn 飛雲殿 12-700B
fēiyúnlǚ 飛雲履 12-700B
fēizāi 非災 11-780B
fēizāi 飛災 12-694A
fēizāihénghuò 飛災橫禍
12-694A
fèizàng 肺臟 6-1176A
féizào 肥皂 6-1192A
féizào 肥皂 6-1192A
féizàojiá 肥皂莢 6-1192A
féizàopào 肥皂泡 6-1192A
féizé 肥澤 6-1196B
fēizéi 飛賊 12-702A
fēizèn 飛譖 12-709A
fēizēng 飛矰 12-707B
fēizhá 飛札 12-691B
fèizhā 廢渣 3-1282B
fèizhá 柿札 4-805A
fèizhá 肺札 6-1174B
fēizhǎn 飛盞 12-702A
fēizhàn 非戰 11-784B
fēizhàn 飛棧 12-700A
fēizhāng 飛章 12-699A
fēizhǎng 飛漲 12-704B
féizhàng 肥張 6-1194B
fěizhāng 誹章 11-275B
fēizhào 飛旐 12-701A
fēizhào 飛棹 12-700A
fēizhào 飛詔 12-701A
fěizhāoyīxī 匪朝伊夕
1-973B
fēizhé 非折 11-780A
fēizhēng 飛征 12-695A
fēizhēng 蜚征 8-913B
fēizhēnzǒuxiàn 飛針走綫
12-697A

fēizhēnzǒuxiàn 飛針走線 12-697A
fēizhí 非直 11-780B
fēizhí 非職 11-785A
fēizhì 飛擲 12-707A
fēizhì 蜚蛭 8-914A
féizhì 肥秩 6-1193B
féizhí 匪直 1-972B
fěizhǐ 匪止 1-971B
fèizhí 廢職 3-1284A
fèizhǐ 廢止 3-1280A
fèizhǐ 廢址 3-1280B
fèizhì 廢置 3-1282B
fèizhì 廢滯 3-1283A
fēizhǒng 非種 11-784A
féizhòng 肥重 6-1193A
fēizhōu 飛舟 12-693A
fēizhū 飛朱 12-692B
fēizhù 飛柱 12-695B
fēizhù 飛翥 12-703B
féizhù 肥羜 6-1194B
fèizhú 廢逐 3-1281B
fèizhú 蕡燭 9-545A
fèizhù 廢著 3-1282A
fēizhuā 飛撾 12-703B
fēizhuàn 飛傳 12-702B
fēizhuàn 飛轉 12-708A
féizhuàng 肥壯 6-1192B
féizhūfěn 肥猪粉 6-1194A
féizhūgǒngmén 肥猪拱門 6-1194A
fèizhuì 廢隊 3-1282A
fèizhuì 廢墜 3-1283B
fēizhūjiànyù 飛珠濺玉 12-696B
féizhuó 肥茁 6-1192B
fěizhuó 非酌 9-439A
féizhūzi 肥珠子 6-1193B
fēizī 飛咨 12-696A
fēizǐ 妃子 4-280B
fēizǐ 非子 11-779B
fēizǐ 飛子 12-690B
fēizǐ 緋紫 9-888A
féizì 腓字 6-1331A
fěizi 榧子 4-1206B
fěizī 非訾 11-783B
fěizī 誹訾 11-275B
fěizī 誹訿 11-275B
fèizi 疿子 8-331A
fèizī 費資 10-176A
fèizifěn 疿子粉 8-331A
fēizǐxiào 妃子笑 4-280B
fēizǐyuán 妃子園 4-280B
fēizǒu 飛走 12-693A
fēizǒu 蜚走 8-913B
fēizòu 飛奏 12-695B
fēizú 非族 11-782B
fēizú 飛足 12-693B
fēizuì 非罪 11-783B
fèizuǐ 費嘴 10-176A
fēn'āi 氛埃 6-1021B
fēn'āi 雰埃 11-667A
fēn'ǎi 氛靄 6-1023A
fēn'ǎi 紛藹 9-767B
fēn'ǎi 雰靄 11-667B
fēn'ài 分愛 2-585A
fèn'ài 忿隘 7-425B
fén'ān 墳庵 2-1212B
fènbá 奮拔 2-1566A
fēnbái 分白 2-568B
fěnbái 粉白 9-200A
fènbài 奔敗 2-1518B
fènbài 僨敗 1-1661A
fěnbáidàihēi 粉白黛黑 9-200A
fěnbáidàilǜ 粉白黛綠 9-200A
fěnbáimòhēi 粉白墨黑 9-200A
fěnbān 匪頒 1-973B
fēnbān 分頒 2-585A
fěnbǎn 粉板 9-200B
fēnbàng 分謗 2-588B
fénbāo 墳包 2-1212A
fēnběi 分北 2-568A
fēnbèi 分貝 2-571A
fēnbèi 分背 2-575B
fénbēi 墳碑 2-1213A
fènběi 奮北 2-1565A
fēnběn 氛坌 6-1021B
fěnběn 粉本 9-199B
fēnbēng 分崩 2-580B
fēnbēnglíxī 分崩離析 2-580B
fēnbì 芬苾 9-309A
fēnbì 芬飶 9-309B
fénbǐ 焚筆 7-90A
fěnbǐ 粉筆 9-201B
fěnbì 粉壁 9-204A
fènbǐ 奮筆 2-1567B
fènbì 奮臂 2-1568B
fēnbiàn 分辨 2-588A
fēnbiàn 分辯 2-590B
fènbiàn 糞便 9-237B
fěnbiānxìsī 粉邊細絲 9-204B
fēnbiāo 分鑣 2-591A
fēnbiāo 紛猋 9-766A
fēnbiǎo 分表 2-572A
fēnbiǎo 分裱 2-586A
fēnbiǎo 分俵 2-578B
fēnbié 分別 2-571A
fēnbiébùjū 分別部居 2-571B
fēnbiéménhù 分別門户 2-571B
fěnbí'er 粉鼻兒 9-203A
fēnbīng 分兵 2-571B
fènbīng 忿兵 7-424A
fènbīng 憤兵 7-731B
fēnbō 分撥 2-586B
fēnbó 芬茀 9-309A
fēnbó 紛泊 9-765A
fēnbó 紛薄 9-767A
fēnbò 分擘 2-589A
fénbó 焚帛 7-88B
fènbó 僨踣 1-1661A
fènbó 憤薄 7-734A
fēnbù 分布 2-568A
fēnbù 分佈 2-571B
fēnbù 分部 2-578B
fènbùgùmìng 奮不顧命 2-1565A
fènbùgùshēn 忿不顧身 7-424A
fènbùgùshēn 憤不顧身 7-731A
fènbùgùshēn 奮不顧身 2-1565A
fènbùyùshēng 憤不欲生 7-731A
fēncái 分財 2-578A
fēncān 分湌 2-581A
fēncān 分餐 2-587B
féncāng 墳倉 2-1212B
fēncáo 分曹 2-579B
féncǎo 焚草 7-88B
fēncè 分册 2-568B
féncè 墳策 2-1213A
fèncè 忿惻 7-425B
fēnchá 分茶 2-575B
fēnchádiàn 分茶店 2-575B
fēnchāi 分拆 2-572A
fēnchāi 分釵 2-581A
fénchái 焚柴 7-89B
fēnchāiduàndài 分釵斷帶 2-581A
fēnchāipìfèng 分釵劈鳳 2-581A
fénchǎng 墳場 2-1213A
féncháodàngxué 焚巢盪穴 7-90A
féncháodǎoxué 焚巢搗穴 7-90A
fēnchè 分徹 2-587A
fènchē 僨車 1-1661A
fènchē 糞車 9-237B
fénchèn 焚櫬 7-91B
fènchēn 憤瞋 7-733B
fēnchēng 氛槍 6-1022B
fēnchéng 分成 2-569B
fénchéng 棼乘 4-1088B
fènchēzhīshàng… 奔車之上無仲尼 2-1517A
fēnchí 分馳 2-584B
fēnchì 饙饎 12-580A
fénchí 焚池 7-87B
fènchǐ 憤恥 7-732A
fènchì 奮翅 2-1566B
fēnchóng 分重 2-576B
fénchōng 焚衝 7-91A
fēnchǔ 分處 2-580A
fēnchù 分處 2-580A
fénchú 棼芻 4-1088B
fénchú 焚除 7-89B
fènchú 糞除 9-238A
fènchù 忿滀 7-425B
fēnchuǎn 紛舛 9-764B
fénchuáng 轒牀 9-1331A
fēnchuángtóngmèng 分牀同夢 2-575A
fēnchūn 分春 2-575A
fēncì 分次 2-570B
féncí 汾祠 5-976A
féncì 焚次 7-87B
fěncí 粉瓷 9-203B
fěncì 粉刺 9-200B
fèncí 奮辭 2-1569A
fēncuàn 分竄 2-589B
fēncuàn 分爨 2-591A
fēncun 分寸 2-566A
fēncǔn 分刌 2-568A
fēncuò 分錯 2-588A
fēncuò 紛錯 9-767A
féncuò 棼錯 4-1089A
fěndài 粉黛 9-204A
fēndān 分擔 2-587B
féndàng 焚蕩 7-91A
féndàng 焚盪 7-91B
fèndàng 奮蕩 2-1568A
fēndǎo 分禱 2-589B
fēndào 分道 2-583A
féndǎo 焚禱 7-91B
féndào 蕡幬 10-140A
fēndàoxiàn 分道綫 2-583B
fēndàoyángbiāo 分道揚鑣 2-583A
fēndàxiǎo 分大小 2-566A
fēndé 分得 2-581A
fēndēng 分燈 2-588B
fēndì 分地 2-569A
féndì 墳地 2-1212A
fèndì 分地 2-569B
fēndì 分墜 2-586B
fèndì 份地 1-1207B
fēndiàn 分佃 2-571B
fēndiàn 分店 2-574A
féndiǎn 蕡典 10-138B
féndiǎn 墳典 2-1212A
féndiǎnkēngrú 焚典坑儒 7-88B
fěndié 粉堞 9-201B
fěndié 粉蝶 9-203A
fěndié'er 粉蝶兒 9-203A
fēndǐng 分鼎 2-583A
féndǐng 汾鼎 5-976B
féndǐng 焚頂 7-89B
fěndìng 粉定 9-200B
fèndìng 分定 2-574B
fēndòu 毴毭 6-1016A
fèndòu 忿鬭 7-426A
fèndòu 奮鬥 2-1566B
fěndǔ 粉堵 9-201B
fèndú 忿毒 7-424B
fèndú 憤毒 7-731B
fèndú 奮毒 2-1566A
fēnduàn 分段 2-576B
fēnduàn 分斷 2-589B
fēnduànshēn 分段身 2-576B
fénduī 墳堆 2-1212B
fěnduī 粉餢 9-204A
fènduì 忿懟 7-426A
fènduì 憤懟 7-734A
féndūn 墳墩 2-1213A
fēnduō 分剟 2-579B

fèn'é 份額 1-1208A
fěn'ěr 粉餌 9-203A
fèn'er 分兒 2-574A
fèn'erfàn 份兒飯 1-1207B
fēn'érzhìzhī 分而治之 2-569B
fēnfā 分發 2-584A
fènfā 忿發 7-425B
fènfā 僨發 1-1661A
fènfā 憤發 7-733A
fènfā 奮發 2-1567B
fènfā 瀵發 6-216A
fènfāchuōlì 奮發踔厲 2-1567B
fènfādǎolì 奮發蹈厲 2-1567B
fēnfān 分番 2-583A
fēnfān 分藩 2-589B
fēnfán 紛繁 9-767A
fēnfàn 饙飯 12-579B
fénfán 焚燔 7-91B
fēnfāng 分方 2-567B
fēnfāng 芬芳 9-309A
fēnfáng 分房 2-574B
fěnfáng 粉坊 9-200A
fěnfáng 粉房 9-201A
fēnfángjiǎnkǒu 分房減口 2-574B
fènfātúqiáng 奮發圖强 2-1567B
fēnfēi 分非 2-573A
fēnfēi 分飛 2-577B
fēnfēi 芬菲 9-309A
fēnfēi 紛飛 9-765A
fēnfēi 紛霏 9-767A
fēnfēi 雰霏 11-667B
fēnféi 分肥 2-574A
fěnfèi 粉沸 9-200B
fènfēi 奮飛 2-1566B
fènféi 糞肥 9-237B
fènfěi 憤悱 7-732B
fènfèi 憤怫 7-731B
fènfèi 瀵沸 6-216A
fēnfēn 芬芬 9-308B
fēnfēn 棻棻 9-45A
fēnfēn 紛紛 9-765B
fēnfēn 雰雰 11-667A
fénfén 棼棼 4-1088B
fènfèn 分分 2-567A
fènfèn 忿忿 7-424B
fènfèn 忿憤 7-425B
fènfèn 憤忿 7-731B
fènfèn 憤憤 7-733B
fènfènbùpíng 忿忿不平 7-424B
fènfènbùpíng 憤憤不平 7-734A
fēnfēng 分封 2-575B
fēnfēng 分風 2-576B
fénfēng 焚風 7-89B
fénfēng 墳封 2-1212A
fènfēngjīnglàng 憤風驚浪 7-732A
fēnfēngzhì 分封制 2-575B
fēnfēnrángráng 紛紛穰穰 9-766A
fēnfēnrǎngrǎng 紛紛攘攘 9-766A
fēnfēnyángyáng 紛紛洋洋 9-765B
fēnfēnyángyáng 紛紛揚揚 9-766A
fēnfēnyōngyōng 紛紛擁擁 9-766A
fēnfēnzhìzhì 豿豿䝷䝷 9-643B
fēnfū 紛敷 9-766B
fēnfú 分服 2-574A
fēnfú 分符 2-580B
fēnfù 分付 2-568A
fēnfù 吩咐 3-233B
fēnfù 芬馥 9-309B
fěnfú 粉拂 9-200B
fěnfù 粉父 9-199B
fènfú 分福 2-586A
fénfúpòxǐ 焚符破璽 7-90A
fēng'āi 風埃 12-608B
fēng'ài 風愛 12-622B
fēngān 分甘 2-567B
fēng'àn 風岸 12-602A
fēng'àn 豐岸 9-1353B
fèng'ān 奉安 2-1509A
fēng'áng 豐昂 9-1353B
fēngāngòngkǔ 分甘共苦 2-567B
fēngāntóngkǔ 分甘同苦 2-568A
féngāo 焚膏 7-90B
féngǎo 焚稿 7-91A
fèng'ǎo 鳳襖 12-1068A
féngāojìguǐ 焚膏繼晷 7-90B
fēngbà 豐覇 9-1363B
fēngbài 封拜 2-1255B
fēngbài 豐敗 9-1357A
fěngbài 諷唄 11-348A
fèngbái 奉白 2-1508B
fèngbài 奉拜 2-1510B
fēngbǎn 封版 2-1254A
fèngbǎn 鳳板 12-1057A
fēngbàng 風謗 12-631B
fēngbāo 封包 2-1252B
fēngbǎo 封寶 2-1262B
fēngbǎo 烽堡 7-83A
fēngbǎo 豐飽 9-1360A
fēngbào 風暴 12-627A
fēngbào 豐豹 9-1356B
fēngbào 豐報 9-1358A
fèngbǎo 鳳葆 12-1063A
fèngbào 奉報 2-1512A
fēngbēi 豐碑 9-1359B
fēngbēn 風奔 12-601B
fēngběn 豐本 9-1350B
fēngbèng 風泵 12-604A
fēngbèng 風迸 12-606B
fēngbǐ 豐筆 9-1358A
fēngbì 封閉 2-1257B
fēngbì 封蔽 2-1259A
fēngbì 風痺 12-622B
fēngbì 風痹 12-622B
fēngbì 楓陛 4-1192B
féngbǐ 逢比 10-914B
fèngbì 奉幣 2-1513B
fèngbì 奉璧 2-1514B
fèngbì 鳳蹕 12-1067B
fēngbiàn 風便 12-604B
fēngbiàn 風變 12-636A
fēngbiàn 豐辯 9-1364A
fēngbiāo 丰標 1-578B
fēngbiāo 風猋 12-618A
fēngbiāo 風標 12-626B
fēngbiāo 風颮 12-631B
fēngbiāo 風飆 12-635A
fēngbiāo 風颱 12-635A
fēngbiāo 風飈 12-635A
fēngbiāo 風飊 12-635B
fēngbiāo 風飇 12-632A
fēngbiǎo 封表 2-1253B
fēngbiǎo 風表 12-600A
fèngbiǎo 奉表 2-1509B
fēngbiāogōngzǐ 風標公子 12-626B
fèngbiǎolóngzī 鳳表龍姿 12-1057A
fèngbié 奉別 2-1509B
fēngbìliáofǎ 封閉療法 2-1257B
fēngbìng 風病 12-611A
fēngbìng 瘋病 8-342A
fèngbǐng 鳳餅 12-1065A
fēngbīngcǎojiǎ 風兵草甲 12-599B
fēngbō 風波 12-603A
fēngbó 封駁 2-1259A
fēngbó 封駮 2-1260A
fēngbó 風伯 12-599B
fēngbó 風勃 12-604A
fēngbó 豐博 9-1358A
fēngbōhǎi 風波海 12-603A
fèngbóluánpiāo 鳳泊鸞飄 12-1057B
fēngbōpíngdì 風波平地 12-603A
fēngbōtíng 風波亭 12-603A
fēngbù 風布 12-595A
fēngbù 風步 12-599A
fēngbù 豐蔀 9-1359A
féngbǔ 縫補 9-970A
fèngbǔ 鳳卜 12-1054A
fēngbùkědāng 鋒不可當 11-1302A
fēngbùmíngtiáo 風不鳴條 12-592B
fēngcái 風裁 12-617B
fēngcái 豐才 9-1349B
fēngcái 豐財 9-1356B
fēngcǎi 丰采 1-578A
fēngcǎi 丰彩 1-578B
fēngcǎi 風采 12-603A
fēngcǎi 風彩 12-615B
fēngcǎi 豐彩 9-1357B
fēngcài 風菜 12-614B
fěngcǎi 諷采 11-347B
fèngcǎi 鳳采 12-1057B
fèngcǎi 鳳彩 12-1060B
fèngcǎi 鳳綵 12-1065B
fēngcāidiéqù 蜂猜蝶覷 8-905A
fèngcǎiluánzhāng 鳳綵鸞章 12-1065B
fēngcáimén 封財門 2-1256A
fēngcān 風餐 12-629A
fēngcáng 封藏 2-1261A
fēngcānlùsù 風餐露宿 12-629A
fēngcānshuǐsù 風飡水宿 12-616A
fēngcānshuǐsù 風餐水宿 12-629A
fēngcānshuǐsù 風飧水宿 12-620A
fēngcānyǔsù 風餐雨宿 12-629A
fēngcāo 風操 12-628B
fēngcǎo 豐草 9-1354B
fèngcǎo 鳳草 12-1058A
fēngcǎochánglín 豐草長林 9-1354B
fēngcè 封册 2-1252B
fēngcè 封策 2-1258A
féngcè 摓策 6-814B
fèngcè 俸册 1-1441B
fèngcè 鳳策 12-1063A
fēngcén 峯岑 3-822A
féngcén 馮岑 12-792B
fēngchá 風槎 12-621B
fēngchà 瘋杈 8-341B
fèngchà 鳳刹 12-1057B
fēngchài 蜂蠆 8-907B
fēngchài 蜂蠤 8-908A
fèngchāi 奉差 2-1511A
fèngchāi 鳳釵 12-1060B
fēngchàiqǐhuái 蜂蠆起懷 8-908A
fēngchàirùhuái… 蜂蠆入懷,解衣去趕 8-908A
fēngchàirùhuái… 蜂蠆入懷,隨即解衣 8-908A
fēngchàiyǒudú 蜂蠆有毒 8-908A
fēngchàizhīhuò 蜂蠆之禍 8-908A
fēngchàizuòyúhuáixiù 蜂蠆作於懷袖 8-908A
fēngchán 封纏 2-1262B
fēngchán 鋒鋋 11-1304A
fēngchǎn 風鏟 12-633B
fēngchǎn 豐産 9-1357B
fèngchǎn 鳳臟 12-1069A
fēngchāng 豐昌 9-1353B
fēngcháng 風長 12-600A
fēngcháng 風裳 12-624A
fēngcháng 豐長 9-1353A
fēngchǎng 蜂場 8-905B

fēngchǎng 豐敞 9-1358A
fēngchàng 豐鬯 9-1356B
fēngchàng 豐暢 9-1360B
féngchāng 逢昌 10-915B
féngcháng 逢長 10-915B
féngchǎng 逢場 10-916A
fèngcháng 奉常 2-1511B
fèngcháng 奉嘗 2-1513B
fèngchǎng 鳳氅 12-1067A
fèngchàng 鳳唱 12-1060A
féngchǎnggānmù 逢場竿木 10-916B
féngchánglè 馮長樂 12-793A
fèngchángyī 奉裳衣 2-1513B
féngchǎngyóuxì 逢場遊戲 10-916B
féngchǎngzuòlè 逢場作樂 10-916A
féngchǎngzuòqù 逢場作趣 10-916A
féngchǎngzuòxì 逢場作戲 10-916B
fēngchányǔzhòu 風僝雨僽 12-624A
fēngcháo 風潮 12-628A
fēngcháo 蜂巢 8-905B
fěngcháo 諷嘲 11-348B
fèngchāo 俸鈔 1-1442A
fèngcháo 鳳巢 12-1062B
fèngcháoqǐng 奉朝請 2-1512B
fēngcháowèi 蜂巢胃 8-905B
fēngchē 風車 12-598B
fēngchē 鋒車 11-1303A
fèngchē 鳳車 12-1056A
fēngchén 風塵 12-625A
fēngchén 烽塵 7-83A
fēngchén 楓宸 4-1192B
fēngchén 蜂臣 8-904A
féngchén 逢辰 10-915A
fèngchén 奉塵 2-1513B
fèngchén 鳳晨 12-1060A
fēngchénbiǎowù 風塵表物 12-625B
fēngchéng 風承 12-603B
fēngchéng 豐成 9-1351A
fēngchéng 豐盛 9-1357A
fèngchéng 奉成 2-1508B
fèngchéng 奉呈 2-1509A
fèngchéng 奉承 2-1510B
fèngchéng 奉盛 2-1511B
fèngchéng 鳳城 12-1058A
fēngchéngjiàn 豐城劍 9-1354A
fēngchéngjiàn 酆城劍 10-697A
fēngchéngjiànqì 豐城劍氣 9-1354B
fēngchénglóngjiàn 酆城龍劍 10-697A
fēngchéngqì 酆城氣 10-696B
fēngchéngshénwù 豐城神物 9-1354A
fēngchéngyù 豐城獄 9-1354A
fēngchéngyù 酆城獄 10-697A
fèngchéngyuán 奉誠園 2-1513A
fēngchénpúpú 風塵僕僕 12-625B
fēngchénwàiwù 風塵外物 12-625B
fēngchénwùbiǎo 風塵物表 12-625B
fēngchénzhīhuì 風塵之會 12-625A
fēngchénzhījīng 風塵之驚 12-625B
fēngchénzhījǐng 風塵之警 12-625A
fēngchénzhīshēng 風塵之聲 12-625A
fēngchénzhīyán 風塵之言 12-625A
fēngchēyǔmǎ 風車雨馬 12-599A
fēngchēyúnmǎ 風車雲馬 12-599A
fēngchī 風癡 12-633B
fēngchí 風池 12-598A
fēngchí 風馳 12-620B
fēngchí 楓墀 4-1192B
fēngchǐ 豐膨 9-1356B
fēngchǐ 豐侈 9-1353B
fēngchì 豐熾 9-1362B
féngchí 逢池 10-915A
féngchí 馮遲 12-794B
fěngchí 諷持 11-347B
fèngchí 奉持 2-1510B
fèngchí 鳳池 12-1055B
fèngchí 鳳墀 12-1065B
fèngchì 奉勑 2-1511A
fèngchì 奉勅 2-1510B
fèngchì 奉敕 2-1511B
fèngchì 鳳翅 12-1059A
fēngchícǎomí 風馳草靡 12-620B
fēngchídiànchè 風馳電掣 12-621A
fēngchídiànchěng 風馳電騁 12-621A
fēngchídiànfù 風馳電赴 12-621A
fēngchídiànjī 風馳電擊 12-621A
fēngchídiànjuǎn 風馳電卷 12-620B
fēngchídiànshì 風馳電逝 12-621A
fèngchìkuī 鳳翅盔 12-1059A
fèngchíshān 鳳池山 12-1055B
fēngchítíngjī 風馳霆擊 12-621A
fèngchíyàn 鳳池研 12-1056A
fēngchíyúnjuǎn 風馳雲捲 12-620B
fēngchíyúnzǒu 風馳雲走 12-620B
fēngchíyǔzhòu 風馳雨驟 12-620B
fēngchóng 封崇 2-1257A
fēngchóng 風蟲 12-632B
fēngchóng 豐崇 9-1357B
fēngchǒng 封寵 2-1262A
fèngchóu 奉酬 2-1513A
fèngchóuluányuàn 鳳愁鸞怨 12-1064A
fēngchū 蜂出 8-904A
fēngchū 鋒出 11-1302B
fēngchú 豐廚 9-1361B
fēngchù 風搐 12-621A
féngchù 逢處 10-916A
fèngchú 鳳雛 12-1068A
fēngchuán 風船 12-615B
fēngchuán 風傳 12-622A
fěngchuán 諷傳 11-348A
fēngchuāng 風窗 12-620A
fēngchǔcāng 豐儲倉 9-1362B
fēngchuí 封陲 2-1256B
fēngchuí 風錘 12-629B
fèngchuì 鳳吹 12-1056A
fēngchuīcǎodòng 風吹草動 12-599A
fēngchuīlàngdǎ 風吹浪打 12-599A
fēngchuīmǎ'ěr 風吹馬耳 12-599A
fēngchuīyǔdǎ 風吹雨打 12-599A
fēngchuīyúnsàn 風吹雲散 12-599A
fèngchúlínzi 鳳雛麟子 12-1068B
fēngchún 豐淳 9-1357B
fēngchūquánliú 蜂出泉流 8-904A
fēngcí 封詞 2-1258A
fēngcí 豐祠 9-1355B
fēngcí 豐詞 9-1358B
fēngcì 封賜 2-1259B
féngcì 縫刺 9-970A
fěngcí 諷辭 11-349A
fěngcì 諷刺 11-347B
fèngcí 奉祠 2-1511A
fèngcí 奉辭 2-1514B
fèngcí 鳳詞 12-1063B
fèngcǐ 奉此 2-1508B
fèngcì 風刺 12-600B
fèngcì 奉賜 2-1513B
fèngcì 俸賜 1-1442B
fèngcì 賵賜 10-281A
fèngcífázuì 奉辭伐罪 2-1515A
fēngcóng 風從 12-615B
fēngcónghǔ… 風從虎,雲從龍 12-615B
fēngcóngxiǎngyìng 風從響應 12-615B
fēngcù 風醋 12-626B
fēngcù 蜂簇 8-907B
fēngcuán 蜂攢 8-908B
fēngcuányǐjí 蜂攢蟻集 8-908B
fēngcuányǐjù 蜂攢蟻聚 8-908B
fēngcuì 風脆 12-610B
fēngcuì 豐粹 9-1360B
fēngcún 封存 2-1253A
fēngcuò 風措 12-614A
fēngdà 豐大 9-1349B
fèngdá 奉答 2-1512B
fēngdài 封袋 2-1257B
fēngdài 風帶 12-614B
fēngdài 豐黛 9-1362B
fèngdài 奉戴 2-1514B
fèngdài 鳳帶 12-1059B
fēngdǎng 風擋 12-628B
fēngdāo 封刀 2-1251B
fēngdāo 風刀 12-591B
fēngdào 風道 12-620A
fěngdào 諷道 11-348A
fēngdāoguàjiàn 封刀掛劍 2-1251B
fèngdǎoluándiān 鳳倒鸞顛 12-1059B
fēngdāoshuāngjiàn 風刀霜劍 12-591B
fēngdàtè 豐大特 9-1349B
fēngdé 風德 12-627B
fèngdé 風德 12-627B
fèngdé 鳳德 12-1066B
fēngdēng 風燈 12-630A
fēngdēng 豐登 9-1359A
fēngdèng 風磴 12-631A
féngdèng 馮鄧 12-794B
fèngdēng 鳳燈 12-1067B
fěngdésònggōng 諷德誦功 11-348B
fēngdī 鋒鍉 11-1304B
fēngdí 風笛 12-615A
fēngdí 鋒鏑 11-1305A
fēngdǐ 封底 2-1254A
fēngdì 封地 2-1253A
fèngdí 鳳笛 12-1060A
fèngdǐ 鳳邸 12-1056B
fèngdì 奉地 2-1508B
fēngdiān 風顛 12-633A
fēngdiān 風癲 12-636B
fēngdiān 峯巔 3-822B
fēngdiān 瘋癲 8-342B
fēngdiǎn 封典 2-1254A
fēngdiàn 封甸 2-1253B
fēngdiàn 風殿 12-623A
fēngdiàn 風電 12-621B
féngdiān 逢顛 10-917A
fèngdiàn 奉奠 2-1513A
fēngdiānshídǎo 瘋癲識倒 8-342B
fēngdiānyuàn 瘋癲院 8-342B
fēngdiāo 豐貂 9-1358B
fēngdiào 風調 12-627B
fēngdiào 豐篠 9-1362A
fèngdiào 賵弔 10-280B
fēngdié 封垤 2-1255A
fēngdié 風蝶 12-627A

fēngdié 蜂蜨 8-906B
fēngdié 蜂蝶 8-907A
fèngdié 鳳蝶 12-1066A
fēngdǐng 封頂 2-1256B
fēngdǐng 峯頂 3-822A
fēngdòng 封凍 2-1256B
fēngdòng 風動 12-615A
fēngdòng 蜂動 8-905A
fěngdòng 諷動 11-348A
fèngdòng 風動 12-615A
fēngdònggōngjù 風動工具 12-615A
fēngdǒu 風斗 12-595A
fēngdòu 風竇 12-634B
fēngdū 酆都 10-697A
fēngdú 風毒 12-603B
fēngdú 蜂毒 8-904B
fēngdù 蚌蠹 8-865A
fēngdù 丰度 1-578A
fēngdù 風度 12-606A
fēngdù 蜂蠹 8-908B
fěngdú 諷讀 11-349B
fèngdú 奉讀 2-1515A
fēngduān 鋒端 11-1304A
fēngduān 豐端 9-1360B
fèngduàn 俸緞 1-1442B
fēngdūchéng 酆都城 10-697A
fēngduì 風隊 12-617A
fēngdūn 烽墩 7-83A
fēngduó 風鐸 12-635A
fēngduǒ 峯朵 3-822A
fèngduó 鳳鐸 12-1069A
fěngduōyàoguǎ 諷多要寡 11-347B
fēngdùpiānpiān 風度翩翩 12-606A
fèngdùsānqiáo 鳳度三橋 12-1058B
fēngē 分割 2-583B
fēngé 分隔 2-584A
fēng'é 封額 2-1261B
fēng'é 封鵝 2-1261B
fēng'é 豐額 9-1363B
fēng'è 鋒鍔 11-1304B
fēng'è 鋒咢 11-1303B
féng'è 逢遻 10-916B
fěngé 粉閣 9-203A
fèngē 奮戈 2-1565A
fèngé 憤隔 7-733A
fèng'é 鳳額 12-1068B
féng'èdǎofēi 逢惡導非 10-916B
fēngěi 分給 2-584A
fēng'ēn 豐恩 9-1356B
fēngēng 分羹 2-590A
fēngēng 紛更 9-764B
fēngěng 紛梗 9-766A
fēng'er 封兒 2-1254A
fēng'er 蜂兒 8-904A
fēng'èr 封二 2-1251B
féng'ěr 馮耳 12-792B
fèng'er 縫兒 9-970A
fēngfā 風發 12-620B
fēngfā 鋒發 11-1303B
fēngfǎ 風法 12-603A
fēngfà 封髮 2-1259A
fèngfǎ 奉法 2-1510A
fēngfān 風帆 12-596B
fēngfān 風幡 12-627A
fēngfān 風旛 12-632B
fēngfān 風颿 12-632B
fēngfàn 丰範 1-578B
fēngfàn 風範 12-627B
fēngfàn 鋒犯 11-1302B
fèngfān 奉藩 2-1514B
fèngfán 奉煩 2-1513A
fēngfáng 蜂房 8-904B
fèngfǎng 奉訪 2-1512A
fēngfángyǐxué 蜂房蟻穴 8-904B
fēngfēi 葑菲 9-455B
fēngfēi 蜂飛 8-904B
fēngféi 風痱 12-622B
fēngféi 豐肥 9-1354A
fèngfèi 鳳肺 12-1057B
fēngfēiyúnhuì 風飛雲會 12-607A
fēngfēn 蜂分 8-903B
fēngfén 封墳 2-1259B
fēngfěn 蜂粉 8-905A
féngfēn 逢紛 10-916A
fēngfēng 豐豐 9-1363A
fēngféng 風縫 12-630B
féngféng 梵梵 4-1031B
féngféng 渢渢 5-1494B
fěngfěng 諷諷 11-349A
fēngfēngdiāndiān 瘋瘋顛顛 8-342A
fēngfēngdiāndiān 瘋瘋癲癲 8-342A
fèngfènggōng 鳳凰弓 12-1061A
fēngfēnghuǒhuǒ 風風火火 12-605B
fēngfēngmómó 風風魔魔 12-605B
fēngfēngshǎshǎ 風風傻傻 12-605B
fēngfēngshì 風風勢 12-605B
fēngfēngshìshì 風風世世 12-605B
fēngfēngshìshì 風風勢勢 12-605B
fēngfēngshìshi 瘋瘋勢勢 8-342A
fēngfēngyǎyǎ 風風雅雅 12-605B
fēngfēngyùnyùn 風風韵韵 12-605B
fēngfēngyùnyùn 風風韻韻 12-605B
fēngfēngyǔyǔ 風風雨雨 12-605B
fēngfū 豐膚 9-1361A
fēngfú 風浮 12-611B
fēngfú 豐福 9-1360A
fēngfǔ 封父 2-1252A
fēngfǔ 風府 12-603A
fēngfù 封賦 2-1259B
fēngfù 風賦 12-627A
fēngfù 峯腹 3-822B
fēngfù 豐阜 9-1353B
fēngfù 豐富 9-1359A
fēngfù 豐腹 9-1360A
féngfú 逢福 10-916B
féngfù 馮婦 12-794A
fèngfú 鳳紼 12-1064A
fèngfù 奉附 2-1509B
fèngfù 奉復 2-1512B
fèngfù 賵賻 10-281A
fēngfùduōcǎi 豐富多采 9-1359A
fèngfùlóngpān 鳳附龍攀 12-1057A
fēngfùyúnjí 蜂附雲集 8-904A
fēnggài 封蓋 2-1258A
fēnggài 風概 12-621B
fēnggài 風蓋 12-621A
fēnggài 風槩 12-623A
fènggài 鳳蓋 12-1063B
fēnggān 風竿 12-604B
fēnggān 風乾 12-614B
fēnggān 豐甘 9-1350B
fēnggǎn 封礷 2-1261A
fēnggàn 風幹 12-621A
fēnggàn 豐幹 9-1359B
fēnggāng 封缸 2-1255B
fēnggǎng 封港 2-1258A
fēnggānráoshé 豐干饒舌 9-1349B
fēnggāo 風高 12-610B
fēnggāo 豐膏 9-1360B
fēnggǎo 風鎬 12-632B
fēnggào 封誥 2-1259A
fēnggào 風告 12-599A
fěnggào 諷告 11-347B
fènggāo 鳳膏 12-1065A
fènggào 風告 12-599B
fènggào 奉告 2-1509B
fēnggāofànghuǒ… 風高放火，月黑殺人 12-610B
fēnggē 封割 2-1258A
fēnggē 鋒戈 11-1302A
fēnggé 丰格 1-578A
fēnggé 風格 12-609A
fēnggé 豐格 9-1356A
fénggē 馮歌 12-794B
fènggē 鳳歌 12-1064B
fènggé 鳳閣 12-1065B
fènggě 鳳舸 12-1060B
fēnggēdá 風疙瘩 12-603A
fènggēluánwǔ 鳳歌鸞舞 12-1064B
fēnggěng 風鯁 12-632B
fènggéshèrén 鳳閣舍人 12-1065B
fēnggōng 封公 2-1252A
fēnggōng 豐功 9-1350A
fēnggōng 酆宮 10-697A
fénggōng 馮公 12-792A
fénggōng 馮宮 12-793A
fénggōng 縫工 9-969B
fènggōng 奉公 2-1508A
fènggōng 俸工 1-1441B
fènggòng 奉供 2-1510A
fènggòng 奉貢 2-1511A
fēnggōnghòulì 豐功厚利 9-1350B
fènggōngkèjǐ 奉公克己 2-1508B
fénggōnglǎo 馮公老 12-792B
fēnggōngmàodé 豐功茂德 9-1350A
fènggōngrúfǎ 奉公如法 2-1508B
fēnggōngshènglié 豐功盛烈 9-1350B
fènggōngshǒufǎ 奉公守法 2-1508B
fēnggōngshuòdé 豐功碩德 9-1350B
fēnggōngwěijī 豐功偉績 9-1350B
fēnggōngyìdé 豐功懿德 9-1350B
fēnggǒu 瘋狗 8-342A
fēnggū 封估 2-1253B
fēnggǔ 丰骨 1-578A
fēnggǔ 風谷 12-599B
fēnggǔ 風骨 12-604B
fēnggǔ 烽鼓 7-83A
fēnggǔ 鋒骨 11-1303A
fēnggǔ 豐骨 9-1355A
fēnggǔ 豐䯪 9-1360B
fēnggù 封錮 2-1260B
fēngguān 封關 2-1262A
fēngguān 風觀 12-636A
fēngguǎn 風管 12-624A
fēngguàn 風觀 12-636A
fēngguàn 烽爟 7-83A
fèngguān 鳳冠 12-1058B
fèngguǎn 鳳管 12-1065A
fēngguāng 風光 12-596A
fēngguǎng 酆廣 10-697A
fēngguānghǎo 風光好 12-596A
fēngguāngyuèjì 風光月霽 12-596A
fèngguǎnluánshēng 鳳管鸞笙 12-1065A
fèngguǎnluánxiāo 鳳管鸞簫 12-1065A
fèngguānsù 鳳冠粟 12-1059A
fèngguānxiápèi 鳳冠霞帔 12-1059A
fēngguānxǔyuàn 封官許願 2-1254B
fēngguī 封圭 2-1253A
fēngguī 風規 12-614A
fēngguī 風閨 12-625B
fēngguī 豐規 9-1357A
fēngguǐ 封匭 2-1256B
fēngguǐ 風軌 12-604A

fēngguǐ 楓鬼 4-1192B
fěngguǐ 覂軌 8-763B
fèngguī 風規 12-614A
fènggǔlóngzī 鳳骨龍姿 12-1058A
fēngguó 封國 2-1257A
fēngguó 豐國 9-1357A
fēngguǒ 封裹 2-1259A
fèngguó 奉國 2-1512A
fènghá 風蛤 12-619B
fēnghǎi 風海 12-611B
fēnghài 風害 12-613B
fēnghài 蜂駭 8-907A
fēnghán 風寒 12-620A
fēnghàn 風旱 12-599A
fēnghàn 風漢 12-625B
fēnghàn 鋒捍 11-1303A
fēnghàn 豐頷 9-1362A
fènghán 鳳函 12-1058A
fēngháng 封行 2-1253A
fēngháo 風豪 12-624B
fēngháo 鋒毫 11-1303B
fēngháo 豐豪 9-1360B
fēnghào 封號 2-1258B
fēnghào 豐鎬 9-1363A
fēnghào 豐鄗 9-1358B
fèngháo 鳳毫 12-1062B
fēnghé 封河 2-1254A
fēnghé 風荷 12-608B
fēnghé 豐和 9-1353B
fēnghè 風鶴 12-635B
fēnghè 蜂鶴 8-908A
fénghé 逢合 10-915A
fénghé 縫合 9-969B
fènghé 鳳盉 12-1059B
fènghé 鳳翮 12-1066B
fènghè 奉和 2-1510A
fènghè 奉賀 2-1513A
fènghè 鳳鶴 12-1069A
fēnghéjìnqǐ 風禾盡起 12-595B
fēnghèn 封恨 2-1255B
fēnghēng 豐亨 9-1352B
fēnghēngyùdà 豐亨豫大 9-1352B
fēnghérìlì 風和日麗 12-602B
fēnghérìměi 風和日美 12-602A
fēnghérìnuǎn 風和日暖 12-602B
fēnghérìnuǎn 風和日煗 12-602B
fēnghérìxuān 風和日暄 12-602B
fēnghéshǐtū 蜂合豕突 8-904A
fēnghéyǐjù 蜂合蟻聚 8-904A
fēnghóng 風虹 12-604B
fēnghóu 封侯 2-1255B
fēnghóu 豐侯 9-1355A
fēnghòu 封堠 2-1257B
fēnghòu 風后 12-596B
fēnghòu 風候 12-610A
fēnghòu 烽候 7-82B
fēnghòu 烽堠 7-83A
fēnghòu 豐厚 9-1354B
fènghòu 奉候 2-1511B
fēnghóugǔ 封侯骨 2-1255B
fēnghú 封狐 2-1254A
fēnghú 封胡 2-1255A
fēnghú 風胡 12-604A
fēnghú 風壺 12-617B
fēnghú 豐狐 9-1354A
fēnghú 豐湖 9-1358B
fēnghǔ 風虎 12-601B
fēnghù 封護 2-1262B
fēnghù 風戽 12-603B
fēnghù 蜂户 8-903B
fēnghù 豐嫮 9-1361A
fènghú 鳳縠 12-1066B
fènghù 奉户 2-1508B
fènghù 俸户 1-1441B
fēnghuā 風花 12-598A
fēnghuā 豐華 9-1356A
fēnghuá 風華 12-608B
fēnghuá 豐華 9-1356A
fēnghuà 風化 12-593B
fēnghuà 風話 12-622B
fēnghuà 瘋話 8-342A
fēnghuà 豐化 9-1350A
fènghuá 鳳華 12-1059A
fènghuà 風化 12-594A
fēnghuái 風懷 12-634A
fènghuājǐn 鳳花錦 12-1056A
fēnghuán 封還 2-1260A
fēnghuán 風鬟 12-636A
fēnghuǎn 風緩 12-628B
fēnghuàn 風患 12-614B
fènghuán 奉還 2-1514A
fènghuán 鳳環 12-1067B
fēnghuáng 風篁 12-627B
fēnghuáng 蜂黄 8-905A
fēnghuǎng 風幌 12-622A
fènghuáng 鳳皇 12-1058A
fènghuáng 鳳凰 12-1060B
fènghuángchāi 鳳凰釵 12-1061B
fènghuángcháo 鳳凰巢 12-1061B
fènghuángchē 鳳凰車 12-1061A
fènghuángchéng 鳳凰城 12-1061B
fènghuángchí 鳳凰池 12-1061A
fènghuángchú 鳳凰雛 12-1062A
fènghuángchuāng 鳳凰窗 12-1062A
fènghuáng'ér 鳳皇兒 12-1058A
fènghuáng'ér 鳳凰兒 12-1061B
fènghuánggé 鳳凰閣 12-1062A
fènghuángjī 鳳凰饑 12-1062A
fènghuángjué 鳳皇爵 12-1058B
fènghuángkē 鳳凰窠 12-1062A
fènghuángláiyí 鳳皇來儀 12-1058A
fènghuángláiyí 鳳凰來儀 12-1061B
fēnghuánglǐng 風篁嶺 12-627B
fènghuángmén 鳳凰門 12-1061B
fènghuángmù 鳳凰木 12-1061A
fènghuángqiào 鳳凰翹 12-1062A
fènghuángqín 鳳凰琴 12-1061B
fènghuángshàichì 鳳皇曬翅 12-1058B
fènghuángshàichì 鳳凰曬翅 12-1062B
fènghuángshǐ 鳳凰使 12-1061B
fènghuángtái 鳳凰臺 12-1062A
fènghuángtáishàng… 鳳凰臺上憶吹簫 12-1062A
fènghuángtuì 鳳凰蜕 12-1062A
fènghuángxiánshū 鳳凰銜書 12-1062A
fènghuángxījǐ 鳳皇闟戟 12-1058B
fènghuángxījǐ 鳳凰闟戟 12-1062A
fènghuángyī 鳳凰衣 12-1061A
fènghuángyí 鳳皇儀 12-1058B
fènghuángyúfēi 鳳皇于飛 12-1058A
fènghuángyúfēi 鳳皇于蜚 12-1058A
fènghuángyúfēi 鳳凰于飛 12-1061A
fènghuángzàolì 鳳凰皁隸 12-1061A
fènghuángzhào 鳳凰詔 12-1061B
fènghuángzhú 鳳凰竹 12-1061A
fènghuángzhù 鳳凰柱 12-1061B
fènghuángzǐ 鳳皇子 12-1058A
fénghuānjiá 馮驩鋏 12-795A
fénghuānquàn 馮驩券 12-795A
fénghuāntánjiá 馮驩彈鋏 12-795A
fēnghuánwùbìn 風鬟霧鬢 12-636A
fēnghuányǔbìn 風環雨鬢 12-630B
fēnghuányǔbìn 風鬟雨鬢 12-636A
fénghuānzhéquàn 馮驩折券 12-795A
fēnghuāxuěyuè 風花雪月 12-598B
fēnghuázhèngmào 風華正茂 12-608B
fēnghuázhuóshì 風華濁世 12-608B
fēnghuī 風徽 12-631B
fēnghuì 風惠 12-618A
fēnghuì 風會 12-622B
fénghuì 逢會 10-916B
fènghuì 奉諱 2-1514A
fènghuì 鳳喙 12-1063A
fēnghuídiànjī 風回電激 12-596B
fēnghuílùzhuǎn 峯回路轉 3-822A
fēnghuílùzhuǎn 峯迴路轉 3-822A
fēnghújiémò 封胡羯末 2-1255A
fēnghúlù 風胡轆 12-604A
fēnghún 豐混 9-1357B
fēnghuǒ 封火 2-1252A
fēnghuǒ 風火 12-594B
fēnghuǒ 烽火 7-82A
fēnghuǒ 鋒火 11-1302A
fēnghuǒ 豐夥 9-1360B
fēnghuǒ 熢火 7-215A
fēnghuò 豐穫 9-1363A
fēnghuǒliántiān 烽火連天 7-82A
fēnghuǒlóuwàng 烽火樓望 7-82B
fēnghuòqián 豐貨錢 9-1357B
fēnghuǒqiáng 風火墻 12-594B
fēnghuǒshì 風火事 12-594B
fēnghuǒshù 烽火樹 7-82B
fēnghuǒtái 烽火臺 7-82A
fēnghuǒxìng 風火性 12-594B
fēnghuǒzhuānqiáng 封火磚牆 2-1252A
fēnghǔyúnlóng 風虎雲龍 12-601B
fēnghúzǐ 風胡子 12-604A
fēnghúzǐ 風湖子 12-620A
fēngjī 封畿 2-1260A
fēngjī 風雞 12-632B
fēngjī 豐肌 9-1351B
fēngjī 豐穖 9-1362B
fēngjī 豐積 9-1362A
fēngjī 豐績 9-1363A
fēngjí 封籍 2-1262B
fēngjí 風笈 12-604B
fēngjí 風級 12-607B
fēngjí 風疾 12-611A
fēngjí 風集 12-620A

fēngjí 蜂集 8-905B
fēngjǐ 封己 2-1252A
fēngjǐ 豐給 9-1359A
fēngjì 封記 2-1256B
fēngjì 封寄 2-1257B
fēngjì 風迹 12-606A
fēngjì 風績 12-632A
fēngjì 風紀 12-607B
fēngjì 風跡 12-622A
féngjī 縫緝 9-970B
féngjí 逢吉 10-915A
féngjí 逢集 10-916B
fěngjī 諷譏 11-349A
fèngjī 俸積 1-1443A
fèngjī 鳳鷄 12-1069A
fèngjí 鳳戢 12-1063A
fèngjí 鳳集 12-1063B
fèngjǐ 奉給 2-1513A
fèngjǐ 奉己 2-1508A
fèngjǐ 俸給 1-1442A
fèngjì 縫際 9-970B
fèngjì 奉計 2-1511A
fèngjì 奉祭 2-1512A
fèngjì 鳳迹 12-1058B
fèngjì 鳳紀 12-1059A
fèngjì 鳳跡 12-1064A
fèngjì 鳳髻 12-1066B
fēngjiā 封家 2-1256B
fēngjiā 風茄 12-600B
fēngjiā 豐嘉 9-1360A
fēngjiá 蜂蛺 8-905B
fēngjiá 豐頰 9-1362A
féngjiá 馮鋏 12-794B
fěngjià 泛駕 5-977A
fěngjià 覂駕 8-763B
fèngjià 鳳駕 12-1066B
fēngjiān 封緘 2-1259B
fēngjiǎn 封檢 2-1261A
fēngjiǎn 風檢 12-631A
fēngjiǎn 風簡 12-632B
fēngjiàn 丰鑑 1-579A
fēngjiàn 封建 2-1254B
fēngjiàn 封鍵 2-1260B
fēngjiàn 風監 12-623B
fēngjiàn 風鑒 12-631A
fēngjiàn 風鑑 12-636A
fēngjiàn 風鑾 12-635B
fēngjiàn 鋒劍 11-1304B
fēngjiàn 豐劍 9-1361B
fēngjiàn 豐賤 9-1361A
fēngjiàn 豐薦 9-1362A
fēngjiàn 酆劍 10-697A
féngjiàn 逢見 10-915A
fěngjiàn 諷諫 11-349A
fèngjiān 鳳牋 12-1063A
fèngjiàn 風諫 12-629B
fèngjiàn 鳳艦 12-1069A
fēngjiànbǎtóu 封建把頭 2-1254B
fēngjiāng 蚌江 8-864A
fēngjiāng 封疆 2-1262A
fēngjiāng 封畺 2-1258B
fēngjiāng 蜂江 8-904A
fēngjiāng 豐將 9-1357B
fèngjiāng 奉將 2-1512A
fèngjiāngchú 鳳將雛 12-1062B
fēngjiāngdàchén 封疆大臣 2-1262B
fēngjiāngdàlì 封疆大吏 2-1262B
fēngjiāngdàyuán 封疆大員 2-1262B
fēngjiàngējù 封建割據 2-1255A
fēngjiànshèhuì 封建社會 2-1254B
fēngjiànshìdàfū 封建士大夫 2-1254B
fèngjiāntóu 鳳尖頭 12-1055B
fēngjiànyúniè 封建餘孽 2-1255A
fēngjiànzhìdù 封建制度 2-1254B
fēngjiànzhǔ 封建主 2-1254B
fēngjiànzhǔyì 封建主義 2-1254B
fēngjiāo 風嬌 12-628B
fēngjiāo 楓膠 4-1192B
fēngjiǎo 凬角 2-290B
fēngjiǎo 封角 2-1253B
fēngjiǎo 風角 12-599B
fēngjiǎo 風脚 12-615B
fēngjiǎo 峯脚 3-822B
fēngjiǎo 鋒角 11-1303A
fēngjiǎo 豐角 9-1352B
fēngjiào 風教 12-614B
fèngjiào 奉教 2-1511B
fèngjiào 鳳轎 12-1068B
fēngjiāyí 封家姨 2-1256B
fēngjīdiànfēi 風激電飛 12-630A
fēngjīdiànhài 風激電駭 12-630A
féngjídīngchén 逢吉丁辰 10-915A
fēngjiē 封階 2-1257B
fēngjié 風節 12-622A
fēngjié 蜂結 8-905B
fēngjié 豐節 9-1360A
fēngjié 豐碣 9-1360B
fēngjié 豐潔 9-1361B
fēngjié 豐絜 9-1358A
fēngjiè 封界 2-1255B
fēngjiè 豐藉 9-1362B
féngjiē 逢接 10-916A
fěngjié 覂竭 8-763B
fěngjiě 諷解 11-348A
fěngjiè 諷誡 11-348B
fèngjiē 鳳喈 12-1063A
fèngjié 奉節 2-1513A
fèngjié 鳳節 12-1064A
fèngjiè 風戒 12-598A
féngjīgòuhuì 逢機遘會 10-917A
fēngjīkòu 風紀扣 12-607B
fēngjílànggāo 風急浪高 12-605B
féngjīlìduàn 逢機立斷 10-917A
fēngjīn 風斤 12-594A
fēngjīn 風襟 12-632B
fēngjīn 豐筋 9-1358A
fēngjǐn 風緊 12-623B
fēngjǐn 楓錦 4-1193A
fēngjìn 封禁 2-1258B
fēngjìn 風禁 12-621A
fēngjìn 風噤 12-629B
fēngjìn 豐浸 9-1357A
fèngjīn 俸金 1-1441B
fèngjìn 奉進 2-1512A
fēngjīng 風旌 12-616A
fēngjǐng 風井 12-592A
fēngjǐng 風景 12-619B
fēngjǐng 風警 12-633A
fēngjǐng 烽警 7-83A
fēngjìng 封境 2-1259A
fēngjìng 風鏡 12-633B
fēngjìng 豐勁 9-1354B
fēngjìng 豐艶 9-1360A
fěngjīng 唪經 3-372A
fěngjīng 諷經 11-348B
fèngjīng 鳳京 12-1057B
fèngjīng 鳳旍 12-1062B
fèngjìng 奉敬 2-1512A
fèngjìng 鳳脛 12-1060B
fēngjǐngbùshū 風景不殊 12-619B
fēngjīnguàyìn 封金掛印 2-1254A
fēngjīnkānyù 封金刊玉 2-1254A
fèngjīnzhì 奉巾櫛 2-1508A
fèngjìnzhǐ 奉進止 2-1512A
fēngjǐshǒucán 封己守殘 2-1252A
fěngjiū 諷糾 11-347B
fēngjū 風疽 12-611A
fēngjū 豐居 9-1354A
fēngjú 風局 12-600A
fēngjǔ 風矩 12-604B
fēngjǔ 風舉 12-629B
fēngjǔ 豐矩 9-1355A
fēngjù 風颶 12-631B
fēngjù 峯岠 3-822A
fēngjù 峯距 3-822B
fēngjù 蜂聚 8-906B
fēngjù 鋒距 11-1303B
fēngjù 鋒鉅 11-1303B
fēngjù 豐鉅 9-1358B
fèngjǔ 鳳舉 12-1067A
fèngjù 鳳炬 12-1057B
fèngjù 鳳距 12-1060A
fēngjuān 豐鐫 9-1364A
fēngjuān 豐蠲 9-1364B
fèngjuàn 俸絹 1-1442B
fēngjuǎncányún 風捲殘雲 12-614A
fēngjué 封爵 2-1261A
fēngjué 封鐍 2-1262B
fēngjué 風蹶 12-633A
fēngjué 豐爵 9-1363A
fēngjūn 封君 2-1253B
fēngjùn 風俊 12-605A
fēngjùn 峯峻 3-822A
fèngjūn 鳳鈞 12-1063B
fēngjǔyúnfēi 風舉雲飛 12-629B
fēngjǔyúnyáo 風舉雲搖 12-629B
fèngkāi 縫開 9-970B
fēngkāng 豐康 9-1357B
fēngkào 豐犒 9-1360B
fēngkē 風柯 12-604A
fēngkē 風珂 12-603B
fēngkē 蜂窠 8-906B
fēngkē 豐柯 9-1354B
fēngké 風欬 12-611B
fèngkē 鳳窠 12-1064A
fēngkēchàngxì 蜂窠唱戲 8-906B
fēngkēhùxiàng 蜂窠户巷 8-906B
fēngkēxiàngmò 蜂窠巷陌 8-906B
fēngkēyǐxué 蜂窠蟻穴 8-906B
fēngkǒu 封口 2-1251B
fēngkǒu 風口 12-592A
fēngkǒulàngjiān 風口浪尖 12-592A
fēngkuài 風快 12-600A
fēngkuài 鋒快 11-1303A
fēngkuáng 風狂 12-599B
fēngkuáng 蜂狂 8-904A
fēngkuáng 瘋狂 8-341B
fēngkuàng 豐曠 9-1363A
fēngkuángdiéluàn 蜂狂蝶亂 8-904A
fèngkuánglóngzào 鳳狂龍躁 12-1056B
fēngkuì 蜂潰 8-907A
fēngkuì 豐餽 9-1363A
fēngkuì 豐饋 9-1364A
fèngkuícǎo 鳳葵草 12-1063A
fēngkuò 鋒栝 11-1303B
fēnglà 封蠟 2-1262B
fēnglà 蜂蠟 8-908A
fènglà 鳳腊 12-1063B
fènglà 鳳蠟 12-1069A
fēnglài 風癩 12-635A
fēnglài 風籟 12-636A
fēnglán 風嵐 12-619B
fēnglán 峯嵐 3-822B
fēnglǎn 風纜 12-636B
fènglǎn 風覽 12-635A
fēngláng 封狼 2-1256B
fēngláng 風廊 12-616A
fēngláng 烽狼 7-82B
fēngláng 豐硠 9-1358A
fēngláng 酆琅 10-697A
fēnglàng 風浪 12-613B
féngláng 馮郎 12-793A
fèngláng 鳳郎 12-1058A
fēnglángjūxū 封狼居胥

2-1256B
fēnglào 風潦 12-628A
fēngláodiérǎng 蜂勞蝶嚷
8-905B
fēnglè 封勒 2-1257A
fēnglè 豐樂 9-1362A
fènglè 鳳勒 12-1059B
fēngléi 風雷 12-621B
fēnglèi 風類 12-634A
fēngléihuǒpào 風雷火炮
12-621B
fēngléixìng 風雷性 12-622A
fēnglèiyǎn 風淚眼 12-616B
fēngléizhībiàn 風雷之變
12-621B
fēngléng 丰稜 1-578B
fēngléng 風棱 12-618A
fēngléng 風稜 12-622A
fēngléng 鋒棱 11-1303B
fēngléng 鋒稜 11-1303B
fēnglí 風狸 12-610B
fēnglí 風驪 12-636B
fēnglí 風貍 5-93A
fēnglǐ 封裏 2-1258B
fēnglǐ 風禮 12-632A
fēnglì 風力 12-591B
fēnglì 風立 12-595B
fēnglì 風利 12-599B
fēnglì 風戾 12-603B
fēnglì 風厲 12-623B
fēnglì 風麗 12-633A
fēnglì 風礫 12-634A
fēnglì 蜂利 8-904A
fēnglì 鋒利 11-1303A
fēnglì 豐利 9-1352A
fēnglì 豐麗 9-1363B
fěnglì 諷厲 11-348B
fěnglì 諷勵 11-349A
fènglí 鳳梨 12-1060A
fènglǐ 鳳里 12-1056A
fènglì 風厲 12-624A
fènglì 風勵 12-629A
fènglì 鳳曆 12-1067A
fēnglián 風帘 12-603A
fēnglián 風漣 12-623A
fēnglián 風簾 12-633A
fénglián 縫聯 9-970B
fènglián 俸廉 1-1442B
fènglián 鳳奩 12-1064B
féngliánbǔzhàn 縫聯補綻
9-970B
fēngliáng 風凉 12-611A
fēngliáng 風涼 12-616B
fēngliàng 風量 12-619A
fèngliáng 俸糧 1-1443A
fèngliáng 鳳梁 12-1062B
fēngliánghuà 風凉話
12-611B
fēngliángrén 風凉人
12-611A
fèngliào 俸料 1-1442A
fēngliè 風烈 12-609A
fēngliè 風鬣 12-636A
fēngliè 豐烈 9-1356B
fēnglín 峯林 3-822A
fēnglín 楓林 4-1192A
fēnglín 豐林 9-1353A
fènglín 鳳林 12-1057A
fènglín 鳳麟 12-1069A
fènglǐn 奉稟 2-1513A
fènglǐn 俸廩 1-1443A
fēnglíng 封靈 2-1262B
fēnglíng 風陵 12-614A
fēnglíng 風翎 12-615B
fēnglíng 風舲 12-615B
fēnglíng 風鈴 12-622A
fēnglíng 蜂鈴 8-906A
fēnglǐng 風領 12-624B
fēnglǐng 峯嶺 3-822B
fēnglìng 風令 12-595B
fěnglìng 諷令 11-347A
fènglíng 鳳翎 12-1060B
fènglǐng 鳳嶺 12-1067B
fènglìng 風令 12-595B
fènglìng 奉令 2-1508B
fènglìngchéngjiào
奉令承教 2-1508B
fēnglíngduī 風陵堆 12-614A
fènglínjiāo 鳳麟膠
12-1069B
fēnglínluòzhào 楓林落照
4-1192A
fènglínzhōu 鳳麟洲
12-1069B
fēngliú 封留 2-1256B
fēngliú 風流 12-612A
fēngliǔ 楓柳 4-1192A
féngliú 逢留 10-915B
fēngliúbōlàng 風流博浪
12-612B
fēngliúcáizǐ 風流才子
12-612B
fēngliúdiēdàng 風流跌宕
12-613A
féngliùláng 馮六郎 12-792B
fēngliúqiāngǔ 風流千古
12-612B
fēngliúrén 風流人 12-612A
fēngliúrén 楓瘤人 4-1192B
fēngliǔrén 楓柳人 4-1192A
fēngliúrénwù 風流人物
12-612A
fēngliúrúyǎ 風流儒雅
12-613A
fēngliúshìguò 風流事過
12-612B
fēngliútǐ 風流體 12-613B
fēngliútiáofǎ 風流調法
12-613A
fēngliútìtǎng 風流倜儻
12-612B
fēngliúxiāosǎ 風流瀟洒
12-613B
fēngliúxiāosǎ 風流瀟灑
12-613B
fēngliúyùnjiè 風流緼藉
12-613A
fēngliúyùnjiè 風流醞藉
12-613A
fēngliúyùnjiè 風流蘊藉
12-613A
fēngliúyúnsàn 風流雲散
12-612B
fēngliúyùnshì 風流韻事
12-613B
fēngliúyǔsàn 風流雨散
12-612B
fēngliúzhài 風流債 12-613A
fēngliúzhèn 風流陣 12-612B
fēngliúzǐ 風流子 12-612B
fēngliúzuì 風流罪 12-613A
fēngliúzuìfàn 風流罪犯
12-613A
fēngliúzuìguò 風流罪過
12-613A
fēngliúzuò 風流座 12-612B
fēnglǐyánfēnglǐyǔ
風裏言風裏語 12-622B
fēnglǐyánghuā 風裏楊花
12-622B
fēnglóng 豐隆 9-1357B
fēnglóng 豐𩅧 9-1363B
fēnglóng 豐霳 11-778A
fénglóng 逢龍 10-917A
fēnglóngmén 封龍門 2-1260B
fēnglóngzhèn 風龍陣
12-630A
fènglóu 鳳樓 12-1066A
fènglóulóngquē 鳳樓龍闕
12-1066A
fènglóuqíshù 鳳樓琪樹
12-1066A
fènglóushǒu 鳳樓手
12-1066A
fēnglú 風爐 12-634B
fēnglú 風罏 12-636A
fēnglú 豐顱 9-1364B
fēnglǔ 烽櫓 7-83A
fēnglù 封祿 2-1258A
fēnglù 風露 12-635A
fēnglù 風路 12-622A
fēnglù 豐露 9-1364A
fēnglù 豐祿 9-1359A
fēnglú 葑爐 9-455B
fènglù 奉祿 2-1513A
fènglù 俸祿 1-1442A
fēngluán 封巒 2-1262B
fēngluán 風攣 12-636A
fēngluán 風鑾 12-636B
fēngluán 峯巒 3-822B
fèngluán 鳳鸞 12-1069B
fēnglún 風輪 12-626B
fēnglùn 風論 12-627B
fěnglùn 諷論 11-348B
fēngluó 烽邏 7-83A
fēngluò 楓落 4-1192B
féngluó 逢羅 10-917A
fèngluó 鳳羅 12-1068B
fēngluòwújiāng 楓落吳江
4-1192B
fēnglúzi 烽爐子 7-83A
fēnglǜ 風律 12-605A
fènglǚ 鳳侶 12-1057B
fènglǚ 鳳縷 12-1068A
fènglǜ 鳳律 12-1058B
fēnglüè 封略 2-1257A
fēnglüè 風略 12-614B
fēngmǎ 風馬 12-607B
fēngmǎ 賵馬 10-280B
fēngmǎbùjiē 風馬不接
12-607B
fēngmái 風霾 12-635B
fēngmài 風脈 12-610B
fēngmài 風邁 12-626B
fēngmán 風鰻 12-636A
fēngmǎn 豐滿 9-1361A
fēngmàn 風幔 12-624A
fèngmǎn 俸滿 1-1442B
fēngmáng 蜂芒 8-904A
fēngmáng 鋒芒 11-1302B
fēngmáng 鋒鋩 11-1303B
fēngmáng 豐厖 9-1354B
fēngmángbìlù 鋒芒畢露
11-1302B
fēngmángbìlù 鋒鋩畢露
11-1303B
fēngmǎniú 風馬牛 12-607B
fēngmǎniúbùxiāngjí
風馬牛不相及 12-607B
fēngmáo 封茅 2-1253B
fēngmáo 風毛 12-593B
fēngmào 丰貌 1-578B
fēngmào 風帽 12-619B
fēngmào 風瞀 12-626A
fēngmào 風貌 12-624B
fēngmào 豐茂 9-1353A
fēngmào 豐楙 9-1359B
fēngmào 豐懋 9-1362B
fèngmáo 鳳毛 12-1054B
fèngmáojīdǎn 鳳毛雞膽
12-1055A
fèngmáojìměi 鳳毛濟美
12-1055A
fèngmáolínjiǎo 鳳毛麟角
12-1055A
fèngmáolóngjiǎ 鳳毛龍甲
12-1054B
fēngmáoyǔxuè 風毛雨血
12-593B
fēngmǎyúnchē 風馬雲車
12-608A
fēngméi 蜂媒 8-905B
fēngměi 風美 12-606A
fēngměi 豐美 9-1355A
fēngmèi 風袂 12-606B
fēngmèi 風媚 12-620B
fēngmèi 豐媚 9-1359A
fèngméi 鳳媒 12-1063B
fèngměi 奉浼 2-1511B
fēngméidiéshǐ 蜂媒蝶使
8-905B
fēngméihuā 風媒花 12-620A
fēngmén 封門 2-1255A
fēngmén 風門 12-603B
fēngméng 瘋蒙 8-342A
féngmēngshì 逢蒙視 10-916B

fēngménshuǐkǒu 風門水口 12-603B
fēngmí 封彌 2-1261A
fēngmí 封靡 2-1262A
fēngmí 風靡 12-633B
fēngmí 豐靡 9-1363B
fēngmì 封秘 2-1256A
fēngmì 蜂䖩 8-908B
fēngmì 蜂蜜 8-907A
fèngmǐ 俸米 1-1441B
fēngmián 封緜 2-1259B
fēngmiàn 封面 2-1255B
fēngmiàn 鋒面 11-1303A
fěngmiǎn 諷勉 11-347B
fèngmiǎn 鳳冕 12-1060A
fēngmídiécāi 蜂迷蝶猜 8-904B
fēngmídiéliàn 蜂迷蝶戀 8-904B
fèngmíluán'é 鳳靡鸞吪 12-1068B
fēngmín 豐民 9-1351A
fēngmín 豐珉 9-1354A
fēngmín 豐砇 9-1356A
fēngmíng 封名 2-1253A
fēngmíng 風名 12-597B
fēngmíng 豐明 9-1353B
fèngmíng 鳳鳴 12-1064B
fèngmìng 奉命 2-1510A
fèngmínghèlì 鳳鳴鶴唳 12-1065A
fèngmínglínchū 鳳鳴麟出 12-1065A
fēngmíngqì 蜂鳴器 8-907A
fèngmìngwéijǐn 奉命惟謹 2-1510A
fèngmíngzhāoyáng 鳳鳴朝陽 12-1064B
fēngmíyīshí 風靡一時 12-633B
fēngmíyīshì 風靡一世 12-633B
fēngmíyúnyǒng 風靡雲涌 12-633B
fēngmíyúnzhēng 風靡雲蒸 12-633B
fēngmó 風靡 12-633B
fēngmó 風魔 12-634B
fēngmó 瘋魔 8-342B
fēngmò 風磨 12-630A
fēngmò 風末 12-595A
fēngmò 風沫 12-603A
fēngmò 豐末 9-1350A
fēngmójiǔbó 風魔九伯 12-634B
fèngmóu 鳳眸 12-1060A
fēngmǔ 風母 12-595B
fēngmǔ 猦母 5-93A
fēngmǔ 猦狎 5-93A
fēngmù 封墓 2-1258B
fēngmù 風木 12-592B
fēngmù 風幕 12-621A
fēngmù 楓木 4-1192A
fēngmù 蜂目 8-903B
fèngmù 奉慕 2-1513B
fèngmù 鳳目 12-1055A
fēngmùcháishēng 蜂目豺聲 8-903B
fēngmùhánbēi 風木含悲 12-592B
fēngmùrén 楓木人 4-1192A
fēngmùshìlǘ 封墓軾閭 2-1258B
fēngmùtàn 風木歎 12-592B
fēngmùzhībēi 風木之悲 12-592B
fēngmùzhīsī 風木之思 12-592B
fèngnà 奉納 2-1511B
fēngnáng 風囊 12-635B
fēngnào 瘋鬧 8-342B
fèngnǎo 鳳腦 12-1064A
fèngnǎoxiāng 鳳腦香 12-1064A
fēngnèi 封內 2-1252A
fēngní 封泥 2-1254A
fēngnì 風逆 12-606B
fēngnì 豐昵 9-1354B
fēngnì 豐膩 9-1362A
fēngnián 豐年 9-1351A
féngnián 逢年 10-915A
fěngniàn 諷念 11-347B
fèngniǎn 鳳輦 12-1065B
fèngniàn 鳳念 12-1057B
fēngniánruì 豐年瑞 9-1351B
fēngniányù 豐年玉 9-1351B
fēngniánzhào 豐年兆 9-1351B
fēngniǎo 風鳥 12-615B
fēngniǎo 蜂鳥 8-905A
fèngniǎo 鳳鳥 12-1060B
fèngniǎoshì 鳳鳥氏 12-1060B
féngnìdāngxióng 馮嫟當熊 12-795A
fēngníng 豐寧 9-1361A
fēngníng 豐凝 9-1362B
fēngniú 封牛 2-1252A
fēngniú 風牛 12-593A
fēngniú 峯牛 3-822A
fēngniú 犎牛 6-286A
fēngniúmǎbùxiāngjí 風牛馬不相及 12-593B
fēngnuǎnrìlì 風暖日麗 12-622A
fèngnuò 鳳諾 12-1066B
fèngnǚ 鳳女 12-1054B
fèngnǚcí 鳳女祠 12-1054B
fēngnüè 風瘧 12-624B
fèngnǚtái 鳳女臺 12-1054B
fēngōng 分工 2-565B
fēngōng 分功 2-567B
féngōng 焚躬 7-89B
féngǒng 枌栱 4-867B
fèngōng 奮功 2-1565A
fēngōnghézuò 分工合作 2-565B
fēngòu 氛垢 6-1021B
fēng'òu 風漚 12-625B
fèngpá 鳳琶 12-1063A
fēngpài 風派 12-606B
fèngpāi 鳳拍 12-1057A
fēngpàn 封畔 2-1256A
fēngpān 奉攀 2-1514B
fēngpáng 豐龐 9-1363B
fēngpào 風颮 12-624B
fèngpáo 鳳匏 12-1059B
fēngpèi 風佩 12-602B
fēngpèi 風旆 12-606A
fēngpèi 風旆 12-611B
fēngpèi 風珮 12-607B
fēngpèi 烽旆 7-82B
fēngpèi 豐沛 9-1352B
fēngpèi 豐霈 9-1361A
fēngpèi 灃沛 6-218A
fèngpéi 奉陪 2-1511B
fèngpèi 奉轡 2-1515A
fēngpéng 風篷 12-629B
fēngpéng 風鵬 12-633B
fēngpī 風披 12-600B
fēngpí 封皮 2-1252B
fēngpiáo 風瓢 12-629A
fēngpǐn 風品 12-604B
fēngpíng 風評 12-620A
fèngpíng 鳳屏 12-1059A
fēngpíngbōxī 風平波息 12-595A
fēngpínglàngjì 風萍浪迹 12-614B
fēngpínglàngjìng 風平浪靜 12-595A
fēngpítiáo 封皮條 2-1252B
fēngpō 風潑 12-628B
féngpòbǔzhàn 縫破補綻 9-970A
fēngpópó 風婆婆 12-616B
fēngpú 風蒲 12-621A
fēngqī 風期 12-617B
fēngqí 封圻 2-1253A
fēngqí 風奇 12-601B
fēngqí 風旗 12-625B
fēngqí 風騎 12-632A
fēngqí 蜂旗 8-907A
fēngqí 鋒旗 11-1304A
fēngqí 豐岐 9-1352A
fēngqí 豐頎 9-1360A
fēngqǐ 風起 12-608A
fēngqǐ 蜂起 8-904B
fēngqǐ 蜂啓 8-905B
fēngqǐ 鋒起 11-1303A
fēngqǐ 豐芑 9-1351A
fēngqì 風氣 12-610A
fēngqì 風器 12-629B
fēngqì 蜂氣 8-905A
fēngqì 瘋氣 8-342A
fēngqì 鋒氣 11-1303B
féngqī 逢七 10-914B
fèngqí 鳳旗 12-1065A
fèngqǐ 鳳起 12-1059A
fēngqià 豐洽 9-1355B
fēngqiān 封簽 2-1262A
fēngqián 風虔 12-609B
fēngqiàn 風欠 12-594B
fēngqiàn 豐倩 9-1356B
fèngqián 奉錢 2-1514A
fèngqián 俸錢 1-1443A
fèngqiǎn 俸淺 1-1442A
fèngqiàn 奉倩 2-1511B
fēngqiāng 風槍 12-623B
fēngqiáng 風檣 12-631A
fēngqiáng 豐强 9-1359A
fèngqiāng 鳳蹌 12-1067B
fēngqiángqiàoxià 豐牆墝下 9-1363A
fēngqiángqiàozhǐ 豐牆峭阯 9-1363A
fēngqiángzhènmǎ 風檣陣馬 12-631A
fēngqiányuèxià 風前月下 12-606B
fēngqiánzhú 風前燭 12-606B
fēngqiáo 封橋 2-1260A
fēngqiáo 楓橋 4-1193A
fēngqiáo 豐翹 9-1363A
fēngqiào 豐峭 9-1356B
féngqiǎo 逢巧 10-914B
fèngqiáo 鳳翹 12-1068A
fēngqǐcháoyǒng 風起潮涌 12-608B
fěngqiè 諷切 11-347A
fēngqiè 風切 12-592B
fēngqǐlàngyǒng 風起浪涌 12-608A
fèngqīlí 鳳栖梨 12-1059A
fèngqīlí 鳳棲梨 12-1063A
fēngqín 風琴 12-617B
fēngqín 風禽 12-620A
fèngqīn 鳳衾 12-1059B
fèngqín 鳳琴 12-1062B
fēngqīng 風清 12-616A
fēngqíng 風情 12-616B
fèngqǐng 俸請 1-1442B
fèngqǐng 奉請 2-1513B
fēngqīngbìjué 風清弊絶 12-616B
fēngqīngyuèbái 風清月白 12-616A
fēngqīngyuèjiǎo 風清月皎 12-616B
fēngqīngyuèlǎng 風清月朗 12-616A
fēngqīngyuèmíng 風清月明 12-616A
fēngqíngyuèsī 風情月思 12-617A
fēngqíngyuèyì 風情月意 12-617A
fēngqíngyuèzhài 風情月債 12-617A
fēngqīngyúndàn 風輕雲淡 12-623B
fēngqīngyúnjìng 風輕雲浄 12-623B
féngqióng 縫窮 9-970B
fēngqǐquányǒng 風起泉涌 12-608A

fēngqǐshuǐyǒng 風起水涌 12-608A
fēngqǐshuǐyǒng 風起水湧 12-608A
fēngqiú 風裘 12-621B
fèngqiú 奉求 2-1509A
fèngqiúhuáng 鳳求凰 12-1056A
fèngqīwú 鳳棲梧 12-1063A
fēngqīyìnzǐ 封妻蔭子 2-1253B
fēngqīyìnzǐ 封妻廕子 2-1254A
fēngqǐyúnbù 風起雲布 12-608A
fēngqǐyúnfēi 風起雲飛 12-608A
fēngqǐyúnyǒng 風起雲涌 12-608A
fēngqǐyúnyǒng 風起雲湧 12-608A
fēngqǐyúnyǒng 蜂起雲涌 8-905A
fēngqǐyúnzhēng 風起雲蒸 12-608A
fēngqū 風趨 12-630B
fēngqū 烽區 7-82B
fēngqú 風衢 12-636A
fēngqǔ 豐取 9-1353A
fēngqù 風趣 12-626A
fèngqū 奉屈 2-1510B
fèngqǔ 鳳曲 12-1055B
fēngquān 風圈 12-615A
fēngquán 風筌 12-619B
fěngquàn 諷勸 11-349A
fèngquàn 風勸 12-633A
fèngquàn 奉勸 2-1514B
fèngquàn 俸券 1-1442A
fēngquǎnbìng 瘋犬病 8-341B
fēngqūdiànjī 風驅電擊 12-635A
fēngqūdiànsǎo 風驅電掃 12-635A
fèngquē 鳳闕 12-1068B
fēngqǔkèyǔ 豐取刻與 9-1353A
fēngqún 蜂羣 8-906B
fèngqùqínlóu 鳳去秦樓 12-1055A
fēngqūyǐfù 蜂趨蟻附 8-907B
fēngrán 豐髯 9-1361A
fēngráng 豐穰 9-1364A
fēngrǎng 封壤 2-1262B
fēngrǎng 風壤 12-634A
fēngrǎng 蜂嚷 8-908A
fēngrǎng 蜂攘 8-908A
fēngrǎng 豐壤 9-1363B
fēngràngrì 風讓日 12-636B
fēngráo 豐饒 9-1364A
fèngrǎo 奉擾 2-1514B
fēngrén 封人 2-1251B
fēngrén 風人 12-591A
fēngrén 楓人 4-1191B
fēngrén 瘋人 8-341B
fēngrěn 豐稔 9-1359B
fēngrèn 封刃 2-1252A
fēngrèn 風韌 12-609A
fēngrèn 鋒刃 11-1302A
fēngrèn 豐牣 9-1352A
féngrén 縫人 9-969B
féngrèn 縫紉 9-970A
féngrèn 縫衽 9-970A
féngrèn 縫紝 9-970A
féngrèn 縫絍 9-970B
féngrènjī 縫紉機 9-970A
fēngrénshī 風人詩 12-591A
féngrénshuōxiàng 逢人説項 10-914B
fēngréntǐ 風人體 12-591B
fēngrényuàn 封人願 2-1251B
fēngrényuàn 瘋人院 8-341B
fēngrì 風日 12-592B
fēngrì 鋒馹 11-1303B
fēngróng 丰茸 1-578A
fēngróng 丰容 1-578B
fēngróng 封戎 2-1252B
fēngróng 風容 12-613B
fēngróng 豐茸 9-1354B
fēngróng 豐容 9-1357A
fēngróng 豐榮 9-1360B
fēngróng 豐融 9-1362A
fēngróng 芃茸 9-281A
fèngróng 鳳茸 12-1058A
fēngróu 豐柔 9-1356A
fēngròu 風肉 12-596B
fēngròu 豐肉 9-1351A
fēngrǔ 蜂乳 8-904B
fēngrù 豐縟 9-1362B
fèngrù 俸入 1-1441B
fèngrù 鳳褥 12-1066B
fēngruì 蜂鋭 8-907A
fēngruì 鋒鋭 11-1304A
fēngrùn 豐潤 9-1361B
fèngruòshénmíng 奉若神明 2-1510A
fèngrúshénmíng 奉如神明 2-1509A
fēngrùsōng 風入松 12-591B
fēngsān 封三 2-1251B
fēngsǎn 風散 12-617B
fēngsàn 風散 12-617B
fēngsāo 風騷 12-633A
fēngsǎo 風掃 12-614A
fēngsè 風色 12-597B
fèngsè 鳳色 12-1055B
fēngshā 風沙 12-600A
fēngshā 鋒鎩 11-1305A
fēngshǎ 風傻 12-622A
fēngshǎ 瘋傻 8-342B
fēngshà 風煞 12-622B
fèngshà 鳳翣 12-1065B
fēngshài 鋒殺 11-1303B
fèngshàichì 鳳曬翅 12-1069A
fēngshān 風山 12-592A
fēngshān 風扇 12-613B
fēngshǎn 風閃 12-614A
fēngshàn 封禪 2-1260B
fēngshàn 風扇 12-613B
fēngshàn 豐膳 9-1362A
fēngshàn 豐贍 9-1363B
fēngshàn 豐饍 9-1364A
fěngshàn 諷訕 11-348A
fèngshān 鳳山 12-1054A
fèngshàn 鳳扇 12-1059B
fēngshǎng 封賞 2-1259B
fēngshàng 風尚 12-602A
fēngshàng 豐上 9-1349B
fèngshāng 奉商 2-1512A
fèngshāng 奉觴 2-1514B
fèngshàng 奉上 2-1508A
fēngshàngǎo 封禪藁 2-1261A
fēngshàngruìxià 豐上兑下 9-1350A
fēngshàngruìxià 豐上鋭下 9-1350A
fēngshàngxuēxià 豐上削下 9-1350A
féngshānkāidào 逢山開道 10-914B
féngshānkāilù 逢山開路 10-914B
fēngshànshū 封禪書 2-1261A
fēngshànshù 封禪樹 2-1261A
fēngshànwén 封禪文 2-1260B
fēngshānyǐjù 蜂扇螘聚 8-905A
fēngshānyǐjù 蜂扇蟻聚 8-905A
fēngshānyùlín 封山育林 2-1252A
fēngshānzhōng 豐山鐘 9-1350A
fèngshāo 奉稍 2-1512B
fèngshāo 俸稍 1-1442A
fèngsháo 鳳韶 12-1065A
fēngshē 豐奢 9-1357A
fēngshè 風射 12-610A
fèngshè 鳳舍 12-1057B
fēngshén 丰神 1-578A
fēngshén 風神 12-606B
fèngshēn 奉身 2-1509B
fèngshēn 俸深 1-1442A
fēngshēng 風生 12-595B
fēngshēng 風笙 12-615A
fēngshēng 風聲 12-630B
fēngshēng 蜂生 8-903B
fēngshēng 鋒生 11-1302A
fēngshèng 豐盛 9-1357A
fèngshēng 鳳笙 12-1060A
fèngshēng 鳳聲 12-1067B
fēngshēngfùrén 風聲婦人 12-630B
fēngshēnghèlì 風聲鶴唳 12-631A
fēngshēngjiànrén 風聲賤人 12-630B
fēngshēnglú 風生爐 12-595B
fēngshēngshòu 風生獸 12-595B
féngshēngtánjiá 馮生彈鋏 12-792B
fēngshī 風師 12-610B
fēngshī 風詩 12-622B
fēngshī 風濕 12-632A
fēngshī 烽師 7-82B
fēngshī 豐施 9-1355A
fēngshī 飌師 12-653A
fēngshí 封石 2-1252B
fēngshí 風什 12-593B
fēngshí 風蝕 12-624B
fēngshí 楓實 4-1192B
fēngshí 鋒石 11-1302A
fēngshí 豐石 9-1350B
fēngshí 豐實 9-1361A
fēngshǐ 封豕 2-1253A
fēngshǐ 鋒矢 11-1302B
fēngshǐ 豐豕 9-1352A
fēngshì 封事 2-1253B
fēngshì 風勢 12-621A
fēngshì 蜂螫 8-907B
féngshí 逢時 10-915B
féngshì 逢世 10-914B
fěngshì 諷世 11-347A
fěngshì 諷示 11-347A
fèngshí 奉時 2-1511A
fèngshí 俸食 1-1442A
fèngshí 鳳食 12-1058B
fèngshí 鳳實 12-1065B
fèngshǐ 奉使 2-1510A
fèngshǐ 鳳史 12-1055A
fèngshì 風世 12-595A
fèngshì 風示 12-595A
fèngshì 風示 12-595A
fèngshì 奉事 2-1510A
fèngshì 奉侍 2-1510A
fēngshíbāyí 封十八姨 2-1251B
fēngshībìng 風濕病 12-632A
fēngshǐchángshé 封豕長蛇 2-1253A
fēngshǐjūn 封使君 2-1254A
fèngshíluánqī 鳳食鸞棲 12-1058B
fēngshíyīngcāi 蜂識鶯猜 8-908A
fēngshōu 豐收 9-1351B
fēngshǒu 封守 2-1253A
fēngshǒu 鋒手 11-1302A
fēngshòu 封授 2-1257A
fēngshòu 封獸 2-1262A
fèngshǒu 奉手 2-1508A
fēngshū 封疏 2-1258A
fēngshū 風書 12-614A
fēngshū 風疎 12-620A
fēngshū 風攄 12-632A
fēngshú 豐孰 9-1357B
fēngshú 豐熟 9-1361B
fēngshú 豐孰 9-1361B
fēngshǔ 封署 2-1258B
fēngshù 封樹 2-1260A
fēngshù 風術 12-615B
fēngshù 風樹 12-628B
fēngshù 烽戍 7-82B
fēngshù 豐澍 9-1361B

fěngshū 諷書 11-348A
fěngshù 諷述 11-347B
fěngshù 諷術 11-348A
fèngshū 奉書 2-1511B
fèngshū 鳳書 12-1059B
fèngshuài 奉率 2-1512A
fēngshuāng 風霜 12-631B
fēngshuǐ 風水 12-593A
fēngshuǐ 豐水 9-1350A
fēngshuǐxiānshēng 風水先生 12-593A
fēngshùjūn 楓樹菌 4-1192B
fēngshùlíng 楓樹苓 4-1192B
fèngshùn 奉順 2-1512B
fēngshuō 風説 12-624B
fēngshuò 鋒鑠 11-1305A
fēngshuò 豐碩 9-1360B
fěngshuō 諷説 11-348B
fèngshuò 奉朔 2-1511B
fēngshùzhībēi 風樹之悲 12-628B
fēngsī 風絲 12-620B
fēngsì 封四 2-1252B
fēngsì 封祀 2-1253B
fēngsì 風駟 12-626A
fēngsì 豐祀 9-1353A
fèngsī 鳳絲 12-1063B
fèngsì 奉祀 2-1509B
fèngsīyànzhù 鳳絲雁柱 12-1063B
fēngsīzàixià 風斯在下 12-617B
fěngsòng 唪誦 3-372A
fěngsòng 諷誦 11-348B
fèngsòng 奉送 2-1511A
fēngsǒu 楓叟 4-1192B
fēngsú 風俗 12-605A
fēngsù 風素 12-607B
fēngsù 風速 12-609A
fèngsù 奉粟 2-1512B
fēngsúhuà 風俗畫 12-605A
fēngsuì 封歲 2-1258B
fēngsuì 封隧 2-1259A
fēngsuì 烽燧 7-83A
fēngsuì 豐遂 9-1358B
fēngsuì 豐歲 9-1359B
fēngsuì 熢燧 7-215A
fēngsuì 熢燧 7-215B
fēngsuì 熢燧 7-215B
fēngsuì 熢燧 7-215B
fèngsuǐ 鳳髓 12-1069A
fèngsuì 賵襚 10-281A
fèngsuǐlónggān 鳳髓龍肝 12-1069A
féngsūn 逢孫 10-916A
fēngsuō 風梭 12-614B
fēngsuǒ 封鎖 2-1261B
fēngsuǒ 封鏁 2-1262A
fēngsuǒ 豐索 9-1356A
fēngsuǒgōu 封鎖溝 2-1261B
fēngsuǒqiáng 封鎖牆 2-1261B
fēngsuǒxiàn 封鎖綫 2-1261B
fēngsúrénqíng 風俗人情 12-605A
fēngsùshuǐcān 風宿水飡 12-617A
fēngsùshuǐcān 風宿水餐 12-617A
fēngtà 風榻 12-623B
fèngtà 鳳䑽 12-1067B
fèngtà 鳳榻 12-1064B
fēngtāi 風胎 12-605A
fēngtái 封臺 2-1259A
fēngtái 風臺 12-623B
fēngtái 烽臺 7-83A
fēngtái 蜂臺 8-906B
fēngtài 風態 12-626A
fēngtài 豐泰 9-1356A
fèngtái 鳳臺 12-1064A
fèngtáiqǔ 鳳臺曲 12-1064A
fēngtān 風癱 12-636B
fēngtān 瘋癱 8-342B
fēngtán 封壇 2-1260A
fēngtán 風壇 12-628B
fēngtàn 鋒炭 11-1303A
fēngtánbìng 瘋痰病 8-342A
fēngtáng 蜂糖 8-907B
fēngtáng 蜂餳 8-907B
fēngtáng 豐堂 9-1357A
féngtángbáishǒu 馮唐白首 12-793B
féngtánglǎo 馮唐老 12-793B
féngtángtóubái 馮唐頭白 12-793B
féngtángyǐlǎo 馮唐已老 12-793B
féngtángyìlǎo 馮唐易老 12-793B
fèngtànhǔshì 鳳歎虎視 12-1065B
fēngtāo 風濤 12-632A
fēngtāo 風饕 12-635B
fēngtào 封套 2-1256A
fēngtè 豐特 9-1356B
fēngténg 封縢 2-1260B
fēngtí 封題 2-1261B
fēngtǐ 風體 12-636A
fēngtián 豐田 9-1351A
fēngtiǎn 豐腆 9-1358B
fèngtiān 奉天 2-1508A
fèngtián 葑田 9-455A
fèngtiānchéngyùn 奉天承運 2-1508A
fēngtiánlàngjìng 風恬浪静 12-606B
fēngtiānzǎodì 楓天棗地 4-1191B
fēngtiáo 封條 2-1256A
fēngtiáo 風調 12-628A
fēngtiáo 風條 12-610A
fēngtiáo 豐條 9-1356B
fèngtiáo 鳳條 12-1059B
fēngtiáoyǔshùn 風調雨順 12-628A
fēngtiě 風鐵 12-635A
fèngtiě 俸帖 1-1441B
fēngtīng 風聽 12-635B
fēngtíng 風亭 12-605B
fēngtíng 風庭 12-606A
fēngtíng 風霆 12-624A
fēngtǐng 風艇 12-620A
fèngtíng 鳳庭 12-1058B
fēngtóng 豐彤 9-1352B
fēngtǒng 封筒 2-1258A
fēngtōngdàohuì 風通道會 12-614A
fēngtou 風頭 12-629A
fēngtóu 峯頭 3-822B
fēngtóu 鋒頭 11-1304B
fēngtòu 風透 12-610A
fèngtóu 鳳頭 12-1066B
fèngtóuchāi 鳳頭釵 12-1067A
fēngtóufēngnǎo 瘋頭瘋腦 8-342B
fèngtóuguān 鳳頭冠 12-1067A
fēngtóujīn 風頭巾 12-629A
fèngtóulǚ 鳳頭履 12-1067A
fèngtóuxié 鳳頭鞋 12-1067A
fēngtú 封塗 2-1259A
fēngtǔ 封土 2-1251B
fēngtǔ 風土 12-592A
fēngtǔ 豐土 9-1349B
fèngtǔ 奉土 2-1508A
fēngtuán 風團 12-624A
fēngtuán 風摶 12-623B
fèngtuán 鳳團 12-1064B
fēngtún 蜂屯 8-903A
fēngtúnwūhé 蜂屯烏合 8-903B
fēngtúnyǐfù 蜂屯蟻附 8-903B
fēngtúnyǐjù 蜂屯螘聚 8-903B
fēngtúnyǐjù 蜂屯蟻聚 8-903B
fēngtúnyǐzá 蜂屯蟻雜 8-903B
fēngtuó 風駝 12-626A
fēngtuò 烽柝 7-82B
fěngtuō 諷託 11-348A
fèngtuō 奉托 2-1508B
fèngtuō 奉託 2-1511B
fēngtǔrénqíng 風土人情 12-592A
fēngtǔxìngzhíwù 風土性植物 12-592A
fēngtǔxùnhuà 風土馴化 12-592A
féngǔ 賁鼓 10-139B
féngǔ 焚骨 7-89A
féngǔ 焚穀 7-91A
féngǔ 蕡鼓 12-1398A
féngǔ 鼖鼓 12-1399B
fěngǔ 粉骨 9-201A
fēnguāi 分乖 2-573B
fēnguān 分關 2-590A
fēnguǎn 分管 2-586A
fénguàn 焚盥 7-91A
fēnguāng 分光 2-570A
fēnguī 分圭 2-569A
fēnguī 分珪 2-577B
fēnguǐ 紛詭 9-766B
fénguī 賁龜 10-140A
fénguǐ 焚軌 7-89A
fěngǔjuānqū 粉骨捐軀 9-201B
fěngǔmíqū 粉骨糜軀 9-201B
fěngǔmíshēn 粉骨糜身 9-201B
fēnguō 分鍋 2-588A
fēnguó 分國 2-580B
fēnguò 分過 2-580B
fènguó 僨國 1-1661A
fěngǔsuìshēn 粉骨碎身 9-201B
féngǔyánghuī 焚骨揚灰 7-89A
fēngwā 風媧 12-617A
fēngwài 封外 2-1252B
fēngwān 風灣 12-636B
fěngwán 諷玩 11-347B
fěngwán 諷翫 11-348B
fēngwáng 蜂王 8-903A
fēngwǎng 封網 2-1259A
fēngwàng 封望 2-1257B
fēngwàng 風望 12-616A
fēngwēi 風威 12-604A
fēngwéi 風幃 12-619B
fēngwěi 封壝 2-1261A
fēngwěi 豐偉 9-1357B
fēngwèi 風味 12-602A
fēngwèi 鋒蝟 11-1304A
fēngwèi 豐蔚 9-1360A
fěngwèi 諷味 11-347B
fèngwéi 鳳幃 12-1063A
fèngwéi 鳳闈 12-1068A
fèngwěi 奉委 2-1510A
fèngwěi 鳳尾 12-1056B
fèngwèi 奉慰 2-1514A
fèngwèi 奉遺 2-1513B
fèngwèi 賵遺 10-281A
fèngwěicǎo 鳳尾草 12-1056B
fèngwéiguīniè 奉爲圭臬 2-1512B
fèngwěihuā 鳳尾花 12-1056B
fèngwěijiān 鳳尾牋 12-1056B
fèngwěijiān 鳳尾箋 12-1057A
fèngwěijiāo 鳳尾蕉 12-1057A
fèngwéikǎimó 奉爲楷模 2-1512B
fèngwěilíng 鳳尾綾 12-1057A
fèngwěiluó 鳳尾羅 12-1057A
fèngwěinuò 鳳尾諾 12-1057A
fèngwěiyú 鳳尾魚 12-1056B
fèngwěizhào 鳳尾詔 12-1056B
fèngwéizhìbǎo 奉爲至寶 2-1512B
fèngwěizhú 鳳尾竹 12-1056B
fēngwén 風文 12-594B
fēngwén 風紋 12-614A
fēngwén 風聞 12-625B
fēngwèn 風問 12-617A

fèngwén 奉聞 2-1513B
fèngwén 鳳文 12-1055A
fèngwěn 鳳吻 12-1056A
fèngwèn 奉問 2-1512A
fēngwēng 封翁 2-1256A
fēngwénlùnshì 風聞論事 12-626A
fēngwényánshì 風聞言事 12-626A
fēngwō 蜂窩 8-906B
fēngwò 豐沃 9-1352B
fēngwò 豐渥 9-1359A
fèngwò 鳳幄 12-1063A
fēngwōméi 蜂窩煤 8-906B
fēngwū 風烏 12-610B
fēngwū 豐屋 9-1355B
fēngwǔ 蜂午 8-903B
fēngwǔ 蜂舞 8-906B
fēngwǔ 豐膴 9-1362A
fēngwǔ 豐廡 9-1361B
fēngwù 風物 12-602A
féngwù 逢俉 10-915B
féngwù 逢晤 10-916A
fěngwù 諷寤 11-348B
fēngwūbùjiā 豐屋蔀家 9-1355B
fèngwǔlóngfēi 鳳舞龍飛 12-1065A
fèngwǔlóngpán 鳳舞龍蟠 12-1065A
fèngwǔluángē 鳳舞鸞歌 12-1065A
fēngwūshēngzāi 豐屋生災 9-1355B
fēngwūyánzāi 豐屋延災 9-1355B
fēngwūzhīguò 豐屋之過 9-1355B
fēngwūzhīhuò 豐屋之禍 9-1355B
fēngwūzhījiè 豐屋之戒 9-1355B
fēngxī 封豨 2-1256B
fēngxī 封豨 2-1259A
fēngxī 封錫 2-1260B
fēngxī 風息 12-610B
fēngxī 豐熙 9-1360B
fēngxī 豐犧 9-1364A
fēngxí 風席 12-610B
fēngxí 風習 12-617A
fēngxí 豐席 9-1356B
fēngxǐ 封璽 2-1261B
fēngxì 封熂 2-1259A
fēngxì 豐餼 9-1363A
fěngxí 諷席 11-348A
fěngxí 諷習 11-348A
fèngxǐ 奉喜 2-1512A
fèngxì 縫隙 9-970B
fèngxì 奉系 2-1509B
fèngxì 鳳舄 12-1063A
fēngxiá 風匣 12-599A
fēngxiá 鋒俠 11-1303A
fēngxiá 豐暇 9-1359B
fēngxiá 酆匣 10-696B
fēngxià 豐下 9-1349B
fèngxiá 鳳轄 12-1067B
fèngxià 縫罅 9-970B
fēngxiān 鋒銛 11-1303B
fēngxián 風弦 12-603B
fēngxián 風絃 12-617A
fēngxiǎn 風險 12-628B
fēngxiǎn 烽燹 7-83A
fēngxiǎn 鋒燹 11-1305A
fēngxiǎn 豐顯 9-1364B
fēngxiàn 風憲 12-630A
fēngxiàn 鋒綫 11-1304A
fēngxiàn 豐羨 9-1360A
féngxiàn 縫線 9-970B
fèngxiān 奉先 2-1508B
fèngxiān 鳳仙 12-1055A
fèngxián 鳳絃 12-1062B
fèngxiàn 奉憲 2-1514A
fèngxiàn 奉獻 2-1515A
féngxiánbǎzèng 逢賢把贈 10-917A
fēngxiāng 封箱 2-1259B
fēngxiāng 風箱 12-627A
fēngxiāng 楓香 4-1192A
fēngxiāng 蜂箱 8-907A
fēngxiáng 風翔 12-620A
fēngxiǎng 風響 12-635A
fēngxiàng 風向 12-596B
fèngxiáng 鳳翔 12-1063B
fèngxiǎng 奉餉 2-1513B
fèngxiǎng 俸餉 1-1442B
fèngxiǎng 鳳響 12-1069A
fēngxiàngbiāo 風向標 12-596B
fēngxiàngdài 風向袋 12-596B
fēngxiāngshù 楓香樹 4-1192A
fēngxiànguān 風憲官 12-630A
fēngxiāngzhī 楓香脂 4-1192A
fèngxiānhuā 鳳仙花 12-1055A
fēngxiāo 風簫 12-633A
fēngxiāo 豐霄 9-1361A
fēngxiāo 風曉 12-629A
fēngxiǎo 風篠 12-629B
fěngxiào 諷嘯 11-349A
fèngxiāo 鳳綃 12-1064A
fèngxiāo 鳳簫 12-1068B
fèngxiǎo 鳳曉 12-629B
fèngxiào 鳳嘯 12-1067A
fèngxiāolóngguǎn 鳳簫龍管 12-1068B
fèngxiāoluánguǎn 鳳簫鸞管 12-1068B
fēngxiāoyǔhuì 風瀟雨晦 12-634A
fēngxiáyù 豐暇豫 9-1359B
fēngxié 風邪 12-596A
fēngxié 峯脅 3-822A
fēngxié 鋒協 11-1303A
fēngxiè 風榭 12-623B
fěngxié 諷脅 11-348A
fèngxié 鳳鞋 12-1065B
fèngxié 鳳叶 12-1055A
fèngxiè 鳳屧 12-1066B
fèngxiéluánhé 鳳協鸞和 12-1057B
fēngxīn 風馨 12-634A
fēngxīn 豐馨 9-1363B
fēngxìn 風信 12-605A
fēngxìn 豐信 9-1355A
fèngxīn 俸薪 1-1443A
fēngxīng 風星 12-604B
fēngxīng 蜂興 8-907B
fēngxíng 風行 12-596B
fēngxíng 風形 12-598A
fengxìng 風性 12-603A
fěngxìng 諷興 11-349A
fèngxíng 奉行 2-1509A
fēngxíngcǎocóng 風行草從 12-597A
fēngxíngcǎomí 風行草靡 12-597A
fēngxíngcǎoyǎn 風行草偃 12-597A
fēngxíngdiànchè 風行電掣 12-597A
fēngxíngdiànjī 風行電擊 12-597A
fēngxíngdiànsǎo 風行電掃 12-597A
fēngxíngdiànzhào 風行電照 12-597A
fèngxínggùshi 奉行故事 2-1509A
fēngxíngléili 風行雷厲 12-597A
fēngxíngshuǐshàng 風行水上 12-597A
fēngxíngyīshí 風行一時 12-597A
fēngxíngyīshì 風行一世 12-596B
fēngxīngyúnzhēng 風興雲蒸 12-629B
fēngxíngyǔsàn 風行雨散 12-597A
fēngxìnjī 風信鷄 12-605A
fengxìnqí 風信旗 12-605A
fēngxìnzǐ 風信子 12-605A
fēngxióng 封熊 2-1259A
féngxiōng 逢凶 10-914B
féngxiōnghuàjí 逢凶化吉 10-914B
fēngxiū 豐羞 9-1356B
fēngxiù 風袖 12-613B
fēngxiù 峯岫 3-822A
fēngxiù 豐秀 9-1352A
féngxiū 馮脩 12-793B
fèngxiū 奉修 2-1510B
fèngxiù 鳳繡 12-1068B
fēngxīxiūshé 封豨脩蛇 2-1259A
fèngxīzān 鳳犀簪 12-1063B
fēngxū 風虛 12-614B
fēngxū 蜂鬚 8-908A
fēngxū 豐虛 9-1357A
fēngxù 封敘 2-1255B
fēngxù 封洫 2-1255B
fēngxù 風序 12-600A
fēngxù 風絮 12-620B
fēngxù 風緒 12-626A
fèngxǔ 俸糈 1-1442B
fèngxù 奉畜 2-1511B
fèngxù 俸卹 1-1441B
fèngxù 俸恤 1-1442A
fèngxù 鳳婿 12-1063B
fēngxuān 風宣 12-606B
fēngxuān 風軒 12-609A
fēngxuán 風旋 12-616A
fēngxuàn 風眩 12-609B
fèngxuān 奉宣 2-1511A
fèngxuán 奉玄 2-1508B
féngxuānjiàn 馮諼劍 12-794B
féngxuānsānkū 馮諼三窟 12-794B
féngxuānshìyì 馮諼市義 12-794B
fēngxué 封穴 2-1252B
fēngxué 風穴 12-595B
fèngxué 鳳穴 12-1055B
fēngxuějiāojiā 風雪交加 12-614B
fèngxuèshí 鳳血石 12-1055B
fēngxùn 風汛 12-597B
fēngxùn 風訊 12-610B
fēngxùn 風訓 12-610B
féngxún 馮循 12-794A
fèngxún 奉循 2-1512B
fèngxún 奉詢 2-1513A
fēngyā 封押 2-1253B
fēngyā 風鴉 12-626B
fēngyá 蜂衙 8-905B
fēngyǎ 風雅 12-619A
fēngyǎ 豐雅 9-1358A
fèngyà 奉迓 2-1509A
fēngyān 風烟 12-611B
fēngyān 風煙 12-623A
fēngyān 烽烟 7-82B
fēngyān 烽煙 7-83A
fēngyān 鋒煙 11-1303B
fēngyán 丰妍 1-578A
fēngyán 風言 12-599B
fēngyán 風筵 12-619B
fēngyán 風檐 12-631A
fēngyán 風顏 12-632B
fēngyán 風簷 12-633A
fēngyán 豐妍 9-1353A
fengyán 豐顏 9-1363B
fēngyán 豐嚴 9-1363B
fēngyǎn 風衍 12-605A
fēngyǎn 風偃 12-615B
fēngyǎn 峯巘 3-822B
fēngyǎn 豐衍 9-1355A
fēngyǎn 豐琰 9-1358A
fēngyàn 風硯 12-618A
fēngyàn 風豔 12-636B
fēngyàn 鋒焰 11-1303B

fēngyàn 鋒談 11-1304B
fēngyàn 豐艶 9-1364B
fēngyàn 豐豔 9-1364B
fēngyàn 豐豔 9-1364B
fèngyǎn 鳳眼 12-1060A
fèngyǎncǎo 鳳眼草 12-1060A
fèngyǎnchuāng 鳳眼窗 12-1060A
fēngyáncùnguǐ 風檐寸晷 12-631A
fēngyáncùnguǐ 風簷寸晷 12-633A
fēngyáncùyǔ 風言醋語 12-600A
fēngyánfēngyǔ 風言風語 12-600A
fēngyáng 封羊 2-1253A
fēngyáng 風羊 12-597B
fēngyǎng 豐養 9-1360B
fēngyàng 風恙 12-611B
féngyāng 逢殃 10-915B
fèngyāng 奉央 2-1508B
fèngyáng 奉揚 2-1512A
fèngyáng 鳳陽 12-1062B
fèngyǎng 奉仰 2-1509A
fèngyǎng 奉養 2-1513B
fèngyánghuāgǔ 鳳陽花鼓 12-1062B
fèngyángmén 鳳陽門 12-1062B
fēngyánkèzhú 風簷刻燭 12-633A
fèngyǎnlián 鳳眼蓮 12-1060A
fēngyánqiàoyǔ 風言俏語 12-599B
fēngyánwùyǔ 風言霧語 12-600A
fēngyányǐngyǔ 風言影語 12-600A
fēngyāo 峯腰 3-822B
fēngyāo 蜂腰 8-906A
fēngyáo 風謠 12-631B
fēngyáo 鋒軺 11-1303B
fēngyáo 豐肴 9-1353B
fēngyáo 豐餚 9-1362A
fēngyào 風藥 12-632B
fèngyāo 奉邀 2-1514A
fèngyáo 鳳軺 12-1063A
fēngyāohèxī 蜂腰鶴膝 8-906A
fēngyāoxuēbèi 蜂腰削背 8-906A
fēngyāoyuánbèi 蜂腰猿背 8-906A
fēngyè 楓葉 4-1192B
fēngyè 蜂液 8-905A
fēngyè 豐業 9-1359B
féngyē 逢掖 10-916A
féngyē 摓掖 6-814B
féngyè 縫掖 9-970A
féngyè 縫腋 9-970A
fèngyē 鳳掖 12-1059B
fèngyě 鳳野 12-1060A
fèngyè 奉謁 2-1514A
fèngyè 鳳液 12-1062B
fèngyè 鳳曆 12-1069A
fēngyī 封一 2-1251B
fēngyī 風衣 12-597B
fēngyī 風漪 12-625B
fēngyī 豐衣 9-1351B
fēngyí 丰儀 1-578B
fēngyí 封夷 2-1253A
fēngyí 封姨 2-1255B
fēngyí 風姨 12-607A
fēngyí 風移 12-615A
fēngyí 風儀 12-627B
fēngyí 豐儀 9-1361A
fēngyí 豐頤 9-1362A
fēngyǐ 蜂蛾 8-905B
fēngyǐ 蜂螘 8-907B
fēngyǐ 蜂蟻 8-908A
fēngyì 封邑 2-1253A
fēngyì 封瘞 2-1259B
fēngyì 風逸 12-616A
fēngyì 風義 12-623A
fēngyì 風誼 12-628A
fēngyì 風議 12-634B
fēngyì 風鷁 12-635A
fēngyì 烽驛 7-83B
fēngyì 蜂軼 8-905B
fēngyì 豐佚 9-1352A
fēngyì 豐邑 9-1352A
fēngyì 豐逸 9-1357B
fēngyì 豐溢 9-1360A
fēngyì 豐翳 9-1362B
fēngyì 豐懿 9-1364B
féngyī 逢衣 10-915A
féngyī 摓衣 6-814B
féngyī 縫衣 9-969B
féngyí 馮夷 12-792B
féngyì 逢意 10-916B
fěngyì 諷意 11-348B
fěngyì 諷繹 11-349A
fěngyì 諷議 11-349A
fèngyī 鳳衣 12-1055B
fèngyí 奉移 2-1512A
fèngyí 鳳儀 12-1066A
fèngyì 鳳扆 12-1059B
fèngyì 風義 12-623A
fèngyì 風議 12-634B
fèngyì 奉役 2-1509B
fèngyì 奉邑 2-1509A
fèngyì 奉義 2-1513A
fèngyì 奉翼 2-1514B
fèngyì 鳳翼 12-1068A
fèngyì 鳳臆 12-1067B
fèngyì 鳳驛 12-1069A
féngyígōng 馮夷宮 12-792B
fèngyījīn 奉衣巾 2-1509A
fèngyìlóngqí 鳳臆龍鬐 12-1067B
fēngyīn 風音 12-606A
fēngyīn 豐殷 9-1356B
fēngyīn 豐禋 9-1360A
fēngyín 風吟 12-599A
fēngyín 風淫 12-616B
fēngyín 豐淫 9-1357B
fēngyìn 封蔭 2-1258B
fēngyìn 封印 2-1252B
fēngyìn 封廕 2-1258B
féngyīn 逢殷 10-915B
fèngyīn 鳳音 12-1058B
fèngyín 俸銀 1-1442B
fèngyín 鳳吟 12-1056A
fèngyǐn 奉引 2-1508B
fēngyīng 豐膺 9-1363A
fēngyíng 豐盈 9-1356A
fēngyíng 豐贏 9-1364A
fēngyǐng 風影 12-627A
fēngyǐng 峯穎 3-822B
fēngyǐng 鋒穎 11-1304B
fēngyǐng 豐穎 9-1362B
féngyíng 逢迎 10-915A
fèngyīng 鳳膺 12-1067B
fèngyíng 奉迎 2-1509B
fèngyíng 鳳楹 12-1064A
fèngyǐng 鳳影 12-1066A
féngyíngwáng 馮瀛王 12-795A
fēngyíngyǐduì 蜂營蟻隊 8-907B
fèngyǐnjiǔchú 鳳引九雛 12-1055A
fèngyínluánchuì 鳳吟鸞吹 12-1056A
féngyīqiǎndài 逢衣淺帶 10-915A
féngyīqiǎndài 縫衣淺帶 9-969B
fěngyīquànbǎi 諷一勸百 11-347A
fèngyíshòuwǔ 鳳儀獸舞 12-1066A
fēngyísúbiàn 風移俗變 12-615A
fēngyísúgǎi 風移俗改 12-615A
fēngyísúyì 風移俗易 12-615A
fēngyīzúshí 豐衣足食 9-1351B
fēngyōng 風擁 12-628B
fēngyōng 蜂擁 8-907B
fēngyōng 豐庸 9-1357B
fēngyōng 豐雍 9-1360A
fēngyǒng 蜂涌 8-905A
fēngyǒng 蜂湧 8-905B
fēngyǒng 蜂蛹 8-907A
féngyǒng 逢涌 10-915B
fěngyǒng 諷咏 11-347B
fěngyǒng 諷詠 11-348A
fēngyǒng 風詠 12-620A
fēngyōngyǐjù 蜂擁蟻聚 8-907B
fēngyōngyǐtún 蜂擁蟻屯 8-907B
fēngyōu 風猷 12-623A
fēngyǒu 風牖 12-627B
fēngyǒu 蜂牖 8-907A
fēngyǒu 豐有 9-1351A
fèngyǒu 鳳卣 12-1056A
fēngyóudiéwǔ 蜂游蝶舞 8-905B
fèngyǒuluánjiāo 鳳友鸞交 12-1054B
fèngyǒuluánxié 鳳友鸞諧 12-1054B
fēngyú 丰腴 1-578B
fēngyú 封禺 2-1255B
fēngyú 封隅 2-1257B
fēngyú 封嵎 2-1258A
fēngyú 風雩 12-614B
fēngyú 風魚 12-615B
fēngyú 豐腴 9-1358B
fēngyú 豐餘 9-1361B
fēngyǔ 風宇 12-598A
fēngyǔ 風羽 12-598A
fēngyǔ 風雨 12-600B
fēngyǔ 風語 12-624B
fēngyǔ 蜂語 8-907A
fēngyǔ 瘋語 8-342A
fēngyǔ 豐羽 9-1351B
fēngyǔ 豐雨 9-1353B
fēngyù 封域 2-1256B
fēngyù 封陝 2-1259A
fēngyù 風玉 12-595A
fēngyù 風馭 12-617B
fēngyù 風譽 12-634B
fēngyù 豐郁 9-1353B
fēngyù 豐裕 9-1359A
fēngyù 豐獄 9-1360B
fēngyù 豐豫 9-1361B
fēngyù 酆獄 10-697A
féngyù 逢遇 10-916B
fěngyù 諷喻 11-348A
fěngyù 諷諭 11-349A
fěngyù 諷譽 11-349A
fèngyú 奉諛 2-1513B
fèngyú 俸餘 1-1442B
fèngyú 鳳輿 12-1067B
fèngyǔ 鳳羽 12-1056A
fèngyǔ 鳳語 12-1065A
fèngyù 風喻 12-619B
fèngyù 風諭 12-629B
fèngyù 奉御 2-1512B
fēngyuān 風鳶 12-624A
féngyuán 逢源 10-916B
féngyuán 馮媛 12-794A
fěngyuàn 諷怨 11-347B
fèngyuān 鳳鵷 12-1068B
fèngyuán 奉元 2-1508A
fèngyuán 鳳轅 12-1067B
fèngyuàn 鳳苑 12-1057A
féngyuàndāngxióng 馮媛當熊 12-794A
fèngyuánlì 奉元曆 2-1508A
fēngyǔbiǎo 風雨表 12-601A
fēngyǔbùgǎi 風雨不改 12-600B
fēngyǔbùtòu 風雨不透 12-600B
fēngyǔcāochǎng 風雨操場 12-601B
fēngyǔdēng 風雨燈 12-601B
fēngyǔduìchuáng 風雨對床

12-601B
fēngyuè 封岳 2-1254A
fēngyuè 風樂 12-628B
fēngyuè 風月 12-594A
fēngyuè 豐岳 9-1353B
fēngyuè 豐悅 9-1357A
fèngyuè 鳳樂 12-1066B
fèngyuè 鳳躍 12-1069A
fēngyuèchǎng 風月場 12-594B
fēngyuèchángxīn 風月常新 12-594A
fēngyuèdàn 風月旦 12-594A
fēngyuèguǎn 風月館 12-594B
fēngyuèméntíng 風月門庭 12-594A
fēngyuèsuǒ 風月所 12-594A
fēngyuèwúbiān 風月無邊 12-594B
fēngyuèwúyá 風月無涯 12-594B
fēngyuèzhài 風月債 12-594B
fēngyuèzhǔ 風月主 12-594A
fēngyǔhuìmíng 風雨晦冥 12-601A
fēngyǔhuìmíng 風雨晦暝 12-601A
fēngyǔjiāojiā 風雨交加 12-600B
fēngyǔliánchuáng 風雨連牀 12-601A
fēngyūn 風暈 12-622A
fēngyún 風雲 12-618B
fēngyún 豐匀 9-1350A
fēngyùn 丰韻 1-578B
fēngyùn 風韵 12-622B
fēngyùn 風緼 12-628B
fēngyùn 風韻 12-634A
fēngyúnbiànhuàn 風雲變幻 12-619A
fēngyúnbiànsè 風雲變色 12-619A
fēngyúnbiàntài 風雲變態 12-619A
fēngyúnchìzhà 風雲叱咤 12-618B
fēngyúnhuì 風雲會 12-619A
fēngyúnjìhuì 風雲際會 12-619A
fēngyúnqì 風雲氣 12-618B
fēngyúnrénwù 風雲人物 12-618B
fēngyúntūbiàn 風雲突變 12-618B
fēngyúnyuèlù 風雲月露 12-618B
fēngyúnzhīzhì 風雲之志 12-618B
fēngyǔpiāolíng 風雨飄零 12-601B
fēngyǔpiāoyáo 風雨漂搖 12-601B
fēngyǔpiāoyáo 風雨飄搖 12-601B
fēngyǔpiāoyáo 風雨飄颻 12-601B
fēngyǔqīqī 風雨凄凄 12-601B
fēngyǔrúhuì 風雨如晦 12-601A
fēngyǔrúpán 風雨如磐 12-601A
fēngyǔshíruò 風雨時若 12-601A
fēngyǔtóngzhōu 風雨同舟 12-600B
fēngyǔwúzǔ 風雨無阻 12-601A
fēngyǔxiāotiáo 風雨蕭條 12-601B
fēngyǔyī 風雨衣 12-601A
fēngzāi 丰裁 1-578B
fēngzāi 風災 12-600A
fěngzàn 諷贊 11-349A
fèngzān 鳳簪 12-1068A
fēngzǎo 風藻 12-633A
fēngzǎo 豐藻 9-1363B
féngzāo 逢遭 10-917A
fèngzǎo 鳳藻 12-1068B
fēngzé 風則 12-604B
fēngzé 風澤 12-630A
fēngzé 豐澤 9-1362B
féngzé 逢澤 10-917A
fēngzèng 封贈 2-1261B
fèngzèng 賵贈 10-281A
fēngzhá 風閘 12-623A
fēngzhǎ 封鮺 2-1262B
fēngzhǎ 封鮓 2-1260B
fēngzhāi 封齋 2-1261A
fēngzhāi 風梩 12-623B
fēngzhài 風瘵 12-630A
fēngzhài 烽砦 7-82B
fèngzhāi 奉齋 2-1514B
fèngzhálóngshū 鳳札龍書 12-1055A
fēngzhàn 風占 12-595A
féngzhān 逢占 10-915A
féngzhàn 縫綻 9-970B
fèngzhān 鳳占 12-1055A
fēngzhāng 封章 2-1257B
fēngzhǎng 瘋長 8-342A
fēngzhàng 風帳 12-615A
fēngzhàng 風障 12-623B
fēngzhàng 峯嶂 3-822B
fēngzhàng 蜂帳 8-905A
fèngzhāng 鳳章 12-1062B
fèngzhàng 鳳帳 12-1060A
fēngzhāngfēngshì 風張風勢 12-617A
fēngzhào 風棹 12-618A
fēngzhào 豐兆 9-1351B
féngzhāo 馮招 12-793A
fěngzhào 諷詔 11-348A
fèngzhǎo 鳳沼 12-1058A
fèngzhǎo 鳳爪 12-1055A
fèngzhào 奉詔 2-1513A
fèngzhào 鳳兆 12-1055B
fèngzhào 鳳詔 12-1063B
fēngzhé 豐折 9-1351B
fēngzhēn 烽偵 7-82B
fēngzhēn 豐珍 9-1354A
fēngzhěn 封畛 2-1256A
fēngzhěn 風疹 12-611A
fēngzhěn 豐鬒 9-1363B
fēngzhèn 封鎮 2-1261B
fēngzhèn 風陣 12-606B
fèngzhēn 奉真 2-1511A
fèngzhěn 鳳枕 12-1057A
fèngzhěn 鳳軫 12-1063A
fèngzhèn 鳳振 12-1059A
fēngzhēng 風箏 12-620A
fēngzhēng 風[illegible] 12-627B
fēngzhēng 鋒鉦 11-1303B
fēngzhěng 豐整 9-1362A
fēngzhèng 風政 12-603B
fēngzhèng 風證 12-633B
fèngzhēng 鳳箏 12-1063A
fēngzhěnkuài 風疹塊 12-611A
fēngzhī 風枝 12-600B
fēngzhī 楓脂 4-1192B
fēngzhī 蜂脂 8-905A
fēngzhī 瘋枝 8-342A
fēngzhí 封埴 2-1256B
fēngzhí 封執 2-1257A
fēngzhí 封植 2-1257B
fēngzhí 封殖 2-1257B
fēngzhí 豐植 9-1358A
fēngzhí 豐殖 9-1358A
fēngzhǐ 風止 12-592B
fēngzhǐ 風旨 12-597B
fēngzhǐ 風指 12-604B
fēngzhǐ 豐旨 9-1351B
fēngzhǐ 豐祉 9-1354A
fēngzhì 丰致 1-578A
fēngzhì 丰緻 1-578B
fēngzhì 封識 2-1262A
fēngzhì 封秩 2-1256A
fēngzhì 封誌 2-1259A
fēngzhì 風志 12-598A
fēngzhì 風制 12-602A
fēngzhì 風致 12-609B
fēngzhì 風製 12-624A
fēngzhì 風質 12-627B
fēngzhì 蜂至 8-904A
fēngzhì 鋒至 11-1303A
fēngzhì 豐秩 9-1356B
féngzhī 縫織 9-971A
féngzhí 逢值 10-915B
féngzhì 縫紩 9-970A
féngzhì 縫製 9-970B
fěngzhī 泛卮 5-977A
fěngzhí 諷職 11-349A
fěngzhǐ 諷旨 11-347B
fèngzhī 風知 12-602A
fèngzhí 奉職 2-1514B
fèngzhí 鳳職 12-1068A
fèngzhǐ 風止 12-592B
fèngzhǐ 風指 12-604A
fèngzhǐ 奉止 2-1508A
fèngzhǐ 奉旨 2-1509A
fèngzhǐ 鳳紙 12-1059B
fèngzhì 奉制 2-1510A
fèngzhì 奉秩 2-1511A
fèngzhì 奉贄 2-1514B
fèngzhì 俸秩 1-1442A
fèngzhì 鳳峙 12-1058A
fèngzhì 鳳質 12-1066B
fèngzhìlóngná 鳳跱龍拏 12-1064A
fèngzhìyí 奉卮匜 2-1509B
fēngzhìyǔmù 風櫛雨沐 12-631A
fēngzhōng 豐中 9-1350A
fēngzhōng 豐鍾 9-1363B
fēngzhōng 豐鐘 9-1364A
fēngzhǒng 封冢 2-1256B
fēngzhòng 豐重 9-1355A
fēngzhōngbǐngzhú 風中秉燭 12-593A
fēngzhōngdēng 風中燈 12-593A
fēngzhōngzhīzhú 風中之燭 12-592B
fēngzhōu 蜂舟 8-904A
fēngzhǒu 風帚 12-603B
fēngzhǒu 風箒 12-624A
fěngzhòu 諷呪 11-347B
fěngzhòu 諷籀 11-349A
fèngzhòu 鳳咮 12-1058A
fēngzhú 風燭 12-632A
fēngzhù 封祝 2-1255B
fēngzhù 封貯 2-1258A
fēngzhù 豐注 9-1354A
fèngzhú 鳳竹 12-1055B
fèngzhú 鳳燭 12-1067B
fèngzhù 奉祝 2-1511A
fèngzhù 鳳杼 12-1057B
fèngzhù 賵助 10-280B
fēngzhuàn 封傳 2-1258B
fēngzhuàn 封篆 2-1259B
fēngzhuàn 豐饌 9-1364A
fèngzhuǎn 鳳轉 12-1068A
fèngzhuàn 鳳傳 12-1064A
fèngzhuàn 鳳篆 12-1066A
fèngzhuàn 鳳囀 12-1069A
fēngzhuāng 封樁 2-1259B
fēngzhuāng 豐莊 9-1356A
fēngzhuàng 風狀 12-603B
fēngzhuàng 豐壯 9-1353A
fēngzhuāngkù 封樁庫 2-1259B
fēngzhúcánnián 風燭殘年 12-632A
fēngzhuì 風綴 12-626A
féngzhuì 縫綴 9-970B
fèngzhuī 奉追 2-1510B
fèngzhùlóngpán 鳳翥龍蟠 12-1064B
fèngzhùlóngxiáng 鳳翥龍驤 12-1064B
fèngzhùlóngxiáng 鳳翥龍翔 12-1064B
fèngzhùluánhuí 鳳翥鸞迴 12-1064B
fèngzhùluánxiáng

鳳翥鸞翔 12-1064B
fēngzhǔn 蜂準 8-906A
fēngzhǔn 豐準 9-1360A
fēngzhuó 封著 2-1257A
fēngzhuó 風躅 12-634B
fēngzhuó 鳳鷟 12-1069A
fèngzhùpéngxiáng
鳳翥鵬翔 12-1064B
fēngzi 風子 12-592A
fēngzi 蜂子 8-903A
fēngzi 瘋子 8-341B
fēngzī 丰姿 1-578A
fēngzī 風姿 12-606A
fēngzī 豐貲 9-1359B
fēngzī 豐資 9-1360A
fēngzǐ 封子 2-1252A
fēngzǐ 烽子 7-82A
fēngzǐ 楓子 4-1191B
féngzǐ 摓子 6-625B
féngzǐ 馮子 12-792A
fèngzi 縫子 9-969B
fèngzī 俸粢 1-1442A
fèngzī 俸貲 1-1442B
fèngzī 俸資 1-1442B
fèngzī 鳳姿 12-1058B
fèngzǐ 桻子 4-1057A
fèngzǐ 鳳子 12-1054A
fèngzì 鳳字 12-1056A
fēngzǐguǐ 楓子鬼 4-1191B
fèngzǐlínfǔ 鳳胏麟脯 12-1057B
fèngzǐlóngsūn 鳳子龍孫 12-1054A
fèngzìpái 鳳字牌 12-1056A
féngzǐwúyú 馮子無魚 12-792A
fēngzīxiū 封資修 2-1258B
fēngzìyàn 風字硯 12-598A
fēngzǒu 風走 12-598A
fēngzòu 封奏 2-1255A
fēngzū 封租 2-1256A
fēngzú 鋒鏃 11-1305A
fēngzú 豐足 9-1352A
fèngzú 鳳足 12-1056A
fēngzuàn 風鑽 12-636B
fèngzuǐ 鳳觜 12-1064A
fèngzūn 奉尊 2-1513A
fèngzūn 奉遵 2-1513B
fēngzuǒ 豐佐 9-1352A
fēngzuò 豐祚 9-1355B
fēngzuò 豐胙 9-1355A
fèngzuǒ 奉佐 2-1509B
fèngzuò 奉坐 2-1509B
fénhái 焚骸 7-91A
fénhǎi 汾海 5-976A
fènhǎi 賁海 10-139A
fěnhàn 粉汗 9-200A
fènhán 奮肣 2-1566A
fènhàn 忿憾 7-425B
fènhàn 憤憾 7-734A
fēnháng 分行 2-570A
fēnhángbùbái 分行布白 2-570A
fēnháo 分毫 2-581A
fēnhào 分耗 2-577B
fēnhào 分號 2-584B
fènhǎo 分好 2-570B
fēnháobùqǔ 分毫不取 2-581A
fēnháobùshuǎng 分毫不爽 2-581A
fēnháobùzhí 分毫不值 2-581A
fēnháowúshuǎng 分毫無爽 2-581A
fēnháoxīlí 分毫析釐 2-581A
fēnhé 分合 2-570A
fénhé 焚和 7-88B
fènhé 奮翮 2-1568A
fěnhémásuì 粉合麻碎 9-200A
fènhèn 忿恨 7-424B
fènhèn 憤恨 7-732A
fēnhóng 分洪 2-577A
fēnhóng 分紅 2-577B
fēnhóng 雰虹 11-667A
fěnhóng 粉紅 9-201B
fēnhónghàilǜ 紛紅駭綠 9-765A
fēnhónglì 分紅利 2-577B
fěnhóu 粉侯 9-201B
fēnhǔ 分虎 2-573B
fénhú 妢胡 4-310A
fènhū 奮呼 2-1566A
fēnhuā 芬華 9-309A
fēnhuā 紛譁 9-767A
fēnhuá 分劃 2-586B
fēnhuá 芬華 9-309A
fēnhuá 紛華 9-765A
fēnhuà 分化 2-567A
fēnhuà 分畫 2-583B
fénhuā 墳花 2-1212A
fénhuà 焚化 7-87B
fěnhuā 粉花 9-200A
fēnhuāfúliǔ 分花拂柳 2-571A
fénhuáng 焚黄 7-89B
fēnhuāyuēliǔ 分花約柳 2-571A
fēnhuí 紛回 9-764B
fēnhuí 紛迴 9-765A
fēnhuì 分惠 2-582A
fēnhuì 分會 2-585A
fēnhuì 氛穢 6-1023A
fénhuǐ 焚燬 7-91B
fénhuǐ 焚毀 7-90B
fénhuì 汾澮 5-976B
fénhuì 棼穢 4-1089B
fěnhuì 粉繢 9-204B
fěnhuì 粉繪 9-204B
fènhuì 忿恚 7-424B
fènhuì 憤恚 7-732A
fènhuì 奮恚 2-1566B
fènhuì 糞穢 9-238A
fēnhǔjié 分虎節 2-573B
fēnhūn 氛昏 6-1021B
fēnhūn 氛昬 6-1021B
fènhùn 糞溷 9-238A
fēnhuō 分豁 2-589A
fēnhuò 紛惑 9-766A
fènhuǒ 憤火 7-731A
fènhuò 秎穫 8-33B
fènhuǒzhōngshāo 忿火中燒 7-424A
fēnhǔzhú 分虎竹 2-573B
fēnjí 分級 2-577B
fēnjǐ 分給 2-584A
fēnjì 分劑 2-588B
fēnjì 分濟 2-589A
fénjí 棼集 4-1089A
fénjí 墳籍 2-1213B
fénjì 墳記 2-1212B
fěnjì 粉齏 9-204B
fènjī 忿激 7-425B
fènjī 憤激 7-734A
fènjī 憤積 7-734A
fènjī 奮激 2-1568B
fènjī 奮擊 2-1568B
fènjī 糞箕 9-238A
fènjí 忿疾 7-425B
fènjí 忿嫉 7-425B
fènjí 憤疾 7-732B
fènjí 憤嫉 7-733B
fènjí 奮疾 2-1567A
fènjì 分際 2-586A
fènjì 分劑 2-588B
fènjì 分齊 2-586B
fènjì 奮迹 2-1566A
fènjì 奮跡 2-1567B
fēnjiā 分家 2-579A
fénjiǎ 枌檟 4-868A
fēnjiǎn 分揀 2-582A
fēnjiǎn 分減 2-583B
fēnjiān 分間 2-584A
fēnjiàn 分建 2-574B
fénjiān 焚煎 7-90B
fénjiàn 焚薦 7-91A
fěnjiān 粉箋 9-203A
fěnjiǎn 粉繭 9-204B
fēnjiāng 分疆 2-590A
fènjiàng 僨將 1-1661A
fēnjiānzhàn 分殲戰 2-590B
fēnjiào 分校 2-578A
fénjiāo 焚椒 7-90A
fènjiāo 分交 2-570B
fènjiāo 僨驕 1-1661B
fènjiáo 奮矯 2-1568A
fēnjiāxīchǎn 分家析産 2-579A
fēnjié 分節 2-585A
fēnjié 分截 2-586A
fēnjié 紛結 9-766A
fēnjiě 分解 2-585A
fēnjiè 分界 2-576A
fénjié 焚劫 7-88A
fěnjié 粉節 9-202A
fènjié 憤結 7-733B
fènjié 奮節 2-1568A
fēnjiégē 分節歌 2-585A
fēnjièxiàn 分界綫 2-576A
fēnjíjiùzhì 分級救治 2-577B
fēnjīn 分金 2-574A
fēnjīn 分襟 2-589B
fēnjīn 分衿 2-577A
fēnjìn 分進 2-580B
fēnjìn 氛祲 6-1022A
fēnjìn 雰祲 11-667A
fénjìn 汾晉 5-976A
fénjìn 焚燼 7-91B
fénjìn 蕡晉 12-1398A
fěnjīn 粉巾 9-199B
fěnjīn 粉金 9-200B
fènjīn 分金 2-574A
fènjīn 奮矜 2-1566B
fènjìn 奮進 2-1567A
fēnjīnbāiliǎng 分斤掰兩 2-567A
fēnjīnbāiliǎng 分金掰兩 2-574A
fēnjīnbōliǎng 分斤撥兩 2-567A
fēnjīng 分荊 2-575B
fēnjìng 分境 2-586A
fēnjìng 分鏡 2-590A
fēnjìng 紛競 9-767B
fénjǐng 墳井 2-1211B
fěnjǐng 粉頸 9-203B
fènjìng 忿競 7-426A
fēnjìngtóujùběn 分鏡頭劇本 2-590A
fēnjìnhéjī 分進合擊 2-580B
fēnjīpīlǐ 分肌劈理 2-570A
fēnjiū 紛糺 9-764B
fēnjiū 紛糾 9-765A
fénjiǔ 汾酒 5-976A
fēnjiǔbìhé… 分久必合,合久必分 2-566A
fēnjū 分居 2-575A
fēnjù 分裾 2-586A
fēnjú 分局 2-572A
fēnjù 分句 2-568B
fēnjù 紛劇 9-766B
fénjǔ 汾沮 5-976A
fènjū 奮裾 2-1568A
fènjú 分局 2-572A
fènjǔ 憤沮 7-731B
fēnjué 分決 2-570B
fēnjué 分絶 2-584B
fènjué 僨蹶 1-1661B
fènjué 憤厥 7-732B
fènjūn 賁軍 10-139A
fēnjūn 分均 2-571A
fènjūn 僨軍 1-1661A
fēnkāi 分開 2-583B
fènkǎi 憤慨 7-733A
fènkǎi 憤愾 7-733B
fènkàng 奮亢 2-1565A
fēnkē 分科 2-576B
fénkē 墳窠 2-1213A
fénkēng 焚坑 7-88A
fènkēng 糞坑 9-237B
fēnkǒu 分口 2-566A

fēnkòu 分扣 2-569A
fénkū 焚枯 7-89A
fènkuāng 糞筐 9-238A
fēnkuí 分暌 2-584B
fénkuí 汾葵 5-976B
fènkuí 瀵魁 6-216A
fènkuì 憤媿 7-733A
fènkuì 憤憒 7-734A
fènkuì 憤潰 7-733B
fěnkūlóu 粉骷髏 9-202B
fēnkǔn 分閫 2-587B
fěnkūn 粉昆 9-200B
fénkūshídàn 焚枯食淡 7-89A
fēnlài 分賚 2-587A
fenlǎng 分朗 2-579A
fěnláng 粉郎 9-200B
fēnlǎnglǎng 分朗朗 2-579A
fénlǎo 枌橑 4-868A
fénlǎo 棼橑 4-1089A
fēnláofùgōng 分勞赴功 2-583B
fēnlèi 分類 2-590A
fénlěi 墳壘 2-1213B
fěnlèi 粉淚 9-201B
fènlèi 忿纇 7-426A
fēnlí 分厘 2-575B
fēnlí 分剺 2-578B
fēnlí 分釐 2-589A
fēnlí 分離 2-589B
fēnlǐ 分理 2-579B
fēnlì 分力 2-565B
fēnlì 分立 2-568B
fēnlì 分利 2-571B
fēnlì 分隸 2-588B
fēnlì 氛沴 6-1021B
fēnlì 氛厲 6-1022B
fěnlì 粉荔 9-201A
fènlí 分釐 2-589A
fènlǐ 分理 2-579B
fènlì 分例 2-574A
fènlì 忿戾 7-424B
fènlì 忿詈 7-425A
fènlì 憤厲 7-733B
fènlì 奮力 2-1565A
fènlì 奮厲 2-1568A
fènlì 奮勵 2-1568A
fěnliǎn 粉臉 9-204B
fēnliǎng 分兩 2-573A
fénliáng 棼梁 4-1088B
fènliàng 分量 2-582B
fènliàng 份量 1-1208A
fēnliǎo 分了 2-565B
fénliǎo 焚燎 7-91B
fēnliè 分列 2-569B
fēnliè 分裂 2-582B
fēnliè 芬烈 9-309A
fénliè 焚裂 7-90A
fènliè 僨裂 1-1661A
fènliè 憤烈 7-732B
fènliè 奮鬣 2-1569A
fēnlièshēngzhí 分裂生殖 2-582B
fēnlièshì 分列式 2-569B
fēnlíháosī 分釐毫絲 2-589A
fénlín 焚林 7-88A
fènlín 奮鱗 2-1569A
fénlín'érliè 焚林而獵 7-88B
fénlín'érshòu 焚林而狩 7-88B
fénlín'értián 焚林而田 7-88A
fénlín'értián 焚林而畋 7-88B
fēnlǐng 分領 2-586B
fēnlǐng 分嶺 2-588B
fēnlìng 分另 2-568A
fénlíng 墳陵 2-1212B
fěnlíngmásuì 粉零麻碎 9-202A
fénlínjiézé 焚林竭澤 7-88B
fēnliú 分流 2-578B
fēnliú 分餾 2-589B
fēnliù 饙餾 12-580A
fěnlìzhī 粉荔枝 9-201A
fēnlóng 分龍 2-588A
fénlǒng 墳隴 2-1213B
fénlǒng 墳壟 2-1213B
fénlǒng 墳壠 2-1213B
fēnlóngbīng 分龍兵 2-588A
fēnlóngjié 分龍節 2-588B
fēnlóngrì 分龍日 2-588A
fēnlóngyǔ 分龍雨 2-588A
fēnlù 分鹿 2-581A
fēnlù 分路 2-584B
fénlú 墳壚 2-1213B
fénlǔ 棼櫓 4-1089B
fénlǔ 轒轤 9-1331A
fénlù 汾露 5-976B
fénlù 汾潞 5-976B
fènlù 賁露 10-140A
fēnluán 分鸞 2-591A
fēnluàn 紛亂 9-766B
fénluàn 棼亂 4-1089A
fēnlún 紛綸 9-766B
fēnlún 紛輪 9-766B
fénlún 棼輪 4-1089A
fénlún 焚輪 7-91A
fēnluó 紛羅 9-767B
fēnlùyángbiāo 分路揚鑣 2-584B
fēnlǜ 分率 2-581B
fěnlǜ 粉緑 9-203A
fènlǚ 奮旅 2-1567A
fénlüè 焚掠 7-89B
fēnmái 氛霾 6-1023A
fēnmái 雰霾 11-667B
fènmǎn 憤滿 7-733B
fēnmáng 紛厖 9-765A
fēnmáo 分茅 2-572B
fēnmáo 氛旄 6-1022A
fénmào 棼瞀 4-1089A
fēnmáocìtǔ 分茅賜土 2-572B
fēnmáolietǔ 分茅列土 2-572B
fēnmáolietǔ 分茅裂土 2-572B
fēnmáolǐng 分茅嶺 2-572B
fēnmáoxītǔ 分茅錫土 2-572B
fēnmáozuòtǔ 分茅胙土 2-572B
fēnmèi 分袂 2-577A
fénméi 棼楣 4-1089A
fènmèi 奮袂 2-1566A
fènmén 糞門 9-237B
fènmèn 忿懣 7-426A
fènmèn 憤悶 7-733A
fènmèn 憤懣 7-734A
fènmèn 奮懣 2-1569A
fēnménbiéhù 分門別户 2-575A
fēnménbiélèi 分門別類 2-575A
fēnménshū 分門書 2-575A
fēnmǐ 分米 2-570B
fēnmì 分泌 2-574B
fénmí 棼迷 4-1088B
fénmí 焚靡 7-91B
fěnmǐ 粉米 9-200A
fēnmiǎn 分娩 2-579A
fěnmián 粉綿 9-203A
fěnmiàn 粉面 9-201A
fènmiǎn 奮勉 2-1566A
fěnmiànyóutóu 粉面油頭 9-201A
fěnmiànzhūchún 粉面朱唇 9-201A
fēnmiǎo 分杪 2-572B
fēnmiǎo 分秒 2-576A
fēnmiǎobìzhēng 分秒必争 2-576A
fénmiè 焚滅 7-90B
fēnmín 分民 2-569A
fēnmíng 分明 2-573B
fēnmìng 分命 2-574A
fènmìng 分命 2-574A
fènmìng 奮命 2-1566A
fěnmò 粉末 9-199B
fěnmò 粉墨 9-203A
fènmò 奮末 2-1565A
fěnmòdēngchǎng 粉墨登場 9-203B
fēnmǔ 分母 2-569A
fénmù 焚牧 7-88B
fénmù 墳墓 2-1213A
fēnná 紛拏 9-765A
fēnná 紛拿 9-765B
fēnná 紛挐 9-765B
fēnnàn 紛難 9-767B
fēnnáo 吩呶 3-233B
fēnnáo 紛呶 9-765A
fēnnáo 紛撓 9-766B
fènnǎo 憤惱 7-733A
fēnnèi 分内 2-566B
fènnèi 份内 1-1207B
fěnnèn 粉嫩 9-203A
fēnní 分泥 2-574B
fēnní 氛霓 6-1022B
fénnì 焚溺 7-90B
fēnnián 分年 2-570A
fēnniè 分蘖 2-590B
fēnnóng 紛穠 9-767B
fēnnǒng 紛穠 9-767B
fènnù 忿怒 7-424B
fènnù 憤怒 7-732A
fènnù 奮怒 2-1566A
fén'ōu 汾謳 5-976B
fēnpā 芬葩 9-309A
fēnpā 紛葩 9-766A
fēnpài 分派 2-577A
fěnpái 粉牌 9-201B
fēnpàn 分判 2-572A
fēnpáng 紛龐 9-767B
fēnpáng 紛龐 9-767B
fēnpèi 分配 2-578A
fēnpéng 分朋 2-574A
fēnpéngyǐnlèi 分朋引類 2-574A
fēnpī 分披 2-572A
fēnpī 紛披 9-764B
fēnpiànbāogān 分片包乾 2-567A
fénpiāo 墳飄 2-1213B
fénpiào 焚剽 7-90B
fēnpiě 分撇 2-586A
fēnpínzhènqióng 分貧振窮 2-581A
fēnpò 分破 2-578A
fēnpōu 分剖 2-578B
fěnpū 粉撲 9-203A
fènpū 僨仆 1-1661A
fēnqī 分期 2-582A
fēnqí 分岐 2-571A
fēnqí 分歧 2-573A
fēnqí 紛歧 9-764B
fēnqì 分氣 2-578A
fēnqì 分器 2-588A
fēnqì 氛氣 6-1022A
fēnqì 雰氣 11-667A
fénqì 焚棄 7-90A
fènqí 糞棋 9-238A
fènqǐ 墳起 2-1212B
fènqǐ 僨起 1-1661A
fènqǐ 憤起 7-732A
fènqǐ 奮起 2-1566B
fènqì 分契 2-575A
fènqì 分器 2-588A
fènqì 忿氣 7-425A
fènqì 憤氣 7-732B
fènqì 奮氣 2-1566B
fēnqiǎ 分卡 2-568A
fēnqiǎn 分遣 2-584B
fēnqiáng 分彊 2-588B
fěnqiáng 粉牆 9-204B
fènqiáng 糞牆 9-238A
fénqiánliáng 焚錢糧 7-91A
fénqiánlièchǔ 焚錢烈楮 7-91A
fénqiáo 汾橋 5-976B
fēnqídiǎn 分歧點 2-573B
fènqiè 憤切 7-731A

fènqīn 分親 2-588A
fēnqīng 分清 2-581B
fēnqíng 分情 2-581B
fènqīng 糞清 9-238A
fēnqíngpò'ài 分情破愛 2-581B
fénqínyùhè 焚琴鬻鶴 7-90A
fénqínzhǔhè 焚琴煮鶴 7-90A
fénqìshìyì 焚契市義 7-88B
fénqiū 汾丘 5-975B
fénqiū 墳丘 2-1212A
fénqiū 墳坵 2-1212A
fénqiú 焚裘 7-90B
fēnqū 分祛 2-579A
fēnqū 分區 2-579B
fēnqǔ 分取 2-572B
fénqū 汾曲 5-975B
fénqū 焚軀 7-91B
fēnquán 分權 2-590B
fénquān 墳圈 2-1212B
fénquàn 焚券 7-88B
fènquán 奮拳 2-1567A
fènquán 奮權 2-1569A
fēnquánsùliào 酚醛塑料 9-1395B
fēnrán 分然 2-583A
fénrán 棼然 4-1089A
fènrán 忿然 7-425A
fènrán 憤然 7-733A
fènrán 奮然 2-1567B
fènrán 奮髯 2-1568A
fēnràng 分讓 2-591A
fénrǎng 墳壤 2-1213B
fènrǎng 墳壤 2-1213B
fènrǎng 糞壤 9-238A
fènránzuòsè 忿然作色 7-425A
fēnrǎo 分擾 2-589A
fēnrǎo 紛擾 9-767A
fénrǎo 棼擾 4-1089B
fēnrèn 分任 2-570A
fēnrì 分日 2-566B
fēnróng 紛溶 9-766B
fēnrǒng 紛宂 9-764A
fēnrǒng 紛冗 9-764A
fènróng 奮榮 2-1568A
fēnróu 紛糅 9-767A
fēnróu 雰糅 11-667B
fēnrū 紛茹 9-765A
fēnrù 紛縟 9-767A
fénrú 焚如 7-87B
fēnruǎn 紛耎 9-766A
fēnrùn 分潤 2-587B
fēnruò 芬若 9-309A
fēnruò 紛若 9-764B
fénruò 焚爇 7-91B
fènsǎ 糞洒 9-238A
fènsǎ 糞灑 9-238B
fēnsài 分塞 2-586A
fènsài 忿塞 7-425B
fēnsàn 分散 2-582A
fēnsānbiéliǎng 分三別兩 2-565B
fènsàng 忿喪 7-425A
fēnsànzhǐhuī 分散指揮 2-582A
fēnsànzhǔyì 分散主義 2-582A
fěnsè 粉色 9-200A
fēnshā 分沙 2-572A
fénshā 焚煞 7-90B
fēnshǎn 分陝 2-577B
fénshān 焚山 7-87B
fénshān 墳山 2-1211B
fénshānlièzé 焚山烈澤 7-87B
fénshāo 焚燒 7-91A
fēnshè 分設 2-581A
fénshè 枌社 4-867B
fēnshēn 分身 2-571B
fēnshén 分神 2-577A
fénshēn 焚身 7-88A
fénshén 汾神 5-976A
fěnshēn 粉身 9-200B
fènshēn 賁信 10-139A
fènshēn 焚身 7-88A
fènshēn 奮身 2-1565B
fènshēn 奮信 2-1566A
fènshēnbùgù 奮身不顧 2-1565B
fēnshēnfǎ 分身法 2-572A
fēnshěng 分省 2-576A
fěnshěng 粉省 9-201A
fènshēng 僨升 1-1660B
fènshèng 憤盛 7-732B
fěnshēnhuīgǔ 粉身灰骨 9-200B
fēnshēnjiàng 分身將 2-572A
fēnshēnjiǎnkǒu 分身減口 2-572A
fēnshēnshù 分身術 2-572A
fěnshēnsuìgǔ 粉身碎骨 9-200B
fēnshī 分屍 2-577B
fēnshī 分施 2-577A
fēnshì 分視 2-581B
fēnshì 分釋 2-590B
fēnshì 吩示 3-233B
fénshī 焚屍 7-89B
fénshí 焚石 7-87B
fénshǐ 棼纚 4-1089B
fénshǐ 墳史 2-1212A
fénshǐ 豶豕 10-44A
fěnshí 粉食 9-201B
fěnshì 粉飾 9-202B
fènshī 僨師 1-1661A
fènshì 分事 2-573A
fēnshì 分勢 2-584B
fènshì 僨事 1-1661A
fènshì 憤世 7-731B
fènshì 奮勢 2-1567B
fènshíjísú 憤時疾俗 7-732B
fènshìjísú 忿世嫉俗 7-424A
fènshìjísú 憤世疾俗 7-731B
fènshìjísú 憤世嫉俗 7-731B
fènshìjíxié 憤世疾邪 7-731B
fěnshìtàipíng 粉飾太平 9-202B
fénshīyánghuī 焚尸揚灰 7-87B
fēnshóu 分熟 2-587A
fēnshǒu 分手 2-567A
fēnshǒu 分守 2-570B
fēnshǒu 分首 2-577A
fēnshòu 分售 2-580B
fénshǒu 墳首 2-1212B
fénshǒu 豶首 9-193A
fènshǒu 分守 2-570B
fènshǒu 奮道 2-1566A
fēnshū 分書 2-579A
fēnshū 分殊 2-578A
fēnshū 分疎 2-584A
fēnshū 分疏 2-584A
fēnshù 分數 2-587A
fénshū 焚書 7-89B
fénshǔ 蚡鼠 8-868A
fénshǔ 鼢鼠 12-1412A
fěnshǔ 粉署 9-202A
fēnshú 分熟 2-587B
fènshù 分數 2-587A
fěnshuā 粉刷 9-201A
fēnshuǐ 分水 2-566B
fēnshuì 帉帨 3-699A
fēnshuì 紛帨 9-765B
fénshuí 汾脽 5-976B
fēnshuǐlǐng 分水嶺 2-566B
fēnshuǐxiàn 分水綫 2-566B
fénshuǐyóu 汾水游 5-975B
fēnshuǐzhá 分水閘 2-566B
fénshūkēngrú 焚書坑儒 7-89B
fēnshuō 分説 2-586B
fénshuò 焚爍 7-91B
fénshuò 焚鑠 7-91B
fēnsī 分司 2-569A
fēnsì 分似 2-570A
fénsī 棼絲 4-1089A
fénsǐ 焚死 7-87B
fénsì 墳寺 2-1212A
fènsǐ 分死 2-569B
fènsǐ 奮死 2-1565A
fénsīshǔ 鼢鼶鼠 12-1412A
fēnsīxīlǚ 分絲析縷 2-584B
fēnsòng 紛訟 9-766A
fénsòng 焚誦 7-90B
fènsǒng 奮竦 2-1567B
fénsǒu'értián 焚藪而田 7-91B
fēnsù 分訴 2-583A
fénsù 墳素 2-1212B
fènsù 分素 2-577B
fènsù 忿速 7-425A
fēnsuì 分歲 2-584B
fēnsuì 分碎 2-584B
fěnsuì 粉碎 9-202A
fēnsǔn 分損 2-584B
fēnsuǒ 分索 2-578A
fénsuǒ 墳索 2-1212B
fēntà 帉鎝 3-699A
fēntà 紛沓 9-765A
fēntà 紛遝 9-766A
fēntài 酚酞 9-1395A
féntái 墳臺 2-1213A
fěntài 粉態 9-203A
fēntān 分攤 2-590B
féntán 墳壇 2-1213A
fèntàn 憤歎 7-733B
fēntáo 分桃 2-577B
fèntāo 憤濤 7-734A
fèntǎo 奮討 2-1566B
fēntè 氛慝 6-1022B
fēnténg 紛騰 9-767B
fēntí 分題 2-589B
fēntǐ 分體 2-591A
féntí 焚薙 7-91A
fěntí 粉題 9-204B
fèntí 奮蹄 2-1568A
fēntián 分田 2-568A
féntián 墳田 2-1212A
fēntiáoxīlǐ 分條析理 2-578B
fēntíng 分庭 2-576B
féntíng 汾亭 5-976A
fēntíngkànglǐ 分庭伉禮 2-576B
fēntíngkànglǐ 分庭抗禮 2-576B
fēntóng 分銅 2-586A
fēntǒng 分統 2-584B
fēntòng 分痛 2-583A
fèntòng 忿痛 7-425B
fèntòng 憤痛 7-733A
fēntóu 分頭 2-587B
féntóu 墳頭 2-1213A
fěntóu 粉頭 9-203B
fèntóu 奮頭 2-1568A
fēntú 分涂 2-579A
fēntú 分途 2-578B
fēntú 分塗 2-585B
fēntǔ 分土 2-565B
féntú 焚屠 7-90A
féntǔ 墳土 2-1211B
fěntú 粉圖 9-202B
fèntǔ 糞土 9-237B
fěntuán 粉團 9-202B
fěntuán'er 粉團兒 9-202B
fèntǔchén 糞土臣 9-237B
fēntún 分屯 2-566B
fěntuò 粉籜 9-204B
fēnwài 分外 2-568B
fènwài 份外 1-1207B
fènwàizhīwù 分外之物 2-568B
fènwán 糞丸 9-237B
fènwǎn 憤惋 7-732B
fénwāng 焚尪 7-88A
fénwáng 汾王 5-975B
fènwáng 憤王 7-731A
fènwàng 分望 2-581B
fēnwēi 分威 2-575B

fēnwéi 分爲 2-583A
fēnwéi 分違 2-584A
fēnwéi 分衛 2-587A
fēnwéi 氛圍 6-1022A
fēnwéi 雰圍 11-667B
fēnwěi 分委 2-574A
fēnwěi 紛委 9-765A
fēnwèi 分位 2-571B
fěnwéi 粉闈 9-204B
fènwēi 奮威 2-1566A
fènwěi 忿葦 7-425A
fènwěi 瀵尾 6-215B
fènwèi 分位 2-571B
fēnwén 分文 2-567A
fénwēn 樻榅 4-1299A
fēnwénbùqǔ 分文不取 2-567B
fēnwénbùzhí 分文不直 2-567B
fēnwénbùzhí 分文不值 2-567B
fēnwénwèiqǔ 分文未取 2-567B
fēnwǒbēigēng 分我杯羹 2-571B
fēnwù 分物 2-573B
fēnwù 分務 2-579B
fēnwù 氛霧 6-1023A
fēnwù 雰雺 11-667B
fēnwù 雰霧 11-667B
fénwū 焚污 7-87B
fénwū 焚巫 7-88A
fénwū 焚杇 7-88A
fènwǔ 奮武 2-1565B
fènwù 分務 2-579B
fènwǔyángwēi 奮武揚威 2-1565B
fēnxī 分析 2-572B
fēnxī 分晰 2-582B
fēnxì 分繫 2-590A
fēnxì 分細 2-582A
fénxī 蚡息 8-868A
fěnxí 粉席 9-201B
fěnxì 粉戲 9-204A
fènxì 忿隙 7-425B
fènxì 忿鬩 7-426A
fènxì 忿閲 7-425B
fěnxiá 粉霞 9-204A
fēnxián 分絃 2-582A
fēnxiàn 分限 2-575A
fēnxiàn 分獻 2-590B
fěnxiàn 粉線 9-203B
fènxiàn 分限 2-575A
fēnxiāng 分香 2-576A
fēnxiāng 芬香 9-309A
fēnxiāng 芬薌 9-309B
fēnxiáng 分詳 2-585B
fēnxiáng 氛祥 6-1022A
fēnxiǎng 分享 2-574A
fēnxiǎng 氛想 6-1022A
fénxiāng 焚香 7-89A
fénxiàng 枌巷 4-867B
fènxiáng 奮翔 2-1567B
fénxiāngdǐnglǐ 焚香頂禮 7-89A
fénxiānglǐbài 焚香禮拜 7-89A
fēnxiāngmàilǚ 分香賣履 2-576B
fénxiāngmóbài 焚香膜拜 7-89A
fénxiāngsǎodì 焚香掃地 7-89A
fēnxiāo 分宵 2-579A
fēnxiāo 氛囂 6-1023A
fēnxiāo 紛嘵 9-766B
fēnxiāo 紛囂 9-767B
fēnxiáo 紛淆 9-766A
fēnxiǎo 分曉 2-587B
fēnxiào 分校 2-578A
fénxiāo 棼囂 4-1089B
fénxiāo 焚削 7-89A
fénxiāo 焚銷 7-91A
fènxiào 奮効 2-1566A
fēnxiāodáshǔ 分宵達曙 2-579A
fēnxié 分攜 2-590B
fēnxié 氛邪 6-1021A
fēnxiépòjìng 分鞋破鏡 2-586B
fēnxīn 分心 2-567B
fēnxīn 芬馨 9-309B
fénxìn 焚焮 7-90B
fènxīn 憤心 7-731A
fènxīn 奮心 2-1565A
fènxìn 奮舋 2-1569A
fènxìn 奮釁 2-1569B
fēnxīng 分腥 2-585A
fēnxíng 分行 2-570A
fēnxíng 分形 2-570B
fēnxīng 分星 2-576A
fènxīng 僨興 1-1661B
fènxīng 憤興 7-734A
fènxīng 奮興 2-1568B
fènxíng 奮行 2-1565A
fènxìng 忿性 7-424B
fēnxīngbōliǎng 分星撥兩 2-576A
fēnxīngbòliǎng 分星擘兩 2-576A
fēnxínggòngqì 分形共氣 2-571A
fēnxíngliánqì 分形連氣 2-571A
fēnxīngpīliǎng 分星劈兩 2-576A
fēnxíngtóngqì 分形同氣 2-571A
fēnxīnguàfù 分心挂腹 2-567B
fénxiū 焚修 7-89A
fènxiù 奮袖 2-1567A
fènxiù 奮褎 2-1568A
fēnxǔ 分許 2-581A
fēnxù 分敍 2-581A
fěnxù 粉絮 9-202A
fěnxuàn 粉楦 9-202A
fēnxuē 分削 2-576A
fēnxuě 分雪 2-580A
fēnxuě 雰雪 11-667A
fēnxún 分巡 2-570B
fènxùn 憤迅 7-731B
fènxùn 奮迅 2-1565B
fènxùn 奮訊 2-1567A
fēnxúndào 分巡道 2-570B
fènyà 奮軋 2-1566A
fēnyān 分煙 2-585B
fēnyān 氛煙 6-1022B
fēnyán 分顏 2-589B
fēnyàn 氛燄 6-1022B
fényān 棼煙 4-1089A
fényán 焚研 7-89A
fényán 墳埏 2-1212A
fényǎn 墳衍 2-1212A
fényǎn 濆衍 6-122B
fényàn 焚硯 7-90A
fěnyàn 粉艷 9-204B
fènyán 忿言 7-424A
fēnyāng 分秧 2-578B
fēnyǎng 氛坱 6-1021B
fényáng 賁羊 10-138B
fényáng 汾陽 5-976B
fényáng 墳羊 2-1212A
fényáng 羵羊 9-193A
fényàng 焚煬 7-90B
fènyáng 獖羊 5-106B
fènyáng 奮揚 2-1567A
fényánggōng 汾陽宮 5-976B
fényángkǎo 汾陽考 5-976B
fényángmào 汾陽帽 5-976B
fényángwáng 汾陽王 5-976B
fēnyānxīchǎn 分煙析產 2-585B
fēnyānxīshēng 分煙析生 2-585B
fēnyāo 氛妖 6-1021B
fēnyāo 氛祅 6-1021B
fēnyě 分野 2-580A
fēnyè 分夜 2-574B
fēnyè 分業 2-584B
fényè 汾射 5-976A
fènyě 分野 2-580A
fēnyèzhōng 分夜鐘 2-574B
fēnyí 分宜 2-574B
fēnyí 分移 2-580B
fēnyì 分役 2-572A
fēnyì 分異 2-580B
fēnyì 分意 2-585B
fēnyì 分詣 2-585A
fēnyì 分議 2-590B
fēnyì 氛曀 6-1022B
fēnyì 氛翳 6-1022B
fényì 枌邑 4-867B
fényì 棼翳 4-1089B
fényì 焚逸 7-90A
fényì 焚軼 7-90A
fényì 焚瘞 7-91A
fènyī 奮衣 2-1565B
fènyì 分意 2-585B
fènyì 分義 2-585B
fènyì 忿邑 7-424B
fènyì 憤抑 7-731B
fènyì 憤邑 7-731B
fènyì 憤悒 7-732B
fènyì 憤意 7-733B
fènyì 奮逸 2-1567A
fènyì 奮意 2-1568A
fènyì 奮翼 2-1568B
fènyì 奮襼 2-1569A
fēnyīn 分音 2-577A
fēnyīn 分陰 2-579A
fēnyīn 氛氤 6-1022A
fēnyín 分吟 2-571A
fényīn 汾陰 5-976A
fényín 岎崟 3-804B
fényīndǐng 汾陰鼎 5-976B
fēnyíng 分贏 2-590B
fēnyíng 紛營 9-767A
fényíng 墳塋 2-1213A
fènyíng 憤盈 7-732A
fényīnshuí 汾陰脽 5-976A
fényōng 賁庸 10-139A
fényōng 賁墉 10-139B
fényōng 賁鏞 10-140A
fényōng 蕡鏞 12-1398A
fènyōng 奮庸 2-1567A
fènyǒng 憤勇 7-732A
fènyǒng 憤踊 7-733B
fènyǒng 奮勇 2-1566B
fènyǒng 奮涌 2-1567A
fènyǒng 奮湧 2-1567B
fènyǒng 瀵湧 6-216A
fènyòng 奮用 2-1565A
fēnyōu 分憂 2-586B
fēnyóu 分猷 2-585B
fēnyòu 分宥 2-577A
fēnyǔ 分與 2-585A
fēnyù 分域 2-579B
fēnyù 芬郁 9-309A
fēnyù 芬鬱 9-309B
fēnyù 紛郁 9-764B
fēnyù 紛鬱 9-767B
fényú 枌榆 4-867B
fényú 焚魚 7-90A
fényú 墳腴 2-1213A
fènyù 奔育 2-1517B
fènyù 忿欝 7-426B
fènyù 忿鬱 7-426B
fènyù 憤鬱 7-734B
fènyù 奮豫 2-1568A
fènyù 膹鬱 6-1378B
fényuán 墳園 2-1213A
fényuàn 墳院 2-1212B
fènyuān 忿悁 7-425A
fènyuān 憤悁 7-732B
fènyuán 分緣 2-587B
fènyuán 僨轅 1-1661B
fènyuàn 分願 2-590A
fènyuàn 忿怨 7-424B
fènyuàn 憤怨 7-732A
fènyuè 奮越 2-1567A
fènyuè 奮躍 2-1569A
fēnyūn 芬蒀 9-309A
fēnyūn 芬氳 9-309B
fēnyūn 氛氳 6-1022A
fēnyún 分紜 2-579B

fēnyún 紛貥 9-766B
fēnyún 紛員 9-765B
fēnyún 紛云 9-764A
fēnyún 紛紜 9-765B
fēnyún 汾沄 5-976A
fēnyùn 分韻 2-590A
fēnyùn 芬蘊 9-309B
fēnyùn 紛緼 9-767A
fēnyùn 紛蘊 9-767B
fényūn 棼煴 4-1089A
fényūn 馚馧 12-441B
fényūn 轒轀 9-1331A
fényūn 蒶蒀 9-477A
fényǔn 轒輐 9-1331A
fényùn 蚡緼 8-868A
fényùn 棼緼 4-1089A
fényùn 蒶蘊 9-533A
fényùn 羵緼 12-1281B
fènyùn 忿愠 7-425B
fènyùn 憤愠 7-733A
fényúsōngqiū 枌榆松楸 4-868A
fēnyùxūhán 分燠嘘寒 2-588B
fēnzá 氛雜 6-1023A
fēnzá 紛雜 9-767B
fénzá 棼襍 4-1089B
fēnzāng 分贓 2-590B
fěnzǎo 粉藻 9-204B
fènzǎo 奮藻 2-1569A
fènzào 忿譟 7-426A
fènzào 忿躁 7-426A
fēnzé 分則 2-576A
fěnzé 粉澤 9-204A
fènzhà 憤咤 7-732A
fēnzhāi 分齊 2-586B
fēnzhái 分宅 2-570B
fènzhàn 奮戰 2-1568B
fēnzhāng 分張 2-581B
fēnzhǎng 分掌 2-582B
fēnzhàng 氛瘴 6-1022B
fènzhāng 僨張 1-1661A
fènzhāng 奮張 2-1567A
fēnzhāngxījù 分章析句 2-581A
fénzhào 墳兆 2-1212A
fēnzhé 分磔 2-587A
fēnzhé 分轍 2-590A
fènzhé 僨轍 1-1661B
fènzhèn 奮振 2-1566B
fēnzhēng 分争 2-570A
fēnzhēng 紛争 9-764B
fēnzhèng 分證 2-590A
fénzhēng 棼争 4-1088B
fènzhēng 忿争 7-424B
fènzhēng 憤争 7-731B
fènzhēng 奮争 2-1565A
fènzhèng 忿諍 7-425B
fēnzhī 分支 2-566B
fēnzhī 分枝 2-572B
fēnzhí 分職 2-589A
fēnzhì 分至 2-569B
fēnzhì 分治 2-574B
fēnzhì 分置 2-584B
fénzhī 焚芝 7-87B
fénzhī 賁覫 10-139B
fénzhì 焚炙 7-88B
fénzhì 焚擲 7-91B
fènzhí 分直 2-572B
fènzhì 忿忮 7-424B
fènzhì 忿疐 7-425B
fènzhì 忿懥 7-425B
fènzhì 忿懫 7-426A
fènzhì 忿鷙 7-426A
fènzhì 奮志 2-1565B
fènzhì 奮擲 2-1568B
fènzhì 膹炙 6-1378B
fènzhì 糞治 9-237B
fēnzhìdiǎn 分至點 2-569B
fēnzhìtàlái 紛至沓來 9-764A
fēnzhīzhàng 分支帳 2-566B
fénzhǒng 墳冢 2-1212B
fénzhǒng 墳塚 2-1213A
fènzhōng 分中 2-566B
fènzhòng 糞種 9-238A
fénzhōu 焚舟 7-87B
fénzhōupòfǔ 焚舟破釜 7-87B
fēnzhū 分銖 2-586A
fēnzhú 分竹 2-570A
fénzhú 墳燭 2-1213B
fénzhú 羵燭 12-1281B
fēnzhuàn 分傳 2-585A
fěnzhuāngyùzhuó 粉粧玉琢 9-202A
fěnzhuāngyùzhuó 粉裝玉琢 9-202B
fēnzhuó 氛濁 6-1022B
fēnzhuó 紛濁 9-767A
fēnzhuó 雰濁 11-667B
fénzhuó 焚灼 7-88A
fēnzǐ 分子 2-566A
fēnzǐ 氛滓 6-1022B
fénzǐ 枌梓 4-867B
fènzi 份子 1-1207B
fènzī 分貲 2-584B
fènzī 分資 2-585B
fènzǐ 分子 2-566A
fènzǐ 份子 1-1207B
fēnzǐshì 分子式 2-566B
fēnzǒng 分總 2-589A
fēnzú 分族 2-581A
fěnzuǐ 粉嘴 9-203B
fēnzuò 分胙 2-576B
fēnzuò 分座 2-578B
fóbǎo 佛寶 1-1294A
fóbǐng 佛餅 1-1292B
fóbō 佛鉢 1-1292A
fócǎo 佛草 1-1289A
fóchà 佛剎 1-1288B
fóchǎng 佛塲 1-1292A
fóchǎng 佛場 1-1291A
fóchéng 佛乘 1-1290A
fóchǐ 佛齒 1-1292B
fóchūshì 佛出世 1-1286B
fócí 佛祠 1-1289B
fódào 佛道 1-1291B
fódēng 佛燈 1-1293B
fódì 佛地 1-1287A
fódì 佛諦 1-1293B
fódiǎn 佛典 1-1288A
fódiàn 佛殿 1-1292A
fódǐngjú 佛頂菊 1-1290B
fódǐngzhū 佛頂珠 1-1290B
fódìzǐ 佛弟子 1-1288A
fódòu 佛豆 1-1287B
fóduō 佛多 1-1287B
fó'ěrcǎo 佛耳草 1-1287A
fófǎ 佛法 1-1288B
fófà 佛髮 1-1292B
fófān 佛幡 1-1293A
fófǎsēng 佛法僧 1-1288B
fófó 坲坲 2-1092A
fógāoyīchǐ… 佛高一尺,魔高一丈 1-1290A
fógé 佛閣 1-1292B
fógōng 佛宮 1-1289B
fógǔ 佛骨 1-1289B
fóguāng 佛光 1-1287A
fóguāngkù 佛光袴 1-1287A
fóguāngsì 佛光寺 1-1287A
fóguì 佛櫃 1-1293B
fóguó 佛國 1-1291A
fóguǒ 佛果 1-1288A
fóhǎi 佛海 1-1290A
fóhàn 佛汗 1-1287B
fóhào 佛號 1-1291B
fóhuà 佛化 1-1286A
fóhuà 佛畫 1-1291B
fóhuǎng 佛幌 1-1291B
fóhuānxǐrì 佛歡喜日 1-1294A
fóhuì 佛會 1-1292A
fóhuì 佛慧 1-1292B
fóhuǒ 佛火 1-1286B
fójī 佛迹 1-1289B
fójī 佛跡 1-1291B
fójì 佛記 1-1290A
fójì 佛偈 1-1291A
fójì 佛髻 1-1293A
fójiā 佛家 1-1290A
fójiǎcǎo 佛甲草 1-1286B
fójiào 佛教 1-1290B
fójiàotú 佛教徒 1-1290B
fójiāshā 佛袈裟 1-1291A
fójiè 佛戒 1-1287B
fójiè 佛界 1-1289B
fójīng 佛經 1-1292A
fójìng 佛境 1-1292A
fójiōng 佛扃 1-1289B
fókān 佛龕 1-1294A
fókǒushéxīn 佛口蛇心 1-1285B
fókū 佛窟 1-1292A
fóláng 佛郎 1-1289A
fólángjī 佛郎機 1-1289A
fólángjīpào 佛郎機礮 1-1289A
fólángqiàn 佛郎嵌 1-1289A
fólánkè 佛蘭克 1-1293B
fólánxī 佛蘭西 1-1294A
fólǎo 佛老 1-1287A
fólàrì 佛臘日 1-1294A
fólǐ 佛理 1-1290B
fólì 佛力 1-1285A
fólì 佛曆 1-1293B
fólǒng 佛隴 1-1293B
fólú 佛廬 1-1294A
fóluó 佛螺 1-1293B
fóluó'ānguó 佛羅安國 1-1294A
fólǜ 佛律 1-1289B
fómàn 佛幔 1-1292B
fómén 佛門 1-1289A
fómiàn 佛面 1-1289A
fómiànzhú 佛面竹 1-1289B
fómiào 佛廟 1-1293A
fómǔ 佛母 1-1286B
fónán 佛男 1-1287B
fópán 佛盤 1-1293A
fópó 佛婆 1-1291A
fóqì 佛氣 1-1290A
fóqīng 佛青 1-1288A
fóqǔ 佛曲 1-1287A
fórén 佛人 1-1285A
fórì 佛日 1-1286A
fósǎn 佛傘 1-1291B
fóshè 佛舍 1-1288B
fóshèlì 佛舍利 1-1288B
fóshēngrì 佛生日 1-1286B
fóshì 佛氏 1-1286A
fóshì 佛事 1-1288A
fóshìguó 佛逝國 1-1290A
fóshìjīnzhuāng… 佛是金粧,人是衣粧 1-1289B
fóshìjīnzhuāng… 佛是金裝,人是衣裝 1-1289B
fóshǒu 佛手 1-1286A
fóshǒugān 佛手柑 1-1286A
fóshǒuguā 佛手瓜 1-1286A
fóshǒujiāo 佛手蕉 1-1286A
fóshǒumài 佛手麥 1-1286A
fóshū 佛書 1-1290B
fóshù 佛樹 1-1293A
fóshuānglù 佛雙陸 1-1293B
fóshuō 佛説 1-1292B
fósì 佛寺 1-1286B
fótǎ 佛塔 1-1291A
fótán 佛壇 1-1293A
fótáng 佛堂 1-1290B
fótiān 佛天 1-1285B
fótóu 佛頭 1-1293A
fótóujú 佛頭菊 1-1293B
fótóuqīng 佛頭青 1-1293A
fótóushí 佛頭石 1-1293A
fótóuzhuófèn 佛頭著糞 1-1293A
fótóuzhuófèn 佛頭着糞 1-1293B
fótú 佛圖 1-1292A
fótǔ 佛土 1-1285B
fótúhù 佛圖户 1-1292A

fótuì 佛退 1-1290A
fótuó 佛陀 1-1288A
fǒubiēkuàilǐ 缹鱉膾鯉
7-58A
fǒubiēkuàilǐ 缹鼈膾鯉
7-58A
fǒudìng 否定 3-204A
fǒufǒu 否否 3-203B
fóujiāng 虾江 8-866B
fǒujué 否決 3-203B
fǒujuéquán 否決權 3-203B
fǒuméng 不蒙 1-457A
fǒurèn 否認 3-205A
fǒuzé 不則 1-429A
fǒuzé 否則 3-204A
fǒuzhōu 缹粥 7-65A
fǒuzhōu 缹粥 8-1073A
fówèi 佛位 1-1287B
fóxiàng 佛像 1-1291B
fóxiànniǎo 佛現鳥 1-1290B
fóxīn 佛心 1-1286B
fóxìng 佛性 1-1288B
fóxìngchánxīn 佛性禪心
1-1288B
fóxīntiānzǐ 佛心天子
1-1286B
fóxué 佛學 1-1293B
fóyá 佛牙 1-1285B
fóyǎn 佛眼 1-1291A
fóyǎnfóxīn 佛眼佛心
1-1291A
fóyǎnxiāngkàn 佛眼相看
1-1291A
fóyáshèlì 佛牙舍利
1-1286A
fóye 佛爺 1-1291A
fóyezhuō'er 佛爺桌兒
1-1291B
fóyī 佛衣 1-1287B
fóyí 佛儀 1-1293A
fóyì 佛義 1-1292A
fóyìn 佛印 1-1286B
fóyǐng 佛影 1-1293A
fóyǐngshū 佛影蔬 1-1293A
fóyǔ 佛宇 1-1287B
fóyuàn 佛院 1-1290A
fózàng 佛藏 1-1293B
fózhèng 佛證 1-1294A
fózhǐ 佛旨 1-1287B
fózhǒng 佛種 1-1292B
fózhōu 佛粥 1-1291B
fózhū 佛珠 1-1290A
fózhuāng 佛妝 1-1288A
fózhuāng 佛粧 1-1291B
fózhuō'er 佛桌兒 1-1290A
fózǐ 佛子 1-1285B
fózǔ 佛祖 1-1289B
fózuò 佛座 1-1290A
fózuòxū 佛座鬚 1-1290A
fú'āi 浮埃 5-1243A
fú'ài 浮壒 5-1250B
fǔ'ài 拊愛 6-468A
fǔ'ài 撫愛 6-877B
fù'āi 赴哀 9-1082A
fù'ài 附愛 11-953B
fù'ài 覆愛 8-770A
fú'ān 伏安 1-1182A
fú'ān 福安 7-943B
fú'àn 伏闇 1-1187B
fú'àn 伏案 1-1184B
fú'àn 服闇 6-1205A
fǔ'ān 撫安 6-873B
fǔ'àn 撫按 6-874B
fǔ'àn 撫案 6-875B
fù'ān 阜安 11-908B
fù'ān 祔安 7-897B
fù'ān 富安 3-1566A
fù'àn 負案 10-71B
fù'àn 復按 3-1036A
fù'àn 腹案 6-1351B
fù'àn 覆按 8-767A
fù'àn 覆案 8-768A
fù'àng 覆盎 8-768A
fù'àngmén 覆盎門 8-768A
fǔ'ào 府奥 3-1216B
fǔ'ǎo 負媼 10-73B
fǔ'ǎo 富媼 3-1570A
fúbá 扶拔 6-352B
fúbá 符拔 8-1123A
fùbá 覆拔 8-766B
fúbái 浮白 5-1240A
fǔbái 甫白 1-525A
fǔbài 腐敗 8-1069B
fùbái 附白 11-949A
fùbài 負敗 10-72A
fùbài 覆敗 8-768B
fúbān 黻班 12-1312A
fǔbǎn 府板 3-1215B
fǔbǎn 腐板 8-1068B
fùbǎn 複版 9-114A
fùbǎn 負板 10-66B
fùbǎn 負版 10-67A
fùbǎn 負蝂 10-75B
fùbǎn 蝜蝂 8-932B
fúbāng 扶幫 6-357A
fúbàng 浮謗 5-1251B
fùbāng 覆邦 8-766A
fùbǎng 副榜 2-724A
fùbǎng 縛綁 9-961B
fùbàng 負謗 10-78A
fùbàng 腹謗 6-1352B
fùbǎnkù 負板袴 10-66B
fùbǎnkù 負版絝 10-67B
fúbǎo 符葆 8-1124B
fúbǎo 符寶 8-1126B
fúbào 伏豹 1-1184A
fúbào 扶抱 6-353A
fúbào 福報 7-945B
fǔbǎo 輔保 9-1255B
fǔbào 府報 3-1216B
fǔbào 腐鮑 8-1070B
fùbāo 負苞 10-66B
fùbāo 腹胞 6-1351B
fùbǎo 附寶 11-956A
fùbào 伏抱 1-1182B
fùbào 訃報 11-26A
fùbào 負抱 10-66B
fùbǎowànyán 腹飽萬言
6-1352A
fūbèi 鮮鯆 12-1236A
fúbēi 浮杯 5-1242A
fúbèi 幞被 3-758B
fúbèi 襆被 9-137B
fǔbèi 拊背 6-467B
fǔbèi 脯糒 6-1279B
fǔbèi 撫背 6-875A
fùbēi 復陂 3-1035B
fùbēi 腹悲 6-1351B
fùbēi 覆杯 8-766B
fùbèi 複被 9-114B
fùbèi 父輩 6-1117B
fùbèi 負背 10-68B
fùbèi 富備 3-1569B
fùbèi 腹背 6-1351A
fùbèi 覆背 8-767A
fùbèi 覆被 8-768B
fùbēichí 覆杯池 8-766B
fǔbèi'èháng 拊背搤吭
6-467B
fǔbèi'èhóu 拊背扼喉
6-467B
fùbèishòudí 腹背受敵
6-1351A
fùbēiyáo 復陂謠 3-1035B
fùbèizhīmáo 腹背之毛
6-1351A
fùběn 複本 9-113B
fùběn 負畚 10-71B
fùběn 副本 2-721B
fùběn 復本 3-1034B
fùběn 覆本 8-765B
fūbí 趺鼻 10-432B
fūbì 鮇鯶 12-1205A
fúbǐ 伏筆 1-1185A
fúbì 拂壁 6-507A
fúbì 服斃 6-1204B
fúbì 浮碧 5-1249A
fúbì 福庇 7-943B
fǔbī 俯逼 1-1513B
fǔbì 拊髀 6-468A
fǔbì 腐敝 8-1069B
fǔbì 輔弼 9-1256A
fǔbì 輔幣 9-1256B
fǔbì 輔拂 9-1255A
fǔbì 撫髀 6-878B
fùbǐ 附比 11-948B
fùbǐ 附筆 11-952B
fùbǐ 負鄙 10-74A
fùbǐ 赴比 9-1081A
fùbǐ 賦筆 10-221A
fùbì 複壁 9-116A
fùbì 付畀 1-1128B
fùbì 赴辟 9-1083B
fùbì 傅婢 1-1599B
fùbì 傅弼 1-1599B
fùbì 復辟 3-1038B
fùbì 賦畀 10-220A
fùbì 賦幣 10-221B
fùbì 覆庇 8-766A
fùbì 覆蔽 8-770B
fùbì 覆芘 8-766A
fúbiàn 伏辨 1-1186B
fúbiàn 伏辯 1-1188A
fúbiàn 服辨 6-1204B
fúbiàn 服辯 6-1205A
fúbiàn 浮辯 5-1253A
fǔbiān 撫邊 6-879A
fǔbiǎn 祔窆 7-898A
fùbiǎnhéhuǎn 附扁和緩
11-951A
fúbiāo 拂杓 6-505A
fúbiāo 浮猋 5-1246B
fúbiāo 浮標 5-1250A
fúbiǎo 符表 8-1123A
fǔbiāo 撫標 6-878A
fùbiāotí 副標題 2-724A
fúbié 符別 8-1123A
fùbié 傅別 1-1598A
fúbǐlàngmò 浮筆浪墨
5-1247A
fúbìn 祓殯 7-844B
fùbìn 負擯 10-77B
fúbīng 伏兵 1-1182A
fúbǐng 福柄 7-944A
fúbìng 扶病 6-354A
fúbìng 福并 7-943B
fǔbīng 府兵 3-1215A
fǔbīng 撫兵 6-874A
fùbīng 負冰 10-65B
fùbǐng 付丙 1-1128A
fùbǐng 賦稟 10-221B
fùbìng 負病 10-71A
fùbǐngdīng 付丙丁 1-1128A
fǔbīngzhì 府兵制 3-1215A
fúbō 伏波 1-1183A
fúbō 扶撥 6-356B
fúbó 伏魄 1-1186A
fúbó 浮薄 5-1250B
fǔbó 拊搏 6-468A
fùbó 負博 10-73A
fùbó 富博 3-1568B
fúbózǐ 浮薄子 5-1251A
fūbù 夫不 2-1456A
fūbù 夫布 2-1456A
fūbù 専布 6-1599B
fūbù 敷布 5-503B
fǔbù 俯步 1-1512B
fùbū 負逋 10-70A
fùbǔ 負哺 10-70A
fùbǔ 復補 3-1038A
fùbǔ 賻補 10-287A
fùbù 負步 10-66A
fùbù 復瓿 3-1038A
fùbù 賻布 10-286B
fùbù 覆部 8-768A
fùbù 覆瓿 8-769B
fùbù 覆蔀 8-770A
fúbùchóngzhì…
福不重至,禍必重來
7-942B
fúbùfújì 黼黻黻紀
12-1313B
fúbùyíngzì 福不盈眥
7-943A
fúcái 浮財 5-1243B
fúcǎi 服采 6-1200B

fúcǎi 浮采 5-1242A
fúcǎi 浮彩 5-1245B
fúcǎi 符采 8-1123B
fúcǎi 符彩 8-1124B
fǔcái 腐財 8-1069A
fǔcái 輔材 9-1254B
fùcái 阜財 11-909A
fùcái 負才 10-63B
fùcái 富才 3-1564B
fùcái 富財 3-1567A
fùcái 賦才 10-219B
fùcái 賦材 10-220A
fùcǎi 傅彩 1-1599B
fùcǎi 賦彩 10-221A
fùcái'àowù 負才傲物
10-63B
fùcáijiěyùn 阜財解愠
11-909A
fùcáijìndì 負材矜地
10-66A
fùcáirènqì 負才任氣
10-63B
fùcáirènqì 負材任氣
10-66A
fùcáishǐqì 負才使氣
10-63B
fùcáiyáo 阜財謡 11-909A
fúcān 浮驂 5-1253A
fúcǎn 服慘 6-1204A
fùcán 負慚 10-75B
fùcán 負慙 10-76A
fúcāng 浮蒼 5-1248A
fúcáng 伏藏 1-1187A
fǔcāng 府倉 3-1216A
fùcáng 祔藏 7-898A
fùcáng 覆藏 8-771A
fúcáo 符曹 8-1124B
fúcǎo 福草 7-944A
fǔcǎo 撫操 6-878B
fǔcáo 府曹 3-1216A
fǔcǎo 腐草 8-1069A
fúcáoshuǐ 伏槽水 1-1186A
fùcáoshuǐ 復槽水 3-1039A
fúcè 扶策 6-355A
fúcè 符册 8-1122B
fúcè 符策 8-1125A
fǔcè 輔擑 9-1256B
fùcè 腹測 6-1352A
fùcè 覆策 8-769B
fúchá 浮查 5-1242B
fúchá 浮楂 5-1248A
fúchá 桴楂 4-1057A
fǔchá 俯察 1-1513B
fùchá 復查 3-1036A
fùchá 覆查 8-767A
fǔchāi 府差 3-1216A
fùchài 蝮蠆 8-931A
fūchán 膚孱 6-1371B
fúchán 郛壥 10-628B
fùchán 附廛 11-954B
fùchán 附蟬 11-955B
fùchán 附纏 11-956A
fùchàn 傅羼 1-1600A
fūchàng 敷暢 5-505B
fúchāng 福昌 7-944A
fúcháng 韍裳 12-1312A
fǔcháng 腐腸 8-1070A
fǔcháng 黼裳 12-1313B
fùchāng 阜昌 11-908B
fùchāng 富昌 3-1566A
fùcháng 負償 10-78A
fùcháng 腹腸 6-1352A
fūchàngfùsuí 夫倡婦隨
2-1457A
fūchàngfùsuí 夫唱婦隨
2-1457A
fǔchángzéi 腐腸賊 8-1070A
fùchǎnpǐn 副産品 2-723A
fùchǎnwù 副産物 2-723A
fūcháo 敷朝 5-505A
fǔchāo 腐勦 8-1070A
fǔcháo 府朝 3-1216B
fùchāo 附抄 11-949B
fùcháo 覆巢 8-769A
fùcháohuǐluǎn 覆巢毀卵
8-769A
fùcháohuǐluǎn 覆巢毇卵
8-769B
fùcháopòluǎn 覆巢破卵
8-769A
fùcháozhīxiàwúwánluǎn
覆巢之下無完卵
8-769A
fúchē 服車 6-1199B
fúchē 鳧車 12-1041A
fúchē 輻車 9-1298A
fúchè 拂徹 6-507A
fúchè 拂撤 6-507A
fǔchē 斧車 6-1056A
fǔchē 輔車 9-1254B
fùchē 訃車 11-25B
fùchē 副車 2-722A
fùchē 覆車 8-766A
fùchè 覆坼 8-766B
fǔchēchúnchǐ 輔車脣齒
9-1254B
fǔchēchúnchǐ 輔車唇齒
9-1254B
fùchējìguǐ 覆車繼軌
8-766A
fūchén 敷陳 5-504B
fúchén 弗臣 4-102A
fúchén 伏辰 1-1182A
fúchén 拂晨 6-506A
fúchén 拂塵 6-506B
fúchén 浮沉 5-1241B
fúchén 浮塵 5-1249B
fúchén 浮沈 5-1241B
fúchén 浮湛 5-1247A
fúchén 涪湛 5-1412B
fúchèn 扶櫬 6-358A
fúchèn 符讖 8-1127A
fúchèn 符識 8-1127A
fúchèn 鵩讖 12-1126A
fǔchén 輔臣 9-1254A
fǔchén 撫臣 6-873B
fǔchén 撫塵 6-877B
fǔchén 黼扆 12-1313A
fǔchèn 輔襯 9-1257A
fùchén 附臣 11-949A
fùchén 附陳 11-951B
fúchēng 浮稱 5-1249A
fúchéng 扶丞 6-352B
fúchéng 幅程 3-749B
fǔchéng 府丞 3-1215A
fǔchéng 府城 3-1215B
fùchéng 附呈 11-949B
fùchéng 阜成 11-908B
fùchéng 負乘 10-70B
fùchéng 腹城 6-1351A
fúchēngliúshuō 浮稱流説
5-1249A
fùchéngsīduó 負乘斯奪
10-70B
fǔchéngyú 府丞魚 3-1215A
fùchéngzhìkòu 負乘致寇
10-70B
fúchénliánjiǎn 浮湛連蹇
5-1247B
fúchénzǐ 浮塵子 5-1249B
fǔchēxiāngjiāng 輔車相將
9-1254B
fǔchēxiāngyī 輔車相依
9-1254B
fúchī 咈哧 3-313B
fúchí 扶持 6-353B
fúchí 福持 7-944A
fúchǐ 弗齒 4-102A
fúchǐ 浮侈 5-1242A
fúchǐ 幅尺 3-749B
fúchǐ 弗啻 4-102A
fúchì 符勅 8-1124B
fúchì 符敕 8-1124B
fùchí 負持 10-68A
fùchǐ 負恥 10-69B
fùchǐ 富侈 3-1566A
fùchǐ 腹尺 6-1350B
fūchóng 敷崇 5-505A
fúchǒng 服寵 6-1205A
fǔchōng 俯衝 1-1514A
fùchóng 複重 9-114B
fùchóng 復重 3-1036B
fùchǒng 負寵 10-78B
fùchǒng 富寵 3-1572A
fúchōu 扶搊 6-355B
fúchóu 服疇 6-1205A
fúchǒu 伏醜 1-1186B
fǔchòu 腐臭 8-1069A
fǔchòu 腐臰 8-1069B
fǔchòu 腐殠 8-1070A
fùchóu 復仇 3-1034A
fùchóu 復讎 3-1040A
fùchóu 復讐 3-1040A
fùchòu 附臭 11-951A
fūchǔ 趺處 10-432A
fúchú 拂除 6-505B
fúchú 服除 6-1201A
fúchú 祓除 7-844A
fúchú 鳧雛 12-1042A
fúchǔ 伏處 1-1184B
fùchū 附出 11-949A
fùchú 負芻 10-71A
fùchú 復除 3-1037A
fùchù 負處 10-72A
fúchuán 鳧船 12-1041A
fúchuáng 扶牀 6-353A
fǔchuáng 拊牀 6-467A
fùchuāng 負創 10-73B
fùchuángzhīsūn 負床之孫
10-66A
fǔchún 黼純 12-1313A
fùchūn 富春 3-1566B
fùchūnjiāng 富春江 3-1566B
fùchūnqiū 富春秋 3-1566B
fùchūnshān 富春山 3-1566B
fùchūnzhǔ 富春渚 3-1566B
fúchuò 拂綽 6-507A
fùchuō 覆逴 8-768B
fūcí 膚詞 6-1371B
fūcí 膚辭 6-1372A
fúcí 伏祠 1-1184A
fúcí 伏詞 1-1185A
fúcí 服詞 6-1203A
fúcí 服辭 6-1205A
fúcí 浮詞 5-1247A
fúcí 浮辭 5-1252A
fúcí 鳧茈 12-1041A
fúcí 鳧茨 12-1041A
fúcí 莬茈 9-475A
fúcì 伏伺 1-1182B
fǔcī 腐髊 8-1071A
fùcì 伏雌 1-1186A
fùcí 複詞 9-115A
fùcí 副詞 2-723B
fùcì 祔次 7-897B
fùcì 負刺 10-67A
fùcì 副次 2-722A
fùcì 復次 3-1035A
fùcì 賻賜 10-287A
fùcíhuìyì 附辭會義
11-955B
fúcóng 伏從 1-1184B
fúcóng 扶從 6-355A
fúcóng 服從 6-1202A
fǔcóng 俯從 1-1513B
fùcóng 附從 11-952A
fùcóng 負從 10-72B
fūcòu 膚湊 6-1371B
fūcòu 膚腠 6-1371B
fúcòu 輻湊 3-749B
fúcòu 幅輳 3-750A
fúcòu 輻湊 9-1298A
fúcòu 輻輳 9-1298B
fùcòu 附湊 11-952A
fúcù 蹋踧 10-517B
fúcuàn 伏竄 1-1187B
fūcuì 膚脆 6-1371A
fúcuì 浮脆 5-1244A
fúcuì 浮脃 5-1244A
fǔcuì 甫竄 1-525B
fǔcuì 府倅 3-1216A
fùcuì 副倅 2-723A
fūcùn 膚寸 6-1369B
fúcùn 扶寸 6-351A
fǔcún 撫存 6-873B
fūcùn'érhé 膚寸而合

6-1369B
fūcuò 膚挫 6-1371A
fúcuò 浮厝 5-1243B
fùcuò 附錯 11-955A
fùdā 附搭 11-952B
fùdá 附答 11-952B
fùdá 復沓 3-1035B
fùdà 富大 3-1565A
fúdài 扶戴 6-357A
fúdài 拂黛 6-507B
fúdài 符袋 8-1124B
fǔdài 輔戴 9-1257A
fùdài 負帶 10-72A
fùdài 附帶 11-952A
fùdài 負紿 10-73A
fùdài 負戴 10-77B
fúdàn 拂旦 6-504B
fúdàn 服憚 6-1204B
fúdàn 服禫 6-1204B
fúdàn 浮誕 5-1248B
fùdān 負儋 10-76A
fùdān 負擔 10-76B
fùdān 負檐 10-77B
fùdàn 副旦 2-721B
fùdàn 復旦 3-1034B
fùdàn 覆誕 8-770A
fūdǎng 夫黨 2-1458A
fúdàng 浮宕 5-1242B
fúdàng 浮蕩 5-1250A
fǔdāng 甫當 1-525B
fùdǎng 父黨 6-1118A
fùdǎng 附黨 11-955B
fùdǎng 婦黨 4-383B
fùdàng 覆蕩 8-771A
fúdāo 服刀 6-1198B
fúdǎo 伏倒 1-1184A
fúdào 伏道 1-1185A
fúdào 服道 6-1203A
fúdào 浮道 5-1247A
fǔdǎo 輔導 9-1256B
fǔdào 輔道 9-1256A
fǔdǎo 撫導 6-878A
fùdao 婦道 4-382B
fùdǎo 赴蹈 9-1084A
fùdǎo 傅導 1-1600A
fùdào 複道 9-115A
fùdào 父道 6-1117B
fùdào 婦道 4-382B
fùdào 復道 3-1038A
fùdào 覆幬 8-771B
fùdào 覆燾 8-771B
fúdào'ài 佛道艾 1-1291B
fùdaojiā 婦道家 4-383A
fùdaorén 婦道人 4-382B
fùdaorénjiā 婦道人家
4-383A
fùdǎotānghuǒ 赴蹈湯火
9-1084A
fǔdǎoyuán 輔導員 9-1256B
fúdé 福德 7-946B
fǔdé 輔德 9-1256B
fùdé 負德 10-76A
fùdé 婦德 4-383A
fùdé 賦得 10-221A
fùdébèiyì 負德背義 10-76A
fùdégū'ēn 負德孤恩
10-76A
fúdémián 福德綿 7-946B
fúdéshè 福德舍 7-946B
fúdétián 福德田 7-946B
fúdéxīngjūn 福德星君
7-946B
fúdī 伏低 1-1182A
fúdí 拂翟 6-507A
fúdì 伏地 1-1181B
fúdì 福地 7-943A
fúdì 鵩弔 12-1126A
fǔdí 輔迪 9-1255A
fǔdǐ 府邸 3-1215A
fǔdì 府第 3-1216B
fùdí 附敵 11-954B
fùdí 負靮 10-73A
fùdí 赴敵 9-1083B
fùdì 附遞 11-953B
fùdì 婦弟 4-382A
fùdì 腹地 6-1350B
fùdì 覆諦 8-771A
fúdiān 扶顛 6-357B
fùdiān 阜顛 11-909B
fùdiān 覆顛 8-772A
fùdiàn 複殿 9-115B
fùdiàn 訃電 11-26A
fùdiàn 負殿 10-75A
fùdiàn 復殿 3-1038B
fūdiào 夫調 2-1458A
fúdiāo 浮雕 5-1251A
fúdiào 弗弔 4-101B
fùdiào 負釣 10-72B
fùdiào 赴弔 9-1081A
fùdiào 赴調 9-1083B
fùdiào 賦調 10-221B
fǔdǐchōuxīn 釜底抽薪
6-1118B
fúdìdòngtiān 福地洞天
7-943B
fúdié 符牒 8-1125B
fùdié 複叠 9-115B
fùdié 複疊 9-116B
fùdié 阜垤 11-908B
fùdié 傅堞 1-1599B
fúdí'er 福底兒 7-944A
fùdìfāntiān 覆地翻天
8-766A
fùdìjīncái 負地矜才
10-65A
fúdìkòuzi 伏地扣子 1-1181B
fǔdìng 撫定 6-874B
fùdǐng 負鼎 10-73B
fùdǐng 赴鼎 9-1082B
fùdǐng 覆鼎 8-769B
fùdìng 覆定 8-767A
fúdìshèngrén 伏地聖人
1-1181B
fǔdǐyóuhún 釜底游魂
6-1118B
fǔdǐyóuyú 釜底游魚
6-1118B
fúdīzuòxiǎo 伏低做小
1-1182A
fúdòng 浮動 5-1245A
fúdòng 桴棟 4-1056B
fùdōng 副東 2-722A
fùdòng 複棟 9-115A
fùdǒu 負斗 10-64B
fùdòu 赴鬬 9-1084B
fūdú 趺讀 10-432B
fúdú 伏毒 1-1183B
fúdú 伏讀 1-1188B
fúdú 服毒 6-1201A
fúdù 服杜 6-1199B
fúdù 服度 6-1201A
fúdù 浮蠹 5-1253A
fúdù 幅度 3-749B
fǔdù 腐蠹 8-1071A
fùdú 蝮毒 8-930B
fùdù 付度 1-1128B
fùdù 負妒 10-66B
fùdù 赴度 9-1082A
fúduān 枹端 4-932A
fǔduān 府端 3-1217A
fǔduàn 斧斷 6-1057A
fùduān 副端 2-724A
fùduǎn 覆短 8-769B
fúduǎnhècháng 鳧短鶴長
12-1041B
fūduì 敷對 5-505A
fùduì 負對 10-75B
fùduì 覆敦 8-769B
fúduó 拂奪 6-506B
fúduò 浮惰 5-1247B
fǔduō 撫掇 6-876A
fùduò 負馱 10-74A
fū'è 趺萼 10-432A
fū'è 跗鄂 10-448A
fū'è 跗萼 10-448A
fū'è 跗蕚 10-448A
fú'é 浮譌 5-1252B
fǔ'è 腐惡 8-1069B
fǔ'è 輔齶 9-1257A
fù'é 附訛 11-952A
fù'é 賦額 10-222A
fù'è 負軛 10-72A
fū'èliánfāng 跗萼聯芳
10-448A
fū'èliánhuī 跗萼連暉
10-448A
fù'ēn 負恩 10-70A
fù'ēnbèiyì 負恩背義
10-70A
fù'ēnwàngyì 負恩忘義
10-70A
fú'ěr 拂耳 6-504B
fú'ěr 服珥 6-1201B
fú'ěr 服餌 6-1204A
fǔ'ěr 甫爾 1-525B
fù'ér 富兒 3-1566A
fù'ěr 附耳 11-949A
fù'èr 負貳 10-73A
fù'èr 副二 2-721B
fù'èr 副貳 2-723B
fú'ěrmǎlín 福爾馬林
7-946B
fù'ěrshèshēng 附耳射聲
11-949A
fú'érshìtiān 伏而咶天
1-1181B
fū'èzàiwěi 跗蕚載韡
10-448A
fúfá 桴栰 4-1056B
fúfá 桴筏 4-1056B
fúfǎ 伏法 1-1183A
fúfǎ 服法 6-1200B
fúfǎ 符法 8-1123B
fùfā 富發 3-1570A
fùfā 復發 3-1038A
fùfá 負罰 10-75B
fùfǎ 付法 1-1128B
fùfǎ 赴法 9-1082A
fūfàn 膚泛 6-1370B
fúfàn 浮汎 5-1241A
fúfàn 浮泛 5-1241B
fúfàn 鳧泛 12-1041A
fǔfán 脯燔 6-1279B
fǔfàn 腐飯 8-1069B
fùfān 阜蕃 11-909B
fùfān 富蕃 3-1571A
fùfān 覆翻 8-771B
fùfán 阜繁 11-909B
fùfán 負鐢 10-79A
fùfán 富繁 3-1571B
fùfǎn 復反 3-1034A
fùfǎn 復返 3-1035B
fùfàn 負犯 10-65A
fùfàn 負販 10-72A
fúfāng 伏方 1-1181A
fúfāng 扶芳 6-352B
fúfǎng 拂彷 6-505A
fúfǎng 鳧舫 12-1041A
fúfǎng 髴髣 12-738A
fùfāng 複方 9-113B
fùfāng 復方 3-1034A
fúfēi 弗非 4-102A
fúfēi 虙妃 8-841B
fúfēi 鳧飛 12-1041A
fúfēi 宓妃 3-1404A
fúféi 浮肥 5-1242B
fúfèi 浮費 5-1248A
fǔfèi 腑肺 6-1334A
fùfēi 負非 10-67A
fùfěi 腹非 6-1351A
fùfěi 腹誹 6-1352B
fūfēn 敷芬 5-503B
fūfēn 敷紛 5-504B
fūfēn 敷棻 5-505A
fúfēn 鳧分 12-1040B
fúfēn 輻分 9-1298A
fúfèn 福分 7-943A
fúfèn 福份 7-943B
fǔfèn 府分 3-1214A
fùfēn 馥芬 12-442B
fùfěn 傅粉 1-1599A
fùfèn 賦分 10-219B
fúfēng 扶風 6-353B
fúfèng 服俸 6-1201B
fǔfēng 撫封 6-874B
fùfēng 附封 11-950B

fùfēng 阜豐 11-909B
fùfēng 副封 2-722B
fùfèng 附奉 11-950A
fùfèng 附鳳 11-954A
fùfèng 賻賵 10-287A
fúfēngjiàngzhàng 扶風絳帳 6-354A
fùfèngpānlóng 附鳳攀龍 11-954A
fúfēngzhàng 扶風帳 6-353B
fúfēngzhàngshā 扶風帳紗 6-353B
fùfēngzhībào 復風之報 3-1036B
fùfěnhéláng 傅粉何郎 1-1599A
fùfěnláng 傅粉郎 1-1599A
fùfēnqián 復分錢 3-1034A
fùfěnshīzhū 傅粉施朱 1-1599A
fǔfǒu 拊缶 6-467A
fǔfǒu 撫缶 6-873B
fūfū 夫夫 2-1456A
fūfū 敷敷 5-505B
fūfū 溥溥 6-8A
fūfù 夫婦 2-1457B
fūfū 夫夫 2-1456A
fúfū 浮夫 5-1239A
fúfú 弗弗 4-102A
fúfú 弗咈 4-102A
fúfú 扶扶 6-352B
fúfú 咈咈 3-313A
fúfú 茀茀 3-812A
fúfú 拂拂 6-505A
fúfú 茀茀 9-357A
fúfú 浮浮 5-1244A
fúfú 浮桴 5-1244B
fúfú 匐伏 2-190B
fúfú 烰烰 7-80B
fúfú 鳬伏 12-1040B
fúfǔ 扶輔 6-356A
fúfǔ 浮腐 5-1249B
fúfǔ 福脯 7-945B
fúfù 鵩賦 12-1126A
fǔfū 腐夫 8-1068A
fǔfú 拊拂 6-467A
fǔfú 俯伏 1-1512A
fǔfú 俯服 1-1512B
fǔfú 黼黻 12-1313B
fǔfú 俛伏 1-1411A
fǔfú 黼黻 8-782B
fǔfǔ 甫甫 1-525B
fǔfù 釜鍑 6-1119A
fǔfù 俛附 1-1411B
fùfú 父服 6-1117A
fùfú 附服 11-950B
fùfú 副服 2-722A
fùfú 復服 3-1036A
fùfú 賦鵩 10-222B
fùfú 覆伏 8-766A
fùfǔ 負釜 10-70B
fùfù 負負 10-69A
fùfù 傅父 1-1598A
fùfù 富父 3-1565A
fùfù 馥馥 12-442B
fǔfúhuángyóu 黼黻皇猷 12-1314A
fúfújiāo 拂拂嬌 6-505A
fúfúlàlà 伏伏臘臘 1-1182A
fùfūluòmáo 附膚落毛 11-954A
fūfùqīdài 夫負妻戴 2-1457A
fùfúrén 賦鵩人 10-222B
fúfútiētiē 伏伏貼貼 1-1182A
fúfútiētiē 伏伏帖帖 1-1182A
fǔfúwénzhāng 黼黻文章 12-1314A
fúgāi 浮荄 5-1242B
fúgài 扶蓋 6-355B
fùgài 覆蓋 8-770A
fúgǎn 孚感 4-205A
fǔgàn 府幹 3-1216B
fūgāndūlú 夫甘都盧 2-1456A
fūgào 敷告 5-503B
fúgào 符告 8-1123A
fùgāo 富羹 3-1571B
fùgǎo 腹稿 6-1352B
fùgǎo 腹藁 6-1352B
fùgào 訃告 11-25B
fùgào 赴告 9-1081B
fūgé 膚革 6-1370B
fúgé 伏閤 1-1186A
fúgé 桴革 4-1056B
fǔgé 拊膈 6-468A
fǔgé 拊鞷 6-468B
fǔgé 郙閣 10-623B
fùgē 副歌 2-724A
fùgē 賦歌 10-221B
fùgé 複閣 9-115B
fùgé 復格 3-1037A
fùgé 縛格 9-961A
fúgēn 浮根 5-1243B
fùgēn 附根 11-951A
fúgēng 服更 6-1199B
fúgěng 浮梗 5-1244B
fǔgēng 脯羹 6-1279B
fǔgésòng 郙閣頌 10-623B
fūgōng 膚公 6-1370A
fūgōng 膚功 6-1370A
fúgōng 浮宮 5-1243A
fúgōng 福功 7-943A
fúgǒng 扶拱 6-353B
fúgòng 服貢 6-1201B
fǔgōng 府公 3-1214A
fǔgōng 俯躬 1-1513A
fǔgōng 撫躬 6-875B
fùgōng 負功 10-64B
fùgōng 赴功 9-1081A
fùgōng 婦工 4-381A
fùgōng 婦公 4-381B
fùgōng 婦功 4-381B
fùgōng 復工 3-1033B
fùgòng 副貢 2-723A
fùgòng 賦貢 10-220B
fùgōngdǐng 負公鼎 10-64B
fùgòngshēng 副貢生 2-723A
fúgōngyīng 鳬公英 12-1040B
fùgōngzhézú 覆公折足 8-765B
fǔgōngzìwèn 撫躬自問 6-875B
fǔgòu 黼構 12-1313B
fùgōu 富鉤 3-1570B
fùgǒu 負耇 10-68A
fùgòu 傅構 1-1600A
fùgòurěnyóu 負詬忍尤 10-75A
fúgū 伏辜 1-1185A
fúgǔ 扶轂 6-357A
fúgǔ 服賈 6-1203B
fúgǔ 枹鼓 4-932A
fúgǔ 罘罟 8-1019B
fúgǔ 浮汩 5-1241B
fúgǔ 桴鼓 4-1056B
fúgǔ 福嘏 7-946B
fǔgū 撫孤 6-874B
fǔgǔ 拊股 6-467A
fǔgǔ 拊鼓 6-468A
fǔgǔ 釜鼓 6-1119A
fǔgǔ 腐骨 8-1069A
fùgū 婦姑 4-382A
fùgǔ 負鼓 10-74A
fùgǔ 富骨 3-1567A
fùgǔ 富賈 3-1570A
fùgǔ 復古 3-1034A
fùgù 負固 10-67A
fùgù 復故 3-1036A
fúguāchénlǐ 浮瓜沉李 5-1240A
fúguāchénlǐ 浮瓜沈李 5-1240A
fúguān 服官 6-1201A
fúguān 符官 8-1123B
fǔguān 府官 3-1215B
fǔguān 俯觀 1-1514A
fǔguǎn 府館 3-1217B
fùguān 負官 10-67B
fùguān 負關 10-78B
fùguān 赴官 9-1082A
fùguān 副官 2-722B
fùguān 婦官 4-382A
fùguàn 附貫 11-952B
fūguāng 敷光 5-503B
fūguǎng 敷廣 5-505B
fúguāng 扶光 6-352A
fúguāng 浮光 5-1240B
fúguǎng 浮廣 5-1249B
fùguāng 復光 3-1034B
fúguānglüèyǐng 浮光掠影 5-1240B
fúguānglüèyǐng 浮光略影 5-1240B
fúguāngqiú 浮光裘 5-1240B
fùgūbóxī 婦姑勃谿 4-382A
fùgūbóxī 婦姑勃豀 4-382A
fùgùbùbīn 負固不賓 10-67A
fùgùbùfú 負固不服 10-67A
fúguī 伏龜 1-1187A
fúguǐ 浮詭 5-1248B
fǔguǐ 簠簋 8-1241A
fùguī 復圭 3-1034B
fùguī 復歸 3-1039B
fùguī 賦歸 10-222A
fùguì 負貴 10-73B
fùguì 富貴 3-1569A
fùguìbīrénlái 富貴逼人來 3-1569B
fǔguǐbùchì 簠簋不飭 8-1241B
fùguìbùnéngyín 富貴不能淫 3-1569A
fǔguǐbùshì 簠簋不飾 8-1241B
fǔguǐbùxiū 簠簋不脩 8-1241B
fùguìbùyín 富貴不淫 3-1569A
fùguìfúyún 富貴浮雲 3-1569B
fùguìhóng 富貴紅 3-1569B
fùguìhuā 富貴花 3-1569B
fùguīlái 賦歸來 10-222A
fùguìlìdá 富貴利達 3-1569B
fùguìqì 富貴氣 3-1569B
fūguìqīróng 夫貴妻榮 2-1457B
fùguīqù 賦歸去 10-222A
fùguìrónghuá 富貴榮華 3-1569B
fùguītián 賦歸田 10-222A
fùguìxiǎnróng 富貴顯榮 3-1569B
fùguìyī 富貴衣 3-1569A
fùguīyú 賦歸歟 10-222A
fǔguǐzhīfēng 簠簋之風 8-1241B
fūguō 膚郭 6-1371A
fūguǒ 膚果 6-1370B
fúguō 郛郭 10-628B
fúguó 俘馘 1-1410B
fúguó 俘聝 1-1410B
fúguó 福國 7-945B
fúguǒ 服裹 6-1204A
fúguò 服過 6-1202A
fǔguō 釜鍋 6-1119A
fǔguó 府國 3-1216B
fǔguó 輔國 9-1256A
fùguō 附郭 11-951B
fùguō 負郭 10-71A
fùguō 傅郭 1-1599A
fùguó 父國 6-1117B
fùguó 附國 11-952A
fùguó 負國 10-72B
fùguó 富國 3-1568A
fùguó 復國 3-1037B
fùguó 覆國 8-768B
fùguǒ 覆裹 8-770B
fùguò 附過 11-952A
fùguò 覆過 8-769A
fùguó'ānmín 富國安民 3-1568A

fŭguófújiā 黼國黻家 12-1313A
fùguóqiángbīng 富國彊兵 3-1568A
fùguóqiángbīng 富國强兵 3-1568A
fùguóqiángmín 富國强民 3-1568A
fùguōtián 負郭田 10-71A
fùguōxiàngjūn 負郭相君 10-71A
fùguóxué 富國學 3-1568A
fùguóyùmín 富國裕民 3-1568A
fúgŭxiāngyìng 桴鼓相應 4-1057A
fúhǎi 福海 7-945B
fŭhǎi 脯醢 6-1279B
fùhǎi 負海 10-71B
fùhǎi 覆海 8-768A
fùhǎi 覆醢 8-771B
fúhǎn 罘罕 8-1019B
fŭhán 黼函 12-1312B
fùhán 富韓 3-1571B
fùhán 覆函 8-767A
fùhàn 富漢 3-1571A
fúháng 浮航 5-1243B
fúháng 浮桁 5-1243B
fúhào 孚號 4-205A
fúhào 符號 8-1125A
fŭháo 腐毫 8-1069B
fŭhào 府號 3-1216B
fùháo 富豪 3-1571A
fùhǎo 婦好 4-381B
fùhào 負號 10-74B
fùhǎomù 婦好墓 4-381B
fūhé 敷和 5-504A
fūhé 膚合 6-1370A
fúhé 孚合 4-204B
fúhé 符合 8-1122B
fúhé 符劾 8-1123B
fŭhé 輔和 9-1255A
fŭhé 撫和 6-874A
fùhé 複合 9-114A
fùhé 付合 1-1128A
fùhé 附合 11-949B
fùhé 負河 10-67B
fùhé 傅合 1-1598A
fùhé 復合 3-1034B
fùhé 復核 3-1037A
fùhé 覆核 8-768A
fùhé 覆覈 8-772A
fùhè 附和 11-950A
fùhè 坿和 2-1086B
fùhè 負荷 10-70A
fùhécí 複合詞 9-114A
fúhècóngfāng 鳧鶴從方 12-1042A
fùhèn 負恨 10-69B
fùhéng 負衡 10-77A
fùhéngjùdǐng 負衡據鼎 10-77A
fūhóng 敷弘 5-503B
fùhóng 副虹 2-722B
fúhòu 伏候 1-1184A
fúhòu 匐候 2-190B
fùhóu 負侯 10-69A
fùhóu 負餱 10-78A
fùhòu 副后 2-722A
fùhòu 富厚 3-1566B
fūhù 尃濩 2-1263A
fúhǔ 伏虎 1-1182B
fúhǔ 浮虎 5-1242A
fúhǔ 符虎 8-1123A
fúhù 扶護 6-358A
fúhù 浮户 5-1239B
fúhù 符扈 8-1124B
fúhù 符蔰 8-1125B
fúhù 福祜 7-944B
fǔhù 府户 3-1214B
fǔhù 輔護 9-1257A
fùhǔ 縛虎 9-961A
fùhù 負户 10-64B
fùhù 負怙 10-67B
fùhù 富户 3-1565A
fùhù 覆護 8-772A
fūhuā 敷華 5-504B
fūhuà 孵化 4-240B
fūhuà 敷化 5-503B
fūhuà 孚化 4-204B
fúhuā 浮花 5-1241A
fúhuā 鳧花 12-1041A
fúhuá 浮華 5-1243B
fúhuá 浮滑 5-1247B
fúhuà 服化 6-1198B
fúhuà 服話 6-1204A
fúhuà 浮話 5-1248B
fǔhuà 斧畫 6-1056B
fǔhuà 腐化 8-1068A
fǔhuà 撫化 6-872B
fǔhuà 黼畫 12-1313B
fùhuà 附化 11-948B
fūhuái 趺踝 10-432B
fúhuái 榑槐 4-1211B
fǔhuái 撫懷 6-879A
fǔhuài 腐壞 8-1071A
fúhuālàngruǐ 浮花浪蕊 5-1241A
fúhuālàngruǐ 浮花浪蘂 5-1241A
fúhuán 浮環 5-1251B
fúhuàn 浮幻 5-1239B
fùhuán 復還 3-1039A
fǔhuāng 黼荒 12-1312B
fǔhuǎng 黼幌 12-1313B
fùhuáng 復隍 3-1037B
fúhuí 洑洄 5-1167A
fúhuì 服卉 6-1199A
fúhuì 袚篲 7-844B
fúhuì 浮慧 5-1250A
fúhuì 浮穢 5-1251B
fúhuì 符會 8-1125B
fúhuì 福惠 7-946A
fúhuì 福會 7-946A
fúhuì 福慧 7-946B
fǔhuì 腐穢 8-1071A
fǔhuì 撫會 6-877B
fǔhuì 黼繪 12-1314B
fùhuí 復回 3-1034B
fùhuǐ 蝮虫 8-930B
fùhuì 附會 11-953B
fùhuì 負穢 10-78A
fùhuì 赴會 9-1083A
fùhuì 傅會 1-1599B
fùhuìchuānzuò 附會穿鑿 11-953B
fúhǔlín 伏虎林 1-1183A
fùhūn 復婚 3-1037B
fùhūn 腹婚 6-1351B
fùhún 附魂 11-953A
fùhún 負魂 10-74A
fùhún 復魂 3-1038A
fúhuǒ 伏火 1-1181A
fúhuǒ 烰火 7-80B
fúhuò 俘獲 1-1410B
fúhuò 浮惑 5-1246B
fúhuò 鳧臛 12-1042A
fǔhuò 斧鑊 6-1057B
fùhuó 復活 3-1036B
fùhuǒ 付火 1-1128A
fùhuǒ 附火 11-948B
fùhuò 阜貨 11-909B
fùhuǒdǎorèn 赴火蹈刃 9-1081A
fūjī 趺跡 10-432B
fūjì 敷績 5-506A
fújī 伏機 1-1186B
fújī 伏擊 1-1187A
fújī 扶乩 6-351B
fújī 扶箕 6-356A
fújī 拂激 6-507A
fújī 服朞 6-1202B
fújī 服期 6-1202B
fújī 浮積 5-1251A
fújī 福基 7-945B
fújí 弗及 4-101B
fújí 伏疾 1-1184B
fújí 扶疾 6-354A
fújí 俘級 1-1410A
fújí 桴檝 4-1057A
fújí 符籍 8-1126B
fújí 輻集 9-1298A
fújì 伏祭 1-1184B
fújì 伏驥 1-1188B
fújì 枹薊 4-932A
fújì 浮記 5-1244A
fújì 浮寄 5-1246A
fújì 浮跡 5-1248A
fújì 符記 8-1124A
fújì 髴髻 12-738A
fǔjī 俯稽 1-1514A
fǔjī 撫緝 6-878A
fǔjī 撫几 6-872B
fǔjí 拊輯 6-468A
fǔjí 俯及 1-1512A
fǔjí 俯蹐 1-1514A
fǔjí 撫戢 6-876B
fǔjí 撫集 6-877A
fǔjí 撫輯 6-878B
fǔjǐ 撫己 6-872B
fǔjì 府記 3-1216A
fǔjì 輔濟 9-1257A
fǔjì 撫迹 6-875A
fùjī 伏雞 1-1187B
fùjī 阜基 11-909A
fùjī 阜積 11-909B
fùjī 負譏 10-78B
fùjī 負羇 10-79A
fùjī 負羈 10-79A
fùjī 赴機 9-1084A
fùjī 副笄 2-723A
fùjī 富積 3-1571B
fùjí 附及 11-948B
fùjí 附集 11-953A
fùjí 附籍 11-955B
fùjí 負急 10-69B
fùjí 負笈 10-69A
fùjí 負疾 10-71A
fùjí 負極 10-73A
fùjí 赴急 9-1082A
fùjí 赴集 9-1082B
fùjí 復籍 3-1039B
fùjí 腹疾 6-1351B
fùjí 賦籍 10-222B
fùjǐ 富給 3-1570A
fùjǐ 賦給 10-221A
fùjì 附記 11-951B
fùjì 附驥 11-956A
fùjì 祔祭 7-898A
fùjì 腹記 6-1351B
fùjì 賻祭 10-287A
fūjiā 夫家 2-1457A
fūjiā 趺跏 10-432A
fūjiǎ 孚甲 4-204B
fūjià 趺架 10-432A
fújiǎ 伏甲 1-1181B
fújiǎ 孚甲 4-204B
fújiǎ 浮假 5-1245B
fújiǎ 莩甲 9-422B
fújiǎ 符甲 8-1122A
fújià 扶架 6-354A
fújià 服假 6-1202A
fújià 符架 8-1124A
fǔjiá 輔夾 9-1254B
fǔjiá 輔頰 9-1257A
fùjiā 附加 11-949A
fùjiā 附葭 11-952B
fùjiā 婦家 4-382B
fùjiā 富家 3-1567B
fùjiǎ 附甲 11-948B
fùjiǎ 附假 11-952A
fùjiǎ 負甲 10-65A
fùjià 赴假 9-1082B
fùjià 赴駕 9-1084A
fùjià 駙駕 12-817A
fùjiādàshì 富家大室 3-1567B
fújiāfànzhái 浮家泛宅 5-1244A
fùjiājùshì 富家巨室 3-1567B
fūjiàn 膚見 6-1370A
fújiàn 伏劍 1-1186B
fújiàn 咈諫 3-313B
fújiàn 服劍 6-1204A
fújiàn 浮箭 5-1250B

fújiàn 浮賤 5-1250A
fǔjiàn 拊楗 6-467B
fǔjiàn 拊鍵 6-468A
fǔjiàn 俯瞯 1-1514A
fǔjiàn 俯鑒 1-1514A
fǔjiàn 腐見 8-1068B
fǔjiàn 撫劍 6-878A
fùjiān 父艱 6-1117B
fùjiān 附肩 11-950B
fùjiān 富姦 3-1567A
fùjiān 腹堅 6-1351B
fùjiān 腹儉 6-1352B
fùjiǎn 覆檢 8-771B
fùjiàn 附件 11-949B
fùjiàn 附見 11-949B
fùjiàn 附薦 11-954B
fùjiàn 負劍 10-76A
fùjiàn 富健 3-1567A
fùjiàn 覆薦 8-771A
fūjiāng 麩漿 12-1020B
fūjiàng 夫匠 2-1456A
fújiāng 扶將 6-355A
fújiǎng 扶獎 6-356B
fújiàng 浮絳 5-1248A
fújiàng 福將 7-945B
fǔjiàng 脯醬 6-1279B
fǔjiàng 輔將 9-1256A
fùjiǎng 覆講 8-771B
fùjiàng 副將 2-723B
fùjiàng 覆醬 8-772A
fùjiàngbù 覆醬瓿 8-772A
fùjiàngshāoxīn 覆醬燒薪
8-772A
fūjiànjiǎnshì 膚見譾識
6-1370A
fùjiānzhíruì 負堅執銳
10-72A
fújiànzǐ 福建子 7-944A
fūjiǎo 夫脚 2-1457B
fūjiào 敷教 5-505A
fújiāo 浮椒 5-1246B
fújiāo 浮澆 5-1250B
fújiāo 浮礁 5-1251B
fújiào 服教 6-1202A
fújiào 符教 8-1124B
fújiào 符醮 8-1126B
fǔjiǎo 輔角 9-1255A
fǔjiào 撫教 6-876A
fùjiāo 富驕 3-1572A
fùjiāo 復交 3-1035A
fùjiāo 覆蕉 8-771A
fùjiào 婦教 4-382B
fùjiào 富教 3-1567B
fùjiào 覆校 8-767B
fùjiàoshòu 副教授 2-723A
fùjiāoxúnlù 覆蕉尋鹿
8-771A
fùjiāshuì 附加稅 11-949A
fùjiāwēng 富家翁 3-1567B
fùjiāzǐ 富家子 3-1567B
fújiē 扶接 6-354B
fújiē 浮階 5-1246A
fújiē 浮堦 5-1246B
fújié 伏節 1-1185B
fújié 俘劫 1-1410A
fújié 符卩 8-1122A
fújié 符節 8-1125A
fújié 蜉結 8-902B
fújiě 輻解 9-1298A
fújiè 浮芥 5-1241A
fújiè 浮借 5-1243B
fújiè 福界 7-944B
fǔjiē 拊接 6-467B
fǔjiē 拊嗟 6-467B
fǔjiē 撫接 6-876A
fǔjiē 撫結 6-877A
fǔjié 拊節 6-468A
fǔjié 斧節 6-1057A
fǔjié 撫節 6-877B
fǔjiè 府解 3-1217A
fǔjiè 府界 3-1215B
fǔjiè 腐芥 8-1068B
fùjiē 負揭 10-73A
fùjiē 赴接 9-1082B
fùjié 複結 9-115B
fùjié 附結 11-953A
fùjié 赴節 9-1083A
fùjié 富捷 3-1567B
fùjiè 負芥 10-66A
fújiéguān 符節官 8-1125B
fújījuàn 宓機絹 3-1404A
fújìlàngzōng 浮跡浪踪
5-1248B
fūjīn 麩金 12-1020B
fūjìn 膚浸 6-1371A
fújīn 扶筋 6-355B
fújīn 浮金 5-1242A
fújīn 幅巾 3-749B
fújīn 襆巾 9-137B
fújìn 扶進 6-354B
fújìn 服勁 6-1201A
fújìn 符禁 8-1125A
fújìn 福晉 7-945A
fǔjīn 斧斤 6-1056A
fǔjīn 斧釿 6-1056B
fǔjīn 俯矜 1-1513A
fǔjīn 釜斤 6-1118B
fǔjīn 撫衿 6-875B
fǔjīn 撫襟 6-879A
fǔjìn 俯近 1-1512B
fùjīn 負金 10-67B
fùjīn 賦金 10-220B
fùjīn 賻金 10-286B
fùjìn 負進 10-72B
fùjìn 附近 11-949B
fùjìn 傅近 1-1598B
fǔjīndàoxī 撫今悼昔
6-873A
fújīng 拂經 6-506B
fújīng 浮兢 5-1249A
fújīng 桴京 4-1056B
fújīng 符經 8-1125B
fújīng 鳧旌 12-1041B
fújǐng 浮景 5-1247A
fújìng 服竟 6-1202B
fújìng 浮競 5-1252B
fújìng 鳧脛 12-1041A
fǔjīng 府經 3-1217A
fǔjīng 腐精 8-1070B
fǔjǐng 撫景 6-876B
fǔjìng 俯鏡 1-1514A
fǔjìng 撫鏡 6-879A
fùjīng 附京 11-950B
fùjīng 負荆 10-68A
fùjìng 副淨 2-722B
fùjìng 副靖 2-724A
fùjìng 復境 3-1038B
fújìnghèxī 鳧脛鶴膝
12-1041A
fǔjīnglì 府經歷 3-1217A
fùjīngqǐngzuì 負荆請罪
10-68A
fújǐngtiān 伏景天 1-1185A
fǔjīngtīng 府經廳 3-1217A
fùjīngxièzuì 負荆謝罪
10-68B
fùjīnòngwán 縛雞弄丸
9-961B
fǔjīnsīxī 撫今思昔 6-873A
fǔjīntòngxī 撫今痛昔
6-873A
fǔjīnzhuīxī 撫今追昔
6-873A
fùjìpānlín 附驥攀鱗
11-956A
fùjīqī 負羈妻 10-79A
fùjīqī 負覊妻 10-79A
fújìshì 夫已氏 2-1455B
fùjíshū 赴急書 9-1082A
fújiū 鴉鳩 12-1116A
fújiǔ 福酒 7-945A
fújiù 扶柩 6-353B
fújiù 扶救 6-354B
fǔjiǔ 脯酒 6-1279A
fǔjiǔ 腐酒 8-1069A
fǔjiù 俯就 1-1513B
fǔjiù 腐舊 8-1070B
fǔjiù 俛就 1-1412A
fùjiù 父舅 6-1117B
fùjiù 附就 11-953A
fùjiù 祔柩 7-897B
fùjiù 負咎 10-67B
fùjiù 負疚 10-67B
fùjiù 負柩 10-68B
fùjiù 赴救 9-1082B
fùjiù 復舊 3-1039A
fùjiù 覆救 8-768B
fùjiǔwèng 覆酒甕 8-768A
fùjìwěi 附驥尾 11-956A
fùjìyíng 附驥蠅 11-956A
fújīzhàn 伏擊戰 1-1187A
fùjīzhīlì 縛雞之力 9-961B
fūjū 趺居 10-432A
fūjù 敷具 5-504A
fūjū 罘罝 8-1019B
fújū 浮居 5-1242B
fújū 罦罝 8-1022A
fújú 伏局 1-1182B
fújú 福橘 7-947A
fújǔ 扶舉 6-357A
fújù 服具 6-1200A
fújù 服屨 6-1205A
fújù 輻聚 9-1298B
fǔjū 拊鞠 6-468A
fǔjū 撫鞠 6-878B
fǔjú 腐局 8-1068B
fǔjú 撫局 6-874A
fǔjǔ 㕮咀 3-218A
fǔjù 府聚 3-1217A
fùjū 覆鞠 8-771A
fùjú 負局 10-66A
fùjú 覆局 8-766B
fùjǔ 赴舉 9-1084A
fùjù 複句 9-113B
fújuàn 鳧臇 12-1042A
fùjuàn 附卷 11-950B
fùjuānyóupiào 附捐郵票
11-951A
fūjué 膚覺 6-1372A
fújué 浮爵 5-1251B
fùjué 附決 11-950A
fùjué 負爵 10-78A
fùjūjùn 腹居郡 6-1351A
fūjūn 夫君 2-1456B
fújūn 伏軍 1-1184A
fǔjūn 府君 3-1215B
fǔjūn 撫軍 6-875A
fǔjùn 輔郡 9-1255B
fùjūn 副君 2-722A
fùjūn 傅君 1-1598B
fùjūn 覆軍 8-767B
fùjúshēng 負局生 10-66A
fùjúwēng 負局翁 10-66B
fùjúxiān 負局仙 10-66A
fùjúxiānshēng 負局先生
10-66A
fújūyànjù 鳧居雁聚
12-1041A
fúkài 佛愾 7-483A
fúkān 弗戡 4-102A
fúkān 弗堪 4-102A
fǔkàn 俯瞰 1-1514A
fǔkàn 頫瞰 12-291A
fùkān 附刊 11-949A
fùkān 副刊 2-721B
fùkān 復刊 3-1034A
fùkān 覆勘 8-768B
fùkàn 覆看 8-767B
fùkāndíguó 富堪敵國
3-1568B
fúkāng 弗康 4-102A
fùkāng 阜康 11-909B
fùkāng 富康 3-1568B
fǔkǎo 府考 3-1214B
fùkǎo 赴考 9-1081B
fùkǎo 覆考 8-766A
fūkè 夫課 2-1458A
fúkè 浮客 5-1243B
fǔkē 斧柯 6-1056B
fùkē 負疴 10-71A
fùkē 負痾 10-73B
fùkē 婦科 4-382A
fùkē 覆窠 8-770B
fùkè 負課 10-76B
fùkè 復刻 3-1036A
fùkè 復客 3-1037A

fùkè 賦客 10-220B
fùkè 賦課 10-221B
fùkědíguó 富可敵國 3-1565A
fùkētán 覆窠談 8-770B
fùkētǐ 覆窠體 8-770B
fǔkòng 撫控 6-876A
fúkòu 伏寇 1-1185A
fǔkòu 撫叩 6-873A
fùkǒu 負口 10-64A
fǔkū 撫哭 6-875B
fǔkù 府庫 3-1216A
fǔkù 斧庫 6-1056B
fùkū 富窟 3-1570B
fùkù 縛袴 9-961A
fúkuā 浮夸 5-1240B
fúkuā 浮誇 5-1248B
fǔkuài 府快 3-1215A
fǔkuài 脯膾 6-1279B
fùkuǎn 附款 11-952B
fūkuàng 麩鑛 12-1021A
fúkuāng 扶匡 6-351B
fúkuāng 扶筐 6-355A
fúkuàng 符貺 8-1125A
fùkuàng 富礦 3-1572A
fúkuí 鳧葵 12-1041B
fǔkuī 俯窺 1-1514A
fùkuī 負虧 10-78A
fùkuì 覆虧 8-771A
fùkuí 負魁 10-74B
fùkuì 負媿 10-74A
fùkuì 負愧 10-73B
fùkuì 覆簣 8-771B
fùkūn 複褌 9-115B
fùkūn 複幝 9-115A
fùkùn 負困 10-66A
fūkuò 膚廓 6-1371B
fūkuò 膚闊 6-1371B
fūkuò 麩秳 12-1020B
fúkuò 郛廓 10-628B
fúkuò 浮闊 5-1251B
fùkuò 負廓 10-75A
fùkūqīngcháo 覆窟傾巢 8-770B
fúlà 伏臈 1-1186B
fúlà 伏臘 1-1188A
fúlái 扶來 6-353A
fúlái 扶徠 6-355A
fǔlái 撫徠 6-876A
fùlài 附賴 11-954B
fùlài 賻賚 10-287A
fúláizànqù 浮來暫去 5-1242A
fúlán 扶欄 6-358A
fúlán 浮嵐 5-1247A
fúlàn 浮濫 5-1251B
fǔlǎn 俯覽 1-1514A
fǔlàn 腐爛 8-1071A
fùlán 負韊 10-79A
fùlán 負籣 10-79A
fùlán 負韉 10-79A
fúlàng 浮浪 5-1244A
fùláng 副郎 2-722B
fùlàng 負浪 10-71B
fùlàng 富浪 3-1567B
fúlàngrén 浮浪人 5-1244A
fúlǎngzàobái 苻朗皁白 9-349A
fúláo 服勞 6-1203A
fúlǎo 伏老 1-1181B
fúlǎo 扶老 6-351B
fúlǎo 服老 6-1199A
fùláo 拊勞 6-468A
fǔláo 撫勞 6-877A
fùlǎo 父老 6-1116B
fùlǎo 阜老 11-908B
fùlǎo 富老 3-1565B
fùlǎo 覆橑 8-771A
fùlǎotíyòu 負老提幼 10-65A
fúlǎoxiéyòu 扶老携幼 6-351B
fúlǎoxiéyòu 扶老攜幼 6-351B
fùlǎoxiéyòu 負老携幼 10-65A
fúlè 浮勒 5-1244B
fùlè 富樂 3-1571B
fúléi 俘纍 1-1411A
fúléi 俘累 1-1410B
fúlěi 浮累 5-1245A
fùléi 負贏 10-78B
fùlěi 負耒 10-65A
fùlěi 負壘 10-78A
fùlěi 賻誄 10-287A
fùlèi 負纍 10-74A
fùlèi 負累 10-72B
fùlèifǎnlún 負類反倫 10-78B
fǔlěng 腑冷 6-1334A
fūlí 夫離 2-1458A
fūlí 夫蘺 2-1458A
fūlǐ 膚理 6-1371A
fūlì 夫力 2-1455B
fūlì 伕力 1-1168A
fūlì 膚立 6-1370A
fúlí 扶犂 6-355A
fúlí 苻蘺 9-349A
fúlí 紼纚 9-798B
fúlǐ 伏禮 1-1187B
fúlǐ 服禮 6-1204B
fúlǐ 符理 8-1124B
fúlǐ 福禮 7-947A
fúlì 佛戾 1-1289A
fúlì 伏利 1-1182A
fúlì 伏歷 1-1186B
fúlì 伏櫪 1-1188A
fúlì 扶力 6-351A
fúlì 拂戾 6-505B
fúlì 俘隸 1-1410B
fúlì 浮力 5-1238B
fúlì 浮利 5-1241A
fúlì 浮戾 5-1242B
fúlì 浮厲 5-1249A
fúlì 浮麗 5-1252A
fúlì 符吏 8-1122B
fúlì 符曆 8-1126A
fúlì 幅利 3-749B
fúlì 福力 7-942B
fúlì 福利 7-943B
fǔlí 輔鼇 9-1257A
fǔlǐ 甫里 1-525B
fǔlǐ 輔理 9-1256A
fǔlǐ 撫理 6-876A
fǔlì 府吏 3-1214B
fǔlì 釜鬲 6-1118B
fǔlì 釜礫 6-1119A
fǔlì 輔立 9-1254A
fùlí 附離 11-955B
fùlǐ 附理 11-951B
fùlǐ 傅理 1-1599A
fùlǐ 復禮 3-1039B
fùlǐ 腹裏 6-1352A
fùlǐ 賦里 10-220A
fùlǐ 賻禮 10-287A
fùlǐ 覆理 8-768B
fùlǐ 覆醴 8-772A
fùlì 複利 9-114A
fùlì 附隸 11-955A
fùlì 附麗 11-955B
fùlì 負力 10-63B
fùlì 負立 10-65A
fùlì 負戾 10-68A
fùlì 傅麗 1-1600A
fùlì 富力 3-1564B
fùlì 富利 3-1566A
fùlì 富麗 3-1571B
fūlián 趺蓮 10-432A
fúliàn 服練 6-1204B
fúliàn 服鍊 6-1204B
fúliàn 幅練 3-750A
fùliǎn 負摙 10-74A
fùliàn 賦斂 10-222A
fúliáng 浮梁 5-1245B
fúliáng 浮涼 5-1245B
fúliáng 浮糧 5-1252A
fǔliáng 簠粱 8-1241A
fǔliàng 俯亮 1-1513A
fǔliàng 輔亮 9-1255B
fùliàng 富量 3-1569A
fúliáng'ér 伏凉兒 1-1184B
fūliào 敷料 5-504B
fǔliáo 府僚 3-1217A
fúliè 伏獵 1-1187B
fúliè 幅裂 3-749B
fúliè 輻裂 9-1298A
fùliè 附列 11-949A
fùliè 馥烈 12-442B
fúlièshìláng 伏獵侍郎 1-1187B
fúlín 紱麟 9-777B
fúlín 蒳箖 9-435B
fǔlín 俯臨 1-1514A
fǔlín 撫臨 6-878B
fǔlín 俛臨 1-1412A
fǔlǐn 府廩 3-1217B
fùlín 富鄰 3-1571A
fùlìn 負賃 10-74B
fúlíng 伏苓 1-1182B
fúlíng 伏靈 1-1188B
fúlíng 茯苓 9-380A
fúlíng 茯蕶 9-380A
fúlíng 浮菱 5-1244B
fúlíng 浮齡 5-1252B
fúlǐng 黻領 12-1312A
fǔlíng 俯聆 1-1513B
fǔlǐng 黼領 12-1313B
fǔlǐng 頫領 12-291A
fùlíng 附靈 11-956A
fùlíng 阜陵 11-909A
fùlíng 覆笭 8-769A
fùlíng 自陵 11-910A
fùlǐng 複嶺 9-116A
fùlíng'ēn 阜陵恩 11-909A
fùlíngzhě 負苓者 10-66B
fúlíngzhī 伏苓芝 1-1182B
fúlíshǒu 扶犂手 6-355A
fùlìtánghuáng 富麗堂皇 3-1572A
fúliú 伏流 1-1184B
fúliú 扶留 6-354A
fúliú 扶榴 6-358A
fúliú 洑流 5-1167A
fúliú 浮留 5-1244A
fúliú 粰粖 9-215A
fùliú 負流 10-71B
fùlìwàngǔ 富轢萬古 3-1572B
fǔlǐxiānsheng 甫里先生 1-525B
fùlízǐ 負離子 10-78B
fúlóng 伏龍 1-1186B
fúlóng 浮龍 5-1251A
fùlóng 富隆 3-1568B
fúlóngfèngchú 伏龍鳳雛 1-1186B
fúlónggān 伏龍肝 1-1186B
fúlóngguàn 伏龍觀 1-1186B
fūlòu 膚陋 6-1370B
fúlóu 扶婁 6-354B
fúlóu 苻婁 9-349A
fúlóu 符婁 8-1124B
fǔlòu 腐陋 8-1069A
fūlù 荴露 9-411A
fūlù 敷露 5-506A
fúlú 扶盧 6-357A
fúlú 拂廬 6-507B
fúlǔ 俘鹵 1-1410A
fúlǔ 俘虜 1-1410B
fúlǔ 俘擄 1-1410B
fúlù 伏路 1-1185A
fúlù 扶路 6-355B
fúlù 服輅 6-1203B
fúlù 茀禄 9-357A
fúlù 浮露 5-1253A
fúlù 符録 8-1126A
fúlù 符籙 8-1126B
fúlù 福禄 7-946A
fùlú 腹臚 6-1352B
fùlù 複陸 9-114B
fùlù 附録 11-955A
fùlù 阜陸 11-909A
fùlù 副輅 2-723B
fùlù 富禄 3-1570A
fùlù 復陸 3-1037B
fùlù 賦禄 10-221A

fùlù 駙騄 12-817A
fùlù 覆露 8-772B
fùlù 覆鹿 8-769A
fúluán 伏鸞 1-1188B
fúluán 扶鸞 6-358A
fúluàn 拂亂 6-506B
fùluǎn 覆卵 8-766A
fùluàn 負亂 10-75A
fùluàn 覆亂 8-770A
fūluǎnqì 孵卵器 4-240B
fúlúdiāo 鳧盧貂 12-1041B
fùlùjiāo 覆鹿蕉 8-769A
fūlún 敷綸 5-505B
fúlún 扶輪 6-356B
fúlún 幅輪 3-750A
fúlún 紼綸 9-858A
fúlùn 浮論 5-1250B
fùlùn 賦論 10-221B
fúluò 伏落 1-1185A
fúluò 刜落 2-647B
fùluó 蚹蠃 8-877A
fùluǒ 附蠃 11-955B
fùluò 附落 11-952B
fùluò 阜落 11-909B
fùluò 富駱 3-1571B
fùluò 覆落 8-769B
fúlùshuāngquán 福祿雙全 7-946A
fùlùxúnjiāo 覆鹿尋蕉 8-769A
fùlùyíjiāo 覆鹿遺蕉 8-769A
fúlǚ 福履 7-947A
fúlǜ 浮慮 5-1250A
fǔlǚ 俯僂 1-1513B
fǔlǚ 俛僂 1-1412A
fùlú 婦閭 4-383A
fùlǚ 複履 9-116A
fùlǚ 附旅 11-951B
fùlǚ 赴履 9-1083B
fùlǚ 傅呂 1-1598A
fùlǜ 附律 11-950B
fúlüě 俘掠 1-1410A
fúlüè 拂掠 6-506A
fúlüè 俘略 1-1410A
fūmǎ 夫馬 2-1457A
fúmǎ 服馬 6-1201B
fùmǎ 父馬 6-1117A
fùmǎ 阜馬 11-909A
fùmǎ 副馬 2-722B
fùmǎ 駙馬 12-817A
fùmǎ 賻馬 10-286B
fúmái 伏埋 1-1184A
fúmài 伏脈 1-1184A
fúmài 浮麥 5-1244B
fùmái 覆埋 8-767B
fúmǎlín 福馬林 7-945A
fúmǎn 浮滿 5-1249B
fúmàn 浮漫 5-1250A
fùmǎn 傅滿 1-1600A
fùmàn 負謾 10-78B
fúmǎng 伏莽 1-1184A
fùmáng 負芒 10-65A
fùmángpīwěi 負芒披葦 10-65B
fúmáo 拂鬚 6-506B
fúmào 浮冒 5-1242B
fùmáo 附毛 11-948B
fùmáo 縛茅 9-961A
fùmáo 縛茆 9-961A
fùmào 阜茂 11-908B
fùmào 負冒 10-68B
fùmào 富茂 3-1566A
fùmào 覆冒 8-767A
fúmèi 服媚 6-1203B
fúmèi 浮媚 5-1248A
fǔméi 釜煤 6-1119A
fǔméi 俛眉 1-1411B
fùmèi 附媚 11-953A
fūmén 鮒門 12-1236A
fúmén 鳧亹 12-1042A
fǔmén 拊捫 6-467B
fǔmén 撫捫 6-876A
fūméng 孚萌 4-205A
fúméng 浮萌 5-1244B
fúměng 伏猛 1-1184B
fúměng 服猛 6-1202B
fùméng 負盟 10-74A
fùméng 覆蒙 8-770A
fúmí 浮糜 5-1251B
fúmí 浮麋 5-1251B
fúmí 浮靡 5-1252B
fùmí 軵靡 9-1238B
fùmǐ 負米 10-65B
fùmì 賦祕 10-220B
fúmiǎn 服冕 6-1202A
fúmiǎn 紱冕 9-777B
fúmiǎn 紱絻 9-777B
fúmiǎn 紼冕 9-798B
fúmiǎn 紼絻 9-798B
fúmiǎn 黻冕 12-1312A
fúmiàn 浮面 5-1242B
fúmiàn 幅面 3-749B
fǔmiǎn 撫勉 6-875A
fǔmiǎn 黼冕 12-1313A
fǔmiǎn 俛眄 1-1411B
fùmiǎn 復免 3-1035B
fùmiàn 復面 3-1036B
fùmiànbǎichéng 富面百城 3-1567A
fùmiànbàimén 復面拜門 3-1036B
fūmiào 敷妙 5-503B
fúmiào 俘廟 1-1410B
fùmiào 複廟 9-115B
fùmiào 祔廟 7-898A
fùmiào 復廟 3-1039A
fǔmiè 腐滅 8-1070A
fùmiè 覆滅 8-770A
fūmǐn 膚敏 6-1371A
fúmín 蚨緡 8-865B
fǔmín 撫民 6-873A
fùmín 附民 11-949A
fùmín 富民 3-1565B
fùmín 腹民 6-1350B
fùmín 賦緡 10-222A
fúmíng 拂明 6-505A
fúmíng 浮名 5-1240B
fúmíng 浮明 5-1242A
fúmìng 孚命 4-204B
fúmìng 服命 6-1200B
fúmìng 符命 8-1123B
fúmìng 福命 7-944A
fǔmìng 府命 3-1215B
fǔmìng 黼命 12-1312B
fùmíng 複名 9-114A
fùmíng 附名 11-949B
fùmíng 負名 10-65B
fùmíng 負螟 10-77A
fùmíng 復名 3-1035A
fùmíng 賦銘 10-221B
fùmìng 付命 1-1128B
fùmìng 附命 11-950B
fùmìng 負命 10-67B
fùmìng 赴命 9-1082A
fùmìng 復命 3-1036A
fùmìng 賦命 10-220B
fùmìng 覆命 8-767A
fùmíngshù 複名數 9-114A
fùmínhóu 富民侯 3-1565B
fùmínqú 富民渠 3-1565B
fūmiù 膚繆 6-1372A
fúmiù 浮謬 5-1252A
fūmò 膚末 6-1370A
fúmò 浮没 5-1241B
fúmò 浮末 5-1239B
fúmò 浮沫 5-1242B
fúmò 莩末 9-422B
fǔmō 撫摸 6-877A
fǔmó 拊摩 6-468A
fǔmó 撫摩 6-878A
fǔmò 俛默 1-1412A
fùmò 副末 2-721B
fùmò 副墨 2-724A
fùmò 覆没 8-766B
fúmódàdì 伏魔大帝 1-1188A
fūmòzhīlí 膚末支離 6-1370A
fúmǔ 蚨母 8-865B
fúmù 弗目 4-101B
fúmù 扶木 6-351A
fúmù 浮目 5-1240B
fúmù 浮慕 5-1249A
fúmù 桴木 4-1056B
fúmù 符目 8-1122A
fúmù 榑木 4-1211B
fǔmù 府幕 3-1216B
fǔmù 斧木 6-1056A
fǔmù 腐木 8-1068A
fùmǔ 父母 6-1116B
fùmǔ 負姆 10-68A
fùmǔ 傅母 1-1598A
fùmǔ 傅姆 1-1598B
fùmù 覆墓 8-770A
fùmǔguān 父母官 6-1116B
fùmǔguó 父母國 6-1116B
fùmǔzhībāng 父母之邦 6-1116B
fūnà 敷納 5-504B
fūnà 傅納 1-1599A
fǔnà 俯納 1-1513A
fǔnà 撫納 6-875B
fùnà 附納 11-951B
fùnà 賦納 10-220B
fūnán 夫男 2-1456A
fūnán 呋喃 3-198A
fúnán 夫南 2-1457A
fùnàn 赴難 9-1084B
fúnáng 浮囊 5-1253A
fúnáng 襆囊 9-137B
fǔnáng 府囊 3-1217B
fùnáng 負囊 10-79A
fùnáng 腹囊 6-1353A
fūnáo 膚撓 6-1371B
fúnào 浮淖 5-1245B
fǔnǎo 斧腦 6-1057A
fùněi 腹餒 6-1352B
fùnèi 腹內 6-1350A
fǔnéng 甫能 1-525B
fùnéng 付能 1-1128B
fùnéng 負能 10-71B
fùnéng 副能 2-723A
fúnì 伏匿 1-1184A
fúnì 咈逆 3-313A
fúnì 拂逆 6-505B
fúnì 服匿 6-1201B
fùnǐ 父禰 6-1118A
fùnì 附逆 11-951A
fùnì 負逆 10-69B
fùnì 復逆 3-1036B
fùnì 覆逆 8-767B
fùnì 覆溺 8-770B
fúnián 浮年 5-1240B
fúniàn 伏念 1-1183A
fúniàn 服念 6-1200B
fǔniàn 俯念 1-1512B
fǔniàn 撫念 6-874B
fùnián 富年 3-1565B
fùniǎn 附輦 11-954A
fùniánfùmǔ 傅年父母 1-1598A
fūniáng 夫娘 2-1457A
fúniǎo 服鳥 6-1202A
fúniǎo 鵩鳥 12-1126A
fúniē 扶揑 6-355A
fǔníng 撫寧 6-877B
fùniú 負牛 10-64B
fúniúchéngmǎ 服牛乘馬 6-1198B
fǔnòng 撫弄 6-874A
fùnóng 附農 11-953B
fùnóng 富農 3-1570A
fúnǔ 瑂弩 4-629A
fúnǔ 伏弩 1-1183B
fùnǔ 負弩 10-68A
fùnuò 負諾 10-76B
fúnǚ 伏女 1-1181A
fùnǚ 婦女 4-381A
fùnǚ 腹女 6-1350A
fùnǚbìng 婦女病 4-381A
fùnǚjié 婦女節 4-381B
fú'ōu 浮鷗 5-1253A
fú'ōu 浮漚 5-1249B
fú'ōu 紼謳 9-798B
fǔ'ōu 釜鏂 6-1119A

fú'ōudīng 浮漚釘 5-1249B
fūpái 夫牌 2-1457B
fúpái 符牌 8-1125A
fǔpāi 拊拍 6-467A
fǔpāi 撫拍 6-874A
fǔpái 府牌 3-1216B
fùpāi 赴拍 9-1082A
fúpàn 福判 7-943B
fǔpán 撫盤 6-878A
fǔpàn 頫盼 12-290B
fùpān 附攀 11-955B
fùpán 負盤 10-76A
fùpàn 負畔 10-70A
fúpèi 韍佩 12-678B
fúpèi 黻佩 12-1312A
fùpén 覆盆 8-767B
fúpéng 浮棚 5-1246B
fùpénzǐ 覆盆子 8-767B
fūpī 敷披 5-504A
fǔpí 腐皮 8-1068B
fǔpǐ 俯擗 1-1514A
fùpī 附批 11-949B
fúpiān 浮翩 5-1251A
fùpiàn 吹片 3-218A
fùpiàn 附片 11-948B
fùpiàn 負片 10-64B
fùpiánpián 腹便便 6-1351A
fúpiāo 浮剽 5-1248A
fúpiāo 浮漂 5-1249B
fúpiāo 浮飄 5-1252B
fúpiāo 浮瀃 5-1251A
fúpiào 浮票 5-1245A
fúpiāopiāo 浮飄飄 5-1252B
fǔpīcūn 斧劈皴 6-1057A
fúpín 扶貧 6-355A
fúpǐn 福品 7-944B
fùpǐn 副品 2-722B
fúpíng 扶馮 6-355B
fúpíng 扶憑 6-357A
fúpíng 浮萍 5-1244B
fùpíng 富平 3-1565A
fùpíng 覆瓶 8-768A
fùpíngchē 富平車 3-1565A
fùpínghóu 富平侯 3-1565A
fùpíngjīn 富平津 3-1565B
fúpó 涪皤 5-1412B
fùpò 復魄 3-1038B
fǔpòqiāngquē 斧破斨缺 6-1056B
fúpú 伏蒲 1-1185B
fúpú 幅蒲 3-750A
fúpù 浮鋪 5-1250B
fúpù 浮舖 5-1250B
fùpǔ 復朴 3-1034B
fùpù 負曝 10-78B
fūqī 夫妻 2-1456B
fúqí 鮲鯕 12-1205A
fúqí 鳧騎 12-1042A
fúqǐ 伏乞 1-1181A
fúqǐ 浮起 5-1243A
fúqǐ 符棨 8-1125A
fúqì 伏氣 1-1184A
fúqì 服氣 6-1201B
fúqì 浮氣 5-1243B
fúqì 符契 8-1123B
fúqì 福氣 7-945A
fǔqī 撫期 6-876B
fǔqǐ 俛起 1-1411B
fǔqì 俯泣 1-1512B
fǔqì 腐氣 8-1069A
fǔqì 腐棄 8-1070A
fùqī 負期 10-73A
fùqī 赴期 9-1082B
fùqí 負奇 10-67A
fùqí 覆棋 8-769B
fùqǐ 副啓 2-723A
fùqì 負氣 10-70B
fūqià 敷洽 5-504B
fúqià 孚洽 4-204B
fūqiǎn 敷淺 5-505A
fūqiǎn 膚淺 6-1371A
fúqiān 伏愆 1-1185B
fúqiān 浮簽 5-1252A
fúqiān 福謙 7-947A
fúqián 蚨錢 8-865B
fúqiǎn 浮淺 5-1245B
fǔqiān 腐遷 8-1070B
fǔqián 府錢 3-1217B
fùqiān 負愆 10-74B
fùqiān 負僭 10-76A
fùqiān 富謙 3-1571B
fùqián 賦錢 10-222A
fùqián 賻錢 10-287A
fùqiǎn 附遣 11-953B
fùqiǎn 負譴 10-79A
fùqiàn 負欠 10-64B
fùqiàn 負縴 10-78A
fúqiáng 扶牆 6-357B
fǔqiāng 斧斨 6-1056A
fùqiáng 負牆 10-78A
fùqiáng 富彊 3-1571B
fùqiáng 富强 3-1570A
fùqiǎng 負襁 10-78A
fúqiángmōbì 扶墻摸壁 6-356B
fúqiángmōbì 扶牆摸壁 6-357B
fùqiánjièhòu 覆前戒後 8-767B
fúqiáo 浮橋 5-1251A
fúqiǎo 浮巧 5-1239B
fùqiáo 附喬 11-952B
fùqiáo 負樵 10-77A
fùqiào 負誚 10-75B
fūqīběnshìtónglínniǎo 夫妻本是同林鳥 2-1456B
fūqīchuán 夫妻船 2-1456B
fūqīdiàn 夫妻店 2-1456B
fúqiè 孚愜 4-205A
fúqiè 扶挈 6-354A
fúqiè 浮切 5-1239A
fùqiè 負挈 10-69B
fùqiè 負篋 10-76A
fùqiè 副妾 2-722A
fùqìhánlíng 負氣含靈 10-70B
fúqílín 紱麒麟 9-777B
fǔqímò 釜臍墨 6-1119A
fúqín 服勤 6-1203B
fúqín 苻秦 9-349A
fúqín 俘擒 1-1410B
fúqín 宓琴 3-1404A
fúqín 釜鬵 6-1119A
fǔqín 撫琴 6-876B
fùqīn 複衾 9-114B
fùqīn 父親 6-1117B
fùqīn 附親 11-955A
fùqǐn 復寢 3-1038B
fúqīng 扶傾 6-356A
fúqīng 浮清 5-1245B
fúqīng 浮輕 5-1249A
fúqìng 浮磬 5-1250B
fúqìng 福慶 7-947A
fǔqíng 輔檠 9-1256B
fùqīng 覆傾 8-770A
fùqíng 負情 10-72B
fùqíng 賦情 10-221A
fúqīngjìruò 扶傾濟弱 6-356A
fúqìngqián 福慶錢 7-947A
fúqióng 扶笻 6-354B
fūqiú 敷求 5-503B
fúqiū 浮丘 5-1240A
fúqiú 俘囚 1-1410A
fúqiú 黻裘 12-1312A
fǔqiú 黼裘 12-1313B
fǔqiǔ 脯糗 6-1279B
fùqiū 阜丘 11-908B
fúqiūbó 浮丘伯 5-1240A
fúqiūgōng 浮丘公 5-1240A
fúqìwō 福氣窩 7-945A
fūqīwúgésùzhīchóu 夫妻無隔宿之仇 2-1456B
fūqīwúgéyèzhīchóu 夫妻無隔夜之仇 2-1456B
fúqū 浮蛆 5-1245A
fúqū 鳧趨 12-1042A
fúqú 扶渠 6-355A
fúqú 扶蕖 6-356A
fúqú 芙渠 9-281A
fúqú 芙蕖 9-281B
fǔqū 俛詘 1-1412A
fǔqǔ 俯取 1-1512B
fǔqù 吹趣 3-218B
fùqǔ 負曲 10-65B
fùqū 負屈 10-68A
fùqǔ 赴曲 9-1081B
fùqù 赴趣 9-1083B
fūquán 夫權 2-1458A
fúquán 伏泉 1-1183B
fúquàn 符券 8-1123B
fǔquán 腐蠸 8-1071A
fùquán 父權 6-1118A
fùquán 附權 11-956A
fùquán 赴銓 9-1083B
fùquàn 負券 10-67B
fúquē 伏闕 1-1188A
fúquè 服闋 6-1205A
fùquē 負闕 10-78B
fùquē 赴闕 9-1084B
fùquè 負雀 10-72A
fùquè 負闕 10-78B
fùquè 復却 3-1035A
fùqūhányuān 負屈含冤 10-68A
fùqún 複裙 9-115A
fúqūquèyuè 鳧趨雀躍 12-1042A
fúqúshòuchē 福衢壽車 7-947B
fùqūxiányuān 負屈啣冤 10-68A
fùqūxiányuān 負屈銜冤 10-68A
fúrán 咈然 3-313B
fúrán 拂然 6-506B
fǔrán 俯然 1-1513B
fǔrán 撫然 6-877A
fǔrán 嘸然 3-509B
fǔrán 俛然 1-1412A
fúráng 祓禳 7-844B
fúráng 符禳 8-1126B
fúrǎng 福壤 7-947B
fùráng 富穰 3-1572B
fúráo 夫橈 2-1458A
fúráo 夫橈 2-1458A
fùráo 富饒 3-1572A
fúrè 伏熱 1-1186A
fúrè 浮熱 5-1250A
fùrèchánghuāng 腹熱腸荒 6-1352A
fùrèchánghuāng 腹熱腸慌 6-1352A
fūrén 夫人 2-1455A
fūrèn 敷衽 5-504B
fūrèn 敷袵 5-505A
fúrén 夫人 2-1455A
fúrén 浮人 5-1238B
fúrén 桴人 4-1056B
fúrén 福人 7-942B
fúrèn 伏刃 1-1181A
fúrèn 符任 8-1122B
fǔrén 府人 3-1214A
fǔrén 腐人 8-1068A
fǔrén 輔仁 9-1254A
fǔrěn 腐餒 8-1070B
fǔrèn 府任 3-1215A
fùrén 婦人 4-381A
fùrén 富人 3-1564B
fùrèn 父任 6-1116B
fùrèn 付任 1-1128A
fùrèn 負任 10-65B
fùrèn 赴任 9-1081B
fùrèn 復任 3-1034B
fùrénbài 婦人拜 4-381A
fūrénchéng 夫人城 2-1455A
fùrénchúnjiǔ 婦人醇酒 4-381A
fùrénhóu 富人侯 3-1564B
fùrénjiā 婦人家 4-381A
fùrènménglǎo 負任蒙勞 10-65B
fūrénqúndài 夫人裙帶

2-1455B
fùrénzhīrén 婦人之仁 4-381A
fùrèxīnjiān 腹熱心煎 6-1352A
fúrì 伏日 1-1181A
fúrì 服日 6-1198B
fùrì 負日 10-64A
fūróng 敷榮 5-505B
fúróng 夫容 2-1457A
fúróng 伏戎 1-1181B
fúróng 芙蓉 9-281A
fúróng 浮榮 5-1249B
fúrǒng 浮冗 5-1239B
fúrǒng 浮宂 5-1240B
fǔróng 俯容 1-1513A
fǔróng 俛容 1-1411B
fùróng 婦容 4-382B
fùróng 覆容 8-768A
fúróngchéng 芙蓉城 9-281A
fúróngfǔ 芙蓉府 9-281A
fúrónggāo 芙蓉膏 9-281B
fúróngguó 芙蓉國 9-281A
fúróngjiàn 芙蓉劍 9-281B
fúróngjìng 芙蓉鏡 9-281B
fúrónglóu 芙蓉樓 9-281B
fúróngmiàn 芙蓉面 9-281A
fúróngmù 芙蓉幕 9-281B
fūróngqīguì 夫榮妻貴 2-1458A
fúróngyuán 芙蓉園 9-281B
fúróngyuàn 芙蓉苑 9-281A
fúróngzhàng 芙蓉帳 9-281B
fúróu 鶝鶔 12-1131B
fúròu 伏肉 1-1182A
fǔróu 撫柔 6-875B
fǔróu 撫揉 6-876B
fǔròu 脯肉 6-1279A
fǔròu 腐肉 8-1068B
fūrǔ 孚乳 4-204B
fúrù 浮縟 5-1251A
fúrù 鵩入 12-1125B
fǔrú 腐儒 8-1070B
fǔrǔ 腐乳 8-1069A
fúrú 複襦 9-116B
fúrú 婦孺 4-383A
fùrǔ 負辱 10-70A
fùrǔ 縛辱 9-961A
fùrǔ 覆乳 8-767A
fúruǎn 服軟 6-1202A
fūruí 敷蕤 5-505B
fūruǐ 敷蘂 5-506A
fúruì 符瑞 8-1125A
fúruìtú 符瑞圖 8-1125A
fùrùn 覆潤 8-771A
fùsāi 復塞 3-1038B
fùsài 複賽 9-116A
fùsài 附塞 11-954A
fùsài 復賽 3-1039A
fúsǎn 服散 6-1202B
fǔsàn 腐散 8-1069B
fùsān 復三 3-1033B
fùsǎn 覆繖 8-772A
fúsāng 佛桑 1-1290B
fúsāng 扶桑 6-354A
fúsāng 扶喪 6-355A
fúsāng 服喪 6-1202B
fúsāng 浮桑 5-1244B
fúsāng 榑桑 4-1211B
fūsè 膚色 6-1370A
fúsè 服色 6-1199A
fùsè 傅色 1-1598A
fùsè 覆塞 8-770B
fúshā 俘殺 1-1410A
fúshà 黻翣 12-1312A
fǔshà 黼翣 12-1313B
fǔshài 黼殺 12-1313A
fúshān 浮山 5-1239A
fúshān 凫山 12-1040B
fúshàn 服善 6-1203A
fúshàn 福善 7-946A
fùshān 複衫 9-114A
fùshān 附羶 11-955B
fùshān 負山 10-64A
fùshàn 阜贍 11-909B
fùshàn 富贍 3-1572A
fúshāng 扶傷 6-356A
fúshāng 浮傷 5-1248B
fúshāng 浮觴 5-1252A
fúshǎng 符賞 8-1126A
fǔshàng 府上 3-1214A
fùshāng 負傷 10-74B
fùshāng 富商 3-1568B
fùshāng 覆觴 8-771B
fùshǎng 父賞 6-1117B
fùshǎng 賦賞 10-221B
fùshàng 附上 11-948A
fùshàng 赴上 9-1081A
fùshāngdàgǔ 富商大賈 3-1568B
fùshānghán 副傷寒 2-724A
fùshāngjùgǔ 富商巨賈 3-1568B
fúshàngshuǐ 浮上水 5-1239A
fúshàngshuǐ 洑上水 5-1167A
fùshàngwǎngxià 附上罔下 11-948B
fùshāngxùgǔ 富商蓄賈 3-1568B
fúshànhuòyín 福善禍淫 7-946A
fūshè 敷設 5-505A
fúshé 蝠蛇 8-927B
fúshè 服舍 6-1200B
fúshè 祓社 7-844A
fúshè 浮涉 5-1244A
fúshè 浮灄 5-1253A
fúshè 福舍 7-944A
fúshè 輻射 9-1298A
fúshè 鵩舍 12-1126A
fǔshè 府舍 3-1215B
fùshē 富奢 3-1568A
fùshé 蝮虵 8-931A
fùshé 蝮蛇 8-931A
fùshè 附社 11-950A
fùshè 復社 3-1035B
fùshè 覆射 8-768A
fùshéjiāochún 縛舌交唇 9-961A
fúshén 茯神 9-380A
fúshén 福神 7-945A
fǔshēn 俯身 1-1512B
fǔshēn 腐身 8-1068B
fùshēn 付身 1-1128A
fùshēn 附身 11-949B
fùshēn 富紳 3-1568B
fùshēn 復身 3-1035B
fùshěn 附審 11-954B
fùshěn 復審 3-1039A
fùshěn 覆審 8-771A
fúshènéng 輻射能 9-1298A
fúshēng 伏生 1-1181B
fúshēng 扶生 6-351B
fúshēng 浮生 5-1240A
fúshèng 服乘 6-1201B
fǔshēng 腐生 8-1068A
fǔshèng 輔聖 9-1256A
fùshēng 附生 11-948B
fùshēng 阜生 11-908B
fùshēng 負聲 10-77B
fùshēng 復生 3-1034B
fùshēng 賦生 10-220A
fùshēng 賦聲 10-222A
fùshéng 負繩 10-78B
fùshěng 赴省 9-1082A
fùshèng 阜盛 11-909A
fùshèng 負勝 10-73B
fùshèng 副乘 2-723A
fùshèng 富盛 3-1568A
fùshèng 復聖 3-1038A
fùshēngchóng 附生蟲 11-948B
fùshēngfèiyǐng 附聲吠影 11-955A
fúshēngqièxiǎng 浮聲切響 5-1251B
fùshéshìshǒu…
蝮蛇螫手，壯士解腕 8-931A
fūshī 敷施 5-504B
fūshí 砆石 7-1011A
fūshí 敷時 5-504B
fūshǐ 膚使 6-1370B
fūshì 夫室 2-1457A
fūshì 趺逝 10-432A
fūshì 敷釋 5-506A
fúshī 伏尸 1-1181A
fúshī 伏屍 1-1184A
fúshī 伏獅 1-1185B
fúshī 浮屍 5-1243A
fúshī 符師 8-1124A
fúshí 伏石 1-1181B
fúshí 伏食 1-1183B
fúshí 服食 6-1201A
fúshí 浮石 5-1239B
fúshí 浮食 5-1243A
fúshí 浮實 5-1250A
fúshí 符實 8-1126A
fúshí 福食 7-944B
fúshǐ 茀矢 9-357A
fúshǐ 符使 8-1123A
fúshì 弗是 4-102A
fúshì 伏式 1-1181B
fúshì 伏事 1-1182B
fúshì 伏侍 1-1183A
fúshì 伏室 1-1183B
fúshì 伏軾 1-1185B
fúshì 伏蟄 1-1187A
fúshì 孚釋 4-205A
fúshì 扶世 6-351A
fúshì 扶侍 6-353A
fúshì 拂世 6-504B
fúshì 拂拭 6-505B
fúshì 服式 6-1199A
fúshì 服事 6-1200A
fúshì 服侍 6-1200B
fúshì 服飾 6-1203B
fúshì 袚飾 7-844B
fúshì 浮世 5-1239B
fúshì 浮飾 5-1248B
fúshì 福事 7-943B
fúshì 凫氏 12-1040B
fǔshī 撫師 6-875B
fǔshí 府實 3-1217A
fǔshí 拊石 6-467A
fǔshí 俯拾 1-1512B
fǔshí 腐蝕 8-1070A
fǔshí 輔時 9-1255B
fǔshǐ 府史 3-1214B
fǔshǐ 腐史 8-1068A
fǔshì 府室 3-1216A
fǔshì 府試 3-1217A
fǔshì 拊式 6-467A
fǔshì 拊視 6-467B
fǔshì 俯視 1-1513B
fǔshì 輔世 9-1254A
fǔshì 輔埶 9-1256A
fǔshì 撫世 6-873A
fǔshì 撫式 6-873B
fǔshì 撫事 6-874A
fǔshì 撫拭 6-874B
fǔshì 撫視 6-876A
fǔshì 撫軾 6-877A
fǔshì 俛視 1-1411B
fǔshì 頫眡 12-291A
fǔshì 頫視 12-291A
fùshī 父師 6-1117A
fùshī 阜施 11-909A
fùshī 負失 10-65A
fùshī 負屍 10-69B
fùshī 婦師 4-382A
fùshī 傅師 1-1599A
fùshī 賦詩 10-221B
fùshī 賻施 10-286B
fùshī 覆尸 8-765B
fùshī 覆屍 8-767B
fùshī 覆師 8-768A
fùshí 阜實 11-909B
fùshí 祔食 7-898A
fùshí 負石 10-64B
fùshí 負時 10-70A
fùshí 負實 10-75B
fùshí 赴時 9-1082B
fùshí 副食 2-722B
fùshí 傅時 1-1598B
fùshí 富實 3-1571A

fùshí 復時 3-1037A
fùshí 腹實 6-1352A
fùshí 賦食 10-220B
fùshí 覆實 8-770B
fùshǐ 負矢 10-65A
fùshǐ 副使 2-722A
fùshǐ 婦使 4-382A
fùshǐ 復始 3-1036A
fùshì 複室 9-114B
fùshì 複試 9-115B
fùshì 複諡 9-116A
fùshì 父事 6-1117A
fùshì 附事 11-950A
fùshì 附勢 11-953A
fùshì 附試 11-954A
fùshì 附飾 11-953B
fùshì 負恃 10-69B
fùshì 負勢 10-74A
fùshì 負誓 10-75B
fùshì 負埶 10-72A
fùshì 赴市 9-1081A
fùshì 赴勢 9-1083A
fùshì 赴試 9-1083A
fùshì 副室 2-722B
fùshì 婦氏 4-381B
fùshì 婦事 4-382A
fùshì 婦侍 4-382A
fùshì 婦飾 4-383A
fùshì 傅飾 1-1600A
fùshì 富室 3-1567A
fùshì 富勢 3-1570A
fùshì 復示 3-1034A
fùshì 復試 3-1038A
fùshì 賦事 10-220A
fùshì 覆視 8-769A
fùshì 覆試 8-770A
fúshíchénmù 浮石沉木 5-1240A
fúshíchénmù 浮石沈木 5-1240A
fǔshìchóuwù 撫世酬物 6-873A
fùshìdàjiā 富室大家 3-1567A
fǔshídìjiè 俛拾地芥 1-1411B
fùshì'ér 富室兒 3-1567A
fǔshígǎnshì 撫時感事 6-875B
fǔshíjì 腐蝕劑 8-1070B
fǔshíjiēshì 俯拾皆是 1-1513A
fùshìjiěwàn 蝮螫解腕 8-931A
fǔshíjíshì 俯拾即是 1-1513A
fùshípǐn 副食品 2-722B
fùshìqūyán 附勢趨炎 11-953B
fùshìwéifēi 覆是爲非 8-767A
fùshìxiàn 父世縣 6-1116A
fǔshíyǎngqǔ 俛拾仰取 1-1411B
fùshìzhǐ 富士紙 3-1564B
fùshìzǐ 富室子 3-1567A
fūshòu 膚受 6-1370B
fúshōu 浮收 5-1241A
fúshǒu 伏手 1-1181A
fúshǒu 扶手 6-351A
fúshǒu 拂手 6-504B
fúshǒu 符守 8-1123A
fúshòu 符授 8-1124B
fúshòu 福壽 7-946B
fǔshǒu 府守 3-1215A
fǔshǒu 府首 3-1216A
fǔshǒu 拊手 6-467A
fǔshǒu 俯首 1-1513A
fǔshǒu 撫手 6-872B
fǔshǒu 俛首 1-1411B
fǔshǒu 頫首 12-290B
fùshǒu 附手 11-948B
fùshǒu 負手 10-64A
fùshǒu 副手 2-721B
fùshǒu 覆手 8-765B
fùshòu 付授 1-1129A
fùshòu 富壽 3-1571A
fúshǒufúzú 福手福足 7-943A
fúshòugāo 福壽膏 7-946B
fǔshǒujì'ěr 俯首戢耳 1-1513A
fúshòukāngníng 福壽康寧 7-946B
fúshōulèsuǒ 浮收勒索 5-1241A
fúshōulèzhé 浮收勒折 5-1241A
fǔshǒumǐ'ěr 俯首弭耳 1-1513A
fúshòushuāngquán 福壽雙全 7-946B
fǔshǒutiē'ěr 伏首貼耳 1-1183B
fǔshǒutiē'ěr 俯首帖耳 1-1513A
fǔshǒutiē'ěr 俛首帖耳 1-1411B
fùshǒuzhīgē 負手之歌 10-64A
fūshòuzhīsù 膚受之訴 6-1370B
fūshòuzhīsù 膚受之愬 6-1370B
fūshòuzhīyán 膚受之言 6-1370B
fūshū 荴蔬 9-411A
fūshū 敷疏 5-505A
fūshù 敷述 5-504A
fúshū 枎疏 4-797B
fúshū 伏輸 1-1186B
fúshū 扶疎 6-355B
fúshū 扶疏 6-355B
fúshū 扶踈 6-356A
fúshū 扶㕏 6-354A
fúshū 服輸 6-1204B
fúshū 浮疎 5-1248A
fúshū 浮疏 5-1248A
fúshū 符書 8-1124A
fúshǔ 伏暑 1-1185A
fúshǔ 伏屬 1-1188A
fúshǔ 拂暑 6-506B
fúshǔ 拂曙 6-507B
fúshǔ 服屬 6-1205B
fúshù 扶樹 6-356B
fúshù 符術 8-1124B
fǔshū 輔樞 9-1256B
fǔshǔ 府署 3-1216B
fǔshǔ 腐鼠 8-1070A
fǔshǔ 撫署 6-877B
fǔshù 撫戍 6-873B
fùshū 附書 11-951B
fùshū 附疏 11-953A
fùshū 訃書 11-25B
fùshū 負書 10-71B
fùshū 負輸 10-77A
fùshū 復書 3-1037A
fùshū 腹書 6-1351B
fùshū 覆書 8-768B
fùshū 覆疏 8-769B
fùshǔ 附署 11-953B
fùshǔ 附屬 11-956A
fùshǔ 副署 2-723B
fùshù 複述 9-114A
fùshù 複數 9-115B
fùshù 負數 10-76A
fùshù 婦豎 4-383A
fùshù 富庶 3-1568B
fùshù 復述 3-1035B
fùshù 縛束 9-961A
fǔshuài 府帥 3-1215B
fùshuāng 負霜 10-77B
fùshǔguó 附屬國 11-956A
fūshuì 夫税 2-1457B
fúshuǐ 伏水 1-1181A
fúshuǐ 浮水 5-1239A
fúshuǐ 符水 8-1122A
fúshuǐ 福水 7-943A
fúshuǐ 鳧水 12-1040B
fǔshuǐ 腑水 6-1334A
fùshuǐ 洑水 5-1167A
fùshuǐ 負水 10-64A
fùshuǐ 赴水 9-1081A
fùshuǐ 富水 3-1565A
fùshuǐ 腹水 6-1350A
fùshuǐ 覆水 8-765B
fùshuì 賦税 10-221A
fùshuǐbùshōu 覆水不收 8-765B
fùshuǐhuǒ 赴水火 9-1081A
fùshuǐnánshōu 覆水難收 8-765B
fǔshùn 俯順 1-1513B
fǔshùn 撫順 6-877A
fùshùn 附順 11-953A
fùshùn 副順 2-723B
fùshùn 婦順 4-382B
fūshuō 敷説 5-505B
fúshuō 浮説 5-1249B
fúshuò 浮爍 5-1252B
fùshuō 附説 11-954A
fùshuō 富説 3-1571A
fúsī 罘思 8-1019B
fúsī 罘罳 8-1019B
fúsī 浮思 5-1242B
fúsī 桴思 4-1056B
fúsī 罦罳 8-1022A
fúsǐ 伏死 1-1181B
fǔsī 府司 3-1214B
fǔsī 俯思 1-1513A
fǔsì 府寺 3-1214B
fǔsì 輔嗣 9-1256A
fùsī 復思 3-1036B
fùsī 復罳 3-1038B
fùsǐ 附死 11-949A
fùsǐ 赴死 9-1081B
fùsì 附祀 11-950A
fùsì 祔祀 7-897B
fùsì 婦寺 4-381B
fùsì 腹笥 6-1351B
fúsìchéng 伏俟城 1-1183B
fùsǐrúguī 赴死如歸 9-1081B
fúsòng 服誦 6-1204A
fúsòng 祓送 7-844A
fǔsòng 輔送 9-1255B
fùsòng 附送 11-951A
fùsòng 賦頌 10-221B
fùsòng 縛送 9-961A
fùsòng 賻送 10-286B
fùsòng 覆誦 8-770B
fúsǒu 伏藪 1-1187B
fùsǒu 富叟 3-1567A
fūsú 膚俗 6-1371A
fūsù 夫粟 2-1457B
fūsù 膚訴 6-1371B
fūsù 膚愬 6-1371B
fúsū 扶蘇 6-357B
fúsú 浮俗 5-1243A
fǔsú 腐俗 8-1069A
fǔsú 撫俗 6-875A
fùsū 復甦 3-1037B
fùsū 復蘇 3-1039B
fùsú 附俗 11-950B
fùsú 阜俗 11-909A
fùsú 負俗 10-69A
fùsù 負素 10-69B
fùsù 赴訴 9-1082B
fùsù 赴愬 9-1083B
fùsù 賦粟 10-221A
fùsù 覆餗 8-771A
fúsuàn 福筭 7-946A
fúsuàn 福算 7-946B
fùsuàn 負筭 10-74B
fùsuàn 負算 10-75B
fùsuàn 賦算 10-221B
fùsuàn 覆算 8-770B
fūsùgǔlì 膚粟股栗 6-1371B
fúsuì 夫遂 2-1457B
fǔsuí 拊綏 6-468A
fǔsuí 撫綏 6-877B
fǔsuì 斧遂 6-1056B
fùsuí 附隨 11-954A
fùsuì 富歲 3-1570A
fùsuì 賻襚 10-287A
fùsuìchū 賦遂初 10-221A

fúsǔn 孚筍 4-205A
fúsūnyìnzǐ 福孫蔭子 7-945B
fūsuǒ 鈇鎖 11-1212A
fūsuǒ 膚瑣 6-1371B
fúsuǒ 服瑣 6-1204A
fúsuǒ 浮索 5-1243B
fùsuǒ 賦索 10-220B
fùsúzhījī 負俗之譏 10-69A
fùsúzhīlěi 負俗之累 10-69A
fūtà 跗蹋 10-448A
fùtà 複嗒 9-115A
fùtà 複沓 9-114A
fùtà 覆沓 8-767A
fútái 符臺 8-1125B
fǔtái 撫臺 6-877B
fùtāi 富胎 3-1567A
fùtài 富泰 3-1567A
fùtài 富態 3-1571A
fūtàn 麩炭 12-1020B
fūtàn 烰炭 7-80B
fūtàn 炥炭 7-35B
fútān 浮攤 5-1253A
fútán 浮談 5-1250B
fútán 浮譚 5-1252B
fútàn 浮炭 5-1242B
fútàn 桴炭 4-1056B
fǔtán 腐談 8-1070B
fútáng 福堂 7-945B
fǔtáng 府堂 3-1216A
fǔtáng 斧螗 6-1057A
fǔtǎng 府帑 3-1215B
fùtāngdǎohuǒ 赴湯蹈火 9-1083A
fùtānghuǒ 赴湯火 9-1083A
fùtāngtiàohuǒ 赴湯跳火 9-1083A
fùtāngtóuhuǒ 赴湯投火 9-1083A
fūtáo 麩桃 12-1020B
fútāo 伏弢 1-1183B
fútào 浮套 5-1243B
fǔtào 腐套 8-1069A
fùtáo 複陶 9-114B
fùtáo 復陶 3-1037B
fùtáo 蝮蜪 8-931A
fùtáoqiú 復陶裘 3-1037B
fútè 伏特 1-1184A
fùtè 負慝 10-75A
fúténg 浮騰 5-1252B
fùténg 負疼 10-71A
fútī 扶梯 6-354B
fútǐ 服體 6-1205B
fùtí 副題 2-724B
fūtiān 敷天 5-503B
fūtián 夫田 2-1456A
fútiān 伏天 1-1181A
fútiān 拂天 6-504B
fútián 服田 6-1199A
fútián 福田 7-943A
fǔtián 甫田 1-525A
fǔtián 脯田 6-1279A
fùtiān 父天 6-1116A
fùtiān 負天 10-64A
fùtiǎn 負忝 10-66B
fútiān'ér 伏天兒 1-1181A
fútiányī 福田衣 7-943A
fútiányuàn 福田院 7-943A
fūtiáo 敷條 5-504B
fútiáo 輻條 9-1298A
fǔtiào 俯眺 1-1513B
fǔtiào 頫眺 12-291A
fútiē 伏貼 1-1185A
fútiē 伏帖 1-1183A
fútiē 服貼 6-1203A
fútiē 服帖 6-1200A
fútiě 符帖 8-1123A
fǔtiē 俯帖 1-1512B
fǔtiě 府帖 3-1215B
fùtiě 訃帖 11-25B
fùtiě 負鐵 10-79A
fùtiě 覆帖 8-766B
fūtiějiǎo 趺鐵脚 10-432B
fútīng 伏聽 1-1188A
fútīng 服聽 6-1205B
fútíng 弗庭 4-102A
fútíng 福庭 7-944B
fǔtīng 府廳 3-1217B
fǔtīng 俯聽 1-1514A
fǔtīng 頫聽 12-291A
fǔtíng 府廷 3-1215A
fǔtíng 府庭 3-1216A
fǔtǐng 脯脡 6-1279B
fǔtǐng 黼珽 12-1312B
fūtóng 敷同 5-503B
fútóng 扶同 6-352A
fútóng 符同 8-1122B
fǔtóng 撫桐 6-875B
fùtōng 阜通 11-909A
fùtōng 負恫 10-69B
fùtóng 附同 11-949A
fùtǒng 附統 11-953A
fùtòng 負痛 10-73B
fùtòng 腹痛 6-1352A
fūtóu 夫頭 2-1458A
fútóu 扶頭 6-357A
fútóu 浮頭 5-1251A
fútóu 幞頭 3-758B
fútóu 襆頭 9-137B
fǔtóu 斧頭 6-1057A
fútóuhuánǎo 浮頭滑腦 5-1251A
fútóujiǔ 扶頭酒 6-357A
fútóumǎojiǔ 扶頭卯酒 6-357A
fútóushí 浮頭食 5-1251A
fūtú 伕徒 1-1168B
fútū 伏突 1-1183B
fútú 浮屠 5-1246A
fútú 浮圖 5-1249A
fútú 符圖 8-1126A
fútǔ 浮土 5-1239A
fútǔ 幅土 3-749A
fútù 伏兔 1-1183A
fútù 伏菟 1-1184B
fùtú 負涂 10-71B
fùtú 負途 10-70B
fùtú 負塗 10-75A
fùtú 負圖 10-75B
fùtǔ 負土 10-63B
fùtǔ 復土 3-1033B
fútuán 扶摶 6-356A
fùtǔchéngfén 負土成墳 10-63B
fùtuī 付推 1-1129A
fútuó 袱駝 9-75A
fùtuō 付托 1-1128A
fùtuō 付託 1-1128B
fùtuō 附託 11-951A
fùtuō 負托 10-65A
fùtuō 負託 10-71A
fùtuó 負橐 10-77A
fùtúshǐ 負塗豕 10-75A
fútúzǐ 浮屠子 5-1246A
fūwán 敷翫 5-505B
fúwán 服玩 6-1200A
fúwán 服翫 6-1204B
fúwǎn 扶挽 6-354A
fǔwán 撫玩 6-874A
fùwán 富完 3-1566A
fùwǎn 負輓 10-75B
fúwǎng 罘罔 8-1019B
fúwǎng 罘網 8-1019B
fúwǎng 罘罒 8 1019B
fúwàng 伏望 1-1185A
fǔwàng 府望 3-1216B
fùwáng 父王 6-1116A
fùwáng 副王 2-721B
fùwáng 覆亡 8-765B
fùwǎng 負枉 10-66B
fūwèi 敷遺 5-505B
fúwēi 扶微 6-356A
fúwēi 浮危 5-1240B
fúwēi 福威 7-944A
fúwéi 伏惟 1-1185A
fúwéi 伏維 1-1186A
fúwěi 浮僞 5-1249A
fúwěi 符緯 8-1126A
fúwèi 扶衛 6-356B
fúwèi 茀蔚 3-812A
fúwèi 怫憒 7-483A
fúwèi 服畏 6-1201A
fǔwéi 黼帷 12-1313B
fǔwéi 黼幃 12-1313B
fǔwěi 鬴洧 12-923B
fǔwèi 府衛 3-1217B
fǔwèi 輔衛 9-1256B
fǔwèi 撫慰 6-878A
fùwéi 負違 10-73B
fùwéi 腹圍 6-1351B
fùwěi 附尾 11-950A
fùwèi 附慰 11-954B
fùwèi 副尉 2-723A
fùwèi 復位 3-1035A
fùwèi 腹胃 6-1351A
fùwèi 賻遺 10-287A
fúwēidìngluàn 扶危定亂 6-352A
fúwēidìngqīng 扶危定傾 6-352A
fúwēijìjí 扶危濟急 6-352B
fúwēijìkùn 扶危濟困 6-352B
fúwēijiùkùn 扶危救困 6-352A
fúwēiyìqīng 扶危翼傾 6-352B
fūwén 敷文 5-503B
fūwén 敷聞 5-505B
fúwén 服聞 6-1204B
fúwén 浮文 5-1239A
fúwén 符文 8-1122A
fúwén 黻文 12-1312A
fǔwén 黼文 12-1312B
fǔwèn 撫問 6-876A
fùwén 複文 9-113B
fùwén 訃文 11-25B
fùwén 訃聞 11-26A
fùwén 負文 10-64B
fùwén 赴聞 9-1083B
fùwèn 訃問 11-25B
fùwèn 覆問 8-769A
fúwēng 涪翁 5-1412B
fúwēng 鳧翁 12-1041A
fùwēng 婦翁 4-382A
fùwēng 富翁 3-1567B
fùwèng 覆瓮 8-767A
fùwèng 覆甕 8-771B
fǔwò 黼幄 12-1313B
fùwò 富渥 3-1570A
fūwū 夫屋 2-1457A
fūwǔ 砆碔 7-1011B
fúwū 服汙 6-1199B
fúwū 浮屋 5-1243A
fúwǔ 咈忤 3-313A
fúwǔ 帗舞 3-699B
fúwǔ 拂舞 6-506B
fúwǔ 符伍 8-1122B
fúwù 拂悟 6-505B
fúwù 服物 6-1200B
fúwù 服務 6-1202A
fúwù 服霧 6-1205A
fúwù 浮物 5-1242A
fúwù 福物 7-944A
fúwù 鳧鶩 12-1042A
fǔwū 斧屋 6-1056B
fǔwù 腐物 8-1069A
fǔwù 撫物 6-874A
fùwū 複屋 9-114B
fùwǔ 腹侮 6-1351A
fùwù 負物 10-67A
fùwù 賦物 10-220A
fúwúshuāngzhì… 福無雙至，禍不單行 7-946A
fùwútǐ 富吳體 3-1566A
fúwùyuán 服務員 6-1202A
fūxī 敷錫 5-506A
fúxī 伏息 1-1184A
fúxī 伏犀 1-1185B
fúxī 伏羲 1-1187A
fúxī 伏犧 1-1188A
fúxī 伏戲 1-1187A
fúxī 虙羲 8-841B
fúxī 福釐 7-947B

fúxī 福熹 7-947A
fúxī 鳧徯 12-1041B
fúxī 宓羲 3-1404B
fúxí 伏襲 1-1188B
fúxí 拂席 6-505B
fúxí 服席 6-1202A
fúxí 服習 6-1202B
fúxí 浮習 5-1246B
fúxí 符檄 8-1126A
fúxí 符璽 8-1126B
fúxǐ 福喜 7-945B
fúxǐ 福禧 7-947A
fúxì 俘係 1-1410A
fúxì 祓禊 7-844B
fúxì 浮細 5-1246B
fúxì 虙戲 8-841B
fúxì 鳧舄 12-1041B
fúxì 宓戲 3-1404B
fǔxī 脯腊 6-1279B
fǔxī 輔熙 9-1256B
fǔxī 撫惜 6-876A
fǔxì 脯餼 6-1279B
fùxī 父息 6-1117A
fùxī 阜熙 11-909B
fùxī 負錫 10-77B
fùxí 複習 9-115A
fùxí 負席 10-71A
fùxí 赴席 9-1082B
fùxí 復席 3-1037A
fùxí 復習 3-1037B
fùxí 復謵 3-1039B
fùxí 覆席 8-768A
fùxǐ 負璽 10-78B
fùxì 複舄 9-115A
fùxì 父系 6-1116B
fúxiá 祓瑕 7-844A
fǔxiá 撫轄 6-878B
fùxiá 附狎 11-950B
fùxiá 祔祫 7-898A
fùxià 複下 9-113B
fùxià 附下 11-948A
fùxià 負下 10-64A
fūxiǎn 敷顯 5-506A
fúxiān 福先 7-943B
fúxiǎn 浮險 5-1250B
fúxiàn 伏綫 1-1186A
fúxiàn 伏線 1-1186B
fúxiàn 俘獻 1-1411A
fúxiàn 浮現 5-1244B
fúxiàn 輻線 9-1298B
fǔxián 拊絃 6-467B
fǔxián 輔賢 9-1256B
fǔxián 撫弦 6-874B
fǔxián 撫絃 6-876A
fǔxiàn 撫憲 6-878B
fùxián 負弦 10-68A
fùxián 負銜 10-75B
fùxián 賦閒 10-221A
fùxián 賦閑 10-221A
fùxiǎn 負險 10-76B
fùxiǎn 負嶮 10-77A
fùxiǎn 赴險 9-1084A
fùxiǎn 傅險 1-1600A
fùxiàn 複綫 9-115B
fùxiàn 赴限 9-1082A
fùxiàn 副憲 2-724A
fùxiàn 富羨 3-1570B
fùxiàn 賦憲 10-222A
fùxiàn 覆陷 8-768B
fùxiǎnbùbīn 負險不賓 10-76B
fùxiǎnbùchén 負險不臣 10-76B
fúxiāng 伏箱 1-1186A
fúxiāng 浮香 5-1242B
fúxiāng 福鄉 7-945B
fúxiáng 服降 6-1201A
fúxiáng 浮翔 5-1247A
fúxiáng 符祥 8-1124A
fúxiáng 福祥 7-945B
fúxiǎng 服享 6-1200B
fúxiǎng 服饗 6-1205A
fúxiǎng 浮想 5-1248A
fúxiǎng 浮響 5-1253A
fúxiǎng 福饗 7-947B
fúxiàng 福相 7-944A
fúxiàng 福嚮 7-947A
fǔxiáng 府庠 3-1216A
fǔxiǎng 脯鮝 6-1279B
fǔxiàng 俯項 1-1513B
fǔxiàng 輔相 9-1255B
fùxiāng 服箱 6-1204A
fùxiāng 阜鄉 11-909B
fùxiāng 負鄉 10-73A
fùxiǎng 祔享 7-897B
fùxiǎng 祔饗 7-898A
fùxiàng 附嚮 11-955B
fùxiàng 附項 11-952B
fùxiàng 副相 2-722B
fùxiàng 傅相 1-1598B
fúxiǎngliánpiān 浮想聯翩 5-1248A
fùxiāngxì 阜鄉舄 11-909B
fúxiāo 浮消 5-1244A
fúxiāo 浮囂 5-1253A
fúxiǎo 伏小 1-1180B
fúxiǎo 拂曉 6-507A
fúxiǎo 服小 6-1198B
fúxiào 服孝 6-1199B
fúxiào 符効 8-1123B
fúxiào 符效 8-1124A
fùxiāo 腹枵 6-1351A
fùxiǎo 附小 11-948B
fùxiào 腹笑 6-1351B
fùxiàwǎngshàng 附下罔上 11-948A
fūxiě 敷寫 5-505B
fūxiè 麩䴛 12-1021A
fúxié 扶夾 6-352B
fúxié 扶挾 6-354A
fúxié 扶攜 6-358A
fúxié 符協 8-1123A
fǔxié 腐脅 8-1069A
fǔxiè 府榭 3-1217A
fǔxiè 府廨 3-1217B
fùxiē 蝮蝎 8-931A
fùxié 附協 11-950A
fùxié 負挾 10-69B
fùxié 負擕 10-76A
fùxié 負攜 10-79A
fùxiě 複寫 9-116A
fùxiě 覆寫 8-771A
fùxiè 負紲 10-73A
fùxiè 復謝 3-1039A
fùxiè 腹瀉 6-1352B
fùxiè 腹蟹 6-1352B
fǔxiéjí 腐脅疾 8-1069B
fùxièmùxiā 腹蟹目蝦 6-1352B
fùxiězhǐ 複寫紙 9-116A
fúxīn 咈心 3-313A
fúxīn 拂心 6-504B
fúxīn 浮心 5-1239B
fúxìn 孚信 4-204B
fúxìn 服信 6-1201A
fúxìn 符信 8-1124A
fǔxīn 拊心 6-467A
fǔxīn 捬心 6-702B
fǔxīn 腐心 8-1068A
fǔxīn 撫心 6-873A
fǔxìn 俯顖 1-1514A
fǔxìn 頫顖 12-291A
fùxīn 負心 10-64B
fùxīn 負薪 10-76B
fùxīn 腹心 6-1350A
fùxīn 覆新 8-770A
fùxìn 負信 10-69A
fùxìn 負舋 10-79A
fùxìn 負釁 10-79A
fùxìn 覆信 8-767B
fùxīndù 腹心蠹 6-1350B
fūxīng 敷興 5-505B
fúxīng 福星 7-944B
fúxíng 伏刑 1-1181B
fúxíng 扶行 6-352A
fúxíng 服刑 6-1199A
fúxíng 服行 6-1199A
fúxíng 服形 6-1199B
fúxìng 拂性 6-505A
fǔxīng 輔星 9-1255B
fǔxíng 甫刑 1-525B
fǔxíng 腐刑 8-1068A
fǔxíng 輔行 9-1254B
fǔxìng 輔性 9-1255A
fùxīng 負星 10-68B
fùxīng 復興 3-1039A
fùxíng 蚹行 8-876B
fùxíng 賦形 10-220A
fùxǐng 復醒 3-1039A
fùxìng 複姓 9-114A
fùxìng 負性 10-67B
fùxìng 復姓 3-1036A
fùxìng 復性 3-1036A
fùxìng 賦性 10-220B
fùxìng 覆姓 8-767A
fùxíngjì 賦形劑 10-220A
fùxīngòutáng 負薪構堂 10-77A
fùxìngzhēng 副性徵 2-722B
fùxīnjí 腹心疾 6-1350B
fùxīnjiùhuǒ 負薪救火 10-77A
fǔxīnqìxuè 拊心泣血 6-467A
fùxīntóubì 負薪投璧 10-77A
fùxīnxiāngzhào 腹心相照 6-1350B
fùxīnzhīhuàn 腹心之患 6-1350B
fùxīnzhījí 腹心之疾 6-1350B
fǔxīnzìwèn 撫心自問 6-873A
fǔxiōng 拊胸 6-467B
fǔxiōng 撫胸 6-875B
fùxiōng 父兄 6-1116A
fùxiōng 婦兄 4-381B
fúxīshì 宓羲氏 3-1404B
fúxìshì 宓戲氏 3-1404B
fūxiù 敷秀 5-503B
fúxiū 服休 6-1199A
fúxiū 浮休 5-1240B
fúxiū 福休 7-943B
fúxiǔ 浮朽 5-1240B
fúxiù 拂袖 6-506A
fúxiù 拂褏 6-507A
fúxiù 黻繡 12-1312B
fǔxiū 脯羞 6-1279A
fǔxiū 脯脩 6-1279A
fǔxiū 撫庥 6-875A
fǔxiǔ 腐殑 8-1068B
fǔxiǔ 腐朽 8-1068B
fǔxiù 斧繡 6-1057A
fǔxiù 黼繡 12-1314B
fùxīzǐhè 父析子荷 6-1117A
fūxū 夫須 2-1457B
fūxù 夫壻 2-1457B
fūxù 夫婿 2-1457B
fúxū 扶胥 6-354A
fúxū 拂鬚 6-507B
fúxū 浮虛 5-1245A
fúxū 符繻 8-1126B
fúxù 拂煦 6-506B
fǔxǔ 黼冔 12-1312B
fǔxù 拊卹 6-467A
fǔxù 撫卹 6-874B
fǔxù 撫恤 6-875A
fǔxù 撫畜 6-875B
fùxū 赴墟 9-1083B
fùxǔ 負許 10-72B
fùxù 負旭 10-65B
fùxù 賦卹 10-220B
fùxù 賻卹 10-286B
fùxù 賻恤 10-286B
fùxù 賻䘏 10-286B
fūxuān 敷宣 5-504B
fúxuān 浮喧 5-1247A
fúxuán 浮縣 5-1251A
fúxuán 浮懸 5-1252B
fúxuàn 浮渲 5-1247B
fǔxuān 輔宣 9-1255B
fùxuān 負暄 10-74A
fùxuǎn 赴選 9-1084A
fūxué 膚學 6-1371B
fúxué 浮學 5-1251A

fǔxuē 斧削 6-1056B
fǔxué 府學 3-1217B
fùxué 複穴 9-114A
fùxué 附學 11-954B
fùxué 袝穴 7-897B
fùxué 負學 10-77A
fùxué 婦學 4-383A
fùxué 復穴 3-1034B
fùxué 復學 3-1039A
fùxué 覆穴 8-482B
fùxuéshēng 附學生 11-954B
fùxuéshēngyuán 附學生員 11-955A
fǔxùjīn 撫恤金 6-875A
fūxún 敷尋 5-505A
fūxùn 敷訓 5-504B
fúxùn 伏汛 1-1182A
fúxùn 服馴 6-1203B
fǔxún 拊巡 6-467A
fǔxún 拊循 6-467B
fǔxún 捬循 6-702B
fǔxún 撫巡 6-874A
fǔxún 撫循 6-877A
fǔxùn 撫馴 6-877A
fǔxùn 撫訓 6-875B
fùxùn 附訊 11-951B
fùxùn 覆訊 8-768A
fúyā 符厭 8-1125B
fúyā 鳧鴨 12-1041B
fǔyá 府衙 3-1217A
fùyā 覆壓 8-771B
fūyán 膚言 6-1370A
fūyǎn 敷衍 5-504A
fūyǎn 敷演 5-505B
fúyān 浮煙 5-1249A
fúyán 郛言 10-628B
fúyán 浮言 5-1241A
fúyán 浮鹽 5-1253A
fúyǎn 浮衍 5-1243A
fúyàn 伏彥 1-1183B
fúyàn 浮艷 5-1253A
fúyàn 浮豔 5-1253A
fúyàn 符譣 8-1126B
fúyàn 符騐 8-1126B
fúyàn 符驗 8-1127A
fúyàn 鳧雁 12-1041B
fúyàn 鳧鴈 12-1041B
fǔyán 黼筵 12-1313B
fǔyǎn 釜甗 6-1119A
fùyán 附言 11-950A
fùyán 附炎 11-950B
fùyán 負言 10-66A
fùyán 負檐 10-77B
fùyán 負簷 10-78B
fùyán 副研 2-722B
fùyán 婦言 4-381B
fùyàn 傅巖 1-1600A
fùyán 復言 3-1035B
fùyǎn 複眼 9-115A
fùyǎn 富衍 3-1567A
fùyǎn 覆掩 8-768B
fùyàn 赴宴 9-1082B
fùyàn 赴燕 9-1084A
fùyàn 富艷 3-1572B
fùyàn 富豔 3-1572B
fùyàn 覆驗 8-772B
fùyàn 覆讞 8-772B
fūyáng 敷揚 5-505A
fúyáng 浮陽 5-1246B
fúyáng 浮揚 5-1246B
fúyáng 浮颺 5-1252A
fúyǎng 扶養 6-356A
fúyǎng 服養 6-1204A
fúyàng 浮漾 5-1250A
fúyàng 符樣 8-1126A
fǔyǎng 拊養 6-468A
fǔyǎng 俯仰 1-1512A
fǔyǎng 輔養 9-1256B
fǔyǎng 撫養 6-877B
fǔyǎng 俛印 1-1411A
fǔyǎng 俛仰 1-1411A
fǔyǎng 頫仰 12-290B
fùyáng 復陽 3-1037B
fùyǎng 負養 10-75B
fùyǎng 覆養 8-770B
fǔyǎngsuírén 俯仰隨人 1-1512B
fǔyǎngwúkuì 俯仰無愧 1-1512B
fǔyǎngyóurén 俯仰由人 1-1512B
fùyánjiūyuán 副研究員 2-722B
fūyǎnliǎoshì 敷衍了事 5-504A
fùyánnián 傅延年 1-1598A
fùyánqūrè 附炎趨熱 11-950B
fūyǎnsèzé 敷衍塞責 5-504B
fūyǎntángsè 敷衍搪塞 5-504B
fúyánzǐ 福嚴紫 7-947B
fúyāo 服妖 6-1200A
fúyāo 符要 8-1124A
fúyáo 扶搖 6-355B
fúyào 伏藥 1-1187B
fúyào 服藥 6-1205A
fúyào 符曜 8-1126B
fùyāo 負要 10-68B
fùyāo 婦妖 4-382A
fùyáo 賦徭 10-221B
fùyào 複窔 9-114B
fùyào 複藥 9-116A
fúyáozhíshàng 扶搖直上 6-355B
fǔyáxiāngyǐ 輔牙相倚 9-1254A
fúyè 伏謁 1-1186B
fúyè 扶曳 6-352A
fúyè 扶掖 6-354B
fúyè 浮葉 5-1246B
fúyè 福業 7-946A
fǔyè 輔靨 9-1257A
fùyé 負業 10-74A
fùyé 副爺 2-723B
fùyě 富冶 3-1566A
fùyè 複葉 9-115A
fùyè 父業 6-1117B
fùyè 附業 11-953B
fùyè 副頁 2-722B
fùyè 副葉 2-723B
fùyè 副業 2-723B
fùyè 婦業 4-383A
fùyè 婦謁 4-383A
fùyè 復業 3-1038A
fúyèqiú 鳧靨裘 12-1042A
fūyí 夫移 2-1457A
fūyì 夫役 2-1456B
fūyì 伕役 1-1168B
fūyì 敷譯 5-506A
fúyī 拂衣 6-505A
fúyī 鳧鷖 12-1042A
fúyī 黻衣 12-1312A
fúyí 枎移 4-797B
fúyí 扶移 6-354A
fúyí 浮移 5-1245A
fúyí 浮疑 5-1249A
fúyí 符移 8-1124B
fúyǐ 芣苡 9-283B
fúyǐ 芣苢 9-283B
fúyǐ 浮螘 5-1251A
fúyǐ 浮蟻 5-1252A
fúyǐ 桴苡 4-1056B
fúyǐ 鳧乙 12-1040B
fúyì 伏翼 1-1187B
fúyì 扶翊 6-355A
fúyì 扶義 6-356A
fúyì 扶翼 6-357B
fúyì 咈意 3-313B
fúyì 怫悒 7-482B
fúyì 拂意 6-506B
fúyì 服役 6-1199B
fúyì 服義 6-1204A
fúyì 服翼 6-1205A
fúyì 服臆 6-1204B
fúyì 俘邑 1-1410A
fúyì 郛邑 10-628B
fúyì 浮逸 5-1245B
fúyì 浮溢 5-1249A
fúyì 浮瘞 5-1250B
fúyì 浮翳 5-1251B
fúyì 浮議 5-1252B
fúyì 鳧繹 12-1042A
fǔyī 腐衣 8-1068B
fǔyī 黼衣 12-1312B
fǔyī 黼依 12-1312B
fǔyǐ 斧依 6-1056A
fǔyǐ 斧扆 6-1056B
fǔyǐ 黼扆 12-1313A
fǔyì 拊翼 6-468B
fǔyì 拊臆 6-468B
fǔyì 腐議 8-1071A
fǔyì 輔邑 9-1255A
fǔyì 輔益 9-1255B
fǔyì 輔翊 9-1256A
fǔyì 輔翼 9-1257A
fǔyì 撫抑 6-874A
fǔyì 撫翼 6-879A
fǔyì 撫臆 6-878B
fǔyì 黼帟 12-1312B
fùyī 複衣 9-114A
fùyī 附依 11-950A
fùyī 負依 10-67B
fùyī 副褘 2-724A
fùyī 軵依 9-1238B
fùyí 婦儀 4-383A
fùyí 賻儀 10-287A
fùyǐ 附倚 11-951A
fùyǐ 負倚 10-70B
fùyǐ 負扆 10-71B
fùyì 複意 9-115B
fùyì 附益 11-951B
fùyì 附意 11-954A
fùyì 附義 11-954A
fùyì 附翼 11-955A
fùyì 附議 11-956A
fùyì 附驛 11-956A
fùyì 負義 10-75A
fùyì 負藝 10-78A
fùyì 赴義 9-1083B
fùyì 傅益 1-1599A
fùyì 傅翼 1-1600A
fùyì 富邑 3-1566A
fùyì 富益 3-1567B
fùyì 富逸 3-1568A
fùyì 富溢 3-1570B
fùyì 復議 3-1039B
fùyì 腹臆 6-1352B
fùyì 腹議 6-1353A
fùyì 賦役 10-220A
fùyì 覆衣 8-766A
fùyì 覆翼 8-771B
fùyì 覆議 8-772A
fǔyīfānglǐng 黼衣方領 12-1312B
fūyǐn 膚引 6-1370A
fúyīn 伏陰 1-1184B
fúyīn 浮音 5-1243A
fúyīn 福音 7-944B
fúyín 伏吟 1-1182A
fúyín 浮淫 5-1245B
fúyǐn 費隱 10-176A
fúyǐn 伏引 1-1181B
fúyǐn 伏隱 1-1187A
fúyìn 符印 8-1122B
fúyìn 福蔭 7-946A
fúyìn 福廕 7-946A
fǔyīn 腐音 8-1069A
fǔyīn 輔音 9-1255B
fǔyīn 輔殷 9-1255B
fǔyǐn 府尹 3-1214B
fùyīn 訃音 11-25B
fùyīn 負陰 10-71B
fùyīn 覆音 8-767B
fùyín 復吟 3-1035A
fùyín 賦銀 10-221B
fùyǐn 複隱 9-116A
fùyǐn 腹引 6-1350B
fùyìn 複印 9-113B
fùyìn 父蔭 6-1117B
fùyìn 付印 1-1128A
fùyìn 覆蔭 8-770A
fùyìn 覆廕 8-770A
fùyīnbàoyáng 負陰抱陽 10-71B
fūyīng 敷英 5-504A

fúyīng 伏膺 1-1187A
fúyīng 拂膺 6-507B
fúyīng 服膺 6-1204B
fúyíng 弗營 4-102A
fúyìng 桴應 4-1057A
fúyìng 符應 8-1126A
fúyìng 福應 7-947A
fǔyīng 拊膺 6-468B
fǔyīng 釜罌 6-1119A
fǔyīng 撫膺 6-702B
fǔyīng 撫膺 6-878B
fùyíng 附塋 11-954A
fùyíng 阜盈 11-909A
fùyǐng 附景 11-952B
fùyìng 覆映 8-767B
fǔyīngdùnzú 拊膺頓足
6-468B
fùyǐngfùshēng 附影附聲
11-954B
fúyīnshū 福音書 7-944B
fúyīntáng 福音堂 7-944B
fùyìpānlín 附翼攀鱗
11-955A
fùyìwàng'ēn 負義忘恩
10-75A
fūyōng 膚庸 6-1371A
fúyōng 扶擁 6-356B
fúyǒng 浮踊 5-1249A
fúyòng 服用 6-1199A
fúyòng 浮用 5-1240B
fúyòng 福用 7-943A
fǔyōng 腐庸 8-1069B
fùyōng 附庸 11-952A
fùyōng 負傭 10-74B
fùyǒng 負勇 10-69B
fùyǒng 腹詠 6-1352A
fùyǒng 賦咏 10-220A
fùyǒng 賦詠 10-221A
fùyòng 複用 9-113B
fùyōngfēngyǎ 附庸風雅
11-952B
fūyòu 敷佑 5-503B
fūyòu 敷祐 5-504B
fúyóu 浮斿 5-1243A
fúyóu 浮游 5-1247B
fúyóu 浮遊 5-1247A
fúyóu 浮蝣 5-1250A
fúyóu 蜉蝤 8-903A
fúyóu 蜉蝣 8-902B
fúyòu 孚佑 4-204B
fúyòu 福佑 7-943B
fúyòu 福祐 7-945A
fǔyǒu 撫有 6-873B
fǔyòu 撫宥 6-875A
fùyōu 父憂 6-1117B
fùyōu 負憂 10-76A
fùyóu 付郵 1-1128B
fùyóu 附疣 11-950B
fùyǒu 富有 3-1565B
fùyǒu 賦有 10-220A
fùyòu 婦幼 4-381B
fùyòu 復又 3-1033B
fùyòu 覆祐 8-767B
fúyóudǎo 蜉蝣島 8-903A
fúyóuhàndàshù
蜉蝣撼大樹 8-903A
fùyǒulínjiǎ 腹有鱗甲
6-1351A
fúyóuyǔ 蜉蝣羽 8-902B
fūyú 敷愉 5-505A
fūyú 敷腴 5-505A
fūyú 敷蒲 5-505B
fūyú 敷餘 5-505B
fūyú 膚腴 6-1371B
fūyǔ 尃與 6-1599B
fūyǔ 敷與 5-505A
fūyǔ 膚語 6-1371B
fūyù 孵育 4-240B
fūyù 敷育 5-504A
fūyù 敷藇 5-506A
fūyù 孚育 4-204B
fūyù 藍藇 9-534B
fúyú 蚨玗 8-865B
fúyú 夫餘 2-1458A
fúyú 孚愉 4-205A
fúyú 扶於 6-353A
fúyú 扶舁 6-353B
fúyú 扶餘 6-356B
fúyú 扶輿 6-357A
fúyú 服輿 6-1204B
fúyú 福輿 7-947A
fúyú 鳧臾 12-1041A
fúyǔ 弗與 4-102A
fúyǔ 伏雨 1-1182B
fúyǔ 扶與 6-356A
fúyǔ 郛宇 10-628B
fúyǔ 浮語 5-1249A
fúyǔ 浮窳 5-1250B
fúyǔ 福宇 7-943B
fúyù 佛鬱 1-1294A
fúyù 弗豫 4-102A
fúyù 扶育 6-353B
fúyù 咈鬱 3-313B
fúyù 弟鬱 3-812A
fúyù 怫鬱 7-483A
fúyù 拂鬱 6-507B
fúyù 服玉 6-1199A
fúyù 服御 6-1203A
fúyù 服馭 6-1202B
fúyù 茀鬱 9-357B
fúyù 浮玉 5-1239B
fúyù 浮譽 5-1252B
fúyù 桴粥 4-1056B
fúyù 鳧浴 12-1041A
fǔyú 釜魚 6-1118B
fǔyú 腐餘 8-1070B
fǔyú 撫輿 6-878B
fǔyǔ 拊傴 6-468A
fǔyǔ 俯傴 1-1513B
fǔyǔ 釜庾 6-1119A
fǔyǔ 腐語 8-1070B
fǔyǔ 腐窳 8-1070B
fǔyù 拊育 6-467A
fǔyù 俯育 1-1512B
fǔyù 撫育 6-702B
fǔyù 撫育 6-874B
fǔyù 撫喻 6-876B
fǔyù 撫御 6-877A
fǔyù 撫遇 6-876B
fǔyù 撫馭 6-876B
fǔyù 撫毓 6-877B
fǔyù 撫諭 6-878B
fùyú 報虞 2-1159A
fùyú 附禺 11-950B
fùyú 附餘 11-954B
fùyú 附輿 11-955A
fùyú 負隅 10-73A
fùyú 負嵎 10-73B
fùyú 副餘 2-724A
fùyú 富腴 3-1570A
fùyú 富餘 3-1571A
fùyú 腹腴 6-1351B
fùyǔ 賦予 10-220A
fùyǔ 賦輿 10-222A
fùyú 鮒禺 12-1215B
fùyú 鮒隅 12-1215B
fùyú 鮒魚 12-1215B
fùyú 鮒鰅 12-1215B
fùyú 覆杅 8-766A
fùyú 覆盂 8-766B
fùyǔ 複語 9-115B
fùyǔ 付予 1-1128A
fùyǔ 附語 11-954A
fùyǔ 負羽 10-65B
fùyǔ 傅予 1-1598A
fùyǔ 復宇 3-1035A
fùyǔ 覆嫗 8-771A
fùyù 負譽 10-79A
fùyù 傅御 1-1599B
fùyù 富裕 3-1570A
fùyù 富愈 3-1570B
fùyù 富嫗 3-1571A
fùyù 富豫 3-1571B
fùyù 復育 3-1036A
fùyù 復蜟 3-1038B
fùyù 腹蜟 6-1352A
fùyù 蝮蜟 8-931A
fùyù 覆育 8-767A
fùyù 覆獄 8-770B
fùyù 馥鬱 12-442B
fùyù 馥郁 12-442B
fùyù 馥鬱 12-442B
fúyuán 伏轅 1-1187A
fúyuán 幅幀 3-750A
fúyuán 幅員 3-749B
fúyuán 幅圓 3-750A
fúyuán 幅隕 3-749B
fúyuán 福緣 7-947A
fúyuǎn 服遠 6-1203B
fúyuàn 伏怨 1-1183B
fǔyuán 府元 3-1214A
fǔyuán 輔援 9-1256A
fǔyuán 撫轅 6-878B
fǔyuàn 府院 3-1216A
fǔyuàn 府掾 3-1216B
fǔyuàn 脯掾 6-1279A
fǔyuàn 撫院 6-875B
fùyuān 負寃 10-73A
fùyuān 赴淵 9-1083A
fùyuán 附援 11-952B
fùyuán 附緣 11-954B
fùyuán 負轅 10-77B
fùyuán 赴援 9-1082B
fùyuán 傅爰 1-1598B
fùyuán 富源 3-1570B
fùyuán 復元 3-1034A
fùyuán 復原 3-1037A
fùyuán 復員 3-1037A
fùyuán 復圓 3-1038A
fùyuǎn 附遠 11-953A
fùyuàn 負怨 10-69B
fùyuàn 復怨 3-1036B
fúyuánzǐ 浮圓子 5-1248B
fùyúchūnqiū 富於春秋
3-1566A
fūyuè 鈇鉞 11-1212A
fúyuē 服約 6-1201A
fúyuè 伏鉞 1-1185B
fúyuè 佛悅 7-482B
fúyuè 浮月 5-1239A
fúyuè 浮躍 5-1253A
fǔyuè 拊樂 6-468A
fǔyuè 斧戉 6-1056A
fǔyuè 斧鉞 6-1057A
fǔyuè 釜鉞 6-1119A
fǔyuè 撫悅 6-875B
fùyuē 附約 11-951A
fùyuē 負約 10-69B
fùyuē 赴約 9-1082A
fùyuè 附悅 11-951B
fùyuè 覆閱 8-771A
fùyuèlín 傅説霖 1-1600A
fùyǔfānyún 覆雨翻雲
8-766B
fǔyúmùyàn 釜魚幕燕
6-1118B
fúyún 孚尹 4-204B
fúyún 拂雲 6-506A
fúyún 浮筠 5-1248B
fúyún 浮雲 5-1246B
fúyùn 符運 8-1125A
fúyùn 福運 7-946A
fǔyǔn 俯允 1-1512A
fǔyùn 撫運 6-877A
fùyūn 富熅 3-1570B
fùyǔn 覆允 8-765B
fùyùn 複韻 9-116B
fùyùn 賦韻 10-222B
fúyúnbìrì 浮雲蔽日
5-1246B
fúyúnduī 拂雲堆 6-506A
fúyúnmíngdá 孚尹明達
4-204B
fúyúnpángdá 孚尹旁達
4-204B
fúyúnzhǒu 拂雲箒 6-506B
fūyúsǎn 敷于散 5-503A
fúyùshān 浮玉山 5-1239B
fùyúwánkàng 負隅頑抗
10-73A
fǔyúzèngchén 釜魚甑塵
6-1118B
fùyùzhōngnóng 富裕中農
3-1570A
fùyúzuǒgǔ 復于左轂
3-1033B

fúzá 浮雜 5-1252A
fùzā 縛紮 9-961A
fùzā 縛扎 9-961A
fùzá 複雜 9-116A
fúzāi 浮災 5-1242A
fǔzǎi 輔宰 9-1256A
fùzài 附載 11-953A
fùzài 負載 10-74A
fùzài 復再 3-1034B
fùzài 覆載 8-769B
fùzàiwǔchē 腹載五車 6-1352A
fūzàn 敷贊 5-506A
fūzàn 敷讚 5-506A
fúzàn 扶贊 6-357B
fúzàn 扶讚 6-358A
fǔzàn 輔贊 9-1257A
fǔzàn 輔讚 9-1257A
fúzāng 服臧 6-1204A
fǔzāng 府臧 3-1217A
fǔzàng 府藏 3-1217B
fǔzàng 腑髒 6-1334A
fǔzàng 撫藏 6-878B
fùzǎng 婦駔 4-383A
fùzàng 報葬 2-1158A
fùzàng 附葬 11-952B
fùzàng 祔葬 7 898A
fùzàng 富藏 3-1571B
fūzǎo 敷藻 5-506A
fūzào 夫皁 2-1456A
fūzào 膚躁 6-1372A
fúzǎo 服藻 6-1205A
fúzǎo 浮藻 5-1252A
fúzǎo 鳧藻 12-1042A
fúzǎo 鳬藻 12-1042A
fúzǎo 黻藻 12-1312A
fúzào 服皁 6-1199B
fúzào 服皂 6-1199B
fúzào 浮躁 5-1252B
fǔzáo 斧鑿 6-1057B
fǔzǎo 斧藻 6-1057A
fǔzǎo 脯棗 6-1279B
fǔzǎo 黼藻 12-1314A
fǔzào 拊譟 6-468B
fǔzào 釜竈 6-1119A
fǔzào 鼖譟 12-1398A
fúzé 服澤 6-1204B
fúzé 福澤 7-947A
fùzé 複笮 9-115A
fùzé 附則 11-950B
fùzé 負責 10-71B
fǔzèng 釜甑 6-1119A
fùzēng 附增 11-954A
fùzèng 賻贈 10-287A
fùzèng 覆甑 8-771A
fūzhā 膚劄 6-1371B
fúzhāi 祓齋 7-844B
fǔzhái 府宅 3-1215A
fùzhài 負責 10-72A
fùzhài 負債 10-74B
fùzhàizǐhuán 父債子還 6-1117B
fūzhǎn 敷展 5-504B
fúzhǎn 服斬 6-1202A
fúzhǎn 俘斬 1-1410A
fùzhàn 赴戰 9-1084A
fūzhāng 敷張 5-505A
fúzhāng 服章 6-1202B
fúzhàng 扶杖 6-352B
fǔzhǎng 拊掌 6-467B
fǔzhǎng 撫掌 6-876B
fǔzhàng 腐障 8-1070A
fǔzhàng 黼帳 12-1313A
fùzhǎng 附掌 11-952B
fùzhǎng 覆掌 8-769B
fùzhàng 複帳 9-115A
fùzhàng 複幛 9-115B
fùzhàng 付仗 1-1128A
fùzhàng 負杖 10-66A
fùzhàng 賦丈 10-219B
fùzhàng 覆帳 8-768B
fúzhào 符兆 8-1123A
fùzhào 赴召 9-1081A
fùzhào 復照 3-1038A
fùzhào 覆照 8-770A
fùzhào 覆罩 8-770A
fùzhàoyùlóu 赴召玉樓 9-1081B
fùzhé 復折 3-1035A
fùzhé 復轍 3-1039B
fùzhé 覆折 8-766A
fùzhé 覆轍 8-772A
fūzhēn 鈇砧 11-1212A
fūzhēn 敷珍 5-504A
fūzhèn 敷震 5-505B
fūzhèn 傅陳 1-1599A
fúzhēn 福貞 7-944A
fúzhěn 伏枕 1-1182B
fúzhèn 符鎮 8-1126B
fǔzhēn 斧砧 6-1056B
fǔzhēn 斧碪 6-1057A
fǔzhèn 府鎮 3-1217B
fǔzhèn 輔鎮 9-1257A
fǔzhèn 撫鎮 6-879A
fùzhēn 附真 11-951A
fùzhěn 複診 9-115A
fùzhěn 附枕 11-950A
fùzhěn 復診 3-1037B
fùzhěn 覆診 8-769B
fùzhèn 複陳 9-114B
fùzhèn 覆陣 8-767B
fūzhèng 敷政 5-504A
fúzhēng 浮蒸 5-1248A
fúzhēng 浮徵 5-1250B
fúzhēng 符徵 8-1126A
fúzhēng 福徵 7-946B
fúzhěng 扶整 6-357A
fúzhèng 扶正 6-351A
fúzhèng 扶政 6-353B
fúzhèng 扶證 6-358A
fúzhèng 服鄭 6-1204A
fǔzhēng 撫征 6-874B
fǔzhēng 撫正 6-873A
fǔzhèng 斧正 6-1056A
fǔzhèng 斧政 6-1056B
fǔzhèng 輔正 9-1254A
fǔzhèng 輔政 9-1255A
fùzhēng 婦征 4-382A
fùzhèng 婦政 4-382A
fùzhèng 復正 3-1034A
fùzhèng 復政 3-1036A
fùzhèng 賦政 10-220B
fúzhèngchùxié 扶正黜邪 6-351A
fùzhènggōng 富鄭公 3-1571A
fùzhēntáng 復真堂 3-1037A
fúzhěnxí 拂枕席 6-505A
fùzhézhīxué 鮒蟄之穴 12-1215B
fūzhī 膚知 6-1370B
fūzhí 夫直 2-1456B
fūzhì 鈇質 11-1212A
fūzhì 鈇鑕 11-1212A
fūzhì 敷治 5-504A
fúzhī 扶支 6-351A
fúzhī 福禔 7-946B
fúzhí 扶植 6-355A
fúzhí 服職 6-1205A
fúzhí 俘執 1-1410A
fúzhǐ 符旨 8-1123A
fúzhǐ 福祉 7-944A
fúzhì 伏質 1-1186A
fúzhì 伏鑕 1-1188B
fúzhì 扶質 6-356B
fúzhì 服制 6-1200A
fúzhì 服秩 6-1201B
fúzhì 符識 8-1126B
fúzhì 福智 7-946A
fúzhì 輻至 9-1298A
fǔzhí 府直 3-1215B
fǔzhí 輔職 9-1257A
fǔzhì 府治 3-1215B
fǔzhì 斧質 6-1057A
fǔzhì 斧鑕 6-1057B
fǔzhì 輔志 9-1254B
fǔzhì 輔治 9-1255A
fǔzhì 撫治 6-874B
fǔzhì 撫稚 6-877B
fùzhī 附枝 11-950A
fùzhí 父執 6-1117A
fùzhí 負職 10-78A
fùzhí 赴職 9-1084A
fùzhí 副職 2-724A
fùzhí 婦職 4-383A
fùzhí 富殖 3-1569A
fùzhí 復職 3-1039B
fùzhí 賦職 10-222A
fùzhí 縛縶 9-961B
fùzhǐ 訃紙 11-25B
fùzhì 複製 9-115B
fùzhì 付治 1-1128B
fùzhì 附識 11-955B
fùzhì 附致 11-951A
fùzhì 附質 11-954B
fùzhì 負志 10-66A
fùzhì 負帙 10-67A
fùzhì 負袟 10-71B
fùzhì 負袠 10-72B
fùzhì 負質 10-76A
fùzhì 赴質 9-1083B
fùzhì 傅致 1-1598B
fùzhì 富治 3-1566B
fùzhì 復制 3-1036A
fùzhì 蝮鷙 8-931A
fùzhì 賦質 10-221B
fùzhì 覆治 8-767A
fùzhīdōngliú 付之東流 1-1127B
fùzhīdùwài 付之度外 1-1128A
fùzhìpǐn 複製品 9-115B
fúzhìxīnlíng 福至心靈 7-943B
fùzhīyījù 付之一炬 1-1127B
fùzhīyīxiào 付之一笑 1-1127B
fúzhōng 伏中 1-1181A
fúzhōng 浮鐘 5-1252B
fúzhōng 鳧鐘 12-1042A
fúzhǒng 胕腫 6-1235A
fúzhǒng 浮腫 5-1248B
fúzhòng 服衆 6-1203A
fǔzhōng 釜鍾 6-1119A
fǔzhōng 腐忠 8-1069A
fǔzhǒng 府種 3-1217A
fùzhōng 附中 11-948B
fùzhōng 阜螽 11-909B
fùzhong 富中 3-1565A
fùzhōng 蝮螽 8-891B
fùzhòng 附衆 11-953A
fùzhòng 負重 10-68B
fùzhòng 負衆 10-73B
fùzhòng 傅重 1-1598B
fùzhòng 富重 3-1567A
fùzhòng 富衆 3-1569B
fùzhòng 復種 3-1038B
fùzhònghánwū 負重含汙 10-68B
fǔzhōngshēngchén 釜中生塵 6-1118B
fǔzhōngshēngyú 釜中生魚 6-1118B
fùzhòngshèyuǎn 負重涉遠 10-69A
fùzhòngtūnwū 負重吞污 10-68B
fǔzhōngyú 釜中魚 6-1118B
fǔzhōngzhīyú 釜中之魚 6-1118B
fùzhòngzhìyuǎn 負重致遠 10-68B
fúzhōu 浮舟 5-1240B
fúzhōu 粰鬻 9-215A
fúzhōu 鳧舟 12-1040B
fúzhǒu 拂帚 6-505B
fúzhòu 符呪 8-1123A
fúzhòu 符咒 8-1123A
fúzhòu 符祝 8-1124A
fùzhōu 附舟 11-949B
fùzhōu 負舟 10-65B
fùzhōu 覆舟 8-766A
fúzhōuxì 福州戲 7-943B
fūzhū 夫諸 2-1458A
fūzhǔ 夫主 2-1456A
fūzhù 跗注 10-447B

fúzhū 伏誅 1-1185B
fúzhú 扶竹 6-352A
fúzhú 符竹 8-1122B
fúzhǔ 浮渚 5-1245B
fúzhǔ 鳧渚 12-1041B
fúzhù 扶助 6-352B
fúzhù 浮柱 5-1242B
fúzhù 福助 7-943B
fǔzhú 俯燭 1-1514A
fǔzhú 腐竹 8-1068B
fǔzhǔ 府主 3-1214B
fǔzhǔ 俯矚 1-1514A
fǔzhǔ 輔主 9-1254A
fǔzhù 輔助 9-1254B
fùzhǔ 付屬 1-1129A
fùzhǔ 付囑 1-1129A
fùzhǔ 附屬 11-956A
fùzhǔ 袝主 7-897B
fùzhǔ 副主 2-722A
fùzhù 附助 11-949B
fùzhù 附注 11-950B
fùzhù 負注 10-67B
fùzhù 赴助 9-1081B
fùzhù 縛住 9-961A
fùzhù 賻助 10-286B
fúzhuàn 服饌 6-1205A
fúzhuàn 符傳 8-1125B
fúzhuàn 符篆 8-1126A
fǔzhuàn 撫篆 6-878A
fúzhuāng 伏樁 1-1186A
fúzhuāng 服裝 6-1204A
fúzhuāng 符樁 8-1126A
fúzhuàng 伏狀 1-1183B
fùzhuāng 負裝 10-75A
fùzhuàng 附狀 11-950B
fùzhuàng 復壯 3-1035B
fùzhūdōngliú 付諸東流 1-1129A
fǔzhùgōng 輔助工 9-1255A
fǔzhùhuòbì 輔助貨幣 9-1255A
fúzhuì 拂綴 6-507A
fùzhuī 赴追 9-1082A
fùzhuì 附綴 11-954A
fùzhuì 附贅 11-955A
fùzhuì 覆墜 8-770B
fùzhuìxuányóu 附贅縣疣 11-955A
fùzhuìxuányóu 附贅懸肬 11-955A
fùzhǔn 覆准 8-768A
fúzhuó 服著 6-1202A
fúzhuó 祓濯 7-844B
fúzhuó 罦罬 8-1022A
fǔzhuó 斧琢 6-1056B
fǔzhuó 腑斮 6-1279B
fǔzhuó 腐濁 8-1070B
fǔzhuó 俛啄 1-1411B
fùzhuó 副著 2-723A
fùzhuó 傅著 1-1599A
fūzī 麩子 12-1020B
fūzī 敷菑 5-505A
fūzǐ 夫子 2-1455B
fūzǐ 伕子 1-1168A
fúzi 袱子 9-75A
fúzǐ 宓子 3-1404A
fúzǐ 拂子 6-504B
fúzǐ 浮子 5-1239A
fúzǐ 鳧子 12-1040B
fǔzǐ 斧子 6-1056A
fǔzī 斧資 6-1057A
fǔzī 脯資 6-1279B
fǔzī 腐觜 8-1069B
fǔzì 撫字 6-873B
fùzī 阜滋 11-909B
fùzī 負茲 10-69B
fùzī 富貲 3-1570A
fùzī 復資 3-1038B
fùzǐ 父子 6-1116A
fùzǐ 付梓 1-1129A
fùzǐ 附子 11-948B
fùzǐ 負子 10-64A
fùzǐ 婦子 4-381B
fùzǐ 富子 3-1565A
fùzǐ 復子 3-1033B
fùzǐ 復梓 3-1037B
fùzǐ 鮒子 12-1215B
fùzì 複字 9-114A
fùzì 負字 10-65B
fūzibīng 伕子兵 1-1168A
fùzǐbīng 父子兵 6-1116A
fǔzìcuīkē 撫字催科 6-873B
fúzijiàn 宓子賤 3-1404A
fùzǐjūn 父子軍 6-1116A
fúzìlǚ 福字履 7-943B
fūzǐmiào 夫子廟 2-1455B
fùzimíngbì 復子明辟 3-1033B
fūziqiáng 夫子牆 2-1456A
fūzǐzìdào 夫子自道 2-1455B
fúzōng 浮踪 5-1250A
fúzōng 浮蹤 5-1251B
fùzōng 父宗 6-1117A
fùzōng 覆宗 8-767A
fúzōnglàngjì 浮踪浪跡 5-1250A
fūzòu 敷奏 5-504A
fūzòu 傅奏 1-1598B
fúzòu 伏奏 1-1183B
fùzòu 附奏 11-950B
fūzú 趺足 10-432A
fùzū 復租 3-1037A
fùzū 賦租 10-220B
fùzú 父族 6-1117B
fùzú 負卒 10-67B
fùzú 富足 3-1566A
fùzú 富族 3-1568B
fùzú 復卒 3-1036A
fùzú 覆族 8-769A
fùzǔ 父祖 6-1117A
fùzǔ 附阻 11-950B
fùzǔ 負阻 10-66B
fùzǔ 負俎 10-69A
fùzǔ 腹詛 6-1352A
fùzǔbùbīn 負阻不賓 10-66B
fúzuì 伏罪 1-1185B
fúzuì 服罪 6-1203B
fǔzuì 腐罪 8-1070A
fùzuì 負罪 10-74B
fùzuìyǐntè 負罪引慝 10-74B
fúzūn 鳧尊 12-1041B
fǔzūn 府尊 3-1216B
fūzuǒ 傅左 1-1598A
fūzuò 趺坐 10-432A
fūzuò 趺座 10-432A
fúzuǒ 扶佐 6-352B
fúzuò 福祚 7-945A
fúzuò 福胙 7-944B
fǔzuǒ 府佐 3-1215A
fǔzuǒ 輔佐 9-1255A
fǔzuò 輔祚 9-1255B
fǔzuò 黼座 12-1313A
fùzuò 復作 3-1035A
fùzuò 復胙 3-1036B
fǔzuòhén 斧鑿痕 6-1057B
fùzuòyòng 副作用 2-722A

G

gāba 嘎巴 3-489B
gābā 嘎巴 3-489B
gābācuì 嘎巴脆 3-489B
gābāliūcuì 嘎巴溜脆 3-489B
gābēng 嘎嘣 3-490A
gābēngcuì 嘎嘣脆 3-490A
gábùlún 噶布倫 3-503A
gāchá 肐察 6-1174A
gádāngpài 噶當派 3-503B
gá'er 嘎兒 3-489B
gáfēi 噶霏 3-503B
gāgā 嘎嘎 3-489B
gāgā 呷呷 3-260B
gágá 嘎嘎 3-489B
gāgālálá 旮旮旯旯 5-578B
gāgū 嘎咕 3-489B
gǎgū 嘎咕 3-489B
gāibān 該班 11-200B
gǎibǎn 改版 5-399A
gāibèi 晐備 5-711B
gāibèi 該備 11-201A
gāibèi 賅備 10-208A
gǎiběn 改本 5-397B
gāibì 絯蔽 9-846A
gǎibǐ 改筆 5-402B
gāibiàn 該遍 11-201B
gāibiàn 該辨 11-202A
gāibiàn 該辯 11-202A
gǎibiān 改編 5-404A
gǎibiǎn 改窆 5-400B
gǎibiàn 改變 5-405B
gǎibìn 改殯 5-405A
gāibō 該撥 11-202A
gāibó 該博 11-201B
gāibó 賅博 10-208A
gāibù 陔步 11-973A
gǎibǔ 改卜 5-396B
gǎibù 改步 5-398A
gǎibùgǎiyù 改步改玉 5-398A
gàicài 芥菜 9-308A
gāicáng 該臧 11-201B
gàicáng 蓋藏 9-498B
gàicáng 蓋臧 9-498A
gǎicāo 改操 5-404B
gǎicè 改策 5-402B
gàichán 蓋纏 9-499A
gāichàng 該暢 11-201B
gǎicháng 改常 5-401B
gǎicháohuàndài 改朝換代 5-402B
gǎicháohuànxìng 改朝換姓 5-402B
gāichéng 該成 11-200A
gǎichēng 改稱 5-403B
gǎichéng 改成 5-397B
gǎichú 改除 5-400B
gàicí 丐祠 1-342B
gǎicù 改錯 5-404B
gǎicuàn 改篡 5-404B
gǎicuàn 改竄 5-405A
gāicún 賅存 10-208A
gǎicuò 改錯 5-404B
gāidā 該搭 11-201A
gāidá 該達 11-201A
gàidài 丐貸 1-342B
gàidài 匄貸 2-181A
gàidài 蓋代 9-497A
gàidài 蓋戴 9-498B
gāidāng 該當 11-201B
gǎidào 改道 5-402B
gàidǎo 溉導 5-1526B
gàidì 蓋地 9-497B
gāidiǎn 該典 11-200A
gāidiàn 垓坫 2-1102B
gàidiǎn 戤典 5-233A
gǎidiào 改調 5-404A
gǎidìng 改定 5-399B
gǎidìng 改訂 5-400B
gāidòng 該洞 11-200B
gǎidòng 改動 5-402A
gǎidū 改都 5-401A
gǎidù 改度 5-400B
gàiduǎn 蓋短 9-498A
gǎiduì 改兌 5-398B
gǎiduó 改奪 5-403B
gàiduó 匄奪 2-181A
gàiduó 丐奪 1-394A
gǎi'é 改爲 5-402B
gǎi'ècóngshàn 改惡從善 5-402B
gǎi'érgēngzhāng 改而更張 5-397B
gǎi'èwéishàn 改惡爲善 5-402B
gāifáng 該房 11-200A
gāifàng 該放 11-200A
gǎifèi 改廢 5-404A
gāifǔ 該輔 11-201B
gāifù 該富 11-201B
gāifù 閡富 12-116A
gǎifú 改服 5-399B
gàifū 丐夫 1-342A
gàifù 概復 4-1198A
gàifù 蓋覆 9-498B
gāigāi 垓垓 2-1102B
gāigāi 該該 11-201B
gǎigǎi 毅改 6-1493A
gàigāi 概賅 4-1198A
gàigāo 蓋高 9-497B
gǎigé 改革 5-400A
gǎigēng 改更 5-398A
gàigōng 蓋弓 9-497A
gǎigòu 改構 5-403B
gāigǔ 陔鼓 11-973A
gāiguǎn 該管 11-201B
gāiguàn 該貫 11-201A
gǎiguān 改官 5-399B
gǎiguān 改觀 5-405B
gàiguān 概觀 4-1198B
gàiguān 蓋棺 9-497B
gàiguàn 溉盥 5-1526B
gàiguàn 溉灌 5-1526B
gàiguāndìnglùn 蓋棺定論 9-498A
gāiguǎng 該廣 11-201B
gàiguānlùndìng 蓋棺論定 9-498A
gàiguānshìdìng 蓋棺事定 9-498A
gàigùn 丐棍 1-342B
gǎiguò 改過 5-401B
gàiguò 蓋過 9-497B
gǎiguòbùlìn 改過不吝 5-401B
gǎiguòqiānshàn 改過遷善 5-402A
gǎiguòzìxīn 改過自新 5-401B
gàihái gǔ 匄骸骨 2-181A
gǎiháng 改行 5-398A
gāihào 該號 11-201B
gāihé 該閡 11-202A
gāihé 該覈 11-202A
gàihù 丐户 1-342A
gǎihuà 改化 5-397A
gàihuà 鈣化 11-1212B
gàihuái 概懷 4-1198B
gǎihuàn 改換 5-400B
gǎihuànménlǘ 改換門閭 5-400B
gǎihuànméntíng 改換門庭 5-400B
gǎihuàntóumian 改換頭面 5-401A
gǎihuǐ 改悔 5-401A
gǎihuǐ 改毀 5-403A
gǎihuǒ 改火 5-397A
gāijí 垓極 2-1103A
gāijí 該極 11-201A
gǎijī 改稽 5-404A
gàijí 溉汲 5-1526B
gàijì 溉濟 5-1526B
gāijiā 該浹 11-200B
gāijiá 胲頰 6-1256B
gǎijià 改嫁 5-403B
gàijiá 丐頡 1-342B
gāijiān 該兼 11-200B
gǎijiǎn 賅簡 10-208B
gāijiàn 該見 11-200A
gǎijiàn 改建 5-399B
gàijiàn 概見 4-1197A
gǎijiàng 鎅匠 11-1420B
gàijiàng 蓋醬 9-498B
gǎijiào 改教 5-401B
gǎijiào 改醮 5-405A
gàijiāofàn 蓋澆飯 9-498A
gǎijié 改節 5-403A
gàijié 概節 4-1198A
gāijìn 該盡 11-201B
gǎijìn 改進 5-402A
gàijīn 蓋巾 9-497A
gàijìn 溉浸 5-1526B
gàijìn 溉寖 5-1526B
gāijiū 該究 11-200A
gǎijiù 改救 5-401B
gǎijiù 改舊 5-405A
gāijǔ 該舉 11-202A
gǎijū 改居 5-399B
gǎijù 改聚 5-404A
gàijǔ 概舉 4-1198B
gàijǔ 概擧 4-1198B
gǎijuān 改捐 5-400B
gǎikān 改刊 5-397B
gàikě 概可 4-1197A
gǎikēyìyè 改柯易葉 5-400A
gǎikǒu 改口 5-396B
gǎikǒudáshé 改口沓舌 5-397A
gàikuàng 概況 4-1197A
gāikuò 該括 11-200A
gāikuò 賅括 10-208A
gàikuò 概括 4-1197B
gāilán 陔蘭 11-973B
gāilǎn 該覽 11-202A
gàilán 芥藍 9-308B
gàilǎn 概覽 4-1198B
gàilǎo 蓋老 9-497A
gāilǐ 該理 11-200B
gǎilì 改厲 5-403B
gǎilì 改勵 5-404B
gǎilì 改曆 5-404B
gāiliàn 該練 11-202A
gǎiliáng 改良 5-398B
gàiliáng 杚量 4-785A
gàiliáng 概量 4-1198A
gàiliàng 概量 4-1198A
gǎiliánghuànzhù 改梁換柱 5-402A
gǎiliángpài 改良派 5-398B
gǎiliángzhǔyì 改良主義 5-398B
gǎiliú 改流 5-401A
gàiliú 丐留 1-342B
gǎilù 改路 5-403A
gàilùn 概論 4-1198B
gāiluó 該羅 11-202A
gǎilǜ 改律 5-400B
gàilǜ 概律 4-1197B
gàilǜ 概率 4-1197B
gàilüè 概略 4-1197B
gàilǜlùn 概率論 4-1197B
gāimào 該茂 11-200A
gǎimào 改貌 5-403B
gàimào 概貌 4-1198B
gàimào 蓋冒 9-497B
gǎiméng 改盟 5-403A
gāimì 該密 11-201A
gāimiàn 該面 11-200A
gàimiàn 蓋面 9-497B
gāimǐn 該敏 11-200B
gāimíng 該明 11-200A
gǎimìng 改命 5-399A
gàimìng 丐命 1-342A
gàimǐtún'èshā 戤米囤餓殺 5-233A
gǎimǒ 改抹 5-398B

gàimó 蓋磨 9-498B
gàimǒ 蓋抹 9-497B
gàimò 蓋没 9-497B
gàimònéngwài 概莫能外 4-1197B
gǎimù 改木 5-397A
gǎimù 改目 5-397B
gàimù 丐沐 1-342A
gǎinián 改年 5-397B
gàiniàn 概念 4-1197A
gàiniànhuà 概念化 4-1197B
gāipài 該派 11-200B
gàipái 戤牌 5-233A
gǎipàn 改判 5-398B
gǎipì 改辟 5-403B
gǎipì 改闢 5-405A
gǎipìn 改聘 5-403A
gàipíng 概平 4-1197A
gǎiqī 改期 5-402B
gàiqǐ 丐乞 1-341B
gāiqià 該洽 11-200B
gāiqià 賅洽 10-208A
gàiqiān 概愆 4-1198A
gàiqiān 蓋愆 9-498A
gàiqiǎo 丐巧 1-342A
gāiqiè 該切 11-199B
gǎiqǔ 改取 5-399A
gàiqǔ 丐取 1-342A
gàiquán 蓋泉 9-497B
gàiquē 蓋闕 9-498B
gǎiqǔyìdiào 改曲易調 5-397B
gàirán 概然 4-1198A
gàirǎng 蓋壤 9-499A
gàiránxìng 蓋然性 9-498A
gàirén 丐人 1-341B
gǎirì 改日 5-397A
gàirìlíngyún 概日凌雲 4-1197A
gǎiróng 改容 5-401B
gǎisài 改塞 5-403B
gǎisè 改色 5-398A
gāishàn 該贍 11-202A
gāishàn 賅贍 10-208B
gǎishàn 改善 5-402B
gàishàng 概尚 4-1197A
gāishè 該涉 11-200B
gāishè 該攝 11-202A
gāishēn 該深 11-201A
gāishì 該世 11-200A
gǎishì 改視 5-402A
gǎishì 改試 5-403A
gǎishì 改適 5-403B
gàishī 丐施 1-342A
gàishī 匄施 2-181A
gàishí 丐食 1-342A
gàishì 概視 4-1198A
gàishì 蓋世 9-497A
gàishì 蓋柿 9-497B
gàishìtàibǎo 蓋世太保 9-497A
gàishìwúshuāng 蓋世無雙 9-497A
gāishǒu 該首 11-200A
gǎishòu 改授 5-401B
gàishǒu 丐首 1-342A
gāishù 晐數 7-1358A
gàishù 概數 4-1198B
gǎishuò 改朔 5-401A
gāisǐ 該死 11-200A
gǎisú 改俗 5-400B
gàisuàn 概算 4-1198A
gāisuì 該邃 11-202A
gǎisuì 改歲 5-403A
gǎisuì 改燧 5-404B
gàitè 匄貣 2-181A
gāitiān 該天 11-199B
gǎitiān 改天 5-397A
gàitiān 蓋天 9-497A
gàitián 漑田 5-1526A
gǎitiānhuàndì 改天换地 5-397A
gāitōng 該通 11-200B
gāitōng 賅通 10-208A
gàitóu 丐頭 1-342B
gàitóu 蓋頭 9-498A
gàitóugàinǎo 蓋頭蓋腦 9-498B
gǎitóuhuànmiàn 改頭换面 5-404B
gàitóuhuànmiàn 蓋頭换面 9-498B
gāitú 該徒 11-200B
gǎitú 改途 5-401A
gǎitú 改塗 5-403B
gǎitú 改圖 5-403B
gǎitǔguīliú 改土歸流 5-396B
gàituì 丐退 1-342B
gǎituò 改拓 5-399A
gǎitǔwéiliú 改土爲流 5-396B
gāiwāi 該歪 11-200A
gàiwài 丐外 1-342A
gàiwài 匄外 2-181A
gàiwǎn 蓋碗 9-498A
gǎiwàng 改望 5-402A
gǎiwǎngxiūlái 改往修來 5-399A
gǎiwéi 改爲 5-402B
gàiwèn 概問 4-1198A
gǎiwù 改物 5-399A
gǎiwù 改悟 5-401A
gǎiwù 改寤 5-404B
gàiwū 蓋屋 9-497B
gāixī 該悉 11-201A
gǎixī 改析 5-399A
gǎixí 改席 5-401A
gāixià 陔夏 11-973A
gāixià 垓下 2-1102B
gāixià 祴夏 7-918A
gǎixián 改弦 5-399B
gǎixián 改絃 5-402A
gàixián 丐閒 1-342B
gàixián 匄閒 2-181A
gāixiáng 該詳 11-201B
gǎixiángēngzhāng 改弦更張 5-399B
gǎixiángēngzhāng 改絃更張 5-402A
gǎixiányìdiào 改絃易調 5-402B
gǎixiányìzhāng 改絃易張 5-402A
gǎixiányìzhé 改弦易轍 5-400A
gǎixiányìzhé 改絃易轍 5-402B
gǎixiánzhé 改絃轍 5-402B
gāixiǎo 該曉 11-202A
gǎixiě 改寫 5-404A
gǎixiéguīzhèng 改邪歸正 5-397B
gāixīn 垓心 2-1102B
gǎixīn 改心 5-397A
gàixīn 概心 4-1197A
gāixìng 晐姓 5-711B
gǎixíng 改行 5-398A
gàixíng 概行 4-1197A
gǎixíngcóngshàn 改行從善 5-398A
gǎixíngwéishàn 改行爲善 5-398A
gǎixìngyìdài 改姓易代 5-400A
gǎixíngzìxīn 改行自新 5-398A
gǎixiū 改修 5-400B
gǎixiū 改脩 5-401A
gǎixù 改序 5-398B
gǎixuǎn 改選 5-404A
gǎixuē 改削 5-400B
gāiyān 該淹 11-201A
gāiyán 垓埏 2-1102B
gāiyàn 該驗 11-202B
gǎiyán 改顔 5-405A
gāiyǎng 陔養 11-973A
gǎiyàng 改樣 5-404A
gàiyǎng 丐養 1-342B
gàiyào 概要 4-1197B
gǎiyè 改業 5-403A
gǎiyí 改移 5-402A
gǎiyì 改易 5-399A
gǎiyì 改意 5-403A
gǎiyì 改議 5-405A
gàiyì 概義 4-1198A
gǎiyīn 改陰 5-401B
gàiyín 戤銀 5-233A
gāiyīng 該應 11-202A
gàiyòng 概用 4-1197A
gāiyòu 該宥 11-200B
gāiyú 陔餘 11-973B
gǎiyù 改玉 5-397B
gàiyù 丐育 1-342A
gǎiyuán 改元 5-397A
gǎiyuán 改轅 5-405A
gàiyuán 丐緣 1-394A
gāiyuè 祴樂 7-918B
gǎiyuè 改籥 5-405A
gǎiyùgǎibù 改玉改步 5-397B
gǎiyùgǎixíng 改玉改行 5-397B
gāiyǔn 該允 11-200A
gàiyún 概雲 4-1198A
gāizǎi 該載 11-201B
gāizài 該載 11-201B
gǎizàng 改葬 5-402B
gǎizào 改造 5-401A
gàizào 蓋造 9-497B
gàizé 概則 4-1197B
gǎizhāng 改張 5-402A
gàizhàng 蓋障 9-498A
gǎizhāngyìdiào 改張易調 5-402A
gāizháo 該着 11-201A
gāizhào 陔兆 11-973A
gāizhe 該着 11-201A
gǎizhé 改折 5-398A
gǎizhé 改轍 5-405A
gàizhě 丐者 1-342A
gāizhèng 該正 11-200A
gǎizhēng 改正 5-397B
gǎizhèng 改正 5-397B
gǎizhèngyífēng 改政移風 5-400A
gǎizhì 改制 5-399A
gǎizhì 改治 5-399B
gǎizhì 改秩 5-401A
gǎizhì 改置 5-403A
gàizhì 概志 4-1197A
gàizhōng 蓋鍾 9-498B
gàizhòng 概衆 4-1198A
gāizhū 豥豬 10-24B
gǎizhuǎn 改轉 5-405A
gǎizhuàn 改撰 5-404A
gāizhuāng 該樁 11-202A
gǎizhuāng 改裝 5-403B
gàizhuàng 概狀 4-1197B
gǎizhuī 改椎 5-402B
gǎizhuī 改錐 5-404B
gàizhǔn 概準 4-1198A
gǎizhùzhāngxián 改柱張絃 5-400A
gàizi 蓋子 9-497A
gāizōng 該綜 11-202A
gāizōng 賅綜 10-208A
gāizǒng 該總 11-202A
gǎizǔ 改組 5-402A
gǎizuǎn 改纂 5-405A
gǎizuǐ 改嘴 5-404B
gàizūn 概尊 4-1198A
gǎizuò 改作 5-398B
gājǐn 嘎錦 3-490A
gājiū 肐揪 6-1173B
gájǔpài 噶舉派 3-503B
gákōng 軋空 9-1199A
gákōngtou 軋空頭 9-1199B
gālá 旮旯 5-578B
gālā 軋拉 9-1199A
gālí 咖喱 3-315A
gálóng 噶隆 3-503B
gálún 噶倫 3-503B
gāluò 肐落 6-1173B
gāmǎshèxiàn 伽馬射綫 1-1295A

gámǐ 軋米 9-1199A
gāmò 价末 1-1207A
gān'ái 肝癌 6-1170A
gān'ài 干碍 2-916A
gān'ài 干礙 2-917B
gān'ài 乾嗌 1-793B
gǎn'ài 感愛 7-615A
gān'ānǎi 乾阿妳 1-787A
gānba 乾巴 1-785B
gānbà 干罷 2-916B
gānbà 甘罷 7-975A
gānbà 乾罷 1-794B
gānbābā 乾巴巴 1-785B
gānbái 乾白 1-786A
gǎnbǎi 趕擺 9-1141B
gānbàixiàfēng 甘拜下風 7-972A
gānbālìcuì 乾巴利脆 1-785B
gānbalìluo 乾巴利落 1-785B
gànbàn 幹辦 2-950B
gǎnbàng 桿棒 4-1039A
gǎnbàng 捍棒 6-608A
gànbàngōngshì 幹辦公事 2-950B
gānbào 干暴 2-916B
gānbào 乾暴 1-794B
gānbēi 乾杯 1-787B
gānbèi 乾貝 1-786B
gānbèi 乾糒 1-795B
gānbèiluó 坩貝羅 2-1072A
gànběn 幹本 2-947B
gānbèngbèng 乾蹦蹦 1-796B
gānbī 乾逼 1-792B
gānbǐ 乾筆 1-792B
gànbì 紺碧 9-776B
gǎnbiàn 感忭 7-610A
gǎnbiàn 感變 7-617A
gānbiē 干鱉 2-918A
gānbiē 乾鼈 1-797A
gānbiě 乾癟 1-796B
gānbīng 乾冰 1-786A
gānbō 甘波 7-971B
gǎnbō 桿撥 4-1039A
gānbōbō 乾剝剝 1-790B
gǎnbù 敢不 5-470A
gǎnbù 趕步 9-1139A
gànbù 幹部 2-949A
gǎnbùjí 趕不及 9-1138A
gǎnbùshàng 趕不上 9-1138A
gǎnbùyíng 趕不贏 9-1138A
gāncài 乾菜 1-791A
gàncái 幹才 2-947A
gàncái 幹材 2-948A
gāncān 甘餐 7-975B
gǎncán 感慚 7-615B
gāncāo 乾糙 1-795B
gāncǎo 甘草 7-971B
gāncǎo 乾草 1-788B
gǎncǎo 稈草 8-85A
gǎncè 感惻 7-614A
gàncè 幹策 2-949B
gānchā 竿叉 8-1106B
gānchá 甘茶 7-972A
gānchàn 乾顫 1-797A
gāncháng 肝腸 6-1169A
gǎncháng 趕場 9-1140A
gǎnchǎng 趕場 9-1140A
gǎnchàng 感暢 7-615B
gǎnchàng 趕唱 9-1139B
gānchángcùnduàn 肝腸寸斷 6-1169A
gānchǎo 乾麨 1-794B
gǎncháoliú 趕潮流 9-1141B
gānchè 乾坼 1-787B
gǎnchē 趕車 9-1138B
gǎnchè 感徹 7-615B
gānchén 甘陳 7-973A
gǎnchèn 感疢 7-611B
gǎnchèn 趕趁 9-1140A
gǎnchèn 趕趂 9-1140A
gànchén 幹臣 2-947B
gānchéng 竿城 8-1106B
gǎnchéng 趕程 9-1140A
gǎnchèng 桿秤 4-1039A
gānchéng 干城 2-913B
gǎnchènrén 趕趁人 9-1140A
gānchì 干傺 2-916A
gànchí 幹持 2-948B
gānchóng 甘蟲 7-976A
gānchóu 乾愁 1-793B
gǎnchóu 感愁 7-615A
gānchù 干觸 2-918A
gǎnchù 感觸 7-616B
gǎnchuán 感傳 7-615A
gǎnchuán 趕船 9-1139B
gānchuāng 疳瘡 8-288B
gǎnchuàng 感愴 7-615A
gānchuò 甘歠 7-976A
gāncí 甘辭 7-976A
gǎncì 感刺 7-610A
gāncílà 乾茨臘 1-788B
gǎncóng 感悰 7-613B
gāncuì 甘脆 7-972B
gāncuì 甘脃 7-972B
gāncuì 甘毳 7-973B
gāncuì 甘膬 7-975B
gāncuì 乾脆 1-790B
gāncuìlìluo 乾脆利落 1-790B
gāncuìlìsuo 乾脆利索 1-790B
gāncùjiǔ 乾酢酒 1-792B
gāncūnshā 乾村沙 1-786B
gāncuò 干錯 2-917A
gāndà 乾大 1-785A
gǎndá 感達 7-613B
gāndádá 乾達達 1-792A
gāndǎhōng 乾打哄 1-785B
gāndài 甘帶 7-973A
gǎndài 敢待 5-471B
gǎndài 感戴 7-616A
gāndǎléi…乾打雷,不下雨 1-785B
gāndǎlěi 乾打壘 1-785B
gāndǎn 肝膽 6-1169B
gāndàn 乾蛋 1-792A
gāndǎnchǔyuè 肝膽楚越 6-1169B
gāndāng 甘當 7-974A
gǎndāng 敢當 5-471B
gǎndàng 感宕 7-611A
gǎndàng 感蕩 7-615B
gǎndàng 感盪 7-616B
gàndāng 幹當 2-950A
gàndāngrén 幹當人 2-950A
gǎndàngzi 趕檔子 9-1141B
gāndǎnhúyuè 肝膽胡越 6-1169B
gāndǎnpīlì 肝膽披瀝 6-1169B
gāndǎntúdì 肝膽塗地 6-1170A
gāndǎnxiāngzhào 肝膽相照 6-1169B
gāndǎnzhàorén 肝膽照人 6-1169B
gǎndǎo 感導 7-615B
gǎndào 感悼 7-613B
gǎndào 趕到 9-1139A
gǎndào 趕道 9-1140B
gàndào 幹道 2-949B
gāndé 甘得 7-973B
gǎndé 感德 7-615B
gāndèngyǎn 乾瞪眼 1-795B
gǎndì 感帝 7-611B
gāndiǎn 干典 2-913A
gāndiǎn 乾點 1-795B
gāndiǎn 黚點 12-1342A
gǎndiàn 感電 7-614B
gàndiàn 紺殿 9-776A
gāndiànchí 乾電池 1-793B
gāndiǎo 乾鳥 1-791B
gāndiào 乾弔 1-785B
gàndiào 幹掉 2-949A
gāndiē 乾爹 1-790B
gàndié 紺蝶 9-776B
gāndǐng 干鼎 2-915B
gāndǐng 甘鼎 7-973B
gāndōng 乾冬 1-786A
gǎndòng 感洞 7-611B
gǎndòng 感動 7-613A
gāndòu 乾豆 1-786B
gāndòufu 乾豆腐 1-786B
gāndū 乾都 1-790A
gāndú 干瀆 2-917B
gāndú 干黷 2-918A
gāndú 竿櫝 8-1107A
gāndú 竿牘 8-1107A
gāndù 干度 2-913B
gǎnduàn 敢斷 5-471B
gānduī 乾堆 1-791A
gāndùqián 乾渡錢 1-793A
gǎn'è 感愕 7-614A
gǎn'ēn 感恩 7-612A
gǎn'ēndàidé 感恩戴德 7-612A
gǎn'ēnduō 感恩多 7-612A
gǎn'ēnhuáidé 感恩懷德 7-612A
gǎn'ēntúbào 感恩圖報 7-612A
gān'ēnyìn 乾恩蔭 1-790A
gǎn'ēnzhū 感恩珠 7-612A
gān'er 肝兒 6-1168A
gān'er 竿兒 8-1106B
gān'ér 乾兒 1-788A
gān'ěr 甘餌 7-974B
gǎn'er 桿兒 4-1039A
gǎn'ěr 感耳 7-610A
gānfá 干罰 2-916A
gānfǎ 干法 2-913A
gǎnfā 感發 7-614B
gànfà 紺髮 9-776B
gānfán 干煩 2-916A
gānfán 乾煩 1-793B
gānfàn 干犯 2-912B
gānfàn 干飯 2-915B
gānfàn 奸犯 4-268B
gānfàn 乾飯 1-793A
gǎnfān 趕翻 9-1141B
gǎnfàn 趕飯 9-1140B
gànfān 紺幡 9-776B
gǎnfàndàn 趕飯擔 9-1140B
gānfāng 甘芳 7-970B
gànfāng 紺坊 9-776A
gànfāng 幹方 2-947B
gānféi 甘肥 7-971B
gānféi 乾肥 1-788A
gānfèi 肝肺 6-1168A
gānfěn 乾粉 1-790B
gānfēn 甘分 7-970A
gǎnfèn 感分 7-609B
gǎnfèn 感忿 7-610B
gǎnfèn 感憤 7-616A
gǎnfèn 感奮 7-616A
gānfēng 甘豐 7-976A
gānfēng 肝風 6-1168A
gānfēng 乾封 1-788A
gānfèng 乾俸 1-790A
gǎnfēng 感風 7-611B
gǎnfěng 感諷 7-616A
gǎnfēngbù 感風簿 7-611B
gānfú 干福 2-916A
gānfú 甘伏 7-970B
gānfú 甘服 7-971B
gānfǔ 肝腑 6-1168B
gānfǔ 乾脯 1-791B
gǎnfú 感孚 7-610A
gǎnfú 感服 7-610B
gǎnfù 感附 7-610A
gǎnfù 趕赴 9-1139A
gànfǔ 幹輔 2-950A
gànfǔ 榦輔 4-1211B
gànfù 幹父 2-947A
gànfùzhīgǔ 幹父之蠱 2-947B
gāngá 干嘎 2-916B
gāngà 尷尬 2-1581B
gāngà 魐魀 12-476B
gāngà 魐魀 12-476A
gāngà 魐魀 12-476B
gāngàbìng 魐魀病 12-476B
gāngài 干丐 2-912A
gāng'ài 剛隘 2-707B
gǎngài 感概 7-614B

gǎngài 感槩 7-615A
gāngān 甘甘 7-970A
gāngān 乾乾 1-791A
gǎngǎn 感感 7-614B
gāngānjìng 乾乾净 1-791A
gāngānjìngjìng 乾乾净净 1-791A
gāngāo 甘膏 7-974B
gāngǎo 乾槁 1-794A
gāng'ào 剛傲 2-707B
gāng'ào 剛慠 2-708A
gǎng'ào 港澳 5-1444B
gāngbǎn 岡阪 1-1031B
gāngbǎn 岡坂 1-1031B
gāngbǎn 鋼板 11-1327A
gāngbāng 扛幫 6-341B
gàngbàng 杠棒 4-748A
gāngbào 剛暴 2-708A
gāngbēng 鋼崩 11-1327B
gāngbèng 鋼鏰 11-1328B
gāngbǐ 鋼筆 11-1328A
gāngbì 剛愎 2-707B
gǎngbì 港幣 5-1444B
gàngbǐ 戇鄙 7-802B
gāngbiǎn 剛褊 2-708A
gāngbiàn 剛卞 2-704B
gāngbiàn 剛辯 2-709A
gāngbīng 剛兵 2-705B
gāngbǐng 綱柄 9-891B
gāngbǐtào 鋼筆套 11-1328A
gāngbìzìyòng 剛愎自用 2-707B
gǎngbù 港埠 5-1444A
gāngcái 剛才 2-704A
gāngcái 剛材 2-705B
gāngcái 剛纔 2-709A
gāngcái 鋼材 11-1327A
gāngcáo 綱曹 9-892A
gāngcǎo 茼草 9-442B
gāngcén 岡岑 1-1031B
gāngchā 剛叉 2-704A
gǎngchà 港汊 5-1444A
gāngcháng 剛腸 2-708A
gāngcháng 綱常 9-892A
gāngcháng 鋼腸 11-1328A
gāngchén 剛辰 2-705B
gāngchóng 剛蟲 2-709A
gāngchuán 綱船 9-892A
gāngdà 剛大 2-704A
gàngdà 戇大 7-802A
gāngdān 剛癉 2-708B
gāngdǎn 剛膽 2-708B
gàngdāobù 杠刀布 4-747B
gāngdé 剛德 2-708A
gāngdì 剛地 2-705A
gāngdǐng 扛鼎 6-341A
gāngdìng 鋼錠 11-1328B
gǎngdú 港瀆 5-1444B
gāngduàn 剛斷 2-709A
gàngdùn 戇鈍 7-802B
gāngē 干戈 2-912A
gāngé 干革 2-913B
gāngé 肝鬲 6-1168A
gāngé 肝膈 6-1169A
gāngé 乾嗝 1-793B
gāng'è 亢扼 2-301A
gǎngé 感革 7-611A
gǎngé 感格 7-612A
gāngélàohànzi 干隔澇漢子 2-915B
gāngélàohànzi 乾隔澇漢子 1-793A
gǎngěng 感哽 7-612A
gāngfǎ 綱法 9-891A
gāngfāng 剛方 2-704B
gàngfáng 杠房 4-747B
gàngfángtóu 杠房頭 4-748A
gāngfèn 剛忿 2-705B
gāngfēng 罡風 2-725B
gāngfēng 剛風 2-706A
gāngfēng 罡風 8-1019B
gāngfēng 鋼鋒 11-1328B
gāngfù 岡阜 1-1031B
gàngfū 杠夫 4-747B
gānggài 杠蓋 4-748A
gànggǎn 杠杆 4-747B
gānggāng 剛剛 2-706B
gānggāng 伉伉 1-1212A
gànggàng 杠杠 4-747B
gānggé 剛格 2-706B
gānggěng 剛耿 2-706B
gānggěng 剛梗 2-707A
gānggěng 剛骾 2-708B
gānggěng 剛鯁 2-709A
gānggǔ 搁鼓 6-667A
gānggǔ 棡鼓 4-1112B
gānggǔ 鋼骨 11-1327B
gānggǔ 杠轂 4-748A
gāngguà 剛挂 2-705B
gāngguà 剛罫 2-708A
gāngguǎn 缸管 8-1073A
gāngguǎn 鋼管 11-1328A
gāngguàn 綱貫 9-892A
gāngguǎng 剛獷 2-708B
gānggǔbù 棡鼓部 4-1112B
gāngguǐ 鋼軌 11-1327B
gāngguǒ 剛果 2-705B
gānggǔqǔ 棡鼓曲 4-1112B
gānggǔshuǐní 鋼骨水泥 11-1327B
gānghàn 剛悍 2-707A
gāngháo 剛豪 2-708A
gānghǎo 剛好 2-705A
gānghěn 剛佷 2-705B
gānghěn 剛很 2-706A
gānghěn 剛狠 2-706A
gànghòng 扛哄 6-341A
gānghù 岡岵 1-1031B
gānghuā 缸花 8-1073A
gānghuā 釭花 11-1204B
gānghuā 鋼花 11-1327A
gānghuàbōlí 鋼化玻璃 11-1327A
gānghuǒ 鋼火 11-1327A
gāngjí 剛急 2-706A
gāngjí 伉急 1-1212B
gāngjǐ 岡脊 1-1031B
gāngjì 剛忌 2-705B
gāngjì 剛齊 2-708A
gāngjì 綱紀 9-891B
gāngjiǎ 剛甲 2-704B
gàngjià 杠架 4-748A
gāngjiān 剛堅 2-707A
gāngjiǎn 剛謇 2-708B
gāngjiǎn 剛蹇 2-708B
gāngjiǎn 剛簡 2-709A
gāngjiǎn 伉簡 1-1213A
gāngjiàn 剛健 2-707A
gāngjiàn 綱鑑 9-893A
gāngjiàng 剛强 2-707B
gǎngjiǎo 港脚 5-1444A
gāngjiāotiězhù 鋼澆鐵鑄 11-1328B
gāngjié 剛訐 2-707A
gāngjié 剛捷 2-707A
gāngjié 剛潔 2-708B
gāngjié 剛絜 2-707B
gāngjiè 剛介 2-704B
gàngjiè 戇介 7-802A
gāngjīn 鋼筋 11-1327B
gāngjīng 鋼精 11-1328A
gāngjǐng 亢頸 2-302A
gāngjìng 剛勁 2-706A
gǎngjǐng 崗警 3-835B
gāngjīnhùnníngtǔ 鋼筋混凝土 11-1328A
gāngjīntiěgǔ 鋼筋鐵骨 11-1328A
gāngjìpú 綱紀僕 9-891B
gāngjù 剛巨 2-704B
gāngjù 扛醵 6-341B
gāngjù 伉倨 1-1212B
gāngjuàn 剛狷 2-707A
gāngjué 剛夬 2-704B
gāngjué 剛決 2-705A
gāngjǔmùzhāng 綱舉目張 9-892B
gāngjùn 剛峻 2-706B
gāngkǎi 剛鎧 2-709A
gāngkè 剛克 2-705A
gāngkǒu 剛口 2-704A
gāngkǒu 鋼口 11-1327A
gǎngkǒu 港口 5-1444A
gāngkù 剛酷 2-708A
gāngkuī 鋼盔 11-1327B
gānglāng 鋼啷 11-1327B
gāngláng 岡筤 1-1031B
gāngláng 伉俍 1-1212B
gānglàng 伉浪 1-1212B
gāngléng 剛棱 2-707B
gānglǐ 綱理 9-892A
gānglì 剛戾 2-705B
gānglì 剛厲 2-708A
gānglì 鋼利 11-1327A
gānglì 伉厲 1-1213A
gānglián 剛廉 2-708A
gàngliáng 杠梁 4-748A
gāngliàng 剛亮 2-706A
gāngliè 剛烈 2-706B
gāngliè 剛鬣 2-709A
gānglíng 岡陵 1-1031B
gānglǐng 岡嶺 1-1032A
gānglǐng 綱領 9-892B
gǎnglǐng 崗嶺 3-835B
gànglíng 杠鈴 4-748A
gānglìzìyòng 剛戾自用 2-705B
gānglǒng 岡隴 1-1032A
gǎnglóu 崗樓 3-835B
gànglòu 戇陋 7-802B
gānglú 缸爐 8-1073A
gānglǔ 剛鹵 2-707A
gānglǔ 剛滷 2-708A
gāngluán 岡巒 1-1032A
gǎngluán 崗巒 3-835B
gānglüè 剛略 2-707A
gāngmáo 剛毛 2-704B
gāngmǎo 剛卯 2-705A
gàngmèi 戇昧 7-802B
gāngmén 肛門 6-1170A
gāngměng 剛猛 2-707A
gāngmiàn 缸面 8-1073A
gāngmǐn 剛敏 2-707A
gāngmíng 剛明 2-705B
gàngmíng 戇冥 7-802B
gāngmù 剛木 2-704A
gāngmù 綱目 9-891A
gāngmùtǐ 綱目體 9-891A
gàngnè 戇訥 7-802B
gāngniǔ 綱紐 9-892A
gǎngōng 趕工 9-1137B
gàngōng 杆弓 4-746B
gàngōng 紺宮 9-776A
gāngòu 干詬 2-916A
gǎngpéng 崗棚 3-835B
gāngpī 鋼坯 11-1327A
gàngpì 戇僻 7-802B
gāngpiāo 剛剽 2-708A
gāngpō 岡坡 1-1031B
gāngpǔ 剛樸 2-708B
gǎngpǔ 港浦 5-1444A
gàngpǔ 戇朴 7-802A
gàngpù 杠鋪 4-748A
gāngqì 罡氣 2-725B
gāngqì 剛氣 2-706B
gāngqì 罡氣 8-1020A
gǎngqiǎ 崗卡 3-835A
gāngqiān 鋼釺 11-1327B
gāngqián 剛前 2-706A
gāngqiāng 鋼槍 11-1328A
gāngqiáng 剛彊 2-708B
gāngqiáng 剛强 2-707B
gāngqiǎo 剛巧 2-704B
gāngqiào 剛峭 2-706B
gāngqiè 剛切 2-704B
gāngqièmùzhāng 綱挈目張 9-891B
gāngqīlángdāng 鋼七郎當 11-1327A
gāngqín 鋼琴 11-1327B
gāngrán 剛然 2-707B
gāngrěn 剛忍 2-705B
gàngrén 戇人 7-802A
gāngrì 剛日 2-704B
gāngróu 剛柔 2-706A
gāngruì 剛鋭 2-708B

gāngsāng 扛喪 6-341A
gāngsǎng 嗓嗓 3-383B
gāngsè 剛塞 2-708A
gāngshā 鋼砂 11-1327B
gāngshāng 綱商 9-892A
gǎngshāng 港商 5-1444B
gāngshāo 綱梢 9-892A
gǎngshào 崗哨 3-835B
gǎngshè 崗舍 3-835B
gāngshēn 堽身 2-1173B
gāngshí 剛石 2-704B
gàngshì 戇士 7-802A
gāngshǒu 綱首 9-891B
gāngshǒu 杠首 4-748A
gāngshū 剛疎 2-707B
gāngshǔ 綱署 9-892B
gāngshuǎng 伉爽 1-1212B
gāngshuǐ 鋼水 11-1327A
gāngsī 鋼絲 11-1328A
gāngsīchuáng 鋼絲床
11-1328A
gāngsījù 鋼絲鋸 11-1328A
gāngsīshéng 鋼絲繩
11-1328A
gāngsuǒ 鋼索 11-1327B
gāngtāi 缸胎 8-1073A
gāngtái 杠檯 4-748A
gāngtàn 鋼炭 11-1327B
gāngtè 剛特 2-706B
gāngtè 伉特 1-1212B
gāngtiáo 剛條 2-706B
gāngtiáo 綱條 9-891B
gāngtiě 鋼鐵 11-1328B
gāngtílǐngqiè 綱提領挈
9-892A
gāngtǐng 剛挺 2-706A
gǎngtíng 崗亭 3-835B
gàngtóu 戇投 7-802A
gāngtóuzédǐ 崗頭澤底
3-835B
gāngtǔ 剛土 2-704A
gāngtù 剛吐 2-705A
gāngtuó 岡陀 1-1031B
gāngǔ 乾股 1-788A
gǎngù 感顧 7-617A
gàngǔ 幹蠱 2-951B
gàngù 幹固 2-948B
gǎnguān 感官 7-611A
gànguān 幹官 2-948B
gànguǎn 幹管 2-950A
gǎnguāng 感光 7-610A
gānguì 竿笙 8-1117A
gānguō 干聒 2-915B
gānguō 甘堝 7-973A
gānguō 甘鍋 7-975B
gānguō 坩堝 2-1072A
gānguō 坩鍋 2-1072A
gānguǒ 甘果 7-971B
gānguǒ 乾果 1-787B
gānguǒ 乾菓 1-791A
gànguó 幹國 2-949B
gànguó 榦國 4-1211B
gānguólǎo 甘國老 7-973A
gāngwǎ 缸瓦 8-1073A
gǎngwān 港灣 5-1444B
gāngwǎng 綱網 9-892B
gāngwéi 綱維 9-892B
gǎngwèi 崗位 3-835A
gāngwǔ 剛武 2-705B
gāngxiá 綱轄 9-893A
gāngxiá 伉俠 1-1212B
gāngxiǎn 剛險 2-708B
gāngxiàn 綱憲 9-893A
gāngxíng 伉行 1-1212B
gāngxìng 剛性 2-705B
gāngxìng 剛婞 2-707A
gāngxìng 剛悻 2-707A
gāngxù 剛獝 2-708B
gāngyán 岡巖 1-1032A
gāngyán 剛嚴 2-709A
gāngyán 綱鹽 9-893A
gāngyǎn 岡隒 1-1032A
gāngyàn 缸硯 8-1073A
gāngyáng 鋼洋 11-1327B
gǎngyǎng 港養 5-1444B
gàngyǎnzi 戇眼子 7-802B
gāngyào 綱要 9-891B
gāngyī 杠衣 4-747B
gāngyì 剛毅 2-708B
gāngyìmùnè 剛毅木訥
2-708B
gāngyìn 鋼印 11-1327A
gāngyínfǎ 綱銀法 9-892B
gāngyìng 剛硬 2-707B
gāngyǒng 剛勇 2-706A
gàngyǒng 戇勇 7-802B
gāngyú 扛舁 6-341A
gāngyù 剛玉 2-704B
gǎngyú 港魚 5-1444B
gàngyú 戇愚 7-802B
gǎngyuán 港元 5-1444A
gāngyún 鋼勻 11-1327A
gāngyùn 綱運 9-892A
gāngzào 剛躁 2-709A
gāngzhā 鋼渣 11-1328A
gāngzhé 剛折 2-705A
gāngzhèng 剛正 2-704B
gāngzhèngbù'ē 剛正不阿
2-704B
gāngzhí 剛直 2-705B
gāngzhí 伉直 1-1212B
gāngzhǐ 剛只 2-705A
gāngzhǐ 鋼紙 11-1327B
gāngzhì 剛質 2-708A
gāngzhì 剛鷙 2-709A
gāngzhǒng 鋼種 11-1328A
gāngzhū 鋼珠 11-1327B
gāngzhú 釭燭 11-1204B
gāngzhuān 缸磚 8-1073A
gāngzhuàng 剛壯 2-705B
gāngzhuó 杠彴 4-747B
gàngzhuō 戇拙 7-802A
gāngzi 岡子 1-1031B
gāngzi 缸子 8-1073A
gāngzǐ 剛子 2-704A
gǎngzi 崗子 3-835A
gàngzi 杠子 4-747B
gāngzú 剛鏃 2-709A
gāngzuǒ 綱佐 9-891A
gānhǎi 乾海 1-790B
gānhài 干害 2-914B
gānhàn 乾旱 1-786B
gānhàn 乾暵 1-794B
gānhàn 乾熯 1-795A
gǎnhàn 敢悍 5-471B
gǎnhàn 趕旱 9-1139A
gānháo 乾嚎 1-795B
gānháo 乾號 1-793B
gānhào 乾耗 1-789B
gānhào 乾號 1-793B
gānhé 乾涸 1-792A
gǎnhé 感和 7-610B
gǎnhè 感荷 7-612A
gànhé 幹翮 2-950B
gànhé 榦河 4-1211B
gānhóng 乾紅 1-789B
gānhōngchá 乾烘茶 1-790B
gānhóu 乾餱 1-795B
gānhú 乾鵠 1-796B
gānhù 甘瓠 7-973A
gānhuā 肝花 6-1168A
gānhuā 乾花 1-786B
gānhuá 甘滑 7-973B
gǎnhuà 感化 7-609A
gānhuái 干懷 2-917B
gānhuái 肝懷 6-1170A
gǎnhuái 感懷 7-616B
gānhuāng 乾荒 1-788B
gǎnhuáng'ēn 感皇恩 7-611A
gānhuì 干諱 2-917A
gānhuì 骭髓 12-1321B
gǎnhuǐ 感悔 7-612B
gǎnhuì 感會 7-615A
gǎnhuì 趕會 9-1140B
gānhūlà 乾忽剌 1-788A
gānhūn 乾婚 1-792A
gānhùn 干溷 2-916A
gānhuǒ 肝火 6-1167B
gānhuò 乾和 1-788A
gānhuò 乾貨 1-791B
gànhuó 幹活 2-948B
gānhuòluàn 乾霍亂 1-795A
gānjī 甘雞 7-976A
gānjī 疳積 8-288B
gānjí 乾急 1-789A
gānjí 乾瘠 1-795A
gānjì 干紀 2-914A
gānjì 乾季 1-788A
gǎnjī 感激 7-616A
gǎnjí 桿棘 4-1039A
gǎnjí 感疾 7-612B
gǎnjí 感戢 7-613B
gǎnjí 趕及 9-1138A
gǎnjí 趕即 9-1139A
gǎnjí 趕急 9-1139A
gǎnjí 趕集 9-1140A
gànjì 幹績 2-951A
gànjì 幹濟 2-950B
gānjiā 肝家 6-1168B
gǎnjiā 感浹 7-612B
gànjiā 幹家 2-949A
gānjiājiā 乾筴筴 1-793B
gānjiàn 甘賤 7-975A
gānjiāng 干將 2-915A
gānjiāng 乾薑 1-795A
gānjiāng 乾殭 1-795B
gànjiàng 幹將 2-949B
gǎnjiàngǔ 敢諫鼓 5-471B
gānjiāo 甘蕉 7-975A
gānjiāo 乾焦 1-792B
gānjiāo 乾燋 1-795B
gānjiǎo 泔脚 5-1049B
gānjiào 甘教 7-973A
gǎnjiǎo 趕脚 9-1139B
gǎnjiǎode 趕脚的 9-1139B
gānjiàomǔ 乾酵母 1-794A
gǎnjiǎotou 趕脚頭 9-1139B
gānjié 甘結 7-974A
gānjié 甘節 7-974A
gānjié 乾結 1-793A
gānjié 乾竭 1-794A
gǎnjié 感結 7-614B
gǎnjié 趕節 9-1140B
gànjié 幹捷 2-949A
gǎnjiēzi 趕街子 9-1140B
gānjìn 干進 2-915A
gānjìn 干禁 2-915B
gānjìn 乾盡 1-794B
gānjìn 乾勁 1-788B
gǎnjǐn 趕緊 9-1141A
gànjìn 幹勁 2-948B
gānjīng 干旌 2-915A
gānjīng 干旍 2-915A
gānjīng 竿旌 8-1106B
gānjǐng 甘井 7-969B
gānjìng 乾淨 1-789A
gànjǐng 幹警 2-951A
gānjìngdì 乾淨地 1-789B
gānjīnghuǒ 肝經火 6-1169A
gānjìnglìluo 乾淨利落
1-789B
gānjinglìsuo 乾淨利索
1-789B
gānjìngtǔ 乾淨土 1-789B
gǎnjīnhuáixī 感今懷昔
7-609B
gǎnjìnshājué 趕盡殺絕
9-1141A
gǎnjīnsīxī 感今思昔
7-609B
gǎnjīnwéixī 感今惟昔
7-609B
gǎnjīshì 感激士 7-616A
gǎnjītìlíng 感激涕零
7-616A
gǎnjítìlíng 感極涕零
7-613B
gānjiǔ 甘酒 7-972B
gānjiǔ 柑酒 4-888B
gānjiǔ 乾酒 1-790B
gānjiù 干咎 2-913A
gǎnjiù 感舊 7-616B
gānjú 甘橘 7-975B
gānjú 柑橘 4-888B
gǎnjù 感懼 7-617A
gànjú 幹局 2-948A

gànjù 幹具 2-948B
gànjù 幹劇 2-950B
gànjù 贛劇 10-310B
gānjué 干矍 2-918A
gānjué 肝厥 6-1168B
gānjuè 乾倔 1-790B
gǎnjué 敢決 5-470B
gǎnjué 感覺 7-616B
gǎnjūn 桿菌 4-1039A
gànjùrén 贛巨人 10-310B
gǎnkǎi 感慨 7-614A
gǎnkǎi 感嘅 7-614A
gǎnkǎi 感愾 7-615A
gǎnkǎijī'áng 感慨激昂 7-614A
gǎnkǎixìzhī 感慨係之 7-614A
gǎnkǎo 趕考 9-1138B
gānké 乾咳 1-789A
gānkě 乾渴 1-793A
gǎnkè 感刻 7-611A
gānkǒu 甘口 7-969B
gānkòu 干叩 2-912B
gǎnkǒu 趕口 9-1137B
gānkū 乾枯 1-788B
gānkū 乾哭 1-790A
gānkǔ 甘苦 7-971A
gǎnkuài 趕快 9-1139A
gǎnkuì 感喟 7-614A
gǎnkuì 感愧 7-614A
gānlà 乾臘 1-796B
gānlàlà 乾辣辣 1-794A
gānlán 干闌 2-917A
gānlán 干蘭 2-917B
gānlán 干欄 2-918A
gānlán 奸蘭 4-269A
gǎnlǎn 橄欖 4-1282B
gǎnlǎnqiú 橄欖球 4-1283A
gǎnlǎnshí 橄欖石 4-1283A
gǎnlǎntáng 橄欖糖 4-1283A
gǎnlǎnxiān 橄欖僊 4-1283A
gǎnlǎnxiāng 橄欖香 4-1283A
gǎnlǎnyóu 橄欖油 4-1283A
gǎnlǎnzhī 橄欖枝 4-1283A
gǎnlǎnzi 橄欖子 4-1282B
gānláo 甘醪 7-975B
gānláo 肝勞 6-1168B
gānláo 乾癆 1-796A
gānlǎo 乾蕯 1-796B
gānlào 甘酪 7-974A
gānlào 乾酪 1-793B
gānlào 乾澇 1-795A
gǎnlǎoyáng 趕老羊 9-1138B
gānlǎozi 乾老子 1-786A
gānlè 甘樂 7-975A
gānléi 竿累 8-1106B
gānléi 乾雷 1-793B
gānlěi 干累 2-915A
gānlěi 乾累 1-791B
gānlěng 乾冷 1-787A
gānlǐ 甘醴 7-976A
gānlǐ 乾禮 1-796A
gānlì 干戾 2-913A
gānlì 干歷 2-917A
gānlì 甘利 7-971A
gǎnlǐ 趕禮 9-1141B
gǎnlì 感厲 7-615A
gǎnlì 感勵 7-616A
gànlǐ 幹理 2-949A
gànlì 幹力 2-947A
gànlì 幹吏 2-947B
gānlián 干連 2-914A
gǎnliàn 感戀 7-617A
gànliàn 幹練 2-950A
gānliáng 乾粮 1-793B
gānliáng 乾糧 1-796B
gānliáo 肝膋 6-1169A
gānliǎo 甘蓼 7-974B
gànliǎo 幹了 2-947A
gānliè 甘冽 7-971B
gānliè 甘洌 7-972B
gānliè 乾烈 1-790A
gānliè 乾裂 1-792B
gānlín 甘霖 7-975B
gānlín 甘臨 7-975B
gǎnlín 感麟 7-617A
gānlíng 干凌 2-914A
gānlíng 干陵 2-914B
gānlíngbù 甘陵部 7-973A
gǎnlínwēng 感麟翁 7-617A
gānliú 乾餾 1-796B
gānliù 甘霤 7-976A
gànliú 幹流 2-949A
gānlǔ 干鹵 2-915A
gānlǔ 干櫓 2-917B
gānlǔ 甘鹵 7-973A
gānlù 干禄 2-915B
gānlù 甘露 7-976B
gǎnlù 趕露 9-1142A
gǎnlù 趕碌 9-1140B
gǎnlù 趕路 9-1140B
gànlù 幹禄 2-949B
gànlù 幹路 2-950A
gānluàn 干亂 2-916A
gānlùchú 甘露廚 7-976B
gānlùjiāng 甘露漿 7-976B
gānlùmén 甘露門 7-976B
gānlùmiè 甘露滅 7-976B
gānlún 竿綸 8-1107A
gānluò 乾落 1-792A
gǎnluó 趕羅 9-1142A
gǎnluò 趕絡 9-1140B
gānluòde 乾落得 1-792B
gānlùsì 甘露寺 7-976B
gānlǚ 干吕 2-912B
gānlǚ 肝膂 6-1169A
gànlüè 幹略 2-949B
gānmā 乾媽 1-793B
gànma 幹嗎 2-950A
gànma 幹嘛 2-950A
gànma 幹麼 2-950A
gànmǎ 幹馬 2-948B
gānmài 肝脈 6-1168B
gānmàn 干漫 2-916B
gānmàn 干縵 2-917A
gānmáng 乾忙 1-786B
gǎnmáng 趕忙 9-1138B
gānmáo 干旄 2-914A
gānmáo 竿旄 8-1106B
gānmào 干冒 2-913B
gǎnmào 感冒 7-611A
gànmáo 骭毛 12-403B
gànmào 幹貌 2-950A
gānmàohǔkǒu 甘冒虎口 7-972A
gānměi 干浼 2-914B
gānměi 甘美 7-972B
gānmèi 干媚 2-915B
gānméi 皯黴 8-524A
gānměi 皯黣 8-524A
gānměi 皯黣 12-1342A
gānmèizi 乾妹子 1-788A
gǎnmèng 感夢 7-614B
gānmì 甘蜜 7-974B
gānmián 甘眠 7-972B
gānmián 甘冥 7-973A
gānmián 甘瞑 7-975A
gānmiàn 乾麵 1-797A
gǎnmiàn 趕麪 9-1141A
gǎnmiàn 趕麵 9-1142A
gǎnmiànbàng 擀麵棒 6-907A
gǎnmiànzhàng 趕麪杖 9-1141A
gǎnmiànzhàng 趕麵杖 9-1142A
gǎnmiànzhàng 擀麵杖 6-907A
gānmiǎo 竿杪 8-1106B
gānmièpiàn 乾篾片 1-795B
gànmǐn 幹敏 2-949B
gānmíng 干名 2-912B
gānmìng 干命 2-913A
gānmìng 奸命 4-268B
gǎnmíng 感銘 7-615B
gānmíngcǎiyù 干名采譽 2-912B
gǎnmíng'er 趕明兒 9-1139A
gǎnmíng'ergè 趕明兒個 9-1139A
gānmíngfànyì 干名犯義 2-912B
gǎnmínggè 趕明個 9-1139A
gānmó 竿摩 8-1107A
gānmò 干没 2-913A
gānmò 干莫 2-914A
gānmò 干鏌 2-917B
gānmò 乾没 1-787A
gānmò 乾漠 1-793B
gǎnmò 敢莫 5-471B
gànmóu 幹謀 2-950B
gānmù 甘木 7-969B
gānmù 肝木 6-1167B
gānmù 竿木 8-1106B
gǎnmù 感目 7-609B
gǎnmù 感慕 7-615A
gānmùféngchǎng 竿木逢場 8-1106B
gānmùyù 乾沐浴 1-787A
gǎnnà 感納 7-613A
gānnǎipó 乾嬭婆 1-796A
gānnáo 干撓 2-916B
gānnǎo 肝腦 6-1169A
gānnǎotúdì 肝腦塗地 6-1169A
gǎnnàozi 趕鬧子 9-1141A
gànnéng 幹能 2-949A
gānnì 干逆 2-913B
gānnì 乾匿 1-789B
gǎnnì 感逆 7-611B
gǎnniàn 感念 7-610B
gānniáng 乾娘 1-791A
gānnòng 干弄 2-913A
gànnòng 幹弄 2-948A
gǎnnù 感怒 7-611B
gànnú 幹奴 2-947B
gǎnnù'érbùgǎnyán 敢怒而不敢言 5-471A
gānnǚ'ér 乾女兒 1-785A
gān'ǒu 乾嘔 1-794A
gǎnpà 敢怕 5-471A
gānpánjiàowèi 甘盤校尉 7-975A
gānpáo 甘炰 7-972B
gānpèi 甘霈 7-975A
gǎnpèi 感佩 7-610B
gānpí 肝脾 6-1168B
gānpiàn 乾片 1-785A
gānpín 甘貧 7-973B
gǎnpǔ 澉浦 6-108B
gànpú 幹僕 2-950A
gānqī 干戚 2-914B
gānqī 干欺 2-915B
gānqī 干鏚 2-917B
gānqí 干祈 2-913B
gānqí 甘奇 7-971A
gānqǐ 干乞 2-912A
gānqǐ 干啟 2-915A
gānqì 肝氣 6-1168B
gǎnqì 感泣 7-611A
gǎnqì 感契 7-611A
gànqì 幹器 2-950B
gānqiǎn 乾淺 1-792A
gǎnqián 趕前 9-1139A
gànqiáng 幹彊 2-950B
gǎnqiǎngtān 趕搶攤 9-1140B
gānqiáo 乾喬 1-792B
gǎnqiǎo 趕巧 9-1138A
gǎnqiào 趕鞘 9-1141B
gānqiè 干竊 2-918A
gǎnqiè 感切 7-609A
gānqígǔ 奸旗鼓 4-269A
gānqīn 乾親 1-795B
gānqǐn 甘寢 7-974B
gānqǐng 干請 2-917A
gǎnqíng 敢情 5-471B
gǎnqíng 感情 7-613B
gǎnqíng 趕情 9-1139B
gǎnqíngyòngshì 感情用事 7-613B
gānqiú 干求 2-913A
gānqīwǔ 干戚舞 2-914B
gānqù 甘麮 7-975B
gànqú 幹渠 2-949B
gānquán 甘泉 7-972A
gǎnquàn 感勸 7-616B
gānquè 鳱鵲 12-1042B

gānquè 乾鵲 1-796B
gǎnrǎn 感染 7-611B
gānrǎng 甘壤 7-976A
gǎnrǎnlì 感染力 7-611B
gānrǎo 干擾 2-917A
gānrě 干惹 2-915B
gānrè 乾熱 1-794B
gǎnrè 趕熱 9-1141A
gānrén 乾人 1-785A
gǎnrén 感人 7-609A
gǎnrèn 敢任 5-470B
gànrén 幹人 2-947A
gànrèn 幹任 2-948A
gǎnrènào 趕熱鬧 9-1141A
gǎnrénbùkěgǎnshàng 趕人不可趕上 9-1137B
gǎnrénbùyàogǎnshàng 趕人不要趕上 9-1137B
gǎnrénfèifǔ 感人肺腑 7-609A
gǎnrénfèigān 感人肺肝 7-609A
gǎnrènwù 趕任務 9-1138B
gǎnrénxīnpí 感人心脾 7-609A
gànrì 旰日 5-580B
gānróng 干戎 2-912B
gānròu 乾肉 1-786A
gānrǔ 甘乳 7-971B
gānruǎn 甘腝 7-974A
gānruìhóu 甘銳侯 7-975A
gānrùn 甘潤 7-975A
gānsǎng 乾顙 1-797A
gǎnsāo 趕騷 9-1142A
gānsè 干色 2-912B
gānsè 乾澀 1-796A
gānshàn 甘膳 7-975B
gǎnshān 趕山 9-1138A
gǎnshānbiān 趕山鞭 9-1138A
gānshǎng 干賞 2-916B
gǎnshāng 感傷 7-615A
gǎnshàng 趕上 9-1137B
gānshè 干涉 2-914A
gānshèn 肝腎 6-1168B
gǎnshēnfèifǔ 感深肺腑 7-613A
gǎnshēng 感生 7-609B
gànshēng 幹升 2-947A
gǎnshēngdì 感生帝 7-609B
gànshénme 幹什麼 2-947A
gànshènme 幹甚麼 2-948B
gānshèxiànxiàng 干涉現象 2-914B
gānshī 乾屍 1-789B
gānshí 干時 2-914A
gānshí 甘石 7-970B
gānshí 甘食 7-972B
gānshí 甘實 7-975A
gānshí 乾食 1-789A
gānshì 干世 2-912A
gānshì 干飾 2-916A
gānshì 甘嗜 7-974A
gǎnshí 感時 7-612A
gǎnshì 敢士 5-470A
gǎnshì 敢是 5-471A
gǎnshì 感士 7-609A
gǎnshì 感事 7-610A
gǎnshì 感逝 7-611B
gǎnshì 趕市 9-1138A
gànshí 旰食 5-581A
gànshí 汵石 5-975B
gànshí 幹時 2-948B
gànshí 幹實 2-950A
gànshí 灨石 6-225B
gànshì 幹世 2-947B
gànshì 幹事 2-948A
gànshì 榦世 4-1211A
gānshǐjué 乾矢橛 1-786A
gānshǐjué 乾屎橛 1-789B
gǎnshímáo 趕時髦 9-1139B
gànshìrén 幹事人 2-948B
gǎnshìshānyáng 感逝山陽 7-611B
gànshíxiāoyī 旰食宵衣 5-581A
gānshǒu 竿首 8-1106B
gānshòu 乾瘦 1-794A
gǎnshòu 感受 7-610B
gǎnshòu 感授 7-613A
gànshǒu 幹手 2-947A
gānshū 竿殳 8-1106B
gānshǔ 干屬 2-918A
gānshǔ 甘鼠 7-974A
gānshù 甘霔 7-976B
gānshù 甘澍 7-975A
gānshù 肝腧 6-1169A
gānshù 肝俞 6-1168A
gǎnshú 趕熟 9-1141B
gànshǔ 幹屬 2-951B
gānshuǎng 甘爽 7-973A
gānshuǎng 乾爽 1-791B
gānshuǐ 甘水 7-970A
gānshuǐ 泔水 5-1049B
gānshuì 干說 2-916B
gānshuì 奸說 4-269A
gānsī 乾絲 1-793A
gǎnsī 感私 7-610A
gǎnsī 感思 7-611A
gǎnsǐ 敢死 5-470B
gǎnsǐduì 敢死隊 5-470B
gǎnsǐshì 敢死士 5-470B
gǎnsǒng 感悚 7-612B
gǎnsǒng 感竦 7-614A
gǎnsòng 感頌 7-615A
gānsù 肝素 6-1168A
gǎnsù 趕速 9-1139B
gànsù 幹肅 2-950A
gānsuān 甘酸 7-974B
gānsuǐliúyě 肝髓流野 6-1170A
gǎnsǔn 感損 7-614B
gānsuō 乾縮 1-796A
gānsuǒ 干索 2-914A
gāntǎ 杆塔 4-746B
gǎntā 趕塌 9-1140B
gǎntàn 感嘆 7-615B
gǎntàn 感歎 7-615B
gàntān 贛灘 10-310B
gàntàn [illegible] 12-1028B
gǎntàncí 感歎詞 7-615B
gāntáng 干堂 2-915A
gāntáng 甘棠 7-973B
gāntáng 肝糖 6-1169B
gǎntáng [illegible]堂 9-11A
gǎntàng 趕趟 9-1141A
gāntángyí'ài 甘棠遺愛 7-973B
gǎntànhào 感歎號 7-615B
gǎntànjù 感歎句 7-615B
gǎntì 感涕 7-612B
gāntiān 干天 2-912A
gāntián 甘甜 7-973A
gǎntiāndòngdì 感天動地 7-609A
gāntiáo 乾條 1-790A
gāntíshīkū 乾啼濕哭 1-792B
gǎntōng 感通 7-612B
gǎntòng 感痛 7-614A
gǎntòng 感慟 7-615B
gàntóng 幹僮 2-950A
gǎntóngshēnshòu 感同身受 7-610A
gāntóu 竿頭 8-1107A
gāntóubù 竿頭步 8-1107A
gǎntóupái 趕頭牌 9-1141B
gāntóurìjìn 竿頭日進 8-1107A
gǎntóushuǐ 趕頭水 9-1141B
gāntū 干突 2-913B
gāntú 甘荼 7-972B
gāntuō 干託 2-914A
gānwáng 甘王 7-969B
gānwǎng 干枉 2-913A
gānwǎng 竿網 8-1106B
gǎnwǎng 敢往 5-471A
gānwěi 乾萎 1-791A
gānwèi 干位 2-913A
gānwèi 甘味 7-971B
gǎnwèi 感尉 7-613B
gǎnwèi 感慰 7-616A
gānwǔ 干忤 2-913A
gānwǔ 干舞 2-916B
gānwǔ 干儛 2-917A
gānwù 干逜 2-914A
gānwù 干痦 2-916B
gānwù 干誤 2-916B
gānwù 乾物 1-788A
gǎnwù 感物 7-610B
gǎnwù 感悟 7-612B
gǎnwù 感寤 7-615B
gànwú 干吾 2-913A
gānxī 甘腊 7-973B
gānxī 乾腊 1-793A
gānxī 乾谿 1-795B
gānxǐ 乾洗 1-789A
gānxì 干繫 2-917B
gānxì 干系 2-913A
gānxì 干係 2-913B
gǎnxī 感唏 7-612A
gǎnxī 感欷 7-613A
gǎnxǐ 感喜 7-613B
gānxiá 干袷 2-914B
gānxiān 甘鮮 7-975B
gānxiān 乾鮮 1-796A
gǎnxián 趕閒 9-1140B
gǎnxián 趕閑 9-1140B
gǎnxiàn 感羨 7-614A
gànxiǎn 紺幰 9-776B
gànxiàn 幹綫 2-950A
gānxiāng 甘香 7-972A
gǎnxiǎng 感想 7-614B
gǎnxiānglín 趕鄉鄰 9-1140A
gānxiāngsī 乾相思 1-788B
gānxiànwénshū 甘限文書 7-971B
gānxiāo 干霄 2-916B
gānxiào 乾笑 1-790A
gànxiāo 旰宵 5-581A
gànxiào 幹校 2-948B
gānxiāobìrì 干霄蔽日 2-916B
gānxīchóng 肝吸蟲 6-1168A
gānxiè 乾謝 1-796A
gǎnxiè 感謝 7-616B
gānxīn 甘心 7-970A
gānxīn 甘辛 7-971A
gānxīn 甘馨 7-976A
gānxīn 肝心 6-1167B
gānxīn 乾薪 1-795A
gǎnxīn 感心 7-609B
gǎnxìng 感興 7-616A
gǎnxìng 感性 7-611A
gǎnxìngrènshi 感性認識 7-611A
gānxìngyóu 乾性油 1-788A
gǎnxìngzhīshi 感性知識 7-611A
gānxīnmíngmù 甘心瞑目 7-970A
gānxīnqíngyuàn 甘心情願 7-970A
gānxīnrújì 甘心如薺 7-970A
gānxīnshì 甘心氏 7-970A
gānxīntúdì 肝心塗地 6-1168A
gānxītái 乾谿臺 1-795B
gānxiū 干休 2-912B
gānxiū 甘休 7-970B
gānxiū 乾休 1-786A
gānxiū 乾修 1-789A
gānxiū 乾脩 1-790A
gǎnxū 趕圩 9-1138B
gǎnxū 趕墟 9-1141A
gǎnxǔ 敢許 5-471B
gānxuě 乾雪 1-791B
gānxuè 肝血 6-1168A
gānxuèjiāng 乾血漿 1-786A
gānxuěláo 乾血勞 1-786A
gānxuèláo 乾血癆 1-786A
gānyǎ 乾啞 1-791B
gānyán 甘言 7-971A
gānyán 甘顏 7-976A
gānyán 肝炎 6-1168A
gǎnyán 敢言 5-470B

gǎnyàn 感驗 7-617A
gānyáng 干揚 2-915B
gānyáng 肝陽 6-1168B
gānyǎng 甘養 7-974B
gǎnyáng 趕羊 9-1138B
gǎnyǎng 感仰 7-610A
gànyáng 骭瘍 12-403B
gānyánmò 乾研墨 1-788B
gǎnyánzhī 敢言之 5-470B
gānyāo 甘妖 7-971A
gānyáo 甘肴 7-971B
gǎnyāzishàngjià
趕鴨子上架 9-1141B
gānyē 乾噎 1-794B
gānyè 干謁 2-917A
gānyè 甘液 7-973B
gānyè 乾咽 1-788B
gǎnyē 感噎 7-615B
gǎnyè 感咽 7-611A
gānyì 甘意 7-974A
gānyì 竿栧 8-1106B
gānyì 乾溢 1-793B
gǎnyì 敢毅 5-471B
gǎnyì 感懌 7-616A
gànyì 幹役 2-948A
gànyì 幹翼 2-951A
gānyīn 肝陰 6-1168B
gānyǐn 干隱 2-917A
gānyǐn 乾隱 1-795B
gǎnyīn 感音 7-611B
gǎnyìn 感印 7-609B
gānyíng 甘瑩 7-975A
gānyíng 甘蠅 7-976A
gānyǐng 竿影 8-1107A
gānyìng 乾硬 1-792B
gǎnyìng 感應 7-616B
gànyíng 幹營 2-950B
gānyìnghuà 肝硬化 6-1168B
gǎnyǒng 敢勇 5-471A
gǎnyǒng 感詠 7-614A
gànyǒng 幹勇 2-948B
gànyòng 幹用 2-947B
gànyòng 榦用 4-1211A
gǎnyǒngdāngxiān 敢勇當先
5-471B
gǎnyòu 感誘 7-615B
gānyú 干輿 2-917A
gānyú 干旟 2-917B
gānyú 甘腴 7-973B
gānyú 肝榆 6-1168B
gānyú 泔魚 5-1049B
gānyú 竿旟 8-1107A
gānyǔ 干羽 2-912B
gānyǔ 干與 2-916A
gānyǔ 甘雨 7-971A
gānyǔ 乾雨 1-787B
gānyù 干欲 2-915A
gānyù 干預 2-916A
gānyù 干豫 2-917A
gānyù 干譽 2-918A
gānyù 肝鬱 6-1170A
gānyù 乾浴 1-790B
gǎnyú 敢于 5-470A
gǎnyù 感寓 7-614B
gǎnyù 感遇 7-613B
gǎnyù 感鬱 7-617A
gànyǔ 紺宇 9-776A
gànyǔ 榦宇 4-1211A
gànyù 幹裕 2-949B
gànyù 幹譽 2-951B
gānyuān 甘淵 7-974A
gānyuàn 甘願 7-976A
gànyuán 紺園 9-776A
gànyuán 幹員 2-949A
gānyuē 甘約 7-972B
gānyuě 乾噦 1-795A
gānyuè 干越 2-915A
gǎnyuè 感說 7-615B
gǎnyuè 感悅 7-612B
gǎnyuè 感躍 7-617A
gānyúgǔ 乾餘骨 1-795A
gānyún 干雲 2-915B
gānyùn 干韻 2-917B
gànyún 旰雲 5-581A
gànyùn 幹運 2-949B
gānyúnbìrì 干雲蔽日
2-915B
gǎnyùshī 感遇詩 7-613B
gānyǔsuíchē 甘雨隨車
7-971A
gǎnzǎn 趕趲 9-1142A
gānzàng 肝臟 6-1170A
gānzào 乾燥 1-796A
gǎnzǎo 趕早 9-1138B
gānzàojì 乾燥劑 1-796A
gānzé 干澤 2-917A
gānzé 甘澤 7-975B
gǎnzé 敢則 5-471A
gànzè 旰昃 5-581A
gǎnzèng 黚黯 12-1342A
gǎnzēngchuán 趕繒船
9-1141B
gǎnzéshì 敢則是 5-471A
gānzhà 乾榨 1-794A
gǎnzhāi 趕齋 9-1141B
gānzhàn 甘戰 7-975B
gǎnzhàng 擀杖 6-907A
gànzhǎng 幹掌 2-949B
gànzhàng 幹仗 2-947B
gǎnzhāo 感招 7-610A
gǎnzhào 感召 7-609B
gānzháojí 乾着急 1-792A
gānzhāzhā 乾渣渣 1-793A
gānzhē 干遮 2-916B
gānzhé 芊蔗 9-273B
gānzhé 乾折 1-786B
gānzhè 甘蔗 7-976B
gānzhè 干柘 2-913B
gānzhè 干蔗 2-916A
gānzhè 甘柘 7-972A
gānzhè 甘蔗 7-974A
gānzhè 竿蔗 8-1106B
gānzhègùn 甘蔗棍 7-974B
gānzhēn 甘珍 7-971B
gānzhèn 甘鴆 7-975A
gǎnzhēn 感甄 7-614B
gànzhēn 幹楨 2-949B
gānzhèng 干政 2-913B
gānzhèng 干証 2-915B
gānzhèng 干證 2-917B
gānzhèng 乾掙 1-788B
gànzhèng 幹正 2-947B
gānzhī 干支 2-912A
gānzhī 幹枝 2-948A
gānzhǐ 甘旨 7-970B
gānzhì 干贄 2-917A
gānzhì 甘至 7-970B
gǎnzhī 感知 7-610A
gǎnzhí 敢直 5-470B
gǎnzhì 感制 7-610A
gǎnzhì 感致 7-612A
gànzhí 幹直 2-948A
gànzhí 幹植 2-949B
gànzhǐ 幹止 2-947A
gànzhì 幹治 2-948B
gànzhì 幹質 2-950B
gānzhǐféinóng 甘旨肥濃
7-970B
gānzhīlà 乾支剌 1-785A
gǎnzhǐshì 敢只是 5-470A
gānzhōupò 甘州破 7-970B
gānzhōuqǔ 甘州曲 7-970B
gānzhōuzǐ 甘州子 7-970B
gānzhù 甘霔 7-975B
gānzhū 簳珠 8-1262B
gǎnzhú 趕逐 9-1139B
gànzhū 紺珠 9-776A
gànzhǔ 幹主 2-947B
gānzhuàn 甘饌 7-976A
gǎnzhuàn 感篆 7-615B
gānzhuó 乾着 1-792A
gānzi 杆子 4-746B
gānzi 柑子 4-888B
gānzi 竿子 8-1106A
gānzi 矸子 7-1005A
gānzī 甘滋 7-974A
gānzǐ 甘子 7-969B
gānzǐ 乾胏 1-788A
gǎnzi 杆子 4-746B
gǎnzi 桿子 4-1038B
gǎnzi 趕子 9-1138A
gǎnzǐ 敢仔 5-470A
gǎnzì 敢自 5-470B
gànzi 幹子 2-947A
gǎnzìshì 敢子是 5-470A
gānzitǔ 坩子土 2-1072A
gǎnzǒu 趕走 9-1138B
gànzōu 干陬 2-914B
gànzōu 干掫 2-914B
gānzú 甘足 7-971A
gānzuì 甘罪 7-974A
gǎnzuǐ 趕嘴 9-1141B
gǎnzuò 感怍 7-611A
gǎnzuò 趕座 9-1139B
gànzuǒ 幹佐 2-948A
gànzuǒ 榦佐 4-1211A
gǎnzuògǎndāng 敢作敢當
5-470B
gǎnzuògǎnwéi 敢作敢爲
5-470B
gāo'ǎi 高矮 12-954A
gāo'ǎi 高靄 12-966B
gào'āi 告哀 3-212B
gāo'ān 高安 12-934A
gāo'àn 高岸 12-938A
gǎo'àn 稿案 8-127A
gāo'áng 高昂 12-938A
gǎo'ànmén 稿案門 8-127A
gāo'ànshēngǔ 高岸深谷
12-938A
gāo'ào 高傲 12-951B
gǎobá 稾茇 8-127B
gǎobá 藁茇 9-597B
gāobādù 高八度 12-928A
gǎobài 槁敗 4-1221B
gàobái 告白 3-210B
gāobān 高班 12-942B
gāobǎng 高榜 12-955B
gàobāng 告幫 3-216B
gàobào 告報 3-214A
gǎoběn 稾本 4-1222B
gǎoběn 稾本 8-127B
gǎoběn 稿本 8-126B
gǎoběn 藁本 9-597B
gāobī 鶡鴭 12-1137A
gāobǐ 高比 12-931A
gāobì 羔幣 9-165B
gāobì 高碧 12-955A
gāobì 高壁 12-961A
gàobì 誥毖 11-231A
gàobiǎn 告窆 3-212B
gàobiàn 告便 3-212A
gàobiàn 告變 3-217B
gāobiāo 高標 12-957A
gàobié 告別 3-211B
gāobīn 高賓 12-956B
gǎobìn 稾殯 4-1222B
gǎobìn 藁殯 9-598A
gāobǐng 糕餅 9-235B
gāobìng 高病 12-945A
gàobǐng 告稟 3-215B
gàobìng 告病 3-213A
gāobìqīngyě 高壁清野
12-961A
gǎobó 槁薄 4-1222A
gāobōzi 高撥子 12-957A
gāobù 高步 12-934B
gāobù 高埠 12-946A
gāobùchéngdībùjiù
高不成低不就 12-931A
gāobùcòudībùjiù
高不凑低不就 12-931A
gāobùcòudībùjiù
高不輳低不就 12-931A
gāobùkědēng 高不可登
12-931A
gāobùkěpān 高不可攀
12-931A
gāobùkuòshì 高步闊視
12-934B
gāobùtōngqú 高步通衢
12-934B
gāobùyúnqú 高步雲衢
12-934B
gāocái 高才 12-928B
gāocái 高材 12-934A

gāocǎi 高彩 12-947B
gāocáijiézú 高才捷足 12-929A
gāocáijiézú 高材捷足 12-934A
gāocáijízú 高才疾足 12-929A
gāocáijízú 高材疾足 12-934A
gāocáijuéxué 高才絶學 12-929A
gāocáishēng 高才生 12-928B
gāocáishēng 高材生 12-934A
gāocáiyuǎnshí 高才遠識 12-929A
gāocáizhuóshí 高才卓識 12-929A
gāocāo 高操 12-959B
gǎocǎo 槀草 4-1222B
gǎocǎo 稾草 8-127B
gǎocǎo 稿草 8-127A
gǎocǎo 藁草 9-597B
gàocè 誥策 11-231A
gāocén 高岑 12-935A
gāocéng 高層 12-959B
gāocéng 高曾 12-952A
gāochá 膏茶 6-1363B
gàochá 告茶 3-212A
gāochān 高幨 12-960A
gāochán 高孱 12-952B
gāochán 高蟬 12-963B
gāochán 高躔 12-966A
gāochǎn 高産 12-948A
gàochǎn 告蒇 3-215B
gāochǎng 高敞 12-950B
gāochàng 高唱 12-947A
gāochàng 高暢 12-956A
gāochàng 櫜韔 4-1355A
gāochàngrùyún 高唱入雲 12-947A
gāochángxiùkuài 膏場綉澮 6-1364A
gāochāo 高超 12-950A
gāocháo 高橾 12-957B
gāocháo 高潮 12-959A
gāochē 高車 12-934A
gāochè 高徹 12-958A
gàochē 膏車 6-1362B
gàochē 稾車 8-127B
gàochēmòmǎ 膏車秣馬 6-1362B
gāochén 高塵 12-956A
gǎochèn 槀櫬 4-1222B
gāochéng 高程 12-951A
gàochéng 告成 3-211A
gāochéngshēnchí 高城深池 12-939B
gāochēsìmǎ 高車駟馬 12-934A
gāochí 高馳 12-953A
gàochì 告勑 3-213A
gàochì 告敕 3-213B
gàochì 誥勑 11-231A
gàochì 誥勅 11-231A
gàochì 誥敕 11-231A
gàochìfáng 誥敕房 11-231A
gāochǐjī 高齒屐 12-957B
gāochìmào 高翅帽 12-943B
gāochōng 高舂 12-946A
gāochóng 高崇 12-947A
gāochóu 高愁 12-954A
gāochóu 膏疇 6-1366A
gāochóu 稿酬 8-127A
gāochù 高處 12-946B
gàochuī 告吹 3-211B
gàochúnfànshé 膏脣販舌 6-1364A
gàochúnqíshé 膏脣岐舌 6-1363B
gàochúnshìshé 膏脣拭舌 6-1363B
gāocí 高詞 12-952A
gāocí 高辭 12-965A
gàocí 告詞 3-214B
gàocí 告辭 3-217A
gàocí 誥詞 11-231A
gàocí 誥辭 11-231B
gāocìfāngchéng 高次方程 12-933B
gāocōng 高聰 12-961B
gàocú 告殂 3-212A
gāocuī 高崔 12-947A
gāocuì 高粹 12-956B
gǎocuì 槁悴 4-1221B
gǎocuì 槁瘁 4-1221B
gàocún 告存 3-211A
gāodá 高達 12-950B
gāodà 高大 12-930A
gàodàdǐng 郜大鼎 10-627A
gǎodài 縞帶 9-972B
gàodài 告代 3-210B
gàodài 告貸 3-214B
gāodàn 高澹 12-961A
gāodàng 高檔 12-961B
gāodàngpù 高當鋪 12-953B
gāodǎo 高蹈 12-961B
gāodào 高道 12-952A
gàodǎo 告導 3-216A
gāodé 高德 12-958A
gāodēng 膏燈 6-1365B
gāoděng 高等 12-951A
gāoděngjiàoyù 高等教育 12-951B
gāoděngxuéxiào 高等學校 12-951B
gāodī 高低 12-935A
gāodǐ 高底 12-938B
gāodì 高地 12-933A
gāodì 高弟 12-936A
gāodì 高第 12-947A
gǎodǐ 稿底 8-127A
gàodí 告糴 3-217B
gāodiǎn 糕點 9-235B
gǎodiàn 搞惦 6-815B
gāodiào 高調 12-958A
gǎodiāo 槁凋 4-1221A
gàodié 告牒 3-215A
gāodīgàng 高低杠 12-935B
gāodǐng 高頂 12-946A
gāodìng 高飣 12-944B
gǎodìng 稾定 8-127B
gàodǐng 郜鼎 10-627A
gāodǐngmào 高頂帽 12-946A
gāodòng 高棟 12-950B
gāodōu 櫜兜 4-1355A
gāodǒu 高斗 12-932A
gāodú 羔犢 9-165B
gāodù 高度 12-941B
gāoduàn 高斷 12-964A
gāoduì 高懟 12-963A
gāodùjì 高度計 12-941B
gāodūn 高墩 12-957A
gāodùn 高遁 12-951B
gāodùn 高遯 12-956A
gāoduō 高掇 12-946A
gāo'é 高額 12-964A
gǎo'è 槁餓 4-1222A
gāo'ér 羔兒 9-165B
gāo'érfùqiú 高而富球 12-933A
gāo'ěrfūqiú 高爾夫球 12-955B
gāo'erjiǔ 羔兒酒 9-165B
gāo'èxíngyún 高遏行雲 12-951A
gāofā 高發 12-952B
gāofà 膏髮 6-1365A
gàofā 告發 3-215A
gàofá 告乏 3-210A
gàofà 膏髮 6-1365A
gāofān 高帆 12-933A
gāofān 高颿 12-964A
gāofàn 高梵 12-946B
gāofàn 高範 12-957B
gāofáng 高防 12-934A
gāofáng 膏肪 6-1363A
gāofàng 高放 12-938B
gāofēi 高飛 12-942A
gāoféi 高肥 12-938B
gǎofèi 稿費 8-127A
gāofēiyuǎnjǔ 高飛遠舉 12-942B
gāofēiyuǎnzǒu 高飛遠走 12-942B
gāofēn 高芬 12-934A
gāofèn 高奮 12-960A
gāofēng 高風 12-941A
gāofēng 高峯 12-944A
gāofēng 高峰 12-944A
gāofèng 高鳳 12-956A
gàofēng 誥封 11-230B
gàofèng 告奉 3-211B
gàofēngfūrén 誥封夫人 11-231A
gāofēngjìngjié 高風勁節 12-941A
gāofēngjùnjié 高風峻節 12-941A
gāofēngliàngjié 高風亮節 12-941A
gāofèngzìhuì 高鳳自穢 12-956A
gàofènyǒng 告奮勇 3-216A
gāofēnzǐhuàhéwù 高分子化合物 12-931B
gāofú 高符 12-947A
gāofú 櫜服 4-1355A
gāofù 皋傅 8-268B
gāofù 高阜 12-938B
gāofù 膏馥 6-1365B
gǎofú 槁伏 4-1221A
gǎofú 縞服 9-972B
gǎofǔ 槁腐 4-1221B
gǎofù 稿副 8-127A
gàofú 告俘 3-212B
gāogài 高概 12-953B
gāogài 高蓋 12-953B
gāogàiwǔ 稾蓋廡 8-128A
gāogān 高竿 12-940B
gāogān 篙竿 8-1234B
gāogān 糕乾 9-235B
gāogǎn 高榦 12-965A
gāogàn 高幹 12-953B
gǎogān 槁乾 4-1221A
gǎogān 稿乾 8-127A
gāogāng 高岡 12-938A
gāogāng 高罡 12-944A
gāogāo 皋皋 8-268A
gāogāo 睾睾 8-1024A
gāogāo 鼛鼛 12-1399A
gǎogǎo 杲杲 4-817B
gǎogǎo 暠暠 5-819B
gàogào 誥告 11-230B
gāogāoshǒu 高高手 12-944B
gāogāozàishàng 高高在上 12-944B
gāogē 高歌 12-955B
gāogé 高格 12-943B
gāogé 高閣 12-956B
gāogè 高個 12-944B
gāogēměngjìn 高歌猛進 12-955B
gāogēn 高根 12-943B
gāogěng 高耿 12-943A
gāogěng 高鯁 12-964A
gāogēngbǎichǐ 高絙百尺 12-953A
gāogēngjì 高絙伎 12-959B
gāogēngjì 高絙伎 12-953A
gāogēnxié 高跟鞋 12-954A
gàogèyāo'èrsān 告個幺二三 3-213A
gāogōng 高工 12-928B
gāogōng 高功 12-932A
gāogōng 篙工 8-1234A
gāogōng 櫜弓 4-1355A
gǎogōng 槁工 4-1220B
gāogǒng 高拱 12-939B
gāogōngjígē 櫜弓戢戈 4-1355A
gāogōngjíshǐ 櫜弓戢矢 4-1355A
gāogōngwògǔ 櫜弓卧鼓 4-1355A
gāogòu 高構 12-955B
gāogū 高估 12-935A

gāogǔ 皋鼓 8-268B
gāogǔ 高古 12-932B
gāogǔ 高骨 12-940B
gāogǔ 睪鼓 8-1024A
gāogǔ 鼛鼓 12-1399A
gāogǔ 咎鼓 3-310B
gāogù 高顧 12-966A
gǎogǔ 槁骨 4-1221A
gāoguā 高緺 12-956B
gāoguān 高觀 12-966B
gāoguǎn 高館 12-960B
gāoguàn 高觀 12-966B
gǎoguān 縞冠 9-972A
gāoguāng 高光 12-933A
gāoguǎng 高廣 12-956A
gāoguānhòulù 高官厚祿 12-939A
gāoguānxiǎnjué 高官顯爵 12-939A
gāoguānzhònglù 高官重祿 12-939A
gāoguānzūnjué 高官尊爵 12-939A
gāoguǐ 高軌 12-939B
gāoguǐ 膏晷 6-1364A
gāoguì 高貴 12-951A
gǎoguǐ 搞鬼 6-815B
gàoguī 告歸 3-216B
gāoguó 高國 12-947A
gāoguǒzichá 高菓子茶 12-946B
gāogùxiáshì 高顧遐視 12-966A
gǎohái 槁骸 4-1222A
gāohān 高酣 12-950B
gāohán 高寒 12-952B
gāohǎn 高喊 12-951A
gāohàn 高閈 12-949A
gāohàn 高翰 12-959B
gāohàng 高吭 12-935A
gāohào 高號 12-954A
gǎohào 縞皓 9-972B
gāohàotóng 高號銅 12-954A
gāohé 高河 12-938B
gǎohè 縞鶴 9-972B
gàohé 告劾 3-212A
gàohè 告喝 3-214B
gāohén 篙痕 8-1234B
gāohóng 高紅 12-942B
gāohóng 高閎 12-952B
gāohòu 高后 12-933B
gāohòu 高厚 12-940A
gāohū 高呼 12-938A
gāohú 高胡 12-939B
gāohǔ 皋滸 8-269A
gāohù 高户 12-932A
gāohuá 高華 12-943A
gāohuà 高話 12-954B
gàohuā'ér 告化兒 3-210A
gāohuái 高懷 12-965A
gāohuán 高鬟 12-966A
gāohuán 膏環 6-1365B
gāohuàn 高喚 12-944A
gāohuāng 高肓 12-936A
gāohuāng 膏肓 6-1362B
gàohuāng 告荒 3-212A
gǎohuāyàng 搞花樣 6-815B
gàohuāzi 告化子 3-210A
gāohuī 高揮 12-950A
gāohuī 高翬 12-959B
gāohuī 高徽 12-962A
gāohuì 高會 12-954B
gàohuí 告回 3-211A
gāohún 高渾 12-952B
gāohuǒ 膏火 6-1362A
gāohuò 膏鑊 6-1366A
gǎohuó 搞活 6-815B
gāohuǒzìjiān 膏火自煎 6-1362A
gāojī 皋稽 8-269A
gāojī 皋鷄 8-269B
gāojī 高屐 12-945B
gāojī 高几 12-928B
gāojí 高岌 12-933A
gāojí 高級 12-942B
gāojí 篙楫 8-1234B
gāojì 高迹 12-941B
gāojì 高寄 12-948B
gāojì 高跡 12-954A
gāojì 高髻 12-959B
gāojì 膏劑 6-1365A
gǎojī 槁積 4-1222A
gǎojí 槁瘠 4-1222A
gàojī 告飢 3-213A
gàojī 告饑 3-217A
gàojí 告急 3-212B
gàojí 告疾 3-213A
gàojí 誥籍 11-231B
gàojì 告祭 3-214A
gāojiǎ 睪甲 8-1023B
gāojiǎ 櫜甲 4-1355A
gāojià 高價 12-957B
gāojià 高駕 12-959B
gǎojià 搞價 6-815B
gàojiǎ 告假 3-213B
gàojià 告假 3-213B
gāojiān 高堅 12-946B
gāojiān 櫜鞬 4-1355A
gāojiǎn 高蹇 12-963A
gāojiǎn 高簡 12-963B
gāojiàn 高見 12-934B
gāojiàn 高薦 12-959B
gāojiàn 高鑑 12-966A
gāojiàn 高鑒 12-966A
gǎojiǎn 槁簡 4-1222A
gǎojiàn 稾薦 8-128A
gǎojiàn 稿件 8-126B
gǎojiàn 稿薦 8-127A
gǎojiàn 藁薦 9-598A
gàojiān 告奸 3-211A
gàojiān 告姦 3-212B
gàojiàn 膏鐧 6-1366A
gāojiāndàn 高肩担 12-939A
gāojiǎng 高獎 12-956B
gāojiàng 高絳 12-953A
gāojiànyuǎnshí 高見遠識 12-934B
gāojiào 高教 12-946A
gàojiào 告教 3-213B
gàojiào 誥教 11-231A
gāojiǎopái 高脚牌 12-947B
gāojiǎshùbīng 櫜甲束兵 4-1355A
gāojiǎxì 高甲戲 12-932B
gāojiē 高接 12-946A
gāojiē 高揭 12-950A
gāojié 高捷 12-946A
gāojié 高傑 12-951B
gāojié 高結 12-953A
gāojié 高節 12-954A
gāojié 高潔 12-959A
gāojié 高絜 12-950A
gǎojiē 稾街 4-1222B
gǎojiē 稾鞂 8-128A
gǎojiē 稿鞂 8-127A
gǎojiē 藁秸 9-598A
gǎojiē 藁街 9-598A
gàojié 告訐 3-213A
gàojié 告捷 3-213B
gàojiè 告戒 3-211A
gàojiè 告借 3-213A
gàojiè 告誡 3-215B
gàojiè 誥戒 11-230B
gàojiè 誥誡 11-231B
gāojiéqīngfēng 高節清風 12-954B
gāojígōngchéngshī 高級工程師 12-942B
gāojīn 高襟 12-964A
gāojìn 高祲 12-949A
gāojìn 高進 12-947B
gàojìn 告近 3-211B
gāojīng 高京 12-938B
gāojìng 高勁 12-940A
gāojìng 高徑 12-944B
gāojìng 高静 12-955A
gàojǐng 告警 3-217A
gāojīngjiān 高精尖 12-956A
gāojiōng 高扃 12-941B
gāojiǒng 高冏 12-935A
gāojiǒng 高迥 12-938A
gāojíshè 高級社 12-942B
gāojíshénjīnghuódòng 高級神經活動 12-942B
gāojíshénjīngzhōngshū 高級神經中樞 12-942B
gāojiù 高就 12-952A
gāojiǔ 浩酒 5-1215B
gāojíxiǎoxué 高級小學 12-942B
gāojízhōngxué 高級中學 12-942B
gāojū 高居 12-939B
gāojǔ 高矩 12-940B
gāojǔ 高舉 12-960A
gāojù 高踞 12-957B
gāojù 膏炬 6-1363A
gāojuàn 高狷 12-944B
gāojué 高絶 12-953A
gāojué 高爵 12-962A
gāojué 高蹶 12-964B
gàojué 告訣 3-214A
gāojuéhòulù 高爵厚祿 12-962A
gāojuézhònglù 高爵重祿 12-962A
gāojùn 高俊 12-940B
gāojùn 高峻 12-944A
gāojùn 高儁 12-956A
gàojùn 告竣 3-215A
gāojūshēngǒng 高居深拱 12-939B
gāojùwù 高聚物 12-955B
gāokǎi 高塏 12-953A
gāokàng 高亢 12-931B
gāokàng 高伉 12-933A
gāokàng 高抗 12-934A
gāokǎo 高考 12-932B
gāokē 高柯 12-939B
gāokē 高科 12-940B
gāokōng 高空 12-939A
gāokōngcáo 高空槽 12-939A
gāokōngzuòyè 高空作業 12-939A
gāokù 高庫 12-945A
gǎokū 槁枯 4-1221A
gāokuàng 高曠 12-963B
gāokuí 皋夔 8-269B
gāokuí 高魁 12-954B
gàokuì 告匱 3-215B
gāokuíjìxiè 皋夔稷契 8-269B
gāolài 高瀨 12-965A
gāolán 皋蘭 8-269A
gāolán 膏蘭 6-1366A
gāolǎn 高覽 12-966A
gāolǎng 高朗 12-945B
gāoláo 皋牢 8-268A
gāoláo 睪牢 8-1023B
gàoláo 告勞 3-215A
gàolǎo 告老 3-210B
gāolè 高樂 12-959B
gāolěi 高壘 12-963B
gàolèi 告類 3-217A
gāolěishēngōu 高壘深溝 12-963B
gāoléng 高稜 12-954A
gāolǐ 高李 12-934B
gāolǐ 高里 12-934B
gāolǐ 膏理 6-1363B
gāolǐ 餻李 12-574B
gāolì 高利 12-935A
gāolì 高例 12-938B
gāolì 高厲 12-955B
gāolì 高麗 12-964B
gàolǐ 告理 3-213B
gàolǐ 告禮 3-216B
gāolián 高廉 12-954B
gǎoliàn 縞練 9-972B
gāoliáng 高梁 12-948B
gāoliáng 高粱 12-955A
gāoliáng 膏良 6-1363A
gāoliáng 膏粱 6-1364B
gāoliàng 高亮 12-941A
gāoliàng 高量 12-951A
gāoliángjiāng 高良薑

12-936A
gāoliángjǐnxiù 膏粱錦繡 6-1365A
gāoliángjiǔ 高粱酒 12-955A
gāoliángmàozi 高粱帽子 12-955A
gāoliángmǐ 高粱米 12-955A
gāoliángniánshào 膏粱年少 6-1364B
gāoliángwánkù 膏粱紈袴 6-1364B
gāoliángwénxiù 膏粱文繡 6-1364B
gāoliángyá 高粱蚜 12-955A
gāoliángzǐdì 膏粱子弟 6-1364B
gāoliáo 高燎 12-961A
gāoliǎo 高了 12-928B
gāoliào 高瞭 12-961B
gàoliào 告燎 3-216B
gāolìdài 高利貸 12-935A
gāoliè 高烈 12-943B
gàoliè 告獵 3-216B
gāolìjì 高麗伎 12-964B
gāolìjiǎn 高麗蠒 12-964B
gāolín 高鄰 12-956B
gāolíng 高陵 12-946A
gāolíng 高齡 12-965A
gāolíng 高靈 12-966B
gàolìng 告令 3-210B
gàolìng 誥令 11-230B
gāolǐngtǔ 高嶺土 12-962A
gāolìshēn 高麗參 12-964B
gāoliú 高流 12-945B
gāolìwǔ 高麗舞 12-964B
gāolìzhǐ 高麗紙 12-964B
gāolóng 高隆 12-950A
gāolóudàshà 高樓大厦 12-957B
gāolóudàshà 高樓大廈 12-957B
gāolú 皋盧 8-269A
gāolú 高爐 12-965B
gāolú 膏鑪 6-1366A
gāolǔ 高魯 12-958A
gāolǔ 高櫓 12-964A
gāolǔ 篙櫓 8-1234B
gāolǔ 篙艣 8-1234B
gāolù 皋陸 8-268A
gāolù 高陸 12-945B
gāolù 高録 12-960B
gāolù 高麓 12-964A
gāolù 膏露 6-1366A
gǎolù 縞輅 9-972B
gàolù 誥錄 11-231B
gāolùn 高論 12-958A
gàolùn 告論 3-216A
gāoluó 高羅 12-965A
gāoluò 皋洛 8-268A
gāoluò 皋落 8-268B
gǎoluò 槁落 4-1221B
gāolǚ 皋吕 8-268A
gāolǚ 高侶 12-938B
gāolǚ 高履 12-959B
gāolǜ 篙律 8-1234B
gāolüè 高略 12-947A
gàomá 告麻 3-214A
gāomài 高邁 12-957A
gāomài 膏脈 6-1363B
gāomàn 高慢 12-956B
gāomǎng 高莽 12-943A
gāomào 高袤 12-948A
gāomào 高帽 12-951A
gǎomào 稾芼 8-127B
gāomàozi 高帽子 12-951A
gāoméi 高禖 12-955A
gāoměi 高美 12-941B
gǎoméi 槁梅 4-1221B
gǎomèi 縞袂 9-972A
gāomén 皋門 8-268A
gāomén 高門 12-939A
gǎomén 稿門 8-127A
gāoméndàhù 高門大户 12-939B
gāoměngsuānjiǎ 高錳酸鉀 12-960B
gāomí 膏糜 6-1365B
gāomí 餻糜 12-574B
gāomì 高密 12-949A
gàomì 告密 3-214A
gāomián 高眠 12-944A
gāomiàn 高眄 12-940A
gǎomiàn 槁面 4-1221A
gǎomiàn 稿面 8-127A
gàomiǎn 告免 3-211B
gàomiàn 膏面 6-1363B
gāomiǎo 高眇 12-940A
gāomiǎo 高藐 12-961B
gāomiǎo 高邈 12-962A
gāomiào 高妙 12-936A
gāomiào 高廟 12-959A
gàomiào 告廟 3-216A
gāomìgǔn 高密衮 12-949A
gāomìhóu 高密侯 12-949A
gāomín 高旻 12-938A
gàomín 告緡 3-216A
gāomíng 高名 12-933B
gāomíng 高明 12-937B
gāomíng 高冥 12-945B
gāomíng 膏明 6-1363A
gàomìng 告命 3-212A
gàomìng 誥命 11-230B
gàomìngfūrén 誥命夫人 11-230B
gàomìngrén 誥命人 11-230B
gāomó 高謨 12-962B
gāomò 高末 12-932A
gǎomò 稾秣 8-128A
gàomò 膏秣 6-1363B
gāomóu 高謀 12-960B
gāomù 高暮 12-955B
gāomù 膏沐 6-1362B
gǎomù 槁木 4-1220B
gàomù 膏沐 6-1363A
gǎomùsǐhuī 槁木死灰 4-1220B
gāonà 高衲 12-941B
gǎonà 槁衲 4-1221A
gàonàn 告難 3-217A
gāonándòngzuò 高難動作 12-964A
gāonéng 高能 12-946A
gāonì 高睨 12-953B
gàonǐ 告禰 3-217A
gàonì 告匿 3-213A
gāonián 高年 12-933A
gāoniǎo 高鳥 12-947B
gāoniǎojìnliánggōngcáng 高鳥盡良弓藏 12-947B
gāonìdàtán 高睨大談 12-953B
gāoniè 高躡 12-966B
gàoníng 告寧 3-215B
gāopài 高派 12-941B
gāopān 高扳 12-934A
gāopān 高攀 12-964A
gāopáng 高龐 12-965A
gāopéng 高朋 12-938B
gāopéngmǎnzuò 高朋滿座 12-938B
gāopí 皋比 8-267B
gāopí 皋貔 8-269A
gāopí 高闢 12-966A
gǎopí 縞紕 9-972B
gāopiān 高篇 12-957B
gāopiāo 高飄 12-965A
gāopín 高頻 12-960A
gāopǐn 高品 12-940A
gàopìn 告聘 3-215A
gāopíng 高平 12-932B
gāopǔ 皋圃 8-268A
gǎopù 槁暴 4-1222A
gāoqī 高栖 12-943B
gāoqī 高棲 12-950B
gāoqí 高奇 12-937A
gāoqì 高契 12-939B
gāoqì 高氣 12-944B
gǎoqí 縞綦 9-972B
gàoqǐ 告乞 3-209B
gāoqiān 高阡 12-932B
gāoqiān 高遷 12-957A
gāoqiān 高騫 12-965B
gāoqiān 膏鉛 6-1364B
gàoqiǎn 告譴 3-217A
gāoqiāng 高腔 12-951B
gāoqiáng 高强 12-952B
gāoqiáng 高墻 12-959B
gāoqiáng 高牆 12-963A
gǎoqiānménshàng 稿簽門上 8-127B
gāoqiāo 高橇 12-959B
gāoqiāo 高蹻 12-964B
gāoqiào 高峭 12-944A
gāoqīn 高親 12-961A
gāoqín 皋禽 8-268B
gāoqǐn 高寢 12-956B
gāoqíng 皋檠 8-269A
gāoqíng 高情 12-948B
gàoqǐng 告請 3-215B
gàoqìng 告磬 3-216B
gāoqíngyìxìng 高情逸興 12-948B
gāoqíngyuǎnyì 高情遠意 12-948B
gāoqíngyuǎnyùn 高情遠韻 12-948B
gāoqíngyuǎnzhì 高情遠致 12-948B
gāoqióng 高穹 12-939A
gāoqiū 高丘 12-932B
gāoqiū 高秋 12-940B
gāoqiú 羔裘 9-165B
gàoqiú 告求 3-211A
gāoqìyāqū 高氣壓區 12-944B
gāoqú 高衢 12-966B
gāoqù 高趣 12-957A
gāoquán 膏泉 6-1363B
gàoquàn 誥券 11-230B
gāoquē 高闕 12-964A
gāorán 睾然 8-1023B
gāorǎng 皋壤 8-269A
gāorǎng 膏壤 6-1366A
gāoràng 高讓 12-966B
gǎorǎng 槁壤 4-1222A
gǎorǎng 稿壤 8-127B
gàoráo 告饒 3-217A
gàorǎo 告擾 3-216B
gāorè 高熱 12-957A
gāorén 高人 12-928A
gāorén 篙人 8-1234A
gāorèn 高任 12-933A
gǎorén 稾人 8-127B
gāorényīděng 高人一等 12-928A
gāorényìshì 高人逸士 12-928A
gāoròu 膏肉 6-1362A
gāorú 睾如 8-1023B
gāorǔ 膏乳 6-1363A
gāoruì 高銳 12-958A
gāorùn 膏潤 6-1365A
gàorùn 膏潤 6-1365A
gāosǎ 高灑 12-966A
gàosài 告賽 3-216B
gǎosàng 槁喪 4-1221B
gàosāng 告喪 3-214B
gāosāo 膏臊 6-1365B
gāosēng 高僧 12-956A
gāoshān 高山 12-930A
gāoshān 高扇 12-945B
gāoshān 膏羶 6-1366A
gāoshàn 高善 12-952A
gāoshānfǎnyìng 高山反應 12-930A
gāoshāng 高商 12-948A
gāoshàng 高上 12-930A
gāoshàng 高尚 12-937A
gāoshānguān 高山冠 12-930A
gàoshànjīng 告善旌 3-215A
gāoshānjǐngxíng 高山景行 12-930A
gāoshānliúshuǐ 高山流水 12-930B
gāoshānyǎngzhǐ 高山仰止

12-930A
gāoshānzú 高山族 12-930B
gāoshāo 高燒 12-961A
gāoshāo 篙梢 8-1234B
gāoshào 高劭 12-936B
gāoshào 高卲 12-936B
gàoshé 告舌 3-211A
gāoshèjīguānqiāng 高射機關槍 12-944B
gāoshēn 高深 12-948A
gàoshēn 膏身 6-1362B
gàoshēn 告身 3-211B
gāoshēng 高升 12-931B
gāoshēng 高陞 12-942A
gāoshēng 高聲 12-961A
gāoshèng 高勝 12-951B
gāoshēnmòcè 高深莫測 12-948B
gāoshèpào 高射炮 12-944B
gāoshī 篙師 8-1234B
gāoshí 高石 12-932B
gāoshí 高識 12-965A
gāoshì 高遾 12-955B
gāoshì 高士 12-928B
gāoshì 高世 12-932A
gāoshì 高逝 12-943A
gāoshì 高視 12-949A
gāoshì 高誓 12-955A
gāoshì 高跱 12-954A
gǎoshī 槁師 4-1221A
gǎoshǐ 蒿矢 9-515A
gàoshí 告實 3-215B
gàoshì 告示 3-210B
gàoshì 告事 3-211B
gàoshì 誥誓 11-231A
gāoshìhú 高士湖 12-928B
gāoshìkuòbù 高視闊步 12-949A
gāoshíyuǎnjiàn 高識遠見 12-965A
gāoshǒu 高手 12-931B
gāoshǒu 篙手 8-1234B
gāoshòu 高狩 12-941A
gāoshòu 高壽 12-955B
gàoshǒu 告首 3-212B
gàoshòu 誥授 11-231A
gāoshū 高疎 12-952B
gāoshū 高疏 12-952B
gāoshù 高戍 12-933A
gǎoshū 槀書 8-128A
gǎoshū 稿書 8-127A
gǎoshū 藁書 9-598A
gàoshū 誥書 11-231A
gāoshuài 高率 12-948A
gāoshuǎng 高爽 12-946B
gǎoshuì 槀稅 8-128A
gāoshuō 高說 12-956A
gāoshuò 皋朔 8-268A
gàoshuò 告朔 3-213B
gàoshuòxìyáng 告朔餼羊 3-213B
gāosī 羔絲 9-165B
gāosī 高斯 12-950B
gǎosǐ 槁死 4-1221A
gāosǒng 高竦 12-952A
gāosǒng 高聳 12-962A
gàosòng 告送 3-212B
gàosòng 告訟 3-214A
gàosòng 告誦 3-215B
gāosǒu 皋藪 8-269A
gāosū 皋蘇 8-269A
gāosù 高素 12-943A
gāosù 高速 12-943A
gǎosù 槀粟 4-1222B
gǎosù 縞素 9-972A
gàosù 告訴 3-214B
gàosù 告愬 3-215B
gāosuàn 高算 12-956A
gāosùgāng 高速鋼 12-943A
gāosùgōnglù 高速公路 12-943A
gāosuǐ 膏髓 6-1366A
gāosuì 高邃 12-963A
gǎosūyēxǐng 槁蘇暍醒 4-1222A
gāotái 高抬 12-936B
gāotái 高臺 12-955A
gāotáiguìshǒu 高抬貴手 12-936B
gāotáiguìshǒu 高擡貴手 12-961A
gāotáimíngjìng 高抬明鏡 12-936B
gāotáimíngjìng 高擡明鏡 12-961A
gāotáipán 高台盤 12-932B
gāotán 高談 12-958B
gāotán 高譚 12-965A
gāotándàlùn 高談大論 12-958B
gāotāng 高湯 12-952A
gāotáng 高唐 12-945A
gāotáng 高堂 12-946B
gāotànggāng 高碳鋼 12-955B
gāotángdàshà 高堂大廈 12-946B
gāotángguàn 高唐觀 12-945A
gāotángmèng 高唐夢 12-945A
gāotánkuòlùn 高談闊論 12-958B
gāotànmǎ 高探馬 12-946A
gāotánxióngbiàn 高談雄辯 12-958B
gāotánxūlùn 高談虛論 12-958B
gāotāo 櫜韜 4-1355A
gāotáo 皋陶 8-268B
gāotáo 咎陶 3-310B
gāotī 高梯 12-946B
gāotǐ 高體 12-966A
gāotiān 高天 12-930B
gāotián 高田 12-932B
gāotián 膏田 6-1362A
gàotiān 告天 3-209B
gāotiānhòudì 高天厚地 12-930B
gàotiānniǎo 告天鳥 3-210A
gàotiānzǐ 告天子 3-210A
gāotiáo 高調 12-958A
gāotiāo 高挑 12-939B
gāotiǎozi 高挑子 12-939B
gāotīng 高聽 12-966A
gāotíng 皋亭 8-268A
gāotíng 膏渟 6-1364B
gāotóu 高頭 12-959B
gǎotóu 鎬頭 11-1373B
gāotóudàmǎ 高頭大馬 12-960A
gāotóujiǎngzhāng 高頭講章 12-960A
gāotū 高突 12-941B
gāotú 高徒 12-944B
gāotǔ 膏土 6-1362A
gàotuì 告退 3-212B
gǎotuò 槁籜 4-1222B
gàotuō 告託 3-213A
gàotuō 告脫 3-214A
gāotuóxìmǎ 高馱細馬 12-953A
gāowǎ 高瓦 12-931A
gāowán 睾丸 1-675B
gāowáng 高王 12-930B
gāowàng 高望 12-948A
gāowēi 高危 12-933B
gāowēi 高巍 12-965B
gāowéi 高闈 12-963A
gāowèi 高位 12-935B
gāowèi 高味 12-937B
gāowèi 膏味 6-1363A
gàowèi 告慰 3-216A
gāowěidù 高緯度 12-959B
gāowèihòulù 高位厚祿 12-935B
gāowèizhònglù 高位重祿 12-935B
gāowēn 高溫 12-952A
gāowén 高文 12-931B
gāowén 高聞 12-956B
gāowèn 高問 12-949A
gàowén 告文 3-210B
gāowéndàcè 高文大冊 12-931B
gāowéndiǎncè 高文典冊 12-931B
gāowéndiǎncè 高文典策 12-931B
gāowēnduīféi 高溫堆肥 12-952B
gāowēnzuòyè 高溫作業 12-952A
gāowò 高臥 12-937A
gāowò 膏沃 6-1363A
gǎowò 槁臥 4-1221A
gāowū 高屋 12-942A
gāowù 高悟 12-945B
gāowù 膏物 6-1363A
gǎowú 槁梧 4-1221A
gǎowǔ 縞武 9-972A
gǎowù 槁杌 4-1221A
gāowūjiànlíng 高屋建瓴 12-942A
gāowūmào 高屋帽 12-942A
gāoxī 高谿 12-962B
gāoxí 皋隰 8-269A
gāoxí 高席 12-945A
gǎoxǐ 槁枲 4-1221A
gǎoxǐ 槀枲 8-128A
gāoxià 高下 12-929A
gāoxià 膏夏 6-1363B
gāoxiān 高仙 12-932B
gāoxiān 膏鮮 6-1365B
gāoxián 高絃 12-950A
gāoxián 高閑 12-952B
gāoxián 高賢 12-957B
gāoxiǎn 高顯 12-966A
gāoxiāng 高香 12-940B
gāoxiāng 高箱 12-957B
gāoxiāng 高驤 12-966B
gāoxiāng 膏香 6-1363B
gāoxiāng 膏薌 6-1365A
gāoxiáng 高翔 12-952A
gāoxiǎng 高響 12-966A
gǎoxiàng 槁項 4-1221B
gàoxiǎng 告饗 3-217A
gǎoxiànghuángxù 槁項黃馘 4-1221B
gǎoxiànglíxù 槁項黧馘 4-1221B
gǎoxiàngmòchǐ 槁項沒齒 4-1221B
gāoxiǎo 高小 12-930A
gāoxiào 高效 12-945A
gāoxiào 高校 12-943B
gāoxiào 高笑 12-944B
gāoxiào 高嘯 12-960A
gāoxiào 高學 12-960B
gāoxiāofèi 高消費 12-945A
gāoxiàqíshǒu 高下其手 12-929B
gāoxiàrènxīn 高下任心 12-929B
gāoxiàzàikǒu 高下在口 12-929B
gāoxiàzàishǒu 高下在手 12-929B
gāoxiàzàixīn 高下在心 12-929B
gāoxiè 皋契 8-268A
gāoxiè 高謝 12-962B
gāoxiè 膏蟹 6-1366A
gàoxiè 告謝 3-216B
gāoxīn 高心 12-932A
gāoxīn 高辛 12-936A
gāoxīng 高興 12-960B
gāoxīng 膏腥 6-1364B
gāoxíng 高行 12-933B
gāoxíng 膏餳 6-1365B
gāoxìng 高興 12-960B
gāoxìng 高姓 12-939B
gàoxíng 告行 3-211A
gǎoxínghuīxīn 槁形灰心 4-1221A
gāoxiòng 高敻 12-956A
gàoxiōng 告凶 3-210A

gāoxiù 高秀 12-935A
gàoxiū 告休 3-211A
gāoxū 高虛 12-946B
gāoxuān 高軒 12-943B
gāoxuán 高玄 12-932B
gāoxuǎn 高選 12-959B
gāoxuānguò 高軒過 12-943B
gāoxuányuèdàn 高懸月旦 12-965A
gāoxué 高學 12-960B
gāoxuè 膏血 6-1362A
gāoxuèyā 高血壓 12-933B
gāoxūn 高勳 12-960A
gāoyā 高壓 12-961B
gāoyá 高牙 12-931A
gāoyá 高衙 12-954B
gāoyǎ 高雅 12-950B
gāoyà 高亞 12-936B
gāoyābìng 高壓病 12-961B
gāoyádàdào 高牙大纛 12-931A
gāoyādiàn 高壓電 12-961B
gāoyāfǔ 高壓釜 12-961B
gāoyāguō 高壓鍋 12-961B
gāoyājǐ 高壓脊 12-961B
gāoyán 高言 12-936A
gāoyán 高研 12-940A
gāoyán 高筵 12-951B
gāoyán 高嚴 12-964B
gāoyǎn 高眼 12-946B
gāoyǎn 篙眼 8-1234B
gāoyàn 羔雁 9-165B
gāoyàn 羔鴈 9-165B
gāoyàn 高宴 12-945B
gāoyàn 高晏 12-944A
gāoyàn 高讌 12-966B
gāoyàn 高艷 12-966B
gāoyàn 高豔 12-966B
gàoyán 告言 3-211B
gāoyǎndié 高眼鰈 12-947A
gāoyáng 羔羊 9-165A
gāoyáng 高陽 12-949B
gāoyáng 高揚 12-950A
gāoyáng 高颺 12-964A
gāoyǎng 高印 12-931B
gāoyǎng 高仰 12-933A
gàoyǎng 告養 3-215B
gāoyángchí 高陽池 12-949B
gāoyánggōngzǐ 高陽公子 12-949B
gāoyángjiǔtú 高陽酒徒 12-949B
gāoyángsùsī 羔羊素絲 9-165A
gāoyángtái 高陽臺 12-950A
gāoyángtú 高陽徒 12-949B
gāoyáo 皋陶 8-268B
gāoyáo 皋搖 8-269A
gāoyáo 皋繇 8-269A
gāoyáo 咎繇 3-311A
gāoyào 高曜 12-963B
gāoyào 膏藥 6-1365B
gàoyāo 告幺 3-209B
gāoyāxiàn 高壓綫 12-961B
gāoyè 高業 12-953B
gāoyè 膏液 6-1364A
gàoyè 告謁 3-216A
gāoyī 皋伊 8-268A
gāoyī 高衣 12-933B
gāoyī 高揖 12-950A
gāoyī 高醫 12-963A
gāoyǐ 高椅 12-950A
gāoyí 高嶷 12-962A
gāoyì 高挹 12-943A
gāoyì 高異 12-947A
gāoyì 高逸 12-947B
gāoyì 高意 12-954B
gāoyì 高義 12-954B
gāoyì 高誼 12-958B
gāoyì 高翼 12-963A
gāoyì 高藝 12-963A
gāoyì 高議 12-965B
gāoyì 高懿 12-966A
gǎoyī 縞衣 9-971B
gàoyī 告揖 3-214A
gǎoyībáiguān 縞衣白冠 9-972A
gāoyìbóyún 高義薄雲 12-954B
gāoyìbóyúntiān 高義薄雲天 12-955A
gāoyīn 皋陰 8-268B
gāoyín 高吟 12-935A
gāoyǐn 高隱 12-961A
gàoyǐn 告引 3-210B
gāoyǐng 高影 12-957B
gāoyìng 膏映 6-1363B
gàoyīnzhuàng 告陰狀 3-213B
gǎoyīqíjīn 縞衣綦巾 9-972A
gāoyōng 高庸 12-948A
gāoyǒng 高詠 12-951B
gāoyóu 高郵 12-944B
gāoyóu 高游 12-952B
gāoyóu 高遊 12-952A
gāoyóu 高猷 12-955A
gāoyóu 膏油 6-1363A
gāoyòu 皋鼬 8-269A
gāoyú 皋魚 8-268B
gāoyú 高隅 12-950A
gāoyú 高魚 12-947B
gāoyú 高腴 12-951B
gāoyú 膏腴 6-1364A
gāoyǔ 高宇 12-933B
gāoyǔ 高羽 12-934A
gāoyǔ 高語 12-956A
gāoyǔ 膏雨 6-1363A
gāoyù 高喻 12-951A
gāoyù 高譽 12-965B
gǎoyǔ 槁窳 4-1222A
gǎoyǔ 縞羽 9-972A
gàoyǔ 告語 3-215B
gàoyǔ 誥語 11-231B
gàoyù 告喻 3-214B
gàoyù 告諭 3-216A
gàoyù 誥諭 11-231B
gāoyuán 皋原 8-268A
gāoyuán 高原 12-943B
gāoyuán 高圓 12-954A
gāoyuǎn 高遠 12-953A
gāoyuàn 高院 12-942A
gǎoyuē 稿約 8-127A
gàoyuè 告月 3-210A
gāoyúguìyóu 膏腴貴遊 6-1364B
gāoyún 高雲 12-950B
gāoyùn 高韻 12-965A
gāoyúzǐdì 膏腴子弟 6-1364A
gāozàn 高贊 12-965A
gāozàn 高讚 12-966B
gāozàn 膏屧 6-1365B
gǎozàng 稾葬 4-1222B
gǎozàng 藁葬 9-598A
gāozǎo 高藻 12-964A
gāozào 高燥 12-962B
gāozé 皋澤 8-269A
gāozé 高澤 12-961A
gāozé 膏澤 6-1365A
gàozé 膏澤 6-1365A
gàozèng 誥贈 11-231B
gāozézhīxiāng 膏澤脂香 6-1365B
gàozhā 告劄 3-215B
gàozháchūshēn 誥劄出身 11-231B
gāozhāi 高齋 12-962B
gàozhài 告債 3-215A
gāozhāixuéshì 高齋學士 12-962B
gāozhāng 高張 12-949A
gāozhāng 韟章 12-688B
gāozhǎng 高掌 12-950B
gāozhǎng 高漲 12-956B
gāozhàng 高張 12-949A
gàozhāng 誥章 11-231A
gāozhǎngyuǎnzhí 高掌遠蹠 12-950B
gāozhānyuǎnzhǔ 高瞻遠矚 12-963A
gāozhāo 高招 12-936B
gāozhāo 高着 12-948A
gāozhào 羔翐 9-165B
gāozhào 高照 12-954A
gāozhé 高哲 12-943A
gǎozhé 槁磔 4-1222A
gāozhēn 高真 12-943A
gāozhēn 高砧 12-943B
gāozhěn 高枕 12-936B
gǎozhēn 稾砧 4-1222B
gǎozhēn 稾砧 8-128A
gǎozhēn 藁砧 9-598A
gāozhěn'ānqǐn 高枕安寢 12-937A
gāozhěn'ānwò 高枕安臥 12-936B
gāozhěn'érwò 高枕而臥 12-936B
gāozhěng 高整 12-960A
gāozhěnwúyōu 高枕無憂 12-937A
gāozhěnwùyōu 高枕勿憂 12-936B
gāozhī 高枝 12-936B
gāozhī 高知 12-938B
gāozhī 膏脂 6-1363B
gāozhí 高直 12-936B
gāozhǐ 高旨 12-933B
gāozhì 高志 12-934A
gāozhì 高峙 12-940B
gāozhì 高秩 12-944B
gāozhì 高致 12-944A
gāozhì 高製 12-956A
gǎozhǐ 稿紙 8-127A
gǎozhì 槁質 4-1222A
gàozhī 告知 3-212A
gàozhǐ 告止 3-210A
gàozhì 告至 3-211A
gàozhì 告志 3-211A
gàozhǐfān 告止幡 3-210A
gàozhǐfān 告止旛 3-210A
gāozhōng 高中 12-931A
gāozhòng 高中 12-931A
gàozhōng 告終 3-214A
gàozhōngyǎng 告終養 3-214A
gāozhōu 皋舟 8-268A
gāozhōu 膏粥 6-1364B
gāozhòu 高胄 12-940A
gàozhóu 誥軸 11-231A
gāozhú 高燭 12-962B
gāozhú 膏燭 6-1365B
gāozhǔ 皋渚 8-268B
gāozhǔ 高矚 12-966B
gāozhǔ 高躅 12-966B
gāozhù 膏柱 6-1363B
gǎozhù 縞紵 9-972B
gàozhù 告助 3-211B
gàozhù 告祝 3-212B
gāozhuàng 高壯 12-936A
gàozhuàng 告狀 3-212A
gāozhǔn 高準 12-955A
gāozhuó 高躅 12-965B
gāozhuó 高卓 12-937A
gāozhuó 高啄 12-947A
gāozhuó 高斲 12-962B
gāozhuóyǎn 高著眼 12-946A
gàozhūyù 告珠玉 3-213A
gāozi 羔子 9-165A
gāozi 膏子 6-1362A
gāozi 篙子 8-1234B
gāozī 高姿 12-941B
gāozī 高貲 12-953B
gāozī 高資 12-954B
gāozī 高訾 12-953B
gǎozi 稿子 8-126B
gāozìbiāoshù 高自標樹 12-933B
gāozìbiāoyù 高自標譽 12-933B
gāozìbiāozhì 高自標置 12-933A
gāozīhù 高貲户 12-953B
gāozìwèizhì 高自位置 12-933A

gāozōng 高踪 12-957B
gāozòng 高蹤 12-963B
gāozòng 高縱 12-963A
gāozōngkèxiàng 高宗刻象 12-938B
gāozú 高足 12-934B
gāozú 高族 12-948A
gāozǔ 高俎 12-941A
gāozǔ 高祖 12-941B
gāozúdìzǐ 高足弟子 12-934B
gāozǔfù 高祖父 12-942A
gāozǔguān 高祖冠 12-942A
gàozuì 告罪 3-215A
gāozǔmǔ 高祖母 12-942A
gāozuò 高作 12-935A
gāozuò 高坐 12-935B
gāozuò 高座 12-945A
gǎozuò 槁坐 4-1221A
gàozuò 告坐 3-211B
gāozǔwángfù 高祖王父 12-941B
gāozǔwángmǔ 高祖王母 12-942A
gápéngyǒu 軋朋友 9-1199A
gápīntou 軋姘頭 9-1199B
gāqīmābā 嘎七馬八 3-489A
gārán 嘎然 3-489B
gāsī 嘎斯 3-489B
gāxī 肐膝 6-1174A
gáxià 噶厦 3-503B
gǎzázǐ 嘎雜子 3-490A
gázhàng 軋賬 9-1200A
gāzhī 嘎支 3-489B
gāzhīwā 膈肢窪 6-1361A
gāzhīwō 肐肢窩 6-1173B
gāzhīwō 胳肢窩 6-1254B
gāzhīwō 膈肢窩 6-1361A
gāzhīwō 夾肢窩 2-1503B
gǎzǐ 嘎子 3-489A
gē'āi 割哀 2-733A
gē'ài 割愛 2-734B
gé'ài 格礙 4-998A
gé'ài 隔硋 11-1089A
gé'ài 隔礙 11-1091A
gé'àn 擱案 6-947A
gé'àn 隔岸 11-1088B
gé'ànguānhuǒ 隔岸觀火 11-1088B
gēbā 疙巴 8-284B
gēbā 疙疤 8-284B
gēbā 咯巴 3-333A
gēbā 咯吧 3-333A
gébà 革罷 12-183B
gèbǎ 個把 1-1502A
gèbǎ 箇把 8-1196A
gēbābā 格巴巴 4-992A
gēbagēba 格吧格吧 4-993A
gēbài 歌唄 6-1464B
gèbái 各白 3-179B
gèbáishìrén 各白世人 3-179B
gēbǎn 歌板 6-1464A
gēbǎn 歌版 6-1464B
gēbàn 歌伴 6-1464A
gébān 格班 4-995A
gébǎn 擱板 6-947A
gèbān 箇般 8-1196A
gēbǎng 歌榜 6-1466B
gébàng 蛤蚌 8-892A
gébāo 革包 12-179B
gébǎo 格保 4-994B
gēbāojiǎnliǔ 割包剪柳 2-732A
gēbāojiǎnlǚ 割包翦縷 2-732B
gèbàopí 虼蚫皮 8-860B
gēbāwén 哥巴文 3-355A
gèbèi 袼褙 9-75B
gèbèi 箇輩 8-1196B
géběn 閣本 12-113B
gēbēng 咯嘣 3-460A
gēbēng 格崩 4-996A
gēbēng 咯崩 3-333B
gēbēng 咯嘣 3-333B
gēbēng 噶嘣 3-503B
gēbēnggēbēng 格綳格綳 4-997A
gèbènqiánchéng 各奔前程 3-180B
gēbǐ 擱筆 6-947B
gēbì 戈壁 5-182B
gēbì 胳臂 6-1254B
gébǐ 格筆 4-996B
gébǐ 閣筆 12-114B
gébì 革弊 12-183B
gébì 鬲閉 12-923A
gébì 鬲蔽 12-923B
gébì 隔蔽 11-1090A
gébì 隔壁 11-1090A
gēbiàn 歌抃 6-1464A
gébiàn 革變 12-184B
gèbiān 箇邊 8-1196B
gébiāo 閣標 12-115A
gébìcuānchuán 隔壁攛椽 11-1090B
gébié 格別 4-993A
gébié 隔別 11-1088B
gèbié 各別 3-180A
gèbié 個別 1-1502A
gèbiéshìrén 各別世人 3-180A
gébǐjiān 隔筆簡 11-1089B
gēbìméng 割臂盟 2-735A
gēbīng 戈兵 5-181B
gébìng 鬲并 12-923A
gébìng 隔并 11-1088B
gébìng 隔併 11-1088B
gēbìqián 胳臂錢 6-1254B
gēbìtān 戈壁灘 5-182B
gébìtīng 隔壁聽 11-1090B
gébìtīnghuà 隔壁聽話 11-1090B
gébìxì 隔壁戲 11-1090B
gébìzhàng 隔壁帳 11-1090A
gébìzhàng 隔壁賬 11-1090A
gēbō 戈波 5-181B
gēbō 割剝 2-733B
gēbó 肐臂 12-404A
gēbó 肐膊 6-1173B
gēbó 胳膊 6-1254B
gēbó 歌伯 6-1464A
gébō 革撥 12-183B
gébó 革薄 12-183B
gébó'er 隔帛兒 11-1088B
gēbówànzi 胳膊腕子 6-1254B
gēbózhǒu 胳膊肘 6-1254B
gēbózhǒuzi 胳膊肘子 6-1254B
gébù 格布 4-992B
gébù 葛布 9-470B
gébù 閣部 12-114A
gèbùdìng 各不定 3-179B
gébùxiāngrù 格不相入 4-992A
gébùzhù 格不住 4-992A
gébùzhù 閣不住 12-113B
gēchā 圪扠 6-345B
gēchā 圪揸 6-345B
gēchā 咯嚓 3-333B
géchá 槅察 4-1212A
gēchán 戈鋋 5-182A
géchǎn 革剗 12-182B
gēcháng 割腸 2-734B
gēchǎng 歌場 6-1465B
gēchàng 歌唱 6-1465A
gēchǎo 圪吵 2-1014B
géchē 革車 12-179B
gēchén 歌塵 6-1467A
gēchěn 割磣 2-735A
géchén 革沈 12-180A
géchén 閣臣 12-113B
gēchéng 戈城 5-182A
géchǐ 格尺 4-992A
géchì 革斥 12-179B
géchì 格敕 4-996A
gèchíjǐjiàn 各持己見 3-180B
gēchóu 割愁 2-734A
gēchú 割除 2-733B
géchú 革除 12-182A
géchú 格除 4-995A
géchù 革黜 12-184A
gèchù 箇處 8-1196A
gēchuán 戈舡 5-182A
gēchuán 戈船 5-182A
géchuán 革船 12-183A
géchuāng 槅窗 4-1212A
gēchuī 歌吹 6-1464A
gēchuì 歌吹 6-1464A
gēcí 割慈 2-734B
gēcí 歌詞 6-1466A
gēcí 歌辭 6-1468A
gécōng 茖葱 9-385B
gècóngqízhì 各從其志 3-180B
gècù 硌蹴 7-1045A
gécuò 隔錯 11-1090A
gēda 圪塔 2-1014B
gēda 疙疸 8-284B
gēda 疙瘩 8-284B
gēda 紇縫 9-720A
gēda 紇繨 9-720A
gēdā 肐膝 6-1173B
gēdā 肐膸 6-1174A
gēdā 扢搭 6-345B
gēdā 鉻鐥 12-537B
gēdā 咯嗒 3-333B
gēdā 屹嶝 3-800B
gēdá 飥饞 12-495B
gēdá 圪墶 2-1015A
gēdá 圪瘩 2-1015A
gēdá 圪塔 2-1015A
gēdá 疙瘩 8-284B
gēdá 疙疳 8-284B
gēdá 扢達 6-345B
gēdá 乾靼 12-185A
gédā 噶嗒 3-503B
gēdābāng 扢搭幫 6-345B
gēdādā 扢搭搭 6-345B
gēdādā 屹搭搭 3-800B
gédài 革代 12-179B
gédài 革帶 12-182B
gédài 葛帶 9-471A
gédài 隔代 11-1088A
gédài 鞈帶 12-678B
gēdàn 圪蛋 2-1014B
gédàn 獦狚 5-107A
gēdāng 咯當 3-333B
gēdǎng 犵黨 5-10B
gédāng 革噹 12-184A
gédàng 格檔 4-997B
gēdāo 割刀 2-732A
gédào 革道 12-183A
gédào 閣道 12-114B
gédé 格得 4-996B
gēdēng 格登 4-996B
gēdēng 咯噔 3-333B
gēdēng 咯蹬 3-333B
gèdèng 硌磴 7-1045A
gēdēngdēng 圪登登 2-1015A
gēdēngdēng 格登登 4-996B
gēdēngdēng 屹蹬蹬 3-800B
gēdèngdèng 屹嶝嶝 3-800B
gédèng'er 格磴兒 4-998A
gèdéqísuǒ 各得其所 3-180B
gèdéqíyí 各得其宜 3-180B
gēdì 割地 2-732B
gēdì 扢蒂 6-345B
gédī 革鞮 12-184A
gédí 格敵 4-997B
gédì 格的 4-994A
gèdǐ 箇底 8-1196A
gédiǎn 革典 12-180A
gédiàn 革佃 12-179B
gédiàn 閣殿 12-115A
gédiǎn'er 噶點兒 3-503B
gēdiào 歌調 6-1467A
gédiào 格調 4-997B
gēdìdì 格地地 4-992B
gēdié 戈堞 5-182A
gēdìhuì 哥弟會 3-355A
gēdòng 歌眮 2-1585B
gédòu 挌鬬 6-585A
gédòu 格鬬 4-998A

gèdǒu 虼蚪 8-860B
gēdǒudǒu 格抖抖 4-993A
gēdǒudǒu 圪抖抖 6-345B
gédù 格度 4-994B
gēduàn 割斷 2-735A
géduàn 隔斷 11-1090B
géduàn 槅段 4-1212A
géduànbǎn 隔斷板 11-1090B
gédùchǎnjiāo 革斁剗澆 12-184A
gēdùn 戈盾 5-182A
gēdùn 戈楯 5-182A
gédùn 隔頓 11-1089B
gédùn 嗝頓 3-460B
gēduó 割奪 2-734B
gēduò 圪垛 2-1014B
gēdùqiāncháng 割肚牽腸 2-732B
gē'é 駕鵝 12-1088B
gē'é 駕鵞 12-1089A
gē'é 駕鵝 12-1089A
gē'é 駉鵝 12-1076B
gē'é 駉鵝 12-1076B
gē'é 鴚鵝 12-1136B
gē'è 歌咢 6-1464B
gé'é 鰏鯸 12-1252B
gě'é 舸艤 9-6A
gēēn 割恩 2-733B
gē'er 哥兒 3-355A
gē'er 歌兒 6-1464A
gē'ér 歌兒 6-1464A
gé'er 閣兒 12-112A
gé'er 閣兒 12-114A
gé'ěr 格餌 4-997A
gè'er 個兒 1-1502A
gé'èrpiānsān 隔二偏三 11-1087B
gè'érqián 箇兒錢 8-1196A
gēfá 戈伐 5-181B
gēfǎ 戈法 5-181B
gēfà 割髮 2-734B
géfǎ 革法 12-181B
géfǎ 格法 4-994A
géfàn 格範 4-997A
géfánchéngshèng 革凡成聖 12-179A
géfándēngshèng 革凡登聖 12-179A
gēfǎng 歌舫 6-1465A
géfáng 隔房 11-1088B
géfēi 格非 4-993B
gēfēn 割分 2-732A
géfěn 葛粉 9-471A
géfěn 蛤粉 8-892A
géfèn 閣分 12-112A
gēfěng 歌風 6-1464B
gēfěng 歌諷 6-1467B
gēfèng 歌鳳 6-1466B
géfēng 革風 12-182A
gēfēngbēi 歌風碑 6-1464B
gēfēngtái 歌風臺 6-1464B
gēfēngtíngzhǎng 歌風亭長 6-1464B
géfēngyìsú 革風易俗 12-182A
gēfū 戈鈇 5-182A
gēfú 割符 2-734A
gēfù 割付 2-732A
géfú 葛茀 9-470B
géfù 格賦 4-997A
gégǎi 革改 12-180A
gēgān 鴿竿 12-1091A
gégān 鬲肝 12-923A
gègāng 鉻鋼 11-1271A
gégāoyìyuǎn 格高意遠 4-996A
gēgē 咯咯 3-460A
gēgē 哥哥 3-355A
gēgē 歌歌 6-1466B
gēgē 格格 4-995A
gēgē 咯咯 3-333A
gēgé 戈革 5-182A
gégé 嗝嗝 3-503B
gégé 閤閤 12-112B
gégé 革革 12-181B
gégé 格格 4-995A
gégé 嗝嗝 3-460B
gégé 閣閣 12-115A
gégé 鞈革 12-194A
gégé 鮯鮯 12-1221B
gégé 滆滆 6-124B
gègè 各各 3-180A
gègè 個個 1-1502B
gègè 箇箇 8-1196A
gēgēbóbó 格格駁駁 4-995B
gégébùnà 格格不納 4-995B
gégébùrù 格格不入 4-995A
gégébùtǔ 格格不吐 4-995A
gēgēdádá 疙疙瘩瘩 8-284B
gègèjīpò 各個擊破 3-180B
gégēng 革更 12-179B
gēgōng 歌工 6-1463B
gēgōngsòngdé 歌功頌德 6-1463B
gégōu 葛溝 9-471A
gēgǔ 割股 2-733A
gēgǔ 歌鼓 6-1466A
gégǔ 蛤骨 8-892A
gégù 革故 12-181B
gēguǎn 歌管 6-1466B
gēguǎn 歌館 6-1467B
géguān 革棺 12-183A
géguǎn 閣館 12-115A
gégùdǐngxīn 革故鼎新 12-181B
gēguì 割劌 2-734B
géguǐ 革軌 12-181B
géguǐ 格軌 4-994A
géguǐ 愅詭 7-652B
gégùlìxīn 革故立新 12-181B
gégǔtōngjīn 格古通今 4-992B
géháng 隔行 11-1088A
géhángrúgéshān 隔行如隔山 11-1088A
géhào 革昊 12-180A
géhào 革號 12-183A
géhào 格號 4-996B
géhé 格閡 4-997A
géhé 隔閡 11-1090A
géhé 搿合 6-789A
gēhóu 歌喉 6-1465B
géhòu 格候 4-995B
gēhū 歌呼 6-1464A
géhuà 革化 12-179A
géhuà 格化 4-992A
gēhuān 割歡 2-735B
gēhuān 割驩 2-735B
gēhuān 謌歡 11-373A
géhuī 蛤灰 8-892A
géhuì 革諱 12-184A
géhuì 革闠 12-184B
géhuǒ 隔火 11-1088A
géhuǒ 搿伙 6-789A
gěiliǎn 給臉 9-827B
gěiyǐ 給以 9-825A
gējī 割雞 2-735A
gējī 歌姬 6-1465A
gējī 咯嘰 3-333B
gējí 戈棘 5-182A
gējǐ 戈戟 5-182A
gējǐ 圪擠 2-1015A
gējì 歌伎 6-1463B
gējì 歌妓 6-1464A
géjī 格擊 4-997B
gējiǎ 戈甲 5-181B
gējiǎn 割減 2-734A
gējiàn 戈劍 5-182B
gējiàn 戈艦 5-182B
géjiān 格姦 4-995A
géjiān 隔間 11-1089B
géjiǎn 格檢 4-997B
gějiàn 舸艦 9-6A
géjiānchǎnbào 革姦剷暴 12-182B
gējiàngjié 哥降節 3-355A
gējiāo 割膠 2-734B
gējiǎo 戈脚 5-182A
géjiāo 輵轇 9-1301A
géjiǎo 革角 12-180A
géjiào 格校 4-995B
gējié 圪節 2-1015A
gējié 割截 2-734B
géjiē 閣揭 12-114B
géjié 隔截 11-1090A
géjié 諽訐 11-331B
géjiè 蛤解 8-892B
géjiè 蛤蚧 8-892A
géjiè 隔界 11-1088B
gējīn 割衿 2-733A
géjīn 鬲津 12-923A
géjīn 葛巾 9-470B
géjīngjí 蛤精疾 8-892B
gèjìnsuǒnéng 各盡所能 3-181A
gèjìnsuǒnéng… 各盡所能,按勞分配 3-181A
gèjìnsuǒnéng… 各盡所能,按需分配 3-181A
gējiu 圪蹴 2-1015A
gējiu 圪墩 2-1015A
gējiǔ 割酒 2-733B
géjiū 革究 12-180A
géjiùcóngxīn 革舊從新 12-184A
géjiùdǐngxīn 革舊鼎新 12-184A
gèjiùgèwèi 各就各位 3-181A
géjiùtúxīn 革舊圖新 12-184A
gējīyānyòngniúdāo 割雞焉用牛刀 2-735A
gējù 割據 2-734B
gējù 歌劇 6-1467A
géjū 猲狙 5-86B
géjú 格局 4-993A
géjǔ 格沮 4-994A
géjù 革屨 12-184A
géjù 格拒 4-993A
géjù 葛屨 9-471A
géjù 隔句 11-1088A
géjù 搿犋 6-789A
géjùduì 隔句對 11-1088A
gējué 割絕 2-734A
gējué 歌訣 6-1465A
géjué 革抉 12-179B
géjué 鬲絕 12-923A
géjué 隔絕 11-1089B
géjūn 革軍 12-182A
gēkāi 擱開 6-947B
gēkǎi 戈鎧 5-182B
gēkū 歌哭 6-1464B
gēkù 歌袴 6-1465B
gékuí 閣揆 12-114B
gékūn 鬲昆 12-923A
gēkuò 歌括 6-1464B
gékuò 隔闊 11-1090B
gēlā 圪垃 2-1014B
gēlā 格拉 4-993A
gēlā 圪拉 6-345B
gélā 噶拉 3-503B
gélā 噶喇 3-503B
gélá 旭旮 7-1304A
gēlāchá 圪喇察 6-345B
gélái 格來 4-993B
gēlàlà 屹刺刺 3-800A
gělàlà 合刺刺 3-150B
gèlālā 各剌剌 3-180B
gēlǎn 圪壈 2-1015A
gēlǎn 犵獵 5-10B
gélán 格蘭 4-998A
gélán 閣欄 12-115A
gélǎn 格覽 4-998A
gēláng 歌郎 6-1464B
gèláng 虼蜋 8-860B
gélānglāng 噶啷啷 3-503B
gèlánglán g 各瑯瑯 3-181A
gèlángpí 虼蜋皮 8-860B
gélánmǔ 格蘭姆 4-998A
gēláo 圪撈 2-1015A
gēlǎo 犵狫 5-10B
gélǎo 革僚 12-183B

gélǎo 閣老 12-113B
gélǎo 獦獠 5-107A
gēlǎohuì 哥老會 3-355A
gēlǎoyǔ 仡佬語 1-1153B
gélǎozi 格老子 4-992B
gēlǎozú 仡佬族 1-1153B
gēlè 格勒 4-996A
gélè 隔勒 11-1089A
gélěi 葛藟 9-471A
gélèi 閣淚 12-114B
gēlēng 格棱 4-996B
gēlèng 格愣 4-996B
gēléngléng 格楞楞 4-996B
gēlí 歌驪 6-1468A
gēlǐ 割禮 2-735A
gēlì 割隸 2-735A
gélí 蛤梨 8-892B
gélí 蛤棃 8-892B
gélí 蛤蜊 8-892B
gélí 蛤蠓 8-892B
gélí 隔離 11-1090B
gélí 合蛪 3-156B
gélí 合梨 3-154A
gélì 格力 4-991B
gélì 格例 4-994A
gèlǐ 個裡 1-1502B
gèlǐ 個裏 1-1502B
gèlǐ 箇裏 8-1196A
gēliáng 歌梁 6-1465B
géliáng 格量 4-996B
géliáng 閣梁 12-114B
géliàng 格量 4-996B
gèliǎngpí 虼蜽皮 8-860B
gēliǎo 犵獠 5-10B
gēliè 割裂 2-734A
gélífěn 蛤蜊粉 8-892B
gēlǐgēdá 疙里疙瘩 8-284B
gēlǐgēláo 圪裏圪塄 2-1015A
gélíjiàng 蛤黎醬 8-892B
gēlìlā 哥利拉 3-355A
gélín 隔鄰 11-1090A
gēlíng 犵狑 5-10B
gēlíng 歌伶 6-1464A
gélìng 格令 4-992B
gēlǐnlǐn 格凜凜 4-997B
gēliū 扢溜 6-346A
gēliù 圪溜 2-1015A
géliú 革留 12-182B
géliúguītǔ 革流歸土 12-182B
gēliùzuǐ 圪溜嘴 2-1015A
gēlóng 鴿籠 12-1091A
gēlóu 戈樓 5-182B
gēlóu 犵獿 5-10B
gēlóu 歌樓 6-1467A
gēlóu 咯婁 3-333B
gélóu 擱樓 6-947B
gélóu 閣樓 12-115A
gēlū 咯喙 3-333B
gēlǔ 戈櫓 5-182B
gēlù 咯碌 3-333B
gélǔ 格虜 4-996B
gélù 革路 12-183A
gélù 革輅 12-183A
gélù 隔路 11-1089B
gélù 閣路 12-114B
géluàn 革亂 12-183A
gélùn 格論 4-997B
gēluò 紇絡 9-719B
géluò 隔落 11-1089B
géluò 閣落 12-114B
gèluò 各落 3-181A
gēluófāng 哥羅芳 3-356A
gēluófǎng 哥羅仿 3-356A
gélǚ 革履 12-183B
gélǚ 葛縷 9-471A
gélǜ 革慮 12-183B
gélǜ 格律 4-994B
gélǜshī 格律詩 4-994B
gēmǎ 戈馬 5-182A
gēmài 歌賣 6-1467A
gémài 革脉 12-182A
gémán 革鞔 12-183B
gēmáng 戈鋩 5-182A
gēmáo 戈矛 5-181B
gèmàyǎn 虼蟆眼 8-860B
gēmen 哥們 3-355B
gémén 閤門 12-112A
gémén 浩亹 5-1217B
géménshǐ 閤門使 12-112B
gēmiàn 割面 2-733A
gémiǎn 閣免 12-114A
gémiàn 革面 12-181B
gémiàn 格面 4-994A
gémiàn 葛麵 9-471B
gémiàngéxīn 革面革心 12-181B
gémiànliǎnshǒu 革面斂手 12-182A
gémiànquānxīn 革面悛心 12-182A
gémiànxǐxīn 革面洗心 12-181B
gémiáo 格苗 4-993A
gémiè 革滅 12-183B
gémìng 革命 12-180A
gémìng 格命 4-994A
gémìngchuàngzhì 革命創制 12-181A
gémìngdǎng 革命黨 12-181A
gémìngfǎnzhèng 革命反正 12-180B
gémìnggēnjùdì 革命根據地 12-181A
gémìngjiā 革命家 12-181A
gémìngjūn 革命軍 12-180B
gémìnglàngmànzhǔyì 革命浪漫主义 12-181A
gémìnglèguānzhǔyì 革命樂觀主義 12-181A
gémìnglièshì 革命烈士 12-181A
gémìngréndàozhǔyì 革命人道主義 12-180B
gémìngwěiyuánhuì 革命委員會 12-180B
gémìngwénxué 革命文學 12-180B
gémìngxiànshízhǔyì 革命現實主义 12-181A
gémìngyīngxióngzhǔyì 革命英雄主義 12-180B
gēmò 割没 2-732B
gémó 格謨 4-998A
gémó 隔膜 11-1090A
gémó 膈膜 6-1361A
gémò 格末 4-992A
gémò 隔瘼 11-1090A
gémò 隔驀 11-1091A
gēmǔ 蕁母 9-501B
gémǔ 隔母 11-1088A
gémù 革木 12-179A
gèmù 革牧 12-180A
gémù 格目 4-992B
géná 革拿 12-182B
génà 格納 4-996A
génàkù 格納庫 4-996A
génáng 革囊 12-184B
gēnào 割鬧 2-734B
gēnào 渮淖 6-8A
gēnbá 根茇 4-1014A
gēnbān 跟班 10-482A
gēnbàn 根絆 4-1016B
gēnbàn 根瓣 4-1019A
gēnbàn 跟伴 10-481A
gēnbāo 跟包 10-481A
gēnbèi 根鞁 4-1018A
gènbèi 艮背 9-258B
gēnběn 根本 4-1013A
gēnběndàfǎ 根本大法 4-1013A
gēnběnfǎ 根本法 4-1013A
gēnběnzhì 根本智 4-1013A
gēnbō 根撥 4-1018A
gēnbōzi 根缽子 4-1016A
gēnbǔ 根捕 4-1015A
gēnbǔ 跟捕 10-482B
gēnbù 跟步 10-481A
gēncàihújiǔ 根菜壺酒 4-1016A
gèncén 艮岑 9-258B
gēnchā 根插 4-1016B
gēnchāi 跟差 10-482A
gēnchāoyējiā 跟超掖夾 10-483A
gēnchē 根車 4-1013B
gēnchē 跟車 10-481A
gēnchén 根塵 4-1018A
gēnchú 根除 4-1015A
gēnchuánpiànwǎ 根椽片瓦 4-1017A
gēncī 根疵 4-1016B
gēncí 根詞 4-1017A
gēncóng 跟從 10-482B
gèndài 亘代 1-515A
gèndài 亘帶 1-515A
gēndǐ 根底 4-1014A
gēndǐ 根柢 4-1014B
gēndǐ 跟底 10-481B
gēndì 根地 4-1013B
gēndì 根蒂 4-1017A
gēndì 根蔕 4-1018A
gèndì 亘地 1-515A
gēndīng 跟丁 10-480B
gēndǒu 跟斗 10-481A
gēndǒuchóng 跟斗蟲 10-481A
gēndǒufān 跟斗翻 10-481A
gēndùn 根鈍 4-1017A
gènéng 箇能 8-1196A
gēn'er 根兒 4-1014A
gēn'er 跟兒 10-481B
gén'er 哏兒 3-349A
gēnfà 根蕟 4-1018A
gēnfáng 跟房 10-481B
gènfēng 艮峯 9-258B
gēnfū 跟夫 10 480B
gēngāi 根垓 4-1014B
gēngāi 根荄 4-1014B
gēngāi 根核 4-1015B
gěng'ài 梗礙 4-1035A
gēngǎn 根稈 4-1017A
gēngǎn 跟趕 10-483A
gēngàn 根幹 4-1017B
gěng'ào 梗驁 4-1035A
gēngbái 庚白 3-1223A
gēngbǎn 更版 1-528B
gēngběn 賡本 10-275A
gěngbì 哽躃 3-354B
gěngbì 梗避 4-1034B
gěngbì 鯁避 12-1234A
gēngbiàn 更變 1-532B
gěngbiān 梗邊 4-1035A
gěngbǐng 耿餅 8-657A
gēngbó 庚伯 3-1223A
gēngbù 更步 1-528A
gēngcán 耕蠶 8-592B
gěngcǎo 梗草 4-1033B
gēngchán 耕廛 8-591B
gēngcháng 更嘗 1-531A
gēngcháng 庚償 3-1223B
gēngchàng 賡唱 10-275A
gěngchàng 鯁悵 12-1233B
gēngchàngdiéhè 更唱迭和 1-529B
gēngchàngdiéhè 更唱疊和 1-529B
gēngchē 耕車 8-589B
gēngchén 庚辰 3-1223A
gēngchéng 更成 1-527B
gěngchī 哽吃 3-354A
gēngchóu 更籌 1-532B
gēngchóu 耕疇 8-592A
gēngchóu 賡酬 10-275B
gēngchū 更初 1-528A
gengchú 耕鉏 8-591A
gēngchú 耕鋤 8-591A
gēngchù 耕畜 8-590B
gěngchuàng 耿愴 8-657A
gēngcì 更次 1-528A
gěngcí 鯁辭 12-1234A
gēngcuàn 更竄 1-532B
gēngdài 更代 1-527A
gèngdàigānbà 更待干罷 1-529A

gèngdàigānbà 更待乾罷 1-529B
gēngdāngwènnú 耕當問奴 8-591A
gēngdào 耕道 8-590B
gěngdèng 耿鄧 8-657A
gēngdì 更遞 1-530B
gēngdì 庚弟 3-1223A
gēngdì 耕地 8-589B
gēngdiǎn 更點 1-532A
gēngdiào 更調 1-532A
gēngdiào 耕釣 8-590B
gěngdiào 梗調 4-1034B
gēngdié 更迭 1-528B
gēngdìng 更定 1-529A
gēngdìng 羹定 9-194A
gēngdòng 更動 1-529B
gēngdú 耕犢 8-592A
gēngduān 更端 1-531A
gěngduǎn 綆短 9-858B
gěngduàn 梗斷 4-1035A
gěngduǎnjíshēn 綆短汲深 9-858B
gěngduǎnjuéquán 綆短絶泉 9-858B
gěngduó 梗奪 4-1034B
gēngé 根格 4-1015B
gěng'è 鯁諤 12-1234A
gèngé 亘隔 1-515A
géngén 哏哏 3-349A
gēngēngùgù 根根固固 4-1015B
gēngēnshāoshāo 根根梢梢 4-1015B
gēngēnyèyè 根根葉葉 4-1015B
gēngfā 耕發 8-590B
gēngfá 耕垡 8-590A
gēngfǎ 更法 1-529A
gēngfān 更番 1-530B
gēngfān 耕翻 8-592A
gēngfàn 羹飯 9-194B
gěngfàn 梗泛 4-1033B
gēngfāng 更坊 1-528A
gēngfáng 更房 1-529A
gēngfǎng 耕紡 8-590B
gěngfànpíngpiāo 梗泛萍漂 4-1033B
gēngfànzhǒng 羹飯種 9-194B
gēngfèi 羹沸 9-194A
gěngfēn 梗紛 4-1034A
gěngfèn 鯁憤 12-1234A
gēngfū 更夫 1-527A
gēngfū 畊夫 7-1309A
gēngfū 耕夫 8-589A
gēngfú 庚伏 3-1223A
gēngfú 庚符 3-1223B
gēngfǔ 耕父 8-589A
gēngfù 更賦 1-531B
gēngfù 更覆 1-532B
gěngfǔ 鯁輔 12-1233B
gēngfú 緪幅 9-948A
gēnggǎi 更改 1-528A
gěnggài 梗概 4-1034B
gěnggài 梗槩 4-1034B
gēnggē 賡歌 10-275B
gēnggé 更革 1-529A
gēnggēnchē 耕根車 8-590A
gēnggēng 更更 1-528A
gēnggēng 庚庚 3-1223B
gěnggěng 哽哽 3-354A
gěnggěng 耿耿 8-656A
gěnggěng 梗梗 4-1034A
gěnggěng 鯁鯁 12-1234A
gěnggěngyúhuái 耿耿于懷 8-656B
gěnggěngyúhuái 耿耿於懷 8-656B
gěnggěngyúxīn 耿耿於心 8-656B
gēnggǔ 更鼓 1-530B
gěnggǔ 骾骨 12-407B
gěnggù 鯁固 12-1233A
gēngguàn 耕灌 8-592A
gěngguāng 耿光 8-656A
gēngguǐ 庚癸 3-1223B
gēngguǐnuò 庚癸諾 3-1223B
gēngguǐzhīhū 庚癸之呼 3-1223B
gēnghài 更害 1-529B
gěnghàn 梗悍 4-1034A
gēnghào 更號 1-530B
gēnghè 賡和 10-275A
gěnghé 梗河 4-1033B
gěnghèn 哽根 3-354A
gēnghǔ 庚虎 3-1223A
gēnghù 更互 1-527A
gēnghuà 更化 1-527A
gěnghuà 梗化 4-1033A
gěnghuái 耿懷 8-657A
gēnghuàn 更換 1-529B
gěnghuì 梗穢 4-1035A
gēnghuò 耕貨 8-590B
gēnghuò 耕穫 8-592A
gēnghuò 羹藿 9-194B
gēnghuò 羹臛 9-194B
gēngjí 耕耤 8-591A
gēngjí 耕籍 8-592A
gēngjí 耕藉 8-591B
gēngjí 賡即 10-275A
gēngjí 絚級 9-813B
gěngjí 梗棘 4-1034A
gěngjí 鯁急 12-1233B
gēngjiǎ 庚甲 3-1223A
gēngjià 更嫁 1-531A
gēngjià 耕稼 8-591A
gěngjiǎ 耿賈 8-657A
gèngjiā 更加 1-527B
gēngjiàn 更箭 1-531B
gēngjiàn 更踐 1-531B
gèngjiān 更兼 1-529B
gěngjié 哽結 3-354A
gěngjié 耿結 8-657A
gěngjié 耿節 8-657A
gěngjié 耿潔 8-657A
gěngjié 耿絜 8-656B
gěngjié 骾訐 12-407B
gěngjié 鯁訐 12-1233B
gěngjiè 耿介 8-655B
gěngjiè 梗介 4-1033A
gěngjiè 鯁介 12-1233A
gěngjīngjīng 耿晶晶 8-657A
gèngjìnyīgān 更進一竿 1-530A
gěngjìpéngpiāo 梗跡蓬飄 4-1034B
gěngjìpíngzōng 梗跡萍蹤 4-1034B
gēngjū 更居 1-529A
gēngjù 耕具 8-590A
gěngjǔ 梗沮 4-1033B
gěngjù 梗拒 4-1033B
gěngjué 梗絶 4-1034A
gēngkěn 耕墾 8-591B
gěngkòu 梗寇 4-1034A
gēngkuí 羹魁 9-194B
gēnglán 更闌 1-532A
gēnglánrénjìng 更闌人静 1-532A
gēnglǎo 更老 1-527B
gēngléi 更羸 1-532B
gēnglěi 耕耒 8-589B
gěnglèi 梗淚 4-1034A
gēnglí 耕犁 8-590B
gēnglí 耕犂 8-590B
gēnglí 羹藜 9-194B
gēnglì 更立 1-527B
gēnglì 更歷 1-532A
gēnglì 耕力 8-589A
gēngliǎn 耕斂 8-592A
gēngliàn 更練 1-532A
gěngliàn 鯁戀 12-1234A
gěngliàng 耿亮 8-656A
gěngliàng 梗亮 4-1034A
gěngliàng 骾諒 12-407B
gěngliàng 鯁亮 12-1233B
gēngliáo 耕寮 8-591B
gēngliè 耕畤 8-590B
gěngliè 耿烈 8-656B
gěngliè 鯁烈 12-1233B
gěngliè 鯁裂 12-1233B
gēnglíhánqiǔ 羹藜含糗 9-194B
gēnglíhánqiǔ 羹藜唅糗 9-194B
gěnglín 梗林 4-1033B
gēnglǒng 耕壟 8-592A
gēnglóu 更樓 1-531B
gēnglòu 更漏 1-531B
gēnglòuzi 更漏子 1-531B
gěnglùn 鯁論 12-1234A
gēngluó 更鑼 1-532B
gēnglǚ 更履 1-532A
gēnglǜ 更慮 1-531B
gěngmǎng 梗莽 4-1034A
gēngméi 羹梅 9-194B
gēngméng 畊氓 7-1309A
gēngméng 耕甿 8-590A
gěngměng 耿黽 8-657A
gèngmèng 鮔鰽 12-1250A
gèngmèng 鮔鯍 12-1250A
gěngmí 綆縻 9-858B
gěngmìng 耿命 8-656A
gěngmìng 梗命 4-1033B
gēngmù 耕牧 8-590A
gěngmù 梗目 4-1033A
gēngnán 耕男 8-589B
gēngnánpúshǔ 更難僕數 1-532B
gēngní 庚泥 3-1223B
gěngnì 梗逆 4-1034A
gēngniánqī 更年期 1-527B
gēngniú 耕牛 8-589A
gēngniúwèizhǔ… 耕牛爲主遭鞭杖 8-589A
gēngnóng 耕農 8-591A
gēngnòu 耕耨 8-591B
gēngnú 耕奴 8-589B
gěngnǜ 哽恧 3-354A
gēngōu 根勾 4-1013A
gēngpái 庚牌 3-1223B
gēngpán 耕槃 8-591A
gěngpì 梗僻 4-1034B
gēngpú 更僕 1-531A
gěngpǔ 骾朴 12-407B
gēngpúnánjìn 更僕難盡 1-531A
gēngpúnánshǔ 更僕難數 1-531A
gēngpúnánzhōng 更僕難終 1-531A
gēngpúshǔ 更僕數 1-531A
gēngqī 更期 1-530B
gēngqì 耕器 8-591B
gěngqì 鯁氣 12-1233B
gèngqí 更其 1-528B
gēngqiān 更籤 1-532B
gēngqiáng 羹牆 9-194B
gěngqiáng 梗强 4-1034A
gēngqiáo 絚橋 9-813B
gěngqiào 骾峭 12-407B
gěngqiào 鯁峭 12-1233B
gěngqiè 梗切 4-1033A
gěngqiè 鯁切 12-1233A
gèngqiě 更且 1-527A
gēngrén 更人 1-526B
gēngrén 庚壬 3-1223A
gēngrén 耕人 8-589A
gēngrén 絚人 9-813B
gēngrì 更日 1-527A
gěngsāi 哽塞 3-354B
gēngsāng 庚桑 3-1223B
gēngsāng 耕桑 8-590B
gēngsānyúyī 耕三餘一 8-589A
gēngsè 耕穡 8-592A
gēngsè 緪瑟 9-948A
gěngsè 梗塞 4-1034B
gěngsè 梗澁 4-1034B
gěngsè 梗澀 4-1034B
gěngsè 鯁塞 12-1233B
gěngsè 鯁澀 12-1234A
gēngshàn 更嬗 1-532A
gèngshàngyīcénglóu 更上一層樓 1-526B

gēngshè 更涉 1-529B
gēngshēn 更深 1-530A
gēngshēn 耕莘 8-590A
gēngshēndì 庚申帝 3-1223A
gēngshēng 更生 1-527A
gēngshēng 絙升 9-948A
gèngshēng 更生 1-527A
gēngshēnrénjìng 更深人静 1-530A
gēngshēnyèjìng 更深夜静 1-530A
gēngshī 賡詩 10-275B
gēngshí 羹食 9-194A
gēngshǐ 更始 1-529A
gēngshì 更世 1-527A
gēngshì 更事 1-528B
gēngshì 更適 1-531B
gēngshì 耕市 8-589B
gēngshì 耕事 8-590A
gēngshímǔtián 耕十畝田 8-588B
gèngshòu 更授 1-529B
gēngshǔ 庚暑 3-1223B
gēngshù 更戍 1-527B
gēngshuǎng 更爽 1-529B
gěngsǐ 梗死 4-1033B
gěngsì 鯁泗 12-1233A
gēngsǒu 耕叟 8-590A
gēngsū 更蘇 1-532B
gēngsuō 耕蓑 8-590B
gēngsuǒ 絙索 9-948A
gēngtán 耕壇 8-591B
gēngtāng 羹湯 9-194B
gěngtào 綆套 9-858B
gěngtè 耿特 8-656B
gēngtì 更替 1-530A
gěngtì 鯁涕 12-1233B
gēngtián 耕田 8-589B
gēngtiánduì 耕田隊 8-589B
gēngtiángē 耕田歌 8-589B
gēngtiě 庚帖 3-1223A
gěngtǐng 耿挺 8-656A
gēngtóng 耕童 8-590B
gěngtòng 哽慟 3-354B
gēngtou 更頭 1-532A
gēngtún 耕屯 8-589A
gēngù 根痼 4-1017B
gèngǔ 亘古 1-515A
gēnguà 跟挂 10-481B
gēnguà 跟絓 10-483A
gēnguān 跟官 10-481B
gèngǔgènjīn 亘古亘今 1-515A
gēngūjìbó 根孤伎薄 4-1014B
gèngǔwèiyǒu 亘古未有 1-515A
gěngwán 梗玩 4-1033B
gěngwán 梗頑 4-1034A
gěngwánbùhuà 梗頑不化 4-1034A
gēngwáng 更王 1-526B
gěngwèi 鯁慰 12-1234A
gèngwéi 更爲 1-530B
gēngwūcháoyī 羹污朝衣 9-194A
gēngxǐ 更徙 1-530A
gěngxī 鯁欷 12-1233B
gēngxiàn 羹獻 9-194B
gěngxiǎn 梗險 4-1034B
gěngxiǎn 梗嶮 4-1034B
gēngxiāng 更相 1-529A
gēngxiāng 更香 1-529A
gēngxiǎng 賡響 10-275B
gēngxiángǎizhé 更弦改轍 1-529A
gēngxiányìzhé 更絃易轍 1-530A
gēngxiè 耕械 8-590B
gěngxiè 綆紲 9-858B
gēngxīn 更新 1-530B
gēngxìn 庚信 3-1223B
gēngxīng 更興 1-532A
gēngxíng 更行 1-527B
gēngxìnggǎiwù 更姓改物 1-529A
gēngxiōng 庚兄 3-1223A
gēngxiū 更休 1-527B
gēngxù 更續 1-532B
gēngxù 耕畜 8-590B
gēngxù 賡續 10-275B
gēngxuǎn 更選 1-532A
gēngxué 庚穴 3-1223A
gēngxué 耕學 8-591B
gēngxún 更巡 1-528A
gēngyān 耕煙 8-591A
gēngyán 耕巖 8-592A
gēngyǎn 賡衍 10-275A
gěngyān 哽咽 3-354A
gěngyān 鯁咽 12-1233A
gěngyán 鯁言 12-1233A
gēngyáng 賡揚 10-275A
gēngyáng 賡颺 10-275B
gēngyáo 更傜 1-530B
gēngyào 更鑰 1-532B
gěngyào 耿耀 8-657A
gēngyè 更夜 1-528B
gěngyē 哽噎 3-354B
gěngyē 哽饐 3-354B
gěngyē 鯁噎 12-1233B
gěngyē 鯁餲 12-1234A
gěngyě 梗野 4-1034A
gěngyè 哽咽 3-354A
gěngyè 梗咽 4-1033B
gěngyè 鯁咽 12-1233A
gēngyī 更衣 1-528A
gēngyí 更移 1-529B
gēngyì 更易 1-528B
gēngyì 更議 1-532B
gēngyì 耕藝 8-592A
gěngyì 耿悒 8-656B
gěngyì 梗議 4-1035A
gěngyì 鯁毅 12-1234A
gěngyì 鯁議 12-1234A
gēngyíng 更贏 1-532A
gēngyīqǔ 更衣曲 1-528A
gēngyīshì 更衣室 1-528A
gēngyōng 耕傭 8-591A
gēngyǒng 賡詠 10-275A
gěngyōng 梗壅 4-1034B
gēngyōu 耕耰 8-592A
gēngyóu 庚郵 3-1223B
gēngyú 耕畬 8-590B
gēngyú 耕漁 8-591A
gēngyuán 更元 1-527A
gēngyuán 羹元 9-194A
gēngyún 耕芸 8-589B
gēngyún 耕耘 8-590A
gēngyùn 賡韻 10-275B
gēngzài 賡載 10-275A
gēngzàng 更葬 1-530B
gēngzáo 耕鑿 8-592B
gēngzào 更造 1-529B
gèngzédào 更則道 1-529A
gēngzéwèntiánnú 耕則問田奴 8-590A
gēngzhān 羹饘 9-195A
gēngzhàn 耕戰 8-591B
gēngzhāng 更張 1-530A
gēngzhèng 更正 1-527A
gěngzhèng 耿正 8-656A
gěngzhèng 鯁正 12-1233A
gēngzhěyǒuqítián 耕者有其田 8-590A
gēngzhī 耕織 8-592A
gēngzhí 更直 1-528B
gēngzhí 耕植 8-590B
gēngzhí 耕殖 8-590B
gēngzhì 更制 1-528B
gēngzhì 更置 1-530B
gěngzhí 耿直 8-656A
gěngzhí 梗直 4-1033B
gěngzhí 骾直 12-407B
gěngzhí 鯁直 12-1233A
gēngzhītú 耕織圖 8-592A
gēngzhòng 耕種 8-591A
gēngzhōu 羹粥 9-194B
gēngzhú 耕斸 8-592B
gēngzhù 耕助 8-589B
gēngzhù 耕築 8-591B
gěngzhù 耿著 8-656B
gēngzhuāng 更粧 1-530B
gěngzhuó 耿灼 8-656A
gēngzì 羹胾 9-194B
gěngzi 梗子 4-1033A
gèngzì 更自 1-527B
gēngzú 更卒 1-528B
gěngzǔ 梗阻 4-1033B
gēngzuò 耕作 8-589B
gèngzuò 更做 1-529B
gèngzuòdào 更做到 1-530A
gèngzuòdào 更做道 1-530A
gēnhào 根號 4-1017B
gēnhù 根栝 4-1014A
géniánjiùlìběn 隔年舊曆本 11-1088A
géniánlì 隔年曆 11-1088A
géniè 革孽 12-184A
géniè 格孽 4-998A
gèniègāng 鉻鎳鋼 11-1271A
géníng 格佞 4-993A
gèniǔ'ér 各扭兒 3-180A
gēnjī 根基 4-1016A
gēnjī 根緝 4-1018B
gēnjī 根機 4-1018B
gēnjī 跟緝 10-483A
gēnjí 根極 4-1017A
gēnjí 跟即 10-481B
gēnjì 根際 4-1017B
gēnjiǎo 根脚 4-1016A
gēnjiǎo 根腳 4-1017B
gēnjiǎo 跟脚 10-482B
gēnjiǎolǐ 跟脚裏 10-482B
gēnjié 根節 4-1017B
gēnjiépángù 根結盤固 4-1017A
gēnjiépánjù 根結盤據 4-1017A
gēnjìn 跟勁 10-482A
gēnjìn 跟進 10-482B
gēnjìng 根莖 4-1015A
gēnjìng 跟脛 10-482B
gēnjiū 根究 4-1014A
gēnjiū 跟究 10-481B
gēnjiǔ 根韭 4-1015A
gènjiǔ 亘久 1-515A
gēnjú 跟局 10-481B
gēnjù 根據 4-1018B
gēnjùdì 根據地 4-1018B
gēnjué 根絶 4-1017A
gènjué 亘絶 1-515B
gēnjùpánhù 根據槃互 4-1018B
gēnjùpánhù 根據盤互 4-1018B
gēnkān 根勘 4-1016A
gēnkuí 根魁 4-1017B
gēnkuò 根括 4-1014B
gēnláodìgù 根牢蒂固 4-1013B
gēnlì 根力 4-1012B
gènlì 亘歷 1-515B
gènlián 亘連 1-515A
gēnliánzhūbá 根連株拔 4-1015B
gēnliánzhūdǎi 根連株逮 4-1015B
gēnliú 根瘤 4-1018A
gēnliújūn 根瘤菌 4-1018A
gēnlǚ 跟履 10-483A
gēnmǎ 跟馬 10-482A
gēnmàn 根蔓 4-1018A
gēnmáo 根毛 4-1012B
gēnmáo 根蟊 4-1019A
gēnmén 根門 4-1014B
gēnméng 根萌 4-1016A
gēnmiáo 根苗 4-1014A
gēnmó 根磨 4-1019A
gēnmóu 根牟 4-1013B
gēnná 根拿 4-1015B
gènnián 亘年 1-515A
gènóng 個儂 1-1502B
gènóng 箇儂 8-1196B
gēnpándìjié 根盤蔕結 4-1018A
gēnpánjiēcuò 根蟠節錯

4-1019A
gēnpìchóng 跟屁蟲 10-481B
gēnpìgu 跟屁股 10-481B
gēnpìjīng 跟屁精 10-481B
gènpíng 亘屏 1-515A
gēnpǔ 根譜 4-1019A
gēnqì 根氣 4-1015B
gēnqì 根器 4-1019A
gēnqián 根前 4-1015A
gēnqián 跟前 10-482A
gēnqiánrén 跟前人 10-482A
gēnqióng 根窮 4-1018A
gēnrén 跟人 10-480B
gēnshēnběngù 根深本固 4-1016B
gēnshēndǐgù 根深柢固 4-1016B
gēnshēndìgù 根深蒂固 4-1016B
gēnshēndìgù 根深蔕固 4-1016B
gēnshēndìjié 根深蔕結 4-1016B
gēnshēng 根生 4-1013B
gēnshēng 跟聲 10-483B
gēnshēngtǔzhǎng 根生土長 4-1013B
gēnshēnyèmào 根深葉茂 4-1016B
gēnshēnzhīmào 根深枝茂 4-1016B
gēnshí 根實 4-1018A
gēnshì 根式 4-1013B
gēnshǒu 跟手 10-480B
gēnshú 根熟 4-1018A
gènshū 亘舒 1-515A
gēnshuā 根刷 4-1014B
gēnshuǐ 根水 4-1012B
gēnsì 根嗣 4-1017B
gěnsǐzuǐ 頣死嘴 12-286B
gēnsù 根素 4-1015A
gēnsuí 根隨 4-1018A
gēnsuí 跟隨 10-483A
gēnsuǒ 根索 4-1015B
gēntǐ 根體 4-1019A
gèntiān 亘天 1-515A
gēntǒng 根統 4-1017A
gēntou 跟頭 10-483A
gēntóu 根頭 4-1018B
gèntóu 艮頭 9-259A
gēntouxì 跟頭戲 10-483B
gēntù 跟兔 10-481B
gēnǚ 歌女 6-1463B
gēnwàishīféi 根外施肥 4-1013B
gēnwǎn 根菀 4-1016A
gènwéi 艮維 9-259A
gēnwèn 根問 4-1016B
gēnwèn 跟問 10-483A
gēnwō 根窩 4-1017B
gēnxì 根系 4-1013B
gēnxià 根下 4-1012B
gēnxīn 根心 4-1013A
gēnxíng 根行 4-1013B
gēnxìng 根性 4-1014A
gēnxū 根鬚 4-1019A
gēnxū 跟胥 10-482A
gēnxù 根緒 4-1018A
gēnxún 根尋 4-1017A
gēnxún 跟尋 10-483A
gēnyá 根牙 4-1012B
gēnyá 根芽 4-1013B
gēnyá 根涯 4-1016B
gēnyápáncuò 根牙磐錯 4-1012B
gēnyè 根葉 4-1017A
gēnyè 根業 4-1017A
gēnyī 跟衣 10-481A
gēnyì 跟役 10-481A
gēnyīn 根因 4-1013B
gēnyǐn 根引 4-1013A
gènyīn 艮音 9-258B
gēnyóu 根繇 4-1019A
gēnyóu 根由 4-1013A
gènyú 艮隅 9-259A
gènyù 艮域 9-258B
gēnyuán 根元 4-1012B
gēnyuán 根原 4-1015B
gēnyuán 根援 4-1016B
gēnyuán 根源 4-1017B
gēnyuán 根緣 4-1018B
gēnyuàn 根苑 4-1014A
gènyuè 艮嶽 9-259A
gēnzhe 跟着 10-482B
gēnzhèng 根證 4-1019A
gēnzhí 跟蹠 10-483B
gēnzhǐ 跟止 10-480B
gēnzhǐ 跟趾 10-482A
gēnzhì 根治 4-1014A
gènzhǐ 艮止 9-258A
gēnzhǐshù 根指數 4-1014B
gēnzhǒng 根種 4-1018A
gēnzhǒng 跟踵 10-483B
gēnzhǒu 跟肘 10-481B
gēnzhū 根株 4-1015A
gēnzhù 跟住 10-481A
gēnzhuàngjīng 根狀莖 4-1014B
gēnzhūfùlì 根株附麗 4-1015A
gēnzhuī 根追 4-1015A
gēnzhūjiépán 根株結盤 4-1015B
gēnzhuō 根捉 4-1015A
gēnzhuó 根著 4-1016A
gēnzhūqiānlián 根株牽連 4-1015B
gēnzi 根子 4-1012B
gēnzōng 跟踪 10-483A
gēnzú 跟足 10-481A
gēnzǔ 根祖 4-1015A
gē'ōu 歌謳 6-1468A
gē'ōu 歌嘔 6-1466B
gē'ōu 謌謳 11-373A
gēpāi 歌拍 6-1464A
gēpán 歌磬 6-1467A
gēpèi 割配 2-733B
gépèi 葛帔 9-470B
gépén 革盆 12-182A
gēpēng 割亨 2-732B
gēpēng 割烹 2-734A
gépí 革皮 12-179B
gēpiān 歌篇 6-1467A
gépiào 閣票 12-114A
gépíduànhuò 隔皮斷貨 11-1088A
gépǐn 隔品 11-1088B
gépíng 格評 4-996B
gépǐnzhìjìng 隔品致敬 11-1088B
gēpǔ 歌譜 6-1468A
gépú 格僕 4-997A
gēqí 戈旗 5-182B
gēqì 割弃 2-732B
gēqì 割棄 2-734A
gēqì 歌泣 6-1464B
géqì 閣氣 12-114A
gēqiǎn 割遣 2-734A
gēqiǎn 擱淺 6-947A
géqiǎn 閣淺 12-114B
gèqián 個錢 1-1502B
géqiáng 隔墻 11-1090A
géqiáng 隔牆 11-1090B
géqiángrén 隔牆人 11-1090B
géqiángyǒu'ěr 隔墻有耳 11-1090A
géqiángyǒu'ěr 隔牆有耳 11-1090B
gēqiē 割切 2-732A
gēqīng 割青 2-732B
gēqíng 割情 2-734A
géqíng 革情 12-183A
géqíng 隔情 11-1089A
gēqǔ 割取 2-733A
gēqǔ 歌曲 6-1463B
géqù 革去 12-179B
géquàn 革勸 12-184A
gèqǔsuǒxū 各取所需 3-180A
gérán 革然 12-183A
gērǎng 割壤 2-735B
gēràng 割讓 2-735B
gērén 歌人 6-1463B
gērèn 戈刃 5-181A
gérén 格人 4-991B
gérén 假人 1-1573B
gérèn 革任 12-179B
gèrén 各人 3-179A
gèrén 個人 1-1501B
gèrén 箇人 8-1195B
gèrénzhǔyì 個人主義 1-1502A
gèrénzìsǎoménqiánxuě… 各人自掃門前雪，莫管他家瓦上霜 3-179A
gérì 格日 4-992A
gérìnüè 隔日瘧 11-1087B
gēróng 割榮 2-734B
géróng 革容 12-182B
gēròu 割肉 2-732B
gēròubǔchuāng 割肉補瘡 2-732B
gèròu'érgèténg 各肉兒各疼 3-179B
gērǔlúmù 割乳廬墓 2-733A
gēruò 滒弱 6-8A
gésài 格簺 4-998A
gésānchāwǔ 隔三差五 11-1087B
gésānghuā 格桑花 4-996A
gésāo 隔搔 11-1089B
gēsè 割塞 2-734B
gésè 格塞 4-997A
gésè 格色 4-993A
gésè 格澀 4-998A
gésè 鬲塞 12-923B
gésè 隔塞 11-1089B
gèsè 各色 3-180A
gèsègèyàng 各色各樣 3-180A
gēshā 擱煞 6-947B
géshā 格殺 4-995B
géshā 葛紗 9-471A
géshāfúlùn 格殺弗論 4-996A
gēshàn 歌扇 6-1465A
géshān 隔山 11-1087B
géshàn 格扇 4-996A
géshàn 槅扇 4-1212A
géshàn 膈疝 6-1361A
géshàng 格尚 4-993B
gēshào 鴿哨 12-1091A
géshāwúlùn 格殺無論 4-996A
géshāwùlùn 格殺勿論 4-996A
gēshě 割捨 2-733B
géshè 隔涉 11-1089A
gēshěde 割捨得 2-733B
gēshěde 割捨的 2-733B
gēshěle 割捨了 2-733B
géshěn 革審 12-183B
géshèn 蛤蜃 8-892B
gēshēng 歌笙 6-1465A
gēshēng 歌聲 6-1467B
géshēng 隔生 11-1088A
gēshēngjié 哥昇節 3-355A
gēshēngràoliáng 歌聲繞梁 6-1467B
gēshī 歌詩 6-1466A
gēshī 謌詩 11-373A
gēshí 戈什 5-181A
gēshǐ 戈矢 5-181B
gēshì 割勢 2-734A
géshī 格詩 4-996B
géshì 革世 12-179B
géshì 革飾 12-183A
géshì 格式 4-992B
géshì 格是 4-994B
géshì 鬲氏 12-923A
géshì 隔世 11-1088A
géshì 閣室 12-114A
géshì 閣試 12-115A
gèshí 箇時 8-1196A
gèshì 箇事 8-1196A
gèshì 箇是 8-1196A
géshíbìng 膈食病 6-1361A

gèshìgèyàng 各式各樣 3-179B
gēshíhā 戈什哈 5-181A
gēshǒu 歌手 6-1463B
gēshǒu 擱手 6-947A
géshǒu 格手 4-992A
géshǒu 隔手 11-1088A
géshǒu 閣手 12-113B
gēshū 戈殳 5-181B
gēshū 哥舒 3-355B
gēshǔ 歌黍 6-1465B
géshǔ 閣署 12-112B
géshù 格術 4-996A
géshù 閣束 12-113B
gèshūjǐjiàn 各抒己見 3-180A
gèshūsuǒjiàn 各抒所見 3-180A
gēsī 歌思 6-1464B
gésī 格思 4-994B
gésī 革笥 12-182B
gésì 格祀 4-993A
gēsòng 歌頌 6-1466A
gēsòng 歌誦 6-1467A
gēsòng 謌頌 11-373A
gēsòng 謌誦 11-373A
gésú 革俗 12-182A
gēsǔn 割損 2-734A
gētà 扢撻 6-346A
gétà 革韐 12-184A
gétà 格榻 4-997A
gētái 圪台 2-1014B
gētái 歌臺 6-1466B
gētan 圪彈 2-1015A
gētàn 歌歎 6-1467A
gētàn 鴿炭 12-1091A
gétán 葛覃 9-471A
gētáng 歌堂 6-1465A
gétào 格套 4-995B
gēténg 咯騰 3-333B
géténg 葛藤 9-471A
gètǐ 個體 1-1502B
gētián 擱田 6-947A
gétiān 革天 12-179A
gétiān 格天 4-991B
gétiān 假天 1-1574A
gětiān 葛天 9-470B
gétiānchèdì 格天徹地 4-991B
gětiānshì 葛天氏 9-470B
gétiáo 革條 12-182B
gétiáo 格條 4-995B
gétiè 閣帖 12-114A
gètiěkuàng 鉻鐵礦 11-1271A
gētīgētà 紇梯紇榻 9-719B
gètǐhù 個體户 1-1502B
gètǐjīngjì 個體經濟 1-1503A
gétīng 革聽 12-184B
gētóng 疙童 8-284B
gētóng 歌童 6-1466A
gētóng 歌僮 6-1466B
gētǒng 歌筒 6-1465B
gētóu 歌頭 6-1467A
gètóu 個頭 1-1502B
gētóushuì 割頭税 2-735A
gētū 疙秃 8-284B
gētū 扢秃 6-345B
gétuì 革退 12-182A
gétuó 革橐 12-184A
gétúyìlǜ 革圖易慮 12-183B
géwài 格外 4-992B
géwáng 格王 4-991B
gēwèi 歌味 6-1464A
géwéi 隔違 11-1089B
gèwèi 個位 1-1502A
gēwěiba 割尾巴 2-732B
gèwèiqízhǔ 各爲其主 3-181A
géwén 革文 12-179A
géwén 格文 4-992A
gēwǔ 歌舞 6-1466B
gēwǔ 歌儛 6-1467B
gēwǔ 謌舞 11-373A
gēwù 擱誤 6-947B
géwǔ 格五 4-991B
géwǔ 格迕 4-993A
géwù 格物 4-993B
géwūcuānchuán 隔屋攛椽 11-1089A
géwùdàguǎn 格物大舘 4-993B
gēwǔjì 歌舞伎 6-1466B
gēwǔjù 歌舞劇 6-1466B
géwùqiónglǐ 格物窮理 4-994A
gēwǔshēngpíng 歌舞昇平 6-1466B
gēwǔxì 歌舞戲 6-1466B
géwùyuàn 格物院 4-993B
géwùzhìzhī 格物致知 4-993B
gēxī 割析 2-733A
gēxí 割席 2-733B
gēxì 歌戲 6-1467B
géxī 格西 4-992B
géxì 革屣 12-183B
géxì 革舄 12-183A
gěxí 舸艒 9-6A
géxià 閣下 12-112A
géxià 閤下 12-113A
gēxiān 割鮮 2-735A
gēxián 歌弦 6-1464B
géxiān 閣鮮 12-115A
géxián 革閑 12-183A
géxiàn 格限 4-994A
géxiàn 隔限 11-1088B
gēxiǎng 歌響 6-1468A
géxiǎng 革響 12-184B
géxiàng 蛤像 8-892B
gēxiào 歌笑 6-1465A
gēxiào 歌嘯 6-1467B
géxiāo 革梟 12-182B
géxié 革邪 12-179B
géxié 隔斜 11-1089A
géxiè 蛤蟹 8-892B
géxiè 蛤蠏 8-892B
géxiéfǎnzhèng 革邪反正 12-179B
géxīn 革心 12-179A
géxīn 革辛 12-180A
géxīn 革新 12-183B
géxīn 格心 4-992A
géxīnbiànjiù 革新變舊 12-183B
gēxíng 歌行 6-1463B
gēxíng 謌行 11-372B
géxìng 革姓 12-181B
gèxìng 個性 1-1502B
gèxíngqíshì 各行其是 3-180A
gèxíngqízhì 各行其志 3-180A
géxīnyìxíng 革心易行 12-179A
géxiū 革修 12-182A
géxiǔ 隔宿 11-1089A
géxiǔliáng 隔宿糧 11-1089A
gēxū 歌墟 6-1466B
géxù 革序 12-180A
géxuǎn 革選 12-183B
gēxuē 割削 2-733A
géxuē 革削 12-182A
géxuē 革靴 12-183A
géxuē 革鞾 12-184A
géxué 閣學 12-115A
géxuēpáyǎng 隔靴爬痒 11-1089B
géxuēsāoyǎng 隔靴搔癢 11-1089B
gēxuēyāozi 割靴腰子 2-734A
géxuēzhuāyǎng 隔靴抓痒 11-1089B
géxùn 格訓 4-996A
géxùn 隔訊 11-1089A
géyā 閣壓 12-115A
gēyán 歌筵 6-1465B
géyán 革言 12-180A
géyán 格言 4-993A
géyán 膈言 6-1360B
géyǎn 格眼 4-996A
géyǎn 隔眼 11-1089A
géyàn 鬲咽 12-923A
géyàn 隔厭 11-1090A
gēyǎng 圪仰 2-1014B
géyáng 隔陽 11-1089A
géyàng 格樣 4-997A
gèyàng 各樣 3-181A
gèyàng 箇樣 8-1196A
gèyǎngdegèténg 各養的各疼 3-181A
gēyáo 哥窑 3-355B
gēyáo 歌繇 6-1467B
gēyáo 歌謡 6-1467B
gēyáo 謌謡 11-373A
géyāo 鬲要 12-923A
géyē 膈噎 6-1361A
géyè 格業 4-996B
gēyì 割刈 2-732A
géyī 葛衣 9-470B
géyì 革役 12-180A
géyì 革易 12-180A
géyì 革異 12-182B
géyì 格議 4-998A
géyì 隔異 11-1089A
géyì 膈臆 6-1361A
gēyín 歌吟 6-1464A
gēyín 歌唫 6-1465A
géyīn 革音 12-182A
gēyǒng 哥詠 3-355B
gēyǒng 歌咏 6-1464A
gēyǒng 歌詠 6-1465B
gēyǒng 謌詠 11-373A
gēyǒu 割有 2-732B
gèyǒuqiānqiū 各有千秋 3-179B
gēyú 歌魚 6-1465A
géyuán 閣員 12-114A
géyuǎn 隔遠 11-1089B
géyúchénglì 格於成例 4-994A
gēyuè 歌樂 6-1467A
gēyuè 歌悦 6-1465A
géyuè 葛越 9-471A
géyuè 隔越 11-1089A
gēyún 歌雲 6-1465B
géyùn 革運 12-183A
géyùn 格韻 4-998A
gēzā 扢扎 6-345A
gēzā 咯咂 3-333A
gēzǎ 扢咋 6-345B
gézā 韐匝 12-194A
gēzābāng 扢扎幫 6-345B
gèzābāng 各扎邦 3-179A
gézāng 獦牂 5-107A
gézǎo 格蚤 4-995A
gézǎo 獦蚤 5-107A
gézào 閣皁 12-112A
gézào 革造 12-182B
gézào 閣皂 12-114A
gèzǎo 虼蟆 8-861A
gèzǎo 虼蚤 8-860B
gèzǎo 虼蝨 8-860B
gèzǎo'er… 虼蟆兒,好大面皮兒 8-861A
gèzǎoliǎn'er… 虼蟆臉兒,好大面皮兒 8-861A
gèzǎoxìng 虼蚤性 8-860B
gēzhā 圪渣 2-1015A
gēzhā 格喳 4-996B
gézhà 擱柵 6-947A
gēzhái 割宅 2-732B
gézhāi 閣齋 12-115A
gézhǎn 格斬 4-996A
gézhàn 格戰 4-997B
gēzhāng 歌章 6-1465B
gézhǎng 閣長 12-112A
gézhǎng 閤長 12-114A
gézhào 閣詔 12-114B
gēzhāzhā 咯喳喳 3-333B
gēzhé 戈磔 5-182B
gēzhé 歌摺 6-1466B
gēzhé 格磔 4-997A
gézhé 隔轍 11-1091A

gēzhēn 圪針 2-1014B
gézhēn 格針 4-995B
gēzhèng 割正 2-732A
gézhēng 革争 12-179B
gézhèng 閣正 12-112A
gézhèng 革正 12-179A
gézhèng 革政 12-181B
gézhèng 格正 4-992A
gézhèng 隔症 11-1089A
gézhèng 閣正 12-113B
gēzhēngzhēng 格錚錚 4-997A
gézhéyǔ 隔轍雨 11-1091A
gēzhī 格吱 4-993A
gēzhī 扢支 6-345B
gēzhī 咯支 3-333A
gēzhī 咯吱 3-333A
gēzhì 割制 2-733A
gēzhì 割治 2-733A
gēzhì 擱置 6-947B
gézhī 胳肢 6-1254B
gézhī 格知 4-993B
gézhī 隔肢 11-1088B
gézhī 嗝吱 3-460B
gézhī 膈肢 6-1361A
gézhí 閣職 12-112B
gézhí 革職 12-184A
gézhì 革制 12-180A
gézhì 格制 4-993B
gézhì 格致 4-995B
gézhì 格製 4-997A
gézhì 格擲 4-997B
gézhì 閣置 12-115A
gèzhī 各支 3-179A
gèzhī 硌吱 7-1045A
gézhī'er 肐胑兒 6-1173B
gēzhīgēzhī 格支格支 4-992A
gézhìhuì 格致會 4-995B
gézhìjiā 格致家 4-995B
gèzhíjǐjiàn 各執己見 3-180B
gézhíliúrèn 革職留任 12-184A
gézhǐshēng 鬲指聲 12-923A
gèzhíyīcí 各執一詞 3-180B
gēzhīzhī 紇支支 9-719B
gēzhīzhī 格支支 4-992A
gēzhīzhī 扢支支 6-345B
gēzhīzhī 咯支支 3-333A
gèzhīzhī 各支支 3-179A
gēzhōng 哥鍾 3-355B
gēzhōng 歌鐘 6-1468A
gézhǒng 格種 4-997A
gèzhōng 個中 1-1502A
gèzhōng 箇中 8-1195B
gèzhǒng 各種 3-181A
gèzhōngrén 個中人 1-1502A
gèzhōngrén 箇中人 8-1195B
gèzhōngrénjiā 箇中人家 8-1196A
gēzhōu 歌舟 6-1464A
gēzhòu 圪皺 2-1015A
gēzhòu 疙皺 8-284B
gēzhòu 扢皺 6-346A
gézhōu 革舟 12-179B
gēzhū 狏豬 5-10B
gēzhū 歌珠 6-1464B
gézhú 革逐 12-182B
gézhú 格竹 4-992B
gézhǔ 閣主 12-113B
gézhù 蛤柱 8-892A
gēzhuàn 歌譔 6-1468A
gézhuàng 格狀 4-994A
gézhǔn 格准 4-996A
gézhuó 革濁 12-184A
gēzi 鴿子 12-1091A
gēzǐ 哥子 3-354B
gézi 格子 4-991B
gézi 鬲子 12-923A
gézi 裓子 9-87A
gézi 隔子 11-1087B
gézi 槅子 4-1212A
gézi 閣子 12-113B
gézi 篙子 8-1260A
gézǐ 閣子 12-112A
gézǐ 葛子 9-470B
gézǐ 蛤子 8-892A
gézǐ 閣仔 12-113B
gèzi 個子 1-1502A
gèzì 各自 3-179B
gēzilóng 鴿子籠 12-1091A
gézimén 槅子門 4-1212A
gèzìwéizhàn 各自爲戰 3-180A
gèzìwéizhèng 各自爲政 3-179B
gēzòu 歌奏 6-1464B
gézuò 革作 12-179B
gōng'ān 公安 2-61B
gōng'àn 公案 2-69B
gōng'ànchuánqí 公案傳奇 2-70A
gōng'ānpài 公安派 2-61B
gōng'āntǐ 公安體 2-61B
gōng'ànxué 公案學 2-70A
gōngbá 攻拔 5-393A
gōngbǎ 弓把 4-80B
gōngbǎ 弓靶 4-82A
gōngbà 弓弝 4-81A
gǒngbǎ 拱把 6-555B
gǒngbà 拱壩 6-557B
gǒngbài 拱拜 6-556A
gōngbàichuíchéng 功敗垂成 2-769A
gōngbān 公班 2-68A
gōngbàn 公辦 2-79A
gōngbàn 供辦 1-1324B
gōngbānyá 公班衙 2-68A
gōngbǎo 宮保 3-1431A
gōngbào 公報 2-72A
gǒngbào 拱抱 6-556A
gōngbào 供報 1-1322B
gōngbàosīchóu 公報私仇 2-72A
gōngbàosīchóu 公報私讎 2-72B
gōngbèi 弓背 4-81B
gōngbèi 攻備 5-394B
gōngbèi 供備 1-1322B
gōngbèi 肱被 6-1176B
gǒngběi 拱北 6-555B
gòngbèi 共被 2-86B
gòngbèi 貢焙 10-82A
gōngběn 工本 2-953B
gōngběn 公本 2-59A
gōngbǐ 工筆 2-956B
gōngbǐ 恭筆 7-509B
gōngbì 公幣 2-76A
gōngbì 肱髀 6-1176B
gōngbì 宮陛 3-1432A
gōngbì 宮婢 3-1433B
gǒngbì 拱璧 6-557A
gǒngbì 珙璧 4-545A
gòngbì 共敝 2-87A
gòngbì 共弊 2-88A
gōngbiān 攻砭 5-393B
gōngbiàn 公便 2-66B
gōngbiǎo 公表 2-63B
gòngbiǎo 貢表 10-80B
gǒngbié 拱别 6-556A
gōngbīn 公賓 2-76B
gōngbīn 宮賓 3-1436A
gōngbìn 宮鬢 3-1440A
gòngbīn 貢賓 10-82B
gōngbīng 工兵 2-954A
gōngbīng 弓兵 4-80B
gōngbìng 攻病 5-394A
gòngbǐng 共禀 2-87B
gōngbō 攻剥 5-394B
gōngbó 攻駁 5-395A
gōngbó 攻駮 5-395B
gòngbó 貢舶 10-81B
gōngbù 工布 2-953B
gōngbù 工部 2-955B
gōngbù 公布 2-59A
gōngbù 功布 2-766B
gòngbù 貢部 10-81B
gōngbùjú 工部局 2-955B
gōngbùyìngqiú 供不應求 1-1320A
gōngcái 公才 2-56B
gōngcái 公財 2-68A
gōngcǎi 宮寀 3-1433B
gòngcái 共財 2-86B
gōngcáigōngwàng 公才公望 2-56B
gōngcān 公參 2-72A
gōngcāng 公倉 2-68B
gōngcáng 弓藏 4-83A
gōngcánqīng… 公慚卿,卿慚長 2-76B
gōngcáo 公曹 2-70B
gōngcáo 功曹 2-769A
gōngcáo 宮曹 3-1433A
gōngcè 公厠 2-71A
gōngchā 公差 2-67A
gōngchá 公察 2-76B
gòngchá 貢茶 10-81A
gòngchá 貢察 10-82B
gōngchāi 公差 2-67A
gōngchāi 宮釵 3-1433A
gōngchān 宮襜 3-1439B
gōngchǎn 公産 2-71B
gòngchǎndǎng 共産黨 2-87A
gōngchāng 公娼 2-72A
gōngcháng 弓長 4-81A
gōngcháng 公裳 2-76A
gōngchǎng 工場 2-956A
gōngchǎng 工廠 2-958A
gōngchàng 弓韔 4-83A
gōngchàng 供唱 1-1322A
gōngchǎngshǒugōngyè 工場手工業 2-956A
gòngchǎnzhǔyì 共産主義 2-87A
gòngchǎnzhǔyì… 共産主義青年團 2-87A
gōngchāo 攻抄 5-393A
gōngchāo 攻鈔 5-394B
gōngcháo 工潮 2-958A
gōngcháo 公朝 2-72B
gōngcháo 宮朝 3-1434A
gōngchē 弓車 4-80B
gōngchē 公車 2-62A
gōngchē 攻車 5-393A
gōngchē 宮車 3-1429A
gōngchě 工尺 2-952B
gòngchè 貢徹 10-83A
gōngchēchū 宮車出 3-1429A
gōngchén 功臣 2-767A
gōngchén 宮臣 3-1428A
gǒngchén 拱辰 6-556A
gǒngchén 拱宸 6-556B
gòngchēn 貢琛 10-81B
gōngchéng 工程 2-956A
gōngchéng 公呈 2-62B
gōngchéng 公程 2-72B
gōngchéng 公誠 2-75A
gōngchéng 功程 2-769B
gōngchéng 供承 1-1321B
gōngchéng 宮城 3-1430B
gōngchéng 恭承 7-508B
gòngchéng 共承 2-85B
gōngchēng 供稱 1-1323B
gòngchéng 供呈 1-1320A
gòngchéng 供承 1-1321B
gòngchéng 貢誠 10-82B
gōngchéngbīng 工程兵 2-956B
gōngchéngbùjū 功成不居 2-767A
gōngchéngfújū 功成弗居 2-767A
gōngchénggǔkū 功成骨枯 2-767B
gōngchénglüèdì 攻城掠地 5-393B
gōngchénglüèdì 攻城略地 5-393B
gōngchéngmíngjiù 功成名就 2-767A
gōngchéngmíngsuì 功成名遂 2-767A
gōngchéngshēntuì 功成身退 2-767B
gōngchéngshī 工程師 2-956B

gōngchéngshípǐn 工程食品 2-956B
gǒngchénguǎn 拱辰管 6-556A
gōngchěpǔ 工尺譜 2-952B
gōngchēshàngshū 公車上書 2-62A
gōngchēshàngxiān 宮車上僊 3-1429A
gōngchēsīmǎlìng 公車司馬令 2-62A
gōngchēsīmǎmén 公車司馬門 2-62B
gōngchēwǎnchū 宮車晚出 3-1429A
gōngchēyànjià 宮車晏駕 3-1429A
gōngchēyuǎnyù 宮車遠馭 3-1429A
gōngchí 工遲 2-958A
gōngchí 宮池 3-1428B
gōngchǐ 公尺 2-58B
gōngchì 恭飭 7-509B
gǒngchí 澒池 6-121B
gòngchí 共持 2-86A
gōngchóu 公疇 2-79B
gōngchóu 公檮 2-79B
gōngchóu 攻讎 5-396A
gōngchóu 宮綢 3-1436B
gōngchóu 觥酧 10-1360A
gōngchóu 觥籌 10-1360B
gōngchóujiāocuò 觥籌交錯 10-1360B
gōngchū 公出 2-60A
gōngchú 公除 2-67B
gōngchú 公鉏 2-75A
gōngchú 公廚 2-77B
gōngchú 宮廚 3-1437A
gōngchǔ 公儲 2-79A
gōngchǔ 宮儲 3-1438B
gōngchù 公畜 2-69A
gōngchù 共觸 2-88B
gòngchǔ 共處 2-86B
gōngchuán 觥舡 10-1360A
gōngchuán 觥船 10-1360A
gòngchuán 共傳 2-87B
gòngchuán 貢船 10-81B
gòngchuānbíyǐn 共川鼻飲 2-83B
gòngchuáng 供牀 1-1321B
gōngchuí 工倕 2-955A
gōngcí 宮祠 3-1431B
gōngcí 宮詞 3-1434B
gōngcì 功次 2-768A
gōngcì 攻刺 5-393B
gòngcí 供詞 1-1323A
gòngcì 貢賜 10-83A
gōngcuàn 供爨 1-1325B
gōngcuī 功衰 2-769A
gōngcuì 攻膬 5-395B
gòngcún 共存 2-84A
gòngcúnwáng 共存亡 2-84A
gōngcuò 攻錯 5-395B
gōngdǎ 攻打 5-392B
gōngdàfū 公大夫 2-57A
gōngdài 弓袋 4-81B
gōngdài 恭帶 7-509A
gòngdài 供待 1-1321B
gōngdàmójiān 攻大礳堅 5-392B
gōngdān 公單 2-72B
gōngdàn 公擔 2-77B
gōngdàn 公旦 2-59A
gòngdān 貢單 10-82A
gōngdàng 公當 2-74B
gōngdǎo 攻倒 5-394A
gōngdǎo 攻禱 5-396A
gōngdǎo 躬蹈 10-708B
gōngdào 公道 2-73B
gōngdào 攻盜 5-395A
gōngdào 攻道 5-395A
gòngdào 貢道 10-82A
gōngdàohélǐ 公道合理 2-73B
gōngdǎoshǐshí 躬蹈矢石 10-708B
gōngdé 工德 2-957B
gōngdé 公德 2-77A
gōngdé 功德 2-770B
gōngdé 恭德 7-510A
gōngdēng 宮燈 3-1438B
gōngdéqián 功德錢 2-771A
gōngdéshuǐ 功德水 2-771A
gōngdétiān 功德天 2-771A
gōngdétián 功德田 2-771A
gōngdéwúliàng 功德無量 2-771A
gōngdéyuánmǎn 功德圓滿 2-771A
gōngdézhǔ 功德主 2-771A
gōngdí 公敵 2-77B
gōngdǐ 功底 2-768B
gōngdǐ 攻詆 5-394B
gōngdǐ 宮邸 3-1429A
gōngdì 工地 2-953B
gōngdì 公第 2-71B
gǒngdì 澒地 6-121B
gòngdì 共遞 2-87B
gōngdiǎn 公典 2-64B
gōngdiǎn 宮點 3-1438B
gōngdiàn 公玷 2-66B
gōngdiàn 公電 2-74A
gōngdiàn 宮殿 3-1435B
gōngdiàn 宮簟 3-1439B
gǒngdiàn 鞏殿 12-193B
gōngdiāo 宮貂 3-1434A
gōngdiào 公調 2-77A
gōngdiào 功調 2-771B
gōngdiào 宮調 3-1437A
gōngdié 公牒 2-75A
gòngdìlián 共蔕蓮 2-87B
gōngdīng 工丁 2-952A
gōngdīng 公丁 2-56B
gōngdīng 宮丁 3-1427A
gǒngdòng 拱動 6-556B
gōngdōu 共吺 2-85A
gōngdōu 共兜 2-87A
gōngdǒu 宮斗 3-1427B
gōngdòu 攻鬭 5-396A
gǒngdǒu 拱枓 6-556A
gōngdū 公都 2-68A
gōngdú 工讀 2-959A
gōngdú 公牘 2-79B
gōngdú 攻讀 5-396A
gōngdǔ 工篤 2-958B
gōngduān 宮端 3-1436A
gōngduàn 工段 2-955A
gōngduàn 公斷 2-79B
gōngduàn 供斷 1-1325A
gòngduàn 貢緞 10-83A
gōngduànzhǎng 工段長 2-955A
gōngdújiàoyù 工讀教育 2-959A
gōngdūn 公噸 2-78A
gōngdùn 供頓 1-1323A
gōngduō 攻奪 5-395A
gōngdúxuéxiào 工讀學校 2-959A
gōng'é 宮娥 3-1432B
gōng'é 宮額 3-1439B
gōng'ēn 宮恩 3-1432A
gōng'érwàngsī 公而忘私 2-61A
gōng'ěrwàngsī 公耳忘私 2-60B
gōng'ěrwàngsī 公爾忘私 2-75B
gōngfā 攻發 5-395A
gōngfá 功伐 2-767B
gōngfá 功閥 2-770B
gōngfá 攻伐 5-392B
gōngfá 攻罰 5-395A
gōngfá 宮罰 3-1436A
gōngfǎ 公法 2-66A
gōngfǎ 宮法 3-1430A
gòngfǎ 貢法 10-81A
gōngfán 攻燔 5-395B
gōngfàn 供飯 1-1323A
gōngfàn 觥飯 10-1360A
gōngfāng 公方 2-58A
gōngfāng 宮坊 3-1428B
gōngfáng 工房 2-955A
gōngfáng 公房 2-66A
gōngfáng 宮房 3-1430B
gòngfāng 共方 2-84A
gōngfēi 宮妃 3-1428B
gōngfèi 公費 2-74A
gōngfèi 功費 2-770A
gòngfěi 貢棐 10-82A
gòngfěi 貢篚 10-83B
gōngfēixiānshēng 公非先生 2-64B
gōngfēn 工分 2-952B
gōngfēn 公分 2-57B
gōngfén 宮棼 3-1434A
gōngfěn 宮粉 3-1432B
gōngfèn 公份 2-61A
gōngfèn 公憤 2-77B
gōngfèn 功分 2-766B
gǒngfěn 汞粉 5-904B
gòngfèn 貢憤 10-83A
gōngfèn'er 公份兒 2-61A
gōngfēng 工蜂 2-957A
gōngfèng 公奉 2-63B
gōngfèng 公俸 2-68B
gōngfèng 供奉 1-1320A
gòngfèng 共奉 2-85A
gòngfèng 供奉 1-1320B
gòngfèng 貢奉 10-80B
gòngfènghóu 供奉猴 1-1320B
gōngféngqíshèng 躬逢其盛 10-708A
gòngfèngqǔ 供奉曲 1-1320B
gòngfó 供佛 1-1320A
gòngfóhuā 供佛花 1-1320A
gōngfu 工夫 2-952A
gōngfū 工夫 2-952A
gōngfū 公夫 2-57B
gōngfū 功夫 2-766A
gōngfú 弓服 4-81A
gōngfú 公服 2-65B
gōngfú 公符 2-71A
gōngfú 功服 2-768B
gōngfú 宮服 3-1430A
gōngfǔ 公甫 2-62B
gōngfǔ 公府 2-65B
gōngfǔ 公輔 2-75B
gōngfǔ 公父 2-57B
gōngfǔ 宮府 3-1430A
gōngfù 弓父 4-80A
gōngfù 公賦 2-76B
gōngfù 宮婦 3-1433B
gōngfù 宮傅 3-1434A
gǒngfú 拱伏 6-555B
gǒngfú 拱服 6-556A
gòngfú 貢服 10-81A
gòngfù 供賦 1-1324A
gòngfù 貢賦 10-82B
gōngfuchá 工夫茶 2-952B
gōngfūchá 功夫茶 2-766B
gōngfūpiàn 功夫片 2-766B
gōngfǔxùn 公父訓 2-57B
gōnggāi 公該 2-75A
gōnggàitiānxià 功蓋天下 2-770A
gōnggàn 公幹 2-74A
gōnggàn 功幹 2-770A
gōnggānjiàozi 弓杆轎子 4-80B
gōnggào 公告 2-62B
gònggāo 貢高 10-81B
gōnggē 宮割 3-1434B
gōnggé 公格 2-68A
gōnggé 宮閣 3-1436A
gōnggé 宮閤 3-1436B
gōnggēng 躬耕 10-708A
gōnggēnglèdào 躬耕樂道 10-708A
gōnggong 公公 2-57B
gōnggōng 工功 2-953B
gōnggōng 弓工 4-79B
gōnggōng 弓弓 4-80A
gōnggōng 公功 2-58B
gōnggōng 公宮 2-67B
gōnggōng 宮功 3-1427B

gōnggōng 恭恭 7-508B
gōnggōng 觥觥 10-1360A
gōnggōng 龔工 12-1501B
gōnggōng 共工 2-83B
gōnggōng 躬躬 10-712A
gōnggòng 公共 2-60B
gōnggòng 共貢 2-86B
gǒnggǒng 鞏鞏 12-193B
gònggōng 貢公 10-80A
gònggòng 供貢 1-1322A
gònggòng 鬨鬨 12-726B
gōnggòngjiànzhù 公共建築 2-60B
gōnggòngjīlěi 公共積累 2-60B
gōnggōngjìngjìng 恭恭敬敬 7-509A
gōnggòngqìchē 公共汽車 2-60B
gōnggòngshìyè 公共事業 2-60B
gònggōngxǐ 貢公喜 10-80A
gōnggòngxiūjiàrì 公共休假日 2-60B
gōnggòngzhìxù 公共秩序 2-60B
gōnggòngzūjiè 公共租界 2-60B
gōnggōu 宮溝 3-1435B
gōnggǒu 功狗 2-768B
gōnggòu 功構 2-770B
gōnggū 公姑 2-66B
gōnggū 公孤 2-66A
gōnggū 功沽 2-768B
gōnggǔ 工瞽 2-958B
gōnggǔ 工賈 2-956B
gōnggǔ 公股 2-65B
gōnggǔ 公穀 2-76B
gōnggǔ 攻鼓 5-395A
gōnggǔ 肱股 6-1176B
gōnggǔ 肱骨 6-1176B
gōnggǔ 共鼓 2-87B
gǒnggù 拳梏 6-535A
gǒnggù 鞏固 12-193B
gōngguān 工官 2-955A
gōngguān 工關 2-958B
gōngguān 攻關 5-396A
gōngguān 宮官 3-1430A
gōngguǎn 公館 2-78B
gōngguǎn 宮館 3-1438A
gōngguǎn 恭館 7-510A
gōngguàn 宮觀 3-1440A
gòngguān 貢官 10-81A
gòngguǎn 共管 2-88A
gòngguàn 共貫 2-87A
gòngguānshī 供官詩 1-1321B
gòngguàntóngtiáo 共貫同條 2-87A
gōngguàtiānshān 弓挂天山 4-81A
gōngguī 公龜 2-79A
gōngguī 躬圭 10-707B
gòngguǐ 共軌 2-86A
gōngguīmìjiàn 公規密諫 2-70B
gōnggūjú 公估局 2-63A
gōnggǔlǐ 公古哩 2-59A
gōnggǔn 公衮 2-69A
gònggǔn 共鮌 2-88A
gònggǔn 共鯀 2-88B
gōngguó 公國 2-71A
gōngguǒ 功果 2-768A
gōngguò 公過 2-71A
gōngguò 功過 2-769B
gòngguó 共國 2-86B
gòngguò 供過 1-1322A
gōngguòzhēnquē 攻過箴闕 5-394B
gōngguòzhuàng 功過狀 2-769B
gōnghǎi 公海 2-69B
gōnghài 公害 2-69B
gònghài 共害 2-86B
gōnghán 公函 2-66B
gōngháng 公行 2-61A
gòngháng 貢行 10-80B
gōnghào 弓號 4-82A
gōnghé 公何 2-63A
gōnghé 恭和 7-508B
gōnghè 恭賀 7-509B
gònghé 共合 2-84B
gònghé 共和 2-85A
gònghéguó 共和國 2-85B
gònghézhì 共和制 2-85B
gōnghóu 公侯 2-67A
gōnghòu 宮后 3-1428B
gōnghòu 恭候 7-509A
gǒnghòu 拱候 6-556B
gōnghóuwàndài 公侯萬代 2-67A
gōnghú 弓弧 4-81A
gōnghú 弓壺 4-82A
gōnghú 宮壺 3-1433B
gōnghù 公户 2-58A
gōnghù 公扈 2-72A
gōnghù 宮户 3-1427B
gǒnghù 拱護 6-557A
gònghù 貢楛 10-81B
gōnghuā 宮花 3-1429A
gōnghuà 功化 2-766B
gōnghuà 躬化 10-707B
gǒnghuā 拱花 6-555B
gǒnghuà 拏畫 6-535A
gònghuā 供花 1-1320A
gōnghuái 公槐 2-74A
gōnghuái 宮槐 3-1435A
gōnghuān 共驩 2-88B
gōnghuán 宮鬟 3-1440A
gōnghuàn 公宦 2-67B
gōnghuàn 公患 2-71A
gònghuàn 共患 2-86B
gōnghuāng 公荒 2-66B
gōnghuáng 宮黄 3-1433A
gōnghuáng 宮喤 3-1434A
gōnghuáng 龔黄 12-1502B
gōnghuànjiǎzhòu 躬擐甲胄 10-708B
gōnghuì 工會 2-957A
gōnghuì 公會 2-75A
gōnghuì 公諱 2-78B
gònghuì 貢會 10-82B
gōnghuìtáng 公會堂 2-75A
gōnghún 宮魂 3-1434B
gōnghuò 公貨 2-71B
gōnghuò 攻獲 5-395B
gōngjī 工機 2-958A
gōngjī 弓箕 4-82A
gōngjī 攻擊 5-396A
gōngjī 宮姬 3-1432B
gōngjí 龔汲 12-1502A
gōngjí 工籍 2-959A
gōngjí 攻詰 5-395A
gōngjí 宮極 3-1434A
gōngjí 宮籍 3-1439B
gōngjǐ 供給 1-1323A
gōngjǐ 供濟 1-1324B
gōngjǐ 恭己 7-508A
gōngjǐ 躬己 10-707B
gōngjǐ 共給 2-87B
gōngjǐ 共己 2-83B
gōngjì 工伎 2-953B
gōngjì 工技 2-954A
gōngjì 公計 2-67A
gōngjì 公祭 2-71B
gōngjì 功迹 2-768B
gōngjì 功績 2-771B
gōngjì 功跡 2-770B
gōngjì 功蹟 2-772A
gōngjì 供冀 1-1324B
gōngjì 宮妓 3-1429B
gōngjì 宮髻 3-1437B
gōngjì 共祭 2-87A
gǒngjī 栱枅 4-963B
gǒngjí 拱極 6-556B
gǒngjǐ 拱己 6-555A
gòngjí 貢籍 10-84A
gòngjǐ 供給 1-1323A
gòngjì 供祭 1-1322B
gòngjì 共計 2-86A
gòngjì 共濟 2-88B
gòngjì 貢計 10-81A
gòngjì 貢祭 10-81B
gōngjiā 公家 2-69B
gōngjiǎ 公甲 2-59A
gōngjiǎ 宮甲 3-1427B
gōngjià 工架 2-955A
gōngjià 工價 2-957B
gōngjià 功架 2-768B
gōngjià 宮架 3-1432A
gōngjià 宮駕 3-1437B
gōngjià 躬稼 10-708B
gǒngjià 拱架 6-556B
gōngjiān 弓鞬 4-83A
gōngjiān 公肩 2-66A
gōngjiān 攻堅 5-394B
gōngjiān 攻殲 5-396A
gōngjiǎn 恭儉 7-510A
gōngjiǎn 共儉 2-88A
gōngjiàn 工件 2-953B
gōngjiàn 弓劍 4-82B
gōngjiàn 公薦 2-77B
gōngjiàn 公餞 2-78A
gōngjiàn 公鑒 2-80A
gōngjiàn 宮監 3-1435B
gōngjiàn 宮檻 3-1439B
gǒngjiān 拱肩 6-556A
gǒngjiān 鞏堅 12-193B
gòngjiān 供尖 1-1320A
gòngjiān 貢牋 10-82A
gòngjiān 貢椾 10-82B
gòngjiàn 貢監 10-82B
gòngjiàn 貢薦 10-83B
gōngjiāncāo 工間操 2-956B
gōngjiǎnfǎ 公檢法 2-79A
gōngjiāng 恭姜 7-508B
gōngjiāng 共姜 2-86A
gōngjiàng 工匠 2-953B
gōngjiàng 弓匠 4-80B
gòngjiǎng 共獎 2-88A
gōngjiànshè 弓箭社 4-82B
gōngjiànshǒu 弓箭手 4-82B
gōngjiānzhàn 攻堅戰 5-394B
gōngjiāo 工交 2-953B
gōngjiāo 弓膠 4-82B
gōngjiāo 公交 2-61B
gōngjiǎo 工脚 2-956A
gōngjiǎo 弓脚 4-81B
gōngjiǎo 攻勦 5-395A
gōngjiǎo 供脚 1-1322B
gōngjiào 公教 2-70B
gōngjiào 宮教 3-1433A
gòngjiào 共醮 2-88B
gōngjiǎofèi 工繳費 2-958B
gōngjiàorényuán 公教人員 2-70B
gōngjiapóyí 公家婆姨 2-69B
gōngjiārén 公家人 2-69B
gōngjié 工捷 2-955B
gōngjié 公絜 2-72A
gōngjié 功捷 2-769B
gōngjié 攻劫 5-393A
gōngjié 攻刼 5-393A
gōngjié 攻訐 5-394A
gōngjié 恭節 7-509B
gōngjífánghuàn 攻疾防患 5-394A
gòngjìguǎn 貢計館 10-81A
gōngjījīn 公積金 2-78A
gōngjīn 工金 2-954B
gōngjīn 弓筋 4-82A
gōngjīn 公斤 2-57B
gōngjīn 公金 2-65B
gōngjǐn 公謹 2-79B
gōngjǐn 宮錦 3-1438A
gōngjǐn 恭謹 7-510A
gōngjìn 宮禁 3-1434B
gòngjīn 貢金 10-81A
gòngjìn 供進 1-1322B
gòngjìn 貢進 10-81B
gōngjīng 弓旌 4-81B
gōngjìng 恭敬 7-509A
gōngjìngbùrúcóngmìng 恭敬不如從命 7-509A
gōngjǐnhóng 宮錦紅 3-1438A
gōngjǐnpáo 宮錦袍 3-1438A
gōngjiǔ 公酒 2-69A

gōngjiǔ 宮酒 3-1432B
gōngjiùyǐn 宮廄尹 3-1436A
gōngjǐzhì 供給制 1-1323A
gōngjū 攻駒 5-395B
gōngjū 宮居 3-1430B
gōngjú 弓局 4-81A
gōngjú 公局 2-63B
gōngjǔ 公舉 2-78A
gōngjù 工具 2-954B
gōngjù 公據 2-77B
gōngjù 攻具 5-393B
gōngjù 攻據 5-395B
gōngjù 共具 2-85A
gòngjū 共居 2-85B
gòngjǔ 貢舉 10-83B
gòngjù 供具 1-1321A
gōngjuàn 宮眷 3-1433B
gǒngjuàn 拱圈 6-556B
gōngjué 工絶 2-956B
gōngjué 工爵 2-958B
gōngjué 公决 2-63B
gōngjué 公爵 2-79A
gōngjué 攻掘 5-394B
gōngjué 宮角 3-1429B
gōngjué 觥爵 10-1360B
gǒngjué 栱桷 4-963B
gōngjùgāng 工具鋼 2-954B
gōngjūn 宮軍 3-1431B
gǒngjùn 鞏峻 12-193B
gōngjùshū 工具書 2-954B
gōngkāi 公開 2-73B
gōngkǎi 工楷 2-956B
gōngkǎi 恭楷 7-509B
gōngkāishěnpàn 公開審判 2-73B
gōngkāixìn 公開信 2-73B
gōngkē 工科 2-955A
gōngkè 工課 2-957B
gōngkè 公刻 2-65B
gōngkè 功課 2-771A
gōngkè 攻克 5-393A
gōngkè 攻剋 5-393B
gōngkè 恭恪 7-508B
gōngkè 共恪 2-86A
gòngkè 供課 1-1324A
gōngkǒu 弓口 4-80A
gōngkǔ 功苦 2-768A
gōngkǔ 攻苦 5-393B
gōngkù 公庫 2-69A
gōngkù 宮庫 3-1432B
gōngkuǎn 公款 2-72A
gòngkuǎn 供款 1-1322B
gòngkuǎn 貢款 10-81B
gōngkuí 龔隗 12-1502A
gōngkuì 供餽 1-1324B
gōngkuì 供饋 1-1325A
gōngkuīyīkuì 功虧一簣 2-771B
gōngkǔn 宮壼 3-1434B
gōngkǔn 宮閫 3-1437A
gōngkūndì 公昆弟 2-64B
gōngkǔrúsuān 攻苦茹酸 5-393B
gōngkǔshídàn 攻苦食啖 5-393B
gōngkǔshídàn 攻苦食淡 5-393B
gōngkǔshíjiǎn 攻苦食儉 5-393B
gōnglǎn 躬覽 10-708B
gōngláng 宮廊 3-1433A
gōngláo 功勞 2-769B
gōngláo 宮醪 3-1439B
gòngláo 共牢 2-85A
gōngláobù 功勞簿 2-770A
gōnglí 公釐 2-79A
gōnglǐ 弓里 4-80B
gōnglǐ 公里 2-62B
gōnglǐ 公理 2-70B
gōnglǐ 公禮 2-79A
gōnglǐ 攻理 5-394A
gōnglì 工力 2-952A
gōnglì 工麗 2-958B
gōnglì 弓力 4-79B
gōnglì 公力 2-56B
gōnglì 公立 2-59B
gōnglì 公利 2-62B
gōnglì 公例 2-65A
gōnglì 公厲 2-75B
gōnglì 公曆 2-78A
gōnglì 功力 2-766A
gōnglì 功利 2-768A
gōnglì 共立 2-84A
gǒnglì 拱立 6-555B
gònglǐ 供禮 1-1325A
gònglǐ 共理 2-86B
gònglǐ 貢禮 10-83B
gōnglián 公廉 2-75B
gōnglián 宮蓮 3-1434B
gōngliǎn 公斂 2-79A
gōngliǎn 躬斂 10-708B
gōngliáng 工糧 2-958B
gōngliáng 公良 2-63B
gōngliáng 公糧 2-79B
gōngliàng 公亮 2-67A
gōngliàng 公量 2-72B
gōngliáo 攻療 5-396A
gōngliáo 宮僚 3-1436A
gōngliáo 宮寮 3-1437A
gōngliào 工料 2-955B
gōngliào 公料 2-69A
gōngliào 功料 2-769A
gòngliào 共料 2-86B
gōngliè 功列 2-767A
gōngliè 功烈 2-768B
gōnglín 宮鄰 3-1436A
gōnglíng 工齡 2-959A
gōnglíng 攻凌 5-394A
gōnglíng 宮綾 3-1436B
gōnglìng 功令 2-767A
gōnglìng 宮令 3-1427B
gōnglínjīnhǔ 宮鄰金虎 3-1436A
gōngliú 公劉 2-77A
gōnglìzhǔyì 功利主義 2-768A
gōnglóng 弓隆 4-82A
gōnglóng 宮龍 3-1438A
gōnglóu 工婁 2-956A
gōnglóu 工僂 2-957A
gōnglóu 宮樓 3-1436B
gōnglòu 宮漏 3-1436A
gònglóu 贛婁 10-310B
gōnglú 宮廬 3-1439B
gōnglù 公禄 2-73B
gōnglù 公路 2-74B
gōnglù 觥録 10-1360B
gònglù 貢禄 10-82A
gōnglùn 公論 2-77A
gōngluó 宮羅 3-1439B
gǒngluò 鞏洛 12-193B
gōnglùshì 觥録事 10-1360B
gōnglùwǎng 公路網 2-74B
gōnglǚ 弓履 4-83A
gōnglǚ 功屨 2-771B
gōnglǚ 肱膂 6-1176B
gōnglǚ 宮吕 3-1428A
gōnglǚ 躬履 10-708B
gōnglǜ 公律 2-67A
gōnglǜ 功率 2-769B
gōnglǜ 宮律 3-1431A
gònglǚ 共侶 2-85B
gònglǚ 共膂 2-88A
gōnglüè 功略 2-769B
gōnglüè 攻掠 5-394B
gōnglüè 攻略 5-394B
gōngmǎ 弓馬 4-81B
gōngmǎ 公馬 2-68A
gōngmài 公賣 2-76B
gōngmǎigōngmài 公買公賣 2-72B
gōngmàoshǐshí 躬冒矢石 10-708A
gōngméi 宮眉 3-1431B
gōngméi 宮梅 3-1433A
gōngměi 功美 2-768B
gōngmèi 攻昧 5-393B
gǒngmèi 拱袂 6-556A
gòngmèi 貢媚 10-82A
gōngmén 公門 2-66A
gōngmén 攻門 5-393B
gōngmén 宮門 3-1430B
gǒngmén 拱門 6-556A
gòngmén 共門 2-85B
gōngménchāo 宮門抄 3-1430B
gōngménfèi 宮門費 3-1430B
gōngmèng 公孟 2-66A
gōngmenliǎ 公們倆 2-68B
gōngménzhōnghǎoxiūxíng 公門中好修行 2-66A
gōngmí 公禰 2-79B
gōngmí 攻靡 5-396A
gōngmì 恭密 7-509A
gòngmiǎn 共勉 2-86A
gōngmiào 公廟 2-77B
gōngmiào 宮廟 3-1437A
gōngmiè 攻滅 5-395A
gōngmín 工民 2-953B
gōngmín 公民 2-60A
gōngmǐn 恭敏 7-509A
gōngmíng 工名 2-953B
gōngmíng 公名 2-61A
gōngmíng 公明 2-64B
gōngmíng 功名 2-767B
gōngmìng 公命 2-65B
gōngmìng 恭命 7-508B
gōngmìng 共命 2-85B
gòngmíng 共名 2-84B
gòngmíng 共鳴 2-87B
gòngmíng 貢茗 10-81A
gòngmìng 供命 1-1321A
gòngmìng 共命 2-85B
gōngmíngfùguì 功名富貴 2-767B
gōngmínglìlù 功名利禄 2-767B
gòngmìngniǎo 共命鳥 2-85B
gòngmíngqì 共鳴器 2-87B
gōngmíngzhèngdà 公明正大 2-64B
gōngmínquán 公民權 2-60A
gōngmíntóupiào 公民投票 2-60A
gōngmó 功模 2-770B
gōngmó 攻劘 5-396A
gōngmò 工墨 2-957B
gōngmò 公莫 2-68A
gōngmò 攻没 5-393A
gōngmò 宮墨 3-1436B
gōngmò 恭默 7-510A
gǒngmó 鞏膜 12-193B
gǒngmò 拱嘿 6-557A
gǒngmò 拱默 6-557A
gǒngmò 共默 2-88A
gòngmò 貢墨 10-83A
gōngmóu 功謀 2-771B
gōngmòwǔ 公莫舞 2-68A
gōngmǔ 公姥 2-68A
gōngmǔ 公母 2-60A
gōngmǔ 公畝 2-69A
gōngmù 公墓 2-74A
gǒngmù 拱木 6-555A
gǒngmù 拱墓 6-557A
gōngmuliǎ 公母倆 2-60A
gòngnà 貢納 10-81B
gōngnán 公南 2-66B
gōngnàn 攻難 5-396A
gōngnéng 公能 2-70A
gōngnéng 功能 2-769A
gōngnǐ 公擬 2-79A
gōngnǐ 供儗 1-1324B
gōngnǐ 供擬 1-1324B
gōngniú 公牛 2-57B
gòngnóng 貢膿 10-83B
gōngnóngbīngfāngxiàng 工農兵方向 2-957A
gōngnónghóngjūn 工農紅軍 2-957A
gōngnóngliánméng 工農聯盟 2-957A
gōngnóngsùchéng… 工農速成中學 2-957A
gōngnú 宮奴 3-1428A
gōngnú 恭奴 7-508B
gōngnǔ 弓弩 4-81A

gōngnǔyuàn 弓弩院 4-81A
gōngnǚ 工女 2-952A
gōngnǚ 宮女 3-1427B
gōngnǚ 紅女 9-703A
gōngpái 工牌 2-956B
gōngpái 公牌 2-73A
gōngpái 功牌 2-769B
gōngpái 攻排 5-394B
gōngpàn 公判 2-63B
gōngpàn 宮判 3-1429B
gòngpān 供攀 1-1325A
gōngpáo 宮袍 3-1432B
gōngpèi 宮旆 3-1432B
gòngpèi 共轡 2-88B
gōngpéng 工棚 2-956A
gōngpí 弓皮 4-80B
gōngpì 宮辟 3-1435B
gōngpiāo 攻剽 5-395A
gōngpiáo 宮瓢 3-1437B
gōngpiào 工票 2-956A
gōngpín 宮嬪 3-1439A
gòngpǐn 供品 1-1321B
gòngpǐn 貢品 10-81A
gōngpíng 公平 2-59A
gōngpíng 公評 2-73A
gōngpíng 公憑 2-78B
gōngpínghélǐ 公平合理 2-59A
gōngpíngjiāoyì 公平交易 2-59A
gōngpíngwúsī 公平無私 2-59A
gōngpó 公婆 2-71B
gōngpò 攻破 5-394A
gōngpōu 攻剖 5-394A
gōngpú 公僕 2-76A
gōngqī 工期 2-956A
gōngqí 工奇 2-954B
gōngqí 弓騎 4-83A
gōngqí 公畦 2-71A
gōngqí 公旗 2-76A
gōngqí 公綦 2-75B
gōngqí 宮奇 3-1429B
gōngqí 宮棊 3-1433B
gōngqí 宮棋 3-1434A
gōngqǐ 工綺 2-957B
gōngqǐ 公啓 2-72A
gōngqì 工氣 2-955A
gōngqì 公氣 2-68B
gōngqì 公器 2-78A
gòngqì 共棲 2-87A
gòngqì 供器 1-1324A
gòngqì 共契 2-85B
gòngqì 共氣 2-86B
gōngqiān 恭謙 7-510A
gōngqián 工錢 2-958B
gōngqián 恭虔 7-509A
gōngqiáng 公強 2-74A
gōngqiáng 宮牆 3-1439A
gōngqiǎo 工巧 2-953A
gǒngqiáo 拱橋 6-557A
gōngqiǎomíng 工巧明 2-953A
gōngqíbùbèi 攻其不備 5-393A
gōngqiè 工切 2-952B
gōngqiè 宮妾 3-1430A
gōngqīn 躬親 10-708B
gōngqīn 共親 2-88A
gōngqín 公琴 2-72A
gōngqín 公勤 2-74A
gōngqín 功勤 2-770A
gōngqín 恭勤 7-509B
gōngqín 共勤 2-87B
gōngqǐn 公寢 2-76B
gōngqǐn 宮寢 3-1436A
gōngqīng 公卿 2-68B
gōngqīng 公清 2-71B
gōngqīng 宮卿 3-1432A
gōngqíng 弓檠 4-83A
gōngqíng 公情 2-72A
gōngqǐng 公頃 2-71A
gōngqǐng 公請 2-77A
gòngqíng 貢情 10-81B
gòngqīngtuán 共青團 2-85A
gōngqiū 觥秋 10-1360A
gōngqiú 弓裘 4-82A
gōngqiú 公仇 2-57B
gōngqiú 功裘 2-770A
gōngqiú 供求 1-1320A
gōngqíwúbèi 攻其無備 5-393A
gōngqíyīdiǎn… 攻其一點，不及其餘 5-393A
gōngqū 工區 2-956A
gōngqǔ 公取 2-64A
gōngqǔ 攻取 5-393B
gōngquán 公權 2-80A
gōngquán 攻權 5-396A
gōngquàn 公券 2-65B
gǒngquān 拱圈 6-556B
gòngquán 共權 2-88B
gōngquè 工雀 2-956A
gōngquè 宮闕 3-1439B
gōngqún 公羣 2-75B
gōngrán 公然 2-73A
gōngrǎng 公壤 2-79B
gōngràng 恭讓 7-510B
gǒngrào 拱繞 6-557A
gōngrén 工人 2-952A
gōngrén 弓人 4-79B
gōngrén 公人 2-56B
gōngrén 功人 2-766A
gōngrén 宮人 3-1427A
gōngrén 恭人 7-508A
gōngrén 共人 2-83B
gōngrèn 公認 2-76A
gòngrén 貢人 10-80A
gòngrèn 供認 1-1323B
gōngréncǎo 宮人草 3-1427A
gōngrénjiējí 工人階級 2-952A
gōngrénshì 工人士 2-952A
gōngrénxié 宮人斜 3-1427A
gōngrényùndòng 工人運動 2-952A
gōngrì 工日 2-952B
gōngróng 工容 2-955B
gōngróu 攻蹂 5-395B
gōngrù 工縟 2-958B
gòngrǔ 共乳 2-85B
gòngruì 貢瑞 10-82B
gōngsāng 公桑 2-70B
gōngsāng 躬桑 10-708A
gōngsānzhé 肱三折 6-1176B
gòngsēng 供僧 1-1323B
gōngshā 公沙 2-63B
gōngshā 宮紗 3-1433A
gǒngshā 汞砂 5-904B
gōngshān 公山 2-57A
gōngshàn 公善 2-73B
gōngshàn 公膳 2-78B
gōngshàn 供膳 1-1324B
gōngshàn 供贍 1-1325A
gōngshàn 宮扇 3-1432B
gōngshāng 酰觴 9-1402B
gōngshāng 工傷 2-957A
gōngshāng 宮商 3-1433A
gōngshāng 觥觴 10-1360B
gōngshǎng 功賞 2-770B
gōngshàng 公上 2-57A
gōngshāngyè 工商業 2-956A
gōngshāngyèzhě 工商業者 2-956A
gōngshāo 弓弰 4-81B
gōngshāo 弓梢 4-81B
gōngshào 龔召 12-1501B
gòngshǎo 共少 2-84A
gōngshāwǔlóng 公沙五龍 2-63B
gōngshé 弓蛇 4-81B
gōngshè 弓射 4-81B
gōngshè 公舍 2-65B
gōngshè 公社 2-63B
gōngshè 攻社 5-393A
gōngshè 宮舍 3-1430A
gòngshè 供設 1-1322B
gōngshēn 弓身 4-81A
gōngshēn 躬身 10-708A
gōngshén 宮神 3-1431B
gōngshěn 公審 2-77B
gōngshèn 公慎 2-75B
gōngshèn 恭慎 7-509B
gōngshēng 公升 2-57B
gōngshēng 公聲 2-79A
gōngshēng 宮聲 3-1438B
gōngshěng 宮省 3-1431A
gōngshèng 公乘 2-68B
gǒngshèng 拱聖 6-556B
gòngshēng 共生 2-84A
gòngshēng 貢聲 10-83B
gòngshéng 貢生 10-80B
gòngshēngkuàng 共生礦 2-84A
gōngshēngmíng 公生明 2-59B
gōngshī 工師 2-955B
gōngshī 公尸 2-57A
gōngshí 工食 2-955A
gōngshí 工時 2-955A
gōngshí 公實 2-76B
gōngshí 功實 2-770B
gōngshǐ 弓矢 4-80A
gōngshǐ 公史 2-59B
gōngshǐ 公使 2-65A
gōngshǐ 宮使 3-1430A
gōngshǐ 觥使 10-1360A
gōngshì 工市 2-952B
gōngshì 工事 2-954B
gōngshì 弓室 4-81B
gōngshì 弓勢 4-82A
gōngshì 公士 2-56B
gōngshì 公市 2-59B
gōngshì 公示 2-58B
gōngshì 公式 2-60A
gōngshì 公事 2-64A
gōngshì 公室 2-67B
gōngshì 公試 2-75A
gōngshì 功事 2-768A
gōngshì 功飾 2-770B
gōngshì 攻勢 5-395A
gōngshì 宮市 3-1427B
gōngshì 宮事 3-1429B
gōngshì 宮室 3-1431B
gōngshì 恭士 7-508A
gòngshī 貢詩 10-82B
gòngshí 貢實 10-82B
gòngshǐ 貢使 10-80B
gòngshì 供事 1-1321A
gòngshì 供侍 1-1321A
gòngshì 共事 2-85A
gòngshì 共勢 2-87B
gòngshì 貢士 10-80A
gòngshì 貢市 10-80B
gòngshì 貢事 10-80B
gòngshì 貢試 10-82B
gōngshìfáng 公事房 2-64B
gōngshìgōngbàn 公事公辦 2-64A
gōngshìgōngfēi 公是公非 2-66B
gōngshǐguǎn 公使館 2-65A
gōngshìhuà 公式化 2-60A
gōngshǐkùběn 公使庫本 2-65A
gōngshǐqián 公使錢 2-65A
gōngshìrén 公事人 2-64A
gōngshǐtuán 公使團 2-65A
gōngshìxiānshēng 公是先生 2-66B
gōngshìzǐ 恭世子 7-508A
gōngshōu 功收 2-768A
gōngshǒu 弓手 4-80A
gōngshǒu 功首 2-768B
gōngshǒu 攻守 5-392B
gōngshǒu 共首 2-86A
gōngshòu 公綬 2-76B
gǒngshǒu 拱手 6-555A
gǒngshǒu 共手 2-84A
gōngshǒutóngméng 攻守同盟 5-393A
gōngshū 工輸 2-958A
gōngshū 公輸 2-77B
gōngshū 攻書 5-394A
gōngshū 宮姝 3-1432A
gōngshú 公塾 2-76A

gōngshǔ 公署 2-74B
gōngshǔ 宮署 3-1435A
gōngshǔ 宮屬 3-1440A
gōngshù 公恕 2-70A
gōngshù 宮樹 3-1437B
gǒngshǔ 拱鼠 6-557A
gǒngshù 拱樹 6-557A
gòngshū 供輸 1-1324A
gòngshū 貢書 10-81B
gòngshū 貢輸 10-83B
gōngshuài 躬率 10-708B
gōngshuì 公税 2-73A
gòngshuì 貢税 10-82A
gōngshùn 恭順 7-509B
gōngshuō 攻説 5-395A
gongshuogongyǒuli…
公説公有理，
婆説婆有理 2-76A
gōngsī 公司 2-59B
gōngsī 公私 2-62B
gōngsī 功緦 2-771B
gōngsī 宮司 3-1427B
gōngsì 供祀 1-1320A
gōngsì 宮寺 3-1428A
gòngsì 供祀 1-1320A
gōngsījiāngù 公私兼顧
2-62B
gōngsījiāokùn 公私交困
2-62B
gōngsīliǎngjì 公私兩濟
2-62B
gōngsīliǎnglì 公私兩利
2-62B
gōngsīmǎ 公司馬 2-60A
gōngsīyàosù 公私要速
2-62B
gōngsōng 髮鬆 12-748B
gōngsòng 供送 1-1322A
gòngsōu 貢艘 10-83A
gōngsù 公素 2-68A
gōngsù 公粟 2-72B
gōngsù 公訴 2-73B
gōngsù 公餗 2-77A
gōngsù 恭素 7-508B
gōngsù 恭肅 7-509B
gòngsuì 共穗 2-88A
gōngsuìshēntuì 功遂身退
2-769B
gōngsūn 公孫 2-70A
gōngsūn 宮孫 3-1432B
gōngsūndàniáng 公孫大娘
2-70A
gōngsūnshù 公孫樹 2-70A
gōngsuǒ 公所 2-65A
gōngsuǒ 公索 2-68A
gōngsuǒ 攻索 5-394A
gōngsuǒ 宮所 3-1430A
gōngsùrén 公訴人 2-73B
gōngtà 宮闥 3-1439B
gōngtà 觥撻 10-1360A
gōngtái 公台 2-60A
gōngtái 宮臺 3-1435B
gōngtān 公攤 2-80A
gōngtán 弓彈 4-83A
gōngtán 攻彈 5-395B
gōngtán 宮壇 3-1437B
gōngtáng 公堂 2-71A
gōngtáng 宮堂 3-1433A
gōngtǎng 公帑 2-66B
gōngtāo 弓韜 4-83A
gōngtāo 宮縚 3-1438B
gōngtāo 宮絛 3-1438B
gōngtáo 宮桃 3-1432A
gōngtǎo 公討 2-69A
gōngtǎo 攻討 5-394A
gōngtè 攻特 5-394A
gōngtǐ 宮體 3-1440A
gōngtǐ 躬體 10-708B
gōngtián 公田 2-59A
gōngtián 宮錮 3-1435A
gōngtiánkǒujǐng 公田口井
2-59B
gōngtǐlìxíng 躬體力行
10-708B
gōngtīng 公廳 2-80A
gōngtíng 公庭 2-67A
gōngtíng 宮廷 3-1428A
gōngtíng 宮亭 3-1431A
gōngtíng 宮庭 3-1431B
gǒngtīng 拱聽 6-557A
gōngtīngbìngguān
公聽並觀 2-80A
gōngtínghú 宮亭湖 3-1431B
gōngtíngwénxué 宮廷文學
3-1428A
gōngtíngwǔ 宮廷舞 3-1428B
gōngtíngyīnyuè 宮庭音樂
3-1431B
gōngtíngzhèngbiàn
宮廷政變 3-1428A
gōngtóng 公同 2-61A
gōngtóng 宮童 3-1434B
gòngtōng 供通 1-1322A
gòngtōng 共通 2-86B
gòngtóng 共同 2-84B
gòngtónggānglǐng
共同綱領 2-84B
gòngtóngjiāojìyǔ
共同交際語 2-84B
gòngtóngshìchǎng
共同市場 2-84B
gòngtóngtǐ 共同體 2-84B
gòngtóngyǔ 共同語 2-84B
gōngtóu 工頭 2-958A
gōngtóu 共頭 2-88A
gōngtú 工徒 2-955B
gōngtú 公徒 2-68B
gōngtú 公塗 2-75B
gōngtú 攻屠 5-394B
gōngtǔ 攻土 5-392B
gòngtǔ 供吐 1-1320A
gòngtǔ 貢土 10-80A
gōngtuán 公團 2-76A
gōngtuī 公推 2-70B
gōngtuì 公退 2-67B
gōngtún 宮屯 3-1427B
gōngwá 宮娃 3-1432A
gōngwān 弓彎 4-83A
gōngwán 攻完 5-393A
gōngwǎn 宮碗 3-1435A
gǒngwán 拱玩 6-556A
gōngwáng 公王 2-57B
gōngwǎng 公罔 2-64B
gōngwàng 公望 2-71B
gōngwéi 公闈 2-79A
gōngwéi 攻圍 5-394B
gōngwéi 宮帷 3-1433A
gōngwéi 宮幃 3-1434A
gōngwéi 宮闈 3-1439A
gōngwéi 恭惟 7-509A
gōngwéi 恭維 7-510A
gōngwèi 公位 2-63A
gōngwèi 功位 2-768A
gōngwèi 宮衛 3-1438A
gōngwèi 恭畏 7-508B
gǒngwèi 拱衛 6-557A
gǒngwèi 鞏衛 12-193B
gòngwéi 貢闈 10-83B
gòngwèi 貢遺 10-83A
gōngwèibīng 宮衛兵 3-1438A
gòngwéichúnchǐ 共爲脣齒
2-87B
gōngwén 公文 2-58A
gōngwěn 工穩 2-958B
gòngwén 貢文 10-80B
gōngwéntiě 公文帖 2-58A
gōngwò 公幄 2-72B
gōngwò 宮幄 3-1434A
gōngwū 公巫 2-62A
gōngwū 宮屋 3-1431B
gōngwǔ 攻忤 5-393A
gōngwù 公物 2-65A
gōngwù 公務 2-70B
gòngwù 供物 1-1321A
gòngwù 貢物 10-80B
gōngwúbúkè 攻無不克
5-394B
gōngwùchē 公務車 2-70B
gōngwúdùhé 公無渡河 2-72B
gōngwùyuán 公務員 2-70B
gōngxī 公西 2-60B
gōngxī 公析 2-64A
gōngxī 公晳 2-74A
gōngxī 宮奚 3-1432A
gōngxí 公席 2-69A
gōngxí 公襲 2-80A
gōngxí 攻習 5-394B
gōngxí 攻襲 5-396A
gōngxǐ 恭喜 7-509A
gōngxì 工細 2-956A
gōngxì 工餼 2-958B
gōngxì 宮戲 3-1438B
gòngxī 供析 1-1321A
gòngxǐ 貢喜 10-81B
gōngxiá 公暇 2-74B
gōngxià 公夏 2-68A
gōngxià 蚣蝦 8-868A
gǒngxiá 拱柙 6-556A
gǒngxiá 拱押 6-556A
gōngxiān 弓纖 4-83A
gōngxiān 公先 2-61A
gōngxián 弓弦 4-81A
gōngxián 弓絃 4-82A
gōngxián 宮銜 3-1436A
gōngxiǎn 恭顯 7-510B
gōngxiàn 公憲 2-79A
gōngxiàn 攻陷 5-394A
gōngxiàn 宮線 3-1437B
gòngxiān 供鮮 1-1324B
gòngxián 貢賢 10-82B
gòngxiàn 供獻 1-1325A
gòngxiàn 貢獻 10-84A
gōngxiāng 弓厢 4-81B
gōngxiāng 公襄 2-79A
gōngxiǎng 供餉 1-1323B
gōngxiàng 公相 2-66B
gōngxiàng 宮相 3-1431A
gōngxiàng 宮巷 3-1431A
gòngxiǎng 供享 1-1321B
gòngxiǎng 供饗 1-1325B
gòngxiǎng 共饗 2-88B
gòngxiàng 共相 2-86A
gōngxiānshìzú 躬先士卒
10-708A
gōngxiāo 供銷 1-1324A
gōngxiāo 宮綃 3-1435B
gōngxiāo 宮簫 3-1439B
gōngxiǎo 弓小 4-79B
gōngxiào 工效 2-955B
gōngxiào 功効 2-768B
gōngxiào 功效 2-769A
gōngxiào 恭孝 7-508B
gōngxiāohézuòshè
供銷合作社 1-1324A
gōngxiāoshè 供銷社 1-1324A
gōngxiásuǒgòu 攻瑕索垢
5-395A
gōngxiázhǐshī 攻瑕指失
5-395A
gōngxié 弓鞋 4-82B
gōngxié 弓鞵 4-83A
gōngxié 宮鞋 3-1436B
gōngxié 宮纈 3-1440A
gōngxiè 工械 2-956A
gōngxiè 公廨 2-78B
gōngxiè 攻洩 5-394A
gōngxiè 宮榭 3-1435B
gōngxiè 恭謝 7-510A
gōngxièběnqian 公廨本錢
2-78B
gōngxiètián 公廨田 2-78B
gōngxīn 工薪 2-958A
gōngxīn 公心 2-58A
gōngxīn 攻心 5-392B
gōngxìn 公信 2-67A
gòngxīn 共心 2-84A
gòngxīn 貢新 10-82B
gōngxīn'èháng 攻心扼吭
5-392B
gōngxīng 宮星 3-1431A
gōngxíng 公行 2-61A
gōngxíng 宮刑 3-1428A
gōngxíng 躬行 10-708A
gōngxíng 龔行 12-1501B
gōngxìng 公姓 2-66B
gōngxìng 功行 2-767B

gǒngxíng 拱形 6-555B
gòngxìng 共性 2-85B
gōngxíngtiānfá 恭行天罰 7-508B
gōngxíngtiānfá 龔行天罰 12-1501B
gōngxīnzhàn 攻心戰 5-392B
gōngxiū 公休 2-61A
gōngxiù 宫袖 3-1432B
gōngxiūgōngdé… 公修公德，婆修婆德 2-66B
gǒngxiùhóng 汞溴紅 5-905A
gōngxiūrì 公休日 2-61A
gōngxū 攻虛 5-394B
gōngxū 供須 1-1323A
gōngxū 供需 1-1323B
gōngxǔ 工糈 2-958A
gōngxù 工序 2-954B
gōngxù 公緒 2-76B
gōngxù 功緒 2-770B
gōngxuán 宫縣 3-1437B
gōngxuán 宫懸 3-1439B
gōngxuǎn 公選 2-77B
gǒngxuàn 拱券 6-556A
gòngxuǎn 貢選 10-83A
gōngxuē 弓靴 4-82A
gōngxuē 宫靴 3-1434B
gōngxué 公學 2-78A
gōngxué 宫學 3-1438A
gōngxué 觥觵 12-1211B
gǒngxué 鞏穴 12-193B
gōngxùgōngsūn 公婿公孫 2-72B
gōngxūn 功勛 2-769B
gōngxūn 功勳 2-771B
gōngxún 公旬 2-61A
gōngxùn 恭遜 7-509B
gōngyā 宫鴉 3-1436B
gōngyá 公牙 2-57B
gōngyá 公衙 2-75A
gōngyān 公煙 2-75B
gōngyán 工言 2-954B
gōngyán 公言 2-63A
gōngyán 公筵 2-73A
gōngyán 公讌 2-80A
gōngyán 攻研 5-393B
gōngyán 宫筵 3-1434A
gōngyán 觥筵 10-1360A
gōngyǎn 公演 2-76B
gōngyàn 公宴 2-69B
gōngyàn 公驗 2-80A
gōngyàn 宫硯 3-1434A
gòngyàn 貢研 10-81A
gòngyàn 貢硯 10-82A
gōngyáng 公羊 2-61B
gōngyáng 宫楊 3-1435A
gōngyáng 觥羊 10-1360A
gōngyǎng 公養 2-76A
gōngyǎng 恭養 7-510A
gōngyǎng 共養 2-88A
gōngyàng 弓樣 4-82B
gōngyàng 宫樣 3-1436B
gòngyǎng 供養 1-1323B
gōngyángxué 公羊學 2-61B
gōngyángxuépài 公羊學派 2-61B
gōngyángzǐ 公羊子 2-61B
gòngyànxí 共硯席 2-87B
gōngyāo 弓腰 4-82A
gōngyāo 宫腰 3-1435A
gōngyáo 弓珧 4-81B
gōngyào 工要 2-955A
gōngyào 宫鑰 3-1440B
gōngyāorén 弓腰人 4-82A
gōngyé 公爺 2-73A
gōngyě 弓冶 4-81A
gōngyě 公冶 2-63A
gōngyè 工業 2-956B
gōngyè 公謁 2-78B
gōngyè 功業 2-770A
gōngyè 宫掖 3-1433A
gōngyè 宫葉 3-1433B
gōngyèbìng 工業病 2-956B
gōngyěcháng 公冶長 2-63A
gōngyèchǎnpǐn 工業產品 2-957A
gōngyègémìng 工業革命 2-956B
gōngyèguó 工業國 2-957A
gōngyèhuà 工業化 2-956B
gōngyèjīdì 工業基地 2-957A
gōngyèpǐn 工業品 2-956B
gōngyèqìyā 工業氣壓 2-956B
gōngyètǐxì 工業體系 2-957A
gōngyězuì 公冶罪 2-63A
gōngyī 弓衣 4-80B
gōngyī 公揖 2-72A
gōngyī 宫衣 3-1428B
gōngyí 公移 2-71A
gōngyí 公儀 2-76B
gōngyí 宫儀 3-1436B
gōngyǐ 宫扆 3-1432B
gōngyì 工役 2-954A
gōngyì 工藝 2-958B
gōngyì 公役 2-63A
gōngyì 公邑 2-62B
gōngyì 公益 2-69A
gōngyì 公意 2-75B
gōngyì 公義 2-75B
gōngyì 公誼 2-77A
gōngyì 公議 2-79B
gōngyì 功役 2-768A
gōngyì 功義 2-770B
gōngyì 供億 1-1324A
gōngyì 供藝 1-1325A
gōngyì 宫邑 3-1429A
gōngyì 宫議 3-1439B
gǒngyī 拱揖 6-556B
gǒngyì 拱挹 6-556B
gòngyì 供役 1-1320A
gòngyì 共億 2-88A
gòngyì 貢藝 10-83B
gòngyì 貢譯 10-84A
gōngyì'er 公議兒 2-80A
gōngyìjīn 公益金 2-69A
gōngyìliúchéng 工藝流程 2-958B
gōngyìměishù 工藝美術 2-958B
gōngyīn 宫音 3-1431B
gōngyín 工銀 2-957B
gōngyǐn 工尹 2-952B
gōngyǐn 公尹 2-58B
gōngyǐn 公引 2-58B
gōngyíng 公營 2-79A
gōngyíng 宫營 3-1438A
gōngyìng 供應 1-1324B
gōngyìng 宫媵 3-1435A
gòngyìng 供應 1-1324B
gōngyǐngbēishé 弓影杯蛇 4-82B
gōngyǐngfúbēi 弓影浮杯 4-82B
gōngyìpǐn 工藝品 2-958B
gōngyítuìshí 公儀退食 2-77A
gōngyízhīcāo 公儀之操 2-76B
gǒngyīzhǐhuī 拱揖指揮 6-556B
gǒngyīzhǐhuī 拱揖指撝 6-556B
gǒngyīzhǐhuī 拱揖指麾 6-556B
gǒngyìzhǐhuī 拱挹指麾 6-556B
gōngyōng 功庸 2-769B
gōngyōng 宫庸 3-1433A
gōngyǒng 攻禜 5-395B
gōngyòng 工用 2-953B
gōngyòng 公用 2-59B
gōngyòng 功用 2-767A
gōngyòng 共用 2-84A
gòngyòng 共用 2-84A
gōngyòngshìyè 公用事業 2-59B
gōngyóu 公郵 2-68B
gōngyǒu 工友 2-952B
gōngyǒu 公有 2-60B
gòngyǒu 共有 2-84A
gōngyǒuzhì 公有制 2-61A
gōngyú 公餘 2-77A
gōngyú 宫隅 3-1433B
gōngyú 觥盂 10-1360A
gōngyǔ 公宇 2-61B
gōngyǔ 宫宇 3-1428B
gōngyǔ 宫羽 3-1428B
gōngyù 公玉 2-58B
gōngyù 公欲 2-71B
gōngyù 公寓 2-73B
gōngyù 功譽 2-772A
gōngyù 攻玉 5-392B
gōngyù 供御 1-1322B
gōngyù 宫籞 3-1440A
gōngyù 共御 2-87B
gōngyù 共禦 2-88A
gòngyú 貢諛 10-83A
gòngyú 貢餘 10-83A
gòngyù 供御 1-1322B
gòngyù 共喻 2-87B
gòngyù 貢御 10-82A
gōngyuán 工員 2-955A
gōngyuán 公元 2-57B
gōngyuán 公園 2-74B
gōngyuán 宫垣 3-1430B
gōngyuán 宫園 3-1435A
gōngyuán 宫媛 3-1434B
gōngyuàn 宫苑 3-1429B
gōngyuàn 宫怨 3-1431A
gōngyuàn 宫院 3-1432A
gōngyuàn 恭愿 7-509B
gòngyuán 貢元 10-80A
gòngyuàn 貢院 10-81A
gōngyuē 公約 2-68A
gōngyuē 恭約 7-508B
gōngyuè 弓月 4-80A
gōngyuè 宫樂 3-1437B
gōngyuè 宫月 3-1427B
gòngyuè'er 供月兒 1-1320A
gōngyúliáofǎ 工娛療法 2-955B
gōngyǔn 公允 2-58B
gōngyǔn 共允 2-84A
gōngyùn 工運 2-956B
gōngyùn 攻熨 5-395B
gòngyǔn 共抎 2-84B
gòngyùn 共韻 2-88B
gòngyùqiú 供御囚 1-1322B
gōngyùshànqíshì… 工欲善其事，必先利其器 2-956A
gòngyǔtánguān 貢禹彈冠 10-81A
gōngyùyǐshí 攻玉以石 5-392B
gōngzǎi 工宰 2-955B
gōngzǎi 功載 2-770A
gōngzǎi 宫宰 3-1432B
gōngzàng 公葬 2-72B
gōngzàng 宫臧 3-1435B
gōngzé 公責 2-70B
gōngzé 功澤 2-771B
gōngzé 宫澤 3-1438B
gōngzé 觥責 10-1360A
gōngzéi 工賊 2-957A
gōngzhāi 攻摘 5-395A
gōngzhái 宫宅 3-1428B
gōngzhài 公債 2-74B
gōngzhàiquàn 公債券 2-74B
gōngzhān 宫詹 3-1435B
gōngzhǎn 觥盞 10-1360A
gōngzhàn 工戰 2-958A
gōngzhàn 攻佔 5-393A
gōngzhàn 攻戰 5-395B
gōngzhāng 公章 2-71B
gōngzhāng 共張 2-87A
gōngzhǎng 工長 2-954B
gōngzhǎng 宫掌 3-1434A
gōngzhàng 工賬 2-957B
gōngzhàng 弓仗 4-80B
gōngzhàng 公賬 2-76B
gōngzhàng 宫仗 3-1427B

gòngzhāng 供張 1-1322B
gòngzhàng 供帳 1-1322A
gōngzhāo 弓招 4-81A
gōngzhǎo 宮沼 3-1430A
gōngzhào 弓兆 4-80B
gōngzhào 宮櫂 3-1439B
gòngzhāo 供招 1-1320B
gōngzhě 宮者 3-1429B
gòngzhēn 貢珍 10-81A
gòngzhèn 共振 2-86A
gōngzhěng 工整 2-958A
gōngzhèng 工正 2-953B
gōngzhèng 弓正 4-80A
gōngzhèng 公正 2-58B
gōngzhèng 公證 2-79B
gōngzhèng 恭正 7-508A
gōngzhèng 觥政 10-1360A
gòngzhèng 共政 2-86A
gōngzhèngbù'ē 公正不阿 2-58B
gōngzhèngliánjié 公正廉潔 2-58B
gōngzhèngwúsī 公正無私 2-58B
gòngzhènqì 共振器 2-86A
gōngzhī 供支 1-1319B
gōngzhī 肱支 6-1176B
gōngzhī 宮脂 3-1432A
gōngzhí 公直 2-64A
gōngzhí 公執 2-70B
gōngzhí 公職 2-79A
gōngzhí 宮職 3-1439A
gōngzhí 恭職 7-510A
gōngzhí 共職 2-88B
gōngzhǐ 宮徵 3-1436B
gōngzhì 工致 2-955A
gōngzhì 工緻 2-958B
gōngzhì 公制 2-64B
gōngzhì 功致 2-769A
gōngzhì 攻治 5-393B
gōngzhì 攻緻 5-395B
gōngzhì 供偫 1-1322B
gōngzhì 供置 1-1323B
gōngzhì 宮雉 3-1435A
gōngzhì 共偫 2-87A
gòngzhí 供直 1-1321A
gòngzhí 供職 1-1325A
gòngzhí 貢職 10-83B
gòngzhì 貢雉 10-82B
gōngzhōng 公中 2-57B
gōngzhōng 公忠 2-64B
gōngzhǒng 工種 2-957B
gōngzhǒng 公塚 2-74A
gōngzhǒng 公種 2-76A
gōngzhòng 公仲 2-61A
gōngzhòng 公衆 2-73A
gōngzhòng 宮衆 3-1434A
gòngzhōng 貢忠 10-80B
gōngzhōngtǐguó 公忠體國 2-64B
gōngzhōu 公粥 2-74A
gǒngzhóu 鞏車 9-1246B
gòngzhòu 貢酎 10-81B
gōngzhū 公朱 2-61A
gōngzhú 功築 2-771B
gōngzhú 攻逐 5-394A
gōngzhú 宮燭 3-1438B
gōngzhǔ 公主 2-59B
gōngzhǔ 宮主 3-1427B
gōngzhù 工祝 2-955A
gōngzhù 攻注 5-393B
gòngzhǔ 共主 2-84A
gòngzhǔ 貢主 10-80B
gōngzhuā 宮髽 3-1438B
gōngzhuàn 公轉 2-79B
gòngzhuàn 供饌 1-1325B
gōngzhuāng 工裝 2-957B
gōngzhuāng 宮妝 3-1429B
gōngzhuāng 宮莊 3-1432A
gōngzhuāng 宮粧 3-1434B
gōngzhuāng 宮裝 3-1435B
gōngzhuāng 恭莊 7-509A
gōngzhuàng 公狀 2-66A
gōngzhuàng 功狀 2-768B
gòngzhuàng 供狀 1-1321B
gōngzhúfēnyān 宮燭分煙 3-1438B
gōngzhuō 工拙 2-954B
gōngzhuó 弓繳 4-83A
gōngzhuó 觥酌 10-1360A
gòngzhuō 供桌 1-1322A
gōngzhūtónghào 公諸同好 2-77A
gōngzī 工資 2-957A
gōngzǐ 弓子 4-80A
gōngzǐ 公子 2-57A
gōngzǐ 宮紫 3-1434A
gōngzì 躬自 10-708A
gōngzībiāozhǔn 工資標準 2-957B
gōngzìfěibó 躬自菲薄 10-708A
gōngzīfēn 工資分 2-957B
gōngzìgāng 工字鋼 2-953B
gōngzǐgē'er 公子哥兒 2-57B
gōngzǐjiā 公子家 2-57B
gōngzīlǜ 工資率 2-957B
gōngzǐpù 弓子鋪 4-80A
gōngzǐwángsūn 公子王孫 2-57A
gōngzīzǒng'é 工資總額 2-957B
gōngzōng 功宗 2-768B
gòngzǒng 共總 2-88B
gōngzòu 宮奏 3-1430B
gōngzú 弓足 4-80B
gōngzú 公族 2-71B
gōngzǔ 公祖 2-67B
gòngzù 貢助 10-80B
gōngzúdàfū 公族大夫 2-71B
gōngzǔfùmǔ 公祖父母 2-67B
gōngzuì 公罪 2-74B
gōngzuì 功最 2-769B
gōngzuì 功罪 2-770B
gōngzuì 宮罪 3-1435A
gōngzuò 工作 2-954A
gōngzuò 公坐 2-63A
gōngzuò 公座 2-69A
gōngzuò 功作 2-768A
gōngzuò 共坐 2-85A
gōngzuòfú 工作服 2-954A
gōngzuòmiàn 工作面 2-954A
gōngzuòmǔjī 工作母機 2-954A
gōngzuòrì 工作日 2-954A
gōngzuòwǔcān 工作午餐 2-954A
gōngzuòzhèng 工作證 2-954A
gōu'ài 勾礙 2-180A
gǒu'ān 苟安 9-351B
gōubǎi 鉤百 11-1240A
gòubàn 購辦 10-286A
gǒubāng 狗邦 5-37B
gǒubàngrénshì 狗傍人勢 5-41A
gǒubǎo 狗寶 5-43A
gōubèi 鞲鞴 12-210B
gòubèi 詬悖 11-184A
gòubèi 購備 10-286A
gòuběn 够本 3-1184B
gòubèn 垢坌 2-1100B
gǒubèngzi 狗蹦子 5-42B
gōubì 韝蔽 12-684B
gōubì 鼃鼊 12-1401B
gòubì 垢敝 2-1101A
gòubì 垢弊 2-1101A
gòubì 垢獘 2-1101A
gōubiān 鉤邊 11-1246B
gǒubiàn 苟辨 9-353A
gòubiàn 構變 4-1206A
gōubié 鉤別 11-1240B
gòubìn 構擯 4-1206A
gōubīng 句兵 3-53B
gòubīng 媾兵 4-393B
gòubīng 搆兵 6-790B
gòubīng 構兵 4-1204A
gòubìng 垢病 2-1101A
gòubìng 詬病 11-184A
gōubō 勾剥 2-177B
gōubō 勾撥 2-179A
gōubō 鉤剥 11-1242A
gōubō 句剥 3-54B
gōubó 句駁 3-55B
gòubó 搆薄 6-792A
gōubǔ 勾捕 2-176B
gōubǔ 勾補 2-178A
gòubǔ 購捕 10-285B
gōucǎi 韝采 12-210B
gǒucái 狗才 5-36B
gǒucái 狗材 5-38A
gōucǎo 鉤草 12-517A
gǒucáozǐ 枸槽子 4-921A
gōuchá 鉤察 11-1245B
gōuchāi 勾差 2-176B
gōuchán 鉤纏 11-1247A
gòuchán 遘讒 10-1120A
gōuchángzhài 鉤腸債 11-1245A
gòucháo 構巢 4-1204B
gōuchē 鉤車 11-1240B
gōuchē 篝車 8-1221A
gōuchě 鉤觶 11-1246A
gōuchén 勾陳 2-177B
gōuchén 鉤沉 11-1241A
gōuchén 鉤陳 11-1242A
gōuchén 鉤沈 11-1240B
gōuchén 句陳 3-54B
gòuchèn 鉤讖 11-1247A
gòuchén 垢塵 2-1101A
gòuchén 遘辰 10-1119A
gōuchéng 溝塍 6-3A
gòuchéng 搆成 6-790B
gòuchéng 構成 4-1203B
gǒuchéngrén 耇成人 8-645B
gōuchí 溝池 6-2A
gòuchǐ 垢恥 2-1101A
gòuchǐ 詬恥 11-184A
gòuchǐ 詬耻 11-184A
gòuchì 詬叱 11-183B
gòuchì 詬斥 11-183B
gǒuchīrèniào 狗喫熱尿 5-41A
gǒuchīshǐ 狗喫屎 5-41A
gōuchóng 鉤蟲 11-1246B
gōuchōu 勾抽 2-176A
gòuchǒu 詬醜 11-184B
gōuchú 勾除 2-176B
gōuchú 鉤鉏 11-1245A
gōuchú 句除 3-54A
gōuchuāi 鉤揣 11-1244A
gōuchuàn 勾串 2-175B
gōuchuàn 鉤串 11-1240B
gōuchuāng 鉤窗 11-1244B
gōuchuí 勾垂 2-176A
gǒucí 苟辭 9-353A
gòucí 構辭 4-1206A
gòucífǎ 構詞法 4-1205A
gǒucóng 苟從 9-352B
gǒucún 苟存 9-351A
gōucuò 鉤錯 11-1246A
gōuda 勾搭 2-178A
gōudā 鉤搭 11-1243B
gōudā 鉤搭 11-1245B
gōudǎi 鉤逮 11-1243B
gōudài 鉤帶 11-1243A
gǒudǎilǎoshǔ 狗逮老鼠 5-40B
gǒudàishòu 狗帶綬 5-40B
gōudájiǎchè 勾達甲坼 2-178A
gōudān 勾擔 2-179B
gǒudǎnbāotiān 狗膽包天 5-42B
gōudǎng 鉤黨 11-1246B
gòudāng 句當 3-55B
gòudǎng 搆黨 6-792B
gòudǎng 構黨 4-1206A
gòudàng 勾當 2-178B
gòudàng 彀當 6-1495B
gǒudǎnghúpéng 狗黨狐朋 5-43A
gǒudǎnghúqún 狗黨狐羣 5-43A
gōudāo 勾刀 2-174B
gōudāo 鉤刀 11-1239A

gōudào 溝道 6-3A
gǒudào 狗盜 5-41A
gǒudàojīmíng 狗盜雞鳴 5-41A
gǒudàojītí 狗盜雞啼 5-41A
gǒudàoshǔqiè 狗盜鼠竊 5-41A
gǒudé 苟得 9-352B
gǒudé 耇德 8-645B
gòudé 購得 10-285B
gōudēng 篝燈 8-1221A
gōudēnghēdòng 篝燈呵凍 8-1221A
gòudí 搆敵 6-792A
gòudì 搆締 6-792A
gòudì 構第 4-1204B
gōudiǎn 勾點 2-179B
gōudiǎn 句點 3-56A
gǒudiānpìguchuí'er 狗顛屁股垂兒 5-42B
gǒudiānpìgu'er 狗顛屁股兒 5-42B
gōudié 勾牒 2-179A
gōudié 鉤牒 11-1245A
gǒudié 耇耋 8-645B
gōudīng 勾釘 2-177A
gōudòng 勾動 2-177B
gǒudōngxi 狗東西 5-39A
gǒudòu 狗竇 5-43A
gōudú 溝瀆 6-3B
gòudú 垢黷 2-1101B
gòudú 詬讟 11-185A
gòudù 垢蠹 2-1101B
gōuduān 鉤端 11-1245B
gōuduàn 勾斷 2-180A
gōudùn 勾盾 2-176B
gōudùn 鉤盾 11-1241B
gōudùn 鉤楯 11-1244B
gōudùn 句盾 3-54A
gòu'è 構惡 4-1205A
gōu'ěr 鉤餌 11-1245B
gǒu'ér 狗兒 5-39A
gǒu'ěrcǎo 狗耳草 5-37B
gǒu'erniān 狗兒年 5-39A
gōufáng 溝防 6-2A
gōufǎng 鉤訪 11-1243A
gǒufāng 狗坊 5-38A
gǒufèifēizhǔ 狗吠非主 5-38A
gǒufèilángxīn 狗肺狼心 5-39B
gǒufèizhījīng 狗吠之驚 5-38A
gǒufèizhījǐng 狗吠之警 5-38A
gòufēn 垢氛 2-1100B
gòufēn 垢紛 2-1101A
gòufēn 遘紛 10-1119B
gōufēng 溝封 6-2A
gōufēng 緱峰 9-943B
gǒufènlì 狗分例 5-37A
gōufù 勾赴 2-176A
gōufù 勾覆 2-180A
gǒufù 狗附 5-39A
gǒufù 笱婦 8-1127B
gǒugǎibùliǎochīshǐ 狗改不了吃屎 5-38B
gōugān 鉤竿 11-1241B
gòugàn 勾幹 2-178B
gōugé 鉤葛 11-1244A
gōugé 鉤觡 11-1245A
gōugé 鉤鉻 11-1245A
gòugé 够格 3-1185A
gōugōng 句弓 3-52B
gǒugōng 狗功 5-37A
gòugōng 彀弓 6-1495A
gōugōu 鉤鉤 11-1245A
gōugōu 區區 1-977B
gǒugǒu 狗苟 5-39A
gǒugǒu 苟苟 9-351B
gòugòu 搆搆 6-792A
gòugòu 呴呴 3-309A
gǒugǒuyíngyíng 狗苟蠅營 5-39A
gōugǔ 勾股 2-176A
gōugǔ 鉤股 11-1241A
gōugǔ 句股 3-53B
gǒugǔ 狗骨 5-39B
gǒugǔ 枸骨 4-921A
gǒugǔ 枸榾 4-921A
gōuguà 鉤挂 11-1241B
gōuguà 鉤掛 11-1242B
gōuguà 鉤罣 11-1243A
gōuguǎn 句管 3-55B
gōuguàn 溝貫 6-2B
gōuguàn 溝灌 6-3B
gōuguàn 鉤貫 11-1243B
gǒuguān 狗官 5-39A
gǒuguātóu 狗刮頭 5-39A
gòuguīhūtiān 詬龜呼天 11-185A
gōuguō 溝郭 6-2B
gǒuguó 狗國 5-40B
gǒugútou 狗骨頭 5-39B
gǒugǔtū 狗骨秃 5-39B
gòuhài 搆害 6-791A
gòuhài 構害 4-1204B
gōuhàn 韝扞 12-684B
gōuhé 勾合 2-175B
gōuhé 勾覈 2-180A
gōuhè 溝壑 6-3B
gǒuhé 苟合 9-351A
gòuhé 媾合 4-393B
gòuhé 媾和 4-393B
gòuhé 搆合 6-790B
gòuhé 構合 4-1204A
gōuhézhāiluò 鉤河擿雒 11-1241A
gōuhǒng 勾哄 2-176B
gòuhòng 搆哄 6-791A
gǒuhòu 狗后 5-38A
gōuhū 勾呼 2-176A
gōuhuá 勾劃 2-179A
gōuhuà 勾畫 2-178A
gòuhuā 詬譁 11-115B
gòuhuà 構畫 4-1205A
gōuhuán 鉤環 11-1246A
gōuhuàn 勾喚 2-177A
gǒuhuān 狗獾 5-43A
gòuhuàn 遘患 10-1119B
gòuhuàn 構患 4-1204B
gōuhuáng 溝隍 6-2B
gōuhuì 鉤喙 11-1244A
gòuhuǐ 搆毀 6-792A
gòuhuǐ 詬毀 11-184B
gòuhuǐ 構毀 4-1205A
gòuhuì 垢穢 2-1101B
gòuhuì 搆會 6-792A
gòuhuì 遘會 10-1119B
gòuhuì 構會 4-1205B
gōuhún 勾魂 2-178B
gōuhúnshèpò 勾魂攝魄 2-178B
gōuhuǒ 篝火 8-1221A
gōuhuǒ 搆火 6-790B
gǒuhuó 苟活 9-352A
gǒuhuò 苟或 9-352A
gòuhuǒ 構火 4-1203B
gòuhuò 搆禍 6-791B
gòuhuò 遘禍 10-1119B
gòuhuò 構禍 4-1205A
gōuhuǒhúmíng 篝火狐鳴 8-1221A
gōujī 勾稽 2-179A
gōujī 鉤稽 11-1245B
gōují 鉤汲 11-1240B
gōujī 句稽 3-55B
gōují 勾集 2-178A
gōují 溝瘠 6-3A
gōují 鉤棘 11-1244A
gōují 句集 3-55A
gōujǐ 鉤己 11-1239A
gōujǐ 鉤戟 11-1244A
gōujǐ 句己 3-52B
gōujǐ 句戟 3-55A
gōujì 句計 3-54A
gǒují 枸棘 4-921A
gǒují 狗脊 5-40A
gǒujì 狗忌 5-39A
gǒujì 枸檵 4-921B
gòují 詬唧 11-184A
gòují 詬譏 11-185A
gòují 詬疾 11-184A
gòují 詬詰 11-184B
gòují 購輯 10-286A
gòují 彀騎 6-1495B
gòujì 詬忌 11-184A
gòujì 遘際 10-1119B
gōujiā 鉤加 11-1240A
gōujiǎ 勾甲 2-175A
gǒujiā 狗加 5-37B
gòujià 搆架 6-791A
gòujià 構架 4-1204B
gòujià 構駕 4-1205B
gōujiǎn 勾檢 2-179B
gōujiǎn 鉤剪 11-1243B
gōujiǎn 鉤檢 11-1246A
gōujiǎn 句檢 3-56A
gǒujiǎn 苟簡 9-353A
gǒujiàn 狗監 5-41B
gǒujiàn 苟賤 9-352B
gòujiān 搆姦 6-791A
gòujiān 遘姦 10-1119A
gòujiàn 搆間 6-791B
gòujiàn 搆閒 6-791B
gòujiàn 構間 4-1205A
gòujiàn 構件 4-1204A
gōujiāo 溝澆 6-3A
gōujiāo 鉤膠 11-1245B
gōujiǎo 勾絞 2-178B
gōujiǎo 鉤脚 11-1243A
gōujiǎo 鉤絞 11-1244B
gōujiào 勾校 2-177A
gōujiào 鉤較 11-1244B
gōujiào 鉤校 11-1241B
gōujiào 句校 3-54A
gǒujiǎo 狗脚 5-40B
gǒujiǎomù 狗腳木 5-41B
gòujiāoqíng 够交情 3-1185A
gōujiē 勾接 2-177B
gōujié 勾結 2-178A
gōujié 鉤結 11-1244B
gōujié 句結 3-55A
gòujiē 媾接 4-393B
gòujiē 搆結 6-792A
gòujié 搆訐 6-791A
gòujié 遘結 10-1119B
gòujié 構結 4-1205A
gōujiéjǐ 句孑戟 3-52B
gōujīn 鉤金 11-1241A
gōujīn 句襟 3-56A
gǒujìn 苟進 9-352A
gòujìn 够勁 3-1185A
gòujìn 詬靳 11-184B
gōujǐng 鉤頸 11-1246A
gōujìng 溝境 6-3A
gǒujìng 苟敬 9-352B
gòujīng 搆精 6-792A
gòujīng 構精 4-1205B
gōujīnyúyǔ 鉤金輿羽 11-1241A
gǒujítiàoqiáng 狗急跳牆 5-39B
gōujiù 句就 3-55A
gǒujú 枸橘 4-921A
gōujǔ 鉤矩 11-1241B
gōujǔ 句矩 3-54A
gōujù 勾瞿 2-180A
gōujù 鉤拒 11-1240B
gōujù 鉤距 11-1243A
gōujù 鉤鉅 11-1244A
gōujù 句倨 3-54B
gōujuǎn 鉤卷 11-1241A
gōujué 勾決 2-175B
gōujué 鉤抉 11-1240B
gōujué 句決 3-53B
gòujué 構抉 4-1204A
gōujūn 勾軍 2-176B
gōukǎo 勾考 2-175A
gōukǎo 鉤攷 11-1240A
gōukǎo 鉤考 11-1240A
gōukǎo 句考 3-53A
gǒukēshuìyú 狗瞌睡魚 5-42A
gǒukǒulǐshēngbùchū… 狗口裏生不出象牙

5-36B
gǒukǒulǐtùbùchūxiàngyá
狗口裏吐不出象牙
5-36B
gōukuāi 緱蒯 9-943B
gōukuài 溝澮 6-3A
gōukuài 句會 3-55B
gōukuò 勾括 2-176B
gōulán 勾闌 2-180A
gōulán 勾欄 2-180A
gōulán 鉤闌 11-1246A
gōulán 鉤欄 11-1247A
gōulán 枸闌 4-878B
gōulán 枸欄 4-878B
gōulán 抅攔 6-409B
gōulán 拘闌 6-487A
gōulán 拘攔 6-487B
gōulán 拘欄 6-488A
gōulán 句闌 3-56A
gōulán 句攔 3-56A
gōulán 句欄 3-56B
gōuláng 枸桹 4-921A
gōuláng 枸榔 4-921A
gǒulǎo 耇老 8-645A
gòulǎo 構橑 4-1205B
gōulè 勾勒 2-177B
gōulè 鉤勒 11-1242B
gōulè 句勒 3-55A
gōulěi 溝壘 6-3B
gòulěi 垢累 2-1101A
gōulí 鉤蒡 11-1244B
gōulí 句驪 3-56B
gōulì 句麗 3-56A
gǒulì 苟利 9-351B
gòulí 搆離 6-792A
gòulí 遘罹 10-1119B
gòulì 垢厲 2-1101A
gòulì 訽詈 11-115B
gòulì 詬詈 11-184B
gòulì 詬厲 11-184B
gòulì 構立 4-1203B
gōulián 勾連 2-177A
gōulián 鉤連 11-1242A
gōulián 鉤聯 11-1246A
gōulián 鉤鎌 11-1246B
gōulián 鉤鐮 11-1247A
gōulián 㓡鐮 2-641B
gōulián 句廉 3-55B
gōuliǎn 勾臉 2-179B
gòulián 構連 4-1204B
gōuliándāo 鉤鎌刀 11-1246B
gōuliándāo 鉤鐮刀 11-1247A
gǒuliáng 笱梁 8-1127B
gōuliánqiāng 鉤鎌槍
11-1246B
gōuliánqiāng 鉤鐮槍
11-1247A
gōuliánqiāng 鉤鐮鎗
11-1247A
gōuliántuǐ 勾鐮腿 2-180B
gōuliè 鉤裂 11-1244A
gōuliè 句烈 3-54B
gōulíhú 呴犁湖 3-309A
gōulǐng 緱嶺 9-943B
gōulǐng 拘領 6-486A
gōuliú 勾留 2-177A
gōuliú 句留 3-54B
gōuliú 鴝鶹 12-1083B
gǒulìzǐ 苟利子 9-351B
gōulóng 勾龍 2-179B
gōulóng 句龍 3-56A
gōulóu 溝婁 6-2B
gōulóu 溝樓 6-3A
gōulóu 溝漊 6-3A
gōulóu 鉤婁 11-1243A
gōulǒu 篝簍 8-1221A
gōulòu 勾屚 2-178A
gōulòu 勾漏 2-179A
gǒulǒu 岣嶁 3-811A
gǒulǒubēi 岣嶁碑 3-811B
gōulóubìng 佝僂病 1-1276B
gōulú 篝鑪 8-1221A
gōulù 䑦艫 9-8B
gǒulù 苟祿 9-352B
gòuluàn 搆亂 6-792A
gòuluàn 構亂 4-1205B
gōuluó 勾羅 2-180A
gōuluò 鉤絡 11-1244B
gōuluò 鉤落 11-1244A
gōuluòdài 鉤絡帶 11-1244B
gōuluòdài 鉤落帶 11-1244A
gōulǚ 佝僂 1-1276B
gòulǜ 彀率 6-1495B
gōumǎ 韝馬 12-210B
gǒumǎ 狗馬 5-40A
gòumǎ 彀馬 6-1495B
gòumà 詬罵 11-184B
gǒumǎbìng 狗馬病 5-40A
gòumǎi 購買 10-286A
gòumǎilì 購買力 10-286A
gǒumǎjí 狗馬疾 5-40A
gòumàn 詬嫚 11-184B
gōumáng 勾芒 2-175B
gōumáng 鉤芒 11-1240A
gōumáng 鉤鋩 11-1245A
gōumáng 句芒 3-53A
gǒumào 苟冒 9-352A
gòumào 傋霿 1-1591B
gǒumǎshēngsè 狗馬聲色
5-40A
gǒumǎxīn 狗馬心 5-40A
gǒuměi 苟美 9-352A
gòuméi 搆媒 6-791B
gōumén 溝門 6-2A
gǒumén 狗門 5-39B
gōuméng 勾萌 2-177B
gōuméng 句萌 3-55A
gōuméng 區萌 1-977A
gǒumì 狗幦 5-42B
gōumiàn 勾麵 2-180A
gǒumiǎn 苟免 9-351B
gòumiàn 垢面 2-1100B
gòumiàn 覯面 10-351B
gòumiànpéngtóu 垢面蓬頭
2-1101A
gōumín 鉤緡 11-1245B
gòumǐn 遘閔 10-1119B
gòumǐn 遘愍 10-1119B
gòumǐn 覯痻 10-351B
gòumǐn 覯閔 10-351B
gǒumìng 狗命 5-39A
gòumíng 雊鳴 11-837B
gòumíng 呴鳴 3-309B
gǒumínguó 狗民國 5-37B
gōumó 鉤摹 11-1245A
gōumǒ 勾抹 2-176A
gōumǒ 句抹 3-53B
gōumò 溝陌 6-2A
gōumù 枸木 4-920B
gōumù 拘木 6-481A
gòumù 搆募 6-791B
gòumù 構木 4-1203B
gòumù 購募 10-285B
gōuná 鉤拏 11-1242B
gòuná 購拿 10-285B
gǒunáhàozi 狗拿耗子 5-40A
gòunàn 搆難 6-792A
gòunàn 遘難 10-1119B
gòunàn 構難 4-1206A
gǒunǎngde 狗攮的 5-43A
gǒunánnǚ 狗男女 5-38B
gōunì 鉤逆 11-1241B
gòunì 垢膩 2-1101A
gòunì 搆逆 6-791A
gòunì 遘逆 10-1119A
gòunì 構逆 4-1204A
gǒunián 狗年 5-37B
gǒuniàotái 狗尿苔 5-38B
gōunǔ 鉤努 11-1241A
gǒunú 狗奴 5-37B
gòunǔ 彀弩 6-1495B
gòunù 詬怒 11-184A
gòunüè 搆虐 6-791A
gōupái 勾牌 2-178A
gōupái 鉤排 11-1242B
gōupán 鉤盤 11-1245B
gōupán 鉤鞶 11-1246B
gǒupáo'érfú 狗跑兒浮
5-41A
gōupèi 勾配 2-177A
gōupèi 鉤佩 11-1241A
gǒupēng 狗烹 5-40B
gǒupèng 狗碰 5-41B
gǒupèngtóu 狗碰頭 5-41B
gòupéngyǒu 够朋友 3-1185A
gōupī 勾批 2-175B
gōupī 鉤鈲 11-1245A
gōupī 鉤鎃 11-1245A
gōupī 鉤鈲 11-1244A
gǒupì 狗屁 5-38B
gǒupìbùtōng 狗屁不通
5-38B
gǒupígāo 狗皮膏 5-37B
gǒupígāoyào 狗皮膏藥
5-37B
gōupìn 鉤牝 11-1240A
gōuqí 鉤奇 11-1241A
gōuqǐ 勾起 2-176B
gōuqì 勾訖 2-177B
gǒuqǐ 枸芑 4-920B
gǒuqǐ 枸杞 4-920B
gǒuqì 狗氣 5-40A
gòuqí 彀騎 6-1495B
gōuqiān 勾牽 2-177B
gōuqiān 勾遷 2-179A
gōuqiān 鉤牽 11-1243B
gōuqián 鉤鈐 11-1244B
gōuqián 鉤箝 11-1245A
gōuqiàn 勾芡 2-175B
gōuqiàn 溝塹 6-3A
gōuqiàn 溝壍 6-3B
gòuqiàng 够嗆 3-1185A
gòuqiáo 够瞧 3-1185A
gòuqiào 詬誚 11-184B
gòuqiáode 够瞧的 3-1185A
gǒuqǐchá 枸杞茶 4-921A
gǒuqiě 苟且 9-350B
gǒuqiè 狗竊 5-43A
gǒuqiětōu'ān 苟且偷安
9-350B
gǒuqiětōushēng 苟且偷生
9-350B
gǒuqiěyīnxún 苟且因循
9-350B
gōuqíjuéyì 拘奇抉異
6-483A
gòuqǐng 購請 10-286A
gǒuqìngē 狗沁歌 5-38B
gǒuqìshā 狗氣殺 5-40A
gōuqiú 鉤求 11-1240B
gǒuqiú 狗裘 5-41B
gǒuqiú 苟求 9-351B
gòuqiú 構求 4-1204B
gòuqiú 購求 10-285A
gǒuqǐzǐ 枸杞子 4-921A
gōuqū 勾曲 2-175B
gōuqū 鉤曲 11-1240A
gōuqū 句曲 3-53A
gōuqú 溝渠 6-2B
gōuqǔ 勾取 2-176A
gōuqǔ 鉤取 11-1241A
gǒuqū 狗曲 5-37B
gòuqǔ 購取 10-285B
gōuquǎn 溝甽 6-2A
gǒuquán 苟全 9-351A
gōuquè 勾却 2-175B
gōurǎn 勾染 2-176B
gōurǎn 鉤染 11-1241B
gǒurán 苟然 9-352B
gòurǎn 垢染 2-1101A
gòuràng 詬讓 11-185A
gōurǎo 勾擾 2-180A
gōurě 勾惹 2-178A
gōurèn 鉤刃 11-1239A
gǒuróng 苟容 9-352A
gǒuròubùshàngzhuō
狗肉不上桌 5-37B
gǒuròushàngbùdetáipán
狗肉上不得臺盤
5-37B
gòurǔ 垢辱 2-1101A
gòurǔ 詬辱 11-184A
gǒuruò 苟若 9-351B
gōusāndāsì 勾三搭四
2-175A
gòushà 構廈 4-1205A

gōushān 勾煽 2-179A
gōushān 緱山 9-943B
gōushàn 鞲扇 12-210B
gòushān 搆煽 6-792A
gòushān 搆扇 6-791B
gòushān 構山 4-1203B
gòushān 構煽 4-1205B
gòushān 構扇 4-1204B
gòushān 購煽 10-286A
gòushàn 遘扇 10-1119B
gòushàn 構繕 4-1206A
gòushǎng 構賞 4-1205B
gòushǎng 購賞 10-286A
gōushānhè 緱山鶴 9-943B
gōushé 鉤舌 11-1240A
gōushé 鉤蛇 11-1243A
gōushè 勾攝 2-180A
gōushè 鉤攝 11-1247A
gǒushé 狗舌 5-38A
gòushè 彀牒 6-1495B
gōushēn 鉤深 11-1243B
gōushén 勾神 2-176B
gōushéng 鉤繩 11-1246B
gōushéng 鞲繩 12-684B
gōushéng 拘繩 6-409B
gōushéng 句繩 3-56A
gǒushēng 狗生 5-37A
gǒushēng 苟生 9-351A
gǒushēngjiǎo 狗生角 5-37A
gōushēnjí'ào 鉤深極奧 11-1243B
gōushēntúyuǎn 鉤深圖遠 11-1243B
gōushēnzhìyuǎn 鉤深致遠 11-1243B
gōushī 溝施 6-2B
gōushí 篝石 8-1221A
gōushǐ 勾使 2-176A
gōushì 鉤視 11-1243B
gōushì 鉤飾 11-1245A
gǒushī 狗屍 5-39B
gǒushī 狗蝨 5-42A
gǒushí 狗食 5-39B
gǒushǐ 狗矢 5-37A
gǒushǐ 狗屎 5-39B
gǒushì 狗市 5-37B
gǒushì 狗事 5-39A
gòushí 遘時 10-1119B
gǒushǐduī 狗屎堆 5-39B
gōushīgōu 鉤詩鉤 11-1245A
gōushìguā 緱氏瓜 9-943B
gōushìhè 緱氏鶴 9-943B
gōushìshān 緱氏山 9-943B
gōushǒu 勾手 2-175A
gòushōu 購收 10-285A
gòushòu 够受 3-1185A
gòushòude 够受的 3-1185A
gǒushǔ 狗鼠 5-41B
gòushū 購書 10-285B
gòushú 購贖 10-286B
gòushǔ 詬數 11-184B
gǒushǔbùshírǔyú 狗鼠不食汝餘 5-41B
gōusī 鉤絲 11-1244B
gōusì 勾肆 2-178B
gōusì 枸肆 4-921A
gōusì 构肆 4-878B
gōusì 拘肆 6-409B
gōusì 拘肆 6-485B
gòusī 搆思 6-791A
gòusī 構思 4-1204A
gòusī 購私 10-285B
gòusǐ 構死 4-1203B
gōusǐguǐ 勾死鬼 2-175B
gōusǐrén 勾死人 2-175B
gōusìyǔ 枸肆語 4-921A
gòusòng 搆訟 6-791B
gòusú 垢俗 2-1101A
gǒusuí 苟隨 9-352B
gòusuì 詬誶 11-184B
gōusuǒ 勾索 2-177A
gōusuǒ 鉤索 11-1242A
gōusuǒ 鉤鎖 11-1246B
gōusuǒ 句索 3-54B
gōusuǒgǔ 鉤鎖骨 11-1246B
gǒutài 狗態 5-42A
gōutǎn 鉤袒 11-1242A
gōutàn 鉤探 11-1242B
gōutàn 鉤撢 11-1245B
gǒutān 苟貪 9-352B
gòutáng 構堂 4-1204B
gǒutàntāng 狗探湯 5-40B
gǒutāpí 狗塌皮 5-41B
gòutè 遘慝 10-1119B
gòutè 構慝 4-1205B
gōuténg 鉤藤 11-1246A
gōutī 鉤剔 11-1242A
gōutī 鉤梯 11-1242B
gōutī 鉤擿 11-1246A
gōutí 勾提 2-178A
gōutí 鉤提 11-1244A
gōutián 勾填 2-178B
gòutiān 構天 4-1203B
gōutiāo 鉤挑 11-1241B
gōutiǎo 勾挑 2-176B
gǒutiàoqiáng 狗跳墻 5-41B
gōutōng 勾通 2-177B
gōutōng 溝通 6-2B
gōutōng 鉤通 11-1242B
gǒutóng 苟同 9-351A
gòutōng 搆通 6-791B
gōutóu 勾頭 2-179B
gōutóu 鉤頭 11-1246A
gǒutōu 狗偷 5-40B
gǒutōu 苟偷 9-352A
gǒutōu 苟媮 9-352B
gǒutóu 狗頭 5-42B
gǒutóugǒu 狗頭狗 5-42B
gǒutóugǒunǎo 狗頭狗腦 5-42B
gǒutóujūnshī 狗頭軍師 5-42B
gǒutóushàngshēngjiǎo 狗頭上生角 5-42B
gǒutóushǔnǎo 狗頭鼠腦 5-42B
gǒutōushǔqiè 狗偷鼠竊 5-40B
gōutóutànnǎo 勾頭探腦 2-179B
gōutú 溝涂 6-2B
gǒutú 狗屠 5-40B
gòutú 構圖 4-1205B
gǒutuǐ 狗腿 5-41B
gǒutuǐchāi 狗腿差 5-41B
gǒutuǐzi 狗腿子 5-41B
gòutún 構屯 4-1203B
gōuwǎn 鉤挽 11-1241B
gōuwǎn 鉤綰 11-1245B
gǒuwán 苟完 9-351B
gòuwán 垢玩 2-1100B
gòuwán 垢翫 2-1101A
gōuwǎng 句枉 3-53B
gōuwàng 句望 3-55A
gǒuwàng 苟妄 9-351B
gǒuwěi 狗尾 5-38B
gòuwèi 够味 3-1185A
gòuwèi 搆位 6-791A
gǒuwěidiāoxù 狗尾貂續 5-38B
gǒuwěixùdiāo 狗尾續貂 5-38B
gōuwěn 鉤吻 11-1240B
gōuwèn 勾問 2-177B
gòuwèn 購問 10-285B
gōuwénjǐn 句文錦 3-53A
gōuwú 勾吳 2-175B
gōuwú 句吳 3-53A
gōuwú 句無 3-55A
gòuwū 垢汙 2-1100B
gòuwū 垢污 2-1100B
gòuwū 垢洿 2-1101A
gòuwǔ 詬侮 11-184A
gòuwǔ 遘忤 10-1119A
gòuwǔ 遘迕 10-1119A
gòuwǔ 覯侮 10-351B
gòuwù 垢誤 2-1101A
gòuwù 遘惡 10-1119B
gòuwù 覯晤 10-351B
gōuxī 溝谿 6-3B
gōuxì 勾戲 2-179B
gǒuxī 狗犀 5-41A
gǒuxī 狗豨 5-42A
gǒuxī 苟惜 9-352B
gòuxì 搆隙 6-791B
gòuxì 詬戲 11-185A
gòuxì 構隙 4-1205A
gòuxì 構隮 4-1205B
gòuxià 構夏 4-1204B
gōuxián 鉤弦 11-1241A
gòuxián 搆嫌 6-792A
gòuxiàn 搆陷 6-791B
gòuxiàn 構陷 4-1204B
gòuxiàn 購綫 10-286A
gòuxiàn 購線 10-286A
gòuxiǎng 構想 4-1205A
gōuxiāo 勾消 2-177B
gōuxiāo 勾銷 2-179B
gòuxiāo 購銷 10-286A
gòuxiào 詬笑 11-184A
gǒuxiàshuǐ 狗下水 5-36B
gōuxiè 鞲紲 12-684B
gōuxiè 鞲緤 12-684B
gōuxīn 鉤心 11-1239B
gòuxìn 搆衅 6-791B
gòuxìn 搆釁 6-792B
gòuxìn 構釁 4-1206A
gōuxīndòujiǎo 勾心鬭角 2-175A
gōuxīndòujiǎo 鉤心門角 11-1239B
gōuxīndòujiǎo 鉤心鬭角 11-1239B
gōuxīng 鉤星 11-1241B
gōuxīng 句星 3-54A
gòuxìng 搆興 6-792A
gǒuxínglángxīn 狗行狼心 5-38A
gǒuxīngǒuxíng 狗心狗行 5-37A
gǒuxióng 狗熊 5-42A
gōuxù 溝洫 6-2B
gōuxù 溝淢 6-2B
gòuxuán 購懸 10-286B
gōuxuánlièmì 鉤玄獵祕 11-1240A
gōuxuántíyào 鉤玄提要 11-1240A
gǒuxùdiāowěi 狗續貂尾 5-43A
gǒuxuèlínlí 狗血淋漓 5-38A
gǒuxuèlíntóu 狗血淋頭 5-38A
gǒuxuèpēntóu 狗血噴頭 5-38A
gǒuxùhóuguān 狗續侯冠 5-43A
gǒuxùjīndiāo 狗續金貂 5-43A
gǒuxún 苟狗 9-352A
gǒuxùn 苟徇 9-352A
gōuyā 勾押 2-176A
gōuyā 句押 3-53B
gǒuyá'ertāozi 狗牙兒縧子 5-37A
gōuyán 鉤研 11-1241B
gōuyǎn 溝眼 6-2B
gōuyàn 溝沿 6-2A
gōuyàn 溝堰 6-3A
gǒuyán 苟延 9-351A
gǒuyán 苟言 9-351B
gòuyán 構言 4-1204A
gǒuyáncánchuǎn 苟延殘喘 9-351A
gǒuyǎngde 狗養的 5-42A
gòuyāo 構妖 4-1204A
gǒuyǎogǒu 狗咬狗 5-39B
gǒuyǎolǚdòngbīn 狗咬呂洞賓 5-39B
gōuyī 篝衣 8-1221A
gōuyǐ 勾乙 2-174B
gōuyì 鉤弋 11-1239A
gōuyì 鉤易 11-1241A
gōuyì 鉤檥 11-1245B
gǒuyì 苟異 9-352A

gòuyì 構意 4-1205B
gōuyìfūrén 鉤弋夫人 11-1239A
gōuyìfūrén 鉤翼夫人 11-1246A
gōuyǐn 勾引 2-175A
gōuyǐn 鉤引 11-1239B
gōuyǐn 句引 3-53A
gōuyīng 鉤嬰 11-1246A
gōuyīng 鉤膺 11-1246A
gōuyīng 韝鷹 12-210B
gōuyīng 韝鷹 12-684B
gōuyīng 拘纓 6-488A
gōuyìng 拘癭 6-488A
gǒuyíng 狗蠅 5-42B
gòuyíng 構營 4-1205B
gǒuyínghúzi 狗蠅鬍子 5-43A
gōuyīnglòuyáng 鉤膺鏤錫 11-1246A
gǒuyíngméi 狗蠅梅 5-42B
gōuyīngxièquǎn 韝鷹紲犬 12-684B
gōuyōng 溝墉 6-3A
gōuyòng 鉤用 11-1240A
gǒuyóu 狗油 5-39A
gòuyòu 購誘 10-286A
gǒuyú 狗魚 5-40B
gǒuyǔ 苟語 9-352B
gǒuyù 苟欲 9-352B
gòuyù 遘遇 10-1119B
gòuyù 雊鵒 11-838A
gōuyuán 鉤援 11-1244A
gōuyuán 句圜 3-56A
gòuyuàn 搆怨 6-791A
gòuyuàn 構怨 4-1204A
gōuyuántíyào 鉤元提要 11-1239A
gōuyuánzhāimì 鉤元摘秘 11-1239B
gōuyuánzǐ 鉤緣子 11-1245B
gōuyuè 勾越 2-178A
gōuyuè 鉤月 11-1239B
gǒuyuè 苟悅 9-352A
gōuyún 鉤雲 11-1244A
gòuyún 構雲 4-1205A
gǒuzǎizi 狗崽子 5-41A
gǒuzǎizi 狗仔子 5-37B
gǒuzǎo 狗蚤 5-40A
gǒuzào 耇造 8-645B
gòuzào 搆造 6-791A
gòuzào 訽譟 11-185A
gòuzào 構造 4-1204B
gǒuzázhǒng 狗雜種 5-42B
gōuzé 鉤賾 11-1246B
gòuzé 詬責 11-184A
gòuzèn 構譖 4-1206A
gōuzhāi 鉤摘 11-1245A
gōuzhàn 鉤棧 11-1244A
gōuzhàn 拘占 6-481B
gǒuzhàn 狗站 5-40A
gǒuzhǎng 耇長 8-645B
gòuzhāng 彀張 6-1495B
gǒuzhàngguānshì 狗仗官勢 5-37B
gōuzhāngjíjù 鉤章棘句 11-1243A
gǒuzhàngrénshì 狗仗人勢 5-37A
gǒuzhǎngwěibajiān'er… 狗長尾巴尖兒的好日子 5-39A
gōuzhǎo 鉤爪 11-1239B
gōuzhǎo 句爪 3-53A
gōuzhǎojùyá 鉤爪鋸牙 11-1239B
gǒuzhé 狗牒 5-41B
gǒuzhé 狗摺 5-42A
gōuzhēn 鉤針 11-1242A
gōuzhēn 鉤箴 11-1245B
gōuzhēng 勾徵 2-179B
gòuzhēng 搆爭 6-790B
gòuzhēng 構爭 4-1204A
gōuzhī 鉤枝 11-1241A
gōuzhí 鉤摭 11-1245A
gōuzhǐ 鉤止 11-1239B
gōuzhǐ 拘指 6-483B
gōuzhǐ 句指 3-54A
gōuzhì 勾致 2-177A
gōuzhì 鉤治 11-1241A
gōuzhì 鉤致 11-1242A
gǒuzhǐ 苟止 9-350B
gǒuzhì 狗彘 5-41A
gǒuzhì 猗彘 5-74B
gòuzhǐ 覯止 10-351B
gòuzhì 搆制 6-791A
gòuzhì 雊雉 11-837B
gòuzhì 構致 4-1204B
gòuzhì 購置 10-286A
gǒuzhìbùrú 狗彘不如 5-41B
gǒuzhìbùruò 狗彘不若 5-41B
gǒuzhìbùshí 狗彘不食 5-41B
gǒuzhìbùshíqíyú 狗彘不食其餘 5-41B
gǒuzhìbùshírǔyú 狗彘不食汝餘 5-41B
gòuzhìshēngdǐng 雊雉昇鼎 11-837B
gǒuzhōng 狗中 5-37A
gǒuzhǒng 狗種 5-42A
gòuzhōng 勾中 2-175A
gòuzhōng 彀中 6-1495A
gōuzhōngjí 溝中瘠 6-2A
gōuzhōu 鉤輈 11-1244B
gōuzhōu 句輈 3-55B
gōuzhōugézhé 鉤輈格磔 11-1244B
gōuzhǔ 溝主 6-2A
gōuzhù 勾注 2-176A
gōuzhù 句注 3-53B
gòuzhù 搆築 6-792A
gòuzhù 構築 4-1205B
gōuzhuāi 勾拽 2-176B
gòuzhuān 構塼 4-1205B
gòuzhuàn 構撰 4-1205B
gòuzhuàn 構譔 4-1206A
gǒuzhuǎzi 狗爪子 5-37A
gǒuzhūbùshíqíyú 狗豬不食其餘 5-42A
gōuzhuī 勾追 2-176B
gōuzhuī 句追 3-54A
gōuzhuì 句贅 3-56A
gòuzhuì 構綴 4-1205B
gǒuzhuīhàozi 狗追耗子 5-39B
gòuzhūn 搆屯 6-790B
gòuzhūn 遘屯 10-1119A
gōuzhuō 勾捉 2-176B
gōuzhuó 鉤斫 11-1241B
gòuzhuó 垢濁 2-1101B
gōuzi 勾子 2-175A
gōuzi 鉤子 11-1239A
gǒuzi 狗子 5-36B
gǒuzì 狗胔 5-41A
gòuzǐ 詬訾 11-184B
gòuzǐ 垢滓 2-1101A
gòuzǐ 詬訿 11-184B
gōuzijūn 勾子軍 2-175A
gōuzimátáng 鉤子麻糖 11-1239A
gǒuzǒu 狗走 5-38A
gǒuzǒuhúyín 狗走狐淫 5-38A
gōuzú 勾卒 2-176A
gōuzú 句卒 3-53B
gòuzū 詬租 11-184A
gòuzǔ 詬詛 11-184B
gǒuzuǐlǐtùbùchūxiàngyá 狗嘴裏吐不出象牙 5-42B
guǎ'ài 寡愛 3-1593A
guà'ài 挂礙 6-547B
guà'ài 罣礙 8-1021B
guǎ'àn 寡闇 3-1594A
guǎbái 寡白 3-1590A
guābàn 瓜瓣 8-280B
guàbǎng 挂榜 6-545B
guǎbáo 寡薄 3-1593B
guàbāo 挂包 6-543A
guàbì 挂壁 6-547A
guàbiān 挂鞭 6-547B
guàbiǎn 挂匾 6-544B
guàbiàn 卦變 1-995B
guàbiǎo 挂錶 6-546B
guàbìyú 挂壁魚 6-547A
guābízi 刮鼻子 2-670B
guǎbó 寡薄 3-1593B
guābù 瓜步 8-278B
guǎbùdízhòng 寡不敵衆 3-1589B
guǎbùshèngzhòng 寡不勝衆 3-1589B
guàbuzhù 挂不住 6-542B
guācā 刮擦 2-671A
guàcǎi 挂彩 6-544B
guācāng 鴰鶬 12-1090B
guǎcǎo 寡草 3-1591B
guāchǎn 刮剗 2-670A
guāchángbì 刮腸篦 2-670B
guāchē 刮車 2-669A
guǎchén 寡臣 3-1590B
guǎchéng 寡誠 3-1593A
guàchǐ 挂齒 6-546A
guāchóu 瓜疇 8-280B
guǎchóu 寡儔 3-1594A
guǎchóu 寡讎 3-1594B
guāchóuyùqū 瓜疇芋區 8-280B
guāchú 刮除 2-670A
guǎchǔ 寡處 3-1592A
guàchú 挂鋤 6-546B
guàcí 卦辭 1-995B
guǎcù 寡醋 3-1593B
guāda 呱噠 3-280A
guādā 瓜搭 8-279B
guādā 呱嗒 3-280A
guādā 呱噠 3-280A
guādā 咶噠 3-328B
guādā 括搭 6-563B
guàdā 挂耷 6-544A
guàdā 挂搭 6-544B
guàdā 挂褡 6-546A
guādābǎn 呱嗒板 3-280A
guādābǎn 呱噠板 3-280B
guādǎbǎn 呱打板 3-279B
guādǎbiǎn'er 刮打扁兒 2-668A
guādǎdǎ 呱打打 3-279B
guàdādēng 挂搭燈 6-545A
guādài 瓜代 8-278A
guàdài 挂帶 6-544B
guàdài 罣帶 8-1021A
guǎdàifū 寡大夫 3-1589B
guǎdàn 寡淡 3-1592A
guǎdàn 寡蛋 3-1592B
guǎdàn 寡彈 3-1593B
guàdān 挂單 6-545A
guàdān 挂膽 6-547A
guǎdǎng 寡黨 3-1594B
guàdāsēng 挂搭僧 6-545A
guādǎzuǐ 刮打嘴 2-668A
guǎdé 寡德 3-1593B
guàdēng 挂燈 6-547A
guàdēngjiécǎi 挂燈結彩 6-547A
guàdèngqián 挂鐙錢 6-547B
guādí 刮滌 2-670B
guādì 瓜蒂 8-279B
guādì 刮地 2-668B
guàdì 絓地 9-802B
guādié 瓜瓞 8-279A
guādìfēng 刮地風 2-668B
guādìpí 刮地皮 2-668B
guādìpí 括地皮 6-562B
guādú 瓜瀆 8-280B
guādú 刮毒 2-669A
guǎdú 寡獨 3-1594A
guǎduàn 寡斷 3-1594B
guāduó 括奪 6-563B
guàdùqiāncháng 挂肚牽腸 6-543B
guǎ'ēn 寡恩 3-1591B
guā'ěr 刮耳 2-668B
guǎ'èrshǎoshuāng 寡二少雙 3-1589B

guāfā 刮發 2-670B
guǎfá 寡乏 3-1590A
guǎfà 寡髮 3-1593B
guàfǎ 絓法 9-802B
guàfān 挂帆 6-543A
guǎfāng 寡方 3-1590A
guāfēn 瓜分 8-277B
guāfēndǐngzhì 瓜分鼎峙 8-277B
guāfēndòupōu 瓜分豆剖 8-277B
guāfēng 刮風 2-670A
guǎfū 寡夫 3-1589B
guǎfù 寡婦 3-1592B
guàfú 挂服 6-543B
guàfú 罣罦 8-1021A
guǎfùgǒu 寡婦笱 3-1592B
guǎfùliǎnzi 寡婦臉子 3-1592B
guǎfùshā 寡婦莎 3-1592B
guāgē 瓜割 8-279B
guāgé 瓜葛 8-279B
guǎgē 剮割 2-709B
guāgōng 刮宮 2-670A
guǎgōng 寡功 3-1590A
guàgōng 挂弓 6-542B
guàgōu 挂鉤 6-545A
guāgòumóguāng 刮垢磨光 2-669A
guāgòumóhén 刮垢磨痕 2-669B
guāgǔ 刮骨 2-670A
guǎgū 寡孤 3-1591B
guàgū 卦姑 1-994B
guàgǔ 挂轂 6-547A
guāguā 刮刮 2-669A
guāguā 呱呱 3-280A
guāguā 咶咶 3-328B
guāguājiào 刮刮叫 2-669A
guāguājiào 呱呱叫 3-280A
guāguājiào 咶咶叫 3-328B
guāguājiào 括括叫 6-563A
guāguālālā 咶咶喇喇 3-328B
guàguān 挂冠 6-544A
guāguāzàozào 刮刮燥燥 2-669A
guāguāzāzā 刮刮匝匝 2-669A
guāguāzāzā 刮刮咂咂 2-669A
guāguāzāzā 刮刮拶拶 2-669A
guāguāzázá 刮刮雜雜 2-669A
guāgǔchōujīn 刮骨抽筋 2-670A
guāgǔliáodú 刮骨療毒 2-670A
guāguǒ 瓜果 8-278B
guǎguò 寡過 3-1592A
guāgǔyān 刮骨鹽 2-670A
guǎhàn 寡漢 3-1593A
guàhào 挂號 6-545B
guàhàoxìn 挂號信 6-545B
guǎhé 寡合 3-1590B
guǎhè 寡和 3-1591A
guǎhè 寡鶴 3-1594B
guàhé 挂閡 6-546A
guàhé 絓閡 9-803A
guàhóng 挂紅 6-544A
guàhǒu 挂吼 6-543B
guàhòu 卦候 1-994B
guāhù 瓜瓠 8-279A
guǎhú 寡鵠 3-1594A
guāhuá 瓜華 8-278B
guàhuā 挂花 6-543B
guàhuái 挂懷 6-547B
guǎhuān 寡歡 3-1594B
guǎhuáng 寡黄 3-1592A
guàhuǎngzi 挂幌子 6-545B
guǎhuǐ 寡悔 3-1592A
guàhuǒ 挂火 6-543A
guāhúzi 刮鬍子 2-671A
gù'āi 顧哀 12-362B
gù'ài 顧愛 12-364B
guāi'ài 乖硋 1-661A
guāi'ài 乖礙 1-664A
gǔ'āi'āi 骨捱捱 12-399A
guǎibàngzi 拐棒子 6-462B
guāibèi 乖背 1-660B
guāibèi 乖悖 1-661A
guāibiàn 乖變 1-664A
guàibiàn 怪變 7-488A
guāibié 乖别 1-659A
guāibó 乖駁 1-662B
guàibù 怪怖 7-485A
guàibùdào 怪不到 7-484A
guàibùdào 怪不道 7-484A
guàibùde 怪不得 7-484A
guàibùde 怪不的 7-484A
guàibùzhe 怪不着 7-484A
guāichà 乖差 1-660B
guàichà 怪詫 7-487A
guāichāi 乖拆 1-659B
guāicháng 乖常 1-661A
guàichēn 怪嗔 7-486B
guāichí 乖弛 1-659A
guāichuǎn 乖舛 1-659A
guāichuǎn 乖僢 1-663A
guāichuǎn 乖踳 1-663A
guāichúnmìshé 乖脣蜜舌 1-660B
guāicì 乖次 1-659A
guāicuò 乖錯 1-663A
guàicuò 怪錯 7-487B
guǎidài 拐帶 6-462B
guāidàn 乖誕 1-662B
guàidàn 怪誕 7-486B
guàidànbùjīng 怪誕不經 7-486B
guàidào 怪道 7-486B
guàidé 怪得 7-486A
guàidǐ 怪底 7-485A
guāidiāo 乖刁 1-658A
guāidiào 乖調 1-663A
guàidié 怪牒 7-486B
guàidié 怪諜 7-487B
guāidòng 乖動 1-661B
guāidù 乖度 1-660B
guāidùn 乖盾 1-660B
guāi'é 乖訛 1-661B
guāi'é 乖譌 1-664A
guài'è 怪惡 7-486A
guài'è 怪愕 7-486B
guāi'èr 乖貳 1-661B
guǎi'ér 拐兒 6-462B
guāifǎn 乖反 1-658B
guāifāng 乖方 1-658B
guāifēn 乖分 1-658B
guāifèn 乖分 1-658B
guāifú 乖咈 1-660A
guāigé 乖隔 1-662B
guāigěng 乖梗 1-661A
guāigū 拐孤 6-462B
guāiguǎ 乖寡 1-663A
guāiguāi 乖乖 1-660A
guàiguài 夬夬 2-1476A
guàiguài 袿袿 9-61B
guàiguàiqíqí 怪怪奇奇 7-485A
guāiguǐ 乖詭 1-662B
guàiguǐ 怪詭 7-486B
guǎigùn 拐棍 6-462B
guǎigùn 枴棍 4-913B
guàihài 怪駭 7-487A
guàihàn 怪憾 7-487B
guàihánghuò 怪行貨 7-484B
guāihé 乖和 1-660A
guàihèn 怪恨 7-485B
guāihù 乖互 1-658B
guāihù 乖㸦 1-658A
guāihuá 乖滑 1-662A
guàihuà 怪話 7-486B
guàihuàn 怪幻 7-484A
guàihuì 怪恚 7-485B
guàihuò 怪惑 7-486A
guāijiǎn 乖檢 1-663B
guāijiǎn 乖蹇 1-663B
guāijiàn 乖間 1-662A
guāijiàn 乖僭 1-663A
guāijiǎo 乖角 1-659B
guǎijiǎo 拐角 6-462A
guāijié 乖節 1-662B
guàijié 怪杰 7-484B
guàijié 怪傑 7-486B
guāijǔ 乖沮 1-660A
guǎijú 拐局 6-462B
guāijué 乖角 1-659B
guāijué 乖絶 1-662B
guāijué 乖覺 1-664A
guàijué 夬決 2-1476A
guàijué 怪譎 7-487B
guāijué'er 乖角兒 1-659B
guāikuí 乖睽 1-662B
guāikuò 乖闊 1-663B
guāilà 乖剌 1-660B
guāilài 㾺癩 8-332A
guàilái 怪來 7-484B
guāilàn 乖濫 1-663B
guǎilǎo 拐老 6-462A
guāilí 乖漓 1-662B
guāilí 乖離 1-663B
guāilì 乖戾 1-660A
guāilì 乖沴 1-660A
guāilì 乖盭 1-664A
guàilì 怪力 7-483B
guàilì 怪戾 7-485A
guàilì 怪厲 7-487A
guàilì 怪麗 7-487B
guàiliǎn 怪臉 7-487B
guǎiliángwéichāng 拐良爲娼 6-462B
guāiliè 乖劣 1-658B
guāiliè 乖烈 1-660B
guāiliè 乖裂 1-662A
guàilìluànshén 怪力亂神 7-483B
guāilíng 乖伶 1-659B
guāilóng 乖龍 1-663B
guāilòu 乖露 1-664A
guàilòu 怪陋 7-485A
guāiluàn 乖亂 1-662B
guàilùn 怪論 7-487A
guǎimài 拐賣 6-462B
guāimàn 乖慢 1-663A
guāimèi 乖昧 1-660B
guàimèi 怪媚 7-486B
guǎimén 拐門 6-462B
guàimì 怪秘 7-485B
guàimín 怪民 7-484A
guāimiù 乖繆 1-663B
guāimiù 乖謬 1-663B
guàimiù 怪謬 7-487B
guàimúguàiyàng 怪模怪様 7-487A
guāinì 乖逆 1-660B
guàiniǎo 怪鳥 7-486A
guāipàn 乖叛 1-660B
guāipàn 乖畔 1-661A
guāipì 乖僻 1-663A
guàipǐ 怪癖 7-487B
guàipì 怪僻 7-487A
guǎipiàn 拐騙 6-462B
guāiqí 乖歧 1-660A
guāiqì 乖氣 1-661A
guāiqì 乖棄 1-662B
guàiqí 怪奇 7-484B
guàiqì 怪氣 7-485B
guāiqiān 乖愆 1-662B
guāiqiǎo 乖巧 1-658B
guàiqiǎo 怪巧 7-484A
guāiqīn 乖親 1-663B
guāiquē 乖闕 1-664A
guāirén 乖人 1-658A
guàirén 怪人 7-483B
guāisàn 乖散 1-662A
guāisàng 乖喪 1-662A
guàisè 怪澀 7-487B
guàishè 怪慴 7-487A
guàishén 怪神 7-485B
guàishēng 怪生 7-484A
guàishēngguàiqì 怪聲怪氣 7-487B
guāishī 乖失 1-658B
guāishí 乖實 1-663A

guǎishì 拐士 6-462A
guàishí 怪石 7-484A
guàishìduōduō 怪事咄咄 7-484B
guàishígōng 怪石供 7-484A
guāishū 乖殊 1-660B
guāishū 乖疎 1-662A
guāishū 乖疏 1-662A
guāishuǎng 乖爽 1-661A
guāishùn 乖順 1-662A
guàishuō 怪說 7-487A
guàisì 怪似 7-484B
guàitàn 怪歎 7-487A
guàitè 怪特 7-485B
guǎituǐ 拐腿 6-462B
guǎiwān 拐彎 6-462B
guǎiwān 拐灣 6-463A
guāiwáng 乖亡 1-658A
guāiwǎng 乖枉 1-659B
guāiwàng 乖望 1-661B
guàiwàng 怪妄 7-484B
guǎiwānmòjiǎo 拐彎抹角 6-463A
guāiwéi 乖違 1-662A
guāiwéi 乖散 1-662B
guāiwěi 乖僞 1-663A
guàiwěi 怪偉 7-486A
guāiwěn 乖紊 1-661A
guāiwǔ 乖忤 1-659B
guāiwǔ 乖迕 1-659A
guāiwǔ 乖牾 1-661B
guāiwù 乖誤 1-663A
guàiwū 怪誣 7-487A
guàiwù 怪惡 7-486A
guàiwù 怪物 7-484B
guàiwùxiàng 怪物相 7-485A
guāixī 乖析 1-660A
guǎixiān 拐仙 6-462A
guàixián 怪嫌 7-487A
guàixiǎn 怪險 7-487A
guàixiǎng 怪響 7-487B
guàixiàng 怪相 7-485B
guàixiào 怪笑 7-485B
guāixiǎoshǐ 乖小使 1-658A
guāixié 乖邪 1-658B
guāixìng'er 乖性兒 1-660A
guàixíngguàizhuàng 怪形怪狀 7-484B
guāixù 乖序 1-659B
guàiyà 怪訝 7-486A
guāiyán 乖言 1-659B
guāiyǎn 乖眼 1-661A
guàiyán 怪言 7-484B
guàiyán 怪嚴 7-487B
guàiyàn 怪艷 7-488A
guàiyāo 怪妖 7-484B
guāiyí 乖宜 1-660A
guāiyí 乖疑 1-663A
guāiyì 乖易 1-660A
guāiyì 乖異 1-661A
guàiyí 怪疑 7-487A
guàiyì 怪异 7-484B
guàiyì 怪異 7-486A
guāiyìng 乖應 1-663B
guāiyōng 乖慵 1-663A
guāiyū 乖迂 1-658B
guāiyù 乖遇 1-662A
guāiyù 乖豫 1-663A
guàiyū 怪迂 7-484B
guàiyǔ 怪羽 7-484B
guāiyuǎn 乖遠 1-662B
guàiyuàn 怪怨 7-485B
guāiyuè 乖越 1-661B
guàiyǔmángfēng 怪雨盲風 7-484B
guāizá 乖雜 1-663B
guàizāi 怪哉 7-485A
guāizé 乖則 1-660B
guàizé 怪責 7-485B
guàizhà 怪咤 7-485B
guāizhāng 乖張 1-661B
guǎizhàng 拐杖 6-462A
guǎizhàng 柺杖 4-913B
guāizhēng 乖争 1-659A
guāizhí 乖職 1-663B
guāizhì 乖致 1-661A
guāizhōng 乖中 1-658B
guāizhōng 乖衷 1-661A
guǎizhǒu 拐肘 6-462A
guǎizhuā 拐抓 6-462A
gū'āizǐ 孤哀子 4-219B
guāizǐ 乖子 1-658A
guǎizi 拐子 6-462A
guàizi 鮭子 12-1220A
guǎizimǎ 拐子馬 6-462A
guǎizimǎzhèn 拐子馬陣 6-462A
guǎizitóu 拐子頭 6-462A
guǎizizhèn 拐子陣 6-462A
guāizǔ 乖阻 1-659B
guàizuì 怪罪 7-486B
guājī 瓜虀 8-280B
guājī 呱咭 3-280A
guājī 呱唧 3-280A
guājī 呱嘰 3-280B
guājì 瓜祭 8-279A
guàjiǎ 挂甲 6-543A
guājiān 刮湔 2-670B
guājiǎn 刮鹻 2-671A
guǎjiàn 寡見 3-1590B
guàjiàn 挂劍 6-546B
guàjiàn 挂箭 6-546B
guǎjiàng 寡將 3-1592B
guǎjiāo 寡交 3-1590B
guàjiǎo 挂角 6-543B
guàjiǎoliáng 挂脚糧 6-544B
guàjiǎqián 挂甲錢 6-543A
guàjié 挂節 6-545B
guàjié 絓結 9-803A
guǎjiǔ 寡酒 3-1592A
guǎjū 寡居 3-1591A
guàjuàn 挂罥 6-545A
guājué 刮抉 2-668B
guājué 刮絶 2-670B
guàjué 絓絶 9-803A
guǎjūn 寡君 3-1590B
guǎkè 剮刻 2-709B
guǎkè 寡刻 3-1591A
guàkǒu 挂口 6-542B
guālā 刮拉 2-669A
guālā 刮喇 2-670B
guālā 呱喇 3-328B
guālā 呱剌 3-328B
guālā 唰喇 3-385B
guālà 刮剌 2-669B
guālà 括辣 6-563B
guǎlā 寡拉 3-1591A
guǎlā 寡剌 3-1591B
guǎlà 寡辣 3-1593A
guàlā 挂拉 6-543B
guālālā 刮喇喇 2-670B
guālàlà 刮剌剌 2-669B
guālàlà 刮辣辣 2-671A
guālàlà 括辣辣 6-563B
guālāmào 瓜拉帽 8-278B
guǎlǎo 寡老 3-1590B
guǎlǎo 寡佬 3-1591A
guàléi 挂雷 6-545B
guàlěi 挂累 6-544B
guàlěi 絓累 9-802B
guālǐ 瓜李 8-278B
guǎlí 寡嫠 3-1593A
guǎlì 寡力 3-1589B
guǎlì 寡立 3-1590A
guàlǐ 卦理 1-994B
guàlì 挂曆 6-546B
guālián 瓜連 8-278B
guāliàn 瓜練 8-280A
guàlián 挂鐮 6-547B
guàliàn 挂練 6-546B
guàliàn 挂戀 6-547B
guàliàn 罣戀 8-1021B
guāliánmànyǐn 瓜連蔓引 8-278B
guāliǎnpí 刮臉皮 2-671A
guǎliánxiǎnchǐ 寡廉鮮恥 3-1593A
guǎliánxiǎnchǐ 寡廉鮮耻 3-1593A
guāliè 瓜裂 8-279B
guǎliè 寡劣 3-1590B
guàlín 挂鱗 6-547B
guàlíng 挂零 6-545B
guāliú 騧騮 12-857B
guāliú 騧驑 12-857B
guāliú 騧騮 12-857B
guālǐzhīxián 瓜李之嫌 8-278B
guàlóng 挂龍 6-547A
guālóu 瓜蔞 8-280A
guālóu 苦蔞 9-379B
guǎlòu 寡陋 3-1591A
guàlòu 挂漏 6-546A
guàlòu 罣漏 8-1021A
guàlòu 絓漏 9-803A
guālú 瓜廬 8-280B
guālú 瓜蘆 8-280B
guālù 鴰鹿 12-1090B
guàluàn 詿亂 11-142B
guāluō 鴰捋 12-1090B
guàluò 挂落 6-545A
guǎlǜ 寡慮 3-1593B
guàlǚ 挂履 6-546B
guàlǜ 挂綠 6-546A
guàlǜ 挂慮 6-546A
guàlǜ 罣慮 8-1021B
guāmǎ 騧馬 12-857B
guāmǎ'er 刮馬兒 2-670A
guàmài 卦賣 1-995A
guāmàn 瓜蔓 8-280A
guāmànchāo 瓜蔓抄 8-280A
guāmànshuǐ 瓜蔓水 8-280A
guǎmào 寡貌 3-1593A
guāmáoguībèi 刮毛龜背 2-668A
guǎmèi 寡昧 3-1591B
guǎméng 寡萌 3-1592A
guāmǐ 瓜米 8-278A
guāmián 瓜緜 8-280A
guāmiàn 刮面 2-669B
guàmiǎn 挂冕 6-544B
guàmiàn 挂面 6-544A
guàmiàn 挂麪 6-546A
guǎmín 寡民 3-1590A
guǎmìng 寡命 3-1591A
guàmíng 挂名 6-543A
guàmíngshī 卦名詩 1-994B
guàmiù 詿謬 11-142B
guāmó 刮膜 2-671A
guāmó 刮摩 2-671A
guāmó 刮磨 2-671A
guāmó 刮劘 2-671B
guāmó 括磨 6-564A
guǎmò 寡默 3-1593B
guàmò 詿墨 11-142B
guǎmóu 寡謀 3-1594A
guāmù 刮目 2-668A
guǎmǔ 寡母 3-1590A
guāmùxiāngdài 刮目相待 2-668B
guāmùxiāngdài 括目相待 6-562B
guāmùxiāngjiàn 刮目相見 2-668B
guāmùxiāngkàn 刮目相看 2-668B
gǔ'àn 汩暗 5-965A
guànà 挂衲 6-544A
guān'ài 關隘 12-165B
guān'ài 關礙 12-169B
guānbà 官罷 3-1396A
guānbái 關白 12-157A
guānbài 瘝敗 8-347A
guànbǎi 貫百 10-128A
guànbǎi 貫伯 10-128B
guānbān 官班 3-1387A
guānbān 官般 3-1388A
guānbǎn 官板 3-1383A
guānbǎn 關板 12-159A
guānbàn 官辦 3-1398A
guǎnbàn 館伴 12-566A
guānbàng 官謗 3-1398B
guǎnbànshǐ 館伴使 12-566A
guǎnbānzi 管扳子 8-1200B
guānbǎo 關堡 12-165A
guānbào 官報 3-1391A

guānbào 關抱 12-159A
guānbào 關報 12-164B
guǎnbāo 管包 8-1200A
guǎnbǎo 管保 8-1201B
guǎnbǎo 管飽 8-1204A
guǎnbào 管鮑 8-1205A
guǎnbàojiāo 管鮑交 8-1205A
guānbàosīchóu 官報私仇 3-1391A
guānběn 官本 3-1378B
guānbí 關鼻 12-167B
guānbì 官婢 3-1390B
guānbì 棺椑 4-1131A
guānbì 關閉 12-164B
guǎnbì 管閉 8-1203A
guànbǐ 貫比 10-126B
guànbì 貫蔽 10-132B
guànbì 灌辟 6-213A
guànbì 灌襞 6-213B
guānbiàn 冠弁 2-442B
guànbiàn 貫變 10-134A
guànbiàn 慣便 7-719B
guānbīmínfǎn 官偪民反 3-1390A
guānbīmínfǎn 官逼民反 3-1391A
guǎnbīn 館賓 12-567A
guānbīng 官兵 3-1382A
guānbīng 觀兵 10-360B
guānbìnguǒzàng 棺殯槨葬 4-1131B
guānbō 關撥 12-168A
guānbó 官伯 3-1382A
guānbó 官薄 3-1397A
guānbū 官逋 3-1387A
guānbǔ 關補 12-165B
guānbù 官布 3-1378B
guānbù 官簿 3-1399A
guānbù 綸布 9-904A
guànbù 冠部 2-444A
guānbùwēiyázhǎowēi 官不威牙爪威 3-1378A
guāncái 官才 3-1378A
guāncái 官材 3-1381B
guāncái 棺材 4-1130B
guāncǎi 觀采 10-361A
guāncǎi 觀採 10-363A
guǎncài 管蔡 8-1204A
guāncairángzi 棺材瓤子 4-1131A
guāncairángzi 棺材穰子 4-1130B
guāncaixuàn 棺材楦 4-1130B
guāncaixuànzi 棺材楦子 4-1130B
guāncaizuòzi 棺材座子 4-1130B
guǎncàn 館粲 12-567A
guāncāng 官倉 3-1388A
guāncāng 官艙 3-1397B
guǎncáng 館藏 12-567B
guāncáo 官曹 3-1389B
guāncáo 官槽 3-1395B
guāncè 關策 12-165A
guāncè 觀測 10-364A
guàncéng 慣曾 7-720A
guàncéngwéilǚ… 慣曾爲旅偏憐客 7-720A
guānchá 官茶 3-1385A
guānchá 觀察 10-364B
guānchāi 官差 3-1386A
guānchāi 關差 12-162A
guānchájiā 觀察家 10-365A
guānchān 觀覘 10-363B
guānchán 冠蟬 2-446A
guānchán 關廛 12-168B
guānchán 關鄽 12-169B
guānchǎn 官產 3-1390A
guànchán 冠蟬 2-446A
guànchǎn 貫丳 10-128B
guāncháng 官常 3-1389B
guāncháng 冠裳 2-445B
guānchǎng 官場 3-1390B
guānchǎng 觀場 10-363B
guàncháng 慣常 7-719B
guàncháng 灌腸 6-212B
guànchǎng 冠場 2-445A
guànchàng 祼鬯 7-934B
guànchàng 灌鬯 6-212A
guànchàng 灌暢 6-213A
guānchǎng'ǎirén 觀場矮人 10-363B
guānchāo 官鈔 3-1391B
guāncháo 觀潮 10-365A
guāncháshào 觀察哨 10-365A
guānchāshǐ 觀察使 10-364B
guānchásuǒ 觀察所 10-365A
guāncháyuán 觀察員 10-365A
guānchē 官車 3-1381B
guǎnchē 管車 8-1200B
guànchē 罐車 8-1081A
guànchè 貫徹 10-132B
guànchè 貫澈 10-132B
guānchén 官臣 3-1380B
guānchèn 棺櫬 4-1131B
guànchén 貫辰 10-128A
guānchéng 官成 3-1380B
guānchéng 官程 3-1391B
guānchéng 關城 12-161A
guānchéng 觀成 10-360A
guānchèng 官秤 3-1387B
guǎnchéng 管城 8-1201B
guànchéng 貫城 10-129A
guǎnchénggōng 管城公 8-1201B
guǎnchénghóu 管城侯 8-1201B
guǎnchéngjūn 管城君 8-1201B
guǎnchéngyǐng 管城穎 8-1201B
guǎnchéngzǐ 管城子 8-1201B
guānchí 觀池 10-360A
guànchǐ 丱齒 1-623A
guànchǒng 慣寵 7-720A
guànchōu 貫紬 10-131B
guānchǔ 官儲 3-1398B
guānchǔ 關楮 12-165A
guānchǔ 鰥處 12-1253B
guānchuān 關穿 12-162A
guānchuán 官船 3-1390A
guànchuān 貫穿 10-129B
guànchuán 貫船 10-131A
guànchuàn 貫串 10-128A
guànchuàn 慣串 7-719B
guànchuānrónghuì 貫穿融會 10-129B
guānchuí 關垂 12-159B
guānchuí 關陲 12-163A
guāncì 官次 3-1381A
guǎncì 館次 12-566A
guàncí 冠辭 2-446B
guàncì 貫次 10-128A
guàncóng 灌叢 6-213B
guāncuán 官攢 3-1399B
guǎndǎ 館打 12-565B
guàndá 貫達 10-131B
guāndài 冠帶 2-444A
guǎndài 管待 8-1201B
guǎndài 管帶 8-1203A
guàndài 冠代 2-442B
guàndài 貫戴 10-133A
guǎndān 管躭 8-1203A
guāndàng 官當 3-1393A
guǎndàng 管當 8-1204A
guàndàng 灌蕩 6-213A
guāndāo 關刀 12-154B
guāndào 官道 3-1392A
guāndào 關道 12-165A
guǎndào 管道 8-1203B
guàndào 貫道 10-132A
guàndào 慣盜 7-719B
guāndé 觀德 10-365A
guàndé 冠德 2-445B
guāndēng 官燈 3-1398A
guāndēng 觀燈 10-365B
guānděng 官等 3-1391B
guāndǐ 官邸 3-1382B
guāndì 官地 3-1380B
guāndì 官第 3-1390A
guāndì 關帝 12-162A
guǎndì 館地 12-566A
guǎndì 館第 12-566B
guǎndì 館遞 12-567A
guàndí 盥滌 7-1473A
guàndí 灌滌 6-213A
guàndǐ 罐底 8-1081A
guàndì 貫的 10-128B
guàndì 灌地 6-211B
guāndiǎn 官典 3-1383A
guāndiǎn 觀點 10-366A
guāndiàn 官店 3-1384A
guāndiàn 莞簟 9-424A
guǎndiàn 館殿 12-567A
guāndié 官牒 3-1393B
guāndié 關牒 12-166B
guāndìmiào 關帝廟 12-162A
guāndīng 棺釘 4-1131A
guāndǐng 觀鼎 10-363B
guǎndìng 管定 8-1201A
guàndǐng 貫頂 10-131A
guàndǐng 灌頂 6-212B
guāndōng 關東 12-159A
guāndǒng 關董 12-164B
guǎndōng 館東 12-566A
guàndòng 貫洞 10-129B
guāndōngchūxiàng… 關東出相，關西出將 12-159B
guāndōngjūn 關東軍 12-159B
guāndōngtáng 關東糖 12-159B
guàndǒu 貫斗 10-126B
guàndǒucái 貫斗才 10-126B
guàndǒuniú 貫斗牛 10-126B
guàndǒushuānglóng 貫斗雙龍 10-127A
guāndū 官都 3-1387A
guāndū 關都 12-162B
guāndú 棺櫝 4-1131B
guāndú 觀讀 10-366B
guāndǔ 官賭 3-1396A
guāndǔ 關睹 12-168A
guāndǔ 觀睹 10-364A
guāndǔ 觀覩 10-365A
guāndù 官度 3-1386A
guāndù 官渡 3-1392A
guàndú 貫瀆 10-133B
guàndú 慣瀆 7-720A
guàndú 灌瀆 6-213B
guānduàn 官斷 3-1399A
guānduì 鰥對 12-1254A
guāndùliǔ 官渡柳 3-1392A
guāndùn 官頓 3-1393A
guǎndùn 管頓 8-1203B
guǎnduō 管多 8-1200B
guānè 寡訥 3-1592A
guàn'é 貫額 10-133B
guàn'é 鸛鵝 12-1172B
guàn'é 鸛鵞 12-1173A
guàn'è 貫惡 10-131B
guàn'éjūn 鸛鵝軍 12-1172B
guàn'éjūn 鸛鵞軍 12-1173A
guānéng 寡能 3-1592A
guān'ěr 冠珥 2-443B
guǎn'ér 管兒 8-1201A
guàn'ěr 貫耳 10-127B
guàn'ěr 盥耳 7-1472A
guānfā 關發 12-165B
guānfá 官閥 3-1395B
guānfǎ 官法 3-1384A
guānfǎ 官灋 3-1399B
guānfǎ 觀法 10-361A
guànfà 丱髮 1-623A
guànfà 貫髮 10-132B
guānfàn 官飯 3-1391B
guǎnfàn 管飯 8-1203B
guànfàn 慣犯 7-719A
guānfāng 官方 3-1378B
guānfáng 官防 3-1381B
guānfáng 官房 3-1384B
guānfáng 關防 12-158A
guānfáng 關房 12-160A

guānfǎng 官舫 3-1388A
guānfǎng 關訪 12-164A
guānfángpén'er 關防盆兒 12-158B
guānfǎrúlú 官法如爐 3-1384A
guānfǎtiè 官法帖 3-1384A
guānfèi 官費 3-1392B
guànfèi 涫沸 5-1418B
guànfèi 涫鬻 5-1419A
guànfèi 灌沸 6-212A
guānfén 關汾 12-159A
guānfěn 官粉 3-1388B
guānfēng 官封 3-1385A
guānfēng 關風 12-161B
guānfēng 觀風 10-361B
guānfèng 官俸 3-1387B
guànfēng 爟烽 7-315B
guānfēngchású 觀風察俗 10-362A
guǎnfēngqín 管風琴 8-1202A
guānfēngshǐ 觀風使 10-362A
guànfó 灌佛 6-212A
guānfū 鰥夫 12-1253B
guānfú 官服 3-1383B
guānfú 官符 3-1390A
guānfú 冠服 2-443A
guānfú 冠紱 2-445A
guānfú 冠鳧 2-445B
guānfǔ 官府 3-1384A
guānfǔ 關輔 12-167B
guānfù 官賦 3-1396A
guānfù 關付 12-157A
guānfù 關賦 12-168A
guānfù 關覆 12-169B
guànfūmàzuò 灌夫罵坐 6-211B
guǎnfūrén 管夫人 8-1199B
guānfūzǐ 關夫子 12-155B
guāngài 冠蓋 2-445A
guāngài 棺蓋 4-1131B
guāng'ài 光愛 2-231B
guǎng'ài 廣愛 3-1268B
guàngài 盥溉 7-1473A
guàngài 灌溉 6-212B
guāngàichǎng 冠蓋場 2-445B
guāngàilǐ 冠蓋里 2-445A
guāngàixiāngwàng 冠蓋相望 2-445A
guāngǎn 觀感 10-364A
guǎngàn 管幹 8-1203B
guǎng'àn 廣岸 3-1265A
guāngāng 官綱 3-1395B
guàngāng 灌鋼 6-213B
guāngào 官告 3-1381B
guāngào 官誥 3-1395A
guǎngǎo 管稾 8-1204B
guǎng'ào 獷驁 5-130A
guāngba 光巴 2-224B
guāngbǎn 光板 2-225B
guāngbàn 光伴 2-225B
guāngbǎnbǎn 光板板 2-225B
guàngbǎngzi 逛膀子 10-913B
guǎngbào 獷暴 5-130A
guāngbèi 光被 2-228B
guāngbèi 光備 2-230B
guǎngbèi 廣被 3-1266B
guāngbēn 光賁 2-229B
guāngbì 光弼 2-231A
guāngbiǎo 光表 2-225B
guāngbǐng 光餅 2-231B
guāngbō 光波 2-226B
guǎngbō 廣播 3-1269A
guǎngbó 廣舶 3-1267A
guǎngbó 廣博 3-1267B
guǎngbōjù 廣播劇 3-1269A
guǎngbōzhàn 廣播站 3-1269A
guǎngbǔ 廣捕 3-1266A
guāngcǎi 光采 2-226B
guāngcǎi 光彩 2-229A
guāngcǎiduómù 光采奪目 2-226B
guāngcǎiduómù 光彩奪目 2-229B
guāngcǎilùlí 光彩陸離 2-229B
guāngcǎiyàomù 光彩耀目 2-229B
guāngcǎiyìmù 光彩溢目 2-229B
guāngcàn 光燦 2-234A
guāngcàncàn 光燦燦 2-234A
guāngchǎn 光闡 2-234B
guāngchāng 光昌 2-225B
guǎngcháng 廣長 3-1265A
guǎngchǎng 廣場 3-1267B
guǎngchǎng 廣敞 3-1267B
guàngchǎng 逛廠 10-913B
guǎngchǎngjù 廣場劇 3-1267B
guǎngchángshé 廣長舌 3-1265A
guāngchè 光澈 2-233A
guǎngchē 廣車 3-1264B
guàngchē 廣車 3-1264B
guāngchējùnmǎ 光車駿馬 2-225A
guāngchén 光塵 2-232A
guāngchéng 光澄 2-233A
guǎngchéng 廣成 3-1264A
guǎngchéng 廣城 3-1265B
guǎngchéngzhuàn 廣成傳 3-1264A
guǎngchéngzǐ 廣成子 3-1264A
guāngchì 光赤 2-225A
guǎngchǐ 廣侈 3-1265A
guǎngchì 廣斥 3-1264A
guāngchìjìnggǎn 光赤凈桿 2-225A
guāngchǒng 光寵 2-234A
guǎngchóng 廣崇 3-1267A
guàngchōng 桄充 4-972B
guǎngchuāng 廣瘡 3-1269A
guāngchūliu 光出溜 2-224B
guāngchūlǜ 光出律 2-224B
guāngdà 光大 2-224A
guǎngdà 廣大 3-1263A
guǎngdàjiàohuàzhǔ 廣大教化主 3-1263B
guāngdàn 光蛋 2-229B
guāngdāng 咣噹 3-321A
guǎngdàng 廣潒 3-1269A
guàngdang 逛蕩 10-913B
guāngdào 光道 2-230B
guǎngdào 廣道 3-1267B
guàngdào'er 逛道兒 10-913B
guāngdé 光德 2-233A
guāngdēng 光燈 2-233B
guàngdēng 逛燈 10-914A
guǎngdéwáng 廣德王 3-1269A
guāngdí 光覿 2-234B
guāngdì 光地 2-224B
guǎngdí 獷敵 5-130A
guāngdù 光度 2-227B
guǎngdù 廣度 3-1265B
guāngé 官閣 3-1395B
guāngé 關格 12-162B
guāngé 關鬲 12-162B
guāngé 關隔 12-165B
guāngé 關膈 12-167B
guǎngé 管葛 8-1203B
guǎngé 館閣 12-567A
guǎng'é 廣額 3-1269B
guǎng'è 獷惡 5-129B
guàngē 貫割 10-132A
guàngé 觀閣 10-365A
guàngé 貫革 10-129A
guǎngéqì 館閣氣 12-567A
guǎngétǐ 館閣體 12-567A
guāngfàn 光範 2-232B
guǎngfàn 侊飯 1-1336A
guǎngfàn 廣泛 3-1264B
guāngfěn 光粉 2-228B
guǎngfèn 廣賁 3-1267A
guāngfēng 光風 2-227A
guāngfēngjìyuè 光風霽月 2-227A
guāngfū 光趺 2-229A
guāngfū 光敷 2-232B
guāngfǔ 光輔 2-231B
guāngfù 光副 2-229A
guāngfù 光復 2-230B
guāngfù 光覆 2-234A
guāngfùjiùwù 光復舊物 2-230B
guānggǎn 光桿 2-229A
guǎnggào 廣告 3-1264B
guānggù 光顧 2-234B
guāngguài 光怪 2-226B
guāngguàilùlí 光怪陸離 2-226B
guàngguān 桄關 4-972B
guāngguāng 光光 2-224B
guāngguāng 洸洸 5-1141B
guāngguāng 觥觥 12-1014A
guāngguāng 潢潢 6-56B
guǎngguǎng 恍恍 7-519A
guǎngguǎng 獷獷 5-130A
guàngguàng 侹侹 1-1412A
guàngguàng 迋迋 10-728A
guāngguāngdàngdàng 光光蕩蕩 2-225A
guāngguāngzhà 光光乍 2-225A
guāngguǐ 光晷 2-230A
guǎngguì 獷猤 5-129B
guānggùn 光棍 2-229B
guānggùnbùchī… 光棍不吃眼前虧 2-230A
guāngguó 光國 2-229A
guǎnghán 廣寒 3-1267B
guǎnghàn 獷悍 5-129B
guǎnghándiàn 廣寒殿 3-1268A
guǎnghángōng 廣寒宮 3-1268A
guǎnghànqiāng 廣漢羌 3-1269A
guǎnghánqiū 廣寒秋 3-1268A
guǎnghánxiān 廣寒仙 3-1267B
guǎnghánxiānzǐ 廣寒仙子 3-1268A
guāngháo 光毫 2-229B
guānghè 光赫 2-231B
guǎnghěn 獷狠 5-129B
guānghēng 光亨 2-225B
guǎnghèng 獷橫 5-130A
guānghézuòyòng 光合作用 2-225A
guǎnghòu 廣厚 3-1265B
guānghuá 光華 2-228A
guānghuá 光滑 2-231A
guānghuà 光化 2-224A
guānghuáduómù 光華奪目 2-228A
guānghuán 光環 2-233B
guānghuǎng 光晃 2-228A
guānghuǎnghuǎng 光晃晃 2-228A
guānghuī 光暉 2-231A
guānghuī 光輝 2-232B
guānghuì 光惠 2-230A
guǎnghuì 廣會 3-1268B
guànghuì 逛會 10-913B
guānghuīcànlàn 光輝燦爛 2-232B
guānghuǒ 光火 2-224A
guǎnghuò 廣貨 3-1267A
guānghuǒdào 光火盜 2-224B
guānghuǒzéi 光火賊 2-224B
guāngjì 光濟 2-234A
guāngjì 光霽 2-234B
guǎngjí 廣緝 3-1269B
guāngjià 光價 2-232B
guāngjià 光駕 2-233A
guǎngjiàn 獷健 5-129B
guāngjiàng 光降 2-226B
guǎngjiànqiàwén 廣見洽聞 3-1264B
guǎngjiāohuì 廣交會 3-1264A

guāngjié 光潔 2-233A
guǎngjiě 廣解 3-1268B
guàngjiē 逛街 10-913B
guàngjié 桄桔 4-972B
guāngjiédù 光潔度 2-233A
guāngjīng 光晶 2-230A
guāngjīng 光精 2-232A
guāngjǐng 光景 2-230A
guāngjìng 光浄 2-228A
guàngjǐng 逛景 10-913B
guàngjiǒng 桄熲 4-972B
guāngjìsǒu 光濟叟 2-234A
guǎngjìwáng 廣濟王 3-1269B
guǎngjū 廣居 3-1265A
guǎngjù 廣巨 3-1263B
guǎngjù 廣劇 3-1269A
guǎngkāiyánlù 廣開言路
3-1268A
guǎngkuò 廣闊 3-1269B
guānglàn 光爛 2-234B
guānglāng 咣啷 3-320B
guāngláng 桄榔 4-972B
guāngláng 桄榔 4-972B
guāngláng 珖瑯 4-545B
guānglǎng 洸朗 5-1141B
guānglángjiǔ 桄榔酒 4-972B
guānglǎnglǎng 光朗朗
2-228B
guānglángxū 桄榔鬚 4-972B
guānglì 光麗 2-234A
guǎnglì 廣利 3-1264B
guǎnglì 廣麗 3-1269B
guǎnglì 獷戾 5-129A
guǎnglì 獷厲 5-129B
guāngliàng 光亮 2-227A
guāngliè 光烈 2-228A
guǎngliè 獷烈 5-129B
guānglín 光臨 2-233B
guānglíng 光靈 2-235A
guǎnglíng 廣陵 3-1266B
guǎnglíngsǎn 廣陵散
3-1266B
guǎnglíngtāo 廣陵濤
3-1266B
guāngliū 光溜 2-231B
guǎngliǔ 廣柳 3-1265B
guǎngliǔchē 廣柳車 3-1265B
guāngliūliū 光溜溜 2-231B
guǎnglìwáng 廣利王 3-1264B
guānglōng 光隆 2-229B
guǎnglǔ 獷鹵 5-129B
guānglùlù 光碌碌 2-231A
guànglún 廣輪 3-1269A
guāngluó 光螺 2-233B
guāngluòluò 光落落 2-229B
guānglùtū 光陸禿 2-228B
guǎngmàn 廣漫 3-1269A
guāngmáng 光芒 2-224B
guāngmáng 光鋩 2-231B
guāngmángwànzhàng
光芒萬丈 2-224B
guāngmào 光貌 2-231B
guàngmào 廣袤 3-1267A
guāngměi 光美 2-227B
guāngmén 横門 4-1245B
guāngmiàn 光麵 2-234B
guāngmiàn 桄麪 4-972B
guàngmiào 逛廟 10-913B
guāngmíng 光名 2-225A
guāngmíng 光明 2-225B
guāngmíngcǎo 光明草
2-226A
guāngmíngdòngchè
光明洞徹 2-226A
guāngmínglěiluò 光明磊落
2-226A
guāngmíngyán 光明鹽
2-226A
guāngmíngzàng 光明藏
2-226A
guāngmíngzhèngdà
光明正大 2-226A
guǎngmò 廣陌 3-1265A
guǎngmò 廣莫 3-1266A
guǎngmò 廣漠 3-1268B
guǎngmòfēng 廣莫風
3-1266A
guǎngmòmén 廣莫門
3-1266A
guǎngmǔ 廣牡 3-1264B
guǎngnèi 廣内 3-1263B
guāngnéng 光能 2-229A
guāngnián 光年 2-225A
guāngōng 關公 12-156B
guǎngōng 管工 8-1199B
guǎngōngtáng 管公堂
8-1200A
guǎngōu 管勾 8-1200A
guǎngōu 管句 8-1200A
guàngǒu 冠狗 2-443A
guāngpáng 光旁 2-228B
guǎngpī 獷狉 5-129A
guǎngpíng 廣平 3-1263B
guǎngpìqūyù 廣譬曲諭
3-1269B
guāngpísǎn'er 光皮散兒
2-224B
guāngpǔ 光譜 2-234A
guāngqí 驦騎 12-915A
guāngqǐ 光啓 2-229B
guāngqì 光氣 2-228B
guāngqià 光洽 2-227B
guāngqián 光前 2-227B
guāngqiánjuéhòu 光前絶後
2-227B
guāngqiánqǐhòu 光前啓後
2-227B
guāngqiányùhòu 光前裕後
2-227B
guāngqiáo 横橋 4-1255A
guǎngqín 廣覃 3-1267B
guǎngqīng 廣青 3-1264B
guàngqīng 逛青 10-913B
guāngquān 光圈 2-229A
guǎngráo 廣饒 3-1269B
guāngróng 光容 2-228B
guāngróng 光榮 2-232A
guāngróng 光融 2-233A
guāngróngbǎng 光榮榜
2-232A
guāngrónghuā 光榮花
2-232A
guǎngruì 獷鋭 5-130A
guāngrùn 光潤 2-233A
guǎngrùnwáng 廣潤王
3-1269A
guāngsè 光色 2-225A
guǎngshà 廣廈 3-1268B
guāngshǎn 光閃 2-228B
guāngshǎnshǎn 光閃閃
2-228B
guāngshào 光劭 2-225B
guǎngshé 廣舌 3-1264A
guāngshēn 光身 2-225B
guāngshēng 光生 2-224B
guǎngshèng 獷盛 5-129B
guāngshī 光施 2-227B
guāngshì 光示 2-224B
guāngshì 光飾 2-231B
guǎngshòu 獷獸 5-130A
guāngshù 光束 2-225A
guǎngshù 廣術 3-1267A
guǎngshuǎng 廣爽 3-1266B
guāngsī 光私 2-225B
guǎngsì 廣嗣 3-1268B
guǎngsì 廣肆 3-1268B
guāngsīxīn 光斯欣 2-229B
guāngsòng 光誦 2-232A
guāngsù 光素 2-228A
guāngsù 光速 2-228A
guǎngsú 獷俗 5-129A
guāngtang 光趟 2-232A
guāngtáng 光堂 2-229A
guāngtǎng 光儻 2-235A
guāngtàng 光燙 2-233B
guāngtātā 光塌塌 2-231A
guāngtàtà 光撻撻 2-232A
guāngtiān 光天 2-224A
guāngtiānhuàrì 光天化日
2-224A
guǎngtíng 廣庭 3-1265B
guǎngtíngdàzhòng
廣庭大衆 3-1265B
guāngtǒng 光統 2-231A
guāngtóu 光頭 2-233A
guāngtóusān 光頭三 2-233A
guāngtū 光禿 2-225A
guǎngtǔ 廣土 3-1263A
guāngtūtū 光禿禿 2-225B
guǎngtǔzhòngmín 廣土衆民
3-1263A
guāngū 官估 3-1382A
guāngū 官沽 3-1384B
guāngū 鰥孤 12-1253B
guāngǔ 官賈 3-1393A
guāngǔ 關轂 12-169A
guāngǔ 關谷 12-159A
guāngǔ 關鼓 12-165B
guāngù 關顧 12-170B
guāngù 觀顧 10-366B
guǎngǔ 館穀 12-567B
guǎngù 管雇 8-1203B
guǎngù 管顧 8-1206A
guàngǔ 冠古 2-442B
guàngǔ 貫古 10-127A
guàngǔ 貫鵠 10-133B
guānguǎ 鰥寡 12-1254A
guānguǎ 矜寡 8-585A
guānguà 冠挂 2-443A
guànguā 灌瓜 6-211B
guānguǎgūdú 鰥寡孤獨
12-1254A
guānguǎgūqióng 鰥寡孤惸
12-1254A
guānguān 啗啗 3-393B
guānguān 官官 3-1384B
guānguān 瘝官 8-347A
guānguān 瘝官 8-359B
guānguān 關關 12-170A
guānguān 鰥官 12-1253B
guānguān 鰥鰥 12-1254A
guǎnguān 館官 12-566A
guǎnguān 斡官 7-341A
guǎnguǎn 痯痯 8-335B
guǎnguǎn 管管 8-1204A
guànguàn 悹悹 7-576A
guànguàn 涫涫 5-1418B
guànguàn 灌灌 6-213B
guānguāng 觀光 10-360A
guànguāng 權光 4-1361A
guānguānxiānghù 官官相護
3-1384B
guānguānxiāngwèi
官官相爲 3-1384B
guānguānxiāngwèi
官官相衛 3-1384B
guānguǎqióngdú 鰥寡惸獨
12-1254A
guānguī 官規 3-1389A
guānguǐ 官鬼 3-1385B
guānguì 官桂 3-1387A
guànguī 祼圭 7-934A
guānguō 棺郭 4-1131A
guānguó 關國 12-164A
guānguó 觀國 10-363A
guānguǒ 棺椁 4-1131A
guānguǒ 棺槨 4-1131B
guǎnguó 管國 8-1203A
guānguòzhīrén 觀過知仁
10-363A
guàngǔsāi 鸛骨腮 12-1172A
guǎngwán 獷頑 5-129B
guāngwěi 光緯 2-233A
guǎngwén 廣文 3-1263B
guǎngwénguǎn 廣文館
3-1263B
guǎngwénxiānsheng
廣文先生 3-1263B
guǎngwū 廣屋 3-1265B
guǎngwǔ 廣武 3-1264B
guàngwù 廣騖 3-1269B
guǎngwǔjūn 廣武君 3-1265A
guǎngwǔtàn 廣武嘆 3-1265A
guāngxī 光熙 2-231B
guǎngxí 廣席 3-1266B
guǎngxì 廣舃 3-1267B

guǎngxì 廣潟 3-1269A
guǎngxiá 廣陜 3-1265B
guǎngxiá 廣狹 3-1266A
guǎngxiá 廣霞 3-1269B
guǎngxià 廣夏 3-1266A
guāngxiān 光鮮 2-233B
guāngxiǎn 光顯 2-235A
guāngxiàn 光綫 2-232A
guāngxiàn 光線 2-233A
guāngxiàng 光相 2-227A
guāngxiàng 光像 2-231B
guāngxiāntōngxìn 光纖通信 2-235A
guǎngxiāo 廣宵 3-1266B
guǎngxiào 廣孝 3-1264B
guǎngxiàxìzhān 廣夏細旃 3-1266A
guǎngxiū 廣修 3-1265B
guǎngxiù 廣秀 3-1264B
guǎngxiù 廣袖 3-1266B
guǎngxū 廣盱 3-1265A
guāngxuān 光宣 2-228A
guāngxuàn 光絢 2-231A
guāngxué 光學 2-233A
guāngxuébōli 光學玻璃 2-233B
guāngxuéqián 光學錢 2-233B
guāngxuéshì 光學士 2-233B
guāngxūn 光勳 2-233A
guāngxùn 光訓 2-228B
guāngyán 光炎 2-226B
guāngyán 光顏 2-234A
guāngyǎn 光演 2-232A
guāngyàn 光焰 2-231A
guāngyàn 光燄 2-233B
guāngyàn 光爓 2-234B
guāngyàn 光艷 2-235A
guāngyàn 光豔 2-235A
guǎngyán 廣延 3-1264A
guǎngyán 廣筵 3-1267B
guǎngyǎn 廣衍 3-1265B
guǎngyàn 廣宴 3-1266B
guǎngyàn 廣讌 3-1269B
guāngyáng 光洋 2-228A
guāngyáng 光揚 2-229B
guǎngyǎng 廣瀁 3-1269B
guāngyànwànzhàng 光焰萬丈 2-231A
guāngyànyàn 光豔豔 2-235A
guāngyào 光曜 2-234A
guāngyào 光燿 2-234A
guāngyào 光耀 2-234B
guàngyáozi 逛窑子 10-913B
guǎngyě 獷野 5-129B
guāngyí 光儀 2-232B
guāngyì 光易 2-226B
guǎngyí 廣夷 3-1264A
guǎngyì 廣易 3-1265A
guǎngyì 廣益 3-1266B
guǎngyì 廣義 3-1268B
guàngyì 逛逸 10-913B
guāngyīn 光音 2-227B
guāngyīn 光陰 2-228B
guāngyīng 光膺 2-234A
guāngyíng 光瑩 2-233A
guāngyǐng 光景 2-230A
guāngyǐng 光影 2-232B
guāngyìng 光應 2-234A
guāngyīnrújiàn 光陰如箭 2-229A
guāngyīnsìjiàn 光陰似箭 2-229A
guāngyīntiān 光音天 2-227B
guāngyīnwáng 光音王 2-227B
guāngyínzi 光銀子 2-231B
guǎngyǒng 獷勇 5-129B
guāngyóu 光猷 2-231B
guāngyǒu 光有 2-224B
guàngyōu 逛悠 10-913B
guàngyōu 逛游 10-913B
guàngyóu 逛遊 10-913B
guāngyóuyóu 光油油 2-226B
guāngyù 光域 2-229A
guāngyù 光裕 2-231A
guāngyù 光譽 2-234B
guǎngyǔ 廣宇 3-1264A
guǎngyǔ 獷語 5-130A
guǎngyù 廣裕 3-1268A
guǎngyù 廣譽 3-1269B
guāngyuán 光圓 2-231B
guāngyuán 光源 2-231B
guāngyuǎn 光遠 2-231A
guǎngyuān 廣淵 3-1267B
guǎngyuǎn 廣遠 3-1268B
guǎngyuán 廣員 3-1266A
guǎngyuán 廣圓 3-1268B
guǎngyuángōng 廣源公 3-1268B
guāngyuè 光嶽 2-233B
guǎngyuè 廣樂 3-1269A
guāngyūn 光暈 2-231A
guǎngyùn 廣運 3-1268A
guàngyùn 廣運 3-1268A
guāngzàn 光贊 2-234A
guāngzàn 光讚 2-235A
guāngzǎo 光藻 2-234A
guāngzé 光澤 2-233B
guǎngzé 廣賾 3-1269B
guàngzèng 桄綜 4-972B
guǎngzéwáng 廣澤王 3-1269B
guāngzhái 光宅 2-225A
guǎngzhāng 廣張 3-1267A
guāngzhāo 光昭 2-227A
guāngzhào 光照 2-231A
guāngzhì 光緻 2-233B
guāngzhìzhì 光緻緻 2-233B
guǎngzhòng 廣衆 3-1267B
guǎngzhòngbáoshōu 廣種薄收 3-1268B
guǎngzhōuquán 廣州泉 3-1264A
guāngzhū 光珠 2-228A
guāngzhú 光燭 2-234A
guāngzhù 光柱 2-227A
guǎngzhuāng 廣莊 3-1266A
guāngzhùzi 光柱子 2-227A
guāngzi 光子 2-224A
guāngzǐ 光子 2-224A
guàngzi 桄子 4-972B
guǎngzòng 廣從 3-1267A
guāngzōngyàozǔ 光宗耀祖 2-226B
guǎngzú 獷族 5-129B
guāngzuò 光祚 2-228A
guǎngzuò 廣坐 3-1264B
guǎngzuò 廣座 3-1266B
guānhái 官骸 3-1396B
guānhǎi 觀海 10-363A
guānhámá 官蝦蟇 3-1396A
guānhán 棺函 4-1131A
guānhàn 關閈 12-164B
guǎnhàn 管翰 8-1205A
guànhān 貫酣 10-131B
guānhǎo 觀好 10-360B
guānhào 官耗 3-1387A
guānhào 官號 3-1393B
guǎnháo 管毫 8-1203A
guānhé 官河 3-1384B
guānhé 關合 12-158A
guānhé 關河 12-160A
guānhé 關閡 12-168A
guānhé 觀河 10-361A
guànhé 涫洏 5-1418B
guànhè 鸛鶴 12-1173A
guànhóng 貫虹 10-129B
guānhóu 關侯 12-161B
guānhòu 官堠 3-1391A
guānhòu 關候 12-162B
guànhóu 貫侯 10-129B
guānhū 關乎 12-157A
guānhú 官斛 3-1390A
guānhú 官壺 3-1391A
guānhù 官户 3-1378B
guānhù 關護 12-170A
guànhú 鸛鵠 12-1172B
guānhuà 官話 3-1394A
guānhuà 觀化 10-359B
guǎnhuà 管華 8-1202A
guànhuā 貫花 10-128A
guànhuā 貫華 10-130A
guānhuái 官槐 3-1393A
guānhuái 關懷 12-170A
guānhuáibèizhì 關懷備至 12-170A
guānhuàn 官宦 3-1386B
guànhuàn 盥浣 7-1472B
guànhuàn 盥澣 7-1473A
guānhuāng 官荒 3-1385A
guānhuáng 官黄 3-1389A
guānhuàtīngfēng 觀化聽風 10-359B
guānhuì 官會 3-1393B
guānhuì 官諱 3-1397B
guānhuì 棺槥 4-1131B
guānhuì 關會 12-166B
guànhuì 慣會 7-720A
guànhuì 盥頮 7-1473A
guānhūn 冠昏 2-443A
guānhūn 冠婚 2-444B
guānhuǒ 觀火 10-359B
guànhuǒ 爟火 7-315B
guànhuǒ 權火 4-1361A
guàniàn 挂念 6-543B
guàniàn 罣念 8-1021A
guāniú 瓜牛 8-277B
guāniǔ 瓜紐 8-279A
guāniúlú 瓜牛廬 8-277B
guānjì 官績 3-1398B
guānjī 官雞 3-1399A
guānjī 冠笄 2-443B
guānjī 關譏 12-168B
guānjī 關機 12-168B
guānjí 官級 3-1387A
guānjí 官籍 3-1399A
guānjǐ 官給 3-1392B
guānjǐ 關給 12-165B
guānjì 官妓 3-1382B
guānjì 官紀 3-1387A
guānjì 官計 3-1386A
guānjì 官稷 3-1396B
guǎnjì 管記 8-1202A
guànjī 冠笄 2-444A
guànjī 冠雞 2-446A
guànjī 丱羈 1-623A
guànjī 灌激 6-213B
guànjí 灌汲 6-212A
guànjī 鸛雞 12-1173A
guànjí 貫籍 10-133B
guànjì 丱髻 1-623A
guànjì 貫繫 10-133B
guànjì 慣技 7-719B
guānjiā 官家 3-1388B
guānjià 官價 3-1396B
guānjià 官駕 3-1397A
guānjià 觀稼 10-365A
guǎnjiā 管家 8-1202B
guǎnjià 管駕 8-1204B
guànjiā 慣家 7-719B
guànjiǎ 貫甲 10-127A
guānjiān 官監 3-1394B
guānjiān 關牋 12-165A
guānjiǎn 關檢 12-169A
guānjiàn 官健 3-1388A
guānjiàn 冠劍 2-445B
guānjiàn 關見 12-158B
guānjiàn 關楗 12-165A
guānjiàn 關鍵 12-168B
guānjiàn 關揵 12-164B
guānjiàn 觀見 10-360B
guǎnjiàn 管見 8-1200B
guǎnjiàn 管鍵 8-1205A
guǎnjiàn 輨鍵 9-1295A
guànjiàn 祼薦 7-934B
guànjiāng 祼將 7-934B
guànjiāng 灌漿 6-213A
guànjiāng 果將 4-820B
guànjiànghú 灌漿糊 6-213A
guānjiǎo 關徼 12-168B
guǎnjiāo 管交 8-1200B
guǎnjiào 管叫 8-1200A
guǎnjiào 管教 8-1202B
guànjiāo 貫跤 10-132A
guànjiāo 摜交 6-848B
guànjiǎo 丱角 1-623A

guànjiào 冠醮 2-446B
guǎnjiāpó 管家婆 8-1202B
guānjiàzi 官架子 3-1386B
guānjiē 官階 3-1390B
guānjiē 官街 3-1391B
guānjiē 關接 12-163B
guānjié 關節 12-166A
guānjiě 關解 12-167A
guānjiè 官戒 3-1381B
guānjiè 官界 3-1385B
guānjiè 關戒 12-158B
guānjiè 關借 12-162B
guǎnjié 管節 8-1204A
guànjié 貫結 10-132A
guànjié 貫節 10-132A
guànjié 慣捷 7-719B
guānjī'érdòng 觀機而動 10-365B
guānjī'érzuò 觀機而作 10-365B
guānjiéyán 關節炎 12-166B
guānjīn 冠巾 2-442A
guānjīn 關金 12-159B
guānjīn 關津 12-162A
guānjīn 綸巾 9-903B
guānjǐn 關緊 12-167B
guānjìn 官禁 3-1393A
guānjìn 關禁 12-166A
guànjīn 冠巾 2-442A
guànjīn 貫金 10-128B
guànjìn 灌浸 6-212B
guànjìn 灌寖 6-213A
guānjīng 關荆 12-161A
guānjǐng 觀井 10-359A
guǎnjǐng 管井 8-1199B
guànjīng 慣經 7-720A
guànjǐng 鸛井 12-1172A
guànjīng'er 灌精兒 6-213A
guānjīnquàn 關金券 12-159B
guànjīnshí 貫金石 10-128B
guānjīnyǔshàn 綸巾羽扇 9-904A
guānjiōng 關扃 12-162A
guànjiǒng 貫扃 10-129B
guānjiǔ 官酒 3-1388B
guānjiǔ 關灸 12-159A
guānjiù 棺柩 4-1131A
guānjū 官居 3-1385A
guānjū 官拘 3-1383A
guānjū 冠裾 2-445B
guānjū 關拘 12-159A
guānjū 關雎 12-166A
guānjū 鰥居 12-1253B
guānjú 官局 3-1382B
guānjù 棺具 4-1131A
guānjù 關聚 12-167B
guǎnjū 管拘 8-1200B
guànjǔ 貫矩 10-129B
guànjù 冠具 2-443A
guānjuàn 官卷 3-1384A
guānjuàn 官絹 3-1394A
guānjué 官爵 3-1398B
guānjué 關決 12-159A
guānjué 關鐍 12-170A
guànjué 冠絶 2-445A
guànjué 貫絶 10-132A
guānjūn 官軍 3-1386B
guānjùn 關郡 12-162A
guǎnjūn 管軍 8-1202A
guànjūn 冠軍 2-443B
guānkǎn 關坎 12-158B
guānkàn 觀看 10-361B
guānkè 官客 3-1386B
guānkè 官課 3-1396B
guānkè 觀客 10-362B
guǎnkè 館客 12-566B
guānkǒu 官口 3-1378A
guānkǒu 關口 12-155A
guànkǒu 貫口 10-126A
guànkǒu 慣口 7-719A
guànkǒu 灌口 6-211B
guànkǒu'èrláng 灌口二郎 6-211B
guǎnkù 管庫 8-1202A
guānkuàng 官況 3-1384B
guānkuàng 瘝曠 8-347A
guānkuàng 鰥曠 12-1254A
guānkuī 觀窺 10-365B
guǎnkuī 管窺 8-1205A
guǎnkuī 管闚 8-1205B
guǎnkuì 館饋 12-567B
guànkuì 盥饋 7-1473B
guǎnkuīhǔ 管窺虎 8-1205B
guǎnkuīlícè 管窺蠡測 8-1205B
guǎnkuīwājiàn 管窺蛙見 8-1205B
guǎnkuīzhījiàn 管窺之見 8-1205A
guǎnkuīzhīshuō 管窺之説 8-1205B
guānkǔn 關閫 12-168B
guānlán 關攔 12-170A
guānlǎn 關覽 12-170B
guānlǎn 觀覽 10-366B
guànlǎn 貫覽 10-133B
guānlǎng 琯朗 4-598A
guānlǎo 鰥老 12-1253B
guǎnlǎo 館勞 12-567A
guànlǎo 慣老 7-719A
guānlǎoye 官老爺 3-1380A
guānlǎoyé 關老爺 12-158A
guānlè 觀樂 10-365B
guànlèi 貫類 10-133B
guānlí 官欐 3-1399B
guānlí 鰥嫠 12-1254A
guānlǐ 官裏 3-1394A
guānlǐ 官禮 3-1398B
guānlǐ 關裏 12-167A
guānlǐ 觀禮 10-366A
guānlì 官力 3-1378A
guānlì 官立 3-1379B
guānlì 官吏 3-1380B
guānlì 官利 3-1381B
guānlì 官曆 3-1397A
guānlì 關吏 12-158A
guānlì 關戾 12-160A
guānlì 關歷 12-168B
guānlì 觀歷 10-365B
guǎnlí 管蠡 8-1206A
guǎnlǐ 管理 8-1202B
guànlǐ 冠禮 2-446A
guànlǐ 冠醴 2-446B
guànlì 貫利 10-128B
guànlì 貫例 10-128B
guànlì 慣力 7-719A
guànlì 慣例 7-719B
guànlì 慣歷 7-720A
guānlián 官聯 3-1398A
guānlián 關連 12-162B
guānlián 關聯 12-169A
guānliǎn 棺斂 4-1131B
guānliàn 官練 3-1397A
guānliàn 棺殮 4-1131B
guànlián 貫連 10-130B
guànlián 貫聯 10-133A
guànliàn 貫練 10-133A
guānliáng 官糧 3-1399A
guānliáng 關梁 12-164A
guānliáng 關糧 12-169B
guānliáo 官僚 3-1394B
guānliáo 官寮 3-1397A
guǎnliáo 館僚 12-567A
guānliáozhǔyì 官僚主義 3-1394B
guānliáozīběn 官僚資本 3-1394B
guānliáozīchǎnjiējí 官僚資産階級 3-1394B
guānliè 關捩 12-163B
guǎnliè 管箣 8-1203B
guànliè 貫列 10-128A
guānlièzǐ 關棙子 12-165A
guānlièzǐ 關捩子 12-163B
guǎnlíkuīcè 管蠡窺測 8-1206A
guānlǐn 官稟 3-1394A
guānlǐn 官廩 3-1398A
guānlǐng 關領 12-167B
guānlìng 關令 12-157A
guǎnlǐng 管領 8-1204A
guānliǔ 官柳 3-1385B
guànliú 灌流 6-212B
guānlǒng 關隴 12-169B
guānlǒng 關攏 12-169B
guànlóng 罐籠 8-1081B
guānlóu 官樓 3-1395B
guānlóu 關樓 12-168A
guānlòu 官漏 3-1395A
guānlù 官禄 3-1392A
guānlù 官路 3-1393B
guānlù 關陸 12-163A
guǎnlù 管路 8-1204A
guǎnlù 管輅 8-1203B
guànlún 冠倫 2-444A
guānluò 關洛 12-162A
guǎnluò 管絡 8-1203B
guànluò 貫絡 10-132A
guānlúqián 官鑪錢 3-1399B
guānlǚ 官侣 3-1383B
guānlǚ 冠屨 2-446A
guānlǚ 冠履 2-446A
guānlǜ 官緑 3-1395B
guānlǜ 關慮 12-168A
guànlǚ 貫膂 10-132B
guānlǚdàoshī 冠履倒施 2-446A
guānlǚdàoyì 冠履倒易 2-446A
guānlǚdàozhì 冠履倒置 2-446A
guànlǜqián 貫率錢 10-131B
guānmǎ 官馬 3-1387A
guānmài 官賣 3-1395B
guānmài 關脈 12-163A
guànmài 貫脈 10-130B
guānmǎn 官滿 3-1395A
guānmàn 冠縵 2-446A
guànmǎn 貫滿 10-132B
guànmǎng 灌莽 6-212A
guānmào 官茂 3-1383A
guānmào 官帽 3-1391A
guānmào 冠帽 2-445A
guànmáo 丱鬌 1-623A
guànmào 冠冒 2-443A
guānmàochásè 觀貌察色 10-364B
guānmǎzhèngbái 關馬鄭白 12-162B
guānméi 官梅 3-1389B
guānméi 官媒 3-1392B
guānméi 觀梅 10-363A
guānměi 觀美 10-362B
guānméipó 官媒婆 3-1392B
guānméishuōyǎn 觀眉説眼 10-362B
guānmén 關門 12-160A
guānménbìhù 關門閉户 12-160B
guānméndǎgǒu 關門打狗 12-160B
guānméndàjí 關門大吉 12-160B
guānméndìzǐ 關門弟子 12-160B
guānménluòshuān 關門落閂 12-160B
guānménzhuàng 關門狀 12-160B
guānménzhǔyì 關門主義 12-160B
guānmí 官迷 3-1386A
guānmiǎn 冠冕 2-444A
guānmiǎn 冠絻 2-445B
guānmiǎntánghuáng 冠冕堂皇 2-444B
guànmiào 灌廟 6-213A
guānmín 官民 3-1379B
guānmín 鰥民 12-1253B
guānmín 觀民 10-360A
guànmín 貫緡 10-133A
guānmíng 官名 3-1381A
guānmìng 官命 3-1383B
guànmíng 鸛鳴 12-1172B
guànmǐtāng 灌米湯 6-211B
guānmó 觀摩 10-365A

guànmò 貫陌 10-129A
guānmǔ 關牡 12-158B
guānmù 官牧 3-1383B
guānmù 棺木 4-1130B
guānmù 關木 12-155B
guānmù 關目 12-156A
guānmù 觀目 10-360A
guànmù 貫木 10-126B
guànmù 盥沐 7-1472B
guànmù 灌木 6-211B
guànmù 灌沐 6-212A
guānnà 關內 12-156A
guānnà 關納 12-163B
guānnán 關南 12-161A
guānnán 鰥男 12-1253B
guànnǎo 貫腦 10-132A
guānnèi 關內 12-156A
guǎnnèi 管內 8-1200A
guānnéng 官能 3-1389A
guǎnnǐ 管你 8-1200B
guànnì 串昵 1-624B
guānnián 官年 3-1380B
guānniàn 關念 12-159B
guānniàn 觀念 10-361A
guànnián 冠年 2-442B
guǎnnínggēxí 管寧割席 8-1204B
guǎnníngtà 管寧榻 8-1204B
guānniú 官牛 3-1378A
guānniǔ 關紐 12-163B
guànnóng 灌膿 6-213B
guānnú 官奴 3-1379B
guānnuó 觀儺 10-366B
guànnǚ 丱女 1-622B
guānóng 瓜農 8-279B
guānpái 官俳 3-1388A
guānpài 官派 3-1386B
guànpán 盥槃 7-1473A
guànpán 盥盤 7-1473A
guānpēi 官醅 3-1396A
guānpèi 冠佩 2-443A
guānpèi 冠帔 2-443A
guānpèi 冠珮 2-443B
guànpén 盥盆 7-1472B
guānpǐ 官癖 3-1399A
guànpiān 冠篇 2-446A
guānpiào 官票 3-1389B
guānpiào 關票 12-164A
guānpǐn 官品 3-1385B
guānpìn 關聘 12-166A
guānpíng 官評 3-1392A
guānpū 關撲 12-168A
guānqī 關期 12-164B
guānqí 官騎 3-1398B
guānqǐ 關啓 12-164B
guānqì 官契 3-1385A
guānqì 官氣 3-1387B
guānqì 棺器 4-1131B
guànqì 貫氣 10-130B
guànqì 祼器 7-934B
guānqiǎ 關卡 12-156B
guànqià 貫洽 10-129B
guānqián 官錢 3-1397B
guānqián 棺錢 4-1131B
guānqián 關錢 12-168B
guānqiàn 官欠 3-1378B
guǎnqiǎn 管淺 8-1203A
guānqiāng 官腔 3-1391B
guànqiǎng 貫繦 10-133B
guānqiáo 官橋 3-1397A
guānqiáo 觀睄 10-363B
guānqiáo 觀瞧 10-366A
guānqiào 關竅 12-169B
guānqiè 關切 12-156A
guànqiè 慣竊 7-720A
guānqīn 官親 3-1398A
guānqīn 棺衾 4-1131A
guānqīn 關親 12-169A
guānqíng 官情 3-1390B
guānqíng 關情 12-164A
guānqǐng 關請 12-168A
guǎnqīng 管青 8-1200B
guǎnqíng 管情 8-1203A
guǎnqǐng 管請 8-1204B
guǎnqíngqǔ 管情取 8-1203A
guānqíngzhǐbáo 官情紙薄 3-1390B
guānqióng 鰥嫭 12-1253B
guānqióng 鰥惸 12-1253B
guānqióng 鰥窮 12-1254A
guànqiū 毌丘 7-816B
guānqū 觀覻 10-366A
guānqū 觀覷 10-366A
guānqǔ 關取 12-159A
guǎnqǔ 管取 8-1201A
guànqū 灌區 6-212B
guànqú 貫渠 10-131B
guānquàn 官券 3-1384A
guǎnquàn 館券 12-566A
guānquè 官榷 3-1394B
guānquè 關榷 12-167B
guǎnquè 管搉 8-1203B
guǎnquè 管榷 8-1204A
guànquē 觀闕 10-366A
guànquè 冠雀 2-444A
guànquè 鸛雀 12-1172B
guànquè 鸛鵲 12-1173A
guànquè 鸛鳥 12-1178A
guànquèlóu 鸛雀樓 12-1172B
guànquèlóu 鸛鵲樓 12-1173A
guànqún 冠羣 2-445B
guānrén 官人 3-1377B
guānrén 倌人 1-1519B
guānrén 關人 12-154B
guǎnrén 管人 8-1199B
guǎnrén 館人 12-565B
guànrì 丱日 1-623A
guànrì 貫日 10-126B
guānrìyù 觀日玉 10-359A
guānróng 官榮 3-1395A
guànrú 灌濡 6-213B
guānruí 冠緌 2-445B
guānruò 莞蒻 9-424A
guānsài 關塞 12-167A
guànsāng 灌喪 6-212B
guànsǎo 貫掃 10-131A
guānsè 觀色 10-360A
guǎnsè 管色 8-1200B
guānshā 官殺 3-1388A
guānshā 官紗 3-1389A
guānshà 關煞 12-167A
guànshāmào 摜紗帽 6-848B
guānshān 官衫 3-1385A
guānshān 關山 12-155A
guānshǎn 關陝 12-162A
guǎnshàn 管擅 8-1205A
guǎnshānchīshān… 管山吃山，管水吃水 8-1199B
guànshāndàilì 冠山戴粒 2-442A
guānshāng 官商 3-1390A
guānshǎng 官賞 3-1396A
guānshǎng 關賞 12-168A
guānshǎng 觀賞 10-365A
guānshàng 關上 12-155A
guǎnshāng 管商 8-1203A
guānshàngjiāguān 冠上加冠 2-442A
guānshānhǎi 官山海 3-1378A
guānshānwánshuǐ 觀山翫水 10-359A
guānshānyuè 關山月 12-155A
guānshè 官舍 3-1383B
guānshè 官社 3-1382B
guānshè 關涉 12-163A
guǎnshè 管攝 8-1206A
guǎnshè 館舍 12-566A
guànshè 貫射 10-130B
guànshè 貫涉 10-130B
guǎnshéijīnténg 管誰筋疼 8-1204B
guānshēn 官身 3-1382A
guānshēn 官紳 3-1390B
guānshēn 冠紳 2-445A
guānshēn 觀身 10-360B
guānshēng 官生 3-1379A
guānshēng 官聲 3-1398A
guānshēng 關升 12-156B
guānshēng 關生 12-157A
guānshēng 關陞 12-162B
guānshěng 官省 3-1385B
guānshèng 關聖 12-165B
guǎnshēng 館甥 12-567A
guànshéng 貫繩 10-133B
guānshèngdìjūn 關聖帝君 12-165B
guānshèngxián 關聖賢 12-165B
guānshēnzhīhòu 官身衹候 3-1382B
guānshī 官施 3-1386A
guānshī 官師 3-1388A
guānshī 棺屍 4-1131A
guānshí 官食 3-1386A
guānshí 官實 3-1395B
guānshí 冠石 2-442B
guānshí 關石 12-156B
guānshí 觀時 10-362B
guānshǐ 官使 3-1383B
guānshì 官仕 3-1379A
guānshì 官市 3-1379A
guānshì 官式 3-1380A
guānshì 官事 3-1383A
guānshì 官室 3-1386B
guānshì 官勢 3-1392B
guānshì 棺飾 4-1131B
guānshì 關市 12-157B
guānshì 關試 12-167A
guānshì 觀世 10-359B
guānshì 觀示 10-359B
guānshì 觀事 10-361A
guānshì 觀視 10-363B
guānshì 觀試 10-364A
guǎnshī 館師 12-566B
guǎnshǐ 館使 12-566A
guǎnshì 管事 8-1201A
guǎnshì 管是 8-1201B
guǎnshì 管視 8-1203A
guǎnshì 館室 12-566B
guànshī 貫虱 10-129A
guànshī 貫蝨 10-132B
guànshī 祼尸 7-934A
guànshí 冠時 2-443B
guànshí 貫石 10-127A
guànshǐ 貫矢 10-127B
guànshǐ 慣使 7-719B
guànshì 冠士 2-442A
guànshì 冠世 2-442B
guànshì 冠事 2-443A
guànshì 貫世 10-127A
guànshì 祼事 7-934A
guànshì 慣世 7-719A
guànshì 慣事 7-719B
guànshì 盥事 7-1472B
guànshì 盥飾 7-1473A
guānshǐfùrén 官使婦人 3-1383B
guānshìyīn 觀世音 10-359B
guānshōu 官收 3-1381B
guānshǒu 官守 3-1381A
guānshǒu 官首 3-1386B
guānshòu 官壽 3-1394B
guānshòu 冠綬 2-445B
guǎnshòu 館授 12-566B
guànshǒu 冠首 2-443B
guànshǒu 盥手 7-1472A
guānshū 官書 3-1388B
guānshū 關書 12-163A
guānshǔ 官署 3-1393B
guānshǔ 官屬 3-1399B
guānshǔ 關署 12-166A
guānshù 官樹 3-1397A
guānshù 棺束 4-1131A
guānshù 關戍 12-158A
guǎnshǔ 管屬 8-1206A
guǎnshù 管束 8-1200B
guànshū 貫輸 10-133A
guànshū 灌輸 6-213B
guànshú 貫熟 10-132B
guànshú 慣熟 7-720A
guànshù 涫漱 5-1418B

guànshù 盥潄 7-1473A
guānshuài 官帥 3-1385B
guānshuì 官税 3-1391B
guānshuì 關税 12-165A
guánshuǐ 雚水 11-848B
guānshuō 關説 12-167B
guǎnshuō 管説 8-1204B
guānsī 官司 3-1379B
guānsī 關思 12-161A
guānsì 官寺 3-1380A
guǎnsī 管絲 8-1203B
guànsì 觀寺 10-360A
guānsòng 關送 12-162A
guǎnsòngde 管送的 8-1202A
guānsú 觀俗 10-361B
guānsù 官粟 3-1391A
guānsù 瘝素 8-347A
gǔ'ànsù 鈷胺素 11-1227A
guānsuì 關燧 12-169A
guànsuì 冠歲 2-445B
guànsuì 丱歲 1-623A
guànsuì 爟燧 7-315B
guànsǔn 貫隼 10-130B
guānsuǒ 官所 3-1383B
guānsuǒ 關所 12-159B
guānsuǒ 關索 12-162B
guānsuǒ 關鎖 12-169B
guānsuǒ 關鏁 12-170A
guànsuǒ 貫索 10-130A
guànsuǒchéng 貫索城 10-130B
guāntà 官搨 3-1392B
guǎntā 管他 8-1200A
guǎntāde 管他的 8-1200A
guāntái 觀臺 10-364A
guàntán 灌壇 6-213A
guāntáng 官塘 3-1392B
guāntǎng 官帑 3-1385A
guàntāng 涫湯 5-1418B
guāntángdàdào 官塘大道 3-1392B
guāntángdàlù 官塘大路 3-1392B
guǎntáoyuán 館陶園 12-566B
guànténg 灌滕 6-213A
guāntí 棺題 4-1131B
guāntí 關提 12-164B
guāntǐ 官體 3-1399B
guāntiān 關天 12-155B
guāntián 官田 3-1378B
guàntiān 貫天 10-126B
guāntiào 觀眺 10-363A
guāntiě 官帖 3-1383A
guāntiè 官帖 3-1383A
guàntiě 貫鐵 10-134A
guāntīng 官廳 3-1400A
guāntīng 觀聽 10-366B
guāntíng 官廷 3-1380B
guāntíng 官亭 3-1386A
guāntōng 瘝痌 8-347A
guāntōng 瘝恫 8-347A
guāntōng 關通 12-163A
guāntóng 官僮 3-1394B
guāntǒng 官統 3-1392B
guǎntóng 管彤 8-1200B
guǎntóng 館僮 12-567A
guàntōng 貫通 10-130B
guàntōng 灌通 6-212B
guàntóng 丱童 1-623A
guàntǒng 貫統 10-132A
guàntōngrónghuì 貫通融會 10-130B
guāntóu 關頭 12-168B
guǎntóu 管頭 8-1205A
guàntou 罐頭 8-1081B
guàntōu 慣偷 7-719B
guàntóu 貫頭 10-133A
guàntóuqián 貫頭錢 10-133A
guāntú 官徒 3-1388A
guǎntūchúnjiāo 管禿唇焦 8-1200B
guāntuō 關託 12-163A
guāntuó 官橐 3-1397A
guāntuò 關柝 12-161A
guānwā 官蛙 3-1391A
guānwá 官娃 3-1386B
guǎnwá 館娃 12-566B
guǎnwágōng 館娃宮 12-566B
guānwài 關外 12-157B
guānwán 觀玩 10-360B
guānwán 觀翫 10-365B
guānwàng 觀望 10-363A
guānwángmàidòufǔ 關王賣豆腐 12-155B
guānwèi 官位 3-1382A
guǎnwéi 管維 8-1204B
guànwēi 盥薇 7-1473A
guànwěi 貫緯 10-133A
guànwèi 觀魏 10-366A
guānwén 關文 12-156B
guānwén 觀文 10-359B
guànwò 灌沃 6-212A
guānwǔ 官廡 3-1397A
guānwù 官物 3-1383B
guānwù 官務 3-1389A
guànwǔ 貫午 10-126B
guānxī 關西 12-158A
guānxí 關席 12-163A
guānxì 官繫 3-1399A
guānxì 官戲 3-1398B
guānxì 關繫 12-169B
guānxì 關係 12-161A
guānxì 觀戲 10-365B
guǎnxì 管隰 8-1205B
guǎnxì 管係 8-1201B
guǎnxì 館餼 12-567B
guànxī 貫悉 10-131A
guànxí 串習 1-625A
guànxí 貫習 10-131B
guànxí 慣習 7-719B
guànxí 矔習 7-1268B
guànxǐ 盥洗 7-1472B
guànxǐ 灌洗 6-212A
guànxì 貫系 10-128B
guànxì 貫係 10-129B
guānxiá 官暇 3-1393B
guānxià 官下 3-1378A
guǎnxiá 管轄 8-1205B
guǎnxiá 錧鎋 11-1341B
guǎnxià 管下 8-1199B
guànxiá 串狎 1-624B
guànxiá 冠霞 2-446A
guànxiá 慣狎 7-719B
guānxián 官閒 3-1392A
guānxián 官閑 3-1392A
guānxián 官銜 3-1394B
guānxiǎn 關嶮 12-168B
guānxiàn 官憲 3-1398A
guānxiàn 關限 12-160B
guǎnxián 管弦 8-1201A
guǎnxián 管絃 8-1203B
guànxiān 貫鮮 10-133B
guànxiàn 祼獻 7-934B
guànxiàn 盥獻 7-1473B
guānxiāng 關相 12-161A
guānxiāng 關厢 12-164A
guānxiāng 關廂 12-165A
guānxiǎng 官餉 3-1395A
guānxiǎng 關餉 12-167B
guānxiǎng 觀想 10-364A
guānxiàng 官項 3-1390B
guānxiàng 觀象 10-363A
guǎnxiǎng 管響 8-1206A
guànxiǎng 貫想 10-132A
guànxiǎng 祼享 7-934A
guànxiǎng 祼饗 7-934B
guānxiàngtái 觀象臺 10-363A
guānxiánpái 官銜牌 3-1395A
guǎnxiányuè 管弦樂 8-1201B
guānxiāo 官銷 3-1396B
guānxiào 官校 3-1387A
guānxiào 觀笑 10-363A
guǎnxiāo 管蕭 8-1205A
guānxīchūjiàng… 關西出將，關東出相 12-158A
guānxié 官邪 3-1380B
guānxiè 官廨 3-1397B
guànxiè 觀榭 10-364B
guànxiè 貫械 10-131A
guānxìhù 關係户 12-161B
guānxīkǒngzǐ 關西孔子 12-158A
guānxīn 觀心 10-359B
guānxìn 觀衅 10-363A
guānxìn 觀釁 10-366B
guànxīn 貫心 10-127A
guānxīnbìng 冠心病 2-442A
guānxīng 官星 3-1385B
guānxíng 官刑 3-1380A
guānxíng 關行 12-158A
guānxíng 觀行 10-360A
guānxǐng 觀省 10-361B
guānxìng 官興 3-1397A
guànxíng 貫行 10-128A
guànxìng 慣性 7-719B
guānxíngchásè 觀形察色 10-360B
guānxīngtái 觀星臺 10-361B
guānxìnsìxì 觀釁伺隙 10-367A
guànxiōng 貫匈 10-128A
guànxiōng 貫胸 10-130B
guānxiū 官休 3-1381A
guānxiū 官修 3-1385B
guànxiǔ 貫朽 10-127B
guànxiǔsùchén 貫朽粟陳 10-127B
guànxiǔsùfǔ 貫朽粟腐 10-128A
guànxiǔsùhóng 貫朽粟紅 10-127B
guānxìwǎng 關係網 12-161B
guānxìxué 關係學 12-161B
guānxū 關繻 12-170A
guānxù 官序 3-1382B
guānxù 官敘 3-1386A
guānxù 官婿 3-1392B
guānxù 官緒 3-1395B
guǎnxū 管須 8-1203B
guǎnxǔ 管許 8-1203A
guànxù 冠序 2-443A
guànxù 貫序 10-128B
guànxù 貫敘 10-129B
guǎnxuǎn 館選 12-567B
guānxué 官學 3-1397B
guǎnxué 管穴 8-1200A
guǎnxué 館學 12-567B
guànxué 貫穴 10-127B
guānxuéshēng 官學生 3-1397B
guānxūn 官勳 3-1397A
guānyā 關押 12-159A
guānyá 官牙 3-1378A
guānyá 官衙 3-1393B
guǎnyā 管押 8-1200B
guànyá 鸛崖 12-1172B
guānyán 官鹽 3-1399B
guānyán 關言 12-159A
guānyǎn 關眼 12-164A
guānyàn 關宴 12-163A
guānyàn 關讌 12-170B
guānyàn 關醼 12-170B
guǎnyàn 管晏 8-1202A
guānyǎng 官養 3-1395A
guānyǎng 觀仰 10-360A
guānyàng 官樣 3-1395B
guānyànghuā 官樣花 3-1396A
guānyànghuáng 官樣黃 3-1396A
guānyàngwénzhāng 官樣文章 3-1396A
guānyáo 官窯 3-1390B
guānyáo 官窰 3-1397A
guānyào 關要 12-161A
guānyè 官業 3-1393A
guǎnyè 管業 8-1203B
guānyī 官衣 3-1381A
guānyí 官儀 3-1396B
guānyí 關移 12-164A
guānyí 觀頤 10-365B
guānyì 官役 3-1382B
guānyì 官邑 3-1381B

guānyì 關役 12-158B
guānyì 關意 12-167A
guǎnyì 館議 12-567B
guǎnyì 館驛 12-568A
guànyì 貫一 10-126A
guànyī 慣一 7-719A
guànyí 貫頤 10-133A
guànyí 貫頓 10-133B
guànyì 冠軼 2-445A
guànyì 貫軼 10-131B
guànyì 貫溢 10-132A
guànyì 灌溢 6-213A
guànyībùzhuó 慣一不着 7-719A
guānyīn 官音 3-1386A
guānyīn 觀音 10-362A
guānyín 官銀 3-1395A
guānyǐn 官癮 3-1399B
guānyìn 官蔭 3-1393A
guānyìn 官印 3-1379A
guānyìn 官廕 3-1394A
guǎnyīn 管音 8-1202A
guànyīn 灌音 6-212A
guānyīndàshì 觀音大士 10-362A
guānyīndōu 觀音兜 10-362B
guānyīnfěn 觀音粉 10-362B
guānyīng 冠纓 2-446B
guānyíng 官營 3-1398A
guānyíng 關營 12-169A
guānyìng 關應 12-169B
guǎnyíng 管營 8-1205A
guànyíng 貫盈 10-130A
guànyíng'èrěn 貫盈惡稔 10-130A
guānyīnjú 觀音菊 10-362B
guānyīnlián 觀音蓮 10-362B
guānyīnliǔ 觀音柳 10-362A
guānyīnnà 觀音衲 10-362A
guānyīnshǒu 觀音手 10-362A
guānyīnsù 觀音素 10-362B
guānyīntǔ 觀音土 10-362A
guānyīnzhú 觀音竹 10-362A
guānyōng 官饔 3-1399B
guānyǒng 官勇 3-1386B
guānyòng 官用 3-1379A
guǎnyòng 管用 8-1200A
guànyòng 串用 1-624A
guànyòng 慣用 7-719A
guānyōu 觀優 10-366A
guānyóu 關由 12-157A
guānyóu 觀游 10-364A
guānyóu 觀遊 10-364A
guānyòu 關右 12-156B
guànyóu 灌油 6-212A
guànyǒu 慣有 7-719A
guānyú 關于 12-155A
guānyú 關於 12-159B
guānyú 關餘 12-168A
guānyú 鰥魚 12-1253B
guānyú 觀魚 10-363A
guānyú 觀漁 10-364B
guānyǔ 官庾 3-1390A
guānyǔ 關與 12-166B
guānyù 官御 3-1391B
guānyù 官獄 3-1395A
guānyù 冠玉 2-442A
guānyù 關預 12-167A
guānyù 關豫 12-168B
guǎnyǔ 館宇 12-566A
guǎnyù 館御 12-567A
guànyú 貫魚 10-131A
guànyǔ 觀宇 10-360B
guànyù 貫玉 10-127A
guànyù 貫獄 10-132B
guànyù 祼玉 7-934A
guànyù 盥浴 7-1472B
guānyuán 官員 3-1387B
guānyuán 關原 12-162B
guānyuán 關源 12-167A
guānyuàn 官院 3-1386B
guǎnyuàn 館院 12-566B
guànyuán 灌園 6-212B
guānyuánzhīhòu 官員祇候 3-1387B
guānyuē 關約 12-162B
guānyuè 關闥 12-170B
guānyuè 關鑰 12-170B
guānyuè 關籥 12-170B
guānyuè 觀樂 10-365B
guǎnyuè 管樂 8-1204B
guǎnyuè 管鑰 8-1206A
guǎnyuè 管籥 8-1206A
guǎnyuè 錧籥 11-1341B
guànyuē 貫約 10-130A
guànyuè 貫越 10-131B
guànyuèchá 貫月查 10-126B
guànyuèchá 貫月楂 10-126B
guǎnyuèqì 管樂器 8-1205A
guànyuèzhīchén 貫月之辰 10-126B
guānyúfǎnsān 觀隅反三 10-363B
guānyúkěfèng 鰥魚渴鳳 12-1253B
guānyùn 官運 3-1392A
guānyùn 官醞 3-1397A
guānyùn 官韻 3-1399A
guǎnyùn 管韻 8-1205B
guànyúzhīcì 貫魚之次 10-131A
guànyúzhīxù 貫魚之序 10-131B
guānzǎi 官宰 3-1388B
guānzān 冠簪 2-446A
guànzǎo 盥澡 7-1473A
guànzǎo 灌澡 6-213B
guānzé 官責 3-1389A
guānzé 觀則 10-361B
guānzéi 官賊 3-1393B
guànzéi 慣賊 7-720A
guànzèng 貫綜 10-132B
guānzhá 關牐 12-166B
guānzhǎ 官鮓 3-1397B
guànzhá 貫札 10-127A
guānzhāi 官齋 3-1398B
guānzhái 官宅 3-1381A
guānzhài 官砦 3-1389B
guānzhài 官寨 3-1395B
guǎnzhái 館宅 12-566A
guānzhān 官占 3-1378B
guānzhān 觀瞻 10-366A
guānzhān 觀占 10-360A
guānzhàn 觀戰 10-365B
guànzhàn 貫戰 10-133A
guānzhāng 官章 3-1390A
guānzhāng 關張 12-164B
guānzhǎng 官長 3-1382B
guānzhǎng 關掌 12-165A
guǎnzhāng 管張 8-1203B
guǎnzhàng 管帳 8-1203A
guǎnzhàng 管賬 8-1204B
guǎnzhàng 館丈 12-565B
guānzhāo 官着 3-1390A
guānzhào 官照 3-1393B
guānzhào 棺罩 4-1131B
guānzhào 關召 12-158A
guānzhào 關照 12-166A
guānzhào 觀照 10-364A
guǎnzhào 管照 8-1204A
guānzhěchéngdǔ 觀者成堵 10-360B
guānzhēn 官箴 3-1396B
guānzhèn 觀陣 10-362B
guǎnzhēn 館真 12-566B
guànzhèn 鸛陣 12-1172A
guānzhēng 官徵 3-1396B
guānzhēng 關征 12-159B
guānzhèng 官正 3-1378B
guānzhèng 官政 3-1385A
guānzhèng 關政 12-161A
guānzhèng 觀政 10-361A
guānzhěrúdǔ 觀者如堵 10-360B
guānzhěrúduò 觀者如垛 10-360B
guānzhěrúshì 觀者如市 10-360B
guānzhěrúyún 觀者如雲 10-360B
guānzhěyúnjí 觀者雲集 10-360B
guānzhī 關支 12-155B
guānzhī 關知 12-159B
guānzhí 官職 3-1398B
guānzhǐ 官紙 3-1389A
guānzhǐ 觀止 10-359A
guānzhì 官制 3-1383A
guānzhì 官治 3-1384B
guānzhì 官秩 3-1387B
guānzhì 觀志 10-360B
guānzhì 觀治 10-361A
guǎnzhí 管執 8-1203A
guǎnzhí 館職 12-567B
guǎnzhì 管制 8-1201A
guǎnzhì 管治 8-1201A
guǎnzhì 館置 12-567A
guànzhī 貫知 10-128B
guànzhǐ 貫址 10-128A
guànzhì 冠豸 2-442B
guànzhì 冠櫛 2-446A
guànzhì 盥櫛 7-1473A
guànzhì 灌製 6-213A
guānzhōng 關中 12-156A
guānzhòng 官衆 3-1391B
guānzhòng 觀衆 10-363B
guànzhòng 貫衆 10-131B
guǎnzhōngkuībào 管中窺豹 8-1199B
guǎnzhòngsuímǎ 管仲隨馬 8-1200A
guānzhōngxuánjìng 棺中懸鏡 4-1130B
guānzhōu 官舟 3-1381A
guānzhóu 關軸 12-165A
guānzhòu 冠胄 2-443A
guànzhōu 貫周 10-129A
guānzhú 官燭 3-1398B
guānzhǔ 觀矚 10-366B
guānzhù 官鑄 3-1399B
guānzhù 關注 12-160A
guǎnzhǔ 管主 8-1200A
guǎnzhǔ 館主 12-566A
guànzhū 貫珠 10-130A
guànzhú 貫燭 10-133B
guànzhǔ 貫屬 10-134A
guànzhù 貫注 10-129A
guànzhù 灌澍 6-213A
guànzhù 灌注 6-212A
guānzhuàn 官撰 3-1395B
guānzhuàn 官饌 3-1399B
guānzhuāng 官莊 3-1387A
guānzhuàngdòngmài 冠狀動脈 2-443A
guānzhuàngmiù 關壯繆 12-159A
guǎnzhǔn 管準 8-1204A
guǎnzhǔn 浣準 5-1281A
guǎnzhuó 管着 8-1203A
guànzhuó 盥濯 7-1473A
guànzhuó 鸛啄 12-1172B
guānzi 冠子 2-442A
guānzī 官貲 3-1393A
guānzī 官資 3-1394A
guānzī 關咨 12-161B
guānzī 關諮 12-169A
guānzǐ 官子 3-1378A
guānzǐ 關子 12-155A
guǎnzi 管子 8-1199B
guǎnzi 館子 12-565B
guǎnzì 管自 8-1200B
guànzi 罐子 8-1080B
guànzǐ 冠子 2-442A
guànzǐ 鸛子 12-1172A
guǎnziméntiáo 館子門條 12-565B
guànziyù 罐子玉 8-1081A
guānzìzài 觀自在 10-360A
guānzōng 關綜 12-168A
guǎnzōng 管綜 8-1204B
guǎnzǒng 管總 8-1205B
guànzōng 貫綜 10-132B
guànzòng 慣縱 7-720A
guānzòu 關奏 12-161A
guānzū 官租 3-1387B
guānzú 官族 3-1390A

guānzǔ 冠組 2-445A
guānzǔ 綸組 9-904B
guànzú 冠族 2-444B
guànzú 貫族 10-131B
guànzūn 灌尊 6-212B
guānzuō 官作 3-1382A
guānzuǒ 官佐 3-1382A
guānzuǒ 關左 12-156B
guànzuò 冠座 2-444A
gū'ào 孤傲 4-224A
gǔ'ào 古奥 3-25B
guǎ'ǒu 寡偶 3-1592A
guǎ'ǒu 寡耦 3-1593B
guàpái 挂牌 6-545A
guāpí 瓜皮 8-278A
guāpiàn 瓜片 8-277B
guǎpiányi 寡便宜 3-1591B
guāpíchuán 瓜皮船 8-278A
guāpídālǐpí 瓜皮搭李皮 8-278A
guāpídālǐshù 瓜皮搭李樹 8-278A
guāpímào 瓜皮帽 8-278A
guàpíng 挂屏 6-544A
guāpítǐng 瓜皮艇 8-278A
guāpōudòufēn 瓜剖豆分 8-279A
guāpōuqíbù 瓜剖碁布 8-279A
guàpózi 卦婆子 1-994B
guàpù 卦鋪 1-995A
guāqī 瓜戚 8-279A
guāqī 瓜期 8-279B
guǎqī 寡妻 3-1591A
guǎqì 寡氣 3-1591B
guàqì 卦氣 1-994B
guàqì 挂氣 6-544A
guǎqiǎn 寡淺 3-1592A
guǎqiàn 寡嗛 3-1593A
guàqiān 挂千 6-542B
guàqiān 挂牽 6-544B
guàqiān 罣牽 8-1021A
guàqián 挂錢 6-547A
guàqiàn 挂欠 6-542B
guàqiáng 挂牆 6-547B
guǎqīng 寡青 3-1591A
guǎqíng 寡情 3-1592B
guǎqíngbóyì 寡情薄意 3-1592B
guàqínjīn 挂秦金 6-544A
guāqiū 瓜丘 8-278A
guǎqiú 寡仇 3-1590A
guāqūdòufēn 瓜區豆分 8-279A
guàrǎn 絓染 9-802B
guāráng 瓜瓤 8-280B
guàráng 挂瓢 6-546B
guārén 瓜仁 8-277B
guǎrén 寡人 3-1589B
guāròu 刮肉 2-668B
guārùn 瓜潤 8-280A
guǎruò 寡弱 3-1592A
guǎsǎo 寡嫂 3-1593A
guǎsè 寡色 3-1590B
guāshā 刮痧 2-670B
guāshā 劀殺 2-743A
guǎshǎo 寡少 3-1590A
guāshé 刮舌 2-668B
guàshé 挂舌 6-543A
guǎshěn 寡嬸 3-1594A
guāshí 瓜時 8-279A
guāshì 劀拭 2-743A
guǎshí 寡識 3-1594B
guǎshì 寡事 3-1591A
guàshī 挂失 6-543A
guàshì 卦筮 1-995A
guāshìtīng 刮視聽 2-670B
guāshòu 刮瘦 2-671A
guǎshòu 寡瘦 3-1593A
guàshòu 挂綬 6-546A
guāshú 瓜熟 8-280A
guāshù 瓜戍 8-278A
guàshù 絓數 9-803A
guāshuā 刮刷 2-669A
guàshuài 挂帥 6-544A
guǎshuāng 寡雙 3-1594A
guǎshuāng 寡孀 3-1594B
guāshúdìluò 瓜熟蒂落 8-280A
guāshúdìluò 瓜熟蔕落 8-280A
guāshuǐ 刮水 2-668A
guàsī 挂絲 6-545B
guàsì 罣罳 8-1021A
guàsì 卦肆 1-995A
guāsù 刮鏽 2-671B
guàtà 挂榻 6-545B
guǎtài 寡態 3-1593A
guǎtè 寡特 3-1591B
guātián 瓜田 8-277B
guātiánbùnàlǚ… 瓜田不納履,李下不整冠 8-277B
guātiánbùnàlǚ… 瓜田不納履,李下不正冠 8-277B
guātiánlǐxià 瓜田李下 8-277B
guātiánzhīxián 瓜田之嫌 8-277B
guātiáo 瓜條 8-279A
guǎtóu 寡頭 3-1593B
guǎtóuzhèngzhì 寡頭政治 3-1593B
guǎtú 寡徒 3-1591B
guàtú 挂圖 6-546A
guātǔ'er 刮土兒 2-668A
guàwǎng 挂網 6-546A
guàwǎng 絓網 9-803A
guǎwéi 寡爲 3-1592B
guǎwèi 寡味 3-1591A
guàwěi 詿僞 11-142B
guǎwén 寡聞 3-1593A
guàwén 卦文 1-994B
guàwù 挂誤 6-546A
guàwù 罣誤 8-1021A
guàwù 絓誤 9-803A
guàwù 詿誤 11-142B
guāxī 瓜犀 8-279B
guāxí 刮席 2-670A
guàxī 挂錫 6-547A
guàxí 挂席 6-544B
guǎxiá 寡狹 3-1591B
guāxián 刮涎 2-670A
guǎxiǎn 寡鮮 3-1594A
guàxián 絓銜 9-803A
guàxiàng 卦象 1-994B
guāxiāo 刮削 2-669B
guàxiào 挂孝 6-543B
guǎxiǎojūn 寡小君 3-1589B
guāxiāoqì 刮削器 2-669B
guǎxìn 寡信 3-1591B
guàxīn 挂心 6-543A
guàxīncháng 挂心腸 6-543A
guàxīngchá 挂星查 6-544A
guàxīngōu 挂心鉤 6-543A
guǎxiōng 寡兄 3-1590A
guàxíwéimén 挂席爲門 6-544B
guàxū 挂鬚 6-547B
guǎxué 寡學 3-1594A
guāyán 刮言 2-669A
guāyǎn 瓜衍 8-278B
guāyǎn 刮眼 2-670B
guǎyán 寡言 3-1590B
guàyán 絓言 9-802B
guàyǎn 挂眼 6-544B
guàyǎn 絓眼 9-802B
guàyángtóu…挂羊頭賣狗肉 6-543B
guāyǎnzhīshǎng 瓜衍之賞 8-278B
guàyáo 卦爻 1-994A
guāyěguǐ 刮野鬼 2-670B
guāyěsǎodì 刮野掃地 2-670B
guàyì 挂意 6-545B
guàyīgōuzi 挂一鉤子 6-542B
guàyīguān 挂衣冠 6-543B
guàyīlòuwàn 挂一漏萬 6-542B
guāyǐn 瓜飲 8-279B
guàyìn 挂印 6-543A
guāyíng 瓜螢 8-280B
guāyíng 刮楹 2-670B
guǎyíng 寡營 3-1594A
guàyǐng 卦影 1-995A
guǎyóu 寡尤 3-1590A
guāyú 刮魚 2-670B
guāyú 騧騟 12-857B
guǎyú 寡虞 3-1593A
guǎyǔ 寡與 3-1593A
guǎyù 寡欲 3-1592A
guǎyù 寡慾 3-1593B
guǎyuàn 寡怨 3-1591B
guǎyuē 寡約 3-1591B
guāyǔshāoshū 刮語燒書 2-671A
guāzào 刮躁 2-671A
guàzé 挂幘 6-545B
guāzhā 刮揸 2-670B
guāzhàn 瓜戰 8-280A
guàzhǎng 挂掌 6-545A
guàzhàng 挂賬 6-546B
guàzhào 卦兆 1-994B
guàzhě 卦者 1-994B
guǎzhì 寡知 3-1591A
guǎzhì 寡智 3-1592B
guàzhì 挂帙 6-543B
guàzhī'er 挂枝兒 6-543B
guàzhōng 挂鐘 6-547B
guāzhōu 瓜州 8-278A
guāzhōu 瓜洲 8-278B
guàzhóu 挂軸 6-545A
guǎzhù 寡助 3-1590B
guàzhù 詿注 11-142B
guǎzhuàng 寡狀 3-1591A
guāzi 刮子 2-668A
guāzǐ 瓜子 8-277A
guǎzǐ 寡姊 3-1591A
guàzi 褂子 9-104A
guàzī 卦資 1-995A
guāzǐbùdàshìrénxīn 瓜子不大是人心 8-277A
guāzìchūfēn 瓜字初分 8-278B
guāzǐjīn 瓜子金 8-277A
guāzǐliǎn 瓜子臉 8-277A
guāzū 瓜菹 8-279A
gūbá 孤拔 4-217B
gǔbài 鼓韛 12-1397A
gǔbài 鼓鞴 12-1396B
gǔbài 鼓排 12-1391B
gǔbài 穀稗 6-1507A
gùbài 故敗 5-434B
gǔbǎn 古板 3-21B
gǔbǎn 鼓板 12-1389B
gǔbǎn 穀板 6-1505B
gǔbàn 鼓半 12-1387A
gǔbàn 賈伴 10-192A
gūbāng 骨邦 12-396A
gǔbàng 骨棒 12-400A
gùbāng 故邦 5-430A
gūbào 孤抱 4-217B
gūbǎo 沽保 5-1052A
gǔbǎo 穀飽 6-1507A
gǔbào 骨骲 12-401B
gǔbào 鼓暴 12-1395A
gùbào 顧報 12-364A
gūbèi 孤背 4-219A
gǔběi 古北 3-19B
gǔbèi 古貝 3-20B
gǔbèi 骨貝 12-397A
gǔběikǒu 古北口 3-19B
gūběn 孤本 4-214A
gǔběn 古本 3-19B
gǔběn 股本 6-1184B
gùběn 顧本 12-360A
gūbèng 孤迸 4-220A
gūbī 估逼 1-1224B
gūbì 孤蔽 4-226A
gūbì 觚陛 10-1357B
gǔbí 骨鼻 12-401B
gǔbí 鼓鼻 12-1394B
gǔbǐ 谷筆 10-1318B

gǔbǐ 鼓筆 12-1392B
gǔbì 鼓臂 12-1396B
gǔbì 穀璧 6-1507B
gǔbì 蠱敝 8-1000A
gǔbì 蠱弊 8-1000B
gùbǐ 顧筆 12-364B
gùbì 固必 3-625B
gùbì 固蔽 3-627B
gùbì 固壁 3-627B
gùbì 故弊 5-436B
gùbì 錮閉 11-1326A
gùbì 錮弊 11-1326B
gùbì 錮蔽 11-1326A
gùbì 顧畀 12-361A
gùbì 顧避 12-365B
gūbiān 觚編 10-1357B
gǔbiǎn 孤窆 4-220A
gǔbiān 鼓鞭 12-1396B
gǔbiàn 谷變 10-1319A
gǔbiàn 股弁 6-1184B
gǔbiàn 股抃 6-1185A
gǔbiàn 鼓忭 12-1389A
gùbiān 故編 5-437A
gūbiāo 孤標 4-227A
gūbiǎo 姑表 4-316A
gǔbiē 古撇 3-26B
gǔbiē 古憋 3-27A
gǔbiélí 古別離 3-21A
gǔbīng 轂兵 6-1510A
gǔbīng 鼓兵 12-1388B
gùbìng 痼病 8-331B
gùbìng 錮病 11-1326A
gùbìqīngyě 固壁清野 3-627B
gūbó 估舶 1-1224B
gūbó 沽泊 5-1052A
gǔbō 鼓波 12-1389B
gǔbō 鼓撥 12-1395A
gǔbó 穀伯 6-1505B
gǔbó 穀帛 6-1506A
gǔbó 賈舶 10-193A
gūbù 姑布 4-315B
gǔbū 餶餔 12-570A
gǔbǔ 瞽卜 7-1258B
gǔbù 鼓步 12-1387B
gùbù 故步 5-431B
gùbù 顧步 12-360B
gūbùgū 觚不觚 10-1357B
gùbùzìfēng 固步自封 3-626A
gùbùzìfēng 故步自封 5-431B
gùbùzìhuà 故步自畫 5-431B
gūcāi 估猜 1-1224B
gūcài 菰菜 9-454A
gǔcǎi 骨采 12-397B
gùcán 顧慚 12-365A
gùcáng 錮藏 11-1326B
gūcāo 孤操 4-228A
gǔcāo 古操 3-28A
gǔcǎo 穀草 6-1506A
gùcāo 故操 5-437A
gǔcáofēng 骨槽風 12-401B
gūcè 孤策 4-223B
gǔcè 鼓筴 12-1393B
gǔcè 穀策 6-1506B
gùcén 故岑 5-431B
gūchà 孤刹 4-218B
gǔchá 古查 3-23A
gǔchá 古槎 3-26A
gǔchá 古楂 3-26A
gǔchà 古刹 3-22B
gǔchāi 古釵 3-25A
gǔchāijiǎo 古釵脚 3-25A
gǔchāliǎn 骨查臉 12-398A
gūchán 孤孱 4-224B
gūchán 孤禪 4-228B
gūchán 孤蟾 4-229B
gūchǎn 估産 1-1224B
gǔchán 鼓儳 12-1397A
gǔchǎn 穀産 6-1506B
gǔcháng 古常 3-24B
gǔchàng 鼓倡 12-1391A
gǔchàng 鼓唱 12-1391B
gǔchàng 鼓暢 12-1394A
gùchāng 故倡 5-433B
gùcháng 固常 3-627A
gùcháng 故常 5-434B
gǔchànròujīng 骨顫肉驚 12-403B
gūchāo 孤超 4-223A
gǔcháo 鶻嘲 12-1134B
gǔchǎo 鼓吵 12-1388A
gùcháo 故巢 5-435A
gǔchē 鼓車 12-1387B
gūchén 孤臣 4-215A
gūchén 孤辰 4-216B
gǔchén 汩沉 5-964B
gǔchén 汩陳 5-964B
gǔchèn 骨櫬 12-403A
gùchén 故臣 5-430A
gūchēng 孤撐 4-227A
gūchéng 孤城 4-219A
gūchéng 孤誠 4-225B
gǔchéng 鼓成 12-1387A
gǔchéng 滑成 5-1478B
gǔchéng 賈誠 10-193B
gùchéng 故程 5-435B
gùchéng 顧成 12-360A
gūchénguǎxiù 孤辰寡宿 4-217A
gǔchéngwēng 穀城翁 6-1506A
gǔchéngyuándòng 鶻城猿洞 12-1133B
gūchénnièzǐ 孤臣孽子 4-215A
gǔchénwǔ 骨塵舞 12-401B
gūchī 咕哧 3-254A
gǔchì 鼓翅 12-1390B
gǔchì 鼓翄 12-1391B
gùchí 故池 5-431A
gǔchóng 蠱蟲 8-1001A
gùchǒng 固寵 3-627B
gùchǒng 顧寵 12-366A
gūchóu 孤愁 4-225B
gūchóu 辜讎 11-481B
gǔchóu 古愁 3-26A
gǔchóu 賈仇 10-191A
gùchóu 故儔 5-437A
gùchóu 故疇 5-437B
gūchóuguǎpǐ 孤儔寡匹 4-228B
gūchú 孤雛 4-229B
gūchú 孤鶵 4-230B
gǔchū 古初 3-21A
gǔchū 骨出 12-396A
gǔchū 骨黜 12-401B
gǔchǔ 谷處 10-1318B
gùchǔ 古處 3-24B
gùchǔ 故處 5-434B
gùchù 故處 5-434B
gūchuài 咕嘬 3-254A
gūchuán 估船 1-1224B
gūchuán 孤傳 4-225B
gūchuán 罛船 8-1020B
gǔchuán 罟船 8-1020A
gǔchuáng 鼓牀 12-1389B
gūchúfǔshǔ 孤雛腐鼠 4-229B
gǔchuī 鼓吹 12-1388A
gǔchuí 鼓槌 12-1393B
gǔchuì 鼓吹 12-1388A
gǔchuìbù 鼓吹部 12-1388B
gǔchuìchē 鼓吹車 12-1388B
gǔchuìcí 鼓吹詞 12-1388B
gǔchuìqǔ 鼓吹曲 12-1388B
gǔchuīshǒu 鼓吹手 12-1388B
gǔchuìxuāntián 鼓吹喧闐 12-1388B
gǔchuìyuè 鼓吹樂 12-1388B
gǔchūn 古春 3-23A
gǔchún 鼓脣 12-1391B
gǔchúnnòngshé 鼓脣弄舌 12-1391A
gǔchúnyáoshé 鼓脣搖舌 12-1391A
gǔchúnzǎshé 鼓脣咋舌 12-1391A
gūchuò 咕啜 3-254A
gùchūrénzuì 故出人罪 5-430A
gùchūrùrénzuì 故出入人罪 5-430A
gūcí 孤雌 4-226A
gǔcí 古辭 3-29B
gǔcí 鼓詞 12-1392B
gǔcí 鼓辭 12-1397A
gǔcí 嘏辭 3-488A
gǔcí 瞽詞 7-1259B
gǔcí 瞽辭 7-1260A
gǔcì 骨刺 12-397B
gùcí 固辭 3-627B
gùcǐ 故此 5-430B
gūcíguǎhè 孤雌寡鶴 4-226A
gùcǐshībǐ 顧此失彼 12-360A
gūcuì 孤悴 4-223A
gūcuì 孤翠 4-226B
gūcūn 孤村 4-216B
gūcún 孤存 4-215B
gùcún 顧存 12-360A
gūcuō 孤撮 4-227A
gǔdài 古代 3-20A
gǔdài 賈怠 10-192B
gǔdài 賈貸 10-193B
gùdài 顧逮 12-364A
gùdài 顧待 12-362B
gūdān 孤單 4-223B
gūdǎn 孤膽 4-229A
gūdàn 孤淡 4-223A
gūdàn 孤澹 4-228B
gǔdàn 古淡 3-25A
gǔdàn 古澹 3-28B
gǔdàn 穀旦 6-1505B
gǔdàn 穀旦 6-1509A
gùdàn 顧憚 12-365B
gǔdàng 鼓蕩 12-1395A
gǔdàng 鼓盪 12-1396B
gǔdàng 蠱蕩 8-1000B
gùdǎng 錮黨 11-1326B
gūdāo 咕叨 3-253B
gūdǎo 估倒 1-1224B
gūdǎo 估搗 1-1225A
gūdǎo 孤島 4-221A
gǔdāo 鼓刀 12-1386A
gǔdǎo 鼓搗 12-1393A
gǔdǎo 鼓導 12-1395B
gǔdào 古道 3-25B
gǔdào 谷道 10-1318B
gǔdào 鼓纛 12-1397B
gǔdào 穀道 6-1506B
gǔdào 蠱道 8-1000B
gǔdào 賈盜 10-193B
gǔdào 賈道 10-193B
gùdào 故道 5-435B
gǔdàorèchǎng 古道熱腸 3-26A
gǔdé 古德 3-27B
gūdēng 孤燈 4-228B
gǔdí 鼓笛 12-1392A
gǔdí 穀糴 6-1507B
gǔdì 古帝 3-24A
gǔdì 鵠的 12-1109A
gùdì 故地 5-430A
gùdì 故第 5-435A
gùdì 顧睇 12-364A
gūdiàn 孤店 4-218B
gǔdiǎn 古典 3-22A
gǔdiǎn 鼓點 12-1396B
gǔdiàn 賈店 10-192A
gùdiǎn 故典 5-432A
gǔdiǎnwénxué 古典文學 3-22A
gǔdiǎnzhǔyì 古典主義 3-22A
gudiào 沽弔 5-1051B
gūdiào 罛釣 8-1020B
gǔdiāo 鶻鵰 12-1134B
gǔdiāo 骨雕 12-402B
gǔdiāo 蠱雕 8-1001A
gǔdiāo 滑雕 5-1482B
gǔdiào 古調 3-27B
gǔdiào 鼓釣 12-1392A
gǔdiàoshī 古調詩 3-27B
gūdiē 姑爹 4-317A

gūdīng 孤丁 4-213A
gǔdīng 鼓釘 12-1391A
gùdìng 固定 3-626A
gùdìng 錮定 11-1325B
gùdìngcízǔ 固定詞組 3-626A
gǔdìngdāo 古定刀 3-22B
gǔdìngdāo 古錠刀 3-28B
gūdīngdīng 孤丁丁 4-213A
gǔdìngjiàn 古定劍 3-22B
gùdìngzīchǎn 固定資産 3-626A
gùdìngzījīn 固定資金 3-626A
gǔdíqǔ 鼓笛曲 12-1392A
gūdōng 咕咚 3-253B
gūdōng 骨冬 12-396A
gūdōng 骨鼕 12-402B
gūdǒng 骨董 12-400A
gūdòng 孤棟 4-223A
gǔdōng 股東 6-1185A
gǔdǒng 古董 3-25B
gǔdǒng 汩董 5-965A
gǔdǒng 骨董 12-399B
gǔdòng 鼓動 12-1391B
gǔdǒngdiàn 骨董店 12-400A
gǔdǒngfàn 骨董飯 12-400A
gǔdǒnggēng 谷董羹 10-1318B
gǔdǒnggēng 骨董羹 12-400A
gǔdǒngháng 骨董行 12-400A
gǔdǒngnáng 骨董囊 12-400A
gǔdǒngpù 骨董鋪 12-400A
gǔdǒngxiāng 骨董箱 12-400A
gǔdòu 鼓逗 12-1390B
gùdǒu 梱斗 4-1112B
gūdū 咕嘟 3-254A
gūdū 姑都 4-316B
gūdū 孤都 4-220B
gūdū 骨都 12-398B
gūdū 骨嘟 12-401A
gūdū 胍肫 6-1235A
gūdū 唃嘟 3-428A
gūdú 孤獨 4-228B
gūdú 孤犢 4-229B
gūdú 觚牘 10-1358A
gūdú 辜毒 11-481A
gǔdū 古都 3-24A
gǔdū 谷都 10-1318A
gǔdū 骨都 12-398B
gǔdū 鼓嘟 12-1393B
gǔdú 古讀 3-30A
gǔdú 鼓毒 12-1389B
gǔdú 蠱毒 8-999B
gǔdǔ 骨篤 12-402B
gǔdù 古度 3-23B
gǔdù 古渡 3-26A
gǔdù 鼓肚 12-1389A
gǔdù 蠱蠹 8-1001A
gùdū 故都 5-433B
gùdú 故櫝 5-437B
gǔduān 轂端 6-1510A
gùduān 故端 5-436B
gūdúchùrǔ 孤犢觸乳 4-229B
gūdūdū 骨都都 12-398B
gǔdūdū 古都都 3-24A
gǔdūdū 汩都都 5-964B
gǔdūhóu 骨都侯 12-398B
gūduī 孤堆 4-222A
gūduī'er 估堆兒 1-1224B
gūduó 估度 1-1224B
gūduǒ 骨朵 12-397A
gūduò 箛筡 8-1207A
gǔduō 汩咄 5-964B
gǔduō 骨咄 12-397B
gǔduō 鼓掇 12-1391B
gǔduó 鼓鐸 12-1397B
gǔduǒ 骨朵 12-397A
gǔduǒ 骨菒 12-398A
gǔduǒ 鍺鎍 11-1350A
gǔduò 骨柮 12-398A
gǔduò 榾柮 4-1179B
gǔduò 鼓柁 12-1390A
gǔduò 鼓栬 12-1390A
gǔduò 餶飿 12-569B
gūduǒ'er 蓇朵兒 9-472A
gǔduōlù 骨咄祿 12-397B
gǔduōxī 骨咄犀 12-397B
gǔduǒzhí 骨朵直 12-397A
gǔduǒzi 骨朵子 12-397A
gǔduǒzizhí 骨朵子直 12-397A
gǔdúxī 蠱毒犀 8-999B
gǔdǔxī 骨睹犀 12-401A
gǔdǔxī 骨篤犀 12-402B
gūdúyuán 孤獨園 4-228B
gǔ'è 盬惡 7-1475B
gǔ'è 苦惡 9-322A
gù'è 故惡 5-435A
gū'ēn 孤恩 4-220B
gū'ēn 沽恩 5-1052B
gū'ēn 辜恩 11-481A
gù'ēn 顧恩 12-363A
gū'ēnfùyì 孤恩負義 4-221A
gū'ēnfùyì 辜恩負義 11-481A
gū'ér 孤兒 4-218B
gǔ'ér 賈兒 10-192A
gù'ér 故而 5-430B
gù'ěr 故爾 5-436B
gù'èr 故二 5-429A
gǔ'ěrbāngjié 古爾邦節 3-26B
gǔ'ercí 鼓兒詞 12-1389B
gǔ'ercí 瞽兒詞 7-1259A
gū'érguǎfù 孤兒寡婦 4-218B
gǔ'érhán 古兒汗 3-22A
gù'éryántā 顧而言他 12-360A
gū'éryuàn 孤兒院 4-218B
gǔfā 鼓發 12-1393A
gǔfǎ 古法 3-22B
gǔfǎ 骨法 12-397B
gǔfà 骨髮 12-401B
gùfǎ 故法 5-432B
gūfān 孤帆 4-215B
gūfàn 估販 1-1224B
gūfàn 孤飯 4-224A
gūfàn 沽販 5-1052B
gūfàn 菰飯 9-454A
gǔfān 鼓帆 12-1387A
gǔfān 鼓翻 12-1396B
gǔfān 賈帆 10-191B
gǔfàn 沽販 5-1052B
gǔfàn 賈販 10-193A
gùfǎn 顧反 12-359B
gùfǎn 顧返 12-360B
gùfàn 故犯 5-430A
gūfāng 孤芳 4-216B
gūfāng 酤坊 9-1399A
gǔfāng 古方 3-19B
gǔfáng 谷坊 10-1317B
gùfāng 故方 5-429B
gùfǎng 顧訪 12-363B
gūfāngzìshǎng 孤芳自賞 4-216B
gǔfěi 股匪 6-1185B
gǔfèi 蠱廢 8-1001A
gūfén 孤墳 4-227A
gūfèn 孤僨 4-226B
gūfèn 孤憤 4-227B
gǔfěn 骨粉 12-399A
gǔfēn 股分 6-1184B
gǔfèn 股份 6-1185A
gǔfèn 骨分 12-396A
gūfēng 孤風 4-219B
gūfēng 孤峯 4-221A
gūfèng 孤奉 4-217B
gǔfēng 古風 3-23B
gǔfēng 谷風 10-1318A
gǔfēng 鼓風 12-1390A
gǔfēng 穀風 6-1506A
gǔfēng 賈風 10-192A
gǔfēngjī 鼓風機 12-1390A
gǔfēnglú 鼓風爐 12-1390A
gǔfèngōngsī 股份公司 6-1185A
gǔfó 古佛 3-21A
gǔfǒu 鼓缶 12-1387A
gūfu 姑夫 4-315A
gūfù 姑父 4-315B
gūfù 姑負 4-316B
gūfù 孤負 4-219B
gūfù 辜負 11-481A
gǔfū 鼓趺 12-1391B
gǔfū 鼓跗 12-1392B
gǔfū 瞽夫 7-1258B
gǔfú 鼓桴 12-1391B
gǔfù 古賦 3-27A
gǔfù 谷鮒 10-1319A
gǔfù 鼓腹 12-1393B
gùfū 故夫 5-429B
gùfú 牿服 6-269A
gùfú 顧拂 12-361A
gùfǔ 故府 5-432B
gùfù 故婦 5-435A
gùfù 顧復 12-364B
gùfù 顧覆 12-366A
gǔfùcánmǔ 穀父蠶母 6-1505A
gǔfùhánbǔ 鼓腹含哺 12-1394A
gǔfùhánhé 鼓腹含和 12-1393B
gǔfùjīrǎng 鼓腹擊壤 12-1394A
gǔgài 鼓蓋 12-1393A
gūgàn 孤幹 4-225A
gǔgàn 骨幹 12-400B
gǔgàn 骨榦 12-401B
gǔgàn 蠱幹 8-1000B
gūgāo 孤高 4-221B
gūgē 孤歌 4-226A
gǔgē 鼓歌 12-1394A
gǔgé 谷閣 10-1318B
gǔgé 骨革 12-398A
gǔgé 骨格 12-398B
gǔgé 骨骼 12-402A
gǔgé 蠱膈 8-1000B
gǔgéjī 骨骼肌 12-402A
gūgēn 孤根 4-220B
gǔgēn 穀根 6-1506B
gūgěng 孤耿 4-220B
gūgěng 孤梗 4-222A
gūgěng 孤鯁 4-229B
gǔgěng 骨梗 12-399A
gǔgěng 骨骾 12-402B
gǔgěng 骨鯁 12-402B
gǔgěngzàihóu 骨鯁在喉 12-402B
gūgōng 姑公 4-315B
gūgōng 孤公 4-214A
gūgōng 辜功 11-481A
gǔgōng 股肱 6-1185A
gǔgōng 穀公 6-1505B
gǔgōng 瞽工 7-1258B
gǔgōng 苦功 9-318B
gùgōng 固宮 3-626B
gùgōng 故公 5-429B
gùgōng 故宮 5-433A
gùgōng 雇工 11-834A
gùgǒng 梏拲 4-1040A
gùgōngbówùyuàn 故宮博物院 5-433B
gùgōnghéshǔ 故宮禾黍 5-433B
gǔgōngjùn 股肱郡 6-1185A
gūgòu 孤雊 4-225B
gǔgǒu 穀狗 6-1506A
gūgu 姑姑 4-316A
gūgū 呱呱 3-279B
gūgū 家家 3-1470B
gūgǔ 罛罟 8-1020B
gūgū 嗗咕 3-364A
gūgǔ 猾猾 6-286A
gǔgǔ 唃唃 3-365A
gǔgǔ 轂轂 6-1510A
gǔgǔ 古蠱 3-30A
gǔgǔ 汩汩 5-964A
gǔgǔ 谷谷 10-1317B
gǔgǔ 股骨 6-1185B
gǔgǔ 罟罟 8-1020A

gǔgǔ 淈淈 5-1435B
gǔgǔ 榾榾 4-1179B
gǔgǔ 穀穀 6-1507A
gǔgǔ 滑滑 5-1481A
gūgū 角角 10-1349A
gùgū 固姑 3-626B
gùgū 故姑 5-432B
gùgū 顧姑 12-361B
gùgù 故故 5-432B
gùgù 顧顧 12-366B
gūguǎ 孤寡 4-226B
gūguǎbùgǔ 孤寡不穀 4-226B
gǔguāguā 谷呱呱 10-1318A
gūguǎguāndú 孤寡鰥獨 4-226B
gūguǎi 孤拐 4-217B
gǔguài 古怪 3-22B
gǔguài 古恠 3-24A
gùguài 顧怪 12-361B
gūguǎiliǎn 孤拐臉 4-217B
gūguǎimiàn 孤拐面 4-217B
gūguān 孤鰥 4-230B
gūguǎn 孤館 4-228B
gǔguān 賈官 10-192A
gùguān 故官 5-432B
gùguān 故關 5-437B
gùguān 顧觀 12-366B
gùguǎn 顧管 12-365A
gùguàn 顧慣 12-365A
gūguāng 孤光 4-215B
gǔgǔchīchī 詁詁蚩蚩 11-95A
gūgūduòdì 呱呱墮地 3-280A
gǔgǔgū 谷谷呱 10-1317B
gūguǐ 孤鬼 4-219B
gǔguī 穀圭 6-1505B
gùguǐ 故鬼 5-433A
gùguì 故貴 5-435B
gūgūlùlù 軲軲轆轆 9-1234A
gǔgǔnángnáng 鼓鼓囊囊 12-1393A
gūguó 孤國 4-222B
gǔguó 古國 3-25A
gǔguó 賈國 10-193A
gǔguǒ 轂輠 6-1510A
gùguó 故國 5-434B
gùguó 顧國 12-363B
gūgūtí 呱呱啼 3-280A
gūgūzhuìdì 呱呱墜地 3-280A
gūhái 孤孩 4-220B
gǔhái 骨骸 12-402A
gǔhài 鼓駭 12-1396A
gǔhài 穀害 6-1506B
gǔhài 賈害 10-193A
gùhài 牿害 6-269A
gūhán 孤寒 4-224A
gūhàn 觚翰 10-1358A
gǔhàn 鼓翰 12-1396A
gǔhàn 鼓頷 12-1396A
gǔhào 穀耗 6-1506A
gūhè 估喝 1-1225A
gūhè 孤鶴 4-230B
gūhé 汩和 5-964B
gǔhé 鼓合 12-1387B
gǔhé 滑和 5-1479A
gǔhèn 古恨 3-24A
gùhèn 顧恨 12-363A
gūhóng 孤鴻 4-229A
gǔhóu 骨骺 12-402A
gǔhòu 古后 3-20B
gùhóu 故侯 5-433A
gùhòu 顧後 12-362B
gùhóuguā 故侯瓜 5-433A
gùhòuzhānqián 顧後瞻前 12-362B
gǔhú 古胡 3-23A
gǔhú 賈胡 10-192A
gǔhù 滑笏 5-1479B
gùhù 固護 3-627B
gùhù 顧護 12-366A
gūhuā 孤花 4-216B
gǔhuà 古畫 3-26A
gǔhuà 古話 3-26A
gǔhuà 骨化 12-396A
gùhuà 顧化 12-359B
gǔhuàfēngchéng 骨化風成 12-396A
gūhuái 孤踝 4-227B
gūhuái 孤懷 4-230A
gǔhuài 蠱壞 8-1001A
gùhuái 顧懷 12-366A
gūhuán 觚圜 10-1358A
gūhuàn 孤宦 4-220A
gǔhuān 古懽 3-29B
gǔhuān 古歡 3-29B
gùhuān 故歡 5-438A
gùhuàn 顧喚 12-363A
gūhuáng 孤惶 4-224A
gǔhuáng 古皇 3-23A
gǔhuáng 古黄 3-24B
gǔhuáng 鼓簧 12-1396B
gǔhuángshì 古皇氏 3-23B
gǔhuàxíngxiāo 骨化形銷 12-396A
gǔhuī 骨灰 12-396B
gǔhuí 蠱蚘 8-1000A
gǔhuì 蠱晦 8-1000A
gǔhuì 賈惠 10-193B
gùhuì 顧惠 12-364A
gūhún 孤魂 4-224B
gǔhūn 滑涽 5-1480B
gǔhūn 滑緡 5-1481B
gǔhūn 滑湣 5-1481A
gūhúnyěguǐ 孤魂野鬼 4-224B
gūhúnzhǐ 孤魂紙 4-224B
gūhuò 姑獲 4-318A
gǔhuò 古貨 3-25A
gǔhuò 汩惑 5-965A
gǔhuò 罟擭 8-1020A
gǔhuò 鼓惑 12-1392B
gǔhuò 穀貨 6-1506B
gǔhuò 瞽惑 7-1259A
gǔhuò 蠱惑 8-1000A
gǔhuò 賈禍 10-193B
gùhuǒ 雇夥 11-834B
gùhuò 固獲 3-627B
gǔhuòrénxīn 蠱惑人心 8-1000A
gùhǔtóu 顧虎頭 12-361A
guī'ài 閨愛 12-102A
guī'ài 歸愛 5-377A
guǐ'ài 詭曖 11-194A
guì'ài 貴愛 10-158A
guī'ān 歸安 5-370B
guī'ān 歸鞍 5-378A
guī'àn 瑰岸 4-606B
guī'àn 歸案 5-374A
guì'ān 跪安 10-471B
guìbǎi 檜柏 4-1345A
guìbài 跪拜 10-471B
guībān 歸班 5-373A
guībǎn 龜板 12-1507B
guībǎn 龜版 12-1507B
guìbǎn 桂板 4-957B
guìbāng 貴邦 10-149B
guǐbǎnyǎn 鬼板眼 12-447B
guībǎo 瑰寶 4-609A
guībǎo 龜寶 12-1512B
guībào 規報 10-327B
guǐbào 詭暴 11-193B
guìbǎo 桂葆 4-959A
guìbǎo 貴寶 10-160B
guǐbǎxì 鬼把戲 12-446B
guǐbǎxì 詭把戲 11-189A
guībēi 圭碑 2-1007B
guībèi 龜貝 12-1507A
guībèi 龜背 12-1508A
guībèijǐn 龜背錦 12-1508A
guībèixì 龜背戲 12-1508A
guīběn 歸本 5-369B
guìběn 貴本 10-149A
guìběnjiā 貴本家 10-149A
guībì 圭蓽 2-1007B
guībì 圭幣 2-1007B
guībì 圭篳 2-1008A
guībì 圭璧 2-1008A
guībì 珪幣 4-543B
guībì 珪璧 4-544A
guībì 規弼 10-328A
guībì 規避 10-330A
guībì 規拂 10-324B
guībì 閨蓽 12-102A
guībì 歸璧 5-379B
guībì 龜幣 12-1511B
guǐbì 鬼筆 12-453B
guǐbì 軌幣 9-1202B
guǐbì 鬼幣 12-455B
guǐbì 詭弊 11-193A
guǐbì 詭避 11-194A
guībiān 規砭 10-325A
guībiǎn 歸窆 5-373A
guībiàn 龜辯 12-1512B
guǐbiàn 佹辯 1-1343B
guǐbiàn 觤辨 10-1360B
guǐbiàn 詭辨 11-194A
guǐbiàn 詭辯 11-195A
guǐbiàn 詭變 11-195A
guībiāo 歸標 5-378A
guībiǎo 圭表 2-1007A
guībiǎo 規表 10-324B
guǐbiǎo 晷表 5-767B
guìbiǎo 貴表 10-151B
guìbīn 貴賓 10-158B
guībìng 歸并 5-370B
guībìng 歸併 5-371B
guǐbīng 鬼兵 12-447A
guǐbìng 鬼病 12-452A
guībó 瑰博 4-607B
guībó 閨薄 12-103A
guībó 歸薄 5-378B
guǐbó 鬼伯 12-447A
guǐbó 詭薄 11-194A
guǐbó 詭駮 11-193B
guǐbòkǒu 鬼擘口 12-457B
guībǔ 規補 10-328A
guībǔ 龜卜 12-1505A
guībù 規步 10-324B
guībù 龜步 12-1507A
guìbù 桂布 4-956A
guìbù 貴步 10-151A
guìbùkěyán 貴不可言 10-148A
guìbùqījiāo 貴不期驕 10-148A
guìbùzhàojiāo 貴不召驕 10-148A
guīcái 規財 10-326B
guīcái 瑰才 4-606A
guīcái 瑰材 4-606A
guīcǎi 規彩 10-327B
guīcài 龜蔡 12-1511A
guǐcái 鬼才 12-444A
guìcǎi 貴彩 10-155B
guīcān 歸驂 5-379B
guǐcān 鬼参 12-453B
guìcān 跪参 10-472A
guīcáng 歸藏 5-379A
guīcáng 龜藏 12-1512A
guǐcáng 庋藏 3-1209A
guǐcáng 鬼藏 12-457A
guìcáng 匱藏 1-982A
guīcángliù 龜藏六 12-1512A
guīcángshì 歸藏氏 5-379A
guǐcāo 軌操 9-1202B
guǐcǎo 鬼草 12-449A
guīcè 珪册 4-543B
guīcè 規策 10-328A
guīcè 龜策 12-1510B
guīcè 龜筴 12-1511A
guǐcè 軌筞 9-1202A
guǐcè 詭策 11-191B
guìcè 桂策 4-959A
guīcén [illegible]岑 4-545B
guǐchā 詭差 11-190B
guǐchà 佹侘 1-1343B
guǐchāi 鬼釵 12-453A
guǐchán 鬼纏 12-458A
guǐchǎn 詭産 11-191A
guìchán 桂蟾 4-960B
guīchāng 歸昌 5-371A
guīcháng 圭裳 2-1007B
guīcháng 袿裳 9-72B
guīcháng 龜腸 12-1511A
guǐchāng 鬼倀 12-451B

guǐcháng 佹常 1-1343B
guìchāng 貴昌 10-152A
guìcháng 貴常 10-155B
guīchángyúshé 龜長于蛇 12-1507A
guīchángyúshé 龜長於蛇 12-1507A
guīcháo 歸朝 5-375B
guīcháo 歸潮 5-378B
guīcháo 龜巢 12-1510A
guǐchǎo 鬼吵 12-447A
guīchē 規車 10-324B
guǐchē 鬼車 12-446B
guìchē 桂車 4-957A
guǐchén 軌塵 9-1202A
guìchén 貴臣 10-149B
guīchēng 瑰稱 4-608B
guīchéng 規程 10-328A
guīchéng 歸成 5-370A
guīchéng 歸程 5-376A
guīchéng 歸誠 5-377A
guīchéng 龜城 12-1508A
guǐchéng 軌承 9-1201A
guǐchéng 軌程 9-1202A
guìchēng 貴稱 10-158B
guìchéng 跪乘 10-472A
guǐchēniǎo 鬼車鳥 12-446B
guǐchětuǐ 鬼扯腿 12-446B
guīchī 龜螭 12-1511B
guīchǐ 圭尺 2-1006B
guīchǐ 瑰侈 4-606B
guīchì 規飭 10-328A
guǐchǐ 鬼齒 12-455B
guìchǐ 貴侈 10-152A
guìchǐ 貴齒 10-159A
guìchì 貴赤 10-151A
guìchìwèi 貴赤衛 10-151A
guīchóng 龜蟲 12-1512A
guìchóng 貴崇 10-155B
guìchǒng 貴寵 10-160A
guīchóngjǔdié 規重矩疊 10-326A
guīchóu 龜疇 12-1512B
guǐchǒu 鬼醜 12-456B
guǐchǒu 詭醜 11-194A
guīchú 歸除 5-373A
guīchǔ 規處 10-327B
guīchǔ 歸處 5-374B
guīchù 歸處 5-374B
guìchū 貴出 10-149B
guìchù 貴處 10-155B
guǐchuàn 鬼串 12-447A
guīchuáng 龜牀 12-1508A
guīchuàng 規創 10-328A
guǐchūdiànrù 鬼出電入 12-445B
guǐchuī 鬼吹 12-447A
guǐchuī 鬼炊 12-448B
guǐchuīdēng 鬼吹燈 12-447A
guìchūjiànshōu 貴出賤收 10-149B
guīchún 瑰蓴 4-608A
guīchún 龜蓴 12-1511A
guǐchūshénrù 鬼出神入 12-445B
guīcí 瑰詞 4-607B
guīcí 瑰辭 4-609A
guīcì 規刺 10-324B
guǐcí 佹辭 1-1343B
guǐcí 鬼祠 12-451A
guǐcí 鬼雌 12-455A
guǐcí 詭祠 11-190B
guǐcí 詭詞 11-192A
guǐcí 詭辭 11-194B
guìcí 跪辭 10-472B
guīcóng 龜從 12-1509B
guìcóng 桂叢 4-960B
guǐcōngmíng 鬼聰明 12-457A
guīcòu 歸湊 5-376A
guǐcuàn 詭竄 11-194B
guǐcùcù 鬼促促 12-449B
guǐcuìshūzhāng 詭毳殊章 11-191B
guīcuō 圭撮 2-1008A
guīcuò 規措 10-327A
guǐcuò 詭錯 11-194A
guīdà 瑰大 4-606A
guǐdá 詭沓 11-189B
guǐdǎ 鬼打 12-445A
guìdá 貴達 10-156B
guìdà 貴大 10-147B
guǐdǎbó 鬼打鈸 12-445A
guǐdǎgēng 鬼打更 12-445A
guīdài 歸戴 5-379A
guīdài 龜㑀 12-1507B
guīdài 龜帶 12-1509B
guīdài 龜袋 12-1509B
guǐdāi 詭歹 11-188A
guǐdài 詭紿 11-191B
guǐdān 鬼丹 12-445A
guǐdǎn 鬼膽 12-457B
guǐdàn 佹誕 1-1343B
guǐdàn 鬼彈 12-455B
guǐdàn 詭誕 11-192B
guìdàn 貴誕 10-158A
guǐdànbùjīng 詭誕不經 11-192B
guīdàng 歸檔 5-379A
guìdāng 貴璫 10-159B
guìdǎng 貴黨 10-160B
guìdàng 貴當 10-157B
guīdào 歸到 5-371A
guīdào 歸道 5-376A
guǐdǎo 軌蹈 9-1202B
guǐdǎo 鬼島 12-452A
guǐdǎo 鬼搗 12-454A
guǐdào 軌道 9-1202A
guǐdào 鬼道 12-453B
guǐdào 詭道 11-192A
guìdǎo 跪倒 10-472A
guǐdàohéng 軌道衡 9-1202A
guīdàoshān 歸道山 5-376A
guǐdǎpū 鬼打撲 12-445A
guǐdǎqiáng 鬼打墻 12-445A
guǐdǎqiáng 鬼打牆 12-445A
guīdé 閨德 12-102B
guīdé 歸德 5-378B
guǐdé 佹得 1-1343B
guìdé 貴德 10-159A
guǐdéguǐshī 佹得佹失 1-1343B
guǐdēng 鬼燈 12-457A
guǐděng 軌等 9-1202A
guǐdēngqíng 鬼燈檠 12-457A
guīdí 歸糴 5-380B
guīdì 歸第 5-374B
guìdǐ 貴邸 10-151B
guìdì 貴地 10-149B
guìdì 貴弟 10-151B
guìdì 趹踶 10-438B
guīdiàn 圭玷 2-1007A
guìdiàn 桂殿 4-959A
guǐdiǎnzi 鬼點子 12-457A
guīdiào 歸釣 5-374B
guìdiāo 貴貂 10-156B
guīdié 龜堞 12-1510A
guǐdié 鬼蝶 12-455B
guǐdiējì 鬼跌記 12-453B
guīdǐng 龜鼎 12-1510B
guīdìng 規定 10-325A
guǐdòng 鬼洞 12-450B
guǐdòng 詭動 11-191A
guìdòng 桂棟 4-959A
guìdòng 蹶動 10-550B
guǐdǒnghú 鬼董狐 12-453B
guīdǒu 珪斗 4-543B
guīdòu 圭竇 2-1008B
guīdòu 閨竇 12-103A
guīdù 規度 10-326A
guǐdú 鬼毒 12-449A
guǐdú 匭牘 1-974B
guǐdù 軌度 9-1201B
guǐdù 晷度 5-768A
guǐdù 詭斁 11-194A
guìdú 匱櫝 1-982A
guìdù 桂蠹 4-961A
guīduàn 歸斷 5-379B
guīduì 歸隊 5-375A
guǐduì 詭對 11-193A
guīdùn 圭頓 2-1007B
guīdùn 歸遯 5-377B
guìdùn 韇盾 12-213B
guīduó 規度 10-326A
guǐduó 詭奪 11-192B
guǐdūyóu 鬼督郵 12-454B
guī’é 螝蛾 8-932A
guī’é 傀俄 1-1550B
guǐ’é 鬼蛾 12-454B
guǐ’è 詭惡 11-191B
guì’é 桂娥 4-958B
guī’ér 龜兒 12-1507B
guì’èr 簋貳 8-1240B
guì’ěr 桂餌 4-959B
guì’ěr 貴耳 10-149B
guī’érguà 龜兒卦 12-1507B
guì’ěrjiànmù 貴耳賤目 10-149B
guī’erzi 龜兒子 12-1507B
guīfǎ 規法 10-325A
guǐfá 鬼罰 12-455A
guǐfǎ 軌法 9-1201A
guìfá 貴閥 10-158B
guīfān 歸帆 5-370A
guīfān 歸藩 5-379B
guīfān 歸蕃 5-378A
guīfǎn 歸反 5-368B
guīfàn 規範 10-329B
guīfàn 閨範 12-102B
guǐfǎn 詭反 11-188A
guǐfàn 軌范 9-1201B
guǐfàn 軌範 9-1202B
guīfāng 規方 10-324A
guīfáng 閨房 12-101A
guīfǎng 規仿 10-324B
guīfǎng 規倣 10-326B
guǐfāng 鬼方 12-445A
guìfāng 桂坊 4-956B
guìfāng 櫃坊 4-1351A
guìfáng 櫃房 4-1351A
guīfànhuà 規範化 10-329B
guǐfànshī 軌範師 9-1202B
guīfēi 歸飛 5-373A
guīfèi 規費 10-328A
guìfēi 貴妃 10-150B
guìfēifěn 貴妃粉 10-150B
guìfēità 貴妃榻 10-150B
guìfěn 桂粉 4-958A
guīfēng 閨風 12-101B
guīfēng 歸風 5-372B
guīfēng 龜封 12-1508A
guīfēng 龜峰 12-1508B
guīfěng 規諷 10-330A
guīfèng 歸奉 5-371A
guīfèng 龜鳳 12-1511B
guǐfēnggēdá 鬼風疙瘩 12-450A
guǐfēngzhěn 鬼風疹 12-450A
guīfū 龜趺 12-1509B
guīfú 珪符 4-543B
guīfú 歸伏 5-370A
guīfú 歸服 5-371B
guīfú 歸福 5-377A
guīfú 龜符 12-1509B
guīfǔ 規撫 10-329B
guīfù 規復 10-328A
guīfù 瑰富 4-607B
guīfù 閨婦 12-102A
guīfù 歸附 5-370B
guīfù 歸祔 5-373A
guīfù 歸復 5-376A
guīfù 歸政 5-372A
guǐfú 軌符 9-1201B
guǐfú 鬼服 12-448A
guǐfú 詭伏 11-188B
guǐfú 詭服 11-189B
guǐfǔ 鬼斧 12-448A
guǐfǔ 簋簠 8-1240B
guǐfù 鬼附 12-447B
guǐfù 詭赴 11-190A
guìfú 跪伏 10-471B
guìfǔ 桂府 4-957B
guìfǔ 桂父 4-956A
guìfǔ 貴府 10-152A
guìfù 貴婦 10-156A
guìfù 貴富 10-157A
guǐfǔgōng 鬼斧工 12-448A

guǐfǔshéngōng 鬼斧神工 12-448A
guǐgài 鬼蓋 12-454A
guìgàn 貴幹 10-157B
guīgāo 歸高 5-374A
guīgào 歸告 5-370B
guìgāo 桂膏 4-959B
guìgāo 貴高 10-155A
guīgé 規格 10-326B
guīgé 閨閣 12-102B
guīgé 閨閤 12-102B
guǐgé 庋閣 3-1209A
guǐgé 軌革 9-1201A
guǐgé 攱閣 4-1387A
guǐgègē 鬼各哥 12-446B
guīgēn 歸根 5-373B
guīgēng 歸耕 5-373A
guǐgēng 癸庚 8-526A
guǐgēng 詭更 11-189A
guìgēng 貴庚 10-152B
guīgēnjiédǐ 歸根結底 5-373B
guīgēnjiédǐ 歸根結柢 5-373B
guīgēnjiédì 歸根結蒂 5-373B
guīgēnjiūdǐ 歸根究柢 5-373B
guīgōng 歸公 5-368B
guīgōng 歸功 5-369A
guīgǒng 珪珙 4-543B
guǐgōng 鬼工 12-444A
guǐgōng 鬼功 12-445A
guìgōng 桂宮 4-958A
guìgōng 貴公 10-148B
guìgōng 貴功 10-149A
guìgōng 貴宮 10-154B
guìgōng 貴躬 10-155A
guìgōnglándiàn 桂宮蘭殿 4-958A
guǐgōngléifǔ 鬼工雷斧 12-444A
guǐgōngqiú 鬼工毬 12-444A
guǐgōngshénlì 鬼功神力 12-445A
guǐgōngshí 鬼功石 12-445A
guīgòu 規構 10-328B
guīgǔ 歸骨 5-372A
guīgǔ 龜骨 12-1508A
guīgù 規固 10-325A
guīgù 規錮 10-330A
guīgù 龜顧 12-1512B
guǐgǔ 鬼谷 12-447B
guǐgù 詭故 11-190A
guìgǔ 貴骨 10-153B
guìgǔ 貴穀 10-158B
guīguā 龜緺 12-1511B
guīguà 龜卦 12-1507B
guǐguà 詭挂 11-190A
guīguài 瑰怪 4-606B
guīguài 傀怪 1-1550B
guǐguài 鬼怪 12-448B
guǐguài 鬼恠 12-450B
guǐguài 詭怪 11-189B
guīguàn 歸貫 5-375A
guǐguān 軌官 9-1201A
guǐguān 鬼關 12-458A
guǐguān 詭觀 11-195B
guìguān 桂冠 4-958A
guìguān 貴官 10-152B
guìguǎn 桂館 4-960B
guìguǎnbù 桂管布 4-959B
guīguī 規規 10-327A
guīguī 嫢嫢 4-401A
guīguī 瞡瞡 7-1248B
guīguī 佹佹 1-1343B
guīguī 黊黊 12-323A
guīguǐ 瑰佹 4-606B
guīguǐ 瑰詭 4-608A
guǐguī 詭瑰 11-192A
guǐguǐ 軌軌 9-1201A
guǐguǐ 詭宄 11-188B
guǐguǐ 詭姽 11-190B
guìguì 規規 10-327A
guìguì 瞶瞶 7-1254B
guìguì 蹶蹶 10-551A
guǐguǐjiūjiū 鬼鬼啾啾 12-450A
guīguīlàilài 瑰瑰賴賴 4-608A
guǐguǐliūliū 鬼鬼溜溜 12-450A
guīguīmòmò 規規默默 10-327A
guǐguǐsuìsuì 鬼鬼祟祟 12-450A
guǐguǐtóutóu 鬼鬼頭頭 12-450A
guǐguǐxūxū 鬼鬼魆魆 12-450A
guìgǔjiànjīn 貴古賤今 10-149A
guīgǔn 圭衮 2-1007B
guīguò 規過 10-327B
guīguò 歸過 5-374B
guǐguó 鬼國 12-452B
guǐguóshí 鬼國石 12-452B
guīhái 歸骸 5-378A
guīhài 規害 10-327A
guìhǎi 桂海 4-958B
guǐhán 匭函 1-974B
guīháng 歸航 5-374A
guìháng 貴行 10-150A
guǐhào 鬼號 12-454B
guǐhào 詭號 11-192B
guìháo 貴豪 10-158B
guìhào 貴好 10-150B
guìhào 貴號 10-157B
guīhé 歸翮 5-378B
guīhé 龜河 12-1507B
guīhè 歸鶴 5-380A
guīhè 龜鵠 12-1512A
guīhè 龜鶴 12-1513A
guǐhé 詭合 11-188B
guǐhè 詭和 11-189B
guìhè 貴赫 10-158A
guīhéng 窐衡 8-442B
guìhèng 貴橫 10-159A
guīhóng 歸鴻 5-379A
guīhòu 歸厚 5-372A
guǐhóu 鬼侯 12-450A
guǐhòu 晷候 5-768A
guìhóu 貴侯 10-154A
guìhòu 貴厚 10-153B
guīhǔ 龜虎 12-1507B
guǐhù 詭互 11-188A
guǐhù 詭户 11-188B
guìhù 桂户 4-956A
guīhuā 歸華 5-373B
guīhuá 歸華 5-373B
guīhuà 規畫 10-328A
guīhuà 規劃 10-329B
guīhuà 歸化 5-368B
guīhuà 黊畫 12-323A
guǐhuá 詭滑 11-192A
guǐhuá 詭猾 11-192A
guǐhuà 姽嫿 4-344A
guǐhuà 鬼話 12-454B
guǐhuà 詭話 11-192B
guìhuā 桂花 4-956B
guìhuā 桂華 4-958A
guìhuābǐng 桂花餅 4-956B
guīhuàchéng 龜化城 12-1505B
guǐhuàfú 鬼畫符 12-454A
guǐhuāhú 鬼花狐 12-446B
guīhuái 歸懷 5-379B
guìhuājiǔ 桂花酒 4-956B
guìhuāmì 檜花蜜 4-1345A
guīhuán 規圜 10-330A
guīhuán 歸還 5-378B
guǐhuán 鬼寰 12-457A
guǐhuàn 鬼幻 12-445A
guǐhuàn 詭幻 11-188B
guìhuàn 貴宦 10-154A
guīhuáng 歸艎 5-378B
guǐhuāng 鬼慌 12-454A
guìhuātáng 桂花糖 4-957A
guìhuāxǔ 桂花醑 4-957A
guǐhúchán 鬼狐纏 12-448A
guīhuī 袿徽 9-72B
guīhuī 規恢 10-326B
guīhuì 規誨 10-329A
guīhuì 歸槥 5-378A
guīhuì 歸轊 5-379B
guǐhuī 詭恢 11-190B
guǐhuī 詭暉 11-192A
guǐhuī 詭詼 11-192B
guǐhuī 詭輝 11-193B
guǐhuì 詭晦 11-191A
guǐhún 鬼渾 12-454A
guǐhún 鬼魂 12-454A
guǐhùn 鬼混 12-453A
guīhuò 規蒦 10-328B
guīhuò 規矱 10-331A
guīhuò 瑰貨 4-607A
guīhuò 龜貨 12-1509B
guǐhuǒ 鬼火 12-445A
guǐhuò 鬼惑 12-453B
guǐhuò 鬼禍 12-454A
guǐhuò 詭惑 11-191B
guìhuǒ 貴伙 10-150A
guìhuò 貴獲 10-159B
guìhuǒlián 跪火鏈 10-471A
guìhuòwánzāi 瞶禍翫災 7-1254B
guǐhúxián 鬼狐涎 12-448A
guǐhúyán 鬼胡延 12-449B
guǐhúyóu 鬼狐尤 12-448A
guǐhúyóu 鬼狐由 12-448A
guǐhúyóu 鬼狐猶 12-448A
guǐhúyóu 鬼胡由 12-449A
guǐhúyóu 鬼胡油 12-449B
guījí 閨籍 12-103A
guījí 歸楫 5-376B
guījí 歸檝 5-378B
guījì 規跡 10-328B
guījì 規冀 10-330A
guījì 歸忌 5-370B
guījì 歸計 5-372B
guījì 歸寂 5-375A
guījì 歸祭 5-375A
guījì 帰計 5-354A
guǐjī 鬼擊 12-457A
guǐjī 詭激 11-194A
guǐjí 鬼籍 12-458A
guǐjí 匭觸 1-975A
guǐjí 詭籍 11-195A
guǐjì 軌迹 9-1201B
guǐjì 軌跡 9-1202A
guǐjì 鬼計 12-450A
guǐjì 詭迹 11-190B
guǐjì 詭計 11-190A
guǐjì 詭寄 11-191A
guǐjì 詭髻 11-193B
guìjī 貴姬 10-155A
guìjī 會稽 5-791B
guìjí 桂楫 4-959A
guìjí 桂檝 4-960A
guìjí 桂籍 4-960B
guìjí 檜楫 4-1345B
guìjí 檜檝 4-1345B
guìjì 貴際 10-158A
guījiǎ 龜甲 12-1506A
guǐjià 庋架 3-1209A
guìjiā 貴家 10-155A
guìjià 貴賈 10-157B
guǐjiádié 鬼蛺蜨 12-454B
guǐjiádié 鬼蛺蝶 12-454B
guījiān 龜熸 12-1512A
guījiǎn 規檢 10-330B
guījiǎn 規簡 10-330B
guījiàn 規建 10-325A
guījiàn 規諫 10-330A
guījiàn 規鑒 10-331A
guījiàn 龜鑑 12-1513A
guījiàn 龜鑒 12-1513A
guǐjiān 庋間 3-1209A
guǐjiǎn 詭謇 11-194A
guǐjiǎn 詭蹇 11-194A
guǐjiàn 鬼箭 12-455B
guǐjiàn 詭間 11-192A
guìjiǎn 貴簡 10-160A
guìjiàn 貴賤 10-159A
guǐjiànchóu 鬼見愁 12-447A
guījiàng 龜將 12-1510A

guǐjiāng 鬼漿 12-456A
guǐjiàng 軌匠 9-1200B
guìjiāng 桂漿 4-960A
guìjiāng 桂薑 4-960A
guìjiàng 貴降 10-153A
guǐjiànpà 鬼見怕 12-447A
guījiāo 龜焦 12-1510B
guījiāo 龜燋 12-1512A
guījiǎo 圭角 2-1007A
guījiǎo 珪角 4-543B
guījiǎo 龜脚 12-1509B
guījiǎo 龜腳 12-1511A
guījiào 閨教 12-102A
guǐjiǎo 詭矯 11-194A
guǐjiào 鬼教 12-452B
guìjiāo 桂椒 4-959A
guìjiāo 貴交 10-150B
guìjiāo 貴驕 10-160B
guījiǎo'ànrán 圭角岸然 2-1007A
guījiǎpíng 龜甲屏 12-1506A
guījiǎpíngfēng 龜甲屏風 12-1506A
guījiǎxiāng 龜甲香 12-1506A
guǐjìbǎiduān 鬼計百端 12-450B
guǐjìduōduān 鬼計多端 12-450B
guǐjìduōduān 詭計多端 11-190A
guījié 瑰傑 4-607B
guījié 歸結 5-376A
guījié 歸節 5-377A
guījiè 珪玠 4-543B
guījiè 規戒 10-324A
guījiè 規誡 10-329A
guījiè 閨戒 12-101A
guǐjié 軌節 9-1202A
guǐjié 鬼節 12-454B
guǐjiè 鬼界 12-449B
guìjiē 貴階 10-156A
guìjié 貴節 10-158A
guìjié 禬袺 9-143B
guìjié 禬結 9-143B
guìjiè 貴籍 10-160B
guìjiè 貴价 10-150A
guìjiè 貴介 10-148B
guǐjiéyǎn 鬼睫眼 12-453B
guījīn 閨襟 12-103A
guījīn 龜津 12-1508B
guījìn 閨禁 12-102A
guījìn 歸盡 5-378A
guījìn 歸覲 5-379B
guǐjìn 詭禁 11-192A
guìjìn 貴近 10-151B
guìjìn 跪進 10-472A
guījīng 龜精 12-1511B
guījǐng 規儆 10-329A
guījǐng 規警 10-330B
guījǐng 瑰景 4-607B
guījìng 規鏡 10-331A
guījìng 歸徑 5-374A
guījìng 歸敬 5-375B
guījìng 龜鏡 12-1512B
guǐjīng 鬼精 12-455A
guǐjīng 匭旌 1-974B
guǐjǐng 鬼井 12-444B
guǐjìng 詭競 11-195A
guìjīng 貴京 10-152A
guìjīng 跪經 10-472A
guìjìng 貴敬 10-156B
guǐjīnglíng 鬼精靈 12-455A
guìjīnshǔ 貴金屬 10-152A
guǐjīnyáng 鬼金羊 12-448A
guījiū 歸究 5-370B
guījiù 歸咎 5-371B
guǐjiù 鬼臼 12-446A
guìjiǔ 桂酒 4-958B
guìjiǔjiāojiāng 桂酒椒漿 4-958B
guīju 規矩 10-325B
guījū 歸居 5-372A
guījǔ 規榘 10-328B
guījǔ 頯矩 12-290A
guījù 歸聚 5-377B
guǐjù 蘶榘 12-323A
guǐjù 軌距 9-1201B
guǐjù 軌據 9-1202B
guìjū 貴居 10-153A
guìjù 桂劇 4-960A
guìjù 貴居 10-153A
guìjù 貴倨 10-155A
guìjù 貴踞 10-159A
guìjuàn 貴眷 10-156A
guìjuàn 攰倦 8-524A
guījué 珪爵 4-544B
guījué 瑰絶 4-608A
guījué 瑰譎 4-608B
guǐjué 鬼譎 12-458A
guǐjué 詭崛 11-191A
guǐjué 詭譎 11-194B
guǐjué 詭屈 11-189B
guìjué 貴爵 10-160A
guījǔgōushéng 規矩鉤繩 10-325B
guījǔjìng 規矩鏡 10-326A
guìjùn 貴俊 10-154A
guìjùn 貴峻 10-154B
guǐjǔruò 鬼蒟蒻 12-454B
guījǔshéngmò 規矩繩墨 10-326A
guījǔzhǔnshéng 規矩準繩 10-325B
guīkān 歸勘 5-374B
guǐkàn 鬼瞰 12-456B
guǐkàngāomíng 鬼瞰高明 12-456B
guǐkànjiā 鬼瞰家 12-456B
guǐkànqíshì 鬼瞰其室 12-456B
guǐkànshì 鬼瞰室 12-456B
guīkè 閨客 12-101B
guīkè 歸客 5-373A
guǐkè 鬼客 12-450B
guǐkè 晷刻 5-767B
guìkē 桂科 4-957B
guìkē 貴科 10-153B
guìkè 桂客 4-958A
guìkè 貴客 10-154B
guǐkèshénchán 鬼刻神劖 12-448B
guīkǒng 窐孔 8-442B
guīkòng 歸控 5-374B
guīkǒu 歸口 5-368A
guìkòu 跪叩 10-471B
guīkū 歸哭 5-373B
guǐkū 鬼窟 12-455A
guìkū 桂窟 4-959A
guīkuǎn 歸款 5-375B
guǐkuāng 詭誆 11-192B
guǐkūlángháo 鬼哭狼嗥 12-451B
guǐkūlángháo 鬼哭狼嚎 12-451B
guīkǔn 閨壼 12-102A
guīkǔn 閨閫 12-102B
guìkǔn 桂閫 4-960A
guīkuò 規括 10-325A
guǐkūshénchóu 鬼哭神愁 12-451A
guǐkūshénháo 鬼哭神嚎 12-451A
guǐkūshénháo 鬼哭神號 12-451A
guǐkūshénjīng 鬼哭神驚 12-451B
guǐkūsùfēi 鬼哭粟飛 12-451B
guǐkūtiānchóu 鬼哭天愁 12-451A
guìlà 枝剌 7-838A
guīlái 歸來 5-371A
guīlái 歸徠 5-374B
guīláiyǐn 歸來引 5-371A
guǐlán 詭讕 11-195B
guǐlàn 氿濫 5-904B
guǐlàn 詭濫 11-194A
guǐlànshénjiāo 鬼爛神焦 12-458A
guīlǎo 歸老 5-369B
guǐlǎo 鬼佬 12-448A
guìlǎo 貴老 10-149B
guìlè 貴樂 10-159A
guīlebāozuī 歸了包堆 5-368A
guīlěi 瑰磊 4-608B
guīlěi 傀儡 1-1550B
guīlěi 傀壘 1-1551B
guǐlěi 鬼魊 12-458A
guǐlèi 詭類 11-195A
guīlěngzhīchuáng 龜冷搘牀 12-1507A
guīlǐ 規禮 10-330B
guīlǐ 歸里 5-370B
guīlì 規利 10-324B
guīlì 規例 10-325A
guīlì 規厲 10-329A
guīlì 規礪 10-330B
guīlì 瑰麗 4-608B
guǐlì 鬼力 12-444B
guǐlì 鬼吏 12-446A
guǐlì 詭力 11-188A
guǐlì 詭戾 11-189B
guǐlì 詭麗 11-194B
guìlǐ 貴里 10-151A
guìlǐ 跪禮 10-472B
guìlǐ 禬禮 7-966A
guìlì 櫃吏 4-1351A
guīlián 閨奩 12-102B
guīlián 龜蓮 12-1510B
guǐliǎn 鬼臉 12-457A
guǐliǎn 檅臉 4-1276B
guìliàn 跪練 10-472A
guǐliǎnchéng 鬼臉城 12-457B
guǐliàng 軌量 9-1202A
guǐliǎnqián 鬼臉錢 12-457B
guǐliǎnqīng 鬼臉青 12-457B
guìliáo 桂燎 4-960B
guìliáo 貴僚 10-158B
guīliè 龜列 12-1506B
guǐlǐguǐ 鬼裏鬼 12-454B
guǐlǐguǐqì 鬼裏鬼氣 12-455A
guīlín 規臨 10-330B
guīlín 歸林 5-371A
guīlín 龜林 12-1507B
guīlín 龜鱗 12-1513B
guǐlín 鬼燐 12-456B
guǐlín 鬼磷 12-457A
guīlíng 龜齡 12-1512B
guǐlíng 鬼靈 12-458A
guǐlìng 詭令 11-188B
guìlíng 桂陵 4-958B
guìlíng 跪靈 10-472B
guìlìng 貴令 10-149A
guīlínghèsuàn 龜齡鶴算 12-1512B
guǐlíngjīng 鬼伶精 12-447A
guǐlíngjīng 鬼靈精 12-458A
guìlínshānshuǐ… 桂林山水甲天下 4-957A
guìlínxìngyuàn 桂林杏苑 4-957A
guìlínyīzhī 桂林一枝 4-957A
guīliú 閨流 12-102A
guīliú 歸流 5-374A
guǐliǔ 鬼柳 12-449B
guīliùcáng 龜六藏 12-1506A
guīlóng 龜龍 12-1511B
guīlǒng 歸攏 5-379B
guǐlòu 軌漏 9-1202B
guǐlòu 晷漏 5-768A
guǐlòu 詭陋 11-189B
guǐlòu 詭漏 11-193A
guīlù 瑰賂 4-608A
guīlù 龜録 12-1511B
guīlù 龜籙 12-1513A
guǐlù 軌路 9-1202A
guǐlù 鬼路 12-454B
guǐlù 鬼録 12-456B
guǐlù 鬼籙 12-458A
guǐlù 詭路 11-192B

guìlú 跪爐 10-472B
guìlù 桂露 4-961A
guìlù 貴祿 10-157A
guǐluàn 軌亂 9-1202A
guǐluàn 鬼亂 12-454B
guǐluàn 詭亂 11-192B
guīlún 規輪 10-329B
guīlùn 歸論 5-378B
guǐlùn 軌論 9-1202B
guǐlùn 詭論 11-193B
guìlún 桂輪 4-959B
guīluò 歸落 5-375B
guǐluò 詭落 11-191B
guǐluórú 鬼羅襦 12-457B
guǐluóshā 鬼羅刹 12-457B
guīlǚ 歸旅 5-374A
guīlǜ 圭律 2-1007B
guīlǜ 規律 10-326A
guīlǜ 規慮 10-329B
guīlǜ 歸慮 5-378A
guǐlǜ 軌律 9-1201B
guìlǚ 跪履 10-472A
guìlǜ 桂綠 4-959B
guīlüè 規略 10-327B
guǐlüè 詭略 11-191A
guīmǎ 歸馬 5-373A
guīmǎ 龜馬 12-1508B
guǐmǎ 鬼馬 12-451A
guīmǎfàngniú 歸馬放牛 5-373A
guīmài 瑰邁 4-608B
guìmǎi 貴買 10-156B
guìmàijiànmǎi 貴賣賤買 10-158B
guìmǎn 貴滿 10-158B
guìmáng 貴忙 10-150B
guǐmántou 鬼饅頭 12-458A
guīmáo 龜毛 12-1505B
guīmào 珪瑁 4-543B
guǐmào 詭冒 11-190A
guǐmào 詭貿 11-192A
guǐmào 詭貌 11-193A
guìmào 貴茂 10-152A
guìmào 瞶瞀 7-1254B
guīmáotùjiǎo 龜毛兔角 12-1505B
guīméi 龜枚 12-1507B
guīměi 歸美 5-372B
guīmèi 歸妹 5-372A
guǐmèi 鬼魍 12-454B
guǐmèi 鬼鬽 12-453B
guǐmèi 鬼魅 12-455A
guǐmèijìliǎ 鬼魅伎倆 12-455A
guǐméirén 鬼媒人 12-454A
guīmén 圭門 2-1007A
guīmén 閨門 12-101A
guǐmén 鬼門 12-448B
guìmén 貴門 10-153A
guìmén 跪門 10-471B
guīméndàn 閨門旦 12-101B
guǐméndào 鬼門道 12-449A
guīméng 龜艨 12-1512B
guīméng 龜蒙 12-1510B
guīmèng 歸夢 5-376B
guǐménguān 鬼門關 12-449A
guǐménshàngzhānguà 鬼門上占卦 12-449A
guīmì 瑰祕 4-607A
guǐmí 鬼迷 12-450B
guǐmí 詭靡 11-195A
guǐmì 詭祕 11-190B
guǐmì 詭秘 11-190B
guǐmì 詭密 11-191B
guīmiǎn 珪冕 4-543B
guīmiǎn 規免 10-324B
guīmiǎn 規勉 10-326A
guǐmiàn 鬼面 12-449B
guǐmiànchéng 鬼面城 12-449B
guǐmiào 詭妙 11-189B
guīmiè 規滅 10-328B
guīmín 瑰珉 4-606B
guīmín 傀民 1-1550B
guīmíng 規銘 10-329A
guīmíng 歸明 5-371A
guīmìng 皈命 8-267A
guīmìng 歸命 5-371B
guǐmíng 鬼名 12-446B
guǐmíng 詭名 11-189A
guìmíng 貴名 10-150A
guǐmiù 詭謬 11-194A
guǐmíxīn 鬼迷心 12-450B
guǐmíxīnqiào 鬼迷心竅 12-450B
guīmó 規靡 10-331A
guīmó 規摹 10-328B
guīmó 規模 10-328B
guīmó 規摩 10-330A
guīmó 規橅 10-330A
guīmó 規磨 10-330A
guīmó 規謨 10-330B
guīmó 規謩 10-330B
guīmó 槼橅 4-1238A
guǐmó 軌模 9-1202A
guǐmó 鬼魔 12-458A
guìmó 跪膜 10-472A
guìmò 貴末 10-148B
guǐmódào 鬼魔道 12-458A
guǐmósāndào 鬼魔三道 12-458A
guīmóu 規謀 10-330A
guīmóu 龜謀 12-1511B
guǐmóu 鬼謀 12-456B
guǐmóu 詭謀 11-194A
guīmǔ 歸畆 5-372B
guīmù 瑰木 4-606A
guīmù 歸沐 5-370B
guīmù 歸慕 5-377B
guǐmǔ 鬼母 12-446A
guǐmù 鬼木 12-444B
guǐmù 鬼目 12-445B
guìmù 貴睦 10-157B
guìmù 貴慕 10-158A
guìmù 劌目 2-746A
guǐmùcài 鬼目菜 12-445B
guǐmùcǎo 鬼目草 12-445B
guǐmùchuàn 鬼木串 12-444B
guìmùchùxīn 劌目怵心 2-746A
guìmùshùxīn 劌目鉥心 2-746A
guǐmùzòng 鬼目粽 12-445B
guīnà 歸納 5-374A
guǐnà 軌納 9-1201B
guǐnàn 鬼難 12-457B
guìnán 貴男 10-151A
guīnǎo 龜腦 12-1511A
guīnéng 瑰能 4-607A
guīnī 閨妮 12-101B
guīnǐ 規擬 10-330A
guīnì 規匿 10-326B
guīnì 龜逆 12-1508A
guīnián 龜年 12-1506B
guīniánhèshòu 龜年鶴壽 12-1506B
guīniánhèsuàn 龜年鶴算 12-1506B
guīniào 龜溺 12-1511A
guǐniǎo 鬼鳥 12-453A
guīniè 圭臬 2-1007B
guīniè 龜孽 12-1512A
guìniè 貴孽 10-160A
guǐnièqīng 鬼捏青 12-451A
guīníng 歸寍 5-376A
guīníng 歸寧 5-378A
guīníng 歸甯 5-376A
guǐnìng 詭佞 11-189A
guīniǔ 龜紐 12-1509A
guīniǔ 龜鈕 12-1510B
guīnóng 歸農 5-376B
guìnóngjiànshāng 貴農賤商 10-157B
guīnú 龜奴 12-1506B
guǐnú 鬼奴 12-446A
guīnǚ 閨女 12-100B
guīnǚ 媯女 4-414B
guǐnüè 鬼瘧 12-455A
guì'ǒu 桂偶 4-958B
guǐpà'èrén 鬼怕惡人 12-448B
guīpàn 龜判 12-1507A
guǐpàn 鬼判 12-447B
guīpáo 袿袍 9-72B
guīpào 鮭泡 12-1219A
guìpáo 鞼鞄 12-213B
guǐpèi 詭轡 11-195A
guīpǐ 瑰癖 4-608B
guīpì 瑰僻 4-608B
guǐpí 鬼皮 12-446A
guǐpì 湀闢 5-1528B
guǐpì 詭辟 11-192B
guǐpì 詭僻 11-193B
guìpí 桂皮 4-956B
guǐpiào 鬼票 12-452B
guǐpiě 鬼撇 12-455A
guǐpīkǒu 鬼劈口 12-455B
guīpìn 歸聘 5-376B
guǐpǐn 詭品 11-190A
guìpín 貴嬪 10-160A
guìpǐn 貴品 10-153B
guīpíng 歸馮 5-376A
guīpíng 歸憑 5-379A
guīpíng 龜屏 12-1508B
guīpó 龜婆 12-1510A
guǐpó 鬼婆 12-453A
guǐpó 鬼䰯 12-452B
guìpò 桂魄 4-959B
guǐpópó 鬼婆婆 12-453A
guǐpǔ 鬼朴 12-446A
guìpú 貴璞 10-159B
guìpǔ 桂圃 4-958A
guīqī 歸妻 5-371A
guīqī 歸期 5-375B
guīqí 瑰奇 4-606B
guīqí 瑰琦 4-607B
guīqí 歸齊 5-377B
guīqí 傀奇 1-1550B
guīqì 瑰器 4-608B
guīqì 龜契 12-1508A
guǐqī 癸期 8-526A
guǐqī 鬼妻 12-447B
guǐqī 詭欺 11-191B
guǐqí 鬼夔 12-458A
guǐqí 詭奇 11-189B
guǐqì 鬼炁 12-447B
guǐqì 鬼氣 12-451B
guǐqì 鬼器 12-456B
guìqī 桂戚 4-958B
guìqī 貴戚 10-155B
guìqí 桂旗 4-959B
guìqí 貴齊 10-158B
guìqǐ 跪起 10-472A
guìqǐ 跪踖 10-472A
guìqì 貴炁 10-152A
guìqì 貴氣 10-154B
guìqì 貴器 10-159B
guīqiān 歸愆 5-377A
guīqián 龜潛 12-1511B
guǐqián 鬼錢 12-456B
guìqiān 櫃籤 4-1351A
guìqiáng 貴彊 10-159B
guìqiáng 貴强 10-157A
guīqiáo 歸僑 5-377B
guǐqiǎo 詭巧 11-188B
guìqiǎo 貴巧 10-149A
guīqiè 規切 10-323B
guīqiè 規竊 10-331A
guǐqiè 鬼妾 12-448B
guǐqiè 詭竊 11-195A
guìqiè 貴妾 10-152B
guīqígùguài 歸奇顧怪 5-371A
guīqīn 歸親 5-379A
guīqǐn 歸寢 5-378A
guǐqīn 鬼親 12-456B
guìqīn 貴親 10-159B
guìqín 桂琴 4-958B
guìqǐn 桂寢 4-959B
guīqíng 閨情 12-102A
guǐqīng 鬼卿 12-452A
guǐqíng 詭情 11-191A
guìqīng 貴卿 10-155A
guìqǐng 跪請 10-198B
guǐqīngkuài 鬼青塊 12-447B
guīqīngxīmù 規卿希牧

10-327A
guīqióng 瑰瓊 4-608B
guǐqìshénháo 鬼泣神嚎 12-448B
guǐqìshénháo 鬼泣神號 12-448B
guīqiú 規求 10-324B
guǐqiú 鬼囚 12-445B
guǐqiú 詭求 11-189A
guìqiū 桂秋 4-957B
guìqiú 貴酋 10-154A
guīqū 歸曲 5-370A
guīqū 歸趨 5-379A
guīqū 歸趣 5-378A
guīqǔ 規取 10-324B
guīqù 歸去 5-369A
guǐqū 鬼區 12-452B
guǐqū 詭曲 11-188B
guǐqū 詭趣 11-193B
guǐqù 鬼趣 12-455B
guǐqù 詭趣 11-193B
guīquán 歸全 5-370A
guīquán 歸泉 5-372B
guīquàn 規勸 10-330B
guǐquán 氿泉 5-904B
guìquán 貴權 10-160B
guīquē 規闕 10-330B
guīquē 歸闕 5-379B
guǐquè 鬼雀 12-452B
guìquè 桂闕 4-960B
guīqùlái 歸去來 5-369A
guīqùláizǐ 歸去來子 5-369B
guīrán 傀然 1-1550B
guǐrán 詭然 11-192A
guìráng 禬禳 7-966A
guìrǎng 貴壤 10-160B
guīráo 歸橈 5-378B
guìrè 貴熱 10-158B
guīrén 閨人 12-100B
guīrén 歸人 5-368A
guīrén 歸仁 5-368B
guīrén 龜人 12-1505A
guīrèn 閨衽 12-102A
guǐrén 詭人 11-188A
guìrén 貴人 10-147A
guìrěn 桂荏 4-957B
guìrèn 貴任 10-150A
guìrénduōwàng 貴人多忘 10-147B
guìrénduōwàngshì 貴人多忘事 10-147B
guīróng 規容 10-327A
guīróng 歸榮 5-377B
guǐróng 軌容 9-1201B
guǐróng 鬼戎 12-446A
guǐróng 詭容 11-191A
guìrǒng 貴冗 10-148B
guīrú 瑰儒 4-608B
guǐrù 鬼入 12-444A
guǐrǔ 跪乳 10-471B
guīruì 圭瑞 2-1007B
guīruì 嬀汭 4-414B
guīrùn 瑰潤 4-608B
guǐsài 詭僿 11-193B
guǐsǎn 鬼傘 12-453B
guǐsè 詭色 11-189A
guìsè 貴色 10-150B
guǐsēnsēn 鬼森森 12-453B
guǐsēnsēn 詭森森 11-191B
guīshā 歸殺 5-374A
guīshā 歸煞 5-377A
guīshā 龜紗 12-1509A
guīshān 歸山 5-368A
guīshān 龜山 12-1505A
guīshàn 規扇 10-327A
guǐshàn 鬼扇 12-452A
guìshàn 貴善 10-157A
guìshāng 桂觴 4-960B
guìshàng 貴上 10-148A
guìshàng 貴尚 10-152A
guìshàng 櫃上 4-1351A
guīsháo 圭勺 2-1006B
guìshǎo 貴少 10-148B
guìshào 貴少 10-148B
guìshàojiànlǎo 貴少賤老 10-148B
guīshé 龜蛇 12-1509B
guīshè 珪社 4-543B
guǐshé 詭舌 11-188B
guǐshè 鬼社 12-447B
guǐshè 詭設 11-191A
guīshēn 歸身 5-370B
guīshén 歸神 5-373A
guǐshén 鬼神 12-450B
guìshēn 貴身 10-151A
guìshēn 櫃身 4-1351A
guǐshénbùcè 鬼神不測 12-451A
guīshēng 閨聲 12-103A
guīshéng 規繩 10-331A
guīshéng 龜繩 12-1512B
guīshèng 龜勝 12-1510B
guǐshèng 詭勝 11-192A
guìshēng 貴牲 10-153B
guìshèng 貴盛 10-155B
guìshèng 貴勝 10-157A
guīshéngjǔmò 規繩矩墨 10-331A
guǐshénmòcè 鬼神莫測 12-451A
guǐshèshénshǐ 鬼設神使 12-453A
guīshī 歸師 5-374A
guīshī 龜蓍 12-1510B
guīshí 圭石 2-1007A
guīshì 規式 10-324B
guīshì 瑰室 4-607A
guīshì 歸士 5-368A
guīshì 歸世 5-369B
guīshì 歸市 5-369B
guīshì 歸事 5-371A
guīshì 歸視 5-375A
guīshì 龜室 12-1508B
guīshì 龜筮 12-1510B
guǐshī 佹詩 1-1343B
guǐshī 鬼師 12-452A
guǐshī 詭詩 11-192B
guǐshí 晷時 5-768A
guǐshí 詭時 11-190B
guǐshí 簋實 8-1240B
guǐshí 朹實 4-746A
guǐshǐ 鬼矢 12-445B
guǐshǐ 鬼使 12-448A
guǐshǐ 匭使 1-974B
guǐshì 軌式 9-1200B
guǐshì 鬼市 12-445B
guǐshì 鬼事 12-447B
guǐshì 詭士 11-188A
guǐshì 詭世 11-188B
guǐshì 詭事 11-189B
guǐshì 詭飾 11-192B
guìshí 桂石 4-956A
guìshí 桂食 4-958A
guìshí 貴識 10-160A
guìshí 跪石 10-471B
guìshǐ 貴始 10-153A
guìshì 貴士 10-147B
guìshì 貴仕 10-149A
guìshì 貴市 10-149B
guìshì 貴事 10-152A
guìshì 貴室 10-154B
guìshì 貴勢 10-157B
guìshì 貴埶 10-155B
guīshíguīyī 歸十歸一 5-368A
guǐshǐshénchāi 鬼使神差 12-448A
guǐshìzi 鬼市子 12-445B
guīshǒu 圭首 2-1007B
guīshǒu 歸首 5-372B
guīshòu 歸授 5-374B
guīshòu 歸獸 5-379B
guīshòu 龜壽 12-1511A
guīshòu 龜綬 12-1511B
guǐshǒu 鬼手 12-444B
guǐshǒu 詭手 11-188A
guìshǒu 貴手 10-148B
guìshòu 貴壽 10-158A
guīshòuyī 歸壽衣 5-377B
guīshū 瑰殊 4-607A
guīshū 龜書 12-1509A
guīshǔ 袿襡 9-73A
guīshǔ 歸屬 5-380B
guīshǔ 袿襹 9-73A
guīshù 歸束 5-370B
guǐshū 軌書 9-1201B
guǐshū 鬼書 12-452A
guǐshū 匭書 1-974B
guǐshū 詭殊 11-190B
guǐshù 軌數 9-1202B
guǐshù 詭術 11-191A
guǐshù 詭數 11-193B
guìshū 貴疎 10-157A
guìshǔ 貴屬 10-160B
guìshù 劌鉥 2-746B
guǐshuài 鬼帥 12-450A
guìshùgānshèn 劌鉥肝腎 2-746B
guīshuì 歸說 5-377B
guǐshuǐ 癸水 8-526A
guǐshuǐ 鬼水 12-444B
guīshùn 歸順 5-376A
guīshuò 瑰碩 4-608A
guīshuò 瑰鑠 4-609A
guǐshuō 詭說 11-193B
guìshùxīnfǔ 劌鉥心腑 2-746B
guīsī 歸思 5-372A
guīsǐ 歸死 5-369B
guīsì 規肆 10-328A
guīsì 歸嗣 5-376B
guìsī 貴私 10-151A
guīsú 歸俗 5-372B
guīsù 歸宿 5-375A
guǐsú 詭俗 11-190A
guǐsù 詭速 11-190B
guìsù 貴素 10-154B
guìsù 貴粟 10-156B
guīsuàn 規算 10-329A
guǐsuàn 詭算 11-193A
guīsuí 規隨 10-329B
guǐsuí 詭隨 11-193A
guǐsuì 鬼祟 12-452A
guìsuǐjiāojiāng 桂髓椒漿 4-961A
guǐsuíxié 鬼隨邪 12-455B
guīsūn 歸孫 5-374A
guīsūn 龜孫 12-1509A
guǐsūn 簋飧 8-1240A
guǐsūn 簋飱 8-1240B
guìsǔn 貴損 10-157A
guīsūnzi 龜孫子 12-1509A
guīsuō 龜縮 12-1512A
guǐsuǒ 佹瑣 1-1343B
guīsuōtóu 龜縮頭 12-1512A
guītà 閨闥 12-103A
guìtàbǎn 跪踏板 10-472A
guītái 閨臺 12-102A
guītái 龜臺 12-1511A
guǐtāi 鬼胎 12-450A
guǐtài 詭態 11-193B
guìtái 桂臺 4-959B
guìtái 櫃檯 4-1351A
guìtǎn 貴坦 10-151B
guītáng 歸塘 5-376B
guìtáng 桂堂 4-958B
guìtáng 桂糖 4-960B
guǐtáo 鬼桃 12-451A
guītè 瑰特 4-607A
guǐtè 軌式 9-1201A
guǐtè 詭特 11-190A
guìténg 貴騰 10-160B
guìtī 劌剔 2-746A
guìtǐ 貴體 10-160B
guītiān 規天 10-323B
guītiān 歸天 5-368A
guītián 圭田 2-1007A
guītián 歸田 5-369B
guītián 龜田 12-1506A
guītiàn 規瑱 10-328B
guìtián 櫃田 4-1351A
guītiānjǔdì 規天矩地 10-323B
guītiáo 規條 10-326B
guìtiáo 桂條 4-958A

guītíng 閨庭 12-101B
guǐtíng 鬼廷 12-446A
guǐtíng 鬼庭 12-450B
guìtíng 桂庭 4-958A
guǐtìtóu 鬼剃頭 12-450B
guītóng 歸同 5-370A
guītǒng 龜筒 12-1510B
guìtóng 貴同 10-150A
guītóu 圭頭 2-1008A
guītóu 皈投 8-267A
guītóu 歸投 5-370B
guītóu 龜頭 12-1511B
guǐtóu 鬼頭 12-456A
guǐtóubǎfǎdāo 鬼頭靶法刀 12-456A
guǐtóudāo 鬼頭刀 12-456A
guǐtóufēng 鬼頭風 12-456A
guǐtóuguānqiào 鬼頭關竅 12-456A
guǐtóuguǐnǎo 鬼頭鬼腦 12-456A
guǐtóuhāmáyǎn 鬼頭蛤蟆眼 12-456A
guǐtóuhuánǎo 鬼頭滑腦 12-456A
guǐtóumóyǎn 鬼頭魔眼 12-456B
guǐtóuqián 鬼頭錢 12-456A
guǐtóuyín 鬼頭銀 12-456A
guǐtóuyú 鬼頭魚 12-456A
guītú 規圖 10-329A
guītú 歸途 5-374A
guītú 歸塗 5-377A
guītú 龜途 12-1508B
guītú 龜圖 12-1511A
guītǔ 歸土 5-368A
guǐtú 軌途 9-1201B
guǐtú 詭圖 11-193A
guìtú 桂荼 4-958A
guìtú 貴途 10-155A
guìtú 貴塗 10-158A
guìtǔ 貴土 10-147B
guìtù 桂兔 4-957B
guìtǔdì 跪土地 10-471A
guǐtuí 鬼魋 12-457A
guǐtuīmò 鬼推磨 12-452B
guìtún 鱖豚 12-1259B
guītuō 規脱 10-327B
guītuó 閨橐 12-102B
guītuó 歸橐 5-378B
guītuó 龜駞 12-1511B
guǐtuō 詭托 11-188B
guǐtuō 詭託 11-190B
guìtuó 桂柁 4-957B
guīwá 閨娃 12-101B
guīwǎ 龜瓦 12-1505B
guīwáng 龜王 12-1505B
guīwǎng 歸往 5-371B
guīwàng 規望 10-327B
guīwàng 瑰望 4-607B
guīwàng 歸望 5-375A
guǐwáng 鬼王 12-444B
guǐwàng 詭妄 11-189A
guìwàng 貴望 10-156A
guìwángjiànbà 貴王賤霸 10-148A
guīwéi 規爲 10-328A
guīwéi 閨帷 12-102A
guīwéi 閨幃 12-102A
guīwéi 閨闈 12-103A
guīwěi 瑰偉 4-607A
guīwěi 瑰瑋 4-608A
guīwěi 傀偉 1-1550B
guǐwěi 晷緯 5-768B
guǐwěi 詭僞 11-193A
guìwèi 貴位 10-151A
guīwén 瑰聞 4-608B
guīwén 龜文 12-1506A
guīwén 龜紋 12-1509A
guǐwén 軌文 9-1200B
guǐwén 詭文 11-188B
guǐwèn 詭問 11-191B
guīwénjǐn 龜紋錦 12-1509A
guīwō 龜蝸 12-1511A
guīwò 歸臥 5-371A
guīwū 龜屋 12-1508B
guīwù 規悟 10-327A
guǐwū 鬼巫 12-446B
guǐwū 鬼屋 12-451A
guǐwǔ 軌伍 9-1200B
guǐwù 軌物 9-1201A
guǐwù 鬼物 12-447B
guǐwù 詭物 11-189B
guìwú 貴無 10-156B
guìwǔ 桂廡 4-960A
guìwǔ 劊伍 2-753B
guǐwùfànshì 軌物範世 9-1201A
guīxī 歸西 5-369B
guīxī 歸息 5-374A
guīxī 歸嬉 5-378B
guīxī 龜息 12-1508B
guīxí 規襲 10-331A
guǐxī 鬼腊 12-453B
guǐxì 鬼戲 12-457A
guìxī 貴惜 10-156A
guìxí 桂席 4-958A
guìxí 貴習 10-156A
guìxì 桂系 4-957A
guìxì 貴係 10-154A
guìxì 貴細 10-156B
guǐxiá 鬼黠 12-457B
guǐxiá 匭匣 1-974B
guǐxiá 晷暇 5-768A
guǐxiá 詭狹 11-190B
guǐxiá 詭黠 11-194A
guìxiá 貴俠 10-154A
guīxián 歸閒 5-376A
guīxián 歸舷 5-374B
guīxiǎn 歸櫶 5-379B
guīxiàn 規陷 10-327A
guǐxiān 鬼仙 12-445B
guǐxiǎn 詭險 11-193B
guǐxiàn 軌憲 9-1202B
guìxiān 貴先 10-150A
guìxiǎn 貴顯 10-161A
guìxiàn 貴縣 10-159B
guìxiàn 貴獻 10-160B
guìxiàn 跪獻 10-472B
guīxiāng 歸鄉 5-375A
guīxiāng 櫰香 4-1359A
guīxiáng 歸降 5-372A
guīxiáng 龜祥 12-1509A
guīxiàng 皈嚮 8-267A
guīxiàng 皈向 8-267A
guīxiàng 歸鄉 5-375A
guīxiàng 歸嚮 5-379A
guīxiàng 歸向 5-370A
guīxiàng 龜相 12-1508A
guīxiàng 龜象 12-1510A
guǐxiǎng 鬼享 12-448A
guǐxiàng 鬼相 12-449B
guìxiāng 貴鄉 10-156A
guìxiāng 跪香 10-471B
guìxiàng 貴相 10-153A
guìxiāngpiāo 桂香飄 4-957B
guīxiánjǔshèng 規賢矩聖 10-329B
guǐxiánqièpèi 詭銜竊轡 11-193A
guǐxiào 鬼笑 12-451B
guǐxiào 鬼嘯 12-456B
guǐxiào 鬼歗 12-457B
guǐxiàoqióng 鬼笑窮 12-451B
guǐxiàorén 鬼笑人 12-451B
guīxié 歸邪 5-370A
guīxiè 規卸 10-325B
guǐxié 詭邪 11-188B
guǐxié 詭挾 11-190B
guìxiè 跪謝 10-472A
guìxiè 蹶泄 10-569B
guīxīn 皈心 8-267A
guīxīn 閨心 12-101A
guīxīn 歸心 5-368B
guīxìn 歸信 5-372B
guǐxīn 鬼薪 12-457A
guǐxìn 鬼信 12-449B
guìxīn 桂心 4-956A
guìxīn 桂薪 4-960A
guìxìn [illegible]信 10-198B
guìxìn 貴信 10-154A
guìxīnchùmù 劌心怵目 2-746A
guīxīng 龜星 12-1508A
guīxíng 規行 10-324A
guīxíng 閨行 12-101A
guīxíng 歸刑 5-369B
guīxíng 歸行 5-370A
guīxǐng 歸省 5-372A
guīxìng 歸興 5-379A
guǐxīng 鬼星 12-449B
guǐxíng 軌行 9-1200B
guǐxíng 詭行 11-188B
guǐxíng 詭形 11-189A
guǐxìng 詭姓 11-190A
guìxīng 貴星 10-153B
guìxíng 貴行 10-150A
guìxíng 貴形 10-150B
guìxíng 跪行 10-471B
guìxìng 貴姓 10-153A
guìxìng 貴幸 10-151B
guìxìng 貴性 10-152B
guìxìng 貴倖 10-155A
guǐxíngguàizhuàng 鬼形怪狀 12-446B
guīxíngjǔbù 規行矩步 10-324A
guīxíngjǔzhǐ 規行矩止 10-324A
guǐxíngjúzhuàng 佹形僪狀 1-1343B
guǐxíngqízhì 詭形奇制 11-189A
guǐxīngshíshì 鬼星石室 12-449B
guìxīnkūfèi 劌心刳肺 2-746A
guìxīnkūfù 劌心刳腹 2-746A
guīxīnrújiàn 歸心如箭 5-369A
guìxīnshùshèn 劌心鉥腎 2-746A
guīxīnsìjiàn 歸心似箭 5-368B
guìxīnyùlì 桂薪玉粒 4-960A
guīxiōng 龜胸 12-1509A
guǐxióng 鬼雄 12-453B
guīxiū 歸休 5-370A
guīxiù 瑰秀 4-606B
guīxiù 閨秀 12-101A
guīxiù 歸袖 5-374A
guǐxiù 鬼宿 12-453A
guǐxiù 詭秀 11-189A
guìxiù 貴秀 10-151A
guǐxiùdùhé 鬼宿度河 12-453A
guǐxiùdùhé 鬼宿渡河 12-453A
guīxiùhuà 閨繡畫 12-103A
guīxū 歸虛 5-374B
guīxū 歸墟 5-377A
guìxǔ 桂醑 4-960A
guìxù 桂序 4-957A
guīxuán 歸旋 5-375A
guīxuàn 規旋 10-327B
guǐxuán 庋縣 3-1209A
guǐxuán 庪縣 3-1231A
guǐxuán 庪懸 3-1231A
guìxuǎn 貴選 10-159A
guìxuàn 瞶眩 7-1254B
guīxuánjǔzhé 規旋矩折 10-327B
guìxué 貴穴 10-149B
guìxué 貴學 10-159B
guǐxuégēngwō 癸穴庚渦 8-526A
guīxūn 歸勳 5-379A
guìxūn 桂熏 9-72B
guīxùn 規訓 10-327A
guīxùn 閨訓 12-101B
guīxùn 歸遜 5-377A
guǐxùn 軌訓 9-1201B
guìyá 貴衙 10-158A

guīyán 龜言 12-1507A
guīyàn 瑰豔 4-609A
guīyàn 閨彥 12-101B
guīyàn 閨艷 12-103B
guīyàn 閨豔 12-103B
guīyàn 歸雁 5-375B
guīyàn 歸鴈 5-378A
guǐyán 詭言 11-189A
guǐyǎn 鬼眼 12-452B
guǐyǎn 鬼魘 12-458A
guìyān 桂烟 4-958B
guìyān 桂煙 4-959A
guìyān 檜煙 4-1345B
guìyán 貴嚴 10-160A
guìyàn 貴談 10-159B
guìyàn 貴驗 10-161A
guìyàn 貴艷 10-161A
guīyànbùgào 龜厭不告 12-1511A
guǐyánfúshuō 詭言浮說 11-189A
guīyāng 歸鞅 5-377B
guīyǎng 歸仰 5-370A
guīyǎng 歸養 5-377B
guìyàng 貴恙 10-155A
guīyánjǔbù 規言矩步 10-324B
guīyào 歸要 5-372A
guǐyáo 鬼謠 12-457B
guǐyào 鬼藥 12-457B
guǐyào 晷曜 5-768B
guìyáo 桂軺 4-959A
guìyào 貴要 10-153B
guǐyǎyìsú 詭雅異俗 11-191B
guīyè 歸業 5-376B
guìyè 桂葉 4-958B
guìyè 貴業 10-157B
guīyèhù 歸業户 5-376B
guǐyèkū 鬼夜哭 12-448A
guǐyèqì 鬼夜泣 12-448A
guīyèwěi 龜曳尾 12-1506B
guǐyéyú 鬼揶揄 12-452A
guīyī 皈依 8-267A
guīyī 袿衣 9-72B
guīyī 歸一 5-367B
guīyī 歸依 5-371B
guīyī 歸壹 5-375B
guīyí 規儀 10-330A
guīyí 歸倚 5-373B
guīyì 規益 10-327A
guīyì 規意 10-328B
guīyì 瑰異 4-607A
guīyì 瑰逸 4-607B
guīyì 瑰軼 4-607B
guīyì 歸椸 5-373B
guīyì 歸義 5-377A
guīyì 歸誼 5-378B
guǐyì 傀異 1-1550B
guǐyí 軌儀 9-1202B
guǐyí 晷儀 5-768B
guǐyí 詭疑 11-193A
guǐyì 佹異 1-1343B
guǐyì 詭異 11-191A
guǐyì 詭逸 11-191A
guǐyì 詭億 11-193B
guìyì 桂栧 4-957B
guìyì 貴異 10-155B
guìyì 貴意 10-158A
guìyì 貴溢 10-158A
guìyì 貴裔 10-158A
guìyì 貴驛 10-161A
guìyìjiāo 貴易交 10-152A
guīyīn 歸陰 5-374A
guīyīn 龜陰 12-1509A
guīyīn 龜陰 12-1510A
guīyín 規銀 10-329A
guīyǐn 歸隱 5-379A
guīyìn 龜印 12-1506B
guǐyǐn 鬼飲 12-453B
guìyìn 貴胤 10-154A
guīyīng 瑰英 4-606B
guīyíng 嫢盈 4-401A
guīyíng 歸塋 5-377A
guīyǐng 圭景 2-1007B
guīyǐng 圭影 2-1008A
guīyǐng 規景 10-327B
guīyǐng 瑰穎 4-608B
guǐyǐng 鬼影 12-455B
guǐyǐng 晷景 5-768A
guǐyǐng 晷影 5-768B
guìyǐng 桂影 4-960A
guīyīngwéixiù 閨英闈秀 12-101A
guìyīnjiànbì 貴陰賤璧 10-155A
guīyīntián 龜陰田 12-1509A
guīyīntián 龜陰田 12-1510A
guīyìqíxíng 瑰意奇行 4-608A
guīyìqíxíng 瑰意琦行 4-608A
guǐyōng 鬼傭 12-454B
guìyǒng 貴踊 10-158A
guīyǒu 閨牖 12-102B
guǐyōu 鬼幽 12-449B
guǐyǒu 鬼酉 12-446B
guìyóu 貴游 10-157A
guìyóu 貴遊 10-157A
guìyǒu 貴友 10-148A
guìyóuchì 貴由赤 10-149A
guǐyóumá 鬼油麻 12-448B
guīyú 圭窬 2-1007B
guīyú 閨窬 12-102B
guīyú 鮭魚 12-1219B
guīyú 歸于 5-368A
guīyú 歸餘 5-378B
guīyù 珪玉 4-543B
guīyù 規欲 10-327B
guīyù 閨閾 12-103A
guīyù 歸獄 5-377B
guīyù 龜玉 12-1506A
guǐyú 詭諛 11-193B
guǐyǔ 鬼雨 12-447B
guǐyǔ 詭語 11-193A
guǐyù 鬼芋 12-446A
guǐyù 鬼域 12-452B
guǐyù 鬼獄 12-455A
guǐyù 鬼蜮 12-455A
guǐyù 詭御 11-192A
guǐyù 詭遇 11-191B
guìyú 桂魚 4-958B
guìyǔ 桂宇 4-956B
guìyǔ 貴圉 10-155B
guìyǔ 貴庾 10-155B
guìyù 桂玉 4-956A
guìyù 桂閾 4-960B
guìyù 貴欲 10-155B
guìyù 貴御 10-156B
guīyuán 規元 10-323B
guīyuán 規圓 10-328B
guīyuán 歸元 5-368A
guīyuàn 規院 10-326B
guīyuàn 閨苑 12-101A
guīyuàn 閨怨 12-101B
guīyuàn 歸怨 5-372B
guǐyuán 垝垣 2-1102B
guǐyuàn 匭院 1-974B
guìyuān 桂淵 4-959A
guìyuán 桂圓 4-959A
guìyuàn 桂菀 4-958B
guìyuàn 桂苑 4-957A
guìyuǎnbǐjìn 貴遠鄙近 10-157A
guìyuǎnjiànjìn 貴遠賤近 10-157A
guīyuē 規約 10-326B
guīyuē 規矱 10-330B
guīyuè 珪月 4-543B
guīyuè 歸月 5-368B
guǐyuè 詭越 11-191B
guìyuè 桂月 4-956A
guìyuè 貴樂 10-159A
guìyuè 檜樾 4-1345B
guǐyuèguān 鬼樂官 12-456A
guīyùhuǐdú 龜玉毀櫝 12-1506A
guǐyùjìliǎ 鬼蜮伎倆 12-455A
guǐyùjìliǎ 鬼蜮技倆 12-455A
guīyún 歸雲 5-376A
guīyùn 歸運 5-376A
guǐyùn 晷運 5-768A
guǐyùn 詭韻 11-195A
guìyùzhīdì 桂玉之地 4-956A
guǐzá 詭雜 11-194B
guīzàn 圭瓚 2-1008B
guīzàn 珪瓚 4-544A
guīzàn 瑰瓚 4-609A
guīzàng 歸藏 5-379A
guīzàng 歸葬 5-375B
guīzào 規造 10-326B
guǐzào 鬼躁 12-458A
guǐzào 詭躁 11-195A
guìzào 貴造 10-154B
guǐzàojiá 鬼皂莢 12-447A
guīzé 規則 10-325A
guīzé 規責 10-327A
guīzé 歸責 5-374B
guǐzé 軌則 9-1201A
guǐzé 鬼責 12-452A
guǐzé 詭責 11-191A
guǐzè 晷昃 5-767B
guǐzéi 詭賊 11-192A
guīzèng 珪甑 4-544A
guǐzhà 詭詐 11-192A
guìzhái 貴宅 10-150B
guìzhái 檜宅 4-1345A
guǐzhàlángháo 鬼吒狼嚎 12-446A
guīzhān 龜占 12-1506A
guīzhāng 圭璋 2-1007B
guīzhāng 珪璋 4-543B
guīzhāng 規章 10-327B
guīzhāng 龜章 12-1510A
guǐzhǎng 庋掌 3-1209A
guǐzhǎng 軌長 9-1201A
guìzhǎng 貴長 10-151B
guǐzhāngguǐzhì 鬼張鬼智 12-453B
guīzhànglùtóu 歸帳路頭 5-374B
guīzhāngtèdá 圭璋特達 2-1008A
guīzhāngtèdá 珪璋特達 4-544A
guīzhào 規兆 10-324A
guīzhào 歸棹 5-375B
guīzhào 歸趙 5-377A
guīzhào 歸櫂 5-379B
guīzhào 龜兆 12-1506B
guīzhào 龜旐 12-1510B
guìzhào 桂棹 4-959A
guìzhào 桂櫂 4-960B
guìzhào 貴兆 10-150A
guīzhé 歸轍 5-379B
guǐzhé 軌轍 9-1202B
guìzhé 桂折 4-956B
guìzhéláncuī 桂折蘭摧 4-956B
guīzhēn 規箴 10-329B
guīzhēn 閨箴 12-102B
guīzhēn 歸真 5-373B
guīzhěn 歸軫 5-375B
guǐzhēn 鬼針 12-452A
guǐzhěn 軌枕 9-1201A
guǐzhèn 鬼陣 12-451A
guìzhēn 貴珍 10-153A
guìzhēn 貴真 10-154B
guìzhěn 桂軫 4-959A
guǐzhēncǎo 鬼針草 12-452A
guīzhēnfǎnpú 歸真反璞 5-373B
guīzhēnfǎnpǔ 歸真反樸 5-373B
guīzhēng 規争 10-324A
guīzhěng 規整 10-330A
guīzhèng 規正 10-324A
guīzhèng 歸赴 5-372A
guīzhèng 歸正 5-369A
guìzhēng 貴徵 10-159A
guìzhèng 貴正 10-149A
guīzhèngqiūshǒu 歸正邱首 5-369A

guīzhèngrén 歸正人 5-369A
guīzhèngshǒuqiū 歸正首丘 5-369A
guīzhèngshǒuqiū 歸正首邱 5-369A
guǐzhèntóufēng 鬼陣頭風 12-451A
guìzhéyīzhī 桂折一枝 4-956B
guīzhǐ 歸止 5-368B
guīzhǐ 歸旨 5-370A
guīzhì 珪贄 4-544A
guīzhì 規制 10-325A
guīzhì 規製 10-329A
guīzhì 瑰質 4-608B
guīzhì 歸志 5-370B
guīzhì 歸置 5-376B
guǐzhì 庋置 3-1209A
guǐzhì 軌制 9-1201A
guǐzhì 鬼質 12-455B
guǐzhì 詭志 11-189A
guǐzhì 詭制 11-189B
guǐzhì 詭智 11-191B
guǐzhì 詭製 11-193A
guǐzhì 詭質 11-193B
guìzhī 桂芝 4-956B
guìzhī 桂枝 4-957A
guìzhī 貴知 10-152A
guìzhí 貴職 10-160A
guìzhǐ 貴紙 10-155A
guìzhì 貴知 10-152A
guìzhì 貴治 10-152B
guìzhì 貴秩 10-154B
guìzhì 貴質 10-159A
guìzhīkè 桂枝客 4-957B
guìzhīláng 桂枝郎 4-957B
guìzhīpiànyù 桂枝片玉 4-957B
guīzhōng 閨中 12-101A
guīzhōng 歸終 5-375B
guīzhòng 歸重 5-372B
guǐzhōng 鬼中 12-444B
guìzhǒng 貴種 10-158A
guìzhòng 貴重 10-153B
guīzhōu 嶲周 3-874A
guīzhōu 歸舟 5-370A
guīzhóu 規軸 10-327B
guīzhóu 歸軸 5-375B
guīzhòu 龜繇 12-1512A
guǐzhōu 鬼州 12-446B
guìzhōu 桂舟 4-956B
guìzhòu 貴冑 10-153B
guīzhū 龜珠 12-1508B
guīzhǔ 龜主 12-1506B
guīzhù 歸注 5-371B
guǐzhū 鬼誅 12-454B
guǐzhú 軌躅 9-1203A
guǐzhǔ 鬼主 12-445B
guǐzhù 鬼疰 12-452A
guǐzhù 晷柱 5-768A
guìzhú 桂竹 4-956B
guìzhú 桂燭 4-960B
guìzhú 筀竹 8-1135B
guìzhǔ 桂渚 4-958B
guìzhǔ 貴主 10-149A
guǐzhuāláng háo 鬼抓狼嚎 12-446B
guīzhuàng 瑰壯 4-606B
guǐzhuàng 詭狀 11-189B
guìzhuàngjiànlǎo 貴壯賤老 10-151B
guìzhuàngjiànruò 貴壯賤弱 10-151B
guīzhǔn 規準 10-328B
guīzhuō 瑰卓 4-606B
guīzhuō 傀卓 1-1550B
guīzhuó 歸着 5-375A
guīzhuó 龜灼 12-1507A
guǐzhuō 詭拙 11-189B
guīzī 瑰姿 4-607A
guīzǐ 龜子 12-1505B
guīzǐ 龜紫 12-1510B
guīzì 閨字 12-101A
guīzì 龜字 12-1506B
guǐzi 鬼子 12-444B
guìzi 劊子 2-753A
guìzi 櫃子 4-1351A
guìzī 貴資 10-158A
guìzǐ 桂子 4-956A
guìzǐ 貴子 10-148A
guǐzijiāng 鬼子薑 12-444B
guìzǐlánsūn 桂子蘭孫 4-956A
guǐzǐmǔ 鬼子母 12-444B
guìzǐpiāoxiāng 桂子飄香 4-956A
guìzishǒu 劊子手 2-753A
guǐzisūn 鬼子孫 12-444B
guīzōng 皈𩍐 8-267A
guīzōng 規蹤 10-330B
guīzōng 歸宗 5-371B
guīzǒng 歸總 5-379B
guìzōng 貴宗 10-152B
guǐzōu 鬼諏 12-455B
guīzǔ 圭組 2-1007B
guīzǔ 珪珇 4-543B
guīzǔ 珪組 4-543B
guīzǔ 龜組 12-1510A
guǐzú 鬼卒 12-448B
guǐzú 鬼族 12-453A
guìzú 貴足 10-151A
guìzú 貴族 10-156A
guīzuì 歸罪 5-376B
guǐzuǐ 鬼嘴 12-456B
guìzūn 桂尊 4-959A
guìzūn 桂樽 4-960A
guìzūn 桂罇 4-960B
guìzūn 貴尊 10-157A
guīzuǒ 規佐 10-324B
guǐzuò 鬼作 12-447A
guìzuò 跪坐 10-471B
gūjī 咕唧 3-254A
gūjī 咕唧 3-254A
gūjī 孤羈 4-230B
gūjī 沽激 5-1052B
gūjī 估椑 1-1225A
gūjí 孤疾 4-221B
gūjì 估計 1-1224B
gūjì 孤績 4-229A
gūjì 孤技 4-216B
gūjì 孤寂 4-223A
gūjì 孤寄 4-223A
gǔjī 轂擊 6-1510A
gǔjī 古迹 3-23B
gǔjī 古跡 3-26A
gǔjī 古蹟 3-29A
gǔjī 汩汲 5-964A
gǔjī 骨笄 12-399A
gǔjī 鼓姬 12-1391B
gǔjī 穀芨 6-1505B
gǔjī 穀積 6-1507A
gǔjī 滑稽 5-1480B
gǔjī 滑稽 5-1481B
gǔjí 古籍 3-29B
gǔjí 鼓檝 12-1393B
gǔjí 鼓檝 12-1396A
gǔjí 穀籍 6-1507B
gǔjí 蠱疾 8-1000A
gǔjì 古記 3-24B
gǔjì 賈技 10-191B
gùjí 固疾 3-626B
gùjí 固籍 3-627B
gùjí 故籍 5-438A
gùjí 痼疾 8-331B
gùjí 錮疾 11-1326A
gùjí 錮籍 11-1326B
gùjí 顧及 12-359B
gùjí 顧藉 12-365B
gùjǐ 顧己 12-359B
gùjì 固濟 3-627B
gùjì 故迹 5-433A
gùjì 故伎 5-430B
gùjì 故技 5-431A
gùjì 故記 5-434A
gùjì 故跡 5-436A
gùjì 顧忌 12-361A
gùjì 顧計 12-362B
gùjì 顧悸 12-363B
gūjiā 酤家 9-1399B
gūjià 估價 1-1225A
gǔjiā 鼓笳 12-1392A
gǔjiá 鼓頰 12-1396A
gǔjiǎ 鼓甲 12-1386B
gǔjià 骨架 12-398B
gǔjià 鼓架 12-1390B
gǔjià 穀稼 6-1507A
gùjiā 故家 5-434A
gǔjiàbù 鼓架部 12-1390B
gūjiāguǎrén 孤家寡人 4-221B
gūjiān 孤尖 4-215B
gūjiǎn 孤蹇 4-229A
gūjiǎn 觚簡 10-1358A
gūjiàn 孤劍 4-227B
gūjiàn 孤賤 4-227A
gūjiàn 孤劒 4-228B
gǔjiǎn 古簡 3-29A
gǔjiàn 古健 3-24A
gǔjiàn 鼓劍 12-1395B
gǔjiàn 鼓箭 12-1395B
gǔjiàn 鼓諫 12-1396A
gǔjiàn 瞽見 7-1259A
gǔjiàn 鵠箭 12-1110A
gùjiàn 故劍 5-437A
gùjiàn 錮見 11-1325B
gùjiàn 顧見 12-360B
gūjiāng 菰蔣 9-454A
gùjiāng 故疆 5-438A
gùjiàng 故將 5-435A
gùjiànkāng 顧建康 12-361B
gǔjiànshāngnóng 穀賤傷農 6-1507A
gūjiáo 孤矯 4-229A
gūjiáo 沽矯 5-1052B
gūjiǎo 孤角 4-217A
gūjiǎo 觚角 10-1357B
gūjiào 估較 1-1225A
gūjiào 估校 1-1224B
gūjiào 辜較 11-481A
gǔjiāo 骨膠 12-402A
gǔjiǎo 骨蹻 12-403A
gǔjiǎo 鼓角 12-1389A
gǔjiào 鼓叫 12-1387A
gùjiāo 故交 5-430B
gùjiǎo 雇脚 11-834B
gùjiào 故徼 5-437A
gǔjiāotímó 轂交蹄劘 6-1510A
gùjiāqiáomù 故家喬木 5-434A
gǔjiǎwénzì 骨甲文字 12-396A
gùjìchóngyǎn 故伎重演 5-430B
gùjìchóngyǎn 故技重演 5-431A
gūjié 孤孑 4-213B
gūjié 孤潔 4-227B
gūjié 孤絜 4-223A
gūjiè 孤介 4-214A
gǔjié 古節 3-26A
gǔjié 骨節 12-401A
gǔjié 愲結 7-660B
gǔjié 鼓節 12-1393B
gǔjiě 骨解 12-401A
gǔjiě 詁解 11-95A
gǔjiè 鼓戒 12-1387B
gùjiē 顧接 12-363A
gùjié 固結 3-627A
gùjié 錮結 11-1326A
gùjiè 雇借 11-834B
gǔjiéhé 骨結核 12-400B
gǔjiéyǎn 骨節眼 12-401A
gǔjījiānmó 轂擊肩摩 6-1510A
gūjīn 箍筋 8-1186B
gūjìn 孤進 4-222B
gǔjīn 古今 3-18B
gǔjīn 股金 6-1185A
gǔjīn 骨筋 12-400A
gǔjīn 鼓金 12-1389B
gǔjǐn 古錦 3-28B
gǔjìn 淈盡 5-1435B
gǔjìn 鼓勁 12-1390A
gǔjìn 鼓進 12-1392A
gùjìn 錮禁 11-1326A

gùjìn 顧靳 12-364B
gūjīng 孤經 4-226A
gǔjīng 古經 3-26B
gǔjīng 骨驚 12-403B
gǔjǐng 古井 3-18B
gǔjìng 古勁 3-23A
gǔjìng 古鏡 3-29A
gùjǐng 故井 5-429B
gùjìng 故境 5-436A
gǔjīngbàoyǎn 鼓睛暴眼 12-1393B
gǔjīngjīngshè 詁經精舍 11-95A
gūjīngjuéjù 孤經絶句 4-226A
gǔjǐnnáng 古錦囊 3-28B
gūjiǒng 孤迥 4-218A
gùjiōng 固扃 3-626B
gūjiǔ 沽酒 5-1052B
gūjiǔ 酤酒 9-1399A
gūjiù 姑舅 4-317B
gǔjiū 鶻鳩 12-1134A
gǔjiū 滑鳩 5-1481A
gǔjiù 古舊 3-28B
gùjiù 故舊 5-437A
gǔjiūshì 鶻鳩氏 12-1134B
gūjū 孤居 4-219A
gūjū 孤駒 4-227A
gūjǔ 孤舉 4-228A
gūjù 孤寠 4-228B
gǔjū 谷駒 10-1318B
gùjū 故居 5-432B
gūjué 孤絶 4-224B
gūjué 孤譎 4-230A
gǔjué 鼓絶 12-1393A
gùjué 故爵 5-437B
gūjūn 孤軍 4-220A
gūjùn 孤俊 4-219B
gūjùn 孤峻 4-221A
gùjūn 故君 5-431B
gūjūnshēnrù 孤軍深入 4-220B
gùkàn 顧看 12-362B
gūkàng 孤亢 4-214A
gūkè 估客 1-1224B
gūkè 孤客 4-220A
gǔkē 古柯 3-23A
gǔkè 古刻 3-22B
gǔkè 罟客 8-1020A
gǔkè 賈客 10-192B
gùkè 故客 5-433B
gùkè 雇客 11-834A
gùkè 顧客 12-363A
gǔkējiǎn 古柯鹼 3-23A
gùkèyíngmén 顧客盈門 12-363A
gūkèyuè 估客樂 1-1224B
gǔkǒu 谷口 10-1317A
gǔkǒu 鼓口 12-1386B
gǔkǒugēng 谷口耕 10-1317B
gǔkǒugēngfū 谷口耕夫 10-1317B
gǔkǒugōnggēng 谷口躬耕 10-1317B
gǔkǒuyǐn 谷口隱 10-1317B
gǔkǒuzhēn 谷口真 10-1317B
gǔkǒuzǐzhēn 谷口子真 10-1317B
gūkǔ 孤苦 4-217B
gǔkuài 賈儈 10-194A
gūkuān 姑寬 4-317B
gǔkuǎn 股款 6-1185B
gūkuàng 孤曠 4-229B
gǔkuàng 瞽曠 7-1260A
gūkǔdīngpīng 孤苦仃俜 4-217B
gūkuí 孤睽 4-226A
gǔkuí 古馗 3-25A
gǔkuì 瞽瞶 7-1259B
gūkǔlíngdīng 孤苦伶仃 4-217B
gūkǔlíngdīng 孤苦零丁 4-218A
gǔlái 古來 3-21B
gùlài 顧賴 12-365B
gūlàlà 骨剌剌 12-398A
gǔlàlà 古剌剌 3-23A
gūlán 孤嵐 4-223B
gǔlán 鼓欄 12-1397B
gùlǎn 顧覽 12-366B
gùlǎn 顧攬 12-366B
gǔlàng 鼓浪 12-1391A
gūlǎo 姑老 4-315B
gūlǎo 孤老 4-215A
gūláo 骨癆 12-402B
gǔlǎo 古老 3-20A
gǔlǎo 鼓老 12-1387A
gǔlǎo 鼓佬 12-1389B
gùlǎo 古老 3-20A
gùlǎo 故老 5-430A
gǔlǎoqián 古老錢 3-20A
gūlǎoye 姑老爺 4-315B
gūlǎoyuàn 孤老院 4-215A
gǔláshuǐ 古喇水 3-25B
gǔlàshuǐ 古剌水 3-23A
gūléi 孤羸 4-230A
gūlěi 孤壘 4-229B
gūlěi 孤累 4-222B
gǔléi 骨雷 12-401A
gǔlěi 古壘 3-29A
gǔlèi 骨肋 12-396B
gùlěi 固壘 3-627B
gùlěi 故壘 5-437B
gùlèi 顧累 12-363B
gǔlèizuòwù 穀類作物 6-1507B
gūléng 柧棱 4-920A
gūléng 觚棱 10-1357B
gūléng 觚稜 10-1357B
gūlěng 孤冷 4-217A
gǔléngléng 骨稜稜 12-401A
gǔléngléng 鼓楞楞 12-1393B
gūlí 孤嫠 4-226A
gūlí 孤離 4-229B
gūlì 孤立 4-214B
gūlì 孤唳 4-222B
gūlì 孤厲 4-226A
gūli 軱戾 9-1238B
gǔlǐ 古禮 3-29A
gǔlì 古曆 3-28A
gǔlì 古隸 3-29A
gǔlì 股栗 6-1185B
gǔlì 股慄 6-1185B
gǔlì 骨力 12-395B
gǔlì 骨立 12-396A
gǔlì 骨利 12-397A
gǔlì 羖攊 9-165A
gǔlì 鼓吏 12-1387A
gǔlì 鼓栗 12-1390B
gǔlì 鼓慄 12-1394A
gǔlì 鼓厲 12-1394A
gǔlì 鼓勵 12-1396A
gǔlì 鼓隸 12-1396A
gǔlì 賈利 10-192A
gǔlì 賈盭 10-194A
gùlǐ 故里 5-431B
gùlì 故吏 5-430B
gùlì 故例 5-432A
gùlì 故曆 5-437A
gūlián 觚廉 10-1357B
gūliǎn 箍斂 8-1186B
gǔlián 谷簾 10-1319A
gùlián 顧憐 12-365B
gùliàn 顧戀 12-366B
gūliáng 估量 1-1225A
gūliáng 菰粱 9-454A
gūliàng 估量 1-1225A
gǔliáng 谷量 10-1318B
gǔliáng 穀粱 6-1506B
gǔliáng 穀糧 6-1507B
gǔliào 骨料 12-399A
gǔliè 古烈 3-24A
gǔlìgàn 骨利幹 12-397A
gūlìguǎyǔ 孤立寡與 4-215A
gǔlígǔguài 古離古怪 3-29A
gǔlǐgǔguài 古里古怪 3-21A
gǔlǐjiǎ 古里甲 3-21A
gūlìmù 孤立木 4-214B
gūlín 孤林 4-218A
gǔlǐn 穀廩 6-1507B
gùlín 古鄰 3-27A
gùlín 故林 5-431B
gùlín 顧臨 12-366A
gùlìn 雇賃 11-834B
gūlíng 孤伶 4-217A
gūlíng 孤零 4-225A
gūlíng 孤令 4-214B
gūlìng 孤另 4-214A
gǔlíng 谷陵 10-1318A
gǔlìng 鼓令 12-1387A
gūlínglíng 孤伶伶 4-217A
gūlínglíng 孤零零 4-225A
gūlìnglìng 孤另另 4-214B
gǔlíngshēngsòu 鶻伶聲嗽 12-1133B
gǔliǔ 罛罶 8-1021A
gūliūliū 咕溜溜 3-254A
gūliūliū 骨溜溜 12-401A
gūlìwúyuán 孤立無援 4-214B
gūlìwúzhù 孤立無助 4-214B
gūlìyǔ 孤立語 4-214B
gūlóng 咕嚨 3-254B
gūlǒng 箍攏 8-1186B
gùlǒng 故壟 5-437B
gǔlónghú 鼓龍胡 12-1396A
gǔlónghú 鼓嚨胡 12-1397A
gūlòu 孤陋 4-219A
gǔlóu 鼓樓 12-1395A
gǔlòu 鼓漏 12-1395A
gǔlòu 瞽漏 7-1259B
gùlòu 固陋 3-626A
gùlòu 錮陋 11-1325B
gùlòu 錮漏 11-1326B
gūlòuguǎwén 孤陋寡聞 4-219A
gǔlóuzǐ 古樓子 3-27A
gūlū 咕嚕 3-254A
gūlū 咕嚕 3-254A
gūlū 蹐跛 10-518B
gūlú 菰蘆 9-454A
gūlú 觚盧 10-1358A
gūlú 軲轤 9-1234A
gūlù 孤露 4-230B
gūlù 軲轆 9-1234A
gūlù 辜戮 11-481B
gūlù 骨碌 12-400B
gūlù 硞碌 7-1081B
gǔlú 鼓鑪 12-1397B
gǔlù 轂轆 6-1510B
gǔlù 骨路 12-401A
gǔlù 骨錄 12-402B
gǔlù 穀祿 6-1506B
gùlú 故廬 5-437B
gùlú 顧廬 12-366A
gùlù 故路 5-436A
gùlù 錮露 11-1326B
gùlù 錮路 11-1326A
gùlù 顧陸 12-363A
gùlù 顧錄 12-365B
gūluán 孤鸞 4-231A
gǔluàn 汩亂 5-965A
gǔluàn 淈亂 5-1435B
gǔluàn 鼓亂 12-1393B
gǔluàn 滑亂 5-1481A
gūluánzhàojìng 孤鸞照鏡 4-231A
gūlúchē 軲轤車 9-1234A
gūlúchuí 骨盧槌 12-402A
gūlūlū 骨嚕嚕 12-402B
gǔlǔlǔ 骨魯魯 12-402A
gūlùlù 骨淥淥 12-399B
gūlùlù 骨碌碌 12-400B
gūlùlù 骨轆轆 12-402B
gūlùlù 唂碌碌 3-428A
gūlùlù 唂碌碌 3-428A
gǔlǔlǔ 古魯魯 3-27B
gǔlùlù 轂碌碌 6-1510A
gǔlùlù 古鹿鹿 3-25A
gǔlùlù 汩碌碌 5-965A
gǔlùlù 谷碌碌 10-1318B
gūlún 孤輪 4-227A
gūlún 軲輪 9-1234A
gūlùn 孤論 4-227B
gǔlún 骨崙 12-399B
gǔlún 鼓輪 12-1395A

gǔlùn 瞽論 7-1259B
gùlún 固倫 3-626B
gǔlùwǔ 骨鹿舞 12-399B
gǔlùyīng 轂轆鷹 6-1510B
gūlùzi 骨碌子 12-400B
gūlǚ 孤旅 4-221B
gǔlǜ 古律 3-23B
gǔlǘ 故閭 5-436B
gǔlǚ 故侶 5-432B
gùlǜ 顧慮 12-365A
gǔlǜchǐ 古律尺 3-23B
gūlüè 沽略 5-1052B
gùlüě 梏掠 4-1040A
gūlǚwēixíng 孤履危行 4-228A
gūmā 姑媽 4-317B
gǔmǎ 轂馬 6-1506A
gùmá 固麻 3-626B
gūmǎi 酤買 9-1399B
gūmài 孤邁 4-227A
gūmài 沽賣 5-1052B
gūmài 酤賣 9-1399B
gǔmài 骨脈 12-399A
gǔmǎlìbīng 轂馬礪兵 6-1506B
gǔmàn 滑曼 5-1480A
gǔmàn 苦慢 9-323B
gǔmáng 轂芒 6-1505B
gǔmǎng 鶻莽 12-1134A
gǔmǎng 鈷鏻 11-1227B
gǔmáo 轂蟊 6-1507B
gǔmào 古茂 3-21B
gǔmào 古貌 3-27A
gǔmào 骨貌 12-401B
gǔmào 賈貿 10-193B
gūmèi 姑妹 4-316A
gǔmèi 谷魅 10-1318B
gūměijiǔ 沽美酒 5-1052A
gūmén 孤門 4-219A
gūmèn 孤悶 4-224B
gǔmén 古門 3-22B
gǔméndào 古門道 3-22B
gǔméndào 鼓門道 12-1389B
gūméng 孤蒙 4-225A
gǔméng 瞽矇 7-1259B
gǔméng 瞽蒙 7-1259B
gūmǐ 菰米 9-454A
gūmǐ 苽米 9-349B
gǔmǐ 骨弭 12-398B
gǔmǐ 轂米 6-1505B
gùmì 固密 3-627A
gùmì 雇覓 11-834B
gùmiǎn 顧眄 12-361B
gūmiǎo 孤藐 4-229A
gǔmiǎo 古邈 3-29A
gǔmín 賈民 10-191B
gūmíng 沽名 5-1051B
gǔmíng 轂明 6-1506A
gùmìng 固命 3-626A
gùmìng 顧命 12-361A
gùmìngdàchén 顧命大臣 12-361A
gūmíngdiàoyù 沽名弔譽 5-1052A
gūmíngdiàoyù 沽名釣譽 5-1052A
gūmínggānyù 沽名干譽 5-1052A
gūmíngmàizhí 沽名賣直 5-1052A
gùmíngsīyì 顧名思義 12-360B
gūmíngyāoyù 沽名要譽 5-1052A
gūmō 估摸 1-1225A
gūmò 姑墨 4-318A
gūmò 姑默 4-318A
gǔmó 骨膜 12-401B
gǔmó 鼓膜 12-1394B
gǔmò 古墨 3-27B
gǔmò 汩没 5-964A
gǔmò 汩歿 5-964B
gǔmò 鈷鏌 11-1227B
gùmò 痼没 8-331B
gǔmògé 淈没格 5-1435B
gūmǔ 姑母 4-315B
gūmǔ 孤畝 4-221B
gūmù 孤木 4-213B
gūmù 觚木 10-1357B
gǔmǔ 鈷鉧 11-1227A
gǔmù 古穆 3-28A
gǔmù 骨目 12-396A
gǔmù 罟目 8-1020A
gǔmù 瞽目 7-1258B
gùmù 故墓 5-435B
gùmù 雇募 11-834B
gùmù 僱募 1-1686B
gùmù 顧募 12-364A
gùmù 顧慕 12-364B
gǔmǔtán 鈷鉧潭 11-1227A
gǔnà 谷那 10-1317B
gǔnà 骨豽 12-399B
gùnǎi 顧乃 12-359B
gūnǎinai 姑奶奶 4-315B
gǔn'àn 滾案 6-32B
gūnāng 咕囔 3-254B
gǔnángnáng 鼓囊囊 12-1397B
gùnánshān 錮南山 11-1325B
gǔnáo 鼓橈 12-1396A
gǔnǎozhēngtóu 鼓腦爭頭 12-1394A
gǔnbà 滾壩 6-34A
gǔnbáishuǐ 滾白水 6-31B
gùnbàng 棍棒 4-1112A
gǔnbèi 滾被 6-32B
gǔnbiān 滾邊 6-34A
gǔnbiān 緄邊 9-890B
gǔnbiàn 袞遍 9-40B
gǔncháng 袞裳 9-40B
gǔnchén 滾塵 6-33B
gǔncuī 滾催 6-33A
gǔndài 緄帶 9-890B
gǔndàitóu 袞帶頭 9-40A
gǔndān 滾單 6-32B
gǔndàn 滾蛋 6-32B
gǔndāo 袞刀 9-39A
gǔndāo 滾刀 6-31B
gǔndāoshǒu 滾刀手 6-31B
gǔndēng 滾燈 6-33B
gǔndèng 滾凳 6-33B
gǔndiào 滾調 6-33B
gǔndié 衮疊 9-41A
gǔndòng 滾動 6-32B
gùndù 棍蠹 4-1112A
gǔndùsuǒ 滾肚索 6-32A
gǔněiqímí 鼓餒旗靡 12-1395B
gùn'erchá 棍兒茶 4-1112A
gǔnfān 滾翻 6-34A
gǔnfèi 滾沸 6-32A
gǔnfú 衮服 9-39B
gǔnfǔ 衮斧 9-39B
gǔnfǔ 衮黼 9-41A
gǔngàng 滾杠 6-32A
gǔngōu 滾鉤 6-33A
gǔnguālànshú 滾瓜爛熟 6-32A
gǔnguāliúshuǐ 滾瓜流水 6-32A
gǔnguāliúyóu 滾瓜流油 6-32A
gǔnguāliūyuán 滾瓜溜圓 6-32A
gǔnguā'eryuán 滾瓜兒圓 6-31B
gǔngǔn 衮衮 9-39B
gǔngǔn 滾滾 6-33A
gǔngǔn 輥輥 9-1287A
gǔngǔn 渾渾 5-1524A
gǔngǔn 混混 5-1377A
gùngùn 棍棍 4-1112A
gùngùn 睔睔 7-1233B
gǔngǔnpáopáo 渾渾泡泡 5-1524A
gǔngǔntāotāo 滾滾滔滔 6-33B
gǔngǔnyúnyún 混混沄沄 5-1377A
gǔngǔnzhūgōng 衮衮諸公 9-40A
gǔnhǎijiāo 滾海蛟 6-32A
gǔnhétao 滾核桃 6-32A
gùnhǔ 棍虎 4-1112A
gǔnhuá 衮華 9-39B
gǔní 汩泥 5-964B
gǔnì 汩溺 5-965B
gǔnì 蠱溺 8-1000B
gùnì 錮溺 11-1326A
gùnì 顧睨 12-364B
gūniàn 孤念 4-218B
gùnián 故年 5-430B
gùniàn 顧念 12-361A
gūniang 姑娘 4-317A
gūniáng 姑娘 4-317A
gūniàng 酤釀 9-1399B
gūniangjiā 姑娘家 4-317A
gūniǎo 孤鳥 4-222B
gūniè 孤孽 4-229B
gǔnìng 蠱佞 8-999B
gǔniú 牯牛 6-257B
gǔniúlǐng 牯牛嶺 6-257B
gǔníyángbō 滑泥揚波 5-1479A
gùnjīng 棍精 4-1112A
gǔnkāi 滾開 6-33A
gǔnléi 滾雷 6-33A
gǔnléi 輥雷 9-1287A
gùnlèi 棍類 4-1112A
gǔnlì 滾利 6-32A
gǔnliǎn 衮斂 9-40B
gǔnlìqian 滾利錢 6-32A
gǔnliù 滾霤 6-34A
gǔnliù 滾碌 6-33A
gǔnlóng 衮龍 9-40B
gǔnlóngpáo 衮龍袍 9-40B
gǔnlún 滾輪 6-33B
gǔnluò 滾落 6-32B
gǔnmiǎn 衮冕 9-40A
gǔnmiǎn 緷絻 9-953B
gǔnmiǎn 卷冕 2-537B
gǔnmìng 衮命 9-39B
gǔnmù 滾木 6-31B
gǔnnà 滾納 6-32B
gǔnniǎn 輥碾 9-1287A
gǔnniǎn 輥輾 9-1287B
gūnóng 咕噥 3-254A
gūnòng 咕弄 3-253B
gǔnòng 鼓弄 12-1387B
gùnóng 雇農 11-834B
gùnòngxuánxū 故弄玄虛 5-431A
gùnòngxūxuán 故弄虛玄 5-431A
gǔnpái 滾牌 6-32B
gǔnpáijūn 滾牌軍 6-32B
gǔnpáo 衮袍 9-40A
gùnpiàn 棍騙 4-1112A
gǔnqiú 衮毬 9-40A
gǔnqiú 滾毬 6-32B
gǔnquē 衮闕 9-41A
gǔnrán 衮然 9-40B
gǔnrè 滾熱 6-33B
gǔnshī 衮師 9-39B
gǔnshí 滾石 6-31B
gǔnshíwúquē 衮實無闕 9-40B
gùnshù 棍術 4-1112A
gǔnshuǐ 滾水 6-31B
gǔnshuǐpōlǎoshǔ 滾水潑老鼠 6-31B
gǔnshuō 滾説 6-33B
gǔnsī 衮司 9-39A
gǔnsuàn 滾算 6-33B
gǔntán 輥彈 9-1287A
gǔntāng 滾湯 6-33A
gǔntàng 滾燙 6-33B
gǔntāngpōlǎoshǔ 滾湯潑老鼠 6-33A
gǔntiáo 滾條 6-32A
gǔntóng 滾同 6-32A
gǔntǒng 滾筒 6-32B
gǔntǔ 滾土 6-31B
gùntú 棍徒 4-1112A
gǔntuán 棍團 4-1112A
gūnu 咕呶 3-254A

gǔnú 穀鴑 6-1507A
gǔnù 鼓怒 12-1390B
gūnuò 孤懦 4-229A
gūnǚ 孤女 4-213B
gǔnxī 滾息 6-32A
gǔnxì 袞舃 9-40B
gǔnxiù 袞綉 9-40B
gǔnxiù 袞繡 9-41A
gǔnxiùqiú 滾繡毬 6-34A
gǔnyán 滾巖 6-34A
gǔnyī 袞衣 9-39A
gǔnyī 卷衣 2-536A
gǔnyīxīguī 袞衣西歸 9-39A
gǔnyīxiùcháng 袞衣綉裳 9-39A
gǔnyīxiùcháng 袞衣繡裳 9-39A
gǔnyīyǐguī 袞衣以歸 9-39A
gǔnyuán 滾圓 6-33A
gǔnyuánliūpàng 滾圓溜胖 6-33A
gǔnyuè 袞鉞 9-40B
gǔnyùn 滾運 6-33A
gǔnzá 滾雜 6-34A
gǔnzǎo 袞藻 9-41A
gǔnzhāng 袞章 9-40A
gǔnzhàng 滾漲 6-33B
gǔnzhàng 滾帳 6-32B
gǔnzhàng 滾賬 6-33B
gǔnzhí 袞職 9-40B
gǔnzhóu 輥軸 9-1287A
gǔnzhuàn 滾轉 6-34A
gǔnzhuàng 滾壯 6-32A
gǔnzi 滾子 6-31B
gǔnzi 磙子 7-1092B
gùnzi 棍子 4-1111B
guó'āi 國哀 3-638A
guò'ài 過愛 10-972B
guò'àn 過案 10-966B
guōbā 鍋巴 11-1328B
guòbài 過拜 10-963B
guòbài 過敗 10-967B
guòbān 過班 10-965A
guòbǎn 過板 10-961A
guòbàn 過半 10-959A
guòbàng 過磅 10-973B
guóbǎo 國寶 3-647B
guǒbāo 裹包 9-98B
guǒbào 果報 4-820B
guòbào 過抱 10-961A
guōbēi 郭碑 10-649A
guóbèi 國備 3-642A
guòbèi 過背 10-963B
guòbèi 過輩 10-973B
guóběn 國本 3-632B
guóbì 國幣 3-645A
guóbì 國蔽 3-645A
guǒbì 果必 4-819A
guóbiàn 國變 3-648A
guǒbiǎn 蜾扁 8-915A
guǒbiǎn 蜾匾 8-915A
guòbiān 過邊 10-975B
guòbiàn 過遍 10-971A
guòbiàn 過變 10-976B
guóbiǎo 國表 3-635B
guóbié 國別 3-635A
guóbīn 國賓 3-644B
guòbīn 過賓 10-973B
guōbǐng 鍋餅 11-1329A
guóbīng 國兵 3-635A
guóbǐng 國秉 3-636A
guóbǐng 國柄 3-637A
guóbìng 國病 3-640A
guóbó 國伯 3-635A
guòbó 過駁 10-973A
guóbù 國步 3-635A
guǒbù 果布 4-819A
guòbù 過步 10-960A
guòbùde 過不得 10-956A
guòbùde 過不的 10-956A
guòbùjí 過不及 10-956A
guǒbùqírán 果不其然 4-818B
guòbuqù 過不去 10-956A
guóbùyáo 簂步搖 8-1237B
guócái 國財 3-639A
guǒcài 果采 4-820A
guǒcài 果菜 4-820B
guòcǎi 過采 10-962A
guócè 國策 3-642A
guócè 國筴 3-643A
guǒchá 果茶 4-820A
guòchā 過差 10-964B
guòchá 過茶 10-963B
guòchà 過岔 10-960B
guòchāi 過差 10-964B
guōchǎn 鍋鏟 11-1329B
guóchán 國鄽 3-647A
guóchǎn 國產 3-641A
guǒchán 裹纏 9-101B
guócháng 國常 3-641A
guòchǎng 過場 10-969A
guòchǎngxì 過場戲 10-969A
guōchǎo 聒吵 8-662B
guócháo 國朝 3-641B
guóchē 國車 3-634B
guòchē 過車 10-960A
guóchēn 國琛 3-641B
guóchén 國臣 3-633B
guóchéng 國成 3-633B
guóchéng 國城 3-636B
guǒchéng 果丞 4-819B
guǒchéng 果成 4-819A
guòchēng 過稱 10-973A
guòchéng 過承 10-963B
guòchéng 過程 10-970A
guòchèng 過稱 10-973A
guòchèng 過秤 10-966A
guóchǐ 國恥 3-639A
guǒchí 裹持 9-99B
guóchóu 國仇 3-632A
guóchóu 國讎 3-648A
guóchū 國初 3-635B
guóchǔ 國儲 3-647A
guòchù 過處 10-967A
guōchuāng 瘑瘡 8-332A
guǒchuāng 裹瘡 9-100B
guǒchuāng 裹創 9-100A
guòcī 過差 10-964B
guòcí 過詞 10-970B
guòcí 過辭 10-976A
guòcì 過次 10-959B
guòcǐ'érwǎng 過此而往 10-959A
guòcǐyǐwǎng 過此以往 10-959A
guǒcóng 裹從 9-100A
guòcóng 過從 10-968A
guócuì 國粹 3-645A
guòcún 過存 10-959A
guòcuò 過錯 10-974B
guōdā 摑搭 6-835A
guōdǎ 摑打 6-834B
guǒdá 果達 4-820B
guǒdài 裹帶 9-100A
guǒdǎng 果黨 4-822B
guòdāng 過當 10-971B
guòdàng 過當 10-971B
guódào 國道 3-642A
guǒdào 椁幬 4-1121A
guòdāo 過刀 10-955B
guòdào 過到 10-961B
guòdào 過道 10-970B
guòdàofēng 過道風 10-970B
guòdāoshān 過刀山 10-955B
guǒdé 果得 4-820B
guòde 過得 10-968A
guòdequ 過得去 10-968A
guòdequ 過的去 10-962A
guòdeyìng 過得硬 10-968A
guōdǐ 鍋底 11-1328B
guōdì 聒地 8-662B
guōdì 括地 6-562B
guódǐ 國邸 3-635A
guǒdí 果的 4-819B
guòdǐ 過抵 10-961A
guódiǎn 國典 3-636A
guòdiàn 過殿 10-972B
guòdiàn 過電 10-971B
guòdiànyǐng 過電影 10-971B
guōdǐfàn 鍋底飯 11-1328B
guōdǐqián 鍋底錢 11-1329A
guòdōng 過冬 10-959A
guòdòng 過動 10-967B
guòdōngzuòwù 過冬作物 10-959A
guódòu 國豆 3-635A
guòdǒu 過斗 10-957B
guōdū 嘓嘟 3-492A
guódū 國都 3-639A
guódù 國度 3-638A
guódù 國蠹 3-648A
guǒdù 裹肚 9-99A
guòdū 過都 10-965B
guòdù 過度 10-964A
guòdù 過渡 10-970B
guóduān 埻端 2-1130A
guǒduàn 果斷 4-822A
guòduān 過端 10-973B
guòduàn 過段 10-964A
guòdūlìkuài 過都歷塊 10-965B
guǒduò 果隋 4-820B
guòdùzhèngfǔ 過渡政府 10-970B
guó'é 國娥 3-640B
guó'è 國惡 3-641B
guò'è 過惡 10-969A
guó'ēn 國恩 3-639B
guō'ěr 聒耳 8-662B
guō'ěr 啯耳 3-328B
guō'ěr 括耳 6-562B
guǒ'er 果兒 4-819B
guǒ'ěr 果爾 4-821B
guǒ'ěr 果餌 4-821B
guò'er 過兒 10-962A
guò'ěr 過爾 10-973A
guò'ěrfeng 過耳風 10-959A
guó'érwàngjiā 國而忘家 3-633B
guó'ěrwàngjiā 國耳忘家 3-633B
guó'ěrwàngjiā 國爾忘家 3-644B
guófá 國伐 3-634A
guófǎ 國法 3-636B
guòfǎ 過法 10-962B
guǒfàn 裹飯 9-100A
guòfān 過番 10-970A
guòfàn 過犯 10-959A
guòfàn 過飯 10-970B
guōfáng 鍋房 11-1329A
guófáng 國防 3-634A
guòfáng 過防 10-960A
guòfáng 過房 10-962B
guòfǎng 過訪 10-968B
guófángjūn 國防軍 3-634B
guófángwénxué 國防文學 3-634B
guòfángzǐ 過房子 10-963A
guōfèi 過費 10-971A
guófèi 國費 3-642B
guǒfèi 裹費 9-100A
guófēn 國氛 3-636A
guòfèn 過分 10-957A
guòfèn 過份 10-959B
guófēng 國風 3-638A
guófèng 國奉 3-635B
guòfēng 過風 10-964B
guòféng 過逢 10-966A
guōfényáng 郭汾陽 10-648A
guǒfǒu 果否 4-819B
guōfú 郭郛 10-648A
guófú 國服 3-636A
guófú 馘俘 12-674B
guófǔ 國府 3-636B
guófǔ 國輔 3-644B
guófù 國訃 3-638A
guófù 國副 3-641A
guófù 國賦 3-645A
guǒfú 裹袱 9-100A
guǒfǔ 果脯 4-820B
guǒfù 果腹 4-821A
guǒfù 裹腹 9-100B
guòfú 過拂 10-961A
guòfù 過付 10-958B

guófùbīngqiáng 國富兵强 3-642A
guòfǔchōngzhōu 過府衝州 10-962B
guófūrén 國夫人 3-632A
guógàn 國幹 3-642B
guǒgān 果乾 4-820B
guǒgǎn 果敢 4-820B
guǒgàn 果幹 4-821A
guógāng 國綱 3-645A
guògāng 過剛 10-966A
guógāo 國高 3-639B
guógē 國歌 3-644B
guógé 國格 3-639A
guǒgé 裹革 9-99B
guògē 過割 10-971A
guògěi 過給 10-971A
guògēng 過更 10-960A
guōgōng 郭公 10-647B
guógōng 國工 3-631A
guógōng 國公 3-632A
guógōng 國功 3-632B
guógòng 國共 3-633B
guōgōngzhuān 郭公塼 10-647B
guōgōngzhuān 郭公磚 10-647B
guógǒu 國狗 3-636A
guógǔ 國穀 3-645A
guógù 國故 3-637A
guǒgǔ 果穀 4-821B
guǒguā 果瓜 4-819A
guóguān 國官 3-636B
guóguān 國冠 3-638B
guǒguān 果官 4-820A
guòguān 過官 10-962B
guòguān 過關 10-976A
guóguāng 國光 3-633B
guòguānqì 過關契 10-976A
guóguǐ 國軌 3-637A
guòguǐ 過軌 10-963B
guōguō 聒聒 8-663A
guōguō 嘓嘓 3-492A
guōguō 蟈蟈 8-957A
guōguō 咶咶 3-328B
guōguō 活活 5-1161B
guōguō 漷漷 6-124A
guōguō 轇轇 9-1312B
guóguó 瀰瀰 6-91A
guǒguǒ 果果 4-819B
guōguō'er 聒聒兒 8-663A
guóguófūrén 虢國夫人 8-850A
guōguōjiào 聒聒叫 8-663A
guōguōjiāojiāo 聒聒焦焦 8-663A
guóhài 國害 3-640A
guòhǎihéshang 過海和尚 10-966B
guǒhàn 果悍 4-820B
guóhào 國號 3-643A
guóhé 國貉 3-643B
guǒhé 果核 4-820A
guǒhé 果盒 4-820B
guǒhé 裹合 9-98B
guòhéchāiqiáo 過河拆橋 10-962B
guòhézúzi 過河卒子 10-962B
guǒhóu 裹餱 9-101A
guòhòu 過厚 10-963B
guòhòu 過後 10-964A
guòhòu 過候 10-966A
guǒhóuliáng 裹餱糧 9-101A
guōhù 鍋户 11-1328B
guóhù 國户 3-632B
guòhú 過斛 10-968A
guòhù 過户 10-957B
guóhuā 國花 3-634B
guóhuá 國華 3-639A
guóhuà 國化 3-632A
guóhuà 國畫 3-642A
guǒhuá 婐劃 4-370A
guòhuā 過化 10-957A
guòhuà 過化 10-957A
guòhuà 過話 10-972B
guòhuàcúnshén 過化存神 10-957A
guóhuàn 國宦 3-638B
guóhuàn 國患 3-641A
guòhuàn 過患 10-967B
guōhuī 鍋灰 11-1328B
guóhuī 國徽 3-647A
guóhuǐ 國毀 3-643A
guóhuì 國會 3-643A
guóhuì 國諱 3-646B
guǒhuì 果卉 4-819A
guòhuǐ 過悔 10-966B
guòhuì 過會 10-972B
guóhūn 國婚 3-641B
guóhún 國魂 3-642B
guóhùn 摑混 6-834B
guōhuǒ 鍋伙 11-1328B
guōhuǒ 鍋夥 11-1329A
guóhuǒ 國火 3-632B
guóhuò 國貨 3-641A
guóhuò 國禍 3-642A
guòhuó 過活 10-965A
guòhuǒ 過火 10-957B
guōjì 彍騎 4-161B
guójī 國基 3-640B
guójī 國畿 3-646A
guójī 國機 3-646A
guójí 國疾 3-640A
guójí 國籍 3-647B
guójì 國伎 3-634A
guójì 國忌 3-635B
guójì 國技 3-634B
guójì 國紀 3-638B
guójì 國計 3-638A
guójì 國記 3-639B
guójì 國際 3-643B
guǒjī 裹雞 9-101B
guòjī 過稽 10-974A
guòjī 過激 10-975A
guòjí 過極 10-969B
guòjí 過籍 10-976A
guòjì 過計 10-964A
guòjì 過跡 10-972A
guòjì 過蹟 10-975B
guòjì 過繼 10-976B
guójiā 國家 3-640A
guójià 國稼 3-645B
guǒjiá 裹夾 9-98B
guòjiā 過家 10-966B
guójiācáipàn 國家裁判 3-640A
guòjiājiā 過家家 10-966B
guójiājīguān 國家機關 3-640A
guōjiājīnxué 郭家金穴 10-648B
guójiājīqì 國家機器 3-640A
guójiān 國姦 3-638B
guójiān 國艱 3-646B
guójiǎn 國檢 3-647A
guǒjiàn 裹見 9-98B
guòjiàn 過見 10-960A
guójiàng 國將 3-641B
guǒjiàng 果醬 4-822A
guòjiāng 過江 10-959B
guòjiǎng 過獎 10-973B
guòjiāngpúyì 過江僕射 10-960A
guòjiāngzhījì 過江之鯽 10-959B
guōjiāo 郭椒 10-649A
guōjiào 聒叫 8-662B
guójiāo 國交 3-634A
guójiāo 國郊 3-636B
guójiào 國教 3-640B
guǒjiǎo 裹角 9-99A
guǒjiǎo 裹脚 9-100A
guǒjiǎo 裹腳 9-100B
guǒjiǎobù 裹脚布 9-100A
guǒjiǎotiáozi 裹脚條子 9-100A
guójiāzīběnzhǔyì 國家資本主義 3-640A
guójìcáipàn 國際裁判 3-644A
guōjídàiqī 郭伋待期 10-647B
guōjiè 痛疥 8-332A
guójié 馘截 12-674B
guójié 馘𢧵 12-674B
guójiè 國戒 3-634B
guójiè 國界 3-637B
guǒjiè 果介 4-819A
guòjiē 過接 10-967A
guòjié 過節 10-972A
guòjiè 過界 10-961B
guòjiēlǎoshǔ 過街老鼠 10-970A
guòjiēliù 過街溜 10-970A
guòjiēlóu 過街樓 10-970A
guòjiēmén 過街門 10-970A
guójì'értóngjié 國際兒童節 3-644A
guójìfǎ 國際法 3-644A
guójìfùnǚjié 國際婦女節 3-644A
guójìgē 國際歌 3-644A
guójìgōngfǎ 國際公法 3-643B
guójìgòngguǎn 國際共管 3-644A
guójìgōngzhì 國際公制 3-643B
guójìláodòngjié 國際勞動節 3-644A
guójìliánméng 國際聯盟 3-644A
guójìmínshēng 國計民生 3-638A
guōjīn 郭巾 10-647B
guójìn 國禁 3-643A
guǒjīn 裹金 9-99A
guǒjìn 果勁 4-820A
guòjǐn 過錦 10-975A
guòjìn 過勁 10-963B
guójīng 國經 3-644A
guójìng 國境 3-644B
guòjǐng 過景 10-969B
guòjìng 過境 10-973A
guōjǐngfēixiān 郭景飛仙 10-649A
guòjīngguòmài 過經過脉 10-973A
guòjīnguòmài 過筋過脉 10-970A
guójìsīfǎ 國際私法 3-644A
guójiù 國舅 3-643A
guójiù 國廐 3-642A
guǒjiǔ 果酒 4-820B
guǒjiù 果就 4-821A
guǒjiù 椁柩 4-1121A
guòjiǔ 過酒 10-966B
guòjiù 過咎 10-962A
guójìxiàngqí 國際象棋 3-644A
guójìxíngxiāng 國忌行香 3-635B
guójìyīnbiāo 國際音標 3-644A
guójìzhǔyì 國際主義 3-643B
guōjū 蝸疽 8-917A
guójǔ 國舉 3-646A
guójù 國具 3-636A
guòjū 過駒 10-973B
guòjú 過局 10-960B
guòjǔ 過舉 10-974B
guòjù 過句 10-958B
guójué 國爵 3-647A
guójué 國蹶 3-647B
guǒjué 果决 4-819B
guǒjué 果決 4-819B
guǒjué 果譎 4-822A
guòjué 過絶 10-971A
guōjùmái'ér 郭巨埋兒 10-647B
guójūn 國君 3-635B
guójūn 國均 3-634B
guójūn 國軍 3-638B
guójūn 國鈞 3-642A

guòjūn 過君 10-960B
guòjūn 過軍 10-965A
guòjūnbiǎo 過君表 10-960B
guòkàng 過亢 10-957B
guòkǎo 過考 10-959A
guókè 國客 3-638B
guókè 國課 3-645B
guòkè 過客 10-965A
guòkèlì 過客曆 10-965A
guōkǒu 渦口 5-1382A
guòkǒu 過口 10-955B
guókù 國庫 3-639B
guōkuài 鍋塊 11-1329A
guókuài 國會 3-643A
guòkuǎn 過款 10-969A
guōkuàngxué 郭況穴 10-648A
guōkuī 鍋盔 11-1329A
guōkuí 鍋魁 11-1329A
guókùquàn 國庫券 3-640A
guòlà 過臘 10-976A
guòlái 過來 10-961A
guòláiguòqù 過來過去 10-961B
guòláiguòwǎng 過來過往 10-961B
guòláirén 過來人 10-961B
guòlán 過藍 10-975A
guōláng 郭郎 10-648A
guōlángzǐ 郭郎子 10-648A
guóláo 國勞 3-642A
guólǎo 國老 3-633B
guǒlǎo 果老 4-819A
guòléi 過雷 10-971A
guòlèi 過累 10-967B
guòlemiàobùxiàyǔ 過了廟不下雨 10-955A
guōlǐ 郭李 10-648A
guōlì 括厲 6-563B
guólǐ 國禮 3-647A
guólì 國力 3-631A
guólì 國利 3-635A
guólì 國曆 3-646A
guólì ⿰身國⿰身歷 10-713A
guòlǐ 過禮 10-975B
guòlì 過立 10-959A
guòlì 過曆 10-974B
guōlián 鍋簾 11-1329B
guólián 國聯 3-646B
guǒlián 果匳 4-821B
guǒlián 裹帘 9-99B
guóliáng 國良 3-635A
guǒliáng 裹糧 9-101B
guòliáng 過梁 10-968B
guòliáng 過糧 10-975B
guòliàng 過量 10-969B
guǒliángzuòjiǎ 裹糧坐甲 9-101B
guóliè 摑裂 6-835A
guǒliè 果烈 4-820A
guólǐn 國廩 3-646B
guòlín 過臨 10-975B
guòlìn 過淋 10-968B
guólíng 國靈 3-648A
guólìng 國令 3-632B
guòlǐng 過領 10-973A
guòlínsuāngài 過磷酸鈣 10-975B
guǒliú 果騮 4-822B
guòlóng 過龍 10-975A
guólóu 蔮蓏 9-537B
guòlóu 過樓 10-973B
guōlú 鍋爐 11-1329B
guòlù 過露 10-976B
guòlù 過路 10-971B
guòlù 過録 10-975A
guōluàn 聒亂 8-663A
guóluàn 國亂 3-643B
guǒluàn 裹亂 9-100B
guòlùcáishén 過路財神 10-972A
guólùn 國論 3-645B
guòlùn 過論 10-974A
guǒluó 果蠃 4-822A
guǒluó 果蠃 4-822B
guǒluǒ 果蠃 4-822B
guǒluǒ 果蓏 4-821A
guǒluǒ 蜾蠃 8-915B
guòluó 過羅 10-976A
guōluòdài 郭洛帶 10-648A
guōlǚ 郭履 10-649A
guólǜ 國律 3-637B
guòlǚ 過旅 10-966B
guòlǜ 過濾 10-975B
guòlǜ 過律 10-964A
guòlǜ 過慮 10-973B
guòlǜzuǐ 過濾嘴 10-976A
guómǎ 國馬 3-639A
guǒmǎ 果馬 4-820A
guòmǎ 過馬 10-965A
guómài 國脉 3-638A
guómài 國脈 3-639B
guòmài 過脈 10-966A
guòmài 過賣 10-973B
guòmán 過瞞 10-974B
guòmán 過謾 10-975B
guòmǎo 過卯 10-958B
guòmǎtīng 過馬廳 10-965B
guóměi 國美 3-638A
guǒméihuā 裹梅花 9-100A
guōmén 郭門 10-648A
guōmén 鍋門 11-1329A
guómén 國門 3-636B
guòmén 過門 10-963A
guòménbùrù 過門不入 10-963A
guòmí 過迷 10-965A
guómín 國民 3-633A
guòmǐn 過敏 10-968A
guómíndǎng 國民黨 3-633A
guómìng 國命 3-636A
guòmíng 過名 10-959B
guòmìng 過命 10-962A
guómínjīngjì 國民經濟 3-633A
guómínshōurù 國民收入 3-633A
guómínxìng 國民性 3-633A
guòmiù 過謬 10-975B
guómó 國謨 3-647A
guǒmǒ 裹抹 9-99A
guòmó 過摩 10-974A
guòmò 過磨 10-975A
guómóu 國謀 3-646B
guòmóu 過謀 10-975A
guómǔ 國母 3-633A
guǒmù 果木 4-818B
guòmù 過目 10-958B
guòmùbùwàng 過目不忘 10-958B
guòmùchéngsòng 過目成誦 10-958B
guónàn 國難 3-647B
guōnáo 聒撓 8-663A
guōnáo 括撓 6-564A
guónéng 國能 3-640B
guònian 過年 10-959B
guōnóng 嘓噥 3-492B
guōnǔ 彍弩 4-161B
guónuó 國難 3-647B
guǒ'ǒu 果藕 4-822A
guòpāi 過拍 10-961A
guǒpán 果盤 4-821B
guǒpí 果皮 4-819A
guòpì 過辟 10-972B
guòpiàn 過片 10-957A
guǒpǐn 果品 4-820A
guòpìn 過聘 10-971A
guópòjiāwáng 國破家亡 3-639A
guòpòwǔ 過破五 10-965B
guōqì 聒氣 8-663A
guóqī 國戚 3-641A
guóqí 國棋 3-641B
guóqí 國旗 3-644B
guóqì 國器 3-646A
guòqī 過七 10-955A
guòqī 過期 10-969B
guòqì 過氣 10-966A
guōqiàn 郭塹 10-649A
guóqiān 國遷 3-645A
guòqiān 過僁 10-973A
guòqiān 過愆 10-972A
guòqiān 過諐 10-974A
guòqián 過錢 10-975A
guòqiǎn 過遣 10-971B
guòqiàn 過謙 10-975B
guòqiāng 過腔 10-970B
guōqiāngzi 鍋腔子 11-1329A
guóqiáo 國僑 3-644B
guòqiáo 過橋 10-974A
guòqiáochāiqiáo 過橋拆橋 10-974B
guòqiáochōubǎn 過橋抽板 10-974A
guòqiáojīn 過橋巾 10-974A
guǒqiě 果且 4-819A
guǒqiè 果切 4-819A
guòqiè 過切 10-956A
guōqíhuī 鍋臍灰 11-1329B
guóqīng 國卿 3-639B
guóqíng 國情 3-641A
guóqìng 國慶 3-645B
guòqíng 過情 10-968B
guóqìngjié 國慶節 3-645B
guóqìngrì 國慶日 3-645B
guòqiú 過求 10-960A
guòqǔ 過曲 10-959B
guòqù 過去 10-957B
guóquán 國權 3-648A
guòquē 過闕 10-976A
guòquè 過卻 10-964A
guōquè'er 郭雀兒 10-648B
guòqùfó 過去佛 10-958A
guòqùshēn 過去身 10-958A
guòqùshì 過去世 10-958A
guǒrán 果然 4-821A
guǒrán 猓然 5-77A
guǒrán 猓獥 5-77A
guōrǎo 聒擾 8-663B
guórén 國人 3-631A
guǒrén 果人 4-818A
guǒrén 果仁 4-819A
guòrén 過人 10-955A
guòrèn 過任 10-959B
guòrì 過日 10-956B
guòrìjiǎo 過日脚 10-956B
guòrìzi 過日子 10-956B
guóróng 國容 3-640A
guǒròu 果肉 4-819A
guǒrú 果茹 4-820A
guòrú 過如 10-960A
guòrǔ 過辱 10-965B
guóruì 國瑞 3-642B
guǒruì 果銳 4-821B
guǒruò 果若 4-819B
guósāng 國喪 3-641B
guósè 國色 3-634A
guósètiānxiāng 國色天香 3-634A
guòshā 過殺 10-966A
guòshāi 過篩 10-974B
guǒshàn 果膳 4-822A
guòshān 過山 10-955B
guóshāng 國殤 3-645A
guǒshāng 裹傷 9-100B
guòshǎng 過晌 10-966A
guòshānlóng 過山龍 10-955B
guòshānpào 過山炮 10-955B
guòshāntiào 過山跳 10-955B
guǒshāo 裹燒 9-101A
guóshè 國社 3-635A
guòshē 過奢 10-967A
guòshé 過舌 10-959B
guòshè 過社 10-960B
guòshè 過涉 10-966B
guōshēn 郭申 10-647B
guòshēn 過身 10-960B
guòshèn 過甚 10-963B
guóshēng 國甥 3-641B
guóshèng 國乘 3-639B
guòshēng 過聲 10-975A
guòshěng 過省 10-963B
guòshěng 過眚 10-966A
guòshèng 過剩 10-969B
guòshèng 過勝 10-970B

guòshēngrì 過生日 10-958B
guòshènqící 過甚其詞 10-963B
guòshènqící 過甚其辭 10-963B
guōshì 蟈氏 8-957A
guóshī 國師 3-639B
guóshǐ 國史 3-632B
guóshǐ 國使 3-636A
guóshì 國士 3-631A
guóshì 國式 3-633A
guóshì 國事 3-635B
guóshì 國是 3-637A
guóshì 國勢 3-642B
guǒshī 裹屍 9-99B
guǒshí 果食 4-820A
guǒshí 果實 4-821B
guǒshì 果是 4-820A
guǒshì 椁室 4-1121A
guòshī 過失 10-958B
guòshí 過時 10-965B
guòshí 過實 10-973B
guòshì 過世 10-958A
guòshì 過市 10-959A
guòshì 過式 10-959A
guòshì 過事 10-961A
guòshì 過逝 10-965B
guóshìfàn 國事犯 3-635B
guóshìfǎngwèn 國事訪問 3-635B
guóshǐguǎn 國史館 3-632B
guǒshīmǎgé 裹尸馬革 9-98B
guǒshīmǎgé 裹屍馬革 9-99B
guóshìwúshuāng 國士無雙 3-631B
guóshǒu 國手 3-632A
guóshǒu 摑手 6-834B
guǒshǒu 裹首 9-99B
guòshǒu 過手 10-957A
guòshǒuhuò 過手貨 10-957A
guōshù 郭術 10-648B
guóshū 國姝 3-638B
guóshū 國書 3-640B
guóshù 國術 3-641A
guǒshū 果疏 4-821A
guǒshū 果蔬 4-821B
guǒshù 果樹 4-822A
guǒshù 裹束 9-98B
guòshū 過書 10-966B
guǒshúdìluò 果熟蒂落 4-821B
guóshuì 國稅 3-641B
guòshuǐ 過水 10-956B
guòshuì 過稅 10-970A
guòshuǐmiàn 過水麵 10-956B
guōshùnshí 郭順時 10-649A
guósì 國祀 3-635B
guósì 國嗣 3-643A
guòsì 過嗣 10-972A
guósīkōng 國司空 3-633A
guòsòng 過送 10-964B
guósǒu 國叟 3-637B
guósú 國俗 3-637B
guósù 國粟 3-641B
guòsù 過宿 10-968B
guǒsuān 果酸 4-821B
guǒsuì 果遂 4-821A
guòsuì 過歲 10-971B
guòsǔn 過筍 10-970A
guōsuǒ 郭索 10-648B
guòsuǒ 過所 10-962A
guòsuǒ 過索 10-965B
guótà 摑榻 6-835A
guōtái 鍋臺 11-1329A
guótài 國太 3-632A
guòtái 過臺 10-973A
guōtàibēimíng 郭泰碑銘 10-648B
guōtàichuán 郭泰船 10-648B
guōtàijīn 郭泰巾 10-648A
guótàimín'ān 國泰民安 3-639A
guòtán 過談 10-974A
guótǎng 國帑 3-636B
guǒtáng 果糖 4-822A
guòtáng 過堂 10-967A
guòtángfēng 過堂風 10-967A
guòtángwū 過堂屋 10-967B
guótǎo 國討 3-639B
guǒtāo 果饕 4-822B
guòtào 過套 10-965B
guòtè 過慝 10-973A
guótǐ 國體 3-648A
guōtiān 聒天 8-662B
guòtiān 過天 10-955B
guōtiē 鍋貼 11-1329A
guòtiě 過鐵 10-976B
guōtiěliǎn 鍋鐵臉 11-1329B
guōtīng 聒廳 8-663B
guòtīng 過聽 10-976B
guòtīng 過廳 10-976B
guòtíng 過庭 10-964B
guòtíngzhīxùn 過庭之訓 10-964B
guòtíngzǐ 過庭子 10-964B
guótǒng 國統 3-642B
guótǒngqū 國統區 3-642B
guōtóu 鍋頭 11-1329A
guǒtóu 裹頭 9-100B
guòtóu 過頭 10-974B
guòtóuguǎizhàng 過頭拐杖 10-974B
guòtóuhuà 過頭話 10-974B
guǒtóunèirén 裹頭内人 9-101A
guǒtóurén 裹頭人 9-101A
guòtóuzhàng 過頭杖 10-974B
guòtóuzhǔzhàng 過頭拄杖 10-974B
guōtū 郭禿 10-648A
guótú 國塗 3-643B
guótú 國圖 3-644B
guótǔ 國土 3-631A
guòtúdàjué 過屠大嚼 10-969A
guǒtuǐ 裹腿 9-100B
guǒtuǐ 裹骽 9-101A
guòtúmén'érdàjué 過屠門而大嚼 10-969A
guōtuójī 鍋駝機 11-1329A
guówáng 國王 3-631B
guówǎng 國網 3-645A
guówàng 國望 3-641A
guòwǎng 過往 10-962A
guòwàng 過望 10-968B
guōwéi 郭圍 10-649A
guówēi 國危 3-634A
guówēi 國威 3-637A
guówéi 國維 3-645A
guówèi 國位 3-635A
guówèi 國尉 3-641A
guǒwèi 果位 4-819B
guòwéi 過爲 10-970B
guòwèi 過位 10-960B
guòwèi 過味 10-961B
guōwěigōng 郭隗宮 10-648B
guōwěijīn 郭隗金 10-648B
guōwěiqǐngshǐ 郭隗請始 10-649A
guōwěitái 郭隗臺 10-649A
guōwěizūn 郭隗尊 10-649A
guówén 國文 3-632A
guówén 國聞 3-645A
guòwén 過文 10-957B
guòwèn 過問 10-968B
guōwū 鍋屋 11-1329A
guówù 國務 3-640B
guòwū 過屋 10-965A
guòwǔ 過午 10-956B
guòwù 過物 10-961B
guòwù 過務 10-967A
guòwù 過悞 10-966B
guòwù 過晤 10-967B
guòwù 過誤 10-973A
guòwǔbùshí 過午不食 10-956B
guòwǔguān 過五關 10-955B
guòwǔguānzhǎnliùjiàng 過五關斬六將 10-956A
guówùqīng 國務卿 3-640B
guówùyuán 國務員 3-640B
guówùyuàn 國務院 3-640B
guóxǐ 國喜 3-641B
guóxǐ 國璽 3-647B
guǒxí 椁席 4-1121A
guòxì 過郤 10-964A
guòxì 過細 10-969A
guòxì 過隙 10-971B
guòxì 過隟 10-972B
guǒxiá 果俠 4-820A
guòxià 過夏 10-965B
guǒxiàmǎ 果下馬 4-818B
guóxiàn 國憲 3-646B
guòxiān 過先 10-959B
guòxiàn 過羨 10-972B
guǒxiànbǐng 果餡餅 4-822A
guǒxiàn'er 果餡兒 4-822A
guóxiāng 國香 3-637B
guóxiáng 國庠 3-638A
guóxiàng 國相 3-637A
guǒxiàniú 果下牛 4-818A
guóxiào 國孝 3-634B
guǒxiàzhīshèng 果下之乘 4-818A
guòxìbáijū 過隙白駒 10-971A
guóxié 國攜 3-647B
guǒxié 裹挾 9-99B
guǒxié 裹脅 9-99B
guǒxié 裹脇 9-99B
guōxìhóu 郭細侯 10-649A
guòxìjū 過隙駒 10-971A
guóxìn 國信 3-637B
guòxīn 過心 10-957B
guòxìn 過信 10-964A
guòxìn 過釁 10-976B
guóxíng 國刑 3-633A
guóxíng 國行 3-634A
guóxìng 國姓 3-636B
guǒxíng 果行 4-819A
guòxíng 過刑 10-959A
guòxíng 過行 10-959B
guòxíng 過形 10-960A
guòxǐng 過省 10-963B
guòxìng 過幸 10-961A
guòxìng 過倖 10-966A
guǒxíngxìnshǎng 果刑信賞 4-819A
guóxìngyé 國姓爺 3-636B
guǒxíngyùdé 果行育德 4-819A
guóxìnshǐ 國信使 3-637B
guòxiǔ 過宿 10-968B
guòxiǔzhài 過宿債 10-968B
guōxù 聒絮 8-663A
guōxù 咶絮 3-328B
guóxù 國恤 3-638B
guóxù 國婿 3-642B
guōxué 郭穴 10-648A
guóxué 國學 3-646A
guǒxuèlìzhàn 裹血力戰 9-98B
guóxuéshēng 國學生 3-646B
guóxūn 國勳 3-646A
guòyá 過涯 10-968B
guōyān 鍋烟 11-1329A
guóyán 國言 3-635A
guóyàn 國宴 3-640A
guóyàn 國豔 3-648A
guǒyàn 果驗 4-822B
guòyán 過言 10-960B
guòyǎn 過眼 10-967B
guòyǎng 過養 10-973B
guòyǎnyānyún 過眼烟雲 10-967B
guòyǎnyānyún 過眼煙雲 10-967B
guòyǎnyúnyān 過眼雲烟 10-967B
guòyǎnyúnyān 過眼雲煙 10-967B
guóyāo 國妖 3-635B
guóyào 國要 3-637A
guǒyāo 裹腰 9-100B
guǒyào 裹藥 9-101A
guǒyē 裹掖 9-99B

guòyè 過夜 10-962A
guòyè 過謁 10-975A
guōyì 郭邑 10-648A
guóyī 國醫 3-647A
guóyí 國儀 3-645B
guóyí 國彝 3-646B
guóyí 國彝 3-647B
guóyì 國邑 3-635A
guóyì 國議 3-647B
guǒyì 果意 4-821A
guǒyì 果毅 4-821B
guǒyì 果藝 4-822A
guòyǐ 過以 10-957B
guòyì 過軼 10-969B
guòyì 過意 10-972B
guòyì 過翼 10-975B
guòyìbùqù 過意不去
10-972B
guóyīn 國姻 3-638B
guóyīn 國音 3-638A
guóyīn 國陰 3-640B
guóyìn 國胤 3-638A
guòyīn 過陰 10-966B
guòyǐn 過飲 10-970B
guòyǐn 過癮 10-976B
guóyíng 國營 3-646B
guòyìng 過硬 10-969B
guóyíngjīngjì 國營經濟
3-646B
guòyīnrén 過陰人 10-966B
guòyíshìshì 過頤豕視
10-974A
guòyízhuōshì 過顊涿視
10-973A
guóyòng 國用 3-632B
guǒyǒng 果勇 4-820A
guòyòng 過用 10-958B
guóyōu 國憂 3-645A
guóyóu 國猷 3-643B
guóyǒu 國有 3-633B
guòyōu 過憂 10-973B
guòyóu 過尤 10-956A
guòyóubùjí 過猶不及
10-970B
guóyǒuhuà 國有化 3-633B
guóyǒuzhì 國有制 3-633B
guōyú 過逾 10-970A
guóyǔ 國語 3-644B
guóyù 國獄 3-644B
guòyú 過於 10-962B
guòyú 過餘 10-974A
guòyǔ 過與 10-972A
guòyǔ 過語 10-973A
guòyù 過遇 10-969B
guòyù 過譽 10-976B
guǒyuán 果園 4-821A
guóyuè 國樂 3-645B
guòyuè 過月 10-957A
guòyuè 過越 10-969A
guóyùn 國運 3-642A
guòyún 過雲 10-969B
guòyúnyǔ 過雲雨 10-969B
guōzā 嘓咂 3-492A
guòzài 過載 10-971A
guózàng 國葬 3-641B
guōzào 聒噪 8-663A
guōzào 鍋竈 11-1329B
guōzào 唔噪 3-328B
guǒzào 果躁 4-822B
guòzǎo 過早 10-959B
guózé 國澤 3-646B
guòzé 過則 10-963B
guózéi 國賊 3-643A
guǒzhǎ 裹鮓 9-101A
guózhái 國宅 3-634A
guózhài 國債 3-643A
guōzhǎn 蟈蟾 10-713A
guòzhǎn 過盞 10-971B
guòzhǎn 過醆 10-973B
guòzhàn 過站 10-966A
guōzhàng 聒帳 8-663A
guózhāng 國章 3-641A
guózhàng 國丈 3-631B
guózhàng 國仗 3-632B
guòzhàng 過賬 10-974A
guōzhào 嘓啅 3-492A
guǒzhǎtiě 裹鮓帖 9-101A
guózhē 國奢 3-642A
guǒzhè 果蔗 4-821B
guòzhé 過適 10-973B
guòzhé 過謫 10-975B
guózhēn 國楨 3-642B
guózhēn 國禎 3-643B
guǒzhēn 果真 4-820A
guózhēng 國正 3-632B
guózhèng 國政 3-637A
guǒzhēng 裹蒸 9-100B
guǒzhèng 果證 4-822A
guòzhèng 過正 10-957B
guòzhèng 過政 10-963A
guózhí 國職 3-647A
guózhì 國志 3-634B
guózhì 國制 3-636A
guǒzhī 果汁 4-819A
guǒzhī 果枝 4-819B
guǒzhǐ 果只 4-819A
guǒzhī 輠脂 9-1287A
guǒzhí 果直 4-819B
guǒzhì 果志 4-819B
guòzhī 過支 10-956A
guòzhí 過直 10-961A
guòzhì 過知 10-961B
guòzhì 過制 10-961B
guózhōng 國中 3-632A
guózhòng 國重 3-637B
guózhòng 國衆 3-642A
guòzhōng 過中 10-956B
guòzhòng 過重 10-964A
guòzhōngbùshí 過中不食
10-956B
guōzhōu 郭舟 10-648A
guózhòu 國冑 3-637A
guǒzhōu 果粥 4-821A
guózhǔ 國主 3-633A
guòzhū 過朱 10-959B
guòzhū 過硃 10-967A
guǒzhuàn 果饌 4-822B
guòzhuàng 過狀 10-963A
guózhǔn 國準 3-643B
guǒzhuō 果桌 4-820A
guōzi 鍋子 11-1328B
guózǐ 國子 3-631B
guózì 國字 3-634A
guǒzi 果子 4-818B
guǒzi 餜子 12-563A
guòzi 過子 10-955B
guǒzihuā 果子花 4-818B
guózǐjiàn 國子監 3-631B
guǒzijiàng 果子醬 4-818B
guózǐjìjiǔ 國子祭酒
3-631B
guǒzijiǔ 果子酒 4-818B
guǒzijú 果子局 4-818B
guǒzilí 果子狸 4-818B
guǒzilù 果子露 4-818B
guózǐxué 國子學 3-631B
guòzòng 過縱 10-975B
guózū 國租 3-639B
guózú 國族 3-641A
guǒzú 果足 4-819B
guǒzú 裹足 9-98B
guòzú 過足 10-960A
guǒzúbù 裹足布 9-99A
guǒzúbùqián 裹足不前
9-99A
guòzuǐ 過嘴 10-974B
guòzuì 過罪 10-972A
guózuò 國祚 3-638B
gǔpá 穀杷 6-1505B
gǔpāi 鼓拍 12-1389A
gǔpái 骨牌 12-400A
gǔpáidèng 骨牌凳 12-400B
gǔpán 鼓盤 12-1395B
gùpàn 顧盼 12-362A
gùpàn 顧眄 12-362A
gùpànduōzī 顧盼多姿
12-362B
gùpànshénfēi 顧盼神飛
12-362B
gùpànshēnghuī 顧盼生輝
12-362A
gùpànshēngzī 顧盼生姿
12-362A
gùpànzìháo 顧盼自豪
12-362B
gùpànzìxióng 顧盼自雄
12-362A
gǔpáo 鼓鞄 12-1394A
gǔpào 鈷炮 11-1227A
gūpèi 孤轡 4-231A
gǔpèi 鼓旆 12-1391A
gǔpén 骨盆 12-398A
gǔpén 鼓盆 12-1390A
gūpéng 孤蓬 4-225A
gūpéng 孤篷 4-228A
gǔpéngpéng 鼓蓬蓬
12-1393A
gǔpénzhīqī 鼓盆之戚
12-1390A
gūpǐ 孤癖 4-229B
gūpì 孤僻 4-227B
gǔpí 鼓鞞 12-1396A
gǔpí 鼓鼙 12-1397B
gǔpí 穀皮 6-1504A
gǔpì 古僻 3-27B
gùpì 痼癖 8-332A
gūpiāo 孤飄 4-230A
gǔpiào 股票 6-1185B
gǔpíjīn 穀皮巾 6-1504A
gūpín 孤貧 4-222B
gūpín 孤顰 4-231A
gǔpìn 谷牝 10-1317B
gūpíng 估評 1-1225A
gūpíng 孤平 4-214A
gǔpízhǐ 穀皮紙 6-1504A
gūpó 姑婆 4-317A
gūpú 菰蒲 9-454A
gǔpǔ 古朴 3-20A
gǔpǔ 古樸 3-28A
gūqī 孤恓 4-220A
gūqī 孤凄 4-221B
gūqī 孤悽 4-223A
gūqī 孤棲 4-223A
gūqì 呱泣 3-280A
gǔqī 賈欺 10-193B
gǔqí 瞽騎 9-1314A
gǔqí 轂騎 6-1510B
gǔqí 鼓旗 12-1394B
gǔqí 鼓鬐 12-1397A
gǔqí 鼓鰭 12-1397B
gǔqí 賈奇 10-192A
gǔqì 古氣 3-24A
gǔqì 古器 3-28A
gǔqì 谷氣 10-1318A
gǔqì 骨氣 12-399A
gǔqì 鼓氣 12-1391A
gǔqì 穀氣 6-1506B
gǔqì 蠱氣 8-1000A
gùqī 故妻 5-432A
gùqī 故棲 5-434B
gùqì 故器 5-437A
gǔqià 鼓洽 12-1390A
gūqiān 孤騫 4-230A
gūqiān 觚簽 8-1207A
gūqiàn 觚槧 10-1357B
gǔqián 古錢 3-28B
gǔqiàn 穀嗛 6-1507A
gùqiān 顧愆 12-364B
gùqiánbùgùhòu
顧前不顧後 12-362B
gūqiāo 孤悄 4-221B
gūqiáo 孤嶠 4-227B
gūqiào 孤峭 4-221A
gǔqiào 古峭 3-24A
gǔqiào 骨竅 12-403A
gūqiě 姑且 4-315B
gūqiè 孤妾 4-218B
gūqiè 孤怯 4-219A
gǔqiè 鼓篋 12-1395A
gùqiě 固且 3-625B
gūqīn 孤衾 4-221B
gūqín 孤琴 4-223A
gūqín 孤禽 4-224A
gūqǐn 孤寢 4-226B
gǔqín 古琴 3-25A
gǔqín 鼓琴 12-1392A

gùqín 故琴 5-435A
gùqǐn 錮寢 11-1326B
gūqīng 孤卿 4-221B
gūqīng 孤清 4-223A
gūqíng 孤檠 4-228A
gǔqīng 骨清 12-399B
gùqíng 故情 5-435A
gùqǐng 僱請 1-1686B
gùqìng 雇倩 11-834B
gùqìng 僱倩 1-1686A
gùqìng 顧倩 12-363A
gūqióng 孤嫏 4-224B
gūqióng 孤笻 4-222B
gūqióng 孤惸 4-224A
gūqióng 孤煢 4-225B
gūqióng 孤窮 4-228A
gùqióng 固窮 3-627B
gùqiū 故丘 5-429B
gùqiū 故邱 5-431B
gǔqíxiāngdāng 鼓旗相當 12-1394B
gǔqū 賈區 10-193A
gǔqǔ 鼓曲 12-1387A
gǔqù 古趣 3-27A
gùqú 故蕖 5-436B
gùqǔ 故曲 5-430B
gùqǔ 顧曲 12-360A
gùqù 故去 5-429B
gǔquán 谷泉 10-1318A
gǔquǎn 穀犬 6-1505A
gǔquàn 鼓勸 12-1396B
gùquán 顧全 12-360B
gùquàn 故券 5-432B
gùquàn 顧券 12-361B
gùquǎnbǔláo 顧犬補牢 12-359B
gùquándàjú 顧全大局 12-360B
gūquè 辜擢 11-481B
gūquè 辜搉 11-481A
gūquè 辜榷 11-481B
gūquè 酤榷 9-1399B
gǔquè 古愨 3-27A
gùqǔzhōuláng 顧曲周郎 12-360A
gǔrán 鼓髯 12-1395A
gùrán 固然 3-627A
gùrán 故然 5-435B
gùrǎng 故壤 5-438A
gùràng 固讓 3-628A
gùràng 顧讓 12-366B
gǔráo 鼓橈 12-1396A
gūrén 估人 1-1224B
gūrén 孤人 4-213A
gūrén 辜人 11-481A
gǔrén 古人 3-18B
gǔrén 鼓人 12-1386A
gǔrén 穀人 6-1505A
gǔrén 瞽人 7-1258B
gǔrén 賈人 10-191A
gùrén 故人 5-429A
gǔrì 古馹 3-26B
gǔrì 穀日 6-1505A
gūróng 姑容 4-317A
gūróng 菅蓉 9-472A
gǔròu 骨肉 12-396B
gǔròuqīn 骨肉親 12-396B
gǔròuwèihán 骨肉未寒 12-396B
gǔròuxiāngcán 骨肉相殘 12-396B
gǔròuxiānglián 骨肉相連 12-396B
gūrú 孤孺 4-229A
gǔrù 穀入 6-1505A
gǔruǎnjīnmá 骨軟觔麻 12-399A
gǔruǎnjīnmá 骨軟筋麻 12-399B
gǔruǎnjīnsū 骨軟筋酥 12-399B
gǔruǎnròusū 骨軟肉酥 12-399A
gūruì 孤銳 4-227B
gǔrùn 鼓潤 12-1395B
gūruò 孤弱 4-222A
gùruòjīntāng 固若金湯 3-626A
gùrùrénzuì 故入人罪 5-429A
gǔsāi 鼓鰓 12-1397A
gùsài 固塞 3-627A
gùsài 故塞 5-436A
gùsānbùgùsì 顧三不顧四 12-359B
gǔsāng 穀桑 6-1504A
gǔsǎng 鼓顙 12-1397A
gǔsàng 汩喪 5-965A
gǔsàng 蠱喪 8-1000A
gūsǎo 姑嫂 4-317B
gūsè 孤塞 4-226A
gǔsè 古色 3-20B
gǔsè 古澀 3-27A
gǔsè 古澁 3-29A
gǔsè 鼓瑟 12-1393A
gǔsè 穀色 6-1505B
gùsè 固塞 3-627A
gùsè 固色 3-626A
gùsè 錮塞 11-1326A
gǔsègǔxiāng 古色古香 3-20B
gǔshā 蠱殺 8-1000A
gǔshà 鼓箑 12-1394B
gùshā 故殺 5-433B
gùshālín 固沙林 3-626A
gūshān 姑山 4-315A
gūshān 孤山 4-213A
gǔshān 鼓煽 12-1395A
gǔshān 鼓扇 12-1391A
gǔshàn 骨扇 12-399A
gǔshàn 鼓扇 12-1391A
gùshān 固山 3-625B
gùshān 故山 5-429B
gùshān 雇山 11-834A
gùshàn 顧贍 12-366A
gūshānchǔshì 孤山處士 4-213B
gūshāng 孤傷 4-225B
gūshǎng 孤賞 4-227A
gūshàng 孤上 4-213A
gǔshāng 賈商 10-193A
gùshàng 故尚 5-432A
gūshānhè 孤山鶴 4-213B
gùshānqián 顧山錢 12-359B
gūshānsì 孤山寺 4-213A
gǔshānyàn 谷山硯 10-1317B
gūshào 孤劭 4-217B
gūshào 孤卲 4-217B
gūshè 辜射 11-481A
gǔshé 鼓舌 12-1387A
gūshēn 孤身 4-217A
gǔshēn 骨身 12-397B
gǔshén 谷神 10-1318A
gùshēn 錮身 11-1325B
gùshēn 顧身 12-360B
gūshēng 孤生 4-214B
gūshēng 孤甥 4-223B
gūshèng 孤勝 4-224A
gūshèng 孤聖 4-225A
gǔshèng 鼓盛 12-1391B
gǔshēngdài 古生代 3-19B
gǔshēngwù 古生物 3-20A
gùshènqící 故甚其詞 5-432B
gūshēnzhīyǐng 孤身隻影 4-217A
gǔshéxiānhuáng 鼓舌掀簧 12-1387A
gǔshéyángchún 鼓舌揚脣 12-1387B
gǔshéyáochún 鼓舌搖脣 12-1387B
gūshī 姑師 4-317A
gūshī 罛師 8-1020B
gūshī 蛄螄 8-874A
gūshì 估市 1-1224B
gūshì 孤士 4-213A
gǔshi 骨殖 12-400A
gǔshī 古詩 3-26A
gǔshī 罟師 8-1020A
gǔshī 鼓師 12-1391A
gǔshī 瞽師 7-1259A
gǔshī 蠱師 8-1000A
gǔshī 賈師 10-193A
gǔshí 古時 3-24A
gǔshí 骨拾 12-398A
gǔshí 鼓石 12-1386B
gǔshí 穀實 6-1504A
gǔshí 穀食 6-1506A
gǔshí 穀實 6-1507A
gǔshí 蠱蝕 8-1000B
gǔshǐ 古始 3-23A
gǔshǐ 鼓史 12-1387A
gǔshǐ 瞽史 7-1258B
gǔshì 古式 3-20A
gǔshì 古事 3-21B
gǔshì 詁釋 11-95A
gǔshì 鼓室 12-1390B
gǔshì 穀士 6-1505A
gǔshì 蠱事 8-999B
gǔshì 賈市 10-191B
gǔshì 苦事 9-320A
gùshī 故失 5-429B
gùshí 固實 3-627B
gùshí 故實 5-436B
gùshí 故識 5-437B
gùshì 故世 5-429B
gùshì 故式 5-430A
gùshì 故事 5-432A
gùshì 顧視 12-363B
gùshì 顧諟 12-365B
gùshipiān 故事片 5-432A
gùshishī 故事詩 5-432A
gǔshixiá 骨殖匣 12-400A
gùshiyǐngpiān 故事影片 5-432A
gūshǒu 菰首 9-454A
gūshòu 孤獸 4-229B
gūshòu 沽售 5-1052B
gǔshǒu 鼓手 12-1386B
gǔshòu 賈售 10-193A
gùshǒu 固守 3-626A
gǔshòurúchái 骨瘦如柴 12-401B
gǔshòurúchái 骨瘦如豺 12-401B
gǔshòuxíngxiāo 骨瘦形銷 12-401B
gūshù 姑恕 4-317A
gūshù 孤戍 4-215B
gǔshū 古書 3-24B
gǔshū 鼓書 12-1391B
gǔshù 古戍 3-20A
gǔshù 汩潄 5-965B
gǔshù 蠱術 8-1000A
gǔshù 賈豎 10-193B
gǔshù 賈豎 10-194A
gùshū 故書 5-434A
gùshū 故疏 5-435B
gùshù 錮束 11-1325B
gǔshuài 鼓率 12-1392A
gūshuāng 孤霜 4-229A
gūshuāng 孤孀 4-230A
gūshuì 估稅 1-1225A
gǔshuǐ 谷水 10-1317B
gùshuǐ 祻水 7-934B
gūshuō 孤說 4-226B
gǔshuō 鼓說 12-1394B
gǔshuō 瞽說 7-1259B
gūshútíng 姑熟亭 4-318A
gūsì 孤寺 4-215A
gūsì 孤嗣 4-225A
gūsì 酤肆 9-1399B
gǔsī 鼓司 12-1387A
gǔsì 賈肆 10-193B
gùsī 顧私 12-360B
gùsī 顧思 12-362B
gùsì 故祀 5-431B
gǔsīluó 唃廝囉 3-365A
gǔsīluó 唃廝羅 3-365A
gūsōng 孤松 4-218A
gūsǒng 孤竦 4-224B
gūsǒng 孤聳 4-229A
gǔsǒng 鼓竦 12-1393A
gùsòng 錮送 11-1326A
gǔsǒu 瞽叟 7-1259A

gǔsǒu 瞽瞍 7-1259B
gùsǒu 故藪 5-437B
gūsū 姑蘇 4-318A
gǔsū 骨蘇 12-403A
gǔsù 穀粟 6-1506B
gùsú 故俗 5-432B
gùsù 故粟 5-435B
gūsuàn 估算 1-1225A
gǔsuǐ 骨髓 12-403A
gùsuì 故歲 5-435B
gǔsuìbǔ 骨碎補 12-400B
gǔsūn 古孫 3-24B
gūsūtái 姑蘇臺 4-318A
gǔtài 古態 3-27A
gǔtài 鼓汰 12-1389A
gùtài 固態 3-627B
gùtài 故態 5-436B
gùtàifùhuán 故態復還 5-437A
gùtàifùméng 故態復萌 5-437A
gūtàitai 姑太太 4-315B
gūtán 觚壇 10-1357B
gǔtán 鼓彈 12-1395B
gǔtán 鼓談 12-1395B
gǔtán 瞽談 7-1259B
gǔtàn 骨炭 12-398A
gùtàn 顧歎 12-365A
gǔtáo 鼓鞉 12-1395A
gùtào 故套 5-433B
gūtè 孤特 4-221A
gǔtè 蠱慝 8-1000B
gǔténgròufēi 骨騰肉飛 12-403A
gūtí 呱啼 3-280A
gǔtí 鶻踶 12-1134B
gǔtǐ 古體 3-29B
gǔtǐ 骨體 12-403B
gùtǐ 固體 3-628A
gùtì 僱替 1-1686B
gǔtián 谷田 10-1317B
gǔtián 穀田 6-1505B
gǔtián 賈田 10-191B
gùtiān 顧天 12-359B
gǔtiào 穀糶 6-1507B
gùtiào 顧眺 12-363B
gǔtiě 古鐵 3-29B
gùtiè 故帖 5-432A
gūtíng 孤亭 4-220A
gūtǐng 孤挺 4-219A
gūtǐng 孤艇 4-224A
gǔtǐshī 古體詩 3-29B
gūtóng 孤桐 4-220B
gūtóng 孤童 4-224A
gūtǒng 箍桶 8-1186A
gǔtóng 古銅 3-26B
gǔtóngsè 古銅色 3-26B
gǔtóu 骨頭 12-402A
gùtóubùgùwěi 顧頭不顧尾 12-365B
gǔtóugǔnǎo 骨頭骨腦 12-402A
gǔtóujiàzi 骨頭架子 12-402A
gǔtóujié'er 骨頭節兒 12-402A
gūtū 孤突 4-220A
gūtū 蓇葖 9-472A
gūtū 嗗突 3-428A
gūtú 孤屠 4-223A
gūtú 孤塗 4-226A
gǔtū 骨突 12-398A
gǔtū 鼓凸 12-1386B
gǔtú 榾椞 4-1179B
gǔtǔ 穀土 6-1505A
gùtǔ 古土 3-18B
gùtǔ 故土 5-429A
gùtù 顧兔 12-361A
gùtù 顧菟 12-363B
gǔtuān 鼓湍 12-1393A
gǔtuì 鼓退 12-1390B
gūtún 孤豚 4-222B
gūtún 孤㹠 4-217A
gūtún 胍肫 6-1235A
gūtúnfǔshǔ 孤豚腐鼠 4-222B
gǔtuō 骨托 12-396A
gǔtuó 鼓橐 12-1396A
gǔtuò 鼓柝 12-1390A
gùtuō 僱託 1-1686B
gùtuō 顧托 12-360A
gùtuō 顧託 12-363A
gūtūtū 骨突突 12-398A
gǔtūtū 古突突 3-24A
gǔtūxī 骨突犀 12-398A
gǔtūzǐ 骨突子 12-398A
gūwài 孤外 4-214B
gǔwán 古丸 3-18B
gǔwán 古玩 3-21A
gǔwǎn 轂綰 6-1510A
gǔwàn 鼓腕 12-1392B
gūwǎng 孤往 4-218B
gǔwáng 谷王 10-1317B
gǔwǎng 古往 3-22A
gǔwǎng 罟網 8-1020A
gǔwàng 瞽妄 7-1259A
gùwáng 梏亡 4-1040A
gùwáng 牿亡 6-269A
gùwàng 顧望 12-363B
gǔwǎngjīnlái 古往今來 3-22A
gūwàngtīngzhī 姑妄聽之 4-316A
gūwàngyánzhī 姑妄言之 4-316A
gūwēi 孤危 4-216B
gūwēi 孤微 4-225B
gūwéi 孤幃 4-223B
gūwéi 箍圍 8-1186B
gǔwěi 鼓尾 12-1389A
gǔwěi 蠱尾 8-999B
gǔwěi 蠱僞 8-1000B
gǔwěi 苦僞 9-323B
gǔwèi 古味 3-22A
gùwěi 牿委 6-269A
gùwèi 固位 3-626A
gùwèi 顧畏 12-362B
gǔwèijīnyòng 古爲今用 3-25B
gūwén 箍紋 8-1186A
gūwěn 孤穩 4-230A
gǔwén 古文 3-19A
gǔwěn 鼓吻 12-1388A
gùwèn 顧問 12-364A
gūwénduànjù 孤文斷句 4-214A
gǔwěnfènzhǎo 鼓吻奮爪 12-1388A
gūwēng 姑翁 4-317A
gūwēng 家翁 3-1470B
gǔwénjiā 古文家 3-19B
gǔwénjīng 古文經 3-19B
gǔwénjīngxué 古文經學 3-19B
gǔwěnnòngshé 鼓吻弄舌 12-1388A
gūwénzhīyì 孤文隻義 4-214A
gùwǒ 故我 5-431B
gū'wù 姑惡 4-317B
gūwù 孤鶩 4-230B
gǔwǔ 鼓舞 12-1394A
gǔwù 古物 3-22A
gǔwù 鼓物 12-1389B
gǔwù 穀物 6-1506A
gǔwù 賈物 10-192A
gùwú 故吾 5-431A
gùwù 故物 5-432A
gùwù 故誤 5-436B
gǔwǔhuānxīn 鼓舞歡忻 12-1394B
gǔwǔhuānxīn 鼓舞歡欣 12-1394B
gǔwǔjì 鼓舞伎 12-1394B
gǔwǔqǔ 鼓舞曲 12-1394B
gūxī 姑息 4-316B
gūxí 姑媳 4-317B
gūxí 鴣鳛 12-1076A
gǔxī 古希 3-21A
gǔxī 古昔 3-21B
gǔxī 古稀 3-25B
gǔxī 股息 6-1185B
gǔxī 牯犀 6-257B
gǔxī 賈息 10-192B
gǔxī 古鉨 3-26A
gùxī 故蹊 5-437B
gùxī 顧息 12-363A
gùxī 顧惜 12-363B
gùxī 顧錫 12-365B
gùxí 故習 5-435A
gùxí 痼習 8-332A
gùxí 錮習 11-1326A
gǔxiá 骨匣 12-397A
gǔxià 轂下 6-1509B
gǔxià 古假 3-25A
gǔxià 鼓下 12-1386A
gūxiān 孤騫 4-230B
gūxiǎn 姑洗 4-316B
gūxiǎn 沽洗 5-1052A
gūxiàn 辜限 11-481A
gǔxiān 古先 3-20B
gǔxiān 穀僊 6-1507A
gǔxián 古賢 3-27A
gǔxiǎn 鼓險 12-1395B
gǔxiàn 古憲 3-28B
gùxián 故銜 5-436B
gǔxiāng 古香 3-23A
gǔxiǎng 谷響 10-1319A
gǔxiǎng 鼓響 12-1397A
gǔxiàng 骨相 12-398A
gǔxiàng 骨象 12-399B
gǔxiàng 骨像 12-401A
gùxiāng 故鄉 5-435A
gùxiǎng 顧享 12-361B
gùxiàng 固項 3-627A
gǔxiāngduàn 古香緞 3-23A
gǔxiānshēng 古先生 3-20B
gūxiǎo 孤篠 4-228A
gǔxiāo 鼓簫 12-1397A
gùxiào 顧笑 12-363A
gùxiào 顧傚 12-364B
gùxiǎoshīdà 顧小失大 12-359B
gǔxié 鼓脅 12-1391B
gǔxié 鼓脇 12-1391A
gǔxiè 鼓瀉 12-1396B
gùxiē 故歇 5-436A
gùxiè 固謝 3-627B
gùxiè 故榭 5-436B
gùxiè 顧謝 12-366A
gūxīn 孤心 4-214A
gǔxīn 古心 3-19B
gǔxìn 賈釁 10-194A
gùxīn 故心 5-429B
gùxīn 顧心 12-360A
gūxīng 孤星 4-219B
gūxíng 孤行 4-216A
gūxìng 孤興 4-228A
gǔxíng 谷行 10-1317B
gǔxíng 鼓行 12-1387B
gǔxìng 古興 3-28A
gùxíng 故刑 5-430A
gùxíng 故行 5-430B
gùxíng 顧行 12-360A
gùxǐng 顧省 12-361B
gūxíngdiàoyǐng 孤形吊影 4-216B
gūxíngyīyì 孤行一意 4-216A
gǔxīnsàngzhì 蠱心喪志 8-999B
gūxiù 孤秀 4-217A
gǔxiǔ 骨朽 12-396A
gùxiù 顧繡 12-366A
gūxīyǎngjiān 姑息養奸 4-316B
gūxū 姑胥 4-316B
gūxū 孤虛 4-222A
gūxū 沽虛 5-1052B
gūxū 姑墟 4-317A
gùxū 故墟 5-436A
gùxù 故絮 5-435B
gùxù 顧卹 12-361A
gùxù 顧恤 12-362B
gūxuán 孤懸 4-230A
gūxuàn 估衒 1-1224B

gǔxuàn 鼓眩 12-1391A
gǔxuàn 賈衒 10-193A
gūxuánfújì 孤懸浮寄 4-230A
gūxuánkèjì 孤懸客寄 4-230A
gūxuē 孤削 4-219B
gūxué 孤學 4-228A
gǔxué 古學 3-28A
gǔxué 骨學 12-402B
gǔxuě 古雪 3-24B
gǔxuè 骨血 12-396B
gūxuézhuìxù 孤學墜緒 4-228A
gūxùn 姑徇 4-316A
gǔxùn 古訓 3-24A
gǔxùn 詁訓 11-94B
gùxūn 顧勳 12-365B
gùxún 顧循 12-364B
gùxùn 故訓 5-434A
gǔxùnxué 詁訓學 11-95A
gūxūtái 姑胥臺 4-316B
gǔyá 穀牙 6-1505A
gǔyá 穀芽 6-1505B
gǔyǎ 古雅 3-25B
gūyān 孤煙 4-225B
gūyán 孤妍 4-217B
gūyǎn 姑衍 4-316A
gūyàn 孤雁 4-223A
gūyàn 孤鴈 4-227A
gūyàn 孤豔 4-231A
gǔyān 汩湮 5-965A
gǔyán 鼓延 12-1387B
gǔyán 鼓嚴 12-1396B
gǔyán 鹽鹽 7-1475B
gǔyán 瞽言 7-1259A
gǔyán 苦鹽 9-325A
gǔyàn 古諺 3-28B
gǔyàn 古艷 3-30A
gǔyàn 古豔 3-30A
gǔyàn 蠱厭 8-1000B
gùyán 顧言 12-360B
gǔyāng 賈殃 10-192A
gǔyáng 轂陽 6-1510A
gùyǎng 顧養 12-365A
gǔyǎnnǔjīng 鼓眼努睛 12-1391B
gǔyányán 骨岩岩 12-397B
gǔyányán 骨嵒嵒 12-400A
gūyáo 姑媱 4-317B
gūyáo 姑瑶 4-317B
gǔyāo 鼓妖 12-1389A
gùyāo 固要 3-626B
gǔyāyá 古押衙 3-21A
gǔyáyá 骨崖崖 12-399B
gūye 姑爺 4-317B
gūyé 姑爺 4-317B
gūyě 孤野 4-222B
gūyè 姑射 4-316B
gǔyě 古冶 3-21A
gǔyě 鼓冶 12-1389A
gǔyè 賈業 10-193B
gùyè 故葉 5-435A
gùyè 故業 5-435B
gǔyězǐ 古冶子 3-21A
gūyí 孤夷 4-215B
gūyí 孤遺 4-227B
gūyì 孤逸 4-222B
gūyì 孤裔 4-225B
gūyì 孤詣 4-225B
gūyì 孤驛 4-231A
gǔyí 古儀 3-27B
gǔyí 滑疑 5-1481B
gǔyì 古異 3-25A
gǔyì 古逸 3-25A
gǔyì 古意 3-26B
gǔyì 古義 3-26B
gǔyì 古誼 3-27B
gǔyì 古藝 3-29A
gǔyì 古驛 3-30A
gǔyì 罟弋 8-1020A
gǔyì 鼓柂 12-1390A
gǔyì 鼓栧 12-1390B
gǔyì 鼓義 12-1394A
gǔyì 鼓翼 12-1396B
gǔyì 瞽議 7-1260A
gùyī 估衣 1-1224B
gùyī 故衣 5-431A
gùyì 故邑 5-431B
gùyì 故意 5-436A
gùyì 故義 5-436A
gùyì 故驛 5-438A
gùyì 雇役 11-834A
gùyì 僱役 1-1686A
gùyì 顧役 12-360B
gùyì 顧意 12-364B
gūyīn 孤音 4-220A
gūyín 孤吟 4-217A
gūyǐn 孤隱 4-228B
gǔyīn 古音 3-23B
gǔyīn 谷音 10-1318A
gǔyīn 鼓音 12-1390A
gǔyǐn 谷飲 10-1318B
gǔyǐn 鼓輭 12-1394A
gùyīn 固陰 3-626B
gùyīn 故陰 5-434A
gùyīn 顧音 12-362B
gùyīn 顧陰 12-363A
gūyīndúyáng 孤陰獨陽 4-222A
gūyīng 孤鶯 4-230B
gūyíng 孤塋 4-225B
gūyǐng 孤景 4-223B
gūyǐng 孤影 4-227B
gùyǐng 顧景 12-364A
gùyǐng 顧影 12-365A
gùyǐngcánxíng 顧景慚形 12-364A
gùyǐngcánxíng 顧影慙形 12-365B
gùyǐngnòngzī 顧影弄姿 12-365A
gùyǐngzìlián 顧影自憐 12-365A
gùyīnhùhán 固陰沍寒 3-626B
gūyǒng 孤詠 4-224A
gǔyǒng 骨勇 12-398B
gǔyǒng 鼓勇 12-1390B
gǔyǒng 鼓涌 12-1391A
gǔyǒng 賈勇 10-192B
gǔyòng 穀用 6-1505B
gǔyòng 賈用 10-191B
gùyōng 雇傭 11-834B
gùyōng 僱傭 1-1686B
gùyōng 顧傭 12-364B
gùyòng 雇用 11-834A
gùyòng 僱用 1-1686A
gūyóu 姑繇 4-318A
gūyóu 孤遊 4-224A
gūyòu 孤幼 4-215A
gǔyòu 鼓誘 12-1394B
gǔyòu 蠱誘 8-1000B
gùyōu 顧憂 12-365A
gùyǒu 固有 3-625B
gùyǒu 故友 5-429B
gùyǒu 故有 5-430B
gūyú 姑餘 4-318A
gūyú 孤愚 4-225A
gūyǔ 孤嶼 4-228A
gūyù 沽譽 5-1052B
gūyù 酤鬻 9-1399B
gǔyú 鼓魚 12-1392A
gǔyú 賈餘 10-194A
gǔyǔ 古語 3-27A
gǔyǔ 穀雨 6-1505B
gǔyǔ 瞽語 7-1259B
gǔyǔ 苦窳 9-324A
gǔyù 鼓譽 12-1397A
gǔyù 穀玉 6-1505B
gǔyù 瞽嫗 7-1259B
gǔyù 蠱獄 8-1000B
gǔyù 賈譽 10-194A
gǔyù 賈鬻 10-194A
gǔyù 賈粥 10-193B
gùyǔ 故宇 5-431A
gùyǔ 故語 5-436B
gùyù 顧遇 12-364A
gūyuǎn 孤遠 4-225A
gǔyuán 鼓員 12-1391A
gǔyuǎn 古遠 3-26A
gǔyuàn 鼓院 12-1390B
gǔyuàn 賈怨 10-192B
gùyuán 故園 5-436A
gùyuán 雇員 11-834B
gùyuàn 故掾 5-435A
gǔyuàncáo 古掾曹 3-25A
gūyùdiàomíng 沽譽釣名 5-1052B
gūyuè 孤月 4-214A
gǔyuè 古樂 3-28A
gǔyuè 古月 3-18B
gǔyuè 汩越 5-965A
gǔyuè 鼓樂 12-1395B
gǔyuè 鼓躍 12-1397B
gǔyuè 鼓籥 12-1397B
gùyuē 故約 5-433B
gùyuè 錮鑰 11-1326B
gǔyuèfǔ 古樂府 3-28A
gǔyuèqímíng 鼓樂齊鳴 12-1396A
gǔyuèshǒu 鼓樂手 12-1395B
gǔyuèxuān 古月軒 3-19A
gǔyuèxuāntiān 鼓樂喧天 12-1395B
gūyùmǎizhí 沽譽買直 5-1052B
gūyún 孤筠 4-225B
gūyún 孤雲 4-223B
gūyùn 孤韻 4-230A
gǔyùn 古韻 3-29B
gǔyùn 骨韻 12-403A
gūyúnyěhè 孤雲野鶴 4-223B
gǔyǔpíng 穀雨萍 6-1506A
gǔzāi 蠱菑 8-1000A
gǔzài 骨在 12-396A
gūzàng 孤藏 4-228B
gǔzào 鼓譟 12-1396B
gǔzào 鼓造 12-1391A
gǔzào 鼓噪 12-1396A
gǔzào 鼓譟 12-1397A
gǔzào 穀造 6-1506B
gǔzé 古則 3-23A
gǔzé 古澤 3-28B
gǔzéi 穀賊 6-1507A
gūzēng 姑繒 4-318A
gǔzēng 賈憎 10-194A
gūzhā 呱吼 3-279B
gùzhái 故宅 5-431A
gùzhài 痼瘵 8-332A
gǔzhǎn 鼓盞 12-1393B
gǔzhàn 谷戰 10-1318B
gǔzhàn 股戰 6-1185B
gǔzhàn 骨戰 12-402B
gùzhān 顧瞻 12-364B
gùzhān 顧瞻 12-366A
gūzhāng 姑章 4-317A
gūzhāng 姑嫜 4-317B
gūzhāng 孤障 4-226A
gūzhǎng 孤掌 4-223B
gūzhàng 姑丈 4-315A
gūzhàng 孤帳 4-222B
gūzhàng 孤嶂 4-226B
gǔzhǎng 股掌 6-1185B
gǔzhǎng 鼓掌 12-1392B
gǔzhàng 鼓漲 12-1395A
gǔzhàng 鼓脹 12-1392B
gǔzhàng 臌脹 6-1383A
gǔzhàng 蠱脹 8-1000B
gùzhàng 故障 5-436A
gūzhǎngnánmíng 孤掌難鳴 4-223B
gǔzhàngzhàng 鼓脹脹 12-1392B
gūzhào 孤旐 4-224A
gūzhào 孤棹 4-223A
gūzhào 孤照 4-225A
gūzhào 孤櫂 4-229A
gǔzhào 鼓棹 12-1392A
gǔzhào 鼓櫂 12-1396B
gùzhào 顧照 12-364B
gūzhé 辜磔 11-481B
gǔzhé 古轍 3-29A
gǔzhé 骨折 12-397A
gǔzhě 古者 3-21B
gǔzhě 瞽者 7-1259A

gùzhé 故轍 5-437B
gūzhēn 孤貞 4-219B
gūzhēn 孤斟 4-225A
gūzhěn 孤枕 4-218A
gǔzhèn 汩振 5-964B
gǔzhèn 鼓震 12-1395A
gūzhēng 孤征 4-218B
gūzhèng 孤證 4-230A
gǔzhēng 骨蒸 12-400B
gǔzhēng 鼓箏 12-1392B
gǔzhēng 鼓鉦 12-1393B
gǔzhēng 鼓徵 12-1395B
gǔzhēng 蠱癥 8-1001A
gǔzhèng 賈正 10-191A
gūzhí 孤直 4-218A
gūzhí 孤姪 4-220B
gūzhí 孤執 4-222A
gūzhí 沽直 5-1052A
gūzhì 孤峙 4-219B
gūzhì 孤致 4-220B
gūzhì 孤稚 4-225B
gūzhì 孤穉 4-227B
gūzhì 孤質 4-227B
gǔzhí 古直 3-21B
gǔzhí 古執 3-24B
gǔzhí 骨直 12-397B
gǔzhí 瞽直 7-1259A
gǔzhǐ 穀紙 6-1504A
gǔzhì 古制 3-22A
gǔzhì 古質 3-27B
gǔzhì 骨擿 12-402B
gǔzhì 鼓智 12-1392B
gùzhī 故枝 5-431B
gùzhī 故知 5-432A
gùzhí 固執 3-626B
gùzhí 固植 3-627A
gùzhí 雇直 11-834A
gùzhí 錮職 11-1326B
gùzhí 顧直 12-361A
gùzhǐ 故阯 5-431A
gùzhǐ 故址 5-431A
gùzhǐ 故紙 5-434A
gùzhǐ 顧指 12-361B
gùzhì 固志 3-626A
gùzhì 故志 5-431A
gùzhì 故秩 5-433B
gùzhì 故智 5-435B
gùzhì 梏桎 4-1040A
gùzhì 錮桎 11-1326A
gùzhì 錮滯 11-1326B
gùzhíchéngjiàn 固執成見 3-626B
gùzhǐduī 故紙堆 5-434B
gùzhíjǐjiàn 固執己見 3-626B
gūzhōng 姑妐 4-316A
gūzhōng 姑鍾 4-318A
gūzhōng 孤忠 4-218A
gūzhōng 孤終 4-223A
gūzhǒng 孤冢 4-222A
gūzhǒng 孤塚 4-225A
gǔzhōng 古終 3-25A
gǔzhōng 鼓鍾 12-1396B
gǔzhōng 鼓鐘 12-1397A
gǔzhòng 鼓衆 12-1392B
gùzhǒng 故冢 5-434A
gùzhòng 故衆 5-435B
gùzhòng 顧重 12-362B
gǔzhòngshénhán 骨重神寒 12-398A
gūzhōu 估舟 1-1224B
gūzhōu 孤舟 4-216B
gūzhōu 孤洲 4-220A
gǔzhōu 鶻鵃 12-1134B
gǔzhōu 賈舟 10-191B
gǔzhòu 古籀 3-29A
gǔzhòu 蠱祝 8-1000A
gùzhōu 故州 5-431A
gūzhōudújiǎng 孤舟獨槳 4-216B
gūzhú 孤竹 4-215B
gūzhú 孤燭 4-229A
gūzhú 觚竹 10-1357B
gūzhù 孤注 4-218B
gǔzhǔ 蠱主 8-999B
gǔzhù 鼓柷 12-1390A
gǔzhù 鼓筑 12-1392B
gǔzhù 鼓鑄 12-1397B
gùzhǔ 故主 5-430A
gùzhǔ 雇主 11-834A
gùzhǔ 顧主 12-360A
gùzhǔ 顧屬 12-366B
gùzhǔ 顧矚 12-366B
gǔzhuāliǎn 骨撾臉 12-401B
gūzhuàn 孤傳 4-225B
gǔzhuān 古甎 3-27A
gǔzhuǎn 鼓轉 12-1396B
gǔzhuàn 轂轉 6-1510B
gǔzhuàn 古篆 3-27B
gūzhuāng 孤裝 4-226A
gǔzhuāng 古妝 3-21A
gǔzhuāng 古粧 3-25B
gǔzhuāng 古裝 3-26B
gǔzhuàng 骨狀 12-397B
gǔzhuàng 鼓壯 12-1389A
gūzhúchéng 孤竹城 4-216A
gùzhǔchūn 顧渚春 12-363B
gǔzhùjú 鼓鑄局 12-1397B
gūzhújūn 孤竹君 4-216A
gūzhúmiào 孤竹廟 4-216A
gūzhuō 孤拙 4-217B
gūzhuó 孤彴 4-216A
gǔzhuō 古拙 3-21B
gùzhuó 固着 3-627A
gūzhùyīzhì 孤注一擲 4-218B
gūzī 姑子 4-315A
gūzǐ 姑姊 4-316A
gūzǐ 孤子 4-213B
gǔzi 股子 6-1184B
gǔzi 牯子 6-257B
gǔzi 骨子 12-395B
gǔzi 穀子 6-1504A
gǔzi 穀子 6-1505A
gǔzi 鵠子 12-1108B
gǔzi 盬子 7-1469B
gǔzī 賈資 10-193B
gǔzǐ 鼓子 12-1386B
gǔzì 古字 3-20B
gǔzì 骨自 12-396B
gǔzǐ 古子 3-18B
gùzì 古自 3-20B
gùzì 固自 3-625B
gùzì 故自 5-430B
gùzì 顧自 12-360A
gǔzǐchuán 鼓子船 12-1386B
gǔzicí 鼓子詞 12-1386B
gǔzǐhuā 鼓子花 12-1386B
gǔzilǐ 骨子裏 12-395B
gǔzǐmǎo 鼓子卯 12-1386B
gūzǐmèi 姑姊妹 4-316A
gǔziqǔ 鼓子曲 12-1386B
gūzōng 孤踪 4-227B
gūzōng 孤蹤 4-229B
gūzòng 姑縱 4-318A
gǔzōng 瞽宗 7-1259A
gǔzōng 賈艐 10-193B
gùzòng 故縱 5-437B
gǔzòu 鼓奏 12-1389B
gǔzū 穀租 6-1506B
gǔzú 骨鏃 12-403A
gǔzú 鼓足 12-1387B
gùzū 雇租 11-834B
gùzū 顧租 12-363A
gūzuì 辜罪 11-481B
gǔzuì 骨醉 12-401B
gùzuǐ 顧嘴 12-365B
gūzūn 孤尊 4-224A
gūzuō 姑嘬 4-317B
gūzuò 餂飵 12-512A
gǔzuò 鼓作 12-1389A
gǔzuò 賈作 10-192A
gùzuòxuánxū 故作玄虛 5-431B
gùzuǒyòu’éryántā 顧左右而言他 12-360A

H

hábà 蝦霸 8-937A
hābā 獬扒 5-127B
hàba 哈巴 3-331A
hābā'er 哈巴兒 3-331B
hǎbāgǒu 哈巴狗 3-331B
hǎbāgǒu 哈叭狗 3-331B
hábǒ 蝦蚾 8-935B
hāchī 哈哧 3-331B
hādá 哈荅 3-331B
hādá 哈答 3-332A
hādá 哈噠 3-332B
hādá 哈沓 3-331B
hādá 哈達 3-332A
hadun 哈敦 3-332A
hāhā 哈哈 3-331B
hāha'er 哈哈兒 3-331B
hāhājìng 哈哈鏡 3-331B
hāhào 哈號 3-332B
hāhōnghōng 哈哄哄 3-331B
hāhuà 哈話 3-332B
háhuò 蝦臛 8-936B
hǎi'àn 海岸 5-1223A
hǎi'áo 海鳌 5-1231B
hǎi'áo 海鼇 5-1234B
hǎi'ào 海澳 5-1231B
hǎibā 海蚆 5-1225B
hǎibá 海拔 5-1222B
hǎibāng 海邦 5-1221A
háibào 孩抱 4-232B
hǎibào 海豹 5-1226A
hǎibào 海報 5-1228B
hǎibào 海暴 5-1231A
hǎibēi 海杯 5-1222B
hǎiběi 海北 5-1220A
hǎibèi 海貝 5-1222A
hǎiběitiānnán 海北天南 5-1220A
hǎibiān 海邊 5-1233A
hǎibiāo 海颷 5-1232B
hǎibiǎo 海表 5-1222B
hàibiāo 駭猋 12-837A
hàibiāo 駭飆 12-838A
hǎibīn 海濱 5-1233A
hǎibīn 海瀕 5-1233B
hàibìng 害病 3-1453B
hǎibō 海波 5-1223B
hǎibó 海伯 5-1222A
hǎibó 海舶 5-1227A
hǎibǔ 海捕 5-1225B
hàibù 亥步 2-347B
hàibù 駭怖 12-836A
hàibùhǎo 害不好 3-1452B
hǎicáo 海漕 5-1231A
hàicè 駭惻 12-837A
hǎichá 海查 5-1224A
hǎichá 海槎 5-1230A
hǎichà 海汊 5-1221B
hǎichà 海汊 5-1221B
hàichà 駭詫 12-837B
hǎichán 海蟾 5-1233B
hǎichǎn 海産 5-1227B
hǎicháo 海潮 5-1231B
hǎicháoyīn 海潮音 5-1231B
hǎichēn 海琛 5-1228A
hàichěn 害磣 3-1454A
hàichěn 害碜 3-1454A
hǎichéng 海丞 5-1221B
hǎichéng 海城 5-1224A
háichì 孩赤 4-232A
hǎichí 海池 5-1221B
hàichì 駭眙 12-836B
háichóng 孩蟲 4-233A
hàichóng 害蟲 3-1454B
hǎichóu 海籌 5-1234A
hàichóu 害愁 3-1454A
hàichu 害處 3-1453B
hǎichuán 海舡 5-1224B
hǎichuán 海船 5-1227B
hǎichuānluó 海川螺 5-1219A
hǎichuí 海垂 5-1223A
hǎichún 海漘 5-1231A
hǎicì 海次 5-1221B
hàicuàn 駭竄 12-838A
hǎicuó 海鹺 5-1234A
hǎicuò 海錯 5-1232A
hàidá 駭怛 12-836A
hǎidài 海岱 5-1223A
hǎidài 海帶 5-1227A
hàidān 駭殫 12-837B
hàidǎn 駭膽 12-838A
hǎidǎo 海島 5-1226A
hǎidǎo 海隝 5-1230B
hǎidào 海盜 5-1229A
hǎidào 海道 5-1229A
hàidì 亥地 2-347B
hàidì 害鈦 3-1453B
hǎidiàn 海甸 5-1222A
hàidiàn 駭電 12-837A
hǎidǐhóu'ér 海底猴兒 5-1223B
hǎidǐlāoyuè 海底撈月 5-1223B
hǎidǐlāozhēn 海底撈針 5-1223B
hǎidǐ'ōu'ér 海底鷗兒 5-1223B
hǎidǐyǎn 海底眼 5-1223B
hǎidōng 海東 5-1222B
hàidòng 駭恫 12-836B
hàidòng 駭動 12-836B
hǎidōngqīng 海東青 5-1222B
hǎidōngtōngbǎo 海東通寶 5-1223A
hāidōu 揩兜 6-803A
hǎidú 海瀆 5-1233A
hàidǔlì 害肚曆 3-1452B
hàidǔlì 害肚歷 3-1452B
hài'é 駭訛 12-837A
hài'è 駭愕 12-837A
hài'è 駭噩 12-837B
hài'è 駭咢 12-837B
hái'ér 孩兒 4-232B
hái'ér 咳兒 3-346B
hài'ěr 駭耳 12-835B
hái'érchá 孩兒茶 4-232B
hái'érjú 孩兒菊 4-232B
hái'érmén 孩兒們 4-232B
hái'érshēn 孩兒參 4-232B
hǎifà 海髮 5-1231A
hàifā 害發 3-1454A
hǎifān 海翻 5-1233A
hǎifāng 海方 5-1220A
hǎifáng 海防 5-1221B
hǎifēn 海氛 5-1223A
hǎifěn 海粉 5-1226A
hǎifēng 海烽 5-1227B
hàifēng 害風 3-1453A
hǎifū 海夫 5-1219B
hǎifú 海服 5-1223A
hǎifú 海鳧 5-1230A
hǎifǔ 醢脯 9-1437A
hǎifù 海腹 5-1230A
hàifú 駭服 12-836A
hǎigài 海蓋 5-1229B
hǎigǎng 海港 5-1229A
háigé 骸骼 12-407A
hǎigé 海蛤 5-1229A
hǎigé 海盒 5-1229A
hǎigòng 海貢 5-1225B
hǎigōu 海溝 5-1230B
hǎigǒu 海狗 5-1223B
háigǔ 骸骨 12-407A
hǎigū 海估 5-1222A
hǎigǔ 海沽 5-1223B
hǎigǔ 海鶻 5-1234A
hǎigǔ 海賈 5-1230A
hàiguài 駭怪 12-836A
hǎiguān 海關 5-1233B
hàiguān 駭觀 12-838B
hǎiguǐ 海鬼 5-1224B
hǎiguó 海國 5-1227A
hāihāi 咍咍 3-315B
háihāi 孩咍 4-232B
háihái 咳咳 3-346B
hàihài 駭駭 12-837B
hàiháizi 害孩子 3-1453A
hǎihán 海涵 5-1228A
hàihàn 駭汗 12-836A
hǎihándìfù 海涵地負 5-1228A
hǎiháng 海航 5-1226A
hǎihè 海鶴 5-1234A
hàihèn 駭恨 12-836B
hǎihéshílàn 海涸石爛 5-1228A
hǎihóng 海紅 5-1225A
hàihong 駭轟 12-838A
hǎihǒu 海吼 5-1222A
hǎihóu'ér 海猴兒 5-1229A
háihǔ 孩虎 4-232B
hǎihù 海户 5-1220A
hàihū 駭呼 12-836A
hàihǔ 駭唬 12-836B
hǎihuà 海話 5-1230B
hǎihuáixiáxiǎng 海懷霞想 5-1233B
hǎihuán 海寰 5-1232A
hàihuàn 害患 3-1453B
hàihuāng 害慌 3-1454A
hàihuāng 駭慌 12-837A
hàihuáng 駭惶 12-837A
hǎihuì 海會 5-1230A
hǎihuò 海貨 5-1227A
hǎihǔróng 海虎絨 5-1223A
hǎijí 海檝 5-1231B
hǎijì 海際 5-1230B
hàijī 害饑 3-1454B
hàijī 駭機 12-837B
hàijī 駭雞 12-838A
hàijī 駭鷄 12-838A
hàijì 害忌 3-1452B
hàijì 駭悸 12-837A
hǎijiǎ 海岬 5-1223A
hàijiàn 害漸 3-1454A
hǎijiāng 海疆 5-1234A
hǎijiàng 醢醬 9-1437A
hǎijiāo 海交 5-1221B
hǎijiāo 海椒 5-1228B
hǎijiǎo 海角 5-1222A
hǎijiào 海徼 5-1232A
hǎijiào 海嶠 5-1231B
hǎijiǎotiānyá 海角天涯 5-1222A
hǎijiǎotiānyú 海角天隅 5-1222A
háijīn 骸筋 12-407A
hǎijīn 海津 5-1224B
hǎijìn 海禁 5-1229B
hǎijǐng 海井 5-1219B
hǎijǐng 海警 5-1233B
hǎijìng 海鏡 5-1233B
hǎijìng 海陘 5-1225A
hàijīng 駭驚 12-838B
hàijiǔ 害酒 3-1453B
hàijiù 害咎 3-1452B
hàijīxī 駭雞犀 12-838A
hàijīxī 駭鷄犀 12-838A
hàijìzhū 亥既珠 2-347B
hǎijù 海聚 5-1231A
hǎijù 海颶 5-1232B
hàijù 駭遽 12-837B
hàijù 駭懼 12-838A
hāijué 咍噱 3-315B
hǎijūn 海軍 5-1225A
hǎikè 海客 5-1224B
hàikě 害渴 3-1454A
hǎikèchéngchá 海客乘槎 5-1224B
hàikǒng 駭恐 12-836B
hāikǒu 咍口 3-315B
hǎikǒu 海口 5-1219A
hǎikòu 海寇 5-1228A
hàikǒu 害口 3-1452B
hàikòu 害寇 3-1453B
hàikǒuchěn 害口磣 3-1452B
hǎikuí 海葵 5-1228B
hǎikuòtiāngāo 海闊天高 5-1233A

hǎikuòtiānkōng 海濶天空 5-1233A
hǎikuòtiānkōng 海闊天空 5-1233A
hǎikūshílàn 海枯石爛 5-1224A
hǎilán 海藍 5-1232B
hǎiláng 海郎 5-1223B
hàilàng 駭浪 12-836B
hàilàngjīngtāo 駭浪驚濤 12-836B
hǎilǎo 海老 5-1221A
hāilè 哈樂 3-315B
hàilěi 害累 3-1453B
hǎilí 海蠡 5-1234B
hǎilǐ 海里 5-1222A
hàilǐ 害理 3-1453B
hàilì 駭慄 12-837B
hǎiliàng 海量 5-1229A
hǎilǐhóu'ér 海裏猴兒 5-1230B
hǎilín 海鱗 5-1234B
hàilìnde 害淋的 3-1453B
hǎilíng 海靈 5-1234B
hǎilíngcāng 海陵倉 5-1226B
hǎiliú 海流 5-1226B
hǎiliú 海榴 5-1231A
hàilóng 駭龍 12-838A
hǎilóngjūn 海龍君 5-1232A
hǎilóngwáng 海龍王 5-1232A
hàilóngzǒushé 駭龍走蛇 12-838A
hǎilù 海陸 5-1226B
hǎilù 海路 5-1230A
hàilù 駭鹿 12-837A
hàiluàn 駭亂 12-837A
hǎiluó 海蠡 5-1234B
hǎiluó 海螺 5-1232B
hǎiluó 海羅 5-1233B
hǎiluó 海蘿 5-1234B
hǎiluóshǒu 海螺手 5-1232B
hǎiluòyīng 海洛英 5-1224B
hǎilú 海驢 5-1234B
hǎimǎ 海馬 5-1225A
hǎimà 海罵 5-1232A
hàimǎ 害馬 3-1453A
hǎimàn 海漫 5-1231A
hǎiméi 海湄 5-1229B
hǎimén 海門 5-1223B
hǎiméngshānzhòu 海盟山呪 5-1230A
hǎimǐ 海米 5-1221B
hǎimiàn 海面 5-1224A
hàimín 害民 3-1452B
háimíng 孩名 4-232A
hàimìng 害命 3-1452B
hàimù 害目 3-1452B
hàimù 駭目 12-835B
hàimù 駭沐 12-836A
hàimùjīngxīn 駭目驚心 12-835B
hàimùzhènxīn 駭目振心 12-835B
hǎinà 海納 5-1226B
hǎinán 海南 5-1224A
hǎinàn 海難 5-1233A
hǎinánchén 海南沈 5-1224A
hǎinánxiāng 海南香 5-1224A
hǎinánzǐ 海男子 5-1222A
hǎinào 海鬧 5-1231A
hǎinèi 海内 5-1219B
hǎiniǎo 海鳥 5-1227A
hàiniǎo 害鳥 3-1453B
hǎiniú 海牛 5-1219B
háinòng 孩弄 4-232A
hàinù 駭怒 12-836B
hàinuè 害虐 3-1453A
hǎinǚ 海女 5-1219B
hǎi'ōu 海鷗 5-1234B
hǎi'ōu 海漚 5-1231A
hàipà 害怕 3-1453A
hàipà 駭怕 12-836A
hǎipài 海派 5-1224B
hǎipàn 海畔 5-1225B
hǎipáng 海旁 5-1226A
hǎipiào 海票 5-1227A
hàipò 駭迫 12-836A
hǎipǒluó 海叵羅 5-1220A
hǎipǔ 海浦 5-1226A
hāiqì 咳氣 3-346B
háiqì 孩氣 4-232B
hǎiqí 海圻 5-1222A
hǎiqì 海氣 5-1225B
hàiqí 駭奇 12-836A
hàiqì 害氣 3-1453A
hǎiqiáng 海檣 5-1232B
hǎiqīng 海青 5-1222A
hǎiqīngniǎn 海青碾 5-1222B
hǎiqiū 海鰌 5-1234A
hǎiqiū 海鰍 5-1234A
hǎiqū 海曲 5-1221A
hǎiquán 海權 5-1234A
hǎiquè 海榷 5-1231A
hàiqún 害羣 3-1454A
hàiqún 害群 3-1454A
hàiqúnzhīmǎ 害羣之馬 3-1454A
hàirán 駭然 12-837A
hàirǎo 駭擾 12-838A
hǎirén 海人 5-1218B
hàirén 駭人 12-835A
hàirénchóng 害人蟲 3-1452B
hàirénjīng 害人精 3-1452B
hàirénshìtīng 駭人視聽 12-835B
hàiréntīngwén 駭人聽聞 12-835B
hàirénwénjiàn 駭人聞見 12-835B
hàirénwéntīng 駭人聞聽 12-835B
hǎirì 海日 5-1219B
hǎiróng 海容 5-1226B
háirú 孩孺 4-233A
háirǔ 孩乳 4-232B
hǎiruán 海堧 5-1228B
hǎiruán 海壖 5-1232A
hǎiruò 海若 5-1222B
hǎisài 海塞 5-1230B
hǎisānglínggǔ 海桑陵谷 5-1226B
hàisào 害臊 3-1454B
hǎisè 海色 5-1221A
hàisè 駭色 12-836A
hàisè 駭澀 12-838A
hǎishā 海砂 5-1224A
hàishā 害殺 3-1453A
hǎishàn 海扇 5-1226B
hǎishāng 海商 5-1227B
hǎishàng 海上 5-1218B
hàishāng 害傷 3-1454A
hǎishàngdiào'áokè 海上釣鼇客 5-1219A
hǎishàngfāng 海上方 5-1218B
hǎishàngzhúchòu 海上逐臭 5-1219A
hǎishānméng 海山盟 5-1219A
hǎishé 海蛇 5-1227A
hǎishēn 海参 5-1228A
hǎishén 海神 5-1225A
hǎishèn 海蜃 5-1230A
hàishēn 害身 3-1452B
hàishén 駭神 12-836B
hàishèng 害勝 3-1454A
hàishēngdùnjiǎo 嗐聲頓脚 3-470B
hàishēngduòjiǎo 嗐聲跺脚 3-470B
hāishēngtànqì 咳聲嘆氣 3-347A
hàishēngtànqì 嗐聲歎氣 3-470B
háishì 還是 10-1253B
hǎishī 海師 5-1226A
hǎishī 海獅 5-1230A
hǎishí 海蝕 5-1231A
hǎishí 醢石 9-1437A
hǎishì 海市 5-1220B
hǎishì 海事 5-1223A
hǎishì 海澨 5-1232A
hǎishì 海唑 5-1225B
hàishǐ 亥豕 2-347B
hàishì 害事 3-1452B
hàishì 駭世 12-835B
hǎishìshānméng 海誓山盟 5-1230B
hǎishìshènlóu 海市蜃樓 5-1220B
hàishǐxiāngwàng 亥豕相望 2-347B
háishǒu 咳首 3-346B
hàishòu 害獸 3-1454B
hǎishù 海朮 5-1220A
hǎishù 海術 5-1227A
hàishuǐ 駭水 12-835B
hǎishuǐsāngtián 海水桑田 5-1219B
hǎisì 海涘 5-1226B
hàisì 駭駟 12-837B
hǎisōu 海艘 5-1231B
hǎisù 海素 5-1225A
hàisú 駭俗 12-836B
hāitái 咍嚘 3-315B
hāitái 咍臺 3-315B
hǎitái 海苔 5-1222B
háitàn 骸炭 12-407A
hǎitǎn 醢醢 9-1437A
hàitàn 駭嘆 12-837B
hàitàn 駭歎 12-837B
hǎitáng 海棠 5-1228B
hǎitáng 海塘 5-1229B
hǎitángguǒ 海棠果 5-1229A
hǎitánglí 海棠梨 5-1229A
hǎitāo 海濤 5-1232B
hàitāo 駭濤 12-838A
hàiténg 害疼 3-1453B
háití 孩提 4-233A
háití 咳唲 3-347A
hǎitián 海田 5-1220A
hàitiào 駭跳 12-837A
háitóng 孩童 4-233A
hǎitōng 海通 5-1226B
hǎitóng 海童 5-1229A
hàitòng 駭痛 12-837A
hǎitóu 海頭 5-1231B
hàitóu 嗐頭 3-470B
hǎitú 海塗 5-1230B
hǎitú 海圖 5-1231A
hǎitǔ 海土 5-1218B
hàitū 駭突 12-836B
hǎitūn 海暾 5-1232A
hǎitún 海豚 5-1227B
hǎiwài 海外 5-1220B
hǎiwàiqítán 海外奇談 5-1220B
hǎiwān 海灣 5-1234B
hǎiwǎn 海碗 5-1230A
hàiwǎn 駭惋 12-837A
hǎiwáng 海王 5-1219B
hǎiwàng 海王 5-1219B
hǎiwàng 海望 5-1227B
hǎiwánggōng 海王宮 5-1219B
hǎiwèi 海味 5-1223A
hàiwēi 害危 3-1452B
hàiwén 駭聞 12-837B
hǎiwēng 海翁 5-1226A
hǎiwū 海屋 5-1225A
hǎiwù 海物 5-1223A
hǎiwù 海霧 5-1233A
hǎiwūchóutiān 海屋籌添 5-1225A
hǎiwūtiānchóu 海屋添籌 5-1225A
hǎixī 海汐 5-1221B
hǎixī 海西 5-1221A
hǎixī 海狶 5-1226A
hàixī 駭悉 12-836B
hàixǐ 害喜 3-1453B
hǎixiá 海峽 5-1225B
hàixià 害夏 3-1453A
hǎixiān 海仙 5-1220B
hǎixiān 海鮮 5-1232B
hǎixiàn 海縣 5-1231B
hǎixiàng 海象 5-1227B

hàixiǎng 害想 3-1454A
hàixiāngsī 害相思 3-1453A
hāixiào 咍笑 3-315B
háixiào 孩笑 4-232B
háixiào 咳笑 3-347A
hǎixiāo 海綃 5-1230B
hǎixiào 海嘯 5-1232A
hǎixiè 海蟹 5-1233B
hàixījiàn 駭犀劍 12-837A
hǎixīn 海心 5-1220A
hàixīn 害心 3-1452B
hàixīn 駭心 12-835B
hàixīndòngmù 駭心動目 12-835B
hǎixīng 海星 5-1224A
hǎixíng 海行 5-1221A
hàixíng 駭形 12-836A
hàixìng 害性 3-1453A
hǎixióng 海熊 5-1231A
hàixiū 害羞 3-1453B
hāixū 咍吁 3-315B
háixǔ 還許 10-1257A
hǎixù 海漵 5-1229A
hàixuàn 駭炫 12-836B
hǎixué 海學 5-1232A
hǎixún 海鱘 5-1233A
hǎixùn 海汛 5-1221B
hǎiyá 海涯 5-1227B
hàiyà 駭訝 12-837A
hǎiyán 海埏 5-1224A
hǎiyán 海鹽 5-1234B
hǎiyǎn 海眼 5-1227A
hǎiyàn 海燕 5-1231B
hǎiyàn 海鷰 5-1234B
hàiyǎn 害眼 3-1453B
hǎiyáng 海洋 5-1224B
hǎiyànhéqīng 海晏河清 5-1225B
hǎiyánzi 海沿子 5-1223B
hǎiyátiānjiāo 海涯天角 5-1228A
hǎiyí 海夷 5-1221A
hǎiyì 海溢 5-1230B
hǎiyì 海裔 5-1230B
hàiyí 駭疑 12-837B
hàiyì 害義 3-1454A
hàiyì 駭異 12-836B
hǎiyídào 海夷道 5-1221A
hǎiyín 海沂 5-1222A
hǎiyín 海垠 5-1224A
háiyīng 孩嬰 4-233A
háiyīng 咳嬰 3-347A
hàiyíng 害盈 3-1453A
hāiyō 嗨喲 3-470B
háiyòu 孩幼 4-232A
hǎiyòu 海右 5-1220A
hàiyǒu'èrshǒuliùshēn 亥有二首六身 2-347B
hǎiyú 海隅 5-1228A
hǎiyú 海嵎 5-1229A
hǎiyú 海腴 5-1229A
hǎiyǔ 海宇 5-1221B
hǎiyǔ 海寓 5-1229B
hǎiyù 海域 5-1227A
hǎiyù 海寓 5-1229B
hàiyū 駭吁 12-835B
hǎiyuán 海員 5-1225B
hǎiyuè 海月 5-1220A
hǎiyuè 海岳 5-1223A
hǎiyuè 海嶽 5-1232B
hǎiyuègāoshēn 海岳高深 5-1223A
hǎiyuēshānméng 海約山盟 5-1225A
hǎiyùn 海運 5-1229B
hàizāi 害災 3-1452B
hàizāi 害菑 3-1453B
hǎizàng 海藏 5-1232B
hǎizàng 海葬 5-1228B
hǎizǎo 海棗 5-1228B
hǎizǎo 海藻 5-1232B
hǎizǎo 海藻 5-1233B
hǎizéi 海賊 5-1230A
hǎizhà 海蛇 5-1229A
hǎizhàn 海站 5-1226A
hǎizhàn 海戰 5-1232A
hǎizhé 海蜇 5-1229B
hǎizhèn 海震 5-1231A
hàizhèn 駭震 12-837B
hàizhèng 亥正 2-347B
hàizhèng 害政 3-1453A
hàizhèng 駭政 12-836B
háizhì 孩稚 4-233A
háizhì 孩穉 4-233A
hǎizhòng 海衆 5-1229A
hǎizhōnglāoyuè 海中撈月 5-1219B
háizhōngyán 孩中顔 4-232A
hǎizhōuchángshān 海州常山 5-1221B
hǎizhǔ 海渚 5-1227B
hàizhuàngshūxíng 駭狀殊形 12-836B
háizi 孩子 4-231B
hǎizi 海子 5-1219A
háizihuà 孩子話 4-232A
háizimén 孩子們 4-232A
háiziqì 孩子氣 4-232A
háizitóu 孩子頭 4-232A
háiziwáng 孩子王 4-232A
hāizǐxì 嗨子戲 3-470B
hǎizōng 海棕 5-1228B
hǎizōng 海椶 5-1230A
hǎizōu 海陬 5-1226B
hǎizū 海租 5-1225B
hǎizú 海族 5-1227B
hāla 哈喇 3-332A
hālá 哈剌 3-331B
hālájījiǔ 哈剌基酒 3-331B
hālāqìdān 哈剌契丹 3-331B
hālázǐ 哈喇子 3-332A
hālèibā 哈肋巴 3-331B
hāléihuìxīng 哈雷彗星 3-332B
hāluó 哈囉 3-332B
hāluó 哈羅 3-332B
hámá 蝦蟆 8-936A
hámá 蝦蟇 8-935B
hámá 蝦蟇 8-936B
hámábàoguì 蝦蟆抱桂 8-936A
hámáchán 蝦蟆禪 8-936B
hámáchán 蝦蟇禪 8-935B
hámáchē 蝦蟆車 8-936A
hámáchē 蝦蟇車 8-935B
hámágēng 蝦蟆更 8-936A
hámáhù 蝦蟆護 8-936B
hámájīng 蝦蟆精 8-936B
hámájīng 蝦蟇精 8-935B
hámájìng 蝦蟆鏡 8-936B
hámájǐshì 蝦蟆給事 8-936B
hámálán 蝦蟆藍 8-936B
hámálíng 蝦蟆陵 8-936A
hámálíng 蝦蟇陵 8-935B
hámálíng 蝦蟇陵 8-936B
hámánián 蝦蟇黏 8-935B
hámáquán 蝦蟇泉 8-935B
hámátái 蝦蟆臺 8-936B
hámátái 蝦蟇臺 8-935B
hámátóufān 蝦蟆頭旛 8-936B
hámátuò 蝦蟇柝 8-935B
hámáwēn 蝦蟆瘟 8-936B
hámáyān 蝦蟆烟 8-936A
hámáyáo 蝦蟆窯 8-936B
hámáyī 蝦蟆衣 8-936A
hámáyī 蝦蟇衣 8-935B
hámázǐ 蝦蟆子 8-936A
hámázǐ 蝦蟇子 8-935B
hāmìguā 哈密瓜 3-332A
hán'āi 含哀 3-227A
hán'āi 寒哀 3-1551B
hán'āi 寒埃 3-1552A
hán'āi 韓哀 12-680A
hán'ǎi 寒靄 3-1564A
hàn'ànhù 漢案户 6-52A
hān'áo 酣遨 9-1397B
hān'áo 酣鏖 9-1399A
hàn'áo 漢厫 6-53A
hàn'áo 漢廒 6-53B
hàn'ào 悍驁 7-544A
hànbá 旱魃 5-583A
hànbá 暵魃 5-821A
hánbái 韓白 12-679A
hànbài 漢拜 6-50B
hànbáiyù 漢白玉 6-49A
hànbáiyùshí 漢白玉石 6-49A
hànbālǐ 汗八里 5-905A
hànbān 汗斑 5-908B
hànbān 汗瘢 5-909A
hānbǎo 酣飽 9-1397B
hánbāo 含苞 3-225A
hánbāo 寒苞 3-1548A
hànbào 悍暴 7-544A
hánbāodàifàng 含苞待放 3-225A
hánbēi 含悲 3-229B
hánbēi 韓杯 12-679B
hánbēi 韓碑 12-681B
hánbèi 含貝 3-224B
hánbèi 寒憊 3-1561A
hànbēi 漢碑 6-53A
hànbēi'é 漢碑額 6-53B
hānbèiluó 蚶貝羅 8-873B
hànbèixīn 汗背心 5-907A
hànběnfáng 漢本房 6-49A
hānbí 鼾鼻 12-1422B
hánbǐ 含筆 3-229B
hánbǐ 寒鄙 3-1558B
hánbì 寒痹 3-1557B
hánbì 寒碧 3-1558A
hánbì 寒壁 3-1563A
hǎnbì 罕畢 8-1016B
hǎnbì 罕罼 8-1016B
hànbì 扞蔽 6-340A
hànbì 捍蔽 6-608A
hànbì 漢壁 6-54B
hànbì 翰蔽 9-675B
hānbiān 酣邊 9-1398B
hánbiāo 寒飈 3-1563B
hànbiǎo 漢表 6-50A
hánbiē 寒鼈 3-1564A
hànbiē 汗鱉 5-909B
hánbīng 寒氷 3-1545A
hánbīng 寒冰 3-1546B
hánbīngrúbò 含冰茹蘗 3-224A
hánbó 寒薄 3-1560B
hánbò 含蘗 3-233A
hànbō 捍撥 6-608A
hànbō 釬撥 11-1204A
hánbū 含餔 3-231B
hánbǔ 含哺 3-227B
hánbǔgǔfù 含哺鼓腹 3-227B
hāncài 蚶菜 8-873B
háncái 含才 3-223A
háncái 韓才 12-679A
háncài 寒菜 3-1553B
háncǎi 翰采 9-675A
háncǎncǎn 寒慘慘 3-1559A
háncáng 含藏 3-232A
háncáng 函藏 2-510B
háncǎo 寒草 3-1549B
hàncǎo 旱草 5-581B
hàncǎo 翰草 9-675A
hàncè 漢策 6-53A
háncén 寒岑 3-1547A
hàncéncén 汗涔涔 5-907B
hánchá 涵察 5-1437B
hánchán 寒蟬 3-1562B
hánchán 寒蟾 3-1563A
hánchàn 寒顫 3-1563B
hánchànchàn 寒顫顫 3-1563B
hānchàng 酣鬯 9-1397A
hānchàng 酣暢 9-1398A
hánchàng 涵暢 5-1437A
hánchānglí 韓昌黎 12-679B
hānchànglínlí 酣暢淋漓 9-1398A
hánchánjiāngniāo 寒蟬僵鳥 3-1562B
hánchánzhàngmǎ 寒蟬仗馬 3-1562B
hánchāo 寒潮 3-1560B
hánchásūhǎi 韓潮蘇海

12-682A
hǎnchē 罕車 8-1016A
hànchē 頷車 12-320B
hānchén 酣沉 9-1396B
hānchén 酣沈 9-1396B
hánchen 寒傖 3-1556A
hánchēn 含嗔 3-230A
hánchén 涵沈 5-1436A
hánchén 寒塵 3-1558B
hánchěn 寒磣 3-1561A
hànchén 漢臣 6-49B
hānchéng 憨誠 7-699A
hánchēng 含頳 3-232A
hánchéng 邗城 10-580B
hánchéng 寒城 3-1549B
hànchéng 扞城 6-340A
hànchéng 捍城 6-607B
hánchēzhīshòu 函車之獸
2-507B
hānchī 憨癡 7-699B
hánchī 寒鴟 3-1561B
hánchǐ 含齒 3-231B
hànchí 翰池 9-674B
hànchì 熯熾 7-229A
hánchǐdàifà 含齒戴髮
3-231B
hánchóng 寒蟲 3-1562B
hánchóu 含愁 3-230A
hǎnchóu 罕儔 8-1016B
hánchǔ 含楚 3-230A
hánchǔ 寒杵 3-1548A
hánchù 涵畜 5-1436B
hánchuān 寒川 3-1543B
hànchuán 旱船 5-582A
hànchuǎn 汗喘 5-908B
hánchuāng 寒窓 3-1554B
hánchuāng 寒窗 3-1556B
hánchuāng 寒牕 3-1557B
hánchuāng 寒瘡 3-1560A
hánchuáng 寒床 3-1547A
hánchuáng 寒牀 3-1549B
hánchuàng 含愴 3-230B
hánchuàng 寒愴 3-1558A
hánchuī 寒吹 3-1547A
hànchūjiābèi 汗出浹背
5-906A
hānchūn 酣春 9-1396B
hánchūn 含春 3-225B
hánchūn 寒春 3-1549B
hánchǔn 寒蠢 3-1563A
hánchūnhóu 含春侯 3-225B
hánchūnwáng 含春王 3-225B
hànchūqiàbèi 汗出洽背
5-905B
hànchūzhānbèi 汗出沾背
5-905B
háncí 含辭 3-232B
hàncí 翰詞 9-675B
hàncí 頷詞 12-320B
hàncǐ 汗泚 5-907A
hāncōng 憨葱 7-699A
hàncōng 漢葱 6-52B
háncuī 函催 2-510A
háncuì 含翠 3-231A
háncuì 寒悴 3-1554B
háncuì 寒瘁 3-1557B
háncuì 寒翠 3-1559A
háncūn 寒村 3-1546B
háncǔn 含忖 3-224B
hāndà 憨大 7-698B
hándá 函答 2-509B
hándá 函達 2-509B
hándà 函大 2-507A
hǎndá'àn 罕達犴 8-1016B
hāndāi 憨獃 7-699A
hándài 含貸 3-229B
hándài 寒帶 3-1553B
hāndān 酣醰 9-1399A
hándān 邯鄲 10-603A
hándān 寒丹 3-1544B
hándān 寒單 3-1556A
hándǎn 寒膽 3-1562A
hándàn 涵淡 5-1436B
hàndàn 涵澹 5-1437B
hàndàn 汁淡 5-1049B
hàndàn 鴠旦 12-1042B
hàndàn 鴠鴡 12-1042B
hàndàn 澉澹 6-108B
hàndàn 邯淡 10-603A
hàndàn 悍誕 7-543B
hàndàn 菡萏 9-454B
hàndàn 鳱鴠 12-1069B
hándānbù 邯鄲步 10-603A
hándānchóngbù 邯鄲重步
10-603A
hándāndào 邯鄲道 10-603B
hāndàng 酣蕩 9-1398A
hándǎng 寒璫 3-1561B
hàndǎng 悍黨 7-544A
hàndàngfáng 漢檔房 6-55A
hándānguōgōng 邯鄲郭公
10-603B
hándānjì 邯鄲伎 10-603A
hándānjiū 邯鄲鳩 10-603B
hándānlù 邯鄲路 10-603B
hándānmèng 邯鄲夢 10-603B
hándānpúfú 邯鄲匍匐
10-603B
hándānqǔ 邯鄲曲 10-603A
hándānshī 邯鄲蝨 10-603B
hándānxǐbù 邯鄲躧步
10-603B
hándānxíng 邯鄲行 10-603A
hándānxuébù 邯鄲學步
10-603B
hándānzhěn 邯鄲枕 10-603A
hándào 含道 3-229B
hándào 函道 2-509B
hàndào 旱道 5-582B
hàndào 旱稻 5-583A
hàndào 漢道 6-53A
hàndàxīnshí 漢大心實
6-48A
hándé 含德 3-231B
hándēng 寒燈 3-1561B
hàndēng 翰登 9-675B
hándí 涵滌 5-1437A
hándí 寒笛 3-1554A
hándǐ 寒邸 3-1547A
hándì 含睇 3-229B
hándì 寒地 3-1545B
hàndì 旱地 5-581B
hàndì 漢地 6-49B
hàndì 漢帝 6-51A
hàndì 暵地 5-821A
hándiǎn 寒點 3-1562A
hándiàn 函電 2-510A
hándiàn 寒殿 3-1558A
hándiǎo 含鳥 3-228B
hándiào 函調 2-510B
hàndiāo 漢貂 6-53A
hàndiào 漢調 6-54A
hàndiào'èrhuáng
漢調二黄 6-54B
hándié 韓蜨 12-681B
hándìng 函訂 2-508B
hàndǐng 漢鼎 6-53A
hàndìtái 漢帝臺 6-51A
hàndìxìng 漢帝杏 6-51A
hándōng 寒冬 3-1545A
hándòng 含凍 3-228A
hándòng 涵洞 5-1436B
hándòng 寒凍 3-1552B
hàndòng 感動 7-613A
hàndòng 撼動 6-907B
hàndōngbàng 漢東蚌 6-50A
hàndōngliú 漢東流 6-50A
hàndōngzhū 漢東珠 6-50A
hāndòu 酣鬬 9-1399A
hándòu 寒豆 3-1547A
hándǒudǒu 寒抖抖 3-1546B
hándú 含毒 3-225B
hándú 函牘 2-511A
hándù 寒渡 3-1556B
hándù 韓杜 12-679B
hàndū 漢都 6-51B
hàndú 漢牘 6-55A
hàndú 翰牘 9-676A
hàndù 悍妒 7-543B
hàndù 悍妬 7-543A
hānduì 酣對 9-1398A
hànduì 旱隊 5-582B
hàndùn 撼頓 6-907B
hánduò 箴墮 8-1207B
hánduò 箴隋 8-1207B
hánduò 箴墯 8-1207B
hán'é 韓娥 12-680B
hán'è 含萼 3-231A
hán'è 寒餓 3-1560A
hàn'è 扞遏 6-340A
hàn'è 捍遏 6-608A
hàn'ēn 漢恩 6-51B
hān'ér 憨兒 7-699A
hàn'ér 漢兒 6-50A
hàn'èr 漢貳 6-52B
hàn'ěrdiāo 漢珥貂 6-51B
hánfá 寒乏 3-1544B
hǎnfā 罕發 8-1016B
hànfǎ 汗法 5-906B
hànfǎ 漢法 6-50B
hánfàn 韓范 12-679B
hànfān 翰蕃 9-675B
hánfàn 含飯 3-229B
hānfàng 酣放 9-1396B
hánfāng 函方 2-507A
hánfāng 函枋 2-508A
hánfáng 寒房 3-1549A
hànfēi 翰飛 9-675A
hánfēn 寒氛 3-1548B
hánfēn 寒雰 3-1555B
hánfèn 含憤 3-232A
hànfēn 漢分 6-48B
hànfén 熯焚 7-229A
hánfēng 含風 3-226B
hánfēng 函封 2-508B
hánfēng 寒風 3-1551A
hánfēng 韓風 12-680A
hànfēng 漢風 6-50B
hánfēngzhǎ 含風鮓 3-226B
hánfēngzǐ 寒風子 3-1551B
hánfēnlóu 涵芬樓 5-1436A
hánfū 寒膚 3-1559B
hánfú 寒服 3-1548B
hánfù 含覆 3-232B
hánfù 函復 2-509B
hánfù 寒婦 3-1554B
hánfù 寒馥 3-1562B
hǎnfù 罕父 8-1016A
hànfū 悍夫 7-542B
hànfǔ 扞撫 6-340A
hànfù 悍婦 7-543B
hànfù 漢傅 6-53A
hànfù 漢賦 6-54A
hánfùduǎnshí 寒腹短識
3-1557B
hángāi 寒荄 3-1550A
hángài 含蓋 3-230A
hángài 函蓋 2-510A
hángài 涵蓋 5-1437A
hángàibāohuāng 函蓋包荒
2-510A
hángàichōngzhōu 函蓋充周
2-510A
hángàiqiánkūn 函蓋乾坤
2-510A
hàngān 旱乾 5-582A
hángāng 寒缸 3-1550A
hángāng 寒釭 3-1554A
hàngāng 漢綱 6-54A
hàngānlùdǐng 漢甘露鼎
6-49A
hángāo 含膏 3-231A
hángāo 寒皋 3-1552B
hángǎo 函稿 2-510B
hángǎo 函藁 2-511A
hángào 函告 2-508A
hàngāo 漢皋 6-51B
hàngāo 漢高 6-51B
hàngāo 漢皐 6-52B
hàngāo 漢臯 6-53A
hàngāopèi 漢皋佩 6-51B
hàngāozhū 漢皐珠 6-53A
hángbān 航班 9-5B
hángbàn 行伴 3-896A
hángbāng 行幫 3-922A
hángbèi 行輩 3-918A

hángběn 杭本 4-878B
hángbì 行敝 3-909A
hángbì 行蔽 3-917A
hángbiāo 航標 9-6A
hángchē 行車 3-895B
hángchéng 航程 9-5B
hángchèng 行秤 3-905A
hángchōu 杭紬 4-879A
hángchōu 杭綢 4-879A
hángchuán 航船 9-5B
hángcì 航次 9-5A
hángcì 行次 3-894A
hángdang 行當 3-914A
hángdāng 笐簹 8-1151A
hángdàng 行檔 3-922A
hàngdàng 沆碭 5-993A
hángdào 航道 9-5B
hángdào 行道 3-912B
hàngdào 巷道 4-77B
hángdì 行第 3-908A
hángdōng 行東 3-897A
hángdù 桁渡 4-978A
hángduàn 杭緞 4-879B
hángduì 行隊 3-910A
hāngē 酣歌 9-1397B
hángē 含歌 3-231A
hángē 寒歌 3-1558A
hàngé 扞格 6-340A
hàngé 捍格 6-608A
hàngé 捍隔 6-608A
hàngé 漢閣 6-54A
hāngēhéngwǔ 酣歌恒舞 9-1397B
hángēng 寒更 3-1546B
hángēng 寒耕 3-1551B
hángěng 含梗 3-228B
hàngěng 悍梗 7-543B
hángēngrèyún 寒耕熱耘 3-1552A
hángēngshǔyún 寒耕暑耘 3-1551B
hāngēzuìwǔ 酣歌醉舞 9-1398A
hángfá 杭筏 4-879A
hángfǎng 杭紡 4-879A
hángfēi 行飛 3-904A
hángfū 行夫 3-888B
hānggē 夯歌 2-1492B
hánggē 行戈 3-889B
hánggū 行沽 3-899B
hánggǔ 行盬 3-923A
hánggǔ 行苦 3-897A
hángguī 行規 3-907A
hánghǎi 航海 9-5B
hánghǎitīshān 航海梯山 9-5B
hānghàn 夯漢 2-1492B
hángháng 吭吭 3-243A
hángháng 行行 3-893A
hànghàng 沆沆 5-993A
hànghàng 行行 3-893B
hánghángchūzhuàngyuán 行行出狀元 3-893B
hánghángzǐ 杭杭子 4-879A
hánghángzǐ 行行子 3-893B
hánghào 行號 3-914B
hánghǎohángdǎi 杭好杭歹 4-879A
hánghù 行户 3-890B
hánghuà 行化 3-890A
hánghuà 行話 3-915B
hánghuì 行會 3-915B
hánghuǒ 行夥 3-917A
hánghuò 行貨 3-908A
hánghuòzǐ 行貨子 3-908B
hángjì 行記 3-905B
hángjiā 行家 3-906A
hángjiāhú 杭嘉湖 4-879A
hángjiāhuà 行家話 3-906B
hángjiān 行間 3-912B/913A
hángjiānzìlǐ 行間字裏 3-913A
hángjiǎo 行角 3-896B
hángjiāshēnghuó 行家生活 3-906A
hángjù 杭劇 4-879A
hángjù 行距 3-907B
hángjuàn 杭絹 4-879A
hángjué 杭絕 4-879A
hángkōng 航空 9-5B
hángkòng 行空 3-899B
hángkōnggǎng 航空港 9-5B
hángkōngmǔjiàn 航空母艦 9-5B
hángkōngxìn 航空信 9-5B
hángkuǎn 行款 3-910A
hánglàn 行濫 3-922B
hànglàng 沆浪 5-993A
hánglǎo 行老 3-892A
hángliè 行列 3-892B
hánglǒng 行壟 3-923B
hángluó 行羅 3-923B
hàngmáng 沆茫 5-993A
hàngmǎng 沆漭 5-993A
hángméi 行枚 3-897A
hángmiánzhuàngmào 行綿撞帽 3-918A
hángmó 航模 9-5B
hángmò 迒陌 10-751B
hángmò 行墨 3-918B
hángōng 函工 2-507A
hángōng 寒宮 3-1551B
hàngōng 焊工 7-80A
hàngōng 漢宮 6-51A
hàngōngfēi 漢宮妃 6-51A
hángōngjǔzhǐ 含宮咀徵 3-227A
hángōngpà 韓公帕 12-679A
hàngōngqiū 漢宮秋 6-51A
hángōu 邗溝 10-580B
hángòu 含垢 3-225B
hángòu 含詬 3-230B
hángòu 函購 2-511A
hǎngòu 罕遘 8-1016B
hàngōu 汗溝 5-908B
hàngòu 汗垢 5-907A
hángòubāoxiū 含垢包羞 3-226A
hángòucángjí 含垢藏疾 3-226A
hángòucángxiá 含垢藏瑕 3-226A
hángòunàwū 含垢納汙 3-226A
hángòunàwū 含垢納污 3-226A
hángòunìxiá 含垢匿瑕 3-226A
hángòuqìxiá 含垢棄瑕 3-226A
hángòurěnchǐ 含垢忍恥 3-226A
hángòurěnrǔ 含垢忍辱 3-226A
hángòurěnwū 含垢忍污 3-226A
hángpù 行鋪 3-919A
hángpù 行舖 3-919A
hángqiáo 航橋 9-6A
hángqíng 行情 3-909B
hángqǔ 行曲 3-893A
hángrén 航人 9-5A
hángrén 行人 3-887B
hángsǎng 頏顙 12-273B
hángsǎng 吭嗓 3-243B
hángshā 杭紗 4-879A
hāngshì 夯市 2-1492B
hángshì 行市 3-891B
hángshì 行事 3-897B
hángshǒu 吭首 3-243A
hángshǒu 行首 3-902B
hángsì 行肆 3-913A
hángsuǒ 行所 3-898B
hángtáng 笐簹 8-1151A
hángtí 迒蹄 10-752A
hángtiān 航天 9-5A
hángtiānfēijī 航天飛機 9-5A
hángtiě 行帖 3-898B
hāngtiězhīfū 夯鐵之夫 2-1492B
hángtóu 行頭 3-920B
hángǔ 函谷 2-508A
hángǔ 涵谷 2-511B
hángǔ 寒谷 3-1547A
hángǔ 寒骨 3-1550A
hàngù 寒故 3-1550A
hàngǔ 旱穀 5-582B
hàngù 釬錮 11-1204A
hánguā 寒瓜 3-1545A
hànguà 汗掛 5-908A
hànguà 汗褂 5-908B
hánguān 邗關 10-580B
hánguān 函關 2-511B
hánguān 寒官 3-1549A
hánguān 寒關 3-1563A
hánguǎn 函管 2-510A
hánguǎn 涵管 5-1437A
hánguàn 涵灌 5-1437B
hànguān 漢官 6-50B
hànguān 漢關 6-55B
hánguāng 含光 3-224A
hánguāng 寒光 3-1546A
hànguāng 漢光 6-49B
hànguǎng 悍獷 7-544A
hánguāngtíng 寒光亭 3-1546A
hànguānwēiyí 漢官威儀 6-50B
hànguānyí 漢官儀 6-50B
hángǔguān 函谷關 2-508A
hánguǐ 函匭 2-509A
hànguì 翰檜 9-676A
hánguó 韓國 12-680B
hànguó 漢國 6-52B
hángǔsài 函谷塞 2-508A
hángǔwán 函谷丸 2-508A
hànguzhuang 旱孤樁 5-581B
hángwěi 航葦 9-5B
hāngwò 夯硪 2-1492B
hángwǔ 行五 3-888B
hángwǔ 行伍 3-893A
hángxī 杭西 4-879A
hángxiàn 航綫 9-6A
hángxiàn 絎綫 9-824A
hángxiàng 航向 9-5A
hángxié 頏頡 12-273B
hàngxiè 沆瀣 5-993A
hàngxiè 沆瀣 5-993B
hàngxiè 沆韰 5-993B
hàngxièjiāng 沆瀣漿 5-993B
hàngxièyīqì 沆瀣一氣 5-993B
hángxíng 航行 9-5A
hángxuàn 衖衖 3-981B
hángyá 行牙 3-889B
hángyān 吭咽 3-243A
hángyàn 行雁 3-910B
hángyáng 桁楊 4-978A
hàngyàng 沆瀁 5-993B
hángyángdāojù 桁楊刀鋸 4-978A
hángyè 行業 3-914A
hángyì 吭嗌 3-243B
hángyì 吭臆 3-243B
hángyǐng 杭穎 4-879A
hángyō 杭育 4-879A
hángyō 吭唷 3-243B
hángyòng 行佣 3-896A
hángyǔ 行窳 3-919B
hángyuàn 衖衕 3-981B
hángyuàn 衖院 3-981B
hángyuàn 衖衕 3-981B
hángyuàn 行院 3-904A
hángyuē 行約 3-904A
hángyuè 杭越 4-879A
hángyùn 航運 9-5B
hángyúzǐ 航魚子 12-1212A
hàngzé 沆澤 5-993B
hángzhàn 行棧 3-910B
hángzhèn 行陳 3-906B
hángzhèn 行陣 3-904A
hángzhǔ 行主 3-891B
hángzhuān 行專 3-907A
hángzhuāng 行莊 3-904B
hángzhuì 行級 3-904B

hángzhuì 行綴 3-918A
hángzǐ 航子 12-1212A
hángzǐ 杭子 4-878B
hángzǐ 衎子 3-981B
hángzǐ 行子 3-888A
hángzuò 行作 3-896A
hānhāi 鼾咍 12-1422A
hānhài 憨害 7-699A
hànhǎi 旱海 5-582A
hànhǎi 翰海 9-675A
hànhǎi 瀚海 6-205A
hànhǎi 澣海 6-160A
hànhài 悍害 7-543B
hánhǎisūcháo 韓海蘇潮 12-680B
hānhān 酣酣 9-1397A
hānhān 憨憨 7-699B
hānhān 鼾鼾 12-1422B
hánhán 含含 3-224B
hánhán 唅唅 3-364A
hánhán 涵涵 5-1436B
hánhàn 函翰 2-510B
hǎnhǎn 罕罕 8-1016A
hǎnhǎn 闞闞 12-153A
hànhàn 旰旰 5-581A
hànhàn 汗汗 5-906B
hànhàn 旱暵 5-582B
hànhàn 旱熯 5-583A
hànhàn 汧汧 5-1210A
hànhàn 暵旱 5-821A
hànhàn 暵暵 5-821A
hànhàn 駻駻 12-843A
hànhàn 顑頷 12-366B
hánhánhūhū 含含糊糊 3-224B
hánhánhúhú 含含胡胡 3-224B
hànhàntiántián 汗汗沺沺 5-906B
hánháo 含毫 3-228B
hànhào 汗號 5-908B
hànhào 漢皓 6-53A
hànhào 瀚灝 6-205A
hánháochóng 寒號蟲 3-1557A
hánhé 含和 3-225B
hánhé 函和 2-508A
hánhé 寒荷 3-1552A
hánhé 寒涸 3-1554B
hǎnhè 闞喝 12-153A
hànhé 熯涸 7-229A
hànhé 翰翮 9-676A
hànhè 暵赫 5-821A
hánhèn 含恨 3-227A
hànhèn 感恨 7-611B
hànhèn 憾恨 7-761A
hànhèng 悍橫 7-544A
hānhóng 酣紅 9-1396B
hánhóng 含弘 3-223B
hánhóng 含宏 3-225A
hánhóng 含洪 3-227A
hánhóng 含紅 3-227A
hánhóng 函弘 2-507B
hánhóng 寒泓 3-1549A
hánhóng 寒鴻 3-1562A
hànhóng 閈閎 12-24A
hānhōu 鼾齁 12-1422B
hānhòu 憨厚 7-699A
hǎnhǒu 闞吼 12-153A
hànhóu 豻侯 10-1327A
hànhòu 漢后 6-49B
hánhóusù 韓侯蔌 12-680A
hānhū 酣呼 9-1396B
hānhū 鼾呼 12-1422A
hánhū 含忽 3-225B
hánhū 寒乎 3-1545A
hánhú 含胡 3-226A
hánhú 含糊 3-231B
hánhú 含[illegible] 3-229B
hánhú 函胡 2-508B
hánhú 涵胡 5-1436A
hánhú [illegible][illegible] 3-400A
hánhù 寒沍 3-1547B
hànhū 感忽 7-610B
hànhù 豻户 10-1327A
hànhù 扞護 6-340B
hànhù 捍護 6-608B
hánhuā 含蘤 3-233A
hánhuā 含華 3-227A
hánhuā 寒花 3-1546B
hánhuā 寒華 3-1552A
hánhuá 含華 3-227A
hǎnhuà 喊話 3-414B
hànhuā 焊花 7-80A
hànhuà 漢話 6-53B
hánhuái 含懷 3-232B
hānhuān 酣歡 9-1399A
hānhuàn 酣豢 9-1397B
hánhuán 函轘 2-511B
hánhuàn 寒宦 3-1551B
hánhuāng 寒荒 3-1550A
hánhuáng 涵潢 5-1437B
hánhuáng 寒篁 3-1559B
hànhuāng 旱荒 5-582A
hànhuáng 漢皇 6-50B
hánhuángbó 含黄伯 3-228B
hānhūhū 憨乎乎 7-698B
hānhǔhǔ 憨虎虎 7-698B
hánhuī 寒灰 3-1545B
hánhuī 寒暉 3-1557A
hánhuì 寒卉 3-1545A
hànhuǐ 憾悔 7-761A
hànhuì 感恚 7-611B
hànhuì 憾恚 7-761A
hánhuīgèngrán 寒灰更然 3-1545B
hánhún 含渾 3-230A
hánhùn 含混 3-229A
hánhuó 函活 2-508B
hánhuǒ 寒火 3-1544B
hànhuǒ 汗火 5-905B
hànhuǒ 漢火 6-49A
hànhuò 感或 7-610A
hànhuò 旱禍 5-582B
hánhúqící 含糊其詞 3-232A
hánhúqící 含糊其辭 3-232A
hānízú 哈尼族 3-331B
hānjí 憨急 7-699A
hánjī 寒飢 3-1552B
hánjī 寒機 3-1561A
hánjī 寒饑 3-1563A
hánjī 寒虀 3-1563B
hánjī 寒齏 3-1564A
hánjí 寒疾 3-1553A
hánjí 寒瘠 3-1560A
hánjì 函寄 2-509B
hánjì 寒悸 3-1554B
hànjī 悍激 7-544A
hànjī 漢姬 6-52B
hànjī 漢雞 6-55A
hànjí 悍亟 7-543A
hànjí 悍急 7-543A
hànjí 悍疾 7-543B
hànjí 漢籍 6-55B
hànjì 汗迹 5-907A
hànjì 旱祭 5-582B
hànjì 悍忌 7-542B
hànjì 焊劑 7-80B
hànjì 翰迹 9-675A
hànjì 翰跡 9-675B
hánjiā 寒家 3-1553A
hánjià 寒假 3-1554A
hànjiā 汗浹 5-907B
hànjiā 漢家 6-52A
hànjiá 汗袷 5-908B
hánjiācāng 含嘉倉 3-230B
hànjiāfēijiàng 漢家飛將 6-52A
hānjiàn 憨健 7-699A
hánjiǎn 函柬 2-508A
hánjiǎn 寒儉 3-1560A
hánjiǎn 寒蹇 3-1562A
hánjiàn 函件 2-507B
hánjiàn 寒澗 3-1560B
hánjiàn 寒賤 3-1559B
hánjiàn 寒鑑 3-1563B
hǎnjiàn 罕見 8-1016A
hànjiān 悍堅 7-543B
hànjiān 漢奸 6-49B
hànjiǎn 汗鹼 5-908B
hànjiǎn 汗簡 5-909A
hànjiǎn 旱儉 5-583A
hànjiǎn 漢簡 6-55A
hànjiàn 漢劍 6-54A
hānjiàng 蚶醬 8-874A
hánjiāng 邗江 10-580B
hánjiāng 含漿 3-232A
hánjiāng 寒江 3-1546B
hánjiāng 寒漿 3-1560B
hánjiāng 寒螿 3-1562A
hánjiāng 寒將 3-1554B
hánjiǎng [illegible]蔣 9-560A
hànjiàng 扞將 6-340A
hànjiàng 悍將 7-543B
hànjiàng 漢將 6-52B
hānjiào 酣叫 9-1396B
hánjiāo 含嬌 3-232A
hánjiāo 寒郊 3-1549A
hánjiāo 寒茭 3-1549B
hánjiāo 寒膠 3-1560A
hánjiǎo 函脚 2-509B
hánjiǎo 寒角 3-1547A
hǎnjiào 喊叫 3-414A
hànjiāo 悍驕 7-544A
hànjiāo 漢椒 6-53A
hànjiǎo 汗脚 5-908A
hànjiǎo 悍狡 7-543A
hánjié 寒節 3-1557B
hànjiē 焊接 7-80A
hànjié 漢節 6-53B
hānjìn 憨勁 7-699A
hánjìn 涵浸 5-1436B
hánjìn 寒進 3-1554A
hánjìn 寒禁 3-1557A
hánjìn 寒噤 3-1561A
hánjìn 寒燼 3-1562B
hànjīn 汗巾 5-905A
hànjīn 漢津 6-51A
hánjīng 含經 3-230B
hánjīng 寒荊 3-1549B
hánjīng 寒晶 3-1555B
hánjǐng 含景 3-229B
hánjǐng 寒井 3-1543B
hánjǐng 寒景 3-1556A
hánjìng 寒徑 3-1552B
hánjìng 寒痙 3-1556A
hànjīng 悍睛 7-543B
hànjīng 漢京 6-50A
hànjǐng 旱井 5-581A
hànjìng 悍勁 7-543A
hànjìng 漢鏡 6-55A
hànjīngchǎng 漢經廠 6-53B
hánjīngjǔhuá 含菁咀華 3-228B
hánjīngtáng 含經堂 3-230B
hánjìnjìn 寒浸浸 3-1553A
hànjīnjīn 汗津津 5-907A
hànjìnjìn 汗浸浸 5-908A
hánjiōng 寒坰 3-1547B
hánjiǒng 寒窘 3-1556B
hànjiǔ 汗酒 5-907B
hànjiù 捍救 6-608A
hánjū 寒居 3-1549B
hánjú 寒局 3-1547B
hánjú 寒菊 3-1553B
hánjǔ 含苴 3-225A
hánjǔ 含咀 3-225B
hánjǔ 涵咀 5-1436A
hánjù 寒具 3-1548B
hánjù 寒寠 3-1559A
hánjù 寒窶 3-1561B
hánjù 寒懼 3-1563B
hánjù 寒[illegible] 3-1561B
hànjù 扞拒 6-339B
hànjù 捍拒 6-607B
hànjù 漢劇 6-54A
hánjué 含嚼 3-233A
hánjué 寒厥 3-1555B
hànjué 漢爵 6-55A
hánjùlù 含俱録 3-228A
hánjùn 寒雋 3-1556A
hánjùn 寒俊 3-1550B
hánjùn 寒畯 3-1556A
hánjùn 寒儁 3-1558B
hànjūn 旱軍 5-582A
hànjūn 漢軍 6-51A

hànjūnbāqí 漢軍八旗 6-51A
hànjūnquē 漢軍缺 6-51B
hánkāi 函開 2-509B
hánkāng 韓康 12-680B
hànkàng 旱亢 5-581B
hānké 蚶殼 8-874A
hánkē 寒柯 3-1550A
hánkè 寒客 3-1551B
hànkē 憾軻 7-761B
hànkē 頷頦 12-320B
hànkè 漢刻 6-50A
hánkōng 涵空 5-1436A
hánkǔ 寒苦 3-1547B
hánkù 寒酷 3-1558B
hánkuà 含跨 3-230A
hánkuò 函括 2-508B
hánlà 寒臘 3-1563A
hànlà 漢臘 6-55A
hánlài 寒瀨 3-1563A
hánlài 寒籟 3-1563B
hánláishǔwǎng 寒來暑往 3-1548A
hànlàn 旰爛 5-581A
hānláng 憨郎 7-699A
hǎnlǎng 豃朗 10-1325B
hànlào 旱澇 5-583A
hānlè 酣樂 9-1398B
hánléi 含靁 3-233A
hánlèi 含淚 3-229A
hánlèi 含類 3-232B
hànléi 旱雷 5-582B
hànléi 撼雷 6-907B
hánlěng 寒冷 3-1547A
hánléngzhījiàn 韓棱之劍 12-681A
hánlì 含利 3-224B
hánlì 含糲 3-233A
hánlì 寒栗 3-1552A
hánlì 寒慄 3-1558A
hánlì 寒厲 3-1558B
hánlì 寒癘 3-1562A
hǎnlì 罕儷 8-1016B
hànlǐ 漢禮 6-55A
hànlì 扞戾 6-340A
hànlì 汗栗 5-907B
hànlì 汗粒 5-908A
hànlì 汗慄 5-908B
hànlì 旱沴 5-581B
hànlì 悍吏 7-542B
hànlì 悍戾 7-543A
hànlì 悍厲 7-544A
hànlì 漢隸 6-55A
hànlì 翰厲 9-675B
hānlián 憨憐 7-699B
hánlián 寒廉 3-1557B
hánliǎn 含臉 3-232B
hànlián 旱蓮 5-582B
hànlián 頷聯 12-320B
hànliǎn 含斂 3-232B
hànliǎn 含歛 3-232B
hànliàn 含襝 3-233A
hànliàn 含殮 3-232A
hánliáng 寒涼 3-1553A
hánliáng 寒涼 3-1554B
hánliàng 含量 3-229B
hánliàng 涵亮 5-1436B
hánliàng 涵量 5-1436B
hànliánhuā 旱蓮花 5-582B
hānliáo 憨獠 7-699B
hánliáo 寒燎 3-1561B
hánliáo 寒飂 3-1563A
hànliào 焊料 7-80A
hánliǎowènjí 含蓼問疾 3-230B
hánliè 函列 2-507B
hánliè 寒劣 3-1546A
hánliè 寒冽 3-1548B
hánliè 寒烈 3-1552B
hánlìlì 寒慄慄 3-1558A
hánlín 寒林 3-1548A
hánlǐn 寒凛 3-1560A
hánlìn 含㐭 3-224A
hànlín 翰林 9-674B
hánlíng 含靈 3-233A
hánlìng 函令 2-507B
hánlìng 韓令 12-679B
hànlíng 漢陵 6-52A
hánlíngpiànshí 韓陵片石 12-680B
hánlíngshān 韓陵山 12-680B
hánlíngshí 韓陵石 12-680B
hánlíngzǐ 含鈴子 3-230A
hánlǐnlǐn 寒凛凛 3-1560A
hànlīnlīn 汗淋淋 5-908A
hánlínsǔnchū 寒林笋出 3-1548A
hànlínxuéshì 翰林學士 9-675A
hànlínyuàn 翰林院 9-675A
hànlínzǐmò 翰林子墨 9-674B
hánliú 寒流 3-1553A
hánliú 韓流 12-680B
hánliǔ 韓柳 12-679B
hánliù 寒溜 3-1558A
hànliǔ 旱柳 5-582A
hànliújiābèi 汗流夾背 5-907B
hànliújiābèi 汗流浹背 5-908A
hànliújiāfū 汗流浹膚 5-908A
hànliújiātǐ 汗流浹體 5-908A
hànliújiāzhǒng 汗流浹踵 5-908A
hànliújiēzhǒng 汗流接踵 5-908A
hànliúmǎnmiàn 汗流滿面 5-908A
hánliǔ'ōusū 韓柳歐蘇 12-680A
hànliúqiàbèi 汗流洽背 5-908A
hànliúqiàyī 汗流洽衣 5-908A
hànliúzhìzhǒng 汗流至踵 5-907B
hánlìzi 寒栗子 3-1552A
hànlóng 旱龍 5-583A
hánlòu 寒陋 3-1549B
hánlòu 寒漏 3-1559A
hánlú 寒蘆 3-1563A
hánlú 寒爐 3-1563A
hánlú 韓盧 12-682A
hánlú 韓獹 12-682B
hánlù 含露 3-233A
hánlù 寒露 3-1563B
hánlù 寒鷺 3-1564A
hànlú 漢臚 6-55B
hànlǔ 悍虜 7-543B
hànlǔ 漢虜 6-53B
hànlù 旱路 5-582B
hànlù 旱麓 5-583A
hānluàn 酣亂 9-1397B
hànlùlù 汗漉漉 5-909A
hǎnlún 罕倫 8-1016B
hánluò 函洛 2-508B
hánluò 函洛 2-511B
hánluò 寒落 3-1555A
hànluò 撼落 6-907B
hánlúzhújùn 韓盧逐㕙 12-682A
hánlúzhúkuài 韓獹逐塊 12-682B
hánlǜ 寒律 3-1550B
hànlǚ 漢旅 6-52A
hànlǜ 漢律 6-50B
hánmǎ 韓馬 12-680A
hànmá 漢麻 6-52B
hànmǎ 扞馬 6-340A
hànmǎ 汗馬 5-907A
hànmǎ 捍馬 6-608A
hànmǎgōng 汗馬功 5-907B
hànmǎgōngláo 汗馬功勞 5-907B
hánmài 寒麥 3-1553B
hànmái 旱霾 5-583A
hǎnmàn 罕漫 8-1016B
hànmàn 汗漫 5-908B
hànmàn 瀚漫 6-205A
hánmáng 寒芒 3-1545B
hánmáng 寒鋩 3-1558B
hànmǎniú 汗馬牛 5-907B
hànmànyóu 汗漫遊 5-909A
hánmáo 寒毛 3-1544A
hánmáo 寒茅 3-1548A
hánmào 函冒 2-508B
hànmáo 乾毛 6-1015A
hànmáo 汗毛 5-905B
hànmáo 翰毛 9-674B
hànmào 悍媢 7-543B
hànmáokǒng 汗毛孔 5-905B
hànmǎzhīgōng 汗馬之功 5-907A
hànmǎzhīláo 汗馬之勞 5-907A
hánméi 寒梅 3-1553B
hánméi 寒煤 3-1557B
hánmén 寒門 3-1549A
hānmèng 酣夢 9-1397B
hánméng 寒盟 3-1557A
hánmèng 寒夢 3-1556B
hánmèng 寒孟 3-1549B
hánmèng 韓孟 12-679B
hànmì 豻禖 10-1327A
hānmián 酣眠 9-1396B
hānmián 鼾眠 12-1422A
hānmiǎn 酣湎 9-1397B
hànmiáo 漢苗 6-50A
hànmiáodéyǔ 旱苗得雨 5-581B
hánmín 寒民 3-1545B
hànmín 悍民 7-542B
hànmín 漢民 6-49B
hánmíng 邗溟 10-580B
hánmíng 寒鳴 3-1558B
hànmìng 頷命 12-320B
hánmínggōu 邗溟溝 10-580B
hánmíngyǐnjì 含明隱迹 3-225B
hànmínzú 漢民族 6-49B
hānmiù 憨謬 7-699B
hànmiù 悍謬 7-544A
hànmò 翰墨 9-675B
hànmò 瀚漠 6-205A
hànmòchǎng 翰墨場 9-675B
hànmòlín 翰墨林 9-675B
hànmòrén 翰墨人 9-675B
hánmóu 含眸 3-228B
hànmòyán 翰墨筵 9-675B
hànmòyuán 翰墨緣 9-675B
hánmù 寒木 3-1544A
hànmǔ 旱母 5-581B
hànmù 悍目 7-542B
hànmù 睅目 7-1222A
hánnà 含納 3-228B
hánnà 寒衲 3-1551B
hánnán 寒難 3-1563A
hànnàn 捍難 6-608A
hānnáo 酣呶 9-1396B
hánněi 寒餒 3-1560A
hánněi 寒餧 3-1561B
hànnì 悍逆 7-543A
hànnì 捍逆 6-608A
hánnián 寒年 3-1546A
hánniǎo 寒鳥 3-1554A
hánniú 函牛 2-507A
hànniú 汗牛 5-905B
hànniúchōngdòng 汗牛充棟 5-905B
hànniúchōngwū 汗牛充屋 5-905B
hánniúdǐng 函牛鼎 2-507A
hànniúmǎ 汗牛馬 5-905B
hànniúsāidòng 汗牛塞棟 5-905B
hánniúzhīdǐng 函牛之鼎 2-507A
hánnù 含怒 3-227A
hànnù 悍怒 7-543A
hánnuǎn 寒暖 3-1557A
hánnuǎn 寒煖 3-1557B
hánnǚ 寒女 3-1543B
hànnǚ 漢女 6-48B
hānnüè 酣謔 9-1398B

hánnüè 寒瘧 3-1558B
hànnüè 旱虐 5-582A
hànnüè 悍虐 7-543A
hān'ōu 酣謳 9-1399A
hán'ou 韓歐 12-682A
hàn'ǒu 旱藕 5-583A
hán'ōuyuē 寒鷗約 3-1563B
hánpā 含葩 3-229B
hánpā 寒葩 3-1555A
hànpái 捍牌 6-608A
hánpáo 寒庖 3-1549A
hánpáo 寒匏 3-1553B
hánpēi 寒醅 3-1559B
hànpèi 漢佩 6-50A
hànpèi 漢珮 6-51B
hánpéng 寒蓬 3-1556B
hánpéng 韓朋 12-679B
hánpéng 韓彭 12-681A
hánpéngmù 韓朋木 12-679B
hánpéngniǎo 韓朋鳥 12-679B
hānpí 憨皮 7-698B
hánpí 寒脾 3-1556A
hànpì 悍辟 7-544A
hánpiàn 函片 2-507A
hánpiàn 寒片 3-1544B
hànpiào 悍慓 7-544A
hànpiàoqiānchù 漢票簽處 6-52B
hánpín 含嚬 3-232B
hánpín 含顰 3-233A
hánpín 寒貧 3-1554A
hánpǐn 寒品 3-1550A
hánpíng 韓馮 12-681A
hánpíng 韓憑 12-682A
hànpíng 捍屏 6-608A
hànpíng 翰屏 9-675A
hánpíngchéng 韓馮城 12-681A
hánpíngchéng 韓憑城 12-682B
hánpò 寒魄 3-1558B
hànpō 悍潑 7-544A
hānpú 酣醋 9-1398A
hánpú 寒蒲 3-1556B
hánpǔ 寒浦 3-1553A
hànpú 漢酺 6-53B
hànpǔ 漢浦 6-52A
hānqì 憨氣 7-699A
hánqī 含戚 3-228B
hánqī 含慼 3-231B
hánqī 寒栖 3-1552A
hánqī 寒棲 3-1555A
hánqǐ 寒乞 3-1543B
hánqì 含氣 3-227B
hánqì 寒砌 3-1550A
hánqì 寒氣 3-1552B
hánqì 寒磧 3-1561A
hǎnqí 罕旗 8-1016B
hànqì 汗氣 5-907B
hànqì 旱氣 5-582A
hànqì 悍氣 7-543B
hānqià 酣洽 9-1396B
hànqià 汗洽 5-907A
hánqiān 寒慳 3-1559A
hánqiàn 寒欠 3-1544B
hànqiàn 旱歉 5-582B
hànqiāng 焊槍 7-80A
hànqiáng 悍强 7-543B
hánqiào 寒峭 3-1552B
hànqiáo 旱橋 5-583A
hànqiáo 悍趬 7-544A
hánqiè 寒怯 3-1549A
hánqǐ'ér 寒乞兒 3-1543B
hānqǐn 酣寢 9-1398A
hānqǐn 憨寢 7-699A
hānqǐn 鼾寢 12-1422B
hánqīn 寒衾 3-1552B
hánqín 函秦 2-509A
hànqín 旱芹 5-581B
hánqīng 寒青 3-1547B
hánqīng 寒清 3-1554B
hánqíng 含情 3-229A
hánqíng 寒檠 3-1560B
hánqíng 韓檠 12-682A
hánqǐng 函請 2-510B
hánqìng 寒磬 3-1560B
hànqīng 汗青 5-906B
hànqíng 旱情 5-582B
hánqíngmòmò 含情脉脉 3-229A
hànqīngtóubái 汗青頭白 5-906B
hánqióng 寒筇 3-1554A
hánqióng 寒蛩 3-1555A
hánqióng 寒瓊 3-1562B
hánqiū 寒丘 3-1545A
hánqiū 寒邱 3-1547A
hánqiū 寒秋 3-1550B
hánqiū 寒楸 3-1557A
hànqū 漢區 6-52B
hánquán 寒泉 3-1550B
hánquángāng 寒泉岡 3-1550B
hánquánzhīsī 寒泉之思 3-1550B
hánquè 寒埆 3-1552A
hánquè 寒雀 3-1553B
hánquè 寒鵲 3-1563A
hànquē 漢缺 6-51B
hānrán 酣然 9-1397A
hānrán 谽然 10-1320B
hànrán 悍然 7-543B
hànrǎn 翰染 9-675A
hànránbùgù 悍然不顧 7-543B
hánrè 寒熱 3-1559A
hànrè 暵熱 5-821A
hànrè 熯熱 7-229A
hánrèbìng 寒熱病 3-1559A
hánrén 函人 2-506B
hánrén 寒人 3-1543A
hánrěn 含忍 3-225A
hánrěn 涵忍 5-1436A
hànrén 悍人 7-542B
hànrén 漢人 6-48A
hánrénhuáiyì 含仁懷義 3-223B
hánrènzhīdì 函刃之地 2-511B
hánrì 寒日 3-1544A
hànrìtiānzhǒng 漢日天種 6-48B
hánróng 含容 3-228B
hánróng 含榮 3-231A
hánróng 涵容 5-1436B
hánróng 涵溶 5-1437A
hánróng 寒榮 3-1559A
hánrǒng 寒宂 3-1545B
hànróngróng 汗溶溶 5-908B
hánrú 函濡 2-511A
hánrú 涵濡 5-1437B
hánrú 寒儒 3-1561A
hánrǔ 含辱 3-227B
hánruǐ 寒蕊 3-1559B
hànruì 悍鋭 7-544A
hánrùn 涵潤 5-1437B
hànrúyǔxià 汗如雨下 5-906B
hánsài 函塞 2-510A
hánsài 寒塞 3-1558A
hànsài 悍塞 7-544A
hánsān 函三 2-507A
hánsǎn 寒糝 3-1559B
hànsǎn 旱傘 5-582B
hǎnsǎngzi 喊嗓子 3-414B
hānsè 酣色 9-1396B
hānsè 憨澀 7-699B
hánsè 寒色 3-1546A
hánsè 寒嗇 3-1557A
hánsè 寒澀 3-1562A
hànsè 捍塞 6-608A
hànsēng 漢僧 6-53B
hánsēnsēn 寒森森 3-1555A
hānshǎ 憨傻 7-699A
hánshā 含沙 3-224B
hánshā 寒沙 3-1547B
hánshān 寒山 3-1543A
hánshǎn 函陝 2-509A
hánshàn 寒疝 3-1549A
hǎnshān 喊山 3-414A
hànshān 峼山 3-819B
hànshān 汗衫 5-906B
hānshāng 酣觴 9-1399A
hānshǎng 酣賞 9-1398B
hánshāng 含傷 3-230A
hánshāng 函商 2-509B
hánshāng 寒商 3-1554A
hánshāngjǔzhǐ 含商咀徵 3-229A
hánshānshí 韓山石 12-679A
hánshānsì 寒山寺 3-1543B
hánshānzǐ 寒山子 3-1543A
hánshāshèyǐng 含沙射影 3-225A
hánshāyù 含沙蜮 3-225A
hánshè 寒舍 3-1548B
hánshěn 寒審 3-1560B
hānshēng 憨生 7-698B
hānshēng 鼾聲 12-1422B
hánshēng 含生 3-223B
hánshēng 函生 2-507B
hánshēng 寒生 3-1545A
hánshēng 寒聲 3-1561B
hànshèng 漢聖 6-53A
hānshēnghānqì 憨聲憨氣 7-699B
hānshí 憨實 7-699A
hānshì 酣嗜 9-1397B
hānshì 酣適 9-1398A
hānshì 酣奭 9-1398A
hánshī 函師 2-509A
hánshī 寒溼 3-1557B
hánshī 寒濕 3-1562A
hánshī 韓詩 12-681B
hánshí 含識 3-232B
hánshí 寒石 3-1545A
hánshí 寒拾 3-1549B
hánshí 寒食 3-1550B
hánshǐ 函矢 2-507B
hánshǐ 函使 2-508A
hánshì 含噬 3-232A
hánshì 函示 2-507B
hánshì 寒士 3-1543A
hánshì 寒事 3-1548A
hánshì 寒室 3-1551B
hánshì 寒勢 3-1556B
hǎnshì 罕事 8-1016A
hànshí 旱石 5-581B
hànshí 悍石 7-542B
hànshí 悍實 7-544A
hànshǐ 漢史 6-49A
hànshì 扞士 6-339B
hànshì 悍士 7-542B
hànshì 悍室 7-543A
hànshì 漢氏 6-49A
hànshì 漢室 6-51A
hànshì 漢晢 6-53B
hànshì 憾事 7-761A
hánshísǎn 寒食散 3-1551A
hánshǐxiānggōng 函矢相攻 2-507B
hánshōu 含收 3-224B
hánshǒu 函首 2-508B
hánshòu 函受 2-508A
hánshòu 函授 2-509A
hánshòu 涵受 5-1436A
hánshòu 寒瘦 3-1558B
hánshòu 韓壽 12-681B
hànshǒu 頷首 12-320B
hánshòufēnxiāng 韓壽分香 12-681B
hánshòutōuxiāng 韓壽偷香 12-681B
hánshòuxiāng 韓壽香 12-681B
hánshòuxuéxiào 函授學校 2-509A
hánshū 函書 2-509A
hánshū 寒蔬 3-1559B
hánshǔ 寒暑 3-1555B
hánshù 函數 2-510B
hánshù 寒庶 3-1554B
hánshù 寒漱 3-1559A
hánshù 寒樹 3-1561A
hànshù 扞戍 6-339B
hánshuāng 含霜 3-232B
hánshuāng 寒霜 3-1562A

hánshuānglǚxuě 含霜履雪 3-232B
hánshǔbiǎo 寒暑表 3-1555B
hānshuì 酣睡 9-1397B
hānshuì 馯睡 12-1422A
hánshuǐ 邗水 10-580B
hánshuǐ 涵水 5-1436A
hánshuǐ 寒水 3-1544B
hànshuǐ 汗水 5-905B
hànshuì 感帨 7-612B
hànshuì 汗帨 5-907B
hànshuǐjīng 旱水晶 5-581B
hánshùjì 含漱劑 3-231A
hánshǔn 含吮 3-224B
hánshūniǔ 含樞紐 3-231A
hánshǔzhēn 寒暑針 3-1555B
hànshǔzhīxiāng 漢署之香 6-53B
hānsì 酣肆 9-1397B
hánsī 含思 3-226B
hánsī 函思 2-508B
hánsī 寒澌 3-1560A
hánsī 寒颸 3-1562B
hánsì 涵肆 5-1437A
hánsì 寒寺 3-1545B
hànsī 汗絲 5-908B
hànsī 漢思 6-50B
hánsīchóng 含絲蟲 3-230A
hánsōng 寒松 3-1548A
hánsǒng 寒悚 3-1553A
hánsòu 寒嗽 3-1558B
hànsǒu 翰藪 9-676A
hánsōusōu 寒颼颼 3-1562B
hánsū 寒酥 3-1555A
hánsù 含素 3-227A
hánsù 寒素 3-1552A
hánsù 寒粟 3-1555A
hánsù 寒肅 3-1558A
hànsù 翰素 9-675A
hánsuān 含酸 3-231A
hánsuān 寒酸 3-1558B
hánsuì 寒歲 3-1557A
hánsuì 寒碎 3-1557A
hánsuì 含襚 3-232B
hánsǔn 寒筍 3-1556A
hánsuō 寒梭 3-1553B
hánsuō 寒蓑 3-1556B
hánsuō 寒縮 3-1562A
hánsuǒ 函索 2-509A
hànsuǒ 捍索 6-608A
hánsùzi 寒粟子 3-1555A
hàntā 汗塌 5-908B
hàntā 汗禢 5-909A
hàntǎ 旱獺 5-583A
hāntài 酣態 9-1398A
hāntài 憨態 7-699B
hántāi 含胎 3-226B
hántāi 寒胎 3-1551A
hántài 含態 3-231A
hántāihuā 含胎花 3-226B
hántán 寒潭 3-1560B
hántán 韓壇 12-682A
hántàn 含歎 3-231A
hántáng 寒塘 3-1556B
hǎntángwēi 喊堂威 3-414A
hántáo 含桃 3-227B
hántáo 寒桃 3-1552A
hánténg 寒藤 3-1562B
hántí 含啼 3-229B
hántí 含荑 3-226A
hántí 寒綈 3-1558A
hántì 含涕 3-228A
hāntián 蚶田 8-873B
hántiān 寒天 3-1544A
hàntián 旱田 5-581B
hàntiānchìdì 熯天熾地 7-228B
hàntiánláng 漢田郎 6-49A
hāntiào 憨跳 7-699A
hántiáo 寒條 3-1552B
hántiáo 寒蜩 3-1558B
hàntiáo 焊條 7-80A
hántīng 含聽 3-233A
hántīng 寒汀 3-1545A
hántīng 寒廳 3-1564A
hàntíng 漢庭 6-50B
hántóng 寒銅 3-1558B
hàntǒng 漢統 6-53A
hāntònglínlí 酣痛淋漓 9-1397B
hàntóu 頷頭 12-320B
hāntóuhānnǎo 憨頭憨腦 7-699B
hántū 寒突 3-1551B
hántǔ 含吐 3-224A
hántù 寒兔 3-1548B
hàntū 感突 7-611B
hàntū 騍突 12-843A
hàntǔ 漢土 6-48A
hántuǐ 寒腿 3-1557B
hāntuó 酣酡 9-1397A
hántuō 函托 2-507B
hántuó 寒橐 3-1561A
hántuò 寒柝 3-1550A
hántúrúdú 含荼茹毒 3-227A
hānwán 憨頑 7-699A
hánwǎn 寒晚 3-1554A
hànwán 悍頑 7-543B
hànwáng 漢王 6-48B
hànwǎng 扞網 6-340A
hánwángdiàn 韓王殿 12-679A
hánwǎngshǔlái 寒往暑來 3-1548B
hànwāngwāng 汗汪汪 5-906B
hánwēi 寒威 3-1550A
hánwēi 寒微 3-1557B
hánwěi 寒緯 3-1560B
hánwèi 含味 3-225B
hánwèi 函渭 2-509B
hánwèi 韓魏 12-682B
hánwèi 汗位 5-906B
hànwèi 扞衛 6-340A
hànwèi 捍衛 6-608A
hánwēn 寒温 3-1556A
hánwén 含文 3-223B
hánwén 寒文 3-1544B
hánwèn 函問 2-509B
hǎnwén 罕聞 8-1016B
hànwén 漢文 6-49A
hānwò 酣卧 9-1396B
hānwò 馯卧 12-1422A
hánwū 含汙 3-224B
hánwū 寒屋 3-1551B
hánwū 寒烏 3-1552B
hánwú 寒蕪 3-1559B
hánwù 寒霧 3-1562B
hǎnwù 罕物 8-1016A
hànwū 汗污 5-906B
hànwǔ 漢武 6-49B
hánwǔjì 寒武紀 3-1547B
hànwǔquán 漢武泉 6-49B
hánwūrěngòu 含汙忍垢 3-224B
hànwǔtái 漢武臺 6-49B
hánwǔxì 寒武系 3-1547B
hānxī 酣嬉 9-1398B
hānxī 憨嬉 7-699B
hānxī 馯息 12-1422A
hānxì 憨戲 7-699B
hánxī 函犀 2-509B
hánxī 寒溪 3-1558A
hánxī 寒錫 3-1561B
hánxí 函席 2-509A
hánxì 寒細 3-1555A
hǎnxī 罕稀 8-1016B
hànxī 焊錫 7-80B
hànxī 憾惜 7-761B
hànxī 撼膝 6-907B
hànxí 汗席 5-907B
hānxiā 谽嗬 10-1320B
hānxiā 谽谺 10-1320A
hānxiā 谽䆉 10-1320B
hānxiā 唅呀 3-364A
hānxiá 酣狎 9-1396B
hānxiā 谽閜 10-1320B
hānxiā 谽嗬 10-1320B
hánxiá 函匣 2-507B
hánxià 函夏 2-509A
hànxià 汗下 5-905A
hánxiájīgòu 含瑕積垢 3-230A
hánxiān 寒蠊 3-1563B
hánxiān 螊蠊 8-974B
hánxiàn 寒霰 3-1563A
hànxiàn 汗腺 5-908B
hānxiāng 酣香 10-140A
hánxiāng 含香 3-226B
hánxiāng 寒香 3-1550A
hánxiāng 寒鄉 3-1554B
hánxiāng 韓香 12-680A
hánxiāng 韓湘 12-681A
hànxiàng 旱象 5-582B
hánxiāngshǔ 含香署 3-226B
hánxiāngzhèn 函箱陣 2-510B
hánxiāngzǐ 韓湘子 12-681A
hānxiào 酣笑 9-1397A
hānxiào 憨笑 7-699A
hánxiāo 含消 3-228A
hánxiāo 寒宵 3-1553B
hánxiáo 函崤 2-509B
hánxiǎo 寒小 3-1543A
hánxiǎo 寒曉 3-1561A
hánxiào 含孝 3-224B
hánxiào 含笑 3-227B
hǎnxiāo 闞虓 12-153A
hánxiàohuā 含笑花 3-228A
hánxiāolí 含消梨 3-228A
hánxiàorùdì 含笑入地 3-227B
hānxiè 酣媟 9-1397B
hánxiè 寒灺 3-1547B
hánxiè 寒泄 3-1549A
hànxié 汗邪 5-906A
hānxīlínlí 酣嬉淋漓 9-1398B
hánxīn 含欣 3-225B
hánxīn 函心 2-507A
hánxīn 寒心 3-1544B
hánxìn 寒信 3-1550B
hànxīn 熯薪 7-229A
hānxìng 酣興 9-1398B
hánxīng 寒星 3-1550A
hànxīng 汗星 5-907A
hànxìng 漢姓 6-50B
hánxīngyán 涵星研 5-1436B
hánxìnjiàngbīng… 韓信將兵,多多益善 12-680A
hánxīnrěnkǔ 含辛忍苦 3-224B
hánxīnrúkǔ 含辛茹苦 3-224B
hánxìntán 韓信壇 12-680A
hánxīnxiāozhì 寒心消志 3-1544B
hánxīnxiāozhì 寒心銷志 3-1544B
hánxìnyòngbīng… 韓信用兵,多多益辦 12-680A
hánxiū 含羞 3-228A
hánxiū 寒羞 3-1553A
hánxiù 含秀 3-224B
hànxiū 汗羞 5-907B
hánxiūcǎo 含羞草 3-228A
hānxǔ 酣湑 9-1397B
hānxǔ 酣醑 9-1398B
hánxū 含虛 3-228B
hánxū 涵虛 5-1436B
hánxú 韓徐 12-680A
hánxù 含畜 3-228A
hánxù 含煦 3-230A
hánxù 含蓄 3-230A
hánxù 涵煦 5-1437A
hánxù 涵蓄 5-1437A
hánxù 寒壻 3-1555A
hànxù 漢緒 6-54A
hánxuān 寒暄 3-1556A
hánxuān 寒暄 3-1557A
hánxué 寒穴 3-1545A
hánxuě 寒雪 3-1553B
hánxuè 含血 3-224A
hànxué 漢學 6-54B
hànxué 翰學 9-676A
hànxuě 頷雪 12-320B

hànxuè 汗血 5-906A
hànxuéjiā 漢學家 6-54B
hànxuèjū 汗血駒 5-906A
hànxuèmǎ 汗血馬 5-906A
hánxuèpēnrén 含血噴人 3-224A
hánxuèsùnrén 含血潠人 3-224A
hánxuèxùnrén 含血噀人 3-224A
hànxuèyánchē 汗血鹽車 5-906A
hānxūn 酣醺 9-1399A
hánxūn 含薰 3-232A
hánxún 函詢 2-510A
hánxún 寒潯 3-1560B
hánxūngé 含薰閣 3-232A
hānyā 舚呀 10-1320A
hányā 寒鴉 3-1559B
hányā 寒鵶 3-1563A
hányá 寒芽 3-1546B
hányá 峆岈 3-821B
hányǎ 寒雅 3-1555B
hányà 碒砑 7-1053A
hǎnyā 喊呀 3-414A
hányádàijiǎo 含牙帶角 3-223A
hányádàijiǎo 含牙戴角 3-223B
hānyàn 酣宴 9-1397A
hānyàn 酣燕 9-1398B
hānyàn 酣讌 9-1399A
hānyàn 酣艷 9-1399A
hányān 含煙 3-230B
hányān 涵淹 5-1436B
hányān 寒烟 3-1553A
hányān 寒煙 3-1557B
hányán 寒蜒 3-1556A
hányán 寒巖 3-1563B
hányǎn 函掩 2-509A
hányǎn 涵衍 5-1436B
hányǎn 涵演 5-1437B
hányàn 含咽 3-226B
hányàn 寒硯 3-1555A
hányàn 寒雁 3-1555B
hányàn 寒鴈 3-1559B
hányàn 寒餤 3-1561B
hányàn 寒鷃 3-1563B
hányàn 寒艶 3-1564A
hányàn 寒豔 3-1564A
hànyān 旱烟 5-582A
hànyān 旱煙 5-582B
hànyán 汗顏 5-909A
hànyàn 漢燕 6-54B
hànyāndài 旱烟袋 5-582A
hányáng 寒羊 3-1546B
hányáng 寒瘍 3-1558B
hányǎng 含養 3-231A
hányǎng 函養 2-510A
hányǎng 涵養 5-1437A
hànyāng 旱殃 5-582A
hànyángjiāng 漢洋江 6-51A
hànyángjiāng 漢陽江 6-52B
hànyāngtián 旱秧田 5-582A
hànyānguǎn 旱烟管 5-582A
hànyānguō 旱烟鍋 5-582A
hànyángzào 漢陽造 6-52B
hànyāntong 旱烟筒 5-582A
hànyánwúdì 汗顏無地 5-909A
hányānzhōu 含烟舟 3-228A
hányāo 函邀 2-510B
hányáo 寒窑 3-1554B
hànyáo 撼搖 6-907B
hànyào 汗藥 5-909A
hànyào 悍藥 7-544A
hànyào 焊藥 7-80B
hányē 寒暍 3-1557A
hányě 寒野 3-1553B
hányè 寒夜 3-1549A
hányè 寒液 3-1554B
hányè 寒葉 3-1555A
hànyè 汗液 5-908A
hányī 寒衣 3-1546B
hányī 寒漪 3-1559A
hányí 含飴 3-230B
hányì 含意 3-230B
hányì 含義 3-230B
hányì 函義 2-510A
hányì 涵意 5-1437A
hányì 涵義 5-1437A
hányì 寒意 3-1557B
hǎnyì 罕異 8-1016B
hànyī 汗衣 5-906B
hànyí 感移 7-613A
hànyí 漢沂 6-49B
hànyí 漢儀 6-54A
hànyí 頷頤 12-320B
hànyì 漢易 6-50A
hānyín 酣淫 9-1397A
hānyǐn 酣飲 9-1397A
hányīn 寒音 3-1551B
hányīn 寒陰 3-1553B
hányín 寒吟 3-1547A
hányǐn 函隱 2-510B
hányǐn 寒蚓 3-1552B
hányǐn 蹇蚓 8-949A
hànyīn 漢音 6-51A
hànyīn 漢陰 6-52A
hànyīn 翰音 9-675A
hànyìn 漢印 6-49B
hányīng 含英 3-225A
hányīng 寒英 3-1548A
hányīng 寒霙 3-1561A
hányīng 寒膺 3-1562A
hányīng 寒櫻 3-1563B
hányíng 浛瀯 5-1384A
hányíng 寒營 3-1561B
hányíng 寒蠅 3-1563A
hányǐng 含景 3-229B
hányǐng 含穎 3-232A
hányǐng 寒影 3-1559B
hányìng 涵映 5-1436A
hányīngjǔhuá 含英咀華 3-225A
hànyīnguàn 漢陰灌 6-52A
hànyīnjī 漢陰機 6-52A
hànyīnlǎo 漢陰老 6-52A
hànyīnlǎofù 漢陰老父 6-52A
hányínòngsūn 含飴弄孫 3-230B
hànyīnqiào 漢陰誚 6-52A
hányīzhīdé 含一之德 3-223A
hányǒng 含詠 3-229B
hányǒng 涵泳 5-1436A
hànyǒng 悍勇 7-543A
hànyǒng 漢詠 6-53A
hānyóu 酣遊 9-1397B
hányǒu 寒牖 3-1559B
hányòu 含宥 3-227A
hányòu 涵宥 5-1436B
hányōuyùmíng 函幽育明 2-508B
hānyù 酣飫 9-1397A
hányū 寒淤 3-1554B
hányú 函輿 2-511A
hányú 寒竽 3-1550B
hányú 寒魚 3-1554A
hányǔ 函宇 2-507B
hányù 含玉 3-223B
hányù 含育 3-225B
hányù 含譽 3-233A
hányù 函育 2-508A
hányù 涵育 5-1436A
hányù 寒奧 3-1556A
hányù 寒玉 3-1544B
hányù 寒燠 3-1561B
hányù 琀玉 4-582A
hànyǔ 扞圉 6-340A
hànyǔ 汗雨 5-906B
hànyǔ 捍圉 6-608A
hànyǔ 漢語 6-53B
hànyù 犴獄 10-1327A
hànyù 含玉 3-223B
hànyù 扞禦 6-340B
hànyù 捍禦 6-608B
hányuān 含冤 3-228B
hányuān 含寃 3-229B
hányuán 含元 3-223A
hányuán 函轅 2-510B
hányuán 寒原 3-1552B
hányuàn 含怨 3-226B
hányuàn 韓掾 12-681A
hǎnyuān 喊冤 3-414A
hànyuán 漢元 6-48B
hànyuàn 憾怨 7-761A
hànyuàn 翰苑 9-674B
hànyuàn 翰院 9-675A
hányuándiàn 含元殿 3-223A
hányuānfùqū 含冤負屈 3-228B
hányuānshòuqū 含冤受屈 3-228B
hānyuè 酣悅 9-1397A
hányuē 函約 2-509A
hányuè 寒月 3-1544B
hányuè 韓岳 12-679B
hànyuè 漢月 6-48B
hànyuèfǔ 漢樂府 6-54B
hányún 寒雲 3-1555B
hányùn 含孕 3-223B
hányùn 含蘊 3-232B
hányùn 含韞 3-232B
hányùn 寒韻 3-1563A
hànyún 旱雲 5-582B
hànyǔpīnyīnfāng'àn 漢語拼音方案 6-54A
hànyǔpīnyīnzìmǔ 漢語拼音字母 6-54A
hànzāi 旱災 5-581B
hànzāi 旱菑 5-582A
hànzàngyǔxì 漢藏語系 6-54B
hánzǎo 寒藻 3-1563A
hánzào 涵造 5-1436B
hànzǎo 翰藻 9-676A
hànzào 熯造 7-228B
hánzé 寒澤 3-1561B
hānzhǎ 蚶鮓 8-874A
hánzhá 函札 2-507B
hánzhá 涵閘 5-1437A
hànzhá 翰札 9-674B
hànzhà 釬柵 11-1204A
hānzhàn 酣戰 9-1398B
hánzhān 寒氈 3-1562A
hánzhān 寒氊 3-1562A
hánzhàn 寒戰 3-1561A
hànzhān 翰詹 9-675B
hànzhàn 旱湛 5-582B
hànzhàn 悍戰 7-544A
hánzhāng 含章 3-228B
hánzhāng 韓張 12-680B
hánzhàng 函丈 2-507A
hánzhàng 函杖 2-507B
hànzhāng 含粻 3-231A
hànzhǎng 翰長 9-674B
hànzhàng 漢仗 6-49A
hánzhāngdiàn 含章殿 3-229A
hánzhāngtiāntǐng 含章天挺 3-229A
hánzhāngtǐngshēng 含章挺生 3-229A
hánzhào 寒照 3-1557B
hánzhegǔtoulùzheròu 含着骨頭露着肉 3-229A
hānzhēn 憨真 7-699A
hánzhēn 含貞 3-226B
hánzhēn 含真 3-227B
hánzhēn 寒砧 3-1552A
hánzhēn 寒碪 3-1558B
hánzhèn 函陳 2-509A
hánzhèn 函陣 2-509A
hànzhèn 漢震 6-54A
hánzhèng 寒症 3-1553A
hánzhēnkè 含真客 3-227B
hánzhēntái 含真臺 3-227B
hānzhí 憨直 7-698B
hánzhī 函知 2-508A
hánzhí 寒躓 3-1563B
hànzhǐ 翰紙 9-675B
hànzhì 扞制 6-340A
hànzhì 悍志 7-542B
hànzhì 悍鷙 7-544B

hànzhì 捍制 6-607B
hànzhì 漢制 6-50A
hànzhì 漢時 6-52B
hànzhì 漢幟 6-54A
hànzhījì 漢之季 6-48A
hánzhōng 函鍾 2-511A
hánzhōng 函鐘 2-511B
hánzhōng 寒中 3-1544A
hánzhōng 寒鐘 3-1563A
hánzhōng 韓終 12-680B
hánzhǒng 寒種 3-1558B
hánzhòng 寒中 3-1544A
hánzhòng 韓衆 12-681A
hānzhōngkè 酣中客 9-1396B
hànzhōnglí 漢鍾離 6-55A
hánzhōu 寒洲 3-1551B
hánzhōu 寒粥 3-1556B
hánzhóu 函軸 2-509B
hánzhū 含珠 3-227A
hánzhū 涵瀦 5-1437B
hánzhú 寒竹 3-1546A
hánzhú 寒瘃 3-1557B
hánzhǔ 寒渚 3-1554B
hànzhū 含珠 3-227A
hànzhū 汗珠 5-907A
hànzhú 汗竹 5-906A
hànzhú 漢竹 6-49B
hànzhǔ 漢渚 6-52B
hànzhǔ 瀚渚 6-160A
hànzhù 漢注 6-50B
hànzhuàn 漢篆 6-54A
hānzhuàng 憨戇 7-699B
hánzhuāng 函裝 2-510A
hánzhuāng 寒裝 3-1558A
hànzhuàng 悍戇 7-544B
hànzhuàng 悍壯 7-543A
hànzhuàng 撼撞 6-907B
hánzhuó 寒浞 3-1553A
hānzi 蚶子 8-873B
hānzi 憨子 7-698B
hānzǐ 酣紫 9-1397A
hānzì 酣恣 9-1397A
hánzī 含姿 3-227A
hánzī 寒姿 3-1551B
hánzǐ 韓子 12-679A
hánzì 含漬 3-231A
hánzì 涵漬 5-1437B
hànzi 漢子 6-48B
hànzì 汗漬 5-908B
hànzì 漢字 6-49B
hánzǐlú 韓子盧 12-679A
hānzòng 酣縱 9-1398B
hànzōu 扞掫 6-340A
hānzú 酣足 9-1396B
hánzū 寒葅 3-1555A
hánzú 寒族 3-1554A
hànzú 悍卒 7-543A
hànzú 漢族 6-52B
hànzǔ 漢祖 6-51B
hànzǔfēng 漢祖風 6-51B
hānzuì 酣醉 9-1398A
hánzūn 寒樽 3-1561A
hànzuò 漢祚 6-51B
hāo'ài 蒿艾 9-514B
hào'ài 好艾 4-284A
háobā 毫巴 6-1010A
háobá 豪拔 10-28B
háobà 豪霸 10-36B
háobái 蠔白 8-989B
hàobái 皓白 8-271B
hàobǎn 號板 8-843B
háobào 豪暴 10-35A
hàobào 耗爆 8-596A
hàobèi 耗憊 8-595B
háobǐ 豪筆 10-32B
háobì 號躃 8-846A
hǎobǐ 好比 4-283A
hàobì 耗敝 8-594B
hàobì 皓壁 8-273A
hàobiàn 好辨 4-293A
hàobiàn 好辯 4-293A
hǎobiànsì 好便似 4-288A
hàobīng 好兵 4-285B
hàobīng 號兵 8-843B
hàobìng 耗病 8-594B
háobó 毫帛 6-1010B
hàobō 浩波 5-1214B
hàobó 浩博 5-1216A
hàobó 灝博 6-223B
hǎobù 好不 4-282B
hàobù 號簿 8-846A
hǎobuhǎo 好不好 4-282B
háocái 豪才 10-26B
hǎocǎi 好采 4-287A
hǎocǎi 好彩 4-289B
hàocǎi 皓彩 8-272A
hàocāng 昊蒼 5-584B
hàocāng 浩倉 5-1215A
hàocāng 皓蒼 8-272B
hàocāng 顥蒼 12-358A
hāocǎo 蒿草 9-515A
hāocǎo 薅草 9-585B
háocáo 毫曹 6-1011A
háocaó 豪曹 10-31A
háocaó 豪嘈 10-34A
háochǎng 蠔場 8-989B
hàochàng 浩倡 5-1215A
hàochàng 浩唱 5-1216A
háochén 豪臣 10-27B
háochěng 豪騁 10-35B
hàochēng 號稱 8-845A
háochǐ 豪侈 10-29A
hǎochī 好吃 4-284B
hàochí 鎬池 11-1373A
hàochí 滈池 6-30B
hàochǐ 浩侈 5-1214B
hàochǐ 皓侈 8-271B
hàochǐ 皓齒 8-272B
hàochì 皓翅 8-272A
hàochǐ'éméi 皓齒娥眉 8-273A
hàochǐhóngchún 皓齒紅唇 8-273A
hàochíjūn 鎬池君 11-1373A
hàochíjūn 滈池君 6-30B
hàochīlǎnzuò 好吃懶做 4-284B
hàochǐmíngmóu 皓齒明眸 8-273A
hàochǐqīng'é 皓齒青蛾 8-273A
hàochǐzhūchún 皓齒朱脣 8-273A
háochǒng 豪寵 10-36B
hǎochǒu 好醜 4-292B
hāochú 薅鋤 9-585B
háochǔ 毫楮 6-1011A
hǎochǔ 好處 4-289A
hǎochù 好處 4-289A
hàochū 浩初 5-1214B
háochuī 豪吹 10-28A
hāocì 茠刺 9-379B
hǎocí 好辭 4-293A
hàocí 好辭 4-293A
hàocí 號辭 8-846A
hàocì 好賜 4-292A
háocū 豪粗 10-32A
háocū 豪麄 10-35B
háocū 豪麤 10-36B
hàocuì 秏顇 8-33B
hàocuì 耗顇 8-596A
háodá 豪達 10-32B
háodà 豪大 10-26B
hǎodǎ 好打 4-283B
hàodǎ 好打 4-283B
hàodà 好大 4-282A
hàodà 浩大 5-1214A
hǎodǎi 好歹 4-282B
hàodài 皓帶 8-272A
háodǎn 豪膽 10-35B
háodàn 豪誕 10-34A
hǎodāndān 好躭躭 4-289B
hàodānfēisù 好丹非素 4-283B
háodǎng 豪黨 10-36B
háodǎng 豪宕 10-29A
háodàng 豪蕩 10-34B
hàodàng 浩宕 5-1214B
hàodàng 浩蕩 5-1217A
hàodàng 耗蕩 8-595B
hàodàng 皓蕩 8-272B
hāodāo 薅刀 9-585B
háodào 豪盜 10-33A
hǎodào 好道 4-290B
hàodào 耗稻 8-595B
hàodàxǐgōng 好大喜功 4-282A
hàodēng 耗登 8-595A
hàodēng 號燈 8-846A
háodié 豪詄 10-33A
hàodié 號諜 8-845B
háodǔ 豪賭 10-35A
háodù 豪蠹 10-36B
hàodù 耗蠹 8-596A
hàodù 耗斁 8-595B
háoduān 毫端 6-1011B
háoduān 豪端 10-34A
hǎoduānduān 好端端 4-292A
háoduì 豪憝 10-35B
háodùn 號頓 8-845A
hàodùn 耗頓 8-595A
háoduó 豪奪 10-34A
hǎoduō 好多 4-285A
háoduóqiǎoqǔ 豪奪巧取 10-34A
háo'è 豪惡 10-32B
hào'è 皓鍔 8-273A
hào'è 灝噩 6-223B
hǎo'er 好兒 4-287A
hǎo'ér 好兒 4-287A
háofà 毫髮 6-1011B
háofà 豪髮 10-34B
hàofà 皓髮 8-272B
háofàbùshuǎng 毫髮不爽 6-1011B
hàofán 浩煩 5-1216B
hàofán 浩學 5-1217A
háofáng 蠔房 8-989B
háofàng 豪放 10-29A
hàofáng 號房 8-844A
háofàngbùjī 豪放不羈 10-29A
háofàsīsù 毫髮絲粟 6-1011B
háofèi 嗥吠 3-465B
háofèi 豪費 10-33B
hàofèi 秏費 8-33B
hàofèi 秏廢 8-33B
hàofèi 耗費 8-595A
hàofèi 耗廢 8-595B
háofēn 毫分 6-1010A
háofēn 豪分 10-27A
háofēng 豪風 10-29B
háofēnlǚxī 毫分縷析 6-1010A
háofǔ 豪府 10-29A
háofù 豪父 10-27A
háofù 豪富 10-33A
hǎofù 好婦 4-290A
háogǎn 豪敢 10-32A
hǎogǎn 好感 4-290B
hàogǎn 皓簳 8-273B
háogānbàoqǔ 豪干暴取 10-26B
hǎogānhǎoxiū 好乾好羞 4-289A
hàogāo 好高 4-288B
hàogāowùyuǎn 好高騖遠 4-289A
háogē 豪歌 10-34A
hǎogè 好個 4-288B
hǎogè 好箇 4-291B
hàogē 浩歌 5-1216B
háogěng 豪梗 10-31A
hāogōng 蒿宮 9-515A
háogōng 號弓 8-842A
hǎogòngdǎi 好共歹 4-284A
háogōu 壕溝 2-1237B
háogōu 濠溝 6-189B
háogū 豪估 10-28A
háogǔ 豪賈 10-33B
hàogǔ 好古 4-284A
hàoguà 號褂 8-845A
hàoguāi 好乖 4-287A
háoguǎn 毫管 6-1011A
hǎoguān 好官 4-287B

hàoguǎn 皓管 8-272B
háoguǎn'āixián 豪管哀弦 10-34A
háoguāng 毫光 6-1010B
háoguāng 豪光 10-28A
háoguǎng 豪獷 10-36A
hàoguǎng 浩廣 5-1216B
hǎoguānquē 好官缺 4-287B
háoguì 豪貴 10-32B
háogùn 豪棍 10-32B
hǎoguò 好過 4-289B
háohàn 毫翰 6-1012A
háohàn 豪悍 10-31A
háohàn 豪翰 10-35B
hǎohàn 好漢 4-292A
hàohān 晧旰 5-738B
hàohàn 浩汗 5-1214A
hàohàn 浩汧 5-1215B
hàohàn 浩瀚 5-1217B
hàohàn 皓旰 8-271B
hàohàn 皓旰 8-271B
hàohàn 滈汗 6-30B
hàohàn 澔旰 6-141B
hàohàn 澔汗 6-141B
hàohàn 澔汧 6-141B
hàohàn 顥汗 12-358A
hàohàn 灝汗 6-223A
hàohàn 灝瀚 6-223B
háohántíjī 號寒啼飢 8-845A
háoháo 嗥嗥 3-465B
háoháo 號號 8-845A
hǎohǎo 好好 4-285A
hàohào 鎬鎬 11-1373B
hàohào 曍皓 5-819B
hàohào 昊昊 5-584B
hàohào 浩浩 5-1215B
hàohào 秏秏 8-594B
hàohào 晧晧 5-738B
hàohào 皓皓 8-272A
hàohào 皓皜 8-273A
hàohào 皓顥 8-273B
hàohào 滈滈 6-30B
hàohào 皞皞 8-275A
hàohào 顥顥 12-358A
hàohào 灝灝 6-223B
hàohàodàngdàng 浩浩蕩蕩 5-1215B
hàohàohànhàn 澔澔汧汧 6-141B
hǎohǎojiāo 好好交 4-285B
hàohàoshāngshāng 浩浩湯湯 5-1215B
hǎohǎoxiānshēng 好好先生 4-285B
háohè 豪赫 10-34A
hǎohé 好合 4-285A
hàohé 秏涸 8-594B
háohèng 豪橫 10-34B
hàohóu 蒿侯 9-579B
háohū 毫忽 6-1010B
háohū 嗥呼 3-465B
háohū 嗥嘑 3-465B
háohū 豪忽 10-29A
háohū 嚎呼 3-535B
háohū 號呼 8-843B
háohù 豪户 10-27A
háohuá 豪華 10-30B
háohuá 豪猾 10-33A
hǎohuà 好話 4-291A
hàohuá 皓華 8-272A
háohuái 豪懷 10-36B
hǎohuái 好懷 4-293A
háohuàn 豪宦 10-30A
hàohuán 好還 4-292B
hāohuāng 蒿荒 9-515A
háohuáng 濠隍 6-189B
hàohuāng 秏荒 8-594B
hàohuǎng 皓晃 8-272A
hǎohuì 好會 4-291A
hǎohuò 好貨 4-289B
hàohuǒ 號火 8-842B
hàohuò 好貨 4-289B
hāojí 蒿棘 9-515A
háojiā 豪家 10-31A
háojiā 膠加 6-1374A
háojiǎ 蠔甲 8-989B
hǎojiāhuo 好家伙 4-289A
hāojiàn 蒿箭 9-515B
háojiān 毫箋 6-1011A
háojiān 豪奸 10-28A
háojiān 豪姦 10-30A
háojiān 豪縑 10-35B
háojiàn 豪健 10-31A
hàojiǎn 秏減 8-595A
hàojiàn 號件 8-843A
háojiàng 豪將 10-32A
háojiào 嗥叫 3-465B
háojiào 豪徼 10-35B
háojiào 豪叫 10-27B
háojiào 嚎叫 3-535A
háojiào 號叫 8-842B
háojiào 號噭 8-845A
hàojiāo 好交 4-285A
hàojiāo 皓膠 8-273A
hàojiǎo 號角 8-843B
háojié 豪桀 10-31A
háojié 豪捷 10-31A
háojié 豪傑 10-33A
háojiè 毫芥 6-1010B
hàojié 好潔 4-292A
hàojié 浩劫 5-1214B
hàojié 秏竭 8-595A
hàojié 皓潔 8-273A
hàojiè 號戒 8-843B
háojìn 號唫 8-844B
hàojìn 好盡 4-292A
hàojìn 秏盡 8-33B
hàojìn 秏盡 8-595B
hāojìng 蒿徑 9-515A
háojìng 豪勁 10-29B
háojìng 豪競 10-36B
hǎojǐng 好景 4-290A
hàojīng 鎬京 11-1373A
hàojiū 皓鳩 8-272B
hàojiǔ 好酒 4-289A
hàojiǔtānbēi 好酒貪杯 4-289A
háojǔ 豪舉 10-35B
háojù 豪句 10-27B
háojù 豪劇 10-35A
hàojū 浩居 5-1214B
hàojū 浩裾 5-1216B
hàojù 浩倨 5-1215A
háojué 豪崛 10-31B
hǎojué 好爵 4-293A
háojùn 豪雋 10-33A
háojùn 豪俊 10-29B
háojùn 豪儁 10-34A
háojùn 豪駿 10-35B
hàojūn 號軍 8-844A
hàokǎi 浩慨 5-1216B
hǎokàn 好看 4-287B
hàokǎn 號坎 8-843B
hǎokànqián 好看錢 4-288A
háoké 蠔殼 8-989B
háokè 毫克 6-1010B
háokè 豪客 10-30A
hǎokè 好客 4-288A
hàokè 好客 4-288A
háokéchuāng 蠔殼窗 8-989B
hàokōng 昊空 5-584B
hǎokǒu 好口 4-282B
háokū 嚎哭 3-535B
háokū 號哭 8-844B
háokuā 豪夸 10-28A
háokuā 豪誇 10-34A
hǎokuā 好姱 4-288B
háokuài 豪快 10-28B
háokuàng 豪曠 10-36A
hàokuàng 浩曠 5-1217B
háokuí 豪魁 10-34A
hàokuì 秏匱 8-595A
háokuò 豪闊 10-36A
hāolái 蒿萊 9-515A
hǎolài 好賴 4-292B
hǎoláibǎo 好來寶 4-287A
hàolàn 浩爛 5-1217B
hàoláo 徲徲 10-1325B
hàolè 好樂 4-292B
hāolí 蒿藜 9-515B
hāolǐ 蒿里 9-515A
háolí 毫釐 6-1011B
háolí 毫氂 6-1012A
háolí 毫鳌 6-1012A
háolí 豪釐 10-34B
háolí 豪氂 10-36A
háolì 豪力 10-26B
háolì 豪吏 10-27B
háolì 豪麗 10-36A
háolì 蠔蠣 8-989B
háolì 膠戾 6-1374B
háolì 膠盭 6-1376B
hǎolì 好力 4-282A
hǎolì 好利 4-285B
hàolì 浩麗 5-1217B
hàolì 皓麗 8-273B
hǎoliǎn 好臉 4-293A
hàolián 號簾 8-846A
hàolián 皓練 8-273A
háoliáng 豪梁 10-32A
háoliáng 濠梁 6-189B
hàoliáng 秏糧 8-596A
hǎolìbǎo 好力寶 4-282A
háolíbùfá… 豪釐不伐,將用斧柯 10-34B
háoliè 豪烈 10-30B
hàolìng 號令 8-842B
hàolìngrúshān 號令如山 8-843A
háolíqiānlǐ 毫氂千里 6-1012A
háolísīhū 毫氂絲忽 6-1012A
háolízhīchā… 豪釐之差,將致千里 10-34B
hāolú 蒿廬 9-515B
hāolù 蒿露 9-515B
háolù 毫露 6-1012A
hàolù 浩露 5-1217B
hàolù 皓露 8-273B
hàolù 顥露 12-358A
hàolù 灝露 6-223B
háoluàn 豪亂 10-34A
hàoluò 鎬洛 11-1373A
hàoluò 浩落 5-1216A
hāomǎ 薅馬 9 585B
háomǎ 豪馬 10-30B
háomǎ 號碼 8-845B
hǎomǎbùchī… 好馬不吃回頭草 4-288B
háomài 豪邁 10-34B
hàomǎjī 號碼機 8-845B
háomàn 豪慢 10-34B
hàomàn 浩漫 5-1216B
hàomàn 灝漫 6-223B
hāomǎng 蒿莽 9-515A
háománg 毫芒 6-1010B
háománg 豪芒 10-27B
hàománg 浩茫 5-1214B
hàománg 灝茫 6-223B
hàomǎng 浩莽 5-1215A
hàomǎng 浩漭 5-1216B
háomáo 毫毛 6-1011A
háomáo 毫氂 6-1011B
háomáo 毫毛 6-1010A
háomaó 豪毛 10-27A
háoméi 毫眉 6-1011A
háoméi 豪眉 10-30A
hǎoměi 好美 4-288A
hǎoméishēng 好没生 4-286A
háomén 豪門 10-29A
háoméng 豪甿 10-28B
háoměng 豪猛 10-31B
háomǐ 毫米 6-1010B
hàomí 浩瀰 5-1217B
hàomí 秏糜 8-595B
hàomǐ 秏米 8-594A
hàomiǎo 浩眇 5-1215A
hàomiǎo 浩淼 5-1216A
hàomiǎo 浩渺 5-1216B
hàomiǎo 浩邈 5-1217A
háomín 豪民 10-27B

háomíng 嗥鳴 3-465B
hàomíng 好名 4-285A
hàomíng 號名 8-843A
háomò 毫末 6-1010A
háomò 毫墨 6-1011B
háomò 豪末 10-27A
hàomó 耗磨 8-595B
háomòbùduō… 豪末不掇，將成斧柯 10-27B
háomòbùzhá… 毫末不札，將尋斧柯 6-1010B
hàomóchén 耗磨辰 8-595B
hàomórì 耗磨日 8-595B
hàomóu 好謀 4-293A
hàomóushànduàn 好謀善斷 4-293A
hāomù 蒿目 9-514B
háomù 號慕 8-845A
hàomù 好慕 4-291A
hǎomúdàngyàng'er 好模當樣兒 4-291B
hǎomúhǎoyàng 好模好樣 4-291A
hāomùshíjiān 蒿目時艱 9-514B
hǎonánbùchī… 好男不喫婚時飯 4-285B
hāonǎo 蒿惱 9-515B
hāonǎo 薅惱 9-585B
háonáo 號呶 8-843B
hàonào 浩鬧 5-1217A
hàonèi 好內 4-283A
hàoní 浩蜺 5-1216B
háoniú 豪牛 10-27A
hàonòng 好弄 4-285B
hāonòu 薅耨 9-585B
háonú 豪奴 10-27B
háonù 豪怒 10-30A
háonù 號怒 8-844A
háonǚ 豪女 10-27A
hǎonǚbùchuān… 好女不穿嫁時衣 4-282B
hǎonǚ'érhuā 好女兒花 4-282B
hàopái 號牌 8-844B
hàopāng 浩滂 5-1216B
hàopào 號炮 8-844A
hàopào 號砲 8-844A
hàopào 號礮 8-846A
hāopéng 蒿蓬 9-515B
háopǐ 號擗 8-845B
háopiān 豪篇 10-35A
háopǐn 豪品 10-29B
hàopíng 號屏 8-844A
hàopó 皓皤 8-273A
hàopò 皓魄 8-272B
hàopò 顥魄 12-358A
háopú 豪濮 10-36A
háopú 蠔莆 8-989B
háopǔ 蠔浦 8-989B
háopújiānxiǎng 濠濮間想 6-190A
háoqī 豪戚 10-31B
háoqì 豪氣 10-30B
háoqì 號泣 8-844A
hǎoqì 好氣 4-288B
hàoqí 好奇 4-287A
hàoqí 號旗 8-845A
hàoqì 好氣 4-288B
hàoqì 浩氣 5-1215A
hàoqì 耗棄 8-594B
hàoqì 顥氣 12-358A
hàoqì 灝氣 6-223B
háoqiàn 壕塹 2-1237B
háoqiàn 壕壍 2-1237B
háoqiàn 濠塹 6-190A
hàoqián 昊乾 5-585A
háoqiáng 豪彊 10-35B
háoqiáng 豪强 10-33B
hàoqiāng 浩洸 5-1215B
hàoqiáng 好强 4-290B
háoqiànzhàn 壕塹戰 2-1237B
háoqíng 豪情 10-32A
hǎoqíng 好情 4-290A
hàoqīng 顥清 12-358A
háoqíngzhuàngzhì 豪情壯志 10-32A
hàoqióng 昊穹 5-584B
hàoqióng 晧穹 5-738B
hàoqióng 顥穹 12-358A
hāoqiū 蒿丘 9-515A
háoqiú 豪酋 10-30A
hǎoqiú 好仇 4-283B
hǎoqiú 好逑 4-288B
háoqìyuánlóng 豪氣元龍 10-30B
háoqǔ 豪取 10-28B
hǎoqù 好去 4-284A
hàoqū 耗屈 8-594B
háoquán 豪權 10-36B
hǎoquē 好缺 4-288B
háoqún 號羣 8-845A
háoqǔzhìlǒng 豪取智籠 10-28B
hāorán 蒿然 9-515A
háorán 號然 8-844B
hàorán 浩然 5-1216A
hàorán 晧然 5-739A
hàorán 皓然 8-272B
hàorán 皓髯 8-272B
hàorán 顥然 12-358A
háorǎng 嚎嚷 3-535B
hàorǎng 浩穰 5-1217B
hàorǎng 浩壤 5-1217B
hàoránjīn 浩然巾 5-1216A
hàoránzhīqì 浩然之氣 5-1216B
hàorǎo 耗擾 8-596A
hǎorě 好惹 4-290A
háorén 豪人 10-26B
háorěn 豪忍 10-28B
hǎorén 好人 4-282A
hǎorénjiā 好人家 4-282A
hǎorì 好日 4-283A
hàorì 皓日 8-271A
hǎorìtóu 好日頭 4-283A
hǎorìzi 好日子 4-283A
háoróng 貉絨 10-1336B
hǎoróngyì 好容易 4-289A
hǎoròuwānchuāng 好肉剜瘡 4-284B
háoruì 豪銳 10-35B
háoruò 豪弱 10-31A
hǎoruò 好弱 4-289A
hàorúyānhǎi 浩如煙海 5-1214B
hàosàn 耗散 8-594B
háosāng 嚎喪 3-535B
háosāng 號喪 8-844B
hǎosè 好色 4-285A
hàosè 好色 4-285A
hàosè 號色 8-843A
hàosèzhītú 好色之徒 4-285A
háoshà 號嗄 8-845A
hàoshā 皓紗 8-272A
háoshān 蠔山 8-989B
háoshàn 豪擅 10-35B
háoshàn 豪贍 10-36B
hàoshàn 好善 4-290B
háoshāng 豪商 10-31B
háoshàng 豪上 10-27A
háoshàng 濠上 6-189B
hàoshàng 好尚 4-287A
háoshāngjùgǔ 豪商巨賈 10-32A
hàoshànjí'è 好善嫉惡 4-290B
hàoshànwù'è 好善惡惡 4-290B
háoshào 豪少 10-27A
hàoshǎo 耗少 8-594A
hàoshào 號哨 8-844A
háoshē 豪奢 10-31B
hàoshè 號舍 8-843B
háoshēn 豪紳 10-32B
háoshēng 毫升 6-1010A
háoshèng 豪盛 10-31B
háoshèng 豪勝 10-33A
háoshèng 豪聖 10-33B
hǎoshēng 好生 4-284A
hǎoshēng 好聲 4-293A
hàoshēng 好生 4-284A
hàoshēng 浩生 5-1214A
hàoshèng 好勝 4-290B
hǎoshēnshǒu 好身手 4-286A
hāoshǐ 嚆矢 3-515A
hāoshì 蒿室 9-515A
háoshǐ 豪矢 10-27B
háoshì 豪士 10-26B
háoshì 豪市 10-27B
háoshì 豪視 10-32A
háoshì 豪勢 10-33B
hǎoshì 好事 4-286A
hǎoshì 好是 4-287B
hǎoshī 好施 4-288A
hàoshī 秏失 8-33B
hàoshī 耗失 8-594A
hàoshì 好事 4-286B
hàoshì 好嗜 4-291A
hàoshì 號謚 8-845B
hǎoshìduōmó 好事多磨 4-286B
hǎoshìduōqiān 好事多慳 4-286B
hǎoshìtiānqiān 好事天慳 4-286B
háoshǒu 豪首 10-30A
hǎoshǒu 好手 4-283B
hǎoshòu 好受 4-287A
hǎoshòu 好壽 4-291A
hàoshǒu 浩首 5-1215A
hàoshǒu 皓手 8-271A
hàoshǒu 皓首 8-271B
hàoshǒu 號手 8-842B
hàoshòu 皓獸 8-273B
hàoshǒucāngyán 皓首蒼顏 8-271B
hàoshǒuqióngjīng 皓首窮經 8-271B
hǎoshǒuzú 好手足 4-283B
háoshǔ 毫黍 6-1011A
hǎoshū 好書 4-289A
hàoshū 昊樞 5-585A
hàoshù 號數 8-845B
háoshuài 豪率 10-32A
háoshuài 豪帥 10-29B
háoshuàng 豪爽 10-31B
hǎoshuǎzi 好耍子 4-287B
hǎoshuō 好說 4-291B
hǎoshuōdǎishuō 好說歹說 4-292A
hǎoshuōhuà 好說話 4-292A
háosī 毫絲 6-1011A
háosī 嗥嘶 3-465B
háosī 豪絲 10-33B
háosī 號嘶 8-845B
háosì 豪肆 10-33B
hǎosǐ 好死 4-284B
hǎosì 好似 4-284B
hàosī 浩思 5-1215A
háosù 毫素 6-1011A
háosù 豪素 10-30B
háosù 號訴 8-844B
háosù 號愬 8-845A
hàosù 皓素 8-271B
hàosǔn 耗損 8-595A
háosūnìliǔ 豪蘇膩柳 10-36A
háotài 豪忲 10-28B
háotài 豪汰 10-28A
hàotài 浩態 5-1217A
hàotàn 浩嘆 5-1216B
hàotàn 浩歎 5-1217A
hàotáng 浩唐 5-1215A
háotáo 嗥咷 3-465B
háotaó 豪淘 10-32A
háotáo 嚎咷 3-535B
háotáo 嚎啕 3-535B
háotáo 號咷 8-844A
háotáo 號啕 8-844B
hàotāo 浩濤 5-1217A

háotè 毫忒 6-1010B
háotè 豪特 10-31A
hàotè 浩特 5-1215A
háotí 嗥啼 3-465B
hàotǐ 皓體 8-273B
hāotián 薅田 9-585B
hàotiān 號天 8-842B
hàotián 蠔田 8-989B
hǎotiān 好天 4-282B
hàotiān 昊天 5-584B
hàotiān 皓天 5-738B
hàotiān 皓天 8-271A
hàotiān 皞天 8-275A
hàotiān 顥天 12-358A
hàotián 好田 4-284A
hàotiānbùdiào 昊天不弔 5-584B
háotiāndòngdì 嚎天動地 3-535A
hàotiān'ēn 昊天恩 5-584B
háotiānhǎndì 嚎天喊地 3-535A
hǎotiānliángyè 好天良夜 4-282B
hàotiānshàngdì 皞天上帝 8-275A
hàotiānwǎngjí 昊天罔極 5-584B
hàotiānwǎngjí 皞天罔極 8-275A
hǎotīng 好聽 4-293B
háotòng 號慟 8-845A
hàotǒng 號筒 8-844B
hǎotou 好頭 4-292B
hàotóu 號頭 8-845B
hǎotóunǎo 好頭腦 4-292B
hàotǔ 耗土 8-594A
hàotǔ 秏土 2-1039A
háotuān 豪湍 10-33A
háotūn 豪吞 10-28A
hàowài 好外 4-284A
hàowài 號外 8-843A
hǎowán 好玩 4-286A
hàowán 好玩 4-286A
hàowán 好翫 4-292A
hàowàn 皓腕 8-272A
háowáng 豪王 10-27A
háowàng 豪王 10-27A
háowàng 豪旺 10-28B
háowàng 豪望 10-32A
hàowáng 耗亡 8-594A
háowěi 豪偉 10-31B
hàowèi 號位 8-843B
hàowéirénshī 好爲人師 4-290A
hàowèn 好問 4-290A
hàowèn 耗問 8-594B
hàowēng 皓翁 8-272A
háowǔ 豪武 10-28B
hǎowù 好物 4-287A
hàowù 好惡 4-290A
hàowù 耗誤 8-595A
háowú'èrzhì 毫無二致 6-1011A
háoxī 毫犀 6-1011A
háoxī 豪犀 10-33B
háoxī 豪豨 10-34A
háoxí 豪習 10-32A
háoxì 豪細 10-32B
hǎoxì 好戲 4-293A
hàoxī 耗息 8-594B
háoxiá 豪俠 10-29B
háoxiá 豪黠 10-36A
hàoxiā 鰝鰕 12-1255A
háoxiān 毫銛 6-1011B
háoxiān 毫纖 6-1012A
háoxiān 豪纖 10-36B
háoxián 豪賢 10-35A
háoxiǎn 豪嶮 10-35B
háoxiàn 豪縣 10-35B
hǎoxián 好閒 4-290B
hàoxián 好閒 4-290B
hàoxiàn 耗羨 8-595A
hàoxiàn 皓霰 8-273B
háoxiàng 毫相 6-1010B
hǎoxiàng 好相 4-287B
hǎoxiàng 好象 4-290A
hǎoxiàng 好像 4-291A
háoxiào 嗥嘯 3-465B
háoxiào 嚎嘯 3-535B
hǎoxiào 好笑 4-288B
hàoxiǎo 浩皛 5-1217A
hàoxiǎo 皓皛 8-273A
hāoxiè 蒿薤 9-515B
hǎoxiē 好些 4-287A
hǎoxiē 好歇 4-291A
hǎoxiēge 好些個 4-287A
háoxīn 毫心 6-1010A
háoxīn 豪心 10-27A
hǎoxīn 好心 4-283B
hàoxīn 好心 4-283B
háoxìng 豪興 10-35B
háoxìng 豪姓 10-29A
háoxìng 豪幸 10-28B
hǎoxíng 好行 4-284B
hàoxīng 浩星 5-1215A
hàoxíng 號型 8-844A
hàoxìng 顥興 12-358A
hàoxíngxiǎohuì 好行小惠 4-284B
hàoxíngxiǎohuì 好行小慧 4-284B
hǎoxīnhǎoyì 好心好意 4-283B
háoxióng 豪雄 10-32B
hàoxiōng 浩洶 5-1215A
hǎoxiū 好羞 4-289A
hàoxiū 好脩 4-288B
hàoxiù 皓袖 8-272A
hǎoxīzǐ 好嬉子 4-292A
hàoxū 浩虛 5-1215B
hàoxué 好學 4-293A
hàoxué 浩澩 5-1217A
hàoxuě 皓雪 8-272A
hāoxūn 蒿焄 9-515A
háoyán 豪言 10-28A
háoyàn 豪彥 10-30A
háoyàn 豪宴 10-31A
háoyàn 豪焰 10-33A
hǎoyán 好言 4-286A
hàoyán 浩言 5-1214B
hàoyǎn 浩衍 5-1215A
hàoyàn 鎬宴 11-1373A
háoyáng 毫洋 6-1011A
háoyáng 豪羊 10-28A
hàoyáng 浩洋 5-1215A
hàoyǎng 灝瀁 6-223B
hàoyàng 浩瀁 5-1217A
hàoyàng 浩漾 5-1217A
hǎoyàngde 好樣的 4-292A
hǎoyánhǎoyǔ 好言好語 4-286A
háoyánzhuàngyǔ 豪言壯語 10-28A
hàoyǎo 浩溔 5-1216B
hàoyǎo 皓溔 8-272B
hàoyǎo 灝溔 6-223B
hàoyào 好樂 4-292B
hàoyào 皓曜 8-273A
hàoyào 皓耀 8-273B
hàoyào 暠曜 5-819B
hàoyè 皓夜 8-271B
háoyì 豪異 10-31B
háoyì 豪逸 10-31B
háoyì 豪溢 10-34A
háoyì 豪毅 10-35B
hǎoyì 好意 4-291A
hàoyī 皓衣 8-271B
hàoyī 號衣 8-843A
hàoyì 好異 4-289B
hàoyì 好意 4-291A
hàoyì 耗射 8-594B
hàoyǐ'āizāi 耗矣哀哉 8-594B
háoyín 毫銀 6-1011B
háoyín 豪吟 10-28A
háoyín 豪唫 10-31B
háoyǐn 豪飲 10-33A
hǎoyīn 好音 4-288A
hàoyīn 好音 4-288A
hàoyǐn 鎬飲 11-1373A
hàoyǐn 好飲 4-290B
hàoyǐn 好讔 4-293B
hàoyǐn 浩飲 5-1216A
háoyīng 豪英 10-28B
háoyīng 豪鷹 10-36B
háoyǐng 毫穎 6-1012A
hàoyīng 昊英 5-584B
hǎoyìsī 好意思 4-291A
hàoyìwùláo 好佚惡勞 4-286A
hàoyìwùláo 好逸惡勞 4-290A
hǎoyīxiē 好一歇 4-281B
háoyǒng 豪勇 10-30A
háoyǒng 號踊 8-845A
háoyǒng 號踴 8-845B
hàoyǒng 好勇 4-288B
hāoyōu 蒿憂 9-515B
háoyóu 豪游 10-33A
háoyóu 豪遊 10-33A
háoyóu 蠔油 8-989B
háoyǒu 豪友 10-27A
háoyòu 豪右 10-27B
hàoyóu 好遊 4-290B
háoyú 豪魚 10-31B
háoyǔ 豪雨 10-28B
háoyǔ 豪語 10-34A
hǎoyǔ 好語 4-291B
hàoyú 耗餘 8-595B
hàoyǔ 皓羽 8-271B
hàoyù 皓玉 8-271A
hàoyuē 好約 4-288B
hàoyuè 好樂 4-292B
hàoyuè 皓樂 8-273A
hàoyuè 皓月 8-271A
hàoyùshòu 浩鬱狩 5-1218A
hǎoyǔsìzhū 好語似珠 4-291B
hǎozài 好在 4-284A
háozào 豪燥 10-36A
háozào 號噪 8-845B
hǎozǎowǎn 好早晚 4-284B
hàozé 浩賾 5-1217B
háozéi 豪賊 10-33B
hàozēng 好憎 4-292A
háozhàn 豪占 10-27B
hàozhàn 好戰 4-292B
hàozhào 號召 8-843A
hàozhé 耗折 8-594A
háozhēn 毫針 6-1011A
hāozhēng 蒿蒸 9-515B
hàozhěngyǐxiá 好整以暇 4-292B
hāozhì 薅櫛 9-586A
háozhí 豪直 10-28B
háozhí 豪植 10-32B
háozhí 豪殖 10-32B
háozhí 號躑 8-846A
háozhì 毫彘 6-1011A
háozhì 豪忮 10-28A
háozhì 豪制 10-28B
háozhì 豪致 10-30B
háozhì 豪彘 10-33B
háozhì 豪鷙 10-36B
hàozhǐ 號紙 8-844B
hàozhì 皓質 8-273A
hàozhìdēng 號志燈 8-843B
hǎozhìhóu 好時候 4-289B
hǎozhìtián 好時田 4-289B
háozhòng 豪重 10-29B
hǎozhōng 郝鍾 10-623B
hàozhōng 號鍾 8-846A
háozhōu 嗥啁 3-465B
háozhōuzhēnrén 濠州真人 6-189B
hāozhū 蒿豬 9-515B
háozhū 毫銖 6-1011B
háozhū 毫豬 6-1011B
háozhū 豪猪 10-31B
háozhū 豪豬 10-35A
háozhū 蠔珠 8-989B
háozhú 豪竹 10-28A
háozhǔ 豪主 10-27B
hǎozhù 好住 4-286A
háozhú'āisī 豪竹哀絲

10-28A
hǎozhuǎn 好轉 4-293A
háozhuàng 豪壯 10-28B
háozhuī 毫錐 6-1012A
háozhuī 豪錐 10-35B
háozhuó 豪酌 10-30B
háozhūxuē 豪豬靴 10-35A
háozhūxuē 豪豬韡 10-35A
hāozi 蒿子 9-514B
háozi 毫子 6-1010A
háozi 貉子 10-1336B
háozǐ 豪子 10-27A
háozǐ 貉子 10-1336B
háozì 豪恣 10-31A
hàozi 耗子 8-594A
hàozi 號子 8-842B
hàozi 虢子 8-854B
hāozigān'er 蒿子稈兒 9-514B
hǎozìwéizhī 好自爲之 4-284B
háozōng 豪宗 10-29A
háozòng 豪縱 10-36A
háozú 豪族 10-32A
hàozú 皓足 8-271B
hāqì 哈氣 3-332A
hāqiàn 哈欠 3-331A
hāsàkèzú 哈薩克族 3-332B
hāshí 哈什 3-331A
háshímá 蝦什螞 8-934B
hàshìmá 哈士蟆 3-331A
hātún 哈屯 3-331A
hāxīní 哈昔泥 3-331B
hāyā 哈呀 3-331B
hāyāo 哈腰 3-332B
hāyāo 呵腰 3-256B
háyú 蝦魚 8-935B
házi 蝦子 8-934B
hé'ǎi 和藹 3-278B
hé'ǎi 和靄 3-279B
hé'ài 和愛 3-274B
hé'ān 和安 3-267B
hé'àn 合岸 3-149A
hé'àn 劾按 2-787A
hé'àn 劾案 2-787A
hè'àn 鵠岸 12-1109A
hébá 禾芨 8-2A
hébǎ 禾把 8-1B
hèbá 賀拔 10-177B
hébàn 合伴 3-148B
hébàn 合辦 3-159B
hébàn 核辦 4-1007B
hèbān 鶴班 12-1147A
hèbǎn 賀版 10-178A
hèbǎn 鶴板 12-1145B
hèbǎn 鶴版 12-1145B
hèbàn 鶴伴 12-1145A
hébāng 河浜 5-1059B
hèbǎnshū 鶴板書 12-1145B
hébāo 合包 3-146B
hébāo 荷包 9-418B
hébǎo 合保 3-151A
hébǎo 和寶 3-278B
hébào 合抱 3-149A
hèbào 喝報 3-416B
hèbázhī 賀跋支 10-178B
hébēi 荷杯 9-419A
héběi 河北 5-1054B
hèbēi 鶴背 12-1146A
hèbèi 鶴背 12-1146A
hèbèi 鶴輩 12-1152A
héběibāngzi 河北梆子 5-1054B
héběiyáng 河北楊 5-1054B
hèbèiyángzhōu 鶴背揚州 12-1146A
héběn 合本 3-146A
hèběn 賀本 10-177A
hébēnhǎijù 河奔海聚 5-1057A
hēbǐ 呵筆 3-256A
hēbì 呵辟 3-256B
hēbì 呵壁 3-257A
hēbì 呵蹕 3-257A
hébí 曷鼻 5-682A
hébí 荷鼻 9-420A
hébǐ 和比 3-265B
hébì 合璧 3-160B
hébì 何必 1-1227A
hébì 和璧 3-278B
hébì 闔閉 12-143B
hēbiān 訶砭 11-96A
hēbiǎn 訶貶 11-96B
hébiān 合編 3-158B
hébiǎn 合窆 3-151B
hébiǎn 和扁 3-270B
hébiàn 合變 3-162B
hébiàn 和辯 3-279A
hébiàn 覈辯 8-773B
hébiāo 禾藨 8-3A
hébiǎo 合表 3-149A
hébiǎo 和表 3-268A
hèbiǎo 賀表 10-177B
hèbiǎo 鶴表 12-1145A
hèbìn 鶴鬢 12-1154B
hébīng 合兵 3-148A
hébǐng 蝎餅 8-929A
hébìng 合并 3-147B
hébìng 合併 3-149B
hèbīng 鶴兵 12-1144B
hèbǐng 賀稟 10-179A
hèbìng 鶴病 12-1147B
hébìngzhèng 合并症 3-148A
hébìsī 和必斯 3-266B
hébó 合伯 3-148B
hébó 河伯 5-1056A
hèbó 褐博 9-113A
hébóbó 合伯膊 3-148B
hébócóngshì 河伯從事 5-1056A
hébódùshìxiǎolì 河伯度事小吏 5-1056A
hébójiàn'ér 河伯健兒 5-1056A
hébóshǐzhě 河伯使者 5-1056A
hébǔ 劾捕 2-787A
hébù 何不 1-1226A
hébù 和布 3-266A
hébù 河步 5-1056A
hébù 河埠 5-1059B
hébù 盍不 7-1420B
hèbǔcháofú 鶴補朝服 12-1150A
hébùlái 合不來 3-145B
hébùzháo 合不着 3-145B
hécài 盒菜 7-1431B
hècǎi 喝采 3-416A
hècǎi 喝彩 3-416B
hècǎi 賀彩 10-178B
hècān 鶴驂 12-1154B
hécāng 河倉 5-1059A
hécáo 河漕 5-1063B
hécáo 河槽 5-1064A
hécǎo 禾草 8-2A
hècāo 鶴操 12-1153A
hècǎo 鶴草 12-1146A
hēcè 訶策 11-97A
hècén 鶴岑 12-1144B
hécéng 何曾 1-1232A
hēchá 呵察 3-256B
hēchá 訶察 11-97A
héchā 禾叉 8-1A
héchā 禾杈 8-1B
héchá 何察 1-1233B
héchà 河汊 5-1055B
héchán 合蟬 3-160A
héchǎn 核産 4-1007A
hèchán 和纏 3-279A
héchāng 闔閶 12-144A
hécháng 禾場 8-2B
hécháng 何常 1-1231A
hécháng 何甞 1-1232B
hécháng 何嘗 1-1233A
hécháng 曷嘗 5-682A
hécháng 荷裳 9-420A
héchǎng 和昶 3-270B
héchàng 合唱 3-154A
héchàng 和暢 3-275B
hèchǎng 鶴氅 12-1153A
hèchàng 鶴唱 12-1148B
hèchángfúduǎn 鶴長鳧短 12-1145A
hèchángfúduǎn 鶴長凫短 12-1145A
héchángxíng 何嘗行 1-1233B
hécháo 合朝 3-155A
hècháoyún 鶴巢雲 12-1149A
héchē 河車 5-1055B
héchè 盍徹 7-1421A
hèchē 鶴車 12-1144B
hēchēn 呵嗔 3-256A
héchén 河臣 5-1055A
héchèn 合襯 3-162B
hèchén 賀忱 10-177B
hèchèn 鶴讖 12-1154B
héchéng 合成 3-146B
héchéng 合城 3-150B
héchéng 合程 3-155B
héchéng 和成 3-266B
hèchéng 鶴城 12-1146A
hèchéngchē 鶴乘車 12-1147B
héchéngcí 合成詞 3-147A
héchénggé 合成革 3-147A
héchéngxiàngjiāo 合成橡膠 3-147A
héchéngxiānwéi 合成纖維 3-147A
hèchéngxuān 鶴乘軒 12-1147B
hēchì 呵叱 3-255A
hēchì 呵斥 3-255A
hēchì 訶叱 11-95B
hēchì 訶斥 11-95B
héchí 河池 5-1055B
héchì 何翅 1-1230B
héchì 何啻 1-1232A
hèchí 鶴池 12-1144B
hèchì 喝叱 3-416A
hèchì 赫赤 9-1180A
hèchì 赫熾 9-1182A
hèchìchì 赫赤赤 9-1180A
héchōng 和沖 3-267B
héchōng 河涌 5-1059B
héchóng 禾蟲 8-3B
héchóng 蝎蟲 8-929A
hèchǒng 荷寵 9-420B
hèchōngtiān 鶴冲天 12-1144B
hèchōngtiān 鶴沖天 12-1145A
héchóu 禾疇 8-3B
hèchóu 和酬 3-274A
hèchóu 鶴籌 12-1154B
héchù 何處 1-1231A
hèchǔ 鶴楚 12-1150A
héchuān 河川 5-1054A
héchuáng 河床 5-1056B
héchūfúliú 河出伏流 5-1055A
hèchǔjīqún 鶴處鷄羣 12-1148B
héchún 和淳 3-272B
héchún 河唇 5-1059A
héchún 河脣 5-1059B
héchún 河漘 5-1063B
héchuò 和綽 3-276A
héchūtú 河出圖 5-1055A
hécí 合詞 3-156A
hècí 賀詞 10-179A
hècí 賀辭 10-179B
hècì 賀刺 10-178A
hécígǔ 禾詞鼓 8-2B
hécìxīng 紇刺星 9-719B
hécóng 何從 1-1231A
hècóng 和從 3-272B
hècuānxiāng 喝攛廂 3-417A
hècuānxiāng 喝攛箱 3-417A
hécuì 和粹 3-276A
hècuì 鶴毳 12-1149B
hécuò 合厝 3-152A
hécuò 合錯 3-159A
hèdá 和答 3-273A
hédài 何待 1-1230B
hédài 鶡戴 12-1132B
hèdài 荷戴 9-420B

hēdáluózhīguó 訶達羅支國 11-96B
hédān 合丹 3-145B
hédàn 禾擔 8-3A
hédàn 禾旦 8-1B
hédàn 禾石 8-1B
hédàn 何但 1-1228B
hédàn 曷旦 5-682A
hédàn 核彈 4-1007A
hédàn 盒担 7-1431B
hédàn 齕啖 12-1450B
hédàn 鶡旦 12-1132A
hédàn 鶡鴠 12-1132B
hèdàn 荷擔 9-420A
hèdàn 賀旦 10-177A
hédànbái 核蛋白 4-1007A
hédāng 秺穑 8-29A
hédāng 合當 3-156B
hédāng 何當 1-1232B
hédǎng 合黨 3-161A
hédàng 荷蕩 9-420A
hédǎntóngxīn 合膽同心 3-160A
hédàntóu 核彈頭 4-1007A
hēdǎo 呵導 3-256B
hēdǎo 呵道 3-256A
hēdǎo 訶導 11-97A
hédǎo 閡導 12-144A
hédào 禾稻 8-3A
hédào 合道 3-156A
hédào 何道 1-1232A
hédào 河道 5-1061B
hèdào 喝道 3-416B
hèdàocǎi 喝倒采 3-416B
hèdàocǎi 喝倒彩 3-416B
hédé 合德 3-158A
hédé 何得 1-1231A
hédé 和德 3-276A
hèdé 荷得 9-419B
hédelái 合得來 3-154B
hédēng 河燈 5-1064B
héděng 何等 1-1231B
hédèng 荷鐙 9-420B
hédezháo 合得着 3-154B
hēdǐ 訶詆 11-97A
hédī 河隄 5-1061A
hédī 河堤 5-1061B
hédí 和糴 3-279B
hédì 紇地 9-719B
hédì 禾弟 8-2A
hédì 荷的 9-419A
hédì 閡第 12-143B
hēdiàn 呵殿 3-256B
hēdiàn 訶殿 11-97A
hédiǎn 河典 5-1057A
hèdiàn 賀電 10-179A
hédiào 合調 3-158B
hèdiào 鶴弔 12-1143B
hēdié 訶咥 11-96A
hédǐng 和鼎 3-273A
hédǐng 核定 4-1006B
hèdǐng 鶴頂 12-1148A
hèdǐng 鶴鼎 12-1149B
hédìngběn 合訂本 3-151A
hèdǐngcǎo 鶴頂草 12-1148A
hèdǐnghóng 鶴頂紅 12-1148A
hèdǐngniǎo 鶴頂鳥 12-1148A
hèdǐngshū 鶴頂梳 12-1148A
hēdòng 呵凍 3-255B
hédōng 合冬 3-146A
hédōng 河東 5-1057A
hédòng 合凍 3-152B
hédòng 涸凍 5-1381A
hèdōng 賀冬 10-177B
hèdòng 鶴洞 12-1147A
hédōngfàn 河東飯 5-1057A
hédōngjiè 河東戒 5-1057A
hédōngsānfèng 河東三鳳 5-1057A
hédōngsānqiè 河東三篋 5-1057A
hédōngshīhǒu 河東獅吼 5-1057A
hédōngshīzi 河東獅子 5-1057A
hédōngshīzihǒu 河東獅子吼 5-1057A
hédōngxìng 河東性 5-1057A
hédòulíng 紇豆陵 9-719B
hédū 河督 5-1062A
hédú 合獨 3-159A
hédú 何獨 1-1234A
hédú 河瀆 5-1065A
hédú 閡匱 12-144A
hédù 合度 3-151A
hédù 河渡 5-1061B
hédù 蝎蠹 8-929A
hèdú 鶴獨 12-1153B
hēduǎn 訶短 11-97A
héduàn 和斷 3-278B
hèduǎnfúcháng 鶴短鳧長 12-1149B
héduì 核對 4-1007A
hēduō 呵咄 3-255B
hēduō 訶多 11-95B
hēduō 訶咄 11-96A
hēduó 訶奪 11-97A
héduó 核奪 4-1007A
hèduō 喝掇 3-416B
hèduō 格澤 4-997B
hèduō 和鐸 3-279A
hédúshén 河瀆神 5-1065A
hè'ēn 荷恩 9-419B
hé'ěr 禾耳 8-1B
hè'ér 賀兒 10-178A
hè'ěr 赫爾 9-1181B
hé'érbùtóng 和而不同 3-266B
hé'ěrméng 荷爾蒙 9-420A
hé'érwéiyī 合而爲一 3-146B
hé'èrwéiyī 合二爲一 3-144B
hēfá 苛罰 9-327A
héfǎ 合法 3-149B
hèfà 鶴髮 12-1151B
hèfàjīpí 鶴髮雞皮 12-1151B
héfān 和番 3-273B
héfān 和蕃 3-276A
héfán 何煩 1-1233A
héfàn 何范 1-1229B
héfāng 何妨 1-1228B
héfáng 河防 5-1055B
héfáng 河房 5-1057B
héfāngshì 合方氏 3-145B
hèfànhǔ 嚇飯虎 3-534A
héfǎnyìng 核反應 4-1006A
héfǎnyìngduī 核反應堆 4-1006A
hèfàsōngzī 鶴髮松姿 12-1151B
hèfàtóngyán 鶴髮童顏 12-1151B
hèfàwēng 鶴髮翁 12-1151B
héféi 合肥 3-149B
héféi 河肥 5-1057B
héfén 河汾 5-1056B
héfén 河濆 5-1064A
héfěn 何粉 1-1230B
héfèn 磤憤 7-1115B
hèfèn 賀份 10-177B
hēfēng 喝風 3-416B
héfēng 和風 3-270A
héfēng 河馮 5-1061B
héfèng 合縫 3-159B
hèfèng 和鳳 3-275B
hèfèng 隺俸 11-793B
hèfèng 鶴俸 12-1147B
hēfēng'ēyān 喝風屙煙 3-416B
hēfēnghēyān 喝風呵煙 3-416B
héfēnglìrì 和風麗日 3-270A
héfēngxìyǔ 和風細雨 3-270A
héfénménxià 河汾門下 5-1056B
héfó 和佛 3-268A
hēfódǐwū 訶佛詆巫 11-96A
hēfómàzǔ 呵佛罵祖 3-255A
hēfómàzǔ 訶佛罵祖 11-96A
hēfózǔ 呵佛祖 3-255A
héfū 河夫 5-1054A
héfú 合符 3-154A
héfú 和服 3-269A
héfú 河幅 5-1061B
héfù 禾稃 8-3A
héfù 合袝 3-152A
héfù 合賻 3-160A
héfù 核覆 4-1007B
héfù 涸鮒 5-1381B
hèfū 褐夫 9-112B
héfú 鶴鳧 12-1150B
hèfù 和附 3-268A
hèfù 荷負 9-419A
héfùdéshuǐ 涸鮒得水 5-1381B
hēgāguó 訶伽國 11-96A
hégāi 合該 3-157A
hégài 合蓋 3-156A
hégài 荷蓋 9-420A
hègài 褐蓋 9-113A
hègài 鶴蓋 12-1150A
hégān 紇干 9-719B
hégān 何干 1-1226A
hégān 和甘 3-266A
hégān 河干 5-1053A
hégǎn 禾杆 8-1B
hégǎn 禾稈 8-2B
hégàn 合干 3-144B
hégàn 合幹 3-156A
hégàn 何幹 1-1232B
hégàn 髑骭 12-409A
hègǎn 荷感 9-420A
hégǎng 河港 5-1061B
hégǎo 禾藁 8-3A
hēgé 呵格 3-255B
hégē 和歌 3-275A
hégé 合格 3-152A
hégé 何隔 1-1232B
hégé 閡隔 12-116A
hégè 盍各 7-1420B
hègē 和哥 3-270B
hègē 和歌 3-275A
hègé 鶴格 12-1147A
hègě 賀葛 10-178B
hégēng 禾更 8-1B
hégēng 和羹 3-279A
hégōng 合宫 3-151B
hégōng 和弓 3-265B
hégōng 河工 5-1053A
hégōng 河公 5-1054B
hégōng 河宫 5-1058B
hégǒng 合拱 3-150B
hégòng 合共 3-146B
hègōng 賀功 10-177A
hègōnghú 賀公湖 10-177A
hēgòu 呵詬 3-256B
hēgòu 訶詬 11-97A
hégōu 禾鉤 8-2B
hégōu 河溝 5-1062B
hégū 何辜 1-1231B
hégū 和姑 3-269B
hégǔ 禾穀 8-3A
hégǔ 合谷 3-148B
hégǔ 合股 3-149B
hégǔ 合骨 3-150B
hégǔ 合鼓 3-156A
hégǔ 和鼓 3-274A
hégǔ 河谷 5-1056B
hégǔ 河鼓 5-1062A
hégǔ 河皷 5-1063A
hégǔ 核骨 4-1006B
hégù 何故 1-1230A
hégù 和雇 3-274A
hégù 和僱 3-275B
hégù 和顧 3-279A
hègū 鶴孤 12-1146A
hègǔ 何鼓 1-1232B
hègǔ 和鼓 3-274A
hègǔ 壑谷 2-1237A
hègǔ 鶴骨 12-1146B
hègù 鶴顧 12-1154B
héguān 合關 3-161A

héguān 河關 5-1065A
héguān 闔棺 12-143B
héguān 鶡冠 12-1132A
hèguān 鶴關 12-1154A
hèguàn 鶴觀 12-1154B
héguāng 和光 3-266B
héguāngtóngchén 和光同塵 3-267A
hègǔdí 鶴骨笛 12-1146B
hégǔfūrén 禾穀夫人 8-3A
héguī 河龜 5-1064B
hèguī 鶴歸 12-1154A
hèguǐ 賀鬼 10-178A
hèguīhuábiǎo 鶴歸華表 12-1154A
hègǔjīfū 鶴骨雞膚 12-1146B
hègǔjīfū 鶴骨鷄膚 12-1146B
hègǔlóngjīn 鶴骨龍筋 12-1146B
héguó 何國 1-1231A
héguó 和國 3-272A
héguǒ 核果 4-1006B
hèguó 鶴國 12-1148B
hègǔshuāngrán 鶴骨霜髯 12-1146B
hègǔsōngjīn 鶴骨松筋 12-1146B
hègǔsōngzī 鶴骨松姿 12-1146B
héhǎiqīngyàn 河海清宴 5-1059B
héhàn 河漢 5-1063A
héhàn 涸旱 5-1380B
héhàn 翮翰 9-676A
hèhán 賀函 10-178A
hèhán 鶴寒 12-1150A
hèhǎn 喝喊 3-416B
héhànjiānghuái 河漢江淮 5-1063B
héhànnǚ 河漢女 5-1063B
héhànqiáo 河漢橋 5-1063B
héhǎo 合好 3-148A
héhǎo 和好 3-268A
hēhē 呵呵 3-255B
hēhē 呵欱 3-255B
hēhē 荷荷 9-419A
hēhē 嗹嗹 3-383B
hēhè 呵喝 3-256A
hēhè 呵嚇 3-257A
héhé 䧻䧻 8-274B
héhé 紇紇 9-719B
héhé 禾荣 8-2A
héhé 合和 3-149B
héhé 合翮 3-159A
héhé 何何 1-1228B
héhé 和合 3-267A
héhé 和和 3-269A
héhé 齕齕 12-1450B
hèhè 嗃嗃 3-468B
hèhè 熇熇 7-216A
hèhè 熇赫 7-215B
hèhè 赫赫 9-1181B
hèhè 翯翯 9-676A
hèhè 爀爀 7-307A
hèhè 鶴和 12-1145B
hèhè 鶴鶴 12-1154B
hèhè 謞謞 11-384B
hèhèchìchì 赫赫赤赤 9-1181B
héhéhǎigān 河涸海乾 5-1061A
héhéng 和恒 3-270A
héhéng 河衡 5-1064A
héhésìxiàng 和合四象 3-267B
hèhèwēiwēi 赫赫巍巍 9-1181B
hèhèwēiwēi 赫赫魏魏 9-1181B
hèhèyángyáng 赫赫揚揚 9-1181B
hèhèyányán 赫赫炎炎 9-1181B
hèhèyǒumíng 赫赫有名 9-1181B
héhézi 盍合子 7-1420B
hèhǒng 和鬨 3-277A
hèhòng 和哄 3-269B
héhóu 河侯 5-1058A
héhóu 河矦 5-1058A
héhòu 合後 3-151A
héhòu 和厚 3-269B
hēhū 呵呼 3-255B
hēhù 呵護 3-257A
hēhù 訶護 11-97B
héhú 和鵠 3-278A
héhú 闔胡 12-143B
héhǔ 河滸 5-1063B
héhù 何怙 1-1229B
héhù 涸沍 5-1380B
héhù 闔户 12-143A
hèhú 鶴湖 12-1149B
héhuā 荷花 9-419A
héhuà 合化 3-145B
héhuà 河華 5-1059A
hèhuà 鶴化 12-1143B
héhuādàshào 荷花大少 9-419A
héhuān 合懽 3-161A
héhuān 合歡 3-161B
héhuān 合驩 3-162B
héhuān 龢驩 12-1504B
héhuán 合環 3-159B
héhuán 合鬟 3-162B
héhuǎn 和緩 3-276B
hèhuàn 赫焕 9-1181A
héhuānbēi 合歡杯 3-161B
héhuānbèi 合懽被 3-161A
héhuānbèi 合歡被 3-162A
héhuāncǎo 合歡草 3-161B
héhuānchuáng 合歡牀 3-161B
héhuāndài 合歡帶 3-162A
héhuāndiàn 合歡殿 3-162A
héhuáng 河隍 5-1061B
héhuáng 河湟 5-1061B
hèhuáng 赫煌 9-1181B
hèhuángméi 賀黄梅 10-178B
héhuángsù 核黄素 4-1006B
héhuānjié 合歡結 3-162A
héhuānjiǔ 合歡酒 3-162A
héhuānkù 合歡袴 3-162A
héhuānlián 合歡蓮 3-162A
héhuānliáng 合歡梁 3-162A
héhuānlíng 合歡鈴 3-162A
héhuānmào 合歡帽 3-162A
héhuānrú 合歡襦 3-162A
héhuānshàn 合歡扇 3-162A
héhuānxí 合歡席 3-162A
héhuānyàn 合歡宴 3-162A
héhuānzhàng 合歡杖 3-161B
héhuānzhú 合歡竹 3-161B
héhuāxiānnǚ 禾花仙女 8-1B
hèhùhù 赫昈昈 9-1180A
hēhuǐ 訶毁 11-97A
hēhuì 呵會 3-256B
héhuì 禾卉 8-1B
héhuì 合喙 3-155B
héhuì 合會 3-156B
héhuì 和惠 3-273A
héhuì 和會 3-274B
héhuì 龢會 12-1504A
hèhuì 鶴會 12-1150B
héhūn 合昏 3-149B
héhūn 合婚 3-155A
héhūn 和婚 3-272B
héhuǒ 合火 3-145B
héhuǒ 合伙 3-147B
héhuǒ 合夥 3-157B
héhuò 合和 3-149B
hēi'āi 嘿哎 3-509A
hēi'àn 黑闇 12-1340A
hēi'àn 黑暗 12-1335A
hēi'àn 黑黯 12-1341A
hēi'ǎn'ǎn 黑晻晻 12-1333A
hēi'àndìyù 黑暗地獄 12-1335A
hēi'ànyù 黑暗獄 12-1335A
hēibái 黑白 12-1325A
hēibáicài 黑白菜 12-1325A
hēibáidiànshì 黑白電視 12-1325B
hēibáifēnmíng 黑白分明 12-1325A
hēibáihùnxiáo 黑白混淆 12-1325B
hēibáihuò 黑白貨 12-1325A
hēibáipiàn 黑白片 12-1325A
hēibáiqí 黑白棋 12-1325B
hēibáiyuè 黑白月 12-1325A
hēibǎn 黑板 12-1328A
hēibàn 黑半 12-1325B
hēibàn 黑辦 12-1339A
hēibǎnbào 黑板報 12-1328A
hēibānbìng 黑斑病 12-1332B
hēibāng 黑幫 12-1339B
hēibānwén 黑斑蚊 12-1332B
hēibiāo 黑彪 12-1331B
hēibō 黑波 12-1329A
hēibóliūcū 黑脖溜粗 12-1332A
hēibùléngdūn 黑不楞敦 12-1323B
hēibùliū 黑不溜 12-1323B
hēibùliūqiū 黑不溜俅 12-1323B
hēibùliūqiū 黑不溜秋 12-1323B
hēibùliūqiū 黑不溜鰍 12-1323B
hēibùliūqiú 黑不溜球 12-1323B
hēicāngcāng 黑蒼蒼 12-1334B
hēicèzi 黑册子 12-1325B
hēicháchá 黑槎槎 12-1334B
hēicháchá 黑楂楂 12-1334B
hēicháo 黑潮 12-1338A
hēichē 黑車 12-1327B
hēichén 黑沉 12-1328A
hēichénchén 黑沉沉 12-1328A
hēichénchén 黑沈沈 12-1328A
hēichēzi 黑車子 12-1327B
hēichǐ 黑齒 12-1337B
hēichīhēi 黑吃黑 12-1326A
hēichǒu 黑丑 12-1324B
hēichǒu 黑醜 12-1339A
hēichuángchuáng 黑幢幢 12-1338A
hēichùchù 黑黜黜 12-1339B
hēichūlǜ 黑出律 12-1325B
hēichuòchuò 黑齪齪 12-1341A
hēicóngcóng 黑叢叢 12-1340A
hēicū 黑粗 12-1332B
hēicùcù 黑簇簇 12-1340A
hēicuì 黑翠 12-1337A
hēidǎ 黑打 12-1324B
hēidān 黑丹 12-1324A
hēidān 黑單 12-1333B
hēidǎn 黑疸 12-1331A
hēidàng 黑檔 12-1339B
hēidào 黑道 12-1333B
hēidàorì 黑道日 12-1334A
hēidèngdèng 黑鄧鄧 12-1337A
hēidēngxiāhuǒ 黑燈瞎火 12-1339A
hēidēngxiàhuǒ 黑燈下火 12-1339A
hēidǐ 黑底 12-1329A
hēidì 黑地 12-1326A
hēidì 黑帝 12-1330A
hēidiǎn 黑點 12-1339B
hēidiàn 黑店 12-1329A
hēidiāo 黑貂 12-1333B
hēidiàodā 黑弔搭 12-1324B
hēidìhūntiān 黑地昏天 12-1326A
hēidìlǐ 黑地裏 12-1326A
hēidòng 黑洞 12-1330A

hēidòngdòng 黑洞洞 12-1330A
hēidòu 黑豆 12-1327B
hēidōuchóng 黑兜虫 12-1332A
hēidú 黑犢 12-1340B
hēidùndùn 黑頓頓 12-1335A
hēidùzi 黑肚子 12-1327B
hēi'é 黑鵝 12-1340B
hēi'ěr 嘿耳 3-508B
hēifà 黑髮 12-1337A
hēifān 黑幡 12-1340B
hēifán 黑礬 12-1341A
hēifàn 黑飰 12-1333B
hēifēi 黑非 12-1328B
hēiféi 黑肥 12-1329A
hēifēizhōu 黑非洲 12-1328B
hēifén 黑墳 12-1337B
hēifèn 黑分 12-1324A
hēifěnbìng 黑粉病 12-1331A
hēifēng 黑風 12-1330A
hēifēngnièhǎi 黑風孽海 12-1330A
hēifùzǐ 黑附子 12-1328A
hēigàitǔ 黑鈣土 12-1333B
hēigè 黑個 12-1330B
hēigéluò 黑閣落 12-1337A
hēigēngbànyè 黑更半夜 12-1327B
hēigǒu 黑狗 12-1329A
hēigǒujǐ 黑狗脊 12-1329A
hēigū 黑姑 12-1329B
hēiguǎn 黑管 12-1336A
hēiguāng 黑光 12-1326A
hēiguāngdēng 黑光燈 12-1326A
hēigǔdōng 黑古東 12-1324B
hēigǔdǒng 黑古董 12-1324B
hēiguǐ 黑鬼 12-1329B
hēigǔliūqiū 黑古溜秋 12-1324B
hēigūlóngdōng 黑咕隆咚 12-1328B
hēigūlóngdōng 黑咕嚨冬 12-1328B
hēigūlóngdōng 黑咕籠咚 12-1328B
hēigǔlóngdōng 黑古隆冬 12-1324B
hēigǔlóngdōng 黑古隆咚 12-1324B
hēigǔlóngdōng 黑古龍冬 12-1324B
hēigǔlóngdōng 黑古籠冬 12-1324B
hēigǔlóngdōng 黑古嚨咚 12-1324B
hēiguō 黑鍋 12-1339A
hēigǔtou 黑骨頭 12-1329B
hēihǎi 黑海 12-1331A
hēihān 黑酣 12-1333A
hēihān 黑鼾 12-1340A
hēihàn 黑汗 12-1327A
hēihánwáng 黑韓王 12-1339B
hēiháo 黑毫 12-1332A
hēihè 黑褐 12-1337A
hēihēi 嘿嘿 3-509B
hēihóng 黑紅 12-1330B
hēihòu 黑后 12-1326B
hēihōuhōu 黑齁齁 12-1340B
hēihú 黑鵠 12-1340A
hēihǔ 黑虎 12-1328B
hēihù 黑户 12-1324A
hēihuā 黑花 12-1327A
hēihuà 黑畫 12-1334A
hēihuà 黑話 12-1335B
hēihuà 黑樺 12-1336A
hēihuàn 黑鯇 12-1340B
hēihuāshé 黑花蛇 12-1327A
hēihǔdàlíngguān 黑虎大靈官 12-1328B
hēihūhū 黑乎乎 12-1325B
hēihúhú 黑糊糊 12-1338A
hēihuì 黑會 12-1335B
hēihuó 黑活 12-1330A
hēihuò 黑貨 12-1332A
hēihǔtiào 黑虎跳 12-1328B
hēijī 黑肌 12-1326B
hēijí 黑籍 12-1341A
hēijiā 黑家 12-1331A
hēijiǎ 黑甲 12-1325A
hēijià 黑價 12-1338A
hēijiābáirì 黑家白日 12-1331A
hēijiàbáirì 黑價白日 12-1338A
hēijiádié 黑蛺蝶 12-1335B
hēijiān 黑間 12-1334A
hēijiāo 黑蛟 12-1333A
hēijiǎo 黑角 12-1327B
hēijiāochī 黑蛟螭 12-1333B
hēijiāochóu 黑膠綢 12-1338A
hēijiǎodài 黑角帶 12-1327B
hēijiāshǔ 黑家鼠 12-1331A
hēijié 黑刼 12-1327A
hēijīn 黑金 12-1329A
hēijìn 黑祲 12-1332B
hēijīng 黑晶 12-1333A
hēijīng 黑經 12-1335B
hēijīng 黑精 12-1336B
hēijīngjīng 黑晶晶 12-1333A
hēijìnjìn 黑津津 12-1330A
hēijìnjìn 黑浸浸 12-1331A
hēikāo 黑尻 12-1325B
hēikǒu 黑口 12-1323A
hēikuǎn 黑款 12-1332B
hēikuàng 黑框 12-1330B
hēikūnlún 黑崑崙 12-1332A
hēilàng 黑浪 12-1331A
hēiláo 黑牢 12-1328A
hēilào 黑潦 12-1338B
hēilǎobāo 黑老包 12-1325B
hēilǎowū 黑老烏 12-1326A
hēile 黑了 12-1322B
hēilǐ 黑理 12-1331B
hēilǐ 黑體 12-1341B
hēilì 黑蜧 12-1336A
hēilì 黑歷 12-1339A
hēiliǎn 黑臉 12-1340A
hēiliàn 黑練 12-1338B
hēiliàng 黑亮 12-1330A
hēilín 黑林 12-1328A
hēilíng 黑凌 12-1331A
hēilínglíng 黑靈靈 12-1341B
hēilǐnlǐn 黑凜凜 12-1338A
hēilínqīn 黑林侵 12-1328A
hēilǐqiào 黑裏俏 12-1335B
hēiliūliū 黑溜溜 12-1335B
hēilóng 黑龍 12-1339A
hēilónglóng 黑曨曨 12-1341A
hēilónglóng 黑朧朧 12-1341A
hēilóulóu 黑婁婁 12-1331B
hēilóulóu 黑嘍嘍 12-1336A
hēilóuzi 黑樓子 12-1337B
hēilù 黑路 12-1335A
hēilùlù 黑碌碌 12-1335A
hēilǜ 黑緑 12-1337A
hēilǜtǔ 黑氯土 12-1333B
hēimá 黑麻 12-1332A
hēimǎ 黑馬 12-1330B
hēimái 黑霾 12-1341A
hēimài 黑麥 12-1331B
hēimámá 黑麻麻 12-1332A
hēimǎn 黑滿 12-1336B
hēimángmáng 黑茫茫 12-1329B
hēimànmàn 黑漫漫 12-1337A
hēimào 黑冒 12-1329B
hēiméi 黑煤 12-1335B
hēiméi 黑黴 12-1341B
hēiméiwūzuǐ 黑眉烏嘴 12-1330B
hēimén 黑門 12-1329A
hēiméng 黑氓 12-1329A
hēiméngméng 黑濛濛 12-1339A
hēiméngméng 黑蒙蒙 12-1334B
hēiménkǎn'er 黑門坎兒 12-1329B
hēimǐ 黑米 12-1327A
hēimiànláng 黑面郎 12-1329B
hēimíngdān 黑名單 12-1326B
hēimò 黑墨 12-1338A
hēimòcù 黑没促 12-1328A
hēimóu 黑眸 12-1331B
hēimǔ 黑牡 12-1327B
hēimù 黑幕 12-1334B
hēimǔdān 黑牡丹 12-1327B
hēimù'ěr 黑木耳 12-1323B
hēimùpài 黑幕派 12-1334B
hēimùxiǎoshuō 黑幕小説 12-1334B
hēiniǎo 黑鳥 12-1332A
hēiniú 黑牛 12-1323B
hēiniú'er 黑牛兒 12-1324A
hēinú 黑奴 12-1325B
hēipái 黑牌 12-1333B
hēipò 黑魄 12-1336A
hēipūpū 黑撲撲 12-1337B
hēiqī 黑漆 12-1336B
hēiqì 黑氣 12-1330B
hēiqiān 黑鉛 12-1335B
hēiqián 黑錢 12-1339A
hēiqiāng 黑槍 12-1336A
hēiqībǎndèng 黑漆板凳 12-1336B
hēiqíjūn 黑旗軍 12-1336B
hēiqīliáoguāng 黑漆寥光 12-1336B
hēiqīliáoguāng 黑漆燎光 12-1337A
hēiqín 黑檎 12-1338B
hēiqīng 黑青 12-1328A
hēiqīpídēng 黑漆皮燈 12-1336B
hēiqīpídēnglóng 黑漆皮燈籠 12-1336B
hēiqīqī 黑漆漆 12-1336B
hēiqiú 黑球 12-1331B
hēiqiú 黑裘 12-1334B
hēiqiūqiū 黑湫湫 12-1334A
hēiqīyītuán 黑漆一團 12-1336B
hēiqú 黑絇 12-1332B
hēiquán 黑泉 12-1329B
hēiqūqū 黑黢黢 12-1340B
hēirán 黑髯 12-1337B
hēirǎng 黑壤 12-1340B
hēirèbìng 黑熱病 12-1337B
hēirén 黑人 12-1322A
hēirì 黑日 12-1323B
hēisān 黑三 12-1322B
hēisàngzhuóliǎn 黑喪着臉 12-1332B
hēisānléng 黑三棱 12-1322B
hēisānsān 黑毵毵 12-1338B
hēisānsān 黑糝糝 12-1340A
hēisè'ér 黑色兒 12-1326B
hēisèhuǒyào 黑色火藥 12-1326B
hēisèjīnshǔ 黑色金屬 12-1326B
hēisēnsēn 黑森森 12-1332B
hēisèsù 黑色素 12-1326B
hēisèyōumò 黑色幽默 12-1326B
hēishā 黑紗 12-1331B
hēishà 黑殺 12-1330B
hēishà 黑煞 12-1335B
hēishādìyù 黑沙地獄 12-1328A
hēishāxīng 黑砂星 12-1329B
hēishé 黑蛇 12-1331B
hēishèhuì 黑社会 12-1328A
hēishēn 黑參 12-1332B
hēishén 黑神 12-1330B
hēishèn 黑蜃 12-1335A
hēishéng 黑繩 12-1340B

hēishěng 黑眚 12-1330B
hēishí 黑石 12-1324B
hēishì 黑市 12-1325B
hēishì 黑室 12-1330B
hēishízhī 黑石脂 12-1324B
hēishǒu 黑手 12-1324A
hēishǒu 黑首 12-1330A
hēishòu 黑綬 12-1337A
hēishū 黑書 12-1331A
hēishǔ 黑鼠 12-1335B
hēishuāng 黑霜 12-1339B
hēishuāshuā 黑刷刷 12-1329B
hēishuǐmòhé 黑水靺鞨 12-1323B
hēishuǐyáng 黑水洋 12-1323B
hēishuō 黑説 12-1336B
hēishuò 黑矟 12-1334A
hēishuògōng 黑槊公 12-1336A
hēishuògōng 黑矟公 12-1334A
hēishuòjiāngjūn 黑矟將軍 12-1334B
hēishǔzú 黑鼠族 12-1335B
hēisī 黑絲 12-1334B
hēisī 黑廝 12-1336A
hēisǐbìng 黑死病 12-1326A
hēisīmìng 黑司命 12-1325B
hēisōng 黑松 12-1328B
hēisōngshǐzhě 黑松使者 12-1328B
hēisǒngsǒng 黑聳聳 12-1340A
hēisōusōu 黑溲溲 12-1334A
hēisuìbìng 黑穗病 12-1340A
hēisuǒjīn 黑索今 12-1330B
hēisùsù 黑窣窣 12-1335B
hēitākū 黑塔窟 12-1332B
hēitán 黑潭 12-1338B
hēitàn 黑炭 12-1329B
hēitáng 黑糖 12-1339A
hēitàntóu 黑炭頭 12-1329B
hēitáo 黑陶 12-1331A
hēitáowénhuà 黑陶文化 12-1331A
hēiténgténg 黑騰騰 12-1341A
hēitǐ 黑體 12-1341A
hēitiān 黑天 12-1323A
hēitián 黑田 12-1325A
hēitián 黑甜 12-1332A
hēitiānbáirì 黑天白日 12-1323A
hēitiānbànyè 黑天半夜 12-1323A
hēitiānmōdì 黑天摸地 12-1323A
hēitiānmòdì 黑天墨地 12-1323B
hēitiántián 黑甜甜 12-1332A
hēitiánxiāng 黑甜鄉 12-1332A
hēitiányījiào 黑甜一覺 12-1332A
hēitiě 黑帖 12-1329A
hēitóng 黑瞳 12-1339B
hēitóu 黑頭 12-1338B
hēitóuchóng 黑頭蟲 12-1338B
hēitóugōng 黑頭公 12-1338B
hēitǔ 黑土 12-1322B
hēiwán 黑丸 12-1323A
hēiwěi 黑尾 12-1328A
hēiwén 黑文 12-1324A
hēiwèngwèng 黑瓮瓮 12-1329A
hēiwò 黑齷 12-1341B
hēiwū 黑屋 12-1330B
hēiwù 黑霧 12-1340A
hēiwūkuàng 黑鎢礦 12-1340B
hēiwǔlèi 黑五類 12-1323B
hēiwùtiānguāng 黑霧天光 12-1340A
hēiwūwū 黑烏烏 12-1330B
hēixī 黑犀 12-1334A
hēixī 黑錫 12-1339A
hēixǐ 黑璽 12-1340B
hēixià 黑下 12-1322B
hēixiān 黑蘚 12-1341A
hēixiàn 黑綫 12-1337A
hēixiáng 黑祥 12-1331A
hēixiǎodòu 黑小豆 12-1323A
hēixiàshuǐ 黑下水 12-1323A
hēixiāzi 黑瞎子 12-1337B
hēixiázi 黑匣子 12-1327B
hēixīn 黑心 12-1324A
hēixìn 黑信 12-1329B
hēixīncháng 黑心腸 12-1324B
hēixīnfú 黑心符 12-1324A
hēixìng 黑姓 12-1329B
hēixīngshì 黑腥事 12-1335B
hēixīngxīng 黑猩猩 12-1333B
hēixīnláng 黑心狼 12-1324A
hēixīnwāijiān 黑心歪尖 12-1324A
hēixīnyǎnzi 黑心眼子 12-1324A
hēixióng 黑熊 12-1337A
hēixiù 黑秀 12-1327B
hēixuànfēng 黑旋風 12-1332B
hēixuè 黑血 12-1326B
hēixūxū 黑魆魆 12-1336A
hēixūxū 黑黢黢 12-1339B
hēiyān 黑烟 12-1331A
hēiyán 黑鹽 12-1341B
hēiyǎn 黑黶 12-1341B
hēiyǎndìngxīn 黑眼定心 12-1331B
hēiyáng 黑洋 12-1330A
hēiyánkuángyǔ 黑言誑語 12-1327B
hēiyǎnzhū 黑眼珠 12-1331B
hēiyàoshí 黑耀石 12-1341A
hēiyāyā 黑鴉鴉 12-1337B
hēiyāyā 黑壓壓 12-1339B
hēiyāyā 黑鵶鵶 12-1340B
hēiyè 黑夜 12-1329A
hēiyè 黑業 12-1335A
hēiyī 黑衣 12-1326B
hēiyí 黑彝 12-1340B
hēiyǐ 黑蟻 12-1340B
hēiyì 黑翳 12-1339B
hēiyīláng 黑衣郎 12-1327A
hēiyǐng 黑影 12-1337B
hēiyǐnglǐ 黑影裏 12-1338A
hēiyīzǎixiàng 黑衣宰相 12-1327A
hēiyóu 黑油 12-1329A
hēiyóuyóu 黑油油 12-1329A
hēiyǒuyǒu 黑黝黝 12-1339B
hēiyú 黑魚 12-1332A
hēiyǔ 黑雨 12-1328B
hēiyù 黑獄 12-1336A
hēiyù 黑鬱 12-1341B
hēiyuè 黑月 12-1324A
hēiyuèyuè 黑黦黦 12-1341B
hēiyuèyuè 黑越越 12-1332B
hēiyūn 黑暈 12-1335A
hēiyún 黑雲 12-1333A
hēiyùn 黑運 12-1334A
hēiyúndū 黑雲都 12-1333A
hēiyúnmǔ 黑雲母 12-1333A
hēiyúnyāchéngchéngyùcuī 黑雲壓城城欲摧 12-1333A
hēiyùyù 黑蜮蜮 12-1336A
hēiyùyù 黑鬱鬱 12-1341B
hēizǎo 黑早 12-1326A
hēizǎo 黑蚤 12-1330B
hēizǎo 黑棗 12-1333A
hēizǎo 黑藻 12-1340B
hēizé 黑澤 12-1339A
hēizhǎi 黑窄 12-1331A
hēizhǎn 黑盞 12-1335A
hēizhāng 黑章 12-1332B
hēizhàng 黑賬 12-1337B
hēizhàngzhàng 黑障障 12-1335B
hēizhǎo 黑爪 12-1324A
hēizhào 黑照 12-1335A
hēizhèn 黑鴆 12-1338B
hēizhěnzhěn 黑鬒鬒 12-1340B
hēizhí 黑埴 12-1331B
hēizhì 黑豸 12-1327B
hēizhì 黑痣 12-1333B
hēizhì 黑幟 12-1338A
hēizhì 黑質 12-1338A
hēizhībáihàn 黑汁白汗 12-1325B
hēizhǐjié 黑紙節 12-1331B
hēizhǒng 黑種 12-1336A
hēizhòng 黑重 12-1329B
hēizhú 黑竹 12-1326A
hēizhuāng 黑粧 12-1333B
hēizhuàng 黑狀 12-1329B
hēizhūdùhé 黑豬渡河 12-1337B
hēizhuó 黑濁 12-1339B
hēizǐ 黑子 12-1323A
hēizǐ 黑紫 12-1333A
hēizīzī 黑滋滋 12-1334A
hēizīzī 黑緇緇 12-1337A
hēizīzī 黑髭髭 12-1338B
hēizǔ 黑組 12-1332B
hēizúlǚ 黑足呂 12-1327B
hējī 訶譏 11-97B
hējí 呵詰 3-256B
hējí 訶詰 11-97A
héji 合計 3-151A
héjī 禾鷄 8-3B
héjī 合機 3-158B
héjī 合擊 3-159B
héjì 何居 1-1230A
héjī 河激 5-1064B
héjī 髭雞 6-1014B
héjī 鶡雞 12-1132B
héjí 何極 1-1231B
héjí 和集 3-273B
héjí 和輯 3-277A
héjǐ 合脊 3-152B
héjì 河沸 5-1056B
héjǐ 河濟 5-1064B
héjì 合計 3-151A
héjì 合祭 3-154B
héjì 合髻 3-158B
héjì 和霽 3-279A
héjì 和齊 3-276A
héjì 河紀 5-1058B
héjì 河冀 5-1064B
héjì 核計 4-1006B
hèjī 鵠磯 12-1110B
hèjī 鶴雞 12-1154A
hèjǐ 鶴几 12-1143A
hèjì 鶴迹 12-1147A
hèjì 鶴跡 12-1150B
héjiā 合家 3-153A
héjiǎ 合甲 3-146A
héjià 禾稼 8-3A
héjià 和價 3-276A
héjià 核價 4-1007A
hèjiā 賀家 10-178A
hèjià 鵠駕 12-1110A
hèjià 鶴駕 12-1152B
héjiāhóng 何家紅 1-1231A
hèjiāhú 賀家湖 10-178B
héjiāhuān 合家歡 3-153A
héjiāhuānlè 合家歡樂 3-153B
hējiàn 訶諫 11-97A
héjiān 合尖 3-147A
héjiān 和奸 3-268A
héjiān 和姦 3-270B
héjiān 河間 5-1062A
héjiān 河煎 5-1062B
héjiān 涸堅 5-1381A
héjiǎn 和簡 3-278A
héjiǎn 核減 4-1007A
héjiàn 覈見 8-772B
hèjiān 鶴肩 12-1146A

hèjiǎn 鶴簡 12-1154A
hèjiàn 賀監 10-179A
hèjiàn 賀餞 10-179B
hèjiàn 鶴健 12-1147B
hèjiàn 鶴澗 12-1152B
hèjiàn 鶴磵 12-1153B
héjiānfù 河間婦 5-1062A
hējiǎng 呵獎 3-256B
hèjiāng 鶴江 12-1144B
héjiānglóu 合江樓 3-148A
héjiāngtíng 合江亭 3-148A
hējiāo 呵膠 3-256B
hējiào 呵噭 3-257A
héjiāo 合交 3-147B
héjiǎo 合角 3-149A
hèjiào 何校 1-1230B
hèjiào 荷校 9-419B
hèjiào 鶴嶠 12-1152A
héjiē 河街 5-1061B
héjié 合節 3-156B
héjié 和節 3-274B
héjié 涸竭 5-1381A
héjiě 和解 3-274B
héjiè 闔界 12-143B
hèjié 賀節 10-179A
héjīguān 鶡雞冠 12-1132B
hējìn 呵禁 3-256A
héjīn 合金 3-149B
héjīn 河津 5-1058B
héjǐn 合巹 3-150A
héjǐn 和菫 3-272A
héjǐn 和謹 3-278A
hèjìn 赫斤 9-1180A
hèjìn 鶴禁 12-1150A
héjīng 河精 5-1063A
héjǐng 和景 3-273A
héjìng 合境 3-157A
héjìng 合鏡 3-161A
héjìng 和敬 3-273A
héjìng 和靜 3-275A
héjìng 闔境 12-144A
hèjīng 鶴經 12-1150B
hèjīng 鶴驚 12-1154B
hèjǐng 鶴井 12-1143B
hèjǐng 鶴頸 12-1153A
hèjǐng 鶴警 12-1154A
hèjìng 鶴徑 12-1147B
hèjìng 鶴逕 12-1147A
hèjìng 鶴脛 12-1149A
hèjìng 鶴靜 12-1150B
héjīngāng 合金鋼 3-149B
héjīquān 合擊圈 3-160A
héjiū 合摎 3-157A
héjiū 覈究 8-772B
héjiù 和僦 3-275B
hèjiǔ 賀酒 10-178A
hèjiù 鶴舊 12-1153B
hējǔ 呵沮 3-255B
héjū 何居 1-1230A
héjū 和居 3-269B
héjú 和局 3-268A
héjǔ 合矩 3-150B
héjǔ 覈舉 8-773B
héjù 合聚 3-157B
héjù 合醵 3-161A
héjù 何詎 1-1231A
héjù 何遽 1-1234A
hèjǔ 鶴舉 12-1153B
hèjù 荷懼 9-420B
héjuàn 禾絹 8-2B
hèjuàn 荷眷 9-419B
hèjuàn 荷睠 9-420A
héjuéyúlàn 河決魚爛 5-1056B
héjūn 合軍 3-151B
héjūn 和均 3-268A
héjūn 和鈞 3-273B
hèkǎ 賀卡 10-177A
hékāi 闔開 12-144A
hékǎi 和愷 3-275A
hèkāi 鶴開 12-1150A
hékān 合刊 3-146A
hékān 何堪 1-1231B
hékān 何戡 1-1232B
hékān 覈勘 8-773A
hékǎn 河坎 5-1055B
hékǎo 覈考 8-772B
hèkè 賀客 10-178A
hèkǒng 嚇恐 3-533B
hékǒu 合口 3-144B
hékǒu 和口 3-265A
hékǒu 河口 5-1053B
hèkǒu 壑口 2-1236B
hèkǒu 鶴口 12-1143A
hékǒuhū 合口呼 3-145A
hékǒujiāo 合口椒 3-145A
hékǔ 何苦 1-1229A
hèkuānbó 褐寬博 9-113A
hékuàng 何況 1-1228B
hékuàng 何況 1-1230A
hékuí 河魁 5-1062B
hèkuì 荷蕢 9-420A
hèkùnjīqún 鶴困雞羣 12-1144B
hélà 齕剌 12-1450B
hélái 禾倈 8-2A
hèlài 荷賴 9-420B
hèlài 賀賴 10-179B
hèlàlà 赫剌剌 9-1180A
hèlán 喝攔 3-417A
hèlán 賀蘭 10-179B
héláng 何郎 1-1230A
hélǎng 和朗 3-271B
hélángfěn 何郎粉 1-1230A
hēlàngyú 呵浪魚 3-255B
hèlánshān 賀蘭山 10-180A
hèlánxiān 賀蘭仙 10-180A
héláo 何勞 1-1232B
hèlào 合酪 3-156B
hèlào 何勞 1-1232B
hèláo 嗃嘮 3-468B
hèlǎo 賀老 10-177B
hèlǎo 鶴老 12-1144A
hélào'ér 合落兒 3-155A
hèlǎohú 賀老湖 10-177B
héle 餄餎 12-537B
hélè 和樂 3-276B
hélè 龢樂 12-1504A
hélèbùwéi 何樂不爲 1-1234A
hélèi 合類 3-161A
hélěi 荷累 9-419B
hēlí 訶梨 11-96B
hēlì 訶詈 11-97A
hélí 合離 3-160B
hélí 和離 3-278B
hélí 河狸 5-1059A
hélǐ 合理 3-153B
hélǐ 合禮 3-160A
hélǐ 何李 1-1228A
hélǐ 和理 3-272A
hélǐ 和禮 3-278A
hélǐ 盒禮 7-1431B
hélǐ 覈理 8-773A
hélì 合力 3-144B
hélì 和栗 3-270B
hélì 和厲 3-275A
hélì 荷笠 9-419B
hélì 龢利 12-1504A
hèlǐ 喝禮 3-417A
hèlǐ 賀禮 10-179B
hèlì 鶴立 12-1144A
hèlì 鶴唳 12-1148B
hélián 盒匳 7-1431B
héliàn 核練 4-1007A
hèlián 賀聯 10-179B
hèlián 赫連 9-1180B
hèliàn 鶴練 12-1152B
hèliándāo 赫連刀 9-1180B
héliáng 和良 3-268A
héliáng 河梁 5-1061A
héliàng 合量 3-155B
hèliáng 鶴糧 12-1154A
héliángbié 河梁別 5-1061A
héliǎngwéiyī 合兩爲一 3-149A
héliánhǎiyàn 河溓海晏 5-1062B
héliánhǎiyí 河溓海夷 5-1062B
hèliào 雀料 11-793B
hèliào 鶴料 12-1147B
hèliàofú 鶴料符 12-1147B
hēlíbàng 訶藜棒 11-97B
hélícǎo 合離草 3-160B
hēlídájī 訶梨怛雞 11-96B
hēlídìmǔ 訶利帝母 11-96A
hèliè 赫烈 9-1180B
hèliè 鶴列 12-1144A
hèlìfēngshēng 鶴唳風聲 12-1148B
hélǐhái'ér… 河裏孩兒岸上娘 5-1062B
hélǐhuà 合理化 3-153B
hèlìhuátíng 鶴唳華亭 12-1148B
hèlìjīqún 鶴立雞羣 12-1144A
hèlìjīqún 鶴立鷄羣 12-1144A
hèlìjīqún 鶴立鷄群 12-1144A
hēlílè 呵黎勒 3-256B
hēlílè 訶梨勒 11-96B
hēlílè 訶黎勒 11-97A
hēlín 訶林 11-96A
hélín 和鄰 3-276A
hélín 涸鱗 5-1382A
hèlín 鵠林 12-1109A
hèlín 鶴林 12-1145B
hēlíng 訶陵 11-96A
hélíng 合靈 3-162B
hélíng 和鈴 3-274B
hélíng 河靈 5-1065A
hélìng 和令 3-266A
hèlíng 鶴翎 12-1149A
hèlíng 鶴綾 12-1151B
hèlǐng 鵠嶺 12-1110B
hèlǐng 鶴嶺 12-1153B
hèlìng 喝令 3-416A
hēlíngguó 訶陵國 11-96A
hèlínghóng 鶴翎紅 12-1149A
hēlíngzūn 訶陵樽 11-96B
hèlínsì 鶴林寺 12-1145B
hèlínyǒu 鶴林友 12-1145B
hēliú 苛留 9-326B
héliú 合流 3-153A
héliú 何劉 1-1233B
héliú 河流 5-1059B
héliú 涸流 5-1381A
héliǔ 河柳 5-1058A
héliù 合溜 3-157A
héliù 涸溜 5-1381A
hèliùhūyāo 喝六呼幺 3-416A
hélǐyānsǐshìhuìshuǐde 河裏淹死是會水的 5-1062B
hèlìyuánshēng 鶴唳猿聲 12-1148B
hēlízǐ 訶梨子 11-96B
hélóng 合龍 3-159B
hélóng 河龍 5-1064B
hélǒng 合攏 3-160B
hélǒng 河隴 5-1065A
hélǒng 闔攏 12-144A
hèlǒng 鶴隴 12-1154A
hélóngmén 合龍門 3-159B
hélóu 何樓 1-1233B
hélòu 河漏 5-1064A
hèlóu 賀婁 10-178B
hèlóu 賀樓 10-179B
hèlóu 鶴樓 12-1152A
hèlóujùn 鶴樓峻 12-1152A
hèlóulóu 喝嘍嘍 3-417A
hélú 闔廬 12-144A
hélù 和陸 3-272A
hélù 河路 5-1062A
hèlù 鶴露 12-1154B
hèlù 鶴祿 12-1150A
hèlù 鶴輅 12-1150A
hēluǎn 呵卵 3-255A
héluán 和鑾 3-279B
héluán 和鸞 3-279B
héluán 龢鑾 12-1504B

hèluán 鶴鸞 12-1155A
hèluǎn 鴿卵 12-1108B
hèluǎn 鶴卵 12-1145A
hēluǎnpāo 呵卵脬 3-255A
hélúchéng 闔廬城 12-144A
hélùn 何論 1-1233B
hélùn 核論 4-1007A
hélùn 覈論 8-773B
hèlún 鶴輪 12-1152A
héluó 何羅 1-1234A
héluó 和羅 3-278B
héluò 合絡 3-156A
héluò 合雒 3-157B
héluò 河洛 5-1058B
héluò 河落 5-1061B
héluò 河雒 5-1063A
héluò 涸落 5-1381A
hèluó 龢囉 12-1504B
héluóchuí 和囉槌 3-279A
héluódūn 紇邏敦 9-720A
héluòhǎigān 河落海乾 5-1061B
hēluóluó 呵羅羅 3-257A
hēluótuóguó 訶羅陁國 11-97B
hélǘ 闔閭 12-144A
hélǜ 合律 3-151A
hèlǚ 鶴侶 12-1145B
hélǘchéng 闔閭城 12-144A
hēmá 蠚麻 8-987B
hēmà 呵罵 3-257A
hēmà 訶罵 11-97A
hémá 禾麻 8-2B
hémǎ 河馬 5-1058B
hèmà 喝罵 3-417A
hémǎi 和買 3-273A
hémài 禾麥 8-2A
hémài 河脈 5-1059A
hémǎn 何滿 1-1233B
hémǎn 河滿 5-1063B
hèmánshū 嚇蠻書 3-534A
hémàntān 河漫灘 5-1063B
hémǎnzǐ 何滿子 1-1233B
hémǎnzǐ 河滿子 5-1063B
hèmáo 鶴毛 12-1143B
hèmào 鶴貌 12-1151A
héměi 合美 3-151B
héměi 和美 3-270A
héměi 和浼 3-271B
héměi 和媚 3-274A
hèméi 鶴梅 12-1148B
hèméi 鶴媒 12-1150A
hèméizǐ 賀梅子 10-178B
hémén 合門 3-150A
hémén 和門 3-269B
hémén 河門 5-1057B
hémén 闔門 12-143B
héménbǎikǒu 闔門百口 12-143B
héméng 和盟 3-274A
hèméng 荷蒙 9-420A
hèmèng 鶴夢 12-1150A
héménhǎikǒu 河門海口 5-1057B
hémǐ 禾米 8-1B
hémǐ 和弭 3-270B
hémiǎn 和勉 3-270A
hémiàn 合面 3-150B
hèmián 鶴眠 12-1147B
hémiànjiē 合面街 3-150B
hémiáo 禾苗 8-2A
hémiǎo 禾穮 8-3A
hèmiào 鶴廟 12-1152B
hémín 和民 3-266B
hémín 龢民 12-1504A
hémǐn 和敏 3-272A
hémíng 合明 3-149A
hémíng 合瞑 3-158A
hèmíng 和鳴 3-275B
hèmíng 鶴鳴 12-1151A
hèmìng 喝命 3-416A
hèmíngshān 鴿鳴山 12-1110A
hèmíngshān 鶴鳴山 12-1151A
hèmínguó 鶴民國 12-1144A
hèmíngzhīshì 鶴鳴之士 12-1151A
hémò 合莫 3-152A
hémóu 合謀 3-159A
hémóu 和謀 3-277A
hémù 合目 3-146A
hémù 和木 3-265B
hémù 和睦 3-274A
hémù 和穆 3-277A
hémù 河目 5-1054B
hémù 閡目 12-116A
hèmù 鶴目 12-1143B
hémǔdùwénhuà 河姆渡文化 5-1058A
hémùguīwén 河目龜文 5-1054B
hémùhǎikǒu 河目海口 5-1054B
hémùpáng 禾木旁 8-1B
hēnà 欱納 6-1441B
hénà 紇那 9-719B
hénǎi 禾乃 8-1A
hénǎi 何乃 1-1226A
hénài 何奈 1-1229B
hēnàn 呵難 3-257A
hēnàn 訶難 11-97B
hēnàn 苛難 9-327B
hénán 和南 3-269B
hénán 河南 5-1058A
hénàn 和難 3-278B
hěn'àn 狠闇 5-51B
hénánbāngzi 河南梆子 5-1058A
hènáng 賀囊 10-180A
hénánzhuìzi 河南墜子 5-1058A
hénào 合鬧 3-158A
hěn'ào 很傲 3-956A
hènào 和鬧 3-276A
hènǎocè 鶴腦側 12-1150B
hénàqǔ 紇那曲 9-719B
hěnbābā 狠巴巴 5-51A
hěnbèi 很悖 1-1357A
hěnbì 很愎 3-956A
hěnbì 狠愎 5-51B
hènbùdé 恨不得 7-528B
hènchàng 恨悵 7-529B
hěnchù 很觸 3-956A
hěndú 很毒 3-956A
hěndú 狠毒 5-51A
hèndú 恨毒 7-529A
héndūsītǎn 痕都斯坦 8-316B
hěn'è 很惡 3-956A
hěn'è 狠惡 5-51B
hénèi 河內 5-1054A
hénéng 核能 4-1006B
hěnfǎ 很法 3-956A
hénfèi 痕廢 8-317A
hènfèn 恨憤 7-529B
héng'ài 橫艾 4-1241A
hěngāng 很剛 3-956A
hěngāng 狠剛 5-51B
héngbā 橫巴 4-1240B
hèngbà 橫霸 4-1256B
héngbài 橫拜 4-1246B
héngbǎn 橫坂 4-1243A
hèngbào 橫暴 4-1254A
héngbēi 橫陂 4-1244A
héngbèi 橫被 4-1249A
hèngbèi 橫悖 4-1249A
héngbēn 橫奔 4-1244B
hèngbēn 橫犇 4-1251A
héngbèng 橫迸 4-1246B
héngbì 恆弊 7-518A
héngbì 恆蔽 7-517B
héngbì 衡蓽 3-1103B
héngbì 衡泌 3-1102A
héngbì 揘畢 6-769A
héngbì 揘觱 6-769A
héngbiǎn 橫匾 4-1249B
hèngbiàn 橫變 4-1256B
hēngbiāo 亨彪 2-348B
héngbiāo 衡杓 3-1101B
héngbiāo 衡飈 3-1105A
héngbǐng 衡柄 3-1102B
héngbō 橫波 4-1245B
héngbó 衡薄 3-1104B
hèngbó 橫博 4-1250B
hèngbù 橫步 4-1243A
héngbùniānshùbùtái 橫不拈豎不擡 4-1240A
héngcái 恆裁 7-517B
héngcái 衡才 3-1100B
hèngcái 橫財 4-1248A
héngcāo 恆操 7-518A
héngcǎo 橫草 4-1246A
héngcǎobùdòng… 橫草不動,豎草不拿 4-1246A
héngcǎobùná… 橫草不拏,豎草不拈 4-1246A
héngcǎobùná… 橫草不拿,豎草不拈 4-1246A
héngcǎobùniān… 橫草不拈,豎草不動 4-1246A
héngchā 橫插 4-1250B
héngchǎn 恆產 7-517B
hēngchàng 亨暢 2-348B
hēngchàng 哼唱 3-366A
héngcháng 恆長 7-516A
héngcháng 恆常 7-517B
héngchě 橫扯 4-1243A
héngchén 橫陳 4-1249A
héngchén 衡陳 3-1103A
héngchéng [illegible] 12-642B
héngchěng 橫逞 4-1248A
hèngchěng 橫逞 4-1248A
hēngchī 哼哧 3-365B
héngchí 橫馳 4-1252A
héngchǐ 恆齒 7-518A
héngchǐ 衡尺 3-1101A
hèngchǐ 橫侈 4-1245A
hèngchì 橫熾 4-1255A
hèngchóng 橫虫 4-1242A
héngchōngzhíchuǎng 橫衝直闖 4-1254B
héngchōngzhízhuàng 橫衝直撞 4-1254A
héngchū 橫出 4-1241B
héngchǔ 衡楚 3-1103B
héngchuān 橫川 4-1240A
héngchuān 橫穿 4-1247A
héngchuáng 橫牀 4-1245B
héngchuī 橫吹 4-1243B
héngchuīqǔ 橫吹曲 4-1243B
héngchūn 恆春 7-516B
héngcí 恆辭 7-518A
héngcì 橫賜 4-1254B
hèngcì 橫賜 4-1254A
héngcú 橫徂 4-1245A
héngcuì 橫翠 4-1253B
hēngdá 亨達 2-348B
héngdà 橫大 4-1240A
héngdǎbíliáng 橫打鼻梁 4-1240B
héngdài 橫帶 4-1249B
hèngdài 橫貸 4-1251A
héngdàiyífēng 恆代遺風 7-515B
héngdān 橫單 4-1250B
héngdāo 橫刀 4-1239B
héngdào 橫道 4-1251A
héngdào 衡道 3-1103B
héngdāojiēfǔ 橫刀揭斧 4-1240A
héngdǎoshùwò 橫倒豎臥 4-1248A
héngdāoyuèmǎ 橫刀躍馬 4-1240A
héngdé 恆德 7-518A
héngděngshì 恆等式 7-517B
héngdí 橫笛 4-1249B
héngdí 橫敵 4-1254B
héngdì 橫地 4-1241B
héngdì 橫睇 4-1250B
héngdiǎn 恆典 7-516A

héngdiào 橫調 4-1254B
hèngdiāo 橫叼 4-1241A
hèngdiào 橫調 4-1254B
héngdìng 衡定 3-1102A
héngdǒubǐng 橫斗柄 4-1240B
héngdǔ 橫堵 4-1249A
héngdù 恆度 7-517A
héngdù 橫度 4-1246B
héngdù 橫渡 4-1251B
héngdù 衡度 3-1102B
héngduàn 橫斷 4-1256A
hèngduàn 橫斷 4-1256A
héngduǎnlùncháng 衡短論長 3-1103B
héngduànmiàn 橫斷面 4-1256A
héngduì 橫隊 4-1250A
hèngduó 橫奪 4-1253A
héngé 掯隔 6-594B
héng'é 姮娥 4-338A
héng'é 恆娥 7-517A
héng'é 橫額 4-1255B
héng'è 橫遏 4-1250B
héng'è 衡梔 3-1102A
héng'è 衡厄 3-1100B
héng'è 衡扼 3-1101B
héng'è 衡軛 3-1103A
hèng'è 橫惡 4-1250B
hèng'ēn 橫恩 4-1248A
hèng'ēnlànshǎng 橫恩濫賞 4-1248A
héngfā 橫發 4-1251B
hèngfā 橫發 4-1251B
héngfán 衡樊 3-1104A
héngfàn 恆泛 7-516A
héngfàn 橫泛 4-1244A
hèngfàng 橫放 4-1245A
hèngfānìqǐ 橫發逆起 4-1251B
héngfēi 橫飛 4-1247B
hèngfèi 橫費 4-1251B
hēngfèn 亨奮 2-348B
héngfēn 橫分 4-1240B
héngfén 橫汾 4-1243B
héngfèn 恆分 7-515B
héngfēng 恆風 7-517A
héngfēng 衡峰 3-1102B
héngfénshǎng 橫汾賞 4-1244A
héngfénshí 橫汾什 4-1244A
héngféntǐ 橫汾體 4-1244A
héngfényàn 橫汾宴 4-1244A
héngfú 珩黻 4-555A
héngfú 橫幅 4-1250B
héngfú 衡服 3-1102A
héngfú 衡栿 3-1102B
hèngfù 橫賦 4-1254A
hèngfùbàoliǎn 橫賦暴斂 4-1254A
hénggài 衡蓋 3-1103B
hénggàn 恆幹 7-517B
hènggǎn 橫敢 4-1250A
hénggāo 蘅皋 9-618A
hénggāo 蘅臯 9-618A
hénggào 恆誥 7-518A
hénggē 橫戈 4-1240B
hénggé 恆格 7-517A
hénggèn 橫亘 4-1241B
hénggèn 橫亙 4-1242A
hénggěng 橫梗 4-1249B
hénggěng 橫鯁 4-1255B
hénggēpánmǎ 橫戈盤馬 4-1240B
hénggēyuèmǎ 橫戈躍馬 4-1240B
hénggōng 橫功 4-1240B
hénggǒng 橫拱 4-1245B
hènggòu 橫構 4-1253A
hénggǔ 䯒骨 12-406B
hénggù 恆固 7-516A
héngguǎn 橫管 4-1253A
héngguǎn 衡管 3-1104A
héngguǎn 衡館 3-1104B
héngguàn 橫貫 4-1250A
héngguǎng 橫廣 4-1253B
héngguī 恆規 7-517A
héngguì 衡桂 3-1102B
hèngguò 橫過 4-1249B
hēnghā 哼哈 3-365B
hēnghā'èrjiàng 哼哈二將 3-365B
hénghǎi 橫海 4-1248B
hènghài 橫害 4-1249A
hénghǎidào 橫海纛 4-1248B
hénghǎilín 橫海鱗 4-1248B
hénghǎizhì 橫海志 4-1248B
hénghàn 橫漢 4-1253B
hénghàn 衡漢 3-1104A
héngháng 橫行 4-1242A
héngháng 衡行 3-1101A
hèngháo 橫豪 4-1253B
hēnghè 哼喝 3-366A
hénghé 恆河 7-516B
hénghéhuázi 橫河划子 4-1245A
hēnghēng 哼哼 3-365B
hēnghēnghāhā 哼哼哈哈 3-365B
hēnghēngjījī 哼哼唧唧 3-366A
hénghéngshíshí 橫橫實實 4-1253B
hénghéshā 恆河沙 7-516B
hénghéshāshù 恆河沙數 7-516B
hénghéyīshā 恆河一沙 7-516B
hénghú 橫弧 4-1245B
hènghuá 橫猾 4-1251A
hènghuà 橫話 4-1252B
hénghuáng 珩璜 4-555A
hénghuáng 橫潢 4-1253B
hénghuáng 衡璜 3-1104A
hēnghuì 亨會 2-348B
hénghuī 恆輝 7-518A
hènghuì 橫穢 4-1255B
hénghuò 衡霍 3-1104B
hènghuò 橫禍 4-1251B
hènghuòfēizāi 橫禍非災 4-1251B
hènghuòfēizāi 橫禍飛災 4-1251B
hēngjī 哼唧 3-366A
héngjī 橫擊 4-1255B
héngjī 橫几 4-1239B
héngjī 衡笄 3-1102B
héngjī 衡擊 3-1104B
héngjī 衡機 3-1104B
héngjī 衡璣 3-1104B
héngjí 橫集 4-1251A
héngjǐ 橫戟 4-1250B
héngjì 衡紀 3-1102B
héngjì 衡計 3-1102B
hèngjī 橫擊 4-1255B
hèngjí 橫急 4-1246B
hèngjí 橫疾 4-1248B
hēngjiā 亨嘉 2-348B
héngjià 桁架 4-978A
héngjiā 橫加 4-1241B
hèngjiǎdiāojūn 橫甲刁軍 4-1241A
héngjiàn 衡鑑 3-1105A
héngjiàn 衡鑒 3-1105A
héngjiāng 橫江 4-1243A
hèngjiàng 橫強 4-1251B
héngjiāo 恆交 7-516A
héngjiǎo 橫角 4-1243B
héngjiào 恆教 7-517A
héngjiào 衡校 3-1102B
héngjié 恆碣 7-517B
héngjié 橫截 4-1252B
héngjiè 橫芥 4-1243A
héngjīn 橫金 4-1245A
hèngjìn 橫勁 4-1246A
héngjīng 橫經 4-1252B
héngjīng 橫鯨 4-1256A
héngjìng 衡鏡 3-1105A
héngjīntuōyù 橫金拖玉 4-1245A
héngjiōng 橫扃 4-1247A
héngjiǔ 恆久 7-515B
héngjū 恆居 7-516B
héngjǔ 橫舉 4-1255A
héngjuǎn 橫卷 4-1245A
héngjuàn 橫卷 4-1245A
héngjué 橫决 4-1243A
héngjué 橫決 4-1244A
héngjué 橫絕 4-1251B
héngjué 衡決 3-1101B
héngjùmiàn 橫鋸面 4-1255A
héngjūn 衡鈞 3-1103B
héngkàn 橫看 4-1246B
hèngkàn 橫看 4-1246B
héngkàng 衡抗 3-1101B
héngkē 恆科 7-517A
héngkē 橫柯 4-1246A
hèngkē 橫科 4-1246B
hèngkēbàoliǎn 橫科暴斂 4-1246B
héngkōng 橫空 4-1245B
hèngkǒu 橫口 4-1240A
héngkù 衡庫 3-1102B
hèngkù 橫酷 4-1253A
héngkuà 橫跨 4-1252A
héngkuàng 衡纊 3-1105A
hèngkuì 橫潰 4-1254B
hèngkùn 橫困 4-1243B
hèngkuò 橫闊 4-1255B
hénglán 橫瀾 4-1256B
hénglǎn 橫覽 4-1256B
hénglàn 橫濫 4-1255B
hènglàng 橫浪 4-1249A
hénglánshùdǎng 橫攔豎擋 4-1256A
hénglexīn 橫了心 4-1239B
hénglǐ 橫理 4-1249A
hénglǐ 衡里 3-1101B
hénglì 恆例 7-516A
hénglì 橫厲 4-1253A
hénglì 橫歷 4-1255A
hénglì 橫瀝 4-1255B
hénglì 橫轢 4-1256B
hénglì 衡立 3-1101A
hènglǐ 橫理 4-1249A
hènglì 橫力 4-1240A
hènglì 橫吏 4-1241B
hènglì 橫沴 4-1245B
hèngliǎn 橫斂 4-1255B
hèngliǎn 橫歛 4-1255B
héngliáng 橫梁 4-1250A
héngliáng 衡梁 3-1103A
héngliáng 衡量 3-1103B
héngliàng 衡量 3-1103B
héngliánzhū 衡連珠 3-1102B
hénglìè 橫列 4-1242A
hèngliè 橫烈 4-1248A
hènglìn 橫躪 4-1256B
hénglǐng 橫嶺 4-1255B
hénglǐng 衡嶺 3-1104B
héngliú 橫流 4-1248B
héngliú 衡流 3-1103A
hèngliú 橫流 4-1248B
hēnglù 亨路 2-348B
hénglú 衡廬 3-1105A
hénglù 橫路 4-1252B
hénglù 衡鹿 3-1103A
hénglù 衡麓 3-1105A
hènglù 橫戮 4-1255A
hènglù 橫錄 4-1255A
hèngluàn 橫亂 4-1252B
hénglùn 恆論 7-518A
hénglùn 橫論 4-1254B
hènglùn 橫論 4-1254B
héngluò 橫落 4-1250B
héngluóshízì 橫羅十字 4-1256A
hénglǘ 衡閭 3-1104A
hénglǚ 衡梠 3-1102B
hénglǜkùnxīn 衡慮困心 3-1104A
hèngmán 橫蠻 4-1256B
héngmáo 恆毛 7-515B
héngmáo 橫矛 4-1241B
héngmáo 衡茅 3-1101B
héngmáo 衡茆 3-1101B
héngméi 橫眉 4-1247A

héngméi 橫楣 4-1252A
héngméidèngmù 橫眉瞪目 4-1247B
héngméidèngyǎn 橫眉瞪眼 4-1247B
héngméilěngmù 橫眉冷目 4-1247B
héngméilěngyǎn 橫眉冷眼 4-1247B
héngméilìmù 橫眉立目 4-1247A
héngméilìyǎn 橫眉立眼 4-1247A
héngméimaoshùyǎnjing 橫眉毛竪眼睛 4-1247A
héngméinǔmù 橫眉努目 4-1247B
héngméinùmù 橫眉怒目 4-1247B
héngméinùshì 橫眉怒視 4-1247B
héngméishùmù 橫眉竪目 4-1247B
héngméishùyǎn 橫眉竪眼 4-1247B
héngméitǔqì 橫眉吐氣 4-1247B
héngmén 橫門 4-1245B
héngmén 衡門 3-1102A
héngménbìshuǐ 衡門泌水 3-1102B
hèngméng 橫蒙 4-1252A
héngményī 衡門衣 3-1102A
héngmiè 橫蠛 4-1256A
héngmín 恆民 7-515B
hèngmín 橫民 4-1241B
héngmíng 恆明 7-516A
héngmìng 橫命 4-1245A
héngmìng 衡命 3-1102A
héngmó 橫磨 4-1255A
héngmójiàn 橫磨劍 4-1255A
héngmóu 橫眸 4-1249B
héngmù 橫木 4-1240A
héngmù 橫目 4-1241A
héngmù 衡木 3-1100B
héngmù 衡牧 3-1102A
héngnán 橫難 4-1256A
hèngnàn 橫難 4-1256A
hèngnào 橫鬧 4-1253B
héngní 橫霓 4-1255A
héngnì 橫逆 4-1246B
hèngnì 橫逆 4-1247A
hèngnù 橫怒 4-1247B
hèngnüè 橫虐 4-1246A
héngpái 橫排 4-1249A
hèngpàn 橫畔 4-1248A
héngpèi 珩珮 4-555A
héngpèi 衡轡 3-1105B
héngpī 橫批 4-1243A
héngpī 橫披 4-1244B
héngpǐn 恆品 7-517A
héngpíng 衡平 3-1101A
hēngqì 哼氣 3-366A
héngqǐ 橫起 4-1248A
héngqì 衡器 3-1104B
hèngqǐ 橫起 4-1248A
hèngqì 橫棄 4-1251A
héngqiān 橫阡 4-1241B
héngqián 衡灊 3-1105A
héngqián 衡潛 3-1104B
héngqiàn 橫塹 4-1253A
héngqiān 橫譴 4-1256B
hèngqiǎngwǔduó 橫搶武奪 4-1252A
héngqiǎngyìngduó 橫搶硬奪 4-1252A
héngqiāngyuèmǎ 橫槍躍馬 4-1253A
héngqiáo 衡嶠 3-1104A
héngqiēmiàn 橫切面 4-1240B
héngqín 橫琴 4-1250B
héngqíng 恆情 7-517B
hèngqǐng 橫請 4-1254B
héngqíngzhuólǐ 衡情酌理 3-1103A
héngqīshùbā 橫七竪八 4-1239B
héngqīshùbā 橫七豎八 4-1239B
héngqiū 橫秋 4-1246B
hèngqiú 橫求 4-1243A
hēngqú 亨衢 2-348B
héngqū 橫驅 4-1256B
héngquán 衡銓 3-1104A
héngquán 衡權 3-1105A
héngqūbiéwù 橫驅別騖 4-1256B
hèngrǎo 橫擾 4-1255B
héngrén 恆人 7-515A
héngrén 衡人 3-1100B
héngrèn 衡任 3-1101A
hèngrén 橫人 4-1239B
héngrì 恆日 7-515B
héngròu 橫肉 4-1242A
hèngrù 橫入 4-1239B
héngsàibùwén 橫僿不文 4-1254A
héngsānshùnsì 橫三順四 4-1240A
héngsānshùsì 橫三竪四 4-1240A
héngsānshùsì 橫三豎四 4-1240A
héngsǎo 橫掃 4-1249A
hèngsào 橫掃 4-1249B
héngsè 橫塞 4-1252B
héngshā 恆沙 7-516A
héngshā 橫沙 4-1243B
hèngshā 橫殺 4-1248B
héngshān 恆山 7-515A
héngshān 衡山 3-1100B
héngshānshé 恆山蛇 7-515A
héngshāshù 恆沙數 7-516A
héngshēn 橫參 4-1250A
héngshēn 橫身 4-1243B
héngshēng 橫生 4-1241A
hèngshēng 橫生 4-1241A
hēngshēngchē 亨生車 2-348A
héngshēngzhījié 橫生枝節 4-1241B
héngshī 橫尸 4-1240A
héngshī 橫施 4-1246B
héngshí 恆時 7-517A
héngshí 衡石 3-1101A
héngshǐ 恆矢 7-515B
héngshì 恆士 7-515A
héngshì 恆式 7-515B
héngshì 恆事 7-516A
héngshì 橫世 4-1241A
héngshì 橫是 4-1246B
héngshì 橫逝 4-1248A
héngshì 橫勢 4-1252A
héngshì 橫軾 4-1252A
hèngshī 橫施 4-1246B
hèngshǐ 橫使 4-1244B
hèngshì 橫事 4-1244B
hèngshì 橫噬 4-1255A
héngshíchéngshū 衡石程書 3-1101A
héngshíliángshū 衡石量書 3-1101A
héngshǒu 恆守 7-516A
hèngshòu 橫授 4-1249A
héngshù 恆數 7-518A
héngshù 橫術 4-1249B
héngshù 橫竪 4-1252A
héngshù 橫豎 4-1254A
héngshuǐ 衡水 3-1100B
héngshuì 橫説 4-1253A
héngshùn 橫順 4-1251A
héngshuō 恆説 7-518A
héngshuò 橫槊 4-1253B
hèngshuō 橫説 4-1253A
héngshuòfùshī 橫槊賦詩 4-1253B
héngshuōshùshuō 橫説竪説 4-1253A
héngshuōshùshuō 橫説豎説 4-1253B
héngsī 橫絲 4-1252A
héngsì 橫肆 4-1252A
hèngsī 橫私 4-1243B
hèngsǐ 橫死 4-1242A
hèngsì 橫肆 4-1252A
hèngsǐshén 橫死神 4-1242A
hèngsǐyǎn 橫死眼 4-1242A
hèngsǐzéi 橫死賊 4-1242A
héngsōu 橫捜 4-1250B
héngsú 恆俗 7-517A
héngsuō 衡縮 3-1105A
héngsuǒ 恆所 7-516B
hèngsuǒ 橫索 4-1248A
hēngtài 亨泰 2-348A
héngtài 恆態 7-518A
héngtán 恆談 7-518A
héngtán 橫談 4-1254B
héngtán 衡譚 3-1105A
héngtáng 橫唐 4-1248B
héngtáng 橫塘 4-1252A
héngtǎngshùwò 橫躺豎臥 4-1254A
héngtángwū 橫堂屋 4-1249B
héngtì 橫涕 4-1249A
héngtiān 橫天 4-1240A
héngtiáo 桁條 4-978A
hèngtiāo 橫挑 4-1246A
hèngtiǎo 橫挑 4-1246A
héngtiāobízi… 橫挑鼻子竪挑眼 4-1246A
héngtīng 衡聽 3-1105A
héngtǐng 橫梃 4-1248A
hēngtōng 亨通 2-348A
héngtōng 橫通 4-1249A
héngtóu 橫頭 4-1255A
hēngtú 亨途 2-348A
héngtū 橫突 4-1247A
héngtǔ 橫土 4-1240A
héngtuò 橫拓 4-1244A
héngtuōdàochě 橫拖倒扯 4-1244A
héngtuōdàozhuài 橫拖倒拽 4-1244A
héngtuōshùlā 橫拖竪拉 4-1244B
hèngǔ 恨骨 7-529A
hènguài 恨怪 7-529A
héngwàng 行望 3-909A
hèngwáng 橫亡 4-1240A
héngwéi 衡闈 3-1105A
héngwén 恆文 7-515B
héngwén 衡文 3-1100B
héngwū 橫屋 4-1247A
héngwū 衡巫 3-1101B
héngwú 蘅蕪 9-618A
héngwù 橫騖 4-1256A
hèngwújìdàn 橫無忌憚 4-1251A
héngxiàn 恆憲 7-518A
héngxiàn 衡陷 3-1103A
héngxiàncèchū 橫見側出 4-1243B
héngxiāng 衡湘 3-1103B
héngxiàng 恆象 7-517B
héngxiàng 衡巷 3-1102B
héngxiángjiéchū 橫翔捷出 4-1251A
héngxiāo 橫霄 4-1254A
héngxiāo 橫簫 4-1256A
héngxiàxīn 橫下心 4-1240A
héngxié 橫斜 4-1250A
héngxīn 恆心 7-515B
hèngxin 橫心 4-1240B
héngxīng 恆星 7-516B
héngxíng 橫行 4-1242A
héngxíng 衡行 3-1101A
héngxìng 恆性 7-516B
héngxíngbàdào 橫行霸道 4-1243A
héngxíngbùfǎ 橫行不法 4-1242B
héngxínggōngzǐ 橫行公子 4-1242B
héngxíngjiàng 橫行將 4-1242B
héngxíngjièshì 橫行介士

4-1242B
héngxínglüè 橫行略 4-1242B
héngxíngnìshī 橫行逆施 4-1242B
héngxíngwújì 橫行無忌 4-1243A
héngxíngzhízhuàng 橫行直撞 4-1242B
héngxíngzhízǒu 橫行直走 4-1242B
héngxū 衡虛 3-1103A
héngxuán 橫旋 4-1250A
héngxuǎn 橫選 4-1255A
héngxùn 恆訓 7-517A
héngyá 恆牙 7-515B
héngyán 恆言 7-516A
héngyán 橫延 4-1242A
héngyán 衡言 3-1101B
héngyán 衡閻 3-1104B
héngyáng 恆陽 7-517B
héngyáng 恆暘 7-517B
hèngyāngfēihuò 橫殃飛禍 4-1246A
héngyángyànduàn 衡陽雁斷 3-1103A
héngyāo 橫腰 4-1252B
hèngyāo 橫夭 4-1240B
héngyáoshí 衡遙石 3-1104A
héngyě 橫野 4-1249B
héngyè 恆業 7-517B
héngyī 恆醫 7-518A
héngyī 橫衣 4-1243A
héngyí 衡儀 3-1104B
héngyì 橫逸 4-1250A
héngyì 橫軼 4-1250B
héngyì 橫溢 4-1252B
hèngyì 橫失 4-1241B
hèngyì 橫佚 4-1243B
hèngyì 橫意 4-1252B
hèngyì 橫議 4-1256B
héngyǐn 橫飲 4-1251A
hèngyìng 橫攖 4-1256A
hēngyō 哼唷 3-366A
héngyōng 恆庸 7-517B
héngyōng 衡雍 3-1104A
héngyōng 衡雝 3-1105A
héngyóu 衡遊 3-1103B
hèngyōu 橫憂 4-1254A
héngyú 衡虞 3-1103B
héngyǔ 恆語 7-518A
héngyǔ 衡宇 3-1101B
héngyù 橫玉 4-1240B
héngyuè 恆岳 7-516A
héngyuè 恆嶽 7-518A
héngyuè 橫越 4-1250B
héngyuè 衡岳 3-1102A
héngyuè 衡嶽 3-1104B
héngyuè 峘嶽 3-813A
hēngyùn 亨運 2-348B
héngyún 橫雲 4-1250B
héngzǎi 衡宰 3-1103A
hèngzāi 橫災 4-1244A
hèngzāifēihuò 橫災飛禍 4-1244A
hèngzāo 橫遭 4-1253A
hèngzào 橫造 4-1248A
héngzé 恆則 7-516B
héngzhāng 衡漳 3-1104A
héngzhàng 橫帳 4-1249B
hèngzhé 橫折 4-1243A
hēngzhēn 亨貞 2-348A
héngzhěn 衡軫 3-1103B
héngzhèn 橫陣 4-1247A
héngzhēnbùniān… 橫針不拈，豎綫不動 4-1248A
héngzhēng 橫蒸 4-1252A
hèngzhēng 橫征 4-1245A
hèngzhèng 橫政 4-1246A
héngzhēngbàofù 橫徵暴賦 4-1254B
hèngzhēngbàofù 橫徵暴賦 4-1254B
héngzhēngbàoliǎn 橫徵暴斂 4-1254B
hèngzhēngbàoliǎn 橫征暴斂 4-1245A
hèngzhēngbàoliǎn 橫徵暴斂 4-1254B
hèngzhēngkēliǎn 橫征苛斂 4-1245A
héngzhēngkēyì 橫徵苛役 4-1254B
hèngzhēngkēyì 橫徵苛役 4-1254B
héngzhēnshùxiàn 橫針豎綫 4-1248A
héngzhēshùdǎng 橫遮豎擋 4-1253B
héngzhī 橫枝 4-1244B
héngzhī 橫織 4-1255B
héngzhí 恆直 7-516A
héngzhí 橫直 4-1244B
héngzhí 衡直 3-1101B
héngzhǐ 衡芷 3-1101B
héngzhì 恆制 7-516A
héngzhì 橫制 4-1244B
héngzhī'er 橫枝兒 4-1244B
héngzhōu 衡輈 3-1103B
héngzhóu 衡軸 3-1103A
héngzhú 橫竹 4-1242A
héngzhǔ 恆屬 7-518A
héngzhù 橫注 4-1245B
héngzhù 橫翥 4-1253A
héngzhuàng 恆狀 7-516B
hèngzhuàng 橫撞 4-1253B
héngzhuì 橫墜 4-1253B
hēngzhūn 亨屯 2-348A
héngzhǔn 恆準 7-517B
héngzhǔn 衡准 3-1102B
héngzhǔn 衡準 3-1104A
héngzhuó 橫彴 4-1243A
hèngzhuó 橫擢 4-1255B
héngzī 恆姿 7-517A
héngzī 恆資 7-517B
héngzī 橫滋 4-1251B
héngzì 橫字 4-1243A
hèngzì 橫恣 4-1248B
héngzōng 衡綜 3-1104A
héngzǒng 衡總 3-1104B
héngzòng 橫從 4-1249B
héngzòng 橫縱 4-1255B
héngzòng 衡從 3-1103A
héngzòngchuānguàn 橫從穿貫 4-1250A
héngzǔ 珩組 4-555A
hèngzuì 橫罪 4-1252B
héngzuò 橫坐 4-1243B
hèngzuò 橫作 4-1243B
hènhǎi 恨海 7-529B
hénhén 痕痕 8-316B
hěnhěn 哏哏 3-349A
hěnhěn 很很 3-956A
hěnhěn 詪詪 11-210B
hènhèn 恨恨 7-529A
hénhuì 痕穢 8-317A
hènhuǐ 恨悔 7-529B
hènhuì 恨恚 7-529B
hènhuǒ 恨火 7-528B
héní 河泥 5-1057B
hènián 合年 3-147B
hènián 鶴年 12-1108B
hènián 賀年 10-177B
héniáng 禾娘 8-2A
hèniánkǎ 賀年卡 10-177B
hèniánpiàn 賀年片 10-177B
héniǎo 鶡鳥 12-1132B
héniǎoguān 鶡鳥冠 12-1132B
héniè 齕齧 12-1450B
héníng 和寧 3-276A
héníng 龢寧 12-1504A
hénjì 痕迹 8-316B
hénjì 痕跡 8-317A
hénjì 痕蹟 8-317A
hénjiǎ 痕瘕 8-317A
hěnjiàng 狠強 5-51B
hěnjiāo 狠驕 5-51B
hěnjìn 狠勁 5-51A
hěnjiǔ 狠酒 5-51B
hěnjiūjiū 狠赳赳 5-51A
hěnjué 哏絕 3-349A
hěnjuéjué 狠獗獗 5-51B
hěnkè 很刻 3-956A
hěnkè 狠刻 5-51A
hěnkù 狠酷 5-51B
hènkǔ 恨苦 7-529A
hěnlà 狠辣 5-51B
hénlěi 痕累 8-316B
hěnlì 佷戾 1-1357A
hěnlì 很力 3-955B
hěnlì 很戾 3-956A
hěnlì 狠戾 5-51A
hènlì 恨悷 7-529B
hénliàng 痕量 8-316B
hěnliè 狠劣 5-51A
hénlù 痕路 8-317A
hěnmìng 很命 3-956A
hěnmìng 狠命 5-51A
hènmìng 恨命 7-529A
hénmò 痕沫 8-316B
hènnù 恨怒 7-529B
hěnnüè 狠虐 5-51A
hènqì 恨氣 7-529B
hěnqiáng 佷强 1-1357A
hénqiào 痕竅 8-317A
hěnqiè 狠切 5-50B
hěnrén 很人 3-955B
hènrén 恨人 7-528B
hènrùgǔsuǐ 恨入骨髓 7-528B
hènsè 恨色 7-529A
hěnshēng 狠聲 5-51B
hěnshí 佷石 1-1357A
hěnshí 很石 3-956A
hěnshí 狠石 5-51A
hènshì 恨事 7-529A
héntà 痕撻 8-317A
hèntiěbùchénggāng 恨鐵不成鋼 7-529B
hěntòutiě 狠透鐵 5-51B
hěntū 狠突 5-51A
hēnù 呵怒 3-255B
hēnù 訶怒 11-96A
hénú 貉奴 10-1336B
hénǔ 合弩 3-150A
hènù 赫怒 9-1180B
hènù 嚇怒 3-533B
hénuǎn 和暖 3-274A
hénuǎn 龢煖 12-1504A
hénuó 和儺 3-279A
hénuò 何那 1-1228A
hénǚ 河女 5-1054A
hénǚqǔ 河女曲 5-1054A
hénǚzhīzhāng 河女之章 5-1054A
hènwǎn 恨惋 7-529B
hènwàng 恨望 7-529B
hénwèn 痕璺 8-317A
hěnwǔ 很忤 3-956A
hènwǔmàliù 恨五罵六 7-528B
hénxiá 痕瑕 8-316B
hènxián 恨嫌 7-529B
hènxiāngjiànwǎn 恨相見晚 7-529A
hènxiāngzhīwǎn 恨相知晚 7-529A
hénxìn 痕釁 8-317A
hěnxīn 很心 3-956A
hěnxīn 狠心 5-51A
hènxīn 恨心 7-528B
hěnxìng 狠悻 5-51B
hěnxìngzi 狠性子 5-51A
hènxuè 恨血 7-529A
hényì 拫抑 6-594B
hényì 痕翳 8-317A
hènyì 恨悒 7-529B
hényìn 痕印 8-316B
hényǐng 痕影 8-317A
hěnyòng 佷用 1-1357A
hènyuàn 恨怨 7-529A
hènzhà 恨咤 7-529A
hénzhì 拫治 6-594B
hěnzhì 很鷙 3-956A
hěnzhì 狠鷙 5-51B

hènzhīrùgǔ 恨之入骨 7-528B
hěnzǐ 很子 3-955B
hěnzì 很恣 3-956A
hé'ǒu 合偶 3-154A
hé'ǒu 合耦 3-158A
hēpāi 呵拍 3-255A
hēpái 訶排 11-96B
hépāi 合拍 3-149A
hépán 合盤 3-158A
hépán 荷盤 9-420A
hépántuōchū 合盤托出 3-158B
hépántuōchū 和盤托出 3-276B
hepao 呵脬 3-256A
hépáo 合匏 3-153B
hèpáo 鶴袍 12-1147B
hēpāopěngluǎn 呵脬捧卵 3-256A
hépèi 合配 3-152A
hèpèi 荷佩 9-419A
hèpèi 荷珮 9-419A
hèpèi 鶴帔 12-1145B
hèpèi 鶴轡 12-1154B
hépéngzān 盍朋簪 7-1421A
hépī 核批 4-1006B
hépì 闔辟 12-144A
hépì 闔闢 12-144A
hèpiàn 嚇騙 3-534A
hépiáo 合瓢 3-159A
hèpiáo 鶴瓢 12-1153A
hépín 和嬪 3-278A
hépíng 禾坪 8-2A
hépíng 和平 3-266A
hépíng 河平 5-1054B
hépíng 龢平 12-1504A
hèpíng 鶴屏 12-1147B
hèpíng 鶴軿 12-1150A
hépínggē 和平鴿 3-266A
hépínggòngchǔ 和平共處 3-266A
hépínggòngchǔ… 和平共處五項原則 3-266A
hèpò 喝破 3-416B
hēpópó 呵婆婆 3-256A
hépōsuǒ 河泊所 5-1057B
hépōu 核剖 4-1006B
hépū 合仆 3-145B
hépū 合撲 3-158A
hépū 齕痡 12-1450B
hépú 合酺 3-157B
hépú 和璞 3-277A
hépǔ 合浦 3-152B
hépǔ 和朴 3-266B
hèpǔ 鶴浦 12-1147B
hépūdì 合撲地 3-158A
hépǔhuánzhū 合浦還珠 3-153A
hépǔzhūhuán 合浦珠還 3-153A
héqī 何期 1-1231B
héqí 禾旗 8-3A
héqí 何其 1-1229A
héqí 和齊 3-276A
héqí 齕萁 12-1450B
héqǐ 何起 1-1230B
héqǐ 核起 4-1006B
héqì 合契 3-150A
héqì 合氣 3-152B
héqì 和氣 3-271A
hèqì 鶴棲 12-1149B
hèqí 鶴騎 12-1154A
hèqǐ 賀啓 10-178B
hèqǐ 鶴企 12-1144B
héqià 和洽 3-270A
hēqiǎn 呵遣 3-256A
hēqiǎn 呵譴 3-257B
hēqiǎn 訶譴 11-97B
hēqiàn 呵欠 3-255A
héqiān 和謙 3-278A
héqián 合鈐 3-156A
héqián 合錢 3-159A
héqián 荷錢 9-420B
héqiàn 河塹 5-1063A
hèqiān 賀遷 10-179B
hèqiàn 喝欠 3-416A
hèqiāng 荷繈 9-420B
hèqiāngshídàn 荷槍實彈 9-420A
héqiántǐng 核潛艇 4-1007A
hēqiáo 訶譙 11-97B
hēqiào 訶誚 11-97A
héqiáo 河橋 5-1064A
héqiè 和愜 3-273B
héqīn 合親 3-159B
héqīn 和親 3-277B
hèqīn 褐衾 9-112B
hèqín 鶴琴 12-1149A
hèqín 鶴琹 12-1149A
hèqǐn 鶴寢 12-1151B
héqīng 和清 3-272B
héqīng 河清 5-1060A
héqíng 合情 3-154B
héqìng 合慶 3-158B
hèqíng 鶴情 12-1149A
hèqìng 賀慶 10-179B
héqīngbīngshì 河清兵士 5-1060B
héqīngdésòng 河清德頌 5-1060B
héqīnghǎijié 河清海竭 5-1060B
héqīnghǎiyàn 河清海宴 5-1060B
héqīnghǎiyàn 河清海晏 5-1060B
héqínghélǐ 合情合理 3-155A
héqīngjiǔ 河清酒 5-1060B
héqīngnánsì 河清難俟 5-1060B
héqīngrénshòu 河清人壽 5-1060A
héqīngsānrì 河清三日 5-1060A
héqīngshèmíng 河清社鳴 5-1060B
héqīngsòng 河清頌 5-1060B
héqīngyuèluò 河傾月落 5-1062B
héqīngyúnqìng 河清雲慶 5-1060B
héqīngzú 河清卒 5-1060B
héqióng 何窮 1-1234A
héqiū 和丘 3-266A
héqiū 和邱 3-268A
héqiú 貉裘 10-1336B
hèqiú 鶴裘 12-1150A
héqìzhìxiáng 和氣致祥 3-271A
héqìzǐ 和氣子 3-271A
hēqū 呵驅 3-257B
héqū 合袪 3-151B
héqū 河曲 5-1055B
héqú 河渠 5-1060B
héqú 荷蕖 9-420A
héqǔ 何取 1-1229A
héqǔ 和曲 3-267A
héqǔ 和娶 3-272A
héqǔ 核取 4-1006B
héqú 何渠 1-1231B
hèqū 鶴軀 12-1154A
hèqù 鶴趣 12-1151B
héquán 合權 3-162B
héquán 和泉 3-270A
héquàn 合券 3-149B
hèquán 喝拳 3-416B
héquè 和鵲 3-278B
héquè 龢鵲 12-1504B
hèquē 鶴闕 12-1154A
hèquè 賀雀 10-178B
héqùhécóng 何去何從 1-1226B
héqún 合羣 3-157A
héqūniǎo 河曲鳥 5-1055B
hèrán 熇然 7-215B
hèrán 赫然 9-1181A
hērǎng 呵嚷 3-257A
hēràng 訶讓 11-97B
héránliào 核燃料 4-1007B
hérāo 和擾 3-278A
hérén 和人 3-265A
hérén 核仁 4-1006A
hérèn 合刃 3-145A
hérèn 合任 3-147B
hérì 何日 1-1226A
hèrì 赫日 9-1180A
héróng 何容 1-1231A
héróng 和戎 3-266B
héróng 和容 3-271B
héróng 和融 3-277A
héróngyuèsè 和容悅色 3-271B
hérōu 和柔 3-270B
hērǔ 呵辱 3-255B
hērǔ 訶辱 11-96A
hérú 合繻 3-161B
hérú 何如 1-1228A
hérú 和孺 3-278A
hérú 盍如 7-1421A
hèrǔ 嚇辱 3-533B
héruán 河堧 5-1061B
héruán 河壖 5-1064B
héruǎn 和軟 3-272A
héruì 合瑞 3-156A
hèruì 賀瑞 10-179A
hérùn 和潤 3-276B
hérùn 河潤 5-1064A
hèrùn 荷潤 9-420A
héruò 合弱 3-153B
héruò 何若 1-1229A
héruò 和弱 3-271B
héruò 曷若 5-682A
hèruò 賀若 10-177B
hésài 河塞 5-1062B
hésài 閡塞 12-116A
hèsài 鶴塞 12-1150B
hésǎn 合散 3-155A
hésàn 合散 3-155A
hèsǎn 鶴散 12-1149B
hésānqiān 禾三千 8-1A
hésào 河埽 5-1059B
hésàohúxū 貉繅鬍鬚 10-1337A
hésè 河塞 5-1062B
hésè 河澀 5-1064B
hésè 涸塞 5-1381A
hésèxié 合色鞋 3-147B
héshā 合殺 3-152B
héshā 合煞 3-156B
héshā 河沙 5-1056B
hèshā 鶴沙 12-1145A
hèshà 賀廈 10-179A
hèshà 鶴[illegible] 12-1152A
héshān 和山 3-265A
héshān 河山 5-1053B
héshān 閡山 12-116A
héshàn 合扇 3-153B
héshàn 和善 3-274A
héshàn 和膳 3-277A
héshàn 荷扇 9-419B
héshàn 闔扇 12-143B
hèshān 鵠山 12-1108B
hèshān 鶴山 12-1143A
hèshàn 賀善 10-179A
hèshàn 鶴扇 12-1147B
héshāndàilì 河山帶礪 5-1054A
hèshānfèngwěi 鶴山鳳尾 12-1143B
héshāng 何傷 1-1233A
héshàng 和上 3-265A
héshàng 和尚 3-269A
héshàng 河上 5-1053B
hèshāng 鶴觴 12-1154A
héshàngcài 和尚菜 3-269A
héshàngdào 和尚稻 3-269A
héshànggē 河上歌 5-1053B
héshànggōng 河上公 5-1053B
héshàngmài 和尚麥 3-269A
hèshàngrén 鶴上人 12-1143A
héshangtóu 和尚頭 3-269A
hèshàngxiān 鶴上仙 12-1143A

héshàngzàibōyúzài
和尚在缽盂在 3-269A
héshàngzhàngrén 河上丈人
5-1053B
hèshānwēng 鶴山翁
12-1143B
hèshānxiānrén 鶴山仙人
12-1143A
héshānzhīdé 河山之德
5-1053B
héshāshìjiè 河沙世界
5-1056B
hèshè 嚇射 3-533B
héshéi 何誰 1-1233B
héshēn 合身 3-148B
héshēn 河身 5-1056B
héshén 合神 3-151B
héshén 和神 3-270B
héshén 河神 5-1058B
hèshēn 鶴身 12-1145A
hèshén 鶴神 12-1147A
hèshénduànguǐ 喝神斷鬼
3-416B
héshēng 合生 3-146A
héshēng 合笙 3-154A
héshēng 合聲 3-159B
héshēng 和笙 3-272A
héshēng 和聲 3-277B
héshēng 龢聲 12-1504A
héshěng 何省 1-1230B
héshèng 和勝 3-273B
héshèng 曷勝 5-682A
hèshēng 和聲 3-277B
hèshēng 鶴笙 12-1149A
héshēng'ěr 禾生耳 8-1B
héshēngshǔ 和聲署 3-278A
héshénguó 和神國 3-270B
hèshénmàguǐ 喝神罵鬼
3-416B
héshí 合十 3-144B
héshí 合什 3-145B
héshí 合食 3-151A
héshí 合時 3-152A
héshí 何時 1-1230B
héshí 和時 3-270B
héshí 核實 4-1007A
héshí 覈實 8-773A
héshí 蝎蝕 8-929A
héshì 河豕 5-1056A
héshì 咼氏 3-262B
héshì 合市 3-146B
héshì 合式 3-146B
héshì 合事 3-149A
héshì 合室 3-151B
héshì 合勢 3-156A
héshì 合適 3-157B
héshì 合埶 3-153B
héshì 何事 1-1229B
héshì 何適 1-1233B
héshì 和氏 3-265B
héshì 和市 3-266B
héshì 和事 3-268B
héshì 和室 3-270A
héshì 和適 3-275B
héshì 和釋 3-279A
héshì 河市 5-1055A
héshì 河事 5-1057A
héshì 河勢 5-1062A
héshì 核視 4-1007A
héshì 闔室 12-143B
héshì 齕噬 12-1450B
héshì 龢氏 12-1504A
hèshī 和詩 3-275A
hèshì 鶴蝨 12-1152B
hèshì 鶴使 12-1145B
hèshì 賀世 10-177A
hèshì 鶴市 12-1144A
héshìbì 和氏璧 3-265B
héshìcǎo 和事草 3-268B
hèshìlángxíng 鶴勢螂形
12-1150A
héshìlǎo 和事老 3-268B
héshìlǎo 和事佬 3-268B
héshíliè 紇石烈 9-719B
héshìsāngāo 何氏三高
1-1226B
héshìtiānzǐ 和事天子
3-268B
héshíyí 合時宜 3-152A
héshìyuè 河市樂 5-1055A
héshìyuèrén 河市樂人
5-1055A
hēshǒu 呵手 3-255A
héshóu 和熟 3-276B
héshǒu 合手 3-145B
héshòu 和售 3-272A
hèshǒu 鶴首 12-1147A
hèshòu 賀壽 10-179A
hèshòu 鶴壽 12-1150B
hèshòu 鶴瘦 12-1151B
héshǒuwū 何首烏 1-1230B
héshǒuxià 合手下 3-145B
héshū 禾菽 8-2A
héshū 何殊 1-1230B
héshū 和淑 3-272B
héshū 和舒 3-273B
héshú 龢熟 12-1504A
héshǔ 禾黍 8-2B
héshù 禾束 8-2A
héshù 合數 3-158A
héshù 何樹 1-1234A
héshù 和恕 3-272A
hèshū 賀書 10-178B
hèshū 鶴書 12-1148A
hèshù 鶴樹 12-1153A
héshuài 河帥 5-1058A
héshuǎng 和爽 3-272A
hèshuāngxīng 賀雙星
10-179B
héshǔgùgōng 禾黍故宮 8-2B
héshuǐ 河水 5-1054A
héshuì 和説 3-275B
héshuì 貉睡 10-1336B
hèshuǐ 喝水 3-416A
héshuǐbù 何水部 1-1226A
héshuǐbùfànjǐngshuǐ
河水不犯井水 5-1054A
héshuǐbùxǐchuán
河水不洗船 5-1054B
héshuǐcáo 何水曹 1-1226A
héshùn 合順 3-155B
héshùn 和順 3-273B
héshuò 合朔 3-153A
héshuò 和碩 3-275A
héshuò 河朔 5-1059A
hèshuò 賀朔 10-178A
hèshuò 赫爍 9-1182A
héshuòyǐn 河朔飲 5-1059A
héshǔzhībēi 禾黍之悲 8-2B
héshǔzhīshāng 禾黍之傷
8-2B
hésī 核絲 4-1007A
hésī 荷絲 9-419B
hésǐ 劾死 2-786B
hésì 合祀 3-149A
hésì 何伺 1-1228B
hésì 何似 1-1228A
hésì 和肆 3-274A
hèsī 賀私 10-177B
hèsī 赫斯 9-1181A
hésīgānlǜ 涸思乾慮
5-1380B
hésòng 和頌 3-274B
hésū 闔蘇 12-144A
hésū 鶡蘇 12-1132B
hésú 和俗 3-269B
hésù 禾粟 8-2B
hèsù 鶴素 12-1147A
hèsù 鶴嗉 12-1150A
hésuān 核酸 4-1007A
hésuàn 合算 3-157B
hésuàn 何算 1-1233A
hésuàn 何算 1-1233B
hésuàn 核算 4-1007A
hèsuàn 鶴算 12-1151A
hésūguǎn 曷蘇館 5-682A
hésuí 和隋 3-272B
hésuí 和隨 3-276A
hésuí 龢隨 12-1504A
hésuì 禾穗 8-3B
hésuì 禾穟 8-3B
hésuì 合穗 3-160A
hèsuǐ 鶴髓 12-1154B
hèsuǐ 鶴髓 12-1154B
hèsuì 賀遂 10-179A
hèsuì 賀歲 10-179A
hèsuì 鶴璲 12-1151B
hēsuǒ 呵索 3-255B
hésuǒ 何所 1-1229B
hésuǒbùwéi 何所不爲
1-1229B
hésuǒbùyǒu 何所不有
1-1229B
hésuǒbùzhì 何所不至
1-1229B
hèsūshì 赫蘇氏 9-1182A
hétà 合沓 3-149B
hétà 合遝 3-156B
hétà 合榻 3-157B
hétà 迨遝 10-795A
hètà 鶴拓 12-1145A
hétái 河臺 5-1063A
hétài 和泰 3-270B
hètāi 鶴胎 12-1146B
hètái 鶴臺 12-1150B
hètài 鶴態 12-1151B
hétān 河灘 5-1065A
hétán 和談 3-276B
hétán 和彈 3-276B
hètàn 喝探 3-416B
hétāng 合湯 3-156A
hétáng 禾堂 8-2A
hétáng 合堂 3-153B
hétáng 河塘 5-1062A
hétáo 核桃 4-1006B
hétào 河套 5-1059A
hétáochóng 核桃蟲 4-1006B
hétí 合題 3-160A
hétí 和題 3-278A
hétǐ 合體 3-162B
hétì 和悌 3-271B
hètǐ 鶴體 12-1154B
hétiān 合天 3-145A
hétián 禾田 8-1B
hétián 和甜 3-272A
hètiān 鶴天 12-1143B
hétiāo 合祧 3-153B
hétiáo 和調 3-276B
hétīng 河廳 5-1065A
hétíng 河庭 5-1058A
hètīng 鶴汀 12-1144A
hètīng 鶴廳 12-1155A
hètíng 鶴庭 12-1147A
hétǐzì 合體字 3-162B
hétōng 合通 3-153B
hétōng 和通 3-272A
hétóng 合同 3-147A
hétóng 和同 3-267A
hétóng 龢同 12-1504A
hétǒng 禾桶 8-2A
hétǒng 荷筒 9-419B
hétǒng 荷筩 9-420A
hétónggōng 合同工 3-147A
hétóngqiū 貉同丘 10-1336B
hétóngshuǐmì 河同水密
5-1055B
hétóngyì 合同異 3-147A
hétóu 紇頭 9-720A
hétóu 合頭 3-159A
hétóu 和頭 3-277A
hètóu 鶴頭 12-1153A
hètóubǎn 鶴頭板 12-1153A
hètóucè 鶴頭側 12-1153A
hètóuniǔ 鶴頭紐 12-1153A
hétóushēng'ěr 禾頭生耳
8-3A
hètóushū 鶴頭書 12-1153A
hétú 合圖 3-157B
hétú 何圖 1-1233B
hétú 河圖 5-1063A
hétǔ 合土 3-144B
hètuán 鶴團 12-1150B
hétuì 和退 3-270B
hètuì 鶴蜕 12-1150B
hétūlín 紇突隣 9-719B
hétúluòshū 河圖洛書

5-1063A
hétúluòshū 河圖雒書 5-1063A
hētūn 欱吞 6-1441B
hétūn 齕吞 12-1450A
hétún 河豚 5-1059B
hétún 河魨 5-1064A
hétún 河豘 5-1056B
hètún 賀屯 10-177A
hétūndà 河吞大 5-1055B
hétuǒchē 何妥車 1-1228B
hètuóchíchóu 荷橐持籌 9-420B
hètùtóu 賀兔頭 10-178A
héwài 河外 5-1054B
héwān 河灣 5-1065A
héwǎn 和婉 3-272B
héwǎn 輅輓 9-1248A
héwáng 禾王 8-1B
héwǎng 河網 5-1064A
hèwàng 鶴望 12-1149A
hēwèi 呵衛 3-256B
héwéi 合圍 3-155B
héwéi 何爲 1-1232A
héwéi 曷爲 5-682A
héwěi 河尾 5-1056B
héwěi 鶡尾 12-1132A
héwèi 何爲 1-1232A
héwèi 何謂 1-1234A
héwèi 和味 3-269A
héwèi 河渭 5-1061B
hèwéi 鶴闈 12-1153B
hèwèi 賀慰 10-179B
hèwèi 鶴位 12-1145A
héwèikǒu 合胃口 3-150B
hēwèn 呵問 3-256A
hēwèn 訶問 11-96B
héwén 和文 3-265B
héwèn 何問 1-1231B
héwèn 覈問 8-773A
hèwén 鶴文 12-1143B
hèwén 鶴紋 12-1148A
hèwèn 賀問 10-178B
héwū 河巫 5-1055B
héwū 荷屋 9-419A
héwú 合無 3-155B
héwù 何勿 1-1226B
héwù 何物 1-1229B
héwù 和物 3-269A
héwù 河務 5-1059B
héwù 核物 4-1006B
hèwǔ 鶴舞 12-1151A
hèwǔ 鶴儛 12-1153B
hèwù 鶴霧 12-1154A
héwǔqì 核武器 4-1006B
héxī 紇奚 9-719B
héxī 和息 3-271A
héxī 河西 5-1055A
héxǐ 和喜 3-272B
héxì 劾繫 2-787A
hèxī 鶡膝 12-1110A
hèxī 赫晞 9-1181A
hèxī 赫熹 9-1182A
hèxī 赫羲 9-1182A
hèxī 赫曦 9-1182A
hèxī 赫爔 9-1182B
hèxī 赫戲 9-1181B
hèxī 赫戲 9-1182A
hèxī 爀曦 7-307A
hèxī 鶴翖 12-1150A
hèxī 鶴膝 12-1152A
hèxí 和習 3-272B
hèxǐ 賀喜 10-178B
hèxì 赫爔 9-1182B
hèxì 鶴戲 12-1153B
héxiā 谽谺 10-1320A
héxiá 何暇 1-1232B
héxià 合下 3-144B
héxián 和絃 3-272B
héxiàn 禾綫 8-3A
héxiàn 合見 3-148A
héxiàn 合獻 3-161A
héxiàn 何限 1-1230A
héxiàn 河獻 5-1065A
hèxiān 鶴仙 12-1144A
hèxián 和絃 3-272B
hèxiǎn 赫顯 9-1182B
hèxiàn 賀獻 10-180A
héxiǎng 合響 3-161A
héxiàng 何向 1-1227B
hèxiāng 褐香 9-112B
hèxiàng 鶴相 12-1146A
hèxiàngpái 鶴項牌 12-1149B
héxiāngū 何仙姑 1-1227A
hèxiángzhuāng 鶴翔樁 12-1149B
héxiāo 合消 3-153A
héxiāo 何消 1-1230B
héxiāo 核銷 4-1007A
héxiàshǒu 合下手 3-144B
hēxīběifēng 喝西北風 3-416A
hēxié 訶脅 11-96B
héxié 合諧 3-159B
héxié 和協 3-268B
héxié 和諧 3-277A
héxié 和叶 3-266A
héxié 龢協 12-1504A
hèxié 嚇協 3-533B
héxiéyuèluò 河斜月落 5-1059B
hèxīfēng 鶴膝風 12-1152B
hèxīfēngyāo 鶴膝蜂腰 12-1152B
hèxīfēngyāotǐ 鶴膝蜂腰體 12-1152B
héxīn 禾心 8-1B
héxīn 合心 3-145B
héxīn 和心 3-265B
héxīn 河心 5-1054B
héxīn 核心 4-1006A
héxìn 合信 3-151A
hèxīn 鶴心 12-1143B
hèxìn 賀信 10-178A
hèxìn 鶴信 12-1146B
héxīng 河星 5-1058A
héxíng 合行 3-147B
héxìng 合姓 3-150A
héxìng 何幸 1-1229A
hèxíng 鶴形 12-1144B
hèxìng 鶴性 12-1146A
hèxíngjīqún 鶴行鷄羣 12-1144B
héxīnhéyì 合心合意 3-146A
héxīní 合稀泥 3-155B
hèxīnláng 賀新郎 10-179A
hèxīnliáng 賀新涼 10-179A
héxiū 合休 3-147B
héxiù 合秀 3-148A
héxiù 和袖 3-271B
héxiù 河宿 5-1061A
héxiù 貉袖 10-1336B
hèxiù 褐袖 9-113A
hèxiù 鶴袖 12-1147B
hèxīzhī 鶴膝枝 12-1152A
hèxīzhú 鶴膝竹 12-1152A
héxīzǒuláng 河西走廊 5-1055A
hēxū 呵噓 3-256B
hēxù 呵嗽 3-256B
héxū 合虛 3-153B
héxū 何須 1-1232A
héxǔ 何許 1-1231A
héxù 合緒 3-157B
héxù 和煦 3-274B
héxù 覈叙 8-773A
hèxū 赫胥 9-1180B
hèxù 賀序 10-177B
héxuān 和暄 3-274B
héxuǎn 覈選 8-773B
héxuàn 和旋 3-272B
hèxuān 赫咺 9-1180A
hèxuān 赫喧 9-1181A
hèxuān 赫諠 9-1182A
hèxuān 鶴軒 12-1147A
hèxuǎn 赫烜 9-1181A
hèxuàn 赫炫 9-1180B
hēxuè 訶謔 11-97B
hèxué 賀學 10-179B
hèxuě 賀雪 10-178B
hèxuě 鶴雪 12-1148B
héxūn 和獯 3-278A
héxùn 和馴 3-274A
héxùn 和遜 3-275A
héxùnshù 禾蕈樹 8-3A
héxǔrén 何許人 1-1231B
hèxūshì 赫胥氏 9-1180B
héyǎ 和雅 3-273A
hèyǎ 賀雅 10-178B
hēyàn 呵硯 3-256A
héyán 合延 3-147B
héyán 和言 3-268A
héyán 和顏 3-278A
héyǎn 合眼 3-153B
héyǎn 合演 3-157B
héyǎn 河兖 5-1057B
héyǎn 闔眼 12-143B
héyàn 合宴 3-153B
héyàn 劾驗 2-787A
héyàn 河沿 5-1057B
héyàn 核驗 4-1007B
hèyān 鶴煙 12-1150B
hèyán 赫炎 9-1180A
hèyán 鶴言 12-1145A
hèyǎn 鶴眼 12-1148B
hèyàn 賀宴 10-178B
hèyàn 賀燕 10-179B
hèyàn 赫燄 9-1182A
hèyàn 鶴焰 12-1149B
hèyàn 鶴燄 12-1153B
hēyǎng 呵癢 3-257A
héyāng 禾秧 8-2A
héyáng 河陽 5-1061A
héyángqián 河陽錢 5-1061A
héyángqiáo 河陽橋 5-1061A
héyángsè 河陽色 5-1061A
héyángyīxiànhuā 河陽一縣花 5-1061A
héyǎnmōxiàng 合眼摸象 3-154A
héyányuèsè 和顏説色 3-278B
héyányuèsè 和顏悅色 3-278B
héyāo 合要 3-150B
héyǎo 齕咬 12-1450B
héyǎo 齕齩 12-1450B
héyào 合藥 3-160A
héyào 覈要 8-772B
hèyào 赫耀 9-1182A
héyè 合頁 3-150B
héyè 合葉 3-155A
héyè 和液 3-272B
hèyè 赫曄 9-1181B
héyèbēi 荷葉杯 9-419B
hēyī 嗬哝 3-458A
héyī 合一 3-144B
héyī 合衣 3-147B
héyī 和一 3-265A
héyī 和衣 3-267B
héyī 和壹 3-272B
héyī 荷衣 9-419A
héyí 合宜 3-150A
héyí 和宜 3-269B
héyí 和怡 3-269A
héyǐ 何已 1-1226A
héyǐ 何以 1-1226B
héyì 禾役 8-2A
héyì 禾易 8-2A
héyì 合異 3-154A
héyì 合意 3-157A
héyì 合義 3-157A
héyì 合翼 3-160A
héyì 合議 3-161A
héyì 何異 1-1231A
héyì 何意 1-1233A
héyì 和易 3-269A
héyì 和義 3-275A
héyì 和懌 3-277B
héyì 和議 3-279A
héyì 河役 5-1056B
héyì 覈議 8-773B
hèyī 褐衣 9-112B
hèyī 鶴衣 12-1144B
hèyí 賀儀 10-179B
hèyì 赫奕 9-1180A

hèyì 赫翼 9-1182A
hèyì 鶴邑 12-1144B
hèyì 鶴瘞 12-1152B
héyìlíjiān 合異離堅 3-154A
hèyìmíng 鶴瘞銘 12-1152B
hēyǐn 呵引 3-255A
héyīn 合音 3-151B
héyīn 何因 1-1227B
héyīn 和音 3-270A
héyīn 河陰 5-1059B
héyīn 涸陰 5-1381A
hèyīn 鶴音 12-1147A
hèyín 和吟 3-268A
hèyǐn 鶴飲 12-1149B
héyīng 合應 3-160A
héyíng 合營 3-159B
héyǐng 禾穎 8-3B
héyǐng 合影 3-158A
héyǐng 合穎 3-159A
héyìng 合應 3-160A
héyìng 和應 3-278A
hèyīng 鶴膺 12-1153B
hèyìng 和應 3-278A
hèyìnqián 賀印錢 10-177B
hèyǐnqínshēn 鶴引禽伸 12-1143B
héyīnzì 合音字 3-151B
héyīqiū 貉一丘 10-1336B
héyìtíng 合議庭 3-161A
hèyìwéi 鶴翼圍 12-1153B
héyìzhì 合議制 3-161A
hēyō 嗬唷 3-458A
hēyōng 呵擁 3-257A
héyōng 何庸 1-1231B
héyōng 和雍 3-275A
héyòng 合用 3-146A
héyòng 何用 1-1227A
héyòng 和用 3-266B
héyóu 何繇 1-1234A
héyóu 何由 1-1226B
héyóu 齕肬 12-1450B
héyóu 齕疣 12-1450B
héyǒu 禾莠 8-2A
héyǒu 何有 1-1227A
héyǒu 和友 3-265B
héyòu 和誘 3-275B
héyòu 河右 5-1054B
héyǒuxiāng 何有鄉 1-1227B
hēyù 呵禦 3-257A
héyū 河淤 5-1061A
héyū 河埦 5-1059B
héyú 和愉 3-274A
héyú 河魚 5-1060A
héyú 涸魚 5-1381A
héyú 涸漁 5-1381B
héyú 鶡骬 12-409A
héyǔ 合與 3-156B
héyǔ 合語 3-157B
héyǔ 合窳 3-158B
héyǔ 何與 1-1233A
héyǔ 和雨 3-268B
héyǔ 和語 3-275B
héyù 合玉 3-146A
héyù 和玉 3-265B
héyù 和域 3-272A
héyù 和裕 3-274A
héyù 和豫 3-276B
héyù 和燠 3-277B
héyù 河澳 5-1064A
hèyú 鶴魚 12-1149A
hèyǔ 賀雨 10-178A
hèyǔ 鶴羽 12-1144B
hèyǔ 鶴語 12-1151A
hèyù 鵠馭 12-1109B
hèyù 賀育 10-178A
hèyù 鶴馭 12-1149A
hèyù 鶴籞 12-1154B
héyuán 何緣 1-1234A
héyuán 河原 5-1059A
héyuán 河員 5-1059A
héyuán 河源 5-1062B
héyuàn 合願 3-161A
hèyuán 賀元 10-177A
hèyuàn 鵠苑 12-1109A
hèyuàn 鶴苑 12-1145B
hèyuàn 鶴怨 12-1146B
héyuányīn 合元音 3-145A
hèyuànyuánjīng 鶴怨猿驚 12-1146B
héyúdéshuǐ 涸魚得水 5-1381A
héyuē 合約 3-152A
héyuē 和約 3-270B
héyuè 合樂 3-158B
héyuè 和樂 3-276B
héyuè 和說 3-275B
héyuè 和悅 3-271B
héyuè 河岳 5-1057B
héyuè 河嶽 5-1064B
hèyuè 喝月 3-416A
hèyuè 賀悅 10-178A
hèyuè 鶴鑰 12-1154B
hèyuè 鶴籥 12-1154B
héyuètú 合樂圖 3-158B
héyúfùjí 河魚腹疾 5-1060A
héyún 河雲 5-1061B
héyùn 合韻 3-161A
héyùn 和韻 3-278B
héyùn 河運 5-1061B
hèyún 鶴雲 12-1149B
hèyùn 和均 3-268A
hèyùn 和韻 3-279A
héyútiānyàn 河魚天雁 5-1060A
héyúzhījí 河魚之疾 5-1060A
hézā 合匝 3-146A
hézā 迨匝 10-795A
hézā 迨迊 10-795A
hézá 合雜 3-160A
hézá 和雜 3-278B
hézài 何在 1-1227A
hèzài 荷載 9-419B
hézàihū 何在乎 1-1227A
hézān 合簪 3-160A
hézān 盍簪 7-1421A
hézàng 合葬 3-155A
hēzào 呵譟 3-257B
hézào 合噪 3-159A
hézào 合譟 3-161A
hēzé 呵責 3-255B
hēzé 訶責 11-96B
hézé 何則 1-1230B
hézé 和澤 3-277B
hézé 河澤 5-1064B
hézé 涸澤 5-1381B
hézé 渮澤 5-1344B
hézé 齕咋 12-1450A
hèzé 鶴澤 12-1153B
hézèn 蝎譖 8-929A
hézézhījīng 涸澤之精 5-1381B
hézézhīshén 涸澤之神 5-1381B
hèzhà 赫咤 9-1180A
hèzhà 赫詐 9-1181B
hèzhà 鶴柵 12-1146A
hèzhà 嚇詐 3-534A
hézhái 合宅 3-148A
hēzháijiā 訶宅迦 11-96A
hézhǎn 和展 3-271B
hézhàn 合戰 3-159A
hèzhǎn 喝盞 3-417A
hézhāng 河章 5-1060A
hézhāng 河漳 5-1064A
hézhǎng 合掌 3-155A
hézhàng 盒仗 7-1431B
hèzhāng 和章 3-272B
hèzhāng 赫張 9-1181A
hèzhàng 鶴仗 12-1144A
hèzhàng 鶴杖 12-1144B
hèzhàng 鶴帳 12-1149A
hézhànzhēng 核戰爭 4-1007B
hézhǎo 合爪 3-145B
hézhào 合照 3-156B
hèzhǎo 鶴爪 12-1143B
hèzhào 賀召 10-177B
hèzhào 鶴兆 12-1144B
hézhé 合轍 3-160B
hézhé 涸轍 5-1381B
hézhě 何者 1-1228B
hézhéfù 涸轍鮒 5-1382A
hézhékūyú 涸轍枯魚 5-1382A
hézhèn 合陣 3-152A
hèzhēn 赫真 9-1180B
hèzhēn 鶴真 12-1147A
hèzhěn 鶴軫 12-1149B
hézhèng 和正 3-265B
hézhèng 河政 5-1058A
hézhèng 核正 4-1006B
hézhèng 覈正 8-772B
hèzhēng 賀正 10-177A
hézhéyú 涸轍魚 5-1382A
hézhézhīfù 涸轍之鮒 5-1381B
hèzhézú 赫哲族 9-1180B
hēzhǐ 呵止 3-254B
hēzhǐ 訶止 11-95B
hēzhǐ 苛止 9-325B
hézhī 盍戠 7-1421A
hézhí 和直 3-268B
hézhǐ 合指 3-150B
hézhǐ 何止 1-1226A
hézhǐ 和旨 3-267B
hézhì 禾雉 8-2B
hézhì 合志 3-148A
hézhì 何至 1-1227B
hézhì 劾治 2-786B
hézhì 和志 3-268A
hézhì 和治 3-269A
hézhì 和贄 3-278A
hézhì 盍稚 7-1421A
hézhì 涸滯 5-1381A
hézhì 閡窒 12-116A
hézhì 閡滯 12-116A
hèzhí 鶴植 12-1149B
hèzhì 喝雉 3-417A
hèzhì 荷帙 9-419A
hèzhì 鶴峙 12-1146B
hèzhì 鶴跱 12-1150A
hèzhì 鶴質 12-1152A
hézhīfǔ 河祗脯 5-1058B
hēzhìhūlú 呵雉呼盧 3-256A
hèzhīyèbàn 鶴知夜半 12-1145B
hézhìyú 何至于 1-1227B
hézhōng 和衷 3-271A
hézhōng 和鍾 3-278A
hézhòng 合衆 3-155B
hézhòng 和衆 3-273B
hézhōnggòngjì 合衷共濟 3-152B
hézhōnggòngjì 和衷共濟 3-271B
hézhōngqū 河中曲 5-1054A
hēzhòu 呵祝 3-255B
hézhōu 河洲 5-1058B
hèzhōu 壑舟 2-1236B
hèzhōu 鶴舟 12-1144B
hèzhōu 鶴洲 12-1147A
hèzhòu 鶴甃 12-1150B
hēzhú 呵逐 3-255B
hēzhú 訶逐 11-96A
hézhū 荷珠 9-419A
hézhú 合竹 3-147B
hézhǔ 禾主 8-1B
hézhǔ 合主 3-146B
hézhù 合注 3-150A
hézhù 合柱 3-150B
hèzhū 鶴珠 12-1147A
hèzhǔ 鶴渚 12-1149A
hèzhù 赫著 9-1181A
hèzhù 鶴柱 12-1146A
hèzhù 鶴翥 12-1150B
hézhuàn 合傳 3-156B
hézhuàn 河傳 5-1062A
hèzhuàn 鶴篆 12-1152A
hézhuàng 劾狀 2-787A
hèzhuāng 鶴裝 12-1150B
hézhuāngzhì 核裝置 4-1007A
hézhǔn 核准 4-1006B
hézhuó 涸濁 5-1381B
hèzhuó 赫濯 9-1182A
hēzǐ 訶子 11-95B

hézi 合子 3-145A
hézi 盒子 7-1431A
hézi 蝎子 8-928B
hézī 合資 3-157A
hézǐ 禾子 8-1A
hézǐ 合子 3-145A
hézǐ 狢子 5-46A
hézǐ 核子 4-1006A
hézǐ 貉子 10-1336A
hézì 何自 1-1227B
hèzì 壑子 2-1236B
hèzì 赫姿 9-1180B
hèzī 鶴姿 12-1147A
hèzǐ 荷紫 9-419B
hèzǐ 鶴子 12-1143B
hézicài 合子菜 3-145A
hézicài 盒子菜 7-1431A
hèzicǎo 鶴子草 12-1143B
hézǐfǎnyìng 核子反應 4-1006A
hézihuì 盒子會 7-1431A
hézilìqian 合子利錢 3-145A
hèzǐméiqī 鶴子梅妻 12-1143B
hézǐnéng 核子能 4-1006A
hézipào 盒子炮 7-1431A
héziqián 合子錢 3-145A
héziqiāng 盒子槍 7-1431A
hézōng 河宗 5-1057B
hézōng 闔宗 12-143A
hézǒng 核總 4-1007B
hézòng 合從 3-154B
hézòng 合縱 3-160A
hézòngliánhéng 合從連衡 3-154B
hēzōu 呵諏 3-256B
hézòu 合奏 3-150A
hézòu 劾奏 2-787A
hézòu 和奏 3-269B
hézú 合族 3-154B
hézú 何足 1-1228A
hèzǔ 喝阻 3-416A
hézúguàchǐ 何足掛齒 1-1228B
hézuǐ 合嘴 3-159A
hèzuǐchú 鶴觜鋤 12-1150A
hèzuǐchú 鶴嘴鋤 12-1153B
hèzuǐgǎo 鶴嘴鎬 12-1153B
hèzuǐpíng 鶴嘴缾 12-1153B
hézújièyì 何足介意 1-1228B
hézūn 合尊 3-156A
hézūn 合樽 3-158B
hézuò 合作 3-148A
hézuò 合坐 3-148B
hézuò 合座 3-152B
hézuò 闔坐 12-143A
hézuò 闔座 12-143B
hézuòhuà 合作化 3-148B
hézuòshè 合作社 3-148B
hóng'āi 紅埃 9-708B
hóng'àn 紅案 9-709A
hóng'àn 鴻案 12-1097B
hóng'ànxiāngzhuāng 鴻案相莊 12-1097B
hóng'áo 鴻嗸 12-1100A
hóng'ào 宏奥 3-1344A
hóng'ào 泓坳 5-1115A
hóng'ào 洪奥 5-1133B
hóng'ào 閎奥 12-72A
hóng'ǎojūn 紅襖軍 9-717B
hóngbá 宏拔 3-1342A
hóngbái 紅白 9-704B
hóngbáidàlǐ 紅白大禮 9-704B
hóngbáishǎngxù 紅白賞卹 9-704B
hóngbǎn 紅板 9-706B
hóngbāng 洪幫 5-1135B
hóngbāng 紅幫 9-717A
hóngbǎng 紅榜 9-713B
hóngbāo 紅包 9-704B
hóngbǎo 洪寶 5-1135B
hóngbǎo 鴻寶 12-1105B
hóngbào 鴻抱 12-1094A
hóngbào 鴻豹 12-1097A
hóngbǎoshí 紅寶石 9-718B
hóngbǎoshù 鴻寶術 12-1105B
hōngbèi 烘焙 7-59B
hōngbèi 薨背 9-563B
hóngbēi 鴻陂 12-1094A
hóngběn 紅本 9-704A
hóngbǐ 洪筆 5-1133B
hóngbǐ 鴻筆 12-1099A
hóngbì 泓碧 5-1115A
hóngbì 洪庇 5-1131B
hóngbì 洪闢 5-1136A
hóngbì 紅壁 9-716B
hóngbì 虹陛 8-858A
hóngbì 鴻庇 12-1094A
hóngbì 鴻璧 12-1105A
hóngbì 鴻芘 12-1094A
hóngbiān 鴻編 12-1103A
hóngbiàn 弘辯 4-105B
hóngbiàn 宏辯 3-1346B
hóngbiàn 閎辨 12-72B
hóngbiàn 閎辯 12-73A
hóngbiàn 鴻便 12-1095A
hóngbiānfú 紅蝙蝠 9-715A
hóngbiāo 洪飈 5-1136A
hóngbǐlìzǎo 鴻筆麗藻 12-1099A
hóngbīn 鴻賓 12-1102A
hóngbīng 紅冰 9-705A
hóngbīng 紅兵 9-706B
hóngbǐng 紅稟 9-713A
hóngbō 洪波 5-1131B
hóngbō 鴻波 12-1094B
hóngbó 弘博 4-104A
hóngbó 宏伯 3-1342A
hóngbó 宏博 3-1343B
hóngbó 閎博 12-72A
hóngbó 鴻博 12-1099A
hóngbōyín 紅剥銀 9-709A
hóngcái 宏才 3-1341B
hóngcái 宏材 3-1342A
hóngcái 宏裁 3-1344A
hóngcái 鴻才 12-1092B
hóngcái 鴻材 12-1094A
hóngcái 鴻裁 12-1099A
hóngcǎi 紅彩 9-710A
hóngcǎi 虹采 8-857B
hóngcǎi 虹彩 8-858A
hóngcǎi 鴻采 12-1094B
hóngcǎi 鴻彩 12-1098B
hóngcáidàlüè 宏才大略 3-1341B
hóngcáidàlüè 宏材大略 3-1342A
hóngcán 紅蠶 9-719A
hóngcāo 洪操 5-1135A
hóngcǎo 紅草 9-707B
hóngcǎo 虹草 8-858A
hóngcǎo 葒草 9-493B
hóngcè 鴻策 12-1099A
hóngcén 洪涔 5-1133A
hóngcēng 泓噌 5-1115B
hóngchá 紅茶 9-707B
hóngcháhuājié 紅茶花節 9-707B
hóngcháng 弘長 4-103A
hóngcháng 宏長 3-1342A
hóngcháng 紅裳 9-713B
hóngcháng 虹裳 8-858B
hóngchǎng 弘惝 4-104A
hóngchǎng 弘敞 4-104B
hóngchǎng 宏敞 3-1344A
hóngchǎng 紅場 9-710B
hóngchǎng 閎敞 12-72A
hóngchǎng 閎廠 12-72B
hóngchàng 宏暢 3-1345A
hóngchàng 鴻鬯 12-1097A
hóngchàng 鴻暢 12-1101B
hóngcháo 洪朝 5-1133B
hóngcháo 紅潮 9-715B
hóngchè 泓澈 5-1115B
hōngchén 烘煁 7-59B
hōngchèn 烘襯 7-60A
hóngchén 宏陳 3-1343A
hóngchén 紅塵 9-714A
hóngchén 鴻臣 12-1093B
hóngchēng 鴻稱 12-1101B
hóngchéng ⿱穴厷⿱穴曾 8-432A
hóngchéng 泓澂 5-1115B
hóngchéng 泓澄 5-1115B
hóngchí 洪池 5-1131B
hóngchí 鴻池 12-1093B
hóngchǐ 弘侈 4-103A
hóngchǐ 宏侈 3-1342B
hóngchǐ 閎侈 12-71A
hóngchǐ 鴻侈 12-1094B
hòngchì 訌熾 11-29A
hóngchìbō 紅叱撥 9-704B
hóngchǐbùjīng 閎侈不經 12-71B
hóngchōng 鴻罿 12-1104A
hóngchóng 紅蟲 9-717B
hóngchóu 鴻儔 12-1103B
hóngchóu 鴻疇 12-1105A
hóngchóuhèlǚ 鴻儔鶴侶 12-1103B
hōngchuán 哄傳 3-318B
hōngchuán 轟傳 9-1336B
hóngchuán 紅船 9-710A
hòngchuán 鬨傳 12-726B
hóngchuāngjiǒng 紅窗迥 9-712A
hóngchuāngshuì 紅窗睡 9-712A
hóngchuāngtīng 紅窗聽 9-712A
hóngchuāngyǐng 紅窗影 9-712A
hóngchūn 紅春 9-707B
hóngchún 鴻醇 12-1102A
hóngchuò 宏綽 3-1345B
hóngcí 宏詞 3-1344B
hóngcí 宏辭 3-1346B
hóngcí 鴻詞 12-1099B
hóngcí 鴻慈 12-1100B
hóngcí 鴻辭 12-1105A
hōngcú 薨殂 9-563B
hóngcuì 弘粹 4-105A
hóngcuì 紅翠 9-714B
hóngcuì 閎粹 12-72B
hóngcuì 鴻毳 12-1099A
hōngdǎ 轟打 9-1335B
hóngdá 宏達 3-1344A
hóngdá 閎達 12-72A
hóngdá 鴻達 12-1099A
hóngdà 弘大 4-102B
hóngdà 宏大 3-1341B
hóngdà 洪大 5-1131A
hóngdà 閎大 12-70B
hóngdà 鴻大 12-1092B
hóngdàbùjīng 閎大不經 12-70B
hóngdài 弘貸 4-104B
hóngdài 紅帶 9-709B
hóngdài 虹帶 8-858A
hóngdàizi 紅帶子 9-709B
hóngdān 紅單 9-711B
hóngdān 虹丹 8-857B
hóngdǎn 紘紞 9-752A
hóngdàn 宏誕 3-1344B
hóngdàn 紅蛋 9-710B
hóngdàn 閎誕 12-72B
hóngdāndān 紅丹丹 9-704A
hóngdǎng 鴻讜 12-1106B
hōngdǎo 哄導 3-319A
hóngdào 弘道 4-104B
hóngdào 宏燾 3-1346A
hóngdào 紅稻 9-715A
hóngdāozi 紅刀子 9-702B
hōngde 烘的 7-58B
hóngdé 共德 2-88A
hóngdé 洪德 5-1135A
hóngdé 鴻德 12-1102B
hóngdēng 紅燈 9-716B
hóngděng 鴻等 12-1099A
hóngdēnglǜjiǔ 紅燈緑酒 9-716B
hóngdēngzhào 紅燈照 9-716B
hóngdēngzhào 紅燈罩 9-716B
hōngdì 轟地 9-1335B
hóngdiǎn 鴻典 12-1094B

hóngdiǎnké 紅點頦 9-717A
hóngdiǎnzi 紅點子 9-717A
hóngdīng 紅丁 9-702B
hóngdǐng 紅頂 9-709A
hóngdǐng 鴻鼎 12-1099A
hóngdìng 紅定 9-707A
hóngdǐngzi 紅頂子 9-709B
hōngdōng 訇咚 11-26A
hōngdòng 哄動 3-318B
hōngdòng 硡峒 7-1053B
hōngdòng 轟動 9-1336A
hóngdōng 虹蝀 8-858B
hóngdòng 洪洞 5-1132B
hóngdòng 澒霘 11-718B
hòngdòng 港洞 5-1444A
hòngdòng 虹洞 8-858A
hòngdòng 鴻洞 12-1095B
hòngdòng 鴻絧 12-1100A
hòngdòng 澒挏 6-121B
hòngdòng 鬨動 12-726B
hōngdòu 轟鬬 9-1337A
hóngdòu 紅豆 9-706A
hòngdǒu 鬨鬬 12-726B
hóngdòukòu 紅豆蔻 9-706A
hōngdǔ 轟賭 9-1336B
hóngdū 洪都 5-1132B
hóngdū 鴻都 12-1096A
hóngdù 弘度 4-103B
hóngdù 宏度 3-1342B
hóngduàn 鴻斷 12-1105A
hòngduān 鬨端 12-108A
hóngduànyúchén 鴻斷魚沈 12-1105A
hóngdūkè 鴻都客 12-1096B
hóngdūmǎidì 鴻都買第 12-1096B
hóngdūménxué 鴻都門學 12-1096B
hóngduō 弘多 4-103A
hóngduō 鴻多 12-1093B
hóngdūshàojūn 鴻都少君 12-1096B
hóngdūxué 鴻都學 12-1096B
hóngdūzhīshì 鴻都之事 12-1096B
hóng'é 鴻鵝 12-1105A
hóng'è 紅蕚 9-711A
hóng'ēn 洪恩 5-1132B
hóng'ēn 鴻恩 12-1097A
hóng'ér 紅兒 9-707A
hòng'ěr 澒耳 6-121B
hōngfā 轟發 9-1336A
hóngfá 洪伐 5-1131B
hóngfá 鴻伐 12-1093B
hóngfǎ 弘法 4-103A
hóngfǎ 鴻法 12-1094B
hóngfān 洪翻 5-1135B
hóngfàn 洪泛 5-1131B
hóngfàn 洪範 5-1135A
hóngfàn 鴻範 12-1102B
hǒngfàn 哄犯 3-318A
hóngfāng 弘方 4-103A
hóngfāng 紅芳 9-705B
hóngfàng 宏放 3-1342B
hóngfàng 閎放 12-71B
hóngfēi 鴻飛 12-1096A
hóngfēimíngmíng 鴻飛冥冥 12-1096A
hóngfēishǔ 紅飛鼠 9-708A
hóngfēishuāngjiàng 鴻飛霜降 12-1096A
hóngfēixuězhǎo 鴻飛雪爪 12-1096A
hóngfēn 洪紛 5-1133A
hóngfēn 鴻芬 12-1094A
hóngfēn 鴻紛 12-1097B
hóngfěn 紅粉 9-708B
hóngfēng 洪峰 5-1132B
hóngfēng 鴻風 12-1095B
hóngfū 弘敷 4-105A
hóngfū 宏敷 3-1345B
hóngfú 洪福 5-1134B
hóngfú 紅拂 9-706B
hóngfú 鴻符 12-1098B
hóngfú 鴻福 12-1101A
hóngfǔ 紅腐 9-714A
hóngfù 宏父 3-1341B
hóngfù 宏富 3-1344B
hóngfù 宏覆 3-1346A
hóngfù 洪覆 5-1135B
hóngfù 紘覆 9-752A
hóngfù 閎富 12-72A
hóngfù 鴻富 12-1099B
hóngfù 鴻覆 12-1104B
hóngfùfù 紅馥馥 9-717B
hóngfúróng 紅芙蓉 9-705B
hónggàn 洪幹 5-1134A
hónggāng 宏綱 3-1345B
hónggāng 紅缸 9-707B
hónggāng 紅釭 9-710A
hónggāng 紘綱 9-752A
hónggāng 鴻綱 12-1102A
hónggāo 紅膏 9-714A
hónggào 鴻誥 12-1101B
hónggàoshì 紅告示 9-706A
hónggě 虹舸 8-858A
hónggēng 紅庚 9-707A
hónggōng 鴻工 12-1092B
hónggōng 鴻功 12-1093A
hónggōng 鴻宮 12-1095B
hónggōng 賨宮 12-1015B
hónggǒng 紅汞 9-705B
hónggōu 洪溝 5-1134B
hónggōu 鴻溝 12-1100B
hónggòu 宏構 3-1345A
hónggǔ 䜫谷 10-1320A
hónggǔ 鴻古 12-1093A
hóngguān 宏觀 3-1346B
hóngguàn 宏貫 3-1343B
hóngguāng 弘光 4-103A
hóngguāng 虹光 8-857B
hóngguāng 鴻光 12-1093B
hóngguānshìjiè 宏觀世界 3-1347A
hóngguī 弘規 4-103B
hóngguī 宏規 3-1343A
hóngguī 洪規 5-1133A
hóngguī 紅閨 9-714B
hóngguī 鴻規 12-1098A
hóngguī 鴻歸 12-1105A
hóngguǐ 宏軌 3-1342B
hóngguǐ 洪軌 5-1132A
hóngguì 紅桂 9-708B
hónggūniáng 紅姑娘 9-707A
hónghán 泓涵 5-1115A
hónghàn 紅汗 9-705B
hónghàn 鴻漢 12-1101B
hónghàng 鴻沆 12-1094A
hónghánjùdú 鴻函鉅櫝 12-1095A
hónghào 鴻號 12-1100B
hónghé 弘和 4-103A
hónghé 洪河 5-1131B
hónghé 鴻河 12-1094B
hónghè 䆖壑 10-1320B
hónghè 洪赫 5-1134B
hónghè 鴻鶴 12-1106A
hónghēimào 紅黑帽 9-712A
hōnghōng 輷輷 9-1247B
hōnghōng 哄哄 3-318B
hōnghōng 訇訇 11-26A
hōnghōng 訇轟 11-26B
hōnghōng 烘烘 7-59A
hōnghōng 渹渹 5-1495A
hōnghōng 薨薨 9-564A
hōnghōng 鞫鞫 9-1306A
hōnghōng 鍧鍧 11-1358A
hōnghōng 轟訇 9-1335B
hōnghōng 轟轟 9-1337A
hōnghōng 玒玒 8-655B
hōnghōng 翝翝 9-676B
hōnghōng 薨薨 9-674A
hōnghòng 轟哄 9-1335B
hónghóng 谾谾 10-1320B
hónghóng 谾䜫 10-1320B
hónghóng 呟呟 3-206A
hónghóng 宏宏 3-1342A
hónghóng 泓宏 5-1115A
hónghóng 泓汯 5-1115A
hónghóng 泓泓 5-1115A
hónghóng 洪洪 5-1132B
hónghóng 紅紅 9-708A
hónghóng 浤浤 5-1281B
hónghóng 谹谹 10-1319B
hónghóng 閎閎 12-72A
hónghóng 鋐鋐 11-1308B
hónghóng 鴻鴻 12-1104A
hǒnghǒng 肼肼 6-1243A
hònghòng 訌訌 11-28B
hònghòng 澒澒 6-122A
hònghòng 鬨鬨 12-726B
hònghòng 哢哢 3-350B
hōnghōnghuòhuò 烘烘焃焃 7-59A
hōnghōnglièliè 轟轟烈烈 9-1337A
hōnghōngqiāngqiāng 轟轟鏘鏘 9-1337A
hōnghōngtiántián 轟轟闐闐 9-1337A
hōnghōngyǐnyǐn 輷輷殷殷 9-1306A
hōnghōngyǐnyǐn 轟轟隱隱 9-1337A
hónghòu 弘厚 4-103A
hónghòu 閎厚 12-71B
hónghú 鴻鵠 12-1104B
hónghuā 紅花 9-705B
hónghuā 紅華 9-708B
hónghuà 弘化 4-102B
hónghuà 洪化 5-1131A
hónghuà 鴻化 12-1093A
hónghuācài 紅花菜 9-705B
hónghuācǎo 紅花草 9-705B
hōnghuài 潂潚 6-205A
hōnghuáng 轟鍠 9-1336B
hōnghuāng 洪荒 5-1132A
hōnghuāng 鴻荒 12-1095A
hónghuáng 鴻黃 12-1098A
hónghúhuái 鴻鵠懷 12-1105A
hōnghuī 訇豗 11-26A
hōnghuī 轟豗 9-1336A
hónghuī 宏徽 3-1345B
hónghuī 虹輝 8-859A
hónghuī 鴻暉 12-1100B
hónghuī 鴻輝 12-1102B
hónghuī 鴻徽 12-1104A
hónghuí 泓洄 5-1115A
hónghuì 洪惠 5-1133B
hónghújiāngzhì 鴻鵠將至 12-1104B
hónghúmóu 鴻鵠謀 12-1104B
hónghùn 鴻混 12-1098B
hōnghuō 訇豁 11-26B
hōnghuǒ 哄伙 3-318A
hōnghuǒ 烘火 7-58B
hōnghuò 渹濩 5-1495A
hónghuō 宏豁 3-1346A
hónghuō 閎豁 12-72B
hónghuō 鴻豁 12-1104A
hónghuó 紅活 9-708A
hónghuǒ 紅火 9-704A
hónghuò 紅貨 9-710A
hónghúxīn 鴻鵠心 12-1104B
hónghúzhì 鴻鵠志 12-1104B
hónghúzhīzhì 鴻鵠之志 12-1104B
hónghúzi 紅鬍子 9-718A
hōngjī 訇擊 11-26B
hōngjī 轟擊 9-1336B
hōngjí 哄集 3-318B
hōngjì 烘霽 7-60A
hóngjī 洪基 5-1133A
hóngjī 鴻基 12-1098A
hóngjī 鴻勣 12-1100A
hóngjī 鴻績 12-1104A
hóngjǐ 弘濟 4-105A
hóngjì 宏濟 3-1346A
hóngjì 鴻迹 12-1095B
hóngjì 鴻記 12-1097A
hóngjì 鴻跡 12-1100B
hóngjì 鴻濟 12-1104A
hōngjià 轟駕 9-1336B
hóngjiā 洪家 5-1133A
hóngjià 鴻駕 12-1103A
hóngjiān 紅牋 9-712A

hóngjiān 紅箋 9-713B
hóngjiǎn 弘簡 4-105B
hóngjiǎn 宏簡 3-1346A
hóngjiàn 鴻健 12-1097A
hóngjiàn 鴻漸 12-1101B
hóngjiǎng 弘奬 4-105A
hóngjiǎng 宏奬 3-1345A
hóngjiǎng 鴻奬 12-1102A
hóngjiànyúgān 鴻漸於干 12-1102A
hóngjiànzhīyí 鴻漸之儀 12-1102A
hóngjiànzhīyì 鴻漸之翼 12-1102A
hóngjiāo 紅蕉 9-715A
hóngjiào 紅教 9-709B
hóngjiào 鴻教 12-1098A
hóngjiào 鴻校 12-1096B
hóngjié 宏傑 3-1344A
hóngjié 閎傑 12-72A
hóngjié 鴻節 12-1100B
hóngjīn 紅巾 9-703A
hóngjīn 閎襟 12-73A
hóngjīn 鴻襟 12-1105A
hóngjīng 虹旌 8-858A
hóngjīng 虹旍 8-858A
hóngjīng 鴻經 12-1101A
hóngjīng 鴻驚 12-1106A
hóngjìng 泓淨 5-1115A
hóngjìng 紅淨 9-707A
hóngjīnjūn 紅巾軍 9-703A
hóngjǔ 鴻舉 12-1103B
hóngjù 宏鉅 3-1344A
hóngjù 閎巨 12-71A
hóngjù 閎鉅 12-72A
hóngjù 鴻鉅 12-1099B
hǒngjú 哄局 3-318A
hòngjù 閧聚 12-108A
hóngjué’er 紅角兒 9-706A
hóngjūn 洪軍 5-1132B
hóngjūn 洪鈞 5-1133B
hóngjūn 紅軍 9-708A
hóngjūn 鴻均 12-1094A
hóngjūn 鴻鈞 12-1099B
hóngjùn 宏峻 3-1342B
hóngjùn 宏浚 3-1343A
hóngjùn 閎俊 12-71B
hóngjùn 閎駿 12-72B
hóngkǎi 宏愷 3-1345A
hōngkǎo 烘烤 7-59A
hōngkē 訇磕 11-26B
hōngkē 訇礚 11-26B
hōngkē 輷磕 9-1306A
hōngkē 輷轕 9-1306A
hōngkē 轟磕 9-1336B
hōngkē 硡磕 7-1082B
hōngkē 硡礚 7-1082B
hóngkē 洪柯 5-1132A
hōngkēng 轟鏗 9-1337A
hóngkǒu 鴻口 12-1092B
hóngkǒubáishé 紅口白舌 9-703A
hóngkǒubáiyá 紅口白牙 9-703A
hóngkuā 鴻姱 12-1096A
hóngkuàng 弘曠 4-105B
hóngkuàng 宏曠 3-1346A
hóngkuàng 洪曠 5-1135B
hóngkuàng 閎曠 12-73A
hóngkuàng 鴻貺 12-1099A
hóngkuí 鴻逵 12-1098A
hòngkuì 訌潰 11-29A
hóngkuò 弘闊 4-105B
hóngkuò 宏廓 3-1345A
hóngkuò 宏闊 3-1346A
hóngkuò 閎廓 12-72B
hóngkuò 閎闊 12-73A
hóngkuò 鴻廓 12-1100B
hónglà 紅臘 9-718A
hónglà 紅蠟 9-718B
hónglài 鴻瀨 12-1105A
hōnglán 烘籃 7-59B
hónglán 洪瀾 5-1136A
hónglán 紅藍 9-717A
hónglán 紅蘭 9-718B
hónglǎn 宏覽 3-1346B
hónglǎn 閎覽 12-73A
hóngláng 紅狼 9-708B
hónglǎng 弘朗 4-103B
hónglǎng 宏朗 3-1343A
hónglǎng 洪朗 5-1133A
hónglǎng 鴻朗 12-1097B
hónglǎo 洪潦 5-1135A
hónglào 洪澇 5-1135A
hónglè 紅勒 9-709B
hónglèbó 紅勒帛 9-709B
hōngléi 轟雷 9-1336B
hónglèi 紅淚 9-710B
hōngléichèdiàn 轟雷掣電 9-1336B
hōngléiguàn’ěr 轟雷貫耳 9-1336B
hōngléng 訇稜 11-26B
hōngléng 訇輘 11-26B
hōngléng 輷輘 9-1306A
hónglì 弘厲 4-104B
hónglì 弘麗 4-105B
hónglì 宏麗 3-1346A
hónglì 紅利 9-706A
hónglì 紅粒 9-710B
hónglì 紅痢 9-712A
hónglì 虹沴 8-857B
hónglì 閎麗 12-73A
hónglì 鴻立 12-1093B
hónglì 鴻沴 12-1094B
hónglì 鴻曆 12-1103A
hónglì 鴻歷 12-1103A
hónglì 鴻麗 12-1105A
hōnglián 烘簾 7-59B
hónglián 洪漣 5-1134B
hónglián 紅蓮 9-713A
hóngliǎn 宏璉 3-1345A
hóngliǎn 紅臉 9-717A
hóngliáng 虹梁 8-858A
hóngliàng 弘亮 4-103B
hóngliàng 弘量 4-104A
hóngliàng 宏亮 3-1342B
hóngliàng 宏量 3-1344A
hóngliàng 洪亮 5-1132A
hóngliàng 洪量 5-1133B
hóngliánmù 紅蓮幕 9-713A
hóngliǎo 紅蓼 9-713B
hōngliè 轟烈 9-1336A
hóngliè 弘烈 4-103B
hóngliè 宏烈 3-1342B
hóngliè 洪烈 5-1132B
hóngliè 鴻烈 12-1097A
hónglín 洪霖 5-1135A
hónglín 紅林 9-706B
hónglín 鴻鱗 12-1106A
hónglíng 鴻靈 12-1106A
hónglíngbǐngdàn 紅綾餅餤 9-714B
hónglíngdàn 紅綾餤 9-714B
hónglǐngjīn 紅領巾 9-714A
hóngliú 宏流 3-1343A
hóngliú 洪流 5-1133A
hóngliú 閎流 12-71B
hóngliú 鴻流 12-1097B
hóngliūliū 紅溜溜 9-713A
hōnglōng 轟隆 9-1336A
hōnglóng 哄嚨 3-319A
hōnglóng 烘籠 7-60A
hónglóng 谾礲 10-1320B
hónglóng 谾礱 10-1320B
hónglóng 鴻龍 12-1103B
hónglóng 鴻瓏 12-1105A
hónglóng 硡礱 7-1084A
hōnglōnglōng 轟隆隆 9-1336A
hōnglōnglōng 轟嚨嚨 9-1336B
hónglóu 紅樓 9-715A
hónglóu 虹樓 8-858B
hōnglú 烘爐 7-60A
hónglú 洪爐 5-1136A
hónglú 洪罏 5-1136A
hónglú 洪鑪 5-1136B
hónglú 紅爐 9-718B
hónglú 鴻爐 12-1105B
hónglú 鴻臚 12-1105B
hónglú 鴻罏 12-1106A
hónglú 鴻鑪 12-1106B
hónglù 鴻露 12-1105B
hónglù 鴻陸 12-1097B
hónglù 鴻路 12-1100B
hónglù 鴻鷺 12-1106A
hóngluán 紅鸞 9-719A
hóngluán 鴻鸞 12-1106B
hòngluàn 訌亂 11-29A
hónglúdiǎnxuě 洪爐點雪 5-1136A
hónglúdiǎnxuě 紅爐點雪 9-718B
hóngluè 宏略 3-1343B
hónglún 紅綸 9-714B
hónglún 紅輪 9-715A
hónglùn 弘論 4-105A
hónglùn 宏論 3-1345B
hónglùn 洪論 5-1135A
hónglùn 鴻論 12-1103A
hōngluò 薨落 9-564A
hóngluó 紅螺 9-717A
hóngluó 紅羅 9-718A
hóngluó 鴻羅 12-1105A
hóngluǒ 紅蠃 9-718B
hóngluózhǎn 紅螺盞 9-717A
hónglúsì 鴻臚寺 12-1105B
hónglúzhèng 鴻臚正 12-1105B
hónglǜ 鴻律 12-1095B
hónglǜdēng 紅綠燈 9-714B
hónglüè 鴻略 12-1098A
hónglüè 鴻畧 12-1098A
hónglǜtiě 紅綠帖 9-714B
hóngmài 宏邁 3-1345B
hóngmài 洪脉 5-1132A
hóngmài 洪脈 5-1133A
hóngmài 洪衇 5-1133B
hóngmáng 鴻厖 12-1095A
hóngmáng 鴻茫 12-1095A
hóngmǎng 洪漭 5-1134B
hóngmáo 紅毛 9-704A
hóngmáo 鴻毛 12-1092B
hóngmào 宏茂 3-1342A
hóngmào 洪茂 5-1131B
hóngmào 閎茂 12-71A
hóngmào 鴻茂 12-1094A
hóngmáodāo 紅毛刀 9-704A
hóngmáotàidài 鴻毛泰岱 12-1093A
hóngmáotàishān 鴻毛泰山 12-1092B
hóngmàozi 紅帽子 9-712A
hóngméi 紅媒 9-712B
hóngméi 紅煤 9-713A
hóngměi 弘美 4-103B
hóngměi 洪美 5-1132B
hóngmèi 紅袂 9-708A
hóngmèi 鴻昧 12-1095A
hóngméisù 紅霉素 9-715A
hóngmén 洪門 5-1132A
hóngmén 紅門 9-707A
hóngmén 閎門 12-71B
hóngmén 鴻門 12-1094B
hóngmén 黌門 12-1015A
hóngméng 洪濛 5-1135B
hóngméng 洪蒙 5-1134A
hóngméng 鴻濛 12-1103B
hóngméng 鴻蒙 12-1100A
hòngméng 澒濛 6-122A
hóngménjiànshēng 黌門監生 12-1015B
hóngménkè 黌門客 12-1015B
hóngméntíng 鴻門亭 12-1095A
hóngményàn 鴻門宴 12-1095A
hóngmí 鴻縻 12-1104A
hóngmǐ 紅米 9-705B
hóngmián 紅棉 9-711A
hóngmián 紅緜 9-715B
hóngmiǎo 宏渺 3-1344B
hóngmiǎo 宏邈 3-1346A
hóngmiǎo 鴻眇 12-1095A
hóngmiào 宏妙 3-1342A

hóngmiào 閎眇 12-71B
hóngmiào 閎妙 12-71A
hóngmǐn 弘敏 4-104A
hōngmíng 烘明 7-58B
hōngmíng 轟鳴 9-1336B
hóngmíng 洪名 5-1131B
hóngmíng 洪溟 5-1134B
hóngmíng 鴻名 12-1093B
hóngmíng 鴻明 12-1094B
hóngmíng 鴻冥 12-1097B
hóngmíng 鴻溟 12-1101A
hōngmò 薨殁 9-563B
hóngmó 宏謨 3-1346A
hóngmó 洪謨 5-1135B
hóngmó 虹膜 8-858B
hóngmó 鴻模 12-1101B
hóngmó 鴻謨 12-1104A
hóngmòhé 紅靺鞨 9-713B
hóngmóu 宏謀 3-1345B
hóngmù 紅木 9-703B
hóngmù 紘目 9-752A
hóngmúzi 紅模子 9-713B
hóngnà'ǎo 紅衲襖 9-708A
hóngnánlǜnǚ 紅男緑女 9-706A
hōngnào 哄鬧 3-319A
hóngní 虹蜺 8-858B
hóngní 虹霓 8-859A
hóngní 鴻泥 12-1094B
hóngniáng 紅娘 9-709A
hóngniángzǐ 紅娘子 9-709A
hóngniǎo 鴻鳥 12-1098B
hóngnígé 虹蜺閣 8-858B
hóngníng 洪寧 5-1134B
hóngníxuězhǎo 鴻泥雪爪 12-1094B
hóngnóng 鴻醲 12-1105A
hǒngnòng 哄弄 3-318A
hóngnǚ 虹女 8-857B
hóngnǚbáipó 紅女白婆 9-703B
hóng'ǒu 紅藕 9-717B
hóngpā 紅葩 9-711A
hóngpán 紅盤 9-715B
hóngpán 鴻盤 12-1103A
hóngpán 鴻磐 12-1103A
hóngpáng 鴻龐 12-1105A
hōngpào 轟礮 9-1337A
hóngpāsī 紅派司 9-708A
hóngpèi 紅旆 9-708B
hóngpèi 虹旆 8-858A
hóngpèi 鴻霈 12-1102B
hóngpēnpēn 紅噴噴 9-715A
hóngpí 紅皮 9-704B
hóngpiān 鴻篇 12-1102B
hǒngpiàn 哄騙 3-319A
hóngpiānjùzhì 鴻篇鉅製 12-1102B
hóngpiānjùzhù 鴻篇巨著 12-1102B
hóngpiào 紅票 9-709B
hóngpǐn 鴻品 12-1095A
hóngpíshū 紅皮書 9-704B
hóngpǔ 宏溥 3-1345A
hóngpǔ 鴻朴 12-1093B
hóngpù 紅鋪 9-715B
hóngpūpū 紅撲撲 9-714B
hóngqī 鴻妻 12-1094A
hóngqí 紅旗 9-714A
hóngqí 虹旗 8-858B
hóngqì 弘器 4-105A
hóngqì 宏氣 3-1342B
hóngqì 宏器 3-1345B
hóngqì 紅契 9-707A
hóngqì 虹氣 8-858A
hóngqià 宏洽 3-1342B
hóngqià 閎洽 12-71B
hóngqiān 紅鉛 9-713A
hóngqiān 紅簽 9-718A
hóngqiān 鴻騫 12-1105B
hóngqián 紅錢 9-716B
hóngqiàn 洪纖 5-1136A
hōngqiǎng 哄搶 3-318B
hóngqiáng 紅牆 9-717B
hóngqiānghuì 紅槍會 9-713B
hóngqiáo 洪喬 5-1133B
hóngqiáo 紅橋 9-716A
hóngqiáo 虹橋 8-859A
hóngqiáobǎn 虹橋板 8-859A
hóngqílín 紅騏驎 9-717B
hóngqílín 紅麒麟 9-718B
hōngqíng 烘晴 7-59B
hóngqíng 紅情 9-710B
hóngqìng 鴻慶 12-1103A
hóngqìnggōng 鴻慶宮 12-1103A
hóngqínglǜyì 紅情緑意 9-710B
hóngqíshǒu 紅旗手 9-714A
hóngqiú 鴻消 12-1099B
hóngqū 紅區 9-709B
hóngqū 紅麯 9-717A
hóngqū 紅麴 9-718A
hóngqú 洪渠 5-1133A
hóngqú 紅蕖 9-713B
hóngquán 洪泉 5-1132A
hóngquán 紅泉 9-707B
hóngquán 虹泉 8-858A
hóngquán 鴻泉 12-1095B
hóngquānpiào 紅圈票 9-710A
hóngquè 鴻雀 12-1098A
hóngqún 紅裙 9-712B
hóngqúshū 紅氍毹 9-718B
hōngrán 哄然 3-318B
hōngrán 烘然 7-59B
hōngrán 薨然 9-564A
hōngrán 輷然 9-1306A
hōngrán 鍧然 11-1358A
hōngrán 轟然 9-1336A
hōngrǎn 烘染 7-59A
hóngrán 泓然 5-1115A
hòngrán 鬨然 12-726B
hóngrǎng 紅壤 9-718B
hóngrén 紅人 9-702B
hóngrén 鴻仁 12-1093A
hóngrì 紅日 9-703B
hóngrìsāngān 紅日三竿 9-703B
hóngróng 洪溶 5-1134B
hóngróng 紅茸 9-707B
hóngróng 紅絨 9-712B
hóngróng 鴻溶 12-1101A
hóngróng 鴻融 12-1103A
hòngróng 澒溶 6-122A
hóngrú 宏儒 3-1345B
hóngrú 洪儒 5-1135A
hóngrú 閎儒 12-72B
hóngrú 鴻儒 12-1103B
hóngruì 鴻瑞 12-1100A
hóngruízhěn 紅蕤枕 9-715A
hóngrùn 弘潤 4-105A
hóngrùn 洪潤 5-1135A
hóngrùn 紅潤 9-715B
hóngrúshuòxué 鴻儒碩學 12-1103B
hóngsài 鴻塞 12-1101A
hóngsǎn 紅傘 9-712A
hóngsǎn 紅糝 9-717B
hóngsǎn 紅繖 9-718A
hóngsāng 紅桑 9-709A
hōngshā 轟殺 9-1336A
hóngshā 紅沙 9-706A
hóngshài 洪殺 5-1133A
hóngshài 鴻殺 12-1097A
hóngshàn 弘贍 4-105B
hóngshàn 宏贍 3-1346B
hóngshān'ér 紅衫兒 9-707A
hóngshǎng 鴻賞 12-1102B
hóngshāngfùgǔ 鴻商富賈 12-1098B
hóngshāo 紅燒 9-716B
hóngsháo 紅苕 9-706B
hóngshào 宏卲 3-1342A
hóngshào 鴻少 12-1092B
hóngsháoqì 紅苕氣 9-706B
hóngsháoyào 紅芍藥 9-704B
hóngshè 横舍 4-1245A
hóngshè 洪赦 5-1133A
hóngshè 黌舍 12-1015A
hóngshēn 弘深 4-104A
hóngshēn 宏深 3-1343B
hóngshēn 洪深 5-1133B
hóngshēn 紅參 9-710B
hóngshēn 紅蓡 9-711A
hóngshēn 虹申 8-857B
hóngshēn 虹伸 8-857B
hóngshēn 閎深 12-71B
hóngshēn 鴻深 12-1098B
hóngshēng 洪生 5-1131A
hóngshēng 洪聲 5-1135B
hóngshēng 紅生 9-704B
hóngshēng 鴻生 12-1093A
hóngshēng 鴻聲 12-1104A
hóngshéng 紅繩 9-718B
hóngshèng 弘盛 4-104A
hóngshèng 宏盛 3-1343B
hóngshèng 宏勝 3-1344B
hóngshèng 洪聖 5-1134A
hōngshì 哄士 3-318A
hōngshì 烘柹 7-58B
hōngshì 烘柿 7-59A
hōngshì 薨逝 9-563B
hóngshī 洪施 5-1132B
hóngshī 鴻施 12-1095B
hóngshí 宏識 3-1346B
hóngshí 紅實 9-714A
hóngshì 弘誓 4-104B
hóngshì 紅事 9-706B
hóngshì 虹勢 8-858B
hóngshì 鴻誓 12-1101A
hóngshì 黌室 12-1015B
hòngshì 鬨市 12-726B
hóngshígūhuái 閎識孤懷 12-73A
hóngshízìhuì 紅十字會 9-702B
hóngshòu 紅獸 9-718A
hóngshū 鴻書 12-1097B
hóngshū 鴻疎 12-1100A
hóngshū 鴻疏 12-1100A
hóngshū 鴻樞 12-1102A
hóngshú 横塾 4-1253B
hóngshú 黌塾 12-1015B
hóngshǔ 紅薯 9-715B
hóngshù 弘恕 4-103B
hóngshù 紅樹 9-715B
hóngshù 鴻術 12-1098B
hóngshù 鴻樹 12-1103A
hóngshuǎng 宏爽 3-1343B
hóngshuǎng 鴻爽 12-1098A
hóngshùgētóng 紅樹歌童 9-716A
hóngshuǐ 洪水 5-1131A
hóngshuǐ 鴻水 12-1092B
hóngshuǐměngshòu 洪水猛獸 5-1131A
hóngshuò 宏碩 3-1345A
hóngshuò 鴻碩 12-1101B
hóngsī 洪私 5-1131B
hóngsī 紅絲 9-712B
hóngsī 虹絲 8-858B
hóngsī 鴻私 12-1094A
hóngsì 弘肆 4-104B
hóngsì 宏肆 3-1344B
hóngsì 洪祀 5-1131B
hóngsì 洪嗣 5-1134A
hóngsì 閎肆 12-72A
hóngsīdīng 紅絲疔 9-712B
hóngsīshí 紅絲石 9-712B
hóngsīyàn 紅絲研 9-712B
hóngsīyàn 紅絲硯 9-712B
hǒngsǒng 哄慫 3-319A
hóngsū 紅酥 9-711A
hóngsū 紅蘇 9-718A
hóngsù 紅素 9-708B
hóngsù 紅粟 9-711A
hóngsù 閎肅 12-72B
hóngsuàn 洪筭 5-1134B
hóngsuàn 洪算 5-1134B
hóngsuì 弘邃 4-105B
hóngsuì 宏邃 3-1346A
hóngsuì 泓邃 5-1115B
hóngsuì 洪隧 5-1134B
hóngsuì 閎邃 12-73A
hóngsuǒ 鴻瑣 12-1101A
hōngtái 哄抬 3-318B

hóngtái 鴻臺 12-1101A
hōngtáng 哄堂 3-318B
hōngtáng 烘堂 7-59A
hóngtáng 紅糖 9-716B
hóngtáng 黌堂 12-1015B
hòngtáng 鬨堂 12-726B
hōngtángdàxiào 烘堂大笑 7-59A
hōngtángdàxiào 轟堂大笑 9-1336A
hòngtángdàxiào 鬨堂大笑 12-726B
hóngtángtáng 紅堂堂 9-710A
hóngtángtáng 紅棠棠 9-711B
hóngtàngtàng 紅燙燙 9-716B
hóngtao 洪濤 5-1135B
hóngtáo 洪桃 5-1132B
hóngtáo 洪陶 5-1133A
hóngtáo 紅桃 9-708B
hōngténg 烘騰 7-59B
hōngténg 轟騰 9-1337A
hóngténg 紅藤 9-717B
hòngténg 鬨騰 12-726B
hōngténgténg 烘騰騰 7-59B
hóngtí 鴻題 12-1104B
hóngtǐ 鴻體 12-1106A
hōngtiān 轟天 9-1335B
hóngtiān 鴻天 12-1092B
hōngtiānlièdì 轟天烈地 9-1335B
hōngtiānlièdì 轟天裂地 9-1335B
hóngtiáo 鴻條 12-1097A
hōngtíng 轟霆 9-1336B
hóngtīng 紅鞓 9-715B
hóngtíng 泓渟 5-1115A
hóngtíng 紅亭 9-708A
hōngtóng 烘烔 7-59A
hóngtōng 弘通 4-103B
hóngtōng 宏通 3-1343A
hóngtōng 閎通 12-71B
hóngtóng 泓澒 5-1115A
hóngtóng 洪洞 5-1132B
hóngtóng 洪同 5-1131A
hóngtóng 紅銅 9-713B
hóngtǒng 洪統 5-1134A
hòngtóng 鴻洞 12-1095B
hòngtóng 澒洞 6-122A
hóngtōngtōng 紅通通 9-709A
hóngtōngtōng 紅彤彤 9-706A
hóngtóngzuǐ 紅桐觜 9-708B
hóngtóu 紅頭 9-716A
hóngtóu 鴻頭 12-1103A
hóngtóu'āsān 紅頭阿三 9-716A
hóngtóujūn 紅頭軍 9-716A
hóngtóuqiān 紅頭簽 9-716A
hóngtóuwénjiàn 紅頭文件 9-716A
hóngtóuxúnbǔ 紅頭巡捕 9-716A
hóngtóuzi 紅頭子 9-716A
hóngtú 弘圖 4-104B
hóngtú 宏圖 3-1345A
hóngtú 洪圖 5-1134B
hóngtú 鴻圖 12-1101B
hóngtǔ 紅土 9-702B
hóngtuān 洪湍 5-1134A
hóngtúhuágòu 鴻圖華構 12-1101B
hōngtuō 烘托 7-58B
hóngtuò 宏拓 3-1342A
hóngwàixiàn 紅外綫 9-704B
hóngwán 宏玩 3-1342A
hóngwán 紅丸 9-703A
hóngwán'àn 紅丸案 9-703A
hóngwēi 洪威 5-1132A
hóngwēi 鴻威 12-1095A
hóngwéi 宏維 3-1345B
hóngwéi 洪惟 5-1133B
hóngwěi 弘偉 4-104A
hóngwěi 宏偉 3-1343B
hóngwěi 閎偉 12-71B
hóngwèi 鴻渭 12-1099B
hóngwèibīng 紅衛兵 9-715B
hóngwén 鴻文 12-1093A
hóngwénguǎn 弘文館 4-102B
hóngwò 鴻渥 12-1099B
hóngwú 鴻梧 12-1098A
hòngwǔ 訌侮 11-28B
hóngwǔyuè 紅五月 9-703B
hóngxī 鴻羲 12-1104B
hóngxī 鴻熙 12-1101B
hóngxī 鴻羲 12-1103B
hóngxī 鴻犧 12-1105B
hóngxǐ 鴻禧 12-1103B
hóngxì 洪細 5-1133B
hóngxì 鴻細 12-1098B
hóngxì 鴻隙 12-1100A
hóngxiā 紅蝦 9-715A
hóngxiā 紅鰕 9-718B
hóngxiámǐ 紅霞米 9-717A
hóngxiān 紅鮮 9-717B
hóngxiān 鴻鶱 12-1106A
hóngxiān 鴻纖 12-1106A
hóngxián 紅弦 9-707A
hóngxiǎn 鴻顯 12-1106A
hóngxiàn 洪憲 5-1135B
hóngxiàn 紅綫 9-714B
hóngxiàn 紅線 9-715B
hóngxiānfènglì 鴻鶱鳳立 12-1106A
hóngxiānfèngshì 鴻鶱鳳逝 12-1106A
hōngxiāng 烘箱 7-59B
hōngxiǎng 轟響 9-1337A
hóngxiāng 紅香 9-707B
hóngxiáng 鴻庠 12-1095B
hóngxiángluánqǐ 鴻翔鸞起 12-1099B
hōngxiào 哄笑 3-318B
hōngxiào 訇哮 11-26A
hōngxiào 轟笑 9-1336A
hóngxiāo 紅綃 9-713B
hóngxiào 黌校 12-1015B
hǒngxiào 嗊嗃 3-454B
hòngxiào 鬨笑 12-726B
hóngxiǎoguǐ 紅小鬼 9-702B
hóngxiāolìxī 鴻消鯉息 12-1097A
hóngxìbēi 鴻郄陂 12-1094B
hóngxìbēi 鴻郤陂 12-1095B
hóngxìbēi 鴻隙陂 12-1100A
hōngxiè 薨謝 9-564A
hóngxié 鴻蕄 12-1105A
hóngxiè 紅蟹 9-718A
hóngxīguǎn 虹吸管 8-857B
hóngxīlínjué 鴻稀鱗絶 12-1099A
hóngxīn 弘新 4-104B
hóngxīn 紅心 9-704A
hóngxīn 鴻心 12-1093A
hóngxìn 鴻信 12-1095B
hóngxīncǎo 紅心草 9-704A
hóngxīng 紅星 9-707B
hóngxīng 虹星 8-858A
hóngxìng 鴻涬 12-1098B
hóngxìngshàngshū 紅杏尚書 9-705B
hóngxīnyuèhuì 紅新月會 9-713A
hóngxiū 弘休 4-103A
hóngxiū 宏休 3-1341B
hóngxiū 洪休 5-1131A
hóngxiū 洪庥 5-1132A
hóngxiū 閎休 12-71A
hóngxiū 鴻休 12-1093B
hóngxiū 鴻庥 12-1095B
hóngxiǔ 紅朽 9-705A
hóngxiù 紅袖 9-709A
hóngxiùxié 紅繡鞋 9-718B
hóngxīxiànxiàng 虹吸現象 8-857B
hóngxù 洪緒 5-1134B
hóngxù 紅旭 9-705A
hóngxù 鴻序 12-1094A
hóngxù 鴻緒 12-1102A
hóngxù 黌序 12-1015A
hōngxuán 轟旋 9-1336A
hóngxuān 鴻軒 12-1096B
hóngxuānfèngzhù 鴻軒鳳翥 12-1096B
hóngxué 紅學 9-716B
hóngxué 鴻學 12-1103B
hóngxué 黌學 12-1015B
hóngxuě 紅雪 9-710A
hóngxuě 鴻雪 12-1098A
hóngxuèqiú 紅血球 9-705A
hóngxuězōng 鴻雪蹤 12-1098A
hóngxūn 洪勛 5-1133B
hóngxūn 洪勳 5-1135A
hóngxūn 鴻勛 12-1099A
hóngxūn 鴻勳 12-1103A
hōngyà 轟輵 9-1336B
hóngyá 洪厓 5-1131B
hóngyá 洪崖 5-1133A
hóngyá 洪涯 5-1133A
hóngyá 紅牙 9-703B
hóngyá 鴻崖 12-1098A
hóngyá 鴻涯 12-1098B
hóngyǎ 弘雅 4-104A
hóngyǎ 宏雅 3-1344A
hóngyǎ 洪雅 5-1133B
hóngyǎ 閎雅 12-72A
hōngyǎn 薨奄 9-563B
hōngyàn 烘燄 7-59B
hóngyán 紅岩 9-707A
hóngyán 紅顏 9-717B
hóngyán 紅巖 9-719A
hóngyán 紅鹽 9-719A
hóngyán 紘綖 9-752A
hóngyán 紘言 10-1319B
hóngyán 鴻延 12-1093B
hóngyǎn 宏衍 3-1342B
hóngyǎn 紅眼 9-710A
hóngyǎn 閎衍 12-71B
hóngyàn 鴻雁 12-1099A
hóngyàn 鴻鴈 12-1102A
hóngyàn 鴻燕 12-1103A
hóngyánbáifà 紅顏白髮 9-718A
hóngyǎnbìng 紅眼病 9-710A
hóngyánbómìng 紅顏薄命 9-718A
hóngyánchóngyì 閎言崇議 12-71A
hóngyáng 弘揚 4-104A
hóngyáng 宏揚 3-1344A
hóngyáng 洪楊 5-1134A
hóngyáng 紅陽 9-710B
hóngyáng 鴻颺 12-1105A
hóngyàng 紅樣 9-715A
hóngyángāolùn 閎言高論 12-71A
hóngyángjié 紅羊劫 9-705A
hóngyànxíng 鴻雁行 12-1099A
hóngyānyān 紅嫣嫣 9-714B
hóngyànyàn 紅焰焰 9-712A
hóngyànyàn 紅燄燄 9-716B
hóngyànyàn 紅艷艷 9-719A
hōngyāo 薨夭 9-563B
hóngyāo 虹腰 8-858B
hóngyāo 鴻妖 12-1094A
hóngyǎo 宏窈 3-1343A
hóngyǎo 泓窈 5-1115A
hóngyào 紅葯 9-711A
hóngyào 紅藥 9-717B
hóngyào 閎耀 12-73A
hóngyàoshuǐ 紅藥水 9-717B
hóngyè 弘業 4-104B
hóngyè 洪業 5-1134A
hóngyè 紅葉 9-710B
hóngyè 鴻業 12-1100B
hóngyètíshī 紅葉題詩 9-711A
hóngyèyuǎntú 鴻業遠圖 12-1100B
hóngyī 紅衣 9-705A
hóngyí 洪頤 5-1135A
hóngyí 紅夷 9-705A
hóngyí 鴻儀 12-1102B
hóngyì 弘益 4-103B
hóngyì 弘義 4-104B
hóngyì 弘毅 4-105A

hóngyì 弘懿 4-105B
hóngyì 宏逸 3-1343B
hóngyì 宏義 3-1345A
hóngyì 宏毅 3-1345B
hóngyì 宏議 3-1346B
hóngyì 洪裔 5-1134B
hóngyì 洪毅 5-1135A
hóngyì 竑議 8-379B
hóngyì 紘誼 10-1319B
hóngyì 紘議 10-1319B
hóngyì 閎逸 12-71B
hóngyì 鴻逸 12-1098B
hóngyì 鴻裔 12-1100B
hóngyì 鴻翼 12-1104A
hóngyì 鴻議 12-1105B
hóngyì 鴻懿 12-1106A
hóngyīdàjiàng 紅衣大將 9-705A
hóngyīdàpào 紅衣大礮 9-705A
hóngyǐmǎnzhǐ 鴻乙滿紙 12-1092B
hóngyǐmǎnzhǐ 鴻鳦滿紙 12-1099B
hóngyìmiàozhǐ 閎意眇指 12-72B
hóngyìmiàozhǐ 閎意妙指 12-72B
hōngyīn 訇殷 11-26B
hōngyīn 訇磤 11-26B
hōngyǐn 哄飲 3-318B
hōngyǐn 訇隱 11-26B
hōngyǐn 硡隱 7-1053B
hōngyǐn 轟飲 9-1336A
hōngyǐn 轟隱 9-1336B
hóngyīn 洪音 5-1132B
hóngyīn 紅茵 9-707B
hóngyīn 鴻音 12-1095B
hóngyǐn 洪飲 5-1134A
hóngyǐn 虹飲 8-858B
hóngyìn 洪胤 5-1132A
hóngyìn 鴻蔭 12-1100B
hóngyìn 鴻印 12-1093A
hóngyǐnfèngfú 鴻隱鳳伏 12-1104A
hōngyǐng 烘影 7-59B
hōngyìng 轟應 9-1336B
hóngyīng 洪英 5-1131B
hóngyīng 紅英 9-706B
hóngyǐng 泓穎 5-1115B
hóngyìng 虹映 8-858A
hóngyīngmào 紅纓帽 9-719A
hóngyīpào 紅衣礮 9-705A
hóngyípào 紅夷礮 9-705A
hóngyīyǔcháng 鴻衣羽裳 12-1093B
hóngyīzhǔjiào 紅衣主教 9-705A
hóngyīzì 紅一字 9-702B
hóngyǐzi 紅椅子 9-711A
hōngyōng 哄擁 3-319A
hóngyǒng 鴻涌 12-1097B
hóngyǒng 鴻湧 12-1099B
hòngyǒng 澒涌 6-122A
hòngyǒng 澒湧 6-122A
hóngyóu 宏猷 3-1345A
hóngyóu 洪猷 5-1134B
hóngyóu 鴻猷 12-1100B
hóngyǒu 紅友 9-703B
hóngyòu 弘宥 4-103B
hǒngyòu 哄誘 3-318B
hóngyú 紅魚 9-710B
hóngyú 鴻魚 12-1098B
hóngyǔ 紅雨 9-706B
hóngyǔ 虹雨 8-857B
hóngyǔ 鴻羽 12-1093B
hóngyǔ 黌宇 12-1015A
hóngyù 弘裕 4-104B
hóngyù 宏域 3-1343B
hóngyù 宏裕 3-1344B
hóngyù 汯汩 5-948B
hóngyù 洪鬱 5-1136B
hóngyù 紅玉 9-704A
hóngyù 紅諭 9-716B
hóngyù 虹玉 8-857B
hóngyù 鴻悆 12-1098B
hǒngyǔ 哄語 3-318B
hóngyuān 宏淵 3-1344B
hóngyuān 洪淵 5-1134A
hóngyuān 鴻鴛 12-1103B
hóngyuán 洪元 5-1131A
hóngyuán 洪源 5-1134B
hóngyuán 鴻原 12-1097A
hóngyuán 鴻源 12-1101A
hóngyuǎn 弘遠 4-104B
hóngyuǎn 宏遠 3-1344B
hóngyuǎn 洪遠 5-1134A
hóngyuǎn 閎遠 12-72B
hóngyuǎn 鴻遠 12-1100A
hóngyuàn 弘願 4-105B
hóngyuàn 宏願 3-1346B
hóngyǔchónglóu 閎宇崇樓 12-71A
hóngyuē 閎約 12-71B
hōngyǔn 薨隕 9-564A
hōngyǔn 薨殞 9-564A
hōngyùn 烘暈 7-59B
hóngyún 紅雲 9-711B
hóngyún 鴻雲 12-1099A
hóngyùn 洪運 5-1134A
hóngyùn 洪韻 5-1135B
hóngyùn 紅運 9-712A
hóngyùn 鴻運 12-1099B
hōngyúntuōyuè 烘雲托月 7-59B
hōngyúntuōyuè 烘雲託月 7-59B
hóngyúnyàn 紅雲宴 9-711B
hóngzā 紅扎 9-703B
hóngzāi 洪災 5-1131B
hóngzāi 鴻災 12-1094A
hóngzàn 宏贊 3-1346B
hóngzāo 紅糟 9-717B
hóngzǎo 洪藻 5-1135B
hóngzǎo 紅棗 9-711A
hóngzǎo 鴻藻 12-1105A
hóngzào 洪造 5-1133A
hóngzào 鴻造 12-1097A
hóngzé 洪澤 5-1135B
hóngzé 鴻澤 12-1103B
hòngzéi 訌賊 11-29A
hōngzhà 轟炸 9-1335B
hóngzhà 紅炸 9-708A
hòngzhà 訌詐 11-29A
hōngzhàjī 轟炸機 9-1335B
hóngzhān 虹旃 8-858A
hóngzhàn 虹棧 8-858B
hóngzhāng 弘彰 4-105A
hóngzhāng 鴻章 12-1098B
hóngzhǎng 弘長 4-103A
hóngzhàng 洪脹 5-1134A
hóngzhāngjùzì 鴻章鉅字 12-1098B
hóngzhǎo 鴻爪 12-1093A
hóngzhǎochūnní 鴻爪春泥 12-1093A
hóngzhǎoliúní 鴻爪留泥 12-1093A
hóngzhǎoxuění 鴻爪雪泥 12-1093A
hóngzhé 鴻哲 12-1096B
hōngzhèn 轟震 9-1336B
hóngzhēn 鴻禎 12-1101A
hóngzhèn 鴻陣 12-1096A
hóngzhèn 鴻振 12-1096A
hóngzhēng 鴻箏 12-1099A
hóngzhěng 宏整 3-1345B
hóngzhěng 閎整 12-72B
hòngzhēng 訌争 11-28B
hòngzhēng 鬨争 12-726B
hóngzhēngxiāosè 泓峥蕭瑟 5-1115A
hóngzhī 洪支 5-1131A
hóngzhī 洪枝 5-1131B
hóngzhǐ 弘旨 4-103A
hóngzhǐ 宏旨 3-1341B
hóngzhǐ 宏恉 3-1342B
hóngzhǐ 宏指 3-1342B
hóngzhǐ 鴻祉 12-1094B
hóngzhì 弘致 4-103B
hóngzhì 鴻志 12-1094A
hóngzhì 鴻致 12-1097A
hóngzhízhú 紅躑躅 9-718B
hóngzhōng 洪鍾 5-1135B
hóngzhōng 洪鐘 5-1136A
hóngzhōng 鴻鍾 12-1104A
hóngzhōng 鴻鐘 12-1105B
hóngzhǒng 洪腫 5-1134B
hóngzhǒng 鴻冢 12-1097B
hóngzhòng 閎重 12-71B
hóngzhòng 鴻重 12-1095A
hóngzhōngsìwài 閎中肆外 12-71A
hóngzhòu 洪冑 5-1132A
hóngzhòu 紅皺 9-715B
hóngzhòu 鴻冑 12-1095A
hóngzhū 紅珠 9-708B
hóngzhǔ 鴻渚 12-1098B
hóngzhù 鴻翥 12-1101A
hóngzhuān 紅專 9-709B
hóngzhuàn 鴻篆 12-1102B
hóngzhuāng 紅妝 9-706B
hóngzhuāng 紅粧 9-712A
hóngzhuāng 紅裝 9-713A
hóngzhuāng 鴻裝 12-1101A
hóngzhuàng 弘壯 4-103A
hóngzhuàng 宏壯 3-1342A
hóngzhuàng 洪壯 5-1131B
hóngzhuàng 閎壯 12-71A
hóngzhúdìng 虹燭錠 8-859A
hóngzhuó 閎卓 12-71A
hóngzhuó 鴻卓 12-1094B
hóngzī 洪姿 5-1132A
hóngzī 鴻姿 12-1095B
hóngzǐ 紅子 9-703A
hóngzǐ 紅紫 9-711B
hóngzǐduózhū 紅紫奪朱 9-711B
hóngzǐluànzhū 紅紫亂朱 9-711B
hóngzōng 鴻踪 12-1102B
hóngzòng 宏縱 3-1346A
hóngzòng 鴻蹤 12-1104B
hóngzú 洪族 5-1133A
hòngzǔ 訌阻 11-28B
hōngzuì 轟醉 9-1336B
hóngzuǐ 紅觜 9-713A
hóngzuǐ 紅嘴 9-716A
hóngzuì 洪醉 5-1135A
hóngzuǐlǜyīnggē 紅嘴緑鸚哥 9-716B
hóngzuò 洪祚 5-1132B
hóngzuò 鴻作 12-1094A
hóngzuò 鴻祚 12-1095B
hòu'ài 厚愛 1-924A
hòu'àn 後案 3-965A
hòu'ào 後懊 3-969B
hóubái 侯白 1-1431B
hòubài 候拜 1-1504B
hòubànshǎng 後半晌 3-959B
hòubàntiān 後半天 3-959B
hòubànyè 後半夜 3-959B
hòubào 厚報 1-923B
hòubào 後報 3-966B
hóubāzǎizi 猴巴崽子 5-92A
hòubēi 後碑 3-967B
hòubèi 後備 3-966B
hòubèi 後輩 3-969A
hòubèibīng 後備兵 3-966B
hòubèijūn 後備軍 3-966B
hòubèiliáng 後備糧 3-966B
hòubèizi 後輩子 3-969A
hóubì 喉痺 3-433B
hòubǐ 後比 3-958A
hòubǐ 候比 1-1504A
hòubì 后辟 3-142A
hòubì 厚幣 1-924B
hòubiān 後邊 3-970B
hòubiān 後鞭 3-970B
hòubiàn 後變 3-971A
hòubiǎo 後表 3-960B
hòubīng 候兵 1-1504A
hóubō 侯波 1-1432B
hóubó 侯伯 1-1432A
hòubó 厚泊 1-923A
hòubó 厚薄 1-925A

hóubù 侯不 1-1431B
hòubǔ 候補 1-1505B
hòubù 後步 3-960A
hòubù 候簿 1-1506B
hòucáng 厚藏 1-925B
hòucáo 後曹 3-965A
hòucáo 後槽 3-969A
hòuchǎng 後場 3-966A
hóuchángqìduǎn 喉長氣短 3-433A
hòucháo 後朝 3-966B
hòucháo 候潮 1-1506A
hòuchē 後車 3-960A
hòuchē 候車 1-1504A
hòuchén 後陳 3-965A
hòuchén 後塵 3-968B
hòuchéng 厚誠 1-924A
hòuchéng 後丞 3-960A
hòuchéng 後成 3-959B
hòuchéng 堠程 2-1153A
hòuchéngfēnzhái 郈成分宅 10-612A
hóuchí 猴池 5-92A
hòuchǐ 後齒 3-969A
hòuchóng 候蟲 1-1506B
hòuchóng 鱟蟲 12-1267A
hōuchuǎn 齁喘 12-1423A
hóuchún 喉脣 3-433A
hòucì 後次 3-960A
hòucǐbóbǐ 厚此薄彼 1-922A
hóucìtuō 猴刺脱 5-92A
hòucóng 後從 3-965B
hòudá 厚答 1-924A
hòudà 厚大 1-922A
hòudài 厚待 1-923A
hòudài 後代 3-959A
hòudǎng 后黨 3-142A
hòudàng 後檔 3-970A
hóudào 侯道 1-1432B
hòudào 厚道 1-924A
hòudào 候道 1-1505B
hòudé 厚德 1-925A
hòudézàifú 厚德載福 1-925A
hòudézàiwù 厚德載物 1-925A
hòudǐ 後底 3-961B
hòudì 后帝 3-141B
hòudì 厚地 1-922A
hòudì 後帝 3-963A
hóudiàn 侯甸 1-1432A
hòudiàn 後殿 3-968A
hòudiāo 後凋 3-964B
hòudiāo 後彫 3-965B
hòudiē 後爹 3-964B
hóudù 侯度 1-1432B
hòudú 厚毒 1-923A
hòudù 厚度 1-923A
hòuduàn 後段 3-962B
hòudǔdǔ 厚篤篤 1-925B
hòuduì 後隊 3-966A
hòuduì 候對 1-1506A
hòudùn 後盾 3-962B
hòudùn 後楯 3-967B
hòudūndūn 厚敦敦 1-924A
hòudūndūn 厚墩墩 1-925A
hòudūn'er 厚墩兒 1-925A
hóu'é 喉蛾 3-433B
hòu'ēn 厚恩 1-923A
hóu'er 猴兒 5-92A
hòu'er 後兒 3-961B
hòu'ér 後兒 3-961B
hǒu'érbìng 吼兒病 3-250B
hóu'erzǎizi 猴兒崽子 5-92A
hòufǎ 後法 3-961B
hòufān 鱟帆 12-1266B
hòufàn 後範 3-969B
hòufāng 後方 3-958A
hòufáng 後防 3-960A
hòufáng 後房 3-962A
hòufāngyīyuàn 後方醫院 3-958A
hòufāzhìrén 後發制人 3-967A
hòufēi 后妃 3-141B
hòufēi 厚非 1-922B
hòufèi 厚費 1-924A
hóufēng 侯封 1-1432B
hòufēng 候風 1-1505A
hòufèng 厚奉 1-922B
hòufèng 厚俸 1-923A
hòufó 後佛 3-960B
hóufú 侯服 1-1432A
hòufū 後夫 3-957B
hòufú 厚福 1-924B
hòufú 後服 3-961B
hòufú 後幅 3-966B
hòufú 後福 3-968A
hòufǔ 候府 1-1504B
hòufù 後父 3-958A
hòufù 後婦 3-966A
hóufúhóu 侯伏侯 1-1432A
hòufūrén 後夫人 3-957B
hóufúyùshí 侯服玉食 1-1432B
hòugǎn 後趕 3-968B
hóugāng 侯岡 1-1432A
hóugāng 侯剛 1-1432B
hòugé 後閣 3-969A
hòugé 後閤 3-969A
hòugēn 後跟 3-967B
hóugōng 侯弓 1-1431B
hòugōng 后宮 3-141B
hòugōng 後宮 3-963B
hòugǔ 後骨 3-962B
hòugǔ 堠鼓 2-1153A
hòugù 後顧 3-971A
hóuguān 猴冠 5-92A
hòuguān 候官 1-1504B
hòuguǎn 候館 1-1506B
hòuguǎn 堠館 2-1153A
hòuguāng 候光 1-1504A
hòugǔbójīn 厚古薄今 1-922A
hóuguī 侯龜 1-1433A
hòuguǐ 後軌 3-962A
hòugǔn 後緄 3-969A
hóuguó 侯國 1-1432B
hòuguǒ 後果 3-961A
hòugùzhīyōu 後顧之憂 3-971A
hòuhǎi 後海 3-964B
hòuhǎi 鱟醢 12-1266B
hòuhài 後害 3-965A
hòuhǎixiānhé 後海先河 3-964B
hōuhān 齁鼾 12-1423A
hǒuhǎn 吼喊 3-251A
hòuhán 候函 1-1504B
hòuhàn 後漢 3-968B
hóuháng 喉吭 3-432B
hòuháng 後行 3-959B
hǒuháo 吼號 3-251A
hǒuháo 呴嘷 3-309B
hōuhē 齁舶 12-1423A
hòuhè 候賀 1-1505B
hòuhèn 後恨 3-963B
hōuhōu 齁齁 12-1423A
hǒuhǒu 吽吽 3-209A
hòuhòu 厚厚 1-923A
hòuhòudūndūn 厚厚敦敦 1-923A
hōuhōuhēhē 齁齁舶舶 12-1423A
hòuhú 後湖 3-967A
hòuhù 後户 3-958A
hòuhuà 後話 3-968A
hòuhuàn 後患 3-965B
hòuhuáng 后皇 3-141B
hòuhuī 候灰 1-1504A
hòuhuǐ 後悔 3-964B
hòuhuì 後會 3-968A
hòuhuǐwújí 後悔無及 3-964B
hòuhuìyǒuqī 後會有期 3-968A
hòuhūn 後婚 3-966A
hòuhūn'er 後婚兒 3-966A
hòuhuǒ 候火 1-1504A
hòuhuǒ 堠火 2-1153A
hòuhuò 厚貨 1-923B
hòuhuò 後禍 3-967A
hóujī 侯畿 1-1433A
hóují 侯籍 1-1433A
hóují 喉急 3-433A
hóují 喉極 3-433A
hóují 猴急 5-92A
hǒují 吼疾 3-250B
hòujī 厚積 1-925B
hòujī 後機 3-969B
hòujì 候騎 1-1506B
hòujǐ 後己 3-957A
hòujì 后稷 3-142A
hòujì 後計 3-962B
hòujì 後記 3-964B
hòujì 後繼 3-971A
hóujiā 侯家 1-1432B
hòujiǎ 後甲 3-958B
hòujià 後駕 3-969B
hòujià 候駕 1-1506B
hòujiān 後間 3-967A
hòujiān 後艱 3-970A
hòujiàn 後監 3-968B
hóujiāng 猴薑 5-92B
hòujiàng 鱟醬 12-1267A
hǒujiào 吼叫 3-250A
hòujiāo 厚交 1-922B
hòujiāo 後交 3-960A
hòujiǎo 後脚 3-965B
hòujiào 候徼 1-1506B
hòujiào 候教 1-1505A
hóujié 喉結 3-433A
hòujiē 候接 1-1505A
hòujié 厚結 1-924A
hòujiè 後戒 3-960A
hòujíliang 後脊梁 3-964B
hóujīn 喉衿 3-433A
hóujīn 喉襟 3-433B
hòujīn 後金 3-961B
hòujīn 後襟 3-970B
hòujìn 後勁 3-962A
hòujìn 後晉 3-964A
hòujìn 後進 3-965B
hòujīnbógǔ 厚今薄古 1-922A
hóujīng 猴精 5-92B
hòujīng 後旌 3-966A
hòujīng 後旍 3-966A
hòujǐng 後景 3-966B
hòujìng 後鏡 3-970B
hòujìng 候敬 1-1505B
hòujìnlǐngxiù 後進領袖 3-965B
hòujìnzhīxiù 後進之秀 3-965B
hòujiù 後咎 3-961B
hòujiù 後救 3-965A
hòujìyǒurén 後繼有人 3-971A
hòujǔ 後矩 3-962B
hòujǔ 後舉 3-970A
hòujù 後拒 3-960A
hòujù 後距 3-965A
hóujué 侯爵 1-1433A
hóujué 猴玃 5-93A
hòujué 後絶 3-967A
hòujué 後覺 3-970B
hòujūn 後軍 3-963B
hòujùn 後俊 3-962B
hòukāi 後開 3-967A
hòukào 後靠 3-969B
hòukuǎn 厚款 1-923B
hòukuàng 厚貺 1-923B
hóukuí 猴葵 5-92B
hòukuí 后夔 3-142A
hòukūn 后坤 3-141B
hòukūn 后昆 3-141B
hòukūn 厚坤 1-922B
hòukūn 後昆 3-961A
hòulái 後來 3-960B
hòulái 後倈 3-965B
hòuláijūshàng 後來居上 3-961A
hòuláirén 後來人 3-961A
hòuláizhīxiù 後來之秀 3-961A

hòulàngcuīqiánlàng 後浪催前浪 3-964B
hóulángdáshù 猴郎達樹 5-92A
hòulàngtuīqiánlàng 後浪推前浪 3-964B
hòulǎozi 後老子 3-959B
hǒuléi 吼雷 3-251A
hòulěi 後累 3-965B
hòulèi 後類 3-970B
hóulì 猴栗 5-92B
hòulì 候吏 1-1504A
hòulì 堠吏 2-1153A
hòulián 後聯 3-970A
hòuliǎn 厚斂 1-925B
hòuliǎn'er 後臉兒 3-970B
hóuliáng 糇糧 9-233B
hóuliáng 餱糧 12-571A
hóuliáng 餱饘 12-571A
hòuliáng 後涼 3-964B
hòuliáng 後梁 3-966A
hòuliáng 後糧 3-970B
hòuliǎnpí 厚臉皮 1-925B
hòuliè 後烈 3-964A
hòulǐtou 後裏頭 3-968A
hóulóng 喉嚨 3-433B
hǒulóng 吼隆 3-250B
hōulóu 齁嘍 12-1423A
hōulóu 齁艛 12-1423B
hòulóu 候樓 1-1506A
hòulóu 堠樓 2-1153A
hòulòu 鍭鏤 11-1267A
hóulóufēng 瓴甋蜂 8-282B
hōulóulóu 齁嘍嘍 12-1423A
hòulù 厚祿 1-924A
hòulù 後祿 3-967A
hòulù 後路 3-967B
hòulù 後錄 3-970A
hòuluó 候邏 1-1507A
hòulǜ 後慮 3-969A
hóulǚlíng 侯呂陵 1-1432A
hǒumà 吼罵 3-251A
hòumā 後媽 3-968B
hòumǎ 候馬 1-1505A
hòumài 候脉 1-1504B
hòumài 候脈 1-1505A
hòumàoshēncí 厚貌深辭 1-924B
hòumàoshēnqíng 厚貌深情 1-924B
hòumàoshēnwén 厚貌深文 1-924B
hóuméi 猴梅 5-92B
hòumèi 鱟媚 12-1266B
hóumén 侯門 1-1432B
hòumén 后門 3-141B
hòumén 後門 3-962A
hóuménrúhǎi 侯門如海 1-1432B
hóuménsìhǎi 侯門似海 1-1432B
hòumì 厚密 1-923B
hòumiàn 後面 3-962A
hòumíng 後名 3-960A
hòumìng 後命 3-961B
hǒumò 吼沫 3-250B
hóumòchén 侯莫陳 1-1432B
hóumù 侯牧 1-1432A
hòumǔ 後母 3-959B
hòunàn 後難 3-970B
hòunǎo 後腦 3-968A
hòunǎohǎi 後腦海 3-968A
hòunǎosháo 後腦勺 3-968A
hóunián 猴年 5-92A
hòunián 後年 3-959B
hòuniáng 後娘 3-965A
hòuniǎo 候鳥 1-1505A
hòuniè 後躡 3-971A
hǒunù 吼怒 3-250B
hòupà 後怕 3-961B
hòupái 鱟箄 12-1267A
hòupái 鱟簰 12-1267A
hòupímántou 厚皮饅頭 1-922A
hòupíng 後屏 3-963B
hòupíng 後評 3-967A
hòupò 厚朴 1-922A
hòupǔ 厚樸 1-925B
hóuqí 侯圻 1-1432A
hòuqī 后戚 3-142A
hòuqī 後妻 3-961A
hòuqī 後期 3-966B
hòuqí 后祇 3-141B
hòuqí 後齊 3-968B
hòuqí 後騎 3-970B
hòuqǐ 後起 3-964A
hòuqì 候氣 1-1505A
hòuqián 後前 3-963A
hóuqiāng 喉槍 3-433B
hòuqiào 後竅 3-970B
hòuqǐjiān 後起間 3-964A
hòuqǐn 齁寢 12-1423A
hòuqín 後秦 3-963B
hòuqín 後勤 3-967B
hòuqín 候禽 1-1505B
hòuqíng 厚情 1-923B
hòuqíng 候情 1-1505B
hòuqiū 後鞦 3-970B
hòuqǐzhīxiù 後起之秀 3-964A
hòuqīzǐ 後七子 3-956B
hòuqǐzì 後起字 3-964A
hòuquán 候銓 1-1506A
hòuquē 候缺 1-1505A
hòuquè 後却 3-960A
hóuráng 侯穰 1-1433A
hòurǎo 厚擾 1-925B
hòurén 後人 3-956B
hòurén 候人 1-1503B
hòurèn 後任 3-959B
hòurì 後日 3-958A
hòurú 後儒 3-970A
hóushā 喉痧 3-433A
hòushà 後廈 3-966B
hòushān 後山 3-957A
hòushàn 厚善 1-924A
hòushàn 後善 3-967A
hòushang 後晌 3-964A
hòushǎng 後晌 3-964A
hòushāo 後梢 3-965A
hòusháo 鱟杓 12-1266B
hòusháoguānrén 鱟杓官人 12-1266B
hóushé 喉舌 3-432B
hóushè 侯社 1-1432A
hòushè 候舍 1-1504B
hòushēn 後身 3-960B
hōushēng 齁聲 12-1423A
hǒushēng 吼聲 3-251A
hòushēng 厚生 1-922A
hòushēng 後生 3-958B
hòushěng 後省 3-962B
hòushèng 後乘 3-964A
hòushèng 後聖 3-967A
hòushēngjiā 後生家 3-959A
hòushēngkěwèi 後生可畏 3-959A
hòushēnglìyòng 厚生利用 1-922A
hǒushēngtóng 吼生銅 3-250B
hòushēngxiǎozi 後生小子 3-958B
hòushēngzǎi 後生仔 3-959A
hòushēngzǐ 後生子 3-959A
hóushí 餱食 12-571A
hóushǐ 侯史 1-1431B
hóushǐ 鍭矢 11-1357A
hóushì 侯氏 1-1431B
hòushī 厚施 1-923A
hòushī 後師 3-964A
hòushí 厚實 1-924B
hòushí 後時 3-964A
hòushí 候時 1-1505A
hòushì 後世 3-958B
hòushì 後市 3-959A
hòushì 後式 3-959B
hòushì 後事 3-961A
hòushì 後室 3-963B
hòushì 逅適 10-795A
hòushì 候視 1-1505B
hóushòu 猴瘦 5-92B
hòushǒu 後手 3-958A
hòushǒu 後首 3-963A
hòushǒulǐ 後手裏 3-958A
hōushú 齁熟 12-1423A
hòushǔ 後蜀 3-967B
hōushuì 齁睡 12-1423A
hòusǐ 後死 3-959B
hòusì 後嗣 3-967B
hòusī 候司 1-1504A
hòusì 候伺 1-1504A
hòusòng 候送 1-1505A
hòusōu 後溲 3-967A
hóusù 喉嗉 3-433A
hòusù 後素 3-963B
hóusuàn 猴蒜 5-92B
hòusuì 後隊 3-966A
hòusuì 後歲 3-967B
hóusūn 猴猻 5-92B
hóusūnwáng 猴孫王 5-92B
hòutái 後臺 3-968B
hòutái 候臺 1-1506A
hòutáilǎobǎn 後臺老板 3-968B
hòutáng 后唐 3-142A
hòutáng 後唐 3-964B
hòutáng 後堂 3-965A
hòutángqiāngpào 後膛槍礮 3-969B
hòutí 候蹄 1-1506B
hòutiān 後天 3-957A
hòutiān 候天 1-1503B
hǒutiānshì 吼天氏 3-250B
hòutiānshītiáo 後天失調 3-957B
hòutiáo 後條 3-964A
hòutīng 候聽 1-1507A
hòutíng 后庭 3-141B
hòutíng 後廷 3-959B
hòutíng 後庭 3-963A
hòutínghuā 後庭花 3-963A
hóutóu 侯頭 1-1433A
hóutóu 侯牏 1-1433A
hóutóu 喉頭 3-433B
hóutóu 猴頭 5-92B
hóutóu 褕褕 9-117A
hòutou 後頭 3-970A
hòutú 後塗 3-968A
hòutú 後圖 3-968B
hòutǔ 后土 3-141A
hòutǔ 厚土 1-921B
hòutǔfūrén 后土夫人 3-141B
hòutuǐ 後腿 3-968A
hòutuì 後退 3-963B
hóuwáng 侯王 1-1431B
hóuwáng 猴王 5-92A
hòuwáng 后王 3-141B
hòuwáng 厚亡 1-922A
hòuwáng 後王 3-957A
hòuwàng 厚望 1-923B
hòuwàng 候望 1-1505A
hòuwǎngbólái 厚往薄來 1-922B
hóuwèi 侯衛 1-1433A
hòuwěi 後尾 3-960B
hòuwèi 厚味 1-922B
hòuwèi 後衛 3-969B
hòuwèi 後魏 3-970B
hòuwèixīdú 厚味腊毒 1-922B
hóuwěn 喉吻 3-432B
hòuwèn 厚問 1-923B
hòuwèn 候問 1-1505B
hòuwū 厚誣 1-924B
hòuwǔ 後舞 3-968B
hòuwù 候塢 1-1506A
hòuwù 候物 1-1504B
hòuwǔdài 後五代 3-958A
hòuwǔrì 後五日 3-957B
hóuxì 猴戲 5-93A
hòuxì 後係 3-962B
hòuxià 厚下 1-921B
hòuxiān 後先 3-959B
hòuxián 後賢 3-969A
hòuxiàng 後相 3-962A

hòuxiàng 後項 3-966A
hǒuxiào 吼嘯 3-251A
hòuxiào 後效 3-964B
hòuxiè 候謝 1-1506B
hòuxīn 后辛 3-141B
hòuxīn 後心 3-958B
hòuxīn 後辛 3-960B
hòuxīn 後薪 3-969B
hòuxīng 候星 1-1504B
hòuxǐng 候省 1-1504B
hòuxìng 厚幸 1-922B
hòuxiòng 候詗 1-1505B
hòuxù 後序 3-960B
hòuxù 後敍 3-965B
hòuxù 後婿 3-967A
hòuxù 後續 3-971A
hòuxuǎn 候選 1-1506A
hòuxuǎnrén 候選人 1-1506B
hòuxué 後學 3-970A
hóuyān 喉咽 3-433A
hóuyán 喉炎 3-433A
hòuyān 後燕 3-969B
hòuyān 候奄 1-1504B
hòuyān 堠烟 2-1153A
hòuyán 厚言 1-922B
hòuyán 厚顏 1-926A
hòuyán 後言 3-960B
hòuyán 後筵 3-966B
hòuyàn 後彥 3-963A
hòuyàn 後焰 3-967A
hòuyàn 後餤 3-970A
hòuyàn 後驗 3-971A
hòuyàn 候雁 1-1505B
hòuyàn 候鴈 1-1506A
hòuyǎng 厚養 1-924B
hòuyào 後藥 3-970B
hòuyáopó 後堯婆 3-966A
hòuyè 厚夜 1-922B
hòuyè 後夜 3-961B
hòuyè 後葉 3-966B
hòuyè 候謁 1-1506B
hóuyí 鯸鮐 12-1249A
hóuyí 鯸鮔 12-1249A
hóuyí 鯸鮧 12-1249A
hòuyí 后夷 3-141B
hòuyí 候儀 1-1506A
hòuyì 后羿 3-142A
hòuyì 厚意 1-924A
hòuyì 厚誼 1-925A
hòuyì 後裔 3-968A
hòuyì 候意 1-1506A
hòuyì 候驛 1-1507A
hóuyīn 喉音 3-433A
hóuyìn 侯印 1-1432A
hòuyìn 後胤 3-962B
hòuyíng 候迎 1-1504A
hòuyǐng 後影 3-969A
hòuyǐng 候景 1-1505B
hòuyízhèng 後遺症 3-969B
hòuyōngqiánhū 後擁前呼 3-969B
hòuyōu 後憂 3-969A
hǒuyù 呴吁 3-309A
hòuyú 後虞 3-967B
hòuyù 厚遇 1-923B
hóuyuán 猴猨 5-92B
hóuyuán 猴猿 5-92B
hòuyuán 後援 3-966A
hòuyuán 後園 3-967B
hòuyuán 後緣 3-969B
hòuyuàn 後苑 3-960B
hòuyuàn 後院 3-963B
hòuyuányīn 後元音 3-957B
hòuyuē 後約 3-963B
hòuyuè 後月 3-958A
hóuyùn 喉韻 3-433B
hòuzǎi 厚載 1-924A
hòuzàng 厚葬 1-923B
hòuzàng 後藏 3-970A
hóuzǎo 猴棗 5-92B
hòuzé 厚澤 1-925B
hóuzhā 猴查 5-92A
hóuzhā 猴楂 5-92B
hǒuzhà 吼咤 3-250B
hòuzhá 候札 1-1504A
hóuzhāng 餱粻 12-571A
hòuzhāng 後章 3-965B
hòuzhǎng 候長 1-1504B
hòuzhàng 候賬 1-1506A
hòuzhāo 後着 3-966A
hòuzhào 後趙 3-968B
hòuzhàofáng 後罩房 3-967B
hóuzhě 侯者 1-1432A
hòuzhē 候遮 1-1506A
hòuzhé 後哲 3-964A
hòuzhě 候者 1-1504B
hòuzhěn 候診 1-1505B
hòuzhèn 後陳 3-965A
hòuzhèn 後陣 3-963B
hòuzhèn 後鎮 3-970B
hóuzhēng 侯鯖 1-1433A
hòuzhèng 後鄭 3-968B
hòuzhèng 候正 1-1504A
hòuzhèng 候證 1-1507A
hòuzhěngǔ 後枕骨 3-961A
hǒuzhì 吼擲 3-251A
hòuzhī 後知 3-961B
hòuzhī 後肢 3-961B
hòuzhí 厚直 1-922B
hòuzhì 厚秩 1-923A
hòuzhì 後稺 3-969B
hòuzhì 後穉 3-970A
hòuzhì 候置 1-1506A
hòuzhōng 候鐘 1-1507A
hòuzhòng 厚重 1-923A
hòuzhòng 後重 3-962B
hòuzhōu 後周 3-961B
hòuzhū 鱟珠 12-1266B
hòuzhǔ 後主 3-959A
hóuzhuǎn 喉轉 3-433B
hóuzhuàn 喉囀 3-433B
hòuzhuàn 後傳 3-967B
hòuzhuàn 後撰 3-969A
hóuzhuì 瘊贅 8-341A
hòuzhuì 後綴 3-969A
hóuzi 猴子 5-92A
hóuzi 瘊子 8-341A
hòuzǐ 後子 3-957A
hòuzǐ 堠子 2-1153A
hóuzijiǎ 瘊子甲 8-341A
hòuzijiàng 鱟子醬 12-1266B
hóuzitiào 猴子跳 5-92A
hòuzú 后族 3-142A
hòuzú 後足 3-960A
hòuzú 候卒 1-1504B
hòuzǔ 後祖 3-963B
hòuzūn 鱟樽 12-1266B
hòuzuò 後作 3-960A
hòuzuòlì 後座力 3-964B
huā'àn 花案 9-296A
huà'àn 畫案 7-1374A
huá'ào 華奧 9-405A
huàbā 話巴 11-176B
huàbá 畫跋 7-1376B
huàbǎ 話把 11-176B
huàbǎ 話靶 11-178A
huàbà 話霸 11-179B
huàbà 話欛 11-179B
huābái 花白 9-288A
huàbái 話白 11-176B
huābàishàn 花鞴扇 9-306A
huābàn 花瓣 9-306A
huàbǎn 畫板 7-1369B
huàbǎng 畫榜 7-1378A
huàbàng 畫榜 7-1378A
huābǎnròu 花板肉 9-291A
huābāo 花苞 9-290B
huābǎo 花鴇 9-303A
huābào 花報 9-298A
huābào 花爆 9-306A
huàbào 畫報 7-1376A
huābǎxì 花把戲 9-289A
huàbāxì 話巴戲 11-176B
huàbǎxì 話把戲 11-177A
huàbǎxì 話靶戲 11-178A
huáběi 華北 9-399A
huāběn 花本 9-287A
huàběn 化本 1-1109A
huàběn 畫本 7-1366B
huàběn 話本 11-176B
huàbǐ 化筆 1-1114A
huàbǐ 畫筆 7-1376B
huàbì 化碧 1-1115A
huàbì 畫壁 7-1381A
huābiān 花邊 9-305B
huábiān 華編 9-407B
huábiàn 華辯 9-410B
huábiàn 嘩變 3-457B
huábiàn 譁辨 11-371B
huábiàn 譁變 11-371B
huàbiǎn 華扁 9-402B
huàbiàn 化變 1-1117A
huābiānguǐtóu 花邊鬼頭 9-305B
huābiānqián 花邊錢 9-305B
huābiāo 花鑣 9-307A
huábiāo 華鑣 9-410B
huábiāo 華驃 9-411A
huábiǎo 華表 9-400A
huàbiǎo 話表 11-177B
huábiǎohè 華表鶴 9-400B
huàbié 話別 11-177A
huábìn 華鬢 9-410B
huábīng 滑冰 5-1478B
huàbǐng 畫餅 7-1378B
huàbǐng 話柄 11-177B
huábīngchǎng 滑冰場 5-1479A
huàbǐngchōngjī 畫餅充饑 7-1379A
huábó 華薄 9-407B
huábó 猾伯 5-91A
huàbó 畫箔 7-1378B
huàbōqīngsuàn 劃撥清算 2-742B
huābù 花布 9-287B
huābù 花部 9-295A
huàbù 畫布 7-1367A
huábùjīliū 滑不唧溜 5-1478A
huábulái 划不來 2-615B
huābùléngdēng 花不楞登 9-286B
huābùlèngdēng 花不愣登 9-286B
huábùliū 滑不溜 5-1478A
huàbùtóujī 話不投機 11-176A
huàbùxiāngtóu 話不相投 11-176A
huàbùxūchuán 話不虛傳 11-176A
huácā 滑擦 5-1482B
huácācā 滑擦擦 5-1482B
huācài 花菜 9-296B
huácǎi 華采 9-401A
huácǎi 華彩 9-403B
huácài 滑菜 5-1480A
huàcái 化材 1-1110B
huàcái 化裁 1-1113B
huàcái 畫材 7-1369A
huàcái 話材 11-177A
huàcǎi 畫采 7-1371A
huácàn 華燦 9-408B
huācányuèquē 花殘月缺 9-299A
huācǎo 花草 9-292A
huàcè 畫册 7-1367A
huàcè 畫策 7-1376B
huāchā 花插 9-298A
huāchá 花茶 9-292A
huàchā 畫叉 7-1365B
huàchá 話茬 11-177B
huàchá 話碴 11-178B
huàchà 畫刹 7-1371A
huàchà'er 話岔兒 11-177A
huāchāi 花釵 9-297B
huàchǎn 化產 1-1113B
huāchǎng 花廠 9-303A
huàcháng 話長 11-177B
huàchángduǎn 話長短 11-177B
huàchángshuōduǎn 話長說短 11-177B
huāchē 花車 9-290A
huáchē 滑車 5-1479A

huāchén 花辰 9-290A
huāchén 花晨 9-297A
huàchén 畫臣 7-1368A
huàchéng 化成 1-1110A
huàchéng 化城 1-1112A
huāchényuèxī 花辰月夕 9-290A
huāchényuèxī 花晨月夕 9-297A
huāchī 花痴 9-301A
huāchī 花癡 9-306A
huāchí 花池 9-289A
huáchí 華池 9-399B
huáchǐ 華侈 9-401A
huàchí 化馳 1-1114B
huàchǐ 畫尺 7-1366B
huàchì 畫敕 7-1374B
huàchīwéifèng 化鴟爲鳳 1-1116B
huāchóng 花蟲 9-305B
huáchóng 華蟲 9-408B
huáchóng 蜡蟲 8-930A
huáchǒng 華寵 9-410A
huāchǒu 花醜 9-304A
huàchóu 畫籌 7-1382B
huāchǔ 花杵 9-291A
huāchǔ 花礎 9 305B
huáchú 鋘鋤 11-1299B
huáchǔ 華楚 9-405B
huàchú 化除 1-1113A
huàchǔ 畫礎 7-1381B
huāchuán 花船 9-297B
huáchuán 嘩傳 3-457B
huáchuán 搳船 6-793A
huáchuán 譁傳 11-371A
huáchuán 划船 2-616A
huàchuán 畫舡 7-1372A
huàchuán 畫船 7-1375B
huáchuànliúkǒu 滑串流口 5-1479A
huáchuányùndòng 划船運動 2-616A
huàchuí 畫箠 7-1378B
huáchūliū 滑出溜 5-1478B
huáchūlǜ 滑出律 5-1478B
huāchún 花脣 9-294B
huāchún 花脣 9-296B
huàchún 化淳 1-1113B
huàchún 化醇 1-1115B
huácí 華辭 9-409B
huácí 譁詞 11-371A
huàcì 吴詞 3-97B
huàcì 畫刺 7-1370A
huàcì 話次 11-176B
huácīliū 滑刺溜 5-1479A
huācōng 花驄 9-306B
huācóng 花叢 9-305B
huācù 花簇 9-304B
huācuánjǐncù 花攢錦簇 9-307A
huācuánjǐnjù 花攢錦聚 9-307A
huācuánqǐcù 花攢綺簇 9-306B
huācùcù 花簇簇 9-304B
huācuì 花翠 9-302A
huácuī 華榱 9-406B
huācùjǐncuán 花簇錦攢 9-304B
huàcuō 話差 11-178A
huàdà 摦大 6-832A
huádài 華岱 9-401A
huàdài 畫黛 7-1381B
huādàn 花旦 9-287B
huádàn 華旦 9-399A
huádàn 華誕 9-406A
huàdàn 畫蛋 7-1376A
huādàng 花當 9-300B
huádāng 華璫 9-408A
huádání 華達呢 9-404B
huádào 滑道 5-1480B
huàdǎo 化導 1-1115B
huàdào 化盜 1-1114B
huàdào 化道 1-1114B
huàdào 畫到 7-1370A
huàdào 畫道 7-1377A
huádelái 划得來 2-616A
huādēng 花燈 9-304B
huádēng 華燈 9-408A
huádèng 華鐙 9-410B
huàdèng 化鄧 1-1115B
huàděnghào 畫等號 7-1376B
huādēngxì 花燈戲 9-304B
huādì 花蒂 9-298B
huādì 花蔕 9-301B
huádì 華的 9-401A
huàdí 畫荻 7-1373A
huàdí 畫翟 7-1379A
huàdì 畫的 7-1371A
huàdì 畫地 7-1367B
huādiǎn 花點 9-304B
huádiān 華顛 9-409A
huádiàn 華甸 9-400A
huàdiàn 畫殿 7-1378A
huādiāo 花雕 9-304A
huādiào 花調 9-303A
huādiāojiǔ 花雕酒 9-304A
huàdìchéngláo 畫地成牢 7-1367B
huàdìchéngtú 畫地成圖 7-1367B
huādié 花蝶 9-303A
huádiē 滑跌 5-1480B
huàdié 化蝶 1-1115B
huàdié 畫碟 7-1378B
huàdié 畫牒 7-1380A
huàdì'érqū 畫地而趨 7-1367B
huàdíhuówán 畫荻和丸 7-1373B
huàdìkèmù 畫地刻木 7-1368A
huādīng 花丁 9-286A
huàdíwánxióng 畫荻丸熊 7-1373B
huàdìwéiláo 畫地爲牢 7-1368A
huàdìwéiláo 劃地爲牢 2-742A
huàdìwéiyù 畫地爲獄 7-1368A
huàdìzuòyù 畫地作獄 7-1368A
huádōng 華東 9-401A
huádòng 滑動 5-1480A
huádòng 譁動 11-371A
huàdòng 畫棟 7-1376A
huàdòngdiāoliáng 畫棟雕梁 7-1376A
huàdòngfēiméng 畫棟飛甍 7-1376A
huádòngmócā 滑動摩擦 5-1480A
huádòngzhóuchéng 滑動軸承 5-1480A
huādòngzi 花洞子 9-293B
huàdù 化度 1-1112B
huàdù 畫肚 7-1369A
huàduān 話端 11-178B
huàduàn 畫斷 7-1382A
huāduījǐncù 花堆錦簇 9-296B
huāduǒ 花朵 9-288B
huāduǒ 花朶 9-289A
huāduōshíshǎo 花多實少 9-288B
huàdùsìbēi 化度寺碑 1-1112B
huā'è 花萼 9-298B
huā'è 花蕚 9-302A
huā'è 華鄂 9-403A
huā'è 華萼 9-404B
huā'è 華蕚 9-407A
huá'è 猾惡 5-91A
huà'é 畫額 7-1382A
huā'èlóu 花萼樓 9-298B
huā'ér 花兒 9-291B
huā'ěr 花耴 9-294A
huá'ěr 譁耳 11-370B
huá'ěr 驊騏 12-867A
huà'ér 化兒 1-1111B
huá'érbùshí 華而不實 9-399A
huá'ěrzī 華爾兹 9-406B
huáfá 華閥 9-407A
huáfà 華髮 9-407A
huàfǎ 畫法 7-1371A
huàfǎ 話法 11-177B
huàfān 畫幡 7-1380A
huàfān 畫旛 7-1382A
huàfàn 化飯 1-1114A
huāfáng 花房 9-291B
huāfǎng 花舫 9-295A
huáfāng 華坊 9-399B
huàfǎng 畫舫 7-1373B
huāfèi 花費 9-300A
huàfèi 化費 1-1114B
huáfèi 譁沸 11-370B
huàfēi 畫扉 7-1377A
huāfěn 花粉 9-295B
huàfēn 化分 1-1109A
huàfēn 畫分 7-1366B
huàfēn 劃分 2-742A
huàfěn 畫粉 7-1374A
huāfēng 花封 9-292A
huāfēng 花風 9-293A
huáfēng 華風 9-402A
huàfēng 華封 9-401B
huàfēng 化風 1-1112B
huàfēng 話鋒 11-178B
huàfēngsānzhù 華封三祝 9-401B
huāfěnlóu 花粉樓 9-295B
huāfěnqián 花粉錢 9-295B
huāfū 花膚 9-303A
huāfú 花蚨 9-294B
huáfú 華紱 9-404B
huáfú 華覆 9-408B
huàfú 化服 1-1111B
huàfú 化鳧 1-1114B
huàfú 畫服 7-1371A
huàfú 畫符 7-1375A
huàfú 畫幅 7-1376B
huàfǔ 畫府 7-1371A
huàfǔ 畫黼 7-1382A
huàfù 畫腹 7-1377B
huàfǔchéngqí 化腐成奇 1-1115B
huàfúniànzhòu 畫符念咒 7-1375A
huàfǔwéiqí 化腐爲奇 1-1115B
huágài 華蓋 9-405B
huágān 滑甘 5-1478B
huágān 滑杆 5-1479A
huágān 滑竿 5-1479B
huàgǎn 化感 1-1114B
huāgāng 花綱 9-302A
huàgāngēwéiyùbó 化干戈爲玉帛 1-1108A
huāgāngshí 花剛石 9-295A
huāgāngshí 花崗石 9-297A
huāgāngyán 花崗岩 9-297A
huāgāngyántóunǎo 花崗岩頭腦 9-297A
huàgǎnhuà 話趕話 11-178B
huāgāo 花糕 9-304B
huāgào 花誥 9-302A
huàgǎo 畫稿 7-1380A
huàgǎo 畫藁 7-1381B
huāgé 花蛤 9-299A
huàgé 化格 1-1113A
huàgé 畫革 7-1371B
huàgé 畫格 7-1373B
huàgé 畫閣 7-1379A
huàgě 畫舸 7-1375B
huāgēnběnyàn 花根本艷 9-294B
huāgēnběnyàn 花根本豔 9-294B
huāgōng 花工 9-286A
huāgōng 花宫 9-293B
huágōng 華工 9-398B
huágōng 鏵弓 11-1359B
huàgōng 化工 1-1108A
huàgōng 化功 1-1109A

huàgōng 畫工 7-1365B
huàgǒng 畫栱 7-1373B
huàgòng 畫供 7-1370B
huágòu 華搆 9-405B
huágòu 華構 9-406A
huāgū 花姑 9-292A
huāgǔ 花鼓 9-300A
huágǔ 華轂 9-408A
huágǔ 猾賈 5-91A
huàgǔ 畫轂 7-1381B
huàgǔ 畫骨 7-1372A
huàgǔ 畫鼓 7-1377A
huàgǔ 畫皷 7-1378A
huāguā 花瓜 9-288A
huāguān 花冠 9-293B
huāguǎn 花管 9-301B
huāguǎn 花館 9-304A
huáguān 華冠 9-402A
huáguàn 華貫 9-404B
huàguān 鮭冠 12-1219B
huàguān 畫冠 7-1372B
huàguǎn 畫館 7-1380B
huāguāng 花光 9-288B
huáguāng 華光 9-399B
huàguāng 化光 1-1110B
huāgǔbàng 花鼓棒 9-300A
huāgūduǒ 花咕朵 9-291A
huāgūduǒ 花骨朵 9-293A
huáguǐ 滑鬼 5-1479B
huáguì 華貴 9-404B
huàguī 畫規 7-1374B
huàguī 劃歸 2-742B
huágǔjī 滑扢虀 5-1478B
huágǔn 華衮 9-403A
huágùn 猾棍 5-91A
huāgūniáng 花姑娘 9-292A
huāguó 花國 9-297A
huáguó 華國 9-403B
huàguó 化國 1-1113B
huāgútou 花骨頭 9-293A
huāgǔxì 花鼓戲 9-300A
huāhǎi 花海 9-296A
huáhài 譁駭 11-371B
huáhàn 華漢 9-407A
huáhàn 華翰 9-407B
huáhàn 猾悍 5-91A
huáhǎo 華好 9-399B
huáhào 華皓 9-405A
huāhǎoyuèyuán 花好月圓 9-289A
huàhé 化合 1-1110B
huàhè 化鶴 1-1116B
huáhèng 猾横 5-91B
huàhéwù 化合物 1-1110B
huàhézi 話盒子 11-178A
huāhóng 花紅 9-293B
huāhòng 花哄 9-293A
huāhòng 花鬨 9-303B
huáhòng 譁鬨 11-371A
huàhóng 化洪 1-1112B
huāhóngliǔlǜ 花紅柳綠 9-294A
huāhù 花户 9-287A
huáhū 華膴 9-408A
huáhù 猾户 5-90B
huàhǔ 畫虎 7-1370A
huāhuā 花花 9-289B
huāhuā 花蘤 9-306B
huāhuā 化化 1-1109A
huāhuà 花話 9-301A
huáhuá 滑滑 5-1481A
huáhuá 譁譁 11-371B
huàhuà 化化 1-1108B
huàhuà 劃劃 2-742B
huāhuācǎocǎo 花花草草 9-289B
huāhuāgōngzǐ 花花公子 9-289B
huáhuái 猾褢 5-91B
huàhuàjiān 化化牋 1-1109A
huāhuāliǔliǔ 花花柳柳 9-289B
huāhuālùlù 花花碌碌 9-290A
huāhualǜlǜ 花花緑緑 9-290A
huāhuāmiàn 花花面 9-290A
huāhuán 花環 9-304B
huāhuán 花鬟 9-307A
huáhuán 譁讙 11-371B
huáhuàn 華焕 9-403B
huāhuáng 花黄 9-296B
huàhuāng 畫荒 7-1371B
huàhuáng 畫黄 7-1374B
huāhuāshìjiè 花花世界 9-289B
huāhuātàisuì 花花太歲 9-289B
huàhǔbùchéng 畫虎不成 7-1370A
huàhǔbùchéngfǎnlèigǒu 畫虎不成反類狗 7-1370B
huàhǔbùchéngfǎnlèiquǎn 畫虎不成反類犬 7-1370A
huàhǔchénggǒu 畫虎成狗 7-1370B
huāhúdòng 花胡洞 9-292A
huàhǔhuàpínánhuàgǔ··· 畫虎畫皮難畫骨，知人知面不知心 7-1370B
huāhuì 花卉 9-287A
huāhuì 花會 9-300B
huáhuī 華暉 9-405B
huáhuī 華輝 9-407A
huáhuǐ 譁毁 11-371A
huàhuī 畫灰 7-1368A
huàhuì 畫翬 7-1380B
huàhuì 化誨 1-1115B
huàhuì 畫繢 7-1382A
huàhuì 畫繪 7-1382B
huàhǔkèhú 畫虎刻鵠 7-1370B
huàhǔlèigǒu 畫虎類狗 7-1370B
huàhǔlèiquǎn 畫虎類犬 7-1370B
huāhún 花魂 9-300A
huāhuó 花活 9-293B
huāhuò 花貨 9-297B
huáhuò 滑貨 5-1480A
huàhuò 華霍 9-407B
huāhúshào 花胡哨 9-292A
huāhútòng 花胡同 9-292A
huāhútòng 花衚衕 9-303A
huái'ài 懷愛 7-792B
huái'ān 槐安 4-1182A
huái'ān 懷安 7-787B
huái'ānguó 槐安國 4-1182A
huái'ānmèng 槐安夢 4-1182A
huáibái 淮白 5-1383A
huàibài 壞敗 2-1241B
huáibǎo 懷保 7-789A
huáibǎo 懷寶 7-794A
huáibào 懷抱 7-787B
huàibāo 壞包 2-1240B
huáibào'ér 懷抱兒 7-788A
huáibǎomíbāng 懷寶迷邦 7-794A
huáiběn 槐本 4-1181B
huáiběn 懷本 7-787A
huáibǐ 懷筆 7-791B
huáibì 懷璧 7-793B
huáibiǎo 懷錶 7-793B
huáibīng 懷冰 7-787A
huàibìng 壞病 2-1241A
huáibǔ 懷哺 7-790A
huáicāi 懷猜 7-790B
huáicái 懷才 7-786A
huáicái 懷材 7-787B
huáicài 槐采 4-1182B
huáicáibàoqì 懷才抱器 7-786A
huáicáibàoqì 懷材抱器 7-787B
huáicáibùyù 懷才不遇 7-786A
huáicán 槐蠶 4-1184B
huáicán 懷慚 7-792B
huáicán 懷慙 7-792B
huáicáng 懷藏 7-793B
huáicáo 槐槽 4-1184A
huáichán 槐蟬 4-1184B
huàichángwéikù 壞裳爲袴 2-1242A
huàichāo 壞鈔 2-1241B
huàichè 壞徹 2-1242A
huáichén 槐宸 4-1183A
huáichéng 懷誠 7-792B
huáichí 懷遲 7-793A
huáichǐ 懷恥 7-790A
huáichǒng 懷寵 7-794A
huáichóu 懷愁 7-792A
huàichu 壞處 2-1241B
huáichuāi 懷揣 7-791A
huàichuǎn 壞舛 2-1240B
huáichūn 懷春 7-788B
huáicì 懷刺 7-788A
huàicù 壞醋 2-1242A
huáidān 懷躭 7-790B
huáidān 懷擔 7-793A
huàidàn 壞蛋 2-1241B
huáidào 懷道 7-791B
huáidàomíbāng 懷道迷邦 7-791B
huáidé 懷德 7-793A
huáidí 懷敵 7-793A
huáidì 槐第 4-1183B
huáidiàn 淮甸 5-1383A
huáidǐng 槐鼎 4-1183B
huàidōngxi 壞東西 2-1241A
huáidòu 槐豆 4-1182B
huáidú 淮瀆 5-1384A
huáidú 懷毒 7-789A
huái'ē 懷痾 7-791B
huái'é 槐蛾 4-1184A
huái'è 懷惡 7-791A
huái'ēn 懷恩 7-790A
huái'ér 槐檽 4-1184A
huái'ěr 槐耳 4-1182A
huái'èr 懷二 7-786A
huái'èr 懷貳 7-791A
huàifǎluànjì 壞法亂紀 2-1241A
huàifèi 壞廢 2-1242A
huáifén 淮濆 5-1384A
huáifèn 懷忿 7-788B
huáifèn 懷憤 7-793A
huáifēng 懷風 7-789A
huàifènzǐ 壞分子 2-1240B
huáifú 淮服 5-1383A
huáifú 懷伏 7-787A
huáifú 懷服 7-788B
huáifú 懷紱 7-791A
huáifǔ 槐府 4-1182B
huáifǔ 懷撫 7-792B
huáifù 懷附 7-787B
huáifù 懷負 7-789A
huàifù 壞腹 2-1242A
huàigāgā 壞嘎嘎 2-1242A
huáigǎn 懷感 7-792A
huáigāo 槐膏 4-1184A
huáigé 懷葛 7-791A
huàigēn 壞根 2-1241A
huáigēnmèng 槐根夢 4-1183A
huáigōngjísì 槐宫棘寺 4-1183A
huáigǔ 槐谷 4-1182B
huáigǔ 懷古 7-786B
huáigù 懷故 7-789A
huáigù 懷顧 7-794A
huáiguǎi 踝拐 10-496B
huáiguài 懷怪 7-788B
huáiguǎn 槐館 4-1184A
huáiguī 懷歸 7-793B
huáiguǐtāi 懷鬼胎 7-789A
huáigǔn 槐衮 4-1183A
huáiguó 槐國 4-1183A
huáiguōshén 淮渦神 5-1383B
huáiguóyǐ 槐國蟻 4-1183B
huáigūwòqiàn 懷觚握槧 7-791B
huáihǎixì 淮海戲 5-1383B
huáiháng 槐行 4-1182A

huáihé 懷和 7-788A
huáihèn 懷恨 7-789B
huáihuā 槐花 4-1182A
huáihuà 懷化 7-786B
huàihuà 壞話 2-1242A
huáihuāhuáng 槐花黄 4-1182B
huáihuāhuáng… 槐花黄，舉子忙 4-1182B
huáihuāng 懷荒 7-789A
huáihuáng 徊徨 3-946A
huáihuáng 槐黄 4-1183A
huáihuáng 懷黄 7-790B
huáihuángpèizǐ 懷黄佩紫 7-790B
huáihuángwòbái 懷黄握白 7-790B
huáihuì 懷惠 7-791A
huáihuǒ 槐火 4-1181B
huáihuǒ 懷火 7-786B
huáijī 槐雞 4-1184B
huáijí 槐棘 4-1183B
huáijí 懷集 7-791B
huáijí 懷輯 7-793B
huáijǐ 懷給 7-791B
huáijì 懷寄 7-791A
huáijiān 懷奸 7-787B
huáijiān 懷姦 7-789B
huáijiān 槐簡 4-1184B
huáijiāng 槐江 4-1182A
huáijiāo 槐膠 4-1184A
huáijiāo 懷蛟 7-791B
huáijiāodànzǐ 槐膠彈子 4-1184A
huáijiē 槐街 4-1183B
huàijié 壞刼 2-1241A
huáijiējílù 槐階棘路 4-1183B
huáijīn 懷金 7-788B
huáijīn 懷矜 7-790A
huáijīn 懷襟 7-793B
huáijǐn 懷瑾 7-792B
huáijīnchuízǐ 懷金垂紫 7-788B
huáijìng 踝脛 10-497A
huáijīntuōzǐ 懷金拖紫 7-788B
huáijǐnwòyú 懷瑾握瑜 7-792B
huáijiù 懷舊 7-793B
huáijū 懷居 7-788B
huáijú 懷橘 7-793A
huáijù 淮劇 5-1384A
huàijǔ 壞沮 2-1241A
huáijuàn 懷眷 7-790B
huàijué 壞決 2-1241A
huáijūn 槐菌 4-1183A
huáijúwéizhǐ 淮橘爲枳 5-1384A
huáikē 槐柯 4-1182B
huáikě 懷渴 7-791B
huáikòng 懷空 7-788B
huáikuì 懷愧 7-791B
huáilái 懷來 7-788A
huáilái 懷徠 7-790B
huàilàn 壞爛 2-1242A
huáilì 懷利 7-787B
huáiliàn 懷戀 7-794A
huàiliào 壞料 2-1241A
huàiliè 壞裂 2-1241B
huàilíng 壞陵 2-1241B
huáilǐyuè 槐里月 4-1182B
huáilóng 槐龍 4-1184A
huáilóng 懷龍 7-793B
huáilù 槐路 4-1184A
huáilù 懷禄 7-791B
huàiluàn 壞亂 2-1242A
huáimèng 槐夢 4-1183B
huáimèngcǎo 懷夢草 7-792A
huàimiè 壞滅 2-1242A
huáimín 懷民 7-787A
huàimìng 壞命 2-1241A
huáimò 槐陌 4-1182B
huáimù 懷慕 7-792B
huáinà 懷納 7-790B
huáinán 淮南 5-1383A
huáinánbāgōng 淮南八公 5-1383B
huáinánfǎ 淮南法 5-1383B
huáinánfāng 淮南方 5-1383B
huáináng 懷囊 7-794A
huáinánshù 淮南術 5-1383B
huáinántǐ 淮南體 5-1383B
huáinánwáng 淮南王 5-1383B
huáinánxiǎoshān 淮南小山 5-1383B
huáinányīmèng 槐南一夢 4-1182B
huáinèizǐ 懷内子 7-786B
huáiniàn 懷念 7-788B
huáipá 穲耙 8-599B
huàipīzi 壞坯子 2-1241A
huáiqī 懷戚 7-790B
huáiqī 懷慼 7-793A
huáiqí 淮圻 5-1383A
huáiqí 懷奇 7-788A
huáiqiān 懷鈆 7-791B
huáiqiān 懷鉛 7-792A
huàiqián 壞錢 2-1242A
huáiqiáng 懷强 7-791B
huáiqiāntíqiàn 懷鉛提槧 7-792B
huáiqiānwòqiàn 懷鉛握槧 7-792B
huáiqīng 槐卿 4-1183A
huáiqīng 懷清 7-791A
huáiqíng 懷情 7-791A
huáiqīngtái 懷清臺 7-791A
huáiqú 槐衢 4-1184B
huáirǎng 槐壤 4-1184B
huáirén 懷人 7-786A
huáirén 懷仁 7-786B
huáirèn 懷姙 7-789A
huáirèn 懷任 7-787A
huáirèn 懷妊 7-787B
huáirèn 懷姙 7-789B
huáirèn 懷衽 7-789B
huáirèn 懷袵 7-791A
huàirén 壞人 2-1240B
huáiréntáng 懷仁堂 7-786B
huáiróu 懷柔 7-789B
huáiròu 懷肉 7-787A
huáirú 懷濡 7-793B
huáiruǐ 槐蕊 4-1184A
huáiruì 淮汭 5-1383A
huàisàn 壞散 2-1241B
huáisè 槐色 4-1182A
huàisè 壞色 2-1240B
huáishā 懷沙 7-787B
huáishān 懷山 7-786A
huàishān 壞山 2-1240B
huáishāng 懷傷 7-792A
huáishānxiānglíng 懷山襄陵 7-786B
huáishēn 懷身 7-787B
huáishēn 懷娠 7-790B
huáishēng 懷生 7-787A
huáishěng 槐省 4-1182B
huáishěngjíshǔ 槐省棘署 4-1183A
huáishèngsì 懷聖寺 7-792A
huáishí 槐實 4-1184A
huáishí 懷什 7-786B
huáishì 槐市 4-1181B
huàishì 壞事 2-1241A
huáishòu 槐綬 4-1184A
huáishū 槐疎 4-1183B
huáishū 懷書 7-790B
huáishǔ 懷鼠 7-792A
huáishù 懷術 7-790B
huáishù 懷樹 7-793A
huáishuā 懷刷 7-788B
huáishuā 懷㕞 7-788B
huáishuāng 懷霜 7-793B
huàishuǐ 壞水 2-1240B
huáisī 懷私 7-787B
huáisī 懷思 7-789A
huàisǐ 壞死 2-1240B
huáisuì 槐燧 4-1184B
huáisuì 槐檖 4-1184B
huáitāi 懷胎 7-789A
huáitáng 槐堂 4-1183A
huáitáo 槐淘 4-1183B
huáitè 懷慝 7-792B
huáitǐ 踝體 10-497A
huáitīng 槐廳 4-1184B
huáitíng 槐庭 4-1183A
huáitípó 踝蹄婆 10-497A
huáitǔ 懷土 7-786A
huàituí 壞隤 2-1242A
huàituí 壞頹 2-1242A
huáiwáng 淮王 5-1383A
huáiwàng 槐望 4-1183B
huáiwàng 懷望 7-790B
huáiwángjīgǒu 淮王鷄狗 5-1383A
huáiwángshù 淮王術 5-1383A
huáiwēi 懷危 7-787A
huáiwèi 槐位 4-1182B
huàiwēi 壞微 2-1241B
huáiwò 槐幄 4-1183B
huáixī 踝膝 10-497A
huáixǐ 懷喜 7-791A
huáixǐ 懷璽 7-794A
huáixiá 懷瑕 7-791B
huáixià 槐夏 4-1183A
huáixiāng 淮鄉 5-1384A
huáixiāng 懷香 7-789A
huáixiāng 懷鄉 7-791A
huáixiāng 懷襄 7-793B
huáixiāng 蘹香 9-634A
huáixiǎng 懷想 7-792A
huáixiàng 懷向 7-787A
huáixié 懷邪 7-787A
huáixié 懷協 7-788A
huáixié 懷挾 7-790A
huáixīn 懷心 7-786B
huáixìn 懷信 7-789A
huáixíng 懷刑 7-787A
huáixiū 懷羞 7-790A
huáixiù 懷袖 7-790B
huáixù 槐序 4-1182B
huáixù 懷蓄 7-792A
huáixuān 懷諼 7-793B
huáixuàn 槐鉉 4-1184A
huàixuèbìng 壞血病 2-1240B
huáiyá 槐牙 4-1181B
huáiyá 槐衙 4-1184A
huàiyā 壞壓 2-1242A
huáiyábǐng 槐芽餅 4-1182A
huáiyān 槐煙 4-1184A
huáiyǎn 槐眼 4-1183A
huáiyǎn 懷琰 7-791A
huáiyáng 懷羊 7-787A
huáiyǎng 懷仰 7-787A
huáiyángbìng 淮陽病 5-1384A
huáiyángduōbìng 淮陽多病 5-1383B
huáiyángjì 淮陽績 5-1384A
huáiyè 槐掖 4-1183A
huáiyèlěngtáo 槐葉冷淘 4-1183B
huáiyí 淮夷 5-1383A
huáiyí 懷疑 7-792B
huáiyǐ 槐蟻 4-1184B
huáiyì 懷役 7-787B
huáiyì 懷憶 7-793B
huàiyī 壞衣 2-1241A
huáiyǐn 懷隱 7-793B
huáiyǐng 槐癭 4-1184B
huáiyīnpíngchǔ 淮陰平楚 5-1383B
huáiyīnxíng 淮陰行 5-1383B
huáiyínyūzǐ 懷銀紆紫 7-792B
huáiyōng 懷擁 7-793A
huáiyōu 懷憂 7-793A
huáiyòu 懷誘 7-792B
huáiyú 槐榆 4-1184A
huáiyú 懷瑜 7-791B
huáiyǔ 淮雨 5-1383A
huáiyù 懷玉 7-786B
huáiyuǎn 懷遠 7-791B

huáiyuàn 懷怨 7-789B
huáiyuàn 懷願 7-794A
huáiyuè 槐嶽 4-1184B
huáiyùn 懷孕 7-787A
huáiyùn 懷蘊 7-793B
huáiyùn 懷韞 7-793B
huáizǎi 槐宰 4-1183A
huáizé 瀤澤 6-208B
huáizhà 懷詐 7-791B
huáizhēn 懷珍 7-789A
huáizhēn 懷貞 7-789A
huáizhēn 懷真 7-790A
huàizhèn 壞陳 2-1241B
huàizhèng 壞證 2-1242A
huáizhí 懷執 7-790B
huàizhǐ 壞址 2-1241A
huàizhísànqún 壞植散羣 2-1241B
huàizhǒng 壞種 2-1242A
huáizhū 懷珠 7-790A
huáizhuān 懷摶 7-792B
huáizhuān 懷甎 7-793A
huáizhūbàoyù 懷珠抱玉 7-790A
huáizhūyùnyù 懷珠韞玉 7-790A
huáizǐ 槐子 4-1181B
huáizǐ 懷子 7-786B
huàizì 壞字 2-1241A
huáizigǔ 踝子骨 10-496B
huáizǔ 懷組 7-791A
huáizuǒ 淮左 5-1383A
huàizuò 壞坐 2-1241A
huājī 花机 9-288B
huājī 花機 9-303B
huājī 花廚 9-304B
huájī 滑稽 5-1481B
huájī 猾稽 5-91B
huájí 揮楫 6-793A
huájì 滑劑 5-1482B
huàjī 化迹 1-1112B
huàjī 化緝 1-1116A
huàjī 化機 1-1116A
huàjī 畫雞 7-1382A
huàjī 畫蹟 7-1382A
huàjī 話機 11-179A
huàjí 化輯 1-1116A
huàjí 畫集 7-1376B
huàjí 畫楫 7-1377A
huàjí 畫檝 7-1380B
huàjǐ 畫戟 7-1376A
huàjì 畫迹 7-1372A
huàjì 畫計 7-1372A
huàjì 畫跡 7-1377B
huājiǎ 花甲 9-287B
huàjiā 畫夾 7-1369A
huàjiā 畫家 7-1374A
huàjià 畫架 7-1373A
huājiān 花牋 9-299B
huājiān 花箋 9-301B
huájiān 華牋 9-405A
huájiān 華械 9-405B
huájiān 華箋 9-406B
huájiān 華緘 9-407B
huájiàn 華薦 9-407B
huàjiān 畫箋 7-1378A
huàjiàn 畫箭 7-1380A
huàjiàn 畫檻 7-1381B
huājiàng 花匠 9-288B
huājiǎng 划槳 2-616A
huàjiàng 化匠 1-1110A
huàjiàng 畫匠 7-1368A
huàjiāngmòshǒu 畫疆墨守 7-1382B
huājiānsìyǒu 花間四友 9-300A
huājiànxiū 花見羞 9-290A
huājiāo 花椒 9-299A
huājiào 花轎 9-306A
huájiǎo 滑脚 5-1480A
huàjiǎo 畫角 7-1369A
huājiāoliǔduǒ 花嬌柳嚲 9-303B
huājiǎomāo 花脚猫 9-298A
huājiǎzi 花甲子 9-287B
huājiē 花街 9-299B
huājiè 花界 9-293A
huájiē 華階 9-404A
huájié 華節 9-406A
huájié 譁訐 11-371A
huàjiě 化解 1-1115A
huàjiè 畫界 7-1371B
huājiēliǔmò 花街柳陌 9-299B
huājiēliǔshì 花堦柳市 9-298A
huājiēliǔshì 花街柳市 9-299B
huājiēliǔxiàng 花街柳巷 9-299B
huájījù 滑稽劇 5-1481B
huàjǐmén 畫戟門 7-1376A
huājǐn 花錦 9-304A
huājǐn 花燼 9-306A
huájìn 華近 9-400A
huàjīn 化金 1-1111B
huàjīn 樺巾 4-1207B
huājìng 花徑 9-295A
huājìng 花鏡 9-306A
huájīng 華京 9-401A
huájīng 華精 9-407A
huájīng 華鯨 9-409B
huájīng 滑精 5-1481B
huájǐng 華景 9-404B
huájìng 華浄 9-401A
huájìng 華淨 9-402A
huájìng 華競 9-410B
huájìng 滑浄 5-1479B
huàjīng 畫荆 7-1371A
huàjǐng 化景 1-1114A
huàjǐng 畫井 7-1365B
huàjǐng 畫景 7-1376A
huàjìng 化境 1-1115A
huàjìng 畫境 7-1378A
huājǐnshìjiè 花錦世界 9-304A
huàjítúnyú 化及豚魚 1-1108B
huājiǔ 花酒 9-295B
huájiù 譁咎 11-370B
huàjiù 話舊 11-179A
huājiǔxī 花九錫 9-286A
huájīxì 滑稽戲 5-1482A
huājìyú 花鲫魚 9-305B
huājú 花局 9-290A
huājù 花炬 9-291B
huájū 華裾 9-406A
huájū 驊駒 12-867A
huájù 華劇 9-407A
huàjū 化居 1-1112A
huàjù 畫具 7-1370B
huàjù 話劇 11-178B
huājuān 花捐 9-294A
huājuǎn 花卷 9-291B
huàjuàn 畫卷 7-1371A
huàjuàn 畫絹 7-1378A
huàjué 畫絶 7-1377A
huájùn 澮濬 6-176A
huàjūn 化鈞 1-1114A
huàkān 畫刊 7-1366B
huākǎokǎo'er 花栲栲兒 9-294A
huākǎolǎo'er 花栲栳兒 9-294B
huākē 花棵 9-299A
huàkě 畫可 7-1366B
huākǒu 花口 9-286A
huákòu 譁釦 11-371A
huàkǒu 話口 11-176A
huàkǒudàizi 話口袋子 11-176A
huákū 華枯 9-401B
huákuài 猾獪 5-91B
huákuàng 華曠 9-408B
huākuí 花魁 9-300B
huákuì 譁潰 11-371A
huàkuò 話闊 11-179A
huālā 嘩啦 3-457A
huālā 嘩喇 3-457B
huālā 花蠟 9-306B
huālā 嘩剌 3-457A
huálá 劃拉 2-742A
huálà 滑辣 5-1481B
huàlā 畫拉 7-1369B
huàlà 畫蠟 7-1382B
huālābàng 嘩啦棒 3-457A
huālàchá 花臘搽 9-306A
huālālā 嘩拉拉 3-457A
huālālā 嘩啦啦 3-457A
huālālā 嘩喇喇 3-457B
huàlālā'er 話拉拉兒 11-177B
huālán 花籃 9-306B
huàlán 畫闌 7-1381B
huàlán 畫欄 7-1382B
huālāng 嘩啷 3-457A
huāláng 花郎 9-291B
huálàng 滑浪 5-1479B
huàláng 畫廊 7-1375B
huālánglángláng 花琅琅 9-296B
huālàzhú 花蠟燭 9-306B
huálè 華樂 9-407B
huālěi 花蕾 9-303B
huālěi 花藟 9-305A
huālèi 花纇 9-306B
huālēngbàng 嘩楞棒 3-457B
huālí 花梨 9-297B
huālì 花利 9-290A
huālì 花曆 9-304A
huálí 鏵犁 11-1359B
huálí 劃劙 2-742B
huálǐ 華里 9-399B
huálì 華曆 9-407B
huálì 華麗 9-409B
huálì 滑吏 5-1478B
huálì 滑利 5-1479A
huálì 猾吏 5-91A
huàlǐ 化理 1-1113A
huàlǐ 畫理 7-1374B
huàlì 化力 1-1108A
huàlì 畫力 7-1365B
huāliǎn 花臉 9-305A
huàlián 畫簾 7-1382B
huàliàn 化煉 1-1115A
huāliáng 花梁 9-298A
huàliáng 畫梁 7-1375B
huàliángdiāodòng 畫梁雕棟 7-1376A
huàliào 話料 11-178A
huàlǐcángjiū 話裏藏鬮 11-178A
huàlǐdàicì 話裏帶刺 11-178A
huáliè 滑烈 5-1479B
huàliè 畫列 7-1368B
huālíhúshào 花狸狐哨 9-295A
huālíhúshào 花黎胡哨 9-303A
huālǐhúshào 花里胡哨 9-290A
huālǐhúshào 花里胡紹 9-290A
huālìhúshào 花麗狐哨 9-306A
huálín 華林 9-400B
huálín 華鱗 9-410B
huàlín 化鱗 1-1117A
huālínfěnzhèn 花林粉陣 9-291B
huālíng 花翎 9-297B
huālíng 花鈴 9-300B
huàlíngwéizhěng 化零爲整 1-1114B
huálínyuán 華林園 9-401A
huāliǔ 花柳 9-292B
huáliu 滑溜 5-1481A
huáliū 滑溜 5-1481A
huáliú 華騮 9-410A
huáliú 驊騮 12-867A
huáliú 驊騮 12-867A
huàliú 化流 1-1113A
huàliú 畫旒 7-1378A
huàliú 話流 11-178A
huāliǔbìng 花柳病 9-292B
huāliǔchǎng 花柳場 9-292B

huāliǔchǎng 花柳場 9-292B
huāliǔcóng 花柳叢 9-292B
huāliǔrénjiā 花柳人家 9-292B
huāliǔyíng 花柳營 9-292B
huāliǔzhèng 花柳症 9-292B
huàlǐyǒucì 話裏有刺 11-178A
huàlǐyǒuhuà 話裏有話 11-178A
huàlóng 化隆 1-1113B
huàlóng 畫龍 7-1380B
huàlóngbùchéng… 畫龍不成反爲狗 7-1381A
huàlóngdiǎnjīng 畫龍點睛 7-1381A
huàlónghuàhǔ… 畫龍畫虎難畫骨，知人知面不知心 7-1381A
huàlóngkèhú 畫龍刻鵠 7-1381A
huālóu 花樓 9-302B
huálòu 滑漏 5-1481B
huàlóu 畫樓 7-1379B
huàlǒuzi 話簍子 11-179A
huālù 花露 9-306B
huálǔ 猾虜 5-91A
huálù 驊騄 12-867A
huàlù 話路 11-178A
huáluán 華鑾 9-411A
huáluàn 猾亂 5-91A
huáluàn 嘩亂 3-457B
huàluǎn 畫卵 7-1369A
huàluǎndiāoxīn 畫卵雕薪 7-1369A
huàlùchē 畫鹿車 7-1375B
huàlùfān 畫鹿轓 7-1375B
huálùlù 滑碌碌 5-1481A
huálún 滑輪 5-1481B
huàlún 畫輪 7-1379B
huàlùn 畫論 7-1380B
huàlùn 話論 11-179A
huàlúnchē 畫輪車 7-1379B
huálúnzǔ 滑輪組 5-1481B
huāluó 花羅 9-306A
huáluò 滑落 5-1480B
huàluó 畫羅 7-1382A
huālùshuǐ 花露水 9-306B
huálǜ 滑律 5-1479B
huàlǚ 畫旅 7-1374A
huàlüè 畫略 7-1374B
huālǘmù 花櫚木 9-305B
huālùtóu 花綠頭 9-302A
huāmá 花麻 9-298A
huámǎ 滑馬 5-1479B
huāmádiàozuǐ 花麻調嘴 9-298A
huāmǎdiàozuǐ 花馬掉嘴 9-294A
huámài 滑脉 5-1479B
huámài 滑脈 5-1479B
huāmáibózi 花霾脖子 9-307A
huāmán 花鬘 9-306B
huāmán 華鬘 9-410B
huāmàn 花縵 9-305A
huàmàn 畫墁 7-1378A
huāmào 花貌 9-302A
huámào 華茂 9-400B
huàmǎo 畫卯 7-1367B
huàmào 化貿 1-1114B
huāmàojūn 花帽軍 9-299A
huāmàopéngxīn 花貌蓬心 9-302A
huāmāoqiǎozuǐ 花貓巧嘴 9-303A
huáměi 華美 9-402A
huàméi 畫眉 7-1372B
huàméifǔ 畫眉府 7-1373A
huàméijīngzhào 畫眉京兆 7-1373A
huàméijǔ'àn 畫眉舉案 7-1373A
huàméiláng 畫眉郎 7-1373A
huàméimò 畫眉墨 7-1373A
huàméirén 畫眉人 7-1372B
huàméishí 畫眉石 7-1373A
huàméixù 畫眉序 7-1373A
huāmén 花門 9-291B
huáméng 華甍 9-406A
huāménliǔhù 花門柳户 9-292A
huámí 華靡 9-409B
huámì 華密 9-404A
huāmiàn 花面 9-292B
huàmiàn 畫面 7-1371B
huámiào 華妙 9-400A
huàmiáo 畫描 7-1374B
huāmín 花民 9-288A
huámín 滑民 5-1478B
huámín 猾民 5-90B
huámǐn 華敏 9-403B
huàmín 化民 1-1110A
huàmínchéngsú 化民成俗 1-1110A
huāmíng 花名 9-288B
huámíng 華名 9-399B
huámíng 譁名 11-370B
huàmíng 化名 1-1110B
huàmíng 畫名 7-1368B
huàmíng 話名 11-176B
huàmìng 畫命 7-1371A
huāmíngbù 花名簿 9-288B
huāmíngcè 花名册 9-288B
huāmíngliǔmèi 花明柳媚 9-291B
huàmínyìsú 化民易俗 1-1110A
huāmù 花木 9-286B
huámǔ 譁拇 11-370B
huámù 划木 2-615B
huàmù 化募 1-1114A
huàmù 化穆 1-1116A
huàmù 畫目 7-1367A
huāmùguā 花木瓜 9-286B
huāmùlán 花木蘭 9-286B
hù'àn 護岸 11-438B
huánà 華納 9-403A
huān'ài 懽愛 7-795A
huān'ài 歡愛 6-1478A
huān'ài 驩愛 12-919A
huàn'ài 豢愛 10-24B
huānǎinai 花奶奶 9-288A
huán'ān 還安 10-1251B
huánán 華南 9-401B
huān'áo 讙敖 11-465A
huān'áo 讙嗷 11-465B
huánáo 譁呶 11-370B
huánào 滑淖 5-1480B
huánào 嘩鬧 3-457B
huánbǎ 環靶 4-640A
huánbái 還白 10-1250B
huánbài 還拜 10-1254A
huánbài 環拜 4-638B
huànbái 换白 6-621B
huànbái'é 换白鵝 6-621B
huànbān 换班 6-622A
huānbàng 讙謗 11-466A
huánbào 還報 10-1258A
huánbào 環抱 4-637B
huánbào 圜抱 3-670B
huǎnbào 緩報 9-945B
huànbào 豢豹 10-24B
huànbǎzi 换把子 6-621B
huánbēi 桓碑 4-964B
huánběn 還本 10-1250B
huānbèngluàntiào 歡迸亂跳 6-1476B
huānbèngluàntiào 歡蹦亂跳 6-1479B
huánbī 環偪 4-639B
huánbī 環逼 4-640A
huánbǐ 還筆 10-1258B
huánbì 還辟 10-1259B
huánbì 還避 10-1261A
huánbì 還蹕 10-1261A
huánbì 還璧 10-1262A
huánbì 環碧 4-640B
huánbì 環璧 4-641B
huānbiàn 懽忭 7-794B
huānbiàn 歡忭 6-1476A
huānbiàn 歡抃 6-1475B
huànbiàn 幻變 4-429B
huànbiàn 换變 6-623B
huānbiàngǔwǔ 懽忭鼓舞 7-794B
huánbiāo 還鑣 10-1262B
huánbiǎo 桓表 4-964A
huànbié 焕别 7-81A
huánbìn 鬟鬢 12-756A
huánbīng 還兵 10-1252A
huánbǐng 環餅 4-640B
huánbǐng 鐶餅 11-1420A
huánbǐng 鰥餅 12-1026B
huánbǐng 饘餅 12-586A
huànbǐng 焕炳 7-81A
huànbǐng 擐餅 6-920A
huǎnbīngzhījì 緩兵之計 9-945A
huānbó 懽伯 7-794B
huānbó 歡伯 6-1476A
huánbō 桓撥 4-964B
huánbō 澴波 6-167B
huánbō 還波 10-1253A
huánbó 浣帛 5-1281A
huánbǔ 還補 10-1258B
huánbù 還步 10-1252A
huánbù 環布 4-636B
huánbù 環步 4-637B
huǎnbù 緩步 9-945A
huǎnbùdàichē 緩步代車 9-945A
huǎnbùdàngchē 緩步當車 9-945A
huàncàn 焕燦 7-81B
huáncǎo 環草 4-638B
huàncǎo 浣草 5-1281A
huáncè 還策 10-1258A
huànchá 幻茶 4-428A
huànchá 换茬 6-622A
huānchāng 驩嘗 12-919A
huānchǎng 歡場 6-1477B
huānchàng 懽暢 7-795A
huānchàng 歡唱 6-1477B
huānchàng 歡暢 6-1478B
huáncháng 還償 10-1261A
huànchǎng 宦場 3-1420B
huáncháo 還朝 10-1258A
huáncháo 還潮 10-1260A
huàncháo 换朝 6-622B
huàncháoluánfèng 换巢鸞鳳 6-622B
huánchē 還車 10-1252A
huānchén 歡忱 6-1476A
huánchèn 環襯 4-642A
huànchén 幻塵 4-429A
huánchéng 環城 4-638B
huànchéng 宦成 3-1418B
huànchéng 宦程 3-1419B
huānchì 歡熾 6-1479B
huánchǐ 還耻 10-1255A
huànchí 涣弛 5-1254A
huànchí 豢池 10-24B
huǎnchōng 緩衝 9-946A
huánchóu 還酬 10-1259A
huānchǔ 歡楚 6-1478A
huánchū 還初 10-1252A
huànchù 患處 7-530B
huānchuán 讙傳 11-465B
huánchuàn 環釧 4-639B
huánchuàn 鐶釧 11-1420A
huánchún 還淳 10-1257A
huánchúnfǎngǔ 還淳反古 10-1257A
huánchúnfǎnpiáo 還淳反朴 10-1257A
huánchúnfǎnpǔ 還淳反樸 10-1257A
huánchúnfǎnpǔ 還淳返樸 10-1257A
huánchúnfǎnpǔ 還醇返樸 10-1260A
huánchúnfǎnsù 還淳反素 10-1257A
huànchuò 患惙 7-530B

huāncóng 懽悰 7-795A
huāncóng 歡悰 6-1477B
huāncóng 驩悰 12-919A
huáncù 環簇 4-641B
huáncuì 環翠 4-641A
huáncuìgé 環翠閣 4-641A
huáncùn 環寸 4-636A
huándá 還答 10-1258A
huàndá 宦達 3-1419B
huāndài 歡待 6-1476B
huándài 還帶 10-1256B
huǎndài 緩怠 9-945B
huǎndài 緩帶 9-945B
huàndài 換代 6-621B
huǎndàijīngqiú 緩帶輕裘 9-945B
huǎndàizhīsī 緩帶之思 9-945B
huándān 還丹 10-1250A
huàndàn 幻誕 4-429A
huándāo 環刀 4-636A
huándào 還到 10-1252B
huándào 還道 10-1258B
huàndéhuànshī 患得患失 7-530B
huàndēng 幻燈 4-429B
huándì 還第 10-1256B
huándì 還睇 10-1258A
huàndí 浣滌 5-1281A
huándiàn 寰甸 3-1635A
huándiàn 還殿 10-1259B
huàndiàn 換佃 6-621B
huándié 環絰 4-640A
huàndié 宦牒 3-1420A
huāndòng 歡動 6-1477B
huāndòng 讙動 11-465B
huāndòng 驩動 12-919A
huándōng 還東 10-1252B
huándōngshān 還東山 10-1252B
huāndōu 腸兜 5-796A
huāndōu 鴅吺 12-1075A
huāndōu 讙兜 11-465B
huāndōu 驩兜 12-919A
huándū 還都 10-1255A
huándú 還牘 10-1262A
huándú 環瀆 4-641B
huándǔ 環堵 4-639B
huándǔ 圜堵 3-670B
huàndú 患毒 7-530B
huànduì 換兌 6-621B
huàndùn 逭遁 10-1012B
huǎnduǒ 緩鞞 9-946B
huàn'é 換鵝 6-623A
huànèi 化內 1-1108B
huàn'éjīng 換鵝經 6-623A
huān'ēn 歡恩 6-1477A
huàn'équn 換鵝羣 6-623A
huān'er 貛兒 10-1345A
huǎn'ěr 緩耳 9-944B
huàn'ěr 焕耳 7-81A
huàn'ěrbīngkāi 渙爾冰開 5-1255A
huàn'éshǒu 換鵝手 6-623A
huàn'éshū 換鵝書 6-623A
huánfǎ 寰法 3-1635A
huànfā 渙發 5-1254B
huànfā 焕發 7-81B
huànfǎ 幻法 4-428A
huànfādàhào 渙發大號 5-1254B
huánfān 還藩 10-1261B
huánfān 還蕃 10-1260A
huánfǎn 還反 10-1250A
huánfǎn 還返 10-1252A
huànfáng 換防 6-621B
huānfěi 讙誹 11-466A
huānfèi 讙沸 11-465A
huánféi 環肥 4-638A
huānfèn 讙奮 11-466A
huánfēng 還風 10-1254B
huánfēng 還鋒 10-1260A
huánfēng 環封 4-638B
huánfèng 還奉 10-1252A
huánfèng 鬟鳳 12-756A
huānfú 懽服 7-794B
huānfú 歡服 6-1476B
huānfǔ 獾脯 5-144B
huānfù 驩附 12-918B
huánfú 還服 10-1253A
huánfú 還蚨 10-1255B
huánfú 環伏 4-637A
huánfú 環幅 4-640A
huánfù 還付 10-1250B
huánfù 還復 10-1258B
huánfù 環復 4-640A
huǎnfú 緩服 9-945A
huànfū 宦夫 3-1418B
huànfú 換符 6-622B
huáng'āi 黄埃 12-987A
huángài 還蓋 10-1259A
huāngǎn 歡感 6-1478A
huáng'ān 遑安 10-1035B
huáng'àn 黄案 12-989A
huáng'ǎo 皇媼 8-264A
huáng'ǎo 黄媼 12-996B
huáng'ǎo 黄襖 12-1008A
huāngbái 荒白 9-388A
huángbái 黄白 12-973A
huāngbáimǐ 荒白米 9-388A
huángbáiwù 黄白物 12-973A
huángbáizhīshù 黄白之術 12-973A
huángbáizhīzī 黄白之資 12-973A
huángbān 黄班 12-986B
huángbān 黄斑 12-993A
huángbǎn 黄阪 12-975B
huángbǎn 黄坂 12-975B
huángbǎn 楻板 4-1181A
huángbǎng 黄榜 12-999B
huángbǎng 黄牓 12-1000B
huāngbāo 荒飽 9-392A
huángbāo 黄苞 12-978A
huǎngbào 謊報 11-332B
huángbāochē 黄包車 12-973B
huāngbèi 荒悖 9-390B
huángbēi 皇陂 8-258B
huángbèi 黄貝 12-977A
huángběn 黄本 12-972A
huāngbì 荒弊 9-393A
huángbǐ 皇妣 8-258B
huángbì 皇辟 8-264B
huángbì 黄碧 12-999A
huángbiāo 黄標 12-1002B
huángbiāo 黄驃 12-1011B
huángbiǎo 黄表 12-978A
huángbiǎo 潢褾 6-56A
huángbiǎozhǐ 黄表紙 12-978A
huángbiǎozhǐ 黄褾紙 12-999A
huángbīng 鰉冰 12-1249A
huángbìng 黄病 12-988A
huángbìng 癀病 8-352A
huángbō 皇波 8-259A
huángbō 湟波 5-1492B
huángbó 皇伯 8-258A
huángbó 皇駮 8-264B
huángbò 黄柏 12-983B
huángbò 黄檗 12-1008A
huángbò 黄蘗 12-1011A
huángbò 黄蘖 12-1011A
huángbōluó 黄菠羅 12-990B
huángbòzōng 黄檗宗 12-1008B
huángbù 皇怖 8-259A
huángbù 黄簿 12-1010B
huángbù 惶怖 7-661B
huángbùlǎo 黄不老 12-970A
huāngbùzélù 慌不擇路 7-653A
huángcǎi 黄采 12-981A
huángcǎi 黄彩 12-992B
huángcài 黄菜 12-990A
huángcán 惶慚 7-663A
huángcàncàn 黄燦燦 12-1008A
huāngcāng 荒傖 9-391B
huángcāngcāng 黄蒼蒼 12-996B
huángcǎo 黄草 12-983B
huángcǎobù 黄草布 12-983B
huángcǎoxiá 黄草峽 12-983B
huángcè 皇策 8-263B
huángcè 黄册 12-973A
huángcè 黄策 12-994B
huángcén 黄涔 12-988B
huángcèzi 黄策子 12-994B
huángchá 黄茶 12-983B
huángchāi 皇差 8-260B
huángchàn 皇懺 8-266A
huángcháng 黄腸 12-998A
huángcháng 黄裳 12-1000A
huángchǎng 黄鲿 12-1005A
huǎngchǎng 怳惝 7-476B
huángchángtícòu 黄腸題湊 12-998A
huángchángyú 黄鱨魚 12-1013B
huángcháo 皇朝 8-263A
huángchē 皇車 8-258A
huángchē 黄車 12-977A
huāngchén 荒沈 9-388B
huángchén 黄陳 12-989B
huángchén 黄塵 12-1000B
huángchénbiàn 黄塵變 12-1000B
huāngchéng 荒城 9-389A
huángchéng 皇城 8-259B
huángchéng 皇宬 8-260B
huángchéng 黄橙 12-1004A
huángchéngchéng 黄澄澄 12-1003B
huángchéngchéng 黄橙橙 12-1004A
huángchénqīngshuǐ 黄塵清水 12-1000B
huǎngchèshāoxū 謊徹梢虛 11-333A
huángchēshǐzhě 黄車使者 12-977A
huāngchí 衁池 8-1349A
huángchí 黄池 12-975A
huángchí 潢池 6-55B
huángchì 黄敕 12-991A
huángchíchìzǐ 潢池赤子 6-56A
huángchídàonòng 潢池盜弄 6-56A
huángchínòngbīng 潢池弄兵 6-56A
huángchóng 蝗蟲 8-931B
huāngchóu 荒疇 9-394A
huángchóu 黄紬 12-993A
huāngchǔ 荒楚 9-392A
huángchū 皇初 8-258B
huángchū 黄初 12-977B
huángchú 黄雛 12-1009B
huángchǔ 皇儲 8-266A
huángchuànbǐng 黄串餅 12-977A
huángchǔchǔ 黄楚楚 12-997A
huāngchūn 荒春 9-389A
huángchūtǐ 黄初體 12-977B
huángcí 皇慈 8-264B
huǎngcí 謊詞 11-333A
huángcìméi 黄刺玫 12-978B
huángcóng 黄琮 12-993A
huángcōngdié 黄驄疊 12-1011B
huángcōngmǎ 黄驄馬 12-1011B
huángcōngqǔ 黄驄曲 12-1011B
huángcōngshàonián 黄驄少年 12-1011B
huāngcù 慌促 7-653B
huángcù 惶促 7-662A
huángcuánxùn 黄攢蕈 12-1012B
huāngcuì 荒悴 9-391A
huāngcuì 慌悴 7-654A
huāngcūn 荒邨 9-388B
huāngcūn 荒村 9-388B

huāngcuò 慌錯 7-654B
huángdá 惶怛 7-661B
huángdà 黄大 12-968B
huàngdā 晃搭 5-710B
huāngdài 荒怠 9-389B
huángdài 皇代 8-257B
huángdài 黄帶 12-991A
huángdài 遑怠 10-1036A
huángdàizi 皇帶子 8-262B
huángdàizi 黄帶子 12-991A
huāngdān 荒耽 9-390A
huāngdān 荒躭 9-391A
huāngdān 荒湛 9-391B
huāngdàn 荒誕 9-392A
huángdān 黄丹 12-971B
huángdǎn 黄癉 12-1008A
huángdǎn 黄疸 12-988A
huángdǎnbìng 黄膽病 12-1008A
huāngdànbùjīng 荒誕不經 9-392B
huǎngdàng 恍蕩 7-519B
huǎngdàng 晃蕩 5-710B
huàngdang 滉蕩 6-13B
huàngdàng 晃蕩 5-710B
huàngdàng 晃盪 5-710B
huàngdàng 愰蕩 7-679A
huàngdàng 搖蕩 6-798B
huàngdàng 搖盪 6-798B
huángdào 皇道 8-264A
huángdào 黄道 12-995B
huángdàodài 黄道帶 12-996A
huángdàojírì 黄道吉日 12-995B
huángdàorì 黄道日 12-995B
huángdé 皇德 8-265A
huángdé 黄德 12-1003A
huángdēngdēng 黄登登 12-996B
huāngdì 荒地 9-388A
huángdí 黄荻 12-987A
huángdǐ 皇邸 8-258A
huángdì 皇弟 8-258B
huángdì 皇帝 8-260B
huángdì 黄弟 12-977B
huángdì 黄帝 12-985A
huāngdiàn 荒甸 9-388B
huángdiǎn 黄碘 12-997B
huángdiàn 皇店 8-259A
huángdiāo 黄貂 12-995A
huángdié 黄牒 12-998A
huángdié 黄蜨 12-1000A
huángdié 黄蝶 12-1002B
huángdìlǎoyé 皇帝老爺 8-260B
huángdìlǎozi 皇帝老子 8-260B
huángdìlíng 黄帝陵 12-985A
huángdǐng 璜鼎 4-629A
huángdìqí 皇地祇 8-257B
huángdìshù 黄帝術 12-985B
huángdìxìnbǎo 皇帝信寳 8-260B
huángdìxíngbǎo 皇帝行寳 8-260B
huángdìzhībǎo 皇帝之寳 8-260B
huángdìzhǒng 黄帝冢 12-985A
huàngdòng 晃動 5-710A
huàngdòng 搖動 6-798B
huángdòu 黄豆 12-977A
huángdòuyá 黄豆芽 12-977A
huāngdù 荒度 9-389B
huángdū 皇都 8-261B
huángdú 黄獨 12-1005B
huángdú 黄犢 12-1010B
huángdù 皇度 8-260A
huángdùjuān 黄杜鵑 12-977A
huāngdùn 荒頓 9-392A
huāngduó 荒度 9-389B
huángdúshè 黄犢舍 12-1010B
huāngdǔsù 荒篤速 9-393B
huāngdǔsù 慌篤速 7-654B
huāngē 慌哥 7-794B
huáng'é 皇娥 8-262A
huáng'é 黄額 12-1009B
huáng'è 黄堊 12-990A
huáng'è 惶愕 7-662B
huǎngē 緩歌 9-945B
huǎngēmànwǔ 緩歌慢舞 9-945B
huǎngēmànwǔ 緩歌縵舞 9-946A
huáng'ēn 皇恩 8-262A
huángēng 環絙 4-640A
huáng'ér 黄兒 12-978B
huáng'ěr 黄耳 12-974A
huáng'ěrjūn 黄耳菌 12-974A
huáng'érmǐ 黄兒米 12-979A
huáng'ěrxùn 黄耳蕈 12-974A
huǎngēxíng 緩歌行 9-945B
huángfǎ 皇法 8-259A
huángfà 黄髮 12-1002A
huángfà'érchǐ 黄髮兒齒 12-1002A
huángfān 黄幡 12-1003A
huángfān 黄旛 12-1009B
huángfán 黄礬 12-1011A
huángfáng 黄房 12-982A
huángfànqū 黄泛區 12-977B
huángfàqī 黄髮期 12-1002A
huángfàtáibèi 黄髮駘背 12-1002A
huángfàtáibèi 黄髮台背 12-1002A
huángfàtáibèi 黄髮鮐背 12-1002A
huāngfèi 荒廢 9-393B
huángfēi 皇妃 8-258A
huángfēi 黄扉 12-996A
huángfēitǎ 黄妃塔 12-975B
huángfén 皇墳 8-265A
huángfěn 黄粉 12-988A
huángfēng 皇封 8-259B
huángfēng 皇風 8-260A
huángfēng 黄封 12-983A
huángfēng 黄風 12-984B
huángfēng 黄蜂 12-997B
huángfēngjiǔ 黄封酒 12-983A
huángfēngwùzhào 黄風霧罩 12-984B
huángfēngyìn 黄封印 12-983A
huāngfú 荒服 9-388B
huāngfú 荒茀 9-388B
huángfū 皇荂 8-259B
huángfú 黄符 12-992A
huángfǔ 皇甫 8-258A
huángfǔ 皇父 8-257A
huángfù 黄父 12-971A
huángfùguǐ 黄父鬼 12-971A
huángfǔsìjié 皇甫四傑 8-258A
huánggài 黄蓋 12-996B
huánggān 黄甘 12-972A
huánggān 黄柑 12-983B
huánggāng 皇綱 8-265A
huánggāngān 黄甘甘 12-972A
huánggāngān 黄乾乾 12-990B
huánggàngàn 黄紺紺 12-993A
huánggānhēishòu 黄乾黑瘦 12-990B
huānggāo 肓膏 6-1174A
huánggāo 黄膏 12-1000B
huánggǎo 黄槁 12-999B
huánggào 皇告 8-258A
huǎnggào 謊告 11-332B
huánggē 黄歌 12-1000A
huánggé 黄閤 12-1001B
huánggé 黄葛 12-993B
huánggé 黄閣 12-1001B
huánggéjīn 黄葛巾 12-993B
huānggěng 荒梗 9-390B
huánggéshù 黄葛樹 12-994A
huánggéxiá 黄葛峽 12-994A
huánggōng 皇公 8-257A
huánggōng 皇宫 8-260B
huánggōng 黄公 12-971A
huánggōng 黄宫 12-985B
huánggōng 璜宫 4-628B
huánggǒng 黄澒 12-1003B
huánggōngjiǔlú 黄公酒壚 12-971B
huánggōnglú 黄公壚 12-971B
huánggōnglú 黄公罏 12-971B
huánggǒu 黄狗 12-981A
huánggǒu 黄耇 12-983A
huānggǔ 荒古 9-388A
huánggū 皇姑 8-259B
huánggū 皇辜 8-263A
huánggū 黄姑 12-983A
huánggǔ 皇古 8-257A
huánggǔ 遑鹽 10-1036A
huánggǔ 簧鼓 8-1236B
huánggǔ 簧蠱 8-1236B
huánggù 惶顧 7-663B
huángguā 黄瓜 12-973A
huángguà 黄袿 12-993A
huángguācài 黄瓜菜 12-973A
huāngguài 荒怪 9-389A
huángguān 皇冠 8-261A
huángguān 黄冠 12-985B
huángguān 黄莞 12-987A
huángguǎn 黄管 12-1000B
huángguāncǎofú 黄冠草服 12-985B
huángguāncǎolǚ 黄冠草履 12-985B
huángguāng 黄光 12-974A
huángguāntǐ 黄冠體 12-985B
huángguānyěfú 黄冠野服 12-985B
huángguī 皇規 8-262A
huángguìfēi 皇貴妃 8-263B
huǎngguìmó 謊規模 11-332B
huánggùn 黄棍 12-994A
huánggǔngǔn 黄滚滚 12-1001A
huánggūnǚ 黄姑女 12-983A
huángguō 喤聒 3-432B
huángguó 皇國 8-262B
huángguó 黄摑 12-999A
huángguǒ 黄果 12-978B
huángguǒshùbàobù 黄果樹瀑布 12-978B
huánggǔsuǐ 黄骨髓 12-984A
huánggūxùn 黄姑蕈 12-983A
huánggǔyú 黄骨魚 12-984A
huánggùyú 黄鯝魚 12-1010B
huánghǎi 黄海 12-988B
huánghǎi 潢海 6-56A
huánghài 皇駭 8-265B
huánghài 惶駭 7-663A
huánghài 惶駴 7-663A
huánghài 遑駭 10-1036A
huánghàn 皇漢 8-265A
huánghàn 黄汗 12-975A
huánghàn 黄頷 12-1005A
huánghàn 惶汗 7-661B
huánghàn 潢漢 6-56A
huánghàn 蝗旱 8-931B
huǎnghàn 謊漢 11-333A
huánghànhuò 黄頷臛 12-1005A
huánghànshé 黄頷蛇 12-1005A
huǎnghànzi 謊漢子 11-333A
huānghào 荒耗 9-389B
huánghāo 黄蒿 12-997A
huánghào 皇號 8-264A
huánghào 黄號 12-997B
huānghào 慌耗 7-653B
huánghé 黄禾 12-972B
huánghé 黄河 12-981B
huánghè 黄鵠 12-1008B
huánghè 黄褐 12-1001B
huánghè 黄鶴 12-1012B
huánghèhóu 黄褐侯 12-1001B
huánghèlóu 黄鵠樓 12-1009A
huánghèlóu 黄鶴樓 12-1012B

huánghéqīng 黄河清 12-981B
huánghèshān 黄鶴山 12-1009A
huánghèxiānrén 黄鶴仙人 12-1012B
huánghèzuìwēng 黄鶴醉翁 12-1012B
huánghōnghōng 黄烘烘 12-988A
huánghòu 皇后 8-257B
huánghòu 黄后 12-974B
huánghóushé 黄喉蛇 12-994B
huānghū 荒忽 9-388B
huánghú 黄鵠 12-1011A
huánghú 黄鵠 12-1008B
huánghú 黄狐 12-981A
huánghú 黄縠 12-1003B
huánghù 皇祜 8-261A
huánghù 煌扈 7-199A
huǎnghū 荒忽 9-389A
huǎnghū 慌忽 7-653B
huǎnghū 慌惚 7-654A
huǎnghū 怳忽 7-476A
huǎnghū 怳曶 7-476A
huǎnghū 怳惚 7-476B
huǎnghū 怳芔 7-476A
huǎnghū 恍忽 7-518B
huǎnghū 恍惚 7-519A
huǎnghū 愰惚 7-679A
huǎnghū 芒忽 9-277A
huǎnghū 芒惚 9-277B
huǎnghū 芒芴 9-276B
huànghū 洸忽 5-1141B
huánghuā 皇華 8-261B
huánghuā 黄花 12-975B
huánghuā 黄華 12-987A
huánghuà 皇化 8-257A
huǎnghuā 謊花 11-332B
huǎnghuà 謊話 11-333A
huánghuācài 黄花菜 12-976A
huánghuādìdīng 黄花地丁 12-976A
huánghuāgǎngqīshí… 黄花崗七十二烈士 12-976B
huánghuàgōng 黄樺弓 12-999B
huánghuāguīnǚ 黄花閨女 12-976B
huánghuāgūniáng 黄花姑娘 12-976A
huánghuāhāo 黄花蒿 12-976B
huánghuājiān 黄花牋 12-976B
huánghuājié 黄花節 12-976B
huánghuājiǔ 黄花酒 12-976A
huánghuāmùxu 黄花苜蓿 12-976A
huānghuàn 荒幻 9-387B
huánghuán 黄萑 12-1007A
huánghuán 黄環 12-1006B
huánghuán 黄鐶 12-1012A
huánghuán 黄圜 12-1005A
huānghuāng 荒荒 9-389A
huānghuāng 慌慌 7-654A
huānghuāng 晄晄 7-1205A
huánghuáng 皇皇 8-260A
huánghuáng 偟偟 1-1550B
huánghuáng 黄黄 12-990A
huánghuáng 喤喤 3-432B
huánghuáng 徨徨 3-1040A
huánghuáng 惶惶 7-662B
huánghuáng 遑遑 10-1036A
huánghuáng 煌煌 7-199A
huánghuáng 璜璜 4-629A
huánghuáng 鍠鍠 11-1357A
huánghuáng 趪趪 9-1152B
huánghuáng 諻諻 12-660A
huánghuáng 鐄鐄 11-1375B
huǎnghuǎng 荒荒 9-389B
huǎnghuǎng 慌慌 7-654A
huǎnghuǎng 怳怳 7-476A
huǎnghuǎng 恍怳 7-518B
huǎnghuǎng 恍恍 7-518B
huǎnghuǎng 晃晃 5-710A
huǎnghuǎng 爌爌 7-307B
huànghuàng 洸洸 5-1141B
huànghuàng 潢潢 6-56B
huànghuàng 晃晃 5-710A
huànghuàng 滉滉 6-13A
huánghuángbù'ān 惶惶不安 7-662B
huánghuángbùkězhōngrì 惶惶不可終日 7-662B
huānghuāngcùcù 慌慌促促 7-654A
huǎnghuǎngdàngdàng 恍恍蕩蕩 7-519A
huánghuánghòudì 皇皇后帝 8-260A
huǎnghuǎnghūhū 恍恍忽忽 7-519A
huǎnghuǎnghūhū 恍恍惚惚 7-519A
huānghuāngjíjí 慌慌急急 7-654A
huánghuángjījī 皇皇汲汲 8-260A
huānghuāngsùsù 慌慌速速 7-654A
huǎnghuǎngsùsù 恍恍速速 7-519A
huánghuángyùyù 皇皇矞矞 8-260A
huānghuangzhāngzhāng 慌慌張張 7-654A
huánghuánǔ 黄華弩 12-987A
huánghuànǔ 黄樺弩 12-999B
huánghuānǚ 黄花女 12-976A
huánghuānǚ'ér 黄花女兒 12-976A
huánghuāshǐ 皇華使 8-261B
huánghuāshuǐ 黄花水 12-976A
huánghuāwǎnjié 黄花晚節 12-976B
huánghuāyòunǚ 黄花幼女 12-976A
huánghuāyú 黄花魚 12-976B
huánghuāzhī 黄花脂 12-976A
huánghúgē 黄鵠歌 12-1009A
huānghuì 荒薉 9-393B
huānghuì 荒穢 9-394A
huánghuī 皇暉 8-264A
huánghuī 黄暉 12-997B
huánghuī 黄輝 12-1002B
huánghuī 黄麾 12-1003A
huánghuǐ 惶悔 7-662A
huánghuīzhàng 黄麾仗 12-1003A
huánghūn 黄昏 12-981A
huánghún 黄魂 12-996B
huánghūntāng 黄昏湯 12-981A
huánghūnzhǐ 黄昏紙 12-981A
huánghūnzǐ 黄昏子 12-981A
huānghuǒ 荒火 9-387B
huānghuò 荒貨 9-390B
huánghuò 皇惑 8-263B
huánghuò 黄貨 12-992A
huánghuò 黄禍 12-996A
huánghuò 惶惑 7-662B
huánghuò 遑惑 10-1036A
huánghuò 簧惑 8-1236B
huǎnghuò 荒惑 9-391B
huǎnghuò 怳惑 7-476B
huǎnghuò 恍惑 7-519B
huánghúqǔ 黄鵠曲 12-1009A
huánghúyīn 黄鵠音 12-1009A
huāngjī 荒雞 9-394A
huāngjí 荒急 9-389B
huāngjí 荒極 9-391B
huāngjí 慌急 7-653B
huāngjì 荒悸 9-391A
huángjī 皇基 8-262A
huángjī 皇畿 8-265B
huángjī 皇機 8-265B
huángjī 黄虀 12-1010B
huángjī 黄鷄 12-1012A
huángjī 黄虀 12-1012B
huángjī 黄齏 12-1013B
huángjí 皇急 8-260A
huángjí 皇極 8-263A
huángjí 黄棘 12-994A
huángjí 黄籍 12-1011A
huángjí 惶急 7-662A
huángjí 遑急 10-1036A
huángjǐ 黄麂 12-998B
huángjì 皇紀 8-261B
huángjì 皇蹟 8-266A
huángjì 惶悸 7-662A
huǎngjì 怳悸 7-476B
huángjiā 皇家 8-262A
huángjiā 黄家 12-988B
huángjiā 黄茄 12-978A
huángjiá 黄頰 12-1004B
huángjiǎ 黄甲 12-972B
huángjià 皇駕 8-265B
huángjià 黄稼 12-1003A
huǎngjià 謊假 11-332B
huǎngjià 謊價 11-333A
huāngjiǎn 荒儉 9-393A
huángjiān 黄肩 12-982A
huángjiān 黄菅 12-990B
huángjiān 黄間 12-996A
huángjiān 黄縑 12-1006B
huángjiān 黄閒 12-996A
huángjiàn 皇澗 8-265B
huángjiàn 皇鑒 8-266B
huángjiàn 黄建 12-982A
huángjiāng 黄薑 12-1003B
huángjiàng 黄醬 12-1009B
huángjiāngjiāng 黄薑薑 12-1003B
huángjiǎntáng 黄繭糖 12-1008B
huángjiānǚ 黄家女 12-988B
huāngjiào 荒徼 9-393B
huángjiāo 黄嬌 12-1003B
huángjiāo 黄膠 12-1003A
huángjiào 皇教 8-262A
huángjiào 黄徼 12-1005A
huángjiào 黄教 12-990A
huāngjiǎojī 慌脚雞 7-654A
huángjiāojiāo 黄焦焦 12-995A
huángjiáyú 黄頰魚 12-1004B
huángjībáifàn 黄虀白飯 12-1012B
huángjīdànfàn 黄虀淡飯 12-1013A
huángjídiàn 皇極殿 8-263A
huángjiē 皇階 8-263A
huángjié 皇劫 8-258A
huángjié 皇頡 8-265A
huángjié 黄結 12-996B
huángjiè 皇介 8-257A
huāngjíliè 慌急列 7-653B
huángjímén 皇極門 8-263A
huāngjǐn 荒饉 9-394A
huángjīn 黄巾 12-969A
huángjīn 黄金 12-979A
huángjǐn 黄槿 12-1002B
huángjǐn 黄錦 12-1005A
huángjìn 黄祲 12-993A
huángjīnbǎng 黄金榜 12-980A
huángjīnbǎng 黄金牓 12-980A
huángjīnchán 黄金蟬 12-980B
huángjīnchē 黄金車 12-979B
huángjīnchuán 黄金船 12-980A
huángjīndàn 黄金彈 12-980B
huángjīndāng 黄金璫 12-980B
huángjīn'è 黄金鶚 12-980B
huángjīnfēngē 黄金分割 12-979A
huángjīnfú 黄金符 12-980A
huāngjǐng 荒憬 9-393B
huángjīng 皇京 8-259A
huángjīng 皇經 8-264B
huángjīng 黄秔 12-984B
huángjīng 黄荆 12-983A

huángjīng 黃精 12-1001A
huángjǐng 隍阱 11-1078B
huángjǐng 潢井 6-55B
huángjìng 篁逕 8-1213A
huángjīngjīng 黃晶晶 12-994B
huángjīngǔ 黃金骨 12-979B
huángjīnguā 黃金瓜 12-979B
huángjīnguī 黃金龜 12-980B
huángjīngzhàng 黃荊杖 12-983B
huángjìngzi 黃净子 12-981A
huángjīnhuā 黃金花 12-979B
huángjīnhuán 黃金鐶 12-980B
huángjīnhuī 黃金徽 12-980B
huángjīnjī 黃金羈 12-980B
huángjīnjiǎ 黃金甲 12-979B
huángjīnjiè 黃金界 12-979B
huángjīnjú 黃金菊 12-980A
huángjīnlè 黃金勒 12-980A
huángjīnliè 黃金埒 12-979B
huángjīnlìshì 黃巾力士 12-969A
huángjīnlún 黃金輪 12-980A
huángjīnlǚ 黃金縷 12-980B
huángjīnmǎifù 黃金買賦 12-980A
huángjīnniè 黃金鑷 12-981A
huángjīnqū 黃金軀 12-980B
huángjīnquē 黃金闕 12-980B
huángjīnrùguì 黃金入櫃 12-979A
huángjīnsǎng 黃金顙 12-980B
huángjīnshí 黃金石 12-979B
huángjīnshí 黃金實 12-980A
huángjīnshídài 黃金時代 12-979B
huángjīnshíjiān 黃金時間 12-979B
huángjīnshìjiè 黃金世界 12-979A
huángjīnshù 黃金樹 12-980B
huángjīntái 黃金臺 12-980A
huángjīnwán 黃金丸 12-979A
huángjīnwū 黃金屋 12-979B
huángjīnwù 黃金塢 12-980A
huángjīnxīnzì 黃金心字 12-979A
huángjīnyá 黃金牙 12-979A
huángjīnyào 黃金藥 12-980B
huángjīnyìn 黃金印 12-979B
huángjīnyuē 黃金約 12-979B
huángjīnzhǎn 黃金盞 12-980A
huángjīnzhī 黃金芝 12-979B
huángjiōng 皇扃 8-261A
huángjiǒng 惶窘 7-662B
huángjiǔ 黃九 12-968A
huángjiǔ 黃韭 12-984A
huángjiǔ 黃酒 12-988B
huángjiù 皇舅 8-264B
huāngjū 荒居 9-389A
huāngjù 慌遽 7-654B
huángjū 皇居 8-259B
huángjū 黃駒 12-1002A
huángjú 黃菊 12-990A
huángjú 黃橘 12-1004A
huángjǔ 惶沮 7-661B
huángjù 皇遽 8-265B
huángjù 皇懼 8-266B
huángjù 偟遽 1-1550B
huángjù 黃屨 12-1008B
huángjù 惶懅 7-663A
huángjù 惶遽 7-663A
huángjù 惶懼 7-663A
huángjù 遑遽 10-1036A
huángjuàn 皇眷 8-262B
huángjuàn 黃卷 12-981A
huángjuàn 黃絹 12-999A
huángjuànbēi 黃絹碑 12-999A
huángjuàncí 黃絹詞 12-999A
huángjuàncí 黃絹辭 12-999A
huángjuànqīngdēng 黃卷青燈 12-981B
huángjuànyòufù 黃絹幼婦 12-999A
huāngjué 荒絶 9-391B
huángjué 黃爵 12-1008A
huángjuéshù 黃桷樹 12-991A
huángjújié 黃菊節 12-990B
huángjūn 皇軍 8-261A
huángjūn 黃菌 12-990A
huángkān 黃龕 12-1013A
huángkǎo 皇考 8-257B
huángkē 黃柯 12-983B
huángkē 黃稞 12-998A
huángkǒng 皇恐 8-261B
huángkǒng 惶恐 7-662A
huángkǒngtān 皇恐灘 8-261B
huángkǒngtān 惶恐灘 7-662A
huángkǒu 黃口 12-968B
huángkǒu 簧口 8-1236A
huángkòu 黃鷇 12-1013A
huángkǒuchén 黃口鷐 12-968B
huángkǒu'ér 黃口兒 12-968B
huángkǒulìshé 簧口利舌 8-1236A
huángkǒurúzǐ 黃口孺子 12-968B
huángkǒuxiǎo'ér 黃口小兒 12-968B
huángkuàikuài 黃塊塊 12-993B
huángkuàng 黃軦 12-994A
huāngkuì 荒愧 9-391B
huángkuí 黃葵 12-994A
huángkuì 惶愧 7-662B
huángkuì 惶憒 7-663A
huángkūn 煌焜 7-199A
huánglà 黃蠟 12-1011B
huánglà 黃蠣 12-1008B
huānglái 荒萊 9-390B
huánglàlà 黃蠟蠟 12-1012A
huánglán 黃藍 12-1006B
huǎnglàn 晃爛 5-710B
huǎnglàn 熀爛 7-214B
huānglàng 荒浪 9-390B
huǎnglǎng 晃朗 5-710A
huànglǎng 滉朗 6-13A
huànglàng 洸浪 5-1141B
huánglángzǐ 黃郎子 12-982A
huánglǎo 黃老 12-973B
huánglǎo 湟潦 5-1492B
huánglǎo 潢潦 6-56B
huánglǎojūn 黃老君 12-973B
huánglǎoshù 黃老術 12-973B
huānglè 荒樂 9-393B
huānglèi 荒纇 9-394A
huānglì 荒沴 9-389A
huánglí 黃梨 12-992A
huánglí 黃離 12-1009B
huánglí 黃驪 12-1013B
huánglí 黃鸝 12-1014A
huánglǐ 黃李 12-977A
huánglǐ 黃鯉 12-1009B
huánglì 皇孋 8-266B
huánglì 皇曆 8-265B
huánglì 黃曆 12-1004B
huánglì 黃歷 12-1004B
huánglì 黃礫 12-1011A
huánglì 惶栗 7-662A
huánglì 惶慄 7-663A
huánglián 黃連 12-987A
huánglián 黃簾 12-1010B
huángliàn 惶戀 7-663B
huāngliáng 荒凉 9-390A
huāngliáng 荒涼 9-391A
huángliáng 黃粮 12-998B
huángliáng 黃粱 12-998B
huángliáng 黃糧 12-1009B
huǎngliàng 怳悢 7-476A
huángliángmèng 黃粱夢 12-998B
huángliángyīmèng 黃粱一夢 12-998B
huángliánmù 黃連木 12-987A
huángliǎnpó 黃臉婆 12-1008A
huángliánshù 黃連樹 12-987B
huángliànshù 黃楝樹 12-997A
huángliánzǔ 黃連祖 12-987A
huángliáo 皇僚 8-265A
huángliáo 皇寮 8-265B
huángliǎo 黃潦 12-1003B
huānglǐhuāngzhāng 慌裏慌張 7-654B
huánglílí 黃離離 12-1009B
huánglíliú 黃鸝留 12-1014A
huánglìliú 黃栗留 12-987B
huánglín 黃磷 12-1007A
huánglín 黃麟 12-1013B
huánglíng 皇陵 8-262A
huánglíng 皇靈 8-266B
huánglíng 黃陵 12-989B
huánglíng 黃綾 12-1001B
huánglíng 黃靈 12-1013B
huánglíngcǎo 黃零草 12-997B
huánglíngcí 黃陵祠 12-989B
huánglíngmiào 黃陵廟 12-989B
huánglíngqǔ 黃陵曲 12-989B
huánglíngyú 黃靈魚 12-1013B
huāngliú 荒流 9-390B
huángliú 皇流 8-262A
huángliú 黃流 12-988B
huángliú 黃駵 12-1006B
huángliú 黃騮 12-1010B
huángliǔ 黃柳 12-983B
huángliù 黃六 12-971B
huángliúlí 黃琉璃 12-990A
huángliūliù 黃溜溜 12-998B
huánglóng 黃龍 12-1005B
huánglǒng 黃隴 12-1009B
huánglóngdòng 黃龍洞 12-1006A
huánglóngjiàn 黃龍艦 12-1006B
huánglóngpái 黃龍牌 12-1006A
huánglóngqí 黃龍旗 12-1006A
huánglóngshì 黃龍誓 12-1006A
huánglóngtāng 黃龍湯 12-1006A
huánglóngtòngyǐn 黃龍痛飲 12-1006A
huánglóngyǐn 黃龍飲 12-1006A
huánglóngzhànjiàn 黃龍戰艦 12-1006B
huánglóngzōng 黃龍宗 12-1006A
huānglòu 荒陋 9-389A
huánglóu 黃樓 12-1002B
huánglú 黃盧 12-1005A
huánglú 黃壚 12-1010A
huánglú 黃廬 12-1010B
huánglú 黃蘆 12-1010A
huánglú 黃櫨 12-1011A
huánglú 黃爐 12-1011B
huánglù 皇路 8-264A
huánglù 隍鹿 11-1078B
huánglù 黃陸 12-989B
huánglù 黃碌 12-997B
huánglù 黃籙 12-1013A
huánglù 篁路 8-1213A
huāngluàn 荒亂 9-392A
huāngluàn 慌亂 7-654B
huángluán 凰鸞 2-291A
huángluàn 皇亂 8-264B
huángluàn 惶亂 7-663A
huánglùjiào 黃籙醮 12-1013A
huánglùmǐ 黃稑米 12-998A
huánglúmù 黃蘆木 12-1010A

huánglúmù 黄櫨木 12-1011A
huāngluò 荒落 9-391A
huángluó 黄螺 12-1007A
huángluó 黄羅 12-1010A
huángluò 黄落 12-994A
huángluò 黄襬 12-1013B
huángluóluò 黄羅襬 12-1010B
huángluópèi 黄羅帔 12-1010A
huángluóshān 黄羅衫 12-1010A
huángluóshàn 黄羅扇 12-1010A
huángluòtuō 黄襬托 12-1013B
huánglúshù 黄蘆樹 12-1010A
huánglùzhāi 黄籙齋 12-1013A
huánglǘ 黄驢 12-1013B
huánglǚ 黄履 12-1003B
huánglǜ 皇慮 8-265A
huángmá 黄麻 12-992B
huángmǎguà 黄馬褂 12-986B
huángmǎguà 黄馬袿 12-986B
huángmái 黄霾 12-1013A
huángmàn 黄幔 12-1000A
huāngmáng 荒忙 9-388B
huāngmáng 荒芒 9-388A
huāngmáng 荒茫 9-389B
huāngmáng 慌忙 7-653B
huàngmǎng 潢漭 6-56A
huàngmǎng 滉漭 6-13A
huángmángzhàng 黄芒瘴 12-974A
huāngmào 荒耄 9-390A
huángmáo 黄毛 12-971A
huángmáo 黄茅 12-978A
huángmáo 黄旄 12-988A
huángmào 黄茂 12-978A
huángmào 黄冒 12-984A
huángmào 黄耄 12-987A
huángmào 黄帽 12-994B
huángmáobáiwěi 黄茅白葦 12-978A
huángmáodá 黄毛韃 12-971A
huángmāohēiwěi 黄貓黑尾 12-1003A
huángmáopúsà 黄毛菩薩 12-971A
huángmáoqiū 黄茅秋 12-978B
huángmáotuán'er 黄毛團兒 12-971A
huángmáoyatou 黄毛丫頭 12-971A
huángmáozhàng 黄茅瘴 12-978B
huángmázǐní 黄麻紫泥 12-992B
huángmázǐshū 黄麻紫書 12-993A
huāngmèi 荒昧 9-389B
huángméi 黄眉 12-986B
huángméi 黄梅 12-990B
huángméihuā 黄梅花 12-991A
huángméijì 黄梅季 12-991A
huángméishù 黄梅樹 12-991A
huángméitiān 黄梅天 12-990B
huángméitiān 黄霉天 12-1002B
huángméiwēng 黄眉翁 12-986B
huángméixì 黄梅戲 12-991A
huángméiyǔ 黄梅雨 12-991A
huángmén 皇門 8-259A
huángmén 黄門 12-982A
huángménběisì 黄門北寺 12-982B
huángménběisìyù 黄門北寺獄 12-982B
huángméng 黄寍 12-985B
huángméngméng 黄濛濛 12-1006B
huángméngǔchuī 黄門鼓吹 12-982B
huángménshěng 黄門省 12-982B
huángményù 黄門獄 12-982B
huángmǐ 黄米 12-975A
huāngmiǎn 荒湎 9-391B
huángmián 黄緜 12-1003A
huángmiǎn 黄冕 12-992A
huángmián'ǎo 黄綿襖 12-1002A
huángmián'ǎozi 黄綿襖子 12-1002A
huángmiàn'er 黄面兒 12-984A
huángmiànjùtán 黄面瞿曇 12-984A
huángmiànlǎo 黄面老 12-983B
huángmiànlǎochán 黄面老禪 12-984A
huángmiànlǎozi 黄面老子 12-983B
huángmiànwēng 黄面翁 12-984A
huángmiè 黄蔑 12-999B
huángmièfǎng 黄篾舫 12-1007A
huángmièlóu 黄篾樓 12-1007A
huángmín 皇民 8-257B
huángmíng 皇明 8-258B
huángmíng 黄明 12-978B
huángmíng 蝗螟 8-931B
huángmìng 皇命 8-259A
huángmíngjiāo 黄明膠 12-978B
huángmǐtou'er 黄米頭兒 12-975A
huāngmiù 荒繆 9-393B
huāngmiù 荒謬 9-394A
huāngmiùjuélún 荒謬絶倫 9-394A
huāngmó 肓膜 6-1174A
huāngmò 荒末 9-388A
huāngmò 荒漠 9-392B
huángmó 皇謨 8-266A
huángmò 黄墨 12-1003A
huángmóu 黄黎 12-1011B
huángmǔ 黄母 12-973B
huángmù 皇木 8-256B
huángmù 黄木 12-969B
huángmù 黄目 12-972B
huángmùzūn 黄目尊 12-972B
huángnǎi 黄奶 12-973B
huángnǎi 黄妳 12-983A
huángnǎi 黄嬭 12-1008B
huángnǎn 蝗蝻 8-931B
huángnáng 黄囊 12-1013A
huángnáo 惶撓 7-663A
huángnáoshā 黄硇砂 12-991A
huángnèn 黄嫩 12-1001B
huángnéng 黄能 12-989B
huángní 黄泥 12-981B
huāngnián 荒年 9-388B
huāngniángǔ 荒年穀 9-388B
huángniǎo 皇鳥 8-262B
huángniǎo 黄鳥 12-992A
huángniǎozhīqí 黄鳥之旗 12-992A
huángníbǎn 黄泥坂 12-981B
huángníbǎng 黄泥膀 12-981B
huángniè 黄蘗 12-1010A
huángniè 蝗蘗 8-932A
huǎngniē 謊揑 11-332B
huāngníng 荒寧 9-393A
huángníng 皇寧 8-265A
huángníng 黄寧 12-1001A
huángnìng 遑寧 10-1036A
huángnìnì 黄膩膩 12-1005A
huángniú 黄牛 12-970B
huángniúmiào 黄牛廟 12-971A
huángniúsānxiá 黄牛三峽 12-970B
huángniúshān 黄牛山 12-970B
huángniútān 黄牛灘 12-971A
huángniúxiá 黄牛峽 12-970B
huángniúyù 黄牛嫗 12-970B
huángnóng 黄農 12-997B
huángnóngyúxia 黄農虞夏 12-997B
huángnú 黄奴 12-973B
huángnù 惶怒 7-662A
huángnuò 黄糯 12-1011B
huángnǚ 皇女 8-256A
huángōng 亘公 1-515A
huángōng 桓宮 4-964B
huángōng 還工 10-1249B
huángōng 環攻 4-637A
huángǒng 環拱 4-638B
huàngōng 換工 6-621A
huāngòu 歡媾 6-1478B
huángōu 環鉤 4-640B
huángōu 環句 4-636B
huángǒu 環狗 4-638A
huáng'ǒuguān 黄藕冠 12-1008B
huāngpà 慌怕 7-653B
huángpà 黄帕 12-978B
huángpái 黄牌 12-994B
huángpàng 黄胖 12-984B
huángpàngchōngniángāo 黄胖搖年糕 12-984B
huángpàngrìtou 黄胖日頭 12-984B
huángpáo 黄袍 12-989A
huángpáojiāshēn 黄袍加身 12-989A
huángpáojiātǐ 黄袍加體 12-989A
huángpēi 黄醅 12-1002B
huángpèi 皇轡 8-266B
huángpèi 璜珮 4-628B
huāngpì 荒僻 9-393A
huángpī 黄駓 12-1002A
huángpí 隍陴 11-1078B
huángpí 黄皮 12-973B
huángpí 黄羆 12-1010A
huángpián 黄骿 12-1001B
huángpián 黄䮁 12-1000B
huǎngpiàn 謊騙 11-333A
huángpiāopiāo 黄漂漂 12-1001A
huángpíguāshòu 黄皮刮瘦 12-973B
huángpíguǎshòu 黄皮寡瘦 12-973B
huángpíguǒ 黄皮果 12-973B
huǎngpíjiàng 謊皮匠 11-332B
huángpíng 蟥蛢 8-952A
huángpízi 黄皮子 12-973B
huāngpò 慌迫 7-653B
huángpó 黄婆 12-993A
huángpò 皇迫 8-259A
huángpò 惶迫 7-661B
huángpò 遑迫 10-1035B
huángpǔ 黄浦 12-988A
huāngqì 荒弃 9-388B
huāngqì 荒棄 9-391B
huángqī 皇戚 8-262B
huángqī 黄戚 12-991A
huángqī 黄漆 12-1001A
huángqí 皇祇 8-259A
huángqí 黄芪 12-977A
huángqí 黄祇 12-982A
huángqí 黄耆 12-986B
huángqí 黄旗 12-1001A
huángqǐ 黄綺 12-1001B
huángqì 皇器 8-265B
huángqì 黄氣 12-987B
huángqì 黄磧 12-1004B
huāngqiàn 荒歉 9-392B
huángqián 黄錢 12-1005A
huángqiàn 隍塹 11-1078B
huángqiángwēi 黄薔薇

12-1003B
huángqiānyè 黃千葉 12-969A
huǎngqiāocái 謊敲才 11-333A
huǎngqiáosī 謊喬廝 11-333A
huángqiè 惶怯 7-661B
huāngqīn 荒親 9-393B
huángqīn 皇親 8-265B
huángqín 黃芩 12-977A
huángqīng 黃輕 12-1000A
huángqíng 皇情 8-262B
huángqìng 皇慶 8-265A
huángqīnguóqī 皇親國戚 8-265B
huángqióng 皇穹 8-259A
huángqióngyǔ 皇穹宇 8-259A
huángqiū 皇丘 8-257B
huángqízǐgài 黃旗紫蓋 12-1001A
huángqú 皇衢 8-266B
huángquán 皇乾 8-262B
huángquán 皇權 8-266B
huángquán 黃泉 12-984B
huángquǎn 黃犬 12-970A
huángquǎntàn 黃犬歎 12-970A
huángquǎnyīn 黃犬音 12-970A
huāngquē 荒闕 9-394A
huángquè 黃雀 12-991A
huángquè 黃闕 12-1009B
huángquè'āi 黃雀哀 12-991B
huángquèbào 黃雀報 12-991B
huángquècìchán 黃雀伺蟬 12-991B
huángquèfēng 黃雀風 12-991B
huángquèhuán 黃雀環 12-991B
huángquèxiánhuán 黃雀銜環 12-991B
huángrán 皇然 8-263B
huángrán 惶然 7-662B
huǎngrán 怳然 7-476B
huǎngrán 恍然 7-519B
huǎngrán 晃然 5-710B
huàngrán 滉然 6-13A
huǎngrándàwù 恍然大悟 7-519B
huángrǎng 黃壤 12-1010B
huángràng 惶懹 7-663A
huángrǎngrǎng 黃穰穰 12-1013A
huāngrǎo 荒擾 9-394A
huángrǎo 惶擾 7-663A
huángrǎo 遑擾 10-1036A
huángrèbìng 黃熱病 12-1002A
huāngrén 荒人 9-387B
huángrén 皇人 8-255B
huángrén 皇仁 8-257A
huángrén 黃人 12-968A
huǎngrén 謊人 11-332B
huángrénpěngrì 黃人捧日 12-968A
huángrénshǒurì 黃人守日 12-968A
huángróng 煌榮 7-199A
huǎngrú 恍如 7-518B
huángruǎn 黃碝 12-1000A
huǎngrúgéshì 恍如隔世 7-518B
huángruí 黃蕤 12-1002B
huángruǐ 黃蕊 12-1002B
huángruì 黃瑞 12-996B
huǎngrúmèngmèi 恍如夢寐 7-518B
huángrùn 黃潤 12-1003B
huángruò 黃篛 12-1005A
huǎngruò 恍若 7-518B
huángsǎn 黃傘 12-995A
huángsǎn 黃散 12-993B
huángsǎn 黃繖 12-1009B
huángsāng 黃桑 12-989B
huángsāngbàng 黃桑棒 12-989B
huángsǎngé 黃傘格 12-995A
huángsānggùn 黃桑棍 12-989B
huángsǎngyú 黃顙魚 12-1010B
huángsānsān 黃毿毿 12-1003B
huāngsè 荒塞 9-392B
huāngsè 荒色 9-388B
huángsè 黃色 12-974B
huángsègōnghuì 黃色工會 12-974B
huángsēnsēn 黃森森 12-994A
huángsèwénxué 黃色文學 12-974B
huángsèzhàyào 黃色炸藥 12-974B
huángshā 黃沙 12-977B
huángshā 黃砂 12-983B
huángshān 黃山 12-969A
huángshān 黃衫 12-982A
huángshān 篁山 8-1213A
huángshàn 黃鱓 12-1013B
huángshàn 黃鱔 12-1013B
huángshàn 黃觛 12-1005B
huángshāng 皇商 8-262B
huángshāng 黃塲 12-993B
huángshàng 皇上 8-256A
huángshàngdì 皇上帝 8-256A
huángshàngjiā 皇上家 8-256A
huángshānkè 黃衫客 12-982A
huángshānyìshì 黃衫義士 12-982A
huángshāo 黃梢 12-990B
huángshàshà 黃煞煞 12-998B
huángshāwǎn 黃沙碗 12-977B
huángshāyù 黃沙獄 12-977B
huángshé 黃蛇 12-992A
huángshé 簧舌 8-1236B
huǎngshè 晃射 5-710A
huāngshén 慌神 7-653B
huángshēn 黃參 12-993A
huángshēn 黃紳 12-993A
huángshén 皇神 8-261A
huángshén 黃神 12-986A
huángshēng 黃牲 12-984A
huángshěng 黃眚 12-987B
huángshèng 皇聖 8-264A
huángshèshè 黃設設 12-992B
huāngshī 荒失 9-388A
huǎngshì 幌氏 3-749A
huángshī 皇尸 8-256A
huángshī 皇師 8-262A
huángshī 黃絁 12-993A
huángshī 黃蓍 12-996B
huángshí 皇時 8-261B
huángshí 黃石 12-972A
huángshǐ 皇使 8-259A
huángshǐ 黃矢 12-972B
huángshì 皇士 8-255B
huángshì 皇世 8-257A
huángshì 皇室 8-260B
huángshì 潢飾 6-56A
huǎngshì 謊勢 11-333A
huāngshíbàoyuè 荒時暴月 9-390A
huángshíbiān 黃石編 12-972B
huángshǐchéng 皇史宬 8-257A
huángshígōng 黃石公 12-972B
huángshíjīng 黃石經 12-972B
huángshílǎo 黃石老 12-972B
huángshíshū 黃石書 12-972B
huángshīzi 黃師子 12-988A
huángshīzi 黃獅子 12-998B
huángshōu 黃收 12-975B
huángshǒu 黃手 12-971A
huángshòu 黃瘦 12-1000B
huángshòu 黃綬 12-1002A
huángshòudān 黃壽丹 12-999B
huángshǒuguā 黃守瓜 12-975B
huāngshǒuhuāngjiǎo 慌手慌脚 7-653A
huāngshǒumángjiǎo 慌手忙脚 7-653A
huāngshū 荒疎 9-391B
huāngshū 荒疏 9-391B
huāngshǔ 荒署 9-392A
huāngshù 荒數 9-393A
huángshū 皇叔 8-258B
huángshū 皇書 8-262A
huángshū 皇樞 8-265A
huángshū 黃書 12-989B
huángshū 黃樞 12-1002B
huángshú 黃熟 12-1003A
huángshǔ 皇屬 8-266B
huángshǔ 黃黍 12-994B
huángshǔ 黃鼠 12-998A
huángshù 皇樹 8-265B
huāngshuài 荒率 9-391A
huángshuǐ 皇水 8-257A
huángshuǐ 黃水 12-970B
huángshuǐchuāng 黃水瘡 12-970B
huángshǔkuí 黃蜀葵 12-997B
huángshǔláng 黃鼠狼 12-998A
huǎngshuō 謊說 11-333A
huángshuòshuò 黃爍爍 12-1010B
huángshúxiāng 黃熟香 12-1003A
huángsī 黃絲 12-996B
huángsì 皇嗣 8-264B
huǎngsī 謊廝 11-333A
huǎngsī 謊厮 11-333A
huāngsǒng 慌悚 7-653B
huángsǒng 惶悚 7-662A
huángsōngsōng 黃鬆鬆 12-1008B
huāngsù 荒速 9-390A
huāngsù 慌速 7-653B
huángsù 黃素 12-986B
huāngsuì 荒歲 9-392A
huángsūn 皇孫 8-262A
huángsūn 黃孫 12-989B
huángsǔn 篁筍 8-1213A
huángsūnchē 皇孫車 8-262A
huángsùshū 黃素書 12-986B
huāngsùsù 慌速速 7-653B
huángsùzhào 黃素詔 12-986B
huángtà 皇闥 8-266A
huángtà 黃闥 12-1011B
huángtái 黃臺 12-999A
huángtái 璜臺 4-629A
huángtàidì 皇太弟 8-257A
huángtàifēi 皇太妃 8-256B
huángtáiguā 黃臺瓜 12-999B
huángtáiguācí 黃臺瓜辭 12-999B
huángtáiguāwàn 黃臺瓜蔓 12-999B
huángtàihòu 皇太后 8-256B
huángtáijí 黃臺吉 12-999B
huángtàimǔ 皇太姆 8-257A
huángtàisūn 皇太孫 8-257A
huángtàizǐ 皇太子 8-256B
huángtán 黃壇 12-1003B
huángtán 黃檀 12-1007A
huāngtáng 荒唐 9-390A
huángtāng 黃湯 12-996A
huángtáng 皇堂 8-262B
huángtáng 黃唐 12-988A
huángtáng 黃堂 12-991B
huángtáng 黃糖 12-1006B
huángtāngdànshuǐ 黃湯淡水 12-996A
huángtānglàshuǐ 黃湯辣水 12-996A
huángtánzǐ 黃曇子 12-1005A
huángténg 黃縢 12-1005B

huángténg 黄藤 12-1008B
huángténgjiǔ 黄縢酒
12-1005B
huángténgténg 黄騰騰
12-1011B
huángtǐ 黄體 12-1013A
huángtì 惶惕 7-662A
huāngtiān 荒天 9-387B
huāngtiǎn 荒腆 9-391B
huángtiān 皇天 8-256B
huángtiān 黄天 12-969B
huángtiānbà 黄天霸 12-969B
huángtiānbùfùkǔxīnrén
皇天不負苦心人
8-256B
huángtiāndàng 黄天蕩
12-969B
huángtiānhòutǔ 皇天后土
8-256B
huángtiānjiāorì 黄天焦日
12-969B
huángtiānshàngdì
皇天上帝 8-256B
huángtiānzǐ 皇天子 8-256B
huángtiáo 皇條 8-262A
huángtiáo 黄條 12-987B
huángtiě 黄鐵 12-1012A
huángtiěkuàng 黄鐵礦
12-1012A
huāngtíng 荒庭 9-389B
huángtīng 黄鞓 12-1004A
huángtíng 皇庭 8-260B
huángtíng 黄庭 12-984B
huángtíngjiào 黄庭教
12-985A
huángtíngkè 黄庭客 12-985A
huángtóng 黄桐 12-987A
huángtóng 黄童 12-995A
huángtóng 黄銅 12-1000B
huángtǒng 皇統 8-264A
huángtóngbáidiān
黄童白顛 12-995B
huángtóngbáisǒu 黄童白叟
12-995B
huángtónghàoshǒu
黄童皓首 12-995B
huángtóngzhǐ 黄同紙
12-974A
huángtóu 黄頭 12-1004A
huángtóujūn 黄頭軍
12-1004B
huángtóuláng 黄頭郎
12-1004B
huángtóunú 黄頭奴 12-1004B
huángtóunǚzhēn 黄頭女真
12-1004B
huángtóushìwéi 黄頭室韋
12-1004B
huángtóuxī 黄頭奚 12-1004B
huángtóuxiǎo'ér
黄頭小兒 12-1004A
huángtóuxiǎorén 黄頭小人
12-1004A
huāngtǔ 荒土 9-387B
huángtú 皇圖 8-264B
huángtú 黄圖 12-1000A
huángtǔ 黄土 12-968A
huángtuán 黄團 12-1000A
huángtǔbāozi 黄土包子
12-968B
huángtǔdào 黄土道 12-968B
huángtún 黄豘 12-977A
huángtuó 黄沱 12-981B
huángtǔrén 黄土人 12-968B
huāngù 歡故 6-1476B
huángù 還顧 10-1262B
huángù 環錮 4-641B
huángù 環顧 4-642A
huàngǔ 换骨 6-622A
huànguài 幻怪 4-428A
huānguǎn 驩館 12-919A
huánguān 還官 10-1253A
huánguàn 鐶貫 11-1420A
huánguàn 鐶鑕 11-1420A
huànguān 幻觀 4-429B
huànguān 宦官 3-1419A
huàngǔduótāi 换骨奪胎
6-622A
huánguī 桓圭 4-964A
huánguī 還歸 10-1261B
huánguī 環龜 4-641B
huānguó 讙國 11-465B
huánguó 還國 10-1256B
huànguò 换過 6-622B
huāngwài 荒外 9-388A
huángwán 黄丸 12-969A
huángwǎn 惶惋 7-662B
huāngwáng 荒亡 9-387B
huángwáng 皇王 8-256A
huángwáng 黄王 12-969B
huǎngwǎng 慌罔 7-653B
huǎngwǎng 慌惘 7-654A
huǎngwǎng 怳惘 7-476B
huǎngwǎng 恍惘 7-519A
huǎngwǎng 滉瀁 6-13B
huángwēi 皇威 8-259B
huángwéi 皇維 8-265A
huángwéi 皇闈 8-266A
huángwéi 黄闈 12-1008A
huángwěi 黄萎 12-990A
huángwěi 黄葦 12-994A
huángwèi 皇位 8-258A
huángwèi 惶畏 7-662A
huángwěibìng 黄萎病
12-990A
huángwěn 黄吻 12-977A
huángwò 黄幄 12-994B
huāngwú 荒蕪 9-393A
huāngwū 荒眗 9-389B
huángwū 皇屋 8-261A
huángwū 黄污 12-975A
huángwū 黄屋 12-986A
huángwū 潢汙 6-55B
huángwū 潢污 6-55B
huángwū 潢洿 6-56A
huángwú 黄罊 12-996B
huángwú 黄蕪 12-1002B
huángwǔ 皇武 8-258B
huángwǔ 皇舞 8-264B
huángwù 黄霧 12-1008B
huǎngwù 恍悟 7-519A
huángwūchē 黄屋車 12-986A
huángwūfēixīn 黄屋非心
12-986A
huángwūgài 黄屋蓋 12-986B
huángwūjiāngjūn 黄屋將軍
12-986B
huángwūyōu 黄屋憂 12-986B
huángwūzhūlún 黄屋朱輪
12-986A
huángxī 皇羲 8-266A
huángxī 黄犀 12-996B
huángxī 黄溪 12-998B
huángxī 黄羲 12-1006B
huángxī 遑息 10-1036A
huángxī 璜溪 4-629A
huángxí 皇隰 8-266A
huángxiā 喤呷 3-432B
huángxiá 皇暇 8-264A
huángxiá 偟暇 1-1550B
huángxiá 遑暇 10-1036A
huángxiàlù 隍下鹿 11-1078B
huángxiāng 黄香 12-984A
huángxiáng 黄祥 12-989A
huángxiǎng 皇想 8-264A
huángxiāngméi 黄香梅
12-984B
huángxiāngshānzhěn
黄香扇枕 12-984B
huángxiànsǎn 黄線繖
12-1003B
huángxiǎo 篁篠 8-1213A
huángxié 皇協 8-258B
huángxiéjūn 皇協軍 8-258B
huāngxìn 荒信 9-389B
huángxīn 皇心 8-257A
huángxīn 黄心 12-972A
huángxīng 黄星 12-984A
huángxīng 黄騂 12-1006B
huángxīng 潢星 6-56A
huángxīngyè 黄星靨 12-984A
huángxīngzi 黄猩子 12-995A
huángxīnshù 黄心樹 12-972A
huángxiōng 皇兄 8-257B
huángxióng 皇雄 8-263B
huángxióng 黄熊 12-1001B
huángxióngshì 皇雄氏
8-263B
huángxiū 皇休 8-257B
huángxiù 黄秀 12-977A
huángxiù 黄岫 12-978B
huángxiùbìng 黄銹病
12-1003A
huāngxū 荒墟 9-392B
huángxū 黄墟 12-999A
huángxǔ 黄醑 12-1004B
huángxù 黄鹹 12-1008A
huángxù 黄序 12-977B
huǎngxū 怳歘 7-476B
huángxuān 皇軒 8-261B
huángxuān 黄軒 12-987A
huángxuǎn 黄癬 12-1013A
huángxuànxuàn 黄渲渲
12-996A
huángxuě 黄雪 12-991A
huángxū'er 黄鬚兒 12-1012B
huángxuèyán 黄血鹽 12-974B
huángxūkè 黄鬚客 12-1012B
huángxūn 黄纁 12-1011B
huángxún 潢潯 6-56B
huángxùn 黄蕈 12-1002B
huángyā 黄鴉 12-1002B
huángyā 黄鴨 12-1005A
huángyá 黄牙 12-970A
huángyá 黄芽 12-975B
huángyǎ 皇雅 8-263B
huángyà 黄鮎 12-995A
huángyà 遑訝 10-1036A
huángyábái 黄芽白 12-975B
huángyácài 黄芽菜 12-975B
huángyádǐng 黄芽鼎 12-975B
huángyàgū 黄亞姑 12-978A
huāngyān 荒烟 9-390A
huāngyān 荒煙 9-392B
huāngyàn 荒宴 9-390B
huāngyàn 荒讌 9-394B
huángyān 黄烟 12-988A
huángyān 黄煙 12-998B
huángyán 黄言 12-977A
huángyán 黄炎 12-981B
huángyán 簧言 8-1236B
huǎngyán 謊言 11-332B
huǎngyǎn 晃眼 5-710A
huángyāng 黄鞅 12-1005B
huángyāng 黄秧 12-987B
huángyáng 黄羊 12-975A
huángyáng 黄楊 12-997A
huǎngyàng 幌漾 3-756A
huàngyáng 洸洋 5-1141B
huàngyáng 潢洋 6-56A
huàngyǎng 洸瀁 5-1141B
huàngyàng 洸瀁 5-1141B
huàngyàng 潢漾 6-56B
huàngyàng 晃瀁 5-710B
huàngyàng 晃漾 5-710B
huàngyàng 滉瀁 6-13B
huàngyàng 滉漾 6-13A
huàngyàng 滉樣 6-13B
huángyáng'èrùn 黄楊厄閏
12-997A
huángyāo 黄妖 12-977B
huángyāo 黄腰 12-998A
huángyāo 黄要 12-983B
huángyào 黄藥 12-1008B
huǎngyào 煌燿 7-199A
huǎngyào 晃曜 5-710B
huǎngyào 晃耀 5-710B
huǎngyào 熀燿 7-214B
huǎngyáo 晃摇 5-710B
huángyàozǐ 黄藥子 12-1008B
huángyátǔ 黄牙土 12-970A
huāngyě 荒野 9-390B
huángyé 皇爺 8-263B
huángyě 黄冶 12-977B
huángyè 皇業 8-264A
huángyè 黄葉 12-993B

huàngyè 晃曳 5-710A
huángyěbiànhuà 黃冶變化 12-977B
huángyèqián 皇業錢 8-264A
huāngyí 荒夷 9-388A
huāngyì 荒裔 9-392B
huángyī 黃衣 12-974B
huángyí 皇儀 8-265A
huángyí 皇彝 8-266A
huángyí 黃夷 12-974A
huángyí 黃彝 12-1009B
huángyí 惶疑 7-663A
huángyì 皇邑 8-258A
huángyì 皇翼 8-266A
huángyì 黃繶 12-1010B
huángyì 黃鷁 12-1012A
huángyì 煌熠 7-199A
huǎngyí 恍疑 7-519B
huángyīfū 黃衣夫 12-975A
huāngyín 荒淫 9-391A
huāngyín 荒銀 9-392B
huángyín 黃銀 12-1000B
huángyìn 皇胤 8-260A
huángyìn 黃胤 12-984B
huāngyíng 滉盈 5-1445A
huángyīng 皇英 8-258B
huángyīng 黃鶯 12-1012A
huángyīng 黃鷹 12-1013B
huángyīng 黃鸎 12-1013B
huángyíng 煌熒 7-199A
huángyīngbiézhǔ 黃鶯別主 12-1012A
huángyīng'er 黃鶯兒 12-1012A
huángyínshù 黃銀樹 12-1000B
huāngyínwúchǐ 荒淫無耻 9-391A
huāngyòu 荒幼 9-388A
huángyóu 皇繇 8-266A
huángyóu 皇猷 8-264B
huángyóu 黃油 12-981B
huángyǒu 黃黝 12-1005B
huángyòu 黃狖 12-981A
huángyòu 黃鼬 12-1009A
huángyòu 黃狖 12-981A
huángyòu 簧誘 8-1236B
huàngyōu 晃悠 5-710A
huāngyú 荒餘 9-393B
huángyū 黃淤 12-993A
huángyú 皇輿 8-266A
huángyú 皇轝 8-266A
huángyú 黃魚 12-992B
huángyú 黃榆 12-997A
huángyú 黃虞 12-997B
huángyú 黃輿 12-1007A
huángyǔ 蝗雨 8-931B
huángyù 黃玉 12-972A
huǎngyǔ 謊語 11-333A
huǎngyù 晃昱 5-710A
huǎngyù 晃煜 5-710B
huāngyuán 荒原 9-390A
huāngyuǎn 荒遠 9-392A
huángyuán 黃原 12-987B
huángyuán 黃櫞 12-1010A
huángyuán 蝗蝝 8-931B
huángyuǎn 黃遠 12-996B
huángyuànzǐ 黃院子 12-986B
huángyúchē 黃魚車 12-992B
huāngyuè 荒月 9-387B
huāngyuè 荒越 9-391A
huāngyuè 荒閱 9-393B
huángyuè 黃月 12-971B
huángyuè 黃鉞 12-998A
huángyuè 惶越 7-662B
huángyùhuā 黃玉花 12-972A
huángyùlù 黃玉籙 12-972A
huángyūn 黃暈 12-997B
huángyún 黃雲 12-994A
huángyùn 皇運 8-264A
huángyúnbáicǎo 黃雲白草 12-994B
huángyúnchèn 黃雲讖 12-994B
huángyúsài 黃榆塞 12-997B
huángyúxìn 黃榆信 12-997A
huángzāi 蝗災 8-931B
huángzāi 蝗灾 8-931B
huángzāo 鰉糟 12-1249A
huángzé 皇澤 8-266A
huángzéi 黃賊 12-997B
huángzèn 簧譖 8-1236B
huángzēng 黃繒 12-1010A
huángzēngzǔ 皇曾祖 8-264A
huángzhá 黃札 12-972A
huǎngzhà 謊詐 11-333A
huǎngzhāhū 謊喳呼 11-332B
huāngzhāng 荒張 9-391A
huāngzhāng 荒獐 9-392B
huāngzhāng 慌張 7-654A
huángzhāng 皇章 8-262B
huángzhāng 黃章 12-993A
huángzhāng 黃麞 12-1013A
huángzhǎng 黃漲 12-1001A
huángzhàng 黃帳 12-992A
huángzhàng 黃瘴 12-1005B
huāngzhānghuāngzhì 慌張慌智 7-654A
huāngzhāngshìshà 慌張勢煞 7-654A
huāngzhēn 荒榛 9-392B
huángzhèn 篁陣 8-1213A
huāngzhèng 荒政 9-389A
huángzhēng 黃蒸 12-997A
huángzhèng 皇政 8-259B
huángzhèng 黃症 12-988A
huángzhī 皇支 8-256B
huángzhī 皇枝 8-258B
huángzhī 黃支 12-969B
huángzhī 黃芝 12-974A
huángzhī 黃枝 12-978B
huángzhí 皇直 8-258B
huángzhí 皇姪 8-261A
huángzhǐ 皇旨 8-258A
huángzhǐ 黃紙 12-990A
huángzhì 皇治 8-259A
huángzhì 皇質 8-265A
huángzhì 黃制 12-978B
huángzhì 黃雉 12-998A
huángzhì 潢治 6-56A
huángzhǐzhá 黃紙札 12-990A
huángzhízhú 黃躑躅 12-1011B
huāngzhǒng 荒冢 9-390B
huāngzhǒng 荒塚 9-392A
huángzhōng 黃中 12-970A
huángzhōng 黃忠 12-978B
huángzhōng 黃鍾 12-1007A
huángzhōng 黃鐘 12-1011B
huángzhōng 蝗螽 8-931B
huángzhǒng 黃種 12-1000B
huángzhōngchángqì 黃鐘長棄 12-1011B
huángzhōngdàlǚ 黃鍾大吕 12-1007B
huángzhōngdàlǚ 黃鐘大吕 12-1011B
huángzhōngdiào 黃鍾調 12-1007B
huángzhōngdiào 黃鐘調 12-1011B
huángzhōnggōng 黃鍾宫 12-1007B
huángzhōnggōng 黃鐘宫 12-1011B
huángzhōnghuǐ 黃鐘毁 12-1011B
huángzhōnghuǐqì 黃鍾毁棄 12-1007B
huángzhōnghuǐqì 黃鐘毁棄 12-1011B
huángzhōngjūn 黃中君 12-970A
huángzhōnglǐ 黃中李 12-970A
huángzhōngwǎfǒu 黃鍾瓦缶 12-1007B
huángzhōngwǎfǔ 黃鐘瓦釜 12-1011B
huángzhōu 皇州 8-258A
huángzhòu 皇胄 8-259B
huàngzhōu 滉舟 6-13A
huángzhū 黃朱 12-974A
huángzhú 皇竹 8-257B
huángzhú 黃竹 12-974A
huángzhú 篁竹 8-1213A
huángzhǔ 璜渚 4-628B
huǎngzhù 晃著 5-710A
huàngzhù 滉柱 6-13A
huángzhuàn 黃鑽 12-1013B
huángzhuāng 皇莊 8-261B
huángzhuàng 黃狀 12-982B
huǎngzhuàng 謊狀 11-332B
huāngzhuì 荒墜 9-393A
huāngzhūn 荒屯 9-387B
huángzhuó 皇灼 8-258B
huángzhuó 黃濁 12-1006B
huángzhuó 惶灼 7-661B
huángzhuó 煌灼 7-199A
huángzhútǒng 黃竹筒 12-974B
huāngzi 荒子 9-387B
huāngzì 荒恣 9-390A
huángzǐ 黃緇 12-1002A
huángzǐ 皇子 8-256A
huángzǐ 黃子 12-969A
huángzǐ 黃紫 12-994B
huǎngzi 晃子 5-710A
huǎngzi 幌子 3-755B
huǎngzǐ 謊子 11-332B
huángzǐbēi 皇子陂 8-256A
huāngzǐchánsūn 荒子孱孫 9-387B
huángzǐpō 皇子坡 8-256A
huángzōng 皇宗 8-259A
huāngzōu 荒陬 9-390B
huángzū 黃菹 12-994A
huángzú 皇族 8-262B
huángzú 黃族 12-993A
huángzǔ 皇祖 8-261A
huángzǔ 皇組 8-263A
huángzǔ 黃祖 12-985B
huángzǔbǐ 皇祖妣 8-261A
huāngzuì 荒醉 9-393A
huǎngzuǐ 謊嘴 11-333A
huángzǔkǎo 皇祖考 8-261A
huángzuǒ 皇佐 8-258A
huángzuò 皇祚 8-261A
huángzuò 黃祚 12-986A
huāngzuòyītuán 慌做一團 7-653B
huānhāi 歡咍 6-1476B
huānhāi 讙咍 11-465A
huānhài 歡駭 6-1479A
huānhài 讙駭 11-466A
huánhǎi 寰海 3-1635B
huánhǎi 還海 10-1256A
huánhǎi 環海 4-639A
huánhài 環駭 4-641A
huànhǎi 幻海 4-428B
huànhǎi 宦海 3-1419B
huànhài 患害 7-530B
huānhāiwājué 驩咍嗢噱 12-918B
huánhàn 還翰 10-1260B
huánhàn 闤閈 12-173B
huànhàn 涣汗 5-1254A
huànhàndàhào 涣汗大號 5-1254A
huānháo 豲豪 10-25B
huānhǎo 懽好 7-794B
huānhǎo 歡好 6-1475B
huánháo 還號 10-1259A
huànhào 涣號 5-1255A
huānhé 歡合 6-1475B
huānhé 歡和 6-1476B
huānhé 驩合 12-918B
huánhé 環合 4-637A
huǎnhé 緩和 9-945A
huànhè 焕赫 7-81B
huánhéng 還衡 10-1260B
huānhòng 歡閧 6-1479A
huānhū 嚾呼 3-554A
huānhū 懽呼 7-794B
huānhū 歡呼 6-1476A
huānhū 讙呼 11-465A

huānhū 讙嘑 11-465B
huānhū 驩呼 12-918B
huánhù 還笏 10-1255B
huánhù 環護 4-642A
huànhū 幻忽 4-428A
huānhuā 讙嘩 11-465B
huānhuā 讙譁 11-466A
huānhuā 驩譁 12-919B
huánhuā 鬟花 12-755B
huànhuā 浣花 5-1280B
huànhuà 幻化 4-427B
huànhuà 漶化 6-91A
huànhuācǎotáng 浣花草堂 5-1280B
huànhuājiān 浣花牋 5-1280B
huānhuān 嚾嚾 3-554A
huānhuān 貛貛 10-1345A
huánhuán 洹洹 5-1136B
huánhuán 狟狟 5-44B
huánhuán 桓桓 4-964B
huánhuán 環環 4-641B
huǎnhuǎn 睆睆 7-1223B
huǎnhuǎn 緩緩 9-946A
huànhuàn 灌灌 6-213B
huànhuàn 奐奐 2-1507A
huànhuàn 浣浣 5-1281A
huànhuàn 浣澣 5-1281B
huànhuàn 渙渙 5-1254A
huànhuàn 煥煥 7-81A
huànhuàn 皖皖 8-273B
huànhuārì 浣花日 5-1280B
huànhuāsǒu 浣花叟 5-1280B
huànhuātiān 浣花天 5-1280B
huànhuāwēng 浣花翁 5-1280B
huànhuāxī 浣花溪 5-1280B
huānhūgǔwǔ 歡呼鼓舞 6-1476A
huānhuī 讙豗 11-465A
huānhuì 懽會 7-795A
huānhuì 歡會 6-1478A
huánhuī 還麾 10-1260A
huánhuí 還回 10-1251A
huánhuí 還迴 10-1254A
huánhuí 環回 4-637A
huánhuí 環迴 4-638B
huánhuì 還會 10-1259B
huánhuì 還誨 10-1259B
huánhuì 闤闠 12-173B
huánhuìzǐ 闤闠子 12-173B
huánhún 還魂 10-1258B
huánhúncǎo 還魂草 10-1259A
huánhúndān 還魂丹 10-1258B
huánhúnxiùcai 還魂秀才 10-1259A
huánhúnzhǐ 還魂紙 10-1259A
huánhuó 還活 10-1254B
huǎnhuǒ 緩火 9-944B
huànhuò 幻惑 4-428B
huànhuò 患禍 7-531A
huāní 花呢 9-291B
huánì 滑膩 5-1482A
huánì 猾逆 5-91A
huānián 華年 9-399B
huāniǎn 華輦 9-407A
huāniáng 花娘 9-296A
huāniáng 花孃 9-306B
huāniàng 花釀 9-307A
huāniǎo 花鳥 9-297B
huāniǎoshǐ 花鳥使 9-297B
huāniè 花孽 9-306A
huāniè 花鑷 9-307A
huāniè 華孽 9-409A
huāniè 華鑷 9-411A
huánìnì 滑膩膩 5-1482B
huānjí 讙集 11-465B
huánjī 還擊 10-1261A
huánjī 環激 4-641B
huánjī 環擊 4-641B
huánjí 寰極 3-1635B
huánjí 還級 10-1254B
huánjí 還籍 10-1262A
huánjí 環極 4-640A
huánjí 環集 4-640A
huánjí 瀙濮 6-165A
huánjì 還忌 10-1252A
huánjì 還祭 10-1256B
huánjì 還覬 10-1261A
huánjì 鬟髻 12-756A
huǎnjí 緩急 9-945A
huànjí 宦籍 3-1420B
huànjí 患急 7-530B
huànjí 患疾 7-530B
huànjǐ 換給 6-622B
huànjì 宦迹 3-1419A
huànjì 宦跡 3-1420A
huànjì 宦蹟 3-1420B
huànjì 宦騎 3-1420B
huànjì 換季 6-622A
huànjì 患忌 7-530A
huānjiā 歡浹 6-1477A
huānjiā 讙浹 11-465B
huānjiā 驩浹 12-918B
huánjiā 還家 10-1256A
huánjià 還假 10-1256B
huánjià 還價 10-1260A
huánjià 還駕 10-1260A
huǎnjiá 緩頰 9-946A
huànjiā 宦家 3-1419B
huànjiǎ 擐甲 6-920A
huǎnjiàn 緩箭 9-946A
huànjiān 換肩 6-622A
huānjiāo 歡交 6-1475B
huānjiào 歡叫 6-1475B
huānjiào 讙叫 11-464B
huānjiào 驩叫 12-918B
huánjiǎo 還脚 10-1256B
huánjiǎo 鬟脚 12-756A
huánjiào 環珓 4-639A
huánjiào 環灂 4-642A
huànjiāoniáng 喚嬌娘 3-364B
huánjiē 環秸 4-639B
huánjié 環傑 4-640A
huánjié 環節 4-640B
huánjié 鬟結 12-756A
huánjiè 寰界 3-1635A
huánjiè 環介 4-636B
huànjié 幻劫 4-428A
huànjiě 渙解 5-1255A
huànjiè 換借 6-622B
huánjīn 藿觔 11-848B
huánjǐn 還錦 10-1260B
huànjǐn 換錦 6-623A
huānjīng 讙驚 11-466B
huānjìng 歡敬 6-1478A
huánjīng 還精 10-1259B
huánjìng 還逕 10-1255B
huánjìng 還敬 10-1258A
huánjìng 環境 4-640B
huànjǐng 幻景 4-428B
huànjǐng 換景 6-622B
huànjǐng 煥景 7-81A
huànjìng 幻境 4-429A
huánjīngbǔnǎo 還精補腦 10-1259B
huánjīngyuè 還京樂 10-1253A
huànjiù 患咎 7-530B
huànjiù 逭咎 10-1012B
huānjǔ 讙舉 11-466A
huānjù 懽聚 7-795A
huānjù 歡聚 6-1478B
huānjù 讙聚 11-465B
huánjū 環居 4-638A
huánjù 環聚 4-640B
huànjū 環居 4-638A
huànjù 幻劇 4-429A
huānjuàn 歡眷 6-1477B
huānjué 歡噱 6-1479A
huánjué 環玦 4-637B
huǎnjué 緩決 9-944B
huànjué 幻覺 4-429B
huānjūn 歡君 6-1476A
huánjūn 萑菌 11-849A
huánjūn 還軍 10-1254B
huǎnjūn 緩軍 9-945B
huánkàn 環瞰 4-641A
huānkāng 歡康 6-1477B
huánkè 還課 10-1260A
huànkè 宦客 3-1419A
huánkǒu 還口 10-1249B
huánkòu 環扣 4-636B
huánkǒuyuàn 還口願 10-1249B
huànkǔ 患苦 7-530B
huānkuài 懽快 7-794B
huānkuài 歡快 6-1476A
huánkuǎn 還欵 10-1256B
huánkuǎn 還款 10-1257B
huǎnkuǎn 緩款 9-945B
huànkuàng 宦况 3-1418B
huànkuàng 宦況 3-1419A
huànkuàng 宦貺 3-1419B
huánkūn 環琨 4-640A
huánlái 還來 10-1252B
huánlán 萑蘭 9-445A
huànlàn 奐爛 2-1507A
huànlàn 渙爛 5-1255A
huànlàn 煥爛 7-82A
huānláng 貛郎 10-1345A
huànlǎng 煥朗 7-81A
huánlángdí 桓郎笛 4-964A
huànláo 逭勞 10-1012B
huànláo 豢牢 10-24B
huānlè 懽樂 7-795A
huānlè 歡樂 6-1479A
huānlè 讙樂 11-466A
huānlè 驩樂 12-919A
huànlèi 患累 7-530B
huánlǐ 還禮 10-1261A
huánlǐ 環理 4-639B
huánlǐ 闤里 12-173B
huánlì 還立 10-1251A
huánlì 環立 4-636B
huànlí 渙離 5-1255A
huànlì 宦吏 3-1418B
huànlì 患吏 7-530A
huànlì 煥麗 7-81B
huánlián 環連 4-639A
huànliàn 浣練 5-1281B
huānliàng 讙亮 11-465A
huánliáng 還糧 10-1262A
huánliáo 環繚 4-641B
huánliè 環列 4-636B
huànliè 轘裂 9-1334B
huánlièzhīyǐn 環列之尹 4-637A
huānlín 歡鄰 6-1478B
huánlín 環林 4-637B
huánlín 環鄰 4-641A
huànlín 渙鱗 5-1255A
hù'ànlín 護岸林 11-438B
huánlíng 桓靈 4-964B
huánlìng 還令 10-1251A
huánlìtōngsuǒ 環利通索 4-637B
huānliú 嚾流 3-554A
huánliú 澴流 6-167B
huánliú 還流 10-1256A
huánliú 環流 4-639A
huǎnliú 緩留 9-945B
huānliūliū 歡溜溜 6-1478A
huànlóng 豢龍 10-25A
huànlóngshì 豢龍氏 10-25A
huānlù 讙露 11-466A
huánlù 還路 10-1259A
huánlù 鬟露 12-756A
huànlù 宦路 3-1420A
huànluán 轘欒 9-1335A
huànluò 渙落 5-1254B
huánlǘ 闤閭 12-173B
huánlǚ 還旅 10-1256A
huánlǚ 還履 10-1260A
huànlǚ 宦侶 3-1419A
huánmà 還罵 10-1260B
huànmǎ 換馬 6-622B
huánmài 還麥 10-1256B
huǎnmài 緩脉 9-945A
huǎnmàn 緩慢 9-946A
huǎnmàn 緩漫 9-946A
huànmàn 渙漫 5-1255A
huànmàn 漶漫 6-91A
huānméidàyǎn 歡眉大眼

6-1477A
huānmén 歡門 6-1476B
huānmén 驩門 12-918B
huànmén 宦門 3-1419A
huànmén 喚門 3-364B
huānméng 歡盟 6-1478A
huánmèng 桓孟 4-964B
huànmèng 幻夢 4-428B
huànmí 渙靡 5-1255A
huànmí 豢縻 10-25A
huánmiàn 還面 10-1253B
huànmiǎo 幻眇 4-428A
huànmiǎo 幻渺 4-428B
huànmiè 幻滅 4-429A
huànmiè 渙滅 5-1255A
huànmiè 漶滅 6-91A
huánmín 還民 10-1251A
huánmíng 還名 10-1251B
huánmìng 還命 10-1253A
huànmíng 焕明 7-81A
huànmìng 渙命 5-1254A
huānmù 歡睦 6-1478A
huānmù 歡慕 6-1478B
huánmù 桓繆 4-964B
huánmù 還睦 10-1259A
huánmù 環目 4-636B
huánmù 鶚目 12-1164B
huǎnmù 睆目 7-1223B
huànmù 焕目 7-81A
huánnà 還納 10-1256A
huànnàn 患難 7-531A
huànnáng 宦囊 3-1421A
huānnáo 讙呶 11-465A
huānnáo 讙譊 11-466A
huānnào 歡鬧 6-1478B
huánnèi 寰内 3-1635A
huánnèi 環内 4-636A
huānnì 歡昵 6-1476B
huánnì 還睨 10-1259A
huánnì 環睨 4-640B
huánnián 還年 10-1251A
huánniǎn 還輦 10-1260A
huánniàn 環念 4-638A
huánniánquèlǎo 還年卻老 10-1251B
huánniányào 還年藥 10-1251B
huánniánzhùsè 還年駐色 10-1251B
huànniè 宦孽 3-1420B
huánniǔ 環紐 4-639A
huánniǔ 鐶鈕 11-1420A
huànniú 宦牛 3-1418B
huánnóng 還農 10-1259A
huānnuè 歡謔 6-1479B
huànnǚ 宦女 3-1418A
huānóng 花農 9-300B
huànóng 化膿 1-1116B
huànòng 話弄 11-176B
huàn'ōu 幻漚 4-429A
huànpàn 渙泮 5-1254A
huánpào 還炮 10-1254B
huànpào 幻泡 4-428A
huánpèi 還旆 10-1256A
huánpèi 還轡 10-1262B
huánpèi 環佩 4-638A
huánpèi 環帔 4-637B
huánpèi 環珮 4-639A
huǎnpèi 緩轡 9-946B
huánpín 環玭 4-637B
huǎnpín 緩貧 9-945B
huànpíng 宦評 3-1419B
huánpò 環迫 4-638A
huánpú 萑蒲 11-849A
huánpú 桓蒲 4-964B
huánpú 萑苻 9-444B
huánpú 萑蒲 9-444B
huánpǔ 還普 10-1258B
huánpǔfǎngǔ 還樸反古 10-1260B
huānqī 歡戚 6-1477B
huānqī 歡期 6-1478A
huānqī 驩戚 12-919A
huānqì 歡氣 6-1477A
huánqì 環泣 4-638A
huǎnqī 緩期 9-945B
huǎnqì 緩氣 9-945B
huànqǐ 喚起 3-364B
huànqǐ 焕綺 7-81B
huànqì 换氣 6-622B
huànqì 患氣 7-530B
huānqià 懽洽 7-794B
huānqià 歡洽 6-1477A
huānqià 驩洽 12-918B
huánqián 還錢 10-1260B
huánqián 環錢 4-641B
huánqiàn 還欠 10-1250A
huànqián 换錢 6-623A
huánqiāng 還槍 10-1259B
huànqiǎo 幻巧 4-427B
huānqiè 歡愜 6-1478A
huánqiè 還妾 10-1253A
huànqiè 换妾 6-622A
huānqīn 懽親 7-795B
huánqín 還琴 10-1257B
huànqīn 换親 6-623A
huānqíng 歡情 6-1477B
huānqìng 歡慶 6-1479A
huánqīng 還青 10-1252B
huánqíng 還情 10-1257A
huánqǐng 還請 10-1260A
huànqíng 宦情 3-1419B
huánqióng 還邛 10-1250B
huánqiū 環丘 4-636B
huánqiú 寰球 3-1635B
huánqiú 環球 4-639A
huānqū 讙趣 11-465B
huānqù 懽趣 7-795B
huānqù 歡趣 6-1479A
huánqū 寰區 3-1635B
huánqū 環曲 4-637A
huánqū 環屈 4-638A
huánqū 轘曲 9-1334B
huánqú 闤衢 12-173B
huánqù 還去 10-1250B
huànqū 幻軀 4-429B
huànqǔ 喚取 3-364B
huànqǔ 换取 6-621B
huánquē 還闕 10-1262A
huànqún'é 换羣鵝 6-622B
huānrán 懽然 7-795A
huānrán 讙然 11-465B
huānrán 驩肰 12-918B
huānrán 驩然 12-919A
huānrán 鳨然 12-1074A
huǎnrán 睆然 7-1223B
huànrán 奐然 2-1507A
huànrán 渙然 5-1254B
huànrán 焕然 7-81A
huànrǎn 浣染 5-1281A
huànránbīngshì 渙然冰釋 5-1254B
huànránrúxīn 焕然如新 7-81B
huànrányīxīn 焕然一新 7-81B
huānrǎo 讙擾 11-466A
huánrǎo 還繞 10-1262A
huánrǎo 環遶 4-641A
huánrǎo 環繞 4-641B
huànrǎo 豢擾 10-25A
huānrè 歡熱 6-1479A
huánrèn 還任 10-1251B
huánrén 環人 4-636A
huànrén 幻人 4-427B
huànrén 宦人 3-1418A
huànrén 眩人 7-1198B
huānróng 歡容 6-1477A
huānróng 歡榮 6-1478B
huánróng 豲戎 10-42B
huānróu 歡柔 6-1477A
huánròu 還肉 10-1251A
huānrú 懽如 7-794B
huánrú 還如 10-1251B
huánrú 環挐 4-639A
huànrú 宦孺 3-1420B
huànrù 焕縟 7-81B
huànrúbīngshì 渙如冰釋 5-1254A
huánruò 萑蒻 11-849A
huànruò 奐若 2-1507A
huànruò 焕若 7-81A
huànruòbīngshì 渙若冰釋 5-1254A
huànruòbīngxiāo 渙若冰消 5-1254A
huánsǎn 饘饊 12-586A
huànsàn 渙散 5-1254B
huànshājīn 浣紗津 5-1281A
huānshān 讙山 11-464B
huánshān 還山 10-1249B
huánshān 環山 4-636A
huānshǎng 歡賞 6-1479A
huánshānniǎo 桓山鳥 4-964B
huánshānzhībēi 桓山之悲 4-964A
huánshānzhīqì 桓山之泣 4-963B
huánshào 還少 10-1250A
huànshāshí 浣紗石 5-1281A
huànshāxī 浣紗溪 5-1281A
huānshè 讙設 11-465B
huánshè 還射 10-1255B
huànshè 幻設 4-428B
huánshēn 環深 4-639B
huánshén 還神 10-1254B
huànshēn 轘身 9-1334B
huànshēn 幻身 4-428A
huànshēn 豢身 10-24B
huànshěn 喚審 3-364B
huānshēng 歡聲 6-1479B
huānshēng 讙聲 11-466A
huānshēng 驩聲 12-919A
huánshēng 還生 10-1250B
huánshēng 還聲 10-1261A
huánshēng 環生 4-636B
huánshěng 還省 10-1253B
huǎnshēng 緩聲 9-946A
huǎnshēnggē 緩聲歌 9-946A
huānshēngléidòng 歡聲雷動 6-1479B
huānshí 歡實 6-1478B
huānshì 懽侍 7-794B
huānshì 歡適 6-1478B
huānshì 歡釋 6-1479B
huánshī 還師 10-1255B
huánshí 環食 4-638B
huánshí 環蝕 4-640B
huánshì 還世 10-1250B
huánshì 還是 10-1253B
huánshì 還視 10-1257A
huánshì 環侍 4-638A
huánshì 環視 4-639B
huánshì 闤市 12-173B
huánshì 圜視 3-671A
huǎnshī 緩師 9-945B
huànshī 幻師 4-428A
huànshī 患失 7-530A
huànshī 眩師 7-1199A
huànshì 幻士 4-427B
huànshì 幻世 4-427B
huànshì 幻視 4-428B
huànshì 宦侍 3-1418B
huànshì 宦室 3-1419A
huànshì 浣拭 5-1281A
huànshì 渙釋 5-1255A
huánshíqiánlái 桓石虔來 4-964A
huánshǒu 還手 10-1250A
huánshǒu 還首 10-1254B
huánshǒu 環守 4-637A
huánshǒu 繯首 9-1033B
huánshòu 還受 10-1253A
huànshǒu 换手 6-621A
huànshòu 换授 6-622B
huánshòujīng 還壽經 10-1259B
huànshǒuzhuābèi 换手抓背 6-621B
huānshū 臛疏 6-1417A
huánshū 還書 10-1256A
huánshū 環樞 4-641A
huánshú 還贖 10-1262B
huànshǔ 逭暑 10-1012B
huànshù 幻術 4-428B
huànshù 宦術 3-1419B

huànshù 宦豎 3-1420A
huánshuài 還率 10-1257A
huánshuài 還帥 10-1254B
huánshuǐ 洹水 5-1136B
huánshuǐ 還水 10-1250A
huánshuǐ 環水 4-636A
huànshuǐ 浣水 5-1280A
huànshuò 煥爍 7-81B
huánsī 還私 10-1252A
huánsī 鬟絲 12-756A
huánsì 還嗣 10-1259A
huánsì 環伺 4-637B
huánsì 闤肆 12-173B
huǎnsǐ 緩死 9-944B
huànsǐ 逭死 10-1012B
huànsì 宦寺 3-1418B
huànsì 患肆 7-531A
huānsǒng 歡悚 6-1477A
huānsòng 歡送 6-1476B
huānsòng 讙訟 11-465B
huánsú 還俗 10-1254A
huánsù 環素 4-639A
huànsuàn 換算 6-622B
huánsuì 寰遂 3-1635B
huánsuì 環歲 4-640A
huāntài 歡泰 6-1477A
huāntàn 歡歎 6-1479A
huàntān 瘓癱 8-321A
huàntāngbùhuànyào
換湯不換藥 6-622B
huántāo 環濤 4-641B
huántáo 環桃 4-639A
huānténg 歡騰 6-1479B
huānténg 驩騰 12-919B
huàntǐ 換體 6-623B
huántiān 環天 4-636A
huántián 還田 10-1250B
huántiàn 環瑱 4-640B
huāntiānxǐdì 歡天喜地
6-1475B
huántiào 還眺 10-1256B
huàntiě 喚鐵 3-365A
huàntiě 換帖 6-622A
huántīng 環聽 4-642A
huántóng 還童 10-1258B
huántóng 鐶銅 11-1420A
huāntóu 讙頭 11-466A
huāntóu 驩頭 12-919A
huàntóu 喚頭 3-365A
huàntóu 換頭 6-622B
huāntóuguó 讙頭國 11-466A
huántú 還途 10-1255B
huántú 環涂 4-639A
huántú 環塗 4-640B
huántǔ 寰土 3-1635A
huántǔ 還土 10-1249B
huǎntǔ 緩土 9-944B
huàntú 宦途 3-1419A
huāntuán 鸛鶇 12-1173A
huāntuán 歡團 6-1478B
huántuì 還退 10-1254B
huāntún 貛豘 5-144B
huāntún 貛豘 10-1345A
huàntuó 宦橐 3-1420B
huānú 花奴 9-288A
huánù 讙怒 11-370B
huānúgǔ 花奴鼓 9-288B
huànuò 畫諾 7-1380A
huànuòzuòxiào 畫諾坐嘯
7-1380A
huánwǎng 還往 10-1253A
huánwàng 還望 10-1257A
huànwǎng 宦網 3-1420A
huānwèi 懽慰 7-795A
huānwèi 歡慰 6-1479A
huánwéi 圜圍 3-671A
huánwěi 萑葦 11-849A
huánwěi 萑葦 9-444B
huánwèi 還味 10-1252B
huánwèi 環衛 4-641A
huànwěi 幻僞 4-429A
huànwèi 宦味 3-1418B
huànwèi 浣慰 5-1281B
huànwèi 煥蔚 7-81B
huánwén 桓文 4-964A
huànwén 換文 6-621B
huànwèn 喚問 3-364B
huānwénbiàngē 歡聞變歌
6-1478B
huānwéngē 歡聞歌 6-1478B
huánwò 環臥 4-637B
huànwò 渙渥 5-1254B
huānwǔ 讙舞 11-465B
huǎnwù 緩騖 9-946B
huànwù 患惡 7-530B
huānxǐ 懽喜 7-795A
huānxǐ 歡喜 6-1477B
huānxǐ 驩喜 12-919A
huánxí 還席 10-1255B
huánxí 還檄 10-1261A
huànxī 豢犧 10-25A
huànxì 幻戲 4-429B
huānxiā 歡呀 6-1476A
huānxiá 歡狎 6-1476B
huànxiǎn 患險 7-531A
huànxiǎn 煥顯 7-82A
huánxiāng 還相 10-1253B
huánxiāng 還鄉 10-1257B
huánxiáng 還降 10-1253B
huánxiàng 環嚮 4-641B
huánxiàng 環向 4-637A
huànxiǎng 幻想 4-429A
huànxiàng 幻相 4-428A
huànxiàng 幻象 4-428B
huánxiāngduì 還鄉隊
10-1257B
huánxiāngliǎoyuàn
還香了願 10-1254A
huánxiāngtuán 還鄉團
10-1257B
huánxiāngyuàn 還香願
10-1254A
huánxiāngzhòujǐn
還鄉晝錦 10-1257B
huānxiāo 讙囂 11-466A
huānxiào 懽笑 7-795A
huānxiào 歡咲 6-1476B
huānxiào 歡笑 6-1477A
huānxiào 歡嘯 6-1479A
huānxiào 讙咲 11-465A
huānxiào 讙笑 11-465A
huānxiào 驩笑 12-918B
huānxié 歡諧 6-1479A
huánxiě 環寫 4-641A
huànxījiān 浣溪牋 5-1281B
huānxīn 懽心 7-794B
huānxīn 懽忻 7-794B
huānxīn 懽欣 7-794B
huānxīn 歡心 6-1475B
huānxīn 歡忻 6-1476A
huānxīn 歡欣 6-1476B
huānxīn 驩心 12-918A
huānxīn 驩欣 12-918B
huánxīn 還心 10-1250A
huánxīn 鬟心 12-755B
huǎnxīn 緩心 9-944B
huànxīn 幻心 4-427B
huānxìng 歡興 6-1479A
huānxìng 歡幸 6-1476A
huánxīng 還惺 10-1258B
huánxíng 還行 10-1251B
huánxíng 還形 10-1251B
huánxíng 環行 4-637A
huánxǐng 還省 10-1253B
huánxǐng 還醒 10-1260B
huánxìng 還姓 10-1253B
huánxìng 還性 10-1253A
huǎnxíng 緩刑 9-944B
huǎnxíng 緩行 9-944B
huǎnxǐng 緩醒 9-946A
huànxíng 轘刑 9-1334B
huànxíng 幻形 4-428A
huànxíng 眩形 7-1198B
huànxǐng 喚醒 3-365A
huānxīngǔwǔ 懽忻鼓舞
7-794B
huānxīngǔwǔ 歡忻鼓舞
6-1476A
huānxīngǔwǔ 歡欣鼓舞
6-1476B
huánxíngzhú 還形燭
10-1251B
huánxīnyuàn 還心願
10-1250A
huànxióng 浣熊 5-1281B
huànxīshā 浣溪沙 5-1281A
huànxīshā 浣溪紗 5-1281B
huānxiū 歡休 6-1475B
huānxǐyuānjia 歡喜冤家
6-1477B
huānxǔ 歡酗 6-1479A
huànxù 豢畜 10-24B
huánxuān 還軒 10-1255A
huánxuán 寰縣 3-1635B
huánxuán 還旋 10-1257A
huánxuán 環旋 4-639B
huānxuè 讙謔 11-466A
huànxué 宦學 3-1420B
huànxuě 浣雪 5-1281A
huānyā 讙呀 11-465A
huànyá 換牙 6-621A
huānyán 歡言 6-1476A
huānyán 歡顏 6-1479B
huānyán 讙言 11-465A
huānyàn 懽燕 7-795B
huānyàn 懽讌 7-795B
huānyàn 歡宴 6-1477A
huānyàn 歡燕 6-1479A
huānyàn 歡嬿 6-1479B
huānyàn 歡讌 6-1480A
huānyàn 歡醼 6-1479B
huānyàn 驩讌 12-919B
huányān 鬟煙 12-756A
huányán 寰埏 3-1635A
huányán 還言 10-1252A
huányǎn 環眼 4-639B
huànyǎn 幻演 4-429A
huànyǎn 奐衍 2-1507A
huànyǎn 渙衍 5-1254A
huànyǎn 煥衍 7-81A
huányáng 還陽 10-1257B
huànyáng 渙揚 5-1254B
huànyáng 煥揚 7-81A
huànyǎng 豢養 10-24B
huànyángchāng 煥陽昌
7-81A
huànyángshū 換羊書 6-621B
huányǎnmǎ 環眼馬 4-639B
huānyáo 讙謠 11-466A
huànyǎo 幻杳 4-428A
huànyǎo 幻窅 4-428B
huànyào 轘藥 9-1335A
huànyào 幻藥 4-429B
huànyào 幻耀 4-429B
huànyào 宦要 3-1419A
huànyào 煥曜 7-81B
huànyào 煥燿 7-81B
huànyào 煥耀 7-82A
huānyè 歡靨 6-1479B
huányè 還業 10-1259A
huányè 環謁 4-641A
huànyè 宦業 3-1420A
huānyì 懽懌 7-795B
huānyì 歡意 6-1478A
huānyì 驩逸 12-919A
huányī 還揖 10-1257B
huányì 還役 10-1252A
huányì 還意 10-1259B
huányì 還憶 10-1261A
huányì 環翊 4-639B
huǎnyì 緩役 9-945A
huànyī 浣衣 5-1280A
huànyí 串夷 1-624A
huànyí 換移 6-622B
huànyì 幻異 4-428B
huànyì 幻瞖 4-429A
huànyì 幻翳 4-429B
huànyì 宦意 3-1420A
huànyì 宦裔 3-1420A
huànyì 換易 6-621B
huànyì 煥奕 7-81A
huànyì 逭役 10-1012B
huányīdí 桓伊笛 4-964A
huànyīfēishí 浣衣非食
5-1280B
huànyījú 浣衣局 5-1280B

huànyīlǐ 浣衣里 5-1280B
huānyǐn 歡飲 6-1478A
huányīn 還音 10-1254B
huányǐn 還隱 10-1261A
huányǐn 環尹 4-636B
huǎnyīn 緩音 9-945A
huānyíng 懽迎 7-794B
huānyíng 歡迎 6-1476A
huānyíng 讙迎 11-465A
huānyíng 驩迎 12-918B
huányīng 還嬰 10-1261A
huányíng 桓楹 4-964B
huányíng 寰瀛 3-1635B
huányíng 澴濴 6-167B
huányíng 環瀛 4-642A
huányǐng 鬟影 12-756A
huànyǐng 幻影 4-429A
huànyìng 喚應 3-365A
huànyìng 煥映 7-81A
huányíngtú 寰瀛圖 3-1635B
huányīsānnòng 桓伊三弄 4-964A
huányīzhēng 桓伊箏 4-964A
huānyǒng 歡踴 6-1479A
huányōng 環擁 4-641A
huānyóu 歡遊 6-1478A
huānyóu 驩遊 12-919A
huānyǒu 歡友 6-1475B
huányóu 環游 4-640A
huányǒu 桓友 4-964A
huànyōu 患憂 7-531A
huànyóu 宦游 3-1420A
huànyóu 宦遊 3-1419B
huànyóuzǐ 宦游子 3-1420A
huànyóuzǐ 宦遊子 3-1420A
huānyú 懽娛 7-795A
huānyú 懽愉 7-795A
huānyú 歡娛 6-1477A
huānyú 歡愉 6-1478A
huānyú 歡虞 6-1478A
huānyú 讙愉 11-465B
huānyú 驩娛 12-918B
huānyú 驩愉 12-919A
huānyú 驩虞 12-919A
huānyǔ 歡語 6-1478B
huānyù 歡欲 6-1477B
huānyù 歡飫 6-1478A
huānyù 歡豫 6-1479A
huányū 環紆 4-639A
huányǔ 寰宇 3-1635A
huányǔ 還羽 10-1251B
huányǔ 環宇 4-637A
huányǔ 貆貐 10-43A
huányù 寰域 3-1635B
huányù 環域 4-639B
huányù 鬟玉 12-755B
huǎnyù 緩獄 9-946A
huànyú 豢腴 10-24B
huànyú 圂腴 3-629B
huànyǔ 豢圉 10-24B
huànyù 患御 7-531A
huányuān 還寃 10-1257A
huányuán 還元 10-1249B
huányuán 還原 10-1255A
huányuán 還源 10-1259B
huányuán 還轅 10-1261A
huányuán 環圓 4-640B
huányuán 轘轅 9-1335A
huányuàn 還願 10-1262A
huànyuán 幻緣 4-429A
huányuándàpǐn 還元大品 10-1249B
huányuánfǎnběn 還元返本 10-1249B
huányuánfǎnběn 還原反本 10-1255A
huányuánrǎnliào 還原染料 10-1255A
huányuánshuǐ 還元水 10-1249B
huányuántāng 還元湯 10-1249B
huányuànxīn 還願心 10-1262A
huānyuè 懽説 7-795A
huānyuè 懽悦 7-795A
huānyuè 歡樂 6-1479A
huānyuè 歡説 6-1478B
huānyuè 歡悦 6-1477A
huānyuè 歡躍 6-1479B
huānyuè 讙説 11-465B
huānyuè 驩説 12-919A
huānyuè 驩悦 12-918B
huānyuè 驩躍 12-919B
huànyuē 换約 6-622A
huānyuèyuè 歡躍躍 6-1479B
huànyǔjiū 唤雨鳩 3-364B
huányūn 環暈 4-640B
huányún 鬟雲 12-756A
huányùn 環運 4-640A
huànyùn 幻蘊 4-429B
huànyùn 换韻 6-623A
huānzā 讙咋 11-465A
huánzā 還迊 10-1252A
huánzā 環帀 4-636A
huánzā 環匝 4-636B
huánzān 鬟簪 12-756A
huánzāng 還贓 10-1262B
huánzàng 還葬 10-1258A
huānzào 嚾噪 3-554A
huānzào 讙噪 11-466A
huānzào 讙譟 11-466A
huánzáo 鐶鑿 11-1420A
huànzào 幻造 4-428A
huánzé 雚澤 11-849A
huánzé 萑澤 9-445A
huànzé 唤則 3-364B
huànzé 涣澤 5-1255A
huànzé 逭責 10-1012B
huánzèng 還贈 10-1262A
huānzhà 驩乍 12-918B
huánzhài 還責 10-1256B
huánzhài 還債 10-1259A
huánzhàng 還帳 10-1256B
huánzhàng 還賬 10-1260A
huánzhàng 環杖 4-637A
huànzhāng 涣彰 5-1255A
huànzhāng 焕彰 7-81B
huànzhàng 唤仗 3-364B
huánzhào 還棹 10-1258A
huánzhào 還詔 10-1258B
huànzhào 涣詔 5-1254B
huánzhǎwèishū 還鮓遺書 10-1261A
huánzhé 還轍 10-1262A
huánzhé 環轍 4-642A
huǎnzhé 緩轍 9-946B
huànzhé 轘磔 9-1335A
huànzhé 宦轍 3-1420B
huànzhě 宦者 3-1418B
huànzhě 眩者 7-1198B
huánzhēn 還真 10-1255A
huánzhěn 還軫 10-1258A
huánzhèn 還鎮 10-1262A
huánzhèn 環鎮 4-641B
huánzhèng 還正 10-1250B
huánzhèng 還政 10-1253B
huánzhí 還直 10-1252B
huánzhí 還值 10-1255B
huánzhí 還職 10-1261B
huánzhì 還至 10-1251A
huánzhì 還制 10-1252B
huánzhì 還摯 10-1260A
huánzhì 還質 10-1260A
huánzhì 還贄 10-1261B
huánzhì 環峙 4-638B
huànzhí 幻執 4-428B
huànzhí 换職 6-623A
huànzhì 幻質 4-429A
huànzhì 唤質 3-364B
huánzhōng 寰中 3-1635A
huánzhōng 環中 4-636A
huánzhōu 還舟 10-1251B
huánzhōu 還周 10-1253A
huánzhōu 環周 4-638A
huánzhōu 環洲 4-638B
huánzhóu 還軸 10-1258A
huānzhū 貛猪 5-144B
huānzhū 讙朱 11-465A
huánzhū 狟猪 5-44B
huánzhū 貆豬 10-1335B
huánzhū 還珠 10-1254B
huánzhū 豲猪 10-42B
huánzhū 豲豬 10-42B
huánzhū 繯誅 9-1034A
huánzhǔ 還主 10-1251A
huánzhǔ 環主 4-636B
huánzhǔ 環屬 4-642A
huánzhǔ 環矚 4-642A
huànzhū 逭誅 10-1012B
huánzhuǎn 還轉 10-1261B
huánzhuǎn 環轉 4-641B
huánzhuàn 還篆 10-1260A
huánzhuàn 環轉 4-641B
huànzhuǎn 换轉 6-623A
huánzhuāng 還裝 10-1259B
huànzhuāng 换裝 6-622B
huánzhūdòng 還珠洞 10-1255A
huánzhūfǎnbì 還珠返璧 10-1255A
huānzhūguó 讙朱國 11-465A
huánzhūhépǔ 還珠合浦 10-1254B
huánzhūmǎidú 還珠買櫝 10-1255A
huànzhuó 浣濯 5-1281B
huánzhūshǒu 還珠守 10-1255A
huánzhūtíng 還珠亭 10-1255A
huānzi 貛子 5-144B
huánzi 環子 4-636A
huánzī 還資 10-1259B
huànzi 患子 7-530A
huànzi 槵子 4-1276B
huànzi 豢子 12-1024A
huànzìwénzhāng 换字文章 6-621B
huánzōng 還宗 10-1253A
huǎnzòng 緩縱 9-946B
huánzǒu 還走 10-1251B
huánzū 還租 10-1255B
huànzú 宦族 3-1419B
huánzuǐ 還嘴 10-1260B
huànzuǐ 换嘴 6-623A
huánzuò 環坐 4-637B
huànzuò 唤作 3-364B
huànzuò 唤做 3-364B
hū'ào 憮敖 7-738A
huā'ǒu 華藕 9-408B
huāpā 花葩 9-298B
huāpāi 花拍 9-290B
huàpài 畫派 7-1372A
huāpán 花盤 9-303A
huāpàn 花判 9-290A
huāpào 花炮 9-293B
huàpēi 話胚 11-177B
huàpí 畫鞞 7-1381B
huàpí 畫皮 7-1367B
huàpǐ 畫癖 7-1382A
huāpiàn 花片 9-287A
huápiān 華篇 9-407B
huàpiàn 畫片 7-1366B
huāpiào 花票 9-296B
huàpíliǎn 樺皮臉 4-1207B
huàpǐn 畫品 7-1371B
huāpíng 花屏 9-293B
huāpíng 花瓶 9-295B
huāpíng 華平 9-399A
huāpíng 華苹 9-400B
huàpíng 化平 1-1109B
huàpíng 畫屏 7-1372B
huàpíng 畫瓶 7-1374A
huàpíng 畫憑 7-1380B
huàpíngchéngfèn 畫瓶盛糞 7-1374A
huàpíngchūn 畫屏春 7-1372B
huāpò 花魄 9-301B
huápō 滑坡 5-1479A
huápò 華魄 9-406B
huāpǔ 花圃 9-294B
huāpǔ 花譜 9-306A
huàpǔ 畫譜 7-1382B
huàpù 畫鋪 7-1380A
huāpūpū 花撲撲 9-302A

huāqī 花期 9-298A
huāqí 花旗 9-302A
huāqì 花氣 9-295A
huáqǐ 華綺 9-407A
huàqī 化期 1-1114A
huàqí 畫旗 7-1379A
huàqì 化氣 1-1113A
huàqià 化洽 1-1112B
huāqián 花錢 1-1116B
huáqiān 華鉛 9-406A
huàqiān 化遷 1-1115B
huàqián 化錢 1-1116B
huāqiāng 花腔 9-299B
huāqiāng 花槍 9-301B
huāqiāng 花鎗 9-305B
huāqiáng 花牆 9-305A
huàqiáng 畫牆 7-1381B
huāqiānggǔ 花腔鼓 9-299B
huāqiānglìnggǔ 花腔令鼓 9-299B
huāqiāngyāogǔ 花腔腰鼓 9-300A
huāqiáo 花翹 9-305A
huāqiǎo 花巧 9-287A
huāqiào 花俏 9-293A
huāqiāo 鋘鍫 11-1299B
huāqiāo 鏵鍬 11-1360A
huáqiáo 華僑 9-406B
huàqiáo 畫橋 7-1380B
huáqīcā 滑七擦 5-1478A
huàqiè 畫篋 7-1380A
huàqièshé 畫篋蛇 7-1380A
huāqíguó 花旗國 9-302A
huàqílín 畫麒麟 7-1382B
huàqǐn 畫寢 7-1379A
huāqīng 花青 9-290B
huāqīng 花卿 9-295A
huáqīng 華清 9-403B
huáqīngchí 華清池 9-404A
huáqīnggōng 華清宮 9-404A
huāqiū 撶楸 6-793A
huàqiū 畫丘 7-1367A
huàqiú 畫毬 7-1375A
huāqū 花曲 9-288B
huāqú 花衢 9-307A
huàqù 化去 1-1109A
huāquān 花圈 9-297A
huāquán 花拳 9-295B
huáquán 譁拳 11-371A
huáquán 划拳 2-616A
huáquán 豁拳 10-1323B
huáquán 搳拳 6-819A
huàquān 畫圈 7-1375A
huàquān 劃圈 2-742B
huàquán 化權 1-1116B
huàquán 話泉 11-177B
huāquánxiùtuǐ 花拳綉腿 9-295B
huàquè 畫闕 7-1382A
huāqúliǔmò 花衢柳陌 9-307A
huàqún 畫裙 7-1377A
huárán 嘩然 3-457B
huárán 譁然 11-371A
huàrán 畫然 7-1376B
huàrán 劃然 2-742B
huárǎng 華壤 9-410A
huàráo 畫橈 7-1380B
huárén 華人 9-398B
huárén 滑人 5-1478A
huárén 譁人 11-370A
huàrén 化人 1-1108A
huàrén 畫人 7-1365B
huàrénchǎng 化人場 1-1108A
huàrénchǎng 化人廠 1-1108A
huàréngōng 化人宮 1-1108A
huàrì 化日 1-1108B
huàrì 畫日 7-1366A
huàrìbǐ 畫日筆 7-1366A
huàrìguāngtiān 化日光天 1-1108B
huāróng 花茸 9-292A
huāróng 花容 9-296A
huāróng 華容 9-403B
huāróng 華榮 9-407A
huàróng 化融 1-1116A
huāróngyuèmào 花容月貌 9-296A
huáróu 滑柔 5-1479B
huàròu 畫肉 7-1368B
huārǔ 花乳 9-291B
huárù 華縟 9-408A
huáruǎn 滑耎 5-1479A
huāruǐ 花蕊 9-302A
huāruǐ 花蘂 9-306A
huāruì 花瑞 9-300A
huāruǐshí 花蕊石 9-302B
huárùn 華潤 9-407B
huárùn 滑潤 5-1482A
huàruòyǎncǎo 化若偃草 1-1111B
huārǔshí 花乳石 9-291B
huāsāi 花腮 9-301A
huāsāi 花顋 9-305B
huāsāo 花臊 9-304B
huāsè 花色 9-289A
huásè 華色 9-399B
huàsè 畫色 7-1368B
huàsèwǔcāng 化色五倉 1-1110B
huāshā 花紗 9-296A
huàshā 畫沙 7-1369B
huàshà 畫箑 7-1378B
huàshà 畫翣 7-1379A
huāshābù 花紗布 9-296B
huàshājùmǐ 畫沙聚米 7-1369B
huāshān 花衫 9-291B
huáshàn 華贍 9-410A
huàshān 華山 9-398B
huàshān 崋山 3-815B
huàshàn 化禪 1-1116B
huàshàn 畫扇 7-1374A
huàshānjī 華山畿 9-398B
huāshāo 花梢 9-296B
huāshāo 花稍 9-299A
huāshào 花哨 9-294B
huāshào 花紹 9-298A
huàshāyìnní 畫沙印泥 7-1369B
huáshē 華奢 9-403A
huàshé 化蛇 1-1113B
huàshé 畫蛇 7-1374B
huāshén 花神 9-293B
huàshēn 化身 1-1111A
huàshén 畫神 7-1372B
huàshēnfǎ 化身法 1-1111A
huāshēng 花生 9-287B
huāshèng 花勝 9-299B
huàshèng 華勝 9-405A
huáshěng 華省 9-401B
huáshèng 華盛 9-403A
huàshēng 化生 1-1109B
huàsheng 化昇 1-1111B
huàshēng 化聲 1-1116B
huàshēng 畫生 7-1367A
huàshēng 話聲 11-179A
huàshěng 畫省 7-1371B
huàshèng 畫聖 7-1377A
huāshēngdòu 花生豆 9-288A
huàshēng'er 畫生兒 7-1367A
huàshēngjīnpén 化生金盆 1-1110A
huàshěngláng 畫省郎 7-1371B
huāshēngmǎnlù 花生滿路 9-288A
huāshēngmǐ 花生米 9-287B
huàshēngnǚ 化生女 1-1110A
huàshēngpén 化生盆 1-1110A
huāshēngrén 花生仁 9-287B
huāshēngyóu 花生油 9-288A
huāshēngzǐ 花生子 9-287B
huàshétiānzú 畫蛇添足 7-1375A
huàshézhùzú 畫蛇著足 7-1375A
huāshézi 花舌子 9-288B
huàshézú 畫蛇足 7-1375A
huāshī 花師 9-295A
huāshí 花時 9-294B
huāshí 華實 9-407A
huāshì 花蒔 9-300B
huāshì 花市 9-288A
huāshì 花式 9-288B
huāshì 花事 9-291A
huáshí 華實 9-407A
huáshí 滑石 5-1478B
huáshǐ 華使 9-401A
huáshì 華飾 9-406A
huáshì 譁世 11-370B
huàshī 畫師 7-1373B
huàshí 化石 1-1109A
huàshí 畫石 7-1367A
huàshí 畫時 7-1373B
huàshǐ 畫史 7-1367A
huàshǐ 觟矢 10-1359A
huàshì 畫士 7-1365B
huàshì 畫事 7-1370A
huàshì 畫室 7-1372A
huàshì 畫飾 7-1377B
huāshíbā 花十八 9-286A
huàshídài 劃時代 2-742B
huáshìdòngsú 譁世動俗 11-370B
huáshífěn 滑石粉 5-1478B
huàshífù 化石婦 1-1109B
huāshígāng 花石綱 9-287B
huáshìlì 鏵式犁 11-1359B
huáshìqǔchǒng 嘩世取寵 3-457A
huáshìqǔchǒng 譁世取寵 11-370B
huáshìqǔmíng 譁世取名 11-370B
huáshìwēndùjì 華氏溫度計 9-399A
huàshízì 畫十字 7-1365A
huāshòu 花綬 9-302A
huáshǒu 華首 9-402A
huàshǒu 化手 1-1108B
huàshǒu 畫手 7-1366A
huāshū 花書 9-296A
huāshù 花束 9-290A
huáshú 滑熟 5-1482A
huáshù 猾豎 5-91B
huàshū 化樞 1-1115B
huàshù 化術 1-1113B
huàshù 畫數 7-1379B
huāshuǐ 花水 9-287A
huàshuǐ 畫水 7-1366A
huàshuǐlòubīng 畫水鏤冰 7-1366A
huàshùn 化順 1-1114A
huáshuō 華說 9-406B
huàshuō 話說 11-178B
huāshuōliǔshuō 花說柳說 9-302A
huásī 華絲 9-405A
huàsī 畫思 7-1371B
huàsī 話私 11-177A
huàsì 畫笥 7-1375A
huàsì 畫肆 7-1377A
huásīgé 華絲葛 9-405A
huāsōng 花淞 9-295A
huàsōng 華崧 9-403B
huàsōng 華嵩 9-405B
huásù 華素 9-402B
huàsú 化俗 1-1112B
huàsù 畫塑 7-1378A
huásuàn 划算 2-616A
huásuǐ 華髓 9-410B
huásuì 華歲 9-405B
huásuì 華邃 9-408B
huàsuì 化遂 1-1114B
huàsuǒ 畫所 7-1371A
huátā 滑塌 5-1481A
huátà 滑澾 5-1482A
huàtǎ 化塔 11113B
huātái 花臺 9-301B
huátāi 滑胎 5-1479B
huátái 滑臺 5-1481A
huátài 華泰 9-402B
huátài 滑汏 5-1479A
huátài 滑汰 5-1479A

huàtāi 化胎 1-1112B
huátājīngguāng 滑塌精光 5-1481A
huātán 花壇 9-303B
huàtān 畫攤 7-1383A
huàtán 化覃 1-1114A
huàtán 畫壇 7-1380B
huàtán 話談 11-179A
huātáng 花堂 9-296B
huàtáng 畫堂 7-1374B
huàtángchūn 畫堂春 7-1374B
huātáo 花桃 9-294B
huátǎtǎ 滑塔塔 5-1480B
huātí 花蹄 9-304A
huátī 滑梯 5-1480A
huàtí 畫題 7-1382A
huàtí 話題 11-179B
huātián 花鈿 9-300B
huātián 花田 9-287B
huātiānjǐndì 花天錦地 9-286B
huātiānjiǔdì 花天酒地 9-286B
huātiánmìjiù 花甜蜜就 9-297A
huātiánmìzuǐ 花甜蜜嘴 9-297A
huátiānxiàzhīdàjī 滑天下之大稽 5-1478A
huàtiáo 劃條 2-742B
huàtiè 畫帖 7-1370A
huātīng 花廳 9-307A
huātíng 花庭 9-293A
huàtǐng 划艇 2-616A
huàtíng 話亭 11-177B
huátínghè 華亭鶴 9-402A
huátínghèlì 華亭鶴唳 9-402A
huātǒng 花筒 9-299A
huàtōng 化通 1-1113A
huàtǒng 話筒 11-178A
huātóu 花頭 9-303B
huátóu 滑頭 5-1482A
huátóu 猾頭 5-91B
huàtóu 話頭 11-179A
huátóuguǐ 滑頭鬼 5-1482A
huátóuhuánǎo 滑頭滑腦 5-1482A
huátóumiàn 滑頭麵 5-1482A
huātóuyǒng 花頭勇 9-303B
huátū 滑突 5-1479B
huàtú 化塗 1-1115A
huàtú 畫塗 7-1378A
huàtú 畫圖 7-1378B
huàtǔ 化土 1-1108B
huātuánjǐncù 花團錦簇 9-301B
huàtǔfēngòng 畫土分貢 7-1365B
huàtǔfēnjiāng 畫土分疆 7-1365B
huātuǐ 花腿 9-301A
huàtuì 化蜕 1-1114B
huātuǐxiánhàn 花腿閒漢 9-301A
huátuō 滑托 5-1478B
huàtuō 搳脱 6-819A
huàtuó 華他 9-399A
huàtuó 華佗 9-399B
huàwǎ 畫瓦 7-1365B
huàwài 化外 1-1110A
huàwài 畫外 7-1367B
huàwàiyīn 畫外音 7-1367B
huàwǎliáng 化瓦糧 1-1108B
huáwǎn 華婉 9-404B
huāwáng 花王 9-286B
huáwàng 華望 9-403B
huáwěi 華僞 9-406B
huáwěi 猾僞 5-91B
huàwéi 畫帷 7-1375A
huàwěi 話尾 11-177A
huàwéipàoyǐng 化爲泡影 1-1114A
huàwéiwūyǒu 化爲烏有 1-1114A
huāwén 花文 9-287A
huāwén 花紋 9-296B
huáwèn 華問 9-404A
huàwén 話文 11-176B
huáwò 華幄 9-404B
huāwǔ 花舞 9-301B
huāwù 花塢 9-300B
huáwū 華誣 9-406B
huáwǔ 華伍 9-399B
huáwǔ 譁伍 11-370B
huàwù 化物 1-1111B
huáwūqiūxū 華屋丘墟 9-402B
huáwūshānqiū 華屋山丘 9-402B
huáwūshānqiū 華屋山邱 9-402B
huàwūtíng 畫烏亭 7-1373B
huàwùyuán 話務員 11-178A
huāxī 花腊 9-299B
huāxī 花蹊 9-304B
huāxī 花息 9-295A
huáxī 華西 9-399A
huáxí 滑習 5-1480B
huáxiá 猾黠 5-91B
huáxià 華夏 9-403A
huàxiá 畫柙 7-1371B
huàxià 話下 11-176A
huāxiān 花仙 9-288A
huāxiàn 花綫 9-302A
huāxiàn 花縣 9-304A
huáxiān 華鮮 9-408B
huáxiǎn 華顯 9-410B
huàxiān 化先 1-1110B
huàxiān 化纖 1-1117A
huāxiàng 花相 9-292B
huáxiáng 滑翔 5-1480B
huàxiāng 話箱 11-178B
huàxiàng 化向 1-1110B
huàxiàng 化像 1-1114B
huàxiàng 畫象 7-1375B
huàxiàng 畫像 7-1377B
huáxiángjī 滑翔機 5-1480B
huāxiāngniǎoyǔ 花香鳥語 9-293A
huáxiángyùndòng 滑翔運動 5-1480B
huàxiǎnwéiyí 化險爲夷 1-1115B
huāxiāo 花宵 9-296A
huāxiāo 花消 9-295B
huāxiāo 花銷 9-303A
huàxiāo 化消 1-1113A
huáxiāo 譁囂 11-371B
huáxiào 嘩笑 3-457A
huáxiào 譁笑 11-370B
huàxiāowéijiū 化梟爲鳩 1-1113B
huāxiàzǐ 花下子 9-286A
huàxiázi 話匣子 11-177A
huāxiè 花榭 9-301B
huāxiè 花謝 9-305A
huàxiè 畫屧 7-1380B
huāxīn 花心 9-287A
huāxìn 花信 9-293A
huàxīn 化心 1-1109A
huàxīn 畫心 7-1366B
huàxīn 話心 11-176B
huàxìn 話信 11-177B
huāxìnfēng 花信風 9-293A
huāxīng 花星 9-293A
huāxīng 花腥 9-301A
huāxíng 花餳 9-304B
huáxīng 華星 9-401B
huáxíng 滑行 5-1478B
huáxíng 划行 2-615B
huàxíng 化行 1-1110B
huàxíng 化形 1-1110B
huàxíng 畫行 7-1368B
huàxǐng 化醒 1-1116A
huàxìng 畫興 7-1380B
huàxìngqǐwěi 化性起僞 1-1112A
huàxīnzhǐ 畫心紙 7-1366B
huáxiòng 華敻 9-406B
huàxióng 畫熊 7-1379A
huāxiù 花繡 9-306A
huāxū 花虛 9-296B
huāxū 花鬚 9-306B
huāxù 花絮 9-300A
huáxū 華胥 9-402B
huáxū 猾胥 5-91A
huáxǔ 華詡 9-406A
huáxù 華序 9-400A
huáxù 華緒 9-407A
huàxù 化胥 1-1113A
huàxù 話絮 11-178A
huàxù 話緒 11-178B
huāxuǎn 花選 9-303A
huáxuān 華軒 9-402B
huáxuān 譁諠 11-371B
huáxuǎn 華選 9-407B
huáxuàn 譁眩 11-370B
huāxuě 花雪 9-296B
huáxuě 滑雪 5-1480A
huàxué 化學 1-1116A
huàxué 畫學 7-1380B
huáxuěbǎn 滑雪板 5-1480A
huáxuěshān 滑雪衫 5-1480A
huáxūmèng 華胥夢 9-402B
huáxūn 華勛 9-404B
huáxūn 華勳 9-408A
huàxùn 化訓 1-1113A
huāyā 花押 9-290B
huāyá 花芽 9-289B
huàyā 畫押 7-1369B
huàyā 畫鴉 7-1379B
huāyán 花筵 9-299B
huāyán 花顏 9-305B
huāyán 花鹽 9-307A
huāyǎn 花眼 9-297A
huāyàn 花豔 9-307A
huáyàn 華艷 9-411A
huáyàn 華豔 9-411A
huáyán 華言 9-400A
huáyán 華筵 9-405A
huáyán 華嚴 9-409B
huáyán 滑言 5-1479A
huáyán 譁言 11-370B
huáyǎn 華衍 9-402A
huàyān 樺煙 4-1207B
huàyán 吳言 3-97B
huàyán 畫檐 7-1381B
huàyán 畫簷 7-1382B
huàyán 話言 11-177A
huàyǎn 話眼 11-178A
huàyàn 化驗 1-1117A
huāyàng 花樣 9-302B
huàyàng 畫樣 7-1379B
huàyángdòng 華陽洞 9-404A
huāyàngfānxīn 花樣翻新 9-302B
huàyángjīn 華陽巾 9-404A
huāyàngjīng 花樣經 9-302B
huāyàngxīnfān 花樣新翻 9-302B
huāyàngzi 花樣子 9-302B
huàyánhuàyǔ 話言話語 11-177A
huāyānjiān 花烟間 9-295B
huāyánqiǎoyǔ 花言巧語 9-290A
huáyánshìjiè 華嚴世界 9-409B
huāyǎnyǎn 花眼眼 9-297A
huāyányuèmào 花顏月貌 9-306A
huáyánzōng 華嚴宗 9-409B
huāyāo 花妖 9-290A
huāyào 花藥 9-305A
huáyào 華要 9-401B
huáyào 華曜 9-408B
huáyào 華燿 9-409A
huáyào 華耀 9-410A
huàyāo 畫妖 7-1369B
huāyāozǐ 花妖子 9-290B
huāyāyìn 花押印 9-290B
huāyè 花葉 9-298A
huāyè 花靨 9-307A
huáyè 華葉 9-404B
huáyè 滑液 5-1480B

huáyè 譁曄 11-371A
huàyè 畫頁 7-1371B
huàyè 話夜 11-177B
huāyēcài 花椰菜 9-299A
huàyěfēnjiāng 畫野分疆 7-1374B
huāyī 花衣 9-289A
huāyì 花意 9-301A
huáyí 華夷 9-399A
huáyí 譁疑 11-371A
huáyì 華裔 9-406A
huáyì 滑易 5-1479A
huáyì 猾役 5-91A
huàyī 化衣 1-1110B
huàyī 畫一 7-1365A
huàyī 畫衣 7-1368B
huàyī 畫依 7-1370B
huàyì 劃一 2-742A
huàyì 化易 1-1111B
huàyì 化益 1-1113A
huàyì 化翼 1-1116B
huàyì 畫意 7-1377B
huàyì 畫藝 7-1381B
huàyì 畫鷁 7-1382B
huàyì 話意 11-178B
huàyībù'èr 劃一不二 2-742A
huàyīchén 化衣塵 1-1110B
huàyīfǎ 畫一法 7-1365A
huàyīguān 畫衣冠 7-1368B
huāyīn 花陰 9-296A
huāyīn 花裀 9-298A
huāyín 花淫 9-298A
huāyín 花銀 9-301B
huáyīn 滑音 5-1479B
huáyín 華淫 9-404A
huáyín 譁吟 11-370B
huàyīn 話音 11-177B
huàyǐn 畫隱 7-1381B
huāyīng 花英 9-290B
huāyīng 花鷹 9-307A
huāyīng 華英 9-400B
huāyíng 花營 9-304B
huáyīng 華英 9-400B
huáyīng 華纓 9-410B
huàyíng 畫楹 7-1377B
huàyǐng 畫影 7-1379B
huàyìng 畫媵 7-1377B
huāyíngjǐnzhèn 花營錦陣 9-304B
huàyǐngtúxíng 畫影圖形 7-1379B
huáyīnshì 華陰市 9-403A
huàyǐntúyā 畫蚓塗鴉 7-1373B
huàyìshīqíng 畫意詩情 7-1378A
huàyīzhīfǎ 畫一之法 7-1365A
huàyīzhīgē 畫一之歌 7-1365A
huāyòng 花用 9-288A
huāyǒu 花友 9-286B
huāyòu 花囿 9-293A
huàyǒu 畫酉 7-1369A
huàyòu 化誘 1-1115A
huāyǔ 花雨 9-291A
huáyú 華腴 9-405A
huáyú 滑魚 5-1480A
huáyǔ 華語 9-406B
huáyù 華域 9-403A
huáyù 華譽 9-410A
huàyú 化魚 1-1113B
huàyú 畫魚 7-1375B
huàyǔ 化雨 1-1111B
huàyǔ 話雨 11-177B
huàyǔ 話語 11-178B
huàyù 化育 1-1112A
huàyù 化域 1-1113B
huàyù 畫獄 7-1379A
huāyuán 花園 9-300B
huāyuán 花源 9-301A
huāyuàn 花苑 9-290B
huāyuàn 花院 9-293B
huáyuán 華緣 9-407B
huàyuán 化元 1-1108B
huàyuán 化源 1-1115A
huàyuán 化緣 1-1116A
huàyuàn 畫苑 7-1369B
huàyuàn 畫院 7-1373A
huāyuánzǐ 花園子 9-300B
huāyuē 花約 9-294A
huāyuè 花月 9-287A
huáyuè 華月 9-399A
huáyuè 華嶽 9-408B
huàyuè 華岳 9-401A
huàyuè 華嶽 9-408B
huàyuè 畫月 7-1366B
huāyuèyuán 花月緣 9-287A
huàyùláo 畫獄牢 7-1379A
huāyùn 花韵 9-301A
huāyùn 花韻 9-306A
huàyún 化雲 1-1114A
huàyūndì 畫暈的 7-1377B
huāzāizi 花栽子 9-294A
huázān 華簪 9-409A
huàzàn 畫贊 7-1382B
huàzàn 畫讚 7-1383A
huázàng 華藏 9-408A
huázàng 華臧 9-406B
huázàngshìjiè 華藏世界 9-408A
huāzào 花噪 9-304A
huázǎo 華蚤 9-402B
huázǎo 華藻 9-409A
huázào 嘩噪 3-457B
huázào 譁噪 11-371B
huázào 譁譟 11-371B
huázé 滑澤 5-1482B
huázé 蛸蠌 8-930A
huàzé 化澤 1-1116B
huāzéi 花賊 9-300B
huázéi 滑賊 5-1481A
huázéi 猾賊 5-91A
huàzēng 畫繒 7-1382A
huàzhá 畫札 7-1366B
huāzhāi 花齋 9-305A
huàzhāi 化齋 1-1116B
huàzhài 畫債 7-1377B
huàzhān 畫旃 7-1374A
huàzhǎn 畫展 7-1374A
huāzhàng 花帳 9-297A
huāzhàng 花障 9-301A
huāzhàng 花賬 9-303A
huázhāng 華章 9-403B
huázhǎng 猾長 5-91A
huàzhàng 化仗 1-1110A
huàzhàng 化杖 1-1111A
huàzhàng 畫鄣 7-1377B
huàzhàng 畫杖 7-1369A
huàzhàng 畫障 7-1378A
huàzhàng 話賬 11-178B
huāzhāo 花朝 9-298B
huāzhāo 花招 9-290B
huāzhào 花詔 9-300A
huázhǎo 華爪 9-398B
huàzhào 畫詔 7-1377A
huāzhāo'er 花著兒 9-296B
huāzhāojié 花朝節 9-298B
huāzhāoyuèxī 花朝月夕 9-298B
huāzhāoyuèyè 花朝月夜 9-298B
huázhé 華轍 9-409B
huāzhēn 花針 9-295A
huāzhěn 花枕 9-291A
huāzhèn 花陣 9-293B
huàzhèn 畫陣 7-1372B
huàzhēn'er 畫真兒 7-1373B
huázhēng 譁争 11-370B
huázhěng 華整 9-407B
huàzhèng 化正 1-1109A
huàzhěngwéilíng 化整爲零 1-1116A
huāzhī 花枝 9-291A
huázhī 華芝 9-399A
huázhí 華職 9-408B
huázhì 華秩 9-403A
huàzhī 畫知 7-1370B
huàzhī 畫脂 7-1374A
huàzhǐ 化紙 1-1113A
huàzhǐ 畫旨 7-1368B
huàzhǐ 劃指 2-742B
huàzhì 化治 1-1112A
huàzhì 畫制 7-1370B
huàzhì 畫雉 7-1377B
huàzhīlòubīng 畫脂鏤冰 7-1374A
huāzhǐtóu 花紙頭 9-296B
huázhítou 豁指頭 10-1323A
huāzhīzhāochàn 花枝招顫 9-291A
huāzhīzhāozhǎn 花枝招展 9-291A
huāzhīzhāozhǎn 花枝招颭 9-291A
huāzhǒng 花冢 9-296A
huázhōng 華中 9-398B
huázhōng 華鍾 9-408B
huázhōng 華鐘 9-410A
huázhòng 華重 9-402A
huázhòng 譁衆 11-371A
huàzhǒng 畫種 7-1378B
huàzhōngdàicì 話中帶刺 11-176B
huázhòngqǔchǒng 嘩衆取寵 3-457B
huázhòngqǔchǒng 譁衆取寵 11-371A
huàzhōngrén 畫中人 7-1366A
huàzhōngyǒuhuà 話中有話 11-176A
huàzhōngyǒushī 畫中有詩 7-1366A
huázhōu 華輈 9-405B
huázhòu 華胄 9-401B
huàzhōu 化周 1-1112A
huàzhōu 畫粥 7-1377A
huàzhóu 畫軸 7-1376A
huāzhú 花燭 9-305A
huāzhǔ 花主 9-288A
huázhū 滑珠 5-1479B
huázhū 譁誅 11-371A
huázhú 華燭 9-408B
huázhǔ 華渚 9-404A
huàzhú 畫燭 7-1381B
huàzhú 樺燭 4-1207B
huàzhǔ 化主 1-1110A
huàzhù 化祝 1-1112B
huāzhuān 花塼 9-301B
huāzhuān 花甎 9-303A
huāzhuān 花磚 9-304A
huázhuàn 華饌 9-410B
huàzhuàn 化轉 1-1116B
huāzhuāng 花裝 9-301A
huàzhuāng 化妝 1-1111A
huàzhuāng 化裝 1-1115A
huàzhuāng 畫妝 7-1369B
huàzhuāng 畫粧 7-1377A
huàzhuàng 畫狀 7-1371A
huāzhuāngduì 花裝隊 9-301A
huàzhuāngpǐn 化妝品 1-1111B
huāzhúdòngfáng 花燭洞房 9-305A
huàzhùjiào 畫助教 7-1369A
huàzhǔn 畫純 7-1374A
huāzhúyè 花燭夜 9-305A
huāzǐ 花子 9-286A
huāzì 花字 9-289A
huázi 划子 2-615B
huázī 華滋 9-405A
huázī 華資 9-406A
huázǐ 猾子 5-90B
huàzi 化子 1-1108B
huàzī 話資 11-178A
huàzì 畫字 7-1368B
huāzǐpēi 花子胚 9-286B
huázōng 華宗 9-401A
huázòng 譁縱 11-371B
huázú 華族 9-403B
huāzuǐ 花嘴 9-304A
huázuǐ 滑嘴 5-1482A
huázuǐ 鏵觜 11-1359B
huāzuǐhuāshé 花嘴花舌 9-304A

huāzuǐlìshé 花嘴利舌 9-304A
huāzuǐpiànshé 花嘴騙舌 9-304A
huāzuò 花座 9-295A
huàzuò 化作 1-1111A
huàzuò 畫作 7-1369A
húbà 湖霸 5-1446B
hùbā 瓠巴 8-281A
hùbā 瓠芭 8-281B
hùbá 怙跋 7-472B
húbái 鵠白 12-1108B
húbái 狐白 5-32B
húbái 胡白 6-1208A
húbài 胡拜 6-1212A
hǔbài 虎拜 8-804B
húbáiqiú 狐白裘 5-32B
hūbǎn 忽板 7-427B
húbǎn 鵠板 12-1109A
húbǎn 鵠版 12-1109A
hǔbān 虎班 8-805A
hùbǎn 户版 7-343B
hùbǎn 笏板 8-1115B
hǔbǎng 虎榜 8-808A
hǔbānjuàn 虎斑絹 8-806B
húbǎnshū 鵠板書 12-1109A
hǔbào 虎豹 8-805A
hùbǎo 互保 1-490B
hùbào 户豹 7-344B
hùbǎodū 護寶都 11-443A
hǔbàojiǔguān 虎豹九關 8-805A
húbāoqì 焀包氣 7-80A
hǔbàoqí 虎豹騎 8-805A
hùbèi 互備 1-490B
húběidàgǔ 湖北大鼓 5-1445B
hǔbèixióngyāo 虎背熊腰 8-804B
húběiyúgǔ 湖北漁鼓 5-1445B
húběn 胡本 6-1208A
hǔbēn 虎奔 8-803B
hǔbēn 虎賁 8-806B
húbēnshǔcuàn 狐奔鼠竄 5-33A
húbēntíng 鵠奔亭 12-1109A
húbǐ 湖筆 5-1446A
húbì 胡必 6-1208B
hùbì 扈蹕 7-369A
hùbì 護庇 11-438B
hùbì 護壁 11-442B
hùbì 護臂 11-443A
hùbì 護蹕 11-443A
hūbiǎn 忽貶 7-428B
hūbiàn 呼抃 3-289B
hǔbiàn 虎變 8-810A
hùbiān 護邊 11-443A
hùbiàn 户辨 7-346A
hùbiàn 户辯 7-346B
hùbiàn 護弁 11-437B
hǔbiànlóngzhēng 虎變龍蒸 8-810B
húbiǎo 糊裱 9-233A
hǔbiāo 虎彪 8-805B
hùbiǎo 帍裱 3-699A
hǔbiāobiāo 虎彪彪 8-805B
hūbìlèhǎn 呼必勒罕 3-288B
hūbìlèhǎn 呼畢勒罕 3-290B
húbìn 鵠鬢 12-1110B
húbīng 狐冰 5-32B
húbǐng 餬餅 12-563B
húbǐng 鶘餅 12-1134B
húbǐng 胡餅 6-1218A
hǔbǐng 虎炳 8-804B
hùbīng 護兵 11-438A
hūbō 呼颭 3-289B
hūbó 呼服 3-290A
hūbō 呼譽 3-293A
hūbó 忽薄 7-430A
húbō 胡撥 6-1219B
húbó 縠帛 6-1509A
hùbó 户伯 7-343B
húbócí 胡博詞 6-1215B
húbōsī 胡撥思 6-1219B
húbōsì 胡撥四 6-1219B
hùbōtòngchuāng 互剥痛瘡 1-490B
húbù 胡不 6-1208A
húbù 胡部 6-1213B
hǔbǔ 虎卜 8-801A
hǔbù 虎步 8-803A
hùbù 户部 7-344B
hùbù 扈簿 7-369A
húbù'èrxióng 狐不二雄 5-32A
hǔbùlóngxíng 虎步龍行 8-803A
húbùwǔ 狐步舞 5-32B
húcāi 胡猜 6-1214B
húcái 胡才 6-1207A
hùcáijiāowù 怙才驕物 7-471B
húcāiluànxiǎng 胡猜亂想 6-1214B
húcān 壺飡 2-1163B
húcān 壺湌 2-1164A
húcān 壺餐 2-1164B
húcān 壺飧 2-1164A
húcān 壺殘 2-1164A
húcāng 鵠倉 12-1109B
húcāng 鵠蒼 12-1110A
húcáo 胡曹 6-1214B
húcáo 胡嘈 6-1218A
húcǎo 蔛草 9-538A
hùcáo 户曹 7-344B
hùcáo 護槽 11-442A
hùcáocānjūn 户曹參軍 7-344B
hùcáoshàngshū 户曹尚書 7-344B
hùcè 户册 7-343A
hùcè 户側 7-345A
húchá 鬍茬 12-749A
húchá 鬍楂 12-749B
húchá 鬍碴 12-749B
húchái 胡柴 6-1213A
húchán 狐禪 5-36A
húchán 胡纏 6-1221B
húchàn 胡羼 6-1221B
hùchǎn 護蕆 11-442A
hūchàng 呼唱 3-291A
húcháng 胡嘗 6-1218A
hǔchāng 虎倀 8-805A
hǔchàng 虎韔 8-809B
hùchǎng 護場 11-441A
húchàngxiāohè 狐唱梟和 5-34A
húcháo 胡嘲 6-1219B
hùchāo 户鈔 7-345A
hǔchāolóngxiāng 虎超龍驤 8-806B
húchě 胡扯 6-1209A
húchě 胡撦 6-1218A
húchěbāliū 胡扯八溜 6-1209A
húchěbàliū 胡扯霸溜 6-1209A
húchědàn 胡扯淡 6-1209A
húchén 弧辰 4-109A
húchén 胡塵 6-1219A
hǔchén 虎臣 8-803B
hūchēng 呼稱 3-292A
húchěng 胡逞 6-1213A
hùchéngháo 護城壕 11-439B
hùchénghé 護城河 11-439B
hūchī 呼吃 3-289A
hūchī 呼哧 3-290B
hūchī 呼嗤 3-291B
hūchí 惡池 7-555B
hūchì 呼叱 3-288B
húchí 湖池 5-1445B
húchì 鶘翅 12-1134A
hǔchī 虎螭 8-809A
hǔchī 虎癡 8-810A
hùchí 護持 11-439A
hùchǐ 怙侈 7-472A
húchīhǎisāi 胡吃海塞 6-1208B
hùchǒng 怙寵 7-472B
húchōu 胡搊 6-1217A
húchòu 鶻臭 12-1134A
húchòu 狐臭 5-34A
húchòu 胡臭 6-1213B
húchú 胡雛 6-1221A
hùchū 互出 1-489B
húchuài 胡踹 6-1220B
húchuáng 胡床 6-1210A
húchuáng 胡牀 6-1211A
húchuǎng 胡闖 6-1221A
hùchuáng 笏牀 8-1115B
húchuī 胡吹 6-1209B
húchuīluànpǎng 胡吹亂嗙 6-1209B
húchún 湖脣 5-1446A
hǔchuō 虎踔 8-808A
húcì 狐刺 5-33A
hǔcì 虎刺 8-803B
hùcī 護疵 11-441A
hùcí 互詞 1-490B
hùcí 互辭 1-491A
hùcóng 扈從 7-368A
hùcóng 護從 11-441A
hùcù 嘑蹴 3-491B
hùcuán 護攢 11-443B
húcūn 胡皴 6-1216B
hùcuò 互錯 1-491A
hūdā 忽搭 7-429A
húdá 胡妲 6-1211B
húdà 胡大 6-1207A
hùdà 嫮大 4-404A
húdǎ'é 鶻打鵝 12-1133B
húdǎhǎishuāi 胡打海摔 6-1208A
hūdài 忽怠 7-428B
húdài 胡袋 6-1214B
hùdài 互代 1-489B
hùdài 笏帶 8-1115B
hùdài 扈帶 7-368A
hūdàn 嘑旦 3-491B
húdàng 湖蕩 5-1446B
hǔdǎnghúchái 虎黨狐儕 8-810A
húdǎo 胡搗 6-1217A
húdào 胡道 6-1216B
hùdào 怙幬 7-472B
húdǎrǎng 胡打嚷 6-1208A
húdǎyàn 鶻打鴈 12-1133B
hūdc 忽的 7-427B
hùděng 户等 7-345A
hūdì 忽地 7-427A
húdí 胡笛 6-1214B
húdǐ 胡底 6-1211A
húdì 胡地 6-1208B
hǔdiàn 虎殿 8-808A
hùdiào 户調 7-345B
húdiāolà 胡雕剌 6-1220B
húdié 胡蜨 6-1218A
húdié 胡蝶 6-1219B
húdié 蝴蜨 8-926B
húdié 蝴蝶 8-926B
húdiéhuā 蝴蝶花 8-926B
húdiéhuì 蝴蝶會 8-926B
húdiéjiǎo 蝴蝶鉸 8-927A
húdiéjié 蝴蝶結 8-926B
húdiélǚ 蝴蝶履 8-927A
húdiémèng 胡蝶夢 6-1219B
húdiémèng 蝴蝶夢 8-926B
húdiémiàn 蝴蝶麪 8-927A
húdiéquán 蝴蝶泉 8-926B
húdiétīng 蝴蝶廳 8-927A
húdiéwǎ 蝴蝶瓦 8-926B
húdiéxiāng 蝴蝶香 8-926B
húdiézhuāng 蝴蝶裝 8-926B
hūdǐng 曶鼎 5-637A
húdǐng 鵠鼎 12-1109B
hùdīng 户丁 7-342B
hùdǐng 護頂 11-440B
húdīngjiǎo 胡釘鉸 6-1213B
húdòng 胡洞 6-1212A
hùdòng 沍凍 5-949A
húdǒu 斛斗 7-339A
húdǒu 斛蚪 7-339A
húdòu 胡豆 6-1209A
hùdōu 戽篼 7-360B
hùdǒu 戽斗 7-360B

hǔdòulóngzhēng 虎鬭龍争 8-810B
hūdú 呼毒 3-290A
húdú 弧觸 4-110A
hùdū 嫮都 4-404A
hùdú 滬瀆 6-108B
hùdù 鄠杜 10-675B
hùdù 護度 11-439B
hùduǎn 護短 11-441B
hǔduì 虎隊 8-806B
hùdúlěi 滬瀆壘 6-108B
hùduó 護鐸 11-443A
hù'é 互訛 1-490B
hù'é 互譌 1-491A
hù'è 怙惡 7-472A
hù'èbùquān 怙惡不悛 7-472A
hū'er 忽而 7-427A
hū'ér 忽兒 7-427B
hū'ér 乎而 1-647A
hū'ěr 乎爾 1-647B
hū'ěr 呼爾 3-292A
hū'ěr 忽爾 7-429B
hú'ér 胡兒 6-1210B
hù'ér 護兒 11-438B
hù'ěr 嘑爾 3-491B
hú'erbāchà 鬍兒八杈 12-749A
hú'èrbāyuè 胡二巴越 6-1206B
hù'ěrcù'ěr 嘑爾蹴爾 3-491B
hǔ'érguàn 虎而冠 8-803A
hú'èrjiǎ 斛二瘕 7-339A
húfā 斛發 7-339A
húfà 鵠髮 12-1110A
hùfǎ 護法 11-439A
hùfǎjīngāng 護法金剛 11-439A
húfān 湖翻 5-1446B
hùfǎn 互反 1-489A
húfāng 鶻坊 12-1133B
húfáng 壺房 2-1163B
hùfáng 户房 7-344A
hùfǎng 互訪 1-490B
hùfǎshànshén 護法善神 11-439A
hùfǎshén 護法神 11-439A
húfēi 胡非 6-1210B
húfěi 胡匪 6-1212B
húfěi 鬍匪 12-749A
hùfēi 户扉 7-345A
hùféi 瓠肥 8-281B
húfēn 胡氛 6-1210B
húfěn 胡粉 6-1214A
hùfēn 昈分 5-638B
húfēng 胡風 6-1212A
húfēng 胡蜂 6-1217B
húfēng 壺蠭 2-1165A
hùfēng 護封 11-439A
hūfēnghuànyǔ 呼風喚雨 3-290A
hūfú 謼服 11-401B
húfú 胡服 6-1211A
húfú 胡福 6-1218A
húfù 狐父 5-32A
hǔfū 虎夫 8-801B
hǔfú 虎符 8-806A
hǔfù 虎阜 8-804A
hùfú 户符 7-345A
hùfú 護符 11-440B
hùfǔ 瓠脯 8-281B
hùfù 怙富 7-472B
húfúqíshè 胡服騎射 6-1211A
hǔfùyú 虎負嵎 8-804B
húgài 鵠蓋 12-1110A
húgān 壺柑 2-1163B
húgǎo 胡搞 6-1217A
hùgàorénxiǎo 户告人曉 7-343B
hùgē 瓠歌 8-282A
hùgé 扈閣 7-368B
húgēgē 胡咯咯 6-1212A
hūgēng 呼庚 3-290A
húgēng 鵠羹 12-1110B
hùgēng 瓠羹 8-282A
hūgēngguǐ 呼庚癸 3-290A
húgōng 鵠恭 12-1109B
húgōng 弧弓 4-108B
húgōng 胡宫 6-1212A
húgōng 壺公 2-1163B
hùgōng 護工 11-437A
hùgòng 楛貢 4-1081A
húgōnglóng 壺公龍 2-1163B
húgōngtóu 胡公頭 6-1208A
húgǒu 胡耇 6-1211B
húgǒu 胡耈 6-1211B
hùgōu 户鉤 7-345B
húgǔ 狐蠱 5-36A
húgǔ 胡鼓 6-1217A
húgǔ 胡賈 6-1217A
húguā 胡瓜 6-1208A
hùguā 瓠瓜 8-281B
hùguà 互卦 1-490A
húguài 狐怪 5-33B
húguān 鵠觀 12-1110B
hǔguān 虎冠 8-804B
hǔguǎn 虎館 8-809A
hǔguàn 虎冠 8-804B
hǔguàn 虎觀 8-810B
hùguàn 户貫 7-345A
hùguānfú 護官符 11-439A
húguāng 弧光 4-109A
húguāngdēng 弧光燈 4-109A
húguāngshānsè 湖光山色 5-1445B
húguǎngshú… 湖廣熟，天下足 5-1446B
húguānlǎo 壺關老 2-1164B
hùgǔchóng 護穀蟲 11-442A
húgūgu…胡姑姑假姨姨 6-1211A
húguǐ 狐鬼 5-33B
húguǐ 胡簋 6-1220B
húguǐ 瑚簋 4-601A
húguì 胡跪 6-1217A
húguì ⿰𧾷胡跪 10-517B
hùguì 互跪 1-491A
hǔgùn 虎棍 8-807A
húguó 鵠國 12-1109B
hùguò 怙過 7-472A
hùguòbùquān 怙過不悛 7-472A
hùguójūn 護國軍 11-440B
hùguósì 護國寺 11-440B
hūhā 呼哈 3-290A
húhǎi 湖海 5-1446A
húhǎiqì 湖海氣 5-1446A
húhǎishì 湖海士 5-1446A
húhǎizhì 湖海志 5-1446A
hūhán 呼韓 3-292B
hūhǎn 呼喊 3-291A
hūhǎn 呼闞 3-293B
hùhán 沍寒 2-389A
hùhán 沍寒 5-949B
hūhánfù 呼韓婦 3-292B
hùháng 護航 11-440A
hūháo 乎號 1-647B
hūháo 呼嚎 3-293A
hūháo 呼號 3-291B
hūháo 評號 11-111B
hūhào 呼號 3-291B
hūhè 呼喝 3-291A
hūhè 呼和 3-289B
húhé 狐狢 5-33B
húhé 狐貉 5-35A
húhé 胡狢 6-1212A
húhé 胡貉 6-1217B
húhè 鵠鶴 12-1110B
hùhē 護呵 11-438B
hùhē 護訶 11-441B
hùhé 互合 1-489B
hùhé 户闔 7-346A
hùhé 沍涸 5-949B
hùhé 護闔 11-443A
hūhēi 昒黑 5-636B
húhòng 胡哄 6-1211B
hūhónghèlǜ 呼紅喝緑 3-290B
hūhóngjiàoliù 呼紅叫六 3-290B
hūhǒu 呼吼 3-289B
húhòu 鵠候 12-1109B
hǔhóu 虎侯 8-804B
hūhū 呼呼 3-289B
hūhū 忽忽 7-427B
hūhū 曶曶 5-637A
hūhū 嚓嚓 3-390B
húhú 鵠鵠 12-1110B
húhú 狐胡 5-33B
húhú 胡胡 6-1211B
húhú 糊糊 9-233B
húhú 瓠壺 8-281B
húhú 縠縠 9-144B
hǔhǔ 虎虎 8-803B
hǔhǔ 唬唬 3-378B
hǔhǔ 滸滸 6-98B
hǔhǔ 許許 11-71A
hùhù 昈昈 5-639A
hùhù 扈扈 7-368B
hùhù 慁慁 7-671B
hūhuá 沕滑 5-977B
húhuà 胡畫 6-1216B
húhuà 胡話 6-1217B
hùhuālíng 護花鈴 11-437B
hūhuàn 呼喚 3-290B
hūhuāng 忽荒 7-428A
hūhuāng 忽慌 7-429B
hūhuāng 惚慌 7-602B
hūhuǎng 忽怳 7-428A
hūhuǎng 忽恍 7-428B
hūhuǎng 昒怳 5-636B
hūhuǎng 惚怳 7-602B
hūhuǎng 惚恍 7-602B
hūhuǎng 芴芒 9-309B
hùhuāniǎo 護花鳥 11-437B
hūhūbùlè 忽忽不樂 7-428A
hǔhuì 虎喙 8-807A
hùhuí 護回 11-437B
hùhuì 互惠 1-490B
hùhuì 護諱 11-442B
húhúmámá 胡胡麻麻 6-1211B
húhùn 胡混 6-1215A
hūhuò 忽霍 7-430A
hūhuò 昒霍 5-636B
hūhuò 曶霍 5-637A
hūhuò ⿱勿口霍 3-234B
húhuǒ 狐火 5-32A
húhuò 狐惑 5-34B
hùhuò 護穫 11-443A
hǔhǔshìshì 虎虎勢勢 8-804A
hūhūyōuyōu 忽忽悠悠 7-428A
húhǔzhīwēi 狐虎之威 5-33A
huī'āi 灰埃 7-26B
huì'ài 恚礙 7-490B
huì'ài 惠愛 7-566A
huī'àn 灰暗 7-27B
huí'ān 迴鞍 10-777A
huí'àn 洄闇 5-1150B
huì'ān 惠安 7-564B
huì'àn 晦闇 5-741B
huì'àn 晦暗 5-741A
huì'àn 晦黯 5-741B
huì'ào 悔懊 7-548B
huì'ào 穢奥 8-155A
huíbá 迴跋 10-775B
huíbà 迴靶 10-776A
huībái 灰白 7-25B
huībài 灰敗 7-27A
huībài 隳敗 11-1134A
huíbài 回拜 3-612A
huǐbài 毀敗 6-1498A
huībān 徽班 3-1107A
huībàn 恢辦 7-514B
huìbàn 會辦 5-792A
huìbāng 徽幫 3-1109A
huǐbàng 毀謗 6-1500A
huībāo 麾葆 12-1280B
huíbào 回報 3-614A
huíbào 迴抱 10-772A
huíbào 迴報 10-775A

huìbào 匯報 1-980B
huìbào 彙報 3-1659A
huìbào 會報 5-789A
huìbēi 撝卑 6-884B
huíbèi 回背 3-612A
huìbèi 悔悖 7-547B
huìbèi 彗孛 3-1658A
huìbèi 彗茀 3-1658A
huìběn 繪本 9-1035A
huībǐ 灰筆 7-27B
huībì 撝避 6-884B
huībì 隳敝 11-1134A
huíbì 回避 3-617B
huíbì 回蹕 3-618A
huíbì 迴避 10-778A
huǐbì 毀敝 6-1498B
huǐbì 毀壁 6-1500B
huìbǐ 穢筆 8-154B
huìbì 賄庇 10-194B
huìbì 賄幣 10-195B
huìbì 諱辟 11-359A
huìbì 諱蔽 11-359A
huìbì 諱避 11-359A
huíbiàn 回變 3-619B
huíbiàn 迴變 10-780A
huìbiān 匯編 1-981A
huìbiān 彙編 3-1659B
huìbiàn 慧辨 7-684B
huìbiàn 璯弁 4-642B
huībiāo 灰熛 7-28B
huíbiāo 回猋 3-614B
huíbiāo 回飆 3-619B
huíbiāo 回颮 3-619B
huíbiāo 回鑣 3-619B
huíbiāo 迴颮 10-779A
huíbiāo 迴飆 10-779B
huíbiāo 迴颮 10-779B
huíbiāo 迴颮 10-780A
huíbiāo 迴鑣 10-780A
huìbié 會別 5-785B
huíbǐng 回稟 3-615B
huǐbìng 毀病 6-1498A
huìbīng 會兵 5-785B
huìbǐng 匯稟 1-981A
huìbǐng 會稟 5-790B
huìbīngwèixíng 諱兵畏刑 11-358A
huībó 恢博 7-513B
huíbō 回波 3-611B
huíbō 洄波 5-1150A
huíbō 迴波 10-772B
huíbó 回脖 3-613B
huíbó 回駁 3-616A
huíbó 回薄 3-616B
huíbó 迴薄 10-777B
huǐbō 毀剝 6-1498A
huǐbó 毀薄 6-1500A
huìbó 彗勃 3-1658A
huíbōcí 迴波詞 10-772B
huíbōwǔ 回波舞 3-611B
huíbōyuè 回波樂 3-611B
huíbōyuè 迴波樂 10-772B
huībù 灰布 7-25B
huíbù 回部 3-613A
huìbù 卉布 1-849A
huībùda 灰不答 7-25A
huǐbùdāngchū 悔不當初 7-546B
huībùjì 灰不濟 7-25A
huībùliū 灰不溜 7-25A
huǐbùmièxìng 毀不滅性 6-1496B
huǐbùwēishēn 毀不危身 6-1496B
huīcǎi 暉采 5-806A
huīcǎi 輝彩 9-1286A
huìcái 賄財 10-195A
huìcài 穢菜 8-154B
huīcán 隳殘 11-1134A
huīcǎn 灰慘 7-28A
huīcǎn 灰黲 7-29A
huīcàn 輝粲 9-1286A
huícán 回殘 3-614B
huícán 迴殘 10-775A
huǐcán 悔慚 7-548B
huìcān 會餐 5-791B
huīcǎncǎn 灰慘慘 7-28A
huìcáng 晦藏 5-741B
huìcāo 會操 5-791B
huìcǎo 蕙草 9-545B
huìcǎo 穢草 8-154A
huīcáozi 灰槽子 7-28A
huīcè 徽冊 3-1106A
huīcè 徽策 3-1108A
huíchá 回茬 3-611B
huìchá 會茶 5-786B
huǐchāi 毀拆 6-1497A
huǐchái 虺豺 8-859B
huīchán 徽纏 3-1109B
huīchǎn 恢闡 7-514B
huǐchán 毀讒 6-1500B
huícháng 回腸 3-615B
huícháng 迴腸 10-776B
huícháng 迴膓 10-777B
huǐchàng 悔悵 7-548A
huìchāng 會昌 5-786A
huìcháng 卉裳 1-849A
huìchǎng 會場 5-788B
huíchángbǎizhuǎn 迴腸百轉 10-776B
huíchángdàngqì 回腸蕩氣 3-615B
huíchángdàngqì 迴腸盪氣 10-776B
huíchángjiǔzhuǎn 迴腸九轉 10-776B
huìchángsānchǐ 喙長三尺 3-453A
huíchángshāngqì 徊腸傷氣 3-946B
huíchángshāngqì 迴腸傷氣 10-776B
huīcháo 詼嘲 11-162B
huīcháo 詼謿 11-163A
huícháo 回潮 3-616B
huícháo 迴潮 10-777B
huǐcháo 毀巢 6-1498B
huìchāo 惠鈔 7-565B
huìchāo 會鈔 5-789B
huìcháo 會朝 5-789A
huīchē 徽車 3-1106A
huīchè 隳철 11-1134A
huíchē 回車 3-610B
huíchē 迴車 10-772A
huǐchē 毀車 6-1497A
huǐchè 毀撤 6-1499B
huìchē 會車 5-785A
huìchē 槥車 4-1237A
huīchén 灰沉 7-26A
huīchén 灰塵 7-28A
huīchén 徽塵 3-1108B
huīchèn 灰儭 7-28B
huīchèn 灰櫬 7-29A
huíchén 迴沈 10-772A
huìchēn 恚嗔 7-490B
huìchén 穢塵 8-155B
huǐchèn 毀齔 6-1500A
huīchēng 徽稱 3-1108B
huīchéng 隳成 2-1206B
huīchéng 隳城 2-1206B
huīchéng 麾城 12-1280A
huíchéng 回程 3-614B
huìchéng 會城 5-786B
huíchēnzuòxǐ 回嗔作喜 3-615B
huíchēnzuòxǐ 迴嗔作喜 10-776A
huǐchēshāmǎ 毀車殺馬 6-1497A
huīchí 隳弛 2-1206B
huīchí 灰匙 7-27A
huīchí 隳弛 11-1133B
huīchì 揮斥 6-777A
huīchì 撝叱 6-884B
huīchì 麾叱 12-1280A
huīchì 麾斥 12-1280A
huíchí 迴池 10-772A
huíchí 迴遲 10-777A
huǐchǐ 悔恥 7-547B
huǐchǐ 碨齒 7-1112A
huǐchǐ 毀齒 6-1499B
huìchǐ 慧齒 7-684B
huìchì 誨敕 11-236A
huìchì 誨飭 11-236B
huīchóng 恢崇 7-513B
huíchóng 迴重 10-773A
huíchóng 蛔蟲 8-890A
huīchǒu 倠醜 1-1508A
huǐchǒu 毀醜 6-1500A
huìchòu 穢臭 8-154B
huíchóuzhuǎncè 迴籌轉策 10-779B
huīchú 灰除 7-26B
huīchǔ 揮楚 6-778A
huìchū 彙出 3-1658B
huíchuān 回川 3-608B
huíchuān 迴川 10-770A
huíchuán 迴船 10-774B
huíchuǎn 回舛 3-610B
huìchuàn 會串 5-785B
huìchuàn 賄串 10-194B
huǐchuáng 虺牀 8-859B
huíchuánzhuǎnduò 回船轉舵 3-613B
huīchuī 灰吹 7-26A
huíchūn 回春 3-611B
huíchūnmiàoshǒu 回春妙手 3-611B
huīchuò 揮綽 6-778B
huíchǔshì 回處士 3-613B
huīcí 詼辭 11-163A
huícì 回賜 3-616A
huícì 迴次 10-772A
huǐcì 毀疵 6-1498B
huǐcì 毀刺 6-1497A
huìcì 惠賜 7-566A
huìcì 彙次 3-1658B
huìcì 會次 5-785A
huícóng 回從 3-613B
huīcù 豗蹙 10-13B
huícuán 迴攢 10-780A
huīcùcù 灰簇簇 7-28B
huīcuī 隳催 11-1134A
huǐcuì 毀悴 6-1498B
huǐcuì 毀瘁 6-1499A
huìcuì 匯粹 1-981A
huìcuì 彙萃 3-1659A
huìcuì 會萃 5-788B
huìcuì 會粹 5-791A
huìcuì 薈萃 9-565B
huìcuì 薈粹 9-565B
huīcún 麾存 12-1280A
huìcún 惠存 7-564B
huìcún 誨存 11-235B
huīcuǒ 隳脞 11-1134A
huīdá 恢達 7-513B
huīdá 詼達 11-162B
huīdà 恢大 7-512B
huídá 回答 3-614B
huídá 迴答 10-775B
huǐdǎ 毀打 6-1497A
huídài 迴帶 10-774A
huìdài 會逮 5-788B
huìdài 蕙帶 9-546A
huīdǎn 隳膽 11-1134B
huīdàn 恢誕 7-514A
huídān 回單 3-614B
huídān 回憚 3-616B
huìdān 匯單 1-980B
huìdān 賄單 10-195A
huīdǎnchōucháng 隳膽抽腸 11-1134B
huídàng 回蕩 3-616A
huídàng 洄蕩 5-1150A
huídàng 洄盪 5-1150B
huídàng 迴蕩 10-777B
huídàng 迴盪 10-779A
huǐdàng 毀蕩 6-1499B
huìdāng 會當 5-790A
huìdǎng 會黨 5-792B
huīdào 麾纛 12-1281A
huídǎo 回倒 3-613A
huìdāo 恚刀 7-490A
huìdāo 慧刀 7-682B
huìdǎo 誨導 11-236B
huìdào 誨道 11-236B

huìdào 誨盗 11-236B
huìdàomén 會道門 5-790A
huídàorén 回道人 3-615A
huīdé 徽德 3-1109A
huídé 回德 3-616B
huìdé 會得 5-788B
huìdé 慧德 7-684B
huìdé 穢德 8-155B
huìdégòuxíng 穢德垢行 8-155B
huídēng 回蹬 3-619A
huídēng 迴燈 10-778A
huídèng 迴磴 10-778B
huìdēng 彙登 3-1659A
huìdēng 慧燈 7-684B
huīdí 翬翟 9-672B
huīdì 徽睇 3-1108A
huídǐ 回氐 3-609B
huídì 迴睇 10-775B
huǐdǐ 毀詆 6-1498B
huìdí 會覿 5-792B
huìdí 誨迪 11-236A
huīdiān 隳顛 11-1135A
huīdiǎn 徽典 3-1106B
huídiàn 回電 3-615B
huǐdiàn 毀玷 6-1497B
huìdiǎn 會典 5-786A
huìdiǎn 慧典 7-683A
huīdiào 徽調 3-1109A
huìdiào 會弔 5-784B
huīdié 灰蜨 7-28A
huīdié 灰蝶 7-28A
huídiē 回跌 3-614B
huǐdiē 毀跌 6-1498B
huīdīng 灰釘 7-27A
huídìng 回定 3-611B
huīdòng 灰動 7-27A
huīdòng 揮動 6-778A
huīdòng 麾動 12-1280B
huìdǒng 會董 5-789A
huīdòngdòng 灰洞洞 7-26B
huīdù 墮斁 2-1208B
huīdù 隳斁 11-1134B
huídǔ 迴覩 10-777A
huǐdú 虺毒 8-859B
huǐdú 毀黷 6-1501A
huǐdú 毀讟 6-1501A
huìdú 櫘櫝 4-1237A
huìdú 穢瀆 8-156A
huìdú 穢黷 8-156B
huìdù 誨妒 11-236A
huīduàn 墮斷 2-1208B
huǐduǎn 毀短 6-1498B
huíduī ⿰口回埠 3-328A
huìduì 恚懟 7-490B
huìduì 匯兑 1-980A
huìduì 會對 5-791A
huīdùn 隳頓 11-1134A
huǐdùn 悔遁 7-548A
huǐdùn 毀頓 6-1499A
huǐdúnánhuá 悔讀南華 7-549A
huīduó 撝奪 6-884B
huīduò 隳惰 11-1134A
huīduò 隳墮 11-1134B
huíduó 回奪 3-616A
huī'è 恢愕 7-514A
huì'è 穢惡 8-154B
huì'èbùquān 諱惡不悛 11-358B
huí'ēn 迴恩 10-774A
huí'èr 迴二 10-770A
huì'er 會兒 5-786A
huì'ér 惠而 7-564B
huì'érbùfèi 惠而不費 7-564B
huīfā 恢發 7-514A
huīfā 揮發 6-778A
huīfā 煇發 7-202A
huǐfá 毀罰 6-1499B
huìfǎ 會法 5-786B
huīfàn 暉範 5-806A
huīfàn 徽範 3-1109A
huífān 迴帆 10-771B
huìfàn 會飯 5-789B
huífānchuí 回颿槌 3-618B
huīfāng 徽芳 3-1106A
huīfàng 隳放 11-1133B
huífǎng 回訪 3-613B
huǐfāng 毀方 6-1496B
huìfáng 蕙房 9-545B
huǐfāngtóuyuán 毀方投圓 6-1496B
huífāngǔ 回帆鼓 3-610A
huǐfāngwǎhé 毀方瓦合 6-1496B
huìfànhuàtú 彗氾畫塗 3-1657B
huìfànhuàtú 篲氾畫塗 8-1235B
huífānzhuā 回颿撾 3-618B
huīfēi 翬飛 9-672B
huīfèi 墮廢 2-1208A
huīfèi 隳廢 11-1134B
huǐfēi 悔非 7-547B
huǐfěi 毀誹 6-1499B
huǐfèi 燬廢 7-306B
huǐfèi 毀廢 6-1500A
huìfēi 會非 5-786A
huìfèi 匯費 1-980B
huìfèi 會費 5-790A
huīfēichōngsù 灰飛衝素 7-26B
huīfēiyānmiè 灰飛烟滅 7-26B
huīfēiyānmiè 灰飛煙滅 7-26B
huīfēn 灰分 7-25A
huīfén 灰焚 7-27B
huīfěn 灰粉 7-27A
huīfèn 灰分 7-25A
huìfèn 恚忿 7-490A
huìfèn 恚憤 7-490B
huīfēng 輝風 9-1286A
huīfēng 徽風 3-1106B
huífēng 回風 3-612A
huífēng 回峯 3-613A
huífēng 迴風 10-773A
huìfēng 惠風 7-565A
huìfēng 蕙風 9-546A
huìféngqíshì 會逢其適 5-787B
huīfú 揮拂 6-777B
huīfú 翬服 9-672B
huīfú 徽紼 3-1108A
huīfǔ 揮斧 6-777B
huīfù 恢富 7-514A
huīfù 恢復 7-513B
huífú 回敷 3-616A
huífú 洄洑 5-1150A
huífú 洄澓 5-1150B
huífú 迴伏 10-771B
huífú 迴洑 10-773B
huífù 回復 3-614B
huífù 回覆 3-618B
huífù 迴複 10-777A
huífù 迴復 10-775B
huífù 違覆 10-1118A
huǐfú 悔服 7-547B
huǐfú 毀服 6-1497A
huǐfù 虺蝮 8-860A
huìfú 卉服 1-849A
huìfú 晦伏 5-739B
huìfǔ 惠撫 7-566A
huìfǔ 會府 5-786A
huīgài 麾蓋 12-1280B
huígǎi 回改 3-610B
huǐgǎi 悔改 7-547A
huìgāi 會垓 5-786B
huígān 回甘 3-609B
huígān 迴甘 10-771A
huīgānchángdǎn 隳肝嘗膽 11-1133B
huígāng 迴岡 10-772B
huígànjiùshī 迴乾就濕 10-774A
huīgānlìdǎn 隳肝瀝膽 11-1133B
huīgǎo 灰稿 7-28A
huígào 迴告 10-772A
huìgǎo 會稿 5-791B
huīgē 揮戈 6-776B
huīgē 麾戈 12-1280A
huīgé 灰鬲 7-26B
huígē 迴戈 10-770A
huígē 迴歌 10-777A
huǐgé 毀鬲 6-1497B
huīgēhuírì 揮戈回日 6-776B
huìgēn 慧根 7-683B
huīgētuìrì 揮戈退日 6-776B
huīgōng 揮弓 6-776B
huīgòu 灰垢 7-26B
huīgòu 翬構 9-672B
huìgòu 穢垢 8-154A
huīgū 灰菰 7-27A
huīgǔ 灰骨 7-26B
huígù 回顧 3-619B
huígù 迴顧 10-780A
huìgū 惠蛄 7-565B
huìgū 蟪蛄 8-962A
huìgǔ 會鼓 5-790A
huìgǔ 誨穀 11-236B
huìgǔ 慧骨 7-683B
huìgù 惠顧 7-566B
huìgù 賄雇 10-195A
huīguài 恢怪 7-513A
huīguài 詼怪 11-162A
huīguài 詼恠 11-162A
huīguān 隳官 11-1133B
huīguǎn 灰琯 7-27B
huīguǎn 灰管 7-28A
huīguàn 灰礶 7-29A
huīguàn 灰罐 7-29A
huíguān 迴觀 10-780A
huìguān 慧觀 7-685A
huìguǎn 會館 5-792A
huìguàn 靧盥 12-392B
huīguāng 暉光 5-805B
huīguāng 煇光 7-201B
huīguāng 輝光 9-1285B
huīguǎng 恢廣 7-514A
huíguāng 迴光 10-771B
huìguāng 彗光 3-1658A
huìguāng 晦光 5-739B
huìguāng 慧光 7-683A
huíguāngfǎnzhào 回光反照 3-609B
huíguāngfǎnzhào 回光返照 3-610A
huíguāngfǎnzhào 迴光反照 10-771B
huíguāngfǎnzhào 迴光返照 10-771B
huīguāngrìxīn 暉光日新 5-805B
huīguāngrìxīn 輝光日新 9-1285B
huìguǎnxíngchē 嘒管行車 3-473A
huīguǐ 恢詭 7-514A
huīguǐ 詼詭 11-162B
huíguī 回歸 3-618B
huíguī 迴皈 10-773A
huíguī 迴歸 10-779A
huíguǐ 迴軌 10-773A
huìguī 匯歸 1-981A
huìguī 會規 5-788A
huìguī 會歸 5-792A
huīguǐjuéguài 恢恑憰怪 7-513A
huīguǐjuéguài 恢詭譎怪 7-514A
huíguīxiàn 回歸綫 3-618B
huīguō 恢彉 7-514B
huīguō ⿸厂⿱豕心聒 10-13B
huíguō 回鍋 3-617B
huǐguò 悔過 7-548A
huìguò 諱過 11-358B
huǐguòshū 悔過書 7-548A
huǐguòzìxīn 悔過自新 7-548A
huīhāi 詼咍 11-162A
huǐhài 毀害 6-1498A
huìhǎi 慧海 7-683B

huīhán 恢涵 7-513B
huīhàn 揮翰 6-778B
huīhàn 麾汗 12-1280A
huíhán 迴含 10-772A
huǐhàn 悔憾 7-548B
huìhán 惠函 7-565A
huìhán 誨函 11-236A
huìhàn 恚汗 7-490A
huìhàn 誨翰 11-236B
huīhànchéngyǔ 揮汗成雨 6-777A
huīháo 揮毫 6-778A
huīhào 徽號 3-1108A
huíhào 迴耗 10-773B
huìhǎo 惠好 7-564B
huīhē 撝呵 6-884B
huīhē 撝訶 6-884B
huīhē 麾訶 12-1280B
huīhè 灰鶴 7-29A
huīhè 揮喝 6-778A
huīhè 煇赫 7-201B
huīhè 輝赫 9-1286B
huīhè 徽赫 3-1108B
huíhé 回紇 3-612B
huíhé 回合 3-610B
huíhé 迴紇 10-773B
huíhé 迴合 10-771B
huíhé 迴和 10-772B
huíhè 迴壑 10-779A
huìhé 惠和 7-565A
huìhé 匯合 1-980A
huìhé 會合 5-785A
huìhé 賄和 10-194B
huīhēi 灰黑 7-27B
huìhēi 晦黑 5-740B
huǐhèn 悔恨 7-547B
huìhèn 恚恨 7-490A
huíhéng 迴衡 10-778A
huīhóng 恢弘 7-512B
huīhóng 恢宏 7-512B
huīhóng 恢紘 7-513B
huīhóng 恢閎 7-514A
huīhū 揮忽 6-777B
huíhú 回鶻 3-619A
huíhú 迴鶻 10-779B
huíhù 回互 3-608B
huíhù 回護 3-619A
huíhù 回亙 3-608B
huíhù 洄沍 5-1150A
huíhù 迴互 10-770B
huíhù 迴護 10-779B
huíhù 迴亙 10-770A
huìhū 晦昒 5-740A
huīhuá 輝華 9-1286A
huīhuá 徽華 3-1107A
huīhuà 徽嫿 3-1109A
huīhuà 徽繣 3-1109B
huíhuà 回話 3-615B
huǐhuà 燬化 7-306B
huìhuá 匯劃 1-981A
huìhuà 惠化 7-564A
huìhuà 會話 5-790B
huìhuà 誨化 11-235B
huìhuà 繢畫 9-1017B
huìhuà 繪畫 9-1035B
huīhuài 墮壞 2-1208B
huīhuài 隳壞 11-1134B
huǐhuài 毀壞 6-1500B
huīhuàn 揮澣 6-779A
huīhuàn 暉煥 5-806A
huīhuàn 煇煥 7-201B
huīhuàn 輝煥 9-1286A
huíhuán 回還 3-617B
huíhuán 回環 3-617B
huíhuán 迴還 10-778A
huíhuán 迴環 10-778B
huíhuàn 回換 3-612B
huíhuàn 迴換 10-773B
huìhuán 闠闤 12-171A
huīhuáng 煇煌 7-201B
huīhuáng 輝皇 9-1285B
huīhuáng 輝煌 9-1286A
huīhuáng 煒煌 7-202A
huíhuáng 回皇 3-612A
huíhuáng 回惶 3-615A
huíhuáng 回遑 3-614B
huíhuáng 佪惶 7-520B
huíhuáng 迴皇 10-773A
huíhuáng 迴徨 10-775B
huíhuáng 迴惶 10-776A
huíhuáng 迴遑 10-775B
huìhuāng 穢荒 8-154A
huīhuángjīnbì 輝煌金碧 9-1286B
huíhuángzhuǎnlǜ 回黃轉綠 3-613A
huíhuángzhuǎnlǜ 迴黃轉綠 10-774A
huíhúdòu 回鶻豆 3-619A
huīhuī 咴咴 3-319B
huīhuī 恢恢 7-513A
huīhuī 揮揮 6-778A
huīhuī 暉暉 5-806A
huīhuī 煇煇 7-201B
huīhuī 輝輝 9-1286B
huīhuī 徽徽 3-1109A
huīhuī 睢睢 7-1233A
huīhuī 煒煒 7-202A
huíhuí 回回 3-610A
huíhuí 佪佪 1-1337B
huíhuí 佪佪 7-520B
huíhuí 洄洄 5-1150A
huíhuí 迴迴 10-773A
huǐhuǐ 虺虺 8-859B
huǐhuì 悔恚 7-547B
huìhuǐ 恚悔 7-490A
huìhuì 晦晦 5-740B
huìhuì 嘒嘒 3-472B
huìhuì 噦噦 3-517A
huìhuì 薉薉 9-563A
huìhuì 穢薈 8-156A
huìhuì 翽翽 9-692B
huìhuì 鉞鉞 11-1250B
huíhuíbí 回回鼻 3-610A
huíhuídòu 回回豆 3-610A
huīhuīxūxū 睢睢盱盱 7-1233A
huīhuīyǒuyú 恢恢有餘 7-513A
huìhùn 穢溷 8-155A
huīhuō 恢豁 7-514B
huīhuō 揮攉 6-779A
huīhuǒ 灰火 7-25A
huīhuò 灰貨 7-27A
huīhuò 揮霍 6-778B
huīhuò 揮矐 6-779A
huīhuò 煇爡 7-202A
huīhuò 徽霍 3-1109A
huīhuò 睢瞲 7-1233B
huíhuò 回惑 3-614A
huíhuò 迴惑 10-775A
huǐhuò 悔禍 7-548A
huìhuǒ 慧火 7-683A
huìhuò 晦惑 5-740B
huìhuò 賄貨 10-195A
huìhuò 穢貨 8-154B
huìhuògōngxíng 賄貨公行 10-195A
huíhúwén 回鶻文 3-619A
huījī 隓擊 10-13B
huījī 戲戟 5-255B
huījì 灰寂 7-27B
huījì 恢濟 7-514B
huījì 徽績 3-1109A
huíjī 回擊 3-618A
huíjī 迴擊 10-778B
huíjí 徊集 3-946A
huíjí 回極 3-614A
huíjì 回忌 3-610B
huíjì 迴迹 10-773A
huíjì 迴忌 10-772A
huíjì 迴跡 10-776A
huǐjí 毀疾 6-1498A
huǐjí 毀瘠 6-1500A
huǐjì 毀胔 6-1498B
huǐjì 毀背 6-1497B
huìjí 恚疾 7-490A
huìjí 彗齊 3-1658A
huìjí 匯集 1-980B
huìjí 彙集 3-1659A
huìjí 會集 5-789B
huìjí 會籍 5-792B
huìjí 瘣疾 8-341A
huìjí 諱疾 11-358B
huìjí 穢疾 8-154B
huìjì 恚忌 7-490A
huìjì 晦迹 5-740A
huìjì 晦跡 5-741A
huìjì 惠濟 7-566B
huìjì 匯寄 1-980B
huìjì 慧寂 7-684A
huìjì 諱迹 11-358A
huìjì 諱忌 11-358A
huìjì 穢跡 8-155A
huìjì 繢罽 9-1018A
huíjià 迴駕 10-777B
huìjiā 會家 5-788A
huìjiābùmáng 會家不忙 5-788A
huíjiǎn 回簡 3-618B
huíjiàn 回見 3-610B
huíjiàn 迴檻 10-779A
huǐjiān 毀熸 6-1500A
huìjiàn 惠劍 7-566A
huìjiàn 彙薦 3-1659B
huìjiàn 會見 5-785A
huìjiàn 慧劍 7-684B
huìjiàn 慧鑒 7-685A
huìjiàn 穢賤 8-155B
huìjiāndǎoyín 誨奸導淫 11-235B
huījiāng 灰漿 7-28B
huíjiāng 回疆 3-619A
huíjiāng 迴江 10-772A
huìjiǎng 誨獎 11-236B
huījiāo 翬矯 9-672B
huíjiào 回教 3-613A
huìjiāo 賄交 10-194B
huìjiào 惠教 7-565B
huìjiào 誨教 11-236A
huǐjiāshūguó 毀家紓國 6-1498A
huǐjiāshūnàn 毀家紓難 6-1498A
huījié 墮節 2-1208A
huījié 灰劫 7-26A
huījié 麾節 12-1280B
huījié 隳節 11-1134A
huījié 麾節 6-979B
huījiě 揮解 6-778B
huíjié 迴節 10-776A
huǐjié 毀節 6-1499A
huìjiē 誨接 11-236A
huìjiē 噦喈 3-517A
huìjié 晦節 5-741A
huìjié 會節 5-790A
huìjié 慧捷 7-684A
huìjié 諱訐 11-358B
huìjiě 彙解 3-1659B
huìjiě 會解 5-790B
huìjiě 慧解 7-684B
huìjiè 匯解 1-981A
huìjiè 彙解 3-1659A
huìjiè 誨戒 11-235B
huìjíjìyī 諱疾忌醫 11-358B
huījīn 揮斤 6-777A
huījīn 揮金 6-777B
huījīn 徽金 3-1106B
huījǐn 翬錦 9-672B
huījìn 灰燼 7-28B
huíjīn 迴金 10-772B
huǐjìn 毀禁 6-1499A
huìjìn 彙進 3-1659A
huījīng 麾旌 12-1280B
huījīng 徽鯨 3-1110A
huījǐng 輝景 9-1286A
huíjīng 迴旌 10-774B
huíjīng 迴睛 10-776A
huíjǐng 迴景 10-775B
huíjìng 回敬 3-614A
huìjǐng 晦景 5-740B
huìjǐng 慧警 7-685A
huìjìng 慧鏡 7-685A
huījīnrútǔ 揮金如土 6-777B

huíjiōng 迴扃 10-773B
huījiǔ 灰酒 7-27A
huíjiū 洄糾 5-1150A
huíjiǔ 回九 3-608B
huǐjiù 悔咎 7-547B
huìjiǔ 會酒 5-787B
huìjìzhòu 穢跡呪 8-155A
huījù 徽劇 3-1108B
huǐjǔ 悔沮 7-547B
huǐjǔ 毀沮 6-1497B
huǐjù 悔懼 7-549A
huìjū 會鞠 5-792A
huìjù 恚懼 7-490B
huìjù 匯聚 1-981A
huìjù 彙聚 3-1659B
huìjù 會聚 5-791A
huìjù 慧炬 7-683B
huíjuàn 迴眷 10-775A
huíjuàn 迴睠 10-776A
huìjuàn 繪卷 9-1035A
huījué 恢譎 7-514B
huījué 詼噱 11-162B
huījué 詼譎 11-163A
huíjué 回決 3-610B
huíjué 回泬 3-611A
huíjué 回絕 3-615A
huíjué 回潏 3-616B
huíjué 洄泬 5-1150A
huíjué 洄潏 5-1150B
huíjué 蛔厥 8-890A
huǐjué 毀絕 6-1499A
huìjué 慧覺 7-685A
huījūn 麾軍 12-1280B
huíjūn 迴軍 10-773B
huǐjūn 毀軍 6-1497B
huìjūn 惠君 7-564B
huìjùn 慧俊 7-683B
huíkàn 迴瞰 10-778A
huìkān 會勘 5-788A
huìkāng 惠康 7-565B
huìkǎo 會考 5-784B
huīkè 徽客 3-1107A
huìkè 彙刻 3-1659A
huìkè 會客 5-787A
huìkè 會課 5-791B
huìkèshì 會客室 5-787B
huíkōng 回空 3-611B
huíkōng 迴空 10-772B
huíkǒu 回口 3-608B
huíkòu 回扣 3-609B
huǐkǒu 悔口 7-546B
huìkǒu 惠口 7-564A
huìkuǎn 匯款 1-980B
huīkuàng 隳曠 11-1134B
huìkuàng 槥曠 7-701B
huìkuàng 惠貺 7-565B
huìkuì 瘣潰 10-13B
huìkuí 會魁 5-790B
huīkuò 恢廓 7-514A
huīkuò 恢擴 7-514B
huīkuò 恢闊 7-514B
huīlà 隳剌 11-1133B
huīlà 睢剌 7-1233A
huílà 洄剌 5-1150A
huílái 回來 3-611A
huílái 迴來 10-772A
huílài 迴瀨 10-779B
huǐlài 悔賴 7-548B
huìlái 惠來 7-564B
huīlǎn 恢覽 7-514B
huīlàn 灰爛 7-29A
huīlàn 輝爛 9-1286B
huílán 回闌 3-618A
huílán 回瀾 3-619B
huílán 回欄 3-619B
huílán 迴瀾 10-779B
huílán 迴欄 10-779B
huìlán 蕙蘭 9-546B
huìlàn 穢濫 8-156A
huíláng 回廊 3-613B
huíláng 迴廊 10-774B
huìláng 會郎 5-786B
huìlánmèng 蕙蘭夢 9-546B
huílǎo 回老 3-609B
huìlǎo 諱老 11-357B
huílǎojiā 回老家 3-609B
huílèfēng 回樂峰 3-616B
huílèfēng 迴樂峯 10-777B
huìléi 穢累 8-154B
huìlěi 穢累 8-154B
huìlèi 彙類 3-1659B
huīlěng 灰冷 7-26A
huīlì 暉麗 5-806A
huīlì 煇麗 7-202A
huīlì 輝麗 9-1286B
huílǐ 回禮 3-618A
huílì 回曆 3-617A
huǐlí 毀離 6-1500A
huǐlì 悔戾 7-547B
huǐlì 悔厲 7-548B
huìlǐ 卉醴 1-849A
huìlǐ 會理 5-788A
huìlì 惠利 7-564B
huìlì 惠麗 7-566B
huìlì 會立 5-784B
huìlì 會利 5-785B
huìlì 嘒唳 3-472B
huìlì 誨利 11-235B
huìlì 慧力 7-682B
huìlì 慧利 7-683A
huìlì 慧麗 7-685A
huìlì 穢詈 8-154B
huílián 回連 3-612B
huílián 迴連 10-774A
huíliǎn 迴臉 10-779B
huìlián 惠連 7-565A
huìlián 穢廉 8-155A
huíliáng 迴梁 10-775A
huìliáng 靧梁 12-392B
huíliáo 回繚 3-618B
huíliáo 迴繚 10-779B
huīliè 輝烈 9-1286A
huīliè 徽烈 3-1107A
huīliè 隳裂 11-1134A
huǐliè 毀裂 6-1498B
huìliè 會獵 5-792B
huìliè 穢裂 8-154B
huìliè 讀列 11-419B
huǐlìn 悔吝 7-547A
huǐlìn 悔悋 7-547B
huǐlìn 悔紊 7-547A
huìlín 惠臨 7-566A
huīlíng 隳凌 11-1133B
huílíng 迴舲 10-774B
huíliú 回流 3-613A
huíliú 洄流 5-1150A
huíliú 迴流 10-774A
huìliú 匯流 1-980B
huìliú 會流 5-788A
huīliūliū 灰溜溜 7-28A
huīlóng 恢隆 7-513B
huílóng 回籠 3-619B
huìlǒng 匯攏 1-981A
huílóngtāng 迴龍湯 10-778A
huìlóu 蕙摟 9-546A
huìlòu 賄漏 10-195B
huìlòu 穢陋 8-154A
huīlú 灰爐 7-29A
huīlù 灰僇 7-27B
huīlù 灰戮 7-28B
huílú 回爐 3-619A
huílú 迴艫 10-780A
huílù 回陸 3-613A
huílù 回祿 3-615A
huílù 回路 3-615B
huìlù 賄賂 10-195A
huìlù 慧籙 7-685A
huìlù 蕙路 9-546A
huíluán 回鑾 3-619B
huíluán 回鸞 3-620A
huíluán 迴鑾 10-780A
huíluán 迴鸞 10-780A
huíluàn 回亂 3-615B
huìluàn 穢亂 8-155A
huíluánwǔ 回鸞舞 3-620A
huílúfùzhàng 回爐復帳 3-619B
huìlùgōngxíng 賄賂公行 10-195A
huīlún 隳淪 11-1134A
huīlùn 恢論 7-514B
huílún 迴輪 10-777B
huìlùn 會論 5-791B
huīluò 隳落 11-1134A
huíluò 回落 3-614A
huíluò 迴落 10-775A
huǐluò 毀落 6-1498B
huīlǜ 灰律 7-26B
huílǜ 迴慮 10-777B
huìlǜ 匯率 1-980B
huílüè 迴略 10-774B
huímǎ 回馬 3-612B
huímǎ 迴馬 10-773B
huǐmà 毀罵 6-1500A
huìmà 恚罵 7-490B
huìmà 穢罵 8-156A
huǐmái 毀埋 6-1497B
huìmǎi 賄買 10-195A
huìmài 賄賣 10-195B
huīmàn 恢漫 7-514A
huīmàn 隳慢 11-1134A
huìmàn 穢嫚 8-155B
huìmáng 晦芒 5-739B
huìmáng 晦盲 5-740A
huìmǎng 穢莽 8-154A
huìmáo 彙茅 3-1659A
huìmáo 穢毛 8-153B
huímǎqiāng 回馬槍 3-612B
huīměi 徽美 3-1106B
huīmèi 揮袂 6-777B
huìměi 惠美 7-565A
huìměi 慧美 7-683B
huìmèi 晦昧 5-740A
huímén 回門 3-611B
huǐmèn 悔悶 7-548A
huìmén 會門 5-786B
huìmén 賄門 10-194B
huìmén 慧門 7-683B
huìmén 諱門 11-358A
huìmèn 晦悶 5-741A
huīméng 翬甍 9-672B
huīměng 徽猛 3-1107A
huìméng 晦雺 5-741A
huìméng 晦矇 5-741B
huìméng 晦蒙 5-741A
huìméng 會盟 5-790A
huīmēngmēng 灰濛濛 7-28B
huīméngméng 灰朦朦 7-28B
huīméngméng 灰蒙蒙 7-27B
huīmí 灰糜 7-28B
huīmí 隳靡 11-1135A
huīmǐ 灰靡 7-28B
huīmǐ 灰弭 7-26B
huìmì 晦密 5-740B
huímiǎn 迴緬 10-777B
huímiàn 回面 3-611B
huímiàn 迴面 10-773A
huǐmiàn 毀面 6-1497B
huìmiǎn 賄免 10-194B
huìmiǎn 諱免 11-358A
huìmiàn 會面 5-786B
huìmiàn 頮面 12-314A
huìmiàn 靧面 12-392B
huìmiànqì 頮面器 12-314A
huīmiào 徽廟 3-1109A
huǐmiào 毀廟 6-1499B
huīmiè 灰滅 7-27B
huǐmiè 毀滅 6-1499B
huìmiè 晦滅 5-741A
huīmǐn 墮泯 2-1206B
huīmǐn 灰泯 7-26B
huǐmín 虺民 8-859B
huǐmǐn 毀泯 6-1497B
huìmín 惠民 7-564B
huìmǐn 惠敏 7-565B
huīmíng 徽名 3-1106A
huīmíng 隳名 11-1133B
huīmìng 徽命 3-1106B
huìmíng 晦名 5-739B
huìmíng 晦明 5-739B
huìmíng 晦冥 5-740B
huìmíng 晦暝 5-741A
huìmíng 會明 5-786A
huìmíng 慧明 7-683A
huìmíng 諱名 11-357B
huìmìng 慧命 7-683B

huīmò 灰没 7-26A
huīmò 灰末 7-25B
huīmò 灰墨 7-28A
huīmò 揮抹 6-777A
huīmò 揮墨 6-778B
huīmò 徽墨 3-1109A
huīmò 徽纆 3-1109B
huǐmǒ 毀抹 6-1497A
huìmó 誨謨 11-236B
huìmó 繪摹 9-1035B
huìmò 晦默 5-741B
huìmò 獩貊 5-112A
huìmò 獩貃 5-112A
huìmò 穢貉 8-155A
huìmò 穢貊 8-155A
huìmòrúshēn 諱莫如深
11-358A
huímóu 回眸 3-613B
huímóu 迴眸 10-774B
huīmù 灰木 7-25A
huīmù 揮目 6-777A
huímù 迴目 10-771A
huǐmù 毀慕 6-1499B
huǐmǔ 蕙畝 9-546A
huìmù 壞木 2-1240B
huìmù 卉木 1-848B
huìmù 恚目 7-490A
huìmù 瘣木 8-341A
huìmù 慧目 7-683A
huìmù 頮沐 12-314A
huìmù 靧沐 12-392A
huīmùtùcān 揮沐吐餐
6-777A
huínà 回納 3-613A
huìnà 匯納 1-980B
huìnáng 穢囊 8-156B
huīnáo 撝撓 6-884B
huínáo 回撓 3-616A
huínáo 佪撓 1-1337B
huínáo 迴撓 10-777A
huìnéng 會能 5-788A
huínì 回逆 3-612B
huínì 迴逆 10-773B
huínì 迴睨 10-776A
huìnì 晦匿 5-740A
huìnì 諱匿 11-358A
huīniàn 灰念 7-26A
huíniàn 回念 3-611A
huíniàn 迴念 10-772B
huìniè 薉孽 9-563A
huínìng 回佞 3-610B
huīnòng 揮弄 6-777A
huīnǔ 㖪呶 10-13A
huǐnù 悔怒 7-547B
huìnù 恚怒 7-490A
huínuǎn 回暖 3-615B
huínuǎn 回煖 3-616A
huīnüè 恢謔 7-514B
huì'ǒu 會偶 5-788B
huīpāi 揮拍 6-777B
huīpái 詼俳 11-162B
huīpài 徽派 3-1107A
huìpài 會派 5-787A
huípán 回盤 3-616B
huípán 迴盤 10-777B
huípàn 回畔 3-613A
huípàn 迴盼 10-773A
huípàn 迴眄 10-773A
huīpào 灰礮 7-29A
huīpèi 麾旆 12-1280B
huípèi 回轡 3-619B
huípèi 迴旆 10-773B
huípèi 迴斾 10-774A
huípèi 迴轡 10-780A
huīpéng 灰棚 7-27B
huīpéngpéng 灰蓬蓬 7-27B
huīpī 撝披 6-884B
huīpǐ 墮圮 2-1206B
huīpǐ 隳圮 11-1133B
huípì 回辟 3-616A
huǐpí 虺皮 8-859B
huìpì 晦僻 5-741B
huípiāo 迴飄 10-779B
huìpiào 匯票 1-980B
huìpiào 會票 5-788B
huìpiàozhuāng 匯票莊
1-980B
huīpíng 灰瓶 7-27A
huípíng 迴屏 10-773B
huìpò 晦魄 5-741B
huīpupu 灰撲撲 7-28A
huīqí 恢奇 7-513A
huīqí 詼奇 11-162A
huīqí 麾棨 12-1280B
huīqì 灰氣 7-26B
huíqí 回蹊 3-618A
huíqí 回棋 3-614A
huíqí 迴旗 10-777A
huǐqí 悔棋 7-548A
huǐqì 悔氣 7-547B
huǐqì 毀棄 6-1499A
huìqí 會期 5-789A
huìqí 彙齊 3-1659B
huìqí 會齊 5-791A
huìqì 彗氣 3-1658A
huìqì 晦氣 5-740A
huìqì 惠氣 7-565B
huìqì 會氣 5-787B
huìqì 穢氣 8-154B
huìqì 穢器 8-156A
huìqì 沬泣 5-1034A
huīqiān 撝謙 6-884B
huíqiān 迴阡 10-771A
huǐqiān 悔愆 7-548B
huìqián 會錢 5-792A
huīqiāng 徽腔 3-1108A
huíqiáng 迴檣 10-778B
huíqiáo 迴橋 10-778A
huíqiǎo 迴巧 10-771A
huìqiǎo 惠巧 7-564A
huìqiǎo 慧巧 7-683A
huìqiě 會且 5-784B
huīqīn 徽欽 3-1108A
huǐqīn 悔親 7-548B
huìqīn 會親 5-792A
huíqīng 回青 3-610B
huíqǐng 回請 3-616B
huìqīng 穢傾 8-155A
huìqíng 誨情 11-236B
huìqióng 諱窮 11-359A
huìqishàozuò 悔其少作
7-547A
huìqiú 卉裘 1-849A
huìqiú 賄求 10-194B
huìqiú 賄賕 10-195B
huīqū 灰軀 7-28B
huīqū 麾驅 12-1281A
huīqù 睢呿 7-1233A
huíqū 回曲 3-610A
huíqū 回屈 3-611B
huíqū 洄曲 5-1149B
huíqū 迴曲 10-771B
huíqū 迴屈 10-772B
huíqū 迴覷 10-779A
huíqù 回去 3-609B
huíqù 迴去 10-771A
huìqū 諱屈 11-358A
huìquán 慧泉 7-683B
huìquán 蕙荃 9-545B
huìquǎn 卉犬 1-848B
huìquǎn 諱犬 11-357B
huīquē 墮闕 2-1208B
huíquè 回却 3-610B
huǐquē 毀缺 6-1498A
huǐquē 毀闕 6-1500B
huǐquē 磈䟕 7-1112A
huìquē 晦缺 5-740A
huīqūmígǔ 灰軀糜骨 7-28B
huīrán 灰然 7-27B
huīrán 輝然 9-1286A
huīrán 煒然 7-202A
huīrǎn 揮染 6-777B
huìrán 㞃然 9-280B
huìrán 慧然 7-684A
huìrǎn 繪染 9-1035B
huīrǎng 灰壤 7-29A
huīràng 撝讓 6-885A
huìrǎng 穢壤 8-156A
huìràng 誨讓 11-236B
huìránkěnlái 惠然肯來
7-565B
huìránzhì 惠然至 7-565B
huìránzhīgù 惠然之顧
7-565B
huīrǎo 揮擾 6-779A
huíráo 回橈 3-616B
huíráo 迴橈 10-778A
huírào 回繞 3-618B
huírào 迴繞 10-779B
huīrén 灰人 7-25A
huìrén 惠人 7-564A
huìrén 慧人 7-682B
huìrén 諱人 11-357B
huìrén 穢人 8-153B
huìrén 繢人 9-1017B
huìrénbùjuàn 誨人不倦
11-235B
huìrénbùjuàn 誨人不惓
11-235B
huīrì 揮日 6-776B
huīrì 麾日 12-1280A
huírì 回日 3-608B
huírì 迴日 10-770B
huìrì 彗日 3-1657B
huìrì 晦日 5-739B
huìrì 會日 5-784A
huìrì 慧日 7-683A
huìrì 諱日 11-357B
huīrìyánggē 揮日陽戈
6-776B
huīróng 輝容 9-1286A
huīróng 輝榮 9-1286B
huīróng 徽容 3-1107A
huīróng 徽榮 3-1108B
huíróng 回容 3-613A
huǐróng 毀容 6-1498A
huīróngtǔmào 灰容土貌
7-27A
huīróu 徽柔 3-1107A
huīrú 暉如 5-806A
huīrú 煇如 7-201B
huīrú 煒如 7-202A
huǐrǔ 毀辱 6-1497B
huìrǔ 穢辱 8-154A
huìrù 晦溽 5-741A
huíruán 洄堧 5-1150B
huìruí 繢緌 9-1018A
huìrùn 惠潤 7-566A
huǐruò 燬爇 7-306B
huìruò 蕙若 9-545B
huīsǎ 揮灑 6-779A
huīsàn 揮散 6-778A
huīsàn 翬散 9-672B
huìsāng 會喪 5-789A
huīsǎo 揮掃 6-778A
huīsǎo 麾掃 12-1280B
huìsǎo 彗掃 3-1658A
huīsè 灰色 7-26A
huìsè 晦塞 5-741A
huìsè 晦色 5-739B
huìsè 晦澁 5-741B
huìsè 晦澀 5-741B
huìsè 惠色 7-564B
huìsè 誨色 11-235B
huìsè 蕙色 9-545B
huīshā 灰沙 7-26A
huíshā 迴沙 10-772A
huíshà 回煞 3-615B
huíshà 迴煞 10-776B
huīshàn 恢贍 7-514B
huíshǎn 迴閃 10-774A
huǐshàn 毀訕 6-1498A
huǐshàn 毀膳 6-1500B
huìshān 穢羶 8-156A
huíshāndǎohǎi 回山倒海
3-608B
huīshāng 徽商 3-1107B
huǐshāng 毀傷 6-1499A
huìshāng 會商 5-788B
huìshàng 會上 5-783B
huíshānzhuǎnhǎi 迴山轉海
10-770A
huìshào 會哨 5-787B
huìshào 會紹 5-788B
huìshǎolíduō 會少離多
5-784A

huǐshé 虺蛇 8-859B
huìshè 會社 5-785B
huìshè 會射 5-787B
huīshēn 灰身 7-26A
huíshēn 迴身 10-772A
huìshēn 穢身 8-154A
huìshěn 會審 5-791B
huīshēnfěngǔ 灰身粉骨 7-26A
huīshēng 暉聲 5-806A
huīshēng 徽聲 3-1109A
huīshéng 徽繩 3-1109B
huíshēng 回升 3-609A
huíshēng 回生 3-609B
huíshēng 回聲 3-617B
huíshēng 迴生 10-771A
huìshēng 惠聲 7-566A
huìshēng 諱生 11-357B
huìshēng 穢聲 8-156A
huìshèng 會勝 5-790A
huìshèng 會聖 5-790A
huìshèng 慧聖 7-684A
huìshēnghuìsè 繪聲繪色 9-1036A
huìshēnghuìxíng 繪聲繪形 9-1036A
huìshēnghuìyǐng 繪聲繪影 9-1036A
huíshēngqǐsǐ 回生起死 3-609B
huíshēngqǐsǐ 迴生起死 10-771A
huìshēngxiěyǐng 繪聲寫影 9-1036A
huīshēnmièzhì 灰身滅智 7-26A
huīshēnmǐnzhì 灰身泯智 7-26A
huīshī 揮師 6-777B
huīshí 輝石 9-1285B
huīshì 灰市 7-25B
huíshī 回師 3-613A
huíshī 迴施 10-773B
huíshì 回事 3-611A
huíshì 回視 3-614A
huíshì 迴逝 10-773B
huíshì 迴軾 10-776A
huǐshì 虺螫 8-860A
huǐshì 悔事 7-547A
huǐshì 毀室 6-1497B
huìshī 惠施 7-565A
huìshī 會師 5-787B
huìshī 穢濕 8-156A
huìshí 晦蝕 5-741B
huìshí 會食 5-787A
huìshǐ 穢史 8-153B
huìshì 晦士 5-739A
huìshì 會市 5-784B
huìshì 會事 5-785B
huìshì 會試 5-790B
huìshì 誨示 11-235B
huìshì 慧士 7-683A
huìshì 諱飾 11-358B
huìshì 繢事 9-1017B
huìshì 繪事 9-1035A
huìshì 繪飾 9-1035B
huìshìgé 諱飾格 11-359A
huìshìhòusù 繪事後素 9-1035A
huīshīshī 灰失失 7-25B
huīshǒu 揮手 6-776B
huíshōu 回收 3-610B
huíshǒu 回手 3-609A
huíshǒu 回首 3-612B
huíshǒu 迴手 10-770B
huíshǒu 迴首 10-773B
huíshòu 回授 3-613A
huíshòu 迴授 10-774A
huìshǒu 會守 5-785A
huìshǒu 會首 5-787A
huìshòu 誨授 11-236A
huīshū 恢疎 7-514A
huīshū 恢疏 7-514A
huīshǔ 灰鼠 7-27B
huīshù 徽束 3-1106A
huīshù 徽數 3-1109A
huíshū 回書 3-613A
huíshū 迴舒 10-775B
huíshú 回贖 3-619B
huíshù 回數 3-616A
huìshū 惠叔 7-565A
huìshū 惠書 7-565B
huíshuāngshōudiàn 迴霜收電 10-779A
huíshuǐ 洄水 5-1149B
huìshuǐ 匯水 1-980A
huìshuǐ 會水 5-784A
huìshuǐ 慧水 7-683A
huíshuǐwō 洄水渦 5-1149B
huīshuò 煇爍 7-202A
huīshuò 煒爍 7-202B
huíshuō 回説 3-616A
huíshuō 迴説 10-777A
huìshuò 晦朔 5-740B
huìshùshǔmǎ 諱樹數馬 11-359A
huīsǐ 灰死 7-25B
huīsì 恢肆 7-514A
huīsì 揮泗 6-777B
huísī 回思 3-612A
huísī 迴思 10-773A
huǐsǐ 毀死 6-1497A
huìsǐ 諱死 11-357B
huìsòng 晦誦 5-741B
huìsòng 會送 5-787A
huīsù 暉素 5-806A
huísū 迴甦 10-775A
huísù 回溯 3-616A
huísù 洄泝 5-1150A
huísù 洄溯 5-1150A
huìsú 穢俗 8-154A
huìsù 繢素 9-1017B
huìsù 繪素 9-1035A
huīsuì 灰燧 7-28B
huǐsuì 毀碎 6-1499A
huìsuí 惠綏 7-566A
huīsǔn 隳損 2-1208A
huīsǔn 撝損 6-884B
huīsǔn 隳損 11-1134A
huǐsǔn 毀損 6-1499A
huìsǔnláncuī 蕙損蘭摧 9-546A
huīsūnzi 灰孫子 7-27A
huīsuǒ 徽索 3-1107A
huìsuǒ 會所 5-786A
huìsuǒ 諱所 11-358A
huìsuǒ 穢瑣 8-155A
huítà 迴遝 10-776A
huìtà 恚撻 7-490B
huītāi 恢胎 7-513A
huītái 恢台 7-512B
huītái 恢炱 7-513A
huītán 詼談 11-162B
huītàn 灰炭 7-26B
huítān 回灘 3-619B
huítān 迴灘 10-780A
huǐtàn 悔嘆 7-548B
huǐtàn 悔歎 7-548B
huìtán 會談 5-791B
huìtán 穢談 8-155B
huītāng 灰湯 7-27B
huítáng 回塘 3-615B
huítáng 迴塘 10-776A
huìtáng 會堂 5-788B
huìtáng 蕙棠 9-546A
huìtāo 晦韜 5-741B
huītātā 灰塌塌 7-27B
huītè 恢特 7-513A
huītè 輝特 9-1286A
huítè 回慝 3-616A
huìtè 穢匿 8-154A
huìtè 穢慝 8-155A
huǐténg 虺螣 8-860A
huītì 隳替 2-1207B
huītì 揮涕 6-777B
huǐtì 毀替 6-1498B
huǐtí 彙題 3-1659B
huìtí 會提 5-789A
huítiān 回天 3-608B
huítiān 迴天 10-770A
huítiāndàorì 迴天倒日 10-770A
huítiānwǎnrì 迴天挽日 10-770A
huítiānyùndǒu 迴天運斗 10-770A
huítiānzhuǎndì 迴天轉地 10-770A
huītiáo 詼調 11-162B
huītiáo 詼啁 11-162B
huítiáo 回條 3-613A
huítiào 迴眺 10-774B
huítiě 回帖 3-611A
huítīng 迴汀 10-771A
huǐtíng 虺蜓 8-859B
huìtīng 慧聽 7-685A
huǐtòng 悔痛 7-548A
huìtōng 會通 5-788A
huìtōng 賄通 10-195A
huìtóng 會同 5-784B
huìtóngguǎn 會同館 5-784B
huítóu 回頭 3-617A
huítóu 迴頭 10-778A
huítóujiàn 回頭見 3-617A
huítóulù 回頭路 3-617A
huítóurén 回頭人 3-617A
huítóushì'àn 回頭是岸 3-617A
huītóutǔliǎn 灰頭土臉 7-28B
huītóutǔmiàn 灰頭土面 7-28B
huītū 隳突 2-1207A
huītū 瘣突 10-13A
huītū 隳突 11-1133B
huītǔ 灰土 7-25A
huítú 迴塗 10-776B
huítú 迴圖 10-777A
huǐtū 毀突 6-1497B
huìtū 篲禿 8-1235B
huìtú 繪圖 9-1035B
huìtǔ 穢土 8-153B
huítuān 回湍 3-615A
huítuān 洄湍 5-1150A
huítuān 迴湍 10-776A
huītuí 灰頹 7-28B
huǐtuí 虺隤 8-860A
huǐtuí 虺頹 8-860A
huǐtuí 虺穨 8-860A
huǐtuí 虺尵 8-860A
huītuí 瘣隤 10-13B
huītuí 瘣頹 10-13B
huītuí 隳隤 11-1134B
huītuí 隳頹 11-1134B
huītuí 瘣瘣 8-337B
huītuì 撝退 6-884B
huítuí 回隤 3-616A
huìtuī 會推 5-788A
huìtuí 瘣隤 8-341A
huītuò 恢拓 7-512B
huítuō 迴託 10-774A
huìtuō 賄託 10-195A
huìtuō 賄脱 10-195A
huítúshǐ 回圖使 3-616A
huítúshǐ 迴圖使 10-777A
huītūtū 灰突突 7-26B
huǐwǎhuàmàn 毀瓦畫墁 6-1496B
huìwǎn 蕙畹 9-546A
huīwáng 隳亡 11-1133A
huīwǎng 徽網 3-1108B
huīwàng 詼妄 11-162A
huīwàng 徽望 3-1107B
huíwǎng 回枉 3-611A
huíwǎng 回罔 3-611A
huíwàng 回望 3-614A
huíwàng 迴望 10-775A
huǐwáng 悔亡 7-546B
huǐwàng 悔望 7-548A
huìwáng 諱亡 11-357B
huìwàng 恚望 7-490A
huìwàng 晦望 5-740B
huīwéi 睢維 7-1233B
huīwěi 恢偉 7-513B
huīwèi 徽位 3-1106B
huíwèi 回味 3-611A

huǐwěi 虫尾 8-854A
huǐwěi 虺韡 8-860A
huǐwěi 虺蓶 8-860A
huìwéi 會闈 5-792A
huìwěi 卉煒 1-849A
huìwěi 晦僞 5-741B
huìwěi 會委 5-786A
huìwèi 賄遺 10-195B
huìwèi 薈蔚 9-565B
huīwén 徽文 3-1106A
huīwěn 隳紊 11-1133B
huíwén 回文 3-609A
huíwén 迴文 10-770B
huíwén 迴紋 10-774A
huìwén 惠文 7-564A
huìwén 會文 5-784A
huìwén 穢聞 8-155B
huìwèn 惠問 7-565B
huìwèn 誨問 11-236B
huìwèn 蕙問 9-546A
huìwèn 諱問 11-358B
huìwénguān 惠文冠 7-564A
huíwénjī 回文機 3-609A
huíwénjī 迴紋機 10-774A
huíwénjǐn 迴文錦 10-771A
huíwénshī 迴文詩 10-770B
huíwénshī 迴紋詩 10-774A
huíwényìn 迴文印 10-770B
huíwénzhījǐn 迴文織錦 10-771A
huíwò 回斡 3-616A
huíwò 迴斡 10-777A
huīwǔ 揮舞 6-778B
huīwù 徽物 3-1106B
huíwǔ 迴舞 10-777A
huíwǔ 迴儛 10-778A
huǐwū 毀誣 6-1499B
huǐwù 悔悟 7-547B
huǐwù 悔寤 7-548B
huǐwù 毀惡 6-1498B
huìwū 穢汙 8-154A
huìwū 穢污 8-154A
huìwū 穢誣 8-155B
huìwú 穢蕪 8-155B
huìwù 卉物 1-849A
huìwù 惠悟 7-565B
huìwù 會物 5-786A
huìwù 會務 5-788A
huìwù 會悟 5-788A
huìwù 會晤 5-788B
huìwù 慧悟 7-683B
huìwù 諱惡 11-358B
huìwù 穢物 8-154A
huìwǔyàn 會武宴 5-785B
huīxī 揮犀 6-778A
huíxī 回谿 3-618A
huíxī 迴溪 10-776B
huíxī 迴谿 10-779A
huíxí 回席 3-613A
huíxì 回戲 3-618A
huǐxī 虺蹊 8-860A
huǐxī 虺蜥 8-859B
huìxī 卉翕 1-849A
huìxī 卉歙 1-849A
huìxī 芔吸 9-280B
huìxī 芔歙 9-280B
huìxī 喙息 3-453A
huìxī 噦息 3-517A
huìxǐ 會喜 5-789A
huīxià 麾下 12-1280A
huīxià 戲下 5-252A
huíxiá 迴轄 10-778B
huìxiá 惠黠 7-566B
huìxiá 慧黠 7-684B
huīxián 徽弦 3-1106B
huīxián 徽絃 3-1107B
huīxiǎn 徽顯 3-1110A
huìxiān 惠鮮 7-566A
huìxiān 穢仙 8-153B
huìxián 會銜 5-791A
huìxiǎn 晦顯 5-742A
huíxiāng 茴香 9-379A
huíxiáng 徊翔 3-946A
huíxiáng 回翔 3-614B
huíxiáng 佪翔 1-1337B
huíxiáng 迴翔 10-775B
huíxiǎng 回想 3-615B
huíxiǎng 回響 3-619B
huíxiǎng 迴想 10-776A
huíxiàng 回向 3-610A
huíxiàng 迴向 10-771B
huìxiāng 蕙纕 9-546B
huìxiàng 會向 5-785A
huìxiàng 繪像 9-1035B
huíxiàngwén 回向文 3-610A
huīxiào 詼笑 11-162A
huíxiāo 回銷 3-616B
huíxiāo 迴銷 10-777B
huǐxiào 毀笑 6-1498A
huìxiǎo 晦曉 5-741B
huìxiǎo 篲篠 8-1235B
huíxībǎn 回谿阪 3-618A
huīxié 恢諧 7-514B
huīxié 詼諧 11-162B
huīxiè 灰灺 7-26A
huīxiè 隳懈 11-1134B
huíxié 回邪 3-609B
huíxié 回衺 3-613A
huíxié 迴邪 10-771A
huíxié 迴斜 10-774B
huǐxiè 悔謝 7-548B
huìxiě 繪寫 9-1036A
huìxiè 賄謝 10-195B
huìxiè 穢屑 8-154B
huìxiè 穢媟 8-155A
huìxiè 穢褻 8-156A
huíxiérùzhèng 迴邪入正 10-771A
huīxīn 灰心 7-25A
huīxīn 隳心 11-1133B
huíxīn 回心 3-609A
huíxīn 迴心 10-771A
huíxìn 回信 3-612A
huǐxīn 悔心 7-547A
huìxīn 晦心 5-739B
huìxīn 惠心 7-564A
huìxīn 會心 5-784A
huìxīn 誨心 11-235B
huìxīn 慧心 7-683A
huìxìn 穢釁 8-156B
huīxīnduǎnqì 灰心短氣 7-25B
huīxíng 徽行 3-1106A
huīxíng 隳行 11-1133B
huīxíng 隳形 11-1133B
huíxīng 迴星 10-773A
huíxíng 回行 3-610A
huíxíng 迴行 10-771B
huǐxíng 毀形 6-1497A
huìxīng 彗星 3-1658A
huìxīng 慧星 7-683B
huìxīng 篲星 8-1235B
huìxíng 匯行 1-980A
huìxíng 穢行 8-153B
huìxìng 會性 5-786B
huìxìng 慧性 7-683B
huīxīngǎoxíng 灰心槁形 7-25B
huìxīnlánzhì 蕙心蘭質 9-545B
huìxīnlǚ 會心侶 5-784B
huīxīnsàngqì 灰心喪氣 7-25A
huīxīnsàngyì 灰心喪意 7-25B
huìxīnwánzhì 蕙心紈質 9-545B
huíxīnyuàn 回心院 3-609A
huíxīnzhuǎnyì 回心轉意 3-609A
huīxiǔ 灰朽 7-25B
huīxiù 揮袖 6-778A
huíxiū 迴脩 10-774A
huìxiù 慧秀 7-683A
huīxū 睢盱 7-1233A
huìxū 會須 5-789B
huìxū 穢墟 8-155A
huìxù 惠恤 7-565A
huìxù 會敘 5-787A
huìxù 會絮 5-790A
huīxuān 恢宣 7-513A
huīxuān 豗喧 10-13B
huíxuān 回軒 3-612B
huíxuān 迴軒 10-774A
huíxuán 回旋 3-613B
huíxuán 洄漩 5-1150A
huíxuán 洄懸 5-1150B
huíxuán 迴旋 10-774B
huíxuán 迴漩 10-777A
huíxuàn 佪旋 1-1337B
huíxuàn 洄旋 5-1150A
huìxuǎn 賄選 10-195B
huìxuàn 繪絢 9-1035B
huíxuánqǔ 回旋曲 3-614B
huíxǔdòu 回許豆 3-613B
huíxué 回穴 3-609B
huíxué 迴穴 10-771A
huíxuě 回雪 3-613B
huíxuě 迴雪 10-774B
huǐxuē 毀削 6-1497B
huìxué 穢穴 8-153B
huìxuè 沬血 5-1034A
huīxùn 揮遜 6-778B
huīxùn 撝遜 6-884B
huīxuè 詼謔 11-162B
huīyǎ 灰啞 7-27A
huíyá 迴崖 10-774B
huìyǎ 慧雅 7-684A
huīyán 詼言 11-162A
huīyán 徽言 3-1106B
huíyán 回言 3-610B
huíyán 回顏 3-618B
huíyán 回巖 3-619B
huíyán 洄沿 5-1150A
huíyán 迴延 10-771B
huíyán 迴言 10-772A
huíyán 迴顏 10-779A
huíyán 迴巖 10-780A
huíyǎn 回眼 3-613B
huǐyán 燬炎 7-306B
huǐyán 毀言 6-1497A
huǐyán 毀顏 6-1500A
huìyān 晦湮 5-741A
huìyán 惠言 7-564B
huìyán 誨言 11-236A
huìyán 諱言 11-358A
huìyán 穢言 8-154A
huìyǎn 匯演 1-981A
huìyǎn 會演 5-791A
huìyǎn 慧眼 7-684A
huìyǎn 諱掩 11-358B
huìyàn 會宴 5-788A
huìyàn 會厭 5-791A
huìyàn 會醼 5-792B
huìyàn 會讌 5-792B
huìyàn 慧艷 7-685A
huíyànfēng 回雁峯 3-614B
huíyànfēng 迴雁峯 10-775A
huīyáng 恢揚 7-513B
huīyáng 揮揚 6-778A
huíyáng 回陽 3-614A
huìyǎng 晦養 5-741B
huìyǎng 惠養 7-566A
huīyānzhàngqì 灰烟瘴氣 7-27A
huīyào 恢燿 7-514B
huīyào 煇燿 7-201B
huīyào 輝耀 9-1286B
huīyào 煒燿 7-202B
huíyāo 迴腰 10-776B
huìyáo 蕙肴 9-545B
huìyào 會要 5-786B
huīyè 墮業 2-1208A
huīyè 暉夜 5-806A
huīyè 煒曄 7-202B
huīyè 煒燁 7-202B
huìyè 晦夜 5-740A
huìyè 慧葉 7-684A
huìyè 慧業 7-684A
huìyècáirén 慧業才人 7-684A
huìyèwénrén 慧業文人 7-684A
huīyī 翬衣 9-672A
huīyí 恢夷 7-512B
huīyí 楎椸 4-1195B

huīyí 徽儀 3-1109A
huīyì 恢毅 7-514B
huīyì 撝抑 6-884B
huīyì 撝挹 6-884B
huīyì 輝熠 9-1286B
huīyì 徽懿 3-1110A
huíyī 迴漪 10-777A
huíyí 回移 3-613B
huíyí 迴疑 10-777A
huíyì 回易 3-611A
huíyì 回異 3-613B
huíyì 回憶 3-617B
huíyì 迴易 10-772A
huíyì 迴意 10-776B
huíyì 迴憶 10-778A
huíyì 迴翼 10-779A
huǐyí 毀夷 6-1497A
huǐyì 虺易 8-859B
huǐyì 虺蜴 8-860A
huǐyì 悔艾 7-547A
huǐyì 毀瘞 6-1499B
huìyī 卉衣 1-849A
huìyì 惠益 7-565B
huìyì 惠義 7-566A
huìyì 會意 5-790B
huìyì 會議 5-792B
huìyì 誨益 11-236A
huìyì 慧義 7-684B
huìyì 薈薿 9-565B
huīyíhuǒbiàn 灰移火變 7-27A
huíyìlù 回憶録 3-617B
huīyīn 輝音 9-1286A
huīyīn 徽音 3-1106B
huīyǐn 隳引 11-1133B
huíyīn 回音 3-612A
huíyǐn 回隱 3-617B
huíyǐn 迴隱 10-778B
huìyīn 卉茵 1-849A
huìyīn 惠音 7-565A
huìyīn 會陰 5-788A
huìyīn 誨音 11-236A
huìyín 晦淫 5-740B
huìyín 誨淫 11-236A
huìyǐn 會飲 5-789B
huìyǐn 諱隱 11-359A
huìyìn 匯印 1-980A
huíyīnbì 迴音壁 10-773A
huīyíng 豗濙 10-13B
huīyíng 暉盈 5-806A
huīyǐng 暉景 5-806A
huīyìng 暉映 5-806A
huīyìng 暉暎 5-806A
huīyìng 輝映 9-1285B
huīyìng 輝暎 9-1286A
huíyíng 回縈 3-617B
huíyíng 迴縈 10-778A
huíyǐng 迴景 10-775B
huíyìng 回應 3-618A
huíyìng 回映 3-612A
huíyìng 迴映 10-773A
huìyīng 會應 5-792A
huìyíng 賄營 10-195B
huìyǐng 慧穎 7-684B
huìyǐnghuìshēng 繪影繪聲 9-1035B
huìyǐngtúxíng 繪影圖形 9-1035B
huìyínhuìdào 誨淫誨盜 11-236A
huìyínhuìdào 誨淫誨盜 11-236B
huīyōng 徽庸 3-1107B
huíyòng 回佣 3-610B
huìyǒng 匯涌 1-980B
huìyòng 穢用 8-153B
huīyōu 詼優 11-162B
huīyóu 徽猷 3-1108B
huíyóu 回游 3-615A
huǐyòu 悔尤 7-547A
huìyóu 惠郵 7-565B
huìyǒu 會友 5-784A
huìyòu 誨誘 11-236B
huīyū 恢迂 7-512B
huīyú 翬褕 9-672B
huīyú 睢于 7-1233A
huīyǔ 揮羽 6-777A
huīyǔ 詼語 11-162B
huīyù 暉煜 5-806A
huīyù 徽譽 3-1109B
huīyù 煒煜 7-202A
huíyū 回紆 3-612B
huíyū 迴迂 10-771A
huíyú 迴輿 10-779A
huíyǔ 迴語 10-777A
huíyù 回遹 3-616B
huíyù 洄汩 5-1150A
huíyù 迴遹 10-777B
huíyù 迴颶 10-776B
huǐyú 毀輿 6-1500A
huǐyù 虺蜮 8-859B
huǐyù 毀譽 6-1500B
huìyú 諱諛 11-359A
huìyǔ 會語 5-791A
huìyǔ 慧雨 7-683A
huìyǔ 慧語 7-684B
huìyǔ 穢語 8-155B
huìyǔ 靧雨 12-392A
huìyù 卉汩 1-849A
huìyù 晦昱 5-740A
huìyù 惠育 7-565A
huìyù 會遇 5-789B
huìyù 誨育 11-236A
huìyù 誨喻 11-236B
huìyù 誨諭 11-236B
huìyù 頮浴 12-314A
huìyù 靧浴 12-392B
huīyuán 蝲原 8-899A
huīyuǎn 恢遠 7-514A
huíyuān 回淵 3-615A
huíyuān 迴淵 10-776A
huíyuán 回員 3-613A
huíyuán 回圓 3-615B
huíyuán 迴源 10-776B
huíyuǎn 回遠 3-615A
huǐyuàn 悔怨 7-547B
huìyuán 會元 5-784A
huìyuán 會垣 5-786B
huìyuán 會員 5-787B
huìyuàn 恚怨 7-490A
huìyuánguó 會員國 5-787B
huīyuè 恢悅 7-513B
huīyuè 麾鉞 12-1280B
huǐyuē 毀約 6-1497B
huìyuē 會約 5-787B
huìyuē 誨約 11-236A
huìyuè 慧月 7-683A
huīyǔn 灰隕 7-27B
huīyǔn 灰殞 7-28A
huíyún 迴雲 10-775A
huíyùn 迴運 10-776A
huìyún 彗雲 3-1658A
huìyún 慧雲 7-684A
huìyǔn 卉隕 9-280B
huǐyúyīdàn 毀于一旦 6-1496B
huíyúzhù 回魚箸 3-613B
huízā 迴匝 10-771A
huìzá 會雜 5-792B
huìzá 穢雜 8-156A
huìzài 晦在 5-739B
huìzàng 會葬 5-789A
huìzàng 慧藏 7-684B
huīzǎo 輝藻 9-1286B
huīzǎo 麾蚤 12-1280B
huìzǎo 繢藻 9-1018A
huǐzé 毀責 6-1498A
huìzé 恚責 7-490A
huìzé 惠澤 7-566A
huìzé 誨責 11-236A
huìzé 頮澤 12-314A
huìzé 靧澤 12-392B
huìzé 濊澤 6-161A
huǐzèn 毀譖 6-1500B
huízèng 迴贈 10-779B
huìzèng 惠贈 7-566B
huìzèng 賄贈 10-195B
huǐzhái 燬宅 7-306B
huǐzhài 毀瘵 6-1500B
huízhān 迴邅 10-778A
huízhān 迴瞻 10-779A
huìzhàn 會戰 5-791B
huīzhāng 恢張 7-513B
huīzhāng 煇張 7-201B
huīzhāng 輝章 9-1286A
huīzhāng 徽章 3-1107B
huīzhàng 麾仗 12-1280A
huízhǎng 回漲 3-616A
huízhǎng 迴掌 10-775B
huìzhǎng 會長 5-785B
huìzhàng 會帳 5-788B
huìzhàng 會賬 5-791A
huìzhàng 蕙帳 9-546A
huīzhào 麾召 12-1280A
huízhào 回照 3-615B
huízhào 迴棹 10-775A
huízhào 迴照 10-776A
huìzhào 慧照 7-684B
huízhé 迴折 10-772A
huǐzhé 毀折 6-1497A
huìzhé 會摺 5-790B
huìzhěbùmáng 會者不忙 5-785B
huìzhéláncuī 蕙折蘭摧 9-545B
huīzhēn 徽真 3-1107A
huīzhěn 徽軫 3-1108A
huízhěn 迴軫 10-775A
huìzhēn 繪真 9-1035B
huìzhěn 會診 5-790A
huīzhèng 徽政 3-1106B
huìzhēng 喙争 3-453A
huìzhēng 彙征 3-1659A
huìzhēng 憓征 7-735A
huìzhèng 惠政 7-565A
huìzhèng 會正 5-784B
huìzhèng 賄政 10-195A
huìzhèng 誨正 11-235B
huīzhī 灰汁 7-25B
huīzhí 隳職 11-1134B
huīzhì 灰志 7-26A
huīzhì 灰滯 7-28A
huīzhì 麾幟 12-1281A
huīzhì 徽識 3-1109B
huīzhì 徽織 3-1109B
huīzhì 徽志 3-1106A
huīzhì 徽幟 3-1109A
huízhí 回執 3-613A
huízhí 迴植 10-775A
huízhǐ 迴指 10-772B
huízhì 回知 3-611A
huǐzhì 悔志 7-547A
huìzhí 會值 5-787B
huìzhí 誨殖 11-236B
huìzhǐ 蕙茝 9-546A
huìzhì 晦窒 5-740B
huìzhì 晦滯 5-741B
huìzhì 慧智 7-684A
huìzhì 慧質 7-684B
huìzhì 蕙質 9-546B
huìzhì 穢志 8-154A
huìzhì 穢質 8-155B
huìzhì 繪製 9-1035B
huǐzhībùjí 悔之不及 7-546B
huīzhījíqù 麾之即去 12-1280A
huìzhìlánxīn 蕙質蘭心 9-546B
huǐzhīwǎnyǐ 悔之晚矣 7-546B
huǐzhīwújí 悔之無及 7-546B
huízhōng 回中 3-608B
huìzhōng 惠中 7-564A
huìzhòng 會衆 5-789B
huǐzhōngwéiduó 毀鐘爲鐸 6-1500B
huízhōu 回周 3-611A
huízhōu 迴舟 10-771B
huízhōu 迴周 10-772B
huízhòu 迴驟 10-780A
huìzhǒu 篲箒 8-1235B
huǐzhōuwéiduò 毀舟爲杕 6-1497A
huízhōuxìng 回舟興 3-610B

huīzhú 輝燭 9-1286B
huīzhú 戲竹 5-253A
huīzhǔ 揮麈 6-778B
huīzhù 徽紵 3-1107B
huízhù 回祝 3-612B
huízhù 迴注 10-772B
huìzhú 慧燭 7-684B
huìzhǔ 賄囑 10-195B
huìzhù 蕙炷 9-546A
huízhuǎn 回轉 3-618A
huízhuǎn 迴轉 10-779A
huīzhuàng 麾幢 12-1281A
huǐzhuāng 毀妝 6-1497A
huìzhuāng 惠莊 7-565A
huìzhuàng 會狀 5-786B
huìzhuàng 穢狀 8-154A
huīzhuì 隳墜 11-1134B
huízhuī 回椎 3-614A
huìzhūn 誨諄 11-236B
huìzhǔn 繢純 9-1017B
huīzhuō 恢卓 7-513A
huīzhuō 煇焯 7-201B
huìzhuó 晦濁 5-741B
huìzhuó 頮濯 12-314A
huìzhuó 穢濁 8-156A
huǐzǐ 毀呰 6-1497B
huǐzǐ 毀訾 6-1499A
huǐzǐ 毀訿 6-1499A
huǐzì 毀訾 6-1498A
huìzī 恚訾 7-490B
huìzī 穢訾 8-155A
huìzǐ 會子 5-783B
huìzǐ 穢滓 8-155A
huìzì 會自 5-785A
huìzì 諱字 11-357B
huìzì 穢漬 8-155B
huìzǐzhīwǒ 惠子知我 7-564A
huízòng 迴縱 10-779A
huǐzōng 毀宗 6-1497B
huìzǒng 匯總 1-981A
huìzǒng 繢總 9-1018A
huìzòng 賄縱 10-195B
huīzǔ 徽祖 3-1107A
huízú 回族 3-613B
huìzú 彙族 3-1659A
huīzuǎn 恢纘 7-514B
huízuǐ 回嘴 3-617A
huǐzuì 悔罪 7-548B
huìzuì 會稡 5-790A
huìzuì 會最 5-789A
huìzuì 會蕞 5-791A
huìzuì 薈蕞 9-565B
huǐzuìzìxīn 悔罪自新 7-548B
huīzuò 徽祚 3-1107A
hújī 胡姬 6-1214A
hújī 胡基 6-1214A
hújī 縠屐 6-1509A
hújī 胡騎 6-1221A
hǔjǐ 虎脊 8-805B
hǔjǐ 虎戟 8-807A
hùjí 户籍 7-346A
hùjí 護疾 11-440A
hùjí 護籍 11-443A
hùjì 互濟 1-491A
hùjì 户計 7-344A
hùjì 嫮忌 4-404A
hújiā 胡笳 6-1214B
hújiā 胡葭 6-1215B
hùjiā 户家 7-344B
hùjiǎ 護甲 11-437B
hùjià 笏架 8-1115B
hùjià 扈駕 7-368B
hùjià 護駕 11-442B
hújiǎchīzhāng 狐假鴟張 5-34B
hújiǎhǔwēi 狐假虎威 5-34A
hújiàn 斛檻 7-339B
hújiàn 壺箭 2-1164A
hùjiān 護肩 11-439A
hùjiàn 互見 1-489B
hùjiàn 户檻 7-346A
hújiāng 壺漿 2-1164B
hǔjiàng 虎將 8-806B
hùjiāng 滬江 6-108B
hùjiàng 户將 7-345A
hùjiàng 護將 11-441A
hújiāngdānsì 壺漿簞食 2-1164B
hūjiào 呼叫 3-288B
hújiāo 胡椒 6-1215B
hújiāo 湖膠 5-1446B
hújiáo 胡嚼 6-1221B
hújiǎo 胡角 6-1209B
hújiǎo 胡攪 6-1222A
hǔjiāo 虎蛟 8-807A
hùjiāo 互交 1-489B
hùjiào 互校 1-490B
hújiāojiǔ 胡椒酒 6-1216A
hújiǎománchán 胡攪蠻纏 6-1222A
hújiāoyǎn 胡椒眼 6-1216A
hújiāshíbāpāi 胡笳十八拍 6-1214B
hūjiē 呼嗟 3-291B
hūjiē 呼揭 3-291A
hūjié 呼偈 3-291A
hújié 胡孑 6-1207B
hǔjié 虎節 8-807B
hùjié 互訐 1-490B
hùjié 互結 1-490B
hùjié 冱結 5-949B
hùjié 護結 11-441B
hùjiě 扈解 7-368B
hùjiě 護解 11-442A
hùjiè 護解 11-442A
hùjiējūnzǐ 護階君子 11-441A
hǔjìn 虎勁 8-804B
hūjǐng 呼儆 3-292A
hújīng 鶻睛 12-1134A
hújīng 弧精 4-110A
hújīng 狐精 5-36A
hújìng 胡啞 6-1213A
hǔjǐng 虎穽 8-804B
hùjìng 互經 1-491A
hùjìng 護鏡 11-443A
hújīngwǎngshǐ 弧旌枉矢 4-109B
hújīnhéyǒu 狐襟貉袖 5-36A
hùjiōng 户扃 7-344B
hújìshēng 槲寄生 4-1280A
hújiū 胡揪 6-1215B
hǔjiù 虎舅 8-807B
hùjiù 護救 11-440B
hújǔ 鶻舉 12-1110A
hújù 湖劇 5-1446B
hǔjù 虎踞 8-808A
hùjú 護局 11-438B
hùjù 滬劇 6-108B
hǔjuàn 虎圈 8-806A
hùjué 户絶 7-345A
hǔjùjīngtūn 虎踞鯨吞 8-808B
hǔjùlóngpán 虎踞龍盤 8-808A
hǔjùlóngpán 虎踞龍蟠 8-808B
hǔjùlóngpán 虎據龍蟠 8-808B
hújūn 鶻軍 12-1134A
hújùn 壺餕 2-1164B
hùjūn 護軍 11-439B
hùjùn 楛箘 4-1081A
hùjūnshǐ 護軍使 11-440A
hùjūnyíng 護軍營 11-440A
húkǎn 胡侃 6-1211A
hǔkàn 虎闞 8-810A
hùkàng 護炕 11-439A
húkǎo 胡考 6-1208B
húkē 壺榼 2-1164A
húké 鵠殼 12-1109B
húkè 胡客 6-1212B
hùkè 户課 7-345B
húkǒu 糊口 9-232B
húkǒu 餬口 12-568A
hǔkǒu 虎口 8-801A
hùkǒu 户口 7-343A
hǔkǒubānxū 虎口扳鬚 8-801A
hǔkǒubáxū 虎口拔鬚 8-801B
hǔkǒubáyá 虎口拔牙 8-801A
hùkǒubù 户口簿 7-343A
hùkǒucè 户口册 7-343A
hǔkǒuyúshēng 虎口餘生 8-801B
húkū 鶻鷇 12-1110B
hùkuā 嫮姱 4-404A
hǔkūlóngtán 虎窟龍潭 8-807B
hūlā 呼啦 3-291A
hūlā 忽拉 7-427A
hūlā 忽啦 7-429A
hūlā 唿啦 3-390B
hūlā 唿喇 3-390B
hūlà 忽剌 7-428A
húlà 弧剌 4-109B
húlà 狐剌 5-33B
hùlà 護臘 11-443A
hūlābā 忽喇叭 7-429A
hūlàbā 忽剌八 7-428A
hūlàbā'ér 忽剌巴兒 7-428A
hùlàcǎo 護臘草 11-443A
húlāchě 胡拉扯 6-1210B
hǔlàhái 虎剌孩 8-804A
húlāhùnchě 胡拉混扯 6-1210B
hūlái 乎來 1-647A
húlái 胡來 6-1210B
húlài 胡賴 6-1220A
hūlālā 呼啦啦 3-291A
hūlālā 呼喇喇 3-291A
hūlālā 忽拉拉 7-427A
hūlālā 唿啦啦 3-390B
hūlālā 唿喇喇 3-390B
hūlālā 吻喇喇 3-234A
hūlālā 忽喇喇 7-429A
hūlàlà 忽剌剌 7-428A
hūlàlà 忽辣辣 7-430A
húlāluànchě 胡拉亂扯 6-1210B
hūlán 呼蘭 3-293B
hùlán 護欄 11-443A
húláng 狐狼 5-34A
húláng 壺郎 2-1163B
húlàng 胡浪 6-1214A
hǔláng 虎狼 8-805A
hùláng 互郎 1-490A
hùláng 户郎 7-344A
hǔlángdānglù… 虎狼當路,不治狐狸 8-805B
hǔlángxīn 虎狼心 8-805A
húlǎo 胡老 6-1208B
hǔláo 虎牢 8-803B
hūléi 忽雷 7-429B
húléi 壺罍 2-1164B
hūléibó 忽雷駮 7-429B
hūlěnghūrè 忽冷忽熱 7-427A
húli 狐狸 5-34A
húlí 狐梨 5-34A
húlí 狐棃 5-34B
húlí 狐黎 5-36A
húlí 胡梨 6-1214B
húlí 胡離 6-1221A
húlí 瓠蠡 8-282A
húlì 鵠立 12-1108B
húlì 槲櫟 4-1280A
hǔlì 虎吏 8-803A
hùlǐ 護理 11-440B
hùlì 互利 1-490A
hùlì 扈隸 7-369A
húlián 瑚璉 4-600B
hùliàn 護練 11-442B
húliáng 狐梁 5-34B
húliáng 壺梁 2-1164A
hùliáng 瓠梁 8-281B
húliào 餬料 12-568B
hùliè 眝列 5-639A
hùliè 扈獵 7-369A
hǔlièlā 虎列拉 8-803A
húliēliē 胡咧咧 6-1212A
húlihútú 糊裏糊塗 9-233A

húlǐhútú 胡里胡塗 6-1209A
húlijīng 狐狸精 5-34A
hùlìn 户轔 7-346A
hùlìn 户橉 7-345B
húlíng 鶻伶 12-1133B
húlíng 鶻鴒 12-1134B
húlíng 胡怜 6-1211A
húlíng 胡伶 6-1209B
húlǐng 壺領 2-1164A
hùlíng 護鈴 11-441B
hùlíng 護靈 11-443B
hùlǐng 護領 11-442A
húlíngyǎn 鶻鴒眼 12-1134B
hūliū 忽溜 7-429B
hūliú 忽流 7-428B
húliu 胡溜 6-1218A
húliwěiba 狐狸尾巴 5-34A
hùlǐyuán 護理員 11-440B
hūlóng 呼隆 3-291A
hūlóng 呼嚨 3-292A
hūlōng 忽隆 7-429A
hūlōng 嗯嚨 3-390B
húlóng 胡嚨 6-1221B
húlóng 嘲嚨 3-412A
hūlōnglōng 嗯嚨嚨 3-390B
húlōu 胡摟 6-1218A
húlòu 壺漏 2-1164A
hùlóu 扈樓 7-368B
hūlu 呼嚕 3-293A
hūlū 呼嚕 3-293A
hūlū 嗯嚕 3-390B
hūlú 呼盧 3-292B
húlú 胡盧 6-1220A
húlú 胡蘆 6-1221B
húlú 壺盧 2-1164B
húlú 壺蘆 2-1164B
húlú 葫蘆 9-457A
húlú 瓠瓐 8-282A
húlú 瓠甗 8-282A
húlú 瓠蘆 8-282A
húlǔ 胡虜 6-1217A
húlǔ 胡擄 6-1220A
húlù 鵠鷺 12-1110B
húlù 胡鹿 6-1215A
húlù 胡禄 6-1216B
húlù 胡盝 6-1218A
húlù 胡簏 6-1220B
húlù 胡簶 6-1221A
húlù 胡籙 6-1220B
hǔlù 虎籙 8-810A
hùlǔ 扈魯 7-368B
hùlù 護路 11-441B
húluán 鵠鸞 12-1110B
húluàn 胡亂 6-1217B
hùluàn 怙亂 7-472B
húlúgé 葫蘆格 9-457B
hūlúhèzhì 呼盧喝雉 3-292B
hùlùlín 護路林 11-441B
hūlūlū 呼嚕嚕 3-293B
húlǔmángluàn 胡擄忙亂 6-1220A
húlún 鶻圇 12-1134A
húlún 鶻崙 12-1134A
húlún 鶻淪 12-1134A
húlún 囫圇 3-624B
húlún 胡倫 6-1213B
húlúnbànpiàn 囫圇半片 3-625A
húlúnkè 囫圇課 3-625A
húlúnkè 胡倫課 6-1213B
húlúntūn 鶻崙吞 12-1134A
húlúntūnzǎo 鶻崙吞棗 12-1134A
húlúntūnzǎo 囫圇吞棗 3-625A
húlúnzhú 囫圇竹 3-625A
húluò 魱鮥 12-1205B
hǔluò 鶻落 12-1134A
hǔluò 虎路 8-807B
hǔluò 虎落 8-806B
hùluó 護邏 11-443B
hùluò 護落 11-441A
húluóbo 胡蘿蔔 6-1221B
húluóbo 葫蘿蔔 9-457B
húluórě 胡羅惹 6-1221B
húlúshēng 胡蘆笙 6-1221B
húlútí 胡盧提 6-1220B
húlútí 胡盧蹄 6-1220B
húlútí 胡蘆提 6-1221B
húlútí 葫蘆啼 9-457B
húlútí 葫蘆提 9-457B
húlútí 葫蘆蹄 9-457B
húlútí 葫蘆題 9-457B
húlùtí 鶻露蹄 12-1134B
húlúyīyàng 葫蘆依樣 9-457B
húlúyùn 葫蘆韻 9-457B
hūlǜ 忽律 7-428B
hūlǜ 狍律 5-79A
hūlǜ 狍猓 5-79A
húlǜ 斛律 7-339A
hǔlǚ 虎旅 8-805B
hūlüè 忽略 7-429A
hǔlüè 虎略 8-805B
hǔlüèlóngtāo 虎略龍韜 8-805B
húmá 胡麻 6-1214B
húmǎ 胡馬 6-1212B
hùmǎ 户馬 7-344B
húmáfàn 胡麻飯 6-1215A
húmáihúhú 狐埋狐搰 5-33B
húmáihúyáng 狐埋狐揚 5-33B
hūmàn 忽慢 7-430A
hūmàn 忽漫 7-430A
húmàncǎo 胡蔓草 6-1218A
hūmáng 忽芒 7-427A
hūmǎng 忽漭 7-429B
húmào 胡帽 6-1216A
hùmào 怙冒 7-472A
húmàoxī 胡帽犀 6-1216A
húmáyóu 胡麻油 6-1215A
húmèi 狐媚 5-34B
húmèi 狐魅 5-35B
hǔméi 虎媒 8-807A
húmèijí 狐魅疾 5-35B
húmèiyǎndào 狐媚魘道 5-35A
húmèizǐ 狐媚子 5-34B
hǔmén 虎門 8-804A
hùmén 户門 7-344A
hùméncǎo 護門草 11-439A
húmí 狐迷 5-33B
hùmì 護密 11-441A
hùmì 護蜜 11-442A
húmiǎn 鵠眄 12-1109A
húmiàn 鵠面 12-1109A
húmiàn 斛面 7-339A
hùmiǎn 護免 11-438B
húmiànjiūxíng 鵠面鳩形 12-1109A
húmiànzi 胡面子 6-1211B
hūmiǎo 忽杪 7-427B
hūmíng 呼鳴 3-292A
húmíng 糊名 9-232B
húmíng 餬名 12-568B
hùmíng 互名 1-489B
hùmíng 互明 1-490A
hùmíng 沍冥 5-949A
húmínggǒudào 狐鳴狗盜 5-35B
húmínggōuhuǒ 狐鳴篝火 5-35B
húmínggōuzhōng 狐鳴篝中 5-35B
húmíngxiāozào 狐鳴梟噪 5-35B
húmíngyúshū 狐鳴魚書 5-35B
hūmò 昒漠 5-636B
hūmò 芴漠 9-310A
húmò 鶻没 12-1133B
húmò 胡貊 6-1217B
hūmù 昒穆 5-636B
húmǔ 胡母 6-1208B
húmù 湖目 5-1445B
hǔmùshǐhuì 虎目豕喙 8-802A
húná 胡拿 6-1213B
hūn'ǎi 昏靄 5-632A
hūn'ài 昏壒 5-629B
húnǎi 胡乃 6-1207A
hūn'àn 昏闇 5-630B
hūn'àn 昏暗 5-627B
hūn'àn 昏黯 5-631B
hūn'àncǎn 昏黯黲 5-631B
hùnáng 笏囊 8-1115B
húnánsīxián 湖南絲弦 5-1446A
húnào 胡鬧 6-1219A
hún'ào 渾奥 5-1523A
húnàobāguāng 胡鬧八光 6-1219A
húnbàngyàolí 魂傍要離 12-460B
hūnbào 昏暴 5-629A
hūnbèi 昏憊 5-630A
hūnbèi 惽憊 7-602B
húnbèi 渾備 5-1523A
hūnbǐ 昏鄙 5-627B
hūnbì 昏敝 5-626A
hūnbì 昏愎 5-627A
hūnbì 昏詖 5-627A
hūnbì 昏蔽 5-628B
hūnbì 婚幣 4-374B
hùnbìng 混并 5-1375A
húnbó 渾博 5-1523A
húnbōsì 渾撥四 5-1525A
hùnbǔ 混補 5-1378A
húnbùbǐ 渾不比 5-1519A
húnbùfùtǐ 魂不附體 12-459A
húnbùfùtǐ 魂不負體 12-459A
húnbùfùtǐ 魂不赴體 12-459A
húnbùshi 渾不是 5-1519A
húnbùshǒushè 魂不守舍 12-458B
húnbùshǒuzhái 魂不守宅 12-458B
húnbùsì 渾不似 5-1519A
húnbùzhuótǐ 魂不着體 12-459A
húnbùzhùtǐ 魂不著體 12-459A
hūncāi 昏猜 5-626A
hūncài 葷菜 9-490B
hūncālà 昏擦剌 5-630B
hūncǎn 昏慘 5-628B
hūncǎncǎn 昏慘慘 5-628B
hūncǎnlà 昏慘剌 5-628B
húncánsèchǐ 魂慚色褫 12-461A
hùncè 溷厠 6-14B
hùncè 溷廁 6-15A
hūnchán 昏僝 5-628B
hùnchán 混纏 5-1380A
hùnchàn 混羼 5-1380A
hūnchāng 昏昌 5-623A
húncháng 魂常 12-460B
hūnchāo 昏鈔 5-627A
húnchē 魂車 12-459A
hūnchén 昏沉 5-623A
húnchéng 渾成 5-1519B
hùnchēng 溷稱 6-15A
hùnchéng 棍成 4-1112A
hùnchéng 掍成 6-666B
hùnchéng 混成 5-1374A
hùnchénglǚ 混成旅 5-1374A
hùnchéngxié 混成協 5-1374A
húnchímèngxiǎng 魂馳夢想 12-460B
hūnchóng 昏蟲 5-631A
hūnchǒng 昏寵 5-631B
húnchóng 渾蟲 5-1525B
hùnchōng 混充 5-1375A
húnchū 魂出 12-459A
hùnchǔ 溷處 6-14B
húnchuáng 魂牀 12-459B
húnchuízìpū 渾捶自撲 5-1523A
húnchuízìwǔ 渾捶自武 5-1523A
húnchún 渾純 5-1521B
hùncí 諢詞 11-356B

hūncóng 閽從 12-125B
hūncuì 昏悴 5-626A
húncuì 渾粹 5-1524B
hūncuò 昏錯 5-630A
hùncuò 混錯 5-1379B
hùncuò 溷錯 6-15A
húndà 渾大 5-1518B
hūndài 昏殆 5-624A
hūndàn 昏旦 5-622A
hūndàn 昏淡 5-626A
hūndàn 昏蛋 5-626A
hūndàn 昏誕 5-628A
húndǎn 魂膽 12-461B
húndàn 渾蛋 5-1523A
húndàn 魂旦 12-459A
húndàn 混蛋 5-1377B
hūndé 昏德 5-629B
hūndèngdèng 昏澄澄 5-629B
hūndèngdèng 昏鄧鄧 5-628B
hūndì 昏第 5-626A
hūndiàn 昏墊 5-628A
hūndiàn 惛墊 7-602A
húndiānmèngdǎo 魂顛夢倒 12-461B
húndiāo 鼲貂 12-1414B
húndié 魂蝶 12-461A
hūndìngchénxǐng 昏定晨省 5-624A
hùndòu 混鬥 5-1376A
hùndǒulōusuān 混抖摟酸 5-1375A
hūndú 惛瀆 7-602B
hùndú 溷瀆 6-15B
húnduàn 魂斷 12-461B
hūnduì 婚對 4-374B
húnduīzìpū 渾塠自撲 5-1523A
hūndǔn 昏盹 5-624B
hūndùn 昏鈍 5-626B
hùndùn 倱伅 1-1498A
hùndùn 混沌 5-1375B
hùndùn 混潡 5-1379A
hùndùnwǎngliǎng 混沌魍魎 5-1376A
hūnduó 昏奪 5-628B
hūnduò 昏惰 5-627A
hūn'è 昏噩 5-629B
hún'è 渾噩 5-1525A
hūnfá 婚閥 4-374B
hūnfá 閽閥 12-125B
hūnfán 昏煩 5-628A
húnfān 魂幡 12-461A
húnfān 魂旛 12-461B
hùnfān 溷藩 6-15B
hùnfàn 混飯 5-1378A
hùnfànchī 混飯吃 5-1378A
hūnfàng 昏放 5-624A
húnfēidǎnliè 魂飛膽裂 12-460A
húnfēidǎnluò 魂飛膽落 12-460A
húnfēidǎnpò 魂飛膽破 12-460A
húnfēidǎnsàng 魂飛膽喪 12-460A
húnfēidǎnzhàn 魂飛膽顫 12-460A
húnfēidǎnzhàn 魂飛膽戰 12-460A
húnfēimùduàn 魂飛目斷 12-459B
húnfēipòdàng 魂飛魄蕩 12-460A
húnfēipòsàn 魂飛魄散 12-459B
húnfēipòsàng 魂飛魄喪 12-460A
húnfēipòyáng 魂飛魄颺 12-460A
húnfēipòyuè 魂飛魄越 12-459B
húnfēishénsàng 魂飛神喪 12-459B
húnfēitiānwài 魂飛天外 12-459B
hūnfēn 昏氛 5-623B
húnfǔ 魂府 12-459B
húngài 渾蓋 5-1524B
húngàn 魂幹 12-461A
húngè 渾箇 5-1524B
hūngòu 昏媾 5-628A
hūngòu 婚媾 4-374B
húngòu 魂構 12-461A
húngǔ 渾古 5-1519B
hūnguān 昏官 5-624A
hūnguàn 昏冠 5-625A
hūnguàn 婚冠 4-373B
húnguān 渾倌 5-1521B
hùnguān 諢官 11-356B
hùnguān 顐人 12-342B
hūnguì 昏聵 5-630B
hùnguǒ 諢裹 11-357A
húngǔyājì 渾骨丫髻 5-1521B
húnhái 魂骸 12-461A
hūnhān 昏酣 5-626B
húnhán 渾含 5-1520B
húnhán 渾涵 5-1522B
hùnhán 混含 5-1375A
hūnhào 昏耗 5-625A
húnhào 渾浩 5-1521B
húnhào 渾灝 5-1525B
hùnhào 渾號 5-1524B
hùnhào 混耗 5-1376A
hùnhào 混號 5-1378A
hùnhào 諢號 11-356B
húnhàopòsàng 魂耗魄喪 12-460A
húnhé 渾合 5-1520A
hùnhé 掍合 6-666B
hùnhé 混合 5-1374B
hùnhé 混和 5-1376A
hùnhé 混闔 5-1380A
hūnhēi 昏黑 5-626B
hùnhémiàn 混合麵 5-1374B
húnhén 魂痕 12-460B
hùnhéwù 混合物 5-1374B
hùnhéyǔ 混合語 5-1374B
húnhóng 渾洪 5-1521B
hùnhòng 混澒 5-1379A
húnhòu 渾厚 5-1521A
hùnhòu 混厚 5-1376A
hūnhū 惛惚 7-602A
hūnhuā 昏花 5-622B
hūnhuà 昏話 5-628A
húnhuā 渾花 5-1520A
húnhuā 渾化 5-1519B
húnhuà 渾化 5-1519B
húnhuà 渾話 5-1524B
hùnhuà 混話 5-1378B
hùnhuà 諢話 11-356B
hūnhuàn 婚宦 4-373B
hūnhuāng 昏荒 5-624A
hūnhuáng 昏黃 5-625B
hūnhuǎng 惛怳 7-601B
húnhuáng 渾黃 5-1522A
hùnhuǎng 混熀 5-1378B
hūnhuì 昏晦 5-625B
hūnhuì 昏穢 5-631A
hūnhuì 婚會 4-374B
hùnhuì 混穢 5-1379B
hùnhuì 溷穢 6-15B
hūnhūn 㖧㖧 3-453A
hūnhūn 㑮㑮 1-1511B
hūnhūn 昏昏 5-623B
hūnhūn 惛惛 7-602A
hūnhūn 涽涽 5-1400B
hūnhūn 湣湣 5-1528A
hūnhūn 㖧㖧 3-390A
hūnhún 昏渾 5-627A
húnhún 煇煇 7-201B
húnhún 渾渾 5-1523B
húnhún 魂魂 12-460B
hùnhún 混渾 5-1378A
hùnhùn 渾混 5-1522B
hùnhùn 混混 5-1377A
hùnhùn 溷溷 6-15A
húnhúnchénchén 渾渾沈沈 5-1524A
hùnhùndùndùn 混混庉庉 5-1377A
hùnhùndùndùn 混混沌沌 5-1377A
hūnhūn'è'è 昏昏噩噩 5-623B
húnhún'è'è 渾渾噩噩 5-1524A
húnhún'è'è 混混噩噩 5-1377B
hūnhūnhàohào 昏昏浩浩 5-623B
húnhúnméngméng 渾渾蒙蒙 5-1524A
hūnhūnmòmò 昏昏默默 5-623B
húnhúntúntún 渾渾沌沌 5-1524A
hūnhūnwǎngwǎng 惛惛罔罔 7-602A
hūnhūnyùshuì 昏昏欲睡 5-623B
hūnhuò 昏惑 5-626B
hūnhuò 惛惑 7-602A
húnhuò 溷惑 6-14B
hūnì 忽睨 7-429B
húniǎn 胡輦 6-1219A
hùniǎn 扈輦 7-368B
hùniàn 護念 11-438B
húniàocìchuāng 狐尿刺瘡 5-33A
húniēguài 胡揑怪 6-1215B
húníng 胡寧 6-1219A
hūniúhūmǎ 呼牛呼馬 3-288B
hūniúzuòmǎ 呼牛作馬 3-288B
hùnjì 混迹 5-1376A
hùnjì 混跡 5-1378B
hùnjì 溷迹 6-14B
hùnjì 溷跡 6-15A
hùnjì 溷蹟 6-15B
hūnjiā 昏家 5-625B
hūnjiā 婚家 4-374A
hūnjià 昏嫁 5-628A
hūnjià 婚嫁 4-374B
húnjiā 渾家 5-1521B
hūnjiàn 昏僭 5-628B
húnjiàn 魂鑒 12-462A
hùnjiàn 混踐 5-1379A
hùnjiānglóng 混江龍 5-1375A
hūnjiāo 昏狡 5-624B
húnjiāo 魂交 12-459A
húnjiào 魂轎 12-461B
hùnjiǎo 混攪 5-1380A
hūnjìn 昏祲 5-626A
hùnjìn 溷浸 6-14B
húnjīnbáiyù 渾金白玉 5-1521A
húnjīng 魂精 12-461A
hùnjīng 諢經 11-356B
húnjīngdǎnluò 魂驚膽落 12-462A
húnjīngdǎnzhàn 魂驚膽顫 12-462A
húnjīngpòluò 魂驚魄落 12-461B
húnjīngpòtì 魂驚魄惕 12-461B
húnjīnpúyù 渾金璞玉 5-1521A
hūnjǔ 惛沮 7-601B
hūnjuàn 昏倦 5-626A
hūnjué 昏厥 5-626B
hūnjué 昏蹶 5-631B
hūnjūn 昏君 5-623A
hūnkǎn 昏坎 5-622B
hūnkuáng 昏狂 5-622B
hūnkuì 昏憒 5-629B
hūnkuì 昏聵 5-631A
hūnkuì 惛憒 7-602B
hūnkùn 昏困 5-622B
húnkuò 渾括 5-1521A
hūnlài 昏賴 5-629B
hùnlài 混賴 5-1379A
hūnlàn 昏爛 5-632A
hūnlǎo 昏老 5-622B

húnláomèngduàn 魂勞夢斷 12-460B
húnlèng 渾愣 5-1524B
hūnlǐ 昏禮 5-630B
hūnlǐ 婚禮 4-374B
hūnlì 昏戾 5-624A
hūnlì 閽吏 12-125B
hùnliáng 混糧 5-1380A
hūnlíng 婚齡 4-374B
húnlíng 魂靈 12-462A
húnlóu 魂樓 12-461A
hūnluàn 昏亂 5-628A
hūnluàn 惛亂 7-602A
hùnluàn 渾亂 5-1524B
hùnluàn 混亂 5-1378B
hùnluàn 溷亂 6-15A
húnlún 渾侖 5-1521A
húnlún 渾淪 5-1522B
húnlún 昆侖 5-588A
hùnlǔn 混淪 5-1377B
húnlūntūnzǎo 渾掄吞棗 5-1521B
húnlúntūnzǎo 渾淪吞棗 5-1522B
hūnlüè 閽略 12-125B
hūnmái 昏霾 5-632A
hūnmài 昏邁 5-629A
hūnmàn 昏嫚 5-628B
hùnmàn 渾漫 5-1525A
hùnmàn 混漫 5-1378B
hùnmàn 溷漫 6-15A
hūnmáng 昏盲 5-624A
hūnmáng 昏茫 5-624A
húnmáng 渾芒 5-1519B
húnmáng 渾茫 5-1521A
hùnmáng 混芒 5-1374A
hùnmáng 混茫 5-1376A
hūnmáo 昏髦 5-628A
hūnmào 昏耗 5-625A
hūnmào 昏冒 5-624B
hūnmào 昏眊 5-624B
hūnmào 昏耄 5-625A
hūnmào 昏瞀 5-629A
hūnmào 惛眊 7-601B
hūnmào 惛耄 7-602A
hūnmào 惛瞀 7-602A
húnmào 溷冒 6-14A
hùnmào 混冒 5-1376A
hūnmèi 昏昧 5-624A
hūnméng 昏瞢 5-629A
hūnméng 昏濛 5-630A
hūnméng 昏朦 5-630B
hūnméng 昏矇 5-631A
hūnméng 昏蒙 5-627A
hūnméng 昏霿 5-631B
hūnméng 惛瞢 7-602A
hūnměng 昏懵 5-631B
hūnměng 惛懵 7-602B
húnméng 渾濛 5-1525B
hùnméng 渾蒙 5-1524B
húnmèng 魂夢 12-460B
hùnméng 混濛 5-1379B
hùnméng 混蒙 5-1378A
hūnmí 昏迷 5-624B
hūnmí 惛迷 7-601B
húnmì 渾沕 5-1521A
hūnmiǎn 昏湎 5-627A
hūnmíbùxǐng 昏迷不省 5-625A
hūnmíbùxǐng 昏迷不醒 5-625A
hūnmíng 昏明 5-623A
hūnmíng 昏冥 5-625B
hūnmíng 昏瞑 5-628B
húnmíng 渾冥 5-1521B
hùnmíng 渾名 5-1520A
hùnmíng 混名 5-1374B
hùnmíng 混冥 5-1376B
hùnmíng 混溟 5-1378B
hùnmíng 諢名 11-356B
hūnmiù 昏繆 5-631A
hūnmiù 昏謬 5-631B
hūnmiù 惛謬 7-602B
hūnmò 昏墨 5-629A
hūnmò 昏默 5-630A
hùnmóu 混侔 5-1376A
hūnmù 昏莫 5-625A
hūnmù 昏暮 5-628B
húnmù 渾穆 5-1525B
hūnnàn 昏難 5-631B
hūnnáo 昏撓 5-629A
hūnnáo 惛怓 7-601B
hùnnáo 混撓 5-1379A
hùnnào 混鬧 5-1378B
hūnnì 昏逆 5-625A
hūnniè 昏孽 5-631B
húnníng 渾凝 5-1525B
hùnníngtǔ 混凝土 5-1379B
hūnnuò 昏懦 5-630B
hūnnüè 昏虐 5-624A
hūnóng 呼膿 3-293A
hūnòng 呼弄 3-289B
húnòng 胡弄 6-1209A
hǔnòng 唬弄 3-378B
hùnòng 糊弄 9-232B
húnòngjú 胡弄局 6-1209A
hūn'ǒu 婚耦 4-374B
húnpà 魂帕 12-459B
húnpái 魂牌 12-460B
hùnpāng 混滂 5-1378B
hūnpèi 婚配 4-374B
hùnpēng 混磞 5-1379B
hùnpèng 混碰 5-1378A
hūnpí 昏疲 5-625B
hùnpiàn 諢騙 11-357A
húnpiāopòsàn 魂飄魄散 12-461B
húnpiāoshéndàng 魂飄神蕩 12-461B
húnpíng 魂瓶 12-460A
hùnpíng 溷屏 6-14B
húnpò 魂魄 12-461A
húnpò 魂鬼 12-461A
húnpú 渾璞 5-1525A
húnpǔ 渾朴 5-1519B
húnpǔ 渾樸 5-1525A
hūnqī 婚妻 4-373B
hūnqī 婚戚 4-374A
hūnqī 婚期 4-374A
hūnqǐ 婚啓 4-374A
húnqí 渾齊 5-1524B
húnqì 魂氣 12-460A
hùnqí 混齊 5-1378B
hùnqì 溷器 6-15A
hùnqià 混洽 5-1376A
hūnqīn 婚親 4-374B
hùnqìn 混唚 5-1376B
hùnqīng 溷圊 6-14B
hùnqióng 混窮 5-1379A
húnqiú 渾球 5-1521B
hūnqǔ 婚娶 4-374A
hūnquǎn 閽犬 12-125B
húnquán 渾全 5-1520A
hūnrán 昏然 5-627A
hūnrán 惛然 7-602A
húnrán 渾然 5-1523A/1523B
hùnrán 混然 5-1378A
hùnrán 溷然 6-15A
hūnrǎnrǎn 昏冉冉 5-622B
húnrántiānchéng 渾然天成 5-1523B
hùnrántiānchéng 混然天成 5-1378A
húnrányìtǐ 渾然一體 5-1523B
húnránzìchéng 渾然自成 5-1523B
hūnrǎo 昏擾 5-631A
hùnrǎo 溷擾 6-15B
hūnrè 昏熱 5-629A
hūnrén 昏人 5-621B
hūnrén 閽人 12-125B
húnrén 渾人 5-1518B
húnrén 魂人 12-458B
húnrén 溷人 6-14A
hùnrén 顐官 12-342B
hùnrìzi 混日子 5-1373B
húnróng 渾融 5-1525B
hùnróng 混融 5-1379A
hùnróu 混糅 5-1379A
hùnróu 溷揉 6-14B
húnrú 渾如 5-1520A
hùnrǔ 溷辱 6-14B
hùnrù 溷入 6-14A
hūnruò 昏弱 5-625B
hūnsā 昏撒 5-629A
hūnsàng 昏喪 5-626B
húnsàngshénduó 魂喪神奪 12-460B
hūnsāo 葷臊 9-490B
hūnsè 昏塞 5-628A
hūnsè 惛塞 7-602A
húnsè 魂色 12-459A
hūnshān 葷羶 9-491A
hūnshàng 昏上 5-621B
húnshè 渾舍 5-1521A
húnshēn 渾身 5-1520A
húnshēn 渾深 5-1522B
húnshēn 混身 5-1375A
húnshén 魂神 12-459B
hùnshēn 渾身 5-1520A
húnshēnjiěshù 渾身解數 5-1520A
húnshēnshìdǎn 渾身是膽 5-1520A
húnshèsèjǔ 魂慴色沮 12-461A
hūnshì 昏世 5-622A
hūnshì 婚室 4-373B
hūnshì 閽侍 12-125B
húnshí 魂識 12-461B
hùnshì 混事 5-1376A
hùnshìmówáng 混世魔王 5-1374A
hūnshǒu 閽守 12-125B
húnshǒu 魂守 12-459A
hūnshū 婚書 4-374A
hūnshǔ 昏曙 5-630B
hūnshù 閽豎 12-126A
húnshǔ 鼲鼠 12-1414B
hùnshǔ 溷鼠 6-15A
hùnshuǎ 諢耍 11-356B
húnshuǎng 魂爽 12-460B
hūnshuì 昏睡 5-627B
húnshuǐ 渾水 5-1519A
húnshuǐlāoyú 混水撈魚 5-1374A
húnshuǐmōyú 渾水摸魚 5-1519B
húnshuǐmōyú 混水摸魚 5-1373B
hùnshuō 混說 5-1378B
hùnshuōbáidào 混說白道 5-1378B
hūnsì 閽寺 12-125B
húnsì 渾似 5-1520A
hūnsú 惛俗 7-601B
hūnsù 昏夙 5-622B
húnsù 渾素 5-1521B
hùnsú 混俗 5-1376A
hùnsú 溷俗 6-14B
húnsúhéguāng 渾俗和光 5-1521B
hùnsúhéguāng 混俗和光 5-1376A
húnsuǐ 魂髓 12-461B
hùnsuǒ 溷索 6-14B
hūntà 閽闥 12-126A
hūntái 魂臺 12-461A
hùntáng 混堂 5-1376B
hūnténg 昏騰 5-631B
hūnténgténg 昏騰騰 5-631B
hūntì 昏替 5-626A
húntiān 渾天 5-1518B
hūntiān'àndì 昏天暗地 5-622A
hūntiānhēidì 昏天黑地 5-622A
húntiānjiā 渾天家 5-1519A
hùntiānliǎorì 混天撩日 5-1373B
húntiānshuō 渾天說 5-1519A
húntiāntǐ 渾天體 5-1519A
hùntiānxīng 混天星 5-1373B
húntiānyí 渾天儀 5-1519A

hūntiě 婚帖 4-373B
húntiě 渾鐵 5-1525B
húntíng 魂亭 12-459B
húntíng 魂庭 12-459B
hùntīng 溷聽 6-15B
húntóng 渾同 5-1520A
hùntōng 混通 5-1376B
hùntóng 緄同 9-890B
hùntóng 混同 5-1374A
hùntǒngliǎn 顚筒臉 12-353A
hūntóudānǎo 昏頭搭惱 5-629B
hūntóudānǎo 昏頭搭腦 5-629B
hūntóudǎnǎo 昏頭打腦 5-629B
hūntóuhūnnǎo 昏頭昏腦 5-629B
húntóuhúnnǎo 渾頭渾腦 5-1525B
húntóuhúnnǎo 混頭混腦 5-1379A
hūntóuyūnnǎo 昏頭暈腦 5-629B
hūntóuzhuànxiàng 昏頭轉向 5-629B
hūntún 昏忳 5-623A
húntún 渾敦 5-1523B
húntún 渾沌 5-1520B
húntún 渾屯 5-1519A
húntún 餛屯 12-563A
húntún 餛飩 12-563B
húntún 腪肫 6-1355A
húntúnshì 渾敦氏 5-1523B
húntúnshì 渾沌氏 5-1520B
húntuō 渾脱 5-1522A
húntuōnáng 渾脱囊 5-1522A
húnú 胡奴 6-1208B
hùnú 户奴 7-343B
hùnǔ 楛砮 4-1081A
húnúchē 胡奴車 6-1208B
hǔnǚ 虎女 8-801B
hūnwán 昏頑 5-627A
hūnwǎn 昏晚 5-626B
hūnwǎng 昏罔 5-623B
hūnwǎng 昏惘 5-626A
hūnwàng 昏妄 5-622B
hūnwàng 昏忘 5-623A
húnwángdǎnluò 魂亡膽落 12-458B
hūnwēi 昏微 5-627B
hùnwéiyītán 混爲一談 5-1377B
hūnxī 昏夕 5-622A
hūnxiā 昏瞎 5-629A
hùnxián 溷澗 6-15A
húnxiǎng 魂想 12-461A
húnxiàng 渾象 5-1522A
húnxiánshì 渾閒事 5-1524B
húnxiánshì 渾閑事 5-1524B
hūnxiǎo 昏曉 5-630A
húnxiāo 魂消 12-460A
húnxiāo 魂銷 12-461A
hùnxiáo 緄淆 9-890B
hùnxiáo 緄殽 9-890B
hùnxiáo 渾淆 5-1522B
hùnxiáo 渾殽 5-1523A
hùnxiáo 掍殽 6-666B
hùnxiáo 混淆 5-1377B
hùnxiáo 混殽 5-1377B
hùnxiáo 溷淆 6-14B
hùnxiáo 溷殽 6-14B
húnxiāochángduàn 魂銷腸斷 12-461B
húnxiāodǎnsàng 魂消膽喪 12-460B
hùnxiáohēibái 混淆黑白 5-1377B
húnxiāomùduàn 魂銷目斷 12-461B
húnxiāopòduó 魂消魄奪 12-460A
húnxiāopòsàng 魂消魄喪 12-460A
hūnxié 昏邪 5-622B
hùnxiè 溷褻 6-15B
hùnxiè 諢褻 11-357A
hūnxīn 昏昕 5-623A
hūnxīn 葷辛 9-490B
hūnxīng 昏星 5-624B
hūnxīng 葷腥 9-490B
húnxióng 渾雄 5-1523A
hūnxù 昏旭 5-622B
hūnxuàn 昏眩 5-625B
hūnxuàn 惛眩 7-602A
hùnxuān 溷軒 6-14B
hūnxuè 葷血 9-490B
hùnxuè 混血 5-1374B
hùnxuè'ér 混血兒 5-1374B
hūnyà 婚婭 4-374A
húnyǎ 渾雅 5-1523A
hūnyān 閽閹 12-126A
húnyán 渾言 5-1520B
hùnyàng 混瀁 5-1379B
húnyānùtāo 魂壓怒濤 12-461B
hùnyáo 溷肴 6-14A
húnyáopòluàn 魂摇魄亂 12-460B
hūnyè 昏夜 5-623B
hūnyí 婚儀 4-374B
hūnyì 昏逸 5-626A
hūnyì 昏曀 5-630A
hūnyì 昏翳 5-630B
hūnyì 閽役 12-125B
húnyī 渾一 5-1518B
húnyī 渾壹 5-1523A
húnyī 魂衣 12-459A
húnyí 渾儀 5-1525A
húnyì 魂意 12-461A
hùnyī 混一 5-1373B
hùnyī 混壹 5-1377B
hùnyī 諢衣 11-356B
húnyījiāngbèi 魂依姜被 12-459B
hūnyīn 昏因 5-622B
hūnyīn 昏姻 5-625A
hūnyīn 昏媦 5-627A
hūnyīn 婚因 4-373B
hūnyīn 婚姻 4-373B
hūnyīn 婚媦 4-374B
hūnyín 昏淫 5-626A
hūn'yín 昏嚚 5-631A
hūnyīnfǎ 婚姻法 4-374A
húnyǐng 魂景 12-460B
hùnyíngzi 混營子 5-1379B
húnyīsì 渾一似 5-1518B
hūnyōng 昏庸 5-626A
hūnyòng 昏瞢 5-630B
hūnyǒu 昏黝 5-630B
hūnyǒu 婚友 4-373B
hūnyú 昏渝 5-627A
hūnyú 昏逾 5-627A
hūnyú 昏愚 5-627B
hūnyú 昏踰 5-630A
hūnyù 惛愚 7-602A
húnyú 魂輿 12-461B
húnyǔ 渾庾 5-1522A
húnyǔ 渾窳 5-1525A
hùnyú 混輿 5-1379B
hùnyǔ 諢語 11-357A
hùnyǔ 顐語 12-342B
húnyuán 渾元 5-1519A
húnyuán 渾圓 5-1524B
húnyuán 渾圜 5-1525B
hùnyuán 混元 5-1373B
húnyuánqiú 渾圓球 5-1524B
hūnyuē 婚約 4-374A
hūnyūn 昏暈 5-627B
hūnyùn 昏暈 5-627B
hùnyún 混沄 5-1375B
hūnzá 昏雜 5-631B
hùnzá 渾雜 5-1525B
hùnzá 混雜 5-1379B
hùnzá 溷雜 6-15B
hūnzè 昏昃 5-623A
hūnzhān 昏譫 5-631B
hùnzhàn 混戰 5-1379B
hūnzhàng 昏脹 5-627A
hūnzhàng 昏障 5-628A
húnzhàng 渾帳 5-1522A
hùnzhāng 溷章 6-14B
hùnzhàng 混帳 5-1376B
hùnzhàng 混賬 5-1379A
hùnzhàng 溷帳 6-14B
hùnzhànghángzǐ 混帳行子 5-1376B
hūnzhāo 昏朝 5-626B
hūnzhì 昏滯 5-628B
húnzhì 渾質 5-1525A
húnzhì 魂質 12-461A
hùnzhī 溷汁 6-14A
hūnzhòu 昏晝 5-626A
húnzhōu 魂洲 12-459B
hūnzhǔ 昏主 5-622B
húnzhú 瘇瘃 8-344A
hūnzhuàng 昏戇 5-632A
hūnzhuó 昏椓 5-626B
hūnzhuó 昏濁 5-630A
hūnzhuó 閽椓 12-125B
húnzhuó 渾濁 5-1525B
hùnzhuó 混濁 5-1379B
hùnzhuó 溷濁 6-15A
hūnzǐ 昏子 5-622A
hūnzì 昏恣 5-625B
húnzi 魂子 12-458B
húnzǐ 鼲子 12-1414B
hùnzi 鯶子 12-1250A
hùnzǐ 混子 5-1373B
hūnzòng 昏縱 5-631A
hūnzú 婚族 4-374A
hūnzuì 昏醉 5-629A
hùnzuòyītán 混作一談 5-1375A
huǒ'ài 火艾 7-4A
huò'àn 惑闇 7-568A
huóbǎ 活靶 5-1164A
huǒbǎ 火把 7-6A
huóbābā 活巴巴 5-1158B
huòbài 禍敗 7-936A
huòbài 殦敗 4-659B
huǒbǎjié 火把節 7-6A
huóbǎn 活板 5-1160A
huóbǎn 活版 5-1160A
huǒbàn 火伴 7-7B
huǒbàn 伙伴 1-1215A
huǒbàn 夥伴 3-1190B
huǒbàng 火棒 7-15A
huóbǎo 活寶 5-1166A
huǒbào 火爆 7-23B
huòbāo 貨包 10-96B
huòbǎo 貨寶 10-100A
huóbàojù 活報劇 5-1163B
huóbǎxì 活把戲 5-1159B
huǒbèi 火備 7-15B
huòbèi 貨貝 10-97A
huòbén 貨畚 10-98B
huòběn 貨本 10-96B
huòběn 禍本 7-935B
huóbēngbēng 活蹦蹦 5-1166A
huǒbēngbēng 火崩崩 7-14B
huǒbēngbēng 火綳綳 7-19A
huóbènghuótiào 活蹦活跳 5-1166A
huóbèngluàntiào 活蹦亂跳 5-1166A
huóbǐ 活筆 5-1164A
huòbì 貨幣 10-99B
huòbì 惑蔽 7-567B
huòbì 禍辟 7-937B
huōbiān 豁邊 10-1325B
huóbiàn 活便 5-1160B
huóbiàn 活變 5-1166B
huǒbiān 火鞭 7-23A
huòbiàn 惑變 7-568A
huòbiàn 禍變 7-938A
huóbiāoběn 活標本 5-1165A
huòbìdìzū 貨幣地租 10-99B
huǒbǐhuà 火筆畫 7-15B
huóbīng 活兵 5-1159B
huóbìng 活病 5-1162A
huǒbīng 火兵 7-7A
huǒbìng 火并 7-5B
huǒbìng 火併 7-8B
huǒbìng 夥併 3-1190B

huōbò 騞擘 12-859A
huóbō 活剥 5-1162A
huǒbō 火鉢 7-17A
huǒbó 火伯 7-7B
huòbó 貨帛 10-97B
huóbōbō 活撥撥 5-1165A
huóbōbō 活鱍鱍 5-1166B
huóbōshēngtūn 活剥生吞 5-1162A
huǒbù 火布 7-4B
huòbǔ 貨卜 10-96B
huòbù 貨布 10-96B
huòbùdānxíng 禍不單行 7-935A
huǒbùdēng 火不登 7-3A
huǒbùsī 火不思 7-3A
huǒbùténg 火不騰 7-3A
huòbùxuánzhǒng 禍不旋踵 7-935A
huòcā 霍嚓 11-705A
huócācā 活擦擦 5-1166A
huǒcǎi 火采 7-8B
huòcái 貨材 10-97A
huòcái 貨財 10-98A
huócáishén 活財神 5-1162A
huǒcán 火蠶 7-24B
huǒcāng 火倉 7-13A
huǒcāng 火艙 7-21B
huòcāng 貨倉 10-98B
huòcāng 貨艙 10-100A
huòcáng 貨匪 10-97B
huǒcánmián 火蠶綿 7-24B
huǒcáo 火曹 7-14A
huǒcáo 火漕 7-20B
huòcè 獲廁 5-111A
huóchá 活茬 5-1160B
huǒchā 火叉 7-2B
huǒchái 火柴 7-12B
huǒcháitóu 火柴頭 7-12B
huóchǎn 活産 5-1163B
huòchǎn 貨産 10-98B
huòchǎng 豁廠 10-1325A
huòchǎng 貨場 10-98B
huòchàng 豁暢 10-1325A
huòchāo 豁綽 10-1325A
huǒchē 火車 7-6B
huǒchè 火坼 7-8A
huòchē 貨車 10-97A
huòchē 獲車 5-110A
huǒchén 火辰 7-7A
huǒchēng 火鎗 7-23A
huǒchéng 火丞 7-6A
huǒchéng 火城 7-9B
huòchéng 獲成 5-110A
huǒchētóu 火車頭 7-7A
huōchǐ 豁齒 10-1325A
huǒchí 火池 7-5B
huǒchí 火馳 7-16A
huǒchì 火赤 7-6A
huǒchì 火熾 7-22B
huòchǐ 獲齒 5-111B
huǒchòng 火銃 7-18A
huǒchōngchōng 火冲冲 7-5B
huòchǒu 獲醜 5-111B
huǒchù 火畜 7-13A
huòchú 豁除 10-1323B
huǒchuán 火船 7-14B
huǒchuán 火傳 7-17A
huòchuán 貨船 10-98B
huǒchuáng 火牀 7-9A
huǒchūn 火春 7-9B
huòchuò 霍綽 11-704B
huōchūqù 豁出去 10-1323A
huòcǐ 濩泚 6-159A
huòcóngkǒuchū 禍從口出 7-936B
huòcóngkǒuchū… 禍從口出,病從口入 7-936B
huòcóngkǒuchū… 禍從口出,患從口入 7-936B
huòcóngtiānjiàng 禍從天降 7-936B
huòcóngtiānshànglái 禍從天上來 7-936B
huǒcuì 火毳 7-15B
huǒcùn 火寸 7-2A
huócuō 活撮 5-1165A
huǒcuò 火厝 7-12A
huódá 活達 5-1163B
huǒdá 火燵 7-22B
huòdá 豁達 10-1324A
huòdádàdù 豁達大度 10-1324A
huǒdān 火丹 7-3B
huǒdàn 火彈 7-20B
huòdān 貨單 10-99A
huòdàn 貨擔 10-100A
huǒdǎng 夥黨 3-1191A
huòdàng 豁蕩 10-1325A
huōdāo 騞刀 12-906B
huǒdāo 火刀 7-2A
huǒdào 火道 7-16A
huǒdào 火稻 7-20A
huǒdàozhūtóulàn… 火到猪頭爛,錢到公事辦 7-8A
huǒdé 火德 7-20A
huòdé 獲得 5-111A
huǒdéxīngjūn 火德星君 7-20B
huǒdì 火地 7-5A
huǒdì 火帝 7-10B
huǒdì 火遞 7-17A
huòdí 貨糴 10-100B
huòdǐ 貨底 10-97B
huòdǐ 禍邸 7-935B
huǒdiàn 火電 7-16B
huòdiàn 貨店 10-97B
huódì'er 活的兒 5-1160A
huǒdīng 火丁 7-1B
huòdìyīshēng 囫地一聲 3-603A
huódìyù 活地獄 5-1159A
huódōng 活東 5-1160A
huódòng 活動 5-1162B
huódòngfènzi 活動分子 5-1163A
huódòngjiā 活動家 5-1163A
huódòngqì'er 活動氣兒 5-1163A
huódòngyǐ 活動椅 5-1163A
huǒdǒu 火斗 7-4A
huódǒudǒu 活抖抖 5-1159B
huǒdōuqiáng 火兜牆 7-15A
huǒdú 火毒 7-9B
huòdú 貨黷 10-100B
huòdú 禍毒 7-935B
huòdú 禍讟 7-938A
huòduān 禍端 7-937B
huǒduì 火隊 7-15A
huǒdùn 火遁 7-15B
huǒduō 夥多 3-1190B
huòduó 濩鐸 6-159B
huòduó 獲鐸 5-111B
huòduó 霍鐸 11-705A
huòduó 鑊鐸 11-1417B
huòduōhuòshǎo 或多或少 5-214A
huǒ'é 火蛾 7-16B
huǒ'è 火厄 7-3A
huó'er 活兒 5-1160A
huǒ'er 火兒 7-8B
huò'ér 貨兒 10-97B
huò'ěr 豁爾 10-1325A
huófǎ 活法 5-1160B
huǒfá 火栰 7-12A
huòfá 禍罰 7-937B
huòfǎ 貨法 10-97B
huófān 活翻 5-1166A
huófàn 活泛 5-1160A
huǒfān 火旛 7-23A
huǒfán 夥煩 3-1191A
huǒfán 夥繁 3-1191A
huǒfàn 火飯 7-16A
huòfàn 貨販 10-98B
huǒfáng 火房 7-9A
huǒfáng 伙房 1-1215A
huǒfǎng 火舫 7-13A
huòfáng 貨房 10-97B
huōfēn 騞分 12-858B
huófèn 活分 5-1158B
huǒfēng 火風 7-10B
huǒfèng 火鳳 7-18A
huófó 活佛 5-1159B
huǒfū 火夫 7-3A
huǒfū 火伕 7-5A
huǒfū 伙夫 1-1214B
huǒfū 伙伕 1-1215A
huǒfú 火伏 7-5A
huǒfú 火符 7-14B
huǒfǔ 火脯 7-14B
huòfú 和服 3-269A
huòfú 禍福 7-937A
huòfú 蠖伏 8-975B
huòfǔ 鑊釜 11-1417B
huòfútóngmén 禍福同門 7-937A
huòfúwúmén 禍福無門 7-937B
huòfúwúmén… 禍福無門,惟人所召 7-937B
huòfúwúménrénzìzhào 禍福無門人自召 7-937B
huòfúxiāngyǐ 禍福相倚 7-937A
huòfúyǐfú 禍福倚伏 7-937A
huòfúzhīmén 禍福之門 7-937A
huógāi 活該 5-1164B
huǒgāo 火膏 7-18A
huògāo 獲臯 5-111A
huǒgé 火閣 7-19A
huògēn 禍根 7-936A
huǒgēng 火耕 7-11B
huǒgēngliúzhòng 火耕流種 7-11B
huǒgēngshuǐnòu 火耕水耨 7-11B
huǒgēngshuǐzhòng 火耕水種 7-11B
huǒgōng 火工 7-2A
huǒgōng 火功 7-4A
huǒgōng 火攻 7-6A
huǒgōng 火宫 7-11A
huògòng 貨貢 10-98A
huǒgōngdàoren 火工道人 7-2A
huǒgōu 火鈎 7-15B
huǒgòu 夥够 3-1191A
huǒgǔ 火鼓 7-16B
huǒgǔ 火穀 7-19B
huògǔ 貨賈 10-99A
huògǔ 惑蠱 7-568A
huògǔ 獲穀 5-111B
huògǔ 穫穀 8-152B
huóguǎ 活寡 5-1165A
huǒguà 火卦 7-7B
huǒguān 火官 7-9A
huǒguàn 火罐 7-24A
huǒguāng 火光 7-5A
huǒguāngshòu 火光獸 7-5A
huóguānyīn 活觀音 5-1166B
huóguǐ 活鬼 5-1161A
huòguì 貨櫃 10-100A
huóguǐtou 活鬼頭 5-1161A
huóguó 活國 5-1162B
huǒguō 火鍋 7-21B
huòguóyāngmín 禍國殃民 7-936B
huǒhǎi 火海 7-13B
huǒhài 火害 7-13B
huòhài 禍害 7-936A
huǒhào 火耗 7-11B
huǒhào 火號 7-16B
huǒhè 火赫 7-17B
huǒhóng 火紅 7-11B
huòhǒng 和哄 3-269B
huòhǒng 和嗊 3-274A
huǒhòu 火後 7-10A
huǒhòu 火候 7-12B
huǒhú 火狐 7-8B
huòhū 霍曶 11-704A

huòhù 瀖濩 6-208A
huóhuà 活話 5-1164B
huǒhuā 火花 7-6B
huǒhuā 火華 7-12A
huǒhuà 火化 7-3B
huòhuái 豁懷 10-1325B
huóhuān 活歡 5-1166A
huǒhuàn 火患 7-14B
huòhuàn 禍患 7-936B
huǒhuànbù 火浣布 7-13B
huǒhuànbù 火澣布 7-22B
huǒhūhū 火呼呼 7-8B
huòhuī 㸌煇 7-313A
huòhuì 貨賄 10-99A
huòhuì 瀖[氵卉] 6-208A
huòhuìgōngxíng 貨賄公行 10-99A
huǒhúlú 火壺盧 7-15A
huǒhúlú 火葫蘆 7-15A
huóhuó 活活 5-1161A
huóhuǒ 活火 5-1158B
huóhuò 活貨 5-1163B
huǒhuǒ 火火 7-3B
huòhuō 剨豁 2-720B
huòhuǒ 㸌火 7-312B
huòhuò [口霍阝][口霍阝] 5-820A
huòhuò 㸌㸌 7-313A
huòhuò 㸌[火蒦] 7-313A
huòhuò [忄霍][忄霍] 7-743A
huòhuò 豁豁 10-1325B
huòhuò 或或 5-214B
huòhuò 剨剨 2-720B
huòhuò 掝掝 6-641B
huòhuò 惑惑 7-567A
huòhuò 湱湱 5-1438A
huòhuò 嚄嚄 3-515A
huòhuò 霍濩 11-705A
huòhuò 霍霍 11-704B
huòhuò 靃靃 11-777A
huòhuò 矐矐 7-1244A
huòhuò 嚯嚯 3-513A
huòhuò 濊濊 6-161A
huòhuò 泧泧 5-1065B
huòhuò [氵獲][氵獲] 6-202B
huǒhuǒsèsè 火火色色 7-4A
huóhuǒshān 活火山 5-1158B
huòhǔtiào 豁虎跳 10-1323A
huójì 活計 5-1161A
huǒjī 火積 7-21B
huǒjī 火雞 7-23A
huǒjí 火急 7-10B
huǒjí 火棘 7-15B
huǒjì 火計 7-10B
huǒjì 火記 7-13A
huǒjì 火劑 7-22A
huǒjì 火齊 7-18B
huǒjì 伙計 1-1215A
huǒjì 夥計 3-1190B
huòjī 貨積 10-100A
huòjī 禍基 7-936A
huòjī 禍機 7-937B
huòjī 禍幾 7-937A
huòjí 貨籍 10-100A
huòjí 惑疾 7-567A
huòjì 獲濟 5-111B
huǒjiā 火筴 7-16B
huǒjiā 火夾 7-7A
huǒjiā 火家 7-13B
huǒjiā 火挾 7-12A
huǒjiā 伙家 1-1215A
huǒjiǎ 火甲 7-4B
huòjià 貨架 10-98A
huòjià 貨價 10-100A
huójiàn 活健 5-1162A
huǒjiǎn 火碱 7-18A
huǒjiàn 火箭 7-20A
huǒjiàn 火艦 7-23B
huǒjiàn 火鑑 7-24A
huòjiàn 貨件 10-96B
huòjiàn 惑箭 7-567B
huòjiāngjūn 霍將軍 11-704B
huójiànguǐ 活見鬼 5-1159B
huǒjiànpào 火箭炮 7-20A
huǒjiàntǒng 火箭筒 7-20A
huǒjiànzhìwěijù 火箭雉尾炬 7-20A
huǒjiǎo 火角 7-7B
huǒjiǎo 火脚 7-14B
huǒjiào 火徼 7-21B
huòjiāo 貨交 10-97A
huójiàocái 活教材 5-1162B
huójiǎozhúzhěn 活脚竹枕 5-1163B
huòjiāpī [犭霍][犭加][豸皮] 5-144B
huòjíchíyú 禍及池魚 7-935A
huójié 活結 5-1164A
huójiě 和解 3-275A
huǒjié 火劫 7-6B
huǒjié 火節 7-17A
huòjiē 禍階 7-936B
huòjié 貨節 10-99A
huòjiè 嚄唶 3-514B
huòjiè 獲解 5-111A
huòjiébīnglián 禍結兵連 7-937A
huójiétóu 活結頭 5-1164A
huójīhuāng 活饑荒 5-1166A
huǒjíhuǒliǎo 火急火燎 7-10B
huǒjìjìng 火齊鏡 7-18B
huǒjìn 火禁 7-16B
huǒjìn 火燼 7-23A
huòjìn 豁勁 10-1323B
huòjìnchíyú 禍近池魚 7-935B
huójìng 活徑 5-1162A
huǒjīng 火精 7-18B
huǒjǐng 火井 7-2B
huǒjǐng 火警 7-23B
huǒjìng 火鏡 7-23B
huòjīng 獲旌 5-111A
huòjǐng 擭穽 6-907A
huǒjīngjiàn 火精劍 7-19A
huǒjìnhuīlěng 火盡灰冷 7-19A
huǒjìnxīnchuán 火盡薪傳 7-19A
huǒjìtāng 火齊湯 7-18B
huójiǔ 活酒 5-1162A
huǒjiǔ 火酒 7-13B
huòjiǔ 和酒 3-271B
huòjiù 獲咎 5-110B
huǒjìzhōu 火齊粥 7-18B
huǒjìzhū 火齊珠 7-18B
huójù 活句 5-1158B
huójù 活劇 5-1165A
huǒjū 火居 7-9A
huǒjù 火具 7-8A
huǒjù 火炬 7-8B
huǒjù 火聚 7-17B
huòjū 化居 1-1112A
huòjū 貨居 10-97B
huòjǔ 彠矩 3-1662B
huòjuàn 獲雋 5-111A
huòjuàngōngchē 獲雋公車 5-110B
huǒjūdàoshì 火居道士 7-9A
huǒjué 火絶 7-16A
huójúzi 活局子 5-1160A
huǒkàng 火炕 7-9A
huǒkàng 火坑 7-6B
huòkè 貨客 10-98A
huǒkēng 火坑 7-6B
huòkǒng 或恐 5-214B
huōkǒu 豁口 10-1323A
huókǒu 活口 5-1158A
huókòu 活扣 5-1158B
huǒkǒuhú 火口湖 7-2B
huōkǒujiéshé 豁口截舌 10-1323A
huǒkù 火庫 7-13A
huòkù 禍酷 7-937B
huǒkuàizi 火筷子 7-17A
huòkuǎn 貨款 10-98B
huòkuí 禍魁 7-937A
huǒlà 火辣 7-18A
huòlā 豁喇 10-1324B
huòlà 豁剌 10-1323B
huòlà 豁辣 10-1325A
huǒlài 夥賴 3-1191A
huólālā 活喇喇 5-1164A
huǒlàlà 火拉拉 7-8A
huǒlàlà 火剌剌 7-9B
huǒlàlà 火辣辣 7-18A
huòlālā 豁拉拉 10-1323A
huòlālā 豁啦啦 10-1324A
huòlālā 豁喇喇 10-1324B
huòlàlà 豁剌剌 10-1323B
huòlàlà 豁辣辣 10-1325A
huòlàn 攉爁 6-832B
huòlāng 豁啷 10-1324A
huòláng 豁琅 10-1324A
huòláng 貨郎 10-97B
huòlǎng 豁朗 10-1323B
huòlàng 豁浪 10-1323B
huòlángdàn 貨郎擔 10-97B
huòláng'er 貨郎兒 10-97B
huòlánggǔ 貨郎鼓 10-97B
huòlānglāng 豁啷啷 10-1324A
huòlángzǐ 貨郎子 10-97B
huǒlǎo 火老 7-5A
huǒlàoyìn 火烙印 7-13B
huólàzi 活辣子 5-1165A
huǒléi 火雷 7-16B
huólǐ 活理 5-1162B
huólì 活力 5-1158A
huǒlí 火狸 7-13A
huǒlí 火離 7-23A
huǒlì 火力 7-2A
huǒlì 火粒 7-15A
huǒlì 火痳 7-15B
huǒlì 火曆 7-21A
huòlí 藿藜 9-614A
huòlì 貨力 10-96B
huòlì 貨利 10-97A
huòlì 禍厲 7-937B
huòlì 獲戾 5-110B
huǒlián 火鎌 7-23A
huǒlián 火鐮 7-24A
huòliǎn 穫斂 8-152B
huǒliàng 火亮 7-10B
huòliáng 藿粱 9-614A
huòliàng 豁亮 10-1323B
huòliàngliàng 豁亮亮 10-1323B
huǒliǎo 火燎 7-22B
huǒliǎo 火蓼 7-17B
huòliǎo 豁了 10-1323A
huòliào 貨料 10-98B
huǒlǐchì 火里赤 7-7A
huǒlìdiǎn 火力點 7-2A
huǒliè 火烈 7-12A
huǒlǐhuǒfā 火裏火發 7-17B
huólín 活鱗 5-1166B
huǒlín 火林 7-8A
huòlín 獲麟 5-111B
huòlínduī 獲麟堆 5-112A
huǒlíng 火鈴 7-17A
huǒlíng 火靈 7-24B
huǒlìng 火令 7-4B
huólínghuóxiàn 活靈活現 5-1166B
huólínglíng 活伶伶 5-1159B
huǒlínshān 火林山 7-8A
huòlíntái 獲麟臺 5-112A
huǒlìquān 火力圈 7-2A
huóliù 活碌 5-1164A
huǒliú 火流 7-13B
huǒliú 火劉 7-20B
huǒliúxīng 火流星 7-13B
huǒlóng 火龍 7-21B
huǒlóng 火籠 7-24A
huǒlóngbiāo 火龍標 7-22A
huǒlóngchuán 火龍船 7-21B
huǒlóngfǔfú 火龍黼黻 7-22A
huólónghuóxiàn 活龍活現 5-1165B
huòlǒngwàngshǔ 獲隴望蜀 5-111B
huólóngxiānjiàn 活龍鮮健 5-1166A
huólu 活路 5-1164A
huólù 活路 5-1164A

huǒlú 火爐 7-23B
huòlǔ 獲鹵 5-111A
huòlù 豁露 10-1325B
huòlù 貨賂 10-99A
huòluàn 或亂 5-214B
huòluàn 惑亂 7-567B
huòluàn 禍亂 7-937A
huòluàn 霍亂 11-704B
huòlùdàxíng 貨賂大行 10-99A
huòlùgōngxíng 貨賂公行 10-99A
huǒlún 火輪 7-19B
huòlún 貨輪 10-99B
huǒlúnchē 火輪車 7-19B
huǒlúnchuán 火輪船 7-19B
huǒlúnsānmèi 火輪三昧 7-19B
huǒlúnshénzhōu 火輪神舟 7-19B
huóluó 活羅 5-1166A
huóluò 活絡 5-1164A
huóluò 活落 5-1164A
huǒluò 火落 7-15A
huòluó 禍羅 7-938A
huòluò 瓠落 8-282A
huòluò 攉落 6-832A
huòluò 豁落 10-1324A
huòluò 濩落 6-159B
huòluò 獲落 5-111A
huòluò 霍落 11-704B
huòluòtú 豁落圖 10-1324B
huòlǚbù 獲呂布 5-110A
huòlüè 豁略 10-1324A
huòlüè 濩略 6-159B
huǒmǎ 火馬 7-12A
huòmǎ 貨碼 10-99B
huómái 活埋 5-1161B
huómài 活賣 5-1165A
huòmǎi 貨買 10-99A
huòmài 貨賣 10-99B
huǒmàosānchǐ 火冒三尺 7-10A
huǒmàosānzhàng 火冒三丈 7-9B
huòméi 禍媒 7-936B
huòmèi 惑媚 7-567B
huǒméizi 火煤子 7-17B
huómén 活門 5-1160B
huǒmén 火門 7-9A
huòmén 禍門 7-935B
huòmèn 惑悶 7-567B
huòmēnglóu 豁蒙樓 10-1325A
huǒmǐ 火米 7-5B
huómiàn 和麵 3-279A
huǒmián 火綿 7-19A
huǒmiǎn 火冕 7-14B
huòmiǎn 豁免 10-1323A
huòmiǎn 獲免 5-110A
huǒmiáo 火苗 7-8A
huòmiáo 禍苗 7-935B
huǒmín 火旻 7-8B
huòmín 獲民 5-109B
huómìng 活命 5-1160B
huǒmíng 火名 7-5B
huòmíng 豁冥 10-1324A
huòmìng 獲命 5-110B
huòmiù 惑謬 7-568A
huòmò 獲没 5-110A
huǒmóu 火眸 7-14B
huòmóu 禍謀 7-937B
huǒmǔ 火母 7-4B
huòmǔ 禍母 7-935B
huòmù 豁目 10-1323A
huǒnà 火捺 7-14A
huònǎi 或乃 5-214A
huònán 禍難 7-938A
huònáng 貨囊 10-100A
huònáng 藿囊 9-614A
huònáo 惑撓 7-567B
huǒnàwén 火捺紋 7-14A
huònì 惑溺 7-567B
huǒniǎo 火鳥 7-14B
huòniǎo 禍鳥 7-936B
huǒniè 火孽 7-23B
huòniè 禍孽 7-938A
huǒniú 火牛 7-3B
huǒniúzhèn 火牛陣 7-3B
huònóng 貨農 10-99A
huònòng 和弄 3-268A
huǒnòu 火耨 7-20B
huǒnòudāogēng 火耨刀耕 7-20B
huǒnǔ 火弩 7-9A
huǒnuǎn 火煖 7-17B
huò'ǒu 獲偶 5-111A
huǒpái 火牌 7-15B
huǒpàn 火判 7-7B
huǒpào 火炮 7-11A
huǒpào 火砲 7-12A
huǒpào 火礮 7-23B
huǒpèi 火旆 7-11A
huǒpèi 火旆 7-13A
huǒpén 火盆 7-10B
huòpēng 鑊亨 11-1417B
huòpéng 貨棚 10-98B
huǒpénshì 火盆柿 7-10B
huòpǐ 獲匹 5-109B
huòpì 豁闢 10-1325B
huǒpiào 火票 7-14A
huòpiào 貨票 10-98B
huòpiàoyào 霍嫖姚 11-704B
huǒpīn 火拚 7-8A
huòpǐn 貨品 10-98A
huópō 活潑 5-1165A
huǒpò 火迫 7-8B
huǒpòcuóhóu 火迫酇侯 7-8B
huópōlà 活潑剌 5-1165B
huòpòméijié 禍迫眉睫 7-935B
huópōpō 活潑潑 5-1165B
huǒpù 火鋪 7-20B
huópūlà 活撲剌 5-1165A
huópúsà 活菩薩 5-1162B
huóqī 活期 5-1163B
huóqì 活契 5-1160B
huóqì 活氣 5-1162A
huǒqī 火漆 7-19A
huǒqí 火旂 7-13A
huǒqí 火旗 7-18B
huǒqì 火氣 7-12B
huǒqì 火器 7-21A
huǒqì 伙器 1-1215A
huòqī 和欺 3-273A
huòqí 獲旗 5-111B
huòqì 貨器 10-100A
huǒqiān 火鉛 7-17A
huǒqiān 火籤 7-24A
huǒqián 火前 7-11A
huǒqián 火鉗 7-17A
huòqiān 禍愆 7-937A
huòqián 貨錢 10-100A
huòqiān 禍譴 7-938A
huǒqiánchá 火前茶 7-11A
huǒqiánchūn 火前春 7-11A
huǒqiāng 火槍 7-17B
huǒqiánhuā 火前花 7-11A
huǒqiāo 火鍬 7-22B
huóqīcúnkuǎn 活期存款 5-1164A
huòqiě 或且 5-214A
huǒqīhuīzi 火妻灰子 7-8A
huǒqín 火禽 7-16A
huǒqíng 火情 7-15A
huòqíng 豁情 10-1324A
huǒqiú 火虯 7-8B
huǒqiú 火毬 7-14B
huǒqiú 火球 7-14A
huòqiú 貨求 10-97A
huòqiú 貨賕 10-99B
huòqǐxiāoqiáng 禍起蕭牆 7-936A
huǒqìxìng 火氣性 7-12B
huǒqìyíng 火器營 7-21A
huòqū 蠖曲 8-975B
huòqū 蠖屈 8-975B
huòqú 穫渠 8-152B
huòqǔ 貨取 10-97A
huòqǔ 獲取 5-110B
huǒquán 火泉 7-10A
huòquán 貨泉 10-98A
huòquán 禍泉 7-935B
huòquán 獲全 5-110A
huòqūbùshēn 蠖屈不伸 8-975B
huòqūchīpán 蠖屈螭盤 8-976A
huòqūshǔfú 蠖屈鼠伏 8-976A
huòqūwōqián 蠖屈蝸潛 8-976A
huōrán 騞然 12-858B
huòrán 爟然 7-312B
huòrán 豁然 10-1324B
huòrán 或然 5-214B
huòrán 剨然 2-720B
huòrán 謋然 11-384A
huòrán 囮然 3-603A
huòrándàwù 豁然大悟 10-1324B
huòrándùnwù 豁然頓悟 10-1325A
huòránguàntōng 豁然貫通 10-1324B
huòránkāilǎng 豁然開朗 10-1325A
huòránkāiwù 豁然開悟 10-1324B
huǒránquándá 火然泉達 7-16A
huòránquèsī 豁然确斯 10-1325A
huòránxǐngwù 豁然省悟 10-1324B
huǒrè 火熱 7-19A
huórén 活人 5-1158A
huǒrén 火人 7-2A
huòrén 或人 5-214A
huòrén 貨人 10-96B
huòrén 惑人 7-566B
huòrén 禍人 7-935A
huòrěn'èjī 禍稔惡積 7-937A
huòrén'ěrmù 豁人耳目 10-1322B
huórénshū 活人書 5-1158A
huǒrěrě 火惹惹 7-15A
huǒrèshuǐshēn 火熱水深 7-19B
huǒrì 火日 7-3A
huòrì 或日 5-214A
huǒróngcǎo 火絨草 7-16A
huóróu 和揉 3-272B
huǒròu 火肉 7-5A
huòrú 豁如 10-1323A
huòrǔ 禍辱 7-936A
huóruǎn 活軟 5-1162B
huǒruì 火瑞 7-16A
huórùn 活潤 5-1165A
huòruò 或若 5-214B
huòruò 濩渃 6-159B
huórùshé 活褥虵 5-1165B
huǒrùshé 活褥蛇 5-1165B
huòsà 豁薩 10-1325B
huósāi 活塞 5-1165A
huǒsǎn 火傘 7-16A
huǒsǎn 火繖 7-23B
huòsāng 禍喪 7-936B
huǒsè 火色 7-5B
huòsè 貨色 10-96B
huósēnshā 活森沙 5-1164A
huóshā 活沙 5-1160A
huǒshān 火山 7-2B
huòshān 霍山 11-704A
huòshǎn 霍閃 11-704B
huòshǎn 矆睒 7-1260A
huòshǎn 矐睒 7-1268B
huǒshāndǎo 火山島 7-2B
huǒshàngjiāoyóu 火上澆油 7-2B
huǒshàngjiāyóu 火上加油 7-2A
huǒshàngnòngbīng 火上弄冰 7-2A
huǒshàngnòngbīnglíng

火上弄冰凌 7-2A
huǒshàngnòngdōnglíng 火上弄冬凌 7-2A
huǒshàngnòngdònglíng 火上弄凍凌 7-2A
huǒshàngtiānyóu 火上添油 7-2A
huǒshānkǒu 火山口 7-2B
huǒshāntānghǎi 火山湯海 7-2B
huǒshānzhuī 火山錐 7-2B
huǒshao 火燒 7-22A
huǒshāo 火燒 7-22A
huǒshāochuāng 火燒瘡 7-22B
huǒshāohuǒliǎo 火燒火燎 7-22A
huǒshāoméimáo 火燒眉毛 7-22B
huǒshāoyāomiào 火燒祆廟 7-22A
huǒshāoyún 火燒雲 7-22B
huǒshé 火舌 7-5A
huǒshè 火射 7-13A
huóshēn 活身 5-1159B
huǒshén 火神 7-11A
huǒshèn 火蜃 7-16B
huòshēn 獲申 5-109B
huòshēn 蠖伸 8-975B
huǒshéng 火繩 7-23B
huòshēng 貨聲 10-100A
huòshēng 獲生 5-109B
huǒshēnglián 火生蓮 7-4B
huǒshéngqiāng 火繩槍 7-23B
huóshēngshēng 活生生 5-1158B
huóshénhuóxiàn 活神活現 5-1161B
huóshénxiān 活神仙 5-1161B
huóshī 活屍 5-1161B
huóshī 活師 5-1162A
huóshí 活食 5-1161A
huǒshī 火師 7-13A
huǒshí 火石 7-4A
huǒshí 火食 7-10B
huǒshí 火實 7-19A
huǒshí 伙食 1-1215A
huǒshǐ 火矢 7-4B
huǒshì 火事 7-8A
huǒshì 火逝 7-12A
huǒshì 火勢 7-16B
huòshī 貨師 10-98B
huòshí 或時 5-214B
huòshí 霍食 11-704A
huòshí 藿食 9-614A
huòshǐ 禍始 7-935B
huòshì 或是 5-214B
huòshì 貨市 10-96B
huòshì 貨室 10-98A
huòshì 惑世 7-566B
huòshì 禍世 7-935B
huòshì 禍事 7-935B
huòshì 獲釋 5-111B
huǒshídài 火石袋 7-4A
huòshìdàomíng 惑世盜名 7-567A
huǒshíliú 火石榴 7-4B
huǒshípào 火石砲 7-4A
huòshìwūmín 惑世誣民 7-567A
huóshòu 活受 5-1160B
huòshǒu 禍首 7-936A
huòshòu 獲售 5-111A
huóshǒuguǎ 活守寡 5-1159A
huóshòuzuì 活受罪 5-1160B
huǒshú 火熟 7-20B
huǒshǔ 火鼠 7-17A
huǒshù 火術 7-14B
huǒshù 火數 7-20A
huǒshù 火樹 7-20B
huòshū 禍樞 7-937B
huòshū 藿菽 9-614A
huòshū 禍樞 4-659B
huòshù 惑術 7-567A
huǒshǔbù 火鼠布 7-17A
huóshuǐ 活水 5-1158B
huòshuǐ 禍水 7-935A
huǒshùqíhuā 火樹琪花 7-21A
huǒshùyínhuā 火樹銀花 7-21A
huósì 活似 5-1159A
huósǐrén 活死人 5-1159A
huǒsòng 火宋 7-7B
huǒsù 火速 7-12A
huǒsù 火宿 7-15A
huòsù 豁宿 10-1324A
huǒsuì 火燧 7-22B
huòsuì 禍祟 7-936A
huǒsuǒ 火所 7-8B
huòsuǒ 獲索 5-110B
huòsuǒ 霍索 11-704B
huòsuǒ 鑊索 11-1417B
huòtāi 禍胎 7-935B
huǒtàn 火炭 7-10A
huòtān 貨攤 10-100A
huǒtáng 火塘 7-16B
huòtāng 鑊湯 11-1417B
huǒtànzǐ 火炭子 7-10A
huótào 活套 5-1161B
huótàotóu 活套頭 5-1161B
huǒtǎzi 火塔子 7-15A
huǒtàzi 火踏子 7-20A
huótètè 活忒忒 5-1159B
huǒtǐ 火體 7-24A
huòtī 禍梯 7-936A
huòtǐ 或體 5-215A
huǒtiān 火天 7-3A
huǒtián 火田 7-4B
huótiānyuānwǎng 活天冤枉 5-1158A
huótiào 活跳 5-1164B
huótiàotiào 活跳跳 5-1164B
huòtiāozi 貨挑子 10-97B
huǒtóng 火烔 7-13A
huǒtǒng 火桶 7-14A
huǒtǒng 火筒 7-15B
huǒtóu 火頭 7-21A
huòtóu 貨頭 10-100A
huótóu'er 活頭兒 5-1165B
huǒtóujūn 火頭軍 7-21A
huǒtóujūn 伙頭軍 1-1215A
huǒtóushízǐ 火頭食子 7-21A
huǒtū 火突 7-11A
huòtū 惑突 7-567A
huǒtúdào 火塗道 7-17B
huǒtuǐ 火腿 7-17A
huǒtún 火囤 7-7A
huótuō 活托 5-1159A
huótuō 活脱 5-1163B
huótuōtuō 活脱脱 5-1163B
huòtùpēnggǒu 獲兔烹狗 5-110B
huówán 和丸 3-265B
huǒwǎng 火網 7-19A
huǒwàng 火王 7-2B
huòwàng 惑妄 7-567A
huǒwéi 火維 7-19A
huǒwèi 火位 7-7B
huǒwèi 火味 7-8B
huòwèi 爗熭 7-312B
huòwèi 貨位 10-97A
huòwèi 貨遺 10-99B
huòwèn 或問 5-214B
huówù 活物 5-1160A
huǒwū 火烏 7-13A
huǒwǔ 火伍 7-5A
huòwù 豁悟 10-1323B
huòwù 貨物 10-97A
huòwù 惑誤 7-567B
huówúcháng 活無常 5-1164B
huòxí 越席 9-1113B
huǒxì 火戲 7-22B
huòxī 獲悉 5-111A
huòxì 禍隙 7-936B
huōxià 豁罅 10-1325B
huòxiá 豁閉 10-1325A
huòxiá 豁閜 10-1325A
huóxiàn 活現 5-1162B
huǒxiān 火枚 7-8A
huǒxiān 火祆 7-9A
huǒxiǎn 火險 7-20B
huǒxiàn 火見 7-7A
huǒxiàn 火綫 7-19A
huǒxiàn 火憲 7-22B
huòxiǎn 豁險 10-1325B
huóxiàng 活像 5-1164B
huǒxiāng 火箱 7-20A
huǒxiáng 火祥 7-14A
huǒxiàng 火巷 7-9B
huòxiāng 禍鄉 7-936B
huòxiāng 藿香 9-614A
huóxiāngwán 和香丸 3-269B
huóxiànshì 活現世 5-1162B
huóxiānxiān 活鮮鮮 5-1166A
huǒxiāo 火消 7-13B
huòxiāo 豁庨 10-1323B
huóxiāoxiāo 活銷銷 5-1165A
huǒxiè 火屑 7-14A
huǒxì'er 火戲兒 7-22B
huóxìn 活信 5-1160B
huòxīn 禍心 7-935A
huòxīn 穫薪 8-152B
huòxìn 禍釁 7-938A
huǒxīng 火星 7-10A
huǒxíng 火刑 7-5A
huǒxíng 火行 7-5A
huǒxìng 火杏 7-6B
huǒxìng 火性 7-9A
huóxínghuóxiàn 活形活現 5-1159B
huóxìngtàn 活性炭 5-1160B
huòxīní 和稀泥 3-273A
huóxióng 和熊 3-276A
huòxiōng 禍凶 7-935A
huòxiù 眓瞁 7-1196B
huōxū 騞砉 12-858B
huǒxù 火序 7-7B
huòxǔ 或許 5-214B
huòxuàn 惑眩 7-567A
huóxuè 活血 5-1159A
huōyá 豁牙 10-1323A
huǒyā 火鴉 7-19B
huōyájùchǐ 豁牙鋸齒 10-1323A
huóyǎn 活眼 5-1162B
huǒyān 火烟 7-13A
huǒyān 火煙 7-17B
huǒyán 火炎 7-9A
huǒyǎn 火眼 7-14A
huǒyàn 火焰 7-16A
huǒyàn 火焱 7-16A
huǒyàn 火燄 7-21B
huòyǎn 豁眼 10-1324A
huòyǎn 霍眼 11-704B
huǒyàncǎo 火燄草 7-21B
huǒyāng 火殃 7-9B
huǒyáng 火羊 7-5B
huǒyáng 火陽 7-15A
huòyāng 禍殃 7-935B
huòyàng 貨樣 10-99B
huóyǎnhuóxiàn 活眼活現 5-1162B
huǒyǎnjīnjīng 火眼金睛 7-14A
huǒyànshān 火焰山 7-16A
huóyánwàng 活閻王 5-1166A
huóyǎnxiànbào 活眼現報 5-1162B
huǒyào 火曜 7-23A
huǒyào 火藥 7-23A
huòyào 和藥 3-278A
huòyào 濩藻 6-159B
huǒyàowèi 火藥味 7-23A
huóyè 活頁 5-1160B
huóyè 活業 5-1164B
huóyì 活意 5-1164B
huǒyí 夥頤 3-1191A
huòyī 或一 5-214A
huòyí 或疑 5-215A
huòyí 惑疑 7-567B
huòyí 獲夷 5-110A
huòyì 漷濟 6-30B
huòyì 貨易 10-97A
huòyì 惑易 7-567A
huòyì 惑意 7-567B

huòyì 獲乂 5-109B
huòyì 霍奕 11-704B
huòyì 霍繹 11-705A
huòyì 霍驛 11-705A
huòyì 穫刈 8-152B
huǒyǐn 火引 7-4A
huǒyìn 火印 7-4B
huòyín 禍淫 7-936B
huòyìn 獲印 5-109B
huǒyǐng 火景 7-15B
huòyíng 惑熒 7-567B
huòyíng 惑營 7-568A
huòyíng'èrěn 禍盈惡稔 7-936A
huóyòng 活用 5-1158B
huǒyǒng 伙勇 1-1215A
huǒyóu 火油 7-9A
huǒyǒu 夥友 3-1190B
huòyóu 禍尤 7-935A
huòyóu 獲尤 5-109B
huòyòu 獲宥 5-110A
huǒyú 火魚 7-14B
huǒyú 火虞 7-16B
huǒyù 火玉 7-4A
huǒyù 火浴 7-13B
huǒyù 火獄 7-18A
huòyù 貨慾 10-100A
huòyù 貨鬻 10-100B
huòyù 霍玉 11-704A
huǒyuán 火源 7-17B
huǒyuàn 火院 7-11B
huòyuán 貨源 10-99B
huòyuán 禍源 7-937A
huǒyuànjiāsī 火院家私 7-11B
huóyuānniè 活冤孽 5-1163B
huóyuānyè 活冤業 5-1163B
huóyuè 活躍 5-1166B
huòyuè 爟爚 7-313A
huóyuèyuè 活躍躍 5-1166B
huǒyún 火耘 7-11B
huǒyún 火雲 7-15B
huǒyùn 火運 7-16A
huòyùn 貨運 10-99A
huǒzāi 火災 7-7B
huǒzāi 火灾 7-7B
huǒzāi 火烖 7-12A
huòzāi 禍災 7-935B
huòzāi 禍烖 7-936A
huòzāi 禍菑 7-936A
huòzàidànxī 禍在旦夕 7-935B
huǒzàng 火藏 7-22B
huǒzàng 火葬 7-15A
huǒzǎo 火棗 7-15B
huǒzào 火竈 7-24A
huòzào 鑊竈 11-1417B
huòzǎozāilí 禍棗災梨 7-936B
huǒzāzā 火匝匝 7-4A
huǒzázá 火雜雜 7-23A
huòzé 或則 5-214B
huòzé 嚄咋 3-514B
huòzé 嚿嘖 3-513A
huòzé 擭嘖 6-892A
huòzè 嚄唶 3-514B
huǒzéi 夥賊 3-1191A
huòzéi 禍賊 7-937A
huǒzhái 火宅 7-6A
huǒzháisēng 火宅僧 7-6A
huózhǎn 活展 5-1162A
huǒzhàn 火戰 7-21A
huòzhàn 貨棧 10-98B
huǒzhǎng 火長 7-7B
huǒzhǎng 夥長 3-1190B
huòzhàng 貨賬 10-99B
huózháo 活著 5-1162B
huǒzhào 火兆 7-5B
huǒzhě 火者 7-7B
huòzhé 禍適 7-937B
huòzhé 禍謫 7-938A
huòzhě 或者 5-214A
huòzhě 獲者 5-110A
huǒzhēn 火針 7-13A
huǒzhèn 火陣 7-11A
huǒzhèng 火正 7-4A
huǒzhèng 火政 7-9B
huǒzhèng 火證 7-23B
huózhēngzhēng 活錚錚 5-1165A
huòzhēnjiàshí 貨真價實 10-98A
huǒzhī 火芝 7-5A
huǒzhǐ 火紙 7-14A
huǒzhì 火炙 7-8B
huòzhí 貨值 10-98B
huòzhí 貨殖 10-98B
huòzhǐ 獲厎 5-110A
huòzhì 貨質 10-100A
huòzhì 惑志 7-567A
huòzhì 獲志 5-110A
huòzhì 獲致 5-110B
huózhīlà 活支剌 5-1158A
huǒzhǐméi 火紙煤 7-14A
huǒzhǐniǎn'er 火紙捻兒 7-14A
huózhīshā 活支沙 5-1158A
huózhīshā 活支煞 5-1158A
huǒzhǐtǒng 火紙筒 7-14A
huǒzhōng 火鐘 7-23B
huǒzhǒng 火種 7-18A
huǒzhòng 火種 7-18A
huòzhǒng 或種 5-215A
huòzhòng 惑衆 7-567B
huǒzhōnglián 火中蓮 7-3B
huǒzhōngqǔlì 火中取栗 7-3A
huòzhǒngtóu 禍種頭 7-937B
huǒzhōu 火州 7-5B
huǒzhōu 火舟 7-5A
huǒzhōu 火洲 7-11A
huòzhōu 貨舟 10-96B
huǒzhū 火珠 7-12A
huǒzhú 火燭 7-23A
huǒzhǔ 火主 7-4B
huǒzhù 火筯 7-17A
huǒzhù 火箸 7-18A
huòzhū 或諸 5-215A
huòzhú 藿蠋 9-614A
huòzhǔ 貨主 10-96B
huòzhǔ 惑主 7-567A
huòzhǔ 鑊煮 11-1417B
huǒzhuā 火抓 7-6A
huòzhǔn 獲准 5-111A
huózhuō 活捉 5-1161B
huòzhuó 惑著 7-567A
huǒzhūshǒu 火珠首 7-12A
huǒzhúyínhuā 火燭銀花 7-23A
huōzi 耠子 8-596B
huōzi 豁子 10-1323A
huózì 活字 5-1159A
huǒzi 伙子 1-1214B
huǒzī 火輜 7-19B
huǒzǐ 火子 7-2B
huòzi 鑊子 11-1417B
huòzī 貨貲 10-99A
huòzī 貨資 10-99B
huózìbǎn 活字版 5-1159B
huózìběn 活字本 5-1159A
huózìdiǎn 活字典 5-1159B
huózìhéjīn 活字合金 5-1159B
huózìyìnshuā 活字印刷 5-1159A
huózū 活租 5-1162A
huǒzǔ 火祖 7-11A
huǒzuàn 火穳 7-24B
huǒzuàn 火鑽 7-24B
huōzuǐ 豁嘴 10-1325B
huózuì 活罪 5-1164B
huòzuì 禍罪 7-937A
huòzuì 獲罪 5-111A
huǒzuò 火作 7-7B
hùpái 護牌 11-441B
húpàn 鶻盼 12-1109A
húpàn 胡判 6-1210A
húpáo 鶻袍 12-1109B
hǔpǎoquán 虎跑泉 8-807A
húpénggǒudǎng 狐朋狗黨 5-33A
húpénggǒuyǒu 狐朋狗友 5-33A
hūpénghuànyǒu 呼朋喚友 3-290A
hūpéngyǐnlèi 呼朋引類 3-289B
hǔpí 虎皮 8-802B
hǔpí 虎貔 8-809B
húpiáo 瓠瓢 8-282A
húpiào 胡嘌 6-1218A
hùpǐn 户品 7-344A
húpíng 胡瓶 6-1213B
húpíng 壺瓶 2-1163B
hùpíng 户屏 7-344B
hùpíng 護憑 11-442B
húpíngshǔfú 狐憑鼠伏 5-36A
hǔpíyángzhì 虎皮羊質 8-802B
húpō 湖泊 5-1445B
hǔpò 虎珀 8-804A
hǔpò 虎魄 8-808A
hǔpò 琥珀 4-592A
hùpō 護坡 11-438B
hǔpòcí 琥珀詞 4-592B
hǔpòsūn 琥珀孫 4-592B
hǔpòtáng 琥珀糖 4-592B
hǔpòxíng 琥珀餳 4-592B
hūpú 呼蒲 3-291B
hǔpú 虎僕 8-808A
húpūdā 胡撲搭 6-1219B
húpūdā 胡鋪搭 6-1219B
húpūyǎn 胡撲掩 6-1219B
hūqī 忽期 7-429A
hūqí 忽其 7-427A
húqí 弧騎 4-110A
húqí 狐岐 5-33A
húqǐ 鶻起 12-1134A
húqǐ 鵠企 12-1108B
húqì 胡氣 6-1213B
hǔqí 虎旗 8-808A
hǔqí 虎騎 8-809B
hǔqì 虎氣 8-805A
hùqī 瓠棲 8-282A
hùqí 互歧 1-490A
hùqí 護旗 11-442A
hùqì 互契 1-490A
húqiān 狐肷 5-33A
húqiàn 狐嵌 5-34B
húqiàn 湖嵌 5-1446A
hùqián 護前 11-439B
húqiāng 胡羌 6-1210A
hùqiāng 護羌 11-438B
hùqiáng 怙彊 7-472B
hùqiángbǎn 護墻板 11-442B
húqiāo 胡敲 6-1219A
húqiáo 壺嶠 2-1164A
húqīluànbā 胡七亂八 6-1206B
hūqīn 忽親 7-430A
húqín 胡琴 6-1215A
húqìn 胡唚 6-1213B
húqín 胡秦 6-1212B
húqín 胡螓 6-1220B
húqìn 胡吢 6-1210A
húqìn 胡吣 6-1209B
hùqīn 怙親 7-472B
hùqīng 護青 11-438B
hùqīng 靛青 11-577B
húqiū 狐丘 5-32A
húqiū 壺丘 2-1163B
húqiū 瓠丘 8-281B
húqiú 狐裘 5-35A
hǔqiū 虎丘 8-802A
hùqiū 護秋 11-439B
húqiúgāoxiù 狐裘羔袖 5-35A
húqiúméngróng 狐裘龙茸 5-35A
húqiúméngróng 狐裘蒙戎 5-35A
húqiúméngróng 狐裘蒙茸 5-35A
húqiūshǒu 狐丘首 5-32B
húqīzábā 胡七雜八 6-1207A

hūqū 忽區 7-429A
húqù 胡覷 6-1221A
hùqǔ 護取 11-438B
húquān 弧圈 4-109B
húquán 鶻拳 12-1134A
hùquán 怙權 7-472B
húquānqiú 弧圈球 4-109B
húqúngǒudǎng 狐羣狗黨 5-35A
hūqúnjiédǎng 呼群結黨 3-291B
hūrán 忽然 7-429A
húrán 胡然 6-1216B
húrán 胡髯 6-1219A
húrán 胡顔 6-1220B
húrán 鬍髯 12-749B
húrán 鬍髯 12-749B
hūrǎng 呼嚷 3-293B
hùràng 互讓 1-491A
húránláng 胡髯郎 6-1219B
hūrǎo 呼擾 3-293A
hùrǎo 護遶 11-442A
húrén 鶻人 12-1133A
húrén 胡人 6-1207A
húrén 壺人 2-1163A
húrìguǐ 胡日鬼 6-1208A
húróng 狐狨 5-33B
húróng 蔛榮 9-538B
hùróng 護戎 11-437B
hūruò 忽若 7-427B
húrùyāqún 鶻入鴉羣 12-1133A
húsài 狐塞 5-35A
húsài 胡塞 6-1218A
hùsāi 護塞 11-442A
hùsài 護塞 11-442A
húsān 胡三 6-1207A
hùsāng 護喪 11-441A
húsāo 狐臊 5-36A
húsāochòu 狐騷臭 5-36A
húsè 鵠色 12-1108B
húsè 湖色 5-1445B
húsēng 胡僧 6-1218A
húshā 胡沙 6-1210A
hūshān 呼搧 3-291B
hūshān 呼扇 3-290B
hūshān 忽扇 7-428B
hūshǎn 忽閃 7-428B
húshān 胡搧 6-1217A
húshān 湖山 5-1445A
húshān 縠衫 6-1509A
húshàn 狐疝 5-33B
hùshān 互扇 1-490B
hùshàn 户扇 7-344B
húshāng 壺觴 2-1164B
hùshāng 護商 11-441A
hùshàng 滬上 6-108A
hūshào 呼哨 3-290B
hūshào 忽哨 7-428B
hūshào 唿哨 3-390B
húshào 胡哨 6-1213A
hùshè 護攝 11-443A
húshēn 弧深 4-109B
húshén 狐神 5-33B
hùshēnfó 護身佛 11-438A
hùshēnfú 護身符 11-438A
hùshēnfúzi 護身符子 11-438B
hūshēng 呼聲 3-292B
húshéng 胡繩 6-1221B
hùshēng 互生 1-489A
hùshèng 扈聖 7-368B
hùshēngcǎo 護生草 11-437B
hùshèngguā 護聖瓜 11-441B
hǔshēnghǔqì 虎聲虎氣 8-809B
hǔshēngshēng 虎生生 8-802A
hùshēnjiā 護身枷 11-438A
hùshēnlóng 護身龍 11-438B
hǔshényíng 虎神營 8-804B
hùshēnzhòu 護身咒 11-438A
hūshéróngyì… 呼蛇容易遣蛇難 3-291A
hūshì 忽視 7-429A
húshí 鶻石 12-1133B
húshí 胡食 6-1212A
húshí 湖石 5-1445A
húshí 礐石 7-1115B
húshǐ 弧矢 4-109A
húshǐ 壺矢 2-1163B
húshì 鵠侍 12-1109A
húshì 弧室 4-109B
húshì 胡市 6-1208A
hǔshì 虎士 8-801A
hǔshì 虎眎 8-805A
hǔshì 虎視 8-806A
hǔshì 虎勢 8-807A
hǔshì 虎噬 8-809A
hùshī 護失 11-437B
hùshǐ 楛矢 4-1081A
hùshì 互市 1-489B
hùshì 户侍 7-343B
hùshì 怙侍 7-472A
hùshì 怙勢 7-472B
hùshì 扈侍 7-368A
hùshì 護士 11-437A
hùshì 護世 11-437B
hùshì 護眎 11-440A
hùshì 護視 11-441A
hǔshìdāndān 虎視眈眈 8-806A
hùshìláng 互市郎 1-489B
hùshìsìtiānwáng 護世四天王 11-437B
hùshìyáláng 互市牙郎 1-489B
hǔshìyīnglín 虎視鷹瞵 8-806B
hǔshìyīngyáng 虎視鷹揚 8-806B
hùshǐzhīgòng 楛矢之貢 4-1081A
húshǒu 狐首 5-33B
húshǒu 壺手 2-1163B
húshòu 胡壽 6-1218A
hùshǒu 護手 11-437A
hùshǒu 護守 11-437B
hùshòu 扈狩 7-368A
húshǒuqiū 狐首丘 5-33B
hǔshòuxióngxīnzài 虎瘦雄心在 8-808A
húshū 鵠書 12-1109B
húshū 狐書 5-34A
húshū 胡書 6-1214A
húshū 鬍梳 12-749B
húshǔ 狐鼠 5-35A
húshù 縠束 6-1511A
hǔshū 虎書 8-805B
hùshū 户樞 7-345B
hùshū 滬書 6-108B
hùshū 護書 11-440A
húshuā 鬍刷 12-568B
hūshuāng 呼霜 3-293A
hūshuǎng 昒爽 5-636B
hùshuāng 沍霜 5-949B
hùshuāng 護霜 11-443A
hùshuǎng 互爽 1-490B
hùshūbùdù 户樞不蠹 7-345B
hùshūbùlóu 户樞不螻 7-345B
hùshūbùxiǔ 户樞不朽 7-345B
hùshuǐ 戽水 7-360B
hùshuì 户税 7-345A
hùshūjiá 護書夾 11-440B
húshuō 胡説 6-1218B
húshuò 鬍槊 12-568B
hùshuō 户説 7-345B
húshuōbādào 胡説八道 6-1218B
húshuōbáidào 胡説白道 6-1218B
húshuōluàndào 胡説亂道 6-1218B
hùshūxiá 護書匣 11-440B
hūsì 忽似 7-427A
húsī 斛斯 7-339A
húsī 湖絲 5-1446A
húsì 鵠俟 12-1109B
húsì 鵠竢 12-1110A
hǔsì 虎兕 8-803B
húsīhòng 胡廝哄 6-1220A
húsīluànliáng 胡思亂量 6-1212A
húsīluànxiǎng 胡思亂想 6-1212A
húsīnóng 胡廝噥 6-1220A
húsǐshǒuqiū 狐死首丘 5-32B
húsǐtùqì 狐死兔泣 5-32B
hūsōng 呼嵩 3-291B
hùsòng 護送 11-439B
hūsù 忽速 7-428B
húsù 斛觫 7-339A
húsù 觳觫 6-1511B
húsù 觳觫 6-1511A
húsù 觳觫 6-1511B
hùsù 穀觫 6-1510B
hùsù 穀㾫 6-1510B
húsuān 鵠酸 12-1110A
húsuàn 胡蒜 6-1217A
hùsuàn 户算 7-345B
húsùchē 觳觫車 6-1511B
hùsùchē 觳觫車 6-1511A
húsuī 胡荽 6-1212B
húsuī 胡荾 6-1212B
húsuī 胡葰 6-1220A
húsuí 狐綏 5-35B
húsūn 胡孫 6-1214A
húsūn 猢猻 5-85A
hùsǔn 笠筍 8-1108B
húsūndàwáng 猢猻大王 5-85B
húsūnrùbùdài 猢猻入布袋 5-85B
húsūnténg 胡孫藤 6-1214A
húsūnwáng 猢猻王 5-85B
hūsuǒ 呼索 3-290B
hùsuǒ 濩索 6-159A
hútán 胡談 6-1219B
hùtǎn 護坦 11-438B
hútáo 胡桃 6-1213A
hǔtāo 虎韜 8-810A
hùtào 護套 11-440A
hútáoyóu 胡桃油 6-1213A
hùténg 護疼 11-440A
hūténgténg 忽騰騰 7-430A
húténgwǔ 胡騰舞 6-1221B
hútī 胡梯 6-1214A
hùtī 護梯 11-440B
hùtǐ 互體 1-491A
hūtiān 呼天 3-288A
hútiān 胡天 6-1207B
hútiān 壺天 2-1163A
hútián 湖田 5-1445B
hūtiānhàodì 呼天號地 3-288B
hūtiānhuàndì 呼天喚地 3-288A
hútiānhúdì 胡天胡地 6-1207B
hútiānhúdì 胡天胡帝 6-1207B
hūtiānjiàodì 呼天叫地 3-288A
hūtiānkòudì 呼天叩地 3-288A
hùtiánlín 護田林 11-437B
hūtiānqiāngdì 呼天搶地 3-288B
hútiānshén 胡天神 6-1207B
hūtiānyùdì 呼天籲地 3-288B
hútiáo 胡調 6-1219B
hùtiáo 護調 11-442B
hùtiē 户貼 7-345A
hùtiě 户帖 7-343B
hútíng 鵠亭 12-1109B
hútíng 湖亭 5-1446A
hùtíng 户庭 7-344A
hútīngzhīshēng 狐聽之聲 5-36A
hǔtǐyuānbān 虎體鵷班 8-810A

hǔtǐyuánbān 虎體元斑 8-810A
hǔtǐyuánbān 虎體原斑 8-810A
hūtōng 忽通 7-428B
hútóng 胡桐 6-1212B
hútóng 衙衕 3-976A
hútòng 胡同 6-1208B
hútòng 衚衕 3-1069B
hǔtōng 唬通 3-378B
hùtòng 護痛 11-441B
hútónglèi 胡桐淚 6-1213A
hútónglǜ 胡桐律 6-1213A
hùtōngyǒuwú 互通有無 1-490B
hútóu 鵠頭 12-1110A
hútóu 胡頭 6-1220A
hǔtóu 虎頭 8-808B
hùtóu 嘑頭 3-491B
hùtóu 户頭 7-346A
hùtóu 笏頭 8-1115B
hùtóu 護頭 11-442B
hútóubǎn 鵠頭板 12-1110A
hùtóudài 笏頭帶 8-1115B
hǔtóugōng 虎頭公 8-808B
hǔtóuhǔnǎo 虎頭虎腦 8-808B
hùtóulǚ 笏頭履 8-1115B
hǔtóupái 虎頭牌 8-808B
hǔtóushéwěi 虎頭蛇尾 8-808B
hǔtóuyàn'é 虎頭燕額 8-809A
hǔtóuyànhàn 虎頭燕頷 8-809A
hǔtóuzhěn 虎頭枕 8-808B
hūtū 呼突 3-290B
hūtū 忽突 7-428B
hútu 糊塗 9-233A
hútū 鶻突 12-1133B
hútū 狐突 5-33B
hútū 胡突 6-1212A
hútū 糊突 9-233A
hútú 鶻鵚 12-1134B
hútú 胡塗 6-1217B
hútù 狐兔 5-33A
hùtū 護禿 11-438A
hútūchóng 胡突蟲 6-1212B
hútúchóng 胡塗蟲 6-1217B
hútúchóng 糊塗蟲 9-233A
hútúdàn 胡塗蛋 6-1217B
hútúdàn 糊塗蛋 9-233A
hùtuǐ 護腿 11-442A
hútuǐ'er 狐腿兒 5-35A
hūtúkètú 呼圖克圖 3-292A
hūtǔkètú 呼土克圖 3-288A
hútǔkètú 胡土克圖 6-1207A
hútúlàguó 胡荼辣國 6-1212B
hūtuó 滹沲 6-83B
hūtuó 滹沱 6-83B
hǔtuò 虎柝 8-804A
hùtuō 護脱 11-441A
hūtuófàn 呼沱飯 3-290A
hūtuófàn 滹沱飯 6-83B
hūtuómàifàn 滹沱麥飯 6-83B
hútūtǒng 糊突桶 9-233A
hútūzhàng 鶻突帳 12-1133B
hútúzhàng 糊塗賬 9-233A
hútùzhībēi 狐兔之悲 5-33A
hùwánbùquān 怙頑不悛 7-472B
hūwáng 呼王 3-288A
hūwàng 忽忘 7-427A
húwàng 鵠望 12-1109B
hūwēi 忽微 7-429B
hūwèi 呼謂 3-292B
húwēi 狐威 5-33B
húwéi 胡爲 6-1216A
húwéi 胡爲 6-1216A
hǔwēi 虎威 8-804A
hǔwéi 虎闈 8-809B
hǔwěi 虎尾 8-803B
hǔwèi 蜼蜼 8-915A
hǔwèi 虎衛 8-808B
hùwěi 護尾 11-438B
hùwèi 户尉 7-345A
hùwèi 户衛 7-346A
hùwèi 扈衛 7-368B
hùwèi 扈衛 7-368B
hùwèi 護胃 11-439B
hùwèi 護衛 11-442B
hùwèi 護衛 11-442B
hǔwěichūnbīng 虎尾春冰 8-803B
húwěidānyī 狐尾單衣 5-33A
hùwèijiàn 護衛艦 11-442B
húwēijuàn 胡威絹 6-1211B
hùwèitǐng 護衛艇 11-442B
húwěiyè 鶻尾葉 12-1133B
húwén 縠紋 6-1509A
hǔwén 虎文 8-802A
hǔwěn 虎吻 8-803A
hùwén 互文 1-489A
hǔwénchàng 虎文韔 8-802A
húwénjī 狐文儿 5-32A
húwò 鶻握 12-1134A
hǔwò 虎幄 8-807A
hǔwòlóngtiào 虎卧龍跳 8-803B
hūwǔ 呼舞 3-292A
húwū 鶻兀 12-1133A
húwú 胡毋 6-1208A
hùwù 互物 1-490A
hūwǔbái 呼五白 3-288B
hūxī 呼吸 3-289A
hūxī 呼息 3-290B
hūxī 呼翕 3-291B
hūxī 呼豨 3-291B
hūxī 呼噏 3-292A
hūxī 嘑吸 3-491B
húxī 觳悉 6-1511A
húxí 胡枲 6-1212B
húxì 胡戲 6-1220B
hǔxī 虎溪 8-807B
hǔxì 虎戲 8-809B
hùxī 瓠犀 8-282A
hùxī 護惜 11-441A
hùxī 護膝 11-442B
hùxí 户席 7-344B
hǔxià 虎諕 8-808B
hǔxià 虎嚇 8-809B
hùxià 户下 7-343A
hùxià 頀夏 12-666A
húxiān 狐仙 5-32B
húxiān 胡祆 6-1211A
húxián 弧弦 4-109B
hùxiàn 互見 1-489B
hùxiàn 户限 7-344A
hūxiǎng 呼響 3-293B
húxiāng 湖湘 5-1446B
húxiáng 狐祥 5-34A
húxiǎng 鶻響 12-1134B
hùxiāng 互相 1-490A
hùxiāng 護箱 11-442A
hùxiàng 護向 11-437B
hùxiànwéichuān 户限爲穿 7-344A
hūxiāo 呼虓 3-290B
hūxiào 呼哨 3-290B
hūxiào 呼嘯 3-292B
húxiāo 湖梟 5-1446A
hǔxiào 虎校 8-805A
hǔxiào 虎嘯 8-809A
hùxiāo 户曉 7-346A
hùxiào 護校 11-440A
hǔxiàofēngchí 虎嘯風馳 8-809A
hǔxiàofēngshēng 虎嘯風生 8-809A
hǔxiàolángháo 虎嘯狼號 8-809A
hǔxiàolóngyín 虎嘯龍吟 8-809A
hūxīdào 呼吸道 3-289B
hūxié 呼歙 3-292A
húxiè 鵠瀉 12-1110B
húxiè 湖澥 5-1446B
hǔxiè 虎蟹 8-810A
hūxīn 昒昕 5-636B
húxīn 湖心 5-1445A
húxīng 胡星 6-1211B
húxíng 鵠形 12-1108B
húxíng 弧形 4-109A
húxíng 胡行 6-1209A
hùxíng 扈行 7-368A
hùxíng 護行 11-437B
húxíngcàisè 鵠形菜色 12-1108B
húxíngluànwéi 胡行亂爲 6-1209A
húxíngniǎomiàn 鵠形鳥面 12-1108B
hùxīnjìng 護心鏡 11-437A
hùxīnlán 護心欄 11-437B
hūxiōng 呼洶 3-290A
hǔxīsānxiào 虎溪三笑 8-807B
húxiù 狐袖 5-34A
húxiù 胡臭 6-1213B
hùxiū 祜休 7-843A
hùxiǔ 護朽 11-437B
hùxiù 護袖 11-440A
hūxīxiāngtōng 呼吸相通 3-289B
hūxīxìtǒng 呼吸系統 3-289B
hūxū 呼嘘 3-292A
húxū 胡鬚 6-1221B
húxū 鬍鬚 12-749B
húxù 狐續 5-36A
húxuán 弧懸 4-110A
húxuánwǔ 胡旋舞 6-1215A
húxuē 斛薛 7-339A
húxué 狐穴 5-32B
húxué 湖學 5-1446B
hǔxué 虎穴 8-802B
hùxué 户穴 7-343B
hǔxuédézǐ 虎穴得子 8-802B
hǔxuélóngtán 虎穴龍潭 8-802B
hùxùn 互訓 1-490B
hǔyá 虎牙 8-801B
hūyān 忽焉 7-428B
hūyán 呼延 3-289B
hūyǎn 呼衍 3-290A
húyān 湖煙 5-1446B
húyán 胡言 6-1209B
húyán 胡顔 6-1221A
húyǎn 鶻眼 12-1134A
húyǎn 胡渰 6-1216B
húyàn 胡雁 6-1216A
húyàn 胡燕 6-1220A
hǔyán 虎鹽 8-810B
hǔyǎn 虎眼 8-805B
hùyán 互言 1-490A
hùyán 沍嚴 5-949B
hùyǎn 嫭眼 4-404A
hùyǎn 護掩 11-440B
hūyāng 淴泱 5-1403A
hūyáng 呼揚 3-291A
hūyáng 沕洋 5-977B
húyáng 胡羊 6-1209A
hùyǎng 扈養 7-368B
hùyǎng 護養 11-442A
húyánhànyǔ 胡言漢語 6-1210A
hǔyànlángcān 虎咽狼餐 8-804B
hǔyànlángcān 虎嚥狼飡 8-810A
húyánluàndào 胡言亂道 6-1210A
húyánluànyǔ 胡言亂語 6-1210A
húyāo 狐妖 5-33A
húyāo 胡妖 6-1210A
húyào 餬藥 12-568B
hùyāo 護腰 11-441B
hūyāohèliù 呼幺喝六 3-288A
húyē 胡掖 6-1214A
húyè 狐掖 5-34A
húyè 狐腋 5-34B
hùyě 扈冶 7-368A

hùyè 扈業 7-368B
hùyè 瓠葉 8-281B
hùyè 護頁 11-439B
hùyè 護葉 11-441A
hùyègēng 瓠葉羹 8-281B
hūyí 忽遺 7-430A
hūyì 忽易 7-427B
húyī 鶻衣 12-1108B
húyí 狐疑 5-35B
húyí 胡夷 6-1208B
húyí 胡疑 6-1218B
húyí 鰗鮧 12-1246A
húyǐ 胡以 6-1208A
hǔyí 虎彝 8-810A
hǔyì 虎疫 8-804B
hǔyì 虎翼 8-809B
hùyī 護衣 11-437B
hùyì 互易 1-490A
hùyì 互異 1-490B
hùyì 户役 7-343B
hùyì 户邑 7-343B
hùyì 扈翌 7-368B
hùyì 護役 11-438B
hùyì 護翼 11-443A
hǔyìlì 虎翼吏 8-809B
hūyīn 呼音 3-290A
húyīn 湖陰 5-1446A
hùyīn 冱陰 2-389A
hùyīn 沍陰 5-949A
hūyīng 呼鷹 3-293B
hūyìng 呼應 3-293A
húyīng 鶻纓 12-1110B
hǔyīng 虎膺 8-809B
hūyīngtái 呼鷹臺 3-293B
húyíyú 胡夷魚 6-1208B
húyōng 胡鏞 6-1222A
húyǒng 湖勇 5-1446A
hùyǒng 護勇 11-440A
hùyòng 互用 1-489B
hūyōu 忽悠 7-429A
hūyōu 昒幽 5-636B
hùyóu 扈游 7-368B
hùyǒu 户牖 7-345B
hùyòu 護佑 11-438A
hùyòu 護祐 11-440A
hūyōuyōu 忽悠悠 7-429A
hūyǔ 呼語 3-292A
hūyù 呼籲 3-293B
hūyù 淴浴 5-1403A
húyǔ 胡語 6-1218B
hùyú 戽魚 7-360B
hùyú 護于 11-437A
hùyú 護漁 11-442A
hùyǔ 楛羽 4-1081A
hùyù 户閾 7-346A
hūyuān 呼冤 3-291A
húyuán 胡元 6-1207B
húyuàn 胡苑 6-1210B
hùyuàn 枑苑 4-814B
hùyuàn 護院 11-440A
húyuè 鶻鑰 12-1110B
húyuè 胡樂 6-1220A
húyuè 胡粤 6-1216A
húyuè 胡越 6-1215B
hǔyuè 虎躍 8-810A
hùyuè 護月 11-437A
hǔyuèlóngxiāng 虎躍龍驤 8-810A
húyuètóngzhōu 胡越同舟 6-1215B
húyuèyījiā 胡越一家 6-1215B
húyún 胡云 6-1207B
húyùn 鶻韻 12-1110B
húyùn 胡運 6-1216B
húyúnhǎipāng 胡云海嗙 6-1207B
hūzāi 乎哉 1-647A
hùzàng 護葬 11-441A
hūzào 呼噪 3-292B
hūzào 呼譟 3-293B
hùzào 户竈 7-346B
húzé 湖澤 5-1446B
hùzé 婟澤 4-371B
húzhāng 弧張 4-109B
hǔzhàng 虎帳 8-806A
hùzhǎng 户長 7-343B
hùzhàng 户帳 7-344B
hūzhào 呼召 3-288B
húzhǎo 湖沼 5-1445B
húzhào 狐趙 5-35B
hǔzhǎo 虎爪 8-802A
hùzhào 護照 11-441B
hǔzhǎobǎn 虎爪板 8-802A
hǔzhǎoshū 虎爪書 8-802A
hùzhé 互折 1-489B
hùzhě 户者 7-343B
húzhēlà 胡遮剌 6-1219A
hùzhèn 護陣 11-440A
húzhěng 胡整 6-1220A
hǔzhēng 虎争 8-803A
hùzhèng 互證 1-491A
húzhěnqiū 狐枕丘 5-33A
húzhī 胡支 6-1208A
húzhì 鶻峙 12-1109B
húzhì 鶻跱 12-1110A
hǔzhì 虎跱 8-807B
hùzhǐ 户止 7-343A
hùzhǐ 護指 11-439B
hùzhì 護治 11-439A
húzhīchěyè 胡支扯葉 6-1208A
húzhīchěyè 胡枝扯葉 6-1210B
húzhīduì 胡支對 6-1208A
hūzhìhēlú 呼雉呵盧 3-291B
hǔzhìlóngná 虎擲龍拏 8-809A
húzhìluántíng 鶻峙鸞停 12-1109B
húzhìluánxiáng 鶻峙鸞翔 12-1109B
hūzhīyùchū 呼之欲出 3-288A
húzhòng 瓠種 8-282A
hǔzhōng 虎中 8-802A
hùzhǒng 護種 11-442A
hùzhōngbùhuǐ 怙終不悔 7-472A
hùzhōngbùquān 怙終不悛 7-472A
húzhōngtiān 壺中天 2-1163B
húzhōngwù 壺中物 2-1163B
hūzhòu 忽驟 7-430A
húzhōu 胡侜 6-1211A
húzhōu 胡謅 6-1220B
húzhōu 斛舟 7-339A
húzhòu 湖縐 5-1446B
húzhòu 縠皺 6-1509A
húzhòu 縠縐 6-1509B
húzhōubāchě 胡謅八扯 6-1220B
húzhōujìng 湖州鏡 5-1445B
húzhōuluànchě 胡謅亂扯 6-1220B
húzhōuluàndào 胡謅亂道 6-1220B
húzhōuluànshuō 胡謅亂説 6-1220B
húzhōutānhuáng 湖州灘簧 5-1445B
hūzhū 忽諸 7-430A
hǔzhú 虎竹 8-803A
hùzhǔ 户主 7-343B
hùzhù 互助 1-490A
hùzhù 護助 11-438A
hùzhù 護築 11-442B
húzhuó 醐濁 9-1436B
húzhuóchóng 醐濁蟲 9-1436B
hùzhùshè 互助社 1-490A
hùzhùzǔ 互助組 1-490A
húzi 鶻子 12-1108B
húzi 胡子 6-1207A
húzi 斛子 7-339A
húzi 鬍子 12-749A
húzī 鬍髭 12-749B
húzi 壺子 2-1163A
hǔzi 虎子 8-801B
hùzi 瓠子 8-281A
hùzǐ 瓠子 8-281A
húzibāzi 鬍子叭髭 12-749A
húzichá'er 鬍子渣兒 12-749A
húzichán 鬍子蟾 12-749A
húzichuán…胡子傳，柳隆卿 6-1207B
hùzigē 瓠子歌 8-281A
húzilāchá 鬍子拉碴 12-749A
hǔzǐlángsūn 虎子狼孫 8-801B
húzizāsā 鬍子扎撒 12-749A
hùzǒu 互走 1-489B
hùzū 瓠菹 8-281B
húzuǐxuē 鶻觜靴 12-1110A
húzūn 壺尊 2-1164A
húzuò 胡坐 6-1209B
húzuò 胡做 6-1214B
hùzuò 護作 11-438A
húzuòfēiwéi 胡作非爲 6-1209B
húzuòhúwéi 胡作胡爲 6-1209B
húzuòluànwéi 胡作亂爲 6-1209B

J

jiā'àn 夾岸 2-1503B
jiá'ǎo 夾襖 2-1506B
jiá'ǎo 袷襖 9-75B
jiá'ǎo 裌襖 9-94B
jià'áo 架鼇 4-945A
jiàbǎ 架把 4-943B
jiābái 夾白 2-1502B
jiābài 家拜 3-1468A
jiābài 俠拜 1-1370A
jiābái 夾拜 2-1504A
jiābàirénwáng 家敗人亡 3-1472B
jiaban 加班 2-774B
jiābǎn 夾板 2-1503A
jiǎbǎn 甲板 7-1286A
jiǎbǎn 假板 1-1576B
jiǎbǎn 假版 1-1577A
jiǎbàn 假扮 1-1576A
jiàbǎn 架板 4-943B
jiābǎnchuán 夾板船 2-1503B
jiābāng 家邦 3-1463A
jiābàng 夾棒 2-1505A
jiābàng 枷棒 4-941A
jiǎbǎng 甲榜 7-1289A
jiǎbàng 假謗 1-1583A
jiǎbǎnguān 假版官 1-1577A
jiābàngzhòng 枷棒重 4-941B
jiābǎnqì 夾板氣 2-1503B
jiābǎo 家寶 3-1481A
jiābào 家報 3-1474A
jiābǎshí 家把什 3-1464A
jiābèi 加倍 2-774B
jiābèi 加被 2-775A
jiābèi 加備 2-775A
jiābèi 家備 3-1474B
jiábèi 夾被 2-1504B
jiàbèi 駕被 12-828B
jiābèihànliú 浹背汗流 5-1196A
jiábèiwō 夾被窩 2-1504B
jiǎbēng 甲絣 7-1288B
jiàbēng 駕崩 12-828B
jiābǐ 梜匕 4-1036B
jiābì 夾壁 2-1506B
jiābì 家婢 3-1474B
jiābì 家弊 3-1478A
jiābì 嘉幣 3-480A
jiābì 俠陛 1-1370A
jiābiān 加鞭 2-776B
jiābiān 加籩 2-776B
jiābiān 嘉籩 3-483A
jiàbiàn 駕辯 12-830A
jiābiǎo 嘉表 3-475B
jiǎbìdān 甲必丹 7-1285A
jiābīn 佳賓 1-1311B
jiābīn 嘉賓 3-480A
jiābīn 嘉賔 3-480A
jiābīng 加兵 2-773A
jiābīng 佳兵 1-1308B
jiābīng 家兵 3-1464B
jiábǐng 餗餅 12-541A
jiǎbīng 甲兵 7-1285B
jiābìxiāng 迦箅香 10-766B
jiābō 家鉢 3-1477A
jiābózhàng 夾箔幛 2-1506A
jiābū 迦逋 10-766A
jiābù 家步 3-1464A
jiábù 裌布 9-94B
jiǎbù 甲部 7-1288A
jiàbù 駕部 12-828B
jiābùdéjiā 迦布德迦 10-765B
jiàbùzhù 架不住 4-943A
jiābùzi 夾布子 2-1502B
jiācái 家財 3-1470A
jiācái 嘉材 3-475A
jiācǎi 嘉采 3-476A
jiācài 嘉菜 3-477B
jiācān 加餐 2-776B
jiācán 家蠶 3-1481A
jiācáng 家藏 3-1479B
jiācánghùyǒu 家藏户有 3-1480A
jiǎcángyòng 甲藏用 7-1289B
jiācǎo 嘉草 3-476B
jiàcáo 架槽 4-945A
jiàcáo 駕曹 12-828B
jiācè 夾廁 2-1505A
jiācéng 夾層 2-1506A
jiācéngbōli 夾層玻璃 2-1506A
jiācénghuà 夾層話 2-1506A
jiāchá 痂查 8-307B
jiāchà 夾衩 2-1503B
jiǎchāi 甲拆 7-1286A
jiāchān 夾攙 2-1507A
jiāchán 夾纏 2-1507A
jiāchǎn 家產 3-1473A
jiǎchǎn 甲產 7-1288B
jiācháng 家常 3-1472A
jiǎcháng 甲裳 7-1289A
jiāchángbiànfàn 家常便飯 3-1472A
jiāchángcháfàn 家常茶飯 3-1472A
jiāchángfàn 家常飯 3-1472A
jiāchánghuà 家常話 3-1472A
jiāchánglǐduǎn 家長裡短 3-1465B
jiāchánglǐduǎn 家長裏短 3-1465B
jiāchánglǐduǎn 家長禮短 3-1465B
jiāchánglǐduǎn 家常裏短 3-1472B
jiǎchángtóu 賈長頭 10-192A
jiàchāo 價鈔 1-1691A
jiáchē 袷車 9-75B
jiáchē 頰車 12-311B
jiǎchē 甲車 7-1285B
jiǎchè 甲坼 7-1286A
jiǎchè 甲宅 7-1285B
jiàchē 架車 4-943B
jiāchén 佳辰 1-1308B
jiāchén 家臣 3-1463A
jiāchén 浹辰 5-1196A
jiāchén 嘉辰 3-475A
jiāchèn 佳讖 1-1312B
jiāchēng 浹禎 5-1196B
jiāchēng 嘉稱 3-480A
jiāchéng 夾城 2-1503B
jiāchéng 夾乘 2-1504A
jiāchéng 佳城 1-1309B
jiāchéng 枷懲 4-941B
jiāchéng 家丞 3-1464A
jiǎchéng 假城 1-1577B
jiàchēng 價稱 1-1691A
jiàchéng 駕乘 12-828A
jiāchéngyèjiù 家成業就 3-1463B
jiāchí 伽持 1-1295A
jiāchí 加持 2-774A
jiāchí 夾持 2-1503B
jiāchí 迦持 10-766A
jiáchǐ 戛齒 5-227A
jiǎchì 甲勑 7-1287B
jiǎchì 甲勅 7-1286B
jiǎchījiǎdāi 假癡假呆 1-1583A
jiāchǒng 嘉寵 3-482B
jiǎchōng 假充 1-1575B
jiǎchōng 假沖 1-1576A
jiǎchóng 甲蟲 7-1289B
jiǎchǒng 假寵 1-1583A
jiǎchōngxiāng 賈充香 10-191B
jiāchóu 家仇 3-1460B
jiāchóu 笳愁 8-1133A
jiāchǒu 枷杻 4-941A
jiāchǒubùkěwàitán 家醜不可外談 3-1479A
jiāchǒubùkěwàiyáng 家醜不可外揚 3-1479A
jiāchú 家廚 3-1478B
jiāchǔ 家處 3-1471B
jiāchù 佳處 1-1310A
jiāchù 家處 3-1471B
jiāchù 家畜 3-1470B
jiáchù 戛觸 5-227A
jiǎchǔ 賈楚 10-193B
jiǎchǔ 檟楚 4-1336A
jiǎchǔ 夏楚 3-1203B
jiāchuán 家傳 3-1476B
jiǎchuǎn 假喘 1-1580A
jiāchuāng 夾窗 2-1505A
jiāchuáng 俠牀 1-1369B
jiǎchuáng 甲牀 7-1286B
jiāchuánhùsòng 家傳户頌 3-1476B
jiāchuánhùsòng 家傳户誦 3-1476B
jiāchuánrénsòng 家傳人誦 3-1476B
jiǎchuánshèngzhǐ 假傳聖旨 1-1581A
jiāchuánxué 家傳學 3-1476B
jiàchūméndenǚ… 嫁出門的女,潑出門的水 4-398B
jiàchūqùdenǚ… 嫁出去的女,潑出去的水 4-398B
jiācí 家祠 3-1469B
jiācí 家慈 3-1477A
jiācí 嘉辭 3-482B
jiācì 家次 3-1464A
jiācì 嘉賜 3-481A
jiācī 瘕疵 8-344B
jiǎcí 假詞 1-1580B
jiǎcí 假辭 1-1583A
jiǎcì 甲次 7-1285A
jiàcì 架次 4-943A
jiǎcuò 甲錯 7-1289B
jiādá 嘉答 3-478B
jiādǎ 夾打 2-1502B
jiādài 夾帶 2-1504B
jiādài 夾袋 2-1504B
jiādài 茄袋 9-358A
jiǎdài 甲袋 7-1288A
jiǎdài 假貸 1-1580A
jiādàizhōngrénwù 夾袋中人物 2-1504B
jiādān 夾單 2-1505A
jiādàn 浹旦 5-1196A
jiǎdǎn 甲膽 7-1289B
jiàdàn 駕誕 12-829A
jiādàng 枷檔 4-941B
jiādàng 家當 3-1476A
jiādàng 家儅 3-1478B
jiádāng 袷襠 9-75B
jiādào 夾道 2-1505B
jiādào 家道 3-1475A
jiādào 嘉悼 3-478A
jiǎdào 假道 1-1580B
jiàdào 駕到 12-827B
jiǎdǎofó 賈島佛 10-192B
jiǎdàoxué 假道學 1-1580B
jiādàrén 家大人 3-1460A
jiāde 家的 3-1466A
jiādé 嘉德 3-481A
jiǎděng 甲等 7-1288B
jiàděngliánchéng 價等連城 1-1691A
jiādí 笳笛 8-1133A
jiādǐ 家底 3-1466B
jiādì 家弟 3-1464B
jiādì 家第 3-1473A
jiǎdǐ 甲邸 7-1286A
jiǎdì 甲地 7-1285A
jiǎdì 甲第 7-1288A
jiādiǎn 加點 2-776B
jiādiàn 家電 3-1475B
jiǎdiǎn 假典 1-1576B
jiàdiàn 架殿 4-944B
jiādié 家牒 3-1477A
jiādié 家諜 3-1479B
jiádié 蛺蝭 8-898B
jiádié 蛺蝶 8-898B

jiàdié 架疊 4-945A
jiádiéfěn 蛺蝶粉 8-898B
jiádiéquán 蛺蝶泉 8-898B
jiádiéqún 蛺蝶裙 8-898B
jiádiétú 蛺蜨圖 8-898B
jiádiétú 蛺蝶圖 8-898B
jiādīng 家丁 3-1459A
jiǎdìng 假定 1-1577A
jiǎdǒng 賈董 10-193B
jiādòu 家鬬 3-1481A
jiādòuxièshǒu 枷脰械手 4-941A
jiādū 家督 3-1475B
jiāduì 佳對 1-1311B
jiǎduì 假對 1-1581B
jiādùn 嘉遁 3-478B
jiādùn 嘉遯 3-480A
jiǎdùn 甲盾 7-1287A
jiǎdùn 甲楯 7-1288B
jiā'é 加額 2-776B
jià'é 駕鵝 12-830A
jià'é 駕鵞 12-830A
jiā'ér 佳兒 1-1309A
jiā'ér 家兒 3-1466A
jiā'èr 加二 2-772B
jiǎ'ér 假而 1-1575A
jiǎ'ěr 斝耳 7-339B
jià'er 架兒 4-943B
jiā'érjiāfù 佳兒佳婦 1-1309B
jiāfā 夾發 2-1505B
jiāfá 家閥 3-1478A
jiāfǎ 加法 2-773B
jiāfǎ 家法 3-1466B
jiāfán 笳繁 8-1133A
jiāfàn 加飯 2-775A
jiāfàn 家範 3-1478B
jiāfáng 嘉魴 3-481A
jiāfáng 茄房 9-358A
jiāfǎng 家訪 3-1473A
jiǎfāng 甲坊 7-1285B
jiǎfāngshǔ 甲坊署 7-1285B
jiāfānzháiluàn 家翻宅亂 3-1480A
jiāfánzháiluàn 家煩宅亂 3-1477A
jiāfǎnzháiluàn 家反宅亂 3-1460B
jiāfēi 加非 2-773B
jiāféi 家肥 3-1466B
jiāféi 嘉肥 3-476A
jiāfēi 葭蕟 9-491B
jiǎféi 鉀肥 11-1231A
jiàfēi 嫁非 4-399A
jiāfēng 加封 2-774A
jiāfēng 家風 3-1468B
jiāfēng 家蜂 3-1476B
jiāfèng 夾縫 2-1506B
jiǎfēng 假封 1-1577B
jiāfū 跏趺 10-455A
jiāfú 家福 3-1477B
jiāfú 葭莩 9-491B
jiāfú 嘉服 3-476A
jiāfú 嘉福 3-479B
jiāfǔ 夾輔 2-1505B
jiāfǔ 家府 3-1466B
jiāfǔ 俠輔 1-1370B
jiāfù 加腹 2-775B
jiāfù 佳婦 1-1310B
jiāfù 家父 3-1460B
jiāfù 家婦 3-1474A
jiáfú 戛服 5-226B
jiáfǔ 頰輔 12-311B
jiáfù 頰頫 12-311B
jiǎfú 賈服 10-192A
jiǎfú 賈鵩 10-194A
jiǎfǔ 甲父 7-1284B
jiǎfù 甲賦 7-1289A
jiǎfù 賈傅 10-193B
jiǎfù 假父 1-1574B
jiàfú 駕服 12-828A
jiāfūrén 家夫人 3-1460B
jiǎfùrén 假婦人 1-1580A
jiǎfùxì 假婦戲 1-1580A
jiáfǔzhuàngwèng 戛釜撞甕 5-226B
jiágǎi 頰胲 12-311B
jiāgān 夾肝 2-1503A
jiàgào 假告 1-1576A
jiāgē 家鴿 3-1480A
jiāgé 枷革 4-941A
jiágé 拮隔 6-554A
jiǎgé 甲革 7-1286B
jiǎgé 賈閣 10-193B
jiàgé 架格 4-944A
jiàgé 架閣 4-945A
jiàgé 價格 1-1690B
jiàgékù 架閣庫 4-945A
jiǎgēn 假根 1-1578A
jiágēng 戛羹 5-227A
jiágēng 頡羹 12-290A
jiǎgēng 甲庚 7-1286B
jiāgōng 加工 2-772B
jiāgōng 加功 2-773A
jiāgōng 夾攻 2-1503A
jiāgōng 家公 3-1460B
jiāgōng 嘉功 3-474A
jiágōng 夾弓 2-1502B
jiàgōng 架工 4-942B
jiǎgōngjìsī 假公濟私 1-1574B
jiǎgōngyíngsī 假公營私 1-1575A
jiāgōngzǐ 佳公子 1-1308A
jiāgǒu 猳狗 10-42B
jiāgòu 佳搆 1-1311B
jiāgòu 佳構 1-1311A
jiàgòu 架搆 4-944B
jiàgòu 架構 4-944B
jiàgòu 價購 1-1691A
jiàgǒusuígǒu 嫁狗隨狗 4-399A
jiàgǒuzhúgǒu 嫁狗逐狗 4-399A
jiāgū 加估 2-773B
jiāgū 家姑 3-1467B
jiāgǔ 夾轂 2-1506B
jiāgǔ 夾谷 2-1503A
jiāgǔ 笳鼓 8-1133A
jiāgǔ 嘉穀 3-480B
jiāgǔ 俠轂 1-1370B
jiāgù 加固 2-773B
jiāgù 枷錮 4-941B
jiāgù 家故 3-1468A
jiǎgǔ 甲骨 7-1287A
jiǎgǔ 胛骨 6-1232A
jiàgǔ 駕鼓 12-829A
jiāguā 嘉瓜 3-474B
jiàguà 架挂 4-943B
jiāguān 加官 2-773B
jiāguān 加冠 2-774A
jiāguān 佳觀 1-1312B
jiāguǎn 家館 3-1479B
jiāguǎn 笳管 8-1133A
jiāguǎn 葭琯 9-491B
jiāguǎn 葭管 9-491B
jiǎguān 假官 1-1577A
jiǎguǎn 甲舘 7-1289B
jiǎguǎn 甲館 7-1289B
jiǎguǎn 假館 1-1582B
jiǎguàn 甲觀 7-1290A
jiāguānjìnjué 加官進爵 2-774A
jiāguānjìnlù 加官進祿 2-774A
jiāguānliǎn 加官臉 2-774A
jiàgǔchē 駕鼓車 12-829A
jiāgǔduì 夾轂隊 2-1506B
jiāguī 家規 3-1471B
jiāguī 家䂓 3-1474B
jiāguǐ 家鬼 3-1468A
jiǎguǐ 甲癸 7-1287B
jiǎguì 賈桂 10-192B
jiāgūlǎo 家姑老 3-1467B
jiāgùn 夾棍 2-1505B
jiāguó 家國 3-1472B
jiāguó 猳國 5-96A
jiāguǒ 嘉果 3-475B
jiǎguō 賈郭 10-193A
jiǎguǒ 假果 1-1576B
jiāguòlǎo 家過老 3-1473A
jiāgǔrén 笳鼓人 8-1133A
jiǎgǔwén 甲骨文 7-1287A
jiāgǔzhītú 笳鼓之徒 8-1133A
jiāhài 加害 2-775A
jiàhǎi 架海 4-944A
jiàhǎi 駕海 12-828B
jiàhǎijīnliáng 架海金梁 4-944A
jiàhǎijīnliáng 架海金樑 4-944A
jiāhán 家寒 3-1475A
jiāhán 笳寒 8-1133A
jiāhàn 浹汗 5-1196A
jiáháng 鴶鴧 12-1089B
jiāhǎo 佳好 1-1308B
jiāhǎo 嘉好 3-475A
jiāhào 加耗 2-774B
jiāhào 加號 2-775B
jiāhào 枷號 4-941B
jiāhào 家耗 3-1469B
jiāhào 嘉耗 3-477A
jiāhào 嘉號 3-479A
jiǎhào 假號 1-1581A
jiāhé 浹和 5-1196A
jiāhé 嘉禾 3-474B
jiǎhé 假合 1-1575B
jiǎhé 假翮 1-1582B
jiàhé 駕和 12-827B
jiàhè 駕鶴 12-830A
jiàhèchéngxiān 駕鶴成仙 12-830A
jiāhēng 嘉亨 3-475A
jiàhèxīyóu 駕鶴西游 12-830A
jiāhòng 家降 3-1467B
jiāhòng 家巷 3-1468A
jiàhōng 駕薨 12-829B
jiàhóng 駕鴻 12-830A
jiǎhòu 假候 1-1578B
jiāhù 加護 2-776B
jiāhù 家户 3-1461A
jiǎhǔ 假虎 1-1576B
jiǎhù 甲户 7-1284B
jiàhù 迦互 10-1022A
jiāhuā 家花 3-1464A
jiāhuà 佳話 1-1311B
jiāhuà 嘉話 3-479B
jiǎhuà 假話 1-1581B
jiàhuà 架話 4-944B
jiāhuái 家懷 3-1480B
jiāhuàn 嘉豢 3-479B
jiāhuáng 嘉皇 3-476B
jiǎhuángdì 假皇帝 1-1578A
jiǎhuángyuè 假黄鉞 1-1579B
jiàhuǎngzuòkōng 架謊鑿空 4-945A
jiāhuī 葭灰 9-491A
jiāhuì 加惠 2-775A
jiāhuì 佳惠 1-1310B
jiāhuì 佳會 1-1311A
jiāhuì 家諱 3-1479B
jiāhuì 嘉卉 3-474A
jiāhuì 嘉惠 3-478A
jiāhuì 嘉會 3-479A
jiāhuì 嘉誨 3-480A
jiāhuì 猳喙 10-42B
jiāhuo 夾和 2-1503B
jiāhuó 家活 3-1469A
jiāhuǒ 家火 3-1461A
jiāhuǒ 家伙 3-1463B
jiāhuǒ 傢火 1-1611A
jiāhuǒ 傢伙 1-1611A
jiāhuò 家貨 3-1473A
jiāhuò 家禍 3-1475A
jiǎhuò 甲貨 7-1288A
jiàhuò 嫁禍 4-399A
jiàhuò 駕禍 12-829A
jiāhuǒdiǎn 家伙點 3-1463B
jiāhuozuò'er 傢伙座兒 1-1611A
jiǎhǔxúnlóng 賈虎荀龍 10-192A
jiǎhǔzhāngwēi 假虎張威 1-1576B

jī'āi 積埃 8-136B
jī'ài 積愛 8-143A
jī'ài 羈礙 8-1059A
jí'āi 極哀 4-1139A
jí'ài 及艾 1-635B
jí'ài 極愛 4-1141B
jiājī 加笄 2-774B
jiājī 夾擊 2-1506B
jiājī 家姬 3-1471A
jiājī 家雞 3-1480A
jiājī 家鷄 3-1481A
jiājī 揩擊 6-740B
jiājí 家集 3-1474B
jiājí 家籍 3-1481A
jiājí 嘉吉 3-474B
jiājǐ 家給 3-1475B
jiājì 家伎 3-1463B
jiājì 家妓 3-1465A
jiājì 家計 3-1468B
jiājì 家祭 3-1473A
jiājì 嘉迹 3-476B
jiājì 嘉績 3-482B
jiájī 戛擊 5-227A
jiájī 頰肌 12-311A
jiǎjī 假跡 1-1581A
jiǎjí 瘕疾 8-344B
jiǎjǐ 甲戟 7-1288B
jiǎjì 甲妓 7-1286A
jiǎjì 假紒 1-1579A
jiǎjì 假髻 1-1582B
jiǎjì 假繼 1-1583A
jiǎjié 假結 1-1580B
jiājiā 家家 3-1470B
jiājiǎ 家甲 3-1461A
jiájiá 戛戛 5-226B
jiájiádúzào 戛戛獨造 5-226B
jiàjiàgēgē 架架格格 4-944A
jiājiāhùhù 家家户户 3-1470B
jiājiān 夾間 2-1505B
jiājiān 家間 3-1475A
jiājiān 家艱 3-1479B
jiājiǎn 加減 2-775B
jiājiǎn 夾剪 2-1505A
jiājiàn 家監 3-1477B
jiājiàn 嘉薦 3-481B
jiǎjiān 甲煎 7-1288B
jiǎjiàn 假僭 1-1582A
jiàjiān 駕肩 12-828A
jiājiǎncāng 夾剪艙 2-1505A
jiājiānchàhán 迦堅茶寒 10-766A
jiājiǎnchéngchú 加減乘除 2-775B
jiājiǎng 嘉獎 3-480B
jiājiàng 家將 3-1473B
jiǎjiàng 甲匠 7-1285A
jiàjiānjiējì 駕肩接迹 12-828A
jiàjiānjiēwǔ 駕肩接武 12-828A
jiàjiānjiēzhǒng 架肩接踵 4-943B
jiàjiānjīgǔ 架肩擊轂 4-943B
jiājiǎo 夾角 2-1503A
jiājiǎo 箛角 8-1133A
jiājiào 家教 3-1471B
jiǎjiǎo 岬角 3-807A
jiājiē 加階 2-775A
jiājié 夾結 2-1505B
jiājié 佳節 1-1311A
jiājié 家節 3-1476B
jiājié 嘉節 3-479A
jiājiě 家姐 3-1467B
jiājiè 夾介 2-1502B
jiājiè 家戒 3-1464A
jiājiè 家誡 3-1477B
jiājiè 俠介 1-1369B
jiǎjié 假節 1-1581A
jiǎjiè 叚借 2-890A
jiǎjiè 假耤 1-1581B
jiǎjiè 假借 1-1578B
jiǎjiè 假藉 1-1583A
jiàjiē 嫁接 4-399B
jiàjiè 下借 1-320A
jiājiěfu 家姐夫 3-1467B
jiǎjiéhóu 假節侯 1-1581A
jiǎjièyì 假借義 1-1578B
jiājíliang 夾脊梁 2-1504B
jiājǐn 加緊 2-775B
jiājìn 加勁 2-774A
jiājìn 枷禁 4-941B
jiājǐng 佳景 1-1311A
jiājǐng 枷警 4-941B
jiājǐng 家景 3-1474A
jiājǐng 嘉景 3-478B
jiājìng 夾徑 2-1504B
jiājìng 夾鏡 2-1507A
jiājìng 佳境 1-1311B
jiājìng 家境 3-1477B
jiājìng 嘉靖 3-479B
jiàjǐng 架景 4-944B
jiājìngbācáizǐ 嘉靖八才子 3-479B
jiājìngqīzǐ 嘉靖七子 3-479B
jiājìrénbì 家驥人璧 3-1481A
jiājǐrénzú 家給人足 3-1475B
jiàjīsuíjī… 嫁雞隨雞，嫁狗隨狗 4-399B
jiājiù 家舅 3-1476B
jiājìxiānsheng 夾漈先生 2-1506A
jiājīyěwù 家雞野鶩 3-1480B
jiājīyězhì 家雞野雉 3-1480B
jiājíyú 加級魚 2-774B
jiàjīzhújī 嫁雞逐雞 4-399B
jiājū 家居 3-1467B
jiājú 家菊 3-1471B
jiājǔ 嘉舉 3-481B
jiājù 加劇 2-776A
jiājù 夾具 2-1503B
jiājù 佳句 1-1308B
jiājù 家具 3-1466A
jiājù 家俱 3-1470A
jiājù 傢具 1-1611B
jiājù 嘉句 3-474B
jiájū 鴶鞠 12-1089B
jiájú 鴶鵴 12-1089B
jiǎjū 假居 1-1577B
jiājuàn 佳眷 1-1310B
jiājuàn 家眷 3-1473B
jiājué 加爵 2-776B
jiājué 佳絶 1-1311A
jiājué 猳玃 5-96A
jiājué 嘉爵 3-482A
jiājué 豭玃 10-42B
jiājué 貑貜 10-1342A
jiājūlè 迦拘勒 10-766A
jiājūn 家君 3-1464B
jiǎjūn 假君 1-1576A
jiǎjúzi 假局子 1-1576B
jiǎkǎi 甲鎧 7-1289B
jiǎkāi 假開 1-1580B
jiākè 夾克 2-1503A
jiākè 佳客 1-1310B
jiākè 家客 3-1469B
jiākè 嘉客 3-477A
jiākè 嘉課 3-481A
jiǎkē 甲科 7-1287A
jiǎkě 岬嵑 3-807A
jiǎkě 岬嵑 3-807A
jiǎkè 甲克 7-1285B
jiākèjì 家克計 3-1464A
jiàkōng 架空 4-943B
jiàkōng 駕空 12-828A
jiākǒu 佳口 1-1308B
jiākǒu 家口 3-1460A
jiǎkǒu 假口 1-1573B
jiākǔ 檟苦 4-1336A
jiākǔ 檟楛 4-1336A
jiǎkù 甲庫 7-1287B
jiàkuà 駕跨 12-829A
jiākuài 加快 2-773B
jiākuài 佳快 1-1309A
jiākuàng 佳貺 1-1311A
jiākuàng 嘉況 3-476A
jiākuàng 嘉貺 3-478B
jiālài 痂癩 8-307B
jiālài 嘉賴 3-481B
jiālán 迦藍 10-767A
jiàlàng 駕浪 12-828B
jiālántuó 迦蘭陀 10-767A
jiālántuó 迦蘭陁 10-767A
jiāláo 家醪 3-1480A
jiāláo 嘉勞 3-478B
jiālǎo 迦老 10-765B
jiālǎo 家老 3-1463A
jiālǎoye 家老爺 3-1463A
jiālè 嘉樂 3-481B
jiālěi 家累 3-1472B
jiàlěi 架累 4-944B
jiālěiqiānjīn… 家絫千金，坐不垂堂 3-1475B
jiālěiqiānjīn 家累千金 3-1472B
jiālěiqiānjīn… 家累千金，坐不垂堂 3-1472B
jiālí 迦黎 10-767A
jiālǐ 加禮 2-776B
jiālǐ 家里 3-1464A
jiālǐ 家理 3-1471B
jiālǐ 家裏 3-1477A
jiālǐ 家禮 3-1480A
jiālǐ 嘉禮 3-482A
jiālǐ 嘉醴 3 482B
jiālì 加厲 2-776A
jiālì 佳麗 1-1312A
jiālì 迦利 10-765B
jiālì 家吏 3-1463A
jiālì 家曆 3-1479A
jiālì 家隸 3-1480A
jiālì 嘉栗 3-477A
jiālì 嘉麗 3-482B
jiǎlì 甲吏 7-1285A
jiǎlì 甲曆 7-1289A
jiǎlì 甲歷 7-1289A
jiǎlì 假吏 1-1575A
jiàlí 架犂 4-944B
jiàlí 駕犂 12-829A
jiàlǐ 駕鯉 12-830A
jiàlì 價例 1-1690B
jiālián 嘉蓮 3-479A
jiàlián 嫁奩 4-399B
jiāliáng 佳良 1-1309A
jiāliáng 嘉良 3-475B
jiāliáng 嘉糧 3-482B
jiāliàng 家量 3-1474A
jiāliàng 嘉量 3-478B
jiǎliǎng 假兩 1-1576B
jiàliáng 架梁 4-944B
jiàliánwùměi 價廉物美 1-1691A
jiāliáo 枷鐐 4-941B
jiāliào 加料 2-774B
jiālìchéng 佳麗城 1-1312A
jiālǐde 家裏的 3-1477A
jiāliè 家烈 3-1470A
jiālíjiā 迦梨迦 10-766B
jiālíjiāo 迦梨郊 10-766B
jiālín 家林 3-1465B
jiālín 嘉林 3-475B
jiǎlìn 假賃 1-1581B
jiàlín 駕臨 12-830A
jiālíng 迦陵 10-766A
jiālìng 家令 3-1462A
jiālìng 嘉令 3-474B
jiǎlìng 甲令 7-1285A
jiǎlìng 假令 1-1575A
jiàlíng 駕淩 12-828B
jiàlíng 駕靈 12-830B
jiālíngpíjiā 迦陵毗伽 10-766A
jiālíngpínjiā 迦陵頻伽 10-766A

jiălìyúrén 假力於人 1-1573B
jiālóng 家隆 3-1473B
jiālóng 夾衖 2-1505A
jiǎlóng 假龍 1-1582B
jiàlóng 駕龍 12-829B
jiǎlóu 假樓 1-1582A
jiālóuluó 迦樓羅 10-766B
jiālù 夾路 2-1505A
jiālù 家鹿 3-1473A
jiālù 家祿 3-1475B
jiālù 嘉露 3-483A
jiālù 麚鹿 12-1300B
jiālù 俠輅 1-1370A
jiálù 袷輅 9-75B
jiālún 加侖 2-773B
jiālún 加倫 2-774B
jiālúnjīsuǐ 浹淪肌髓 5-1196B
jiāluó 迦羅 10-767A
jiāluò 家落 3-1474A
jiàluò 架落 4-944B
jiāluópójié 迦羅婆劫 10-767A
jiāluóshāyè 迦羅沙曳 10-767A
jiālú 家閭 3-1478B
jiālǜ 加率 2-775A
jiālǜ 葭律 9-491B
jiālǜ 嘉慮 3-480B
jiǎlǚ 甲縷 7-1289B
jiāmǎ 加碼 2-776A
jiāmǎ 家馬 3-1469B
jiǎmǎ 甲馬 7-1287B
jiǎmǎ 賈馬 10-192B
jiǎmǎ 假馬 1-1578A
jiàmǎ 價碼 1-1691A
jiǎmǎfúzhèng 賈馬服鄭 10-192B
jiǎmái 假埋 1-1578A
jiāmào 嘉茂 3-475B
jiǎmào 假冒 1-1577B
jiǎmǎxǔzhèng 賈馬許鄭 10-192B
jiāmǎyíng 夾馬營 2-1504A
jiǎmǎyíng 甲馬營 7-1287B
jiāměi 嘉美 3-476B
jiǎmèi 假寐 1-1580B
jiǎméisāndào 假眉三道 1-1578A
jiāmén 家門 3-1467A
jiǎmén 甲門 7-1286B
jiāméng 加盟 2-775B
jiāménjí 家門集 3-1467B
jiǎménjiǎshì 假門假氏 1-1577A
jiǎménjiǎshì 假門假事 1-1577A
jiámí 莢蒾 9-414A
jiǎmǐ 甲米 7-1285A
jiāmiǎn 加冕 2-775A
jiāmiǎn 嘉勉 3-476B
jiǎmiàn 假面 1-1577B
jiǎmiànjù 假面具 1-1577B
jiāmiáo 嘉苗 3-475B
jiāmiào 佳妙 1-1309A
jiāmiào 家廟 3-1478B
jiāmǐn 嘉憫 3-481A
jiāmíng 佳名 1-1308B
jiāmíng 佳茗 1-1309B
jiāmíng 嘉名 3-475A
jiāmìng 嘉命 3-476A
jiǎmíng 假名 1-1575B
jiǎmìng 假命 1-1577A
jiàmíng 嫁名 4-398B
jiàmíng 駕名 12-827B
jiǎmíngtuōxìng 假名托姓 1-1575B
jiāmó 夾磨 2-1506A
jiāmó 嘉謨 3-482A
jiámó 戛摩 5-227A
jiámó 戛磨 5-227A
jiāmóu 嘉謀 3-481B
jiàmóu 架牟 4-943A
jiāmǔ 家母 3-1463A
jiāmù 夾幕 2-1505A
jiāmù 佳木 1-1308A
jiāmù 嘉木 3-473B
jiāmù 嘉慕 3-480A
jiǎmǔ 假母 1-1575A
jiàmǔ 嫁母 4-398B
jiàmù 價目 1-1690B
jī'ān 積安 8-132B
jī'ān 几桉 2-282A
jī'àn 机案 4-745A
jī'àn 積案 8-137B
jī'àn 几案 2-282A
jí'ān 即安 2-530B
jí'ān 集安 11-799B
jí'ān 輯安 9-1299A
jiānà 嘉納 3-477B
jiān'ài 兼愛 2-157B
jiān'ài 艱礙 9-270B
jiǎn'ài 蹇礙 10-536B
jiàn'āi 見哀 10-316B
jiàn'ài 見愛 10-319A
jiān'àiwúsī 兼愛無私 2-157B
jiānán 迦楠 10-766B
jiānàn 家難 3-1480B
jiǎn'àn 檢按 4-1341A
jiàn'ānfēnggǔ 建安風骨 2-907A
jiān'āng 機枊 4-1369A
jiánáng 袷囊 9-75B
jiǎn'àng 繭盎 9-603B
jiàn'āngǔ 建安骨 2-907A
jiàn'ānqīzǐ 建安七子 2-906B
jiàn'ānsīmǎ 見鞍思馬 10-320A
jiàn'āntǐ 建安體 2-907A
jiān'áo 煎敖 7-213B
jiān'áo 煎熬 7-213B
jiān'áo 煎爊 7-213B
jiānǎo 夾腦 2-1505B
jiǎn'ào 謇傲 11-392A
jiǎn'ào 謇慠 11-392A
jiǎn'ào 蹇傲 10-535B
jiǎn'ào 簡傲 8-1254B
jiǎn'ào 簡奧 8-1255A
jiǎn'ào 簡慠 8-1256A
jiàn'ǎo 箭襖 8-1216B
jiàn'ào 僭傲 1-1666B
jiàn'ào 鑑奧 11-1425B
jiānǎofēng 夾腦風 2-1505B
jiǎn'àojuésú 簡傲絕俗 8-1254B
jiānbā 肩巴 6-1187B
jiānbá 湔拔 5-1513A
jiānbà 肩靶 6-1188B
jiǎnbá 柬拔 4-914A
jiǎnbá 揀拔 6-739A
jiǎnbá 簡拔 8-1249B
jiǎnbà 揀罷 6-739B
jiǎnbà 簡罷 8-1257A
jiànbá 健拔 1-1521A
jiànbá 間拔 12-80A
jiànbá 薦拔 9-567B
jiànbá 鑑拔 11-1424B
jiànbǎ 件把 1-1195B
jiānbái 堅白 2-1115A
jiānbài 肩拜 6-1188A
jiànbái 建白 2-906A
jiànbài 踐敗 10-493A
jiānbáitóngyì 堅白同異 2-1115A
jiānbáixiāngyíng 堅白相盈 2-1115A
jiānbàn 監伴 7-1446B
jiǎnbǎn 簡板 8-1249B
jiǎnbǎn 簡版 8-1250B
jiǎnbàn 減半 5-1452A
jiǎnbǎnduì 簡板對 8-1250A
jiānbǎng 肩膀 6-1188B
jiānbàng 監謗 7-1452B
jiànbàng 間謗 12-92B
jiànbánǔzhāng 劍拔弩張 2-751A
jiànbánǔzhāng 箭拔弩張 8-1214B
jiānbāo 兼包 2-154B
jiānbāo 兼苞 2-155B
jiānbǎo 緘保 9-935B
jiānbào 姦暴 4-356A
jiǎnbǎo 儉寶 1-1696A
jiǎnbào 剪報 2-719B
jiǎnbào 簡報 8-1254A
jiānbāo 漸包 6-68B
jiānbāo 漸苞 6-68B
jiànbǎo 洊保 5-1139A
jiànbào 見報 10-318A
jiànbào 踐暴 10-493B
jiānbāobìngróng 兼包並容 2-154B
jiānbāobìngxù 兼包並畜 2-154B
jiànbǎzi 箭靶子 8-1216A
jiānbèi 肩背 6-1187B
jiānbèi 兼倍 2-156A
jiānbèi 兼備 2-157A
jiǎnbēi 儉卑 1-1694A
jiǎnbèi 簡備 8-1254B
jiànbēi 賤卑 10-249A
jiànbèi 見背 10-315B
jiànbèi 賤輩 10-251B
jiānbèinánwàng 肩背難望 6-1188A
jiānbèixiāngwàng 肩背相望 6-1187B
jiānběn 姦本 4-349B
jiānběn 兼本 2-154B
jiǎnběn 簡本 8-1248A
jiànběn 監本 7-1445A
jiànběn 建本 2-906A
jiānbī 煎逼 7-213B
jiānbǐ 肩比 6-1187B
jiānbì 肩髀 6-1189A
jiānbì 姦敝 4-353B
jiānbì 姦弊 4-355B
jiānbì 堅壁 2-1119A
jiānbì 監閟 7-1451A
jiānbì 緘閉 9-936A
jiānbì 殲斃 5-180B
jiǎnbī 儉逼 1-1695A
jiǎnbǐ 減筆 5-1453B
jiǎnbǐ 儉鄙 1-1695A
jiǎnbǐ 簡筆 8-1254B
jiǎnbì 翦弊 9-671A
jiǎnbì 蹇躄 10-536B
jiǎnbì 簡畀 8-1250A
jiǎnbì 簡畢 8-1252B
jiànbī 洊逼 5-1139A
jiànbī 僭偪 1-1666B
jiànbī 僭逼 1-1666B
jiànbǐ 健筆 1-1522A
jiànbǐ 賤鄙 10-251B
jiànbì 建弼 2-909A
jiànbì 楗閉 4-1133B
jiànbì 閒壁 12-92B
jiànbì 劍壁 2-753A
jiànbì 賤婢 10-251A
jiànbì 薦辟 9-569A
jiànbì 薦璧 9-569B
jiànbì 鍵閉 11-1342A
jiǎnbiān 簡編 8-1258A
jiǎnbiàn 簡便 8-1251B
jiànbiān 間編 12-91B
jiànbiàn 見便 10-316A
jiànbiàn 漸變 6-70A
jiànbiàn 鑑辨 11-1426B
jiānbiāo 韉鑣 12-202A
jiānbiǎo 牋表 6-1044B
jiànbiāo 建標 2-910A
jiànbiǎo 賤表 10-248B
jiǎnbié 揀別 6-739A
jiǎnbié 簡別 8-1249A
jiànbié 件別 1-1195B
jiànbié 間別 12-78A
jiànbié 餞別 12-562B
jiànbié 鑑別 11-1424B
jiānbìn 鬋鬢 12-751A
jiānbīng 尖兵 2-1657A
jiānbīng 堅冰 2-1115A
jiānbīng 監兵 7-1446B
jiānbǐng 堅秉 2-1116B

jiānbǐng 煎餅 7-213B
jiānbìng 兼并 2-155A
jiānbìng 兼並 2-156A
jiǎnbīng 簡兵 8-1249A
jiànbīng 踐冰 10-492A
jiānbīngqī 閒冰期 12-77B
jiānbìqīngyě 堅壁清野 2-1119A
jiǎnbǐzì 減筆字 5-1453B
jiǎnbǐzì 簡筆字 8-1254B
jiānbō 礛磻 7-1116A
jiānbō 殲剥 5-180A
jiānbó 尖薄 2-1658B
jiānbó 戔帛 5-213A
jiānbó 肩膊 6-1188B
jiānbó 縑帛 9-973A
jiǎnbō 檢波 4-1340B
jiǎnbō 蹇剥 10-534B
jiǎnbó 減薄 5-1454A
jiǎnbó 儉薄 1-1695B
jiǎnbó 檢駁 4-1344A
jiǎnbó 謇博 11-391B
jiǎnbó 蹇薄 10-536A
jiǎnbó 簡帛 8-1250B
jiǎnbó 簡薄 8-1258A
jiǎnbó 藆薄 9-604A
jiǎnbó 譾薄 11-462A
jiǎnbó 錢鎛 11-1322A
jiǎnbǒ 蹇跛 10-535A
jiànbō 箭波 8-1214B
jiànbó 賤薄 10-252A
jiānbù 箋布 8-1191A
jiānbù 縑布 9-973A
jiǎnbǔ 簡卜 8-1247A
jiǎnbǔ 簡補 8-1255A
jiǎnbǔ 藆卜 9-603B
jiǎnbǔ 翦卜 8-988B
jiǎnbù 蹇步 10-534A
jiànbù 健步 1-1520B
jiànbù 閒步 12-78A
jiànbù 箭步 8-1214B
jiànbude 見不得 10-312A
jiànbùde 見不的 10-312A
jiānbùkěcuī 堅不可摧 2-1114B
jiànbùkězhǎng 漸不可長 6-68A
jiānbùróngfà 閒不容髮 12-75B
jiānbùrónghuǎn 閒不容緩 12-75B
jiānbùrónglì 閒不容礪 12-76A
jiānbùrónglǚ 閒不容縷 12-76A
jiānbùróngshùn 閒不容瞚 12-75B
jiānbùróngxī 閒不容息 12-75B
jiānbùsīmán… 姦不厮瞞,俏不厮欺 4-349B
jiānbùsīqī… 姦不厮欺,俏不厮瞞 4-349B
jiǎnbùzhònglǐ 儉不中禮 1-1693B
jiāncái 兼才 2-154A
jiāncái 兼材 2-155B
jiāncǎi 兼采 2-155B
jiāncǎi 兼綵 2-158A
jiāncǎi 牋綵 6-1045A
jiāncǎi 縑綵 9-973B
jiǎncài 揀菜 6-818B
jī'àncái 几案才 2-282A
jiǎncái 剪裁 2-719B
jiǎncái 翦裁 9-670B
jiǎncái 檢才 4-1339A
jiǎncái 檢裁 4-1342B
jiǎncái 蹇才 10-533B
jiǎncái 簡才 8-1247A
jiǎncái 簡材 8-1249A
jiǎncái 譾才 11-461B
jiǎncái 譾材 11-461B
jiǎncǎi 剪綵 2-720A
jiǎncǎi 翦綵 9-671A
jiàncái 建材 2-907A
jiàncái 賤才 10-247A
jiàncái 賤材 10-248B
jiàncái 鑑裁 11-1425B
jiàncǎi 踐踩 10-494A
jiàncǎi 鑑采 11-1424B
jiàncáiqǐyì 見財起意 10-316B
jiāncán 堅蠶 2-1119B
jiāncán 殲殘 5-180A
jiǎncán 藆蠶 9-604A
jiāncāng 堅蒼 2-1118B
jiāncāng 監倉 7-1449A
jiāncáng 緘藏 9-936B
jiāncāo 堅操 2-1119A
jiāncǎo 牋草 6-1044B
jiǎncāo 檢操 4-1344A
jiǎncáo 減漕 5-1454A
jiàncáo 澗槽 6-150A
jiàncáo 諫曹 11-335A
jiàncáo 鍵槽 11-1342A
jiàncǎo 薦草 9-568A
jiàncǎo 諫草 11-334B
jiǎncǎochúgēn 剪草除根 2-718B
jiǎncǎochúgēn 翦草除根 9-670A
jiǎncè 檢測 4-1343A
jiǎncè 蹇策 10-535B
jiǎncè 簡册 8-1248A
jiǎncè 簡策 8-1254B
jiǎncè 簡筴 8-1255B
jiàncè 建策 2-909A
jiàncè 閒廁 12-84A
jiàncè 閒廁 12-87A
jiānchā 尖叉 2-1656B
jiānchá 煎茶 7-213A
jiānchá 監察 7-1451B
jiǎnchá 撿察 6-921A
jiǎnchá 檢查 4-1341A
jiǎnchá 檢察 4-1343B
jiǎnchá 簡查 8-1251A
jiǎnchá 簡察 8-1256B
jiànchá 監察 7-1452A
jiànchá 建茶 2-907B
jiànchá 澗茶 6-149B
jiànchá 踐踏 10-494B
jiànchá 鑑督 11-1426A
jiànchá 鑑察 11-1426A
jiànchà 僭差 1-1666A
jiànchà 替差 5-755A
jiānchāi 兼差 2-156A
jiānchāi 鶼釵 12-1139B
jiǎnchāi 跘拆 10-431B
jiǎnchāi 箭靫 8-1215B
jiānchán 姦讒 4-357B
jiānchǎn 姦諂 4 356A
jiǎnchǎn 蹇産 10-535A
jiǎnchǎn 蹇嵼 10-535B
jiǎnchǎn 蹇滻 10-535B
jiǎnchǎn 蹇僝 10-535B
jiǎnchǎn 巉嵼 3-877A
jiànchán 澗瀍 6-150A
jiānchāng 姦猖 4-353A
jiāncháng 兼裳 2-157B
jiāncháng 湔裳 5-1514A
jiānchǎng 監場 7-1450A
jiānchàng 韉韔 12-202A
jiǎncháng 檢償 4-1344B
jiǎnchǎng 撿場 6-921A
jiǎnchǎng 檢場 4-1342B
jiǎnchàng 簡暢 8-1256A
jiǎnchàng 簡暘 8-1256B
jiàncháng 見長 10-314B
jiàncháng 閒常 12-84A
jiàncháng 閒嘗 12-89B
jiànchàng 建倡 2-908A
jiānchāo 監抄 7-1446B
jiānchǎo 煎熇 7-213B
jiàncháo 閒朝 12-86A
jiǎnchátīng 檢察廳 4-1343B
jiǎncháyuán 檢查員 4-1341A
jiǎncháyuán 檢察員 4-1343B
jiǎncháyuàn 檢察院 4-1343B
jiǎncházhǎng 檢察長 4-1343B
jiānchē 堅車 2-1115B
jiǎnchè 減徹 5-1454A
jiànchē 檻車 4-1352A
jiànchē 轞車 9-1337A
jiànchè 鑑徹 11-1426A
jiànchè 鑑澈 11-1426B
jiānchén 姦臣 4-350A
jiǎnchén 簡辰 8-1249A
jiànchēn 僭稱 1-1667A
jiànchén 建陳 2-908A
jiànchén 僭臣 1-1665A
jiànchén 賤臣 10-248A
jiànchén 賤辰 10-248B
jiànchén 薦陳 9-568B
jiànchén 諫臣 11-334A
jiānchēng 肩赬 6-1189A
jiānchēng 兼稱 2-157B
jiānchéng 肩承 6-1187B
jiānchéng 兼城 2-156A
jiānchéng 兼程 2-157A
jiānchéng 堅成 2-1115A
jiānchéng 堅城 2-1117A
jiānchéng 堅誠 2-1118B
jiǎnchēng 簡稱 8-1256B
jiànchēng 見稱 10-319B
jiànchēng 賤稱 10-251B
jiànchéng 鑑澄 11-1426B
jiànchényuè 建辰月 2-907A
jiānchí 堅持 2-1117A
jiānchí 椷持 4-1164A
jiānchì 湛熾 5-1443B
jiānchì 湛饎 5-1444A
jiǎnchī 謇吃 11-391B
jiǎnchī 謇喫 11-391B
jiǎnchī 蹇吃 10-534A
jiǎnchí 簡弛 8-1249A
jiǎnchǐ 簡尺 8-1247B
jiǎnchì 檢勅 4-1342A
jiǎnchì 檢飭 4-1343A
jiǎnchì 簡斥 8-1248A
jiànchí 僭持 1-1666A
jiànchǐ 建齒 2-910A
jiànchǐ 僭侈 1-1665B
jiànchǐ 賤恥 10-250A
jiànchì 賤斥 10-247B
jiànchǐhǔ 劍齒虎 2-752B
jiànchǐxiàng 劍齒象 2-752B
jiànchóng 賤蟲 10-252A
jiànchǒng 僭寵 1-1668A
jiànchǒng 薦寵 9-569B
jiānchóu 緘愁 9-936A
jiǎnchóu 檢讎 4-1345A
jiǎnchóu 藆綢 9-603B
jiànchóu 箭籌 8-1216B
jiànchóu 賤酬 10-251A
jiànchǒu 建丑 2-906A
jiànchǒuyuè 建丑月 2-906A
jiānchú 監厨 7-1450B
jiānchú 殲除 5-180A
jiānchǔ 縑楮 9-973B
jiǎnchǔ 艱楚 9-269A
jiǎnchū 簡出 8-1248B
jiǎnchú 剪除 2-719A
jiǎnchú 翦除 9-670A
jiǎnchú 簡除 8-1251B
jiǎnchù 減黜 5-1454A
jiǎnchù 簡黜 8-1259A
jiǎnchù 咸黜 5-218A
jiànchū 賤出 10-247B
jiànchú 建除 2-907B
jiànchǔ 建儲 2-911A
jiànchǔ 諫楚 11-335A
jiànchù 見處 10-317B
jiànchù 賤處 10-250B
jiānchuàn 尖串 2-1657A
jiǎnchuǎn 蹇舛 10-534A
jiànchuāng 箭窗 8-1216A
jiānchuāng 磵牕 7-1113A
jiànchuāng 檻窗 4-1352A
jiànchuānyànzuǐ 箭穿雁嘴 8-1215A
jiànchuānzhuóyànkǒu 箭穿着雁口 8-1215A
jiānchuí 犍椎 6-282A

jiānchuí 犍椎 6-282A
jiànchuí 楗槌 4-1133B
jiànchuí 楗椎 4-1133B
jiànchújiā 建除家 2-908A
jiānchún 緘脣 9-936A
jiànchūn 建春 2-907B
jiànchūn 餞春 12-562B
jiǎnchūnjiǔ 翦春韭 9-670A
jiǎnchūnluó 剪春羅 2-718B
jiànchútǐ 建除體 2-908A
jiāncī 肩差 6-1188A
jiāncí 監祠 7-1448B
jiāncì 牋刺 6-1044B
jiǎncí 蹇辭 10-536B
jiǎncì 揀刺 6-739A
jiàncī 建疵 2-908B
jiàncí 僭詞 1-1667A
jiàncí 諫詞 11-335A
jiàncì 見賜 10-320B
jiàncì 閒伺 12-78B
jiàncì 漸次 6-68B
jiāncóngchǐxù 肩從齒序 6-1188A
jiāncù 煎促 7-213A
jiāncù 煎蹙 7-214A
jiāncù 監趣 7-1452A
jiǎncù 檢促 4-1341B
jiǎncù 蹇蹙 10-536B
jiàncuàn 閒竄 12-93B
jiǎncùcù 翦簇簇 9-672A
jiāncuì 尖脆 2-1657B
jiāncuì 煎悴 7-213A
jiāncuì 艱瘁 9-269A
jiāncún 兼存 2-154B
jiāncùn 兼寸 2-154A
jiàncún 見存 10-313A
jiàncún 健存 1-1520B
jiǎncuō 簡撮 8-1256B
jiàncuó 薦瘥 9-569A
jiàncuò 閒錯 12-91B
jiāndá 箋畣 8-1191A
jiāndà 湔汰 5-1513A
jiǎndá 簡達 8-1254A
jiàndá 薦達 9-568B
jiàndá 鑑達 11-1425B
jiāndài 湔貸 5-1513B
jiǎndài 簡代 8-1248A
jiǎndài 簡怠 8-1252A
jiàndài 閒代 12-77A
jiāndān 肩擔 6-1189A
jiāndǎn 姦膽 4-356B
jiāndàn 尖擔 2-1658B
jiǎndān 簡單 8-1254B
jiǎndàn 簡淡 8-1253B
jiǎndàn 簡誕 8-1255B
jiǎndàn 簡澹 8-1258B
jiàndǎn 見膽 10-322A
jiàndàn 健啖 1-1521B
jiàndàn 健啗 1-1521B
jiàndàn 賤誕 10-251B
jiāndǎng 姦黨 4-357A
jiāndàng 殲蕩 5-180B
jiǎndàng 翦蕩 9-671B
jiǎndàng 簡當 8-1255B
jiàndāng 監當 7-1451A
jiàndāng 諫當 11-335A
jiàndǎng 僭黨 1-1668A
jiǎndānhuà 簡單化 8-1254B
jiāndànliǎngtóutuō 尖擔兩頭脱 2-1658B
jiàndǎnqínxīn 劍膽琴心 2-753A
jiàndànqiú’è 見彈求鴞 10-321A
jiàndànqiúxiāo 見彈求鴞 10-321A
jiāndānxì 肩擔戲 6-1189A
jiāndāo 尖刀 2-1656B
jiāndāo 纖刀 9-1056B
jiāndǎo 漸導 6-69B
jiāndào 姦盜 4-354B
jiāndào 姦道 4-354B
jiāndào 兼道 2-157A
jiǎndāo 剪刀 2-718A
jiǎndāo 翦刀 9-669A
jiàndǎo 健倒 1-1521B
jiàndǎo 踐蹈 10-494B
jiàndǎo 薦導 9-569A
jiàndào 見道 10-318B
jiàndào 閒道 12-87A
jiàndào 僭盜 1-1666B
jiàndào 澗道 6-150A
jiàndào 箭道 8-1215B
jiàndào 薦悼 9-568B
jiàndào 餞道 12-563A
jiàndào 磵道 7-1113A
jiàndào 鑑道 11-1425B
jiǎndāocǎo 翦刀草 9-669A
jiǎndāochā 剪刀差 2-718A
jiǎndāoguǎi 剪刀拐 2-718A
jiāndé 監德 7-1452A
jiǎndé 儉德 1-1695B
jiǎndé 檢得 4-1342B
jiǎndé 險德 11-1117A
jiàndé 見得 10-317B
jiàndé 見德 10-320B
jiàndé 建德 2-910A
jiàndé 踐德 10-494A
jiàndéguó 建德國 2-910B
jiāndēng 煎燈 7-213B
jiǎndēng 翦燈 9-671B
jiǎnděng 減等 5-1453B
jiàndēng 洊登 5-1139B
jiàndēng 踐登 10-493B
jiàndésīqí 見德思齊 10-320B
jiàndéxiāng 建德鄉 2-910B
jiāndí 湔滌 5-1513B
jiāndì 艱地 9-267B
jiǎndī 蹇羝 10-535A
jiǎndí 簡廸 8-1249A
jiǎndí 簡翟 8-1256B
jiǎndì 碱地 7-1077B
jiǎndì 簡第 8-1253B
jiàndī 箭滴 8-1216A
jiàndí 閒適 12-90A
jiàndí 踐翟 10-493B
jiàndǐ 見底 10-315A
jiàndì 監地 7-1446A
jiàndì 見地 10-313A
jiàndì 賤地 10-248A
jiàndì 踐帝 10-493A
jiāndiǎn 煎點 7-214A
jiāndiǎn 監典 7-1447B
jiǎndiǎn 揀點 6-739B
jiǎndiǎn 撿點 6-921B
jiǎndiǎn 檢點 4-1344B
jiǎndiǎn 簡典 8-1250A
jiǎndiǎn 簡點 8-1258B
jiàndiàn 薦奠 9-568A
jiǎndiànhuā 剪靛花 2-720B
jiāndiāo 姦刁 4-349A
jiǎndiāo 儉凋 1-1694B
jiǎndiāo 儉彫 1-1694B
jiǎndiào 簡調 8-1257B
jiāndié 姦諜 4-356B
jiāndié 鶼鰈 12-1139B
jiǎndié 簡牒 8-1255B
jiàndié 監牒 7-1451A
jiàndié 洊疊 5-1139B
jiàndié 閒迭 12-80B
jiàndié 閒叠 12-89B
jiàndié 閒諜 12-92A
jiàndié 閒疊 12-94A
jiāndīng 兼丁 2-154A
jiāndìng 堅定 2-1116B
jiāndìng 監定 7-1447B
jiǎndìng 剪定 2-718B
jiǎndìng 翦定 9-669B
jiǎndìng 檢定 4-1340B
jiǎndìng 簡定 8-1251A
jiàndīng 漸丁 6-68A
jiàndǐng 餞頂 12-562B
jiàndìng 監定 7-1447B
jiàndìng 建定 2-907A
jiàndìng 鑑定 11-1424B
jiāndǐngmùlǘ 尖頂木驢 2-1657B
jiàndìngrén 鑑定人 11-1425A
jiàndǐsōng 澗底松 6-149B
jiāndǒng 監董 7-1450B
jiǎndòng 減動 5-1453B
jiàndòu 健鬬 1-1523A
jiāndòuzhāiguā 煎豆摘瓜 7-212B
jiāndū 煎督 7-213B
jiāndū 監督 7-1450B
jiāndú 姦毒 4-352A
jiāndú 牋牘 6-1045B
jiāndú 艱毒 9-268B
jiāndú 漸毒 6-68B
jiāndù 姦蠹 4-357A
jiāndù 姦蠧 4-357A
jiāndù 犍度 6-282A
jiǎndū 檢督 4-1343A
jiǎndú 簡獨 8-1258B
jiǎndú 簡牘 8-1259B
jiǎndú 繭犢 9-604A
jiàndū 建都 2-908A
jiàndú 見獨 10-321B
jiàndú 健犢 1-1523A
jiàndú 僭黷 1-1668A
jiàndú 薦牘 9-569B
jiàndú 揵毒 6-724A
jiàndǔ 見覩 10-320A
jiàndù 僭度 1-1666A
jiàndù 薦度 9-568A
jiānduān 尖端 2-1658A
jiānduān 姦端 4-355B
jiǎnduǎn 簡短 8-1254B
jiǎnduàn 剪斷 2-720B
jiǎnduàn 檢斷 4-1344B
jiǎnduàn 簡斷 8-1259A
jiànduān 見端 10-319B
jiànduān 僭端 1-1667B
jiànduān 箭端 8-1216A
jiànduǎn 見短 10-318A
jiànduàn 閒斷 12-93B
jiànduàn 鑑斷 11-1426B
jiānduī 煎堆 7-213A
jiānduì 堅對 2-1118B
jiànduì 艦隊 9-12A
jiǎndùn 蹇鈍 10-535B
jiǎndùn 蹇頓 10-535B
jiānduó 殲奪 5-180B
jiānduò 姦惰 4-354B
jiǎnduó 翦奪 9-671A
jiǎnduò 簡惰 8-1255A
jiànduó 僭奪 1-1667A
jiànduò 箭垜 8-1215A
jiànduōshíguǎng 見多識廣 10-313B
jiān’é 姦訛 4-353A
jiān’é 姦譌 4-357A
jiān’è 姦惡 4-353B
jiān’è 艱厄 9-267B
jiān’è 艱戹 9-267B
jiān’è 艱阨 9-268A
jiān’è 囏阨 3-566B
jiǎn’è 儉餓 1-1695B
jiǎn’è 檢遏 4-1342B
jiǎn’è 謇鄂 11-391B
jiǎn’è 謇愕 11-392A
jiǎn’è 謇諤 11-392A
jiǎn’è 蹇厄 10-533B
jiǎn’è 蹇咢 10-534B
jiǎn’è 蹇鄂 10-535A
jiǎn’è 蹇愕 10-535B
jiǎn’è 蹇諤 10-536A
jiǎn’è 寋鄂 3-1564A
jiàn’è 澗阿 6-149B
jiàn’è 見惡 10-318A
jiàn’è 見扼 10-314A
jiàn’è 薦鶚 9-569B
jiǎn’èfěigōng 蹇諤匪躬 10-536A
jiānèi 家内 3-1460B
jiān’éjiànshé 堅額健舌 2-1119B
jiān’er 尖兒 2-1657A
jiān’èr 肩二 6-1187A
jiàn’er 毽兒 6-1014A
jiàn’ér 健兒 1-1521A
jiàn’ěr 漸耳 6-68B
jiàn’èr 閒貳 12-85B

jiǎn'ěryáng 鬋耳羊 8-988B
jiānfá 艱乏 9-267B
jiānfǎ 姦法 4-351B
jiǎnfā 揀發 6-739B
jiǎnfā 簡發 8-1255A
jiǎnfá 剪伐 2-718A
jiǎnfá 儉乏 1-1693B
jiǎnfá 翦伐 9-669B
jiǎnfá 蹇乏 10-534A
jiǎnfǎ 檢法 4-1340B
jiǎnfǎ 簡法 8-1251A
jiǎnfà 剪髮 2-720A
jiǎnfà 翦髮 9-671A
jiǎnfà 鬋鬆 12-751A
jiǎnfà 鬋髮 12-751A
jiànfā 賤發 10-251A
jiànfá 踐伐 10-491B
jiànfǎ 見法 10-315A
jiǎnfàdàibīn 翦髮待賓 9-671B
jiānfán 煎煩 7-213B
jiānfàn 肩販 6-1188A
jiānfàn 監犯 7-1445A
jiǎnfān 翦藩 9-672A
jiǎnfán 前樊 2-135B
jiǎnfàn 謇犯 11-391B
jiǎnfàn 蹇犯 10-534A
jiànfàn 健飯 1-1522A
jiānfáng 監房 7-1448A
jiǎnfáng 柬房 4-914A
jiǎnfáng 檢防 4-1340A
jiǎnfǎng 檢訪 4-1342B
jiǎnfàng 檢放 4-1340B
jiǎnfàng 簡放 8-1250B
jiànfāng 見方 10-312B
jiànfāng 澗芳 6-149B
jiànfáng 澗房 6-149B
jiànfáng 箭房 8-1214B
jiànfáng 賤房 10-249A
jiànfǎng 見訪 10-317B
jiǎnfàpīhè 剪髮被褐 2-720A
jiǎnfàpīzī 剪髮披緇 2-720A
jiānfēi 姦非 4-351B
jiānfēi 菅非 9-452B
jiānfèi 煎沸 7-213A
jiǎnfèi 蹇廢 10-536A
jiànfēi 間非 12-80A
jiànfèi 間廢 12-91A
jiǎnfèn 蹇分 10-533B
jiànfēn 建分 2-906A
jiànfèn 僭分 1-1665A
jiānfēng 尖風 2-1657B
jiānfēng 尖鋒 2-1658A
jiānfēng 姦鋒 4-356A
jiānfēng 槭封 4-1164A
jiānfēng 緘封 9-935B
jiǎnfēng 檢封 4-1340B
jiànfēng 見風 10-316A
jiànfēng 箭風 8-1215A
jiànfěng 見風 10-316A
jiànfěng 見諷 10-321B
jiànfèngchāzhēn 見縫插針 10-321B
jiànfēngshǐchuán 見風使船 10-316A
jiànfēngshǐduò 見風使舵 10-316A
jiànfēngshǐfān 見風使帆 10-316A
jiànfēngshìyǔ 見風是雨 10-316B
jiànfēngzhuǎnduò 見風轉舵 10-316B
jiànfēngzhuǎnpéng 見風轉篷 10-316B
jiǎnfóshāoxiāng 揀佛燒香 6-739A
jiānfū 菚夫 5-213A
jiānfū 肩夫 6-1187A
jiānfū 姦夫 4-349A
jiānfū 煎夫 7-212B
jiānfú 姦伏 4-350B
jiānfú 湔拂 5-1513A
jiānfú 湔祓 5-1513B
jiānfú 煎服 7-213A
jiānfú 箋幅 8-1191B
jiānfú 艱服 9-268B
jiānfú 韉服 12-202A
jiānfǔ 監撫 7-1452A
jiānfù 肩負 6-1188A
jiānfù 姦富 4-354B
jiānfù 兼副 2-156B
jiānfù 兼賦 2-158A
jiānfù 兼覆 2-158A
jiānfù 堅附 2-1116A
jiānfù 殲覆 5-180B
jiǎnfú 剪拂 2-718B
jiǎnfú 戩福 5-236A
jiǎnfú 翦拂 9-669B
jiǎnfú 撿幅 6-921A
jiǎnfú 檢幅 4-1342B
jiǎnfú 蹇服 10-534B
jiǎnfú 簡孚 8-1249A
jiǎnfú 簡服 8-1250B
jiǎnfú 簡符 8-1253B
jiǎnfú 閒服 12-80B
jiǎnfǔ 儉府 1-1694A
jiǎnfù 儉腹 1-1695B
jiǎnfù 翦覆 9-672A
jiǎnfù 檢縛 4-1344A
jiǎnfù 檢覆 4-1344B
jiànfū 健夫 1-1520A
jiànfū 劍跗 2-752A
jiànfū 賤夫 10-247A
jiànfú 間伏 12-77A
jiànfú 僭服 1-1665B
jiànfú 劍服 2-751B
jiànfú 箭服 8-1214B
jiànfú 箭箙 8-1216A
jiànfú 賤服 10-249A
jiànfú 賤俘 10-249B
jiànfú 薦福 9-569A
jiànfǔ 諫輔 11-335B
jiànfù 健婦 1-1522A
jiànfùyíchún 劍腹飴脣 2-752A
jī'áng 激昂 6-171A
jī'áng 激卬 6-170B
jiāngāi 兼該 2-157B
jiāngāi 兼賅 2-157A
jiāngǎi 湔改 5-1513A
jiāngài 韉蓋 12-215B
jiāng'ài 將愛 7-811A
jiǎngāi 簡賅 8-1255B
jiàngài 賤丐 10-247A
jiǎng'àn 講案 11-364A
jiàngān 箭竿 8-1215A
jiàngǎn 箭笴 8-1215B
jiàngǎn 箭簳 8-1216B
jiàngàn 箭幹 8-1216A
jiàngānbái 箭竿白 8-1215A
jiàngànbái 箭幹白 8-1216A
jiāngāng 堅剛 2-1117B
jiāngāo 堅高 2-1117B
jiāngāo 韃櫜 12-202A
jiàngāo 建櫜 2-911A
jiàngǎo 箭櫜 8-1216A
jiàngào 見告 10-314A
jiàngào 薦告 9-567B
jiāngbǎ 韁靶 12-214B
jiǎngbá 獎拔 2-1562A
jiǎngbài 講拜 11-363A
jiàngbài 降拜 11-966B
jiāngbǎn 僵板 1-1689A
jiàngbān 匠班 1-966B
jiàngbān 降班 11-967B
jiàngbàncǎo 醬瓣草 9-1441B
jiàngbānyín 匠班銀 1-966B
jiāngbāo 漿包 6-46A
jiāngbào 江鮑 5-925A
jiāngběi 江北 5-917A
jiāngbèi 姜被 4-347B
jiǎngbēi 獎杯 2-1562A
jiàngbèi 强悖 4-141B
jiàngběnliúmò 降本流末 11-965A
jiāngběnqiúcái 將本求財 7-807A
jiāngběnqiúlì 將本求利 7-807A
jiāngbǐ 江筆 5-923A
jiāngbì 江壁 5-925B
jiāngbì 江泌 5-919A
jiāngbì 僵斃 1-1690A
jiàngbǐ 匠筆 1-966B
jiàngbǐ 降筆 11-969B
jiàngbì 降避 11-972A
jiàngbì 强愎 4-144B
jiǎngbiàn 講辨 11-369A
jiǎngbiàn 講辯 11-370A
jiàngbiǎn 降貶 11-968B
jiàngbiàn 將弁 7-807A
jiāngbiǎo 江表 5-918B
jiǎngbīng 講兵 11-361B
jiāngbō 江波 5-919B
jiāngbó 僵踣 1-1689B
jiāngbó 僵魄 1-1689B
jiāngbó 殭殕 5-179A
jiàngbō 降播 11-971A
jiàngbó 匠伯 1-966A
jiàngbó 降薄 11-971A
jiāngbù 江步 5-918A
jiàngbù 醬瓿 9-1441B
jiāngcā 蹉蹶 10-524A
jiāngcái 將才 7-806B
jiāngcái 將纔 7-812A
jiàngcái 將才 7-806B
jiàngcái 將材 7-807B
jiàngcǎi 絳采 9-829A
jiàngcài 醬菜 9-1441A
jiāngcāzi 礓礤子 7-1114B
jiāngchá 江槎 5-924A
jiàngchā 降差 11-967A
jiāngchǎng 疆場 7-1410B
jiǎngchǎng 講場 11-365B
jiǎngchàng 講唱 11-364B
jiǎngchàngwénxué 講唱文學 11-364B
jiāngcháo 江潮 5-924B
jiǎngchāo 講鈔 11-365B
jiāngchē 將車 7-807B
jiāngchén 疆臣 7-1408B
jiǎngchén 講臣 11-361A
jiǎngchén 講陳 11-364A
jiàngchén 將臣 7-807A
jiāngchéng 江城 5-919B
jiāngchéng 江程 5-923A
jiāngchéng 疆城 7-1409A
jiāngchéng 疆塍 7-1410B
jiāngchéng 將承 7-808B
jiāngchéng 將誠 7-811A
jiǎngchéng 獎成 2-1562A
jiǎngchéng 獎懲 2-1564A
jiàngchéng 匠成 1-966A
jiāngchéngméihuāyǐn 江城梅花引 5-919B
jiǎngchéngshuōgào 講呈說告 11-361B
jiāngchéngzǐ 江城子 5-919B
jiāngchí 僵持 1-1689B
jiàngchì 降敕 11-968B
jiàngchì 醬赤 9-1441A
jiǎngchóng 獎崇 2-1562B
jiǎngchǒng 獎寵 2-1564A
jiàngchóu 饟稠 12-582B
jiāngchú 將雛 7-812A
jiǎngchǔ 講處 11-364B
jiàngchū 降出 11-965A
jiàngchú 降除 11-967B
jiàngchù 降黜 11-972A
jiāngchuān 江川 5-916A
jiǎngchuán 講傳 11-366B
jiāngchuí 疆垂 7-1409A
jiāngchuí 疆陲 7-1409B
jiāngchún 江漘 5-924B
jiǎngchún 講脣 11-364B
jiàngchún 絳脣 9-829B
jiàngchún 絳唇 9-829B
jiāngcì 江次 5-917B
jiāngcì 將次 7-807B
jiǎngcù 獎蹴 2-1563B
jiāngcuòjiùcuò 將錯就錯 7-812A
jiāngdāi 僵呆 1-1689A

jiāngdài 江帶 5-922A
jiāngdài 將帶 7-810A
jiàngdǎi 降逮 11-969A
jiàngdàn 降誕 11-970B
jiàngdànrì 降誕日 11-970B
jiāngdào 江稻 5-924B
jiǎngdǎo 講導 11-368B
jiǎngdào 講道 11-366A
jiǎngdàolǐ 講道理 11-366A
jiǎngdé 講德 11-368A
jiàngdé 降德 11-971A
jiǎngdēng 講燈 11-369A
jiàngdēng 降登 11-970A
jiàngděng 降等 11-969B
jiāngdī 江隄 5-922B
jiāngdī 江堤 5-922B
jiāngdì 彊地 4-157A
jiāngdì 疆地 7-1408A
jiàngdī 降低 11-965B
jiàngdì 疆地 7-1408B
jiāngdiàn 江甸 5-918A
jiǎngdiàn 講殿 11-367A
jiàngdiǎn 降典 11-966A
jiāngdiào 江調 5-924B
jiàngdiào 降調 11-971A
jiǎngdìng 講定 11-362B
jiǎngdìng 講訂 11-363A
jiāngdōng 江東 5-918B
jiǎngdòng 講動 11-365A
jiāngdōngbùbīng 江東步兵 5-918B
jiāngdōngsānhǔ 江東三虎 5-918B
jiāngdōngsānluó 江東三羅 5-918B
jiāngdòu 豇豆 9-1344B
jiàngdòu 醬豆 9-1441A
jiàngdòufu 醬豆腐 9-1441A
jiāngdòuhóng 豇豆紅 9-1344B
jiāngdù 江渡 5-923B
jiāngdù 茳芏 9-394B
jiāngdù 疆度 7-1409B
jiǎngdú 講讀 11-370A
jiǎngdù 講度 11-363A
jiàngdūchūn 絳都春 9-829B
jiāngdūmǎ 江都馬 5-921A
jiāngdùn 疆頓 7-1410B
jiàngduó 降奪 11-970B
jiāngduógùyǔ 將奪固與 7-811B
jiāng'é 江娥 5-921B
jiǎngé 檢革 4-1341A
jiǎngé 檢格 4-1341B
jiǎngé 簡格 8-1252A
jiǎngé 簡隔 8-1255A
jiàngē 間歌 12-89B
jiàngē 劍歌 2-752A
jiàngé 間隔 12-87B
jiàngé 鑑格 11-1425A
jiāngěng 艱梗 9-268B
jiàngēng 荐更 9-364B
jiàngēng 賤更 10-248B
jiàngēng 賤庚 10-249A
jiàngēng 踐更 10-492A
jiàngēng 薦更 9-567B
jiàngěng 見梗 10-317B
jiàngēngjiànqiáng 見羹見牆 10-322B
jiǎngfǎ 講法 11-362B
jiàngfā 降發 11-970A
jiāngfān 江帆 5-917B
jiàngfàn 漿飯 6-46B
jiàngfān 絳幡 9-830B
jiàngfán 絳襻 9-831B
jiāngfáng 江防 5-918A
jiàngfáng 絳房 9-829A
jiàngfáng 醬坊 9-1441A
jiāngfānhǎidǎo 江翻海倒 5-925B
jiāngfānhǎifèi 江翻海沸 5-925B
jiāngfānhǎijiǎo 江翻海攪 5-925B
jiāngfānhǎirǎo 江翻海擾 5-925B
jiāngfēi 江妃 5-918A
jiāngfēi 江斐 5-922A
jiàngfèi 匠費 1-966B
jiāngfēipèi 江妃佩 5-918A
jiāngfén 江濆 5-924B
jiàngfěn 漿粉 6-46A
jiàngfēn 絳氛 9-829A
jiàngfēn 絳雰 9-830A
jiāngfēng 疆封 7-1409A
jiǎngfěng 講諷 11-369A
jiàngfēng 降封 11-966B
jiāngfú 江服 5-919A
jiāngfú 僵伏 1-1689A
jiāngfú 將扶 7-807B
jiāngfǔ 疆輔 7-1410B
jiāngfǔ 將撫 7-811B
jiāngfù 江腹 5-924A
jiāngfù 僵覆 1-1690A
jiǎngfù 講復 11-365B
jiàngfū 絳趺 9-830A
jiàngfū 絳跗 9-830A
jiàngfú 降服 11-966A
jiàngfú 降符 11-968B
jiàngfú 絳服 9-829A
jiàngfú 絳符 9-830A
jiàngfú 醬酻 9-1441B
jiàngfǔ 絳府 9-829A
jiǎnggài 講丐 11-360B
jiānggān 江干 5-915B
jiānggàn 疆幹 7-1410B
jiànggāng 醬缸 9-1441A
jiānggāo 江皋 5-921A
jiānggāo 江皐 5-922B
jiānggāo 江臯 5-923A
jiānggǎo 僵槁 1-1689B
jiǎnggǎo 講稿 11-368A
jiānggē 江歌 5-924A
jiǎnggé 講閣 11-368A
jiànggē 降割 11-970A
jiànggé 降革 11-966B
jiànggé 降格 11-967B
jiànggé 降假 11-968B
jiǎnggōng 講功 11-360B
jiǎnggòng 講供 11-362B
jiǎnggòng 講貢 11-363B
jiànggōng 匠工 1-965A
jiànggōng 絳宮 9-829A
jiānggōngbèi 姜肱被 4-347B
jiānggōngbǔguò 將功補過 7-807A
jiǎnggōngshì 講公事 11-360B
jiānggōngshúzuì 將功贖罪 7-807A
jiānggōngzhéguò 將功折過 7-807A
jiānggōngzhézuì 將功折罪 7-807A
jiǎnggòu 講購 11-369A
jiànggōu 絳韝 9-831A
jiānggù 疆固 7-1409A
jiǎnggǔ 講古 11-360B
jiǎnggǔ 講鼓 11-366B
jiǎnggù 獎顧 2-1564A
jiànggǔ 降嘏 11-970B
jiàngguā'er 醬瓜兒 9-1441A
jiāngguān 江關 5-926A
jiāngguǎn 江館 5-925A
jiǎngguān 講官 11-362B
jiǎngguàn 講貫 11-365A
jiàngguān 將官 7-808B
jiàngguàn 絳灌 9-831B
jiàngguāng 降光 11-965A
jiāngguì 薑桂 9-562B
jiàngguì 降貴 11-969B
jiāngguīcāo 將歸操 7-812A
jiàngguìyūzūn 降貴紆尊 11-969B
jiǎnggǔlùnjīn 講古論今 11-360B
jiāngguō 江郭 5-921A
jiāngguó 江國 5-922A
jiàngguǒ 漿果 6-46A
jiānghǎi 江海 5-921A
jiānghǎikè 江海客 5-921B
jiānghǎirén 江海人 5-921B
jiānghàn 江漢 5-924A
jiànghàn 絳汗 9-828B
jiǎnghǎo 講好 11-361A
jiànghào 降號 11-970A
jiānghé 江河 5-919A
jiǎnghé 講和 11-362A
jiǎnghé 講覈 11-369B
jiànghé 絳河 9-829A
jiānghén 江痕 5-922A
jiānghérìxià 江河日下 5-919A
jiànghóng 降紅 11-967B
jiānghòu 疆候 7-1409B
jiànghóu 絳侯 9-829A
jiānghòutuōzān 姜后脱簪 4-347B
jiānghú 江湖 5-923A
jiānghú 漿壺 6-46B
jiānghǔ 江滸 5-924B
jiānghù 將護 7-812A
jiǎnghù 獎護 2-1564A
jiànghú 漿糊 6-46B
jiànghú 糨糊 9-242A
jiànghù 匠户 1-965B
jiānghuà 僵化 1-1688B
jiǎnghuā 講花 11-361B
jiǎnghuà 講化 11-360B
jiǎnghuà 講畫 11-366A
jiǎnghuà 講話 11-367A
jiànghuà 匠化 1-965B
jiànghuà 匠畫 1-966B
jiànghuà 降化 11-964B
jiānghuái 江淮 5-922B
jiǎnghuān 講懽 11-370A
jiānghuáng 江黄 5-921B
jiānghúhuà 江湖話 5-923B
jiānghúhuì 江湖會 5-923B
jiānghuí 江回 5-917B
jiānghuí 江迴 5-920A
jiǎnghuì 講會 11-366B
jiǎnghuì 講誨 11-367B
jiànghuī 絳麾 9-830B
jiānghújué 江湖訣 5-923B
jiānghúkè 江湖客 5-923B
jiànghūn 降婚 11-969A
jiànghún 强魂 4-144B
jiānghuǒ 江火 5-916B
jiànghuǒ 降火 11-964B
jiānghúpài 江湖派 5-923A
jiānghúpiànzi 江湖騙子 5-923B
jiānghúqì 江湖氣 5-923B
jiānghúrén 江湖人 5-923A
jiānghúyīshēng 江湖醫生 5-923B
jiānghúzǐdì 江湖子弟 5-923A
jiāngjī 江畿 5-925A
jiāngjī 江雞 5-925B
jiāngjí 彊急 4-157A
jiāngjì 江際 5-924A
jiāngjì 江鰿 5-926A
jiǎngjī 獎激 2-1563B
jiǎngjí 講集 11-365B
jiǎngjì 獎寄 2-1563A
jiàngjī 降乩 11-965A
jiàngjī 降箕 11-970B
jiàngjī 醬齊 9-1441B
jiàngjí 匠籍 1-967A
jiàngjí 降級 11-967B
jiàngjí 降集 11-969B
jiàngjí 降輯 11-971B
jiàngjì 降跽 11-970B
jiāngjiā 漿家 6-46B
jiāngjiā 將家 7-810A
jiǎngjiā 講家 11-364A
jiǎngjià 講價 11-368A
jiàngjiā 將家 7-810A
jiàngjià 降價 11-971A
jiàngjià 降駕 11-971A
jiāngjiālǜ 江家綠 5-921B
jiāngjiàn 江檻 5-925B
jiǎngjiàn 講劍 11-368B
jiàngjiān 降監 11-970B

jiàngjiān 降戩 11-970B
jiàngjiǎn 絳簡 9-831A
jiàngjiàn 降諫 11-971B
jiàngjiàn 降餞 11-971B
jiàngjiàn 降鑒 11-972B
jiāngjiāng 姜姜 4-347B
jiāngjiāng 彊彊 4-157A
jiāngjiāng 橿橿 4-1336A
jiāngjiāng 疆疆 7-1411A
jiāngjiāng 蔣蔣 9-543B
jiāngjiàng 將匠 7-807B
jiǎngjiàng 講匠 11-361A
jiàngjiàng 降降 11-966B
jiàngjiàng 將將 7-810B
jiàngjiàng 醬匠 9-1441A
jiangjiao 江郊 5-919A
jiāngjiāo 疆郊 7-1409A
jiāngjiào 江徼 5-925A
jiāngjiào 疆徼 7-1410B
jiǎngjiào 講教 11-364B
jiǎngjiào 講校 11-363B
jiàngjiào 將校 7-810A
jiǎngjiāoqíng 講交情 11-361A
jiǎngjiàqián 講價錢 11-368A
jiāngjiè 江介 5-916B
jiāngjiè 江界 5-920A
jiāngjiè 疆界 7-1409A
jiǎngjiě 講解 11-366B
jiǎngjiè 獎借 2-1562B
jiǎngjiè 獎藉 2-1563B
jiàngjiē 降接 11-968B
jiàngjiē 降階 11-969A
jiàngjiē 降堦 11-969A
jiàngjié 降節 11-970B
jiàngjié 絳節 9-830A
jiāngjījiùjī 將機就機 7-811B
jiāngjījiùjì 將機就計 7-811B
jiāngjìjiùjì 將計就計 7-809A
jiāngjīn 江津 5-920B
jiāngjìn 江禁 5-924A
jiāngjìn 將近 7-808A
jiǎngjīn 獎金 2-1562A
jiǎngjìn 獎進 2-1562B
jiàngjìn 犟勁 6-289A
jiāngjìng 疆境 7-1410B
jiǎngjīng 講經 11-367A
jiàngjīng 降精 11-971A
jiàngjìng 强勁 4-139B
jiǎngjīngshuōfǎ 講經說法 11-367B
jiǎngjīngwén 講經文 11-367B
jiǎngjīntóu 講斤頭 11-360B
jiāngjiǔ 江酒 5-921A
jiāngjiǔ 將久 7-806B
jiāngjiù 將就 7-811A
jiǎngjiū 講究 11-361B
jiǎngjiù 獎就 2-1563A
jiāngjiǔhuòròu 漿酒霍肉 6-46A
jiāngjiǔhuòròu 漿酒藿肉 6-46B
jiāngjú 僵局 1-1689A
jiāngjù 僵踞 1-1690A
jiāngjù 將具 7-808B
jiāngjù 將鉅 7-811A
jiǎngjù 講聚 11-367B
jiàngjū 降居 11-966B
jiǎngjuàn 獎眷 2-1563A
jiàngjuàn 降眷 11-968B
jiāngjué 僵蹶 1-1690A
jiāngjūn 江君 5-918B
jiāngjūn 將軍 7-809A
jiàngjūn 匠軍 1-966B
jiāngjūnfǔ 將軍府 7-809B
jiāngjūnjiàn 將軍箭 7-809B
jiāngjūnlìng 將軍令 7-809B
jiāngjūnpào 將軍礟 7-809B
jiāngjūnpèi 將軍佩 7-809B
jiāngjūnshù 將軍樹 7-809B
jiāngjūntàn 將軍炭 7-809B
jiāngjūnzhù 將軍柱 7-809B
jiǎngkāi 講開 11-366A
jiǎngkǎo 講考 11-361A
jiāngkè 江客 5-920B
jiǎngkè 講課 11-368B
jiāngkǒu 江口 5-915B
jiǎngkǒu 講口 11-360B
jiàngkǒu 强口 4-134A
jiǎngkuǎn 講款 11-365A
jiàngkǔn 將閫 7-811B
jiànglà 絳蠟 9-831B
jiānglái 將來 7-808A
jiānglài 江瀨 5-926A
jiǎnglài 獎賚 2-1563B
jiāngláng 江郎 5-919B
jiǎngláng 講郎 11-362B
jiānglángcáijìn 江郎才盡 5-919B
jiānglángcáiyǎn 江郎才掩 5-919B
jiāngláo 江醪 5-925B
jiāngláo 將牢 7-808A
jiǎngláo 獎勞 2-1563A
jiànglǎo 絳老 9-828B
jiànglào 疆潦 7-1410B
jiānglè 韁勒 12-214B
jiānglěi 疆壘 7-1411A
jiànglèi 將類 7-812A
jiānglěng 僵冷 1-1689A
jiānglí 江離 5-925B
jiānglí 江蘺 5-926A
jiānglí 江驪 5-926B
jiānglí 茳蘺 9-394B
jiānglí 將離 7-812A
jiānglǐ 江鯉 5-925B
jiānglǐ 疆里 7-1408B
jiānglǐ 疆理 7-1409B
jiānglǐ 將理 7-810A
jiānglǐ 將禮 7-812A
jiānglì 江歷 5-925A
jiānglì 僵立 1-1689A
jiānglì 礓礫 7-1115A
jiānglì 疆吏 7-1408B
jiǎnglǐ 講理 11-364A
jiǎnglǐ 講禮 11-369B
jiǎnglì 獎厲 2-1563A
jiǎnglì 獎勵 2-1563B
jiǎnglì 獎礪 2-1564A
jiǎnglì 蔣厲 9-543B
jiànglí 匠黎 1-967A
jiànglí 匠驪 1-967A
jiànglí 匠麗 1-967A
jiànglí 降釐 11-972A
jiànglǐ 匠理 1-966B
jiànglǐ 降禮 11-972A
jiànglǐ 將禮 7-812A
jiànglì 降戾 11-966B
jiànglì 將吏 7-807A
jiànglì 强力 4-134A
jiāngliàn 江練 5-925A
jiǎngliǎn 講臉 11-369A
jiànglián 降廉 11-970B
jiāngliáng 僵梁 1-1689B
jiāngliáng 疆梁 7-1410A
jiāngliáng 將梁 7-810A
jiǎngliáng 講量 11-365B
jiānglǐdàitáo 僵李代桃 1-1689A
jiānglǐdàitáo 將李代桃 7-807B
jiànglín 降臨 11-972A
jiānglǐng 將領 7-811B
jiānglìng 江令 5-917A
jiànglíng 降靈 11-972B
jiànglǐng 將領 7-811B
jiànglìng 將令 7-807A
jiāngliúrìxià 江流日下 5-921B
jiǎnglǐxìn 講理信 11-364B
jiānglǒng 疆隴 7-1411A
jiànglóng 降龍 11-971B
jiànglóng 絳籠 9-831B
jiānglù 江路 5-924A
jiànglù 降路 11-970A
jiànglù 降輅 11-970A
jiǎnglùn 講論 11-368B
jiāngluò 僵落 1-1689B
jiāngluò 韁絡 12-214B
jiàngluó 絳羅 9-831A
jiàngluò 降落 11-969A
jiàngluòsǎn 降落傘 11-969A
jiānglǚ 江膂 5-924A
jiǎnglǚ 講旅 11-364A
jiǎnglǜ 講律 11-363A
jiànglǚ 絳縷 9-831A
jiānglǜdà 江綠大 5-924B
jiānglüè 疆略 7-1410B
jiānglüè 將略 7-810A
jiàngmá 降麻 11-968B
jiàngmáguān 降麻官 11-968B
jiāngméi 江梅 5-921B
jiāngméi 江湄 5-923B
jiāngměi 將美 7-809A
jiāngméiyǐn 江梅引 5-922A
jiàngmén 將門 7-808B
jiāngmèng 姜孟 4-347B
jiǎngméng 講盟 11-366B
jiǎngméng 講蒙 11-366B
jiàngméng 醬蒙 9-1441B
jiàngménqìcái 匠門棄材 1-966A
jiàngményǒujiàng 將門有將 7-808B
jiāngmǐ 江靡 5-925B
jiāngmǐ 江米 5-917B
jiǎngmiǎn 獎眄 2-1562B
jiàngmiǎn 降免 11-965B
jiàngmiǎn 降冕 11-968B
jiāngmǐjiǔ 江米酒 5-917B
jiāngmǐjiǔ 漿米酒 6-46A
jiāngmíng 將明 7-808B
jiāngmìng 將命 7-808B
jiǎngmíng 講明 11-362A
jiǎngmìng 講命 11-362B
jiàngmíng 降名 11-965B
jiàngmìng 降命 11-966A
jiǎngmó 講摩 11-368B
jiǎngmó 講磨 11-369A
jiǎngmó 講謨 11-369B
jiǎngmó 講劘 11-370A
jiàngmó 絳膜 9-830B
jiāngmǔ 疆畮 7-1410B
jiāngmù 僵木 1-1688B
jiǎngmù 講目 11-361A
jiàngmùdǒu 醬幕斗 9-1441B
jiāngnán 江南 5-919B
jiǎngnàn 講難 11-369B
jiàngnáng 絳囊 9-831B
jiāngnánhǎo 江南好 5-920A
jiāngnánnòng 江南弄 5-920A
jiāngnánqīzǐ 江南七子 5-920A
jiāngnánqǔ 江南曲 5-920A
jiāngnánsānjué 江南三絶 5-920A
jiǎngniàn 講念 11-362B
jiàngnián 降年 11-965A
jiàngniǎn 降輦 11-971A
jiàngniújīn 犟牛筋 6-289A
jiǎngnòu 講耨 11-368B
jiāngōng 兼功 2-154B
jiāngōng 監工 7-1444B
jiāngōng 監宮 7-1448B
jiǎngōng 儉恭 1-1694B
jiǎngōng 簡功 8-1248A
jiàngōng 見功 10-312B
jiàngōng 賤工 10-246B
jiàngōng 賤躬 10-250A
jiàngōng 諫工 11-333B
jiàngōnglìyè 建功立業 2-906A
jiāng'ōu 江謳 5-925B
jiāng'ōu 江鷗 5-926A
jiǎngōu 檢勾 4-1339A
jiǎngōu 檢鉤 4-1343A
jiǎngōu 檢句 4-1339B
jiàngōu 澗溝 6-150A
jiàngòu 間構 12-89B
jiàngpà 絳帕 9-829A
jiāngpàn 疆畔 7-1409B

jiǎngpánzi 講盤子 11-368B
jiàngpàtóu 絳帕頭 9-829A
jiǎngpèi 韁轡 12-214B
jiàngpèi 降轡 11-972B
jiàngpéng 醬棚 9-1441B
jiǎngpǐn 獎品 2-1562B
jiàngpín 降嬪 11-972A
jiāngpíng 江萍 5-921B
jiǎngpíng 講平 11-361A
jiǎngpíng 講評 11-366A
jiàngpò 降魄 11-971A
jiāngpū 僵仆 1-1688B
jiāngpú 殭仆 5-179A
jiāngpǔ 江浦 5-921A
jiāngqí 姜齊 4-348A
jiāngqí 疆圻 7-1408B
jiāngqì 江氣 5-921A
jiàngqí 降旗 11-971A
jiàngqì 匠氣 1-966B
jiàngqì 將器 7-811B
jiàngqì 絳氣 9-829B
jiàngqì 强氣 4-141A
jiǎngqián 講錢 11-369A
jiāngqiè 江妾 5-919A
jiǎngqiē 講切 11-360B
jiǎngqīn 講親 11-369A
jiāngqínbǔzhuō 將勤補拙 7-811A
jiǎngqínfálǎn 獎勤罰懶 2-1563A
jiǎngqíng 講情 11-365A
jiàngqīng 醬清 9-1441A
jiàngqíng 降情 11-968B
jiāngqiū 江鰌 5-926A
jiāngqiǔ 漿糗 6-46B
jiǎngqiú 講求 11-361B
jiàngqiú 絳虬 9-828B
jiàngqiú 絳虯 9-829A
jiāngqū 江曲 5-917B
jiàngqū 降屈 11-966B
jiāngquán 江泉 5-920B
jiāngquǎn 疆甽 7-1409B
jiāngquǎn 疆甽 7-1409A
jiǎngquàn 獎券 2-1562B
jiǎngquàn 獎勸 2-1563B
jiǎngquàn 講勸 11-369B
jiāngquè 疆確 7-1410B
jiàngquē 絳闕 9-831A
jiāngqǔgùyǔ 將取固予 7-808A
jiàngqún 絳裙 9-830A
jiāngrán 將然 7-811A
jiāngrǎng 疆壤 7-1411A
jiǎngràng 講讓 11-370A
jiāngráo 江橈 5-925A
jiāngrén 薑人 12-575A
jiāngrén 漿人 6-45B
jiǎngrèn 獎任 2-1562A
jiàngrén 匠人 1-965A
jiàngrén 絳人 9-828B
jiàngrì 降日 11-964B
jiāngróng 姜戎 4-347B
jiǎngróng 講戎 11-361A
jiàngrǔ 降辱 11-967B
jiāngruán 江壖 5-925B
jiǎngruì 講銳 11-368B
jiāngsài 疆塞 7-1410B
jiǎngsàn 講散 11-365B
jiāngsāng 將喪 7-810B
jiàngsāng 降喪 11-969A
jiāngsè 江色 5-917B
jiàngsè 降色 11-965B
jiàngsè 醬色 9-1441A
jiàngsè 强澀 4-147B
jiǎngsēng 講僧 11-367B
jiāngshā 江沙 5-918B
jiàngshā 降殺 11-968A
jiàngshā 絳紗 9-829B
jiàngshài 降曬 11-972A
jiàngshājìbì 絳紗繫臂 9-829B
jiàngshāmàn 絳紗幔 9-829B
jiāngshān 江山 5-915B
jiāngshān 蔣山 9-543B
jiǎngshān 講山 11-360B
jiāngshānchuán 江山船 5-916A
jiāngshàng 江上 5-915B
jiǎngshǎng 獎賞 2-1563B
jiāngshānhǎogǎi… 江山好改,本性難移 5-916A
jiāngshānhǎogǎi… 江山好改,秉性難移 5-916A
jiāngshānyìgǎi… 江山易改,本性難移 5-916A
jiāngshānyìgǎi… 江山易改,秉性難移 5-916A
jiāngshānyìgǎi… 江山易改,稟性難移 5-916A
jiàngshāpáo 絳紗袍 9-829B
jiāngshè 將攝 7-812A
jiǎngshè 講舍 11-362B
jiǎngshè 講射 11-363B
jiàngshè 降赦 11-968A
jiāngshēn 江身 5-918A
jiāngshēn 將身 7-808A
jiāngshén 江神 5-920B
jiāngshèn 將慎 7-811A
jiàngshēn 降身 11-965B
jiàngshén 降神 11-967A
jiāngshéng 繮繩 9-1028A
jiāngshéng 韁繩 12-214B
jiàngshēng 降升 11-964B
jiàngshēng 降生 11-965A
jiàngshēng 絳生 9-828B
jiàngshěng 降省 11-966B
jiàngshèng 降聖 11-970A
jiǎngshēngjìng 蔣生徑 9-543B
jiǎngshēngjìng 蔣生逕 9-543B
jiāngshénzǐ 江神子 5-920B
jiāngshī 僵尸 1-1688B
jiāngshī 僵屍 1-1689B
jiāngshī 殭尸 5-179A
jiāngshí 江實 5-924B
jiāngshí 僵石 1-1688B
jiāngshí 礓石 7-1114B
jiāngshì 江市 5-917A
jiāngshì 江勢 5-923B
jiāngshì 江澨 5-925A
jiāngshì 疆事 7-1409A
jiāngshì 將事 7-808A
jiǎngshī 講師 11-363B
jiǎngshí 講石 11-361A
jiǎngshǐ 講史 11-361A
jiǎngshǐ 講使 11-362B
jiǎngshì 獎飾 2-1563A
jiǎngshì 講士 11-360A
jiǎngshì 講事 11-362A
jiǎngshì 講室 11-363A
jiǎngshì 講試 11-367A
jiǎngshì 講釋 11-369B
jiàngshī 匠師 1-966B
jiàngshí 匠石 1-965B
jiàngshì 匠氏 1-965B
jiàngshì 匠世 1-965B
jiàngshì 降士 11-964B
jiàngshì 降世 11-965A
jiàngshì 降貰 11-969A
jiàngshì 將士 7-806B
jiàngshì 將仕 7-807A
jiàngshì 將事 7-808A
jiàngshìláng 將仕郎 7-807A
jiǎngshǐshū 講史書 11-361A
jiǎngshìshuōfēi 講是說非 11-363A
jiǎngshízhōng 講時鐘 11-363B
jiǎngshǒu 講手 11-360B
jiǎngshòu 獎售 2-1562B
jiǎngshòu 講授 11-364B
jiàngshǒu 匠手 1-965A
jiàngshòu 降授 11-968A
jiāngshū 江殊 5-921A
jiǎngshū 講書 11-364A
jiǎngshǔ 講數 11-368A
jiǎngshù 講述 11-362A
jiǎngshù 講樹 11-369A
jiàngshù 降恕 11-968A
jiàngshù 絳樹 9-831A
jiàngshuài 將率 7-810A
jiàngshuài 將帥 7-809A
jiāngshuǐ 江水 5-916A
jiāngshuǐ 漿水 6-46A
jiǎngshuì 獎說 2-1563A
jiàngshuǐ 漿水 6-46A
jiàngshuǐ 降水 11-964B
jiàngshuǐ 洚水 5-1174B
jiāngshuǐbùfànhéshuǐ 江水不犯河水 5-916B
jiāngshuǐbùjiāo 漿水不交 6-46A
jiāngshuǐshí 漿水石 6-46A
jiǎngshūjìjiǔ 講書祭酒 11-364A
jiāngshùn 將順 7-811A
jiǎngshùn 獎順 2-1563A
jiǎngshuō 講說 11-368A
jiāngsǐ 僵死 1-1689A
jiāngsì 江汜 5-918A
jiāngsì 江涘 5-921B
jiǎngsì 講寺 11-361A
jiǎngsì 講祀 11-362A
jiǎngsì 講肆 11-366A
jiàngsī 匠思 1-966A
jiàngsǐ 降死 11-965A
jiāngsòng 將送 7-809A
jiǎngsòng 講頌 11-366B
jiǎngsòng 講誦 11-368A
jiàngsòng 降送 11-967A
jiāngsǒu 江叟 5-920A
jiǎngsōu 講蒐 11-365B
jiāngsù 將宿 7-810B
jiàngsǔn 降損 11-970A
jiāngsuǒ 疆索 7-1409B
jiāngsuǒ 韁鎖 12-214B
jiǎngsuǒ 講索 11-363B
jiǎngtà 講榻 11-367B
jiàngtà 降榻 11-970B
jiāngtāi 漿胎 6-46A
jiāngtài 江汰 5-918A
jiǎngtái 講臺 11-367B
jiàngtái 將臺 7-811A
jiàngtái 絳臺 9-830B
jiāngtàigōng 姜太公 4-347B
jiāngtān 江灘 5-926A
jiāngtán 江潭 5-924B
jiǎngtán 講談 11-368B
jiǎngtán 講壇 11-369A
jiǎngtàn 獎歎 2-1563B
jiǎngtáng 講堂 11-364B
jiǎngtǎo 講討 11-363B
jiāngtáodàilǐ 僵桃代李 1-1689B
jiǎngtí 獎題 2-1563B
jiǎngtí 講題 11-369B
jiàngtǐ 降體 11-972B
jiàngtì 降替 11-969A
jiāngtiān 江天 5-916A
jiāngtián 江田 5-917A
jiàngtiān 絳天 9-828B
jiāngtiānjiùdì 將天就地 7-806B
jiāngtīng 江汀 5-917B
jiǎngtíng 講亭 11-363A
jiāngtíngyuàn 江亭怨 5-920B
jiǎngtōng 講通 11-364A
jiàngtóng 洚洞 5-1174B
jiāngtóu 江頭 5-925A
jiàngtóuhǔzǐ 弜頭虎子 4-105B
jiàngtóujiàngnǎo 强頭强腦 4-147A
jiàngtóujuènǎo 强頭倔腦 4-147A
jiāngtǔ 疆土 7-1408A
jiǎngtú 講圖 11-367B
jiāngtuān 江湍 5-923B
jiàngtuánliàn 强團練

4-145B
jiāngtún 江豚 5-922A
jiāngtún 江豘 5-918A
jiāngtuó 江沲 5-919A
jiāngtuó 江沱 5-919A
jiāngtuó 江鼉 5-926A
jiāngū 堅孤 2-1116B
jiāngù 姦故 4-352A
jiāngù 兼顧 2-158B
jiāngù 堅固 2-1116B
jiāngù 監故 7-1448A
jiāngù 監錮 7-1452B
jiāngǔ 戩穀 5-236A
jiǎngǔ 簡古 8-1248A
jiǎngù 儉固 1-1694A
jiǎngù 簡固 8-1250A
jiàngǔ 建鼓 2-909A
jiàngǔ 楗骨 4-1133B
jiàngǔ 間谷 12-78B
jiàngǔ 間詁 12-87A
jiàngǔ 澗谷 6-149B
jiàngǔ 賤骨 10-249B
jiàngǔ 諫鼓 11-335A
jiàngǔ 磵谷 7-1113A
jiàngǔ 鑑古 11-1424B
jiàngù 見顧 10-322B
jiānguā 檢刮 4-1340B
jiǎnguǎ 簡寡 8-1256B
jiānguài 姦怪 4-352A
jiànguài 見怪 10-315A
jiànguàibùguài 見怪不怪 10-315B
jiànguàifēiguài 見怪非怪 10-315B
jiānguān 姦官 4-352A
jiānguān 兼官 2-156A
jiānguān 監官 7-1447B
jiānguān 艱關 9-270B
jiānguǎn 監管 7-1451B
jiānguǎn 箋管 8-1191B
jiǎnguǎn 繭館 9-604A
jiǎnguàn 繭觀 9-604A
jiànguān 監官 7-1447B
jiànguān 監觀 7-1453A
jiànguān 見官 10-315B
jiànguān 建官 2-907A
jiànguān 間關 12-93B
jiànguān 諫官 11-334B
jiànguān 鍵關 11-1342A
jiànguān 鑑觀 11-1426B
jiànguǎn 餞館 12-563A
jiànguànbùjīng 見慣不驚 10-320A
jiānguānchóngfú 兼官重紱 2-156A
jiànguāng 見光 10-313B
jiànguànsīkōng 見慣司空 10-320A
jiānguī 監規 7-1449B
jiānguǐ 姦宄 4-350A
jiānguǐ 姦軌 4-352A
jiānguǐ 姦詭 4-355A
jiānguǐ 艱詭 9-269A
jiǎnguī 簡圭 8-1248B
jiǎnguì 簡貴 8-1254A
jiànguī 監規 7-1449B
jiànguǐ 見鬼 10-316A
jiànguǐ 諫匭 11-335A
jiànguì 僭貴 1-1666B
jiànguǐrén 見鬼人 10-316A
jiànguītàjǔ 踐規踏矩 10-493A
jiāngùlín 堅固林 2-1116B
jiānguō 煎聒 7-213A
jiānguó 兼國 2-156B
jiānguó 監國 7-1450A
jiānguǒ 堅果 2-1116B
jiǎnguó 翦馘 9-672A
jiànguó 建國 2-908B
jiànguó 踐國 10-493A
jiànguǒ 諫果 11-334A
jiànguò 見過 10-317B
jiànguò 諫過 11-335A
jiàngǔròu 賤骨肉 10-249B
jiàngǔtou 賤骨頭 10-249B
jiǎngǔyuàn 簡鼓院 8-1255A
jiāngùzi 堅固子 2-1116B
jiàngǔzi 賤骨子 10-249B
jiāngwài 江外 5-917A
jiāngwài 疆外 7-1408A
jiāngwān 江灣 5-926A
jiāngwàng 將妄 7-807B
jiàngwǎng 弶網 4-131B
jiāngwēi 江隈 5-922B
jiāngwěi 江尾 5-918B
jiāngwèi 江味 5-919A
jiāngwèi 將衛 7-811B
jiǎngwéi 講帷 11-365A
jiǎngwéi 講幃 11-365B
jiǎngwéi 講闈 11-369B
jiàngwéi 絳帷 9-830A
jiàngwěi 降委 11-966A
jiàngwèi 將位 7-808A
jiàngwèi 將尉 7-810B
jiǎngwén 講文 11-360B
jiǎngwén 講聞 11-368A
jiǎngwèn 講問 11-365A
jiàngwēn 降温 11-970A
jiàngwèn 降問 11-969A
jiǎngwénzhāngzì 講文張字 11-360B
jiāngwò 僵卧 1-1689A
jiǎngwò 獎渥 2-1563A
jiǎngwò 講幄 11-365B
jiāngwú 將毋 7-807A
jiāngwú 將無 7-810B
jiǎngwǔ 講武 11-362A
jiǎngwù 講物 11-362A
jiǎngwù 講悟 11-364A
jiàngwù 降物 11-966A
jiàngwù 醬物 9-1441A
jiǎngwǔchéng 講武城 11-362A
jiāngwútóng 將毋同 7-807A
jiāngwútóng 將無同 7-810B
jiāngwúzuòyǒu 將無作有 7-810B
jiāngwúzuòyǒu 將無做有 7-810B
jiāngxī 江西 5-917B
jiāngxī 江豨 5-921A
jiāngxī 將息 7-810A
jiāngxī 將惜 7-810A
jiāngxǐ 漿洗 6-46A
jiāngxì 韁繫 12-214B
jiǎngxī 講析 11-362A
jiǎngxi 講息 11-363B
jiǎngxí 講席 11-363B
jiǎngxí 講習 11-365A
jiǎngxì 講隙 11-366A
jiàngxī 降錫 11-971B
jiàngxí 降席 11-968A
jiàngxí 降襲 11-972B
jiàngxǐ 降禧 11-971B
jiàngxǐ 降璽 11-972B
jiǎngxià 講下 11-360A
jiāngxiàbājùn 江夏八俊 5-921A
jiāngxiādiàobiē 將蝦釣鱉 7-811B
jiāngxiān 江鮮 5-925B
jiāngxiàn 彊檕 4-157A
jiàngxiān 絳仙 9-828B
jiàngxián 降賢 11-971A
jiāngxiāng 江鄉 5-922B
jiāngxiāng 江湘 5-923B
jiàngxiàng 彊項 4-157A
jiàngxiāng 降香 11-967A
jiàngxiáng 降祥 11-968A
jiàngxiàng 將相 7-808B
jiàngxiànlǎorén 絳縣老人 9-831A
jiàngxiāo 絳綃 9-830B
jiàngxiāo 絳霄 9-830B
jiàngxiào 將校 7-810A
jiàngxiāolóu 絳霄樓 9-830B
jiàngxiāotóu 絳綃頭 9-830B
jiāngxīlà 江西臘 5-917B
jiāngxīlà 江西蠟 5-917B
jiāngxīn 江心 5-916B
jiāngxìn 江信 5-920A
jiǎngxīn 顜心 12-343A
jiàngxīn 匠心 1-965B
jiàngxīn 降心 11-964B
jiāngxīnbǐxīn 將心比心 7-806B
jiàngxīndújù 匠心獨具 1-965B
jiàngxīndúyùn 匠心獨運 1-965B
jiàngxīnfǔshǒu 降心俯首 11-965A
jiāngxīng 江星 5-920A
jiāngxìng 漿荇 6-46A
jiǎngxíng 講行 11-361A
jiàngxīng 將星 7-809A
jiàngxíng 降形 11-965B
jiàngxíng 將行 7-807B
jiàngxǐng 降省 11-966B
jiāngxìnjiāngyí 將信將疑 7-809A
jiāngxīnjìng 江心鏡 5-916B
jiàngxīnshùnsú 降心順俗 11-965A
jiàngxīnxiāngcóng 降心相從 11-965A
jiàngxīnxiàqì 降心下氣 11-965A
jiǎngxìnxiūmù 講信修睦 11-363A
jiāngxiōngbǐdù 將胸比肚 7-810A
jiāngxīshīpài 江西詩派 5-917B
jiǎngxísuǒ 講習所 11-365A
jiǎngxiū 講修 11-363A
jiǎngxiū 講脩 11-363B
jiāngxū 江胥 5-920B
jiǎngxǔ 獎許 2-1562B
jiǎngxù 獎敍 2-1562B
jiǎngxù 講序 11-361B
jiǎngxù 講敍 11-363A
jiǎngxù 講勗 11-364B
jiǎngxuān 講宣 11-363A
jiǎngxuān 講軒 11-363B
jiàngxuān 降宣 11-967A
jiǎngxué 講學 11-369A
jiàngxué 匠學 1-967A
jiàngxuě 絳雪 9-829B
jiǎngxuéjīn 獎學金 2-1563B
jiāngxún 江潭 5-924B
jiāngxún 江潯 5-925A
jiāngxún 江鱏 5-926A
jiǎngxùn 獎訓 2-1562B
jiǎngxùn 講訓 11-363B
jiāngyá 姜牙 4-347B
jiàngyá 匠衙 1-966B
jiāngyān 江煙 5-924A
jiāngyǎn 僵偃 1-1689B
jiǎngyán 講言 11-361B
jiǎngyán 講筵 11-365B
jiǎngyǎn 講演 11-368A
jiàngyān 絳煙 9-830A
jiāngyānbǐ 江淹筆 5-922B
jiāngyāncáijìn 江淹才盡 5-922A
jiāngyáng 江陽 5-922B
jiāngyáng 將陽 7-810B
jiāngyǎng 將養 7-811B
jiǎngyáng 講揚 11-365B
jiàngyǎng 降仰 11-965B
jiāngyángdàdào 江洋大盜 5-920B
jiāngyānmèngbǐ 江淹夢筆 5-922B
jiàngyánqūtǐ 降顏屈體 11-972A
jiāngyāo 疆妖 7-1408B
jiāngyáo 江珧 5-920B
jiāngyáo 江瑤 5-924A
jiāngyáo 江鰩 5-926A
jiāngyào 將要 7-808B
jiāngyáoké 江珧殼 5-922B
jiāngyáozhù 江珧柱 5-920B
jiāngyáozhù 江瑤柱 5-924A
jiāngyě 疆冶 7-1408B

jiāngyè 漿液 6-46B
jiǎngyè 獎掖 2-1562B
jiǎngyè 講業 11-366B
jiàngyé 將爺 7-811A
jiàngyè 降液 11-968B
jiāngyì 江裔 5-924A
jiāngyì 江驛 5-926A
jiāngyì 疆易 7-1409A
jiāngyì 疆埸 7-1410A
jiāngyì 疆毅 7-1410B
jiāngyì 將意 7-811A
jiǎngyī 獎挹 2-1562B
jiǎngyí 講儀 11-368A
jiǎngyì 獎異 2-1562B
jiǎngyì 講益 11-364A
jiǎngyì 講義 11-367A
jiǎngyì 講肄 11-366B
jiǎngyì 講藝 11-369B
jiǎngyì 講繹 11-369B
jiǎngyì 講議 11-369B
jiàngyī 絳衣 9-828B
jiàngyì 匠役 1-966A
jiàngyì 匠意 1-967A
jiàngyì 降抑 11-965B
jiàngyì 降挹 11-967B
jiàngyì 降意 11-970B
jiàngyīdàguān 絳衣大冠 9-828B
jiāngyīn 江陰 5-921B
jiāngyín 江圻 5-918A
jiāngyín 江垠 5-919B
jiāngyǐn 將引 7-806B
jiǎngyǐn 獎引 2-1562A
jiàngyǐn 降飲 11-969B
jiàngyǐn 絳引 9-828B
jiàngyǐnfān 絳引幡 9-828B
jiàngyǐnfān 絳引旛 9-828B
jiāngyíng 將迎 7-808A
jiāngyìng 僵硬 1-1689B
jiàngyīng 絳英 9-828B
jiàngyíng 匠營 1-967A
jiàngyǐng 匠郢 1-966A
jiàngyīniáng 絳衣娘 9-828B
jiǎngyòng 講用 11-361A
jiàngyòng 將用 7-807A
jiāngyòu 江右 5-917A
jiǎngyòu 獎誘 2-1563A
jiàngyóu 醬油 9-1441A
jiàngyòu 降侑 11-966A
jiàngyòu 降宥 11-967A
jiàngyòu 降祐 11-967A
jiāngyú 江魚 5-922A
jiāngyú 疆禺 7-1409A
jiāngyú 疆隅 7-1410B
jiāngyú 將于 7-806B
jiāngyú 將竽 7-809A
jiāngyǔ 江嶼 5-925A
jiāngyǔ 彊圉 4-157A
jiāngyǔ 疆宇 7-1408B
jiāngyǔ 疆圉 7-1410A
jiāngyǔ 疆寓 7-1410B
jiāngyù 江澳 5-924B
jiāngyù 江隩 5-924B
jiāngyù 疆域 7-1410A
jiāngyù 將欲 7-810A
jiǎngyǔ 講宇 11-361A
jiǎngyǔ 講語 11-367B
jiǎngyù 獎育 2-1562A
jiǎngyù 獎遇 2-1563A
jiǎngyù 獎諭 2-1563B
jiǎngyù 獎譽 2-1564A
jiàngyú 降輿 11-972A
jiàngyù 降喻 11-969B
jiàngyù 將御 7-811A
jiāngyuán 江元 5-916A
jiāngyuán 姜原 4-347B
jiāngyuán 姜嫄 4-348A
jiāngyuán 疆垣 7-1409A
jiǎngyuán 講員 11-363B
jiǎngyuàn 講院 11-363A
jiàngyuán 醬園 9-1441B
jiāngyuè 江月 5-916B
jiǎngyuè 講閱 11-368B
jiàngyún 絳雲 9-830A
jiàngzǎi 匠宰 1-966B
jiàngzàijūn…
將在軍,君命有所不受 7-807B
jiàngzàiwài…
將在外,主令有所不受 7-807A
jiǎngzàn 獎贊 2-1564A
jiǎngzàn 講讚 11-370A
jiāngzào 僵燥 1-1690A
jiāngzé 疆澤 7-1411A
jiàngzé 降責 11-968A
jiàngzé 絳幘 9-830B
jiāngzéi 江賊 5-924A
jiàngzēng 絳繒 9-831A
jiǎngzhá 獎札 2-1562A
jiāngzhāng 姜張 4-347B
jiāngzhàng 江漲 5-924B
jiāngzhàng 江瘴 5-925A
jiǎngzhāng 獎章 2-1563A
jiǎngzhāng 講章 11-365A
jiǎngzhàng 講帳 11-365A
jiàngzhàng 絳帳 9-830A
jiāngzhào 江棹 5-922B
jiāngzhào 江照 5-924A
jiāngzhào 江櫂 5-925B
jiǎngzhào 講詔 11-366A
jiāngzhē 江蟄 5-925B
jiàngzhé 降謫 11-972A
jiàngzhě 匠者 1-966A
jiāngzhěn 疆畛 7-1409B
jiàngzhēn 降真 11-967B
jiàngzhēnxiāng 降真香 11-967B
jiāngzhī 漿汁 6-46A
jiāngzhí 僵直 1-1689A
jiāngzhí 彊直 4-157A
jiāngzhí 疆直 7-1409A
jiāngzhǐ 江沚 5-918B
jiāngzhì 僵滯 1-1689B
jiāngzhì 將治 7-808B
jiǎngzhī 獎知 2-1562A
jiǎngzhì 講制 11-362A
jiǎngzhì 講治 11-362B
jiàngzhí 降職 11-972A
jiàngzhǐ 匠指 1-966A
jiàngzhǐ 降止 11-964B
jiàngzhǐ 降祉 11-966B
jiàngzhǐ 將指 7-808B
jiàngzhì 匠質 1-967A
jiàngzhì 降志 11-965B
jiàngzhì 降陟 11-967B
jiàngzhì 降秩 11-968A
jiàngzhì 降致 11-968A
jiàngzhì 强忮 4-137B
jiàngzhìrǔshēn 降志辱身 11-965B
jiǎngzhōng 講鍾 11-369A
jiǎngzhōng 講鐘 11-369B
jiǎngzhòng 講衆 11-365B
jiàngzhōng 降衷 11-968A
jiàngzhǒng 將種 7-811B
jiàngzhòng 降重 11-966B
jiāngzhōu 江洲 5-920B
jiāngzhōu 漿粥 6-46B
jiāngzhōuchē 江州車 5-918A
jiāngzhōusīmǎ 江州司馬 5-917B
jiāngzhū 江珠 5-920B
jiāngzhū 江猪 5-922A
jiāngzhǔ 江渚 5-922A
jiāngzhù 江柱 5-920A
jiāngzhù 將助 7-807B
jiǎngzhǔ 講主 11-361A
jiǎngzhù 獎助 2-1562A
jiǎngzhuàng 獎狀 2-1562B
jiāngzhuì 僵墜 1-1689B
jiàngzhuì 醬甀 9-1441B
jiǎngzhuō 講桌 11-363B
jiǎngzhuó 獎擢 2-1563B
jiàngzhuó 匠斲 1-967A
jiāngzǐ 韁子 12-214B
jiāngzǐ 僵胔 1-1689B
jiǎngzi 耩子 8-598A
jiǎngzi 膙子 6-1382B
jiǎngzi 講咨 11-363A
jiàngzi 漿子 6-46A
jiàngzi 糨子 9-242A
jiàngzī 匠資 1-967A
jiàngzǐ 醬紫 9-1441B
jiāngziyá 姜子牙 4-347A
jiǎngzōng 講宗 11-362B
jiāngzōu 江陬 5-921B
jiàngzōu 絳騶 9-831B
jiǎngzuǐ 講嘴 11-369A
jiǎngzuǐ 犟嘴 6-289A
jiàngzuǐ 强嘴 4-147A
jiàngzuì 降罪 11-970B
jiàngzuǐniùshé 强嘴拗舌 4-147A
jiàngzūn 降尊 11-969B
jiàngzūnlínbēi 降尊臨卑 11-969B
jiàngzūnyūguì 降尊紆貴 11-969B
jiāngzuǒ 江左 5-916B
jiǎngzuò 講坐 11-361B
jiǎngzuò 講座 11-364A
jiàngzuō 匠作 1-966A
jiàngzuǒ 將佐 7-807B
jiàngzuò 匠作 1-966A
jiàngzuò 降祚 11-967B
jiāngzuòdàjiàng 將作大匠 7-807B
jiāngzuòjiàn 將作監 7-808A
jiāngzuòshàofǔ 將作少府 7-808A
jiāngzuǒyíwú 江左夷吾 5-916B
jiāngzuòzhǎngshǐ 將作長史 7-808A
jiànhài 建亥 2-906B
jiānhán 鶼韓 12-1131B
jiānhán 漸涵 6-69A
jiānhàn 堅悍 2-1117B
jiānhàn 牋翰 6-1045A
jiānhàn 縅翰 9-936A
jiānhàn 鞯汗 12-215B
jiǎnhàn 簡翰 8-1258A
jiànhán 劍函 2-751B
jiànhán 諫函 11-334B
jiànháng 賤行 10-248A
jiānháo 尖毫 2-1657B
jiānháo 姦豪 4-355B
jiānháo 兼毫 2-156B
jiānháo 牋毫 6-1045A
jiǎnhào 減耗 5-1453A
jiànháo 健毫 1-1522A
jiànhǎo 見好 10-314A
jiànhào 建號 2-909B
jiànhào 僭號 1-1667A
jiànhào 賤號 10-251B
jiānhé 兼合 2-155A
jiānhé 煎和 7-212B
jiānhé 監河 7-1447B
jiānhé 鞬闔 9-269A
jiānhè 肩荷 6-1188A
jiānhè 堅垎 2-1117A
jiǎnhé 撿覈 6-921B
jiǎnhé 檢劾 4-1340B
jiǎnhé 檢覈 4-1344B
jiǎnhé 簡核 8-1252A
jiǎnhé 簡覈 8-1259A
jiànhé 健翮 1-1523A
jiànhé 劍合 2-751A
jiànhé 鑑核 11-1425A
jiànhè 澗壑 6-150A
jiànhè 磵壑 7-1113A
jiǎnhébāo 剪荷包 2-719A
jiānhéhóu 監河侯 7-1447B
jiānhēi 黬黑 12-1373A
jiànhéng 鑑衡 11-1426B
jiānhóng 漸鴻 6-70A
jiānhòu 監候 7-1449A
jiǎnhòu 簡厚 8-1251A
jiànhóu 建侯 2-907B
jiànhòu 監候 7-1449A
jiānhù 堅瓠 2-1117B
jiānhù 監護 7-1453A
jiānhù 縅護 9-936B
jiǎnhū 簡忽 8-1250B
jiǎnhù 減户 5-1452A

jiànhú 健鵠 1-1523A
jiànhú 箭壺 8-1215B
jiànhú 箭箶 8-1216B
jiànhú 鑑湖 11-1425B
jiànhù 監户 7-1444B
jiànhù 澗户 6-149A
jiànhù 磵户 7-1113A
jiānhuā 牋花 6-1044B
jiānhuá 尖滑 2-1657B
jiānhuá 姦滑 4-354B
jiānhuá 姦猾 4-354A
jiānhuá 堅滑 2-1118A
jiānhuà 漸化 6-68B
jiǎnhuà 簡化 8-1247B
jiànhuā 劍花 2-751A
jiànhuā 劍華 2-752A
jiànhuā 餞花 12-562B
jiànhuá 建華 2-908A
jiànhuà 見話 10-319A
jiànhuà 建畫 2-909A
jiànhuà 劍化 2-751A
jiānhuái 兼懷 2-158B
jiǎnhuài 揃壞 6-775B
jiànhuālǒnghè 檻花籠鶴 4-1351B
jiānhuàn 湔浣 5-1513B
jiānhuàn 湔澣 5-1514A
jiānhuàn 艱患 9-268B
jiǎnhuān 簡驩 8-1259B
jiǎnhuǎn 謇緩 11-392A
jiǎnhuǎn 蹇緩 10-536A
jiǎnhuǎn 簡緩 8-1258A
jiǎnhuāng 碱荒 7-1077B
jiǎnhuāng 撿荒 6-921A
jiǎnhuàzì 簡化字 8-1247B
jiānhuī 熸灰 7-256B
jiānhuí 姦回 4-350B
jiānhuì 姦穢 4-356B
jiānhuì 艱晦 9-268B
jiǎnhuǐ 減毀 5-1453B
jiǎnhuì 檢會 4-1343A
jiǎnhuì 檢誨 4-1343B
jiǎnhuì 簡惠 8-1254A
jiǎnhuì 簡會 8-1255B
jiànhuī 建麾 2-910B
jiànhuǐ 閒毀 12-89A
jiànhuì 見惠 10-318A
jiànhuì 見會 10-319A
jiànhuì 賤穢 10-252A
jiànhuì 諫誨 11-335B
jiànhūn 鍵閽 11-1342A
jiànhúnǚxiá 鑑湖女俠 11-1425B
jiānhuò 艱禍 9-269A
jiǎnhuò 剪獲 2-720B
jiànhuò 閒或 12-80A
jiànhuò 賤貨 10-250B
jiànhuò 賤獲 10-252A
jiānhùrén 監護人 7-1453A
jiànhúxiá 鑑湖俠 11-1425B
jiāní 加二 2-772B
jiǎnǐ 假擬 1-1582B
jiānián 加年 2-773A
jiānián 嘉年 3-474B
jiǎnián 假年 1-1575A
jiāniàng 佳釀 1-1312B
jiāniàng 家釀 3-1481A
jiǎniáng 賈娘 10-193A
jiàniáng 駕娘 12-828B
jiāniǎo 駕鳥 12-828B
jiǎniē 假捏 1-1580A
jiàniē 架捏 4-944A
jiànìng 假寧 1-1582A
jiānjī 煎唧 7-213A
jiānjī 瀸積 6-215A
jiānjī 殲擊 5-180B
jiānjī 嗹唧 3-531B
jiānjí 兼及 2-154A
jiānjí 監籍 7-1453A
jiānjí 艱急 9-268B
jiānjí 艱棘 9-268B
jiānjí 艱詰 9-269A
jiānjí 殲殛 5-180A
jiānjí 漸及 6-68A
jiānjì 姦計 4-352B
jiānjì 兼濟 2-158A
jiānjì 牋記 6-1044B
jiānjì 煎劑 7-213B
jiānjì 監紀 7-1449A
jiānjì 箋記 8-1191A
jiānjì 艱季 9-268B
jiǎnjī 簡稽 8-1257A
jiǎnjí 剪輯 2-720B
jiǎnjí 翦棘 9-670B
jiǎnjí 檢集 4-1342B
jiǎnjí 蹇瘠 10-536A
jiǎnjí 簡集 8-1254B
jiǎnjí 簡輯 8-1258B
jiǎnjí 簡籍 8-1259B
jiǎnjí 鹼瘠 12-1030B
jiǎnjì 柬寄 4-914A
jiǎnjì 剪迹 2-719A
jiǎnjì 翦髻 9-671B
jiǎnjì 檢迹 4-1341B
jiǎnjì 檢計 4-1341B
jiǎnjì 檢跡 4-1343A
jiǎnjì 簡記 8-1253A
jiǎnjì 簡寂 8-1254A
jiǎnjì 簡濟 8-1259A
jiǎnjì 鬋髻 12-751A
jiànjī 見機 10-321A
jiànjī 見譏 10-322B
jiànjī 洊饑 5-1139B
jiànjī 洊躋 5-1139B
jiànjī 荐饑 9-364B
jiànjī 僭迹 1-1666A
jiànjī 漸積 6-69B
jiànjī 箭笄 8-1215A
jiànjī 賤迹 10-250A
jiànjī 踐機 10-494B
jiànjī 踐躋 10-495A
jiànjī 薦飢 9-568A
jiànjī 薦饑 9-570A
jiànjí 建極 2-909A
jiànjí 健疾 1-1521B
jiànjí 踐極 10-493A
jiànjí 踐藉 10-494B
jiànjǐ 見幾 10-318B
jiànjǐ 劍戟 2-752A
jiànjì 賤伎 10-248A
jiànjì 賤妓 10-248B
jiànjì 賤技 10-248B
jiànjì 踐迹 10-492B
jiànjì 踐跡 10-493B
jiānjiā 兼葭 2-157A
jiānjiā 蒹葭 9-518B
jiānjiǎ 肩甲 6-1187B
jiānjiǎ 肩胛 6-1188A
jiānjiǎ 兼假 2-156B
jiānjià 閒架 12-82A
jiǎnjiǎ 減賈 5-1453B
jiǎnjià 減價 5-1454A
jiànjiā 建家 2-908A
jiànjià 見駕 10-321A
jiànjià 賤賈 10-251A
jiànjià 賤價 10-251B
jiānjiàfǎ 閒架法 12-82B
jiānjiǎgǔ 肩胛骨 6-1188A
jiānjiǎlìbīng 堅甲利兵 2-1114B
jiānjiǎlìbīng 堅甲厲兵 2-1114B
jiānjiǎlìrèn 堅甲利刃 2-1114B
jiānjiān 蘄蘄 9-598B
jiānjiān 尖尖 2-1656B
jiānjiān 戔戔 5-213A
jiānjiān 姦姦 4-352B
jiānjiān 湔湔 5-1513B
jiānjiān 煎煎 7-213B
jiānjiān 箋箋 8-1191B
jiānjiān 鶼鶼 12-1139B
jiānjiān 漸漸 6-69B
jiānjiān 濺濺 6-202A
jiānjiān 淺淺 5-1365A
jiānjiān 蔪蔪 9-534A
jiānjiǎn 牋簡 6-1045A
jiānjiǎn 監檢 7-1452B
jiānjiǎn 箋簡 8-1191B
jiānjiǎn 縑簡 9-974A
jiānjiǎn 艱蹇 9-269B
jiānjiàn 姦漸 4-355B
jiānjiàn 菅薦 9-452B
jiǎnjiān 檢姦 4-1341B
jiǎnjiān 簡緘 8-1258A
jiǎnjiǎn 剪剪 2-719A
jiǎnjiǎn 儉簡 1-1695B
jiǎnjiǎn 翦翦 9-671B
jiǎnjiǎn 檢儉 4-1344A
jiǎnjiǎn 檢檢 4-1344B
jiǎnjiǎn 檢簡 4-1344B
jiǎnjiǎn 謇謇 11-392A
jiǎnjiǎn 蹇蹇 10-536A
jiǎnjiǎn 簡儉 8-1257A
jiǎnjiǎn 簡簡 8-1259A
jiǎnjiǎn 繭繭 9-604A
jiǎnjiǎn 譾譾 11-462A
jiǎnjiàn 減賤 5-1454A
jiǎnjiàn 謇諫 11-392A
jiǎnjiàn 簡健 8-1252B
jiǎnjiàn 簡賤 8-1257A
jiǎnjiàn 簡鑒 8-1259B
jiànjiǎn 賤簡 10-252A
jiànjiàn 監監 7-1451B
jiànjiàn 件件 1-1195B
jiànjiàn 俴俴 1-1463B
jiànjiàn 健劍 1-1523A
jiànjiàn 閒見 12-78A
jiànjiàn 閒閒 12-87A
jiànjiàn 漸漸 6-69B
jiànjiàn 諓諓 11-275A
jiànjiàn 檻檻 4-1352A
jiànjiàn 鏩鏩 11-1376A
jiànjiàn 轞轞 9-1337A
jiànjiàn 淺淺 5-1365A
jiànjiàn 鬪鬪 12-1458B
jiǎnjiǎnfěigōng 蹇蹇匪躬 10-536B
jiǎnjiāng 剪江 2-718A
jiǎnjiāng 翦疆 9-672A
jiǎnjiàng 減降 5-1452B
jiànjiāng 薦蔣 9-569A
jiànjiàng 健將 1-1522A
jiànjiàng 賤降 10-249A
jiānjiānsuǒsuǒ 戔戔瑣瑣 5-213A
jiànjiànwénwén 見見聞聞 10-314A
jiǎnjiǎnxièxiè 譾譾屑屑 11-462A
jiānjiānzi 鶼鶼子 12-1130B
jiānjiǎo 姦狡 4-352B
jiānjiǎo 姦矯 4-356B
jiǎnjiǎo 撿挍 6-921A
jiǎnjiào 撿校 6-921A
jiǎnjiào 檢較 4-1343A
jiǎnjiào 檢校 4-1341B
jiǎnjiào 簡較 8-1255B
jiǎnjiào 簡校 8-1252A
jiànjiāo 建交 2-906B
jiànjiǎo 箭脚 8-1215A
jiànjiào 見教 10-317A
jiànjiào 建醮 2-911A
jiànjiào 漸教 6-69A
jiànjiào 踐校 10-493A
jiǎnjiǎo'é 減脚鵝 5-1453B
jiānjiāoxùxián 煎膠續弦 7-213B
jiānjiàqián 閒架錢 12-82B
jiānjiāqiūshuǐ 兼葭秋水 2-157A
jiānjiāyīrén 蒹葭伊人 9-519A
jiānjiāyǐyù 蒹葭倚玉 9-519A
jiānjiāyùshù 蒹葭玉樹 9-518B
jiānjié 姦桀 4-352B
jiānjié 堅潔 2-1119A
jiānjiè 堅介 2-1114B
jiānjiè 監界 7-1448A
jiǎnjié 剪捷 2-719A
jiǎnjié 剪截 2-720A
jiǎnjié 減竭 5-1454A
jiǎnjié 儉節 1-1695B
jiǎnjié 翦截 9-671A

jiǎnjié 檢結 4-1343A
jiǎnjié 檢節 4-1343A
jiǎnjié 檢詰 4-1343B
jiǎnjié 簡捷 8-1253A
jiǎnjié 簡節 8-1255B
jiǎnjié 簡截 8-1256A
jiǎnjié 簡潔 8-1257B
jiǎnjié 簡絜 8-1254A
jiǎnjiè 檢戒 4-1340A
jiànjiē 間接 12-83B
jiànjié 見節 10-319A
jiànjié 建節 2-910A
jiànjié 健捷 1-1521B
jiànjié 健節 1-1522B
jiànjié 間傑 12-86B
jiànjiě 監解 7-1451A
jiànjiě 見解 10-319A
jiànjiè 監戒 7-1446B
jiànjiè 監誡 7-1451B
jiànjiè 間介 12-76A
jiànjiè 薦藉 9-569B
jiànjiè 諫戒 11-334A
jiànjiè 諫誡 11-335B
jiànjiè 鑑戒 11-1424B
jiànjiè 鑑誡 11-1426A
jiǎnjiéfánwén 簡節繁文 8-1255B
jiànjiēféiliào 間接肥料 12-83B
jiànjiējīngyàn 間接經驗 12-83B
jiǎnjiéliǎodàng 簡捷了當 8-1253A
jiǎnjiéliǎodàng 簡截了當 8-1256A
jiǎnjiépù 翦截鋪 9-671A
jiànjī'érzuò 見機而作 10-321A
jiànjī'érzuò 見幾而作 10-318B
jiànjiēshuì 間接稅 12-83B
jiànjiētuīlǐ 間接推理 12-83B
jiànjiēxuǎnjǔ 間接選舉 12-84A
jiānjījī 殲擊機 5-180B
jiànjíjùjí 劍及屨及 2-751A
jiànjílǚjí 劍及履及 2-751A
jiānjīn 兼金 2-155B
jiānjīn 縑巾 9-973A
jiānjìn 監禁 7-1450B
jiānjìn 漸浸 6-69A
jiǎnjǐn 儉謹 1-1695B
jiǎnjǐn 檢謹 4-1344B
jiǎnjìn 檢禁 4-1343A
jiànjīn 箭金 8-1214B
jiànjìn 見贐 10-322B
jiànjìn 漸進 6-69A
jiànjìn 漸寖 6-69A
jiànjìn 薦進 9-568B
jiānjǐng 肩井 6-1187A
jiānjìng 堅勁 2-1117A
jiǎnjīng 翦鯨 9-672A
jiǎnjìng 剪徑 2-719A
jiǎnjìng 剪逕 2-719A
jiǎnjìng 儉静 1-1695B
jiǎnjìng 翦徑 9-670A
jiǎnjìng 檢鏡 4-1344B
jiǎnjìng 簡勁 8-1251A
jiǎnjìng 簡凈 8-1250B
jiǎnjìng 簡徑 8-1252B
jiǎnjìng 簡敬 8-1254A
jiǎnjìng 簡靖 8-1255B
jiǎnjìng 簡静 8-1256A
jiànjīng 洊經 5-1139A
jiànjīng 賤荆 10-249B
jiànjǐng 澗井 6-149A
jiànjǐng 檻阱 4-1351B
jiànjǐng 檻穽 4-1352A
jiànjìng 間徑 12-83A
jiànjìng 箭徑 8-1215A
jiànjìng 踐境 10-493B
jiǎnjīngjiǎnféi 揀精揀肥 6-739B
jiànjǐngshēngqíng 見景生情 10-318A
jiànjīngshíjīng 見經識經 10-319B
jiànjīngshíjīng 見精識精 10-320A
jiǎnjīngsǔnlǜ 翦精損慮 9-671A
jiǎnjīnshǔ 鹹金屬 7-1077B
jiānjiǒng 艱窘 9-269A
jiànjǐsēnsēn 劍戟森森 2-752A
jiànjīshíbiàn 鑑機識變 11-1426B
jiānjiǔ 堅久 2-1114B
jiānjiǔ 監酒 7-1449B
jiānjiù 姦咎 4-351B
jiānjiù 兼就 2-157A
jiānjiù 監就 7-1450B
jiānjiù 艱疚 9-268B
jiǎnjiū 檢究 4-1340A
jiǎnjiǔ 翦韭 9-670A
jiǎnjiǔ 簡久 8-1247A
jiànjīxíngshì 見機行事 10-321A
jiānjù 菅屨 9-452B
jiānjù 菺屨 9-560B
jiānjù 艱巨 9-267B
jiānjù 艱鉅 9-269A
jiānjù 艱劇 9-269A
jiānjù 艱窶 9-269B
jiānjù 囏窶 3-566B
jiānjù 閒距 12-84B
jiǎnjū 儉居 1-1694A
jiǎnjú 撿局 6-920B
jiǎnjú 檢局 4-1340A
jiǎnjǔ 檢舉 4-1344A
jiǎnjǔ 簡舉 8-1258B
jiǎnjù 簡倨 8-1252B
jiǎnjù 簡劇 8-1257A
jiànjū 閒居 12-81A
jiànjū 僭居 1-1665B
jiànjū 踐居 10-492B
jiànjū 薦居 9-568A
jiànjú 箭局 8-1214B
jiànjú 鑑局 11-1424B
jiànjǔ 件舉 1-1196A
jiànjǔ 健舉 1-1523A
jiànjǔ 薦舉 9-569B
jiànjǔ 諫沮 11-334A
jiànjù 僭據 1-1667B
jiǎnjuàn 檢卷 4-1340B
jiànjuàn 薦卷 9-567B
jiānjuē 菅屩 9-452B
jiānjué 撴撅 6-839B
jiānjué 姦譎 4-357A
jiānjué 堅決 2-1115A
jiānjué 煎厥 7-213A
jiānjué 監決 7-1446B
jiānjué 緘鐍 9-936B
jiānjué 鶼鷢 12-1139B
jiǎnjué 剪絶 2-719B
jiǎnjué 蹇蹶 10-536B
jiǎnjué 蹇蹷 10-536B
jiǎnjué 簡絶 8-1255A
jiànjué 健決 1-1521A
jiànjué 箭决 8-1214B
jiànjué 箭訣 8-1215B
jiānjūn 監軍 7-1448B
jiānjùn 堅峻 2-1117B
jiānjùn 監郡 7-1448B
jiǎnjùn 簡雋 8-1255A
jiǎnjùn 簡峻 8-1252B
jiànjūn 建軍 2-907B
jiànjūn 僭君 1-1665B
jiānkàn 監看 7-1448A
jiǎnkān 撿勘 6-921A
jiǎnkān 檢勘 4-1342A
jiǎnkān 簡勘 8-1253B
jiǎnkàn 撿看 6-921A
jiǎnkàn 檢看 4-1341A
jiǎnkàng 蹇亢 10-534A
jiǎnkàng 簡亢 8-1247B
jiǎnkàng 簡伉 8-1249A
jiànkāng 健康 1-1522A
jiānkāo 肩尻 6-1187B
jiānkǎo 監考 7-1446A
jiǎnkǎo 檢考 4-1339B
jiānkè 尖刻 2-1657A
jiānkè 姦刻 4-351B
jiānkè 兼課 2-158A
jiǎnkè 剪刻 2-718B
jiǎnkè 減克 5-1452B
jiǎnkè 減刻 5-1452B
jiǎnkè 減剋 5-1452B
jiǎnkè 儉克 1-1694A
jiǎnkè 儉刻 1-1694A
jiǎnkè 儉剋 1-1694A
jiǎnkè 儉恪 1-1694B
jiǎnkè 翦刻 9-669B
jiǎnkè 檢刻 4-1340B
jiǎnkè 蹇客 10-534B
jiǎnkè 譾刻 11-461B
jiànkē 賤痾 10-250A
jiànkē 諫珂 11-334B
jiànkè 監刻 7-1447B
jiànkè 見客 10-316B
jiànkè 僭客 1-1666A
jiànkè 劍客 2-751B
jiànkè 箭刻 8-1214B
jiànkè 賤客 10-250A
jiànkè 餞客 12-562B
jiānkēng 堅硜 2-1119A
jiānkēng 鑯鏗 8-1277B
jiànkōnghéngpíng 鑑空衡平 11-1425A
jiānkǒu 緘口 9-935A
jiǎnkǒu 剪口 2-718A
jiǎnkòu 檢扣 4-1339B
jiànkǒu 薦口 9-567A
jiānkǒubùyán 緘口不言 9-935B
jiǎnkǒu'er 揀口兒 6-739A
jiānkǒujiéshé 緘口結舌 9-935B
jiānkǔ 堅苦 2-1116A
jiānkǔ 艱苦 9-268A
jiānkǔ 囏苦 3-566B
jiānkù 艱酷 9-269A
jiǎnkǔ 儉苦 1-1694A
jiānkuǎi 菅蒯 9-452B
jiānkuǎi 菅蔽 9-452B
jiānkuài 尖快 2-1657A
jiānkuài 姦獪 4-356A
jiǎnkuài 簡快 8-1249B
jiānkuàng 縑纊 9-974A
jiǎnkuàng 簡曠 8-1259A
jiànkuáng 僭狂 1-1665B
jiānkǔfèndòu 艱苦奮鬬 9-268B
jiānkūn 堅昆 2-1116B
jiānkùn 艱困 9-268A
jiānkùn 囏困 3-566B
jiǎnkùn 蹇困 10-534A
jiānkuò 監括 7-1448A
jiǎnkuò 撿括 6-921A
jiǎnkuò 檢括 4-1340B
jiǎnkuò 檢栝 4-1341B
jiǎnkuò 簡括 8-1251A
jiǎnkuò 簡闊 8-1259A
jiànkuò 閒闊 12-93A
jiànkuò 箭括 8-1215A
jiànkuò 箭栝 8-1215A
jiànkuò 箭筈 8-1215B
jiānkǔpǔsù 艱苦樸素 9-268A
jiànkūxīngbēi 見哭興悲 10-317A
jiānkǔzhuójué 堅苦卓絶 2-1116A
jiānkǔzhuójué 艱苦卓絶 9-268A
jiànlà 餞臘 12-563A
jiànlái 見來 10-314B
jiānlǎn 兼攬 2-159A
jiǎnlǎn 絸纜 9-871A
jiǎnlǎn 簡懶 8-1259B
jiānlán 閒闌 12-93A
jiànlàn 僭濫 1-1668A
jiānlǎnbózhào 兼覽博照

2-158B
jiànláng 諫郎 11-334B
jiànlǎng 健朗 1-1521B
jiànlàng 健浪 1-1521B
jiānláo 堅牢 2-1115B
jiānláo 監牢 7-1447A
jiǎnláo 簡勞 8-1255A
jiǎnlǎo 簡老 8-1248B
jiànlǎo 賤老 10-247B
jiānláorènyuàn 肩勞任怨 6-1188B
jiānlè 瑊玏 4-601A
jiānlè 鞬勒 12-215B
jiǎnlè 減勒 5-1453B
jiǎnlè 檢勒 4-1342B
jiānlěi 堅壘 2-1119B
jiānlèi 煎淚 7-213A
jiànléi 洊雷 5-1139A
jiànlěi 賤累 10-250B
jiànlèi 建類 2-911B
jiànlèi 賤類 10-252A
jiànlèi 薦酹 9-569A
jiànlèi 餞淚 12-562B
jiànlèi 濺淚 6-201B
jiānlěng 尖冷 2-1657A
jiānlǐ 監理 7-1449B
jiānlì 尖利 2-1657A
jiānlì 尖厲 2-1658A
jiānlì 姦吏 4-350A
jiānlì 姦利 4-351A
jiānlì 兼利 2-155B
jiānlì 堅利 2-1115B
jiānlì 堅厲 2-1118B
jiānlì 堅勵 2-1119A
jiānlì 監吏 7-1446A
jiānlì 監涖 7-1449B
jiānlì 監莅 7-1449A
jiānlì 菺糲 9-493A
jiǎnlǐ 儉禮 1-1695B
jiǎnlǐ 翦理 9-670B
jiǎnlǐ 簡禮 8-1259A
jiǎnlì 儉力 1-1693B
jiǎnlì 檢厲 4-1343B
jiǎnlì 簡力 8-1247A
jiǎnlì 簡歷 8-1258B
jiǎnlì 繭栗 9-603B
jiǎnlì 璽栗 8-988B
jiànlí 間離 12-93B
jiànlí 僭離 1-1668A
jiànlí 漸離 6-70A
jiànlí 餞離 12-563A
jiànlí 螹離 8-952A
jiànlǐ 見禮 10-322A
jiànlǐ 建禮 2-911A
jiànlǐ 僭禮 1-1668A
jiànlǐ 踐禮 10-494B
jiànlǐ 薦禮 9-569B
jiànlì 建立 2-906B
jiànlì 建曆 2-910B
jiànlì 洊歷 5-1139A
jiànlì 健吏 1-1520B
jiànlì 僭立 1-1665A
jiànlì 賤吏 10-248A
jiànlì 賤隸 10-252A
jiànlì 踐涖 10-493A
jiànlì 踐厤 10-493B
jiànlì 踐歷 10-494B
jiānliàn 縑練 9-974A
jiǎnlián 儉蓮 1-1695A
jiǎnlián 蹇連 10-534B
jiǎnlián 簡連 8-1252B
jiǎnlián 簡廉 8-1256A
jiǎnliàn 揀練 6-739B
jiǎnliàn 檢練 4-1344A
jiǎnliàn 簡煉 8-1256A
jiǎnliàn 簡練 8-1257B
jiànlián 見憐 10-321A
jiǎnliànchuǎimó 簡練揣摩 8-1258A
jiānliáng 堅良 2-1115B
jiānliáng 殲良 5-180A
jiānliǎng 兼兩 2-155B
jiānliàng 兼兩 2-155B
jiānliàng 兼輛 2-158A
jiānliàng 間量 12-86B
jiǎnliáng 檢量 4-1342B
jiǎnliàng 簡亮 8-1251B
jiǎnliàng 簡諒 8-1257B
jiànliàng 見亮 10-316B
jiànliàng 見諒 10-320B
jiànliàng 鑑亮 11-1425A
jiànliànguìchū 賤斂貴出 10-252A
jiànliànguìfā 賤斂貴發 10-252A
jiǎnliào 檢料 4-1342A
jiǎnliào 簡料 8-1253A
jiǎnlìdú 繭栗犢 9-603B
jiānliè 兼列 2-154B
jiǎnliè 譽烈 11-391B
jiǎnliè 蹇劣 10-534A
jiǎnliè 譾劣 11-461B
jiànliè 見獵 10-322A
jiànliè 賤劣 10-248A
jiànliè 踐列 10-491B
jiànliè 踐躐 10-495A
jiànliè 諫列 11-334B
jiànliè 諫獵 11-335B
jiànlièchén 諫獵臣 11-335B
jiànliēliē 賤咧咧 10-249B
jiànlièrén 諫獵人 11-335B
jiànlièshū 諫獵書 11-335B
jiànlièxīnxǐ 見獵心喜 10-322A
jiǎnlìjiǎo 繭栗角 9-603B
jiānlín 兼臨 2-158A
jiānlín 堅林 2-1116A
jiānlín 監臨 7-1452B
jiǎnlǐn 減廩 5-1454A
jiǎnlìn 儉吝 1-1694A
jiǎnlìn 儉恡 1-1694B
jiànlín 見臨 10-322A
jiànlín 踐臨 10-494B
jiànlín 鑑臨 11-1426B
jiànlìn 踐躪 10-495A
jiānlíng 縑綾 9-973B
jiānlǐng 兼領 2-157B
jiānlǐng 監領 7-1451B
jiǎnlíng 翦翎 9-670B
jiǎnlìng 簡令 8-1248A
jiànlíng 建瓴 2-907B
jiànlíng 賤凌 10-250A
jiànlíng 檻櫺 4-1352A
jiànlínggāowū 建瓴高屋 2-907B
jiānlínzìdào 監臨自盜 7-1452B
jiànlìsīyì 見利思義 10-314A
jiǎnliú 剪劉 2-720B
jiǎnliú 咸劉 5-218A
jiǎnliǔ 剪柳 2-718B
jiǎnliǔ 剪綹 2-720A
jiǎnliǔ 翦柳 9-670B
jiǎnliǔ 翦綹 9-671A
jiànliú 澗流 6-149B
jiànliú 賤流 10-250B
jiānliūliū 尖溜溜 2-1658A
jiànlìwàngyì 見利忘義 10-314A
jiānlǐyuán 監理員 7-1449B
jiànlóng 劍龍 2-753A
jiǎnlòu 儉陋 1-1694A
jiǎnlòu 撿漏 6-921A
jiǎnlòu 簡陋 8-1251A
jiǎnlòu 譾陋 11-461B
jiànlóu 箭樓 8-1216A
jiànlòu 箭漏 8-1216A
jiànlòu 賤陋 10-249A
jiānlú 欃櫨 4-1369A
jiānlù 姦路 4-355A
jiānlù 兼路 2-157A
jiānlù 殲戮 5-180B
jiǎnlǔ 鹼鹵 12-1030B
jiǎnlǔ 鹼滷 12-1030B
jiǎnlǔ 醎鹵 9-1444B
jiǎnlù 剪僇 2-720A
jiǎnlù 剪路 2-720A
jiǎnlù 翦戮 9-671B
jiànlù 間路 12-88B
jiànlù 諫路 11-335A
jiànlù 餞路 12-563A
jiànlù 磵路 7-1113A
jiānluàn 姦亂 4-355A
jiǎnluàn 翦亂 9-670B
jiānluán 鑑鸞 11-1426B
jiànluàn 僭亂 1-1667A
jiānlún 縑綸 9-973B
jiànlún 劍輪 2-752B
jiànlùn 見論 10-320B
jiānluó 兼羅 2-158B
jiǎnluò 剪落 2-719B
jiǎnluò 揃落 6-775A
jiǎnluò 翦落 9-670B
jiǎnluò 蹇落 10-535A
jiǎnluò 簡落 8-1254A
jiǎnluòhúlí 簡落狐狸 8-1254A
jiānlǜ 姦慮 4-355B
jiǎnlǘ 蹇驢 10-537A
jiànlǚ 劍履 2-752B
jiànlǚ 踐履 10-494A
jiànlǜdǎolǐ 踐律蹈禮 10-492B
jiǎnlüè 簡略 8-1253B
jiànlüè 鑑略 11-1425B
jiànlǚshàngdiàn 劍履上殿 2-752B
jiānmá 牋麻 6-1045A
jiānmǎ 兼馬 2-156A
jiānmà 煎罵 7-213B
jiǎnmǎ 蹇馬 10-534B
jiànmá 劍麻 2-752A
jiànmǎ 建馬 2-908A
jiànmǎ 健馬 1-1521B
jiànmài 賤賣 10-251B
jiànmǎiguìmài 賤買貴賣 10-251A
jiǎnmán 鬋鬘 12-751A
jiǎnmàn 簡嫚 8-1256B
jiǎnmàn 簡慢 8-1256B
jiànmàn 僭嫚 1-1667B
jiànmàn 僭慢 1-1667B
jiànmáng 劍芒 2-751A
jiànmáng 劍鋩 2-752B
jiānmáo 菅茅 9-452B
jiǎnmào 儉貌 1-1695B
jiànmáo 澗毛 6-149A
jiànmào 僭冒 1-1666A
jiànmào 賤貿 10-251A
jiànmàobiànsè 見貌辨色 10-319B
jiànmàobiànsè 鑑貌辨色 11-1426A
jiǎnmáoguó 翦氂簂 9-671A
jiànmǎoyuè 建卯月 2-906B
jiānměi 兼美 2-156A
jiānmèi 姦媚 4-354B
jiānmèi 監寐 7-1450B
jiǎnméi 絸眉 9-871A
jiǎnméi 繭眉 9-603B
jiànméi 劍眉 2-752A
jiànměi 健美 1-1521B
jiànmèi 箭鏞 8-1216B
jiànmèi 鑑昧 11-1425A
jiànmèi 鑑寐 11-1425B
jiānmén 姦門 4-352A
jiānmén 監門 7-1448A
jiànmén 澗門 6-149B
jiānméng 姦萌 4-353A
jiānméng 監盟 7-1451A
jiànméng 箭萌 8-1215A
jiànméng 踐盟 10-493B
jiànmèng 薦夢 9-568B
jiānmí 煎糜 7-214A
jiānmí 煎靡 7-214A
jiānmí 漸靡 6-70A
jiānmǐ 煎米 7-212B
jiānmǐ 韉弭 12-202A
jiānmì 堅密 2-1118A
jiānmì 緘祕 9-935B
jiānmì 緘密 9-936A
jiànmì 洊密 5-1139A
jiānmiàn 鞬面 12-215B
jiǎnmiǎn 減免 5-1452B
jiānmiǎn 監眄 7-1448A

jiànmiàn 見面 10-315B
jiànmiànlǐ 見面禮 10-315B
jiànmiànqián 見面錢 10-315B
jiànmiànxiéjiāo 見面鞋脚 10-315B
jiǎnmiào 簡妙 8-1249B
jiànmiáo 閒苗 12-80A
jiànmiáo 箭苗 8-1214B
jiānmiè 熸滅 7-256B
jiānmiè 殲滅 5-180A
jiǎnmiè 剪搣 2-720A
jiǎnmiè 剪滅 2-720A
jiǎnmiè 揃搣 6-775A
jiǎnmiè 翦滅 9-671A
jiànmiè 賤蔑 10-251B
jiànmiè 踐滅 10-493B
jiānmièzhàn 殲滅戰 5-180B
jiānmín 姦民 4-350A
jiǎnmín 簡民 8-1248B
jiànmín 賤民 10-247B
jiānmíng 兼明 2-155B
jiānmíng 堅明 2-1116B
jiǎnmíng 簡明 8-1250A
jiǎnmìng 簡命 8-1250B
jiànmíng 建明 2-907A
jiànmíng 建茗 2-907B
jiànmíng 健名 1-1520B
jiànmíng 僭名 1-1665A
jiànmíng 劍鳴 2-752A
jiànmíng 賤名 10-248A
jiànmíng 鑑明 11-1424B
jiànmìng 賤命 10-249A
jiǎnmíng'èyào 簡明扼要 8-1250A
jiānmó 肩靡 6-1189B
jiānmó 肩摩 6-1189A
jiānmó 湔磨 5-1514A
jiānmó 漸摩 6-69B
jiānmó 漸磨 6-70A
jiānmò 緘嘿 9-936A
jiānmò 緘默 9-936A
jiānmò 縑墨 9-973B
jiǎnmò 簡嘿 8-1257A
jiǎnmò 簡末 8-1247B
jiǎnmò 簡墨 8-1257A
jiǎnmò 簡默 8-1258B
jiànmò 賤末 10-247B
jiànmò 踐墨 10-494A
jiànmò 濺沫 6-201B
jiānmógǔjī 肩摩轂擊 6-1189A
jiānmógǔjiē 肩摩轂接 6-1189A
jiānmómèijiē 肩摩袂接 6-1189A
jiānmóu 姦謀 4-356A
jiānmózhǒngjiē 肩摩踵接 6-1189A
jiǎnmòzūnzǔ 簡墨尊俎 8-1257A
jiānmǔ 堅牡 2-1115B
jiānmù 監牧 7-1447B
jiǎnmù 儉幙 1-1695A
jiǎnmù 簡募 8-1254A
jiǎnmù 簡穆 8-1258B
jiànmù 監牧 7-1447B
jiànmù 件目 1-1195B
jiànmù 建木 2-906A
jiànmù 餞幕 12-563A
jiànmùguì'ěr 賤目貴耳 10-247B
jiānnà 監納 7-1449B
jiānnán 艱難 9-269B
jiānnán 囏難 3-566B
jiānnàn 艱難 9-269B
jiānnàn 囏難 3-566B
jiǎnnán 蹇難 10-536B
jiànnán 劍南 2-751B
jiànnàn 見難 10-322A
jiànnàn 諫難 11-335B
jiānnáng 縑囊 9-974A
jiànnáng 諫囊 11-336A
jiānnánjiéjué 艱難竭蹶 9-270A
jiānnánkùnkǔ 艱難困苦 9-270A
jiānnánqūzhé 艱難曲折 9-270A
jiānnánxiǎnzǔ 艱難險阻 9-270B
jiānnáo 煎憹 7-213B
jiānnǎo 閒腦 12-89A
jiānnào 瀸淖 6-215A
jiānnǎoké 尖腦壳 2-1657B
jiǎnnè 謇訥 11-391B
jiǎnnè 蹇訥 10-535A
jiànnèi 賤内 10-247A
jiǎnnéng 簡能 8-1252B
jiǎnnéng 譾能 11-461B
jiānnì 姦逆 4-352B
jiǎnnǐ 檢柅 4-1341A
jiǎnnì 翦逆 9-670A
jiànnǐ 見擬 10-321B
jiànnǐ 楗柅 4-1133B
jiànnǐ 僭儗 1-1667B
jiànnǐ 僭擬 1-1667B
jiànnì 僭逆 1-1666A
jiānnián 兼年 2-154B
jiānniǎn 肩輦 6-1188B
jiǎnnián 儉年 1-1694A
jiànnián 見年 10-313B
jiànnián 建年 2-906B
jiànnián 賤年 10-248A
jiànnián 踐年 10-491B
jiānniǎo 鶼鳥 12-1131B
jiānniǎo 鰹鳥 12-1256B
jiànnìbùjiù 見溺不救 10-319B
jiānniè 姦孽 4-357A
jiānniè 姦孽 4-357A
jiànniè 踐躡 10-495A
jiānníng 堅凝 2-1119A
jiānnìng 姦佞 4-351A
jiànniú 犍牛 6-282A
jiānnóng 監農 7-1451A
jiānnú 尖奴 2-1656B
jiānnú 監奴 7-1445B
jiànnú 賤奴 10-247B
jiànnuò 踐諾 10-494A
jiànnǚ 賤女 10-247A
jiānnù 漸惡 6-69A
jiànnüè 僭虐 1-1666A
jiànòng 架弄 4-943A
jiānóngpào 加農炮 2-775B
jiānpái 肩排 6-1188A
jiānpái 肩牌 6-1188B
jiǎnpài 簡派 8-1251B
jiǎnpáizi 簡牌子 8-1254B
jiànpán 澗槃 6-150A
jiànpán 踐盤 10-494A
jiànpán 鍵盤 11-1342A
jiànpàn 僭叛 1-1666A
jiànpányuèqì 鍵盤樂器 11-1342A
jiānpáo 熸炮 7-256B
jiānpèi 韉轡 12-215B
jiǎnpèi 簡佩 8-1250B
jiǎnpèi 簡配 8-1252B
jiànpēi 賤胚 10-249B
jiànpèi 劍佩 2-751B
jiànpèi 劍珮 2-752A
jiānpēng 煎烹 7-213A
jiānpéng 姦朋 4-351B
jiānpéng 鑯彭 8-1277B
jiǎnpéng 鹼蓬 12-1030B
jiānpǐ 艱否 9-268A
jiānpì 堅僻 2-1118B
jiǎnpì 翦闢 9-672A
jiǎnpì 簡僻 8-1257A
jiànpī 賤坯 10-248B
jiànpí 賤皮 10-247B
jiànpí 諫鼙 11-336A
jiānpián 姦便 4-352A
jiānpiàn 姦騙 4-357A
jiǎnpiàn 翦片 9-669A
jiānpiào 監票 7-1450A
jiǎnpiào 剪票 2-719A
jiànpíjiànròu 賤皮賤肉 10-247B
jiānpǐn 兼品 2-156A
jiǎnpín 儉貧 1-1694B
jiànpín 賤貧 10-250B
jiànpǐn 賤品 10-249B
jiànpíng 閒平 12-76B
jiǎnpíng 翦平 9-669B
jiànpíng 鑑評 11-1425B
jiǎnpíngzhùméi 翦屏柱楣 9-670A
jiànpízi 賤皮子 10-247B
jiānpò 肩迫 6-1187B
jiānpò 煎迫 7-213A
jiānpō 諫坡 11-334A
jiānpò 洊迫 5-1139A
jiǎnpòlàn 撿破爛 6-921A
jiānpóu 兼裒 2-157A
jiānpū 殲撲 5-180B
jiānpú 兼僕 2-157B
jiānpú 菅蒲 9-452B
jiānpú 監僕 7-1451B
jiānpú 縑蒲 9-973B
jiānpǔ 堅朴 2-1115A
jiānpǔ 箋譜 8-1191B
jiānpù 監鋪 7-1452A
jiānpù 監舖 7-1452A
jiǎnpū 剪撲 2-720A
jiǎnpū 揃撲 6-775B
jiǎnpū 翦撲 9-671B
jiǎnpǔ 儉朴 1-1693B
jiǎnpǔ 儉樸 1-1695B
jiǎnpǔ 簡朴 8-1248B
jiǎnpǔ 簡樸 8-1258B
jiǎnpǔ 簡譜 8-1259B
jiànpú 健僕 1-1522B
jiǎnpǔjiǎodǐ 檢譜角觝 4-1344B
jiānqī 姦欺 4-354A
jiānqí 尖臍 2-1659A
jiānqí 兼圻 2-155B
jiānqǐ 牋啓 6-1045A
jiānqǐ 箋啓 8-1191A
jiǎnqī 儉戚 1-1694B
jiǎnqì 蹇跂 10-535A
jiǎnqì 剪棄 2-719B
jiǎnqì 剪葺 2-719B
jiǎnqì 翦棄 9-670B
jiǎnqì 簡棄 8-1255A
jiǎnqì 鹼氣 12-1030B
jiǎnqì 醎磧 9-1437B
jiànqī 建漆 2-910A
jiànqī 閒欺 12-86A
jiànqī 澗棲 6-149B
jiànqī 踐期 10-493A
jiànqí 劍騎 2-753A
jiànqí 箭旗 8-1216A
jiànqì 見氣 10-317A
jiànqì 見棄 10-318B
jiànqì 閒氣 12-83A
jiànqì 劍氣 2-752A
jiànqì 劍器 2-752B
jiànqì 賤氣 10-250A
jiànqì 賤棄 10-251B
jiànqì 踐棄 10-493B
jiānqià 兼洽 2-156A
jiānqián 姦錢 4-356A
jiānqián 縑錢 9-974A
jiānqiǎn 兼遣 2-157A
jiǎnqián 翦錢 9-671B
jiǎnqiǎn 蹇淺 10-535A
jiǎnqiǎn 譾淺 11-462A
jiǎnqiàn 簡槧 8-1256B
jiànqiánbìhòu 鑑前毖後 11-1425A
jiānqiáng 肩牆 6-1189B
jiānqiáng 姦彊 4-356B
jiānqiáng 姦强 4-354B
jiānqiáng 堅彊 2-1119B
jiānqiáng 堅强 2-1118A
jiànqiáng 健强 1-1522B
jiānqiángbùqū 堅强不屈 2-1118A
jiànqiányǎnhóng 見錢眼紅 10-321B
jiànqiányǎnkāi 見錢眼開 10-321B
jiānqiāo 尖巧 2-1656B

jiānqiǎo 姦巧 4-349B
jiānqiǎo 堅巧 2-1114B
jiānqiǎo 漸巧 6-68B
jiānqiào 尖俏 2-1657B
jiānqiào 尖峭 2-1657B
jiānqiào 堅峭 2-1117B
jiǎnqiào 簡峭 8-1252B
jiànqiào 腱鞘 6-1340A
jiànqiàodàfāng 見誚大方 10-319B
jiānqiàqià 尖恰恰 2-1657B
jiànqìbùyī 間氣布衣 12-83A
jiānqiě 兼且 2-154B
jiǎnqiè 剪竊 2-720B
jiǎnqiè 謇切 11-391B
jiǎnqiè 簡切 8-1247B
jiànqiè 僭竊 1-1668A
jiànqiè 賤妾 10-249A
jiànqiè 諫切 11-333B
jiǎnqiēlì 剪切力 2-718A
jiǎnqièliǎodàng 簡切了當 8-1247B
jiǎnqiēxíngbiàn 剪切形變 2-718A
jiānqín 姦禽 4-354A
jiānqín 艱勤 9-269A
jiānqín 囏勤 3-566B
jiǎnqín 儉勤 1-1695A
jiànqīn 見親 10-321B
jiànqǐn 薦寢 9-569A
jiānqíng 姦情 4-353B
jiānqíng 煎情 7-213A
jiānqíng 緘情 9-936A
jiǎnqīng 減輕 5-1453B
jiànqīng 見輕 10-319B
jiànqíng 見情 10-318A
jiānqióng 堅窮 2-1119A
jiànqióng 賤窮 10-252A
jiānqiū 兼秋 2-156A
jiǎnqiú 檢求 4-1340A
jiǎnqiú 簡求 8-1249A
jiǎnqiūluó 剪秋羅 2-718B
jiànqìxiāoxīn 劍氣簫心 2-752A
jiānqú 菅蘧 9-452B
jiānqú 艱劬 9-268A
jiānqú 囏劬 3-566B
jiǎnqǔ 檢取 4-1340A
jiǎnqǔ 簡取 8-1249B
jiǎnqù 簡去 8-1248A
jiànqū 見覷 10-322A
jiànqū 賤軀 10-252A
jiànqū 鑑曲 11-1424B
jiànqǔ 賤取 10-248B
jiànqǔ 鑑取 11-1424B
jiànqù 見趣 10-320A
jiānquán 姦權 4-357A
jiānquán 兼權 2-158B
jiānquán 監銓 7-1451B
jiānquàn 監勸 7-1453A
jiànquán 健全 1-1520B
jiànquán 檻泉 4-1352A
jiànquán 濫泉 6-182A
jiànquàn 諫勸 11-335B
jiānquánshàngjì 兼權尚計 2-158B
jiānquè 堅确 2-1118A
jiānquè 堅確 2-1118B
jiānquè 監榷 7-1451B
jiǎnquē 蹇缺 10-534B
jiǎnquē 簡缺 8-1252B
jiǎnquē 簡闕 8-1259A
jiǎnquè 減却 5-1452B
jiǎnquè 減卻 5-1453A
jiǎnquè 儉觳 1-1695B
jiǎnquè 儉确 1-1695A
jiànquē 間缺 12-83A
jiānqún 湔裙 5-1513B
jiànqún 濺裙 6-201B
jiānrán 燔然 7-256B
jiānrǎn 漸染 6-68B
jiǎnrán 儉然 1-1695A
jiǎnrán 謇然 11-392A
jiǎnrán 蹇然 10-535B
jiǎnrán 譾然 11-462A
jiànrán 間然 12-87A
jiànrǎn 醬舊 9-1447B
jiànrǎn 間染 12-82A
jiānrǎn 漸冉 6-68B
jiānrǎn 漸苒 6-68B
jiānrǎn 漸染 6-68B
jiānrǎng 間壤 12-94A
jiànrǎng 僭攘 1-1668A
jiānrǎo 煎擾 7-214A
jiānrén 姦人 4-349A
jiānrén 姦壬 4-349B
jiānrén 兼人 2-154A
jiānrén 監人 7-1444B
jiānrěn 堅忍 2-1116A
jiānrèn 肩任 6-1187B
jiānrèn 兼任 2-154B
jiānrèn 堅刃 2-1114B
jiānrèn 堅朋 2-1115B
jiānrèn 堅韌 2-1118A
jiānrèn 堅靭 2-1118A
jiǎnrén 蹇人 10-533B
jiǎnrèn 簡任 8-1248B
jiǎnrèn 簡認 8-1256B
jiànrén 見人 10-312A
jiànrén 間人 12-75A
jiànrén 賤人 10-246B
jiànrén 鑑人 11-1424A
jiànrèn 見任 10-313B
jiānrěnbùbá 堅忍不拔 2-1116A
jiānrènbùbá 堅韌不拔 2-1118A
jiànréng 荐仍 9-364B
jiànrènguān 薦任官 9-567B
jiànrénjiànzhì 見仁見智 10-312B
jiànrénláo 賤人牢 10-246B
jiǎnrénshàngtiān 蹇人上天 10-533B
jiǎnrénshēngtiān 蹇人升天 10-533B
jiānrì 兼日 2-154A
jiànrì 賤日 10-247A
jiānróng 兼容 2-156B
jiānróng 兼榮 2-158A
jiānróng 煎鎔 7-214A
jiānróng 監戎 7-1445B
jiǎnróng 剪絨 2-719B
jiǎnróng 檢容 4-1342A
jiànróng 見容 10-317A
jiànrǒng 賤冗 10-247A
jiānróngbìngbāo 兼容並包 2-156B
jiānróngbìngxù 兼容並蓄 2-156B
jiānròu 兼肉 2-154B
jiànróu 踐蹂 10-494B
jiànróu 踐輮 10-494B
jiānrú 兼儒 2-158A
jiānrú 漸濡 6-70A
jiānrù 瀸洳 6-215A
jiānrù 漸洳 6-69A
jiànrú 賤儒 10-252A
jiànrǔ 賤辱 10-250A
jiànrǔ 踐辱 10-493A
jiànrùguìchū 賤入貴出 10-246B
jiānruì 尖鋭 2-1658A
jiānruì 堅鋭 2-1118B
jiǎnruì 簡鋭 8-1257B
jiànrùjiājìng 漸入佳境 6-68A
jiānrùn 堅潤 2-1119A
jiānrùn 湔潤 5-1514A
jiānrùn 瀸潤 6-215A
jiānrùn 漸潤 6-69B
jiānrùn 湛潤 5-1443A
jiānruò 尖弱 2-1657B
jiǎnruò 減弱 5-1453B
jiǎnruò 翦弱 9-670A
jiǎnruò 蹇弱 10-535A
jiǎnruò 筕箬 8-1216A
jiànruò 賤弱 10-250B
jiānruògōngmèi 兼弱攻昧 2-156B
jiānrúpánshí 堅如盤石 2-1115B
jiānrúpánshí 堅如磐石 2-1115B
jiǎnsài 譾僿 11-462A
jiǎnsǎn 蹇散 10-535A
jiǎnsǎn 簡散 8-1254A
jiānsāng 監喪 7-1450B
jiǎnsàng 翦喪 9-670B
jiānsè 姦色 4-350B
jiānsè 艱澁 9-269B
jiānsè 艱澀 9-269B
jiānsè 瀸濇 6-215A
jiǎnsè 減色 5-1452B
jiǎnsè 儉色 1-1694A
jiǎnsè 儉嗇 1-1695A
jiǎnsè 謇澁 11-392A
jiǎnsè 謇澀 11-392A
jiǎnsè 蹇塞 10-535B
jiǎnsè 蹇澀 10-535B
jiǎnsè 蹇澁 10-536A
jiǎnsè 蹇澀 10-536A
jiǎnsè 簡澁 8-1257B
jiǎnsè 簡濇 8-1258B
jiǎnsè 簡澀 8-1259A
jiǎnsè 嚵澀 3-557B
jiànsè 間色 12-77B
jiànsè 檻塞 4-1352A
jiǎnshā 減殺 5-1453A
jiǎnshài 檢曬 4-1345A
jiānshān 兼山 2-154A
jiānshān 熸煽 7-256B
jiānshàn 兼善 2-157A
jiǎnshàn 減膳 5-1454A
jiànshān 踐山 10-491B
jiànshān 踐跚 10-493B
jiànshàn 建繕 2-911A
jiànshàn 僭擅 1-1667B
jiànshàn 薦剡 9-568A
jiǎnshànchèxuán 減膳徹懸 5-1454A
jiānshāng 姦商 4-353A
jiānshāng 殲傷 5-180A
jiǎnshāng 翦商 9-670B
jiǎnshāng 翦傷 9-670B
jiànshāng 餞觴 12-563A
jiànshǎng 見賞 10-320B
jiànshǎng 僭賞 1-1667B
jiànshǎng 鑑賞 11-1426A
jiànshàng 僭上 1-1665A
jiānshāo 菅筲 9-452B
jiǎnshǎo 減少 5-1452A
jiǎnshǎo 簡少 8-1247B
jiànshǎo 見少 10-312B
jiànshào 見少 10-312B
jiānshè 兼舍 2-155B
jiānshè 兼攝 2-158B
jiānshè 監攝 7-1453A
jiǎnshè 儉設 1-1695A
jiǎnshè 檢攝 4-1345A
jiànshē 僭奢 1-1666B
jiànshé 健舌 1-1520B
jiànshè 建設 2-908B
jiànshè 諫舍 11-334A
jiànshè 檻舍 4-1352A
jiānshēn 堅深 2-1118A
jiānshēn 艱深 9-268B
jiānshēn 間深 12-85A
jiǎnshēn 檢身 4-1340A
jiǎnshēn 簡深 8-1253B
jiǎnshěn 檢審 4-1344A
jiǎnshèn 檢慎 4-1343B
jiànshēn 賤身 10-248B
jiànshēn 薦紳 9-568B
jiànshēnfáng 健身房 1-1521A
jiānshēng 姦聲 4-356B
jiānshéng 緘繩 9-936B
jiānshéng 咸繩 5-218A
jiānshèng 兼乘 2-156A
jiǎnshěng 減省 5-1452B
jiǎnshěng 儉省 1-1694B
jiǎnshěng 簡省 8-1251B
jiǎnshèng 簡剩 8-1254B
jiǎnshèng 簡勝 8-1255A

jiànshēng 監生 7-1445A
jiànshēng 建生 2-906A
jiànshēng 洊升 5-1138B
jiànshēng 洊陞 5-1139A
jiànshēng 閒生 12-77A
jiànshēng 閒聲 12-92B
jiànshēng 賤生 10-247B
jiànshēng 踐昇 10-492B
jiànshéng 踐繩 10-495A
jiànshěng 諫省 11-334B
jiànshèng 僭盛 1-1666B
jiānshēngshēng 尖生生 2-1656B
jiànshénjiànguǐ 見神見鬼 10-316B
jiānshēnlǐ 間深裏 12-85A
jiànshèxìng 建設性 2-908B
jiānshī 兼施 2-156A
jiānshí 堅實 2-1118B
jiānshí 瑊石 4-601A
jiānshí 監食 7-1448B
jiānshí 艱食 9-268B
jiānshì 姦市 4-350A
jiānshì 姦事 4-351B
jiānshì 兼士 2-154A
jiānshì 兼示 2-154B
jiānshì 湔拭 5-1513A
jiānshì 監市 7-1445B
jiānshì 監事 7-1447A
jiānshì 監侍 7-1447B
jiānshì 監室 7-1448B
jiānshì 監視 7-1450A
jiānshì 監試 7-1451A
jiānshì 監誓 7-1451A
jiānshì 箋釋 8-1191B
jiǎnshī 檢屍 4-1341B
jiǎnshī 簡屍 8-1251B
jiǎnshí 儉時 1-1694B
jiǎnshí 撿拾 6-921A
jiǎnshí 檢實 4-1343B
jiǎnshí 簡實 8-1256B
jiǎnshí 譾識 11-462A
jiǎnshì 撿式 6-920B
jiǎnshì 檢示 4-1339B
jiǎnshì 檢式 4-1339B
jiǎnshì 檢事 4-1340B
jiǎnshì 檢視 4-1342B
jiǎnshì 蹇士 10-533B
jiǎnshì 簡視 8-1254A
jiǎnshì 簡試 8-1255B
jiànshi 見識 10-322B
jiànshī 薦師 9-568A
jiànshī 餞尸 12-562B
jiànshí 荐食 9-364B
jiànshí 健實 1-1523A
jiànshí 楗石 4-1133B
jiànshí 踐石 10-491B
jiànshí 踐實 10-493B
jiànshí 薦食 9-568A
jiànshí 鑑識 11-1426B
jiànshǐ 監史 7-1445A
jiànshǐ 閒使 12-80B
jiànshǐ 箭矢 8-1214A
jiànshì 監事 7-1447A
jiànshì 見示 10-312B
jiànshì 見事 10-314B
jiànshì 建事 2-907A
jiànshì 閒世 12-76B
jiànshì 閒事 12-80A
jiànshì 僭視 1-1666B
jiànshì 劍士 2-750B
jiànshì 箭室 8-1215A
jiànshì 賤士 10-247A
jiànshì 賤仕 10-247B
jiànshì 賤市 10-247B
jiànshì 賤事 10-248B
jiànshì 賤室 10-250A
jiànshì 賤視 10-251A
jiànshì 賤嗜 10-251B
jiànshì 踐事 10-492B
jiànshì 諫士 11-333B
jiànshì 鑑世 11-1424B
jiǎnshībàndé 減師半德 5-1453A
jiànshībàngtú 諫尸謗屠 11-333B
jiànshǐdiàn 建始殿 2-907B
jiànshìfēngshēng 見事風生 10-314B
jiànshǐfùtú 見豕負塗 10-314A
jiǎnshìgāobù 蹇視高步 10-535A
jiānshìhù 監視户 7-1450A
jiānshìlǚxī 監市履狶 7-1445B
jiànshìmiàn 見世面 10-313A
jiànshìshēngfēng 見事生風 10-314B
jiǎnshìtiàogāo 剪式跳高 2-718A
jiǎnshìyán 碱式鹽 7-1077B
jiànshízhījī 見時知幾 10-316B
jiànshǐzhīzhōng 見始知終 10-315B
jiānshōu 監收 7-1446B
jiānshǒu 堅守 2-1115A
jiānshǒu 監守 7-1446A
jiǎnshǒu 檢手 4-1339A
jiǎnshǒu 檢守 4-1340A
jiǎnshòu 減瘦 5-1454A
jiǎnshòu 簡授 8-1253A
jiànshōu 俴收 1-1463B
jiànshǒu 建首 2-907B
jiànshǒu 劍首 2-751B
jiànshǒu 箭手 8-1214A
jiànshòu 賤售 10-250B
jiànshòu 檻獸 4-1352A
jiānshōubìngcǎi 兼收並采 2-155A
jiānshōubìngcǎi 兼收並採 2-155A
jiānshōubìnglù 兼收並録 2-155A
jiānshōubìngxù 兼收並畜 2-155A
jiānshōubìngxù 兼收並蓄 2-155A
jiānshōubócǎi 兼收博采 2-155A
jiànshǒuyīxuè 劍首一吷 2-751B
jiānshǒuzìdào 監守自盜 7-1446A
jiānshǒuzìdào 監守自盗 7-1446A
jiānshū 牋書 6-1045A
jiānshū 牋疏 6-1045A
jiānshū 椷書 4-1164A
jiānshū 箋書 8-1191A
jiānshū 箋疏 8-1191B
jiānshū 緘書 9-936A
jiānshǔ 兼屬 2-158B
jiānshù 姦數 4-356A
jiānshù 姦豎 4-355B
jiānshù 兼術 2-156B
jiānshù 箋述 8-1191A
jiǎnshū 檢書 4-1342A
jiǎnshū 簡書 8-1253A
jiǎnshū 簡疏 8-1255A
jiǎnshǔ 檢署 4-1343A
jiǎnshù 檢束 4-1339B
jiǎnshù 蹇數 10-535B
jiǎnshù 簡恕 8-1253A
jiànshū 監書 7-1449B
jiànshū 閒書 12-83B
jiànshū 閒疎 12-87B
jiànshū 閒疏 12-87B
jiànshū 箭書 8-1215A
jiànshū 賤疎 10-251B
jiànshū 賤疏 10-251A
jiànshū 薦書 9-568B
jiànshū 諫書 11-334B
jiànshū 諫疏 11-335A
jiànshǔ 薦數 9-569A
jiànshǔ 諫署 11-335A
jiànshù 件數 1-1196A
jiànshù 見恕 10-317A
jiànshù 建竪 2-909B
jiànshù 建豎 2-910A
jiànshù 建樹 2-910B
jiànshù 閒樹 12-91B
jiànshù 僭豎 1-1667B
jiànshù 劍術 2-752A
jiànshù 劍樹 2-752B
jiànshù 賤庶 10-250B
jiànshù 賤術 10-250B
jiānshuā 湔刷 5-1513A
jiānshuǎ 尖耍 2-1657B
jiǎnshuā 翦刷 9-669B
jiānshuài 監帥 7-1448B
jiǎnshuāi 減衰 5-1453B
jiǎnshuài 儉率 1-1695A
jiǎnshuài 檢率 4-1342B
jiǎnshuài 簡率 8-1253B
jiànshuǎng 健爽 1-1521B
jiǎnshuǐ 梘水 4-1039A
jiǎnshuǐ 筧水 8-1171B
jiǎnshuǐ 鹼水 12-1030B
jiǎnshuǐ 醶水 9-1446B
jiǎnshuì 繭稅 9-603B
jiànshuǐ 健水 1-1520B
jiànshuǐ 箭水 8-1214A
jiǎnshuǐhé 減水河 5-1452A
jiǎnshuǐhuā 翦水花 9-669A
jiānshuǐzuòbīng 煎水作冰 7-212B
jiānshuō 姦説 4-355B
jiānshuò 煎爍 7-214A
jiānshuò 煎鑠 7-214A
jiànshuō 見説 10-319B
jiànshuō 諫説 11-335B
jiànshuò 健碩 1-1522B
jiànshuò 劍槊 2-752B
jiānsī 姦私 4-351A
jiānsī 監司 7-1445B
jiānsì 監寺 7-1445B
jiānsì 監伺 7-1446B
jiānsì 閒祀 12-79B
jiǎnsī 繭絲 9-603B
jiǎnsī 璽絲 8-988B
jiǎnsǐ 減死 5-1452B
jiànsī 賤司 10-247B
jiànsī 賤私 10-248B
jiànsī 諫司 11-334A
jiànsī 磵澌 7-1113A
jiànsì 建嗣 2-909B
jiànsì 俴駟 1-1463B
jiànsì 僭肆 1-1667A
jiànsì 賤肆 10-251A
jiànsǐbùjiù 見死不救 10-313B
jiǎnsīfēng 齊司封 12-1428A
jiǎnsīniúmáo 繭絲牛毛 9-603B
jiǎnsīniúmáo 璽絲牛毛 8-988B
jiǎnsīshǔmǐ 簡絲數米 8-1255A
jiànsìyuè 建巳月 2-905B
jiānsòng 監送 7-1448B
jiǎnsòng 簡訟 8-1253B
jiànsōng 澗松 6-149B
jiànsòng 健訟 1-1522A
jiànsòng 餞送 12-562B
jiànsòng 檻送 4-1352A
jiānsōngsōng 尖鬆鬆 2-1659A
jiānsōu 監搜 7-1450B
jiǎnsōu 檢搜 4-1342B
jiānsù 姦宿 4-353B
jiānsù 姦愬 4-355B
jiānsù 兼宿 2-156B
jiānsù 牋素 6-1044B
jiānsù 牋訴 6-1045A
jiānsù 椷素 4-1164A
jiānsù 緘素 9-935B
jiānsù 縑素 9-973B
jiǎnsù 儉素 1-1694B
jiǎnsù 檢素 4-1341B
jiǎnsù 簡素 8-1252A
jiǎnsù 簡肅 8-1256A
jiǎnsù 璽素 8-988B
jiānsuān 尖酸 2-1658A
jiǎnsuàn 減算 5-1454A

jiānsuí 肩隨 6-1188B
jiānsuì 兼歲 2-157A
jiānsuì 熸燧 7-257A
jiǎnsuì 儉歲 1-1695A
jiànsuì 洊歲 5-1139A
jiànsuì 閒歲 12-88A
jiànsuì 餞歲 12-563A
jiànsuì 鑑燧 11-1426B
jiǎnsǔn 減損 5-1453B
jiànsǔn 箭筍 8-1215B
jiànsǔn 諫筍 11-335A
jiānsuǒ 緘鎖 9-936B
jiānsuǒ 緘鏁 9-936B
jiǎnsuō 減縮 5-1454B
jiǎnsuō 簡縮 8-1259A
jiǎnsuǒ 檢索 4-1341B
jiànsuǒbùjiàn 見所不見
10-315A
jiànsuǒwèijiàn 見所未見
10-315A
jiǎntà 檢踏 4-1343B
jiàntà 踐踏 10-493B
jiàntà 踐蹋 10-494B
jiāntái 漸臺 6-69B
jiāntài 姦態 4-355B
jiǎntài 柬汰 4-914A
jiǎntài 揀汰 6-739A
jiǎntài 減汰 5-1452B
jiǎntài 儉汰 1-1694A
jiǎntài 儉泰 1-1694B
jiǎntài 簡汰 8-1249B
jiàntāi 賤胎 10-249B
jiàntái 鑑臺 11-1426A
jiàntàixiāoxīn 劍態簫心
2-752B
jiāntān 姦貪 4-353A
jiāntàn 箋探 8-1191A
jiàntán 健談 1-1523A
jiàntán 僭談 1-1667B
jiàntàn 間探 12-84A
jiāntáng 蔪糖 9-604A
jiāntāngxǐtún 煎湯洗臀
7-213A
jiǎntǎo 檢討 4-1342A
jiǎntǎo 簡討 8-1253A
jiāntè 姦慝 4-352B
jiāntè 姦慝 4-355A
jiàntè 僭忒 1-1665A
jiàntè 僭慝 1-1667A
jiānténg 牋藤 6-1045A
jiānténg 緘縢 9-936A
jiāntí 緘題 9-936B
jiǎntī 剪剔 2-719A
jiǎntī 翦剔 9-670A
jiǎntī 檢擿 4-1344B
jiǎntí 蹇蹄 10-536A
jiǎntì 剪薙 2-720B
jiǎntì 簡狄 8-1249A
jiǎntì 簡遏 8-1253B
jiàntǐ 賤體 10-252B
jiàntì 間替 12-85B
jiāntiān 兼天 2-154A
jiāntiān 牋天 6-1044B
jiāntián 間田 12-76B
jiāntiǎn 殲殄 5-180A
jiǎntián 醎田 9-1444B
jiàntiān 見天 10-312A
jiàntiǎn 僭忝 1-1665B
jiàntiānjiàn 見天見
10-312A
jiàntiānjiàndì 見天見地
10-312A
jiàntiānjiànwǎn 見天見晚
10-312A
jiàntiānrì 見天日 10-312A
jiāntiāo 肩挑 6-1187B
jiāntiāo 兼祧 2-156B
jiāntiáo 煎調 7-213B
jiǎntiào 減糶 5-1454B
jiāntiě 監帖 7-1447A
jiāntiě 緘帖 9-935B
jiǎntiē 剪貼 2-719B
jiǎntiē 剪帖 2-718B
jiǎntiě 柬帖 4-914A
jiǎntiě 減鐵 5-1454B
jiǎntiě 簡帖 8-1250A
jiāntīng 兼聽 2-158B
jiāntīng 監聽 7-1453A
jiāntǐng 堅挺 2-1117A
jiàntīng 瞷聽 7-1257A
jiàntǐng 艦艇 9-12A
jiāntīngzémíng…
兼聽則明,偏信則暗
2-158B
jiǎntǐzì 簡體字 8-1259B
jiāntōng 姦通 4-353A
jiāntōng 兼通 2-156B
jiāntǒng 兼統 2-157A
jiāntǒng 監統 7-1450B
jiǎntóng 剪桐 2-719A
jiǎntǒng 剪筒 2-719B
jiàntóng 建同 2-906B
jiàntóng 賤同 10-248A
jiàntǒng 建統 2-909A
jiàntǒng 箭筒 8-1215B
jiàntǒng 箭筩 8-1216A
jiàntǒng 踐統 10-493B
jiāntōu 姦偷 4-353A
jiāntóu 尖頭 2-1658B
jiāntóu 肩頭 6-1189A
jiǎntóu 剪頭 2-720B
jiàntóu 件頭 1-1196A
jiàntóu 箭頭 8-1216B
jiàntóu 薦頭 9-569A
jiàntóuchuī 劍頭炊 2-752B
jiāntóumùlǘ 尖頭木驢
2-1658B
jiāntóunú 尖頭奴 2-1658B
jiàntóuyīxuè 劍頭一吷
2-752B
jiāntú 兼塗 2-157B
jiāntú 漸塗 6-69A
jiāntǔ 兼土 2-154A
jiǎntú 剪屠 2-719B
jiǎntú 翦屠 9-670B
jiǎntú 簡徒 8-1252B
jiǎntǔ 鹼土 12-1030B
jiǎntǔ 鹹土 12-1028B
jiǎntù 蹇兔 10-534B
jiàntǔ 踐土 10-491B
jiāntuán 尖團 2-1658A
jiàntuán 鑑團 11-1426A
jiāntuányīn 尖團音 2-1658A
jiàntùfàngyīng 見兔放鷹
10-315A
jiàntùgùquǎn 見兔顧犬
10-315A
jiǎntuì 揀退 6-739B
jiǎntuì 減退 5-1453A
jiǎntuì 儉退 1-1694B
jiǎntuì 簡退 8-1251B
jiāntūn 兼吞 2-155A
jiǎntuō 簡倪 8-1251B
jiǎntuō 簡脫 8-1253B
jiàntuō 見托 10-313A
jiàntuō 閒脫 12-84B
jiàntuó 鍵橐 11-1342A
jiàntǔshímáo 踐土食毛
10-491B
jiānú 家奴 3-1462B
jiǎnǔ 甲弩 7-1286B
jiǎnǔfāng 甲弩坊 7-1286B
jiǎnǔkù 甲弩庫 7-1286B
jiǎnǚ 假女 1-1574A
jiānǚsīkuī 賈女私窺
10-191A
jiānǚxiāng 賈女香 10-191A
jiànwā 鑑窪 11-1426A
jiànwài 見外 10-313A
jiànwài 劍外 2-751A
jiānwán 姦頑 4-354B
jiānwán 堅完 2-1115B
jiānwán 堅頑 2-1118A
jiānwáng 熸亡 7-256B
jiānwáng 殲亡 5-180A
jiānwǎng 姦枉 4-351B
jiānwǎng 姦罔 4-351B
jiānwǎng 閒往 12-80B
jiānwàng 姦妄 4-351A
jiànwáng 薦亡 9-567A
jiànwàng 健忘 1-1521A
jiànwàng 健旺 1-1521A
jiànwàng 僭王 1-1665A
jiànwàng 僭妄 1-1665A
jiānwēi 姦威 4-352A
jiānwēi 艱危 9-267B
jiānwēi 鞬危 3-566B
jiānwéi 姦唯 4-353A
jiānwéi 姦違 4-354B
jiānwéi 閒維 12-90B
jiānwěi 姦僞 4-355A
jiānwěi 蒹葦 9-519A
jiānwèi 姦爲 4-354B
jiānwèi 兼味 2-155B
jiǎnwēi 簡微 8-1255B
jiǎnwēi 譾微 11-462A
jiǎnwèi 檢畏 4-1341A
jiǎnwèi 蹇瞶 10-536B
jiǎnwèi 蹇衛 10-535B
jiànwēi 見微 10-319A
jiànwēi 澗隈 6-149B
jiànwēi 賤微 10-251B
jiànwēi 踐危 10-492A
jiànwēi 鑑微 11-1426A
jiànwéi 僭違 1-1667A
jiànwéi 諫帷 11-335A
jiànwěi 見委 10-315A
jiànwěi 僭僞 1-1667A
jiànwèi 見謂 10-321B
jiànwèi 見遺 10-320B
jiànwèi 僭位 1-1665B
jiànwèi 賤位 10-248B
jiànwèi 踐位 10-492A
jiànwèi 鑑畏 11-1425A
jiànwēishòumìng 見危授命
10-313B
jiànwēizhìmìng 見危致命
10-313B
jiànwēizhīzhù 見微知著
10-319A
jiānwén 箋紋 8-1191A
jiǎnwén 檢文 4-1339A
jiǎnwén 簡聞 8-1256B
jiǎnwèn 檢問 4-1342B
jiànwén 見聞 10-320A
jiànwěn 僭紊 1-1666A
jiànwèn 閒問 12-85B
jiānwèng 蔪甕 9-604A
jiānwèngfānpén 瀸甕番盆
6-216A
jiānwō 肩窩 6-1188B
jiānwò 堅臥 2-1116A
jiānwū 姦汙 4-351A
jiānwū 姦污 4-351A
jiānwū 瀸汙 6-215A
jiānwú 肩吾 6-1187B
jiānwù 兼物 2-155B
jiǎnwū 簡誣 8-1256B
jiǎnwǔ 簡侮 8-1251B
jiǎnwù 蔪物 9-603B
jiànwū 賤污 10-248A
jiànwū 踐汙 10-492A
jiànwū 檻屋 4-1352A
jiànwǔ 健武 1-1521A
jiànwǔ 健舞 1-1522B
jiànwǔ 賤侮 10-249B
jiànwù 件物 1-1196A
jiànwù 見惡 10-318A
jiànwù 僭物 1-1665B
jiànwù 漸悟 6-69A
jiànwù 賤惡 10-251A
jiànwù 賤物 10-249A
jiànwù 賤務 10-250B
jiànwù 鑑悟 11-1425A
jiānxī 肩息 6-1188A
jiānxī 兼夕 2-154A
jiānxī 湛熺 5-1443B
jiānxí 牋檄 6-1045A
jiānxǐ 湔洒 5-1513B
jiānxǐ 湔灑 5-1514A
jiānxǐ 湔洗 5-1513B
jiānxì 姦細 4-353B
jiānxì 監繫 7-1453A
jiǎnxī 減息 5-1453A
jiǎnxī 翦翕 9-670B
jiǎnxī 簡兮 8-1247B

jiǎnxí 簡習 8-1254A
jiǎnxì 簡細 8-1254A
jiànxī 建溪 2-910A
jiànxī 間蹊 12-92B
jiànxī 間息 12-83A
jiànxī 澗溪 6-150A
jiànxī 賤息 10-250A
jiànxí 見習 10-318A
jiànxí 踐席 10-493A
jiànxí 踐襲 10-495A
jiànxí 薦席 9-568A
jiànxí 薦蓆 9-569A
jiànxí 餞席 12-562B
jiànxǐ 見喜 10-318A
jiànxǐ 劍璽 2-753A
jiànxì 間郄 12-80B
jiànxì 間郤 12-81B
jiànxì 間隙 12-88A
jiànxì 間隟 12-89B
jiànxì 瞯隙 7-1257A
jiānxiá 姦俠 4-352A
jiānxiá 姦黠 4-356B
jiānxià 肩下 6-1187A
jiǎnxiá 儉狹 1-1694B
jiǎnxiá 檢柙 4-1341A
jiǎnxiá 檢轄 4-1344B
jiǎnxiá 檢押 4-1340A
jiànxiā 健傄 1-1522A
jiànxiá 健俠 1-1521B
jiànxiá 健黠 1-1523A
jiànxiá 劍俠 2-751B
jiànxiá 澗峽 6-149B
jiànxiá 鍵轄 11-1342A
jiànxiá 瞯瑕 7-1257A
jiànxià 賤下 10-247A
jiānxiān 尖纖 2-1659A
jiānxiān 姦憸 4-356B
jiānxiān 艱鮮 9-269B
jiānxiǎn 姦險 4-356A
jiānxiǎn 艱險 9-269B
jiǎnxián 檢閑 4-1343A
jiǎnxián 簡賢 8-1257A
jiǎnxiàn 簡憲 8-1258B
jiànxiān 僭先 1-1665A
jiànxiān 劍仙 2-751A
jiànxián 見賢 10-320A
jiànxián 箭弦 8-1215A
jiànxiàn 見晛 10-317B
jiànxiàn 健羨 1-1522B
jiànxiàn 薦獻 9-569B
jiànxiàn 諫憲 11-335B
jiànxiàncéngchū 間見層出 12-78A
jiǎnxiánfùshì 簡賢附勢 8-1257A
jiānxiāng 箋香 8-1191A
jiānxiāng 縑箱 9-973B
jiānxiāng 縑緗 9-973B
jiānxiāng 馢香 12-442A
jiānxiāng 櫼香 4-1353A
jiānxiàng 肩項 6-1188B
jiānxiàng 姦相 4-352A
jiǎnxiáng 檢詳 4-1343B
jiǎnxiàng 揀相 6-739A
jiànxiǎng 薦享 9-567B
jiànxiǎng 薦饗 9-570A
jiànxiàng 賤相 10-249B
jiǎnxiánrènnéng 簡賢任能 8-1257A
jiànxiánsīqí 見賢思齊 10-320A
jiānxiāo 煎銷 7-213B
jiānxiǎo 姦小 4-349A
jiānxiào 姦笑 4-352B
jiànxiāo 僭肖 1-1665B
jiànxiǎo 見小 10-312A
jiànxiào 見效 10-317A
jiànxiào 見笑 10-317A
jiànxiǎo'àndà 見小闇大 10-312A
jiànxiàodàfāng 見笑大方 10-317A
jiànxīchūn 建溪春 2-910A
jiānxié 姦邪 4-350B
jiānxié 姦衺 4-352B
jiǎnxié 檢邪 4-1339B
jiǎnxiě 簡寫 8-1257B
jiǎnxiè 簡泄 8-1251A
jiǎnxiè 簡褻 8-1259A
jiànxiē 間歇 12-88B
jiànxié 建邪 2-906B
jiànxiè 檻緤 4-1352A
jiànxiēquán 間歇泉 12-88B
jiànxiērè 間歇熱 12-88B
jiànxīmáo 澗溪毛 6-150A
jiānxīn 尖新 2-1657B
jiānxīn 姦心 4-349B
jiānxīn 兼心 2-154A
jiānxīn 堅心 2-1114B
jiānxīn 煎心 7-212B
jiānxīn 艱辛 9-268A
jiānxìn 姦舋 4-357A
jiānxìn 姦釁 4-357B
jiānxìn 堅信 2-1117B
jiǎnxīn 減薪 5-1454A
jiǎnxīn 簡心 8-1247B
jiǎnxìn 簡信 8-1251B
jiànxīn 見新 10-319A
jiànxīn 薦新 9-569A
jiànxín 劍鐔 2-753A
jiànxìn 間舋 12-94A
jiànxìn 間釁 12-94A
jiànxìn 踐信 10-492B
jiànxìn 薦信 9-568A
jiānxíng 姦行 4-350B
jiānxíng 兼行 2-154B
jiānxíng 監刑 7-1445B
jiānxíng 監行 7-1446A
jiānxíng 漸行 6-68B
jiānxìng 姦倖 4-352B
jiǎnxíng 減刑 5-1452A
jiǎnxíng 檢行 4-1339B
jiǎnxíng 蹇行 10-534A
jiǎnxǐng 檢省 4-1341A
jiǎnxǐng 簡省 8-1251B
jiǎnxìng 碱性 7-1077B
jiànxīng 見星 10-316A
jiànxīng 建星 2-907B
jiànxíng 間行 12-77A
jiànxíng 賤行 10-248A
jiànxíng 踐行 10-491B
jiànxíng 踐形 10-492A
jiànxíng 餞行 12-562B
jiànxìng 見性 10-315A
jiànxìng 賤姓 10-249B
jiǎnxìnshēng 揀信生 6-739A
jiānxiōng 姦凶 4-349B
jiānxiōng 姦兇 4-350B
jiānxióng 姦雄 4-354A
jiānxiū 牋修 6-1044B
jiānxiū 監修 7-1448B
jiǎnxiū 剪修 2-719A
jiǎnxiū 檢修 4-1341B
jiǎnxiū 檢脩 4-1342A
jiǎnxiū 蹇修 10-534B
jiǎnxiū 蹇脩 10-534B
jiǎnxiù 簡秀 8-1249A
jiànxiū 踐修 10-492B
jiànxiū 薦羞 9-568A
jiànxiù 箭袖 8-1215A
jiānxū 姦胥 4-352B
jiānxù 兼畜 2-156B
jiǎnxù 檢恤 4-1341B
jiǎnxù 簡序 8-1249B
jiǎnxù 簡恤 8-1251B
jiǎnxù 簡卹 8-1250B
jiǎnxù 繭絮 8-988B
jiànxū 建戌 2-906B
jiànxū 賤胥 10-250A
jiànxǔ 見許 10-317B
jiànxǔ 鑑許 11-1425B
jiǎnxuǎn 揀選 6-739B
jiǎnxuǎn 檢選 4-1344A
jiǎnxuǎn 簡選 8-1257B
jiànxuǎn 鑑選 11-1426B
jiānxué 監學 7-1452A
jiānxuě 湔雪 5-1513B
jiǎnxuē 剪削 2-718B
jiǎnxuē 減削 5-1453A
jiǎnxuē 翦削 9-670A
jiànxué 瀸穴 6-216A
jiànxué 監學 7-1452B
jiànxuè 劍吷 2-751A
jiànxuè 濺血 6-201B
jiānxún 兼旬 2-155A
jiānxùn 箋訓 8-1191A
jiǎnxún 檢尋 4-1343A
jiǎnxùn 簡訊 8-1253A
jiǎnxùn 瞯詢 7-1257A
jiànxùn 諫訓 11-334B
jiǎnxūshāoyào 翦鬚燒藥 9-672A
jiānyā 監押 7-1447A
jiānyá 姦牙 4-349B
jiānyá 籛芽 8-1277B
jiǎnyā 撿押 6-921A
jiǎnyǎ 簡雅 8-1254A
jiànyá 建牙 2-906A
jiānyán 姦言 4-351B
jiānyán 姦鹽 4-357B
jiānyán 兼言 2-155B
jiānyán 堅嚴 2-1119B
jiānyán 煎鹽 7-214A
jiǎnyán 簡嚴 8-1259A
jiǎnyán 鹼鹽 12-1030B
jiǎnyǎn 蹇偃 10-535A
jiǎnyàn 檢驗 4-1345A
jiǎnyàn 簡驗 8-1259B
jiànyān 澗煙 6-150A
jiànyán 監言 7-1446B
jiànyán 見顏 10-322A
jiànyán 建言 2-907A
jiànyán 間言 12-78B
jiànyán 僭言 1-1665B
jiànyán 踐言 10-492A
jiànyán 薦延 9-567B
jiànyán 薦言 9-567B
jiànyán 諫言 11-334A
jiànyán 餞筵 12-562B
jiànyǎn 箭眼 8-1215B
jiànyàn 間燕 12-91B
jiànyàn 餞宴 12-562B
jiǎnyàng 減樣 5-1454A
jiǎnyàng 翦樣 9-671B
jiànyáng 建陽 2-909A
jiànyáng 踐揚 10-493A
jiànyáng 踐敭 10-493B
jiànyáng 薦揚 9-568B
jiànyáng 檻羊 4-1351B
jiànyǎng 健仰 1-1520B
jiànyàng 賤恙 10-250B
jiǎnyánglāo 撿洋撈 6-921A
jiǎnyàngōng 檢驗工 4-1345A
jiānyánlěngyǔ 尖言冷語 2-1657A
jiànyánwang 見閻王 10-321B
jiānyào 煎藥 7-214A
jiǎnyào 簡要 8-1251A
jiànyāo 鞬腰 12-202A
jiànyāo 踐妖 10-492B
jiànyáo 建窯 2-910B
jiànyáo 箭猺 8-1216A
jiǎnyàoqīngtōng 簡要清通 8-1251A
jiānyē 艱噎 9-269A
jiānyè 兼業 2-157A
jiǎnyè 剪葉 2-719B
jiǎnyè 蹇曳 10-534A
jiànyè 建業 2-909B
jiànyè 間夜 12-80B
jiànyè 賤業 10-251A
jiànyēfèishí 見噎廢食 10-320B
jiānyī 兼衣 2-155A
jiānyī 湔衣 5-1513A
jiānyī 監壹 7-1450B
jiānyī 縑衣 9-973A
jiānyí 兼疑 2-158A
jiānyí 殲夷 5-180A
jiānyì 兼義 2-157B
jiānyì 兼詣 2-157B
jiānyì 堅意 2-1118B
jiānyì 堅毅 2-1118B
jiānyì 監議 7-1453A
jiǎnyī 簡衣 8-1249A
jiǎnyī 繭衣 9-603B

jiǎnyí 剪夷 2-718A
jiǎnyí 翦夷 9-669B
jiǎnyí 簡夷 8-1248B
jiǎnyí 簡彝 8-1259A
jiǎnyì 剪刈 2-718A
jiǎnyì 剪抑 2-718B
jiǎnyì 剪殪 2-720B
jiǎnyì 揃刈 6-775A
jiǎnyì 儉易 1-1694A
jiǎnyì 翦刈 9-669B
jiǎnyì 翦抑 9-669B
jiǎnyì 檢抑 4-1340A
jiǎnyì 檢疫 4-1341B
jiǎnyì 簡易 8-1250A
jiǎnyì 簡逸 8-1253B
jiǎnyì 簡詣 8-1255B
jiànyī 閒一 12-75A
jiànyī 閒衣 12-77B
jiànyī 劍衣 2-751A
jiànyī 箭衣 8-1214A
jiànyí 見眙 10-318A
jiànyí 見疑 10-319B
jiànyí 見遺 10-320B
jiànyì 見異 10-317B
jiànyì 建義 2-910A
jiànyì 建議 2-911B
jiànyì 健翼 1-1523A
jiànyì 僭易 1-1665B
jiànyì 僭異 1-1666B
jiànyì 僭逸 1-1666B
jiànyì 僭軼 1-1666B
jiànyì 僭溢 1-1667A
jiànyì 賤役 10-248B
jiànyì 賤易 10-249A
jiànyì 諫議 11-336A
jiànyìbìwéi 見義必爲 10-319A
jiànyìdāngwéi 見義當爲 10-319B
jiànyìgǎnwéi 見義敢爲 10-319B
jiānyījǐngbǎi 殲一警百 5-180A
jiānyīn 尖音 2-1657B
jiānyīn 緘音 9-935B
jiānyín 姦淫 4-353B
jiānyǐn 姦隱 4-356B
jiānyǐn 監引 7-1445A
jiānyìn 監印 7-1445A
jiǎnyín 減銀 5-1454A
jiànyīn 澗陰 6-149B
jiànyīn 賤陰 10-250B
jiànyín 建寅 2-908B
jiànyǐn 澗飲 6-149B
jiànyǐn 薦引 9-567A
jiànyǐn 餞飲 12-563A
jiānyíng 兼營 2-158A
jiānyíng 兼贏 2-158B
jiānyíng 堅瑩 2-1119A
jiānyíng 堅營 2-1119A
jiānyǐng 尖穎 2-1658B
jiānyìng 堅硬 2-1118A
jiǎnyǐng 剪影 2-720A
jiànyìng 洊膺 5-1139B
jiànyíng 漸營 6-70A
jiànyínyuè 建寅月 2-909A
jiǎnyìshīfàn 簡易師範 8-1250A
jiànyìsīqiān 見异思遷 10-314A
jiànyìsīqiān 見異思遷 10-317B
jiànyìyǒngwéi 見義勇爲 10-319B
jiānyǒng 箋咏 8-1191A
jiǎnyōng 譾庸 11-461B
jiǎnyòng 儉用 1-1693B
jiǎnyòng 檢用 4-1339B
jiǎnyòng 簡用 8-1248B
jiànyōng 賤庸 10-251A
jiànyǒng 健勇 1-1521B
jiànyǒng 賤勇 10-250A
jiànyòng 僭用 1-1665A
jiānyóu 姦由 4-350A
jiānyū 漸淤 6-69A
jiānyú 肩舁 6-1188A
jiānyú 肩輿 6-1189B
jiānyú 肩轝 6-1189B
jiānyú 姦諛 4-356A
jiānyú 艱虞 9-269A
jiānyǔ 閒語 12-90A
jiānyù 姦譽 4-357A
jiānyù 兼域 2-156B
jiānyù 監御 7-1450B
jiānyù 監獄 7-1451B
jiǎnyú 譾愚 11-462A
jiǎnyǔ 蹇傴 10-535B
jiǎnyù 檢玉 4-1339B
jiǎnyù 檢御 4-1342B
jiǎnyù 檢馭 4-1342B
jiǎnyù 蹇寓 10-535B
jiǎnyù 簡御 8-1255A
jiànyú 見於 10-315A
jiànyú 建旟 2-911B
jiànyú 僭踰 1-1667B
jiànyú 箭魚 8-1215B
jiànyú 賤愚 10-251B
jiànyú 鑑于 11-1424A
jiànyǔ 閒語 12-89B
jiànyǔ 箭羽 8-1214B
jiànyù 見御 10-318B
jiànyù 見遇 10-318A
jiànyù 見諭 10-321B
jiànyù 僭御 1-1666B
jiànyù 賤鬻 10-252B
jiànyù 薦譽 9-569B
jiànyù 諫喻 11-335A
jiànyù 諫諭 11-335B
jiànyù 餞御 12-562B
jiānyuàn 監院 7-1449A
jiānyuàn 緘怨 9-935B
jiǎnyuán 減員 5-1453A
jiǎnyuán 簡緣 8-1258A
jiǎnyuǎn 簡遠 8-1255A
jiǎnyuàn 檢愿 4-1343B
jiǎnyuàn 簡愿 8-1256A
jiànyuán 監元 7-1444B
jiànyuán 見原 10-316B
jiànyuán 建元 2-905B
jiànyuán 僭元 1-1665A
jiànyuán 諫垣 11-334B
jiànyuán 鑑原 11-1425A
jiànyuàn 監院 7-1449A
jiànyuàn 諫苑 11-334B
jiànyuàn 諫院 11-334B
jiānyuē 堅約 2-1117B
jiānyuè 監閱 7-1452A
jiǎnyuē 減約 5-1453A
jiǎnyuē 儉約 1-1694B
jiǎnyuē 檢約 4-1341B
jiǎnyuē 簡約 8-1252A
jiǎnyuē 閒約 12-82B
jiǎnyuè 揀閱 6-739B
jiǎnyuè 儉月 1-1693B
jiǎnyuè 撿閱 6-921A
jiǎnyuè 檢閱 4-1344A
jiǎnyuè 簡閱 8-1257B
jiànyuē 踐約 10-493A
jiànyuè 僭樂 1-1667A
jiànyuè 僭越 1-1666B
jiànyuè 鍵鑰 11-1342B
jiǎnyuēxiánghé 簡約詳核 8-1252A
jiānyǔn 殲殞 5-180B
jiānyùn 兼韻 2-158B
jiǎnyǔn 簡允 8-1247B
jiǎnyùn 蹇運 10-535B
jiànyǔn 鑑允 11-1424A
jiànyùn 踐運 10-493B
jiànzá 閒雜 12-93A
jiànzá 僭雜 1-1668A
jiǎnzài 簡在 8-1248B
jiànzài 健在 1-1520B
jiànzàixiánshàng 箭在弦上 8-1214A
jiānzāng 姦臧 4-355A
jiānzāng 姦贓 4-357A
jiǎnzàng 儉葬 1-1695A
jiānzào 監造 7-1449A
jiǎnzáo 翦鑿 9-672A
jiǎnzào 減竈 5-1454B
jiǎnzào 簡躁 8-1259B
jiànzào 建造 2-908A
jiànzào 閒簉 12-91B
jiànzào 賤造 10-250A
jiānzé 監擇 7-1452A
jiānzé 漸澤 6-70A
jiǎnzé 柬擇 4-914A
jiǎnzé 揀擇 6-739B
jiǎnzé 檢則 4-1341A
jiǎnzé 檢責 4-1342A
jiǎnzé 檢擇 4-1344A
jiǎnzé 簡則 8-1251B
jiǎnzé 簡擇 8-1258A
jiǎnzè 蹇仄 10-533B
jiànzé 見責 10-317A
jiānzéi 姦賊 4-354B
jiānzēng 箋繒 8-1191B
jiànzèng 見贈 10-322B
jiànzèng 餞贈 12-563A
jiānzhá 牋劄 6-1045A
jiānzhá 牋札 6-1044B
jiānzhá 箋札 8-1190B
jiānzhá 緘札 9-935B
jiānzhà 姦詐 4-354A
jiānzhà 漸詐 6-69A
jiǎnzhá 簡札 8-1248A
jiànzhà 僭詐 1-1667A
jiānzhāi 監齋 7-1452B
jiānzhái 監宅 7-1446A
jiānzhāishǐzhě 監齋使者 7-1452B
jiānzhǎn 監斬 7-1450A
jiānzhàn 尖站 2-1657B
jiānzhàn 姦占 4-349B
jiānzhàn 姦佔 4-351A
jiānzhàn 監戰 7-1452A
jiānzhàn 韉韆 12-215B
jiānzhāng 肩章 6-1188B
jiǎnzhāng 簡章 8-1253B
jiànzhāng 建章 2-908B
jiànzhāng 箭張 8-1215B
jiànzhāng 薦章 9-568B
jiànzhāng 諫章 11-335A
jiànzhàng 見仗 10-313A
jiànzhàngfū 賤丈夫 10-247A
jiànzhānggōng 建章宫 2-908B
jiānzhào 姦兆 4-350B
jiǎnzhǎo 翦爪 9-669B
jiǎnzhào 檢照 4-1343A
jiǎnzhào 簡召 8-1248B
jiǎnzhào 簡照 8-1255B
jiànzhāo 鑑昭 11-1425A
jiànzhào 監照 7-1451A
jiànzhào 鑑照 11-1425B
jiānzhě 閒者 12-80A
jiǎnzhé 減折 5-1452B
jiànzhé 諫折 11-334A
jiànzhě 閒者 12-80A
jiānzhēn 兼珍 2-156A
jiānzhēn 堅貞 2-1117A
jiānzhēn 艱貞 9-268B
jiānzhèn 堅陳 2-1117B
jiānzhèn 堅陣 2-1117B
jiānzhèn 監陣 7-1449A
jiǎnzhěn 鬋鬒 12-751A
jiànzhēn 洊臻 5-1139A
jiànzhēn 荐蓁 9-364B
jiànzhēn 荐臻 9-364B
jiànzhēn 閒偵 12-84B
jiànzhēn 薦臻 9-569A
jiànzhěn 薦枕 9-567A
jiànzhèn 見陣 10-316B
jiānzhēnbùqū 堅貞不屈 2-1117A
jiānzhēnbùyú 堅貞不渝 2-1117A
jiānzhēng 煎蒸 7-213A
jiānzhèng 兼政 2-156A
jiānzhèng 堅正 2-1114B
jiǎnzhēng 檢徵 4-1344A
jiǎnzhèng 儉正 1-1693B
jiǎnzhèng 儉政 1-1694A
jiǎnzhèng 檢正 4-1339B
jiǎnzhèng 謇正 11-391B

jiǎnzhèng 簡正 8-1247B
jiànzhēng 諫争 11-334A
jiànzhèng 見證 10-322B
jiànzhèng 踐政 10-492B
jiànzhèng 諫正 11-333B
jiànzhèng 諫諍 11-335A
jiànzhèng 鑑證 11-1426B
jiǎnzhèngguān 檢正官
4-1339B
jiànzhěnxí 薦枕席 9-567B
jiànzhěnxí 薦枕蓆 9-567B
jiānzhī 兼之 2-154A
jiānzhī 監知 7-1447A
jiānzhí 兼職 2-158A
jiānzhí 堅直 2-1116A
jiānzhí 堅執 2-1117B
jiānzhǐ 牋紙 6-1045A
jiānzhǐ 箋紙 8-1191A
jiānzhì 堅致 2-1117B
jiānzhì 堅緻 2-1119B
jiānzhì 煎炙 7-213A
jiānzhì 監制 7-1447A
jiānzhì 監治 7-1447B
jiānzhì 監製 7-1451B
jiānzhì 緘制 9-935B
jiǎnzhī 剪枝 2-718B
jiǎnzhǐ 趼跐 10-431B
jiǎnzhī 蹇支 10-533B
jiǎnzhí 剪直 2-718B
jiǎnzhí 檢直 4-1340A
jiǎnzhí 謇直 11-391B
jiǎnzhí 蹇直 10-534B
jiǎnzhí 簡直 8-1249B
jiǎnzhǐ 剪紙 2-719A
jiǎnzhǐ 趼趾 10-431B
jiǎnzhǐ 簡旨 8-1249A
jiǎnzhǐ 簡紙 8-1253A
jiǎnzhǐ 繭紙 9-603B
jiǎnzhǐ 璽紙 8-988B
jiǎnzhì 檢制 4-1340B
jiǎnzhì 檢治 4-1340B
jiǎnzhì 檢質 4-1344A
jiǎnzhì 蹇窒 10-535A
jiǎnzhì 蹇滯 10-535B
jiǎnzhì 蹇躓 10-536B
jiǎnzhì 簡至 8-1248B
jiǎnzhì 簡制 8-1250B
jiǎnzhì 簡帙 8-1250A
jiǎnzhì 簡質 8-1257A
jiǎnzhì 譾智 11-462A
jiànzhī 見知 10-314B
jiànzhī 鑑知 11-1424B
jiànzhí 閒執 12-84A
jiànzhí 賤直 10-248B
jiànzhí 賤值 10-250A
jiànzhí 賤職 10-252A
jiànzhí 踐蹠 10-494B
jiànzhí 諫職 11-335B
jiànzhǐ 澗沚 6-149B
jiànzhǐ 諫止 11-333B
jiànzhǐ 諫紙 11-334B
jiànzhǐ 鑑止 11-1424A
jiànzhì 建制 2-907A
jiànzhì 建寘 2-910A
jiànzhì 建置 2-909B
jiànzhì 洊至 5-1138B
jiànzhì 洊陟 5-1139A
jiànzhì 閒制 12-80B
jiànzhì 賤質 10-251B
jiànzhì 踐陟 10-493A
jiànzhì 薦至 9-567A
jiànzhīfǎ 見知法 10-314B
jiǎnzhīfěigōng 蹇之匪躬
10-533B
jiànzhìjiājìng 漸至佳境
6-68B
jiànzhìjiànrén 見智見仁
10-318B
jiǎnzhǐpiàn 剪紙片 2-719A
jiǎnzhǐzhāohún 翦紙招魂
9-670A
jiānzhòng 堅重 2-1117A
jiǎnzhōng 簡衷 8-1253A
jiǎnzhòng 簡重 8-1251B
jiànzhōng 建中 2-906A
jiànzhōng 鑑衷 11-1425A
jiànzhǒng 賤種 10-251B
jiànzhòng 見重 10-316A
jiànzhòng 閒種 12-89B
jiǎnzhòngbóshōu 簡種薄收
8-1256B
jiānzhōu 監州 7-1446A
jiānzhōu 韉輈 12-202A
jiānzhū 礛磫 7-1116A
jiānzhū 礛諸 7-1116A
jiānzhú 兼燭 2-158A
jiānzhǔ 監主 7-1445A
jiānzhù 姦鑄 4-357A
jiānzhù 監鑄 7-1453A
jiānzhù 箋注 8-1191A
jiānzhù 箋註 8-1191B
jiǎnzhū 簡珠 8-1252A
jiǎnzhú 剪燭 2-720B
jiǎnzhú 翦燭 9-672A
jiǎnzhù 檢著 4-1342A
jiǎnzhù 簡注 8-1251A
jiànzhū 箭猪 8-1215B
jiànzhū 鑑諸 11-1426A
jiànzhú 監燭 7-1452B
jiànzhú 楗竹 4-1133B
jiànzhú 箭竹 8-1214A
jiànzhú 箭苗 8-1214B
jiànzhǔ 薦主 9-567A
jiànzhù 建築 2-910B
jiànzhù 楗柱 4-1133B
jiānzhuàn 兼饌 2-158B
jiānzhuàn 監撰 7-1452A
jiānzhuàn 箋傳 8-1191B
jiānzhuàng 姦狀 4-352A
jiānzhuàng 堅壯 2-1115B
jiǎnzhuāng 減妝 5-1452B
jiǎnzhuāng 減粧 5-1453B
jiǎnzhuāng 簡裝 8-1256A
jiànzhuàng 健壯 1-1521A
jiānzhūchóngzǐ 兼朱重紫
2-154B
jiānzhuī 監追 7-1448B
jiǎnzhuì 翦綴 9-671A
jiànzhùmiànjī 建築面積
2-911A
jiānzhūn 艱屯 9-267B
jiānzhūn 艱迍 9-268A
jiānzhūn 囏屯 3-566B
jiānzhūn 賤屯 10-247A
jiānzhūn 賤迍 10-248B
jiānzhuō 艱拙 9-268A
jiānzhuó 堅卓 2-1116A
jiānzhuó 湔濯 5-1514A
jiānzhuó 煎灼 7-212B
jiǎnzhuō 蹇拙 10-534B
jiǎnzhuó 柬擢 4-914A
jiǎnzhuó 簡擢 8-1258B
jiànzhuó 洊擢 5-1139B
jiànzhuó 薦擢 9-569B
jiànzhùwù 建築物 2-910B
jiànzhùxué 建築學 2-911A
jiānzhǔzìdào 監主自盜
7-1445A
jiānzi 尖子 2-1656B
jiānzi 肩子 6-1187A
jiānzī 兼資 2-157B
jiānzǐ 姦子 4-349A
jiānzǐ 兼紫 2-157A
jiānzǐ 艱子 9-267B
jiānzì 瀸漬 6-215A
jiānzì 漸漬 6-69B
jiānzì 湛漬 5-1443A
jiǎnzi 剪子 2-718A
jiǎnzi 趼子 10-431B
jiǎnzi 繭子 9-603B
jiǎnzǐ 簡子 8-1247A
jiǎnzì 減字 5-1452B
jiǎnzì 翦字 9-669B
jiǎnzì 檢字 4-1340A
jiǎnzì 簡字 8-1249A
jiǎnzì 簡恣 8-1253A
jiànzi 韉子 12-202A
jiànzi 毽子 6-1014A
jiànzi 腱子 6-1340A
jiànzi 箭子 8-1214A
jiànzi 踺子 10-514A
jiànzi 揵子 6-724A
jiànzī 賤姿 10-250A
jiànzǐ 監子 7-1444B
jiànzǐ 建子 2-905B
jiànzǐ 賤子 10-247A
jiànzì 僭恣 1-1666A
jiànzì 賤字 10-248A
jiǎnzìfǎ 檢字法 4-1340A
jiǎnzìmùlánhuā
減字木蘭花 5-1452B
jiānzishēng 尖子生 2-1656B
jiǎnzǐténg 簡子藤 8-1247B
jiànzǐyuè 建子月 2-905B
jiānzōng 兼綜 2-158A
jiānzōng 豣豵 10-13B
jiānzǒng 兼總 2-158A
jiānzǒng 監總 7-1452B
jiǎnzōng 檢蹤 4-1344B
jiǎnzòng 蹇縱 10-536B
jiànzōng 賤宗 10-249A
jiànzòng 健稷 1-1523A
jiànzòng 僭縱 1-1668A
jiānzòu 牋奏 6-1044B
jiānzòu 箋奏 8-1191A
jiànzǒu 賤走 10-248B
jiànzòu 閒奏 12-81B
jiànzòuqū 閒奏曲 12-81B
jiānzú 監卒 7-1447B
jiānzǔ 艱阻 9-268A
jiǎnzú 趼足 10-431B
jiǎnzú 蹇足 10-534A
jiǎnzú 璽足 8-988B
jiànzú 健足 1-1521A
jiànzú 健卒 1-1521A
jiànzú 箭鏃 8-1216B
jiànzú 賤卒 10-249A
jiànzú 賤族 10-251B
jiànzǔ 閒阻 12-79B
jiànzǔ 諫阻 11-334A
jiǎnzuì 減罪 5-1453B
jiànzuì 見罪 10-318B
jiànzuì 閒罪 12-89A
jiānzuǐbóshé 尖嘴薄舌
2-1658B
jiànzǔn 薦撙 9-569A
jiānzuō 監作 7-1446B
jiānzuò 堅坐 2-1115B
jiānzuò 監作 7-1446B
jiǎnzuò 檢坐 4-1340A
jiànzuò 閒作 12-78B
jiànzuò 僭坐 1-1665B
jiànzuò 踐阼 10-493B
jiànzuò 踐作 10-492A
jiànzuò 踐阼 10-492B
jiànzuò 踐祚 10-493A
jiànzuò 踐胙 10-492B
jī'ào 積坳 8-133B
jí'áo 佶聱 1-1319A
jǐ'áo 戟敖 5-230B
jì'ào 寄傲 3-1512A
jì'ào 驥騖 12-916A
jiāo'ái 嬌騃 4-413A
jiāo'ái 驕騃 12-905B
jiāo'ài 嬌艾 4-409B
jiāo'ài 嬌愛 4-412B
jiāo'ài 驕愛 12-904B
jiāo'ài 湫隘 5-1483B
jiāo'ài 湫阨 5-1483A
jiāo'àn 椒岸 4-1099B
jiāo'àn 驕闇 12-905B
jiào'àn 教案 5-449A
jiāo'áo 焦熬 7-167B
jiāo'áo 燋熬 7-258A
jiāo'áo 嘄聱 3-510B
jiāo'ào 嬌傲 4-412A
jiāo'ào 驕敖 12-901B
jiāo'ào 驕傲 12-903B
jiāo'ào 驕慠 12-904B
jiāo'ào 驕驁 12-906A
jiāo'āo 湫凹 5-1483A
jiào'ào 叫奡 3-71B
jiāo'áotóushí 焦熬投石
7-167B
jiāo'àozìmǎn 驕傲自滿
12-903B

jiāobà 驕覇 12-906A
jiàobá 醮拔 9-1443A
jiāobābā 焦巴巴 7-163B
jiāobái 交白 2-329B
jiāobái 茭白 9-386A
jiāobái 蕉白 9-551A
jiāobǎi 椒柏 4-1100A
jiāobài 交拜 2-333B
jiāobài 郊拜 10-615B
jiǎobái 皦白 8-275B
jiàobái 皭白 8-276B
jiāobǎijiǔ 椒柏酒 4-1100A
jiāobǎijiǔ 椒栢酒 4-1100B
jiāobáijuàn 交白卷 2-329B
jiāobān 交班 2-335A
jiāobǎn 膠版 6-1374B
jiǎobǎn 脚板 6-1274B
jiǎobàn 剿辦 2-740B
jiǎobàn 勦辦 2-822A
jiǎobàn 攪拌 6-991A
jiàobān 轎班 9-1332A
jiàobǎn 叫板 3-71A
jiāobǎo 交保 2-334A
jiāobǎo 郊保 10-615B
jiāobào 交報 2-338A
jiāobào 憍暴 7-738B
jiāobào 驕暴 12-905A
jiǎobào 狡暴 5-49A
jiāobēi 交杯 2-332A
jiāobēi 椒杯 4-1099B
jiāobēi 焦盃 7-165A
jiāobēi 膠杯 6-1374A
jiāobèi 驕悖 12-902A
jiǎobèi 脚背 6-1275A
jiàobēi 珓杯 4-557A
jiàobèi 皭貝 7-1269A
jiāobēijiǔ 交杯酒 2-332A
jiāobēijiǔ 交盃酒 2-333B
jiāobēizhǎn 交杯盞 2-332A
jiāobēizhǎn 交盃盞 2-333B
jiāoběn 澆本 6-119A
jiáoběn 嚼本 3-555A
jiǎoběn 脚本 6-1273B
jiàoběn 教本 5-446A
jiàoběn 校本 4-1000A
jiǎobēng 角崩 10-1351A
jiǎobēng 脚絣 6-1276A
jiǎobēng 脚綳 6-1277A
jiāobǐ 郊鄙 10-617B
jiāobǐ 焦比 7-163B
jiāobǐ 焦筆 7-166B
jiāobì 交辟 2-341A
jiāobì 交臂 2-344B
jiāobì 椒壁 4-1102A
jiāobì 澆弊 6-121A
jiāobì 驕愎 12-904A
jiáobǐ 嚼筆 3-556A
jiǎobǐ 角匕 10-1347A
jiǎobì 角婢 10-1351A
jiǎobì 狡愎 5-48B
jiǎobì 湫敝 5-1483B
jiàobǐ 較比 9-1249A
jiàobǐ 校比 4-1000A
jiāobiàn 交便 2-333B
jiāobiàn 交徧 2-338B
jiāobiàn 交辨 2-344A
jiāobiàn 交變 2-346B
jiǎobiàn 狡辯 5-49B
jiǎobiàn 矯辯 7-1554A
jiǎobiàn 矯變 7-1554A
jiàobiān 教鞭 5-452A
jiàobiàn 較辨 9-1251B
jiǎobiānlù 脚邊路 6-1278A
jiāobiào 膠鰾 6-1377A
jiāobiē 焦憋 7-167B
jiàobié 較別 9-1249B
jiàobié 校別 4-1000B
jiāobìn 交擯 2-344A
jiǎobīn 狡賓 5-49A
jiāobīng 交兵 2-331B
jiāobīng 驕兵 12-900A
jiāobìng 交并 2-330B
jiāobìng 交併 2-332B
jiàobīng 校兵 4-1000B
jiàobǐng 較炳 9-1250A
jiāobīngbìbài 驕兵必敗 12-900A
jiāobìshīzhī 交臂失之 2-345A
jiāobìxiāngshī 交臂相失 2-345A
jiāobō 嬌波 4-410A
jiāobō 澆波 6-119B
jiāobó 澆駁 6-120B
jiāobó 澆薄 6-121A
jiāobó 徼駁 3-1099A
jiǎobó 僥薄 1-1660B
jiǎobó 繳駁 9-1034B
jiàobó 較駁 9-1251A
jiàobó 噭譽 3-528B
jiǎobózi 脚脖子 6-1275B
jiāobǔ 郊卜 10-613B
jiāobù 交部 2-335B
jiāobù 蛟布 8-893B
jiāobù 膠布 6-1373B
jiāobù 蕉布 9-550B
jiǎobǔ 剿捕 2-740A
jiǎobǔ 勦捕 2-821B
jiǎobù 脚步 6-1274B
jiǎobǔ 徼捕 3-1098B
jiàobǔ 校補 4-1003B
jiàobù 校簿 4-1005B
jiǎobùdiǎndì 脚不點地 6-1272B
jiǎobùqián 脚步錢 6-1274B
jiǎobùzhāndì 脚不沾地 6-1272B
jiāocāi 驕猜 12-903A
jiāocái 驕才 12-899A
jiāocǎi 交綵 2-342A
jiāocài 膠菜 6-1375A
jiàocái 教材 5-446B
jiàocǎi 叫彩 3-71B
jiàocài 窖菜 8-444B
jiǎocǎiliǎngbiānchuán 脚踩兩邊船 6-1277B
jiàocáng 窖藏 8-445A
jiāocǎo 茭艸 9-386A
jiāocǎo 茭草 9-386A
jiāocào 焦懆 7-168A
jiàocáo 校曹 4-1003A
jiāocè 焦惻 7-167A
jiāocēn 交參 2-338A
jiāochā 交叉 2-328B
jiāochá 交查 2-333A
jiāochá 椒茶 4-1100A
jiāochà 交岔 2-331B
jiāochà 嬌奼 4-410A
jiāochà 嬌姹 4-411A
jiǎochá 角槎 10-1352B
jiǎochá 晈察 5-711B
jiǎochá 皎察 8-270B
jiǎochá 皦察 8-276A
jiàochá 校察 4 1004A
jiāochāgǎnrǎn 交叉感染 2-328B
jiāochāhuǒwǎng 交叉火網 2-328B
jiāochāi 交差 2-334A
jiāochái 郊柴 10-616A
jiāochái 郊祡 10-616B
jiāochán 交纏 2-346B
jiāochán 郊廛 10-618B
jiāochán 郊鄽 10-618B
jiāochán 嬌蟬 4-413B
jiǎochán 皎蟾 8-270B
jiǎochán 脚纏 6-1278A
jiǎochán 絞纏 9-846A
jiǎochán 繳纏 9-1035A
jiǎochán 攪纏 6-992B
jiāocháng 澆腸 6-120B
jiāocháng 驕腸 12-904B
jiāochàng 交唱 2-337A
jiāochàng 交暢 2-341B
jiāochàng 交韔 2-345A
jiǎocháng 矯常 7-1551A
jiàochǎng 教場 5-450B
jiàochǎng 教場 5-449B
jiàochǎng 較場 9-1251A
jiàochǎng 校場 4-1004A
jiàochǎng 校場 4-1003A
jiǎochángshā 絞腸痧 9-845B
jiǎochángshā 攪腸痧 6-991B
jiàochángxiéduǎn 較長絜短 9-1249B
jiāochāo 交鈔 2-339A
jiāocháowénjié 鷦巢蚊睫 12-1161A
jiāochē 膠車 6-1374A
jiāochè 焦坼 7-164B
jiǎochē 絞車 9-845A
jiǎochē 攪車 6-991A
jiǎochè 皎澈 8-270B
jiàochē 轎車 9-1332A
jiāochēn 嬌嗔 4-412A
jiāochén 驕臣 12-899B
jiāochéng 交承 2-333A
jiāochěng 驕逞 12-901B
jiǎochēng 矯稱 7-1553A
jiǎochéng 皎澄 8-270B
jiǎochéng 脚程 6-1276A
jiǎochěng 狡逞 5-47B
jiàochéng 教乘 5-448A
jiàochéng 教程 5-450A
jiāochī 蛟螭 8-894B
jiāochī 嬌癡 4-413B
jiāochī 膠黐 6-1377A
jiāochī 驕癡 12-906A
jiāochí 交馳 2-340A
jiāochí 椒墀 4-1101B
jiāochí 澆弛 6-119B
jiāochǐ 燋齒 7-258A
jiāochǐ 驕侈 12-900B
jiāochǐ 驕恥 12-901B
jiáochī 嚼吃 3-555B
jiáochǐ 嚼齒 3-556A
jiǎochī 角鴟 10-1353B
jiǎochī 角鵄 10-1354A
jiǎochí 角持 10-1350A
jiǎochǐ 角尺 10-1347B
jiǎochǐ 角齒 10-1353A
jiǎochì 矯敕 7-1551A
jiǎochì 矯飭 7-1552A
jiǎochì 矯飾 7-1552B
jiàochì 教笞 5-449B
jiàochì 教敕 5-449A
jiàochì 校飭 4-1003B
jiāochǐbàoyì 驕侈暴佚 12-900B
jiāochǐyínnüè 驕侈淫虐 12-900B
jiāochōng 交衝 2-342B
jiāochóng 驕崇 12-903A
jiāochóng 驕蟲 12-905B
jiāochǒng 嬌寵 4-413B
jiāochǒng 驕寵 12-906A
jiǎochóng 角蟲 10-1354A
jiǎochóng 狡蟲 5-49B
jiāochóu 交酬 2-340A
jiāochóu 交疇 2-345B
jiāochóu 焦愁 7-167A
jiāochóu 澆愁 6-120B
jiāochòu 焦臭 7-165B
jiàochōu 斠紬 7-341A
jiàochóu 較讎 9-1251B
jiàochóu 醮醻 9-1448B
jiàochóu 校讎 4-1005B
jiàochóu 校讐 4-1005B
jiāochū 交初 2-331B
jiāochú 茭芻 9-386A
jiāochú 椒除 4-1100A
jiāochù 郊處 10-616B
jiǎochū 角出 10-1348A
jiǎochú 剿除 2-740A
jiǎochú 勦除 2-821B
jiǎochù 角觸 10-1354B
jiāochuān 蛟川 8-893A
jiāochuán 膠船 6-1375A
jiāochuǎn 交舛 2-330B
jiǎochuán 脚船 6-1275B
jiāochuāng 交窗 2-339B
jiāochuāng 椒瘡 4-1101B
jiāochuáng 交牀 2-333A
jiáochuānyínxuè 嚼穿齦血 3-556A
jiāochún 交脣 2-337A

jiāochún 焦脣 7-166A
jiāochún 澆淳 6-120A
jiāochún 澆湻 6-120B
jiàochūn 叫春 3-71A
jiāochúnbìshé 焦脣敝舌 7-165B
jiāochúngānfèi 焦脣乾肺 7-166A
jiāochúngānshé 焦脣乾舌 7-165B
jiāochúngānshé 焦脣乾舌 7-166A
jiāochúnsànpǔ 澆淳散樸 6-120A
jiāochúnsànpǔ 澆醇散樸 6-121A
jiáochuò 嚼啜 3-556A
jiāocí 交辭 2-345B
jiāocí 郊祠 10-616A
jiāocí 郊辭 10-619A
jiāocì 郊次 10-614B
jiāocì 郊賜 10-618A
jiǎocí 矯詞 7-1552A
jiǎocì 徼伺 3-1098A
jiǎocì 攪刺 6-991A
jiàocí 教辭 5-452A
jiàocí 醮祠 9-1443A
jiàocí 醮詞 9-1443B
jiàocí 醮辭 9-1443B
jiàocì 校次 4-1000B
jiāocōng 驕驄 12-906A
jiāocòu 交湊 2-339A
jiāocuì 焦脆 7-166A
jiāocuì 嬌脆 4-411A
jiāocuì 驕脆 12-902A
jiāocuì 鷦鵴 12-1161A
jiāocuò 交厝 2-335A
jiāocuò 交錯 2-343B
jiāocuò 这逪 10-802A
jiāodā 交搭 2-338A
jiāodà 驕大 12-899A
jiāodài 交代 2-329B
jiāodài 交待 2-334A
jiāodài 膠帶 6-1375A
jiāodài 驕代 12-899B
jiāodài 驕怠 12-901B
jiǎodài 角帶 10-1351A
jiǎodài 絞帶 9-845B
jiǎodài 橋代 4-1313B
jiāodān 交單 2-338B
jiāodàn 驕誕 12-904B
jiǎodàn 矯誕 7-1552B
jiāodān 激丹 6-170B
jiāodāng 交襠 2-345A
jiāodǎng 交黨 2-346A
jiāodàng 交當 2-340B
jiāodàng 澆蕩 6-121A
jiāodàng 驕宕 12-901A
jiǎodàng 剿蕩 2-740B
jiàodàng 教當 5-450A
jiāodāo 交刀 2-328A
jiāodǎo 郊島 10-616A
jiāodǎo 郊導 10-618B
jiāodǎo 澆禱 6-121B
jiāodào 交道 2-339A
jiǎodāo 鉸刀 11-1274A
jiàodǎo 教導 5-451A
jiàodǎo 教道 5-450A
jiàodào 徼道 3-1098B
jiàodào 嶠道 3-865B
jiàodāoshǒu 校刀手 4-999B
jiàodǎoyuán 教導員 5-451A
jiǎodǎzháo…脚打着腦杓子 6-1273A
jiǎodāzhaónǎosháo 脚搭着腦杓 6-1276A
jiāodé 椒德 4-1101B
jiàodé 校德 4-1004B
jiǎodēng 角燈 10-1354A
jiǎodēng 脚燈 6-1278A
jiǎodèng 脚凳 6-1277A
jiàodēng 校登 4-1003B
jiǎodēngzi 脚蹬子 6-1278A
jiàodézhuōqín 較德焯勤 9-1251A
jiāodí 交鏑 2-345B
jiāodí 交敵 2-343A
jiāodí 驕敵 12-905A
jiāodǐ 交底 2-332B
jiāodì 交地 2-330A
jiāodì 交締 2-343A
jiāodì 郊地 10-614B
jiāodì 郊禘 10-617B
jiāodì 椒第 4-1100B
jiǎodì 脚地 6-1273B
jiàodí 教迪 5-447A
jiāodiǎn 交點 2-344B
jiāodiǎn 焦點 7-168B
jiāodiàn 郊甸 10-615A
jiāodiàn 椒奠 4-1101A
jiāodiàn 椒殿 4-1101A
jiāodiàn 蛟電 8-894A
jiāodiàn 澆店 6-119B
jiāodiàn 澆奠 6-120B
jiǎodiàn 角簟 10-1354B
jiǎodiàn 脚店 6-1274B
jiàodiǎn 教典 5-447A
jiāodiànyuàn 椒殿院 4-1101B
jiāodiào 郊弔 10-614A
jiǎodǐbǎn 脚底板 6-1274B
jiāodīdī 姣滴滴 4-345A
jiāodīdī 嬌的的 4-410A
jiāodīdī 嬌滴滴 4-412B
jiāodié 交牒 2-340B
jiāodīng 驕丁 12-899A
jiāodìng 交訂 2-334A
jiǎodìng 剿定 2-740A
jiàodìng 較定 9-1249B
jiàodìng 較訂 9-1250A
jiàodìng 校定 4-1001A
jiàodìng 校訂 4-1001B
jiǎodòng 攪動 6-991B
jiǎodòngliàng 角動量 10-1351A
jiāodǒu 交鬬 2-346A
jiāodǒu 鐎斗 11-1394A
jiāodòu 交鬭 2-347A
jiāodú 燋毒 7-257B
jiāodǔ 交賭 2-342B
jiāodù 嬌妒 4-410A
jiāodù 嬌妬 4-410B
jiāodù 驕妒 12-900A
jiāodù 驕妬 12-901A
jiǎodù 角度 10-1350A
jiǎodù 狡妒 5-47A
jiǎodù 狡蠹 5-49B
jiàodū 教督 5-450A
jiàodū 校督 4-1003B
jiàodú 教讀 5-452A
jiàodú 校讀 4-1005B
jiāoduān 郊端 10-618A
jiǎoduān 角端 10-1352B
jiǎoduān 角觿 10-1354A
jiǎoduàn 攪斷 6-992B
jiàoduǎnbǐcháng 較短比長 9-1250B
jiǎoduāngōng 角端弓 10-1353A
jiàoduǎnliángcháng 較短量長 9-1251A
jiàoduǎnliángcháng 校短量長 4-1003B
jiǎoduānniú 角端牛 10-1353A
jiàoduǎntuīcháng 校短推長 4-1003B
jiàoduǎnxiécháng 較短絜長 9-1250B
jiāoduī 焦餡 7-168B
jiāoduì 交兑 2-331B
jiāoduì 交對 2-341B
jiǎoduì 脚碓 6-1276A
jiàoduì 較對 9-1251A
jiàoduì 校隊 4-1003A
jiàoduì 校對 4-1004A
jiàoduìyuán 校對員 4-1004A
jiāodùn 澆頓 6-120B
jiāoduō 撟掇 6-880A
jiāoduó 交奪 2-341B
jiāoduò 嬌惰 4-412A
jiāoduò 澆墮 6-121A
jiāoduò 驕惰 12-904A
jiāoduò 驕墮 12-905A
jiǎoduó 矯奪 7-1553A
jiàoduó 校度 4-1001B
jiǎodùqūcháng 攪肚蛆腸 6-991A
jiāo'ē 椒阿 4-1099B
jiāo'é 姣娥 4-345A
jiāo'é 焦額 7-168B
jiāo'é 嬌娥 4-411B
jiāo'é 嬌蛾 4-412A
jiāo'é 澆訛 6-120A
jiāo'é 澆譌 6-121B
jiāo'è 椒蕚 4-1101A
jiāo'è 蛟鰐 8-895A
jiāo'è 蛟鱷 8-895B
jiāo'è 鮫鱷 12-1223B
jiāo'è 驕惡 12-903B
jiǎo'é 矯訛 7-1551B
jiǎo'è 狡惡 5-48A
jiào'é 較訛 9-1250B
jiáo'èchuíchuáng 嚼齶搥床 3-556B
jiāo'èméi 椒蕚梅 4-1101A
jiāo'ēn 郊恩 10-616A
jiāo'ér 嬌兒 4-410A
jiāo'ér 驕兒 12-900B
jiāo'ěr 交耳 2-330A
jiāo'ěr 焦耳 7-163B
jiāo'ěr 驕餌 12-904B
jiǎo'ěr 餃餌 12-537B
jiāo'ér'áinǚ 驕兒騃女 12-900B
jiāofā 交發 2-339B
jiāofá 交伐 2-330B
jiāofá 鮫瞂 12-1223A
jiāofá 驕伐 12-899B
jiǎofā 角髮 10-1353A
jiǎofā 撟發 6-880A
jiǎofá 矯伐 7-1549A
jiǎofǎ 脚法 6-1274B
jiǎofǎ 矯法 7-1550B
jiàofǎ 教法 5-447A
jiàofǎ 教灋 5-452A
jiāofān 交番 2-339A
jiāofán 椒繁 4-1102B
jiāofán 焦煩 7-167A
jiāofàn 焦飯 7-166B
jiāofàn 燋飯 7-258A
jiǎofán 攪煩 6-992A
jiǎofàn 角飯 10-1351B
jiǎofān 轎番 9-1332B
jiàofàn 教範 5-451A
jiāofāng 椒芳 4-1099B
jiāofáng 椒房 4-1099B
jiāofàng 驕放 12-901A
jiàofāng 教坊 5-446B
jiāofángdiàn 椒房殿 4-1099B
jiāofánglánshì 椒房蘭室 4-1099B
jiāofángqīn 椒房親 4-1099B
jiāofānzhàng 交番仗 2-339A
jiāofēi 交飛 2-334B
jiāofēi 郊扉 10-617B
jiāoféi 驕肥 12-900B
jiāofèi 焦沸 7-165A
jiāofèi 焦肺 7-164B
jiǎofèi 脚費 6-1276A
jiāofēn 交紛 2-336B
jiāofèn 交分 2-329A
jiāofèn 交忿 2-332B
jiāofèn 交憤 2-343A
jiāofèn 驕忿 12-900B
jiāofèn 喬忿 3-430B
jiǎofēn 絞紛 9-845B
jiǎofèn 狡憤 5-49A
jiàofén 醮墳 9-1443B
jiāofēng 交鋒 2-342B
jiāofēng 椒風 4-1100A
jiāofēng 澆風 6-119B
jiāofēng 燋烽 7-258A
jiāoféng 交逢 2-335B
jiāofèng 茭葑 9-386A

jiāofèng 蛟鳳 8-894A
jiāofēng 轎封 9-1332A
jiāofénguìzhé 椒焚桂折 4-1101A
jiāofú 交孚 2-331B
jiāofú 郊郛 10-615B
jiāofú 姣服 4-344B
jiāofú 澆浮 6-120A
jiāofú 驕浮 12-902A
jiāofú 儌福 1-1693A
jiāofǔ 交甫 2-331A
jiāofǔ 交輔 2-341B
jiāofǔ 焦府 7-164B
jiāofǔ 焦釜 7-166A
jiāofǔ 焦腐 7-167B
jiāofǔ 燋釜 7-257B
jiāofù 交付 2-329B
jiāofù 交縛 2-344A
jiāofù 郊父 10-614A
jiāofù 嬌婦 4-411B
jiāofù 膠附 6-1374A
jiāofù 驕婦 12-903B
jiāofù 驕富 12-904A
jiáofú 矯拂 7-1549B
jiǎofū 脚夫 6-1272B
jiǎofū 脚伕 6-1273B
jiǎofú 狡伏 5-47A
jiǎofú 撟拂 6-879B
jiǎofǔ 剿撫 2-740B
jiǎofù 矯復 7-1552A
jiǎofù 繳付 9-1034A
jiàofū 轎夫 9-1332A
jiàofú 教服 5-447A
jiàofǔ 教父 5-445B
jiàofù 教父 5-445B
jiàofù 較覆 9-1251B
jiàofù 醮婦 9-1443A
jiàofù 校覆 4-1005A
jiàofùchūlái… 教婦初來,教兒嬰孩 5-449B
jiáofùjiáo 嚼復嚼 3-556A
jiāogā 嘐嘎 3-496A
jiāogài 交蓋 2-340A
jiāogài 澆溉 6-120B
jiǎogài 絞槩 9-845B
jiàogǎi 斠改 7-340B
jiàogǎi 校改 4-1000B
jiāogān 郊干 10-613B
jiāogān 焦乾 7-166A
jiāogǎn 交感 2-340A
jiǎogǎn 脚杆 6-1274B
jiǎogāng 角鋼 10-1353B
jiàogàng 轎杠 9-1332A
jiāogǎo 燋槁 7-258A
jiàogǎo 校稿 4-1004B
jiàogào 教告 5-446B
jiàogào 醮告 9-1442B
jiǎogāobùdī 脚高步低 6-1275B
jiāogē 交割 2-339A
jiāogē 交擱 2-344A
jiāogē 郊歌 10-618A
jiāogé 交格 2-335A
jiāogé 交葛 2-338B
jiāogé 椒閣 4-1101B
jiāogé 椒閫 4-1101B
jiāogé 焦鬲 7-165B
jiāogé 蛟革 8-893B
jiāogé 膠革 6-1374B
jiāogé 膠葛 6-1375B
jiāogé 膠輵 6-1376B
jiāogé 膠轕 6-1376B
jiāogé 蕉葛 9-551B
jiāogé 鮫革 12-1222B
jiāogé 轇葛 9-1330B
jiāogé 轇輵 9-1330B
jiāogé 轇轕 9-1330B
jiāogé 漻潒 6-202B
jiǎogé 角觡 10-1352B
jiǎogé 矯革 7-1550B
jiàogēge 叫哥哥 3-71B
jiāogěi 交給 2-340A
jiǎogēn 脚根 6-1275A
jiǎogēn 脚跟 6-1276B
jiàogēng 叫更 3-70B
jiāogézhīkùn 膠鬲之困 6-1375A
jiāogōng 交工 2-328A
jiāogōng 交攻 2-331A
jiāogōng 交宮 2-334B
jiāogōng 郊宮 10-616A
jiāogōng 椒宮 4-1100A
jiāogōng 蛟宮 8-893B
jiāogōng 鮫工 12-1222B
jiāogōng 鮫宮 12-1222B
jiāogǒng 交拱 2-333A
jiǎogōng 角弓 10-1347B
jiǎogōng 繳公 9-1034A
jiàogòng 醮供 9-1443A
jiǎogōngfǎnzhāng 角弓反張 10-1347B
jiāogōu 交鉤 2-340B
jiāogòu 交姤 2-334B
jiāogòu 交媾 2-341A
jiāogòu 交搆 2-340A
jiāogòu 交詬 2-341A
jiāogòu 交遘 2-340A
jiāogòu 交構 2-341B
jiǎogōu 脚鉤 6-1276A
jiǎogǒu 狡狗 5-47B
jiāogū 嘄呱 3-493A
jiāogù 膠固 6-1374B
jiáogǔ 嚼穀 3-556A
jiǎogù 湫顧 5-1483B
jiàogū 較估 9-1249B
jiàogǔ 醮鼓 9-1448B
jiāoguā 驕騧 12-905B
jiāoguān 交關 2-345B
jiāoguān 郊關 10-619A
jiāoguān 蛟關 8-895A
jiāoguǎn 鮫館 12-1223A
jiāoguàn 嬌慣 4-412B
jiāoguàn 澆灌 6-121B
jiǎoguān 角冠 10-1350B
jiǎoguǎn 脚管 6-1276B
jiǎoguàn 角丱 10-1348A
jiàoguān 教官 5-447B
jiàoguān 校官 4-1001A
jiàoguǎn 教管 5-450B
jiàoguàn 校貫 4-1003A
jiāoguǎng 驕獷 12-905B
jiāoguāzhīhuì 澆瓜之惠 6-119B
jiāogǔdāo 交股刀 2-332B
jiǎogǔguǎi 脚古拐 6-1273B
jiǎogǔguǎi 脚骨拐 6-1275A
jiāoguǐ 澆詭 6-121A
jiāoguì 姣貴 4-345A
jiāoguì 椒桂 4-1100B
jiāoguì 嬌貴 4-412A
jiāoguì 驕貴 12-903B
jiǎoguī 角圭 10-1348A
jiǎoguǐ 佼佹 1-1348A
jiǎoguǐ 狡詭 5-48B
jiàoguī 教規 5-449A
jiàoguì 轎櫃 9-1332B
jiāogǔmín 交股民 2-332B
jiāoguō 郊郭 10-616A
jiāoguō 焦聒 7-166B
jiāoguó 鮫國 12-1223A
jiāoguǒ 澆裹 6-121A
jiāoguò 交過 2-337B
jiǎoguō 攪聒 6-991B
jiǎoguǒ 角果 10-1349B
jiǎoguǒ 繳裹 9-1034B
jiǎoguǒ 攪裹 6-992A
jiàoguō 叫聒 3-71B
jiáoguǒ'er 嚼裹兒 3-556A
jiǎoguógésú 矯國革俗 7-1551B
jiāohài 焦害 7-166A
jiǎohài 狡害 5-48A
jiǎohài 攪害 6-991B
jiǎohǎifānjiāng 攪海翻江 6-991A
jiāohān 嬌憨 4-413A
jiāohān 驕憨 12-905A
jiāohán 郊寒 10-617B
jiāohán 嬌寒 4-412A
jiāohán 鮫函 12-1222B
jiāohàn 焦旱 7-164A
jiāohàn 驕悍 12-902B
jiǎohàn 狡悍 5-48A
jiǎohàn 皎旰 8-270A
jiǎohàn 矯翰 7-1553A
jiàohǎn 叫㘎 3-72A
jiàohǎn 叫喊 3-71B
jiāohándǎoshòu 郊寒島瘦 10-617B
jiǎoháng 脚行 6-1273B
jiàoháng 轎行 9-1332A
jiāohāo 焦蒿 7-167A
jiāoháo 蛟毫 8-894A
jiāoháo 驕豪 12-905A
jiāohǎo 交好 2-331A
jiāohǎo 姣好 4-344B
jiāohǎo 嬌好 4-410A
jiǎohǎo 角蒿 10-1352A
jiǎohǎo 佼好 1-1348A
jiǎohǎo 狡好 5-47A
jiǎohào 脚耗 6-1275A
jiàoháo 叫嘷 3-72A
jiàoháo 叫號 3-72A
jiàoháo 嘂號 3-492B
jiàoháo 噭嘷 3-528B
jiàoháo 噭號 3-528A
jiàohǎo 叫好 3-70B
jiàohǎo 較好 9-1249B
jiàohào 叫號 3-72A
jiàohào 覺晧 10-355B
jiāohé 交合 2-330B
jiāohé 交和 2-332B
jiāohé 焦核 7-165B
jiāohé 焦涸 7-166B
jiǎohé 矯翮 7-1553B
jiǎohé 皦核 8-275B
jiǎohé 攪合 6-990B
jiàohē 噍呵 3-510B
jiàohé 穚核 8-149A
jiàohé 校核 4-1002A
jiàohé 校覈 4-1005B
jiāohébǎn 膠合板 6-1374A
jiāohēi 焦黑 7-166A
jiāohěn 驕佷 12-900B
jiāohěn 驕很 12-901A
jiāohěn 驕狠 12-901A
jiǎohěn 狡很 5-47B
jiǎohěn 狡狠 5-47B
jiāohéng 交橫 2-342A
jiāohéng 交衡 2-343B
jiāohèng 驕橫 12-905A
jiǎohèng 狡橫 5-49A
jiāohèwénshí 椒鶴文石 4-1103A
jiāohóng 椒紅 4-1100A
jiāohóng 焦紅 7-165B
jiāohóng 嬌紅 4-411A
jiāohóng 膠黌 6-1377A
jiāohóng 蕉紅 9-551A
jiāohòng 交訌 2-335B
jiāohòng 交鬨 2-343A
jiāohóu 嬌喉 4-412A
jiāohòu 交厚 2-333B
jiàohǒu 叫吼 3-70B
jiàohòu 徼候 3-1098B
jiǎohòugēn 脚後跟 6-1275A
jiāohú 椒壺 4-1100B
jiāohú 椒壼 4-1101A
jiāohú 焦糊 7-168A
jiāohú 驕胡 12-901A
jiāohù 交互 2-328B
jiāohù 交護 2-346A
jiāohù 椒户 4-1099A
jiāohù 嬌嫮 4-413A
jiāohù 鮫户 12-1222B
jiǎohù 脚户 6-1273A
jiàohū 嘄謼 3-493B
jiàohū 叫呼 3-71A
jiàohū 叫嘑 3-72A
jiàohū 叫謼 3-72B
jiàohū 嘂呼 3-492B
jiàohū 嘂嘑 3-492B
jiàohū 嘂謼 3-492B
jiàohū 噭呼 3-528A
jiàohū 噭嘑 3-528A

jiàohù 教護 5-452A
jiāohuā 椒花 4-1099A
jiāohuā 椒華 4-1100B
jiāohuā 燋花 7-257B
jiāohuá 驕華 12-901B
jiāohuà 焦化 7-163B
jiāohuà 澆化 6-119A
jiǎohuā 脚花 6-1274B
jiǎohuá 狡猾 5-48A
jiǎohuá 矯滑 7-1552B
jiàohuā 叫化 3-70A
jiàohuā 教化 5-445B
jiàohuà 教化 5-445B
jiàohuà 斠畫 7-341A
jiǎohuàchuán 脚划船 6-1273B
jiāohuāfǎng 椒花舫 4-1099A
jiāohuái 交懷 2-345B
jiǎohuái 脚踝 6-1277A
jiāohuālìjù 椒花麗句 4-1099B
jiāohuān 交懽 2-346A
jiāohuān 交歡 2-346A
jiāohuān 交驩 2-347A
jiāohuán 交還 2-343B
jiāohuán 郊寰 10-618B
jiāohuán 嬌鬟 4-414A
jiāohuàn 交宦 2-334B
jiāohuàn 交換 2-335A
jiāohuàn 蛟患 8-894A
jiáohuán 嚼環 3-556B
jiǎohuán 繳還 9-1034B
jiàohuān 叫讙 3-72B
jiàohuàn 叫喚 3-71B
jiāohuāng 驕荒 12-901A
jiāohuáng 焦黄 7-166A
jiāohuáng 嬌黄 4-411B
jiāohuáng 燋黄 7-257B
jiàohuáng 教皇 5-448A
jiāohuànjī 交換機 2-335A
jiāohuànjiàzhí 交換價值 2-335A
jiāohuàntái 交換臺 2-335A
jiāohuāsòng 椒花頌 4-1099B
jiàohuàtóu 教化頭 5-445B
jiāohuāyán 椒花筵 4-1099A
jiāohuāyǔ 椒花雨 4-1099A
jiàohuāzi 叫花子 3-70B
jiàohuāzi 叫化子 3-70A
jiǎohùfēnmén 角户分門 10-1347B
jiāohúhú 焦煳煳 7-167A
jiāohuī 交輝 2-342B
jiāohuí 蛟蛕 8-894A
jiāohuǐ 焦毁 7-167A
jiāohuì 交會 2-340B
jiāohuì 交滙 2-341A
jiǎohuí 角回 10-1348A
jiǎohuì 狡慧 5-49A
jiǎohuì 僥會 1-1660B
jiàohuì 教會 5-450A
jiàohuì 教誨 5-450B
jiàohuì 醮會 9-1443B
jiàohuìxuéxiào 教會學校 5-450B
jiāohūn 交婚 2-338A
jiāohún 焦魂 7-167A
jiǎohùn 攪混 6-991B
jiǎohùn 攪諢 6-992A
jiàohūn 叫閽 3-72B
jiàohún 叫魂 3-72A
jiāohuǒ 交火 2-329A
jiāohuǒ 焦火 7-163B
jiāohuò 交貨 2-337B
jiāohuò 驕惑 12-903B
jiǎohuò 狡惑 5-48A
jiǎohuò 脚貨 6-1275B
jiǎohuò 矯惑 7-1552A
jiǎohuò 繳獲 9-1034B
jiǎohuò 攪和 6-991A
jiàohuǒ 醮火 9-1442B
jiàohuò 窖貨 8-444B
jiāojī 交積 2-343B
jiāojī 交譏 2-345B
jiāojī 郊畿 10-618B
jiāojī 姣姬 4-345A
jiāojī 茭雞 9-386A
jiāojī 椒雞 4-1102B
jiāojī 椒鷄 4-1103A
jiāojī 嘄噭 3-493A
jiāojī 澆激 6-121B
jiāojí 交集 2-338B
jiāojí 交藉 2-344B
jiāojí 郊籍 10-619A
jiāojí 焦急 7-165A
jiāojǐ 交戟 2-338B
jiāojì 交跡 2-340B
jiāojì 交際 2-341A
jiāojì 郊祭 10-617A
jiāojì 澆季 6-119B
jiāojì 驕忌 12-900A
jiǎojī 角羈 10-1354B
jiǎojī 矯激 7-1553B
jiǎojí 絞急 9-845A
jiǎojí 蹻疾 10-552A
jiǎojié 喬詰 3-431B
jiǎojǐ 角掎 10-1350B
jiǎojǐ 脚給 6-1276A
jiǎojǐ 攪給 6-991B
jiǎojì 角髻 10-1353B
jiǎojì 狡計 5-47B
jiǎojì 脚迹 6-1275A
jiǎojì 脚跡 6-1276B
jiǎojì 僥冀 1-1660B
jiǎojì 僥覬 1-1660B
jiǎojì 徼冀 3-1099A
jiǎojì 徼覬 3-1099A
jiǎojì 矯迹 7-1550B
jiǎojì 攪計 6-991A
jiǎojī 剿擊 2-740B
jiàojī 叫鷄 3-72B
jiàojí 較輯 9-1251B
jiàojí 校輯 4-1004B
jiàojí 校籍 4-1005B
jiàojì 挍計 6-587A
jiàojì 較計 9-1250A
jiàojì 醮祭 9-1443A
jiàojì 校迹 4-1001B
jiàojì 校績 4-1005A
jiàojì 校計 4-1001B
jiāojiā 交加 2-330A
jiāojiā 交浹 2-335B
jiāojiá 交戛 2-337A
jiāojiá 交戞 2-338B
jiāojiá 嘐戛 3-495B
jiāojiǎ 驕假 12-903A
jiāojià 交價 2-342B
jiǎojiā 角家 10-1350B
jiǎojiā 脚家 6-1275B
jiǎojiǎ 矯假 7-1551B
jiǎojià 脚價 6-1277B
jiǎojià 絞架 9-845A
jiàojià 叫價 3-72A
jiǎojiājīng 攪家精 6-991B
jiāojiān 焦煎 7-167A
jiāojiān 驕堅 12-902B
jiǎojiǎn 憍蹇 7-738B
jiāojiǎn 驕謇 12-905B
jiāojiǎn 驕蹇 12-905B
jiāojiàn 交薦 2-343A
jiāojiàn 郊見 10-614B
jiāojiàn 郊餞 10-618B
jiāojiàn 驕僭 12-904B
jiǎojiān 角尖 10-1348A
jiǎojiān 脚尖 6-1273B
jiǎojiān 矯姦 7-1550B
jiǎojiàn 佼健 1-1348A
jiǎojiàn 矯健 7-1551A
jiǎojiàn 蹻健 10-552A
jiàojiān 校箋 4-1004A
jiàojiàn 教諫 5-452A
jiàojiàn 醮薦 9-1443B
jiāojiāng 椒漿 4-1102A
jiāojiàng 驕將 12-903A
jiàojiǎng 校講 4-1005A
jiāojiànghànzú 驕將悍卒 12-903A
jiǎojiànléixián 橋箭累弦 4-1315A
jiāojiānlì 角繭栗 10-1354A
jiāojiāo 交交 2-330B
jiāojiāo 姣姣 4-344B
jiāojiāo 椒椒 4-1101A
jiāojiāo 焦焦 7-166B
jiāojiāo 嬌嬌 4-413A
jiāojiāo 膠膠 6-1376A
jiāojiāo 驕驕 12-906A
jiāojiāo 佼佼 1-1348A
jiāojiāo 嘐嘐 3-496A
jiāojiāo 咬咬 3-343A
jiāojiǎo 交角 2-331B
jiǎojiāo 膠膠 6-1376A
jiǎojiǎo 角角 10-1349A
jiǎojiǎo 角觲 10-1354B
jiǎojiǎo 佼佼 1-1348A
jiǎojiǎo 晈晈 5-711A
jiǎojiǎo 皎皎 8-270A
jiǎojiǎo 鉸鉸 11-1274A
jiǎojiǎo 撟撟 6-880A
jiǎojiǎo 皦皦 5-840B
jiǎojiǎo 矯矯 7-1553B
jiǎojiǎo 皦皦 8-276A
jiǎojiǎo 蟜蟜 8-970B
jiǎojiǎo 攪攪 6-992B
jiǎojiǎo 蹻蹻 10-552A
jiǎojiǎo 犒犒 7-1548A
jiǎojiào 攪挍 6-991A
jiàojiào 激激 6-175A
jiàojiào 僬僬 1-1674B
jiàojiào 叫叫 3-70A
jiàojiào 潐潐 6-141B
jiàojiào 噭噭 3-528B
jiàojiào 皭皭 8-276B
jiāojiāobóbó 膠膠膊膊 6-1376B
jiǎojiǎobùqún 矯矯不羣 7-1553B
jiāojiāodīdī 嬌嬌滴滴 4-413A
jiāojiāofēnfēn 膠膠紛紛 6-1376B
jiāojiāoguān 交交關 2-330B
jiāojiāoguānguān 交交關關 2-330B
jiāojiāojuéjué 膠膠角角 6-1376A
jiǎojiǎorǎorǎo 膠膠擾擾 6-1376B
jiāojiāoyáyá 交交牙牙 2-330B
jiāojiē 交接 2-337A
jiāojié 交結 2-339B
jiāojié 交睫 2-340B
jiāojié 焦竭 7-167B
jiāojié 膠結 6-1375B
jiāojié 轇結 9-1330B
jiāojié 驕桀 12-902A
jiāojié 驕訐 12-902A
jiāojié 驕節 12-904B
jiāojié 徼訐 3-1098B
jiāojiè 交戒 2-331A
jiāojiè 交界 2-333B
jiǎojiē 鉸接 11-1274A
jiǎojié 角節 10-1352B
jiǎojié 狡桀 5-47B
jiǎojié 狡訐 5-48A
jiǎojié 狡捷 5-48A
jiǎojié 晈潔 5-711B
jiǎojié 皎潔 8-270B
jiǎojié 絞訐 9-845B
jiǎojié 剿截 2-740B
jiǎojié 儌訐 1-1693A
jiǎojié 皦絜 5-840B
jiǎojié 矯捷 7-1551A
jiǎojié 矯節 7-1552B
jiǎojié 矯潔 7-1553A
jiǎojié 矯絜 7-1551B
jiǎojié 皦潔 8-276A
jiǎojié 皦絜 8-275B
jiǎojié 蹻捷 10-552A
jiǎojiè 矯介 7-1548B
jiàojiē 叫街 3-71B
jiàojié 較捷 9-1250A
jiàojiè 教戒 5-446B
jiàojiè 教誡 5-450B
jiāojìhuā 交際花 2-341A

jiāojìmíngxīng 交際明星 2-341A
jiāojīn 憍矜 7-738B
jiāojīn 驕矜 12-901B
jiāojīn 鷦金 12-1161A
jiāojǐn 椒瑾 4-1101B
jiāojìn 焦盡 7-167B
jiāojìn 膠噤 6-1376B
jiǎojīn 角巾 10-1347A
jiǎojìn 角進 10-1351A
jiǎojìn 脚勁 6-1275A
jiǎojìn 徼進 3-1098B
jiǎojìn 繳進 9-1034B
jiàojìn 叫勁 3-71A
jiàojìn 教禁 5-450A
jiàojìn 較近 9-1249B
jiàojìn 較勁 9-1250A
jiǎojīndōnglù 角巾東路 10-1347A
jiāojīng 交經 2-341B
jiāojīng 交精 2-342A
jiāojīng 蛟精 8-894B
jiāojīng 蛟鯨 8-895A
jiāojīng 鵁鶄 12-1091B
jiāojīng 鵁鵛 12-1091B
jiāojǐng 交儆 2-342A
jiāojǐng 交頸 2-343A
jiāojǐng 交警 2-345B
jiāojǐng 驕景 12-903B
jiāojìng 交脛 2-337B
jiāojìng 交境 2-341B
jiāojìng 交競 2-346A
jiāojìng 郊竟 10-617A
jiāojìng 郊境 10-618A
jiāojìng 澆競 6-121B
jiāojìng 驕敬 12-903B
jiǎojīng 皎晶 8-270A
jiǎojìng 狡競 5-49B
jiǎojìng 皎鏡 8-270B
jiǎojìng 脚脛 6-1275B
jiǎojìng 勦浄 2-821B
jiǎojìng 僥競 1-1660B
jiǎojìng 矯勁 7-1550B
jiǎojìng 皦鏡 8-276A
jiàojìng 校競 4-1005B
jiāojǐngbìngtóu 交頸並頭 2-343B
jiǎojīngjīng 皎晶晶 8-270A
jiāojīnliúshí 焦金流石 7-164B
jiǎojìnnǎozhī 絞盡腦汁 9-846A
jiāojīnshuòshí 燋金爍石 7-257B
jiǎojīnsīdì 角巾私第 10-1347A
jiāojiōng 郊坰 10-615A
jiāojiū 鷦鳩 12-1161A
jiāojiǔ 交糺 2-332A
jiāojiǔ 椒酒 4-1100B
jiāojiǔ 澆酒 6-119B
jiāojiù 交舊 2-344B
jiáojiǔ 嚼酒 3-556A
jiǎojiǔ 角酒 10-1350B
jiàojiǔ 醮酒 9-1443A
jiāojìwǔ 交際舞 2-341A
jiāojū 郊居 10-615B
jiāojǔ 交舉 2-343B
jiāojǔ 椒舉 4-1102A
jiāojù 焦距 7-166A
jiāojù 驕倨 12-902A
jiāojù 驕踞 12-905A
jiáojǔ 嚼咀 3-555B
jiǎojū 狡狙 5-47B
jiǎojū 湫居 5-1483A
jiǎojú 攪局 6-991A
jiǎojǔ 矯舉 7-1553B
jiǎojù 角距 10-1351A
jiàojú 叫局 3-70B
jiàojǔ 噍咀 3-510B
jiàojù 教具 5-446B
jiàojù 校具 4-1001A
jiāojuān 焦卷 7-165A
jiāojuǎn 膠卷 6-1374B
jiāojuǎn 燋卷 7-257B
jiāojuàn 交卷 2-332B
jiāojuàn 驕倦 12-902A
jiāojuàn 驕狷 12-902A
jiǎojuàn 繳卷 9-1034A
jiāojǔbānjīng 椒舉班荆 4-1102A
jiāojué 交絶 2-340A
jiāojué 交爵 2-344B
jiāojué 交譎 2-345B
jiāojué 驕觖 12-903A
jiǎojué 櫟絶 4-1297B
jiǎojué 狡譎 5-49B
jiǎojué 剿絶 2-740B
jiǎojué 勦絶 2-821B
jiǎojué 矯譎 7-1554A
jiǎojué 矯蹷 7-1554A
jiàojué 叫絶 3-72A
jiàojué 噍嚼 3-510B
jiāojūn 交軍 2-334B
jiāojūn 驕君 12-900A
jiāojūn 驕軍 12-901B
jiàojūn 教軍 5-448A
jiàojūn 校軍 4-1001B
jiāokāi 交開 2-339B
jiāokǎn 焦坎 7-164A
jiàokān 較勘 9-1250A
jiàokān 校刊 4-1000A
jiàokān 校勘 4-1002B
jiāokàng 驕亢 12-899A
jiāokàng 驕伉 12-899B
jiāokàng 驕抗 12-899B
jiāokàng 驕炕 12-901A
jiǎokàng 角亢 10-1347B
jiǎokàng 狡抗 5-47A
jiǎokàng 矯亢 7-1548B
jiǎokàng 矯抗 7-1549B
jiàokānxué 校勘學 4-1003A
jiàokǎo 校考 4-1000B
jiāokē 交柯 2-333A
jiāokē 澆苛 6-119B
jiāokě 焦渴 7-166B
jiāokè 嬌客 4-410B
jiāokè 澆客 6-119B
jiāokè 鮫客 12-1222B
jiǎokè 狡刻 5-47B
jiǎokè 狡客 5-47B
jiǎokè 脚客 6-1275A
jiàokě 較可 9-1249A
jiàokè 較刻 9-1249B
jiàokè 醮客 9-1448A
jiàokè 校刻 4-1001A
jiàokè 校課 4-1004B
jiāokēng 焦阬 7-164A
jiāokēng 焦坑 7-164A
jiāokèrán 蛟客髯 8-894A
jiàokēshū 教科書 5-448A
jiāokōng 驕空 12-901A
jiǎokǒng 鉸孔 11-1274A
jiāokǒu 交口 2-328A
jiāokǒu 椒口 4-1099A
jiāokǒu 膠口 6-1373B
jiáokǒu 嚼口 3-555A
jiǎokǒu 狡口 5-47A
jiǎokòu 脚扣 6-1273B
jiàokǒu 較口 9-1249A
jiāokǒuchēngyù 交口稱譽 2-328A
jiāokǒutóngshēng 交口同聲 2-328A
jiāokū 焦枯 7-165A
jiāokū 蛟窟 8-894A
jiāokū 燋枯 7-257B
jiāokǔ 焦苦 7-164B
jiàokǔ 叫苦 3-70B
jiāokuā 驕姱 12-901B
jiāokuā 驕誇 12-904B
jiǎokuā 矯誇 7-1552B
jiǎokuài 狡獪 5-49A
jiǎokuài 狡狭 5-47A
jiāokuǎn 交欵 2-338A
jiāokuǎn 交款 2-338A
jiāokuáng 驕狂 12-900A
jiǎokuāng 矯匡 7-1549A
jiàokǔbùdié 叫苦不迭 3-70B
jiàokǔliántiān 叫苦連天 3-71A
jiāokǔn 椒閫 4-1102A
jiāokùn 交困 2-331A
jiāolà 膠臈 6-1376B
jiáolà 嚼蠟 3-556B
jiāolài 郊賚 10-618A
jiǎolài 角睞 10-1352B
jiǎolài 狡賴 5-49A
jiāolàlà 焦剌剌 7-165A
jiāolàlà 焦辣辣 7-167B
jiāolán 椒蘭 4-1102B
jiaolǎn 嬌嬾 4-413B
jiāolǎn 嬌懶 4-413B
jiāolàn 焦爛 7-168B
jiāolàn 燋爛 7-258B
jiǎolàn 僥濫 1-1660B
jiàolǎn 校覽 4-1005B
jiāolàng 蛟浪 8-894A
jiāolánshì 椒蘭室 4-1102B
jiāolányuàn 椒蘭院 4-1102B
jiāoláo 焦勞 7-166B
jiāoláo 燋勞 7-258A
jiāolào 郊勞 10-617A
jiǎolǎo 摎蓼 6-847B
jiāolǎozhě 教老者 5-446A
jiāolè 驕樂 12-905A
jiāoléi 焦雷 7-167A
jiāolěi 郊壘 10-619A
jiāolèi 鮫淚 12-1223A
jiàolěi 校壘 4-1005A
jiàolèi 噍類 3-510B
jiāoleweǐbashāozi 焦了尾巴梢子 7-163A
jiāolí 澆漓 6-120B
jiāolí 澆醨 6-121B
jiāolǐ 交禮 2-344B
jiaolǐ 郊里 10-614B
jiāolǐ 郊禮 10-618B
jiāolì 交利 2-331A
jiāolì 交戾 2-333A
jiāolì 姣孋 4-345A
jiāolì 姣麗 4-345A
jiāolì 嬌利 4-410A
jiāolì 嬌麗 4-413B
jiāolì 澆瀝 6-121B
jiāolì 驕戾 12-901A
jiāolì 驕厲 12-904B
jiāolì 驕麗 12-906A
jiǎolí 攪離 6-992A
jiǎolǐ 角鯉 10-1354B
jiǎolì 角立 10-1348A
jiǎolì 角戾 10-1349B
jiǎolì 狡吏 5-47A
jiǎolì 狡戾 5-47B
jiǎolì 皎厲 8-270B
jiǎolì 脚力 6-1272A
jiǎolì 湫戾 5-1483A
jiǎolì 僥利 1-1660A
jiǎolì 矯厲 7-1552B
jiǎolì 矯勵 7-1553B
jiàolí 校藜 4-1005A
jiàolǐ 教理 5-449A
jiàolǐ 斠理 7-340B
jiàolǐ 醮醴 9-1443B
jiàolǐ 校理 4-1002B
jiàolì 校力 4-1000A
jiàolì 校曆 4-1004B
jiāolián 交連 2-335A
jiāolián 嬌憐 4-413A
jiǎolián 矯廉 7-1552B
jiǎoliǎn 絞臉 9-846A
jiǎoliàn 鉸鏈 11-1274A
jiàolián 轎簾 9-1332B
jiàolián 校聯 4-1005A
jiàoliàn 教練 5-451B
jiàoliàn 校練 4-1004B
jiǎoliàng 皎亮 8-270A
jiàoliáng 校量 4-1003B
jiàoliàng 較量 9-1250B
jiàoliànjī 教練機 5-451B、
jiāoliáo 郊燎 10-618B
jiāoliáo 椒聊 4-1100B
jiāoliáo 僬僚 1-1674B
jiāoliáo 嘄嫪 3-493B
jiāoliáo 蟭蟟 8-970B

jiāoliáo 鵁鶃 12-1161A
jiāoliǎo 焦燎 7-168A
jiāoliào 椒料 4-1100B
jiǎoliáo 攪撩 6-992A
jiāoliǎo 校衦 9-75B
jiǎoliào 脚鐐 6-1278A
jiǎoliàoshǒukào 脚鐐手銬
6-1278A
jiāoliáoxīn 鵁鶃心
12-1161B
jiāoliè 焦裂 7-166B
jiāoliè 驕劣 12-899B
jiǎoliè 角列 10-1348A
jiǎoliè 僥躐 1-1660B
jiàoliè 校埒 4-1002A
jiàoliè 校獵 4-1005A
jiāolíhuǒzǎo 交梨火棗
2-337B
jiāolìjùtuò 交詈聚唾
2-338B
jiāolín 澆淋 6-120A
jiāolìn 驕吝 12-900A
jiāolìn 驕悋 12-901B
jiāolìn 驕恡 12-899B
jiǎolín 角鱗 10-1354B
jiāolíng 交零 2-340B
jiāolíng 交靈 2-346B
jiāolíng 驕陵 12-902B
jiāolǐng 交領 2-342A
jiǎolíng 角菱 10-1350B
jiǎolìng 矯令 7-1549A
jiàolíng 教齡 5-452A
jiàolìng 教令 5-446A
jiàolìng 校令 4-1000B
jiǎolìrén 脚力人 6-1272A
jiāoliú 交流 2-335B
jiāoliú 澆流 6-120A
jiāoliúdiàn 交流電 2-336A
jiāolóng 交龍 2-344A
jiāolóng 蛟龍 8-894B
jiāolóng 鮫龍 12-1223A
jiǎolóng 角龍 10-1354A
jiāolóngbòshuǐ 蛟龍擘水
8-895A
jiāolóngdéshuǐ 蛟龍得水
8-895A
jiāolóngdéyúnyǔ
蛟龍得雲雨 8-895A
jiāolónghǒu 蛟龍吼 8-895A
jiāolóngjǐn 交龍錦 2-344A
jiāolóngshīshuǐ 蛟龍失水
8-894B
jiāolóngshīyúnyǔ
蛟龍失雲雨 8-894B
jiāolóngxiá 蛟龍匣 8-895A
jiāolóngxìshuǐ 蛟龍戲水
8-895A
jiāolóngyùxiá 蛟龍玉匣
8-894B
jiāolòu 澆陋 6-119B
jiǎolóu 角樓 10-1353A
jiǎolòu 湫陋 5-1483A
jiāolú 焦爐 7-168B
jiāolú 蛟鑪 8-895A
jiāolǔ 驕鹵 12-903A
jiāolǔ 驕虜 12-904A
jiāolù 交露 2-346B
jiāolù 交路 2-340B
jiāolù 郊路 10-617B
jiǎolú 脚爐 6-1278A
jiǎolù 角鹿 10-1351A
jiǎolù 脚路 6-1276B
jiǎolù 剿戮 2-740B
jiàolù 嶠路 3-865B
jiàolù 校録 4-1005A
jiāoluàn 交亂 2-341A
jiāoluàn 焦亂 7-167A
jiǎoluàn 狡亂 5-48B
jiǎoluàn 攪亂 6-991B
jiàoluàn 挍亂 6-587A
jiāoluánchúfèng 嬌鸞雛鳳
4-414A
jiāolún 燋淪 7-258A
jiǎolún 脚輪 6-1277A
jiàolún 校掄 4-1002B
jiàolùn 較論 9-1251A
jiāoluó 交羅 2-345B
jiāoluǒ 郊裸 10-617B
jiāoluò 交絡 2-340A
jiāoluò 澆落 6-120B
jiǎoluò 角落 10-1351B
jiāolǚ 交縷 2-345A
jiāolǜ 焦慮 7-168A
jiāolǜ 燋慮 7-258A
jiǎolǘ 脚驢 6-1278A
jiǎolǚ 蹻履 10-552A
jiàolǘ 叫驢 3-73A
jiàolüè 較略 9-1250B
jiāomá 蕉麻 9-551A
jiāomǎ 交馬 2-335A
jiāomǎ 驕馬 12-901B
jiàomǎ 轎馬 9-1332B
jiàomà 叫罵 3-72B
jiàomà 噍罵 3-510B
jiàomài 叫賣 3-72A
jiāomǎn 驕滿 12-905A
jiāomàn 嬌嫚 4-412B
jiāomàn 憍慢 7-738B
jiāomàn 驕嫚 12-905A
jiāomàn 驕慢 12-905A
jiǎománg 角芒 10-1348A
jiǎomángshǒuluàn
脚忙手亂 6-1274A
jiāomáo 焦茅 7-164B
jiāomào 交貿 2-339A
jiāomào 交瞀 2-342A
jiāomào 驕媢 12-904A
jiǎomào 角帽 10-1351B
jiǎomào 僥冒 1-1660A
jiǎomǎzi 脚碼子 6-1277A
jiāoméi 郊禖 10-617B
jiāoméi 焦煤 7-167A
jiāoméi 蛟眉 8-894A
jiǎoměi 姣美 4-344B
jiāoměi 嬌美 4-410B
jiāoměi 嬌媄 4-412A
jiāoměi 驕美 12-901B
jiǎomèi 姣媚 4-345A
jiāomèi 嬌媚 4-412A
jiǎoméi 湫湄 5-1483B
jiāoméichóuyǎn 焦眉愁眼
7-165B
jiāoméigēn 澆梅根 6-120A
jiāoméikǔliǎn 焦眉苦臉
7-165A
jiāoméizhòuyǎn 焦眉皺眼
7-165B
jiāomén 郊門 10-615B
jiāomèn 焦悶 7-167A
jiǎomén 角門 10-1350A
jiǎomén 脚門 6-1275A
jiàomén 叫門 3-71A
jiàomén 教門 5-447B
jiàomén'er 教門兒 5-447B
jiāoméng 交盟 2-340B
jiāoměng 驕猛 12-903A
jiǎoměng 矯猛 7-1551B
jiāoméngōng 交門宮 2-333A
jiāomí 焦糜 7-168B
jiāomí 澆靡 6-121B
jiāomǐ 茭米 9-386A
jiāomì 交密 2-338A
jiāomì 膠密 6-1375B
jiāomiǎn 交勉 2-334A
jiāomiàn 嬌面 4-410B
jiàomiǎn 教勉 5-448A
jiāomiànwáng 焦面王 7-165A
jiāomiáo 鵁鶓 12-1161A
jiāomiǎo 僬眇 1-1674B
jiāomiào 郊廟 10-618A
jiǎomiào 姣妙 4-344B
jiāomiào 嬌妙 4-410A
jiàomiào 徼妙 3-1098A
jiāomiàogē 郊廟歌 10-618B
jiāomiè 焦滅 7-167B
jiǎomiè 剿滅 2-740B
jiǎomiè 勦滅 2-821B
jiáomín 嚼民 3-555B
jiǎomín 勦民 2-821A
jiǎomǐn 角抿 10-1349B
jiàomín 教民 5-446A
jiàomín 校緡 4-1004B
jiāomíng 交明 2-332A
jiāomíng 交鳴 2-342A
jiāomíng 焦明 7-164B
jiāomíng 焦冥 7-166A
jiāomíng 焦螟 7-168A
jiāomíng 蟭螟 8-970B
jiāomíng 鵁明 12-1161A
jiāomíng 鵁螟 12-1161A
jiāomíng 鵁鵙 12-1161A
jiǎomìng 矯命 7-1550A
jiàomíng 叫名 3-70B
jiàomíng 較名 9-1249B
jiàomíng 較明 9-1249B
jiàomíng 校明 4-1001A
jiàomíng 校銘 4-1004A
jiàomìng 教命 5-447A
jiàomìng 醮命 9-1443A
jiāomò 郊陌 10-615B
jiāomò 焦没 7-164A
jiāomò 焦墨 7-168A
jiāomò 澆末 6-119A
jiǎomó 角膜 10-1352B
jiǎomó 矯摩 7-1553A
jiàomò 徼墨 3-1099A
jiàomò 教墨 5-451A
jiáomòpēnzhǐ 嚼墨噴紙
3-556A
jiǎomóu 狡謀 5-49B
jiāomù 郊牧 10-615A
jiāomù 茭牧 9-386A
jiāomù 椒目 4-1099B
jiāomù 澆墓 6-120B
jiāomù 澆暮 6-121A
jiāomù 膠木 6-1373B
jiāomù 膠目 6-1373B
jiàomù 闥木 12-172B
jiàomǔ 酵母 9-1407A
jiāomǔtáng 膠姆糖 6-1374B
jiāoná 交拏 2-334B
jiāonà 交納 2-336B
jiǎonà 繳納 9-1034A
jiàonán 嶠南 3-865B
jiāonángjì 膠囊劑 6-1377A
jiǎonáo 狡猱 5-48B
jiǎonáo 攪撓 6-992A
jiǎonǎo 攪惱 6-991B
jiǎonào 攪鬧 6-992A
jiàonáoshēngmù 教猱升木
5-450A
jiǎonǎozhī 攪腦汁 6-992A
jiāonèi 郊内 10-613B
jiāonèn 嬌嫩 4-412B
jiāonéng 驕能 12-902B
jiàonéng 較能 9-1250A
jiàonéng 校能 4-1002B
jiāonéngyìzuò 交能易作
2-336B
jiāoní 椒泥 4-1099B
jiāoní 膠泥 6-1374B
jiāonì 郊逆 10-616A
jiāonì 焦溺 7-167B
jiāonì 嬌泥 4-410A
jiāonì 膠溺 6-1376A
jiāonì 驕逆 12-901B
jiāonì 驕睨 12-904A
jiāonián 交年 2-330A
jiāonián 膠黏 6-1376B
jiāonián 膠粘 6-1375B
jiáoniàn 嚼念 3-555B
jiāoniáng 嬌娘 4-411B
jiāoniánjié 交年節 2-330A
jiáoniè 嚼囓 3-556B
jiáoniè 嚼齧 3-556B
jiáoniè 嚼嚙 3-556B
jiāoníng 嬌獰 4-413B
jiāoníng 驕獰 12-905B
jiǎonìng 狡佞 5-47A
jiāoniú 郊牛 10-614A
jiǎoniú 脚牛 6-1273A
jiǎonòng 狡弄 5-47A
jiāonú 鮫奴 12-1222B
jiāonù 驕怒 12-901B
jiǎonǔ 角弩 10-1350A
jiàonǔ 叫呶 3-71A

jiàonǔ 較弩 9-1249B
jiāonuó 嬌娜 4-411A
jiāonuò 澆懦 6-121B
jiāonuò 驕懦 12-905B
jiǎonuò 角觸 10-1354A
jiāonǚ 嬌女 4-409B
jiāonǚ 鮫女 12-1222B
jiāonǚjuàn 蛟女絹 8-893B
jiāopà 鮫帕 12-1222B
jiāopài 交派 2-334B
jiàopài 教派 5-448A
jiāopān 交攀 2-345B
jiāopán 交盤 2-342B
jiāopán 椒盤 4-1101B
jiāopán 鮫盤 12-1223A
jiǎopán 絞盤 9-846A
jiàopàn 校判 4-1000B
jiǎopǎng 脚膀 6-1277A
jiāopèi 交佩 2-332B
jiāopèi 交配 2-335A
jiāopèi 交轡 2-346B
jiāopèi 郊配 10-616A
jiāopèi 郊霈 10-618A
jiǎopèi 角佩 10-1349B
jiāopén 焦盆 7-165A
jiǎopén 脚盆 6-1275A
jiǎopén 攪盆 6-991A
jiāopéng 交朋 2-332B
jiāopéng 焦朋 7-164B
jiǎopèngjiǎo 脚碰脚 6-1276B
jiāopéngyǒu 交朋友 2-332B
jiāopì 驕僻 12-905A
jiàopǐ 校否 4-1000B
jiāopiàn 膠片 6-1373B
jiǎopiàn 脚片 6-1273A
jiǎopiào 角票 10-1350B
jiāopīlì 焦霹靂 7-168B
jiāopín 嬌嚬 4-413B
jiāopín 嬌顰 4-414A
jiāopìn 交聘 2-340A
jiāopínènròu 嬌皮嫩肉 4-410A
jiāopíng 椒屏 4-1100A
jiǎopíng 繳憑 9-1034B
jiǎopíyín 脚皮銀 6-1273B
jiāopō 椒坡 4-1099B
jiāopō 澆潑 6-121A
jiāopò 交迫 2-332B
jiāopò 焦迫 7-164B
jiǎopó 脚婆 6-1276A
jiǎopò 攪破 6-991A
jiàopò 叫破 3-71B
jiǎopū 剿撲 2-740B
jiǎopū 勦撲 2-822A
jiǎopǔ 脚蹼 6-1278A
jiàopù 轎鋪 9-1332B
jiāoqī 嬌妻 4-410A
jiāoqī 膠漆 6-1376A
jiāoqī 驕戚 12-902B
jiāoqī 鵁棲 12-1161A
jiāoqí 交歧 2-332A
jiāoqí 郊祁 10-614B
jiāoqí 郊圻 10-614B
jiāoqí 郊歧 10-615A
jiāoqí 郊畦 10-616B
jiāoqǐ 交綺 2-342A
jiāoqì 交契 2-333A
jiāoqì 交砌 2-333B
jiāoqì 交氣 2-335A
jiāoqì 嬌氣 4-411A
jiāoqì 驕氣 12-902A
jiāoqì 澆器 6-92B
jiǎoqí 僥奇 1-1660A
jiǎoqǐ 狡敁 5-48A
jiǎoqǐ 橋起 4-1314A
jiǎoqì 脚氣 6-1275A
jiàoqí 校棊 4-1003A
jiàoqí 校旗 4-1004A
jiàoqí 校騎 4-1005A
jiàoqì 醮器 9-1443B
jiāoqià 交洽 2-334B
jiāoqiān 郊阡 10-614A
jiāoqiān 驕愆 12-904B
jiāoqián 交錢 2-344A
jiāoqiǎn 澆淺 6-120A
jiāoqiǎn 膠淺 6-1375B
jiāoqiàn 嬌倩 4-411A
jiǎoqián 角錢 10-1353B
jiǎoqián 脚錢 6-1277B
jiǎoqián 撟虔 6-879B
jiǎoqián 矯虔 7-1550B
jiāoqiáng 椒牆 4-1102B
jiǎoqiǎng 狡强 5-48B
jiǎoqiǎng 矯强 7-1552B
jiǎoqiāngtízhù 角槍題注 10-1352B
jiāoqiǎnyánshēn 交淺言深 2-337B
jiāoqiào 嬌俏 4-410B
jiǎoqiǎo 狡巧 5-47A
jiǎoqiàopí 脚俏皮 6-1275A
jiāoqiè 交切 2-329A
jiāoqiè 焦切 7-163B
jiāoqiè 嬌怯 4-410B
jiāoqiè 驕妾 12-901A
jiǎoqiè 絞切 9-845A
jiàoqiè 較切 9-1249A
jiāoqièqiè 姣怯怯 4-344B
jiāoqièqiè 嬌怯怯 4-410B
jiāoqiētáng 澆切糖 6-119A
jiāoqījiāo 膠漆交 6-1376A
jiāoqīn 交侵 2-334A
jiāoqīn 交親 2-344A
jiāoqīn 驕侵 12-901A
jiāoqín 焦勤 7-167A
jiāoqǐn 椒寢 4-1101B
jiāoqǐn 焦寢 7-167B
jiāoqìn 交沁 2-331B
jiǎoqín 剿擒 2-740B
jiǎoqǐn 繳寢 9-1034B
jiàoqīn 較親 9-1251B
jiàoqǐn 覺寢 10-356A
jiāoqing 交情 2-338A
jiāoqīng 膠青 6-1374A
jiāoqīng 膠清 6-1375B
jiāoqíng 焦情 7-166B
jiāoqíng 嬌情 4-411B
jiǎoqíng 矯情 7-1551B
jiǎoqínggānyù 矯情干譽 7-1551B
jiǎoqíngshìmào 矯情飾貌 7-1551B
jiǎoqíngzhènwù 矯情鎮物 7-1551B
jiǎoqīniànsān 攪七念三 6-990B
jiāoqióng 交窮 2-343A
jiāoqīqì 膠漆契 6-1376A
jiāoqiū 郊丘 10-614B
jiāoqiū 椒丘 4-1099A
jiāoqiú 蛟虬 8-893B
jiāoqiú 蛟虯 8-893B
jiǎoqiú 僥求 1-1660A
jiāoqiú'ān 交虬盦 2-331A
jiāoqū 郊區 10-616B
jiāoqú 交衢 2-346B
jiāoqú 郊衢 10-619A
jiáoqū 嚼蛆 3-556A
jiǎoqǔ 僥取 1-1660A
jiàoqū 叫屈 3-71A
jiàoqū 教區 5-449B
jiàoqǔ 叫曲 3-70B
jiàoqǔ 叫取 3-70B
jiāoquán 焦拳 7-166A
jiǎoquǎn 狡犬 5-47A
jiàoquán 較痊 9-1250B
jiàoquán 校詮 4-1004A
jiāoquān'er 焦圈兒 7-166B
jiǎoqūbā 攪蛆扒 6-991B
jiāoqún 交羣 2-341A
jiǎorán 皎然 5-711B
jiǎorán 皎然 8-270A
jiǎorán 敫然 5-499A
jiǎorán 撟然 6-880A
jiǎorán 皦然 5-840B
jiǎorán 矯然 7-1552A
jiǎorán 皦然 8-276A
jiàorán 較然 9-1251A
jiàorán 皭然 8-276B
jiāorǎng 燋壤 7-258B
jiāoràng 交讓 2-346B
jiāoràng 膠讓 6-1377A
jiǎorǎng 攪攘 6-992B
jiàoráng 醮禳 9-1443B
jiàorǎng 叫嚷 3-72B
jiàoràng 噍讓 3-510B
jiāoràngguān 交讓冠 2-347A
jiāoràngmù 交讓木 2-347A
jiàoráŋyīgài 斠然一概 7-341A
jiāoráo 嬌饒 4-413B
jiāoráo 嬌嬈 4-413A
jiǎorǎo 膠擾 6-1376B
jiǎorǎo 徼繞 3-1099A
jiǎorǎo 攪擾 6-992A
jiǎoràо 繳繞 9-1034B
jiǎorǎo 教擾 5-452A
jiāorè 焦熱 7-167B
jiāorén 郊人 10-613B
jiāorén 姣人 4-344B
jiāorén 蛟人 8-893A
jiāorén 鮫人 12-1222A
jiāorén 驕人 12-899A
jiāorèn 交刃 2-328B
jiāorèn 交衽 2-338A
jiǎorén 角人 10-1347A
jiǎorén 佼人 1-1348A
jiǎorèn 角刃 10-1347B
jiàorén 徼人 3-1097B
jiàorén 校人 4-999B
jiāorénqìzhū 鮫人泣珠 12-1222B
jiāorì 驕日 12-899A
jiǎorì 皎日 5-711A
jiǎorì 皎日 8-269B
jiǎorì 皦日 5-840B
jiǎorì 皦日 8-275B
jiāoróng 交融 2-343A
jiāoróng 驕榮 12-905A
jiāoróng 蹻容 10-552A
jiǎorǒng 繳宂 9-1034A
jiāoróu 嬌柔 4-411A
jiǎoróu 矯揉 7-1551B
jiǎoróu 矯輮 7-1553B
jiǎoróuzàozuò 撟揉造作 6-880A
jiǎoróuzàozuò 矯揉造作 7-1552A
jiāorú 交如 2-331A
jiǎorǔ 膠乳 6-1374B
jiǎorú 皦如 8-275B
jiāoruǎn 嬌軟 4-411B
jiāoruò 姣弱 4-345A
jiāoruò 嬌弱 4-411B
jiāoruò 燋爇 7-258A
jiāoruò 驕弱 12-902B
jiàoruòhuàyī 較若畫一 9-1249B
jiàoruòhuàyī 斠若畫一 7-340B
jiāosǎ 交灑 2-346B
jiāosǎ 澆灑 6-121B
jiǎosǎ 攪撒 6-992A
jiàosài 徼塞 3-1099A
jiāosàn 澆散 6-120A
jiǎosàn 攪散 6-991B
jiāosāng 郊桑 10-616B
jiāosàng 交喪 2-338B
jiāosè 姣色 4-344B
jiāosè 蛟色 8-893B
jiāosè 膠瑟 6-1376A
jiāosè 驕色 12-899B
jiǎosè 脚澀 6-1278A
jiāoshā 椒榝 4-1101B
jiāoshā 焦殺 7-165B
jiāoshā 蕉紗 9-551A
jiāoshā 礁砂 7-1111B
jiāoshā 鮫鯊 12-1223A
jiāoshā 鮫魦 12-1223A
jiǎoshā 絞殺 9-845B
jiǎoshā 剿殺 2-740A
jiǎoshā 勦殺 2-821B
jiǎoshā 矯殺 7-1551A
jiāoshài 焦殺 7-165B
jiāoshài 燋殺 7-257B

jiāoshài 噍殺 3-510B
jiāoshān 交煽 2-342A
jiāoshān 郊山 10-613B
jiāoshān 焦山 7-163A
jiāoshān 蕉衫 9-551A
jiāoshān 驕煽 12-905A
jiāoshān 驕扇 12-902B
jiāoshàn 交禪 2-344A
jiāoshàn 交扇 2-336A
jiāoshàn 交善 2-339A
jiāoshàn 交嬗 2-344A
jiāoshàn 蕉扇 9-551A
jiǎoshān 狡扇 5-48A
jiǎoshàn 矯擅 7-1553A
jiāoshāng 交觴 2-345A
jiāoshāng 椒觴 4-1102B
jiāoshàng 驕尚 12-900B
jiǎoshàng 脚上 6-1272A
jiǎoshàng 矯上 7-1548B
jiǎoshāo 撟捎 6-879B
jiǎoshāopí 脚梢皮 6-1275B
jiǎoshāotiān 脚梢天
6-1275B
jiāoshē 交賒 2-341B
jiāoshē 嬌奢 4-411B
jiāoshē 憍奢 7-738B
jiāoshē 驕奢 12-902B
jiāoshé 蛟蛇 8-894A
jiāoshé 澆舌 6-119B
jiāoshè 交涉 2-335B
jiāoshè 郊舍 10-615B
jiāoshè 郊社 10-615A
jiāoshè 郊射 10-616A
jiāoshè 郊赦 10-616B
jiáoshé 嚼舌 3-555B
jiǎoshé 撟舌 6-879B
jiǎoshé 矯舌 7-1549A
jiàoshè 較射 9-1250A
jiàoshè 醮設 9-1443A
jiàoshè 校射 4-1002A
jiāoshēfàngyì 驕奢放逸
12-902B
jiáoshégēn 嚼舌根 3-555B
jiáoshéjiáohuáng
嚼舌嚼黄 3-555B
jiāoshén 交神 2-334B
jiāoshén 焦神 7-165A
jiāoshèn 蛟蜃 8-894A
jiāoshēng 嬌聲 4-413A
jiāoshèng 驕盛 12-902B
jiǎoshēng 角聲 10-1354A
jiǎoshèng 脚乘 6-1275B
jiàoshèng 較勝 9-1251A
jiāoshēngguànyǎng
嬌生慣養 4-410A
jiāoshēngguànyǎng
驕生慣養 12-899B
jiāoshēngjiāoqì 嬌聲嬌氣
4-413A
jiáoshétou 嚼舌頭 3-555B
jiāoshēyínyì 驕奢淫佚
12-902B
jiāoshēyínyì 驕奢淫泆
12-902B
jiāoshēyínyì 驕奢淫逸
12-902B
jiāoshī 交施 2-334A
jiāoshí 交食 2-334A
jiāoshí 交蝕 2-342A
jiāoshí 交識 2-345B
jiāoshí 椒實 4-1101B
jiāoshí 焦石 7-163B
jiāoshí 嶕石 3-866A
jiāoshí 礁石 7-1111B
jiāoshǐ 郊使 10-615B
jiāoshì 交市 2-330A
jiāoshì 交事 2-332A
jiāoshì 椒室 4-1100A
jiāoshì 蛟室 8-893B
jiāoshì 澆世 6-119A
jiāoshì 鮫室 12-1222B
jiāoshì 驕視 12-903A
jiáoshí 嚼食 3-556A
jiǎoshī 湫濕 5-1483B
jiǎoshī 矯失 7-1549A
jiǎoshí 矯時 7-1551A
jiǎoshì 狡飾 5-48B
jiǎoshì 脚士 6-1272A
jiǎoshì 湫室 5-1483A
jiǎoshì 矯士 7-1548B
jiǎoshì 矯世 7-1549A
jiǎoshì 憍飾 4-1315A
jiàoshī 教師 5-448B
jiàoshí 校石 4-1000A
jiàoshí 校實 4-1004A
jiàoshì 教士 5-445B
jiàoshì 教示 5-446A
jiàoshì 教室 5-448A
jiàoshì 較士 9-1249A
jiàoshì 較試 9-1251A
jiàoshì 斠士 7-340B
jiàoshì 醮事 9-1443A
jiàoshì 校士 4-1000A
jiàoshì 校事 4-1001A
jiàoshì 校試 4-1004A
jiàoshì 校飾 4-1003B
jiàoshì 校釋 4-1005B
jiǎoshìbiànsú 矯世變俗
7-1549A
jiǎoshǐgùn 攪屎棍 6-991A
jiàoshījié 教師節 5-448B
jiǎoshìlìsú 矯世厲俗
7-1549A
jiǎoshìlìsú 矯世勵俗
7-1549A
jiāoshǒu 交手 2-329A
jiāoshǒu 交首 2-334B
jiāoshǒu 澆手 6-119A
jiāoshòu 交受 2-332B
jiāoshòu 交售 2-337B
jiāoshòu 交授 2-336B
jiāoshòu 焦瘦 7-167B
jiǎoshōu 繳收 9-1034A
jiǎoshǒu 角手 10-1347B
jiǎoshǒu 脚手 6-1273A
jiǎoshǒu 撟首 6-879B
jiǎoshǒu 矯手 7-1548B
jiǎoshǒu 矯首 7-1550B
jiǎoshǒu 攪首 6-991A
jiǎoshòu 狡獸 5-49B
jiǎoshǒu 徼守 3-1098A
jiàoshǒu 教手 5-445B
jiàoshǒu 教首 5-448A
jiàoshǒu 校手 4-1000A
jiàoshòu 教授 5-449B
jiǎoshǒujià 脚手架 6-1273A
jiàoshòuliángféi
較瘦量肥 9-1251A
jiāoshǒuzhàng 交手仗
2-329A
jiāoshū 交疏 2-339B
jiāoshū 交輸 2-343A
jiāoshū 嬌姝 4-411A
jiāoshū 嬌淑 4-411B
jiāoshū 澆書 6-120A
jiāoshū 蕉書 9-551A
jiāoshū 驕舒 12-903B
jiāoshǔ 焦暑 7-166B
jiāoshǔ 驕暑 12-903B
jiāoshù 郊戍 10-614A
jiāoshù 郊墅 10-618A
jiāoshù 驕豎 12-904A
jiáoshū 嚼蔬 3-556A
jiǎoshǔ 角黍 10-1351B
jiǎoshù 角束 10-1348B
jiǎoshù 狡數 5-49A
jiǎoshù 狡豎 5-49A
jiàoshū 醮疏 9-1443B
jiàoshū 校書 4-1002A
jiàoshǔ 校數 4-1004B
jiàoshù 教術 5-449B
jiàoshù 教數 5-451A
jiāoshuāi 焦衰 7-166A
jiàoshuài 教率 5-449B
jiǎoshuǎng 皎爽 8-270A
jiàoshūbù 校書部 4-1002B
jiāoshuǐ 蛟水 8-893B
jiāoshuǐ 膠水 6-1373B
jiàoshuǐ 醮水 9-1442B
jiàoshūjiān 校書箋 4-1002B
jiàoshūjiàng 教書匠 5-449B
jiàoshūláng 校書郎 4-1002A
jiàoshùn 教順 5-450A
jiāoshuò 焦爍 7-168B
jiāoshuò 燋爍 7-258B
jiáoshuō 嚼說 3-556A
jiǎoshuō 勦說 2-821B
jiāosī 交私 2-331B
jiāosī 焦思 7-165A
jiāosī 鮫絲 12-1223A
jiāosǐ 焦死 7-164A
jiāosì 郊祀 10-615A
jiāosì 蛟兕 8-893B
jiāosì 驕肆 12-904A
jiǎosī 矯思 7-1550B
jiǎosì 角柶 10-1350A
jiàosì 醮祀 9-1443A
jiāosìgē 郊祀歌 10-615A
jiāosīkǔlǜ 焦思苦慮
7-165A
jiāosǒng 燋悚 7-257B
jiāosòng 交訟 2-337B
jiāosòng 郊送 10-615B
jiāosòng 椒頌 4-1101A
jiǎosòng 繳送 9-1034A
jiāosǒu 郊藪 10-619A
jiāosǒu 郊椒 10-617A
jiǎosōu 攪搜 6-991B
jiāosú 澆俗 6-119B
jiǎosú 矯俗 7-1550B
jiǎosù 僥速 1-1660A
jiàosù 酵素 9-1407A
jiàosù 醮訴 9-1443B
jiǎosuàn 狡竿 5-47B
jiǎosuàn 狡筭 5-48B
jiǎosuàn 狡算 5-49A
jiǎosùdù 角速度 10-1350B
jiāosuí 交綏 2-341B
jiāosuì 郊遂 10-617A
jiāosuì 郊歲 10-617B
jiāosuì 郊隧 10-618A
jiāosuì 焦碎 7-167A
jiāosǔn 茭筍 9-386A
jiāosuǒ 交鎖 2-345A
jiǎosuǒ 絞索 9-845B
jiàosuō 教唆 5-448A
jiàosuōfàn 教唆犯 5-448A
jiāotà 椒闥 4-1102B
jiāotà 驕沓 12-900B
jiǎotà 脚踏 6-1277A
jiǎotàchē 脚踏車 6-1277A
jiāotāi 蛟胎 8-893B
jiāotái 椒臺 4-1101B
jiāotài 交泰 2-334B
jiāotài 交態 2-342A
jiāotài 嬌態 4-412B
jiāotài 澆態 6-121A
jiāotài 驕汰 12-900A
jiāotài 驕泰 12-901B
jiàotái 醮臺 9-1443B
jiāotàidiàn 交泰殿 2-334B
jiāotàiyínyì 驕泰淫泆
12-901B
jiǎotàliǎngzhīchuán
脚踏兩隻船 6-1277A
jiāotān 礁灘 7-1111B
jiāotān 驕貪 12-903B
jiāotán 交談 2-342B
jiāotán 郊壇 10-618B
jiāotán 椒潭 4-1102A
jiāotàn 焦炭 7-165A
jiàotán 教壇 5-451B
jiàotán 較談 9-1251B
jiàotán 醮壇 9-1443B
jiāotáng 焦糖 7-168A
jiǎotāng 脚湯 6-1276A
jiàotáng 教堂 5-449B
jiàotáo 叫咷 3-71A
jiàotáo 噭咷 3-528A
jiàotáo 噭啕 3-528A
jiǎotàshídì 脚踏實地
6-1277B
jiǎotàzháonǎoshāozi
脚踏着腦杓子 6-1277B
jiāotè 郊特 10-616A
jiāotè 澆慝 6-120B

jiǎotè 狡慝 5-49A
jiāoténg 交藤 2-345A
jiǎoténg 蹻騰 10-552A
jiǎoténgténg 矯騰騰
7-1554A
jiāotí 嬌啼 4-412A
jiāotí 嬌荑 4-410B
jiāotǐ 交體 2-346B
jiāotì 交替 2-338A
jiāotì 嬌殢 4-413A
jiǎotī 角踢 10-1353B
jiǎotī 脚梯 6-1275B
jiàotǐ 校體 4-1005B
jiāotiān 郊天 10-613B
jiāotián 郊畋 10-615B
jiǎotiǎn 勦殄 2-821B
jiǎotiǎn 僥忝 1-1660A
jiāotiānshè 郊天赦 10-613B
jiàotiānyādì 叫天吖地
3-70A
jiàotiānzǐ 叫天子 3-70A
jiàotiáo 叫窱 3-72A
jiàotiáo 教條 5-448A
jiàotiǎo 噭誂 3-528A
jiàotiào 噭咷 3-528A
jiàotiáozhǔyì 教條主義
5-448B
jiàotiáozi 叫條子 3-71B
jiàotiě 教帖 5-447A
jiáotiějùjīn 嚼鐵咀金
3-556B
jiāotíng 椒庭 4-1100A
jiàotīng 轎廳 9-1332B
jiàotíng 徼亭 3-1098A
jiàotíng 教廷 5-446B
jiāotōng 交通 2-336A
jiāotóng 焦桐 7-165B
jiāotóng 燋銅 7-258A
jiǎotóng 狡童 5-48B
jiǎotóng 狡僮 5-49A
jiǎotòng 絞痛 9-845B
jiàotōng 較通 9-1250A
jiāotōngchē 交通車 2-336A
jiāotōngdǎo 交通島 2-336B
jiāotōnggōngjù 交通工具
2-336A
jiāotōnggōu 交通溝 2-336B
jiāotōngháo 交通壕 2-336B
jiāotōngshào 交通哨 2-336B
jiāotōngwǎng 交通網 2-336B
jiāotōngxiàn 交通綫 2-336B
jiāotōngxìnhàodēng
交通信號燈 2-336A
jiāotōngyuán 交通員 2-336B
jiāotōngzhàn 交通站 2-336B
jiǎotóngzhīgē 狡童之歌
5-48B
jiāotou 澆頭 6-121A
jiāotōu 驕媮 12-904A
jiāotóu 交頭 2-343A
jiāotóu 焦頭 7-168A
jiáotou 嚼頭 3-556A
jiǎotóu 角頭 10-1353B
jiǎotóu 脚頭 6-1277B
jiàotóu 叫頭 3-72B
jiàotóu 教頭 5-451B
jiàotóu 酵頭 9-1407B
jiàotóu 藠頭 9-605A
jiāotóuhù'ěr 交頭互耳
2-343A
jiāotóujiē'ěr 交頭接耳
2-343A
jiǎotóujin 角頭巾 10-1353B
jiāotóulàn'é 焦頭爛額
7-168A
jiāotóulàn'é 燋頭爛額
7-258A
jiǎotóuluàn 脚頭亂 6-1277B
jiǎotóuqī 脚頭妻 6-1277B
jiāotú 椒塗 4-1101A
jiāotú 椒圖 4-1101B
jiāotǔ 焦土 7-163A
jiāotù 郊菟 10-616B
jiàotú 教徒 5-448B
jiǎotuān 角猯 10-1352A
jiǎotuān 角貒 10-1353B
jiǎotuán 攪團 6-992A
jiǎotùdé'érlièquānpēng
狡兔得而獵犬烹
5-47B
jiǎotùjìnzé…
狡兔盡則良犬烹
5-47B
jiáotūn 嚼吞 3-555B
jiāotuō 交託 2-335B
jiāotuó 蛟鼉 8-895A
jiāotuǒ 嬌嫷 4-412A
jiāotuò 交唾 2-337A
jiǎotuō 矯託 7-1551A
jiǎotùsānkū 狡兔三窟
5-47A
jiǎotùsānxué 狡兔三穴
5-47A
jiǎotùsì…狡兔死,良狗烹
5-47B
jiā'ǒu 佳偶 1-1310B
jiā'ǒu 佳耦 1-1311B
jiā'ǒu 嘉偶 3-478A
jiā'ǒu 嘉耦 3-480B
jiāowá 姣娃 4-344B
jiāowá 嬌娃 4-411A
jiǎowà 角襪 10-1354B
jiǎowà 角韈 10-1354B
jiāowài 郊外 10-614A
jiǎowài 儌外 1-1693A
jiàowài 徼外 3-1097B
jiàowài 嶠外 3-865A
jiāowán 驕玩 12-900B
jiāowán 驕頑 12-904A
jiāowǎn 嬌婉 4-411B
jiǎowàn 脚腕 6-1276A
jiāowáng 驕王 12-899A
jiāowǎng 交往 2-332B
jiāowàng 郊望 10-617A
jiāowàng 驕王 12-899A
jiāowàng 驕妄 12-899B
jiǎowǎng 矯枉 7-1549B
jiǎowàng 狡妄 5-47A
jiǎowàng 僥望 1-1660B
jiǎowàng 矯妄 7-1549A
jiǎowǎngguòdàng 矯枉過當
7-1550A
jiǎowǎngguòzhèng
撟枉過正 6-879B
jiǎowǎngguòzhèng
矯枉過正 7-1550A
jiǎowǎngguòzhí 矯枉過直
7-1550A
jiǎowǎngguòzhōng
矯枉過中 7-1550A
jiāowēi 澆危 6-119B
jiāowéi 椒闈 4-1102B
jiāowěi 交尾 2-332A
jiāowěi 交委 2-332B
jiāowěi 焦尾 7-164A
jiāowěi 澆僞 6-121A
jiāowěi 燋尾 7-257B
jiāowèi 郊位 10-614B
jiāowèi 焦味 7-164B
jiáowèi 嚼味 3-555B
jiǎowěi 狡僞 5-49A
jiǎowěi 矯尾 7-1549B
jiǎowěi 矯僞 7-1553A
jiàowéi 轎幃 9-1332B
jiàowèi 教衛 5-451A
jiàowèi 較尉 9-1250B
jiàowèi 校尉 4-1003A
jiàowèi 校衛 4-1004B
jiāowěibà 焦尾靶 7-164B
jiàowèichú 校尉廚 4-1003A
jiāowěikūtóng 焦尾枯桐
7-164A
jiǎowěilìjiǎo 矯尾厲角
7-1549B
jiāowěiqín 焦尾琴 7-164B
jiāowén 鵁蚊 12-1161A
jiāowěn 交吻 2-331A
jiāowěn 驕穩 12-906A
jiǎowěn 角吻 10-1349A
jiàowén 較文 9-1249A
jiàowén 醮文 9-1442B
jiàowén 校文 4-1000A
jiāowò 澆沃 6-119B
jiǎowō 脚窩 6-1276B
jiǎowò 角握 10-1351B
jiàowò 覺卧 10-354B
jiǎowōwō 脚窩窩 6-1276B
jiāowū 椒屋 4-1100A
jiāowǔ 交午 2-329A
jiāowǔ 嬌嫵 4-413A
jiāowǔ 驕侮 12-901A
jiāowù 交惡 2-338A
jiāowù 驕物 12-900B
jiǎowū 撟誣 6-880A
jiǎowū 矯誣 7-1553A
jiǎowù 角物 10-1349B
jiàowǔ 校武 4-1001A
jiàowù 教務 5-449A
jiàowù 覺悟 10-355B
jiàowù 覺寤 10-356A
jiàowúchángshī 教無常師
5-450A
jiāowútóng 焦梧桐 7-166A
jiàowùzhǎng 教務長 5-449A
jiāowǔzhù 交午柱 2-329A
jiāoxī 郊犧 10-619A
jiāoxī 驕熙 12-904B
jiāoxī 鷮息 12-1160B
jiāoxì 郊隰 10-618B
jiāoxǐ 澆洗 6-119B
jiāoxì 交戲 2-344B
jiāoxì 嬌細 4-412A
jiǎoxī 角犀 10-1352A
jiǎoxī 僥傒 1-1660B
jiǎoxǐ 剿洗 2-740A
jiàoxí 教席 5-448B
jiàoxí 教習 5-449B
jiàoxí 醮席 9-1443A
jiàoxí 校習 4-1003A
jiàoxǐ 叫喜 3-71B
jiàoxì 校繫 4-1005A
jiāoxiá 驕狎 12-901A
jiāoxiá 驕黠 12-905B
jiāoxià 交下 2-328A
jiǎoxiá 佼黠 1-1348A
jiǎoxiá 狡黠 5-49B
jiǎoxiá 湫陋 5-1483B
jiǎoxiá 矯黠 7-1554A
jiǎoxià 脚下 6-1272A
jiāoxiān 焦先 7-164A
jiāoxián 蛟涎 8-893B
jiāoxián 鵁銜 12-1091B
jiāoxiǎn 蛟韅 8-895A
jiāoxiǎn 鮫韅 12-1223A
jiāoxiàn 交獻 2-346A
jiāoxiàn 郊縣 10-618B
jiǎoxiān 角僊 10-1352B
jiǎoxiǎn 狡險 5-49A
jiàoxiǎn 轎幰 9-1332B
jiāoxiāng 交相 2-333A
jiāoxiāng 椒香 4-1100A
jiāoxiāng 驕驤 12-906A
jiāoxiáng 膠庠 6-1375A
jiāoxiǎng 交響 2-346A
jiāoxiǎng 郊享 10-615B
jiāoxiǎng 郊饗 10-619A
jiāoxiǎng 焦響 7-168B
jiǎoxiǎng 剿餉 2-740B
jiàoxiǎng 醮享 9-1443A
jiàoxiàng 教象 5-449B
jiāoxiānghuīyìng
交相輝映 2-333A
jiāoxiǎngyuè 交響樂 2-346A
jiǎoxiānsheng 角先生
10-1348B
jiāoxiànxì 交綫戲 2-342A
jiāoxiāo 交綃 2-341B
jiāoxiāo 焦蕭 7-168A
jiāoxiāo 蛟綃 8-894A
jiāoxiāo 鮫鮹 12-1223A
jiāoxiāo 鮫綃 12-1223A
jiāoxiǎo 嬌小 4-409B
jiāoxiào 嬌笑 4-411A
jiǎoxiāo 角簫 10-1354B
jiǎoxiāo 絞鮹 9-846A
jiǎoxiāo 絞綃 9-845B

jiǎoxiāo 繳消 9-1034A
jiǎoxiāo 繳銷 9-1034B
jiǎoxiǎo 皎晶 8-270B
jiǎoxiào 矯笑 7-1551A
jiàoxiāo 叫囂 3-72B
jiàoxiào 叫嘯 3-72B
jiàoxiào 噭哮 3-528A
jiāoxiāoshā 蛟綃紗 8-894A
jiǎoxiàrén 脚下人 6-1272B
jiāoxié 膠鞋 6-1376A
jiāoxié 驕邪 12-899B
jiāoxiè 交卸 2-333B
jiāoxiè 交媟 2-339B
jiāoxiè 交褻 2-344B
jiāoxiè 憍泄 7-738B
jiāoxiè 驕褻 12-905B
jiǎoxiè 橋泄 4-1314A
jiǎoxié 絞纈 9-846A
jiǎoxiè 繳械 9-1034B
jiāoxīn 交心 2-329A
jiāoxīn 椒馨 4-1102B
jiāoxīn 焦心 7-163B
jiāoxīn 燋心 7-257B
jiāoxīn 驕心 12-899B
jiāoxín 蛟鐔 8-895A
jiǎoxīn 狡心 5-47A
jiǎoxīn 脚心 6-1273A
jiǎoxīn 絞心 9-845A
jiǎoxīn 皦心 8-275B
jiǎoxīncháotiān 脚心朝天 6-1273A
jiāoxíng 膠餳 6-1376B
jiāoxíng 驕行 12-899B
jiāoxìng 嬌性 4-410B
jiǎoxìng 儌幸 1-1693A
jiǎoxìng 儌倖 1-1693A
jiǎoxīng 角星 10-1350A
jiǎoxíng 絞刑 9-845A
jiǎoxíng 矯行 7-1549A
jiǎoxìng 狡性 5-47B
jiǎoxìng 狡倖 5-47B
jiǎoxìng 僥幸 1-1660A
jiǎoxìng 僥倖 1-1660A
jiǎoxìng 儌倖 1-1693A
jiǎoxìng 徼幸 3-1098A
jiǎoxìng 徼倖 3-1098B
jiǎoxìng 矯性 7-1550B
jiàoxíng 教刑 5-446A
jiǎoxíngjià 絞刑架 9-845A
jiāoxīnjiǔ 交心酒 2-329A
jiāoxiōng 驕凶 12-899A
jiāoxiū 交修 2-333B
jiāoxiū 姣羞 4-345A
jiāoxiū 嬌羞 4-411A
jiāoxiǔ 焦朽 7-163B
jiǎoxiù 角宿 10-1351A
jiàoxiū 校脩 4-1002A
jiāoxū 郊墟 10-617B
jiāoxū 驕虛 12-903A
jiāoxǔ 椒稰 4-1101B
jiāoxǔ 椒糈 4-1102A
jiāoxǔ 椒醑 4-1102A
jiāoxǔ 驕詡 12-904B
jiāoxù 澆酗 6-120A
jiāoxù 膠序 6-1374A
jiāoxù 膠續 6-1376B
jiǎoxù 狡獝 5-49A
jiàoxù 教勖 5-449B
jiàoxù 校叙 4-1001B
jiāoxuàn 交眩 2-335A
jiǎoxuán 攪旋 6-991B
jiǎoxuǎn 脚癬 6-1278A
jiàoxuǎn 校選 4-1004B
jiāoxué 郊學 10-618B
jiāoxué 蛟穴 8-893B
jiāoxué 教學 5-451B
jiāoxuè 郊血 10-614A
jiǎoxué 狡穴 5-47A
jiǎoxué 湫學 5-1483B
jiàoxué 教學 5-451B
jiàoxué 窖穴 8-444B
jiǎoxuěcōng 皎雪驄 8-270A
jiàoxuédàgāng 教學大綱 5-451B
jiàoxuéfǎ 教學法 5-451B
jiàoxuéjìhuà 教學計劃 5-451B
jiàoxuéxiāngzhǎng 教學相長 5-451B
jiàoxún 徼巡 3-1098A
jiàoxún 徼循 3-1098B
jiàoxún 校巡 4-1000B
jiàoxùn 教馴 5-450A
jiàoxùn 教訓 5-448B
jiāoyá 交牙 2-328B
jiāoyá 焦芽 7-164A
jiāoyá 膠牙 6-1373B
jiāoyà 交軋 2-332A
jiāoyà 郊迓 10-614B
jiāoyà 轇軋 9-1330B
jiáoyá 嚼牙 3-555A
jiǎoyā 脚丫 6-1272B
jiǎoyā 脚鴨 6-1277B
jiǎoyá 角牙 10-1347B
jiáoyábā 嚼牙巴 3-555A
jiǎoyācháotiān 脚丫朝天 6-1272B
jiāoyágé 焦崖閣 7-166A
jiāoyān 椒煙 4-1101A
jiāoyān 焦烟 7-166A
jiāoyān 焦煙 7-167A
jiāoyán 交言 2-331B
jiāoyán 交顔 2-345A
jiāoyán 郊筵 10-617A
jiāoyán 姣妍 4-344B
jiāoyán 椒鹽 4-1103A
jiāoyán 焦炎 7-165A
jiāoyán 嬌妍 4-410B
jiāoyán 嬌顔 4-413B
jiāoyán 膠言 6-1374A
jiāoyǎn 椒眼 4-1100B
jiāoyàn 姣艶 4-345A
jiāoyàn 姣豔 4-345A
jiāoyàn 嬌艶 4-414A
jiāoyàn 嬌豔 4-414A
jiāoyàn 驕豔 12-906A
jiáoyàn 嚼咽 3-555B
jiáoyàn 嚼嚥 3-556B
jiǎoyán 矯言 7-1549B
jiǎoyán 橋言 4-1314A
jiàoyán 教言 5-446B
jiàoyán 醮筵 9-1443A
jiàoyǎn 教演 5-451A
jiàoyàn 校驗 4-1005B
jiāoyáng 交洋 2-334B
jiāoyáng 蛟羊 8-893B
jiāoyáng 嘄陽 3-493A
jiāoyáng 嬌陽 4-411B
jiāoyáng 驕陽 12-903B
jiāoyáng 驕揚 12-903B
jiāoyǎng 嬌養 4-412B
jiǎoyáng 角洋 10-1350A
jiàoyǎng 教養 5-450B
jiàoyàng 校樣 4-1004B
jiàoyǎngyuán 教養員 5-451A
jiàoyǎngyuàn 教養院 5-451A
jiàoyánshì 教研室 5-447B
jiǎoyānsīchěng 狡焉思逞 5-48A
jiǎoyānsīqǐ 狡焉思啟 5-48A
jiǎoyānsīsì 狡焉思肆 5-48A
jiàoyánzǔ 教研組 5-447B
jiāoyáo 焦僥 7-167B
jiāoyáo 焦嶢 7-168A
jiāoyáo 僬僥 1-1674B
jiāoyáo 嶕嶢 3-866A
jiāoyáo 礁嶢 7-1111B
jiáoyǎo 嚼咬 3-555B
jiàoyào 較要 9-1250A
jiāoyáxíng 膠牙餳 6-1373B
jiàoyāyā 叫吖吖 3-70B
jiàoyāyā 叫丫丫 3-70A
jiáoyáyín 嚼牙齦 3-555A
jiǎoyāzi 脚丫子 6-1272B
jiǎoyāzi 脚鴨子 6-1277B
jiāoyě 郊野 10-616B
jiāoyě 姣冶 4-344B
jiāoyě 嬌冶 4-410A
jiāoyě 驕冶 12-900A
jiāoyè 交謁 2-344A
jiāoyè 椒掖 4-1100B
jiāoyè 椒葉 4-1100B
jiāoyè 蕉葉 9-551A
jiǎoyè 脚葉 6-1276A
jiàoyè 校業 4-1003B
jiāoyèbái 蕉葉白 9-551B
jiāoyī 蕉衣 9-551A
jiāoyí 交移 2-337B
jiāoyí 交疑 2-342A
jiāoyí 交頤 2-343A
jiāoyí 郊儀 10-618A
jiāoyǐ 交掎 2-336B
jiāoyǐ 交倚 2-335B
jiāoyǐ 交椅 2-338B
jiāoyì 交易 2-332A
jiāoyì 交異 2-337A
jiāoyì 交誼 2-342B
jiāoyì 交議 2-346A
jiāoyì 郊邑 10-614B
jiāoyì 郊埸 10-616B
jiāoyì 郊驛 10-619A
jiāoyì 嬌逸 4-411B
jiāoyì 憍逸 7-738B
jiāoyì 澆異 6-120A
jiāoyì 驕佚 12-900A
jiāoyì 驕易 12-900B
jiāoyì 驕逸 12-903A
jiāoyì 驕溢 12-904B
jiǎoyǐ 角倚 10-1350B
jiǎoyì 佼易 1-1348A
jiǎoyì 湫溢 5-1483B
jiǎoyì 絞縊 9-846A
jiǎoyì 矯抑 7-1549A
jiǎoyì 矯易 7-1550A
jiǎoyì 矯異 7-1551A
jiǎoyì 矯翼 7-1553B
jiǎoyì 皦繹 8-276A
jiàoyī 轎衣 9-1332A
jiàoyí 醮儀 9-1443B
jiàoyǐ 校椅 4-1003A
jiàoyì 教益 5-449A
jiàoyì 教義 5-450B
jiàoyì 教肄 5-450B
jiàoyì 較藝 9-1251B
jiàoyì 較議 9-1251B
jiàoyì 校益 4-1002A
jiàoyì 校肄 4-1003B
jiāoyīn 郊禋 10-617B
jiāoyīn 郊闉 10-619A
jiāoyín 嬌淫 4-411B
jiāoyín 憍婬 7-738B
jiāoyín 驕淫 12-903A
jiāoyǐn 交引 2-329A
jiāoyǐn 交隱 2-344A
jiāoyǐn 郊尹 10-614A
jiāoyǐn 郊飲 10-617A
jiāoyìn 交印 2-330A
jiǎoyǐn 撟引 6-879B
jiǎoyìn 脚印 6-1273B
jiàoyīn 噭音 3-528A
jiāoyīng 交纓 2-346B
jiāoyīng 椒瑛 4-1100B
jiāoyíng 交縈 2-344A
jiāoyíng 郊迎 10-615A
jiāoyíng 憍盈 7-738B
jiāoyíng 驕盈 12-901B
jiāoyìng 交應 2-344B
jiāoyìng 交映 2-333B
jiǎoyīng 角鷹 10-1355A
jiǎoyǐng 角影 10-1353A
jiǎoyǐng 脚影 6-1277A
jiǎoyìng 脚硬 6-1276A
jiǎoyìng 皦映 5-840B
jiàoyìng 叫應 3-72B
jiàoyìng 噭應 3-528B
jiāoyǐnkù 交引庫 2-329B
jiāoyìshēyín 驕佚奢淫 12-900A
jiāoyìsuǒ 交易所 2-332A
jiāoyìwǔ 交誼舞 2-342B
jiāoyōng 嬌慵 4-412B
jiāoyōng 驕慵 12-903A
jiāoyòng 交用 2-329B
jiāoyòng 澆用 6-119A

jiáoyòng 嚼用 3-555A
jiǎoyōng 脚傭 6-1276B
jiǎoyǒng 狡勇 5-47B
jiǎoyǒng 蹻勇 10-552A
jiàoyǒng 校勇 4-1001B
jiāoyōu 焦憂 7-168A
jiāoyóu 交游 2-339A
jiāoyóu 交遊 2-339A
jiāoyóu 郊游 10-617A
jiāoyóu 郊遊 10-617A
jiāoyóu 焦油 7-165A
jiāoyǒu 交友 2-328B
jiāoyòu 郊囿 10-615B
jiàoyǒu 教友 5-445B
jiàoyòu 教誘 5-450B
jiàoyóuzi 詏油子 3-492B
jiāoyū 膠淤 6-1375B
jiāoyú 交娛 2-336A
jiāoyú 郊虞 10-617B
jiāoyú 蛟魚 8-894A
jiāoyú 驕愚 12-904A
jiāoyǔ 交與 2-340B
jiāoyǔ 交語 2-342A
jiāoyǔ 嬌語 4-412B
jiāoyù 交譽 2-346A
jiāoyù 郊域 10-616B
jiáoyǔ 嚼羽 3-555B
jiǎoyú 角隅 10-1351A
jiǎoyú 脚魚 6-1276A
jiǎoyú 僥覦 1-1660B
jiǎoyǔ 矯語 7-1553A
jiàoyǔ 校語 4-1004A
jiàoyù 教育 5-447A
jiàoyù 教喻 5-450A
jiàoyù 教諭 5-452A
jiāoyuán 交援 2-338A
jiāoyuán 郊原 10-616A
jiāoyuán 郊園 10-617B
jiāoyuán 椒園 4-1101A
jiāoyuán 焦元 7-163B
jiāoyuán 焦原 7-165B
jiāoyuán 蛟螈 8-894B
jiāoyuán 蛟黿 8-895A
jiāoyuán 蕉園 9-551B
jiāoyuàn 交怨 2-334A
jiàoyuán 教員 5-448A
jiàoyuán 校員 4-1002A
jiàoyuàn 校怨 4-1001B
jiāoyuē 驕約 12-901B
jiāoyuè 交悅 2-336A
jiāoyuè 焦月 7-163B
jiǎoyuè 皎月 8-269B
jiàoyuē 教約 5-448A
jiàoyuē 較約 9-1250A
jiàoyuè 教閱 5-451A
jiàoyuè 校閱 4-1004B
jiāoyùn 交運 2-339B
jiāoyùn 交韻 2-345B
jiāoyùn 嬌韻 4-413B
jiǎoyùn 角韵 10-1352B
jiǎoyùn 角韻 10-1354B
jiǎoyùn 脚韻 6-1278A
jiǎoyùn 橋運 4-1314B
jiàoyùxué 教育學 5-447A
jiāozā 交匝 2-329B
jiāozá 交雜 2-345A
jiáozá 嚼雜 3-556B
jiǎozá 攪雜 6-992A
jiāozàn 交贊 2-345B
jiāozàn 澆饡 6-121B
jiāozǎo 焦棗 7-166B
jiāozǎo 膠棗 6-1375B
jiāozào 交造 2-335B
jiāozào 焦皂 7-164A
jiāozào 焦唣 7-165B
jiāozào 焦噪 7-168A
jiāozào 焦燥 7-168B
jiāozào 焦躁 7-168B
jiāozào 驕躁 12-906A
jiàozào 叫噪 3-72B
jiàozào 叫譟 3-72B
jiàozào 嗷譟 3-528B
jiāozé 郊澤 10-618B
jiǎozé 角澤 10-1354A
jiǎozé 狡澤 5-49B
jiǎozè 湫仄 5-1483A
jiàozé 教澤 5-452A
jiàozé 校責 4-1002B
jiāozèn 交譖 2-345B
jiāozèng 郊贈 10-619A
jiāozhǎ 焦砟 7-165B
jiāozhà 澆詐 6-120B
jiāozhà 驕詐 12-904A
jiǎozhà 狡詐 5-48B
jiǎozhà 矯詐 7-1552A
jiǎozhǎi 湫窄 5-1483A
jiǎozhài 脚寨 6-1277A
jiāozhàn 交戰 2-343B
jiāozhàn 燋戰 7-258A
jiāozhàn 驕戰 12-905A
jiǎozhǎn 狡展 5-48A
jiàozhàn 叫戰 3-72B
jiàozhàn 校戰 4-1005A
jiāozhāng 交章 2-337B
jiāozhǎng 膠掌 6-1375B
jiāozhàng 交仗 2-329B
jiāozhàng 交帳 2-337A
jiāozhàng 交賬 2-342B
jiāozhàng 椒瘴 4-1102A
jiāozhàng 鮫帳 12-1223A
jiǎozhǎng 脚掌 6-1276A
jiǎozhàng 角仗 10-1348A
jiàozhāng 醮章 9-1443A
jiàozhǎng 教長 5-446B
jiàozhǎng 校長 4-1001A
jiàozhàng 徼障 3-1099A
jiāozhànguó 交戰國 2-343B
jiāozhàntuántǐ 交戰團體 2-343B
jiāozhāo 交招 2-332A
jiāozhào 郊兆 10-614B
jiǎozhǎo 脚爪 6-1273A
jiǎozhào 矯詔 7-1552A
jiǎozhào 繳照 9-1034B
jiàozhāo 教招 5-446B
jiàozhào 教詔 5-450A
jiāozhē 儌遮 1-1693A
jiāozhé 交謫 2-345A
jiāozhé 交讁 2-346B
jiāozhé 膠折 6-1374A
jiāozhé 燋折 7-257B
jiāozhěn 郊畛 10-616A
jiāozhèn 交陣 2-334B
jiǎozhěn 角枕 10-1349B
jiǎozhěn 校軫 4-1003B
jiǎozhèn 攪陣 6-991A
jiàozhēn 叫真 3-71B
jiàozhēn 較真 9-1250A
jiāozhēng 交争 2-330B
jiāozhèng 交争 2-330B
jiāozhèng 交政 2-333A
jiāozhèng 交諍 2-341A
jiǎozhèng 矯正 7-1549A
jiàozhēng 較争 9-1249B
jiàozhèng 教正 5-446A
jiàozhèng 較正 9-1249A
jiàozhèng 較證 9-1251B
jiàozhèng 校正 4-1000A
jiàozhèng 校證 4-1005B
jiāozhī 交知 2-332B
jiāozhī 交織 2-345A
jiāozhī 鮫織 12-1223A
jiāozhī 鷦枝 12-1160B
jiāozhí 交直 2-332A
jiāozhí 交執 2-336B
jiāozhí 膠執 6-1375A
jiāozhí 橋直 4-1314A
jiāozhǐ 交阯 2-331A
jiāozhǐ 交趾 2-337A
jiāozhì 交至 2-330A
jiāozhì 交志 2-331A
jiāozhì 交峙 2-333B
jiāozhì 交質 2-342B
jiāozhì 郊畤 10-616B
jiāozhì 焦炙 7-164B
jiāozhì 嬌稚 4-412B
jiāozhì 澆製 6-121A
jiāozhì 膠致 6-1375A
jiāozhì 膠滯 6-1376A
jiāozhì 膠緻 6-1376B
jiāozhì 驕稚 12-904A
jiāozhì 驕穉 12-905B
jiáozhǐ 嚼徵 3-556A
jiǎozhí 脚直 6-1274B
jiǎozhí 絞直 9-845A
jiǎozhí 矯直 7-1549B
jiǎozhí 蹻跖 10-552A
jiǎozhí 蹻蹠 10-552A
jiǎozhǐ 脚指 6-1275A
jiǎozhǐ 脚趾 6-1275B
jiǎozhǐ 矯旨 7-1549A
jiǎozhì 角雉 10-1352B
jiǎozhì 角質 10-1353B
jiǎozhì 皎質 8-270B
jiǎozhì 撟制 6-879B
jiǎozhì 矯制 7-1550A
jiàozhí 教職 5-452A
jiàozhǐ 教旨 5-446B
jiàozhǐ 教指 5-447B
jiàozhì 教治 5-447B
jiàozhì 校治 4-1001A
jiǎozhǐmǔ 脚趾拇 6-1275B
jiǎozhǐtou 脚指頭 6-1275A
jiàozhíyuán 教職員 5-452A
jiāozhōng 交中 2-329A
jiāozhǒng 燋種 7-258A
jiǎozhǒng 脚踵 6-1277B
jiàozhōng 教忠 5-447A
jiāozhōu 膠舟 6-1374A
jiàozhōu 酵粥 9-1407A
jiàozhòu 教冑 5-447B
jiāozhū 蛟珠 8-894A
jiāozhū 鮫珠 12-1222B
jiāozhú 交竹 2-330A
jiāozhú 交逐 2-335A
jiāozhú 燋燭 7-258A
jiāozhǔ 交屬 2-346B
jiāozhǔ 驕主 12-899B
jiāozhù 澆注 6-119B
jiāozhù 澆鑄 6-121B
jiāozhù 膠柱 6-1374B
jiāozhù 燋炷 7-257B
jiǎozhù 脚注 6-1274B
jiàozhǔ 教主 5-446A
jiàozhù 較著 9-1250B
jiàozhù 較箸 9-1251A
jiàozhù 校注 4-1001A
jiàozhù 校註 4-1003B
jiāozhuān 驕專 12-902B
jiāozhuàn 交轉 2-345A
jiāozhuàn 蛟篆 8-894B
jiǎozhuāng 脚樁 6-1277A
jiāozhùgǔsè 膠柱鼓瑟 6-1374B
jiāozhuì 交墜 2-342A
jiàozhuì 校綴 4-1004A
jiàozhǔn 較準 9-1251A
jiàozhǔn 斠準 7-341A
jiàozhǔn 校準 4-1004A
jiāozhuó 焦灼 7-164A
jiāozhuó 澆濯 6-121B
jiāozhuó 膠著 6-1375A
jiāozhuó 膠着 6-1375B
jiāozhuó 燋灼 7-257B
jiǎozhuó 皎茁 8-270A
jiǎozhuó 脚鐲 6-1278A
jiǎozhuò 脚柞 6-1275A
jiāozhùtiáosè 膠柱調瑟 6-1375A
jiāozī 嬌姿 4-410B
jiāozǐ 交子 2-328A
jiāozǐ 椒子 4-1099A
jiāozǐ 焦子 7-163B
jiāozǐ 蛟子 8-893A
jiāozǐ 嬌子 4-409B
jiāozǐ 驕子 12-899A
jiāozì 憍恣 7-738B
jiāozì 驕姿 12-901A
jiāozì 驕恣 12-902A
jiáozi 嚼子 3-555A
jiǎozi 角子 10-1347B
jiǎozi 餃子 12-537B
jiǎozī 角觜 10-1352B
jiǎozī 脚資 6-1276B
jiǎozǐ 脚子 6-1272B
jiàozi 叫子 3-70A

jiàozi 藠子 9-605A
jiàozi 轎子 9-1332A
jiàozǐ 酵子 9-1407A
jiàozǐ 校梓 4-1003A
jiǎozihuò 脚子貨 6-1272B
jiǎozimén 角子門 10-1347B
jiāozǐpípá 椒子枇杷 4-1099A
jiāoziwù 交子務 2-328B
jiāozòng 嬌縱 4-413B
jiāozòng 驕縱 12-905B
jiǎozōng 脚踪 6-1277B
jiǎozòng 角稷 10-1354B
jiǎozòng 角粽 10-1353A
jiǎozòng 角稷 10-1353B
jiǎozòng 脚蹤 6-1278A
jiàozōng 校綜 4-1004A
jiāozōngshíshì 郊宗石室 10-615B
jiāozōu 郊陬 10-616B
jiǎozǒu 校走 4-1000B
jiǎozòu 繳奏 9-1034A
jiāozú 驕卒 12-901A
jiāozǔ 椒俎 4-1100A
jiàozú 教卒 5-447A
jiāozuǐ 交嘴 2-343B
jiǎozuì 矯罪 7-1552B
jiāozuǐquè 交嘴雀 2-343B
jiāozūn 驕尊 12-904A
jiǎozūn 角樽 10-1353B
jiāozuó 交捽 2-337A
jiāozuò 交酢 2-338B
jiāozuò 交作 2-331B
jiǎozuò 矯作 7-1549B
jiàozuō 校作 4-1000B
jiàozuò 叫座 3-71B
jiāpài 加派 2-774A
jiàpái 駕牌 12-829A
jiápáo 袷袍 9-75B
jiāpéi 家陪 3-1471A
jiāpèi 佳配 1-1310A
jiāpéng 嘉朋 3-476A
jiāpí 痂皮 8-307B
jiāpí 貑羆 10-1342A
jiǎpì 假譬 1-1583B
jiāpiān 佳篇 1-1312A
jiāpiàn 夾片 2-1502B
jiàpiào 架票 4-944A
jiàpiào 駕票 12-828B
jiǎpiēqiàn 假撇欠 1-1581B
jiǎpiēqīng 假撇清 1-1581B
jiāpìgu 夾屁股 2-1503A
jiāpǐn 佳品 1-1309B
jiāpíng 嘉平 3-474A
jiāpínrúxǐ 家貧如洗 3-1473A
jiǎpīzi 假批子 1-1576A
jiāpó 家婆 3-1473B
jiāpó 跏婆 10-455A
jiāpòrénlí 家破人離 3-1470A
jiāpòrénwáng 家破人亡 3-1469B
jiāpú 家僕 3-1477B
jiāpǔ 家譜 3-1480B
jiāqī 佳期 1-1310B
jiāqī 嘉期 3-478A
jiāqí 鰔鯕 12-1218B
jiāqì 佳氣 1-1310A
jiāqì 佳器 1-1312A
jiāqì 家器 3-1479A
jiāqì 嘉氣 3-477A
jiàqī 假期 1-1580A
jiǎqí 甲騎 7-1289B
jiǎqì 瘕氣 8-344B
jiǎqì 假氣 1-1578A
jiǎqì 假器 1-1582B
jiǎqì 假憩 1-1582B
jiàqī 假期 1-1580A
jiàqì 稼器 8-128B
jiāqià 浹洽 5-1196B
jiáqián 莢錢 9-414A
jiàqián 價錢 1-1691A
jiāqiáng 加强 2-775B
jiāqiáng 夾牆 2-1506B
jiāqiáng 葭墻 9-492A
jiāqiāngdàibàng 夾槍帶棒 2-1505B
jiāqiǎo 嘉巧 3-474A
jiǎqiào 甲殼 7-1288A
jiǎqiàodòngwù 甲殼動物 7-1288A
jiǎqiè 假竊 1-1583B
jiāqījiābā 夾七夾八 2-1502A
jiāqīn 家親 3-1479B
jiāqín 家禽 3-1475A
jiǎqǐn 假寢 1-1582A
jiāqìng 佳倩 1-1310A
jiāqìng 家慶 3-1478B
jiāqìng 嘉慶 3-481A
jiáqíng 恝情 7-489B
jiǎqíng 假情 1-1579B
jiǎqìng 假倩 1-1578A
jiàqīngjiùshú 駕輕就熟 12-829A
jiāqìngzǐ 嘉慶子 3-481A
jiāqiū 家丘 3-1462A
jiāqiū 家邱 3-1464B
jiǎqiú 假求 1-1576A
jiǎqìyóuhún 假氣游魂 1-1578A
jiāqíyú 嘉騏魚 3-482B
jiāqù 佳趣 1-1312A
jiāqù 嘉趣 3-480B
jiáqú 鵊鴝 12-1089B
jiǎqū 賈屈 10-192A
jiàqū 駕驅 12-830A
jiàqǔ 嫁取 4-399A
jiàqǔ 嫁娶 4-399A
jiāquān 夾圈 2-1504B
jiáquán 頰權 12-311B
jiáquán 頰顴 12-311B
jiāquǎn 猳犬 5-85A
jiàquǎnzhúquǎn 嫁犬逐犬 4-398B
jiāquè 家雀 3-1471B
jiàquè 駕鵲 12-830A
jiáqún 袷裙 9-94B
jiárán 恝然 7-489B
jiárán 戛然 5-227A
jiárán'érzhǐ 戛然而止 5-227A
jiārào 夾繞 2-1506B
jiārào 俠繞 1-1370B
jiǎráo 假饒 1-1583A
jiārè 加熱 2-776A
jiārén 加人 2-772B
jiārén 佳人 1-1307B
jiārén 家人 3-1459A
jiǎrén 假人 1-1573B
jiǎrèn 甲刃 7-1284B
jiǎréncísè 假人辭色 1-1573B
jiārénfùzǐ 家人父子 3-1459B
jiǎrénjiǎyì 假仁假義 1-1574B
jiārényīděng 加人一等 2-772B
jiārényǐshǔ… 佳人已屬沙吒利 1-1307B
jiārénzǐ 家人子 3-1459B
jiǎrèyángqīn 假熱佯親 1-1582A
jiārì 加日 2-773A
jiārì 夾日 2-1502B
jiārì 佳日 1-1308A
jiārì 浹日 5-1196A
jiārì 嘉日 3-474A
jiārì 挾日 6-605A
jiǎrì 甲日 7-1284B
jiǎrì 假日 1-1574B
jiàrì 假日 1-1574B
jiāróng 嘉容 3-477B
jiāróng 嘉榮 3-480A
jiǎróng 假容 1-1579A
jiārù 加入 2-772B
jiárǔ 郟鄏 10-624A
jiǎrú 假如 1-1575B
jiǎrǔ 檟辱 4-1336A
jiāruì 嘉瑞 3-479A
jiāruò 家弱 3-1471A
jiǎruò 假若 1-1576B
jiásāi 頰腮 12-311B
jiásāi 頰顋 12-311B
jiāsāi'er 加塞兒 2-775B
jiāsāng 傢伙 1-1611A
jiāsǎng 加顙 2-776B
jiǎsǎng 假嗓 1-1581A
jiǎsǎngzi 假嗓子 1-1581A
jiāsànrénwáng 家散人亡 3-1474A
jiāsǎo 家嫂 3-1475B
jiāsè 佳色 1-1308B
jiàsè 價色 1-1690B
jiàsè 稼嗇 8-128A
jiàsè 稼穡 8-128B
jiàsèjiānnán 稼穡艱難 8-128B
jiàsèwēng 稼穡翁 8-128B
jiāshā 加沙 2-773B
jiāshā 迦沙 10-765B
jiāshā 毠毟 6-1007B
jiāshā 袈裟 9-46B
jiāshān 家山 3-1460A
jiāshàn 加膳 2-776B
jiāshàn 家膳 3-1479B
jiāshàn 嘉善 3-478B
jiāshàn 嘉膳 3-481B
jiáshān 夾衫 2-1503B
jiáshān 袷衫 9-75B
jiǎshān 假山 1-1574A
jiǎshàn 瘕疝 8-344B
jiāshāng 嘉觴 3-482B
jiāshǎng 嘉賞 3-480B
jiāshàng 佳尚 1-1309A
jiāshàng 嘉尚 3-475B
jiàshāng 嫁殤 4-399B
jiáshàngsānháo 頰上三毫 12-311A
jiáshàngsānmáo 頰上三毛 12-311A
jiāshāo 枷梢 4-941A
jiāshāo 枷稍 4-941B
jiāshè 佳設 1-1310B
jiāshè 家舍 3-1466A
jiáshé 頰舌 12-311B
jiǎshè 甲舍 7-1286A
jiǎshè 假設 1-1579B
jiǎshè 假攝 1-1583B
jiàshè 架設 4-944B
jiāshēcǎo 迦奢草 10-766A
jiāshēn 加深 2-775A
jiāshén 家神 3-1469B
jiāshēng 夾生 2-1502B
jiāshēng 佳聲 1-1312A
jiāshēng 家伙 3-1464B
jiāshēng 家生 3-1461B
jiāshēng 家聲 3-1479B
jiāshēng 笳聲 8-1133A
jiāshēng 傢生 1-1611A
jiāshēng 嘉生 3-474B
jiāshēng 嘉牲 3-476B
jiāshēng 嘉聲 3-482A
jiāshēng 挾生 6-605A
jiāshèng 佳勝 1-1311A
jiāshèng 家乘 3-1470A
jiāshèng 嘉勝 3-478B
jiǎshēng 賈生 10-191B
jiǎshēng 假聲 1-1583A
jiàshèng 駕乘 12-828A
jiāshēngbì 家生婢 3-1462A
jiāshēngbìzǐ 家生婢子 3-1462A
jiāshēngfàn 夾生飯 2-1502B
jiāshēnghái'ér 家生孩兒 3-1462A
jiāshēngháizi 家生孩子 3-1462A
jiāshēnghuà 夾生話 2-1502B
jiǎshēnglèi 賈生淚 10-191B
jiāshēngnú 家生奴 3-1461B
jiāshēngshào 家生哨 3-1462A

jiǎshēngtì 賈生涕 10-191B
jiāshēngxiào 家生肖 3-1462A
jiāshēngzǐ 家生子 3-1461B
jiàshétou 架舌頭 4-943A
jiāshī 嘉師 3-477A
jiāshí 加食 2-774A
jiāshí 夾食 2-1504A
jiāshí 佳什 1-1308A
jiāshí 佳時 1-1310A
jiāshí 佳實 1-1311B
jiāshí 家什 3-1460B
jiāshí 家食 3-1468B
jiāshí 浹時 5-1196B
jiāshí 傢什 1-1611A
jiāshí 嘉什 3-474A
jiāshí 嘉石 3-474A
jiāshí 嘉時 3-477A
jiāshí 嘉實 3-480A
jiāshǐ 家史 3-1461B
jiāshǐ 猳豕 5-96A
jiāshì 夾室 2-1504A
jiāshì 佳士 1-1308A
jiāshì 佳事 1-1309A
jiāshì 枷示 4-941A
jiāshì 家世 3-1461A
jiāshì 家事 3-1465B
jiāshì 家室 3-1469A
jiāshì 嘉士 3-473B
jiāshì 嘉世 3-474A
jiāshì 嘉事 3-475B
jiāshì 嘉謚 3-482A
jiāshì 俠卮 1-1369B
jiāshì 俠侍 1-1369B
jiáshí 頰食 12-311B
jiáshì 郟室 10-624A
jiáshì 恝視 7-489B
jiáshì 頰適 12-311B
jiǎshí 假食 1-1578A
jiǎshǐ 假使 1-1576B
jiǎshì 甲士 7-1284A
jiǎshì 甲氏 7-1284B
jiǎshì 甲世 7-1284B
jiǎshì 假士 1-1573B
jiǎshì 假是 1-1577B
jiǎshì 假貰 1-1580A
jiǎshì 假勢 1-1580B
jiǎshì 假飾 1-1581B
jiǎshì 假釋 1-1583A
jiàshi 架勢 4-944B
jiàshǐ 駕駛 12-829B
jiàshì 架式 4-943A
jiàshì 稼事 8-128B
jiàshì 駕士 12-827A
jiāshīcuò 迦師錯 10-766A
jiāshìjí 家世集 3-1461A
jiǎshìkuīlián 賈氏窺簾 10-191A
jiāshìxuéxiào 家事學校 3-1466A
jiāshǒu 佳手 1-1308A
jiāshòu 家獸 3-1480B
jiǎshǒu 甲首 7-1287A
jiǎshǒu 假手 1-1574B
jiǎshǒu 假守 1-1575B
jiǎshòu 假授 1-1579B
jiāshū 夾紓 2-1504B
jiāshū 家叔 3-1466A
jiāshū 家書 3-1471A
jiāshū 家蔬 3-1478A
jiāshū 嘉淑 3-478A
jiāshū 嘉菽 3-477B
jiāshū 嘉蔬 3-480B
jiāshú 家塾 3-1478A
jiāshǔ 家鼠 3-1476B
jiāshǔ 家屬 3-1481A
jiāshù 加數 2-776A
jiāshù 佳樹 1-1312A
jiāshù 家術 3-1473A
jiāshù 家墅 3-1477B
jiāshù 家數 3-1478A
jiāshù 家豎 3-1478A
jiāshù 嘉澍 3-481A
jiāshù 嘉樹 3-481B
jiǎshū 甲蔬 7-1289A
jiǎshǔ 假署 1-1581A
jiǎshuài 假率 1-1579B
jiāshúběn 家塾本 3-1478A
jiāshuì 家稅 3-1474B
jiǎshuì 假稅 1-1580A
jiàshuì 駕說 12-829B
jiāshúkèběn 家塾刻本 3-1478A
jiǎshuō 假説 1-1582A
jiǎshuò 甲矟 7-1288B
jiàshuō 駕説 12-829B
jiāsī 夾私 2-1503A
jiāsī 佳思 1-1309B
jiāsī 家司 3-1462B
jiāsī 家私 3-1464B
jiāsī 葭思 9-491B
jiāsì 家祀 3-1464B
jiāsì 家笥 3-1473A
jiǎsī 甲絲 7-1288B
jiǎsǐ 假死 1-1575A
jiǎsì 假似 1-1575A
jiāsībōli 夾絲玻璃 2-1505B
jiǎsī'ér 假廝兒 1-1582A
jiāsòng 嘉頌 3-479B
jiàsǒng 架聳 4-945A
jiàsòng 嫁送 4-399A
jiāsú 家俗 3-1468A
jiāsù 加速 2-774B
jiāsù 家粟 3-1474A
jiāsù 嘉粟 3-478B
jiǎsù 假宿 1-1579B
jiàsú 駕俗 12-828A
jiāsùdù 加速度 2-774B
jiāsuì 浹歲 5-1196B
jiāsuì 嘉歲 3-479A
jiāsuì 嘉穗 3-482A
jiāsuì 嘉穟 3-482A
jiāsuǐlúnfū 浹髓淪膚 5-1196B
jiāsuǐlúnjī 浹髓淪肌 5-1196B
jiāsūn 家孫 3-1471A
jiāsǔn 加損 2-775B
jiǎsūn 賈孫 10-193A
jiāsuǒ 枷鎖 4-941B
jiāsuǒ 枷鏁 4-941B
jiāsùqì 加速器 2-774B
jiāsùyùndòng 加速運動 2-774B
jiǎtà 假榻 1-1581B
jiātán 嘉壇 3-481B
jiātǎn 葭菼 9-491B
jiātàn 嘉嘆 3-480A
jiātàn 嘉歎 3-480B
jiātáng 家堂 3-1471B
jiātáng 浹堂 5-1196B
jiàtáo 架逃 4-943B
jiǎtè 假貣 1-1578A
jiātí 迦提 10-766B
jiātí 梜提 4-1036B
jiātí 挾提 6-606A
jiātiān 加添 2-775A
jiàtiān 駕天 12-827B
jiàtián 架田 4-943A
jiàtián 駱田 12-834B
jiǎtiānjiǎdì 假天假地 1-1574A
jiātiānxià 家天下 3-1460A
jiǎtiáo 假條 1-1578B
jiǎtiě 甲鐵 7-1289B
jiǎtiě 甲帖 7-1286A
jiàtiě 駕帖 12-827B
jiātíng 家廷 3-1463B
jiātíng 家庭 3-1469A
jiātíngchūshēn 家庭出身 3-1469A
jiātíngfùnǚ 家庭婦女 3-1469A
jiātíngfùyè 家庭副業 3-1469A
jiātíngjiàoshi 家庭教師 3-1469A
jiātóng 家童 3-1475A
jiātóng 家僮 3-1477B
jiǎtòng 瘕痛 8-344B
jiātóu 家頭 3-1479A
jiǎtóu 甲頭 7-1289A
jiǎtóu 假頭 1-1582B
jiàtóu 駕頭 12-829B
jiātóufángzi 家頭房子 3-1479A
jiàtóuzájù 駕頭雜劇 12-829B
jiātú 家徒 3-1470A
jiātú 家途 3-1470B
jiātú 家塗 3-1477B
jiātù 家兔 3-1466B
jiǎtú 甲圖 7-1289A
jiǎtú 假涂 1-1579A
jiǎtú 假途 1-1579A
jiǎtú 假塗 1-1581B
jiātúbìlì 家徒壁立 3-1470A
jiǎtuī 假推 1-1579A
jiǎtúmièguó 假途滅虢 1-1579A
jiātún 猳豘 5-96A
jiātún 豭豘 10-42B
jiātún 豭豚 10-42B
jiātún 豭豚 10-42B
jiātuó 家橐 3-1477B
jiǎtuō 假托 1-1575A
jiǎtuō 假託 1-1579A
jiātúsìbì 家徒四壁 3-1470A
jiǎwài 甲外 7-1285A
jiāwán 嘉玩 3-475B
jiǎwàn 甲萬 7-1288B
jiāwáng 家王 3-1460A
jiǎwáng 假王 1-1574A
jiāwàngchē 夾望車 2-1505A
jiāwēi 家微 3-1477A
jiāwéi 迦維 10-766B
jiāwěi 加委 2-773B
jiāwěi 葭葦 9-491B
jiāwěi 豭尾 10-42B
jiāwèi 佳味 1-1309A
jiāwèi 迦衛 10-767A
jiāwèi 嘉味 3-475B
jiāwèi 嘉慰 3-481A
jiǎwēi 假威 1-1577B
jiǎwěi 假僞 1-1582A
jiàwèiliányuè 駕轊連軏 12-830A
jiāwéiluówèi 迦維羅衛 10-766B
jiāwéiluóyuè 迦維羅越 10-766B
jiāwén 佳文 1-1308A
jiāwén 迦文 10-765B
jiāwén 家蚊 3-1470A
jiāwén 嘉聞 3-480B
jiāwèn 家問 3-1473B
jiāwèn 嘉問 3-478A
jiǎwén 甲文 7-1284B
jiāwēng 家翁 3-1470B
jiāwò 猳獨 5-96A
jiáwō 頰渦 12-311B
jiǎwò 假卧 1-1576B
jiāwū 加誣 2-776A
jiāwū 家屋 3-1469B
jiāwù 家物 3-1466A
jiāwù 家務 3-1471A
jiáwù 莢物 9-413B
jiǎwǔ 甲伍 7-1285A
jiǎwù 假物 1-1576B
jiàwū 架屋 4-944A
jiǎwǔbǎi 假五百 1-1574A
jiāwúchánglǐ 家無常禮 3-1474B
jiāwúdànshí 家無儋石 3-1474B
jiāwúdànshí 家無擔石 3-1474B
jiàwūdiéchuáng 架屋疊牀 4-944A
jiāwú'èrzhǔ 家無二主 3-1474B
jiàwūquè 駕烏鵲 12-828B
jiāwùshì 家務事 3-1471B
jiàwùténgyún 駕霧騰雲

12-830A
jiāxī 加膝 2-776A
jiāxī 夾膝 2-1506A
jiāxī 佳夕 1-1308A
jiāxī 家娭 3-1477B
jiāxī 嘉錫 3-481B
jiāxī 猳豨 10-42B
jiāxí 加席 2-774B
jiāxǐ 嘉禧 3-482A
jiāxì 夾細 2-1505A
jiāxì 家戲 3-1480A
jiǎxī 假息 1-1579A
jiāxiá 佳俠 1-1309B
jiāxià 家下 3-1459B
jiāxiān 家仙 3-1462A
jiāxiān 嘉鮮 3-482A
jiāxián 加銜 2-776A
jiāxiàn 夾餡 2-1506A
jiāxiàn 嘉羨 3-479B
jiǎxiàn 假限 1-1577B
jiàxiàn 架陷 4-944A
jiàxiàn 假限 1-1577B
jiāxiāng 家鄉 3-1474A
jiāxiáng 嘉祥 3-477B
jiāxiǎng 家餉 3-1477B
jiāxiǎng 嘉享 3-476A
jiāxiǎng 嘉嚮 3-482B
jiāxiǎng 嘉響 3-483A
jiāxiǎng 嘉饗 3-483A
jiāxiàng 夾巷 2-1504A
jiāxiàng 枷項 4-941A
jiāxiàng 家衖 3-1474B
jiāxiàng 家相 3-1468A
jiāxiàng 家巷 3-1468A
jiǎxiāng 甲香 7-1287A
jiǎxiǎng 假想 1-1580B
jiǎxiàng 假相 1-1577B
jiǎxiàng 假象 1-1579B
jiǎxiǎngdí 假想敵 1-1580B
jiǎxiàngguó 假相國 1-1577B
jiǎxiàngyá 假象牙 1-1579B
jiāxiánhùsòng 家絃户誦 3-1474A
jiāxiāo 笳簫 8-1133A
jiāxiǎo 家小 3-1460A
jiǎxiǎozi 假小子 1-1573B
jiāxiàrén 家下人 3-1460A
jiāxiē 枷楔 4-941B
jiāxié 夾纈 2-1507A
jiǎxiè 甲械 7-1288A
jiāxīn 夾心 2-1502B
jiāxīn 嘉歆 3-479B
jiāxìn 家信 3-1468A
jiāxíng 加行 2-773A
jiāxíng 浹行 5-1196A
jiāxìng 佳興 1-1312A
jiāxìng 家行 3-1463B
jiǎxíng 假形 1-1576A
jiǎxìng 甲姓 7-1286B
jiǎxīngxīng 假惺惺 1-1580B
jiāxiōng 家兄 3-1461B
jiāxióng 猳熊 10-42B
jiāxīqián 夾錫錢 2-1506A
jiāxiū 嘉羞 3-477B
jiàxiū 假休 1-1575A
jiǎxiùchuánxiāng 賈袖傳香 10-193A
jiǎxìzhēnzuò 假戲真做 1-1583A
jiāxīzhuìquán 加膝墜泉 2-776A
jiāxīzhuìyuān 加膝墜淵 2-776A
jiāxǔ 嘉許 3-478A
jiāxù 佳壻 1-1310B
jiāxù 家緒 3-1478A
jiǎxū 假虛 1-1579B
jiǎxù 假續 1-1583B
jiàxū 架虛 4-944B
jiāxuān 笳喧 8-1133A
jiāxuǎn 嘉選 3-481A
jiáxuān 夾宣 2-1504A
jiāxuē 家削 3-1468A
jiāxué 家學 3-1479A
jiāxuéyuānyuán 家學淵源 3-1479A
jiāxùjiāyì 夾敘夾議 2-1504A
jiāxūn 嘉勳 3-481B
jiāxún 浹旬 5-1196A
jiāxùn 夾訊 2-1504B
jiāxùn 家訓 3-1470B
jiāxùn 嘉訊 3-477B
jiāxùn 嘉訓 3-477B
jiǎxūpí 假虛脾 1-1579B
jiāyā 家鴨 3-1479A
jiāyán 佳妍 1-1309A
jiāyán 佳言 1-1309A
jiāyán 枷研 4-941A
jiāyán 家嚴 3-1480B
jiāyán 嘉言 3-475A
jiāyàn 家宴 3-1470B
jiāyàn 家雁 3-1474B
jiāyàn 家燕 3-1479A
jiāyàn 家讌 3-1481A
jiāyàn 嘉宴 3-477B
jiāyàn 嘉讌 3-483A
jiāyàn 嘉艷 3-483A
jiāyàn 嘉豔 3-483A
jiǎyán 假延 1-1575B
jiǎyán 假言 1-1576A
jiàyán 架言 4-943B
jiàyán 駕言 12-827B
jiàyán 駕鹽 12-830B
jiàyánchē 駕鹽車 12-830B
jiāyǎng 嘉仰 3-474B
jiàyáng 架羊 4-943A
jiǎyángguǐzi 假洋鬼子 1-1578A
jiàyāngzi 架秧子 4-944A
jiāyǎnrénjǐ 家衍人給 3-1468B
jiāyánshànxíng 嘉言善行 3-475A
jiāyánshànzhuàng 嘉言善狀 3-475A
jiāyánxiéxué 家言邪學 3-1464B
jiāyányìxíng 嘉言懿行 3-475A
jiāyāo 夾腰 2-1505B
jiāyáo 佳肴 1-1309B
jiāyáo 家繇 3-1477A
jiāyáo 嘉肴 3-476A
jiāyáo 嘉殽 3-478B
jiāyé 家爺 3-1474B
jiāyě 佳冶 1-1309A
jiāyè 迦葉 10-766B
jiāyè 家業 3-1475B
jiāyè 嘉夜 3-476A
jiǎyè 甲夜 7-1286A
jiǎyè 甲葉 7-1288B
jiāyēqín 伽倻琴 1-1295A
jiāyī 裌衣 9-94B
jiāyí 夾疑 2-1506A
jiāyí 嘉夷 3-474B
jiāyǐ 加以 2-773A
jiāyì 加意 2-775B
jiāyì 家邑 3-1464A
jiāyì 嘉異 3-478A
jiāyì 嘉蓺 3-480A
jiāyì 嘉誼 3-481A
jiāyì 嘉議 3-483A
jiáyī 夾衣 2-1503A
jiáyī 袷衣 9-75A
jiǎyī 甲衣 7-1285A
jiǎyǐ 甲乙 7-1283B
jiǎyì 甲役 7-1286A
jiǎyì 假易 1-1576B
jiǎyì 假意 1-1581B
jiǎyì 假瘞 1-1582A
jiàyī 嫁衣 4-399A
jiàyí 斝彝 7-339B
jiàyì 駕役 12-827B
jiàyì 駕軼 12-828B
jiàyīcháng 嫁衣裳 4-399A
jiāyìdàifū 嘉議大夫 3-483A
jiǎyìfú 賈誼鵩 10-194A
jiǎyǐgāo 甲乙膏 7-1284A
jiǎyǐkē 甲乙科 7-1283B
jiāyìliú 加役流 2-773B
jiāyīn 佳音 1-1310A
jiāyīn 笳音 8-1133A
jiāyīn 嘉音 3-476B
jiāyín 笳吟 8-1132B
jiǎyǐn 假隱 1-1582B
jiàyín 價銀 1-1691A
jiāyíng 家蠅 3-1480B
jiāyǐng 嘉穎 3-481B
jiāyìng 嘉應 3-482A
jiāyīnrénzú 家殷人足 3-1470B
jiǎyǐwèn 甲乙問 7-1283B
jiǎyǐzhàng 甲乙帳 7-1283B
jiāyōng 夾擁 2-1506A
jiāyōng 家庸 3-1473A
jiāyōng 嘉庸 3-478A
jiāyòng 家用 3-1462A
jiāyòngdiànqì 家用電器 3-1462A
jiāyóu 加油 2-773B
jiāyóu 嘉猷 3-479B
jiāyǒu 嘉友 3-473B
jiāyòu 嘉祐 3-477A
jiāyóujiācù 加油加醋 2-773B
jiāyóutiāncù 加油添醋 2-773B
jiāyóutiānjiàng 加油添醬 2-773B
jiāyú 夾榆 2-1505B
jiāyú 嘉娛 3-477B
jiāyú 嘉魚 3-478A
jiāyú 嘉虞 3-479A
jiāyǔ 夾庾 2-1505A
jiāyǔ 佳語 1-1311B
jiāyǔ 家羽 3-1464A
jiāyǔ 家語 3-1477B
jiāyǔ 嘉予 3-474A
jiāyǔ 嘉與 3-479A
jiāyù 浹浴 5-1196B
jiāyù 嘉玉 3-474A
jiāyù 嘉遇 3-478B
jiāyù 嘉諭 3-481B
jiāyù 嘉譽 3-482B
jiáyǔ 夾臾 2-1503B
jiáyǔ 戛敔 5-226B
jiáyù 戛玉 5 226B
jiǎyú 甲魚 7-1288A
jiǎyù 假喻 1-1580A
jiǎyù 假嫗 1-1582A
jiàyù 駕御 12-829A
jiàyù 駕馭 12-828B
jiāyuān 家冤 3-1471A
jiāyuán 家園 3-1476A
jiāyuán 家緣 3-1478B
jiāyuàn 家院 3-1469B
jiāyuàn 嘉願 3-482B
jiàyuán 駕轅 12-829B
jiàyuàn 嫁怨 4-399A
jiāyuánguòhuó 家緣過活 3-1479A
jiǎyùchíshēng 假譽馳聲 1-1583A
jiāyuē 家約 3-1469B
jiāyuè 家樂 3-1478B
jiāyuè 浹月 5-1196A
jiāyuè 嘉樂 3-481B
jiāyuè 嘉月 3-474A
jiāyuè 嘉悅 3-477B
jiǎyuè 假鉞 1-1581B
jiāyùguān 嘉峪關 3-477A
jiāyùhùxí 家喻户習 3-1474A
jiāyùhùxiǎo 家喻户曉 3-1474A
jiāyùhùxiǎo 家諭户曉 3-1479B
jiāyùn 佳醞 1-1312A
jiāyùn 家運 3-1475A
jiāyùn 家醞 3-1479A
jiāyùn 嘉運 3-479A
jiáyún 戛雲 5-227A
jiàyún 駕雲 12-829A
jiáyùqiāngjīn 戛玉鏘金

5-226B
jiáyùqiāobīng 戛玉敲冰 5-226B
jiáyùqiāojīn 戛玉敲金 5-226B
jiāzá 夾雜 2-1506B
jiāzǎi 家宰 3-1471A
jiàzài 駕載 12-829A
jiāzǎn 夾楼 2-1504A
jiǎzàng 假塟 1-1580A
jiǎzàng 假葬 1-1580A
jiāzǎo 嘉藻 3-482B
jiǎzāo 假遭 1-1581B
jiǎzào 假造 1-1578A
jiàzǎo 嫁棗 4-399A
jiàzào 架造 4-944A
jiāzé 枷責 4-941A
jiāzé 家簀 3-1480A
jiāzé 嘉則 3-476B
jiāzé 嘉澤 3-482A
jiāzéi 家賊 3-1476A
jiāzéinánfáng 家賊難防 3-1476A
jiāzēng 加增 2-776A
jiǎzhā 甲扎 7-1284B
jiǎzhá 甲札 7-1284B
jiāzhái 家宅 3-1464A
jiāzhài 夾寨 2-1506A
jiǎzhái 甲宅 7-1285B
jiāzhàifūrén 夾寨夫人 2-1506A
jiāzhǎng 家長 3-1465A
jiāzhàng 夾帳 2-1504B
jiāzhàng 枷杖 4-941A
jiǎzhǎng 甲長 7-1286A
jiǎzhàng 甲仗 7-1284B
jiǎzhàng 甲杖 7-1285B
jiǎzhàng 甲帳 7-1288A
jiǎzhàng 假賬 1-1582A
jiàzhǎng 駕長 12-827B
jiǎzhàngkù 甲仗庫 7-1284B
jiāzhàngrén 家丈人 3-1460A
jiāzhǎngzhì 家長制 3-1465B
jiāzhǎngzuòfēng 家長作風 3-1465B
jiāzhānlíntí 迦旃隣提 10-766A
jiāzhāo 嘉招 3-475B
jiāzhào 佳兆 1-1308B
jiāzhào 嘉詔 3-478B
jiāzhé 家哲 3-1469B
jiǎzhé 甲乇 7-1284A
jiāzhēn 家珍 3-1467B
jiāzhēn 嘉珍 3-476B
jiāzhēn 嘉貞 3-476B
jiāzhēn 嘉禎 3-479B
jiāzhèn 夾振 2-1504A
jiāzhèn 佳朕 1-1310A
jiǎzhèn 假賑 1-1582A
jiāzhèng 佳政 1-1309B
jiāzhèng 家政 3-1467B
jiāzhèng 嘉政 3-476B
jiǎzhèng 甲正 7-1284B
jiāzhèng 瘕癥 8-344B
jiàzhèng 稼政 8-128B
jiāzhèngfù 家政婦 3-1468A
jiāzhēnlíntuó 迦真隣陀 10-766A
jiǎzhéwēng 甲折翁 7-1285B
jiāzhī 家支 3-1460B
jiāzhí 嘉植 3-478A
jiāzhǐ 嘉旨 3-475A
jiāzhǐ 嘉祉 3-476A
jiāzhì 夾峙 2-1504A
jiāzhì 佳致 1-1310A
jiāzhì 佳製 1-1311B
jiāzhì 嘉至 3-474B
jiāzhì 嘉志 3-475A
jiāzhì 嘉致 3-477A
jiāzhì 嘉贊 3-482B
jiāzhì 挾治 6-605B
jiázhì 恝置 7-489B
jiázhì 跲疐 10-463B
jiázhì 跲躓 10-463B
jiǎzhī 假之 1-1574A
jiǎzhí 假植 1-1580A
jiǎzhí 假職 1-1583A
jiàzhí 賈直 10-192A
jiàzhí 賈值 10-192B
jiàzhí 價直 1-1690B
jiàzhí 價值 1-1690B
jiàzhì 駕治 12-828A
jiázhǐdēnglong 夾紙燈籠 2-1504B
jiàzhíguīlǜ 價值規律 1-1690B
jiāzhìhùchá 家至户察 3-1463B
jiāzhìhùdào 家至户到 3-1463B
jiāzhìhùxiǎo 家至户曉 3-1463B
jiàzhíliánchéng 價值連城 1-1690B
jiāzhītiānyè 加枝添葉 2-773B
jiǎzhīwō 胛肢窩 6-1232A
jiāzhōng 夾鍾 2-1506B
jiāzhōng 夾鐘 2-1507A
jiāzhǒng 佳種 1-1311B
jiāzhǒng 嘉種 3-480A
jiāzhòng 加重 2-774A
jiāzhòng 家種 3-1477B
jiāzhòng 家衆 3-1474B
jiāzhòng 嘉重 3-476B
jiǎzhōng 賈終 10-193B
jiǎzhōng 假鐘 1-1583A
jiāzhōngbǎo 家中寶 3-1460B
jiāzhōngshào 家中哨 3-1460B
jiāzhōu 挾輈 6-606B
jiāzhòu 浹宙 5-1196A
jiǎzhòu 甲胄 7-1286B
jiāzhū 加諸 2-776A
jiāzhū 豭豬 10-42B
jiāzhǔ 家主 3-1462B
jiāzhǔ 嘉屬 3-483A
jiāzhù 夾助 2-1503A
jiāzhù 夾注 2-1503B
jiāzhù 夾紵 2-1505A
jiāzhù 假助 1-1576A
jiàzhú 架築 4-945A
jiàzhǔ 嫁主 4-398B
jiàzhù 迦住 10-1022A
jiāzhuàn 佳傳 1-1311A
jiāzhuàn 家傳 3-1476B
jiāzhuàn 嘉饌 3-482B
jiāzhuàng 夾壯 2-1503A
jiāzhuàng 家狀 3-1467B
jiāzhuàng 嘉壯 3-475B
jiǎzhuāng 假妝 1-1576A
jiǎzhuāng 假裝 1-1581B
jiàzhuāng 嫁裝 4-399B
jiàzhuang 嫁妝 4-399A
jiàzhuang 嫁粧 4-399A
jiāzhǔgōng 家主公 3-1462B
jiǎzhuì 甲綴 7-1289A
jiāzhǔmǔ 家主母 3-1462B
jiāzhuó 佳酌 1-1310A
jiāzhǔpó 家主婆 3-1462B
jiāzhútáo 夾竹桃 2-1503A
jiāzhǔwēng 家主翁 3-1462B
jiāzi 夾子 2-1502A
jiāzī 家貲 3-1475B
jiāzī 家資 3-1477A
jiāzī 家訾 3-1475B
jiāzǐ 家姊 3-1465A
jiāzǐ 跏子 10-455A
jiázi 鋏子 11-1292B
jiázǐ 餄子 12-540B
jiǎzi 胛子 6-1232A
jiǎzǐ 甲子 7-1284A
jiǎzǐ 甲紫 7-1288B
jiǎzǐ 賈子 10-191A
jiǎzǐ 假子 1-1574A
jiàzi 架子 4-942B
jiàzī 嫁貲 4-399A
jiàzī 嫁資 4-399B
jiàzǐ 嫁子 4-398B
jiàzichē 架子車 4-942B
jiàzichuáng 架子牀 4-943A
jiāzǐdì 佳子弟 1-1308A
jiàzihuāliǎn 架子花臉 4-942B
jiǎzìkù 甲字庫 7-1285B
jiǎzǐyǔ 甲子雨 7-1284A
jiàzizhū 架子豬 4-943A
jiǎzòng 假縱 1-1583A
jiāzú 家族 3-1473A
jiāzǔ 家祖 3-1469B
jiāzǔ 嘉俎 3-476B
jiázǔ 誎詛 11-227A
jiǎzú 甲卒 7-1286A
jiǎzú 甲族 7-1288B
jiǎzú 假卒 1-1577A
jiàzuì 嫁罪 4-399A
jiàzuì 駕罪 12-829A
jiāzūn 家尊 3-1475A
jiāzuò 佳作 1-1308B
jiāzuò 家祚 3-1469B
jiāzuò 跏坐 10-455A
jiāzuò 嘉祚 3-477A
jiǎzuǒ 假佐 1-1576A
jiǎzuò 甲作 7-1286A
jiǎzuò 假作 1-1576A
jiàzuò 駕坐 12-827B
jiāzúzhìdù 家族制度 3-1473B
jībā 毴粑 6-1007A
jībā 雞巴 11-860B
jībā 雞毟 11-862A
jībá 激拔 6-171A
jībà 蕀霸 4-1107B
jībá 掎拔 6-643A
jībá 濟拔 6-192A
jíbābā 急巴巴 7-455B
jībài 奇拜 2-1524A
jībài 奇擽 2-1528B
jíbài 吉拜 3-94A
jíbài 吉撵 3-96B
jíbài 吉擽 3-96B
jíbài 即拜 2-531B
jìbǎi 蓟柏 9-479B
jìbài 寄拜 3-1509B
jìbài 祭拜 7-911B
jìbài 跽拜 10-487B
jìbài 繼拜 9-1044B
jībàn 羈絆 12-214A
jībàn 羈絆 8-1057A
jībàn 羈靽 8-1058A
jībān 幾般 4-449B
jìbǎn 計版 11-15B
jìbǎn 驥坂 12-915B
jìbàn 計辦 11-22A
jìbàn 濟辦 6-194A
jìbàn 繼絆 9-1045A
jībāng 畿邦 7-1404A
jībāng 擊梆 6-901B
jībàng 譏謗 11-436B
jībào 緝報 9-940A
jībào 積抱 8-133B
jíbào 急暴 7-462B
jíbào 疾暴 8-304B
jíbào 極暴 4-1143A
jìbāo 寄包 3-1507A
jìbǎo 罽寶 12-740A
jìbào 祭報 7-912B
jībǎoláoyì 饑飽勞役 12-584A
jībēi 積卑 8-134A
jībēi 雞碑 11-864B
jībèi 稽備 8-121B
jībèi 璣貝 4-634A
jībèi 璣琲 4-634A
jíbèi 饑憊 12-584B
jíbèi 吉貝 3-93A
jíbèi 疾憊 8-305A
jíbèi 瘠憊 8-351B
jǐbèi 脊背 6-1255A
jìběi 冀北 2-163A
jíbèiqiú 吉貝裘 3-93A
jīběn 基本 2-1111A
jīběn 箕畚 8-1188B
jíběn 集本 11-799A
jíběn 輯本 9-1299A
jìběn 計本 11-14A

jīběncíhuì 基本詞彙 2-1111A
jībēng 擊崩 6-902A
jíbēngbēng 急綳綳 7-462A
jíbènggébāng 急迸格邦 7-458B
jīběngōng 基本功 2-1111A
jīběnjiànshè 基本建設 2-1111A
jīběnlìzi 基本粒子 2-1111A
jīběnmáodùn 基本矛盾 2-1111A
jíběnqióngyuán 極本窮源 4-1136A
jīběnqiúyuán 積本求原 8-131A
jīběnshàng 基本上 2-1111A
jībǐ 乩筆 1-770A
jībǐ 譏鄙 11-435B
jībì 飢敝 12-493B
jībì 基陛 2-1112A
jībì 箕畢 8-1188B
jībì 機辟 4-1331A
jībì 機臂 4-1333B
jībì 積敝 8-139A
jībì 積弊 8-144B
jībì 擊斃 6-904B
jībì 擊髀 6-904B
jībì 譤蔽 11-449B
jībì 饑弊 12-584B
jíbǐ 棘匕 4-1104B
jíbǐ 極筆 4-1141A
jíbǐ 集比 11-798B
jíbì 極敝 4-1140A
jíbì 極弊 4-1142B
jìbì 忌避 7-408B
jìbì 計辟 11-20B
jìbì 寄幣 3-1513B
jībiān 擊鞭 6-904B
jībiǎn 機窆 4-1327A
jībiǎn 譏貶 11-435A
jībiàn 機便 4-1326B
jībiàn 機辨 4-1333B
jībiàn 機辯 4-1334B
jībiàn 機變 4-1335A
jībiàn 激變 6-175B
jíbiān 極邊 4-1144B
jíbiǎn 瘠貶 8-351A
jíbiàn 即便 2-531B
jíbiàn 急遍 7-461A
jíbiàn 急變 7-464A
jíbiàn 疾便 8-300B
jíbiàn 極辨 4-1144A
jíbiàn 極變 4-1144B
jìbiǎn 忌褊 7-408B
jìbiàn 記辨 11-64A
jībiānchuídèng 擊鞭鎚鐙 6-904B
jībiànrúshén 機變如神 4-1335A
jībiànxièshì 機變械飾 4-1335A
jībiāo 積膘 8-146A
jībiāo 鞿鑣 12-214A
jībiǎo 賫表 10-245B
jíbiāogèbāng 急彪各邦 7-459B
jíbié 級別 9-725A
jìbié 記別 11-60A
jìbié 記莂 11-61B
jībīn 雞檳 11-866B
jìbīn 罽賓 8-1045B
jìbìn 寄殯 3-1514B
jìbìn 髻鬢 12-740A
jībīng 畿兵 7-1404B
jībīng 積冰 8-132A
jībīng 積兵 8-132B
jībīng 奇兵 2-1523A
jībǐng 機秉 4-1325B
jībǐng 機柄 4-1326A
jībìng 積病 8-137B
jībìng 譏病 11-435A
jībìng 羈病 8-1056A
jíbīng 急兵 7-456B
jíbīng 戢兵 5-231A
jíbīng 籍兵 8-1271A
jíbìng 急病 7-459A
jíbìng 疾病 8-302A
jíbìng 嫉病 4-396A
jìbīng 毄兵 6-1496A
jìbǐng 計稟 11-20B
jìbìng 繼病 9-1045A
jíbìnggèbāng 急并各邦 7-456A
jíbìngràngyí 急病讓夷 7-459A
jíbìngxiāngfú 疾病相扶 8-302B
jíbīnyǒuyú 及賓有魚 1-637A
jìbìshī 妓婢師 4-296A
jībō 激波 6-171B
jībō 積波 8-134A
jībō 擊剥 6-901B
jībō 擊鉢 6-903B
jībó 姬伯 4-358A
jībó 箕伯 8-1188A
jībó 畿伯 7-1404B
jībó 激薄 6-174B
jībó 積泊 8-134A
jībó 積博 8-140A
jībó 擊博 6-902A
jībó 擊搏 6-902B
jībó 羈泊 8-1055B
jībó 奇薄 2-1528A
jíbó 疾博 8-303A
jíbó 塉薄 2-1174B
jíbó 瘠薄 8-351A
jíbó 踖駁 10-532B
jìbō 霽波 11-746A
jìbó 季薄 4-212A
jìbó 寂泊 3-1515B
jìbó 寄泊 3-1509A
jíbōbō 急波波 7-457B
jībócái 擊搏才 6-902B
jībōcuīshī 擊鉢催詩 6-903B
jībótíngjiāo 激薄停澆 6-174B
jībótuō 齎餺飥 12-1444B
jībówǎnliè 擊搏挽裂 6-902B
jībū 稽逋 8-121B
jībū 積逋 8-136B
jībǔ 箕卜 8-1187B
jībǔ 緝捕 9-939B
jībǔ 雞卜 11-859A
jībù 基步 2-1111B
jībù 積步 8-132B
jībù 羈步 8-1055A
jíbǔ 吉卜 3-90B
jíbǔ 極卜 4-1135B
jíbǔ 輯補 9-1299B
jíbù 急步 7-456B
jíbù 疾步 8-298B
jíbù 極步 4-1137A
jíbù 集部 11-800B
jíbù 蹐步 10-532B
jìbǔ 迹捕 10-802A
jìbù 計部 11-17A
jìbù 計簿 11-22A
jìbù 悸怖 7-598A
jíbùdé 藉不得 9-586B
jíbùdé 藉不的 9-586B
jíbùdéyījiǎozhǐ 及不得一脚指 1-635B
jìbùfǎngù 計不反顧 11-13A
jìbùfǎngù 計不返顧 11-13A
jībǔguān 機捕官 4-1327A
jībùhuángshí 飢不遑食 12-492B
jíbùjídài 急不及待 7-454B
jíbùkědài 急不可待 7-454B
jíbùkěnài 急不可耐 7-454B
jībùkěshī 機不可失 4-1323A
jībùkěshī… 機不可失,時不再來 4-1323A
jībùróngfà 機不容髮 4-1323A
jíbǔsài 吉卜賽 3-90B
jìbùshā 既不沙 4-657B
jībǔshǐchén 緝捕使臣 9-940A
jìbùsuǒ 既不索 4-658A
jībùxiāngnéng 積不相能 8-129B
jībùxiáshí 飢不暇食 12-492B
jībùxiáshí 饑不暇食 12-583A
jìbùxuánkuǐ 計不旋跬 11-13A
jībùxuánzhǒng 機不旋踵 4-1323A
jìbùxuánzhǒng 計不旋踵 11-13A
jìbùyīnuò 季布一諾 4-210A
jībùzéshí 飢不擇食 12-492B
jībùzéshí 饑不擇食 12-583B
jíbùzétú 急不擇途 7-455A
jíbùzéyán 急不擇言 7-455A
jìbùzhēn 記不真 11-59A
jīcā 擠擦 6-941B
jīcái 積財 8-136B
jīcái 緝裁 9-940A
jícái 吉財 3-94B
jícái 極才 4-1135B
jícài 蕺菜 9-548A
jìcái 忌才 7-406B
jìcái 季材 4-210B
jìcài 祭菜 7-912B
jìcài 薺菜 9-598B
jīcáiqiānwàn… 積財千萬,不如薄伎在身 8-137A
jìcáishén 祭財神 7-912A
jīcān 稽参 8-121B
jīcǎn 積慘 8-145A
jìcān 計参 11-18A
jīcāng 飢倉 12-493B
jīcāng 機艙 4-1333A
jīcāng 積倉 8-137A
jīcáng 積藏 8-147B
jīcáng 積臧 8-144A
jícáng 戢藏 5-232A
jícáng 戢臧 5-232A
jǐcáng 擠臧 6-941B
jìcáng 寄藏 3-1514B
jīcānkěyǐn 飢飡渴飲 12-493B
jīcānkěyǐn 飢餐渴飲 12-494B
jīcānkěyǐn 饑餐渴飲 12-584B
jīcāo 齎操 12-1444A
jīcǎo 積草 8-134B
jìcáo 計曹 11-17B
jìcáo 記曹 11-62A
jīcǎochí 積草池 8-134B
jīcè 幾策 4-450A
jìcè 計册 11-14B
jìcè 計策 11-19A
jìcè 計筴 11-20A
jīcéng 基層 2-1113A
jǐcéng 幾曾 4-450A
jīchá 稽查 8-121A
jīchá 稽察 8-122A
jīchá 譏查 11-434B
jīchá 譏察 11-435B
jīchá 幾察 4-450B
jíchā 級差 9-725A
jìchá 迹察 10-802A
jíchābáiliǎn 急叉白臉 7-454B
jíchái 棘柴 4-1106B
jìchāi 髻釵 12-739B
jīchān 几梴 2-282A
jīchán 飢僝 12-494A
jīchán 擊饞 6-905B
jīchán 譏讒 11-436B
jīchán 羈纏 8-1059B
jíchǎn 籍産 8-1271B

jìchán 繼纏 9-1046B
jìchàn 悸顫 7-598B
jìchándūhù 濟饞都護 6-195A
jīcháng 飢腸 12-494A
jīcháng 機腸 4-1331A
jīcháng 饑腸 12-584A
jīcháng 齏腸 9-633B
jīcháng 羈腸 8-1057B
jīchǎng 機場 4-1329A
jīchǎng 雞場 11-864A
jīchàng 雞唱 11-863B
jíchāng 吉昌 3-93B
jícháng 汲長 5-935A
jíchǎng 棘場 4-1107A
jíchǎng 集場 11-800B
jíchàng 極唱 4-1140A
jìchāng 紀昌 9-726B
jīchánggǒudù 雞腸狗肚 11-865A
jǐchánglianmèi 掎裳連袂 6-643B
jǐchángliányì 掎裳連襼 6-643B
jīchánglùlù 飢腸轆轆 12-494A
jìchángzhījù 季常之懼 4-211B
jīchánmígǔ 積讒糜骨 8-148B
jīchánmógǔ 積讒磨骨 8-148B
jīcháo 箕巢 8-1188B
jīcháo 譏嘲 11-436A
jíchāo 集抄 11-799B
jìchāo 冀鈔 2-163B
jìcháo 寄巢 3-1511B
jīchē 機車 4-1324B
jīchē 奇車 2-1522B
jǐchè 掎掣 6-643B
jìchē 計車 11-15A
jìchē 罽車 8-1045A
jíchěbáiliǎn 急扯白臉 7-456B
jīchén 稽沈 8-120B
jīchén 機臣 4-1324A
jīchén 積沉 8-133A
jīchén 積陳 8-138A
jīchén 積塵 8-144B
jīchén 羈臣 8-1055A
jīchén 幾臣 4-448A
jíchén 及辰 1-636A
jíchén 吉臣 3-92A
jíchén 吉辰 3-93A
jíchén 極陳 4-1139B
jíchén 極晨 4-1140A
jíchén 極沈 4-1137A
jíchèn 吉讖 3-97A
jíchèn 疾疢 8-301A
jíchèn 疾瘨 8-305B
jíchèn 疾疹 8-302B
jíchèn 疾疢 8-302B
jǐchén 蟣臣 8-975A
jìchén 忌辰 7-407A
jìchén 計臣 11-14B
jìchén 計辰 11-15A
jìchén 寄臣 3-1507B
jìchén 繼塵 9-1046A
jìchèn 既齔 4-659A
jìchèn 既齓 4-659B
jīchéng 畿丞 7-1404A
jīchéng 稽城 8-121A
jīchéng 稽程 8-121B
jīchéng 積誠 8-143A
jīchéng 羈程 8-1057B
jīchēng 極稱 4-1142A
jíchéng 棘丞 4-1105B
jíchéng 集成 11-799A
jìchéng 既成 4-658A
jìchéng 計程 11-19A
jìchéng 濟成 6-191B
jìchéng 繼成 9-1043B
jìchéng 繼承 9-1044A
jíchéngdiànlù 集成電路 11-799B
jìchéngfǎ 繼承法 9-1044B
jìchéngquán 繼承權 9-1044B
jìchéngrén 繼承人 9-1044B
jīchī 擊笞 6-902A
jīchí 稽遲 8-122B
jīchí 賫持 10-245B
jīchí 積弛 8-132B
jīchí 齎持 12-1443B
jīchí 羈遲 8-1058A
jīchǐ 屐齒 4-49B
jīchǐ 積尺 8-130B
jīchǐ 積恥 8-136B
jīchì 畿赤 7-1404A
jīchì 譏斥 11-434B
jīchì 齎勅 12-1443B
jīchì 齎敕 12-1444A
jíchí 急持 7-457B
jíchí 疾馳 8-304A
jíchí 蹐馳 10-532B
jíchì 輯褫 9-1300A
jǐchí 濈湁 6-141B
jǐchí 濈濕 6-138B
jìchí 記持 11-61A
jìchǐ 嚌齒 3-536A
jìchǐ 濟侈 6-192A
jìchǐ 驥齒 12-916A
jíchìbáiliǎn 急赤白臉 7-456B
jīchǐzhīzhé 屐齒之折 4-49B
jīchōng 機舂 4-1328A
jīchōng 擊衝 6-904A
jīchóng 積重 8-135A
jíchóng 極崇 4-1140A
jíchōngchōng 急沖沖 7-456A
jīchóngdésàng 雞蟲得喪 11-867A
jīchóngdéshī 雞蟲得失 11-867A
jīchóu 箕疇 8-1189B
jīchóu 機籌 4-1334B
jīchóu 積愁 8-142B
jīchóu 羈愁 8-1057B
jíchōu 疾瘳 8-305A
jíchǒu 極醜 4-1144A
jìchóu 計酬 11-20A
jìchóu 計籌 11-22B
jìchóu 記仇 11-59A
jìchóu 寄愁 3-1513A
jìchǒuyánbiàn 記醜言辯 11-63B
jīchū 奇出 2-1522A
jīchú 雞雛 11-867A
jīchǔ 基礎 2-1113A
jīchǔ 激楚 6-173B
jīchǔ 積楚 8-142A
jīchǔ 積儲 8-147B
jīchǔ 積處 8-138B
jīchù 激觸 6-175B
jīchù 擊觸 6-905B
jīchù 譏詘 11-435B
jíchú 籍除 8-1271A
jíchǔ 急杵 7-456B
jíchǔ 棘楚 4-1107A
jíchù 極絀 4-1140B
jíchù 極處 4-1140A
jìchǔ 濟楚 6-193B
jìchǔ 計處 11-17B
jìchǔ 寂處 3-1516A
jìchǔ 寄處 3-1511A
jìchù 寄處 3-1511A
jīchuāi 譏揣 11-435A
jīchuān 擊穿 6-901B
jīchuán 賫傳 10-246A
jīchuán 機船 4-1328B
jìchuān 濟川 6-191A
jìchuán 伎船 1-1179B
jìchuán 計掾 11-18B
jìchuán 寄傳 3-1513A
jīchuāng 雞窗 11-864B
jīchuāng 雞牕 11-866A
jīchuáng 機床 4-1324B
jīchuáng 擊牀 6-901A
jǐchuáng 戟幢 5-230B
jíchùcóngkuān 急處從寬 7-459B
jíchǔdǎoxīn 急杵擣心 7-456B
jìchùfāngkuì 計絀方匱 11-18A
jīchǔjiàoyù 基礎教育 2-1113A
jīchǔkè 基礎課 2-1113A
jìchūn 季春 4-211A
jìchūnjūn 寄春君 3-1509B
jìchūwànquán 計出萬全 11-14B
jìchūwànsǐ 計出萬死 11-14B
jìchūwúliáo 計出無聊 11-14B
jìchūwúnài 計出無奈 11-14B
jīcí 激辭 6-175B
jīcí 羈雌 8-1058A
jīcì 賫賜 10-246A
jīcì 激刺 6-171A
jīcì 積次 8-132A
jīcì 擊刺 6-900B
jīcì 譏刺 11-434B
jīcì 齎刺 12-1443B
jící 吉詞 3-95B
jící 急辭 7-463B
jící 棘茨 4-1106A
jící 集辭 11-802B
jící 即此 2-530B
jící 棘刺 4-1105B
jící 集次 11-799B
jǐcì 給賜 9-827A
jǐcì 戟門 5-230A
jìcí 記詞 11-62B
jìcí 寄詞 3-1512A
jìcí 寄辭 3-1514B
jìcí 祭祠 7-912A
jìcí 稷祠 8-124A
jìcí 墍茨 2-1165A
jìcì 季次 4-210B
jǐcìsānfān 幾次三番 4-448B
jícóng 吉從 3-95A
jícóng 棘叢 4-1107B
jícóng 髻叢 12-740A
jícōngcōng 急匆匆 7-455B
jīcòu 肌腠 6-1166B
jícòu 急湊 7-460A
jícù 急促 7-457B
jícù 急卒 7-457A
jícù 疾瘯 8-305A
jícù 極促 4-1139A
jícù 踖蹴 10-489A
jícù 蹐促 10-532B
jǐcù 擠簇 6-942A
jìcuán 寄攢 3-1511A
jīcuī 激摧 6-174A
jīcuì 積瘁 8-143A
jīcuì 積翠 8-145A
jīcuì 瘠瘁 8-351A
jǐcuī 擠摧 6-941B
jǐcuì 戟萃 5-230B
jīcuìchí 積翠池 8-145A
jīcún 積存 8-131B
jìcún 記存 11-59B
jìcún 寄存 3-1507B
jǐcuō 擠撮 6-941B
jìcuò 寄厝 3-1510A
jīdǎ 擊打 6-899B
jídǎ 極打 4-1136A
jīdā 寄搭 3-1514B
jídá 髻髻 12-740A
jìdǎ 寄打 3-1506A
jídàchéng 集大成 11-798B
jīdài 稽殆 8-121A
jīdài 賫帶 10-246A
jīdài 積代 8-131B
jīdài 積怠 8-136A
jīdài 齎貸 12-1444A
jīdài 齎貣 12-1443B
jīdài 幾殆 4-449A
jídài 即代 2-530A
jídài 急帶 7-459B
jǐdài 給待 9-826A

jǐdài 給貸 9-826B
jǐdài 戟帶 5-230B
jìdài 季代 4-210A
jìdài 濟代 6-191B
jìdài 繼代 9-1043B
jīdān 羈單 8-1057A
jīdàn 雞旦 11-861A
jídàn 吉旦 3-91B
jìdàn 忌憚 7-408B
jīdàng 激宕 6-171B
jīdàng 激蕩 6-174A
jīdàng 激盪 6-175A
jīdàng 激湯 6-173A
jídàng 極當 4-1141B
jìdàng 記當 11-63A
jídāngdāng 吉當當 3-96A
jìdāngguī 寄當歸 3-1513A
jīdànqīng 雞蛋青 11-864A
jīdànqīng 雞蛋清 11-864A
jīdāo 雞刀 11-859B
jīdǎo 笄導 8-1108A
jīdào 緝盜 9-940A
jīdào 賫盜 10-246A
jīdào 機道 4-1330A
jīdào 激盜 6-173A
jídào 汲道 5-935B
jìdāo 劑刀 2-756B
jìdǎo 迹蹈 10-802A
jìdào 迹盜 10-802A
jìdào 伎道 1-1179B
jìdào 技道 6-359B
jīdàoliáng 齎盜糧 12-1444A
jīdàoshí 齎盜食 12-1444A
jìdāoyú 鮆刀魚 12-1220B
jìdāoyú 鱭刀魚 12-1269A
jídàozi 急稻子 7-462B
jīdé 飢德 12-494B
jīdé 積德 8-145B
jīdé 雞德 11-866A
jídé 吉德 3-96B
jídé 集德 11-802A
jìde 記得 11-62A
jīdélěirén 積德累仁 8-146A
jīdélěishàn 積德累善 8-146A
jīdēng 躋登 10-564A
jíděng 及等 1-637A
jíděng 極等 4-1141A
jīdēnggēdēng 咭噔咯噔 3-317A
jīdéyùhòu 積德裕後 8-146A
jīdí 憿䊮 7-762A
jīdí 激嚁 6-175A
jīdí 鞿靮 12-214A
jīdí 羈靮 8-1057A
jīdǐ 譏詆 11-435B
jīdì 基地 2-1111B
jídǐ 極詆 4-1141A
jídì 及第 1-637A
jídì 吉地 3-92A
jídì 吉禘 3-96A
jídì 急遞 7-461A
jídì 棘地 4-1105B
jídì 極地 4-1136B
jídì 瘠地 8-350B
jídì 踖地 10-532B
jídì 籍地 8-1270B
jìdí 寄覿 3-1514B
jìdì 迹地 10-801B
jìdì 妓弟 4-296A
jìdì 季弟 4-210B
jìdì 寄地 3-1507B
jìdì 寄遞 3-1513A
jìdì 祭地 7-911A
jīdiān 隮顛 11-1133A
jīdiǎn 基點 2-1113A
jīdiǎn 擊點 6-904B
jīdiàn 畿甸 7-1404B
jīdiàn 稽殿 8-122A
jīdiàn 機電 4-1330B
jīdiàn 激電 6-174A
jīdiàn 几簟 2-282B
jídiān 疾顛 8-305B
jídiān 極顛 4-1144B
jídiǎn 吉典 3-93B
jídiǎn 極典 4-1137B
jídiǎn 極點 4-1144A
jídiàn 急電 7-461A
jìdiān 濟顛 6-195A
jìdiǎn 計典 11-15B
jìdiǎn 計點 11-22A
jìdiǎn 記點 11-64A
jìdiǎn 祭典 7-911B
jìdiàn 記殿 11-63A
jìdiàn 祭奠 7-912B
jīdiànbēnxīng 擊電奔星 6-903A
jídiànwáng 吉佃王 3-93A
jīdiāo 擊刁 6-899B
jīdiào 基調 2-1113A
jīdiào 譏弔 11-434A
jīdiào 齎調 12-1444A
jídiào 吉弔 3-91B
jìdiào 寄調 3-1514A
jìdiào 祭弔 7-910B
jīdié 積牒 8-143A
jīdié 積疊 8-148B
jìdié 計牒 11-20A
jìdié 記牒 11-63A
jìdié 記諜 11-64A
jīdǐ'er 積底兒 8-134A
jídìhuā 及第花 1-637A
jídìjīngtiān 棘地荊天 4-1105B
jídìjútiān 踖地跼天 10-532B
jīdīng 咭叮 3-317A
jīdīng 雞丁 11-859A
jīdìng 稽定 8-121A
jídīng [illegible]玎 4-544B
jídīng 及丁 1-635B
jídīng 吉丁 3-90B
jídǐng 極頂 4-1139B
jídìng 戢定 5-231B
jídìng 輯定 9-1299B
jìdīng 祭丁 7-910A
jìdìng 既定 4-658B
jìdìng 寂定 3-1515B
jìdìng 寄椗 3-1512A
jídīngchóng 吉丁蟲 3-90B
jídīngdāng [illegible]叮璫 4-544B
jídīngdāng [illegible]玎璫 4-544B
jídīnggēda 吉丁疙疸 3-90B
jìdìpántiān 際地蟠天 11-1098B
jídìpátiān 極地爬天 4-1136B
jídìpù 急遞舖 7-461B
jídiūgēda 吉丢疙疸 3-92B
jídiūgǔduī 吉丢古堆 3-92A
jīdòng 飢凍 12-493B
jīdòng 機動 4-1328B
jīdòng 激動 6-172B
jīdòng 積棟 8-140A
jīdòng 擊動 6-902A
jīdòng 饑凍 12-584A
jídòng 疾動 8-303A
jìdōng 季冬 4-210A
jìdōng 祭東 7-911A
jìdòng 記動 11-62A
jìdòng 悸動 7-598B
jìdòng 濟洞 6-192B
jīdòngchē 機動車 4-1328B
jīdòngjiaoqiē 飢凍交切 12-493B
jīdǒu 箕斗 8-1187B
jídòu 急鬬 7-464A
jídòu 疾鬬 8-306A
jìdòu 祭豆 7-911A
jìdǒufùcái 計斗負才 11-13B
jīdòuzi 雞荳子 11-862B
jīdū 基督 2-1112B
jīdú 激瀆 6-175A
jīdú 積毒 8-134B
jīdú 積牘 8-148A
jīdú 羈獨 8-1058A
jīdú 几櫝 2-282B
jīdù 稽度 8-121A
jīdù 積蠹 8-148B
jīdù 積蠧 8-148B
jídú 疾毒 8-300A
jídǔ 疾篤 8-305A
jídù 疾妒 8-299B
jídù 極度 4-1139A
jídù 嫉妒 4-396A
jídù 嫉妬 4-396A
jìdū 計都 11-17A
jìdú 忌毒 7-407B
jìdǔ 記睹 11-63A
jìdù 忌妒 7-407A
jìdù 忌妬 7-407B
jìdù 季度 4-211A
jìdù 濟度 6-192B
jìdù 濟渡 6-193B
jīduān 幾端 4-450B
jīduǎn 譏短 11-435A
jīduàn 機斷 4-1333B
jīduàn 擊斷 6-904B
jíduān 棘端 4-1107A
jíduān 極端 4-1142A
jíduǎn 汲短 5-935B
jīduì 機碓 4-1330B
jīduì 機對 4-1331B
jǐduì 給對 9-827A
jǐduì 擠兑 6-941A
jīdūjiào 基督教 2-1112B
jīdùn 稽頓 8-122A
jīdùn 幾頓 4-450A
jídùn 疾頓 8-304A
jǐdùn 戟盾 5-230B
jǐdùn 戟楯 5-230B
jìdùn 寄頓 3-1513A
jīduó 擊奪 6-903B
jīduò 積垛 8-134B
jíduō 集掇 11-800B
jǐduō 幾多 4-448B
jǐduó 掎奪 6-643B
jǐduó 擠奪 6-941B
jìduó 計度 11-16B
jìduó 覬奪 10-352A
jī'è 積痾 8-141A
jī'è 飢戹 12-493A
jī'è 飢餓 12-494B
jī'è 積惡 8-140A
jī'è 擊咢 6-901B
jī'è 譏惡 11-435A
jī'è 饑戹 12-583B
jī'è 饑餓 12-584B
jī'è 羈戹 8-1055A
jī'è 羈軛 8-1056B
jí'é 岌峨 3-801A
jí'é 岌峩 3-801A
jí'è 疾惡 8-303A
jí'è 疾戹 8-297B
jí'è 極惡 4-1140B
jí'è 嫉惡 4-396B
jì'è 忌惡 7-408A
jì'è 濟惡 6-193A
jié'āi 節哀 8-1178B
jié'ài 結愛 9-809B
jié'ài 節愛 8-1182B
jié'àn 結案 9-807B
jiě'ān 解鞍 10-1377A
jiē'áo 嗟嗷 3-439A
jié'ào 桀傲 4-988B
jié'ào 桀奡 4-988B
jié'ào 桀慠 4-989A
jié'ào 桀驁 4-989B
jié'ào 傑驁 1-1606A
jié'ào [illegible]驁 12-834A
jié'ào [illegible]驁 12-1091B
jié'àobùgōng 桀傲不恭 4-989A
jié'àobùgōng 桀驁不恭 4-989B
jié'áobùxùn 桀敖不馴 4-988B
jié'àobùxùn 桀傲不馴 4-989A
jié'àobùxùn 桀驁不馴 4-989B
jié'àobùxùn 桀驁不遜 4-989B
jié'àonánxún 桀驁難馴

4-989B
jié'àozìshì 桀驁自恃 4-989B
jiēba 結巴 9-804A
jiēbā 節疤 8-1179A
jiěbà 解罷 10-1377B
jiēbái 揭白 6-757B
jiébái 潔白 6-116B
jiébái 絜白 9-800B
jiébài 結拜 9-806B
jiěbái 解白 10-1364B
jièbái 介白 1-1074A
jiébǎidù 桔柏渡 4-961A
jiēbān 接班 6-707B
jiēbàn 接伴 6-706B
jiébàn 結伴 9-805A
jièbàn 借辦 1-1453A
jiēbǎng 揭榜 6-759A
jiēbǎng 揭牓 6-759A
jiěbǎng 解綁 10-1374B
jièbǎng 解榜 10-1376B
jièbǎng 解牓 10-1376B
jiēbānrén 接班人 6-707B
jiēbànshǐ 接伴使 6-706B
jiēbǎo 揭寶 6-759B
jiébào 桀暴 4-989B
jiébào 捷報 6-651B
jiébào 傑暴 1-1606A
jiébèi 劫貝 2-779B
jiébèi 桀誖 4-989A
jièbēi 戒碑 5-210A
jièbēi 界碑 7-1318A
jièbèi 戒備 5-209B
jiéběn 節本 8-1174B
jiéběn 潔本 6-116B
jiēbì 階陛 11-1059B
jiébǐ 傑筆 1-1605B
jiébǐ 結筆 9-809A
jiébǐ 渴筆 5-1475A
jiébì 刦毖 2-786B
jiébì 桀壁 4-989B
jiébì 訐愎 11-28A
jiěbǐ 解辟 10-1378A
jiěbǐ 解比 10-1363B
jièbǐ 界筆 7-1318A
jièbì 疥壁 8-286B
jiébiàn 捷便 6-651A
jiébiàn 節變 8-1184B
jiébiàn 詰辯 11-158B
jiěbiàn 解弁 10-1364B
jiěbiàn 解辮 10-1380B
jiěbiàn 解辯 10-1381A
jièbiān 界邊 7-1319A
jièbiàn 借便 1-1449B
jiébiànsuìyí 節變歲移 8-1184B
jiébiǎo 傑表 1-1605A
jiěbiǎo 解表 10-1367A
jièbiāo 界標 7-1318B
jièbié 界別 7-1317B
jiěbìn 解擯 10-1378B
jièbīn 价儐 1-1207A
jièbīn 介賓 1-1076B
jiébīng 詰兵 11-157A
jiébìng 潔病 6-117B
jiěbīng 解兵 10-1366A
jiěbǐng 解柄 10-1369A
jiébō 劫波 2-779B
jiébō 劫剥 2-780A
jiébō 截撥 5-235B
jiébó 節薄 8-1184A
jiébó 詰駁 11-158A
jiébǒ 劫簸 2-782B
jiěbō 解剥 10-1371B
jiěbó 解駁 10-1376A
jiěbó 解駮 10-1378A
jièbō 解撥 10-1377A
jiěbǔ 解補 10-1374A
jièbǔ 借補 1-1452A
jièbù 戒步 5-208A
jièbù 界部 7-1317B
jiēbùkāiguō 揭不開鍋 6-757B
ji'èbùshè 極惡不赦 4-1140B
jiěbùxià 解不下 10-1363B
jiécái 節財 8-1179B
jiécǎi 結彩 9-808A
jiécǎi 結綵 9-811A
jiécǎi 潔采 6-117A
jiěcài 解菜 10-1371B
jiēcān 揭參 6-758B
jiécān 訐參 11-27B
jiěcān 解驂 10-1380B
jiēcáo 嗜嘈 3-536A
jiécāo 傑操 1-1606A
jiécāo 節捺 8-1183B
jiécāo 節操 8-1184A
jiécāo 潔操 6-118A
jiécāo 絜操 9-801B
jiécǎo 結草 9-806B
jiècāo 介操 1-1077A
jiécǎochóng 結草蟲 9-806B
jiécǎoxiánhuán 結草啣環 9-806B
jiécǎoxiánhuán 結草銜環 9-806B
jiēcè 階堿 11-1061A
jiēcè 嗟惻 3-438B
jiēcéng 階層 11-1061A
jiēchá 接茬 6-707A
jiēchá 接茶 6-707A
jiēchá 接碴 6-709A
jiéchá 節楂 8-1182A
jiéchá 節察 8-1183A
jièchá 岕茶 3-803B
jiěchāi 解拆 10-1367A
jièchāi 解差 10-1369A
jièchài 芥蠆 9-308B
jiěchán 解饞 10-1381B
jiécháng 結腸 9-809B
jièchàng 介鬯 1-1075B
jiéchángbǔduǎn 截長補短 5-234A
jiéchāo 劫鈔 2-780B
jiéchāo 節抄 8-1176A
jiéchāo 節鈔 8-1181B
jiěcháo 解嘲 10-1377B
jiěcháo 解謿 10-1380A
jiēchē 揭車 6-757B
jiéchè 結徹 9-811B
jiéchè 潔澈 6-118A
jiēchén 階陳 11-1060B
jiēchén 街塵 3-1020A
jiéchén 劫塵 2-781B
jiéchén 詰晨 11-157B
jièchén 戒晨 5-209B
jiēchēng 嗟稱 3-439A
jiēchéng 階程 11-1060B
jiéchéng 竭誠 8-394A
jiéchéng 潔誠 6-118A
jiéchéng 絜誠 9-801A
jiěchéng 解酲 10-1376B
jièchéng 解呈 10-1366A
jièchéng 介乘 1-1075A
jièchéng 戒程 5-209B
jièchéng 戒懲 5-211A
jièchéng 界乘 7-1317B
jièchéng 界程 7-1318A
jī'échéngdù 積訛成蠹 8-139A
jièchénggǔ 戒晨鼓 5-209B
jiēchí 階墀 11-1061A
jiēchì 接翅 6-708A
jiéchí 劫持 2-780A
jiéchí 潔持 6-117A
jiéchì 訐斥 11-27A
jiéchì 詰斥 11-156B
jiěchí 解弛 10-1365B
jiěchǐ 解恥 10-1370A
jièchí 戒持 5-208B
jièchǐ 戒尺 5-207B
jièchǐ 界尺 7-1317A
jièchì 戒勅 5-208B
jièchì 戒敕 5-209B
jièchì 戒飭 5-209B
jièchì 誡勑 11-211B
jièchì 誡勅 11-211A
jièchì 誡敕 11-211B
jièchì 誡飭 11-211B
jiēchōng 街衝 3-1020A
jiēchǒng 階寵 11-1061B
jièchóng 介蟲 1-1077A
jièchóng 疥蟲 8-286B
jièchǒng 借寵 1-1453B
jiěchóu 解仇 10-1364A
jiěchóu 解愁 10-1375A
jiěchóu 解讎 10-1381B
jiěchóu 解讐 10-1381B
jièchou 借籌 1-1453B
jiēchú 階除 11-1059B
jiēchǔ 階礎 11-1061B
jiēchù 接觸 6-710A
jiéchū 桀出 4-988A
jiéchū 傑出 1-1605A
jiéchú 潔除 6-117B
jiéchǔ 節儲 8-1184A
jiěchú 解除 10-1369B
jièchú 戒除 5-208B
jiēchuān 揭穿 6-758A
jiéchuàn 截串 5-233B
jiěchuán 解船 10-1372A
jièchuǎn 岕荈 3-803B
jiēchuáng 楷牀 4-1165A
jièchuāng 疥瘡 8-286B
jiéchūlíng 劫初鈴 2-779B
jiéchún 潔純 6-117B
jièchūn 借春 1-1449B
jièchūnduì 借春對 1-1449B
jiēcì 階次 11-1059A
jiécí 訐辭 11-28A
jiécí 節祠 8-1179A
jiécì 節次 8-1175B
jiěcí 解祠 10-1369B
jiěcí 解詞 10-1373B
jiècí 介詞 1-1076B
jiècí 借詞 1-1451B
jiècí 藉詞 9-587A
jiècì 介次 1-1074A
jiècóng 籍叢 8-1272A
jiécòu 節湊 8-1181B
jiēcù 嗟蹙 3-439B
jiécù 竭蹙 8-394A
jiěcù 解蹙 10-1379A
jiěcuàn 解竄 10-1379B
jiècuì 介倅 1-1075B
jiécǔn 節刌 8-1174B
jiécuó 巀嵯 3-871A
jiécuò 節錯 8-1184A
jiècuò 借措 1-1451A
jiédǎ 劫打 2-778B
jiédà 傑大 1-1604B
jiědá 解答 10-1373B
jiědá 解達 10-1372B
jiēdàhuānxǐ 皆大歡喜 8-267A
jiēdài 接待 6-707B
jiědài 解帶 10-1372A
jièdài 借代 1-1448A
jièdài 借貸 1-1451B
jiédàn 訐誕 11-28A
jiédàn 節旦 8-1175A
jiédàn 詰旦 11-156B
jièdàn 戒旦 5-207B
jiédǎng 結黨 9-812B
jiédāng 襭襠 9-141A
jièdàng 解當 10-1375A
jièdàngpù 解當舖 10-1375A
jiédǎngyíngsī 結黨營私 9-812B
jiēdào 階道 11-1060B
jiēdào 嗟悼 3-438B
jiēdào 街道 3-1019B
jiédǎo 節導 8-1183B
jiédào 劫盜 2-781A
jiédào 劫道 2-781A
jiédào 詰盜 11-158A
jiédào 截道 5-235A
jiědǎo 解禱 10-1379B
jiědào 解道 10-1373B
jièdāo 戒刀 5-207A
jièdào 戒道 5-210A
jièdào 界道 7-1318A
jièdào 界稻 7-1318B
jièdào 借道 1-1451B
jièdāoshārén 借刀殺人

1-1447B
jiēdàoshù 街道樹 3-1019B
jiēdàosī 街道司 3-1019B
jiēdàotīng 街道廳 3-1019B
jiědàoxuán 解倒懸 10-1370B
jiédātí 截搭題 5-235A
jiédé 捷得 6-651B
jièdé 介德 1-1077A
jiēdēng 街燈 3-1020B
jiédèng 截鐙 5-236A
jiédèngliúbiān 截鐙留鞭 5-236A
jiēdǐ 揭底 6-758A
jiēdì 階地 11-1059A
jiēdì 揭地 6-757B
jiēdì 揭帝 6-758A
jiēdì 揭諦 6-759B
jiédí 截髢 5-235A
jièdí 介狄 1-1074B
jièdì 葪蔕 9-479B
jièdì 介弟 1-1074B
jièdì 介蔕 1-1076A
jièdì 芥蔕 9-308B
jièdì 芥蔕 9-308B
jièdì 界地 7-1317A
jiēdiàn 街店 3-1018B
jiědiǎn 解典 10-1367A
jièdiǎnkù 解典庫 10-1367A
jièdiǎnpù 解典鋪 10-1367B
jièdiǎnpù 解典舖 10-1367B
jiēdiào 揭調 6-759B
jiédiào 節調 8-1183B
jiédiào 詰調 11-158A
jièdiào 借調 1-1453A
jiēdié 階牒 11-1060B
jiédié 捷蹀 6-652A
jièdié 解牒 10-1375A
jièdié 戒牒 5-210A
jièdìng 戒定 5-208A
jièdìng 借定 1-1449B
jièdìnghuì 戒定慧 5-208A
jiēdìxiāntiān 揭地掀天 6-757B
jiédòng 節動 8-1180B
jiědòng 解凍 10-1371A
jièdōngfēng 借東風 1-1449A
jiědòngshuǐ 解凍水 10-1371A
jiědòu 解鬬 10-1381B
jiēdú 嗟毒 3-438A
jiédù 節度 8-1178B
jiědú 解毒 10-1368B
jièdú 介毒 1-1074B
jièdú 介獨 1-1077A
jièdú 借讀 1-1454A
jiēduǎn 揭短 6-758B
jiēduàn 階段 11-1059B
jiéduān 節端 8-1183A
jiéduǎn 節短 8-1181B
jiéduàn 結斷 9-812A
jiéduàn 詰斷 11-158B
jiéduàn 截斷 5-235B
jièduān 借端 1-1452B
jièduān 藉端 9-587B
jièduàn 界斷 7-1319A
jiéduǎnyùncháng 節短韻長 8-1181B
jiéduànzhòngliú 截斷衆流 5-236A
jiēduì 接對 6-709A
jiéduì 結隊 9-808A
jiéduì 詰對 11-158A
jièduì 借兑 1-1449A
jièduì 借對 1-1452B
jiédùn 孑盾 4-176B
jiéduō 捷剟 6-651B
jiéduó 劫奪 2-781B
jiéduó 訐奪 11-28A
jiěduò 解墮 10-1377A
jièduó 借掇 1-1451A
jiédùshǐ 節度使 8-1178B
jiē'é 嗟哦 3-438A
jiē'è 嗟愕 3-438B
jié'è 劫遌 2-780B
jié'è 桀惡 4-988B
jié'è 節鄂 8-1180B
jiě'è 解厄 10-1363B
jiě'è 解陒 10-1367A
jiè'é 解額 10-1379B
jié'èr 結眲 9-807A
jiě'er 姐兒 4-320B
jiě'ěr 解珥 10-1370A
jiè'ěr 犗餌 6-288A
jiè'èr 介貳 1-1076A
jiē'èrliánsān 接二連三 6-705A
jiēfā 揭發 6-758B
jiéfā 訐發 11-28A
jiéfā 截髮 5-235B
jiéfā 拾發 6-566B
jiéfǎ 節法 8-1177B
jiéfà 結髮 9-811A
jiěfá 解乏 10-1364A
jiěfǎ 解法 10-1368A
jiěfā 解發 10-1374B
jièfǎ 戒法 5-208A
jiéfācuògāo 截髮剉藁 5-235B
jiéfàfūqī 結髮夫妻 9-811A
jiéfāliúbīn 截髮留賓 5-235B
jiéfān 節幡 8-1183B
jiěfān 解帆 10-1365A
jiěfán 解煩 10-1375B
jièfān 价藩 1-1207A
jiěfánbīng 解煩兵 10-1375B
jiēfāng 街坊 3-1018A
jiēfáng 接防 6-706A
jiéfáng 截肪 5-234A
jiěfǎng 解舫 10-1371A
jiěfàng 解放 10-1368A
jièfāng 戒方 5-207A
jièfāng 界方 7-1317A
jièfāng 借方 1-1447B
jiěfáng 解房 10-1368B
jièfáng 誡防 11-211A
jièfǎng 借訪 1-1451A
jiěfàng 解放 10-1368A
jiēfāngjiā 街坊家 3-1018A
jiěfàngjūn 解放軍 10-1368A
jiěfàngqū 解放區 10-1368A
jièfēi 借緋 1-1452B
jièfèi 解費 10-1374A
jiēfèn 嗟憤 3-439A
jiéfēn 節分 8-1174A
jiéfěn 節粉 8-1180A
jiěfēn 解分 10-1364A
jiěfēn 解紛 10-1371B
jiěfén 解棼 10-1373A
jièfèn 界分 7-1317A
jiēfēng 接風 6-707B
jiēfēng 階封 11-1059B
jiéfēng 劫風 2-780A
jiéfēng 結風 9-807A
jiéfēng 節風 8-1178B
jièfēngshǐchuán 借風使船 1-1450A
jiěfēnpáinàn 解紛排難 10-1371B
jiēfū 嗟夫 3-437A
jiēfú 嗟伏 3-437B
jiēfú 嗟服 3-438A
jiéfū 節夫 8-1174A
jiéfú 潔伏 6-116B
jiéfú 節符 8 1180B
jiéfǔ 節拊 8-1176B
jiéfǔ 節斧 8-1177B
jiéfù 劫縛 2-782B
jiéfù 結附 9-805B
jiéfù 結縛 9-812A
jiéfù 節婦 8-1181A
jiéfù 潔婦 6-118A
jiéfù 潔腹 6-118A
jiěfu 姐夫 4-320B
jiěfú 解罘 10-1369A
jiěfú 解紱 10-1372B
jiěfú 解韍 10-1377A
jiěfù 解縛 10-1378B
jièfū 介夫 1-1073B
jièfú 介福 1-1076B
jièfù 价婦 1-1207A
jièfù 解赴 10-1368B
jièfù 解副 10-1372A
jièfù 介婦 1-1075B
jiéfùjìpín 劫富濟貧 2-781A
jiēgài 揭蓋 6-759A
jiégài 節概 8-1182A
jiégài 節蓋 8-1182A
jiégài 節槩 8-1183A
jiēgàizi 揭蓋子 6-759A
jiēgān 揭竿 6-758A
jiēgǎn 秸稈 8-73A
jiégàn 節幹 8-1182A
jiégāo 撑槔 6-790A
jiégāo 頡臯 12-289B
jiégāo 頡皐 12-289B
jiégāo 桔臯 4-961A
jiégāo 桔槔 4-961B
jiégāo 檪槔 4-1297B
jiégāo 絜臯 9-801A
jiégāo 槔槔 4-1201A
jiégǎo 截稿 5-235B
jiégào 訐告 11-27A
jiégào 結誥 9-810A
jiègǎo 籍稾 8-1272A
jiègǎo 藉稾 9-587B
jiègào 戒告 5-208A
jiégāofēng 桔槔烽 4-961B
jiēgé 接詥 6-709A
jiēgé 階閤 11-1061A
jiēgé 階閣 11-1061A
jiégē 截割 5-235A
jiégé 傑格 1-1605B
jiégé 傑閣 1-1606A
jiěgē 解割 10-1374B
jiègé 界隔 7-1318A
jiégēn 結根 9-807B
jiégēn 節根 8-1179B
jiégěng 桔梗 4-961B
jiègōng 借宫 1-1450A
jiègòng 解貢 10-1370A
jiègōngxíngsī 借公行私 1-1447B
jiégōu 楬溝 4-1177A
jiégòu 傑構 1-1606A
jiégòu 結搆 9-809B
jiégòu 結構 9-810A
jiégòu 節構 8-1183A
jiēgǔ 接轂 6-709B
jiēgǔ 街鼓 3-1019B
jiégǔ 結骨 9-806B
jiégǔ 結愲 9-809A
jiégǔ 結縎 9-811B
jiégǔ 節鼓 8-1182A
jiégǔ 節皷 8-1183A
jiégǔ 羯鼓 9-191B
jiěgǔ 解骨 10-1369A
jiěgǔ 解詁 10-1373B
jiěgù 解固 10-1367B
jiěgù 解故 10-1369A
jiěgù 解雇 10-1374A
jiègū 戒箍 5-210B
jiègū 藉姑 9-587A
jiègǔ 戒鼓 5-210A
jiègù 借故 1-1449B
jiēguān 秸莞 8-73A
jiēguān 階官 11-1059A
jiēguān 街官 3-1018B
jiēguǎn 接管 6-709A
jiéguān 傑觀 1-1606A
jiéguān 結關 9-812B
jiéguǎn 碣館 7-1081A
jiéguàn 傑觀 1-1606A
jiěguān 解官 10-1368B
jiěguān 解冠 10-1369B
jiěguǎn 解館 10-1378B
jièguān 解官 10-1368B
jièguān 借觀 1-1454A
jièguāng 借光 1-1448A
jiègǔfěngjīn 借古諷今 1-1448A
jiéguǐ 結軌 9-806B
jiěguī 解龜 10-1379A
jièguī 介圭 1-1074A
jièguī 介珪 1-1075A

jièguī 戒規 5-209A
jièguī 戒歸 5-210B
jièguī 玠珪 4-531A
jiégùn 結棍 9-808B
jiēguō 揭鍋 6-759B
jiéguó 劫國 2-780B
jiéguǒ 結果 9-805B
jiéguǒ 結裹 9-810A
jiēgǔyǎn 接骨眼 6-707A
jiēgǔyǎn 節骨眼 8-1178A
jiēhài 嗟駭 3-439B
jiéhài 訐害 11-27B
jièhái 籍骸 8-1272A
jiéhàn 桀悍 4-988B
jièhán 介函 1-1074B
jièhán 戒寒 5-210A
jièháng 界行 7-1317A
jiéhǎo 結好 9-805A
jiēháoxiàngkū 街號巷哭 3-1019B
jiēhé 亥合 2-347B
jiēhé 接翮 6-709B
jiéhē 詰呵 11-157A
jiéhé 結合 9-804B
jiéhé 結和 9-806A
jiéhé 結核 9-807A
jiéhé 節和 8-1177A
jiéhé 竭涸 8-393B
jiéhé 渴涸 5-1475A
jiěhé 解何 10-1366A
jiěhé 解和 10-1367B
jiěhè 解褐 10-1377A
jièhé 界河 7-1317B
jiéhébìng 結核病 9-807B
jiéhégǎnjūn 結核杆菌 9-807B
jiěhèn 解恨 10-1369B
jiéhèng 桀橫 4-989B
jiéhèxùfú 截鶴續鳧 5-236A
jiěhóng 解紅 10-1370A
jiéhóu 結喉 9-809A
jiéhòu 結厚 9-806B
jiéhòu 節候 8-1179B
jièhòu 届候 4-27B
jiéhòuhuī 劫後灰 2-780A
jiéhòuyúshēng 劫後餘生 2-780A
jiēhū 嗟乎 3-437A
jiēhū 嗟呼 3-438A
jiēhū 嗟虖 3-438A
jiéhú 羯胡 9-191A
jièhù 解户 10-1364A
jièhù 戒護 5-211A
jiéhuā 劫花 2-779A
jiéhuā 節華 8-1179B
jiéhuá 桀猾 4-989A
jiéhuá 傑猾 1-1605B
jiéhuá 潔滑 6-118A
jiěhuà 解化 10-1363B
jièhuà 界畫 7-1318A
jièhuà 界劃 7-1318B
jièhuái 介懷 1-1077A
jiéhuān 結懽 9-812B
jiéhuān 結歡 9-813A
jiéhuān 結驩 9-813A
jiěhuán 解環 10-1378B
jièhuàn 借换 1-1450A
jiēhuáng 階篁 11-1061A
jiēhuáng 揭黄 6-758B
jiéhuáng 頡皇 12-289A
jièhuāxiànfó 借花獻佛 1-1448B
jiēhuázi 街猾子 3-1019A
jiēhuì 接會 6-709A
jiéhuī 劫灰 2-779A
jiéhuì 節麾 8-1183B
jiéhuì 劫會 2-781B
jiéhuì 結匯 9-809B
jiéhuì 節會 8-1182B
jiěhuī 解徽 10-1379A
jiěhuì 解恚 10-1370A
jiěhuì 解會 10-1375B
jiěhuì 解穢 10-1379B
jièhuī 借麾 1-1453A
jièhuì 戒誨 5-210B
jièhuì 界會 7-1318A
jièhuì 誡誨 11-211B
jiéhūn 劫婚 2-780B
jiéhūn 結昏 9-806A
jiéhūn 結婚 9-808A
jiěhūn 解婚 10-1372B
jiēhuǒ 接火 6-705B
jiēhuò 階禍 11-1060B
jiéhuǒ 劫火 2-778B
jiéhuǒ 截火 5-233B
jiéhuǒ 潔火 6-116B
jiéhuò 截獲 5-235B
jiěhuō 解豁 10-1379A
jiěhuò 解惑 10-1373A
jiěhuò 解禍 10-1374A
jièhuǒ 戒火 5-207A
jièhuǒ 借火 1-1447B
jièhuò 借或 1-1449A
jiējī 階基 11-1060B
jiējī 階磯 11-1061B
jiējí 階級 11-1059B
jiējì 皆既 8-267A
jiējì 接迹 6-707B
jiējì 接跡 6-708B
jiējì 接濟 6-710A
jiéjī 劫剞 2-780B
jiéjī 劫機 2-782A
jiéjī 劫擊 2-782B
jiéjī 捷譏 6-652A
jiéjì 傑跡 1-1606A
jiéjī 截擊 5-235B
jiéjǐ 捷給 6-652A
jiéjí 捷急 6-651A
jiéjí 捷疾 6-651B
jiéjí 結集 9-809A
jiéjí 節級 8-1179A
jiéjí 潔疾 6-117B
jiējǐ 接給 6-708B
jiéjǐ 劫掎 2-780B
jiéjì 傑濟 1-1606A
jiéjǐ 潔己 6-116A
jiéjǐ 絜己 9-800B
jiéjì 劫劑 2-782A
jiéjì 結記 9-807B
jiéjì 節季 8-1177A
jiéjì 節紀 8-1179B
jiějí 解籍 10-1380A
jiějǐ 解給 10-1374B
jièjí 戒戢 5-209B
jièjí 借吉 1-1448A
jièjì 解濟 10-1379A
jièjì 戒忌 5-208A
jiējià 接駕 6-709B
jiéjiā 結跏 9-808B
jiéjià 節假 8-1180B
jiějiǎ 解甲 10-1364A
jiějià 解駕 10-1378A
jièjiǎ 介甲 1-1073B
jièjiǎ 藉假 9-587A
jiějiǎdǎogē 解甲倒戈 10-1364B
jiéjiāfūzuò 結加趺坐 9-804B
jiéjiāfūzuò 結跏趺坐 9-808B
jiějiǎguītián 解甲歸田 10-1364B
jiējiàn 接見 6-706A
jiējiàn 階漸 11-1061A
jiéjiān 訐奸 11-27A
jiéjiān 節間 8-1182A
jiéjiān 詰奸 11-157A
jiéjiān 詰姦 11-157B
jiéjiǎn 節減 8-1181B
jiéjiǎn 節儉 8-1183B
jiéjiǎn 節檢 8-1184A
jiéjiǎn 節簡 8-1184B
jiéjiǎn 截翦 5-235B
jiéjiàn 桀健 4-988B
jiějiàn 解劍 10-1377B
jiějiàn 解薦 10-1378A
jièjiàn 戒鑑 5-211B
jièjiàn 戒鑒 5-211B
jièjiàn 借劍 1-1453A
jièjiàn 借鑑 1-1454A
jiějiànbàichóu 解劍拜仇 10-1377B
jiéjiàng 節降 8-1177B
jiéjiàng 節將 8-1181A
jiéjiàng 鮚醬 12-1219B
jiějiàng 解匠 10-1365A
jièjiāng 界疆 7-1319A
jièjiànshārén 借劍殺人 1-1453A
jiējiāo 揭驕 6-760A
jiējiāo 担撟 6-452A
jiējiǎo 接脚 6-708A
jiējiǎo 接腳 6-709A
jiéjiāo 結交 9-804B
jiéjiāo 頡橋 12-289B
jiéjiǎo 節角 8-1176A
jiéjiào 截教 5-234B
jiějiāo 解交 10-1365A
jiějiǎo 解角 10-1366B
jiějiào 解交 10-1365A
jièjiāo 借交 1-1448B
jièjiǎo 解繳 10-1380A
jièjiāobàochóu 借交報仇 1-1448B
jiējiǎofū 接脚夫 6-708A
jièjiāojièzào 戒驕戒躁 5-211A
jiējiǎoxù 接脚壻 6-708A
jiéjiàrì 節假日 8-1181A
jiějiǎtóugē 解甲投戈 10-1364B
jiějiǎxiūbīng 解甲休兵 10-1364B
jiějiǎxiūshì 解甲休士 10-1364B
jiéjǐcónggōng 潔己從公 6-116A
jiējídòuzhēng 階級鬥争 11-1060A
jiējiē 蹉蹉 11-610B
jiējiē 嚌嚌 3-536A
jiējiē 階街 11-1060B
jiējiē 喈喈 3-414B
jiējiē 嗟嗟 3-438B
jiējiē 揭揭 6-758B
jiējiē 湝湝 5-1454B
jiējiè 接界 6-707A
jiējiè 階藉 11-1061B
jiējiè 嗟唶 3-438A
jiējiè 揭借 6-758A
jiéjié 趌趌 9-1131A
jiéjié 偈偈 1-1549A
jiéjié 孑孑 4-176A
jiéjié 孑傑 4-176B
jiéjié 劫劫 2-779A
jiéjié 桀桀 4-988B
jiéjié 訐訐 11-27B
jiéjié 捷捷 6-651B
jiéjié 傑傑 1-1605B
jiéjié 睫睫 7-1226A
jiéjié 節節 8-1182A
jiéjié 截截 5-235A
jiéjié 竭節 8-394A
jiéjié 巀巀 3-871B
jiéjié 桔桀 4-961A
jiéjiě 桀解 4-989A
jiéjiě 節解 8-1183A
jiéjiè 節介 8-1174A
jiéjiè 潔介 6-116B
jiějie 姐姐 4-320B
jiějiē 解結 10-1374B
jiějiě 解解 10-1375B
jièjié 介節 1-1076B
jièjié 介潔 1-1077A
jièjié 介絜 1-1076A
jièjié 戒節 5-210A
jièjiè 介介 1-1073B
jièjiè 吤吤 3-218A
jièjiè 唶唶 3-375A
jiéjiébābā 劫劫巴巴 2-779A
jiéjiécùncùn 節節寸寸 8-1182B
jiéjiégāo 節節高 8-1182B
jiéjiépáipái 節節排排 8-1182B

jièjièrán 介介然 1-1073B
jiějiēzhuī 解結錐 10-1374B
jiéjiézúzú 節節足足 8-1182B
jiéjǐfènggōng 潔己奉公 6-116A
jiéjíguǐ 捷疾鬼 6-651B
jiējímáodùn 階級矛盾 11-1060A
jiējīn 嗟金 3-438A
jiējīn 嗟矜 3-438A
jiējìn 接近 6-706B
jiējìn 階進 11-1060B
jiējìn 街禁 3-1019B
jiéjìn 節矜 8-1179A
jiéjìn 劫燼 2-782B
jiéjìn 詰禁 11-158A
jiéjìn 截近 5-234A
jiéjìn 竭盡 8-394A
jiějīn 解巾 10-1363A
jièjǐn 戒謹 5-210B
jièjìn 戒禁 5-210A
jiējīng 嗟驚 3-439B
jiējǐng 街景 3-1019A
jiējìng 接境 6-709A
jiéjīng 結晶 9-808B
jiéjīng 節旌 8-1181A
jiéjīng 竭精 8-394A
jiéjīng 潔精 6-118A
jiéjǐng 節景 8-1181B
jiéjìng 捷徑 6-651A
jiéjìng 捷逕 6-651A
jiéjìng 節敬 8-1181A
jiéjìng 潔浄 6-117A
jiéjìng 潔敬 6-118A
jiéjìng 潔静 6-118A
jiéjìng 絜静 9-801A
jiějīng 解經 10-1376A
jièjìng 介鯨 1-1077A
jièjǐng 介景 1-1076A
jièjǐng 戒儆 5-210B
jièjǐng 戒警 5-211A
jièjǐng 誡警 11-212A
jièjìng 介静 1-1076B
jièjìng 界境 7-1318A
jièjìng 借逕 1-1450B
jièjìng 借鏡 1-1453B
jiéjìngpōuxīn 截脛剖心 5-234B
jièjǐngshēngqíng 借景生情 1-1451B
jiéjīngtǐ 結晶體 9-808B
jiējíshèhuì 階級社會 11-1060A
jiējīsìshè 揭雞肆赦 6-759B
jiéjiū 詰究 11-157A
jiéjiǔ 節酒 8-1180A
jiějiū 解究 10-1366B
jiějiǔ 解酒 10-1371A
jiějiù 解救 10-1372A
jiějiū 解究 10-1366B
jièjiǔ 戒酒 5-209A
jièjiù 借救 1-1450B
jièjiǔjiāochóu 借酒澆愁 1-1450B
jiējíxìng 階級性 11-1060A
jiējū 街居 3-1018B
jiējú 揭局 6-757B
jiējǔ 揭舉 6-759B
jiējù 嗟懼 3-439B
jiéjū 孑居 4-176B
jiéjū 拮挶 6-554A
jiéjū 詰䈇 11-158B
jiéjū 詰鞠 11-158B
jiéjū 詰鞫 11-158B
jiéjū 潔居 6-117A
jiéjú 結局 9-805B
jiéjǔ 潔矩 6-117A
jiéjù 拮据 6-554A
jiéjù 捷句 6-650B
jiéjù 傑句 1-1604B
jiéjù 結句 9-804A
jiéjù 結聚 9-809B
jiéjù 截句 5-233B
jiějù 解鋸 10-1378B
jièjù 戒具 5-208A
jièjù 戒懼 5-211A
jièjù 借據 1-1453A
jiéjuān 潔蠲 6-118B
jiējué 接絶 6-708B
jiējué 階爵 11-1061B
jiéjué 狤[illegible] 5-44B
jiéjué 趌趨 9-1131A
jiéjué 孑孓 4-176A
jiéjué 結絶 9-809A
jiéjué 蛣蟨 8-887B
jiéjué 詰蹶 11-158B
jiéjué 截絶 5-235A
jiéjué 竭絶 8-394A
jiéjué 竭蹶 8-394A
jiéjué 竭蹷 8-394A
jiéjué 趨蹶 9-1146A
jiějué 解決 10-1365B
jiějué 解決 10-1366B
jièjué 介決 1-1074A
jièjué 介絶 1-1076B
jièjué 介爵 1-1077A
jièjué 戒絶 5-210A
jièjué 界絶 7-1318A
jiéjùn 桀俊 4-988A
jiéjùn 桀儁 4-989A
jiéjùn 桀駿 4-989B
jiéjùn 傑俊 1-1605A
jiéjùn 傑儁 1-1606A
jiéjùn 節峻 8-1179B
jiéjùn 潔峻 6-117B
jiějūn 解軍 10-1369B
jiějūn 解軍 10-1369B
jiēkǎi 嗟慨 3-439A
jiékǎi 節慨 8-1181B
jiēkǎn 階坎 11-1059A
jiékàng 詰抗 11-157A
jiēkè 接客 6-707B
jiékè 傑客 1-1605B
jiékè 結客 9-807A
jiékè 截刻 5-234A
jiěkē 解科 10-1369A
jiěkě 解渴 10-1373B
jièkèbàochóu 借客報仇 1-1450A
jiékǒng 劫恐 2-780A
jiékòng 訐控 11-27B
jiěkòng 解控 10-1371B
jiěkōngrén 解空人 10-1368B
jiēkǒu 接口 6-705A
jiēkǒu 街口 3-1017B
jiékǒu 捷口 6-650B
jiékǒu 結口 9-804A
jiékǒu 節口 8-1174A
jiěkòu 解扣 10-1365A
jièkǒu 戒口 5-207A
jièkǒu 借口 1-1447B
jièkǒu 藉口 9-586B
jièkòu 借寇 1-1451A
jiēkǔ 嗟苦 3-437B
jiékū 節哭 8-1179B
jièkù 解庫 10-1371A
jiékuǎn 結欵 9-808A
jiékuǎn 結款 9-808B
jièkuǎn 解款 10-1372B
jièkuǎn 借款 1-1451B
jiékuí 傑魁 1-1606A
jiékǔn 竭悃 8-393B
jiěkùn 解困 10-1366A
jièlà 戒臘 5-211A
jièlà 戒蠟 5-211A
jiēlái 嗟來 3-437B
jiēlài 祖厲 7-853B
jièlài 疥癩 8-286B
jiēláishí 嗟來食 3-437B
jiēláizhīshí 嗟來之食 3-437B
jiélán 截攔 5-236A
jiélǎn 結攬 9-813A
jiélǎn 結纜 9-813A
jiělán 解蘭 10-1380A
jiělǎn 解纜 10-1381B
jiēláng 階廊 11-1060B
jiéláng 傑郎 1-1605A
jiéláng 蛣蜋 8-887B
jiéláng 潔郎 6-117A
jiélǎng 潔朗 6-117B
jiélángpí 蛣蜋皮 8-887B
jiéláo 劫牢 2-779B
jiéláo 節勞 8-1181B
jiěláo 解勞 10-1373B
jièlǎo 介老 1-1074A
jièláobīn 疥癆賓 8-286B
jiélè 節樂 8-1184A
jièlè 誡勒 11-211B
jiēlěi 街壘 3-1021A
jiělěi 解纍 10-1381A
jièlèi 介類 1-1077A
jiéléibùjí… 捷雷不及掩耳 6-652A
jiélěng 潔冷 6-117A
jiēlí 接離 6-710A
jiēlí 接籬 6-710B
jiēlí 接羅 6-710B
jiēlí 接䍦 6-710B
jiēlí 䍦羅 8-1044B
jiēlǐ 街里 3-1018A
jiēlì 接力 6-705A
jiēlì 階厲 11-1061A
jiēlì 階歷 11-1061B
jiēlì 揭厲 6-759A
jiēlì 街吏 3-1018A
jiélí 孑黎 4-177A
jiélí 結褵 9-811B
jiélí 結縭 9-812A
jiélí 節嫠 8-1183A
jiélí 節離 8-1184B
jiélǐ 節理 8-1180A
jiélǐ 節禮 8-1184A
jiélì 孑立 4-176A
jiélì 劫曆 2-782A
jiélì 桀立 4-988A
jiélì 傑立 1-1605A
jiélì 截立 5-233B
jiélì 竭力 8-393B
jiělí 解離 10-1379B
jiělì 解吏 10-1365A
jièlì 介立 1-1074A
jièlì 戒厲 5-210B
jièlì 戒勵 5-210B
jièlì 疥癘 8-286B
jièlì 借力 1-1447B
jièlì 誡厲 11-211B
jièlì 誡勵 11-211B
jiēlián 接連 6-708A
jiēlián 接聯 6-709B
jiélián 結連 9-807B
jiélián 結聯 9-812A
jiélián 節廉 8-1183A
jiélián 潔廉 6-118A
jiélián 絜廉 9-801A
jiéliǎn 節斂 8-1184A
jiéliàn 潔煉 6-118A
jiéliàn 潔練 6-118A
jièliàn 界練 7-1318B
jiéliàng 節亮 8-1178B
jiéliàng 節量 8-1181B
jiěliánhuán 解連環 10-1370A
jiéliáo 狤獠 5-44B
jiéliáo [illegible]蟧 8-1015B
jiéliáo [illegible]蟟 8-1015B
jiéliào 節料 8-1180A
jiěliǎo 解了 10-1363A
jiéliáoniǎo 結遼鳥 9-811B
jiéliǎoniǎo 結了鳥 9-804A
jiéliàoqián 節料錢 8-1180A
jiēlìbàng 接力棒 6-705A
jiéliè 孑裂 4-176B
jiéliè 捷獵 6-652A
jiéliè 節烈 8-1179B
jiěliè 解裂 10-1373A
jiēlín 街鄰 3-1020A
jiélín 結鄰 9-810B
jiélín 結璘 9-812A
jiélín 結鱗 9-813A
jiélìn 節吝 8-1176A
jièlín 介鱗 1-1077A
jièlìn 介吝 1-1074B
jièlìn 借賃 1-1452A

jiēlíng 揭瓴 6-758A
jiélíng 結軨 9-808B
jiélíng 潔泠 6-117A
jiélìng 節令 8-1175A
jiělíng 解鈴 10-1375A
jiělǐng 解領 10-1376B
jièlìng 戒令 5-207B
jièlìng 借令 1-1448A
jièlìng 藉令 9-587A
jiělíngháishì… 解鈴還是繫鈴人 10-1375B
jiělíngháixū… 解鈴還須繫鈴人 10-1375A
jiělíngxìlíng 解鈴繫鈴 10-1375B
jiělíngxūyòng… 解鈴須用繫鈴人 10-1375A
jiēlìsàipǎo 接力賽跑 6-705A
jiēliù 階霤 11-1061B
jiéliú 節流 8-1180A
jiéliú 截流 5-234B
jiéliú 截留 5-234B
jiéliú 潔流 6-117B
jièliú 借留 1-1450B
jièliǔ 躤柳 10-569B
jiēliùzi 街溜子 3-1020A
jiélóu 節樓 8-1183B
jiēlù 揭露 6-760A
jiēlù 街路 3-1019B
jiélú 結廬 9-812B
jiélǔ 劫擄 2-782A
jiélǔ 桀虜 4-989A
jiélù 劫路 2-781B
jiélù 訐露 11-28A
jiélù 節録 8-1184A
jiélù 截路 5-235A
jiělù 解禄 10-1374A
jièlù 戒路 5-210A
jièlù 屆路 4-27B
jièlù 界路 7-1318A
jièlù 借路 1-1452A
jiēlùn 接論 6-709B
jiélún 孑輪 4-177A
jiélún 劫輪 2-781B
jiélùn 結論 9-811B
jiélùn 詰論 11-158A
jiēluó 街邏 3-1021A
jiéluò 結絡 9-809A
jiéluò 節落 8-1181A
jiěluó 解羅 10-1380A
jiěluò 解落 10-1373A
jièluòtuó 疥駱駝 8-286B
jiēlǘ 街閭 3-1020A
jiēlǚ 接履 6-709B
jiélǚ 結侶 9-806A
jiélǚ 結縷 9-812A
jiélù 結緑 9-811A
jiélǜ 節律 8-1178A
jièlǚ 介旅 1-1075B
jièlǜ 介慮 1-1076B
jièlǜ 戒律 5-208B
jièlǜ 誡律 11-211A
jiélǜcǎo 劫律草 2-780A
jiélüè 劫掠 2-780B
jiélüè 劫略 2-780B
jiélüè 節略 8-1180B
jiémǎ 節馬 8-1179B
jiěmǎ 解馬 10-1370A
jièmǎ 介馬 1-1075A
jiémǎi 劫買 2-780B
jiémài 傑邁 1-1606A
jiémài 結脈 9-807B
jiémài 節脉 8-1178B
jiémàn 桀慢 4-989A
jièmǎn 届滿 4-27B
jièmǎn 界滿 7-1318B
jiémáo 結氂 9-811A
jiémáo 結茅 9-805B
jiémáo 結茆 9-805B
jiémáo 睫毛 7-1226A
jiémáo 節毛 8-1174B
jiémáo 節旄 8-1180A
jiémáo 節髦 8-1183A
jièmáo 藉茅 9-587A
jiēměi 嗟美 3-438A
jiémèi 結袂 9-807A
jiěmèi 姐妹 4-320B
jiěmèi 解袂 10-1369B
jièméi 介眉 1-1075A
jiēmén 街門 3-1018B
jiěmèn 解悶 10-1374A
jièmén 戒門 5-208A
jiéméng 結盟 9-809B
jiěméng 解盟 10-1375A
jiěmèng 解夢 10-1374B
jiēménshàn 街門扇 3-1018B
jiēmiàn 街面 3-1019A
jiémián 蠽蝒 8-1015B
jiémiàn 截面 5-234B
jiěmiǎn 解娩 10-1371B
jiěmiǎn 解免 10-1366B
jiěmiǎn 解冕 10-1372A
jièmiǎn 誡勉 11-211A
jièmiàn 界面 7-1317B
jièmiàndiàosāng 借面弔喪 1-1449B
jiēmiànshang 街面上 3-1019A
jiēmǐn 嗟愍 3-439A
jiémǐn 捷敏 6-651B
jiěmíndàoxuán 解民倒懸 10-1364B
jiēmíng 階蓂 11-1060B
jiémíng 楬明 4-1177A
jiémíng 詰明 11-157A
jiémíng 潔名 6-116B
jiémìng 竭命 8-393B
jiěmíng 解明 10-1367A
jiěmǐng 解酩 10-1375A
jièmíng 解名 10-1365A
jièmíng 芥茗 3-803B
jièmíng 借名 1-1448B
jièmìng 戒命 5-208A
jièmìng 借命 1-1449A
jièmìng 誡命 11-211A
jiěmínxuán 解民懸 10-1364B
jiēmò 街陌 3-1018B
jiémó 結膜 9-810A
jiémó 羯磨 9-191B
jiémǒ 結抹 9-805B
jiémò 結末 9-804A
jiémò 節末 8-1174B
jiémò 截没 5-234A
jièmò 芥末 9-308A
jiémóu 睫眸 7-1226A
jiémóyán 結膜炎 9-810A
jiēmù 嗟慕 3-439A
jiēmù 揭幕 6-759A
jiēmù 楷木 4-1164B
jiémǔ 節母 8-1175B
jiémù 桀木 4-988A
jiémù 傑木 1-1604B
jiémù 楬木 4-1177A
jiémù 節目 8-1174B
jièmǔ 介母 1-1074A
jièmù 藉莫 9-587A
jièmù 藉幕 9-587B
jiémùdān 節目單 8-1175A
jiémùniǎo 節木鳥 8-1174A
jiémùpái 節目牌 8-1175A
jī'ēn 積恩 8-137A
jiēnà 接納 6-708A
jiéná 截拿 5-234B
jiénà 結納 9-808A
jiěnà 解納 10-1371B
jiénàn 劫難 2-782B
jiénàn 訐難 11-28A
jiénàn 詰難 11-158B
jiěnán 解難 10-1379B
jiěnàn 解難 10-1379B
jiènàn 戒難 5-211A
jiěnáng 解囊 10-1381A
jiénéng 節能 8-1180A
jiénéng 竭能 8-393B
jiéní 孑蜺 4-176B
jiénì 桀逆 4-988B
jiénì 桀溺 4-989A
jiénì 訐逆 11-27B
jiénì 潔膩 6-118B
jiènǐ 借擬 1-1453B
jiènì 介倪 1-1075A
jiénián 節年 8-1175B
jiéniàn 結念 9-806A
jiěniánqùfù 解黏去縛 10-1378B
jièniǎo 介鳥 1-1075B
jiēniè 揭巕 6-760A
jiēniè 揭孽 6-759B
jiéniè 截嶭 5-235B
jiéniè 羯孽 9-191B
jiéniè 巀嵲 3-871A
jiéniè 巀嶭 3-871B
jiéniè 巀㟯 3-871A
jiéniè 巀嶭 3-871B
jiéniè 巀嶭 3-873B
jiéniè 䕸嶭 3-832B
jiéniǔ 結扭 9-805A
jiěniǔ 解紐 10-1371B
jiénú 桀奴 4-988A
jiénú 桀駑 4-989B
jiěnù 解怒 10-1370A
jiēnüè 痎瘧 8-316A
jiēnüè 瘖瘧 8-336A
jiénüè 桀虐 4-988A
jiépāi 節拍 8-1176B
jièpái 界牌 7-1318A
jiépán 詰盤 11-158A
jiépàn 劫叛 2-780A
jièpàn 界畔 7-1317B
jiépántuóguó 渴槃陁國 5-1475B
jiěpèi 解佩 10-1367B
jiěpèi 解珮 10-1370A
jiěpèi 解配 10-1370B
jièpéngshǐfēng 借篷使風 1-1453A
jiépǐ 潔癖 6-118B
jiěpì 解譬 10-1380B
jiěpī 解批 10-1366A
jièpì 介僻 1-1077A
jièpiàn 芥片 3-803B
jiépiāo 劫摽 2-781B
jiépiāo 劫剽 2-781A
jiépiào 截票 5-234B
jièpiào 借票 1-1451A
jiēpǐn 階品 11-1059B
jiěpìn 解聘 10-1374B
jièpǐn 戒品 5-208B
jièpǐn 魪品 12-1211B
jiēpíng 階屏 11-1059B
jiēpō 階坡 11-1059A
jiēpò 揭破 6-758A
jiépò 劫迫 2-779B
jiépò 訐迫 11-27B
jiěpò 解破 10-1370B
jiěpò 解魄 10-1376B
jièpò 界破 7-1317B
jiěpōu 解剖 10-1371A
jiépū 竭朴 8-393B
jiépú 截蒲 5-235A
jièpù 解鋪 10-1377B
jiēqì 階砌 11-1059B
jiēqì 嗟泣 3-438A
jiéqī 孑棲 4-176B
jiéqī 節期 8-1181A
jiéqí 截齊 5-235B
jiéqí 鮚鰭 12-1219B
jiéqí 絜齊 9-801B
jiéqǐ 桀起 4-988B
jiéqǐ 傑起 1-1605B
jiéqǐ 結綺 9-810B
jiéqì 結契 9-806A
jiéqì 節氣 8-1179B
jiéqì 節葺 8-1181A
jiěqí 解騎 10-1379A
jiěqì 解氣 10-1370B
jièqī 戒期 5-209B
jièqī 届期 4-27B
jièqì 介氣 1-1075A
jièqì 借契 1-1449B
jiēqià 接洽 6-707B
jiéqiān 劫遷 2-781B

jiéqián 潔虔 6-117B
jièqián 解錢 10-1378B
jièqiǎn 解遣 10-1375A
jiéqiāng 結蜣 9-809B
jiéqiāng 蛣蜣 8-887B
jiéqiāng 蛣蜣 8-887B
jiéqiǎng 劫搶 2-781A
jièqiáng 界墻 7-1318B
jiéqiāngshù 蛣蜣樹 8-887B
jiēqiào 嗟誚 3-439A
jiéqiāo 潔悄 6-117B
jiéqiào 節竅 8-1184B
jiéqiào 詰譙 11-158B
jiéqiào 詰誚 11-158A
jiěqiào 解誚 10-1376B
jièqiǎo 借巧 1-1448A
jièqiào 介殼 1-1075B
jièqiàochóng 介殼蟲 1-1075B
jiēqiè 揭篋 6-759A
jiéqiè 劫竊 2-782B
jiéqiè 訐切 11-27A
jiéqiè 訐竊 11-28A
jiēqièdānnáng 揭篋擔囊 6-759B
jiēqiètànnáng 揭篋探囊 6-759B
jiéqǐgé 結綺閣 9-810B
jiēqīn 接親 6-709B
jiéqīn 結親 9-812A
jièqīn 借親 1-1453A
jièqín 借秦 1-1450A
jiéqīng 潔清 6-117B
jiéqīng 絜清 9-801A
jiéqíng 竭情 8-394A
jiéqíng 絜情 9-801A
jiéqǐng 劫請 2-782A
jiéqìng 節慶 8-1183B
jiěqíng 解情 10-1372B
jièqīng 介卿 1-1075B
jièqìng 借倩 1-1450B
jiéqīngzìshǐ 潔清自矢 6-118A
jiéqióng 詰窮 11-158A
jí'èqióngxiōng 極惡窮凶 4-1140B
jiēqiū 𨄅丘 11-610B
jiēqiū 嗟丘 3-437A
jièqiū 介丘 1-1074A
jièqiū 介邱 1-1074B
jiēqū 嗟屈 3-438A
jiēqú 街渠 3-1019A
jiēqú 街衢 3-1021A
jiéqū 蛣蝠 8-887B
jiéqū 蛣屈 8-887B
jiéqū 節趨 8-1184A
jiéqū 詰曲 11-157A
jiéqū 詰屈 11-157A
jiéqū 詰詘 11-157B
jiéqū 頡曲 12-289A
jiéqǔ 劫取 2-779B
jiéqǔ 節取 8-1176B
jiéqǔ 截取 5-234A
jièqǔ 借取 1-1449A
jiéquǎn 桀犬 4-988A
jiěquàn 解勸 10-1379B
jièquàn 解券 10-1368A
jièquàn 戒勸 5-211A
jièquàn 借券 1-1449B
jiéquǎnfèiyáo 桀犬吠堯 4-988A
jiēquántíng 街泉亭 3-1019A
jiéqū'áoqiāo 詰屈磝碻 11-157A
jiéqū'áoyá 詰曲聱牙 11-157A
jiéqū'áoyá 詰屈聱牙 11-157A
jiéqū'áoyá 詰屈聱牙 11-157B
jiéqū'áoyá 詰詘聱牙 11-157B
jiéquè 潔慤 6-118A
jiéquè 楗爵 4-1092A
jièquè 鶡雀 12-1132A
jī'ěr 刉珥 2-594B
jī'ěr 笄珥 8-1108A
jǐ'er 幾兒 4-449A
jì'ér 伎兒 1-1179A
jì'ér 既而 4-658A
jì'ér 寄兒 3-1508B
jì'ér 繼而 9-1043B
jì'ěr 既爾 4-659A
jì'ěr 寂爾 3-1517A
jì'èr 繼貳 9-1045A
jiérán 孑然 4-176B
jiérán 桀然 4-989A
jiérán 傑然 1-1605B
jiérán 節然 8-1181B
jiérán 截然 5-235A
jiérán 巀然 3-871A
jièrán 介然 1-1076A
jièrán 界然 7-1318A
jiéránbùtóng 截然不同 5-235A
jiērǎng 接壤 6-710A
jiéràng 詰讓 11-158B
jiěráng 解禳 10-1381A
jièrǎng 界壤 7-1319A
jiérányīshēn 孑然一身 4-176B
jī'érbùzhēng 幾而不征 4-448B
jiērèn 接刃 6-705B
jiērèn 接任 6-706A
jiérén 劫人 2-778B
jiérén 傑人 1-1604B
jiérén 節人 8-1173B
jiěrén 解人 10-1363A
jiěrèn 解任 10-1365A
jièrén 价人 1-1207A
jièrén 解人 10-1363A
jièrén 介人 1-1072B
jiěrényí 解人頤 10-1363A
jiérì 節日 8-1174A
jiérì 詰日 11-156B
jiérì 截日 5-233B
jiérì 渴日 5-1474A
jiěrì 解日 10-1363B
jiěrì 解衵 10-1369B
jièrì 戒日 5-207A
jiérìwēng 節日翁 8-1174A
jiērōng 階榮 11-1061A
jiéróng 詰戎 11-156B
jiéróngzhìbīng 詰戎治兵 11-156B
jiérǔ 詰辱 11-157B
jiérǔ 截辱 5-234B
jièrú 借如 1-1448B
jièrù 介入 1-1072B
jí'èrúchóu 疾惡如仇 8-303B
jí'èrúchóu 疾惡如讎 8-303B
jí'èrúchóu 嫉惡如仇 4-396B
jí'èrúfēng 疾惡如風 8-303B
jièrùn 借潤 1-1453A
jièruò 借若 1-1449A
jí'èruòchóu 疾惡若讎 8-303B
jí'èruòchóu 嫉惡若仇 4-396B
jí'éryánzhī 極而言之 4-1136B
jiěsàn 解散 10-1372B
jiésāng 節喪 8-1181A
jiěsànjì 解散髻 10-1373A
jiěsànzé 解散幘 10-1373A
jièsāo 疥騷 8-286B
jièsāo 蚧搔 8-868A
jièsào 疥搔 8-286A
jièsāo 疥瘙 8-286B
jiésè 結轖 9-812B
jiésè 節嗇 8-1182A
jièsè 戒色 5-208A
jièsè 藉色 9-587A
jiēshà 接煞 6-709A
jiéshā 劫殺 2-780A
jiéshā 截殺 5-234B
jiěshā 解煞 10-1375B
jièshā 戒殺 5-209A
jièshā 界沙 7-1317B
jiēshān 痎痁 8-316A
jiéshān 節刪 8-1176A
jiéshān 節芟 8-1176A
jiéshān 羯羶 9-191B
jiéshàn 劫禪 2-782B
jièshān 介山 1-1073A
jiēshāng 嗟傷 3-439A
jiēshǎng 階賞 11-1061A
jiēshǎng 嗟賞 3-439A
jiēshàng 嗟尚 3-437B
jiéshǎng 節賞 8-1183B
jiéshàng 節上 8-1173B
jiéshàng 節尚 8-1176B
jièshāng 借商 1-1451A
jiéshàngshēngzhī 節上生枝 8-1173B
jièshānzhīzhì 介山之志 1-1073A
jiēshāo 街梢 3-1019A
jiéshāo 劫燒 2-782A
jièshào 介紹 1-1075B
jièshàorén 介紹人 1-1076A
jièshàosuǒ 介紹所 1-1076A
jièshàoxìn 介紹信 1-1076A
jiéshé 結舌 9-804B
jiéshé 截舌 5-233B
jiéshè 劫舍 2-779B
jiéshè 捷懾 6-652A
jiéshè 結社 9-805B
jiěshě 解舍 10-1368A
jiěshè 解舍 10-1368A
jièshè 籍設 8-1271B
jièshè 誡社 11-211A
jiéshédùkǒu 結舌杜口 9-804B
jiéshēn 孑身 4-176B
jiéshēn 潔身 6-116B
jiéshēn 絜身 9-800B
jiéshén 節神 8-1179A
jiéshěn 詰審 11-158A
jiéshèn 潔慎 6-118A
jiěshén 解神 10-1369B
jièshěn 解審 10-1377B
jièshèn 介慎 1-1076B
jièshèn 戒慎 5-210B
jièshèn 誡慎 11-211B
jièshēnbàochóu 借身報仇 1-1449A
jiēshēng 接生 6-706A
jiēshēng 街聲 3-1021A
jiéshéng 結繩 9-812B
jiéshěng 節省 8-1178A
jiéshēnléixíng 潔身累行 6-117A
jiéshēnzì'ài 潔身自愛 6-117A
jiéshēnzìhào 潔身自好 6-116B
jiéshēnzìshǒu 潔身自守 6-116B
jiéshéqiánkǒu 結舌鉗口 9-804B
jiēshí 嗟食 3-438A
jiēshí 結實 9-810B
jiēshǐ 街使 3-1018B
jiēshì 亥市 2-347B
jiēshì 接事 6-707A
jiēshì 痎市 8-316A
jiēshì 階戺 11-1059A
jiēshì 階侍 11-1059A
jiēshì 階室 11-1059B
jiēshì 揭示 6-757B
jiēshì 街市 3-1018A
jiéshī 訐施 11-27B
jiéshí 劫石 2-779A
jiéshí 傑什 1-1604B
jiéshí 結實 9-810B
jiéshí 結識 9-812B
jiéshí 節食 8-1178A
jiéshí 節時 8-1179B
jiéshí 詰實 11-158A
jiéshí 碣石 7-1081A

jiéshǐ 節使 8-1177A
jiéshì 劫弒 2-781A
jiéshì 桀士 4-988A
jiéshì 傑士 1-1604B
jiéshì 節士 8-1173B
jiéshì 節事 8-1176B
jiéshì 節適 8-1183A
jiéshì 潔士 6-116A
jiěshí 解識 10-1380A
jiěshì 解事 10-1367A
jiěshì 解侍 10-1367B
jiěshì 解試 10-1375B
jiěshì 解釋 10-1380A
jièshī 戒施 5-208B
jièshī 戒師 5-209A
jièshī 戒詩 5-210A
jièshí 介石 1-1073B
jièshí 戒石 5-207B
jièshí 戒食 5-208B
jièshí 芥拾 9-308A
jièshí 届時 4-27B
jièshí 界石 7-1317A
jièshí 砎石 7-1015A
jièshǐ 介使 1-1074B
jièshǐ 借使 1-1449A
jièshǐ 藉使 9-587A
jièshì 介士 1-1073A
jièshì 介氏 1-1073B
jièshì 介事 1-1074B
jièshì 介恃 1-1075A
jièshì 戒世 5-207B
jièshì 戒示 5-207B
jièshì 芥視 9-308A
jièshì 借勢 1-1452A
jièshì 借飾 1-1452A
jièshì 誡世 11-211A
jièshì 誡誓 11-211B
jiéshígōng 碣石宫 7-1081A
jiéshíguǎn 碣石館 7-1081A
jièshīhuánhún 借屍還魂 1-1450A
jièshīhuányáng 借屍還陽 1-1450A
jièshímíng 戒石銘 5-207B
jiěshìshèrén 解事舍人 10-1367A
jiēshōu 接收 6-706A
jiēshǒu 接手 6-705B
jiēshòu 接受 6-707A
jiéshǒu 訐首 11-27B
jiéshòu 結綬 9-811A
jiéshòu 節授 8-1180B
jiěshǒu 解手 10-1363B
jiěshòu 解綬 10-1377A
jièshǒu 解首 10-1369B
jièshǒu 戒守 5-208A
jièshǒu 界首 7-1317B
jièshǒu 藉手 9-586B
jièshòu 介壽 1-1076B
jièshòu 借壽 1-1452A
jiěshǒudāo 解手刀 10-1363B
jiěshǒujiāndāo 解手尖刀 10-1363B
jiēshù 街術 3-1019A
jiēshù 街樹 3-1020B
jiéshū 捷書 6-651B
jiéshǔ 節署 8-1182A
jiéshù 劫束 2-779A
jiéshù 劫數 2-782A
jiéshù 桀豎 4-989A
jiéshù 桀竪 4-989B
jiéshù 結束 9-805A
jiéshù 嵥豎 3-859A
jiéshù 節束 8-1176A
jiěshū 解書 10-1371A
jiěshū 解紓 10-1371B
jiěshǔ 解暑 10-1373A
jiěshù 解束 10-1366A
jièshū 籍書 8-1271B
jièshū 解書 10-1371B
jièshū 戒書 5-209A
jièshū 借樞 1-1453A
jièshǔ 戒曙 5-210B
jièshù 誡述 11-211A
jiéshuài 劫帥 2-780A
jiéshuài 節帥 8-1178A
jiěshuāngyǔ 解霜雨 10-1378B
jiéshǔcāng 劫鼠倉 2-781B
jiéshuǐ 潔水 6-116A
jiéshuì 結帨 9-807B
jiěshuǐ 解水 10-1363B
jièshuǐtuīchuán 借水推船 1-1447B
jièshuǐxíngzhōu 借水行舟 1-1447B
jiēshùn 階隋 11-1060B
jiéshuò 節朔 8-1180A
jiěshuō 解説 10-1376B
jièshuō 界説 7-1318B
jiēsì 街肆 3-1019B
jiésī 傑思 1-1605A
jiésǐ 節死 8-1175B
jiésì 結駟 9-811A
jiésì 潔祀 6-117A
jiěsì 解祀 10-1366B
jiēsībiān 接絲鞭 6-708B
jiésìliánbiāo 結駟連鑣 9-811B
jiésìliánqí 結駟連騎 9-811A
jiésìlièqí 結駟列騎 9-811A
jiēsòng 嗟頌 3-439A
jiésǒng 傑竦 1-1606A
jiésòng 桀宋 4-988A
jiésòng 訐訟 11-27B
jièsòng 解送 10-1369A
jiěsōu 解溲 10-1374A
jiésù 訐訴 11-28A
jiésù 詰訴 11-157B
jiésù 潔素 6-117B
jiěsù 解素 10-1370A
jièsù 戒速 5-209A
jièsù 借宿 1-1451A
jiésuàn 結算 9-810A
jiésuì 節歲 8-1182A
jiěsuì 解祟 10-1371B
jiēsǔn 接筍 6-708A
jiēsǔn 接笱 6-708B
jiēsǔn 接榫 6-709A
jiésǔn 節損 8-1182A
jiésuō 節縮 8-1184A
jièsuǒ 借索 1-1450B
jiētà 階闥 11-1061B
jiětà 解榻 10-1376A
jiètà 借榻 1-1452B
jiētái 階臺 11-1061A
jiétāi 結胎 9-807A
jiětài 解泰 10-1370A
jiètāi 借胎 1-1450A
jiētán 街彈 3-1020A
jiētán 街談 3-1020A
jiētàn 嗟嘆 3-439A
jietàn 嗟歎 3-439A
jiétān 截癱 5-236A
jiětàn 解探 10-1371B
jiètán 介潭 1-1077A
jiètán 戒壇 5-210B
jiétān'àozhà 桀貪驁詐 4-988B
jiētáng 階堂 11-1060B
jiétáng 節堂 8-1180B
jiētánxiàngshuō 街談巷説 3-1020A
jiētánxiàngyàn 街談巷諺 3-1020A
jiētánxiàngyì 街談巷議 3-1020A
jiētánxiàngyì 街譚巷議 3-1021A
jiētánxiàngyǔ 街談巷語 3-1020A
jiětáo 解陶 10-1371B
jiétè 傑特 1-1605B
jiètè 介特 1-1075A
jiètè 借貣 1-1450B
jiètè 犗特 6-288A
jiētī 階梯 11-1060B
jiētì 接替 6-708B
jiétī 詰擿 11-158B
jiétì 截替 5-235A
jiětí 解題 10-1379B
jiětǐ 解體 10-1381A
jiètí 借題 1-1453B
jiètǐ 戒體 5-211B
jiētiān 揭天 6-757B
jiètiān 界天 7-1317A
jiētiáo 揭調 6-759B
jiētiáo 揭條 6-758A
jiētiǎo 揭挑 6-758A
jiétiáo 節調 8-1183B
jiètiáo 戒條 5-209A
jiètiáo 借條 1-1450B
jiētiē 揭貼 6-758B
jiētiē 揭帖 6-757B
jiētiě 揭帖 6-757B
jiětiě 解帖 10-1367B
jiétiězhǎndīng 截鐵斬釘 5-236A
jiètífāhuī 借題發揮 1-1453B
jiētíng 階庭 11-1059B
jiētíng 街亭 3-1019A
jiètīng 借聽 1-1454A
jiētòng 嗟痛 3-438B
jiétóng 結童 9-809A
jiétóng 結僮 9-810A
jiētóu 接頭 6-709B
jiētóu 街頭 3-1020B
jiétóu 截頭 5-235B
jiétóu 拾投 6-566A
jǐ'étóu 擠訛頭 6-941B
jiètóu 解頭 10-1378A
jiétóudù 截頭渡 5-235B
jiētóujù 街頭劇 3-1020B
jiétóulù 截頭路 5-235B
jiētóunǚrén 街頭女人 3-1020B
jiētóushī 街頭詩 3-1020B
jiētóuxiàngdǐ 街頭巷底 3-1020B
jiētóuxiàngwěi 街頭巷尾 3-1020B
jiētóuyǐngxì 街頭影戲 3-1020B
jiētú 階途 11-1060A
jiētú 街途 3-1019A
jiétú 截途 5-234B
jiětǔ 解土 10-1363A
jiètú 戒途 5-209A
jiètú 戒塗 5-210B
jiétuī 節推 8-1180B
jiětuī 解推 10-1371B
jiètuī 介推 1-1075B
jiétuō 結托 9-804B
jiétuō 結託 9-807B
jiětuō 解説 10-1376B
jiětuō 解脱 10-1372A
jiětuó 解槖 10-1376A
jiětuò 解籜 10-1381B
jiètuō 戒脱 5-209B
jiètuō 藉託 9-587A
jiètuó 疥駝 8-286B
jiětuōlǚ 解脱履 10-1372B
jiéwà 結襪 9-812B
jiéwà 結韈 9-813A
jiéwà 結韤 9-813A
jiéwàishēngzhī 節外生枝 8-1175A
jiéwàitiān 劫外天 2-779A
jiēwǎn 嗟惋 3-438B
jiěwàn 解腕 10-1373B
jièwán 借翫 1-1453A
jièwǎn 唶惋 3-375B
jiěwàndāo 解腕刀 10-1373B
jiéwǎng 結罔 9-806A
jiéwǎng 結網 9-810B
jiéwàng 潔望 6-117B
jiěwǎng 解罔 10-1367B
jiěwǎng 解網 10-1377A
jiěwànjiāndāo 解腕尖刀 10-1373B
jiēwěi 街尾 3-1018B
jiēwèi 階位 11-1059A
jiēwèi 嗟味 3-437B

jiéwěi 傑偉 1-1605B
jiéwěi 結尾 9-805B
jiéwěi 結葦 9-808B
jiěwēi 解危 10-1365A
jiěwéi 解圍 10-1373B
jiěwéi 解維 10-1377A
jiěwèi 解位 10-1366A
jiěwèi 解慰 10-1378A
jiěwèi 解㦣 10-1377A
jiéwēifǎnwén 節威反文 8-1178A
jiēwén 接聞 6-709A
jiēwěn 接吻 6-706A
jiéwén 節文 8-1174B
jiéwén 碣文 7-1081A
jiéwèn 訐問 11-27B
jiéwèn 詰問 11-157B
jièwén 解文 10-1364A
jièwèn 借問 1-1451A
jiēwū 接屋 6-707B
jiēwú 街蕪 3-1020A
jiēwǔ 接武 6-706B
jiēwǔ 階廡 11-1061A
jiēwù 接物 6-707A
jiéwū 傑屋 1-1605B
jiéwū 結屋 9-807A
jiéwǔ 訐忤 11-27A
jiéwǔ 訐牾 11-27B
jiéwǔ 捷武 6-651A
jiéwǔ 詰武 11-157A
jiéwù 劫悟 2-780A
jiéwù 節物 8-1177B
jiěwù 解悟 10-1371A
jiěwù 解寤 10-1377A
jièwù 介物 1-1074B
jiēxī 皆悉 8-267A
jiēxī 接淅 6-708B
jiēxī 接膝 6-709A
jiēxī 嗟唏 3-438A
jiēxī 嗟惜 3-438B
jiēxī 嗟欷 3-438A
jiēxī 嗟嘻 3-439A
jiēxí 接席 6-708A
jiēxí 秸席 8-73A
jiēxí 階席 11-1060B
jiēxí 揭席 6-758B
jiéxī 潔皙 6-118A
jiéxí 椄槢 4-1121B
jiéxí 結習 9-808A
jiéxì 訐細 11-28A
jiěxī 解析 10-1367A
jiěxī 解奚 10-1371A
jiěxī 解息 10-1370B
jiěxī 解錫 10-1378B
jiěxǐ 解璽 10-1380A
jiěxì 解禊 10-1376A
jiéxiá 桀黠 4-989B
jiéxiá 捷黠 6-652A
jiéxiá 傑黠 1-1606A
jiéxiá 節俠 8-1178A
jiéxià 結夏 9-807B
jiéxià 節下 8-1173B
jiěxià 解下 10-1363A
jiěxià 解夏 10-1370B
jièxiá 介狹 1-1075B
jièxiá 戒轄 5-210B
jiěxiàcǎo 解夏草 10-1370B
jiēxiàhàn 階下漢 11-1058B
jiēxián 階銜 11-1061A
jiēxiàn 嗟羨 3-438B
ji'èxiàn 飢餓綫 12-494B
jiéxiān 潔鮮 6-118B
jiéxiān 絜鮮 9-801B
jiéxián 孑絃 4-176B
jiéxián 結銜 9-810A
jiéxiàn 節限 8-1177B
jiéxiàn 節獻 8-1184B
jièxiān 介鮮 1-1077A
jièxián 借銜 1-1452B
jièxiàn 界限 7-1317B
jièxiàn 界綫 7-1318B
jièxiàn 界線 7-1318B
jiēxiǎng 接響 6-710B
jiēxiàng 階闥 11-1061B
jiēxiàng 街巷 3-1018B
jiéxiǎng 結想 9-809B
jièxiāng 戒香 5-208B
jièxiǎng 解餉 10-1376B
jiēxiǎo 揭曉 6-759B
jiéxiāo 詰曉 11-158A
jiéxiào 節孝 8-1176A
jiěxiǎo 解曉 10-1378A
jièxiào 借孝 1-1448B
jiéxiàocí 節孝祠 8-1176A
jiéxiàofāng 節孝坊 8-1176A
jiēxiàqiú 階下囚 11-1058B
jiéxié 劫脅 2-780A
jiéxié 結邪 9-804B
jiéxiè 蠘蟹 8-987B
jiěxié 解携 10-1374B
jiěxié 解攜 10-1381A
jiěxiè 解卸 10-1369A
jiěxiè 解械 10-1372A
jiěxiè 解謝 10-1379A
jiěxǐlǐ 解洗禮 10-1369B
jiēxīn 街心 3-1018A
jiéxīn 桀心 4-988A
jiéxīn 結心 9-804A
jiéxīn 竭心 8-393B
jiéxīn 潔馨 6-118B
jiéxìn 節信 8-1178A
jiěxīn 解心 10-1364A
jièxīn 介心 1-1073B
jièxīn 戒心 5-207A
jiéxíng 節行 8-1175B
jiéxíng 潔行 6-116B
jiéxíng 絜行 9-800B
jiéxìng 節性 8-1177B
jiěxīng 解星 10-1369A
jiěxíng 解形 10-1366A
jiěxǐng 解醒 10-1378B
jièxíng 介行 1-1074A
jièxíng 戒行 5-207B
jièxíng 犗刑 6-288A
jiēxīngōngyuán 街心公園 3-1018A
jiēxīnhuāyuán 街心花園 3-1018A
jiéxiōng 結匈 9-804B
jiéxiōng 結胸 9-807B
jiéxióng 桀雄 4-988B
jiéxiū 潔修 6-117A
jiéxiū 潔羞 6-117B
jiéxiū 潔脩 6-117B
jiéxiǔ 潔滫 6-118A
jiéxiù 傑秀 1-1605A
jiěxiū 解休 10-1365A
jiēxū 嗟噓 3-439A
jiēxū 嗟吁 3-437B
jiēxù 接續 6-710B
jiēxù 階序 11-1059A
jiēxù 階緒 11-1061A
jiéxù 節序 8-1176B
jiéxù 節叙 8-1178A
jiěxù 解續 10-1381A
jièxù 戒勗 5-209B
jièxù 誡勗 11-211B
jiéxuān 節宣 8-1179A
jiěxuán 解懸 10-1380A
jiěxuǎn 解選 10-1378A
jièxuǎn 疥癬 8-286B
jièxuǎn 疥癬 8-286B
jiéxuē 截削 5-234B
jiéxué 結穴 9-804B
jiěxué 解學 10-1378B
jiēxūn 階勳 11-1061B
jiēxún 街巡 3-1018A
jiéxún 詰詢 11-158A
jiéxùn 詰訊 11-157B
jiěxùn 解訓 10-1371A
jièxùn 戒訓 5-209A
jièxùn 借訓 1-1450B
jièxùn 誡訓 11-211B
jiēyā 嗟呀 3-437B
jiēyà 嗟訝 3-438B
jiéyá 傑牙 1-1604B
jiéyá 潔牙 6-116A
jiéyǎ 潔雅 6-118A
jiéyà 詰軋 11-157A
jièyǎ 介雅 1-1076A
jièyáfēi 借牙緋 1-1447B
jiēyán 階沿 11-1059A
jiēyán 階檐 11-1061B
jiēyán 街檐 3-1021A
jiéyán 訐言 11-27A
jiéyán 結言 9-805B
jiéyán 潔言 6-117A
jiéyàn 詰驗 11-158B
jiěyán 解顏 10-1379B
jiěyán 解嚴 10-1380A
jiěyǎn 解魘 10-1381B
jiěyàn 解驗 10-1381B
jièyān 介焉 1-1075B
jièyān 戒烟 5-209A
jièyán 介言 1-1074B
jièyán 戒嚴 5-211A
jièyán 借言 1-1449A
jièyán 誡嚴 11-212A
jièyàn 解驗 10-1381B
jiēyáng 揭陽 6-758B
jiēyǎng 嗟仰 3-437B
jiéyáng 訐揚 11-28A
jiéyáng 羯羊 9-191A
jiéyǎng 節養 8-1183A
jiěyāng 解鞅 10-1376A
jièyǎng 疥癢 8-286B
jiéyǎnjiān 睫眼間 7-1226A
jiēyào 接要 6-707A
jiéyào 劫藥 2-782B
jiéyào 節要 8-1178A
jiěyào 解藥 10-1379A
jièyào 借耀 1-1453B
jiēyè 揭業 6-759A
jiéyè 崨嶫 3-832B
jiéyè 捷業 6-652A
jiéyè 捷嶫 6-652A
jiéyè 結業 9-809B
jiéyè 節夜 8-1177B
jiéyè 巀業 3-871A
jiěyē 解暍 10-1375A
jièyè 戒業 5-210A
jiēyì 接翼 6-710A
jiēyì 嗟異 3-438A
jiéyī 節衣 8-1175B
jiéyí 孑遺 4-177A
jiéyí 節儀 8-1183B
jiéyí 羯羠 9-191A
jiéyì 孑義 4-176B
jiéyì 桀異 4-988B
jiéyì 傑異 1-1605B
jiéyì 結義 9-809B
jiéyì 節義 8-1183A
jiéyì 節誼 8-1183B
jiéyì 鶈鶂 12-1131A
jiěyī 解衣 10-1365A
jiěyī 解医 10-1366A
jiěyí 解頤 10-1378A
jiěyǐ 解已 10-1363A
jiěyì 解匌 10-1366B
jiěyì 解役 10-1366A
jiěyì 解意 10-1375B
jiěyì 解義 10-1375B
jiěyì 解翳 10-1378B
jièyī 戒衣 5-208A
jièyī 借一 1-1447A
jièyǐ 借以 1-1447B
jièyǐ 藉以 9-586B
jièyì 解役 10-1366B
jièyì 介意 1-1076B
jièyì 介義 1-1076B
jièyì 借意 1-1452A
jièyì 借誼 1-1453A
jiěyībāohuǒ 解衣包火 10-1365A
jiěyībàohuǒ 解衣抱火 10-1365A
jièyībù 借一步 1-1447A
jiēyǐn 接引 6-705B
jiēyǐn 嗟隱 3-439B
jiéyīn 捷音 6-651A
jiéyīn 結姻 9-807A
jiéyǐn 結引 9-804A
jiéyǐn 節飲 8-1181B
jiéyìn 節印 8-1175A
jiěyìn 解印 10-1364B
jièyīn 介音 1-1075A

jièyīn 借音 1-1450A
jièyìn 藉蔭 9-587B
jiēyíng 階迎 11-1059A
jiēyìng 接應 6-710A
jiéyīng 結纓 9-813A
jiéyíng 刦營 2-782A
jiéyíng 絜楹 9-801A
jiěyīng 解纓 10-1381B
jiěyìnshòu 解印綬 10-1364B
jiěyīpánbó 解衣般礴 10-1365B
jiěyīpánbó 解衣盤礴 10-1365B
jiěyīpángbó 解衣磅礴 10-1365B
jiěyīpánpáng 解衣槃磅 10-1365B
jiéyīsuōshí 節衣縮食 8-1176A
jiéyīsùshí 節衣素食 8-1176A
jiěyītuīshí 解衣推食 10-1365B
jiēyǒng 嗟詠 3-438B
jiéyǒng 拾踊 6-566B
jiéyòng 節用 8-1175A
jièyòng 借用 1-1448A
jiēyōu 嗟憂 3-439A
jiēyóu 階由 11-1059A
jiēyóu 街郵 3-1019A
jiéyōu 節憂 8-1183B
jiéyǒu 結友 9-804A
jiěyōu 解憂 10-1377B
jiěyóu 解由 10-1364B
jiēyú 接余 6-706B
jiēyú 接輿 6-709B
jiēyǔ 階宇 11-1059A
jiēyù 接遇 6-708B
jiéyú 孑餘 4-177A
jiéyú 刦餘 2-782A
jiéyú 倢伃 1-1463B
jiéyú 婕妤 4-369B
jiéyú 結餘 9-811B
jiéyú 節餘 8-1183B
jiéyú 竭愚 8-394A
jiéyǔ 桀語 1-1606A
jiéyǔ 結宇 9-804B
jiéyù 刦獄 2-781B
jiéyù 節育 8-1177B
jiéyù 節欲 8-1181A
jiéyù 節遇 8-1181B
jiéyù 節慾 8-1183B
jiéyù 潔譽 6-118B
jiěyǔ 解羽 10-1365B
jiěyǔ 解雨 10-1367A
jiěyǔ 解語 10-1376B
jiěyù 解玉 10-1364A
jiěyù 解喻 10-1373A
jiěyù 解諭 10-1378B
jièyǔ 芥羽 9-308A
jièyǔ 借與 1-1452A
jièyǔ 誡語 11-211B
jièyù 戒諭 5-210B
jièyù 界或 7-1317B
jièyù 界域 7-1318A
jièyù 借喻 1-1451B
jièyù 借譽 1-1454A
jièyù 誡喻 11-211B
jièyù 誡諭 11-211B
jiēyuán 接援 6-708B
jiēyuán 階緣 11-1061B
jiēyuàn 嗟怨 3-438A
jiéyuán 結援 9-808B
jiéyuán 結緣 9-811B
jiéyuàn 結怨 9-807A
jiéyuàn 節院 8-1179A
jiěyuān 解寃 10-1372B
jiěyuán 解援 10-1372B
jiěyuàn 解怨 10-1369A
jièyuán 解元 10-1363A
jièyuán 解員 10-1370B
jiéyuándòu 結緣豆 9-811B
jiéyuándùpèi 截轅杜轡 5-235B
jiěyǔbēi 解語盃 10-1376B
jiēyúdūn 嗟虞墩 3-439A
jiēyuè 街樾 3-1020B
jiéyuē 節約 8-1179A
jiéyuè 節鉞 8-1182B
jiěyuē 解約 10-1370A
jiěyuè 解說 10-1376B
jiěyuè 解悅 10-1371A
jiěyuè 解閱 10-1378A
jièyuē 戒約 5-209A
jièyuē 界約 7-1317B
jièyuē 借約 1-1450A
jièyuē 誡約 11-211A
jièyuè 借閱 1-1453A
jiěyǔhuā 解語花 10-1376B
jiéyúhuī 刦餘灰 2-782A
jiéyùn 刦運 2-781A
jiěyùn 解慍 10-1374A
jiěyùn 解運 10-1374A
jièyùn 借韻 1-1453B
jiéyúyuàn 婕妤怨 4-369B
jiēzāi 嗟哉 3-438A
jiēzǎi 揭載 6-758B
jiēzàn 嗟贊 3-439B
jiězān 解簪 10-1379B
jiézàng 節葬 8-1181A
jiézàng 潔藏 6-118B
jiēzào 接竈 6-710B
jiézǎo 詰早 11-156B
jiězào 解竈 10-1381A
jiézé 詰責 11-157B
jiézé 潔澤 6-118B
jiézé 渴澤 5-1475B
jiězé 解澤 10-1378B
jièzé 介幘 1-1076B
jiézéérýú 竭澤而漁 8-394A
jiézéi 刦賊 2-781B
jiézéi 桀賊 4-989A
jiězèng 解贈 10-1380A
jiēzhā 嘖喳 3-536A
jiézhà 詰詐 11-157B
jiězhá 解札 10-1364A
jiēzhài 揭債 6-759A
jiézhāi 潔齋 6-118B
jiézhāi 絜齋 9-801B
jiézhài 刦寨 2-781B
jiězhāi 解摘 10-1376A
jiězhāi 解齋 10-1379A
jiězhāi 解擿 10-1378B
jiězhài 解債 10-1375A
jièzhài 借債 1-1452A
jiēzhàn 接戰 6-709B
jiézhàn 刦戰 2-782A
jiézhàn 截戰 5-235B
jiězhàn 解戰 10-1378B
jiēzhàng 接仗 6-706A
jiézhāng 傑張 1-1605B
jiézhàng 結帳 9-808A
jiézhàng 結賬 9-811B
jiězhàng 姐丈 4-320A
jièzhàng 界障 7-1318A
jiézhàngfu 傑丈夫 1-1604B
jiēzháo 接着 6-708A
jiézhāo 詰朝 11-157B
jiézhào 節召 8-1175B
jièzhāo 戒朝 5-209B
jiēzhe 接着 6-708A
jiézhé 結軼 9-808B
jiézhé 結轍 9-812A
jiézhé 詰折 11-157A
jiézhé 詰謫 11-158B
jiězhē 解蟄 10-1378B
jiězhé 解折 10-1366A
jièzhě 介者 1-1074B
jiēzhěn 接軫 6-708B
jiēzhèn 街鎮 3-1021A
jiézhěn 結軫 9-808B
jiézhèn 結陣 9-808A
jiézhèn 結陳 9-807A
jiézhèn 節鎮 8-1184B
jiézhēng 刦争 2-779A
jiézhěng 節整 8-1184A
jiézhěng 潔整 6-118B
jiézhèng 結正 9-804A
jiézhèng 結證 9-812B
jiézhèng 節正 8-1174B
jiézhèng 詰證 11-158B
jiézhèng 潔正 6-116B
jiězhèng 解政 10-1368B
jièzhēng 借徵 1-1453A
jièzhèng 介正 1-1073B
jiēzhí 階職 11-1061B
jiēzhǐ 階址 11-1059A
jiēzhì 秸秷 8-73A
jiēzhì 階秩 11-1060A
jiēzhì 街制 3-1018B
jiézhī 截肢 5-234A
jiézhí 刦執 2-780B
jiézhí 桀跖 4-988B
jiézhí 捷直 6-651A
jiézhí 潔直 6-117A
jiézhǐ 節止 8-1174A
jiézhǐ 節旨 8-1175B
jiézhǐ 截止 5-233B
jiézhǐ 截指 5-234B
jiézhì 刦制 2-779B
jiézhì 刦質 2-782A
jiézhì 桀跱 4-988B
jiézhì 桀跱 4-989A
jiézhì 訐制 11-27B
jiézhì 傑智 1-1605B
jiézhì 結制 9-806A
jiézhì 嵥峙 3-859A
jiézhì 節志 8-1176A
jiézhì 節制 8-1176B
jiézhì 詰治 11-157A
jiézhì 詰質 11-158A
jiézhì 竭智 8-394A
jiézhì 潔志 6-116B
jiézhì 潔治 6-117A
jiězhí 解職 10-1379A
jiězhǐ 解止 10-1363B
jiězhì 解制 10-1367B
jiězhì 解桎 10-1370A
jiězhì 解秩 10-1370B
jièzhi 戒指 5-208B
jièzhī 解支 10-1363B
jièzhī 借支 1-1447B
jièzhí 介直 1-1074B
jièzhí 借職 1-1453B
jièzhǐ 介祉 1-1074B
jièzhǐ 届止 4-27A
jièzhǐ 界址 7-1317A
jièzhǐ 界紙 7-1318A
jièzhǐ 借紙 1-1450B
jièzhì 介峙 1-1075A
jièzhì 介質 1-1077A
jièzhì 界至 7-1317A
jiézhīdòngwù 節肢動物 8-1177B
jiézhǐshìlǚ 截趾適履 5-234B
jièzhītuī 介之推 1-1073A
jiézhìzīběn 節制資本 8-1177A
jiēzhǒng 接踵 6-709B
jiēzhòng 嗟重 3-438A
jiézhōng 節中 8-1174A
jiézhōng 節衷 8-1180A
jiézhōng 竭忠 8-393B
jièzhòng 介衆 1-1076A
jièzhòng 借重 1-1449B
jiézhōngzhǎngjié 節中長節 8-1174A
jiézhòu 桀紂 4-988B
jiézhòu 頡籀 12-290A
jiězhōu 解舟 10-1365A
jièzhōu 芥舟 9-308A
jièzhòu 介胄 1-1075A
jiēzhū 揭櫫 6-759B
jiézhū 楬櫫 4-1177A
jiézhū 詰誅 11-158A
jiézhú 詰逐 11-157B
jiézhǔ 刦主 2-779A
jiézhù 楬著 4-1177A
jiězhú 解逐 10-1370B
jiězhù 解注 10-1368B
jiězhù 解紵 10-1372B
jiězhù 解駐 10-1377A
jièzhū 戒珠 5-209A
jièzhū 界朱 7-1317A
jièzhǔ 戒屬 5-211A

jièzhù 借助 1-1448B
jièzhù 借筯 1-1452A
jièzhù 借箸 1-1452B
jièzhù 藉助 9-587A
jiézhuàn 結撰 9-811B
jiézhuàn 節傳 8-1182B
jiézhuàn 頡篆 12-289B
jiézhuàng 結狀 9-806A
jiězhuāng 解裝 10-1376A
jiězhuàng 解狀 10-1368B
jièzhuāng 戒裝 5-210B
jièzhuāng 借裝 1-1452A
jièzhuàng 解狀 10-1368B
jiězhuī 解錐 10-1378B
jiézhuō 棨棁 4-1193B
jiézhuō 節棁 8-1180B
jiézhuóyángqīng 潔濁揚清 6-118B
jiézhuōzhīcái 棨棁之材 4-1193B
jiēzi 秸子 8-73A
jiēzi 癤子 8-359B
jiēzi 結子 9-804A
jiēzi 節子 8-1174A
jiēzī 嗟資 11-610B
jiēzī 嘖咨 3-536A
jiēzī 秸稽 8-73A
jiēzī 階資 11-1061A
jiēzī 嗟咨 3-438A
jiēzǐ 街子 3-1017B
jiēzǐ 結子 9-804A
jiézi 節子 8-1174A
jiézi 碣子 7-1081A
jiézī 傑姿 1-1605B
jiézī 絜齊 9-801B
jiézī 絜粢 9-801A
jiézǐ 傑子 1-1604B
jiézì 結字 9-805A
jiězì 解字 10-1365B
jièzi 戒子 5-207A
jièzi 褯子 9-125A
jièzi 藉子 9-586B
jièzī 借資 1-1452A
jièzī 藉資 9-587A
jiězǐ 解子 10-1363A
jièzǐ 介子 1-1073A
jièzǐ 芥子 9-308A
jièzǐ 借紫 1-1451B
jièzì 介字 1-1074A
jièzì 借字 1-1448B
jiēzīhū 嗟茲乎 3-438A
jiēzīhū 嗟嗞乎 3-438B
jièzǐsuí 介子綏 1-1073A
jièzǐtuī 介子推 1-1073A
jièzǐxūmí 芥子須彌 9-308A
jiězòng 解粽 10-1377A
jiězòng 解縱 10-1379A
jiézǒu 竭走 8-393B
jiézòu 訐奏 11-27B
jiézòu 節奏 8-1177B
jiézòu 節族 8-1181A
jiézòugǎn 節奏感 8-1178A
jiēzú 街卒 3-1018B
jiézú 捷足 6-650B
jiézú 節足 8-1176A
jiézú 節族 8-1181A
jiézǔ 截阻 5-234A
jiězǔ 解組 10-1372B
jièzú 介卒 1-1074B
jièzūn 介僎 1-1076B
jiézuò 傑作 1-1605A
jiězuò 解作 10-1366A
jiézúxiāndé 捷足先得 6-651A
jiézúxiāndēng 捷足先登 6-651A
jīfā 賫發 10-246A
jīfā 機發 4-1330A
jīfā 激發 6-173B
jīfā 擊發 6-902B
jīfá 飢乏 12-493A
jīfá 積伐 8-132A
jīfá 積閥 8-145A
jīfá 績閥 9-977A
jīfá 饑乏 12-583B
jīfá 極罰 4-1142A
jīfá 殛罰 5-175A
jífǎ 極法 4-1138A
jǐfā 給發 9-826B
jǐfá 濟乏 6-191A
jìfǎ 技法 6-359A
jìfà 髻髮 12-739B
jìfáchēngxūn 計伐稱勳 11-15A
jīfán 激煩 6-174A
jīfàn 激犯 6-171A
jīfān 棘藩 4-1107B
jífán 急煩 7-462A
jǐfán 濟繁 6-194A
jìfàn 寄飯 3-1512A
jìfàn 訐犯 11-27A
jīfānchuán 機帆船 4-1324A
jīfāng 雞坊 11-861B
jīfāng 奇方 2-1521B
jīfáng 肌肪 6-1166A
jīfáng 稽防 8-120B
jīfáng 機坊 4-1324A
jīfáng 機房 4-1326A
jīfáng 譏防 11-434B
jīfáng 羈防 8-1055A
jīfǎng 緝訪 9-940A
jīfǎng 績紡 9-977A
jífāng 急方 7-455B
jǐfāng 己方 4-70A
jìfāng 伎坊 1-1179A
jìfāng 冀方 2-163A
jìfǎng 迹訪 10-802A
jìfàng 寄放 3-1509A
jīfángzǎi 機房仔 4-1326A
jìfāxìngjíbìng 繼發性疾病 9-1045B
jìfāzhèng 繼發症 9-1045B
jīfēi 積非 8-133B
jīféi 基肥 2-1111B
jīféi 積肥 8-134A
jīféi 雞肥 11-862A
jīfěi 譏誹 11-436A
jīfěi 几棐 2-282A
jīfèi 稽廢 8-122B
jífēi 疾非 8-299B
jífèi 疾費 8-304A
jìfèi 計費 11-19B
jìfèi 寄費 3-1512B
jìfèi 祭肺 7-911B
jīfēichéngshì 積非成是 8-133B
jīfēidàndǎ 雞飛蛋打 11-862B
jīfēigǒujiào 雞飛狗叫 11-862B
jīfēigǒutiào 雞飛狗跳 11-862B
jīfēigǒuzǒu 雞飛狗走 11-862B
jīfēixíguàn 積非習貫 8-133B
jīfēn 積分 8-130B
jīfēn 積氛 8-133B
jīfěn 虀粉 9-633B
jīfěn 齏粉 12-1444B
jīfěn 韲粉 12-394A
jīfèn 激忿 6-171B
jīfèn 激憤 6-174B
jīfèn 激奮 6-175A
jīfèn 積分 8-130B
jīfèn 積忿 8-134A
jīfèn 積憤 8-146B
jīfèn 擊分 6-899B
jīfèn 譏忿 11-434B
jífén 汲墳 5-935B
jífèn 急忿 7-457A
jífèn 疾憤 8-305A
jífèn 極憤 4-1143B
jífèn 嫉憤 4-396B
jìfēn 記分 11-59A
jìfēn 霽氛 11-746A
jìfèn 忌憤 7-408B
jìfèn 記分 11-59A
jīfēng 箕風 8-1188A
jīfēng 畿封 7-1404B
jīfēng 機鋒 4-1332A
jīfēng 積風 8-135B
jīfěng 譏諷 11-436B
jīfèng 賫奉 10-245B
jīfèng 齎奉 12-1443B
jífēng 疾風 8-300B
jífēng 極峯 4-1139A
jífèng 集鳳 11-801B
jǐfēng 脊封 6-1255A
jìfēng 季風 4-211A
jìfēng 霽峯 11-746B
jìfèng 寄奉 3-1508B
jìfèng 髻鳳 12-739B
jífēngbàoyǔ 急風暴雨 7-458A
jífēngbàoyǔ 疾風暴雨 8-301A
jīfēngbìyǔ 箕風畢雨 8-1188A
jífēng'érshì 及鋒而試 1-637A
jífēngjìngcǎo 疾風勁草 8-300B
jìfēnglǎngyuè 霽風朗月 11-746B
jìfēngqìhòu 季風氣候 4-211A
jífēngsǎoqiūyè 疾風掃秋葉 8-300B
jífēngshènyǔ 疾風甚雨 8-300B
jìfēngshèshǔ 稷蜂社鼠 8-124A
jífēngxùnléi 疾風迅雷 8-300B
jīfēngzàojí 躋峰造極 10-564A
jífēngzhāngjìngcǎo 疾風彰勁草 8-301A
jífēngzhījìngcǎo 疾風知勁草 8-300B
jífēngzhòuyǔ 急風驟雨 7-458A
jīfǒu 擊缶 6-900A
jīfǒu 擊瓿 6-901B
jīfū 肌膚 6-1166B
jīfū 雞膚 11-866A
jīfú 箕服 8-1188A
jīfú 箕箙 8-1188A
jīfú 畿服 7-1404B
jīfú 稽伏 8-120B
jīfú 機服 4-1325B
jīfú 機符 4-1328B
jīfú 積福 8-143B
jīfú 擊拂 6-900B
jīfú 擊箙 6-903B
jīfú 齎祓 12-1443B
jīfú 羈服 8-1055B
jīfú 期服 6-1307A
jīfú 萁服 9-435B
jīfǔ 畿輔 7-1405A
jīfǔ 機府 4-1325B
jīfǔ 機釜 4-1327B
jīfǔ 擊拊 6-900B
jīfù 飢附 12-493A
jīfù 箕賦 8-1189A
jīfù 緝婦 9-940A
jīfù 機縛 4-1333B
jīfù 積負 8-135B
jīfù 積富 8-141B
jīfù 隮祔 11-1133A
jīfù 饑附 12-583B
jīfù 羈縛 8-1058B
jífū 及夫 1-635B
jífū 急夫 7-454B
jífū 疾夫 8-297B
jífū 籍夫 8-1270B
jífú 吉服 3-94A
jífú 吉符 3-95A
jífú 吉福 3-96A
jífú 戢伏 5-231A
jífú 戢服 5-231B
jífú 極服 4-1137B
jífú 極福 4-1142A
jífú 集服 11-800A
jífǔ 吉甫 3-92B

jífù 急縛 7-463A
jífù 集附 11-799B
jífù 籍賦 8-1272A
jǐfú 給扶 9-825A
jǐfù 給付 9-825A
jǐfù 給富 9-826B
jǐfù 給復 9-826B
jìfū 跽跗 10-488A
jìfú 計符 11-17B
jìfú 祭服 7-911B
jìfú 驥伏 12-915B
jìfǔ 計府 11-16A
jìfǔ 記府 11-60B
jìfù 迹附 10-801B
jìfù 妓婦 4-296A
jìfù 季父 4-209B
jìfù 寄父 3-1506A
jìfù 寄付 3-1507A
jìfù 寄附 3-1508B
jìfù 祭賻 7-913B
jìfù 繼父 9-1043A
jīfùbǎoyáng 飢附飽颺 12-493A
jīfūhèfà 雞膚鶴髮 11-866A
jìfúlì 驥伏櫪 12-915B
jìfùpù 寄附鋪 3-1508B
jífǔsòng 吉甫頌 3-92B
jífùxī 亟縛屣 1-778B
jìfúyánchē 驥伏鹽車 12-915B
jīgāi 奇侅 2-1523A
jīgāi 奇賌 2-1527A
jīgāi 奇胲 2-1525A
jīgāi 奇咳 2-1524A
jīgān 雞竿 11-862A
jīgǎn 激感 6-173B
jīgàn 基幹 2-1112B
jīgàn 機幹 4-1330B
jígàn 急幹 7-461A
jīgān 蟣肝 8-975A
jīgāng 雞缸 11-862A
jígāng 緝綱 9-940B
jìgāng 紀綱 9-728A
jìgāng 劑鋼 2-757A
jìgāngdì 紀綱地 9-728B
jìgāngpú 紀綱僕 9-728B
jìgāngyuàn 紀綱院 9-728B
jìgāngyuàn 紀綱掾 9-728B
jīgāo 饑皋 7-1405A
jīgāo 積高 8-137A
jīgǎo 擊槀 6-901B
jìgào 祭告 7-911A
jīgé 肌革 6-1166A
jīgé 機格 4-1327A
jīgé 積葛 8-140A
jīgé 擊革 6-901A
jīgé 齏葛 12-1444B
jīgé 几格 2-282A
jīgé 几閣 2-282A
jīgē 戢戈 5-231A
jígé 及格 1-636B
jígé 極格 4-1139A
jīgē 掎扢 6-643A
jīgē 戟戈 5-230A
jìgēn 髻根 12-739B
jīgēng 機耕 4-1327A
jígēng 疾耕 8-301B
jīgěng 汲綆 5-935B
jìgēng 繼賡 9-1046A
jīgēngduì 機耕隊 4-1327A
jīgēngzhàn 機耕站 4-1327A
jīgōng 姬公 4-358A
jīgōng 畸功 7-1383B
jīgōng 畸躬 7-1384A
jīgōng 機工 4-1323A
jīgōng 積功 8-131A
jīgōng 擊攻 6-900B
jīgōng 績功 9-976B
jīgōng 雞公 11-860B
jīgōng 期功 6-1306B
jīgōng 奇肱 2-1523A
jīgòng 齎貢 12-1443B
jígōng 急公 7-455A
jígōng 極工 4-1135B
jígōng 極功 4-1136A
jígōng 踖躬 10-532B
jǐgōng 幾功 4-448A
jìgōng 伎工 1-1178B
jìgōng 技工 6-359A
jìgōng 紀功 9-726A
jìgōng 計功 11-14A
jìgōng 記功 11-59A
jìgōng 寄公 3-1506A
jìgōng 濟公 6-191A
jìgōng 濟功 6-191B
jìgòng 計貢 11-16B
jìgōngbēi 紀功碑 9-726A
jìgōngbǔguò 計功補過 11-14A
jīgōngchē 雞公車 11-860B
jìgōngchéngláo 計功程勞 11-14A
jígōnghàolì 急功好利 7-455B
jígōnghàoshī 急公好施 7-455A
jígōnghàoyì 急公好義 7-455A
jígōngjìnlì 急功近利 7-455B
jígōngjìnmíng 急功近名 7-455B
jìgōngliángzuì 計功量罪 11-14A
jìgōngmóulì 計功謀利 11-14A
jìgōngshòujué 計功受爵 11-14A
jìgōngshòushǎng 計功受賞 11-14A
jìgōngwàngguò 記功忘過 11-59A
jìgōngwàngshī 記功忘失 11-59A
jìgōngxíngfēng 計功行封 11-14A
jìgōngxíngshǎng 計功行賞 11-14A
jīgōngxīngyè 積功興業 8-131A
jīgōu 激溝 6-174A
jīgòu 基構 2-1112B
jīgòu 稽詬 8-122A
jīgòu 機勾 4-1323B
jīgòu 機彀 4-1330B
jīgòu 機搆 4-1330B
jīgòu 機遘 4-1330B
jīgòu 機構 4-1331A
jīgòu 積垢 8-134B
jīgōu 棘鉤 4-1107A
jígòu 急購 7-463A
jǐgòu 擠構 6-941B
jìgòu 計構 11-20B
jìgòu 惎構 7-562A
jīgū 咭咕 3-317A
jīgū 唧咕 3-370A
jīgū 畸孤 7-1384A
jīgū 箕姑 8-1188A
jīgū 嘰咕 3-513B
jīgū 羈孤 8-1055B
jīgǔ 肌骨 6-1166A
jīgǔ 稽古 8-120A
jīgǔ 積古 8-131A
jīgǔ 積穀 8-145A
jīgǔ 擊轂 6-904A
jīgǔ 擊鼓 6-903B
jīgǔ 雞骨 11-862B
jīgǔ 雞穀 11-866A
jīgǔ 雞鵠 11-867A
jīgǔ 齏汩 12-1443A
jīgǔ 奇股 2-1523B
jīgù 稽固 8-120B
jīgù 稽故 8-121A
jīgù 羈梏 8-1056B
jígǔ 汲古 5-934A
jígǔ 急鼓 7-461A
jígǔ 集股 11-800A
jígù 吉故 3-94A
jígù 疾固 8-299B
jígù 疾痼 8-304B
jǐgū 擠咕 6-941A
jǐgǔ 脊骨 6-1255B
jǐgǔ 掎汩 6-643A
jìgū 繼姑 9-1044B
jìgū 繼孤 9-1044B
jìgù 忌故 7-407B
jìgù 記故 11-61A
jīguā 咭呱 3-317A
jīguā 嘰呱 3-514A
jīguā 雞瓜 11-861A
jīguà 羈掛 8-1056B
jíguā 及瓜 1-635B
jíguà 吉卦 3-93B
jìguā 季瓜 4-210A
jìguà 計挂 11-16A
jìguà 記挂 11-61A
jìguà 記掛 11-61B
jìguà 記罣 11-62A
jìguā'er 鯽瓜兒 12-1237A
jíguā'érdài 及瓜而代 1-636A
jīguān 饑官 7-1404B
jīguān 機關 4-1334A
jīguān 積官 8-134B
jīguān 雞冠 11-862B
jīguān 譏關 11-436B
jīguān 羈官 8-1055B
jīguǎn 機筦 4-1330B
jīguǎn 機管 4-1331B
jīguǎn 羈管 8-1058A
jīguàn 笄冠 8-1108A
jīguàn 笄丱 8-1108A
jīguàn 積貫 8-139B
jīguàn 積慣 8-145A
jīguàn 羈丱 8-1055A
jīguàn 羈貫 8-1057A
jíguān 疾官 8-300A
jíguān 極冠 4-1139A
jíguān 極觀 4-1144B
jíguǎn 吉館 3-96B
jíguǎn 急筦 7-461A
jíguǎn 急管 7-462A
jíguǎn 籍館 8-1272A
jíguàn 及冠 1-636B
jíguàn 籍貫 8-1271B
jìguān 計官 11-16A
jìguān 寄觀 3-1515A
jìguān 稷官 8-123B
jìguǎn 妓館 4-296B
jìguàn 既灌 4-659B
jīguānbào 機關報 4-1334B
jīguānchē 機關車 4-1334A
jíguǎnfánxián 急管繁絃 7-462A
jīguāng 激光 6-171A
jíguāng 吉光 3-92A
jíguāng 極光 4-1136B
jíguāngfèngyǔ 吉光鳳羽 3-92A
jíguāngpiànqiú 吉光片裘 3-92A
jíguāngpiànyǔ 吉光片羽 3-92A
jíguāngqiú 吉光裘 3-92A
jīguānkānwù 機關刊物 4-1334A
jīguānpào 機關炮 4-1334A
jīguānqiāng 機關槍 4-1334B
jīguānsuànjìn 機關算盡 4-1334B
jīguānyòngjìn 機關用盡 4-1334A
jīguānzǐ 機關子 4-1334A
jìguāzi 鯽瓜子 12-1237A
jīgūchē 嘰咕車 3-514A
jīgǔchuánhuā 擊鼓傳花 6-902B
jīgǔcuīhuā 擊鼓催花 6-902B
jǐgūdú 給孤獨 9-826A
jǐgūdúyuán 給孤獨園 9-826A
jīgǔfángjī 積穀防飢 8-145B
jígǔgé 汲古閣 5-934B
jígǔgéběn 汲古閣本 5-934B

jīguǐ 畸鬼 7-1384A
jīguǐ 激詭 6-174A
jīguǐ 機鬼 7-957B
jíguī 吉圭 3-92A
jíguǐ 急晷 7-460A
jíguǐ 極軌 4-1138A
jíguì 極貴 4-1141A
jìguǐ 諔詭 11-276B
jìguǐ 繼軌 9-1044B
jìguǐ 繼晷 9-1045B
jìguì 跽跪 10-488A
jìgǔkāijīn 繼古開今 9-1043B
jīgǔkuíjīn 稽古揆今 8-120A
jīgǔmójiān 擊轂摩肩 6-904A
jīgùn 積棍 8-140A
jīguō 咭咶 3-317A
jīguō 機郭 4-1327B
jīguō 激聒 6-173A
jīguō 聐聒 8-662A
jīguó 姬國 4-358B
jīguó 飢國 12-493B
jīguò 積過 8-139A
jíguō 急聒 7-460A
jíguǒ 極果 4-1137B
jìguó 濟國 6-193A
jìguò 紀過 9-727B
jìguò 計過 11-17B
jìguò 記過 11-62A
jìguòzìsòng 計過自訟 11-17B
jígǔqióngjīn 極古窮今 4-1136A
jǐgūyuán 給孤園 9-826A
jīgǔzhènjīn 稽古振今 8-120A
jīgǔzhīchuáng 雞骨支牀 11-862A
jīhái 積骸 8-145B
jīhài 機駭 4-1332B
jīhài 積害 8-137B
jīhài 雞駭 11-866A
jíhǎi 極海 4-1139B
jíhài 吉亥 3-92B
jíhài 疾害 8-302B
jǐhài 擠害 6-941B
jìhài 忌害 7-408A
jìhài 悸駭 7-598B
jīhán 飢寒 12-494A
jīhán 饑寒 12-584A
jīhán 羈寒 8-1057B
jīhàn 姬漢 4-358B
jìhàn 季漢 4-212A
jīháng 機行 4-1324A
jìháng 妓航 4-296A
jīhánjiāocòu 飢寒交湊 12-494A
jīhánjiāopò 飢寒交迫 12-494A
jīhánjiāoqiè 饑寒交切 12-584A
jīhánjiāozhì 飢寒交至 12-494A
jīhào 箕皓 8-1188B
jīhào 饑秏 12-584A
jíháo 疾號 8-304A
jíhào 疾秏 8-301B
jìhǎo 繼好 9-1043B
jìhào 紀號 9-728A
jìhào 記號 11-63A
jìhào 祭號 7-913A
jīhē 譏呵 11-434B
jīhē 譏訶 11-435B
jīhē 幾訶 4-450A
jīhé 稽合 8-120B
jīhé 稽核 8-121B
jīhé 稽覈 8-123A
jīhé 激合 6-171A
jīhè 嵇鶴 8-82A
jīhè 積壑 8-147B
jíhé 緝合 9-939B
jíhé 緝和 9-939B
jíhé 戢和 5-231B
jíhé 戢翮 5-232A
jíhé 集合 11-799B
jíhé 輯合 9-1299A
jíhé 輯和 9-1299B
jǐhé 掎齕 6-643B
jǐhé 幾何 4-448B
jǐhè 擠壑 6-942A
jìhé 伎荷 1-1179A
jìhé 技和 6-359A
jìhé 芰荷 9-283B
jìhé 劑和 2-757A
jìhé 髻荷 12-739B
jìhé 濟和 6-192A
jìhé 齊和 12-1430A
jìhè 寄褐 3-1514A
jíhēdé 吉呵德 3-93B
jíhēdé 吉訶德 3-95B
jìhémóucóng 計合謀從 11-15A
jīhèn 賫恨 10-245B
jīhèn 積恨 8-136A
jīhèn 齎恨 12-1443B
jíhěn 疾很 8-300B
jíhèn 嫉恨 4-396A
jìhén 迹痕 10-802A
jìhèn 忌恨 7-407B
jìhèn 計恨 11-16B
jìhèn 記恨 11-61B
jìhèn 寄恨 3-1510A
jīhéng 機衡 4-1333A
jīhéng 璣衡 4-634B
jīhèng 咭啈 3-317A
jíhēng 吉亨 3-93A
jǐhéxué 幾何學 4-448B
jīhóng 稽弘 8-120A
jīhóng 羈鴻 8-1058B
jìhóng 祭紅 7-912A
jìhóng 霽紅 11-746B
jīhòu 機候 4-1327B
jīhòu 積厚 8-134B
jīhòu 積候 8-137A
jīhòu 羈候 8-1056A
jíhóu 棘喉 4-1106B
jíhóu 棘猴 4-1107A
jíhòu 極厚 4-1138A
jìhóu 計侯 11-16B
jìhóu 祭侯 7-912A
jìhòu 季候 4-211B
jìhòu 既後 4-658B
jīhòuchéngqì 積厚成器 8-134B
jìhòufēng 季候風 4-211B
jíhǒuhǒu 急吼吼 7-456B
jīhòuliúguāng 積厚流光 8-135A
jīhū 幾乎 4-448A
jīhú 稽胡 8-121A
jīhù 機互 4-1323A
jīhù 機户 4-1323B
jīhù 積冱 8-133A
jíhū 疾呼 8-299B
jíhū 極呼 4-1137B
jíhù 棘户 4-1105A
jíhù 蟿互 9-1334B
jǐhù 戟户 5-230A
jìhū 洎乎 5-1168B
jìhú 稷狐 8-123B
jìhǔ 季虎 4-210B
jìhù 濟護 6-195A
jīhuá 積華 8-136B
jīhuá 積猾 8-141A
jīhuà 姬化 4-358A
jīhuà 機化 4-1323B
jīhuà 機畫 4-1330A
jīhuà 激化 6-170B
jīhuà 激話 6-174A
jīhuà 雞化 11-860B
jíhuà 極化 4-1136A
jìhuā 鰶花 12-1241A
jìhuà 計畫 11-19B
jìhuà 計劃 11-21A
jìhuà 寄畫 3-1512B
jìhuà 濟化 6-191A
jīhuái 積懷 8-148A
jīhuái 羈懷 8-1059A
jīhuài 積壞 8-148A
jíhuái 棘槐 4-1107A
jìhuái 記懷 11-64B
jìhuái 寄懷 3-1515A
jīhuán 畿寰 7-1405B
jīhuǎn 稽緩 8-122B
jīhuàn 羈宦 8-1056A
jíhuān 極懽 4-1144B
jíhuān 極歡 4-1144B
jíhuān 極讙 4-1145A
jíhuān 極驩 4-1145A
jíhuán 棘環 4-1107B
jíhuǎn 急緩 7-462B
jíhuàn 疾患 8-303A
jǐhuán 給還 9-827A
jìhuán 髻鬟 12-740A
jīhuāng 飢荒 12-493B
jīhuāng 飢慌 12-494A
jīhuāng 饑荒 12-583B
jīhuáng 機簧 4-1333A
jīhuáng 雞黄 11-863A
jíhuāng 急荒 7-457B
jíhuāng 急慌 7-461A
jíhuáng 吉皇 3-94A
jíhuáng 吉黄 3-95A
jíhuānghuāng 急慌慌 7-461A
jìhuàtǒng 寄話筒 3-1513A
jíhūhū 急乎乎 7-455B
jíhūhū 急呼呼 7-457A
jīhuī 飢虺 12-493A
jīhuī 積灰 8-131B
jīhuǐ 積毀 8-142B
jīhuǐ 擊毀 6-903B
jīhuǐ 譏毀 11-435B
jīhuì 箕會 8-1188B
jīhuì 機惠 4-1329B
jīhuì 機會 4-1331A
jīhuì 機慧 4-1331B
jīhuì 積晦 8-138B
jīhuì 積賄 8-142B
jīhuì 幾會 4-450B
jíhuī 急徽 7-463A
jíhuǐ 疾毀 8-304B
jíhuǐ 嫉毀 4-396B
jíhuì 姞慧 4-337B
jíhuì 疾穢 8-305B
jíhuì 集會 11-801A
jìhuǐ 惎悔 7-562A
jìhuì 忌恚 7-407B
jìhuì 忌諱 7-408B
jìhuì 記恚 11-61B
jìhuì 記會 11-63A
jìhuì 寄惠 3-1512A
jìhuì 際會 11-1098B
jìhuì 濟惠 6-193A
jìhuìfēngyún 際會風雲 11-1099A
jīhuǐxiāogǔ 積毀消骨 8-142B
jīhuǐxiāogǔ 積毀銷骨 8-142B
jīhuǐxiāojīn 積毀銷金 8-142B
jīhuìzhǔyì 機會主義 4-1331A
jīhūn 積昏 8-134A
jīhún 羈魂 8-1057B
jīhuǒ 飢火 12-493A
jīhuǒ 積火 8-130B
jīhuǒ 績火 9-976B
jīhuǒ 饑火 12-583B
jīhuò 基禍 2-1112A
jīhuò 緝獲 9-941A
jīhuò 機擭 4-1332B
jīhuò 積貨 8-139A
jīhuò 積禍 8-141B
jīhuò 積獲 8-147A
jīhuò 雞骫 11-864A
jīhuò 雞禍 11-864B
jíhuò 及禍 1-637A
jíhuò 即或 2-531A
jíhuò 極禍 4-1141B
jìhuō 覬豁 10-352A
jìhuó 濟活 6-192B
jìhuǒ 繼火 9-1043B
jíhuǒhuǒ 急火火 7-455B

jīhuǒshāocháng 飢火燒腸 12-493A
jìhuòshìzú 計獲事足 11-22A
jíhùshì 棘扈氏 4-1106B
jījī 肌肌 6-1166A
jījī 唧唧 3-370A
jījī 嘰嘰 3-514A
jījī 緝緝 9-940B
jījī 緝績 9-941A
jījī 激激 6-175A
jījī 積積 8-147A
jījī 磯激 7-1114A
jījī 躋躋 10-564A
jījī 鞿羈 12-214A
jījī 虀虀 9-634A
jījī 羈鞿 8-1059A
jījī 幾幾 4-450A
jījī 踦踦 10-490A
jījí 基級 2-1112A
jījí 機急 4-1326B
jījí 激急 6-171B
jījí 激疾 6-172A
jījí 積疾 8-137B
jījí 積極 8-140A
jījí 積集 8-140B
jījí 擊楫 6-903A
jījí 擊檝 6-904A
jījí 饑棘 12-584A
jījí 幾及 4-448A
jījǐ 雞戟 11-864A
jījì 畸迹 7-1384A
jījì 積紀 8-136A
jíjī 及笄 1-637A
jíjī 吉笄 3-94B
jíjī 急激 7-463A
jíjī 疾擊 8-305B
jíjí 嵴岌 3-866A
jíjí 觬觬 10-1383B
jíjí 岌岌 3-800B
jíjí 伋伋 7-412B
jíjí 汲汲 5-934B
jíjí 汲集 5-935B
jíjí 即吉 2-530A
jíjí 即即 2-530B
jíjí 亟亟 1-778A
jíjí 急急 7-458A
jíjí 急疾 7-459A
jíjí 疾革 8-300A
jíjí 疾亟 8-300A
jíjí 疾急 8-301A
jíjí 疾疾 8-302B
jíjí 疾棘 8-303B
jíjí 戢戢 5-231B
jíjí 棘棘 4-1106B
jíjí 湒湒 6-141B
jíjí 湒濈 6-141B
jíjí 蕺蕺 9-548B
jíjí 踖踖 10-489A
jíjí 踖蹐 10-489A
jíjí 踖藉 10-489A
jíjí 濈濈 6-138B
jíjí 輯集 9-1299B
jíjí 輯輯 9-1300A
jíjí 蹐蹐 10-533A
jíjí 籍籍 8-1272A
jíjí 脊脊 6-1255B
jíjí 藉藉 9-587B
jíjí 揖揖 6-749B
jíjí 唶唶 3-375B
jíjǐ 及己 1-635B
jíjì 吉祭 3-95A
jíjì 疾忌 8-299A
jíjì 戢跡 5-232A
jíjì 極際 4-1142A
jíjì 嫉忌 4-396A
jíjì 籍記 8-1271B
jǐjí 戟級 5-230B
jǐjí 給給 9-826B
jǐjǐ 几几 2-281A
jǐjǐ 幾幾 4-450A
jǐjǐ 擠擠 6-941B
jǐjǐ 濟濟 6-194A
jǐjǐ 給濟 9-827B
jìjī 技機 6-360A
jìjī 技擊 6-360A
jìjí 寄汲 3-1508A
jìjí 訐激 11-28A
jìjí 妓籍 4-296B
jìjí 忌疾 7-408A
jìjí 忌嫉 7-408A
jìjí 紀極 9-727B
jìjí 計極 11-18B
jìjí 計籍 11-22B
jìjí 記籍 11-64B
jìjí 寄籍 3-1515A
jìjí 齊疾 12-1432A
jìjǐ 齊給 12-1434A
jìjǐ 既濟 4-659B
jìjì 記迹 11-61B
jìjì 寂寂 3-1516A
jìjì 寄迹 3-1510A
jìjì 寄跡 3-1513A
jìjì 寄蹟 3-1514B
jìjì 悸悸 7-598B
jìjì 祭嚌 7-913B
jìjì 暨暨 5-820B
jìjì 稷稷 8-124B
jìjì 繼迹 9-1044B
jìjì 繼蹟 9-1046A
jìjì 繼繼 9-1046B
jìjì 驥驥 12-915A
jìjì 宗宗 3-1426A
jījiā 笄珈 8-1108A
jījiá 擊戛 6-902A
jījiǎ 積瘕 8-144B
jījià 基價 2-1113A
jíjià 吉駕 3-96B
jǐjià 給假 9-826A
jǐjià 戟架 5-230B
jìjiā 伎家 1-1179A
jìjiā 妓家 4-296A
jìjiā 芰茄 9-283B
jìjiā 記家 11-61B
jìjiā 寄家 3-1510B
jìjiā 寄豭 3-1514A
jījiān 機械 4-1330B
jījiān 機緘 4-1332A
jījiān 擊姦 6-901B
jījiān 雞奸 11-861B
jījiān 雞姦 11-862B
jījiān 嫛姦 4-321A
jījiǎn 飢儉 12-494B
jījiǎn 稽檢 8-122B
jījiǎn 積儉 8-145B
jījiǎn 饑儉 12-584B
jījiǎn 羈檢 8-1058B
jījiǎn 羈蹇 8-1059A
jījiǎn 奇蹇 2-1529A
jījiàn 肌腱 6-1166B
jījiàn 基建 2-1112A
jījiàn 機件 4-1324A
jījiàn 機見 4-1324B
jījiàn 機鍵 4-1333A
jījiàn 機檻 4-1333B
jījiàn 機鑒 4-1334B
jījiàn 激箭 6-174B
jījiàn 積漸 8-144B
jījiàn 積賤 8-145B
jījiàn 擊劍 6-904A
jījiàn 譏諫 11-436A
jījiàn 羈賤 8-1058A
jījiàn 幾諫 4-450B
jíjiān 及肩 1-636B
jíjiǎn 棘繭 4-1107B
jíjiàn 急件 7-456A
jíjiàn 急健 7-458B
jíjiàn 急澗 7-462B
jíjiàn 疾間 8-303B
jíjiàn 棘箭 4-1107A
jíjiàn 極薦 4-1144A
jíjiàn 極諫 4-1144A
jǐjiàn 給諫 9-827A
jǐjiàn 己見 4-70A
jǐjiàn 幾見 4-448B
jìjiān 寄牋 3-1512A
jìjiān 寄監 3-1513B
jìjiǎn 寄柬 3-1509B
jìjiàn 惎間 7-562A
jìjiàn 霽鑒 11-746B
jìjiàn 訐諫 11-28A
jījiǎnchōngdòng 積簡充棟 8-148A
jījiāng 姬姜 4-358B
jījiāng 畿疆 7-1405B
jījiāng 幾將 4-449B
jījiǎng 激獎 6-174A
jījiàng 機匠 4-1324A
jījiàng 激將 6-172B
jíjiāng 即將 2-532A
jíjiāng 棘橿 4-1107B
jíjiǎng 急槳 7-462B
jǐjiǎng 給獎 9-827A
jìjiāng 記將 11-62B
jìjiàng 鯗醬 12-1221A
jījiàngfǎ 激將法 6-172B
jījiàngjú 機匠局 4-1324A
jíjiānjiān 急煎煎 7-461B
jījiǎo 犄角 6-278A
jījiǎo 畸角 7-1384A
jījiǎo 羈角 8-1055B
jījiào 稽較 8-122A
jījiào 機窖 4-1330A
jíjiǎo 急腳 7-461B
jíjiào 極叫 4-1136B
jíjiào 集校 11-800B
jíjiào 輯校 9-1299B
jǐjiǎo 掎角 6-643A
jìjiāo 計交 11-15A
jìjiǎo 計狡 11-16B
jìjiǎo 髻角 12-739B
jìjiào 計挍 11-16A
jìjiào 計教 11-17A
jìjiào 計較 11-19B
jìjiào 計校 11-17A
jíjiǎodì 急腳遞 7-461B
jījiǎogālá 犄角旮旯 6-278A
jījiǎogē 擊角歌 6-900B
jíjiǎoguǐ 急腳鬼 7-461B
jíjiǎoxìn 急腳信 7-461B
jíjiǎozi 急腳子 7-461B
jìjiàozīzhū 計較錙銖 11-20A
jījiǎrúshān 積甲如山 8-131A
jījiǎshānqí 積甲山齊 8-131A
jíjibābā 急急巴巴 7-458A
jǐjǐbīnbīn 濟濟彬彬 6-194B
jǐjǐbīnbīn 濟濟斌斌 6-194B
jíjíbōbō 汲汲波波 5-934B
jījīcǎo 芨芨草 9-275A
jījīcáocáo 嘰嘰嘈嘈 3-514B
jìjìchéngchéng 繼繼承承 9-1046B
jǐjǐchǔchǔ 濟濟楚楚 6-194B
jìjìcúncún 繼繼存存 9-1046B
jǐjǐdàngdàng 濟濟蕩蕩 6-195A
jījiē 基階 2-1112A
jījiē 積階 8-139B
jījiē 齎嗟 12-1444A
jījié 畸節 7-1384B
jījié 機捷 4-1328A
jījié 機節 4-1330B
jījié 激訐 6-172A
jījié 激節 6-174A
jījié 積刦 8-132B
jījié 積劫 8-132B
jījié 積刧 8-133B
jījié 積結 8-141B
jījié 積節 8-142B
jījié 擊節 6-903A
jījiě 機解 4-1331A
jījiè 畿解 7-1405A
jījiè 觭介 10-1382A
jíjié 急捷 7-459B
jíjié 急節 7-461A
jíjié 疾捷 8-302B
jíjié 極竭 4-1142A

jíjié 集結 11-801A
jījié 睸睫 7-1254B
jíjiě 集解 11-801A
jíjiè 極戒 4-1137A
jíjiè 極界 4-1138B
jǐjié 給捷 9-826A
jǐjié 給節 9-826B
jǐjié 戟節 5-230B
jìjié 季節 4-211B
jìjié 計結 11-19B
jìjié 計節 11-20A
jìjié 記結 11-62B
jìjiéhuíyóu 季節洄游
4-212A
jíjífēng 急急風 7-458A
jījífènzǐ 積極分子 8-140A
jījigāgā 嘰嘰嘎嘎 3-514B
jījigāgā 咭咭嘎嘎 3-317A
jījigēgē 咭咭咯咯 3-317A
jījigēgē 嘰嘰咯咯 3-514A
jìjìgōng 既濟公 4-659B
jījiguāguā 咭咭刮刮
3-317A
jījiguāguā 咭咭呱呱
3-317A
jījigūgū 唧唧咕咕 3-370A
jíjígùyǐng 汲汲顧影
5-935A
jǐjǐhōnghōng 濟濟哄哄
6-194B
jījīhū 幾幾乎 4-450A
jíjíhuānghuāng 急急慌慌
7-458B
jíjíhuánghuáng 汲汲皇皇
5-934B
jíjíhuánghuáng 汲汲遑遑
5-934B
jíjíjiānjiān 急急煎煎
7-458B
jǐjǐjìnì 己飢己溺 4-70A
jījijiūjiū 唧唧啾啾
3-370A
jíjíkēchá 亟疾苛察 1-778A
jíjíkěwēi 岌岌可危 3-801A
jíjímángmáng 汲汲忙忙
5-934B
jíjímángmáng 急急忙忙
7-458A
jījīn 基金 2-1111B
jījīn 積金 8-134A
jìjìn 幾禁 4-450A
jījǐn 飢饉 12-494B
jījǐn 饑饉 12-584B
jījìn 稽浸 8-121B
jījìn 機近 4-1324B
jījìn 激進 6-172B
jījìn 積浸 8-137B
jījìn 譏禁 11-435B
jíjīn 及今 1-635B
jíjīn 吉金 3-93B
jíjīn 即今 2-529B
jíjīn 棘津 4-1106A
jíjǐn 集錦 11-802A
jíjìn 亟近 1-778A
jíjìn 急進 7-459B
jíjìn 疾進 8-303A
jíjìn 極盡 4-1142B
jíjìn 籍禁 8-1272A
jíjīn 脊筋 6-1256A
jìjǐn 罽錦 8-1045B
jìjìn 忌禁 7-408A
jìjìn 寄禁 3-1512B
jìjìn 悸噤 7-598B
jìjìn 繼進 9-1045A
jījīng 積精 8-144B
jījǐng 機井 4-1323A
jījǐng 機阱 4-1324A
jījǐng 機穽 4-1326B
jījǐng 機警 4-1333B
jījìng 機靜 4-1331A
jījìng 璣鏡 4-634B
jījìng 擊鏡 6-905A
jījìng 擊競 6-905B
jíjīng 棘荆 4-1106A
jíjīng 極精 4-1142B
jíjǐng 即景 2-532A
jíjǐng 急景 7-460A
jíjìng 疾勁 8-300B
jíjìng 疾徑 8-302A
jíjìng 棘徑 4-1106B
jìjīng 紀經 9-728A
jìjǐng 霽景 11-746B
jìjìng 寂靜 3-1517A
jìjìng 寄徑 3-1510B
jìjìng 家靜 3-1373A
jíjǐngdiāonián 急景凋年
7-460A
jíjīngfēng…
急驚風撞着慢郎中
7-464A
jíjīngliè 急驚列 7-464A
jíjǐngliúnián 急景流年
7-460B
jíjǐngshēngqíng 即景生情
2-532A
jījǐnjiànzhēn 饑饉荐臻
12-584B
jījǐnjiànzhēn 饑饉薦臻
12-584B
jìjìnlìqióng 計盡力窮
11-21A
jījīnóngnóng 咭咭噥噥
3-317A
jījīnóngnóng 唧唧噥噥
3-370A
jījīnóngnóng 嘰嘰噥噥
3-514B
jījīnzhìdǒu 積金至斗
8-134A
jījiōng 基扃 2-1112A
jījiōng 機扃 4-1327A
jījiǒng 飢窘 12-494B
jījiǒng 饑窘 12-584A
jìjiōng 計扃 11-16B
jǐjǐpáipái 濟濟排排
6-194B
jījīpiānpiān 緝緝翩翩
9-940B
jíjíqiāngqiāng 蹐蹐蹌蹌
10-564A
jǐjǐrán 濟濟然 6-194B
jíjírúlìng 急急如令
7-458A
jíjírúlùlìng 急急如律令
7-458A
jìjìshéngshéng 繼繼繩繩
9-1046B
jījíshì 擊楫誓 6-903A
jíjíshìshì 即即世世
2-530B
jǐjǐshīshī 濟濟師師
6-194B
jījīshùběn 積基樹本
8-138A
jījiǔ 積久 8-129B
jījiǔ 雞酒 11-863A
jījiù 擊咎 6-901A
jījiù 齏臼 9-633B
jījiù 韲臼 12-394A
jījiū 鶺鳩 12-1158A
jíjiù 急救 7-459B
jíjiù 急就 7-460B
jíjiù 疾咎 8-300A
jíjiù 疾疚 8-300A
jìjiǔ 祭韭 7-911B
jìjiǔ 祭酒 7-912A
jìjiù 劑救 2-757A
jìjiù 濟救 6-193A
jìjiù 繼舅 9-1046A
jíjiùchē 急救車 7-459B
jíjiùpiān 急就篇 7-460B
jíjiùzhāng 急就章 7-460B
jījīwāwā 嘰嘰哇哇 3-514A
jìjìwúwén 寂寂無聞
3-1516A
jījíxìng 積極性 8-140B
jījíxiūcí 積極修辭 8-140B
jǐjǐyángyáng 濟濟洋洋
6-194B
jíjíyáoyáo 汲汲搖搖
5-934B
jíjíyíngyíng 汲汲營營
5-934B
jǐjǐyītáng 濟濟一堂
6-194B
jǐjǐyìyì 濟濟翼翼 6-195A
jījīzhāzhā 唧唧喳喳
3-370A
jījīzhāzhā 嘰嘰喳喳
3-514B
jījízhōngliú 擊楫中流
6-903A
jíjízīzī 汲汲孜孜 5-934B
jíjízúzú 即即足足 2-531A
jījū 箕拘 8-1188A
jījū 積居 8-134B
jījū 擊掬 6-901B
jījū 擊踘 6-904A
jījū 擊鞠 6-904A
jījū 雞鞠 11-866B
jījú 機局 4-1324B
jījú 羈跼 8-1058A
jījù 箕倨 8-1188B
jījù 箕踞 8-1189A
jījù 稽據 8-122B
jījù 機具 4-1325A
jījù 機劇 4-1332A
jījù 激劇 6-174B
jījù 積聚 8-143B
jījù 雞距 11-863B
jījù 齎具 12-1443B
jījù 羈窶 8-1058A
jījù 踦屨 10-490A
jījù 踑踞 10-488B
jíjū 堲居 2-1108B
jíjū 即且 2-530A
jíjū 蝍蛆 8-910A
jíjū 籍居 8-1271A
jíjū 秸鞠 8-73A
jíjú 踖踘 10-532B
jíjù 吉劇 3-96A
jíjù 吉屨 3-97A
jíjù 急劇 7-462B
jíjù 急遽 7-462B
jíjù 疾據 8-305A
jíjù 棘句 4-1105A
jíjù 集句 11-799A
jíjù 集聚 11-801B
jíjù 輯屨 9-1300B
jǐjù 給據 9-827A
jìjū 寄居 3-1509A
jìjú 計局 11-15B
jìjù 偈句 1-1548B
jìjù 祭具 7-911A
jījuàn 飢倦 12-493B
jījuàn 羈倦 8-1056A
jíjuān 吉蠲 3-97A
jìjuàn 季絹 4-212A
jījuē 屐屩 4-49B
jījué 剞劂 2-699B
jījué 剞劂 2-699B
jījué 儌絶 7-762A
jījué 機絶 4-1330A
jījué 機譎 4-1334A
jījué 機覺 4-1334B
jījué 積決 8-133A
jījué 擊決 6-900B
jǐjué 幾決 4-449A
jíjué 跂蹻 10-434B
jíjué 吉钁 3-97A
jíjué 踖躩 10-489A
jǐjué 戟枝 5-230A
jìjué 寂絶 3-1516A
jìjué 繼絶 9-1045B
jìjué 計決 11-27A
jījuéshì 剞劂氏 2-700A
jìjuéshì 繼絶世 9-1045B
jíjūgāndài 蝍且甘帶
8-910A
jíjūgāndài 蝍蛆甘帶
8-910A
jìjūguān 寄居官 3-1509B
jìjūguānyuán 寄居官員
3-1509B
jījūn 擊均 6-900B
jījūn 雞菌 11-863A

jījùn 畸畯 7-1384B
jījùn 畿郡 7-1405A
jījùn 激峻 6-172A
jíjūn 戢軍 5-231B
jíjùn 急浚 7-459B
jíjùn 急濬 7-463A
jìjūn 季軍 4-211A
jìjùn 驥駿 12-916A
jíjùngǔwén 汲郡古文
5-935A
jìjūxiè 寄居蟹 3-1509B
jíjūyuè 極且月 4-1136B
jījǔzǐ 機枸子 4-1326B
jīkāgēgē 咭咭格格 3-317A
jìkāi 計開 11-19B
jìkǎi 寄慨 3-1512A
jíkān 集刊 11-799A
jíkān 輯刊 9-1299A
jìkān 季刊 4-209B
jìkān 計勘 11-17B
jīkàng 激亢 6-170B
jīkàng 激抗 6-171A
jíkāng 吉康 3-95A
jīkǎo 稽考 8-120B
jīkǎo 擊考 6-900A
jīkào 激犒 6-174A
jǐkào 給犒 9-827A
jìkǎo 季考 4-210A
jìkǎo 計考 11-14B
jīkē 積疴 8-137B
jīkě 飢渴 12-494A
jīkě 饑渴 12-584A
jīkè 畸客 7-1384B
jīkè 羈客 8-1056A
jíkē 疾疴 8-302A
jíkē 棘科 4-1106A
jíkè 岌峇 3-801A
jíkè 即刻 2-531B
jíkè 急刻 7-457A
jíkè 急客 7-458B
jíkè 輯刻 9-1299B
jìkē 伎苛 1-1179A
jìkě 際可 11-1098A
jìkè 忌克 7-407A
jìkè 忌刻 7-407B
jìkè 忌剋 7-407B
jìkè 計課 11-21B
jìkè 記刻 11-61A
jìkè 寄客 3-1510A
jìkè 濟克 6-191B
jǐkèchéng 給客橙 9-826A
jīkēng 飢坑 12-493A
jīkǒng 姬孔 4-358A
jīkòng 鞿鞚 12-214A
jīkòng 羈鞚 8-1058B
jìkǒng 悸恐 7-598A
jìkǒng 祭孔 7-910B
jīkǒu 雞口 11-859B
jīkòu 機扣 4-1324A
jīkòu 積寇 8-139B
jīkòu 擊叩 6-900A
jīkòu 擊扣 6-900A
jíkǒu 急口 7-454B
jíkǒu 極口 4-1135B
jíkǒu 籍口 8-1270B
jǐkǒu 給口 9-825A
jìkǒu 忌口 7-406B
jìkǒu 計口 11-13A
jìkǒu 寄口 3-1506A
jíkǒulìng 急口令 7-454B
jíkǒuxiàngsī 極口項斯
4-1135B
jīkū 飢枯 12-493A
jīkǔ 積苦 8-133B
jīkǔ 饑苦 12-583B
jīkǔ 羈苦 8-1055B
jíkū 疾枯 8-300A
jíkū 集枯 11-800A
jíkū 瘠枯 8-350B
jíkǔ 疾苦 8-299B
jíkǔ 極苦 4-1137B
jíkǔ 瘠苦 8-350B
jìkù 季庫 4-211B
jìkù 寄庫 3-1510B
jīkuài 積塊 8-140A
jīkuài 鼇膾 12-394A
jíkuài 疾快 8-299A
jìkuài 計會 11-20A
jìkuǎn 寄款 3-1512A
jīkuāng 績筐 9-977A
jíkuáng 疾狂 8-299A
jìkuàng 寄貺 3-1512A
jīkuí 稽揆 8-121B
jīkuí 機揆 4-1329A
jīkuí 倚魁 1-1461A
jīkuì 飢匱 12-494A
jīkuì 擊潰 6-904A
jīkuì 饑潰 12-584A
jìkuì 稷饋 8-124B
jīkuìzhàn 擊潰戰 6-904A
jīkùn 飢困 12-493A
jīkùn 積困 8-132B
jīkùn 饑困 12-583B
jíkùn 急困 7-456B
jíkùn 疾困 8-298B
jìkùnfúwēi 濟困扶危
6-191B
jīkuò 稽括 8-121A
jīkuò 機括 4-1326A
jīkuò 機栝 4-1327A
jīlài 機籟 4-1334B
jīlài 激瀨 6-175B
jīlài 齎賚 12-1444A
jílài 急瀨 7-463B
jìlài 濟賴 6-194A
jíláibàofójiǎo
急來抱佛脚 7-456B
jìláizhī…既來之,則安之
4-658B
jīlǎn 稽覽 8-123A
jīlǎn 積攬 8-148B
jīlǎn 躋覽 10-564A
jílán 急瀾 7-464A
jílán 籍躝 8-1272B
jílǎn 極覽 4-1144B
jìlán 季蘭 4-212A
jìlǎn 記覽 11-64B
jīlǎng 激朗 6-172A
jīlàng 激浪 6-172A
jīlàng 積浪 8-137B
jìlǎng 霽朗 11-746B
jīláo 飢勞 12-493B
jīláo 畿勞 7-1405A
jīláo 機牢 4-1324B
jīláo 積勞 8-141A
jīlào 積潦 8-146A
jīlào 積澇 8-146A
jíláo 極勞 4-1141A
jìlǎo 寄老 3-1507B
jīláochéngjí 積勞成疾
8-141B
jīlè 羈勒 8-1056B
jílè 極樂 4-1143B
jílèguó 極樂國 4-1143B
jīléi 飢羸 12-494B
jīléi 饑雷 12-584A
jīléi 饑羸 12-584B
jīlěi 積絫 8-141B
jīlěi 積壘 8-147B
jīlěi 積累 8-138B
jīlěi 羈纍 8-1059B
jīlěi 羈累 8-1056B
jīlèi 雞肋 11-861B
jíléi 疾雷 8-304A
jílèi 急淚 7-460A
jìlèi 季肋 4-210B
jìlèi 祭酹 7-913A
jíléibùjísāi'ěr
疾雷不及塞耳 8-304A
jíléibùjíyǎn'ěr
疾雷不及掩耳 8-304A
jíléibùxiáyǎn'ěr
疾雷不暇掩耳 8-304A
jíléijiàng 疾雷將 8-304A
jīlěng 嘰冷 3-513B
jīlěng 積冷 8-133A
jīlèng 嘰愣 3-514A
jílèniǎo 極樂鳥 4-1143B
jílèshìjiè 極樂世界
4-1143B
jílètiān 極樂天 4-1143B
jílètǔ 極樂土 4-1143B
jílèyuánlín 極樂園林
4-1143B
jīlí 飢黎 12-494B
jīlí 羈離 8-1059A
jīlǐ 羇貍 9-173B
jīlǐ 肌理 6-1166B
jīlǐ 稽禮 8-123A
jīlǐ 機理 4-1328A
jīlǐ 積李 8-132B
jīlǐ 積理 8-138A
jīlì 肌力 6-1166A
jīlì 肌栗 6-1166B
jīlì 肌慄 6-1166B
jīlì 飢沴 12-493A
jīlì 機利 4-1324B
jīlì 機棙 4-1329A
jīlì 機捩 4-1328A
jīlì 激力 6-170B
jīlì 激厲 6-174A
jīlì 激勵 6-174B
jīlì 激歷 6-174B
jīlì 積力 8-129B
jīlì 擊戾 6-901A
jīlì 雞栗 11-863A
jīlì 饑癘 12-584B
jīlì 躋厲 10-564A
jǐlì 幾利 4-448B
jīlì 奇利 2-1522B
jílí 疾黎 8-303B
jílí 疾犂 8-303B
jílí 棘籬 4-1107B
jílí 蒺蔾 9-516A
jílí 蒺藜 9-516A
jílí 瘠漓 8-351A
jílí 鏃鑗 11-1373B
jílǐ 緝理 9-940A
jílǐ 吉禮 3-96B
jílǐ 輯理 9-1299B
jílǐ 籍禮 8-1272A
jílì 及利 1-636A
jílì 吉利 3-93A
jílì 佶栗 1-1319A
jílì 佶傈 1-1319A
jílì 疾力 8-297B
jílì 疾吏 8-298A
jílì 疾戾 8-300A
jílì 疾厲 8-304B
jílì 疾癘 8-305B
jílì 楖栗 4-1069B
jílì 楖櫪 4-1069B
jílì 極力 4-1135B
jílì 極麗 4-1144B
jílì 嫉盭 4-396B
jílì 瘠立 8-350B
jǐlì 戟吏 5-230A
jìlí 季釐 4-212A
jìlǐ 紀理 9-727B
jìlǐ 記里 11-59B
jìlǐ 寄理 3-1511A
jìlǐ 祭禮 7-913B
jìlǐ 濟理 6-193A
jìlì 伎力 1-1178B
jìlì 既立 4-658A
jìlì 紀曆 9-728B
jìlì 計力 11-13A
jìlì 計吏 11-15A
jìlì 計利 11-15B
jìlì 計曆 11-22A
jìlì 計歷 11-22A
jìlì 寂歷 3-1517B
jìlì 悸栗 7-598A
jìlì 悸慄 7-598B
jìlì 祭厲 7-913A
jìlì 覬利 10-352A
jìlì 鶺力 12-1220B
jìlì 繼立 9-1043B
jìlì 驥櫪 12-916A
jìlì 宗歷 3-1426A
jìliǎ 技倆 6-359B
jìliǎ 技掚 6-359B
jīlián 雞廉 11-865A
jīliǎn 飢斂 12-495A
jīliǎn 箕斂 8-1189B
jīliǎn 積斂 8-147B

jīliǎn 積斂 8-147B
jīliǎn 譏斂 11-436B
jīliàn 機練 4-1332A
jīliàn 積戀 8-148B
jīliàn 期練 6-1309A
jíliǎn 戢斂 5-232A
jíliǎn 籍斂 8-1272A
jíliǎn 藉斂 9-587B
jìlián 季連 4-211A
jìlián 記憐 11-63B
jìliàn 祭鍊 7-913B
jíliǎnbàozhēng 急斂暴徵 7-463A
jíliáng 吉良 3-93B
jíliáng 吉量 3-95B
jíliàng 極量 4-1140B
jǐliáng 脊梁 6-1255B
jìliáng 計量 11-18B
jìliáng 劑量 2-757A
jìliáng 髻梁 12-739B
jìliǎng 伎倆 1-1179A
jìliàng 計量 11-18B
jìliàng 劑量 2-757A
jìliàng 齊量 12-1433B
jǐliánggǔ 脊梁骨 6-1255B
jīliángjièkòu 齎糧藉寇 12-1444B
jìliángsuǒ 濟良所 6-192A
jíliǎo 吉了 3-91A
jíliǎo 集蓼 11-801B
jìliáo 寂寥 3-1517B
jìliáo 寂漻 3-1517A
jìliáo 寂寮 3-1517B
jìliáo 漃漻 6-108A
jìliào 計料 11-17A
jìliào 劑料 2-757A
jílìcǎo 吉利草 3-93A
jìlǐchē 記里車 11-59B
jìlǐduī 記里堆 11-60A
jīliè 激烈 6-171B
jīliè 激裂 6-173A
jīliè 積烈 8-136B
jíliè 吉列 3-92A
jíliè 佶烈 1-1319A
jíliè 急烈 7-458B
jíliè 棘列 4-1105B
jìliè 記列 11-59B
jīlieguāla 咭咧呱啦 3-317A
jīligālā 嘰哩嘎啦 3-514A
jīligālá 嘰哩旮旯 3-514A
jìlǐgǔ 記里鼓 11-60A
jīliguālā 嘰哩呱啦 3-514A
jìlǐgǔchē 記里鼓車 11-60A
jílígǔduǒ 蒺藜骨朵 9-516B
jīligūlū 唧哩咕嚕 3-370A
jīligūlū 嘰哩咕嚕 3-514A
jīlìgūlù 咭力骨碌 3-316B
jílǐgūlù 吉里骨碌 3-93A
jīligūnóng 咭哩咕噥 3-317A
jílìhuǎnmín 急吏緩民 7-455B
jílǐjiànlǐ 即里漸里 2-530B
jílǐjiànlǐ 即裏漸裏 2-532B
jīlǐlágā 犄里旯旮 6-278A
jīlín 積霖 8-147A
jīlín 雞林 11-861B
jílín 戢鱗 5-232A
jílín 棘林 4-1105B
jǐlǐn 給稟 9-827A
jǐlǐn 給廩 9-827A
jǐlǐn 脊檁 6-1256A
jīlíng 機靈 4-1335A
jīlíng 笄齡 8-1108A
jīlíng 畸零 7-1384B
jīlíng 機伶 4-1324B
jīlíng 激伶 6-171A
jīlíng 激凌 6-172A
jīlíng 激靈 6-175B
jīlíng 激令 6-171A
jīlíng 積伶 8-133A
jīlíng 積崚 8-142B
jīlíng 躋陵 10-564A
jīlíng 奇零 2-1526B
jīlǐng 賫領 10-246A
jílíng 及齡 1-637B
jílíng 急玲 7-457B
jílíng 疾伶 8-298B
jílíng 集靈 11-802B
jílíng 鶺鴒 12-1138B
jílìng 即令 2-530A
jǐlíng 脊鴒 6-1256A
jǐlíng 脊令 6-1255A
jìlíng 寄靈 3-1515A
jílínggōng 集靈宮 11-802B
jīlínggǒusuì 雞零狗碎 11-865A
jīlingguǐ 機靈鬼 4-1335A
jīlíngguǐ 機伶鬼 4-1324B
jīlíngjīlì 積伶積俐 8-133A
jīlínglíng 激凌凌 6-172A
jílìnglìng 吉令令 3-91B
jílíngtái 集靈臺 11-802B
jīlíngǔ 雞林賈 11-862A
jílíngyuán 鶺鴒原 12-1139A
jǐlíngyuán 脊令原 6-1255A
jílíngzàiyuán 鶺鴒在原 12-1138B
jīlínlín 緝林林 9-939B
jílíshāshàng… 蒺藜沙上野花開 9-516A
jílǐsī 輯里絲 9-1299A
jīliū 唧溜 3-370B
jīliū 唧嚠 3-370A
jīliú 姬劉 4-359A
jīliú 飢流 12-493B
jīliú 嵇劉 8-82A
jīliú 稽留 8-121B
jīliú 激流 6-172A
jīliú 積流 8-137B
jīliú 積留 8-137A
jīliú 羈留 8-1056A
jīliù 激溜 6-174A
jīliù 積溜 8-143B
jīliù 積霤 8-147B
jíliū 即溜 2-532B
jíliū 泖溜 5-1290B
jíliú 即留 2-532A
jíliú 急流 7-459A
jíliú 疾流 8-302B
jíliǔ 緝柳 9-939B
jíliù 急溜 7-462A
jíliù 急霤 7-463B
jìliū 鯽溜 12-1237A
jìliú 寄留 3-1510B
jìliú 際留 11-1098B
jìliú 漈留 6-98B
jīliūdālá 咭溜搭剌 3-317A
jíliúgūlù 急留骨碌 7-459A
jíliúgǔlǔ 急留古魯 7-459A
jīliúguōlà 稽留聒剌 8-121B
jīliūhuālā 嘰嚠嘩啦 3-467B
jīliúqiàkè 畸流洽客 7-1384A
jīliúyìkè 畸流逸客 7-1384A
jíliúyǒngtuì 急流勇退 7-459A
jīlīwālā 嘰哩哇啦 3-514A
jílóng 吉隆 3-95B
jǐlǒng 擠攏 6-942A
jílóngchē 急龍車 7-463A
jǐlóu 脊僂 6-1256A
jìlóu 妓樓 4-296B
jīlú 枅櫨 4-797B
jīlǔ 羈虜 8-1057B
jīlù 雞鹿 11-863B
jílǔ 急櫓 7-463A
jílǔ 堉鹵 2-1174B
jílǔ 楫櫓 4-1176B
jílǔ 瘠鹵 8-351A
jílù 及祿 1-637A
jílù 吉祿 3-96A
jílù 汲路 5-935B
jílù 即路 2-532B
jílù 疾路 8-304B
jílù 極路 4-1141B
jílù 集錄 11-802A
jílù 輯錄 9-1300A
jílù 籍錄 8-1272A
jǐlù 給祿 9-826B
jǐlù 掎鹿 6-643B
jǐlù 麂鹿 12-1288B
jìlù 紀錄 9-728B
jìlù 計路 11-20A
jìlù 記錄 11-63B
jìlù 寄祿 3-1512B
jìlù 繼路 9-1045B
jìlù 驥路 12-916A
jìlù 驥騄 12-916A
jīluǎn 雞卵 11-861B
jīluàn 飢亂 12-494A
jīluàn 饑亂 12-584A
jíluàn 急亂 7-461B
jìlùběn 記錄本 11-64A
jìlùgé 寄祿格 3-1512B
jìlùguān 寄祿官 3-1512B
jīlún 機輪 4-1331B
jīlún 倚輪 1-1461B
jīlùn 稽論 8-122B
jīlùn 譏論 11-436A
jílùn 極論 4-1143A
jǐlún 脊倫 6-1255B
jìlùn 計論 11-21B
jìlùn 寄論 3-1514A
jīluò 羈絡 8-1057B
jīluò 螿落 12-394A
jíluó 棘蘿 4-1107B
jìluó 髻螺 12-740A
jíluómǐtū 吉羅米突 3-97A
jìluónǚ 暨羅女 5-820B
jíluóxiāng 吉羅香 3-97A
jìlùpiàn 記錄片 11-64A
jīlùsài 雞鹿塞 11-863B
jīlùwéibō 積露爲波 8-148A
jílùwúyú 即鹿無虞 2-532A
jìlùyǐngpiàn 紀錄影片 9-729A
jìlùyīyán 季路一言 4-211B
jīlǘ 剞閭 2-700A
jīlǚ 姬呂 4-358A
jīlǚ 屐履 4-49B
jīlǚ 嵇呂 8-81B
jīlǚ 羈旅 8-1056A
jīlǚ 踦履 10-490A
jīlǜ 機慮 4-1332A
jīlǜ 積慮 8-145B
jílǜ 極慮 4-1143A
jǐlǚ 脊膂 6-1256A
jìlǜ 紀律 9-727A
jìlǜ 計律 11-16B
jìlǜ 計慮 11-21A
jīlüè 畿略 7-1405A
jīlüè 機略 4-1328B
jílüè 籍略 8-1271B
jílüè 藉略 9-587A
jìlüè 紀略 9-727B
jìlüè 計略 11-17B
jīlǚjiān 屐履間 4-49B
jīmá 緝麻 9-940A
jīmá 積麻 8-139A
jīmǎ 擊馬 6-901B
jīmà 譏罵 11-436A
jímǎ 疾馬 8-302A
jímǎ 籍馬 8-1271A
jímà 極罵 4-1144A
jímà 蝍蟆 8-910B
jìmǎ 冀馬 2-163A
jìmǎ 驥馬 12-916A
jímài 疾脈 8-302A
jìmài 寄賣 3-1514A
jímàihuǎnjiǔ 急脈緩灸 7-458B
jímàihuǎnshòu 急脈緩受 7-459A
jīmàn 稽慢 8-122A
jímàn 棘蔓 4-1107A
jīmáng 雞盲 11-862A
jímáng 即忙 2-530B
jímáng 急忙 7-456A

jímáng 疾忙 8-298A
jǐmáng 戟鋩 5-230B
jìmáng 悸罔 7-598A
jímángmáng 急忙忙 7-456A
jímào 極貌 4-1142A
jímào 嫉媢 4-396B
jìmào 忌媢 7-408A
jīmáobào 雞毛報 11-860A
jīmáobǐ 雞毛筆 11-860B
jīmáodǎnzi 雞毛撣子 11-860B
jīmáodǎnzi 雞毛撢子 11-860B
jīmáodiàn 雞毛店 11-860A
jīmáofáng 雞毛房 11-860A
jīmáoguān 雞毛官 11-860A
jīmáosuànpí 雞毛蒜皮 11-860B
jīmáowénshū 雞毛文書 11-860A
jīmáoxìn 雞毛信 11-860A
jīmāozihǎnjiào 雞猫子喊叫 11-863B
jīměi 積痗 8-141A
jíměi 極美 4-1139A
jíměi 疾痗 8-303B
jìméi 寄梅 3-1511A
jìméi 檕梅 4-1335B
jìměi 濟美 6-192B
jìměi 繼美 9-1044B
jìmèi 季妹 4-211A
jìmèi 寂昧 3-1515B
jìmèi 霽媚 11-746B
jǐméiliūyǎn 擠眉溜眼 6-941B
jǐméinòngyǎn 擠眉弄眼 6-941B
jīmèn 積懣 8-148A
jímén 及門 1-636B
jímén 棘門 4-1105B
jímén 蹐門 10-532B
jǐmén 戟決 5-230A
jìmén 忌門 7-407B
jìmén 祭門 7-911B
jìmén 稷門 8-123B
jìmén 薊門 9-566A
jīméng 擊蒙 6-903A
jīméng 雞濛 11-866B
jīméng 饑氓 12-583B
jīmèng 雞夢 11-864B
jímèng 吉夢 3-96A
jìméng 計蒙 11-19B
jìmèng 季孟 4-210B
jìmèngzhījiān 季孟之間 4-210B
jíménjūn 棘門軍 4-1106A
jīmí 積迷 8-136A
jīmí 積靡 8-148A
jīmí 羈縻 8-1058B
jīmí 羈靡 8-1059A
jīmí 韲糜 12-394B
jīmǐ 機米 4-1324A
jīmǐ 齎米 12-1443A
jīmì 機祕 4-1327A
jīmì 機密 4-1329A
jīmì 積冪 8-146B
jīmì 幾密 4-449B
jímí 藉靡 9-587B
jìmǐ 穄米 8-151A
jìmì 寂謐 3-1518A
jìmì 家謐 3-1373A
jīmián 擊綿 6-903B
jīmiǎn 激勉 6-171B
jīmiàn 齏麪 12-1444B
jímiǎn 疾免 8-298B
jīmiào 機妙 4-1324B
jímiào 極妙 4-1137B
jímiào 極廟 4-1143A
jìmiào 稷廟 8-124B
jīmiè 擊滅 6-903B
jìmiè 寂滅 3-1516B
jìmiè 寂蔑 3-1517A
jìmiè 寂篾 3-1517B
jìmiè 寄滅 3-1513B
jìmiè 家滅 3-1373A
jīmìfáng 機密房 4-1329A
jīmín 飢民 12-493A
jīmín 畸民 7-1383B
jīmín 積民 8-131B
jīmín 饑民 12-583B
jìmín 奇民 2-1522A
jīmǐn 機敏 4-1328B
jīmǐn 積泯 8-134A
jǐmǐn 給敏 9-826A
jìmín 濟民 6-191B
jìmǐn 齊敏 12-1432B
jīmíng 機明 4-1325A
jīmíng 雞鳴 11-865A
jīmìng 基命 2-1111B
jīmìng 稽命 8-121A
jīmìng 機命 4-1325B
jímíng 極名 4-1137A
jímíng 極明 4-1137B
jímíng 籍名 8-1271A
jímìng 吉命 3-93B
jímìng 即命 2-531A
jímìng 集命 11-800A
jìmíng 記名 11-59B
jìmíng 寄名 3-1507B
jìmíng 繼明 9-1044A
jìmíng 齊明 12-1429B
jìmìng 寄命 3-1509A
jìmíngfú 記名符 11-59B
jìmíngfú 寄名符 3-1508A
jīmínggǒudào 雞鳴狗盗 11-865B
jīmínggǒudào 雞鳴狗盜 11-865B
jīmínggǒufèi 雞鳴狗吠 11-865B
jīmínghòudàn 雞鳴候旦 11-866A
jīmínghú 雞鳴壺 11-866A
jīmíngjǐ 雞鳴戟 11-866A
jīmíngjièdàn 雞鳴戒旦 11-865B
jīmíngqǐwǔ 雞鳴起舞 11-865B
jīmíngquǎnfèi 雞鳴犬吠 11-865B
jìmíngsuǒ 寄名鎖 3-1508A
jīmíngyègēng 雞鳴饁耕 11-866A
jīmíngzhīzhù 雞鳴之助 11-865B
jīmíwèisuǒ 羈縻衛所 8-1058B
jīmízhōu 羈縻州 8-1058B
jīmó 機謨 4-1333B
jīmò 積墨 8-145B
jímò 吉莫 3-94A
jímò 即墨 2-532B
jímò 亟墨 1-778B
jímò 疾瘼 8-304B
jímò 瘠墨 8-351A
jímò 籍没 8-1271A
jímò 藉没 9-587A
jìmó 計謨 11-22A
jìmò 季末 4-209B
jìmò 寂嘿 3-1517B
jìmò 寂莫 3-1515B
jìmò 寂寞 3-1516B
jìmò 寂漠 3-1516B
jìmò 寂默 3-1518A
jìmò 祭陌 7-911B
jìmò 宋漠 3-1426A
jìmò 家莫 3-1372B
jìmò 家寞 3-1373A
jìmò 家漠 3-1372B
jímòhóu 即墨侯 2-532B
jímòniú 即墨牛 2-532B
jīmóu 稽謀 8-122B
jīmóu 機謀 4-1333A
jīmóu 績謀 9-977A
jímóu 集謀 11-802A
jìmóu 計謀 11-22A
jímòxuē 吉莫靴 3-94A
jímòxuē 吉莫鞾 3-94A
jīmù 機幕 4-1330B
jīmù 積木 8-129B
jīmù 擊目 6-900A
jímǔ 極畝 4-1139B
jímù 緝睦 9-940B
jímù 緝穆 9-940B
jímù 即目 2-530A
jímù 極目 4-1136A
jímù 輯睦 9-1300A
jímù 輯穆 9-1300A
jǐmù 麂目 12-1288B
jìmǔ 季母 4-210A
jìmǔ 繼母 9-1043B
jìmù 計幕 11-19B
jìmù 記目 11-59A
jìmù 寄目 3-1506A
jìmù 祭墓 7-913A
jìmù 罽幕 8-1045B
jìmù 罽幙 8-1045B
jìmù 覬慕 10-352A
jǐmùlí 麂目籬 12-1288B
jīmùyǎn 雞目眼 11-861A
jímùzhītīng 棘木之聽 4-1105A
jímùzhīxià 棘木之下 4-1105A
jīná 緝拏 9-939B
jīná 緝拿 9-940A
jínà 籍納 8-1271B
jìn'āi 矜哀 8-582B
jīn'ài 津隘 5-1192B
jìn'ài 矜愛 8-584A
jìn'āi 盡哀 7-1455B
jìnǎi 忌妳 7-407A
jìnǎi 既乃 4-657B
jìnài 鰶鰶 12-1258A
jìn'ài 盡愛 7-1457A
jìn'ài 近愛 10-737B
jīn'ān 金安 11-1147B
jīnàn 擊難 6-905A
jīn'àn 津岸 5-1190A
jínàn 及難 1-637B
jínàn 急難 7-463B
jǐn'àn 謹按 11-395A
jǐn'àn 謹案 11-396A
jìn'ān 近安 10-733A
jìn'ān 寖安 3-1577B
jìnàn 濟難 6-195A
jìnánbì 冀南幣 2-163A
jínáng 笈囊 8-1107B
jīnánqīngshī 機難輕失 4-1333B
jìnánshēng 濟南生 6-192B
jīn'áo 金獒 11-1176B
jīn'áo 金鰲 11-1194A
jīn'áo 金鼇 11-1195B
jīnǎo 激惱 6-173B
jīnào 積淖 8-139B
jìn'ào 矜傲 8-584A
jìn'áo 進廒 10-994A
jìn'ào 禁奥 7-929B
jīn'áoyùdōng 金鼇玉蝀 11-1195B
jīn'áoyùdòng 金鰲玉棟 11-1194A
jīn'ǎozi 金襖子 11-1188B
jǐn'ǎozi 錦襖子 11-1338A
jǐnbā 緊巴 9-879B
jìnbá 進拔 10-983A
jǐnbābā 緊巴巴 9-879B
jǐnbái 謹白 11-393B
jǐnbǎi 錦柏 11-1334A
jìnbái 進白 10-981A
jìnbài 進拜 10-985B
jīnbān 津般 5-1191A
jīnbǎn 金板 11-1151A
jīnbǎn 金版 11-1152A
jǐnbān 錦斑 11-1335B
jìnbān 近班 10-735A
jìnbān 進班 10-989A
jìnbǎn 搢版 6-798A
jīnbǎng 金榜 11-1177A
jīnbǎng 金牓 11-1178A
jīnbàng 金鎊 11-1190B
jìnbāng 晉邦 5-708B
jìnbàng 近傍 10-736B
jìnbàng 近謗 10-738B
jīnbǎngguàmíng 金榜掛名

11-1177A
jīnbǎngtímíng 金榜題名 11-1177A
jīnbāo 金苞 11-1150B
jīnbǎo 金寶 11-1194A
jīnbào 衿抱 9-44A
jīnbào 襟抱 9-141A
jǐnbāo 錦苞 11-1333B
jìnbāo 浸包 5-1287B
jìnbǎo 禁寶 7-933A
jìnbào 禁暴 7-931A
jìnbào 禁虣 7-931A
jīnbǎopái 金寶牌 11-1194A
jìnbàoshì 禁暴氏 7-931A
jīnbēi 金杯 11-1150B
jīnbèi 金貝 11-1149A
jīnbèi 金背 11-1155B
jīnbèi 金蓓 11-1173B
jīnbèi 襟背 9-141B
jǐnbèi 錦被 11-1334B
jǐnbèi 謹備 11-397A
jìnbèi 禁備 7-929A
jǐnbèiduī 錦被堆 11-1335A
jǐnbèihuā 錦被花 11-1334B
jīnběn 今本 1-1079A
jìnběn 進本 10-980B
jìnběn 搢本 6-798A
jīnbēnbāpíng 金奔巴瓶 11-1151A
jǐnbēng 錦絣 11-1337A
jǐnbēng 錦棚 11-1336B
jǐnbēngbēng 緊綳綳 9-881A
jìnběntuìmò 進本退末 10-980B
jīnběnwèi 金本位 11-1143A
jǐnběnxiángshǐ 謹本詳始 11-393B
jīnbì 金鎞 11-1190A
jīnbì 金鈚 11-1171A
jīnbǐ 金筆 11-1170B
jīnbì 金幣 11-1179B
jīnbì 金碧 11-1176A
jīnbì 金篦 11-1184B
jīnbì 金蹕 11-1187B
jīnbì 金璧 11-1191B
jīnbì 矜愎 8-584A
jǐnbì 錦幣 11-1337A
jǐnbì 謹閟 11-398A
jìnbī 進偪 10-991A
jìnbī 進逼 10-992A
jìnbǐ 近比 10-731A
jìnbǐ 近鄙 10-737A
jìnbì 近弼 10-737A
jìnbì 進壁 10-997B
jìnbì 禁陛 7-926B
jìnbì 禁閉 7-928B
jìnbì 噤閉 3-515B
jīnbiān 金編 11-1184A
jīnbiān 金邊 11-1190A
jìnbiān 近邊 10-738B
jìnbiàn 近便 10-734B
jǐnbiānyá 錦邊牙 11-1338A
jīnbiāo 金颷 11-1188B
jīnbiāo 金飆 11-1194B
jīnbiāo 金飇 11-1194B
jīnbiāo 金鑣 11-1196A
jǐnbiāo 錦標 11-1337A
jìnbiǎo 進表 10-983A
jǐnbiāosài 錦標賽 11-1337B
jǐnbiāoshè 錦標社 11-1337B
jīnbiāoyùluò 金鑣玉絡 11-1196A
jīnbiāoyùpèi 金鑣玉轡 11-1196A
jīnbìbū 金畢逋 11-1161A
jīnbìguāmù 金篦刮目 11-1184B
jīnbìhuīhuáng 金碧輝煌 11-1176B
jīnbìhuīhuáng 金璧輝煌 11-1191B
jīnbìhuīyìng 金碧輝映 11-1176B
jìnbīn 近賓 10-737B
jīnbǐng 金餅 11-1179A
jīnbǐng 金琕 11-1168A
jǐnbǐng 謹稟 11-397B
jìnbīng 進兵 10-982B
jìnbīng 禁兵 7-923A
jìnbǐng 進稟 10-994A
jìnbǐng 進稾 10-994A
jīnbìshānshuǐ 金碧山水 11-1176A
jìnbìshì 禁閉室 7-929A
jīnbìshù 金篦術 11-1184B
jīnbǐyào 金匕藥 11-1138B
jīnbìyínghuáng 金碧熒煌 11-1176A
jīnbō 金波 11-1153A
jīnbó 金帛 11-1152A
jīnbó 金箔 11-1178A
jīnbó 金薄 11-1184A
jìnbó 進泊 10-984A
jìnbó 進薄 10-997A
jìnbó 寖薄 3-1579A
jìnbó 靳薄 12-188B
jīnbōyùyè 金波玉液 11-1153A
jìnbù 津步 5-1190A
jǐnbù 錦布 11-1332A
jìnbǔ 進補 10-993A
jìnbù 近步 10-733A
jìnbù 進步 10-982A
jìnbù 禁步 7-923A
jìnbùdé 禁不得 7-920B
jìnbùguò 禁不過 7-920B
jīnbùhuàn 金不換 11-1140B
jǐnbùjǐn 緊不緊 9-879B
jìnbùqǐ 禁不起 7-920B
jīnbùyáo 金步搖 11-1149A
jǐnbùzhàng 錦步障 11-1333B
jìnbùzhù 禁不住 7-920B
jīncái 金財 11-1161A
jīncái 矜才 8-580B
jīncái 矜裁 8-583B
jīncǎi 金采 11-1152B
jīncǎi 金彩 11-1166B
jǐncái 謹材 11-394A
jǐncǎi 錦綵 11-1337A
jǐncài 堇菜 9-436A
jìncái 近才 10-731A
jìncái 禁財 7-927A
jìncái 靳財 12-188A
jīncáishǐqì 矜才使氣 8-580B
jīncán 金蠶 11-1196B
jìncān 進參 10-991B
jìncān 進餐 10-997A
jīncàncàn 金燦燦 11-1188B
jìncāng 禁倉 7-927B
jīncángyún 金藏雲 11-1187B
jīncáo 金槽 11-1181A
jīncǎo 今草 1-1080A
jìncǎo 進艸 10-982A
jìncǎo 進草 10-985A
jìncǎo 藎草 9-599A
jīncè 金冊 11-1145A
jīncè 金策 11-1170B
jīncè 矜惻 8-584A
jìncè 近側 10-736A
jìncè 進冊 10-981A
jìncè 進策 10-992A
jīncéng 金層 11-1183B
jīnchá 矜察 8-585A
jīnchà 金刹 11-1152B
jīnchà 矜詫 8-584B
jǐnchá 謹察 11-398A
jìnchá 禁察 7-930B
jīnchāi 金釵 11-1166A
jǐnchāi 錦拆 11-1333B
jīnchāidiànhé 金釵鈿合 11-1166B
jīnchāihuànjiǔ 金釵換酒 11-1166B
jīnchāikè 金釵客 11-1166B
jīnchāishí'èrháng 金釵十二行 11-1166A
jīnchán 金蟬 11-1189B
jīnchán 金蟾 11-1192A
jǐnchān 錦襜 11-1338B
jǐnchán 錦纏 11-1339A
jìnchán 進讒 10-1000A
jìnchǎn 進諂 10-996A
jīnchánbì 金纏臂 11-1195A
jīnchāng 金閶 11-1186B
jǐncháng 錦腸 11-1336A
jìnchāng 寖昌 3-1578A
jìnchǎng 進場 10-991B
jìnchǎng'er 盡場兒 7-1456B
jìnchāngjìnchì 寖昌寖熾 3-1578A
jīnchāngtíng 金昌亭 11-1151B
jīnchāngtíng 金閶亭 11-1186B
jīnchánjì 金蟬計 11-1189B
jǐnchántóu 錦纏頭 11-1339A
jīnchántuìqiào 今蟬蛻殼 1-1081A
jīnchántuōqiào 金蟬脱殼 11-1190A
jīnchántuōqiào 金蟬脱殼 11-1190A
jīncháo 今朝 1-1080B
jìncháo 近朝 10-736B
jìncháo 進朝 10-992A
jīnchē 巾車 3-672A
jīnchē 金車 11-1148B
jǐnchē 錦車 11-1333A
jīnchén 金晨 11-1165B
jīnchén 金塵 11-1179B
jìnchēn 賮琛 10-308A
jìnchén 近臣 10-732B
jìnchén 浸沉 5-1287B
jìnchén 禁臣 7-922B
jìnchén 禁宸 7-928A
jìnchén 藎臣 9-599A
jīnchéng 金城 11-1154A
jīnchéng 金橙 11-1184A
jǐnchéng 錦城 11-1334A
jǐnchéng 錦塍 11-1336A
jǐnchéng 謹呈 11-394A
jǐnchéng 謹承 11-394B
jìnchéng 進呈 10-982A
jìnchéng 進城 10-991B
jìnchéng 進程 10-992A
jìnchéng 寖成 3-1577B
jìnchéng 禁城 7-925B
jīnchéngliǔ 金城柳 11-1154B
jīnchéngqiānlǐ 金城千里 11-1154B
jǐnchéngshǐ 錦城使 11-1334A
jīnchéngshíshì 金城石室 11-1154B
jīnchéngtāngchí 金城湯池 11-1154B
jīnchéngtáo 金城桃 11-1154B
jǐnchēshǐ 錦車使 11-1333A
jīnchēzhī'ēn 巾車之恩 3-672A
jīnchī 金螭 11-1184B
jīnchī 金鴟 11-1186A
jīnchí 金池 11-1147A
jīnchí 金墀 11-1181A
jīnchí 矜持 8-582A
jìnchí 禁持 7-925B
jīnchǐ 金齒 11-1182A
jīnchì 金翅 11-1160B
jīnchì 矜飭 8-584A
jǐnchí 謹持 11-395A
jǐnchì 謹勑 11-396A
jǐnchì 謹勅 11-395A
jǐnchì 謹敕 11-396B
jǐnchì 謹飭 11-397A
jìnchí 寖弛 3-1577B
jìnchí 禁池 7-922B
jìnchí 禁墀 7-931A
jìnchǐ 盡齒 7-1457B
jìnchǐ 進尺 10-980B
jìnchì 禁斥 7-922A
jìnchì 禁飭 7-929B
jīnchìbòhǎi 金翅擘海 11-1161A

jīnchìniǎo 金翅鳥 11-1161A
jīnchìshàn 金翅扇 11-1161A
jīnchóng 金蟲 11-1189B
jīnchǒng 矜寵 8-585B
jìnchóu 進酬 10-993B
jìnchóu 盡籌 9-599B
jìnchǒuzi 近瞅子 10-737B
jīnchǔ 金杵 11-1151A
jīnchù 金畜 11-1163A
jǐnchǔ 謹處 11-396B
jìnchū 進出 10-981A
jìnchǔ 近處 10-736A
jìnchù 近處 10-736A
jìnchù 進黜 10-998B
jìnchù 禁黜 7-932A
jīnchuán 金船 11-1166A
jǐnchuān 錦川 11-1331B
jìnchuán 進船 10-991A
jīnchuāng 金窓 11-1167B
jīnchuāng 金窗 11-1171B
jīnchuāng 金牕 11-1182B
jīnchuāng 金瘡 11-1183A
jīnchuāng 金創 11-1171B
jīnchuáng 金床 11-1150A
jīnchuáng 金牀 11-1153B
jīnchuí 金槌 11-1173B
jīnchuí 金椎 11-1168B
jīnchuì 金吹 11-1149A
jìnchūkǒu 進出口 10-981A
jìnchūn 禁春 7-925B
jīnchún 金錞 11-1186A
jìnchūn 進春 10-985A
jīnchuòjiàn 金齪箭 11-1195A
jīncí 矜慈 8-584B
jīncì 今次 1-1079B
jīncì 金刺 11-1151A
jǐncí 謹辭 11-399B
jìncí 盡辭 7-1458A
jìncí 晉祠 5-708B
jìncí 進辭 10-999A
jìncì 進次 10-981B
jīncóng 矜從 8-583A
jìncóng 禁從 7-928B
jǐncòu 緊凑 9-880B
jǐncòu 緊湊 9-881A
jǐncù 緊促 9-880B
jǐncù 錦簇 11-1338A
jǐncùhuātuán 錦簇花團 11-1338A
jīncuì 金毳 11-1170A
jīncuì 金翠 11-1180B
jìncuì 盡瘁 7-1457A
jìncuì 盡顇 7-1458A
jìncuì 浸淬 5-1288B
jīncún 矜存 8-581A
jǐncún 僅存 1-1614B
jìncùntuìchǐ 進寸退尺 10-979B
jīncuò 金錯 11-1185A
jīncuòdāo 金錯刀 11-1185A
jīncuòshū 金錯書 11-1185A
jīndá 津達 5-1192A
jīndá 矜怛 8-582A
jīndà 矜大 8-580B
jìndá 進達 10-992A
jìndà 寖大 3-1577B
jīndài 今代 1-1079A
jīndài 金帶 11-1165A
jīndài 金黛 11-1187B
jīndài 津埭 5-1191A
jīndài 津逮 5-1192A
jīndài 矜貸 8-584A
jīndài 衿帶 9-44B
jīndài 襟帶 9-142A
jǐndài 錦帶 11-1335A
jìndài 近代 10-732A
jìndài 寖怠 3-1578A
jīndàiwéi 金帶圍 11-1165A
jīndálái 金達萊 11-1168A
jīndān 金丹 11-1142A
jīndān 黅丹 12-1014A
jīndàn 今旦 1-1079A
jīndàn 斤石 6-1052A
jīndàn 金彈 11-1183B
jīndàn 矜誕 8-584B
jǐndàn 錦贉 11-1338B
jīndāng 金璫 11-1186B
jìndāng 禁當 7-929B
jīndàng 矜蕩 8-585A
jìndāng 近璫 10-738B
jìndǎng 近黨 10-739A
jìndàng 浸蕩 5-1289B
jìndàng 進當 10-993B
jīndāngdàwǎn 金璫大晼 11-1186B
jīndānhuàngǔ 金丹换骨 11-1142A
jīndāo 金刀 11-1138B
jīndāo 金舠 11-1152A
jīndào 金翿 11-1193A
jīndào 筋道 8-1156B
jǐndào 謹盜 11-397A
jìndǎo 進搗 10-993B
jìndǎo 進導 10-996B
jìndǎo 進擣 10-998A
jìndǎo 進蹈 10-998B
jìndào 近道 10-737A
jìndào 勁道 2-790B
jìndào 進道 10-993A
jìndào 靳道 12-188B
jìndàoruòtuì 進道若退 10-993A
jìndàoruòtuì 進道若遐 10-993A
jìnde 禁的 7-925A
jīndé 金德 11-1182B
jìndé 禁得 7-928B
jǐndé 謹德 11-398B
jìndé 進德 10-996A
jìndéguān 進德冠 10-996A
jīndēng 金燈 11-1186B
jīndèng 金凳 11-1180B
jìndēng 進登 10-993B
jìndéqǐ 禁得起 7-928B
jìndéxiūyè 進德修業 10-996A
jìndéxiūyè 進德脩業 10-996A
jīndézhù 禁得住 7-928B
jīndī 金隄 11-1168A
jīndī 金堤 11-1168A
jīndī 金鏑 11-1192B
jīndī 津滴 5-1192B
jīndí 金狄 11-1149B
jīndí 金翟 11-1180B
jīndì 金地 11-1145B
jǐndì 緊地 9-879B
jǐndì 錦地 11-1332A
jìndí 盡敵 7-1457B
jìndǐ 盡底 7-1455B
jìndǐ 進抵 10-983A
jìndǐ 禁邸 7-923B
jìndì 近地 10-732A
jìndì 禁地 7-922B
jīndiǎn 今典 1-1080A
jīndiàn 金殿 11-1176A
jīndiàn 金鈿 11-1175A
jīndiàn 津墊 5-1192B
jìndiǎn 進點 10-998B
jìndiǎn 禁典 7-924B
jìndiàn 近甸 10-733B
jìndiàn 進奠 10-993A
jìndiàn 禁殿 7-930B
jīndiāo 金貂 11-1171A
jīndiāohuànjiǔ 金貂换酒 11-1171B
jīndiāoqǔjiǔ 金貂取酒 11-1171B
jīndiāoshìjiǔ 金貂貰酒 11-1171B
jīndié 金牒 11-1174B
jīndié 金疊 11-1195A
jīndié 金氎 11-1196B
jìndié 禁牒 7-930A
jīndǐng 金鼎 11-1170A
jīndìng 金鋌 11-1178B
jìndīng 進丁 10-979A
jìndǐng 晉鼎 5-709B
jīndīngfú'ōu 金釘浮甌 11-1163A
jīndǐngkè 金鼎客 11-1170A
jìndǐngyīluán 禁鼎一臠 7-929A
jīndīxiāng 金磾香 11-1187B
jīndòng 矜動 8-583A
jìndòng 禁動 7-928A
jìndōng 近東 10-733B
jìndòng 進動 10-991A
jìndòng 噤凍 3-515B
jǐndòngdòng 緊洞洞 9-880B
jīndǒnghú 今董狐 1-1080B
jīndōu 觔兜 10-1355B
jīndǒu 金斗 11-1142A
jīndǒu 觔斗 10-1355A
jīndǒu 筋斗 8-1155B
jīndòu 金豆 11-1149A
jìndōu 盡都 7-1456A
jìndòu 進鬬 10-1000A
jīndǒuyún 觔斗雲 10-1355A
jīndú 金櫝 11-1192A
jīndú 金犢 11-1192B
jīndú 矜獨 8-585B
jīndù 津渡 5-1192A
jīndù 筋度 8-1156A
jīndù 襟度 9-141B
jǐndú 謹獨 11-399A
jǐndǔ 謹篤 11-399A
jǐndù 謹度 11-395B
jìndū 進督 10-993B
jìndú 進毒 10-985A
jìndú 進牘 10-999A
jìndú 進讀 10-999B
jìndù 進度 10-986A
jīnduàn 今段 1-1080A
jīnduàn 金斷 11-1191B
jǐnduàn 錦段 11-1334A
jǐnduàn 錦緞 11-1337B
jìnduān 盡端 7-1457B
jìnduàn 禁斷 7-932B
jīnduànxījué 金斷觿決 11-1191B
jīnduì 金敦 11-1171B
jǐnduì 錦隊 11-1335B
jǐnduì 謹對 11-398A
jìnduì 進對 10-994B
jìnduì 覲對 10-352B
jīndùn 金遁 11-1171A
jǐndūn 錦墩 11-1337A
jǐndùn 謹鈍 11-397A
jǐndùn 謹頓 11-397B
jìndùn 進頓 10-993B
jìndùn 寖頓 3-1579A
jīnduó 金鐸 11-1194B
jīnduò 矜惰 8-584A
jǐnduō 儘多 1-1719B
jìnduō 盡多 7-1454B
jìnduō 寖多 3-1577B
jìnduó 搢鐸 6-798B
jǐnduōjǐnshǎo 儘多儘少 1-1719B
jīn'é 巾額 3-674A
jīn'é 金娥 11-1164B
jīn'é 金蛾 11-1174A
jīn'é 金額 11-1191B
jīn'é 金鵝 11-1190A
jīn'è 金厄 11-1141A
jìn'é 禁額 7-932B
jìn'è 進惡 10-992A
jìn'è 進扼 10-982A
jìn'è 禁遏 7-929A
jīněi 飢餒 12-494B
jīněi 饑餒 12-584B
jīnèi 畿内 7-1404A
jíněi 瘠餒 8-351A
jīnèijīn 雞内金 11-860A
jìn'ēn 進恩 10-989B
jīnéng 機能 4-1327B
jīnéng 積能 8-138A
jínéng 極能 4-1139B
jìnéng 伎能 1-1179A
jìnéng 技能 6-359B
jīn'er 今兒 1-1080A
jīn'er 襟兒 9-141B
jīn'ěr 金珥 11-1158B
jīn'ěr 金餌 11-1179A

jǐn'ěr 謹耳 11-393B
jìn'ér 進而 10-981A
jīn'ergè 今兒個 1-1080A
jīn'éruǐ 金鵝蕊 11-1190A
jīnfā 津發 5-1192B
jīnfá 金罰 11-1177B
jīnfá 津筏 5-1192A
jīnfá 矜伐 8-581A
jīnfǎ 金法 11-1152B
jīnfǎ 矜法 8-582A
jìnfā 進發 10-993B
jìnfā 禁發 7-929B
jìnfá 進伐 10-981B
jìnfá 禁罰 7-930B
jìnfǎ 盡法 7-1455B
jìnfǎ 禁法 7-925A
jīnfān 今番 1-1080B
jīnfān 金幡 11-1182B
jīnfān 金旛 11-1191B
jīnfàn 金範 11-1182B
jǐnfān 錦帆 11-1332B
jǐnfān 錦颿 11-1338B
jǐnfán 錦凡 11-1331B
jìnfān 進帆 10-981A
jìnfàn 進犯 10-981A
jìnfàn 進飯 10-992B
jīnfāng 金方 11-1142A
jīnfáng 金房 11-1153B
jīnfàng 矜放 8-582A
jǐnfáng 謹防 11-393B
jìnfāng 禁方 7-921B
jìnfāng 禁坊 7-923A
jìnfáng 近房 10-734B
jìnfáng 進房 10-984B
jìnfáng 禁防 7-922B
jǐnfānjīng 錦帆涇 11-1332B
jǐnfāntiānzǐ 錦帆天子 11-1332B
jīnfànwǎn 金飯碗 11-1171B
jīnfēi 金扉 11-1172A
jīnfēi 金緋 11-1180B
jīnfèi 津費 5-1192B
jìnfēi 禁扉 7-929B
jìnfèi 寖廢 3-1579A
jīnfěicuì 金翡翠 11-1177B
jīnfēixībǐ 今非昔比 1-1079B
jīnfēn 今分 1-1078B
jīnfěn 金粉 11-1163B
jīnfēn 金分 11-1142A
jīnfèn 矜奮 8-585B
jìnfēn 祲氛 7-918B
jīnfēng 斤風 6-1052B
jīnfēng 金風 11-1157A
jīnfèng 金鳳 11-1179A
jǐnfēng 謹風 11-395B
jǐnfèng 錦鳳 11-1336B
jìnfēng 晉封 5-708B
jìnfēng 進封 10-985A
jìnfēng 進鋒 10-996A
jìnfèng 進奉 10-983A
jìnfèng 進俸 10-989B
jìnfèngchuán 進奉船 10-983A
jīnfènghuáng 金鳳凰 11-1179A
jìnfèngménhù 進奉門户 10-983A
jìnfēngrì 禁封日 7-925B
jīnfēngyùlù 金風玉露 11-1157A
jīnfěnnáncháo 金粉南朝 11-1163B
jīnfū 金夫 11-1140B
jīnfū 金麩 11-1182A
jīnfú 巾拂 3-672B
jīnfú 巾服 3-672B
jīnfú 今夫 1-1078A
jīnfú 金伏 11-1146B
jīnfú 金符 11-1165B
jīnfú 金鳧 11-1174B
jīnfú 衿服 9-44A
jīnfǔ 斤斧 6-1052A
jīnfǔ 金斧 11-1152B
jīnfǔ 襟腑 9-142B
jīnfù 矜負 8-582A
jǐnfú 錦服 11-1333B
jǐnfú 錦幅 11-1336A
jǐnfú 謹孚 11-394A
jǐnfǔ 錦府 11-1333B
jìnfú 近服 10-734A
jìnfú 近郛 10-735A
jìnfú 進服 10-984A
jìnfú 搢紱 6-798A
jìnfǔ 近輔 10-737B
jìnfǔ 進脯 10-991A
jìnfǔ 禁府 7-925A
jìnfù 進赴 10-985A
jìnfù 進富 10-993A
jìnfù 進復 10-992B
jīnfúróng 金芙蓉 11-1147B
jìnfǔtuìfǔ 進俯退俯 10-989B
jīng'āi 驚哀 12-889A
jīngài 金蓋 11-1173A
jīngài 襟概 9-142B
jìngǎi 進改 10-983A
jìngài 浸溉 5-1289A
jìng'ài 敬愛 5-489A
jīngān 金柑 11-1155A
jīngān 津干 5-1190A
jīngǎn 金簳 11-1192B
jīngǎn 筋竿 8-1156A
jīngǎn 筋簳 8-1157B
jīngàn 筋幹 8-1156B
jīngàn 筋榦 8-1157A
jǐngàn 謹幹 11-397B
jìngān 進干 10-979A
jìng'ān 靜安 11-569A
jìng'àn 竟案 8-386B
jīngāng 金缸 11-1156B
jīngāng 金剛 11-1161A
jīngāng 金釭 11-1166A
jīngāng 金鋼 11-1185B
jǐngàng 錦杠 11-1333A
jīngāngbùhuàishēn 金剛不壞身 11-1161B
jīngāngchán 金剛禪 11-1162A
jīngāngchǔ 金剛杵 11-1161B
jīngānggǔ 金剛骨 11-1162A
jīngāngjiān 金剛堅 11-1162A
jīngāngjiēdì 金剛揭帝 11-1162A
jīngāngjiēdì 金剛揭諦 11-1162A
jīngānglǎo'érdāng 金剛老兒當 11-1161B
jīngānglìshì 金剛力士 11-1161B
jīngāngnǔmù 金剛努目 11-1161B
jīngāngnùmù 金剛怒目 11-1162A
jīngāngquān 金剛圈 11-1162A
jīngāngshā 金剛砂 11-1162A
jīngāngshén 金剛神 11-1162A
jīngāngshí 金剛石 11-1161B
jīngāngshí 金鋼石 11-1186A
jīngāngshíhūn 金剛石婚 11-1161B
jīngāngshuǐ 金剛水 11-1161B
jīngāngwǔ 金剛舞 11-1162A
jīngāngyǎn 金剛眼 11-1162A
jīngāngyǎnjing 金剛眼睛 11-1162A
jīngāngzàng 金剛藏 11-1162B
jīngāngzuàn 金剛鑽 11-1162B
jīngāngzuò 金剛座 11-1162A
jìng'ānsì 靜安寺 11-569A
jīngāo 金膏 11-1179A
jīngāo 金糕 11-1186A
jīngāo 矜高 8-583A
jīngào 金誥 11-1179A
jīng'ào 精奥 9-225A
jīng'ào 驚懊 12-895A
jǐngào 謹告 11-394A
jǐng'ào 警拗 11-412B
jìngāo 寖高 3-1578A
jìngǎo 近稿 10-738A
jìngǎo 進稿 10-996A
jìngào 進告 10-982A
jīngbá 精拔 9-218B
jǐngbá 警拔 11-412B
jìngbā 鏡疤 11-1384A
jìngbá 勁拔 2-789B
jīngbācùn 京八寸 2-349A
jīngbái 京白 2-349B
jīngbái 精白 9-217A
jīngbái 驚白 12-886A
jīngbài 精稗 9-225B
jīngbài 精粺 9-227A
jìngbái 靚白 11-576A
jīngbǎn 經板 9-862A
jīngbàn 經辦 9-868B
jìngbàn 淨辦 5-1181B
jìngbàn 靜辦 11-574B
jìngbàng 靜搒 11-573A
jīngbānglùndào 經邦論道 9-861B
jīngbāo 旌褒 6-1603A
jīngbǎo 荆寶 2-687B
jīngbào 京報 2-352B
jǐngbào 儆報 1-1662B
jǐngbào 警報 11-414B
jīngbàoliándēng… 京報連登黄甲 2-352B
jǐngbàoqì 警報器 11-414B
jīngbàorén 京報人 2-352B
jīngbèi 精備 9-225A
jīngbèi 鯨背 12-1243B
jīngbèi 驚悖 12-890A
jǐngbèi 儆備 1-1662B
jǐngbèi 警備 11-415A
jīngbēn 驚奔 12-887A
jīngběn 京本 2-349B
jīngběn 精本 9-217A
jìngbēn 徑奔 3-977A
jìngběn 淨本 5-1179A
jīngbèng 驚迸 12-889A
jīngbī 驚逼 12-891B
jīngbì 荆璧 2-687A
jīngbì 旌賁 6-1602A
jīngbì 旌幣 6-1603A
jīngbì 驚避 12-895B
jīngbì 驚蹕 12-896A
jǐngbǐ 憬彼 7-736A
jǐngbì 儆蹕 1-1662B
jǐngbì 警蹕 11-417A
jǐngbì 警拂 11-412B
jìngbí 鏡鼻 11-1385A
jìngbì 淨碧 5-1181A
jìngbì 靜閟 11-573A
jìngbì 靜碧 11-573B
jīngbiàn 經變 9-870B
jīngbiàn 精辯 9-230A
jīngbiàn 驚變 12-898A
jǐngbiān 警邊 11-417A
jǐngbiàn 警辯 11-417B
jìngbiān 淨鞭 5-1181B
jìngbiān 靜邊 11-575A
jìngbiān 靜鞭 11-575A
jìngbiàn 徑便 3-977B
jìngbiàn 靜便 11-570B
jìngbiàn 鏡變 11-1385B
jīngbiāo 驚猋 12-892A
jīngbiāo 驚颷 12-896A
jīngbiāo 驚飆 12-897B
jīngbiāo 驚颮 12-897B
jīngbiāo 驚颮 12-897B
jīngbiāo 驚飊 12-897B
jīngbiāo 驚鑣 12-898A
jīngbiǎo 旌表 6-1600B
jǐngbiāo 警標 11-416A
jīngbié 旌别 6-1600B
jīngbīng 精兵 9-218A
jīngbǐng 晶餅 5-761A
jǐngbīng 警兵 11-412A
jìngbīng 勁兵 2-789B
jìngbīng 靖兵 11-566B

jìngbìng 痙病 8-319B
jìngbìng 競病 8-403A
jīngbīngjiǎnzhèng 精兵簡政 9-218A
jīngbō 晶波 5-760B
jīngbō 鯨波 12-1243B
jīngbō 驚波 12-887B
jīngbó 旌帛 6-1601A
jīngbó 精博 9-224B
jǐngbó 頸脖 12-312A
jǐngbó 警伯 11-412A
jìngbō 靜波 11-570A
jìngbó 浄泊 5-1179B
jìngbó 靜泊 11-570A
jīngbō'èlàng 鯨波鱷浪 12-1243B
jīngbōnùlàng 鯨波怒浪 12-1243B
jīngbōtuólàng 鯨波鼉浪 12-1243B
jǐngbózi 頸脖子 12-312A
jīngbù 荆布 2-683B
jīngbù 經部 9-864A
jīngbù 驚怖 12-887B
jǐngbǔ 警捕 11-413B
jǐngbù 景部 5-772A
jìngbǔ 鏡卜 11-1383A
jìngbù 靖步 11-566B
jīngcāi 驚猜 12-890B
jīngcái 精材 9-218A
jīngcǎi 精采 9-220A
jīngcǎi 精彩 9-223B
jìngcái 浄財 5-1180A
jìngcǎi 鏡彩 11-1384A
jīngcáifēngyì 驚才風逸 12-884B
jīngcáijuéyàn 驚才絶艷 12-884B
jīngcáijuéyàn 驚才絶豔 12-884B
jīngcǎijuéyàn 驚采絶艷 12-887B
jīngcán 兢慚 2-281B
jīngcán 兢慙 2-281B
jīngcán 驚慚 12-894B
jīngcán 驚慙 12-894B
jīngcǎn 驚慘 12-894B
jīngcàn 精粲 9-225B
jīngcàncàn 晶燦燦 5-761A
jīngcāng 京倉 2-352A
jīngcáo 京曹 2-352A
jìngcāo 勁操 2-791A
jìngcǎo 勁草 2-789B
jǐngcè 井廁 1-340A
jǐngcè 警策 11-415A
jǐngcècí 警策辭 11-415A
jīngcén 荆岑 2-684A
jīngchá 京察 2-353A
jīngchá 精察 9-227A
jīngchà 驚詫 12-893B
jīngchà 驚咤 12-888A
jīngchà 驚恠 12-889A
jǐngchá 警察 11-416A
jìngchá 鏡察 11-1385A
jìngchà 浄刹 5-1179B
jīngchāi 荆釵 2-685A
jīngchái 荆柴 2-685A
jīngchāibùqún 荆釵布裙 2-685B
jīngchán 晶蟾 5-761A
jīngchán 經躔 9-870A
jīngchàn 經懺 9-870A
jīngchàn 驚顫 12-898A
jìngchǎn 競諂 8-404A
jīngcháng 經常 9-864B
jīngchǎng 驚惝 12-895A
jǐngchǎng 井場 1-339B
jǐngchǎng 警場 11-414B
jǐngchàng 警唱 11-414A
jìngchǎng 靜場 11-572B
jìngchàng 靜暢 11-573B
jīngchǎngběn 經廠本 9-867B
jīngcháo 京朝 2-352B
jīngcháo 鯨潮 12-1244A
jīngcháo 驚潮 12-895A
jīngchǎo 驚吵 12-887A
jīngcháoguān 京朝官 2-352B
jǐngcháshǔ 警察署 11-416A
jīngchē 旌車 6-1600B
jǐngchē 警車 11-412A
jǐngchè 警徹 11-416B
jìngchè 鏡徹 11-1385A
jìngchè 鏡澈 11-1385A
jīngchén 京塵 2-353A
jīngchén 驚塵 12-894B
jīngchèn 經讖 9-870B
jìngchén 靜塵 11-573B
jīngchéng 京城 2-351A
jīngchéng 經承 9-863A
jīngchéng 經程 9-865B
jīngchéng 精誠 9-226A
jǐngchéng 景澄 5-773B
jìngchéng 鏡澄 11-1385A
jīngchí 京坻 2-350B
jīngchí 兢持 2-280B
jīngchì 精赤 9-218A
jǐngchì 警勑 11-413B
jǐngchì 警敕 11-414A
jǐngchì 警飭 11-415A
jìngchí 競馳 8-404A
jìngchǐ 徑尺 3-977A
jīngchìtiáotiáo 精赤條條 9-218A
jīngchóng 旌崇 6-1601B
jīngchóng 精蟲 9-229B
jīngchǒng 旌寵 6-1603B
jǐngchōng 憬憧 7-736B
jìngchǒng 敬寵 5-490A
jīngchú 經鋤 9-867B
jīngchǔ 京儲 2-353B
jīngchǔ 荆楚 2-686A
jīngchù 驚怵 12-887B
jīngchù 驚搐 12-893A
jìngchǔ 靜處 11-572A
jìngchù 靜處 11-572A
jīngchuàichuài 驚嘬嘬 12-895A
jīngchuān 涇川 5-1197A
jīngchuān 經川 9-860A
jīngchuān 驚川 12-884B
jīngchuán 驚傳 12-893B
jìngchuān 鏡川 11-1383A
jīngchuáng 經幢 9-867B
jīngchuàng 驚愴 12-894A
jǐngchuáng 井牀 1-338A
jìngchuáng 浄牀 5-1179B
jǐngchuí 頸椎 12-312A
jǐngchūlì 景初曆 5-770B
jīngchūn 驚春 12-888A
jīngchún 精純 9-223A
jīngchún 精醇 9-227A
jīngchúnpōkǒu 精脣潑口 9-222A
jǐngchuò 警逴 11-414A
jìngcí 敬辭 5-490A
jìngcí 靜詞 11-572B
jìngcǐ 浄泚 5-1180A
jīngcōng 菁葱 9-429A
jīngcōng 菁蔥 9-429A
jīngcóng 驚潨 12-895A
jìngcòu 競湊 8-403B
jīngcū 精粗 9-223B
jīngcū 精麁 9-227B
jīngcū 精麤 9-231A
jīngcuàn 驚竄 12-896B
jīngcuì 菁翠 9-429A
jīngcuì 精粹 9-227A
jǐngcuì 警粹 11-416A
jìngcuì 靜翠 11-574A
jīngcuìfàn 晶毳飯 5-761A
jìngcún 靜存 11-569A
jìngcùn 徑寸 3-976B
jìngcùnxīn 徑寸心 3-976B
jìngcùnzhū 徑寸珠 3-977A
jīngdá 精達 9-224B
jīngdá 驚怛 12-888A
jīngdà 旌大 6-1600A
jīngdǎguāng 精打光 9-217A
jīngdài 驚代 12-886A
jīngdǎjīng 精打精 9-217A
jīngdǎn 精膽 9-229A
jīngdàn 經擔 9-868A
jīngdàn 驚憚 12-895A
jǐngdàn 景旦 5-770A
jǐngdàn 警旦 11-411A
jìngdàn 浄淡 5-1180B
jìngdàn 竟旦 8-386A
jìngdàn 敬憚 5-489B
jīngdàng 精當 9-225B
jìngdàngdàng 浄蕩蕩 5-1181A
jīngdǎo 驚倒 12-889B
jīngdào 秔稻 8-34A
jīngdào 旌纛 6-1603B
jīngdào 稉稻 8-81B
jīngdào 粳稻 9-214A
jīngdào 精到 9-219A
jīngdào 驚悼 12-891A
jǐngdǎo 儆導 1-1662B
jǐngdào 警道 11-415A
jìngdào 徑道 3-978B
jīngdǎxìsuàn 精打細算 9-217A
jìngdàyúgǔ 脛大於股 6-1281B
jīngdé 旌德 6-1603A
jìngdé 靜德 11-574A
jīngdí 精的 9-219B
jīngdǐ 京邸 2-350A
jīngdì 精諦 9-228B
jǐngdí 警笛 11-414B
jǐngdǐ 井底 1-338A
jǐngdì 井地 1-337A
jìngdí 勁敵 2-791A
jìngdì 境地 2-1199B
jìngdì 靜睇 11-572B
jìngdì 靜諦 11-574B
jìngdì 鏡睇 11-1384B
jīngdiǎn 旌典 6-1600B
jīngdiǎn 經典 9-862A
jīngdiàn 京甸 2-350B
jīngdiàn 驚電 12-893B
jǐngdiǎn 景點 5-774A
jǐngdiàn 井甸 1-338A
jǐngdiàn 井鈿 1-340B
jìngdiǎn 靜點 11-575A
jìngdiàn 靜電 11-573A
jìngdiàn 鏡殿 11-1384B
jǐngdǐhámá 井底蝦蟇 1-338A
jǐngdǐmíngwā 井底鳴蛙 1-338A
jīngdǐng 晶頂 5-760B
jīngdìng 驚定 12-888A
jǐngdīng 警丁 11-410B
jìngdìng 靜定 11-570A
jǐngdǐwā 井底蛙 1-338A
jǐngdǐwā 井底鼃 1-338A
jǐngdǐyǐnyínpíng 井底引銀瓶 1-338A
jǐngdǐzhīwā 井底之蛙 1-338A
jǐngdǐzhuìyínpíng 井底墜銀瓶 1-338A
jīngdòng 驚動 12-890B
jǐngdòng 儆動 1-1662A
jǐngdòng 警動 11-414B
jǐngdòu 頸脰 12-312A
jìngdòu 徑竇 3-979A
jīngdū 京都 2-351B
jīngdú 經瀆 9-869B
jīngdú 精讀 9-230B
jīngdú 驚黷 12-898A
jīngdǔ 精篤 9-228B
jīngdù 經度 9-863A
jīngdù 精度 9-221A
jìngdū 浄都 5-1180A
jìngdú 敬獨 5-489B
jìngdǔ 靜篤 11-574B
jìngdù 徑度 3-977B
jìngdù 競度 8-403A
jìngdù 競渡 8-403B
jìngduān 靖端 11-567B
jìngduàn 鏡斷 11-1385B
jīngdūbājǐng 京都八景 2-351B

jìngdùchuán 競渡船 8-403B
jīngdùn 驚遁 12-892A
jìngdùn 静鈍 11-572B
jīngduó 經度 9-863A
jīngdūshíjǐng 京都十景 2-351B
jīngē 金戈 11-1141A
jīngé 金革 11-1154B
jīngé 金閣 11-1180B
jīngé 筋革 8-1155B
jīngé 筋骼 8-1157A
jīngé 襟鬲 9-141B
jīng'é 菁莪 9-428B
jīng'é 驚吪 12-887A
jīngè 今個 1-1080B
jīng'è 鯨鱷 12-1244B
jīng'è 驚鄂 12-890B
jīng'è 驚愕 12-891A
jīng'è 驚腭 12-894A
jǐngē 錦歌 11-1336B
jǐng'è 穽鄂 8-428A
jìngē 禁割 7-929B
jìngé 禁革 7-926A
jìngé 禁閣 7-930B
jìng'è 靖遏 11-567B
jìng'è 静遏 11-572B
jīngēn 金根 11-1160B
jīngēn 筋根 8-1156A
jīngēnchē 金根車 11-1160B
jīngēng 金庚 11-1152B
jìngēng 進耕 10-989A
jìngēng 禁更 7-923A
jìngēng 禁耕 7-927A
jīng'ěr 驚耳 12-886A
jīng'èr 荆樲 2-687A
jīng'èr 旌毦 6-1601A
jìng'ěr 浄耳 5-1179A
jìng'ěr 竟爾 8-386B
jìng'ěr 静耳 11-569A
jīng'ěrhàimù 驚耳駭目 12-886B
jīng'èrhú 京二胡 2-349A
jìng'éryuǎnzhī 敬而遠之 5-487A
jīngētiějiǎ 金戈鐵甲 11-1141A
jīngētiěmǎ 金戈鐵馬 11-1141A
jīngētiěqí 金戈鐵騎 11-1141A
jǐngfā 警發 11-415A
jìngfā 鏡發 11-1384B
jìngfā 競發 8-404A
jìngfà 浄髮 5-1181A
jīngfān 旌幡 6-1603A
jīngfān 旌旛 6-1603B
jīngfān 驚帆 12-886B
jīngfán 荆凡 2-683A
jīngfán 旌繁 6-1603B
jīngfàn 秔飯 8-34A
jīngfàn 驚犯 12-886A
jīngfāng 京坊 2-350A
jīngfāng 經方 9-860B
jīngfáng 經房 9-862B
jǐngfáng 穽房 8-428A
jǐngfáng 警防 11-411B
jìngfāng 静坊 11-569A
jìngfāng 鏡芳 11-1383B
jìngfáng 静房 11-570A
jīngfángshù 京房術 2-351A
jìngfànwáng 浄飯王 5-1180B
jīngfēi 荆飛 2-684B
jīngfēi 荆扉 2-686A
jīngfēi 驚飛 12-889A
jīngfèi 經費 9-866A
jīngfèn 驚憤 12-895A
jìngfēn 靖氛 11-567A
jìngfèn 敬分 5-486B
jìngfèn 競奮 8-404B
jīngfēng 驚風 12-888B
jīngfēng 驚烽 12-891A
jǐngfēng 景風 5-771B
jìngfēng 痙風 8-319B
jìngfěng 静諷 11-574B
jìngfèng 敬奉 5-487B
jīngfēngchěhuǒ 驚風扯火 12-888B
jīngfēnghàilàng 驚風駭浪 12-888B
jīngfēngnùtāo 驚風怒濤 12-888B
jìngfēnluánfèng 鏡分鸞鳳 11-1383A
jīngfū 精夫 9-216B
jīngfū 驚夫 12-885A
jīngfú 京蚨 2-351B
jīngfú 驚伏 12-886B
jīngfú 驚服 12-887B
jīngfǔ 京府 2-350B
jīngfǔ 京輔 2-353A
jīngfù 荆婦 2-685B
jīngfù 經賦 9-867B
jīngfù 精富 9-225A
jīngfù 徑復 3-978A
jǐngfú 剄拔 2-691B
jǐngfú 景福 5-773B
jǐngfú 警服 11-412B
jǐngfù 井賦 1-341A
jǐngfù 井鮒 1-341A
jìngfū 踁跗 10-484B
jìngfú 浄福 5-1181A
jìngfú 敬服 5-487B
jìngfú 靚服 11-576A
jìngfú 鏡伏 11-1383B
jìngfú 鏡袱 11-1384B
jìngfù 逕復 10-893A
jīngfúniǎo 驚鵩鳥 12-897A
jīnggāi 京垓 2-351A
jīnggài 旌蓋 6-1602A
jǐnggài 景槩 5-773B
jīnggān 旌干 6-1600A
jīnggān 旌竿 6-1601A
jīnggàn 精幹 9-225B
jǐnggàn 井榦 1-340B
jīnggāng 精剛 9-222A
jīnggāng 精鋼 9-228B
jǐnggǎng 警崗 11-414B
jīnggāo 荆高 2-685A
jīnggāo 鯨膏 12-1244A
jǐnggào 警告 11-412A
jīnggē 京歌 2-353A
jīnggē 荆歌 2-686B
jīnggé 荆革 2-684B
jìnggé 鏡閣 11-1385A
jīnggèn 經亘 9-861B
jīnggēng 菁羹 9-429A
jīnggōng 荆公 2-683A
jīnggōng 旌弓 6-1600A
jīnggōng 精工 9-216B
jīnggōng 驚弓 12-884B
jǐnggōng 井公 1-336B
jǐnggōng 景功 5-770A
jìnggōng 浄宫 5-1180A
jìnggōng 敬恭 5-488B
jìnggōng 敬共 5-487A
jìnggōng 靖恭 11-567A
jìnggōng 静功 11-568B
jìnggōng 静恭 11-571A
jìnggōng 静躬 11-571B
jìnggǒng 静拱 11-570B
jìnggòng 靖共 11-566B
jìnggōngsāngzǐ 敬恭桑梓 5-488B
jīnggōngzhīniǎo 驚弓之鳥 12-884B
jīnggòu 經構 9-867A
jīnggǔ 京轂 2-353B
jīnggǔ 旌鼓 6-1602A
jīnggǔ 鯨罟 12-1243B
jīnggǔ 鯨鼓 12-1244A
jīnggǔ 驚骨 12-888A
jīnggù 驚顧 12-897B
jǐnggǔ 井谷 1-337B
jǐnggǔ 警鼓 11-415B
jǐnggù 警固 11-412B
jìnggǔ 脛骨 6-1281B
jìnggù 敬故 5-488A
jīngguā 精刮 9-219B
jīngguā 精括 9-220A
jīngguāi 精乖 9-219B
jīngguài 精怪 9-220A
jīngguài 驚怪 12-888A
jīngguài 驚恠 12-889A
jīngguān 京官 2-350B
jīngguān 京關 2-354A
jīngguān 荆冠 2-684B
jīngguān 荆關 2-687B
jīngguān 經官 9-862B
jīngguǎn 經管 9-867A
jīngguàn 京觀 2-354A
jīngguàn 鯨觀 12-1244B
jǐngguān 井冠 1-338B
jǐngguān 景觀 5-774B
jǐngguān 警官 11-413A
jìngguān 静觀 11-575B
jìngguān 靚觀 11-576B
jīngguànbáirì 精貫白日 9-224B
jīngguāndòngcí 經官動詞 9-862B
jīngguāndòngfǔ 經官動府 9-862B
jīngguāng 晶光 5-760B
jīngguāng 精光 9-217B
jǐngguāng 景光 5-770A
jìngguāng 浄光 5-1179A
jìngguāng 鏡光 11-1383B
jǐngguǎnjūxū 井管拘墟 1-340B
jīngguī 驚閨 12-894B
jīngguǐ 驚詭 12-893B
jǐnggùn 警棍 11-414B
jīngguō 驚聒 12-891B
jīngguó 京國 2-352A
jīngguó 荆國 2-685A
jīngguó 經國 9-865A
jīngguǒ 精果 9-219A
jīngguò 經過 9-865A
jǐngguǒ 井椁 1-339B
jìngguó 浄國 5-1180B
jìngguǒ 勁果 2-789B
jìngguōjūn 靖郭君 11-567A
jìngguōjūn 静郭君 11-571B
jìngguōshì 靖郭氏 11-567A
jīngguózhīcái 經國之才 9-865A
jīnghǎi 鯨海 12-1243B
jīnghài 驚駭 12-895B
jīnghài 驚駴 12-896A
jīnghǎn 旌罕 6-1600B
jīnghàn 精悍 9-223A
jīnghàn 驚汗 12-886B
jǐnghán 井幹 1-340A
jǐnghán 井函 1-338B
jǐnghàn 井閈 1-339B
jǐnghàn 警扞 11-411B
jìnghán 静涵 11-572A
jìnghán 鏡涵 11-1384B
jìnghàn 勁悍 2-790B
jìnghàn 静悍 11-571B
jìngháng 徑行 3-977A
jǐnghánlóu 井幹樓 1-340B
jīngháo 驚嗥 12-895A
jīngháo 驚號 12-893B
jīnghǎo 精好 9-217B
jǐnghào 警耗 11-413B
jǐnghào 警號 11-415B
jìnghǎo 静好 11-569A
jìnghǎo 艶好 11-575B
jīnghé 秔禾 8-34A
jīnghé 荆和 2-684A
jīnghé 精核 9-222A
jīnghé 精覈 9-229B
jīnghè 荆褐 2-686B
jǐnghē 警呵 11-412B
jìnghé 勁翮 2-791A
jìnghé 静和 11-570A
jīnghèn 驚根 12-889A
jǐnghéng 井桁 1-339A
jīnghóng 荆虹 2-684B
jīnghóng 驚鴻 12-896A
jīnghǒu 鯨吼 12-1243A
jǐnghòu 景候 5-772A
jǐnghòu 警候 11-413B
jìnghòu 敬厚 5-488A
jìnghòu 静厚 11-570B

jìnghòu 静候 11-571B
jīnghū 驚呼 12-887A
jīnghū 驚嘑 12-894A
jīnghú 京胡 2-351A
jīnghù 荆楛 2-685B
jǐnghù 井户 1-337A
jìnghú 鏡湖 11-1384B
jìnghǔ 貔虎 10-1344B
jīnghuā 京花 2-350A
jīnghuā 荆花 2-683B
jīnghuá 京華 2-351B
jīnghuá 菁華 9-428B
jīnghuá 晶華 5-760B
jīnghuá 精華 9-222A
jīnghuá 鯨猾 12-1244A
jīnghuà 京話 2-353A
jīnghuà 經畫 9-866A
jīnghuà 精化 9-217A
jǐnghuā 井花 1-337B
jǐnghuā 井華 1-339A
jǐnghuà 景化 5-770A
jìnghuā 鏡花 11-1383B
jìnghuā 鏡華 11-1384A
jìnghuà 净化 5-1179A
jìnghuà 净話 5-1181A
jìnghuà 静化 11-568B
jīnghuái 經懷 9-869B
jīnghuái 兢懷 2-281B
jīnghuái 驚懷 12-897A
jǐnghuàn 景焕 5-772B
jìnghuǎn 静緩 11-574A
jīnghuāng 驚荒 12-888A
jīnghuāng 驚慌 12-892A
jīnghuáng 兢惶 2-280B
jīnghuáng 驚皇 12-888B
jīnghuáng 驚惶 12-892B
jīnghuǎng 晶晃 5-760B
jīnghuǎng 驚怳 12-888A
jīnghuǎng 驚恍 12-889A
jìnghuáng 敬惶 5-489A
jīnghuǎnghuǎng 精晃晃 9-222A
jīnghuāngshīcuò 驚慌失措 12-892A
jīnghuángshīcuò 驚皇失措 12-888B
jīnghuángshīcuò 驚惶失措 12-892B
jīnghuāngshīsè 驚慌失色 12-892A
jīnghuángshīsè 驚惶失色 12-892B
jīnghuāngwúcuò 驚慌無措 12-892B
jīnghuángwúcuò 驚惶無措 12-892B
jǐnghuāshuǐ 井花水 1-337B
jǐnghuāshuǐ 井華水 1-339A
jìnghuāshuǐyuè 鏡花水月 11-1383B
jīnghuāzi 京花子 2-350A
jīnghuī 旌麾 6-1603A
jīnghuī 晶暉 5-761A
jīnghuī 晶輝 5-761A
jīnghuī 驚灰 12-886B
jīnghuī 驚豗 12-889B
jīnghuǐ 驚悔 12-890A
jīnghuì 精慧 9-227A
jǐnghuī 景輝 5-773B
jǐnghuì 警惠 11-415A
jǐnghuì 警慧 11-416A
jìnghuì 逕會 10-893A
jìnghuì 境會 2-1200A
jìnghuì 静晦 11-572A
jìnghuì 静慧 11-574A
jīnghūn 驚婚 12-891B
jīnghún 兢魂 2-280B
jīnghún 精魂 9-225A
jīnghún 驚魂 12-893A
jǐnghūn 警昏 11-412B
jīnghúndòngpò 驚魂動魄 12-893A
jīnghúnduópò 驚魂奪魄 12-893A
jīnghúnluòpò 驚魂落魄 12-893A
jīnghúnsàngpò 驚魂喪魄 12-893A
jīnghúnshèpò 驚魂攝魄 12-893A
jīnghúnshīpò 驚魂失魄 12-893A
jīnghuò 驚惑 12-891B
jǐnghuò 阱擭 11-911B
jìnghuǒshù 競火樹 8-403A
jīngjī 京畿 2-353B
jīngjī 荆姬 2-685A
jīngjī 荆笄 2-685A
jīngjī 荆雞 2-687A
jīngjí 荆棘 2-685B
jīngjí 經籍 9-870A
jīngjí 驚急 12-888B
jīngjǐ 旌戟 6-1602A
jīngjì 秔穄 8-34A
jīngjì 經紀 9-863B
jīngjì 經濟 9-869A
jīngjì 兢悸 2-280B
jīngjì 精記 9-222B
jīngjì 驚悸 12-891A
jǐngjí 儆急 1-1662A
jǐngjǐ 儆戢 1-1662B
jǐngjí 憬集 7-736B
jǐngjí 警急 11-413A
jǐngjí 警疾 11-413B
jǐngjì 警跡 11-415B
jìngjī 鏡機 11-1385A
jìngjí 勁疾 2-790A
jìngjí 徑急 3-977B
jìngjì 敬迹 5-488A
jìngjì 敬忌 5-487B
jìngjì 静寂 11-572A
jìngjì 静寄 11-572A
jìngjì 競技 8-403A
jīngjiā 旌嘉 6-1602B
jīngjiǎ 旌甲 6-1600B
jīngjiǎ 精甲 9-217A
jīngjiǎ 鯨甲 12-1243A
jīngjià 經架 9-863B
jìngjiā 靖嘉 11-567B
jìngjiā 静嘉 11-573B
jīngjiān 精堅 9-223B
jīngjiān 驚孱 12-892B
jīngjiǎn 旌簡 6-1603B
jīngjiǎn 精簡 9-229B
jīngjiàn 經見 9-861B
jīngjiàn 精健 9-222B
jīngjiàn 精鑑 9-230B
jīngjiàn 精鑒 9-230B
jǐngjiàn 井檻 1-341A
jǐngjiàn 儆鑒 1-1663A
jǐngjiàn 警健 11-413B
jìngjiǎn 静簡 11-575A
jìngjiàn 勁健 2-790A
jìngjiàn 鏡監 11-1384B
jìngjiàn 鏡見 11-1383B
jìngjiàn 鏡檻 11-1385B
jìngjiàn 鏡鑒 11-1385B
jīngjiāng 京江 2-350A
jīngjiǎng 旌奬 6-1603A
jǐngjiāng 井疆 1-341A
jìngjiāngyóujì 敬姜猶績 5-488A
jīngjiànhàiwén 驚見駭聞 12-886B
jīngjiāo 精澆 9-228A
jīngjiǎo 驚矯 12-896A
jīngjiào 驚叫 12-886B
jǐngjiǎo 警角 11-412A
jǐngjiào 警徼 11-416B
jǐngjiào 景教 5-772A
jìngjiǎo 鏡皦 11-1385B
jìngjiào 净教 5-1180B
jīngjìcái 經濟才 9-869A
jīngjiē 驚嗟 12-892A
jīngjié 旌節 6-1602B
jīngjié 精潔 9-228A
jīngjié 精絜 9-224B
jīngjié 驚劫 12-886B
jīngjié 驚捷 12-890A
jīngjiě 經解 9-866B
jīngjiè 荆芥 2-683B
jīngjiè 經界 9-863A
jīngjiè 兢戒 2-280B
jǐngjié 警捷 11-414A
jǐngjié 警節 11-415B
jǐngjiè 景界 5-771A
jǐngjiè 儆戒 1-1662A
jǐngjiè 警戒 11-411B
jǐngjiè 警誡 11-416A
jìngjiē 静街 11-572B
jìngjié 勁捷 2-790B
jìngjié 勁節 2-790B
jìngjié 净潔 5-1181A
jìngjié 徑捷 3-978A
jìngjié 徑節 3-978B
jìngjié 徑截 3-979A
jìngjié 靖節 11-567B
jìngjié 静節 11-573A
jìngjié 静潔 11-574A
jìngjié 静絜 11-572B
jìngjié 鏡潔 11-1385A
jìngjiè 净戒 5-1179B
jìngjiè 净界 5-1179B
jìngjiè 徑界 3-977B
jìngjiè 竟界 8-386B
jìngjiè 敬戒 5-487B
jìngjiè 境界 2-1199B
jìngjiè 鏡戒 11-1383B
jìngjiè 鏡誡 11-1385A
jìngjiēchuí 净街槌 5-1180B
jīngjiéhuā 旌節花 6-1602B
jīngjiéqí 旌捷旗 6-1601B
jìngjiéqín 靖節琴 11-567B
jǐngjièsè 警戒色 11-412A
jǐngjièshuǐwèi 警戒水位 11-412A
jǐngjièxiàn 警戒綫 11-412A
jìngjiéxiānshēng 靖節先生 11-567B
jìngjiézhēngshì 靖節徵士 11-567B
jīngjièzhīcái 京解之才 2-353A
jīngjìguīlǜ 經濟規律 9-869B
jīngjìhétóng 經濟合同 9-869A
jīngjìjìshùkāifāqū 經濟技術開發區 9-869A
jīngjílà 荆棘刺 2-686A
jīngjílǐ 驚急裏 12-889A
jīngjílì 驚吉利 12-886A
jīngjílì 驚急力 12-888B
jīngjíliè 荆棘列 2-686A
jīngjíliè 驚急列 12-888B
jīngjíliè 驚急烈 12-889A
jīngjílǜ 荆棘律 2-686A
jīngjímǎntú 荆棘滿途 2-686A
jīngjīn 精金 9-220A
jīngjīn 驚津 12-889A
jīngjìn 精盡 9-227A
jīngjìn 精祲 9-224A
jīngjìn 精進 9-223B
jīngjìn 驚浸 12-889B
jǐngjìn 井晉 1-339A
jìngjīn 净巾 5-1178B
jìngjīn 静襟 11-575A
jìngjīn 競津 8-403A
jìngjǐn 敬謹 5-490A
jìngjǐn 競謹 8-404B
jìngjìn 净盡 5-1181A
jìngjìn 静盡 11-574A
jìngjìn 競進 8-403B
jīngjīng 京京 2-350B
jīngjīng 菁菁 9-429A
jīngjīng 晶晶 5-761A
jīngjīng 兢兢 2-281A
jīngjīng 精精 9-226B
jīngjīng 青青 11-525A
jīngjǐng 精景 9-224B
jīngjǐng 精警 9-229B
jīngjìng 精勁 9-220B
jǐngjǐng 井井 1-336B
jǐngjǐng 穽井 8-428A

jǐngjǐng 儆儆 1-1662B
jǐngjǐng 憬憬 7-736B
jǐngjìng 井徑 1-339A
jìngjǐng 靜景 11-572B
jìngjìng 凈凈 5-1180A
jìngjìng 凈境 5-1181A
jìngjìng 逕逕 10-893A
jìngjìng 脛脛 6-1281B
jìngjìng 靜境 11-573B
jìngjìng 靜靜 11-573B
jìngjìng 鏡凈 11-1384A
jīngjīng 兢兢 8-404B
jīngjīng 蜻蜻 8-911A
jīngjīngqiánqián
兢兢乾乾 2-281A
jǐngjǐngrán 井井然 1-336B
jīngjīngyèyè 兢兢業業
2-281A
jǐngjǐngyǒufǎ 井井有法
1-336B
jǐngjǐngyǒufāng 井井有方
1-336B
jǐngjǐngyǒutiáo 井井有條
1-336B
jǐngjǐngyǒuxù 井井有序
1-336B
jǐngjǐngyǒuxù 井井有緒
1-336B
jīngjīngzuòzuò 驚驚怍怍
12-897B
jīngjīnměiyù 精金美玉
9-220A
jīngjiǒng 驚窘 12-892B
jīngjìrén 經紀人 9-864A
jǐngjìrén 警跡人 11-415B
jīngjìtèkē 經濟特科
9-869A
jīngjìtèqū 經濟特區
9-869B
jīngjítóngtuó 荆棘銅駝
2-686A
jīngjiū 荆鳩 2-686B
jīngjiū 精究 9-218B
jīngjiǔ 經久 9-860A
jīngjiù 驚救 12-890A
jǐngjiù 井臼 1-337A
jìngjiǔbùchīchīfájiǔ
敬酒不吃吃罰酒
5-488B
jīngjìxiàoyì 經濟效益
9-869B
jīngjú 京局 2-350B
jīngjǔ 旌舉 6-1603A
jīngjǔ 驚沮 12-887B
jīngjù 京劇 2-353B
jīngjù 經據 9-868A
jīngjù 兢懼 2-281B
jīngjù 驚懅 12-895B
jīngjù 驚遽 12-895B
jīngjù 驚懼 12-897B
jīngjù 驚懼 12-898A
jǐngjù 儆懼 1-1662B
jǐngjù 警句 11-411A
jǐngjù 警懼 11-417B
jìngjū 凈居 5-1179B
jìngjū 靜居 11-570A
jìngjú 靜局 11-569B
jìngjù 敬懼 5-490A
jīngjué 精絶 9-225A
jīngjué 驚厥 12-891B
jīngjué 驚絶 12-892B
jīngjué 驚蹶 12-896B
jīngjué 驚矍 12-897A
jīngjué 驚覺 12-897A
jǐngjué 警絶 11-415A
jǐngjué 警覺 11-417B
jìngjué 凈覺 5-1181B
jìngjué 徑絶 3-978B
jīngjūn 驚麏 12-896B
jǐngjùn 警俊 11-413A
jìngjūn 凈君 5-1179B
jìngjūn 凈軍 5-1180A
jìngjūn 靜君 11-569B
jìngjùn 勁駿 2-791A
jìngjùn 徑駿 3-979A
jīngkǎi 精楷 9-225B
jīngkàn 驚看 12-888A
jǐngkǎn 井坎 1-337B
jìngkāng 靖康 11-567A
jìngkǎo 鏡考 11-1383B
jīngkē 荆軻 2-685B
jīngkè 兢恪 2-280B
jīngkè 精刻 9-220A
jīngkè 精剋 9-220B
jīngkè 驚客 12-889A
jǐngkē 井科 1-338B
jǐngkē 景科 5-771A
jǐngkè 景刻 5-771A
jìngkè 敬恪 5-488B
jìngkè 靜客 11-571A
jīngkěn 精懇 9-229A
jīngkēng 鯨鏗 12-1244A
jǐngkēng 阱阬 11-911B
jīngkōng 精空 9-220A
jīngkǒng 驚恐 12-889A
jīngkòng 京控 2-352A
jìngkòng 敬空 5-488A
jīngkǒu 京口 2-349B
jīngkǒu 鯨口 12-1242B
jīngkòu 鯨寇 12-1244A
jīngkǒujiǔ 京口酒 2-349B
jīngkū 驚哭 12-889B
jīngkǔ 精苦 9-218B
jīngkuài 旌旝 6-1603B
jǐngkuài 警快 11-412B
jǐngkuàng 景况 5-770B
jìngkuāng 靖匡 11-566B
jìngkuàng 境况 2-1199B
jìngkuàng 鏡框 11-1384A
jīngkuí 荆葵 2-685B
jīngkuí 經魁 9-866B
jīngkuì 驚愧 12-892B
jīngkuì 驚潰 12-895A
jìngkuī 靜窺 11-574B
jǐngkuìjuélóng 警憒覺聾
11-416B
jīngkūn 鯨鯤 12-1244B
jīnglà 鯨蠟 12-1244B
jīnglài 驚瀨 12-897A
jìnglài 凈瀨 5-1181B
jīnglán 荆藍 2-687A
jīnglán 荆籃 2-687B
jīnglán 精藍 9-229A
jīnglán 驚瀾 12-897B
jǐnglán 井闌 1-341A
jǐnglán 井欄 1-341B
jìnglǎn 鏡覽 11-1385B
jīnglǎng 精朗 9-223A
jīnglàng 鯨浪 12-1243B
jīnglàng 驚浪 12-889B
jìnglǎng 競朗 8-403B
jīnglángláng 晶琅琅 5-760B
jīngláo 旌勞 6-1602A
jìnglǎo 敬老 5-487A
jìnglǎocíshào 敬老慈少
5-487A
jìnglǎocíyòu 敬老慈幼
5-487A
jìnglǎocízhì 敬老慈穉
5-487A
jìnglǎoliánpín 敬老憐貧
5-487A
jìnglǎoxùpín 敬老恤貧
5-487A
jìnglǎoyuàn 敬老院 5-487A
jìnglǎozūnxián 敬老尊賢
5-487A
jìnglè 靜樂 11-574A
jīngléi 驚雷 12-893B
jīngléi 驚靁 12-898A
jīngléijiá 驚雷莢 12-893B
jīngléng 驚楞 12-893B
jīnglèng 驚愣 12-892B
jīnglí 荆藜 2-687A
jīnglǐ 京里 2-350A
jīnglǐ 經理 9-864B
jīnglǐ 精理 9-223A
jīnglì 經歷 9-868A
jīnglì 兢慄 2-281A
jīnglì 精力 9-216B
jīnglì 精利 9-218A
jīnglì 精厲 9-226B
jīnglì 精勵 9-228B
jīnglì 精麗 9-230A
jīnglì 鯨力 12-1242B
jīnglì 驚慄 12-894A
jīnglì 徑歷 3-979A
jǐnglǐ 井里 1-337B
jǐnglì 儆勵 1-1662B
jǐnglì 頸戾 12-312A
jǐnglì 警吏 11-411B
jǐnglì 警利 11-412A
jǐnglì 警厲 11-415B
jǐnglì 警勵 11-416B
jǐnglì 警麗 11-417B
jìnglǐ 凈理 5-1180B
jìnglǐ 敬禮 5-489B
jìnglǐ 靜理 11-571B
jìnglì 勁力 2-789A
jìnglì 勁利 2-789A
jìnglì 勁厲 2-790B
jìnglì 勁麗 2-791A
jìnglì 凈利 5-1179B
jìnglì 凈麗 5-1181B
jìnglì 靜麗 11-575A
jìnglì 靚麗 11-576B
jīnglián 晶簾 5-761A
jīnglián 精廉 9-226A
jīnglián 驚憐 12-895A
jīngliǎn 驚斂 12-896A
jīngliàn 精煉 9-226B
jīngliàn 精練 9-228B
jīngliàn 精鍊 9-229A
jǐnglián 頸聯 12-312A
jǐnglián 警聯 11-417A
jǐngliàn 警鍊 11-417A
jìnglián 勁廉 2-790B
jìnglián 鏡奩 11-1385A
jìnglián 鏡匳 11-1385A
jìnglián 鏡籢 11-1385B
jìngliàn 凈練 5-1181A
jīngliáng 秔糧 8-34A
jīngliáng 稉粱 8-81B
jīngliáng 粳粱 9-214A
jīngliáng 粳糧 9-214B
jīngliáng 精良 9-218B
jīngliàng 晶亮 5-760B
jǐngliàng 警亮 11-413B
jīngliǎo 精了 9-216B
jìngliǎo 凈了 5-1178B
jìnglǐcǎihuā 鏡裏採花
11-1384B
jīngliè 精列 9-217B
jīngliè 鯨鬣 12-1244B
jīngliè 蜻蛚 8-910B
jīngliè 蜻蛪 8-911A
jǐngliè 景烈 5-771B
jìngliè 勁烈 2-790A
jīnglièzǐ 蜻蛚子 8-910B
jìnglǐguānhuā 鏡裏觀花
11-1384B
jǐnglǐn 儆懍 1-1662B
jīnglín 勁鱗 2-791A
jīnglíng 京陵 2-352A
jīnglíng 晶靈 5-761B
jīnglíng 精靈 9-230B
jǐnglíng 景陵 5-772A
jǐnglíng 警鈴 11-415B
jǐnglǐng 頸領 12-312A
jìnglíng 靜櫺 11-575B
jìnglǐng 靖領 11-567B
jīngliú 旌旒 6-1602B
jīngliú 旌斿 6-1601A
jīngliú 驚流 12-889B
jìngliú 逕流 10-893A
jìngliú 靜流 11-571B
jìngliú 鏡流 11-1384A
jīngliúbàishā 荆劉拜殺
2-686B
jǐnglǐzhì 井里制 1-337B
jīnglóng 驚龍 12-895B
jīnglóng 驚瀧 12-897A
jīnglǒng 晶籠 5-761B
jǐnglóng 景龍 5-774A
jǐnglóu 警樓 11-416B
jīnglú 精廬 9-230A

jīnglù 旌録 6-1603B
jǐnglú 井廬 1-341A
jǐnglǔ 井滷 1-340B
jǐnglù 警露 11-417B
jìnglù 徑露 3-979A
jìnglù 徑路 3-978B
jìnglù 静路 11-573A
jìnglù 鏡渌 11-1384B
jīngluán 驚鸞 12-898A
jīngluàn 驚亂 12-893B
jìngluán 痙攣 8-319B
jìngluán 鏡鸞 11-1385B
jìngluàn 靖亂 11-567B
jìngluàn 静亂 11-573A
jīngluánhuífèng 驚鸞回鳳 12-898A
jìnglùdāo 徑路刀 3-978B
jīnglún 晶輪 5-761A
jīnglún 腈綸 6-1304B
jīnglún 經綸 9-867A
jìnglún 徑輪 3-979A
jīnglùn 經論 9-867B
jǐnglùn 警論 11-416B
jìnglún 鏡輪 11-1385A
jīnglúnmǎnfù 經綸滿腹 9-867B
jīnglúnshǒu 經綸手 9-867A
jīngluò 京洛 2-351A
jīngluò 京雒 2-353A
jīngluò 經絡 9-866A
jīngluò 經落 9-865B
jǐngluó 警邏 11-418A
jǐngluò 井絡 1-340B
jǐngluò 井落 1-339B
jìngluò 静落 11-572B
jīngluòchén 京洛塵 2-351A
jīngluòchén 京雒塵 2-353A
jǐngluòzàidiàotǒnglǐ 井落在吊桶裏 1-339B
jīnglǘ 旌閭 6-1603A
jīnglǘ 精驢 9-230B
jīnglǚ 經履 9-867B
jīnglǜ 精慮 9-227B
jīnglǜ 驚慮 12-895A
jǐnglǘ 井閭 1-340B
jǐnglǜ 警慮 11-416B
jìnglǚ 勁旅 2-790B
jìnglǚ 浄侣 5-1179B
jìnglǚ 静侣 11-570A
jìnglǜ 浄律 5-1180A
jìnglǜ 静緑 11-574A
jìnglǜ 静慮 11-574A
jīnglüè 經略 9-865A
jīnglǘqínshòu 精驢禽獸 9-230B
jǐngmā 井蟇 1-341A
jǐngmā 井蟆 1-341A
jǐngmá 蟼蟇 8-962A
jīngmài 經脉 9-863A
jǐngmài 井脉 1-338B
jǐngmài 井脈 1-339A
jǐngmài 景邁 5-773B
jǐngmài 警邁 11-416A
jìngmài 静脉 11-570B
jīngmán 荆蠻 2-687B
jīngmáng 精芒 9-217A
jīngmáng 驚忙 12-886B
jīngmǎng 荆莽 2-685A
jīngmáo 旌旄 6-1601B
jīngmáo 菁茅 9-428B
jīngmáo 脛毛 6-1281B
jīngměi 精美 9-221A
jīngměi 驚美 12-889A
jīngmèi 精魅 9-226B
jǐngméi 井眉 1-338B
jǐngméi 井湄 1-340A
jìngměi 静美 11-570B
jìngmèi 靖寐 11-567B
jìngmèi 靚媚 11-576B
jīngmén 京門 2-351A
jīngmén 荆門 2-684B
jīngmén 旌門 6-1601A
jǐngmén 警門 11-413A
jìngmén 浄門 5-1179B
jīngměng 精猛 9-223B
jīngmèng 驚夢 12-893A
jìngměng 勁猛 2-790B
jīngmí 驚靡 12-897A
jīngmǐ 粳米 9-214A
jīngmì 旌密 6-1601B
jīngmì 精密 9-224A
jǐngmí 景靡 5-774A
jìngmì 靖密 11-567A
jìngmì 静秘 11-571B
jìngmì 静密 11-572A
jìngmì 静謐 11-575A
jīngmián 驚眠 12-889B
jǐngmiǎn 警勉 11-413A
jìngmiàn 浄面 5-1179B
jìngmiàn 鏡面 11-1384A
jīngmiào 精妙 9-218B
jǐngmiào 警妙 11-412B
jìngmiào 勁妙 2-789B
jīngmìdù 精密度 9-224A
jīngmǐn 精敏 9-223B
jǐngmǐn 警敏 11-414B
jìngmín 靖民 11-566B
jìngmín 静民 11-568B
jìngmín 競民 8-403A
jìngmǐn 敬敏 5-489A
jīngmíng 旌銘 6-1602B
jīngmíng 晶明 5-760B
jīngmíng 精明 9-219A
jīngmíng 驚鳴 12-894A
jīngmìng 旌命 6-1601A
jǐngmíng 景明 5-770B
jǐngmìng 景命 5-770B
jìngmíng 浄名 5-1179A
jìngmíng 敬明 5-487B
jìngmíng 靖冥 11-567A
jìngmíng 静瞑 11-573B
jìngmìng 敬命 5-487B
jīngmíngnénggàn 精明能幹 9-219B
jīngmíngqiánggàn 精明强幹 9-219B
jīngmíngxíngxiū 經明行修 9-862A
jīngmò 驚沫 12-887B
jǐngmò 井陌 1-338B
jìngmò 竫嘿 8-386B
jìngmò 靖默 11-567B
jìngmò 静嘿 11-574A
jìngmò 静莫 11-571B
jìngmò 静寞 11-573A
jìngmò 静漠 11-573A
jìngmò 静默 11-574B
jìngmòshì 静默士 11-574B
jīngmù 京牧 2-350B
jīngmù 荆牧 2-684A
jīngmù 旌木 6-1600A
jīngmù 經目 9-861A
jīngmù 精沐 9-218A
jīngmù 鯨目 12-1243A
jīngmù 驚目 12-886A
jīngmù 驚慕 12-894A
jǐngmǔ 井畝 1-339A
jǐngmù 井牧 1-338A
jǐngmù 景慕 5-773B
jìngmù 敬慕 5-489A
jìngmù 静穆 11-574B
jìngmù 鏡目 11-1383B
jīngnán 荆南 2-684B
jìngnàn 靖難 11-567B
jìngnàn 獍難 5-106A
jìngnàn 静難 11-575A
jìngnáng 鏡囊 11-1385B
jīngnánqǐzǐ 荆南杞梓 2-684B
jīngnáo 驚撓 12-894B
jīngnǎo 驚惱 12-892B
jīngnào 驚鬧 12-894B
jīngnéng 精能 9-223A
jīngní 鯨鯢 12-1244B
jīngní 驚鯢 12-897A
jīngniǎn 京輦 2-353A
jìngniàn 静念 11-570A
jīngniánlěiyuè 經年累月 9-861B
jīngniǎo 驚鳥 12-890B
jīngniè 荆聶 2-687A
jìngníng 静寧 11-574A
jìngníng 静凝 11-574B
jīngniú 荆牛 2-683A
jīngnuò 精愞 9-225A
jìngnuò 敬諾 5-489B
jīngnǚ 驚女 12-885A
jìngnǚ 静女 11-568B
jìngnǚ 靚女 11-576A
jīngōng 金工 11-1138B
jīngōng 金公 11-1142A
jīngōng 金宮 11-1157B
jīngōng 金觥 11-1175B
jīngōng 矜功 8-580B
jīngǒng 金汞 11-1147B
jǐngōng 錦工 11-1331B
jǐngōng 謹躬 11-396A
jìngōng 近功 10-731B
jìngōng 進功 10-980B
jìngōng 進攻 10-982A
jìngōng 禁宮 7-926B
jìngòng 進供 10-983B
jìngòng 進貢 10-989A
jīngōngfánéng 矜功伐能 8-580B
jìngōnghuā 禁宮花 7-926B
jìngōngqǐnbīng 禁攻寢兵 7-922B
jīngōu 巾褠 3-673B
jīngōu 巾韝 3-674A
jīngōu 巾鞲 3-674A
jīngōu 巾幊 3-673A
jīngōu 金鉤 11-1171A
jīngōu 金溝 11-1175B
jīngōu 金鈎 11-1175A
jīngōu 金韝 11-1192A
jīngōu 金鞲 11-1193A
jǐngòu 儘勾 1-1719B
jǐngòu 儘夠 1-1719B
jǐngòu 儘彀 1-1720A
jìngōu 禁溝 7-930A
jīngōuzi 金鉤子 11-1171A
jīngpà 驚怕 12-888A
jīngpài 驚湃 12-892A
jīngpán 晶盤 5-761A
jīngpàng 精胖 9-221A
jīngpèi 旌旆 6-1601A
jīngpèi 旌斾 6-1601B
jīngpèi 驚佩 12-887B
jǐngpèi 景佩 5-770B
jìngpèi 敬佩 5-487B
jǐngpēn 井噴 1-341A
jīngpéng 鯨鵬 12-1244A
jīngpéng 驚蓬 12-893A
jīngpí 驚鼙 12-897B
jīngpì 精辟 9-226B
jǐngpì 警闢 11-418A
jìngpì 静僻 11-574A
jǐngpiàn 景片 5-769B
jìngpiàn 鏡片 11-1383A
jīngpiànzi 京片子 2-349B
jīngpiāo 驚飄 12-897A
jīngpílìjié 精疲力竭 9-222B
jīngpílìjìn 精疲力盡 9-222B
jīngpǐn 精品 9-220B
jīngpíng 京瓶 2-352A
jǐngpíng 井屏 1-338B
jìngpíng 浄瓶 5-1180A
jìngpíng 浄缾 5-1180B
jìngpíng 鏡屏 11-1384A
jīngpò 精魄 9-226B
jīngpò 驚破 12-889A
jīngpò 驚魄 12-894B
jìngpò 鏡破 11-1384A
jǐngpōzú 景頗族 5-773B
jīngpū 驚仆 12-885A
jīngpú 荆璞 2-686B
jīngpú 旌蒲 6-1602A
jīngpǔ 荆朴 2-683B
jīngpǔ 鯨浦 12-1243B
jǐngpǔ 井圃 1-339A
jìngpǔ 静朴 11-569A
jìngpǔ 鏡浦 11-1384A
jīngqī 荆妻 2-684A

jīngqī 經期 9-865B
jīngqí 京圻 2-350A
jīngqí 旌旂 6-1601B
jīngqí 旌旗 6-1602B
jīngqí 精奇 9-219A
jīngqí 精騎 9-229B
jīngqí 驚奇 12-887A
jīngqǐ 荆杞 2-684A
jīngqǐ 旌棨 6-1602A
jīngqǐ 精綺 9-227A
jīngqì 精氣 9-222A
jīngqì 驚氣 12-889B
jǐngqǐ 景企 5-770B
jǐngqì 景氣 5-771B
jìngqì 勁氣 2-790A
jìngqì 浄器 5-1181A
jìngqì 靖氣 11-567A
jìngqì 静砌 11-570B
jìngqì 静氣 11-571A
jìngqì 静憩 11-574B
jīngqià 精洽 9-221A
jǐngqiǎ 警卡 11-411A
jīngqiān 鯨騫 12-1244B
jīngqián 京錢 2-353B
jīngqián 精虔 9-222A
jìngqián 敬虔 5-488B
jīngqiāng 京腔 2-352B
jīngqiáng 精彊 9-229B
jīngqiáng 精强 9-225A
jìngqiáng 勁强 2-790B
jīngqiǎo 精巧 9-217A
jìngqiāo 静悄 11-571B
jìngqiào 勁峭 2-790A
jìngqiāoqiāo 静悄悄 11-571B
jīngqiè 精切 9-216B
jīngqiè 驚怯 12-887B
jǐngqiè 儆切 1-1662A
jǐngqiè 警切 11-411A
jìngqié 殑伽 5-166A
jìngqiè 勁切 2-789A
jīngqǐliángchén 驚起梁塵 12-889A
jīngqín 精禽 9-225A
jīngqín 精勤 9-225B
jīngqín 驚禽 12-892A
jīngqìn 晶沁 5-760B
jìngqín 敬勤 5-489A
jīngqīng 京卿 2-352A
jīngqīng 荆卿 2-685A
jīngqǐng 荆請 2-686B
jìngqīng 静青 11-569B
jìngqīng 鏡清 11-1384A
jìngqíng 徑情 3-978A
jìngqíngzhísuì 徑情直遂 3-978A
jìngqíngzhíxíng 徑情直行 3-978A
jīngqióng 精窮 9-228A
jīngqìshén 精氣神 9-222B
jīngqiū 京丘 2-349B
jīngqiū 驚秋 12-888B
jǐngqiú 警遒 11-415A
jìngqiū 勁秋 2-790A
jìngqiú 競絿 8-404A
jìngqǐzhě 逕啟者 10-893A
jīngqū 鯨呿 12-1243A
jīngqú 鶄鴝 12-1414A
jīngqù 精趣 9-227A
jǐngqū 井曲 1-337A
jǐngqū 景區 5-772B
jǐngqú 井渠 1-339B
jǐngqù 景趣 5-773B
jìngqū 逕趣 10-893A
jìngqū 敬詘 5-489A
jìngqū 静曲 11-569A
jìngqú 徑衢 3-979A
jīngquàn 旌勸 6-1603B
jǐngquān 頸圈 12-312A
jǐngquán 井泉 1-338B
jǐngquǎn 警犬 11-411A
jǐngquàn 警勸 11-417A
jìngquàn 競勸 8-404B
jīngquè 京闕 2-354A
jīngquè 精确 9-224B
jīngquè 精塙 9-225B
jīngquè 精確 9-227A
jīngquè 驚鵲 12-896B
jǐngquē 警闕 11-417A
jìngquè 静慤 11-574A
jīngqūn 京囷 2-350B
jīngqúndòngzhòng 驚羣動衆 12-894A
jīngrán 驚然 12-892A
jǐngrán 井然 1-339B
jǐngrán 憬然 7-736B
jìngrán 徑然 3-978B
jìngrán 竟然 8-386B
jìngrán 脛然 6-1281B
jìngrǎng 境壤 2-1200A
jìngràng 敬讓 5-490A
jǐngrányǒutiáo 井然有條 1-340A
jǐngrányǒuxù 井然有序 1-340A
jīngrǎo 驚擾 12-896B
jǐngrǎo 警擾 11-417A
jīngrén 荆人 2-682B
jīngrén 精人 9-216B
jīngrén 驚人 12-884B
jìngrén 浄人 5-1178B
jìngrén 竫人 8-386B
jìngrén 靖人 11-566B
jìngrèn 敬紉 5-488B
jìngrì 竟日 8-386A
jǐngróng 警容 11-414A
jīngròu 精肉 9-217B
jīngròushēngbì 驚肉生髀 12-886B
jīngrù 經入 9-860A
jìngrú 脛如 6-1281B
jīngruǎn 荆阮 2-683B
jīngruì 精鋭 9-227B
jǐngruì 景瑞 5-773A
jìngruì 勁鋭 2-791A
jīngrúmiào 旌儒廟 6-1603B
jīngruò 精弱 9-223A
jìngruòchǔzǐ… 静若處子，動若脱兔 11-569B
jǐngrùsāngyú 景入桑榆 5-769B
jìngsài 徑賽 3-979A
jìngsài 競賽 8-404B
jīngsàn 驚散 12-891B
jǐngsǎng 頸嗓 12-312A
jīngsānléng 荆三棱 2-682B
jīngsāo 驚騷 12-896B
jìngsǎo 浄掃 5-1180B
jìngsǎo 静掃 11-571B
jīngsè 旌色 6-1600B
jīngsè 精色 9-217B
jǐngsè 景色 5-770B
jìngsè 浄色 5-1179A
jìngsè 静色 11-569A
jìngsè 静瑟 11-573A
jīngshā 鯨鯊 12-1244A
jīngshā 驚沙 12-887A
jīngshā 驚砂 12-888A
jìngshā 剄殺 2-691B
jīngshān 荆山 2-682B
jīngshàn 旌善 6-1602A
jīngshàn 精善 9-225A
jīngshàn 精贍 9-230A
jīngshàn 驚訕 12-889B
jǐngshān 景山 5-769B
jīngshāng 經商 9-865B
jīngshǎng 旌賞 6-1603A
jīngshǎng 驚賞 12-895A
jīngshàng 旌尚 6-1600B
jìngshàng 敬尚 5-487B
jìngshàng'àixià 敬上愛下 5-486B
jīngshé 驚蛇 12-890B
jīngshè 經涉 9-864A
jīngshè 精舍 9-219B
jīngshè 精涉 9-223A
jīngshè 驚慴 12-894B
jīngshè 驚懾 12-897B
jǐngshè 警設 11-414B
jìngshè 逕涉 10-893A
jìngshè 静攝 11-575B
jīngshēn 精深 9-224A
jīngshén 經神 9-863B
jīngshén 精神 9-221A
jīngshén 驚神 12-889A
jīngshěn 精審 9-228A
jīngshěn 驚淰 12-891B
jìngshèn 兢慎 2-281A
jǐngshēn 景深 5-772B
jǐngshèn 警慎 11-415B
jìngshēn 浄身 5-1179B
jìngshēn 敬身 5-487B
jìngshēn 靖深 11-567A
jìngshēn 静深 11-572A
jìngshēn 靚深 11-576B
jìngshén 浄神 5-1180A
jìngshén 静神 11-571A
jìngshěn 靚審 11-576B
jìngshèn 敬慎 5-489A
jìngshèn 靖慎 11-567B
jīngshénbìng 精神病 9-221B
jīngshéndǒusǒu 精神抖擻 9-221B
jīngshénfēnlièzhèng 精神分裂症 9-221B
jīngshēng 經生 9-861A
jīngshěng 京省 2-351A
jǐngshéng 警繩 11-417B
jǐngshèng 井乘 1-339A
jǐngshèng 景勝 5-773A
jǐngshèng 警乘 11-413B
jìngshěng 徑省 3-977B
jìngshèng 静勝 11-572B
jìngshèng 競勝 8-403B
jǐngshēngniú 景升牛 5-769B
jǐngshēngtúnquǎn 景升豚犬 5-769B
jīngshénhuànfā 精神焕發 9-221B
jīngshénliáofǎ 精神療法 9-221B
jīngshénmǎnfù 精神滿腹 9-221B
jīngshénpòdǎn 驚神破膽 12-889A
jīngshénqìguǐ 驚神泣鬼 12-889A
jīngshénshuāiruò 精神衰弱 9-221B
jīngshénwénmíng 精神文明 9-221B
jīngshérùcǎo 驚蛇入草 12-890B
jīngshī 京師 2-351B
jīngshī 荆尸 2-683A
jīngshī 經師 9-864A
jīngshī 精濕 9-229A
jīngshí 經時 9-864A
jīngshí 經實 9-867A
jīngshí 精實 9-227A
jīngshí 精識 9-230A
jīngshí 驚時 12-889B
jīngshǐ 經始 9-863A
jīngshì 京市 2-349B
jīngshì 京室 2-351B
jīngshì 荆室 2-684B
jīngshì 經世 9-860B
jīngshì 經事 9-862A
jīngshì 驚世 12-886A
jīngshì 驚事 12-887A
jīngshì 驚視 12-891A
jǐngshí 井石 1-337A
jǐngshì 井市 1-337A
jǐngshì 井室 1-338B
jǐngshì 阱室 11-911B
jǐngshì 景式 5-770A
jǐngshì 頸飾 12-312A
jǐngshì 警士 11-411A
jǐngshì 警世 11-411A
jǐngshì 警示 11-411A
jǐngshì 警事 11-412B
jǐngshì 警視 11-414B
jìngshí 鏡石 11-1383A
jìngshǐ 敬始 5-488A
jìngshǐ 鏡史 11-1383B

jìngshì 勁士 2-789A
jìngshì 勁勢 2-790B
jìngshì 浄室 5-1180A
jìngshì 浄飾 5-1181A
jìngshì 竟士 8-386A
jìngshì 竟世 8-386A
jìngshì 敬事 5-487B
jìngshì 靖室 11-567A
jìngshì 静士 11-568B
jìngshì 静事 11-570A
jìngshì 静室 11-570B
jìngshì 静適 11-573B
jìngshì 靚飾 11-576B
jìngshì 鏡飾 11-1384B
jìngshí'àirì 敬時愛日 5-488B
jīngshìdàmào 京式大帽 2-349B
jīngshīdòngzhòng 驚師動衆 12-889B
jīngshìhàimù 驚世駭目 12-886A
jīngshìhàisú 驚世駭俗 12-886A
jìngshìhòushí 敬事後食 5-487B
jīngshìjuésú 驚世絶俗 12-886A
jīngshīrénbiǎo 經師人表 9-864A
jīngshǐsì 經史笥 9-861A
jīngshìxué 京氏學 2-349B
jīngshìzhènsú 驚世震俗 12-886A
jīngshìzhīcái 經世之才 9-861A
jīngshǐzǐjí 經史子集 9-861A
jīngshǒu 經手 9-860B
jīngshǒu 經首 9-863B
jīngshǒu 精手 9-217A
jīngshòu 經受 9-862B
jīngshòu 精瘦 9-226B
jǐngshōu 井收 1-337A
jǐngshǒu 儆守 1-1662A
jǐngshǒu 警守 11-411B
jǐngshòu 阱獸 11-911B
jìngshǒu 浄手 5-1178B
jìngshǒu 静守 11-569A
jǐngshǒu 頸首 12-292B
jìngshòu 敬授 5-488B
jìngshòumínshí 敬授民時 5-488B
jìngshòurénshí 敬授人時 5-488B
jīngshū 荆舒 2-686A
jīngshū 精疎 9-225A
jīngshū 驚倏 12-889B
jīngshú 精孰 9-223B
jīngshú 精熟 9-228A
jīngshù 經術 9-865B
jīngshù 經數 9-867B
jǐngshǔ 警署 11-415B
jǐngshù 井樹 1-341A
jǐngshù 景數 5-773B
jìngshū 静姝 11-571A
jìngshū 静淑 11-572A
jìngshū 靚姝 11-576A
jìngshù 徑術 3-978A
jìngshù 鏡恕 11-1384A
jīngshuǎ 驚耍 12-888A
jìngshuā 勁刷 2-789B
jìngshuài 徑率 3-978A
jīngshuāng 經霜 9-869A
jīngshuǎng 精爽 9-223B
jìngshuǎng 競爽 8-403B
jīngshuǐ 涇水 5-1197A
jīngshuǐ 經水 9-860A
jīngshuì 驚睡 12-893B
jǐngshuì 井税 1-339B
jìngshuǐ 鏡水 11-1383A
jǐngshuǐbùfànhéshuǐ 井水不犯河水 1-336B
jìngshuǐpíng 浄水瓶 5-1178B
jìngshuǐzhū 浄水珠 5-1178B
jìngshùn 敬順 5-489A
jìngshùn 静順 11-572B
jīngshuō 經説 9-867A
jǐngshuò 景鑠 5-774B
jīngsī 精思 9-220B
jīngsī 驚嘶 12-895A
jīngsǐ 經死 9-861B
jīngsì 旌祀 6-1600B
jīngsì 經笥 9-865B
jǐngsī 警司 11-411B
jǐngsì 井肆 1-340B
jìngsī 敬思 5-488A
jìngsī 静思 11-570B
jīngsǒng 兢悚 2-280B
jīngsǒng 驚悚 12-890A
jīngsǒng 驚竦 12-892A
jīngsǒng 驚聳 12-896A
jīngsòng 精誦 9-226B
jǐngsǒng 警竦 11-415A
jīngsú 驚俗 12-888B
jīngsù 驚肅 12-894A
jǐngsú 憬俗 7-736B
jǐngsù 警肅 11-415B
jìngsú 静俗 11-570B
jìngsù 浄素 5-1180A
jìngsù 静素 11-571A
jìngsù 静肅 11-573B
jīngsuàn 經筭 9-866B
jīngsuàn 經算 9-867A
jìngsuàn 静算 11-573B
jīngsuǐ 精髓 9-230A
jīngsuì 精邃 9-229B
jǐngsuì 井遂 1-340A
jǐngsuì 井隧 1-341A
jìngsuí 靖綏 11-567B
jìngsuì 徑遂 3-978B
jìngsuì 逕隧 10-893A
jìngsuì 竟歲 8-386B
jìngsuì 静邃 11-575A
jǐngsuǒ 警所 11-412B
jīngtǎ 經塔 9-865B
jīngtái 京臺 2-353A
jīngtái 荆臺 2-686B
jīngtái 經臺 9-867A
jīngtài 精汰 9-218B
jǐngtái 井臺 1-340B
jìngtái 鏡台 11-1383B
jìngtái 鏡臺 11-1384B
jìngtài 静泰 11-571A
jìngtài 静態 11-574A
jǐngtàilán 景泰藍 5-771B
jīngtān 驚灘 12-898A
jīngtàn 驚嘆 12-894B
jīngtàn 驚歎 12-894B
jǐngtàn 警探 11-414A
jìngtán 浄壇 5-1181A
jìngtán 静談 11-574A
jìngtán 静譚 11-575A
jìngtǎn 彭毲 11-566A
jīngtáng 京堂 2-352A
jīngtáng 經堂 9-864B
jīngtáng 驚堂 12-890A
jìngtáng 静堂 11-572A
jīngtángmù 驚堂木 12-890A
jīngtànhào 驚嘆號 12-894A
jīngtāo 鯨濤 12-1244A
jīngtāo 驚濤 12-896B
jīngtáo 荆桃 2-685A
jīngtáo 驚逃 12-888B
jīngtǎo 精討 9-222B
jìngtào 鏡套 11-1384A
jīngtāohàilàng 驚濤駭浪 12-896B
jīngtāojùlàng 驚濤巨浪 12-896B
jīngtāonùlàng 驚濤怒浪 12-896B
jīngtāotuólàng 鯨濤鼉浪 12-1244A
jīngtí 驚啼 12-892A
jīngtǐ 晶體 5-761B
jīngtì 兢惕 2-280B
jīngtì 驚惕 12-891A
jǐngtì 儆惕 1-1662B
jǐngtì 警惕 11-414B
jìngtǐ 竟體 8-386B
jìngtǐ 静體 11-575B
jìngtì 鏡屜 11-1384B
jīngtiān 晶天 5-760A
jīngtiān 驚天 12-885A
jīngtiǎn 兢㥏 2-280B
jīngtiǎn 精腆 9-225A
jǐngtiān 景天 5-769B
jǐngtián 井田 1-337A
jìngtiān 竟天 8-386A
jìngtiān 鏡天 11-1383A
jìngtián 敬田 5-486B
jìngtián 静恬 11-570B
jìngtiān'àimín 敬天愛民 5-486B
jīngtiāndìqìguǐshén 驚天地泣鬼神 12-885A
jīngtiāndòngdì 驚天動地 12-885A
jīngtiānjídì 荆天棘地 2-683A
jīngtiānwěidì 經天緯地 9-860A
jǐngtiánzhì 井田制 1-337A
jīngtiáo 荆條 2-685A
jīngtiào 驚跳 12-893B
jīngtiě 精鐵 9-230A
jìngtiē 静貼 11-572B
jīngtíng 驚霆 12-894A
jīngtǐng 京挺 2-351A
jīngtǐng 驚挺 12-888A
jǐngtíng 井亭 1-338B
jǐngtíng 警廷 11-411B
jìngtīng 静聽 11-575B
jìngtīng 鏡聽 11-1385B
jìngtíng 徑廷 3-977A
jìngtíng 徑庭 3-977B
jìngtíng 逕廷 10-892B
jìngtíng 逕庭 10-893A
jìngtǐng 勁挺 2-789B
jìngtǐng 徑挺 3-977B
jìngtíng 脛脡 6-1281B
jìngtíngshān 敬亭山 5-488A
jīngtǐzànyuán 經體贊元 9-870A
jīngtōng 精通 9-223A
jīngtóng 經童 9-866A
jīngtóng 精銅 9-226B
jīngtòng 驚痛 12-892A
jīngtòng 驚慟 12-894B
jìngtóng 敬同 5-487A
jīngtòu 精透 9-222B
jīngtòu 驚透 12-889B
jǐngtóu 景頭 5-774A
jǐngtóu 警頭 11-416B
jǐngtòu 警透 11-413B
jìngtóu 浄頭 5-1181A
jìngtóu 境頭 2-1200A
jìngtóu 鏡頭 11-1385A
jīngtú 秔稌 8-34A
jīngtú 荆荼 2-685A
jīngtú 稉稌 8-81B
jīngtú 經涂 9-864A
jīngtú 經途 9-864A
jīngtú 經塗 9-867A
jǐngtú 憬塗 7-736B
jìngtú 徑涂 3-978A
jìngtú 徑途 3-978A
jìngtú 徑塗 3-978B
jìngtǔ 浄土 5-1178B
jìngtǔ 境土 2-1199B
jīngtuān 驚湍 12-892A
jìngtuì 靖退 11-567A
jìngtuì 静退 11-571A
jīngtūn 鯨吞 12-1243A
jīngtūncánshí 鯨吞蠶食 12-1243A
jīngtūnhǔshì 鯨吞虎噬 12-1243A
jīngtūnshéshì 鯨吞蛇噬 12-1243A
jǐngtuò 警柝 11-413A
jìngtuò 靖柝 11-567A
jīngū 金箍 11-1177B
jīngū 津沽 5-1190A

jīngǔ 今古 1-1079A
jīngǔ 金谷 11-1149A
jīngǔ 金骨 11-1156B
jīngǔ 金鼓 11-1173A
jīngǔ 金穀 11-1180B
jīngǔ 津鼓 5-1192B
jīngǔ 筋骨 8-1155B
jīngù 今故 1-1080A
jīngù 矜顧 8-586A
jǐngù 緊固 9-880A
jìngǔ 盡古 7-1454B
jìngǔ 近古 10-732A
jìngǔ 晉鼓 5-709B
jìngǔ 進股 10-984A
jìngǔ 進鼓 10-993B
jìngǔ 禁鼓 7-929B
jìngǔ 燼骨 7-308A
jìngù 近故 10-734B
jìngù 禁固 7-924B
jìngù 禁錮 7-931B
jìngù 靳固 12-188A
jìngù 靳故 12-188A
jīnguā 金瓜 11-1144B
jìnguāi 寖乖 3-1578A
jìnguài 祲怪 7-918B
jīnguān 巾冠 3-672B
jīnguān 金官 11-1153A
jīnguān 金冠 11-1157B
jīnguān 金棺 11-1168B
jīnguān 津關 5-1193A
jīnguǎn 金琯 11-1168A
jīnguǎn 金管 11-1178A
jīnguàn 巾盥 3-674A
jǐnguān 緊關 9-881B
jǐnguān 錦官 11-1333B
jǐnguǎn 盡管 7-1457A
jǐnguǎn 儘管 1-1720A
jìnguān 近官 10-734A
jìnguān 近關 10-738B
jìnguān 進官 10-984A
jìnguǎn 禁筦 7-930A
jìnguǎn 禁管 7-930B
jìnguàn 浸灌 5-1290A
jìnguàn 進盥 10-997A
jǐnguānchéng 錦官城
11-1333B
jīnguāng 金光 11-1145B
jìnguāng 盡光 7-1454B
jìnguǎng 寖廣 3-1579A
jīnguāngcǎo 金光草
11-1146A
jīnguānggàidì 金光蓋地
11-1146A
jìnguāngjìngzi 近光鏡子
10-732B
jǐnguānlǐ 緊關裏 9-881B
jīngūbàng 金箍棒 11-1178A
jīngǔfá 金谷罰 11-1149B
jīnguī 金閨 11-1180A
jīnguī 金龜 11-1188A
jīnguì 金桂 11-1160B
jīnguì 金貴 11-1170A
jīnguì 金櫃 11-1189B
jīnguì 金鐀 11-1194A
jīnguì 矜貴 8-583B
jīnguì 衿禬 9-45A
jǐnguī 錦歸 11-1338A
jìnguī 盡規 7-1456A
jìnguī 進規 10-990B
jìnguī 禁閨 7-930B
jìnguì 靳貴 12-188B
jīnguīguóshì 金閨國士
11-1180A
jīnguījí 金閨籍 11-1180B
jīnguīxù 金龜婿 11-1188B
jīnguīyàn 金閨彥 11-1180A
jīnguīyùtáng 金閨玉堂
11-1180A
jīnguīzi 金龜子 11-1188B
jīnguīzǐ 金閨子 11-1180A
jīngǔjì 金谷妓 11-1149B
jīngǔjiǔ 金谷酒 11-1149B
jīngǔjiǔshù 金谷酒數
11-1149B
jīngǔlǎo 金谷老 11-1149B
jīngùn 衿棍 9-44B
jīngūniángniáng 金姑娘娘
11-1154A
jīnguó 巾幗 3-673A
jīnguǒ 巾裹 3-673B
jīnguǒ 金果 11-1151B
jìnguó 盡國 7-1456A
jìnguǒ 禁果 7-924A
jìnguò 禁過 7-928A
jīnguóxūméi 巾幗鬚眉
3-673A
jīngǔrén 筋骨人 8-1156A
jīngūshēng 金姑聲 11-1154A
jīngǔxuépài 今古學派
1-1079A
jīngǔyàn 金谷宴 11-1149B
jīngǔyǒu 金谷友 11-1149B
jīngǔyuán 金谷園 11-1149B
jīngūzhòu 金箍咒 11-1178A
jǐngūzhòu 緊箍咒 9-881A
jīngūzi 金箍子 11-1177B
jǐngwā 井蛙 1-339B
jǐngwā 井鼃 1-341A
jìngwà 浄袜 5-1180A
jìngwà 浄襪 5-1181B
jìngwài 静外 11-568B
jīngwǎn 驚惋 12-891A
jìngwǎn 静婉 11-572A
jīngwáng 荆王 2-683A
jǐngwàng 景望 5-772B
jìngwǎnyāo 静婉腰 11-572B
jīngwēi 兢危 2-280B
jīngwēi 精微 9-225B
jīngwéi 京闈 2-353B
jīngwéi 旌帷 6-1601B
jīngwéi 經帷 9-865A
jīngwéi 經幃 9-865B
jīngwěi 經緯 9-867B
jīngwèi 荆魏 2-687A
jīngwèi 涇渭 5-1197A
jīngwèi 兢畏 2-280B
jīngwèi 精衛 9-227B
jīngwèi 驚立 12-886A
jīngwèi 驚位 12-887A
jīngwèi 驚畏 12-888A
jǐngwěi 景緯 5-773B
jǐngwěi 頸尾 12-312A
jǐngwèi 井殨 1-341A
jǐngwèi 儆畏 1-1662A
jǐngwèi 警畏 11-413A
jǐngwèi 警衛 11-416B
jǐngwèi 警衞 11-417A
jìngwēi 勁威 2-790A
jìngwèi 竟尉 8-386B
jìngwèi 敬畏 5-488A
jīngwèifēnmíng 涇渭分明
5-1197A
jīngwěitiāndì 經緯天地
9-868A
jīngwèitiánhǎi 精衛填海
9-227B
jīngwěitiānxià 經緯天下
9-868A
jǐngwèiyuán 警衛員 11-416B
jīngwèizìfèn 涇渭自分
5-1197B
jīngwèizìmíng 涇渭自明
5-1197B
jǐngwén 警聞 11-416A
jǐngwèn 警問 11-414B
jìngwēn 静温 11-573A
jìngwén 敬文 5-486B
jīngwénbì 荆文璧 2-683A
jīngwénwěiwǔ 經文緯武
9-860B
jīngwò 經幄 9-865B
jǐngwō 頸窩 12-312A
jīngwū 荆巫 2-684A
jīngwú 荆吳 2-684A
jīngwǔ 經武 9-862A
jīngwù 驚悟 12-890A
jīngwù 驚悮 12-890A
jīngwù 驚寤 12-894B
jīngwù 驚騖 12-897A
jǐngwū 井屋 1-338B
jǐngwù 景物 5-770B
jǐngwù 憬悟 7-736B
jǐngwù 警務 11-414A
jǐngwù 警悟 11-413B
jìngwū 浄屋 5-1180A
jìngwǔ 勁武 2-789B
jìngwù 境物 2-1199B
jìngwù 静物 11-570A
jìngwù 静悟 11-571B
jìngwù 競騖 8-404B
jìngwùhuà 静物畫 11-570A
jìngwúmáo 脛無毛 6-1281B
jīngwǔwěiwén 經武緯文
9-862A
jìngwūwū 静兀兀 11-568B
jīngxī 涇溪 5-1197B
jīngxī 精悉 9-223B
jīngxī 鯨吸 12-1243A
jīngxī 鯨谿 12-1244A
jīngxǐ 驚喜 12-891B
jīngxì 京戲 2-353B
jīngxì 精細 9-224B
jǐngxī 景夕 5-769B
jǐngxī 景西 5-770A
jǐngxī 儆息 1-1662A
jǐngxī 警錫 11-417A
jìngxī 竟夕 8-386A
jìngxī 静息 11-571B
jìngxǐ 浄洗 5-1180A
jìngxǐ 鏡洗 11-1384A
jīngxià 京夏 2-351B
jīngxià 旌夏 6-1601B
jīngxià 驚唬 12-890B
jīngxià 驚謼 12-895A
jīngxià 驚嚇 12-896A
jǐngxiá 警黠 11-417A
jìngxiá 静暇 11-573A
jìngxiá 鏡匣 11-1383B
jīngxián 旌賢 6-1603A
jīngxián 精嫻 9-228A
jīngxián 驚弦 12-888A
jīngxián 驚癇 12-896A
jīngxián 驚癎 12-896A
jīngxiǎn 旌顯 6-1603B
jīngxiǎn 驚險 12-895B
jīngxiàn 京縣 2-353B
jīngxiàn 經綫 9-867A
jīngxiàn 驚羨 12-892A
jīngxiàn 驚羡 12-894A
jīngxiàn 驚霰 12-897A
jǐngxiàn 阱陷 11-911B
jǐngxiàn 穽陷 8-428A
jìngxián 静閒 11-573A
jìngxián 静嫻 11-574A
jìngxián 靚閒 11-576B
jìngxiǎn 浕洗 2-414A
jìngxiàn 敬羨 5-489A
jìngxiàn 靖獻 11-568A
jìngxián'àishì 敬賢愛士
5-489B
jīngxiáng 精詳 9-226A
jīngxiáng 驚翔 12-892A
jīngxiǎng 京餉 2-353A
jīngxiàng 京相 2-351A
jīngxiàng 經像 9-866B
jǐngxiáng 景祥 5-772A
jǐngxiǎng 景想 5-773A
jǐngxiàng 景相 5-771A
jǐngxiàng 景象 5-772B
jǐngxiàng 景像 5-773B
jǐngxiàng 頸項 12-312A
jìngxiāng 敬香 5-488A
jìngxiāng 鏡箱 11-1385A
jìngxiǎng 靖享 11-567A
jìngxiǎng 静響 11-575B
jìngxiàng 敬向 5-487A
jìngxiàng 境象 2-1200A
jìngxiàng 静象 11-572A
jìngxiàng 鏡象 11-1384A
jìngxiánlǐshì 敬賢禮士
5-489B
jìngxiánxiàshì 敬賢下士
5-489B
jīngxiányàn 驚弦雁 12-888A
jīngxiánzhīniǎo 驚弦之鳥
12-888A

jìngxiánzhòngshì 敬賢重士 5-489B
jīngxiāo 經銷 9-867B
jīngxiāo 荆篠 2-687A
jīngxiǎo 精曉 9-228B
jìngxiào 旌孝 6-1600B
jìngxiào 驚笑 12-889B
jǐngxiāo 警宵 11-414A
jìngxiāo 獍梟 5-106A
jìngxiāo 競銷 8-404A
jìngxiǎoshènwēi 敬小慎微 5-486B
jīngxiè 經屑 9-864B
jǐngxiè 井渫 1-340A
jǐngxiè 警械 11-414A
jìngxiè 敬謝 5-489B
jìngxièbùmǐn 敬謝不敏 5-489B
jǐngxièbùshí 井渫不食 1-340A
jǐngxièmòshí 井渫莫食 1-340A
jīngxǐjiāojí 驚喜交集 12-891B
jīngxǐjiāojiā 驚喜交加 12-891B
jīngxīn 荆薪 2-687A
jīngxīn 經心 9-860B
jīngxīn 精心 9-217A
jīngxīn 精新 9-226A
jīngxīn 驚心 12-885A
jīngxìn 旌信 6-1601A
jīngxìn 經信 9-863A
jīngxìn 精信 9-220B
jǐngxīn 警心 11-411A
jǐngxìn 警信 11-413A
jìngxīn 净心 5-1179A
jìngxīn 静心 11-568B
jìngxīn 鏡心 11-1383A
jìngxīn 競心 8-403A
jìngxìn 净信 5-1179B
jìngxìn 敬信 5-488A
jīngxīnbēipò 驚心悲魄 12-885B
jīngxīncǎnmù 驚心慘目 12-885B
jīngxīnchǐpò 驚心褫魄 12-885B
jīngxīnchùmù 驚心怵目 12-885B
jīngxīndàodǎn 驚心悼膽 12-885B
jīngxīndiàodǎn 驚心吊膽 12-885A
jīngxīndiàopò 驚心弔魄 12-885A
jīngxīndòngpò 驚心動魄 12-885B
jīngxīnduómù 驚心奪目 12-885B
jīngxīng 經星 9-863A
jīngxíng 經行 9-861B
jīngxǐng 驚醒 12-895B
jǐngxīng 井星 1-338B
jǐngxīng 景星 5-771A
jǐngxīng 警惺 11-415A
jǐngxíng 井陘 1-338B
jǐngxíng 景行 5-770A
jǐngxǐng 儆省 1-1662A
jǐngxǐng 儆醒 1-1662B
jǐngxǐng 警省 11-413A
jǐngxǐng 警醒 11-416B
jìngxíng 净行 5-1179A
jìngxíng 徑行 3-977A
jǐngxīngfènghuáng 景星鳳皇 5-771A
jǐngxīngfènghuáng 景星鳳凰 5-771A
jǐngxíngguān 井陘關 1-339A
jǐngxíngkǒu 井陘口 1-339A
jǐngxīnglínfèng 景星麟鳳 5-771A
jǐngxīngqìngyún 景星慶雲 5-771A
jìngxíngzhísuì 徑行直遂 3-977A
jīngxīnhàimù 驚心駭目 12-885B
jīngxīnhàishén 驚心駭神 12-885B
jīngxīnhàizhǔ 驚心駭矚 12-885B
jīngxīnlièdǎn 驚心裂膽 12-885B
jīngxīnpòdǎn 驚心破膽 12-885B
jīngxīnsàngpò 驚心喪魄 12-885B
jīngxīnxuànmù 驚心眩目 12-885B
jīngxiū 驚鱃 12-898A
jīngxiù 精秀 9-218A
jīngxiù 驚繡 12-897A
jǐngxiù 井宿 1-339B
jǐngxiù 景宿 5-772B
jǐngxiù 警秀 11-412A
jìngxiū 静修 11-570B
jìngxiù 静秀 11-569A
jìngxiù 競秀 8-403A
jīngxū 鯨鬚 12-1244B
jīngxū 驚吁 12-886B
jīngxù 旌卹 6-1601A
jīngxù 旌叙 6-1601A
jīngxù 旌恤 6-1601A
jīngxù 經恤 9-863B
jǐngxù 景序 5-770B
jǐngxù 警勗 11-414A
jìngxū 徑須 3-978A
jìngxū 静虚 11-572A
jīngxuān 旌軒 6-1601B
jīngxuān 驚喧 12-892A
jīngxuǎn 精選 9-228A
jīngxuàn 驚眩 12-889B
jìngxuán 静縣 11-574B
jìngxuǎn 競選 8-404A
jìngxuàn 靚袨 11-576B
jīngxuē 京削 2-351A
jīngxué 京學 2-353B
jīngxué 經穴 9-861B
jīngxué 經學 9-868B
jīngxuè 精血 9-217B
jìngxuě 鏡雪 11-1384A
jīngxún 鯨鱏 12-1244B
jīngxùn 經訓 9-864A
jǐngxún 警巡 11-411B
jǐngxùn 警訊 11-413B
jǐngxùn 警訓 11-413B
jìngxùn 敬遜 5-489A
jǐngxúnyuàn 警巡院 11-411B
jīngyā 驚呀 12-887A
jīngyǎ 精雅 9-224B
jīngyà 驚訝 12-890B
jìngyǎ 静雅 11-572B
jìngyǎ 靚雅 11-576B
jìngyà 敬迓 5-487B
jīngyán 旌延 6-1600B
jīngyán 經筵 9-865B
jīngyán 兢嚴 2-281B
jīngyán 精妍 9-218B
jīngyán 精言 9-218A
jīngyán 精研 9-220B
jīngyán 精嚴 9-230A
jīngyǎn 經眼 9-865A
jīngyǎn 驚眼 12-890A
jīngyǎn 驚魘 12-898A
jīngyàn 荆豔 2-687B
jīngyàn 晶豔 5-761B
jīngyàn 經驗 9-870A
jīngyàn 驚雁 12-891B
jīngyàn 驚燕 12-895B
jǐngyán 井鹽 1-341B
jǐngyán 景炎 5-771A
jǐngyán 警嚴 11-417B
jǐngyàn 井匽 1-338B
jìngyán 净筵 5-1180B
jìngyán 竫言 8-386B
jìngyán 靖言 11-566B
jìngyán 静言 11-569B
jìngyán 静嚴 11-575A
jìngyán 靚嚴 11-576B
jìngyǎn 净眼 5-1180B
jìngyàn 靖晏 11-567A
jìngyàn 静晏 11-571A
jìngyàn 静艷 11-575B
jìngyàn 静讞 11-575B
jìngyàn 靚豔 11-576B
jīngyáng 荆楊 2-686B
jīngyáng 旌陽 6-1601B
jīngyáng 旌揚 6-1602A
jīngyàng 京様 2-353B
jǐngyáng 景陽 5-772B
jǐngyǎng 井養 1-340B
jǐngyǎng 景仰 5-770A
jìngyǎng 敬仰 5-487A
jìngyǎng 敬養 5-489B
jìngyǎng 静養 11-573B
jǐngyángfēi 景陽妃 5-773A
jǐngyánggāng 景陽岡 5-773A
jǐngyángjǐng 景陽井 5-773A
jīngyángyè 驚楊葉 12-893A
jīngyángzhái 旌陽宅 6-1601B
jǐngyángzhōng 景陽鍾 5-773A
jǐngyángzhōng 景陽鐘 5-773A
jìngyánlìngsè 静言令色 11-569B
jǐngyánqǔ 警嚴曲 11-417B
jìngyányōnghuí 靖言庸回 11-566B
jìngyányōngwéi 靖言庸違 11-566B
jìngyányōngwéi 静言庸違 11-569B
jīngyáo 精摇 9-225B
jīngyáo 驚摇 12-893A
jīngyào 晶耀 5-761A
jīngyào 精要 9-220B
jīngyào 精曜 9-229B
jīngyào 精耀 9-230A
jīngyào 驚耀 12-897A
jǐngyào 景曜 5-774A
jǐngyào 景燿 5-774A
jǐngyào 景耀 5-774A
jìngyǎo 徑窅 3-978A
jìngyǎo 静窈 11-571A
jìngyào 徑要 3-977B
jìngyào 靚耀 11-576B
jīngyè 經業 9-866A
jīngyè 兢業 2-280B
jīngyè 精液 9-224A
jǐngyè 景夜 5-771A
jǐngyè 景業 5-773A
jǐngyè 警夜 11-412B
jìngyè 净業 5-1180B
jìngyè 竟夜 8-386B
jìngyè 静業 11-573A
jìngyèyàoqún 敬業樂羣 5-489A
jǐngyèzhōng 警夜鐘 11-413A
jīngyī 精一 9-216B
jīngyí 驚疑 12-894B
jīngyì 京邑 2-350A
jīngyì 荆翼 2-687A
jīngyì 旌柛 6-1601A
jīngyì 旌栧 6-1601B
jīngyì 旌異 6-1601B
jīngyì 經意 9-866B
jīngyì 經義 9-866B
jīngyì 經藙 9-867A
jīngyì 經藝 9-869B
jīngyì 精意 9-226A
jīngyì 精義 9-226A
jīngyì 精詣 9-226A
jīngyì 驚仡 12-886A
jīngyì 驚屹 12-886B
jīngyì 驚異 12-890A
jīngyì 驚逸 12-890B
jīngyì 驚跇 12-892A
jǐngyí 井儀 1-341A
jǐngyí 景夷 5-770A
jǐngyì 井邑 1-337B
jǐngyì 警抑 11-412A
jǐngyì 警異 11-414A
jìngyī 净衣 5-1179A

jìngyī 净壹 5-1180B
jìngyī 脛衣 6-1281B
jìngyī 静一 11-568B
jìngyī 靚衣 11-576A
jìngyǐ 竟已 8-386A
jìngyì 徑易 3-977B
jìngyì 敬異 5-488B
jìngyì 敬意 5-489A
jìngyì 静逸 11-572A
jìngyì 静意 11-573A
jìngyì 静翳 11-574B
jīngyīn 鯨音 12-1243B
jīngyín 精銀 9-226B
jīngyǐn 京尹 2-349B
jīngyǐn 旌引 6-1600A
jīngyǐn 鯨飲 12-1244A
jīngyìn 晶印 5-760A
jǐngyīn 井堙 1-339B
jǐngyǐn 警引 11-411A
jìngyīn 勁陰 2-790B
jìngyīn 净因 5-1179A
jìngyīn 静音 11-570B
jīngyīndàgǔ 京音大鼓 2-351A
jīngyīng 譑譔 12-660A
jīngyīng 莖英 9-414A
jīngyīng 菁英 9-428B
jīngyīng 晶英 5-760B
jīngyīng 精英 9-218B
jīngyíng 晶熒 5-761A
jīngyíng 晶瑩 5-761A
jīngyíng 晶瀅 5-761A
jīngyíng 經營 9-868B
jīngyíng 精熒 9-227A
jīngyíng 精瑩 9-228A
jǐngyǐng 警穎 11-417A
jīngyíngcǎndàn 經營慘淡 9-868B
jīngyíngcǎndàn 經營慘澹 9-868B
jìngyíngpào 静營炮 11-574B
jìngyīnzhīdào 静因之道 11-569A
jīngyìqiújīng 精益求精 9-222B
jīngyìrùshén 精義入神 9-226B
jīngyīshī… 經一失,長一智 9-860A
jīngyīshì… 經一事,長一智 9-860A
jǐngyìzhì 井邑田 1-337B
jìngyīzhōusān 徑一周三 3-976B
jīngyōng 旌庸 6-1601B
jīngyǒng 精勇 9-221B
jīngyòng 經用 9-861A
jǐngyǒng 警勇 11-413B
jìngyǒng 勁勇 2-790A
jìngyōu 兢憂 2-281B
jīngyōu 驚憂 12-894B
jīngyóu 經由 9-861A
jīngyóu 精油 9-220A
jìngyōuyōu 静幽幽 11-570B
jīngyóuzi 京油子 2-350B
jīngyú 京魚 2-352A
jīngyú 旌輿 6-1603B
jīngyú 旌旟 6-1603B
jīngyú 鯨魚 12-1243B
jīngyǔ 京庾 2-352B
jīngyǔ 京語 2-353A
jīngyǔ 旌羽 6-1600B
jīngyǔ 驚羽 12-886B
jīngyù 京域 2-352A
jīngyù 荆玉 2-683B
jǐngyú 井魚 1-339B
jǐngyú 井旟 1-341A
jǐngyǔ 景語 5-773B
jǐngyǔ 警語 11-416A
jǐngyù 景遇 5-773A
jìngyú 徑踰 3-979A
jìngyú 鏡魚 11-1384A
jìngyǔ 净宇 5-1179B
jìngyǔ 境宇 2-1199B
jìngyǔ 静語 11-573B
jìngyù 净域 5-1180B
jìngyù 境域 2-1200A
jìngyù 境遇 2-1200A
jìngyù 境閾 2-1200A
jìngyù 静域 11-571B
jìngyù 静獄 11-573B
jīngyuán 京員 2-351B
jīngyuǎn 經遠 9-866A
jīngyuàn 京苑 2-350B
jīngyuàn 經苑 9-862A
jīngyuàn 經院 9-863B
jǐngyuān 井眢 1-339A
jǐngyuān 穽淵 8-428A
jǐngyuán 警員 11-413B
jìngyuān 静淵 11-573A
jìngyuán 静園 11-573A
jìngyuán 静緣 11-574B
jìngyuàn 净院 5-1180A
jìngyuàn 静愿 11-573B
jìngyuánbìhé 鏡圓璧合 11-1384B
jīngyuē 精約 9-221B
jīngyuè 旌鉞 6-1602B
jīngyuè 經月 9-860B
jīngyuè 驚悦 12-890A
jīngyuè 驚躍 12-897B
jìngyuē 靖約 11-567A
jìngyuè 鏡月 11-1383A
jīngyúhàisú 驚愚駭俗 12-893B
jīngyǔn 驚殞 12-894A
jīngyùn 京運 2-352B
jīngyùn 精藴 9-229B
jǐngyún 景員 5-771B
jǐngyún 景雲 5-773A
jǐngyùn 景運 5-773A
jìngyún 静雲 11-572B
jīngyùndàgǔ 京韻大鼓 2-354A
jīngyúzuò 鯨魚座 12-1244A
jīngzàn 經贊 9-869B
jīngzàng 經藏 9-868B
jīngzáo 精鑿 9-230B
jīngzǎo 京棗 2-352B
jīngzǎo 菁藻 9-429A
jīngzào 驚噪 12-895B
jīngzào 驚譟 12-897A
jīngzào 驚躁 12-897A
jǐngzào 井灶 1-338A
jǐngzào 井竈 1-341B
jìngzào 勁躁 2-791A
jìngzào 徑造 3-978A
jìngzào 敬竈 5-490A
jìngzào 静躁 11-575A
jìngzào 競躁 8-404B
jīngzé 精擇 9-228B
jīngzé 驚迮 12-887B
jǐngzè 景昃 5-770B
jǐngzè 景昗 5-770B
jīngzéi 精賊 9-225B
jìngzènyōnghuí 靖譖庸回 11-567B
jīngzhà 驚乍 12-886A
jīngzhài 京債 2-352B
jìngzhāi 敬齊 5-489B
jìngzhāi 静齋 11-575A
jīngzhān 旌旃 6-1601B
jīngzhān 驚瞻 12-896B
jīngzhàn 兢戰 2-281B
jīngzhàn 精湛 9-225A
jīngzhàn 驚戰 12-895B
jīngzhāng 驚張 12-891B
jǐngzhǎng 警長 11-412B
jìngzhǎngguān 靖長官 11-566B
jīngzhāo 旌招 6-1600B
jīngzhào 京兆 2-349B
jīngzhào 旌旐 6-1602A
jīngzhào 精照 9-225B
jīngzhào 驚棹 12-891B
jìngzhǎo 鏡沼 11-1383B
jìngzhào 鏡照 11-1384B
jīngzhàohuàméi 京兆畫眉 2-350A
jīngzhàoméiwǔ 京兆眉嫵 2-350A
jīngzhàoniǎo 京兆鳥 2-350A
jīngzhàoyǐn 京兆尹 2-349B
jīngzhàzhà 驚乍乍 12-886A
jīngzhé 經摺 9-867A
jīngzhé 驚蟄 12-896A
jìngzhě 净者 5-1179B
jìngzhě 静者 11-569B
jīngzhēn 荆蓁 2-686A
jīngzhēn 荆榛 2-686B
jīngzhēn 旌甄 6-1602A
jīngzhēn 精真 9-222A
jīngzhěn 驚枕 12-887A
jīngzhèn 京鎮 2-354A
jīngzhèn 驚震 12-895A
jǐngzhěn 警枕 11-412B
jìngzhēn 静貞 11-570B
jìngzhěn 徑畛 3-978A
jìngzhèn 静鎮 11-575A
jīngzhěng 精整 9-228B
jīngzhèng 驚怔 12-887B
jǐngzhēng 景徵 5-773B
jǐngzhèng 警政 11-413A
jìngzhēng 競争 8-403B
jìngzhèng 勁正 2-789A
jìngzhèng 静正 11-568B
jīngzhézhuāng 經折裝 9-861B
jīngzhī 荆枝 2-684A
jīngzhí 京直 2-350B
jīngzhí 京職 2-353B
jīngzhí 旌直 6-1600B
jīngzhǐ 京沚 2-350B
jīngzhǐ 經紙 9-864B
jīngzhì 京峙 2-351A
jīngzhì 京秩 2-351B
jīngzhì 旌智 6-1602A
jīngzhì 旌幟 6-1603A
jīngzhì 經制 9-862B
jīngzhì 經帙 9-862B
jīngzhì 經治 9-862B
jīngzhì 經袠 9-865B
jīngzhì 精至 9-217B
jīngzhì 精志 9-218A
jīngzhì 精致 9-222A
jīngzhì 精製 9-226B
jīngzhì 精緻 9-229A
jǐngzhǐ 景止 5-769B
jǐngzhì 景至 5-770A
jǐngzhì 景致 5-771B
jǐngzhì 景緻 5-774A
jìngzhí 勁直 2-789B
jìngzhí 净植 5-1180B
jìngzhí 徑直 3-977A
jìngzhí 逕直 10-892B
jìngzhí 竟直 8-386B
jìngzhí 敬執 5-488B
jìngzhí 敬職 5-490A
jìngzhǐ 敬止 5-486B
jìngzhǐ 静止 11-568B
jìngzhì 勁質 2-790B
jìngzhì 勁鷙 2-791A
jìngzhì 徑致 3-978A
jìngzhì 竟至 8-386A
jìngzhì 靖志 11-566B
jìngzhì 静志 11-569A
jìngzhì 静治 11-570A
jìngzhì 静智 11-572B
jìngzhì 靚質 11-576B
jīngzhìqián 經制錢 9-862B
jīngzhōng 旌忠 6-1601A
jīngzhōng 精忠 9-219B
jīngzhōng 鯨鍾 12-1244A
jīngzhōng 鯨鐘 12-1244B
jīngzhǒng 京冢 2-352A
jīngzhòng 驚憧 12-892B
jǐngzhōng 景鍾 5-774A
jǐngzhōng 景鐘 5-774A
jǐngzhōng 警鐘 11-417B
jǐngzhǒng 警種 11-415B
jǐngzhòng 景重 5-771B
jǐngzhòng 警衆 11-415A
jìngzhōng 敬中 5-486B
jìngzhōng 静鐘 11-575B
jìngzhòng 敬重 5-488A
jìngzhòng 靖重 11-567A

jìngzhòng 靜重 11-570B
jìngzhòng 靜衆 11-572B
jìngzhōngluán 鏡中鸞 11-1383A
jīngzhōngmiào 精忠廟 9-219B
jǐngzhōngní 井中泥 1-336B
jìngzhōngshènshǐ 敬終慎始 5-489A
jīngzhōu 京周 2-350B
jīngzhōu 荆州 2-683B
jīngzhōu 鯨舟 12-1243A
jīngzhòu 經呪 9-862A
jīngzhòu 經咒 9-862B
jǐngzhòu 井甃 1-340B
jǐngzhòu 景胄 5-771A
jīngzhōuyìng 荆州癭 2-683B
jīngzhōuyuè 荆州樂 2-683B
jīngzhū 荆株 2-685A
jīngzhū 鯨珠 12-1243B
jīngzhú 驚逐 12-889B
jīngzhǔ 驚矚 12-898A
jǐngzhù 景助 5-770B
jìngzhú 鏡燭 11-1385B
jìngzhú 競逐 8-403A
jīngzhuān 精專 9-223B
jīngzhuàn 經傳 9-866B
jìngzhuān 靜專 11-571B
jìngzhuàn 浄饌 5-1181B
jìngzhuāng 兢莊 2-280B
jīngzhuāng 精裝 9-226B
jīngzhuàng 精壯 9-218B
jīngzhuàng 驚壯 12-887A
jǐngzhuàng 景狀 5-771A
jìngzhuāng 靜莊 11-571A
jìngzhuāng 靚妝 11-576A
jìngzhuāng 靚莊 11-576A
jìngzhuāng 靚粧 11-576B
jìngzhuāng 靚裝 11-576B
jìngzhuāng 靚糚 11-576B
jìngzhuāng 靚糚 11-576B
jìngzhuàng 勁壯 2-789B
jìngzhuàng 艶壯 11-576A
jīngzhuàngtǐ 晶狀體 5-760B
jīngzhuì 驚惴 12-892B
jīngzhuó 旌擢 6-1603B
jīngzhuó 兢灼 2-280B
jīngzhuó 驚灼 12-887A
jìngzhùshè 浄住舍 5-1179B
jīngzī 經資 9-866B
jīngzǐ 荆子 2-683A
jīngzǐ 荆梓 2-685A
jīngzǐ 精子 9-216B
jǐngzi 頸子 12-312A
jìngzi 鏡子 11-1383A
jìngzī 靜姿 11-570B
jìngzì 徑自 3-977A
jìngzì 逕自 10-892B
jìngzì 竟自 8-386A
jìngzì 靜字 11-569A
jīngzǒng 經總 9-869B
jīngzǒngqián 經總錢 9-869B
jīngzǒngzhìqián 經總制錢 9-869B
jīngzǒu 驚走 12-886B
jìngzǒu 競走 8-403A
jīngzú 京族 2-352B
jìngzú 勁卒 2-789B
jìngzuì 浄罪 5-1180B
jìngzuìshān 浄罪山 5-1180B
jìngzūn 敬尊 5-489A
jīngzuò 經坐 9-862A
jīngzuò 驚坐 12-887A
jīngzuò 驚座 12-889B
jǐngzuó 井捽 1-339A
jǐngzuò 景祚 5-771B
jìngzuò 静作 11-569A
jìngzuò 静坐 11-569A
jīnhái 筋骸 8-1157A
jìnhài 禁害 7-927B
jìnhǎi 近海 10-735B
jìnhǎi 禁海 7-927B
jìnhài 浸害 5-1288A
jìnhài 禁害 7-927B
jìnhài 噤害 3-515B
jīnhámā 金蝦蟆 11-1182B
jīnhán 金函 11-1153B
jīnhán 矜涵 8-583B
jīnhàn 金漢 11-1180A
jǐnhàn 錦翰 11-1337B
jìnhán 浸涵 5-1288B
jīnháng 金行 11-1146B
jīnháng 津航 5-1191A
jìnháng 近行 10-733A
jīnháo 矜豪 8-585A
jǐnhǎo 謹好 11-394A
jǐnhǎo 儘好 1-1719B
jìnhǎo 近好 10-733A
jìnhào 近耗 10-735A
jìnhào 晉號 5-709B
jìnhào 進號 10-993B
jìnhào 寖耗 3-1578A
jìnhào 禁號 7-930A
jīnhé 金河 11-1152B
jīnhé 金荷 11-1160A
jīnhè 巾褐 3-673B
jìnhē 禁呵 7-924B
jìnhē 禁訶 7-929B
jìnhé 禁劾 7-925A
jìnhè 進賀 10-993B
jìnhè 禁喝 7-929A
jīnhéhuān 金合歡 11-1146B
jīnhèlú 金鶴罏 11-1195A
jīnhéng 金衡 11-1185A
jīnhéyè 金荷葉 11-1160B
jīnhóng 金泓 11-1153A
jīnhóng 金紅 11-1158B
jīnhóng 金鴻 11-1188B
jīnhóng 矜弘 8-581A
jīnhóu 金猴 11-1171B
jīnhóu 衿喉 9-44B
jīnhóu 襟喉 9-142B
jīnhòu 今後 1-1080A
jīnhòu 津堠 5-1192A
jǐnhòu 謹厚 11-395A
jìnhóu 進侯 10-985B
jìnhòu 進候 10-989B
jīnhú 金壺 11-1168A
jīnhǔ 金虎 11-1151A
jīnhù 金户 11-1142B
jīnhù 金瓠 11-1165A
jǐnhù 謹户 11-393B
jǐnhù 謹護 11-399B
jìnhu 近乎 10-732A
jìnhū 搢忽 6-798A
jìnhū 搢曶 6-798A
jìnhū 搢笏 6-798A
jìnhù 禁户 7-921B
jìnhù 禁護 7-932B
jìnhù 墐户 2-1187A
jīnhuā 金花 11-1147B
jīnhuā 金華 11-1159B
jīnhuá 金華 11-1159B
jīnhuā 禁花 7-923A
jìnhuà 進化 10-980A
jìnhuà 進畫 10-993A
jīnhuācài 金花菜 11-1148A
jīnhuāchá 金花茶 11-1148A
jīnhuádiàn 金華殿 11-1160A
jīnhuádòng 金華洞 11-1160A
jīnhuāfūrén 金花夫人 11-1147B
jīnhuáfūrén 金華夫人 11-1159B
jīnhuāgào 金花誥 11-1148A
jīnhuái 襟懷 9-142B
jìnhuái 近懷 10-738B
jìnhuài 寖壞 3-1579A
jīnhuājiān 金花牋 11-1148A
jīnhuájiāngjūn 金華將軍 11-1160A
jìnhuàlùn 進化論 10-980B
jīnhuámùyáng'èr 金華牧羊兒 11-1159B
jīnhuán 巾環 3-674A
jīnhuán 金環 11-1186B
jīnhuán 金鐶 11-1194B
jīnhuǎn 矜緩 8-585B
jǐnhuán 錦還 11-1337B
jìnhuān 盡歡 7-1458A
jìnhuàn 近患 10-736A
jìnhuàn 進宦 10-986A
jīnhuáng 金黄 11-1164B
jīnhuáng 金簧 11-1187B
jīnhuáng 金鐄 11-1192B
jīnhuǎng 金幌 11-1174B
jīnhuànghuàng 金晃晃 11-1161A
jīnhuánshé 金環蛇 11-1187A
jīnhuáshān 金華山 11-1159B
jīnhuáshěng 金華省 11-1159B
jīnhuātiězi 金花帖子 11-1147B
jīnhuātǔ 金花土 11-1147B
jīnhuátuǐ 金華腿 11-1160A
jīnhuáxí 金華席 11-1160A
jīnhuáxiānbó 金華仙伯 11-1159B
jǐnhuāxīn 槿花心 4-1238B
jīnhuáyàn 金華宴 11-1160A
jīnhuāyín 金花銀 11-1148A
jīnhuāzhào 金花詔 11-1148A
jīnhuāzhú 金花燭 11-1148A
jīnhúdàorén 金壺道人 11-1168A
jīnhǔfú 金虎符 11-1151B
jīnhuī 金輝 11-1182A
jīnhuī 金徽 11-1187B
jīnhuí 今回 1-1079B
jǐnhuì 錦繢 11-1338B
jǐnhuì 錦繪 11-1338B
jǐnhuì 謹惠 11-397A
jìnhuī 進麾 10-996B
jìnhuī 燼灰 7-308A
jìnhuǐ 禁燬 7-932A
jìnhuǐ 禁毁 7-930A
jìnhuì 覲會 10-352B
jìnhuìwénwā 晉惠聞蛙 5-709A
jīnhuīyùjié 金輝玉潔 11-1182B
jīnhúmò 金壺墨 11-1168A
jīnhūn 金婚 11-1168A
jìnhūn 禁閽 7-931B
jìnhūnjiā 禁昏家 7-925A
jīnhuò 金貨 11-1166A
jìnhuǒ 近火 10-731B
jìnhuǒ 進火 10-980B
jìnhuǒ 進伙 10-981B
jìnhuǒ 禁火 7-921B
jìnhuò 進貨 10-991A
jìnhuò 進禍 10-993A
jìnhuò 贐貨 10-308A
jìnhuǒchén 禁火辰 7-921B
jìnhuǒrì 禁火日 7-921B
jìnhuǒtiān 禁火天 7-921B
jīnhǔtái 金虎臺 11-1151B
jīnì 飢溺 12-494A
jīnì 雞睨 11-865A
jīnì 羈逆 8-1056A
jīnì 岌嶷 3-801A
jīnì 耴晉 5-232A
jīnì 湒濇 6-141B
jīnǐ 薺苨 9-598B
jìnì 寄匿 3-1510A
jīnián 笄年 8-1108A
jīnián 基年 2-1111B
jīnián 積年 8-131B
jīnián 饑年 12-583B
jīnián 期年 6-1306B
jīniǎn 畿輦 7-1405A
jīniàn 積念 8-134A
jínián 籍年 8-1270B
jìnián 季年 4-210B
jìnián 紀年 9-726A
jìnián 計年 11-15A
jìnián 記年 11-59B
jìniàn 紀念 9-726B
jìniàn 計念 11-15B
jìniàn 記念 11-60B
jìniàn 繼念 9-1044A
jìniànbēi 紀念碑 9-727A
jìniàncè 紀念册 9-727A
jīniáng 雞娘 11-863A
jìniànguǎn 紀念館 9-727A

jìniànhào 紀念號 9-727A
jīniánlěisuì 積年累歲 8-132A
jīniánlěiyuè 積年累月 8-132A
jìniànpǐn 紀念品 9-727A
jìniànrì 紀念日 9-727A
jìniàntáng 紀念堂 9-727A
jìniànzhāng 紀念章 9-727A
jīniǎo 羈鳥 8-1056B
jìniǎo 祭鳥 7-912B
jìniè 鱭鬣 12-1459A
jínìhūchuán 及溺呼船 1-637A
jǐnìjǐjī 己溺己飢 4-70A
jíníng 緝寧 9-940B
jíníng 戢寧 5-232A
jíníng 集寧 11-801B
jíníng 集甯 11-801A
jíníng 輯寧 9-1300A
jíníng 輯甯 9-1299B
jìníng 薺薴 9-598B
jìnìng 技佞 6-359A
jìniú 犪牛 6-286B
jìniú 稷牛 8-123B
jíniúfèntún 瘠牛僨豚 8-350B
jíniúléitún 瘠牛羸豚 8-350B
jīnjī 巾机 3-672A
jīnjī 巾几 3-672A
jīnjī 金機 11-1184B
jīnjī 金雞 11-1190B
jīnjī 金齏 11-1196A
jīnjī 金羈 11-1196B
jīnjī 金覊 11-1196B
jīnjī 巾笈 3-672B
jīnjí 金籍 11-1193B
jīnjí 矜急 8-582B
jīnjí 筋急 8-1156A
jīnjǐ 金戟 11-1168B
jīnjǐ 矜己 8-580B
jīnjì 斤跡 6-1052B
jīnjì 金鯽 11-1191A
jīnjì 津寄 5-1192A
jīnjì 津際 5-1192B
jīnjì 津漈 5-1192B
jīnjì 津濟 5-1193A
jīnjì 矜忌 8-581B
jīnjì 矜懻 8-585B
jīnjì 衿計 9-44B
jǐnjī 錦機 11-1337B
jǐnjī 錦雞 11-1338A
jǐnjī 錦鷄 11-1339A
jǐnjī 謹饑 11-398A
jǐnjí 緊急 9-880B
jǐnjí 謹急 11-395B
jǐnjí 謹疾 11-396A
jǐnjì 錦罽 11-1338A
jǐnjì 謹記 11-396A
jǐnjì 謹祭 11-396B
jìnjī 近畿 10-738A
jìnjī 進擊 10-998A
jìnjí 晉級 5-709A
jìnjí 晉棘 5-709A
jìnjí 進級 10-989A
jìnjí 寖急 3-1578A
jìnjí 禁急 7-926B
jìnjí 禁戢 7-929A
jìnjí 禁籍 7-932B
jìnjí 禁詰 7-930A
jìnjǐ 進給 10-993B
jìnjī 進機 10-997B
jìnjì 進伎 10-981B
jìnjì 進計 10-986A
jìnjì 禁忌 7-923B
jīnjiā 金枷 11-1155B
jīnjiā 金家 11-1163B
jīnjiā 金笳 11-1166A
jīnjiǎ 金甲 11-1144A
jīnjiǎ 金斝 11-1170A
jīnjiǎ 矜假 8-583A
jīnjià 金駕 11-1183B
jìnjiā 盡家 7-1456A
jìnjiā 近佳 10-734A
jìnjiā 禁加 7-922A
jìnjiǎ 進斝 10-992A
jìnjiǎ 衿甲 9-44A
jìnjiǎ 浸假 5-1288A
jìnjiǎ 寖假 3-1578B
jìnjiǎ 禁甲 7-922A
jìnjià 進駕 10-996B
jìnjià 禁架 7-927A
jīnjiǎdòu 金甲豆 11-1144A
jīnjiān 金牋 11-1170B
jīnjiān 金箋 11-1178A
jīnjiān 金韉 11-1196B
jīnjiǎn 金檢 11-1187B
jīnjiǎn 金簡 11-1190A
jīnjiǎn 金繭 11-1189B
jīnjiàn 金箭 11-1182B
jīnjiàn 金檻 11-1189B
jīnjiàn 金鑑 11-1195B
jīnjiàn 金鑒 11-1195A
jīnjiàn 矜鑒 8-586A
jīnjiàn 襟劍 9-142B
jǐnjiān 錦箋 11-1336B
jǐnjiān 錦韉 11-1340A
jǐnjiǎn 謹儉 11-398B
jǐnjiàn 僅見 1-1614B
jǐnjiàn 緊健 9-880B
jǐnjiàn 錦薦 11-1337B
jìnjiān 近間 10-737A
jìnjiān 進牋 10-992B
jìnjiān 禁姦 7-927A
jìnjiǎn 進減 10-993A
jìnjiǎn 禁檢 7-932B
jìnjiàn 晉見 5-708B
jìnjiàn 浸漸 5-1289B
jìnjiàn 進見 10-982A
jìnjiàn 進薦 10-996B
jìnjiàn 進諫 10-997B
jìnjiàn 覲見 10-352B
jīnjiāng 金漿 11-1183B
jīnjiǎng 矜獎 8-585A
jǐnjiāng 錦江 11-1333A
jǐnjiàng 錦匠 11-1332B
jìnjiǎng 進獎 10-994B
jìnjiǎng 進講 10-998B
jìnjiàng 枃降 4-878A
jīnjiāngyùlǐ 金漿玉醴 11-1183B
jīnjiāngyùyè 金漿玉液 11-1183B
jìnjiànlǐ 進見禮 10-982A
jīnjiǎnshū 金翦書 11-1183B
jīnjiānzòuqǔ 金牋奏曲 11-1170B
jīnjiāo 金郊 11-1152B
jīnjiāo 金焦 11-1171A
jīnjiāo 金蕉 11-1181A
jīnjiāo 金鐎 11-1194A
jīnjiāo 矜驕 8-586A
jīnjiǎo 金角 11-1149B
jīnjiǎo 筋角 8-1155B
jīnjiào 金較 11-1173B
jǐnjiào 儘教 1-1719B
jìnjiāo 近郊 10-734A
jìnjiāo 寖驕 3-1579B
jìnjiǎo 進剿 10-994A
jìnjiǎo 進勦 10-994A
jìnjiǎo 進繳 10-999A
jìnjiǎo 禁脚 7-928B
jìnjiào 進教 10-990B
jīnjiāoyè 金蕉葉 11-1181A
jīnjiāoyǐ 金交椅 11-1146B
jìnjiāoyuǎngōng 近交遠攻 10-733A
jīnjiāyùsuǒ 金枷玉鎖 11-1155B
jīnjībǎozhàng 金雞寶帳 11-1191A
jīnjībùzhàng 金雞步帳 11-1190B
jīnjīdúlì 金雞獨立 11-1191A
jīnjīdúlì 金鷄獨立 11-1194B
jīnjiē 金階 11-1167B
jīnjiē 金堦 11-1168A
jīnjiē 矜嗟 8-583B
jīnjié 斤節 6-1052B
jīnjié 金偈 11-1166A
jīnjié 金節 11-1174B
jīnjié 矜節 8-584A
jīnjié 矜絜 8-583B
jīnjié 觔節 10-1355B
jīnjié 筋節 8-1156B
jīnjiè 金介 11-1141B
jīnjiè 金界 11-1156B
jǐnjié 謹節 11-397B
jǐnjié 謹潔 11-398B
jǐnjiè 謹介 11-393B
jǐnjiè 謹戒 11-394A
jìnjiē 盡皆 7-1455B
jìnjiē 晉接 5-709A
jìnjiē 晉階 5-709A
jìnjiē 進階 10-991B
jìnjiē 禁街 7-929B
jìnjiē 覲接 10-352B
jìnjié 盡節 7-1457A
jìnjié 近捷 10-735B
jìnjié 進竭 10-994B
jìnjiè 近戒 10-733A
jìnjiè 禁戒 7-922B
jìnjiè 禁誡 7-930B
jīnjiēyú 今接輿 1-1080B
jīnjīgān 金雞竿 11-1190B
jǐnjíguāntóu 緊急關頭 9-880B
jīnjīkuài 金虀膾 11-1195A
jīnjīlè 金雞勒 11-1191A
jìnjǐliàng 進給量 10-993B
jīnjīn 斤斤 6-1051B
jīnjīn 金筋 11-1170B
jīnjīn 金觔 11-1182B
jīnjīn 津津 5-1190B
jīnjīn 矜矜 8-582B
jīnjǐn 矜謹 8-585B
jīnjìn 金燼 11-1191B
jǐnjǐn 堇堇 2-1113B
jǐnjǐn 僅僅 1-1615A
jǐnjǐn 緊緊 9-881A
jǐnjǐn 謹謹 11-399B
jìnjīn 近今 10-731B
jìnjìn 盡盡 7-1457B
jìnjìn 妗妗 4-309B
jìnjìn 浸浸 5-1288A
jìnjìn 進近 10-982B
jìnjìn 進進 10-991A
jìnjìn 寖近 3-1578A
jìnjìn 寖寖 3-1579A
jìnjìn 禁近 7-923B
jìnjìn 靳靳 12-188B
jìnjìn 噤唫 3-515B
jìnjìn 嚍嚍 3-536A
jīnjīnàshù 金雞納樹 11-1191A
jīnjīnàshuāng 金雞納霜 11-1191A
jīnjīnàshuāng 金鷄納霜 11-1194B
jīnjīng 金荊 11-1154B
jīnjīng 金莖 11-1160A
jīnjīng 金晶 11-1170A
jīnjīng 金睛 11-1174A
jīnjīng 金經 11-1176A
jīnjīng 金精 11-1179B
jīnjīng 金鯨 11-1193A
jīnjǐng 金井 11-1140A
jīnjǐng 金景 11-1170A
jīnjìng 金鏡 11-1192B
jīnjìng 津徑 5-1191A
jīnjìng 津逕 5-1191A
jīnjìng 矜競 8-586A
jǐnjīng 錦涇 11-1334B
jǐnjǐng 謹警 11-399B
jǐnjìng 謹敬 11-397A
jǐnjìng 謹靜 11-398A
jìnjīng 晉京 5-708B
jìnjīng 進經 10-994A
jìnjǐng 近景 10-736B
jìnjìng 盡淨 7-1455B
jìnjìng 盡敬 7-1456B
jìnjìng 盡境 7-1457A
jìnjìng 進境 10-994A

jìnjìng 進競 10-999B
jìnjìng 贐敬 10-308A
jīnjīnglù 金莖露 11-1160A
jīnjīnjiàoliàng 斤斤較量 6-1052A
jīnjīnjìjiào 斤斤計較 6-1052A
jīnjīnlèdào 津津樂道 5-1191A
jìnjìnqiúbì 金盡裘敝 11-1180A
jìnjìnrán 晉晉然 5-709A
jīnjīnyèyè 矜矜業業 8-582B
jīnjīnyǒuwèi 津津有味 5-1191A
jìnjìnyǔ 禁近語 7-923B
jīnjīnzhànzhàn 矜矜戰戰 8-582B
jīnjiōng 金扃 11-1158A
jìnjiōng 近坰 10-733B
jìnjiōng 禁坰 7-924A
jìnjiōng 禁扃 7-926B
jìnjìrì 禁忌日 7-923B
jīnjīshí 金雞石 11-1190B
jīnjīshí 金鷄石 11-1194B
jīnjiū 金鬏 11-1197A
jīnjiǔ 金酒 11-1163B
jìnjiǔ 禁久 7-920B
jīnjiù 金就 11-1171B
jīnjiù 矜疚 8-582A
jīnjiù 矜救 8-583A
jìnjiǔ 謹酒 11-396A
jìnjiū 進究 10-982B
jìnjiǔ 進酒 10-990A
jìnjiǔ 寖久 3-1577B
jìnjiǔ 禁酒 7-927B
jìnjiù 近就 10-737A
jìnjiù 進救 10-990B
jìnjiù 進就 10-992B
jīnjiūshōuliáo 矜糾收繚 8-582A
jīnjìyùkuài 金虀玉鱠 11-1195A
jīnjìyùkuài 金齏玉膾 11-1196A
jīnjīzhàng 金雞障 11-1191A
jìnjìzhèng 禁忌證 7-923B
jīnjīzhù 金雞柱 11-1190B
jīnjū 衿裾 9-44B
jīnjū 襟裾 9-142B
jīnjú 金菊 11-1164B
jīnjú 金橘 11-1184A
jīnjù 金炬 11-1152B
jīnjù 金距 11-1165B
jīnjù 金聚 11-1177A
jīnjù 金簴 11-1192B
jīnjù 矜倨 8-583A
jīnjù 矜踞 8-585A
jǐnjù 錦句 11-1332A
jìnjū 進居 10-984B
jìnjū 禁居 7-925B
jìnjú 近局 10-733B
jìnjǔ 進舉 10-997A
jìnjù 晉劇 5-709B
jìnjù 進具 10-983B
jìnjù 進踞 10-995B
jìnjù 進據 10-996B
jìnjù 進屨 10-998B
jìnjù 進醵 10-999B
jìnjù 寖劇 3-1579A
jīnjuàn 巾卷 3-672B
jīnjuàn 矜眷 8-583B
jǐnjuǎn 錦卷 11-1333B
jǐnjuàn 緊綣 9-881A
jìnjuàn 進卷 10-984A
jīnjué 金玦 11-1150B
jīnjué 金爵 11-1188A
jīnjué 筋絶 8-1156B
jìnjué 盡絶 7-1457A
jìnjué 進爵 10-998B
jìnjué 禁絶 7-929B
jīnjuéchāi 金爵釵 11-1188A
jīnjuéyīmáng 金玦衣厖 11-1150B
jīnjùn 矜峻 8-583A
jǐnjùn 謹峻 11-396A
jìnjūn 進軍 10-986A
jìnjūn 禁軍 7-926B
jìnjùn 近郡 10-735A
jìnjūnhào 進軍號 10-986A
jìnjùshìzì 矜句飾字 8-581A
jīnkān 金龕 11-1195B
jìnkàn 進瞰 10-994B
jīnkē 金柯 11-1155A
jīnkē 金珂 11-1154A
jīnkē 金科 11-1156B
jīnkē 金窠 11-1175B
jīnkē 金顆 11-1187B
jīnkè 金刻 11-1152B
jǐnkē 錦窠 11-1336B
jǐnkè 謹刻 11-394B
jǐnkè 謹恪 11-395B
jìnkè 近客 10-735A
jìnkè 進克 10-982A
jìnkè 進剋 10-985A
jìnkè 進課 10-996A
jìnkěn 進墾 10-997B
jīnkēng 金坑 11-1147B
jìnkětìfǒu 進可替不 10-980B
jìnkětìfǒu 進可替否 10-980B
jīnkēyùlǜ 金科玉律 11-1156B
jīnkēyùniè 金科玉臬 11-1156B
jīnkēyùtiáo 金科玉條 11-1156B
jīnkēyùzhuàn 金科玉篆 11-1157A
jīnkēzā 金匼匝 11-1151A
jǐnkòng 謹空 11-394B
jīnkǒu 金口 11-1139A
jǐnkǒu 謹口 11-393B
jìnkǒu 進口 10-979B
jìnkǒu 禁口 7-920B
jìnkǒu 噤口 3-515A
jìnkòu 進寇 10-991B
jìnkǒucí 進口詞 10-980A
jìnkǒuhuò 進口貨 10-979B
jīnkǒujiǎo 金口角 11-1139A
jìnkǒujuǎnshé 噤口捲舌 3-515A
jìnkǒulì 禁口痢 7-920B
jīnkǒumùshé 金口木舌 11-1139A
jìnkǒushuì 進口稅 10-979B
jīnkǒuyùyá 金口玉牙 11-1139A
jīnkǒuyùyán 金口玉言 11-1139A
jīnkǒuyùyán 金口御言 11-1139A
jīnkǒuyùyīn 金口玉音 11-1139A
jīnkù 金庫 11-1163A
jìnkù 禁庫 7-927B
jīnkuā 矜夸 8-581A
jīnkuā 矜誇 8-584B
jīnkuā 矜侉 8-581B
jīnkuài 金膾 11-1188A
jìnkuài 盡快 7-1455A
jìnkuǎn 進欵 10-991A
jìnkuǎn 進款 10-991B
jīnkuàng 金礦 11-1192A
jīnkuàng 金鑛 11-1195B
jìnkuàng 近況 10-734A
jīnkuāzi 筋髂子 8-1157A
jīnkuì 金匱 11-1177A
jǐnkuí 錦葵 11-1335B
jìnkuī 進窺 10-997B
jìnkuì 進簣 10-999A
jìnkuì 進饋 10-999B
jīnkuìshíshì 金匱石室 11-1177B
jīnkuíxīng 金魁星 11-1174B
jīnkūn 金昆 11-1151B
jìnkǔn 禁閫 7-931A
jīnkūnchē 金鵾車 11-1192A
jīnkuò 金筈 11-1170B
jīnlái 今來 1-1079B
jìnlái 近來 10-734A
jìnlái 進來 10-983B
jīnláigǔwǎng 今來古往 1-1079B
jīnlán 金蘭 11-1193A
jīnlán 金襴 11-1195B
jìnlán 槿闌 4-1238B
jǐnlǎn 錦纜 11-1340A
jìnlǎn 進覽 10-999B
jìnlàn 寖濫 3-1579A
jīnlánbù 金蘭簿 11-1193B
jǐnlǎn'er 錦攬兒 11-1340A
jǐnláng 錦郎 11-1334A
jīnlángdāng 金琅璫 11-1164B
jīnlánhuì 金蘭會 11-1193B
jīnlánkè 金斕客 11-1194B
jīnlánpǔ 金蘭譜 11-1193B
jīnlánqì 金蘭契 11-1193B
jīnlánxiǎopǔ 金蘭小譜 11-1193A
jīnlányǒu 金蘭友 11-1193B
jīnláo 矜勞 8-584A
jīnlè 金勒 11-1164B
jǐnlè 謹泐 11-394B
jǐnlè 謹勒 11-396A
jīnléi 金罍 11-1194B
jīnléi 金櫑 11-1197B
jīnlěi 金藟 11-1189B
jīnlí 金蠡 11-1195A
jīnlí 衿褵 9-44B
jīnlǐ 金李 11-1148A
jīnlǐ 金醴 11-1193B
jīnlì 今隸 1-1081A
jīnlì 津吏 5 1190A
jīnlì 矜立 8-581A
jīnlì 矜厲 8-584B
jīnlì 觔力 10-1355A
jīnlì 筋力 8-1155B
jǐnlí 槿籬 4-1238B
jǐnlǐ 錦里 11-1333B
jǐnlǐ 錦鯉 11-1338A
jǐnlì 謹力 11-393A
jǐnlì 謹立 11-393B
jǐnlì 謹厲 11-398A
jǐnlì 謹勵 11-399A
jǐnlì 謹曆 11-399A
jǐnlì 儘力 1-1719B
jìnlǐ 盡禮 7-1458A
jìnlǐ 近理 10-735B
jìnlǐ 近裡 10-737A
jìnlǐ 進禮 10-998B
jìnlǐ 禁裏 7-930A
jìnlǐ 覲禮 10-353A
jìnlǐ 贐禮 10-308A
jìnlì 盡力 7-1454A
jìnlì 近利 10-733A
jìnlì 近沴 10-735B
jìnlì 祲沴 7-918B
jìnlì 祲厲 7-919A
jìnlì 進力 10-979A
jìnlì 進利 10-982B
jìnlì 進曆 10-997A
jìnlì 禁例 7-924B
jīnlián 金蓮 11-1173A
jīnlián 金奩 11-1177B
jīnlián 矜憐 8-585A
jīnlián 襟連 9-141B
jīnlián 襟聯 9-142B
jīnliàn 金練 11-1183B
jīnliàn 矜煉 8-584B
jīnliàn 矜鍊 8-585A
jǐnlián 謹廉 11-397B
jǐnliǎn 謹斂 11-399A
jīnliánbǎoxiàng 金蓮寶相 11-1173B
jīnliánbù 金蓮步 11-1173B
jīnliáng 金梁 11-1167B
jīnliáng 津梁 5-1191B
jīnliáng 矜量 8-583B
jīnliǎng 斤兩 6-1052A
jīnliàng 斤量 6-1052B
jīnliàng 矜諒 8-585A

jīnliàng 襟量 9-142A
jǐnliáng 謹良 11-394B
jǐnliàng 盡量 7-1456B
jìnliáng 進良 10-983A
jìnliàng 盡量 7-1456B
jīnliánhuā 金蓮花 11-1173A
jīnliánhuājù 金蓮花炬 11-1173B
jīnliánhuājù 金蓮華炬 11-1173B
jīnliánjù 金蓮炬 11-1173B
jīnliánzhú 金蓮燭 11-1173B
jìnliáo 浸潦 5-1289B
jìnlìchúhài 進利除害 10-982B
jīnliè 金埒 11-1159A
jìnliè 近列 10-732B
jīnlín 金鄰 11-1179B
jīnlín 金麟 11-1196A
jīnlín 金鱗 11-1196A
jīnlìn 矜吝 8-581B
jīnlìn 矜悋 8-581A
jǐnlín 緊鄰 9-881A
jǐnlín 緊隣 9-881A
jǐnlín 錦鱗 11-1339B
jǐnlǐn 謹凜 11-398B
jìnlín 近鄰 10-737B
jìnlín 近隣 10-737B
jìnlín 進臨 10-998B
jìnlín 禁林 7-924A
jìnlǐn 浸廩 5-1290A
jìnlìn 靳吝 12-188A
jīnlíng 金陵 11-1164A
jīnlíng 金鈴 11-1175A
jīnlíng 金靈 11-1196B
jīnlíng 衿靈 9-45A
jīnlíng 襟靈 9-143A
jìnlíng 禁伶 7-923A
jìnlǐng 進領 10-994B
jìnlìng 浸令 5-1287B
jìnlìng 禁令 7-922A
jìnlìng 靳令 12-188A
jīnlíngchūn 金陵春 11-1164B
jīnlíngmǎ 金靈馬 11-1196B
jīnlíngshān 金陵山 11-1164B
jīnlíngwángqì 金陵王氣 11-1164B
jīnlíngzi 金鈴子 11-1175A
jǐnlínshū 錦鱗書 11-1340A
jīnliú 金流 11-1163B
jīnliú 金飀 11-1193A
jīnliú 津流 5-1191A
jìnliǔ 禁柳 7-926A
jìnliù 浸溜 5-1289A
jǐnlìzhī 錦荔枝 11-1334A
jīnlóng 金龍 11-1186A
jīnlóng'àn 金龍案 11-1186A
jīnlóu 津樓 5-1192B
jīnlòu 金鏤 11-1192B
jìnlóu 禁樓 7-931A
jìnlóu 噤婁 3-515B
jìnlòu 寖陋 3-1578A
jìnlòu 禁漏 7-930B
jīnlóuzǐ 金樓子 11-1181A
jīnlú 金爐 11-1194A
jīnlú 金鑪 11-1196B
jīnlù 金鹿 11-1167A
jīnlù 金祿 11-1172A
jīnlù 金路 11-1174A
jīnlù 金輅 11-1173B
jīnlù 金籙 11-1195A
jīnlù 津路 5-1192B
jīnlù 矜露 8-586A
jīnlù 衿録 9-44B
jìnlú 禁盧 7-931B
jìnlú 禁廬 7-932B
jìnlù 近路 10-737A
jìnlù 浸漉 5-1289B
jìnlù 進路 10-994A
jìnlù 寖露 3-1579B
jìnlù 禁路 7-930A
jīnluán 金鑾 11-1197A
jīnluán 金鸞 11-1197B
jīnluán 筋攣 8-1157B
jìnluán 禁臠 7-933A
jīnluánbǎodiàn 金鑾寶殿 11-1197A
jīnluándiàn 金鑾殿 11-1197A
jīnluándiàn 金鸞殿 11-1197B
jìnluángé 禁臠格 7-933B
jīnluánkè 金鑾客 11-1197A
jīnluánpō 金鑾坡 11-1197A
jīnluánshìcǎo 金鑾視草 11-1197A
jìnluánxù 禁臠壻 7-933B
jìnlùjiāguān 進祿加官 10-993A
jīnlún 金輪 11-1181A
jǐnlún 錦綸 11-1337A
jīnlúncháo 金輪朝 11-1181B
jīnlúnhuángdì 金輪皇帝 11-1181B
jīnluó 金螺 11-1187B
jīnluó 金鑼 11-1197A
jīnluó 津邏 5-1193A
jīnluò 金絡 11-1172A
jīnluò 筋絡 8-1156B
jǐnluómìgǔ 緊鑼密鼓 9-881B
jīnluòsuǒ 金絡索 11-1172A
jīnluòsuǒ 金落索 11-1168B
jīnluòtóu 金絡頭 11-1172A
jīnlùyúnqiān 金籙雲籤 11-1195B
jīnlǚ 金縷 11-1189A
jīnlǚ 筋膂 8-1157B
jīnlǚ 筋縷 8-1157A
jīnlǜ 今律 1-1080A
jīnlǜ 金律 11-1157A
jīnlǜ 衿慮 9-44B
jǐnlǜ 謹律 11-395B
jìnlǚ 近履 10-738A
jìnlǚ 進旅 10-989B
jìnlǚ 進履 10-996B
jìnlǚ 禁旅 7-927B
jìnlǜ 進律 10-985B
jìnlǜ 進率 10-991A
jìnlǜ 禁律 7-926B
jìnlǚbāqí 禁旅八旗 7-927B
jīnlüè 金鋝 11-1193A
jìnlüè 進略 10-991A
jīnlǚqǔ 金縷曲 11-1189A
jìnlǚtuìlǚ 進旅退旅 10-989B
jīnlǚyī 金縷衣 11-1189A
jìnlǚyíqiáo 進履圯橋 10-996B
jīnlǚyùyī 金縷玉衣 11-1189A
jìnlǚzhīshū 進履之書 10-996B
jīnmá 金蟆 11-1184B
jīnmǎ 金馬 11-1158B
jīnmǎ 筋馬 8-1156A
jìnmǎ 進馬 10-989A
jīnmǎbìjī 金馬碧雞 11-1159A
jīnmài 金脈 11-1163B
jīnmài 金麥 11-1165A
jīnmài 津脈 5-1191A
jīnmài 矜邁 8-585A
jīnmài 觔脈 10-1355A
jīnmài 筋脉 8-1156A
jīnmài 筋脈 8-1156A
jǐnmài 緊脉 9-880B
jìnmài 進邁 10-995A
jìnmài 禁佅 7-923A
jìnmài 僸佅 1-1688A
jìnmàidōulí 僸佅兜離 1-1688A
jīnmàisuì 金麥穗 11-1165A
jīnmǎkè 金馬客 11-1159A
jīnmǎmén 金馬門 11-1159A
jīnmǎn 矜滿 8-585A
jīnmàn 矜慢 8-585A
jǐnmàn 錦幔 11-1336B
jìnmàn 浸漫 5-1289B
jǐnmáng 緊忙 9-880A
jīnmáo 金毛 11-1141B
jīnmǎo 金卯 11-1145A
jīnmǎo 金昴 11-1156B
jīnmào 巾帽 3-673A
jǐnmào 錦冒 11-1334A
jīnmáoshǔ 金毛鼠 11-1141B
jīnmǎshǔ 金馬署 11-1159A
jīnmǎyùtáng 金馬玉堂 11-1158B
jīnmèi 襟袂 9-141B
jǐnmèi 緊媚 9-881A
jǐnmèi 謹媚 11-397B
jìnměi 盡美 7-1455B
jīnméisù 金霉素 11-1182A
jīnmén 金門 11-1153B
jīnmén 津門 5-1190A
jìnmén 近門 10-734B
jìnmén 進門 10-984B
jìnmén 禁門 7-925B
jīnménbù 金門步 11-1153B
jìnméncǎi 進門彩 10-984B
jǐnméng 錦朦 11-1339B
jǐnméng 錦幪 11-1337B
jìnméng 燼萌 7-308A
jìnměng 進猛 10-991A
jīnménkè 金門客 11-1153B
jìnménnǚxu 進門女婿 10-984B
jīnméntíng 津門亭 5-1190B
jìnménxǐ 進門喜 10-984B
jīnménxiùhù 金門繡户 11-1153B
jīnményǔkè 金門羽客 11-1153B
jìnménzhǎn 進門盞 10-984B
jīnmí 金迷 11-1157B
jīnmì 巾冪 3-673A
jīnmì 巾冪 3-673B
jǐnmì 緊密 9-880B
jǐnmì 謹祕 11-395B
jǐnmì 謹密 11-396B
jìnmí 寖迷 3-1578A
jìnmì 近密 10-736A
jìnmì 寖密 3-1578B
jìnmì 禁密 7-928B
jìnmì 靳祕 12-188A
jīnmiǎn 矜勉 8-582B
jīnmiǎn 襟冕 9-142A
jīnmiàn 金面 11-1155B
jìnmiàn 進面 10-985A
jīnmiáo 金苗 11-1150B
jìnmiào 近廟 10-738A
jìnmiè 燼滅 7-308A
jìnmíluǎn 禁麛卵 7-933A
jīnmǐn 金皿 11-1144B
jīnmǐn 矜閔 8-584A
jīnmǐn 矜愍 8-584B
jīnmǐn 矜憫 8-585A
jǐnmǐn 謹敏 11-396B
jīnmíng 金明 11-1151B
jīnmíng 金銘 11-1178B
jīnmíng 矜名 8-581A
jìnmíng 近名 10-733A
jìnmíng 晉明 5-708B
jìnmíng 進名 10-981B
jìnmìng 盡命 7-1455A
jīnmíngchí 金明池 11-1152A
jīnmíngmén 金明門 11-1152A
jīnmízhǐzuì 金迷紙醉 11-1157B
jīnmó 金盦 11-1186A
jīnmó 筋膜 8-1157A
jīnmò 斤墨 6-1052B
jīnmò 津沫 5-1190A
jǐnmò 謹默 11-399A
jìnmò 浸没 5-1287B
jìnmò 禁末 7-922A
jìnmò 禁陌 7-925B
jìnmò 噤嘿 3-515B
jìnmò 噤默 3-516A
jīnmóu 金眸 11-1165B
jìnmóu 進謀 10-997B
jìnmóu 禁繆 7-932A

jìnmóu 藎謀 9-599B
jīnmǔ 金母 11-1145B
jīnmù 金木 11-1140B
jīnmù 金目 11-1144A
jǐnmù 錦幕 11-1336A
jìnmù 近目 10-732A
jīnnà 矜納 8-583A
jìnnà 進納 10-990B
jìnnà 禁内 7-921B
jìnnài 禁奈 7-924A
jìnnài 禁耐 7-926A
jǐnnàluó 緊那羅 9-880A
jìnnàn 進難 10-999A
jīnnáng 金囊 11-1195A
jǐnnáng 錦囊 11-1339A
jǐnnánghuánshǐ 錦囊還矢 11-1339B
jǐnnángjì 錦囊計 11-1339B
jǐnnángjiājù 錦囊佳句 11-1339B
jǐnnángjiāzhì 錦囊佳製 11-1339B
jǐnnángjù 錦囊句 11-1339A
jǐnnángjué 錦囊訣 11-1339B
jǐnnángmiàojì 錦囊妙計 11-1339A
jǐnnángshù 錦囊術 11-1339B
jǐnnángyùzhóu 錦囊玉軸 11-1339A
jīnnáo 金鐃 11-1193B
jǐnnè 謹訥 11-396B
jìnnèi 禁内 7-921B
jīnnéng 矜能 8-583A
jìnnéng 進能 10-990B
jīnní 金泥 11-1153A
jīnní 金猊 11-1167A
jīnnǐ 金柅 11-1155B
jīnnì 津膩 5-1193A
jǐnní 錦泥 11-1333B
jìnnǐ 進擬 10-998A
jìnnì 近昵 10-734B
jìnnì 近暱 10-737B
jìnnì 浸溺 5-1289A
jìnnì 燼溺 7-308A
jīnnián 今年 1-1079B
jīnnián 金年 11-1146A
jīnniàn 矜念 8-581B
jǐnniàn 錦念 11-1333B
jìnnián 盡年 7-1454B
jìnnián 近年 10-732B
jìnnián 晉年 5-708B
jìnniǎn 進輦 10-995A
jìnniàn 進埝 10-990B
jìnniáng 妗娘 4-310A
jīnniǎo 金鳥 11-1166A
jǐnniǎo 錦鳥 11-1335A
jīnniǎotí 金褭蹄 11-1186A
jìnniè 進躡 10-1000A
jīnniú 金牛 11-1141B
jīnniǔ 筋紐 8-1156B
jīnniúzuò 金牛座 11-1141B
jīnníyùjiǎn 金泥玉檢 11-1153A
jīnnú 金奴 11-1145B
jīnnú 筋駑 8-1157A
jīnnuò 金諾 11-1183A
jǐnnuò 謹諾 11-398B
jìnnuó 進儺 10-999B
jīnnúyínbì 金奴銀婢 11-1145B
jīnnǚ 金女 11-1140A
jìnnǚ 禁女 7-920B
jìnnüè 禁虐 7-926A
jīnóng 唧噥 3-370B
jìnòng 譏弄 11-434B
jínóng 急農 7-461A
jìnóng 濟農 6-194A
jīn'ōu 金甌 11-1181B
jīn'ōufúdīng 金漚浮釘 11-1180A
jīn'ōuwúquē 金甌無缺 11-1181B
jīnpā 金葩 11-1168B
jīnpái 金牌 11-1171A
jìnpái 禁牌 7-929A
jīnpán 金柈 11-1155B
jīnpán 金盤 11-1183A
jīnpán 衿鞶 9-45A
jìnpáng 近旁 10-735B
jìnpánjiāngjūn 盡盤將軍 7-1457B
jīnpántuó 金盤陀 11-1183A
jīnpáo 金匏 11-1165A
jǐnpáo 錦袍 11-1334B
jǐnpáoxiān 錦袍仙 11-1334B
jīnpēi 金醅 11-1182A
jīnpèi 巾帔 3-672B
jīnpèi 金佩 11-1152A
jīnpèi 金珮 11-1158B
jīnpèi 金轡 11-1195B
jīnpèi 衿佩 9-44A
jīnpén 金盆 11-1157A
jīnpí 金錍 11-1186A
jīnpí 金鼙 11-1194A
jīnpí 筋皮 8-1155B
jǐnpì 錦被 11-1334B
jìnpì 寖闢 3-1579B
jīnpiàn 金片 11-1141B
jǐnpiàn 錦片 11-1331B
jìnpián 禁楄 7-929B
jǐnpiànqiánchéng 錦片前程 11-1332A
jǐnpiānxiùzhì 錦篇繡帙 11-1337B
jīnpiào 金票 11-1165A
jīnpílìbì 筋疲力敝 8-1156B
jīnpílìjié 筋疲力竭 8-1156B
jīnpílìjìn 筋疲力盡 8-1156B
jīnpílìjuàn 筋疲力倦 8-1156A
jīnpíluó 金毗羅 11-1156B
jìnpǐn 進品 10-985B
jīnpíng 金瓶 11-1163A
jīnpíng 襟屏 9-141B
jǐnpíng 錦屏 11-1334A
jīnpíngluòjǐng 金瓶落井 11-1163B
jīnpíngquè 金屏雀 11-1158A
jīnpíngzàoshì 矜平躁釋 8-581A
jīnpō 金坡 11-1150B
jīnpò 金珀 11-1154A
jīnpò 金魄 11-1178A
jǐnpò 緊迫 9-880A
jìnpò 進迫 10-984A
jìnpò 進破 10-989A
jīnpǒluó 金叵羅 11-1143A
jīnpū 金鋪 11-1183A
jīnpú 金僕 11-1178A
jīnpú 金璞 11-1184A
jìnpù 津鋪 5-1192B
jǐnpǔ 謹樸 11-399A
jìnpū 進撲 10-995A
jìnpū 搢扑 6-798A
jìnpū 搢朴 6-798A
jìnpǔ 禁圃 7-927A
jīnpúgū 金僕姑 11-1178A
jīnpúgū 金僕鐪 11-1178A
jīnqī 金戚 11-1165A
jīnqī 金漆 11-1180A
jīnqī 衿期 9-44B
jīnqī 襟期 9-142A
jīnqí 金祇 11-1153B
jīnqí 金祗 11-1158A
jīnqí 矜奇 8-581B
jīnqí 衿耆 9-44B
jīnqì 金气 11-1141B
jīnqì 金契 11-1154A
jīnqì 金砌 11-1155B
jīnqì 金氣 11-1162B
jīnqì 金器 11-1184B
jīnqì 津氣 5-1191A
jīnqì 衿契 9-44A
jīnqì 襟契 9-141B
jǐnqí 錦旗 11-1336B
jǐnqǐ 謹啟 11-396B
jǐnqì 錦砌 11-1334A
jìnqī 近戚 10-735B
jìnqī 近期 10-736B
jìnqì 盡氣 7-1456A
jìnqì 近器 10-738A
jìnqì 勁氣 2-790A
jìnqì 禁氣 7-927A
jìnqì 禁棄 7-929B
jǐnqià 謹洽 11-395B
jìnqià 浸洽 5-1287B
jīnqián 金錢 11-1185A
jīnqián 津錢 5-1193A
jīnqiǎn 津遣 5-1192B
jìnqiān 進遷 10-995B
jìnqián 近前 10-735A
jìnqián 進前 10-986A
jìnqián 進錢 10-997A
jìnqián 禁錢 7-931B
jìnqián 贐錢 10-308A
jìnqiǎn 近淺 10-736A
jīnqiánbǎn 金錢板 11-1185B
jīnqiánbào 金錢豹 11-1185B
jīnqiánbǔ 金錢卜 11-1185A
jīnqiáncǎo 金錢草 11-1185B
jīnqiāng 金槍 11-1177A
jīnqiāng 金鎗 11-1190B
jīnqiáng 矜彊 8-585B
jǐnqiǎng 謹强 11-397B
jìnqiáng 寖强 3-1578B
jìnqiáng 禁牆 7-932A
jīnqiāngbān 金鎗班 11-1190B
jīnqiǎngwǎn 金搶碗 11-1173A
jīnqiāngyào 金槍藥 11-1177A
jīnqiāngyú 金槍魚 11-1177A
jīnqiánhuā 金錢花 11-1185B
jīnqiánhuì 金錢會 11-1185B
jīnqiánmǎng 金錢蟒 11-1185B
jīnqiánsōng 金錢松 11-1185B
jīnqiánxiè 金錢蟹 11-1185B
jīnqiánxuǎn 金錢癬 11-1185B
jīnqiáo 金翹 11-1189B
jīnqiáo 津橋 5-1193A
jǐnqiào 緊俏 9-880B
jǐnqiào 緊峭 9-880B
jìnqiǎo 靳巧 12-188A
jīnqiě 今且 1-1079A
jīnqiè 巾篋 3-673B
jīnqiè 津妾 5-1190A
jìnqiè 禁切 7-920B
jǐnqiè 緊切 9-879B
jìnqiè 藎篋 9-599B
jīnqīfàntǒng 金漆飯桶 11-1180A
jīnqílìyì 矜奇立異 8-581B
jīnqīmǎtǒng 金漆馬桶 11-1180A
jǐnqīn 錦衾 11-1334B
jǐnqín 謹勤 11-397B
jìnqīn 近親 10-738A
jìnqīn 進侵 10-985B
jìnqīn 覲親 10-352B
jìnqīnfánzhí 近親繁殖 10-738B
jīnqīng 矜清 8-583B
jīnqíng 金檠 11-1184A
jīnqíng 衿情 9-44B
jīnqíng 襟情 9-142A
jìnqíng 盡情 7-1456A
jìnqíng 近情 10-736A
jìnqǐng 近頃 10-735B
jìnqǐng 進請 10-996A
jìnqínggēyù 禁情割欲 7-928B
jìnqíngjìnlǐ 盡情盡理 7-1456B
jīnqíngzuòtài 矜情作態 8-583B
jīnqióng 金瓊 11-1189A
jīnqióng 矜窮 8-585B
jīnqìtōng 金氣通 11-1162B
jīnqiū 金邱 11-1149A

jīnqiū 金秋 11-1156B
jīnqiú 金虬 11-1149A
jīnqiú 金蚪 11-1152A
jǐnqiú 錦裘 11-1336A
jìnqiú 進求 10-982A
jìnqiú 禁囚 7-922A
jìnqízàiwǒ 盡其在我 7-1455A
jīnqū 金軀 11-1190A
jīnqū 衿曲 9-44A
jīnqú 金蕖 11-1177A
jīnqú 津渠 5-1191B
jīnqú 津衢 5-1193A
jìnqǔ 禁取 7-924A
jìnqū 近覷 10-738B
jìnqū 進趍 10-993B
jìnqū 進趨 10-998A
jìnqū 進驅 10-999B
jìnqū 進趣 10-995A
jìnqū 禁區 7-928A
jìnqú 禁衢 7-933A
jìnqǔ 進取 10-983B
jìnqǔ 禁曲 7-922B
jìnqù 進去 10-980B
jīnquán 金泉 11-1157A
jīnquán 矜全 8-581A
jīnquàn 金券 11-1152B
jǐnquān 緊卷 9-880A
jìnquàn 進勸 10-999A
jìnquàn 禁勸 7-932B
jīnquē 金闕 11-1191B
jīnquè 金雀 11-1165A
jǐnquē 緊缺 9-880B
jǐnquè 謹愨 11-398A
jǐnquè 謹慤 11-398B
jǐnquè 謹確 11-398B
jìnquè 禁榷 7-930B
jìnquè 禁闕 7-932B
jīnquèjìng 金鵲鏡 11-1192A
jǐnqún 錦裙 11-1336A
jìnqūyǎn 近覷眼 10-738B
jīnqūzhī 金曲卮 11-1146A
jīnqūzhī 金屈卮 11-1153B
jīnqūzhī 金屈巵 11-1153B
jīnrán 斤然 6-1052B
jīnrán 矜然 8-584A
jǐnrán 僅然 1-1614B
jìnrán 盡然 7-1456B
jìnrán 燼燃 7-308B
jìnrǎn 浸染 5-1287B
jìnrǎn 寖染 3-1578A
jīnráng 金穰 11-1195A
jǐnrǎng 錦壤 11-1339A
jǐnràng 盡讓 7-1458A
jǐnràng 謹讓 11-400A
jǐnràng 儘讓 1-1720A
jìnrǎng 進攘 10-999B
jìnràng 進讓 10-1000A
jìnrǎngguǎngdì 進壤廣地 10-999B
jìnrǎo 進擾 10-999A
jīnrén 今人 1-1077B
jīnrén 金人 11-1138A
jīnrén 津人 5-1190A
jīnrén 矜人 8-580B
jīnrěn 矜忍 8-581B
jīnrěn 禁忍 7-923B
jīnrèn 金刃 11-1140A
jīnrèn 襟紉 9-141B
jǐnrén 謹人 11-393A
jìnrén 盡人 7-1454A
jìnrén 近人 10-731A
jìnrèn 進任 10-981B
jīnrénjié 金人傷 11-1138B
jīnrénpěnglùpán 金人捧露盤 11-1138B
jīnrénsānjiān 金人三緘 11-1138B
jìnrénshì 盡人事 7-1454A
jīnrì 今日 1-1078A
jìnrì 儘日 1-1719B
jìnrì 盡日 7-1454A
jìnrì 近日 10-731A
jīnrìgè 今日個 1-1078A
jīnrìgè 今日箇 1-1078A
jīnrìyǒujiǔ… 今日有酒今日醉 1-1078A
jīnróng 金狨 11-1157A
jīnróng 金容 11-1163B
jīnróng 金融 11-1184B
jīnróng 矜容 8-583A
jǐnróng 槿榮 4-1238B
jǐnróng 謹容 11-396A
jìnróng 祲容 7-918B
jìnróng 進容 10-990A
jìnróng 禁戎 7-922B
jìnróngtuìrǔ 進榮退辱 10-994B
jīnròu 筋肉 8-1155B
jìnròu 禁肉 7-922B
jīnrú 巾帤 3-672B
jìnrú 浸濡 5-1290A
jìnrú 進如 10-982A
jìnrù 進入 10-979A
jìnrù 寖洳 3-1578A
jīnruán 津壖 5-1193A
jīnruǐ 金蕊 11-1181A
jīnruǐ 金蘂 11-1192A
jīnruì 金瑞 11-1172B
jìnruìtuìsù 進銳退速 10-996A
jīnrùn 津潤 5-1192B
jìnrùn 浸潤 5-1289B
jìnrùn 寖潤 3-1579A
jìnrùn 濅潤 6-179A
jìnruò 寖弱 3-1578B
jìnruòhánchán 噤若寒蟬 3-515B
jīnrúyì 金如意 11-1147B
jīnsǎn 金傘 11-1171A
jīnsǎngzi 金嗓子 11-1174B
jǐnsānhuǒsì 緊三火四 9-879B
jīnsānpǐn 金三品 11-1138B
jìnsǎo 進掃 10-990B
jīnsè 矜色 8-581B
jǐnsè 堇色 9-436A
jǐnsè 錦瑟 11-1336A
jǐnsè 謹澀 11-399A
jìnsè 禁塞 7-930B
jìnsè 靳色 12-188A
jìnsè 靳嗇 12-188B
jǐnsèhuánián 錦瑟華年 11-1336A
jīnsèjiè 金色界 11-1146B
jìnsēnsēn 噤森森 3-515B
jīnsèshìjiè 金色世界 11-1146B
jīnshā 金沙 11-1150A
jīnshā 金砂 11-1155B
jīnshà 巾箑 3-673A
jǐnshā 錦砂 11-1334A
jìnshā 禁殺 7-927A
jīnshājiāng 金沙江 11-1150A
jīnshāluó 金沙羅 11-1150A
jīnshān 金山 11-1139B
jīnshàn 金扇 11-1164A
jīnshàn 矜善 8-584A
jǐnshàn 謹善 11-397A
jìnshān 禁山 7-920B
jìnshàn 盡善 7-1456B
jìnshàn 進禪 10-997B
jìnshàn 進善 10-992B
jìnshàn 進膳 10-997B
jìnshàn 進饍 10-999B
jìnshàn 禁膳 7-931B
jīnshānbó 金山伯 11-1139B
jìnshànchéng'è 進善懲惡 10-993A
jìnshànchéngjiān 進善懲奸 10-993A
jìnshànchù'è 進善黜惡 10-993A
jīnshāng 金商 11-1167B
jīnshāng 金傷 11-1174B
jīnshāng 金觴 11-1191A
jīnshāng 矜傷 8-584A
jīnshǎng 矜賞 8-585A
jīnshàng 今上 1-1078A
jīnshàng 矜尚 8-581B
jīnshàng 襟上 9-141A
jīnshàng 襟尚 9-141A
jǐnshàng 謹上 11-393A
jìnshāng 盡觴 7-1458A
jìnshāng 進觴 10-999A
jìnshàng 近上 10-731A
jìnshàng 進上 10-979B
jīnshàngguānjiā 今上官家 1-1078A
jǐnshàngtiānhuā 錦上添花 11-1331B
jìnshànjīng 進善旌 10-992B
jìnshànjìnměi 盡善盡美 7-1456B
jīnshānlìshì 金山力士 11-1139B
jīnshǎnshǎn 金閃閃 11-1164A
jīnshānsì 金山寺 11-1139B
jìnshàntuì'è 進善退惡 10-992B
jīnsháo 金杓 11-1148A
jìnshǎo 寖少 3-1577B
jìnshào 進哨 10-989B
jìnshārì 禁殺日 7-927B
jīnshāyíngǒng 金沙銀汞 11-1150A
jīnshē 矜奢 8-583A
jīnshé 金虵 11-1156B
jīnshé 金蛇 11-1165B
jīnshè 津涉 5-1191A
jǐnshè 謹舍 11-394B
jǐnshè 謹攝 11-399B
jìnshé 噤舌 3-515A
jìnshè 進舍 10-984A
jìnshè 進涉 10-990A
jìnshè 進設 10-991A
jīnshébìkǒu 金舌弊口 11-1146A
jǐnshèdēng 錦麝橙 11-1339A
jìnshěkāisài 禁舍開塞 7-925A
jīnshēn 金身 11-1149A
jīnshēn 衿紳 9-44B
jīnshén 金神 11-1158A
jīnshén 襟神 9-141B
jīnshěn 矜審 8-585A
jīnshèn 矜慎 8-584B
jǐnshēn 緊身 9-880A
jǐnshēn 錦紳 11-1335B
jǐnshēn 謹身 11-394A
jǐnshěn 謹審 11-398B
jǐnshèn 謹慎 11-397B
jìnshēn 侢紳 1-1333B
jìnshēn 近身 10-733A
jìnshēn 晉紳 5-709A
jìnshēn 進身 10-982B
jìnshēn 進深 10-991A
jìnshēn 寖深 3-1578B
jìnshēn 搢紳 6-798B
jìnshēn 禁身 7-923B
jìnshēn 禁瘁 7-929B
jìnshēn 噤瘁 3-515B
jìnshēn 縉紳 9-962B
jìnshěn 噤瘆 3-515B
jìnshèn 禁瘮 7-931B
jìnshèn 噤滲 3-515B
jìnshēnbiànlǎn 縉紳便覽 9-962B
jīnshēng 今生 1-1079A
jīnshēng 金聲 11-1187A
jīnshéng 金繩 11-1193A
jīnshèng 金勝 11-1171B
jìnshēng 晉升 5-708A
jìnshēng 進升 10-980A
jìnshēng 進昇 10-983B
jìnshēng 禁生 7-922A
jìnshēng 禁聲 7-931B
jìnshēng 噤聲 3-516A
jìnshěng 禁省 7-926A
jìnshèng 晉盛 5-709A
jìnshèng 祲盛 7-918B
jìnshèng 寖盛 3-1578B
jīnshēngjīnshì 今生今世

1-1079A
jīnshèngrén 金聖人 11-1173A
jīnshēngyùfú 金聲玉服 11-1187A
jīnshēngyùrùn 金聲玉潤 11-1187B
jīnshēngyùsè 金聲玉色 11-1187A
jīnshēngyùzhèn 金聲玉振 11-1187A
jīnshēngzhìdì 金聲擲地 11-1187B
jǐnshēnjiéyòng 謹身節用 11-394A
jìnshēnlù 搢紳録 6-798B
jìnshēnlù 縉紳録 9-962B
jìnshènǚxu 進舍女壻 10-984A
jìnshēnxiānshēng 搢紳先生 6-798B
jǐnshèzhèng 錦麝帪 11-1339A
jīnshī 津濕 5-1193A
jīnshí 今時 1-1080B
jīnshí 金石 11-1143A
jīnshǐ 金矢 11-1144B
jīnshì 今士 1-1078A
jīnshì 今世 1-1078B
jīnshì 金市 11-1145A
jīnshì 金卮 11-1150A
jīnshì 金室 11-1157B
jīnshì 津市 5-1190A
jīnshì 矜示 8-580B
jīnshì 矜式 8-581A
jīnshì 矜恃 8-582B
jīnshì 矜飾 8-584A
jīnshì 矜釋 8-586A
jīnshì 衿士 9-44A
jǐnshí 錦石 11-1332A
jǐnshí 謹實 11-398A
jǐnshǐ 謹始 11-395A
jǐnshì 僅事 1-1614B
jǐnshì 緊事 9-880A
jǐnshì 謹飾 11-397B
jìnshi 近視 10-736A
jìnshī 進師 10-989B
jìnshī 進詩 10-994A
jìnshī 寖失 3-1577B
jìnshí 盡實 7-1457B
jìnshí 近什 10-731B
jìnshí 近時 10-735A
jìnshí 近識 10-738B
jìnshí 晉食 5-708B
jìnshí 浸蝕 5-1289A
jìnshí 進食 10-985B
jìnshí 進時 10-989B
jìnshí 禁食 7-926B
jìnshǐ 近史 10-732A
jìnshǐ 浸使 5-1287B
jìnshì 盡室 7-1456A
jìnshì 盡勢 7-1457A
jìnshì 盡飾 7-1457A
jìnshì 近世 10-732A
jìnshì 近事 10-733B
jìnshì 近侍 10-734A
jìnshì 近是 10-734B
jìnshì 勁勢 2-790B
jìnshì 進士 10-979A
jìnshì 進仕 10-981A
jìnshì 進事 10-983B
jìnshì 進侍 10-983B
jìnshì 進室 10-986A
jìnshì 禁侍 7-924B
jìnshì 禁室 7-926B
jìnshì 靳世 12-188A
jīnshíbùyú 金石不渝 11-1143B
jìnshìdì 進士第 10-979B
jìnshì'er 盡世兒 7-1454B
jīnshǐfǎ 金屎法 11-1158A
jīnshíjiāo 金石交 11-1143B
jīnshíjiāoqing 金石交情 11-1143B
jìnshìjǔ 進士舉 10-979B
jìnshìjǔ 進士擧 10-979B
jìnshìkē 進士科 10-979A
jīnshíkěkāi 金石可開 11-1143B
jìnshìlǐ 盡世裏 7-1454B
jīnshíliángyán 金石良言 11-1143B
jǐnshǐlǜzhōng 謹始慮終 11-395A
jìnshìnán 近事男 10-733B
jìnshìnǚ 近事女 10-733B
jīnshíqì 金石契 11-1143B
jīnshíqū 金石軀 11-1144A
jīnshìqǔchǒng 矜世取寵 8-580B
jīnshírén 金石人 11-1143B
jīnshíshēng 金石聲 11-1144A
jīnshísīzhú 金石絲竹 11-1144A
jīnshíwéikāi 金石爲開 11-1143B
jīnshìxīfēi 今是昔非 1-1080A
jīnshíxué 金石學 11-1144A
jīnshíyán 金石言 11-1143B
jìnshìyǎn 近視眼 10-736B
jīnshíyǒu 金石友 11-1143B
jīnshíyuè 金石樂 11-1144A
jīnshíyùn 金石韻 11-1144A
jīnshízhījiāo 金石之交 11-1143B
jīnshízhìjiāo 金石至交 11-1143B
jīnshízhīyán 金石之言 11-1143B
jīnshìzuófēi 今是昨非 1-1080A
jīnshòu 金綬 11-1180B
jīnshòu 金獸 11-1192A
jìnshòu 禁受 7-925A
jǐnshǒu 謹守 11-393B
jǐnshòu 錦綬 11-1337A
jìnshǒu 進手 10-980A
jìnshòu 晉授 5-709A
jìnshòu 進狩 10-986A
jìnshòu 進售 10-991A
jìnshòu 進授 10-990B
jìnshòu 進壽 10-994B
jìnshòu 進綬 10-994B
jīnshòufú 金獸符 11-1192A
jīnshū 金書 11-1164A
jīnshū 金樞 11-1181A
jīnshū 筋書 8-1156B
jīnshǔ 金屬 11-1195A
jīnshù 金數 11-1182B
jīnshù 矜束 8-581B
jīnshù 矜恕 8-583A
jǐnshū 錦書 11-1335A
jǐnshū 謹書 11-396A
jǐnshù 儘數 1-1720A
jìnshū 進書 10-990A
jìnshū 進疏 10-993A
jìnshū 寖疎 3-1578B
jìnshū 禁書 7-928A
jìnshú 進孰 10-991A
jìnshú 進熟 10-996A
jìnshǔ 近署 10-737B
jìnshǔ 近屬 10-739A
jìnshǔ 禁署 7-930A
jìnshù 盡數 7-1457B
jìnshù 晉豎 5-709B
jìnshù 進戍 10-981A
jìnshù 禁術 7-928B
jìnshù 禁樹 7-931A
jìnshù 靳術 12-188B
jīnshuā 金選 11-1183B
jīnshuài 矜率 8-583B
jìnshuāi 寖衰 3-1578A
jīnshuǎng 矜爽 8-583A
jìnshùfēng 晉賢風 5-709B
jīnshuǐ 金水 11-1141A
jīnshuì 津水 5-1190A
jīnshuì 巾帨 3-672B
jīnshuì 津稅 5-1192A
jǐnshuǐ 錦水 11-1332A
jìnshuǐ 浸水 5-1287B
jìnshuǐ 禁水 7-921B
jīnshuǐhé 金水河 11-1141B
jìnshuǐlóutái 近水樓臺 10-731B
jìnshuǐlóutái… 近水樓臺先得月 10-731B
jīnshuǐqiáo 金水橋 11-1141B
jìnshuǐzhá 進水閘 10-980A
jǐnshùn 謹順 11-397A
jīnshuò 金鑠 11-1196A
jìnshuō 進說 10-994B
jīnshǔtànshāng 金屬探傷 11-1195A
jīnshǔtáocí 金屬陶瓷 11-1195A
jīnshūtiěqì 金書鐵契 11-1164A
jīnshūtiěquàn 金書鐵券 11-1164A
jīnshǔzhībiàn 金鼠之變 11-1174B
jīnsī 金絲 11-1172A
jīnsī 金颸 11-1191A
jīnsī 筋絲 8-1156B
jīnsì 巾笥 3-672B
jīnsì 津涘 5-1191A
jīnsì 矜肆 8-584A
jǐnsī 謹思 11-395A
jǐnsì 錦肆 11-1336A
jìnsī 盡思 7-1455B
jìnsī 近思 10-734B
jìnsī 禁司 7-922A
jìnsī 贐私 10-308A
jìnsǐ 盡死 7-1454B
jìnsì 盡傷 7-1458A
jìnsì 近似 10-732B
jìnsì 進祀 10-983A
jìnsì 禁寺 7-922B
jīnsīcǎo 金絲草 11-1172B
jīnsīhóu 金絲猴 11-1172B
jīnsījiǔ 金絲酒 11-1172B
jìnsījíxīn 盡思極心 7-1455B
jīnsìkāi 金四開 11-1144B
jīnsìniáng 金四娘 11-1144B
jīnsīquè 金絲雀 11-1172B
jīnsītáo 金絲桃 11-1172B
jīnsīxūn 金絲薰 11-1172B
jīnsīyàn 金絲燕 11-1172B
jīnsīyuán 金絲猿 11-1172B
jìnsìzhí 近似值 10-733A
jīnsōng 金松 11-1151A
jīnsòng 津送 5-1190B
jìnsòng 進送 10-986A
jìnsòng 進頌 10-994A
jìnsòng 贐送 10-308A
jīnsū 金蘇 11-1192A
jīnsù 金素 11-1158B
jīnsù 金粟 11-1169A
jīnsù 矜肅 8-584B
jīnsù 襟素 9-141B
jǐnsù 錦素 11-1334B
jǐnsù 謹素 11-395B
jǐnsù 謹肅 11-398A
jìnsú 近俗 10-734B
jìnsù 進素 10-989A
jīnsuàn 金筭 11-1174B
jīnsùchǐ 金粟尺 11-1169A
jīnsùduī 金粟堆 11-1169A
jīnsuǐ 筋髓 8-1157B
jīnsuì 今歲 1-1081A
jīnsuì 金隧 11-1180B
jīnsuì 金燧 11-1186A
jīnsuì 金穗 11-1187B
jìnsuì 近歲 10-736B
jìnsuì 近歳 10-737A
jìnsuì 覲歲 10-352B
jīnsùjiān 金粟箋 11-1169B
jīnsùlán 金粟蘭 11-1169B
jīnsùliántái 金粟蓮臺 11-1169B
jīnsuō 金梭 11-1165A

jīnsuō 筋縮 8-1157B
jīnsuǒ 金瑣 11-1176A
jǐnsuō 緊縮 9-881B
jìnsuǒ 進索 10-989A
jìnsuǒ 禁所 7-925A
jīnsuǒjiǎ 金鎖甲 11-1190A
jīnsuǒqǔ 金鎖曲 11-1190A
jīnsuǒsuì 金瑣碎 11-1176A
jīnsùrúlái 金粟如來 11-1169A
jīnsùshānzàngjīngzhǐ 金粟山藏經紙 11-1169A
jīnsùyǐng 金粟影 11-1169B
jīnsùzhǐ 金粟紙 11-1169A
jìntà 禁闥 7-933A
jīntái 金苔 11-1150B
jīntái 金臺 11-1176B
jìntài 矜汰 8-581B
jìntài 矜泰 8-582B
jìntái 近臺 10-737B
jìntái 禁臺 7-930B
jīntáishìjùn 金臺市駿 11-1176B
jīntáixīzhào 金臺夕照 11-1176B
jīntán 金壇 11-1184A
jīntàn 矜歎 8-585A
jǐntán 錦檀 11-1338A
jīntāng 金湯 11-1171B
jīntáng 金堂 11-1165A
jīntáng 金塘 11-1173A
jìntǎng 禁帑 7-925B
jīntángshān 金塘山 11-1173A
jīntáo 金桃 11-1160B
jǐntāo 錦弢 11-1334A
jìntǎo 進討 10-989B
jǐntào'er 錦套兒 11-1334B
jīntáoshājiǎn 金淘沙揀 11-1167B
jǐntàotóu 錦套頭 11-1334B
jīnténg 金縢 11-1186A
jīnténggōng 金縢功 11-1186A
jǐntēngtēng 緊騰騰 9-881B
jīnténgyì 金縢議 11-1186A
jīntí 金題 11-1189B
jīntǐ 今體 1-1081A
jǐntí 謹題 11-399B
jǐntǐ 錦體 11-1339B
jǐntì 謹悌 11-396A
jìntǐ 近體 10-739A
jìntǐ 禁體 7-933A
jìntǐ 燼體 7-308B
jīntiān 今天 1-1078A
jīntiān 金天 11-1140A
jīntiān 黔天 12-1014A
jīntián 金鈿 11-1175A
jīntián 金田 11-1144A
jìntiān 近天 10-731A
jīntiānshì 金天氏 11-1140B
jīntiáo 金條 11-1162B
jīntiáo 金蜩 11-1177B
jīntiáo 筋條 8-1156A
jìntiáo 禁條 7-927A
jīntiē 津貼 5-1192A
jīntiē 津帖 5-1190A
jīntiě 金鐵 11-1194B
jìntiě 晉帖 5-708B
jīntíng 金庭 11-1157A
jīntíng 津亭 5-1190B
jīntǐng 金挺 11-1154B
jǐntīng 謹聽 11-400A
jǐntíng 錦亭 11-1334A
jìntǐng 搢綎 6-798B
jìntíng 禁廷 7-922B
jìntíng 禁庭 7-926B
jìntǐng 搢挺 6-798A
jìntǐng 搢珽 6-798A
jīntíngchūn 金庭春 11-1157B
jīntìròushùn 筋惕肉瞤 8-1156B
jīntǐshī 今體詩 1-1081A
jìntǐshī 近體詩 10-739A
jìntǐshī 禁體詩 7-933A
jīntíyùxiè 金題玉躞 11-1189B
jīntōng 津通 5-1191A
jīntóng 金童 11-1171B
jīntóng 津童 5-1192A
jīntǒng 金筒 11-1170B
jīntóngxiānrén 金銅仙人 11-1178B
jīntóngyùnǚ 金童玉女 11-1171B
jīntóu 津頭 5-1193A
jīntóu 筋頭 8-1157A
jīntóu 襟頭 9-142B
jìntóu 盡頭 7-1457B
jìntóu 勁頭 2-791A
jìntòu 浸透 5-1288A
jìntóulù 盡頭路 7-1457B
jīntóuyínmiàn 金頭銀面 11-1184B
jīntú 金徒 11-1162B
jīntú 金圖 11-1177B
jīntú 津涂 5-1191A
jīntú 津途 5-1191A
jīntú 津塗 5-1192B
jīntù 金兔 11-1152B
jǐntú 堇荼 9-436A
jǐntú 謹徒 11-396A
jǐntú 謹塗 11-397B
jìntū 進突 10-986A
jìntú 近途 10-735A
jìntú 進途 10-989B
jìntú 進圖 10-994B
jìntú 禁屠 7-929A
jìntú 禁塗 7-930A
jìntú 墐塗 2-1187A
jìntǔ 進土 10-979B
jìntǔ 禁土 7-920A
jǐntuánhuācù 錦團花簇 11-1336B
jīntuì 筋退 8-1156A
jǐntuì 謹退 11-395B
jìntuī 禁推 7-928A
jìntuì 進退 10-986B
jìntuì 進逷 10-989B
jìntuìbázhì 進退跋疐 10-988A
jìntuìchūchǔ 進退出處 10-987A
jìntuìchùfān 進退觸藩 10-989A
jìntuìchùlí 進退觸籬 10-989A
jìntuìcúnwáng 進退存亡 10-987B
jìntuìgé 進退格 10-987B
jìntuìhúyí 進退狐疑 10-987B
jìntuìkědù 進退可度 10-987A
jìntuìkěfǒu 進退可否 10-987A
jìntuìlángbèi 進退狼狽 10-988A
jìntuìliǎngduān 進退兩端 10-987B
jìntuìliǎngnán 進退兩難 10-987B
jìntuìlùqióng 進退路窮 10-988B
jìntuìlǚshéng 進退履繩 10-988B
jìntuìróngrǔ 進退榮辱 10-988B
jìntuìshīcuò 進退失措 10-987A
jìntuìshījù 進退失踞 10-987A
jìntuìshījù 進退失據 10-987A
jìntuìshīsuǒ 進退失所 10-987A
jìntuìshītú 進退失圖 10-987A
jìntuìshǒushǔ 進退首鼠 10-987B
jìntuìshuāngnán 進退雙難 10-988B
jìntuìsǔnyì 進退損益 10-988B
jìntuìwéigǔ 進退唯谷 10-988A
jìntuìwéigǔ 進退惟谷 10-988A
jìntuìwéigǔ 進退維谷 10-988B
jìntuìwéijí 進退維亟 10-988B
jìntuìwéijiān 進退維艱 10-988B
jìntuìwéijiù 進退惟咎 10-988A
jìntuìwéinán 進退爲難 10-988B
jìntuìwúcuò 進退無措 10-988A
jìntuìwújù 進退亡據 10-987A
jìntuìwújù 進退無據 10-988B
jìntuìwúlù 進退無路 10-988A
jìntuìwúmén 進退無門 10-988A
jìntuìwúsuǒ 進退無所 10-988A
jìntuìwútú 進退無途 10-988A
jìntuìwúyī 進退無依 10-988A
jìntuìxiāoxi 進退消息 10-988A
jìntuìxiāozhǎng 進退消長 10-988A
jìntuìyìngjǔ 進退應矩 10-988B
jìntuìyǒucháng 進退有常 10-987B
jìntuìyǒudù 進退有度 10-987A
jìntuìyǒujié 進退有節 10-987B
jìntuìyùn 進退韻 10-988B
jìntuìyùrú 進退裕如 10-988B
jìntuìzhòngdù 進退中度 10-987A
jìntuìzhòngshéng 進退中繩 10-987A
jìntuìzhūnzhān 進退迍邅 10-987B
jìntún 進屯 10-980A
jǐntúntún 緊屯屯 9-879B
jīntuó 金陀 11-1150A
jīntuó 金橐 11-1184B
jīntuò 金柝 11-1155A
jīntuò 津唾 5-1191A
jǐntuó 錦駝 11-1337A
jǐntuó 錦橐 11-1337B
jǐntuò 錦籜 11-1339B
jīntúshū 金圖書 11-1177B
jīnǔ 機弩 4-1326A
jīnǔ 積弩 8-134B
jīnù 激怒 6-171B
jīnù 積怒 8-136A
jīnù 齎怒 12-1443B
jínù 急怒 7-458B
jínù 嫉怒 4-396A
jìnú 寄奴 3-1507A
jìnú 寄孥 3-1509B
jìnú 寄帑 3-1509B
jìnù 齎怒 12-1442A
jìnuò 季諾 4-212A
jīnuòzú 基諾族 2-1113A
jīnǚ 笄女 8-1107B
jīnǚ 機女 4-1323A
jīnǚ 績女 9-976B
jīnǚ 肌衄 6-1166B
jìnǚ 伎女 1-1178B
jìnǚ 妓女 4-295B
jìnǚ 技女 6-359A

jìnǚ 季女 4-209B
jínüè 疾瘧 8-304B
jīnwà 巾帓 3-672B
jīnwà 巾襪 3-674A
jīnwà 巾韈 3-674A
jīnwán 金丸 11-1139B
jīnwǎn 金盌 11-1163A
jīnwǎn 金椀 11-1169A
jīnwǎn 金碗 11-1174A
jīnwǎn 金鋺 11-1186A
jīnwàn 金忢 11-1151A
jīnwàn 金鋄 11-1183A
jīnwàn 金鋄 11-1185A
jǐnwán 錦紈 11-1334B
jǐnwán 謹完 11-394B
jìnwǎn 近晚 10-736A
jīnwáng 今王 1-1078A
jìnwǎng 進往 10-984A
jìnwǎng 禁罔 7-924B
jìnwǎng 禁網 7-930B
jìnwàng 進望 10-991A
jīnwánshǐzhě 金丸使者
11-1140A
jīnwáwa 金娃娃 11-1158B
jīnwēi 金威 11-1155B
jīnwēi 金微 11-1175A
jīnwěi 金尾 11-1150A
jīnwěi 矜僞 8-584B
jīnwěi 筋痿 8-1157A
jǐnwēi 謹微 11-397B
jǐnwéi 錦帷 11-1335A
jǐnwéi 錦幃 11-1336A
jǐnwèi 謹畏 11-395A
jǐnwèi 謹衛 11-399A
jìnwēi 祲威 7-918B
jìnwēi 寖微 3-1579A
jìnwēi 禁微 7-930A
jìnwēi 燼煨 7-308A
jìnwéi 進圍 10-992A
jìnwéi 禁圍 7-929A
jìnwéi 禁闈 7-932A
jìnwèi 近位 10-733A
jìnwèi 近衛 10-738A
jìnwèi 進位 10-982B
jìnwèi 禁衛 7-931A
jìnwèi 贐遺 10-308A
jìnwèibīng 禁衛兵 7-931A
jìnwèijūn 近衛軍 10-738A
jìnwèijūn 禁衛軍 7-931A
jìnwéimén 禁圍門 7-929A
jìnwēishèngróng 祲威盛容
7-918B
jīnwèiyí 金蜼彝 11-1177B
jīnwén 今文 1-1078B
jīnwén 金文 11-1142A
jǐnwēn 謹溫 11-397A
jǐnwén 錦文 11-1332A
jìnwén 寖聞 3-1579A
jìnwén 禁文 7-921B
jīnwèng 金甕 11-1188B
jīnwénjiā 今文家 1-1078B
jīnwénjīng 今文經 1-1078B
jīnwénjīngxué 今文經學
1-1078B
jīnwénshàngshū 今文尚書
1-1078B
jīnwénxué 今文學 1-1078B
jǐnwò 金臒 11-1188B
jǐnwò 錦幄 11-1336A
jīnwū 金屋 11-1158A
jīnwū 金烏 11-1162B
jīnwū 矜誣 8-584B
jīnwú 金吾 11-1148B
jīnwǔ 巾舞 3-673A
jīnwǔ 矜忤 8-581B
jìnwū 進屋 10-989A
jìnwǔ 近午 10-731B
jìnwǔ 進武 10-983A
jìnwǔ 靳侮 12-188A
jìnwù 盡物 7-1455A
jìnwù 近務 10-735B
jìnwù 寖惡 3-1578B
jìnwù 禁物 7-924B
jīnwúbùjìn 金吾不禁
11-1148B
jīnwūcángjiāo 金屋藏嬌
11-1158A
jīnwūchǒng 金屋寵 11-1158A
jīnwūguì 金屋貴 11-1158A
jīnwújiāngjūn 金吾將軍
11-1148B
jīnwūjiāoniáng 金屋嬌娘
11-1158A
jīnwúniǎo 金吾鳥 11-1148B
jīnwúwèi 金吾衛 11-1148B
jīnwūzhīxuǎn 金屋之選
11-1158A
jīnwūzhùjiāo 金屋貯嬌
11-1158A
jīnwúzǐ 金吾子 11-1148B
jīnxī 今夕 1-1078A
jīnxī 今昔 1-1079B
jīnxī 金犀 11-1172A
jīnxī 金錫 11-1185B
jīnxī 矜惜 8-583B
jīnxǐ 金璽 11-1195A
jīnxǐ 金銑 11-1178B
jīnxǐ 金璽 11-1192A
jīnxì 巾舄 3-673A
jīnxì 金舄 11-1170B
jǐnxī 謹悉 11-396B
jǐnxī 謹惜 11-396B
jǐnxī 謹翕 11-397A
jǐnxí 錦席 11-1334B
jǐnxì 謹細 11-396B
jìnxī 盡夕 7-1454B
jìnxì 近係 10-736B
jìnxī 寖息 3-1578A
jìnxī 靳惜 12-188B
jìnxí 近習 10-736B
jìnxí 進襲 10-1000A
jìnxǐ 進璽 10-999A
jìnxì 禁繫 7-932B
jīnxiá 金霞 11-1187B
jīnxià 今下 1-1078A
jǐnxiá 瑾瑕 4-628B
jǐnxiá 錦霞 11-1338A
jìnxià 盡下 7-1454A
jìnxiá 近狎 10-734A
jìnxiá 進轄 10-998A
jìnxiá 靳狎 12-188A
jīnxiān 金仙 11-1144B
jīnxiān 金鮮 11-1188B
jīnxián 金銜 11-1178B
jīnxiàn 金綫 11-1180B
jīnxiàn 金線 11-1183B
jǐnxiān 盡先 7-1454B
jǐnxiān 儘先 1-1719B
jǐnxián 錦絃 11-1335B
jǐnxián 謹閑 11-397A
jǐnxiàn 謹憲 11-399A
jǐnxiàn 謹獻 11-399B
jìnxiān 進鮮 10-998B
jìnxián 進賢 10-995A
jìnxiǎn 進顯 10-1000A
jìnxiàn 近縣 10-738A
jìnxiàn 進陷 10-990B
jìnxiàn 進羨 10-994A
jìnxiàn 進獻 10-999B
jìnxiàn 禁限 7-925B
jìnxiàn 禁憲 7-931B
jìnxiàn 藎獻 9-599B
jìnxiánbánéng 進賢拔能
10-995A
jìnxiáncài 進賢菜 10-995B
jìnxiánchē 進賢車 10-995A
jìnxiánchù'è 進賢黜惡
10-995B
jìnxiánchùjiān 進賢黜姦
10-995B
jìnxiánchùnìng 進賢黜佞
10-995B
jìnxiándánéng 進賢達能
10-995B
jīnxiāng 巾箱 3-673B
jīnxiāng 金箱 11-1182B
jīnxiàng 今曏 1-1081A
jīnxiàng 金相 11-1155A
jīnxiàng 金象 11-1167A
jīnxiàng 金像 11-1174B
jǐnxiāng 錦纕 11-1340A
jǐnxiáng 謹詳 11-397B
jìnxiang 進項 10-991B
jìnxiāng 進香 10-985B
jìnxiáng 祲祥 7-918B
jìnxiáng 進庠 10-986A
jìnxiǎng 浸想 5-1289A
jìnxiǎng 進饗 10-999B
jìnxiǎng 覲饗 10-353A
jìnxiàng 祲象 7-919A
jìnxiàng 進向 10-981B
jīnxiāngběn 巾箱本 3-673B
jǐnxiāngnáng 錦香囊
11-1334A
jìnxiánguān 進賢冠 10-995A
jīnxiāngyùguǒ 金鑲玉裹
11-1196B
jīnxiàngyùshì 金相玉式
11-1155A
jīnxiàngyùyìng 金相玉映
11-1155A
jīnxiàngyùzhèn 金相玉振
11-1155A
jīnxiàngyùzhì 金相玉質
11-1155A
jìnxiánjìnnéng 進賢進能
10-995B
jìnxiánpíng'è 進賢屏惡
10-995B
jīnxiànquán 金線泉
11-1184A
jìnxiánrènnéng 進賢任能
10-995A
jìnxiántuìjiān 進賢退姦
10-995B
jìnxiántuìnìng 進賢退佞
10-995B
jìnxiántuìyú 進賢退愚
10-995B
jìnxiánxīng 進賢星 10-995A
jìnxiánxīnggōng 進賢興功
10-995B
jìnxiánxīngzuò 進賢星座
10-995A
jìnxiányòngnéng 進賢用能
10-995A
jīnxiāo 今宵 1-1080B
jīnxiāo 金髆 11-1184B
jīnxiāo 金鶴 11-1192B
jīnxiāo 齡霄 12-1014A
jǐnxiǎo 謹小 11-393A
jǐnxiào 謹孝 11-394A
jìnxiǎo 近小 10-731A
jìnxiào 盡孝 7-1454B
jìnxiào 近效 10-735B
jìnxiāode 禁銷得 7-931A
jīnxiǎofēng 金小蜂
11-1139A
jǐnxiǎoshènwēi 謹小慎微
11-393A
jīnxiǎoxiàng 金小相
11-1138B
jīnxīchì 金鸂鶒 11-1196B
jīnxiè 斤械 6-1052B
jīnxiè 金炧 11-1157B
jīnxiè 金屑 11-1164B
jīnxiè 金薤 11-1184B
jǐnxié 錦纈 11-1339A
jǐnxiè 謹謝 11-399A
jìnxié 進脅 10-990B
jìnxié 禁邪 7-922B
jìnxiè 齼齘 12-366B
jìnxiè 進謝 10-998B
jìnxiè 噤齘 3-516A
jìnxiè 齽齘 12-1458B
jǐnxièbùmǐn 謹謝不敏
11-399A
jīnxièjiǔ 金屑酒 11-1164A
jǐnxīfēng 錦西風 11-1332A
jīnxīhéxī 今夕何夕
1-1078A
jǐnxīn 槿心 4-1238B
jǐnxīn 錦心 11-1332A
jǐnxīn 謹心 11-393B
jǐnxīn 儘心 1-1719B
jǐnxìn 謹信 11-395B

jìnxīn 盡心 7-1454A
jìnxīn 近新 10-737B
jìnxìn 近信 10-735A
jìnxìn 寖信 3-1578A
jīnxīng 金星 11-1156A
jīnxíng 金行 11-1146B
jīnxìng 金杏 11-1148A
jǐnxíng 謹行 11-393B
jǐnxǐng 謹省 11-395A
jǐnxìng 儘興 1-1720A
jìnxīng 寖興 3-1579A
jìnxíng 盡行 7-1454B
jìnxíng 近行 10-733A
jìnxíng 浸行 5-1287B
jìnxíng 進行 10-981B
jìnxíng 贐行 10-308A
jìnxǐng 覲省 10-352B
jìnxìng 盡興 7-1457B
jìnxìng 盡性 7-1455B
jìnxìng 近幸 10-733B
jìnxìng 近倖 10-735A
jìnxìng 進幸 10-983A
jīnxīngcǎo 金星草 11-1156A
jīnxīngdìshàn 金星地鱔
11-1156A
jǐnxíngjiǎnyòng 謹行儉用
11-393B
jìnxíngqǔ 進行曲 10-981B
jìnxíngrì 禁刑日 7-922A
jīnxīngshí 金星石 11-1156A
jǐnxíngwúhǎobù
緊行無好步 9-879B
jǐnxíngwúshànzōng
緊行無善踪 9-879B
jīnxīngyàn 金星硯 11-1156A
jīnxīngyù 金星礜 11-1156A
jīnxīngyùshí 金星礜石
11-1156A
jìnxīnjiélì 盡心竭力
7-1454B
jìnxìnshūbùrúwúshū
盡信書不如無書
7-1455B
jǐnxīnxiùfù 錦心繡腹
11-1332A
jǐnxīnxiùkǒu 錦心綉口
11-1332A
jǐnxīnxiùkǒu 錦心繡口
11-1332A
jìnxīnzhīxìng 盡心知性
7-1454B
jīnxiōng 襟兄 9-141A
jǐnxiōngxiùkǒu 錦胸繡口
11-1334B
jīnxiù 金岫 11-1152A
jīnxiù 金繡 11-1193A
jīnxiù 衿袖 9-44B
jīnxiù 襟袖 9-141B
jǐnxiū 謹修 11-395B
jǐnxiū 謹脩 11-396A
jǐnxiù 錦綉 11-1336B
jǐnxiù 錦繡 11-1338B
jìnxiū 進修 10-985B
jìnxiū 進羞 10-990A
jìnxiū 進脩 10-989B
jìnxiù 禁袖 7-928A
jǐnxiùcháng 錦繡腸
11-1339A
jǐnxiùgāncháng 錦繡肝腸
11-1338B
jǐnxiùgǔ 錦繡谷 11-1339A
jǐnxiùhéshān 錦綉河山
11-1336B
jǐnxiùhéshān 錦繡河山
11-1339A
jǐnxiùjiāngshān 錦繡江山
11-1338B
jǐnxiùqiánchéng 錦綉前程
11-1336B
jǐnxiùshānhé 錦繡山河
11-1338B
jǐnxiùxīncháng 錦綉心腸
11-1336B
jīnxǔ 矜許 8-583B
jīnxǔ 矜詡 8-584B
jīnxù 巾絮 3-673A
jīnxù 金絮 11-1172A
jīnxù 矜卹 8-581B
jīnxù 矜恤 8-582B
jìnxù 進序 10-982B
jìnxù 進敍 10-991A
jīnxuān 金軒 11-1160B
jīnxuán 金縣 11-1184B
jīnxuán 金璿 11-1189A
jīnxuán 金懸 11-1193B
jīnxuàn 金鉉 11-1175B
jīnxuàn 矜炫 8-582B
jīnxuàn 矜眩 8-582B
jīnxuàn 矜衒 8-583B
jǐnxuān 錦軒 11-1334B
jǐnxuān 謹宣 11-395B
jǐnxuán 錦旋 11-1335B
jǐnxuǎn 謹選 11-398B
jìnxuān 禁軒 7-927A
jìnxuǎn 進選 10-996B
jīnxuē 斤削 6-1052A
jīnxué 今學 1-1081A
jīnxué 金穴 11-1145B
jīnxuè 矜謔 8-585B
jīnxuè 筋血 8-1155B
jìnxué 進學 10-997A
jìnxué 禁穴 7-922A
jìnxué 禁學 7-931B
jìnxuè 近血 10-732B
jīnxūfúdì 金墟福地
11-1176B
jìnxūn 浸薰 5-1290A
jìnxūn 進勳 10-997A
jìnxún 祲尋 7-919A
jìnxún 寖尋 3-1578B
jǐnxūnlóng 錦薰籠 11-1337B
jīnyā 金鴉 11-1182A
jīnyā 金鴨 11-1184B
jīnyā 金鵶 11-1192A
jīnyá 金牙 11-1141A
jīnyá 津涯 5-1191B
jìnyā 禁押 7-924A
jìnyā 禁壓 7-932A
jìnyǎ 噤啞 3-515B
jīnyámén 金牙門 11-1141A
jīnyán 金言 11-1150A
jīnyán 金顏 11-1191A
jīnyán 金鹽 11-1196A
jīnyǎn 巾衍 3-672B
jīnyàn 金硯 11-1169B
jīnyàn 金雁 11-1169B
jīnyàn 金鴈 11-1182A
jīnyàn 金燕 11-1184A
jǐnyán 錦筵 11-1336A
jǐnyán 謹言 11-394A
jǐnyán 謹嚴 11-399B
jǐnyàn 槿豔 4-1238B
jìnyān 禁烟 7-927B
jìnyān 禁煙 7-930A
jìnyán 盡言 7-1455A
jìnyán 進言 10-982B
jìnyán 禁嚴 7-932B
jìnyán 藎言 9-599A
jìnyǎn 禁魘 7-933A
jìnyàn 進宴 10-990A
jìnyàn 進讞 10-1000A
jīnyáng 金羊 11-1147A
jīnyáng 金洋 11-1157B
jīnyáng 金瘍 11-1179B
jīnyàng 今樣 1-1081A
jǐnyǎng 謹養 11-398A
jìnyángguān 晉陽關 5-709A
jīnyángmén 津陽門 5-1192A
jìnyángzhījiǎ 晉陽之甲
5-709A
jìnyānjié 禁烟節 7-927B
jǐnyánshènxíng 謹言慎行
11-394B
jīnyáo 金搖 11-1173A
jīnyào 金藥 11-1189B
jīnyào 津要 5-1190B
jīnyào 矜燿 8-585B
jīnyào 矜耀 8-585B
jīnyào 衿要 9-44A
jīnyào 襟要 9-141B
jǐnyáo 瑾瑤 4-628B
jǐnyào 緊要 9-880A
jìnyào 近要 10-734B
jìnyào 禁要 7-926A
jīnyāodài 金腰帶 11-1175B
jǐnyàoguāntóu 緊要關頭
9-880A
jīnyáwǔzhǎo 矜牙舞爪
8-580B
jīnyāzuǐ 金鴉觜 11-1182A
jīnyǎzuǐ 金雅觜 11-1169B
jīnyè 金液 11-1167B
jīnyè 金葉 11-1168B
jīnyè 金靨 11-1195B
jīnyè 津液 5-1191B
jīnyè 筋液 8-1156B
jìnyè 近葉 10-736B
jìnyè 晉謁 5-709B
jìnyè 進業 10-993B
jìnyè 進謁 10-997B
jìnyè 禁夜 7-925A
jìnyè 禁掖 7-928A
jìnyè 噤咽 3-515B
jìnyè 覲謁 10-352B
jīnyèbiǎo 金葉表 11-1168B
jīnyèbiǎowén 金葉表文
11-1168B
jīnyèshū 金葉書 11-1168B
jīnyèzi 金葉子 11-1168B
jīnyèzigé 金葉子格
11-1168B
jīnyī 巾衣 3-672A
jīnyī 金衣 11-1146B
jīnyí 金夷 11-1145B
jīnyí 金痍 11-1167A
jīnyí 金儀 11-1182B
jīnyí 矜疑 8-584B
jīnyì 今譯 1-1081A
jīnyì 金溢 11-1175B
jīnyì 金翼 11-1188B
jīnyì 金鎰 11-1190B
jīnyì 津驛 5-1193A
jīnyì 矜異 8-583A
jīnyì 襟義 9-142B
jīnyì 襟襼 9-142B
jǐnyī 錦衣 11-1332B
jǐnyì 錦臆 11-1338A
jǐnyì 謹抑 11-394A
jǐnyì 儘意 1-1720A
jìnyī 進揖 10-991B
jìnyí 近夷 10-732B
jìnyí 噤頤 3-516A
jìnyí 贐儀 10-308A
jìnyì 盡意 7-1457A
jìnyì 近易 10-734B
jìnyì 浸益 5-1288A
jìnyì 浸溢 5-1289A
jìnyì 進益 10-990A
jìnyì 進議 10-999B
jìnyì 寖益 3-1578A
jìnyì 禁抑 7-922B
jìnyībù 進一步 10-979A
jìnyīcéng 進一層 10-979A
jīnyīdān 金衣丹 11-1147A
jīnyīgōngzǐ 金衣公子
11-1147A
jīnyīn 今音 1-1080A
jīnyīn 金音 11-1157B
jīnyín 金銀 11-1178B
jīnyín 嶜岑 3-865B
jīnyín 嶜崟 3-865B
jīnyìn 金印 11-1144B
jǐnyīn 錦茵 11-1334A
jǐnyīn 錦裀 11-1335B
jǐnyǐn 巹飲 2-539B
jìnyīn 近因 10-732B
jìnyín 寖淫 3-1578B
jìnyín 噤吟 3-515B
jìnyín 濅淫 6-179A
jìnyǐn 進引 10-980B
jìnyǐn 進飲 10-992B
jìnyìn 禁印 7-922A
jīnyīng 金英 11-1150B
jīnyīng 金罌 11-1189B
jīnyīng 金罍 11-1193B
jīnyīng 金櫻 11-1194A

jīnyīng 衿纓 9-45A
jīnyíng 金楹 11-1173B
jīnyíng 金螢 11-1186B
jīnyíng 金籯 11-1195B
jīnyíng 金籯 11-1197A
jìnyīng 進膺 10-998B
jìnyíng 進營 10-997B
jìnyíng 禁營 7-931B
jìnyǐng 近影 10-738A
jǐnyínghuāzhèn 錦營花陣
11-1337B
jīnyīngwǔ 金鸚鵡 11-1197B
jīnyīngzi 金罌子 11-1193B
jīnyīngzi 金櫻子 11-1194A
jīnyínhuā 金銀花 11-1178B
jīnyínhuālù 金銀花露
11-1178B
jīnyínshān 金銀山 11-1178B
jīnyíntái 金銀臺 11-1178B
jīnyìnzǐshòu 金印紫綬
11-1145A
jǐnyīròushí 錦衣肉食
11-1332B
jīnyìshǐ 金翼使 11-1188B
jǐnyīwèi 錦衣衛 11-1332B
jìnyìwù 盡義務 7-1457A
jǐnyīxíngzhòu 錦衣行晝
11-1332B
jǐnyīyùshí 錦衣玉食
11-1332B
jīnyōng 金墉 11-1176B
jīnyōng 金鏞 11-1192B
jīnyǒng 矜勇 8-582B
jǐnyōng 謹庸 11-396B
jìnyǒng 禁甬 7-924A
jìnyòng 近用 10-732A
jìnyòng 進用 10-981A
jìnyòng 禁用 7-922A
jìnyòngchǔcái 晉用楚材
5-708A
jīnyǒu 金友 11-1140B
jīnyòu 矜宥 8-582B
jìnyōu 近憂 10-737B
jìnyóu 藎猷 9-599B
jìnyòu 進侑 10-984A
jìnyòu 禁囿 7-926A
jīnyǒushù 今有術 1-1079B
jīnyǒuyùkūn 金友玉昆
11-1141A
jīnyú 金魚 11-1166B
jīnyú 金瑜 11-1173A
jīnyú 金輿 11-1187B
jīnyú 金轝 11-1193B
jīnyǔ 今雨 1-1079B
jīnyǔ 今語 1-1081A
jīnyǔ 襟宇 9-141A
jīnyù 金玉 11-1142B
jīnyù 矜育 8-582A
jīnyù 矜遇 8-583B
jǐnyú 瑾瑜 4-628B
jǐnyǔ 盡語 7-1457B
jǐnyǔ 錦羽 11-1333A
jǐnyǔ 錦雨 11-1333B
jǐnyù 謹裕 11-397A
jǐnyù 謹遇 11-397A
jǐnyù 謹獄 11-398A
jìnyú 近于 10-731A
jìnyú 近於 10-734A
jìnyú 近虞 10-737A
jìnyú 進諛 10-996A
jìnyú 燼餘 7-308A
jìnyǔ 禁圉 7-928A
jìnyǔ 禁語 7-930B
jìnyǔ 禁禦 7-932B
jìnyù 近御 10-737A
jìnyù 浸育 5-1287B
jìnyù 浸浴 5-1288A
jìnyù 浸毓 5-1289A
jìnyù 進御 10-992B
jìnyù 進馭 10-991B
jìnyù 禁域 7-928A
jìnyù 禁欲 7-928B
jìnyù 禁御 7-929B
jìnyù 禁獄 7-930B
jìnyù 禁禦 7-932A
jìnyù 禁籞 7-933A
jīnyuán 金元 11-1140B
jīnyuán 金園 11-1174A
jīnyuán 金源 11-1175B
jīnyuán 矜原 8-582B
jǐnyuán 錦緣 11-1337B
jǐnyuàn 錦院 11-1334B
jǐnyuàn 謹愿 11-398A
jìnyuān 浸淵 5-1289A
jìnyuán 近緣 10-738A
jìnyuán 進援 10-992A
jìnyuán 禁垣 7-925B
jìnyuán 禁園 7-930A
jìnyuǎn 近遠 10-737A
jìnyuǎn 寖遠 3-1578B
jìnyuàn 禁苑 7-924A
jìnyuàn 禁院 7-926B
jìnyuànhuáng 禁苑黃 7-924A
jīnyuánquàn 金圓券
11-1174B
jīnyúcǎo 金魚草 11-1166B
jīnyúchóng 金魚蟲 11-1167A
jīnyúdài 金魚袋 11-1167A
jīnyuē 金約 11-1158B
jīnyuè 今月 1-1078B
jīnyuè 金鉞 11-1175A
jīnyuè 金躍 11-1194B
jīnyuè 金籥 11-1196A
jǐnyuē 謹約 11-395B
jǐnyuè 謹閱 11-398B
jìnyuē 禁約 7-927A
jìnyuè 進樂 10-996B
jìnyuè 進越 10-991B
jìnyuè 禁樂 7-931A
jìnyuè 禁鑰 7-933A
jìnyuè 覲岳 10-352B
jìnyuè 覲嶽 10-352B
jīnyuègǔyuè 今月古月
1-1078B
jìnyuèmíng 禁月明 7-921B
jìnyuèyuǎnlái 近悅遠來
10-735B
jīnyúfú 金魚符 11-1166B
jīnyúgōngzi 金魚公子
11-1166B
jīnyùjǐnxiù 金玉錦繡
11-1142B
jīnyùkūn 金玉昆 11-1142B
jīnyùliángyán 金玉良言
11-1142B
jīnyùmǎntáng 金玉滿堂
11-1142B
jīnyūn 金暈 11-1174A
jīnyǔn 矜允 8-580B
jīnyùn 今韻 1-1081A
jīnyùn 金運 11-1172A
jīnyùn 襟韻 9-142B
jǐnyún 錦雲 11-1335B
jìnyún 縉雲 9-962B
jìnyǔn 濜湏 6-196B
jìnyùn 進運 10-993A
jìnyùn 禁運 7-929B
jìnyúncǎo 縉雲草 9-962B
jìnyúnsī 縉雲司 9-962B
jīnyùqíwài…
金玉其外,敗絮其中
11-1142B
jīnyùshēng 金玉聲 11-1142B
jīnyúshìzhì 矜愚飾智
8-584A
jīnyùtáng 金玉堂 11-1142B
jīnyúzǎo 金魚藻 11-1167A
jīnyùzhīyán 金玉之言
11-1142B
jīnzā 金鉔 11-1175A
jìnzàiméijié 近在眉睫
10-732B
jìnzàizhǐchǐ 近在咫尺
10-732B
jìnzàng 禁藏 7-932A
jìnzàng 禁臧 7-930B
jīnzáo 斤鑿 6-1052B
jīnzǎo 今早 1-1079B
jīnzǎo 今蚤 1-1080B
jīnzǎo 金棗 11-1169B
jīnzào 金竈 11-1194B
jīnzào 矜躁 8-585B
jìnzào 進造 10-989B
jìnzào 進躁 10-999B
jìnzào 墐竈 2-1187A
jīnzé 巾幘 3-673A
jīnzé 津澤 5-1193A
jǐnzé 謹擇 11-399A
jìnzé 浸澤 5-1290A
jīnzēng 金繒 11-1191B
jìnzèng 進贈 10-999A
jìnzèng 賮贈 10-308A
jīnzhà 金柵 11-1155B
jǐnzhǎi 緊窄 9-880B
jìnzhǎi 噤窄 3-515B
jīnzhǎn 金琖 11-1168A
jīnzhǎn 金盞 11-1174A
jìnzhǎn 進展 10-990A
jìnzhàn 近戰 10-738A
jìnzhàn 進占 10-981A
jìnzhàn 進佔 10-982B
jìnzhàn 進站 10-989B
jìnzhàn 進戰 10-997B
jìnzhàn 噤戰 3-516A
jīnzhāng 金張 11-1167B
jīnzhāng 金章 11-1167A
jīnzhāng 矜張 8-583B
jīnzhāng 襟章 9-142A
jīnzhǎng 金掌 11-1170A
jīnzhàng 金帳 11-1165B
jīnzhàng 金障 11-1176A
jǐnzhāng 緊張 9-881A
jǐnzhāng 錦章 11-1335B
jǐnzhāng 錦鄣 11-1336B
jǐnzhàng 錦帳 11-1335A
jǐnzhàng 錦障 11-1336B
jìnzhǎng 進長 10-983A
jìnzhàng 進帳 10-991A
jìnzhàng 進賬 10-995B
jìnzhàng 禁仗 7-922A
jìnzhàng 禁障 7-930B
jīnzhāngguǎn 金張館
11-1167B
jǐnzhàngláng 錦帳郎
11-1335A
jīnzhāngxǔshǐ 金張許史
11-1167B
jīnzhāngyùjù 金章玉句
11-1167B
jīnzhāngzǐshòu 金章紫綬
11-1167B
jīnzhǎnhuā 金盞花 11-1174A
jīnzhǎnjú 金盞菊 11-1174A
jīnzhǎnyíntái 金琖銀臺
11-1168A
jīnzhāo 今朝 1-1080B
jīnzhǎo 金爪 11-1141B
jìnzhào 近照 10-737A
jìnzhào 祲兆 7-918B
jìnzhào 進棹 10-992A
jīnzhāoyǒujiǔ…
今朝有酒今朝醉
1-1080B
jīnzhāoyùcuì 金昭玉粹
11-1156B
jìnzhe 儘着 1-1720A
jìnzhē 禁遮 7-930B
jìnzhé 進摺 10-994B
jīnzhēn 金貞 11-1156A
jīnzhēn 金真 11-1160B
jīnzhēn 金針 11-1162B
jīnzhēn 金箴 11-1182B
jīnzhēn 金鍼 11-1188A
jīnzhēn 矜貞 8-582A
jīnzhèn 金陣 11-1158B
jīnzhèn 矜賑 8-584B
jǐnzhen 堇斟 9-436A
jìnzhēn 近真 10-735A
jìnzhēn 進針 10-989B
jìnzhèn 進酖 10-990B
jìnzhèn 進鴆 10-996B
jìnzhèn 進鎮 10-999A
jīnzhēncài 金針菜 11-1163A
jīnzhēnchóng 金針蟲
11-1163A
jīnzhēndùrén 金針度人

11-1163A
jīnzhēng 金鉦 11-1175A
jīnzhēng 矜争 8-581A
jīnzhèng 斤正 6-1052A
jīnzhèng 金正 11-1142B
jīnzhèng 金政 11-1154B
jǐnzhēng 錦箏 11-1336A
jǐnzhèng 謹正 11-393B
jǐnzhèng 謹政 11-395A
jìnzhēng 進征 10-984A
jìnzhèng 近正 10-731B
jǐnzhènhuāyíng 錦陣花營 11-1334B
jīnzhēnjiànxuè 金鍼見血 11-1188A
jīnzhī 金支 11-1140B
jīnzhī 金卮 11-1144B
jīnzhī 金汁 11-1145A
jīnzhī 金芝 11-1145B
jīnzhī 金巵 11-1149A
jīnzhī 金枝 11-1151A
jīnzhī 金鳷 11-1182A
jīnzhí 金植 11-1168B
jīnzhì 巾櫛 3-674A
jīnzhì 矜制 8-581B
jīnzhì 襟製 9-142B
jǐnzhí 謹直 11-394B
jǐnzhí 謹職 11-399B
jǐnzhǐ 儘只 1-1719B
jǐnzhì 緊治 9-880A
jǐnzhì 錦帙 11-1333B
jǐnzhì 錦製 11-1336B
jǐnzhì 錦質 11-1337B
jǐnzhì 謹識 11-399B
jǐnzhì 謹志 11-394A
jǐnzhì 謹誌 11-398A
jǐnzhì 謹質 11-398B
jìnzhī 近支 10-731A
jìnzhī 進卮 10-982B
jìnzhí 盡職 7-1458A
jìnzhí 進直 10-983B
jìnzhí 進職 10-999A
jìnzhí 禁直 7-924A
jìnzhí 禁執 7-928A
jìnzhí 禁職 7-932B
jìnzhí 靳直 12-188A
jìnzhǐ 盡止 7-1454A
jìnzhǐ 進止 10-980A
jìnzhǐ 進旨 10-981B
jìnzhǐ 禁止 7-920B
jìnzhǐ 禁指 7-926A
jìnzhǐ 靳指 12-188A
jìnzhì 盡志 7-1455A
jìnzhì 盡致 7-1456A
jìnzhì 近製 10-737B
jìnzhì 晉秩 5-709A
jìnzhì 進治 10-984A
jìnzhì 進陟 10-989A
jìnzhì 進秩 10-989B
jìnzhì 進致 10-989A
jìnzhì 進質 10-995B
jìnzhì 禁制 7-924B
jìnzhì 禁治 7-925A
jìnzhì 賮贄 10-308A
jīnzhībòhǎi 金鳷擘海 11-1182A
jīnzhǐjiǎ 金指甲 11-1154B
jìnzhìjiélì 盡智竭力 7-1456B
jìnzhǐlìngxíng 禁止令行 7-921A
jìnzhìpǐn 禁制品 7-924B
jìnzhìpǐn 禁製品 7-930B
jìnzhítuìtè 進直退慝 10-983B
jīnzhīyè 金枝葉 11-1151A
jīnzhīyùyè 金枝玉葉 11-1151A
jīnzhòng 斤重 6-1052B
jīnzhòng 矜重 8-582A
jǐnzhōng 謹忠 11-394B
jǐnzhòng 謹重 11-395B
jìnzhōng 盡忠 7-1455A
jìnzhōng 近中 10-731B
jìnzhōng 進忠 10-983B
jìnzhōng 禁中 7-921A
jìnzhōng 禁鐘 7-932B
jìnzhǒng 浸種 5-1289A
jìnzhǒng 進種 10-994B
jìnzhòng 進衆 10-992B
jìnzhòng 禁重 7-926A
jìnzhōngbàoguó 盡忠報國 7-1455A
jīnzhōng'er 金鍾兒 11-1188A
jīnzhōng'er 金鐘兒 11-1194A
jìnzhōngpōmù 禁中頗牧 7-921A
jǐnzhōngrúshǐ 謹終如始 11-396B
jìnzhǒngshànqún 進種善羣 10-994B
jǐnzhōngshènshǐ 謹終慎始 11-397A
jǐnzhōngshū 錦中書 11-1332A
jìnzhōngyǔ 禁中語 7-921A
jīnzhōngzhào 金鐘罩 11-1194A
jīnzhóu 金軸 11-1169A
jīnzhǒu 衿肘 9-44A
jīnzhòu 金冑 11-1156B
jīnzhòu 金甃 11-1174B
jǐnzhóu 錦軸 11-1335B
jìnzhōu 近周 10-734A
jìnzhōu 進舟 10-981B
jìnzhòu 禁呪 7-924B
jìnzhòu 禁咒 7-924B
jīnzhū 金朱 11-1146A
jīnzhū 金珠 11-1158B
jīnzhú 簺竹 8-1236A
jīnzhú 斤欘 6-1052B
jīnzhú 金竹 11-1146A
jīnzhú 筋竹 8-1155B
jīnzhǔ 巾褚 3-673A
jīnzhǔ 津主 5-1190A
jīnzhǔ 津渚 5-1191B
jīnzhù 金注 11-1153A
jīnzhù 金柱 11-1155B
jīnzhù 津注 5-1190A
jǐnzhū 謹誅 11-397B
jǐnzhú 錦竹 11-1332B
jǐnzhù 錦注 11-1333B
jìnzhú 進築 10-997A
jìnzhù 近著 10-735B
jìnzhù 進住 10-982B
jìnzhù 進祝 10-986B
jìnzhù 進駐 10-995A
jìnzhù 寖著 3-1578B
jìnzhù 禁住 7-923A
jìnzhù 禁祝 7-926B
jìnzhù 禁駐 7-931A
jìnzhù 賮助 10-308A
jīnzhuān 金磚 11-1184B
jīnzhuàn 金篆 11-1182B
jìnzhuǎn 進轉 10-999A
jìnzhuàn 進饌 10-999B
jīnzhuāng 金裝 11-1176A
jīnzhuāng 矜莊 8-582B
jǐnzhuàng 謹狀 11-394B
jìnzhuāng 進莊 10-989A
jìnzhuàng 近狀 10-734B
jìnzhuàng 進狀 10-984B
jīnzhuì'er 金墜兒 11-1180B
jīnzhūmǎmǐ 金珠瑪米 11-1158B
jīnzhuó 金汋 11-1147A
jīnzhuó 金鋜 11-1183A
jīnzhuó 金鐲 11-1194B
jǐnzhuó 謹卓 11-394B
jǐnzhuó 儘著 1-1720A
jǐnzhuó 儘着 1-1720A
jìnzhuó 進酌 10-989A
jìnzhuó 進擢 10-998A
jìnzhūzhěchì… 近朱者赤，近墨者黑 10-732B
jīnzi 金子 11-1140A
jīnzi 襟子 9-141A
jīnzī 今兹 1-1080A
jīnzī 金姿 11-1157B
jīnzī 金貲 11-1174A
jīnzī 金資 11-1175B
jīnzǐ 巾子 3-672A
jīnzǐ 金子 11-1140A
jīnzǐ 金紫 11-1169B
jīnzì 今字 1-1079B
jīnzì 金字 11-1147A
jīnzì 津漬 5-1192B
jǐnzǐ 盡子 7-1454A
jǐnzì 緊自 9-879B
jǐnzì 錦字 11-1333A
jìnzi 禁子 7-920B
jìnzī 進資 10-994A
jìnzī 賮資 10-308A
jìnzǐ 妗子 4-309B
jìnzì 浸漬 5-1289A
jīnzìjīng 金字經 11-1147B
jīnzìpái 金字牌 11-1147A
jǐnzìshū 錦字書 11-1333A
jìnzìtǐ 禁字體 7-922B
jīnzìyáfú 金字牙符 11-1147A
jīnzìzhāopái 金字招牌 11-1147A
jīnzōng 金翪 11-1157A
jīnzōng 金鑁 11-1188A
jīnzōng 金騣 11-1191B
jīnzòng 矜縱 8-585B
jīnzòu 金奏 11-1154A
jìnzòu 進奏 10-984B
jìnzòuyuàn 進奏院 10-984B
jīnzú 金鑿 11-1197B
jīnzú 金鏃 11-1192B
jīnzú 津卒 5-1190A
jīnzǔ 金組 11-1168A
jǐnzú 儘足 1-1719B
jǐnzǔ 錦組 11-1335B
jìnzú 盡足 7-1455A
jìnzú 近族 10-736A
jìnzú 禁足 7-923A
jìnzú 禁卒 7-925A
jìnzǔ 近祖 10-735A
jìnzǔ 進俎 10-985B
jìnzǔ 禁阻 7-923B
jǐnzuì 謹罪 11-397B
jìnzuì 盡醉 7-1457B
jīnzújiàn 金鏃箭 11-1192B
jīnzūn 金尊 11-1171B
jīnzūn 金樽 11-1184A
jǐnzuó 錦笮 11-1335A
jǐnzuó 錦筰 11-1335B
jìnzuò 近作 10-733A
jìnzuò 進阼 10-983A
jìnzuò 進胙 10-985B
jìnzuò 禁坐 7-923B
jiǒng'ài 窘隘 8-448A
jiǒngbá 迥拔 10-755B
jiǒngbài 窘敗 8-448A
jiǒngbào 窘暴 8-448B
jiōngbì 扃閉 7-363A
jiǒngbī 窘逼 8-448A
jiǒngbì 窘斃 8-448B
jiǒngbié 迥別 10-755B
jiǒngbù 窘步 8-447A
jiǒngbùyóurén 迥不猶人 10-755A
jiǒngcháng 褧裳 9-122A
jiǒngchǎng 迥場 10-756A
jiǒngchāo 迥超 10-756A
jiǒngchè 冏徹 1-1031B
jiǒngchè 迥徹 10-757A
jiǒngchū 迥出 10-755B
jiǒngchù 窘絀 8-448A
jiǒngchǔn 窘蠢 8-448B
jiǒngcù 窘促 8-447B
jiǒngcù 窘蹙 8-448B
jiǒngcù 窘蹴 8-448B
jiǒngcuì 窘悴 8-448A
jiǒng'è 窘厄 8-447A
jiǒng'ěr 炯爾 7-52A
jiǒng'èr 冏貳 1-1031A
jiǒngfá 窘乏 8-447A
jiōngfēi 扃扉 7-363A
jiǒngfēi 迥非 10-755B

jiǒnggé 迥隔 10-756B
jiōnggù 扃錮 7-363B
jiǒnggǔ 迥古 10-755A
jiōngguān 扃關 7-363B
jiǒngguāng 熲光 12-292A
jiǒnghàn 迥漢 10-756B
jiǒnghòng 泂澒 5-1214A
jiōnghù 扃户 7-363A
jiǒnghū 迥乎 10-755A
jiǒnghuáng 窘惶 8-448A
jiǒnghuǎng 炯晃 7-51B
jiǒnghūbùtóng 迥乎不同 10-755A
jiǒngjí 窘急 8-447B
jiǒngjì 炯迹 7-51B
jiōngjiàn 扃鍵 7-363B
jiǒngjiàn 炯鑑 7-52A
jiǒngjiàn 炯鑒 7-52A
jiǒngjié 窘竭 8-448A
jiǒngjiè 炯介 7-51A
jiǒngjiè 炯戒 7-51B
jiǒngjiè 炯誡 7-52A
jiōngjìn 扃禁 7-363B
jiǒngjìng 窘境 8-448A
jiōngjiōng 駉駉 12-815A
jiōngjiōng 駫駫 12-832A
jiǒngjiǒng 炅炅 7-37A
jiōngjiōng 扃扃 7-363A
jiǒngjiǒng 冏冏 1-1031A
jiǒngjiǒng 泂泂 5-1084B
jiǒngjiǒng 炯炯 7-51B
jiǒngjiǒng 熲熲 12-292A
jiǒngjiǒng ⿰忄冋⿰忄冋 7-546A
jiǒngjiǒngyǒushén 炯炯有神 7-51B
jiōngjú 扃局 7-363A
jiǒngjú 窘局 8-447B
jiǒngjù 迥句 10-755A
jiǒngjù 窘懼 8-449A
jiōngjuàn 扃絹 7-363B
jiōngjué 扃鐍 7-363B
jiǒngjué 迥絶 10-756B
jiǒngjué 窘絶 8-448A
jiǒngjué 窘蹶 8-448B
jiǒngkōng 迥空 10-755B
jiǒngkǔ 窘苦 8-447B
jiǒngkuàng 迥曠 10-757A
jiǒngkuì 窘匱 8-448A
jiǒngkùn 窘困 8-447B
jiǒngkuò 迥闊 10-757A
jiǒnglǎng 炯朗 7-51B
jiǒnglěng 炯冷 7-51B
jiǒnglì 迥立 10-755A
jiǒngliáo 迥遼 10-757A
jiōnglín 坰林 2-1077A
jiōnglíng ⿰齒冋齡 12-1412B
jiǒnglù 迥路 10-756B
jiǒnglù 窘路 8-448A
jiǒnglù 窘戮 8-448B
jiōngmì 扃冪 7-363A
jiōngmì 扃鼏 7-363B
jiǒngmiǎo 迥邈 10-757A
jiǒngmò 迥陌 10-755B
jiǒngmò 迥漠 10-756B
jiǒngmò 窘默 8-448B
jiōngmù 坰牧 2-1077A
jiōngmù 駉牧 12-815A
jiǒngmù 冏牧 1-1031A
jiǒngnáo 窘撓 8-448B
jiōngnuó 駉那 12-815A
jiǒngpàn 迥判 10-755B
jiǒngpò 窘迫 8-447B
jiǒngqiǎo 迥巧 10-755A
jiǒngqīng 冏卿 1-1031A
jiǒngqìng 窘罄 8-448B
jiǒngqióng 窘窮 8-448B
jiǒngrán 炅然 7-37A
jiǒngrán 冏然 1-1031B
jiǒngrán 迥然 10-756A
jiǒngrán 炯然 7-51B
jiǒngrán 窘然 8-448A
jiǒngránbùqún 迥然不羣 10-756B
jiǒngránbùtóng 迥然不同 10-756B
jiǒngrǒng 窘宂 8-447A
jiǒngrǔ 窘辱 8-447B
jiǒngsè 窘色 8-447A
jiǒngsè 窘澀 8-448B
jiǒngshè 窘慴 8-448B
jiǒngshēn 迥深 10-756A
jiǒngshèng 迥勝 10-756A
jiōngshì 扃室 7-363A
jiōngshì 扃試 7-363B
jiǒngshì 迥逝 10-755B
jiǒngshū 迥殊 10-755B
jiǒngshù 窘束 8-447A
jiǒngsī 炯思 7-51B
jiǒngsì 冏寺 1-1031A
jiǒngsǒng 迥聳 10-757A
jiǒngsuì 迥邃 10-757A
jiōngsuǒ 扃鎖 7-363B
jiōngsuǒ 扃鏁 7-363B
jiǒngsuō 窘縮 8-448B
jiǒngtài 窘態 8-448B
jiōngtáng 扃堂 7-363A
jiǒngtè 迥特 10-756A
jiǒngtì 迥逖 10-756A
jiǒngtiào 迥眺 10-756A
jiōngtú 扃塗 7-363B
jiǒngtú 迥途 10-756A
jiǒngtú 迥塗 10-756B
jiōngwài 坰外 2-1077A
jiǒngwàng 迥望 10-756A
jiǒngxiá 窘狹 8-448A
jiǒngxiàng 窘相 8-447B
jiǒngxiè 迥榭 10-756B
jiǒngxīn 炯心 7-51B
jiǒngxiù 迥秀 10-755B
jiǒngyǎn 炯眼 7-51B
jiǒngyào 炯燿 7-52A
jiǒngyào 熲耀 12-292B
jiōngyě 坰野 2-1077A
jiǒngyě 迥野 10-756A
jiǒngyī 褧衣 9-122A
jiǒngyì 迥異 10-756A
jiōngyǒu 扃牖 7-363B
jiǒngyǔ 迥語 10-756B
jiǒngyuǎn 迥遠 10-756B
jiōngyuè 扃鑰 7-364A
jiǒngyùn 迥韻 10-757A
jiǒngzhí 窘執 8-448A
jiǒngzhí 窘摭 8-448A
jiǒngzhì 窘滯 8-448B
jiǒngzhú 炯燭 7-52A
jiǒngzhú 窘逐 8-448A
jiǒngzhuàng 窘狀 8-447B
jiǒngzhuó 泂酌 5-1084B
jiǒngzhuó 迥躅 10-757A
jī'ōu 擊甌 6-903B
jī'ǒu 觭偶 10-1382A
jī'ǒu 機偶 4-1328B
jī'ǒu 踦偶 10-490A
jī'ǒu 奇偶 2-1525B
jī'ǒu 奇耦 2-1527B
jīpái 賫排 10-246A
jīpái 擊排 6-901B
jīpái 譏排 11-435A
jípái 籍牌 8-1271B
jǐpái 擠排 6-941B
jípāifánxián 急拍繁絃 7-456B
jīpáimàomò 擊排冒没 6-901B
jīpān 躋扳 10-563B
jīpān 躋攀 10-564A
jīpán 乩盤 1-770A
jīpán 稽盤 8-122B
jípán 極盤 4-1143A
jípàn 集泮 11-800A
jìpán 祭盤 7-913B
jìpán 髻盤 12-740A
jìpàn 際畔 11-1098B
jìpáogōngzǐ 罽袍公子 8-1045B
jīpèi 隮配 11-1133A
jīpèi 羈轡 8-1059B
jípèi 籍配 8-1271B
jìpèi 繼配 9-1045A
jípén 棘盆 4-1106A
jīpēng 擊抨 6-900B
jīpéng 機棚 4-1329A
jīpéng 擊搒 6-902B
jīpěng 賫捧 10-246A
jīpěng 齎捧 12-1443B
jīpī 擊披 6-900B
jīpí 飢罷 12-494B
jīpí 飢疲 12-493B
jīpí 雞皮 11-861A
jīpí 饑疲 12-584A
jīpǐ 積痞 8-141A
jīpì 畸僻 7-1384B
jípí 瘠疲 8-350B
jǐpí 脊皮 6-1255A
jīpiān 積篇 8-145B
jīpiān 奇偏 2-1525B
jīpiáo 箕瓢 8-1189A
jīpiǎo 飢莩 12-493B
jīpiǎo 飢殍 12-493B
jīpiǎo 饑殍 12-584A
jípídòngwù 棘皮動物 4-1105A
jīpígēda 雞皮疙瘩 11-861A
jīpígēda 雞皮疙疸 11-861A
jīpíhèfà 雞皮鶴髮 11-861A
jīpīlǐjiě 肌劈理解 6-1167A
jīpílìzi 雞皮栗子 11-861A
jīpín 羈貧 8-1056B
jípín 瘠貧 8-351A
jípǐn 極品 4-1138B
jìpín 濟貧 6-193A
jìpǐn 祭品 7-912A
jīpíng 譏平 11-434B
jīpíng 譏評 11-435B
jìpínyuàn 濟貧院 6-193A
jīpó 雞婆 11-863B
jīpò 激迫 6-171B
jīpò 擊破 6-901B
jīpò 羈魄 8-1058A
jípò 急迫 7-457A
jīpóu 擊掊 6-901B
jìpòwǔ 忌破五 7-407B
jīpū 擊剥 6-901B
jīpū 擊撲 6-903B
jīpú 姬僕 4-358B
jīpú 羈僕 8-1058A
jípǔ 吉普 3-95B
jípǔ 極浦 4-1139B
jípǔ 籍圃 8-1271B
jìpú 祭僕 7-913A
jípǔchē 吉普車 3-95B
jípǔnǚláng 吉普女郎 3-95B
jīpúqíng 箕濮情 8-1189B
jīqī 雞栖 11-863A
jīqī 雞棲 11-864A
jīqī 羈棲 8-1057A
jīqí 雞旗 11-866A
jīqì 機汽 4-1324B
jīqì 機器 4-1332B
jīqì 積氣 8-137A
jīqì 韲器 12-394B
jíqī 及期 1-637A
jíqī 吉期 3-95B
jíqī 集期 11-800B
jíqí 急騎 7-463A
jíqí 疾騎 8-305B
jíqí 極其 4-1137B
jíqì 吉器 3-96B
jíqì 瘠氣 8-350B
jíqì 瘠棄 8-351A
jǐqí 踦跂 10-490A
jǐqì 掎契 6-643A
jǐqì 戟氣 5-230B
jìqī 忌妻 7-407B
jìqī 寄棲 3-1512A
jìqī 祭七 7-910A
jìqí 祭旗 7-913A
jìqí 鵋鶀 12-1116B
jìqǐ 繼起 9-1045A
jìqì 忌器 7-408B
jìqì 祭器 7-913B
jìqì 稷契 8-124A
jíqià 輯洽 9-1299B
jīqiān 積愆 8-143A
jīqiān 羈牽 8-1056B

jīqián 機鈐 4-1330A
jīqián 積錢 8-147A
jīqiǎn 齎遣 12-1444A
jīqiǎn 羈譴 8-1059A
jīqiàn 積欠 8-130B
jīqiàn 積歉 8-144B
jīqiàn 饑嗛 12-584A
jīqiàn 饑歉 12-584B
jíqiān 吉阡 3-92A
jíqián 吉錢 3-96B
jíqián 鈷鉗 11-1249B
jìqiān 繼褰 9-1046A
jìqián 忌前 7-407B
jíqiānbù 集愆簿 11-801A
jíqiāncè 集愆册 11-801A
jīqiāng 機槍 4-1331B
jīqiáng 積强 8-141B
jíqiáng 棘牆 4-1107B
jīqiáo 機橋 4-1332B
jīqiáo 雞翹 11-866B
jīqiǎo 機巧 4-1323B
jīqiào 機竅 4-1333B
jīqiào 譏誚 11-435B
jíqiāo 瘠磽 8-351B
jíqiǎo 極巧 4-1136A
jíqiào 疾俏 8-300B
jìqiǎo 伎巧 1-1178B
jìqiǎo 技巧 6-359A
jìqiàopiāofēng 濟竅飄風
6-195A
jìqiǎoyùndòng 技巧運動
6-359A
jīqíbùyì 擊其不意 6-900B
jīqīchē 雞栖車 11-863A
jīqīchē 雞棲車 11-864A
jīqiè 姬妾 4-358B
jīqiè 激切 6-170B
jīqiè 積竊 8-148B
jīqiè 擊切 6-899B
jīqiè 譏切 11-434A
jīqiè 饑切 12-583B
jíqiě 急且 7-455B
jíqiè 急切 7-455A
jíqiè 極切 4-1136A
jìqiè 掎挈 6-643A
jìqiè 妓妾 4-296A
jīqièyíngzàng 積篋盈藏
8-145B
jīqìjiǎotàchē
機器脚踏車 4-1333A
jīqìjú 機器局 4-1333A
jīqīn 期親 6-1309B
jīqín 嵇琴 8-82A
jīqín 稽琴 8-121B
jīqín 積勤 8-142A
jīqín 擊琴 6-902A
jīqín 羈禽 8-1057B
jíqīn 及親 1-637B
jíqīn 極親 4-1144A
jíqín 即禽 2-532B
jíqín 棘矜 4-1106A
jìqīn 繼親 9-1046A
jīqīng 激清 6-172B
jīqīng 積輕 8-144A
jīqíng 賫擎 10-246A
jīqíng 激情 6-172B
jīqíng 齎擎 12-1444A
jīqíng 羈情 8-1057A
jīqìng 積慶 8-146A
jíqīng 棘卿 4-1106B
jíqíng 極情 4-1140B
jíqìng 吉慶 3-96B
jìqīng 記清 11-62A
jìqīng 繼卿 9-1045A
jìqīng 霽青 11-746A
jìqíng 寄情 3-1511B
jíqìnghuā 吉慶花 3-96B
jíqíngjìnzhì 極情盡致
4-1140B
jīqīngjīzhòng 畸輕畸重
7-1384B
jìqǐngtābǐ 奇請它比
2-1528A
jíqíngzòngyù 極情縱欲
4-1140B
jīqióng 飢窮 12-494B
jīqióng 羈窮 8-1058A
jīqióng 奇窮 2-1528A
jìqióng 技窮 6-360A
jìqióng 計窮 11-21B
jìqiónglìjí 計窮力極
11-21B
jìqiónglìjié 計窮力竭
11-21B
jìqiónglìjìn 計窮力盡
11-21B
jìqiónglìqū 計窮力屈
11-21B
jìqiónglìqū 計窮力詘
11-21B
jìqiónglǜjí 計窮慮極
11-22A
jìqiónglǜjìn 計窮慮盡
11-22A
jìqióngshìcù 計窮勢蹙
11-21B
jìqióngshìpò 計窮勢迫
11-21B
jìqióngtúzhuō 計窮途拙
11-21B
jìqióngzhìjí 計窮智極
11-21B
jīqìrén 機器人 4-1332B
jīqìshǒu 機器手 4-1333A
jīqiú 箕裘 8-1188B
jīqiú 稽求 8-120B
jīqiú 擊毬 6-902A
jīqiú 羈囚 8-1055A
jíqiú 籍求 8-1271A
jìqiū 季秋 4-211A
jìqiū 稷丘 8-123B
jìqiū 薊丘 9-566A
jìqiū 薊邱 9-566A
jìqiú 冀求 2-163A
jìqiú 罽裘 8-1045B
jīqìxì 機器戲 4-1333A
jíqǐzhízhuī 急起直追
7-458B
jīqū 飢驅 12-495A
jīqū 饑驅 12-585A
jīqū 羈曲 8-1055A
jīqú 飢劬 12-493A
jīqú 饑劬 12-583B
jīqú 几蘧 2-282B
jīqǔ 緝取 9-939B
jīqù 機趣 4-1331B
jíqū 佶倔 1-1319A
jíqū 佶屈 1-1318B
jíqū 疾趨 8-305A
jíqū 疾驅 8-305B
jíqǔ 汲取 5-935A
jíqǔ 集曲 11-799B
jíqǔ 集取 11-799B
jíqǔ 籍取 8-1271A
jìqū 伎曲 1-1179A
jìqǔ 計取 11-15B
jìqǔ 記曲 11-59B
jìqǔ 記取 11-60A
jìqǔ 繼娶 9-1045A
jìqù 寂闃 3-1518A
jìqù 寄趣 3-1514A
jīquān 箕棬 8-1188B
jīquán 機泉 4-1326B
jīquán 機權 4-1334B
jīquán 積泉 8-135B
jīquán 幾權 4 450B
jīquǎn 畿畎 7-1405A
jīquàn 激勸 6-175A
jíquān 極圈 4-1140A
jíquán 極權 4-1144B
jíquán 集權 11-802B
jìquán 寄筌 3-1512A
jīquǎnbù'ān 雞犬不安
11-859B
jīquǎnbùjīng 雞犬不驚
11-859B
jīquǎnbùliú 雞犬不留
11-859B
jīquǎnbùníng 雞犬不寧
11-859B
jīquǎnbùwén 雞犬不聞
11-859B
jīquǎnsāngmá 雞犬桑麻
11-860A
jīquǎnshēngtiān 雞犬升天
11-860A
jīquǎnshēngtiān 雞犬昇天
11-860A
jīquǎnwújīng 雞犬無驚
11-860A
jīquǎnxiāngwén 雞犬相聞
11-860A
jíqū'áoyá 佶屈聱牙
1-1319A
jíquè 墧埆 2-1174B
jíquè 墧确 2-1174B
jíquè 瘠轂 8-351B
jíquè 脊轂 6-1256A
jìquē 冀缺 2-163A
jìquē 冀闕 2-163B
jīqūkòumén 饑驅叩門
12-584B
jīqún 機羣 4-1331A
jīqún 雞羣 11-865A
jìqún 冀羣 2-163B
jīqúnhè 雞羣鶴 11-865A
jìqǔniángzǐ 記曲娘子
11-59B
jìqúnjiāo 紀羣交 9-728A
jīrǎn 積染 8-136A
jírán 伋然 1-1154A
jírán 踖然 10-489A
jǐrán 戟髯 5-230B
jǐrán 濟然 6-193B
jìrán 既然 4-659A
jìrán 寂然 3-1516A
jìráncè 計然策 11-19A
jīráng 飢穰 12-495A
jīráng 饑穰 12-585A
jīrǎng 擊壤 6-905A
jírǎng 吉壤 3-97A
jírǎng 瘠壤 8-351B
jíràng 集讓 11-803A
jīrǎnggē 擊壤歌 6-905A
jīrǎnggǔfù 擊壤鼓腹
6-905A
jírǎngrǎng 急穰穰 7-464A
jírǎngrǎng 急攘攘 7-463B
jìránshù 計然術 11-19A
jìránzhīcè 計然之策
11-19A
jìránzhishù 計然之術
11-19A
jīrǎo 激擾 6-175A
jīrǎo 饑擾 12-584B
jírè 急熱 7-462A
jīrén 姬人 4-358B
jīrén 畸人 7-1383B
jīrén 積仁 8-130B
jīrén 雞人 11-859A
jīrén 羈人 8-1054B
jīrén 奇人 2-1521A
jīrén 倚人 1-1456B
jīrěn 積稔 8-142B
jīrěn 期稔 6-1309A
jīrèn 稽任 8-120B
jīrèn 機任 4-1324A
jírén 吉人 3-90B
jírén 急人 7-454B
jírén 疾人 8-297B
jírén 棘人 4-1104B
jírèn 級任 9-725A
jǐrèn 戢刃 5-231A
jǐrèn 己任 4-70A
jìrén 迹人 10-801B
jìrén 伎人 1-1178B
jìrén 妓人 4-295B
jìrén 技人 6-359A
jìrén 記人 11-58B
jìrén 濟人 6-191A
jìrěn 忌忍 7-407A
jìrèn 記認 11-63B
jìrèn 寄任 3-1507B
jìrèn 繼任 9-1043B
jìrénlìwù 濟人利物 6-191A
jìrénlíxià 寄人籬下

3-1506A
jíréntiānxiàng 吉人天相 3-90B
jìrényánxià 寄人籬下 3-1506A
jírénzìyǒutiānxiàng 吉人自有天相 3-91A
jīrì 畸日 7-1383B
jīrì 觭日 10-1382A
jīrì 積日 8-130A
jīrì 雞日 11-860A
jīrì 奇日 2-1521B
jírì 吉日 3-91A
jírì 即日 2-529B
jírì 疾日 8-297B
jírì 極日 4-1136A
jírì 集日 11-799A
jìrì 忌日 7-406B
jìrì 計日 11-13A
jìrì 祭日 7-910B
jìrì 繼日 9-1043A
jìrì 霽日 11-746A
jìrìchénggōng 計日程功 11-13B
jìrì'érdài 計日而待 11-13B
jìrì'érsì 計日而俟 11-13B
jìrìgōng 計日工 11-13B
jìrìkědài 計日可待 11-13B
jìrìkěqī 計日可期 11-13B
jīrìlěijiǔ 積日絫久 8-130A
jīrìlěisuì 積日累歲 8-130A
jīrìlěiyuè 積日累月 8-130A
jírìliángchén 吉日良辰 3-91A
jírìliángshí 吉日良時 3-91B
jìrìyǐdài 計日以待 11-13B
jìrìyǐqī 計日以期 11-13B
jìrìyǐsì 計日以俟 11-13B
jìrìzhǐqī 計日指期 11-13B
jìrìzòugōng 計日奏功 11-13B
jíróng 即戎 2-530A
jíróng 極榮 4-1142B
jíróng 籍戎 8-1270B
jīròu 肌肉 6-1166A
jíróu 集糅 11-802A
jíróu 輯柔 9-1299B
jìròu 祭肉 7-911A
jìrú 濟如 6-191B
jìrú 濟濡 6-194A
jìrú 薊茹 9-626A
jìrǔ 寄乳 3-1509A
jīruǎn 嵇阮 8-82A
jíruì 吉瑞 3-96A
jíruì 輯瑞 9-1299B
jīrùn 積閏 8-141B
jīrùn 積潤 8-146A
jīruò 稽若 8-120B
jīruò 積弱 8-138A
jíruò 瘠弱 8-350B
jìruòfúqīng 濟弱扶傾 6-193A
jírúxīnghuǒ 急如星火 7-456A
jīsà 𩗗颯 12-637A
jīsài 雞塞 11-865A
jísài 極塞 4-1142A
jìsài 祭賽 7-913B
jīsǎn 嵇散 8-82A
jīsàn 積散 8-140A
jǐsàn 給散 9-826B
jísàndì 集散地 11-800B
jìsānfáng 忌三房 7-406B
jīsāng 雞桑 11-863A
jīsāng 期喪 6-1308A
jísānhuǒsì 急三火四 7-454B
jísānqiāng 急三槍 7-454B
jísāntái 急三臺 7-454B
jīsào 箕掃 8-1188B
jīsào 稽掃 8-121B
jìsào 祭掃 7-912B
jīsè 肌色 6-1166A
jīsè 飢色 12-493A
jīsè 積塞 8-143B
jīsè 饑色 12-583B
jísè 疾色 8-298A
jísè 棘澀 4-1107A
jísè 瘠色 8-350B
jǐsè 擠塞 6-941B
jìsè 記色 11-59B
jìsè 稷穡 8-124B
jìsè 霽色 11-746A
jísèkōng 即色空 2-530B
jìsēngmíng 寄僧名 3-1513B
jíshā 急煞 7-461B
jíshā 極殺 4-1139B
jīshāchéngtān 積沙成灘 8-133A
jīshān 嵇山 8-81B
jīshān 稽山 8-120A
jīshàn 積善 8-141A
jīshàn 積膳 8-147A
jīshàn 譏訕 11-435A
jíshàn 吉善 3-95B
jíshàn 汲善 5-935B
jíshàn 急繕 7-463B
jíshàn 極膳 4-1144A
jǐshàn 給贍 9-827B
jìshān 霽山 11-746A
jìshàn 紀善 9-727B
jìshàn 訐訕 11-27B
jīshāndàwáng 稽山大王 8-120A
jīshǎng 機賞 4-1332A
jīshǎng 激賞 6-174B
jīshǎng 擊賞 6-904A
jīshàng 畸尚 7-1384A
jíshāng 急觴 7-463B
jíshǎng 極賞 4-1143A
jǐshǎng 給賞 9-827A
jìshāng 季商 4-211B
jīshǎngkù 激賞庫 6-174B
jīshàngròu 几上肉 2-281B
jīshānguàpiáo 箕山掛瓢 8-1187B
jìshàngxīnlái 計上心來 11-13A
jìshàngxīntóu 計上心頭 11-13A
jīshànjú 積善局 8-141A
jīshànyúqìng 積善餘慶 8-141A
jīshānzhīcāo 箕山之操 8-1187B
jīshānzhīfēng 箕山之風 8-1187B
jīshānzhījié 箕山之節 8-1187B
jīshānzhīzhì 箕山之志 8-1187B
jīshānzǐ 稽山子 8-120A
jīshào 績紹 9-977A
jíshào 吉召 3-92A
jìshào 繼紹 9-1045A
jīshǎochéngduō 積少成多 8-130A
jīshàoxuè 嵇紹血 8-82A
jīshé 箕舌 8-1188A
jīshé 雞舌 11-861A
jīshè 基射 2-1112A
jīshè 激射 6-172A
jīshè 積射 8-137A
jīshè 擊射 6-901B
jīshè 雞舍 11-862A
jīshè 幾社 4-449A
jǐshè 給舍 9-826A
jìshè 迹射 10-802A
jìshè 計設 11-18A
jìshè 悸慴 7-598B
jìshè 悸懾 7-598B
jìshè 祭社 7-911A
jìshè 濟涉 6-193A
jīshēn 機深 4-1329A
jīshēn 躋身 10-563B
jīshēn 羈身 8-1055A
jīshēn 幾深 4-449B
jīshén 機神 4-1327A
jīshén 積神 8-136A
jīshén 羈神 8-1056A
jīshén 幾神 4-449A
jíshēn 及身 1-636A
jíshēn 汲深 5-935A
jíshēn 戢身 5-231B
jíshén 吉神 3-94A
jíshén 極神 4-1139A
jíshèn 疾甚 8-300A
jíshèn 籍甚 8-1271A
jíshèn 藉甚 9-587A
jìshēn 寄身 3-1508A
jìshēn 寄深 3-1511B
jìshēn 濟身 6-192A
jìshén 稷神 8-124A
jìshèn 稷慎 8-124B
jīshēnfěngǔ 齏身粉骨 12-1444B
jīshēng 機聲 4-1333B
jīshēng 激聲 6-175A
jīshēng 積生 8-131A
jīshēng 躋升 10-563B
jīshēng 躋陞 10-564A
jīshéng 機繩 4-1334B
jīshéng 譏繩 11-436B
jīshěng 機省 4-1326B
jīshěng 雞省 11-862A
jīshěng 雞眚 11-863A
jíshēng 急聲 7-463A
jíshēng 疾聲 8-305B
jíshěng 疾眚 8-302A
jíshèng 極盛 4-1140A
jìshēng 寄生 3-1506B
jìshēng 寄聲 3-1514B
jìshēng 祭牲 7-912A
jìshēng 稷牲 8-124A
jìshēng 繼聲 9-1046A
jìshěng 計省 11-16A
jìshèng 忌勝 7-408A
jìshèng 記乘 11-61B
jìshèng 濟勝 6-193B
jìshèng 齊聖 12-1434A
jìshēngcǎo 寄生草 3-1506B
jìshēngchóng 寄生蟲 3-1507A
jīshēng'édòu 雞生鵝鬥 11-861A
jíshēnggěngduǎn 汲深綆短 5-935A
jìshēngfēng 寄生蜂 3-1506B
jìshēngjiējí 寄生階級 3-1506B
jìshèngjù 濟勝具 6-193B
jíshēnglìsè 疾聲厲色 8-305B
jìshēngnáng 寄生囊 3-1507A
jìshēngpò 既生霸 4-658A
jìshēngpò 既生魄 4-658A
jìshēngxiāng 寄生香 3-1506B
jìshēngyíng 寄生蠅 3-1507A
jìshèngzhījù 濟勝之具 6-193B
jìshèngzī 濟勝資 6-193B
jǐshénjīng 脊神經 6-1255B
jìshēnlǜyuǎn 計深慮遠 11-18A
jíshēnyánjǐ 極深研幾 4-1140A
jīshèshì 積射士 8-137A
jīshéxiāng 雞舌香 11-861A
jīshī 稽失 8-120A
jīshī 機師 4-1327B
jīshī 積尸 8-129B
jīshī 積失 8-131B
jīshī 積屍 8-136A
jīshī 積濕 8-147B
jīshī 雞師 11-863A
jīshí 肌石 6-1166A
jīshí 飢食 12-493B
jīshí 基石 2-1111A
jīshí 稽實 8-122B

jīshí 機石 4-1323B
jīshí 積石 8-131A
jīshí 積食 8-135B
jīshí 積時 8-136B
jīshí 積實 8-145A
jīshí 積識 8-148A
jīshí 雞塒 11-864B
jīshǐ 激矢 6-170B
jīshǐ 羈使 8-1055B
jīshì 剞氏 2-699B
jīshì 姬侍 4-358B
jīshì 畸士 7-1383B
jīshì 稽式 8-120B
jīshì 緝事 9-939B
jīshì 機士 4-1323A
jīshì 機世 4-1323B
jīshì 機事 4-1325A
jīshì 機勢 4-1330B
jīshì 積世 8-131A
jīshì 積事 8-133B
jīshì 積勢 8-142A
jīshì 譏視 11-435A
jīshì 羈事 8-1055B
jīshì 幾事 4-449A
jíshī 楫師 4-1176B
jíshí 緝拾 9-939B
jíshí 及時 1-636B
jíshí 吉食 3-94A
jíshí 吉時 3-94A
jíshí 即時 2-532A
jíshí 疾時 8-302A
jíshí 棘實 4-1107A
jíshí 極時 4-1139A
jíshí 籍湜 8-1271B
jíshǐ 即使 2-531A
jíshǐ 棘矢 4-1105A
jíshǐ 集矢 11-799A
jíshǐ 輯矢 9-1299A
jíshì 及事 1-636A
jíshì 吉士 3-91A
jíshì 吉事 3-93B
jíshì 即世 2-530A
jíshì 即事 2-531A
jíshì 即是 2-531B
jíshì 急世 7-455B
jíshì 疾世 8-298A
jíshì 疾視 8-303A
jíshì 極是 4-1138A
jíshì 極視 4-1140B
jíshì 極勢 4-1141B
jíshì 集市 11-799A
jíshì 集事 11-800A
jíshì 集釋 11-802B
jíshì 嫉視 4-396A
jǐshī 給施 9-826A
jǐshī 蟣虱 8-975A
jǐshī 蟣蝨 8-975A
jǐshí 給食 9-826A
jǐshí 幾時 4-449B
jǐshǐ 給使 9-825B
jǐshì 給事 9-825A
jǐshì 給侍 9-825B
jǐshì 給視 9-826B
jìshī 妓師 4-296A
jìshī 技師 6-359B
jìshī 祭師 7-912A
jìshī 祭詩 7-913A
jìshī 濟施 6-192B
jìshī 濟師 6-193A
jìshí 忌時 7-408A
jìshí 紀實 9-728A
jìshí 計食 11-16B
jìshí 寄食 3-1509B
jìshí 稷食 8-124A
jìshí 濟時 6-193A
jìshí 鬾實 12-462A
jìshǐ 記史 11-59A
jìshǐ 祭史 7-911A
jìshì 忌視 7-408A
jìshì 技士 6-359A
jìshì 季氏 4-209B
jìshì 季世 4-210A
jìshì 既是 4-658B
jìshì 紀事 9-726B
jìshì 計士 11-13A
jìshì 計事 11-15B
jìshì 記事 11-60B
jìshì 記室 11-61B
jìshì 寄示 3-1506A
jìshì 寄室 3-1510A
jìshì 寄適 3-1513B
jìshì 祭式 7-911A
jìshì 稷事 8-123B
jìshì 濟世 6-191B
jìshì 濟事 6-192A
jìshì 繼世 9-1043B
jìshì 繼室 9-1044B
jìshìběnmò 紀事本末 9-726B
jīshíbō 擊石波 6-900A
jīshìbùmì 機事不密 4-1325A
jìshìcè 記事册 11-60B
jǐshīchén 蟣蝨臣 8-975A
jīshífǔshí 擊石拊石 6-900A
jǐshìhuángmén 給事黄門 9-825B
jǐshìhuángmén… 給事黄門侍郎 9-825B
jǐshìláng 給事郎 9-825B
jīshílěirì 積時累日 8-136B
jíshìqiónglǐ 即事窮理 2-531A
jīshítánsī 擊石彈絲 6-900A
jìshìtǐ 紀事體 9-726B
jíshíxínglè 及時行樂 1-636B
jíshíyǔ 及時雨 1-636B
jíshǐzhīdì 集矢之的 11-799A
jǐshìzhōng 給事中 9-825B
jishìzhōngxuè 嵇侍中血 8-82A
jìshìzhū 記事珠 11-60B
jīshǒu 擊手 6-899B
jīshòu 飢瘦 12-494A
jíshǒu 急手 7-455A
jíshǒu 疾首 8-301B
jíshǒu 戢手 5-231A
jíshǒu 棘手 4-1105A
jíshǒu 輯首 9-1299B
jíshòu 極壽 4-1142A
jíshòu 瘠瘦 8-351A
jǐshǒu 戟手 5-230A
jǐshòu 給授 9-826A
jìshòu 寄售 3-1511A
jìshòu 祭獸 7-914A
jìshòu 繼受 9-1044A
jíshǒucù'é 疾首蹙額 8-301B
jíshǒucù'è 疾首蹙頞 8-301B
jīshòuguàn 積受罐 8-134A
jíshǒupíncù 疾首嚬蹙 8-301B
jíshǒutòngxīn 疾首痛心 8-301B
jíshòuwújiāng 極壽無疆 4-1142A
jīshū 賫書 10-245B
jīshū 機樞 4-1331B
jīshū 積疏 8-141B
jīshú 機熟 4-1332A
jīshǔ 積暑 8-140B
jīshǔ 雞黍 11-864A
jīshǔ 齏黍 12-1444B
jīshǔ 羈屬 8-1059B
jīshǔ 期屬 6-1309B
jīshù 基數 2-1113A
jīshù 機術 4-1328B
jīshù 機數 4-1332A
jīshù 積數 8-145B
jīshù 雞樹 11-866A
jīshù 羈戍 8-1055A
jīshù 羈束 8-1055A
jīshù 期數 6-1309A
jīshù 奇數 2-1527B
jíshū 極樞 4-1142B
jíshǔ 棘署 4-1107A
jíshǔ 極數 4-1143A
jíshù 級數 9-725A
jíshù 疾豎 8-304B
jíshù 極戍 4-1136B
jíshù 極數 4-1143A
jíshù 集束 11-799B
jǐshū 給輸 9-827A
jìshū 季叔 4-210B
jìshū 計書 11-17A
jìshū 計疏 11-19B
jìshū 計樞 11-21A
jìshū 記書 11-61B
jìshū 記疏 11-62B
jìshū 寄書 3-1510B
jìshǔ 計數 11-21A
jìshǔ 稷黍 8-124A
jìshù 伎術 1-1179B
jìshù 伎數 1-1179B
jìshù 技術 6-359B
jìshù 紀述 9-726B
jìshù 計術 11-18A
jìshù 計數 11-21A
jìshù 記述 11-60B
jìshù 繼述 9-1044A
jīshuāi 積衰 8-137A
jìshùguān 伎術官 1-1179B
jìshūhóng 寄書鴻 3-1511A
jīshuǐ 激水 6-170B
jīshuǐ 積水 8-130A
jīshuǐ 擊水 6-899B
jíshuǐ 急水 7-455A
jíshuì 籍稅 8-1271B
jǐshuǐ 給水 9-825A
jìshuǐ 迹水 10-801B
jìshūlín 寄書鱗 3-1511A
jīshuò 積朔 8-137B
jíshuō 集說 11-801B
jíshuò 吉朔 3-94B
jǐshuò 給數 9-827A
jǐshuò 戟矟 5-230B
jǐshuò 戟槊 5-230B
jìshuō 計說 11-21A
jìshuō 記說 11-63B
jìshuò 既朔 4-658B
jīshǔqī 雞黍期 11-864B
jìshùqì 計數器 11-21B
jìshùrén 伎術人 1-1179B
jìshūtáo 寄書桃 3-1511A
jìshūyàn 寄書鴈 3-1511A
jìshūyóu 寄書郵 3-1511A
jìshùyuán 技術員 6-359B
jīshǔyuē 雞黍約 11-864B
jìshùzuòwù 技術作物 6-359B
jīsī 緝私 9-939B
jīsī 機思 4-1326B
jīsī 機絲 4-1330A
jīsī 積思 8-135A
jīsī 雞斯 11-864A
jīsī 譏思 11-434B
jīsī 羈思 8-1055B
jīsì 姬姒 4-358B
jísī 極思 4-1138B
jísǐ 即死 2-530B
jísǐ 籍死 8-1270B
jísì 吉巳 3-91A
jísì 棘寺 4-1105A
jǐsī 己私 4-70A
jǐsì 給食 9-826A
jìsī 計司 11-14B
jìsī 計思 11-16B
jìsī 記思 11-61B
jìsī 祭司 7-911A
jìsī 濟私 6-192A
jìsī 驥思 12-868A
jìsǐ 寄死 3-1507B
jìsì 計似 11-15A
jìsì 寄似 3-1507B
jìsì 祭祀 7-911A
jìsì 稷嗣 8-124A
jìsì 繼祀 9-1044A
jìsì 繼嗣 9-1045B
jīsīguǎngyì 積思廣益 8-135A

jísīguǎngyì 集思廣益 11-800A
jísīguǎngyì 集思廣議 11-800B
jìsìjūn 稷嗣君 8-124A
jìsǐpò 既死霸 4-658A
jìsǐpò 既死魄 4-658A
jìsīzhǎng 祭司長 7-911A
jìsìzhībiàn 己巳之變 4-70A
jìsòng 賫送 10-245B
jìsòng 齎送 12-1443B
jísòng 極頌 4-1141B
jìsǒng 悸悚 7-598B
jìsǒng 悸竦 7-598B
jìsòng 紀頌 9-728A
jìsòng 記誦 11-63B
jìsòng 偈頌 1-1549A
jìsòng 偈誦 1-1549A
jísōngsōng 急鬆鬆 7-463A
jīsǒu 唧嗾 3-370B
jísōusōu 急颼颼 7-463B
jīsū 積蘇 8-148A
jīsū 雞蘇 11-867A
jīsú 積俗 8-135B
jīsú 譏俗 11-435A
jīsù 肌粟 6-1166B
jīsù 機素 4-1327A
jīsù 機速 4-1327B
jīsù 激素 6-171B
jīsù 激肅 6-174A
jīsù 積素 8-136A
jīsù 積粟 8-140B
jīsù 積愫 8-143B
jīsù 雞素 11-862B
jīsù 雞嗉 11-865A
jísú 疾俗 8-300B
jísú 嫉俗 4-396A
jísù 即速 2-532A
jísù 急速 7-458B
jísù 疾速 8-302A
jǐsù 給粟 9-826B
jìsú 忌俗 7-407B
jìsú 季俗 4-211A
jìsú 濟俗 6-192B
jìsù 寄宿 3-1511B
jìsù 齊肅 12-1434B
jìsù 齊遬 12-1435A
jīsuàn 稽算 8-122A
jīsuàn 機算 4-1331B
jīsuàn 積祘 8-136B
jīsuàn 積算 8-144A
jìsuàn 計算 11-20A
jìsuàn 計算 11-20B
jìsuàn 記算 11-63A
jìsuànchǐ 計算尺 11-21A
jìsuànjī 計算機 11-21A
jìsuànzhōngxīn 計算中心 11-21A
jīsùfáng 機速房 4-1327B
jīsuǐ 肌髓 6-1167A
jīsuì 笄歲 8-1108A
jīsuì 稘歲 8-97B
jīsuì 積歲 8-142A
jīsuì 饑歲 12-584A
jīsuì 期歲 6-1308B
jísuí 緝綏 9-940B
jísuí 輯綏 9-1300A
jǐsuǐ 脊髓 6-1256A
jìsuī 睽睢 7-1239B
jìsuí 季隨 4-212A
jìsuì 忌祟 7-408A
jìsuì 忌歲 7-408A
jīsuìlěiyuè 積歲累月 8-142A
jīsuìtuòhú 擊碎唾壺 6-903A
jīsùlěijiù 積素累舊 8-136B
jīsūn 雞孫 11-863A
jísǔn 疾損 8-304A
jísǔn 集隼 11-800B
jìsūn 季孫 4-211B
jìsūnshì 季孫氏 4-211B
jīsuō 機梭 4-1328B
jīsuǒ 稽索 8-121B
jīsuǒ 羈索 8-1056A
jīsuǒ 羈鎖 8-1059A
jǐsuǒ 脊索 6-1255B
jǐsuǒ 幾所 4-449A
jìsuǒ 迹索 10-802A
jǐsuǒdòngwù 脊索動物 6-1255B
jìsùshè 寄宿舍 3-1511B
jìsùshēng 寄宿生 3-1511B
jísùsù 急簌簌 7-463A
jītà 机榻 4-745B
jītà 積沓 8-133B
jītà 几榻 2-282A
jītà 几闒 2-282B
jítā 吉他 3-91B
jìtǎ 祭獺 7-914A
jìtà 寄榻 3-1513B
jītái 雞臺 11-865A
jītài 畸態 7-1384B
jītài 擊汰 6-900B
jítài 極態 4-1142B
jìtái 計臺 11-20B
jìtái 祭臺 7-913A
jītān 激貪 6-172B
jītán 乩壇 1-770A
jītán 雞談 11-866A
jītán 雞壇 11-866A
jītán 譏彈 11-436A
jītán 譏談 11-436A
jītán 譏譚 11-436B
jītàn 緝探 9-940A
jítān 急灘 7-464A
jítán 極談 4-1143A
jìtán 祭壇 7-913B
jìtán 稷壇 8-124B
jìtán 訐談 11-28A
jìtǎn 罽毯 8-1045B
jītáng 躋堂 10-564A
jìtáng 妓堂 4-296A
jītānlìsú 激貪厲俗 6-172B
jítānrúchóu 嫉貪如讎 4-396A
jítèbā 吉特巴 3-94B
jītǐ 肌體 6-1167A
jītǐ 機體 4-1334B
jítì 極睇 4-1140B
jítǐ 集體 11-802B
jítì 掎摘 6-643B
jìtí 粢醍 9-214A
jìtǐ 繼體 9-1046B
jītiān 稽天 8-120A
jītián 畿田 7-1404A
jítiān 極天 4-1135B
jítián 棘田 4-1105A
jítián 耤田 8-597A
jítián 瘠田 8-350B
jítián 籍田 8-1270B
jítián 藉田 9-586B
jìtiān 祭天 7-910B
jìtiān 繼天 9-1043A
jìtiān 霽天 11-746A
jìtián 寄田 3-1506A
jìtián 祭田 7-910B
jítiānjìdì 極天際地 4-1136A
jìtiānmòdì 寂天寞地 3-1515B
jítiānpándì 極天蟠地 4-1136A
jítiānwǎngdì 極天罔地 4-1136A
jītiáo 譏調 11-436A
jítiào 疾跳 8-304A
jítiào 極眺 4-1140A
jìtiáo 劑調 2-757A
jítiě 吉帖 3-93B
jítǐhù 集體户 11-802B
jítǐjīngjì 集體經濟 11-802B
jītímù 奇蹄目 2-1528B
jītīng 緝聽 9-941A
jītíng 稽停 8-121B
jītíng 機廷 4-1324A
jītíng 機庭 4-1326B
jítǐng 緝艇 9-940B
jítīng 極聽 4-1144B
jítíng 疾霆 8-304B
jítíng 棘庭 4-1106A
jìtīng 計聽 11-22B
jìtíng 計廷 11-15A
jìtíng 計庭 11-16B
jìtíng 祭亭 7-912A
jìtíng 罽庭 8-1045B
jítíngbùxiáyǎnmù 疾霆不暇掩目 8-304B
jítǐsuǒyǒuzhì… 集體所有制經濟 11-802B
jítǐzhǔyì 集體主義 11-802B
jītóng 稽同 8-120B
jītǒng 唧筒 3-370A
jítòng 急痛 7-460B
jítòng 疾痛 8-303B
jìtǒng 紀統 9-727B
jìtǒng 繼統 9-1045B
jítònggōngxīn 急痛攻心 7-460B
jītóu 賫投 10-245A
jītóu 磯頭 7-1114A
jītóu 雞頭 11-866B
jītóu 几頭 2-282B
jítóu 急頭 7-462B
jítóu 極頭 4-1144A
jǐtóujiǔ 幾頭酒 4-450B
jítóulàiliǎn 急頭賴臉 7-462B
jítóumáhuà 極頭麻化 4-1144A
jītóumǐ 雞頭米 11-866B
jītóuròu 雞頭肉 11-866B
jītú 基圖 2-1112B
jītú 羈途 8-1056A
jítú 籍圖 8-1272A
jítǔ 吉土 3-91A
jítǔ 棘土 4-1104B
jítǔ 塉土 2-1174B
jítǔ 瘠土 8-350A
jìtú 計圖 11-20B
jìtú 冀圖 2-163B
jìtú 驥塗 12-916A
jìtǔ 祭土 7-910A
jītuān 激湍 6-173A
jǐtuàn 幾彖 4-449A
jítuān 急湍 7-461A
jítuán 集團 11-801B
jítuángòumǎilì 集團購買力 11-801B
jítuánjūn 集團軍 11-801B
jítuī 極推 4-1139B
jītún 積囤 8-132B
jītún 積屯 8-130A
jītún 雞豚 11-863B
jītún 雞狆 11-861B
jītúnshè 雞豚社 11-863B
jītúnzhīxī 雞豚之息 11-863B
jītuō 擊托 6-900A
jītuò 擊櫜 6-905A
jītuò 擊㮯 6-903A
jītuò 擊柝 6-901A
jìtuō 寄托 3-1507B
jìtuō 寄託 3-1510B
jìtuō 濟脱 6-193A
jītuòhú 擊唾壺 6-902A
jiù'ài 舊愛 8-1304A
jiù'àifēntòng 灸艾分痛 7-31B
jiū'àn 糾按 9-697A
jiū'àn 糾案 9-697B
jiù'ān 救安 5-454A
jiǔ'ānchángzhì 久安長治 1-632A
jiǔ'ǎo 酒媪 9-1383B
jiǔbā 酒吧 9-1376B
jiùbá 救拔 5-454A
jiǔbǎchí 酒把持 9-1376A
jiūbái 糾白 9-696B
jiǔbái 韭白 12-393A
jiǔbǎi 九百 1-732B

jiǔbài 九拜 1-740B
jiǔbài 九擛 1-756A
jiùbài 咎敗 3-310B
jiùbài 救敗 5-455A
jiǔbáizhīgòng 九白之貢 1-731A
jiǔbājiān 酒吧間 9-1376B
jiūbàn 究辦 8-408B
jiǔbān 九班 1-743A
jiǔbàn 酒半 9-1375A
jiǔbàn 酒伴 9-1376B
jiùbān 就班 2-1579A
jiùbān 舊班 8-1302A
jiùbàn 就伴 2-1577B
jiǔbǎng 酒榜 9-1384B
jiǔbǎng 酒牓 9-1385A
jiùbāng 舊邦 8-1299B
jiǔbānqiú 九斑虬 1-747B
jiǔbāo 九苞 1-736B
jiǔbǎo 九寳 1-758B
jiǔbǎo 酒保 9-1379A
jiǔbāonú 九苞奴 1-736B
jiǔbāoqín 九苞禽 1-736B
jiǔbēi 酒杯 9-1377A
jiǔbēi 酒盃 9-1378B
jiǔbēi 酒悲 9-1382B
jiǔbēi 酒桮 9-1378B
jiǔbēiténg 酒杯藤 9-1377A
jiǔbèixiàng 九背向 1-740A
jiǔběn 九本 1-730B
jiūbì 究畢 8-407B
jiǔbì 九壁 1-755B
jiùbì 救敝 5-455B
jiùbì 救弊 5-456A
jiùbì 就辟 2-1580A
jiùbì 舊韠 8-1303B
jiǔbiān 九邊 1-757B
jiǔbiàn 九辯 1-758B
jiǔbiàn 九變 1-759A
jiùbiān 舊編 8-1304B
jiùbiàn 就便 2-1578B
jiǔbiànshíhuà 九變十化 1-759A
jiūbiànzi 揪辮子 6-765A
jiǔbiāo 酒標 9-1385B
jiǔbiē 酒鱉 9-1389B
jiǔbiéchóngféng 久別重逢 1-632B
jiǔbīn 九賓 1-752A
jiǔbīn 九儐 1-754B
jiǔbīn 九濱 1-756B
jiùbìn 柩殯 4-905A
jiūbīng 鳩兵 12-1039A
jiǔbīng 九冰 1-734B
jiǔbīng 酒兵 9-1376B
jiǔbìng 酒病 9-1380B
jiùbīng 救兵 5-454A
jiùbìng 疚病 8-285B
jiùbìng 救病 5-455A
jiǔbìngchéngliángyī 久病成良醫 1-633B
jiǔbìnghuāchóu 酒病花愁 9-1380B
jiūbó 糾駁 9-698B
jiūbó 糾駮 9-699A
jiǔbó 九伯 1-735B
jiǔbófēngmó 九伯風魔 1-736A
jiǔbóshì 酒博士 9-1382A
jiūbǔ 鳩哺 12-1039A
jiǔbū 酒逋 9-1380A
jiǔbù 九部 1-745A
jiǔbù 酒瓿 9-1383A
jiùbū 舊逋 8-1302A
jiùbù 舊部 8-1302A
jiǔbùyuè 九部樂 1-745A
jiūcái 鳩財 12-1039A
jiūcǎi 揪採 6-765A
jiūcǎi 鳩採 12-1039A
jiǔcái 酒材 9-1376B
jiǔcài 韭菜 12-393B
jiǔcài 酒菜 9-1381B
jiūcān 糾參 9-698A
jiǔcān 九參 1-747B
jiùcān 就餐 2-1580B
jiùcán 疚慚 8-285B
jiǔcāng 九蒼 1-749B
jiǔcáng 酒藏 9-1387B
jiǔcānguān 九參官 1-747B
jiūcáo 糾曹 9-697B
jiūcáo 啾嘈 3-429B
jiǔcáo 酒槽 9-1385B
jiǔcǎo 九草 1-739B
jiǔcǎo 灸草 7-31B
jiùcǎo 就草 2-1578A
jiūcè 究測 8-408A
jiǔcè 久策 1-634A
jiǔcéng 九層 1-753B
jiūchá 究察 8-408B
jiūchá 糾察 9-698B
jiūchán 糾纏 9-699B
jiūchán 樛纏 4-1284A
jiǔchán 九壥 1-756B
jiūchàng 究暢 8-408B
jiǔchāng 九閶 1-755B
jiǔcháng 久長 1-632B
jiǔcháng 久常 1-633B
jiǔcháng 酒腸 9-1384A
jiǔchǎng 酒場 9-1382A
jiùchāng 舊倡 8-1302A
jiùcháng 舊常 8-1302B
jiùchàng 舊唱 8-1302B
jiǔcháo 酒潮 9-1386A
jiūchē 鳩車 12-1038B
jiūchě 揪扯 6-765A
jiūchě 揪撦 6-765A
jiǔchē 酒車 9-1376B
jiùchē 柩車 4-905A
jiùchē 就車 2-1577B
jiùchē 僦車 1-1679B
jiùchē 匶車 1-982B
jiūchén 究陳 8-407B
jiǔchén 九宸 1-745A
jiùchén 舊臣 8-1299B
jiǔchēng 酒鎗 9-1389A
jiǔchēng 酒鎗 9-1388A
jiǔchéng 九成 1-732B
jiǔchéng 九城 1-739B
jiǔchéng 酒城 9-1378B
jiǔchéng 酒醒 9-1385A
jiùchéng 就成 2-1577B
jiǔchénggōng 九成宫 1-733A
jiǔchénggōngbēi 九成宫碑 1-733A
jiǔchénggōnglǐquánmíng 九成宫醴泉銘 1-733A
jiǔchéngmò 九城陌 1-739B
jiǔchéngtái 九成臺 1-733A
jiūchēzhúmǎ 鳩車竹馬 12-1038B
jiǔchèzi 酒掣子 9-1383A
jiǔchī 酒甁 9-1381B
jiǔchí 久持 1-633A
jiǔchí 酒池 9-1376A
jiùchǐ 臼齒 8-1287B
jiùchǐ 舊齒 8-1304A
jiǔchíròulín 酒池肉林 9-1376A
jiǔchóng 九蟲 1-757A
jiǔchóng 九重 1-740B
jiǔchóngchéng 九重城 1-741A
jiǔchónggé 九重閣 1-741A
jiǔchónggōng 九重宫 1-741A
jiǔchóngguān 九重關 1-741B
jiǔchóngguī 九重閨 1-741A
jiǔchóngqiáng 九重牆 1-741A
jiǔchóngquán 九重泉 1-741A
jiǔchóngsuǒ 九重鎖 1-741B
jiǔchóngtiān 九重天 1-741A
jiǔchóngwéi 九重圍 1-741A
jiǔchóngxiāo 九重霄 1-741A
jiǔchōu 酒篘 9-1387A
jiǔchóu 九愁 1-750A
jiǔchóu 九疇 1-757B
jiǔchóu 酒籌 9-1389A
jiǔchǒu 九醜 1-754A
jiùchǒu 咎醜 3-311A
jiūchǔ 究處 8-407B
jiūchù 糾黜 9-699A
jiùchú 廐芻 3-1252B
jiùchǔ 臼杵 8-1287A
jiùchǔ 舊楮 8-1303B
jiǔchuān 九川 1-728A
jiǔchuán 久傳 1-634B
jiǔchuán 酒舩 9-1380A
jiǔchuán 酒船 9-1381B
jiǔchuǎn 酒荈 9-1378B
jiùchuán 僦船 1-1680A
jiùchuán 僦椽 1-1680B
jiǔchuāng 灸瘡 7-31B
jiǔchuáng 酒床 9-1377A
jiǔchuáng 酒牀 9-1378A
jiǔchuántái 酒船臺 9-1381B
jiǔchuí 九陲 1-745B
jiǔchūn 九春 1-739B
jiǔcí 酒慈 9-1384B
jiǔcì 久次 1-632A
jiǔcì 灸刺 7-31B
jiǔcì 酒次 9-1376A
jiǔcì 酒刺 9-1377A
jiùcǐ 就此 2-1577B
jiǔcìqīngyī 酒次青衣 9-1376A
jiǔcuī 九摧 1-751A
jiǔcūn 酒村 9-1376B
jiùcún 救存 5-453B
jiūcuō 揪撮 6-765A
jiūcuò 糾錯 9-699A
jiūdá 究達 8-408A
jiǔdá 九達 1-747B
jiǔdà 九大 1-727B
jiǔdà 久大 1-631B
jiùdā 救搭 5-455B
jiùdá 救答 5-455B
jiǔdàgōng 酒大工 9-1373B
jiǔdài 九代 1-731A
jiǔdài 九帶 1-746A
jiùdǎi 就逮 2-1579A
jiùdàijì 僦貸季 1-1680A
jiǔdàjīng 九大經 1-727B
jiùdàlù 舊大陸 8-1298B
jiǔdān 九丹 1-730A
jiǔdān 酒甔 9-1387B
jiǔdǎn 酒疸 9-1380B
jiǔdǎn 酒膽 9-1387B
jiǔdàn 酒啖 9-1381B
jiǔdǎng 酒黨 9-1389A
jiǔdāo 酒舠 9-1377B
jiǔdào 久道 1-634A
jiǔdào 九道 1-749A
jiǔdào 酒道 9-1383A
jiùdǎo 鷲島 12-1162A
jiùdào 就道 2-1579B
jiǔdàoqí 酒到臍 9-1377B
jiǔdé 九德 1-753A
jiǔdé 酒德 9-1386A
jiùdé 舊德 8-1304B
jiǔděng 九等 1-748B
jiǔděngrénbiǎo 九等人表 1-748B
jiǔdí 酒敵 9-1386A
jiǔdǐ 酒底 9-1378A
jiǔdì 九地 1-732A
jiùdí 救敵 5-456B
jiùdǐ 僦邸 1-1679B
jiùdì 就地 2-1577A
jiùdì 就第 2-1579A
jiùdì 舅弟 8-1291A
jiùdì 舊地 8-1299B
jiùdì 舊第 8-1302B
jiǔdiān 酒顛 9-1388B
jiǔdiǎn 九典 1-737A
jiǔdiàn 酒澱 9-1387A
jiùdiān 救顛 5-457A
jiùdiǎn 舊典 8-1300B
jiùdiàn 就佃 2-1577B
jiùdiàn 鷲殿 12-1162A
jiǔdiǎnyān 九點烟 1-756A
jiùdiàochóngtán 舊調重彈 8-1304B
jiùdié 鷲堞 12-1162A
jiǔdiézhuàn 九疊篆 1-758B
jiǔdìhuātiān 酒地花天 9-1375A

jiùdìlǐ 就地裏 2-1577A
jiūdìng 鬮定 12-727B
jiǔdǐng 九鼎 1-748A
jiùdīng 僦丁 1-1679B
jiǔdìngpán 九飣盤 1-744B
jiǔdǐngyīsī 九鼎一絲 1-748A
jiǔdǐngyú 九鼎魚 1-748A
jiùdìzhèngfǎ 就地正法 2-1577A
jiǔdōng 九冬 1-731A
jiǔdǒng 酒董 9-1382B
jiǔdòng 酒湩 9-1383A
jiǔdòu 九酘 1-746A
jiǔdòu 九投 1-735A
jiùdòu 救鬬 5-457A
jiǔdú 酒毒 9-1378A
jiùdù 救度 5-455A
jiùdù 僦度 1-1680A
jiùdù 僦渡 1-1680A
jiǔduān 酒端 9-1385A
jiùduì 舊對 8-1304A
jiūduó 究度 8-407A
jiùduó 救奪 5-456A
jiūduóquècháo 鳩奪鵲巢 12-1039B
jiǔ'ē 九阿 1-736B
jiǔ'è 九厄 1-729B
jiǔ'è 灸頞 7-31B
jiǔ'è 酒惡 9-1382B
jiù'è 咎惡 3-310B
jiù'è 疚惡 8-285B
jiù'è 舊惡 8-1303A
jiù'ēn 舊恩 8-1302A
jiū'er 揪兒 6-765A
jiū'ěr 糾耳 9-696B
jiū'ěr 啾耳 3-429A
jiǔ'ěr 酒餌 9-1385A
jiǔ'èr 九二 1-727A
jiǔ'érjiǔzhī 久而久之 1-632A
jiù'érlǐ 就兒裏 2-1578A
jiū'éryánzhī 究而言之 8-407A
jiūfā 糾發 9-698A
jiūfá 糾罰 9-698B
jiǔfá 九伐 1-734A
jiǔfǎ 九法 1-738A
jiǔfǎ 九灋 1-758B
jiǔfǎ 酒法 9-1378A
jiǔfà 灸髮 7-31B
jiùfá 咎罰 3-310B
jiùfá 救乏 5-453A
jiùfǎ 就法 2-1578A
jiǔfàn 九飯 1-749A
jiùfàn 就範 2-1580B
jiūfǎng 究訪 8-407B
jiǔfāng 九方 1-730A
jiǔfāng 酒坊 9-1376A
jiǔfáng 九房 1-738B
jiǔfǎng 酒舫 9-1380A
jiùfāng 舊坊 8-1300A
jiùfáng 僦房 1-1680A
jiùfáng 舊防 8-1300A
jiǔfānggāo 九方皋 1-730A
jiǔfānggāo 九方臯 1-730B
jiǔfāngshǐ 酒坊使 9-1376A
jiǔfāngyīn 九方堙 1-730A
jiǔfēi 九妃 1-735A
jiǔfēi 九飛 1-743A
jiǔfèi 九沸 1-738A
jiùféi 廐肥 1-935B
jiùféi 廄肥 3-1252B
jiùfèi 僦費 1-1680B
jiūfēn 糾紛 9-697B
jiǔfén 久墳 1-634B
jiùfén 救焚 5-455B
jiùfèn 舊分 8-1299A
jiǔfēng 九風 1-741B
jiǔfēng 九峰 1-744B
jiǔfēng 酒風 9-1379B
jiǔfēng 酒瘋 9-1385A
jiǔfèng 九鳳 1-751B
jiùfēng 就封 2-1578A
jiùfēng 就豐 2-1581A
jiùfēng 鷲峯 12-1161B
jiùfēngsì 鷲峯寺 12-1161B
jiǔféngzhījǐ… 酒逢知己千杯少 9-1380A
jiǔféngzhījǐ… 酒逢知己千鍾少 9-1380A
jiǔfēngzi 酒瘋子 9-1385A
jiùfénzhěngnì 救焚拯溺 5-455B
jiǔfǒu 酒缶 9-1375B
jiūfù 糾縛 9-699A
jiūfù 鳩婦 12-1039B
jiǔfū 九夫 1-729A
jiǔfú 九拂 1-736B
jiǔfú 九服 1-737B
jiǔfú 九符 1-746B
jiǔfǔ 九府 1-738A
jiǔfǔ 酒脯 9-1381B
jiǔfù 九復 1-748B
jiǔfù 九腹 1-750B
jiǔfù 九賦 1-752B
jiǔfù 酒婦 9-1382A
jiǔfù 酒賦 9-1385B
jiùfú 舊服 8-1301A
jiùfǔ 救撫 5-456A
jiùfǔ 就撫 2-1580B
jiùfù 疚負 8-285B
jiùfù 就傅 2-1579B
jiùfù 就縛 2-1581A
jiùfù 舅父 8-1290B
jiùfù 廐副 3-1252B
jiǔgāi 九陔 1-739A
jiǔgāi 九垓 1-739B
jiǔgāi 九晐 1-746A
jiǔgāng 九綱 1-752A
jiǔgāng 九坑 1-735A
jiǔgāng 酒缸 9-1379A
jiǔgāng 酒堈 9-1381B
jiūgào 糾告 9-696B
jiǔgāo 九皋 1-744B
jiǔgāo 九臯 1-746B
jiǔgāo 九臯 1-748B
jiǔgāo 酒膏 9-1385A
jiǔgāochǔshì 九皋處士 1-744B
jiǔgāoqín 九皋禽 1-744B
jiūgé 糾葛 9-698A
jiūgé 樛葛 4-1283B
jiūgé 繆葛 9-1013A
jiǔgē 九歌 1-751A
jiǔgē 酒歌 9-1385A
jiǔgé 久格 1-633B
jiùgē 救鴿 5-456B
jiùgé 舊格 8-1302A
jiùgēn'er 就根兒 2-1579A
jiūgōng 鳩工 12-1038A
jiǔgōng 九工 1-727B
jiǔgōng 九功 1-730B
jiǔgōng 九攻 1-735A
jiǔgōng 九宮 1-742A
jiǔgōng 酒功 9-1374A
jiǔgōng 酒觥 9-1384A
jiǔgòng 九共 1-732A
jiǔgòng 九貢 1-743B
jiùgōng 就功 2-1577A
jiùgōng 舅公 8-1290B
jiùgōng 僦工 1-1679B
jiùgōng 僦功 1-1679B
jiùgòng 就貢 2-1579A
jiǔgōnggé 九宮格 1-742B
jiùgōngjī 救公饑 5-453A
jiūgōngpícái 鳩工庀材 12-1038A
jiǔgōngsānmìng 九宮三命 1-742B
jiǔgōngshísāndiào 九宮十三調 1-742B
jiǔgōngwǔ 九功舞 1-730B
jiùgōngyān 舊公烟 8-1299A
jiǔgōngzhēnrén 九宮真人 1-742B
jiǔgōu 酒鉤 9-1384A
jiǔgū 酒沽 9-1378A
jiǔgū 酒辜 9-1382B
jiǔgū 酒酤 9-1382B
jiǔgǔ 九谷 1-736A
jiǔgǔ 九穀 1-752A
jiǔgǔ 酒骨 9-1379A
jiǔgù 九雇 1-749A
jiǔgù 久固 1-632B
jiǔgù 久故 1-633A
jiǔgù 久錮 1-634B
jiùgū 舅姑 8-1291A
jiùgǔ 就穀 2-1580B
jiùgù 僦雇 1-1680B
jiùgù 舊故 8-1301A
jiǔguǎ 九寡 1-752A
jiūguān 究觀 8-409A
jiǔguān 九官 1-738B
jiǔguān 九關 1-758A
jiǔguān 酒官 9-1378A
jiǔguǎn 酒館 9-1387A
jiǔguàn 久慣 1-634B
jiùguān 舊觀 8-1305A
jiùguǎn 就館 2-1580B
jiùguǎn 舊管 8-1304A
jiùguǎn 舊館 8-1304B
jiùguàn 舊觀 8-1305A
jiùguàn 舊貫 8-1303A
jiǔguāng 九光 1-733B
jiǔguāng 酒光 9-1375B
jiǔguānglǚ 九光履 1-733B
jiǔguāngxìng 九光杏 1-733B
jiǔguānhǔbào 九關虎豹 1-758A
jiǔguànláochéng 久慣牢成 1-634B
jiǔguànlǎochéng 久慣老誠 1-634B
jiǔguǎnxiān 九館仙 1-755A
jiǔguànzi 酒罐子 9-1389B
jiūguī 究歸 8-409A
jiǔguī 九規 1-745B
jiǔguī 九閨 1-752A
jiǔguī 九歸 1-757B
jiǔguǐ 九軌 1-740A
jiǔguǐ 酒鬼 9-1379A
jiùguì 僦櫃 1-1680B
jiùguì 僦匱 1-1680B
jiǔguīdàoshān 久歸道山 1-635A
jiǔgūkè 九姑課 1-739A
jiùgùndǎtuǐ 就棍打腿 2-1579B
jiǔguó 酒國 9-1381B
jiǔguǒ 酒果 9-1377B
jiǔguǒ 酒菓 9-1381B
jiǔguò 九過 1-746A
jiǔguò 酒過 9-1381B
jiùguó 救國 5-455A
jiùguó 舊國 8-1302B
jiùguò 咎過 3-310B
jiùguò 救過 5-455B
jiùguòbùjǐ 救過不給 5-455B
jiùguòbùshàn 救過不贍 5-455B
jiùguòbùxiá 救過不暇 5-455B
jiǔgùshíqīn 九故十親 1-739B
jiǔgǔsuǒ 九股索 1-737B
jiǔhǎi 酒海 9-1380B
jiùhài 咎害 3-310A
jiǔhān 酒酣 9-1382B
jiǔhān'ěrrè 酒酣耳熱 9-1382B
jiǔhànfénggānyǔ 久旱逢甘雨 1-632B
jiǔhángbāyè 九行八業 1-734B
jiùhánmòrúchóngqiú 救寒莫如重裘 5-455B
jiūháo 啾號 3-429A
jiǔháo 酒豪 9-1385A
jiùhǎo 舊好 8-1300A
jiūhé 勼合 2-173A
jiūhé 糾合 9-696B
jiūhé 糾劾 9-696B

jiūhé 糾覈 9-699B
jiūhé 鳩合 12-1038B
jiǔhé 九合 1-734B
jiǔhé 九和 1-737A
jiǔhé 九河 1-738A
jiǔhé 九貉 1-750B
jiǔhé 九閡 1-752A
jiùhé 就和 2-1578A
jiǔhén 酒痕 9-1382A
jiǔhóng 九紘 1-745B
jiǔhóng 九閎 1-749A
jiǔhóng 九鴻 1-756A
jiǔhóng 九降 1-739A
jiǔhóng 酒紅 9-1379B
jiǔhóu 九侯 1-741B
jiǔhòu 久後 1-633A
jiǔhòucháyú 酒後茶餘 9-1379A
jiūhú 鳩鶻 12-1040B
jiūhù 糾互 9-696A
jiǔhú 酒胡 9-1378B
jiǔhú 酒壺 9-1382B
jiǔhǔ 九虎 1-737A
jiǔhù 糺户 9-695B
jiǔhù 九户 1-730B
jiǔhù 九扈 1-747A
jiǔhù 九鳸 1-753B
jiǔhù 酒户 9-1374A
jiùhù 救護 5-457A
jiūhuā 啾譁 3-429B
jiǔhuā 九花 1-735B
jiǔhuā 九華 1-743B
jiǔhuā 韭花 12-393A
jiǔhuā 酒花 9-1376A
jiǔhuá 九華 1-743B
jiǔhuà 酒話 9-1384A
jiùhuà 就化 2-1576B
jiǔhuádiàn 九華殿 1-744A
jiūhuái 究懷 8-409A
jiǔhuái 久懷 1-635A
jiùhuái 疚懷 8-285B
jiǔhuājú 九華菊 1-743B
jiǔhuámén 九華門 1-743B
jiūhuán 赳桓 9-1084B
jiūhuán 鬮還 12-727B
jiǔhuán 九寰 1-755B
jiǔhuán 九還 1-754A
jiùhuān 舊歡 8-1305A
jiùhuàn 咎患 3-310B
jiùhuàn 救患 5-455B
jiǔhuándài 九環帶 1-755B
jiǔhuándān 九還丹 1-754B
jiǔhuāng 九荒 1-739B
jiǔhuāng 酒荒 9-1378B
jiǔhuáng 九皇 1-741B
jiǔhuáng 韭黄 12-393A
jiǔhuǎng 酒幌 9-1384A
jiùhuāng 救荒 5-454B
jiùhuāng 捄荒 6-596A
jiǔhuányào 九還藥 1-754B
jiǔhuāqiú 九花虬 1-735B
jiǔhuáshàn 九華扇 1-743B
jiǔhuāshù 九花樹 1-735B
jiǔhuáyīng 九華英 1-743B
jiǔhuáyù 九華玉 1-743B
jiǔhuáyún 九華雲 1-743B
jiǔhuázhàng 九華帳 1-743B
jiùhùchē 救護車 5-457A
jiùhùchuán 救護船 5-457A
jiūhuì 糾會 9-698B
jiǔhuí 九回 1-734A
jiǔhuí 九廻 1-737A
jiǔhuí 九迴 1-740B
jiǔhuì 九惠 1-748A
jiǔhuì 九會 1-750B
jiǔhuì 九澮 1-755B
jiǔhuì 酒會 9-1384A
jiùhuǐ 咎悔 3-310A
jiùhuǐ 咎毁 3-310B
jiùhuǐ 疚悔 8-285B
jiǔhuícháng 九回腸 1-734A
jiǔhuíqū 九回曲 1-734A
jiǔhúlu 酒葫蘆 9-1382B
jiǔhúlú 酒胡蘆 9-1378B
jiǔhūn 九閽 1-755B
jiǔhūnhǔbào 九閽虎豹 1-755B
jiūhuò 啾嚄 3-429B
jiǔhuò 酒禍 9-1383B
jiùhuó 救活 5-455A
jiùhuǒ 救火 5-453A
jiùhuò 救禍 5-455B
jiùhuǒhuì 救火會 5-453A
jiùhuǒtóuxīn 救火投薪 5-453A
jiùhuǒyángfèi 救火揚沸 5-453A
jiùhuǒzhěngnì 救火拯溺 5-453A
jiǔhǔshīlóng 酒虎詩龍 9-1377B
jiùhùyuán 救護員 5-457A
jiùhùzhàn 救護站 5-457A
jiūjī 啾唧 3-429A
jiūjí 究極 8-408A
jiūjié 究詰 8-408B
jiūjí 糾集 9-698A
jiūjí 鳩集 12-1039B
jiūjí 鳩輯 12-1040A
jiǔjí 九集 1-748B
jiǔjì 鬏髻 12-750B
jiǔjī 九畿 1-753B
jiǔjī 久稽 1-634B
jiǔjī 韭齏 12-393B
jiǔjī 酒幾 9-1383B
jiǔjí 九棘 1-748A
jiǔjí 九極 1-748A
jiǔjǐ 久幾 1-634A
jiǔjì 九紀 1-743A
jiǔjì 久計 1-633A
jiǔjì 酒妓 9-1377A
jiǔjì 酒齊 9-1385A
jiùjī 救饑 5-457A
jiùjí 疚疾 8-285B
jiùjí 救急 5-454B
jiùjí 救疾 5-455A
jiùjǐ 救給 5-456A
jiùjì 救濟 5-456B
jiùjì 舊迹 8-1301B
jiùjì 舊績 8-1305A
jiùjì 舊跡 8-1303B
jiùjì 舊蹟 8-1305A
jiǔjiā 九家 1-745B
jiǔjiā 酒家 9-1380B
jiǔjià 酒價 9-1386A
jiǔjià 酒駕 9-1386A
jiùjiā 舊家 8-1302B
jiùjià 救駕 5-456B
jiùjià 就駕 2-1580B
jiǔjiābǎo 酒家保 9-1381A
jiǔjiǎbùguī 久假不歸 1-633B
jiǔjiāhú 酒家胡 9-1381A
jiūjiǎn 糾檢 9-699A
jiǔjiān 酒監 9-1385A
jiùjiān 就殲 2-1581B
jiǔjiāncháodiàn 九間朝殿 1-749A
jiǔjiāndàdiàn 九間大殿 1-749A
jiǔjiāng 酒漿 9-1386A
jiǔjiàng 久將 1-634A
jiùjiāng 就將 2-1579A
jiùjiàng 廐將 3-1253A
jiǔjiāngbāhé 九江八河 1-734B
jiǔjiànjiǔ 九劍酒 1-754B
jiūjiànquècháo 鳩僭鵲巢 12-1040A
jiūjiǎo 糾絞 9-698A
jiūjiǎo 糾譑 9-699B
jiūjiǎo 鳩脚 12-1039B
jiūjiǎo 鳩腳 12-1039B
jiǔjiāo 久交 1-632A
jiǔjiǎo 酒脚 9-1381B
jiǔjiào 九嶠 1-753A
jiǔjiào 酒教 9-1381B
jiǔjiào 酒窖 9-1383A
jiǔjiào 酒酵 9-1385A
jiùjiāo 舊交 8-1300A
jiùjiào 咎教 3-310B
jiùjiào 就教 2-1579A
jiùjiào 舊教 8-1302B
jiǔjiāyōng 酒家傭 9-1381A
jiùjiāzǐ 舊家子 8-1302B
jiūjiē 揪結 6-765A
jiūjiē 揫結 6-733B
jiūjié 糾訐 9-697B
jiūjié 糾結 9-698A
jiūjié 摎結 6-847B
jiūjié 樛結 4-1283B
jiūjié 繆結 9-1013A
jiǔjiē 九階 1-747A
jiǔjiē 九街 1-748B
jiǔjié 九劫 1-735B
jiǔjié 九截 1-751A
jiǔjiě 九解 1-750B
jiǔjiè 九介 1-730A
jiǔjiè 九戒 1-735A
jiǔjiè 九界 1-740B
jiǔjiè 酒戒 9-1376A
jiùjiē 救接 5-455A
jiùjiě 救解 5-456A
jiùjiè 咎戒 3-310A
jiǔjiébiān 九節鞭 1-750A
jiǔjiélí 九節貍 1-750A
jiǔjiépú 九節蒲 1-750A
jiǔjiéqióng 九節筇 1-750A
jiǔjiézhàng 九節杖 1-750A
jiùjífúshāng 救急扶傷 5-455A
jiǔjífútú 九級浮圖 1-743A
jiūjìn 湫盡 5-1483B
jiūjìn 究盡 8-408B
jiūjìn 糾禁 9-698A
jiǔjīn 九金 1-737B
jiǔjīn 九津 1-742A
jiǔjìn 九禁 1-749B
jiǔjìn 酒勁 9-1378B
jiǔjìn 酒禁 9-1383B
jiùjìn 就近 2-1577B
jiūjìng 究竟 8-407B
jiūjìng 究鏡 8-409A
jiǔjīng 九京 1-737B
jiǔjīng 九莖 1-744A
jiǔjīng 九經 1-751A
jiǔjīng 九精 1-751B
jiǔjīng 韭菁 12-393A
jiǔjīng 酒京 9-1378A
jiǔjīng 酒經 9-1384B
jiǔjīng 酒精 9-1385B
jiǔjǐng 九井 1-728B
jiǔjìng 玖鏡 4-525B
jiùjīng 救經 5-456A
jiùjīng 就經 2-1580A
jiùjīng 舊京 8-1301A
jiùjǐng 舊井 8-1299A
jiǔjīngkù 九經庫 1-751A
jiùjǐngpōpí 舊景潑皮 8-1303B
jiūjìngshuō 究竟説 8-408A
jiǔjīnhuáng 九觔黄 1-741B
jiǔjìntóu 酒浸頭 9-1380B
jiūjīnxìyù 鬮金闃玉 12-727B
jiūjiū 噍噍 3-510B
jiūjiū 究究 8-407A
jiūjiū 糾糾 9-697A
jiūjiū 赳赳 9-1084B
jiūjiū 啾啾 3-429A
jiūjiū 樛樛 4-1283B
jiǔjiū 酒糺 9-1377A
jiǔjiū 酒糾 9-1378A
jiǔjiǔ 九九 1-727A
jiǔjiǔ 久久 1-631B
jiǔjiù 九臼 1-734A
jiǔjiù 酒臼 9-1375B
jiùjiǔ 就酒 2-1579A
jiùjiù 就就 2-1579B
jiǔjiǔguīyī 九九歸一 1-727B
jiǔjiǔguīyuán 九九歸原 1-727B
jiūjiūhuánhuán 赳赳桓桓 9-1084B
jiūjiūjījī 啾啾唧唧

3-429A
jiŭjiŭtú 九九圖 1-727B
jiŭjiŭtú 舊酒徒 8-1302A
jiŭjiŭxiāohántú
九九消寒圖 1-727B
jiùjīzhěngnì 救饑拯溺
5-457A
jiūjìzhuō 鳩計拙 12-1039A
jiūjŭ 糾舉 9-699A
jiūjù 糾聚 9-698B
jiūjù 揫聚 6-733B
jiūjù 鳩聚 12-1039B
jiŭjū 九居 1-738B
jiŭjú 酒局 9-1377A
jiŭjŭ 九舉 1-754B
jiŭjù 九拒 1-735A
jiŭjù 九距 1-746A
jiŭjù 酒具 9-1377B
jiùjū 僦居 1-1680A
jiùjū 舊居 8-1301A
jiùjŭ 就舉 2-1580B
jiùjŭ 舊矩 8-1301B
jiùjuàn 舊眷 8-1303A
jiùjùduì 就句對 2-1577A
jiŭjué 酒爵 9-1387B
jiùjué 就決 2-1578A
jiŭjuéshòu 九絶獸 1-749A
jiūjūn 紏軍 9-695B
jiŭjūn 九軍 1-742B
jiŭjūn 糺軍 1-770A
jiŭjūn 酒軍 9-1379B
jiŭjùn 九郡 1-743A
jiŭjùn 九駿 1-755B
jiūjūquècháo 鳩居鵲巢
12-1039A
jiŭkăn 九坎 1-735A
jiŭkăo 九考 1-732A
jiūkě 樛螛 4-1284A
jiŭkē 酒榼 9-1384B
jiŭkě 酒渴 9-1383A
jiŭkè 久客 1-633A
jiŭkè 灸客 7-31B
jiŭkè 酒客 9-1379B
jiŭkè 酒課 9-1386A
jiùkē 臼科 8-1287A
jiùkē 臼窠 8-1287B
jiùkē 舊科 8-1301B
jiùkē 舊窠 8-1304A
jiŭkŏngluó 九孔螺 1-730B
jiŭkŏngzhēn 九孔針 1-730B
jiŭkòu 九叩 1-730B
jiŭkòulĭ 九叩禮 1-731A
jiŭkū 酒窟 9-1384B
jiŭkù 久袴 1-634B
jiŭkù 酒庫 9-1380B
jiūkū 鷲窟 12-1162A
jiùkŭ 救苦 5-454B
jiùkù 廄庫 3-1252B
jiùkuăn 就款 2-1579A
jiùkuăn 舊款 8-1303A
jiŭkuáng 酒狂 9-1377A
jiŭkuàng 久廙 1-635A
jiŭkuàng 久曠 1-634B
jiŭkuí 九逵 1-746A
jiŭkuí 九馗 1-746B
jiŭkuí 酒魁 9-1384A
jiùkuì 疚愧 8-285B
jiùkŭjiùnàn 救苦救難
5-454B
jiùkŭmĭzāi 救苦弭災
5-454B
jiŭkùn 久困 1-632B
jiŭkùn 酒困 9-1376B
jiùkùnfúwēi 救困扶危
5-454A
jiŭkuò 久闊 1-634B
jiùkŭzhāi 救苦齋 5-454B
jiùlà 舊臘 8-1305A
jiùlái 舊來 8-1300B
jiūlăn 究覽 8-409A
jiŭlán 九闌 1-758A
jiŭlán 酒闌 9-1388A
jiŭláo 九牢 1-736A
jiŭláo 酒癆 9-1387B
jiŭláo 酒醪 9-1388A
jiŭlăo 九老 1-731B
jiùláo 舊勞 8-1303B
jiŭlăohuì 九老會 1-731B
jiŭlăotú 九老圖 1-731B
jiùlăoye 舅老爺 8-1291A
jiūlè 糾勒 9-697B
jiūlè 鳩勒 12-1039A
jiūlè 鬏勒 12-750B
jiŭlè 酒樂 9-1386B
jiŭléi 酒罍 9-1389A
jiŭlěi 九壘 1-757A
jiŭlèi 九肋 1-734B
jiùléi 舊雷 8-1303B
jiùlěi 咎累 3-310B
jiùlěi 舊壘 8-1305A
jiūlèijízú 鳩類集族
12-1040B
jiūlĭ 究理 8-407B
jiūlĭ 糾理 9-697B
jiūlì 湫厲 5-1483B
jiŭlí 九黎 1-753A
jiŭlí 酒釐 9-1388A
jiŭlĭ 九禮 1-756B
jiŭlĭ 酒禮 9-1388A
jiŭlĭ 酒醴 9-1388B
jiŭlì 久立 1-632A
jiŭlì 久利 1-632B
jiŭlì 酒力 9-1373B
jiŭlì 酒吏 9-1375A
jiŭlì 酒利 9-1376B
jiùlĭ 就理 2-1579A
jiùlĭ 就裏 2-1580A
jiùlì 咎戾 3-310A
jiùlì 就吏 2-1577A
jiùlì 就利 2-1577B
jiùlì 舊曆 8-1304B
jiùlì 舊隸 8-1305A
jiūliăn 揫斂 6-733B
jiūliăn 鳩斂 12-1040A
jiūliăn 纀斂 12-689B
jiŭlián 酒帘 9-1378A
jiŭliăn 酒臉 9-1387B
jiŭliándēng 九蓮燈 1-749B
jiŭliáng 九梁 1-747A
jiŭliăng 九兩 1-737A
jiŭliàng 酒量 9-1383A
jiùliáng 就糧 2-1581A
jiŭliángcháoguān
九梁朝冠 1-747A
jiŭliánhuán 九連環 1-744A
jiūliáo 湫漻 5-1483B
jiūliáo 糾繚 9-699B
jiūliáo 鳩僚 12-1039B
jiūliăo 糾繆 9-699B
jiŭliáo 灸療 7-31B
jiùliáo 救療 5-456B
jiùliáo 舊僚 8-1304A
jiùliáo 舊寮 8-1304B
jiùliáozhùxīn 救燎助薪
5-456B
jiūliè 糾戾 9-697A
jiūliè 糾列 9-696B
jiūliè 糾捩 9-697B
jiŭliè 九列 1-733A
jiŭliè 九裂 1-748A
jiùliè 就列 2-1577B
jiŭlièsānzhēn 九烈三貞
1-744B
jiŭlĭhú 九鯉湖 1-757B
jiŭlín 酒鱗 9-1389B
jiùlín 舊林 8-1300A
jiùlìn 咎吝 3-310A
jiùlìn 咎悋 3-310A
jiùlìn 僦賃 1-1680B
jiŭlíng 九陵 1-745B
jiŭlíng 九齡 1-758A
jiŭlíng 九靈 1-759A
jiŭlíng 久齡 1-635A
jiŭlíng 酒伶 9-1376B
jiŭlĭng 酒令 9-1374B
jiùlíng 鷲翎 12-1162A
jiùlĭng 鷲嶺 12-1162A
jiùlìng 就令 2-1577A
jiŭlĭshān 九里山 1-735B
jiŭlĭsōng 九里松 1-735B
jiūliú 摎流 6-847B
jiūliú 樛流 4-1283B
jiūliú 劉流 2-740A
jiūliŭ 糾蓼 9-698B
jiŭliú 九流 1-745A
jiŭliú 九旒 1-750B
jiŭliú 九斿 1-741B
jiŭliú 久留 1-633B
jiŭliù 九六 1-730A
jiŭliúbīnkè 九流賓客
1-745A
jiŭliúmiăn 九旒冕 1-750B
jiŭliúsānjiào 九流三教
1-745A
jiŭlĭxiāng 九里香 1-735B
jiūlóng 繆龍 9-1013B
jiŭlōng 九隆 1-747B
jiŭlóng 九龍 1-755A
jiŭlóng 酒龍 9-1387A
jiŭlóngbì 九龍壁 1-755A
jiŭlóngchí 九龍池 1-755A
jiŭlóngdiàn 九龍殿 1-755A
jiŭlóngshīhŭ 酒龍詩虎
9-1387A
jiŭlóu 酒樓 9-1385B
jiŭlŏu 酒簍 9-1387B
jiŭlòu 九漏 1-751B
jiūlù 糾戮 9-699A
jiŭlú 酒盧 9-1386B
jiŭlú 酒壚 9-1388B
jiŭlú 酒爐 9-1389A
jiŭlú 酒罏 9-1389B
jiŭlú 酒鑪 9-1389B
jiŭlù 九路 1-750A
jiŭlù 酒録 9-1387A
jiŭlù 酒簏 9-1387B
jiùlù 柩路 4-905A
jiùlù 柩輅 4-905A
jiùlù 就祿 2-1579B
jiùlù 就僇 2-1580A
jiùlù 就路 2-1580A
jiùlù 就戮 2-1580B
jiùlù 匶路 1-983A
jiūlùn 究論 8-408B
jiūlùn 糾論 9-699A
jiŭlún 九輪 1-752A
jiūluó 樛蘿 4-1284A
jiŭluó 九羅 1-758A
jiŭluó 酒螺 9-1387B
jiŭluó 酒蠃 9-1388B
jiŭluò 九洛 1-742A
jiŭluò 九雒 1-751B
jiŭluò 酒落 9-1386A
jiùluò 舊落 8-1303B
jiūlü 愁慮 7-627B
jiŭlü 九慮 1-752B
jiŭlü 酒律 9-1379A
jiùlü 舊閭 8-1304A
jiùlü 舊侶 8-1301A
jiùlü 廄律 3-1252B
jiŭlüdēnghóng 酒綠燈紅
9-1385B
jiŭmă 九馬 1-743A
jiūmàn 糾縵 9-699A
jiŭmàn 酒幔 9-1385A
jiŭmáng 九芒 1-732B
jiŭmángzhū 九芒珠 1-732B
jiūmànmàn 糾漫漫 9-698B
jiūmànmàn 糾縵縵 9-699A
jiūmáo 蝤蛑 8-933A
jiūmáo 蝤蝥 8-933A
jiūmáozhì 蝤蛑炙 8-933A
jiŭméi 灸眉 7-31B
jiŭméi 酒枚 9-1377A
jiùmèi 咎魅 3-310B
jiŭmén 九門 1-738B
jiūměng 蝤蠓 8-933A
jiŭméntídū 九門提督
1-738B
jiŭmènzi 酒悶子 9-1383B
jiŭmĭ 酒米 9-1376A
jiŭmiàn 酒面 9-1378B
jiŭmiào 九廟 1-753B
jiùmiè 救滅 5-456A
jiūmín 鳩民 12-1038B
jiŭmín 九旻 1-737A

jiǔmín 酒民 9-1375A
jiǔmín 酒緡 9-1386B
jiùmín 僦民 1-1679B
jiūmíng 究明 8-407A
jiǔmíng 九冥 1-745B
jiǔmíng 九溟 1-750B
jiǔmìng 九命 1-737B
jiùmíng 就名 2-1577B
jiùmíng 舊名 8-1300A
jiùmìng 救命 5-454B
jiùmìng 就命 2-1578A
jiǔmíngxiàngzhī 久名向知 1-632A
jiùmìngxīng 救命星 5-454B
jiùmínshuǐhuǒ 救民水火 5-453B
jiūmiù 糾繆 9-699B
jiūmiù 糾謬 9-699B
jiǔmǐyuán 酒米圓 9-1376A
jiūmò 糾墨 9-699A
jiūmò 糾纆 9-699B
jiǔmó 酒魔 9-1389A
jiǔmò 九陌 1-738B
jiǔmòqián 九陌錢 1-739A
jiǔmótóu 酒魔頭 9-1389A
jiūmóu 蝤蛑 8-933A
jiūmù 鳩募 12-1039B
jiūmù 樛木 4-1283B
jiǔmǔ 酒姥 9-1379B
jiǔmǔ 酒母 9-1375A
jiǔmù 九牧 1-737A
jiǔmù 久慕 1-634B
jiùmǔ 舅母 8-1290B
jiùmù 就木 2-1576B
jiùmù 廄牧 3-1252B
jiūná 糾拏 9-697A
jiǔnán 九難 1-757B
jiùnànchuán 救難船 5-457A
jiǔnáng 酒囊 9-1389A
jiǔnángfànbāo 酒囊飯包 9-1389A
jiǔnángfàndài 酒囊飯袋 9-1389A
jiùnànjiěwēi 救難解危 5-457A
jiǔnéng 九能 1-745B
jiùnì 救溺 5-456A
jiūnián 究年 8-407A
jiǔniàn 久念 1-633A
jiùnián 舊年 8-1299B
jiǔniáng 九娘 1-745B
jiǔniáng 酒娘 9-1381A
jiǔniàng 酒釀 9-1389B
jiǔniángzi 酒娘子 9-1381A
jiǔniánmiànbì 九年面壁 1-734A
jiǔniè 酒蘗 9-1389A
jiǔniú'èrhǔzhīlì 九牛二虎之力 1-729B
jiǔniúmáo 九牛毛 1-729B
jiǔniúqùdéyīmáo 九牛去得一毛 1-729B
jiǔniúwànxiàngzhīlì 九牛萬象之力 1-729B
jiǔniúyīháo 九牛一毫 1-729B
jiǔniúyīmáo 九牛一毛 1-729B
jiǔnóng 九農 1-750A
jiǔnòng 九弄 1-735A
jiǔnǚ 九女 1-728B
jiǔnǚchūn 九女春 1-728B
jiǔnǚxīng 九女星 1-728B
jiǔpā 九葩 1-748A
jiǔpái 酒牌 9-1383A
jiǔpài 九派 1-742A
jiǔpài 九湃 1-749A
jiǔpáijiān 酒排間 9-1381B
jiūpán 鳩盤 12-1040A
jiūpán 樛盤 4-1284A
jiūpán 樛蟠 4-1284A
jiǔpán 九般 1-744B
jiǔpán 九盤 1-753B
jiǔpán 酒盤 9-1386A
jiūpánchá 鳩槃茶 12-1040A
jiūpánchá 鳩盤茶 12-1040A
jiūpántú 鳩槃荼 12-1040A
jiūpántú 鳩盤荼 12-1040A
jiǔpēi 酒醅 9-1385B
jiǔpèi 酒旆 9-1379B
jiǔpèi 酒旆 9-1380B
jiùpēi 舊醅 8-1304A
jiǔpèizi 酒旆子 9-1379B
jiǔpén 酒盆 9-1379B
jiǔpéng 酒朋 9-1377B
jiǔpǐ 酒癖 9-1388B
jiùpǐ 舊匹 8-1299A
jiūpiān 糾偏 9-697B
jiùpiān 捄偏 6-596A
jiùpiānbǔbì 救偏補弊 5-455B
jiǔpiáo 酒瓢 9-1386B
jiūpiē 揪撇 6-765A
jiǔpín 九嬪 1-756B
jiǔpǐn 九品 1-740A
jiǔpǐn 酒品 9-1379A
jiǔpíng 韭萍 12-393B
jiǔpíng 韭蓱 12-393A
jiǔpíng 酒瓶 9-1380B
jiǔpíng 酒缾 9-1383A
jiǔpíngjī 韭蓱虀 12-393B
jiǔpíngjī 韭蓱齏 12-393A
jiǔpínglǔzhào 酒評魯趙 9-1383A
jiùpíngxīnjiǔ 舊瓶新酒 8-1302A
jiùpíngzhuāngxīnjiǔ 舊瓶裝新酒 8-1302A
jiǔpǐnliánchí 九品蓮池 1-740B
jiǔpǐnliántái 九品蓮臺 1-740B
jiǔpǐnzhōngzhèng 九品中正 1-740A
jiūpò 揫迫 6-733B
jiǔpò 酒粕 9-1382A
jiǔpò 酒魄 9-1385A
jiǔpù 酒鋪 9-1386A
jiùpū 救撲 5-456A
jiūqī 鳩棲 12-1039B
jiǔqí 九旂 1-745A
jiǔqí 九軝 1-750A
jiǔqí 九旗 1-751B
jiǔqí 酒旗 9-1385A
jiǔqì 酒氣 9-1380A
jiǔqì 酒器 9-1387A
jiùqì 舊契 8-1301A
jiūqián 糾虔 9-697A
jiǔqiān 九阡 1-731B
jiǔqiān 九遷 1-752B
jiǔqián 九乾 1-746A
jiǔqián 酒錢 9-1387A
jiùqiān 咎愆 3-310B
jiùqiān 疚愆 8-285B
jiùqiān 舊愆 8-1304A
jiùqián 僦錢 1-1680B
jiùqián 舊前 8-1301B
jiùqiǎn 咎譴 3-311A
jiǔqiānsuì 九千歲 1-728A
jiǔqiào 九竅 1-757B
jiūqiè 究切 8-406B
jiǔqiě 久且 1-632A
jiǔqīn 九親 1-755A
jiùqīn 就親 2-1581A
jiùqín 就擒 2-1580B
jiùqǐn 就寢 2-1580A
jiǔqīng 九卿 1-744B
jiǔqīng 九清 1-747A
jiǔqíng 酒情 9-1382A
jiùqīng 救傾 5-456A
jiùqíng 舊情 8-1303A
jiùqìng 就罄 2-1581A
jiùqìng 僦倩 1-1680A
jiǔqīngxiàng 九卿相 1-745A
jiùqíngyībì 救黥醫劓 5-457A
jiūqióng 究窮 8-408B
jiùqióng 疚惸 8-285B
jiùqióng 救窮 5-456B
jiǔqiū 九丘 1-731A
jiǔqiū 九邱 1-735B
jiǔqiū 九秋 1-741B
jiùqiū 舊丘 8-1299B
jiǔqíxīng 酒旂星 9-1380B
jiūqīzhà 鳩七咤 12-1038A
jiūqū 糾曲 9-696B
jiūqū 樛曲 4-1283B
jiǔqū 九曲 1-733B
jiǔqū 九區 1-746A
jiǔqū 九趣 1-752A
jiǔqū 久屈 1-633A
jiǔqū 酒麯 9-1387B
jiǔqú 九衢 1-759B
jiùqǔ 救取 5-454A
jiùqǔ 舊曲 8-1299B
jiǔquán 九泉 1-741B
jiǔquán 酒泉 9-1379A
jiǔquán 酒權 9-1389A
jiùquán 救全 5-454A
jiùquán 就痊 2-1579A
jiǔqūcháng 九曲腸 1-734A
jiǔqúchén 九衢塵 1-759B
jiǔquē 九闕 1-757B
jiǔquè 酒榷 9-1384B
jiǔqúsānshì 九衢三市 1-759B
jiǔqūzhū 九曲珠 1-733B
jiùrán 就然 2-1579B
jiùrǎn 舊染 8-1301B
jiǔrǎng 九壤 1-758A
jiūrǎo 糾擾 9-699B
jiǔrén 九人 1-727A
jiǔrén 酒人 9-1373B
jiǔrèn 九仞 1-731A
jiǔrèn 九軔 1-744A
jiùrén 僦人 1-1679B
jiùrén 廐人 3-1252B
jiùrén 舊人 8-1298B
jiùrèn 就任 2-1577B
jiǔrénbǎo 酒人保 9-1373B
jiùrénjiùchè… 救人救徹,救火救滅 5-452B
jiǔrènyīkuì 九仞一簣 1-731A
jiùrényīmìng… 救人一命,勝造七級浮屠 5-452B
jiùrényīmìng… 救人一命,勝造七級浮圖 5-452B
jiǔrì 九日 1-729B
jiùrì 救日 5-452B
jiùrì 就日 2-1576B
jiùrì 舊日 8-1299A
jiǔróng 九戎 1-731B
jiǔróng 九容 1-745B
jiǔróng 酒容 9-1381A
jiùróng 舊容 8-1302B
jiǔròu 酒肉 9-1375B
jiǔròupéngyou 酒肉朋友 9-1375B
jiǔròuxiōngdì 酒肉兄弟 9-1375B
jiǔrú 九如 1-735A
jiǔrǔ 九乳 1-737B
jiùrú 舊儒 8-1304B
jiùrù 就蓐 2-1579B
jiǔrùshéchū 酒入舌出 9-1373B
jiǔrúshígài 九儒十丐 1-754B
jiǔrúshígài 九儒十匄 1-754B
jiǔsài 九塞 1-750B
jiǔsāndǐng 九三鼎 1-727B
jiǔsāng 久喪 1-634A
jiùsǎo 舅嫂 8-1291A
jiǔsè 九色 1-734B
jiǔsè 酒色 9-1375B
jiǔsècáiqì 酒色財氣 9-1375B
jiǔsēng 九僧 1-751A
jiǔsēngshī 九僧詩 1-751B
jiǔsètiān 酒色天 9-1375B
jiǔsèzhītú 酒色之徒

9-1375B
jiūshā 揪痧 6-765A
jiǔshá 九招 1-736B
jiǔshān 九山 1-727B
jiǔshàn 酒膳 9-1387A
jiùshān 舊山 8-1299A
jiùshān 鷲山 12-1161B
jiǔshāng 九傷 1-750A
jiǔshāng 酒觴 9-1388B
jiùshāng 救傷 5-456A
jiùshàng 就上 2-1576B
jiǔsháo 九磬 1-753B
jiǔsháo 九韶 1-751B
jiūshè 糾攝 9-699B
jiǔshè 酒舍 9-1377B
jiǔshè 酒社 9-1377A
jiùshē 救奢 5-455A
jiùshè 僦舍 1-1680A
jiǔshègé 九射格 1-744B
jiùshèhuì 舊社會 8-1300A
jiūshěn 究審 8-408B
jiǔshén 九神 1-743A
jiǔshén 酒神 9-1379B
jiūshēng 究升 8-406B
jiūshéng 糾繩 9-699B
jiǔshēng 九升 1-730A
jiǔshēng 九聲 1-755B
jiǔshēng 久生 1-632A
jiǔshēng 酒升 9-1374A
jiǔshēng 酒生 9-1374B
jiǔshèng 九聖 1-749B
jiǔshèng 酒聖 9-1383B
jiùshēng 救生 5-453B
jiùshēng 舊生 8-1299B
jiùshēngchuán 救生船
5-453B
jiùshēngdī 救生堤 5-453B
jiùshēngjú 救生局 5-453B
jiùshēngquān 救生圈 5-453B
jiùshēngtǐng 救生艇 5-453B
jiùshēngyī 救生衣 5-453B
jiùshēngyuán 救生員 5-453B
jiūshí 究識 8-409A
jiūshí 糾拾 9-697A
jiǔshī 九師 1-744B
jiǔshī 灸師 7-31B
jiǔshī 酒失 9-1374B
jiǔshí 九十 1-727A
jiǔshí 久時 1-633B
jiǔshí 酒食 9-1379A
jiǔshǐ 酒史 9-1374B
jiǔshì 九世 1-730B
jiǔshì 九市 1-731B
jiǔshì 九室 1-742A
jiǔshì 九逝 1-743B
jiǔshì 九筮 1-750A
jiǔshì 九簭 1-757B
jiǔshì 久睬 1-633B
jiǔshì 久視 1-633B
jiǔshì 酒市 9-1374B
jiǔshì 酒式 9-1375A
jiǔshì 酒勢 9-1383B
jiǔshì 酒適 9-1385A
jiùshī 柩尸 4-905A
jiùshī 救失 5-453B
jiùshī 救施 5-455A
jiùshí 救時 5-455A
jiùshí 就食 2-1578B
jiùshí 就時 2-1579A
jiùshí 舊時 8-1302A
jiùshí 舊識 8-1305A
jiùshí 鷲石 12-1161B
jiùshǐ 就使 2-1578A
jiùshǐ 舊史 8-1299A
jiùshì 咎氏 3-310A
jiùshì 柩室 4-905A
jiùshì 救世 5-453A
jiùshì 救釋 5-457A
jiùshì 就世 2-1577A
jiùshì 就事 2-1578A
jiùshì 就室 2-1578B
jiùshì 就是 2-1578B
jiùshì 就勢 2-1579B
jiùshì 就試 2-1580A
jiùshì 舅氏 8-1290B
jiùshì 舊式 8-1299B
jiùshì 舊事 8-1300B
jiùshì 鷲室 12-1161B
jiùshì 捄世 6-596A
jiùshìchóngtí 舊事重提
8-1300B
jiǔshìchóu 九世仇 1-730B
jiǔshídìyù 酒食地獄
9-1379B
jiùshìjūn 救世軍 5-453B
jiùshílìsú 救時厲俗
5-455A
jiùshìlùnshì 就事論事
2-1578A
jiùshìshì 舊史氏 8-1299B
jiǔshísuān 酒石酸 9-1374A
jiǔshízhēngzhú 酒食徵逐
9-1379B
jiùshìzhǔ 救世主 5-453A
jiūshōu 揫收 6-733B
jiǔshǒu 九首 1-742A
jiùshǒu 救守 5-454A
jiùshǒu 就手 2-1576B
jiùshǒu 舊手 8-1299A
jiūshǔ 鳩署 12-1039B
jiǔshú 九熟 1-753B
jiǔshǔ 九暑 1-748A
jiǔshǔ 九屬 1-758B
jiǔshù 九數 1-753A
jiǔshù 酒樹 9-1386B
jiùshū 就書 2-1579A
jiūshuài 糾率 9-698A
jiūshuài 糾帥 9-697A
jiūshuài 鳩率 12-1039B
jiǔshuǐ 酒水 9-1374A
jiǔshuì 九稅 1-748B
jiǔshuì 酒稅 9-1383A
jiùshuǐ 救水 5-452B
jiùshuì 僦稅 1-1680A
jiùshùrén 救數人 5-456A
jiǔshùshīxīn 久束溼薪
1-632B
jiǔsī 九司 1-731B
jiǔsī 九思 1-740B
jiǔsī 九絲 1-749B
jiǔsī 酒思 9-1379A
jiǔsǐ 九死 1-733A
jiǔsì 九寺 1-731B
jiǔsì 九駟 1-752A
jiǔsì 酒肆 9-1383B
jiùsì 舊司 8-1299B
jiùsǐ 救死 5-453B
jiǔsǐ'è 九死厄 1-733B
jiùsǐfúshāng 救死扶傷
5-454A
jiǔsǐhún 九死魂 1-733B
jiǔsǐyīshēng 九死一生
1-733A
jiūsōu 啾颼 3-429B
jiǔsǒu 九藪 1-756B
jiǔsù 九素 1-743A
jiǔsù 酒素 9-1380A
jiǔsuàn 酒算 9-1385A
jiùsuàn 就算 2-1580A
jiūsuí 糾綏 9-698B
jiùsuì 咎祟 3-310B
jiùsuì 舊歲 8-1303B
jiūsuǒ 究索 8-407B
jiūsuǒ 揫索 6-733B
jiǔsuǒ 九鎖 1-757B
jiǔsuǒ 酒所 9-1377B
jiǔsuò 九些 1-737A
jiǔsùzi 酒嗉子 9-1384A
jiǔtái 酒臺 9-1384B
jiǔtài 酒態 9-1385B
jiùtái 鷲臺 12-1162A
jiǔtàigōng 酒太公 9-1373B
jiùtàitai 舅太太 8-1290B
jiūtán 糾彈 9-699A
jiǔtán 酒壜 9-1388B
jiǔtán 酒罎 9-1389B
jiùtāngxiàmiàn 就湯下麪
2-1579B
jiūtǎo 究討 8-407B
jiùtào 舊套 8-1302A
jiūtè 糾慝 9-698B
jiǔtè 九慝 1-751A
jiùtè 咎慝 3-310B
jiūtī 糾剔 9-697A
jiūtī 糾擿 9-699A
jiūtí 鬮題 12-727B
jiūtì 糾逖 9-697A
jiūtì 糾摘 9-698B
jiǔtí 酒提 9-1382A
jiǔtǐ 九體 1-759A
jiǔtì 久替 1-634A
jiùtí 救提 5-455B
jiǔtiān 九天 1-728B
jiùtián 就田 2-1577A
jiùtián 僦田 1-1679B
jiǔtiāncǎifǎng 九天採訪
1-729A
jiǔtiāncǎifǎngshǐzhě
九天採訪使者 1-729A
jiǔtiāncáiliào 九天材料
1-729A
jiǔtiānnǚ 九天女 1-729A
jiǔtiānshǐzhě 九天使者
1-729A
jiǔtiānxiānnǚ 九天仙女
1-729A
jiǔtiānxuánnǚ 九天玄女
1-729A
jiūtīng 糾聽 9-700A
jiǔtíng 九停 1-746B
jiǔtíng 酒亭 9-1379B
jiǔtōng 九通 1-745B
jiǔtǒng 酒桶 9-1381B
jiǔtǒng 酒筒 9-1383A
jiùtòng 疚痛 8-285B
jiǔtōngqú 九通衢 1-745B
jiǔtóu 酒頭 9-1386B
jiùtóu 鷲頭 12-1162A
jiǔtóubāwěi 九頭八尾
1-753B
jiǔtóujì 九頭紀 1-754A
jiǔtóuniǎo 九頭鳥 1-754A
jiùtóushēnmù 臼頭深目
8-1287B
jiǔtóushīzi 九頭獅子
1-754A
jiūtú 究塗 8-408B
jiǔtú 九塗 1-750B
jiǔtú 酒徒 9-1380A
jiǔtǔ 九土 1-727B
jiùtú 就塗 2-1580A
jiǔwǎn 九畹 1-749B
jiǔwǎn 酒盌 9-1380A
jiǔwǎn 酒椀 9-1382B
jiùwǎn 救挽 5-455A
jiǔwǎncài 九畹菜 1-750A
jiǔwàng 酒望 9-1382A
jiùwáng 救亡 5-452B
jiùwàng 舊望 8-1303A
jiùwángtúcún 救亡圖存
5-452B
jiǔwàngzi 酒望子 9-1382A
jiǔwǎnhuā 九畹花 1-749B
jiūwēi 究微 8-408B
jiūwěi 鳩尾 12-1039A
jiūwèi 究味 8-407A
jiǔwéi 九圍 1-748B
jiǔwéi 九維 1-752A
jiǔwéi 久違 1-634A
jiǔwěi 九尾 1-736A
jiǔwěi 九緯 1-753B
jiǔwèi 九位 1-736A
jiùwèi 就位 2-1577B
jiǔwěiguī 九尾龜 1-736B
jiǔwěihú 九尾狐 1-736A
jiǔwěihúli 九尾狐狸 1-736B
jiǔwěiqín 九尾禽 1-736B
jiūwèn 究問 8-408A
jiūwèn 糾問 9-698A
jiǔwén 九文 1-730A
jiùwén 舊文 8-1299A
jiùwén 舊聞 8-1304A
jiǔwéndàmíng…
久聞大名，如雷貫耳
1-634B
jiǔwēng 酒翁 9-1380A

jiǔwèng 酒瓮 9-1377B
jiǔwèng 酒甕 9-1387B
jiǔwèng 酒罋 9-1388B
jiǔwèngfànnáng 酒瓮飯囊 9-1377B
jiǔwèngzi 酒瓮子 9-1377B
jiǔwō 酒渦 9-1382A
jiǔwō 酒窩 9-1384B
jiùwō 舊窩 8-1304A
jiùwǒ 舊我 8-1300A
jiūwǔ 赳武 9-1084B
jiūwù 究物 8-407A
jiǔwū 九烏 1-744B
jiǔwǔ 九五 1-729A
jiǔwù 酒務 9-1381A
jiùwū 僦屋 1-1680A
jiùwū 舊汙 8-1300A
jiùwū 舊洿 8-1301B
jiùwù 舊物 8-1300B
jiǔwùzi 酒務子 9-1381B
jiūxī 究悉 8-407B
jiūxí 究習 8-408A
jiūxì 鬮戲 12-727B
jiǔxī 九息 1-744B
jiǔxī 九溪 1-750B
jiǔxī 九錫 1-754B
jiǔxī 久息 1-633B
jiǔxī 久稀 1-634A
jiǔxí 久習 1-634A
jiǔxí 酒席 9-1380A
jiǔxì 久繫 1-635A
jiǔxì 酒餼 9-1388B
jiùxī 救息 5-455A
jiùxī 救熄 5-456A
jiùxí 就席 2-1579A
jiùxí 舊習 8-1303A
jiūxiá 糾轄 9-695B
jiǔxiá 九遐 1-749A
jiǔxiá 九霞 1-756A
jiǔxià 九夏 1-744A
jiǔxiádān 九霞丹 1-756A
jiǔxiájū 九霞裾 1-756A
jiūxiǎn 究險 8-408B
jiǔxiān 九仙 1-731A
jiǔxiān 酒仙 9-1374B
jiǔxián 九賢 1-752B
jiǔxiàn 九限 1-739A
jiǔxiàn 九縣 1-754A
jiǔxiàn 九獻 1-758A
jiùxián 就閑 2-1579B
jiùxián 廐閑 3-1253A
jiūxiáng 究詳 8-408B
jiǔxiāng 酒鄉 9-1382A
jiǔxiǎng 酒饗 9-1388A
jiǔxiàng 九相 1-739B
jiùxiāng 舊鄉 8-1303A
jiùxiáng 咎祥 3-310A
jiùxiǎng 救餉 5-456A
jiùxiāngshí 舊相識 8-1301A
jiǔxiánqín 九絃琴 1-747B
jiǔxiānwēng 酒仙翁 9-1374B
jiǔxiāo 九霄 1-752B
jiǔxiāoyúnwài 九霄雲外 1-752B
jiǔxiáqún 九霞裙 1-756A
jiǔxiáshāng 九霞觴 1-756A
jiǔxiázhī 九霞巵 1-756A
jiǔxié 酒諧 9-1387A
jiǔxiè 酒蟹 9-1388B
jiùxiè 咎謝 3-311A
jiǔxīhuā 九錫花 1-754B
jiūxīn 究心 8-407A
jiūxīn 揪心 6-765A
jiǔxīn 酒心 9-1374A
jiùxīn 疚心 8-285A
jiùxīn 就新 2-1580A
jiùxīn 舊心 8-1299A
jiùxìn 咎舋 3-311A
jiùxìn 咎釁 3-311A
jiūxíng 鳩形 12-1038B
jiǔxīng 九星 1-740A
jiǔxīng 酒星 9-1378B
jiǔxíng 九刑 1-731B
jiǔxíng 九行 1-734A
jiǔxíng 九形 1-735A
jiǔxǐng 酒醒 9-1386B
jiǔxìng 九姓 1-739A
jiǔxìng 酒興 9-1387A
jiǔxìng 酒性 9-1378A
jiùxīng 救星 5-454B
jiùxǐng 咎省 3-310A
jiùxìng 舊姓 8-1301A
jiūxínghúmiàn 鳩形鵠面 12-1038B
jiùxīnjíshǒu 疚心疾首 8-285A
jiūxiòng 赳趨 9-1085A
jiùxiōng 舅兄 8-1290B
jiǔxiù 酒臭 9-1380A
jiùxiù 赳螑 9-1084B
jiǔxiǔyībà 九朽一罷 1-732B
jiǔxīwén 九錫文 1-754B
jiǔxǔ 久許 1-633B
jiǔxǔ 酒醑 9-1386B
jiǔxù 九序 1-736A
jiǔxù 九敍 1-746B
jiǔxù 久續 1-635A
jiùxū 舊墟 8-1304A
jiùxǔ 就許 2-1579A
jiùxù 救卹 5-454B
jiùxù 救恤 5-455A
jiùxù 救䘏 5-454B
jiùxù 就壻 2-1579B
jiùxù 就緒 2-1580B
jiūxuān 究宣 8-407A
jiūxuān 啾喧 3-429A
jiǔxuán 九玄 1-731B
jiǔxuàn 九旋 1-746B
jiùxué 就學 2-1580B
jiùxué 舊學 8-1304B
jiūxún 究尋 8-408B
jiūxún 究詢 8-408B
jiūxún 揪撏 6-765A
jiùxūn 舊勳 8-1304B
jiǔyá 九崖 1-746A
jiùyǎ 舊雅 8-1303B
jiūyán 究研 8-407A
jiūyǎn 究掩 8-407B
jiǔyān 久淹 1-633B
jiǔyān 久湮 1-634A
jiǔyán 九埏 1-739B
jiǔyán 九言 1-736A
jiǔyán 九筵 1-748B
jiǔyán 久延 1-632A
jiǔyán 酒筵 9-1383A
jiǔyán 酒顏 9-1388B
jiǔyǎn 酒眼 9-1381B
jiǔyàn 九堰 1-747B
jiǔyàn 酒宴 9-1381A
jiǔyàn 酒讌 9-1389B
jiǔyàn 酒醼 9-1389B
jiùyán 咎言 3-310A
jiùyán 舊言 8-1300A
jiùyán 鷲巖 12-1162A
jiǔyáng 九陽 1-747A
jiǔyáng 久暘 1-634A
jiǔyǎng 久仰 1-632A
jiùyāng 咎殃 3-310A
jiùyǎng 就養 2-1580A
jiùyǎng 廐養 3-1253A
jiǔyángjīn 九陽巾 1-747B
jiǔyánjiǔyǔ 酒言酒語 9-1377A
jiǔyāo 久要 1-633A
jiǔyáo 酒肴 9-1377B
jiǔyáo 酒殽 9-1383A
jiǔyáo 酒餚 9-1387A
jiǔyào 九曜 1-757A
jiǔyào 九鑰 1-759B
jiǔyào 酒藥 9-1388A
jiùyāo 舊要 8-1301B
jiùyào 救藥 5-456B
jiùyào 就要 2-1578A
jiǔyě 九野 1-746A
jiǔyè 九夜 1-738A
jiǔyè 九液 1-747A
jiǔyè 九葉 1-747B
jiǔyè 酒靨 9-1389B
jiùye 舅爺 8-1291A
jiùyē 救暍 5-456A
jiùyè 就業 2-1579B
jiùyè 舊業 8-1303B
jiǔyī 酒衣 9-1376A
jiǔyí 九夷 1-733B
jiǔyí 九疑 1-751B
jiǔyí 九儀 1-753A
jiǔyí 九嶷 1-756A
jiǔyǐ 久已 1-631B
jiǔyǐ 酒蟻 9-1388B
jiǔyì 九逸 1-746B
jiǔyì 九裔 1-750B
jiǔyì 九譯 1-758B
jiǔyì 久佚 1-632B
jiǔyì 久役 1-632B
jiǔyì 久逸 1-633B
jiǔyì 酒逸 9-1382A
jiǔyì 酒意 9-1384B
jiùyī 就醫 2-1581A
jiùyí 舊儀 8-1304B
jiùyì 就義 2-1580A
jiùyì 舊醳 8-1305A
jiǔyǐhòu 久已後 1-632A
jiǔyǐhòu 久以後 1-632A
jiǔyīn 九因 1-734A
jiǔyīn 九姻 1-743A
jiǔyīn 九陰 1-745B
jiǔyīn 九闉 1-756B
jiǔyín 九垠 1-739B
jiǔyín 久淫 1-633B
jiǔyǐn 酒隱 9-1387A
jiùyīn 舊因 8-1299B
jiùyīn 舊姻 8-1301B
jiùyǐn 廐尹 3-1252B
jiùyǐn 舊隱 8-1305A
jiūyíng 鳩營 12-1040A
jiǔyīng 九英 1-736B
jiǔyīng 九嬰 1-756A
jiǔyīng 酒罌 9-1389A
jiùyīng 句嬰 3-56A
jiǔyíng 九楹 1-749B
jiǔyíng 九瀛 1-758A
jiǔyíng 久盈 1-633A
jiǔyǐng 九影 1-753A
jiǔyǐng 酒影 9-1385B
jiùyìng 救應 5-456B
jiǔyīngméi 九英梅 1-736B
jiùyíngshēng 舊營生 8-1304B
jiǔyīngzi 酒罃子 9-1387A
jiǔyīnluó 九音鑼 1-741B
jiǔyíxiānrén 九疑仙人 1-751B
jiǔyōu 九幽 1-740B
jiǔyóu 九游 1-749A
jiǔyóu 久游 1-634A
jiǔyóu 久遊 1-634A
jiǔyǒu 九有 1-732B
jiǔyǒu 酒友 9-1373B
jiǔyòu 九囿 1-740B
jiǔyòu 九祐 1-743A
jiùyóu 桕油 4-977A
jiùyóu 舊游 8-1303B
jiùyóu 舊遊 8-1303B
jiǔyǒubiécháng 酒有別腸 9-1375A
jiǔyǒubiécháng 酒有别腸 9-1375B
jiǔyóuhuā 酒遊花 9-1383A
jiùyǒuyīngdé 咎有應得 3-310A
jiùyóuzìqǔ 咎由自取 3-310A
jiūyǔ 鳩雨 12-1039A
jiūyù 究欲 8-407B
jiǔyú 九隅 1-747B
jiǔyú 九虞 1-749B
jiǔyú 酒盂 9-1377A
jiǔyǔ 九宇 1-735A
jiǔyǔ 九寓 1-749A
jiǔyù 九奧 1-748B
jiǔyù 九域 1-745B
jiǔyù 九御 1-748B
jiǔyù 九罭 1-750A
jiǔyù 九緎 1-752A
jiǔyù 九隩 1-752A

jiǔyù 酒嫗 9-1385B
jiùyǔ 廄圉 3-1253A
jiùyǔ 廄庾 3-1253A
jiùyǔ 舊宇 8-1300A
jiùyǔ 舊雨 8-1300B
jiùyǔ 鷲羽 12-1161B
jiùyù 咎譽 3-311A
jiùyù 救禦 5-456B
jiùyù 僦寓 1-1680A
jiūyuán 鳩垣 12-1039A
jiūyuàn 糾掾 9-698A
jiǔyuān 九淵 1-749A
jiǔyuán 九元 1-729A
jiǔyuán 九原 1-744A
jiǔyuán 九源 1-750B
jiǔyuán 九緣 1-753B
jiǔyuǎn 久遠 1-634A
jiùyuán 救援 5-455B
jiùyuàn 廄苑 3-1252B
jiùyuàn 舊院 8-1301B
jiǔyuánkězuò 九原可作
1-744A
jiǔyuánzhàngrén 九原丈人
1-744A
jiǔyúcháhòu 酒餘茶後
9-1386A
jiǔyùchén 九域塵 1-746A
jiūyuē 糾約 9-697A
jiūyuè 鳩閱 12-1040A
jiǔyuē 九約 1-743A
jiǔyuē 久約 1-633A
jiǔyuè 九籥 1-759A
jiùyuē 舊約 8-1302A
jiùyuè 救月 5-453A
jiùyuè 鷲岳 12-1161B
jiùyuè 鷲嶽 12-1162A
jiǔyuèdān 九籥丹 1-759A
jiǔyuèjiǔ 九月九 1-730A
jiùyǔjīnyǔ 舊雨今雨
8-1300B
jiūyùn 鬮韻 12-727B
jiǔyǔn 九隕 1-749A
jiǔyǔn 九殞 1-751A
jiǔyùn 九運 1-749A
jiǔyùn 九醞 1-754A
jiǔyùn 酒暈 9-1384A
jiǔyùn 酒韻 9-1388B
jiùyùn 僦運 1-1680B
jiǔyùnfǎ 九醞法 1-754A
jiǔyúngào 九雲誥 1-748A
jiǔyúnluó 九雲鑼 1-748A
jiǔyùnzhuāng 酒暈妝
9-1384A
jiǔyùnzhuāng 酒暈粧
9-1384A
jiǔyùtú 九域圖 1-746A
jiūzá 糾雜 9-699B
jiùzāi 救災 5-454A
jiùzāi 救菑 5-455A
jiùzài 僦載 1-1680B
jiǔzàidùlǐ…
酒在肚裏,事在心頭
9-1375A
jiǔzàikǒutóu…
酒在口頭,事在心頭
9-1375A
jiǔzàixīntóu…
酒在心頭,事在肚裏
9-1375A
jiùzāixùhuàn 救災恤患
5-454A
jiǔzàn 久贊 1-635A
jiǔzàng 九藏 1-756A
jiǔzāo 酒糟 9-1388A
jiǔzào 酒竈 9-1389A
jiǔzāobí 酒糟鼻 9-1388A
jiǔzāoliǎn 酒糟臉 9-1388A
jiǔzāotóu 酒糟頭 9-1388A
jiūzé 糾責 9-697B
jiǔzé 九則 1-740A
jiǔzé 九澤 1-755B
jiùzé 咎責 3-310B
jiǔzéi 酒賊 9-1384A
jiǔzhà 灸詐 7-31B
jiǔzhābí 酒渣鼻 9-1383A
jiǔzhābí 酒皻鼻 9-1384B
jiǔzhài 酒債 9-1384A
jiùzhái 舊宅 8-1300A
jiūzhàn 鳩占 12-1038B
jiǔzhǎn 酒琖 9-1382A
jiǔzhǎn 酒盞 9-1383B
jiǔzhǎn 酒醆 9-1385B
jiǔzhàn 酒戰 9-1387A
jiūzhàng 鳩杖 12-1038B
jiǔzhāng 九章 1-746B
jiùzhāng 舊章 8-1302B
jiùzhāng 鷲章 12-1162A
jiùzhǎng 廄長 3-1252B
jiùzhàng 舊瘴 8-1304B
jiǔzhāngyī 九章衣 1-747A
jiūzhànquècháo 鳩占鵲巢
12-1038B
jiūzhànquècháo 鳩佔鵲巢
12-1039A
jiūzhāo 啾嘲 3-429B
jiūzhé 糾折 9-696B
jiùzhé 咎讁 3-311A
jiùzhé 舊哲 8-1302A
jiǔzhēn 九箴 1-753A
jiùzhěn 就枕 2-1578A
jiūzhēn'er 究真兒 8-407B
jiūzhèng 究正 8-407A
jiūzhèng 究證 8-409A
jiūzhèng 糾正 9-696A
jiǔzhēng 九徵 1-753B
jiǔzhèng 酒正 9-1374A
jiǔzhèng 酒政 9-1378B
jiùzhēng 咎徵 3-311A
jiùzhēng 就徵 2-1580B
jiùzhěng 救拯 5-454B
jiùzhèng 咎證 3-311A
jiùzhèng 救正 5-453A
jiùzhèng 就正 2-1576B
jiùzhèng 捄正 6-596A
jiǔzhēngsānhàn 九蒸三熯
1-749B
jiūzhī 糾枝 9-696B
jiūzhī 樛枝 4-1283B
jiūzhì 究治 8-407A
jiūzhì 糾治 9-696B
jiǔzhī 九芝 1-732B
jiǔzhī 九枝 1-736B
jiǔzhī 久之 1-631B
jiǔzhī 酒巵 9-1374B
jiǔzhī 酒卮 9-1376B
jiǔzhí 九執 1-746A
jiǔzhí 九職 1-756B
jiǔzhí 久直 1-632B
jiǔzhí 酒直 9-1377A
jiǔzhì 九雉 1-750A
jiǔzhì 久滯 1-634B
jiǔzhì 酒炙 9-1378A
jiǔzhì 酒幟 9-1386A
jiùzhī 柏脂 4-977A
jiùzhī 舊知 8-1300B
jiùzhí 就職 2-1581A
jiùzhí 僦直 1-1679B
jiùzhí 舊職 8-1305A
jiùzhǐ 救止 5-452B
jiùzhì 救治 5-454B
jiùzhì 廄置 3-1253A
jiùzhì 舊志 8-1300A
jiùzhì 舊帙 8-1300B
jiùzhì 舊治 8-1301A
jiùzhì 舊製 8-1304A
jiǔzhīdēng 九枝燈 1-737A
jiǔzhīhuā 九枝花 1-736B
jiūzhòng 鳩衆 12-1039B
jiǔzhōng 九終 1-747B
jiǔzhōng 九鐘 1-758B
jiǔzhōng 酒盅 9-1379A
jiǔzhōng 酒鍾 9-1387B
jiǔzhǒng 九種 1-751A
jiùzhōng 就中 2-1576B
jiǔzhōngbāxiān 酒中八仙
9-1374A
jiǔzhōngqù 酒中趣 9-1374A
jiǔzhōngshé 酒中蛇 9-1374A
jiūzhōu 啾啁 3-429A
jiǔzhōu 九州 1-734B
jiǔzhōu 酒舟 9-1375B
jiùzhōu 僦舟 1-1679B
jiǔzhōuhuáng 九州璜 1-734B
jiǔzhōusìhǎi 九州四海
1-734B
jiūzhú 鳩竹 12-1038B
jiǔzhū 九銖 1-751B
jiǔzhú 久竹 1-632A
jiǔzhǔ 九主 1-731A
jiǔzhù 久駐 1-634B
jiǔzhù 灸炷 7-31B
jiùzhú 柏燭 4-977A
jiùzhù 救助 5-454A
jiūzhuàn 鳩僎 12-1040A
jiǔzhuǎn 九轉 1-756B
jiǔzhuàn 酒饌 9-1389A
jiǔzhuǎndān 九轉丹 1-757A
jiǔzhuǎndǐng 九轉鼎 1-757A
jiǔzhuǎnhuándān 九轉還丹
1-757A
jiǔzhuǎnjīndān 九轉金丹
1-757A
jiùzhūn 舊屯 8-1299A
jiūzhuō 鳩拙 12-1039A
jiǔzhuó 灸灼 7-31B
jiǔzhùzi 酒注子 9-1378A
jiūzī 鳩兹 12-1039A
jiūzī 鳩貲 12-1039B
jiūzī 鳩資 12-1039B
jiūzǐ 鳩子 12-1038B
jiǔzī 酒資 9-1384A
jiǔzǐ 九子 1-728A
jiǔzǐ 酒子 9-1373B
jiǔzǐ 酒滓 9-1384B
jiǔzì 酒胾 9-1382A
jiùzi 舅子 8-1290B
jiǔzǐlíng 九子鈴 1-728B
jiǔzǐmómǔ 九子魔母 1-728B
jiǔzǐmǔ 九子母 1-728A
jiǔzǐpú 九子蒲 1-728B
jiǔzǐshān 九子山 1-728A
jiǔzǐzòng 九子粽 1-728B
jiǔzōng 九宗 1-738B
jiùzōng 舊蹤 8-1305A
jiǔzōngqīzǔ 九宗七祖
1-738B
jiūzòu 糾奏 9-697A
jiǔzòu 九奏 1-739A
jiùzōu 廄騶 3-1253A
jiǔzòuyuè 九奏樂 1-739A
jiūzú 糾族 9-698A
jiǔzū 韭菹 12-393B
jiǔzū 韭葅 12-393B
jiǔzū 酒租 9-1380A
jiǔzú 九族 1-746B
jiǔzú 灸足 7-31B
jiǔzǔ 九祖 1-743A
jiùzú 救族 5-455B
jiùzú 廄卒 3-1252B
jiùzú 舊族 8-1303A
jiùzǔ 舅祖 8-1291A
jiǔzuān 九鑽 1-759B
jiǔzuì 酒醉 9-1385B
jiùzuì 咎罪 3-310B
jiǔzūn 酒尊 9-1383A
jiǔzūn 酒樽 9-1386B
jiǔzūn 酒罇 9-1388A
jiūzuó 揪捽 6-765A
jiūzuò 糾坐 9-696B
jiǔzuǒ 九佐 1-735B
jiǔzuǒ 酒佐 9-1376B
jiǔzuò 酒坐 9-1376B
jiǔzuò 酒座 9-1380B
jiùzuò 就坐 2-1577B
jiùzuò 就座 2-1579A
jiǔzuòbìyǒuyīchán
久坐必有一禪 1-632B
jīwā 激哇 6-171B
jìwài 寄外 3-1507A
jīwán 積玩 8-133A
jīwán 積翫 8-146B
jīwán 擊丸 6-899B
jīwán 譏玩 11-434B
jīwǎn 齎輓 12-1444A
jíwǎn 集菀 11-800B
jìwán 塈完 2-1165A

jīwǎng 機網 4-1331B
jìwàng 績望 9-977A
jīwàng 譏望 11-435A
jìwàng 羈望 8-1056B
jìwàng 幾望 4-449B
jíwáng 瘠亡 8-350B
jíwǎng 吉網 3-96A
jíwǎng 極網 4-1142B
jíwàng 極望 4-1140A
jìwáng 季王 4-209B
jìwǎng 既往 4-658B
jìwǎng 計網 11-21A
jìwàng 既望 4-658B
jìwàng 計望 11-18A
jìwàng 冀望 2-163B
jìwàng 覬望 10-352A
jìwǎngbùjiù 既往不咎 4-658B
jìwǎngkāilái 繼往開來 9-1044A
jíwǎngluóqián 吉網羅鉗 3-96A
jíwǎngzhīlái 極往知來 4-1137B
jīwēi 機微 4-1330B
jīwēi 積威 8-134B
jīwēi 積微 8-143A
jīwēi 擊危 6-900A
jīwēi 幾危 4-448B
jīwēi 幾微 4-450A
jīwéi 基圍 2-1112A
jīwéi 稽違 8-122A
jīwéi 羈維 8-1058A
jīwěi 機僞 4-1331B
jīwěi 積猥 8-141A
jīwěi 積僞 8-144A
jīwèi 畿尉 7-1405A
jīwěi 積委 8-133B
jīwèi 擊轊 6-904B
jíwēi 急危 7-456A
jíwēi 疾威 8-300A
jíwēi 極微 4-1141B
jíwéi 棘圍 4-1106B
jíwéi 棘闈 4-1107B
jíwéi 極爲 4-1141A
jíwěi 戢尾 5-231B
jíwèi 即立 2-530A
jíwèi 即位 2-530B
jíwèi 疾味 8-299B
jíwèi 戢畏 5-231B
jíwèi 極位 4-1137A
jǐwèi 戟衛 5-231A
jìwēi 濟危 6-191B
jìwēi 罽緭 8-1045B
jìwēi 霽威 11-746B
jìwéi 妓圍 4-296A
jìwěi 紀委 9-726B
jìwěi 寄委 3-1508B
jìwěi 驥尾 12-916A
jìwèi 忌畏 7-407B
jìwèi 既位 4-658B
jìwèi 寄味 3-1508B
jìwèi 寄遺 3-1514A
jìwèi 繼位 9-1044A
jìwèi 齊味 12-1429B
jīwēichéngzhù 積微成著 8-143A
jīwěijiǔ 雞尾酒 11-861B
jíwéisuǒyuàn 棘圍鎖院 4-1107A
jǐwēiwēi 脊巍巍 6-1256A
jīwēizhìzhù 積微致著 8-143A
jīwēn 雞瘟 11-866A
jīwén 姬文 4-358A
jīwèn 稽問 8-121B
jīwèn 譏問 11-435A
jíwèn 吉問 3-95B
jíwèn 極問 4-1140B
jǐwěn 戟吻 5-230A
jìwén 計文 11-13B
jìwén 記聞 11-63B
jìwén 偈文 1-1548B
jìwén 祭文 7-910B
jìwèn 記問 11-62B
jīwēng 畸翁 7-1384A
jīwèng 擊甕 6-904B
jīwèngtú 擊甕圖 6-904B
jíwēntīnglì 即温聽厲 2-532B
jìwènzhīxué 記問之學 11-62B
jīwō 積窩 8-143B
jīwò 機幄 4-1329B
jīwò 激涴 6-172B
jīwū 箕巫 8-1188A
jīwū 積污 8-132B
jīwǔ 犄牾 6-278A
jīwǔ 譏侮 11-434B
jīwù 機務 4-1328A
jīwù 機悟 4-1327B
jīwù 機晤 4-1328B
jīwù 積惡 8-140A
jīwù 積悟 8-137B
jīwù 積霧 8-147B
jīwù 雞騖 11-867A
jīwù 齎物 12-1443B
jīwù 幾務 4-449B
jīwù 幾悟 4-449B
jíwū 吉烏 3-94B
jíwǔ 戢武 5-231B
jíwǔ 極武 4-1137B
jíwǔ 籍伍 8-1270B
jíwù 及物 1-636A
jíwù 吉物 3-93B
jíwù 亟務 1-778A
jíwù 急務 7-459B
jíwù 疾惡 8-303A
jíwù 嫉惡 4-396B
jìwǔ 忌忤 7-407A
jìwǔ 寄廡 3-1514A
jìwǔ 繼武 9-1044A
jìwù 忌惡 7-408A
jìwù 計務 11-17A
jìwù 寄物 3-1508B
jìwù 濟物 6-192A
jìwù 霽霧 11-746B
jíwùdòngcí 及物動詞 1-636A
jīwùduàn 機務段 4-1328A
jìwúfǎngù 計無返顧 11-18B
jìwúfùzhī 計無復之 11-19A
jíwǔqióngbīng 極武窮兵 4-1137B
jíwùqiónglǐ 即物窮理 2-531A
jìwúsuǒchū 計無所出 11-18B
jìwúsuǒshī 計無所施 11-18B
jìwúsuǒzhī 計無所之 11-18B
jìwúyóuchū 計無由出 11-18B
jīxī 緝熙 9-940B
jīxī 機息 4-1327B
jīxī 幾希 4-449A
jīxí 積習 8-139B
jīxí 積襲 8-148B
jīxí 几席 2-282A
jīxǐ 笄縰 8-1108A
jīxì 譏戲 11-436B
jīxì 羈繫 8-1059A
jīxì 羈係 8-1056B
jíxī 戢息 5-231B
jíxī 輯熙 9-1300A
jíxí 吉席 3-94B
jíxí 即席 2-532A
jíxǐ 吉喜 3-95B
jíxì 疾隙 8-304A
jǐxǐ 擠洗 6-941A
jǐxì 几舄 2-282A
jìxī 既夕 4-657B
jìxī 計惜 11-18A
jìxī 寄錫 3-1514A
jìxī 霽夕 11-746A
jìxí 計席 11-17A
jìxí 繼襲 9-1046B
jìxì 技係 6-359A
jìxì 紀繫 9-729A
jìxì 寄係 3-1509B
jīxiá 機暇 4-1330B
jīxiá 積黠 8-147B
jīxiá 擊瑕 6-902B
jīxià 畿夏 7-1405A
jīxià 積下 8-129B
jíxiá 瘠狹 8-350B
jíxià 棘下 4-1104B
jìxiá 霽霞 11-746B
jìxià 季夏 4-211A
jìxià 稷下 8-123B
jīxiān 乩仙 1-770A
jīxiān 箕仙 8-1187B
jīxiān 機先 4-1324A
jīxiān 擊鮮 6-904B
jīxiān 雞纖 11-867A
jīxiān 幾先 4-448B
jīxián 譏嫌 11-435B
jīxiǎn 機險 4-1332A
jīxiǎn 積險 8-146B
jīxiǎn 躋險 10-564A
jīxiàn 畸羨 7-1384B
jīxiàn 畿限 7-1404B
jīxiàn 畿縣 7-1405A
jīxiàn 稽限 8-121A
jīxiàn 賫獻 10-246A
jīxiàn 機埳 4-1328A
jīxiàn 機陷 4-1327B
jīxiàn 奇羨 2-1527A
jíxiān 急先 7-456A
jíxián 急絃 7-460A
jíxián 急賢 7-462A
jíxián 集賢 11-802A
jíxián 嫉賢 4-396B
jíxiàn 極限 4-1138A
jǐxiàn 擠陷 6-941B
jìxián 季咸 4-211A
jìxiǎn 濟險 6-194A
jìxiàn 忌羨 7-408A
jìxiàn 紀限 9-727A
jìxiàn 計獻 11-22B
jìxiàn 祭獻 7-914A
jìxiàn 際限 11-1098B
jìxiàn 劑限 2-757A
jìxiàn 齊限 12-1430B
jíxián'àoshì 嫉賢傲士 4-396B
jíxiánbīn 集賢賓 11-802A
jíxiāndiàn 集仙殿 11-799A
jíxiándiàn 集賢殿 11-802A
jíxiándùnéng 嫉賢妒能 4-396B
jíxiānfēng 急先鋒 7-456A
jīxiāng 積香 8-135A
jīxiāng 雞香 11-862A
jīxiáng 機祥 7-957B
jīxiǎng 屐響 4-49B
jīxiǎng 積想 8-142A
jīxiàng 嵇向 8-82A
jīxiàng 幾象 4-449B
jíxiáng 吉祥 3-94B
jíxiáng 吉羊 3-92B
jíxiǎng 急響 7-464A
jíxiǎng 疾響 8-305B
jíxiàng 吉象 3-95A
jìxiāng 計鄉 11-18A
jìxiǎng 迹響 10-802A
jìxiǎng 計想 11-19B
jìxiǎng 記想 11-63A
jìxiǎng 祭享 7-911B
jìxiǎng 祭饗 7-914A
jìxiàng 迹相 10-802A
jìxiàng 迹象 10-802A
jìxiàng 計相 11-16A
jìxiàng 寄象 3-1511B
jíxiángbǎn 吉祥板 3-95A
jíxiángcǎo 吉祥草 3-95A
jíxiángchǔ 吉祥杵 3-95A
jíxiánghǎiyún 吉祥海雲 3-95A
jíxiángrúyì 吉祥如意 3-95A
jíxiāngsī 極相思 4-1138A
jíxiángtiānmǔ 吉祥天母 3-94B
jíxiángtiānnǚ 吉祥天女

3-94B
jíxiángwù 吉祥物 3-95A
jíxiángyú 吉祥狳 3-95A
jíxiángzuò 吉祥坐 3-95A
jíxiánjiāo 集絃膠 11-800B
jìxiànyí 紀限儀 9-727A
jíxiànzhǒng 汲縣冢 5-935B
jīxiāo 激梟 6-172B
jīxiāo 饑枵 12-584A
jīxiǎo 積小 8-129B
jīxiào 績効 9-977A
jīxiào 績效 9-977A
jīxiào 譏笑 11-435A
jíxiào 疾笑 8-302A
jíxiào 極孝 4-1137A
jíxiào 極笑 4-1139B
jìxiāo 齊簫 12-1437A
jíxiǎojiàndà 即小見大 2-529B
jíxiàshēng 棘下生 4-1104B
jìxiàtíng 稷下亭 8-123B
jìxiàxiānshēng 稷下先生 8-123B
jìxiàxuéshì 稷下學士 8-123B
jīxīdǒujū 箕翕斗斞 8-1188B
jīxié 積邪 8-131B
jīxié 奇邪 2-1522A
jīxié 奇衺 2-1525A
jīxiè 機械 4-1328A
jīxiè 羈屑 8-1056B
jīxiè 羈紲 8-1057A
jīxiè 羈絏 8-1057B
jīxiè 輗轢 9-1225B
jíxié 緝諧 9-941A
jíxié 嫉邪 4-396A
jíxié 輯諧 9-1300A
jíxiě 極寫 4-1143B
jìxiē 記歇 11-63A
jìxié 季脇 4-211B
jìxié 計偕 11-17B
jìxiè 寄謝 3-1514B
jìxiè 稷禼 8-124A
jìxiébù 計偕簿 11-18A
jīxièhuà 機械化 4-1328B
jīxièlùn 機械論 4-1328B
jīxièshǒu 機械手 4-1328A
jīxièwéiwùzhǔyì 機械唯物主義 4-1328B
jìxièwēng 稷禼翁 8-124A
jìxiéwù 計偕物 11-18A
jīxièyùndòng 機械運動 4-1328B
jīxīn 機心 4-1323B
jīxīn 積心 8-130B
jīxīn 積薪 8-146B
jīxīn 雞心 11-860B
jīxīn 羈心 8-1055A
jīxìn 積信 8-135B
jíxīn 吉辛 3-93A
jíxīn 疾心 8-298A
jíxīn 戢心 5-231A
jíxīn 棘心 4-1105A
jíxīn 棘薪 4-1107B
jíxīn 極心 4-1136A
jíxīn 嫉心 4-396A
jìxīn 記心 11-59A
jìxīn 寄心 3-1506A
jìxīn 悸心 7-598A
jìxīn 冀心 2-163A
jìxīn 覬心 10-352A
jìxìn 寄信 3-1509B
jìxìn 劑信 2-757A
jīxīncuòhuǒ 積薪厝火 8-146B
jīxíng 畸行 7-1383B
jīxíng 畸形 7-1383B
jīxíng 積刑 8-131B
jīxíng 積行 8-132A
jīxíng 績行 9-977A
jīxìng 機幸 4-1325A
jīxìng 譏興 11-436A
jíxīng 吉星 3-94A
jíxīng 吉興 3-96B
jíxīng 極星 4-1138B
jíxīng 脨胜 6-1366A
jíxíng 吉行 3-92B
jíxíng 即刑 2-530A
jíxíng 即行 2-530B
jíxíng 疾行 8-298A
jíxíng 極刑 4-1136B
jíxíng 極行 4-1137A
jíxíng 瘠形 8-350B
jíxìng 吉幸 3-93B
jíxìng 即興 2-532B
jíxìng 急性 7-457B
jìxīng 季興 4-212A
jìxīng 紀星 9-727A
jìxīng 祭星 7-912A
jìxīng 祭腥 7-913A
jìxīng 稷星 8-124A
jìxīng 繼興 9-1046A
jìxíng 迹行 10-801B
jìxíng 紀行 9-726A
jìxíng 寄形 3-1508A
jìxíng 劑型 2-757A
jìxǐng 計省 11-16A
jìxǐng 記省 11-61A
jìxìng 幾幸 4-449A
jìxìng 記性 11-61A
jìxìng 寄興 3-1514A
jìxìng 寄倖 3-1510B
jìxìng 際幸 11-1098B
jìxìng 冀幸 2-163A
jìxìng 冀倖 2-163A
jìxìng 覬幸 10-352A
jíxìngbiǎoyǎn 即興表演 2-532B
jíxìngbìng 急性病 7-457B
jīxíng'ér 畸形兒 7-1383B
jíxīnggāozhào 吉星高照 3-94A
jíxíngjūn 急行軍 7-456A
jìxìngmíng 記姓名 11-61A
jǐxīngǔ 脊心骨 6-1255A
jìxíngyántīng 計行言聽 11-15A
jíxìngzi 急性子 7-457B
jíxìngzǐ 急性子 7-457B
jīxīnhòuliáo 積薪候燎 8-147A
jíxīnjífó 即心即佛 2-529B
jíxīnshìfó 即心是佛 2-530A
jīxīnxiècháng 機心械腸 4-1323B
jīxiōng 飢凶 12-492B
jīxiōng 緝凶 9-939B
jīxiōng 雞胸 11-863A
jíxiōng 吉凶 3-91B
jíxiōng 吉兇 3-92B
jìxióng 罽熊 12-1456B
jīxíshengcháng 積習生常 8-139B
jīxiū 積休 8-132A
jīxiū 積修 8-135B
jīxiù 積秀 8-132B
jíxiū 極休 4-1136B
jìxiù 罽繡 8-1045B
jìxiù 霽岫 11-746A
jīxiūchéngnù 積羞成怒 8-137B
jīxū 飢虛 12-493B
jīxū 基墟 2-1112B
jīxū 積虛 8-138B
jīxū 擊虛 6-902A
jīxū 饑虛 12-584A
jīxù 基緒 2-1112B
jīxù 緝緒 9-940B
jīxù 積序 8-133A
jīxù 積畜 8-137B
jīxù 積蓄 8-142A
jīxù 積稸 8-145B
jīxù 擊絮 6-902B
jīxù 績緒 9-977A
jīxù 雞絮 11-864B
jīxù 羈畜 8-1056B
jíxū 急須 7-460B
jíxū 急需 7-462A
jíxú 疾徐 8-302A
jíxù 即序 2-530B
jíxù 即敘 2-531B
jíxù 極緒 4-1142B
jǐxǔ 幾許 4-449B
jǐxù 給卹 9-826A
jìxù 紀序 9-726B
jìxù 紀敘 9-727B
jìxù 記序 11-60A
jìxù 記敘 11-61B
jìxù 記敍 11-62A
jìxù 濟卹 6-192A
jìxù 濟恤 6-193A
jìxù 繼序 9-1044A
jìxù 繼緒 9-1046A
jìxù 繼續 9-1046B
jīxuān 齎宣 12-1443B
jīxuán 璣璇 4-634A
jīxuán 璣璿 4-634B
jíxuán 汲玄 5-934B
jíxuán 極玄 4-1136B
jíxuǎn 極選 4-1143B
jíxuánxuán 急旋旋 7-460A
jīxué 積學 8-147A
jīxué 績學 9-977A
jīxuě 肌雪 6-1166B
jīxuě 積雪 8-138A
jīxuè 譏謔 11-436A
jíxuē 籍削 8-1271A
jíxué 緝學 9-941A
jíxué 疾學 8-305A
jǐxuē 麂鞾 12-1288B
jìxué 計學 11-22A
jìxué 寄學 3-1514A
jìxuě 稷雪 8-124A
jìxuě 霽雪 11-746B
jīxuěcǎo 積雪草 8-138B
jīxuěfēngshuāng 積雪封霜 8-138B
jīxuèjiǔ 雞血酒 11-861B
jīxuěnángyíng 積雪囊螢 8-138B
jīxuèshí 雞血石 11-861A
jīxuézhīshì 績學之士 9-977A
jīxún 稽尋 8-122A
jīxún 積旬 8-132A
jīxùn 乩訓 1-770A
jíxùn 疾迅 8-298B
jíxùn 集訓 11-800B
jìxūn 濟勳 6-194A
jìxún 既旬 4-658B
jìxùn 寄訊 3-1510B
jìxūnxíngshǎng 計勳行賞 11-22A
jìxùwén 記敍文 11-62A
jīyā 稽壓 8-122B
jīyā 積壓 8-147B
jīyā 羈押 8-1055B
jīyá 機牙 4-1323A
jīyà 擊軋 6-900B
jíyà 銡軋 11-1249B
jǐyā 擠壓 6-942A
jǐyá 戟牙 5-230A
jǐyà 擠軋 6-941A
jìyā 忌厭 7-408B
jìyā 寄押 3-1508B
jìyā 髻丫 12-739B
jìyā 髻鴉 12-740A
jìyā 髻粤 12-739B
jìyá 際涯 11-1098B
jìyǎ 季雅 4-211B
jīyān 稽淹 8-121B
jīyán 机筵 4-745A
jīyán 稽延 8-120B
jīyán 積延 8-132A
jīyán 積言 8-133A
jīyán 積嚴 8-148A
jīyán 譏言 11-434B
jīyán 韲鹽 12-394B
jīyán 虀鹽 9-634A
jīyán 几研 2-282A
jīyán 几筵 2-282A
jīyǎn 雞眼 11-863A
jīyàn 稽驗 8-123A
jīyàn 几硯 2-282A

jíyān 亟淹 1-778A
jíyán 吉言 3-93A
jíyán 急言 7-456B
jíyán 疾言 8-299A
jíyán 極言 4-1137A
jíyán 瘠顏 8-351B
jíyǎn 急眼 7-459B
jíyǎn 極眼 4-1140A
jíyàn 吉驗 3-97A
jíyàn 極宴 4-1139B
jíyàn 極艷 4-1145A
jǐyǎn 麂眼 12-1288B
jìyān 寂淹 3-1516A
jìyán 妓筵 4-296A
jìyán 記言 11-60A
jìyán 偈言 1-1548B
jìyán 寄言 3-1508A
jìyán 霽顏 11-746B
jìyán 霽嚴 11-746B
jìyǎn 紀甗 9-729A
jìyàn 記驗 11-64B
jìyànchuánshū 寄鴈傳書 3-1514A
jīyāng 積殃 8-135A
jīyāng 鞿鞅 12-214A
jīyāng 羈鞅 8-1057B
jīyáng 嶋峣 3-863A
jīyáng 激揚 6-173A
jīyáng 激颺 6-175A
jīyáng 積陽 8-139B
jīyáng 績陽 9-977A
jíyāng 疾殃 8-300A
jíyáng 吉陽 3-95B
jíyáng 汲揚 5-935A
jíyáng 極陽 4-1140B
jíyǎng 急癢 7-463B
jíyǎng 疾恙 8-305B
jíyǎng 疾養 8-304B
jíyǎng 極養 4-1142B
jíyàng 疾恙 8-302B
jǐyǎng 給養 9-827A
jǐyàng 幾様 4-450B
jìyǎng 伎懩 1-1179B
jìyǎng 伎癢 1-1180A
jìyǎng 技痒 6-359B
jìyǎng 技養 6-359B
jìyǎng 技懩 6-360A
jìyǎng 技癢 6-360A
jìyǎng 寄養 3-1513B
jìyǎng 祭養 7-913A
jìyǎng 繼養 9-1046A
jīyángqīngzhuó 激揚清濁 6-173A
jíyánjùsè 疾言倨色 8-299A
jíyánjùsè 疾言遽色 8-299A
jǐyǎnlí 麂眼籬 12-1288B
jíyánlìqì 疾言厲氣 8-299A
jíyánlìsè 疾言厲色 8-299A
jíyánnùsè 疾言怒色 8-299A
jìyánwúsuǒ 寄顏無所 3-1514B
jìyánxīnsuàn 計研心筭 11-16A
jìyànzhōngshāo 飢焰中燒 12-493B
jīyào 畿要 7-1405A
jīyào 機要 4-1326B
jíyào 急要 7-457B
jìyào 紀要 9-727A
jìyào 計要 11-16A
jìyào 記要 11-61A
jìyào 齊藥 12-1436B
jīyàoyuán 機要員 4-1326B
jīyè 肌液 6-1166B
jīyè 基業 2-1112B
jīyè 箕業 8-1188B
jīyè 機葉 4-1329A
jīyè 激咽 6-171B
jīyè 積夜 8-134A
jīyè 積業 8-142A
jīyè 擊壓 6-904B
jíyě 極野 4-1140A
jíyè 嶫嶫 3-866A
jíyè 岌業 3-801A
jíyè 即夜 2-531B
jíyè 極夜 4-1138A
jíyè 集腋 11-800B
jíyè 撠掖 6-858A
jìyě 冀野 2-163A
jìyě 霽野 11-746B
jìyè 技業 6-359B
jìyè 季葉 4-211B
jìyè 繼業 9-1045B
jíyèchéngqiú 集腋成裘 11-801A
jíyèwéiqiú 集腋爲裘 11-801A
jīyī 擊衣 6-900B
jīyí 稽疑 8-122A
jīyí 機宜 4-1325B
jīyí 積疑 8-144A
jīyí 雞夷 11-861A
jīyí 雞彝 11-867A
jīyí 幾宜 4-449A
jīyì 姬易 4-358B
jīyì 飢疫 12-493B
jīyì 畸异 7-1383B
jīyì 畸異 7-1384B
jīyì 畿邑 7-1404B
jīyì 畿驛 7-1405B
jīyì 稽詣 8-122A
jīyì 賫詣 10-246A
jīyì 機弋 4-1323A
jīyì 積異 8-138B
jīyì 積意 8-143B
jīyì 積勩 8-144A
jīyì 積億 8-145B
jīyì 譏議 11-436B
jīyì 饑疫 12-584A
jīyì 齎議 12-1444B
jīyì 羈役 8-1055B
jíyī 疾醫 8-305B
jíyǐ 及以 1-635B
jíyǐ 極已 4-1135B
jíyì 急義 7-461B
jíyì 疾疫 8-301A
jíyì 戢枻 5-231B
jíyì 戢翼 5-232A
jíyì 棘翳 4-1107B
jíyì 極役 4-1137A
jíyì 極異 4-1140A
jíyì 極意 4-1142A
jíyì 極詣 4-1142A
jíyì 集義 11-801B
jíyì 集議 11-802B
jíyì 輯佚 9-1299A
jíyì 輯譯 9-1300B
jǐyī 戟衣 5-230A
jǐyī 蟣衣 8-975A
jǐyì 給役 9-825A
jǐyì 給驛 9-827B
jǐyì 擠抑 6-941A
jìyī 妓衣 4-295B
jìyī 罽衣 8-1045A
jìyí 祭儀 7-913B
jìyǐ 既已 4-657B
jìyǐ 既以 4-658A
jìyì 伎藝 1-1179B
jìyì 技蓺 6-359B
jìyì 技藝 6-360A
jìyì 計意 11-20B
jìyì 計議 11-22B
jìyì 記意 11-63A
jìyì 記憶 11-64A
jìyì 記臆 11-64B
jìyì 寄意 3-1513B
jíyìféicí 瘠義肥辭 8-351A
jìyìlì 記憶力 11-64A
jīyīn 基因 2-1111B
jīyīn 基音 2-1112A
jīyīn 積因 8-131B
jīyīn 積陰 8-138A
jīyīn 齏音 12-394B
jīyīn 齎音 12-1444B
jīyīn 幾音 4-449A
jíyīn 極音 4-1139A
jíyǐn 汲引 5-934A
jíyǐn 極飲 4-1141A
jíyìn 輯印 9-1299A
jìyīn 寄音 3-1510A
jìyīn 罽茵 8-1045B
jìyìn 迹印 10-801B
jìyìn 記印 11-59A
jīyīng 積霙 8-147A
jīyīng 羈纓 8-1059B
jīyíng 奇贏 2-1529B
jīyǐng 箕潁 8-1189A
jīyǐng 機穎 4-1333A
jīyǐng 羈影 8-1058A
jīyìng 姬媵 4-358B
jīyìng 擊應 6-904B
jíyíng 集螢 11-802A
jíyǐng 戢景 5-231B
jíyǐng 戢影 5-232A
jíyìng 吉應 3-96B
jǐyǐng 瞖影 12-740A
jìyìng 妓媵 4-296A
jìyìng 寄應 3-1514B
jìyīnglú 季鷹鱸 4-212A
jīyíngshù 奇贏術 2-1529B
jìyīngyú 季鷹魚 4-212A
jīyǐnqiúsuí 箕引裘隨 8-1187B
jīyísòngnán 稽疑送難 8-122A
jīyǐwéicháng 積以爲常 8-130B
jīyōng 稽壅 8-122B
jīyōng 積壅 8-147A
jīyǒng 機勇 4-1327A
jīyǒng 激湧 6-173B
jīyòng 績用 9-977A
jíyòng 即用 2-530A
jíyòng 急用 7-455B
jǐyōng 擠擁 6-941B
jǐyòng 給用 9-825A
jìyōng 紀庸 9-727B
jìyǒng 技勇 6-359B
jìyòng 技用 6-359A
jìyòng 濟用 6-191B
jīyōu 積憂 8-145B
jīyóu 機油 4-1325B
jīyóu 機猷 4-1331A
jīyóu 羈遊 8-1057B
jīyòu 積幼 8-131B
jīyòu 積祐 8-136A
jīyòu 羈誘 8-1058A
jíyōu 極幽 4-1138B
jíyóu 極遊 4-1141A
jíyóu 集郵 11-800B
jìyóu 紀遊 9-727B
jìyóu 記遊 11-62B
jīyōuchéngjí 積憂成疾 8-145B
jīyū 積淤 8-139B
jīyú 肌腴 6-1166B
jīyú 基於 2-1112A
jīyú 畸餘 7-1384B
jīyú 積愚 8-142B
jīyú 積餘 8-146A
jīyú 積踰 8-147A
jīyú 譏諛 11-436A
jīyú 幾於 4-449A
jīyú 奇餘 2-1528A
jīyǔ 乩語 1-770A
jīyǔ 基宇 2-1111B
jīyǔ 機語 4-1331B
jīyǔ 積羽 8-132B
jīyǔ 積雨 8-133B
jīyǔ 積庾 8-139A
jīyǔ 羈羽 8-1055A
jīyù 緝御 9-940A
jīyù 機遇 4-1329B
jīyù 積玉 8-130B
jīyù 積獄 8-144A
jīyù 積鬱 8-149A
jīyù 羈寓 8-1057B
jíyú 極娛 4-1139B
jíyǔ 吉語 3-96A
jíyǔ 疾雨 8-299B
jíyǔ 戢羽 5-231A
jíyù 吉玉 3-91B
jíyù 戢御 5-232A
jíyù 極欲 4-1140A
jíyù 籍譽 8-1272B
jǐyǔ 給予 9-825A

jǐyǔ 給與 9-826B
jǐyǔ 季禹 4-211A
jìyú 祭魚 7-912B
jìyú 覬覦 10-352A
jìyǔ 偈語 1-1549A
jìyǔ 寄予 3-1506A
jìyǔ 寄與 3-1513A
jìyǔ 寄語 3-1513B
jìyǔ 穊窳 12-1221A
jìyǔ 霽雨 11-746A
jìyù 寄寓 3-1512A
jìyù 寄諭 3-1514B
jìyù 祭玉 7-910B
jìyù 際遇 11-1098B
jìyù 濟育 6-192A
jìyù 覬欲 10-352A
jīyuán 基原 2-1112A
jīyuán 基源 2-1112B
jīyuán 機緣 4-1332B
jīyuán 擊轅 6-904B
jīyuán 雞園 11-865A
jīyuǎn 積遠 8-141B
jīyuàn 積怨 8-135B
jīyuàn 羈怨 8-1056A
jíyuán 汲援 5-935B
jíyuán 棘垣 4-1106A
jíyuán 極源 4-1142B
jíyuán 鶺原 12-1138B
jíyuǎn 極遠 4-1141B
jíyuàn 疾怨 8-301A
jíyuàn 棘院 4-1106A
jíyuàn 集苑 11-799B
jíyuàn 嫉怨 4-396A
jǐyuán 給園 9-826B
jìyuán 紀元 9-726A
jìyuán 記元 11-58B
jìyuǎn 寄遠 3-1512B
jìyuàn 妓院 4-296A
jìyuàn 忌怨 7-407B
jìyuàn 計院 11-16B
jìyuàn 寄怨 3-1510A
jìyuàn 冀願 2-163B
jíyuànjìnhuān 極願盡歡 4-1144B
jíyǔbàofēng 疾雨暴風 8-299B
jīyǔchénzhōu 積羽沉舟 8-132B
jīyuē 飢約 12-493B
jīyuē 機約 4-1327A
jīyuè 稘月 8-97B
jīyuè 畿嶽 7-1405B
jīyuè 稽閱 8-122B
jīyuè 機岳 4-1325B
jīyuè 激越 6-172B
jīyuè 擊越 6-902A
jīyuè 期月 6-1306B
jíyuè 吉月 3-91B
jìyuè 伎樂 1-1179B
jìyuè 妓樂 4-296B
jìyuè 忌月 7-407A
jìyuè 技樂 6-360A
jìyuè 季月 4-209B
jìyuè 既月 4-658A
jìyuè 記月 11-59A
jìyuè 祭月 7-910B
jìyuè 霽月 11-746A
jìyuèguāngfēng 霽月光風 11-746A
jìyùfēngyún 際遇風雲 11-1098B
jīyùhú 擊玉壺 6-899B
jīyún 機雲 4-1329B
jīyún 積雲 8-140B
jīyùn 機運 4-1330A
jīyùn 機韻 4-1334A
jīyùn 齎運 12-1444A
jīyùn 幾運 4-450A
jíyún 吉雲 3-95B
jíyùn 極運 4-1141B
jìyún 髻雲 12-739B
jìyún 霽雲 11-746B
jìyùn 計運 11-19A
jìyùn 寄孕 3-1507A
jìyùn 寄韻 3-1515A
jìyùn 際運 11-1098B
jìyùn 濟運 6-193B
jíyúncǎo 吉雲草 3-95B
jíyúnhuā 吉雲花 3-95B
jíyúntái 集雲臺 11-800B
jíyúqiúchéng 急於求成 7-457A
jíyútái 極于臺 4-1135B
jíyúxīnghuǒ 急於星火 7-457B
jīyǔyún 積雨雲 8-133B
jīzā 擠匝 6-941A
jīzāi 積載 8-141B
jízāi 疾菑 8-303A
jízǎi 戢載 5-232A
jìzǎi 紀載 9-727B
jìzǎi 記載 11-62B
jìzài 寄載 3-1512B
jìzàibùjìshi 寄在不寄失 3-1507B
jīzǎn 積儹 8-148A
jīzǎn 積攢 8-148B
jīzǎn 積趲 8-148B
jīzàn 激贊 6-175B
jǐzǎn 擠趲 6-942A
jìzān 髻簪 12-740A
jìzāng 寄贓 3-1515A
jīzāo 虀糟 9-634A
jīzáo 機鑿 4-1335A
jìzào 譏譟 11-436B
jízǎo 及早 1-636A
jízǎo 即早 2-530B
jízǎo 急早 7-456A
jízǎo 疾早 8-298A
jízǎo 棘棗 4-1106B
jízào 急燥 7-463A
jízào 急躁 7-463B
jìzào 祭竈 7-914A
jīzé 唧嘖 3-370B
jīzé 積澤 8-147B
jīzé 譏責 11-435A
jīzé 幾嘖 4-450B
jízé 極則 4-1138A
jìzé 稷澤 8-124B
jìzé 罽幘 8-1045B
jìzé 霽澤 11-746B
jízébàofójiǎo 急則抱佛脚 7-457B
jízébìfǎn 極則必反 4-1138B
jīzéi 積賊 8-142A
jīzéihù 擊賊笏 6-903A
jīzēng 激增 6-174A
jīzēng 積憎 8-146B
jīzèng 機綜 4-1331B
jízēng 疾憎 8-305A
jìzēng 忌憎 7-408B
jīzhà 機詐 4-1330A
jízhá 給札 9-825A
jìzhā 髻鬠 12-740A
jìzhǎ 寄鮓 3-1514B
jìzhà 祭蜡 7-913A
jīzhāi 譏摘 11-435B
jízhái 吉宅 3-92B
jízhǎi 急窄 7-459B
jízhài 疾瘵 8-305A
jízhài 瘠瘵 8-351B
jìzhāi 忌齋 7-409A
jīzhān 雞占 11-861A
jīzhǎn 擊斬 6-901B
jīzhàn 激戰 6-175A
jízhān 吉占 3-91B
jízhàn 急戰 7-463A
jízhàn 疾戰 8-305A
jízhàn 極戰 4-1144A
jǐzhàn 擠占 6-941A
jīzhāng 箕張 8-1188B
jīzhǎng 機長 4-1324B
jīzhǎng 積漲 8-144B
jīzhǎng 擊掌 6-902A
jīzhàng 机杖 4-745A
jīzhàng 積帳 8-139A
jīzhàng 擊杖 6-900B
jīzhàng 几杖 2-281B
jízhǎng 級長 9-725A
jízhàng 籍帳 8-1271B
jízhāng 戢張 5-230B
jǐzhàng 脊杖 6-1255A
jìzhàng 計帳 11-17B
jìzhàng 記帳 11-62A
jìzhàng 記賬 11-63B
jìzhàng 寄杖 3-1508A
jìzhàng 祭幛 7-913B
jìzhàng 罽帳 8-1045B
jízhāngjùsuì 急張拒遂 7-460A
jízhāngjūzhū 急張拘諸 7-460A
jízhāngjūzhū 急章拘諸 7-460A
jízhāngjūzhū 急獐拘豬 7-462A
jízhǎnzhǎn 急颭颭 7-462A
jīzhāo 雞招 11-861B
jīzhāo 期朝 6-1308A
jīzhào 基兆 2-1111B
jīzhào 機兆 4-1324A
jīzhào 擊棹 6-902A
jīzhào 擊櫂 6-904B
jīzhào 幾兆 4-448B
jízhào 吉兆 3-92B
jízhào 即炤 2-531B
jízhào 急棹 7-460A
jízhào 極照 4-1141B
jízhào 楫棹 4-1176B
jízhào 楫櫂 4-1176B
jízhào 輯濯 9-1300B
jìzhāo 霽朝 11-746B
jìzhào 迹兆 10-801B
jīzhǎofēng 雞爪風 11-860B
jīzhǎofēng 雞爪瘋 11-860B
jīzhé 擊折 6-900B
jīzhé 譏謫 11-436B
jǐzhē 掎遮 6-643B
jìzhe 記着 11-62A
jìzhě 記者 11-60A
jīzhēn 基楨 2-1112B
jīzhěn 激紾 6-171A
jīzhěn 積疹 8-137B
jīzhěn 羈枕 8-1055B
jízhēn 即真 2-531B
jízhēn 棘針 4-1106B
jízhēn 棘榛 4-1107A
jízhēn 極珍 4-1138A
jízhěn 急診 7-460B
jízhěn 集診 11-801A
jízhèn 急振 7-458B
jízhèn 急賑 7-462A
jízhèn 集鎮 11-802A
jìzhēn 忌針 7-408A
jìzhēn 記真 11-61B
jìzhěn 記軫 11-62B
jìzhěn 繼軫 9-1045A
jìzhèn 悸震 7-598B
jìzhèn 濟賑 6-194A
jīzhēng 稽征 8-120B
jīzhēng 擊征 6-901A
jīzhèng 稽證 8-123A
jīzhèng 機政 4-1326A
jīzhèng 譏正 11-434A
jīzhèng 幾政 4-449A
jízhēng 吉丁 3-90B
jízhēng 吉徵 3-96A
jízhēng 急徵 7-462B
jízhēng 疾争 8-298A
jízhèng 即政 2-531B
jízhèng 急政 7-457B
jízhèng 棘正 4-1105A
jízhèng 極正 4-1136A
jìzhēng 計争 11-15A
jìzhěng 濟拯 6-192B
jìzhèng 寄政 3-1509B
jìzhèng 祭正 7-910B
jìzhèng 稷正 8-123B
jízhēngdāng 吉丁當 3-90B
jīzhēng'édòu 雞争鵝鬥 11-861B
jízhēngzhēng 吉錚錚 3-96A
jízhēnkē 棘針科 4-1106B
jízhēnkē 棘鍼科 4-1107B
jízhēnmén 棘針門 4-1106B

jízhēnyóu 棘針油 4-1106B
jīzhī 機織 4-1333B
jīzhī 績織 9-977B
jīzhī 踦隻 10-490A
jīzhǐ 基墌 2-1112B
jīzhí 積直 8-133B
jīzhí 雞跖 11-864A
jīzhí 雞蹠 11-867A
jīzhí 羈罥 8-1057B
jīzhí 羈縶 8-1058B
jīzhǐ 基阯 2-1111B
jīzhǐ 基址 2-1111B
jīzhǐ 基趾 2-1112A
jīzhǐ 賫旨 10-245A
jīzhǐ 激徵 6-174B
jīzhǐ 積祉 8-134B
jīzhǐ 磯沚 7-1114A
jīzhǐ 基跱 2-1112B
jīzhì 稽陟 8-121B
jīzhì 稽滯 8-122A
jīzhì 稽質 8-122B
jīzhì 賫志 10-245B
jīzhì 機知 4-1325B
jīzhì 機制 4-1325B
jīzhì 機智 4-1329B
jīzhì 機製 4-1331B
jīzhì 積志 8-132B
jīzhì 積帙 8-133B
jīzhì 積治 8-134B
jīzhì 積智 8-140B
jīzhì 積置 8-142B
jīzhì 積墆 8-143B
jīzhì 積滯 8-144B
jīzhì 隮陟 11-1133A
jīzhì 躋陟 10-564A
jīzhì 躋致 10-564A
jīzhì 躋躓 10-564B
jīzhì 齎志 12-1443A
jīzhì 羈制 8-1055B
jīzhì 羈滯 8-1058A
jīzhì 期制 6-1307A
jízhī 極知 4-1137B
jízhí 汲直 5-935A
jízhǐ 棘枳 4-1106A
jízhì 緝治 9-939B
jízhì 及至 1-636A
jízhì 急智 7-460B
jízhì 疾置 8-304B
jízhì 戢制 5-231B
jízhì 戢智 5-232A
jízhì 極知 4-1137B
jízhì 極至 4-1136B
jízhì 極治 4-1138A
jízhì 極致 4-1139A
jízhì 極智 4-1141A
jízhì 極摯 4-1142B
jízhì 集滯 11-801B
jízhì 輯治 9-1299B
jízhì 踖滯 10-533A
jǐzhī 己知 4-70A
jǐzhì 戟刺 5-230A
jǐzhī 戟支 5-229B
jǐzhí 掎摭 6-643B
jǐzhí 掎蹠 6-643B
jǐzhǐ 掎止 6-643A
jǐzhǐ 戟指 5-230B
jǐzhǐ 祭脂 7-912A
jìzhí 計直 11-15B
jìzhí 計值 11-17A
jìzhí 計職 11-22A
jìzhí 訐直 11-27A
jìzhǐ 季指 4-211A
jìzhǐ 寄止 3-1506A
jìzhǐ 寄紙 3-1511A
jìzhǐ 際止 11-1098A
jìzhǐ 霽止 11-746A
jìzhì 忌忮 7-407A
jìzhì 忌制 7-407B
jìzhì 芰製 9-283B
jìzhì 紀識 9-729A
jìzhì 計制 11-15B
jìzhì 計治 11-16A
jìzhì 計倂 11-18A
jìzhì 計智 11-19A
jìzhì 計置 11-20A
jìzhì 記識 11-64B
jìzhì 記誌 11-63A
jìzhì 寄治 3-1509A
jìzhì 寄質 3-1514A
jìzhì 冀志 2-163A
jìzhì 濟治 6-192B
jìzhì 懻忮 7-785B
jìzhì 繼志 9-1043B
jīzhībù 機織布 4-1333B
jīzhì'érmò 賫志而歿 10-245B
jǐzhǐjiáoshé 戟指嚼舌 5-230B
jízhìqióngsī 極智窮思 4-1141A
jízhìxiélì 輯志協力 9-1299A
jīzhìyǐmò 賫志以沒 10-245B
jīzhìyǐmò 賫志以歿 10-245B
jīzhōng 激衷 6-172A
jīzhōng 積中 8-130A
jīzhōng 擊鍾 6-904B
jīzhōng 擊鐘 6-905A
jīzhǒng 箕踵 8-1189B
jīzhòng 畸重 7-1384A
jīzhòng 觭重 10-1382A
jīzhòng 機中 4-1323A
jīzhòng 積重 8-135A
jīzhòng 積衆 8-141A
jízhōng 極忠 4-1137B
jízhōng 集中 11-799A
jízhǒng 汲冢 5-935A
jízhòng 極重 4-1138B
jízhòng 極衆 4-1141A
jìzhōng 既終 4-659A
jìzhōng 懻中 7-785B
jìzhǒng 繼踵 9-1046A
jìzhòng 寄重 3-1509B
jìzhòng 濟衆 6-193B
jīzhòngbùfǎn 積重不反 8-135A
jīzhòngbùfǎn 積重不返 8-135A
jízhòngbùfǎn 極重不反 4-1138B
jīzhōngdǐngshí 擊鐘鼎食 6-905B
jízhǒnggǔwén 汲冢古文 5-935A
jīzhōngjǐnzì 機中錦字 4-1323B
jīzhòngjīqīng 畸重畸輕 7-1384A
jīzhòngnánfǎn 積重難反 8-135B
jīzhòngnánfǎn 積重難返 8-135B
jízhòngnánfǎn 極重難返 4-1138B
jízhōngshēngzhì 急中生智 7-455A
jīzhōngshí 擊鐘食 6-905B
jízhǒngshū 汲冢書 5-935A
jízhǒngzhōushū 汲冢周書 5-935A
jīzhōu 姬周 4-358B
jīzhōu 期周 6-1307A
jīzhóu 機軸 4-1329B
jīzhǒu 箕帚 8-1188A
jīzhǒu 箕箒 8-1188B
jīzhòu 積甃 8-142B
jīzhōu 聖周 2-1108B
jízhóu 棘軸 4-1106B
jízhòu 吉繇 3-96B
jízhòu 急驟 7-464A
jìzhōu 冀州 2-163A
jìzhòu 繼晝 9-1045A
jīzhǒufù 箕箒婦 8-1189A
jízhōugèzhī 急周各支 7-457A
jīzhǒunǚ 箕箒女 8-1189A
jīzhǒuqiè 箕帚妾 8-1188A
jīzhǒuqiè 箕箒妾 8-1189A
jízhōuyáo 吉州窑 3-92B
jízhōuyáo 吉州窯 3-92B
jīzhǒuzhīhuān 箕箒之歡 8-1189A
jīzhǒuzhīshǐ 箕箒之使 8-1189A
jīzhū 稽誅 8-122A
jīzhū 積瀦 8-148A
jīzhū 雞珠 11-862B
jīzhū 居諸 4-26B
jīzhú 基築 2-1113A
jīzhú 積竹 8-132A
jīzhú 擊竹 6-900A
jīzhú 擊筑 6-902A
jīzhǔ 積褚 8-143B
jīzhù 賫助 10-245B
jīzhù 機杼 4-1325A
jīzhù 機竿 4-1328B
jīzhù 積著 8-138A
jīzhù 積貯 8-140B
jīzhù 擊柱 6-901B
jīzhù 齎助 12-1443A
jízhū 極誅 4-1141B
jízhú 棘竹 4-1105B
jízhú 極燭 4-1144B
jízhǔ 及屬 1-637B
jízhǔ 吉主 3-92A
jízhù 吉祝 3-94A
jízhù 極著 4-1139B
jízhù 集注 11-800A
jízhù 集註 11-801A
jízhù 輯著 9-1299B
jízhù 籍注 8-1271A
jǐzhù 脊柱 6-1255A
jìzhū 記珠 11-61B
jìzhū 髻珠 12-739B
jìzhú 繼燭 9-1046A
jìzhǔ 季主 4-210A
jìzhǔ 計囑 11-22B
jìzhǔ 寄主 3-1507A
jìzhǔ 寄屬 3-1515A
jìzhǔ 祭主 7-911A
jìzhù 記注 11-61A
jìzhù 記註 11-62B
jìzhù 寄住 3-1508A
jìzhù 濟助 6-191B
jìzhuā 髻鬘 12-740A
jìzhuā 鬣鬘 12-759B
jízhuàn 急傳 7-461A
jǐzhuàn 給傳 9-827A
jìzhuàn 紀傳 9-728A
jìzhuàn 計賺 11-22A
jìzhuàn 記傳 11-63A
jīzhuāng 齎裝 12-1444A
jīzhuàng 激壯 6-171A
jīzhuàng 擊撞 6-903B
jízhuāng 急裝 7-462A
jízhuàng 疾狀 8-300A
jízhuàng 極壯 4-1137B
jìzhuāng 寄莊 3-1510A
jìzhuàng 迹狀 10-801B
jízhuāngxiāng 集裝箱 11-801B
jìzhuàntǐ 紀傳體 9-728A
jízhuǎnzhíxià 急轉直下 7-463A
jízhúfánsī 急竹繁絲 7-456A
jìzhùguān 記注官 11-61A
jīzhuì 緝綴 9-940B
jǐzhuī 脊椎 6-1256A
jìzhuì 祭醊 7-913A
jìzhuì 祭餟 7-913B
jǐzhuīdòngwù 脊椎動物 6-1256A
jǐzhuīgǔ 脊椎骨 6-1256A
jīzhūlěicùn 積銖累寸 8-144A
jīzhǔn 基準 2-1112B
jīzhuō 几桌 2-282A
jīzhuó 稽酌 8-121B
jízhuó 急灼 7-456B
jìzhuó 濁汋 6-214A
jìzhuó 繼躅 9-1046B
jīzhuóyángqīng 激濁揚清 6-175A

jīzhúrén 擊筑人 6-902A
jīzhùyījiā 機杼一家 4-1325A
jīzhúzhàng 積竹杖 8-132A
jīzi 機子 4-1323A
jīzi 雞子 11-859B
jīzī 積資 8-143A
jīzī 譏訾 11-435B
jīzī 齎咨 12-1443B
jīzī 期齊 6-1309A
jīzǐ 屐子 4-49A
jīzǐ 賫子 10-245A
jīzǐ 雞子 11-859B
jīzì 積漬 8-144B
jízi 集子 11-798B
jízi 楫子 4-1176B
jízī 集資 11-801B
jízǐ 疾子 8-297B
jízǐ 棘子 4-1104B
jízǐ 鈷子 11-1249B
jǐzi 麂子 12-1288B
jǐzi 蟣子 8-975A
jìzi 劑子 2-757A
jìzi 髻子 12-739B
jìzī 計資 11-20B
jìzī 記諮 11-64A
jìzī 寄資 3-1513A
jìzǐ 季子 4-209B
jìzǐ 偈子 1-1548B
jìzǐ 穄子 8-151A
jìzǐ 薺子 12-1220B
jìzǐ 繼子 9-1043A
jìzǐ 驥子 12-915B
jìzì 忌恣 7-408A
jìzǐqiú 季子裘 4-209B
jízìshī 集字詩 11-799B
jīzōng 雞㙡 11-865A
jīzōng 雞宗 11-862A
jīzǒng 笄總 8-1108A
jízōng 緝綜 9-940B
jìzōng 寄蹤 3-1514B
jìzōng 繼宗 9-1044A
jìzòng 繼蹤 9-1046A
jízǒu 疾走 8-298B
jízǒu 極走 4-1137A
jízòu 籍奏 8-1271A
jìzòu 計奏 11-16A
jìzòu 記奏 11-61A
jízǒuxiāndé 疾走先得 8-298B
jīzú 擊卒 6-901A
jīzǔ 機組 4-1329A
jīzǔ 璣組 4-634A
jīzǔ 積阻 8-133A
jīzǔ 積祖 8-136A
jízú 急足 7-456B
jízú 疾足 8-298B
jízú 極卒 4-1138A
jízú 蝍蛆 8-910B
jǐzú 給足 9-825A
jìzú 忌族 7-408A
jìzú 寄足 3-1508A
jìzú 驥足 12-915B
jìzuǎn 記纂 11-64B
jìzuǎn 繼纘 9-1046B
jīzuì 磯嘴 7-1114A
jīzuì 稽罪 8-122A
jízuì 及睟 1-637A
jízuì 極罪 4-1141B
jízuì 極醉 4-1143A
jìzuǐ 忌嘴 7-408B
jìzuì 計最 11-18B
jìzǔmǔ 季祖母 4-211A
jízūn 極尊 4-1141A
jìzūn 祭尊 7-912B
jīzuǒ 奇左 2-1522A
jīzuò 基祚 2-1112A
jīzuò 基座 2-1112A
jīzuò 箕坐 8-1188A
jīzuò 激作 6-171A
jīzuò 積作 8-133A
jīzuò 踑坐 10-488B
jízuò 即阼 2-531A
jízuò 即祚 2-531B
jízuò 疾作 8-298B
jìzuō 伎作 1-1179A
jìzuǒ 計左 11-14B
jìzuò 忌作 7-407A
jìzuò 寄坐 3-1508A
jìzuò 祭胙 7-912A
jìzuò 跽坐 10-487B
jìzuò 繼作 9-1043B
jízúxiāndé 疾足先得 8-298B
jū'āi 居哀 4-23B
jū'ài 拘礙 6-487B
jū'ài 鞠愛 12-200B
jú'ài 局隘 4-18A
jǔ'āi 舉哀 8-1295A
jù'ài 拒隘 6-363B
jù'ài 拒阸 6-362B
jū'ān 居安 4-22A
jū'àn 鞠按 12-199A
jū'àn 鞫按 12-209B
jū'àn 鞫案 12-209B
jǔ'ān 舉桉 8-1295B
jǔ'àn 舉按 8-1295A
jǔ'àn 舉案 8-1295B
jù'ān 據鞍 6-910B
jù'àn 具案 2-110A
jù'àn 攎桉 6-833A
juān'āi 涓埃 5-1211B
juān'ài 涓壒 5-1212B
juàn'ài 狷隘 5-56B
juàn'ài 眷愛 7-1207B
juàn'ào 狷傲 5-56B
juānbà 蠲罷 7-1478A
juǎnbǎi 卷柏 2-536B
juànbài 倦敗 1-1518B
juǎnbáibō 卷白波 2-535B
juānbān 捐班 6-615B
juǎnbān 卷班 2-537A
juǎnbàn 捲伴 6-711B
juānbào 涓報 5-1212A
juǎnbāo 卷包 2-535B
juànbào 狷暴 5-56B
juānbèi 捐背 6-615A
juànbèi 倦憊 1-1519A
juànběn 絹本 9-871B
juānběnzhúmò 捐本逐末 6-614A
juānbì 圈閉 3-649B
juǎnbì 埍陛 2-1106B
juǎnbì 卷襞 2-539B
juànbǐ 倦筆 1-1518B
juānbìchóngshàn 蠲敝崇善 7-1477B
juānbīn 捐賓 6-616A
juǎnbǐng 卷餅 2-538B
juānbīnkè 捐賓客 6-616A
juānbō 涓波 5-1211B
juānbō 朘剝 6-1304B
juānbó 朘薄 6-1304B
juǎnbō 卷波 2-536B
juànbó 絹帛 9-871B
juānbū 蠲逋 7-1477A
juànbù 絹布 9-871B
juāncái 鐫裁 11-1393A
juǎncáng 卷藏 2-539A
juāncánqùshā 捐殘去殺 6-616A
juǎncéngyún 卷層雲 2-538B
juǎncéngyún 捲層雲 6-712A
juànchá 狷察 5-56B
juānchán 鐫劖 11-1393B
juānchán 鐫鑱 11-1394A
juāncháng 蠲腸 7-1478A
juānchén 涓辰 5-1211B
juānchén 涓塵 5-1212A
juānchéng 蠲酲 7-1478A
juànchéng 倦程 1-1518B
juānchí 蠲弛 7-1476B
juānchì 鐫斥 11-1392A
juānchì 蠲饎 7-1478B
juǎnchǐ 卷尺 2-535A
juǎnchǐ 捲尺 6-711A
juànchǐ 眷齒 7-1208A
juànchōng 眷忡 7-1206A
juànchǒng 眷寵 7-1208A
juànchóu 眷酬 7-1207B
juànchóu 絹綢 9-872A
juānchú 捐除 6-615A
juānchú 蠲除 7-1477A
juānchù 鐫黜 11-1393B
juànchū 倦出 1-1518A
juānchuángzhàng 捐牀帳 6-615A
juàncí 雋詞 11-833A
juàncì 卷次 2-536A
juàncuì 雋脆 11-832A
juàncún 眷存 7-1205B
juāncuò 鐫錯 11-1393B
juāndài 蠲貸 7-1477B
juàndài 倦怠 1-1518B
juàndài 眷待 7-1206B
juǎndān 卷丹 2-535A
juǎndān 卷單 2-538A
juàndàn 倦憚 1-1519A
juāndàng 鐫蕩 11-1393B
juāndàng 蠲蕩 7-1478A
juāndào 朘盜 6-1304B
juāndī 涓滴 5-1212B
juāndí 涓滌 5-1212A
juāndí 蠲滌 7-1478A
juāndǐ 鐫詆 11-1393B
juǎndì 卷地 2-535B
juǎndì 捲地 6-711A
juàndì 卷第 2-537B
juàndì 絹地 9-871B
juāndiāo 鐫雕 11-1393B
juàndié 卷氎 2-539B
juāndīguīgōng 涓滴歸公 5-1212B
juāndīng 蠲丁 7-1476A
juǎndìpí 卷地皮 2-535B
juāndú 捐毒 6-615A
juàndú 卷牘 2-539A
juàndú 狷獨 5-56B
juàndǔ 狷篤 5-56B
juànduān 卷端 2-538B
juàndùn 倦盹 1-1518A
juān'ē 蠲痾 7-1477B
juǎn'ěr 卷耳 2-535B
juǎn'ěr 菤耳 9-450A
juānfā 鐫發 11-1393A
juānfá 鐫罰 11-1393A
juānfǎ 蠲法 7-1476B
juànfá 倦乏 1-1518A
juānfán 蠲煩 7-1478A
juànfán 倦煩 1-1519A
juānfàng 捐放 6-615A
juānfàng 蠲放 7-1476B
juānfèi 捐廢 6-616B
juànfēi 倦飛 1-1518B
juànféi 圈肥 3-649A
juānfèn 蠲忿 7-1476B
juànfèn 狷忿 5-56A
juànfèn 狷憤 5-56B
juānfènxī 蠲忿犀 7-1476B
juānfú 蠲祓 7-1477A
juānfú 蠲符 7-1477B
juānfù 捐復 6-616A
juānfù 蠲復 7-1477B
juānfù 蠲賦 7-1478A
juǎnfù 卷覆 2-539A
juànfú 絹幅 9-872A
juāngǎi 鐫改 11-1392B
juàngāng 狷剛 5-56A
juāngé 蠲閣 7-1478A
juāngōng 鐫功 11-1392A
juàngōu 帣鞲 3-715A
juàngū 絹估 9-871B
juàngù 狷固 5-56A
juàngù 眷顧 7-1208A
juànguà 罥挂 8-1021B
juànguà 罥罣 8-1022A
juānguān 捐官 6-615A
juānguān 鐫官 11-1392B
juānguǎn 捐館 6-616B
juànguāng 絹光 9-871B
juānguǎnshè 捐館舍 6-616B
juāngǔmíngxīn 鐫骨銘心 11-1392B
juānguó 捐國 6-615B
juānhái 捐骸 6-616B
juānháo 涓毫 5-1212A

juānháo 涓豪 5-1212A
juānhǎo 娟好 4-362A
juānhào 朘耗 6-1304B
juànhǎo 眷好 7-1206A
juǎnhé 卷荷 2-537A
juànhè 眷荷 7-1207A
juànhèn 眷恨 7-1206B
juànhóngwēicuì 眷紅偎翠 7-1207A
juànhòu 眷厚 7-1206B
juānhuà 蠲化 7-1476A
juànhuā 絹花 9-871B
juǎnhuái 卷懷 2-539A
juǎnhuái 捲懷 6-712B
juànhuái 眷懷 7-1208A
juānhuán 娟嬛 4-362B
juānhuǎn 蠲緩 7-1478A
juǎnhuàn 呟喚 3-311B
juānhuāyàng 捐花様 6-614A
juānhuī 捐灰 6-614A
juānhuì 鐫誨 11-1393B
juǎnhuí 卷迴 2-537A
juànhuì 眷惠 7-1207A
juānhún 鵑魂 12-1108A
juānhuò 蠲豁 7-1478B
juǎnhuò 誸惑 11-117A
juānjí 捐瘠 6-616B
juānjí 涓吉 5-1211B
juānjí 鐫級 11-1392B
juānjí 蠲吉 7-1476A
juānjí 蠲疾 7-1477A
juānjí 蠲瘠 7-1478A
juǎnjì 卷迹 2-537A
juǎnjì 卷跡 2-538B
juànjī 狷激 5-56B
juànjí 倦飢 1-1518B
juànjí 倦極 1-1518B
juànjí 狷急 5-56A
juànjí 悁急 7-545A
juànjì 眷寄 7-1207A
juānjiǎ 捐甲 6-614A
juānjià 鐫價 11-1393B
juǎnjiǎ 卷甲 2-535A
juǎnjiǎ 捲甲 6-711A
juǎnjiǎbèidào 卷甲倍道 2-535A
juānjiǎn 鐫減 11-1393A
juānjiǎn 蠲減 7-1477B
juānjiàn 捐監 6-616A
juānjiàn 捐薦 6-616B
juànjiàn 圈檻 3-650A
juānjiàng 鐫降 11-1392B
juànjiǎng 眷奬 7-1207B
juānjiàngzhǐ 蠲糨紙 7-1478B
juānjiào 鐫噍 11-1393B
juǎnjiǎshùbīng 卷甲束兵 2-535A
juǎnjiǎtāogē 卷甲韜戈 2-535B
juǎnjiǎxiánméi 卷甲銜枚 2-535A
juānjiē 捐階 6-615B
juānjiē 鐫階 11-1393A
juānjié 娟潔 4-362B
juānjié 涓潔 5-1212B
juānjié 鐫詰 11-1393A
juānjié 蠲潔 7-1478A
juānjié 蠲絜 7-1477B
juānjiè 鐫戒 11-1392B
juànjiē 眷接 7-1207A
juànjié 狷潔 5-56B
juànjié 罥結 8-1022A
juànjié 雋潔 11-833B
juànjiè 狷介 5-55B
juānjīn 捐金 6-614B
juānjìn 圈禁 3-649B
juānjīndǐbì 捐金抵璧 6-615A
juānjiù 蠲救 7-1477B
juǎnjīyún 卷積雲 2-539A
juǎnjīyún 捲積雲 6-712B
juānjū 捐駒 6-616B
juānjú 捐局 6-614B
juànjú 倦局 1-1518A
juànjù 倦尻 1-1518A
juànjù 倦尻 1-1518B
juànjù 眷聚 7-1207B
juànjù 雋句 11-831A
juānjuān 娟娟 4-362A
juānjuān 涓涓 5-1211B
juànjuàn 狷狷 5-56B
juànjuàn 淃淃 5-1414A
juànjuàn 眷眷 7-1207A
juànjuàn 睊睊 7-1222B
juànjuàn 婘婘 4-375A
juànjuàn 惓惓 7-604B
juànjuàn 睠睠 7-1251B
juānjué 捐玦 6-614B
juānkē 蠲苛 7-1476A
juānkè 鐫刻 11-1392B
juānkè 朘刻 6-1304A
juànkè 倦客 1-1518B
juànkè 眷客 7-1206B
juānkōngwàngshí 鐫空妄實 11-1392B
juànkǒu 眷口 7-1205B
juànkǔ 倦苦 1-1518A
juānkuài 涓澮 5-1212B
juànkuài 雋快 11-831B
juānkuǎn 捐款 6-615B
juǎnkuǎn 卷款 2-537B
juǎnkuǎn 捲款 6-712A
juànkuáng 狷狂 5-56A
juànkùn 倦困 1-1518A
juànlài 眷睞 7-1207B
juànlài 眷賚 7-1207B
juànlǎn 倦懶 1-1519A
juànláo 倦勞 1-1518B
juànláo 圈牢 3-649A
juānlè 鐫勒 11-1393A
juānlǐ 蠲理 7-1477B
juānlì 娟麗 4-362B
juānlì 捐例 6-614B
juānlì 朘利 6-1304A
juànlǐ 眷禮 7-1208A
juànlì 狷戾 5-56A
juànlì 狷厲 5-56B
juānlián 捐廉 6-616A
juānlián 涓漣 5-1212A
juǎnlián 卷簾 2-539A
juànlián 淃漣 5-1414A
juànlián 眷憐 7-1208A
juànlián 婘戀 4-375A
juànliàn 眷戀 7-1208B
juǎnliángé 卷簾格 2-539A
juǎnliángé 捲簾格 6-712B
juānlǐn 捐廩 6-616B
juǎnlǐng 卷領 2-538B
juànlìng 倦令 1-1518A
juǎnlǐngchuíyī 卷領垂衣 2-538B
juānliú 涓流 5-1212A
juānliú 圈留 3-649A
juānliù 涓溜 5-1212A
juànliú 眷留 7-1207A
juànliú 雋流 11-832A
juānlóng 鐫礱 11-1394A
juānlòu 鐫鏤 11-1393B
juānlù 涓露 5-1212B
juǎnlǔ 捲擄 6-712A
juànlù 倦路 1-1519A
juànluán 婘孌 4-375A
juānluò 捐落 6-615B
juānlǚ 涓縷 5-1212B
juànlǚ 倦旅 1-1518B
juānlüè 蠲略 7-1477B
juǎnlüè 誸略 11-117A
juànlüè 倦略 1-1518B
jū'ānlǜwēi 居安慮危 4-22A
juǎnmà 捲罵 6-712B
juānmáng 蠲忙 7-1476B
juānmèi 娟媚 4-362B
juānmèi 捐袂 6-615A
juànměi 雋美 11-832A
juānmèn 捐悶 6-616A
juànmēn 倦悶 1-1519A
juānmí 捐糜 6-616B
juānmiǎn 捐免 6-614B
juānmiǎn 蠲免 7-1476B
juǎnmiàn 捲麵 6-712B
juànmiǎn 眷眄 7-1206B
juànmiàn 卷面 2-536B
juānmiào 娟妙 4-362A
juànmiǎo 眷邈 7-1208A
juànmiào 雋妙 11-831B
juānmiè 鐫滅 11-1393A
juānmíng 鐫銘 11-1393B
juānmìng 捐命 6-615A
juànmìng 眷命 7-1206A
juānmó 鐫磨 11-1393B
juànmó 倦魔 1-1519A
juànmò 卷末 2-535A
juānmù 捐募 6-615B
juànmù 倦目 1-1518A
juànmù 眷慕 7-1207B
juānnà 捐納 6-615B
juǎnnǎo 捲腦 6-712A
juànniàn 眷念 7-1206B
juànniǎo 倦鳥 1-1518B
juànnù 睊怒 7-1222B
juānnǜ 朘衄 6-1304B
juànpàn 眷盼 7-1206B
juānpèi 捐佩 6-614B
juānpèi 捐珮 6-615B
juānpéng 涓彭 5-1212A
juǎnpéng 卷蓬 2-538B
juǎnpéng 捲棚 6-712A
juǎnpéng 捲蓬 6-712A
juǎnpéngdǐng 卷棚頂 2-537B
juǎnpéngdǐng 捲棚頂 6-712A
juànpǐn 雋品 11-832A
juānpíng 蠲平 7-1476A
juānpízhuóshèn 鐫脾琢腎 11-1393A
juànpò 狷迫 5-56A
juǎnpūgai 卷鋪蓋 2-538B
juǎnpūgài 捲鋪蓋 6-712A
juānqì 捐弃 6-614B
juānqì 捐棄 6-616A
juānqì 蠲棄 7-1477B
juànqì 倦憩 1-1519A
juānqiǎn 涓淺 5-1212A
juānqiàn 娟倩 4-362A
juānqiàn 鐫槧 11-1393B
juānqiàn 蠲欠 7-1476A
juànqiǎn 狷淺 5-56B
juānqiáo 鐫譙 11-1393B
juānqiǎo 娟巧 4-362A
juānqiào 鐫誚 11-1393B
juànqiǎo 雋巧 11-831A
juānqiē 鐫切 11-1392A
jǔ'ànqíméi 舉案齊眉 8-1295B
juànqín 倦勤 1-1519A
juànqín 勸勤 2-795A
juànqiú 眷求 7-1206A
juānqū 捐軀 6-617A
juānqǔ 朘取 6-1304A
juānqù 蠲去 7-1476A
juànrán 眷然 7-1207B
juānrǎng 涓壤 5-1212B
juānrén 涓人 5-1211B
juǎnrěn 卷銋 2-538B
juànrèn 眷任 7-1205B
juānrì 涓日 5-1211B
juānróng 蠲容 7-1477A
juànróng 倦容 1-1518B
juànsè 倦色 1-1518A
juānshàn 䵋扇 12-1023B
juànshàn 絹扇 9-872A
juānshāng 捐商 6-615B
juànshǎng 眷賞 7-1208A
juānsháo 涓勺 5-1211B
juānshě 捐捨 6-615B
juānshè 捐舍 6-614B
juānshè 蠲赦 7-1477B
juǎnshé 卷舌 2-536A
juǎnshé 捲舌 6-711A
juānshēn 捐身 6-614B
juānshēng 捐生 6-614A
juānshēng 捐陞 6-615A
juānshěng 蠲省 7-1477A
juànshēng 眷生 7-1205B
juànshēng 雋聲 11-833B

juānshēnxùnyì 捐身徇義 6-614B
juǎnshétūnshēng 卷舌吞聲 2-536A
juǎnshéyīn 卷舌音 2-536A
juǎnshéyīn 捲舌音 6-711B
juǎnshéyuányīn 卷舌元音 2-536A
juǎnshéyuányīn 捲舌元音 6-711B
juānshī 捐失 6-614A
juānshí 鐫石 11-1392A
juānshí 朘蝕 6-1304B
juānshǐ 蠲使 7-1476B
juānshì 捐世 6-614A
juānshì 捐勢 6-616A
juānshì 蠲釋 7-1478B
juǎnshī 卷施 2-537A
juǎnshī 卷葹 2-537B
juǎnshī 蕃葹 9-450A
juànshí 眷識 7-1208A
juànshì 倦世 1-1518A
juànshì 狷士 5-55B
juànshìjiào 眷侍教 7-1206A
juǎnshòu 卷綬 2-538B
juànshǒu 卷首 2-537A
juānshū 捐書 6-615B
juānshū 捐輸 6-616B
juānshū 蠲疏 7-1478A
juǎnshū 卷舒 2-538A
juǎnshū 弓舒 4-83B
juǎnshù 卷束 2-536A
juànshǔ 眷屬 7-1208A
juànshǔ 婘屬 4-375A
juànshuǎng 雋爽 11-832B
juānshuì 捐稅 6-616A
juānshuì 鐫説 11-1393B
juānshuì 蠲稅 7-1477B
juànsī 眷私 7-1206A
juànsī 絹絲 9-872A
jū'ānsīwēi 居安思危 4-22A
juānsú 捐俗 6-615A
juǎnsù 捲素 6-711B
juànsù 絹素 9-871B
juānsǔn 鐫損 11-1393A
juānsǔn 蠲損 7-1478A
juānsǔn 朘損 6-1304B
juànsuǒ 罥索 8-1021B
juāntài 鐫汰 11-1392B
juāntài 蠲汰 7-1476B
juàntán 倦談 1-1519A
juàntán 雋談 11-833B
juǎntáng 捲堂 6-711B
juǎntáo 卷逃 2-537A
juǎntáo 捲逃 6-711B
juǎnténg 捲騰 6-712B
juāntí 鵑啼 12-1108A
juāntí 鵑嘁 12-1108A
juāntí 鐫題 11-1393B
juàntiè 絹帖 9-871B
juàntīng 倦聽 1-1519A
juǎntǒngzhǐ 卷筒紙 2-538A
juǎntǒngzhǐ 捲筒紙 6-712A
juàntou 絹頭 9-872A
juàntóu 卷頭 2-539A
juàntóuyǔ 卷頭語 2-539A
juǎntǔ 卷土 2-534B
juǎntǔchónglái 卷土重來 2-534B
juǎntǔchónglái 捲土重來 6-711A
juǎntǔlái 卷土來 2-534B
juàntún 圈豚 3-649B
juǎntuò 捲籜 6-712B
juànwǎn 雋婉 11-832B
juānwàng 捐忘 6-614B
juànwàng 眷望 7-1207A
juānwēi 涓微 5-1212A
juānwěi 捐委 6-614B
juānwèi 捐位 6-614B
juǎnwěi 卷尾 2-536A
juànwěi 眷委 7-1206A
juànwěi 雋偉 11-832B
juànwèi 雋味 11-832A
juànwèi 雋蔚 11-833A
juànwěichìsè 倦尾赤色 1-1518A
juānwèng 酮甕 9-1408A
juànwò 眷渥 7-1207B
juànwǔ 倦午 1-1518A
juānxī 蠲息 7-1477A
juānxì 涓細 5-1212A
juǎnxí 卷席 2-537A
juǎnxí 捲席 6-711B
juànxiá 狷狹 5-56A
juānxiàn 捐獻 6-617A
juānxiàng 捐項 6-615B
juànxiǎng 倦響 1-1519A
juànxiǎng 眷想 7-1207B
juànxiàng 眷相 7-1206B
juānxiāo 蠲銷 7-1478A
juānxié 蠲邪 7-1476B
juǎnxí'érjū 卷席而居 2-537A
juǎnxí'érzàng 卷席而葬 2-537B
juānxīn 鐫心 11-1392A
juànxīn 眷心 7-1205B
juànxīn 眷歆 7-1207B
juǎnxīncài 卷心菜 2-535A
juǎnxīncài 捲心菜 6-711A
juānxíng 鐫行 11-1392B
juànxíng 狷行 5-56A
juànxìng 眷幸 7-1206A
juānxiù 娟秀 4-362A
juānxù 蠲卹 7-1476B
juǎnxū 卷鬚 2-539B
juǎnxū 捲鬚 6-712B
juànxù 眷恤 7-1206B
juānxuǎn 涓選 5-1212B
juānxuē 蠲削 7-1477A
juānxuē 朘削 6-1304B
juānxuè 鵑血 12-1108A
juànyǎ 雋雅 11-832B
juānyán 娟妍 4-362A
juǎnyān 卷煙 2-538B
juǎnyān 捲烟 6-711B
juǎnyān 捲煙 6-712A
juànyān 眷焉 7-1207A
juànyán 眷言 7-1206A
juànyǎn 倦眼 1-1518B
juànyàn 倦厭 1-1519A
juànyàn 雋觾 11-833B
juǎnyángjī 卷揚機 2-537B
juǎnyángjī 捲揚機 6-712A
juānyè 捐業 6-616A
juǎnyè 卷葉 2-537B
juǎnyèchóng 卷葉蟲 2-537B
juǎnyè'é 卷葉蛾 2-537B
juānyí 蠲疑 7-1478A
juǎnyī 卷衣 2-536A
juànyǐ 眷倚 7-1207A
juànyì 倦意 1-1519A
juànyì 眷異 7-1207A
juānyìn 鐫印 11-1392B
juǎnyǐn 詃引 11-117A
juànyīn 眷姻 7-1206B
juǎnyǒng 卷涌 2-537B
juǎnyǒng 捲涌 6-711B
juànyōng 倦慵 1-1519A
juànyǒng 雋永 11-831A
juānyōu 蠲憂 7-1478A
juānyòu 蠲宥 7-1477A
juǎnyòu 詃誘 11-117A
juànyóu 倦游 1-1519A
juànyóu 倦遊 1-1518B
juànyóu 勌遊 2-795A
juànyòu 眷佑 7-1206A
juànyòu 眷祐 7-1206B
juānyù 鐫諭 11-1393B
juànyǔ 眷與 7-1207B
juànyǔ 雋語 11-833A
juànyù 眷遇 7-1207A
juànyù 雋譽 11-833B
juānyuàn 捐怨 6-615A
juànyuǎn 雋遠 11-833A
juǎnyún 卷雲 2-538A
juǎnyúnguān 卷雲冠 2-538A
juǎnyúnwén 卷雲紋 2-538A
juānzǎi 鐫載 11-1393A
juānzáo 鐫鑿 11-1394A
juānzé 鐫責 11-1393A
juǎnzé 卷幘 2-538B
juānzēng 蠲增 7-1478A
juānzèng 捐贈 6-617A
juànzhái 眷宅 7-1205B
juǎnzhàng 捲帳 6-712A
juànzhàng 眷仗 7-1205B
juànzhé 卷摺 2-538B
juànzhě 眷者 7-1206A
juānzhèn 捐賑 6-616A
juānzhèn 蠲振 7-1477A
juānzhèn 蠲賑 7-1478A
juānzhēng 蠲烝 7-1477A
juānzhèng 蠲正 7-1476A
juànzhèng 倦政 1-1518A
juānzhí 捐職 6-616B
juānzhí 鐫職 11-1393B
juānzhǐ 蠲紙 7-1477A
juānzhì 鐫識 11-1394A
juānzhì 鐫治 11-1392B
juānzhì 鐫秩 11-1392B
juànzhī 眷知 7-1206A
juànzhí 狷直 5-56A
juànzhì 卷帙 2-536B
juànzhì 卷秩 2-537A
juànzhì 倦致 1-1518B
juànzhì 狷志 5-56A
juànzhòng 眷重 7-1206B
juànzhōngrén 卷中人 2-534B
juànzhóu 卷軸 2-537B
juànzhóuzhuāng 卷軸裝 2-538A
juānzhù 捐助 6-614B
juānzhù 涓注 5-1211B
juànzhǔ 眷屬 7-1208A
juànzhǔ 眷矚 7-1208B
juànzhù 眷佇 7-1206A
juànzhù 眷注 7-1206B
juànzhuāng 倦粧 1-1518B
juànzhuàng 雋壯 11-831B
juānzhuó 鐫琢 11-1393A
juānzī 捐貲 6-616A
juānzī 捐資 6-616A
juānzǐ 涓子 5-1211B
juǎnzi 卷子 2-534B
juǎnzi 饍子 12-565A
juànzi 卷子 2-534B
juànzi 絹子 9-871B
juànziběn 卷子本 2-534B
jū'ānzīshēn 居安資深 4-22A
juànzōng 卷宗 2-536B
juānzū 蠲租 7-1477A
juǎnzuò 捲坐 6-711B
jú'aò 岠峿 3-811B
jù'áo 倨敖 1-1523B
jù'áo 踞敖 10-514B
jù'ào 倨傲 1-1524A
jù'ào 倨慠 1-1524A
jù'ào 倨驁 1-1524A
jù'ao 据傲 6-730A
jù'ào 踞傲 10-514B
jūbá 駒跋 12-818A
jǔbái 舉白 8-1293B
jǔbái 沮敗 5-1070B
jùbái 具白 2-108A
jūbǎn 拘板 6-482B
jūbàn 拘絆 6-485A
júbǎn 局板 4-17A
jǔbàn 舉辦 8-1298A
jùbàng 巨棓 1-954B
jūbāo 租飽 8-69A
jūbào 鞠報 12-200B
jūbào 鞫報 12-209B
jǔbào 舉報 8-1296B
jùbǎo 具保 2-109B
jùbǎo 鉅寶 11-1214B
jùbào 具報 2-110A
jùbǎopén 聚寶盆 8-683A
jūbēi 居卑 4-23A
júbèi 局背 4-17A
jùbèi 具備 2-110A
jùbèi 俱備 1-1497B
jùběn 劇本 2-747A

jùběn 足本 10-425A
jùběnyǐxīsùliào 聚苯乙烯塑料 8-680B
jūbī 拘逼 6-485A
jūbì 拘閉 6-485A
jūbì 拘蔽 6-485B
jùbǐ 巨筆 1-955A
jùbì 拒閉 6-363A
jùbì 距閉 10-436A
jùbiān 鉅編 11-1214A
jùbiàn 巨變 1-957A
jùbiàn 聚變 8-683A
jùbiàn 劇變 2-750A
jùbiànfǎnyìng 聚變反應 8-683A
jūbìng 居病 4-24A
júbǐng 橘餅 4-1322A
jùbǐzìzhì 句比字櫛 3-53A
jǔbó 沮薄 5-1071B
jǔbó 舉駁 8-1297A
jǔbó 舉駮 8-1297B
jùbó 鉅伯 11-1213B
jùbò 巨擘 1-956B
jūbǔ 拘捕 6-484A
jūbǔ 拘補 6-485B
jūbù 苴布 9-336B
jūbù 鞠部 12-200A
júbù 局步 4-16B
júbù 局部 4-18A
júbù 菊部 9-448A
júbù 跼步 10-486A
jǔbù 矩步 7-1537A
jǔbù 踽步 10-520B
jùbǔ 拒捕 6-363A
jùbù 劇部 2-748A
jùbù 遽步 10-1247A
jùbù 懼怖 7-799A
jǔbùshèngjǔ 舉不勝舉 8-1293A
jūbùtóu 鞠部頭 12-200A
júbùtóu 菊部頭 9-448A
jūcái 居材 4-22B
jùcái 聚財 8-680B
jùcān 聚餐 8-682B
jùcān 劇驂 2-750A
jūcāng 沮蒼 5-1071A
jǔcáng 弆藏 2-1316A
jūcǎo 鞠草 12-199A
júcāo 局操 4-18B
jùcáo 劇曹 2-748A
jùcǎo 具草 2-109B
jùcǎo 秬草 8-32A
jùcè 踞廁 10-514B
júchá 局察 4-18B
jǔchá 舉察 8-1297B
jùchá 巨查 1-953A
jūchāi 拘拆 6-482B
jūchán 拘纏 6-488A
jūchǎn 居產 4-25A
jūcháng 居常 4-24B
jūcháng 居嘗 4-26A
jūcháng 疽腸 8-296A
jūchǎng 鞠場 12-201A
jūchǎng 鞫場 12-200B
jǔchǎng 舉場 8-1296B
jùcháng 據常 6-910A
jùchǎng 劇場 2-748B
jùchàng 巨鬯 1-953B
jùchàng 秬鬯 8-32A
jūcháo 居巢 4-25A
jùcháo 颶潮 12-640A
jūchè 拘坼 6-482B
júchē 輂軸 9-1246B
jǔchén 舉陳 8-1295B
jùchén 具臣 2-108A
jùchén 具陳 2-110A
jūchéng 居成 4-21B
jūchéng 掬誠 6-698B
jūchéng 鞠城 12-199A
jùchéng 具呈 2-108B
jùchéng 足成 10-425A
jūchí 拘持 6-483B
jūchí 駒馳 12-818A
jūchǐ 駒齒 12-818A
júchǐ 跼尺 10-486A
jǔchǐ 矩尺 7-1537A
jùchǐ 踞齒 10-515A
jùchǐ 鋸齒 11-1345B
jùchǐ 鮔齒 12-1245B
jùchì 拒斥 6-362A
jùchǐcǎo 鋸齒草 11-1345B
jùchǐjiā'èr 足尺加二 10-424B
jùchōng 距衝 10-436B
jùchōng 據衝 6-911A
jūchǔ 居處 4-24A
jūchù 居處 4-24A
jùchú 遽篨 10-1247B
jūchuán 拘傳 6-485B
jùchuān 巨川 1-952B
jùchuāncái 巨川材 1-952B
jūchuāng 疽瘡 8-296A
jùchuáng 據牀 6-909B
jùchuáng 鋸床 11-1345B
jūchuāngdiànshì 駒窗電逝 12-818A
jǔchuī 舉炊 8-1294B
jùchún 聚脣 8-681A
jǔchuò 咀啜 3-260A
jǔchuò 齟齪 12-1451B
jūcì 居次 4-22A
jūcì 狙刺 5-28B
jūcì 狙伺 5-28B
jǔcì 舉刺 8-1294B
jùcī 劇疵 2-748A
jùcí 具茨 2-109B
jùcí 劇詞 2-748B
jùcí 劇辭 2-750A
jūcù 掬蹙 6-699A
jūcù 踘蹴 10-510B
júcù 蜛蠩 8-920B
júcù 局促 4-17B
júcù 局蹙 4-19A
júcù 局蹴 4-19A
júcù 局趣 4-18B
júcù 局數 4-18B
júcù 侷促 1-1433A
júcù 跼踀 10-486B
júcù 跼促 10-486A
júcù 跼踧 10-487A
júcù 跼蹙 10-487B
júcù 跼蹴 10-487B
júcù 跼蹜 10-487B
jùcù 窶蹙 8-480B
jùcù 遽卒 10-1247A
jūcuī 拘催 6-485B
jūcuī 苴衰 9-336B
jùcún 具存 2-108B
jūcuō 拘撮 6-486A
jǔcuō 舉撮 8-1297B
jǔcuò 居錯 4-26B
jǔcuò 舉厝 8-1295B
jǔcuò 舉措 8-1295B
jǔcuò 舉錯 8-1298A
jùdà 巨大 1-952A
jūdàbúyì 居大不易 4-20B
jǔdài 舉貸 8-1296B
jùdài 具帶 2-110A
jǔdàjì 舉大計 8-1292B
jǔdǎn 沮膽 5-1072A
jǔdàn 咀啖 3-260A
jǔdàn 沮憚 5-1071B
jùdàn 懼憚 7-799A
jùdāng 巨璫 1-956A
jùdǎng 聚黨 8-683A
jǔdāo 莒刀 9-378A
jùdào 具道 2-110B
jùdào 劇盜 2-748B
júdàorén 菊道人 9-448B
jǔdàshì 舉大事 8-1292B
jǔdé 矩德 7-1537B
jùdé 巨德 1-956A
jùdé 詎得 11-66A
jūdì 居第 4-24B
jǔdì 舉地 8-1294A
jùdí 巨狄 1-953A
jùdí 拒敵 6-363B
jùdí 劇敵 2-749B
jùdì 拒地 6-362A
jùdì 劇地 2-747A
jùdì 據地 6-909A
jùdiǎn 鉅典 11-1213B
jùdiǎn 據點 6-910B
júdiào 局調 4-18B
jùdiào 句調 3-55B
jūdié 苴絰 9-337A
júdìkòutiān 局地扣天 4-16B
jūdìng 拘定 6-483A
júdìng 局定 4-17A
jǔdǐngjuébìn 舉鼎絶臏 8-1296B
jǔdǐngjuédòu 舉鼎絶脰 8-1296B
júdìyūtiān 跼地籲天 10-486A
jūdōng 居東 4-22B
jǔdòng 沮動 5-1070B
jǔdòng 舉動 8-1296A
jùdōng 拒冬 6-362A
jǔdòu 沮梪 5-1070B
jùdòu 句逗 3-54B
jùdòu 句讀 3-56B
jùdòu 句度 3-54A
jùdòu 句投 3-53A
jūdú 駒犢 12-818B
júdǔ 局賭 4-18B
júdù 局度 4-17B
jǔdù 矩度 7-1537B
jǔdù 榘度 4-1179B
jùdú 巨毒 1-953A
jùdú 巨牘 1-957A
jùdú 劇毒 2-747B
jùdú 劇讀 2-750A
jùdǔ 聚賭 8-682A
jùdù 巨蠹 1-957A
jūduàn 鞫斷 12-210A
júduàn 局段 4-17A
júduàn 局斷 4-19A
jǔduǎn 沮短 5-1071A
jùduǎn 窶短 8-480B
jùduàn 句斷 3-56A
jǔduì 舉對 8-1297A
jùduì 巨憝 1-956B
júdùn 跼頓 10-486B
jùdūn 踞蹲 10-515A
jūduō 居多 4-21B
jūduō 駒掇 12-818A
jùdùxīng 距度星 10-435B
jū'è 拘厄 6-481A
jǔ'è 沮厄 5-1069B
jǔ'è 沮遏 5-1070B
jù'é 巨額 1-956B
jù'è 距惡 10-436A
jù'è 劇惡 2-748B
jué'āi 絶埃 9-837B
jué'ài 絶愛 9-841A
jué'àn 絶岸 9-836B
jué'àn 覺岸 10-355A
jué'áo 倔聱 1-1524B
jué'ào 訣奧 11-94A
jué'àochǎnyōu 抉奧闡幽 6-418B
juébá 蹶拔 10-550A
juèba 倔巴 1-1524B
juèbā 撅巴 6-859A
juébài 決敗 5-1021B
juébǎn 絶板 9-836A
juébǎn 絶版 9-836B
juébēn 角奔 10-1349B
juéběn 角本 10-1347B
juébí 屩鼻 4-63B
juébǐ 撅筆 6-859A
juébǐ 掘筆 6-730B
juébǐ 絶筆 9-840A
juébǐ 橛筆 4-1309A
juébì 絶壁 9-843B
juébì 爵韠 6-1115B
juébì 蹶躄 10-551A
juébì 鐍閉 11-1399A
juébiān 絶編 9-843B
juébiàn 爵弁 6-1114A
juébiàn 譎變 11-434A
juébié 決別 5-1019B
juébié 訣別 11-93B
juébìn 絶臏 9-843B

juébīng 角兵 10-1349A
juébō 潏波 6-158B
juébó 爵帛 6-1114B
juébó 蹶踣 10-551A
juébó 攫搏 6-990A
juébōyú 決波騟 5-1020A
juébù 趹步 10-438B
juébù 躩步 10-576A
juébùdàishí 決不待時 5-1018B
juécái 角材 10-1348B
juécái 絶才 9-834A
juécáng 掘藏 6-731A
juécè 決策 5-1022A
juécè 決筴 5-1023A
juéchá 覺察 10 355B
juéchāi 爵釵 6-1115A
juéchǎn 絶産 9-839B
juécháng 絶腸 9-841A
juécháng 絶膓 9-842B
juéchǎng 覺場 10-355B
juéchàng 觖悵 10-1356B
juéchàng 絶倡 9-838A
juéchàng 絶唱 9-839A
juéchángbǔduǎn 絶長補短 9-836A
juéchángjiduǎn 絶長繼短 9-836A
juéchángxùduǎn 絶長續短 9-836A
juéchè 決坼 5-1019B
juéchè 決徹 5-1024B
juéchén 絶塵 9-842A
juéchí 厥弛 1-936A
juéchí 絶馳 9-840B
juéchū 崛出 3-851A
juéchū 絶出 9-835A
juéchù 觼觸 10-1385A
juéchù 絶處 9-839A
juéchuán 絶傳 9-841A
juéchuán 蹶船 10-550B
juéchǔféngshēng 絶處逢生 9-839A
juécí 決詞 5-1022B
juécí 決辭 5-1025A
juécí 譎辭 11-434A
juécì 爵次 6-1114A
juécíxióng 決雌雄 5-1023B
juēcōng 撧葱 6-899A
juécù 蹶蹙 10-551A
juécù 蹶趨 10-551A
juédài 絶代 9-834B
juédàn 譎誕 11-433B
juédàng 潏蕩 6-158B
juédàng 譎蕩 11-433B
juédǎo 決導 5-1024B
juédǎo 絶倒 9-838A
juédǎo 絶島 9-838B
juédǎo 蹶倒 10-550B
juédào 覺道 10-355B
juédào 攫盜 6-990A
juéde 覺得 10-355B
juédé 絶德 9-842B
juéděng 絶等 9-840A
juéděng 爵等 6-1115A
juédǐ 觳抵 6-1511A
juédǐ 角氐 10-1348A
juédǐ 角抵 10-1349A
juédǐ 角牴 10-1350A
juédǐ 角觝 10-1352A
juédì 絶地 9-835A
juédì 覺地 10-354B
juédì 覺帝 10-355A
juédiǎn 絶典 9-836A
juédiàn 絶電 9-841A
juédiào 絶調 9-843A
juédǐduì 角抵隊 10-1349A
juédiē 蹶跌 10-550B
juēdīng 撅丁 6-859A
juédǐng 絶頂 9-838B
juédìng 決定 5-1020B
juédìnglùn 決定論 5-1020B
juédìngxìng 決定性 5-1020B
juédǐshè 角抵社 10-1349A
juédǐshè 角觝社 10-1352A
juédìtiāntōng 絶地天通 9-835A
juédǐxì 角抵戲 10-1349A
juédǐxì 角牴戲 10-1350A
juédǐxì 角觝戲 10-1352A
juédòng 決洞 5-1021A
juédòu 角鬥 10-1350B
juédòu 角鬭 10-1355A
juédòu 決脰 5-1021B
juédòu 決鬭 5-1025B
juédòu 絶脰 9-839A
juédú 決竇 5-1025B
juédú 決瀆 5-1025A
juédú 攫犢 6-990B
juédǔ 角賭 10-1353B
juéduān 絶端 9-842B
juéduǎn 屈短 4-32A
juéduàn 決斷 5-1025A
juéduàn 訣斷 11-94A
juéduànrúliú 決斷如流 5-1025A
juéduì 較對 9-1251A
juéduì 絶對 9-842A
juéduō 攫掇 6-989B
juéduó 攫奪 6-990A
jué'è 絶惡 9-840A
jué'ěr 抉耳 6-418A
jué'ěr 爵耳 6-1114A
juē'ěrdùnzú 撧耳頓足 6-899A
juē'ěrnáosāi 撧耳撓腮 6-899A
juē'ěrróusāi 撧耳揉腮 6-899A
juéfā 刔發 2-616B
juéfā 抉發 6-418B
juéfā 決發 5-1023A
juéfā 掘發 6-730B
juéfá 決罰 5-1023B
juéfá 絶乏 9-834A
juéfá 屈乏 4-28B
juéfǎ 訣法 11-93B
juéfán 絶蹯 9-843B
juéfàng 決放 5-1020A
juéfēi 覺非 10-354B
juéfēng 絶峯 9-838A
juéfó 趉趟 9-1122B
juéfú 絶服 9-836B
juéfú 爵服 6-1114B
juéfù 決腹 5-1023A
juéfù 玃父 10-1345B
juéfúyún 決浮雲 5-1021B
juégān 絶甘 9-834B
juégānfēnshǎo 絶甘分少 9-834B
juégāng 絶亢 9-834A
juégē 角歌 10-1352B
juégōng 譎功 11-432B
juégū 譎觚 11-433A
juégǔ 決汩 5-1019B
juégǔ 掘蠱 6-731A
juégǔ 絶穀 9-842B
juégù 較固 9-1249B
juéguài 憰怪 7-745A
juéguài 譎怪 11-433A
juéguān 抉關 6-419A
juéguān 覺關 10-356A
juéguǐ 倔傀 1-1524B
juéguǐ 倔佹 1-1524B
juéguǐ 崛詭 3-851B
juéguǐ 絶軌 9-837A
juéguǐ 譎佹 11-433A
juéguǐ 譎詭 11-433B
juéguó 絶國 9-839A
juéhǎi 覺海 10-355A
juéhài 矍駭 7-1268A
juéhàn 譎悍 11-433A
juéháng 絶肮 9-836B
juéháng 絶吭 9-835B
juéhǎo 絶好 9-835B
juéhào 爵號 6-1115A
juéhé 厥貉 1-936B
juéhè 絶壑 9-843B
juéhóu 玃猴 5-146A
juéhòu 絶後 9-837A
juéhòuguāngqián 絶後光前 9-837A
juéhòukōngqián 絶後空前 9-837A
juéhù 絶户 9-834A
juéhuà 絶話 9-841A
juéhuà 覺化 10-354B
juéhuài 決壞 5-1025A
juéhuài 闕壞 12-151A
juéhuáng 絶潢 9-842B
juéhuáng 潏湟 6-158B
juéhuáng 覺皇 10-355A
juēhuángchéng… 撅皇城,打怨鼓 6-859A
juēhuángchéng… 撅皇城,撾怨鼓 6-859A
juéhuànkuìyōng 決疾潰癰 5-1020A
juéhuì 決會 5-1023A
juéhuó 絶活 9-837B
juéhuǒ 爝火 7-316A
juéjī 決機 5-1024B
juéjī 橛機 4-1309A
juéjī 蹶機 10-551A
juéjī 攫擊 6-990A
juéjí 屈急 4-30B
juéjì 角妓 10-1349A
juéjì 角技 10-1348B
juéjì 決計 5-1021A
juéjì 絶迹 9-837B
juéjì 絶伎 9-835A
juéjì 絶技 9-835B
juéjì 絶跡 9-841A
juéjì 絶蹟 9-843B
juéjì 譎計 11-433A
juéjiā 絶佳 9-836B
juéjiā 玃猳 10-1345B
juéjià 決賈 5-1023A
juéjià 決價 5-1024A
juéjiǎn 闕翦 12-150B
juéjiàn 角劍 10-1353B
juéjiàn 絶澗 9-843A
juéjiàn 絶磵 9-843B
juéjiàn 譎諫 11-433B
juéjiàn 覺劍 10-356A
juéjiāng 倔僵 1-1524B
juéjiàng 倔強 1-1524B
juéjiàng 倔犟 1-1525A
juéjiàng 倔强 1-1524B
juéjiàng 崛彊 3-852A
juéjiàng 崛强 3-851B
juéjiàng 掘强 6-730B
juéjiàng 屈彊 4-33A
juéjiàng 屈强 4-32A
juéjiāo 絶交 9-835B
juéjiǎo 厥角 1-936A
juéjiǎo 譎狡 11-433A
juéjiǎo 蹶角 10-550A
juéjiào 角較 10-1352B
juéjiào 掘窖 6-730B
juéjiào 絶徼 9-843B
juéjiào 絶叫 9-834B
juéjiāoshū 絶交書 9-835B
juéjié 決竭 5-1024A
juéjié 絶節 9-841A
juéjié 攫捷 6-989B
juéjié 屈竭 4-32B
juéjīn 爵金 6-1114B
juéjīn 攫金 6-989B
juéjìn 掘進 6-730B
juéjìn 屈盡 4-32B
juéjīng 絶經 9-841B
juéjīng 絶精 9-842B
juéjǐng 絶景 9-840A
juéjìng 較競 9-1251B
juéjìng 絶境 9-842A
juéjiū 鷗鳩 12-1130B
juéjū 絶裾 9-841B
juéjū 玃狙 10-1345B
juéjú 決局 5-1019B
juéjù 決屨 5-1025A
juéjù 絶句 9-835A
juéjué 決決 5-1019B
juéjué 決絶 5-1023A
juéjué 觖觖 10-1356B
juéjué 訣絶 11-94A

juéjué 潏潏 6-158B
juéjué 噱噱 3-520B
juéjué 橛橛 4-1309A
juéjué 蹶蹶 10-551A
juéjué 矍矍 7-1268A
juéjué 玃玃 10-1345B
juéjué ⿰亻矍⿰亻矍 1-1743B
juéjué ⿰彳矍⿰彳矍 3-1110A
juéjùn 絶郡 9-837B
juékàng 角抗 10-1348B
juékē 決科 5-1020B
juékè 決尅 5-1021A
juékējīyào 決科機要
5-1021A
juékēngjuéqiàn 撅坑撅塹
6-859A
juékēngqiàn 撅坑塹 6-859A
juékǒu 角口 10-1347A
juékǒu 決口 5-1018A
juékǒu 絶口 9-834A
juékòu 爵鷇 6-1115B
juékū 絶哭 9-838A
juékuài 譎獪 11-433B
juékuáng 譎狂 11-432B
juékuáng 譎誑 11-433B
juékuì 決潰 5-1024B
juékuì 屈匱 4-32B
juélèi 絶類 9-844A
juélèilílún 絶類離倫
9-844A
juélèilíqún 絶類離羣
9-844A
juélěng 厥冷 1-936A
juélǐ 決理 5-1021B
juélǐ 絶理 9-838B
juélǐ 爵里 6-1114B
juélì 觳力 6-1511A
juélì 角力 10-1347A
juélì 較力 9-1249A
juélì 決力 5-1018A
juélì 捔力 6-625A
juélì 崛立 3-851A
juélì 訣厲 11-94A
juélì 絶力 9-833B
juélì 絶粒 9-839B
juélì 絶麗 9-843B
juélì 譎戾 11-433A
juélián 絶憐 9-843A
juéliáng 角量 10-1351B
juéliáng 絶糧 9-843B
juéliǎo 決了 5-1018A
juélǐcì 爵里刺 6-1114B
juéliè 較獵 9-1251B
juéliè 決烈 5-1021A
juéliè 決裂 5-1022A
juéliè 爵列 6-1114A
juéliè 蹶劣 10-550A
juélín 絶麟 9-844B
juéliú 決流 5-1021B
juéliú 絶流 9-838B
juélìxì 角力戲 10-1347A
juélóng 蚗龍 8-871A
juélóng 蚗蠪 8-871A
juélú 屈盧 4-33A
juélù 較輅 9-1251A
juélù 抉露 6-419A
juélù 崛峍 3-851A
juélù 訣籙 11-94A
juélù 絶路 9-841A
juélù 潏露 6-158B
juélù 爵禄 6-1115A
juélù 覺露 10-356A
juélù 覺路 10-355B
juélún 絶倫 9-838A
juélún 覺輪 10-356A
juélùn 決論 5-1024B
juélúnchāoqún 絶倫超羣
9-838A
juélúnyìqún 絶倫逸羣
9-838A
juéluó 爵羅 6-1115B
juéluó 覺羅 10-356A
juéluóxué 覺羅學 10-356A
juélǜ 崛嵂 3-851B
juélǜ 屈慮 4-33A
juélüè 譎略 11-433A
juémǎ 爵馬 6-1114B
juémài 訣脈 11-94A
juémài 絶脈 9-838B
juémài 絶賣 9-842B
juémào 絶貌 9-842A
juéméi 蕨攈 9-547A
juéměi 絶美 9-837B
juémén 抉門 6-418A
juémén 訣門 11-94A
juémì 絶密 9-839B
juémì 譎祕 11-433A
juémì 譎密 11-433A
juémiàn 抉面 6-418A
juémiào 角妙 10-1349A
juémiào 絶妙 9-836A
juémiàohǎocí 絶妙好詞
9-836A
juémiàohǎocí 絶妙好辭
9-836A
juémiè 決滅 5-1023A
juémiè 絶滅 9-841B
juémíng 決明 5-1020A
juémíng 絶冥 9-838B
juémíng 爵名 6-1114A
juémíng 芵明 9-423B
juémìng 決命 5-1020A
juémìng 絶命 9-836B
juémìng 爵命 6-1114B
juémìngcí 絶命詞 9-836B
juémìngcí 絶命辭 9-836B
juémìngshū 絶命書 9-836B
juémìngzhēngshǒu
決命争首 5-1020A
juémíngzǐ 決明子 5-1020A
juémò 絶漠 9-841B
juémóu 抉眸 6-418B
juémóu 譎謀 11-433B
juémù 角目 10-1347B
juémù 抉目 6-418A
juémù 捔目 6-625A
juémù 絶目 9-834B
juémù 絶幕 9-840B
juémùdōngmén 抉目東門
6-418A
juémùwúmén 抉目吳門
6-418A
juémùxuánmén 抉目懸門
6-418A
juémùxūmén 抉目胥門
6-418A
juéná 攫拏 6-989B
juéná 攫挐 6-989B
juénà 觼軜 10-1392A
juénàn 角難 10-1354B
juénáng 決囊 5-1025B
juénáo 玃猱 5-146B
juénáo 玃蝚 5-146B
juénáo 蠼猱 8-1015B
juénì 厥逆 1-936B
juéniǎo 攫鳥 6-990A
juéniè 攫齧 6-990A
juénǔ 蹶弩 10-550A
juénǜ 蹶屻 10-550A
juépàn 決判 5-1019B
juépèi 決配 5-1021A
juépèi 玦珮 4-531B
juépèi 絶轡 9-844B
juépí 角皮 10-1348A
juépì 譎譬 11-434A
juépǐn 絶品 9-837A
juépíng 決平 5-1019A
juépò 抉破 6-418A
juépú 蹶仆 10-550A
juépǔ 矍圃 7-1268A
juéqī 決期 5-1022A
juéqī 屈期 4-31B
juéqí 倔奇 1-1524B
juéqí 崛奇 3-851A
juéqí 崛崎 3-851B
juéqí 絶奇 9-836A
juéqí 蕨萁 9-547A
juéqí 譎奇 11-432B
juéqí 屈奇 4-30A
juéqǐ 倔起 1-1524B
juéqǐ 崛起 3-851A
juéqǐ 掘起 6-730B
juéqǐ 屈起 4-31A
juéqì 角氣 10-1350B
juéqì 絶氣 9-838A
juéqì 絶棄 9-840B
juéqiǎn 決遣 5-1023A
juéqiáng 堀强 2-1142B
juéqiǎo 捔巧 6-625A
juéqiǎo 絶巧 9-834B
juéqiào 訣竅 11-94A
juéqiè 攫竊 6-990B
juéqíng 絶情 9-839B
juéqióng 蟨蛩 8-962B
juéqióng 蹶蛩 10-550B
juéqiú 決囚 5-1019A
juéqiúdēng 決囚燈 5-1019A
juéqū 絶區 9-839A
juéqǔ 攫取 6-989B
juéqù 決去 5-1018B
juéqù 訣去 11-93B
juéquán 蕨拳 9-547A
juéquán 譎權 11-434A
juéqún 絶羣 9-841B
juéqúnbálèi 絶羣拔類
9-841B
jù'ěr 具耳 2-108A
jù'ěr 具爾 2-110B
jù'ěr 遽爾 10-1247B
juérán 決然 5-1022B
juérán 崛然 3-851B
juérán 絶然 9-840B
juérán 蹶然 10-550B
juérán 矍然 7-1268A
juérán 戄然 7-801B
juérán 屈然 4-32A
juèrán 倔然 1-1524B
juérǎng 絶壤 9-844A
juérǎng 攫攘 6-990A
juérén 絶人 9-833B
juérén 爵人 6-1114A
juérénjuéshì 覺人覺世
10-354B
juérénqìyì 絶仁棄義
9-834A
juérú 觖如 10-1356B
juérú 玃如 5-146A
jū'erxì 駒兒隙 12-817B
juésā 撅撒 6-859B
juésā 決撒 5-1024A
juésā 蹶撒 10-551A
juésài 決賽 5-1025A
juésài 絶塞 9-841B
juésào 攫搔 6-989B
juésè 角色 10-1348B
juésè 脚色 6-1274A
juésè 決塞 5-1023B
juésè 絶色 9-835A
juésèzhuàng 脚色狀 6-1274A
juéshā 角殺 10-1350B
juéshā 決殺 5-1021A
juéshā 攫殺 6-989B
juéshā 攫網 6-990A
juéshàn 決善 5-1022B
juéshǎng 爵賞 6-1115B
juésháo 角招 10-1349B
juéshǎo 絶少 9-834A
juéshǎofēngān 絶少分甘
9-834A
juéshé 鴃舌 12-1076A
juéshě 決舍 5-1020A
juéshě 決捨 5-1021B
juéshè 角射 10-1350B
juéshēng 角聲 10-1354A
juéshèng 角勝 10-1352A
juéshèng 決勝 5-1022B
juéshèng 絶勝 9-840B
juéshèng 譎勝 11-433A
juéshèngchē 決勝車 5-1022B
juéshèngqiānlǐ 決勝千里
5-1022B
juéshèngqìzhì 絶聖棄知
9-840B
juéshèngqìzhì 絶聖棄智
9-840B
juéshèngzhànchē 決勝戰車

5-1022B
juéshī 決屍 5-1021A
juéshī 絶詩 9-841A
juéshī 蹶失 10-550A
juéshí 抉拾 6-418A
juéshí 決拾 5-1020B
juéshí 絶食 9-837A
juéshí 絶識 9-844A
juéshí 覺識 10-356A
juéshì 角勢 10-1352A
juéshì 角試 10-1352B
juéshì 抉示 6-418A
juéshì 決市 5-1019A
juéshì 決事 5-1019B
juéshì 崛峙 3-851A
juéshì 絶世 9-834B
juéshì 橛飾 4-1309A
juéshì 爵士 6-1114A
juéshì 爵室 6-1114B
juéshì 爵謚 6-1115B
juéshì 譎士 11-432B
juéshì 攫噬 6-990A
juéshì 攫醳 6-990A
juéshìbǐ 決事比 5-1019B
juéshìwúshuāng 絶世無雙
9-834B
juéshìyīnyuè 爵士音樂
6-1114A
juéshǒu 絶手 9-834A
juéshǒu 蕨手 9-547A
juéshǒuchéngguī 橛守成規
4-1308B
juéshū 決疏 5-1022B
juéshū 絶殊 9-837B
juéshǔ 蟨鼠 8-962B
juéshù 撅豎 6-859B
juéshù 撅豎 6-859B
juéshù 獗豎 5-107A
juéshù 譎數 11-433B
juéshù 覺樹 10-356A
juéshuǐ 決水 5-1018B
juéshuǐ 絶水 9-834A
juéshuì 譎説 11-433B
juéshuō 譎説 11-433B
juéshuò 矍鑠 7-1268A
juéshuòwēng 矍鑠翁 7-1268B
juésǐ 決死 5-1019A
juésǐ 蹶死 10-550A
juésì 絶祀 9-836A
juésì 絶嗣 9-841A
juésì 攫肆 6-990A
juésǐduì 決死隊 5-1019A
juésòng 決訟 5-1021B
juésōu 抉搜 6-418B
juésú 絶俗 9-837A
juésuàn 決算 5-1023B
juésuì 決遂 5-1022B
juésuǒ 鐍鎖 11-1399A
juétà 決撻 5-1024A
juétái 爵臺 6-1115B
juétán 噱談 3-520A
juétàn 絶嘆 9-842A
juétè 絶特 9-838A
juéténg 攫騰 6-990A
juétī 抉剔 6-418B
juétī 抉擿 6-418B
juétī 決剔 5-1021A
juétī 矍踢 7-1268A
juétí 趹蹄 10-438B
juétí 駃題 12-812B
juétí 駃騠 12-812B
juétí 蹶蹄 10-551A
juétí 蹶踶 10-551A
juétì 決揚 5-1021B
juétiānpūdì 撅天撲地
6-859A
juétiāo 抉挑 6-418A
juétiāo 譎挑 11-433A
juétiāo 譎誂 11-433B
juétǒng 絶統 9-840B
juétóu 撅頭 6-859B
juétóu 橛頭 4-1309A
juétóu 钁頭 11-1391A
juétóu 钁頭 11-1441B
juétóuchuán 撅頭船 6-859B
juétóuchuán 掘頭船 6-731A
juétóuchuán 橛頭船 4-1309A
juètóujiàngnǎo 倔頭强腦
1-1524B
juètóujuènǎo 倔頭倔腦
1-1524B
juétú 決徒 5-1021A
juétǔ 爵土 6-1114A
juéwà 噱嗢 3-520A
juéwáng 絶亡 9-834A
juéwáng 覺王 10-354B
juéwáng 闕亡 12-148A
juéwàng 觖望 10-1356B
juéwàng 絶望 9-839B
juéwàng 譎妄 11-432B
juéwēi 抉微 6-418B
juéwēi 蕨薇 9-547A
juéwēi 譎委 11-432B
juéwéi 決圍 5-1022A
juéwéi 崛嵬 3-851B
juéwéi 絶韋 9-837B
juéwéi 爵韋 6-1114B
juéwéi 鐍圍 11-1399A
juéwěi 掘尾 6-730B
juéwěi 厥尾 1-936B
juéwěi 橛痿 4-1309A
juéwěi 蹶痿 10-551A
juéwèi 爵位 6-1114B
juéwèn 絶問 9-839B
juéwù 崛岉 3-851A
juéwù 絶物 9-836B
juéwù 覺悟 10-355A
juéwù 覺寤 10-356A
juéwújǐnyǒu 絶無僅有
9-840A
juéxī 絶息 9-838A
juéxí 絶席 9-838B
juéxì 角戲 10-1354A
juéxiá 絶瑕 9-840B
juéxián 角絃 10-1351B
juéxián 決嫌 5-1023B
juéxián 絶弦 9-836B
juéxián 絶絃 9-840A
juéxiǎn 絶險 9-843A
juéxiǎn 絶巘 9-843A
juéxiǎn 譎險 11-433B
juéxiàn 決憲 5-1024B
juéxiǎng 絶響 9-844A
juéxiàng 矍相 7-1268A
juéxiàngpǔ 矍相圃 7-1268A
juéxiázhāixìn 抉瑕摘釁
6-418B
juéxiè 決泄 5-1020A
juéxiè 決洩 5-1021A
juéxiè 蹶泄 10-550A
juéxiè 蹶洩 10-550B
juéxīn 決心 5-1018B
juéxīn 絶新 9-841A
juéxīn 覺心 10-354B
juéxīng 崛興 3-851B
juéxīng 蹶興 10-551A
juéxīng 覺星 10-355A
juéxíng 決刑 5-1019A
juéxíng 訣行 11-93B
juéxíng 爵餳 6-1115B
juéxǐng 覺醒 10-356A
juéxìng 覺性 10-355A
juéxīnshū 決心書 5-1018B
juéxīnzhǐhuǒ 絶薪止火
9-843A
juéxù 絶緒 9-842B
juéxù 絶續 9-844A
juéxué 掘穴 6-730B
juéxué 絶學 9-843A
juéxué 爵穴 6-1114A
juéxué 蹶穴 10-550A
juéyǎ 絶雅 9-840A
juéyán 絶岩 9-836B
juéyán 絶嵓 9-840A
juéyán 絶巖 9-844A
juéyǎn 抉眼 6-418B
juéyǎn 絶巘 9-844B
juéyǎn 橛眼 4-1309A
juéyàn 決讞 5-1025B
juéyàn 絶艷 9-844B
juéyáng 絶陽 9-839B
juéyàng 絶樣 9-842B
juéyè 絶業 9-841A
juéyí 決疑 5-1024A
juéyì 角弈 10-1350A
juéyì 角藝 10-1354A
juéyì 決泆 5-1020A
juéyì 決意 5-1023A
juéyì 決溢 5-1023B
juéyì 決臆 5-1024B
juéyì 決議 5-1025A
juéyì 桷杙 4-1057A
juéyì 絶異 9-839A
juéyì 絶意 9-841B
juéyì 絶詣 9-841A
juéyì 絶藝 9-843B
juéyì 橛杙 4-1308B
juéyì 爵邑 6-1114B
juéyì 譎異 11-433A
juéyīcíxióng 決一雌雄
5-1018A
juéyīn 角音 10-1350A
juéyīn 訣音 11-94A
juéyīn 厥陰 1-936B
juéyīn 絶陰 9-838B
juéyīn 蹶陰 10-550B
juéyín 絶垠 9-837A
juéyǐn 角飲 10-1351B
juéyīng 絶纓 9-844B
juéyǐng 絶景 9-840A
juéyǐng 絶影 9-842B
juéyīsǐzhàn 決一死戰
5-1018A
juéyōng 決壅 5-1024B
juéyǒng 爵踊 6-1115B
juéyǒu 決牖 5-1024A
juéyóukuìyōng 決疣潰癰
5-1021A
juéyǔ 決羽 5-1019A
juéyǔ 決語 5-1024A
juéyǔ 訣語 11-94A
juéyǔ 譎宇 11-432B
juéyù 決獄 5-1024A
juéyù 崛鬱 3-852A
juéyù 絶育 9-836B
juéyù 絶域 9-838B
juéyù 絶欲 9-839A
juéyù 絶慾 9-842B
juéyù 瑴玉 6-1504A
juéyuán 絶緣 9-843A
juéyuán 覺元 10-354B
juéyuán 玃猨 5-146B
juéyuán 玃猿 5-146B
juéyuǎn 絶遠 9-840B
juéyuàn 覺苑 10-354B
juéyuè 角躍 10-1354B
juéyuè 掘閲 6-731A
juéyuè 爵躍 6-1115B
juéyuè 蹶躍 10-551A
juéyuè 鐍鑰 11-1399A
juéyuè 躩躍 10-576A
juéyún 決芸 5-1019A
juéyún 決雲 5-1022A
juéyùn 角韻 10-1354B
juéyún'er 決雲兒 5-1022A
juéyúnjiàn 鈌雲劍 11-1224A
juézǎo 絶早 9-835A
juézé 抉擇 6-418B
juézé 決責 5-1021B
juézé 決擇 5-1024B
juézhà 譎詐 11-433A
juézhāi 抉摘 6-418B
juézhāi 抉擿 6-418B
juézhàn 角戰 10-1353B
juézhàn 決戰 5-1024B
juézhāng 絶粻 9-842B
juézhāng 蹶張 10-550B
juézhàng 決張 5-1021B
juézhàng 決杖 5-1019B
juézhāngshì 蹶張士 10-550B
juézhāo 厥昭 1-936B
juézhāo 絶招 9-836A
juézhāo 絶着 9-839B
juēzhé 撧折 6-899A
juézhècí 掘柘詞 6-730B
juézhēng 角争 10-1348B

juézhèng 決正 5-1018B
juézhèng 厥證 1-936B
juézhèng 絶症 9-838B
juézhèzhī 掘柘枝 6-730B
juézhī 決知 5-1020A
juézhī 覺知 10-355A
juézhí 決植 5-1022A
juézhì 角知 10-1349B
juézhì 角智 10-1351B
juézhì 決志 5-1019A
juézhì 決制 5-1020A
juézhì 決滯 5-1024A
juézhì 絶致 9-837B
juézhì 爵秩 6-1115A
juézhì 爵袟 6-1115A
juézhì 譎智 11-433A
juézhì 蹶躓 10-551B
juézhì 攫鷙 6-990A
juézhǒng 絶種 9-842A
juézhòng 絶衆 9-840A
juézhōu 鶌鳩 12-1130B
juézhǒu 鱖鯞 12-1259B
juézhòu 攫晝 6-990A
juézhū 毕株 6-1432A
juézhú 角逐 10-1350B
juézhú 較逐 9-1250A
juézhǔ 爵主 6-1114A
juézhǔ 譎主 11-432B
juézhuàng 角壯 10-1349A
juézhúchǎng 角逐場 10-1350B
juézhūjū 橛株駒 4-1309A
juézhuó 攫啄 6-989B
juézi 橛子 4-1308B
juézǐ 撅子 6-859A
juézì 抉眥 6-418B
juézì 決眥 5-1021B
juézì 決眦 5-1021B
juězi 蹶子 10-550A
juézǐjūn 掘子軍 6-730A
juézōng 絶蹤 9-843B
juézǒu 絶走 9-835B
juézú 絶足 9-835B
juēzuǐ 噘嘴 3-506B
juézuì 決罪 5-1023A
juézuò 絶作 9-835B
jǔfā 舉發 8-1297A
jǔfǎ 矩法 7-1537B
jùfā 具發 2-110B
jùfá 寠乏 3-1594B
jùfá 窶乏 8-480A
jùfǎ 句法 3-53B
jūfàn 居販 4-24B
jǔfán 舉凡 8-1293A
jǔfàn 矩范 7-1537B
jǔfàn 矩範 7-1537B
jǔfàn 榘範 4-1180A
jùfán 鉅藩 11-1214B
jùfán 劇煩 2-749A
jùfán 劇繁 2-749B
jùfán 據凡 6-909A
jūfāng 拘方 6-481A
jūfáng 拘防 6-482A
júfāng 局方 4-16B
jǔfāng 矩方 7-1537A
jùfáng 巨防 1-952B
jùfáng 鉅坊 11-1213A
jùfáng 鉅防 11-1213A
jǔféi 舉肥 8-1294B
jǔfěi 沮誹 5-1071B
jǔfèi 沮廢 5-1071B
jùfèi 鉅費 11-1214A
jùfèi 醵費 9-1445A
jùfěixiè 鋸霏屑 11-1345B
jūfén 沮汾 5-1069B
júfèn 局分 4-16B
jǔfèn 沮憤 5-1071B
jùfèn 醵分 9-1444B
jǔfēng 舉烽 8-1296A
jùfēng 巨風 1-953B
jùfēng 颶風 12-639B
jūfú 狙伏 5-28A
jūfú 苴服 9-336B
jūfú 罝罘 8-1020B
jūfú 罝罦 8-1020B
jūfù 拘縛 6-487A
jūfù 狙縛 5-29A
jǔfú 沮服 5-1069B
jǔfù 舉父 8-1293A
jùfū 巨夫 1-952B
jùfū 鉅夫 11-1213A
jùfū 寠夫 3-1594B
jùfú 巨幅 1-955A
jùfú 具伏 2-108B
jùfú 具服 2-109A
jùfú 踞伏 10-514A
jùfú 懼服 7-798B
jùfǔ 拒斧 6-362B
jùfù 窶媍 8-480B
jūfúyuán 駒伏轅 12-817B
jūgàn 居幹 4-26A
júgàn 局幹 4-18A
jùgǎn 詎敢 11-66A
jǔgāng 舉綱 8-1297B
jǔgāngchílǐng 舉綱持領 8-1297B
júgāo 菊糕 9-448B
jǔgào 舉告 8-1294A
jùgào 具告 2-109A
júgāojíhòu 局高蹐厚 4-17B
júgāojíhòu 跼高蹐厚 10-486B
jūgāolínxià 居高臨下 4-24A
jùgāolínxià 據高臨下 6-909B
júgāotiānjíhòudì 跼高天蹐厚地 10-486B
jūgē 鞠歌 12-201A
júgé 局格 4-17B
jǔgé 沮格 5-1070A
jǔgé 舉閣 8-1297B
jùgé 句格 3-54A
jùgé 拒格 6-363A
jūgěng 拘梗 6-484B
jūgēxíng 鞠歌行 12-201A
jǔgézhīsōng 柜格之松 4-813B
jūgōng 居功 4-21B
jūgōng 狙公 5-28A
jūgōng 鞠恭 12-199B
jūgōng 鞠躬 12-199B
jūgǒng 鞠拱 12-199A
júgōng 跼躬 10-486B
jùgōng 巨公 1-952B
jùgōng 巨觥 1-955B
jùgōng 鉅工 11-1213A
jùgōng 鉅公 11-1213A
jùgōng 鉅功 11-1213A
jùgōng 足恭 10-427A
jùgōng 足共 10-425A
jùgòng 具供 2-109A
jūgōngbǐngqì 鞠躬屏氣 12-199B
jūgōngjìncuì 鞠躬盡瘁 12-200A
jūgōngjìncuì… 鞠躬盡瘁，死而後已 12-200A
jūgōngjìnlì 鞠躬盡力 12-199B
jūgōngjìnlì… 鞠躬盡力，死而後已 12-199B
jūgōngjūnzǐ 鞠躬君子 12-199B
jūgōngzì'ào 居功自傲 4-21B
jūgōu 居句 4-21B
jùgōu 裾拘 9-110A
jùgōu 倨佝 1-1523B
jùgōu 倨拘 1-1523B
jùgōu 倨句 1-1523B
jùgòu 巨構 1-955B
jùgòu 鉅構 11-1214A
jūgǔ 駒谷 12-817B
júgù 跼顧 10-487B
jùgū 巨菰 1-953A
jùgū 踞觚 10-514B
jùgǔ 巨骨 1-953B
jùgǔ 據古 6-909A
jùgù 倨固 1-1523B
jūguǎ 居寡 4-26A
jūguān 居官 4-23A
jūguān 居冠 4-23B
jūguǎn 拘管 6-486A
júguān 橘官 4-1321B
jùguān 巨觀 1-957A
jùguān 具官 2-109B
jùguān 距關 10-437A
jùguān 聚觀 8-683A
jūguāng 駒光 12-817B
jūguǎng 狙獷 5-29A
jùguāngdēng 聚光燈 8-680A
jūguāngguòxì 駒光過隙 12-817B
jùguāngjìng 聚光鏡 8-680A
jūguǐ 居鬼 4-23B
jūguǐ 狙詭 5-28B
júguì 僪佹 1-1687B
jùguì 倨貴 1-1524A
jūguó 居國 4-24B
jǔguó 舉國 8-1296A
jùguó 距國 10-436A
jùguó 窶國 8-480B
jǔguóruòkuáng 舉國若狂 8-1296A
jūguòxì 駒過隙 12-818A
jùgǔshàn 聚骨扇 8-680B
jūhài 狙害 5-28B
jǔhài 沮駭 5-1071B
jùhǎi 鉅海 11-1213B
jùhài 懼駭 7-799A
jùhán 巨函 1-953A
jùhán 劇寒 2-748B
jùhàn 拒扞 6-362A
jùhàn 拒捍 6-363A
jùhàn 倨悍 1-1524A
jùhàn 距捍 10-436A
jùhàn 劇漢 2-749A
jùháo 巨豪 1-955B
jùhào 句號 3-55B
jūhé 拘閡 6-486A
jūhé 泃河 5-1091A
jūhé 鞠礉 12-201B
jūhé 鞫劾 12-209B
júhé 橘核 4-1321B
jǔhé 沮核 5-1070A
jǔhé 舉翮 8-1297B
jùhé 聚合 8-680A
jùhè 巨壑 1-956A
jùhèng 倨橫 1-1524A
júhóng 橘紅 4-1321B
jūhóu 鞠侯 12-199A
jūhòu 狙候 5-28B
jùhòu 拒後 6-362B
jūhù 鞠護 12-201B
jùhū 倨忽 1-1523B
jùhù 距户 10-435B
jūhuā 鞠花 12-199A
jūhuā 鞠華 12-199B
jūhuá 狙猾 5-28B
júhuā 菊花 9-448A
jùhuá 巨猾 1-955A
júhuābēi 菊花杯 9-448A
jǔhuài 沮壞 5-1072A
júhuājié 菊花節 9-448A
júhuājiǔ 菊花酒 9-448A
júhuājiǔ 菊華酒 9-448A
jūhuàn 拘喚 6-484A
jùhuàn 巨患 1-954B
júhuáng 橘黃 4-1321B
jùhuáng 遽惶 10-1247B
júhuàwéizhǐ 橘化爲枳 4-1321A
jūhuì 居賄 4-26A
jūhuì 鞠誨 12-201A
jǔhuǐ 沮毀 5-1071A
jùhuì 巨會 1-955B
jùhuì 拒諱 6-364A
jùhuì 聚匯 8-681B
jùhuì 聚會 8-681B
jùhǔjìnláng 拒虎進狼 6-362B
jūhuò 居貨 4-24B
jūhuò 拘獲 6-487A

jǔhuǒ 舉火 8-1293A
jǔhuò 沮惑 5-1070B
jǔhuò 矩矱 7-1538A
jǔhuò 榘矱 4-1180A
jǔhuò 榘矱 4-1180A
jùhuò 巨獲 1-956A
jùhuǒ 炬火 7-36A
jùhuò 鉅鑊 11-1214B
jùhuò 聚貨 8-681A
jùhuò 懼惑 7-799A
jùhǔpánlóng 踞虎盤龍
10-514B
jūjī 居稽 4-26B
jūjī 居積 4-26B
jūjī 狙擊 5-29A
jūjí 拘急 6-483B
jūjí 拘集 6-485A
jūjí 拘籍 6-487B
jūjǐ 居己 4-20B
jūjì 拘忌 6-482B
jūjì 鞠曆 12-200B
júji 局蹐 4-19A
júji 局脊 4-18A
júji 跼踖 10-487A
júji 跼蹐 10-487A
júji 橘籍 4-1322A
júji 跼脊 10-486B
júji 跼迹 10-486B
júji 跼跽 10-486B
júji 跼驥 10-487B
jǔjī 沮激 5-1072A
jǔjí 沮詰 5-1071A
jǔjí 舉籍 8-1298A
jǔjì 舉跡 8-1297A
jùjī 巨迹 1-953B
jùjī 巨積 1-956A
jùjī 巨跡 1-955A
jùjī 距擊 10-437A
jùjī 聚積 8-682B
jùjí 巨楫 1-955A
jùjí 聚集 8-681B
jùjí 據蒺 6-910A
jùjí 遽即 10-1247A
jùjí 遽亟 10-1247A
jùjí 醵集 9-1445A
jùjǐ 詎幾 11-66A
jùjǐ 遽幾 10-1247B
jùjì 句偈 3-55A
jùjì 鉅跡 11-1214A
jūjiā 居家 4-24A
újiā 局家 4-18A
jǔjiā 居家 4-24A
jǔjiā 舉家 8-1295B
jǔjiǎ 舉假 8-1296A
jǔjià 舉架 8-1295B
jūjiān 居間 4-25B
jūjiān 居艱 4-26B
jūjiān 居閒 4-26A
jūjiǎn 居儉 4-26B
jūjiǎn 居簡 4-26B
jūjiǎn 拘翦 6-486B
jūjiǎn 拘檢 6-487A
jūjiǎn 拘譾 6-488A
újiàn 橘監 4-1321B
jǔjiàn 沮間 5-1071A
jǔjiàn 舉荐 8-1295A
jǔjiàn 舉薦 8-1297B
jùjiān 聚殲 8-683A
jùjiān 窶艱 8-480B
jùjiān 窶囏 8-480B
jùjiàn 巨艦 1-956B
jùjiàn 拒諫 6-363B
jùjiàn 具劍 2-111B
jùjiàn 倨見 1-1523B
jùjiàn 距諫 10-436B
jùjiàn 踞見 10-514A
jùjiàn 醵餞 9-1445A
jǔjiàng 枸醬 4-921B
jǔjiàng 蒟醬 9-517A
jǔjiàng 舉將 8-1296B
jùjiàng 巨匠 1-952B
jùjiàng 鋸匠 11-1345A
jùjiànshìfēi 拒諫飾非
6-363B
jùjiànyǒngguì 屨賤踊貴
4-63A
jūjiāo 狙狡 5-28B
jūjiào 拘教 6-484B
jǔjiào 咀嚼 3-260A
jùjiāo 倨驕 1-1524A
jùjiāo 聚焦 8-681B
jùjiǎo 鉅狡 11-1213B
jùjiào 屨校 4-63A
jūjié 拘刦 6-482A
jūjié 拘絜 6-485A
jūjiè 拘介 6-481A
jújié 局節 4-18B
jújié 菊節 9-448B
jǔjié 舉節 8-1297A
jǔjiě 沮解 5-1071A
jǔjiè 舉借 8-1295B
jùjié 具結 2-110B
jùjié 鉅傑 11-1214A
jùjié 聚結 8-681B
jùjiě 句解 3-55B
jùjiè 具戒 2-108B
jùjiè 醵借 9-1444B
jùjíjiànjí 屨及劍及 4-63A
jūjǐn 拘緊 6-485B
jūjǐn 拘謹 6-487B
jūjìn 拘禁 6-485B
jùjīn 巨巾 1-952A
jùjīn 巨金 1-953A
jùjīn 醵金 9-1444B
jùjìn 巨浸 1-954A
jūjìng 居敬 4-25A
jūjìng 鞠逕 12-199B
újǐng 橘井 4-1321A
újìng 局境 4-18B
jùjīng 據經 6-910B
jùjìng 距境 10-436B
jùjīnghuìshén 聚精會神
8-682A
jùjīngníngshén 聚精凝神
8-682A
jūjiǒng 拘窘 6-485A
jūjīshǒu 狙擊手 5-29A
jūjiū 拘究 6-482A
jūjiū 雎鳩 11-835A
jūjiū 鴡鳩 12-1077A
újiǔ 菊酒 9-448A
újiǔ 橘酒 4-1321B
jùjiǔ 秬酒 8-32B
jūjiūshì 鴡鳩氏 12-1077A
jūjū 居居 4-23A
jūjū 拘拘 6-482B
jūjū 拘局 6-482A
jūjū 狙狙 5-28B
jūjū 趄趄 9-1117A
jūjū 裾裾 9-110A
jūjū 駒駒 12-818A
jūjū 且且 1-508A
újú 局局 4-16B
újú 跼跼 10-486B
újú 鶪鶪 12-1107B
újú 鵙鵙 12-1131B
jǔjǔ 踽踽 10-520B
jǔjū 聚居 8-680B
jùjù 巨屨 1-956B
jùjù 具具 2-109A
jùjù 倨倨 1-1523B
jùjù 瞿瞿 7-1262A
jùjù 醵醵 9-1445A
jùjù 渠渠 5-1360B
jùjù 瞿瞿 7-1196B
jùjù 足句 10-425A
jūjuàn 拘倦 6-484A
jǔjǔdúxíng 踽踽獨行
10-521A
jūjué 狙譎 5-29A
jūjué 鞠決 12-209B
újué 跼蠼 10-487B
jǔjué 咀嚼 3-260A
jǔjué 齟齬 12-1451B
jùjué 句絶 3-55A
jùjué 巨爵 1-956B
jùjué 拒絶 6-363B
jùjué 距絶 10-436B
jūjūjiāngjiāng 椐椐彊彊
4-1134A
jǔjǔliángliáng 踽踽涼涼
10-521A
jǔjǔliángliáng 踽踽凉凉
10-521A
jùjūn 具君 2-109A
jùjùn 劇郡 2-747B
úkǎ 局卡 4-16B
jūkān 鞠勘 12-209B
jùkàng 拒抗 6-362B
jūkǎo 鞠考 12-209B
jùkǎo 具考 2-108A
jūkē 拘苛 6-482B
úkē 橘顆 4-1322A
jùkě 詎可 11-66A
jùkè 劇客 2-291A
jùkěn 詎肯 11-66A
jǔkǒng 沮恐 5-1070A
jǔkǒu 舉口 8-1292B
jùkǒu 聚口 8-680A
jùkǒu 劇口 2-747A
jùkòu 聚寇 8-681A
jùkòu 劇寇 2-748B
jūkǔ 拘苦 6-482B
jūkuài 狙儈 5-28B
jūkuài 狙獪 5-29A
jùkuài 巨塊 1-954B
jùkuǎn 醵款 9-1445A
jūkuáng 狙狂 5-28B
úkuáng 僪狂 1-1687B
jǔkuāng 簾筐 8-1262B
jùkuàngzuòyòng 聚礦作用
8-683A
jǔkuǐ 舉跬 8-1297A
jǔkuì 沮潰 5-1071B
jùkuí 巨魁 1-955B
jùkùn 窶困 8-480A
jūkuò 拘括 6-483B
jùkūzhōu 聚窟州 8-682A
jūlái 駒騋 12-818B
jùlái 距來 10-435B
jǔlàiluó 咀賴羅 3-260A
jūlán 且蘭 1-509B
jùlángjìnhǔ 拒狼進虎
6-363A
jùláo 劇勞 2-748B
jūlè 居樂 4-26B
jùlèbù 俱樂部 1-1497B
jūléi 拘縲 6-487B
jūlěi 拘纍 6-488A
jǔlèi 舉類 8-1298A
jūlǐ 居里 4-22B
jūlǐ 拘禮 6-487A
jūlǐ 鞠理 12-209B
úlí 菊籬 9-448B
úlí 菊醴 9-448B
úlì 局力 4-16A
jǔlì 沮力 5-1069B
jǔlì 舉例 8-1294B
jùlí 巨㯪 1-956A
jùlí 距離 10-437A
jùlǐ 拒理 6-363A
jùlǐ 洰理 5-948B
jùlǐ 具理 2-110A
jùlǐ 具禮 2-111B
jùlǐ 鉅禮 11-1214B
jùlǐ 據理 6-910A
jùlì 駒麗 12-818B
jùlì 巨力 1-952A
jùlì 巨麗 1-956B
jùlì 倨立 1-1523B
jùlì 鉅麗 11-1214B
jùlì 劇吏 2-747A
úlián 局奩 4-18B
úliǎn 跼斂 10-487A
jùliǎn 聚斂 8-682B
jùliǎn 醵斂 9-1445A
úliáng 淏梁 5-1455A
úliàng 局量 4-18A
jǔliáng 踽涼 10-520B
jùliáng 據梁 6-910A
jùliáng 鋸梁 11-1345B
jùliàng 巨量 1-955A
úliáo 局僚 4-18B
jùliáo 具僚 2-111A
jùliáo 具寮 2-111B
jùliáo 劇寮 2-749B

jùliào 詎料 11-66A
jùliè 具列 2-108B
jùliè 劇烈 2-748A
jǔlìfāfán 舉例發凡 8-1294B
jùlǐlìzhēng 據理力爭 6-910A
jūlín 居林 4-22B
jūlín 居隣 4-26A
júlín 橘林 4-1321B
jùlín 巨鱗 1-957A
jùlín 鉅鱗 11-1214B
jūlíng 拘囹 6-483A
jùlíng 巨靈 1-957A
jùlíng 鉅靈 11-1214B
jùlǐng 具領 2-111A
jùlìng 劇令 2-747A
jūlìsīyì 居利思義 4-22B
jūliú 拘留 6-484A
jūliú 駒留 12-818A
jǔliǔ 柜柳 4-813B
jǔliǔ 欅柳 4-1358B
jùliú 巨流 1-954A
jùliǔ 聚僂 8-681B
jūliúkōnggǔ 駒留空谷 12-818A
jūliúsuǒ 拘留所 6-484A
jūlóng 駒龍 12-818B
jùlǒng 聚攏 8-683A
jūlóu 痀僂 8-306B
jūlóu 痀瘻 8-306B
jūlóu 駒[illegible] 12-818B
jūlòu 居陋 4-23A
jūlòu 拘陋 6-483B
jūlòu 痀瘻 8-306B
jǔlóu 踽僂 10-520B
jùlòu 窶陋 8-480A
jùlòu 菹漏 9-451B
jūlú 居廬 4-27A
jūlù 拘録 6-486B
jūlù 鞫録 9-1241A
júlù 橘露 4-1322A
jùlú 句臚 3-56A
jùlǔ 劇虜 2-748B
jùlù 距路 10-436B
jùlù 鉅鹿 11-1213B
jùlù 劇路 2-749A
jūluán 拘攣 6-488A
jǔluàn 沮亂 5-1071A
jùluàn 據亂 6-910A
jūluánbǔnà 拘攣補衲 6-488A
jùluànshì 據亂世 6-910B
jùlùhóu 鉅鹿侯 11-1213B
jùlún 拒輪 6-363B
jùlùn 具論 2-111A
jùlùn 劇論 2-749A
jūluó 拘羅 6-487A
jūluó 罝羅 8-1020B
jūluò 居落 4-25A
júluò 橘絡 4-1321B
jùluò 聚落 8-681A
jūlúshè 拘廬舍 6-486B
jùlúzhōu 俱盧洲 1-1497B
jūlǘ 駒驢 12-818B
jūlǚ 鞠旅 12-200A
jǔlǚ 萬蔞 9-476B
jǔlǜ 㯫䅋 9-191A
jùlǘ 駏驢 12-807A
jùlǚ 據旅 6-909B
jùlǚ 屨縷 4-63A
jùlǜ 句律 3-54A
jùlǜ 醵率 9-1444B
jūlüè 拘略 6-484B
jùlüè 巨略 1-954B
jùlǜyǐxīsùliào 聚氯乙烯塑料 8-681B
jūmá 苴麻 9-337A
jūmǎ 駒馬 12-817B
jùmǎ 拒馬 6-363A
jùmǎchāzi 拒馬叉子 6-363A
jūmài 居賣 4-26A
jūmài 拘賣 6-486B
jùmài 句脈 3-54B
jùmàn 倨慢 1-1524A
jùmàn 倨嫚 1-1524A
jùmàn 倨慢 1-1524A
jùmàn 据慢 6-730A
jùmàn 踞嫚 10-515A
jùmàn 踞慢 10-514B
jùmáng 遽忙 10-1247A
jūmáo 苴茅 9-336B
jūmào 居貿 4-25B
jùmáo 鉅鬚 11-1214A
jūmàocǎo 鞠茂草 12-199A
jūmáodàotǔ 苴茅燾土 9-336B
jūmáolìetǔ 苴茅裂土 9-336B
jùmǎqiāng 拒馬槍 6-363A
jùměi 具美 2-109B
jùměi 鉅美 11-1213B
júméisù 橘霉素 4-1322A
jūmèn 拘悶 6-485B
jǔmén 舉門 8-1294B
jùménmù 拒門木 6-362B
jūmí 拘彌 6-487A
jūmí 拘縻 6-487A
jūmí 且彌 1-509B
jūmǐ 拘弭 6-484A
jūmǐ 鞠弭 12-199B
jùmǐ 聚米 8-680A
júmiàn 局面 4-17A
jūmín 居民 4-21B
jūmín 拘民 6-481B
jùmín 窶民 8-480A
jǔmíng 舉名 8-1294A
jùmíng 巨溟 1-955B
jùmíng 具名 2-108B
jùmíng 具明 2-109A
jùmìng 拒命 6-362B
jūmǒ 泃沫 5-1091A
jūmò 且末 1-507B
jùmò 鋸末 11-1345A
jǔmù 舉目 8-1293B
jùmǔ 巨拇 1-953A
jùmǔ 颶母 12-639B
jùmù 劇目 2-747A
jùmùsuōshé 瞿目縮舌 7-1261A
jǔmùwúqīn 舉目無親 8-1293B
jūná 拘拏 6-484A
jūná 拘拿 6-484A
jūná 拘挐 6-484B
jǔnà 枸那 4-920B
jùnà 聚納 8-681A
jūná'er 拘拏兒 6-484A
jùnài 詎耐 11-66A
jùn'ài 峻隘 3-826B
jùnàn 距難 10-437A
jùnàn 劇難 2-750A
jūnáng 疽囊 8-296A
jǔnáo 沮撓 5-1071B
jùnàwèi 俱那衛 1-1497A
jūnàyí 拘那夷 6-482A
jùnàyì 俱那異 1-1497A
jùnbá 雋拔 11-831B
jùnbá 俊拔 1-1435A
jùnbá 峻拔 3-824B
jùnbá 儁拔 1-1673B
jūnbān 軍班 9-1208A
jùnbǎn 峻阪 3-824A
jùnbǎn 峻坂 3-824A
jūnbāo 麇包 12-1289B
jūnbào 軍報 9-1210B
jùnbào 峻暴 3-827A
jūnbèi 軍備 9-1211A
jùnbēn 駿奔 12-848B
jùnbēn 駿犇 12-850A
jùnbēnzǒu 駿奔走 12-849A
jūnbì 軍壁 9-1214B
jùnbī 峻逼 3-826A
jùnbǐ 峻筆 3-826B
jùnbì 俊弼 1-1437B
jùnbì 峻壁 3-827B
jūnbiàn 均徧 2-1060B
jūnbiàn 均辨 2-1061B
jùnbiàn 俊辨 1-1438B
jùnbiàn 俊辯 1-1438B
jūnbiànfú 軍便服 9-1207B
jūnbiāo 軍標 9-1212B
jùnbiāo 峻標 3-827A
jūnbīng 軍兵 9-1206A
jūnbǐng 鈞柄 11-1222A
jùnbīng 郡兵 10-629B
jūnbō 鈞播 11-1223A
jūnbó 袀襏 9-45B
jùnbō 濬波 6-186A
jùnbó 郡伯 10-629B
jùnbó 郡博 10-631A
jùnbó 峻博 3-826A
jùnbó 駿駮 12-850B
jùnbōhǔlàng 駿波虎浪 12-849A
jùnbóshì 郡博士 10-631A
jūnbù 均布 2-1059B
jūnbù 軍部 9-1209A
jūnbù 軍簿 9-1215A
jùnbǔ 俊補 1-1437B
jùnbù 駿步 12-848B
jūnbùxuèrèn 軍不血刃 9-1204A
jūncái 軍財 9-1208B
jūncái 鈞材 11-1221B
jūncái 鈞裁 11-1222B
jūncǎi 君寀 3-248B
jùncái 雋才 11-831A
jùncái 雋材 11-831B
jùncái 俊才 1-1434B
jùncái 俊材 1-1435A
jùncái 浚財 5-1293A
jùncái 儁才 1-1673B
jùncái 儁材 1-1673B
jùncái 駿才 12-848B
jùncái 駿材 12-848B
jùncǎi 捃采 6-626A
jùncǎi 捃採 6-626B
jùncǎi 駿彩 12-849B
jūncāo 軍操 9-1213B
jūncáo 軍曹 9-1209B
jūncè 君側 3-248B
jùncén 峻岑 3-824A
jùncéng 峻層 3-827B
jùncéng 峻嶒 3-827A
jūnchāi 軍差 9-1208A
jūnchǎn 均産 2-1060B
jūnchǎn 軍産 9-1210A
jùnchǎng 峻敞 3-826B
jùncháo 郡朝 10-631A
jūnchě 均扯 2-1060A
jūnchè 皸坼 8-525A
jūnchè 龜坼 12-1507B
jūnchén 君臣 3-247A
jūnchén 君陳 3-248B
jùnchén 畯臣 7-1383A
jūnchéng 軍城 9-1207B
jūnchèng 鈞秤 11-1222A
jùnchéng 郡丞 10-629B
jùnchéng 郡城 10-630A
jūnchénzuǒshǐ 君臣佐使 3-247A
jūnchí 軍持 9-1207B
jùnchí 濬池 6-186A
jūnchōng 軍衝 9-1213A
jūnchóu 君疇 3-249B
jūnchóu 軍籌 9-1215A
jūnchǔ 軍儲 9-1214B
jùnchū 儁出 1-1673B
jùnchú 俊廚 1-1438A
jùnchú 峻除 3-825B
jùnchǔ 雋楚 11-833A
jùnchǔ 俊楚 1-1437B
jùnchuān 濬川 6-186A
jùnchúgùjí 俊廚顧及 1-1438A
jūnchuī 鈞吹 11-1221B
jùnchǔn 菌蠢 9-442A
jūncí 鈞慈 11-1222B
jūncì 軍賜 9-1212B
jùncí 峻詞 3-826B
jùncí 峻辭 3-828A
jūncuàn 麇竄 12-1289B
jūncuì 軍倅 9-1208B
jùncuì 郡倅 10-630B
jūncūn 皸皴 8-525A

jūndá 軍達 9-1210B
jùndá 俊達 1-1437A
jùndà 駿大 12-848B
jūndàfū 君大夫 3-244B
jùndàng 俊宕 1-1435B
jūndāo 軍刀 9-1203B
jūndǎo 軍導 9-1213A
jūndào 君道 3-249A
jùndāo 捃刀 6-626A
jùndǎo 浚導 5-1293A
jùndǎo 濬導 6-186B
jūndé 君德 3-249A
jūndé 鈞德 11-1223A
jùndé 雋德 11-833A
jùndé 俊德 1-1438A
jùndé 峻德 3-827A
jùndé 畯德 7-1383A
jùndé 儁德 1-1674B
jùndé 駿德 12-850B
jūnděng 均等 2-1060B
jūnděng 鈞等 11-1222B
jùndēng 峻登 3-826B
jūndí 均敵 2-1061A
jūndí 均糴 2-1061B
jūndí 鈞敵 11-1223A
jūndí 鈞適 11-1223A
jùndí 陖翟 11-993B
jùndǐ 郡邸 10-629B
jùndǐ 峻詆 3-826B
jùndì 俊弟 1-1435A
jūndié 軍牒 9-1211B
jūndīng 軍丁 9-1203B
jùndǐyù 郡邸獄 10-629B
jūndū 軍都 9-1208B
jūndú 軍牘 9-1215A
jùndū 浚都 5-1293A
jūnduì 軍隊 9-1210B
jùnduǒ 峻朵 3-823B
jūn'é 軍額 9-1215A
jùn'è 峻惡 3-826A
jùn'è 峻崿 3-826B
jùn'è 鵕鶚 12-1117A
jùnèi 懼內 7-798B
júnèirén 局內人 4-16A
jùnéng 詎能 11-66A
jūnfá 君伐 3-247B
jūnfá 軍伐 9-1205B
jūnfá 軍閥 9-1212B
jūnfǎ 軍法 9-1207A
jūnfǎ 軍灋 9-1215B
jùnfā 雋發 11-833A
jùnfā 俊發 1-1437B
jùnfā 浚發 5-1293A
jùnfā 儁發 1-1674A
jùnfā 濬發 6-186B
jùnfā 駿發 12-850A
jùnfá 峻閥 3-827A
jùnfǎ 峻法 3-825A
jūnfǎcóngshì 軍法從事
9-1207A
jūnfàn 軍犯 9-1205A
jūnfáng 軍防 9-1205B
jùnfáng 濬房 6-186A
jūnfèi 軍費 9-1211A
jūnfēn 均分 2-1059B
jūnfēn 鈞分 11-1221B
jūnfèn 均分 2-1059B
jūnfèn 軍分 9-1204A
jūnfēng 軍烽 9-1210A
jūnfēng 軍鋒 9-1213A
jūnfēngjì 軍風紀 9-1208A
jùnfēng 俊風 1-1435B
jūnfēng 軍風 9-1208A
jūnfēnqū 軍分區 9-1204A
jūnfú 袀服 9-45B
jūnfú 軍服 9-1207A
jūnfú 軍符 9-1210A
jūnfú 軍駄 9-1213B
jūnfǔ 軍府 9-1207A
jūnfǔ 鈞輔 11-1223A
jūnfù 君父 3-246B
jūnfù 君婦 3-248B
jūnfù 均賦 2-1061A
jūnfù 軍副 9-1210A
jūnfù 軍賦 9-1212B
jùnfú 郡郛 10-630A
jùnfú 郡符 10-630B
jùnfǔ 雋輔 11-833A
jùnfǔ 郡府 10-630A
jūnfūrén 君夫人 3-246B
jùngài 駿概 12-850A
jūngǎng 軍港 9-1211A
jùngāo 俊羔 1-1436B
jùngāo 峻高 3-825B
jūngē 軍歌 9-1212A
jūngé 軍革 9-1207B
jùngé 菌閣 9-442A
jùngé 郡閣 10-631A
jùngé 郡閤 10-631A
jùngé 峻格 3-825B
jūngōng 君公 3-246B
jūngōng 均工 2-1059B
jūngōng 軍工 9-1203B
jūngōng 軍功 9-1204B
jùngōng 雋功 11-831A
jùngōng 郡公 10-629A
jùngōng 竣工 8-393A
jùngōng 儁功 1-1673B
jùngōng 駿功 12-848B
jūngōngchǎng 軍工廠
9-1203B
jūngōngfū 均工夫 2-1059B
jùngōu 浚溝 5-1293A
jūngǔ 軍鼓 9-1211A
jùngǔ 俊骨 1-1435B
jùngǔ 峻谷 3-824A
jùngǔ 浚谷 5-1292B
jùngǔ 濬谷 6-186A
jùngǔ 駿骨 12-849A
jùngù 峻固 3-824B
jùnguā 俊刮 1-1435B
jūnguān 軍官 9-1207A
jūnguàn 軍貫 9-1210B
jūnguǎnhuì 軍管會 9-1212A
jùnguǐ 雋軌 11-832A
jùnguǐ 峻垝 3-825A
jùnguì 菌桂 9-442A
jūngùn 軍棍 9-1210B
jūnguó 君國 3-248B
jūnguó 軍國 9-1210A
jùnguō 郡郭 10-630B
jùnguó 郡國 10-630B
jūnguómínzhǔyì
軍國民主義 9-1210A
jūnguózhǔyì 軍國主義
9-1210A
jùngǔqiānyán 駿骨牽鹽
12-849A
jūnhàizhìfú 麇駭雉伏
12-1289B
jūnhàn 軍漢 9-1212B
jūnháng 軍行 9-1205B
jūnhào 軍號 9-1211B
jùnháo 雋豪 11-833A
jùnháo 俊豪 1-1437B
jùnhào 郡號 10-631A
jūnhé 均和 2-1060A
jùnhè 濬壑 6-186B
jūnhéng 均衡 2-1061B
jūnhéng 鈞衡 11-1223A
jùnhéng 浚恆 5-1292B
jūnhòng 軍閧 9-1213B
jūnhóu 君侯 3-248A
jūnhòu 軍候 9-1208B
jùnhóu 郡侯 10-630A
jūnhù 軍户 9-1204B
jùnhú 俊鶻 1-1438B
jūnhuā 軍譁 9-1214B
jūnhuī 軍麾 9-1213A
jūnhuī 軍徽 9-1214B
jùnhuì 菌蟪 9-442A
jùnhuì 俊慧 1-1438A
jùnhuì 駿惠 12-849B
jūnhūn 軍婚 9-1210B
jūnhuǒ 君火 3-246B
jūnhuǒ 軍火 9-1204A
jùnhuò 捃獲 6-626B
jūnì 拘泥 6-483A
jǔní 沮尼 5-1069B
jǔnì 沮逆 5-1070A
jǔnì 沮溺 5-1071A
jùnì 沮溺 5-1071A
jùnì 拒逆 6-363A
jùnì 距逆 10-436A
júniàn 跼念 10-486A
jùnián 巨年 1-952B
jǔniè 咀齧 3-260B
jǔniè 矩臬 7-1537B
jùniè 巨孽 1-956B
jūníng 拘儜 6-486B
jùnìng 沮濘 5-1072A
jùnìng 遽寧 10-1247B
jūnjī 軍機 9-1213B
jūnjí 軍籍 9-1215A
jūnjǐ 軍給 9-1211A
jūnjì 軍妓 9-1206A
jūnjì 軍紀 9-1208A
jùnjī 峻激 3-827B
jùnjī 鵕雞 12-1117A
jùnjí 峻急 3-825A
jùnjí 峻疾 3-826A
jùnjí 峻極 3-826A
jùnjí 浚急 5-1292B
jùnjí 濬急 6-186A
jùnjì 郡寄 10-630B
jùnjì 峻劑 3-827B
jùnjì 駿驥 12-851A
jūnjiā 君家 3-248B
jūnjiā 均浹 2-1060B
jūnjiā 軍家 9-1209A
jūnjiā 軍笳 9-1210A
jūnjiā 麇麚 12-1289B
jūnjiā 麇麚 12-1289B
jūnjiǎ 軍甲 9-1204B
jūnjiāguǒ 君家果 3-248B
jūnjiāguǒ 君家菓 3-248B
junjian 軍監 9-1212A
jūnjiàn 軍健 9-1208B
jūnjiàn 軍艦 9-1215A
jùnjiàn 俊健 1-1436A
jùnjiàn 峻健 3-825B
jùnjiàn 浚澗 5-1293B
jūnjiàng 軍匠 9-1205B
jūnjiàng 軍將 9-1210B
jùnjiàng 郡將 10-631A
jūnjiǎo 軍角 9-1206A
jūnjiào 軍校 9-1208B
jūnjiào 鈞校 11-1222A
jùnjiāo 俊嬌 1-1438A
jūnjīchù 軍機處 9-1213B
jūnjiē 軍階 9-1210B
jūnjié 均節 2-1061A
jūnjié 軍捷 9-1209B
jūnjiě 鈞解 11-1222B
jùnjié 雋傑 11-832B
jùnjié 俊桀 1-1436B
jùnjié 俊捷 1-1436B
jùnjié 俊傑 1-1437A
jùnjié 俊節 1-1437B
jùnjié 俊潔 1-1438A
jùnjié 峻節 3-826B
jùnjié 峻潔 3-827A
jùnjié 儁桀 1-1674A
jùnjié 儁捷 1-1674A
jùnjié 儁傑 1-1674A
jùnjié 駿桀 12-849B
jùnjié 駿傑 12-850A
jùnjié 駿節 12-850A
jùnjiè 郡界 10-630A
jùnjiè 郡堺 10-631A
jùnjiè 峻介 3-823B
jūnjíkānhé 軍籍勘合
9-1215A
jūnjīn 鈞金 11-1222A
jūnjìn 軍禁 9-1211B
jùnjìn 竣盡 8-393A
jūnjīng 軍精 9-1212B
jūnjīng 麇驚 12-1290A
jūnjǐng 軍井 9-1204A
jūnjǐng 軍警 9-1215A
jūnjīnshùshǐ 鈞金束矢
11-1222A
jùnjīshān 浚稽山 5-1293A
jūnjù 軍具 9-1206B
jūnjù 麇聚 12-1289B
jùnjū 駿駒 12-850A

jùnjǔ 俊舉 1-1438B
jùnjǔ 峻舉 3-827B
jùnjù 峻拒 3-824A
jùnjù 濬距 6-186B
jūnjuàn 鈞眷 11-1222B
jūnjué 軍爵 9-1214B
jùnjué 雋絶 11-833A
jùnjué 雋蹶 11-833B
jùnjué 峻絶 3-826B
jùnjué 峻爵 3-827B
jùnjué 濬決 6-186A
jùnjūn 郡君 10-629B
jùnjùn 峻峻 3-825B
jùnjùn 駿駿 12-850B
jūnkē 均科 2-1060B
jūnké 龜殼 12-1510A
jūnkè 軍客 9-1208A
jùnkē 峻科 3-825A
jùnkè 雋客 11-832A
jùnkè 俊客 1-1436A
jùnkè 郡課 10-631A
jùnkè 峻刻 3-824B
jūnkěn 軍墾 9-1214A
jūnkù 軍庫 9-1209A
jùnkù 峻酷 3-827A
jūnkuài 軍膾 9-1214A
jùnkuài 俊快 1-1435A
jùnkuài 駿快 12-848B
jūnkuàng 君貺 3-249A
jùnkui 浚窺 5-1293B
jūnlā 均拉 2-1060A
jùnlái 俊俫 1-1436A
jùnlài 浚瀨 5-1293B
jūnláijiàngdí…
軍來將敵,水來土堰
9-1206B
jūnlǎn 鈞覽 11-1223B
jùnláng 俊郎 1-1435B
jùnlǎng 雋朗 11-832A
jùnlǎng 俊朗 1-1436B
jùnlǎng 峻朗 3-826A
jùnlǎng 儁朗 1-1674A
jūnláo 軍牢 9-1206A
jūnláo 軍勞 9-1211A
jùnlǎo 雋老 11-831B
jùnlǎo 俊老 1-1435A
jūnlěi 軍壘 9-1215A
jūnlǐ 均禮 2-1061B
jūnlǐ 軍禮 9-1214B
jūnlǐ 鈞禮 11-1223B
jūnlì 軍力 9-1203B
jūnlì 軍吏 9-1205B
jùnlí 駿驪 12-851A
jùnlì 俊力 1-1434B
jùnlì 俊麗 1-1438B
jùnlì 郡吏 10-629A
jùnlì 郡属 10-631A
jùnlì 峻立 3-823B
jùnlì 峻利 3-824A
jùnlì 峻厲 3-827A
jùnlì 峻麗 3-828A
jùnlì 浚利 5-1292B
jùnlì 駿力 12-848A
jùnlì 駿利 12-848B
jùnlì 駿麗 12-850B
jūnliáng 軍糧 9-1215A
jùnliáng 雋良 11-831B
jùnliáng 俊良 1-1435A
jùnliáng 畯良 7-1383A
jùnliáng 儁良 1-1673B
jùnliáng 駿良 12-848B
jùnliáo 俊僚 1-1437B
jùnliáo 郡寮 10-631A
jùnliè 軍列 9-1205B
jūnliè 皸裂 8-525A
jūnliè 龜裂 12-1510A
jùnliè 俊烈 1-1436A
jùnliè 峻烈 3-825B
jùnliè 浚洌 5-1292B
jùnliè 駿烈 12-849B
jūnlín 君臨 3-249A
jūnlíng 軍伶 9-1206A
jūnlíng 軍齡 9-1215A
jūnlìng 軍令 9-1204B
jūnlìng 鈞令 11-1221B
jùnlíng 俊靈 1-1438B
jùnlǐng 峻嶺 3-827B
jùnlìng 儁令 1-1673B
jūnlìngrúshān 軍令如山
9-1204B
jūnlìngrúshāndǎo
軍令如山倒 9-1204B
jūnlìngzhòngrúshān
軍令重如山 9-1205A
jūnlìngzhuàng 軍令狀
9-1205A
jūnliú 軍流 9-1209A
jùnliú 俊流 1-1436B
jùnliú 峻流 3-826A
jùnliú 浚流 5-1293A
jùnliú 濬流 6-186B
jūnlù 鈞録 11-1223A
jùnlú 峻鱸 3-828A
jùnlù 箘露 8-1196B
jùnlù 箘簬 8-1196B
jùnlù 箘簵 8-1196B
jùnlùn 峻論 3-827A
jùnluó 駿騾 12-850B
jūnlǚ 軍旅 9-1209A
jūnlǜ 軍律 9-1208A
jùnlǚ 俊侶 1-1435B
jùnlǜ 焌律 7-84A
jūnlüè 軍略 9-1210A
jūnmǎ 君馬 3-248A
jūnmǎ 軍馬 9-1208B
jùnmǎ 俊馬 1-1436A
jùnmǎ 郡馬 10-630A
jùnmǎ 駿馬 12-849A
jūnmǎhuáng 君馬黄 3-248A
jùnmǎhuànqīngchéng
駿馬换傾城 12-849B
jùnmǎhuànxiǎoqiè
駿馬换小妾 12-849A
jùnmài 雋邁 11-833A
jùnmài 俊邁 1-1438A
jùnmài 峻邁 3-827A
jùnmài 儁邁 1-1674B
jùnmài 駿邁 12-850A
jùnmáng 駿厖 12-849A
jùnmáo 雋髦 11-833A
jùnmáo 俊髦 1-1437B
jùnmáo 郡旄 10-630B
jùnmáo 儁髦 1-1674B
jùnmào 雋茂 11-831B
jùnmào 俊茂 1-1435A
jùnmào 峻茂 3-824B
jùnmào 儁茂 1-1673B
jùnmào 駿茂 12-848B
jùnmào 駿懋 12-850B
jùnmào 菱茂 9-476B
jùnmào 菱楙 9-476B
jùnměi 俊美 1-1436A
jūnmén 君門 3-247B
jūnmén 軍門 9-1207A
jùnmén 郡門 10-630A
jùnméng 駿蒙 12-850A
jùnměng 駿猛 12-849B
jùnmì 峻密 3-826A
jùnmiǎo 峻邈 3-828A
jūnmín 軍民 9-1205A
jùnmín 俊民 1-1434B
jùnmín 畯民 7-1383A
jùnmín 駿民 12-848B
jùnmǐn 雋敏 11-832B
jùnmǐn 俊敏 1-1437A
jùnmǐn 駿敏 12-849B
jūnmíng 君明 3-247B
jūnmìng 君命 3-247B
jūnmìng 軍命 9-1206B
jùnmíng 俊名 1-1435A
jùnmíng 俊明 1-1435B
jùnmíng 浚明 5-1292B
jùnmíng 畯明 7-1383A
jùnmìng 峻命 3-824B
jùnmìng 駿命 12-849A
jūnmójiùpǔ 君謨舊譜
3-249B
jūnmóu 軍謀 9-1214A
jūnmǔ 君母 3-247A
jūnmù 軍目 9-1204B
jūnmù 軍幕 9-1211B
jùnmù 郡牧 10-629B
jūnná 軍拏 9-1208A
jūnnánmén 軍南門 9-1207B
jùnnéng 俊能 1-1436B
jūnní 軍尼 9-1205A
jūnnián 軍年 9-1205B
jùnniǎo 俊鳥 1-1437A
jùnniǎo 鵔鳥 12-1117A
jūnpái 鈞牌 11-1222B
jūnpài 均派 2-1060B
jùnpáng 俊龐 1-1438B
jùnpáng 駿龐 12-850B
jūnpī 鈞批 11-1221B
jūnpí 軍鞞 9-1214B
jùnpǐn 俊品 1-1435B
jūnpíng 君平 3-246B
jūnpíng 均平 2-1059B
jūnpíng 鈞平 11-1221B
jūnpù 軍鋪 9-1213A
jùnpǔ 濬浦 6-186B
jūnqī 軍妻 9-1206B
jūnqī 軍期 9-1210B
jūnqí 均齊 2-1061A
jūnqí 軍棋 9-1210B
jūnqí 軍旗 9-1212A
jūnqì 君器 3-249A
jūnqì 軍氣 9-1208B
jūnqì 軍器 9-1214A
jùnqí 俊耆 1-1436A
jùnqí 峻崎 3-826A
jùnqí 濬齊 6-186B
jùnqí 駿騎 12-850B
jùnqì 雋氣 11-832A
jùnqì 雋器 11-833B
jùnqì 俊氣 1-1436A
jùnqì 俊器 1-1438A
jùnqì 儁氣 1-1673B
jùnqì 駿氣 12-849B
jūnqià 軍帢 9-1211A
jūnqiān 君遷 3-249A
jūnqiān 桾櫏 4-1069B
jūnqián 軍前 9-1208A
jūnqián 軍錢 9-1214A
jùnqiān 峻遷 3-827A
jùnqiàn 浚塹 5-1293A
jùnqiàn 浚壍 5-1293B
jùnqiàn 濬塹 6-186B
jūnqiánchénmíng 君前臣名
3-248A
jùnqiào 俊俏 1-1435B
jùnqiào 陖陗 11-993B
jùnqiào 峻峭 3-825B
jùnqiè 峻切 3-823B
jūnqīn 君親 3-249A
jūnqíng 軍情 9-1210B
jùnqīng 峻清 3-826A
jūnqīngchúnshé 君卿唇舌
3-248A
jūnqīngchúnshé 君卿脣舌
3-248A
jūnqīnghóushé 君卿喉舌
3-248A
jūnqīngshé 君卿舌 3-248A
jūnqiú 鈞球 11-1222B
jūnqū 軍區 9-1210A
jūnqǔ 鈞曲 11-1221B
jùnqū 駿驅 12-850B
jùnqú 浚渠 5-1293A
jūnquán 均權 2-1061B
jūnquán 軍權 9-1215A
jūnquán 鈞權 11-1223B
jūnquǎn 軍犬 9-1204A
jùnquán 浚泉 5-1292B
jūnquánguó 君權國 3-249B
jùnquè 峻却 3-824A
jùnqún 俊羣 1-1437B
jūnrén 君人 3-244B
jūnrén 均人 2-1059A
jūnrén 軍人 9-1203B
jūnrèn 軍任 9-1205B
jùnrén 雋人 11-831A
jùnrén 菌人 9-442A
jùnrén 俊人 1-1434B
jūnróng 軍戎 9-1205A
jūnróng 軍容 9-1209B

jūnróng 鈞容 11-1222A
jūnróngbān 鈞容班 11-1222A
jūnróngshǐ 軍容使 9-1209B
jūnróngtóu 軍容頭 9-1209B
jūnróngzhí 鈞容直 11-1222A
jùnrú 畯儒 7-1383A
jǔnsè 僒澁 1-1424B
jūnshān 君山 3-245A
jùnshàn 雋贍 11-833B
jùnshàn 俊贍 1-1438B
jùnshàn 濬繕 6-186B
jūnshǎng 軍賞 9-1212B
jūnshàng 君上 3-245A
jùnshǎng 俊賞 1-1438A
jùnshàng 俊上 1-1434B
jūnshānlǎofù 君山老父 3-245A
jūnshé 麇舌 12-1289B
jūnshè 軍社 9-1206A
jūnshēn 軍身 9-1206A
jūnshēng 君聲 3-249A
jūnshēng 軍聲 9-1214B
jūnshēng 鈞聲 11-1223A
jùnshēng 俊聲 1-1438B
jùnshēng 儁聲 1-1674B
jùnshēng 駿聲 12-850B
jùnshèng 雋乘 11-832A
jùnshèng 郡乘 10-630A
jùnshèng 駿乘 12-849B
jūnshèngchénxián 君聖臣賢 3-249A
jūnshī 君師 3-248A
jūnshī 軍師 9-1209A
jūnshí 軍食 9-1208A
jūnshí 軍實 9-1212B
jūnshí 鈞石 11-1221B
jūnshǐ 君史 3-247A
jūnshǐ 軍使 9-1206B
jūnshì 君氏 3-246B
jūnshì 均勢 2-1060B
jūnshì 均適 2-1061A
jūnshì 軍士 9-1203B
jūnshì 軍市 9-1205A
jūnshì 軍事 9-1206A
jūnshì 軍勢 9-1211B
jùnshí 捃拾 6-626B
jùnshí 儁識 1-1674B
jùnshí 攟拾 6-963A
jùnshì 雋士 11-831A
jùnshì 俊士 1-1434B
jùnshì 郡試 10-631A
jùnshì 竣事 8-393A
jūnshìfǎtíng 軍事法庭 9-1206A
jūnshìfēngsuǒ 軍事封鎖 9-1206A
jūnshìguǎnzhì 軍事管制 9-1206B
jūnshìguǎnzhì… 軍事管制委員會 9-1206B
jūnshìjīdì 軍事基地 9-1206B
jūnshìkēxué 軍事科學 9-1206A
jūnshìmócā 軍事磨擦 9-1206B
jūnshìtǐyù 軍事體育 9-1206B
jūnshìxùnliàn 軍事訓練 9-1206B
jūnshǒu 均守 2-1060A
jūnshǒu 軍首 9-1208A
jūnshǒu 龜手 12-1505B
jùnshōu 捃收 6-626A
jùnshǒu 郡守 10-629A
jūnshǒujiǎnzú 皸手繭足 8-525A
jūnshǒuyào 龜手藥 12-1505B
jūnshū 均輸 2-1061A
jūnshū 軍書 9-1209B
jūnshū 鈞樞 11-1223A
jūnshǔ 軍屬 9-1215B
jǔnshù 僒束 1-1424B
jǔnshù 㒯束 1-1686A
jùnshū 郡書 10-630B
jùnshǔ 郡屬 10-631B
jūnshuài 軍率 9-1210A
jūnshuài 軍帥 9-1208A
jùnshuài 郡帥 10-630A
jùnshuǎng 雋爽 11-832B
jùnshuǎng 俊爽 1-1436B
jùnshuǎng 儁爽 1-1674A
jùnshuǎng 駿爽 12-849B
jūnshuì 均稅 2-1060B
jūnsī 軍司 9-1205A
jūnsì 鈞駟 11-1223A
jùnsǒng 峻竦 3-826B
jùnsú 雋俗 11-832A
jùnsú 儁俗 1-1673B
jùnsù 峻速 3-825B
jùnsù 峻肅 3-827A
jūnsuì 袀睟 9-45B
jūnsuǒ 軍所 9-1206B
jūntái 均臺 2-1061A
jūntái 軍臺 9-1212A
jūntái 鈞臺 11-1223A
jūntān 均攤 2-1061B
jùntán 濬潭 6-186B
jūntáng 軍塘 9-1211B
jūntǎng 軍帑 9-1207A
jūntáo 鈞陶 11-1222B
jūntè 軍慝 9-1212A
jùntè 峻特 3-825B
jūntǐ 君體 3-249B
jùntí 駿蹄 12-850B
jūntiān 鈞天 11-1221A
jūntián 均田 2-1060A
jūntián 軍田 9-1204B
jūntiāndiào 鈞天調 11-1221B
jūntiānguǎngyuè 鈞天廣樂 11-1221B
jūntiānmèng 鈞天夢 11-1221B
jūntiānqǔ 鈞天曲 11-1221A
jūntiānyuè 鈞天樂 11-1221B
jūntiānzòu 鈞天奏 11-1221A
jūntiáo 均調 2-1061A
jūntiáo 軍條 9-1208B
jūntiáo 鈞調 11-1223A
jūntiě 軍帖 9-1206B
jūntiě 鈞帖 11-1222A
jūntīng 軍廳 9-1215B
jūntīng 鈞聽 11-1223B
jūntíng 均停 2-1060B
jùntīng 郡廳 10-631B
jùntíng 郡庭 10-630A
jùntǐng 峻挺 3-825A
jūntǒng 君統 3-249A
jūntǒng 軍統 9-1211A
jūntóu 軍頭 9-1213B
jūntǔ 均土 2-1059B
jùntú 駿徒 12-849B
jùntú 駿圖 12-850A
jūntuán 軍團 9-1212A
jùntuān 浚湍 5-1293A
jūntún 軍屯 9-1204A
júnú 橘奴 4-1321A
jūnǚ 拘女 6-481A
jūnǚ 鞠恧 12-199B
jǔnǜ 沮衄 5-1070A
jǔnǜ 沮䶊 5-1070B
jùnǚ 粔籹 9-198B
jùnwǎn 駿駠 12-850B
jūnwáng 君王 3-246B
jùnwáng 郡王 10-629A
jùnwǎng 峻網 3-827A
jùnwàng 雋望 11-832B
jùnwàng 郡望 10-630B
jùnwàng 峻望 3-826A
jùnwàng 畯望 7-1383A
jùnwàng 儁望 1-1674A
jūnwánglà 君王臘 3-246B
jūnwēi 軍威 9-1207B
jūnwèi 君位 3-247B
jūnwèi 軍尉 9-1210B
jūnwèi 軍衛 9-1213A
jùnwēi 峻危 3-823B
jùnwěi 嶲偉 3-866A
jùnwěi 雋偉 11-832B
jùnwěi 俊偉 1-1437A
jùnwěi 峻嵬 3-825A
jùnwěi 峻偉 3-826A
jùnwěi 儁偉 1-1674B
jùnwěi 駿偉 12-849B
jùnwèi 俊味 1-1435B
jūnwén 龜紋 12-1509A
jùnwén 峻文 3-823B
jùnwén 濬文 6-186A
jùnwěn 駿穩 12-850B
jūnwú 麇鼯 12-1289B
jūnwǔ 軍伍 9-1205B
jūnwǔ 軍武 9-1206A
jūnwù 軍務 9-1209B
jùnwū 捃誣 6-626B
jùnwǔ 雋武 11-831B
jùnwù 俊物 1-1435B
jùnwù 俊悟 1-1436B
jùnwù 俊晤 1-1436B
jūnxí 軍檄 9-1214B
jūnxí 鈞席 11-1222A
jùnxí 郡襲 10-631B
jùnxiá 峻狹 3-825B
jùnxiá 儁俠 1-1673B
jùnxiá 濬遐 6-186B
jùnxià 郡下 10-629A
jūnxián 軍銜 9-1212A
jūnxián 鈞弦 11-1222A
jūnxián 鈞絃 11-1222B
jūnxiàn 軍憲 9-1214B
jùnxián 雋賢 11-833A
jùnxián 俊賢 1-1438A
jùnxián 儁賢 1-1674B
jùnxiǎn 陖險 11-993B
jùnxiǎn 峻險 3-827B
jùnxiǎn 峻嶮 3-827B
jùnxiàn 郡縣 10-631A
jùnxiàn 餕餡 12-562A
jùnxiàn 餕豏 12-562A
jūnxiǎng 軍餉 9-1212A
jūnxiǎng 軍饟 9-1215B
jūnxiàng 君相 3-248A
jùnxiáng 郡庠 10-630A
jūnxiào 軍校 9-1208B
jùnxiāo 駿驍 12-851A
jūnxiàzú 軍下卒 9-1203B
jūnxié 鈞諧 11-1223A
jūnxiè 軍械 9-1209B
jùnxiè 郡廨 10-631B
jùnxiè 浚渫 5-1293A
jùnxiè 浚瀉 5-1293B
jūnxīn 均心 2-1059B
jūnxīn 軍心 9-1204B
jūnxīng 軍興 9-1214A
jūnxíng 軍刑 9-1205A
jūnxíng 軍行 9-1205B
jùnxíng 峻刑 3-823B
jùnxíng 駿刑 12-848B
jùnxìng 郡姓 10-630A
jūnxīngfǎ 軍興法 9-1214A
jùnxiōng 俊兄 1-1434B
jùnxióng 俊雄 1-1437A
jùnxióng 儁雄 1-1674A
jùnxióng 駿雄 12-850A
jūnxiū 鈞修 11-1222A
jùnxiū 餕羞 12-561B
jùnxiù 雋秀 11-831B
jùnxiù 俊秀 1-1435A
jùnxiù 峻秀 3-824A
jùnxiù 峻岫 3-824B
jùnxiù 儁秀 1-1673B
jūnxū 軍須 9-1211A
jūnxū 軍需 9-1212A
jūnxǔ 軍糈 9-1213A
jùnxù 濬洫 6-186A
jūnxuán 袀玄 9-45B
jūnxuàn 袀袨 9-45B
jùnxuǎn 俊選 1-1438A
jùnxuē 峻削 3-825A
jùnxuē 浚削 5-1292B
jùnxué 郡學 10-631B
jūnxūn 軍勳 9-1214A
jūnxùn 軍訓 9-1209A
jūnyá 軍牙 9-1204A
jùnyǎ 雋雅 11-832B

jùnyǎ 俊雅 1-1437A
jùnyǎ 峻雅 3-826B
jūnyán 鈞嚴 11-1223B
jùnyán 峻言 3-824B
jùnyán 峻嚴 3-828A
jùnyǎn 俊眼 1-1436B
jùnyǎn 峻巘 3-828A
jùnyàn 雋彥 11-832A
jùnyàn 俊彥 1-1436A
jùnyàn 儁彥 1-1673B
jūnyáo 均徭 2-1061A
jūnyáo 鈞窑 11-1222B
jūnyào 軍要 9-1207B
jùnyào 峻藥 3-828A
jūnyé 軍爺 9-1211A
jūnyě 鈞冶 11-1221B
jùnyē 啯噎 3-383B
jùnyè 駿業 12-850A
jūnyī 均一 2-1059A
jūnyī 均壹 2-1060B
jūnyī 袀壹 9-45B
jūnyī 軍衣 9-1205B
jūnyī 軍醫 9-1214B
jūnyí 軍儀 9-1212B
jūnyì 均逸 2-1060B
jūnyì 軍役 9-1206A
jùnyí 鵔鸃 12-1117A
jùnyí 鵔鸃 12-1117A
jùnyì 雋乂 11-830B
jùnyì 雋异 11-831B
jùnyì 雋異 11-832B
jùnyì 雋逸 11-832B
jùn'yì 俊艾 1-1434B
jùn'yì 俊乂 1-1434B
jùnyì 俊異 1-1436B
jùnyì 俊逸 1-1437A
jùnyì 郡邑 10-629B
jùnyì 峻誼 3-827A
jùnyì 竣役 8-393A
jùnyì 儁乂 1-1673B
jùnyì 儁異 1-1674A
jùnyì 儁逸 1-1674A
jùnyì 駿異 12-849B
jùnyì 駿逸 12-849B
jùnyíguān 鵔鸃冠 12-1117A
jūnyìn 軍蔭 9-1211B
jùnyīn 俊音 1-1436A
jūnyīnfú 均茵伏 2-1060A
jūnyíng 軍營 9-1214A
jùnyīng 雋英 11-831B
jùnyīng 俊英 1-1435A
jùnyǐng 俊穎 1-1438B
jùnyǐng 儁穎 1-1674B
jūnyōng 軍庸 9-1210A
jūnyòng 軍用 9-1205A
jùnyōng 餕饔 12-562A
jùnyòng 峻用 3-823B
jūnyóu 軍郵 9-1208B
jùnyóu 雋遊 11-833A
jùnyóu 俊游 1-1437B
jùnyóu 俊遊 1-1437B
jùnyóu 駿猷 12-850A
jùnyǒu 俊友 1-1434B
jūnyú 軍餘 9-1213A
jūnyù 鈞諭 11-1223A
jùnyú 餕餘 12-562A
jùnyǔ 俊語 1-1437B
jùnyǔ 峻宇 3-823B
jùnyù 俊譽 1-1438B
jùnyù 駿馭 12-849B
jùnyù 駿譽 12-850B
jùnyù 珺玉 4-592B
jūnyuán 軍員 9-1208B
jùnyuán 濬源 6-186B
jùnyuǎn 儁遠 1-1674A
jùnyuǎn 駿遠 12-850A
jūnyúbǎojìng 君魚保境
3-248B
jùnyǔdiāoqiáng 峻宇彫牆
3-824A
jùnyǔdiāoqiáng 峻宇雕牆
3-824A
jūnyuē 軍約 9-1208A
jūnyuè 軍樂 9-1213A
jūnyuè 鈞樂 11-1223A
jùnyuè 濬淪 6-186B
jūnyuèduì 軍樂隊 9-1213A
jūnyún 均勻 2-1059B
jūnyùn 軍運 9-1211A
jūnzǎi 君宰 3-248B
jùnzài 攟載 6-963A
jùnzǎng 駿駔 12-850A
jūnzào 軍竈 9-1215B
jùnzāo 焌糟 7-84A
jùnzào 雋造 11-832A
jùnzào 俊造 1-1436A
jùnzé 峻責 3-826A
jùnzé 浚澤 5-1293B
jùnzé 駿澤 12-850B
jūnzéi 軍賊 9-1211B
jūnzēng 硱磳 7-1056A
jùnzhāi 郡齋 10-631B
jùnzhāi 捃摘 6-626B
jūnzhān 均沾 2-1060A
jūnzhān 均霑 2-1061B
jūnzhāng 麇獐 12-1289B
jūnzhǎng 君長 3-247B
jūnzhàng 軍仗 9-1204B
jùnzhāng 郡章 10-630B
jùnzhào 浚照 5-1293A
jūnzhé 龜折 12-1507A
jùnzhé 雋哲 11-832A
jùnzhé 俊哲 1-1436A
jùnzhé 俊喆 1-1437A
jùnzhé 峻折 3-824A
jùnzhé 濬哲 6-186A
jūnzhēn 鈞甄 11-1222B
jūnzhèn 軍陳 9-1209B
jūnzhèn 軍陣 9-1208A
jūnzhèn 軍鎮 9-1215A
jùnzhēn 駿珍 12-849A
jūnzhēng 軍爭 9-1205B
jūnzhèng 軍正 9-1204B
jūnzhèng 軍政 9-1207B
jùnzhěng 峻整 3-827B
jùnzhěng 駿整 12-850B
jùnzhèng 郡政 10-630A
jùnzhèng 峻政 3-825A
jūnzhèngfǔ 軍政府 9-1207B
jūnzhèngsī 軍政司 9-1207B
jūnzhéxíngcāng 鈞折行倉
11-1221B
jūnzhí 軍職 9-1214B
jūnzhǐ 君指 3-247B
jūnzhǐ 鈞旨 11-1221B
jūnzhì 軍制 9-1206B
jūnzhì 軍幟 9-1212B
jùnzhī 菌芝 9-442A
jùnzhí 峻直 3-824B
jùnzhí 捃摭 6-626B
jùnzhí 攟摭 6-963A
jùnzhì 俊智 1-1437A
jùnzhì 郡志 10-629B
jùnzhì 郡治 10-630A
jùnzhì 峻制 3-824B
jùnzhì 峻峙 3-825A
jùnzhì 峻秩 3-825B
jùnzhì 浚治 5-1292B
jùnzhì 濬治 6-186A
jūnzhǒng 軍種 9-1212B
jūnzhòng 均種 2-1061A
jūnzhòng 軍衆 9-1211A
jùnzhòng 峻重 3-825A
jūnzhōnghóu 軍中候 9-1204A
jūnzhōngwúxìyán
軍中無戲言 9-1204A
jūnzhōu 軍州 9-1205B
jūnzhōu 鈞軸 11-1222B
jūnzhōuyáo 均州窑 2-1060A
jūnzhú 皸瘃 8-525A
jūnzhǔ 君主 3-247A
jūnzhǔ 軍主 9-1205A
jùnzhǔ 郡主 10-629A
jūnzhuāng 軍裝 9-1212A
jūnzhuàng 軍狀 9-1207A
jùnzhuàng 俊壯 1-1435A
jùnzhuàng 駿壯 12-848B
jūnzhǔguó 君主國 3-247A
jùnzhuī 駿騅 12-850B
jùnzhuì 攟綴 6-963A
jūnzhǔlìxiàn 君主立憲
3-247A
jùnzhuó 峻卓 3-824B
jùnzhuó 峻擢 3-827B
jūnzhǔzhèngtǐ 君主政體
3-247A
jūnzhǔzhuānzhì 君主專制
3-247A
jūnzī 軍咨 9-1208A
jūnzī 軍資 9-1211B
jūnzī 軍諮 9-1214A
jūnzǐ 君子 3-245A
jùnzi 菌子 9-442A
jùnzi 雋資 11-833A
jūnzǐchéngrénzhīměi
君子成人之美 3-245B
jūnzǐdòngkǒubùdòngshǒu
君子動口不動手
3-246A
jūnzǐfēng 君子風 3-246A
jūnzǐguó 君子國 3-246A
jūnzǐhǎoqiú 君子好逑
3-245B
jūnzǐjūn 君子軍 3-246A
jūnzīkù 軍資庫 9-1211B
jūnzǐqiú 君子仇 3-245B
jūnzǐrén 君子人 3-245B
jūnzǐrú 君子儒 3-246A
jūnzǐshāng 君子觴 3-246B
jūnzǐshù 君子樹 3-246A
jūnzǐwèi 君子衛 3-246A
jūnzǐxiāng 君子鄉 3-246A
jūnzǐxiàng 君子相 3-246A
jūnzǐxiédìng 君子協定
3-245B
jūnzǐxíng 君子行 3-245B
jūnzǐyī 君子醫 3-246B
jūnzǐyíng 君子營 3-246A
jūnzǐyīyán…
君子一言，快馬一鞭
3-245A
jūnzǐyù 君子芋 3-245B
jūnzǐzhījiāodànruòshuǐ
君子之交淡若水
3-245B
jūnzǐzhījiāodànrúshuǐ
君子之交淡如水
3-245B
junzǐzhījiērúshuǐ
君子之接如水 3-245B
jūnzǐzhú 君子竹 3-245B
jūnzú 軍卒 9-1207A
jùnzú 駿足 12-848B
jùnzǔ 峻岨 3-824B
jùnzǔ 峻阻 3-824B
jūnzuì 軍罪 9-1211B
jūnzuǒ 軍佐 9-1206A
jūnzuò 軍座 9-1209A
jūnzuò 鈞座 11-1222A
jùnzuǒ 郡佐 10-629B
jùnzuò 駿作 12-848B
jùpà 懼怕 7-799A
jùpán 踞盤 10-515A
jùpán 踞蟠 10-515A
jūpáng 居龐 4-27A
jùpáng 劇旁 2-748A
jūpāo 掬抛 6-698B
jǔpào 舉砲 8-1295B
jūpí 拘罷 6-486B
júpí 橘皮 4-1321A
jùpī 秬秠 8-32A
júpiàn 局騙 4-19A
júpiàn 駶騙 12-847A
jǔpiàn 咀片 3-259B
jūpiào 拘票 6-484B
júpiào 局票 4-18A
jùpín 窶貧 8-480B
jūpíng 居平 4-21B
jùpíng 巨屏 1-953B
jùpíng 鉅屏 11-1213B
jùpíng 據憑 6-910B
jūpò 拘迫 6-483A
jūpò 苴蓴 9-337A
júpò 局迫 4-17A
jùpò 距破 10-436A
jùpò 遽迫 10-1247A

jūpǔ 踘圃 10-510B
júpǔ 橘浦 4-1321B
jùpú 巨璞 1-956A
jùpǔ 具圃 2-109B
jūqī 鞠戚 12-200B
jǔqī 沮漆 5-1071B
jūqí 居奇 4-23A
jūqí 拘耆 6-484A
jūqǐ 居起 4-23B
júqī 局戚 4-18A
jǔqì 沮氣 5-1070A
jǔqì 沮棄 5-1071A
jùqī 詎期 11-66A
jùqī 遽戚 10-1247B
jùqí 聚齊 8-682A
jùqì 屨企 4-63A
jùqì 巨器 1-956A
jùqì 劇氣 2-748A
jūqiān 拘牽 6-484B
jūqián 拘拑 6-482B
jūqián 拘鈐 6-485A
jūqián 拘鉗 6-485B
jūqián 拘箝 6-486A
jūqiǎn 鞠遣 12-200B
júqián 局錢 4-18B
jùqiān 巨千 1-952B
jùqián 醵錢 9-1445A
jùqiáo 巨橋 1-956A
jùqiáo 鉅橋 11-1214A
jǔqíbùdìng 舉棋不定 8-1296B
jùqiè 跙跙 10-443B
jùqiè 據竊 6-911A
jùqiè 遽切 10-1247A
jùqiè 懼怯 7-799A
jùqín 劇秦 2-748A
jūqíng 鞠情 12-209B
jùqīng 巨卿 1-953B
jùqīng 鉅卿 11-1213B
jùqíng 劇情 2-748B
jùqìng 具慶 2-111A
jùqìngxià 具慶下 2-111B
jùqínměixīn 劇秦美新 2-748A
jùqióng 駏蛩 12-807A
jǔqíruòdìng 舉棋若定 8-1296B
jùqìshí 具器食 2-111B
jūqiú 拘囚 6-481B
jūqiú 鞠囚 12-209B
jūqū 居曲 4-21B
jūqū 拘曲 6-481B
jūqú 沮渠 5-1070B
jūqù 狙覷 5-29A
júqū 跼曲 10-486A
júqū 跼屈 10-486A
jǔqū 沮屈 5-1070A
jǔqū 沮詘 5-1071A
jùqū 巨區 1-954A
jùqū 具區 2-110A
jùqū 倨曲 1-1523B
jùqǔ 劇曲 2-747A
jùqǔ 足曲 10-425B
jūquán 拘拳 6-484B
júquán 菊泉 9-448A
júquán 跼跧 10-486B
júquán 跼踡 10-487A
jǔquàn 沮勸 5-1072A
jǔquàn 矩券 7-1537B
jùquán 具全 2-108B
jùquán 劇權 2-750A
jūquè 拘榷 6-485B
jūquè 拘確 6-486B
jùquē 巨闕 1-956B
jùquē 鉅闕 11-1214B
jùquè 巨雀 1-954A
jùquè 拒却 6-362B
jùquè 拒卻 6-363A
jūrán 居然 4-25B
jūrán 且然 1-509A
jùrán 居然 4-25B
jùrán 具然 2-110B
jùrán 劇然 2-748B
jùrán 遽然 10-1247B
jùrán 瞿然 7-1261B
jùrán 懼然 7-799A
jūrǎng 掬壤 6-699A
jūrǎng 鞠壤 12-201B
jǔráo 沮橈 5-1071B
jǔrǎo 沮擾 5-1072A
jūrén 居人 4-20A
jūrén 鞠人 12-198B
jūrén 鞫人 12-209A
júrèn 局任 4-16B
jǔrén 舉人 8-1292B
jùrén 巨人 1-952A
jùrén 具人 2-108A
jùrén 鉅人 11-1212B
jùrén 寠人 3-1594B
jùrén 劇人 2-747A
jùrén 窶人 8-480A
jùrén 遽人 10-1247A
jùrèn 劇任 2-747B
jùrénchángdé 鉅人長德 11-1213A
jùrénqiānlǐ 拒人千里 6-362A
jùrénqiānlǐ 距人千里 10-435B
jūrényóuyì 居仁由義 4-21A
jùrényúqiānlǐ··· 拒人于千里之外 6-362A
jùrénzǐ 窶人子 8-480A
jùróng 遽容 10-1247A
jùróng 鋸絨 11-1345B
jùróng 足容 10-427B
jùróngqì 句容器 3-54B
jūrú 拘儒 6-486B
jūrú 狙如 5-28A
jǔrú 咀茹 3-260A
jǔrú 咀嚅 3-260A
jǔrǔ 沮辱 5-1070A
jǔrǔ 舉乳 8-1294B
jùrú 巨儒 1-956A
jùrú 鉅儒 11-1214B
jùrú 寠儒 3-1594B
jùrù 沮洳 5-1070A
jūruǎn 拘愞 6-485A
jùrùchǎng 沮洳場 5-1070A
jǔruò 蒟蒻 9-516B
jùsài 拒塞 6-363B
jǔsàn 沮散 5-1070B
jùsàn 聚散 8-681A
jūsāng 居喪 4-25A
jǔsàng 沮喪 5-1070B
jùsǎnhuāxù 聚傘花序 8-681B
jùsǎo 巨嫂 1-955A
jùsè 沮塞 5-1071B
jùsè 拒塞 6-363B
jùsè 距塞 10-436B
jùsè 遽色 10-1247A
jǔshā 矩殺 7-1537B
jùshā 聚沙 8-680B
jùshā 聚砂 8-680B
jùshā 鋸沙 11-1345B
jùshā 鋸鯊 11-1345B
jùshāchéngtǎ 聚沙成塔 8-680B
jūshān 崌山 3-851A
júshān 橘山 4-1320B
jǔshàn 舉善 8-1297A
jǔshāng 沮傷 5-1071B
jǔshāng 舉觴 8-1298A
jùshǎng 劇賞 2-749A
jūshè 居舍 4-23A
jūshè 居攝 4-27A
jūshè 拘攝 6-487B
jǔshè 沮舍 5-1069B
jǔshè 沮懾 5-1072B
jùshè 具設 2-110A
jùshè 劇社 2-747B
jùshè 懼慴 7-799A
jūshēn 居身 4-22B
jūshěn 拘審 6-486B
jūshěn 鞫審 12-210A
júshēn 跼身 10-486A
jùshēn 句身 3-53B
jùshén 狟神 5-25A
jūshéng 拘繩 6-487B
jǔshēng 舉聲 8-1298A
jǔshéng 矩繩 7-1538A
jùshēng 窶生 8-480A
jùshèng 巨勝 1-955A
jùshèng 劇聖 2-748B
jūshí 疽食 8-296A
jūshí 鞠實 12-210A
jūshì 居士 4-20B
jūshì 居室 4-23B
jūshì 居勢 4-26A
jūshì 拘士 6-481A
jūshì 拘世 6-481B
jūshì 掬示 6-698B
jūshì 鞠室 12-199B
jūshì 鞠視 12-200B
jūshì 鞫誓 12-210A
júshí 橘實 4-1322A
júshì 局勢 4-18A
jǔshí 舉時 8-1295B
jǔshí 舉實 8-1297B
jǔshì 矩式 7-1537A
jǔshì 舉世 8-1293B
jǔshì 舉事 8-1294B
jǔshī 沮濕 5-1072A
jùshī 劇詩 2-749A
jùshí 巨識 1-957A
jùshí 距石 10-435B
jùshí 鉅什 11-1213A
jùshǐ 劇豕 2-747B
jùshì 句式 3-53A
jùshì 巨室 1-953B
jùshì 鉅室 11-1213B
jùshì 劇事 2-747B
jùshì 據式 6-909A
jùshì 據恃 6-909B
jùshì 據軾 6-910A
jùshì 窶室 8-480A
jūshìjuē 居士屩 4-20B
jǔshìwénmíng 舉世聞名 8-1293B
jǔshìwúshuāng 舉世無雙 8-1293B
jūshōu 拘收 6-482A
jūshǒu 居守 4-22A
jūshǒu 拘守 6-481B
júshǒu 局守 4-16B
jǔshǒu 舉首 8-1295A
jùshōu 聚收 8-680A
jùshǒu 巨手 1-952B
jùshǒu 拒守 6-362B
jùshǒu 距守 10-435B
jùshǒu 鉅手 11-1213A
jùshǒu 聚首 8-680B
jùshǒu 踞守 10-514A
jùshǒu 據守 6-909B
jùshōubìngxù 俱收並蓄 1-1497A
jǔshǒudàimù 舉首戴目 8-1295B
jǔshǒufènbì 舉首奮臂 8-1295A
jǔshǒujiā'é 舉手加額 8-1293A
jǔshǒujiā'é 舉首加額 8-1295A
jǔshǒuxiāngqìng 舉手相慶 8-1293A
jūshù 拘束 6-482A
júshǔ 局署 4-18B
júshù 局束 4-16B
jǔshū 舉疏 8-1297A
jùshū 具疏 2-110B
jùshú 鋸欘 11-1345B
jùshǔ 居屬 4-27A
jùshǔ 巨黍 1-955A
jùshǔ 具數 2-111A
jùshǔ 秬黍 8-32B
jùshǔ 距黍 10-436A
jùshǔ 鉅黍 11-1214A
jùshǔ 寠數 3-1594B
jùshǔ 劇暑 2-748B
jùshǔ 窶籔 8-480B
jùshǔ 窶數 8-480B
jùshù 具述 2-109A
jūshuā 拘刷 6-483A

jùshuāi 距衰 10-436A
jūshuāng 居孀 4-27A
jùshuāng 拒霜 6-364A
júshuǐ 菊水 9-447B
jùshuō 據説 6-910B
júsī 局司 4-16B
jǔsī 舉絲 8-1297A
jǔsì 舉似 8-1294A
jùsī 懼思 7-799A
jùsì 居肆 4-26A
jùsì 倨肆 1-1524A
jùsì 踞肆 10-514B
jùsìfúyǐxīsùliào
聚四氟乙烯塑料
8-680A
jūsòng 拘送 6-484A
jūsòng 沮誦 5-1071B
jùsǒng 懅悚 7-761B
jùsǒng 懼悚 7-799A
jùsòng 聚訟 8-681A
jūsōu 腒膢 6-1340B
jùsǒu 窶藪 3-1594B
jùsǒu 窶叟 8-480A
jùsǒu 窶藪 8-480B
jùsǒu 蒟藪 9-451B
jūsú 拘俗 6-483B
jūsù 居宿 4-25A
júsù 跼踀 10-486B
júsuì 局碎 4-18B
jǔsuì 舉燧 8-1298A
jùsuí 距隨 10-436B
jūsuō 掬縮 6-698B
jūsuǒ 拘瑣 6-485B
jūsuǒ 拘鎖 6-487B
júsuō 局縮 4-19A
júsuō 跼蹜 10-487B
júsuō 跼蹜 10-487B
júsuō 跼縮 10-487A
júsuǒ 局瑣 4-18B
jǔsuō 舉縮 8-1298A
jǔsuǒ 沮索 5-1070A
jùtà 距踏 10-443B
jùtái 劇臺 2-749A
jútán 菊潭 9-448B
jùtán 聚談 8-682A
jùtán 劇談 2-749B
jùtán 劇壇 2-749B
jùtàn 炬炭 7-36A
jùtáng 巨唐 1-954A
jútào 局套 4-17B
jūtè 狙慝 5-28B
jùtè 巨慝 1-955B
jūtí 拘提 6-485A
jūtí 罝罤 8-1020B
jūtì 泃涕 5-1091A
jútí 跼蹄 10-487A
jútǐ 局體 4-19A
jùtí 具題 2-111B
jùtǐ 具體 2-111B
jùtì 遽惕 10-1247B
jūtián 砠田 7-1020A
jútiān 菊天 9-447B
jútiān 跼天 10-486A
jútiāncùdì 跼天促地
10-486A
jútiānjídì 跼天蹐地
10-486A
jútiānkòudì 局天扣地
4-16A
jútiào 跼跳 10-486B
jútiào 駶跳 12-847A
jùtiào 距跳 10-436B
jùtǐ'érwēi 具體而微
2-112A
jùtǐláodòng 具體勞動
2-112A
jūtíng 居停 4-24B
jǔtíngkòuzhōng 舉莛扣鐘
8-1295A
jūtíngzhǔ 居亭主 4-23B
jūtíngzhǔrén 居停主人
4-24B
jūtōng 鞠通 12-200A
jútóng 橘童 4-1321B
jùtòng 劇痛 2-748B
jùtōngkē 劇通科 2-748A
jūtóu 拘頭 6-486B
jùtóu 巨頭 1-956A
jùtóu 聚頭 8-682A
jùtóushàn 聚頭扇 8-682B
jūtù 罝兔 8-1020B
jútú 局圖 4-18B
jùtú 句圖 3-55B
jùtuán 劇團 2-749B
jùtūn 咀吞 3-259B
jùtún 劇屯 2-747B
jùtuō 距脱 10-436A
jùtuó 巨橐 1-956A
jùtuò 聚櫄 8-683A
jùtúwěnshǒu 據圖刎首
6-910B
jūwá 娵娃 4-368B
júwā 局鼃 4-19A
júwài 局外 4-16B
júwàirén 局外人 4-16B
júwán 橘丸 4-1321A
jùwàn 巨萬 1-954B
jùwàn 鉅萬 11-1214B
jūwǎng 罝罔 8-1020A
jūwǎng 罝網 8-1020B
jùwàng 鉅望 11-1214A
jǔwǎngcuòzhí 舉枉措直
8-1294B
jūwǎnjiàng 鋦碗匠 11-1309A
jūwéi 拘維 6-486A
jūwéi 罝維 8-1020B
jūwèi 居位 4-22B
jūwèi 拘畏 6-483B
jǔwèi 咀味 3-259B
jǔwèi 沮畏 5-1070A
jùwéi 拒違 6-363A
jùwéi 距違 10-436A
jùwěi 巨偉 1-954B
jùwěi 豦蜼 10-24A
jùwěi 遽委 10-1247A
jùwèi 具位 2-109A
jùwéijǐyǒu 據爲己有
6-910A
jūwéimàocǎo 鞠爲茂草
12-200B
jūwéimàocǎo 鞫爲茂草
12-209B
jūwén 拘文 6-481A
jūwèn 拘問 6-485A
jūwèn 鞠問 12-200B
jūwèn 鞫問 12-209B
jùwén 巨文 1-952B
jùwén 具文 2-108A
jùwén 具聞 2-111A
jùwén 椇文 4-1336B
jùwénchéngléi 聚蚊成雷
8-680B
jūwénqiānyì 拘文牽義
6-481A
jùwò 据卧 6-730A
jūwù 居勿 4-21A
jūwù 居物 4-23A
júwù 局務 4-18A
jùwú 咀唔 3-260A
jǔwǔ 舉武 8-1294A
jùwú 巨毋 1-952B
jùwú 據梧 6-910A
jùwǔ 倨侮 1-1523B
jùwù 拒物 6-362B
jùwù 具物 2-109A
jùwù 聚晤 8-681A
jùwù 劇務 2-748A
jùwúbà 巨毋霸 1-952B
jùwúbà 巨無霸 1-955A
jūxī 居息 4-23B
jūxī 腒腊 6-1340A
jūxǐ 狙喜 5-28B
jūxǐ 苴枲 9-336B
jūxì 拘繫 6-487B
jūxì 拘係 6-483B
jūxì 駒隙 12-818A
jūxì 駒隟 12-818A
jūxì 駒隙 12-818A
jūxì 鞠繫 12-201B
jūxì 鞠戲 12-201A
jūxì 鞫繫 12-210A
júxí 局席 4-18A
júxì 局戲 4-19A
jǔxī 舉息 8-1295B
jùxī 具悉 2-110A
jùxì 貄貕 10-1332A
jùxì 巨細 1-954B
jùxì 鉅細 11-1214B
jùxì 劇戲 2-749B
jùxì 屨舄 4-63A
jùxì 屨舃 4-63A
jūxiá 拘狹 6-484A
jūxiá 拘轄 6-487A
jùxiá 劇黠 2-750A
jùxiá 窶狹 8-480B
jūxiān 居先 4-21B
jūxián 居閒 4-26A
jūxián 居閑 4-25B
jūxiǎn 狙險 5-28B
jūxiàn 拘限 6-483B
júxiàn 局限 4-17A
jǔxiǎn 舉顯 8-1298A
jǔxiàn 沮陷 5-1071A
jùxiān 鉅纖 11-1214B
jùxián 具銜 2-111B
jùxián 倨賢 1-1524A
jùxián 鉅賢 11-1214A
jùxiǎn 拒險 6-363B
jùxiǎn 距險 10-436B
jùxiǎn 據險 6-910B
jùxiàn 句限 3-54A
jùxiàn 劇憲 2-749B
jùxiàn 劇縣 2-749B
jùxiáng 具詳 2-110B
jùxiǎng 巨響 1-957A
jùxiàng 巨相 1-953A
jùxiàng 巨象 1-954B
jùxiàng 具象 2-110A
jùxiǎo 窶小 8-480A
jūxié 拘脅 6-484B
jūxiè 拘紲 6-485A
jūxiè 拘絏 6-485B
jūxiè 且泄 1-508B
jǔxiè 沮解 5-1071A
jǔxiè 沮泄 5-1070B
jǔxiè 沮懈 5-1072A
jǔxiè 沮謝 5-1072A
jùxié 劇協 2-747B
jùxiè 鋸屑 11-1345B
jūxīn 居心 4-21A
jūxīn 居歆 4-26A
jūxìn 拘信 6-483B
júxīn 橘心 4-1321A
jùxìn 巨釁 1-957A
júxìng 橘性 4-1321B
jǔxíng 矩形 7-1537A
jǔxíng 舉行 8-1294A
jùxīng 巨星 1-953B
jùxīng 聚星 8-680B
jùxíng 句型 3-54A
jūxīnpǒcè 居心叵測 4-21A
jūxiōng 鞠凶 12-198B
jūxiōng 鞠訩 12-200B
jūxiōng 鞫訩 12-201A
jùxióng 巨雄 1-955A
jùxiū 具脩 2-109B
jūxìyǐng 駒隙影 12-818A
jūxū 居胥 4-23B
jūxū 拘虛 6-484B
jūxū 拘墟 6-485B
jūxù 居蓄 4-26A
júxǔ 菊醑 9-448B
jùxū 巨虛 1-954A
jùxū 岠虛 3-803A
jùxū 距虛 10-436A
jùxū 駏虛 12-807A
jùxū 駏驉 12-807A
jùxū 據虛 6-910A
jùxù 具敘 2-109B
jùxù 聚畜 8-681A
jùxù 聚蓄 8-681B
jǔxuǎn 舉選 8-1297B
jùxuǎn 懼選 7-799A
jūxué 居學 4-26B
jūxué 拘學 6-486B
jūxué 狙學 5-28B

jùxuéhóngshēng 鉅學鴻生 11-1214B
jūxùn 拘訊 6-484B
jūxùn 鞠訊 12-200A
jūxùn 鞫訊 12-209B
jūyā 拘押 6-482B
jùyá 居牙 4-20B
jùyá 倨牙 1-1523B
jùyá 踞牙 10-514A
jùyá 鋸牙 11-1345A
jūyàn 鞫讞 12-210A
jǔyán 沮顏 5-1072A
jùyān 遽淹 10-1247B
jùyán 巨蜒 1-953B
jùyán 具言 2-109A
jùyán 距言 10-435B
jùyán 足言 10-426A
jùyǎn 句眼 3-55A
jùyǎn 巨眼 1-954A
jùyǎn 具眼 2-110A
jùyǎn 炬眼 7-36A
jùyǎn 鉅衍 11-1213B
jùyǎn 鉅眼 11-1213B
jùyàn 炬焰 7-36A
jùyàn 醵宴 9-1444B
jūyǎng 鞠養 12-201A
jùyāng 遽央 10-1247A
jùyāng 渠央 5-1359B
jùyánkǔjù 劇言苦句 2-747B
jùyǎnrén 巨眼人 1-954B
jǔyǎnwúqīn 舉眼無親 8-1296A
jǔyào 咀藥 3-260A
jǔyào 舉要 8-1295A
jùyáo 遽遙 10-1247B
jùyào 劇藥 2-749B
jǔyáoyán 舉謡言 8-1298A
jūyāsuǒ 拘押所 6-482B
jūyè 居業 4-26A
júyè 橘葉 4-1321B
jǔyè 舉業 8-1297A
jùyě 鉅野 11-1213B
jùyè 虡業 8-846B
jūyí 居夷 4-21B
jūyí 居彝 4-27A
jūyì 居邑 4-22B
jūyì 居易 4-23A
jūyì 拘役 6-482A
jūyì 狙杙 5-28A
jǔyì 沮抑 5-1069B
jǔyì 沮異 5-1070B
jǔyì 沮議 5-1072A
jǔyì 舉逸 8-1296A
jǔyì 舉意 8-1297A
jǔyì 舉義 8-1297A
jùyī 據依 6-909B
jùyì 巨億 1-955B
jùyì 巨鷁 1-957A
jùyì 鉅億 11-1214A
jùyì 聚義 8-682A
jùyì 聚議 8-683A
jùyì 劇役 2-747B
jùyì 劇邑 2-747B
jùyì 劇易 2-747B
jùyì 遽驛 10-1248A
jǔyīfǎnsān 舉一反三 8-1292B
jǔyīfèibǎi 舉一廢百 8-1292B
jùyìlǚfāng 據義履方 6-910B
jūyīn 駒陰 12-818A
jūyǐn 拘引 6-481B
jūyǐn 鞫引 12-209A
jǔyīn 舉音 8-1295A
jùyīn 拒闉 6-364A
jùyīn 距堙 10-436A
jùyīn 距闉 10-437A
jùyǐn 聚飲 8-681B
jùyǐn 劇飲 2-748B
jùyǐn 醵飲 9-1445A
jūyíng 居盈 4-23B
jūyǐng 駒影 12-818A
júyǐng 局影 4-18B
júyǐng 跼影 10-487A
jùyíng 聚螢 8-682B
jùyíngjīxuě 聚螢積雪 8-682B
jùyíngyìngxuě 聚螢映雪 8-682B
jūyǐnzhuàng 拘引狀 6-481B
jūyíqì… 居移氣,養移體 4-24B
jùyǐxīsùliào 聚乙烯塑料 8-680A
jūyōng 居庸 4-25A
jūyōng 疽癰 8-296A
jūyǒng 踘踴 10-510B
júyǒng 局勇 4-17B
jǔyǒng 咀詠 3-260A
jǔyòng 舉用 8-1294A
jùyōng 鋸傭 11-1345B
jùyǒng 巨踊 1-955B
jùyǒng 距踊 10-436B
jùyǒng 距踴 10-436B
jūyōu 居憂 4-26A
jūyōu 拘幽 6-483B
jūyóu 居游 4-25B
jūyóu 居遊 4-25B
jūyóu 拘游 6-485A
jūyóu 疽疣 8-296A
jūyǒu 居有 4-21B
júyǒu 局牖 4-18B
júyòu 局囿 4-17A
jǔyóu 矩游 7-1537B
jùyōu 聚麀 8-681B
jùyǒu 具有 2-108A
jùyǒu 據有 6-909B
jùyòu 具囿 2-109B
jūyōucāo 拘幽操 6-483B
jūyū 拘迂 6-481B
jūyú 娵隅 4-368B
jūyǔ 居宇 4-22A
jūyǔ 居圉 4-24B
jūyǔ 砠硌 7-1020A
jūyǔ 琚瑀 4-599A
jūyù 鞠育 12-199A
jūyù 鞠域 12-200A
jūyù 鞠獄 12-201A
jūyù 鞠粥 12-200B
jūyù 鞫獄 12-210A
júyǔ 局宇 4-16B
jǔyú 鉏吾 11-1230A
jǔyú 舉隅 8-1296B
jǔyǔ 鉏鋙 11-1230B
jǔyǔ 鉏鋙 11-1230A
jǔyǔ 齟齬 12-1451B
jǔyǔ 齇齬 12-1458B
jǔyǔ 岨峿 3-807A
jùyū 沮淤 5-1070B
jùyǔ 劇語 2-749A
jùyù 具獄 2-111A
jūyuán 狙猿 5-28B
jūyuàn 鞠院 12-199B
jǔyuán 枸櫞 4-921B
jùyuàn 劇院 2-748A
júyuè 菊月 9-447B
jǔyuē 矩矱 7-1537B
jǔyuè 舉樂 8-1297B
jùyuè 具樂 2-111B
jùyuè 距趯 10-437A
jùyuè 距躍 10-437A
jùyuè 劇樂 2-749B
jùyuè 劇月 2-747A
jùyuèsānbǎi 距躍三百 10-437A
jùyùn 劇韻 2-750A
jǔzā 咀咂 3-259B
jùzài 具載 2-110B
jùzài 具在 2-108A
jùzǎng 巨駔 1-955B
jùzǎo 巨棗 1-954B
jùzào 具造 2-109B
jùzàoshígé 踞竈食蛤 10-515A
jūzé 拘責 6-484B
júzé 局笮 4-18A
jǔzé 矩則 7-1537B
jǔzé 齟齚 12-1451B
jùzé 沮澤 5-1072A
jùzé 菹澤 9-451B
jūzéi 狙賊 5-28B
jùzéi 劇賊 2-749A
jūzhà 狙詐 5-28B
júzhà 局詐 4-18A
jūzhái 居宅 4-22A
júzhǎi 局窄 4-18A
jǔzhài 舉債 8-1297A
jūzhàn 拘占 6-481B
júzhǎn 菊琖 9-448B
jùzhān 具瞻 2-111B
jùzhān 俱瞻 1-1497B
jùzhàn 拒戰 6-363B
jùzhàn 距戰 10-436B
jùzhàn 劇戰 2-749B
jūzhāng 沮漳 5-1071B
jūzhàng 苴杖 9-336B
jūzhàng 鞠仗 12-198B
jūzhàng 鞠杖 12-199A
jùzhāng 拒張 6-363A
jùzhǎng 巨掌 1-955A
jùzhǎng 據掌 6-910A
jùzhàng 據杖 6-909B
jùzhàng 屨杖 4-63A
jùzhào 劇照 2-749A
jǔzhé 沮折 5-1069B
jǔzhé 沮謫 5-1072A
jǔzhé 拒折 6-362B
jùzhé 拒轍 6-364A
jùzhé 具摺 2-110B
jùzhé 懼讋 7-799A
jūzhēn 居貞 4-23A
jūzhèn 居震 4-26B
júzhěn 菊枕 9-448A
júzhèn 局陣 4-18A
júzhèn 局鎮 4-19A
jǔzhèn 舉陣 8-1295B
jùzhèn 巨鎮 1-956B
jùzhèn 劇鎮 2-750A
jùzhèn 懼震 7-799A
jùzhēnbǎn 聚珍版 8-680B
jūzhèng 居正 4-21A
jūzhèng 鞫正 12-209A
júzhèng 局正 4-16B
jǔzhèng 舉正 8-1293B
jùzhēng 據爭 6-909B
jùzhèng 據證 6-911A
jùzhēnzìzhuó 句斟字酌 3-55A
jūzhí 居職 4-26B
jūzhí 拘執 6-484B
jūzhí 拘縶 6-487A
jūzhǐ 居止 4-20B
jūzhì 拘制 6-483A
jūzhì 拘致 6-484A
jūzhì 拘滯 6-486A
jūzhì 拘質 6-486B
jūzhì 腒雉 6-1340A
jūzhì 鞠治 12-199A
jūzhì 鞠稚 12-200B
jūzhì 鞫治 12-209A
júzhì 局致 4-17B
júzhì 局滯 4-18B
júzhì 跼滯 10-486B
jǔzhí 舉職 8-1298A
jǔzhǐ 沮止 5-1069B
jǔzhǐ 椇枳 4-1111B
jǔzhǐ 舉止 8-1293A
jǔzhǐ 舉指 8-1295A
jǔzhǐ 舉趾 8-1296A
jǔzhì 沮滯 5-1071B
jùzhì 巨跖 1-955A
jùzhí 劇職 2-749B
jùzhǐ 巨指 1-953A
jùzhǐ 拒止 6-362A
jùzhì 巨帙 1-953A
jùzhì 巨袟 1-954A
jùzhì 巨製 1-955B
jùzhì 鉅帙 11-1213B
jùzhì 鉅製 11-1214A
jùzhì 踞峙 10-514B
jùzhì 足志 10-425B
jǔzhícuòwǎng 舉直厝枉 8-1294B
jǔzhícuòwǎng 舉直措枉 8-1294B

jǔzhícuòwǎng 舉直錯枉 8-1294B
jǔzhǐhánshāng 咀徵含商 3-260A
jùzhīlángǔ 鐻枝蘭鼓 11-1418A
jǔzhǐshīcuò 舉止失措 8-1293A
jùzhìzìbǐ 句櫛字比 3-56A
jūzhōng 居中 4-21A
jūzhǒng 疽腫 8-296A
jūzhòng 居重 4-23B
jǔzhǒng 舉踵 8-1297B
jǔzhòng 舉重 8-1295A
jǔzhòng 舉衆 8-1296B
jùzhǒng 劇種 2-749A
jùzhòng 聚衆 8-681B
jùzhòng 據重 6-909B
júzhōnglè 橘中樂 4-1321A
júzhōngrén 局中人 4-16A
jǔzhòngruòqīng 舉重若輕 8-1295A
jǔzhǒngsīmù 舉踵思慕 8-1297B
jǔzhǒngsīwàng 舉踵思望 8-1297B
júzhōngsǒu 橘中叟 4-1321A
júzhōngxì 橘中戲 4-1321A
jùzhōngyǎn 句中眼 3-53A
jūzhòngyùqīng 居重馭輕 4-23B
júzhōu 橘洲 4-1321B
júzhòu 菊酎 9-448A
jǔzhòu 咀呪 3-259B
jùzhōu 劇州 2-747B
jūzhóuchǔzhōng 居軸處中 4-25B
jūzhū 蝺蝫 8-924B
jūzhū 蝺蠩 8-925A
jūzhū 鮔鯺 12-1245B
jūzhù 眲眝 10-278B
jūzhù 居住 4-22B
júzhú 跼躅 10-487B
júzhǔ 局主 4-16B
jǔzhǔ 舉主 8-1294A
jùzhú 炬燭 7-36A
jùzhù 巨著 1-954A
jùzhù 踞住 10-514B
jùzhù 醵助 9-1444B
jùzhuàn 遽傳 10-1247B
jùzhuāng 具裝 2-110B
jùzhuàng 巨壯 1-953A
jùzhuāngkē 劇裝科 2-749A
jūzhuì 拘綴 6-486A
jǔzhuì 沮惴 5-1071A
jūzi 鋦子 11-1309A
jūzī 娵觜 4-368B
jūzī 娵訾 4-368B
jūzǐ 駒子 12-817B
jūzǐ 鞠子 12-198B
jūzì 且字 1-508A
júzi 橘子 4-1321A
júzi 局子 4-16A
jǔzī 沮訾 5-1071A
jǔzǐ 舉子 8-1293A
jǔzì 舉柴 8-1295B
jǔzì 舉胔 8-1296B
jùzi 句子 3-53A
jùzī 醵貲 9-1445A
jùzī 醵資 9-1445A
jùzǐ 巨子 1-952B
jùzǐ 鉅子 11-1213A
jùzǐ 劇子 2-747A
jùzǐ 窶子 8-480A
jùzichéngfèn 句子成分 3-53A
jǔzǐyè 舉子業 8-1293A
júziyóu 橘子油 4-1321A
júzǐzhōu 橘子洲 4-1321A
jùzǒng 俱揔 1-1497A
jǔzòu 舉奏 8-1294B
jùzòu 具奏 2-109B
júzú 踘足 10-486A
jǔzú 舉足 8-1294A
jǔzú 舉族 8-1296A
jùzú 具足 2-108B
jùzú 鉅族 11-1213B
jùzú 聚足 8-680B
jùzǔ 劇組 2-748B
jūzuì 鞠罪 12-200B
jǔzuì 舉最 8-1296B
jùzuì 具罪 2-110B
jùzújiè 具足戒 2-108B
jūzuò 居作 4-22B
jūzuò 拘作 6-482A
jǔzuò 沮怍 5-1070A
jǔzuò 矩坐 7-1537B
jǔzuò 舉坐 8-1294A
jǔzuò 舉座 8-1295B
jùzuò 劇作 2-747B
jùzuò 踞坐 10-514B
jùzuòjiā 劇作家 2-747B
jǔzúqīngzhòng 舉足輕重 8-1294B

K

kābā 喀巴 3-452A
kābā 喀吧 3-452A
kǎbīnqiāng 卡賓槍 1-989A
kǎbō 卡癶 1-988A
kǎbōdāng 卡癶襠 1-988A
kāchā 咔嚓 3-258B
kāchā 喀嚓 3-452A
kǎchē 卡車 1-988A
kādā 咔嗒 3-258B
kǎ'érshuǐ 卡兒水 1-988A
kāfēi 咖啡 3-315A
kāi'àn 開岸 12-47B
kǎi'ān 凱安 2-291B
kǎi'ān 豈安 9-1345A
kǎi'ǎo 鎧襖 11-1370B
kāibā 開芭 12-45A
kāibá 開拔 12-46B
kāibái 開白 12-43A
kāibān 開班 12-52A
kāibǎn 開板 12-46B
kāibǎn 開版 12-47B
kāibàn 開辦 12-65B
kāibāo 開包 12-43A
kāibào 開報 12-57B
kāibèi 揩背 6-740B
kāiběn 開本 12-42B
kāibǐ 開比 12-40B
kāibǐ 開筆 12-58B
kāibì 開閉 12-56B
kāibì 剴拂 2-725A
kāibiān 開編 12-64B
kāibiān 開邊 12-67A
kāibiāo 開標 12-63A
kāibīng 開兵 12-45A
kāibō 開剝 12-53B
kāibó 開博 12-57B
kāibǔ 開卜 12-38A
kāibù 開布 12-42B
kāibù 開步 12-45A
kāibù 開埠 12-54B
kāicǎi 開采 12-47B
kāicǎi 開彩 12-56A
kāicǎi 開採 12-54B
kǎicáo 鎧曹 11-1370B
kǎicè 愷惻 7-679A
kāichā 開叉 12-39B
kāichá 開查 12-50A
kāichá 開察 12-62B
kāichāi 開差 12-51A
kāichāi 開拆 12-46B
kāichǎn 開闡 12-68B
kāichàn 開懺 12-68B
kǎichǎn 闓闡 12-146B
kāichǎng 開場 12-57B
kāichǎng 開敞 12-58A
kāichǎng 開廠 12-62A
kāichàng 開唱 12-55B
kāichàng 開暢 12-62A
kǎichàng 凱唱 2-292A
kǎichàng 慨悵 7-668A
kāichǎngbái 開場白 12-57B
kāichē 開車 12-45A
kāichè 開拆 12-46B
kǎichè 凱撤 2-292B
kǎichè 闓徹 12-146A
kāichén 開陳 12-54A
kāichén 開晨 12-55A
kāichéng 開承 12-49B
kāichéng 開誠 12-61A
kāichéngbùgōng 開誠布公 12-61A
kāichéngshíjīng 開成石經 12-43B
kāichéngxiāngjiàn 開誠相見 12 61A
kāichì 開斥 12-43A
kāichū 開出 12-43B
kāichū 開初 12-45B
kāichú 開除 12-51B
kāichú 開廚 12-64A
kāichuàng 開刱 12-51A
kāichuàng 開創 12-58B
kāichūn 開春 12-49B
kāicí 開詞 12-59A
kāicí 開辭 12-68A
kāicóng 開從 12-56A
kāidá 開達 12-57B
kāidǎ 開打 12-42A
kāidà 開大 12-38B
kāidān 開單 12-58B
kāidàng 開蕩 12-63A
kāidàng 開盪 12-66A
kāidāngkù 開襠袴 12-67B
kāidāngkù 開襠褲 12-67B
kāidāo 開刀 12-38A
kāidǎo 開導 12-64A
kāidǎo 開道 12-59A
kāidào 開道 12-59A
kǎidǎo 闓導 12-146B
kǎidào 剴到 2-725A
kāidàochē 開倒車 12-52B
kāidēng 開燈 12-65B
kāidí 開滌 12-61B
kāidì 開地 12-43B
kāidì 開第 12-56A
kàidí 愾敵 7-679B
kāidiàn 開奠 12-59A
kāidiāo 開雕 12-65B
kāidiào 開弔 12-42A
kāidǐng 揩腚 6-740B
kǎidìng 凱定 2-291B
kāidǐngfēngchuán 開頂風船 12-54B
kāidōng 開冬 12-43A
kāidòng 開凍 12-52B
kāidòng 開動 12-55B
kāidòngjīqì 開動機器 12-56A
kāidú 開瀆 12-67A
kāidú 開讀 12-69A
kāidǔ 開賭 12-63A
kāidù 開度 12-50B
kāiduān 開耑 12-50A
kāiduān 開端 12-62B
kāiduì 開兌 12-45B
kāi'ē 開阿 12-45B
kāi'ēn 開恩 12-52A
kāi'ěr 開耳 12-43B
kǎi'ěr 慨爾 7-668B
kāifā 開發 12-59B
kāifǎ 開法 12-48B
kǎifǎ 楷法 4-1165A
kàifā 嘅發 3-452B
kāifān 開帆 12-44A
kāifān 開藩 12-66B
kāifàn 開飯 12-59A
kǎifān 凱番 2-292A
kǎifàn 楷範 4-1165B
kāifāng 開方 12-41A
kāifāng 開坊 12-44B
kāifáng 開房 12-48B
kāifàng 開放 12-48A
kāifángjiān 開房間 12-49A
kāifāngpòyù 開方破獄 12-41A
kǎifèn 慨憤 7-668B
kàifèn 愾憤 7-679B
kāifēng 開封 12-49B
kāifēng 開風 12-50B
kāifěng 開諷 12-65B
kāifèng 開縫 12-65B
kǎifēng 凱風 2-291B
kǎifēng 愷風 7-679A
kǎifēng 颽風 12-642A
kǎifěng 剴諷 2-725A
kǎifēnghánquán… 凱風寒泉之思 2-292A
kāifū 開敷 12-63A
kāifú 開伏 12-44A
kāifú 開扶 12-44B
kāifú 開襆 12-66B
kāifǔ 開府 12-48A
kāifǔ 開輔 12-62A
kāifù 開赴 12-49B
kāifù 開復 12-58B
kǎifù 凱復 2-292A
kāigé 開閣 12-63A
kāigé 開革 12-49B
kāigé 開閤 12-63A
kǎigē 凱歌 2-292A
kǎigē 愷歌 7-679A
kāigōng 開工 12-38A
kāigōngbùfàngjiàn 開弓不放箭 12-39B
kāigōngméiyǒu… 開弓没有回頭箭 12-39B
kāigōu 開勾 12-41A
kāigòu 開購 12-66A
kǎigòu 嘅詬 3-401B
kāigū 開沽 12-48B
kǎigǔ 揩鼓 6-740B
kāigǔ 開古 12-42B
kàigǔ 鞜鼓 12-202B
kāiguān 開關 12-68A
kāiguǎn 開舘 12-65A
kāiguǎn 開館 12-65A
kāiguāng 開光 12-43B
kāiguǎng 開廣 12-62B
kāiguāngmíng 開光明 12-44A
kāiguì 開匱 12-62A
kǎiguī 凱歸 2-292B
kāigùn 開棍 12-58A
kāiguō 開鍋 12-65A
kāiguó 開國 12-55B
kāiguǒ 開果 12-46B
kāiguóchéngjiā 開國承家 12-55B
kāiguóyuánxūn 開國元勳 12-55B
kǎihàn 鎧扞 11-1370B
kāiháng 開航 12-52B
kāihào 開號 12-60B
kāihē 開呵 12-46B
kāihé 開閤 12-63A
kāihé 開合 12-44A
kāihé 開河 12-48B
kāihé 開闔 12-67B
kǎihé 闓闔 12-146B
kǎihèn 慨恨 7-668A
kāihóng 開弘 12-43B
kāihòng 開閧 12-64B
kāihóudùnsǎng 開喉頓嗓 12-58B
kāihòumén 開後門 12-50B
kāihú 開斛 12-56A
kāihú 開壺 12-58A
kāihù 開户 12-41B
kāihuā 開花 12-45A
kāihuà 開化 12-40B
kāihuà 開話 12-61A
kāihuái 開懷 12-68A
kāihuáichàngyǐn 開懷暢飲 12-68A
kāihuājiéguǒ 開花結果 12-45A
kāihuājiéguǒ 開華結果 12-52A
kāihuājiéshí 開花結實 12-45A
kǎihuán 凱還 2-292B
kāihuāng 開荒 12-50A
kāihuáng 開皇 12-50B
kāihuāngjiàn 開荒劍 12-50A
kāihuāngtián 開荒田 12-50A
kāihuāzhàng 開花帳 12-45A
kāihuì 開晦 12-55B
kāihuì 開會 12-61A
kāihūn 開葷 12-58A
kāihuō 開豁 12-66A
kāihuǒ 開火 12-41A
kāihuǒ 開伙 12-44A
kāihuǒcāng 開火倉 12-41B
kāijī 開基 12-54B
kāijì 開迹 12-50B
kāijì 開祭 12-56A
kāijì 開濟 12-66A
kāijì 開霽 12-69A
kāijiǎ 開甲 12-42B

kāijià 開架 12-51B
kāijià 開假 12-56A
kāijià 開價 12-63B
kǎijiǎ 鎧甲 11-1370B
kāijiān 開間 12-59A
kāijiān 開緘 12-64B
kāijiǎn 開翦 12-64A
kāijiàn 開建 12-49A
kāijiāng 開江 12-44B
kāijiāng 開疆 12-68B
kāijiǎng 開獎 12-63A
kāijiǎng 開講 12-66A
kāijiāngpìtǔ 開疆闢土 12-68B
kāijiāngtuòjìng 開疆拓境 12-68B
kāijiāngtuòtǔ 開疆拓土 12-68B
kāijiāngtuòyǔ 開疆拓宇 12-68B
kāijiāngzhǎntǔ 開疆展土 12-68B
kāijiāo 開交 12-44B
kāijiǎo 開脚 12-56A
kāijīchuàngyè 開基創業 12-54B
kāijiē 開揭 12-57B
kāijié 開刼 12-44B
kāijiě 開解 12-61A
kāijiè 開戒 12-44B
kǎijié 凱捷 2-292A
kāijiédùrén 開刼度人 12-44B
kāijiégǔ 揩羯鼓 6-740B
kāijiēlìjí 開階立極 12-57A
kāijīhuāng 開飢荒 12-52B
kāijīlìyè 開基立業 12-54B
kāijīn 開金 12-47B
kāijīn 開津 12-51A
kāijīn 開衿 12-51A
kāijīn 開襟 12-67B
kāijìn 開進 12-56A
kāijìn 開禁 12-60A
kāijīng 開精 12-62B
kāijǐng 開景 12-58B
kāijǐng 開警 12-68A
kāijìng 開徑 12-52B
kāijìng 開逕 12-52A
kāijìng 開境 12-62A
kāijīnqiáo 開金橋 12-47B
kāijiǔ 開酒 12-53A
kāijú 開局 12-45B
kāijù 開具 12-46B
kāijuān 開捐 12-52A
kāijuǎn 開卷 12-48A
kāijuàn 開卷 12-48A
kāijuànyǒuyì 開卷有益 12-48B
kāijué 開掘 12-54B
kāijué 開覺 12-68B
kāijùn 開浚 12-53A
kāijùn 開濬 12-66A
kāijūntóng 開君童 12-45B
kǎikǎi 凱凱 2-292A
kǎikǎi 慨慨 7-668A
kǎikǎi 塏塏 2-1173B
kàikài 欬欬 6-1441B
kǎikāng 凱康 2-292A
kǎikāng 慨忼 7-668A
kǎikāng 慨慷 7-668B
kāikē 開科 12-50A
kāikě 開可 12-42B
kāikè 開課 12-64A
kāikěn 開墾 12-65A
kāikēng 揩鏗 6-741A
kāikǒu 開口 12-38B
kāikǒuhū 開口呼 12-39A
kāikǒuhuò 開口貨 12-39A
kāikǒujiàndǎn 開口見膽 12-39A
kāikǒujiànhóulóng 開口見喉嚨 12-38B
kāikǒujiànxīn 開口見心 12-38B
kāikǒujiāo 開口椒 12-39A
kāikǒutiào 開口跳 12-39A
kāikǒuxiāo 開口銷 12-39A
kāikǒuxiào 開口笑 12-39A
kāikǒuzi 開口子 12-38B
kāikuàichē 開快車 12-45B
kāikuàng 開曠 12-67A
kāikuàng 開礦 12-68A
kāikuàng 開鑛 12-69A
kǎikuì 慨喟 7-668A
kāikǔn 開閫 12-64B
kāikuò 開廓 12-61B
kāikuò 開擴 12-65B
kāikuò 開闊 12-66B
kāikuòdì 開闊地 12-66B
kāiláijìwǎng 開來繼往 12-46B
kāilǎng 開朗 12-53B
kǎilǎng 闓朗 12-146A
kǎilè 凱樂 2-292B
kǎilè 愷樂 7-679B
kǎilè 豈樂 9-1346A
kāilí 開犁 12-55B
kāilì 開立 12-43B
kāilì 開利 12-45A
kāilì 開例 12-47B
kāilì 開沴 12-53A
kǎilì 楷隸 4-1165B
kāilián 開鐮 12-69A
kāiliǎn 開臉 12-66A
kāiliàng 開亮 12-50B
kāiliàngkǒu 開亮口 12-50B
kāilìchúhài 開利除害 12-45A
kāiliè 開列 12-43B
kāiliè 開裂 12-58A
kāilíng 開靈 12-69B
kāilǐng 開領 12-62A
kāiliū 開溜 12-61B
kāiliù 開六 12-41A
kāilù 開路 12-60B
kāilùguǐ 開路鬼 12-60B
kāiluó 開鑼 12-69B
kāiluò 開落 12-58A
kāiluóhèdào 開鑼喝道 12-69B
kāilùshén 開路神 12-60B
kāilùxiānfēng 開路先鋒 12-60B
kāilǜ 開律 12-50B
kāilǜdēng 開綠燈 12-63A
kāilüè 開略 12-55B
kǎimǎ 鎧馬 11-1370B
kāimài 開邁 12-63A
kāimàilā 開麥拉 12-55A
kāimào 開貌 12-62A
kāiméi 開眉 12-51A
kāiměi 開美 12-51A
kāiméixiàoyǎn 開眉笑眼 12-51B
kāiméizhǎnyǎn 開眉展眼 12-51B
kāimén 開門 12-49A
kǎimén 凱門 2-291B
kǎimén 闓門 12-146A
kǎimèn 慨懣 7-668B
kāiméng 開萌 12-54B
kāiméng 開蒙 12-60A
kāiménhóng 開門紅 12-49A
kaiménjiànshān 開門見山 12-49A
kāiménpào 開門砲 12-49A
kāiménqián 開門錢 12-49B
kāiménqījiànshì 開門七件事 12-49A
kāiményándào 開門延盜 12-49A
kāiményīdào 開門揖盜 12-49A
kāimiǎn 揩免 6-740B
kāimiàn 開面 12-50A
kāimǐn 開敏 12-56A
kǎimǐn 闓敏 12-146A
kāimíng 揩名 6-740A
kāimíng 開明 12-47A
kǎimíng 闓明 12-146A
kāimíngshēnshì 開明紳士 12-47A
kāimíngshìshēn 開明士紳 12-47A
kāimíngshòu 開明獸 12-47B
kāimó 揩摩 6-740B
kāimó 揩磨 6-740B
kāimǒ 揩抹 6-740B
kǎimó 楷模 4-1165A
kāimǔ 開母 12-43B
kāimù 開目 12-42B
kāimù 開募 12-58A
kāimù 開幕 12-60A
kǎimù 慨慕 7-668A
kāinà 開內 12-40B
kāinà 開納 12-54A
kàinì 欬逆 6-1441B
kāinián 開年 12-44A
kǎiniàn 慨念 7-668A
kǎinuò 慨諾 7-668B
kāipāi 開拍 12-46A
kāipái 開排 12-54B
kāipán 開盤 12-63B
kāipào 開炮 12-51A
kāipēn 開噴 12-63B
kāipì 開辟 12-62A
kāipì 開闢 12-69A
kāipì 開譬 12-69A
kāipiān 開篇 12-63B
kāipiào 開票 12-55A
kāipín 開嚬 12-68A
kāipíng 開屏 12-51A
kāipōu 開剖 12-52B
kāipù 開鋪 12-63B
kāiqī 開七 12-38A
kāiqǐ 開啓 12-56B
kǎiqī 凱期 2-292A
kǎiqí 鎧騎 11-1371A
kāiqián 開錢 12-65A
kāiqiāng 開腔 12-59A
kāiqiào 開竅 12-67A
kǎiqiè 凱切 2-291B
kǎiqiè 剴切 2-725A
kǎiqiè 慨切 7-667B
kǎiqiè 愷切 7-679A
kǎiqiè 闓切 12-146A
kāiqīn 開親 12-65B
kāiqíng 開晴 12-58A
kàiqǐng 欬謦 6-1441B
kāiqìpáo 開氣袍 12-52B
kāiqiū 開秋 12-50A
kāiqū 開袪 12-53B
kāiqǔ 開取 12-46B
kāiqù 開去 12-42B
kāiquē 開缺 12-52A
kǎirán 慨然 7-668A
kàirán 嘅然 3-452B
kǎirǎng 塏壤 2-1173B
kàirì 愒日 7-658B
kāiróng 開容 12-53B
kāiróng 開榮 12-62B
kǎiróng 凱容 2-292A
kǎirù 凱入 2-291B
kǎirùn 颽潤 12-642B
kāisāi 開塞 12-61B
kāisài 開塞 12-61B
kāisài 開賽 12-66B
kāisāng 開喪 12-58A
kāishān 開山 12-39A
kāishàn 開善 12-59A
kāishānbízǔ 開山鼻祖 12-39B
kāishānfǔ 開山斧 12-39A
kāishāng 開墒 12-62A
kǎishāng 慨傷 7-668A
kāishānjiàozhǔ 開山教主 12-39B
kāishānshǐzǔ 開山始祖 12-39A
kāishānzǔ 開山祖 12-39A
kāishānzǔshī 開山祖師 12-39B
kāishē 開畬 12-58B
kāishè 開設 12-56B
kāishè 開赦 12-54B

kāishēn 開身 12-45B
kāishěn 開審 12-64B
kāishēng 開聲 12-66A
kǎishēng 凱聲 2-292B
kāishēngmiàn 開生面 12-42B
kāishǐ 開始 12-49B
kāishǐ 開駛 12-63A
kāishì 揩拭 6-740B
kāishì 開士 12-38A
kāishì 開市 12-43A
kāishì 開示 12-42A
kāishì 開釋 12-68B
kǎishì 楷式 4-1164B
kǎishì 楷栻 4-1165A
kāishǒu 開手 12-40B
kāishǒu 開首 12-51A
kāishū 開淑 12-56B
kāishū 開舒 12-58B
kāishǔ 開曙 12-66A
kǎishū 楷書 4-1165A
kǎishū 闓疏 12-146A
kàishù 軗沭 9-1251B
kāishuài 開率 12-56B
kāishuǎng 開爽 12-55A
kǎishuǎng 慨爽 7-668A
kǎishuǎng 闓爽 12-146A
kāishuǐ 開水 12-40B
kāishuǐxī 開水犀 12-40B
kǎishūlì 楷書吏 4-1165A
kāishuō 開說 12-62A
kāisì 開嗣 12-60B
kāisì 開肆 12-60A
kāisīmén 開私門 12-45A
kāisīmǐ 開司米 12-43B
kàisòu 欬嗽 6-1441B
kāisù 開素 12-52A
kǎisù 楷素 4-1165A
kāisuì 開歲 12-60A
kāisuǒzhū 開鎖猪 12-67A
kāità 闓拓 12-146A
kāitái 開臺 12-62A
kāitái 開檯 12-67A
kāitài 開泰 12-51B
kāitáiluógǔ 開臺鑼鼓
12-62A
kāitán 開談 12-64A
kāitán 開壇 12-64B
kāitǎn 開坦 12-46B
kǎitàn 慨嘆 7-668B
kǎitàn 慨歎 7-668B
kàitàn 嘅嘆 3-452B
kāitáng 開堂 12-55A
kāitáng 開膛 12-64A
kāitáo 開洮 12-56B
kāití 開題 12-67A
kǎitǐ 楷體 4-1165B
kǎitì 凱弟 2-291B
kǎitì 凱悌 2-292A
kǎitì 愷弟 7-679A
kǎitì 愷悌 7-679A
kǎitì 闓悌 12-146A
kǎitì 豈弟 9-1345A
kāitiān 開天 12-39B
kāitián 開田 12-42B
kāitiānchuāng 開天窗
12-39B
kāitiānpìdì 開天闢地
12-40A
kǎitiě 鍇鐵 11-1349A
kǎitìjūnzǐ 豈弟君子
9-1345B
kāitīng 開廳 12-69B
kāitíng 開庭 12-51A
kāitōng 開通 12-54A
kāitǒng 開統 12-59B
kāitōngyuánbǎo 開通元寶
12-54A
kāitóu 開頭 12-64B
kāitú 開屠 12-56B
kāitǔ 開土 12-38A
kāituǐ 開腿 12-61A
kāitún 開屯 12-40A
kāituō 開袥 12-53B
kāituō 開脫 12-56A
kāituò 開拓 12-46A
kàituò 欬唾 6-1441B
kàituòchéngzhū 欬唾成珠
6-1441B
kāiwā 開窊 12-44B
kāiwài 開外 12-43A
kāiwánxiào 開玩笑 12-45B
kāiwěi 開闈 12-69A
kāiwèi 開味 12-46B
kāiwèi 開胃 12-50A
kāiwèi 開慰 12-64B
kǎiwéi 凱闈 2-292B
kāiwú 開梧 12-54B
kāiwù 開物 12-47B
kāiwù 開務 12-54A
kāiwù 開悟 12-53A
kāiwù 開寤 12-62B
kāiwùchéngwù 開物成務
12-47B
kāiwùdǔtiān 開霧睹天
12-67A
kāixī 開析 12-46B
kāixí 開席 12-52B
kāixì 開隙 12-59A
kāixì 開戲 12-66A
kǎixī 慨息 7-668A
kǎixī 慨惜 7-668A
kàixī 嘅息 3-452B
kāixiáchūhǔ 開柙出虎
12-50A
kāixiān 開先 12-44A
kǎixiàn 愷獻 7-679B
kāixiāngdàolóng 開箱倒籠
12-63B
kāixiāo 開消 12-53A
kāixiāo 開銷 12-63B
kāixiǎo 開曉 12-65A
kāixiǎochāi 開小差 12-38B
kāixiǎohuì 開小會 12-38B
kāixiǎozào 開小竈 12-38B
kāixiě 開寫 12-64A
kāixiè 開洩 12-51A
kāixīn 開心 12-41B
kāixīn 開新 12-61B
kāixìn 開信 12-50B
kāixìn 開釁 12-69B
kāixīnfú 開心符 12-42A
kāixíng 開行 12-44A
kāixìng 開興 12-65A
kāixīnjiànchāng 開心見腸
12-41B
kāixīnjiànchéng 開心見誠
12-41B
kāixīnjiàndǎn 開心見膽
12-42A
kāixiōng 開胸 12-52B
kǎixiù 楷秀 4-1165A
kāixǔ 開許 12-56B
kāixù 開緒 12-63A
kǎixū 鎧鑐 11-1371A
kāixuān 開軒 12-52A
kāixuǎn 開選 12-64B
kǎixuán 凱旋 2-292A
kǎixuánmén 凱旋門 2-292A
kāixué 開學 12-65A
kāiyán 開延 12-44A
kāiyán 開言 12-45B
kāiyán 開筵 12-58B
kāiyán 開顏 12-67A
kāiyǎn 開眼 12-55A
kāiyǎn 開演 12-62B
kāiyàn 開宴 12-53A
kǎiyàn 凱讌 2-292B
kāiyáng 開洋 12-51A
kāiyáng 開陽 12-57A
kǎiyǎng 揩痒 6-740B
kǎiyáng 闓陽 12-146A
kāiyánghūn 開洋葷 12-51A
kāiyāngyuán 開秧元 12-52B
kāiyǎnjiè 開眼界 12-55B
kāiyè 開業 12-60A
kāiyè 開饁 12-69B
kāiyèchē 開夜車 12-47B
kāiyí 開頤 12-64B
kāiyì 開益 12-52B
kāiyì 開議 12-68B
kǎiyì 凱易 2-291B
kǎiyì 凱澤 2-292B
kǎiyì 剴易 2-725A
kǎiyì 慨憶 7-668B
kǎiyì 闓圛 12-146B
kǎiyì 闓懌 12-146B
kǎiyì 闓澤 12-146B
kāiyǐn 開引 12-42A
kāiyìn 開印 12-43A
kàiyīn 愒陰 7-658B
kāiyíng 開營 12-65B
kāiyìng 開映 12-50A
kāiyóu 揩油 6-740B
kāiyòu 開右 12-42B
kāiyòu 開誘 12-62A
kāiyóushuǐ 揩油水 6-740B
kāiyǔ 開宇 12-44B
kāiyù 開喻 12-58B
kāiyù 開燠 12-65B
kāiyù 開諭 12-65B
kǎiyù 愷豫 7-679B
kāiyuán 開元 12-40A
kāiyuán 開原 12-52A
kāiyuán 開園 12-60B
kāiyuán 開源 12-61B
kāiyuán 開緣 12-64B
kāiyuǎn 開遠 12-60A
kǎiyuán 凱元 2-291B
kāiyuánjiéliú 開源節流
12-61B
kāiyuánqián 開元錢 12-40A
kāiyuánsì 開元寺 12-40A
kāiyuántōngbǎo 開元通寶
12-40A
kāiyuè 開月 12-41A
kāiyuè 開瀹 12-68B
kǎiyuè 凱樂 2-292B
kǎiyuè 愷樂 7-679B
kǎiyuè 闓悅 12-146A
kāiyǔn 開允 12-42A
kāiyùn 開運 12-59A
kǎiyǔn 慨允 7-667B
kāiyúnjiànrì 開雲見日
12-58A
kāiyúnjiàntiān 開雲見天
12-58A
kāizǎi 開載 12-60A
kāizàn 開贊 12-68A
kāizáo 開鑿 12-69B
kǎizé 凱澤 2-292B
kǎizé 楷則 4-1165A
kāizhá 開閘 12-62A
kāizhāi 開齋 12-66A
kāizhāijié 開齋節 12-66A
kāizhǎn 開展 12-53B
kāizhàn 開綻 12-63A
kāizhàn 開戰 12-65A
kāizhāng 開張 12-56B
kāizhǎng 開長 12-46A
kāizhàng 開仗 12-43A
kāizhàng 開帳 12-55B
kǎizhāng 闓張 12-146A
kǎizhàng 鎧仗 11-1370B
kāizhào 開兆 12-44A
kāizhào 開照 12-60B
kāizhào 開肇 12-63A
kāizhē 開遮 12-62B
kāizhé 開折 12-44B
kāizhèn 開鎮 12-67A
kāizhēng 開徵 12-63B
kāizhēng 開正 12-42A
kǎizhèng 楷正 4-1164B
kāizhī 開支 12-40A
kāizhì 開制 12-47B
kāizhì 開治 12-48B
kāizhì 開秩 12-52B
kāizhì 開袠 12-56B
kāizhì 開智 12-58B
kāizhì 開置 12-61A
kǎizhí 剴直 2-725A
kǎizhí 愷直 7-679A
kǎizhì 剴摯 2-725A
kǎizhì 愷至 7-679A
kǎizhì 闓置 12-146A
kāizhōng 開中 12-40B
kāizhòu 開晝 12-56B

kǎizhòu 鎧胄 11-1370B
kǎizhuàn 楷篆 4-1165B
kǎizhuāng 鎧裝 11-1370B
kǎizì 楷字 4-1165A
kāizōng 開宗 12-48B
kāizōngmíngyì 開宗明義 12-48B
kǎizòu 凱奏 2-291B
kāizú 開足 12-45A
kāizuì 開罪 12-61A
kāizūn 開尊 12-59A
kāizūn 開樽 12-64B
kāizuò 開坐 12-45B
kǎjī 咔嘰 3-258B
kǎjī 卡其 1-988A
kǎjièmiáo 卡介苗 1-988A
kākā 喀喀 3-452A
kākā 棢棢 4-1164A
kǎkǎ 卡卡 1-988A
kākǎjiǎojiǎo 棢棢角角 4-1164B
kāla 喀啦 3-452A
kālā 咔啦 3-258B
kǎlàtè 卡剌特 1-988B
kǎlùlǐ 卡路里 1-989A
kānbǎn 刊板 2-592B
kānbǎn 刊版 2-593A
kànbǎn 看板 7-1182A
kànbǎnniáng 看板娘 7-1182A
kānbào 龕暴 12-1503A
kānbào 龕虣 12-1503B
kānběn 刊本 2-592A
kānbì 龕壁 12-1503B
kànbiǎn 看扁 7-1183B
kànbìchéngzhū 看碧成朱 7-1185B
kànbīn 衎賓 3-940B
kànbìng 看病 7-1184A
kānbō 刊剥 2-593B
kānbǔ 刊補 2-593B
kānbù 刊布 2-592A
kānbù 堪布 2-1144A
kànbùqǐ 看不起 7-1180B
kāncái 刊裁 2-593B
kàncài 看菜 7-1184B
kàncàichīfàn 看菜吃飯 7-1184B
kāncáinú 看財奴 7-1183B
kāncáitóngzǐ 看財童子 7-1183B
kāncè 勘測 2-796A
kānchá 勘查 2-796A
kānchá 勘察 2-796B
kānchāi 看差 7-1183A
kānchǎn 看產 7-1184B
kāncháng 看場 7-1185A
kàncháng 看長 7-1181B
kànchǎng 看場 7-1185A
kānchēng 堪嶝 2-1144B
kànchéng 看成 7-1181A
kànchéng 看承 7-1182B
kànchéng 看城 7-1182B
kānchéngbǎn 刊成板 2-592B
kǎnchì 坎傺 2-1058A
kǎnchì 欿傺 6-1457B
kānchū 刊出 2-592B
kānchú 刊除 2-593A
kànchuān 看穿 7-1183B
kāncuàn 刊竄 2-594A
kāndà 刊大 2-592A
kāndáhǎn 堪達罕 2-1144B
kàndài 看待 7-1183A
kàndàliú 看大流 7-1180B
kǎndàn 坎窞 2-1058A
kǎndàn 峪窞 3-841B
kāndāng 勘當 2-796A
kàndāng 看當 7-1185B
kāndào 刊道 2-593B
kǎndàshān 砍大山 7-1016A
kǎndé 坎德 2-1058A
kàndé 看得 7-1184B
kāndēng 刊登 2-594A
kāndēng 龕燈 12-1503B
kāndèng 龕鐙 12-1503B
kàndéqǐ 看得起 7-1184B
kāndí 龕敵 12-1503A
kàndī 看低 7-1181B
kàndì 看地 7-1181A
kāndiàn 栞奠 4-955B
kàndiē 看跌 7-1185A
kāndìng 刊定 2-593A
kāndìng 勘定 2-795B
kāndìng 戡定 5-232B
kāndìng 龕定 12-1502B
kǎndòu 歁竇 6-1458A
kāndū 看督 7-1185B
kǎndú 坎毒 2-1057B
kānduì 勘對 2-796B
kānduō 刊剟 2-593B
kànduòqián 看垛錢 7-1182B
kǎn'è 嵁崿 3-852A
kǎn'er 侃兒 1-1337A
kǎn'ěr 侃爾 1-1337B
kàn'ér 衎而 3-940B
kàn'ěr 衎爾 3-940B
kǎn'erjǐng 坎兒井 2-1057A
kǎn'erlù 坎兒路 2-1057B
kǎnfá 戡伐 5-215A
kǎnfá 砍伐 7-1016A
kànfǎ 看法 7-1182A
kànfà 看髮 7-1186A
kànfēng 看封 7-1182B
kànfēng 看風 7-1183A
kànfēngsè 看風色 7-1183A
kànfēngshǐchuán 看風使船 7-1183A
kànfēngshǐchuán 看風駛船 7-1183A
kànfēngshǐduò 看風使舵 7-1183A
kànfēngshǐfān 看風使帆 7-1183A
kànfēngxíngchuán 看風行船 7-1183A
kànfēngzhuǎnduò 看風轉舵 7-1183A
kānfù 勘覆 2-796B
kānfù 戡復 5-232B
kāngǎi 刊改 2-592B
kāng'ān 康安 3-1242B
kàng'áng 亢昂 2-301A
kàngāo 看高 7-1184A
kāngbáidù 康白度 3-1242B
kāngbàiyīn 康拜因 3-1243A
kángbànlǎhuó 扛半拉活 6-341A
kángbànlǎzihuó 扛半拉子活 6-341A
kàngbào 亢暴 2-302A
kàngbào 伉暴 1-1213A
kàngbào 抗暴 6-414B
kàngbào 炕暴 7-41A
kāngbǐ 穅秕 8-151A
kāngbǐ 穅粃 8-151A
kāngbǐ 糠秕 9-239B
kāngbǐ 糠粃 9-239B
kàngbiàn 抗辯 6-415B
kàngbiǎo 抗表 6-412A
kàngbīng 抗兵 6-412A
kāngbó 康伯 3-1242B
kāngcǎi'ēn 康采恩 3-1243A
kàngcáng 亢藏 2-302A
kàngcè 抗策 6-413B
kàngcháizào 炕柴竈 7-40B
kángchánggōng 扛長工 6-341A
kāngchē 轗車 9-1329B
kāngchén 康沈 3-1242B
kàngchén 抗塵 6-414A
kāngchéng 康成 3-1242B
kàngchénzǒusú 抗塵走俗 6-414A
kàngchí 亢池 2-300B
kàngchǒng 亢寵 2-302B
kàngchuáng 匟床 1-967A
kàngchuáng 炕床 7-40B
kàngchuáng 炕牀 7-40B
kàngcí 亢辭 2-302B
kàngcí 抗詞 6-413B
kàngcí 抗辭 6-415B
kàngdá 慷達 7-712A
kàngdá 亢答 2-301B
kàngdá 抗答 6-413B
kángdàhuó 扛大活 6-341A
kángdàliáng 扛大梁 6-341A
kàngdān 炕單 7-41A
kāngdēng 糠燈 9-240A
kāngdèng 穅鐙 8-151A
kāngdí 康狄 3-1242B
kàngdí 抗敵 6-414B
kàngdiàn 抗殿 6-414A
kàngdīng 抗丁 6-411A
kàngdòng 炕洞 7-40B
kāngdòu 穅豆 8-151A
kàngdòu 抗鬭 6-416A
kàngduì 抗對 6-414A
kàngduó 抗奪 6-414A
kāngé 刊革 2-593A
kàng'è 亢軛 2-301A
kàngfàn 抗犯 6-411B
kàngfèn 亢奮 2-302A
kàngfèn 抗憤 6-414B
kāngfù 康阜 3-1243A
kāngfù 康富 3-1244A
kāngfù 康復 3-1244A
kàngfū 炕孵 7-41A
kàngfú 亢佛 2-301A
kàngfú 抗浮 6-413A
kāngfùyīxué 康復醫學 3-1244A
kānggài 忼槩 7-435A
kànggāo 抗高 6-413A
kānggē 康歌 3-1244A
kānggōng 康功 3-1242B
kànggǔ 抗古 6-411B
kàngguì 炕櫃 7-41A
kànghàn 亢扞 2-300B
kànghàn 亢旱 2-300B
kànghàn 亢悍 2-301A
kànghàn 亢暵 2-302A
kànghàn 抗旱 6-412A
kānghé 康和 3-1243A
kānghé 穅覈 8-151A
kānghé 穅籺 8-151A
kānghé 糠籺 9-239B
kānghé 糠覈 9-240A
kánghè 扛荷 6-341A
kànghé 伉合 1-1212B
kànghéng 阬衡 11-915B
kànghéng 亢衡 2-302A
kànghéng 伉衡 1-1213A
kànghéng 抗横 6-414B
kànghéng 抗衡 6-415A
kànghèng 抗横 6-414B
kànghóng 抗洪 6-412B
kànghóng 閌閎 12-95B
kānghóu 康侯 3-1243A
kànghóu 抗喉 6-413B
kānghù 康瓠 3-1243B
kānghù 康護 3-1244B
kànghuái 抗懷 6-415B
kānghuāng 康荒 3-1243A
kānghuí 康回 3-1242B
kānghuì 康惠 3-1244A
kànghuǐ 亢悔 2-301A
kánghuó 扛活 6-341A
kànghuó 抗活 6-412B
kāngjì 康濟 3-1244B
kàngjī 匟几 1-967A
kàngjī 抗擊 6-415A
kàngjī 炕几 7-40B
kàngjí 亢急 2-301A
kàngjí 抗極 6-413B
kàngjì 抗迹 6-412B
kàngjì 抗跡 6-414A
kāngjiàn 康健 3-1243B
kàngjiàn 伉健 1-1212B
kāngjiāng 康彊 3-1244B
kángjiǎo 抗脚 6-413A
kàngjiǎo 抗矯 6-415A
kàngjié 亢節 2-301B
kàngjié 抗節 6-414A
kàngjìn 亢進 2-301B
kàngjìn 抗進 6-413A
kāngjìng 康靖 3-1244A
kàngjīng 抗旌 6-413A

kàngjīng 抗旍 6-413B
kàngjǐng 抗剄 6-412B
kāngjiù 康救 3-1243B
kāngjū 康居 3-1243A
kàngjù 亢拒 2-300B
kàngjù 抗拒 6-411B
kàngjuān 抗捐 6-412B
kāngjué 康爵 3-1244B
kàngjué 抗絶 6-413B
kàngjūnsù 抗菌素 6-413A
kāngkǎi 忼慨 7-435A
kāngkǎi 慷慨 7-712A
kāngkǎi 慷愷 7-712B
kāngkǎi 忼愾 7-435A
kāngkài 慷愾 7-712B
kāngkǎibēigē 慷慨悲歌 7-712B
kāngkǎichéncí 慷慨陳詞 7-712A
kāngkǎijī'áng 慷慨激昂 7-712B
kāngkǎijiěnáng 慷慨解囊 7-712B
kāngkǎijīliè 慷慨激烈 7-712B
kāngkāng 忼忼 7-435A
kāngkāng 忼慷 7-435A
kàngkàng 杭杭 4-879A
kàngkàng 亢亢 2-300B
kāngkē 礦礚 7-1109B
kāngkuàng 穅類 8-151A
kàngkuàng 抗壙 6-415A
kāngkuí 康逵 3-1243B
kāngkuì 慷喟 7-712A
kāngláng 康食 3-1599A
kāngláng 閌閬 12-95B
kāngláng 康食 8-481A
kānglǎng 岏峎 3-805B
kānglàng 嵻峎 3-863A
kǎnglǎng 嵻崀 3-863A
kànglǎng 亢朗 2-301A
kànglǎng 抗朗 6-413A
kànglàng 抗浪 6-413A
kānglǎozǐ 康老子 3-1242B
kāngle 康了 3-1242A
kānglè 康樂 3-1244B
kàngléng 抗稜 6-414A
kānglèqiú 康樂球 3-1244B
kànglǐ 亢禮 2-302A
kànglǐ 伉禮 1-1213A
kànglǐ 抗禮 6-415A
kànglì 亢厲 2-301B
kànglì 亢麗 2-302B
kànglì 伉儷 1-1213A
kànglì 抗力 6-411A
kànglì 抗厲 6-414A
kāngliáng 康梁 3-1243B
kāngliáng 槺梁 4-1280A
kàngliáng 抗糧 6-415B
kàngliàng 亢亮 2-301A
kàngliè 亢烈 2-301A
kàngliè 抗烈 6-413A
kānglóng 康隆 3-1243B
kànglóng 亢龍 2-302A
kànglóngyǒuhuǐ 亢龍有悔 2-302A
kānglú 康廬 3-1244B
kànglùn 抗論 6-414B
kàngmài 抗邁 6-414B
kàngmǎn 亢滿 2-302A
kàngméi 亢眉 2-301A
kàngméi 抗眉 6-412B
kàngměi 抗美 6-412B
kàngmén 閌門 12-95B
kāngmí 糠麋 9-240A
kàngmìng 抗命 6-412B
kàngmù 亢木 2-300B
kàngmù 抗木 6-411A
kàngnǐ 抗擬 6-415A
kàngnì 抗逆 6-412B
kāngníng 康寧 3-1244A
kǎngōng 坎宫 2-1057B
kàng'ǒu 伉偶 1-1213A
kàng'ǒu 抗偶 6-413A
kāngpíng 康平 3-1242B
kàngpíng 炕屏 7-40B
kàngpò 抗魄 6-414A
kāngqián 康乾 3-1243B
kāngqiáng 康强 3-1244A
kàngqiáng 亢强 2-301B
kàngqīn 抗衾 6-413A
kàngqín 炕琴 7-41A
kàngqǐn 炕寢 7-41A
kàngqíng 抗情 6-413B
kāngqú 康衢 3-1244B
kāngqúgē 康衢歌 3-1245A
kāngqúyáo 康衢謡 3-1245A
kàngrán 抗然 6-413B
kàngrè 亢熱 2-302A
kāngrì 康日 3-1242B
kàngshān 亢山 2-300B
kāngsháo 康韶 3-1244A
kàngshāo 炕梢 7-41A
kàngshēn 抗身 6-412A
kāngshèng 康盛 3-1243B
kāngshèng 康勝 3-1244A
kàngshēng 伉聲 1-1213A
kàngshēng 抗聲 6-415A
kàngshēngsù 抗生素 6-411B
kāngshí 康食 3-1243A
kāngshí 康時 3-1243B
kāngshì 康世 3-1242B
kāngshì 康適 3-1244A
kāngshì 糠市 9-239B
kàngshì 亢世 2-300B
kàngshì 抗世 6-411B
kàngshǒu 抗手 6-411A
kàngshǒu 抗首 6-412B
kàngshū 抗疏 6-413B
kàngshū 抗疎 6-414A
kàngshǔ 抗屬 6-416A
kāngshuǎng 忼爽 7-435A
kāngshuǎng 慷爽 7-712A
kàngshuǎng 亢爽 2-301A
kàngshuì 抗稅 6-413B
kāngshùn 康順 3-1244A
kàngsǒng 抗竦 6-413B
kàngsù 抗訴 6-413B
kàngtà 炕榻 7-41A
kāngtài 康泰 3-1243B
kángtái 扛擡 6-341B
kāngtārénzhīkǎi 慷他人之慨 7-712A
kàngtóu 炕頭 7-41A
kāngtú 康塗 3-1244A
kǎngǔ 坎鼓 2-1058A
kàngù 看顧 7-1186B
kānguǎn 看管 7-1185B
kànguān 看官 7-1182A
kànguān 看倌 7-1184A
kànguǒ 看果 7-1182A
kāngwǎn 慷惋 7-712A
kàngwán 抗玩 6-412A
kàngwáng 伉王 1-1212A
kàngwéi 抗違 6-413B
kàngwèi 亢位 2-300B
kàngwéizi 炕圍子 7-41A
kāngxī 糠栖 9-239B
kàngxí 抗席 6-413A
kàngxí 炕席 7-41A
kàngxiàn 亢見 2-300B
kàngxiǎng 抗想 6-414A
kàngxīn 抗心 6-411B
kāngxīng 糠星 9-239B
kàngxíng 伉行 1-1212B
kàngxíng 抗行 6-411B
kàngxīnjiāoqì 亢心憍氣 2-300B
kàngxiù 亢宿 2-301B
kàngyán 亢言 2-300B
kàngyán 亢炎 2-301A
kàngyán 抗言 6-412A
kàngyán 抗顔 6-415B
kàngyán 炕沿 7-40B
kàngyáng 亢陽 2-301B
kàngyáng 亢揚 2-301B
kàngyáng 亢暘 2-301B
kàngyáng 抗颺 6-415B
kàngyáng 炕陽 7-41A
kāngyī 蠊蚜 8-958B
kāngyì 康乂 3-1242A
kàngyì 亢意 2-301B
kàngyì 亢毅 2-302A
kàngyì 抗義 6-414A
kàngyì 抗臆 6-415A
kàngyì 抗議 6-415B
kàngyīn 伉音 1-1212B
kàngyīn 抗音 6-412B
kàngyǐn 抗隱 6-415A
kāngyú 康娛 3-1243B
kāngyù 康裕 3-1244A
kāngyù 康愈 3-1244A
kāngyù 康豫 3-1244A
kàngyù 抗禦 6-415A
kàngyuè 抗越 6-413B
kāngzāi 康哉 3-1243A
kàngzāi 抗災 6-412A
kāngzāizhīgē 康哉之歌 3-1243A
kǎngzǎng 骯髒 12-405A
kàngzāng 抗髒 6-415B
kāngzāo 穅糟 8-151A
kāngzāo 糠糟 9-240A
kàngzào 亢燥 2-302A
kàngzhàn 抗戰 6-415A
kàngzhāng 抗章 6-413A
kàngzhé 抗折 6-411B
kàngzhěn 炕枕 7-40B
kàngzhèn 抗震 6-414B
kàngzhēng 抗争 6-411B
kàngzhèng 抗正 6-411B
kángzhěnghuó 扛整活 6-341B
kāngzhí 忼直 7-435A
kāngzhí 康直 3-1243A
kàngzhí 亢直 2-301A
kàngzhí 抗直 6-412A
kàngzhì 亢志 2-300B
kàngzhì 抗志 6-412A
kàngzhì 抗質 6-414B
kāngzhuāng 杭莊 4-879A
kāngzhuāng 康莊 3-1243B
kángzhuāng 抗莊 6-412B
kàngzhuàng 亢壯 2-301A
kàngzhuàng 伉壯 1-1212B
kāngzhuāngjìng 康莊境 3-1243B
kàngzhuì 抗墜 6-414A
kàngzhuō 炕桌 7-41A
kàngzōng 亢宗 2-301A
kàngzōngzǐ 亢宗子 2-301A
kàngzū 抗租 6-413A
kàngzú 抗足 6-412A
kǎnhàn 欿憾 6-1457B
kǎnhàn 顑頷 12-324B
kānhé 勘合 2-795B
kānhé 勘劾 2-795B
kǎnhóu 坎侯 2-1057B
kànhòu 看候 7-1184A
kǎnhóuqī 坎侯漆 2-1057B
kānhù 看護 7-1186B
kànhuā 看花 7-1181A
kànhuārén 看花人 7-1181B
kānhuì 勘會 2-796B
kànhuó 看活 7-1183B
kānhuǒ 堪火 2-1144A
kānhuǒ 龕火 12-1502B
kānjī 刊緝 2-594A
kānjì 戡濟 5-232B
kānjiā 看家 7-1184A
kànjiā 看家 7-1184A
kānjiāběnlǐng 看家本領 7-1184A
kānjiāběnshì 看家本事 7-1184A
kānjiāgǒu 看家狗 7-1184B
kānjiǎn 勘剪 2-796A
kānjiǎn 戡翦 5-232B
kānjiǎn 龕翦 12-1503A
kānjiàn 勘箭 2-796B
kǎnjiān 坎肩 2-1057B
kànjiǎn 衎謇 3-940B
kànjiàn 看見 7-1181B
kānjiào 刊校 2-593A
kānjiào 勘校 2-796A
kānjiāxì 看家戲 7-1184B
kànjiē 看階 7-1185A

kànjiē 看街 7-1185A
kànjiēlóu 看街樓 7-1185B
kānjìng 龕靖 12-1502B
kǎnjīng 坎精 2-1058A
kǎnjǐng 坎井 2-1056B
kǎnjǐng 坎阱 2-1057A
kǎnjǐng 坎穽 2-1057B
kǎnjǐng 埳井 2-1129B
kànjìng 看鏡 7-1186B
kànjǐngshēngqíng
看景生情 7-1185A
kǎnjǐngzhīwā 坎井之鼃
2-1056B
kǎnjǐngzhīwā 埳井之鼃
2-1129B
kānjiū 刊究 2-592B
kānjū 勘鞠 2-796B
kānjū 勘鞫 2-796B
kānjū 龕居 12-1502B
kānjùn 嵁峻 3-852A
kànkāi 看開 7-1185B
kānkān 堪堪 2-1144A
kǎnkǎn 坎坎 2-1057A
kǎnkǎn 坎埳 2-1057B
kǎnkǎn 侃侃 1-1337A
kǎnkǎn 欿欿 6-1457B
kǎnkǎn 轗轗 8-402B
kànkàn 看看 7-1182B
kànkàn 衎衎 3-940B
kǎnkǎn'è'è 侃侃諤諤
1-1337A
kǎnkǎn'értán 侃侃而談
1-1337A
kǎnkǎnyínyín 侃侃誾誾
1-1337A
kānkě 堪可 2-1144A
kānkè 刊刻 2-593A
kǎnkē 壈坷 2-1224B
kǎnkē 坎軻 2-1058A
kǎnkē 砍砢 7-1016B
kǎnkē 轗軻 9-1334B
kǎnkě 坎坷 2-1057A
kǎnkě 埳坷 2-1129B
kǎnkě 埳軻 2-1129B
kànkē 輱軻 9-1298B
kànkè 看客 7-1183B
kānkū 龕窟 12-1503A
kǎnkuài 侃快 1-1337A
kǎnkuài 砍膾 7-1016B
kànlái 看來 7-1182A
kǎnlǎn 坎廩 2-1058A
kǎnlǎn 坎懍 2-1058B
kǎnlǎn 坎壈 2-1058B
kǎnlǎn 坎壏 2-1058A
kǎnlǎn 埳壈 2-1129B
kǎnlǎn 轗轞 9-1334B
kǎnlǎn 轗轗 9-1334B
kǎnláo 坎勞 2-1058A
kānlè 刊勒 2-593B
kǎnlè 侃樂 1-1337B
kànlè 衎樂 3-940B
kànlěngnuǎn 看冷暖 7-1181B
kànlěngpò 看冷破 7-1181B
kànlèzi 看樂子 7-1186A
kānlì 刊立 2-592B
kǎnlí 坎離 2-1058B
kànlǐ 看理 7-1184B
kànlín 瞰臨 7-1253A
kānlòu 刊鏤 2-594A
kànlóu 看樓 7-1186A
kānlù 戡戮 5-232B
kǎnlù 坎路 2-1058A
kānluàn 戡亂 5-232B
kānluàn 龕亂 12-1502B
kānluò 刊落 2-593B
kànluò 看落 7-1185A
kānlǚ 刊旅 2-593A
kānlǚ 栞旅 4-955B
kànmǎ 看馬 7-1183B
kànmài 看脉 7-1183A
kànmài 看脈 7-1184A
kānméngǒu 看門狗 7-1182A
kānmiào 龕廟 12-1503A
kānmiè 刊滅 2-594A
kànmìng 看命 7-1182A
kānmò 刊墨 2-594A
kānmù 刊木 2-592A
kànmù 看墓 7-1185B
kānnàn 戡難 5-232B
kānnàn 龕難 12-1503B
kǎnnán 坎男 2-1057A
kānnángqián 看囊錢 7-1187A
kǎnnǎoguǐ 砍腦鬼 7-1016B
kānnéng 堪能 2-1144A
kànnì 瞰睨 7-1253A
kànpái 看牌 7-1185A
kànpán 看盤 7-1186A
kànpéng 看棚 7-1185A
kānpī 堪坏 2-1144A
kānpò 勘破 2-796A
kànpò 看破 7-1183B
kànpòhóngchén 看破紅塵
7-1183B
kānqī 刊期 2-593B
kānqǐ 刊啓 2-593B
kānqì 勘契 2-796A
kànqí 看齊 7-1185B
kànqián 看錢 7-1186A
kānqiánnú 看錢奴 7-1186A
kànqiáo 看喬 7-1185A
kǎnqiè 欿切 6-1457B
kànqīn 看親 7-1186B
kānqīng 看青 7-1181B
kànqīng 看輕 7-1185B
kànqǔ 看取 7-1181B
kànqù 看覷 7-1186B
kǎnrán 侃然 1-1337A
kànrán 衎然 3-940B
kānrén 刊人 2-592A
kānrěn 堪忍 2-1144A
kànrénméijié 看人眉睫
7-1180B
kànrénxiàcàidié'er
看人下菜碟兒 7-1180B
kānrùn 刊潤 2-594A
kānsān 龕鬖 12-1503B
kǎnshā 砍殺 7-1016B
kànshā 看殺 7-1184A
kànshā 看煞 7-1185B
kànshà 看殺 7-1184A
kānshān 刊山 2-592A
kānshān 刊刪 2-592B
kànshàng 看上 7-1180B
kànshè 看設 7-1184B
kǎnshēn 坎深 2-1057B
kànshēngjiànzhǎng
看生見長 7-1180B
kānshēngpó 看生婆 7-1181A
kānshí 刊石 2-592A
kānshí 勘實 2-796B
kānshì 堪士 2-1144A
kānshì 龕世 12-1502B
kānshì 龕室 12-1502B
kǎnshì 埳室 2-1129B
kǎnshì 欿視 6-1457B
kànshí 看食 7-1183A
kànshì 看視 7-1185A
kànshì 瞰視 7-1253A
kānshǒu 看守 7-1181A
kānshòudàxué 刊授大學
2-593B
kānshòujiàoyù 刊授教育
2-593B
kānshǒusuǒ 看守所 7-1181A
kānshū 刊書 2-593A
kānshuā 刊刷 2-593A
kànshuǎ 看耍 7-1182B
kànsǐ 看死 7-1181A
kànsì 看伺 7-1181B
kàntái 看臺 7-1185B
kāntàn 勘探 2-796A
kǎntán 坎壇 2-1058A
kāntì 刊薙 2-594A
kāntiān 戡天 5-232B
kāntiǎn 戡殄 5-232B
kāntiē 刊貼 2-593B
kāntóng 勘同 2-795B
kāntóu 刊頭 2-594A
kǎntóu 砍頭 7-1016B
kàntóu 磡頭 7-1099A
kàntòu 看透 7-1184A
kǎntǔmàn 坎土鏝 2-1056B
kǎntǔmàn 砍土鏝 7-1016A
kǎnwā 坎鼃 2-1058B
kǎnwā 埳蛙 2-1129B
kànwán 看玩 7-1181B
kànwán 看翫 7-1186A
kànwàng 看望 7-1184B
kānwén 刊文 2-592A
kānwèn 勘問 2-796A
kānwù 刊物 2-592B
kānwù 刊誤 2-594A
kānwù 勘誤 2-796B
kànxí 看席 7-1184A
kànxì 看戲 7-1186B
kǎnxiàn 坎陷 2-1057B
kānxiàng 龕像 12-1502B
kānxiāng 監鄉 7-1450A
kànxiáng 看詳 7-1185B
kànxiàng 看相 7-1182B
kànxiāngtóu 看香頭 7-1182B
kānxiào 堪笑 2-1144A
kànxiǎo 看小 7-1180B
kànxiàohuà 看笑話 7-1184A
kànxiàoshén 看肖神 7-1181B
kànxiásìxì 瞰瑕伺隙
7-1269A
kānxíng 刊行 2-592B
kānxīnkègǔ 刊心刻骨
2-592A
kānxiū 刊修 2-593A
kānxù 堪孖 2-1144A
kānxuē 刊削 2-593A
kǎnxuē 砍削 7-1016A
kànxún 看循 7-1185B
kànxùn 看徇 7-1183A
kānyā 看押 7-1181B
kānyán 堪巖 2-1144B
kānyán 嵁巖 3-852A
kānyán 嵁巗 3-852A
kānyàn 勘驗 2-796B
kānyàn 看驗 7-1187A
kānyǎng 看養 7-1186A
kànyàng 看樣 7-1186A
kànyànghuàhúlu
看樣畫葫蘆 7-1186A
kànyàngzi 看樣子 7-1186A
kānyí 戡夷 5-232B
kànyì 看議 7-1186B
kānyìn 刊印 2-592B
kǎnyīn 坎音 2-1057B
kǎnyǐng 龕影 12-1503A
kǎnyíng 砍營 7-1016B
kǎnyīzhīsǔnbǎizhī
砍一枝損百枝 7-1016A
kǎnyīzhīsǔnbǎizhū
砍一枝損百株 7-1016A
kānyǒu 龕牖 12-1503A
kānyú 堪輿 2-1144B
kànyǔ 看語 7-1185B
kānyuē 刊約 2-593A
kànyuè 闞月 12-153A
kānyújiā 堪輿家 2-1144B
kānzāi 勘災 2-795B
kānzǎi 刊載 2-594A
kǎnzáqì 砍砸器 7-1016B
kānzhāi 刊摘 2-594A
kànzhǎn 看盞 7-1185B
kānzhāng 刊章 2-593B
kànzhǎng 看漲 7-1186A
kànzhàngxiānsheng
看賬先生 7-1186A
kānzhě 龕赭 12-1503A
kànzhe 看着 7-1184B
kānzhèng 刊正 2-592A
kānzhèng 勘正 2-795B
kānzhí 刊職 2-594A
kǎnzhí 侃直 1-1337A
kǎnzhǐ 坎止 2-1057A
kànzhí 衎直 3-940B
kǎnzhǐliúxíng 坎止流行
2-1057A
kànzhòng 看中 7-1180B
kànzhòng 看重 7-1182B
kānzhù 刊鑄 2-594A
kànzhú 看竹 7-1181A

kànzhuāng 看莊 7-1183B
kànzhūchéngbì 看朱成碧 7-1181A
kānzhuó 刊琢 2-593B
kànzhuō 看桌 7-1183B
kànzhuó 看卓 7-1182A
kānzi 龕子 12-1502B
kānzì 刊字 2-592B
kǎnzi 坎子 2-1056B
kǎnzǐ 坎子 2-1056B
kānzìjiàngzuō 刊字匠作 2-592B
kānzuò 龕座 12-1502B
kānzuò'erde 看坐兒的 7-1181B
kànzuòluò 看做落 7-1184B
kǎo'àn 考按 8-634B
kǎo'àn 考案 8-636A
kàobǎ 靠把 11-786B
kàobān 靠班 11-787A
kàobāng 靠幫 11-787B
kàobàng 靠傍 11-787A
kàobǎshēng 靠把生 11-786B
kǎobèi 拷貝 6-554A
kàobèi 靠背 11-787A
kǎobǐ 考妣 8-634A
kàobì 靠臂 11-787B
kǎobiān 拷邊 6-554B
kǎobiàn 考辨 8-638B
kàobiān 靠邊 11-787B
kǎobó 攷駁 5-380B
kǎobó 考駁 8-637A
kàobó 靠泊 11-787A
kǎobǔ 考卜 8-632B
kǎobù 考步 8-633B
kǎocè 考測 8-637A
kǎochá 考查 8-634B
kǎochá 考察 8-637B
kǎochǎng 考場 8-636B
kàocháng 靠常 11-787A
kǎochén 考辰 8-633B
kǎochéng 考成 8-633B
kǎochéng 考程 8-636B
kǎochì 考斥 8-633A
kǎochóu 拷綢 6-554B
kǎochǔ 考楚 8-637A
kǎochǔ 栲楚 4-962A
kǎochù 考黜 8-639A
kǎochuí 考捶 8-636A
kǎocí 考詞 8-636B
kǎocí 考辭 8-639B
kǎocì 攷刺 5-380A
kǎocì 考次 8-633B
kàocì 犒賜 6-287B
kǎodǎ 拷打 6-554A
kǎodào 考道 8-637A
kàode 靠得 11-787A
kǎodì 考第 8-636A
kǎodiǎn 考典 8-634A
kàodiàn 靠墊 11-787B
kǎodìng 攷訂 5-380A
kǎodìng 考定 8-634B
kǎodìng 考訂 8-635A
kàodù 靠肚 11-787A
kǎoduàn 考鍛 8-639A
kǎoduó 考度 8-635A
kǎofá 考伐 8-633B
kàofáng 靠防 11-786B
kǎofén 熇焚 7-215B
kǎofēng 攷風 5-380A
kǎofù 考覆 8-639A
kǎogé 考格 8-635A
kàogé 靠閣 11-787B
kǎogōng 考功 8-633A
kǎogòng 考貢 8-635A
kǎogòng 拷供 6-554A
kàogōng 犒功 6-287A
kāogǔ 尻骨 4-12A
kǎogǔ 攷古 5-380A
kǎogǔ 考古 8-633A
kǎoguān 考官 8-634B
kǎoguān 考觀 8-640A
kǎoguǎn 考館 8-638B
kàoguì 槁檜 4-1222A
kǎogǔxué 考古學 8-633A
kǎohé 攷核 5-380B
kǎohé 攷覈 5-380B
kǎohé 考合 8-633B
kǎohé 考劾 8-634B
kǎohé 考核 8-635B
kǎohé 考覈 8-639A
kàohòu 靠後 11-787A
kǎohuǒ 烤火 7-58B
kǎojī 攷擊 5-380B
kǎojī 考稽 8-638A
kǎojī 考擊 8-639A
kǎojí 考極 8-636B
kǎojì 考迹 8-635A
kǎojì 考績 8-639A
kǎojì 考跡 8-637A
kàojǐ 靠己 11-786B
kāojià 尻駕 4-12A
kàojiādà 靠家大 11-787A
kǎojiǎn 考檢 8-639A
kǎojiàn 考見 8-634A
kǎojiàn 考鑒 8-639B
kǎojiàng 考降 8-634B
kǎojiāo 栲膠 4-962A
kǎojiào 攷較 5-380B
kǎojiào 攷校 5-380B
kǎojiào 考教 8-636A
kǎojiào 考較 8-637A
kǎojiào 考校 8-635B
kǎojiào 拷較 6-554B
kǎojié 熇竭 7-215B
kàojìn 靠近 11-786B
kǎojìng 考竟 8-636A
kǎojìng 考鏡 8-639A
kǎojiū 攷究 5-380A
kǎojiū 考究 8-634A
kǎojìyōumíng 考績幽明 8-639A
kǎojū 考鞫 8-639A
kǎojū 拷鞫 6-554B
kǎojù 攷據 5-380B
kǎojù 考具 8-634A
kǎojù 考據 8-638B
kǎojuàn 考卷 8-634B
kàojūn 犒軍 6-287A
kǎojùxué 考據學 8-638B
kǎokǎo 攷攷 5-380A
kǎokǎo 考考 8-633B
kǎokǎo'er 栲栲兒 4-961B
kǎokè 攷課 5-380B
kǎokè 考課 8-638A
kǎokèfǎ 考課法 8-638A
kǎokèlìng 考課令 8-638A
kàokuì 犒饋 6-287B
kàolài 犒賚 6-287A
kǎolán 考籃 8-639B
kǎolǎn 攷覽 5-381A
kǎolǎn 考覽 8-639B
kǎolǎo 拷栳 6-554B
kǎolǎo 栲栳 4-961B
kǎolǎo 篣䇭 8-1142B
kàoláo 犒勞 6-287A
kàoláo 犒撈 6-287B
kǎolǎoquān 栲栳圈 4-962A
kǎolì 考立 8-633B
kǎolì 栲櫟 4-962A
kǎoliàn 考練 8-638B
kǎoliáng 考量 8-636B
kàoliào 銬鐐 11-1249B
kǎoliè 考列 8-633B
kàolǒng 靠攏 11-787B
kāolún 尻輪 4-12A
kǎolùn 考論 8-638A
kāolúnshénmǎ 尻輪神馬 4-12A
kǎoluò 考落 8-636B
kǎolǜ 考慮 8-638A
kǎolüè 考掠 8-636A
kǎolüè 拷掠 6-554B
kǎolüè 栲掠 4-962A
kāomǎ 尻馬 4-12A
kǎomǎn 考滿 8-637B
kāoménzi 尻門子 4-12A
kǎomiào 考廟 8-638B
kǎomíngzéshí 考名責實 8-633B
kǎomù 考牧 8-634B
kàoniú 犒牛 6-287A
kàopáizi 靠牌子 11-787A
kǎopán 考槃 8-637B
kǎopán 考盤 8-638A
kǎopán 考磐 8-638A
kǎopàn 考判 8-634A
kàopán'er 靠盤兒 11-787B
kàoqí 靠旗 11-787B
kàoqián 犒錢 6-287B
kǎoqín 考勤 8-637A
kàoqín 犒勤 6-287A
kǎoqínbù 考勤簿 8-637A
kǎoqiú 考求 8-633B
kǎoqiú 拷囚 6-554A
kǎoqǔ 考取 8-634A
kǎorèn 拷認 6-554B
kǎoróu 搞揉 6-880A
kàorù 靠褥 11-787B
kàosè 靠色 11-786B
kǎoshā 考殺 8-635B
kǎoshā 拷紗 6-554B
kàoshān 靠山 11-786A
kàoshānchīshān… 靠山吃山,靠水吃水 11-786A
kàoshǎng 犒賞 6-287A
kàoshè 犒設 6-287A
kāoshén 尻神 4-12A
kǎoshèn 考慎 8-637A
kàoshēn 靠身 11-786B
kǎoshēng 考生 8-633A
kàoshēnwénshū 靠身文書 11-786B
kǎoshí 考實 8-638A
kǎoshí 考識 8-639B
kǎoshì 攷試 5-380B
kǎoshì 攷釋 5-381A
kǎoshì 考室 8-635A
kǎoshì 考試 8-637A
kǎoshì 考釋 8-639B
kàoshī 犒師 6-287A
kàoshí 靠實 11-787B
kǎoshòu 考壽 8-637B
kàoshǒu 靠手 11-786B
kǎoshù 考述 8-634A
kāoshuí 尻脽 4-12A
kǎosǐ 考死 8-633B
kǎosòng 考送 8-635A
kǎosuǒ 攷索 5-380B
kǎosuǒ 考索 8-635B
kàotiān 靠天 11-786B
kàotiānchīfàn 靠天吃飯 11-786B
kàotiāntián 靠天田 11-786B
kǎotíng 考亭 8-635A
kàotóu 靠頭 11-787B
kàotuō 靠托 11-786B
kàotuō 靠託 11-787A
kǎowén 攷文 5-380A
kǎowén 考文 8-633A
kǎowèn 攷問 5-380B
kǎowèn 考問 8-636B
kǎowèn 拷問 6-554B
kǎoxì 考繫 8-639A
kàoxī 犒錫 6-287B
kǎoxiàn 考限 8-634B
kǎoxiáng 考詳 8-637A
kàoxiǎng 犒享 6-287A
kàoxiē 靠歇 11-787B
kǎoxìn 考信 8-635A
kǎoxíng 考行 8-633B
kǎoxǐng 考省 8-635A
kǎoxuǎn 考選 8-638B
kǎoxún 考尋 8-637A
kǎoxùn 考訊 8-635B
kǎoxùn 拷訊 6-554B
kǎoxùn 栲訊 4-962A
kǎoyā 烤鴨 7-58B
kǎoyān 烤烟 7-58B
kǎoyán 考言 8-634A
kǎoyàn 攷驗 5-381A
kǎoyàn 考驗 8-639B
kǎoyàn 考讞 8-640A
kǎoyì 攷異 5-380B
kǎoyì 考異 8-636A

kǎoyì 考繹 8-639B
kǎoyǐn 考引 8-633A
kàoyíng 犒迎 6-287A
kǎoyōng 考庸 8-636A
kǎoyǔ 考語 8-637B
kàoyù 槁飫 4-1221B
kàoyù 犒飫 6-287A
kǎoyuè 考閱 8-638B
kāoyúshénmǎ 尻輿神馬 4-12A
kǎozào 熇燥 7-216A
kǎozé 考責 8-636A
kǎozé 考擇 8-638B
kǎozhé 栲折 4-961B
kàozhěn 靠枕 11-787A
kǎozhēng 考徵 8-638A
kǎozhèng 攷正 5-380A
kǎozhèng 攷證 5-380B
kǎozhèng 考正 8-633A
kǎozhèng 考政 8-634B
kǎozhèng 考證 8-639B
kǎozhì 考治 8-634B
kǎozhì 考秩 8-635B
kǎozhì 考質 8-638A
kǎozhì 拷治 6-554A
kǎozhōng 考中 8-633A
kǎozhōng 考終 8-636B
kǎozhòng 考中 8-633A
kǎozhōngmìng 考終命 8-636B
kāozi 尻子 4-11B
kàozi 銬子 11-1249B
kàozǐ 靠子 11-786B
kàozǐ 鮬子 12-1235B
kǎozuì 考最 8-636B
kāozuò 尻坐 4-11B
kǎpiàn 卡片 1-988A
kāqiūshā 喀秋莎 3-452A
kǎtōng 卡通 1-988B
kǎwǎzú 佧佤族 1-1238A
kǎwèi 卡位 1-988A
kǎxuè 咯血 3-333A
kāza 喀雜 3-452A
kǎzhǐ 卡紙 1-988B
kǎzuò 咔唑 3-258B
kǎzuò 卡座 1-988B
kě'āi 可哀 3-35B
kě'ài 可愛 3-37B
kě'ài 渴愛 5-1475B
kè'àikèwēi 克愛克威 2-264A
kē'àn 科案 8-53B
kēbā 磕巴 7-1085B
kēbǎ 棵把 4-1111B
kèbá 剋拔 2-688B
kēbái 科白 8-50B
kēbǎi 科柏 8-52A
kēbān 科班 8-53A
kēbàn 柯半 4-901B
kēbàn 科半 8-50B
kēbàn 搕拌 6-793A
kēbàn 磕絆 7-1086A
kèbǎn 刻板 2-674B
kèbǎn 刻版 2-675A
kèbāng 客邦 3-1442B
kèbāng 客幫 3-1450B
kēbào 苛暴 9-327A
kěbǎo 可寶 3-40A
kèbào 克暴 2-264B
kèbào 刻暴 2-678B
kěbēi 可悲 3-37A
kēběn 科本 8-50A
kèbēn 克奔 2-262A
kèběn 刻本 2-674A
kèběn 課本 11-278A
kēbǐ 科比 8-49A
kěbǐ 可鄙 3-37B
kěbì 可必 3-33A
kèbì 刻敝 2-676B
kèbì 刻臂 2-679A
kèbì 剋臂 2-690A
kèbì 溘斃 6-4A
kēbiǎn 科貶 8-54A
kěbiàn 可便 3-35A
kèbiān 客邊 3-1451A
kèbiǎn 客窆 3-1446A
kèbiǎo 課表 11-278B
kēbié 科別 8-51B
kèbìn 客殯 3-1451A
kèbìn 客鬢 3-1451B
kēbīng 科兵 8-51B
kěbìng 渴病 5-1475A
kèbīng 客兵 3-1443B
kēbō 科撥 8-56A
kèbō 克剝 2-263A
kèbō 刻剝 2-676A
kèbō 剋剝 2-689A
kèbō 勀剝 2-787A
kèbó 克薄 2-265A
kèbó 刻薄 2-678B
kèbó 剋薄 2-690A
kèbǒ 蚵蚾 8-874A
kěbù 可不 3-32A
kěbù 可怖 3-34B
kèbǔ 課捕 11-279A
kèbù 課簿 11-282A
kěbùbù 可丕丕 3-33A
kèbùdàishí 刻不待時 2-673B
kěbùdào 可不道 3-32B
kěbùde 可不的 3-32A
kèbùrónghuǎn 刻不容緩 2-673B
kèbùróngsōng 刻不容鬆 2-673B
kěbùshì 可不是 3-32B
kēcā 磕擦 7-1087A
kěcā 可擦 3-39B
kēcācā 磕擦擦 7-1087A
kěcācā 可擦擦 3-39B
kècái 課材 11-278A
kēcān 科參 8-54B
kěcǎn 苛慘 9-327A
kěcǎn 可慘 3-38A
kēcáo 窠槽 8-450A
kècáo 客曹 3-1448A
kècǎo 課草 11-278B
kěcāozuǒquàn 可操左券 3-39B
kēcè 科策 8-54B
kècè 課冊 11-278A
kěcéng 可曾 3-37A
kēchā 搕叉 6-907A
kēchā 磕叉 7-1085B
kēchā 磕喳 7-1086A
kēchá 苛察 9-327A
kēchá 科察 8-55B
kēchá 跒查 10-430A
kēchá 磕楂 7-1086A
kěchā 可叉 3-32A
kèchá 刻察 2-678A
kèchá 客槎 3-1449B
kēchāchā 磕叉叉 7-1085B
kēchāi 科差 8-52B
kēchǎng 科場 8-54B
kèchāng 克昌 2-262A
kèchāng 客倡 3-1447A
kècháng 客裳 3-1450A
kēchāo 科抄 8-51A
kēchāo 科鈔 8-54B
kēcháo 窠巢 8-450A
kèchāo 課鈔 11-280B
kècháo 客嘲 3-1450B
kēchē 科車 8-51B
kèchē 客車 3-1443B
kēchén 科臣 8-50B
kēchěn 砢硶 7-1017A
kēchěn 砢磣 7-1017A
kěchēn 可嗔 3-37B
kěchén 渴塵 5-1475B
kěchěn 可磣 3-39B
kèchén 剋辰 2-688B
kèchén 客塵 3-1450A
kēchéng 科程 8-54B
kēchéng 科懲 8-57B
kěchéng 可乘 3-35B
kèchéng 克成 2-261A
kèchéng 克承 2-262B
kèchéng 客程 3-1449A
kèchéng 課程 11-280A
kèchéngbiǎo 課程表 11-280A
kēchěnlālā 砢磣拉拉 7-1017A
kěchī 可嗤 3-37B
kěchǐ 可恥 3-35B
kěchǐ 可耻 3-35B
kēchóng 軻蟲 9-1234B
kēchòng 瞌銃 7-1241B
kēchòng 瞌睆 7-1241A
kēchòng 磕銃 7-1086A
kèchóng 克崇 2-263A
kēchóngtǐ 科蟲體 8-57B
kèchóu 客愁 3-1450A
kēchū 科出 8-50B
kēchǔ 科處 8-54A
kèchú 克除 2-262B
kèchǔ 刻楮 2-677A
kèchǔ 客處 3-1448A
kéchuǎn 咳喘 3-347A
kěchuán 可傳 3-37B
kèchuán 客船 3-1448A
kèchuán 課舡 11-278B
kèchuàn 客串 3-1443B
kèchuāng 客窗 3-1449B
kèchuáng 客床 3-1444B
kèchuáng 客牀 3-1445B
kèchuángōngyě 克傳弓冶 2-264A
kěchǔn 可蠢 3-40A
kēchuō 跒踔 10-430B
kècī 刻疵 2-676B
kècí 刻辭 2-679B
kècì 客次 3-1443A
kècì 客刺 3-1444B
kēcóng 窠叢 8-450A
kècuìcáihóng 刻翠裁紅 2-678A
kēda 磕塔 7-1086A
kēdā 磕搭 7-1086A
kēdā 磕答 7-1086A
kēdá 跒踏 10-430B
kēdǎ 磕打 7-1085B
kědā 可搭 3-36B
kědā 可答 3-37A
kèdā 剋搭 2-689B
kèdá 剋達 2-689B
kēdài 苛待 9-326A
kědāi 可待 3-35A
kèdàikèróng 克逮克容 2-263B
kēdàn 盍旦 7-1420B
kědàn 可但 3-33B
kědàn 可憚 3-38B
kědàn 渴鴠 5-1475B
kèdān 客單 3-1449A
kèdān 課單 11-280A
kèdāng 克當 2-264A
kèdāng 袔襠 9-123B
kèdàng 剋蕩 2-690A
kēdào 科道 8-55A
kědào 可道 3-37A
kèdāo 刻刀 2-673A
kèdào 客道 3-1449B
kēdàoguān 科道官 8-55A
kèdàokèdào 客到客到 3-1444B
kēdàoliǎngyámén 科道兩衙門 8-55A
kědāpū 可搭撲 3-36B
kèdápū 克答撲 2-263B
kēdǎyá'er 磕打牙兒 7-1085B
kēdēng 跒蹬 10-430B
kēdēngdēng 跒登登 10-430B
kēdēngdēng 跒蹬蹬 10-430B
kēdí 柯笛 4-902A
kēdì 科地 8-50B
kēdì 科第 8-54A
kědì 可地 3-33A
kèdí 克敵 2-264B
kèdǐ 刻砥 2-675B
kèdǐ 客邸 3-1444A
kèdì 剋的 2-688B
kèdì 客地 3-1443A
kèdì 課第 11-279B
kèdiàn 客店 3-1445A
kèdiàn 課殿 11-281A

kēdiào 科調 8-56A
kèdiāo 刻彫 2-676B
kèdiāo 刻雕 2-678B
kèdiào 課調 11-281B
kēdìchūshēn 科第出身 8-54A
kèdígōng 克敵弓 2-264B
kēdìng 科訂 8-52B
kèdīng 客丁 3-1441B
kèdīng 課丁 11-277A
kèdìng 克定 2-262B
kèdìng 剋定 2-688B
kèdìng 課訂 11-279A
kèdínú 克敵弩 2-265A
kědìsōng 可的松 3-34B
kědìyán 可地延 3-33A
kèdízhìshèng 克敵制勝 2-265A
kēdòng 顆湅 12-323B
kēdòng 顆凍 12-323B
kèdōng 客冬 3-1442B
kèdǒng 客董 3-1449A
kēdǒu 科斗 8-49B
kēdǒu 蝌斗 8-930A
kēdǒu 蝌蚪 8-930B
kēdǒují 科斗籍 8-50A
kēdǒujīn 科斗筋 8-50A
kēdǒuniǎojì 蝌斗鳥迹 8-930A
kēdǒushū 科斗書 8-49B
kēdǒushū 蝌蚪書 8-930B
kēdǒuwén 科斗文 8-49B
kēdǒuwén 蝌蚪文 8-930B
kēdǒuwénzì 科斗文字 8-49B
kēdǒuwénzì 蝌蚪文字 8-930B
kēdǒuzhuànwén 蝌斗篆文 8-930B
kēdǒuzǐ 科斗子 8-49B
kēdǒuzì 科斗字 8-49B
kèdū 課督 11-280B
kèdú 克毒 2-262B
kèdú 刻毒 2-675A
kèdú 剋毒 2-688B
kèdú 課讀 11-282B
kèdǔ 克篤 2-265A
kèdǔ 課篤 11-281B
kèdù 刻度 2-675B
kēduàn 科段 8-52B
kēduàn 科斷 8-57B
kēduàn 窠段 8-449B
kědúfū 可毒夫 3-34B
kēduì 科兌 8-51B
kèduì 客隊 3-1448B
kèdūn 可敦 3-37A
kèdūn 克敦 2-264A
kèduó 克奪 2-264B
kē'é 軻峨 9-1234B
kē'é 搕額 6-793A
kē'é 磕頟 7-1086B
kē'é 磕額 7-1087A
kě'é 岢峩 3-806A
kě'è 可愕 3-37A
kě'è 可噩 3-39B
kè'é 課額 11-282A
kē'er 棵兒 4-1111B
kě'ér 可而 3-33A
kě'ér 可兒 3-34A
kè'ér 客兒 3-1444B
kè'ér 課兒 11-278B
kě'érchuānjǐng 渴而穿井 5-1474B
kē'ěrkèzīzú 柯爾克孜族 4-902A
kè'értíng 客兒亭 3-1444B
kēfā 科發 8-55A
kēfá 苛罰 9-327A
kēfá 科罰 8-55B
kēfǎ 苛法 9-326A
kēfǎ 科法 8-52A
kēfà 科髮 8-55B
kěfá 渴乏 5-1474B
kèfá 克伐 2-261A
kèfá 刻罰 2-678A
kèfá 剋伐 2-688B
kèfá 課罰 11-281A
kèfǎ 刻法 2-675A
kèfǎ 課法 11-278B
kēfán 苛煩 9-327A
kēfàn 科汎 8-51A
kēfàn 科泛 8-51B
kēfàn 科範 8-56A
kèfān 客帆 3-1443A
kèfàn 客販 3-1448A
kèfàn 客飯 3-1449A
kēfáng 科防 8-51A
kèfāng 客坊 3-1443B
kèfáng 客房 3-1445B
kèfǎng 客舫 3-1447A
kèfǎng 課倣 11-279A
kèfáyào 剋罰藥 2-690A
kèfáyuànyù 克伐怨欲 2-261A
kēfēn 科分 8-49A
kèfèn 刻奮 2-678B
kěfēng 可風 3-35B
kèfèng 剋俸 2-689A
kèfèng 客奉 3-1444B
kěfǒu 可否 3-33B
kēfū 科敷 8-56A
kēfú 磕伏 7-1085B
kēfǔ 柯斧 4-901B
kēfǔ 科斧 8-52A
kèfū 克膚 2-264B
kèfū 剋夫 2-688A
kèfū 課夫 11-277B
kèfú 克伏 2-261A
kèfú 克服 2-262A
kèfú 刻符 2-676B
kèfú 剋服 2-688B
kèfú 客伏 3-1443A
kèfù 克復 2-263B
kèfù 剋復 2-689B
kèfù 客賦 3-1450B
kèfù 課賦 11-281B
kēgǎn 棵秆 4-1111B
kēgàn 柯幹 4-902A
kēgàn 柯榦 4-902A
kěgǎn 可感 3-37B
kègāngkèjì 客綱客紀 3-1450B
kēgé 科格 8-53A
kègē 刻割 2-677A
kègébó 克格勃 2-263A
kégēdǎzhàn 咳歌打戰 3-347A
kěgēkěqì 可歌可泣 3-38A
kègēng 客耕 3-1446B
kègēng 課耕 11-279A
kēgòng 科貢 8-53A
kègōng 刻工 2-673A
kègōng 剋躬 2-689A
kègōng 恪恭 7-527B
kègōng 課工 11-277B
kègōng 課功 11-277B
kègòu 克構 2-264A
kègǔ 刻骨 2-675B
kègǔ 剋骨 2-689A
kègǔ 客賈 3-1449B
kègù 恪固 7-527B
kēguā 磕瓜 7-1085B
kèguā 刻括 2-675A
kěguài 可怪 3-34B
kèguài 刻怪 2-675A
kěguān 可觀 3-40A
kèguān 客官 3-1445A
kèguān 客觀 3-1451B
kèguǎn 客館 3-1450B
kèguānwéixīnzhǔyì 客觀唯心主義 3-1451B
kègǔbēngxīn 刻骨崩心 2-675B
kěguì 可貴 3-37A
kèguì 刻晷 2-677A
kègǔlòuxīn 刻骨鏤心 2-675B
kègǔmíngxīn 刻骨銘心 2-675B
kèguǒ 克果 2-262A
kěhài 可駭 3-39B
kèhài 刻害 2-676A
kèhài 剋害 2-689A
kēhàn 頦頷 12-292B
kèhán 可汗 3-33B
kèhán 克汗 2-261B
kèhǎn 可罕 3-33B
kēhāo 科薅 8-56B
kěhǎo 可好 3-33B
kèhé 克荷 2-262B
kèhé 刻核 2-675B
kèhé 刻覈 2-679A
kèhé 剋核 2-689A
kèhé 課覈 11-282A
kèhèdūn 可賀敦 3-37A
kěhèn 可恨 3-35B
kèhèn 客恨 3-1446A
kēhóng 匌碹 2-188B
kèhù 刻鵠 2-679A
kèhù 客户 3-1442A
kèhù 課户 11-277B
kèhuà 克化 2-261A
kèhuà 刻畫 2-677A
kèhuà 刻劃 2-678A
kèhuà 剋化 2-688A
kèhuà 剋畫 2-689B
kěhuái 可懷 3-40A
kěhuái 渴懷 5-1475B
kèhuái 客懷 3-1451A
kēhuàn 科喚 8-53B
kèhuàwúyán 刻畫無鹽 2-677A
kèhùchéngwù 刻鵠成鶩 2-679A
kēhuì 苛穢 9-327B
kèhùlèiwù 刻鵠類鶩 2-679A
kēhùn 科諢 8-57A
kèhún 客魂 3-1449B
kèhuǒ 客火 3-1442A
kèhuò 克獲 2-265A
kèhuò 剋獲 2-690A
kèhuò 客貨 3-1448A
kèhuò 課獲 11-282A
kēijià 剋架 2-689A
kēizhì 剋制 2-688B
kējī 軻機 9-1234B
kējí 苛急 9-326B
kējí 苛疾 9-326B
kējí 科級 8-53A
kējí 科集 8-54B
kējí 科籍 8-57B
kējí 疴疾 8-288B
kējì 科技 8-51A
kējì 科計 8-52B
kējì 科暨 8-56B
kějì 渴驥 5-1475B
kèjī 刻肌 2-674B
kèjī 刻激 2-678B
kèjī 客機 3-1450B
kèjí 克詰 2-264A
kèjí 刻即 2-674B
kèjí 刻急 2-675B
kèjí 刻棘 2-677A
kèjí 客疾 3-1447B
kèjí 客籍 3-1451A
kèjǐ 克己 2-260B
kèjǐ 刻己 2-673A
kèjǐ 剋己 2-688A
kèjǐ 勊己 2-787A
kèjì 克濟 2-265A
kèjì 客計 3-1446A
kèjì 客寄 3-1448B
kèjì 課績 11-282A
kèjì 課計 11-279A
kējiá 頦頰 12-292B
kējiǎ 科甲 8-50A
kéjiā 咳家 3-347A
kějiā 可佳 3-34A
kějiā 可嘉 3-38A
kèjiā 克家 2-263B
kèjiā 客家 3-1447B
kējiǎchūshēn 科甲出身 8-50B
kèjiā'ér 克家兒 2-263A
kèjiāhuà 客家話 3-1447B
kējiǎn 科減 8-55A
kējiǎn 科檢 8-57A

kējiǎn 科簡 8-57B
kějiàn 可見 3-33B
kějiàn 可鑒 3-40A
kějiàn 渴見 5-1474B
kèjiān 剋殲 2-690A
kèjiān 課間 11-280B
kèjiǎn 克減 2-264A
kèjiǎn 克儉 2-264B
kèjiǎn 克翦 2-265A
kèjiǎn 刻減 2-676B
kèjiǎn 刻儉 2-678B
kèjiǎn 剋減 2-689B
kèjiǎn 剋翦 2-690A
kèjiàn 克踐 2-264B
kějiàndù 可見度 3-33B
kējiàng 科降 8-52A
kèjiǎng 課講 11-282A
kèjiàng 客將 3-1448B
kèjiāngjūn 客將軍 3-1448B
kějiànguāng 可見光 3-33B
kèjiānyīxīn 克肩一心
2-262B
kējiào 科教 8-53B
kējiào 科醮 8-57B
kējiào 科校 8-53A
kèjiào 課較 11-280B
kèjiào 課校 11-279A
kējiǎojiǎ 科脚甲 8-54A
kējiàopiàn 科教片 8-54A
kējiàoyǐngpiàn 科教影片
8-54A
kèjiāzǐ 克家子 2-263A
kějìbēnquán 渴驥奔泉
5-1476A
kējié 科結 8-55A
kējiè 科戒 8-51A
kéjiè 咳喈 3-347A
kèjiē 客階 3-1448B
kèjié 克捷 2-263A
kèjié 刻截 2-677B
kèjié 刻竭 2-678A
kèjié 剋捷 2-689A
kèjǐfènggōng 克己奉公
2-260B
kèjǐfènggōng 剋己奉公
2-688A
kèjǐfùlǐ 克己復禮 2-260B
kèjīkègǔ 刻肌刻骨 2-674B
kējìn 苛禁 9-327A
kējìn 科進 8-54A
kējìn 科禁 8-55A
kějīn 可矜 3-35B
kějìn 可勁 3-34B
kèjīn 課金 11-278B
kèjǐn 克緊 2-264B
kèjǐn 恪謹 7-528A
kèjìn 克盡 2-264B
kèjìn 溘盡 6-4A
kējīng 科經 8-55B
kějìng 可敬 3-37A
kèjīng 客旌 3-1448B
kèjìng 克敬 2-263B
kèjìng 恪敬 7-527B
kèjìnjuézhí 克盡厥職
2-264B
kējiù 科臼 8-51A
kējiù 窠臼 8-449B
kějiǔ 渴酒 5-1475A
kējǔ 科舉 8-56B
kējù 科具 8-52A
kējù 科醵 8-57B
kějū 可掬 3-36A
kějù 可據 3-39B
kèjū 客居 3-1445B
kèjū 恪居 7-527B
kèjǔ 剋舉 2-690A
kèjù 刻句 2-674A
kèjù 客屨 3-1451A
kèjuàn 課卷 11-278B
kējuānzáshuì 苛捐雜稅
9-326B
kējué 科決 8-51A
kējué 科爵 8-57B
kèjué 刻桷 2-676B
kējǔkǎoshì 科舉考試 8-57A
kējùn 苛峻 9-326B
kējùn 岢峻 3-806A
kèjūn 克君 2-261B
kèjūn 客軍 3-1446B
kèjùn 刻峻 2-676A
kējǔnián 科舉年 8-57A
kěkān 可堪 3-36B
kěkǎn 坷坎 2-1072A
kèkān 克堪 2-263B
kèkān 克龕 2-265A
kēkǎo 科考 8-50B
kěkào 可靠 3-38B
kēkē 窠窠 8-450A
kēkē 榼榼 4-1207A
kēkē 磕磕 7-1086B
kēkē 礚礚 7-1114A
kēkè 苛克 9-325B
kēkè 苛刻 9-326A
kēkè 苛剋 9-326A
kēkè 苛尅 9-326B
kēkè 科課 8-56A
kěkě 嵑嵑 3-864B
kěkě 可可 3-33A
kěkě 嵑岢 3-854A
kèkè 刻刻 2-675A
kèkè 嗑嗑 3-456B
kèkè 溘溘 6-4A
kēkebābā 磕磕巴巴 7-1086B
kékébābā 咳咳巴巴 3-346B
kēkebànbàn 磕磕絆絆
7-1086B
kēkēcuìcuì 榼榼啐啐
4-1207A
kēkezhuàngzhuàng
磕磕撞撞 7-1086B
kěkǒu 可口 3-32A
kèkǒu 嗑口 3-456B
kèkǒu 課口 11-277B
kèkòu 克扣 2-261A
kèkòu 刻扣 2-674A
kèkòu 剋扣 2-688B
kēkū 窠窟 8-450A
kēkù 苛酷 9-327A
kèkǔ 克苦 2-262A
kèkǔ 刻苦 2-674B
kèkǔ 剋苦 2-688B
kèkù 刻酷 2-677B
kèkuàng 客況 3-1444A
kèkuàng 客况 3-1445A
kěkuì 可愧 3-37A
kēlā 坷垃 2-1072A
kēlā 坷拉 2-1072A
kēlà 跒落 10-430A
kèlā 克拉 2-262A
kèlà 刻蠟 2-679B
kělàdá 可剌答 3-34B
kělái 可來 3-34A
kēlǎn 柯欖 4-902A
kēlàn 苛濫 9-327B
kēlàn 柯爛 4-902A
kèlàn 刻爛 2-679B
kèlángqiú 克郎球 2-262B
kélángzhū 殼郎猪 6-1493B
kělánjīng 可蘭經 3-40A
kēlànqí 柯爛棋 4-902A
kělè 可樂 3-39B
kèlè 克勒 2-263A
kèlè 刻勒 2-676A
kèlèi 客淚 3-1448B
kēlǐ 荷禮 9-420B
kēlǐ 苛禮 9-327B
kēlǐ 珂里 4-532A
kēlì 苛吏 9-325B
kēlì 苛例 9-326A
kēlì 苛厲 9-327A
kēlì 科例 8-52A
kēlì 顆粒 12-323B
kělí 可離 3-40A
kèlǐ 唭哩 3-352B
kèlǐ 客裏 3-1450A
kèlǐ 客禮 3-1451A
kèlì 克利 2-261B
kèlì 克厲 2-264B
kèlì 克勵 2-265A
kèlì 刻吏 2-674A
kèlì 刻厲 2-677B
kèlì 刻勵 2-678B
kèlì 刻斃 2-679B
kèlì 刻轢 2-679B
kèlì 剋勵 2-690A
kèlì 課吏 11-278A
kèlì 課利 11-278A
kèlì 課厲 11-281A
kèlì 課勵 11-281B
kèlì 課曆 11-281B
kēliǎn 苛斂 9-327B
kēliǎn 科斂 8-57B
kělián 可憐 3-38B
kèlián 刻廉 2-677B
kèliǎn 刻斂 2-679A
kèliǎn 課斂 11-282A
kèliàn 刻鍊 2-679A
kěliánbābā 可憐巴巴 3-38B
kěliánchóng 可憐蟲 3-39A
kēliáng 荷糧 9-420B
kěliánjiàn 可憐見 3-39A
kěliánshēng 可憐生 3-39A
kěliánxiàng 可憐相 3-39A
kěliánxiāo 可憐宵 3-39A
kěliánxǔ 可憐許 3-39A
kèliào 課料 11-279B
kēlìféiliào 顆粒肥料
12-323B
kèlǐkōng 客里空 3-1443B
kèlǐmǔlíngōng
克里姆林宮 2-261B
kèlìn 刻吝 2-674B
kēlíng 窠綾 8-450A
kēlìng 科令 8-50B
kèlìng 克令 2-261A
kèlìng 課令 11-278A
kēliú 苛留 9-326B
kèliú 客流 3-1447B
kèlōng 克隆 2-263B
kèlòu 刻漏 2-678A
kèlòu 刻鏤 2-679A
kèlú 客廬 3-1451A
kèlù 刻露 2-679B
kèlù 客路 3-1450A
kèlù 溘露 6-4A
kèlù 課録 11-282A
kèluàn 克亂 2-264A
kēlùn 苛論 9-327B
kèlún 客輪 3-1450B
kèlùn 刻論 2-678B
kèluó 騍騾 12-857A
kèluò 克落 2-263B
kèluò 剋落 2-689B
kēluóbǎn 珂羅版 4-532A
kēluódān 呵羅單 3-257A
kèluómǐ 克羅米 2-265A
kēlǜ 科律 8-52B
kēlǜ 科率 8-54A
kělǜ 可慮 3-38B
kèlǘ 騍驢 12-857A
kèlǚ 客侶 3-1444B
kèlǚ 客旅 3-1447B
kèlǜ 課率 11-279B
kēmǎ 珂馬 4-532A
kěmǎ 渴馬 5-1475A
kèmǎ 課馬 11-279A
kèmǎ 騍馬 12-857A
kēmǎi 科買 8-54B
kēmài 科賣 8-56A
kēmài 稞麥 8-98A
kèmǎn 客滿 3-1450B
kēmáng 科盲 8-52A
kěmēn 渴悶 5-1475A
kèméng 課蒙 11-280B
kèmèng 客夢 3-1449B
kèmì 課蜜 11-281A
kèmiǎn 剋勉 2-689A
kèmiè 剋滅 2-690A
kěmǐn 可閔 3-37A
kěmǐn 可愍 3-38A
kěmǐn 可憫 3-39A
kèmín 刻珉 2-675A
kèmín 客民 3-1442B
kèmǐn 克敏 2-263A
kèmǐn 恪敏 7-527B
kēmíng 科名 8-51A

kēmíng 窠名 8-449B
kèmíng 克明 2-262A
kèmíng 刻明 2-675A
kèmíng 刻銘 2-678A
kèmìng 課命 11-278B
kēmíngcǎo 科名草 8-51A
kēmíngrén 科名人 8-51A
kēmò 苛墨 9-327A
kēmù 科目 8-50A
kěmù 渴慕 5-1475B
kèmù 刻木 2-673A
kèmù 課目 11-278A
kēmùjì 科目記 8-50A
kēmùrén 科目人 8-50A
kēmùrú 科目儒 8-50A
kèmùwéihú 刻木爲鵠 2-673B
kèmùwéilì 刻木爲吏 2-673B
kēmùzīgé 科目資格 8-50A
kēnà 科納 8-53B
kènà 刻納 2-676A
kěnài 可奈 3-34A
kěnài 可耐 3-34B
kènàn 客難 3-1451A
kénáng 殼囊 6-1494A
kènáng 客囊 3-1451B
kēnǎo 磕腦 7-1086A
kěnǎo 可惱 3-37A
kěnbì 懇愊 7-748A
kěncǎo 墾草 2-1225A
kěncè 懇惻 7-748A
kěnchéng 懇誠 7-748A
kěnchú 墾除 2-1225A
kènchú 掯除 6-663A
kěncí 懇辭 7-748B
kěndá 懇怛 7-747B
kěndǎo 懇禱 7-748B
kěndào 肯道 6-1178B
kěndào 懇倒 7-747B
kěndào 懇到 7-747B
kěndìng 肯定 6-1178A
kěndǔ 懇篤 7-748A
kěn'ēn 懇恩 7-747B
kěnéng 可能 3-35B
kènéng 克能 2-263A
kènéng 課能 11-279B
kěnfā 墾發 2-1225B
kěnfá 墾垡 2-1225A
kěnfèn 肯分 6-1177B
kěnfèn 懇憤 7-748A
kěnfù 墾復 2-1225B
kēng'àn 阬岸 11-915B
kēng'àn 坑岸 2-1062B
kēng'àn 硎岸 7-1042B
kěngào 懇告 7-747B
kēngbēngguǎipiàn 坑綳拐騙 2-1063B
kēngbǐ 硜鄙 7-1051A
kēngchī 吭吃 3-243A
kēngchī 吭哧 3-243A
kēngchī 吭嗤 3-243B
kēngchún 鏗純 11-1377A
kēngdào 坑道 2-1063A
kěngdǎo 忐忑 7-402B
kēngdí 牼翟 6-268B
kěngē 齦割 12-1455A
kěngēng 墾耕 2-1225A
kēng'ěr 鏗爾 11-1377A
kēngfén 坑焚 2-1063A
kēngfǔ 鏗拊 11-1376B
kēnggāng 坑缸 2-1062B
kēnggǔ 阬谷 11-915B
kēnggǔ 坑谷 2-1062B
kēnggǔ 硎谷 7-1042A
kēnghài 坑害 2-1063A
kēngháo 坑壕 2-1063B
kēnghéng 坑衡 2-1063B
kēnghōng 鏗訇 11-1376B
kēnghōng 鏗轟 11-1377B
kēnghōng 硜訇 7-1099B
kēnghōng 硜𥑮 7-1099B
kēnghóng 鏗鍧 11-1377A
kēnghóng 鏗耾 11-1376B
kēnghóng 鏗鋐 11-1377A
kēnghù 坑户 2-1062B
kēnghuáng 鏗鍠 11-1377A
kēngjiá 鏗戛 11-1377A
kēngjīnfēiyù 鏗金霏玉 11-1376B
kēngjǐng 阬阱 11-915B
kēngjǐng 阬穽 11-915B
kēngjǐng 坑井 2-1062A
kēngjǐng 坑阱 2-1062A
kēngjǐng 坑穽 2-1062B
kēngjǐng 硎穽 7-1042B
kēngjīnjiáyù 鏗金戛玉 11-1376B
kēngkǎn 阬埳 11-915B
kēngkǎn 坑坎 2-1062B
kēngkē 硍磕 7-1016B
kēngkēng 踁踁 10-484B
kēngkēng 硜硜 7-1051A
kēngkēng 誙誙 11-227A
kēngkēng 鏗鏗 11-1377B
kēngkēng 硜硜 7-1099B
kēngkēngchīchī 啃啃哧哧 3-378A
kēngkēngchīchī 吭吭吃吃 3-243A
kēngkengkǎnkān 坑坑坎坎 2-1062B
kēngkengwāwā 坑坑窪窪 2-1062B
kēnglāng 吭啷 3-243B
kēngliàng 鏗亮 11-1376B
kēnglù 阬戮 11-915B
kēnglù 坑戮 2-1063B
kēngmái 坑埋 2-1063A
kēngmēng 坑蒙 2-1063A
kēngmēngguǎipiàn 坑蒙拐騙 2-1063A
kēngmíng 鏗瞑 11-1377A
kēngmíng 踁瞑 7-1250A
kēngmù 坑木 2-1062A
kěngòu 肎構 6-1167A
kěngòu 肯構 6-1178B
kěngòukěntáng 肯構肯堂 6-1178B
kēngpiàn 坑騙 2-1063B
kēngqì 啃氣 3-377B
kēngqì 吭氣 3-243B
kēngqiàn 阬壍 11-916A
kēngqiàn 坑塹 2-1063A
kēngqiāng 鏗鎗 11-1377B
kēngqiāng 鏗鏘 11-1377B
kēngquán 硎泉 7-1042B
kēngrán 鏗然 11-1377A
kēngrén 坑人 2-1062A
kēngrú 阬儒 11-915B
kēngrú 坑儒 2-1063B
kēngrú 鏗如 11-1376B
kēngrúgǔ 坑儒谷 2-1063B
kēngrùn 鏗潤 11-1377A
kēngsāngū 坑三姑 2-1062A
kēngshā 坑殺 2-1063A
kēngshā 坑煞 2-1063A
kēngshēng 啃聲 3-378A
kēngshēng 吭聲 3-243B
kēngsǒng 鏗聳 11-1377A
kēngtàn 坑探 2-1063A
kēngtáng 鏗鏜 11-1377B
kēngtián 坑填 2-1063A
kēngxiàn 坑陷 2-1063A
kēngxiáng 坑降 2-1062B
kēngxiǎng 鏗響 11-1377B
kēngyě 坑冶 2-1062B
kēngyuè 鏗越 11-1377A
kēngzé 阬澤 11-915B
kēngzhào 坑趙 2-1063A
kēngzhēng 鏗錚 11-1377A
kēngzhí 硜執 7-1050B
kēngzi 坑子 2-1062A
kěnhuà 墾化 2-1225A
kěnhuāng 墾荒 2-1225A
kénì 咳逆 3-346B
kěniàn 可念 3-34B
kěniàn 渴念 5-1474B
kèniàn 客念 3-1445A
kèniǎo 客鳥 3-1448A
kēniè 科臬 8-53B
kēniè 嶱嵲 3-864B
kěniè 嵑嵲 3-854A
kèniè 克臬 2-263A
kènìng 克寧 2-264B
kènìngjūn 克寧軍 2-264B
kěnjī 懇激 7-748B
kěnjiáo 啃嚼 3-378A
kěnjiǔ 肯酒 6-1178A
kěnkě 肯可 6-1178A
kěnkěn 貇貇 10-25B
kěnkěn 懇懇 7-748B
kěnkěn 齦齦 12-1455A
kěnkěnfěifěi 懇懇悱悱 7-748B
kěnkěnqínqín 懇懇勤勤 7-748B
kěnkǔ 懇苦 7-747B
kěnkuǎn 貇款 10-25A
kěnkuǎn 懇欵 7-747B
kěnkuǎn 懇款 7-748A
kěnkuǎn 懇懤 7-748A
kěnkǔn 懇悃 7-747B
kènlēi 掯勒 6-663A
kènlēi 掯撳 6-663A
kěnliàn 懇戀 7-748B
kènliú 掯留 6-663A
kěnmín 墾民 2-1225A
kěnnǎo 肯惱 6-1178B
kěnniè 啃嚙 3-378A
kěnnòu 墾耨 2-1225B
kènóng 課農 11-280B
kěnpì 墾辟 2-1225B
kěnpì 墾闢 2-1225B
kěnpò 懇迫 7-747B
kěnqí 貇祈 10-25A
kěnqí 懇祈 7-747B
kěnqǐ 懇乞 7-747A
kěnqiè 懇切 7-747A
kěnqǐng 貇請 10-25B
kěnqǐng 懇請 7-748A
kěnqìng 肯綮 6-1178B
kěnqīnhuì 懇親會 7-748A
kěnqiú 懇求 7-747B
kěnqū 墾區 2-1225A
kěnqū 懇曲 7-747A
kěnquè 肯確 6-1178B
kěnquè 懇慤 7-748A
kěnràng 懇讓 7-748B
kěnrèn 肯認 6-1178B
kěnshǒu 肯首 6-1178A
kěntán 懇談 7-748A
kěntáng 肯堂 6-1178B
kěntángkěngòu 肯堂肯構 6-1178B
kěntián 墾田 2-1225A
kěntiǎn 碩典 12-268B
kěntuō 懇托 7-747A
kènǚ 客女 3-1442A
kēnüè 苛虐 9-326A
kènüè 刻虐 2-675A
kěnxiè 懇謝 7-748B
kěnxīn 肯心 6-1177B
kěnxuè 懇血 7-747B
kěnyán 貇言 10-25A
kěnyán 懇言 7-747B
kěnyāng 懇央 7-747A
kěnyào 肯要 6-1178A
kěnyì 墾藝 2-1225B
kěnyuàn 懇願 7-748B
kěnzáo 墾鑿 2-1225B
kěnzhèng 肯正 6-1178A
kěnzhí 墾植 2-1225B
kěnzhí 墾殖 2-1225B
kěnzhí 懇直 7-747B
kěnzhì 懇至 7-747A
kěnzhì 懇志 7-747B
kěnzhì 懇摯 7-748A
kěnzhízhǐshù 墾殖指數 2-1225B
kěnzhòng 墾種 2-1225B
kènzi 掯子 6-663A
kěnzū 墾租 2-1225A
kēpá 磕爬 7-1086A
kěpà 可怕 3-34B
kēpài 科派 8-52B
kēpàn 科判 8-51B
kěpàn 渴盼 5-1474B

kèpáo 客袍 3-1448A
kēpèi 珂珮 4-532A
kēpèi 科配 8-53A
kēpēng 磕硼 7-1086A
kēpéng 窠棚 8-450A
kēpèng 磕碰 7-1086A
kèpiào 客票 3-1448A
kēpǐn 科品 8-52B
kēpìn 科聘 8-55A
kěpín 可頻 3-39B
kèpíng 克平 2-261A
kèpíng 剋平 2-688A
kèpò 克破 2-263A
kēpū 磕撲 7-1086B
kēpǔ 科普 8-55A
kēpūpū 磕撲撲 7-1086B
kěpūpū 可撲撲 3-38A
kěqì 可氣 3-35B
kèqi 客氣 3-1446B
kèqī 克期 2-263B
kèqī 刻期 2-677A
kèqī 刻漆 2-678A
kèqī 剋期 2-689B
kèqì 客氣 3-1446B
kēqià 顆恰 12-323B
kèqiān 刻謙 2-679A
kèqián 恪虔 7-527B
kèqián 課錢 11-281B
kěqiāng 渴羌 5-1474B
kěqiāng 渴羗 5-1475A
kēqiào 苛峭 9-326B
kěqiǎo 可巧 3-33A
kèqiāo 刻敲 2-678A
kèqiào 刻陗 2-675B
kèqiào 刻峭 2-676A
kēqiè 苛切 9-325B
kěqiè 渴切 5-1474A
kèqiè 刻切 2-673B
kèqihuà 客氣話 3-1447A
kěqìkěgē 可泣可歌 3-34B
kēqīn 軻親 9-1234B
kěqīn 可親 3-39B
kèqīn 剋侵 2-689A
kèqīn 客衾 3-1447A
kèqín 克勤 2-264A
kèqín 恪勤 7-527B
kèqín 恪懃 7-528A
kèqǐn 客寢 3-1450B
kēqīng 軻卿 9-1234B
kèqīng 剋清 2-689B
kèqīng 客卿 3-1447A
kèqíng 客情 3-1448B
kèqǐng 刻頃 2-676B
kěqíngrén 可情人 3-36A
kèqínkějiǎn 克勤克儉 2-264A
kēqiū 軻丘 9-1234B
kēqiú 苛求 9-325B
kěqiú 渴求 5-1474B
kèqiú 刻求 2-674B
kēqǔ 科取 8-51B
kěqǔ 可取 3-34A
kèqū 刻屈 2-675A
kēquē 窠闕 8-450A
kēquè 砢確 7-1017A
kèrán 克然 2-263B
kèrán 溘然 6-4A
kèrǎng 克攘 2-265A
kèràng 克讓 2-265A
kērǎo 荷擾 9-420B
kērǎo 苛嬈 9-327B
kērǎo 苛擾 9-327B
kērǎo 科擾 8-57B
kērèn 科任 8-51A
kěrén 可人 3-31B
kèrén 客人 3-1441B
kèrěn 刻忍 2-674B
kěrénzēng 可人憎 3-32A
kèrì 克日 2-260B
kèrì 刻日 2-673B
kèrì 剋日 2-688A
kēróng 科榮 8-55B
kèróng 客容 3-1447B
kèróu 克柔 2-262B
kērù 苛縟 9-327B
kěsà 可薩 3-39B
kēsǎn 珂傘 4-532A
kēsǎn 珂繖 4-532A
kèsàng 溘喪 6-4A
kèsēng 客僧 3-1450A
kěshā 可殺 3-35B
kěshà 可煞 3-37B
kěshà 可瞮 3-39B
kèshā 剋殺 2-689A
kèshānbìng 克山病 2-260B
kěshāng 可傷 3-37B
kěshǎng 渴賞 5-1475B
kèshāng 客商 3-1448B
kèshāngcāo 剋商操 2-689B
kèshào 克紹 2-263B
kèshàojījiú 克紹箕裘 2-263B
kèshè 客舍 3-1444B
kēshēn 髁身 12-407B
kěshēn 可身 3-33B
kěshén 可甚 3-34B
kěshěn 可哂 3-35A
kèshēn 刻深 2-676B
kèshēn 客身 3-1444A
kèshèn 恪慎 7-527B
kēshēng 珂聲 4-532A
kēshēng 科生 8-50B
kěshēng 可生 3-33A
kěshèng 可勝 3-37A
kèshéng 刻繩 2-679B
kèshěng 刻省 2-675B
kèshěng 客省 3-1445B
kèshèng 克勝 2-263B
kèshèng 剋勝 2-689B
kěshénme 可甚麼 3-34B
kěshénme 可什麼 3-32B
kēshì 科式 8-50B
kēshì 科室 8-53A
kēshì 科試 8-55B
kěshì 可式 3-33A
kěshì 可事 3-34A
kěshì 可是 3-35A
kèshī 課詩 11-280B
kèshí 克什 2-261A
kèshí 克食 2-262B
kèshí 克實 2-264B
kèshí 刻石 2-674A
kèshí 刻時 2-675B
kèshí 剋石 2-688A
kèshí 剋食 2-689A
kèshí 剋實 2-690A
kèshí 客食 3-1446A
kèshí 課時 11-279A
kèshí 課實 11-281A
kèshǐ 客使 3-1444B
kèshì 刻飾 2-677B
kèshì 客室 3-1446A
kèshì 溘逝 6-4A
kèshì 課士 11-277B
kèshì 課式 11-278A
kèshì 課事 11-278B
kèshì 課室 11-279A
kèshì 課試 11-280B
kěshìme 可是麼 3-35A
kèshíwén 刻石文 2-674A
kēshǒu 科首 8-52B
kěshǒu 可手 3-32B
kěshǒu 敤手 5-491A
kèshǒu 刻手 2-673B
kèshǒu 恪守 7-527B
kèshòu 克壽 2-264A
kèshòu 客授 3-1448A
kēshū 柯舒 4-902A
kēshū 科輸 8-56B
kèshū 刻書 2-676A
kèshū 課書 11-279B
kèshū 課輸 11-281B
kèshù 客戍 3-1443A
kèshuài 課率 11-279B
kēshuì 科稅 8-54B
kēshuì 瞌睡 7-1241A
kēshuì 磕睡 7-1086A
kěshuì 渴睡 5-1475B
kèshuǐ 客水 3-1442A
kèshuì 客睡 3-1450A
kèshuì 嗑睡 3-456B
kèshuì 課稅 11-280A
kēshuìchóng 瞌睡蟲 7-1241B
kēshuìchóng 磕睡蟲 7-1086A
kēshuìguǐ 瞌睡鬼 7-1241B
kēshuìhàn 瞌睡漢 7-1241B
kěshuìhàn 渴睡漢 5-1475B
kèshùn 恪順 7-527B
kěshuō 可說 3-38A
kēsī 軻思 9-1234B
kèsī 克絲 2-264A
kèsī 刻私 2-674B
kèsī 刻絲 2-677A
kèsī 客思 3-1446A
kèsī 緙絲 9-929B
kèsǐ 客死 3-1443A
kèsǐ 溘死 6-3B
kèsìliángqiú 克嗣良裘 2-264A
kèsīqiánzi 克絲鉗子 2-264A
kēsītáng 窠絲糖 8-450A
kēsōng 科松 8-52A
kēsōng 棵松 4-1111B
kèsòng 刻誦 2-678A
kèsòng 課誦 11-281A
késòu 咳嗽 3-347A
kèsōu 客艘 3-1450B
kèsù 客宿 3-1448B
kèsù 客訴 3-1449A
kēsuàn 科筭 8-55B
kēsuàn 科算 8-55B
kèsuàn 課算 11-281A
kēsuì 苛碎 9-327A
kēsuì 科歲 8-55A
kèsuì 刻碎 2-677B
kèsuì 客歲 3-1449B
kèsǔn 刻損 2-677B
kèsūncǎo 課孫草 11-279B
kēsuǒ 苛索 9-326B
kēsuǒ 科索 8-53A
kēsuǒ 科瑣 8-55B
kěsuǒ 可索 3-35B
kěsùxìng 可塑性 3-38A
kētǎ 跒塔 10-430A
kētà 跒蹋 10-430B
kētà 跒踏 10-430B
kētà 跒蹋 10-430B
kětàn 可嘆 3-38A
kětàn 可歎 3-38B
kètáng 客堂 3-1448A
kètáng 課堂 11-279B
kètángtǎolùn 課堂討論 11-279B
kētào 科套 8-53A
kètào 客套 3-1446B
kètàohuà 客套話 3-1446B
kètàoyǔ 客套語 3-1446B
kětǎpūzhi 可塔撲支 3-36B
kētè 苛慝 9-327A
kēténg 科藤 8-57B
kēténg 莿藤 9-472A
kēténg 榼藤 4-1207A
kětǐ 可體 3-40A
kètī 刻剔 2-675B
kètí 課題 11-282A
kètì 客體 3-1451B
kètián 客田 3-1442B
kètián 課田 11-278A
kètiǎn 克殄 2-262B
kètiǎn 剋殄 2-688B
kētiáo 柯條 4-901B
kētiáo 科條 8-53B
kētīkēdá 跒梯跒踏 10-430A
kētíng 柯亭 4-901B
kětīng 可聽 3-40A
kètīng 客廳 3-1451B
kètíng 客亭 3-1446A
kètíng 客庭 3-1446A
kētíngdí 柯亭笛 4-901B
kētíngzhú 柯亭竹 4-901B
kětòng 可痛 3-37A
kètōng 課通 11-279B
kètóng 課僮 11-281A
kètǒng 課筒 11-280B
kětǒng'erde 可桶兒的 3-36A
kētóu 科頭 8-56B

kētóu 磕頭 7-1086B
kètóu 課頭 11-281B
kētóuchìzú 科頭赤足 8-56B
kētóuchóng 磕頭蟲 7-1087A
kētóude 磕頭的 7-1087A
kētóujījù 科頭箕踞 8-56B
kētóulǐbài 磕頭禮拜 7-1087A
kētóuluǒshēn 科頭裸身 8-56B
kētóutǎntǐ 科頭袒體 8-56B
kētóutúxiǎn 科頭徒跣 8-56B
kētóuxiǎnzú 科頭跣足 8-56B
kētóuxìfěn 科頭細粉 8-56B
kētóuyuánzǐ 科頭圓子 8-56B
kētóuzhuàngnǎo 磕頭撞腦 7-1087A
kétǔ 咳吐 3-346B
kètú 客途 3-1447A
kètú 客塗 3-1450A
kètú 課徒 11-279A
kètǔ 客土 3-1441B
kētuǒ 科橢 8-56A
kétuò 咳唾 3-347A
kètuó 騍駝 12-857A
kètuò 峈唾 8-1361A
kétuòchéngzhū 咳唾成珠 3-347A
kèwài 課外 11-278A
kēwǎng 科網 8-55B
kěwàng 可望 3-36A
kěwàng 渴望 5-1475A
kěwàngbùkějí 可望不可即 3-36A
kěwàng'érbùkějí 可望而不可及 3-36A
kěwàngméi 渴望梅 5-1475A
kēwèi 珂衛 4-532A
kěwèi 可畏 3-35A
kěwèi 可謂 3-39B
kèwèi 客位 3-1444A
kēwén 苛文 9-325B
kēwén 科文 8-49B
kēwèn 科問 8-54A
kěwěn 渴吻 5-1474B
kěwěn 渴脗 5-1475A
kèwén 刻文 2-673B
kèwén 課文 11-277B
kěwū 渴烏 5-1475A
kěwù 可惡 3-36B
kèwǔ 客忤 3-1444B
kèwùcáifēng 刻霧裁風 2-679A
kěwūde 可兀的 3-32A
kēxī 磕膝 7-1086B
kēxì 苛細 9-327A
kěxī 可惜 3-36A
kěxǐ 可喜 3-36B
kěxì 可戲 3-39B
kèxī 克膝 2-264B
kèxī 刻谿 2-679A
kèxī 課息 11-279A
kèxí 客席 3-1447B
kèxí 課習 11-280A
kèxià 刻下 2-673A
kēxiǎn 科跣 8-55A
kēxiàn 科限 8-52A
kěxián 渴賢 5-1475B
kèxián 刻舷 2-676B
kèxiàn 刻限 2-675A
kèxiàn 剋限 2-688B
kèxiàn 剋陷 2-689A
kèxiàn 課羨 11-280B
kěxiǎng 渴想 5-1475A
kèxiāng 客鄉 3-1449A
kèxiàng 刻像 2-677B
kēxiǎngtóu 磕響頭 7-1087A
kèxiānzhāolù 溘先朝露 6-4A
kēxiāo 苛削 9-326A
kēxiǎo 苛小 9-325B
kěxiào 可笑 3-35B
kèxiāo 客銷 3-1450B
kèxiào 克肖 2-261B
kèxiào 課效 11-279A
kèxié 克協 2-262A
kèxié 克諧 2-265A
kèxié 客邪 3-1443A
kèxiě 刻寫 2-678B
kèxiě 課寫 11-281B
kèxiè 溘謝 6-4A
kēxīgài 磕膝蓋 7-1086B
kěxīn 可心 3-32B
kěxīn 可新 3-37B
kèxīn 克心 2-261A
kèxīn 刻心 2-673B
kèxīn 剋心 2-688A
kèxīn 客心 3-1442B
kēxíng 科刑 8-50B
kēxíng 科行 8-51A
kèxīng 克星 2-262B
kèxīng 客星 3-1445B
kèxíng 客行 3-1443A
kèxíng 客形 3-1443B
kèxìng 客興 3-1450B
kèxìng 客姓 3-1445B
kèxīngchá 客星槎 3-1446A
kěxǐniáng 可喜娘 3-36B
kěxīnrúyì 可心如意 3-32B
kěxīnshēngchén 渴心生塵 5-1474B
kēxītóuzi 磕膝頭子 7-1086B
kēxiū 牁㣑 6-286A
kèxiù 緙繡 9-929B
kěxǐzhǒng 可喜種 3-36B
kēxū 科須 8-54B
kēxū 科需 8-55B
kēxù 珂珬 4-532A
kěxǔ 可許 3-36A
kèxù 客序 3-1444B
kēxué 科學 8-57A
kēxué 窠穴 8-449B
kēxuě 珂雪 4-532A
kéxuè 咳血 3-346B
kèxuē 刻削 2-675A
kèxuē 剋削 2-688B
kèxué 課學 11-281B
kèxuě 剋雪 2-689B
kèxuè 峈血 8-1360B
kēxuéjiā 科學家 8-57A
kēxuéjiàoyùyǐngpiàn 科學教育影片 8-57A
kēxuéshī 科學詩 8-57A
kēxuéshíyàn 科學實驗 8-57A
kēxuéyuàn 科學院 8-57A
kèyá 刻牙 2-673B
kèyá 嗑牙 3-456B
kèyá 課牙 11-277B
kèyáguǐ 刻牙鬼 2-673B
kēyáliàozuǐ 榼牙料嘴 4-1207A
kēyáliàozuǐ 磕牙料嘴 7-1085B
kèyáliáozuǐ 嗑牙嘹嘴 3-456B
kèyáliàozuǐ 嗑牙料嘴 3-456B
kēyán 苛嚴 9-327B
kēyán 科研 8-52A
kēyán 顆鹽 12-323B
kēyàn 柯瀲 4-902A
kěyàn 可厭 3-38A
kěyán 恪言 7-527B
kèyǎn 刻剡 2-676A
kèyǎn 課演 11-281A
kèyàn 克厭 2-264B
kèyàn 客唁 3-1446B
kèyàn 客雁 3-1449A
kēyāng 苛殃 9-326A
kēyǎng 苛癢 9-327B
kēyǎng 疴癢 8-289A
kēyàng 疴恙 8-288B
kèyǎng 客養 3-1450B
kèyǎng 課養 11-281A
kēyánsuǒ 科研所 8-52B
kēyáo 科徭 8-55B
kēyào 科要 8-52A
kěyào 可要 3-34B
kēyè 柯葉 4-902A
kēyè 科業 8-55A
kēyè 窠壓 8-450A
kěyē 渴暍 5-1475B
kèyè 課業 11-280B
kēyí 科儀 8-56A
kēyí 頦頤 12-292B
kēyì 苛役 9-325B
kēyì 科役 8-51B
kēyì 窠役 8-449B
kěyí 可疑 3-38A
kěyǐ 可以 3-32B
kěyì 可異 3-36A
kěyì 可意 3-37B
kèyī 客衣 3-1443B
kèyǐ 課椅 11-280A
kèyì 克易 2-262A
kèyì 刻意 2-677B
kèyì 剋意 2-689B
kèyì 客意 3-1450A
kèyì 課役 11-278A
kèyì 課易 11-278B
kèyì 課藝 11-282A
kèyì 課議 11-282A
kèyín 課銀 11-281A
kèyǐn 課引 11-277B
kèyìn 刻印 2-674A
kěyìzhǒng 可意種 3-38A
kèyōng 客傭 3-1450A
kèyóu 客郵 3-1446B
kèyóu 客游 3-1449B
kèyóu 客遊 3-1449A
kěyòulái 可又來 3-32A
kēyù 軻愈 9-1234B
kěyú 可虞 3-37B
kěyǔ 渴雨 5-1474B
kěyù 可欲 3-36A
kèyú 課餘 11-281B
kèyú 課與 11-280B
kèyù 客寓 3-1449B
kèyù 客遇 3-1449A
kēyuán 科員 8-53B
kěyuàn 可願 3-40A
kēyuē 科約 8-53A
kèyǔ'éyán 課語訛言 11-281A
kèyùn 客運 3-1449B
kēzā 匌帀 2-188B
kēzā 匌匝 2-188B
kēzā 鉿匝 11-1270A
kēzā 匼帀 1-968B
kēzā 匼匝 1-968B
kēzā 磕帀 7-1085B
kēzā 磕匝 7-1085B
kēzā 溘帀 6-3B
kēzā 溘匝 6-3B
kězàng 渴葬 5-1475A
kèzàng 客葬 3-1449A
kězǎo 可早 3-33B
kězǎo 可蚤 3-35B
kèzáo 刻鑿 2-679B
kèzào 刻躁 2-679B
kèzāzā 克匝匝 2-261A
kēzé 苛責 9-326B
kēzé 柯則 4-901B
kēzé 科則 8-52B
kēzé 科責 8-53B
kězé 可則 3-35A
kèzé 克責 2-263A
kèzé 刻責 2-676A
kèzé 剋責 2-689A
kèzé 課則 11-278B
kèzé 課責 11-279B
kèzéi 克賊 2-264A
kèzéi 刻賊 2-677B
kèzéi 剋賊 2-689B
kězēng 可曾 3-37A
kězēng 可憎 3-39A
kězēngcái 可憎才 3-39A
kēzhà 搕詐 6-793A
kēzhà 磕詐 7-1086A
kèzhā 嗑咂 3-456B
kèzhā 嗑喳 3-456B
kèzhā 齘齾 12-1451A

kèzhàn 客棧 3-1449A
kèzhàn 客戰 3-1450B
kēzhǎng 科長 8-51B
kēzhàng 科杖 8-51B
kèzhǎng 克長 2-261B
kèzhǎng 客長 3-1444B
kèzhǎng 課長 11-278B
kèzhàng 客帳 3-1448A
kèzhàngsī 客帳司 3-1448A
kèzhāngzhuójù 刻章琢句 2-676B
kēzhào 科詔 8-54B
kēzhào 跁啅 10-430A
kèzhào 課兆 11-278A
kēzhé 科適 8-55B
kēzhé 科折 8-51B
kēzhé 科謫 8-57B
kězhe 可着 3-36A
kězhě 可者 3-34A
kèzhēn 克臻 2-265A
kèzhěn 客枕 3-1444B
kēzhēng 苛征 9-326A
kēzhēng 科征 8-52A
kēzhēng 科徵 8-56A
kēzhèng 苛政 9-326A
kèzhēng 課征 11-278B
kēzhèngměngyúhǔ 苛政猛於虎 9-326A
kězhetóuzuòmàozi 可着頭做帽子 3-36A
kēzhī 柯枝 4-901B
kēzhī 科枝 8-52A
kēzhǐ 科指 8-52A
kēzhì 苛忮 9-326A
kēzhì 科制 8-52A
kēzhì 科治 8-52A
kēzhì 科雉 8-55B
kězhī 可知 3-34A
kèzhī 刻汁 2-674A
kèzhí 課職 11-282A
kèzhǐ 刻紙 2-676A
kèzhì 克制 2-262A
kèzhì 克治 2-262B
kèzhì 刻識 2-679B
kèzhì 刻志 2-674B
kèzhì 刻忮 2-674B
kèzhì 刻治 2-675A
kèzhì 刻摯 2-678B
kèzhì 剋制 2-688B
kèzhì 溘至 6-4A
kèzhì 課制 11-278B
kèzhì 課治 11-278B
kězhīdào 可知道 3-34A
kězhīshì 可知是 3-34A
kězhōng 可中 3-32B
kèzhōng 克忠 2-262A
kèzhōng 克終 2-263B
kèzhōng 客中 3-1442A
kèzhōng 恪忠 7-527B
kèzhǒng 客冢 3-1447B
kèzhōu 克周 2-262B
kèzhōu 刻舟 2-674A
kèzhōu 刻盩 2-679A
kèzhōu 客舟 3-1443A
kèzhōuqiújiàn 刻舟求劍 2-674A
kēzhú 柯欘 4-902A
kēzhú 磕竹 7-1085B
kèzhū 刻誅 2-677B
kèzhú 刻燭 2-679A
kèzhǔ 客主 3-1442B
kèzhù 克著 2-263A
kēzhuàn 蝌篆 8-930B
kèzhuàn 刻瑑 2-677B
kèzhuàn 刻篆 2-678B
kèzhuàn 客傳 3-1450A
kèzhuàn 客饌 3-1451B
kēzhuàng 磕撞 7-1086B
kèzhuāng 客莊 3-1446B
kèzhuàng 克壯 2-261B
kězhūhún 可朱渾 3-33B
kèzhuō 課桌 11-279A
kèzhuó 刻著 2-676A
kèzhuó 刻琢 2-676B
kèzhuó 刻斲 2-678B
kézhūtuòyù 咳珠唾玉 3-346B
kēzi 科子 8-49A
kēzi 棵子 4-1111B
kēzi 窠子 8-449B
kēzi 顆子 12-323B
kēzi 錁子 11-1322B
kèzǐ 刻梓 2-676B
kèzǐ 客子 3-1441B
kèzǐ 課子 11-277B
kèzī'ěrqiānfódòng 克孜爾千佛洞 2-261B
kězōng 可宗 3-34B
kèzōng 客蹤 3-1451A
kèzū 課租 11-279A
kèzú 客卒 3-1445A
kězúhún 可足渾 3-33B
kēzuì 科罪 8-55A
kèzuì 課最 11-280A
kèzuǐliāoyá 課嘴撩牙 11-281B
kèzūn 恪尊 7-527B
kèzūn 恪遵 7-528A
kēzuò 科座 8-53B
kēzuò 窠坐 8-449B
kězuò 可作 3-33B
kèzuò 克祚 2-262B
kèzuò 客作 3-1444A
kèzuò 客坐 3-1444A
kèzuò 客座 3-1447B
kèzuò'ér 客作兒 3-1444A
kèzuòjiàoshòu 客座教授 3-1447B
kòng'ān 鞚鞍 12-201B
kòngbái 空白 8-411B
kòngbái 空白 8-411B
kòngbáidiǎn 空白點 8-412A
kōngbāodàn 空包彈 8-412A
kōngbēi 空悲 8-419B
kōngbèi 空被 8-418A
kǒngběihǎi 孔北海 4-178B
kōngbì 空碧 8-422A
kōngbì 空壁 8-424A
kǒngbī 恐逼 7-491B
kǒngbì 孔壁 4-183B
kòngbì 控避 6-715A
kòngbiān 控邊 6-715B
kòngbiàn 空便 8-416A
kōngbiāo 空彪 8-418B
kōngbó 空帛 8-414B
kōngbó 空薄 8-423A
kōngbù 空簿 8-424B
kǒngbù 恐怖 7-491A
kōngcāng 空蒼 8-421A
kōngcǎo 空草 8-416A
kōngcè 空策 8-420A
kōngchán 空孱 8-420B
kōngcháng 空腸 8-421A
kōngchǎng 空場 8-419B
kōngchǎng 空敞 8-419B
kōngchén 空沉 8-413B
kōngchén 空塵 8-422A
kòngchén 控陳 6-714B
kōngchéng 空城 8-415B
kōngchéngjì 空城計 8-415B
kōngchéngquè 空城雀 8-415B
kǒngchì 孔熾 4-183B
kòngchí 控持 6-714B
kōngchuán 空船 8-419A
kōngchuáng 空床 8-413B
kōngchuáng 空牀 8-415B
kōngcí 空辭 8-424B
kòngcí 控辭 6-715B
kǒngcōng 倥偬 1-1519B
kōngcuì 空翠 8-422B
kǒngcuì 孔瘁 4-183A
kǒngcuì 孔翠 4-183A
kōngcūn 空村 8-413A
kòngdài 控帶 6-714B
kōngdàn 空誕 8-421B
kǒngdān 孔耼 4-181A
kòngdān 空單 8-419B
kòngdāng 空當 8-421A
kòngdǎng 空擋 8-423A
kòngdàng 空檔 8-424A
kōngdàngdàng 空蕩蕩 8-422B
kòngdàngdàng 空當當 8-421A
kǒngdào 空道 8-420A
kǒngdào 孔道 4-182A
kǒngdé 孔德 4-183A
kōngdì 空諦 8-423B
kòngdì 空地 8-412A
kòngdì 控地 6-713B
kǒngdǐng 孔鼎 4-182A
kōngdǐngzé 空頂幘 8-418B
kōngdōng 啌咚 3-393B
kōngdòng 空洞 8-417A
kōngdòng 倥侗 1-1519B
kōngdòng 崆峒 3-850B
kǒngdòng 空洞 8-417A
kǒngdòng 孔洞 4-180A
kǒngdòng 恐動 7-491B
kōngdòngwúwù 空洞無物 8-417A
kǒngdòu 空竇 8-425A
kōngduó 空奪 8-422A
kōngduò 空墮 8-422B
kǒngduō 孔多 4-179A
kōng'é 空額 8-424B
kòng'è 控阨 6-713B
kòng'è 控扼 6-713B
kòng'è 控遏 6-714B
kòng'è 控扼 6-714A
kòng'er 空兒 8-414A
kōngfā 空發 8-420B
kōngfá 空乏 8-411A
kōngfǎ 空法 8-414B
kòngfá 空乏 8-411A
kōngfàn 空泛 8-413B
kōngfàn 空飯 8-420A
kōngfáng 空防 8-413A
kōngfáng 空房 8-415A
kǒngfāng 孔方 4-178A
kǒngfáng 恐防 7-491A
kòngfāng 空方 8-411B
kǒngfāngxiōng 孔方兄 4-178B
kōngfèi 空費 8-420B
kòngfèi 空廢 8-423A
kōngfú 空浮 8-418A
kōngfù 空負 8-416B
kōngfù 空腹 8-421A
kǒngfǔ 孔府 4-179B
kǒngfǔ 孔父 4-178A
kǒngfù 孔阜 4-179B
kōngfùfáng 空婦房 8-419B
kōngfùgāoxīn 空腹高心 8-421B
kōngfùpiánpián 空腹便便 8-421B
kǒnggài 孔蓋 4-182B
kònggào 控告 6-713B
kōnggé 空格 8-417B
kōnggōng 空宮 8-417A
kǒnggōng 孔公 4-178A
kōnggòu 空搆 8-421A
kōnggòu 空構 8-422A
kōnggǔ 空谷 8-413B
kōngguān 空觀 8-425A
kōngguāng 空光 8-412B
kōnggǔchuánshēng 空谷傳聲 8-413B
kōngguī 空閨 8-422B
kǒngguī 孔規 4-180B
kōngguó 空國 8-418B
kōngguò 空過 8-419A
kōngguózhīhóu 空國之侯 8-419A
kōnggǔqióngyīn 空谷跫音 8-413B
kōnggǔzúyīn 空谷足音 8-413B
kōnghǎi 空海 8-418A
kǒnghài 恐駭 7-492A
kōnghán 空函 8-415B
kōnghào 空耗 8-417B
kǒnghào 孔昊 4-179A
kōnghé 空劾 8-414B
kǒnghē 恐呵 7-491A

kǒnghé 恐曷 7-491A
kǒnghè 恐喝 7-491B
kǒnghè 恐赫 7-492A
kǒnghè 恐愒 7-492A
kǒnghè 恐嚇 7-492A
kǒnghè 恐猲 7-491B
kònghè 控鶴 6-715B
kōnghóu 空侯 8-416A
kōnghóu 空喉 8-420A
kōnghóu 箜篌 8-1206B
kōnghóuyǐn 箜篌引 8-1206B
kǒnghòuzhēngxiān
恐後爭先 7-491A
kōnghù 空户 8-411B
kǒnghú 孔壺 4-182A
kònghú 控鵠 6-715B
kōnghuā 空花 8-413A
kōnghuā 空華 8-417B
kōnghuà 空話 8-421B
kōnghuái 空懷 8-424B
kǒnghuái 孔懷 4-184A
kōnghuàn 空幻 8-411B
kōnghuāng 空荒 8-416A
kōnghuáng 箜簧 8-1207A
kǒnghuāng 恐慌 7-491B
kǒnghuáng 恐惶 7-492A
kònghuáng 空黄 8-418B
kōnghuāwàidào 空華外道
8-417B
kōnghuì 空慧 8-422B
kōnghuì 空諱 8-423B
kōnghuō 空豁 8-424A
kǒnghuò 恐惑 7-491B
kōnghuōhuō 空豁豁 8-424A
kōngjī 空積 8-423B
kōngjí 空棘 8-419B
kōngjì 空寂 8-419A
kōngjì 空際 8-421B
kǒngjī 孔姬 4-180B
kǒngjí 倥急 1-1519B
kǒngjí 孔亟 4-180A
kǒngjí 孔急 4-180A
kǒngjí 孔棘 4-182A
kǒngjí 恐急 7-491B
kǒngjì 恐悸 7-491B
kòngjí 空籍 8-425A
kōngjiǎ 空假 8-419A
kǒngjiā 孔嘉 4-183A
kǒngjiǎ 孔賈 4-182B
kòngjià 控駕 6-715A
kǒngjiādiàn 孔家店 4-180B
kōngjiān 空間 8-420B
kōngjiàn 空見 8-413A
kǒngjiān 孔艱 4-183B
kòngjiǎn 空儉 8-422B
kōngjiāng 空江 8-413A
kōngjiàng 空降 8-415B
kōngjiào 空教 8-418B
kǒngjiāo 孔膠 4-183B
kǒngjiào 孔教 4-180B
kōngjiàzi 空架子 8-417B
kōngjié 空劫 8-413A
kōngjié 空竭 8-422A
kōngjiě 空姐 8-415B
kōngjiě 空解 8-421B
kōngjiè 空界 8-416A
kǒngjiē 孔皆 4-180A
kǒngjiē 孔揭 4-182B
kòngjié 空竭 8-422A
kōngjíkōngbā 空急空巴
8-416B
kōngjìn 空盡 8-422B
kōngjīng 空精 8-422B
kōngjìng 空静 8-422A
kōngjiǒng 空迥 8-414A
kōngjiǒng 空逈 8-416B
kǒngjiù 孔疚 4-179B
kōngjū 空居 8-415B
kǒngjù 恐懼 7-492B
kòngjū 空居 8-415B
kōngjué 空絶 8-420B
kōngjué 空爵 8-424A
kǒngjué 孔爵 4-183B
kōngjūn 空軍 8-417A
kōngkǎn 空埳 8-418B
kōngkē 空柯 8-416A
kōngké 空殼 8-419B
kōngkézi 空殼子 8-419B
kōngkōng 空空 8-414B
kōngkōng 悾悾 7-605A
kōngkōng 硿硿 7-1065A
kōngkōng 鑿鑿 12-1399B
kōngkōng 椌椌 4-1132A
kōngkōng 啌啌 3-393B
kǒngkǒng 恐恐 7-491B
kōngkōngdòngdòng
空空洞洞 8-415A
kōngkōng'ér 空空兒 8-415A
kōngkōngguāngguāng
啌啌咣咣 3-393B
kōngkōngkuāngkuāng
啌啌哐哐 3-393B
kōngkōngrúyě 空空如也
8-415A
kōngkǒu 空口 8-410A
kǒngkǒu 孔口 4-177B
kōngkǒushuōbáihuà
空口説白話 8-410A
kōngkǒushuōkōnghuà
空口説空話 8-410A
kōngkǒuwúpíng 空口無憑
8-410A
kōngkuǎn 悾款 7-605A
kǒngkuǎn 空窾 8-424A
kòngkuǎn 控款 6-714B
kōngkuàng 空曠 8-424B
kòngkuì 空匱 8-422A
kōngkuò 空廓 8-421B
kōngkuò 空闊 8-424A
kōnglái 空萊 8-418B
kōngláo 空勞 8-420A
kǒngláo 孔勞 4-182B
kǒnglǎo 孔老 4-178B
kònglè 控勒 6-714B
kōngléi 空雷 8-421A
kōnglèi 空類 8-424B
kōnglěi 空壘 8-425A
kǒnglì 孔粒 4-181B
kǒnglì 恐栗 7-491B
kǒnglì 恐慄 7-492A
kònglǐ 控鯉 6-715B
kònglì 控瀝 6-715B
kònglián 控連 6-714B
kōngliáng 空涼 8-419A
kōngliáo 空寥 8-422B
kōngliè 空劣 8-412B
kōnglín 空林 8-414A
kǒnglín 孔林 4-179A
kònglín 控臨 6-715A
kōnglíng 空靈 8-425A
kōnglóng 崆嵸 3-850B
kōnglóng 崆巃 3-851A
kōnglóng 硿礲 7-1065A
kōnglóng 啌嚨 3-393B
kōnglǒng 空隴 8-424B
kǒnglóng 恐龍 7-492A
kònglǒng 控攏 6-715B
kōnglòuzi 空漏子 8-422B
kǒngluán 孔鸞 4-184A
kōnglùn 空論 8-423A
kōngluò 空落 8-419B
kōngluòluò 空落落 8-419B
kōnglǚ 空侶 8-414A
kōnglǚ 空履 8-423A
kōnglǜ 空緑 8-422B
kǒnglǜ 恐慮 7-492B
kòngmǎ 控馬 6-714B
kǒngmào 孔懋 4-183B
kōngmén 空門 8-415A
kǒngmén 孔門 4-179B
kōngméng 空濛 8-423B
kōngméng 空蒙 8-421A
kōngméng 倥蒙 1-1519B
kōngméng 涳濛 5-1419A
kōngmèng 空夢 8-421A
kǒngmèng 孔孟 4-179B
kǒngmèngzhīdào 孔孟之道
4-179B
kōngménmiàn 空門面 8-415A
kōngménshì 空門士 8-415A
kōngményǒu 空門友 8-415A
kōngménzǐ 空門子 8-415A
kōngmiàn 空面 8-416A
kòngmiǎn 控免 6-714A
kōngmiào 空妙 8-413B
kǒngmiào 孔廟 4-183B
kōngmíng 空名 8-412B
kōngmíng 空明 8-414A
kōngmíng 空冥 8-418A
kǒngmíng 孔明 4-179A
kǒngmíngdēng 孔明燈
4-179B
kōngmíngdòngtiān
空明洞天 8-414A
kòngmínggào 空名告 8-413A
kòngmínggàoshēn 空名告身
8-413A
kòngmíngtángdié 空名堂牒
8-413A
kòngmíngxuāntóu 空名宣頭
8-413A
kòngmíngzéshí 控名責實
6-713B
kōngmò 空漠 8-421B
kǒngmò 孔墨 4-183A
kōngmù 空木 8-410B
kǒngmù 孔目 4-178B
kōngnáng 空囊 8-425A
kǒngniǎo 孔鳥 4-181B
kǒngpà 恐怕 7-491A
kōngpán 空盤 8-423A
kōngpào 空炮 8-417A
kōngpào 空礮 8-425A
kǒngpò 恐迫 7-491A
kòngpò 空迫 8-414B
kōngqī 空淒 8-419A
kōngqì 空炁 8-414A
kōngqì 空氣 8-417B
kōngqián 空前 8-416B
kōngqiǎn 空淺 8-419A
kōngqiàn 崆嵌 3-850B.
kōngqiāng 空腔 8-420A
kōngqiánjuéhòu 空前絶後
8-416B
kōngqiāo 空悄 8-418A
kǒngqiào 空竅 8-424B
kǒngqiào 孔竅 4-184A
kǒngqiè 恐怯 7-491A
kōngqīng 空青 8-414B
kōngqíng 空晴 8-419B
kǒngqíngzhōusī 孔情周思
4-181B
kōngqū 空曲 8-412B
kōngqù 空闃 8-424A
kōngquān 空弮 8-416B
kōngquán 空拳 8-418A
kōngquán 空筌 8-420A
kòngquán 控捲 6-714B
kōngquánbáishǒu 空拳白手
8-418A
kōngquè 空却 8-413A
kǒngquè 孔雀 4-181A
kòngquē 空缺 8-417B
kòngquē 空闕 8-424B
kǒngquèhuā 孔雀花 4-181A
kǒngquèlíng 孔雀翎 4-181B
kǒngquèlǜ 孔雀緑 4-181B
kǒngquèpíng 孔雀屏 4-181A
kǒngquèqiú 孔雀裘 4-181B
kǒngquèshàn 孔雀扇 4-181A
kǒngquèshí 孔雀石 4-181A
kǒngquèwǔ 孔雀舞 4-181B
kōngqún 空羣 8-421B
kǒngqún 孔羣 4-183A
kōngrán 空然 8-420A
kōngrán 硿然 7-1065A
kōngrǎng 空壤 8-425A
kǒngrén 孔壬 4-178A
kǒngrèn 孔任 4-179A
kòngrì 空日 8-410B
kōngsāng 空桑 8-418A
kōngsǎsǎ 空灑灑 8-425A
kōngshān 空山 8-410A
kōngshè 空設 8-419A
kǒngshè 恐懾 7-492A
kòngshè 控攝 6-715B

kōngshēn 空身 8-413A
kǒngshèn 恐慎 7-491B
kōngshēng 空生 8-411B
kōngshēng 空聲 8-424A
kǒngshèng 孔聖 4-182B
kǒngshèngrén 孔聖人 4-182B
kōngshèqīngyě 空舍清野 8-414B
kōngshí 空食 8-416B
kōngshí 空實 8-422B
kōngshì 空室 8-417A
kǒngshí 孔石 8-411B
kǒngshí 孔時 4-180B
kǒngshì 孔釋 4-184A
kōngshìqīngyě 空室清野 8-417A
kōngshǒu 空手 8-411A
kōngshǒu 空首 8-416B
kòngshǒu 控守 6-713B
kōngshǒubù 空首布 8-416B
kōngshū 空疎 8-420B
kōngshū 空疏 8-420B
kòngshuài 控率 6-714B
kōngshuāng 空霜 8-424A
kōngshuǐ 空水 8-411A
kōngshuō 空說 8-422A
kǒngshuò 孔碩 4-183A
kǒngsīzhōuqíng 孔思周情 4-180A
kǒngsǒng 恐悚 7-491B
kǒngsǒng 恐竦 7-491B
kòngsòng 控送 6-714B
kǒngsǒngzhélì 恐聳讋慄 7-492A
kòngsù 控訴 6-715A
kòngsù 控愬 6-715A
kōngsuì 空隊 8-419B
kòngsuǒ 控所 6-714A
kōngsuǒsuǒ 空索索 8-417B
kōngtán 空潭 8-423A
kōngtán 空談 8-423A
kōngtáng 空堂 8-418B
kǒngtáng 孔堂 4-181B
kōngtāo 空濤 8-424A
kǒngtì 恐惕 7-491B
kōngtiān 空天 8-410B
kōngtíng 空庭 8-416B
kōngtóng 空侗 8-414B
kōngtóng 空峒 8-416A
kōngtóng 空同 8-412B
kōngtóng 空桐 8-417B
kōngtóng 崆峒 3-850B
kōngtónglǎo 崆峒老 3-850B
kōngtónglǚ 崆峒侶 3-850B
kōngtóngshānsǒu 崆峒山叟 3-850B
kōngtóngsǒu 崆峒叟 3-850B
kōngtóngzǐ 崆峒子 3-850B
kōngtóu 空頭 8-423A
kòngtóu 空頭 8-423A
kòngtóuchì 空頭敕 8-423B
kòngtóugàoshēn 空頭告身 8-423B
kōngtóuhàn 空頭漢 8-423B
kōngtóuhuà 空頭話 8-423B
kōngtóuhuò 空頭禍 8-423B
kōngtóuqíng 空頭情 8-423B
kōngtóushì 空頭事 8-423B
kòngtóuxuānchì 空頭宣敕 8-423B
kōngtóuzhīpiào 空頭支票 8-423B
kōngtǔ 空土 8-410A
kòngtuán 控揣 6-714B
kòngtuán 控摶 6-715A
kōngtuì 空退 8-417A
kōngwài 空外 8-412A
kōngwáng 空亡 8-410A
kōngwáng 空王 8-410B
kōngwàng 空忘 8-413B
kōngwángfó 空王佛 8-410B
kōngwēi 空微 8-421A
kōngwéi 空帷 8-419A
kōngwěi 空僞 8-422A
kǒngwēi 孔威 4-180A
kǒngwéi 孔帷 4-181B
kǒngwèi 恐畏 7-491A
kòngwéi 空圍 8-420A
kòngwèi 空位 8-413A
kōngwén 空文 8-411A
kōngwú 空無 8-420A
kǒngwǔ 孔忤 4-179A
kǒngwǔ 孔武 4-179A
kǒngwǔyǒulì 孔武有力 4-179A
kōngxí 空襲 8-425A
kǒngxí 孔席 4-180B
kǒngxì 孔隙 4-182B
kòngxì 空郄 8-414B
kòngxì 空隙 8-420B
kòngxì 控閲 6-715A
kōngxiá 空峽 8-417B
kǒngxià 孔罅 4-183B
kòngxià 空罅 8-424A
kōngxián 空弦 8-415B
kōngxián 空銜 8-422A
kòngxián 空閒 8-420B
kòngxián 空閑 8-420A
kòngxián 控弦 6-714A
kòngxiǎn 空尠 8-421A
kōngxiǎng 空想 8-421A
kōngxiǎng 空響 8-425A
kōngxiàng 空相 8-416A
kōngxiàng 空巷 8-416A
kōngxiāo 空枵 8-416A
kōngxiāo 空囂 8-425A
kǒngxíbùnuǎn 孔席不暖 4-180B
kǒngxíbùnuǎn 孔席不煗 4-180B
kǒngxié 孔偕 4-181B
kǒngxié 恐脅 7-491B
kòngxiè 控緤 6-715A
kōngxīn 空心 8-411B
kōngxīndàlǎo 空心大老 8-411B
kōngxīndàlǎoguān 空心大老官 8-411B
kōngxìng 空性 8-414B
kōngxíngxiān 空行仙 8-412B
kōngxīnjiàzi 空心架子 8-411B
kōngxīntāngtuán 空心湯糰 8-411B
kōngxīntāngyuán 空心湯圓 8-411B
kōngxīnzhuān 空心磚 8-411B
kōngxiōng 空胸 8-418A
kōngxiòng 空夐 8-422A
kǒngxiōng 孔兄 4-178B
kǒngxiū 孔修 4-180A
kǒngxiū 孔脩 4-180B
kōngxū 空虛 8-418B
kōngxuán 空玄 8-412A
kōngxuán 空懸 8-425A
kǒngxuān 孔宣 4-180A
kǒngxuānfǔ 孔宣父 4-180A
kǒngxué 空穴 8-412A
kǒngxué 孔穴 4-178B
kōngxuéláifēng 空穴來風 8-412A
kōngxūhuā 空虛花 8-418B
kōngyá 空崖 8-419A
kòngyā 控壓 6-715A
kōngyán 空言 8-413B
kōngyǎn 空衍 8-416B
kǒngyán 孔顏 4-183B
kǒngyàn 孔鴈 4-183A
kǒngyàn 孔燕 4-183B
kòngyān 控咽 6-714B
kōngyáng 崆峣 3-850B
kōngyáng 崆嶢 3-850B
kōngyǎng 空養 8-422A
kǒngyáng 孔陽 4-182A
kōngyánxūyǔ 空言虛語 8-413B
kōngyǎo 空杳 8-414A
kǒngyè 孔業 4-182B
kōngyì 空意 8-421B
kōngyì 空義 8-421B
kōngyì 空臆 8-424A
kòngyì 控抑 6-713B
kǒngyǐjǐ 孔乙己 4-177B
kōngyīn 空音 8-416B
kōngyīn 空陰 8-418A
kōngyìn 空印 8-412A
kǒngyīn 孔殷 4-180B
kòngyǐn 控引 6-713B
kōngyōu 空幽 8-416A
kōngyǒu 空有 8-412A
kǒngyóu 孔繇 4-183B
kǒngyóu 孔猷 4-183A
kōngyǔ 空宇 8-413A
kōngyǔ 空語 8-422A
kōngyù 空譽 8-425A
kǒngyú 恐諛 7-492A
kòngyú 空餘 8-423A
kòngyù 控御 6-714B
kòngyù 控馭 6-714B
kòngyù 控禦 6-715A
kōngyuán 空緣 8-423A
kōngyuǎn 空遠 8-421A
kōngyuàn 空院 8-417B
kòngyuán 空園 8-421A
kǒngyuē 孔約 4-180B
kōngyùn 空運 8-420A
kǒngzāng 孔臧 4-183A
kōngzáo 空鑿 8-425B
kōngzào 空造 8-417B
kōngzé 空責 8-418B
kǒngzēng 孔曾 4-182B
kōngzhá 空札 8-411B
kōngzhài 空砦 8-418B
kōngzhàn 空戰 8-423B
kǒngzhāng 孔章 4-181B
kǒngzhāng 孔彰 4-183A
kǒngzhāo 孔昭 4-180A
kǒngzhāo 孔炤 4-180A
kǒngzhé 恐讋 7-492B
kǒngzhèng 孔鄭 4-183A
kōngzhī 空枝 8-414A
kōngzhǐ 空旨 8-412B
kōngzhì 空質 8-423A
kǒngzhí 孔跖 4-182A
kòngzhì 控制 6-714A
kōngzhōng 空中 8-410B
kōngzhōng 空鐘 8-425A
kōngzhōngjiégòu 空中結構 8-410B
kōngzhōnglóugé 空中樓閣 8-411A
kōngzhōngshū 空中書 8-410B
kōngzhōngxiǎojiě 空中小姐 8-410B
kōngzhōngyōushì 空中優勢 8-411A
kǒngzhōu 孔周 4-179B
kōngzhú 空竹 8-412B
kōngzhuàn 空轉 8-424B
kǒngzhuó 恐灼 7-491A
kōngzì 空自 8-412B
kǒngzǐ 孔子 4-177B
kòngzi 空子 8-410B
kǒngzǐmiào 孔子廟 4-177B
kōngzōng 空宗 8-414B
kǒngzǒng 倥偬 1-1519B
kǒngzǒng 倥傯 1-1519B
kòngzǒng 控總 6-715A
kǒngzūn 孔罇 4-183B
kǒngzuǒ 孔佐 4-179A
kǒu'àn 口岸 3-6A
kǒu'àn 口案 3-8B
kòu'ān 叩安 3-73B
kǒu'ào 口澳 3-14B
kòubá 扣跋 6-344A
kǒubābā 口巴巴 3-3A
kǒubābā 口叭叭 3-3B
kǒubābā 口吧吧 3-5A
kǒubái 口白 3-3B
kòubài 叩拜 3-73B
kǒubào 口報 3-10A
kòubào 寇暴 3-1502B
kòubào 寇虣 3-1502B
kǒubēi 口碑 3-11A
kǒuběi 口北 3-3A
kòubèi 扣背 6-343A

kǒubēizàidào 口碑載道 3-11A
kòubī 寇逼 3-1502A
kǒubiàn 口辨 3-15B
kǒubiàn 口辯 3-16B
kòubiān 扣邊 6-344B
kòubiān 寇邊 3-1503A
kòubié 叩別 3-73B
kǒubīng 口兵 3-5A
kǒubìng 口病 3-8B
kòubù 扣布 6-342B
kǒubù'èrjià 口不二價 3-2B
kǒubùyìngxīn 口不應心 3-2B
kǒubùzéyán 口不擇言 3-2B
kǒucái 口才 3-2A
kǒucái 口材 3-4B
kǒucǎi 口采 3-6A
kǒucǎi 口彩 3-9B
kǒucè 口册 3-3B
kǒuchán 口讒 3-16B
kǒuchǎn 口剗 3-8A
kōuchǎng 摳裳 6-830A
kǒuchǎng 口敞 3-10A
kòuchǎng 寇場 3-1501B
kòuchāo 寇抄 3-1501A
kòuchāo 寇鈔 3-1502A
kǒuchén 口沉 3-5B
kǒuchén 口陳 3-8B
kǒuchěn 口磣 3-15A
kǒuchèn 口疢 3-7B
kǒuchēng 口稱 3-12B
kǒuchéng 口承 3-6B
kòuchéng 叩誠 3-74A
kǒuchī 口吃 3-3B
kǒuchǐ 口齒 3-13B
kǒuchì 口勑 3-8A
kǒuchì 口勅 3-6B
kǒuchì 口敕 3-8B
kòuchí 釦墀 11-1205A
kòuchǐ 叩齒 3-74A
kòuchǐ 扣齒 6-344A
kòuchǐ 訆齒 11-37B
kǒuchīshī 口吃詩 3-4A
kǒuchòu 口臭 3-8A
kòuchóu 寇仇 3-1500B
kòuchóu 寇讎 3-1503A
kòuchóu 寇讐 3-1503B
kòuchú 扣除 6-343A
kǒuchuān 口川 3-2A
kǒuchuán 口傳 3-11B
kǒuchuāng 口瘡 3-14B
kǒuchuánxīnshòu 口傳心授 3-11B
kǒuchuò 口啜 3-9A
kǒucí 口詞 3-10B
kǒucí 口辭 3-16B
kòucí 叩辭 3-74B
kǒudá 口達 3-10A
kǒudà 口大 3-2A
kǒudǎi 口歹 3-2B
kǒudài 口袋 3-9A
kǒudāimùdèng 口呆目瞪 3-4B
kǒudāimùdùn 口呆目鈍 3-4B
kǒudàizhànshù 口袋戰術 3-9B
kǒudàizhèn 口袋陣 3-9B
kǒudàn 口淡 3-10A
kòudān 寇丹 3-1500B
kòudān 蔻丹 9-542B
kòudāo 剾刀 2-737A
kòudāo 叩刀 3-73A
kòudāo 扣刀 6-342A
kòudào 寇盜 3-1502A
kǒudé 口德 3-14A
kòudèng 寇鄧 3-1502B
kǒudí 口笛 3-9A
kòudí 寇敵 3-1502B
kòudǐ 扣抵 6-343A
kǒudiào 口調 3-14A
kòudìng 扣定 6-343A
kōudōu 瞘兜 7-1250A
kǒuduì 口對 3-12B
kǒuduō 口多 3-4B
kòuduó 寇敓 3-1501B
kǒu'é 口哦 3-8A
kòu'é 扣額 6-344B
kòu'er 扣兒 6-343A
kǒu'ěrxiāngchéng 口耳相承 3-3B
kǒu'ěrxiāngchuán 口耳相傳 3-3B
kǒu'ěrzhīxué 口耳之學 3-3B
kǒufá 口伐 3-4A
kòufā 扣發 6-344A
kǒufèi 口費 3-11A
kǒufēi 扣扉 6-344A
kǒufèimùchì 口沸目赤 3-6B
kǒufēn 口分 3-3A
kǒufèn 口分 3-3A
kòufēn 寇氛 3-1501A
kǒufēng 口風 3-7A
kòufēng 寇烽 3-1501B
kǒufèntián 口分田 3-3A
kǒufú 口服 3-6A
kǒufú 口福 3-12A
kǒufǔ 口輔 3-12B
kǒufù 口腹 3-12A
kǒufù 口賦 3-14A
kòufú 寇鳧 3-1502B
kǒufúxīnfú 口服心服 3-6A
kǒugān 口疳 3-8B
kǒugānshéjiāo 口乾舌焦 3-9A
kǒugānshézào 口乾舌燥 3-9A
kǒugòng 口供 3-6A
kòuguān 叩關 3-74B
kòuguān 扣關 6-344B
kòuguān 敂關 5-438A
kǒuguò 口過 3-9A
kòuhài 寇害 3-1501B
kǒuhánqián 口含錢 3-5A
kǒuhántiānxiàn 口含天憲 3-5A
kǒuhào 口號 3-11B
kòuhé 扣合 6-342B
kǒuhóng 口紅 3-7B
kòuhù 扣户 6-342B
kǒuhuá 口滑 3-10B
kǒuhuà 口畫 3-11A
kǒuhuà 口話 3-12A
kōuhuán 彄環 4-150A
kòuhuàn 寇患 3-1501B
kòuhúchángyín 扣壺長吟 6-343B
kǒuhuí 口回 3-4A
kǒuhuì 口惠 3-10A
kǒuhuì 口慧 3-13B
kǒuhūn 口惛 3-10A
kǒuhūn 口惽 3-10B
kòuhūn 叩閽 3-74B
kòuhūn 扣閽 6-344B
kǒuhuò 口貨 3-9A
kòuhuǒ 扣火 6-342B
kǒujī 口機 3-14B
kǒují 口籍 3-16B
kǒujǐ 口給 3-11A
kǒujì 口伎 3-4A
kǒujì 口技 3-4B
kòujī 叩擊 3-74B
kòujī 扣擊 6-344B
kòujì 扣寂 6-343B
kǒujiá 口頰 3-15A
kòujiǎ 寇賈 3-1502A
kǒujiáhuàijū 口頰壞疽 3-15A
kǒujiāmùchēng 口茄目瞠 3-5B
kǒujiǎn 口碱 3-12B
kǒujiàn 口薦 3-14B
kòujiān 寇姦 3-1501B
kòujiǎn 扣減 6-344A
kòujiàn 扣劍 6-344A
kǒujiàng 口强 3-10B
kǒujiǎngshǒuhuà 口講手畫 3-15B
kǒujiǎngzhǐhuà 口講指畫 3-15B
kǒujiǎo 口角 3-5A
kǒujiào 口教 3-8B
kòujiǎo 叩角 3-73B
kòujiǎo 扣角 6-343A
kǒujiǎochūnfēng 口角春風 3-5A
kǒujiǎofēngqíng 口角風情 3-5B
kòujiǎogē 扣角歌 6-343A
kǒujiǎoshēngfēng 口角生風 3-5A
kǒujiǎoyán 口角炎 3-5A
kòujié 寇劫 3-1501A
kǒujǐn 口緊 3-12B
kǒujìn 口勁 3-6B
kǒujìn 口噤 3-15A
kǒujǐng 口井 3-2B
kǒujìng 口徑 3-8A
kòujǐng 寇儆 3-1502B
kòujǐng 寇警 3-1503A
kòujìng 寇境 3-1502B
kòujiōng 扣扃 6-343A
kòujízhōngliú 扣楫中流 6-344A
kǒujù 口具 3-6A
kòujù 寇劇 3-1502B
kǒujué 口角 3-5A
kǒujué 口訣 3-9B
kòukè 扣刻 6-343A
kòukè 扣尅 6-343B
kōukōu 瞘曉 7-1250A
kǒukǒu 口口 3-2A
kòukòu 叩叩 3-73B
kòukòu 扣扣 6-342B
kǒukǒushēngshēng 口口聲聲 3-2A
kōukōusōusōu 摳摳搜搜 6-830A
kōukōusuōsuō 摳摳縮縮 6-830A
kǒukǒuxiāngchuán 口口相傳 3-2A
kǒukuài 口快 3-5B
kǒukuàixīnzhí 口快心直 3-5B
kǒulà 口剌 3-6B
kǒulà 口蠟 3-16B
kòulái 寇萊 3-1501B
kòuláigōng 寇萊公 3-1501B
kòulán 扣籃 6-344B
kòulàng 扣浪 6-343B
kòulè 叩勒 3-73B
kǒulěi 口累 3-9A
kǒulì 口利 3-5A
kǒuliǎn 口斂 3-15B
kǒuliáng 口粮 3-12A
kǒuliáng 口糧 3-16A
kòuliáng 寇糧 3-1454B
kòuliáng 寇糧 3-1503A
kǒulìng 口令 3-3B
kòulìng 寇令 3-1501A
kòuliú 扣留 6-343B
kǒuliūzi 口溜子 3-12A
kōulōu 摳摟 6-830A
kōulóu 瞘瞜 7-1250A
kòulú 叩廬 3-74B
kòulǔ 寇虜 3-1502A
kòuluàn 寇亂 3-1502B
kòulüè 寇掠 3-1501B
kòulüè 寇略 3-1501B
kǒulùn 口論 3-14A
kǒuluódùcuán 口邏肚攢 3-16B
kǒulǜ 口率 3-9B
kǒumǎ 口馬 3-7B
kòumǎ 叩馬 3-73B
kòumǎ 扣馬 6-343A
kòumào 佝愗 1-1276B
kòumào 佝瞀 1-1276B
kòumào 溝瞀 6-3A
kòumào 怐愗 7-482A
kòumào 怐瞀 7-482B
kòumào 㲉霿 6-1504B
kòumào 區瞀 1-978B

kòumàozi 扣帽子 6-344A
kòumén 叩門 3-73B
kòumén 扣門 6-343A
kōumén'er 摳門兒 6-830A
kòuméng 區霿 1-979A
kǒumí 口糜 3-15B
kǒumǐ 口米 3-4B
kǒumiàn 口面 3-6B
kǒumìfùjiàn 口蜜腹劍 3-13B
kǒumó 口磨 3-16A
kǒumǒ 口抹 3-5B
kǒumò 口沫 3-6B
kòumò 寇没 3-1501A
kòunà 扣捺 6-343B
kòunàn 寇難 3-1503A
kǒunè 口呐 3-4B
kǒunè 口訥 3-9B
kǒunèi 口内 3-3A
kòunì 寇逆 3-1501A
kǒuniè 口孽 3-16A
kòuniè 寇孽 3-1454B
kòuniè 寇枿 3-1501A
kòuniè 寇孽 3-1503A
kòunüè 寇虐 3-1501A
kòupàn 寇叛 3-1501A
kòupánményuè 扣槃捫籥 6-344A
kòupánménzhú 扣槃捫燭 6-344A
kǒupí 口皮 3-3B
kòupiāo 寇剽 3-1502A
kǒuqì 口氣 3-8A
kǒuqì 口器 3-15B
kòuqì 釦砌 11-1205A
kòuqì 釦器 11-1205A
kǒuqián 口鉗 3-12A
kǒuqián 口錢 3-15B
kǒuqiāng 口腔 3-10B
kǒuqiáng 口强 3-10B
kǒuqiánshéjuǎn 口鉗舌卷 3-12A
kòuqiè 寇竊 3-1503A
kòuqiè 釦切 11-1205A
kǒuqín 口琴 3-10A
kōuqǐng 摳請 6-830A
kǒuqīng 口輕 3-12B
kòuqǐng 叩請 3-74A
kòuqǐng 扣請 6-344B
kǒuqīngshébó 口輕舌薄 3-12B
kōuqū 摳趨 6-830A
kòuquē 叩闕 3-74B
kǒuqùmóuchì 口呿眸眙 3-6A
kòuráng 寇勷 3-1503A
kòurǎng 寇攘 3-1503A
kòurǎo 寇擾 3-1502B
kòurénxīnxián 扣人心弦 6-342A
kòurìzi 扣日子 6-342B
kòuróng 寇戎 3-1501A
kǒuróu 口柔 3-7B
kǒuruì 口銳 3-14A
kǒuruòxuánhé 口若懸河 3-5B
kǒurúxuánhé 口如懸河 3-4B
kòusāng 叩喪 3-74A
kòusǎng 叩顙 3-75A
kòushā 扣殺 6-343B
kǒushào 口哨 3-8A
kǒushé 口舌 3-4A
kǒushēng 口生 3-3B
kǒushēng 口聲 3-15B
kǒushí 口食 3-7A
kǒushí 口實 3-13A
kǒushì 口事 3-5B
kǒushì 口試 3-12A
kòushì 寇勢 3-1502A
kǒushímǐ 口食米 3-7A
kǒushìxīnfēi 口是心非 3-7A
kǒushìxīnmiáo 口是心苗 3-7A
kǒushòu 口受 3-6A
kǒushòu 口授 3-8B
kòushǒu 叩首 3-73B
kǒushù 口述 3-5B
kǒushù 口數 3-14A
kǒushuǎng 口爽 3-9A
kǒushuǐ 口水 3-3A
kǒushuǐhuà 口水話 3-3A
kǒushùn 口順 3-10B
kǒushuōwúpíng 口說無憑 3-13A
kǒushùzhōu 口數粥 3-14A
kǒusìxuánhé 口似懸河 3-4A
kǒusōng 口鬆 3-16A
kǒusòngxīnwéi 口誦心惟 3-13A
kǒusòngxīnwéi 口誦心維 3-13A
kōusou 摳搜 6-830A
kòusù 叩愬 3-74A
kǒusuàn 口筭 3-11B
kǒusuàn 口算 3-12B
kòusuàn 扣算 6-344A
kǒusuì 口碎 3-11A
kōusuǒ 摳索 6-830A
kōutà 彄沓 4-150A
kǒután 口談 3-14B
kǒután 口譚 3-16B
kǒutánzhǐhuà 口談指畫 3-14B
kǒutǐ 口體 3-16B
kǒutián 口甜 3-9A
kòutiān 扣天 6-342B
kǒutiáo 口條 3-8A
kòutīng 扣廳 6-344B
kǒutíyì 口蹄疫 3-15B
kǒutóu 口頭 3-14B
kòutōu 寇偷 3-1501B
kòutóu 叩頭 3-74A
kòutóu 扣頭 6-344B
kǒutóuchán 口頭禪 3-15A
kǒutóuhuà 口頭話 3-14B
kǒutóujiāo 口頭交 3-14B
kǒutóuwénxué 口頭文學 3-14B
kǒutóuyǔ 口頭語 3-15A
kǒutūnsānshì 口吞三世 3-4B
kǒutuò 口唾 3-9A
kòutuō 寇脱 3-1501B
kǒuwài 口外 3-3B
kǒuwàn 口腕 3-10B
kǒuwèi 口味 3-5B
kǒuwèi 口胃 3-7A
kǒuwěn 口脗 3-10A
kǒuwěn 口吻 3-4B
kǒuwěn 口脗 3-9B
kǒuwěn 口穩 3-16B
kǒuwěn 口脣 3-12A
kòuwèn 叩問 3-74A
kòuwèn 扣問 6-343B
kǒuwúzéyán 口無擇言 3-10B
kǒuxì 口戲 3-15B
kǒuxián 口弦 3-6B
kǒuxián 口涎 3-7B
kòuxiān 寇先 3-1501A
kòuxián 叩舷 3-74A
kòuxián 扣絃 6-343B
kòuxián 扣舷 6-343B
kòuxián 敂弦 5-438A
kǒuxiàng 口象 3-9B
kǒuxiāngtáng 口香糖 3-7A
kǒuxiántiānxiàn 口銜天憲 3-13A
kǒuxiǎo 口小 3-2A
kǒuxiě 口寫 3-14B
kòuxiè 叩謝 3-74B
kǒuxiécíjǐ 口諧辭給 3-15B
kǒuxìn 口信 3-7A
kòuxīn 叩心 3-73A
kòuxīn 扣心 6-342B
kòuxīn 寇心 3-1501A
kǒuxíng 口形 3-4B
kǒuxíng 口型 3-6B
kòuxīnqìxuè 叩心泣血 3-73A
kōuxīnwādù 摳心挖肚 6-829B
kōuxīnwāxuè 摳心挖血 6-829B
kǒuxiū 口羞 3-8B
kòuxiù 扣綉 6-344A
kǒuxuān 口宣 3-7B
kǒuxuèwèigān 口血未乾 3-4A
kòuxún 叩詢 3-74A
kòuyā 扣押 6-343A
kòuyā 扣壓 6-344B
kǒuyán 口言 3-5B
kǒuyán 口炎 3-6B
kōuyè 摳謁 6-830A
kǒuyè 口業 3-11A
kòuyè 叩謁 3-74B
kōuyī 摳衣 6-829B
kōuyí 毆蛇 6-1508A
kǒuyì 口義 3-12A
kǒuyì 口譯 3-16B
kòuyì 叩枻 3-73B
kòuyì 叩栧 3-73B
kǒuyīn 口音 3-7B
kǒuyín 口齗 3-16B
kǒuyǐn 口引 3-3A
kōuyíng 摳迎 6-830A
kǒuyìng 口硬 3-10A
kǒuyínshéyán 口吟舌言 3-4B
kǒuyōngruòchuān 口壅若川 3-15B
kòuyóumàorú 溝猶瞀儒 6-3A
kǒuyú 口諛 3-14A
kǒuyǔ 口語 3-13A
kǒuyuàn 口愿 3-12B
kǒuyuàn 口願 3-16A
kòuyuán 叩轅 3-74B
kòuyuántuīwěi 叩源推委 3-74A
kǒuyuě 口噦 3-15A
kǒuyǔtǐ 口語體 3-13A
kǒuzàng 口藏 3-15B
kǒuzàochúngān 口燥脣乾 3-16A
kǒuzé 口澤 3-15B
kòuzéi 寇賊 3-1502A
kǒuzhá 口札 3-3A
kòuzhái 扣宅 6-342B
kǒuzhàn 口占 3-3A
kǒuzhàn 口棧 3-10A
kòuzhàn 寇戰 3-1502B
kǒuzhào 口詔 3-10B
kǒuzhào 口罩 3-11B
kòuzhé 扣折 6-342B
kòuzhěn 叩診 3-74A
kòuzhěnchuí 叩診錘 3-74A
kǒuzhī 口脂 3-8B
kǒuzhí 口直 3-5B
kòuzhì 寇雉 3-1502B
kǒuzhíxīnkuài 口直心快 3-5B
kǒuzhòng 口重 3-7A
kòuzhōng 扣鍾 6-344B
kòuzhōng 扣鐘 6-344B
kǒuzhōngcíhuáng 口中雌黄 3-3A
kǒuzhōngshī 口中虱 3-2B
kǒuzhōngzǎoshī 口中蚤蝨 3-3A
kǒuzhū 口珠 3-7B
kòuzhù 叩祝 3-73B
kòuzhù 扣住 6-342B
kǒuzhūbǐfá 口誅筆伐 3-12A
kǒuzhuìtiānhuā 口墜天花 3-13B
kǒuzhūn 口啍 3-9A
kǒuzi 口子 3-2A
kòuzi 扣子 6-342A
kòuzī 叩咨 3-73B
kǒuzòu 口奏 3-6B
kǒuzuǐ 口觜 3-11A
kǒuzuǐ 口嘴 3-15A
kuà'ān 跨鞍 10-460B
kuā'ào 誇傲 11-160B
kuā'ào 誇驁 11-161B
kuābái 誇白 11-159B

kuàbān 跨班 10-459B
kuàbāo 挎包 6-557B
kuābǐ 侉比 1-1334A
kuābiàn 誇辯 11-162A
kuàbiān 跨邊 10-460B
kuābǐng 侉餅 1-1334A
kuàbù 跨步 10-459A
kuāchà 誇詫 11-161A
kuāchēng 誇稱 11-161A
kuāchěng 誇逞 11-160A
kuāchǐ 夸侈 2-1493B
kuāchǐ 誇侈 11-159B
kuàchūn 跨春 10-459A
kuācí 夸詞 2-1494A
kuācí 姱詞 4-338B
kuācí 姱辭 4-339A
kuācí 誇詞 11-160B
kuādà 夸大 2-1493A
kuādà 姱大 4-338B
kuādà 誇大 11-159A
kuādà 侉大 1-1334A
kuàdài 跨帶 10-459B
kuādàkǒu 誇大口 11-159A
kuādàkuáng 誇大狂 11-159A
kuādàn 夸誕 2-1494B
kuādàn 誇誕 11-160B
kuàdǎng 跨黨 10-461A
kuādào 誇道 11-160B
kuàdāo 跨刀 10-458B
kuàdǎo 跨蹈 10-460B
kuādàqící 誇大其詞 11-159A
kuādàqící 誇大其辭 11-159A
kuàdù 跨度 10-459A
kuāduó 夸奪 2-1494B
kuāduōdòumí 誇多鬬靡 11-159B
kuāduózǐ 夸奪子 2-1494B
kuā'é 夸蛾 2-1494A
kuā'é 姱娥 4-338B
kuāfá 夸伐 2-1493B
kuāfá 誇伐 11-159B
kuàfāng 跨坊 10-459A
kuàfèng 跨縫 10-460B
kuàfèng 跨鳳 10-460A
kuāfū 夸夫 2-1493B
kuāfú 夸浮 2-1494A
kuāfú 姱服 4-338B
kuāfù 夸父 2-1493B
kuàfū 胯夫 6-1243B
kuāfùzhuīrì 夸父追日 2-1493B
kuāfùzhúrì 夸父逐日 2-1493B
kuāgǎn 垮桿 2-1094A
kuāgōng 誇功 11-159B
kuàgǔ 胯骨 6-1243B
kuàgǔ 跨鼓 10-460A
kuāguān 誇官 11-160A
kuàhǎi 跨海 10-459B
kuāhǎikǒu 誇海口 11-160A
kuāháo 誇豪 11-161B
kuāhǎo 誇好 11-159B
kuàhè 跨鶴 10-461A
kuàhèchányāo 跨鶴纏腰 10-461A
kuàhèwéiyáng 跨鶴維揚 10-461A
kuàhèyángzhōu 跨鶴揚州 10-461A
kuàhóng 跨虹 10-459A
kuāhù 姱嫭 4-338B
kuāhù 姱嫮 4-338B
kuāhù 誇嫮 11-161B
kuàhǔ 跨虎 10-459A
kuàhuǒ 跨火 10-458B
kǔ'ài 苦愛 9-323A
kù'ài 酷愛 9-1410A
kuàibān 快班 7-438A
kuàibǎn 快板 7-437A
kuàibào 快報 7-438B
kuàibiàn 快抃 7-437A
kuàibiàn 快便 7-437B
kuàicán 膾殘 6-1388A
kuàicán 鱠殘 12-1267A
kuàicāng 廥倉 3-1284B
kuàicányú 鱠殘魚 12-1267B
kuàicǎo 凷草 2-471A
kuàichàng 快暢 7-439A
kuàichē 快車 7-437A
kuàichóng 鱠蟲 12-1267B
kuàichǔ 廥儲 3-1284B
kuàichuán 快船 7-438B
kuàidāng 快當 7-438B
kuàidāo 膾刀 6-1387B
kuàidāo 鱠刀 12-1267A
kuàidāoduànluànmá 快刀斷亂麻 7-436A
kuàidāozhǎnluànmá 快刀斬亂麻 7-436A
kuàidāozhǎnluànsī 快刀斬亂絲 7-436A
kuàidāozhǎnmá 快刀斬麻 7-436A
kuàiděng 噲等 3-529A
kuàidú 塊獨 2-1152B
kuàiduì 澮峣 6-176A
kuàiduì 嶒峣 3-870B
kuàidùn 鱠楯 12-1267B
kuàifú 蕢桴 9-548B
kuàifú 凷枹 2-471A
kuàifú 凷桴 2-471A
kuàifù 儈父 1-1696A
kuàigǎn 快感 7-438B
kuàigēn 塊根 2-1152A
kuàigōng 快攻 7-436B
kuǎigōu 蒯緱 2-736A
kuàiguǒ 快果 7-437B
kuàihàn 快憾 7-439B
kuàihé 駃河 12-812B
kuàihú 獪胡 5-127B
kuàihuá 獪猾 5-127B
kuàihuó 快活 7-437B
kuàihuosān 快活三 7-437B
kuàihuosānláng 快活三郎 7-437B
kuàihuotāng 快活湯 7-438A
kuàijī 廥積 3-1284B
kuàijí 駃疾 12-812B
kuàijí 快疾 7-438A
kuàijì 會計 5-787A
kuǎijiàn 蒯劍 2-736A
kuàijiàn 快健 7-438A
kuàijié 快捷 7-438A
kuàijié 膾截 6-1388A
kuàijǐn 快緊 7-439A
kuàijīng 塊莖 2-1152A
kuàijìshī 會計師 5-787A
kuǎijù 蒯屨 2-736A
kuàijū 塊鞠 2-1152B
kuàijǔ 快舉 7-439A
kuàijù 塊聚 2-1152B
kuàijù 廥聚 3-1284B
kuàijù 鱠具 12-1267A
kuàikǒu 快口 7-436A
kuàikù 廥庫 3-1284B
kuàikuài 快快 7-437A
kuàikuài 塊塊 2-1152A
kuàikuài 噲噲 3-529A
kuàikuài 鱠鱠 12-1267B
kuàilè 快樂 7-439A
kuàilěi 塊礧 2-1153A
kuàilěi 塊磊 2-1152B
kuàilěi 塊壘 2-1152B
kuàilěi 塊礨 2-1153A
kuàiléngzēng 快稜憎 7-438B
kuàilì 快吏 7-436B
kuàilì 快利 7-437A
kuàiliè 駃烈 12-812B
kuàilǐn 廥廩 3-1284B
kuàilóngzi 筷籠子 8-1172B
kuàilú 鱠鱸 12-1267B
kuàilùn 快論 7-439A
kuàilǚ 鱠縷 12-1267B
kuàimǎ 駃馬 12-812B
kuàimǎ 快馬 7-438A
kuàimài 儈賣 1-1696A
kuàimǎjiābiān 快馬加鞭 7-438A
kuàimǎliūsā 快馬溜撒 7-438A
kuàimǎn 快滿 7-439A
kuàimàn 快慢 7-439A
kuàimǎzi 快馬子 7-438A
kuàinìng 儈佞 1-1696A
kuàiniú 駃牛 12-812B
kuàiniú 快牛 7-436B
kuàiniú 儈牛 1-1696A
kuàipán 鱠盤 12-1267B
kuàipiàn 塊片 2-1152A
kuàiqiāng 快槍 7-439A
kuàiqiè 快愜 7-438B
kuàiqiè 筷篋 8-1172B
kuàiqíng 快晴 7-438B
kuàiquǎn 澮甽 6-176A
kuàirán 快然 7-438B
kuàirán 塊然 2-1152B
kuàirán 魁然 12-465B
kuàirén 快人 7-436A
kuàirèn 會任 5-785A
kuàirénkuàixìng 快人快性 7-436A
kuàirénkuàiyǔ 快人快語 7-436A
kuàiròu 塊肉 2-1152A
kuàiruì 快銳 7-439A
kuàishàochuán 快哨船 7-438A
kuàishì 儈豕 1-1696A
kuàishì 會事 5-786A
kuàishì 快士 7-436A
kuàishì 快事 7-437A
kuàishì 快適 7-439A
kuàishǒu 快手 7-436B
kuàishǒu 膾手 6-1387B
kuàishǒu 鱠手 12-1267A
kuàishū 快書 7-438A
kuàishuǎng 快爽 7-438A
kuàisū 塊蘇 2-1153A
kuàisù 快速 7-438A
kuàitán 快談 7-439A
kuàitǒng 筷筒 8-1172B
kuàitóu 塊頭 2-1152B
kuàiwěi 塊偉 2-1152A
kuàiwèi 快慰 7-439A
kuàiwǔ 噲伍 3-529A
kuǎixí 蒯席 2-735B
kuàixī 噲息 3-529A
kuàixí 凷席 2-471A
kuàixià 鄶下 10-694B
kuàixiǎn 獪險 5-127B
kuàixiàwújī 鄶下無譏 10-694B
kuàixiè 快蟹 7-439B
kuàixīn 快心 7-436B
kuàixìn 快信 7-437B
kuàixíng 快行 7-436B
kuàixìng 快性 7-437B
kuàixíngjia 快行家 7-436B
kuàixíngkè 快行客 7-436B
kuàixīnmǎnyì 快心滿意 7-436B
kuàixīnmǎnzhì 快心滿志 7-436B
kuàixīnsuìyì 快心遂意 7-436B
kuàixù 快壻 7-438B
kuàixù 快婿 7-438B
kuàixuě 駃雪 12-812B
kuàiyē 會噎 5-791A
kuàiyì 快意 7-438B
kuàiyǐn 快飲 7-438B
kuàiyóu 快游 7-438B
kuàiyú 鱠魚 12-1267A
kuàiyǔ 駃雨 12-812B
kuàiyǔ 快語 7-439A
kuàiyǔ 驓語 12-913A
kuàiyuè 快悅 7-438A
kuàizǎng 儈駔 1-1696A
kuàizhāo 會朝 5-789A
kuàizhāo 會鼂 5-792A
kuàizhí 快直 7-437A
kuàizhì 快志 7-437A
kuàizhì 膾炙 6-1387B
kuàizhì 鱠炙 12-1267A

kuàizhìbèi 快炙背 7-437B
kuàizhìrénkǒu 膾炙人口 6-1388A
kuàizhú 篕竹 8-1212A
kuàizhuàng 快壯 7-437A
kuàizi 快子 7-436A
kuàizi 筷子 8-1172A
kuàizǐ 塊子 2-1152A
kuàiziwǔ 筷子舞 8-1172A
kuàizú 駃卒 12-812B
kuàizuǐ 快嘴 7-439A
kuàizuì 會最 5-789B
kuàizuò 塊坐 2-1152A
kuàjī 跨積 10-460B
kuàjí 跨籍 10-461A
kuājiàn 誇薦 11-161B
kuàjiǎn 跨蹇 10-460B
kuājiǎng 夸獎 2-1494B
kuājiǎng 誇獎 11-161B
kuājiǎng 誇講 11-161B
kuājiāo 夸姣 2-1494A
kuājié 夸節 2-1494A
kuājié 姱節 4-338B
kuàjiē 跨街 10-460A
kuàjiēlóu 跨街樓 10-460A
kuājīn 夸矜 2-1494A
kuājīn 誇矜 11-160A
kuājìng 夸競 2-1495A
kuājìng 誇競 11-162A
kuàjù 跨踞 10-460B
kuàjù 跨據 10-460B
kuàkōng 跨空 10-459A
kuākǒu 誇口 11-159A
kuākuā'értán 誇誇而談 11-160B
kuākuáng 誇誑 11-161A
kuākuāqítán 誇誇其談 11-160B
kuākuò 夸闊 2-1494B
kuǎlā 咵啦 3-319B
kuālāgū 𠈃拉姑 1-1268A
kuàlán 跨欄 10-461A
kuālí 華離 9-409A
kuālí 𠈃離 1-1268A
kuālì 夸麗 2-1494B
kuālì 姱麗 4-339A
kuālì 誇麗 11-161B
kuàlì 跨立 10-459A
kuàlì 跨厲 10-460A
kuàlì 跨歷 10-460B
kuàlì 跨躒 10-461A
kuàlì 跨轢 10-461A
kuàlíng 跨陵 10-459B
kuālùn 夸論 2-1494B
kuàlüè 跨略 10-459B
kuàmǎ 跨馬 10-459B
kuàmǎ'ān 跨馬鞍 10-459B
kuàmài 夸邁 2-1494B
kuàmài 跨邁 10-460B
kuāmán 夸謾 2-1494B
kuāmàn 夸慢 2-1494B
kuāmàn 誇嫚 11-161B
kuāměi 姱美 4-338B
kuāměi 誇美 11-160A
kuāmí 誇靡 11-161B
kuāmíng 姱名 4-338B
kuāmò 夸末 2-1493B
kuāmù 誇目 11-159B
kū'àn 枯黯 4-900B
kuǎn'ài 款愛 6-1448A
kuān'ān 寬安 3-1581A
kuǎn'àn 款案 6-1447A
kuǎn'ào 窾奧 8-482A
kuǎnbèi 款備 6-1448A
kuānbì 髖髀 12-422B
kuǎnbiān 款邊 6-1449A
kuǎnbiǎo 款表 6-1446A
kuǎnbié 款別 6-1445B
kuǎnbīng 款兵 6-1445B
kuānbó 寬博 3-1584B
kuǎnbù 款步 6-1445B
kuǎncè 款惻 6-1448A
kuāncháng 寬腸 3-1586A
kuānchǎng 寬敞 3-1585A
kuānchǎng 寬廠 3-1586B
kuānchàng 寬暢 3-1586B
kuǎnchén 款陳 6-1447A
kuānchéng 寬程 3-1585A
kuǎnchéng 款誠 6-1448A
kuānchí 寬弛 3-1581A
kuānchōng 寬沖 3-1581B
kuānchuò 寬綽 3-1587A
kuāncí 寬慈 3-1586B
kuǎncí 款辭 6-1449A
kuāncuì 寬粹 3-1587A
kuāndǎ 寬打 3-1580B
kuāndà 寬大 3-1580A
kuǎndǎ 款打 6-1444B
kuāndài 寬待 3-1583A
kuāndài 寬怠 3-1583B
kuāndài 寬帶 3-1584B
kuāndài 寬貸 3-1585A
kuǎndài 款待 6-1446B
kuāndàn 寬誕 3-1586B
kuǎndān 款單 6-1448A
kuāndǎzhōuzāo 寬打周遭 3-1580B
kuāndǎzhōuzhé 寬打周折 3-1580B
kuāndé 寬德 3-1587A
kuāndiǎn 寬典 3-1582A
kuāndìngdàng 寬定宕 3-1582B
kuǎndōng 款冬 6-1445A
kuǎndōng 款東 6-1446A
kuǎndōng 款涷 6-1447B
kuāndù 寬度 3-1583A
kuǎndǔ 款篤 6-1448B
kuānduàn 寬斷 3-1588B
kuǎnduàn 款段 6-1446B
kuǎnduì 款對 6-1448B
kuǎn'é 款額 6-1449A
kuān'ēn 寬恩 3-1583B
kuǎn'er 款兒 6-1446A
kuānfǎ 寬法 3-1582A
kuānfàn 寬泛 3-1581B
kuǎnfān 款藩 6-1449A
kuānfàng 寬放 3-1582A
kuǎnfèng 鐱縫 11-1389B
kuǎnfèng 款縫 6-1449A
kuǎnfú 款伏 6-1445B
kuǎnfú 款服 6-1446A
kuǎnfù 款附 6-1446A
kuáng'àn 狂闇 5-23B
kuáng'áo 狂獒 5-21A
kuáng'ào 狂傲 5-20A
kuàng'ào 曠奧 5-845B
kuāngbà 匡霸 1-964B
kuàngbài 曠敗 5-845A
kuàngbān 曠班 5-844B
kuángbào 狂暴 5-22A
kuángbào 誑報 11-237B
kuàngbào 曠抱 5-844A
kuāngbèi 匡備 1-963A
kuángbèi 狂背 5-17A
kuángbèi 狂悖 5-18B
kuángbèi 狂誖 5-21B
kuángbēn 狂奔 5-16A
kuāngbì 匡弼 1-963A
kuāngbì 匡裨 1-963B
kuāngbì 匡壁 1-964A
kuāngbì 匡拂 1-960B
kuāngbì 筐幣 8-1135A
kuángbǐ 狂筆 5-20A
kuángbǐ 狂鄙 5-20B
kuángbì 狂愎 5-20A
kuángbì 狂蔽 5-21A
kuángbiān 狂鞭 5-23B
kuángbiāo 狂飈 5-23A
kuángbiāo 狂飆 5-24B
kuángbiāo 狂飇 5-24B
kuángbiāo 狂飇 5-24B
kuàngbié 貺別 10-161A
kuàngbié 曠別 5-844A
kuángbìng 狂病 5-18B
kuángbō 狂波 5-16B
kuángbó 狂勃 5-17A
kuāngbǔ 匡補 1-963A
kuāngcái 誆財 11-134B
kuángcái 狂才 5-14A
kuángcāng 狂傖 5-20A
kuàngcáng 礦藏 7-1118B
kuángcǎo 狂草 5-17A
kuángchán 狂禪 5-23A
kuàngchǎn 礦產 7-1118B
kuàngchǎng 曠場 5-845B
kuàngchǎng 曠敞 5-845B
kuángcháo 狂潮 5-22B
kuángchē 軖車 9-1226A
kuángchén 狂塵 5-21B
kuángchēng 誑稱 11-238A
kuángchéng 狂酲 5-21A
kuángchěng 狂逞 5-18A
kuángchěng 狂騁 5-23A
kuāngchí 匡持 1-961A
kuāngchì 匡勑 1-961B
kuāngchì 匡敕 1-962A
kuāngchì 匡飭 1-963A
kuángchī 狂痴 5-21A
kuángchī 狂癡 5-24A
kuàngchí 曠弛 5-843B
kuángchízǐ 狂馳子 5-20B
kuángchōng 狂惷 5-22A
kuángchū 狂貙 5-23B
kuāngchuáng 匡床 1-960B
kuāngchuáng 匡牀 1-961A
kuāngchuáng 筐牀 8-1135A
kuángchuáng 軖床 9-1226A
kuàngchuáng 礦床 7-1118A
kuángchǔn 狂蠢 5-24B
kuángcí 誑詞 11-238A
kuàngcì 貺賜 10-161B
kuángcuì 狂趡 5-22A
kuàngcuì 況瘁 5-1084A
kuángdá 狂達 5-19B
kuàngdá 曠達 5-845B
kuàngdà 曠大 5-842B
kuángdài 誑紿 11-237B
kuàngdài 曠代 5-843B
kuángdǎn 狂膽 5-23A
kuángdàn 狂誕 5-21A
kuángdàn 誑誕 11-238A
kuàngdàn 曠淡 5-845A
kuàngdàn 曠誕 5-846B
kuàngdàn 曠澹 5-847A
kuāngdāng 匡當 1-963A
kuāngdāng 筐當 8-1135A
kuángdàng 狂宕 5-17A
kuángdàng 狂蕩 5-22A
kuàngdàng 曠蕩 5-846B
kuàngdàng 曠盪 5-847A
kuāngdǎo 匡導 1-963B
kuángdāo 狂刀 5-14A
kuàngdēng 礦燈 7-1118B
kuángdiān 狂顛 5-24A
kuángdiàn 狂電 5-20B
kuàngdiǎn 曠典 5-844A
kuángdiē 狂跌 5-19B
kuàngdié 纊氎 9-1042B
kuāngdǐng 匡鼎 1-962B
kuāngdìng 匡定 1-961A
kuàngdīng 礦丁 7-1117B
kuāngdǐngjiěyí 匡鼎解頤 1-962B
kuángdòng 誑動 11-237B
kuàngdòng 礦硐 7-1118B
kuāngdú 筐櫝 8-1135B
kuángdú 狂瀆 5-24A
kuàngdù 曠度 5-844B
kuàngduò 曠惰 5-846A
kuāngē 寬割 3-1585B
kuāng'é 匡惡 1-962B
kuàng'é 曠額 5-847B
kuàng'ēn 曠恩 5-844B
kuáng'ér 狂兒 5-16B
kuángfā 狂發 5-20A
kuángfàng 狂放 5-16B
kuàngfàng 曠放 5-844A
kuāngfěi 筐篚 8-1135A
kuángfēi 狂飛 5-17B
kuángfěi 狂斐 5-19B
kuángfèi 狂吠 5-15B
kuàngfèi 懭廢 7-766B
kuàngfèi 曠費 5-846A
kuàngfèi 曠廢 5-847A
kuāngfèng 匡奉 1-960B

kuángfēng 狂風 5-17A
kuángfēng 狂鋒 5-22B
kuángfēngbàoyǔ 狂風暴雨 5-17A
kuángfēnglàngdié 狂蜂浪蝶 5-20B
kuángfēngzhòuyǔ 狂風驟雨 5-17B
kuāngfú 匡扶 1-960A
kuāngfǔ 匡輔 1-963B
kuāngfù 匡阜 1-961A
kuāngfù 匡復 1-963A
kuángfū 狂夫 5-14A
kuàngfū 曠夫 5-842B
kuàngfū 礦夫 7-1118A
kuàngfú 纊服 9-1042A
kuàngfù 況復 5-1084A
kuángfùshǐ 狂副使 5-19A
kuānggǎi 匡改 1-960B
kuánggài 誑丐 11-237A
kuánggàng 狂戇 5-25A
kuánggào 誑告 11-237B
kuānggé 匡革 1-961B
kuánggē 狂歌 5-21A
kuànggé 曠隔 5-846A
kuānggòng 筐貢 8-1135A
kuànggōng 曠工 5-842B
kuànggōng 礦工 7-1117B
kuānggǔ 匡谷 1-960B
kuánggǔ 狂瞽 5-23B
kuánggǔ 狂蠱 5-24B
kuánggù 狂顧 5-24B
kuànggǔ 況古 5-1083B
kuànggǔ 曠古 5-843A
kuángguāi 狂乖 5-16B
kuángguài 狂怪 5-16B
kuángguài 狂怪 5-17B
kuàngguān 曠官 5-844A
kuàngguān 曠瘝 5-847A
kuàngguān 曠瘝 5-847B
kuàngguān 曠觀 5-848A
kuāngguī 匡規 1-962A
kuángguì 狂蹶 5-24A
kuàngguì 曠貴 5-845B
kuāngguó 匡國 1-962A
kuāngguò 匡過 1-962B
kuāngguójìshí 匡國濟時 1-962B
kuānghài 恇駭 7-511A
kuánghǎi 狂海 5-18B
kuánghài 誑駭 11-238B
kuánghān 狂憨 5-22B
kuánghǎn 狂喊 5-19B
kuánghàn 狂悍 5-18B
kuánghàn 狂漢 5-21B
kuànghàn 況漢 5-1084A
kuángháo 狂嗥 5-20B
kuángháo 狂豪 5-21B
kuángháo 狂號 5-20B
kuānghé 匡合 1-960A
kuánghè 誑赫 11-238A
kuānghéngzáobì 匡衡鑿壁 1-963B
kuānghǒng 誆哄 11-134B
kuànghóng 纊紘 9-1042B
kuánghōnglànzhà 狂轟濫炸 5-24B
kuánghóu 狂喉 5-20A
kuánghǒu 狂吼 5-15B
kuānghù 匡護 1-964B
kuánghū 狂呼 5-16B
kuánghū 狂謼 5-23B
kuánghū 誑謼 11-239A
kuánghǔ 誑謔 11-238B
kuànghū 況乎 5-1084A
kuánghuā 狂花 5-15B
kuánghuā 狂華 5-17B
kuánghuá 狂猾 5-20A
kuánghuà 狂話 5-21A
kuánghuà 誑話 11-238A
kuánghuābìngyè 狂花病葉 5-15B
kuánghuái 狂懷 5-24A
kuànghuái 曠懷 5-847B
kuánghuān 狂歡 5-24B
kuánghuàn 誑幻 11-237A
kuānghuáng 恇惶 7-510B
kuánghuāng 狂荒 5-17A
kuǎnghuàng 爌晃 7-307B
kuànghuǎng 爌熀 7-307B
kuànghuǎng 爌熀 7-307B
kuánghuì 狂會 5-21A
kuánghuì 狂慧 5-21B
kuánghūn 狂昏 5-16B
kuānghuò 誆惑 11-134B
kuánghuò 狂惑 5-19B
kuánghuò 誑惑 11-238A
kuāngjí 匡汲 1-960A
kuāngjì 匡濟 1-964A
kuāngjì 匡繼 1-964B
kuāngjì 劻濟 2-786A
kuángjī 狂擊 5-23A
kuángjí 狂疾 5-18B
kuángjì 狂悸 5-19B
kuàngjí 曠瘠 5-847A
kuàngjì 曠濟 5-847A
kuàngjì 曠霽 5-848A
kuángjià 誑駕 11-238B
kuàngjià 框架 4-954B
kuāngjiàn 匡建 1-961A
kuāngjiàn 匡諫 1-963B
kuángjiǎn 狂簡 5-23B
kuángjiàn 狂僭 5-21B
kuángjiàn 狂賤 5-22A
kuàngjiàn 貺餞 10-161B
kuāngjiǎo 匡矯 1-964A
kuāngjiào 匡教 1-962A
kuángjiǎo 狂狡 5-17B
kuángjiào 狂叫 5-14B
kuángjiào 狂趭 5-24A
kuàngjiǎo 曠脚 5-845A
kuángjié 狂節 5-21A
kuàngjié 曠劫 5-843B
kuàngjié 曠竭 5-846B
kuàngjiéjiān 眶睫間 7-1202A
kuángjiēyú 狂接輿 5-19A
kuángjìn 狂進 5-19A
kuàngjǐng 礦井 7-1117B
kuàngjiǒng 曠迥 5-844A
kuāngjiū 匡糾 1-961A
kuāngjiù 匡救 1-962A
kuāngjiù 匡捄 1-961B
kuāngjiù 劻救 2-786A
kuángjiǔ 狂酒 5-18B
kuāngjiùmífèng 匡救彌縫 1-962A
kuāngjū 匡居 1-961A
kuāngjǔ 筐筥 8-1135A
kuāngjǔ 筐舉 8-1135A
kuāngjù 匡懼 1-964B
kuāngjù 恇懼 7-511A
kuángjū 狂且 5-14B
kuángjǔ 狂舉 5-23A
kuángjù 狂劇 5-22A
kuángjù 誑具 11-237B
kuàngjū 曠居 5-844B
kuángjuàn 狂狷 5-18A
kuángjuàn 狂獧 5-23A
kuángjué 狂譎 5-24A
kuàngjué 曠絕 5-846A
kuāngjūn 匡君 1-960B
kuángjùn 狂儁 5-21B
kuángkè 狂客 5-17B
kuàngkè 曠課 5-847A
kuàngkēng 礦坑 7-1118A
kuángkuài 狂獪 5-23A
kuàngkuài 曠快 5-844A
kuāngkuāng 恇恇 7-510B
kuángkuáng 狂狂 5-16A
kuàngkuàng 廣廣 3-1268B
kuàngkuàng 框框 4-954B
kuàngkuàng 壙壙 2-1238A
kuàngkuàng 曠曠 5-847B
kuàngkuì 貺饋 10-161B
kuāngkùn 匡困 1-960A
kuāngkuò 匡郭 1-962A
kuāngkuò 匡廓 1-963B
kuàngkuò 曠廓 5-846B
kuàngkuò 曠闊 5-847B
kuānglà 匡剌 1-961B
kuánglán 狂瀾 5-24B
kuānglāng 哐啷 3-316A
kuānglàng 匡浪 1-962A
kuánglàng 狂浪 5-18B
kuǎnglǎng 懭悢 7-768B
kuànglǎng 爌朗 12-1014B
kuànglǎng 曠朗 5-845A
kuànglàng 壙埌 2-1237B
kuànglàng 曠浪 5-844B
kuànglǎo 況老 5-1084A
kuānglì 匡立 1-960A
kuānglì 匡戾 1-961A
kuānglì 匡勵 1-963B
kuánglì 狂戾 5-17A
kuánglì 狂厲 5-21B
kuànglǐ 曠禮 5-847B
kuàngliàng 曠亮 5-844B
kuàngliáo 壙僚 2-1237B
kuángliè 狂劣 5-15A
kuángliè 狂烈 5-17B
kuánglín 狂霖 5-22B
kuànglín 貺臨 10-161B
kuànglín 曠林 5-844A
kuānglǐng 匡嶺 1-964A
kuángliú 狂流 5-18B
kuānglóng 筐籠 8-1135B
kuànglǒng 壙壟 2-1238A
kuànglǒng 壙壠 2-1238A
kuānglǒu 筐簍 8-1135B
kuānglú 匡廬 1-964B
kuānglù 筐簏 8-1135B
kuànglǔ 曠鹵 5-845A
kuángluàn 狂亂 5-21A
kuángluàn 誑亂 11-238A
kuāngluànfǎnzhèng 匡亂反正 1-963A
kuàngluè 廣略 3-1267A
kuāngluó 筐籮 8-1135B
kuàngluè 曠略 5-845A
kuángmá 狂麼 5-22B
kuàngmài 穬麥 12-1026B
kuàngmài 曠邁 5-846B
kuàngmài 穬麥 8-161B
kuàngmàiniè 穬麥糵 8-161B
kuángmán 誑瞞 11-238B
kuángmán 誑謾 11-239A
kuángmàn 狂慢 5-21B
kuàngmǎng 曠莽 5-844B
kuàngmǎng 曠漭 5-846B
kuángmào 狂瞀 5-21B
kuángmèng 狂夢 5-20B
kuángmí 狂迷 5-17B
kuàngmì 曠謐 5-847A
kuàngmián 纊綿 9-1042B
kuàngmián 纊緜 9-1042B
kuàngmiáo 礦苗 7-1118A
kuàngmiǎo 曠渺 5-845B
kuàngmiǎo 曠邈 5-847A
kuángmíng 狂名 5-15A
kuāngmiù 匡謬 1-964A
kuángmiù 狂繆 5-23B
kuángmiù 狂謬 5-23B
kuāngmiùzhèngsú 匡謬正俗 1-964A
kuángmò 狂墨 5-22A
kuàngmò 曠漠 5-846B
kuángmóu 狂謀 5-23A
kuàngnǎi 況乃 5-1083B
kuàngnǎi 況迺 5-1084A
kuāngnàn 匡難 1-964B
kuāngnáo 恇撓 7-510B
kuāngnáo 恇橈 7-511A
kuángnào 狂鬧 5-22A
kuángnì 狂逆 5-17B
kuàngnián 曠年 5-843B
kuángniǎo 狂鳥 5-19A
kuángniè 狂孽 5-24A
kuāngnìng 匡寧 1-963B
kuángnìng 狂佞 5-16A
kuángnú 狂奴 5-15A
kuángnù 狂怒 5-17B
kuángnúgùtài 狂奴故態 5-15A
kuàngnǚ 曠女 5-842B
kuángnüè 狂虐 5-17A

kuǎngòng 款貢 6-1447A
kuángpā 狂葩 5-19B
kuángpéngguàilǚ 狂朋怪侶 5-16B
kuángpéngguàiyǒu 狂朋恠友 5-16B
kuángpǐ 狂癖 5-23B
kuángpì 狂僻 5-22B
kuāngpiàn 誆騙 11-135A
kuāngpiàn 駈騙 12-831B
kuángpián 誑諞 11-238B
kuángpiàn 誑騙 11-239A
kuàngpiào 礦票 7-1118B
kuángpiáolàndǔ 狂嫖濫賭 5-21B
kuàngpíng 曠平 5-843B
kuāngpò 恇迫 7-510B
kuángpò 狂魄 5-21B
kuàngpú 鑛璞 11-1427A
kuàngpú 鑛鏷 11-1427A
kuàngpǔ 礦朴 7-1118A
kuàngpǔ 鑛朴 11-1427A
kuāngqǐ 匡軫 1-963A
kuángqī 誑欺 11-237B
kuángqì 狂氣 5-18A
kuàngqí 曠奇 5-844A
kuāngqiè 恇怯 7-510B
kuāngqiè 筐篋 8-1135A
kuàngqiě 況且 5-1083B
kuángqǔ 誑取 11-237B
kuàngqū 礦區 7-1118B
kuàngqù 況趣 5-1084A
kuángquán 狂泉 5-17A
kuángquǎn 狂犬 5-14B
kuàngquán 礦泉 7-1118A
kuángquǎnbìng 狂犬病 5-14B
kuàngquánshuǐ 礦泉水 7-1118B
kuàngquē 曠闕 5-847B
kuàngrán 曠肰 5-844A
kuàngrán 曠然 5-845B
kuāngráng 俇儴 1-1307A
kuāngráng 匡勷 1-964B
kuāngráng 劻勷 2-786A
kuāngráng 髼鬤 12-739A
kuāngrǎng 俇攘 1-1412A
kuāngrǎng 匡攘 1-964B
kuāngrǎng 恇攘 7-511A
kuángráng 狂勷 5-24A
kuángrǎng 狂攘 5-24A
kuángrǎng 枉攘 4-797A
kuāngrǎo 恇擾 7-511A
kuángrè 狂熱 5-22A
kuāngrén 匡人 1-959B
kuāngrén 筐人 8-1134B
kuāngrén 誆人 11-134B
kuángrén 狂人 5-13B
kuángrèn 狂刃 5-14A
kuàngrén 丱人 1-986B
kuàngrèn 曠任 5-843B
kuàngrì 曠日 5-842B
kuàngrìchángjiǔ 曠日長久 5-843A
kuàngrìchíjiǔ 曠日持久 5-843A
kuàngrìjīguǐ 曠日積晷 5-843A
kuàngrìjīngjiǔ 曠日經久 5-843A
kuàngrìjīngnián 曠日經年 5-843A
kuàngrìlíjiǔ 曠日離久 5-843A
kuàngrìmíjiǔ 曠日彌久 5-843A
kuàngrìyǐnjiǔ 曠日引久 5-842B
kuàngróng 況榮 5-1084A
kuàngrú 曠如 5-843B
kuāngruò 恇弱 7-510B
kuángsānzhàsì 狂三詐四 5-14A
kuāngshān 匡山 1-959B
kuángshān 狂山 5-14A
kuángshān 狂煽 5-21B
kuàngshān 礦山 7-1117B
kuángshǎng 誑賞 11-238B
kuángshàng 誑上 11-237A
kuángshào 狂燒 5-23A
kuāngshè 恇慴 7-510B
kuāngshè 誆設 11-134B
kuāngshén 匡神 1-961B
kuángshēng 狂生 5-14B
kuāngshí 匡時 1-961B
kuāngshì 匡士 1-959B
kuāngshì 匡世 1-960A
kuāngshì 匡飾 1-963B
kuángshǐ 狂矢 5-15A
kuángshì 狂士 5-14A
kuángshì 狂噬 5-22B
kuángshì 誑世 11-237A
kuángshì 誑飾 11-238A
kuàngshī 況施 5-1084A
kuàngshī 貺施 10-161A
kuàngshī 曠失 5-843B
kuàngshī 礦師 7-1118B
kuàngshí 曠時 5-844B
kuàngshí 礦石 7-1118A
kuàngshì 貺室 10-161B
kuàngshì 曠士 5-842B
kuàngshì 曠世 5-843A
kuàngshì 曠適 5-846B
kuángshíhuòzhòng 誑時惑衆 11-237B
kuàngshíjī 礦石機 7-1118A
kuāngshíjìshì 匡時濟世 1-962A
kuāngshíjìsú 匡時濟俗 1-962A
kuàngshòu 貺壽 10-161B
kuángshū 狂書 5-19A
kuángshū 狂疎 5-20A
kuángshū 狂疏 5-20A
kuángshù 狂豎 5-22A
kuàngshū 曠疏 5-846A
kuàngshù 礦術 7-1118B
kuāngshuài 匡率 1-962B
kuángshuài 狂率 5-19A
kuàngshuǎng 曠爽 5-845B
kuángshuǐ 狂水 5-14B
kuàngshuì 礦稅 7-1118B
kuángsī 狂絲 5-20B
kuángsǐ 狂死 5-15A
kuángsì 狂肆 5-20B
kuàngsì 廣肆 3-1268B
kuángsīmǎ 狂司馬 5-15A
kuāngsǒng 恇悚 7-510B
kuāngsòng 匡宋 1-960B
kuángsǒu 狂叟 5-17A
kuāngsú 匡俗 1-961B
kuāngsù 匡肅 1-963B
kuāngsuàn 匡算 1-963B
kuàngsuì 曠歲 5-846A
kuāngsúshān 匡俗山 1-961B
kuángtài 狂態 5-21B
kuángtán 狂談 5-22B
kuángtāo 狂濤 5-23A
kuángtāohàilàng 狂濤駭浪 5-23A
kuángtè 狂慝 5-21A
kuàngtǐ 礦體 7-1118B
kuángtiān 誑天 11-237A
kuángtiāo 狂佻 5-16B
kuángtóng 狂童 5-20A
kuángtóu 軖頭 9-1226A
kuángtū 狂突 5-17B
kuángtú 狂徒 5-18A
kuàngtú 曠途 5-844B
kuàngtú 曠塗 5-846B
kuàngtǔ 曠土 5-842B
kuàngtún 礦屯 7-1118A
kuǎngù 款顧 6-1449B
kuǎnguān 款關 6-1449B
kuānguǎng 寬廣 3-1586B
kuángwàn 狂蔓 5-21A
kuángwǎng 誑罔 11-237B
kuángwàng 狂妄 5-15A
kuángwàng 狂望 5-19A
kuángwàng 誑妄 11-237A
kuàngwàng 曠望 5-845A
kuāngwēi 匡危 1-960A
kuāngwéi 匡圍 1-963A
kuāngwéi 匡維 1-963B
kuāngwèi 匡衛 1-963B
kuāngwèi 匡衞 1-963B
kuángwéi 狂爲 5-20A
kuàngwèi 況味 5-1084A
kuàngwèi 貺遺 10-161B
kuàngwèi 曠位 5-844A
kuángwū 誑誣 11-238A
kuángwǔ 誑侮 11-237B
kuángwù 誑誤 11-238A
kuàngwū 廣屋 3-1265B
kuàngwú 曠無 5-845B
kuàngwú 曠蕪 5-846B
kuàngwù 曠誤 5-846B
kuàngwù 礦物 7-1118A
kuàngwù 礦務 7-1118B
kuāngxǐ 恇葸 7-510B
kuángxǐ 狂喜 5-19B
kuàngxī 纊息 9-1042A
kuāngxià 誆嚇 11-135A
kuángxiá 狂俠 5-17A
kuángxià 誑嚇 11-238B
kuángxiǎn 狂險 5-22B
kuàngxián 廣閒 3-1268A
kuāngxiāng 匡襄 1-964A
kuāngxiāng 劻勷 2-786A
kuāngxiāng 劻襄 2-786A
kuāngxiàng 匡相 1-961B
kuángxiǎng 狂想 5-20B
kuángxiǎngqǔ 狂想曲 5-20B
kuángxiào 狂笑 5-18A
kuángxiào 狂嘯 5-22B
kuāngxié 匡邪 1-960A
kuángxié 誑脅 11-237B
kuángxīn 狂心 5-14B
kuángxìn 狂釁 5-24B
kuángxǐng 狂醒 5-22B
kuángxìng 狂興 5-23A
kuángxìng 狂悻 5-19B
kuàngxīnyíshén 曠心怡神 5-843A
kuángxù 狂獝 5-22B
kuàngxū 廣虛 3-1266B
kuàngxū 壙虛 2-1237B
kuàngxū 曠虛 5-845A
kuàngxù 纊絮 9-1042B
kuāngxuàn 恇眩 7-510B
kuángxuàn 誑眩 11-237B
kuàngxué 曠學 5-847A
kuàngxué 礦穴 7-1118A
kuàngxué 鑛穴 11-1427A
kuàngxuéjiā 丱學家 1-623A
kuāngyán 匡言 1-960B
kuángyán 狂言 5-16A
kuángyán 誑言 11-237B
kuángyàn 狂豔 5-25A
kuàngyǎn 曠衍 5-844B
kuàngyǎng 曠瀁 5-847B
kuàngyàng 曠樣 5-847A
kuāngyánzhàyǔ 誆言詐語 11-134B
kuāngyáo 匡堯 1-962B
kuángyào 狂藥 5-23B
kuángyào 誑曜 11-239A
kuángyào 誑燿 11-239A
kuángyào 誑耀 11-239A
kuàngyǎo 曠窅 5-844B
kuāngyē 匡掖 1-962A
kuángyě 狂野 5-19A
kuàngyě 廣野 3-1267A
kuàngyě 廣壄 3-1269B
kuàngyě 壙野 2-1237B
kuàngyě 曠野 5-845A
kuàngyè 曠葉 5-845B
kuàngyè 礦業 7-1118B
kuāngyì 匡益 1-962A
kuāngyì 匡翊 1-962B
kuāngyì 匡翼 1-964A
kuángyì 狂易 5-16A
kuángyì 狂異 5-19A
kuángyì 狂逸 5-19A
kuángyì 狂囈 5-24B
kuàngyī 纊衣 9-1042A
kuàngyí 曠夷 5-843B

kuàngyí 曠儀 5-847A
kuàngyí 曠遺 5-847A
kuàngyì 曠逸 5-845A
kuángyīn 狂瘖 5-21B
kuángyín 狂吟 5-15B
kuángyín 狂狺 5-18B
kuángyǐn 狂飲 5-20A
kuángyínlǎojiàn 狂吟老監 5-15B
kuāngyǒng 匡詠 1-963A
kuángyǒng 狂勇 5-17B
kuāngyòu 匡祐 1-961B
kuāngyòu 誆誘 11-134B
kuángyóu 狂遊 5-20A
kuángyǒu 狂友 5-14B
kuángyòu 誑誘 11-238B
kuàngyóu 鑛油 11-1427A
kuàngyòu 貺祐 10-161B
kuāngyǔ 誆語 11-134B
kuāngyù 匡御 1-963A
kuángyú 狂愚 5-20B
kuángyǔ 誑語 11-238A
kuángyù 狂裔 5-20A
kuángyù 誑豫 11-238B
kuàngyú 況於 5-1084A
kuàngyǔ 曠宇 5-843B
kuāngyuán 筐緣 8-1135A
kuàngyuán 曠原 5-844B
kuàngyuǎn 壙遠 2-1237B
kuàngyuǎn 曠遠 5-846A
kuāngyuè 匡岳 1-961A
kuāngyuè 匡嶽 1-964A
kuángyuè 狂越 5-19B
kuāngyùn 匡運 1-963A
kuàngzǎi 曠載 5-846A
kuāngzàn 匡贊 1-963B
kuāngzàn 匡贇 1-964B
kuángzào 狂噪 5-22B
kuángzào 狂譟 5-24B
kuángzào 狂躁 5-24A
kuángzéi 狂賊 5-20B
kuàngzēng 纊繒 9-1042B
kuàngzèng 貺贈 10-161B
kuāngzhà 誆詐 11-134B
kuángzhà 誑詐 11-238A
kuàngzhān 曠瞻 5-847B
kuángzhāng 狂章 5-19A
kuángzhāng 狂獐 5-21B
kuàngzhào 壙兆 2-1237B
kuángzhě 狂者 5-16A
kuāngzhèn 匡振 1-961B
kuāngzhěng 匡拯 1-961B
kuāngzhèng 匡正 1-959B
kuāngzhèng 匡政 1-961A
kuāngzhèng 匡諍 1-963B
kuàngzhèng 礦政 7-1118A
kuāngzhí 匡直 1-960B
kuāngzhì 匡制 1-960B
kuángzhí 狂直 5-16A
kuángzhì 狂猘 5-19A
kuángzhì 狂稚 5-21A
kuángzhì 狂瘈 5-21B
kuángzhì 狂稺 5-22B
kuángzhì 狂穉 5-23A
kuàngzhí 曠職 5-847B
kuàngzhí 礦直 7-1118A
kuàngzhì 壙志 2-1237B
kuàngzhì 壙誌 2-1237B
kuàngzhì 曠志 5-843B
kuàngzhì 曠滯 5-846B
kuángzhóu 軖軸 9-1226A
kuāngzhù 匡助 1-960A
kuàngzhǔ 礦主 7-1118A
kuàngzhù 礦柱 7-1118A
kuāngzhuàn 誆賺 11-134B
kuángzhuàn 誑賺 11-238B
kuángzhuāng 枉粧 4-795B
kuàngzhuì 曠墜 5-846B
kuàngzhuō 曠拙 5-844A
kuāngzi 匡子 1-959B
kuāngzi 筐子 8-1134B
kuángzǐ 狂子 5-14A
kuángzǐ 誑子 11-237A
kuángzì 狂恣 5-18B
kuàngzi 框子 4-954B
kuángzòng 狂縱 5-23B
kuàngzōng 曠宗 5-844A
kuángzōu 狂鯫 5-24A
kuángzǒu 狂走 5-15B
kuàngzú 曠卒 5-844A
kuàngzǔ 曠俎 5-844B
kuāngzuǐ 誆嘴 11-134B
kuángzuǐ 誑嘴 11-238B
kuángzuì 狂醉 5-22A
kuāngzuǒ 匡佐 1-960A
kuāngzuò 匡坐 1-960B
kuǎnhǎo 款好 6-1445B
kuānhé 寬和 3-1582A
kuānhè 寬褐 3-1587A
kuānhóng 寬弘 3-1581A
kuānhóng 寬宏 3-1581B
kuānhóng 寬洪 3-1583A
kuānhóngdàdù 寬宏大度 3-1581B
kuānhóngdàdù 寬洪大度 3-1583A
kuānhóngdàliàng 寬宏大量 3-1582A
kuānhóngdàliàng 寬洪大量 3-1583A
kuānhónghǎiliàng 寬洪海量 3-1583A
kuānhòu 寬厚 3-1582B
kuānhù 寬護 3-1588B
kuānhuà 寬話 3-1586B
kuǎnhuà 款話 6-1448A
kuānhuái 寬懷 3-1588B
kuǎnhuái 款懷 6-1449B
kuānhuáidàdù 寬懷大度 3-1588B
kuānhuǎn 寬緩 3-1587B
kuǎnhuǎn 款緩 6-1448B
kuānhuì 寬惠 3-1585A
kuǎnhuì 款會 6-1448A
kuǎnhuì 窾會 8-482A
kuānhuō 寬豁 3-1588A
kuānhuōdàdù 寬豁大度 3-1588A
kuàinián 跨年 10-459A
kuàniándù 跨年度 10-459A
kuàniè 跨躡 10-461B
kuàniúfù 跨牛父 10-458B
kuānjí 寬疾 3-1583B
kuǎnjì 款計 6-1446B
kuānjiǎ 寬假 3-1584B
kuǎnjiā 款浹 6-1447A
kuānjiǎn 寬減 3-1585B
kuānjiǎn 寬簡 3-1588A
kuānjiàng 寬降 3-1582B
kuānjiāo 寬焦 3-1585A
kuǎnjiāo 款交 6-1445B
kuǎnjiǎo 款徼 6-1449A
kuānjiāobáocuì 寬焦薄脆 3-1585B
kuānjiě 寬解 3-1586A
kuānjiè 寬借 3-1583B
kuǎnjiē 款接 6-1447A
kuǎnjié 款結 6-1448A
kuǎnjié 款節 6-1448A
kuānjǐn 寬謹 3-1588A
kuǎnjīn 款襟 6-1449A
kuānjìng 寬靖 3-1586B
kuānjìng 寬静 3-1586B
kuǎnjiù 款舊 6-1449A
kuǎnjú 款局 6-1446A
kuǎnjuàn 款眷 6-1447B
kuǎnjué 梡蕨 4-1069B
kuǎnjué 梡橛 4-1069B
kuānkǎi 寬塏 3-1586A
kuǎnkǎn 窾坎 8-481B
kuānkē 寬科 3-1582B
kuānkōng 寬空 3-1582B
kuǎnkōng 款空 6-1446A
kuǎnkòu 款叩 6-1445A
kuǎnkū 款矻 6-1446A
kuǎnkū 窾枯 8-481B
kuǎnkuà 款跨 6-1448A
kuānkuài 寬快 3-1581B
kuǎnkuǎn 款款 6-1447B
kuǎnkuǎn 窾窾 8-482A
kuānkuàng 寬曠 3-1588A
kuǎnkuǎnqīngqīng 款款輕輕 6-1447B
kuǎnkuǎnshēnshēn 款款深深 6-1447B
kuǎnkǔn 款悃 6-1447A
kuānkuò 寬廓 3-1586B
kuānkuò 寬闊 3-1588A
kuānlè 寬樂 3-1587B
kuānlì 寬栗 3-1583B
kuǎnlǐ 窾理 8-481B
kuānliàng 寬諒 3-1587B
kuǎnliè 款列 6-1445A
kuānlìng 寬令 3-1580B
kuānliú 寬留 3-1583B
kuǎnliú 款留 6-1447A
kuānlüè 寬略 3-1584B
kuānlǜ 寬律 3-1583A
kuānmàn 寬慢 3-1587A
kuǎnmàn 款慢 6-1448B
kuǎnmén 款門 6-1446A
kuānměng 寬猛 3-1584B
kuānměngbìngjì 寬猛並濟 3-1584B
kuānměngxiāngjì 寬猛相濟 3-1584B
kuānmì 款密 6-1447B
kuānmiǎn 寬免 3-1581A
kuānmiǎn 寬勉 3-1583A
kuānmín 寬民 3-1581A
kuānmǐn 寬憫 3-1587B
kuānmíng 寬明 3-1582A
kuānmò 寬嘿 3-1587A
kuānmò 寬默 3-1587B
kuǎnmù 款目 6-1445A
kuǎnmù 窾木 8-481B
kuǎnnà 款納 6-1447A
kuǎnnì 款昵 6-1446B
kuǎnnì 款暱 6-1448B
kuānnóng 寬農 3-1586A
kuānpì 寬闢 3-1589A
kuānpì 寬譬 3-1588B
kuānpíhuà 寬皮話 3-1581A
kuǎnpín 窾貧 8-482A
kuānpíng 寬平 3-1580B
kuānpǔ 寬樸 3-1587B
kuǎnqǐ 款啓 6-1447B
kuǎnqì 款契 6-1446B
kuǎnqià 款洽 6-1446B
kuǎnqiǎn 款遣 6-1448A
kuǎnqiào 窾竅 8-482A
kuānqíng 寬情 3-1584B
kuǎnqíng 款情 6-1447B
kuǎnqū 款曲 6-1445A
kuǎnqū 窾曲 8-481B
kuǎnquē 窾缺 8-481B
kuānráo 寬饒 3-1588B
kuānrén 寬仁 3-1580B
kuānrěn 寬忍 3-1582A
kuānréndàdù 寬仁大度 3-1580B
kuānróng 寬容 3-1584A
kuānróu 寬柔 3-1583B
kuānruì 寬叡 3-1587B
kuǎnsài 款塞 6-1448A
kuānshàn 寬繕 3-1588B
kuānshē 寬賒 3-1586B
kuānshě 寬舍 3-1582A
kuānshè 寬赦 3-1584A
kuānshēn 寬身 3-1581A
kuānshèng 寬剩 3-1585A
kuānshèng 寬賸 3-1587B
kuānshèngqián 寬剩錢 3-1585A
kuānshì 寬貰 3-1585A
kuānshì 寬適 3-1587A
kuānshì 寬釋 3-1588B
kuǎnshí 款實 6-1448B
kuǎnshì 款式 6-1445A
kuānshū 寬紓 3-1584A
kuānshū 寬疎 3-1586A
kuānshū 寬疏 3-1586A
kuānshū 寬舒 3-1585B
kuānshù 寬恕 3-1584A
kuǎnshū 款書 6-1447A
kuǎnshuài 款率 6-1447A

kuānshuǎng 寬爽 3-1584B
kuānshùn 寬順 3-1585A
kuǎnshùn 款順 6-1448A
kuānsì 寬肆 3-1586A
kuānsōng 寬鬆 3-1588A
kuānsù 寬肅 3-1586B
kuānsuì 寬邃 3-1588A
kuāntài 寬泰 3-1583B
kuǎntán 款談 6-1448B
kuǎntī 款睇 6-1447B
kuāntiáo 寬條 3-1583B
kuāntǐng 寬挺 3-1582B
kuāntōng 寬通 3-1584A
kuāntòng 寬痛 3-1585B
kuǎntóu 款頭 6-1448B
kuāntùn 寬褪 3-1587A
kuǎntuō 款託 6-1447A
kuǎnwán 款玩 6-1446A
kuānwǎng 寬網 3-1587A
kuǎnwàng 款望 6-1447A
kuānwèi 寬慰 3-1587B
kuānwèi 寬憪 3-1587A
kuǎnwén 款紋 6-1447A
kuǎnwèn 款問 6-1447B
kuānxī 寬息 3-1583B
kuǎnxī 款悉 6-1447A
kuǎnxì 窾郤 8-481B
kuǎnxì 窾郤 3-1622A
kuānxiá 寬暇 3-1586A
kuǎnxiá 款狎 6-1446A
kuānxián 寬間 3-1586A
kuānxián 寬閒 3-1586A
kuānxián 寬閑 3-1586A
kuānxiàn 寬限 3-1582B
kuānxiāng 寬鄉 3-1584B
kuānxiáng 寬詳 3-1586B
kuǎnxiàng 款項 6-1447B
kuānxiè 寬懈 3-1587B
kuǎnxiē 款歇 6-1448A
kuǎnxiè 款謝 6-1449A
kuānxīn 寬心 3-1580B
kuānxìn 寬信 3-1583A
kuǎnxīn 款心 6-1444B
kuānxíng 寬刑 3-1581A
kuānxíng 完刑 3-1333A
kuānxīnwán 寬心丸 3-1580B
kuānxù 寬卹 3-1582A
kuānxù 寬恤 3-1583A
kuǎnxú 款徐 6-1447A
kuǎnxù 款叙 6-1446B
kuǎnxuéguǎwén 款學寡聞
6-1449A
kuānxùn 寬徇 3-1583A
kuānxùn 寬狥 3-1583A
kuānyǎ 寬雅 3-1585A
kuǎnyà 款迓 6-1445B
kuānyán 寬延 3-1581A
kuānyán 寬言 3-1581B
kuānyán 寬嚴 3-1588B
kuānyǎn 寬衍 3-1583A
kuǎnyán 款延 6-1445B
kuǎnyán 款言 6-1446A
kuǎnyán 款顏 6-1449A
kuǎnyán 窾言 8-481B
kuǎnyàn 款宴 6-1447A
kuǎnyàn 款燕 6-1448B
kuǎnyàng 款樣 6-1448B
kuānyáo 寬繇 3-1587B
kuǎnyào 款要 6-1446B
kuǎnyào 窾要 8-481B
kuǎnyè 款謁 6-1449A
kuānyī 寬衣 3-1581A
kuānyì 寬易 3-1582A
kuǎnyí 款儀 6-1448B
kuǎnyì 款意 6-1448A
kuǎnyì 款議 6-1449B
kuānyǐn 寬飲 3-1585B
kuānyǐn 寬隱 3-1587B
kuǎnyǐn 款引 6-1444B
kuānyínmùdiànyǐng
寬銀幕電影 3-1586B
kuānyòu 寬宥 3-1583A
kuānyòu 完宥 3-1335A
kuānyú 寬愉 3-1585B
kuānyú 寬餘 3-1587B
kuānyǔ 寬語 3-1586B
kuānyù 寬裕 3-1585B
kuǎnyǔ 款語 6-1448B
kuǎnyù 款遇 6-1448A
kuǎnyuàn 款願 6-1449A
kuǎnyuē 款約 6-1446B
kuānyùn 寬韻 3-1588B
kuǎnzá 款雜 6-1449A
kuānzé 寬澤 3-1587B
kuānzhǎi 寬窄 3-1583B
kuānzhǎn 寬展 3-1584A
kuǎnzhàn 款占 6-1445A
kuānzhào 寬詔 3-1585B
kuānzhēng 寬征 3-1582A
kuānzhèng 寬政 3-1582B
kuānzhì 寬制 3-1582A
kuǎnzhì 款識 6-1449A
kuǎnzhì 款至 6-1445A
kuǎnzhì 款志 6-1445B
kuǎnzhì 款制 6-1446A
kuǎnzhì 款致 6-1447A
kuǎnzhì 款製 6-1448B
kuǎnzhì 款誌 6-1448B
kuānzhōng 寬中 3-1580A
kuānzhòng 寬重 3-1582B
kuǎnzhú 款逐 6-1447A
kuānzhuǎn 寬轉 3-1588A
kuǎnzhuàng 款狀 6-1446B
kuǎnzhuó 款卓 6-1446A
kuǎnzi 款子 6-1444B
kuǎnzì 款字 6-1445B
kuānzòng 寬縱 3-1588A
kuǎnzòng 款縱 6-1449A
kuǎnzú 款足 6-1445B
kuānzuò 寬坐 3-1581A
kǔ'áo 苦熬 9-323B
kuāpí 夸毗 2-1494A
kuāpí 誇毗 11-160A
kuāqí 誇奇 11-159B
kuāqǐ 誇綺 11-161B
kuāqiáng 誇强 11-160B
kuāqiánghuì 誇强會 11-160B
kuāqiào 誇俏 11-160A
kuāqiào 誇誚 11-161A
kuàqīngniú 跨青牛 10-459A
kuārén 夸人 2-1493A
kuāróng 夸容 2-1494A
kuāróng 姱容 4-338B
kuàshān 胯衫 6-1243B
kuàshàn 跨擅 10-460B
kuāshǎng 誇賞 11-161B
kuāshàng 姱尚 4-338B
kuāshàng 誇尚 11-159B
kuàshānyāhǎi 跨山壓海
10-458B
kuàshào 佤哨 1-1268A
kuāshē 夸奢 2-1494A
kuàshè 跨涉 10-459B
kuāshēngyěqì 侉聲野氣
1-1334A
kuāshì 夸士 2-1493A
kuāshì 夸示 2-1493B
kuāshì 夸視 2-1494A
kuāshì 夸飾 2-1494B
kuāshì 誇世 11-159B
kuāshì 誇示 11-159B
kuāshì 誇飾 11-160B
kuàshí 跨時 10-459B
kuàshì 跨世 10-458B
kuàshuǐ 跨水 10-458B
kuāshuō 誇説 11-161A
kuāsī 絓絲 9-803A
kuàsú 跨俗 10-459A
kuàsuǒ 跨所 10-459A
kuātái 垮臺 2-1094A
kuātán 夸談 2-1494B
kuātán 誇談 11-161B
kuātán 誇譚 11-161B
kuātàn 誇嘆 11-161A
kuātè 夸特 2-1494A
kuàténg 跨騰 10-461A
kuātuō 夸脱 2-1494A
kuāwán 誇玩 11-159B
kuāwū 夸誣 2-1494B
kuàwū 跨屋 10-459B
kuāxì 侉戲 1-1334A
kuàxià 胯下 6-1243B
kuàxià 跨下 10-458B
kuàxiàhánhóu 胯下韓侯
6-1243B
kuāxiǎn 誇顯 11-162A
kuāxiàn 誇羡 11-160B
kuāxiàn 誇羨 11-161A
kuàxiǎn 跨險 10-460B
kuāxiāo 誇嘐 11-161A
kuàxiàpúfú 胯下蒲伏
6-1243B
kuàxiàqiáo 跨下橋 10-458B
kuàxiàrén 胯下人 6-1243B
kuàxiàrén 跨下人 10-458B
kuàxiàrǔ 跨下辱 10-458B
kuàxié 佤邪 1-1268A
kuàxié 跨鞋 10-460A
kuāxīn 夸心 2-1493B
kuāxiū 姱修 4-338B
kuāxiū 姱脩 4-338B
kuāxǔ 夸詡 2-1494B
kuāxǔ 誇詡 11-161B
kuàxū 跨虛 10-459B
kuāxuàn 夸衒 2-1494A
kuāxuàn 誇炫 11-160A
kuāxuàn 誇衒 11-160A
kuàxùn 跨巽 10-460A
kuāyán 夸言 2-1493B
kuāyán 誇言 11-159B
kuāyán 誇嚴 11-161B
kuāyàn 夸豔 2-1495A
kuāyàn 誇艷 11-162A
kuàyǎn 跨掩 10-459B
kuāyándòuyàn 夸妍鬬豔
2-1493B
kuāyáng 誇揚 11-160B
kuāyào 夸耀 2-1494B
kuāyào 誇耀 11-162A
kuāyì 誇異 11-160A
kuàyì 跨軼 10-460A
kuāyín 夸淫 2-1494A
kuàyìng 跨映 10-459A
kuāyòu 誇誘 11-161A
kuàyǒu 跨有 10-459A
kuāyù 誇鬻 11-162A
kuàyuàn 跨院 10-459B
kuàyuè 跨越 10-460A
kuàyuè 跨躍 10-461A
kuāzàn 誇贊 11-161B
kuàzào 跨竈 10-461A
kuāzhà 夸詐 2-1494A
kuāzhà 誇咤 11-160A
kuāzhà 誇詐 11-160B
kuàzhǎn 跨踞 10-460B
kuàzhǎn 跨輾 10-460B
kuāzhāng 夸張 2-1494A
kuāzhāng 誇張 11-160A
kuāzhì 姱志 4-338B
kuàzhì 跨制 10-459A
kuàzhì 跨跱 10-460A
kuāzhòng 誇衆 11-160B
kuāzhú 誇逐 11-160A
kuāzī 姱姿 4-338B
kuāzì 夸恣 2-1494A
kuǎzi 侉子 1-1334A
kuàzi 胯子 6-1243B
kuàzi 跨子 10-458B
kuàzōng 跨蹤 10-460B
kuàzǒng 跨總 10-460B
kuāzǔ 絓組 9-802B
kuāzuǐ 誇嘴 11-161B
kuàzuò 跨坐 10-459A
kūbài 枯敗 4-895A
kùbào 酷暴 9-1410A
kùbāonǎo 袴包腦 9-73B
kǔběn 苦本 9-318B
kùběn 庫本 3-1231B
kūběnjiéyuán 枯本竭源
4-891B
kūbǐ 枯筆 4-896B
kūbì 枯髀 4-900A
kūbǐng 枯餅 4-898B
kùbīng 庫兵 3-1231B
kūbízi 哭鼻子 3-362B
kūbō 刳剥 2-658B

kūbō 枯波 4-892B
kùbó 酷薄 9-1410A
kùbù 庫簿 3-1232B
kǔcài 苦菜 9-321B
kùcǎn 酷慘 9-1410A
kūcáng 窟藏 8-455A
kùcáng 庫藏 3-1232B
kūcǎo 枯草 4-893A
kǔcāo 苦操 9-324A
kǔcǎo 苦草 9-320B
kūcǎosǐgǔ 枯草死骨 4-893A
kūchá 枯查 4-893A
kūchá 枯楂 4-897B
kūchà 矻硶 7-1005B
kǔchá 苦茶 9-320B
kǔchá 苦荼 9-321A
kùchǎ 袴衩 9-73B
kùchà 袴岔 9-73B
kūchái 枯柴 4-894A
kǔchāi 苦差 9-321A
kūchán 枯禪 4-899B
kūchán 枯蟬 4-900B
kūcháng 刳腸 2-659A
kūcháng 枯腸 4-897B
kūcháng 枯膓 4-899A
kùcháng 酷償 9-1410A
kǔchē 苦車 9-319A
kūchén 枯陳 4-894B
kūchéng 古成 3-20B
kūchéng 枯城 4-893A
kùchéng 庫成 3-1231B
kūchí 枯池 4-892A
kùchī 嚳哧 3-468B
kùchì 嚳敕 3-555A
kǔchǔ 苦楚 9-323A
kǔchù 苦處 9-322A
kùchǔ 庫儲 3-1232B
kùchǔ 酷楚 9-1410A
kǔchuán 苦船 9-322A
kǔchūntóu 苦春頭 9-320B
kūcī 枯骴 4-899A
kǔcí 苦辭 9-325A
kūcóng 枯叢 4-900B
kǔcóng 苦悰 9-322A
kūcuì 枯悴 4-896A
kūcuì 枯萃 4-894B
kūcuì 枯瘁 4-897B
kūcuì 枯顇 4-900A
kùcún 庫存 3-1231B
kūcuò 刳剒 2-658B
kūcuò 刳斮 2-658B
kǔdàchóushēn 苦大仇深 9-317B
kǔdài 苦待 9-321A
kùdài 袴帶 9-73B
kùdài 酷待 9-1409A
kūdàn 枯淡 4-895B
kǔdǎn 苦膽 9-324B
kǔdàn 苦淡 9-322A
kùdān 酷耽 9-1409A
kùdāng 袴襠 9-74A
kūdèng 矻磴 7-1005B
kǔdēng 苦登 9-324A
kūdèngdèng 矻蹬蹬 7-1005B
kūdí 枯荻 4-893B
kùdí 庫狄 3-1231B
kūdiàn 哭奠 3-362B
kūdiāo 枯凋 4-894B
kǔdiào 苦調 9-324A
kùdīng 庫丁 3-1231A
kūdòu 窟竇 8-455A
kǔdòu 苦鬭 9-325A
kùdōu 袴兜 9-73B
kǔdú 苦毒 9-320B
kùdú 焅毒 7-80B
kùdú 酷毒 9-1409A
kùdù 酷妒 9-1408B
kùduàn 庫緞 3-1232A
kǔ'è 苦厄 9-317B
kù'è 酷惡 9-1409B
kùfá 酷罰 9-1410A
kùfǎ 酷法 9-1409A
kūfán 枯礬 4-900B
kūfàxuǎn 頊髮癬 12-268A
kūfèi 枯肺 4-892B
kūfèi 枯廢 4-899A
kùfèn 酷憤 9-1410A
kūfēng 枯風 4-893B
kūfèng 枯葑 4-896A
kūfényězhǒng 枯墳野塚 4-899A
kūfú 窟伏 8-454B
kūfǔ 枯腐 4-898B
kūfù 刳腹 2-659A
kùfǔ 庫府 3-1231B
kūgāi 枯荄 4-893A
kūgān 刳肝 2-658A
kūgān 枯乾 4-894B
kūgàn 枯幹 4-897A
kūgàn 枯榦 4-898A
kǔgàn 苦幹 9-323A
kūgānlìdǎn 刳肝瀝膽 2-658A
kūgǎo 枯槀 4-898B
kūgǎo 枯槁 4-898A
kūgǎo 枯稿 4-899A
kūgǎokè 枯槁客 4-898B
kūgǎoshì 枯槁士 4-898B
kūgē 刳割 2-659A
kūgé 枯骼 4-899A
kūgēn 枯根 4-894A
kūgēng 枯耕 4-893B
kūgěng 枯梗 4-894B
kǔgēng 楛耕 4-1081A
kǔgōng 苦工 9-317B
kǔgōng 苦功 9-318A
kūgǔ 枯骨 4-893A
kǔguā 苦瓜 9-318B
kùguān 酷官 9-1409A
kùguǎn 袴管 9-74A
kūguǎng 枯獷 4-900A
kūguī 枯龜 4-900A
kǔguǒ 苦果 9-320A
kūgǔshēngròu 枯骨生肉 4-893B
kūgǔshuì 枯骨稅 4-893B
kūgǔsǐcǎo 枯骨死草 4-893B
kūgǔxiǔjí 枯骨朽脊 4-893B
kūgǔzhīyú 枯骨之餘 4-893B
kūhái 枯骸 4-899A
kǔhǎi 苦海 9-321B
kǔhài 苦害 9-321B
kùhài 酷害 9-1409B
kǔhǎiwúbiān… 苦海無邊,回頭是岸 9-321B
kūhán 枯寒 4-896B
kūhàn 枯旱 4-892B
kǔhán 苦寒 9-322B
kùhán 酷寒 9-1409B
kùhàn 庫汗 3-1231B
kùhántíng 酷寒亭 9-1409B
kūháo 枯毫 4-895B
kūháo 哭嚎 3-363A
kūháo 哭號 3-362B
kūhào 枯耗 4-893B
kùhào 酷好 9-1408B
kūhé 枯河 4-892B
kūhé 枯荷 4-893B
kūhé 枯涸 4-895B
kūhè 枯壑 4-899B
kǔhé 苦河 9-320A
kǔhèn 苦恨 9-321A
kùhěn 酷狠 9-1409A
kūhóu 枯喉 4-896B
kǔhù 苦瓠 9-321B
kūhuā 枯花 4-892B
kǔhuái 苦懷 9-325A
kūhuáijùyǐ 枯槐聚蟻 4-897A
kǔhuàn 苦患 9-322A
kūhuáng 枯黃 4-894B
kūhuǐ 枯毀 4-897B
kǔhuì 苦會 9-323A
kùhuī 庫灰 3-1231B
kùhuò 酷禍 9-1410A
kuí'ài 魁艾 12-463A
kuí'àn 魁岸 12-464A
kuí'áng 魁昂 12-463B
kuībài 虧敗 8-853A
kuìbài 潰敗 6-139B
kuìbǎn 潰版 6-139A
kuībào 窺豹 8-477B
kuībàoyībān 窺豹一斑 8-477B
kuīběn 虧本 8-851B
kuìbēn 潰奔 6-139A
kuíbèng 睽迸 7-1239A
kuìbēng 潰崩 6-139B
kuībī 窺逼 8-478A
kuībì 窺避 8-479A
kuībì 虧蔽 8-853B
kuíbì 奎壁 2-1540A
kuìbì 媿避 4-388B
kuībiān 窺邊 8-479B
kuībiān 闚邊 12-152A
kuíbiàn 睽變 7-1240A
kuìbiàn 頍弁 12-258B
kuǐbiàn 頯弁 12-322B
kuìbiān 餽邊 12-571A
kuíbiāo 魁杓 12-463B
kuíbié 睽別 7-1239A
kuībīng 窺兵 8-477A
kuībīng 闚兵 12-151B
kuíbǐng 魁柄 12-464A
kuìbīng 潰兵 6-139A
kuìbīngyóuyǒng 潰兵游勇 6-139A
kuíbó 魁博 12-465B
kuìbó 愧艴 7-664B
kuǐbù 跬步 10-457A
kuǐbù 頃步 12-227B
kuìbùchéngjūn 潰不成軍 6-138B
kuìbùzú 匱不足 1-981B
kuìcān 饋飧 12-581A
kuìcán 愧慚 7-665A
kuìcán 愧慙 7-665A
kuīcè 窺測 8-478A
kuīcè 闚測 12-151B
kuícè 揆測 6-783B
kuícè 揆策 6-783B
kuìcè 愧惻 7-665A
kuīchá 窺察 8-479A
kuīchān 窺覘 8-478A
kuīchān 闚閜 12-152A
kuīchán 虧蟾 8-854B
kuíchán 魁躔 12-467A
kuìchàn 愧懺 7-665B
kuīcháo 窺朝 8-478A
kuìchēn 歸瞋 5-378A
kuīchéng 虧成 8-851B
kuìchǐ 愧恥 7-664B
kuìchì 饋饎 12-582A
kuīchú 虧除 8-852B
kuìchù 匱絀 1-982A
kuīcì 刲刺 2-648B
kuīcì 闚伺 12-151B
kuící 睽辭 7-1240A
kuící 揆次 6-783A
kuìcí 媿辭 4-388B
kuìcí 愧辭 7-665B
kuìcì 餽賜 12-570B
kuìcuàn 潰竄 6-140B
kuìcuàn 饋爨 12-582A
kuǐcuī 魁摧 12-466A
kuìdá 饋答 12-581A
kuīdài 虧待 8-852B
kuìdài 愧戴 7-665A
kuìdài 蕢帶 12-753B
kuìdàn 愧憚 7-665A
kuídǎng 魁黨 12-466B
kuīdǎo 窺導 8-479A
kuīdǎo 窺道 8-478A
kuīdào 窺道 8-478A
kuīdào 闚盜 12-152A
kuídào 逵道 10-952B
kuīde 虧得 8-853A
kuídé 揆德 6-784A
kuídì 揆地 6-783A
kuìdí 潰敵 6-140A
kuīdiǎn 虧點 8-854B
kuìdiàn 饋奠 12-581A
kuīdǐng 窺鼎 8-478A
kuídǒu 魁斗 12-463A
kuīdǔ 窺覩 8-479A

kuídù 魁蠹 12-467A
kuìdú 憒毒 7-736B
kuīduǎn 虧短 8-853B
kuíduān 揆端 6-784A
kuíduī 魁堆 12-465A
kuìduì 愧懟 7-665B
kuìdùn 潰遁 6-139B
kuīduó 窺度 8-477A
kuīduó 虧奪 8-854A
kuīduó 闚度 12-151B
kuíduó 揆度 6-783A
kuí'é 魁峨 12-464B
kuì'è 愧愕 7-665A
kuì'è 匱餓 1-982A
kuì'ěr 喟爾 3-417B
kuīfǎ 虧法 8-852A
kuìfá 匱乏 1-981B
kuíféi 魁肥 12-464A
kuìfèn 愧忿 7-663B
kuìfèn 愧憤 7-665A
kuìfèn 潰僨 6-140A
kuífēng 魁封 12-464A
kuífèngwén 夔鳳紋 3-1207A
kuīfù 虧負 8-852B
kuífǔ 揆撫 6-784A
kuífǔ 夔府 3-1207A
kuífù 魁父 12-463A
kuìfú 歸福 5-377A
kuìfú 媿服 4-388B
kuìfú 愧服 7-663B
kuìfǔ 潰腐 6-140A
kuìfù 媿負 4-388B
kuìfù 愧負 7-664A
kuìfù 潰腹 6-140A
kuìgǎn 愧感 7-665A
kuígāng 魁罡 12-464A
kuígāng 魁剛 12-464B
kuígāng 魁罡 12-464B
kuígāng 魁綱 12-466A
kuígāng 魁伉 12-463B
kuígāo 夔皋 3-1207A
kuígāo 夔臯 3-1207A
kuīgē 刲割 2-649A
kuígé 奎閣 2-1540A
kuígé 揆格 6-783A
kuígé 睽隔 5-809B
kuígé 魁蛤 12-465B
kuígé 魁閣 12-466A
kuígé 睽隔 7-1239B
kuīgōng 窺攻 8-476B
kuígōng 逵宮 10-952A
kuīgòu 窺覯 8-479A
kuígòu 揆搆 6-783B
kuīgǔ 刲股 2-649A
kuígū 睽孤 5-809B
kuígū 睽孤 7-1239A
kuígū 睽罛 7-1239A
kuígǔ 夔鼓 3-1207A
kuíguāi 睽乖 5-809B
kuīguān 窺觀 8-479B
kuīguān 闚觀 12-152A
kuīguǎn 窺管 8-478B
kuíguāng 奎光 2-1539B
kuíguī 魁瓌 12-466B
kuíguǐ 魁詭 12-466A
kuīhài 虧害 8-853A
kuíhàn 奎翰 2-1540A
kuìhàn 媿汗 4-388B
kuìhàn 愧汗 7-663B
kuīhào 虧耗 8-852B
kuíhé 睽合 7-1239A
kuìhé 歸禾 5-369B
kuìhé 媿荷 4-388B
kuìhé 匱涸 1-981B
kuìhè 愧荷 7-664A
kuìhèn 愧恨 7-664A
kuíhéng 揆衡 6-784A
kuíhéng 魁衡 12-466B
kuíhèng 魁橫 12-466A
kuíhóng 魁閎 12-465B
kuìhóng 潰洪 6-140A
kuíhuā 葵花 9-493B
kuíhuà 奎畫 2-1539B
kuíhuà 揆畫 6-783B
kuìhuáng 愧惶 7-665A
kuíhuāzǐ 葵花子 9-493B
kuíhuī 魁恢 12-464B
kuǐhuì 魁瘣 12-466A
kuìhuǐ 媿悔 4-388B
kuìhuǐ 愧悔 7-664B
kuìhuì 潰潰 6-140A
kuìhuǐwúdì 愧悔無地 7-664B
kuíhuò 葵藿 9-493B
kuìhuò 潰濩 6-140B
kuījì 窺紀 8-477B
kuījì 窺覬 8-479A
kuījì 闚覬 12-152A
kuìjí 匱急 1-981B
kuìjǐ 餽給 12-570B
kuìjǐ 饋給 12-581A
kuìjì 觖冀 10-1356B
kuíjiǎ 盔甲 7-1424A
kuíjiǎ 葵甲 9-493B
kuíjiǎ 魁甲 12-463A
kuíjià 犪駕 6-292B
kuījiàn 窺間 8-478B
kuījiàn 窺見 8-476B
kuījiàn 窺諫 8-479A
kuījiàn 窺瞷 8-479A
kuījiàn 闚諫 12-152A
kuíjiàn 魁健 12-464B
kuíjiàn 魁薦 12-466B
kuíjiàn 睽間 7-1239B
kuíjiàn 睽閒 7-1239B
kuìjiàn 饋薦 12-581B
kuījiànyībān 窺見一斑 8-477A
kuījiào 虧教 8-853A
kuījié 虧節 8-853B
kuìjié 歸藏 3-877B
kuíjié 魁桀 12-464B
kuíjié 魁傑 12-465B
kuíjiè 魁解 12-466A
kuìjié 匱竭 1-982A
kuìjié 餽節 12-570B
kuìjìn 餽贐 12-571A
kuījìng 窺鏡 8-479B
kuījìng 窺競 8-479B
kuíjìng 逵徑 10-952A
kuìjiǒng 愧窘 7-665A
kuījiū 窺究 8-477A
kuìjiù 愧咎 7-664A
kuìjiù 愧疚 7-664A
kuíjú 跻跼 10-485A
kuíjú 跻跼 10-485A
kuíjù 騤瞿 12-861B
kuǐjǔ 跬踽 10-517B
kuǐjǔ 奎踽 2-1540A
kuìjǔ 愧沮 7-664A
kuìjù 愧懅 7-665A
kuìjù 愧懼 7-665B
kuíjué 睽絶 5-810A
kuíjué 魁崛 12-465A
kuìjué 匱絶 1-982A
kuìjué 潰決 6-139A
kuìjué 潰蹶 6-140B
kuíjùn 魁俊 12-464B
kuīkān 窺勘 8-477B
kuīkàn 窺看 8-477A
kuīkàn 窺瞰 8-479A
kuīkàn 窺闞 8-479B
kuīkàn 窺矙 8-479B
kuīkàn 闚看 12-151B
kuíkè 揆課 6-784A
kuīkōng 虧空 8-852A
kuīkū 刲刳 2-648B
kuíkuài 魁儈 12-466A
kuíkuài 魁膾 12-466B
kuíkuàng 魁曠 12-466B
kuíkuàng 夔曠 3-1207B
kuìkuàng 饋貺 12-581A
kuīkuī 窺窺 8-479A
kuíkuí 睽睽 5-810A
kuíkuí 睽睽 7-1239B
kuíkuí 騤騤 12-861B
kuíkuí 夔夔 3-1207B
kuíkuí 躨躨 10-576A
kuìkuì 喟喟 3-417B
kuìkuì 憒憒 7-737A
kuìkuì 瞶瞶 8-708A
kuìkuìbàibài 跬跬拜拜 10-457A
kuìkuìwéiwéi 樻樻禕禕 9-137B
kuíkuò 睽闊 5-810A
kuíkuò 睽闊 7-1239B
kuīlǎn 窺覽 8-479B
kuìlán 潰瀾 6-140B
kuìlàn 潰濫 6-140B
kuìlàn 潰爛 6-140B
kuìláo 餽勞 12-570B
kuīlěi 虧累 8-853A
kuílěi 魁礧 12-466B
kuílěi 魁磊 12-466A
kuílěi 魁壘 12-466B
kuílěi 魁壨 12-467A
kuílěi 魁纍 12-467A
kuílěi 魁壘 12-466B
kuílěi 魁櫑 12-467A
kuǐlěi 傀儡 1-1551A
kuǐlěi 磈礧 7-1082A
kuǐlěi 磈磊 7-1082A
kuǐlěi 磈磥 7-1082A
kuǐlěi 磈壘 7-1082A
kuǐlěi 磈壨 7-1082A
kuǐlěi 磈礨 7-1082A
kuǐlěichǎng 傀儡場 1-1551A
kuǐlěipéng 傀儡棚 1-1551A
kuǐlěixì 傀儡戲 1-1551A
kuílěizi 魁礧子 12-466B
kuǐlěizi 傀儡子 1-1551A
kuílí 睽離 5-810A
kuílí 睽離 7-1240A
kuílǐ 揆理 6-783B
kuìlǐ 饋禮 12-581B
kuìlì 愧慄 7-665A
kuìlì 愧厲 7-665A
kuíliáng 揆量 6-783B
kuìliáng 餽糧 12-571A
kuìliáng 饋糧 12-582A
kuílǐduóqíng 揆理度情 6-783B
kuílǐduóshì 揆理度勢 6-783B
kuìliè 壝埒 2-1232A
kuìliè 潰裂 6-139B
kuìlín 喹啉 3-414B
kuílíng 魁陵 12-465A
kuílǐng 魁領 12-466A
kuìliú 潰流 6-139B
kuílóng 夔龍 3-1207B
kuìlóng 簣籠 8-1244A
kuílóngwén 夔龍紋 3-1207B
kuìlòu 潰漏 6-140A
kuílù 逵路 10-952B
kuílù 揆路 6-783B
kuílù 魁陸 12-465A
kuìlù 饋賂 12-581B
kuìlù 饋路 12-581B
kuìluàn 憒亂 7-736B
kuìluàn 潰亂 6-140A
kuílǜ 夔律 3-1207A
kuìmàn 憒慢 7-736B
kuìmào 憒眊 7-736B
kuìmào 憒瞀 7-736B
kuìmào 潰茂 6-139A
kuìmào 潰冒 6-139A
kuìmào 瞶眊 8-708A
kuímén 逵門 10-952A
kuímén 夔門 3-1207A
kuìmèn 憒悶 7-736B
kuìméng 匱盟 1-982A
kuìméng 潰盟 6-140A
kuíménxiàng 揆門相 6-783A
kuímián 睽眠 7-1239A
kuìmiè 潰滅 6-140A
kuīmíng 虧名 8-851B
kuímíng 魁名 12-463B
kuímò 奎墨 2-1540A
kuímò 逵陌 10-952A
kuímù 睽目 7-1239A
kuìnǎn 媿赧 4-388B
kuìnǎn 愧赧 7-665A
kuìnǎn 愧赧 7-664B
kuìnáo 潰橈 6-140B

kuìnǎo 愧惱 7-665A
kuìnào 憒鬧 7-737A
kuìněi 匱餒 1-982A
kuīnì 闚儗 12-152A
kuīnì 窺睨 8-478A
kuíní 夔跜 3-1207A
kuíní 躨跜 10-576A
kuínì 魁逆 12-464B
kuíníng 奎寧 2-1539B
kuíniú 夔牛 3-1207A
kuíniú 犪牛 6-292B
kuìnù 愧怒 7-664A
kuīnǜ 虧衄 8-853A
kuīnǜ 虧衂 8-852A
kuìnǜ 媿恧 4-388B
kuìnǜ 愧恧 7-664B
kuìpà 愧怕 7-664A
kuìpàn 潰叛 6-139A
kuìpàn 潰畔 6-139A
kuìpèi 媿佩 4-388B
kuìpèi 愧佩 7-663B
kuípǐn 魁品 12-464A
kuīpò 窺破 8-477B
kuìpò 潰破 6-139A
kuīpǔ 窺圃 8-477B
kuīqí 巋崎 3-877B
kuíqí 魁畸 12-465B
kuíqí 魁奇 12-463B
kuíqí 魁頎 12-465B
kuīqiān 虧騫 8-854B
kuīqiàn 虧欠 8-851B
kuīqiáng 窺牆 8-479A
kuīqiè 窺竊 8-479B
kuìqiè 媿切 4-388A
kuìqiè 愧切 7-663B
kuìqiè 愧怯 7-664A
kuíqīng 葵傾 9-493B
kuìqíng 愧情 7-664B
kuíqíngduólǐ 揆情度理 6-783B
kuíqíngshěnshì 揆情審勢 6-783B
kuíqiú 魁酋 12-464B
kuīqǔ 窺取 8-477A
kuīqù 窺覰 8-479B
kuīqù 窺覷 8-479A
kuíqú 逵衢 10-952B
kuíqú 魁渠 12-465A
kuíqú 夔軀 3-1207B
kuíqǔ 魁取 12-463B
kuìqū 愧屈 7-664A
kuīquán 虧全 8-851B
kuíquán 逵泉 10-952A
kuíquánzhīzhū 逵泉之誅 10-952A
kuīquē 虧缺 8-852B
kuíquè 睽闋 7-1240A
kuìquē 匱缺 1-981B
kuìquē 匱闕 1-982A
kuíqún 睽羣 5-810A
kuīrán 巋然 3-877B
kuírán 魁然 12-465B
kuírán 頯然 12-322B
kuīrán 頍然 12-259A
kuìrán 喟然 2-888B
kuìrán 喟然 3-417B
kuìrán 潰然 6-139B
kuīránbùdòng 巋然不動 3-877B
kuīrándúcún 巋然獨存 3-877B
kuìràng 愧讓 7-665B
kuírén 魁人 12-463A
kuìrén 饋人 12-580B
kuírì 揆日 6-783A
kuīróng 窺戎 8-476B
kuīróu 虧柔 8-852B
kuírú 魁儒 12-466B
kuìrǔ 媿辱 4-388B
kuìrǔ 愧辱 7-664B
kuīsài 窺塞 8-478B
kuìsàn 潰散 6-139B
kuīsàng 虧喪 8-853B
kuìsàng 愧喪 7-665A
kuísānqìxiàng 魁三氣象 12-463A
kuísānxiàng 魁三象 12-463A
kuìsè 歸色 5-370A
kuìsè 媿色 4-388A
kuìsè 愧色 7-663B
kuīshā 虧殺 8-853A
kuīshǎn 闚閃 12-151B
kuíshàn 葵扇 9-493B
kuìshàn 饋膳 12-581B
kuìshàn 饋饍 12-582A
kuìshǎo 匱少 1-981B
kuīshè 窺涉 8-477B
kuīshè 闚涉 12-151B
kuíshé 蝰蛇 8-928A
kuíshè 逵舍 10-952A
kuīshēn 窺深 8-477B
kuìshèn 歸脤 5-374B
kuìshèn 歸蜃 5-376B
kuìshēng 匱生 1-981B
kuīshī 虧失 8-851B
kuīshí 虧蝕 8-854A
kuīshì 窺視 8-478A
kuīshì 闚視 12-151B
kuíshī 逵師 10-952A
kuíshí 魁實 12-466A
kuíshí 睽時 7-1239A
kuíshì 逵市 10-952A
kuíshì 魁士 12-463A
kuìshī 潰師 6-139A
kuìshí 饋食 12-581A
kuíshíduóshì 揆時度勢 6-783A
kuíshǒu 魁首 12-464B
kuīshū 虧輸 8-854B
kuíshū 揆樞 6-784A
kuíshū 魁殊 12-464B
kuìshū 歸輸 5-378B
kuìshú 饋孰 12-581A
kuíshuài 魁率 12-465A
kuíshuài 魁帥 12-464B
kuíshuò 魁碩 12-466A
kuīsì 窺伺 8-477A
kuīsì 窺覗 8-478B
kuìsǐ 愧死 7-663B
kuìsì 饋祀 12-580B
kuīsòng 窺宋 8-477A
kuìsǒng 愧悚 7-664B
kuìsòng 餽送 12-570B
kuìsòng 饋送 12-581A
kuísù 魁宿 12-465A
kuīsuàn 窺算 8-478B
kuìsuì 餽歲 12-570B
kuìsuì 饋歲 12-581B
kuīsǔn 虧損 8-853B
kuísuǒ 睽索 5-809B
kuísuǒ 睽索 7-1239A
kuìsuō 愧縮 7-665B
kuítái 魁能 12-465A
kuítái 魁台 12-463B
kuītàn 窺探 8-477B
kuìtàn 喟歎 3-417B
kuìtàn 愧歎 7-665A
kuítáng 奎堂 2-1539B
kuìtáo 潰逃 6-139A
kuítè 魁特 12-464B
kuītī 刲剔 2-649A
kuītì 虧替 8-853A
kuítí 奎蹄 2-1540A
kuítí 奎蹏 2-1540A
kuìtì 愧惕 7-664B
kuìtiǎn 愧覥 7-665A
kuītīng 窺聽 8-479B
kuītǒng 窺筩 8-478B
kuìtòng 愧痛 7-665A
kuītóu 盔頭 7-1424A
kuītóu 巋頭 12-688B
kuítóu 魁頭 12-466B
kuítóu 夔頭 3-1207A
kuītú 窺圖 8-478B
kuītú 虧圖 8-854A
kuītú 闚圖 12-152A
kuítú 逵途 10-952B
kuītuì 虧退 8-852B
kuìtuì 潰退 6-139A
kuīwán 闚玩 12-151B
kuìwǎn 餽輓 12-570B
kuìwǎn 饋輓 12-581B
kuīwǎng 虧枉 8-852A
kuīwàng 窺望 8-477B
kuīwàng 闚望 12-151B
kuīwàng 巋望 3-877B
kuíwǎng 夔魍 3-1207B
kuíwàng 魁望 12-465A
kuìwáng 潰亡 6-138B
kuìwàng 觖望 10-1356B
kuīwēi 巋巍 3-877B
kuīwéi 巋嵬 3-877B
kuīwěi 巋峗 3-877B
kuíwéi 揆違 6-783B
kuíwéi 睽違 5-809B
kuíwéi 睽違 7-1239B
kuíwěi 魁偉 12-465A
kuìwéi 潰圍 6-139B
kuìwèi 媿畏 4-388B
kuìwèi 愧畏 7-664A
kuìwèi 餽遺 12-571A
kuìwèi 饋遺 12-581B
kuìwèi 瞶遺 10-281A
kuīwěn 虧紊 8-853A
kuīwèn 闚問 12-151B
kuíwén 奎文 2-1539B
kuìwèn 餽問 12-570B
kuìwèn 饋問 12-581A
kuíwénfènwǔ 揆文奮武 6-783A
kuīwū 虧汙 8-852A
kuīwù 虧悞 8-853A
kuīwù 虧誤 8-854A
kuíwú 魁吾 12-463B
kuíwú 魁梧 12-465A
kuíwǔ 揆伍 6-783A
kuíwǔ 睽忤 7-1239A
kuíwù 揆務 6-783B
kuíwù 魁俉 12-464B
kuīxì 窺隙 8-478B
kuíxí 揆席 6-783A
kuìxī 愧惜 7-664B
kuìxī 喟息 3-508A
kuìxì 饋餼 12-581B
kuíxiá 魁黠 12-466B
kuíxiá 夔峽 3-1207A
kuíxiǎn 魁跣 12-465B
kuìxiàn 潰陷 6-139B
kuìxiàn 餽獻 12-571A
kuìxiàn 饋獻 12-582A
kuíxiāng 夔襄 3-1207B
kuíxiàng 逵巷 10-952A
kuīxiàng 缺項 8-1075A
kuìxiǎng 歸餉 5-377B
kuìxiǎng 餽餉 12-570B
kuìxiǎng 餽饟 12-571A
kuìxiǎng 饋餉 12-581B
kuìxiǎng 饋饗 12-582A
kuìxiǎng 饋饟 12-582A
kuīxiāngkē 盔箱科 7-1424A
kuìxiào 愧笑 7-664B
kuíxié 睽攜 5-810A
kuíxié 睽攜 7-1240A
kuíxiè 夔契 3-1207A
kuíxiè 夔卨 3-1207A
kuìxié 餽携 12-570B
kuìxiè 愧謝 7-665A
kuìxiè 餽謝 12-571A
kuīxīn 虧心 8-851B
kuīxìn 窺釁 8-479B
kuíxīn 葵心 9-493A
kuìxīn 愧心 7-663B
kuīxíng 虧形 8-852A
kuíxīng 魁星 12-464A
kuǐxíng 跬行 10-456B
kuìxíng 愧行 7-663B
kuíxīngtīdǒu 魁星踢斗 12-464A
kuīxīnshì 虧心事 8-851B
kuíxióng 魁雄 12-465B
kuíxiù 奎宿 2-1539B
kuíxiù 魁秀 12-463B
kuìxiū 愧羞 7-664B
kuíxū 夔魖 3-1207B
kuíxù 揆敘 6-783B
kuìxù 愧勗 7-664B

kuìxù 餽郵 12-570B
kuíxuǎn 魁選 12-466A
kuíxué 逵穴 10-952A
kuīxún 窺尋 8-478A
kuīxún 闚尋 12-152A
kuíyá 夔牙 3-1206B
kuíyān 暌淹 5-809B
kuíyán 魁顏 12-466B
kuíyàn 魁彥 12-464B
kuìyān 喟焉 3-417B
kuìyán 愧顏 7-665B
kuìyán 潰延 6-139A
kuíyáng 鮭陽 12-1219B
kuíyǎng 睽仰 7-1239A
kuìyáng 潰瘍 6-140A
kuìyǎng 饋養 12-581B
kuīyáo 窺摇 8-478B
kuīyì 窺議 8-479B
kuíyí 睽疑 7-1239B
kuíyì 暌異 5-809B
kuíyì 魁異 12-465A
kuíyì 魁毅 12-466A
kuíyì 睽異 7-1239B
kuìyí 歸移 5-374B
kuìyí 歸詒 5-376A
kuìyí 餽貽 12-570B
kuìyí 饋詒 12-581A
kuìyí 饋貽 12-581A
kuìyí 䞈貽 10-281A
kuìyì 潰逸 6-139B
kuìyì 潰溢 6-140A
kuìyǐn 潰引 6-139A
kuìyìn 饋酳 12-581B
kuīyīng 盔纓 7-1424A
kuīyíng 虧盈 8-852B
kuíyǐng 揆景 6-783B
kuǐyīng 頍纓 12-259A
kuíyīzú 夔一足 3-1206B
kuìyōng 潰癕 6-140B
kuìyōng 潰癰 6-140B
kuīyǒuxiǎo'ér 窺牖小兒 8-479A
kuīyú 窺窬 8-478B
kuīyú 窺覦 8-479A
kuīyú 窺踰 8-479A
kuīyú 闚覦 12-152A
kuīyú 闚闟 12-152A
kuīyù 窺玉 8-476B
kuīyù 窺欲 8-477B
kuīyù 闚欲 12-151B
kuǐyù 跬譽 10-457A
kuīyuán 窺園 8-478B
kuīyuán 闚園 12-152A
kuíyuán 奎垣 2-1539B
kuíyuán 魁元 12-463A
kuíyuǎn 暌遠 5-810A
kuīyuǎnjìng 窺遠鏡 8-478B
kuíyuè 夔樂 3-1207A
kuìyuè 愧悦 7-664B
kuīyúfēnháo 窺窬分毫 8-479A
kuīyújīxiān 刲腴擊鮮 2-649A
kuìyùn 餽運 12-570B
kuìyùn 饋運 12-581A
kuìyùn 饋餫 12-581B
kuīzǎi 刲宰 2-649A
kuízǎi 揆宰 6-783B
kuízài 暌載 5-810A
kuízǎo 奎藻 2-1540A
kuízé 逵澤 10-952B
kuīzéi 虧賊 8-853B
kuìzèng 饋贈 12-582A
kuìzèng 䞈贈 10-281A
kuízhá 奎札 2-1539B
kuīzhān 窺瞻 8-479B
kuízhāng 奎章 2-1539B
kuízhǎng 魁長 12-463B
kuīzhé 虧折 8-852A
kuīzhī 窺知 8-477A
kuīzhì 虧制 8-852A
kuìzhǐ 匱止 1-981B
kuìzhǐ 匱紙 1-981B
kuìzhì 餽贄 12-571A
kuìzhì 饋致 12-581A
kuízhòng 魁重 12-464A
kuízhǔ 魁主 12-463B
kuìzhuǎn 饋轉 12-581B
kuìzhuàn 饋饌 12-582A
kuízhuàng 魁壯 12-463B
kuìzhuì 潰墜 6-140A
kuízhuó 魁卓 12-463B
kuìzhuó 愧灼 7-663B
kuīzi 盔子 7-1424A
kuīzì 窺恣 8-477B
kuízǐ 夔子 3-1206B
kuìzǒu 潰走 6-139A
kuízǔ 暌阻 5-809B
kuízǔ 睽阻 7-1239A
kuīzuì 巋嶵 3-877B
kuízuó 逵卒 10-952A
kuìzuò 媿怍 4-388B
kuìzuò 愧怍 7-664A
kūjí 枯瘠 4-899A
kūjì 枯寂 4-896A
kǔjī 苦饑 9-325A
kǔjí 苦疾 9-321A
kǔjí 苦瘠 9-324A
kǔjì 苦計 9-321A
kǔjì 苦際 9-323B
kùjī 庫積 3-1232A
kūjiǎ 枯甲 4-891B
kūjià 哭嫁 3-362B
kūjiān 枯煎 4-897B
kūjiàn 枯澗 4-899B
kǔjiān 苦煎 9-323B
kǔjiàn 苦諫 9-324B
kūjiāng 枯僵 4-899A
kūjiāo 枯焦 4-896B
kūjiào 窟窖 8-454B
kǔjiāo 苦焦 9-322B
kùjiǎo 袴角 9-73B
kùjiǎo 袴脚 9-73B
kūjié 枯竭 4-898B
kǔjié 苦節 9-323A
kǔjímièdào 苦集滅道 9-322B
kùjīn 庫金 3-1231B
kùjǐn 庫錦 3-1232B
kǔjīnbálì 苦筋拔力 9-322A
kūjīng 枯莖 4-893B
kūjǐng 枯井 4-891A
kūjìng 枯徑 4-894B
kūjìng 枯逕 4-894A
kǔjīng 苦經 9-323B
kǔjìng 苦境 9-323B
kǔjìngānlái 苦盡甘來 9-323B
kūjīng'ǒuxuè 刳精嘔血 2-659A
kūjīngshùxīn 刳精鉥心 2-659A
kǔjìntiánlái 苦盡甜來 9-323B
kūjiǒng 枯窘 4-896B
kǔjiǔ 苦酒 9-321B
kūjū 窟居 8-454B
kǔjù 苦劇 9-324A
kùjú 庫局 3-1231B
kùjù 袴具 9-73B
kūjūn 枯龜 4-900A
kūkē 枯顆 4-899B
kūkě 枯渴 4-896B
kūkè 枯刻 4-892B
kūkè 枯尅 4-894A
kūkè 堀堁 2-1142B
kūkè 顝客 12-336B
kǔkè 苦刻 9-320A
kǔkè 苦尅 9-321A
kùkē 酷苛 9-1408B
kùkè 酷刻 9-1409A
kūkōng 枯空 4-892B
kǔkōng 苦空 9-320B
kǔkǒu 苦口 9-317B
kùkǒu 袴口 9-73A
kǔkǒu'èshí 苦口惡石 9-317B
kǔkǒupóxīn 苦口婆心 9-317B
kǔkǒushī 苦口師 9-317B
kūkū 骩骩 12-403B
kūkū 搰搰 6-762A
kūkū 矻矻 7-1005B
kūkū 窟窟 8-455A
kǔkǔ 苦苦 9-319B
kǔkù 苦酷 9-323B
kǔkǔqièqiè 苦苦切切 9-320A
kūkūtítí 哭哭啼啼 3-362A
kǔkǔzīzī 苦苦孜孜 9-320A
kūlā 搰拉 6-762A
kūlà 枯蠟 4-900B
kǔlà 苦辣 9-323B
kūlàn 枯爛 4-900B
kùlàn 酷濫 9-1410B
kūláng 窟郎 8-454B
kǔláo 苦勞 9-322B
kūléi 枯羸 4-900B
kūlěi 堀壘 2-1142B
kūlěi 崫壘 3-852A
kūlěi 窟壘 8-455A
kūlèi 枯淚 4-895B
kǔlěi 苦累 9-322A
kùlěi 酷累 9-1409B
kùlèi 酷類 9-1410B
kūlěizǐ 窟礧子 8-455A
kūlěizǐ 窟磊子 8-455A
kūlěizǐ 窟儡子 8-455A
kūlí 枯藜 4-900A
kūlí 枯黧 4-900B
kūlí 枯籬 4-901A
kūlì 枯立 4-891B
kǔlì 苦力 9-317A
kùlì 酷吏 9-1408B
kùlì 酷厲 9-1410A
kūlián 枯蓮 4-897A
kǔliǎn 苦臉 9-324B
kūliǎo 枯蓼 4-898A
kūlǐbáshé 窟裏拔蛇 8-454B
kūliè 枯裂 4-896A
kùliè 酷烈 9-1409A
kùliè 酷裂 9-1409B
kūlín 枯林 4-892B
kūlín 枯鱗 4-901A
kūlín 哭臨 3-362B
kùlìng 酷令 9-1408B
kūliǔ 枯柳 4-893A
kūlóng 枯龍 4-899B
kūlóng 窟窿 8-455A
kūlóng 窟櫳 8-455A
kūlóng 窟籠 8-455B
kūlǒng 窟竉 8-455A
kūlóngqiáo 窟窿橋 8-455A
kūlóngyǎn 窟窿眼 8-455A
kūlóu 枯髏 4-900B
kūlóu 骷髏 12-405B
kūlòu 枯陋 4-893A
kùlóu 庫婁 3-1232B
kùlóu 庫樓 3-1232A
kūlú 枯顱 4-901A
kūluán 刳臠 2-659A
kūluán 枯攣 4-901A
kūluò 枯落 4-896A
kùluò 袴襬 9-74B
kǔlǜ 苦慮 9-324A
kūlüè 圐圙 3-650A
kūlüè 嘮唥 3-427B
kùlüè 酷掠 9-1409B
kūmài 枯麥 4-895A
kǔmǎi 苦蕒 9-324A
kūmàn 枯蔓 4-898A
kǔmàn 楛僈 4-1081A
kūmén 掘門 6-730B
kǔmèn 苦悶 9-323A
kùmén 庫門 3-1232A
kūmí 枯糜 4-900A
kǔmì 苦覓 9-322A
kūmiáo 枯苗 4-892B
kūmiào 哭廟 3-362B
kūmiè 枯滅 4-898A
kǔmíng 苦茗 9-320B
kǔmìng 苦命 9-320A
kùmò 酷歿 9-1408B
kùmòxī 庫莫奚 3-1232A
kūmù 刳木 2-658A
kūmù 枯木 4-891A

kūmùfāróng 枯木發榮 4-891B
kūmùféngchūn 枯木逢春 4-891B
kūmùlóngyín 枯木龍吟 4-891B
kūmùshēnghuā 枯木生花 4-891A
kūmùsǐhuī 枯木死灰 4-891B
kūmùtáng 枯木堂 4-891B
kūmùxiǔzhū 枯木朽株 4-891A
kūmùzàishēng 枯木再生 4-891A
kūmùzhòng 枯木衆 4-891B
kǔnàn 苦難 9-324B
kǔnǎo 苦惱 9-322B
kǔn'ào 壼奥 2-1184B
kǔn'ào 閫奥 12-117B
kǔn'ào 閫隩 12-118A
kūnǎojiāoxīn 枯腦焦心 4-897B
kǔnǎozǐ 苦惱子 9-322B
kǔnbǎng 捆綁 6-613B
kūnbào 鯤鮑 12-1240A
kùnbèi 困憊 3-623B
kūnbì 菎蔽 9-440A
kǔnbì 悃愊 7-544B
kùnbī 困偪 3-622A
kùnbī 困逼 3-622A
kùnbì 困敝 3-622A
kùnbì 困弊 3-623A
kùnbì 困獘 3-623A
kūnbiǎo 坤表 2-1075B
kǔnbìwúhuá 悃愊無華 7-545A
kùnbó 困踣 3-623A
kùnbó 困薄 3-623A
kūnbù 昆布 5-586B
kǔncái 閫才 12-116B
kūncè 坤策 2-1076A
kǔncè 悃惻 7-545A
kūnchē 坤車 2-1075B
kǔnchén 悃忱 7-544B
kǔnchén 閫臣 12-117A
kūnchéng 坤成 2-1075B
kǔnchéng 悃誠 7-545A
kūnchī 髡笞 12-729A
kūnchí 昆池 5-587A
kūnchí 蜫蚳 8-915B
kūnchí 鯤池 12-1239B
kūnchóng 昆蟲 5-588B
kūnchóng 蜫蟲 8-915B
kūnchóngxué 昆蟲學 5-588B
kùnchǔ 困處 3-622A
kūncóng 昆從 5-588B
kǔncóng 悃悰 7-544B
kùncù 困踧 3-623A
kùncù 困蹙 3-623B
kùncù 困蹴 3-623B
kùncuī 困摧 3-622B
kùncuì 困悴 3-622A
kùncuì 困瘁 3-622B
kūndài 褌帶 9-117B
kùndài 困殆 3-621B
kūndàn 坤旦 2-1075B
kūndāng 褌襠 9-117B
kūndǎng 崑黨 3-835A
kūndāo 昆刀 5-586B
kūndāo 崑刀 3-832B
kūndào 坤道 2-1076A
kūndé 坤德 2-1076B
kǔndé 壼德 2-1184B
kǔndé 閫德 12-118A
kūndèng 崑鄧 3-834B
kūndì 昆弟 5-587B
kūndì 昆娣 5-588A
kūndì 晜弟 5-749B
kūndì 髡鈦 12-729A
kūndiǎn 坤典 2-1075B
kūndiào 崑調 3-834B
kùndòu 困鬬 3-624A
kùndòu 困鬭 3-624A
kùndú 困毒 3-621B
kùndǔ 困篤 3-623B
kūndùn 髡頓 12-729A
kùndūn 困敦 3-622A
kùndùn 困頓 3-622B
kùn'è 困隘 3-622B
kùn'è 困厄 3-620B
kùn'è 困戹 3-621A
kùn'è 困阨 3-621A
kùnéng 酷能 9-1409B
kūn'ér 鯤鮞 12-1240A
kūn'ér 鯤鱬 12-1240B
kǔn'er 綑兒 9-871A
kūnfà 髡髮 12-729B
kùnfá 困乏 3-621A
kǔnfān 捆翻 6-613B
kǔnfàn 壼範 2-1184B
kǔnfàn 閫範 12-118A
kūnfàng 髡放 12-728B
kùnfèi 困廢 3-623A
kūnfēng 崑峯 3-833B
kūnfèng 鯤鳳 12-1240A
kǔnfēng 捆風 6-613B
kǔnfēng 綑風 9-871A
kūnfū 髡夫 12-728B
kūnfǔ 崑府 3-833B
kǔnfù 捆縛 6-613B
kǔnfù 梱復 4-1039B
kǔnfù 綑縛 9-871A
kūngāng 昆岡 5-587B
kūngāng 崑岡 3-833B
kūngāng 崑崗 3-833B
kūngāng 錕鋼 11-1323A
kǔngé 壼閣 2-1184B
kūngěng 鯤鯁 12-1240A
kǔngōng 閫公 12-116B
kǔnguī 閫閨 12-118A
kǔnguǒ 麇裹 12-1289B
kūnhǎi 鯤海 12-1239B
kùnhào 困耗 3-622A
kūnhè 髡褐 12-729A
kūnhè 鯤壑 12-1240A
kùnhé 困涸 3-622A
kūnhémài 昆和麥 5-587B
kùnhēng 困亨 3-621A
kūnhòu 坤后 2-1075B
kūnhòu 坤厚 2-1075B
kūnhòu 昆後 5-588A
kūnhú 鵾鵠 12-1135B
kūnhuà 崑華 3-833B
kūnhuà 鯤化 12-1239B
kūnhuà 鵑化 12-1122A
kūnhuáng 焜黄 7-92B
kūnhuáng 焜煌 7-92B
kūnhuǎng 焜晃 7-92B
kūnhūn 昆閽 5-588B
kūnhuǒ 崑火 3-833A
kùnhuò 困惑 3-622A
kǔnì 苦膩 9-324B
kùnǐ 酷擬 9-1410A
kunian 枯蔫 4-898A
kūniǎo 哭鳥 3-362A
kūniè 枯梼 4-893A
kūniè 枯櫱 4-900B
kūnièxiǔzhū 枯梼朽株 4-893A
kūnjī 昆雞 5-588B
kūnjī 鯤雞 12-1240A
kūnjī 鵑雞 12-1122B
kūnjī 鵑鷄 12-1122B
kūnjī 鵾雞 12-1135B
kūnjí 坤極 2-1076A
kūnjì 昆季 5-588A
kǔnjì 閫寄 12-117B
kùnjí 困急 3-621B
kùnjí 困棘 3-622A
kūnjiàn 昆劍 5-588B
kùnjiǎn 困蹇 3-623B
kūnjiàng 卵醬 2-529A
kǔnjiào 閫教 12-117B
kùnjiào 困覺 3-624A
kùnjiào 睏覺 7-1222B
kūnjiē 髡接 12-729A
kūnjié 髡截 12-729A
kūnjīng 鯤鯨 12-1240A
kūnjīng 鯤鱷 12-1240B
kūnjīng 鵑鯨 12-1122B
kùnjìng 困境 3-622B
kùnjiǒng 困窘 3-622B
kūnjù 昆劇 5-588B
kùnjù 困寠 3-623A
kùnjù 困劇 3-623A
kùnjù 困窶 3-623B
kùnjuàn 困倦 3-622A
kūnjué 坤角 2-1075B
kùnjué 困蹶 3-623B
kǔnjùn 閫郡 12-117A
kùnkē 困坷 3-621B
kǔnkěn 悃懇 7-545A
kùnkòng 困控 3-622A
kūnkù 褌袴 9-117B
kūnkù 褌褲 9-117B
kùnkǔ 困苦 3-621B
kǔnkuǎn 悃款 7-544B
kùnkuì 困匱 3-622B
kūnkūn 焜焜 7-92B
kǔnkǔn 悃悃 7-544B
kǔnkǔn 硱硱 7-1052B
kūnlàn 焜爛 7-92B
kūnlàng 崑閬 3-835A
kūnléng 崑崚 3-833B
kùnliè 困劣 3-621A
kūnlín 鯤鱗 12-1240A
kùnlìn 困吝 3-621B
kūnlíng 坤伶 2-1075B
kūnlíng 坤靈 2-1076B
kūnlíng 崑陵 3-833B
kūnlǐng 崑嶺 3-835A
kǔnlìng 閫令 12-117A
kūnlíngzhīchí 昆靈之池 5-588B
kūnliú 髡流 12-729A
kūnlōng 鯤龍 12-1240A
kūnlú 髡顱 12-729B
kūnlù 篦簬 8-1195A
kūnlù 菎蕗 9-440A
kūnlún 昆侖 5-588A
kūnlún 崑崙 3-833B
kūnlúnbó 崑崙舶 3-834B
kūnlúndào 昆侖道 5-588A
kūnlún'ér 崑崙兒 3-834B
kūnlúnguā 崑崙瓜 3-834A
kūnlúnhuáng 崑崙黄 3-834B
kūnlúnnú 崑崙奴 3-834A
kūnlúnqiū 崑崘丘 3-834A
kūnlúnqiū 崑崙丘 3-834A
kūnlúnshāng 崑崙觴 3-834B
kūnlúnshǐzhě 崑崙使者 3-834A
kūnlúnxū 崑崙墟 3-834B
kūnlúnxuánpǔ 崑崙縣圃 3-834B
kūnlúnzhú 崑崙竹 3-834A
kūnlúnzǐ 崑崙子 3-834A
kūnluǒ 髡裸 12-729A
kūnluǒ 髡躶 12-729B
kūnmǎ 坤馬 2-1075B
kūnmáo 髡毛 12-728B
kūnmáo 髡鬤 12-729A
kùnmèn 困悶 3-622B
kùnméng 困蒙 3-622B
kūnmí 昆彌 5-588B
kùnmiǎn 困勉 3-621B
kūnmiáo 昆苗 5-587B
kūnmíng 昆明 5-587B
kǔnmìng 閫命 12-117A
kūnmíngchí 昆明池 5-587B
kūnmínghú 昆明湖 5-587B
kūnmínghuī 昆明灰 5-587B
kūnmíngjiéhuī 昆明劫灰 5-587B
kūnmò 昆莫 5-588A
kùnmò 困瘼 3-623A
kùnmòzhǎng 困没長 3-621B
kǔnmù 閫幕 12-117B
kūnnài 髡耏 12-728B
kùnnán 困難 3-623B
kùnnáo 困橈 3-623A
kùnnǎo 困惱 3-622B
kǔnnèi 梱内 4-1039B
kǔnnèi 閫内 12-116B
kùnněi 困餒 3-623A
kùnněi 困餧 3-623B

kūnní 坤倪 2-1075B
kǔnniè 閫闑 12-118A
kūnnìnggōng 坤寧宮 2-1076A
kūnniú 坤牛 2-1075A
kūnnú 崑奴 3-833A
kūnnú 髡奴 12-728B
kūnòng 窟弄 8-454B
kūnpéng 鯤鵬 12-1240A
kūnpéng 鶤鵬 12-1122B
kūnpí 鶤皮 12-1122B
kùnpǐ 困否 3-621A
kūnpìn 髡牝 12-728B
kùnpò 困迫 3-621B
kūnpǔ 崑圃 3-833B
kūnqí 昆蚑 5-588A
kūnqí 蜫蚑 8-915B
kūnqiān 髡鬜 12-729B
kūnqián 坤乾 2-1076A
kūnqián 髡鉗 12-729A
kūnqiāng 昆腔 5-588B
kūnqiāng 崑腔 3-834B
kùnqióng 困窮 3-623A
kūnqiū 崑丘 3-833A
kūnqiū 崑邱 3-833A
kūnqiú 髡囚 12-728B
kūnqǔ 昆曲 5-587A
kūnqǔ 崑曲 3-833A
kǔnqū 悃曲 7-544B
kùnrǎo 困擾 3-623B
kūnrén 髡人 12-728A
kùnrén 困人 3-620B
kūnréng 昆仍 5-586B
kūnróng 昆戎 5-586B
kūnrú 蜫蠕 8-915B
kùnrǔ 困辱 3-622A
kūnsè 鶤瑟 12-1122B
kūnsēng 髡僧 12-729A
kūnshān 昆山 5-586B
kūnshān 崑山 3-832B
kūnshāndiào 崑山調 3-833A
kūnshàng 焜上 7-92A
kùnshāng 困傷 3-622B
kūnshānpiànyù 崑山片玉 3-833A
kūnshānqiāng 崑山腔 3-833A
kūnshānqǔ 崑山曲 3-833A
kūnshēn 鯤身 12-1239B
kūnshì 褌虱 9-117B
kǔnshì 閫室 12-117A
kūnshǒu 髡首 12-728B
kùnshǒu 困守 3-621A
kùnshòu 困獸 3-623B
kùnshòuyóudòu 困獸猶鬬 3-623B
kūnshù 髡樹 12-729B
kǔnshǔ 閫署 12-117B
kǔnshù 壼術 2-1184B
kǔnshù 閫術 12-117B
kǔnshuài 閫帥 12-117A
kùnshuì 睏睡 7-1222B
kūnshùn 坤順 2-1076A
kūnsī 鶤絲 12-1122B
kǔnsī 閫司 12-117A
kūnsūn 昆孫 5-588A
kūnsūn 晜孫 5-749B
kùnsuǒ 困索 3-622A
kǔntà 梱闥 4-1039B
kūntái 昆臺 5-588B
kūntái 崑臺 3-834B
kǔntái 閫臺 12-117B
kùntēngtēng 困騰騰 3-624A
kūntí 昆蹏 5-588B
kūntí 猑蹏 5-77A
kūntí 騉蹄 12-857B
kūntǐ 崑體 3-835A
kūntì 髡鬄 12-729B
kūntì 髡剔 12-728B
kūntì 髡薙 12-729B
kūntíng 琨庭 4-592B
kūntóu 髡頭 12-729B
kūntú 昆駼 5-588B
kūntú 髡徒 12-729A
kūntú 騉駼 12-857B
kūntún 髡屯 12-728B
kùnú 酷祕 9-1410A
kùnüè 焅虐 7-80B
kùnüè 酷虐 9-1409A
kǔnwài 閫外 12-117A
kǔnwàng 閫望 12-117B
kūnwéi 坤維 2-1076A
kūnwèi 昆媦 5-588B
kūnwèi 崑味 3-833A
kǔnwēi 閫威 12-117A
kǔnwéi 壼闈 2-1184B
kǔnwéi 閫闈 12-118A
kǔnwěi 硱磈 7-1052B
kùnwèi 困畏 3-621B
kùnwèi 困慰 3-623A
kūnwēng 髡翁 12-729A
kǔnwò 閫幄 12-117B
kūnwú 混吾 5-1375A
kūnwú 昆吾 5-587A
kūnwú 琨珸 4-592B
kūnwú 錕鋘 11-1323A
kūnwú 錕吾 11-1322B
kūnwú 錕鋙 11-1323A
kùnwū 困污 3-621A
kūnwúdāo 昆吾刀 5-587A
kūnwúfēng 昆吾鋒 5-587B
kǔnxí 閫席 12-117A
kūnxián 鯤弦 12-1239B
kūnxián 鯤絃 12-1240A
kūnxián 鶤弦 12-1122B
kūnxián 鶤絃 12-1122B
kūnxiǎn 髡跣 12-729A
kūnxiáng 鶤翔 12-1122B
kǔnxīn 梱心 4-1039B
kūnxíng 髡刑 12-728B
kùnxīnhénglǜ 困心横慮 3-621A
kùnxīnhénglǜ 困心衡慮 3-621A
kūnxiù 崑岫 3-833A
kūnxū 崑墟 3-834B
kūnxuē 髡削 12-728B
kùnxué 困學 3-623B
kǔnxùn 壼訓 2-1184B
kūnyán 崑炎 3-833B
kūnyáng 鯤洋 12-1239B
kūnyáo 琨瑤 4-592B
kūnyào 焜燿 7-92B
kūnyào 焜耀 7-92B
kūnyè 焜燁 7-92B
kǔnyè 閫業 12-117B
kūnyí 混夷 5-1374A
kūnyí 坤儀 2-1076B
kūnyí 昆夷 5-586B
kūnyí 琨夷 4-592B
kūnyì 昆裔 5-588B
kūnyì 焜奕 7-92B
kǔnyí 壼彝 2-1184B
kǔnyí 閫儀 12-118A
kùnyì 困抑 3-621A
kūnyín 坤垠 2-1075B
kūnyǒu 昆友 5-586B
kūnyú 坤隅 2-1076A
kūnyú 坤輿 2-1076B
kūnyú 琨瑜 4-592B
kūnyú 鯤魚 12-1240A
kūnyù 坤育 2-1075B
kūnyù 昆玉 5-586B
kūnyù 崑玉 3-833A
kūnyù 焜昱 7-92B
kǔnyú 悃愚 7-545A
kǔnyǔ 閫宇 12-117A
kǔnyù 閫域 12-117B
kǔnyù 閫閾 12-118A
kūnyuán 坤元 2-1075A
kūnyuè 崑岳 3-833B
kūnyuè 崑嶽 3-835A
kūnyuè 髡刖 12-728B
kùnyuē 困約 3-622A
kūnyùqiūshuāng 琨玉秋霜 4-592B
kǔnzā 捆扎 6-613B
kūnzài 坤載 2-1076A
kǔnzài 麇載 12-1289B
kǔnzài 稛載 8-98A
kǔnzài 綑載 8-597A
kūnzān 髡簪 12-729B
kūnzào 坤造 2-1075B
kūnzé 坤則 2-1075B
kǔnzé 壼則 2-1184B
kǔnzēng 硱磳 7-1052B
kūnzhái 坤宅 2-1075B
kūnzhào 焜照 7-92B
kūnzhě 褌褶 9-117B
kùnzhé 困折 3-621A
kūnzhēn 坤珍 2-1075B
kǔnzhèng 壼政 2-1184A
kǔnzhèng 閫正 12-116B
kǔnzhèng 閫政 12-117A
kǔnzhí 閫職 12-118A
kǔnzhì 悃質 7-545A
kùnzhì 困滯 3-623A
kùnzhì 困躓 3-624A
kùnzhīmiǎnxíng 困知勉行 3-621B
kūnzhòng 昆仲 5-587A
kǔnzhōng 悃衷 7-544B
kūnzhóu 坤軸 2-1076A
kūnzhóu 崑軸 3-834B
kūnzhú 崑竹 3-833A
kūnzhù 髡祝 12-728B
kūnzhù 鶤柱 12-1122B
kūnzhūn 𧳜屯 11-610A
kùnzhūn 困屯 3-620B
kūnzi 鯤子 12-1239B
kūnzī 髡緇 12-729B
kùnzōng 困惾 3-622B
kùnzǔ 困阻 3-621B
kùnzuì 困醉 3-623A
kuòbèi 擴被 6-939B
kuòbǐ 括比 6-562B
kuòbì 括蔽 6-563B
kuòbiān 擴編 6-939B
kuòbiǎn 闊匾 12-138B
kuòbié 闊別 12-138A
kuòbīng 括兵 6-563A
kuòbù 闊步 12-137B
kuòbùgāotán 闊步高談 12-138A
kuòchǎng 廓惝 3-1254A
kuòchōng 廓充 3-1254A
kuòchōng 擴充 6-939A
kuòchūn 括春 6-563A
kuòchuò 闊綽 12-139B
kuòcì 括次 6-563A
kuòcóng 闊悰 12-138B
kuòcuō 括撮 6-564A
kuòdá 廓達 3-1254A
kuòdá 闊達 12-139A
kuòdà 廓大 3-1254A
kuòdà 擴大 6-939A
kuòdà 闊大 12-137B
kuòdádàdù 廓達大度 3-1254A
kuòdàhuà 擴大化 6-939A
kuòdàhuìyì 擴大會議 6-939A
kuòdàjìng 廓大鏡 3-1254A
kuòdàn 擴澹 6-939B
kuòdàn 闊誕 12-139B
kuòdàng 闊宕 12-138A
kuòdàng 闊蕩 12-140A
kuòdí 括糴 6-564B
kuòdì 括地 6-562B
kuòdìng 廓定 3-1254A
kuò'ěr 廓爾 3-1254B
kuòfǎ 括髮 6-564A
kuòfà 髻髮 12-741A
kuòfǎng 括訪 6-563B
kuògǎng 闊港 12-139A
kuòguǎng 擴廣 6-939B
kuòhào 括號 6-563B
kuòhóng 鞹鞃 12-213A
kuòhú 括弧 6-563A
kuòhù 括户 6-562B
kuòhuái 闊懷 12-140A
kuòhuī 廓恢 3-1254A
kuòjī 闊積 12-140A
kuòjí 括集 6-563B
kuòjí 括籍 6-564A
kuòjiǎn 括檢 6-564A
kuòjiàn 擴建 6-939B

kuòjiē 括揭 6-563B
kuòjié 括結 6-563B
kuòjiě 闊解 12-139B
kuòjiè 括借 6-563A
kuòjìn 闊禁 12-139B
kuòjiǒng 闊迥 12-138A
kuòjué 闊絶 12-139B
kuòjūn 擴軍 6-939B
kuòkāi 廓開 3-1254B
kuòkè 闊客 12-138A
kuòkuò 蛞蛞 8-890B
kuòkuò 廓廓 3-1254B
kuòkuò 擴廓 6-939B
kuòlǎng 闊朗 12-138B
kuòlǎo 闊老 12-137B
kuòlǎo 闊佬 12-138A
kuòlǐ 闊禮 12-140A
kuòliáo 闊寥 12-139B
kuòlóu 括蔞 6-563B
kuòlóu 括樓 6-564A
kuòlóu 栝蔞 4-977A
kuòlóu 栝樓 4-977A
kuòlóu 甋瓠 8-282A
kuòlùn 闊論 12-140A
kuòlùngāotán 闊論高談 12-140A
kuòluò 廓落 3-1254B
kuòluò 廓犖 3-1255A
kuòluò 闊落 12-139A
kuòlüè 闊略 12-138B
kuòmǎ 括馬 6-563A
kuòmǎi 括買 6-563B
kuòmiáo 括苗 6-563A
kuònáng 括囊 6-564A
kuòniè 闊躡 12-140A
kuòníng 廓寧 3-1255A
kuòpì 闊闢 12-140A
kuòpíng 廓平 3-1254A
kuòqì 闊氣 12-138A
kuòqiàn 闊塹 12-139B
kuòqīng 廓清 3-1254A
kuòqīng 擴清 6-939B
kuòqīng 霩清 11-725A
kuòqíng 闊情 12-138B
kuòqióng 廓穹 3-1254A
kuòqǔ 括取 6-563A
kuòrán 廓然 3-1254B
kuòrán 闊然 12-139A
kuòrén 闊人 12-137B
kuòrénjiā 闊人家 12-137B
kuòrú 廓如 3-1254A
kuòsàn 擴散 6-939B
kuòsǎng 闊顙 12-140A
kuòsǎsǎ 闊灑灑 12-140A
kuòshào 闊少 12-137B
kuòshàoyé 闊少爺 12-137B
kuòshēngqì 擴聲器 6-939B
kuòshí 括實 6-564A
kuòshì 括市 6-562B
kuòshì 闊視 12-138B
kuòshū 闊疎 12-139A
kuòshū 闊疏 12-139A
kuòshù 輵輸 12-211B
kuòshuā 括刷 6-563A
kuòshuài 括率 6-563B
kuòsōng 栝松 4-977A
kuòsuǒ 括索 6-563A
kuòtián 括田 6-562B
kuòtián 廓填 3-1254B
kuòtiānkuòdì 闊天闊地 12-137B
kuòtiě 括帖 6-563A
kuòtōng 廓通 3-1254A
kuòtóu 髻頭 12-741B
kuòtuò 闊拓 12-138A
kuòwǎng 闊網 12-140A
kuòxī 闊希 12-138A
kuòxī 闊悉 12-138B
kuòxiá 闊狹 12-138A
kuòxiá 闊陿 12-139A
kuòxiāng 括香 6-563A
kuòxiào 闊笑 12-138A
kuòxiōngqì 擴胸器 6-939B
kuòyèshù 闊葉樹 12-139A
kuòyì 闊臆 12-140A
kuòyīnqì 擴音器 6-939B
kuòyū 闊迂 12-137B
kuòyú 蛞蝓 8-891A
kuòyǔ 括羽 6-563A
kuòyuǎn 闊遠 12-139B
kuòyuējī 括約肌 6-563A
kuòzé 括責 6-563B
kuòzhā 鬠鬠 12-1454B
kuòzhǎn 擴展 6-939B
kuòzhāng 廓張 3-1254A
kuòzhāng 擴張 6-939B
kuòzhèng 括正 6-562B
kuòzhōu 廓周 3-1254A
kuòzǐsōng 栝子松 4-977A
kuòzǒng 括總 6-564A
kuòzú 括鏃 6-564A
kuòzuì 會撮 5-791A
kuòzuì 會最 5-789B
kǔpáo 苦匏 9-321B
kūpéng 枯蓬 4-897A
kūpéngduàncǎo 枯蓬斷草 4-897A
kūpí 枯皮 4-891B
kūpiān 枯偏 4-895A
kùpín 酷貧 9-1409B
kūpíng 枯萍 4-894B
kùpíng 庫平 3-1231B
kùpíng 酷評 9-1409B
kūpò 枯魄 4-898B
kūpōu 刳剖 2-658B
kūpú 枯蒲 4-897A
kūpù 枯暴 4-899A
kūqí 矻齊 7-1005B
kūqí 枯萁 4-894B
kūqì 枯磧 4-899B
kūqì 哭泣 3-362A
kǔqì 苦器 9-324A
kūqiàn 枯塹 4-898B
kūqiāng 刳腔 2-659A
kūqiāng 枯腔 4-896B
kūqiào 窟竅 8-455A
kǔqiē 苦切 9-318A
kǔqiè 苦切 9-318A
kùqiè 酷切 9-1408A
kūqíntíng 哭秦庭 3-362A
kūqióng 枯笻 4-895A
kūqióng 枯筇 4-895A
kūqióng 哭窮 3-362B
kūqú 枯渠 4-895B
kūqú 枯臞 4-900B
kǔqū 苦趣 9-324A
kūquán 枯泉 4-893B
kūquán 窟泉 8-454B
kūrǎng 枯壤 4-900B
kǔrè 苦熱 9-324A
kùrè 酷熱 9-1410A
kùrěn 酷忍 9-1408B
kùrì 酷日 9-1408B
kūróng 枯榮 4-898B
kǔròujì 苦肉計 9-318B
kùrú 袴襦 9-74A
kùrú 酷儒 9-1410A
kùrúgē 袴襦歌 9-74B
kùrùguān 庫傉官 3-1232A
kùrùguān 庫褥官 3-1232A
kūrùn 枯潤 4-899A
kùruògān 庫若干 3-1231B
kūsāng 枯桑 4-894B
kūsāngbàng 哭喪棒 3-362B
kūsānggùn 哭喪棍 3-362B
kūsāngliǎn 哭喪臉 3-362B
kūsàngzheliǎn 哭喪着臉 3-362A
kūsè 枯澁 4-899A
kūsè 枯澀 4-900A
kǔsè 苦澀 9-324B
kūsēng 枯僧 4-898B
kǔshā 苦殺 9-321A
kùshā 庫紗 3-1232A
kùshā 酷殺 9-1409A
kūshàn 刳剡 2-658B
kùshān 袴衫 9-73B
kūshāng 枯傷 4-897B
kūshēn 枯身 4-892B
kǔshēn 苦參 9-322A
kǔshēn 苦身 9-319B
kūshēng 枯聲 4-899B
kūshī 枯尸 4-891A
kūshì 枯士 4-891A
kūshì 堀室 2-1142B
kūshì 窟室 8-454B
kūshì 窋室 8-441A
kǔshí 苦藡 9-325A
kǔshì 苦事 9-320A
kùshì 酷嗜 9-1410A
kūshǒu 枯守 4-892A
kūshǒu 枯首 4-893B
kūshòu 枯瘦 4-898B
kǔshǒu 苦手 9-318A
kùshōu 庫收 3-1231B
kūshòushítāi 刳獸食胎 2-659A
kūshù 枯樹 4-899B
kùshū 庫書 3-1232A
kùshǔ 酷暑 9-1409B
kūshuài 枯率 4-895B
kūshuāng 枯霜 4-899B
kùshuāng 酷霜 9-1410A
kūshùféngchūn 枯樹逢春 4-899B
kūshuǐ 枯水 4-891B
kǔshuǐ 苦水 9-318A
kūshùkāihuā 枯樹開花 4-899B
kūshùzàishēngzhī 枯樹再生枝 4-899B
kūsǐ 枯死 4-892A
kūsì 枯肆 4-897A
kǔsǐ 苦死 9-318B
kǔsǐ 楛死 4-1081A
kùsī 庫司 3-1231B
kùsì 酷似 9-1408B
kǔsīmíngxiǎng 苦思冥想 9-320B
kūsōng 刳松 2-658A
kūsōng 枯松 4-892B
kūsǒu 窟藪 8-455A
kūsǔn 枯損 4-897A
kǔsǔn 苦筍 9-322A
kūsǔnliàng 枯損量 4-897A
kūsuǒ 枯索 4-894A
kūtāi 刳胎 2-658B
kǔtāi 苦胎 9-321A
kūtāifénjiāo 刳胎焚郊 2-658B
kūtāifényāo 刳胎焚夭 2-658B
kūtāishāyāo 刳胎殺夭 2-658B
kūtāitīyùn 刳胎剔孕 2-658B
kùtǎng 庫帑 3-1232A
kūténg 枯藤 4-900A
kūténgzhàng 枯藤杖 4-900B
kūtī 刳剔 2-658B
kūtí 枯荑 4-893A
kūtiānmǒlèi 哭天抹淚 3-362A
kūtiáo 枯條 4-894A
kūtǐhuīxīn 枯體灰心 4-900B
kūtíng 枯莛 4-893A
kūtíng 哭庭 3-362A
kūtǐng 刳艇 2-659A
kǔtíng 苦苧 9-318B
kūtóng 枯桐 4-894A
kǔtòng 苦痛 9-322B
kùtǒng 袴筒 9-73B
kùtòng 酷痛 9-1409B
kǔtóu 苦頭 9-324A
kǔtú 苦荼 9-321A
kùtú 酷屠 9-1409B
kùtuǐ 袴腿 9-74A
kūtún 胐臀 6-1241A
kūtún 窟臀 8-455A
kūtuò 枯籜 4-900B
kùwà 袴袜 9-73B
kùwà 袴襪 9-74A
kùwán 袴紈 9-73B
kūwěi 枯萎 4-894B
kūwěi 枯葦 4-896A

kǔwèi 苦味 9-320A
kūwěn 枯吻 4-892B
kūwú 枯梧 4-894B
kǔwù 苦霧 9-324B
kūxī 枯腊 4-896B
kǔxī 苦惜 9-322A
kùxǐ 酷喜 9-1409B
kūxián 枯閒 4-897A
kǔxiàng 苦相 9-320B
kūxiào 枯笑 4-894A
kǔxiào 苦笑 9-321A
kùxiāo 酷肖 9-1408B
kūxiàobùdé 哭笑不得 3-362A
kūxīn 刳心 2-658A
kūxīn 枯心 4-891B
kǔxīn 苦心 9-318A
kǔxīn 苦辛 9-319B
kǔxīn 苦莘 9-321A
kūxīndiāoshèn 刳心雕腎 2-658A
kūxíng 枯形 4-892A
kǔxíng 苦刑 9-318B
kǔxíng 苦行 9-319A
kùxíng 酷刑 9-1408B
kūxínghuīxīn 枯形灰心 4-892A
kūxíngqùpí 刳形去皮 2-658A
kǔxíngsēng 苦行僧 9-319A
kǔxíngtóutuó 苦行頭陀 9-319A
kǔxīngūyì 苦心孤詣 9-318A
kǔxīnrén 苦心人 9-318A
kūxiǔ 枯朽 4-891B
kǔxiū 苦修 9-321A
kūxiǔzhīyú 枯朽之餘 4-892A
kūxū 堀虛 2-1142B
kūxuē 刳削 2-658B
kūxué 掘穴 6-730B
kūxué 堀穴 2-1142B
kūxué 窟穴 8-454A
kūxuě 枯雪 4-895A
kǔxué 苦學 9-324B
kùxuē 袴靴 9-74A
kùxuē 袴韡 9-74A
kǔxùn 苦訓 9-321A
kūyā 刳剄 2-658B
kūyǎ 枯啞 4-895A
kūyán 窟巖 8-455B
kūyǎn 枯偃 4-895A
kūyǎn 窟眼 8-454B
kūyàn 枯研 4-893A
kūyàn 枯硯 4-896A
kǔyán 苦言 9-319B
kùyán 酷炎 9-1409A
kūyáng 刳羊 2-658A
kūyáng 枯楊 4-897A
kūyángshēnghuā 枯楊生華 4-897A
kūyángshēngtí 枯楊生稊 4-897A
kūyángzhītí 枯楊之稊 4-897A
kǔyānyān 苦懨懨 9-324B
kǔyànyàn 苦厭厭 9-323B
kùyāo 袴腰 9-74A
kùyāodài 袴腰帶 9-74A
kūyè 枯葉 4-896A
kūyè'é 枯葉蛾 4-896A
kǔyì 苦役 9-319B
kùyì 酷意 9-1410A
kūyín 枯吟 4-892B
kǔyín 苦吟 9-319B
kùyín 庫銀 3-1232A
kūyìng 枯硬 4-896A
kūyǒng 哭踊 3-362B
kùyòng 酷用 9-1408B
kūyú 枯魚 4-895A
kūyú 枯腴 4-896B
kūyú 枯榆 4-897A
kūyù 枯菀 4-894B
kǔyú 苦于 9-317B
kǔyǔ 苦雨 9-320A
kǔyǔ 苦語 9-323B
kǔyǔ 楛窳 4-1081A
kǔyù 楛菀 4-1081A
kùyǔ 庫庾 3-1232A
kùyù 酷郁 9-1408B
kūyuán 枯原 4-894A
kūyúbìnghè 枯魚病鶴 4-895B
kūyuè 堀閱 2-1142B
kǔyuè 苦月 9-318A
kūyúguòhéqì 枯魚過河泣 4-895B
kūyún 枯耘 4-893B
kūyùn 枯隕 4-897A
kūyúqì 枯魚泣 4-895A
kǔyǔqīfēng 苦雨淒風 9-320A
kūyúxiánsuǒ 枯魚銜索 4-895B
kūyúzhīsì 枯魚之肆 4-895A
kùzàng 庫藏 3-1232B
kūzào 枯燥 4-900A
kūzé 枯澤 4-899B
kūzhái 枯宅 4-892A
kūzhái 窟宅 8-454B
kūzhān 枯饘 4-901A
kǔzhàn 苦戰 9-324A
kūzhāolíng 哭昭陵 3-362A
kūzhé 刳磔 2-659A
kūzhé 枯折 4-892A
kūzhé 枯磔 4-899A
kùzhě 袴褶 9-74A
kǔzhēn 苦箴 9-324A
kǔzhèng 苦諍 9-323A
kùzhèng 酷政 9-1409A
kūzhī 枯枝 4-892B
kǔzhī 苦蘵 9-325A
kǔzhì 苦志 9-319A
kūzhītīgāo 刳脂剔膏 2-658B
kūzhīzàichūn 枯枝再春 4-892B
kūzhǒng 枯冢 4-894B
kūzhǒng 枯塚 4-897A
kǔzhōng 苦衷 9-321A
kǔzhōngzuòlè 苦中作樂 9-318A
kūzhōu 刳舟 2-658A
kūzhòu 枯紂 4-899A
kūzhōushànjí 刳舟剡楫 2-658A
kūzhū 枯株 4-894A
kūzhú 枯竹 4-892A
kūzhú 哭竹 3-362A
kūzhǔ 哭主 3-362A
kūzhù 枯住 4-892B
kǔzhū 苦櫧 9-325A
kǔzhú 苦竹 9-318B
kǔzhǔ 苦主 9-318B
kùzhù 庫貯 3-1232A
kǔzhú'āisī 苦竹哀絲 9-319A
kūzhúhè 枯竹褐 4-892A
kūzhuó 窟窡 8-455A
kūzhūxiǔmù 枯株朽木 4-894A
kūzì 枯胔 4-896A
kūzì 枯胾 4-896A
kùzi 袴子 9-73B
kùzi 庫子 3-1231A
kǔzīzī 苦孜孜 9-319B
kūzuò 枯坐 4-892B

L

lābā 拉巴 6-498A
lābá 拉拔 6-498B
lābǎ 拉把 6-498B
lǎba 喇叭 3-413A
làbā 剌八 2-690B
làbā 臘八 6-1403A
làbá 剌犮 2-690B
làbācù 臘八醋 6-1403B
làbādòu 臘八豆 6-1403B
lǎbahuā 喇叭花 3-413B
làbāhuì 臘八會 6-1403B
lǎbakù 喇叭褲 3-413B
làbāmǐ 臘八米 6-1403B
làbāmiàn 臘八麪 6-1403B
lābàn 拉絆 6-500A
làbǎn 蠟板 8-995A
lābāng 拉幫 6-501A
lābāngjiēpài 拉幫結派 6-501A
làbāsuàn 臘八蒜 6-1403B
lǎbatǒng 喇叭筒 3-413B
làbāzhōu 臘八粥 6-1403B
làběn 蠟本 8-995A
làbí 蠟鼻 8-997A
làbǐ 蠟筆 8-996A
làbiān 蠟鞭 8-997B
làbiǎo 蠟表 8-995A
làbǐhuà 蠟筆畫 8-996B
làbóshū 蠟帛書 8-995B
làbù 剌步 2-690B
làcǎi 蠟綵 8-997A
làcàigēnzi 辣菜根子 11-492B
lāchā 拉叉 6-497B
lāchā 拉插 6-500A
lāchá 拉茬 6-499A
lāchá 拉碴 6-500B
làchá 臘茶 6-1404A
làchá 蠟茶 8-995B
lāchāi 拉差 6-499B
làchāizi 蠟釵子 8-996A
lāchǎng 拉場 6-500A
làcháng 臘腸 6-1404B
lāchángxiàn 拉長綫 6-498B
lāche 拉扯 6-498A
làchén 蠟沈 8-995A
lāchí 拉持 6-499A
lāchǐ 拉齒 6-501A
làchóng 蠟蟲 8-997B
làcì 臘賜 6-1404B
lācuō 拉撮 6-501A
lādā 拉搭 6-500A
lādá 拉荅 6-500B
làdā 皶皶 8-526B
làdā 剌搭 2-691A
làdā 剌荅 2-691A
làdàn 蠟彈 8-997A
lādǎo 拉倒 6-499B
lādàpái 拉大排 6-497B
lādàpiān 拉大片 6-497B
lādàqízuòhǔpí 拉大旗作虎皮 6-497B
làdēng 蠟燈 8-997B
làdēnglidēng 剌登哩登 2-691A
làdì 蠟蒂 8-996A
lādīnghuà 拉丁化 6-497A
làdīngwén 辣丁文 11-492A
lādùzi 拉肚子 6-498B
là'ér 蠟兒 8-995A
làféi 臘肥 6-1404A
làfēng 臘風 6-1404A
làfēng 蠟蜂 8-996B
làfèng 蠟鳳 8-997A
lāfū 拉夫 6-497B
lāfu 拉伕 6-498A
làfù 臘縛 6-1404B
lágā 旯旮 5-578B
lāgān 拉杆 6-498B
lāgānzi 拉杆子 6-498B
lāgǎo 拉稿 6-501A
lāgē 拉歌 6-500B
làgǔ 剌骨 2-690B
làgǔ 蝲蛄 8-927B
làgǔ 臘鼓 6-1404B
lāguǎ 拉呱 6-499A
lāguǎ 啦呱 3-372A
làguāng 蠟光 8-995A
làguāngguāng 蠟光光 8-995A
lāguānxi 拉關係 6-501B
làhàn 鑞焊 11-1429B
làhóng 蠟紅 8-995B
làhòu 臘候 6-1404A
lāhòutuǐ 拉後腿 6-499A
lǎhǔ 喇虎 3-413B
lǎhǔ 喇唬 3-413B
lāhuà 拉話 6-500B
làhuā 臘花 6-1403B
làhuā 蠟花 8-995A
làhuáng 蠟黃 8-996A
làhūhū 辣乎乎 11-492B
làhūhū 辣忽忽 11-492B
làhuì 臘會 6-1404B
lāhuǒ 拉火 6-497B
lǎhuǒ 喇夥 3-413B
làhuǒ 蠟火 8-995A
làhuōhuō 辣豁豁 11-493A
lāhuǒxiàn 拉火綫 6-497B
lāhùzú 拉祜族 6-499B
lái'ǎo 鶆鷎 12-1122A
láibào 來報 1-1303A
láibì 來辟 1-1304B
làibì 賚弼 10-245A
láibīn 來賓 1-1304B
láibùde 來不得 1-1298A
láibùjí 來不及 1-1297B
láicǎi 萊綵 9-437B
làicǎo 賴草 10-280A
láichán 萊孱 9-437B
làichán 賴纏 10-280B
láicháo 來朝 1-1303A
láicháo 來潮 1-1305A
láichén 來辰 1-1299B
láichén 來晨 1-1302B
láichén 徠臣 3-984B
láichéng 來成 1-1299A
láichí 來遲 1-1305B
láichǔ 來處 1-1302A
láichù 來處 1-1302A
làichú 癩蜍 8-367B
làichuāng 癩瘡 8-368A
láichūn 來春 1-1301A
làicì 賚賜 10-245A
láicuì 來萃 1-1302A
láicuì 來崪 1-1302B
láidài 來代 1-1299A
làidǎi 賴歹 10-279B
láidào 來到 1-1300A
láide 來得 1-1302B
làidé 賴得 10-280A
láidegè 來得個 1-1302B
láidejí 來得及 1-1302B
làidì 賴地 10-279B
láidǔ 來篤 1-1306A
láiduǒ 來哚 1-1301A
lái'ér 倈兒 1-1463A
lài'ér 癩兒 8-367A
lài'ércìshǐ 癩兒刺史 8-367A
láifāng 來方 1-1298A
láifāng 來芳 1-1299B
láifǎng 來訪 1-1302B
làifēng 癩風 8-367B
làifēng 厲風 1-939A
láifú 來服 1-1301A
láifú 徠服 3-984B
láifú 萊服 9-437B
láifú 萊菔 9-437B
láifù 來附 1-1299B
láifù 來婦 1-1303A
láifù 來復 1-1303B
láifù 萊婦 9-437B
làifū 癩夫 8-367A
làifù 賚賻 10-245A
láifújí 來弗及 1-1299A
láifùluówén 來復螺紋 1-1303B
láifùqiāng 來復槍 1-1303B
láifùrì 來復日 1-1303B
láifùxiàn 來復線 1-1303B
láigǎo 來稿 1-1305A
láigé 來格 1-1302A
láigé 來假 1-1302B
làigépù 癩格譜 8-367B
láigōng 萊公 9-437A
làigōng 賚功 10-244B
làigǒu 癩狗 8-367B
láigǔ 來古 1-1298B
láigù 來顧 1-1307A
làiguā 癩瓜 8-367A
láiguī 來歸 1-1306B
láiguó 萊國 9-437B
làigǔwánpí 賴骨頑皮 10-280A
làigǔwánpí 癩骨頑皮 8-367B
làihámá 癩蛤蟆 8-367B
làihámá 癩蝦蟆 8-367B
làihámáxiǎngchī… 癩蛤蟆想吃天鵝肉 8-367B
làihámáxiǎngchī… 癩蝦蟆想吃天鵝肉 8-368A
láihán 來函 1-1301A
láihàn 來翰 1-1305B
làihànzhǐtóu 癩漢指頭 8-367B
làihǎo 賴好 10-279B
láihǎoxīshī 來好息師 1-1299B
láihé 逨禾 10-490B
láihémù 來何暮 1-1299B
làihèng 賴橫 10-280A
láihóngqùyàn 來鴻去燕 1-1306B
làihóuzi 癩猴子 8-367B
láihuái 徠徊 3-984B
láihuán 來還 1-1306A
láihuí 來回 1-1299A
láihuì 來會 1-1304A
láihuíláiqù 來回來去 1-1299B
láihuípiào 來回票 1-1299B
làihūn 賴昏 10-280A
làihūn 賴婚 10-280A
làihuó 賴活 10-280A
làihuó 癩活 8-367B
láijí 來集 1-1303B
láijì 來紀 1-1301B
láijì 來暨 1-1305A
làijǐ 賚給 10-245A
làijiǎ 賚假 10-245A
láijiàn 來件 1-1299B
làijiǎng 賚獎 10-245A
láijiào 來教 1-1302A
láijiáotiě 來嚼鐵 1-1306B
láijié 來刦 1-1299B
láijīn 來今 1-1298A
láijìn 來勁 1-1301A
láijìn 來覲 1-1306B
làijīng 賴精 10-280A
láijiū 鶆鳩 12-1122A
láijùn 來俊 1-1301B
láikè 來客 1-1301B
làikě 癩可 8-367A
láikuàng 來況 1-1301A
láikuàng 來貺 1-1303A
làikuàng 賚況 10-245A
láikuì 來歸 1-1306B
láikūn 來昆 1-1300B
láilái 來來 1-1300A
láilái 倈倈 1-1463B
làilài 賴賴 10-280B
làilàiwāwā 噘噘哇哇 3-539B
láilàng 來浪 1-1302A
láilì 來菈 1-1304A

láilì 來歷 1-1305B
làilì 賴利 10-279B
làiliánwáng 厲憐王 1-940B
láilín 來臨 1-1306B
láilóng 來龍 1-1306A
láilóng'er 來龍兒 1-1306A
láilóngqùmài 來龍去脈 1-1306A
láilù 來路 1-1304A
láilùhuò 來路貨 1-1304A
làiméng 賴蒙 10-280A
láimèng'ér 來夢兒 1-1304A
láimìng 來命 1-1300B
láimóu 來牟 1-1299B
láimóu 來麰 1-1306B
láimóu 麳麰 12-1024A
láimǔ 萊畝 9-437B
láimù 來暮 1-1304B
láimù 棶木 4-1091B
láinǎi 來乃 1-1297B
láinián 來年 1-1299B
láinìng 來寧 1-1305A
láipài 來派 1-1301B
láipàiguòjié 來派過節 1-1301B
làipí 賴皮 10-279B
làipí 癩皮 8-367A
làipígǒu 賴皮狗 10-279B
làipígǒu 癩皮狗 8-367A
làipílàigǔ 賴皮賴骨 10-279B
láipìn 騋牝 12-856B
làipízǐ 賴皮子 10-279B
láipó 來婆 1-1303A
làipōpí 賴潑皮 10-280B
làipútáo 癩葡萄 8-367B
láiqī 萊妻 9-437B
láiqín 來禽 1-1303B
làiqīn 賴親 10-280B
láiqíng 來情 1-1303A
láiqíngqùyì 來情去意 1-1303A
láiqínqīnglǐ 來禽青李 1-1303B
láiqiū 來秋 1-1301A
láiqiǔ 秾糗 8-98A
láiqù 來去 1-1298B
láiqùfēnmíng 來去分明 1-1298B
láirén 來人 1-1297B
láirén 倈人 1-1463A
láirěn 來稔 1-1304A
láirén'ér 來人兒 1-1297B
láirì 來日 1-1298A
láirìdànán 來日大難 1-1298A
láirìfāngcháng 來日方長 1-1298A
làiròuwánpí 賴肉頑皮 10-279B
làiròuwánpí 癩肉頑皮 8-367A
láishā 來煞 1-1304A
láishān 崍山 3-832B
làishǎng 賚賞 10-245A
láishànguǎn 來扇館 1-1302A
láishè 來舍 1-1301A
láishēng 來生 1-1298B
láishǐ 來使 1-1300B
láishì 來世 1-1298B
láishì 來示 1-1298B
láishì 來事 1-1300A
láishì 來勢 1-1303B
láishì 萊氏 9-437A
làishī 癩鼉 8-368A
làishī 癩施 8-367B
làishì 賴事 10-280A
làishì 賴是 10-280A
làishīgébó 癩鼉格博 8-368A
láishìshìfēirén… 來是是非人，去是是非者 1-1301A
láishǒu 來手 1-1298A
láishū 來書 1-1302A
láisī 來思 1-1301A
láisì 來祀 1-1299B
láisì 來嗣 1-1304A
láisū 來蘇 1-1306B
láisuì 來歲 1-1304A
láisūn 來孫 1-1302A
láisuǒ 來索 1-1302A
láitǐ 來體 1-1307A
láitián 踀田 10-490B
láitián 萊田 9-437A
láitíng 來廷 1-1299B
láitíng 來庭 1-1301B
láitóng 來同 1-1299A
láitou 來頭 1-1305B
láitóu 來頭 1-1305B
làitóu 癩頭 8-368A
làitóumá 癩頭蟆 8-368A
làitóumá 癩頭蟇 8-368A
làitóuyuán 癩頭黿 8-368A
láitū 來突 1-1301B
làituán 癩團 8-367B
làituō 賴托 10-279B
láiwáng 來王 1-1297B
láiwǎng 來往 1-1300B
láiwǎngwǎng 來往往 1-1300B
láiwén 來文 1-1298A
láiwú 萊蕪 9-437B
láiwǔ 萊舞 9-437B
láiwù 來物 1-1300B
láiwúzèng 萊蕪甑 9-437B
láixī 來嘻 1-1305A
làixī 賚錫 10-245A
láixià 來下 1-1297B
láixià 徠下 3-984B
láixiǎng 來享 1-1301A
láixiǎng 來饗 1-1306B
láixiào 來效 1-1302A
láixiē 來些 1-1300B
láixīn 來歆 1-1304B
láixìn 來信 1-1301B
láixǔ 來許 1-1302B
làixū 癩鬚 8-368A
làixù 賚卹 10-245A
làixuǎn 癩癬 8-368A
láixué 來學 1-1306A
làixué 賴學 10-280B
làixué 懶學 7-785A
láixùn 來訊 1-1302A
láiyè 來葉 1-1303A
láiyè 來業 1-1304A
làiyē 賴耶 10-279B
láiyī 萊衣 9-437A
láiyí 來宜 1-1301A
láiyí 來儀 1-1305A
láiyí 萊夷 9-437A
láiyì 來意 1-1304B
láiyì 來裔 1-1304B
làiyī 賴依 10-280A
láiyīn 來因 1-1299A
láiyìn 來胤 1-1301B
láiyíngqùsòng 來迎去送 1-1299B
láiyīnqùguǒ 來因去果 1-1299A
láiyísuǒ 來儀所 1-1305A
láiyóu 來由 1-1298B
láiyù 來喻 1-1303B
láiyù 來諭 1-1306A
làiyú 籟竽 8-1276B
láiyuán 來源 1-1304B
láiyuán 來緣 1-1305B
láiyuán 來轅 1-1306B
láiyuǎn 徠遠 3-985A
láiyuè 來月 1-1298A
làiyuè 籟籥 8-1277A
láizǎo 來早 1-1299A
làizèng 賚贈 10-245A
láizhá 來札 1-1298B
làizhài 賴債 10-280A
láizhāng 來章 1-1302B
làizhàng 賴帳 10-280A
làizhàng 賴賬 10-280B
láizhāo 來朝 1-1303A
làizhào 賚詔 10-245A
láizhe 來着 1-1303A
láizhé 來哲 1-1301B
láizhě 來者 1-1300A
láizhěbùjù 來者不拒 1-1300A
láizhěbùshàn 來者不善 1-1300A
láizhěbùshàn… 來者不善，善者不來 1-1300A
láizhějūshàng 來者居上 1-1300A
láizhěkězhuī 來者可追 1-1300A
láizhēn 來臻 1-1306A
láizhěn 來軫 1-1303A
láizhēng 來征 1-1300B
láizhěwùjù 來者勿拒 1-1300A
láizhī 徠祗 3-985A
láizhǐ 來旨 1-1299B
láizhì 來至 1-1299A
láizhì 來致 1-1302A
láizhū 萊朱 9-437A
láizī 來茲 1-1301B
láizǐ 來子 1-1297B
láizǐ 倈子 1-1463A
láizǐ 萊子 9-437A
làizi 癩子 8-367A
làizǐ 賴子 10-279B
láizōngqùjī 來蹤去跡 1-1305A
láizōngqùlù 來蹤去路 1-1305A
lājī 垃圾 2-1087B
làjī 臘雞 6-1404B
làjī 蠟屐 8-996A
làjì 臘祭 6-1404B
làjì 臘劑 6-1404B
lājià 拉架 6-499B
lǎjiā 喇茄 3-413B
làjiā 辣茄 11-492B
lājiācháng 拉家常 6-500A
lājiādàikǒu 拉家帶口 6-499B
làjiān 蠟牋 8-996B
làjiān 蠟箋 8-997A
làjiǎn 蠟剪 8-996A
lājiǎo 拉脚 6-500A
làjiāo 辣椒 11-492B
làjiāojiāo 辣焦焦 11-492B
lājìnhu 拉近乎 6-498B
lājìnhu 拉近胡 6-498B
làjītóu 臘雞頭 6-1405A
làjiǔ 臘酒 6-1404A
lājù 拉鋸 6-501A
lājū 藞苴 9-602B
làjù 蠟炬 8-995B
làjuàn 蠟絹 8-996B
làjuànhuà 蠟絹畫 8-996B
lākāi 拉開 6-500B
lākè 拉客 6-499B
làkè 臘克 6-1403B
lākū 拉枯 6-499A
lākūzhéxiǔ 拉枯折朽 6-499A
lālā 喇喇 3-413B
lālā 摺拉 6-847A
lālà 拉剌 6-499A
lálá 拉拉 6-498B
làlà 剌剌 2-690B
làlà 辣辣 11-492B
làlà 莿莿 9-457B
làlabāba 喇喇叭叭 3-413B
lālāchěchě 拉拉扯扯 6-499A
lālāduì 拉拉隊 6-499A
lālāduì 啦啦隊 3-372A
làlàgū 拉拉姑 6-499A
làlàgǔ 蝲蝲蛄 8-927B
lǎlahūhū 喇喇忽忽 3-413B
lālài 喇嚹 3-414A
làlàng 辣浪 11-492B
làlèi 蠟淚 8-996A
lālì 拉力 6-497A
làlí 臘梨 6-1404B
làlì 剌戾 2-690B

làlì 瘌痢 8-335B
làlì 鬎鬁 12-749B
lāliàn 拉練 6-501A
lāliàn 拉鏈 6-501B
làliáo 蠟燎 8-997B
lālìè 拉攦 6-501B
lālìè 菈攦 9-435A
làliè 臘冽 6-1404A
lālìqì 拉力器 6-497A
làlìtóu 瘌痢頭 8-335B
làlìtóu 鬎鬁頭 12-749B
lālǒng 拉攏 6-501B
lāluó 拉邏 6-502A
lāluǒ 拉攞 6-501B
lāmǎ 拉馬 6-499B
lǎmá 喇嘛 3-413B
làmá 刺麻 2-691A
làmǎ 刺馬 2-690B
lāmǎimai 拉買賣 6-500A
lǎmájiào 喇嘛教 3-413B
lāmáo 拉毛 6-497B
làméi 刺梅 2-690B
làméi 臘梅 6-1404A
làméi 蠟梅 8-996A
làméi 蠟煤 8-996B
làměirén 蠟美人 8-995B
làmì 蠟蜜 8-997A
lāmiàn 拉麪 6-501A
làmiàn 臘麪 6-1404B
làmiàn 蠟面 8-995B
làmiànchá 蠟面茶 8-995B
làmiù 刺繆 2-691A
làmiù 刺謬 2-691A
lán'ài 蘭艾 9-627B
lán'àitóngfén 蘭艾同焚
9-627B
lǎnbá 攬跋 6-994A
lànbài 爛敗 7-319A
lánbān 闌班 12-131A
lánbān 闌斑 12-131A
lánbān 斕斑 6-1549A
lánbān 斕煸 6-1549B
lǎnbǎn 嬾版 4-423A
lànbān 瀾斑 6-216B
lànbān 爛斑 7-319A
lànbǎn 爛板 7-318A
lànbǎndèng 爛板凳 7-318A
lánbǎnqiú 籃板球 8-1275A
lànbānsāncùn 爛斑三寸
7-319A
lánbānshé 斕斑舌 6-1549B
lǎnbào 攬抱 6-993B
lánbǎoshí 藍寶石 9-590B
lánběn 藍本 9-588B
lǎnbǐ 攬筆 6-994A
lǎnbiéshè 懶別設 7-784A
lànbǐng 爛炳 7-318B
lánbō 瀾波 6-216A
lánbó 蘭薄 9-631B
lànbùshōu 爛不收 7-317A
láncǎi 嵐彩 3-856B
láncài 藍菜 9-589B
láncǎihé 藍采和 9-589A
láncán 闌殘 12-131A
lǎncán 嬾殘 4-423B
lǎncán 懶殘 7-784B
làncè 濫廁 6-182B
lǎnchá 覽察 10-357A
lǎnchá 攬督 6-994B
lǎnchá 攬察 6-994B
lánchán 儖儳 1-1711A
lǎnchǎn 醶醶 9-1450B
lànchána 爛腸 7-320A
lànchángcǎo 爛腸草 7-320A
lǎnchánggōng 攬長工 6-993B
lànchángjiǔ 爛腸酒 7-320A
lànchángwēn 爛腸瘟 7-320A
lǎnchē 纜車 9-1065B
lànchén 濫塵 6-182B
lánchéng 蘭成 9-627B
lǎnchí 攬持 6-993B
lànchǐ 濫侈 6-182A
lǎnchóng 懶蟲 7-785A
lànchōng 濫充 6-181B
lánchū 闌出 12-130B
lánchuán 欄船 4-1370A
lànchuī 濫吹 6-181B
láncí 攔詞 6-970A
láncí 讕詞 11-474B
láncí 讕辭 11-475A
lànci 濫祠 6-182A
lànci 濫詞 6-182B
láncuì 嵐翠 3-857A
láncuīyùzhé 蘭摧玉折
9-631A
lǎncuō 攬撮 6-994B
lǎndā 攬搭 6-994A
lándài 襴帶 9-152B
lǎndài 嬾怠 4-423A
lǎndài 懶待 7-784A
lǎndài 懶怠 7-784B
lándān 藍單 9-589B
lándān 闌單 12-131A
lándān 闌殫 12-131B
lándān 蘭單 9-630B
lándāng 攔當 6-970A
lándǎng 攔擋 6-970A
lándǎo 瀾倒 6-216B
lándào 闌道 12-131B
lándǎobōsuí 瀾倒波隨
6-216B
lándé 闌得 12-131A
lǎndé 懶得 7-784B
lándēng 蘭燈 9-631B
lǎndèng 攬凳 6-994B
lándiàn 藍淀 9-589B
lándiàn 藍澱 9-590A
lándiàn 藍靛 9-590A
lándiào 讕調 11-474B
làndiào 濫調 6-182B
lándǐngzi 藍頂子 9-589B
làndòu 爛痘 7-319B
lǎndú 覽讀 10-357B
lándūn 囒嚹 3-567A
lǎndùn 嬾鈍 4-423B
lǎnduō 攬掇 6-994A
lǎnduò 嬾惰 4-423B
lǎnduò 懶惰 7-785A
lǎnduò 懶墮 7-785A
lǎnduò 懶媠 7-785A
làn'é 爛額 7-321B
làn'è 濫惡 6-182B
làn'éjiāotóu 爛額焦頭
7-321B
lán'er 籃兒 8-1275A
lànfā 爛發 7-319B
lánfān 瀾翻 6-216B
lánfān 瀾飜 6-217A
lánfán 藍礬 9-590B
lànfàn 濫氾 6-181B
lànfàn 濫泛 6-182A
lànfàn 爛飯 7-319B
lánfāng 蘭芳 9-628A
lánfáng 蘭房 9-628B
lǎnfàng 嬾放 4-423A
lǎnfàng 懶放 7-784A
lánfēi 嵐霏 3-857A
lánfén 蘭焚 9-630A
lánfēng 嵐峰 3-856B
lánfēngfúyǔ 闌風伏雨
12-131A
lánfēngzhàngyǔ 闌風長雨
12-131A
lánfú 襴幞 9-152B
lǎnfù 嬾婦 4-423A
lǎnfù 懶婦 7-784B
lànfǔ 爛腐 7-320A
lànfǔkē 爛斧柯 7-318A
lǎnfùyú 嬾婦魚 4-423B
lǎnfùyú 懶婦魚 7-784B
lǎnfùzhēn 懶婦箴 7-784B
lángāi 蘭陔 9-628B
lángān 闌干 12-130A
lángān 蘭干 9-627A
lángān 欄干 4-1369B
lángān 欄杆 4-1369B
lángān 欄竿 4-1370A
lángān 瓓玕 4-655B
làngān 瓓玕 4-655B
lángāng 蘭缸 9-628B
lángāng 蘭釭 9-630A
lángānzi 欄干子 4-1369B
lángāo 蘭皋 9-629B
lángāo 蘭膏 9-631A
láng'áo 琅璈 4-584A
lángào 攔告 6-969B
lǎng'ào 朗奧 6-1261B
lángbá 狼跋 5-63A
lángbà 郎罷 10-623A
lǎngbá 朗拔 6-1260B
lǎngbái 朗白 6-1260B
lǎngbào 朗抱 6-1261A
làngbāolóu 浪包摟 5-1283A
làngbāolóu 浪包婁 5-1283A
làngbāolóu 浪包嘍 5-1283A
lángbèi 狼狽 5-61B
lángbèi 狼憊 5-64B
lángbèibùkān 狼狽不堪
5-62A
lángbèiwéijiān 狼狽爲奸
5-62A
lángbèiwéijiān 狼狽爲姦
5-62A
lángbèizhōuzhāng
狼狽周章 5-62A
lángbēnshǐtū 狼奔豕突
5-60A
lángbēnshǔcuàn 狼奔鼠竄
5-60A
lángbēnshǔtōu 狼奔鼠偷
5-60A
lángbēntùtuō 狼奔兔脱
5-60A
lángbǐ 稂秕 8-96A
lángbīng 狼兵 5-59B
lángbó 郎伯 10-621A
làngbō 浪波 5-1283B
lángbùlángxiùbùxiù
郎不郎秀不秀 10-620B
lángbùlángyǒubùyǒu
稂不稂莠不莠 8-96A
lángbǔshí 狼卜食 5-57B
làngcāi 浪猜 5-1284B
lángcáinǚmào 郎才女貌
10-620A
lángcáinǚzī 郎才女姿
10-620A
lángcān 狼餐 5-64B
lángcān 廊飡 3-1241B
lángcān 廊餐 3-1241B
làngcāng 浪蒼 5-1285A
lángcānhǔshí 狼飡虎食
5-62B
lángcānhǔshì 狼餐虎噬
5-64B
lángcānhǔyàn 狼飡虎嚥
5-62B
lángcānhǔyàn 狼餐虎咽
5-64B
lángcānhǔyàn 狼餐虎嚥
5-64B
lángcānhǔyàn 狼飱虎嚥
5-63A
lángcáo 郎曹 10-622A
lǎngchàng 朗鬯 6-1261A
lǎngchàng 朗暢 6-1262A
làngcháo 浪潮 5-1286A
lǎngchè 朗徹 6-1262B
lǎngchè 朗澈 6-1262B
lángchén 郎臣 10-621A
lángchīfútóu 狼吃幞頭
5-59A
lángchóng 狼蟲 5-65A
lángchónghǔbào 狼蟲虎豹
5-65A
làngchóu 浪愁 5-1285A
làngchuán 浪船 5-1284B
làngchuán 浪傳 5-1285A
lángchùgāo 狼臅膏 5-65A
lángchuí 榔槌 4-1132B
lángcōng 琅璁 4-584A
lángcuàn 狼竄 5-65A
lǎngdá 朗達 6-1261B
lǎngdàn 朗旦 6-1260B
làngdàn 浪旦 5-1283A
lāngdāng 鋃鐺 11-1341B

lángdāng 郎當 10-622B
lángdāng 狼當 5-63B
lángdāng 琅鐺 4-584B
lángdāng 琅當 4-584A
lángdāng 琅璫 4-584A
lángdāng 鋃鐺 11-1308B
lángdāng 襠襠 9-110A
làngdàng 莨菪 9-424A
làngdàng 莨蕩 9-424B
làngdàng 琅湯 4-583B
làngdàng 浪當 5-1285A
làngdàng 浪宕 5-1283B
làngdàng 浪蕩 5-1285B
làngdàng 蒗菪 9-523B
làngdàngdēng 浪蕩燈 5-1286A
làngdàngguǐ 浪蕩鬼 5-1286A
làngdàngqú 蒗蕩渠 9-523B
lángdāngyì 郎當驛 10-622B
lángdāngyì 琅璫驛 4-584A
làngdàngzǐ 浪蕩子 5-1285B
lángdào 狼纛 5-65B
làngdào 浪道 5-1284B
lángdì 廊第 3-1241B
lǎngdí 朗笛 6-1261B
làngdiān 閬顛 12-122A
lǎngdiào 朗調 6-1262B
làngdiékuángfēng 浪蝶狂蜂 5-1286A
làngdiéyóufēng 浪蝶遊蜂 5-1286A
làngdìzǐ 浪弟子 5-1283B
lángdū 郎都 10-622A
lángdú 狼毒 5-60B
lǎngdú 朗讀 6-1263B
làngdù 浪度 5-1284A
lángé 蘭裓 9-630B
làng'ér 浪兒 5-1283B
lángfáng 廊房 3-1241A
làngfàng 浪放 5-1283B
làngfèi 浪費 5-1284B
làngfèi 浪廢 5-1286A
lángfēng 狼烽 5-62B
lǎngfěng 朗諷 6-1263A
làngfēng 閬風 12-122A
làngfēngcén 閬風岑 12-122A
làngfēngdiān 閬風巔 12-122A
làngfēngtái 閬風臺 12-122A
lánggān 琅玕 4-583A
lǎnggǎng 狼犺 5-60A
lánggāo 鵖鶮 12-1116B
lánggāozi 狼羔子 5-62A
lánggē 狼歌 5-64A
lánggé 廊閣 3-1241B
lǎnggé 朗格 6-1261A
lǎnggè 朗個 6-1261A
lànggěng 浪梗 5-1284A
lánggōng 郎公 10-620B
lànggōng 閬宮 12-122A
lánggǒu 狼狗 5-60B
lànggǒu 浪狗 5-1283B
lánggù 狼顧 5-65A
lángguān 郎官 10-621B
lànguǎng 浪廣 5-1285A
lángguānhú 郎官湖 10-622A
lángguānkuài 郎官鱠 10-622A
lángguānqīng 郎官清 10-622A
lángguānxīng 郎官星 10-621B
lánggùchīzhāng 狼顧鴟張 5-65B
lánggùchīzhì 狼顧鴟跱 5-65B
lánggùhǔshì 狼顧虎視 5-65B
lànguǐ 魉鬼 12-469B
lánggùjūnjīng 狼顧麕驚 5-65B
lánggùxiàng 狼顧相 5-65B
lánggùyuānshì 狼顧鳶視 5-65B
lánghái 鰁鮭 12-1237A
lànghǎi 浪海 5-1284A
lánghán 琅函 4-583B
lànghàn 浪汗 5-1283A
lànghàn 浪漢 5-1285A
lángháo 狼毫 5-62B
lángháo 狼嗥 5-63B
lángháo 狼豪 5-64A
lángháo 狼嘷 5-64A
lángháogǒujiào 狼嘷狗叫 5-63B
lángháoguǐjiào 狼嗥鬼叫 5-63B
lángháoguǐjiào 狼嚎鬼叫 5-65A
lángháoguǐkū 狼號鬼哭 5-63B
lánghěn 狼很 5-61A
lánghěn 狼狠 5-61A
lànghén 浪痕 5-1284B
lánghòu 狼堠 5-62B
lánghú 狼胡 5-61A
lánghú 狼壺 5-63A
lánghǔ 狼虎 5-60A
lánghù 狼扈 5-62B
lánghuā 琅花 4-583B
lánghuā 琅華 4-583B
lànghuā 浪花 5-1283B
lànghuā 浪華 5-1284A
lánghuán 嫏環 4-380B
lánghuán 嫏嬛 4-380B
lánghuán 琅環 4-584A
lánghuán 琅嬛 4-584A
lánghuándòng 嫏嬛洞 4-380B
lánghuánfúdì 琅嬛福地 4-584A
lánghuāng 狼牏 5-63B
lánghuāng 狼荒 5-61A
lánghuāng 狼猯 5-63A
lǎnghuǎng 朗晃 6-1261A
lánghǔgǔ 狼虎谷 5-60B
lánghuǒ 郎火 10-620B
lánghuǒ 狼火 5-59A
lǎnghuō 朗豁 6-1263A
lánghǔyào 狼虎藥 5-60B
lángjí 狼疾 5-62A
lángjí 狼籍 5-65A
lángjí 狼藉 5-64B
lángjí 琅笈 4-583B
lángjí 浪籍 5-1286B
lángjí 浪藉 5-1286B
lǎngjì 朗霽 6-1263B
làngjì 浪迹 5-1284A
làngjì 浪跡 5-1285A
lángjiǎn 琅簡 4-584B
lǎngjiàn 朗鑒 6-1263B
làngjiàn 浪劍 5-1286A
lángjiānbèijué 狼艱狽蹶 5-65A
lángjiàng 郎將 10-622A
lángjiǎo 狼角 5-60A
lǎngjié 朗捷 6-1261B
lǎngjié 朗節 6-1262A
lǎngjié 朗潔 6-1262B
làngjìfúzōng 浪迹浮蹤 5-1284A
lángjīn 郎巾 10-620A
lángjīn 狼巾 5-58A
lángjīn 狼津 5-61A
lángjīn 狼觔 5-61A
lángjīn 狼筋 5-63A
lǎngjīn 朗襟 6-1263A
lángjìng 狼競 5-65A
lǎngjìng 朗浄 6-1261A
lǎngjìng 朗鏡 6-1263A
làngjǐng 浪井 5-1283A
làngjìpíngzōng 浪跡萍踪 5-1285A
lángjiù 郎舅 10-623A
làngjiǔxiánchá 浪酒閒茶 5-1284A
lángjū 狼居 5-60B
lángjù 狼踞 5-64A
lángjūn 郎君 10-621A
lǎngjùn 朗雋 6-1261B
lǎngjùn 朗俊 6-1261A
lǎngjùn 朗儁 6-1262A
lángjūnzǐdì 郎君子弟 10-621B
lángjūxū 狼居胥 5-60B
làngkǎn 浪侃 5-1283B
lángkāng 榔杭 4-1132A
lángkāng 榔槺 4-1132B
lángkāng 躴躿 10-711B
lángkàng 筤抗 8-446B
lángkàng 郎亢 10-620B
lángkàng 郎伉 10-621A
lángkàng 狼亢 5-59A
lángkàng 狼伉 5-59B
lángkàng 狼抗 5-59B
lángkàng 狼犺 5-59B
làngkàng 浪抗 5-1283B
lǎngkàng 朗伉 6-1260B
lǎngkàng 朗抗 6-1260B
làngkàng 閬伉 12-122A
lángkē 硠磕 7-1054A
lángkē 硠磕 7-1054A
lángkē 硠溘 7-1054A
lǎngkè 朗客 6-1261A
làngkè 浪客 5-1284A
lángláng 琅琅 4-583B
lángláng 榔榔 4-1132B
lángláng 硠硠 7-1053B
lángláng 浪浪 5-1284A
lǎnglǎng 朗朗 6-1261A
lǎnglǎng 烺烺 7-83B
lǎnglàng 罠罠 8-1022A
lǎnglàng 閬閬 12-122A
lǎnglǎngcuìcuì 朗朗脆脆 6-1261B
lǎnglǎngshàngkǒu 朗朗上口 6-1261B
lánglì 郎吏 10-621A
lánglì 狼戾 5-60B
lǎnglì 朗麗 6-1263A
lǎngliàn 朗練 6-1262B
lǎngliè 朗烈 6-1261A
lánglín 琅琳 4-583B
làngmà 浪罵 5-1286A
lǎngmài 朗邁 6-1262B
làngmàn 浪漫 5-1285A
làngmàndìkè 浪漫諦克 5-1285B
lángmáng 狼忙 5-59B
làngmǎng 浪莽 5-1284A
làngmànzhǔyì 浪漫主義 5-1285B
lángmāo 郎貓 10-623A
lángméi 榔梅 4-1132A
lángmén 郎門 10-622A
làngmèng 浪孟 5-1284A
lángměngfēngdú 狼猛蜂毒 5-62B
lǎngmì 朗密 6-1261B
lángmiào 廊廟 3-1241B
lángmiàocái 廊廟才 3-1241B
lángmiàocái 廊廟材 3-1241B
lángmiàojù 廊廟具 3-1241B
lángmiàoqì 廊廟器 3-1241B
lángmiàozǎi 廊廟宰 3-1241B
lángmiàozhì 廊廟志 3-1241B
lǎngmíng 朗明 6-1261A
làngmò 浪沫 5-1283B
lǎngmù 朗目 6-1260B
làngmù 浪木 5-1283A
lǎngmǔjiǔ 朗姆酒 6-1261A
lángnǎi 郎奶 10-621A
làngnüè 浪謔 5-1286B
lángōng 攔工 6-969B
lǎngōng 攬工 6-993A
lǎng'ōu 朗謳 6-1263A
làng'ōu 浪漚 5-1285A
làngpáng 踉蹡 10-485B
lǎngpò 朗魄 6-1262A
làngpó 浪婆 5-1284B
lángqián 郎潛 10-623A
lángqiàng 狼搶 5-63B
làngqiāng 浪蹌 5-1286B
làngqiāng 踉蹌 10-485B
làngqiāng 踉蹡 10-485B
lángqiánhǔhòu 狼前虎後 5-61A

làngqiáo 浪橋 5-1286A
lǎngqīng 朗清 6-1261B
làngqióng 浪穹 5-1284A
lángqiú 琅璆 4-584A
làngqiū 閬邱 12-122A
lángquǎn 狼犬 5-58A
làngquē 閬闕 12-122A
lángrán 琅然 4-583B
lángrán 浪然 5-1284B
lǎngrán 朗然 6-1261B
lǎngrán 烺然 7-83B
làngrán 浪然 5-1284B
làngrén 浪人 5-1282A
làngrénjiàn 浪人劍 5-1282B
lǎngrì 朗日 6-1260A
làngruǐ 浪蕊 5-1286A
làngruǐ 浪蘂 5-1286B
làngruǐfúhuā 浪蘂浮花 5-1286B
lǎngrùn 朗潤 6-1262B
làngshài 眼曬 5-750A
lǎngshàn 朗贍 6-1263A
làngshān 閬山 12-121B
lángshànggǒubùshàng 狼上狗不上 5-58A
lángshānjī 狼山雞 5-58A
lángshè 郎舍 10-621B
làngshé 浪舌 5-1283A
lǎngshēng 朗聲 6-1263A
lángshī 狼師 5-61A
lángshí 廊食 3-1241A
lángshì 狼噬 5-64B
lángshì 廊市 3-1241A
lángshì 廊室 3-1241A
lǎngshí 朗識 6-1263A
làngshì 浪士 5-1282B
lángshū 琅書 4-583B
lángshū 琅疏 4-584A
lángshǔ 郎署 10-622B
lángshuāng 琅霜 4-584B
lǎngshuǎng 朗爽 6-1261B
làngshuō 浪說 5-1285A
lángsì 廊肆 3-1241B
làngsǐ 浪死 5-1283A
lángsòng 琅誦 4-584A
lǎngsòng 朗誦 6-1262A
lǎngsòngshī 朗誦詩 6-1262B
lángsuì 狼燧 5-64B
lángtái 郎臺 10-623A
làngtài 浪態 5-1285B
lángtān 狼貪 5-62A
lǎngtán 朗彈 6-1262B
lángtāng 鋃鏜 11-1308B
làngtàngqú 狼湯渠 5-63B
làngtāo 浪濤 5-1286B
làngtáoshā 浪淘沙 5-1284B
làngtáotáo 浪淘淘 5-1284B
lángtiáo 蜋蜩 8-910A
lāngtou 鋃頭 11-1341B
lángtou 榔頭 4-1132B
lángtóu 狼頭 5-64A
lángtóu 廊頭 3-1241B
làngtou 浪頭 5-1286A
làngtóu 浪投 5-1283B
lángtóudào 狼頭纛 5-64A
lángtóuxùjiǎn 郎頭絮繭 10-623A
lángtū 狼突 5-61A
lángtǔ 狼土 5-57B
lángtǔbīng 狼土兵 5-58A
lángtūchīzhāng 狼突鴟張 5-61A
lángtūn 狼吞 5-59B
lángtūnhǔcān 狼吞虎餐 5-59B
lángtūnhǔshì 狼吞虎噬 5-59B
lángtūnhǔyàn 狼吞虎咽 5-59B
lángtūnhǔyàn 狼吞虎嚥 5-59B
lángtūshǐcuàn 狼突豕竄 5-61A
lǎngǔ 覽古 10-356B
lánguān 婪官 4-369A
lánguān 藍關 9-590A
lánguān 攔關 6-970B
lǎnguān 覽觀 10-357B
lànguān 濫官 6-182A
lánguāng 嵐光 3-856B
lànguānwūlì 濫官污吏 6-182A
lánguī 蘭閨 9-631A
lánguì 攔櫃 6-970B
lánguì 蘭桂 9-629B
lánguì 欄櫃 4-1370A
lánguìqífāng 蘭桂齊芳 9-629B
lànguò 濫過 6-182B
lángwàipó 狼外婆 5-59A
lángwàng 狼望 5-62B
lángwéi 郎闈 10-623A
lángwěi 狼尾 5-60A
lángwèi 郎位 10-621A
làngwén 浪聞 5-1285B
làngwēng 浪翁 5-1284A
lángwō 狼窩 5-64A
lángwū 郎屋 10-622A
lángwū 廊屋 3-1241B
lángwǔ 郎廡 10-623A
lángwǔ 廊廡 3-1241B
lǎngwù 朗悟 6-1261A
lǎngwù 朗寤 6-1262B
lǎngxī 朗夕 6-1260A
làngxǐ 浪喜 5-1284B
lángxiàcān 廊下餐 3-1241A
lángxiǎn 狼筅 5-63A
lángxiǎn 筤筅 8-1172B
làngxiān 浪仙 5-1283A
lǎngxiào 朗嘯 6-1263A
lángxiàshí 廊下食 3-1241A
lángxīn 狼心 5-59A
lǎngxīn 朗心 6-1260A
lángxīng 郎星 10-622A
lángxīng 狼星 5-61A
lángxìng 狼性 5-60B
lángxīngǒufèi 狼心狗肺 5-59A
lángxīngǒuxíng 狼心狗行 5-59A
lǎngxiù 朗秀 6-1260B
lángxū 狼胥 5-61A
lángxū 狼須 5-63A
lángxù 郎壻 10-622A
lǎngxù 朗旭 6-1260B
lángxuǎn 郎選 10-623A
lángyá 狼牙 5-58A
lángyá 廊牙 3-1241A
lángyá 琅琊 4-583B
lángyábàng 狼牙棒 5-58B
lángyáchuí 狼牙錘 5-59A
lángyágùn 狼牙棍 5-58B
lángyájiàn 狼牙箭 5-59A
lángyān 狼烟 5-62A
lángyān 狼煙 5-63B
lángyán 廊檐 3-1242A
lǎngyán 朗言 6-1260B
lǎngyàn 朗晏 6-1261A
làngyán 浪言 5-1283B
lángyāndàhuà 狼烟大話 5-62A
lángyángtóngsì 狼羊同飼 5-59B
lángyānsìqǐ 狼烟四起 5-62A
lángyāo 廊腰 3-1241B
lǎngyào 朗曜 6-1263A
lǎngyào 朗耀 6-1263A
lángyápāi 狼牙拍 5-58B
lángyáshān 狼牙山 5-58B
lángyátái 琅琊臺 4-583B
lángyáxiū 狼牙修 5-58B
lángyáxiū 狼牙脩 5-58B
lángyáxū 狼牙須 5-59A
lángyé 琅邪 4-582B
lǎngyè 朗夜 6-1261A
làngyè 浪栧 5-1284A
làngyè 浪拽 5-1284A
lángyēcǎo 郎耶草 10-621B
lángyétái 琅邪臺 4-583A
lángyī 郎衣 10-621A
lángyǐ 蜋螘 8-910A
lǎngyí 朗夷 6-1260B
lǎngyì 朗詣 6-1262A
lǎngyín 朗吟 6-1260B
lǎngyǒng 朗詠 6-1261B
lángyǒu 莨莠 9-424A
lángyǒu 稂莠 8-96A
lángyǒu 蓈莠 9-510B
làngyóu 浪游 5-1284B
làngyóu 浪遊 5-1284B
lángyú 郎榆 10-622A
lángyú 榔榆 4-1132B
lángyǔ 廊宇 3-1241A
lǎngyú 朗榆 6-1262A
lǎngyù 朗玉 6-1260B
làngyǔ 浪語 5-1285A
lángyuán 琅園 4-584A
làngyuàn 閬苑 12-122A
lǎngyuè 朗月 6-1260A
lǎngyùn 朗韻 6-1263A
làngzhàn 浪戰 5-1286A
lángzhāng 狼章 5-62B
lǎngzhào 朗照 6-1262A
lángzhì 郎秩 10-622A
lángzhì 狼跱 5-63B
lángzhì 琅帙 4-583B
làngzhí 浪職 5-1286B
làngzhì 浪擲 5-1286B
lángzhōng 郎中 10-620B
lángzhǒng 狼種 5-64A
lángzhǔ 郎主 10-620B
lángzhǔ 狼主 5-59A
lǎngzhú 朗燭 6-1263A
lángzǐ 郎子 10-620B
lángzǐ 狼子 5-58A
làngzǐ 浪子 5-1282B
làngzǐchē 浪子車 5-1283A
làngzǐhuítóujīnbùhuàn 浪子回頭金不換 5-1282B
lángzǐshòuxīn 狼子獸心 5-58A
lángzǐyěxīn 狼子野心 5-58A
làngzǐzǎixiàng 浪子宰相 5-1283A
làngzǒu 浪走 5-1283A
lánhān 婪酣 4-369B
lánhàn 瀾汗 6-216A
lǎnhàn 懶漢 7-785A
lànhàn 爛旰 7-318A
lànhàn 爛汗 7-317B
lànhǎorén 濫好人 6-181B
lànhǎorén 爛好人 7-318A
lǎnhé 覽核 10-357A
lánhéng 攔橫 6-970A
lánhóng 攔洪 6-969B
lànhóng 爛紅 7-318B
lǎnhóu 懶猴 7-785A
lánhú 闌胡 12-130B
lánhù 攔護 6-970B
lánhù 襴笏 9-152B
lǎnhù 攬户 6-993A
lánhu 爛糊 7-321B
lánhuái 蘭槐 9-630B
lànhuài 爛壞 7-321B
lánhuàng 欄榥 4-1370A
lànhuáng 爛黃 7-319A
lànhuángjī 爛黃虀 7-319A
lǎnhuánxū 攬桓須 6-993B
lánhuì 蘭蕙 9-631A
lànhuīhuī 爛輝輝 7-321A
lǎnhuó 攬活 6-993B
lǎnhuò 攬貨 6-994A
lànhuǒ 爛火 7-317A
lànhuò 濫貨 6-182B
lànhuò 爛貨 7-319A
lǎniǎn 蠟撚 8-997A
lánjì 欄騎 4-1370A
lǎnjī 懶几 7-784A
lànjí 濫及 6-181A
lánjià 攔駕 6-970A
lǎnjià 嬾架 4-423A
lǎnjià 懶架 7-784A
lánjiǎn 蘭檢 9-632A
lánjiàn 闌檻 12-131B

lánjiàn 欄檻 4-1370A
lǎnjiǎn 攬減 6-994B
lǎnjiàn 覽見 10-356B
lànjiàn 瀾賤 6-216B
lànjiàn 爛賤 7-321A
lǎnjiāng 濫漿 6-183A
lǎnjiàng 欖醬 4-1372B
lànjiāng 爛漿 7-321B
lànjiàng 爛醬 7-321B
lánjiāo 蘭交 9-627B
lánjiǎo 欄角 4-1370A
lǎnjiǎo 攬脚 6-994A
lànjiāo 濫交 6-181B
lánjiē 攔街 6-969B
lánjié 闌截 12-131B
lánjié 攔劫 6-969B
lánjié 攔刼 6-969B
lánjié 攔截 6-970A
lǎnjié 攬結 6-994B
lánjīn 蘭金 9-628B
lánjīn 蘭筋 9-630B
lánjīn 蘭襟 9-632A
lánjìn 攔禁 6-970A
lánjìn 蘭燼 9-632A
lànjīn 濫巾 6-181A
lánjīng 藍鯨 9-590A
lǎnjìng 覽鏡 10-357B
lǎnjìng 攬鏡 6-995A
lánjīngjīng 藍晶晶 9-589B
lànjīngyín 爛精銀 7-320A
lànjīnjīn 爛巾巾 7-317A
lànjīnjīn 爛襟襟 7-321B
lánjiù 欄廐 4-1370A
lǎnjiū 覽究 10-357A
lánjuàn 闌圈 12-131A
lǎnjuàn 懶倦 7-784B
lànkāi 爛開 7-319B
lǎnkǎn 壈坎 2-1227B
lǎnkǎn 懍坎 7-764B
lánkè 蘭客 9-629B
lánkè 啉刻 7-591A
lànkē 爛柯 7-318A
lànkēqiáo 爛柯樵 7-318B
lànkērén 爛柯人 7-318B
lànkēshān 爛柯山 7-318B
lànkētíng 爛柯亭 7-318B
lànkēxiānkè 爛柯仙客 7-318B
lánkù 啉酷 7-591B
lǎnkuí 覽揆 10-357A
lǎnkuí 攬揆 6-994A
lànkuì 爛潰 7-321B
lǎnkùn 嬾困 4-423A
lǎnkùn 懶困 7-784A
lánlán 婪婪 4-369B
lánlán 瀾瀾 6-217A
lǎnlǎn 嬾嬾 4-423B
lǎnlǎn 懶懶 7-785A
lànlàn 磵磵 7-1122B
lànlàn 爛爛 7-322A
lànlàng 瀾浪 6-216B
lǎnlǎntāntān 懶懶攤攤 7-785A
lánláo 嘮哰 3-557B
lánláo 闌牢 12-130B
lánláo 欄牢 4-1370A
lǎnlāo 攬撈 6-994B
lánlí 闌籬 12-131B
lánlì 躝躒 10-570A
lǎnlì 覽歷 10-357A
lánliáo 蘭橑 9-631B
lànliào 爛料 7-319A
lànliè 濫劣 6-181B
lánlíng 藍翎 9-589B
lánlíngwáng 蘭陵王 9-630A
lánlǒng 欄籠 4-1370A
lǎnlóng 懶龍 7-785A
lánlù 攔路 6-970A
lánlùhǔ 攔路虎 6-970A
lánluó 藍羅 9-590A
lánlǚ 藍蔞 9-589B
lánlǚ 藍縷 9-590A
lánlǚ 襤褸 9-145A
lánlǚ 襤縷 9-145B
lánlǚ 繿縷 9-1039B
lánlǚ 鵜鷜 12-1170B
lánlǚbìlù 襤褸篳路 9-145B
lǎnlǘchóu 懶驢愁 7-785B
lánmán 讕謾 11-474B
lǎnmàn 嬾慢 4-423B
lǎnmàn 懶慢 7-785A
lǎnmàn 攬蔓 6-994B
lànmàn 瀾漫 6-216B
lànmàn 瀾熳 6-216B
lànmàn 濫漫 6-182B
lànmàn 爛曼 7-319A
lànmàn 爛漫 7-320A
lànmàn 爛熳 7-321B
lànmàn 爛縵 7-321B
lànmàntiānzhēn 爛漫天真 7-321A
lànmàntiānzhēn 爛熳天真 7-321B
lànmào 濫冒 6-182A
lánmǎqiáng 欄馬牆 4-1370A
lánmén 攔門 6-969B
lánmén 欄門 4-1370A
lánmèng 蘭夢 9-630B
lánménzhōng 攔門鍾 6-969B
lànmǐ 爛靡 7-321B
lànmiào 爛妙 7-318A
lǎnmíngzéshí 攬名責實 6-993B
lánmò 婪墨 4-369B
lánmù 欄目 4-1369B
lànmù 爛目 7-317A
lánnà 蘭那 9-628A
lǎnnà 攬納 6-994A
lǎnní 罱泥 8-1037B
lǎnní 籃泥 8-1208A
lànní 濫泥 6-182A
lànní 爛泥 7-318A
lánpáo 藍袍 9-589A
lánpáo 襴袍 9-152B
lǎnpèi 攬轡 6-995A
lǎnpèicái 攬轡才 6-995A
lǎnpèichéngqīng 攬轡澄清 6-995A
lǎnpèidēngchē 攬轡登車 6-995A
lǎnpèizhōngyuán 攬轡中原 6-995A
lánpén 蘭盆 9-628B
lánpíshū 藍皮書 9-589A
lánpó 藍婆 9-589B
lǎnpò 攬破 6-993B
lánpǔ 蘭譜 9-632A
lánqì 嵐氣 3-856B
lǎnqì 攬泣 6-993B
lánqiáo 藍橋 9-590A
lànqībāzāo 爛七八糟 7-317A
lǎnqiè 懶怯 7-784A
lánqīng 藍青 9-589A
lánqīng 瀾清 6-216B
lánqīngguānhuà 藍青官話 9-589A
lánqínghuìxìng 蘭情蕙性 9-630A
lánqiū 蘭秋 9-628B
lánqiú 籃球 8-1275A
lánqǔ 婪取 4-369A
lǎnqǔ 覽取 10-357A
lǎnqǔ 攬取 6-993B
lánquàn 攔勸 6-970B
lǎnquán 攬權 6-995A
lánqún 襴裙 9-152B
lǎnrán 廩然 3-1286A
lánráo 蘭橈 9-631B
lǎnrě 攬惹 6-994A
lǎnrén 欖仁 4-1372B
lǎnréncài 懶人菜 7-784A
lànrǒng 濫宂 6-181B
lànròu 爛肉 7-317B
lánrù 闌入 12-130A
lánruò 蘭若 9-628A
lànruò 爛若 7-318A
lànruòpījǐn 爛若披錦 7-318A
lànruòpīzhǎng 爛若披掌 7-318A
lànruòshūjǐn 爛若舒錦 7-318A
lànrúzhǐzhǎng 爛如指掌 7-318A
lánsān 襤毿 9-145A
lánsān 襤彡 9-145A
lánsān 藍鬖 12-756B
lánsān 氀毿 6-1020A
lánsān 氀毵 6-1020A
lánsǎn 闌散 12-131A
lǎnsǎn 嬾散 4-423B
lǎnsǎn 懶散 7-784B
lǎnsè 攬塞 6-994B
lànshā 濫殺 6-182B
lànshā 爛殺 7-319A
lánshān 藍衫 9-589A
lánshān 闌山 12-130B
lánshān 闌刪 12-130B
lánshān 闌珊 12-130B
lánshān 闌跚 12-131A
lánshān 襤襂 9-145B
lánshān 繿縿 9-1039B
lánshān 襴衫 9-152B
lánshān 瓓珊 4-655B
lánshān 藍毿 12-756B
lànshāng 濫觴 6-183A
lànshǎng 爛賞 7-321A
lánsháo 蘭苕 9-628A
lánshē 蘭奢 9-630A
lánshé 蘭闍 9-631B
lánshè 蘭麝 9-632A
lǎnshè 攬攝 6-995A
lànshégēn'er 爛舌根兒 7-317B
lànshèn 爛椹 7-319B
lánshēng 蘭生 9-627B
lánshěng 蘭省 9-628B
lǎnshéng 纜繩 9-1065B
lǎnshèng 覽勝 10-357A
lǎnshèng 攬勝 6-994A
lǎnshèngtú 攬勝圖 6-994A
lǎnshèshè 懶設設 7-784B
lánshí 蘭石 9-627B
lánshí 蘭時 9-629B
lánshǐ 韊矢 12-216A
lánshì 蘭弛 9-628A
lánshì 蘭室 9-629B
lǎnshì 酥柹 9-1417B
lǎnshì 酥柿 9-1417B
lǎnshì 覽示 10-356B
lǎnshì 覽試 10-357A
lǎnshì 攬事 6-993B
lànshī 濫尸 6-181B
lànshí 爛石 7-317A
lànshí 連石 10-852A
lànshì 濫士 6-181A
lànshì 爛事 7-318A
lànshícǎo 爛石草 7-317A
lánshòu 藍綬 9-590A
lǎnshōu 攬收 6-993B
lànshǒu 爛手 7-317A
lánshǔ 闌暑 12-131A
lánshǔ 蘭署 9-630B
lànshú 濫熟 6-183A
lànshú 爛熟 7-321A
lánshuì 攔稅 6-969B
lánshuìbà 攔水壩 6-969B
lánshǔn 闌楯 12-131B
lánshǔn 欄楯 4-1370A
lánsì 婪肆 4-369B
lànsì 濫祀 6-182A
lànsǐshé 爛死蛇 7-317B
lànsuì 爛碎 7-320A
lánsūn 蘭蓀 9-630B
lànsǔn 爛損 7-319B
lánsuǒ 婪索 4-369A
lánsuǒ 攔索 6-969B
lánsuǒ 啉索 7-591A
lǎnsuǒ 纜索 9-1065B
lántà 婪沓 4-369A
lántái 蘭臺 9-630B
lántān 蘭驛 9-632A
lántán 蘭彈 9-631B
lántāng 蘭湯 9-630B
lántáng 蘭堂 9-630A

lǎntáng 欖糖 4-1372B
làntānzi 爛攤子 7-322A
làntáo 爛桃 7-318B
làntàozi 濫套子 6-182B
lǎntì 攬涕 6-994A
lántián 藍田 9-588B
lǎntián 攬田 6-993A
lántiánshēngyù 藍田生玉 9-588B
lántiányuánrén 藍田猿人 9-589A
lántiánzhòngyù 藍田種玉 9-589A
lǎntiào 覽眺 10-357A
lántíng 蘭亭 9-629A
lántíngchūn 蘭亭春 9-629B
lántíngtiè 蘭亭帖 9-629A
lántíngxù 蘭亭序 9-629A
lǎntǒng 攬統 6-994B
lántóu 攔頭 6-970B
lǎntóu 攬頭 6-994B
lántú 藍圖 9-589B
làntuō 爛脱 7-319A
lǎntuōtuō 懶拖拖 7-784A
lǎntuǒtuǒ 懶妥妥 7-784A
lànǔyá 蠟弩牙 8-995B
lánwán 瀾汍 6-216A
lánwǎng 攔網 6-970A
lánwěi 婪尾 4-369A
lánwěi 闌尾 12-130B
lánwèi 藍蔚 9-589B
lánwèi 蘭味 9-628A
lánwèi 讕讆 11-475A
lànwěi 濫僞 6-182B
lànwěi 爁尾 7-307A
lànwèi 爛蔚 7-320A
lánwěichūn 婪尾春 4-369A
lánwěijiǔ 婪尾酒 4-369A
lánwěijiǔ 藍尾酒 9-589A
lánwěiyán 闌尾炎 12-130B
lánwén 瀾文 6-216A
lǎnwénbiànjiàn 覽聞辯見 10-357A
lánwú 艦怃 3-765B
lánwù 嵐霧 3-857A
lǎnwù 覽物 10-357A
lànwū 濫污 6-181B
lànwū 爛污 7-317B
lànwūhuò 爛污貨 7-317B
lánxī 闌夕 12-130B
lǎnxì 纜繫 9-1065B
lánxiāng 蘭香 9-628B
lǎnxiāng 欖香 4-1372B
lánxié 籃脅 8-1275A
lǎnxié 攬擷 6-995A
lànxié 濫脇 6-182B
lǎnxǐng 覽省 10-357A
lànxíng 濫刑 6-181B
lànxíng 濫行 6-181B
lánxīnhuìxìng 蘭心蕙性 9-627A
lánxiū 蘭羞 9-629B
lánxiù 嵐岫 3-856B
lánxiù 蘭臭 9-629B
lǎnxiù 攬秀 6-993B
lánxūn 蘭薰 9-632A
lánxùn 籃筍 8-1275A
lánxùn 蘭訊 9-629B
lánxūnguìfù 蘭薰桂馥 9-632A
lányá 蘭芽 9-628A
lányān 嵐煙 3-856B
lányān 蘭煙 9-630B
lányán 蘭言 9-628A
lányán 讕言 11-474B
lányàn 蘭錟 9-631B
lǎnyán 攬延 6-993B
lànyán 濫言 6-181B
lànyán 濫炎 6-182A
lànyán 爁炎 7-307A
lànyǎnbiān 爛眼邊 7-319A
lányáng 攔羊 6-969B
lànyáng 爛羊 7-317B
lànyángtóu 爛羊頭 7-317B
lànyángwèi 爛羊胃 7-317B
lǎnyángyáng 懶洋洋 7-784A
lànyǎnqián 爛眼錢 7-319A
lányāo 攔腰 6-970A
lányáo 蘭肴 9-628B
lányào 藍藥 9-590A
lányāobù 攔腰布 6-970A
lányē 蘭掖 9-630A
lányè 蘭夜 9-628B
lànyè 爛爗 7-321B
lányí 闌遺 12-131B
lányǐ 蘭錡 9-631B
lányì 闌逸 12-131A
lányì 蘭鷁 9-632A
lǎnyī 攬衣 6-993B
lǎnyì 懶意 7-785A
lànyì 濫溢 6-182B
lànyì 爛逸 7-319A
lányǐn 藍尹 9-588B
lǎnyǐn 攬引 6-993A
lànyín 爛銀 7-320A
lànyǐn 濫飲 6-182B
lànyǐn 爛飲 7-319B
lányīng 蘭英 9-628A
lànyíng 爛盈 7-318B
lányīngyīng 藍瑩瑩 9-590A
lànyínpán 爛銀盤 7-320A
lányīnxùguǒ 蘭因絮果 9-627B
lànyòng 濫用 6-181B
lányóu 蘭猶 9-631A
lànyóu 爛遊 7-319B
lányǒuguāqī 蘭友瓜戚 9-627A
lányú 藍輿 9-590A
lányú 籃舁 8-1275A
lányú 籃輿 8-1275A
lányú 籃轝 8-1275A
lányú 蘭輿 9-632A
lányǔ 闌語 12-131B
lányǔ 讕語 11-474B
lányù 瀾澳 6-216B
lányù 蘭玉 9-627A
lǎnyú 纜魚 9-1065B
lànyú 濫竽 6-182A
lànyù 濫獄 6-182B
lànyúchōngshù 濫竽充數 6-182A
lányuē 攔約 6-969B
lányuè 蘭月 9-627A
lǎnyuè 覽閱 10-357A
lǎnyuè 攬月 6-993A
lànyún 爛雲 7-319B
lǎnzāi 攬載 6-994B
lǎnzài 攬載 6-994B
lǎnzài 攬儎 6-994B
lànzāi 爛崽 7-319B
lànzāi 爛仔 7-317B
lánzāng 婪贓 4-369B
lánzǎo 藍藻 9-590A
lànzāozāo 爛糟糟 7-321B
lànzāzā 爛臢臢 7-321B
lánzé 蘭澤 9-631B
lánzhà 婪詐 4-369B
lánzhà 欄柵 4-1370A
lánzhàn 攔占 6-969B
lánzhāng 蘭章 9-630A
lánzhàng 嵐瘴 3-857A
lánzhàng 攔障 6-970A
lànzhàng 爛帳 7-319A
lànzhàng 爛賬 7-321A
lánzhànzhàn 藍湛湛 9-589B
lánzhào 蘭兆 9-627B
lánzhào 蘭棹 9-630A
lǎnzhào 覽照 10-357A
lánzhē 闌遮 12-131B
lánzhē 攔遮 6-970A
lǎnzhèng 覽政 10-357A
lànzhēng 爛蒸 7-319B
lánzhī 蘭芝 9-627B
lánzhǐ 蘭芷 9-628A
lǎnzhí 攬執 6-994A
lànzhí 濫職 6-183A
lànzhǐ 爛紙 7-319A
lánzhìhuìxīn 蘭質蕙心 9-631B
lànzhīmá 爛芝麻 7-317B
lǎnzhōngsǎn 懶中散 7-784A
lánzhōu 蘭舟 9-627B
lánzhū 廞諸 1-946B
lánzhǔ 蘭渚 9-630A
lánzhù 蘭炷 9-629B
lǎnzhū 攬諸 6-994B
lǎnzhǔ 覽矚 10-357B
lànzhǔ 爛煮 7-319B
lǎnzhuǎn 攬轉 6-995A
lǎnzhuì 攬綴 6-994B
lánzhuó 婪濁 4-369B
lǎnzhuō 嬾拙 4-423A
lǎnzhuō 懶拙 7-784A
lànzhuó 爛灼 7-318A
lánzi 籃子 8-1275A
lánzǐ 蘭子 9-627A
lànzi 爛子 7-317A
lànzǐ 爛紫 7-319B
lánzǐjūn 攔子軍 6-969B
lánzǐmǎ 攔子馬 6-969B
lánzǐmǎ 欄子馬 4-1369B
lánzòng 闌縱 12-131B
lánzòng 攔縱 6-970B
lǎnzǒng 覽總 10-357B
lǎnzǒng 攬總 6-995A
lánzǔ 攔阻 6-969B
lànzuì 爛醉 7-321A
lànzuìrúní 爛醉如泥 7-321A
láo'ài 勞愛 2-812A
lǎo'ài 老艾 8-605B
lào'ǎi 嫪毐 4-406B
lǎo'āmā 老阿媽 8-611A
láo'àn 牢犴 6-241B
lǎo'ǎo 老媼 8-623B
lǎobà 老罷 8-627B
lǎobābā 老巴巴 8-605B
lǎobābǎn'er 老八板兒 8-601A
lǎobáishǎng 老白賞 8-606B
lǎobáixiàng 老白相 8-606B
lǎobǎixìng 老百姓 8-608A
lǎobālù 老八路 8-601A
lǎobān 老班 8-615B
lǎobǎn 老版 8-613A
lǎobǎn 老闆 8-630A
lǎobǎn 銠劢 11-1249B
lǎobàn 老伴 8-610B
lǎobàn 老辦 8-629B
lǎobàng 老蚌 8-617A
lǎobàng 老蜯 8-625B
lǎobàngshēngzhū 老蚌生珠 8-617A
lǎobāngxián 老幫閒 8-629B
lǎobàngzhūtāi 老蚌珠胎 8-617A
lǎobāngzi 老梆子 8-616A
lǎobǎnniáng 老闆娘 8-630B
lǎobàntiān 老半天 8-606B
lǎobānzi 老班子 8-615B
lǎobǎnzi 老闆子 8-630B
láobǎo 勞保 2-809A
lǎobǎo 老鴇 8-627B
lǎobǎo'ér 老保兒 8-614B
lǎobǎopó 老鴇婆 8-627B
lǎobǎozi 老鴇子 8-627B
lǎobǎshì 老把式 8-610A
lǎobǎshì 老把勢 8-610A
láobèi 勞憊 2-813A
lǎobèi 老悖 8-618B
lǎobèi 老誖 8-625B
lǎobèi 老輩 8-627A
lǎobèi 老憊 8-629A
lǎobèihuǐ 老背悔 8-614A
lǎobèihuì 老背晦 8-614A
lāoběn 撈本 6-891A
lǎoběn 老本 8-606A
láobì 牢狴 6-242A
láobì 牢髀 6-243B
láobì 勞弊 2-812B
lǎobǐ 老筆 8-622A
lǎobǐ 老鄙 8-624A
lǎobì 老婢 8-621B
lǎobì 老弊 8-625B
lǎobì 老滗 8-630A

lǎobì 老躄 8-631B
lǎobiǎo 老表 8-611A
lǎobiǎo 老俵 8-617B
láobǐng 牢稟 6-243A
láobìng 勞病 2-809B
láobìng 癆病 8-358B
lǎobìng 老病 8-618A
làobīng 勞兵 2-808A
làobǐng 烙餅 7-61A
láobìngguǐ 癆病鬼 8-358B
lǎobízi 老鼻子 8-625B
lǎobìzi 老婢子 8-621B
lǎobó 老伯 8-610A
lǎobóbó 老伯伯 8-610B
lāobǔ 撈捕 6-891A
láobù 勞步 2-808A
lǎobùcái 老不才 8-604A
láobùkěpò 牢不可破 6-241A
lǎobùsǐ 老不死 8-604A
lǎobùxiǎoshì 老不曉事
8-604A
lǎobùzhuó 老不著 8-604A
lāocǎi 撈採 6-891A
lǎocái 老財 8-616B
lǎocài 蘵菜 9-613B
lǎocāng 老傖 8-622B
lǎocāng 老蒼 8-623B
lǎocāngtóu 老蒼頭 8-623B
làocāngtóu 酪蒼頭 9-1403B
lǎocánzuòjiǎn 老蠶作繭
8-631B
láocáo 勞螬 7-277A
láocáo 磱嘈 7-1099A
láocáo 嶗嶆 3-861A
láocáo 勞嘈 2-812B
láocáo 嘮嘈 3-483A
lǎocǎo 老草 8-614A
lǎocǎo 恅愺 7-512A
láocè 牢筴 6-243A
lǎochán 老饞 8-631B
lǎocháo 老巢 8-621B
lǎocháo 潦潮 6-129A
láochē 牢車 6-241B
lǎochē 潦車 6-128B
làochě 嘮扯 3-513A
láochén 勞臣 2-808A
lǎochén 老臣 8-607B
láochēng 轑鐺 9-1331B
láochéng 牢成 6-241A
láochéng 牢承 6-242B
láochéng 牢城 6-242A
láochéng 牢誠 6-243A
láochéng 勞成 2-808A
láochéng 勞承 2-809A
lǎochéng 老成 8-608A
lǎochéng 老誠 8-624B
lǎochéngchízhòng
老成持重 8-608B
lǎochéngliàndá 老成煉達
8-608B
lǎochéngliàndá 老成練達
8-608B
lǎochéngrén 老成人 8-608B
lǎochī 老吃 8-609A
làochí 澇池 6-146A
láochóu 牢愁 6-242B
lǎochūn 老春 8-613B
lǎochūn 老椿 8-624A
lǎochǔn 老蠢 8-631B
láocí 牢辭 6-243B
làocì 勞賜 2-812B
lǎocū 老粗 8-620B
láocuī 磱磪 7-1093B
láocuì 勞悴 2-811A
láocuì 勞瘁 2-812A
lǎocuì 老悴 8-621A
lǎocuòdà 老措大 8-619B
lǎodà 老大 8-601B
lǎodàbó 老大伯 8-601B
lǎodàchóng 老大蟲 8-602A
lǎodādàng 老搭檔 8-622A
lǎodàdìguó 老大帝國
8-602A
lǎodà'er 老大兒 8-601B
lǎodàgē 老大哥 8-602A
lǎodàjiě 老大姐 8-601B
lǎodàn 老旦 8-606A
lǎodànán 老大難 8-602A
lǎodāng 老當 8-624A
lǎodàng 老當 8-624A
lǎodāngyìzhuàng 老當益壯
8-624A
lǎodàniáng 老大娘 8-602A
láodāo 哰叨 3-369B
láodāo 勞叨 2-807A
láodāo 嘮叨 3-512B
lǎodǎo 老倒 8-617B
lǎodào 老到 8-611B
lǎodào 老道 8-623B
láodàocǎo 撈稻草 6-891B
lǎodàozhǎng 老道長 8-623B
lǎodàrén 老大人 8-601B
lǎodàshǎng 老大晌 8-602A
lǎodàtúshāng 老大徒傷
8-602A
lǎodàtúshāngbēi
老大徒傷悲 8-602A
lǎodàwúchéng 老大無成
8-602A
lǎodàxiǎo 老大小 8-601B
lǎodàyé 老大爺 8-602A
lǎodǐ 老底 8-613A
lǎodì 老弟 8-610B
làodì 澇地 6-146A
lǎodiāo 老雕 8-629A
lǎodiào 老調 8-627B
lǎodiàochóngtán 老調重彈
8-627B
lǎodiàoyá 老掉牙 8-619B
lǎodiàozi 老調子 8-627B
lǎodiē 老爹 8-618A
lǎodié 老耋 8-622A
láodǐng 牢鼎 6-242B
lǎodīng 獠丁 5-107B
lǎodǐzi 老底子 8-613A
láodòng 勞動 2-810A
lǎodōng 老東 8-611B
láodòngbǎohù 勞動保護
2-810B
láodòngbǎoxiǎn 勞動保險
2-810B
láodòngduìxiàng 勞動對象
2-811A
láodòng'èrchóngxìng
勞動二重性 2-810A
láodòngfǎ 勞動法 2-810B
láodònggǎizào 勞動改造
2-810B
láodònghétongzhì
勞動合同制 2-810B
láodònghùzhùshè
勞動互助社 2-810B
lǎodōngjiā 老東家 8-611B
láodòngjiàoyǎng 勞動教養
2-810B
láodòngjié 勞動節 2-811A
láodònglì 勞動力 2-810B
láodòngmìjíxíng
勞動密集型 2-810B
láodòngmófàn 勞動模範
2-811A
láodòngqiángdù 勞動强度
2-810B
láodòngquán 勞動權 2-811A
lǎodōngrén 老東人 8-611B
láodòngshēngchǎnlǜ
勞動生產率 2-810B
lǎodōngxī 老東西 8-611B
láodòngzhě 勞動者 2-810B
láodòngzīliào 勞動資料
2-811A
láodòu 登豆 9-1348B
lǎodǒu 老斗 8-605B
lǎodù 老杜 8-610A
lǎodǔjiǎo 老賭脚 8-627B
láodùn 勞頓 2-812A
lǎodùn 老鈍 8-622B
láoduō 嘮哆 3-513A
lāo'er 撈兒 6-891A
lǎo'ér 老兒 8-612B
lǎo'érbùsǐ 老而不死
8-608A
lǎo'érbùsǐshìwéizéi
老而不死是爲賊 8-608A
lǎo'érdāng 老兒當 8-612B
láo'érwúgōng 勞而無功
2-808A
lǎo'érzi 老兒子 8-612B
láofá 勞乏 2-807A
láofá 勞伐 2-808A
lǎofǎ 老法 8-613A
láofán 勞煩 2-812A
láofàn 轑飯 9-1331B
lǎofān 老番 8-622B
láofāng 勞方 2-807A
láofáng 牢房 6-242A
lǎofāngzi 老方子 8-605B
láofànwǎn 牢飯碗 6-242B
láofēi 牢扉 6-242B
láofèi 勞費 2-811B
lǎofèiwù 老廢物 8-628A
lǎofèn 潦糞 6-129A
lǎofèng 老鳳 8-625B
lǎofó 老佛 8-610B
lǎofóyé 老佛爺 8-610B
láofǔ 轑釜 9-1331B
lǎofū 老夫 8-603B
lǎofǔ 老腐 8-625B
lǎofù 老父 8-605A
lǎofù 老婦 8-621B
lǎofúdà 老弗大 8-607A
lǎofùdīng 老復丁 8-622B
lǎofùmǔ 老父母 8-605A
lǎofùtái 老父臺 8-605A
lǎofūzǐ 老夫子 8-603B
láogǎi 勞改 2-808B
láogē 勞歌 2-812A
lǎogē 老哥 8-616B
lǎogé 老革 8-614A
lǎogé 老格 8-616A
làogē 嘮咯 3-513A
lǎogēda 老疙瘩 8-613A
lǎogē'ermen 老哥兒們
8-616B
lǎogēge 老哥哥 8-616B
lǎogémìng 老革命 8-614A
lǎogēn 老根 8-616B
lǎogēng 老更 8-610A
lǎogēnrénjiā 老根人家
8-616B
lǎogēnzi 老根子 8-616B
láogōng 勞工 2-807A
lǎogōng 老公 8-605A
lǎogōnggong 老公公 8-605A
lǎogōngshì 老公事 8-605A
lǎogōngzǔ 老公祖 8-605B
lǎogōngzuǐ'er 老公嘴兒
8-605B
lǎogǒu 老狗 8-613A
láogù 牢固 6-242A
lǎogǔ 老骨 8-614B
lǎogù 老雇 8-623B
lǎoguā 老瓜 8-606B
lǎoguā 老鴰 8-629B
lǎoguǎ 老寡 8-626A
lǎoguālíng 老鴰翎 8-630A
lǎoguān 老鰥 8-631B
lǎoguān'er 老官兒 8-613B
lǎoguāng 老光 8-609A
lǎogǔbǎn 老古板 8-605B
lǎogǔdǒng 老古董 8-606A
lǎoguī 老歸 8-630B
lǎoguǐ 老鬼 8-614B
lǎoguīkūcháng 老龜刳腸
8-630A
lǎogūniáng 老姑娘 8-613B
lǎogǔtou 老骨頭 8-614B
lǎohǎi 老海 8-618B
lǎohàn 老汗 8-609B
lǎohàn 老漢 8-626A
làohàn 潦旱 6-128B
lǎohángjiā 老行家 8-609B
lǎohángzūn 老行尊 8-609B
lǎohǎo 老好 8-610A
lǎohǎorén 老好人 8-610A
lǎohèchéngxuān 老鶴乘軒

8-631B
lǎohěn 老很 8-614B
lǎohóng 老紅 8-615B
láohù 牢户 6-241A
láohù 牢護 6-243B
lǎohǔ 老虎 8-612A
lǎohù 老扈 8-621A
lǎohù 老鳸 8-628A
lǎohuà 老話 8-624B
lǎohuāgēn 老花根 8-610A
lǎohuái 老懷 8-631A
lǎohuājìng 老花鏡 8-610A
lǎohuàn 老患 8-620A
lǎohuāndiāode 老獾叼的
8-631A
lǎohuánglì 老皇曆 8-614B
lǎohuángniú 老黃牛 8-619B
lǎohuāyǎn 老花眼 8-610A
lǎohǔbān 老虎班 8-612A
lǎohǔchē 老虎車 8-612A
lǎohǔchuāng 老虎窗 8-612A
lǎohǔdèng 老虎凳 8-612A
láohuǐ 勞毁 2-812A
lǎohúlí 老狐狸 8-613A
lǎohūn 老惛 8-617B
lǎohūn 老昏 8-613A
lǎohūn 老惽 8-621A
lǎohuǒ 老火 8-605B
lǎohuò 老貨 8-620A
lǎohuǒjì 老夥計 8-625B
lǎohǔpí 老虎皮 8-612A
lǎohǔpìgǔmōbùdé
老虎屁股摸不得 8-612A
lǎohǔqián 老虎鉗 8-612A
lǎohǔtóushàngsāoyǎng
老虎頭上搔癢 8-612B
lǎohútú 老糊塗 8-628A
lǎohǔzào 老虎竈 8-612B
láojī 勞積 2-813A
láojí 牢藉 6-243A
láojì 牢記 6-242A
láojì 牢祭 6-242B
láojì 勞績 2-813A
lǎojí 老疾 8-618A
lǎojǐ 老己 8-603A
lǎojǐ 老幾 8-623B
lǎojì 老驥 8-631B
lāojiā 撈家 6-891A
láojià 勞駕 2-812B
lǎojiā 老家 8-618B
lǎojià 老駕 8-628A
lǎojiā'er 老家兒 8-619A
lǎojiāgōng 老家公 8-618B
láojiǎlìbīng 牢甲利兵
6-241A
láojiān 牢堅 6-242B
láojiān 牢監 6-243A
láojiàn 牢檻 6-243B
lǎojiān 老奸 8-610A
lǎojiān 老姦 8-615B
lǎojiǎn 老趼 8-620A
lǎojiǎn 老繭 8-630B
lǎojiǎn 老謇 8-623B
lǎojiàn 老健 8-617B
lǎojiàng 老將 8-621B
làojiāng 酪漿 9-1403B
lǎojiānghú 老江湖 8-610A
lǎojiàngpéng 老醬棚 8-631A
lǎojiānjùhuá 老奸巨猾
8-610A
lǎojiānjùhuá 老姦巨猾
8-615B
láojiào 勞教 2-810A
lǎojiào 老教 8-619B
lǎojiāoqíng 老交情 8-609B
lǎojiārén 老家人 8-618B
lǎojiǎyú 老甲魚 8-606A
láojié 勞結 2-811B
láojié 勞竭 2-812B
lǎojìfúlì 老驥伏櫪 8-631B
lǎojìliū 老鯽溜 8-631A
láojīn 勞金 2-809A
lǎojìn 老藎 8-626B
lǎojìn 老勁 8-614A
lǎojīng 老荆 8-613B
lǎojǐng 老景 8-622A
lǎojìng 老境 8-625A
lǎojīnglún 老經綸 8-625A
lǎojīnián 老積年 8-628B
láojīnkǔgǔ 勞筋苦骨
2-811A
láojiǒng 勞窘 2-811B
lǎojìsīfēng 老驥嘶風
8-632A
lǎojītóu 老鷄頭 8-631B
láojiǔ 牢九 6-241A
láojiǔ 牢酒 6-242B
láojiǔ 醪酒 9-1441B
láojiù 勞疚 2-809A
láojiù 勞舊 2-813A
lǎojiǔ 老酒 8-618B
lǎojiù 老舊 8-629B
làojiǔ 勞酒 2-810A
làojiǔ 酪酒 9-1403A
láojù 牢具 6-241B
láojù 勞劇 2-812B
lǎojǔ 老舉 8-628B
láojuàn 勞倦 2-809B
láojuàn 勞勸 2-810A
láojué 勞爵 2-813A
lǎojué 老攫 8-631B
lǎojuéhuà'er 老橛話兒
8-628A
lǎojūn 老君 8-611A
lǎojūn 老軍 8-615A
lǎojùn 老鵔 8-628A
làojūn 勞軍 2-809A
làokà 嘮咯 3-513A
lǎokàn 老墈 8-625A
làokàng 落炕 9-484A
láokao 牢靠 6-243A
láokǎo 勞考 2-807B
lǎokào 老靠 8-627B
láokè 勞課 2-812B
lǎokè 老客 8-615A
làokē 嘮嗑 3-513A
láokēng 牢坑 6-241B
lǎokōngrén 老空人 8-613B
lǎokǒu 老口 8-602B
lǎokǒu'er 老口兒 8-602B
láokǔ 勞苦 2-808B
lǎokǔ 老苦 8-611B
làokǔ 勞苦 2-808B
lǎokuài 老獪 8-629A
láokuàng 醪纊 9-1442A
lǎokuàng 老況 8-610B
lǎokuāngkuāng 老框框
8-616A
láokǔgōnggāo 勞苦功高
2-808B
lǎokuì 老聵 8-630B
láokùn 勞困 2-808A
láolā 牢拉 6-241B
láolà 牢剌 6-242A
láolà 癆剌 8-358B
lǎolà 老辣 8-625B
lǎolái 老來 8-611B
lǎolái 老萊 8-619B
làolái 勞來 2-808B
làolái 勞徠 2-811A
lǎoláifú 老萊服 8-620A
lǎoláijū 老萊裾 8-620A
lǎoláiqī 老萊妻 8-619B
lǎoláiqiào 老來俏 8-611B
lǎoláiyī 老萊衣 8-619B
lǎoláiyúqīn 老萊娛親
8-620A
lǎoláizi 老來子 8-611B
lǎoláizi 老萊子 8-619B
láolàng 窂浪 8-436B
láolàng 浶浪 5-1281B
lǎoláng 老郎 8-613B
lǎolángshén 老郎神 8-613B
láoláo 僗佬 1-1733B
láoláo 牢牢 6-241B
láoláo 哰哰 3-369B
láoláo 勞勞 2-811A
láoláo 嘮嘮 3-513A
lǎolao 佬佬 1-1319A
lǎolao 姥姥 4-338A
lǎolǎo 老老 8-607A
lǎolǎo 潦潦 6-129A
lǎolǎo 嫽嫽 4-408B
làolào 澇澇 6-146B
lāolāodādā 撈撈搭搭
6-891A
lǎolǎodàdà 老老大大
8-607B
láoláorāngrang 勞勞嚷嚷
2-811B
láoláorángráng 勞勞穰穰
2-811B
láoláorāngrāng 勞勞攘攘
2-811B
lǎolǎoshíshí 老老實實
8-607B
láoláowúwú 哰哰唔唔
3-369B
láolèi 勞累 2-810A
lǎoléi 老羸 8-631A
lǎolèizònghéng 老淚縱橫
8-620B
láolǐ 牢禮 6-243B
láolǐ 牢醴 6-243B
láolǐ 醪醴 9-1442A
láolì 牢利 6-241B
láolì 勞力 2-806B
lǎolì 老吏 8-607B
lǎolì 老例 8-612B
lǎoliǎn 老臉 8-630A
lǎoliàn 老練 8-628A
làolián 嫪連 4-407A
làoliàn 嫪戀 4-407A
láoliáng 牢良 6-241B
lǎoliǎngkǒu 老兩口 8-611B
lǎoliǎnpí 老臉皮 8-630A
láoliè 勞烈 2-809B
lǎoliè 老劣 8-609A
láolǐn 牢廩 6-243A
lǎolín 老林 8-611B
lāolíng 撈凌 6-891A
lāolíng 撈菱 6-891A
lāolíng 撈鈴 6-891A
lǎoliù 老溜 8-624B
lāolóng 撈龍 6-891B
lāolǒng 撈籠 6-891B
lāolǒng 撈攏 6-891B
láolóng 牢籠 6-243B
láolǒng 勞籠 2-813B
lǎolóng 老癃 8-629B
lǎolóng 老龍 8-629B
lāolù 撈摝 6-891A
lāolù 撈漉 6-891A
láolù 勞碌 2-811B
lǎolǔ 老虜 8-624A
lǎolù 老路 8-624A
láoluò 牢絡 6-242B
láoluò 牢落 6-242B
lǎoluò 老落 8-622A
lǎolǘ 老驢 8-632A
lǎomā 老媽 8-624B
lǎomá 老蟇 8-628A
lǎomáhàn 老麻汗 8-620A
láomài 牢脈 6-242A
lǎomài 老賣 8-627A
lǎomài 老邁 8-627A
lǎomāmālùn'er
老媽媽論兒 8-625A
lǎomán 老瞞 8-628B
lǎomán 獠蠻 5-108A
lǎomǎn 老滿 8-626A
lǎomǎn'er 老滿兒 8-626A
lǎomào 老眊 8-614B
lǎomào 老耄 8-616A
lǎomào 老貌 8-625B
lāomáode 撈毛的 6-890B
lǎomáozi 老毛子 8-605A
lǎomǎshítú 老馬識途
8-616A
lǎomǎsīfēng 老馬嘶風
8-616A
lǎomǎwéijū 老馬爲駒
8-615B
lǎomāzi 老媽子 8-625A
lǎomèi 老妹 8-613B
lǎomèi 老昧 8-614A

láomì 牢密 6-242B
lǎomǐ 老米 8-609B
lǎomiàn 老面 8-614A
làomiǎn 勞勉 2-809A
lǎomiànpí 老面皮 8-614A
lǎomiáo 老苗 8-611B
lǎomǐfànniēshā…
老米飯揑殺不成團
8-609B
láomín 勞民 2-807B
lǎomín 老民 8-606B
làomín 勞民 2-807B
láomíndòngzhòng 勞民動衆
2-807B
láomínfèicái 勞民費財
2-807B
lǎomìng 老命 8-613A
láomínshāngcái 勞民傷財
2-807B
lǎomiù 老謬 8-631A
lāomō 撈摸 6-891A
láomó 勞模 2-812A
lǎomómó 老嬷嬷 8-630B
lǎomóu 老謀 8-629A
lǎomóushēnsuàn 老謀深算
8-629A
lǎomǔ 老姥 8-615B
lǎomǔ 老母 8-607A
lǎomù 老牧 8-612B
lǎonà 老衲 8-615A
lǎonǎinai 老奶奶 8-607A
lǎonào 潦淖 6-129A
lǎonǎojīn 老腦筋 8-624B
láonéng 勞能 2-810A
lǎoní 老泥 8-613B
lǎonián 老年 8-609A
lǎoniáng 老娘 8-619A
lǎoniáng 姥娘 4-338A
lǎoniángjiā 老娘家 8-619B
lǎoniángmen 老娘們 8-619B
lǎoniángpó 老娘婆 8-619B
lǎoniángqīn 老娘親 8-619B
lǎoniánxiōng 老年兄 8-609A
lǎoniánzūn 老年尊 8-609A
lǎoniú 老牛 8-604B
lǎoniúshìdú 老牛舐犢
8-604B
lǎoniútuōpòchē
老牛拖破車 8-604B
láonóng 勞農 2-812A
lǎonóng 老農 8-624A
làonóng 勞農 2-812A
lǎonú 老奴 8-607A
lǎonú 獠奴 5-107B
làonú 酪奴 9-1403A
lǎonǚ 老女 8-603A
lǎonǚguīzōng 老女歸宗
8-603B
lǎo'ōu 老歐 8-627A
lǎopái 老牌 8-622A
lǎopài 老派 8-615A
láopén 牢盆 6-242A
lǎopén 老盆 8-614B
lǎopéng 老彭 8-622A
láopí 勞罷 2-812B
láopí 勞疲 2-809B
lǎopí 老罷 8-627B
lǎopiáo 老瓢 8-628B
lǎopídāngdào 老羆當道
8-631A
láopíng 勞平 2-807B
lǎopō 老坡 8-611A
lǎopó 老婆 8-620B
lǎopóchán 老婆禪 8-621A
lǎopódāngjūn 老婆當軍
8-621A
lǎopōgǒu 老潑狗 8-628A
lǎopóniáng 老婆娘 8-621A
lǎopópó 老婆婆 8-621A
lǎopóshétou 老婆舌頭
8-621A
lǎopóxīn 老婆心 8-620B
lǎopózi 老婆子 8-620B
lǎopú 老僕 8-625B
lǎopǔ 老圃 8-617A
lǎopǔ 老譜 8-631A
lǎoqí 老耆 8-616A
lǎoqì 老氣 8-617A
lǎoqì 老器 8-628B
láoqiān 勞謙 2-813A
lǎoqiān 老慳 8-626A
lǎoqián 老錢 8-629A
lǎoqiánbèi 老前輩 8-615A
láoqiāng 牢羌 6-241B
lǎoqiāng 老槍 8-625A
lǎoqiánpó 老虔婆 8-616B
lǎoqiáomín 老喬民 8-622A
láoqiè 牢切 6-241A
láoqiè 癆怯 8-358B
lǎoqiè 老妾 8-613A
lǎoqiè 老怯 8-613B
lǎoqìhéngqiū 老氣橫秋
8-617A
láoqín 勞勤 2-811B
lǎoqīn 老親 8-629B
láoqíng 勞情 2-811A
lǎoqīnniáng 老親娘 8-629B
lǎoqióng 老窮 8-628A
lǎoqǐpó 老乞婆 8-602B
lǎoqiū 老湫 8-623B
lǎoqiū 老秋 8-614B
láoqū 勞屈 2-809A
láoqú 勞劬 2-808A
lǎoqū 老區 8-620A
lǎoqǔ 老臞 8-631B
lǎoqù 老去 8-605B
lǎoquán 老泉 8-614B
lǎoquán 老拳 8-618B
lǎoquè 老確 8-627A
lāorǎng 撈攘 6-891B
láorǎng 勞攘 2-813A
láoràng 牢讓 6-244A
láorǎo 勞擾 2-813A
láorén 勞人 2-806B
láorèn 牢朋 6-241B
lǎorén 老人 8-600B
lǎorénjiā 老人家 8-601A
lǎorénpó 老人婆 8-601A
lǎorénxīng 老人星 8-600B
lǎorénxīngtú 老人星圖
8-601A
lǎorényuàn 老人院 8-601A
láorǒng 勞冗 2-807A
láoròu 牢肉 6-241B
làoròu 酪肉 9-1403A
láorǔ 勞辱 2-809B
lǎorú 老儒 8-629A
lǎorú 老孺 8-630B
làorǔ 酪乳 9-1403A
lǎoruò 老弱 8-619A
lǎoruòcánbīng 老弱殘兵
8-619A
láosāndāosì 嘮三叨四
3-512B
lǎosānlǎosì 老三老四
8-601A
láosāo 牢騷 6-243B
lǎosāohú 老臊胡 8-630A
lǎosè 老色 8-609B
làosè 落色 9-483A
lǎosēng 老僧 8-625B
láoshān 嶗山 3-868A
láoshàn 牢膳 6-243A
láoshàn 醪膳 9-1441B
lǎoshān 老山 8-602B
láoshāng 勞傷 2-812A
láoshāng 癆傷 8-358B
láoshǎng 牢賞 6-243A
lǎoshāng 老商 8-620A
lǎoshàng 老上 8-602B
lǎoshānhàn 老山漢 8-602B
lāoshāo 撈梢 6-891A
lǎoshào 老少 8-604B
láoshén 勞神 2-809B
lǎoshēn 老參 8-621B
lǎoshēn 老身 8-610B
láoshēng 牢牲 6-242A
láoshēng 勞生 2-807B
lǎoshēng 老生 8-606A
lǎoshēngchángtán
老生常談 8-606B
lǎoshēng'ér 老生兒 8-606B
lǎoshēngzǐ 老生子 8-606B
láoshēnjiāosī 勞身焦思
2-808A
lǎoshēnzhǎngzǐ 老身長子
8-610B
láoshī 勞師 2-809B
láoshí 砮石 7-1093B
láoshí 牢實 6-243A
láoshì 勞事 2-808B
lǎoshī 老師 8-617B
lǎoshí 老實 8-626A
lǎoshì 老氏 8-605B
lǎoshì 老式 8-607A
lǎoshì 老是 8-614A
lǎoshì 獠市 5-107B
làoshī 勞師 2-809B
lǎoshíbājiāo 老實八焦
8-626B
lǎoshíbājiāo 老實巴交
8-626B
lǎoshíbājiāo 老實巴焦
8-626B
lǎoshíbājiāo 老實巴脚
8-626B
láoshīdòngzhòng 勞師動衆
2-809B
lǎoshīfū 老師夫 8-617B
lǎoshīfù 老師父 8-618A
lǎoshīfù 老師傅 8-618A
lǎoshígēda 老實疙瘩 8-626B
lǎoshígēdàn 老實圪蛋
8-626B
láoshígǔzi 勞什骨子 2-807A
lǎoshíhuà 老實話 8-626B
lǎoshíluó 老實羅 8-626B
láoshīmíxiǎng 勞師糜餉
2-809B
lǎoshítóu 老實頭 8-626B
lǎoshìyǎn 老視眼 8-621B
láoshízi 撈什子 6-890B
láoshízi 勞什子 2-807A
láoshízi 嘮什子 3-512B
láoshǒu 牢守 6-241B
lǎoshǒu 老手 8-604B
lǎoshòu 老壽 8-625A
lǎoshòuxīng 老壽星 8-625A
láoshū 牢蔬 6-243A
lǎoshū 老叔 8-612A
lǎoshū 老書 8-619A
lǎoshǔ 老鼠 8-624B
lǎoshuāi 老衰 8-618A
lǎoshǔguòjiē…
老鼠過街,人人喊打
8-624B
làoshūhàngài 澇疏旱溉
6-146B
lǎoshuǐ 潦水 6-128A
láosī 勞思 2-809A
láosī 簩箟 8-1245B
lǎosǐ 老死 8-608A
lǎosǐbùxiāngwǎnglái
老死不相往來 8-608A
lǎosǐmèi 老死魅 8-608A
lǎosǐyǒuxià 老死牖下
8-608A
lǎosòngtǐ 老宋體 8-611A
láosòu 癆嗽 8-358B
lǎosǒu 老叟 8-614B
lǎosū 老蘇 8-631A
lǎosù 老宿 8-621A
làosū 酪酥 9-1403A
làosū 酪蘇 9-1403B
làosù 酪素 9-1403A
làosuān 酪酸 9-1403B
làosuì 潦歲 6-129A
láosǔn 勞損 2-811B
lǎotài 老太 8-604A
lǎotài 老態 8-627A
lǎotàigōng 老太公 8-604A
lǎotàilóngzhōng 老態龍鍾
8-627A
lǎotàipó 老太婆 8-604A
lǎotàitai 老太太 8-604A
lǎotàiyé 老太爺 8-604B

lǎotāng 老湯 8-623B
lǎotáng 老塘 8-623B
lǎotángtái 老堂臺 8-620A
lǎotāo 老饕 8-631B
lǎotào 老套 8-616B
lǎotàotǒng 老套筒 8-616B
lǎotàotou 老套頭 8-616B
lǎotiān 老天 8-603B
làotián 澇田 6-146A
lǎotiānbādì 老天巴地 8-603B
lǎotiānbádì 老天拔地 8-603B
lǎotiāngébùliǎo… 老天隔不了一層紙 8-603B
lǎotiānyé 老天爺 8-603B
lǎotiāo 老挑 8-613B
làotiě 烙鐵 7-61A
lǎotǐmiàn 老體面 8-631B
lǎotóng 老童 8-623A
láotóu 牢頭 6-243A
lǎotóu 老頭 8-628A
lǎotóu'er 老頭兒 8-628B
lǎotóu'erlè 老頭兒樂 8-628B
lǎotóujīn 老頭巾 8-628A
lǎotóupí 老頭皮 8-628B
lǎotóupiào 老頭票 8-628B
lǎotóuzi 老頭子 8-628A
láotú 勞徒 2-809B
lǎotǔ 老土 8-601B
lǎotù 老兔 8-613A
lǎotù 老鵵 8-631A
lǎotuìjū 老退居 8-615A
lǎotuō 老脫 8-620A
lǎotuó 老駞 8-627A
lǎowǎ 老瓦 8-604B
làowādì 澇窪地 6-146B
lǎowài 老外 8-606B
láowán 牢丸 6-241A
lǎowànghún 老忘渾 8-610B
lǎowángmàiguā 老王賣瓜 8-603B
lǎowángù 老頑固 8-623B
lǎowǎpén 老瓦盆 8-604B
làowèi 勞慰 2-812B
làowèi 勞遺 2-812B
láowěn 牢穩 6-243B
làowèn 勞問 2-811A
lǎowēng 老翁 8-618A
lǎowō 老窩 8-624B
lǎowǒ 老我 8-610A
láowù 勞務 2-810A
lǎowū 老屋 8-615B
lǎowū 潦汙 6-128A
lǎowū 潦污 6-128A
lǎowù 老物 8-612B
láowùchūkǒu 勞務出口 2-810A
lǎowùdà 老勿大 8-605B
láowǔjiéhé 勞武結合 2-808B
lǎowúzhī 老無知 8-622A
láoxì 牢餼 6-243B
lǎoxiān 老先 8-609A
lǎoxián 老弦 8-613B
lǎoxiān'er 老先兒 8-609B
lǎoxiāng 老鄉 8-621B
lǎoxiàng 老相 8-614A
làoxiǎng 勞饗 2-813A
lǎoxiànggōng 老相公 8-614A
lǎoxiànghǎo 老相好 8-614A
lǎoxiāngshí 老相識 8-614A
lǎoxiāngyǔ 老相與 8-614A
lǎoxiānrénbǎnbǎn 老先人板板 8-609A
lǎoxiānshēng 老先生 8-609A
lǎoxiānzhǎng 老仙長 8-606B
láoxiào 勞效 2-809B
lǎoxiāo 老梟 8-620A
lǎoxiǎo 老小 8-602B
lǎoxiào 老校 8-616B
lǎoxi'er 老西兒 8-607B
lǎoxífù 老媳婦 8-625A
láoxīn 勞心 2-807A
láoxīn 勞薪 2-812B
láoxíng 勞形 2-808A
láoxíngkǔxīn 勞形苦心 2-808A
láoxīnjiāosī 勞心焦思 2-807B
lǎoxiōng 老兄 8-606A
lǎoxiòng 老窨 8-621A
lǎoxióngdāngdào 老熊當道 8-627A
láoxiū 牢羞 6-242A
láoxiǔ 勞疞 2-808B
lǎoxiū 老休 8-609B
lǎoxiǔ 老朽 8-607B
lǎoxiūbiànnù 老羞變怒 8-618B
lǎoxiùcái 老秀才 8-610A
lǎoxiūchéngnù 老羞成怒 8-618A
làoxù 勞卹 2-808B
làoxù 勞恤 2-809A
lǎoxué 老學 8-629A
lǎoxué'ān 老學菴 8-629A
lǎoxuéjiū 老學究 8-629A
láoxūn 勞勛 2-811A
lǎoyā 老丫 8-603A
lǎoyā 老鴉 8-627A
lǎoyā 老鵶 8-631A
lǎoyàgōng 老亞公 8-611A
láoyàn 勞燕 2-812B
lǎoyán 老嚴 8-631A
lǎoyán 橑檐 4-1309A
lǎoyǎn 老衍 8-614B
lǎoyǎn 老眼 8-620A
láoyànfēnfēi 勞燕分飛 2-812B
lǎoyáng 老陽 8-621B
lǎoyángpí 老羊皮 8-609B
lǎoyàngzi 老樣子 8-627A
lǎoyànwù 老厭物 8-625A
láoyào 醪藥 9-1441B
lǎoyǎochóng 老咬蟲 8-614B
lǎoyātou 老丫頭 8-603A
lǎoyé 老爺 8-622B
lǎoyé'er 老爺兒 8-623A
lǎoyémen 老爺們 8-623A
lǎoyémiào 老爺廟 8-623A
lǎoyèrén 老業人 8-624A
lǎoyéye 老爺爺 8-623A
lǎoyézi 老爺子 8-623A
láoyì 勞役 2-808A
láoyì 勞逸 2-811A
láoyì 勞勩 2-812A
lǎoyī 老衣 8-609B
lǎoyì 老易 8-612B
lǎoyì 潦溢 6-129A
lǎoyībèi 老一輩 8-600B
láoyín 勞銀 2-812B
lǎoyīn 老陰 8-619A
làoyìn 烙印 7-61A
lǎoyīng 老鷹 8-631B
lǎoyíng 老營 8-629B
lǎoyìng 老硬 8-622A
lǎoyíntái 老寅臺 8-621A
lǎoyīshàobǔ 老醫少卜 8-630B
lǎoyītào 老一套 8-600B
lǎoyōng 老傭 8-624B
lǎoyōng 老慵 8-626A
láoyōu 牢憂 6-243A
lǎoyǒu 老友 8-604B
lǎoyòu 老幼 8-607A
lǎoyóutiáo 老油條 8-613B
lǎoyóuzi 老油子 8-613B
láoyǔ 牢圄 6-242A
láoyù 牢獄 6-243A
lǎoyǔ 老語 8-625B
lǎoyǔ 潦雨 6-128B
lǎoyù 老嫗 8-626B
láoyuàn 勞怨 2-809A
lǎoyuān 老寃 8-619A
lǎoyuán 老黿 8-629B
lǎoyuàngōng 老院公 8-615B
làoyuánjìntiān 潦原浸天 6-128B
lǎoyùchuīchí 老嫗吹篪 8-627A
lǎoyùnéngjiě 老嫗能解 8-627A
lǎoyúntóu 老雲頭 8-622A
lǎoyúshìgù 老于世故 8-601B
lǎoyútiàobō 老魚跳波 8-620A
lǎozā 老扎 8-604A
làozāi 潦災 6-128B
làozāi 澇災 6-146A
lǎozàiháng 老在行 8-607B
láozāo 醪糟 9-1441B
láozāo 醪醩 9-1441B
láozào 嘮噪 3-513A
lǎozǎo 老早 8-609A
lǎozāotóu 老糟頭 8-630A
lǎozéi 老賊 8-624A
lāozēng 撈繒 6-891B
láozhài 癆瘵 8-358B
lǎozhài 老債 8-624B
láozhàn 牢棧 6-242B
lǎozhàng 老丈 8-602A
lǎozhàng 老帳 8-620A
lǎozhàng 老賬 8-627B
lǎozhàngrén 老丈人 8-602B
lǎozhào 老趙 8-625A
làozhāo 澇朝 6-146B
lǎozhě 老者 8-611A
lǎozheliǎn 老着臉 8-620A
làozhěn 落枕 9-484A
láozhèng 勞政 2-809A
láozhèng 勞症 2-809B
láozhí 牢直 6-241B
láozhǐ 勞止 2-807A
láozhì 牢彘 6-242B
lǎozhì 老稚 8-624B
làozhōu 酪粥 9-1403B
láozhú 牢燭 6-243B
láozhǔ 勞主 2-807B
láozhuàn 牢饌 6-243B
láozhuàn 醪饌 9-1442A
láozhuàng 牢壯 6-241B
lǎozhuāng 老莊 8-616A
lǎozhǔgù 老主顧 8-606B
láozhuō 勞拙 2-808B
lǎozhuō 老拙 8-611A
lǎozhuó 老斲 8-630A
lǎozhuólún 老斲輪 8-630A
láozī 勞資 2-812A
láozǐ 牢姐 6-242A
láozǐ 牢子 6-241A
lǎozi 老子 8-603A
lǎozǐ 老子 8-603A
lǎozǐ 橑子 4-1309A
lǎozǐ 獠子 5-107B
làozi 絡子 9-832A
làozi 落子 9-481B
làoziguǎn 落子館 9-481B
lǎoziniáng 老子娘 8-603A
lǎozitiānxiàdìyī 老子天下第一 8-603A
lǎozizhǎngsūn 老子長孫 8-603A
lǎozǒng 老總 8-630B
láozǔ 牢俎 6-242A
láozǔ 醪俎 9-1441B
lǎozǔ 老祖 8-615A
lāozuǐ 撈嘴 6-891B
láozuì 勞醉 2-812B
láozūn 勞尊 2-811A
lǎozūn 老尊 8-623A
láozuò 勞作 2-808A
lǎozǔtàiyé 老祖太爺 8-615A
lǎozǔzōng 老祖宗 8-615A
làpán 蠟槃 8-997A
lāpào 拉炮 6-499B
lāpēi 臘醅 6-1404B
lāpiānjià 拉偏架 6-500A
lāpíng 拉平 6-498A
lāpítiáo 拉皮條 6-498A
làpò 臘破 6-1404A
làpò 蠟珀 8-995B

lāqí 拉齊 6-500B
lāqiàn 拉縴 6-501A
làqiān'er 蠟千兒 8-994B
làqiān'er 蠟簽兒 8-997B
làqiān'er 蠟扦兒 8-995A
làqiāngtóu 蠟槍頭 8-997A
làqiāngtóu 蠟鎗頭 8-997B
làqiāngtóu 鑞鎗頭 11-1429B
lāqítào 拉齊套 6-501A
lāquàn 拉勸 6-501B
lārán 拉然 6-500B
làrǎn 蠟染 8-995B
lārén 拉人 6-497A
làrén 蠟人 8-994B
làrì 臘日 6-1403B
làròu 臘肉 6-1403B
lāsà 拉颯 6-500B
lāsà 擠搑 6-880B
làsā 刺撒 2-691A
làsà 攞搑 6-962B
lāsānchěsì 拉三扯四 6-497A
làsāo 辣臊 11-492B
lāsè 拉瑟 6-500B
lāshā 拉殺 6-499B
lāshāntóu 拉山頭 6-497B
làshēngshēng 辣生生 11-492A
lāshétou 拉舌頭 6-498A
làshí 蠟石 8-995A
lāshǒu 拉手 6-497B
làshou 拉手 6-497B
làshǒu 辣手 11-492A
làshū 蠟書 8-995B
làshù 蠟樹 8-997A
lāsī 拉絲 6-500B
lāsuǒzi 拉鎖子 6-501B
lātā 拉它 6-498A
lātā 邋遢 10-1301B
lātā 邋遢 10-1301B
lātǎ 拉塔 6-500A
lātà 拉沓 6-499A
lātà 拉搭 6-500A
lātà 㨃䠋 9-651A
lātà 㨃㯓 9-651A
làtā 刺闒 2-691A
làtā 蠟塌 8-996B
làtǎ 刺塔 2-691A
làtà 辣撻 11-492B
làtà 辣闒 11-493A
làtà 鑞鎉 12-915A
lātāběn 邋遢本 10-1301B
làtái 蠟臺 8-996B
lātán 拉談 6-501A
làtángrén 蠟糖人 8-997B
lātào 拉套 6-499B
lātàozi 拉套子 6-499B
làtāzuì 刺塌醉 2-691A
lātuǐ 拉腿 6-500B
làwán 蠟丸 8-994B
làwánbóshū 蠟丸帛書 8-994B
lāwǎn'er 拉晚兒 6-500A
lāwǎng 拉網 6-501A
làwánjuànshū 蠟丸絹書 8-994B
làwánshū 蠟丸書 8-994B
làwántǐ 蠟丸體 8-994B
làwěi 臘尾 6-1404A
làwèi 辣味 11-492B
làwèi 臘味 6-1404A
lāxī 拉稀 6-500A
làxí 蠟檄 8-997B
lāxià 拉夏 6-499B
làxià 落下 9-481B
lāxiàliǎn 拉下臉 6-497A
lāxiàmǎ 拉下馬 6-497A
lāxián 拉閑 6-500B
lāxiàn 拉綫 6-501A
làxiāng 蠟香 8-995B
làxiǎng 臘饗 6-1405A
làxiàng 蠟像 8-996B
lāxiàshuǐ 拉下水 6-497A
làxīn 辣辛 11-492B
làxiōng 蠟兄 8-995A
lāxiǔ 拉朽 6-498A
lāxiǔcuīkū 拉朽摧枯 6-498A
làxù 臘序 6-1403B
làxuě 臘雪 6-1404A
làyān 蠟烟 8-995B
làyān 蠟煙 8-996B
làyàn 刺堰 2-691A
làyàn 蠟燄 8-997A
lāyángpiān 拉洋片 6-499B
làyào 臘藥 6-1404B
làyè 蠟液 8-996A
làyǐ 臘蟻 6-1405A
làyǐchūn 蠟蟻春 8-997B
làyìng 辣硬 11-492B
lāyìngshǐ 拉硬屎 6-500A
làyǔ 辣語 11-492B
làyù 辣玉 11-492A
làyuán 蠟圓 8-996B
làyuè 臘月 6-1403B
lāyùn 拉運 6-500B
làyùn 臘醞 6-1404B
lāzá 拉雜 6-501B
lāzábiàn 拉雜變 6-501B
làzāo 臘糟 6-1404B
làzào 辣燥 11-493A
làzhā 蠟查 8-995B
làzhā 蠟渣 8-996B
làzhā 蠟楂 8-996B
lāzhàng 拉賬 6-501A
làzhào 蠟詔 8-996B
lāzhé 拉摺 6-500B
lǎzhě 喇者 3-413B
làzhǐ 蠟紙 8-996A
làzhǒng 蠟種 8-997A
làzhòu 臘酎 6-1404A
làzhū 蠟珠 8-995B
làzhú 蠟燭 8-997B
lāzhuāi 拉拽 6-499A
làzhúhuā 蠟燭花 8-997B
làzhúzhū 蠟燭珠 8-997B
lázi 砬子 7-1024A
lázǐ 揦子 6-739A
lǎzǐ 喇子 3-413A
làzi 刺子 2-690B
làzi 辣子 11-492A
làzǐ 蠟子 8-994B
làzǐ 蠟滓 8-996B
làzijiāo 辣子角 11-492A
lǎzuǐ 喇嘴 3-414A
làzuǐ 蠟觜 8-996B
làzuǐ 蠟嘴 8-997A
lè'ān 樂安 4-1288A
lèbāng 樂邦 4-1287A
lèbī 勒逼 2-798B
lèbì 勒畢 2-798A
lèbīng 勒兵 2-797B
lèbīng 樂兵 4-1288B
lèbó 勒帛 2-798A
lèbù 泐布 5-1026A
lèbùjípán 樂不極盤 4-1286A
lèbùkějí 樂不可極 4-1285B
lèbùkěyán 樂不可言 4-1285B
lèbùkězhī 樂不可支 4-1285B
lèbùsīshǔ 樂不思蜀 4-1286A
lèchànchàn 樂顫顫 4-1297B
lèchāngfēnjìng 樂昌分鏡 4-1289A
lèchāngpòjìng 樂昌破鏡 4-1289A
lèchāngzhījìng 樂昌之鏡 4-1289A
lèchéng 竻城 8-1106A
lèchéng 樂成 4-1287B
lèchéngrénměi 樂成人美 4-1287B
lèchóng 勒崇 2-798B
lècí 仂詞 1-1117A
lècǐbùjuàn 樂此不倦 4-1287B
lècǐbùpí 樂此不疲 4-1287B
lècóng 樂從 4-1292A
lècún 樂存 4-1287A
lèdān 樂耽 4-1290B
lèdān 樂湛 4-1294A
lèdào 樂道 4-1293B
lèdào'ānmìng 樂道安命 4-1294A
lèdào'ānpín 樂道安貧 4-1294A
lèdàohàogǔ 樂道好古 4-1294A
lèdàowàngjī 樂道忘饑 4-1294A
lèdàoyíróng 樂道遺榮 4-1294A
lèdé 樂得 4-1292A
lèdì 樂地 4-1287A
lèdiāndiān 樂顛顛 4-1297A
lèdū 樂都 4-1290B
lè'er 樂兒 4-1289B
lè'érbùhuāng 樂而不荒 4-1287B
lè'érbùyàn 樂而不厭 4-1287B
lè'érbùyín 樂而不淫 4-1287B
lè'érwàngfǎn 樂而忘返 4-1287B
lè'érwàngsǐ 樂而忘死 4-1287B
lèfāng 樂方 4-1286A
lègōng 勒功 2-797B
lègù 樂顧 4-1297A
lèguān 樂觀 4-1297B
lèguānzhǔyì 樂觀主義 4-1297B
lèguó 樂國 4-1291B
lèguǒ 樂果 4-1289A
lèhāhā 樂哈哈 4-1290A
lèhān 樂酣 4-1293A
lèhào 樂好 4-1288A
lèhe 樂和 4-1289A
lèhē 樂呵 4-1289A
lèhé 樂和 4-1289A
lèhēhē 樂呵呵 4-1289A
lèhēhē 樂喝喝 4-1293A
lèhéhé 樂和和 4-1289B
lèhuā 勒花 2-797B
lèhuān 樂歡 4-1297A
lèhūn 樂昏 4-1289B
lèhuó 樂活 4-1290B
lèhuòbùquān 樂禍不悛 4-1294A
lèhuòxìngzāi 樂禍幸災 4-1294A
léi'àn 雷岸 11-679A
lèi'àn 類犴 12-354A
léibài 羸敗 6-1402A
léibǎn 雷板 11-678B
léibàng 雷謗 11-684A
léibáo 雷雹 11-682A
léibào 雷暴 11-683A
lèibāshā 淚巴沙 5-1419B
léiběi 羸北 6-1401A
léibèi 羸憊 6-1402B
lěibèi 累輩 9-790B
lèibēi 淚碑 5-1420A
léibēn 雷奔 11-678B
léibēn 雷渀 11-681A
lèibèngchángjué 淚迸腸絶 5-1419B
léibēnyúnjué 雷奔雲譎 11-678B
léibì 羸弊 6-1402B
lěibì 壘壁 2-1239A
lèibǐ 類比 12-354A
léibiàn 雷抃 11-678B
léibiàn 雷變 11-684B
lèibiān 類編 12-356B
lèibié 類別 12-354B
léibīng 羸兵 6-1401B
léibìng 羸病 6-1401B
lěibìzhèn 壘壁陳 2-1239A
lěibìzhèn 壘壁陣 2-1239A
léibō 擂缽 6-908A
léibó 羸薄 6-1402B

lèibō 淚波 5-1419B
léibù 雷布 11-677B
léibù 雷部 11-680A
léicān 羸驂 6-1403A
lèicǎo 類草 12-355A
lèicè 類册 12-354A
léichá 畾茶 7-1403B
léichán 羸孱 6-1402A
lěicháo 累朝 9-790A
lèicháo 淚潮 5-1420B
léichē 雷車 11-678B
léichē 轠車 9-1337B
léichén 雷陳 11-680B
léichén 縲臣 9-982B
léichén 纍臣 9-1049B
léichèn 羸疢 6-1401B
léichēndiànnù 雷嗔電怒 11-682A
lěichéng 壘城 2-1239A
lèichéng 類成 12-354B
léichí 雷池 11-678A
léichí 雷馳 11-681B
léichǐ 罍恥 8-1080A
lèichǒu 類醜 12-356B
léichū 雷出 11-678A
lèichū 類出 12-354A
léichuái 膘膗 6-1372A
léichuán 雷船 11-681A
léichuǎn 羸喘 6-1402A
léichuí 雷椎 11-681A
léichuí 纍垂 9-1050A
léichuí 累垂 9-788B
léichuí 擂搥 6-908A
léichuí 擂槌 6-908A
lěichuí 累垂 9-788B
léichuò 羸惙 6-1402A
lěicī 耒庛 8-588A
lěicí 誄詞 11-135A
lěicí 誄辭 11-135A
lěicì 累次 9-788A
lèicí 類祠 12-355B
lèicì 類次 12-354B
lèicóng 類從 12-355B
lèicuán 類攢 12-356B
léicuì 羸悴 6-1402A
lěicuī 嵓崔 3-873B
lèicuì 類萃 12-355B
léidá 雷達 11-681A
léidábīng 雷達兵 11-681A
léidǎbùdòng 雷打不動 11-677B
léidài 羸殆 6-1401B
lěidài 累代 9-788A
lěidǎo 讄禱 11-461A
léidàshǐ 雷大使 11-677A
lěidé 誄德 11-135A
lěidé 累德 9-790B
lèidé 累德 9-790B
léidì 雷地 11-678A
lěidì 累帝 9-789A
lèidì 酹地 9-1411A
lèidì 類帝 12-355A
léidiàn 雷電 11-682A
léidiàn 雷澱 11-683B
lèidiǎn 淚點 5-1420B
lèidiàn 酹奠 9-1411A
lěidié 磊疊 7-1089A
lěidié 累疊 9-791A
lèidǐxiàchāchái 肋底下插柴 6-1167B
lèidìxíngxīng 類地行星 12-354A
léidòng 雷動 11-680B
léidòngfēngxíng 雷動風行 11-680B
lěidú 累牘 9-790B
léiduī 雷堆 11-680B
léiduī 纍堆 9-1050A
léiduī 擂堆 6-908A
lěiduī 壘堆 2-1239A
lěidúliánpiān 累牘連篇 9-791A
léidùn 羸鈍 6-1402A
léidùn 羸頓 6-1402A
lèiduō 類多 12-354B
lèidúsù 類毒素 12-355A
léi'è 羸惡 6-1402A
léi'è 羸餓 6-1402B
léifá 羸乏 6-1401A
lěifàn 纍犯 9-1049B
lěifàn 累犯 9-788A
lèifán 累煩 9-790B
léifěi 罍篚 8-1080A
léifèn 雷奮 11-683B
lèifēn 類分 12-354A
léifēng 雷封 11-679A
léifēng 雷風 11-679B
léifēng 雷峯 11-680A
léifēng 雷峰 11-680A
lěifēng 累封 9-788B
léifēngtǎ 雷峯塔 11-680A
léifēngtǎ 雷峰塔 11-680A
léifēngxīzhào 雷峯夕照 11-680A
léifēngxīzhào 雷峰夕照 11-680A
léifú 羸服 6-1401B
léifú 纍俘 9-1050A
léifǔ 雷斧 11-679A
léifù 雷赴 11-679A
lèigǎn 類感 12-356A
lèigào 類告 12-354B
lěigé 櫑葛 4-1356A
lèigé 類隔 12-356A
léigōng 雷公 11-677B
léigǒng 雷汞 11-678A
léigōngmò 雷公墨 11-677B
léigōngqín 雷公琴 11-677B
léigū 罍觚 8-1080A
léigǔ 雷轂 11-683B
léigǔ 雷骨 11-679A
léigǔ 雷鼓 11-681B
léigǔ 雷皷 11-682A
léigǔ 擂鼓 6-908A
lèigǔ 雷鼓 11-681B
lèigǔ 肋骨 6-1167B
léiguǎn 雷管 11-683A
lěiguān 累官 9-788B
léiguāng 雷光 11-678A
lèigùchún 類固醇 12-354B
lěiguǐ 磊佹 7-1087B
lěiguǐ 磊垝 7-1087B
lèiguī 類龜 12-356B
lěiguībùjì 磊瑰不羈 7-1089A
léigǔmíngluó 擂鼓鳴鑼 6-908A
léigǔn 雷輥 11-683A
léiguó 羸國 6-1402B
léihái 羸骸 6-1402B
léihài 雷害 11-680B
lěihài 累害 9-789B
lèihài 累害 9-789B
lèihán 類函 12-355A
léihào 羸耗 6-1401B
lèihào 類昊 12-354B
lěihé 壘和 2-1239A
lèihé 淚河 5-1419B
lèihén 淚痕 5-1420A
léihōng 雷訇 11-679B
léihōng 雷鍧 11-684A
léihōngjiànfúbēi 雷轟薦福碑 11-684A
léihǒu 雷呴 11-679A
léihū 雷呼 11-679A
lèihū 類乎 12-354A
lèihuā 淚花 5-1419B
lèihuā 淚華 5-1420A
léihuàn 羸患 6-1402A
léihuànliújiàn 雷煥留劍 11-681A
léihuǐ 羸毀 6-1402A
lěihuǐ [illegible] 6-1400B
lèihuì 類會 12-356A
léihuǒ 雷火 11-677B
léihuǒchē 雷火車 11-677B
léihuǒqiān'er 雷火籤兒 11-677B
léijī 雷擊 11-684A
léijī 礧擊 7-1120A
léijī 擂擊 6-908B
léijí 雷殛 11-681B
léijí 羸疾 6-1401B
léijí 羸瘠 6-1402B
lěijī 累積 9-790B
lěijí 累及 9-787B
lěijì 累迹 9-789A
lěijì 累跡 9-790A
lèijí 累及 9-787B
lèijí 類集 12-356A
lèijì 淚迹 5-1419B
lèijì 淚跡 5-1420A
lèijì 酹祭 9-1411A
lèijì 類祭 12-355B
léijiá 雷莢 11-680A
léijiǎ 罍斝 8-1080A
lèijiā 擂家 6-908A
lèijiā 類家 12-355B
lèijiāhàn 擂家漢 6-908A
léijiǎn 羸儉 6-1402B
léijiǎn 羸蹇 6-1403A
lěijiǎn 累趼 9-789B
lěijiān 累繭 9-790B
lèijiàn 類見 12-354B
léijiāo 羸驕 6-1403A
léijiě 雷解 11-682A
lěijié 累劫 9-788B
lèijié 類節 12-358B
lèijiě 類解 12-356A
léijīn 雷巾 11-677A
léijīng 雷精 11-683A
lèijīng 淚晶 5-1420A
léijīngdiànrào 雷驚電繞 11-684A
léijīngxùn 雷驚蕈 11-684B
lèijiǔ 酹酒 9-1411A
lěijù 櫑具 4-1355B
lěijù 礧具 7-1120A
lèijǔ 類舉 12-356B
lěijù 累句 9-788A
lèijù 類聚 12-356A
lěijué 纍爵 9-1050B
lěijùjiàn 櫑具劍 4-1355B
léijūn 雷菌 11-680B
léijūshì 雷居士 11-679A
léikāi 雷開 11-681B
lěikē 磊珂 7-1087B
lěikē 磊砢 7-1087B
lēikèn [illegible]掯 6-827B
lèikèn 累掯 9-789B
lèikēzi 淚顆子 5-1420B
lěikǒng 礨空 7-1120B
lěikǒu 壘口 2-1238B
lěikuài 磊塊 7-1088A
lěikuài 磊甴 7-1087B
lěikuài 儡塊 1-1733B
lěikuài 壘塊 2-1239A
lěikuàijīsū 累塊積蘇 9-789B
lěikuí 磊魁 7-1089A
lěikuǐ 礧磈 7-1120A
lěikuǐ 磊磈 7-1089A
lěikuǐ 𡾋𡸣 3-877A
léikùn 羸困 6-1401B
lèilà 淚蠟 5-1420B
léiláng 雷硠 11-681B
léilàng 壘浪 2-1239A
lěiláng 礧硠 7-1120A
lěilàng 磊浪 7-1088A
lěilàngbùjī 磊浪不羈 7-1088A
léilǎo 羸老 6-1401A
lěiláo 累勞 9-790A
leilei 嘞嘞 3-485A
léiléi 雷雷 11-682A
léiléi 縲縲 9-982B
léiléi 纍纍 9-1050B
léiléi 轠轠 9-1337B
léiléi 傫傫 1-1632A
léiléi 儡儡 1-1733B
léiléi 壘壘 2-1239B
léiléi 儽儽 1-1743B
léiléi 累累 9-789B
léiléi 㒍㒍 1-1687B
lěilěi 嵬嵬 3-871B
lěilěi 嶹嶹 3-862B

lěilěi 磈磈 7-1111B
lěilěi 礧礧 7-1120A
lěilěi 纍纍 9-1050B
lěilěi 磊磊 7-1089A
lěilěi 累累 9-789B
lèilèi 類類 12-356B
lěilěimíngmíng 磊磊明明 7-1089A
lěilěiruòruò 纍纍若若 9-1050B
léilí 樏棃 4-1276B
léilí 纍離 9-1050B
léilì 雷厲 11-682A
lèilì 類例 12-355A
lèilián 淚漣 5-1420A
lèiliǎn 淚臉 5-1420B
léiliè 羸劣 6-1401A
lèiliè 類列 12-354A
léilìfēngfēi 雷厲風飛 11-682B
léilìfēngxíng 雷厲風行 11-682A
léilìng 雷令 11-678A
lèilíng 淚零 5-1420A
léilìngfēngxíng 雷令風行 11-678A
léilìngjiàn 雷令劍 11-678A
léilóng 雷龍 11-683B
léilú 轠轤 9-1338A
léilù 羸露 6-1403A
lěilù 累路 9-790A
lěiluǎn 纍卵 9-1050A
lěiluǎn 累卵 9-788B
léilún 雷輪 11-683A
léiluò 畾落 7-1403B
lěiluǒ 礧砢 7-1120A
lěiluò 礧硌 7-1120A
lěiluò 礧落 7-1120A
lěiluǒ 厽砢 2-838A
lěiluò 磊硌 7-1088A
lěiluò 磊落 7-1088A
lěiluò 磊犖 7-1089A
lěiluò 礨硌 7-1120B
lěiluòbùjī 磊落不羈 7-1088B
lěiluòbùjī 磊落不覊 7-1088B
lěiluòbùjī 磊落不羇 7-1088B
lěiluòguāngmíng 磊落光明 7-1088B
lěiluòháohéng 磊落豪横 7-1088B
lěiluòsàshuǎng 磊落颯爽 7-1089A
lèimà 類禡 12-356A
léimén 雷門 11-679A
lěimén 壘門 2-1239A
léiménhè 雷門鶴 11-679A
léimǐfēng 雷米封 11-678A
léimín 羸民 6-1401A
léimíng 雷鳴 11-683A
lèimíng 類名 12-354A
léimò 雷墨 11-683A
léimù 檑木 4-1355B
léimù 擂木 6-908A
lèimù 櫑木 4-1336A
lèimù 肋木 6-1167A
lèimù 淚目 5-1419B
lèimùxíngxīng 類木行星 12-354A
lèináng 淚囊 5-1420B
léinè 羸訥 6-1402A
léiněi 羸餒 6-1402B
lěinián 累年 9-788A
léiniǎo 雷鳥 11-681A
léinié 羸薾 6-1402B
léinié 羸苶 6-1401B
léiniú 犦牛 6-288B
léiniú 纍牛 9-1049B
léiniú 累牛 9-787B
lěinòu 耒耨 8-588A
léinú 羸駑 6-1402B
léipánzhū 擂盤珠 6-908B
léipáo 雷咆 11-679A
lěipéi 壘培 2-1239A
léipí 櫑鞞 4-1356A
léipí 擂鼙 6-908B
lèipín 類玭 12-358B
léiqí 雷蜞 11-683A
léiqǐ 雷起 11-679B
léiqì 雷氣 11-680A
léiqì 櫑器 4-1356A
lěiqī 累七 9-787B
lěiqí 礧碕 7-1120A
lěiqí 累棊 9-789B
lěiqí 累碁 9-790A
lěiqì 累氣 9-789A
lěiqià 累洽 9-789A
léiqín 雷琴 11-681A
léiqiú 縲囚 9-982A
léiqiú 纍囚 9-1049B
léiqiú 累囚 9-788A
lěiqiú 壘球 2-1239A
lèiqiú 淚球 5-1420A
lèiqiú 類求 12-354B
lěiqīxiūzhāi 壘七修齋 2-1238B
lěiqīzhuīzhāi 壘七追齋 2-1238B
léiqú 羸臞 6-1403A
léiqú 羸癯 6-1403A
léiquán 雷泉 11-679B
lèiquán 淚泉 5-1419B
léirán 雷然 11-681B
léirán 纍然 9-1050A
léirán 儽然 1-1632A
léirán 傫然 1-1733B
léirán 儡然 1-1743B
léirén 纍人 9-1049B
lěirěn 累稔 9-790A
lèirén 淚人 5-1419B
lěiréng 累仍 9-788A
lèirényuán 類人猿 12-353B
lěirì 累日 9-787B
lèiróng 淚容 5-1420A
lèirú 類如 12-354B
léiruǎn 羸軟 6-1402A
léiruò 羸弱 6-1401B
léirúsànggǒu 儽如喪狗 1-1632A
lěisǎn 藟散 9-603A
léisè 羸色 6-1401A
léishǎn 雷閃 11-680B
lěishān 壘柵 2-1239A
léishāng 雷觴 11-684A
léishāng 罍觴 8-1080A
lèishāng 酹觴 9-1411A
lěishè 壘舍 2-1239A
léishēn 羸身 6-1401B
léishén 雷神 11-679B
lěishēn 累身 9-788B
lèishēn 累身 9-788B
lèishēn 類申 12-354A
lèishén 類神 12-355B
lěishèng 累盛 9-789B
lěishèng 累聖 9-790A
léishēngdà…
雷聲大,雨點小 11-683B
lèishěngshì 類省試 12-355A
léishèqì 鐳射氣 11-1418A
léishī 雷師 11-680A
léishī 羸師 6-1401B
léishí 擂石 6-908A
léishǐ 雷矢 11-678A
léishǐ 羸豕 6-1401B
léishì 雷市 11-678A
léishì 雷室 11-679B
léishì 雷逝 11-680A
lěishí 礨石 7-1120B
lěishì 誄謚 11-135A
lěishì 累世 9-788A
lèishí 礧石 7-1120A
lèishí 壘石 2-1238B
lèishí 礨石 7-1120B
lèishì 類事 12-354B
lèishì 類試 12-356A
léishíchē 擂石車 6-908A
léishìjiàn 雷氏劍 11-677B
léishìqín 雷氏琴 11-677B
léishǒu 雷首 11-679B
léishòu 雷獸 11-684A
léishòu 羸瘦 6-1402B
lěishǔ 纍黍 9-1050A
lěishǔ 鸓鼠 12-1171A
lěishǔ 累黍 9-790A
lèishū 類書 12-355B
lèishuǐ 淚水 5-1419B
léisì 羸駟 6-1402B
lèisì 耒耜 8-588A
lèisì 纇絲 12-358B
lèisì 酹祀 9-1411A
lèisì 類似 12-354A
léisū 雷蘇 11-684A
léisuāngǒng 雷酸汞 11-682A
lěisuì 累歲 9-790A
lěisūjīkuài 累蘇積磈 9-790B
léisuō 羸縮 6-1403A
léitái 羸駘 6-1402B
lèitái 擂臺 6-908B
lèitái 擽臺 6-834B
léitán 雷壇 11-683A
léitàn 雷歎 11-683A
léitáng 蠕塘 8-976B
léitáng 雷塘 11-681B
léitáo 雷鼗 11-684A
léiténg 雷騰 11-684A
léiténg 羸縢 6-1402A
léiténg 羸縢 6-1402B
léitián 蠕田 8-976B
léitián 雷填 11-681B
léitiāndǎodì 擂天倒地 6-908A
lèitiāndǎodì 淚天倒地 5-1419B
lèitiānlèidì 淚天淚地 5-1419B
lèitiáo 肋條 6-1167B
lèitiè 類帖 12-354B
léitíng 雷霆 11-682B
léitíngdiànbáo 雷霆電雹 11-682B
léitínghuǒpào 雷霆火炮 11-682B
léitíngpào 雷霆炮 11-682B
léitíngwànjūn 雷霆萬鈞 11-682B
léitíngzhīnù 雷霆之怒 11-682B
léitíngzhīzhū 雷霆之誅 11-682B
léitóng 雷同 11-678A
léitóng 雷桐 11-680A
lèitóng 類同 12-354A
lèituī 類推 12-355B
léiwán 雷丸 11-677A
lěiwán 累丸 9-787B
léiwāng 羸尩 6-1401B
léiwāng 羸尪 6-1401A
léiwáng 儡亡 1-1733B
lèiwāngwāng 淚汪汪 5-1419B
léiwēi 羸微 6-1402A
lěiwéi 磊嵬 7-1089A
lěiwěi 藟嵔 3-873B
lěiwěi 藟嵬 3-873B
lěiwěi 礧磈 7-1120A
lěiwěi 磊碨 7-1088A
lěiwěi 磊隗 7-1088A
lěiwèi 壘尉 2-1239A
lèiwèi 類味 12-354B
léiwén 雷文 11-677B
léiwén 雷紋 11-680B
lěiwén 誄文 11-135A
lèiwō 肋窩 6-1167B
lěiwū 累屋 9-789A
lèiwù 類物 12-355A
léixí 轠席 9-1337B
léixǐ 罍洗 8-1080A
lěixī 累息 9-789A
lěixī 累欷 9-789B
lěixí 累席 9-789A
lèixī 類錫 12-356B
léixià 雷夏 11-680A
lèixiàn 淚腺 5-1420A
lèixiàn 酹獻 9-1411A

léixiǎng 雷響 11-684A
lèixiàng 類象 12-355B
léixiǎo 羸小 6-1401A
lèixiāo 淚綃 5-1420A
léixiē 雷楔 11-682A
léixiè 縲紲 9-982B
léixiè 縲絏 9-982B
léixiè 纍紲 9-1050A
léixiè 累紲 9-789B
lèixīn 累心 9-788A
lèixìn 類釁 12-358B
léixíng 雷行 11-678A
léixíng 羸行 6-1401A
léixíng 羸形 6-1401A
lěixíng 誄行 11-135A
lèixíng 累形 9-788B
lèixíng 類型 12-355A
lèixīnxīng 類新星 12-356A
léixiù 羸秀 6-1401B
lèixù 類叙 12-355A
lèixuǎn 類選 12-356B
lèixùfǎ 類叙法 12-355A
lěixún 累旬 9-788A
léiyá 雷芽 11-678B
lèiyǎn 淚眼 5-1420A
lèiyàn 類驗 12-356B
lèiyǎng 淚癢 5-1420B
léiyě 雷野 11-680B
lěiyè 累夜 9-788B
lěiyè 累葉 9-790A
lèiyè 淚葉 5-1420A
lěiyì 累譯 9-791A
lèiyì 類義 12-356A
léiyīn 雷音 11-679B
léiyīn 雷殷 11-680A
lěiyīn 累茵 9-788B
lèiyīn 類裡 12-356A
léiyīng 櫐罃 8-1080A
léiyīng 櫐罌 8-1080A
léiyǔ 雷雨 11-678B
léiyǔ 羸窳 6-1402B
léiyuān 雷淵 11-681B
léiyuán 雷轅 11-683B
lěiyuè 累月 9-788A
lěiyuèjīngnián 累月經年 9-788A
lèiyūn 淚暈 5-1420A
léiyǔyún 雷雨雲 11-678B
léiyǔzuòjiě 雷雨作解 11-678B
lěizǎi 累載 9-790A
léizào 雷噪 11-683B
léizào 雷譟 11-684A
lèizào 類造 12-355B
léizé 雷澤 11-683B
léizhái 樏宅 4-1276B
léizhài 羸瘵 6-1402B
léizhǎn 雷輾 11-683B
lèizhāo 類招 12-354B
léizhé 雷蟄 11-683B
léizhěn 羸疹 6-1401B
léizhèn 雷陣 11-679B
léizhèn 雷震 11-683A
lěizhèn 壘陣 2-1239A
léizhèng 羸證 6-1403A
léizhènyǔ 雷陣雨 11-679B
léizhí 縲縶 9-982B
léizhí 纍縶 9-1050B
lěizhī 累胝 9-789A
lěizhǐ 累紙 9-789B
lèizhī 肋肢 6-1167B
lèizhì 類志 12-354B
lěizhòng 累重 9-788B
lèizhòng 累重 9-789A
léizhóu 雷軸 11-681A
léizhǔ 雷渚 11-681B
léizhù 雷杼 11-678B
lèizhū 淚珠 5-1419B
lèizhú 淚竹 5-1419B
lèizhù 酹祝 9-1411A
léizhuān 擂磚 6-908B
léizhuàn 雷轉 11-684A
léizhuàn 雷篆 11-683A
lěizhuàng 誄狀 11-135A
lèizhuāng 淚粧 5-1420A
léizhuì 累贅 9-790B
lèizhuì 累墜 9-790B
lèizhuì 累綴 9-790A
lèizhuì 累贅 9-790B
léizī 雷輜 11-683A
léizǐ 檑子 4-1355B
lěizi 耒子 8-588A
lěizǐ 累子 9-787B
lèizì 淚漬 5-1420B
léizōng 雷宗 11-679A
lèizōng 淚蹤 5-1420B
lèizǒng 類總 12-356B
léizú 羸卒 6-1401B
léizǔ 雷祖 11-679B
léizǔ 嫘祖 4-405A
léizǔ 累祖 9-789A
léizú 累足 9-788B
lěizǔ 累祖 9-789A
lèizú 類族 12-356A
léizuì 壘嶉 2-1239A
lěizuì 嵔嶉 3-862B
lěizuì 蕌嶉 3-873B
léizūn 雷樽 11-683B
léizūn 雷罇 11-684A
léizūn 櫐尊 8-1080A
léizūn 櫐樽 8-1080A
léizuò 雷作 11-678B
lèjí'āilái 樂極哀來 4-1293A
lèjiāo 樂郊 4-1289B
lèjíbēilái 樂極悲來 4-1293A
lèjíbēishēng 樂極悲生 4-1293A
lèjiēkǔduō 樂嗟苦咄 4-1293A
lèjìn'āishēng 樂盡哀生 4-1295B
lèjìnbēilái 樂盡悲來 4-1295B
lèjìng 樂境 4-1295A
lèjíshēng'āi 樂極生哀 4-1292B
lèjíshēngbēi 樂極生悲 4-1292B
lèjízébēi 樂極則悲 4-1293A
lèjízéyōu 樂極則憂 4-1293A
lèjū 樂居 4-1290A
lèjù 仂句 1-1117A
lèkǎi 樂愷 4-1295A
lèkǎi 樂豈 4-1291A
lèkàn 樂衎 4-1290A
lèkāng 樂康 4-1292A
lèkèn 扐掯 6-339B
lèkèn 勒掯 2-798A
lèlèhēhē 樂樂呵呵 4-1295B
lèlètáotáo 樂樂陶陶 4-1295B
lèlètuótuó 樂樂跎跎 4-1295B
lèlètuótuó 樂樂酡酡 4-1295B
lèlì 樂利 4-1288B
lèlìng 勒令 2-797B
lèlìzhǔyì 樂利主義 4-1288B
lèmiàn 勒面 2-798A
lèmiè 泐滅 5-1026A
lèmín 樂民 4-1287A
lèmíng 勒銘 2-798B
lèmìng 樂命 4-1289B
lèmíngyànrán 勒銘燕然 2-798B
lèmù 竻木 8-1105B
léng'àn 稜岸 8-96B
lěngbǎndèng 冷板凳 2-404A
lěngbǎndèng 冷板櫈 2-404A
lěngbēi 冷盃 2-405A
lěngbèi 冷背 2-405A
lěngbí'āo 冷鼻凹 2-409B
lěngbīngbīng 冷冰冰 2-403A
lěngbù 冷布 2-402B
lěngbudīng 冷不丁 2-402A
lěngbufáng 冷不防 2-402B
lěngcáng 冷藏 2-411A
lěngcángkù 冷藏庫 2-411A
lěngcáo 冷曹 2-406B
léngcè 稜側 8-96B
léngcéng 稜層 8-97A
léngcéng 稜嶒 8-97A
lèngcéng 楞層 4-1179A
lèngcèng 踜蹭 10-488B
lěngchàn 冷顫 2-411A
léngchǎng 楞場 4-1179A
lěngcháng 冷腸 2-409A
lěngchǎng 冷場 2-408A
lěngcháo 冷嘲 2-410A
lěngcháorèfěng 冷嘲熱諷 2-410A
lěngcháorèmà 冷嘲熱罵 2-410A
lèngchén 愣沉 7-660A
lěngchénchén 冷沉沉 2-404A
léngchēng 稜撐 8-97A
lěngchǐ 冷齒 2-410A
lèngchòng 楞衝 4-1179A
lèngchòngchòng 楞衝衝 4-1179A
lěngchuāngdòngbì 冷窗凍壁 2-408B
lěngchuāngdòngbì 冷牕凍壁 2-410B
lěngchǔlǐ 冷處理 2-407A
lèngcōng 愣蔥 7-660B
lěngcuì 冷翠 2-409B
lěngcuò 冷銼 2-410B
léngdà 稜大 8-96B
lěngdài 冷待 2-405B
lèngdāidāi 愣呆呆 7-660A
lěngdàn 冷淡 2-407B
lěngdàn 冷澹 2-411A
lèngdēng 踜蹬 10-488B
lèngdèng 倰僜 1-1445B
léngděngdēng 稜等登 8-97A
lěngdì 冷地 2-403A
léngdié 稜疊 8-97B
lěngdié 冷碟 2-409B
lěngdīng 冷丁 2-402A
lěngdīngdīng 冷丁丁 2-402A
lěngdòng 冷凍 2-406B
lěngfēibái 冷飛白 2-406A
léngfèng 稜縫 4-1077A
lěngfēng 冷風 2-405B
lěngfēng 冷鋒 2-410B
lěngfū 冷敷 2-410A
lěnggé 冷格 2-406A
lěnggōng 冷宮 2-405B
lénggū 稜觚 4-1076B
léngguān 稜官 8-96B
lěngguān 冷官 2-404B
léngguāng 稜光 4-1076A
lěngguāng 冷光 2-403A
lěnggūdīng 冷孤丁 2-405A
lěnggǔdīng 冷古丁 2-402B
léngguō 稜郭 8-96B
lěnghài 冷害 2-406B
lěnghàn 冷汗 2-403A
lěnghēhē 冷呵呵 2-404A
lěnghéhé 冷合合 2-403A
lènghēhē 楞呵呵 4-1178B
lénghōng 輘輷 9-1283B
lěnghóng 冷紅 2-406A
lěnghuá 冷滑 2-408B
lěnghuà 冷話 2-409A
lěnghuàhuà 冷化化 2-402B
lěnghuàn 冷宦 2-405B
lènghūhū 愣乎乎 7-660A
lěnghūn 冷葷 2-408A
lěnghuò 冷貨 2-407A
lěngjì 冷寂 2-407B
léngjiā 楞迦 4-1178B
lěngjiāgōng 冷加工 2-403A
lèngjiāhuo 楞家伙 4-1179A
lěngjiàn 冷箭 2-410A
léngjiǎo 稜角 4-1076A
léngjiǎo 楞角 4-1178B
léngjiǎo 稜角 8-96B
lèngjiāshān 駿迦山 12-851A
lěngjídīng 冷急丁 2-405B

léngjié 稜節 8-97A
lěngjié 冷節 2-409A
lěngjīn 冷金 2-404B
lěngjìn 冷噤 2-410B
lèngjìn 楞勁 4-1178B
léngjìng 稜鏡 4-1077A
lěngjìng 冷靜 2-409B
lèngjìng 倰競 1-1445B
lěngjīnjiān 冷金牋 2-404B
lěngjīnjiān 冷金箋 2-404B
lěngjīnzhǐ 冷金紙 2-404B
lěngjú 冷局 2-404A
lěngjù 冷句 2-403A
lěngjuàn 冷雋 2-408A
lěngjué 冷厥 2-408A
lěngjué 冷覺 2-411A
lèngjuèjuè 楞倔倔 4-1179A
léngjùn 稜峻 4-1076B
lěngjùn 冷俊 2-405B
lěngjùn 冷峻 2-406A
léngkǎn 塄坎 2-1151A
léngkǎn 楞坎 4-1178A
léngkǎn 棱坎 4-1076A
lèngkēkē 楞柯柯 4-1178B
lèngkēkē 楞磕磕 4-1179A
lěngkù 冷庫 2-406B
lěngkù 冷酷 2-409B
léngléng 棱棱 4-1076B
léngléng 楞楞 4-1179A
léngléng 稜稜 8-97A
lěnglěng 冷冷 2-403B
lènglèng 棱棱 4-1076B
lènglèng 楞楞 4-1179A
lènglèngkěkě 愣愣呵呵 7-660B
lènglèngkēkē 愣愣磕磕 7-660B
lénglénglìlì 稜稜栗栗 8-97A
lénglénglìlì 稜稜礪礪 8-97A
lěnglěngqīngqīng 冷冷清清 2-403B
lènglèngzhēngzhēng 稜稜掙掙 8-97A
lènglèngzhēngzhēng 睖睖睁睁 7-1225A
lénglí 楞梨 4-1179A
lěngliǎn'er 冷臉兒 2-411A
lěngliǎnzi 冷臉子 2-411A
lěngliè 冷冽 2-404B
lènglǐlèngqì 楞裏楞氣 4-1179A
lěnglínqīn 冷淋侵 2-407A
lěnglù 冷露 2-411A
lěngluò 冷落 2-408A
léngméi 楞梅 4-1179A
lèngméihéngyǎn 楞眉横眼 4-1178B
lěngmén 冷門 2-404B
lěngmèng 冷夢 2-408B
lěngmiàn 冷面 2-405A
lěngmiàncǎo 冷面草 2-405A
lěngmiànkǒng 冷面孔 2-405A
lěngmiè 冷蔑 2-409B
lěngmò 冷漠 2-409A
léngmù 楞木 4-1178A
lěngníng 冷凝 2-410B
lěngnuǎn 冷暖 2-408B
lěngnuǎn 冷煖 2-409A
lěngnuǎnyù 冷暖玉 2-409A
lěngnuǎnzìzhī 冷暖自知 2-409A
lěngnuǎnzìzhī 冷煖自知 2-409A
lěngpán 冷盤 2-410B
lěngpào 冷炮 2-405B
lěngpào 冷砲 2-406A
lěngpén 冷盆 2-405B
lěngpì 冷僻 2-410B
léngpíguī 稜皮龜 4-1076A
lěngpò 冷破 2-406A
lěngpù 冷鋪 2-410B
lěngqì 冷氣 2-406A
léngqián 稜錢 8-97B
lěngqiāng 冷槍 2-409B
lěngqiào 冷峭 2-406A
léngqié 楞伽 4-1178A
léngqiépíng 楞伽瓶 4-1178B
léngqiésēng 楞伽僧 4-1178B
léngqiéshān 稜伽山 8-96B
léngqiézǐ 楞伽子 4-1178B
lěngqīng 冷卿 2-406B
lěngqīng 冷清 2-407A
lěngqíng 冷情 2-407B
lèngqíng 殑殑 5-166B
lěngqīngqīng 冷清清 2-407A
lěngqīqī 冷凄凄 2-406B
lěngqīqī 冷淒淒 2-407A
lěngquán 冷泉 2-405A
lěngquè 冷却 2-403B
lěngrán 冷然 2-408B
lèngrán 楞然 4-1179A
lěngrè 冷熱 2-409B
lěngrèbìng 冷熱病 2-409B
lěngrén 冷人 2-402A
lèngrén 楞人 4-1178A
léngruì 稜鋭 8-97A
lěngruǐ 冷蕊 2-410A
lěngruòbīngshuāng 冷若冰霜 2-404A
lěngsè 冷澁 2-410B
lěngsè 冷澀 2-411A
léngsēn 棱森 4-1076B
lěngsēnsēn 冷森森 2-408A
lěngsèsè 冷瑟瑟 2-408B
léngshā 稜殺 8-96B
lèngshǎn 愣閃 7-660B
lèngshén 楞神 4-1178B
lèngshén 愣神 7-660B
lěngshēnglěngqì 冷聲冷氣 2-411A
lěngshí 冷食 2-405B
lěngshì 冷視 2-407B
lěngshǒu 冷手 2-402B
lèngshǒulèngjiǎo 楞手楞脚 4-1178A
lěngshǔ 冷署 2-409A
lěngshuāng 冷霜 2-411A
lěngshuǐ 冷水 2-402B
lěngshuǐtàngzhū 冷水燙猪 2-402B
lěngsīsī 冷絲絲 2-408B
léngsǒng 稜聳 8-97B
lěngsōusōu 冷嗖嗖 2-408A
lěngsōusōu 冷颼颼 2-411A
léngtái 棱臺 4-1076B
lěngtài 冷汰 2-404A
lěngtān 冷攤 2-411A
lěngtàng 冷燙 2-410B
lěngtáo 冷淘 2-407A
léngtí 棱鯷 4-1077A
léngtóucōng 楞頭葱 4-1179B
lèngtóudāinǎo 楞頭呆腦 4-1179A
lèngtóuhuò 楞頭貨 4-1179B
lèngtóukēnǎo 楞頭磕腦 4-1179B
lèngtóukēnǎo 愣頭磕腦 7-660B
lèngtóulèngnǎo 楞頭楞腦 4-1179B
lèngtóulèngnǎo 愣頭愣腦 7-660B
lèngtóuqīng 楞頭青 4-1179A
lěngtū 冷突 2-406A
lěngtǔhuāngduī 冷土荒堆 2-402A
léngwēi 棱威 4-1076B
léngwēi 稜威 8-96B
léngxiàn 棱綫 4-1076B
lěngxiāng 冷香 2-405A
lěngxiàng 冷巷 2-405A
lěngxiào 冷笑 2-406B
lèngxiǎozi 楞小子 4-1178A
lěngxīnlěngmiàn 冷心冷面 2-402B
lěngxuèdòngwù 冷血動物 2-403A
lèngxún 睖巡 7-1225A
léngyǎn 棱眼 4-1076B
léngyàn 塄堰 2-1151A
lěngyǎn 冷眼 2-407A
lěngyàn 冷焰 2-408B
lěngyàn 冷艷 2-411B
lěngyàn 冷豔 2-411B
léngyánhuì 楞嚴會 4-1179B
lěngyánlěngyǔ 冷言冷語 2-403B
lěngyǎnpángguān 冷眼旁觀 2-407A
lěngyǎnrén 冷眼人 2-407A
lěngyánrèyǔ 冷言熱語 2-403B
lěngyì 冷意 2-409A
lěngyín 冷吟 2-403B
lěngyǐn 冷飲 2-408B
lěngyōuyōu 冷幽幽 2-405A
lěngyǔ 冷雨 2-404A
lěngyǔ 冷語 2-409B
lěngyù 冷玉 2-402B
lěngyù 冷遇 2-408A
léngyuán 楞緣 4-1179A
lěngyǔbīngrén 冷語冰人 2-409B
lěngyuè 冷月 2-402B
lěngyùn 冷韻 2-411A
lěngzào 冷灶 2-403B
lěngzào 冷竈 2-411A
léngzēng 稜磳 7-1054A
léngzēng 稜磳 8-97B
lěngzhài 冷債 2-409A
lěngzhàn 冷戰 2-410B
lèngzhèng 冷怔 2-404B
lèngzhēng 楞睁 4-1179A
lèngzhēng 愣怔 7-660B
lèngzhēng 睖睁 7-1225A
lèngzhèng 楞怔 4-1178B
léngzhēngshén 稜睁神 8-96B
lèngzhèngzhèng 楞怔怔 4-1178B
lěngzhì 冷炙 2-404B
lěngzhú 冷竹 2-403A
léngzhuī 棱錐 4-1076B
léngzhuītái 棱錐臺 4-1077A
léngzi 棱子 4-1076A
léngzi 楞子 4-1178A
lěngzi 冷子 2-402A
lěngzǐ 冷子 2-402A
lěngzì 冷字 2-403B
lèngzi 楞子 4-1178A
lèngziyǎn 楞子眼 4-1178A
lěngzuò 冷坐 2-403B
lèpài 勒派 2-798A
lèpíngqiāng 樂平腔 4-1287A
lèpò 勒迫 2-798A
lèqiān 樂遷 4-1295B
lèqíng 樂情 4-1292B
lèqǔ 勒取 2-797B
lèqù 樂趣 4-1295B
lèquán 樂全 4-1288A
lèqún 樂羣 4-1295A
lèqún 樂群 4-1295A
lèrán 樂然 4-1293B
lèróngróng 樂融融 4-1296A
lèshànbùjuàn 樂善不倦 4-1293B
lèshāndàfó 樂山大佛 4-1285A
lèshànhàoshī 樂善好施 4-1293B
lèshànhàoyì 樂善好義 4-1293B
lèshēng 樂生 4-1287A
lèshèng 樂聖 4-1294A
lèshī 泐失 5-1026A
lèshī 樂施 4-1290B
lèshí 泐蝕 5-1026A
lèshí 勒石 2-797B
lèshì 樂士 4-1285A
lèshì 樂世 4-1286B
lèshì 樂事 4-1288B
lèshìquàngōng 樂事勸功 4-1288B
lèshǔ 樂屬 4-1297A
lèsǐ 樂死 4-1287B

lèsuì 樂歲 4-1294B
lèsuǒ 勒索 2-798A
lètài 樂態 4-1295B
lètán 泐潭 5-1026A
lètáotáo 樂陶陶 4-1291B
lètáotáo 樂淘淘 4-1292B
lètáotáo 樂醄醄 4-1295B
lètè 肋脦 6-1167B
lètiān 樂天 4-1285B
lètiān'ānmìng 樂天安命 4-1285B
lètiānpài 樂天派 4-1285B
lètiānrènmìng 樂天任命 4-1285B
lètiānzhīmìng 樂天知命 4-1285B
lètíng 勒停 2-798B
lètíngdàgǔ 樂亭大鼓 4-1290A
lètíngdiào 樂亭調 4-1290B
lètóu 樂頭 4-1296A
lètǔ 樂土 4-1285A
lètuī 樂推 4-1291B
lètuì'ānpín 樂退安貧 4-1290B
lètuótuó 樂跎跎 4-1293A
lèwán 樂玩 4-1288B
lèwǎng'āilái 樂往哀來 4-1289B
lèwèiyāng 樂未央 4-1286B
lèxǐ 樂喜 4-1292B
lèxì 樂戲 4-1296B
lèxián 樂賢 4-1295B
lèxiàn 勒限 2-798A
lèxiāng 樂鄉 4-1292B
lèxiàng 樂鄉 4-1292B
lèxiào 樂笑 4-1291A
lèxiàowēng 樂笑翁 4-1291A
lèxīn 樂心 4-1286B
lèxīn 樂欣 4-1289B
lèxíngyōuwéi 樂行憂違 4-1288A
lèxīnyànjiù 樂新厭舊 4-1294B
lèxiū 勒休 2-797B
lèxīxī 樂熙熙 4-1295A
lèxīxī 樂嬉嬉 4-1296A
lèxū 樂胥 4-1290B
lèxǔ 樂湑 4-1294A
lèxué 樂學 4-1296B
lèxūn 勒勳 2-798B
lèyǎn 泐崦 5-1026A
lèyǎn 樂眼 4-1291B
lèyàn 樂讌 4-1297B
lèyángyáng 樂洋洋 4-1290B
lèyè 樂業 4-1294B
lèyè'ānjū 樂業安居 4-1294B
lèyì 樂佚 4-1288B
lèyì 樂易 4-1289A
lèyì 樂逸 4-1292A
lèyì 樂軼 4-1293A
lèyì 樂意 4-1295A
lèyǐn 樂飲 4-1293A
lèyǐwàngyōu 樂以忘憂 4-1286B
lèyòng 樂用 4-1287A
lèyōu 樂憂 4-1295B
lèyóu 樂遊 4-1293B
lèyōuyōu 樂悠悠 4-1292A
lèyóuyuán 樂遊原 4-1293B
lèyóuyuán 樂遊園 4-1293B
lèyóuyuàn 樂遊苑 4-1293B
lèyú 樂於 4-1289B
lèyú 樂娛 4-1291B
lèyú 樂虞 4-1294B
lèyǔ 仂語 1-1117A
lèyù 樂欲 4-1292A
lèyuán 樂園 4-1294B
lèyuàn 樂願 4-1297A
lèyuè 樂悅 4-1291B
lèzàiqízhōng 樂在其中 4-1287A
lèzé 磏磔 7-1114A
lèzhái 樂宅 4-1288A
lèzhàn 樂戰 4-1296A
lèzhě 知者 7-1529A
lèzhí 樂職 4-1296B
lèzhǐ 樂只 4-1287A
lèzhǐ 樂旨 4-1288A
lèzhì 樂志 4-1288B
lèzhú 竻竹 8-1106A
lèzhú 勒竹 2-797B
lèzi 勒子 2-797B
lèzi 樂子 4-1285B
lèzǐ 勒姐 2-798A
lèzīzī 樂孜孜 4-1288B
lèzīzī 樂滋滋 4-1294A
lèzú 勒卒 2-798A
lí'ài 鸝鶡 12-1415B
lǐ'ài 禮愛 7-963B
lì'ài 利愛 2-639B
lǐ'ān 理安 4-570A
lǐ'àn 禮案 7-962A
lì'àn 立案 8-376B
lì'àn 例案 1-1335A
lián'āi 憐哀 7-741B
lián'ài 廉隘 3-1259A
lián'ài 憐愛 7-742A
liàn'ài 戀愛 7-801A
lián'àn 連案 10-862A
lián'àn 廉按 3-1257A
lián'áo 連敖 10-861A
lián'áo 連鰲 10-875B
lián'áo 連鼇 10-876B
lián'áokuàjīng 連鼇跨鯨 10-876B
liánbái 連白 10-852B
liánbái 廉白 3-1256A
liánbān 連班 10-860B
liánbàn 蓮瓣 9-501B
liǎnbǎn 斂板 5-521B
liǎnbǎn 斂版 5-521B
liànbān 戀班 7-800B
liánbāng 蓮邦 9-499B
liánbāng 聯邦 8-703A
liánbàng 連棒 10-865B
liánbǎo 連保 10-859A
liánbǎo 聯保 8-704A
liánbào 連抱 10-855B
liǎnbáo 臉薄 6-1387A
liǎnbāzi 臉巴子 6-1385B
liánbēi 連杯 10-856A
liánbēi 憐悲 7-741B
liànběn 戀本 7-800A
liánbǐ 連比 10-851A
liánbǐ 廉鄙 3-1259B
liánbì 連臂 10-873B
liánbì 連璧 10-874B
liánbì 廉陛 3-1257B
liánbì 奩幣 2-1559B
liánbì 聯臂 8-706B
liánbì 聯璧 8-707A
liǎnbì 斂避 5-524A
liǎnbì 斂臂 5-524B
liànbǐ 練筆 9-934A
liànbì 煉臂 7-188B
liánbiān 連編 10-871A
liánbiān 連邊 10-874A
liánbiān 聯邊 8-706B
liánbiān 聯鞭 8-706B
liánbiàn 連抃 10-854A
liánbiàn 廉便 3-1257A
liánbiàn 廉辨 3-1260B
liǎnbiān 斂邊 5-525A
liánbiānlěidú 連編累牘 10-871A
liánbiāo 連標 10-870A
liánbiāo 連鑣 10-876B
liánbiāo 連驫 10-877A
liánbiāo 聯鑣 8-707B
liánbiǎo 連表 10-855B
liánbiāobìngjià 連鑣並駕 10-876B
liánbiāobìngzhěn 連鑣並軫 10-876B
liánbìbìlín 連璧賁臨 10-875A
liánbīn 瞵瑞 7-1256B
liǎnbìn 斂殯 5-524B
liánbīng 連兵 10-855A
liánbìng 連並 10-857A
liǎnbīng 斂兵 5-521A
liànbīng 練兵 9-932B
liànbīngmòmǎ 練兵秣馬 9-932B
liánbìnhú 連鬢鬍 10-877A
liánbìnhúxū 連鬢鬍鬚 10-877A
liánbìnhúzi 連鬢鬍子 10-877A
liánbō 連波 10-857A
liánbō 漣波 6-6B
liánbō 聯播 8-706A
liánbō 簾波 8-1266A
liánbó 廉薄 3-1260B
liánbó 簾箔 8-1267A
liǎnbō 斂剝 5-523A
liǎnbō 臉波 6-1386A
liànbō 練波 9-933A
liànbó 練帛 9-933A
liánbǔ 連補 10-866B
liánbù 連步 10-854B
liánbù 廉部 3-1258A
liánbù 蓮步 9-500A
liánbù 聯步 8-703B
liǎnbù 斂步 5-521A
liánbùlián 連不連 10-850B
liáncái 憐才 7-741A
liáncǎi 鐮採 11-1420B
liáncài 蓮菜 9-500B
liǎncái 斂材 5-521A
liǎncái 斂財 5-522B
liàncái 練才 9-931B
liàncái 練材 9-932B
liáncān 聯驂 8-707B
liàncǎn 穮穇 8-128B
liǎncáng 斂藏 5-524B
liáncāo 廉操 3-1260A
liáncáo 連曹 10-863B
liáncáo 聯曹 8-704B
liáncǎo 連草 10-858B
liáncè 連策 10-866A
liáncè 憐惻 7-741B
liǎncè 斂策 5-523A
liánchá 連茬 10-858B
liánchá 廉察 3-1260A
liánchá 憐察 7-742A
liánchān 廉幨 3-1260B
liánchān 廉襜 3-1261A
liánchán 連纏 10-876A
liánchán 聯蟬 8-706B
liǎnchǎn 臉臘 6-1387B
liànchán 戀纏 7-801B
liánchāng 連昌 10-856A
liáncháng 連常 10-863B
liánchàng 蓮唱 9-500B
liánchānggōng 連昌宮 10-856A
liánchánguān 連蟬冠 10-874A
liánchánjǐn 連蟬錦 10-874A
liǎncháo 臉潮 6-1387A
liánchē 連車 10-854B
liánchē 廉車 3-1256B
liánchě 連扯 10-854A
liánchěgēntou 連扯跟頭 10-854A
liǎnchèn 斂櫬 5-525A
liánchēng 連稱 10-869A
liánchēng 廉稱 3-1259B
liánchéng 連城 10-858A
liánchéng 連塍 10-868A
liánchéng 聯城 8-704A
liánchéngbǎo 連城寶 10-858B
liánchéngbì 連城璧 10-858B
liánchéngjià 連城價 10-858B
liánchéngpú 連城璞 10-858B
liánchéngyù 連城玉 10-858B
liánchéngzhēn 連城珍 10-858B
liánchēpíngdǒu 連車平斗 10-854B
liánchí 連池 10-854A

liánchí 連持 10-858A
liánchí 蓮池 9-499B
liánchǐ 廉恥 3-1257B
liǎnchí 斂弛 5-521A
liǎnchí 斂持 5-521B
liǎnchì 斂翅 5-522B
liǎnchì 斂飭 5-523B
liánchǐmùjī 連齒木屐
10-870A
liánchǒng 憐寵 7-742A
liánchónglù 連蟲陸 10-874A
liánchóu 蓮籌 9-501B
liánchǒu 廉醜 3-1260B
liánchóujiēlǒng 連疇接隴
10-875A
liánchuán 連船 10-864A
liánchuán 蓮船 9-500B
liánchuán 聯猭 8-705A
liánchuán 獑猭 5-144B
liánchuàn 連串 10-854B
liánchuāng 連瘡 10-870B
liánchuāng 臁瘡 6-1394A
liánchuáng 連床 10-855A
liánchuáng 連牀 10-857B
liànchuānsānlǎo 練川三老
9-931B
liánchuí 連鎚 10-873A
liánchūn 連春 10-858A
liǎnchún 斂脣 5-523A
liáncí 連詞 10-866B
liáncí 聯辭 8-707A
liáncì 連次 10-853B
liáncóng 連皺 10-871A
liáncóng 連叢 10-874A
liáncuī 連榱 10-868B
liǎncuì 斂翠 5-523B
liáncūn 連村 10-854A
liáncùn 廉寸 3-1255B
liáncuò 連錯 10-871B
liándā 連搭 10-865A
liándá 連達 10-865A
liándà 聯大 8-702B
liǎndà 臉大 6-1385B
liàndá 練達 9-934A
liàndá 鍊達 11-1348B
liándǎi 連逮 10-865A
liándài 連帶 10-863B
liándài 聯帶 8-704B
liǎndài 斂黛 5-524B
liàndài 練帶 9-933B
liándān 聯單 8-705A
liǎndàn 臉蛋 6-1387A
liàndān 煉丹 7-187B
liàndān 練丹 9-931B
liàndān 鍊丹 11-1347B
liàndàn 練禫 9-934B
liándāng 連襠 10-874B
liándǎng 連黨 10-875B
liándāngkù 連襠褲 10-874B
liàndānzǐ 煉丹子 7-187B
liándāo 鐮刀 11-1420B
liándào 連到 10-856A
liándào 憐悼 7-741B
liǎndào 臉道 6-1387A
liándī 連隄 10-865A
liándī 連堤 10-865A
liándǐ 連底 10-856B
liándì 連地 10-852B
liándì 連第 10-864A
liándì 連棣 10-865B
liándì 連蒂 10-865B
liándì 連蔕 10-868B
liándì 蓮的 9-500B
liándì 蓮菂 9-500B
liándì 聯第 8-705A
liǎndí 斂糴 5-525A
liándiān 連顛 10-875A
liándiàn 聯電 8-705B
liándǐdòng 連底凍 10-857A
liándié 連疊 10-868A
liándié 連蝶 10-870A
liándié 連疊 10-875A
liándié 連疊 10-876A
liándǐliánmiàn 連底連面
10-857A
liàndīng 練丁 9-931B
liàndǐng 鍊頂 11-1348B
liándǐqing 連底清 10-857A
liándōng 連冬 10-852B
liándòng 連棟 10-865B
liándònggǎn 連動杆 10-864A
liàndòu 戀豆 7-800A
liándú 連獨 10-872A
liándú 連牘 10-875A
liándù 廉度 3-1257B
liàndù 煉度 7-188A
liàndù 鍊度 11-1348A
liànduàn 鍊鍛 11-1349A
liánduì 連隊 10-865A
liánduì 聯對 8-706A
lián'é 簾額 8-1267A
lián'è 連萼 10-865B
lián'è 連蕚 10-869B
lián'è 廉鍔 3-1260B
lián'è 蓮鍔 9-501A
lián'è 鐮鍔 11-1420B
liǎn'é 斂蛾 5-523B
liàn'ēn 戀恩 7-800B
lián'ér 連洏 10-859B
lián'ér 漣而 6-6B
lián'ér 漣洏 6-7A
lián'èr 連二 10-849B
liàn'ér 練兒 9-933A
lián'èrbìngsān 連二併三
10-849B
lián'érbùguì 廉而不劌
3-1256A
lián'èrgǎnsān 連二趕三
10-849B
lián'érpàn'ér 蓮兒盼兒
9-500A
lián'èrzào 連二竈 10-849B
liǎn'ètāoguāng 斂鍔韜光
5-524B
liánfā 連發 10-867A
liánfǎ 廉法 3-1257A
liánfǎ 廉灋 3-1261A
liǎnfā 斂髮 5-524A
liǎnfǎ 斂法 5-521B
liánfān 連犿 10-855A
liánfān 連番 10-866B
liánfān 連翻 10-874B
liánfān 聯翻 8-707A
liánfǎn 連反 10-851B
liánfāng 連方 10-852A
liánfāng 廉方 3-1255B
liánfáng 連房 10-857B
liánfáng 蓮房 9-500B
liánfáng 匳房 1-982B
liánfáng 聯防 8-703B
liánfǎng 連舫 10-861B
liánfǎng 廉訪 3-1258A
liánfǎngshǐ 廉訪使 3-1258B
liánfǎngshǐzhě 廉訪使者
3-1258B
liànfǎnyìng 鏈反應
11-1365B
liánfēi 連霏 10-871A
liánfēi 聯飛 8-704B
liǎnfèi 斂費 5-523B
liánfēng 連封 10-858A
liánfēng 連峯 10-861B
liánfēng 連峰 10-861B
liánfēng 連烽 10-864B
liánfēng 連鋒 10-870B
liánfēng 廉風 3-1257B
liánfèng 連縫 10-872A
liánfèng 廉俸 3-1258A
liànfēng 鍊風 11-1348A
liánfū 廉夫 3-1255B
liánfǔ 蓮府 9-500B
liánfǔ 憐撫 7-742A
liánfù 連附 10-855B
liánfù 連復 10-866B
liǎnfú 斂服 5-521B
liǎnfǔ 斂脯 5-523A
liáng'āi 梁埃 4-1067A
liángài 廉槩 3-1259B
liǎngài 斂丐 5-520A
liǎng'ài 兩礙 1-567A
liángān 聯竿 8-704A
liáng'ān 梁闇 4-1069A
liángǎn 連杆 10-854A
liángàn 廉幹 3-1259A
liáng'àn 亮闇 2-369A
liǎng'àn 兩岸 1-559B
liàng'ān 涼闇 5-1407A
liàng'ān 涼陰 5-1405A
liàng'ān 諒闇 11-317A
liàng'ān 諒陰 11-316B
liángāng 連岡 10-856B
liángāng 連罡 10-861B
liángāng 連綱 10-869A
liàngāng 煉鋼 7-188B
liàngāng 鍊鋼 11-1349A
liángāo 廉高 3-1258A
liáng'ào 良奧 9-264B
liàngbá 亮拔 2-367B
liǎngbài 兩敗 1-563B
liǎngbàijùshāng 兩敗俱傷
1-563B
liángbàn 良伴 9-262A
liángbàn 涼拌 5-1404B
liǎngbān 兩班 1-562A
liǎngbān 兩般 1-562B
liǎngbàn 兩半 1-557A
liángbàng 俍傍 1-1424B
liǎngbǎng 兩榜 1-567B
liǎngbǎngjìnshì 兩榜進士
1-568A
liángbànjiào 涼拌覺
5-1404A
liǎngbànqiú 兩半球 1-557A
liǎngbānsānyàng 兩般三樣
1-562B
liángbǎo 良寶 9-267A
liǎngbàoyīkān 兩報一刊
1-565A
liángbēi 量杯 10-418B
liángbèi 糧糒 9-242A
liángbēngzhéwěi 梁崩哲萎
4-1067B
liǎngběnwèizhì 兩本位制
1-556B
liángbǐ 良比 9-260B
liángbǐ 良筆 9-264B
liángbì 良弼 9-265A
liàngbì 亮弼 2-368B
liàngbì 量幣 10-420A
liǎngbiān 兩邊 1-571A
liǎngbiàn 兩便 1-561B
liàngbiàn 量變 10-420A
liǎngbiāndǎo 兩邊倒 1-571A
liǎngbiānxiāng 兩邊廂
1-571A
liángbiāo 涼飆 5-1407B
liángbiāo 涼颷 5-1407B
liángbiāo 涼飈 5-1407B
liángbīng 良兵 9-262A
liángbǐng 涼餅 5-1406B
liángbō 涼波 5-1404B
liángbó 涼駁 5-1406B
liángbó 涼薄 5-1407A
liǎngbù 兩部 1-563A
liǎngbùgǔchuī 兩部鼓吹
1-563A
liǎngbùwā 兩部蛙 1-563A
liángcái 良才 9-260A
liángcái 良材 9-261B
liángcài 涼菜 5-1405B
liàngcāi 量猜 10-419B
liàngcái 量才 10-417B
liàngcái 量材 10-418B
liàngcǎi 亮采 2-367B
liàngcáilùyòng 量才録用
10-418A
liàngcáilùyòng 量材録用
10-418B
liàngcáiqìshǐ 量才器使
10-418A
liǎngcān 兩參 1-564B
liǎngcān 兩驂 1-571B
liángcǎo 涼草 5-1404B
liángcǎo 糧草 9-241A
liángcè 良策 9-264B
liǎngcè 兩側 1-564A

liàngchá 亮督 2-368B
liàngchá 亮察 2-368B
liàngchá 諒察 11-317A
liángchán 涼蟬 5-1407A
liángchán 涼蟾 5-1407B
liǎngchān 兩攙 1-571B
liángchāng 俍倡 1-1424B
liángcháng 良常 9-264A
liángchàng 良倡 9-263B
liángchàng 梁昌 4-1066B
liángchàng 梁倡 4-1067B
liàngchǎng 亮敞 2-368B
liǎngcháo 兩朝 1-565A
liángchǎomiàn 涼炒麪 5-1404B
liángchē 良車 9-262A
liángchē 輬車 9-1294B
liàngchè 亮徹 2-369A
liángchén 良辰 9-262A
liángchén 梁陳 4-1067B
liángchén 梁塵 4-1068B
liángchénfēi 梁塵飛 4-1068B
liángchēng 良稱 9-266A
liángchéng 量程 10-419B
liǎngchéng 兩程 1-565B
liángchénjírì 良辰吉日 9-262A
liángchénměijǐng 良辰美景 9-262A
liángchénmèijǐng 良辰媚景 9-262A
liángchényǒngyuè 梁塵踊躍 4-1068B
liǎngchǐbàn 兩尺半 1-556B
liǎngchóng 兩重 1-561B
liǎngchóngréngé 兩重人格 1-561B
liǎngchóngxìng 兩重性 1-561B
liǎngchóngyáng 兩重陽 1-561B
liángchóu 良儔 9-266B
liángchóu 良疇 9-267A
liángchóu 良籌 9-267A
liàngchǒu 亮醜 2-369A
liángchóusuíhèn 梁愁隋恨 4-1068A
liǎngchǔ 兩楚 1-566B
liàngchǔ 量處 10-419B
liàngchuàn 糧串 9-241A
liǎngchuān 兩川 1-556A
liángchuáng 涼牀 5-1404B
liàngchuàng 悢愴 7-551B
liángchuī 涼吹 5-1404A
liǎngcí 兩辭 1-571A
liàngcí 量詞 10-419B
liǎngcìsānfān 兩次三番 1-558A
liángcuī 梁摧 4-1068B
liàngcǔn 量忖 10-418B
liǎngdà 兩大 1-555B
liàngdá 亮達 2-368A
liángdàn 糧石 9-240B
liǎngdàn 兩旦 1-556B
liǎngdǎng 梁黨 4-1069A
liǎngdāng 兩當 1-567A
liǎngdāng 兩襠 1-571A
liǎngdāng 裲襠 9-105A
liǎngdāngkǎi 兩當鎧 1-567A
liǎngdàngōng 兩石弓 1-556B
liǎngdāngshān 兩當衫 1-567A
liǎngdǎngzhì 兩黨制 1-571B
liángdào 糧道 9-241B
liǎngdào 兩到 1-559B
liǎngdāolùnfǎ 兩刀論法 1-555B
liǎngdàosānkē 兩道三科 1-566A
liǎngdàotóu 兩道頭 1-566A
liángdé 涼德 5-1406B
liǎngdé 兩得 1-564A
liàngdé 亮德 2-369A
liǎngdēng 兩登 1-566B
liàngdèngdèng 亮瞪瞪 2-369A
liǎngděngxiǎoxuétáng 兩等小學堂 1-565B
liángdí 良覿 9-267A
liángdǐ 梁邸 4-1066A
liángdì 良娣 9-264A
liàngdì 量地 10-418A
liǎngdì 兩地 1-557A
liǎngdì 兩帝 1-561B
liàngdí 量敵 10-420A
liángdiàn 涼殿 5-1406B
liángdiàn 涼簟 5-1407B
liǎngdiǎnlùn 兩點論 1-570B
liángdīng 良丁 9-259B
liángdǐng 梁鼎 4-1067B
liàngdìng 量定 10-418B
liángdòng 梁棟 4-1067B
liángdòng 樑棟 4-1282B
liángdòu 梁竇 4-1069A
liángdǔ 良篤 9-266B
liǎngdū 兩都 1-562B
liǎngdú 兩牘 1-571A
liàngdù 亮度 2-368A
liàngdù 量度 10-419A
liángduān 梁端 4-1068B
liǎngduān 兩端 1-568A
liángduō 量度 10-419A
liángduō 量度 10-419A
liǎngduò 兩憧 1-569A
liángé 連閣 10-869A
liángě 連舸 10-864A
liǎngē 斂戈 5-520A
liàngē 戀歌 7-801A
liàngé 鍊格 11-1348B
liángēn 連根 10-861A
liángēn 蓮根 9-500B
liángèn 連亘 10-853A
liángèn 連亙 10-853A
liángèn 聯亘 8-703A
liángēnbá 連根拔 10-861A
liángēndàishāo 連根帶梢 10-861A
liángěng 廉鯁 3-1260B
liángēngchèyè 連更徹夜 10-854B
liángēngxiǎoyè 連更曉夜 10-854B
liángēngxīngyè 連更星夜 10-854B
liángēnlàn 連根爛 10-861A
liǎng'ěr 兩珥 1-562A
liàng'er 亮兒 2-367B
liàng'èr 涼貳 5-1405B
liǎng'ěrchuíjiān 兩耳垂肩 1-557B
liángfǎ 良法 9-263A
liàngfá 量罰 10-419B
liángfàn 粱飯 9-215B
liángfāng 良方 9-260B
liàngfàng 量放 10-418B
liángfēi 涼非 5-1405A
liángfēi 涼霏 5-1407A
liǎngfēi 兩妃 1-558A
liángfēn 涼氛 5-1404A
liángfěn 涼粉 5-1405A
liàngfèn 量分 10-418A
liǎngfēnfǎ 兩分法 1-556B
liángfēng 涼風 5-1404B
liǎngfèng 兩鳳 1-568A
liángfū 良夫 9-260B
liángfǔ 良輔 9-265B
liángfǔ 梁甫 4-1066A
liángfǔ 梁父 4-1065B
liángfù 梁傅 4-1068A
liǎngfú 兩服 1-559B
liǎngfǔ 兩府 1-560A
liàngfù 亮富 2-368B
liángfūrén 梁夫人 4-1065B
liángfǔyín 梁甫吟 4-1066A
liángfǔyín 梁父吟 4-1065B
liánggàn 良幹 9-265A
liánggàn 良榦 9-265B
liánggāo 良膏 9-266A
liánggāo 涼糕 5-1407A
liánggé 涼閣 5-1406B
liǎnggè 兩個 1-562B
liànggé 亮隔 2-368B
liànggé 亮槅 2-368B
liǎnggèjiānbǎng… 兩個肩膀扛張嘴 1-562B
liánggōng 良工 9-260A
liánggōng 良弓 9-260A
liánggōng 良功 9-261A
liánggōng 良肱 9-262B
liánggōng 梁宮 4-1067A
liǎnggōng 兩宮 1-562A
liǎnggōng 兩龔 1-571B
liànggōng 亮工 2-367B
liànggōng 量功 10-418A
liánggōngkǔxīn 良工苦心 9-260A
liánggōngwúgǎi 良弓無改 9-260B
liánggōngxīnkǔ 良工心苦 9-260A
liánggǒu 梁笱 4-1067B
liánggǔ 良賈 9-265A
liánggǔ 良苦 9-262B
liànggǔ 量鼓 10-419B
liángguān 梁冠 4-1067A
liángguàn 涼觀 5-1407B
liángguàn 涼罐 5-1407B
liǎngguān 兩關 1-571A
liǎngguàn 兩觀 1-572A
liǎngguàn 兩丱 1-557A
liángguāng 涼光 5-1403B
liǎngguǎng 兩廣 1-568A
liàngguāng 亮光 2-367B
liàngguāngguāng 亮光光 2-367B
liǎngguànzhīzhū 兩觀之誅 1-572A
liángguī 良規 9-264A
liángguì 良貴 9-264B
liǎngguī 兩閨 1-568B
liángguó 良國 9-264A
liǎngguō 兩虢 1-569A
liǎngguóxiāngzhēng… 兩國相爭,不斬來使 1-563B
liǎnggǔxiāngfú 兩瞽相扶 1-571A
liánghàn 良翰 9-266B
liánghàn 涼漢 5-1406B
liǎnghàn 兩漢 1-568A
liángháng 糧行 9-241A
liánghǎo 良好 9-261B
liǎnghǎobìngyīhǎo 兩好並一好 1-558A
liǎnghǎohéyīhǎo 兩好合一好 1-558A
liánghé 涼和 5-1404A
liǎnghé 兩和 1-559B
liǎnghé 兩河 1-560A
liànghé 量覈 10-420A
liǎnghégōngsī 兩合公司 1-558A
liǎnghégǔfèngōngsī 兩合股份公司 1-558A
liǎnghéliúyù 兩河流域 1-560B
liǎnghétǔ 兩合土 1-558A
liànghéziyáo 亮盒子搖 2-368A
liánghóng 梁虹 4-1066B
liánghóng 梁鴻 4-1068B
liánghóng'àn 梁鴻案 4-1069A
liánghóngqī 梁鴻妻 4-1068B
liánghòu 涼厚 5-1404B
liánghú 糧斛 9-241B
liánghù 糧户 9-240B
liǎnghú 兩湖 1-566A
liǎnghǔ 兩虎 1-559B
liánghuā 涼花 5-1404A
liànghuà 亮話 2-368B
liànghuāhuā 亮花花 2-367B
liánghuài 梁壞 4-1069A
liǎnghuái 兩淮 1-564B
liànghuái 亮懷 2-369A

liánghuángchàn 梁皇懺 4-1067A
liànghuánghuáng 亮煌煌 2-368B
liànghuāxìn 晾花信 5-768B
liánghuì 良會 9-265B
liǎnghuíshì 兩回事 1-557B
liánghuò 良貨 9-264A
liánghuò 涼貨 5-1405B
liànghuòhuò 亮藿藿 2-369A
liǎnghuǒyīdāo 兩火一刀 1-556B
liǎnghúshūyuàn 兩湖書院 1-566B
liǎnghǔxiāngdòu… 兩虎相鬬,必有一傷 1-559B
liánghúyuàn 糧斛院 9-241B
liángjī 良機 9-266B
liángjí 良吉 9-261B
liángjì 良計 9-263A
liángjì 良驥 9-267A
liǎngjī 兩餞 1-569B
liǎngjí 兩極 1-565A
liǎngjǐ 兩已 1-556A
liǎngjì 兩濟 1-570B
liǎngjì 兩劑 1-570B
liàngjǐ 量給 10-419B
liàngjǐ 量已 10-418A
liàngjì 亮跡 2-368B
liàngjì 亮濟 2-369A
liàngjì 量計 10-419A
liàngjì 量劑 10-420A
liángjiā 良家 9-263B
liángjià 良價 9-266A
liángjià 梁架 4-1067A
liángjiādài 梁家黛 4-1067B
liángjiàn 良賤 9-266A
liǎngjiān 兩兼 1-563A
liǎngjiān 兩間 1-566B
liǎngjiàn 兩監 1-568A
liàngjiǎn 量檢 10-420A
liàngjiǎn 量簡 10-420A
liángjiāng 涼漿 5-1407A
liángjiàng 良匠 9-261B
liángjiàng 良將 9-264B
liǎngjiāng 兩江 1-558A
liǎngjiānhékǒu 兩肩荷口 1-560B
liángjiào 涼轎 5-1407B
liángjiào 量校 10-419A
liàngjiāo 量交 10-418A
liàngjiào 量校 10-419A
liǎngjiǎoguàn 兩角丱 1-558B
liǎngjiǎoguī 兩脚規 1-564A
liǎngjiǎohú 兩脚狐 1-564A
liǎngjiǎohuò 兩脚貨 1-564A
liǎngjiǎojūjiān 兩脚居間 1-564A
liángjiǎoqì 量角器 10-418B
liǎngjiǎoshòu 兩脚獸 1-564A
liǎngjiǎoshūchú 兩脚書橱 1-564A
liǎngjiǎoyáng 兩脚羊 1-564A
liǎngjiǎoyěhú 兩脚野狐 1-564A
liángjiāzǐ 良家子 9-263B
liángjié 良節 9-265B
liángjié 涼節 5-1406A
liǎngjiē 兩接 1-563B
liǎngjiē 兩階 1-564B
liǎngjiē 兩喈 1-565B
liǎngjiē 兩街 1-566A
liǎngjiè 兩戒 1-558B
liǎngjiè 兩觧 1-569A
liàngjié 亮節 2-368B
liàngjié 諒節 11-316B
liàngjiě 諒解 11-316B
liǎngjièhuìzǐ 兩界會子 1-561B
liǎngjiérén 兩截人 1-567B
liǎngjiéshì 兩截事 1-567B
liǎngjíguǎn 兩極管 1-565A
liángjīn 良金 9-262B
liángjīn 梁津 4-1067A
liángjīn 量金 10-418B
liángjǐn 良謹 9-267A
liǎngjìn 兩盡 1-568B
liǎngjìn 兩晉 1-562B
liǎngjìn 兩禁 1-566B
liàngjìn 亮盡 2-369A
liángjǐng 涼景 5-1406A
liǎngjīng 兩京 1-560A
liǎngjīng 兩荊 1-560B
liàngjīngjīng 亮晶晶 2-368B
liángjìnjìn 涼浸浸 5-1405A
liángjīnmǎifù 量金買賦 10-418B
liángjīnměiyù 良金美玉 9-262B
liàngjǐshěnfèn 量己審分 10-418A
liǎngjíshīfànxuétáng 兩級師範學堂 1-562A
liángjiǔ 良久 9-260A
liàngjiǔ 量酒 10-419A
liángjù 良聚 9-265B
liángjù 量具 10-418B
liǎngjǔ 兩舉 1-570A
liàngjuān 量蠲 10-420A
liàngjué 梁桷 4-1067B
liàngjué 量決 10-418B
liángjùn 良俊 9-263A
liángjùn 良駿 9-266B
liǎngkǎi 兩楷 1-566B
liàngkāi 亮開 2-368B
liǎngkě 兩可 1-556B
liǎngkǒu 兩口 1-555B
liǎngkǒuzi 兩口子 1-556A
liángkǔ 良苦 9-262B
liángkǔ 良楛 9-264B
liángkuài 涼快 5-1404A
liángkuàng 涼曠 5-1407A
liángkuì 糧餽 9-242A
liángkuì 糧饋 9-242A
liàngkuí 量揆 10-419B
liǎnglái 兩來 1-559B
liǎngláizǐ 兩來子 1-559B
liǎnglàizǐ 兩賴子 1-569B
liànglándǐngzi 亮藍頂子 2-369A
liánglè 良樂 9-266B
liánglěi 梁壘 4-1069A
liǎnglèichādāo 兩肋插刀 1-558A
liánglěng 涼冷 5-1404A
liánglì 良吏 9-261B
liánglì 梁麗 4-1069A
liánglì 梁糲 4-1069A
liánglì 梁欐 4-1069A
liǎnglǐ 兩禮 1-570B
liǎnglì 兩立 1-557A
liǎnglì 兩利 1-558B
liànglì 量力 10-417B
liǎngliǎn 兩臉 1-570B
liángliáng 涼涼 5-1405B
liǎngliáng 兩梁 1-564B
liǎngliǎng 兩兩 1-559A
liàngliàng 悢悢 7-551B
liǎngliángguān 兩梁冠 1-564B
liángliángjǔjǔ 涼涼踽踽 5-1405B
liǎngliǎngsānsān 兩兩三三 1-559A
liángliángzān'er 涼涼簪兒 5-1405B
liángliào 糧料 9-241A
liángliàoshǐ 糧料使 9-241A
liángliàoyuàn 糧料院 9-241A
liànglìduódé 量力度德 10-417B
liànglì'érwéi 量力而爲 10-417B
liànglì'érxíng 量力而行 10-417B
liánglǐn 糧廩 9-241B
liǎnglín 兩林 1-559A
liǎnglín 兩隣 1-568B
liǎnglíng 兩靈 1-572A
liàngliū 亮溜 2-368B
liǎnglóng 兩龍 1-570A
liǎnglún 兩輪 1-568B
liángluò 涼落 5-1405B
liánglǚ 梁梠 4-1067A
liángmǎ 良馬 9-263A
liǎngmǎ 兩馬 1-562A
liàngma 亮摩 2-369A
liǎngmángshuì 兩忙稅 1-558A
liángmào 涼帽 5-1406A
liǎngmáo 兩鬚 1-567B
liǎngmǎshì 兩碼事 1-568B
liángmǎtái 涼馬臺 5-1405A
liángméi 良媒 9-265A
liángmèi 涼昧 5-1404B
liǎngměi 兩美 1-561B
liángmén 梁門 4-1066B
liángméng 良萌 9-264A
liángmèng 梁孟 4-1066B
liángmǐ 梁米 4-1066A
liángmǐ 粱米 9-215B
liǎngmiàn 兩面 1-560B
liǎngmiànèrshé 兩面二舌 1-561A
liǎngmiàngànbù 兩面幹部 1-561A
liǎngmiàngōng 兩面攻 1-561A
liǎngmiànguāng 兩面光 1-561A
liǎngmiànpài 兩面派 1-561A
liǎngmiànsāndāo 兩面三刀 1-561A
liǎngmiànxìng 兩面性 1-561A
liǎngmiànyìn 兩面印 1-561A
liǎngmiànzhèngquán 兩面政權 1-561A
liángmín 良民 9-261A
liángmín 梁岷 4-1066B
liǎngmíng 兩明 1-559B
liángmínlì 良民吏 9-261B
liángmínzhèng 良民證 9-261B
liángmó 良謨 9-266B
liángmò 糧秣 9-241A
liǎngmò 兩嘿 1-569A
liǎngmò 兩没 1-559A
liǎngmò 兩末 1-556B
liàngmǒ 量抹 10-418B
liángmóu 良謀 9-266B
liángmù 良牧 9-262B
liángmù 梁木 4-1065B
liǎngnán 兩難 1-571A
liángnéng 良能 9-264A
liángnéng 涼能 5-1405A
liàngnéng 量能 10-419A
liàngnéngshòuguān 量能授官 10-419A
liángniǎo 椋鳥 4-1120B
liángnóng 良農 9-265A
liángnuò 良懦 9-266B
liàngnǚ 靚女 11-576A
liángōng 連宮 10-859B
liángōng 廉公 3-1255B
liángōng 蓮宮 9-500B
liángǒng 連拱 10-858A
liǎngōng 斂躬 5-522B
liàngōng 練功 9-932A
liàngǒng 煉汞 7-188A
liángǒngbà 連拱壩 10-858A
liángōngkù 廉公袴 3-1255B
liángōu 蓮鉤 9-501A
liángōu 簾鉤 8-1266B
liǎngpān 兩潘 1-569A
liǎngpáng 兩傍 1-565B
liǎngpáng 兩旁 1-563A
liángpéng 良朋 9-262B
liángpéng 涼棚 5-1406A
liángpéng 涼篷 5-1407A

liàngpéng 亮棚 2-368A
liángpǐ 良匹 9-260B
liǎngpiànzuǐ 兩片嘴 1-556B
liángpiào 糧票 9-241B
liángpín 良嬪 9-267A
liángpíng 良平 9-261A
liàngpízi 亮皮子 2-367B
liángpú 良璞 9-266B
liángqí 良騎 9-267A
liángqì 良器 9-266B
liángqì 涼氣 5-1405A
liǎngqī 兩七 1-555B
liǎngqī 兩棲 1-565A
liǎngqí 兩岐 1-558B
liǎngqí 兩歧 1-559B
liǎngqì 兩訖 1-562B
liàngqi 亮氣 2-368A
liàngqì 量氣 10-419A
liángqiāng 踉蹡 10-485B
liàngqiāng 踉蹌 10-485B
liàngqiàng 踉蹡 10-485B
liàngqiàng 喨嗆 3-369B
liǎngqiánzhuī 兩錢錐 1-570A
liǎngqīdòngwù 兩棲動物 1-565A
liǎngqígē 兩岐歌 1-558B
liǎngqīlèi 兩棲類 1-565A
liǎngqīn 兩親 1-570A
liángqīng 涼清 5-1405B
liǎngqīng 兩清 1-564A
liǎngqíng 兩情 1-564B
liàngqíng 諒情 11-316B
liǎngqínián 兩岐年 1-558B
liǎngqíniú 兩騎牛 1-570B
liángqínzémù 良禽擇木 9-264B
liángqiū 梁丘 4-1066A
liángqiú 良裘 9-265A
liángqiǔ 粱糗 9-215B
liángqiǔ 糧糗 9-242A
liǎngqīzhíwù 兩棲植物 1-565A
liángqú 梁渠 4-1067B
liǎngquán 兩全 1-557B
liǎngquánfēnlì 兩權分立 1-571B
liǎngquánqíměi 兩全其美 1-557B
liángrán 良然 9-264B
liǎngràng 兩讓 1-572A
liángrè 涼熱 5-1406B
liángrén 良人 9-259B
liǎngrèn 兩刃 1-556A
liàngrén 量人 10-417B
liǎngrénhéchuān… 兩人合穿一條褲子 1-555B
liǎngrènmáo 兩刃矛 1-556A
liángrì 良日 9-260B
liángròu 梁肉 4-1066A
liángròu 粱肉 9-215B
liángruìzhìzáo 量枘製鑿 10-418B
liàngrùjìchū 量入計出 10-417B
liàngrùwéichū 量入爲出 10-417B
liǎngrúzhí 兩如直 1-558A
liángsǎn 涼傘 5-1406A
liángsǎn 涼繖 5-1407B
liǎngsān 兩三 1-555B
liàngsè 亮色 2-367B
liángsēnsēn 涼森森 5-1405B
liángshā 莨紗 9-424A
liángshā 涼沙 5-1404A
liángshā 量沙 10-418B
liǎngshà 兩廈 1-567B
liàngshài 晾曬 5-769A
liángshān 梁山 4-1065A
liángshān 涼衫 5-1404B
liángshàn 良善 9-265A
liángshàn 涼扇 5-1405A
liǎngshàn 兩善 1-566A
liàngshǎn 亮閃 2-368A
liángshānbó 梁山伯 4-1065A
liángshāncāo 梁山操 4-1065A
liángshāng 良商 9-264B
liǎngshāng 兩傷 1-567A
liàngshāng 晾墒 5-769A
liángshàngjūn 梁上君 4-1064B
liángshàngjūnzǐ 梁上君子 4-1065A
liǎngshànglǐng 兩上領 1-555B
liángshānpō 梁山泊 4-1065A
liángshānpō 梁山濼 4-1065A
liàngshǎnshǎn 亮閃閃 2-368A
liángshānyín 梁山吟 4-1065A
liǎngshé 兩舌 1-557B
liǎngshè 兩社 1-559A
liángshēng 涼聲 5-1407A
liǎngshēng 兩生 1-557A
liǎngshěng 兩省 1-561A
liángshēngshēng 涼生生 5-1403B
liǎngshěnzhōngshěnzhì 兩審終審制 1-569A
liángshī 良師 9-263B
liángshí 良食 9-263A
liángshí 良時 9-263A
liángshí 良實 9-266A
liángshí 糧石 9-240B
liángshí 糧食 9-241A
liángshǐ 良史 9-261A
liángshì 良士 9-260A
liángshì 良式 9-261B
liángshì 涼室 5-1405A
liángshì 涼適 5-1406B
liǎngshì 兩市 1-557A
liǎngshì 兩視 1-564B
liàngshí 量實 10-420A
liàngshí 量識 10-420A
liàngshí 諒實 11-317A
liàngshì 量試 10-419B
liàngshì 諒士 11-316B
liángshìfūqī 梁氏夫妻 4-1065B
liǎngshìjiā 兩事家 1-559A
liángshíjírì 良時吉日 9-263A
liángshíměijǐng 良時美景 9-263A
liǎngshìwéirén 兩世爲人 1-556B
liǎngshìxià 兩勢下 1-566B
liángshīyìyǒu 良師益友 9-263B
liángshízuòwù 糧食作物 9-241A
liángshǒu 良手 9-260B
liángshǒu 良守 9-261B
liǎngshǒu 兩手 1-556A
liàngshòu 量授 10-419A
liǎngshǒujiā'é 兩手加額 1-556A
liǎngshǒukōngkōng 兩手空空 1-556A
liǎngshǒuzuànkōngquán 兩手攥空拳 1-556A
liángshū 梁菽 9-215B
liángshǔ 涼薯 5-1407A
liǎngshū 兩疏 1-566B
liǎngshú 兩塾 1-568A
liǎngshǔ 兩蜀 1-567A
liǎngshǔ 兩屬 1-571B
liàngshù 量數 10-420A
liángshuǎng 涼爽 5-1405B
liàngshuǎng 亮爽 2-368A
liǎngshǔdòuxué 兩鼠鬭穴 1-567A
liǎngshūhù 兩輸户 1-569B
liángshuǐ 涼水 5-1403B
liǎngshuì 兩稅 1-565B
liǎngshuì 兩説 1-568A
liǎngshuìfǎ 兩稅法 1-565B
liǎngshuìhù 兩稅户 1-565B
liǎngshuìshǐ 兩稅使 1-565B
liángshuō 良説 9-266A
liángsī 涼思 5-1404B
liángsī 涼颸 5-1407B
liángsǐ 良死 9-261B
liǎngsī 兩司 1-557A
liǎngsīmǎ 兩司馬 1-557A
liǎngsòng 兩宋 1-559A
liángsǒu 梁叟 4-1066B
liàngsōu 亮颼 2-369A
liángsōusōu 涼颼颼 5-1407B
liángsù 涼素 5-1405A
liǎngsū 兩蘇 1-571A
liángsuàn 良算 9-266A
liàngsuàn 量算 10-420A
liángsuí 良綏 9-265B
liángsūn 良孫 9-264A
liángtà 涼榻 5-1406B
liángtái 梁臺 4-1068A
liángtái 涼臺 5-1406B
liángtái 糧臺 9-241B
liǎngtái 兩臺 1-567B
liàngtái 晾臺 5-768B
liángtán 涼潭 5-1407A
liǎngtǎn 兩袒 1-563B
liángtáng 涼堂 5-1405B
liǎngtáng 兩唐 1-562B
liàngtang 亮堂 2-368A
liàngtāngtāng 亮堂堂 2-368A
liǎngtǐ 兩體 1-571B
liángtiān 良天 9-260B
liángtiān 涼天 5-1403B
liángtián 良田 9-261A
liàngtiān 亮天 2-367B
liángtiáo 良蜩 9-265B
liàngtiào 踉跳 10-485B
liàngtǐcáiyī 量體裁衣 10-420A
liángtíng 涼亭 5-1404B
liǎngtīng 兩聽 1-571B
liángtǒng 量筒 10-419B
liàngtōngtōng 亮通通 2-368A
liǎngtóngxīn 兩同心 1-557B
liángtóu 梁頭 4-1068B
liángtóu 樑頭 4-1282B
liǎngtóu 兩頭 1-569B
liàngtóu 亮頭 2-369A
liǎngtóubáimiàn 兩頭白面 1-569B
liǎngtóubáimiàn 兩頭白麵 1-569B
liǎngtóudà 兩頭大 1-569B
liǎngtóuhuǐ 兩頭虺 1-570A
liǎngtóuhuòfan 兩頭和番 1-570A
liǎngtóumēng 兩頭蒙 1-570A
liǎngtóusānmiàn 兩頭三面 1-569B
liǎngtóusānxù 兩頭三緒 1-569B
liǎngtóushé 兩頭蛇 1-570A
liǎngtóuxiānxiān 兩頭纖纖 1-570A
liǎngtóuzuòdà 兩頭做大 1-570A
liángtú 良圖 9-266A
liángtú 糧涂 9-241B
liángǔ 連轂 10-873A
liángǔ 連鼓 10-867A
liángǔ 廉賈 3-1259B
liángǔ 臁骨 6-1393B
liángù 憐顧 7-742A
liǎngǔ 斂穀 5-524A
liàngǔ 鍊骨 11-1348A
liánguān 簾官 8-1266A
liánguàn 連觀 10-877A
liánguàn 連貫 10-865A
liánguàn 聯貫 8-705A
liànguān 練冠 9-933A
liánguāng 連光 10-853A
liǎngǔchuīhún 斂骨吹魂 5-521B
liǎngūguǎi 臉孤拐 6-1386A

liánguī 連袿 10-865A
liánguì 廉劌 3-1260A
liànguǐ 鏈軌 11-1365B
liánguōduān 連鍋端 10-872A
liángwáng 梁王 4-1065B
liǎngwáng 兩亡 1-556A
liǎngwáng 兩王 1-556A
liǎngwàng 兩忘 1-559A
liǎngwàng 兩望 1-564A
liángwángchéng 梁王城 4-1065B
liángwángyuàn 梁王苑 4-1065B
liángwǎwǎ 涼瓦瓦 5-1403B
liǎngwéi 兩闈 1-570B
liángwēn 涼溫 5-1406A
liángwò 良沃 9-262A
liǎngwò 兩握 1-565A
liángwǔ 梁武 4-1066A
liángwù 良晤 9-264A
liǎngwǔ 兩廡 1-569A
liángwǔchàn 梁武懺 4-1066A
liǎngwǔtún 兩廡豚 1-569A
liángxí 涼席 5-1405A
liángxì 良細 9-264B
liángxì 糧餼 9-242A
liǎngxī 兩犀 1-566B
liǎngxǐ 兩喜 1-565A
liǎngxià 兩下 1-555B
liǎngxià 兩夏 1-562B
liàngxià 晾夏 5-768B
liǎngxiàlǐ 兩下裏 1-555B
liángxiǎn 糧餉 9-241B
liángxiǎn 糧饟 9-242A
liǎngxiàn 兩獻 1-571B
liǎngxiāng 兩廂 1-566A
liǎngxiāng 兩箱 1-569A
liàngxiàng 亮相 2-368A
liǎngxiāngqíngyuàn 兩相情願 1-560B
liǎngxiánxiāng'è 兩賢相厄 1-568B
liángxiāo 良宵 9-263B
liǎngxiǎowúcāi 兩小無猜 1-555B
liǎngxiàzi 兩下子 1-555B
liángxié 涼鞋 5-1406B
liángxié 涼鞵 5-1407B
liángxiè 糧械 9-241B
liǎngxiè 兩謝 1-570B
liángxīn 良心 9-260B
liǎngxīn 兩心 1-556B
liángxīnfāxiàn 良心發現 9-261A
liángxīng 梁星 4-1066B
liǎngxíng 兩行 1-557B
liǎngxíng 兩形 1-558B
liǎngxìng 兩姓 1-560B
liǎngxìng 兩性 1-560B
liàngxíng 量刑 10-418A
liǎngxìngcháo 兩性巢 1-560B
liǎngxìnghuā 兩性花 1-560B
liǎngxìnghuàhéwù 兩性化合物 1-560B
liǎngxìngrén 兩性人 1-560B
liǎngxìngshēngzhí 兩性生殖 1-560B
liǎngxióng 兩雄 1-565B
liǎngxiùqīngfēng 兩袖清風 1-563B
liángxū 糧胥 9-241A
liǎngxǔ 兩許 1-564A
liàngxǔ 亮許 2-368A
liángxuān 涼軒 5-1405A
liángxuān 涼暄 5-1406A
liángxuǎn 良選 9-266A
liángxuè 涼血 5-1403B
liǎngxué 兩學 1-570A
liángxùn 良訊 9-263B
liángyān 涼煙 5-1406A
liángyán 良言 9-262A
liángyàn 梁雁 4-1067B
liángyàn 梁鷰 4-1069A
liǎngyán 兩言 1-559A
liángyāng 梁鴦 4-1068B
liǎngyàng 兩樣 1-568B
liǎngyàngzi 兩樣子 1-568B
liǎngyǎnhēi 兩眼黑 1-563B
liàngyǎnrén 亮眼人 2-368A
liǎngyànsuíchē 兩鴈隨車 1-568B
liángyào 良藥 9-267A
liángyào 涼藥 5-1407A
liǎngyào 兩曜 1-571A
liǎngyào 兩燿 1-571B
liángyàokǔkǒu 良藥苦口 9-267A
liángyě 良冶 9-262A
liángyě 涼野 5-1405B
liángyè 良夜 9-262B
liángyè 涼夜 5-1404B
liángyè 涼葉 5-1405B
liǎngyè 兩葉 1-565A
liǎngyèfēngshēng 兩腋風生 1-566A
liángyī 良衣 9-261B
liángyī 良醫 9-267A
liángyī 涼衣 5-1403B
liángyǐ 良已 9-260A
liángyǐ 梁倚 4-1067A
liángyì 良逸 9-264B
liángyì 梁益 4-1067B
liángyì 涼意 5-1406A
liǎngyí 兩姨 1-562A
liǎngyí 兩儀 1-569A
liǎngyì 兩意 1-567B
liǎngyì 兩義 1-567B
liǎngyì 兩誼 1-569A
liǎngyì 兩翼 1-570B
liàngyí 量移 10-419B
liàngyì 量議 10-420A
liángyīn 良因 9-261B
liángyīn 良姻 9-263A
liángyīn 梁陰 4-1067B
liángyīn 涼陰 5-1405A
liàngyīn 亮陰 2-368A
liángyìn 涼蔭 5-1406A
liángyīng 糧甖 9-242A
liángyīng 糧罌 9-242A
liángyíng 梁楹 4-1068A
liángyǐng 梁穎 4-1068B
liángyǐng 涼影 5-1406B
liǎngyíng 兩楹 1-566B
liǎngyíngmèng 兩楹夢 1-567A
liàngyīngtái 晾鷹臺 5-769A
liàngyíngyíng 亮瑩瑩 2-369A
liǎngyíqīn 兩姨親 1-562A
liǎngyìsānxīn 兩意三心 1-567B
liǎngyòng 兩用 1-557A
liǎngyòngshān 兩用衫 1-557A
liángyóu 良游 9-265A
liángyóu 良遊 9-265A
liángyǒu 良猷 9-265B
liángyǒu 良友 9-260B
liángyǒu 涼友 5-1403B
liàngyòu 諒宥 11-316B
liángyǒubùqí 良莠不齊 9-263A
liǎngyōushìhè 兩優釋褐 1-570B
liángyōuyōu 涼幽幽 5 1404B
liàngyóuyóu 亮油油 2-367B
liángyú 良魚 9-264B
liángyǔ 良窳 9-266A
liángyǔ 涼宇 5-1404A
liángyù 良玉 9-261A
liángyù 良遇 9-264B
liángyù 良愈 9-265B
liángyù 梁獄 4-1068B
liángyù 涼燠 5-1407A
liǎngyù 兩豫 1-569B
liǎngyù 兩譽 1-571B
liángyuán 良緣 9-266A
liángyuán 梁園 4-1068A
liángyuán 塛塬 2-1200B
liángyuàn 良願 9-267A
liángyuàn 梁苑 4-1066A
liǎngyuàn 兩院 1-562A
liǎngyuàn 兩願 1-571A
liángyuànsuídī 梁苑隋堤 4-1066B
liángyuánsuīhǎo… 梁園雖好,不是久戀之家 4-1068A
liángyuánsuīhǎo… 梁園雖好,不是久住之鄉 4-1068A
liángyuànxuě 梁苑雪 4-1066A
liǎngyuànzhì 兩院制 1-562A
liángyuè 良月 9-260B
liángyuè 梁岳 4-1066B
liángyuè 涼月 5-1403B
liǎngyuè 兩粵 1-565B
liǎngyuè 兩越 1-565A
liángyún 涼雲 5-1406A
liángyùn 良醞 9-266B
liángyùn 糧運 9-241B
liǎngyùnshī 兩韻詩 1-571A
liángzǎi 良宰 9-263B
liàngzǎi 靚仔 11-576A
liángzǎo 良棗 9-264B
liángzào 良造 9-263B
liǎngzào 兩造 1-562B
liángzáozhèngruì 量鑿正枘 10-420B
liàngzèngzèng 亮鋥鋥 2-369A
liǎngzhá 兩閘 1-567B
liángzhāi 涼齋 5-1407A
liángzhān 梁饘 4-1069A
liángzhàn 梁棧 4-1067B
liángzhàn 糧站 9-241A
liángzhàn 糧棧 9-241B
liángzhǎng 糧長 9-241A
liángzhàng 糧仗 9-240B
liǎngzhànggǔ 兩杖鼓 1-558B
liàngzhào 亮照 2-368B
liángzhé 良哲 9-263A
liǎngzhè 兩浙 1-563B
liǎngzhè 兩淛 1-564B
liángzhēn 良貞 9-263A
liángzhēn 良箴 9-266A
liángzhēn 良鍼 9-266B
liǎngzhēn 兩甄 1-567A
liǎngzhèn 兩陳 1-563B
liǎngzhèn 兩陣 1-562A
liángzhèng 良正 9-261A
liǎngzhèng 兩政 1-560B
liàngzhēngzhēng 亮錚錚 2-368B
liángzhī 良知 9-262B
liángzhí 良直 9-262B
liángzhí 良執 9-264A
liángzhì 良質 9-266A
liǎngzhì 兩制 1-559B
liàngzhī 量知 10-418B
liàngzhí 亮直 2-367B
liàngzhí 諒直 11-316B
liàngzhì 量置 10-419B
liángzhǒng 良種 9-266A
liángzhòng 糧重 9-241A
liǎngzhōng 兩中 1-556A
liǎngzhòng 兩重 1-561B
liàngzhōng 亮鐘 2-369A
liàngzhōng 量衷 10-419A
liàngzhòng 量中 10-418A
liángzhōu 梁州 4-1066A
liángzhōu 梁輈 4-1068A
liángzhōu 涼州 5-1403B
liǎngzhōu 兩周 1-560A
liángzhōucí 涼州詞 5-1404A
liángzhōulìng 梁州令 4-1066A
liángzhōupò 涼州破 5-1404A
liángzhōuqǔ 涼州曲 5-1404A
liángzhū 良珠 9-263A
liángzhū 梁珠 4-1067A
liàngzhū 量珠 10-419A
liángzhù 梁柱 4-1066B
liàngzhuózhuó 亮灼灼

2-367B
liǎngzhùqián 兩柱錢 1-560B
liángzi 梁子 4-1065B
liángzi 椋子 4-1120B
liángzǐ 糧子 9-240B
liàngzǐ 量子 10-418A
liángzījīn 涼緇巾 5-1406B
liàngzǐlìxué 量子力學 10-418A
liángzǐmù 椋子木 4-1120B
liángzōu 梁鄒 4-1068A
liángzōu 梁騶 4-1069A
liángzuǒ 良佐 9-262A
liǎngzúzūn 兩足尊 1-558B
liánhàn 連漢 10-869A
liánhàn 廉悍 3-1258A
liǎnhàn 斂含 5-521A
liánháng 連航 10-861B
liánháng 連行 10-853A
liánhǎo 連好 10-854A
liánhào 連號 10-867B
liánhào 聯號 8-705B
liǎnháo 斂毫 5-523A
liánhé 連合 10-853B
liánhé 連和 10-856B
liánhé 連河 10-857A
liánhé 連翮 10-871A
liánhé 聯合 8-703A
liǎnhé 斂翮 5-524A
liànhé 練核 9-933B
liànhé 練覈 9-935A
liánhéguó 聯合國 8-703A
liánhéjī 聯合機 8-703B
liànhèn 戀恨 7-800B
liánhéng 連橫 10-869B
liánhéng 連衡 10-871B
liánhéng 聯橫 8-706A
liánhéshōugējī 聯合收割機 8-703A
liánhézhànxiàn 聯合戰綫 8-703B
liánhézhèngfǔ 聯合政府 8-703A
liánhóng 連鴻 10-873B
liǎnhóng 臉紅 6-1386B
liànhóng 練紅 9-933A
liǎnhóngbózicū 臉紅脖子粗 6-1386B
liǎnhóng'ěrchì 臉紅耳赤 6-1386B
liǎnhóng'ěrrè 臉紅耳熱 6-1386B
liǎnhóngjīnbào 臉紅筋暴 6-1386B
liǎnhóngjīnzhàng 臉紅筋漲 6-1386B
liǎnhòushūqián 斂後疏前 5-521B
liǎnhù 斂笏 5-522B
liánhuā 連花 10-854A
liánhuā 蓮花 9-499B
liánhuā 蓮華 9-500B
liánhuā 聯華 8-704B
liánhuá 連華 10-861A
liánhuà 瞵聒 7-1244A
liǎnhuā 臉花 6-1386A
liànhuā 練花 9-932B
liànhuà 煉話 7-188B
liánhuābái 蓮花白 9-499B
liánhuābái 蓮華白 9-500B
liànhuāfēng 楝花風 4-1164A
liánhuāfú 蓮花服 9-499B
liánhuāfǔ 蓮花府 9-500A
liánhuāguó 蓮花國 9-500A
liánhuājiè 蓮花界 9-500A
liánhuālào 蓮花落 9-500A
liánhuālè 蓮華樂 9-500B
liánhuālòu 蓮花漏 9-500A
liánhuāmù 蓮花幕 9-500A
liánhuāmù 蓮華幕 9-500B
liánhuān 連歡 10-875B
liánhuān 聯歡 8-707B
liánhuán 連環 10-872A
liánhuán 連鐶 10-875B
liánhuán 聯環 8-706B
liánhuán 鏈環 11-1365B
liánhuánbǎo 連環保 10-872B
liánhuáncè 連環策 10-872B
liánhuǎng 簾幌 8-1266B
liǎnhuángjīshòu 臉黃肌瘦 6-1386B
liánhuánhuà 連環畫 10-872B
liánhuánjì 連環計 10-872B
liánhuánkòu 連環扣 10-872A
liánhuánmǎ 連環馬 10-872B
liánhuánqiāng 連環槍 10-872B
liánhuánqiāng 連環鎗 10-873A
liánhuántào 連環套 10-872B
liánhuántúhuà 連環圖畫 10-872B
liánhuánzhài 連環寨 10-873A
liánhuánzi 連環字 10-872B
liánhuāsāi 蓮花腮 9-500A
liánhuāshìjiè 蓮花世界 9-499B
liánhuāshìjiè 蓮華世界 9-500B
liánhuātái 蓮花臺 9-500A
liánhuātái 蓮華臺 9-500B
liánhuāzuò 蓮花座 9-500A
liánhuī 連輝 10-870A
liánhuī 廉撝 3-1260A
liánhuì 連諱 10-872A
liánhuì 廉穢 3-1260B
liǎnhuì 斂槥 5-524A
liánhūn 連昏 10-856B
liánhūn 連婚 10-865A
liánhūn 聯婚 8-705A
liǎnhún 斂魂 5-523B
liánhūndáshǔ 連昏達曙 10-856B
liánhūnjiēchén 連昏接晨 10-860A
liánhuò 連禍 10-866B
liǎnhuò 斂禍 5-523B
liǎnhuò 斂穫 5-525A
liànhuǒ 煉火 7-187B
liànhuǒ 鍊火 11-1347B
liánjī 連屐 10-862A
liánjī 連緝 10-870B
liánjī 連擊 10-873A
liánjī 連雞 10-874B
liánjī 連鐖 10-875B
liánjī 連鷄 10-876A
liánjī 聯機 8-706A
liánjí 連及 10-850B
liánjí 廉級 3-1257B
liánjì 連迹 10-859B
liánjì 連跡 10-867B
liánjì 連繼 10-875B
liǎnjī 斂積 5-524A
liǎnjí 斂戢 5-523A
liǎnjí 臉急 6-1386B
liǎnjì 斂迹 5-522A
liǎnjì 斂跡 5-523B
liànjì 練祭 9-933B
liánjiā ⿰耒連耞 8-598A
liánjiā 連枷 10-859A
liánjiā 連耞 10-862B
liánjiā 連裌 10-866B
liánjiā 槤枷 4-1211B
liánjià 連架 10-860A
liánjià 連駕 10-870B
liánjià 廉價 3-1260A
liǎnjiá 臉頰 6-1387A
liǎnjiǎ 斂甲 5-520B
liànjiǎ 練甲 9-932A
liánjiādiàn 連家店 10-862A
liánjiān 連肩 10-857A
liánjiān 廉監 3-1259B
liánjiān 聯肩 8-704A
liánjiǎn 連謇 10-873B
liánjiǎn 廉儉 3-1260A
liánjiǎn 廉簡 3-1260B
liánjiǎn 聯蹇 8-706B
liánjiǎn 蹥蹇 10-527A
liánjiàn 連箭 10-870A
liánjiàn 連艦 10-875B
liánjiàn 憐見 7-741A
liánjiàn 憐鑒 7-742A
liǎnjiǎn 連蹇 10-873B
liànjiǎn 練簡 9-935A
liánjiāng 連江 10-854A
liánjiāng 連疆 10-875B
liánjiāng 廉薑 3-1260A
liánjiāo 連交 10-853B
liánjiǎo 連脚 10-864A
liánjiǎo 廉角 3-1256B
liànjiāo 煉焦 7-188B
liánjiǎokù 連脚褲 10-864A
liànjiāolú 煉焦爐 7-188B
liánjiāpù 連家鋪 10-862A
liánjícǎo 連及草 10-850B
liánjīduì 連機碓 10-871A
liánjiē 連接 10-863B
liánjiē 憐嗟 7-741B
liánjiē 聯接 8-704B
liánjié 連捷 10-863A
liánjié 連結 10-867A
liánjié 廉節 3-1259B
liánjié 廉潔 3-1260A
liánjié 廉絜 3-1259A
liánjié 聯捷 8-704B
liánjié 聯結 8-705A
liánjiè 連界 10-859A
liánjiè 廉介 3-1255B
liánjiè 蓮界 9-500B
liánjiè 聯界 8-704A
liànjié 鏈結 11-1365B
liànjiè 練戒 9-932B
liánjiēdǎoxiàng 連街倒巷 10-866B
liánjiēlěirèn 連階累任 10-865A
liánjīn 連津 10-859B
liánjīn 連衿 10-859B
liánjīn 連襟 10-874B
liánjīn 憐矜 7-741B
liánjīn 聯衿 8-704A
liánjīn 聯襟 8-707A
liánjìn 連晉 10-858A
liánjǐn 廉謹 3-1260B
liánjìn 連近 10-855A
liánjìn 廉勁 3-1257A
liǎnjīn 斂衿 5-522A
liànjīn 煉金 7-188A
liànjīn 練巾 9-931B
liànjīn 鍊金 11-1348A
liánjīng 連莖 10-861A
liánjīng 連旌 10-864B
liánjīng 連旍 10-864B
liánjīng 蓮經 9-501A
liánjīng 簾旌 8-1266B
liánjǐng 連頸 10-871A
liánjǐng 蓮井 9-499A
liánjìng 連境 10-868B
liánjìng 廉敬 3-1259A
liánjìng 廉靖 3-1259B
liánjìng 廉靜 3-1259B
liánjìng 蓮境 9-501A
liànjīng 鍊精 11-1349A
liánjìnggǔ 臁脛骨 6-1394A
liànjīnkè 鍊金客 11-1348A
liánjīnní 連金泥 10-856B
liánjǐnshū 連錦書 10-872A
liànjīnshù 煉金術 7-188A
liánjīnxuán 連金淀 10-856B
liǎnjiū 斂揫 5-523B
liànjiū 練究 9-932B
liànjiù 練就 9-934A
liànjiù 戀舊 7-801A
liànjiǔmíhuā 戀酒迷花 7-800B
liànjiǔtānhuā 戀酒貪花 7-800B
liánjū 連居 10-857B
liánjū 連裾 10-868A
liánjū 聯裾 8-705B
liánjū 令居 1-1121B
liánjù 連句 10-852B
liánjù 連拒 10-854A
liánjù 連聚 10-868B
liánjù 廉裾 3-1259B

liánjù 廉倨 3-1258A
liánjù 蓮炬 9-500B
liánjù 奩具 2-1559A
liánjù 匳具 1-982B
liánjù 聯句 8-703A
liǎnjú 斂局 5-521A
liǎnjù 斂聚 5-523B
liǎnjù 斂屨 5-524B
liànjù 煉句 7-188A
liànjù 練句 9-932A
liànjù 鍊句 11-1347B
liánjuān 連娟 10-862B
liánjuān 聯娟 8-704B
liánjuǎn 連卷 10-857A
liánjuàn 憐眷 7-741B
liánjuàn 簾眷 8-1266B
liánjué 連絶 10-867A
liánjùjiā 連具枷 10-856A
liánjūn 廉均 3-1256B
liánjūn 聯軍 8-704A
liànjūn 練軍 9-933A
liánkān 蓮龕 9-501B
liánkǎo 廉考 3-1256A
liánkē 連珂 10-858A
liánkē 連科 10-859A
liánkè 廉恪 3-1257B
liǎnkézi 臉殼子 6-1386B
liánkōng 連空 10-857A
liánkòng 廉空 3-1257A
liǎnkǒng 臉孔 6-1385B
liànkōngsāng 戀空桑 7-800A
liánkǒu 連口 10-850A
liǎnkǒu 斂口 5-520A
liánkù 廉袴 3-1258B
liánkuài 連膾 10-875A
liánkuí 聯魁 8-705B
liánkuì 廉愧 3-1259A
liánkuībìtīng 簾窺壁聽
8-1267A
liánláng 連廊 10-864B
liánlàng 連浪 10-862A
liànlào 戀嫪 7-801A
liánlěi 連壘 10-874A
liánlěi 連累 10-864A
liánlěi 聯累 8-705A
liánlèi 連類 10-875A
liánlèi 聯類 8-707A
liǎnlèi 斂淚 5-523A
liánléng 廉棱 3-1259A
liánléng 廉稜 3-1259B
liánlǐ 連理 10-862B
liánlǐ 連纚 10-877A
liánlì 連利 10-855A
liánlì 連欐 10-876B
liánlì 廉吏 3-1256A
liánlì 廉利 3-1256B
liánlì 廉厲 3-1259B
liánlì 聯吏 8-703A
liánlì 鐮利 11-1420B
liànlì 煉厲 7-188B
liànlì 鍊力 11-1347B
liánlián 連連 10-861B
liánlián 廉廉 3-1259B
liánlián 溓溓 6-39A
liánlián 漣漣 6-7A
liánlián 嗹嗹 3-512A
liánlián 聯聯 8-706B
liánlián 鬑鬑 12-752A
liánliǎn 蓮臉 9-501B
liánliàn 連戀 10-877A
liǎnliǎn 斂斂 5-524B
liànliàn 練練 9-934B
liànliàn 潋潋 6-214B
liànliàn 戀戀 7-801B
liànliàn 孿孿 6-980B
liànliànbùshě 戀戀不捨
7-801B
liánliáng 廉良 3-1256B
liànliànnánshě 戀戀難捨
7-801B
liánlǐbēi 連理杯 10-863A
liánlǐbēi 連理盃 10-863A
liánlǐdài 連理帶 10-863A
liánliè 連埒 10-861A
liánlìfāngchéng 聯立方程
8-703A
liánlǐfēnzhī 連理分枝
10-863A
liánlǐhuā 連理花 10-863A
liánlǐjìngjiē 連里竟街
10-854B
liánlǐmù 連理木 10-863A
liánlín 連霖 10-871A
liánlìn 廉藺 3-1261A
liánlǐpán 連理盤 10-863A
liánlǐrú 連理襦 10-863A
liánlǐshù 連理樹 10-863A
liánliú 連流 10-862A
liánliù 連六 10-852A
liànliú 戀留 7-800B
liánliù'áo 連六鰲 10-852A
liánliù'áo 連六鼇 10-852A
liánlǐzhī 連理枝 10-863A
liánlóng 簾櫳 8-1267A
liánlóng 簾籠 8-1267A
liánlóu 羸陵 6-1402A
liánlóu 連遱 10-868B
liánlóu 嗹嘍 3-460B
liánlóu 謰謱 11-372B
liánlǒu 螊螻 12-1026A
liánlǒu 連螻 10-868B
liánlòu 蓮漏 9-501A
liánlú 連艫 10-876B
liánlù 連路 10-867B
liánlù 連漉 10-869A
liánlù 連璐 10-872A
liánlù 璉璐 4-614A
liánluán 連巒 10-876B
liánlún 連倫 10-861B
liánlún 漣淪 6-7A
liánluò 連絡 10-867A
liánluò 漣落 6-7A
liánluò 濂洛 6-178B
liánluò 聯絡 8-705A
liánluòguānmǐn 濂洛關閩
6-178B
liánlǚ 縺縷 9-960B
liǎnlüè 斂掠 5-523A
liánmǎ 嗹馬 3-460B
liǎnmǎ 斂馬 5-522B
liǎnmái 斂埋 5-522B
liánmàn 連漫 10-869A
liánmàn 連蔓 10-868B
liánmáng 連忙 10-854A
liánmáng 廉芒 3-1256A
liǎnmáng 斂芒 5-520B
liánmáo 連毛 10-851B
liánmào 連袤 10-864B
liánmào 廉茂 3-1256B
liánmào 廉冒 3-1257A
liǎnmào 臉貌 6-1387A
liánméi 連眉 10-860A
liánmèi 連袂 10-860A
liánmèi 聯袂 8-704A
liǎnméi 斂眉 5-522A
liǎnmèi 斂袂 5-522A
liànméisù 鏈霉素 11-1365B
liánmén 連門 10-857B
liánméng 連盟 10-867B
liánméng 連甍 10-868B
liánméng 聯盟 8-705B
liánmēngdàihǔ 連朦帶唬
10-873B
liánmēngdàihǔ 連蒙帶唬
10-867B
liánméngjiēdòng 連甍接棟
10-868B
liánmǐ 蓮米 9-499B
liànmì 煉蜜 7-188B
liánmián 連綿 10-869B
liánmián 連緜 10-870B
liánmián 聯綿 8-706A
liánmián 聯緜 8-706A
liǎnmiàn 臉面 6-1386A
liánmiánshū 連綿書 10-869B
liánmiánshū 連緜書 10-870B
liánmiánzì 連綿字 10-869B
liánmiánzì 連緜字 10-870B
liánmiánzì 聯綿字 8-706A
liánmǐn 憐閔 7-741B
liánmǐn 憐愍 7-742A
liánmǐn 憐憋 7-742A
liánmǐn 憐憫 7-742A
liǎnmǐn 斂緡 5-524A
liánmíng 連名 10-853B
liánmíng 連明 10-856B
liánmíng 廉明 3-1256B
liánmíng 聯名 8-703B
liànmíng 練明 9-933A
liánmíngchèyè 連明徹夜
10-856B
liánmíngdáyè 連明達夜
10-856B
liánmíngliányè 連明連夜
10-856B
liánmò 連磨 10-872A
liánmò 連陌 10-857B
liànmó 鍊魔 11-1349A
liánmóbǐshì 連類比事
10-875B
liánmóbǐwù 連類比物
10-875B
liánmóu 連謀 10-872A
liǎnmóu 斂眸 5-523A
liánmǔ 連母 10-852B
liánmù 連木 10-850B
liánmù 蓮幕 9-501A
liánmù 簾幕 8-1266B
liánmù 簾幙 8-1266B
liǎnmù 斂目 5-520B
liànmù 戀慕 7-801A
liǎnmúzi 臉模子 6-1387A
liànnà 練衲 9-933A
liànnǎi 戀奶 7-800A
liànnáng 練囊 9-935A
liǎnnǎo 臉腦 6-1387A
liánnèi 簾内 8-1266A
liǎnnèn 臉嫩 6-1387A
liánnéng 廉能 3-1258A
liánnián 連年 10-853A
liánnián 連黏 10-873A
liánniàn 憐念 7-741A
liànniàn 戀念 7-800A
liánniú 連牛 10-851B
liánnǔ 連弩 10-858A
liánnǚ 蓮女 9-499A
lián'ǒu 連偶 10-864A
liǎnpà 臉帕 6-1386A
liánpái 連排 10-863B
liánpái 聯牌 8-705A
liánpán 連盤 10-870B
liánpàn 連判 10-855B
liánpàn 連畔 10-861B
liǎnpán 臉盤 6-1387A
liǎnpáng 臉龐 6-1387B
liánpàngtóu 鰱胖頭
12-1252B
liánpèi 連轡 10-876B
liánpèi 聯佩 8-704A
liánpèi 聯珮 8-704B
liánpèi 聯轡 8-707B
liǎnpèi 斂轡 5-525A
liǎnpén 臉盆 6-1386B
liánpéng 連朋 10-856B
liánpéng 蓮蓬 9-501A
liánpí 連毗 10-859A
liǎnpí 臉皮 6-1385B
liánpiān 連篇 10-870A
liánpiān 連翩 10-870B
liánpiān 連鶣 10-875B
liánpiān 聯翩 8-706A
liánpián 聯騙 8-706B
liánpiàn 連片 10-851B
liánpiānlěicè 連篇累册
10-870A
liánpiānlěidú 連篇纍牘
10-870B
liánpiānlěidú 連篇累牘
10-870A
liánpiānlěidú 聯篇累牘
8-706A
liánpiānlěifú 連篇纍幅
10-870A
liánpiānlěifú 連篇累幅
10-870A
liánpiānlěizhèng

連篇累幘 10-870A
liánpiānlěizhì 連篇累帙 10-870A
liánpiànzizuǐ 連片子嘴 10-851B
liánpiào 連票 10-863B
liánpiào 聯票 8-704B
liànpiāo 練漂 9-934B
liǎnpíbáo 臉皮薄 6-1385B
liǎnpíhòu 臉皮厚 6-1385B
liánpín 廉貧 3-1258A
liánpìn 連娉 10-862B
liànpín 煉貧 7-188A
liánpíng 連屏 10-860A
liánpíng 廉平 3-1256A
liánpínxīlǎo 憐貧惜老 7-741B
liánpínxùlǎo 憐貧恤老 7-741B
liànpò 鍊魄 11-1348B
liánpǔ 連譜 10-875A
liǎnpǔ 臉譜 6-1387B
liǎnpǔhuà 臉譜化 6-1387B
liánqī 連七 10-849B
liánqí 連圻 10-854A
liánqí 連旂 10-862A
liánqí 連旗 10-869A
liánqí 連騎 10-873B
liánqí 連騎 10-875A
liánqí 聯騎 8-706B
liánqì 連氣 10-861B
liánqì 漣泣 6-6B
liǎnqì 斂氣 5-522B
liànqì 煉氣 7-188A
liànqì 練氣 9-933B
liànqì 鍊炁 11-1348A
liànqì 鍊氣 11-1348B
liànqià 練洽 9-933A
liánqiān 連阡 10-852B
liánqiān 連牽 10-864B
liánqiān 聯騫 8-707A
liánqián 連乹 10-858B
liánqián 連乾 10-863B
liánqián 連錢 10-871B
liǎnqiān 連褰 10-872A
liǎnqián 斂錢 5-524A
liánqiáncǎo 連錢草 10-871B
liánqiáncōng 連錢驄 10-871B
liánqiáncōng 連錢驄 10-871B
liánqiáng 連檣 10-873A
liánqiáng 連牆 10-873B
liánqiángjiēdòng 連牆接棟 10-873B
liánqiānlěimò 連阡累陌 10-852B
liánqiánmǎ 連錢馬 10-871B
liánqiánxìng 連錢荇 10-871B
liànqiánzi 鏈鉗子 11-1365B
liánqiáo 連橋 10-871A
liánqiáo 連翹 10-873B
liánqiào 廉峭 3-1258A
liánqīn 連親 10-872A
liánqín 廉勤 3-1259A
liǎnqīn 斂衾 5-522B
liǎnqín 斂禽 5-523B
liánqīng 廉清 3-1258B
liánqíng 連晴 10-866A
liǎnqīngbízhǒng 臉青鼻腫 6-1386A
liànqiú 鏈球 11-1365B
liànqiújūn 鏈球菌 11-1365B
liánqīzhǐ 連七紙 10-849B
liǎnqù 斂去 5-520B
liànqú 戀朐 7-800B
liánquán 連拳 10-862A
liánquán 連蜷 10-868B
liánquán 連踡 10-870A
liánquán 聯拳 8-704B
liánquán 聯踡 8-706A
liánquán 蹥踡 10-527A
liánquán ⿰虫連蜷 8-941B
liánquǎn 連綣 10-869B
liánquánràngshuǐ 廉泉讓水 3-1257A
liánquē 連闕 10-874B
liànquè 練鵲 9-935A
liànquè 戀闕 7-801B
liánqún 連裙 10-866B
liánqún 連羣 10-868A
liànqún 練帬 9-933B
liànqún 練裙 9-934A
liànqún 戀羣 7-801A
liànqúnzi 練裙子 9-934A
liánrǎn 連染 10-859B
liǎnrán 斂然 5-523B
liànrǎn 練染 9-933A
liánrǎng 連壤 10-875B
liánràng 廉讓 3-1261A
liánrào 連繞 10-875A
liánrén 廉人 3-1255B
liánrén 磏仁 7-1093B
liánrěn 連稔 10-867B
liánrèn 連任 10-853A
liánrèn 連衽 10-865A
liánrèn 臁刃 6-1393B
liánrèn 臁肕 6-1393B
liǎnrèn 斂刃 5-520A
liǎnrèn 斂衽 5-522A
liǎnrèn 斂袵 5-523A
liànrén 戀人 7-800A
liánrènchéngwéi 連衽成帷 10-859B
liánrènchéngwéi 連袵成帷 10-865A
liánréng 連仍 10-851B
liánrì 連日 10-851A
liànrì 練日 9-931B
liánrìdàiyè 連日帶夜 10-851A
liánrìjìyè 連日繼夜 10-851A
liánrìliányè 連日連夜 10-851A
liǎnróng 斂容 5-523A
liánròu 廉肉 3-1256A
liánrú 連茹 10-858B
liánrú 漣如 6-6B
liánrù 漣洳 6-7A
liànrǔ 煉乳 7-188A
liànrǔ 鍊乳 11-1348A
liǎnruǎn 臉軟 6-1386B
liǎnruì 斂鋭 5-524A
liànruì 練鋭 9-934B
liànruò 練若 9-932B
liánsāi 蓮腮 9-501A
liánsài 聯賽 8-706B
liǎnsāi 臉腮 6-1387A
liánsāihú 連腮鬍 10-868A
liánsān 連三 10-849B
liǎnsàn 斂散 5-523A
liánsānbìngsì 連三并四 10-850A
liánsānjiē'èr 連三接二 10-850A
liánsānjiēsì 連三接四 10-850A
liánsānjiēwǔ 連三接五 10-850A
liánsānkuàwǔ 連三跨五 10-850A
liànsānxiǔ 戀三宿 7-800A
liǎnsè 斂色 5-520B
liǎnsè 臉色 6-1386A
liànsè 練色 9-932A
liànshā 煉砂 7-188A
liànshā 鍊砂 11-1348A
liánshān 連山 10-850A
liánshàn 廉苫 3-1256B
liánshàn 廉善 3-1259A
liǎnshǎn 斂閃 5-523A
liànshān 煉山 7-187B
liánshāng 憐傷 7-742A
liǎnshàng 臉上 6-1385B
liǎnshàngliǎnxià 臉上臉下 6-1385B
liánshānméi 連山眉 10-850A
liánshānpáihǎi 連山排海 10-850A
liánshānqún 連衫裙 10-857B
liánshānshì 連山氏 10-850A
liánsháo 連苕 10-855B
liánshè 蓮社 9-500A
liǎnshē 斂賒 5-523B
liánshēn 廉深 3-1258B
liánshèn 廉慎 3-1259B
liǎnshēn 斂身 5-521A
liǎnshén 斂神 5-522A
liǎnshén 臉神 6-1386B
liánshēng 連聲 10-873A
liánshēng 廉升 3-1255B
liánshēng 廉陞 3-1257B
liánshēng 廉聲 3-1260B
liánshéng 連繩 10-875B
liánshèng 廉勝 3-1259A
liǎnshēngbǐngqì 斂聲屏氣 5-524B
liǎnshēngbǐngxī 斂聲屏息 5-524B
liǎnshēngnìjì 斂聲匿迹 5-524B
liánshēngsānjí 連升三級 10-851B
liánshī 連師 10-861B
liánshī 聯詩 8-705B
liánshí 廉石 3-1255B
liánshí 蓮實 9-501A
liánshǐ 連史 10-852A
liánshǐ 連矢 10-852B
liánshǐ 廉使 3-1257A
liánshì 連世 10-852A
liánshì 連事 10-856A
liánshì 連室 10-859B
liánshì 連勢 10-867A
liánshì 廉士 3-1255B
liánshì 廉視 3-1258B
liánshì 廉嗜 3-1259B
liánshì 聯事 8-703B
liánshì 簾試 8-1267A
liǎnshí 斂實 5-523B
liànshī 煉師 7-188A
liànshī 練師 9-933B
liànshī 鍊師 11-1348B
liànshī 戀詩 7-801A
liànshí 楝實 4-1164A
liànshí 煉石 7-187B
liànshí 練石 9-932A
liànshí 練實 9-934B
liànshí 練識 9-935A
liànshì 練士 9-931B
liànshì 練事 9-932B
liànshì 練飾 9-934B
liànshì 鍊飾 11-1348B
liánshìbìtīng 簾視壁聽 8-1266B
liànshíbǔtiān 煉石補天 7-187B
liànshíbǔtiān 鍊石補天 11-1347B
liànshìfǎnyìng 鏈式反應 11-1365B
liánshǐzhǐ 連史紙 10-852A
liánshōu 連收 10-854A
liánshǒu 連手 10-851A
liánshǒu 廉守 3-1256A
liánshǒu 聯手 8-702B
liǎnshōu 斂收 5-521A
liǎnshǒu 撿手 6-920B
liǎnshǒu 斂手 5-520B
liǎnshǒu 斂首 5-522A
liǎnshǒubǐngzú 斂手屏足 5-520B
liǎnshǒudàibì 斂手待斃 5-520B
liǎnshǒuzú 斂手足 5-520B
liánshū 連殳 10-851B
liánshū 連書 10-862A
liánshū 連疏 10-867A
liánshǔ 連署 10-867B
liánshǔ 聯署 8-705B
liánshù 連澍 10-870B
liánshù 廉恕 3-1258A
liánshù 憐恕 7-741B
liǎnshù 斂束 5-521A

liànshú 練熟 9-934B
liànshù 鍊術 11-1348B
liánshuài 連率 10-864B
liánshuài 連帥 10-859A
liǎnshuǐ 臉水 6-1385B
liànshuì 練帨 9-933B
liánshùn 廉順 3-1259A
liánsī 蹥斯 10-533A
liánsì 連四 10-852A
liánsì 簾肆 8-1266B
liǎnsī 斂思 5-521B
liǎnsǐ 斂死 5-520B
liànsī 練絲 9-934B
liànsī 鍊思 11-1348A
liánsìzhǐ 連四紙 10-852B
liánsìzhǐ 連泗紙 10-857A
liánsōng 憐松 7-741A
liánsōu 連艘 10-870B
liánsù 廉素 3-1257B
liànsù 練素 9-933B
liánsuì 連歲 10-866A
liánsuì 連歳 10-867B
liánsuǒ 連索 10-861B
liánsuǒ 連瑣 10-868A
liánsuǒ 連鎖 10-874A
liánsuǒ 連鏁 10-875A
liánsuǒ 連璅 10-869B
liánsuǒ 聯鎖 8-706B
liǎnsuō 斂縮 5-524B
liǎnsuǒ 斂索 5-522B
liánsuǒfǎnyìng 連鎖反應
10-874A
liánsuǒjiǎ 連鎖甲 10-874B
liántà 連榻 10-868B
liántà 連闥 10-875B
liántàdòngfáng 連闥洞房
10-875B
liántái 連臺 10-868A
liántái 蓮臺 9-501A
liǎntài 斂態 5-524A
liántáiběnxì 連臺本戲
10-868A
liántáixì 連臺戲 10-868B
liántān 廉貪 3-1258A
liàntàn 鍊炭 11-1348A
liántáng 廉堂 3-1258A
liǎntáng 臉膛 6-1387A
liántāngdàishuǐ 連湯帶水
10-866B
liántàtōngfáng 連闥通房
10-875B
liántí 連蹄 10-871B
liántǐ 連體 10-876A
liántǐ 匳體 1-982B
liántiān 連天 10-850B
liántián 奩田 2-1559A
liántiānfēnghuǒ 連天烽火
10-850B
liántiānzādì 連天匝地
10-850B
liàntiáo 鏈條 11-1365B
liántiē 聯貼 8-705A
liàntiě 煉鐵 7-188B
liàntiělú 煉鐵爐 7-188B
liántǐng 連挺 10-858B
liántǐng 連梃 10-861A
liàntīng 鏈烴 11-1365B
liántōng 連通 10-862B
liántóng 連同 10-853A
liántóng 蓮銅 9-501A
liántǒng 連筒 10-866A
liántǒng 連筩 10-868A
liàntóng 鍊銅 11-1348B
liántōngqì 連通器 10-862B
liántóu 連頭 10-871A
liántóudàinǎo 連頭帶腦
10-871A
liántóudàiwěi 連頭帶尾
10-871A
liántóudānǎo 連頭搭腦
10-871A
liántóudāwěi 連頭搭尾
10-871A
liántóuliánjiǎo 連頭連脚
10-871A
liántóuméi 連頭眉 10-871A
liàntǔ 戀土 7-800A
liántuì 廉退 3-1257B
liǎntuì 斂退 5-522A
liántún 連屯 10-851A
liántún 聯屯 8-702B
liánwài 簾外 8-1266A
liánwǎng 連枉 10-855B
liánwǎng 連網 10-869B
liánwánlìnuò 廉頑立懦
3-1259A
liánwēi 廉威 3-1257A
liánwéi 廉維 3-1260A
liánwéi 簾帷 8-1266B
liánwéi 簾幃 8-1266B
liánwèi 廉畏 3-1257A
liǎnwēi 斂威 5-521B
liánwén 連文 10-851B
liánwén 漣紋 6-7A
liánwèn 廉問 3-1258B
liànwén 練文 9-932A
liànwēng 鍊翁 11-1348B
liánwōduān 連窩端 10-868A
liánwǒliánqīng 憐我憐卿
7-741A
liánwū 連汙 10-854A
liánwū 連屋 10-860A
liánwǔ 連伍 10-853A
liánwǔ 廉武 3-1256B
liánwǔ 簾廡 8-1267A
liánwù 連霧 10-873B
liánwù 廉物 3-1257A
liǎnwù 斂霧 5-524B
liànwǔ 練武 9-932B
liǎnwúrénsè 臉無人色
6-1387A
liánxī 連夕 10-850B
liánxī 憐惜 7-741B
liánxī 濂溪 6-179A
liánxí 連席 10-862A
liánxǐ 連璽 10-875A
liánxǐ 匲洗 2-756A
liánxì 連繫 10-875A
liánxì 聯繫 8-707A
liǎnxī 斂息 5-522B
liǎnxī 斂膝 5-524A
liǎnxí 斂席 5-522B
liànxī 練悉 9-933B
liànxī 戀惜 7-800B
liànxí 煉習 7-188A
liànxí 練習 9-933B
liànxí 鍊習 11-1348B
liánxiá 奩匣 2-1559A
liánxiá 簾柙 8-1266B
liánxiá 簾押 8-1266A
liánxià 憐下 7-741A
liǎnxiá 臉霞 6-1387B
liánxiān 連纖 10-877A
liánxiān 廉纖 3-1261A
liánxiān 霡霝 11-725A
liánxiān 霡霢 11-725A
liánxiān 霡靈 11-725A
liánxián 連銜 10-869A
liánxián 聯銜 8-706A
liánxiàn 廉憲 3-1260B
liánxiāng 連相 10-858B
liánxiāng 連廂 10-866B
liánxiāng 奩箱 2-1559B
liánxiāng 憐香 7-741B
liánxiǎng 連想 10-867B
liánxiǎng 連響 10-875B
liánxiǎng 聯想 8-705B
liánxiàng 連向 10-853A
liánxiàng 蓮像 9-501A
liǎnxiàng 臉相 6-1386A
liànxiáng 練祥 9-933B
liànxiǎng 練餉 9-934B
liánxiāngxīyù 憐香惜玉
7-741B
liánxiāo 連宵 10-862A
liánxiāo 連霄 10-870A
liánxiǎo 連曉 10-871A
liánxiào 廉孝 3-1256A
liǎnxiǎo 臉小 6-1385B
liǎnxiào 斂笑 5-522B
liánxiāochèshǔ 連宵徹曙
10-862A
liánxiāodádàn 連宵達旦
10-862A
liánxiě 連寫 10-870B
liǎnxié 斂諧 5-524A
liánxiéhuā 連纈花 10-876A
liǎnxì'ér 臉戲兒 6-1387B
liánxíhuìyì 聯席會議
8-704B
liánxīn 連心 10-852A
liánxīn 蓮心 9-499A
liǎnxīn 斂心 5-520B
liánxīng 連星 10-859A
liánxíng 連刑 10-852B
liánxíng 連行 10-853A
liánxíng 連形 10-854A
liǎnxíng 臉型 6-1386A
liànxíng 練行 9-932A
liànxíng 練形 9-932B
liànxíng 鍊行 11-1348A
liànxíng 鍊形 11-1348A
liànxìng 煉性 7-188A
liànxìng 鍊性 11-1348A
liànxíngní 練行尼 9-932A
liànxíngshù 練形術 9-932B
liánxīnqìjiù 憐新棄舊
7-742A
liánxīnyànjiù 憐新厭舊
7-742A
liánxiōng 連胸 10-861B
liànxíqǔ 練習曲 9-934A
liànxíshēng 練習生 9-934A
liánxiǔ 連宿 10-865A
liǎnxiù 斂袖 5-523A
liánxù 連序 10-855A
liánxù 連緒 10-869A
liánxù 連續 10-876A
liánxù 憐卹 7-741A
liánxù 憐恤 7-741B
liánxù 聯續 8-707B
liánxuān 連軒 10-861B
liánxuǎn 廉選 3-1260A
liànxuān 戀軒 7-800B
liánxùbàodào 連續報道
10-876A
liánxuě 連雪 10-863B
liánxùguāngpǔ 連續光譜
10-876A
liánxùhuà 連續畫 10-876A
liánxùjù 連續劇 10-876A
liánxún 連旬 10-853B
liánxún 廉循 3-1259A
liánxùn 廉遜 3-1259B
liányán 連延 10-853A
liányán 連言 10-855A
liányán 連莚 10-858B
liányán 連檐 10-873A
liányán 連簷 10-875A
liányán 連巖 10-876A
liányán 聯延 8-703A
liányǎn 連衍 10-859B
liányàn 連雁 10-866A
liányàn 連鴈 10-870A
liànyán 煉鹽 7-188A
liànyán 鍊顏 11-1349A
liànyàn 瀲灩 6-214B
liànyàn 瀲灧 6-214B
liànyàn 瀲灔 6-214B
liànyàn 瀲灎 6-214B
liányǎng 憐養 7-742A
liànyǎng 煉養 7-188B
liǎnyào 斂曜 5-525A
liànyào 練要 9-933A
liànyào 鍊藥 11-1349A
liányě 連野 10-864A
liányè 連夜 10-856B
liányè 連葉 10-865B
liányè 連業 10-867B
liànyě 鍊冶 11-1348A
liànyè 鍊液 11-1348B
liányī 連衣 10-853B
liányī 連漪 10-869A
liányī 漣猗 6-7A
liányī 漣漪 6-7A
liányī 簾衣 8-1266A

liányì 連溢 10-868A
liányì 連繹 10-875B
liányì 連襼 10-876B
liányì 廉義 3-1259B
liǎnyī 斂一 5-520A
liǎnyī 斂衣 5-520B
liǎnyì 斂抑 5-521A
liǎnyì 斂瘞 5-524A
liǎnyì 斂翼 5-524B
liànyī 練衣 9-932A
liànyì 鍊意 11-1348B
liányībù'èr 連一不二 10-849B
liányījiē'èr 連一接二 10-849B
liányīlián'èr 連一連二 10-849B
liányīn 連姻 10-860A
liányīn 連茵 10-858B
liányīn 連音 10-859B
liányīn 連陰 10-862B
liányīn 連媚 10-867A
liányīn 聯姻 8-704A
liányín 連淫 10-864B
liányín 聯吟 8-703B
liányǐn 連尹 10-852A
liányǐn 連引 10-852A
liányìn 廉印 3-1256A
liányíng 連楹 10-867B
liányíng 連營 10-872A
liányíng 聯營 8-706B
liǎnyǐng 斂影 5-524A
liǎnyìng 臉硬 6-1387A
liànyíng 練營 9-934B
liànyǐng 練影 9-934B
liǎnyǐngtáoxíng 斂影逃形 5-524A
liányīntiān 連陰天 10-862B
liányīnyǔ 連陰雨 10-862B
liányīqún 連衣裙 10-853B
liányǒng 廉勇 3-1257B
liányǒng 磏勇 7-1093B
liányòng 連用 10-852B
liànyǒng 練勇 9-933A
liányòu 憐宥 7-741B
liànyóu 煉油 7-188A
liányú 連魚 10-864B
liányú 連輿 10-873A
liányú 廉隅 3-1258B
liǎnyú 斂盂 5-521A
liányǔ 連宇 10-854A
liányǔ 連語 10-869A
liányǔ 蓮宇 9-499B
liányǔ 謰語 11-372B
liányù 連雨 10-856A
liányù 廉譽 3-1261A
liányù 憐遇 7-741B
liànyú 練舁 9-933A
liànyù 煉獄 7-188B
liányuán 連元 10-850B
liányuán 連緣 10-871A
liǎnyuàn 斂怨 5-521B
liǎnyuànqiúmèi 斂怨求媚 5-521B
liányuǎntánggāo 廉遠堂高 3-1259A
liányúbìngxí 連輿並席 10-873A
liányuē 連約 10-860A
liányuē 廉約 3-1257B
liányuè 連月 10-851B
liányuè 連嶽 10-873A
liányuè 廉樂 3-1260A
liányuè 蓮岳 9-500A
liányuè 蓮嶽 9-501A
liǎnyuē 斂約 5-522B
liànyuè 練閱 9-934B
liányújiēxí 連輿接席 10-873A
liányún 連雲 10-866A
liányùn 連韻 10-875A
liányùn 聯運 8-705A
liányùn 聯韻 8-707A
liányúntī 連雲梯 10-866A
liányúnzhàn 連雲棧 10-866A
liánzǎi 連載 10-867A
liánzài 連載 10-867A
liǎnzàng 斂藏 5-524B
liǎnzàng 斂葬 5-523A
liánzǎo 連藻 10-875A
liànzào 戀皂 7-800A
liànzé 練擇 9-934B
liánzèng 匳贈 1-982B
liànzēng 練繒 9-935A
liánzhà 連柵 10-858B
liánzhái 連宅 10-854A
liánzhájī 連軋機 10-856A
liánzhǎn 連展 10-862A
liànzhàn 戀棧 7-800B
liànzhàn 戀戰 7-801A
liánzhāng 連章 10-864B
liánzhǎng 連長 10-855B
liánzhǎng 蓮掌 9-500B
liánzhàng 連鄣 10-868A
liánzhàng 連障 10-868A
liánzhàng 連嶂 10-869A
liánzhānglěidú 連章累牘 10-864B
liánzhànjiējié 連戰皆捷 10-871B
liánzhāo 連朝 10-865B
liánzhǎo 蓮沼 9-500B
liánzhé 廉折 3-1256A
liánzhēn 連真 10-861A
liánzhēn 廉貞 3-1257A
liánzhěn 連畛 10-861B
liánzhěn 連軫 10-865B
liánzhěn 連輴 10-866A
liánzhèn 連陣 10-860A
liánzhèn 廉鎮 3-1260B
liànzhēn 練真 9-933B
liànzhēn 鍊真 11-1348B
liànzhěn 戀枕 7-800A
liánzhěng 憐拯 7-741A
liánzhèng 廉正 3-1255B
liánzhèng 廉政 3-1257A
liánzhèng 簾政 8-1266B
liánzhī 連枝 10-855B
liánzhí 連職 10-873B
liánzhí 廉直 3-1256B
liánzhí 聯職 8-706B
liánzhǐ 連紙 10-862B
liánzhì 連治 10-857A
liánzhì 連滯 10-869A
liánzhì 連質 10-870B
liánzhì 廉制 3-1257A
liánzhì 廉質 3-1260A
liǎnzhì 斂制 5-521B
liànzhǐ 煉指 7-188A
liànzhǐ 鍊指 11-1348A
liànzhì 煉質 7-188B
liànzhì 戀滯 7-801A
liánzhībìngtóu 連枝並頭 10-856A
liánzhībǐyì 連枝比翼 10-855B
liánzhīcǎo 連枝草 10-856A
liánzhīdàiyè 連枝帶葉 10-856A
liánzhīfēnyè 連枝分葉 10-855B
liánzhīgòngzhǒng 連枝共塚 10-855B
liánzhīhuā 連枝花 10-856A
liánzhīlěidú 連帙累牘 10-856B
liánzhīshù 連枝樹 10-856A
liánzhītóngqì 連枝同氣 10-856A
liánzhōng 連中 10-851A
liánzhōng 廉忠 3-1256B
liánzhǒng 連踵 10-871A
liánzhòng 連中 10-851A
liánzhòng 連種 10-869A
liǎnzhòng 斂衆 5-523B
liánzhòngsānyuán 連中三元 10-851A
liánzhōu 連州 10-853B
liánzhōu 連洲 10-859B
liánzhōu 蓮舟 9-499B
liánzhóu 連軸 10-865B
liánzhòu 連晝 10-865A
liánzhōubǐxiàn 連州比縣 10-853B
liánzhōukuàjùn 連州跨郡 10-853B
liánzhóuzhuàn 連軸轉 10-865B
liánzhū 連株 10-861A
liánzhū 連珠 10-860A
liánzhū 連誅 10-868A
liánzhū 聯珠 8-704B
liánzhú 連舳 10-864A
liánzhú 蓮燭 9-501B
liánzhǔ 連屬 10-876A
liánzhǔ 聯屬 8-707B
liánzhù 連注 10-857A
liànzhū 練朱 9-932A
liànzhǔ 練主 9-932A
liànzhǔ 戀主 7-800A
liánzhuàng 連狀 10-857B
liánzhuānghuì 連莊會 10-861A
liànzhūgān 戀豬肝 7-800B
liànzhūgān 戀豬肝 7-801A
liánzhūhébì 連珠合璧 10-860B
liánzhuì 連綴 10-869B
liánzhuì 聯綴 8-706A
liánzhūjiàn 連珠箭 10-860B
liánzhūnǔ 連珠弩 10-860B
liánzhuó 連著 10-863B
liánzhuó 廉卓 3-1256B
liànzhuó 戀著 7-800B
liànzhuó 戀着 7-800B
liánzhūpào 連珠炮 10-860B
liánzhūpào 連珠砲 10-860B
liánzhūpào 連珠礮 10-860B
liánzhūqiāng 連珠槍 10-860B
liánzhūyíng 連珠營 10-860B
liánzhūzhài 連珠寨 10-860B
liánzhūzhàng 連珠帳 10-860B
liánzhūzhuàn 連珠轉 10-860B
liánzhùzǐ 連住子 10-855A
liánzi 鏈子 12-1252B
liánzī 奩資 2-1559A
liánzǐ 蓮子 9-499A
liánzì 聯字 8-703B
liǎnzi 臉子 6-1385B
liǎnzī 斂貲 5-523B
liǎnzǐ 僆子 1-1597A
liànzi 鏈子 11-1365B
liànzǐ 練紫 9-934A
liànzì 煉字 7-188A
liànzì 練字 9-932B
liànzì 鍊字 11-1348A
liánzǐhuā 蓮子花 9-499A
liánzǐnǔ 連子弩 10-850B
liànzǐzuǐ 練子嘴 9-931B
liánzōng 連艐 10-869A
liánzōng 連宗 10-857A
liánzōng 連蹤 10-874A
liánzōng 聯宗 8-704A
liánzǒng 連總 10-873B
liánzòng 連從 10-864A
liǎnzòng 斂蹤 5-525A
liǎnzú 斂足 5-521A
liànzú 練卒 9-933A
liánzuì 連最 10-866A
liánzuì 連罪 10-867B
liǎnzuǐ 臉嘴 6-1387A
liánzuó 連筰 10-864A
liánzuò 連作 10-855A
liánzuò 連坐 10-855A
liánzuò 蓮座 9-500B
liǎo'àn 了岸 1-724A
liáo'àng 鐐盎 11-1391A
liáobǎn 遼板 10-1181B
liǎobàn 了辦 1-726B
liáobèiyīgé 聊備一格 8-661B
liáoběng 鐐琫 11-1391A
liáobì 撩碧 6-861B

liǎobì 了畢 1-724A
liáobiān 遼邊 10-1185B
liǎobiàn 了辯 1-726B
liǎobié 了別 1-723B
liáobìng 療病 8-356B
liàobīng 料兵 7-332B
liáobō 撩撥 6-861B
liǎobù 了不 1-722B
liǎobùchéng 了不成 1-722B
liǎobude 了不得 1-722B
liaǒbude 了不的 1-722B
liǎobuqǐ 了不起 1-722B
liáocǎi 僚采 1-1663B
liáocǎi 僚寀 1-1664A
liáocǎi 寮采 3-1622B
liáocǎi 寮寀 3-1622B
liàocāi 料猜 7-334A
liáocáo 嘹嘈 3-506B
liáocáo 膠曹 10-291B
liǎocǎo 潦草 6-128B
liàocáo 料槽 7-334B
liàocǎo 料草 7-333A
liǎocǎo'er 燎草兒 7-255B
liǎochá 了察 1-726A
liàochái 燎祡 7-256A
liǎochǎng 了場 1-725A
liáocháo 寥窲 3-1611B
liáocháo 尞巢 3-865A
liáocháo 遼巢 10-1183B
liàochāo 料鈔 7-334A
liáochè 敹徹 5-506B
liáochè 燎徹 7-256A
liǎochè 了徹 1-726B
liáochéng 遼城 10-1182B
liáochéng 療程 8-357A
liáochénghè 遼城鶴 10-1182B
liáochénghèhuà 遼城鶴化 10-1182B
liáochéngjiàn 聊城箭 8-661B
liàochí 料持 7-333A
liǎochóng 蓼蟲 9-544A
liáochóu 療愁 8-357A
liáochǒu 遼醜 10-1185A
liǎochù 了處 1-724B
liáochuān 遼川 10-1181A
liáochuāngwānròu 療瘡剜肉 8-357A
liàochuòkǒu 料綽口 7-334B
liàocì 料次 7-332A
liáocóng 僚從 1-1664A
liǎodá 了達 1-725A
liàodài 料袋 7-334A
liáodǎng 僚黨 1-1664B
liáodǎng 遼黨 10-1185B
liǎodàng 了當 1-725B
liàodànzi 撂擔子 6-834B
liāodào 蹽道 10-551B
liǎodǎo 潦倒 6-128B
liǎodào 了道 1-725B
liàodào 料道 7-334B
liǎodǎobāngzi 潦倒梆子 6-129A
liǎode 了得 1-724B
liǎode 了的 1-724A
liàodé 料得 7-334A
liàodí 料敵 7-334B
liàodì 撂地 6-834A
liáodiān 遼滇 10-1184A
liáodiào 撩掉 6-860B
liáodiào 繚掉 9-1017A
liáodiào 鐐銚 11-1391B
liǎodiǎo 了鳥 1-725A
liǎodiǎo 了㇏ 1-722A
liǎodiào 了吊 1-723A
liǎodiào 了佻 1-724A
liàodiào 撩吊 6-860A
liàodiào 釕銱 11-1204A
liáodīng 撩丁 6-860A
liáodīng 遼亅 10-1181A
liàodìng 料定 7-332B
liàodítǎ 料敵塔 7-335A
liàodízhìshèng 料敵制勝 7-335A
liáodōng 遼東 10-1181B
liáodōngbáihè 遼東白鶴 10-1181B
liáodōngbáihè 遼東白鸖 10-1182A
liáodōngbáishǐ 遼東白豕 10-1181B
liáodōngbàndǎo 遼東半島 10-1182A
liáodōngdīng 遼東丁 10-1181B
liáodōngguīhè 遼東歸鶴 10-1182A
liáodōnghè 遼東隺 10-1182A
liáodōnghè 遼東鶴 10-1182A
liáodōnghuábiǎo 遼東華表 10-1182A
liáodōngmào 遼東帽 10-1182A
liáodōngshǐ 遼東豕 10-1182A
liáodōngwān 遼東灣 10-1182A
liàodōngzāxī 撩東劄西 6-860B
liáodòu 撩逗 6-860B
liáodòu 撩鬪 6-861B
liàodǒu 料斗 7-332A
liàodǒu 料鬬 7-335B
liàodòu 料豆 7-332A
liàodòu 料鬪 7-335B
liáodú 撩毒 6-860B
liàodù 料度 7-333A
liàoduó 料度 7-333A
liáo'er 膫兒 6-1379B
liáo'ěr 聊爾 8-662A
liǎo'er 了兒 1-724A
liào'er 料兒 7-332B
liáo'ěr'ěr 聊爾爾 8-662A
liáofǎ 療法 8-356B
liǎofǎ 了法 1-724A
liàofán 燎燔 7-256B
liáofáng 寮房 3-1622B
liáofēng 撩風 6-860B
liǎofēng 蓼風 9-544A
liàofēng 瞭風 7-1253B
liáofēngchīshì 撩蜂喫螫 6-861A
liáofēngtīxiē 撩蜂剔蝎 6-861A
liáofú 撩拂 6-860B
liàofù 料覆 7-335A
liáofù'ěr 聊復爾 8-661B
liáofù'ěr'ěr 聊復爾耳 8-661B
liáofù'ěr'ěr 聊復爾爾 8-662A
liǎogàn 了幹 1-725B
liàogāo 料高 7-333B
liàogāo 瞭高 7-1254A
liàogào 燎告 7-255B
liáogē 遼歌 10-1184B
liáogē 鷯哥 12-1160B
liáogé 遼隔 10-1184A
liǎogē 了哥 1-724A
liǎogē 了歌 1-726A
liàogē 料哥 7-333A
liáogōu 撩鉤 6-861A
liáogōu 撩鉤 6-861A
liáogǔ 撩罟 6-860B
liáogù 僚故 1-1664A
liàogū 料估 7-332B
liàogǔ 料穀 7-334B
liáoguì 趫趹 9-1153B
liǎoguī 了歸 1-726B
liǎoguǐ 潦鬼 6-128B
liàoguǐ 料鬼 7-333A
liàoguòshǒu 撂過手 6-834B
liáohǎi 遼海 10-1183A
liáohǎigùjiā 遼海故家 10-1183A
liáohǎihè 遼海鶴 10-1183A
liáohàn 寥漢 3-1611A
liáohé 遼河 10-1182B
liáohè 遼鶴 10-1185B
liǎohōng 燎烘 7-256A
liáohǔ 撩虎 6-860B
liáohù 療護 8-357A
liǎohú 撩湖 6-861A
liàohú 料壺 7-334A
liáohuán 鐐鐶 11-1391B
liáohuǎn 遼緩 10-1185A
liáohuàn 遼患 10-1183A
liáohuāng 遼荒 10-1182B
liǎohuāng 燎荒 7-255B
liàohuāng 撩荒 6-860B
liáohuātáng 遼花糖 10-1181B
liáohuì 遼濊 10-1185A
liǎohuī 燎煇 7-256A
liǎohuì 了慧 1-726B
liáohuō 寥豁 3-1611B
liáohuǒ 燎火 7-255B
liǎohuǒ 燎火 7-255B
liàohuò 料貨 7-334A
liāohuǒjiāyóu 撩火加油 6-860A
liáohǔtóu 料虎頭 7-332B
liáohǔxū 撩虎鬚 6-860B
liáohǔxū 料虎鬚 7-332B
liáojī 樂飢 4-1291A
liáojī 樂饑 4-1297A
liáojī 僚機 1-1664B
liáojī 療飢 8-356B
liáojī 療饑 8-357A
liáojí 療疾 8-356B
liáojì 寥寂 3-1610B
liáojì 遼薊 10-1185A
liáojì 繚祭 9-1017A
liáojì 漻寂 6-196B
liàojí 料及 7-332A
liàojǐ 撩戟 6-861A
liàojì 燎祭 7-256A
liàojì 料計 7-333A
liàojì 寮祭 7-196A
liáojiǎ 敹甲 5-506A
liàojiǎn 料柬 7-333A
liàojiǎn 料揀 7-334A
liàojiǎn 料檢 7-335A
liàojiǎn 料簡 7-335B
liàojiàn 瞭見 7-1253B
liáojiāng 遼江 10-1181B
liáojiāng 燎漿 7-256A
liáojiāngpào 潦漿泡 6-129A
liáojiāngpào 燎漿泡 7-256A
liàojiangpào 料漿泡 7-335A
liáojiāo 尞嶕 3-865A
liàojiāo 撂跤 6-834B
liàojiǎo 撩脚 6-860B
liàojiào 料校 7-333A
liáojīcǎo 療飢草 8-356B
liáojié 遼碣 10-1184B
liáojiè 僚介 1-1663B
liǎojié 了結 1-725B
liǎojiě 憭解 7-735A
liǎojiě 了解 1-726A
liǎojiě 瞭解 7-1254B
liáojié 蟉結 8-960A
liáojīn 鐐金 11-1391A
liǎojìn 了盡 1-726B
liáojǐng 遼警 10-1185B
liǎojìng 了竟 1-725A
liǎojìng 了境 1-726A
liàojǐng 廖井 3-1270A
liáojiǒng 寥迥 3-1609B
liáojiǒng 遼迥 10-1182B
liáojiǒng 遼逈 10-1182B
liáojiū 聊啾 8-661B
liáojiū 寥糾 3-1610A
liáojiū 繚糾 9-1017A
liáojiù 僚舊 1-1664B
liáojiù 療救 8-356B
liàojiǔ 料酒 7-333B
liáojù 燎炬 7-255B
liǎojú 了局 1-723B
liáojué 遼絕 10-1184A
liǎojué 了絕 1-725B
liàojuězi 撩蹶子 6-861B
liàojuězi 撂蹶子 6-834B
liáojùn 僚俊 1-1664A
liàokai 撩開 6-861A

liàokāishǒu 撂開手 6-834B
liàokaishǒu 撩開手 6-861A
liáokào 鐐銬 11-1391A
liáokào 鐐靠 11-1391B
liáokào 鐐鐰 11-1391B
liáokào 鐐銬 11-1391A
liáokě 療渴 8-357A
liáokōng 遼空 10-1182B
liáokǒu 遼口 10-1181A
liàokǒu 料口 7-332A
liáokuáng 療狂 8-356B
liáokuàng 寥曠 3-1612A
liáokuàng 遼曠 10-1185B
liáokuò 寥廓 3-1610B
liáokuò 寥闊 3-1612A
liáokuò 嵺廓 3-863B
liáokuò 廖廓 3-1270B
liáokuò 寮廓 3-1623A
liáokuò 嶚闊 3-865B
liáokuò 遼廓 10-1184A
liáokuò 遼擴 10-1185A
liáokuò 遼濶 10-1185A
liáokuò 遼闊 10-1185A
liáokuò 廫廓 3-1287A
liáokuò 嵺廓 3-873A
liáolà 嶚剌 3-865A
liáolài 聊賴 8-662A
liáolài 僇賴 1-1658B
liàolái 料來 7-332B
liǎolán 蓼藍 9-544A
liáoláng 寥狼 3-1610A
liáolǎng 寥朗 3-1610A
liáolǎng 嘹朗 3-506B
liáolǎng 遼朗 10-1183A
liáolàng 聊浪 8-661B
liáolàng 遼閬 10-1185A
liǎolǎng 燎朗 7-256A
liáolèi 僚類 1-1664B
liáolǐ 撩理 6-860B
liáolǐ 療理 8-356B
liáolì 僚吏 1-1663B
liáolì 僚隸 1-1664B
liáolì 寥戾 3-1610A
liáolì 寥唳 3-1610B
liáolì 憀戾 7-713B
liáolì 憀慄 7-713B
liáolì 漻淚 6-114A
liáolì 嘹唳 3-506B
liáolì 嘹嚦 3-507A
liáolì 寮吏 3-1622B
liáolì 憭栗 7-735A
liáolì 憭慄 7-735A
liáolì 繚戾 9-1016B
liáolì 繚悷 9-1017A
liáolì 飉戾 12-652A
liáolì 飉厲 12-652A
liáolì 飂淚 12-650B
liáolì 飂戾 12-650A
liáolì 滲慄 6-196B
liǎolǐ 了理 1-724B
liǎolì 了利 1-723B
liǎolì 了戾 1-724A
liàolǐ 料理 7-333B
liàolì 料力 7-332A
liàolì 料吏 7-332A
liàolì 料戾 7-333A
liáolián 鐐鐮 11-1391B
liáoliàng 聊亮 8-661B
liáoliàng 寥亮 3-1610A
liáoliàng 廖亮 3-1270B
liáoliàng 憀悢 7-713B
liáoliàng 憀亮 7-713B
liáoliàng 嘹亮 3-506B
liáoliàng 嘹喨 3-506B
liáoliàng 寮亮 3-1622B
liáoliàng 遼亮 10-1182B
liáoliàng 嚠喨 3-468B
liǎoliàng 燎亮 7-255B
liǎoliàng 瞭亮 7-1253B
liàoliáng 料量 7-334A
liáoliáo 勞勞 2-811A
liáoliáo 寥寥 3-1611A
liáoliáo 嵺嵺 3-863B
liáoliáo 憀憀 7-713B
liáoliáo 漻漻 6-114B
liáoliáo 嘹嘹 3-506B
liáoliáo 遼遼 10-1184B
liáoliáo 繚繚 9-1017B
liáoliáo 飉飉 12-652A
liáoliáo 飂飂 12-650B
liǎoliǎo 燎燎 7-256A
liǎoliǎo 了了 1-722A
liǎoliǎo 醪醪 12-392A
liǎoliào 了佻 1-723B
liàoliàotiǎotiǎo 料料窕窕 7-333B
liáoliáotíng 勞勞亭 2-811B
liáoliáowújǐ 寥寥無幾 3-1611B
liáoliè 潦洌 6-128B
liáoliè 僚列 1-1663B
liáoliè 寮列 3-1622B
liáoliè 獠獵 5-108A
liǎoliè 了劣 1-723B
liàoliè 燎獵 7-256B
liáolíng 撩零 6-861A
liáolíng 繚綾 9-1017A
liàolǐpù 料理鋪 7-333B
liáolǒng 遼隴 10-1185B
liàolóu 瞭樓 7-1254A
liǎolú 燎爐 7-256B
liǎolú 燎鑪 7-256B
liǎolù 撩漉 6-861B
liàolú 燎爐 7-256B
liáoluàn 嘹亂 3-506B
liáoluàn 撩亂 6-861A
liáoluàn 遼亂 10-1184A
liáoluàn 繚亂 9-1017A
liáoluò 聊落 8-661B
liáoluò 寥落 3-1610B
liáoluò 廖落 3-1270B
liáoluò 遼落 10-1183B
liǎoluò 了落 1-725A
liáolǚ 僚侶 1-1663B
liáolǜ 聊慮 8-662A
liáomàn 遼曼 10-1183A
liáomàn 遼蔓 10-1184B
liǎomào 瞭眊 7-1253B
liǎoméi 燎眉 7-255B
liáoménzhīhè 遼門之鶴 10-1182B
liáomiǎn 遼緬 10-1185A
liáomiàn 獠面 5-108A
liàomiàn 料麵 7-335B
liáomiǎo 寥邈 3-1611B
liáomiǎo 遼邈 10-1185A
liǎomiào 嫽妙 4-408B
liáomín 寮民 3-1622B
liàomín 料民 7-332A
liáomò 寥寞 3-1611A
liáomò 寥漠 3-1611A
liáomù 僚幕 1-1664A
liàomù 料莫 7-333A
liǎonà 了納 1-724B
liǎoniǎo 了蔦 1-726A
liáoníngdàgǔ 遼寧大鼓 10-1184B
liáoniǔ 鐐杻 11-1391A
liáoniǔ 鐐鈕 11-1391A
liáonòng 撩弄 6-860A
liáonǚ 獠女 5-107B
liáopào 潦泡 6-128B
liáopào 燎泡 7-255B
liáopào 燎皰 7-256A
liáopèi 遼浿 10-1183A
liǎopèi 釕鐴 11-1204A
liáopéng 僚朋 1-1664A
liáopéng 寮棚 3-1623A
liáopì 遼僻 10-1184B
liáopín 療貧 8-357A
liáopǐn 僚品 1-1664A
liáopú 僚僕 1-1664A
liǎoqī 了期 1-725A
liàoqì 料氣 7-333B
liàoqì 料器 7-335A
liáoqián 遼錢 10-1185A
liǎoqiǎn 撩淺 6-861A
liàoqián 料錢 7-335A
liáoqiáng 繚牆 9-1017A
liáoqiáo 寥翹 3-1612A
liáoqiào 嶚峭 3-865A
liǎoqiào 嫽俏 4-408B
liàoqiào 撩峭 6-860B
liàoqiào 料峭 7-333A
liáoqiě 聊且 8-661B
liǎoqīng 撩清 6-860B
liǎoqīng 了清 1-725A
liáoqióng 療窮 8-357A
liàoqiú 料毬 7-334A
liáoqū 繚曲 9-1016B
liáoqù 寥闃 3-1611B
liáoqù 寥闃 3-1612A
liáoqū 嵺屈 8-960A
liàoqǔ 料取 7-332B
liǎoquè 了却 1-723A
liǎoquè 了卻 1-724A
liáorán 寥然 3-1610B
liáorán 憀然 7-713B
liǎorán 了然 1-725B
liǎorán 瞭然 7-1254B
liàorán 料然 7-334B
liáorǎng 遼壤 10-1185B
liǎoràng 了讓 1-726B
liáoráo 遼遶 10-1184B
liáorǎo 繚繞 9-1017A
liáorào 撩繞 6-861B
liáorào 遼繞 10-1185B
liáorào 繆繞 9-1014A
liáorǎo 蓼擾 9-544A
liáorě 撩惹 6-861A
liáorén 寮人 3-1622A
liáorén 撩人 6-860A
liáorèn 遼衽 10-1183A
liàorén 料人 7-331B
liǎorì 了日 1-722B
liáoróu 蟉糅 8-960A
liáorú 遼濡 10-1185A
liǎorú 瞭如 7-1253B
liǎorúguānhuǒ 燎如觀火 7-255B
liǎorúguānhuǒ 瞭如觀火 7-1253B
liáoruòchénxīng 寥若晨星 3-1609B
liǎoruòguānhuǒ 燎若觀火 7-255B
liǎoruòzhǐzhǎng 了若指掌 1-723B
liǎoruòzhǐzhǎng 瞭若指掌 7-1253B
liǎorúzhǐzhǎng 了如指掌 1-723A
liǎorúzhǐzhǎng 瞭如指掌 7-1253B
liáosài 遼塞 10-1184B
liáoshā 獠殺 5-108A
liáoshàidúkūn 聊曬犢褌 8-662A
liáoshāo 寥梢 3-1610A
liáoshāo 寥稍 3-1610B
liàoshào 瞭哨 7-1254A
liáoshè 寮舍 3-1622B
liáoshè 撩舍 6-860B
liáoshēn 遼參 10-1183B
liáoshēn 遼薓 10-1185A
liáoshěn 遼瀋 10-1185B
liǎoshēndámìng 了身達命 1-723B
liáoshēng 聊生 8-661B
liáoshēng 遼生 10-1181A
liáoshèngyīchóu 聊勝一籌 8-662A
liáoshèngyúwú 聊勝於無 8-662A
liǎoshēntuōmìng 了身脱命 1-723B
liáoshǐ 遼豕 10-1181B
liáoshì 僚侍 1-1663B
liáoshì 遼事 10-1182B
liáoshì 遼室 10-1183A
liáoshì 遼視 10-1183B
liáoshì 療視 8-357A
liǎoshì 了事 1-723B
liàoshí 料石 7-332A
liàoshí 料食 7-333A
liàoshí 料實 7-334B

liàoshì 料世 7-332A
liàoshì 料事 7-332B
liàoshì 料視 7-334A
liáoshǐbái 遼豕白 10-1181B
liáoshǐbáitóu 遼豕白頭 10-1181B
liǎoshìchī 了事癡 1-723B
liǎoshìhuán 了事環 1-723B
liàoshìrúshén 料事如神 7-332B
liǎoshōu 了收 1-723A
liǎoshǒu 了手 1-723A
liǎoshǒu 了首 1-724A
liáoshǔ 僚屬 1-1664B
liáoshǔ 寮屬 3-1623A
liáoshù 僚庶 1-1664A
liáoshù 寮庶 3-1622B
liàoshū 廖叔 3-1270B
liàoshù 料數 7-334B
liáoshuǐ 撩水 6-860A
liáosī 寮司 3-1622B
liǎosì 了似 1-723A
liàosī 料絲 7-334B
liàosīdēng 料絲燈 7-334B
liàosīdēng 料絲鐙 7-334B
liáosú 遼俗 10-1182B
liàosuàn 料算 7-334B
liáosuì 寥邃 3-1612A
liáosuì 遼隧 10-1184B
liáosǔn 簝筍 8-1236A
liáosuǒ 寥索 3-1610A
liáosuǒ 遼索 10-1183A
liáosuǒ 鐐鎖 11-1391B
liáotān 療貪 8-357A
liàotán 燎壇 7-256A
liāotiān 撩天 6-860A
liáotiān 聊天 8-661A
liáotiān 寥天 3-1609B
liáotiān 遼天 10-1181A
liàotián 料田 7-332A
liáotiānhé 遼天翮 10-1181A
liáotiānhè 遼天鶴 10-1181A
liáotiānhuábiǎo 遼天華表 10-1181A
liáotiānlǎohè 遼天老鶴 10-1181A
liáotiào 繚眺 9-1017A
liǎotiǎo 了䠷 1-726A
liàotiāozi 撂挑子 6-834A
liàotǒng 料桶 7-333B
liáotú 獠徒 5-108A
liāotuǐ 蹽腿 10-551B
liǎotuō 了脫 1-725A
liàowàiqián 料外錢 7-332A
liǎowán 了完 1-723B
liàowàng 瞭望 7-1254A
liàowàngjūn 瞭望軍 7-1254A
liàowàngshào 瞭望哨 7-1254A
liàowàngtái 瞭望臺 7-1254A
liáowèi 寮位 3-1622B
liǎowèi 了味 1-724A
liǎowú 了無 1-725B
liǎowù 燎寤 7-256A
liǎowù 了悟 1-724B
liàowù 料物 7-332B
liǎowūchuán 了鳥船 1-724B
liáoxī 遼西 10-1181A
liáoxī 遼豨 10-1184B
liáoxí 遼霫 10-1185B
liáoxí 鐐銑 11-1391B
liǎoxǐ 撩洗 6-860B
liàoxiàliǎn 撂下臉 6-834A
liáoxián 僚賢 1-1664A
liáoxiǎn 遼險 10-1185A
liáoxiāng 膋薌 6-1367A
liáoxiǎng 遼餉 10-1184B
liàoxiǎng 料想 7-334B
liáoxiāo 聊蕭 8-662A
liáoxiāo 寥寥 3-1610B
liáoxiāo 寥蕭 3-1611B
liáoxiāo 寥猶 3-1610A
liáoxiāo 膋蕭 6-1367B
liáoxiào 廖琫 3-1270B
liáoxiào 療效 8-356B
liáoxiè 漻澥 6-114B
liǎoxiē 了歇 1-726A
liáoxiòng 寥敻 3-1611A
liáoxiòng 遼敻 10-1184B
liǎoxiū 了休 1-723A
liáoxīzǒuláng 遼西走廊 10-1181B
liáoxù 僚壻 1-1664A
liáoxù 僚婿 1-1664A
liàoxuǎn 料選 7-335A
liáoxuè 寥泬 3-1610A
liáoxuè 漻泬 6-114A
liáoxuè 膋血 6-1367A
liáoxuè 潦泬 6-196A
liàoxūn 燎薰 7-256B
liāoyá 撩牙 6-860A
liáoyá 撩牙 6-860A
liáoyá 獠牙 5-107B
liáoyán 寮檐 3-1623A
liǎoyān 燎煙 7-256A
liàoyān 燎煙 7-256A
liáoyáng 轑陽 9-1331B
liáoyáng 遼陽 10-1183B
liáoyǎng 療養 8-357A
liáoyánghè 遼陽鶴 10-1183B
liáoyánghuábiǎo 遼陽華表 10-1183B
liáoyǎngsuǒ 療養所 8-357A
liáoyǎngyuàn 療養院 8-357A
liáoyáo 嶚嶢 3-865A
liáoyáo 遼遙 10-1184A
liáoyǎo 遼窅 10-1183A
liàoyào 鷚鷂 12-1424B
liáoyē 遼掖 10-1183A
liǎoyě 燎野 7-256A
liǎoyě 了也 1-722B
liāoyī 撩衣 6-860A
liǎoyì 了義 1-726A
liáoyǐjiěcháo 聊以解嘲 8-661A
liǎoyǐn 了飲 1-725B
liàoyīn 燎禋 7-256A
liáoyíng 繚縈 9-1017A
liàoyìng 料應 7-335A
liáoyǐsèzé 聊以塞責 8-661A
liáoyǐzìwèi 聊以自慰 8-661A
liáoyǐzìyú 聊以自娛 8-661A
liáoyǐzúsuì 聊以卒歲 8-661A
liáoyōu 療憂 8-357A
liáoyǒu 僚友 1-1663B
liáoyǒu 寮友 3-1622A
liáoyòu 遼右 10-1181A
liáoyǔ 寥宇 3-1609B
liǎoyǔ 了語 1-726A
liàoyù 料玉 7-332A
liáoyuán 遼原 10-1183A
liáoyuán 繚垣 9-1017A
liáoyuǎn 寥遠 3-1610B
liáoyuǎn 遼遠 10-1184A
liáoyuàn 寮掾 3-1623A
liǎoyuán 燎原 7-255B
liǎoyuàn 了願 1-726B
liáoyuè 遼越 10-1183B
liáoyúnbōyǔ 撩雲撥雨 6-861A
liáozǎi 寮宰 3-1622B
liáozào 鐐竈 11-1391B
liǎozào 燎竈 7-256B
liáozé 遼澤 10-1185A
liàozé 料擇 7-335A
liáozhāi 撩摘 6-861B
liǎozhài 了債 1-726A
liǎozhàng 了帳 1-724B
liǎozhàng 了賬 1-726B
liàozhàng 料帳 7-334A
liàozhào 燎照 7-256A
liáozhě 獠者 5-107B
liáozhěn 繚紾 9-1013A
liàozhěng 料整 7-335A
liáozhí 僚職 1-1664B
liáozhì 僚志 1-1663B
liáozhì 療治 8-356B
liáozhì 鐐質 11-1391B
liǎozhī 了知 1-724A
liǎozhì 燎炙 7-255B
liàozhī 料知 7-332B
liáozhōu 遼州 10-1181B
liǎozhòu 釕鈚 11-1204A
liáozhú 燎燭 7-256B
liǎozhú 燎竹 7-255B
liàozhū 料珠 7-333A
liáozhuǎn 繚轉 9-1017A
liáozhuì 遼隊 10-1183B
liáozhuó 遼卓 10-1182B
liáozi 寮子 3-1622B
liáozǐ 鐐子 11-1391A
liàozi 料子 7-332A
liàozifú 料子服 7-332A
liáozú 遼族 10-1183A
liáozǔ 遼阻 10-1181B
liáozǔ 遼祖 10-1183A
liǎozú 了足 1-723A
liáozuǐ 料嘴 7-335A
liáozuǒ 僚佐 1-1663B
liáozuǒ 寮佐 3-1622B
liáozuǒ 遼左 10-1181A
líbā 籬笆 8-1285A
líbǎ 離把 11-885B
lìba 力巴 2-762B
lìba 力把 2-763A
lìbā 利巴 2-635B
lìbá 沴魃 5-1088A
lǐbābǎi 李八百 4-788B
lǐbài 禮拜 7-961A
lǐbàirì 禮拜日 7-961A
lǐbàisì 禮拜寺 7-961A
lǐbàitáng 禮拜堂 7-961A
lǐbàitiān 禮拜天 7-961A
líbǎn 梨板 4-1041B
lìbān 立班 8-376A
lìbǎn 歷阪 5-363A
líbàng 離謗 11-896B
líbāngjiànjiàn…
籬揳楗,楗揳籬 8-1285B
líbào 離抱 11-886B
lǐbǎo 里保 10-369B
lìbǎo 麗寶 12-1300A
lìbào 立報 8-377A
lìbào 栗暴 4-966A
lìbào 栗爆 4-966A
líbēi 離杯 11-887A
líbēi 離盃 11-888B
líbèi 離背 11-888B
líbèi 離被 11-890A
lǐbēi 鯉韠 12-1235B
lǐbēi 醴杯 9-1445B
lìbèi 戾悖 7-348A
lìbèi 糲糒 9-242B
lìbèigōngbàn 力倍功半 2-764B
líběn 離本 11-884A
lǐběn 理本 4-569B
lìběn 力本 2-762B
lìběn 立本 8-373A
lìběn 歷本 5-362B
lǐbēngyuèhuài 禮崩樂壞 7-962B
líběnqūmò 離本趣末 11-884A
lìběnxiū 立本羞 8-373A
líběnyāomò 離本徼末 11-884A
líběnyīmò 離本依末 11-884A
líbǐ 蠡比 10-421A
líbì 犂壁 6-281A
líbì 藜芘 9-604A
líbì 蠡弊 10-422B
lǐbǐ 俚鄙 1-1384B
lǐbì 理比 4-569A
lǐbì 禮畢 7-961B
lǐbì 禮辟 7-964A
lǐbì 禮幣 7-964A
lìbì 離畢 11-890A
lìbì 立辟 8-378A
lìbì 吏畢 1-522A
lìbì 利弊 2-640A

lìbì 麗壁 12-1299B
lìbiàn 貍變 10-1338A
lǐbiān 裏邊 9-79B
lǐbiàn 理辨 4-577B
lìbiàn 力辨 2-765B
lìbiàn 立便 8-375B
lìbiàn 利便 2-637B
lìbiàn 歷變 5-367A
lìbiàn 隸變 12-178B
lǐbiǎo 裏表 9-78A
lìbiāo 立標 8-378B
lìbiǎo 立表 8-374B
lìbiǎoxiàlòu 立表下漏
8-374B
líbié 犂别 6-280B
líbié 貍别 10-1337B
líbié 離别 11-885B
lìbìjiānwù 籬壁間物
8-1285B
lǐbīn 禮賓 7-964B
lǐbìn 理鬢 4-578A
lǐbīng 罹兵 8-1044B
lǐbīng 理兵 4-570A
lǐbǐng 理柄 4-571B
lìbīng 吏兵 1-521B
lìbīng 利兵 2-636B
lìbīng 厲兵 1-938B
lìbīng 礪兵 7-1116B
lìbīng 麗兵 12-1296A
lìbǐng 利柄 2-637A
lìbìng 利病 2-638A
lìbīngmòmǎ 厲兵秣馬
1-938B
lìbīngmòmǎ 勵兵秣馬
2-823A
lìbīngsùmǎ 厲兵粟馬
1-938B
lǐbīnyuàn 禮賓院 7-964B
líbó 漓薄 6-31A
líbó 黎伯 12-1381B
líbó 醨薄 9-1437A
líbó 離薄 11-896A
lìbó 力薄 2-765B
líbǔ 釐補 10-422B
líbù 貍步 10-1337B
líbù 黎布 12-1380B
lǐbù 里布 10-368A
lǐbù 禮部 7-962A
lìbǔ 沴卜 5-1235A
lìbù 立部 8-376B
lìbù 吏部 1-522A
lìbùcóngxīn 力不從心
2-762A
líbùde 離不得 11-883B
lìbùjì 立部伎 8-376B
lìbùláng 吏部郎 1-522B
lìbùmián 吏部眠 1-522B
lìbùshèngrèn 力不勝任
2-762B
lǐbùxiàshùrén
禮不下庶人 7-958B
líbùxùwěi 嫠不恤緯 4-400B
lǐcái 理財 4-572B
lǐcǎi 理睬 4-575A
lìcái 吏才 1-521A
lìcái 吏材 1-521A
lìcái 櫟材 4-1357A
lìcái 儷裁 1-1740B
lìcǎi 麗采 12-1296B
lìcǎi 麗綵 12-1299A
lícān 藜飡 9-604B
lícān 離參 11-892A
lìcān 糲餐 9-242B
lícǎo 離草 11-888B
lìcāo 厲操 1-940B
lìcāo 勵操 2-823A
lìcáo 吏曹 1-522B
lìcǎo 立草 8-375B
lìcǎo 曆草 5-837A
lìcǎo 歷草 5-364A
lìcǎo 隸草 12-176B
lìcǎo 麗草 12-1297A
lìcáoqú 利漕渠 2-640A
lǐcáoyuàn 理曹掾 4-573A
lícè 蠡測 8-994A
lǐcè 理策 4-574A
lìcè 麗册 12-1295B
lícèguǎnkuī 蠡測管窺
8-994A
lícéng 裏層 9-79A
lǐchá 理察 4-576B
lǐchá 禮察 7-964B
lìchá 蠣槎 8-988A
lìchà 利剎 2-637A
lìchà 麗剎 12-1296B
líchāi 離拆 11-886B
lìchāi 例差 1-1335A
lìchái 例儕 1-1335B
líchán 犂鑱 6-281B
lǐchán 里廛 10-371A
lǐchǎn 理産 4-573A
lǐchàn 禮懺 7-966A
lícháng 離腸 11-894A
líchàng 驪唱 12-921A
lǐcháng 鯉腸 12-1235B
lǐcháng 體腸 12-1266A
lìcháng 瀝腸 6-207B
lìchǎng 立場 8-377A
lìchàng 麗唱 12-1298A
lìcháo 立朝 8-377A
lìcháo 歷朝 5-365A
líchè 離拆 11-886B
lìchē 立車 8-374A
líchén 離塵 11-895A
lǐchén 禮陳 7-962A
lìchén 力臣 2-762B
lìchén 利塵 2-640A
lìchén 隸臣 12-176A
lìchén 瀝陳 6-207A
lìchén 儷陳 1-1740B
líchénfú 離塵服 11-895A
líchéng 離城 11-888A
líchéng 離程 11-892B
lǐchēng 理稱 4-576A
lǐchéng 蠡城 8-993B
lǐchéng 李程 4-791A
lǐchéng 里程 10-370A
lǐchéng 禮成 7-959A
lǐchéng 禮城 7-960B
lìchēng 立稱 8-378A
lìchéng 立成 8-373B
lìchéng 厲誠 1-940A
lìchéng 歷程 5-365A
lìchéng 瀝誠 6-207B
lǐchéngbēi 里程碑 10-370B
lìchénqiè 隸臣妾 12-176B
líchényī 離塵衣 11-895A
líchì 黎赤 12-1381A
líchì 釐飭 10-422B
lǐchì 李赤 4-789B
lìchǐ 歷齒 5-365B
lìchǐ 隸齒 12-177B
lìchǐ 礪齒 7-1116B
lìchǐ 麗侈 12-1296B
lìchì 厲飭 1-939B
lìchǐ'ér 利齒兒 2-640A
lìchǐlíngyá 俐齒伶牙
1-1401B
lìchǐnéngyá 利齒能牙
2-640A
lǐchǒng 禮寵 7-965B
lìchóng 戾蟲 7-348B
lìchóng 厲崇 1-939B
lìchǒng 歷寵 5-367A
líchóu 離愁 11-894A
lǐchǒupěngxīn 里醜捧心
10-371A
líchú 犂鉏 6-281A
líchú 犂鋤 6-281A
lǐchǔ 理處 4-573A
lìchū 櫟樗 4-1357B
lìchú 轢芻 9-1338A
lìchǔ 立儲 8-379A
lìchuān 麗川 12-1294B
lìchuàn 癧痈 8-368A
líchuáng 藜床 9-604B
líchuáng 藜牀 9-604B
líchuàng 離愴 11-894A
lǐchuǎng 李闖 4-792A
lìchuānxiǎoqǔ 利川小曲
2-635A
líchūn 犂春 6-280B
lìchūn 立春 8-375A
lìchūn 麗春 12-1296B
lìchūncǎo 麗春草 12-1296B
lìchúnwěn 利唇吻 2-637B
lìchūnyuán 麗春園 12-1297A
lìchūnyuàn 麗春院 12-1297A
líchuòwěi 嫠輟緯 4-400B
lící 離詞 11-892B
lící 離辭 11-898A
lícì 釐次 10-421A
lícì 離次 11-885B
lǐcí 俚詞 1-1384B
lǐcí 俚辭 1-1385A
lǐcí 禮祠 7-961B
lǐcí 禮辭 7-965B
lǐcí 醴辭 9-1446A
lǐcì 禮賜 7-964B
lìcī 癘疵 8-356A
lìcí 利辭 2-641A
lìcí 詈辭 11-103B
lìcí 麗詞 12-1298B
lìcí 麗辭 12-1299B
lìcí 儷辭 1-1741A
lìcì 歷次 5-363A
lìcǐcúnzhào 立此存照
8-373B
lícóng 離悰 11-891B
lícóng 離從 11-891B
lìcóng 吏從 1-522B
lìcù 轢蹙 9-1338B
lícuì 黧脆 12-1371A
lìcuì 礪淬 7-1116B
lícuò 離錯 11-896A
lìcuó 沴瘥 5-1088A
lìcuó 癘瘥 8-356A
lìcuò 力挫 2-764A
lìdá 利達 2-639A
lìdá 麗妲 12-1296B
lǐdài 理代 4-569B
lǐdài 裏帶 9-78B
lǐdài 禮待 7-961B
lìdài 立待 8-375B
lìdài 歷代 5-363A
lìdài 礪帶 7-1116B
lìdàihéshān 礪帶河山
7-1116B
lǐdàitáojiāng 李代桃僵
4-789A
lǐdàitáojiāng 李代桃殭
4-789B
lídān 黎單 12-1382A
lídǎn 黧黮 12-1371A
lídàn 犂旦 6-280A
lídàn 黎旦 12-1380B
lídàn 邌旦 10-1284A
lǐdān 禮單 7-963A
lìdǎn 瀝膽 6-207B
lìdǎnchōucháng 瀝膽抽腸
6-207B
lìdǎnduògān 瀝膽墮肝
6-207B
lídàng 離盪 11-896B
lǐdāng 理當 4-574B
lǐdǎng 里黨 10-371A
lǐdǎng 里鄙 10-369B
lǐdǎng 裏擋 9-79A
lǐdàng 理當 4-574B
lìdǎnhuīgān 瀝膽隳肝
6-207B
lìdǎnpīgān 瀝膽披肝
6-207B
lìdǎnzhuógān 瀝膽濯肝
6-207B
lídāo 劙刀 2-758A
lídāo 黎刀 12-1380B
lídāo 劚刀 2-759B
lǐdào 理道 4-574A
lǐdào 禮道 7-963A
lìdāo 立刀 8-372A
lìdǎo 利導 2-640B
lìdào 力道 2-764B
lìdào 吏道 1-523A
lídé 狸德 5-55A
lídé 貍德 10-1338A

lídé 離德 11-895B
lìdé 立德 8-378B
lìdé 利得 2-638B
lídēng 璃燈 4-627A
lìděng 立等 8-377B
lídì 黎地 12-1381A
lǐdì 里第 10-370A
lǐdì 里遞 10-370B
lǐdì 邐遞 10-1302B
lìdī 瀝滴 6-207B
lìdí 立嫡 8-378B
lìdí 立適 8-378A
lìdǐ 歷底 5-363B
lìdǐ 歷抵 5-363B
lìdǐ 礪砥 7-1116B
lìdì 立地 8-373B
lídiàn 離殿 11-894B
lǐdiǎn 禮典 7-960A
lìdiǎn 吏典 1-521B
lìdiǎn 麗典 12-1296B
lídiànbiéqǐn 離殿別寢
11-894B
lìdìchéngfó 立地成佛
8-373B
lídǐng 蠡頂 7-1458A
lídìng 厘定 1-921A
lídìng 厘訂 1-921A
lídìng 釐定 10-421B
lídìng 釐訂 10-422A
lǐdìng 理定 4-571B
lìdìng 立定 8-375A
lídìngzuò 梨飣坐 4-1041B
lìdíshìjūn 力敵勢均
2-765A
lìdìshūchú 立地書厨
8-373B
lǐdǒng 理董 4-573B
lǐdòng 俚洞 1-1384B
lìdōng 立冬 8-373A
lìdòng 利動 2-638B
lídòu 貍豆 10-1337A
lídòu 黎豆 12-1381B
lǐdǒu 禮斗 7-958B
lìdǒudǒu 立陡陡 8-376A
lídōumóu 黎兜鍪 12-1382A
lídú 犛獨 4-401A
lídú 罹毒 8-1044B
lídù 離度 11-889A
lǐdū 理督 4-574B
lídú 蠡瀆 8-994A
lǐdǔ 俚篤 1-1385A
lǐdù 李杜 4-789B
lǐdù 理度 4-572A
lǐdù 禮度 7-961B
lìdū 麗都 12-1297B
lìdú 吏牘 1-523B
lìdú 栗犢 4-966A
lìdú 厲毒 1-938B
lìdù 力度 2-764A
lìdù 吏蠹 1-523B
lìdù 厲度 1-939A
líduān 離端 11-895A
lǐduān 里端 10-370B
lǐduǎn 理短 4-573B
lǐduàn 理斷 4-577B
lìduān 利端 2-640A
lìduàn 立斷 8-379A
lǐdùhánliǔ 李杜韓柳
4-790A
líduī 離堆 11-890B
líduī 離𨸏 11-894A
líduī 離碓 11-893B
lǐduì 理對 4-576A
lǐduì 鯉對 12-1235B
lìduì 例對 1-1335B
lìduì 儷對 1-1740B
lìdùn 吏遯 1-523A
lìdùn 利鈍 2-639A
lìdǔnxíngmián 立盹行眠
8-375B
lǐduōrénbùguài
禮多人不怪 7-959B
lìdúshì 吏讀式 1-523B
lí'ē 驪阿 12-920B
lí'è 犂軛 6-281A
lí'è 犂軶 6-281A
lǐ'è 俚惡 1-1384B
lǐ'è 理惡 4-573B
lì'é 吏額 1-523B
lì'é 麗娥 12-1297B
lì'è 麗萼 12-1299A
liè'àn 列岸 2-611B
lièba 劣把 2-777A
lièbá 獵跋 5-136B
lièbài 列拜 2-612A
lièbài 躐拜 10-568B
lièbáilùmǎ 獵白鹿馬
5-135A
lièbān 鬣般 12-759A
lièbāng 列邦 2-611A
lièbǎo 列保 2-612A
lièbāquān 列巴圈 2-610B
lièbǎtóu 劣把頭 2-777A
lièbí 裂鼻 9-70B
lièbì 列辟 2-614B
lièbì 列壁 2-615A
lièbì 裂敝 9-70A
lièbì 裂弊 9-70B
lièbiē 劣憋 2-778A
lièbiè 劣別 2-777A
lièbiè 劣彆 2-778A
lièbīng 列兵 2-611B
lièbǐng 裂餅 9-70B
lièbō 鴷驋 12-831B
lièbó 列柏 2-612A
lièbó 裂帛 9-69A
lièbǔ 獵捕 5-136A
lièbù 列布 2-610B
liècǎi 列采 2-612A
liècáijuémiào 埒材角妙
2-1107B
liècāo 烈操 7-65A
liècáo 列曹 2-613B
lièchà 列刹 2-611B
lièchāi 裂拆 9-69A
liècháng 裂裳 9-70A
lièchǎng 獵場 5-136B
lièchàng 烈暢 7-64B
lièchángguǒxī 裂裳裹膝
9-70A
lièchángguǒzú 裂裳裹足
9-70A
lièchē 列車 2-611A
lièchē 獵車 5-135B
lièchè 趔趄 9-1131A
lièchén 列臣 2-611A
lièchén 列陳 2-613B
lièchēng 列稱 2-614B
lièchéng 列城 2-612A
lièchēyuán 列車員 2-611B
lièchì 列翅 2-613A
lièchú 躐除 10-568B
lièci 列次 2-611A
liècì 躐次 10-568B
liècì 鬣刺 12-759A
liècóng 列從 2-613B
lièdàfū 列大夫 2-610A
lièdài 列代 2-610B
lièdàn 獵旦 5-135A
lièdǎo 列島 2-613A
lièdēng 躐登 10-569A
lièděng 劣等 2-778A
lièděng 埒等 2-1107B
lièděng 躐等 10-569A
lièdì 列地 2-611A
lièdì 列第 2-613B
lièdì 劣弟 2-777B
lièdì 裂地 9-69A
lièdiǎn 劣點 2-778A
lièdiàn 躐玷 10-568B
lièdìfēnmáo 裂地分茅
9-69A
lièdǐng 列鼎 2-614A
lièdū 列都 2-612B
lièdú 烈毒 7-63A
lièduàn 列斷 2-615B
lièduì 列隊 2-613B
lièduò 捩舵 6-716A
lièduò 捩柁 6-716A
lièduò 捩柂 6-716A
lièfān 列藩 2-615A
lièfánglónghù 列房櫳户
2-612A
lièfēng 列風 2-612B
lièfēng 冽風 2-414A
lièfēng 烈風 7-63B
lièfēng 鬣封 12-759A
lièfèng 裂縫 9-70B
lièfēngjǐng 裂風景 9-69B
lièfū 烈夫 7-62B
lièfū 裂膚 9-70B
lièfū 獵夫 5-135A
lièfù 烈婦 7-64A
liègēnxìng 劣根性 2-777B
liègōng 列公 2-610B
liègōng 迾宮 10-769A
liègōngfùguò 列功覆過
2-610B
liègǒu 獵狗 5-135B
liègǒu 鬣狗 12-759A
liègǔ 獵古 5-135A
lièguān 躐官 10-568B
lièguǎn 列館 2-615A
lièguāng 列光 2-611A
lièguāng 烈光 7-63A
lièguānhuǐmiǎn 裂冠毀冕
9-69B
liègǔdiào 獵古調 5-135A
lièguó 列國 2-613B
liègūyè 列姑射 2-612A
lièhán 烈寒 7-64B
lièhàn 烈漢 7-64B
lièhén 裂痕 9-70A
lièhōnghōng 烈轟轟 7-65A
lièhóu 列侯 2-612A
lièhù 獵户 5-135A
lièhuáng 烈皇 7-63B
lièhuī 烈輝 7-64B
lièhuǒ 列火 2-610B
lièhuǒ 烈火 7-62B
lièhuǒ 獵火 5-135A
lièhuò 烈貨 7-64A
lièhuò 烈禍 7-64B
lièhuò 獵獲 5-137A
lièhuǒgānchái 烈火乾柴
7-62B
lièhuǒhōngléi 烈火轟雷
7-62B
lièhuǒpēngyóu 烈火烹油
7-62B
lièhùxīng 獵户星 5-135A
lièjī 列擊 2-615A
lièjī 躐躋 10-569A
lièjí 邋級 10-1301B
lièjí 列棘 2-613B
lièjí 列籍 2-615B
lièjí 躐級 10-568B
lièjǐ 列戟 2-614A
lièjǐ 鬣戟 12-759A
lièjì 劣迹 2-777B
lièjì 劣跡 2-778A
lièjì 劣蹟 2-778A
lièjiǎ 烈假 7-64A
lièjiàn 列諫 2-615A
lièjiǎo 獵角 5-135B
lièjiào 獵較 5-136B
lièjiē 躐階 10-569A
lièjié 烈節 7-64B
lièjié 獵捷 5-136B
lièjié 獵碣 5-136B
lièjié 礰碪 7-1121A
lièjīn 劣衿 2-777B
lièjìn 迾禁 10-769A
lièjìn 獵禁 5-136B
lièjìn 躐進 10-569A
lièjīng 烈精 7-64B
lièjīng 獵精 5-137A
lièjǐng 烈景 7-64B
lièjìng 躐徑 10-569A
lièjiǔ 獵酒 5-136A
lièjū 趔趄 9-1131A
lièjū 躐居 10-568B
lièjǔ 列舉 2-615A
lièjù 列炬 2-612A
lièjù 烈炬 7-63A
lièjuē 劣撅 2-778A

lièjué 列爵 2-615A
lièjué 列蹷 2-615B
lièjué 劣角 2-777A
lièjué 劣厥 2-778A
lièjué 裂絶 9-70A
lièjùn 列郡 2-612B
lièjùn 獵俊 5-136A
lièkāi 裂開 9-70A
lièkǎo 烈考 7-63A
lièkè 獵客 5-136A
lièkǒu 裂口 9-69A
lièkù 烈酷 7-64B
lièkuí 鬣葵 12-759A
lièkuīlièqiè 趔趄趔趄 9-1131A
lièláng 獵郎 5-135B
lièlèi 埒類 2-1107B
lièlì 獦攞 5-107A
lièlì 冽厲 2-414A
lièlì 烈栗 7-63B
lièlì 獵攞 5-137A
lièlì 鬣髴 12-759A
liēliē 咧咧 3-320A
lièliè 邋邋 10-1302A
lièliè 颲颲 12-652B
lièliè 戾戾 7-348A
lièliè 列列 2-611A
lièliè 列埒 2-612B
lièliè 冽冽 2-413B
lièliè 洌洌 5-1140B
lièliè 烈烈 7-63B
lièliè 裂裂 9-70A
lièliè 颲颲 12-639A
lièliè 儠儠 1-1737B
lièliè 獵獵 5-137A
lièliè 鬣鬣 12-759A
lièlièhōnghōng 烈烈轟轟 7-64A
lièlièqièqiè 趔趔趄趄 9-1131A
lièlièsēnsēn 列列森森 2-611A
lièlú 列臚 2-615B
lièlù 獵鹿 5-136B
lièluó 列羅 2-615B
lièlüè 埒略 2-1107B
lièmǎ 劣馬 2-777B
lièmǎ 烈馬 7-63B
lièmǎ 獵馬 5-136A
lièmáo 鬣毛 12-759A
lièmào 躐冒 10-568B
lièméi 列眉 2-612B
lièměi 埒美 2-1107B
lièmén 列門 2-612A
lièmiè 裂滅 9-70A
lièmín 列民 2-610B
lièmín 獵民 5-135A
lièmíng 埒名 2-1107B
lièmíng 烈名 7-63A
lièmíng 獵名 5-135B
lièmǔ 埒畝 2-1107B
lièníng 獵囊 5-137B
lièniǎn 獵輦 5-137A
lièníngfú 列寧服 2-614B
lièníngshì 列寧室 2-614B
lièníngzhuāng 列寧裝 2-614B
lièníngzhǔyì 列寧主義 2-614B
lièniú 犣牛 6-290A
liènǚ 列女 2-610B
liènǚ 烈女 7-62B
lièpái 列排 2-613B
lièpò 裂破 9-69B
lièqí 獵奇 5-135B
lièqí 獵騎 5-137A
lièqì 戾契 7-348A
lièqì 洌氣 5-1140B
lièqì 烈氣 7-64A
lièqiān 躐遷 10-569A
lièqián 列錢 2-615A
lièqiāng 獵槍 5-136B
lièqiáng 列强 2-614B
lièqiè 列趄 2-613B
lièqiè 趔趄 9-1131A
lièqiè 躐竊 10-569A
lièqiè 寠寠 2-1540A
lièqīng 列卿 2-613A
lièqīng 冽清 2-414A
lièqīng 洌清 5-1140B
lièqióng 蛚蛬 8-889A
lièqǔ 獵取 5-135B
lièqǔ 躐取 10-568B
lièquán 冽泉 2-414A
lièquǎn 獵犬 5-135A
lièquē 列缺 2-613A
lièquē 列鴃 2-614A
lièquē 劣缺 2-777B
lièquē 烈缺 7-64A
lí'ěr 犂耳 6-280B
lí'ěr 犛耳 2-735B
lí'èr 離貳 11-892A
lí'ér 里兒 10-369A
lǐ'ěr 李耳 4-789B
lǐ'ěr 里耳 10-368B
lǐ'ěr 俚耳 1-1384A
lì'ěr 利餌 2-639B
lì'ěr 瀝耳 6-206B
lì'ěr 麗爾 12-1298B
lièrán 烈然 7-64B
lièrǎng 列壤 2-615B
lièrǎng 裂壤 9-70B
lǐ'erchě'er 例兒撦兒 1-1335A
lièrén 獦人 5-107A
lièrén 列人 2-610A
lièrén 獵人 5-134B
lièrì 烈日 7-62B
lièróng 列榮 2-614B
lièruò 劣弱 2-777B
lièshā 獵沙 5-135B
lièshān 烈山 7-62A
lièshǎn 裂陝 9-69B
lièshānshì 列山氏 2-610B
lièshānshì 烈山氏 7-62A
lièshāo 列蛸 2-614B
lièshāo 烈燒 7-65A
lièshè 列舍 2-611B
lièshè 獵射 5-136A
lièshè 獵涉 5-136A
lièshè 欐樞 4-1357B
lièshēn 列身 2-611B
lièshēn 劣紳 2-777B
lièshēng 躐升 10-568B
lièshēng 躐陞 10-568B
lièshèng 列聖 2-614A
lièshèng 烈盛 7-64A
lièshī 獵師 5-136A
lièshí 列石 2-610B
lièshí 列食 2-612B
lièshí 劣時 2-777B
lièshí 獵食 5-136A
lièshì 列士 2-610A
lièshì 列侍 2-611B
lièshì 劣勢 2-778A
lièshì 烈士 7-62A
lièshì 獵士 5-134B
lièshílìúyún 裂石流雲 9-69A
lièshǒu 獵手 5-135A
lièshǒufùgēng 捩手覆羹 6-716A
lièshū 列疏 2-614A
lièshū 獵書 5-136A
lièshǔ 列署 2-614B
lièshǔ 烈暑 7-64B
lièshǔ 烈屬 7-65A
lièshù 列戍 2-611A
lièshù 列樹 2-615A
lièsì 列肆 2-614A
lièsù 裂素 9-69B
lièsuì 烈燧 7-65A
lièsuō 攦唆 6-962B
lièsuǒ 列索 2-613A
lièsuǒ 烈所 7-63A
liètā 躐趿 10-569A
liètí 列題 2-615A
liètíng 列亭 2-612B
liètú 列徒 2-613A
liètú 獵徒 5-136A
liètǔ 列土 2-610A
liètǔ 裂土 9-69A
liètuán 獵團 5-137A
liètǔfēnmáo 列土分茅 2-610A
liètǔfēnmáo 裂土分茅 9-69A
lièwéi 獵圍 5-136B
lièwèi 列位 2-611B
lièwèi 列衛 2-614B
lièwèi 烈味 7-63A
lièwèi 獵渭 5-136B
lièwén 烈文 7-62B
lièwén 裂文 9-69A
lièwén 裂紋 9-69B
lièwèn 裂璺 9-70B
lièwū 列屋 2-612B
lièwǔ 烈武 7-63A
lièwù 獵物 5-135B
lièxí 列席 2-613A
lièxí 躐席 10-569A
lièxì 裂隙 9-70A
lièxì 獵戲 5-137A
lièxià 劣下 2-777A
lièxià 烈夏 7-63B
lièxià 裂罅 9-70B
lièxiān 列仙 2-610B
lièxiān 列僊 2-614B
lièxián 列銜 2-614B
lièxián 獵賢 5-137A
lièxiàn 列縣 2-615A
lièxiāng 冽香 2-413B
lièxiào 列校 2-613A
lièxīn 栗薪 4-966A
lièxīn 烈心 7-62B
lièxīng 列星 2-612A
lièxíng 躐行 10-568B
lièxìng 劣性 2-777B
lièxìng 烈性 7-63A
lièxìng 獵興 5-137A
lièxìngzi 烈性子 7-63A
lièxiōng 劣兄 2-777A
lièxiù 列宿 2-613B
lièxū 裂繻 9-70B
lièxù 列序 2-611B
lièxù 列叙 2-612B
lièxué 躐學 10-569A
lièyán 列筵 2-614A
lièyǎn 捩眼 6-716A
lièyǎn 裂眼 9-70A
lièyàn 烈焰 7-64B
lièyàn 烈燄 7-65A
lièyàn 獵彥 5-136A
lièyàn 獵豔 5-137B
lièyào 列曜 2-615B
lièyě 烈野 7-64A
lièyè 烈業 7-64B
lièyèfēng 裂葉風 9-70A
lièyì 烈義 7-64B
lièyì 獵異 5-136B
lièyīng 獵纓 5-137B
lièyīng 躐纓 10-569A
lièyíng 列營 2-615A
lièyíng 獵蠅 5-137A
lièyōng 列墉 2-614B
lièyòng 躐用 10-568B
lièyú 獵漁 5-137A
lièyù 裂域 9-69B
lièyuán 埒垣 2-1107B
lièyuè 列岳 2-611B
lièyuè 列嶽 2-615A
lièyújù 邋餘聚 10-1326B
lièyùn 列韻 2-615B
lièzhái 列宅 2-611A
lièzhàng 列嶂 2-614B
lièzhàng 劣丈 2-777A
lièzhàngfū 烈丈夫 7-62A
lièzhào 裂兆 9-69A
lièzhě 獵者 5-135B
lièzhēn 列真 2-613A
lièzhèn 列陳 2-613B
lièzhèn 列陣 2-612B
lièzhēngzhēng 烈錚錚 7-64B
lièzhī 裂織 9-70B
lièzhí 列植 2-613B
lièzhí 烈直 7-63A

lièzhǐ 裂紙 9-69B
lièzhì 列峙 2-612A
lièzhì 列秩 2-613A
lièzhì 列置 2-614B
lièzhì 劣質 2-778A
lièzhì 迾置 10-769A
lièzhì 烈志 7-63A
lièzhǒng 劣種 2-778A
lièzhú 獵逐 5-136A
lièzhuǎn 捩轉 6-716A
lièzhuàn 列傳 2-614B
lièzhuàng 烈壯 7-63A
lièzǐ 列子 2-610B
lièzì 捩眦 6-716A
lièzì 裂眥 9-69B
lièzì 裂眦 9-69B
lièzú 列卒 2-612A
lièzú 迾卒 10-769A
lièzǔ 烈祖 7-63B
lièzǔ 裂組 9-70A
lièzuàn 烈鑽 7-65A
liězuǐ 咧嘴 3-320A
lièzǔlièzōng 列祖列宗 2-612B
lièzuò 列坐 2-611B
lífǎ 罹法 8-1044B
lífǎ 麗法 12-1296B
lǐfǎ 李法 4-790A
lǐfǎ 理法 4-571B
lǐfǎ 禮法 7-960B
lǐfà 理髮 4-576B
lìfǎ 立法 8-375A
lìfǎ 吏法 1-521B
lìfǎ 曆法 5-837A
lìfǎ 歷法 5-363B
lìfǎ 隸法 12-176B
lìfǎ 麗法 12-1296B
lífān 籬藩 8-1286A
lífān 杝藩 4-792A
lífán 籬樊 8-1285B
lífàn 黎飯 12-1382B
lǐfàn 禮範 7-965A
lìfàn 糲飯 9-242B
lìfàn 糲飰 9-242B
lìfàn 糲飡 9-242B
lífāng 離方 11-883B
lífáng 離房 11-888A
lǐfǎng 蠡舫 8-993B
lǐfáng 禮防 7-959B
lǐfáng 禮房 7-960B
lìfāng 立方 8-372B
lìfāng 吏方 1-521A
lìfāng 麗芳 12-1296A
lìfáng 吏房 1-522A
lìfáng 栗房 4-965A
lìfáng 蠣房 8-988A
lìfǎng 歷訪 5-364B
lífāngdùnyuán 離方遯員 11-883B
lǐfánzījù 理繁剸劇 4-577B
lífèi 離肺 11-887B
lìfēi 麗妃 12-1296A
lìfēijiàng 李飛將 4-790A
lífēn 釐分 10-421A
lífēn 離分 11-883B
lífēn 離紛 11-890B
lífén 驪墳 12-921B
lífèn 離憤 11-895B
lǐfèn 禮分 7-958B
lífēng 驪峯 12-921A
lǐfēng 鯉風 12-1235A
lǐfèng 禮奉 7-959B
lǐfēng 禮賵 7-965A
lìfēng 利鋒 2-640A
lìfēng 例封 1-1335A
lìfēng 厲風 1-939A
lìfēng 癘風 8-355B
lìfēng 麗風 12-1297A
lìfèng 吏俸 1-522A
lìfěnqiáng 蠣粉牆 8-988A
lǐfó 禮佛 7-959B
lǐfózǐ 李佛子 4-790A
lífú 黎服 12-1381B
lífú 纚紼 9-1064B
lǐfú 纚綍 9-1064B
lífù 嫠婦 4-400B
lífù 釐婦 10-422B
lífù 離附 11-886A
lífù 離婦 11-891B
lǐfū 里夫 10-368A
lǐfú 禮服 7-960A
lǐfù 里婦 10-370A
lǐfù 俚婦 1-1384B
lìfū 力夫 2-762A
lìfū 戾夫 7-347B
lìfū 栗趺 4-965B
lìfū 栗跗 4-966A
lìfū 鼇夫 7-1475B
lìfú 立幅 8-377B
lìfú 利福 2-639B
lìfú 厲服 1-938B
lìfú 歷服 5-363B
lìfú 櫟輻 4-1357B
lìfú 麗服 12-1296B
lìfǔ 厲撫 1-940B
lìfǔ 櫟釜 4-1357B
lìfǔ 轢釜 9-1338A
lìfù 離附 11-886A
lìfù 力父 2-762B
lìfù 麗富 12-1298B
lìfǔdàichuī 轢釜待炊 9-1338A
lǐfūrén 李夫人 4-789A
lígǎi 釐改 10-421A
lígài 梨蓋 4-1042A
lìgǎishuì 利改稅 2-636B
lígān 穲竿 9-235A
lígān 梨乾 4-1041B
lígān 黧馯 12-1371A
lǐgàn 理幹 4-574B
lìgàn 吏幹 1-523A
lìgàn 吏榦 1-523A
lìgāngyàn 栗岡硯 4-965A
lìgānjiànyǐng 立竿見影 8-375B
lígāo 梨膏 4-1043A
lígāo 狸膏 5-54B
lígāo 貍膏 10-1338A
lìgāo 厲高 1-939A
lìgǎo 立槁 8-378A
lígāotáng 梨膏糖 4-1043A
lígē 黎歌 12-1382B
lígē 離割 11-893A
lígē 離歌 11-895A
lígē 驪歌 12-921B
lígé 犂槅 6-281A
lígé 釐革 10-421B
lígé 離隔 11-893A
lǐgē 俚歌 1-1384B
lǐgé 裏槅 9-79A
lǐgé 禮閣 7-964B
lìgé 立格 8-376A
lìgé 麗格 12-1297B
lìgé 蠣蛤 8-988A
lígé'er 離格兒 11-889B
lìgēmòmǎ 礪戈秣馬 7-1116A
lígēn 籬根 8-1285A
lìgēn 利根 2-637B
lígēng 犂耕 6-280B
lígēng 藜羹 9-604B
lígēng 鸝鶊 12-1175A
lìgēng 力耕 2-764A
lígōng 黎弓 12-1380B
lígōng 離宮 11-889A
lígōng 驪宮 12-920B
lǐgōng 理工 4-569A
lǐgōng 理功 4-569B
lìgōng 力攻 2-763A
lìgōng 立功 8-372B
lìgòng 例貢 1-1335A
lígōngbiéguǎn 離宮別舘 11-889B
lígōngbiéguǎn 離宮別館 11-889B
lígōngbiéguàn 離宮別觀 11-889B
lígōngbiékū 離宮別窟 11-889B
lígōngbiéqǐn 離宮別寢 11-889B
lìgōngshúzuì 立功贖罪 8-372B
lígǒu 梨狗 4-1041B
lígòu 罹詬 8-1045A
lígòu 離垢 11-888A
lígòu 離構 11-895A
lǐgòu 理構 4-576A
lìgòu 詈詬 11-103B
lígòudì 離垢地 11-888B
lígū 罹辜 8-1044B
lǐgū 理辜 4-573B
lǐgǔ 理古 4-569B
lǐgǔ 笠轂 8-1127B
lìgǔ 隸古 12-176A
lìgǔ 麗古 12-1295B
lìgǔ 轢古 9-1338A
lìguā 立瓜 8-373A
líguāi 離乖 11-887B
lìguài 沴怪 5-1087B
líguān 鼇冠 11-1350A
líguǎn 犂錧 6-281A
líguǎn 離管 11-895A
líguǎn 離館 11-896A
líguàn 離觀 11-898B
lǐguān 李官 4-790A
lǐguān 理官 4-571B
lǐguān 裏棺 9-78B
lǐguān 禮官 7-960B
lìguān 利官 2-637A
lìguān 涖官 5-1235B
lìguān 蒞官 9-421A
lìguān 曆官 5-837A
lìguān 歷官 5-363B
lìguān 歷觀 5-367A
lìguān 麗觀 12-1300A
lìguǎn 麗館 12-1299A
lìguàn 歷觀 5-367A
líguāng 藜光 9-604A
líguāng 離光 11-884B
lìguāng 麗光 12-1296A
lǐguǎngbùhóu 李廣不侯 4-791B
lǐguǎngnánfēng 李廣難封 4-791B
lǐguǎngwèifēng 李廣未封 4-791B
lìguànsuōmèi 笠冠簑袂 8-1127B
líguǐ 離詭 11-894A
lǐguǐ 理匭 4-573A
lǐguǐ 欐佹 4-1370B
lìguī 例規 1-1335A
lìguī 麗龜 12-1299B
lìguǐ 吏鬼 1-522A
lìguǐ 厲鬼 1-939A
lìguǐ 麗軌 12-1297A
lìguì 立櫃 8-379A
lìguì 立鐀 8-379A
lìguījǔ 立規矩 8-376B
lìguīshān 麗圭襂 12-1295B
lǐguǐshǐ 理匭使 4-573A
lìgǔnlì 利滾利 2-639B
líguǒ 梨果 4-1041B
lǐguō 李郭 4-790B
lǐguó 理國 4-573A
lǐguǒ 裹椁 9-78B
lìguó 立國 8-377A
lìguó 蒞國 9-421A
lìguó 歷國 5-364A
lìguójiàn 利國監 2-638B
lǐguōtóngchuán 李郭同船 4-790B
lǐguōtóngzhōu 李郭同舟 4-790B
lǐguōxiān 李郭仙 4-790B
lǐguōxiānzhōu 李郭仙舟 4-790B
lǐguōzhōu 李郭舟 4-790B
lígǔtiè 狸骨帖 5-54B
lígǔtiè 貍骨帖 10-1337B
líhài 離害 11-890A
lìhai 利害 2-638A
lìhài 利害 2-638A
lìhài 栗駭 4-966A
lìhài 厲害 1-939B
líhàn 驪翰 12-921B

lǐhàn 里閈 10-370A
lìhàn 戾悍 7-348B
lìhàn 隸漢 12-177B
lìhàn 麗漢 12-1299A
líháo 釐毫 10-422A
líháo 釐豪 10-422B
lǐháo 里豪 10-370B
líháo 蠣蠔 8-988B
lìhǎo 麗好 12-1296A
líhé 釐和 10-421B
líhé 離合 11-884B
líhè 離鶴 11-898A
lǐhé 理合 4-570A
lìhé 歷合 5-363A
líhébēihuān 離合悲歡
11-885A
líhécǎo 離合草 11-885A
líhéfēng 離合風 11-885A
líhēi 犂黑 6-281A
líhēi 黎黑 12-1382A
líhēi 黧黑 12-1371A
líhēi 驪黑 12-921A
líhēi 驟黑 12-915A
lìhēi 力黑 2-764B
líhén 離痕 11-891B
líhèn 離恨 11-889A
lìhěn 戾很 7-348A
lìhěn 戾狠 7-348A
líhéng 離横 11-895A
líhéng 離衡 11-896A
lǐhéngnú 李衡奴 4-791B
líhèntiān 離恨天 11-889A
líhéqì 離合器 11-885B
líhéshī 離合詩 11-885A
lǐhéwánglǐ 李何王李
4-790A
líhóng 離鴻 11-896B
lǐhóng 里閎 10-370B
lǐhòu 里候 10-369B
lǐhòu 里堠 10-370A
lìhòu 立后 8-373B
lìhòu 立後 8-375B
líhū 灕虖 6-218B
líhú 犂湖 6-281A
líhú 犂鶘 6-281B
líhú 鵹鶘 12-1123A
líhù 黎户 12-1380B
lǐhú 蠡湖 8-994A
lǐhú 裏湖 9-78B
lìhù 立户 8-372B
lìhù 隸户 12-176A
líhuā 梨花 4-1040B
líhuā 犂花 6-280B
líhuā 籬花 8-1285A
líhuá 犂鏵 6-281A
líhuá 漓猾 6-31A
lǐhuā 禮花 7-959B
lǐhuà 理化 4-569A
lǐhuà 禮化 7-958B
lìhuá 麗華 12-1297B
lìhuà 立化 8-372B
lìhuà 例話 1-1335A
líhuābǎn 梨花板 4-1041A
líhuāchūn 梨花春 4-1041A
líhuādàgǔ 梨花大鼓
4-1040B
líhuādàiyǔ 梨花帶雨
4-1041A
líhuādòng 梨花凍 4-1041A
líhuāfěn 梨花粉 4-1041A
líhuāgǔ 梨花鼓 4-1041A
líhuái 離懷 11-898A
lǐhuái 理懷 4-577B
lìhuái 歷懷 5-367A
lǐhuáiyuèbēng 禮壞樂崩
7-965B
líhuājiǎn 梨花簡 4-1041B
líhuāmèng 梨花夢 4-1041A
líhuāmì 梨花蜜 4-1041B
líhuàn 離涣 11-890A
lìhuàn 利患 2-638B
líhuáng 蜊黄 8-902A
líhuáng 黎黄 12-1382A
líhuáng 離黄 11-890B
líhuáng 鵹黄 12-1123A
líhuáng 驪黄 12-921A
líhuáng 鸝黄 12-1175A
líhuáng 麗黄 12-1298A
lìhuáng 栗黄 4-965B
lìhuáng 蠣黄 8-988A
líhuángpìnmǔ 驪黄牝牡
12-921A
líhuāniàng 梨花釀 4-1041B
líhuāqiāng 梨花槍 4-1041A
líhuāxiāng 梨花香 4-1041A
líhuāyǔ 梨花雨 4-1041A
líhuāyuè 梨花月 4-1040B
líhuāyún 梨花雲 4-1041A
líhuāzhǎn 梨花盞 4-1041A
líhuī 離暉 11-893B
líhuì 離會 11-894A
lǐhuì 李會 4-791A
lǐhuì 理會 4-575A
líhuī 離麾 11-895B
lìhuī 蠣灰 8-988A
lìhuì 利喙 2-639A
lìhuì 例會 1-1335A
lìhuìshàncí 利喙贍辭
2-639A
líhūn 離婚 11-891B
líhún 離魂 11-893B
líhúnnǚ 離魂女 11-893B
líhúnqiànnǚ 離魂倩女
11-893B
líhúnshè 離魂舍 11-893B
líhuǒ 藜火 9-604A
líhuǒ 驪火 12-920A
líhuò 蔾藿 9-537B
líhuò 藜藿 9-604B
lìhuò 麗禍 12-1298B
lìhuǒ 利火 2-635A
lìhuò 糲藿 9-242B
líjī 黧雞 12-1371A
líjī 黧鷄 12-1371A
líjī 孋姬 4-425A
líjī 驪姬 12-921A
líjí 離即 11-886A
líjí 離疾 11-890A
líjí 黧瘠 12-1371A
líjí 籬棘 8-1285B
líjì 離惎 11-892A
lǐjí 里籍 10-371A
lǐjí 理極 4-573B
lǐjí 理楫 4-574B
lǐjì 理檝 4-577B
lǐjí 禮籍 7-966A
lǐjǐ 裏脊 9-78B
lǐjì 蠡薺 8-994A
lǐjì 理績 4-577B
lǐjì 理紀 4-572A
lǐjì 理跡 4-575A
lǐjì 理濟 4-577B
lǐjì 禮際 7-964A
lǐjì 醴薺 9-1445B
lìjī 麗姬 12-1297B
lìjī 酈其 10-697B
lìjí 力疾 2-764B
lìjí 立即 8-374B
lìjí 立極 8-377A
lìjí 例及 1-1334B
lìjí 痢疾 8-320B
lìjí 詈詰 11-103B
lìjí 厲疾 1-939A
lìjí 歷級 5-364A
lìjí 癘疾 8-356A
lìjí 隸籍 12-178A
lìjí 麗級 12-1297B
lìjí 轢籍 9-1338B
lìjǐ 立戟 8-377A
lìjì 立計 8-375B
lìjì 利濟 2-641A
lìjì 歷紀 5-364A
lìjì 麗跡 12-1298B
lìjì 櫪驥 4-1358A
líjiā 嫠家 4-400B
líjiā 黎家 12-1382A
líjiá 梨頰 4-1043A
líjià 驪駕 12-921B
lǐjiā 李家 4-790B
lǐjiā 理家 4-572B
lǐjiǎ 里甲 10-368A
lìjiā 立枷 8-375B
lìjiā 立家 8-376B
lìjiā 吏家 1-522B
lìjiā 戾家 7-348B
lìjiā 曆家 5-837B
lìjiā 歷家 5-364A
lìjiā 隸家 12-177A
lìjiā 麗佳 12-1296B
lìjiá 曆莢 5-837A
lìjiá 歷莢 5-364A
lìjià 例假 1-1335A
lìjiābǎxì 戾家把戲 7-348B
líjiān 釐姦 10-422A
líjiān 驪肩 12-920B
líjiàn 離間 11-893A
líjiàn 離閒 11-893A
líjiàn 蠡見 8-993B
lǐjiān 裏間 9-79A
lǐjiān 裏監 9-79A
lǐjiǎn 禮檢 7-965B
lǐjiàn 理鑒 4-578A
lìjiān 立間 8-377B
lìjiàn 利見 2-636B
lìjiàn 利建 2-637A
lìjiàn 利劍 2-640A
lìjiàn 例監 1-1335B
lìjiàn 歷踐 5-366A
lìjiàn 麗箭 12-1299A
líjiānbái 離堅白 11-890B
líjiàng 釐降 10-421B
lǐjiàng 禮將 7-962B
lǐjiāngzi 欏橿子 4-1357B
líjiānhéyì 離堅合異
11-890B
líjiāo 樆膠 9-235A
lǐjiāo 禮交 7-959B
lǐjiào 禮教 7-962B
lìjiāo 利交 2-636B
lìjiǎo 踙脚 10-513B
lìjiǎo 立脚 8-377A
lìjiào 立教 8-376B
lìjiǎodiǎn 立脚點 8-377A
lìjiāoqiáo 立交橋 8-373B
líjié 嫠節 4-400B
líjié 黎孑 12-1380B
líjié 釐睫 10-422B
líjiě 離解 11-894A
lǐjiē 禮接 7-962B
lǐjié 理結 4-574A
lǐjié 理節 4-575A
lǐjié 禮節 7-963B
lǐjiě 理解 4-575B
lìjiē 栗階 4-965B
lìjiē 厲階 1-939B
lìjiē 厲揭 1-939B
lìjiē 歷階 5-364B
lìjiē 歷堦 5-364B
lìjié 癘痎 8-356A
lìjié 力竭 2-765A
lìjié 立節 8-377B
lìjié 吏節 1-523A
lìjié 利捷 2-638B
lìjié 厲節 1-940A
lìjié 勵節 2-823A
lìjié 曆節 5-837B
lìjié 歷劫 5-363A
lìjiè 歷届 5-363B
lìjiéshēngsi 力竭聲嘶
2-765A
lǐjíhòuzhòng 裏急後重
9-78B
lǐjīn 厘金 1-921A
lǐjīn 釐金 10-421B
líjīn 離襟 11-897B
líjǐn 黎錦 12-1382B
líjǐn 籬槿 8-1285B
lǐjīn 禮金 7-960A
lǐjìn 俚近 1-1384A
lǐjìn 禮禁 7-963A
lìjīn 吏巾 1-521A
lìjīn 利金 2-637A
lìjǐn 麗錦 12-1299A
lìjìn 力盡 2-765A
lìjìn 例禁 1-1335A
lìjìn 厲禁 1-940A

líjīng 離京 11-887B
líjīng 離旌 11-891B
líjīng 離經 11-894B
líjìng 犂鏡 6-281B
lǐjīng 禮經 7-964A
lǐjìng 理境 4-576A
lǐjìng 禮竟 7-962B
lǐjìng 禮敬 7-962B
lìjīng 離經 11-894B
lìjīng 厲精 1-940A
lìjīng 勵精 2-823A
lìjīng 曆經 5-837B
lìjīng 麗精 12-1299A
lìjǐng 麗景 12-1298B
lìjìng 利淨 2-637B
líjīngbiànzhì 離經辨志
11-894B
líjīngduànjù 離經斷句
11-894B
lìjīnggēngshǐ 厲精更始
1-940A
lìjìngmén 例竟門 1-1335A
lìjǐngméntiān 歷井捫天
5-362B
líjīngpàndào 離經叛道
11-894B
líjīngpàndào 離經畔道
11-894B
lìjīngqiúzhì 勵精求治
2-823A
lìjīngtúzhì 厲精圖治
1-940A
lìjīngtúzhì 勵精圖治
2-823A
lìjīngwéizhì 厲精爲治
1-940A
lìjìnjīnpí 力盡筋疲
2-765A
lìjīnjú 盭金局 10-421B
líjiǔ 醨酒 9-1437A
líjiǔ 離酒 11-890A
líjiù 罹咎 8-1044B
líjiù 離咎 11-887B
lǐjiǔ 禮酒 7-962A
lǐjiǔ 醴酒 9-1445B
lǐjiù 里舊 10-371A
lìjiǔ 歷久 5-362A
lìjiǔ 瀝酒 6-207A
lìjiù 利疚 2-637A
lìjiù 櫪廐 4-1358A
lǐjiǔbùshè 醴酒不設
9-1445B
lìjǐzhǔyì 利己主義 2-635A
líjū 嫠居 4-400B
líjū 離居 11-888A
líjū 離駒 11-895A
líjū 驪駒 12-921B
líjú 厘局 1-920B
líjú 盭局 10-421A
líjú 離局 11-886A
líjú 籬菊 8-1285B
líjǔ 盭舉 10-422B
líjǔ 離沮 11-887B
líjù 犂椇 6-281A
líjù 離距 11-891A
líjù 離聚 11-895A
lǐjū 里居 10-369A
lǐjù 理具 4-570B
lǐjù 理劇 4-576B
lǐjù 理據 4-577A
lìjū 例拘 1-1334B
lìjǔ 例舉 1-1335B
lìjù 例句 1-1334B
lìjù 歷聚 5-365B
lìjù 麗句 12-1295B
lìjù 儷句 1-1740B
líjuān 厘捐 1-921A
líjuān 盭捐 10-422A
lǐjuàn 禮眷 7-962B
lìjuān 麗娟 12-1297B
lìjuàn 立卷 8-375A
lìjuàn 慄惓 7-678B
líjuānjú 盭捐局 10-422A
líjué 藜蕨 9-604B
líjué 盭抉 10-421A
líjué 離決 11-885B
líjué 離決 11-886A
líjué 離訣 11-891B
líjué 離絕 11-893A
lǐjué 理決 4-570B
lǐjué 禮絕 7-963A
lìjué 立決 8-374B
lìjué 隸絕 12-177B
lǐjūn 里君 10-369A
lìjūn 立君 8-374B
lìjūnshìdí 力均勢敵
2-763A
lìjūnshìdí 力鈞勢敵
2-764B
lìjùqīngcí 麗句清詞
12-1295B
lìjùqīngcí 麗句清辭
12-1295B
lǐjùtuánfán 理劇剸繁
4-576B
líkāi 離開 11-893A
lìkǎi 隸楷 12-177B
líkān 犛軒 6-288B
lìkāng 麗康 12-1298A
lìkāng 糲糠 9-242B
lǐkǎo 理考 4-569B
líkē 梨顆 4-1043A
líkē 離珂 11-888A
líkè 離客 11-889B
lǐkē 理科 4-572A
lìkē 吏科 1-522A
lìkè 力克 2-763B
lìkè 立刻 8-375A
lìkè 吏課 1-523A
lìkè 例課 1-1335B
lìkěn 瀝懇 6-207B
lìkōng 麗空 12-1296B
lìkǒng 利孔 2-635B
lǐkǒu 蠡口 8-993B
lìkǒu 利口 2-635A
lìkǒu 麗口 12-1294B
líkǔ 離苦 11-886B
lǐkū 理窟 4-576A
lǐkù 裏庫 9-78B
lǐkù 鱧鮬 12-1266A
líkuā 離佤 11-885B
lìkuài 利快 2-636B
lìkuài 歷塊 5-364B
lìkuǎn 瀝款 6-207A
líkuàng 離曠 11-896B
lǐkuàng 禮貺 7-963A
lǐkuī 理虧 4-577B
lǐkuí 里魁 10-370B
lǐkuì 禮饋 7-966A
líkuò 離闊 11-896B
lílà 離剌 11-888B
lìlā 栗喇 4-966A
lìlà 歷剌 5-364A
lílái 黧鯠 12-1241A
lǐlài 俚賴 1-1385A
lìlái 歷來 5-363B
lìlài 利賴 2-640B
lìlán 歷瀾 5-367A
lìlǎn 歷覽 5-367A
lìlǎng 利朗 2-638B
lílǎo 犂老 6-280B
lílǎo 黎老 12-1381A
lílǎo 黧老 12-1370B
lílào 醨酪 9-1437A
lǐláo 醴醪 9-1446A
lǐlǎo 李老 4-789B
lǐlǎo 里老 10-368B
lǐlào 醴酪 9-1445B
lìláo 力勞 2-765A
lìlào 瀝澇 6-207B
líláoquǎnbùrù
籬牢犬不人 8-1285A
lìlèng 立睖 8-377B
lílí 離離 11-897A
lílí 灕灕 6-218B
lílí 蠡蠡 8-994A
lílǐ 盭理 10-422A
lílì 梨栗 4-1041B
lílì 狸力 5-54B
lílì 菞櫟 2-735B
lílì 貍力 10-1337A
lílì 罹麗 8-1045A
lílì 離立 11-884A
lílì 離戾 11-888A
lǐlǐ 理理 4-573A
lǐlǐ 澧澧 6-162A
lǐlì 里吏 10-368B
lǐlì 理例 4-571A
lìlǐ 吏理 1-522B
lìlǐ 栗里 4-965A
lìlǐ 栗理 4-965B
lìlǐ 曆理 5-837B
lìlì 力力 2-762A
lìlì 吏力 1-520B
lìlì 利力 2-635A
lìlì 戾戾 7-348A
lìlì 沴戾 5-1087B
lìlì 沴厲 5-1088A
lìlì 沴癘 5-1088A
lìlì 栗栗 4-965B
lìlì 溰溰 5-1235B
lìlì 莅莅 9-421A
lìlì 慄慄 7-678B
lìlì 厲厲 1-940A
lìlì 歷沴 5-363B
lìlì 歷歷 5-366B
lìlì 嚦嚦 3-542A
lìlì 瀝瀝 6-207B
lìlì 麗麗 12-1299B
lìlì 皪皪 8-276B
lìlì 盭戾 7-1475B
lìlì 櫪櫪 4-1370B
lílián 驪連 12-921A
lǐlián 邐連 10-1302B
lǐlián 纚連 9-1064B
lǐlián 纚聯 9-1064B
lìliàn 歷練 5-366A
lìliang 力量 2-764B
lìliáng 糲粱 9-242B
lìliang 利亮 2-637B
lìliàng 俐亮 1-1401A
lǐliánluólián 哩嗹囉嗹
3-359B
lǐliào 理料 4-572B
lìliáo 唳嘹 3-394A
lílíchùchù 離離矗矗
11-897B
líliè 離列 11-884B
lǐliè 理烈 4-572A
lǐliè 裏列 9-78A
lìliè 力劣 2-763A
lìliè 栗冽 4-965A
lìliè 栗烈 4-965B
lìliè 凓冽 2-432A
lìliè 慄冽 7-678B
lìlièbìfā 栗烈觱發 4-965B
lílì'ér 梨栗兒 4-1041B
lìlièshī'érkūhǔ
詈獵師而哭虎 11-103B
líliguāngguāng 離離光光
11-897B
lǐlǐlālā 哩哩啦啦 3-359B
lílílālā 漓漓拉拉 6-31A
lílílālā 離離拉拉 11-897B
lǐlǐlālā 里里拉拉 10-368B
lìlìlālā 利利拉拉 2-636B
lìlìlālā 瀝瀝拉拉 6-207B
lílilián 離哩連 11-890A
lílíliàngliàng 離離亮亮
11-897B
lìlìlínlín 轢轢轔轔
9-1338B
lǐlǐluóluó 哩哩羅羅
3-359B
lìlìluòluò 歷歷落落
5-366B
lílín 漓淋 6-31A
lǐlín 里鄰 10-370B
lìlín 莅臨 9-421A
lìlìn 轢躪 9-1338B
lílǐng 驪嶺 12-921B
lìlíng 歷陵 5-364A
lǐlíngtái 李陵臺 4-791A
lìlìngzhìhūn 利令志惛
2-635B
lìlìngzhìhūn 利令智昏

2-635B
lílíngzhìshī 犂魑之尸 6-281B
lìlìsàsā 利利灑灑 2-636B
lìliú 離流 11-890A
lìliú 鸝鶹 12-1175A
lìliú 栗留 4-965B
lìliú 鵹鶹 12-1136B
lìliù 瀝霤 6-207B
lìlìwēijù 栗栗危懼 4-965B
lìlìwèiwèi 離離蔚蔚 11-897B
lìlìxīxī 瀝瀝淅淅 6-208A
lìlìzàimù 歷歷在目 5-366B
lílóng 驪龍 12-921B
lǐlòng 里弄 10-368B
lílóngzhū 驪龍珠 12-921B
lílóu 離婁 11-890A
lílóu 廲廔 3-1289A
lílóu 麗廔 12-1298B
lìlǒu 離摟 11-894B
lílú 藜蘆 9-604B
lìlù 蠡谷 8-993B
lìlù 理路 4-575A
lìlù 禮賂 7-963A
lìlù 吏祿 1-523A
lìlù 利祿 2-639B
lìlù 利賂 2-639B
lìlù 栗陸 4-965B
lìlù 歷鹿 5-364B
lìlù 歷碌 5-365A
lìlù 歷録 5-366B
lìlù 歷轆 5-366B
lìlù 轣轆 9-1339A
lìlù 轣祿 9-1339A
líluán 離鸞 11-898B
lìluàn 罹亂 8-1045A
líluàn 離亂 11-894A
lǐluàn 理亂 4-575B
lìluàn 歷亂 5-365B
líluánbiéfèng 離鸞別鳳 11-898B
líluánbiégǔ 離鸞別鵠 11-898B
líluánbiéhè 離鸞別鶴 11-898B
lílún 離侖 11-887B
lílún 離倫 11-890A
lǐlùn 理論 4-577A
lìlùn 立論 8-378B
líluò 離落 11-892B
líluò 籬落 8-1285B
líluò 杝落 4-792A
lǐluó 禮羅 7-965B
lǐluò 里落 10-370A
lìluo 俐落 1-1401B
lìluò 利落 2-639A
lìluò 歷落 5-364B
lìluólī 哩囉哩 3-359B
lìluòshǒu 利落手 2-639A
lílǚ 離樓 11-895A
lílǜ 黎綠 12-1382B
lǐlǘ 里閭 10-370B
lǐlǚ 里旅 10-369B
lǐlǜ 禮律 7-961B
lìlǜ 利率 2-639A
lìlǜ 曆律 5-837A
límǎ 驪馬 12-920B
lìmǎ 立馬 8-376A
lìmǎ 利馬 2-637B
lìmǎ 例馬 1-1335A
lìmǎ 櫪馬 4-1358A
lìmà 詈罵 11-103B
lǐmǎfáng 裏馬房 9-78B
lìmǎgàiqiáo 立馬蓋橋 8-376A
lǐmài 理脈 4-572B
límàn 黎幔 12-1382B
límāo 狸貓 5-55A
límāo 貍貓 10-1338A
límào 黧貌 12-1371A
lǐmāo 李猫 4-791A
lǐmào 禮帽 7-963A
lǐmào 禮貌 7-964A
lǐmào 蚤帽 8-899A
límāohuàntàizǐ 狸貓換太子 5-55A
lìmǎzàoqiáo 立馬造橋 8-376A
lìmǎzhuīdèng 立馬追鐙 8-376A
lìmǎzhuījū 立馬追駒 8-376A
límèi 離袂 11-889B
límèi 儢昧 1-1607A
lìměi 麗美 12-1297B
líméi'àifà 梨眉艾髮 4-1041B
líméiguā 犂眉騧 6-280B
lìméishùyǎn 立眉豎眼 8-376A
límén 籬門 8-1285A
lǐmén 李門 4-790A
lǐmén 里門 10-369A
lǐmén 禮門 7-960B
lìmén 吏門 1-522A
lìmén 利門 2-637A
líméng 梨氓 4-1041B
líméng 梨萌 4-1041B
líméng 黎氓 12-1381B
líméng 黎甿 12-1381B
líméng 黎萌 12-1382A
líméng 黎朦 12-1383A
lìmèng 離夢 11-893B
lìméng 涖盟 5-1235B
lìméng 莅盟 9-421A
líméngzǐ 黎朦子 12-1383A
líméngzǐ 黎檬子 12-1382B
límí 離迷 11-889A
lìmǐ 厘米 1-920B
lìmǐ 釐米 10-421A
límí 離靡 11-898A
lìmí 麗靡 12-1300A
lìmǐ 糲米 9-242B
lìmì 栗密 4-965B
lìmì 麗密 12-1298A
límiàn 梨面 4-1041B
límiàn 犂面 6-280B
límiàn 剺面 2-735B
límiàn 黧面 12-1371A
lǐmiàn 裏面 9-78B
lìmiǎn 勵勉 2-823A
límiáo 黎苗 12-1381B
lìmiào 麗妙 12-1296A
lìmǐlánglì 粒米狼戾 9-210A
límín 犂民 6-280A
límín 黎民 12-1381A
límǐn 離湣 11-893A
límǐn 離愍 11-894B
límǐn 離慜 11-895B
lǐmín 俚民 1-1384A
lǐmín 理民 4-569B
lìmín 力民 2-762B
lìmín 吏民 1-521A
lìmín 利民 2-636A
lìmín 莅民 9-421A
lìmín 厲民 1-938A
límíng 犂明 6-280B
límíng 黎明 12-1381B
límíng 邌明 10-1284A
límíng 離明 11-887A
límíng 麗名 12-1296A
lǐmíng 理名 4-570A
lǐmìng 理命 4-571A
lǐmìng 禮命 7-960A
lìmíng 立名 8-373B
lìmíng 利名 2-636A
lìmíng 曆蓂 5-837B
lìmíng 隸名 12-176B
lìmíng 麗名 12-1296A
lìmíng 麗明 12-1296A
lìmìng 立命 8-374B
lìmìng 曆命 5-837A
lìmíngchǎng 利名場 2-636B
lìmíngchí 利名匙 2-636B
lìmíngkè 利名客 2-636A
límíngxiàng 離明象 11-887B
lìmǐshùxīn 粒米束薪 9-210A
lìmiù 戾謬 7-348B
límò 黎瘼 12-1382B
límò 離瘼 11-895B
límò 籬陌 8-1285A
lǐmò 李墨 4-791B
lǐmò 里陌 10-369B
lǐmò 理末 4-569B
lìmò 力墨 2-765A
lìmò 利末 2-635B
límóu 釐辮 10-422B
lǐmóyún 李摩雲 4-791B
límǔ 黎母 12-1381A
límǔ 驪母 12-920A
límù 黎幕 12-1382B
límù 驪目 12-920A
lìmù 力牧 2-763B
lìmù 立木 8-372A
lìmù 吏目 1-521A
lìmù 綟木 9-914A
lìmù 麗木 12-1295A
lìmù 麗目 12-1295B
límǔguó 黎母國 12-1381A
límǔshān 黎母山 12-1381A
lǐnà 理納 4-572B
lín'ǎi 林藹 4-804B
lín'ǎi 林靄 4-805A
lìn'ài 遴愛 10-1228B
lìn'ài 吝愛 3-242B
lìn'ài 恡愛 7-526A
línán 離南 11-888B
línàn 罹難 8-1045A
lín'àn 林岸 4-800B
lín'àn 臨按 8-731A
lìnán 立男 8-374A
línáng 劙囊 2-759B
lín'ānqīng 臨安青 8-729A
línbá 遴拔 10-1228A
línbān 璘班 4-633B
línbāng 鄰邦 10-685B
línbāo 鱗苞 12-1261B
línbǎo 鄰保 10-686B
línbǎo 鄰寶 10-687B
línbǎo 鱗褓 12-1263A
lìnbǎo 賃保 10-198A
línbèi 鱗被 12-1262A
línběn 臨本 8-728A
línbī 臨逼 8-734A
línbǐ 鄰比 10-685B
línbǐ 臨筆 8-734A
línbǐ 麟筆 12-1304A
línbǐ 鱗比 12-1260B
línbì 琳碧 4-590B
línbì 鄰壁 10-687B
línbì 臨賁 8-733B
línbiǎo 林表 4-800A
línbiǎo 臨表 8-730A
línbié 臨別 8-729A
línbiézèngyán 臨別贈言 8-729B
línbiézèngyǔ 臨別贈語 8-729B
línbīn 璘彬 4-633B
línbīn 璘斌 4-633B
línbīn 璘豳 4-633B
línbīn 璘玢 4-633B
línbīn 璘瑞 4-633B
línbìn 臨殯 8-736B
línbìng 鄰並 10-686B
línbìng 鄰竝 10-686B
lìnbìng 淋病 5-1345A
línbō 鱗波 12-1262A
línbó 林薄 4-803B
lìnbó 磷薄 7-1112B
línbǔ 遴補 10-1228B
líncái 遴才 10-1228A
líncái 遴材 10-1228A
líncái 臨財 8-732B
líncǎi 鱗彩 12-1262B
líncáibùgǒu 臨財不苟 8-732B
líncáng 鱗藏 12-1263A
líncángǔkuì 林慚谷愧 4-803A
líncǎo 林草 4-801A
líncè 鄰側 10-687A
líncè 臨廁 8-734B

líncè 鱗册 12-1261A
líncén 林岑 4-799B
líncén 淋涔 5-1345A
líncén 顲顭 12-323A
líncéng 崚嶒 3-828B
líncénjūn 淋涔君 5-1345B
línchá 臨察 8-735B
línchǎn 林産 4-802A
línchǎn 臨産 8-733A
línchǎng 林場 4-802B
línchǎng 臨場 8-733B
líncháo 臨朝 8-734A
líncháochēngzhì 臨朝稱制 8-734A
línchāolóngzhù 麟超龍翥 12-1304A
línchē 臨車 8-729A
línchéng 鱗塍 12-1262B
lǐnchéng 凜承 2-432B
línchí 林池 4-799B
línchí 淋池 5-1345A
línchí 臨池 8-729A
línchìmù 鱗翅目 12-1262A
línchōng 臨衝 8-735B
línchóng 鱗蟲 12-1263B
lìnchōng 賃舂 10-198A
línchǔ 鄰杵 10-686A
línchǔ 臨楮 8-734A
línchuān 臨川 8-727A
línchuáng 臨床 8-729B
línchuānpài 臨川派 8-727B
línchuānsìmèng 臨川四夢 8-727A
línchuānxiànyú 臨川羡魚 8-727B
línchuí 林垂 4-800B
línchūn 臨春 8-731A
línchǔshì 林處士 4-802A
líncī 鱗差 12-1262A
líncì 鱗次 12-1261B
lǐncì 廩賜 3-1286B
líncìxiāngbǐ 鱗次相比 12-1261B
líncìzhìbǐ 鱗次櫛比 12-1261B
líncóng 林叢 4-804B
lǐncóng 稟從 8-105B
líncòu 鱗湊 12-1262B
líncòu 鱗輳 12-1263A
líncù 鱗蹙 12-1263B
líncù 躪蹙 10-574B
líncuì 鱗萃 12-1262A
líncuì 鱗崒 12-1262B
líncuìbǐzhì 鱗萃比櫛 12-1262B
líncūn 鄰村 10-686A
líncūn 鱗皴 12-1262B
líncún 臨存 8-728A
líncuò 鱗錯 12-1263A
líndài 林帶 4-802A
lǐndài 稟貸 8-106A
líndàiyù 林黛玉 4-804A
líndān 瞵眈 7-1256B
líndāng 臨當 8-735A
líndāo 鱗魛 12-1263A
líndào 臨到 8-730A
lìndào 吝道 3-242B
líndàoren 林道人 4-802B
líndé 麟德 12-1305A
líndédiàn 麟德殿 12-1305A
líndélì 麟德曆 12-1305A
líndēng 遴登 10-1228B
líndí 鄰笛 10-687A
líndí 鄰敵 10-687A
líndí 鄰箋 10-687B
líndí 臨敵 8-735B
líndì 林地 4-799A
líndiàn 林甸 4-799B
líndiàn 鱗甸 12-1302B
líndiàn 麟殿 12-1304B
líndiào 遴調 10-1228B
líndiào 臨弔 8-727B
líndié 鱗牒 12-1304A
líndié 鱗叠 12-1263A
líndímàizhèn 臨敵賣陣 8-735B
lín'ē 林阿 4-800A
lǐnéng 理能 4-572B
lìnéng 力能 2-764B
lìnéng 吏能 1-522B
lín'ér 麟兒 12-1303A
lín'ěr 臨邇 8-736B
lín'érguó 臨兒國 8-730B
lìn'ěryōngmù 賃耳傭目 10-198A
línfān 鄰藩 10-687B
línfán 林樊 4-803B
línfán 臨凡 8-727B
línfāng 林芳 4-799B
línfáng 琳房 4-589B
línfēi 林扉 4-803A
línfēi 林霏 4-803B
lǐnfèi 廩費 3-1286A
línfēn 林芬 4-799B
línfēn 臨分 8-727B
línfén 林棼 4-802B
línfēng 鄰封 10-686B
línfēng 臨風 8-731A
línfèng 麟鳳 12-1304B
lǐnfèng 稟奉 8-105A
lǐnfèng 廩俸 3-1286A
línfèngguīlóng 麟鳳龜龍 12-1304B
línfēngjuédí 臨鋒決敵 8-735B
línfú 麟服 12-1303A
línfú 麟符 12-1303B
línfú 麟紱 12-1304A
línfǔ 林府 4-800B
línfǔ 麟脯 12-1304A
línfù 林阜 4-800B
línfù 鱗附 12-1261B
lǐnfú 稟服 8-105A
línfùbǐ 麟父筆 12-1302B
lǐng'ài 嶺隘 3-872B
lìng'ài 令愛 1-1123B
lìng'ài 令嬡 1-1125A
lǐng'àn 領案 12-282B
lìng'àn 另案 3-79A
língānfèngsuǐ 麟肝鳳髓 12-1302B
língāo 林皋 4-801B
língāo 林臯 4-802B
líng'áo 靈鼇 11-776A
líng'ǎo 靈媼 11-766A
líng'ào 凌傲 2-417B
líng'ào 凌慠 2-418A
líng'ào 陵傲 11-1003B
líng'ào 陵慠 11-1004A
líng'ào 靈奧 11-765B
língbǎi 陵柏 11-1001B
língbǎi 陵栢 11-1002A
língbài 零敗 11-686B
língbǎn 陵阪 11-1000A
lǐngbān 領研 12-282A
lǐngbǎn 嶺阪 3-872A
lǐngbǎn 嶺坂 3-872A
língbàng 靈蚌 11-760B
lìngbāng 令邦 1-1119B
língbāo 拎包 6-474B
língbǎo 靈保 11-758A
língbǎo 靈寶 11-774B
língbào 凌暴 2-419A
língbào 陵暴 11-1005A
língbào 淩暴 5-1343A
língbēi 陵陂 11-1000B
lǐngběi 嶺北 3-871B
língbèng 淩迸 5-1342A
língbī 凌逼 2-417A
língbī 陵偪 11-1003A
língbī 陵逼 11-1003B
língbī 淩逼 5-1342B
língbì 陵敝 11-1003A
língbì 陵弊 11-1004B
língbì 靈壁 11-772A
língbì 靈璧 11-773B
lìngbì 令辟 1-1124A
língbiān 靈鞭 11-773A
língbiàn 伶便 1-1269A
língbiàn 伶變 1-1269A
língbiàn 靈便 11-758A
língbiàn 靈變 11-776B
língbiāo 靈猋 11-765A
língbiāo 靈標 11-770A
língbiāo 靈飆 11-775A
língbiāo 靈颮 11-775A
língbiāo 靈颷 11-775A
língbiǎo 陵表 11-1000B
língbiǎo 靈表 11-752B
lǐngbiǎo 領表 12-280B
lǐngbiǎo 嶺表 3-872A
língbìn 凌擯 2-420A
língbīng 陵兵 11-1000B
língbìng 凌併 2-415B
lìngbǐng 令丙 1-1119A
língbìshí 靈壁石 11-772A
língbō 泠波 5-1088B
língbō 凌波 2-415B
língbō 陵波 11-1001B
língbō 淩波 5-1342A
língbō 靈波 11-755A
língbó 凌薄 2-419B
língbó 鈴鈸 11-1234A
língbōchí 凌波池 2-415B
língbōjūn 凌波軍 2-415B
língbōqǔ 凌波曲 2-415B
língbōqǔ 淩波曲 5-1342A
língbōwà 凌波襪 2-415B
língbōxiānzǐ 凌波仙子 2-415B
língbōxiānzǐ 淩波仙子 5-1342A
língbū 零逋 11-686B
língcái 靈材 11-752A
língcǎi 靈彩 11-764A
língcài 靈蔡 11-769A
lìngcái 令才 1-1118B
lìngcái 令材 1-1120B
língcán 零殘 11-687A
língcan 凌晉 2-417B
língcǎo 靈草 11-756B
lìngcǎo 令草 1-1121B
lìngcè 另册 3-79A
língcén 陵岑 11-1000B
lǐngcén 嶺岑 3-872A
língcéng 凌嶒 2-419A
língcéng 陵嶒 11-1005A
língcéng 崚層 3-828B
língcéng 崚嶒 3-828B
língchá 靈查 11-756B
língchá 靈槎 11-767A
língchà 靈剎 11-754B
língchāi 陵差 11-1002A
língchái 淩儕 5-1343B
língchán 靈廛 11-771A
língchán 靈蟾 11-773B
língcháng 靈長 11-753A
língchǎng 陵場 11-1003B
língchǎng 靈場 11-764B
língchàng 菱唱 9-435A
lǐngchàng 領唱 12-283B
língcháo 凌潮 2-419A
língchē 凌車 2-415A
língchē 靈車 11-752A
língchēn 靈琛 11-764B
língchén 凌晨 2-416B
língchén 陵晨 11-1003A
língchén 淩晨 5-1342B
língchén 靈辰 11-752A
língchèn 靈櫬 11-774A
lìngchén 令辰 1-1120B
língchéng 靈承 11-756A
lǐngchéng 領承 12-281A
lìngchēng 令稱 1-1124A
língchī 詅癡 11-113A
língchī 零吃 11-685B
língchī 靈螭 11-771B
língchí 凌持 2-416A
língchí 凌遲 2-419B
língchí 陵持 11-1001B
língchí 陵遲 11-1004A
língchí 陵遅 11-1005A
língchí 陵弛 11-1001B
língchí 淩持 5-1342A
língchí 淩遲 5-1343A
língchí 靈池 11-751A

língchǐ 齡齒 12-1452A
língchì 陵斥 11-999B
lìngchì 令飭 1-1123B
língchīfú 詅蚩符 11-112B
língchīfú 詅嗤符 11-113A
língchīfú 詅癡符 11-113A
língchǒng 靈寵 11-774A
língchóu 靈籌 11-774B
língchū 零齣 11-688A
língchú 凌鋤 2-419A
língchú 靈雛 11-773A
língchǔ 鈴杵 11-1233B
língchǔ 靈杵 11-753B
língchuān 蛉川 8-877A
língchuān 靈川 11-748A
língchuán 舲船 9-7A
língchuáng 凌床 2-415A
língchuáng 凌牀 2-416A
língchuáng 笭牀 8-1127A
língchuáng 櫺牀 4-1367B
língchuáng 靈床 11-752B
língchuáng 靈牀 11-756A
lìngchǔhánwū 另楚寒巫
3-79B
língchūn 靈椿 11-767A
língchūn 靈輴 11-771B
língchuō 凌踔 2-419A
língchuò 凌趠 2-418B
língcí 靈祠 11-759B
língcì 陵次 11-1000A
lìngcī 令疵 1-1122B
lìngcí 令慈 1-1124A
lìngcí 令辭 1-1125B
língcù 凌蹙 2-420A
língcù 陵蹙 11-1006A
língcuàn 陵篡 11-1005B
língcuì 零悴 11-686B
língcuì 零瘁 11-687B
língcuì 靈粹 11-769B
lǐngcuī 領催 12-284B
língcuò 凌挫 2-416B
língcuò 陵挫 11-1002A
lǐngdá 領答 12-284A
lìngdá 令達 1-1123A
lǐngdài 領帶 12-283A
lǐngdàiqiǎ 領帶卡 12-283A
língdān 靈丹 11-749A
língdàn 凌旦 2-415A
língdàn 零蛋 11-687A
lǐngdàn 嶺蜑 3-872B
lìngdàn 令旦 1-1119B
lìngdàn 令誕 1-1123B
língdāng 鈴鐺 11-1234B
língdāngxīn 鈴鐺心
11-1234B
língdānmiàoyào 靈丹妙藥
11-749A
língdānshèngyào 靈丹聖藥
11-749A
língdǎo 凌蹈 2-420A
língdǎo 陵蹈 11-1006A
língdào 陵道 11-1003B
língdào 陵稻 11-1005A
lǐngdǎo 領導 12-285A
lǐngdào 領道 12-284A
língdāozi 零刀子 11-685A
língdé 陵德 11-1005A
língdé 靈德 11-770B
lìngdé 令德 1-1125A
língdēng 靈燈 11-772A
língděng 凌等 2-417B
língdǐ 陵詆 11-1003B
língdì 瓴甋 5-288A
língdì 靈地 11-750A
língdì 靈帝 11-758B
lǐngdì 領地 12-280A
lìngdì 令弟 1-1120B
língdiǎn 零點 11-688A
língdiàn 陵殿 11-1004A
lìngdiǎn 令典 1-1121A
língdiāo 零凋 11-686B
língdīng 伶丁 1-1268B
língdīng 伶仃 1-1268B
língdīng 伶行 3-935A
língdīng 玲玎 4-540A
língdīng 跉盯 10-448B
língdīng 零丁 11-685A
língdīng 靈丁 11-748A
língdǐng 鵜鳵 12-1163B
língdǐng 翎頂 9-650B
língdīnggūkǔ 伶仃孤苦
1-1268B
língdīnggūkǔ 零丁孤苦
11-685A
língdīngyáng 零丁洋
11-685A
língdōng 凌冬 2-415A
língdōng 陵冬 11-999B
língdòng 靈洞 11-758B
língdòng 靈動 11-763B
lǐngdōng 領東 12-280B
língdù 零度 11-686A
língduàn 靈斷 11-773B
lǐngduì 領兑 12-280B
lǐngduì 領隊 12-284A
língduó 凌奪 2-418B
língduó 陵奪 11-1004B
língduó 鈴鐸 11-1234B
língduò 零墮 11-687B
lǐngduō 領掇 12-283A
língē 林戈 4-799A
líng'ē 陵阿 11-1000B
líng'ē 靈阿 11-752B
língé 麟閣 12-1304B
líng'é 靈娥 11-762A
lǐng'è 領惡 12-284A
lǐng'è 領顎 12-285B
líng'ér 靈輀 11-767A
líng'ér 靈轜 11-775A
líng'ěr 苓耳 9-350A
líng'èr 鈴珥 11-1233B
língéxiàng 麟閣像 12-1304B
língfá 陵伐 11-1000A
língfān 鈴旛 11-1234A
língfān 靈幡 11-770B
língfān 靈旛 11-773B
língfán 靈燔 11-772A
língfàn 凌犯 2-415A
língfàn 陵犯 11-999B
língfàn 淩犯 5-1341B
língfàn 靈泛 11-752B
lìngfàn 令範 1-1124B
língfāng 靈方 11-749A
língfáng 靈房 11-756A
lìngfāng 令芳 1-1120B
língfēi 凌飛 2-416B
língfēi 淩飛 5-1342A
língfēi 靈妃 11-751B
língfēi 靈飛 11-759B
língfēi 靈扉 11-766A
língfēijīng 靈飛經 11-760A
língfēisǎn 靈飛散 11-760A
língfēn 零雰 11-687B
língfen 靈芬 11-752A
língfēn 靈氛 11-754A
língfén 陵墳 11-1005A
língfén 靈蕡 11-773A
língfèn 陵憤 11-1005A
língfēng 泠風 5-1088B
língfēng 凌風 2-416A
língfēng 陵風 11-1002A
língfēng 淩風 5-1342A
língfēng 聆風 8-660A
língfēng 靈封 11-756B
língfēng 靈風 11-758A
língfēng 靈峯 11-760B
língfēng 簦風 8-1236A
língfèng 靈鳳 11-769B
língfēnggě 凌風舸 2-416A
língfú 詅符 11-113A
língfú 軨服 9-1240B
língfú 靈符 11-763B
língfú 靈凫 11-767B
língfǔ 靈府 11-755A
língfù 陵阜 11-1001A
língfù 靈阜 11-754B
lǐngfǔ 領府 12-281A
lǐngfù 嶺腹 3-872B
lìngfù 令婦 1-1123A
línggài 陵蓋 11-1003B
línggài 菱蓋 9-435A
línggǎn 靈感 11-767A
lǐnggàn 領幹 12-284B
línggāng 陵岡 11-1001A
línggāng 靈綱 11-769B
línggǎng 陵崗 11-1003A
línggǎng 靈崗 11-763B
línggàng 靈杠 11-752A
lǐnggǎng 嶺崗 3-872A
lǐnggǎng 領港 12-284A
lǐnggānxīn 領乾薪 12-283A
línggào 靈誥 11-769B
línggē 菱歌 9-435A
línggē 靈戈 11-748B
línggē 靈哥 11-760B
línggé 鈴閣 11-1234A
línggé 鈴閤 11-1234A
lìnggé 令閣 1-1124B
lìnggé 令格 1-1122A
línggēn 靈根 11-760A
línggōng 伶工 1-1268B
línggōng 陵宮 11-1002A
línggōng 零工 11-685A
línggōng 靈宮 11-759A
lǐnggōng 領工 12-279B
lìnggōng 令公 1-1119A
lìnggōngxiāng 令公香
1-1119A
línggōu 靈鉤 11-767B
línggòu 凌詬 2-417B
línggòu 靈構 11-769A
línggū 零孤 11-686A
línggǔ 陵汩 11-1000B
línggǔ 陵谷 11-1000B
línggǔ 鈴鼓 11-1234A
línggǔ 靈谷 11-752B
línggǔ 靈骨 11-757B
línggǔ 靈鼓 11-766B
línggù 淩牿 5-1342B
lìnggǔ 令鼓 1-1123B
língguā 靈瓜 11-750A
língguài 靈怪 11-755B
língguān 伶官 1-1268B
língguān 泠綸 5-1088B
língguān 陵官 11-1001B
língguān 靈官 11-755B
língguān 靈關 11-774A
língguǎn 翎管 9-650B
língguǎn 靈館 11-771B
língguàn 靈觀 11-776B
lìngguān 令官 1-1121A
língguāng 靈光 11-750B
lǐngguǎng 嶺廣 3-872B
língguāngdiàn 靈光殿
11-750B
língguāngpiànyǔ 零光片羽
11-685B
língguānshì 泠淪氏 5-1088B
línggǔcāngsāng 陵谷滄桑
11-1000B
línggui 苓龜 9-350A
língguī 靈規 11-762A
língguī 靈閨 11-769B
língguī 靈龜 11-772B
língguǐ 淩晷 5-1342B
língguǐ 靈軌 11-756B
língguǐ 靈鬼 11-758A
língguì 零桂 11-686A
lǐngguì 領襘 12-285B
lìngguǐ 令軌 1-1121B
língguīduànbì 零圭斷璧
11-685B
língguǒ 靈果 11-754A
línggūpī 靈姑銔 11-756A
línghǎi 陵海 11-1002B
línghǎi 靈海 11-761B
lǐnghǎi 領海 12-282A
lǐnghǎi 嶺海 3-872A
línghán 凌寒 2-417B
línghàn 靈漢 11-769B
línghàn 靈翰 11-771A
lǐngháng 領航 12-282A
línghé 靈和 11-754B
línghé 靈河 11-755A
línghè 陵壑 11-1006A
línghè 靈鶴 11-775A

línghédiàn 靈和殿 11-754B
línghéliǔ 靈和柳 11-754B
línghéng 陵横 11-1005A
línghéng 陵衡 11-1005B
línghòu 靈后 11-751A
línghòu 嶺堠 3-872B
línghū 凌忽 2-415A
línghū 陵忽 11-1001A
línghū 淩忽 5-1342A
línghú 靈鵠 11-773A
línghú 靈湖 11-765B
línghú 令狐 1-1121B
línghǔ 靈滸 11-769B
línghù 陵户 11-999B
línghù 靈户 11-749B
línghù 靈祜 11-759B
línghú 領胡 12-281B
lǐnghù 領護 12-285B
línghuā 陵華 11-1002A
línghuā 翎花 9-650B
línghuā 菱花 9-434B
línghuā 菱華 9-435A
línghuā 零花 11-685B
línghuā 靈花 11-752A
línghuā 靈華 11-760A
línghuá 靈華 11-760A
línghuà 靈化 11-749A
línghuái 靈懷 11-774A
línghuài 凌壞 2-420A
línghuājìng 菱花鏡 9-434B
línghuàn 靈幻 11-749B
línghuáng 菱黄 9-435A
línghuáng 靈皇 11-758A
línghuǎng 靈幌 11-767B
línghuī 靈暉 11-767B
línghuī 靈輝 11-770A
línghuǐ 零毀 11-687B
línghuì 淩穢 5-1343B
línghuì 靈卉 11-749B
línghuì 靈會 11-767B
línghuì 靈誨 11-769B
línghuì 靈慧 11-770A
lǐnghuì 領會 12-284B
lìnghuì 令慧 1-1124B
línghún 靈魂 11-766B
línghuó 零活 11-686A
línghuó 靈活 11-758B
línghuǒ 陵火 11-999B
línghuǒ 靈火 11-749B
língjī 軨積 9-1240B
língjī 零畸 11-687B
língjī 綾機 9-877B
língjī 靈乩 11-750B
língjī 靈基 11-762B
língjī 靈機 11-771B
língjī 靈璣 11-771A
língjī 靈雞 11-773A
língjī 靈几 11-748A
língjí 凌籍 2-420B
língjí 凌藉 2-420A
língjí 陵籍 11-1006B
língjí 淩藉 5-1343B
língjí 零藉 11-688A
língjí 靈笈 11-757B
língjí 靈極 11-765A
língjì 陵季 11-1001A
língjì 菱芰 9-434B
língjì 靈迹 11-758B
língjì 靈計 11-758B
língjì 靈跡 11-767B
língjì 靈蹟 11-773A
lǐngjǐ 領給 12-284B
lìngjī 令績 1-1125B
língjià 凌架 2-416B
língjià 凌駕 2-419B
língjià 陵架 11-1002A
língjià 陵駕 11-1005B
língjià 淩駕 5-1343A
língjià 鈴架 11-1233B
língjià 靈駕 11-771A
lǐngjiā 領家 12-282A
lǐngjiá 領袷 12-284B
lǐngjiá 領裌 12-284A
lìngjiǎ 令甲 1-1119B
lǐngjiāde 領家的 12-282A
língjiān 靈堅 11-762B
língjiǎn 靈簡 11-773A
língjiàn 凌僭 2-418B
língjiàn 凌賤 2-419A
língjiàn 凌踐 2-419A
língjiàn 陵僭 11-1004B
língjiàn 陵踐 11-1005A
língjiàn 菱鑑 9-435A
língjiàn 鈴箭 11-1234A
língjiàn 零件 11-685B
língjiàn 櫺檻 4-1368A
língjiàn 靈監 11-769A
língjiàn 靈劍 11-771A
língjiàn 靈鑒 11-775A
lǐngjiàn 領薦 12-285B
lǐngjiàn 領鑒 12-286A
lìngjiàn 令箭 1-1124B
língjiàng 靈匠 11-750B
lǐngjiāng 領江 12-280B
lǐngjiǎng 領講 12-285B
lìngjiànhéhuā 令箭荷花 1-1124B
língjiāo 靈鮫 11-772B
língjiǎo 菱角 9-435A
língjiǎo 櫺角 4-1367B
língjiǎo 靈矯 11-772B
língjiào 聆教 8-660B
lǐngjiào 領教 12-283A
lǐngjiào 領嶠 12-285A
lǐngjiào 嶺徼 3-872B
lǐngjiào 嶺嶠 3-872B
lǐngjiào 嶺嶠 3-872B
língjiǎojīn 菱角巾 9-435A
língjiē 靈階 11-764B
língjié 凌劫 2-415A
língjié 凌節 2-417B
língjié 陵節 11-1004A
língjié 淩節 5-1342B
língjié 靈捷 11-762B
língjié 靈節 11-767B
língjié 靈潔 11-771A
língjiè 伶界 1-1268B
língjiè 陵藉 11-1005B
língjiè 靈界 11-757A
lǐngjié 領結 12-284B
lǐngjiě 領解 12-284B
lǐngjiè 領解 12-284B
lìngjié 令節 1-1123B
língjīn 靈金 11-754B
língjīn 靈津 11-759A
língjīn 靈襟 11-773B
língjǐn 陵謹 11-1006B
língjìn 凌靳 2-417B
lǐngjīn 領巾 12-280A
língjīng 凌驚 2-420B
língjīng 陵京 11-1001B
língjīng 淩兢 5-1343A
língjīng 笭箐 8-1127A
língjīng 殑殑 5-166B
língjǐng 靈景 11-765A
língjǐng 靈警 11-773B
língjìng 凌兢 2-418A
língjìng 凌競 2-420B
língjìng 陵競 11-1006B
língjìng 菱鏡 9-435A
língjìng 靈境 11-768B
língjìng 靈鏡 11-774A
língjìngcuìlì 陵勁淬礪 11-1001B
língjiǒng 陵窘 11-1003B
língjiǒng 淩窘 5-1342B
língjiǔ 酃酒 10-696B
língjiǔ 醽酒 9-1448A
língjiù 靈柩 11-756B
língjiù 靈鷲 11-776A
lìngjiǔ 令酒 1-1122B
língjū 陵居 11-1001B
língjū 靈居 11-756A
língjǔ 靈矩 11-757B
língjù 倰遽 7-589B
língjù 凌遽 2-419B
língjù 陵聚 11-1004B
língjù 陵遽 11-1005B
língjù 淩遽 5-1343A
língjuàn 綾絹 9-877B
língjuàn 靈狷 11-761B
língjuàn 靈眷 11-764A
língjuàn 靈雋 11-765B
língjué 陵絕 11-1003B
língjué 靈覺 11-774B
língjūn 靈君 11-752B
língjūn 靈均 11-751B
língjūn 靈菌 11-762B
língjùn 靈峻 11-761A
lǐngjūn 領軍 12-281B
lìngjūn 令君 1-1120B
lìngjūnxiāng 令君香 1-1121A
língkāi 靈開 11-766A
lìngkāishēngmiàn 另開生面 3-79B
língkān 靈龕 11-775B
língkē 駖磕 12-817A
língkē 駖礚 12-817A
língkōng 凌空 2-416A
língkōng 陵空 11-1001B
língkōng 靈空 11-755B
lǐngkōng 領空 12-281A
lǐngkǒu 領口 12-280A
lǐngkòu 領扣 12-280A
língkuā 陵誇 11-1004A
língkuà 凌跨 2-417B
língkuà 陵跨 11-1004A
língkuà 淩跨 5-1342B
língkuài 淩塊 5-1342B
língkuài 靈快 11-752B
língkuáng 陵誑 11-1004B
língkuàng 靈貺 11-765A
língkuī 凌虧 2-420A
língkuí 伶夔 1-1269A
língkuí 靈夔 11-775A
língkuì 靈匱 11-769A
língkūn 靈鯤 11-774A
língkǔn 靈閫 11-771A
lìngkǔn 令閫 1-1125A
línglài 靈籟 11-775B
línglán 鈴蘭 11-1234A
línglán 靈蘭 11-774A
lǐnglǎn 領覽 12-286A
língláng 玲琅 4-540A
lìngláng 令郎 1-1121B
línglǎo 羚狫 5-36A
línglǐ 陵鯉 11-1006A
línglǐ 鯪鯉 12-1238A
línglǐ 鯪鱧 12-1238A
línglì 怜悧 7-482A
línglì 伶利 1-1268B
línglì 伶俐 1-1269A
línglì 刢利 2-641A
línglì 凌厲 2-418A
línglì 凌勵 2-419B
línglì 凌歷 2-419B
línglì 凌礫 2-420B
línglì 凌躒 2-420B
línglì 凌轢 2-420B
línglì 砱礫 7-1020B
línglì 陵厲 11-1004B
línglì 陵歷 11-1005B
línglì 陵轢 11-1006B
línglì 陵轣 11-1007A
línglì 淩厲 5-1343A
línglì 淩躒 5-1343B
línglì 淩轢 5-1343B
línglì 鈴吏 11-1233B
línglì 零利 11-685B
línglì 零栗 11-686B
línglì 軨轢 9-1284A
línglì 靈利 11-752A
lìnglì 令利 1-1120B
lǐnglǐ 領理 12-282B
língliáng 靈糧 11-773B
língliàng 靈亮 11-758B
lǐngliào 領料 12-282A
língliè 冷洌 5-1088B
língliè 凌冽 2-415B
língliè 凌獵 2-420A
língliè 凌躐 2-420B
língliè 陵獵 11-1006B
língliè 陵躐 11-1006B
língliè 淩躐 5-1343B
língliè 翎鬣 9-650B

línglièchē 軨獵車 9-1240B
línglín 陵臨 11-1006A
lǐnglín 岭嶙 3-811A
línglíng 冷冷 2-403B
línglíng 磷磷 7-1113A
línglíng 伶伶 1-1268B
línglíng 泠泠 5-1088B
línglíng 昤昤 5-681B
línglíng 玲玲 4-540A
línglíng 凌凌 2-416B
línglíng 崚崚 3-828A
línglíng 淩淩 5-1342B
línglíng 聆聆 8-660B
línglíng 軨軨 9-1240B
línglíng 鈴鈴 11-1234A
línglíng 零陵 11-686B
línglíng 零鈴 11-687B
línglíng 零零 11-687B
línglíng 令令 1-1119B
línglìng 陵令 11-999B
línglíngxiāng 鈴鈴香 11-1234A
línglíngxiāng 零陵香 11-686B
línglíngxiāng 蕶苓香 9-562B
línglóng 苓蘢 9-350A
línglóng 玲瓏 4-540A
línglóng 零籠 11-688B
línglóngtītòu 玲瓏剔透 4-540B
línglóngtòulòu 玲瓏透漏 4-540B
línglú 陵廬 11-1006B
línglù 陵陸 11-1002B
línglù 零露 11-688B
línglù 酃渌 10-696B
línglù 酃醁 10-696B
línglù 醽渌 9-1448A
línglù 醽醁 9-1448A
línglù 靈露 11-775A
línglù 酃醁 9-1402A
lǐnglù 領路 12-284B
lǐnglù 領錄 12-285B
lìnglù 令錄 1-1125A
língluán 陵巒 11-1007A
língluàn 凌亂 2-417B
língluàn 陵亂 11-1004A
língluàn 淩亂 5-1342B
língluàn 零亂 11-687B
línglún 伶倫 1-1269A
línglún 零淪 11-686B
línglún 崚崙 3-860B
língluó 陵螺 11-1006A
língluó 綾羅 9-877B
língluò 泠落 5-1088B
língluò 苓落 9-350A
língluò 零落 11-687A
língluò 蘦落 9-625B
língluóchóuduàn 綾羅綢緞 9-878A
línglǜ 酃綠 10-696B
lǐnglüè 領略 12-283A
língmá 靈麻 11-764A
língmǎ 鈴馬 11-1233B
língmài 凌邁 2-418B
língmài 陵邁 11-1005A
língmài 淩邁 5-1343A
língmài 詅賣 11-113A
língmài 零賣 11-688A
língmàn 凌慢 2-418B
língmàn 陵慢 11-1004B
língmáng 靈尨 11-756B
língmáo 泠毛 5-1088B
língmáo 翎毛 9-650B
língmáo 靈茅 11-753A
língmào 陵冒 11-1002A
língmào 鈴旄 11-1233B
língmào 零茂 11-686A
língmào 靈茂 11-753A
língmào 靈懋 11-772B
lǐngmào 領務 12-282B
língmèi 靈昧 11-757A
lǐngméi 嶺梅 3-872A
lìngměi 令美 1-1122A
lìngmèi 令妹 1-1121B
língmén 陵門 11-1001B
língmén 靈門 11-756A
lǐngmén'er 領門兒 12-281A
língmèng 齡夢 12-1452A
língmèng 靈夢 11-767A
língmì 靈祕 11-759B
língmì 靈秘 11-761A
língmiáo 靈苗 11-753A
língmiǎo 陵邈 11-1006A
língmiǎo 靈眇 11-757A
língmiào 陵廟 11-1005A
língmiào 靈妙 11-752B
língmiào 靈廟 11-771A
língmiè 凌蔑 2-418A
língmiè 凌蠛 2-420B
língmiè 陵蔑 11-1004B
língmiè 陵懱 11-1006A
língmiè 淩蔑 5-1342B
língmǐn 靈敏 11-764A
língmíng 靈明 11-753B
língmìng 靈命 11-755A
lǐngmìng 領命 12-281A
lìngmíng 令名 1-1120A
língmó 凌摩 2-419A
lǐngmǒ 領抹 12-280B
lìngmó 令謨 1-1125A
língmóu 靈眸 11-763A
língmǔ 靈母 11-750A
língmù 陵木 11-999A
língmù 陵墓 11-1004A
língmù 靈木 11-748B
lǐngmù 領牧 12-281A
lìngmǔ 令母 1-1119B
língmǔfújiàn 陵母伏劍 11-999B
língmǔzhīxīng 陵母知興 11-999B
lǐngnà 領納 12-282B
lǐngnán 領南 12-281B
lǐngnán 嶺南 3-872A
lǐngnánpài 嶺南派 3-872A
lǐngnánsānjiā 嶺南三家 3-872A
língnéng 靈能 11-762A
lìngnián 令年 1-1120A
língniè 鈴鑷 11-1234B
lǐngnuò 領喏 12-283A
lǐngnuò 領諾 12-285A
língnǚ 靈女 11-748B
língnüè 凌虐 2-416A
língnüè 陵虐 11-1001B
língnüè 淩虐 5-1342A
língōng 林公 4-799A
língōng 琳宮 4-589B
língòng 廩貢 3-1286A
líng'ōu 凌毆 2-418A
língòu 鱗構 12-1263A
língpā 靈葩 11-765A
língpái 靈牌 11-765B
língpài 靈派 11-759A
lìngpái 令牌 1-1123A
língpán 靈盤 11-770B
lǐngpán'er 領盤兒 12-285A
língpèi 靈轡 11-776A
lìngpén 令盆 1-1122A
língpí 靈鼉 11-776B
língpǐ 靈匹 11-748B
língpì 瓴甓 5-288A
lìngpì 令辟 1-1124A
lìngpǐ 令匹 1-1118B
língpiān 靈篇 11-770B
lìngpiào 令票 1-1122B
lìngpìgāi 令甓裓 1-1125B
língpǐn 靈品 11-757B
língpīng 伶俜 1-1269A
língpīng 跉跰 8-380B
língpīng 跉跰 8-380A
língpīng 跉跰 8-380B
língpīng 跉跰 8-380B
língpīng 跉跰 10-448B
língpīng 令俜 1-1122A
língpíng 軨軿 9-1240B
lǐngpíng 領憑 12-285B
lìngpìxījìng 另闢蹊徑 3-79B
língpò 陵迫 11-1001A
língpò 靈魄 11-769A
língpǔ 靈圃 11-760B
língpǔ 靈樸 11-771B
lìngpú 令僕 1-1124A
língqī 凌欺 2-417A
língqī 靈期 11-765A
língqī 靈棲 11-765A
língqí 靈奇 11-753B
língqí 靈祇 11-755B
língqí 靈旂 11-761B
língqí 靈旗 11-769B
língqǐ 綾綺 9-877B
língqì 陵氣 11-1002B
língqì 靈契 11-756A
língqì 靈氣 11-761A
lǐngqí 領旂 12-282A
lǐngqí 領旗 12-285A
lìngqī 令妻 1-1121A
lìngqí 令旗 1-1124A
lìngqì 令氣 1-1122B
lìngqì 令器 1-1125A
língqiān 陵騫 11-1006B
língqiān 靈籤 11-776A
língqián 零錢 11-688A
língqián 靈錢 11-771B
língqiàn 菱芡 9-435A
língqiàn 靈輤 11-770A
língqiǎo 靈巧 11-749B
língqiào 陵誚 11-1004B
língqiào 靈俏 11-758A
língqiào 靈竅 11-773B
lìngqiǎo 另巧 3-79A
língqiāosuìdǎ 零敲碎打 11-687B
língqībāsuì 零七八碎 11-685A
lǐngqiè 領挈 12-282A
lìngqǐlúzào 另起爐竈 3-79A
língqín 靈禽 11-765B
língqǐn 陵寢 11-1004B
língqǐn 靈寢 11-769B
lìngqīn 令親 1-1125A
língqīng 蛉蜻 8-877A
língqīng 靈清 11-764A
língqìng 靈慶 11-771A
lǐngqīng 領青 12-280B
lǐngqíng 領情 12-283B
língqióng 蛉窮 8-877A
língqīsuìbā 零七碎八 11-685A
língqiū 陵丘 11-999B
língqiū 陵邱 11-1000B
língqiū 靈湫 11-766A
língqiū 靈丘 11-749B
língqiú 靈虬 11-752A
língqiú 靈虯 11-754A
língqū 靈區 11-762B
língqú 鑢鑺 12-589B
língqú 靈渠 11-764A
língqǔ 聆取 8-660A
língqǔ 靈曲 11-751A
lǐngqǔ 領取 12-280B
lìngqǔ 令曲 1-1120A
língquán 靈泉 11-758A
língquàn 綾券 9-877B
lǐngquān 領圈 12-283B
língquē 陵缺 11-1002B
língquē 陵闕 11-1006B
língquè 零雀 11-686B
língquè 靈鵲 11-773B
língquètiánhé 靈鵲填河 11-773B
língrán 冷然 2-408B
língrán 泠然 5-1088B
língráng 零瀼 11-688A
língrǎng 陵壤 11-1006B
língrǎo 凌擾 2-420A
língrén 伶人 1-1268B
língrén 泠人 5-1088A
língrén 凌人 2-414B
língrén 陵人 11-999A
língrén 靈人 11-748A
lìngrén 令人 1-1118A

lìngrénfàzhǐ 令人髮指 1-1118A
lìngrì 令日 1-1118B
lìngrì 另日 3-78B
lìngróng 令容 1-1122B
língròu 靈肉 11-751A
língrǔ 凌辱 2-416B
língrǔ 陵辱 11-1002A
língrǔ 淩辱 5-1342A
língruì 靈瑞 11-766B
língrùn 靈潤 11-771A
língruò 陵弱 11-1002B
língruò 靈若 11-753A
língruò 靈弱 11-762A
língruòbàoguǎ 陵弱暴寡 11-1002B
língsǎn 零散 11-687A
língsàn 零散 11-687A
língsè 靈瑟 11-766B
lìngsè 令色 1-1120A
língshā 靈砂 11-757A
língshān 陵山 11-999A
língshān 靈山 11-748A
língshàn 翎扇 9-650B
lìngshàn 令善 1-1123B
língshàng 凌上 2-415A
língshàng 陵上 11-999A
língshàng 陵尚 11-1001A
língshàng 淩尚 5-1342A
lǐngshāng 領墒 12-285A
lìngshàng 令上 1-1118B
língsháo 聆韶 8-660B
língsháo 靈韶 11-769B
língshé 靈虵 11-757A
língshé 靈蛇 11-763A
língshè 陵社 11-1000B
lǐngshè 領攝 12-286A
lìngshè 令舍 1-1121A
língshéjì 靈蛇髻 11-763B
língshén 靈神 11-759B
língshēng 零升 11-685A
língshèng 靈勝 11-765B
língshèng 靈聖 11-766B
lǐngshēng 領牲 12-281B
lìngshēng 令聲 1-1125A
língshēngmǔ 零聲母 11-688A
língshézhū 靈蛇珠 11-763B
língshī 陵師 11-1002B
língshī 靈蓍 11-767A
língshí 陵石 11-999B
língshí 零食 11-686A
língshí 靈識 11-774A
língshǐ 陵使 11-1001A
língshì 凌室 2-416A
língshì 陵室 11-1002A
língshì 靈士 11-748A
língshì 靈室 11-759A
lǐngshǐ 領使 12-281A
lǐngshì 領事 12-280B
lìngshǐ 令史 1-1119B
lìngshì 令士 1-1118B
lìngshì 令式 1-1119B
lìngshì 令室 1-1122A
lǐngshìcáipànquán 領事裁判權 12-281A
lǐngshìguǎn 領事館 12-281A
língshòu 聆受 8-660A
língshòu 零售 11-686B
língshòu 靈壽 11-768B
língshòu 靈獸 11-774A
lǐngshǒu 領首 12-281B
lǐngshòu 領受 12-281A
língshòuzhàng 靈壽杖 11-769A
língshū 靈書 11-762A
língshū 靈淑 11-764B
língshū 靈樞 11-770A
língshǔ 陵署 11-1004A
língshǔ 靈署 11-767B
língshù 陵樹 11-1005B
língshù 零數 11-688A
língshù 靈朮 11-749B
língshù 靈樹 11-771B
lǐngshǔ 領屬 12-286A
lìngshū 令書 1-1122B
lìngshū 令淑 1-1123A
lǐngshuài 領率 12-283B
lǐngshuài 領帥 12-281B
língshuāng 凌霜 2-420A
língshuāng 陵霜 11-1006A
língshuǎng 靈爽 11-762B
língshuānghóu 淩霜侯 5-1343B
língshuǐ 靈水 11-748B
lǐngshuǐ 領水 12-280A
língshuò 凌爍 2-420A
língshuò 凌鑠 2-420B
língshuò 陵鑠 11-1007A
língshuò 淩爍 5-1343B
língshuò 淩鑠 5-1343B
língsī 凌澌 2-418B
língsī 凌澌 2-419A
língsī 陵司 11-999B
língsī 淩澌 5-1343A
língsī 菱絲 9-435A
língsī 靈思 11-757A
língsī 靈絲 11-766A
língsì 陵肆 11-1003B
língsì 靈寺 11-750A
língsì 靈祀 11-752B
lìngsì 令似 1-1120A
lìngsì 令嗣 1-1123B
língsǒu 陵藪 11-1006A
língsū 靈酥 11-765A
língsú 靈俗 11-758A
língsù 靈素 11-760A
língsuì 凌誶 2-419A
língsuì 陵隧 11-1005A
língsuì 淩誶 5-1343A
língsuì 零碎 11-687B
língsuǒ 鈴索 11-1233B
língsuǒ 靈瑣 11-768A
língsùzhīqī 靈夙之期 11-751A
língtǎ 靈塔 11-764B
língtà 凌踏 2-419A
língtái 陵臺 11-1004B
língtái 靈臺 11-768A
língtài 冷汰 5-1088B
língtán 靈談 11-771A
língtán 靈壇 11-771B
língtán 靈檀 11-772B
língtāng 靈湯 11-766A
língtáng 陵堂 11-1003A
língtáng 靈堂 11-762B
lìngtáng 令堂 1-1122B
língtāngtuán 零湯糰 11-687B
língtánguǐxiào 靈談鬼笑 11-771A
língtāo 鈴條 11-1234A
língtáo 靈桃 11-760A
língtáo 靈鞉 11-770A
língtáo 靈鼗 11-774A
lǐngtǎo 領討 12-282A
língténg 凌騰 2-420B
língtǐ 靈體 11-775B
língtì 凌替 2-417A
língtì 陵替 11-1003A
língtì 淩替 5-1342B
língtì 零涕 11-686B
língtì 零替 11-687A
língtián 陵田 11-999B
língtiǎn 凌殄 2-416A
língtiǎn 淩殄 5-1342A
língtiānbiǎo 靈天表 11-748B
língtiāo 零挑 11-686A
língtiáo 陵苕 11-1000B
língtiáo 靈笤 11-763B
lǐngtiáo 領條 12-282A
língtīng 聆聽 8-660B
língtōng 苓通 9-350A
língtōng 靈通 11-762A
língtóng 靈童 11-765B
lǐngtǒng 領統 12-284B
língtóu 零頭 11-688A
língtòu 伶透 1-1269A
língtòu 靈透 11-761A
lǐngtóu 領頭 12-285B
lǐngtóu 嶺頭 3-872B
língtóufān 靈頭旛 11-771B
língtū 凌突 2-416A
língtū 陵突 11-1002A
língtū 笭突 8-1127A
língtú 靈徒 11-761B
língtú 靈圖 11-769A
língtù 靈兔 11-755A
lǐngtǔ 領土 12-279B
lìngtú 令圖 1-1124A
língtuí 陵頹 11-1005B
língtún 陵屯 11-999A
língtuó 靈橐 11-771B
língtuó 靈鼉 11-776B
língtuò 鈴柝 11-1233B
língǔ 林谷 4-799B
língǔ 臨谷 8-729B
língù 臨顧 8-737B
língù 吝顧 3-243A
língù 恡固 7-526A
línguǎn 林館 4-804A
línguǎn 琳館 4-590B
línguǎn 麟管 12-1304B
línguàn 琳觀 4-590B
línguāng 林光 4-799A
línguāng 鄰光 10-685B
línguāng 鱗光 12-1261B
línguī 琳珪 4-590A
línguó 鄰國 10-687A
línguó 臨國 8-733A
língwā 靈媧 11-764B
língwà 靈襪 11-774A
língwà 靈韤 11-776B
lǐngwài 領外 12-280A
lǐngwài 嶺外 3-871B
lìngwài 另外 3-79A
língwán 聆翫 8-660B
língwán 綾紈 9-877B
língwǎn 倰惋 7-589B
língwǎng 鈴網 11-1234A
língwǎng 靈網 11-769B
lìngwáng 令王 1-1118B
lìngwàng 令望 1-1122B
língwēi 凌威 2-416A
língwēi 陵威 11-1001B
língwēi 靈威 11-756B
língwéi 靈帷 11-763B
língwéi 靈幃 11-765B
língwěi 靈緯 11-771A
língwèi 陵衛 11-1005B
língwèi 零位 11-685B
língwèi 靈位 11-752B
língwèi 靈味 11-753B
lìngwēi 令威 1-1121B
lìngwēiwēi 另巍巍 3-79B
língwēiyǎng 靈威仰 11-757A
língwēizhàngrén 靈威丈人 11-757A
língwén 靈文 11-749A
lǐngwén 領聞 12-285A
lìngwén 另文 3-79A
lìngwèn 令聞 1-1124B
lìngwèn 令問 1-1123A
lǐngwò 領握 12-284A
língwū 靈巫 11-752A
língwū 靈烏 11-761B
língwú 靈蕪 11-770A
língwǔ 凌侮 2-416A
língwǔ 陵侮 11-1002A
língwǔ 淩侮 5-1342A
língwǔ 靈武 11-753A
língwù 陵物 11-1001A
língwù 淩物 5-1342A
língwù 靈物 11-754A
língwù 靈悟 11-762A
lǐngwù 領悟 12-282A
língwǔzhīyì 靈武之役 11-753A
língxī 陵谿 11-1006A
língxī 靈夕 11-748B
língxī 靈犀 11-766A
língxī 靈溪 11-768A
língxī 靈谿 11-772B
língxī 靈蠵 11-776B
língxí 柃椵 4-920A
língxí 陵隰 11-1005B

língxí 靈席 11-761B
língxì 陵舄 11-1003B
lǐngxǐ 領洗 12-281B
lǐngxì 領系 12-280B
lǐngxì 領係 12-281B
lǐngxì 領戲 12-285B
lìngxī 令錫 1-1125A
língxiá 陵霞 11-1006A
língxiá 靈霞 11-772B
língxiá 靈黠 11-773A
língxià 軨下 9-1240B
língxià 鈴下 11-1233A
língxiān 靈仙 11-750A
língxiǎn 靈顯 11-776A
língxiàn 陵陷 11-1002B
língxiàn 靈獻 11-774B
lǐngxiān 領先 12-280A
lǐngxián 領銜 12-285A
lǐngxiàn 領綫 12-285A
lìngxiǎn 令顯 1-1125B
língxiāng 零香 11-686A
língxiāng 靈香 11-757B
língxiǎng 靈響 11-775A
língxiàng 靈相 11-756B
língxiàng 靈象 11-764A
língxiàng 靈像 11-767B
lǐngxiāngjiàn 領鄉薦 12-284A
língxiāo 凌歊 2-418B
língxiāo 凌霄 2-418B
língxiāo 陵霄 11-1005A
língxiāo 淩霄 5-1343A
língxiāo 零削 11-686A
língxiāo 靈霄 11-770A
língxiǎo 凌曉 2-419B
língxiào 靈效 11-761B
língxiāodiàn 凌霄殿 2-419A
língxiāotái 凌歊臺 2-418B
língxiē 零歇 11-687B
língxié 凌脅 2-416B
língxié 淩脅 5-1342B
língxiè 零謝 11-688A
lǐngxié 領絜 12-284A
língxīn 靈心 11-749B
língxīn 靈歆 11-767B
língxīng 零星 11-686A
língxīng 蘦星 9-625B
língxīng 櫺星 4-1367B
língxīng 靈星 11-757A
lìngxīng 令星 1-1122A
língxíng 菱形 9-434B
língxǐng 笭箵 8-1127A
língxǐng 靈醒 11-771B
língxìng 靈性 11-755A
lìngxíng 另行 3-79A
lìngxíngjìnzhǐ 令行禁止 1-1120A
língxīngmén 櫺星門 4-1367B
língxīngmén 靈星門 11-757A
lìngxíngrúliú 令行如流 1-1120A
língxīnhuìchǐ 靈心慧齒 11-749B
língxīnhuìxìng 靈心慧性 11-749B
língxiū 靈休 11-751A
língxiū 靈修 11-758A
língxiū 靈脩 11-761A
língxiù 靈秀 11-752B
língxiù 靈岫 11-754A
língxiù 靈繡 11-774A
lǐngxiù 領袖 12-282B
lǐngxiù 嶺岫 3-872A
língxū 凌虛 2-416B
língxū 陵虛 11-1002B
língxū 淩虛 5-1342B
língxū 靈胥 11-759B
língxū 靈虛 11-762B
língxū 靈墟 11-768A
língxù 靈煦 11-767B
lìngxù 令序 1-1120B
lìngxù 令緒 1-1124B
língxuān 軨軒 9-1240B
língxuān 鈴軒 11-1233B
língxuān 櫺軒 4-1368A
língxuán 靈玄 11-750A
lǐngxuǎn 領選 12-285B
língxué 靈學 11-771B
língxuě 凌雪 2-416B
língxún 磷珣 7-1112B
língxún 崚峋 3-828A
língxùn 凌汛 2-415A
língxùn 聆訓 8-660B
língxùn 零訊 11-686B
língxùn 靈馴 11-766B
língxùn 靈訓 11-761B
língyā 凌壓 2-420A
língyā 陵壓 11-1006A
língyā 淩壓 5-1343B
língyá 靈芽 11-752A
língyà 陵軋 11-1000B
lǐngyā 領押 12-280B
língyálìchǐ 怜牙悧齒 7-482A
língyálìchǐ 伶牙俐齒 1-1268B
língyálìchǐ 靈牙利齒 11-748B
língyān 凌烟 2-416B
língyān 凌煙 2-417B
língyān 淩煙 5-1342B
língyān 零烟 11-686B
língyán 靈筵 11-765B
língyán 靈巖 11-775A
língyǎn 凌掩 2-416B
língyǎn 凌眼 2-417A
língyǎn 陵衍 11-1002A
língyǎn 陵掩 11-1002B
língyàn 靈驗 11-776A
lǐngyàn 嶺雁 3-872B
lìngyán 令顏 1-1125B
lìngyǎn 另眼 3-79A
língyáng 陵陽 11-1003A
língyáng 羚羊 9-172B
língyáng 靈羊 11-751A
língyáng 靈陽 11-764B
língyáng 麢羊 12-1305B
lǐngyǎng 領養 12-285A
lìngyàng 另樣 3-79B
língyángdiào 陵陽釣 11-1003A
língyāngé 凌烟閣 2-416B
língyāngé 凌煙閣 2-418A
língyāngé 淩煙閣 5-1342B
língyángguàjiǎo 羚羊挂角 9-172B
língyángguàjiǎo 羚羊掛角 9-172B
língyángshān 陵陽山 11-1003A
lìngyǎnkàndài 另眼看待 3-79B
lìngyǎnkànqù 另眼看覷 3-79B
língyānlóu 凌烟樓 2-416B
língyānlóu 凌煙樓 2-418A
língyánsì 靈巖寺 11-775B
língyānxiàng 凌煙像 2-418A
lìngyǎnxiāngdài 另眼相待 3-79B
lìngyǎnxiāngkàn 另眼相看 3-79A
língyāo 鴒鷂 12-1081A
língyáo 靈爻 11-749A
língyào 靈曜 11-773A
língyào 靈燿 11-773B
língyào 靈藥 11-773A
língyào 靈耀 11-774B
lǐngyāo 領腰 12-284B
lǐngyào 領要 12-281B
língyè 陵曳 11-1000A
língyè 靈液 11-764B
língyī 鈴醫 11-1234A
língyī 靈衣 11-751A
língyí 凌夷 2-415A
língyí 陵夷 11-999B
língyí 淩夷 5-1341B
língyí 零夷 11-685B
língyí 靈儀 11-770B
língyì 陵抑 11-1000A
língyì 陵邑 11-1000A
língyì 陵易 11-1001A
língyì 陵軼 11-1003B
língyì 靈異 11-763A
língyì 靈翼 11-773A
língyì 靈繹 11-774A
lǐngyī 領衣 12-280A
lǐngyì 領意 12-285A
lìngyí 令儀 1-1125A
lìngyǐ 令乙 1-1118A
lǐngyìbiāoxīn 領異標新 12-283A
língyīn 凌陰 2-416B
língyīn 陵陰 11-1002B
língyīn 聆音 8-660A
língyīn 靈因 11-751A
língyīn 靈姻 11-759B
língyīn 靈音 11-758B
língyǐn 靈隱 11-772A
lǐngyīn 嶺陰 3-872A
lìngyīn 令音 1-1122A
lìngyǐn 令尹 1-1119A
lìngyìn 令胤 1-1122A
língyīnchálǐ 聆音察理 8-660B
língyíng 陵塋 11-1004A
língyǐng 靈影 11-770B
língyìng 靈應 11-772B
lǐngyíng 岭巆 3-811A
língyǐnsì 靈隱寺 11-772A
língyòng 零用 11-685A
língyòng 靈用 11-750A
língyòngqián 零用錢 11-685B
língyòngzhàng 零用賬 11-685B
língyōu 伶優 1-1269A
língyōu 靈幽 11-757B
língyǒu 靈友 11-748B
língyǒu 靈囿 11-757B
lǐngyǒu 領有 12-280A
lìngyōu 令攸 1-1120B
lìngyóu 令猷 1-1123B
língyú 陵魚 11-1003A
língyú 陵踰 11-1005B
língyú 零榆 11-687B
língyú 零餘 11-688A
língyú 靈輿 11-772B
língyú 靈轝 11-774B
língyǔ 囹圄 3-628B
língyǔ 囹圉 3-628B
língyǔ 陵宇 11-1000A
língyǔ 陵雨 11-1001A
língyǔ 淩雨 5-1341B
língyǔ 翎羽 9-650B
língyǔ 鈴語 11-1234A
língyǔ 零雨 11-686A
língyǔ 靈宇 11-751B
língyǔ 靈羽 11-751B
língyǔ 靈雨 11-753B
língyǔ 靈圉 11-763A
língyù 陵域 11-1002B
língyù 靈域 11-762A
lǐngyù 領域 12-282B
lǐngyù 領御 12-284A
lìngyù 令譽 1-1125B
língyuān 靈淵 11-766A
língyuán 陵原 11-1002B
língyuán 陵園 11-1004A
língyuán 鈴轅 11-1234A
língyuán 鴒原 12-1081A
língyuán 靈元 11-748B
língyuán 靈源 11-768A
língyuán 靈轅 11-772B
lìngyuàn 令媛 1-1123B
lìngyuàn 另院 3-79A
língyuánqiè 陵園妾 11-1004A
lìngyuánzhīqī 令原之戚 1-1122A
lìngyuánzhītòng 令原之痛 1-1122B
língyuè 凌越 2-417A
língyuè 凌躍 2-420B
língyuè 陵越 11-1003B
língyuè 霝龠 11-718B

língyuè 靈鑰 11-776B
língyuè 靈岳 11-754B
língyuè 靈越 11-764B
língyuè 靈嶽 11-772B
língyuè 靈籥 11-776A
língyuè 䰱樂 12-477B
lǐngyuē 領約 12-281B
lǐngyuè 嶺越 3-872A
lìngyuē 令約 1-1122A
lìngyuè 令月 1-1119A
língyún 凌雲 2-417A
língyún 陵雲 11-1003B
língyún 淩雲 5-1342B
língyún 靈芸 11-751B
língyùn 靈運 11-766A
língyùn 靈韵 11-767B
língyúnbǐ 凌雲筆 2-417A
língyúngé 凌雲閣 2-417B
língyúnjì 凌雲髻 2-417B
língyùnjī 靈運屐 11-766A
língyúntái 凌雲臺 2-417A
língyǔsuíchē 靈雨隨車 11-753B
língzá 凌雜 2-420A
língzá 陵雜 11-1006B
língzá 淩雜 5-1343B
língzá 零雜 11-688A
língzāi 凌災 2-415A
língzǎo 靈棗 11-765A
língzào 凌躁 2-420B
língzé 靈澤 11-772B
lìngzé 令則 1-1122A
língzhāi 鈴齋 11-1234A
língzhái 靈宅 11-751B
língzhāng 零章 11-686B
língzhāng 靈章 11-764A
língzhǎng 靈長 11-753A
língzhǎng 靈掌 11-765A
língzhàng 靈仗 11-750A
língzhàng 靈帳 11-763B
lǐngzhāng 領章 12-283B
lǐngzhàng 嶺嶂 3-872B
lìngzhāng 令章 1-1122B
lìngzhǎng 令長 1-1121A
língzhǎngmù 靈長目 11-753A
língzhāo 靈昭 11-757A
língzhǎo 靈沼 11-755A
língzhào 陵兆 11-1000A
língzhào 靈兆 11-751A
língzhào 靈照 11-767B
língzhé 凌折 2-415A
língzhé 陵折 11-1000A
língzhé 淩折 5-1341B
língzhé 靈輒 11-769A
língzhēn 靈真 11-760A
língzhěn 靈軫 11-765A
lìngzhēn 令箴 1-1124B
língzhēng 靈徵 11-770B
língzhèng 陵政 11-1001B
lìngzhèng 令正 1-1119A
lìngzhèng 令政 1-1121B
língzhī 泠支 5-1088A
língzhī 翎枝 9-650B
língzhī 零支 11-685A
língzhī 靈芝 11-750A
língzhī 靈枝 11-753B
língzhī 靈知 11-754A
língzhī 靈脂 11-761B
língzhí 靈殖 11-765A
língzhǐ 軨軹 9-1240B
língzhǐ 靈址 11-751B
língzhǐ 靈祉 11-755B
língzhì 陵制 11-1001A
língzhì 淩制 5-1342A
língzhì 靈志 11-751B
língzhì 靈豸 11-752B
língzhì 靈時 11-763A
língzhì 靈智 11-765B
língzhì 靈質 11-770B
lǐngzhí 領直 12-280B
lǐngzhí 領職 12-285B
lǐngzhǐ 領紙 12-282B
lìngzhī 令支 1-1118B
lìngzhǐ 令旨 1-1120A
lìngzhì 令質 1-1125A
língzhǒng 陵塚 11-1003B
lìngzhōng 令終 1-1123A
lìngzhòng 令衆 1-1123A
língzhōu 舲舟 9-7A
língzhōu 靈州 11-751A
língzhōu 靈舟 11-751A
língzhōu 靈洲 11-759A
língzhū 靈珠 11-760A
língzhū 靈誅 11-767B
língzhú 靈竺 11-754B
língzhǔ 靈主 11-750A
língzhù 凌翥 2-418A
lǐngzhǔ 領主 12-280A
lǐngzhǔ 領屬 12-286A
lìngzhǔ 令主 1-1119B
língzhuàn 靈篆 11-770B
língzhuàng 陵撞 11-1005A
língzhuàng 靈幢 11-770B
lǐngzhuàng 領狀 12-281A
língzhuī 凌錐 2-419B
língzhuì 零墜 11-688A
lìngzhǔn 令準 1-1124A
língzhuō 靈桌 11-760B
língzi 翎子 9-650B
língzi 綾子 9-877B
língzī 靈姿 11-758B
língzǐ 鈴子 11-1233B
língzǐ 靈子 11-748B
língzì 靈字 11-751B
lǐngzi 領子 12-280A
lìngzī 令姿 1-1122A
lìngzǐ 令子 1-1118B
lìngzì 另自 3-79A
língzǐxiāng 鈴子香 11-1233B
língzōng 靈宗 11-755B
língzòng 陵縱 11-1006A
língzòng 靈蹤 11-773A
lǐngzōng 領鬃 12-285B
língzōu 鈴騶 11-1234A
língzú 靈族 11-764A
língzǔ 陵阻 11-1000B
língzǔ 靈祖 11-759B
lìngzú 令族 1-1122B
língzuǐ 零嘴 11-688A
lìngzūn 令尊 1-1123B
língzuò 零作 11-685B
língzuò 靈坐 11-752B
língzuò 靈祚 11-759B
língzuò 靈座 11-761B
lǐngzuǒ 嶺左 3-871B
línhǎi 林海 4-801B
línhàn 鱗翰 12-1263A
lǐnhán 凜寒 2-433A
línhánjiànsù 林寒澗肅 4-802B
línháo 林濠 4-804B
línhǎo 鄰好 10-686A
lǐnhāo 䕲蒿 9-623A
línháolián 麟毫簾 12-1304A
línhé 鄰和 10-686A
línhé 鱗翮 12-1263A
línhè 林壑 4-804A
línhéng 林衡 4-804A
línhèqù 林壑趣 4-804A
línhéxiànyú 臨河羨魚 8-730B
línhéxiànyú 臨河羨魚 8-730B
línhéxǐ'ěr 臨河洗耳 8-730B
línhèxīn 林壑心 4-804A
línhéyùyú 臨河欲魚 8-730B
línhóng 麟鴻 12-1305A
línhóng 鱗鴻 12-1263A
línhú 林胡 4-801A
línhuà 臨化 8-727B
línhuáng 林黄 4-802A
línhuáng 林篁 4-803B
línhuī 淋灰 5-1345A
línhuì 林會 4-803A
línhuǒ 鄰火 10-685B
línhuǒ 燐火 7-264A
línhuǒ 磷火 7-1112B
lǐniàn 理念 4-571A
lìnián 立年 8-373B
lìnián 歷年 5-363A
líniǎo 離鳥 11-891A
lìniào 利尿 2-636B
líniè 離蠥 11-898A
lìniè 沴孽 5-1088A
líniú 犂牛 6-280A
líniú 黎牛 12-1380B
líniú 氂牛 5-525B
líniú 驪牛 12-920A
líniúxīngjiǎo 犂牛騂角 6-280A
líniúzhīzǐ 犂牛之子 6-280A
línjī 鄰幾 10-687A
línjī 臨機 8-735B
línjí 臨極 8-734A
línjí 鱗集 12-1262B
línjì 臨祭 8-733A
línjì 驎驥 12-906B
línjì 麟迹 12-1303A
línjì 麟罽 12-1305A
línjì 鱗迹 12-1262A
lǐnjí 廩籍 3-1287A
lǐnjǐ 廩給 3-1286A
lìnjí 遴集 10-1228B
lìnjí 轔藉 9-1334A
lìnjí 吝嫉 3-242B
lìnjí 蹸藉 10-555A
lìnjí 躪藉 10-574B
lìnjí 轥藉 9-1339B
línjiā 鄰家 10-686B
línjiā 麟嘉 12-1304B
línjiǎ 鄰甲 10-685B
línjiǎ 鱗甲 12-1261A
línjià 麟駕 12-1305A
lǐnjiǎ 廩假 3-1286A
lìnjiǎ 賃假 10-198A
lìnjià 賃價 10-198A
línjiāchuīdí 鄰家吹笛 10-686B
línjiādí 鄰家笛 10-686B
línjiān 臨監 8-735B
línjiǎn 遴柬 10-1228A
línjiǎn 遴揀 10-1228B
línjiǎn 遴簡 10-1229A
línjiǎn 臨檢 8-736B
línjiàn 臨見 8-729A
línjiàn 臨餞 8-736B
línjiàn 臨鑑 8-737B
lǐnjiān 稟縑 8-106B
lǐnjiān 廩縑 3-1286B
lìnjiǎn 遴柬 10-1228A
lìnjiǎn 吝簡 3-243A
lìnjiàn 蹸踐 10-555A
lìnjiàn 躪踐 10-574A
lìnjiàn 轥踐 9-1339B
línjiāng 鄰疆 10-687A
línjiàng 林將 4-802A
línjiāngxiān 臨江仙 8-729A
línjiāntīhú 淋尖踢斛 5-1345A
línjiāo 鄰交 10-686A
línjiāo 麟膠 12-1305A
línjiǎo 鄰角 10-686A
línjiǎo 驎角 12-906B
línjiǎo 麟角 12-1302B
línjiǎo 鱗角 12-1261B
lìnjiāo 吝驕 3-243A
línjiǎobǐ 麟角筆 12-1302B
línjiǎodòu 麟角鬬 12-1303A
línjiǎofèngjù 麟角鳳距 12-1303A
línjiǎofèngmáo 麟角鳳毛 12-1302B
línjiǎofèngzī 麟角鳳觜 12-1303A
línjiǎohǔchì 麟角虎翅 12-1302B
línjiē 鄰接 10-686B
línjiē 臨街 8-734A
línjiē 鱗接 12-1262A
línjiè 璘藉 4-633B
línjiè 臨界 8-731A
línjiè 鱗介 12-1261A
lǐnjié 凜絜 2-433A

lìnjiè 賃借 10-198A
línjièdiǎn 臨界點 8-731A
línjièjiǎo 臨界角 8-731A
línjīlìduàn 臨機立斷 8-736A
línjímáocuì 鱗集毛萃 12-1262B
línjīn 淋津 5-1345A
línjīn 臨津 8-731B
línjìn 鄰近 10-686A
línjìn 臨近 8-729B
lìnjīn 賃金 10-198A
línjīnéngduàn 臨機能斷 8-736A
línjīng 林菁 4-802A
línjīng 麟旌 12-1304A
línjīng 麟經 12-1304B
línjīng 鱗莖 12-1262A
línjìng 鄰境 10-687A
línjìng 臨鏡 8-737B
lìnjīnmù 橉筋木 4-1318B
línjiōng 林坰 4-800A
línjiōng 林扃 4-801B
línjiōng 林坰 4-801B
línjīshèbiàn 臨機設變 8-736A
lìnjiù 賃僦 10-198A
línjíyǎngliú 鱗集仰流 12-1262B
línjīyìngbiàn 臨機應變 8-736A
línjīzhéduàn 臨機輒斷 8-736A
línjīzhìbiàn 臨機制變 8-736A
línjīzhìshèng 臨機制勝 8-736A
línjìzōng 臨濟宗 8-736B
línjū 林居 4-801A
línjū 鄰居 10-686B
línjū 驎駒 12-906B
línjū 麟駒 12-1304B
línjú 臨局 8-730A
línjù 鱗聚 12-1263A
lǐnjù 懍懼 7-765A
lìnjū 賃居 10-198A
línjué 臨決 8-729B
línjué 臨訣 8-733A
línjué 臨絕 8-734B
línjūn 鄰菌 10-687A
línjūn 臨軍 8-731B
línjūn 轔菌 9-1334A
línjùn 鱗皴 12-1263A
lǐnjūn 廩君 3-1285B
línjūnduìlěi 臨軍對壘 8-731B
línjūnduìzhèn 臨軍對陣 8-731B
línkǎ 林卡 4-799A
línkàn 臨瞰 8-736B
lǐnkǎn 凜坎 2-432B
línkǎo 遴考 10-1228A
línkē 林柯 4-801A
línkěchuānjǐng 臨渴穿井 8-734B
línkějuéjǐng 臨渴掘井 8-734B
línkēng 臨硎 8-732B
lìnkǒu 吝口 3-242B
lǐnkù 廩庫 3-1286A
línkuì 霖潰 11-701A
línkùn 臨困 8-729A
línlài 林籟 4-805A
línlàiquányùn 林籟泉韻 4-805A
línlán 林嵐 4-802B
línlán 林蘭 4-804B
línlǎn 臨覽 8-737B
línlàn 燐爛 7-264A
línláng 林郎 4-801A
línláng 林琅 4-802A
línláng 林榔 4-802B
línláng 林瑯 4-802B
línláng 淋浪 5-1345B
línláng 琳琅 4-590A
línláng 琳瑯 4-590B
línlàng 林浪 4-801B
línlángchùmù 琳琅觸目 4-590A
línlángchùmù 琳瑯觸目 4-590B
línlángmǎnmù 琳琅滿目 4-590A
línlǎo 淋潦 5-1346B
línlǎo 鄰老 10-685B
línlǎo 霖潦 11-701A
línlào 霖潦 11-701A
línlí 綝纚 9-879A
línlí 林離 4-804B
línlí 淋漓 5-1346A
línlí 淋離 5-1346B
línlí 淋灕 5-1346B
línlí 淋灑 5-1346B
línlí 鱗蔾 12-1263A
línlí 滲灕 6-115B
línlǐ 鄰里 10-686A
línlì 林立 4-799A
línlì 惏悷 7-591B
línlì 惏慄 7-591B
línlì 淋瀝 5-1346B
línlì 霖瀝 11-701A
línlì 臨涖 8-732B
línlì 臨莅 8-731B
línlì 臨蒞 8-734B
línlì 臨歷 8-736B
lǐnlì 凜戾 2-432B
lǐnlì 凜栗 2-433A
lǐnlì 凜凓 2-433A
lǐnlì 凜慄 2-433A
lǐnlì 凜厲 2-433A
lǐnlì 懍栗 7-764B
lǐnlì 懍慄 7-765A
lǐnlì 懍厲 7-765A
línlì 轔轢 9-1334A
lìnlì 賃力 10-198A
lìnlì 閵轢 12-125A
lìnlì 躪躒 10-574B
lìnlì 躪轢 10-574B
lìnlì 轥轢 9-1339B
lǐnliáng 廩糧 3-1287A
línliǎo 臨了 8-727A
lǐnliào 稟料 8-105B
línliè 鱗列 12-1261B
línliè 鱗鬣 12-1264A
línliè 鱗鬛 12-1263B
lǐnliè 凜冽 2-432B
lǐnliè 凜烈 2-433A
línlíjìnzhì 淋漓盡致 5-1346A
línlín 林林 4-800A
línlín 淋淋 5-1345B
línlín 晽晽 5-758A
línlín 碄碄 7-1055A
línlín 粼粼 9-231A
línlín 鄰鄰 10-687A
línlín 嶙嶙 3-867B
línlín 潾潾 6-146A
línlín 獜獜 5-108B
línlín 燐燐 7-264A
línlín 璘璘 4-633B
línlín 霖霖 11-701A
línlín 磷磷 7-1112B
línlín 臨臨 8-736B
línlín 轔轔 9-1334A
línlín 麟麟 12-1305A
línlín 鱗鱗 12-1263B
lǐnlǐn 凜凜 2-433B
lǐnlǐn 廩廩 3-1286B
lǐnlǐn 懍懍 7-765A
lǐnlǐn 澟澟 6-178B
lìnlìn 啉啉 3-376A
lìnlìn 磷磷 7-1112B
línlíng 淋鈴 5-1346A
línlíng 霖鈴 11-701A
línlínlālā 淋淋拉拉 5-1345B
línlínlìlì 淋淋灕灕 5-1345B
línlínyāngyāng 林林央央 4-800A
línlínzǒngzǒng 林林總總 4-800A
línlòu 淋漏 5-1346B
línlú 林廬 4-804B
línlù 林麓 4-804B
línlù 淋露 5-1346B
línlù 淋漉 5-1346A
línlù 霖漉 11-701A
línlù 臨路 8-735A
línlù 麟鹿 12-1304A
lǐnlù 廩祿 3-1286A
línluán 林巒 4-805A
línluàn 燐亂 7-264A
línluàn 霖亂 11-701A
línlún 鱗淪 12-1262B
línluó 鱗羅 12-1263B
línluò 林落 4-802B
línlǘ 林閭 4-803B
línlǚ 臨履 8-735B
línlǚjiāng 林慮漿 4-803B
línmǎng 林莽 4-801B
línmào 林茂 4-800A
línmén 臨門 8-730B
lǐnmǐ 廩米 3-1285B
línmiǎo 林杪 4-800B
línmín 琳珉 4-589B
línmín 琳琘 4-590B
línmín 琳瑉 4-590B
línmín 臨民 8-728A
línmíng 臨明 8-730B
línmìng 臨命 8-730B
línmó 臨摹 8-735A
línmó 臨模 8-735A
línmò 林末 4-799A
línmò 臨没 8-729B
línmò 臨末 8-728A
línmó 磷磨 7-1112B
línmǔ 鄰母 10-685B
línmù 林木 4-798B
línmù 鄰睦 10-687A
lìnmù 橉木 4-1318B
línnàn 臨難 8-737A
línnán 遴難 10-1229A
línnànbùbì 臨難不避 8-737A
línnànbùgǒu 臨難不苟 8-737A
línnànbùgù 臨難不顧 8-737A
línnànbùjù 臨難不懼 8-737A
línnànbùkǒng 臨難不恐 8-737A
línnànbùqū 臨難不屈 8-737A
línnànbùshè 臨難不懾 8-737A
línnàngǒumiǎn 臨難苟免 8-737A
línnànrúguī 臨難如歸 8-737A
línnànzhùbīng 臨難鑄兵 8-737B
línnào 霖淖 11-701A
línnì 瞵睨 7-1257A
línnì 臨逆 8-731B
línnì 臨睨 8-735A
línnì 鱗昚 12-1263A
línnián 臨年 8-728B
línniǎo 麟褭 12-1305A
línnóng 林農 4-803A
línnǚ 鄰女 10-685A
línnǚlìrén 鄰女詈人 10-685A
línóng 黎農 12-1382B
línóng 黧農 12-1371A
lǐnòng 理弄 4-570A
lìnóng 力農 2-765A
lìnóng 隸農 12-177B
línpài 遴派 10-1228B
línpàn 瞵盼 7-1256B
línpèi 麟斾 12-1303A
línpén 臨盆 8-731A
línpéng 鱗朋 12-1261B
línpí 鱗皮 12-1261B
línpiān 臨篇 8-735B

línpiàn 鱗片 12-1261A
línpíng 麟瓶 12-1303A
línpō 林坡 4-800A
línpǔ 林圃 4-801B
lìnpū 賃僕 10-198A
línqī 林棲 4-802B
línqī 臨期 8-734A
línqí 臨岐 8-729B
línqí 臨歧 8-730B
línqí 鱗鬐 12-1263B
línqí 鱗鰭 12-1263B
línqì 遴棄 10-1228B
línqì 麟泣 12-1303A
línqì 鱗砌 12-1262A
lǐnqì 凜氣 2-433A
línqiān 林阡 4-799A
línqián 臨乾 8-732B
línqiǎn 臨遣 8-735A
línqiàn 林箐 4-803A
lìnqiān 吝慳 3-242B
lìnqián 賃錢 10-198B
línqiè 鱗切 12-1261A
línqīgǔyǐn 林棲谷隱 4-802B
línqīn 崊嶔 3-828B
línqīn 臨侵 8-731A
línqín 林禽 4-802B
línqín 林檎 4-803B
lìnqíng 吝情 3-242B
línqíngān 林檎乾 4-803B
línqióng 琳瓊 4-590B
línqióngdíqì 臨邛滌器 8-728A
línqióngjiǔ 臨邛酒 8-728A
línqiū 林丘 4-799A
línqiū 林邱 4-799B
línqiū 林坵 4-800A
línqiú 琳球 4-590A
línqiú 琳璆 4-590B
lǐnqiū 凜秋 2-432B
lǐnqiū 廩秋 3-1285B
línqǐzhīxià 林杞之下 4-799B
línqū 鄰曲 10-685B
línquán 林泉 4-801A
línquán 林權 4-805A
lǐnquán 廩泉 3-1285B
línquánjì 林泉計 4-801B
línquányuē 林泉約 4-801A
línquè 琳闕 4-590B
línqūn 嶙囷 3-867B
línqūn 轔囷 9-1334A
línqūn 轔輑 9-1334A
línrán 鱗髯 12-1263A
lǐnrán 凜然 2-433A
lǐnrán 懍然 7-764B
lǐnrán 澟然 6-178B
línrén 鄰人 10-685A
línrén 臨人 8-727A
lǐnrén 廩人 3-1285B
línréndí 鄰人笛 10-685A
línrèng 林芿 4-799B
línrì 臨日 8-727B
línróng 臨戎 8-728A
lìnróu 躪蹂 10-574B
línrù 臨蓐 8-734B
lǐnrú 凜如 2-432B
línruì 麟瑞 12-1304A
línrùn 淋潤 5-1346B
lǐnruòbīngshuāng 凜若冰霜 2-432B
lǐnruòqiūshuāng 凜若秋霜 2-432B
lǐnrúshuāngxuě 凜如霜雪 2-432B
línsāng 臨喪 8-734A
lìnsè 遴嗇 10-1228B
lìnsè 吝色 3-242B
lìnsè 吝嗇 3-242B
lìnsè 悋嗇 7-526A
lìnsè 悋澁 7-526A
línsēn 林森 4-802B
línsēn 淋森 5-1346A
línsēng 林僧 4-803A
lǐnshàn 廩膳 3-1286B
lǐnshàn 廩贍 3-1287A
línshāng 臨觴 8-736B
línshāng 鱗傷 12-1262B
lǐnshànshēng 廩膳生 3-1286B
línshāo 林梢 4-802A
lǐnshāo 廩稍 3-1286A
línshé 鱗蛇 12-1262B
línshè 鄰舍 10-686B
línshè 臨攝 8-737B
línshèdí 鄰舍笛 10-686B
línshēn 臨身 8-729B
línshèn 淋滲 5-1346B
línshěng 麟省 12-1303A
lǐnshēng 廩生 3-1285B
lǐnshēng 藺生 9-625A
línshēnlǚbīng 臨深履冰 8-733A
línshēnlǚbó 臨深履薄 8-733A
línshēnlǚwěi 臨深履尾 8-733A
línshī 鱗施 12-1262A
línshí 臨時 8-732A
línshǐ 臨使 8-730B
línshǐ 麟史 12-1302B
línshì 林氏 4-799A
línshì 瞵視 7-1256B
línshì 臨事 8-730A
línshì 臨視 8-733B
lǐnshí 廩食 3-1285B
lìnshí 臨時 8-732A
lìnshí 藺石 9-625A
lìnshǐ 轔矢 9-1340A
línshíbàofójiǎo 臨時抱佛脚 8-732A
línshídàibàn 臨時代辦 8-732A
línshídòngyì 臨時動議 8-732B
línshì'érjù 臨事而懼 8-730A
línshígōng 臨時工 8-732A
línshìzhìbiàn 臨事制變 8-730A
línshǒu 鄰首 10-686B
línshòu 麟獸 12-1263B
lǐnshōu 廩收 3-1285B
línshū 臨書 8-732B
línshū 麟書 12-1303B
línshú 鄰熟 10-687A
línshǔ 鱗鼠 12-1262B
línshù 林墅 4-803A
línshù 林樹 4-803B
línshù 霖澍 11-701A
lìnshū 賃書 10-198A
línshuǐdēngshān 臨水登山 8-727B
línshuǐlóutái 臨水樓臺 8-727B
línsī 鄰私 10-686A
línsǐ 臨死 8-728B
línsì 瞵伺 7-1256B
línsì 麟寺 12-1302B
línsòng 臨送 8-731B
línsǒu 林叟 4-801A
línsǒu 林藪 4-804B
línsù 鱗素 12-1262A
lǐnsù 凜肅 2-433A
lǐnsù 廩粟 3-1286A
línsuǐ 麟髓 12-1305A
línsūn 麟孫 12-1303B
líntà 臨搨 8-734B
líntái 驎臺 12-906B
líntái 麟臺 12-1304B
líntái 鱗苔 12-1261B
líntài 遴汰 10-1228A
lǐntái 廩臺 3-1286B
líntáijiàn 麟臺監 12-1304B
líntáng 林塘 4-803A
lǐntǎng 廩帑 3-1285B
líntāo 林濤 4-804B
líntī 淋踢 5-1346B
líntiào 臨眺 8-733A
líntiè 臨帖 8-730B
líntóng 鱗僮 12-1263A
líntǒng 臨統 8-734B
líntóngdòubāo 臨潼鬥寶 8-735B
líntóu 臨頭 8-736A
líntóugàinǎo 淋頭蓋腦 5-1346B
líntú 林徒 4-801B
líntú 臨途 8-732B
líntú 臨塗 8-735A
líntuān 林湍 4-802B
lìntǔqián 賃土錢 10-198A
línú 狸奴 5-54B
línú 貍奴 10-1337A
línú 蠣奴 8-988A
línǚ 黎女 12-1380B
línǚ 離女 11-883A
línǚ 麗女 12-1294B
línüè 戾虐 7-348A
línüè 厲虐 1-938B
línwán 臨完 8-730A
línwàng 臨望 8-733A
línwēi 林隈 4-802A
línwēi 臨危 8-728B
línwéi 麟韋 12-1303A
línwěi 遴委 10-1228A
línwěi 臨尾 8-730A
lǐnwèi 稟畏 8-105B
lǐnwèi 凜畏 2-432B
lǐnwèi 懍畏 7-764B
línwēibùdàn 臨危不憚 8-728B
línwēibùgǒu 臨危不苟 8-728B
línwēibùgù 臨危不顧 8-728B
línwēibùjù 臨危不懼 8-728B
línwēibùnáo 臨危不撓 8-728B
línwēishòumìng 臨危受命 8-729A
línwēishòumìng 臨危授命 8-729A
línwēixiàshí 臨危下石 8-728B
línwēizhìbiàn 臨危制變 8-729A
línwēizhìmìng 臨危致命 8-729A
línwén 臨文 8-727B
línwén 麟文 12-1302B
línwén 鱗文 12-1261A
línwèn 臨問 8-733B
línwénbùhuì 臨文不諱 8-727B
línwū 林屋 4-801B
línwǔ 鄰伍 10-685B
línwù 林塢 4-803A
línwù 鱗物 12-1261B
lìnwǔ 賃廡 10-198B
línxī 林熙 4-803A
lǐnxī 廩錫 3-1286B
lǐnxì 稟餼 8-106B
lǐnxì 廩餼 3-1286B
lìnxī 吝惜 3-242B
lìnxī 悋惜 7-526A
lìnxī 恪惜 7-549B
lìnxì 吝細 3-242B
línxiā 磷蝦 7-1112B
línxià 林下 4-798A
línxià 臨下 8-727A
línxiàfēng 林下風 4-798A
línxiàfēngdù 林下風度 4-798B
línxiàfēngfàn 林下風範 4-798B
línxiàfēngqì 林下風氣 4-798B
línxiàfēngyùn 林下風韻 4-798B
línxiàfēngzhì 林下風致 4-798B
línxiàgāofēng 林下高風 4-798B
línxiǎng 臨饗 8-737B

línxiāng 廩餉 3-1286B	línyìnlù 林蔭路 4-803A	línzhèng 臨症 8-732B	2-764B
línxiāo 林魈 4-804A	línyōng 臨雍 8-735A	línzhènmóqiāng 臨陣磨槍	lípàn 離判 11-886A
línxiāo 林簫 4-804B	línyǒng 澟涌 6-146A	8-731B	lípàn 離叛 11-889A
línxiàqīngfēng 林下清風	línyòng 遴用 10-1228A	línzhèntuōtáo 臨陣脫逃	lípàn 離畔 11-890A
4-798B	lìnyōng 賃傭 10-198A	8-731B	lípàn 籬畔 8-1285A
línxiàrén 林下人 4-798A	línyōu 林幽 4-801A	línzhí 林植 4-802B	lǐpào 禮炮 7-961B
línxiàshì 林下士 4-798A	línyóu 麟遊 12-1304A	línzhí 臨職 8-736B	lǐpèi 澧沛 6-161B
línxiàyì 林下意 4-798B	línyóu 鱗遊 12-1262B	línzhǐ 林沚 4-799B	lìpèi 隸配 12-177A
línxié 林纈 4-805A	línyòu 林狖 4-800B	línzhǐ 林趾 4-802A	lípéng 栗蓬 4-966A
línxiě 臨寫 8-735B	línyòu 林囿 4-801A	línzhǐ 臨止 8-727B	lípī 離披 11-886B
línxiè 鱗屑 12-1262A	línyòu 鄰右 10-685A	línzhǐ 臨紙 8-732B	lípī 離翍 11-891B
línxīlíng 廩犧令 3-1287A	línyòu 鄰佑 10-686A	línzhǐ 麟止 12-1302B	lípí 箌笓 8-1171B
línxíng 臨刑 8-728A	lìnyōu 懍憂 7-765A	línzhǐ 麟趾 12-1303B	lípí 離罷 11-895B
línxíng 臨行 8-728B	línyú 林於 4-803A	línzhì 臨制 8-730B	lípí 離皮 11-884B
línxìng 臨幸 8-730A	línyú 篍𥴲 8-1190A	línzhì 臨質 8-735B	lípǐ 離匹 11-883B
línxiù 林秀 4-799B	línyú 林於 4-800B	línzhì 麟畤 12-1304A	lípí 僁皮 1-1740B
línxiù 林岫 4-800B	línyú 林虞 4-803A	línzhì 鱗櫛 12-1263A	lìpì 歷僻 5-366A
línxīyízhǐ 林西遺址	línyú 琳腴 4-590B	línzhì 廩秩 3-1286A	lǐpǐn 釐品 10-421B
4-799A	línyú 琳璵 4-590B	lìnzhí 賃值 10-198A	lìpìn 驪牝 12-920B
línxū 鄰虛 10-687A	línyú 驎虞 12-906B	línzhǐdiàn 麟趾殿 12-1303B	lǐpǐn 禮品 7-960B
línxū 臨虛 8-732B	línyú 麟虞 12-1304A	línzhǐniǎotí 麟趾裊蹄	lìpìn 禮聘 7-963A
línxù 林淑 4-802B	línyǔ 淋雨 5-1345A	12-1303B	lìpǐn 立品 8-375B
línxù 廩蓄 3-1286B	línyǔ 琳宇 4-589B	línzhǐxué 麟趾學 12-1303B	lìpìn 歷聘 5-365B
línxuān 臨軒 8-731B	línyǔ 霖雨 11-700B	línzhōng 林鍾 4-804A	lípíng 犂平 6-280A
línxuān 麟軒 12-1303A	línyǔ 鱗羽 12-1261B	línzhōng 臨終 8-733B	lǐpíng 理平 4-569B
línxuǎn 遴邅 10-1228B	línyù 淋浴 5-1345B	línzhǒng 麟冢 12-1303B	lǐpò 麗魄 12-1298B
línxuǎn 遴選 10-1228B	línyù 臨御 8-734B	línzhōngjué 林鍾角 4-804A	lípǔ 離譜 11-898A
línxuàn 麟楦 12-1304A	línyù 臨馭 8-733B	línzhōu 麟洲 12-1303A	lǐpǔ 蠡浦 8-993B
línxuàn 鱗眴 12-1262B	línyǔ 稟庚 8-105B	línzhǔ 林渚 4-802A	lìpú 隸僕 12-177B
lìnxuǎn 吝選 3-243A	línyǔ 廩庚 3-1286A	línzhù 霖霔 11-701A	lìpúrén 隸僕人 12-177B
línxuāncèshì 臨軒策士	línyuán 林園 4-803A	línzhú 廩竹 3-1285B	lǐqí 犂祁 6-280B
8-732A	línyuán 遴員 10-1228B	línzhuàn 琳篆 4-590B	líqí 黎祁 12-1381A
línxué 林學 4-803A	línyuàn 林苑 4-800A	línzhuàn 麟饌 12-1305A	líqí 離奇 11-887A
línxué 臨穴 8-728A	línyuānjiéwǎng 臨淵結網	línzi 林子 4-798B	líqí 離旗 11-895A
lìnxuè 淋血 5-1345A	8-734B	línzī 臨淄 8-733B	líqì 離棄 11-892B
línxún 嶙峋 3-867B	línyuānxiànyú 臨淵羨魚	línzī 臨柴 8-732A	lìqì 蠡器 8-994A
línxún 璘珣 4-633B	8-734B	línzǐ 檁子 4-1346B	lǐqī 里戚 10-370A
línxùn 臨訊 8-732B	línyuè 林樾 4-803B	lìnzī 磷淄 7-1112B	lǐqī 理七 4-569A
línyá 林牙 4-798B	lìnyuè 臨月 8-727B	lìnzī 磷緇 7-1112B	lǐqí 里耆 10-369B
línyà 鄰亞 10-686A	línyuè 臨閱 8-735B	lìnzǐ 蔺子 9-625A	líqì 離跂 11-891A
línyà 鱗亞 12-1261B	lìnyuè 賃約 10-198A	línzǐfèngchú 麟子鳳雛	lǐqì 理氣 4-572B
línyàlēmǎ 臨崖勒馬 8-733A	lìnzá 鱗雜 12-1263A	12-1302B	lǐqì 理茸 4-573B
línyǎn 林巘 4-805A	lìnzáng 廩藏 3-1286A	línzōngguòmáo 林宗過茅	lǐqì 禮器 7-965A
lìnyán 凜嚴 2-433B	línzé 林澤 4-804A	4-800B	lìqí 力氣 2-764A
línyǎng 稟仰 8-104B	lìnzé 遴擇 10-1229A	línzōngjièzú 鱗宗介族	lìqí 利跂 2-638B
línyáshīmǎ 臨崖失馬	lìnzēng 廩增 3-1286B	12-1262A	lìqí 麗崎 12-1298A
8-733A	línzhá 琳札 4-589B	línzōngjīn 林宗巾 4-800B	lìqì 立契 8-375A
línyě 林野 4-802A	línzhān 林占 4-799A	línzōngzhéjīn 林宗折巾	lìqì 吏氣 1-522A
línyè 林業 4-803A	línzhàn 臨戰 8-736B	4-800B	lìqì 利器 2-640B
línyī 林衣 4-799B	línzhǎng 鄰長 10-686A	línzōu 林陬 4-801B	lìqì 戾氣 7-348A
línyì 林邑 4-799B	línzhǎng 臨長 8-730A	línzú 鱗卒 12-1261B	lìqì 沴氣 5-1088A
línyì 林狖 4-801B	línzhǎo 林沼 4-800B	línzú 鱗族 12-1262B	lìqì 厲氣 1-939A
línyì 鱗翼 12-1263A	línzhǎo 鱗爪 12-1261A	línzǔ 林阻 4-800A	lìqì 曆氣 5-837B
línyīn 林陰 4-801B	línzhào 臨照 8-735A	línzǔ 臨組 8-733B	lìqì 癘氣 8-356A
línyīn 鄰姻 10-686B	línzhēn 林珍 4-801A	lìnzū 賃租 10-198A	lìqì 灑泣 6-207A
línyín 林岑 4-799B	línzhēn 鱗臻 12-1263A	lǐnzūn 凜遵 2-433B	lìqì 麗氣 12-1297B
línyín 淋淫 5-1346A	línzhèn 臨陳 8-732B	lǐnzūn 懍遵 7-765A	lìqì 鷙氣 7-1475B
línyín 霖淫 11-701A	línzhèn 臨陣 8-731B	línzuò 臨祚 8-731B	lǐqiǎ 釐卡 10-421A
línyín 霖霪 11-701A	línzhèn 麟振 12-1303A	lìnzuò 賃作 10-198A	líqiān 離遷 11-895B
línyín 廩銀 3-1286B	línzhèn 廩振 3-1285B	lǐ'ǒu 麗偶 12-1298A	líqián 黎黔 12-1382B
lìnyín 賃銀 10-198A	línzhēng 林烝 4-802A	lǐ'ǒu 儷偶 1-1740B	líqián 鱺黔 12-1371A
línyīndào 林陰道 4-803A	línzhēng 林蒸 4-803A	lǐpā 麗葩 12-1298A	líqiǎn 離遣 11-894A
línyīng 林英 4-800A	línzhēng 嶙嶒 3-867B	lǐpái 里排 10-370A	lǐqián 禮錢 7-965A
línyǐng 臨穎 8-736B	línzhèng 臨政 8-731A	lìpáizhòngyì 力排衆議	lǐqiǎn 俚淺 1-1384B

lǐqiǎn 理遣 4-575A
lìqian 利錢 2-640B
lìqián 力錢 2-765B
líqiáng 籬牆 8-1285B
lìqiáng 力彊 2-765B
lìqiáng 戾彊 7-348B
lìqiáng 蠣牆 8-988A
lìqiǎng 力强 2-765A
lìqiáo 麗樵 12-1299A
lìqiáo 麗譙 12-1299B
lìqiǎo 利巧 2-635B
lìqiǎo 麗巧 12-1295A
lìqiǎo 儷巧 1-1740B
lǐqìbēi 禮器碑 7-965A
lìqiè 隸妾 12-176B
lìqiè 麗妾 12-1296B
líqígǔguài 離奇古怪
 11-887A
lìqihuó 力氣活 2-764A
líqīn 離親 11-896A
lìqín 力勤 2-765A
lìqín 立懂 8-378A
líqíng 離情 11-891B
líqìng 離磬 11-896A
lǐqǐng 禮請 7-965A
lìqīng 瀝青 6-207A
lìqíng 瀝情 6-207A
lìqíng 麗情 12-1298A
líqíngbiéxù 離情別緒
 11-891B
lǐqīngchē 李輕車 4-791A
lìqīnqīn 立欽欽 8-377B
líqióng 藜惸 4-400B
líqiú 貍裘 10-1338A
líqiú 驪虬 12-920B
líqiú 驪蚪 12-920B
lìqiū 立秋 8-375B
lìqiú 力求 2-763B
lìqiú 櫟梂 4-1357B
líqiūguǐ 黎丘鬼 12-1381A
líqǔ 離曲 11-884B
lǐqū 里區 10-370A
lǐqū 理曲 4-570A
lǐqū 理屈 4-571B
lǐqū 鯉趨 12-1235B
lǐqǔ 里曲 10-368B
lǐqǔ 俚曲 1-1384A
lǐqǔ 理曲 4-570A
lǐqù 理趣 4-576B
lìqū 力屈 2-763B
lìqǔ 麗曲 12-1296A
lìqǔ 儷曲 1-1740B
líquān 梨圈 4-1042A
lǐquán 澧泉 6-161B
lǐquán 醴泉 9-1445B
lǐquàn 禮券 7-960B
lìquán 立泉 8-375B
lìquán 利權 2-641A
lìquàn 立券 8-375A
lǐquánmíng 醴泉銘 9-1445B
lǐqūcíqióng 理屈詞窮
 4-571B
líquē 離缺 11-890A
líquè 離却 11-885B
lìquè 利榷 2-639B
líqún 離羣 11-894A
líqúnsuǒjū 離羣索居
 11-894B
lírán 厘然 1-921A
lírán 犂然 6-281A
lírán 黎然 12-1382B
lírán 釐然 10-422B
lìrán 立然 8-377B
lìrán 栗然 4-966A
lìrán 慄然 7-678B
lìrán 厲然 1-939B
lìrán 歷然 5-365A
lìrán 儷然 1-1740B
lǐràng 禮讓 7-966A
líráo 離橈 11-896A
lírě 罹惹 8-1044B
lìrěmíngqiān 利惹名牽
 2-639A
lírén 藜人 4-400B
lírén 黎人 12-1380B
lírén 離人 11-883A
lírèn 釐任 10-421A
lírèn 離任 11-884B
lǐrén 里人 10-367B
lǐrén 里仁 10-368A
lǐrén 俚人 1-1384A
lǐrén 理人 4-569A
lǐrèn 理任 4-570A
lǐrèn 禮任 7-959A
lìrén 力人 2-762A
lìrén 立人 8-372A
lìrén 吏人 1-520B
lìrén 歷人 5-362A
lìrén 癘人 8-355B
lìrén 隸人 12-176A
lìrén 麗人 12-1294B
lìrěn 歷稔 5-365B
lìrèn 利刃 2-635A
lìrèn 涖任 5-1235A
lìrèn 歷任 5-363A
lìrénpáng 立人旁 8-372A
lìréntiān 麗人天 12-1294B
lìrì 曆日 5-837A
lìrì 歷日 5-362B
lìrì 麗日 12-1295A
líróng 離戎 11-884B
líróng 離容 11-890B
líróng 孋戎 4-425A
líróng 驪戎 12-920A
lǐróng 理戎 4-570A
lǐróng 禮容 7-962A
lìróng 立絨 8-377B
lìróng 吏戎 1-521A
lìróng 麗容 12-1297B
líròu 梨肉 4-1040B
lǐróu 俚柔 1-1384B
lìróu 麗柔 12-1297B
lǐrú 里儒 10-371A
lǐrú 俚儒 1-1385A
lǐrú 鬲如 12-923A
lìrú 利如 2-636B
lìrú 例如 1-1334B
lìrú 栗如 4-965A
lièrú 列如 2-611A
lìrǔ 詈辱 11-103B
lìrù 利入 2-635A
lìrù 麗縟 12-1299B
lìruǐ 梨蕊 4-1043A
lìruǐ 麗蘂 12-1299B
lìruì 利銳 2-640A
lìruì 慄銳 7-678B
lìrùn 利潤 2-640B
lǐsǎ 醴灑 9-1446A
lìsǎ 利灑 2-641A
lìsà 莅颯 9-421A
lísāi 梨顋 4-1043A
lísàn 離散 11-892A
lìsǎn 櫟散 4-1357B
lǐsānběn 禮三本 7-958A
lǐsāng 理喪 4-573B
lǐsàng 理喪 4-573B
lìsāng 力桑 2-764B
lìsāng 涖喪 5-1235B
lísāo 離騷 11-897B
lísǎo 犂掃 6-281A
lísǎo 釐娍 10-422B
lísǎo 釐嫂 10-422B
lísè 驪色 12-920B
lǐsè 理塞 4-576A
lǐsè 理色 4-570A
lìsè 力嗇 2-765A
lìsè 力穡 2-765B
lìsè 利色 2-636B
lìsè 戾色 7-348B
lìsè 栗色 4-965A
lìsè 厲色 1-938A
lìsè 麗色 12-1296A
lìsèyànzhuāng 麗色豔粧
 12-1296A
líshā 貍沙 10-1337B
líshān 黎山 12-1380B
líshān 驪山 12-920A
lǐshān 裏山 9-77B
lìshān 鬲山 12-922B
lìshān 歷山 5-362A
lìshān 麗山 12-1294B
líshāndiàohǔ 離山調虎
 11-883A
líshāng 離傷 11-894A
líshāng 離觴 11-896B
líshàng 離上 11-883A
lǐshǎng 理賞 4-577A
lǐshǎng 禮賞 7-964B
lǐshàng 理尚 4-570B
lìshāng 瀝觴 6-207B
lìshǎng 歷賞 5-365B
lìshàngshēnglì 利上生利
 2-635A
lǐshàngwǎnglái 禮尚往來
 7-959B
líshānlǎomǔ 黎山老姆
 12-1380B
líshānlǎomǔ 驪山老母
 12-920A
líshānmù 驪山墓 12-920A
lìshānshì 厲山氏 1-938A
lísháo 蠡勺 8-993B
lìshǎoguānduō 立少觀多
 8-372B
líshé 犂舌 6-280B
líshě 離捨 11-890B
líshè 欐舍 4-1370B
líshè 離舍 11-887B
lǐshè 里舍 10-369A
lǐshè 里社 10-368B
lǐshè 禮射 7-962A
lìshé 利舌 2-636A
lìshè 立社 8-374B
lìshè 吏舍 1-521B
lìshè 利涉 2-638A
lìshè 厲涉 1-939B
lìshè 歷涉 5-364A
lìshè 櫟社 4-1357A
líshēn 離身 11-886A
lǐshēn 理身 4-570B
lǐshén 禮神 7-961B
lìshēn 立身 8-374A
lìshēn 戾深 7-348B
lìshēn 厲身 1-938B
lìshén 厲神 1-939A
lìshén 麗神 12-1297B
líshēng 貍牲 5-54B
líshēng 離聲 11-896A
lǐshēng 理生 4-569B
lǐshēng 禮生 7-958B
lǐshèng 里乘 10-369B
lìshēng 利生 2-635B
lìshēng 例生 1-1334B
lìshēng 厲聲 1-940B
lìshēng 勵聲 2-823A
lìshēng 麗牲 12-1297A
lìshēng 酈生 10-697B
lìshěng 隸省 12-177A
lìshèng 力勝 2-764B
lìshèng 利勝 2-639B
líshēngxīngjiǎo 犂生騂角
 6-280A
lìshēngzhīshí 麗牲之石
 12-1297A
líshéyù 犂舌獄 6-280B
líshī 褵褷 9-125A
líshī 褵襹 9-125A
líshī 離灑 11-898A
líshī 離褷 11-896B
líshí 離實 11-895A
líshì 黎飾 12-1382B
líshì 離世 11-884A
líshì 離室 11-889A
lǐshī 禮施 7-961B
lǐshí 理識 4-577B
lǐshí 禮食 7-961B
lǐshǐ 裏使 9-78A
lǐshì 里士 10-367B
lǐshì 里室 10-369B
lǐshì 里試 10-370B
lǐshì 俚室 1-1384B
lǐshì 理世 4-569B
lǐshì 理事 4-570B
lǐshì 理勢 4-574B
lǐshì 裏勢 9-79A
lǐshì 禮事 7-959B

lìshī 利施 2-637B
lìshí 立石 8-373A
lìshí 立時 8-376A
lìshí 利時 2-637B
lìshí 粒食 9-210A
lìshí 歷時 5-364A
lìshí 礪石 7-1116A
lìshí 麗什 12-1295A
lìshí 麗食 12-1297A
lìshí 麗實 12-1299A
lìshí 礫石 7-1120B
lìshí 糲食 9-242B
lìshǐ 利矢 2-635B
lìshǐ 曆始 5-837A
lìshǐ 歷史 5-362B
lìshǐ 麗史 12-1295B
lìshì 磿室 7-1111B
lìshì 力士 2-762A
lìshì 力勢 2-765A
lìshì 立士 8-372A
lìshì 立事 8-374B
lìshì 立侍 8-374B
lìshì 立誓 8-378A
lìshì 吏士 1-521A
lìshì 吏事 1-521B
lìshì 吏勢 1-523A
lìshì 梟氏 4-1166A
lìshì 利市 2-636A
lìshì 利事 2-637A
lìshì 利勢 2-639B
lìshì 利適 2-640A
lìshì 涖事 5-1235B
lìshì 厲世 1-938A
lìshì 厲飾 1-940A
lìshì 勵世 2-822B
lìshì 歷世 5-362B
lìshì 歷事 5-363B
lìshì 歷室 5-364A
lìshì 歷試 5-365B
lìshì 隸事 12-176B
lìshì 隸釋 12-178A
lìshì 麗事 12-1296A
lìshì 麗室 12-1297B
lìshì 麗飾 12-1298B
lìshì 儷事 1-1740B
lìshíbākè 立時巴刻 8-376A
lìshìdùnshàng 離世遁上 11-884A
lǐshí'èr 李十二 4-788B
lǐshī'érqiúzhūyě 禮失而求諸野 7-959A
lìshíjíwù 利時及物 2-637B
lìshǐjù 歷史劇 5-363A
líshìjuésú 離世絕俗 11-884A
lǐshíláng 李十郎 4-788B
lìshìmódùn 厲世摩鈍 1-938A
lìshìmódùn 厲世磨鈍 1-938A
lìshìmódùn 礪世摩鈍 7-1116A
lìshìmódùn 礪世磨鈍 7-1116A
lǐshìqiāntóunú 李氏千頭奴 4-789A
lìshíqǐliǔ 立石起柳 8-373A
lìshìsānbèi 利市三倍 2-636A
lìshísānkè 立時三刻 8-376A
lǐshīshī 李師師 4-790B
lìshìwénshū 歷事文書 5-363B
lìshǐxiǎoshuō 歷史小說 5-362B
lǐshīxièfù 李詩謝賦 4-791A
líshìyìsú 離世異俗 11-884A
lìshǐyǔcí 歷史語詞 5-363A
líshōu ⿰目黎⿰目攸 7-1268B
líshǒu 狸首 5-54B
líshǒu 貍首 10-1337B
líshǒu 黎首 12-1382A
lǐshǒu 裏手 9-77B
lǐshǒu 裏首 9-78B
lìshǒu 力守 2-763A
lìshǒu 隸首 12-177A
lìshòu 例授 1-1335A
lìshòu 綟綬 9-914A
lìshòu 盭綬 7-1476A
lìshǒuzhīxué 隸首之學 12-177A
líshū 藜菽 9-604B
líshū 離書 11-890B
líshǔ 犂鼠 6-281A
líshǔ 犂曙 6-281A
líshǔ 邌曙 10-1284A
líshǔ 離黍 11-892B
líshǔ 離署 11-894A
líshù 梨庶 4-1042B
líshù 黎庶 12-1382A
líshù 離數 11-895B
líshù 離俞 11-888B
lǐshū 理書 4-572B
lǐshū 禮書 7-962A
lǐshū 鯉書 12-1235A
lǐshú 里塾 10-370B
lǐshǔ 禮鼠 7-963B
lǐshù 理庶 4-573A
lǐshù 理數 4-577A
lǐshù 禮術 7-962B
lǐshù 禮數 7-964B
lìshū 吏書 1-522B
lìshū 曆書 5-837B
lìshū 歷書 5-364A
lìshū 隸書 12-177A
lìshū 麗姝 12-1297B
lìshǔ 吏屬 1-523B
lìshǔ 栗鼠 4-966A
lìshǔ 歷數 5-366A
lìshǔ 隸屬 12-178A
lìshǔ 麗屬 12-1300A
lìshù 力術 2-764B
lìshù 吏術 1-522B
lìshù 曆術 5-837B
lìshù 曆數 5-837B
lìshù 歷數 5-366A
lìshù 瀝述 6-207A
lǐshuài 俚率 1-1384B
líshuāng 梨霜 4-1043A
lìshuǎng 利爽 2-638B
lìshuǎng 厲爽 1-939B
lǐshuì 厘稅 1-921A
líshuì 褵帨 9-125A
líshuì 蠡稅 10-422B
lǐshuǐ 理水 4-569A
lǐshuǐ 醴水 9-1445B
lìshuǐ 瀝水 6-206B
lìshuǐ 麗水 12-1295A
lìshuì 歷說 5-365B
lǐshūlóu 李書樓 4-791A
lǐshùn 理順 4-574A
lǐshùn 禮順 7-963B
lǐshuō 俚說 1-1385A
lǐshuō 理說 4-576B
lìshuō 立說 8-378A
lìshuō 歷說 5-365B
lìshuò 麗碩 12-1298B
líshūshìjuē 離蔬釋屩 11-895A
líshūshìqiāo 離蔬釋蹻 11-895A
líshùtútàn 黎庶塗炭 12-1382A
lísī 離簁 11-896A
lísī 離思 11-888B
lísī 灕澌 6-218B
lísì 蠡祀 10-421A
lǐsī 里司 10-368B
lǐsī 理思 4-572A
lǐsī 理絲 4-574A
lǐsì 禮祀 7-959B
lìsī 栗斯 4-966A
lìsī 慄斯 7-678B
lìsī 麗思 12-1297A
lìsì 立嗣 8-377B
lǐsīgǒujiā 李斯狗枷 4-791A
lísīzhí 黎司直 12-1381A
lǐsòng 理訟 4-573A
lǐsòng 理誦 4-576B
lǐsòng 禮誦 7-964A
lǐsǒu 李叟 4-790A
lìsōu 利嗖 2-639A
lìsōu 利颼 2-641A
lìsǒu 利藪 2-641A
lísú 漓俗 6-31A
lísú 黎俗 12-1381B
lísú 離俗 11-888B
lǐsú 里俗 10-369B
lǐsú 俚俗 1-1384A
lǐsú 禮俗 7-961A
lǐsù 理訴 4-574A
lǐsù 鯉素 12-1235A
lǐsù ⿺走歷趚 9-1155A
lìsū 利蘇 2-641A
lìsū ⿰犭栗蘇 5-99B
lìsú 厲俗 1-939A
lìsù 厲肅 1-940A
lìsù ⿰犭栗⿰犭栗 5-99B
lǐsuàn 理算 4-576B
lìsuàn 利筭 2-639B
lìsuàn 曆算 5-837B
lìsuàn 歷筭 5-365B
lìsuàn 歷算 5-365B
lìsuì 厲祟 1-939B
lìsuì 歷歲 5-365A
lísǔn 蠡損 10-422B
lísuǒ 離索 11-889B
lǐsuǒ 理所 4-571A
lǐsuǒ 理索 4-572A
lìsuo 利索 2-637B
lìsuo 俐索 1-1401A
lìsuō 戾莎 7-348A
lìsuō 栗縮 4-966A
lìsuō 笠蓑 8-1127B
lìsuō 慄縮 7-679A
lìsuǒ 力索 2-764A
lǐsuǒdāngrán 理所當然 4-571A
lìsuǒmíngjiāng 利鎖名韁 2-641A
lìsùzú 傈僳族 1-1600B
lìtā 利他 2-635B
lìtà 戾沓 7-348A
lìtàizǐ 戾太子 7-347B
lítǎn 黎毯 12-1382A
lǐtān 里攤 10-371B
lǐtán 里談 10-371A
lǐtán 俚談 1-1385A
lìtán 立談 8-378B
lìtán 厲壇 1-940B
lítáng 離堂 11-890B
lǐtáng 李唐 4-790B
lǐtáng 禮堂 7-962B
lìtáng 蠣塘 8-988A
lǐtáo 李桃 4-790B
lìtāo 吏饕 1-523B
lítī 蠡剔 10-422A
lítí 離題 11-896B
lítǐ 驪體 12-921B
lítì 蠡替 10-422B
lítì 離逖 11-890A
lítì 離遏 11-891A
lǐtǐ 理體 4-578A
lǐtǐ 禮體 7-966A
lìtí 例題 1-1335B
lìtǐ 立體 8-379A
lìtǐ 吏體 1-523B
lìtǐ 隸體 12-178B
lìtǐ 儷體 1-1741A
lìtiān 麗天 12-1295A
lìtián 力田 2-762B
lǐtiānwáng 李天王 4-789A
lǐtiānxià 李天下 4-789A
lítiáo 梨條 4-1041B
lǐtiě 禮帖 7-960A
lǐtiěguǎi 李鐵枴 4-792A
lìtǐjiāochā 立體交叉 8-379A
lítíng 犂庭 6-280B
lítíng 離亭 11-889A
lǐtíng 鯉庭 12-1235A

lìtīng 歷聽 5-367A
lǐtǐng 荔挺 9-397B
lǐtíngguīmò 李廷珪墨 4-789B
lítíngsǎoxué 犂庭掃穴 6-280B
lìtōng 黎補 12-1382B
lǐtǒng 梨筒 4-1042A
lǐtǒng 理統 4-574A
lìtōng 利通 2-638B
lìtóng 隸僮 12-177B
lìtōngzhí 利通直 2-638B
lítóu 梨頭 4-1043A
lítóu 狸頭 5-55A
lítóu 貍頭 10-1338A
lítóu 籬頭 8-1285B
lǐtou 裏頭 9-79A
lǐtóu 理頭 4-577B
lìtóu 曆頭 5-838A
lìtóu 歷頭 5-366A
lítóubáishǒu 狸頭白首 5-55A
lítóuguā 貍頭瓜 10-1338A
lìtòuzhǐbèi 力透紙背 2-764A
lítóuzhú 貍頭竹 10-1338A
lítú 犂途 6 281A
lítú 犂塗 6-281A
lǐtú 禮圖 7-964A
lìtú 力圖 2-765A
lìtú 利途 2-638A
lìtú 利塗 2-639B
lìtú 曆圖 5-837B
lìtú 麗徒 12-1297B
lìtǔ 麗土 12-1294B
lǐtǔgǔ 李土鼓 4-789A
lǐtuò 里柝 10-369B
lǐtuōtǎ 李托塔 4-789B
liú'ādǒu 劉阿斗 2-754A
liú'ǎi 流藹 5-1277A
liú'ài 流愛 5-1272A
liú'ài 留礙 7-1333B
liǔ'ān 柳安 4-924A
liǔ'àn 柳闇 4-931A
liǔ'àn 柳岸 4-925B
liǔ'àn 柳暗 4-929B
liù'àn 六案 2-41B
liù'ānchá 六安茶 2-31B
liǔ'ànhuāmíng 柳暗花明 4-929B
liǔ'ànhuāmíng… 柳暗花明又一村 4-929B
liǔ'ànhuāzhē 柳暗花遮 4-929B
liù'ànkǒngmù 六案孔目 2-41B
liù'áo 六鰲 2-54B
liù'áo 六鼇 2-55A
liù'ào 霤奧 11-725A
liǔbā 柳八 4-923A
liúbái 留白 7-1326A
liúbái 劉白 2-754A
liúbáiduò 劉白墮 2-754A
liúbān 留班 7-1329B
liùbānchá 六班茶 2-39A
liúbàng 流謗 5-1275B
liùbǎo 六寶 2-54B
liúbēi 流杯 5-1262B
liúbēi 流盃 5-1264B
liúbèi 流被 5-1268A
liúbèi 流輩 5-1274A
liǔbēi 柳桮 4-927B
liúbēiqūshuǐ 流杯曲水 5-1262B
liúbēn 流奔 5-1263A
liùběn 六本 2-28A
liúbèng 流迸 5-1266A
liúbǐ 流比 5-1257A
liúbì 流敝 5-1269B
liúbì 流辟 5-1272B
liúbì 流弊 5-1273A
liúbì 留壁 7-1333A
liúbì 鏐珌 11-1389A
liùbì 六幣 2-49B
liùbì 六弊 2-49B
liùbì 六蔽 2-48B
liùbì 六嬖 2-52B
liùbì 六蹕 2-53A
liūbiān 溜邊 6-30A
liúbiǎn 流貶 5-1268B
liúbiàn 流便 5-1265A
liúbiàn 流變 5-1278B
liùbiàn 六變 2-55B
liúbiāo 流猋 5-1270B
liúbiāo 流颷 5-1275B
liúbiāo 瀏飆 6-203A
liúbiāo 瀏颷 6-203A
liúbiǎoniú 劉表牛 2-754A
liúbié 流別 5-1261B
liúbié 留別 7-1327B
liūbīng 溜冰 6-28B
liúbīng 流冰 5-1260B
liúbīng 流兵 5-1262A
liùbǐng 六柄 2-36B
liùbìsāntóu 六臂三頭 2-53A
liúbō 流波 5-1263B
liúbō 流播 5-1273B
liúbō 流磻 5-1275A
liúbó 流泊 5-1263B
liùbó 六博 2-44B
liùbó 六駁 2-51A
liùbó 六簙 2-53B
liùbó 陸博 11-996B
liūbù 溜步 6-28B
liúbū 流逋 5-1267A
liúbù 流布 5-1259A
liúbù 留步 7-1327B
liùbù 遛步 10-1146A
liùbù 六部 2-40B
liùbùbīng 六部兵 2-40B
liúcǎi 流采 5-1263A
liúcǎi 流彩 5-1269A
liùcái 六材 2-32A
liùcǎi 六采 2-34B
liùcǎi 六彩 2-43A
liùcáizǐshū 六才子書 2-25A
liúcān 留驂 7-1334A
liǔcán 柳蠶 4-931B
liùcān 六參 2-44B
liúcáng 留藏 7-1333B
liùcáng 六藏 2-52B
liùcānguān 六參官 2-44B
liúcānjūn 劉參軍 2-755A
liūcáo 溜槽 6-30A
liúcáo 留曹 7-1330B
liùcáo 六曹 2-42A
liùcáo 霤槽 11-725A
liúchá 流查 5-1264A
liúchá 流槎 5-1271A
liùchá 六察 2-49B
liúchāi 流差 5-1266A
liúchǎn 流產 5-1269A
liúchāng 流娼 5 1269B
liúchàng 流鬯 5-1267B
liúchàng 流唱 5-1268B
liúchàng 流暢 5-1272B
liùchǎngtōngtóu 六場通頭 2-44B
liùchǎngtōngtòu 六場通透 2-44B
liùcháo 六朝 2-44B
liùcháojīnfěn 六朝金粉 2-45A
liùcháowén 六朝文 2-44B
liǔchē 柳車 4-924B
liǔchēbiànxìng 柳車變姓 4-924B
liúchén 流沉 5-1262B
liúchén 流塵 5-1273A
liùchén 六臣 2-29B
liùchén 六陳 2-41B
liùchén 六塵 2-49B
liùchénbùrǎn 六塵不染 2-49B
liúchēng 流稱 5-1272B
liúchéng 流程 5-1270B
liúchéng 留成 7-1326B
liùchénpù 六陳舖 2-41B
liùchénqiāng 六沉鎗 2-32B
liúchí 流匙 5-1268B
liúchí 留遲 7-1333A
liúchì 流斥 5-1259B
liùchǐ 六尺 2-27A
liùchì 六赤 2-31B
liùchǐmǎ 六尺馬 2-27B
liùchǐyú 六尺輿 2-27B
liùchǐzhīgū 六尺之孤 2-27A
liùchǐzhītuō 六尺之託 2-27A
liúchōng 流充 5-1261A
liùchōng 六冲 2-31A
liùchōng 六衝 2-50B
liǔchǒnghuāmí 柳寵花迷 4-931A
liúchǒngyīqián 劉寵一錢 2-755B
liūchǒu 溜瞅 6-30A
liùchǒu 六醜 2-51B
liúchǔ 留儲 7-1333B
liúchǔ 留處 7-1330B
liúchù 流黜 5-1275A
liùchū 六出 2-29A
liùchù 六畜 2-41A
liúchuān 流川 5-1256B
liúchuán 流傳 5-1271B
liúchuán 留傳 7-1332A
liǔchuáng 柳牀 4-925B
liùchuāng 六窗 2-46A
liùchùbù'ān 六畜不安 2-41A
liùchùdào 六畜道 2-41A
liùchūgōng 六出公 2-29A
liùchūhuā 六出花 2-29A
liúchuī 流吹 5-1261B
liùchuí 霤垂 11-725A
liùchūjì 六出計 2-29B
liúchuò 流歠 5-1277B
liùchūqíjì 六出奇計 2-29A
liùchūqíshān 六出祁山 2-29A
liùchùxīngwàng 六畜興旺 2-41A
liǔcí 柳祠 4-926A
liùcì 六刺 2-33B
liúcóng 流從 5-1269A
liúcuán 留攢 7-1334A
liúcuàn 流竄 5-1277A
liǔcuì 柳翠 4-930A
liǔcuìhuāqiáo 柳悴花憔 4-928A
liǔcuìjǐng 柳翠井 4-930A
liǔcuìqiáo 柳翠橋 4-930A
liúcūn 劉村 2-754A
liúcún 留存 7-1326B
liūda 溜達 6-29A
liūda 溜躂 6-30A
liùdā 遛搭 10-1146A
liùdā 蹓搭 10-532B
liùdá 遛達 10-1146A
liùdà 六大 2-25A
liúdǎi 流逮 5-1269B
liǔdài 柳帶 4-927B
liǔdài 柳黛 4-931A
liùdài 六代 2-28B
liūdǎjīngguāng 溜打精光 6-28B
liúdān 流丹 5-1258B
liúdǎn 旒紞 6-1613A
liúdàn 流彈 5-1274B
liúdàn 榴彈 4-1219B
liúdàng 流宕 5-1264A
liúdàng 流蕩 5-1274A
liúdàng 流盪 5-1275B
liùdàngōng 六石弓 2-28A
liúdàngzǐ 流蕩子 5-1274A
liúdànpào 榴彈炮 4-1219B
liùdào 六道 2-46A
liùdào 六纛 2-55B
liùdàolúnhuí 六道輪迴 2-46A
liúdé 流德 5-1274B
liúdé 留得 7-1330B
liùdé 六德 2-50B

liùděng 六等 2-45A
liúdéqīngshānzài…
留得青山在,不愁没柴燒 7-1330B
liúdéqīngshānzài…
留得青山在,不怕没柴燒 7-1330B
liúdéqīngshānzài…
留得青山在,依舊有柴燒 7-1330B
liúdī 流鏑 5-1277B
liúdǐ 流抵 5-1262B
liúdǐ 留邸 7-1327B
liúdì 流睇 5-1270B
liúdì 流遞 5-1271B
liǔdī 柳隄 4-928A
liǔdī 柳堤 4-928A
liǔdí 柳笛 4-927B
liùdí 六狄 2-32A
liùdì 六地 2-29B
liúdiàn 流電 5-1271B
liúdiàn 流墊 5-1272B
liǔdiàn 柳甸 4-924B
liùdiǎn 六典 2-33B
liùdiǎn'er 六點兒 2-53A
liùdīng 六丁 2-25A
liùdīnghēishā 六丁黑煞 2-25A
liùdīngliùjiǎ 六丁六甲 2-25A
liúdòng 流動 5-1268B
liúdòng 留動 7-1330B
liǔdǒu 柳斗 4-923B
liúdū 留都 7-1329B
liúdú 流毒 5-1264A
liúdú 留牘 7-1334A
liúdú 留犢 7-1334A
liúdù 流蠹 5-1278B
liúdù 劉杜 2-754A
liùdù 六度 2-37B
liúdùn 流遁 5-1270B
liúdùn 流遯 5-1272B
liǔduǒhuājiāo 柳軃花嬌 4-931A
liǔduǒyīngjiāo 柳軃鶯嬌 4-931A
liǔ'ěr 柳耳 4-924A
liù'ér 六兒 2-34B
liù'ěr 六耳 2-29B
liù'ěrbùchuándào 六耳不傳道 2-29B
liù'ěrbùtōngmóu 六耳不通謀 2-29B
liù'ěrbùtóngmóu 六耳不同謀 2-29B
liùfǎ 六法 2-35A
liúfàn 流泛 5-1262B
liúfàn 留飯 7-1331B
liǔfàn 柳范 4-925A
liùfān 六蕃 2-50A
liúfāng 流方 5-1258B
liúfāng 流芳 5-1261A
liúfāng 留芳 7-1327A
liúfáng 榴房 4-1219B
liúfàng 流放 5-1263A
liúfàng 留放 7-1328B
liùfáng 六房 2-36A
liúfāngbǎishì 流芳百世 5-1261B
liúfānghòushì 流芳後世 5-1261B
liǔfānglì 柳芳曆 4-924B
liúfāngqiāngǔ 流芳千古 5-1261B
liùfànqīngyīn 六犯清音 2-29A
liúfēi 流飛 5-1266B
liúfèi 流杮 5-1262B
liúfèi 流廢 5-1274B
liúfèi 流柹 5-1262B
liùfēi 六飛 2-38B
liùfēi 六蜚 2-49A
liùfēi 六騑 2-53A
liúfēn 流氛 5-1263A
liúfēn 餾分 12-574A
liùfēn 六分 2-26B
liùfèn 六奮 2-51B
liúfēng 流風 5-1265B
liǔfēng 柳風 4-926A
liùfēng 飂風 12-650B
liúfēnghuíxuě 流風回雪 5-1265B
liúfēnghuíxuě 流風迴雪 5-1265B
liúfēngyúsú 流風餘俗 5-1265B
liúfēngyúyùn 流風餘韵 5-1265B
liúfēngyúyùn 流風餘韻 5-1265B
liúfǔ 留府 7-1328A
liùfú 六服 2-34B
liùfú 六符 2-43A
liùfǔ 六府 2-35A
liùfǔ 六腑 2-46A
liùfǔ 六輔 2-48B
liùfù 六傅 2-45B
liùfǔqú 六輔渠 2-48B
liúgài 流丐 5-1257A
liúgài 流匃 5-1259B
liúgǎn 流感 5-1271B
liūgān'èrjìng 溜乾二凈 6-29A
liúgāng 劉綱 2-755B
liǔgǎng 柳港 4-928B
liúgāo 流膏 5-1272B
liúgēn 劉根 2-754B
liùgēn 六根 2-39A
liúgēng 留更 7-1327B
liúgěng 流梗 5-1268A
liùgēng 六更 2-32A
liùgēng 六庚 2-35A
liùgēngrì 六庚日 2-35A
liùgēnhùyòng 六根互用 2-39B
liùgēnqīngjìng 六根清净 2-39B
liúgòng 旒貢 6-1576B
liùgōng 六工 2-25A
liùgōng 六弓 2-25B
liùgōng 六功 2-28A
liùgōng 六宫 2-37B
liúgǒu 遛狗 10-1146A
liūgōuzi 溜勾子 6-28B
liūgōuzi 溜鈎子 6-29B
liūgōuzi 溜溝子 6-29B
liúgǔ 流賈 5-1271B
liǔgǔ 柳谷 4-924B
liǔgǔ 柳轂 4-930A
liùgǔ 六鼓 2-47A
liùgǔ 六轂 2-50A
liǔguǎizi 柳拐子 4-925A
liǔguǎizibìng 柳拐子病 4-925A
liúguān 流官 5-1264A
liúguān 流觀 5-1278B
liúguǎn 留館 7-1333A
liúguàn 流灌 5-1278A
liǔguǎn 柳管 4-930A
liǔguàn 柳罐 4-931B
liǔguàn 柳鑵 4-931B
liùguān 六官 2-35B
liùguān 六關 2-54A
liùguān 六琯 2-44B
liùguǎn 六筦 2-47B
liùguǎn 六管 2-49A
liùguǎn 六館 2-52A
liūguāng 溜光 6-28B
liúguāng 流光 5-1260A
liūguāngqìngjìn 溜光罄盡 6-28B
liūguāngqìngjìng 溜光罄净 6-28B
liūguāngshuǐhuá 溜光水滑 6-28B
liǔguì 柳桂 4-926B
liùguì 六貴 2-45A
liúgùn 流棍 5-1270A
liúguǒ 流輠 5-1274A
liǔguō 柳郭 4-927A
liùguó 六國 2-42B
liùguófànluòtuo 六國販駱駝 2-43A
liūgǔsuǐ 溜骨髓 6-29A
liǔgǔyánjīn 柳骨顔筋 4-926A
liúhǎi 留海 7-1330A
liúhǎi 劉海 2-754B
liúhài 流害 5-1268A
liùhái 六骸 2-50A
liùhài 六害 2-41A
liúhǎichán 劉海蟾 2-754B
liúhàn 流汗 5-1261A
liùháng 六行 2-30A
liúhànjiābèi 流汗浹背 5-1261A
liǔhányān 柳含煙 4-924B
liūhào 溜號 6-29B
liúhào 流號 5-1271B
liúhào 留好 7-1327A
liùhào 六號 2-47B
liúhé 流和 5-1263A
liùhé 六合 2-30B
liùhé 六和 2-34A
liùhé 六翮 2-51B
liùhébèi 六合被 2-30B
liùhéchéng 六合城 2-30B
liùhédiàn 六合殿 2-31A
liúhèn 流恨 5-1266A
liùhétǎ 六合塔 2-31A
liùhétǎ 六和塔 2-34A
liùhéxuē 六合靴 2-31A
liùhézhù 六合柱 2-30B
liúhóng 流紅 5-1266B
liúhóng 榴紅 4-1219B
liúhóu 留侯 7-1328B
liúhòu 留後 7-1328B
liùhòu 六候 2-40A
liúhòulù 留後路 7-1329A
liúhòumén 留後門 7-1329A
liúhòushǒu 留後手 7-1329A
liúhù 流户 5-1258B
liǔhú 柳湖 4-928B
liùhú 六瑚 2-46B
liúhuā 流花 5-1261A
liúhuā 榴花 4-1219A
liúhuá 流華 5-1266B
liúhuá 流滑 5-1271A
liúhuá 騮驊 12-868B
liúhuà 沶化 5-947B
liúhuà 流化 5-1258B
liǔhuā 柳花 4-924B
liùhuā 六花 2-31B
liùhuà 六畫 2-46B
liúhuān 留歡 7-1334A
liúhuàn 流幻 5-1259A
liǔhuán 柳鬟 4-931B
liúhuāng 流荒 5-1264A
liúhuáng 流黄 5-1268A
liúhuáng 流潢 5-1273A
liúhuáng 留黄 7-1330A
liúhuáng 硫黄 7-1053B
liǔhuáng 柳黄 4-927A
liùhuàng 蹓晃 10-532A
liúhuántái 榴環臺 4-1219B
liǔhuāqún 柳花裙 4-924B
liúhuātiānjiǔ 榴花天酒 4-1219A
liùhuāzhèn 六花陣 2-32A
liúhuāzūn 榴花樽 4-1219A
liǔhùhuāmén 柳户花門 4-923B
liúhuī 流暉 5-1271B
liúhuī 流徽 5-1275A
liúhuì 流彗 5-1268A
liúhuì 流惠 5-1270A
liúhuì 流會 5-1272A
liǔhuì 柳惠 4-928B
liǔhūnhuāmíng 柳昏花暝 4-925B
liūhuǒ 溜火 6-28B
liúhuǒ 流火 5-1258B
liúhuǒ 榴火 4-1219A
liúhuò 流禍 5-1271A
liǔhuǒ 柳火 4-923B
liúhuǒzhīwū 流火之烏

5-1258B
liújí 流極 5-1270A
liújí 流瘠 5-1274B
liújí 留級 7-1329B
liújì 流妓 5-1262B
liújì 流寄 5-1269B
liújì 留計 7-1329A
liǔjì 柳季 4-925B
liùjí 溜急 6-29A
liùjí 六疾 2-40B
liùjí 六極 2-45A
liùjí 六籍 2-54B
liùjì 六崟 2-37A
liùjì 六紀 2-38B
liùjì 六計 2-37B
liùjì 六際 2-48B
liùjì 六驥 2-55B
liùjì 六齊 2-49B
liújiǎ 劉賈 2-755B
liǔjiá 柳頰 4-931A
liùjiā 六珈 2-36A
liùjiā 六家 2-41A
liùjiǎ 六甲 2-28A
liūjiān 溜尖 6-28B
liújiān 留牋 7-1331B
liújiàn 流漸 5-1273A
liújiàn 流澗 5-1274B
liújiàn 流箭 5-1274A
liújiàn 流濫 5-1275B
liǔjiàn 柳箭 4-930B
liùjiàn 六監 2-49A
liùjiàn 六見 2-32A
liùjiàn 六閒 2-46B
liùjiānbǎng 溜肩膀 6-29A
liùjiāngjūn 六將軍 2-44A
liǔjiāngrén 柳江人 4-924A
liǔjiāo 柳膠 4-930B
liùjiǎo 遛脚 10-1146A
liùjiǎo 六角 2-32B
liùjiào 六教 2-42A
liǔjiāohuāmèi 柳嬌花媚 4-930B
liùjiǎqióngrì 六甲窮日 2-28B
liùjiāqīzōng 六家七宗 2-41A
liùjiǎtiānshū 六甲天書 2-28B
liǔjiāxīnyàng 柳家新樣 4-927A
liújié 流劫 5-1261A
liújié 瘤結 8-349B
liújiè 膢界 6-1361B
liújiè 流借 5-1267B
liǔjiē 柳街 4-928B
liùjiē 六街 2-45B
liùjié 六結 2-46B
liùjié 六節 2-47B
liùjiè 六界 2-37A
liùjiēgǔ 六街鼓 2-45B
liǔjiēhuāxiàng 柳街花巷 4-928B
liùjiēsānmò 六街三陌 2-45B
liùjiēsānshì 六街三市 2-45B
liùjíguǎn 六疾館 2-40B
liújīn 流金 5-1263A
liújīn 流襟 5-1277A
liújīn 鎏金 11-1374A
liújīn 鎦金 11-1373A
liújǐn 榴錦 4-1219B
liùjìn 六晉 2-39B
liùjìng 溜淨 6-29A
liújīng 流精 5-1273A
liújìng 流競 5-1278A
liújīng 留精 7-1332B
liújīng 琉精 4-582B
liújīng 旒旌 6-1613B
liújīng 旒旍 6-1613B
liǔjīng 柳旌 4-928A
liǔjìng 柳逕 4-926B
liùjīng 六莖 2-39A
liùjīng 六經 2-48B
liùjǐng 六井 2-26A
liùjīngjiēshǐ 六經皆史 2-48B
liùjīngzhùwǒ 六經註我 2-48B
liújīnshuòshí 流金鑠石 5-1263A
liújìnú 劉寄奴 2-755A
liùjínúbì 六籍奴婢 2-54B
liújiù 流舊 5-1275A
liǔjiū 綹鬏 9-910A
liùjiù 六廐 2-46A
liújū 流居 5-1264A
liújū 留居 7-1328B
liújù 留句 7-1326B
liùjú 六局 2-32B
liùjuàn 六眷 2-43B
liújué 留決 7-1327B
liǔjūn 柳菌 4-927A
liùjūn 六軍 2-38A
liùjūn 六鈞 2-45B
liùjùn 六郡 2-38B
liùjùn 六駿 2-52B
liùjūngōng 六鈞弓 2-46A
liújūnzǐ 留君子 7-1327B
liùjūnzǐ 六君子 2-32B
liúkē 榴顆 4-1219B
liúkè 流客 5-1266B
liúkè 留客 7-1329A
liǔkè 柳課 4-930B
liùkē 六科 2-37A
liúkèmèi 留客袂 7-1329B
liúkèyǔ 留客雨 7-1329B
liúkèzhù 留客住 7-1329A
liúkòu 流寇 5-1269B
liūkǒu 溜口 6-28A
liúkǒuchángtán 流口常談 5-1256B
liúkǔ 留苦 7-1328A
liúkuàirénkǒu 流膾人口 5-1275B
liúkuǎn 留款 7-1331A
liúkuáng 流誑 5-1272B
liúkuàng 旒纊 6-1613B
liúkuí 瘤魁 8-349B
liúkūn 留髡 7-1331A
liúkūnwǔ 劉琨舞 2-755A
liúkūtóu 劉窟頭 2-755B
liúlǎn 流覽 5-1278A
liúlǎn 流攬 5-1278B
liúlǎn 劉覽 2-755B
liúlǎn 瀏覽 6-203A
liúlàn 流瀾 5-1278A
liúlàn 流爛 5-1278A
liúlàn 瀏濫 6-203A
liúláng 劉郎 2-754B
liúlàng 流浪 5-1267B
liǔláng 柳郎 4-925B
liǔlàng 柳浪 4-927A
liùláng 六郎 2-36A
liúlángqiándù 劉郎前度 2-754B
liǔlàngwényīng 柳浪聞鶯 4-927A
liúlǎo 流潦 5-1274B
liùlǎo 六老 2-29B
liǔlǎobēihuán 柳老悲桓 4-924A
liúlèi 流類 5-1277B
liúlèi 劉纍 2-755A
liúlí 流漓 5-1272A
liúlí 流離 5-1276A
liúlí 留犁 7-1330B
liúlí 琉璃 4-582A
liúlí 磂璃 7-1092A
liúlí 瀏漓 6-203A
liúlí 瀏灕 6-203A
liúlí 鶹鵹 12-1138B
liúlì 流利 5-1262A
liúlì 流例 5-1263A
liúlì 流隸 5-1275A
liúlì 流麗 5-1277A
liúlì 留力 7-1325B
liúlì 懰慄 7-772A
liúlì 瀏莅 6-203A
liúlì 瀏慄 6-203A
liúlì 瀏溧 6-203A
liúlì 蒥莅 9-605B
liúlì 鶹鷅 12-1138A
liùlǐ 六禮 2-53A
liùlǐ 六醴 2-54B
liùlì 六沴 2-35B
liùlì 六曆 2-51B
liùlì 六歷 2-51B
liúlián 流連 5-1266B
liúlián 流漣 5-1272A
liúlián 留連 7-1329B
liúlián 留聯 7-1333B
liúlián 榴蓮 4-1219B
liúlián 瀏漣 6-203A
liúliàn 流戀 5-1278B
liúliàn 留戀 7-1334A
liǔliǎn 柳臉 4-931A
liùlián 六聯 2-52B
liúliàng 流亮 5-1265B
liúliàng 流量 5-1270B
liúliàng 瀏亮 6-202B
liúliàng 瀏湸 6-203A
liùliàng 溜亮 6-29A
liúliánwàngfǎn 流連忘反 5-1267A
liúliánwàngfǎn 流連忘返 5-1267A
liúliánwàngfǎn 留連忘返 7-1330A
liúliào 鏐鐐 11-1389A
liùliào 六料 2-41A
liúlíbōqiān 流離播遷 5-1276B
liúlíbōyuè 流離播越 5-1276B
liúlíchǎng 琉璃廠 4-582B
liúlídēng 琉璃燈 4-582B
liúlídiāndùn 流離顛頓 5-1276B
liúlídiānpèi 流離顛沛 5-1276B
liúlídiānzhì 流離顛疐 5-1277A
liùliè 六列 2-30A
liùliè 飂冽 12-650A
liǔlín 柳林 4-925A
liúlínáojiǔ 留犂撓酒 7-1331A
liúlíng 劉靈 2-755B
liùlíng 六陵 2-41B
liúlíngchā 劉伶鍤 2-754A
liúlíngjiǔ 劉伶酒 2-754A
liùlíngliù 六零六 2-47A
liúlíqiú 琉璃球 4-582B
liúlíshīsuǒ 流離失所 5-1276B
liúlísuǒwěi 流離瑣尾 5-1276B
liūliū 溜溜 6-29B
liúliú 飀飀 12-652B
liúliú 琉瑠 4-582A
liúliú 榴榴 4-1219B
liúliú 瀏瀏 6-203A
liúliú 飀飀 12-642B
liúliú 貙貙 10-1343A
liúliǔ 劉柳 2-754B
liùliù 溜溜 6-29B
liùliù 六六 2-27A
liǔliǔjīng 柳柳驚 4-926A
liùliùlín 六六鱗 2-27A
liùliùliù 六六六 2-27A
liūliūqīqiū 溜溜湫湫 6-29B
liūliuqīqiū 溜溜啾啾 6-29B
liùliùyú 六六魚 2-27A
liúlíwǎ 琉璃瓦 4-582A
liúlíyǎn 琉璃眼 4-582B
liúlízhuǎnxǐ 流離轉徙 5-1276B
liùlóng 六龍 2-52A
liùlóngchē 六龍車 2-52B
liǔlǒngkǎolǎo 柳籠栲栳 4-931A
liǔlóngqīng 柳隆卿 4-928A
liùlóngyú 六龍輿 2-52B

liǔlóu 柳樓 4-930B
liúlú 劉盧 2-755B
liúlù 流露 5-1278A
liúlù 劉陸 2-755A
liùlù 六路 2-47B
liúluàn 流亂 5-1272A
liùlùn 六論 2-50B
liùlúnzi 六輪子 2-50A
liúluò 流落 5-1270A
liúluò 留落 7-1331A
liùluó 六贏 2-55B
liùluǒ 六贏 2-54B
liúluòshīsuǒ 流落失所 5-1270A
liǔlǜ 柳綠 4-930A
liùlǚ 六呂 2-30A
liùlǜ 六律 2-37A
liùlǜ 六率 2-43B
liúlüè 流略 5-1268B
liǔlǜhuāhóng 柳綠花紅 4-930A
liǔlǜtáohóng 柳綠桃紅 4-930A
liúmǎ 流馬 5-1266B
liúmǎ 留馬 7-1329B
liúmǎ 騮馬 12-868B
liùmǎ 遛馬 10-1146A
liùmǎ 六馬 2-39A
liùmǎ 蹓馬 10-532A
liúmài 流麥 5-1268B
liúmài 流邁 5-1274A
liùmài 六脈 2-40A
liúmàn 流僈 5-1271B
liúmàn 流漫 5-1273A
liùmán 六蠻 2-55B
liúmáng 流氓 5-1263B
liùmǎyǎngmò 六馬仰秣 2-39A
liǔmázi 柳麻子 4-927B
liúměi 流美 5-1266A
liúmèi 流媚 5-1271A
liǔméi 柳眉 4-926A
liǔméidàoshù 柳眉倒豎 4-926B
liǔméitīshù 柳眉剔豎 4-926B
liǔméitīshù 柳眉踢豎 4-926B
liǔméixīngyǎn 柳眉星眼 4-926B
liúmén 留門 7-1328B
liùmèng 六夢 2-47A
liùméngchē 六萌車 2-42A
liúměngjiāngjūn 劉猛將軍 2-755A
liǔménzhúxiàng 柳門竹巷 4-925B
liúmí 流靡 5-1277B
liùmí 六迷 2-37B
liùmǐ 六米 2-31A
liúmiǎn 流沔 5-1262A
liúmiǎn 流眄 5-1264B
liúmiǎn 流湎 5-1271A
liúmiǎn 旒冕 6-1613A
liǔmián 柳棉 4-928B
liǔmián 柳綿 4-930A
liǔmián 柳緜 4-930B
liùmiǎn 六冕 2-42B
liúmiánhua 劉棉花 2-755B
liùmiànyìn 六面印 2-36B
liúmín 流民 5-1259B
liúmǐn 留愍 7-1332A
liūmíng 溜明 6-29A
liúmíng 流名 5-1260B
liúmìng 留命 7-1328A
liùmìng 六命 2-34B
liúmíntú 流民圖 5-1259B
liúmò 流末 5-1259A
liúmò 流沫 5-1263B
liǔmò 柳陌 4-925B
liùmò 六漠 2-48A
liùmò 六瘼 2-51A
liǔmòhuācóng 柳陌花叢 4-925B
liǔmòhuājiē 柳陌花街 4-925B
liǔmòhuāqú 柳陌花衢 4-925B
liǔmòhuāxiàng 柳陌花巷 4-925B
liùmóu 六眸 2-42B
liúmù 流目 5-1259A
liúmù 留目 7-1326A
liúmù 留牧 7-1328A
liúmù 留幕 7-1331B
liùmù 六幕 2-47A
liǔmùtuǐ 柳木腿 4-923B
liúnán 留難 7-1333B
liúnàn 留難 7-1333B
liúnǎo 流腦 5-1272A
liúnèi 流内 5-1257A
liúnì 留逆 7-1329A
liùnì 六逆 2-37B
liúnián 流年 5-1260A
liúnián 留年 7-1326B
liúniàn 留念 7-1328A
liùniàn 六念 2-34B
liúniǎo 留鳥 7-1330B
liùniǎo 遛鳥 10-1146A
liùniǎo 蹓鳥 10-532B
liúniè 流孽 5-1277A
liúniú 留牛 7-1326A
liúniú 瘤牛 8-349B
liúnìwàngfǎn 流溺忘反 5-1272A
liúnǔ 流弩 5-1264A
liǔnuǎnhuāchūn 柳暖花春 4-929B
liùpā 六葩 2-44B
liúpài 流派 5-1266A
liúpàn 流盼 5-1264B
liúpàn 留盼 7-1328B
liūpǎo 溜跑 6-29B
liúpèi 流沛 5-1262A
liúpèi 流配 5-1267A
liùpèi 六轡 2-55A
liúpǐ 流痞 5-1270B
liúpì 流僻 5-1274A
liúpiāo 流漂 5-1273A
liúpiāo 流飄 5-1277B
liúpiāo 飀飃 12-642B
liúpiǎo 流莩 5-1266B
liúpiǎo 流殍 5-1268B
liúpín 流蘋 5-1277A
liúpǐn 流品 5-1265A
liùpín 六嬪 2-53A
liūpíng 溜平 6-28B
liúpíng 流平 5-1259A
liúpíng 流萍 5-1268A
liǔpínméixiào 柳顰梅笑 4-931B
liúpízì 榴皮字 4-1219A
liūpō 溜坡 6-29A
liùpó 六婆 2-43B
liùpò 六魄 2-49A
liúpǔ 流普 5-1271A
liǔpú 柳蒲 4-929A
liǔpǔ 柳浦 4-927A
liúqí 旒旗 6-1613B
liúqì 流氣 5-1267B
liúqì 流愒 5-1271A
liúqì 流憩 5-1274B
liǔqī 柳七 4-923A
liǔqǐ 柳杞 4-924B
liùqī 六戚 2-42B
liùqí 六奇 2-33B
liùqí 六祈 2-36A
liùqí 六齊 2-49B
liùqì 六氣 2-39B
liùqì 六器 2-51B
liúqià 流洽 5-1266A
liúqiān 流遷 5-1274A
liúqiān 流謙 5-1275B
liùqián 六錢 2-52A
liúqiāngliúdiào 流腔流調 5-1270B
liúqiāo 鏐橇 11-1389A
liǔqiáo 柳橋 4-931A
liùqiáo 六橋 2-51A
liǔqiè 綹竊 9-910A
liǔqièzi 柳篋子 4-930B
liǔqìhuātí 柳泣花啼 4-925B
liǔqín 柳琴 4-928A
liùqīn 六親 2-52A
liùqín 六禽 2-46A
liùqǐn 六寢 2-50A
liùqīnbùrèn 六親不認 2-52A
liúqíng 留情 7-1330B
liǔqīng 柳青 4-924B
liùqīng 六卿 2-40B
liùqīng 六清 2-43B
liùqíng 六情 2-43B
liùqīngfēnjìn 六卿分晉 2-40B
liǔqínghuāyì 柳情花意 4-928A
liǔqīngniáng 柳青娘 4-924B
liùqīnwúkào 六親無靠 2-52A
liǔqínxì 柳琴戲 4-928A
liūqiū 溜湫 6-29B
liúqiú 流囚 5-1259A
liúqiú 流求 5-1261B
liúqiú 流虬 5-1261B
liúqiú 蟉虬 8-959B
liúqiú 蟉虯 8-959B
liǔqiú 柳毬 4-927B
liǔqiú 柳球 4-927A
liùqiū 溜湫 6-29B
liùqiú 溜裘 6-29B
liùqiù 嵺愀 3-863B
liúqǔ 留取 7-1328A
liùqū 六區 2-42B
liùqū 六趣 2-50A
liùqú 六渠 2-43B
liùqú 六衢 2-55B
liúquán 流泉 5-1265A
liǔquān 柳圈 4-927B
liǔquān 柳棬 4-928B
liǔquán 柳泉 4-926A
liùquán 六泉 2-37A
liùquèwù 六榷務 2-48B
liǔqúhuāshì 柳衢花市 4-931B
liùqùlúnhuí 六趣輪迴 2-50A
liúqún 榴裙 4-1219B
liùrǎo 六擾 2-53A
liúrén 流人 5-1256B
liúrèn 留任 7-1327A
liùrén 六壬 2-26A
liúrì 留日 7-1325B
liúrǒng 流宂 5-1259B
liúrǒng 流冗 5-1258B
liǔróng 柳絨 4-929A
liùróng 六戎 2-29B
liùróng 六容 2-41A
liúrú 瀏如 6-202B
liùrú 六如 2-31B
liùrù 六入 2-25A
liúruǎn 劉阮 2-754A
liùruì 六瑞 2-46B
liùrújūshì 六如居士 2-31B
liúrùn 流潤 5-1274B
liǔruòhuājiāo 柳弱花嬌 4-927A
liúsǎ 流灑 5-1278B
liúsà 流蔡 5-1272B
liūsā 溜撒 6-30A
liǔsài 柳塞 4-930A
liúsàn 流散 5-1269B
liǔsānbiàn 柳三變 4-923A
liúsǎndàn 榴霰彈 4-1219B
liúsānjiě 劉三姐 2-753B
liúsānmèi 劉三妹 2-753B
liǔsānmián 柳三眠 4-923A
liǔsè 柳色 4-924A
liùsè 六色 2-31A
liǔsèhuáng 柳色黃 4-924A
liùsèqián 六色錢 2-31A
liǔsèxīn 柳色新 4-924A
liùsèyìqián 六色役錢 2-31A
liúshā 流沙 5-1262B

liúshā 流殺 5-1267B
liúshà 旒翣 6-1613B
liǔshà 柳翣 4-930A
liǔshà 僂翣 1-1631B
liǔshà 蔞翣 9-535A
liúshàn 流贍 5-1277B
liùshàn 六膳 2-52A
liúshāng 流傷 5-1271B
liúshāng 流觴 5-1276A
liùshàng 六尚 2-33B
liúshāngqūshuǐ 流觴曲水
5-1276A
liǔshāo 柳梢 4-927B
liùshāo 六梢 2-42A
liǔshāoqīng 柳梢青 4-927B
liúshe 流射 5-1267B
liúshè 留舍 7-1328A
liúshēn 留身 7-1327B
liúshén 留神 7-1329B
liùshén 六神 2-38A
liùshèn 六慎 2-48A
liùshénbù'ān 六神不安
2-38A
liúshēng 流生 5-1259A
liúshēng 流聲 5-1275A
liúshēng 劉生 2-753B
liúshèng 留剩 7-1331A
liúshèng 留賸 7-1333B
liùshēng 六牲 2-37A
liùshēng 六笙 2-43A
liùshěng 六省 2-36B
liǔshènghuāshén 柳聖花神
4-929A
liúshēngjī 留聲機 7-1333A
liúshēngqì 留聲器 7-1333B
liùshēngshī 六笙詩 2-43A
liùshénqīnjuàn 六神親眷
2-38A
liùshénwúzhǔ 六神無主
2-38A
liūshì 溜勢 6-29B
liúshī 流尸 5-1257A
liúshī 流失 5-1259B
liúshī 流屍 5-1266B
liúshí 留時 7-1330A
liúshí 榴實 4-1219B
liúshǐ 流矢 5-1259A
liúshǐ 流駛 5-1273B
liúshǐ 留使 7-1328A
liúshì 流逝 5-1266B
liúshì 流視 5-1269B
liúshì 流勢 5-1271A
liúshì 留事 7-1328A
liúshì 留眎 7-1330A
liúshì 留視 7-1331A
liǔshì 柳市 4-923B
liùshī 六師 2-40A
liùshī 六詩 2-48A
liùshī 六蝨 2-51A
liùshí 六食 2-37B
liùshí 六時 2-39B
liùshí 六識 2-54A
liùshì 六市 2-29A
liùshì 六事 2-33A
liùshì 六誓 2-48B
liúshīgē 劉師哥 2-754B
liúshìguān 劉氏冠 2-753B
liùshíhuājiǎzǐ
六十花甲子 2-24B
liǔshìhuājiē 柳市花街
4-923B
liùshíjiǎzǐ 六十甲子
2-24B
liúshíjīng 劉石經 2-753B
liǔshìshī 柳士師 4-923A
liùshísìguà 六十四卦
2-24B
liúshǒu 留守 7-1327A
liúshòu 留授 7-1330A
liúshòu 留瘦 7-1332A
liùshòu 六獸 2-54A
liūshú 溜熟 6-30A
liúshū 流輸 5-1274B
liúshù 流戍 5-1259B
liúshù 留戍 7-1326B
liùshū 六書 2-41B
liùshū 飂叔 12-650A
liūshú 溜孰 6-29A
liùshǔ 六署 2-47B
liùshǔ 六屬 2-54B
liùshù 六術 2-43A
liūshuā 溜刷 6-29A
liùshū'ān 飂叔安 12-650A
liúshuāng 流霜 5-1275A
liúshuǐ 流水 5-1257B
liùshuǐ 霤水 11-725A
liúshuǐbǎn 流水板 5-1257B
liúshuǐbù 流水簿 5-1258B
liúshuǐbùfǔ…
流水不腐,户樞不蠹
5-1257B
liúshuǐbùfǔ…
流水不腐,户樞不螻
5-1257B
liúshuǐduì 流水對 5-1258A
liúshuǐgāoshān 流水高山
5-1257B
liúshuǐluòhuā 流水落花
5-1258A
liúshuǐwúqíng 流水無情
5-1258A
liúshuǐxiàn 流水綫 5-1258A
liúshuǐxíngyún 流水行雲
5-1257B
liúshuǐyóulóng 流水游龍
5-1258A
liúshuǐyùn 流水韻 5-1258B
liúshuǐzhàng 流水帳
5-1258A
liúshuǐzhàng 流水賬
5-1258A
liúshuǐzuòyè 流水作業
5-1257B
liùshùn 六順 2-45B
liúshuō 流説 5-1272B
liúshuò 流鑠 5-1278B
liùshuōbáidào 六説白道
2-49B
liúsī 流澌 5-1272B
liúsī 流凘 5-1274B
liúsī 留司 7-1326B
liúsī 留思 7-1328B
liúsǐ 流死 5-1259B
liǔsī 柳絲 4-929A
liǔsì 柳思 4-926A
liùsī 六司 2-29A
liúsīgé 留司格 7-1326B
liúsìmàrén 劉四罵人
2-753B
liúsōu 飀颼 12-652B
liùsōu 飂颼 12-650B
liúsū 流酥 5-1270B
liúsū 流蘇 5-1277A
liúsū 旒蘇 6-1613B
liúsú 流俗 5-1265A
liúsù 流泝 5-1263B
liúsù 流素 5-1266B
liúsù 流速 5-1267A
liúsù 流遡 5-1272A
liúsù 流愬 5-1273A
liúsù 留宿 7-1331A
liǔsù 柳宿 4-928A
liúsuì 流歲 5-1271B
liùsuì 六隊 2-44A
liùsuì 六遂 2-46A
liùsuì 六穗 2-53A
liùsuìráng…
六歲穰,六歲旱 2-47A
liúsuízhōu 劉隨州 2-755B
liūsuǒ 溜索 6-29A
liùtà 蹓躂 10-532B
liútái 留臺 7-1332A
liǔtái 柳臺 4-930A
liǔtài 柳態 4-930A
liùtài 六大 2-25A
liútàn 流嘆 5-1272B
liútàn 流歎 5-1274A
liútǎng 流淌 5-1269B
liǔtáng 柳塘 4-929A
liùtáng 六堂 2-42B
liūtǎng 溜淌 6-29A
liútāo 流慆 5-1272A
liùtāo 六弢 2-36A
liùtāo 六韜 2-54B
liùtāosānlüè 六韜三略
2-54B
liútí 留題 7-1333B
liútí 留荑 7-1328B
liútǐ 流體 5-1278B
liùtǐ 六體 2-55A
liútiān 流天 5-1257A
liútián 留田 7-1326A
liútián 畱田 7-1405B
liùtiān 六天 2-26A
liútiānchèdì 流天澈地
5-1257A
liútiào 流眺 5-1268B
liǔtiáo 柳條 4-926B
liùtiáo 六條 2-40A
liǔtiáobāo 柳條包 4-926B
liǔtiáobiān 柳條邊 4-926B
liǔtiáomào 柳條帽 4-926B
liǔtiáoxiāng 柳條箱 4-926B
liútiě 鏐銕 11-1389A
liútiě 鏐鐵 11-1389A
liùtiě 六帖 2-34A
liǔtíhuāyuàn 柳啼花怨
4-928B
liútíng 留停 7-1330B
liǔtīng 柳汀 4-924A
liútōng 流通 5-1268A
liútòng 流慟 5-1273B
liùtōng 六通 2-41B
liùtóng 六同 2-30A
liútōngquàn 流通券 5-1268A
liùtōngsìdá 六通四達
2-42A
liùtōngsìpì 六通四辟
2-42A
liútóu 留頭 7-1333A
liútū 流突 5-1266A
liútú 流徒 5-1267B
liútuān 流湍 5-1271A
liútuì 留退 7-1329B
liūtuǐ 遛腿 10-1146A
liútún 留屯 7-1325B
liǔtúntián 柳屯田 4-923B
liúwā 流哇 5-1264B
liúwài 流外 5-1259B
liūwān 溜彎 6-30A
liúwán 流丸 5-1256B
liúwán 流紈 5-1266B
liúwǎn 流婉 5-1269B
liǔwān 柳灣 4-931B
liùwān 遛彎 10-1146A
liùwān 蹓彎 10-532B
liúwáng 沠亡 5-947B
liúwáng 流亡 5-1256B
liúwǎng 流網 5-1273B
liùwáng 六王 2-25B
liúwángzhèngfǔ 流亡政府
5-1257A
liúwèi 瘤胃 8-349B
liùwēi 六微 2-48A
liùwěi 六緯 2-51A
liùwèi 六位 2-32A
liùwèi 六味 2-33B
liúwēn 流温 5-1271A
liúwén 流聞 5-1273B
liùwén 六文 2-27A
liùwènsāntuī 六問三推
2-44A
liúwò 流斡 5-1272B
liǔwò 柳幄 4-928B
liúwǔ 流伍 5-1260A
liúwù 留務 7-1330A
liùwǔ 六五 2-26A
liùwǔ 六舞 2-49A
liùwù 六物 2-34A
liùwù 六務 2-42A
liúxī 留娭 7-1330A
liúxí 流習 5-1269B
liúxǐ 流徙 5-1269A
liúxì 留繫 7-1333B
liùxǐ 六璽 2-54A
liúxiá 流瑕 5-1271A

liúxiá 流緺 5-1274B
liúxiá 流霞 5-1275A
liúxià 留下 7-1325B
liǔxià 柳下 4-923A
liǔxiàdào'er 柳下道兒 4-923A
liǔxiàhuì 柳下惠 4-923A
liǔxiàjì 柳下季 4-923A
liǔxiàjièyīn 柳下借陰 4-923A
liúxián 流涎 5-1266A
liúxián 流湺 5-1275A
liúxiàn 流羨 5-1272A
liúxiàn 流霰 5-1277B
liǔxiàn 柳線 4-930B
liùxián 六閑 2-46B
liúxiāng 流香 5-1265A
liúxiāng 留香 7-1328B
liúxiǎng 流響 5-1278A
liúxiàng 流向 5-1260B
liúxiàng 劉項 2-755B
liǔxiāng 柳箱 4-930B
liǔxiàng 柳巷 4-925B
liùxiāng 六鄉 2-44B
liùxiǎng 六享 2-35A
liùxiàng 六相 2-36B
liùxiàng 六象 2-43A
liùxiàng 六像 2-47B
liǔxiànghuājiē 柳巷花街 4-926A
liùxiánpípá 六弦琵琶 2-36A
liùxiánqín 六弦琴 2-36A
liúxiānqún 留仙裙 7-1326A
liùxiānshēng 六先生 2-30A
liúxiànxíng 流綫型 5-1273B
liúxiānzhǎng 劉仙掌 2-754A
liùxiānzhuō 六仙桌 2-28B
liúxiè 流泄 5-1263B
liúxiè 流瀉 5-1277A
liúxīn 流心 5-1259A
liúxīn 留心 7-1326A
liǔxìn 柳信 4-926A
liúxīng 流星 5-1264B
liúxíng 流刑 5-1259B
liúxíng 流行 5-1260B
liúxíng 流形 5-1261A
liúxíng 留行 7-1327A
liúxìng 流幸 5-1262B
liǔxīng 柳星 4-926A
liǔxìng 柳性 4-925B
liùxíng 六行 2-30A
liúxīngbàomǎ 流星報馬 5-1264B
liúxíngbìng 流行病 5-1260B
liúxīngchèdiàn 流星掣電 5-1264B
liúxīngchuí 流星鎚 5-1265A
liúxīngfēidiàn 流星飛電 5-1264B
liúxīnggǎnyuè 流星趕月 5-1264B
liúxínggēqǔ 流行歌曲 5-1260B
liúxīngguǎi 流星拐 5-1264B
liúxíngkǎnzhǐ 流行坎止 5-1260B
liúxīngmǎ 流星馬 5-1264B
liúxīngshíbādiē 流星十八跌 5-1264B
liúxíngxìnggǎnmào 流行性感冒 5-1260B
liúxíngxìngnǎomóyán 流行性腦膜炎 5-1260B
liúxíngxìngyǐxíng… 流行性乙型腦炎 5-1260B
liúxīngyǔ 流星雨 5-1264B
liǔxīngzhāng 柳星張 4-926A
liùxióng 六雄 2-45A
liǔxiù 柳宿 4-928A
liūxu 溜鬚 6-30A
liúxū 留吁 7-1326B
liúxù 流序 5-1262A
liǔxù 柳絮 4-928B
liùxū 六虛 2-42B
liúxuàn 流絢 5-1271A
liùxuān 霤軒 11-725A
liǔxùcáiyuàn 柳絮才媛 4-929A
liúxué 留學 7-1333A
liúxuè 流血 5-1260A
liùxué 六學 2-51B
liúxuéshēng 留學生 7-1333A
liǔxùfēng 柳絮風 4-929A
liúxújiàn 留徐劍 7-1330A
liúxún 流遁 5-1270B
liúxún 流循 5-1270B
liūxūpāimǎ 溜鬚拍馬 6-30A
liúyà 流亞 5-1262B
liǔyá 柳芽 4-924A
liǔyá 柳衙 4-929B
liùyā 六押 2-33A
liùyá 六牙 2-26A
liùyábáixiàng 六牙白象 2-26A
liūyán 溜嚴 6-30A
liúyān 流烟 5-1267B
liúyān 流煙 5-1272A
liúyán 流延 5-1260A
liúyán 流言 5-1262A
liúyán 留言 7-1327B
liúyán 留顏 7-1333B
liúyǎn 流衍 5-1265A
liúyǎn 流揜 5-1269B
liúyǎn 流演 5-1273B
liúyǎn 留眼 7-1330B
liúyàn 流艷 5-1278B
liúyàn 流豔 5-1278B
liǔyān 柳煙 4-929B
liǔyǎn 柳眼 4-927B
liùyān 溜烟 6-29A
liùyán 六言 2-32B
liùyàn 六燕 2-51A
liǔyǎnchá 柳眼茶 4-927B
liúyánfēiwén 流言飛文 5-1262A
liúyánfēiyǔ 流言飛語 5-1262A
liúyánfēiyǔ 流言蜚語 5-1262A
liúyánfēngyǔ 流言風語 5-1262A
liúyáng 留洋 7-1329A
liúyǎng 留養 7-1332A
liúyàng 流瀁 5-1275B
liúyàng 流漾 5-1273A
liùyáng 六陽 2-44A
liùyánghuìshǒu 六陽會首 2-44A
liùyángkuíshǒu 六陽魁首 2-44A
liùyángshǒují 六陽首級 2-44A
liǔyānhuāwù 柳煙花霧 4-930A
liǔyǎnhuāxū 柳眼花鬚 4-927B
liúyánhùnhuà 流言混話 5-1262A
liǔyǎnméisāi 柳眼梅腮 4-927B
liùyánshī 六言詩 2-32B
liúyànsù 劉晏粟 2-754B
liúyào 流燿 5-1277A
liúyào 流耀 5-1277B
liǔyāo 柳腰 4-929B
liùyāo 六幺 2-25B
liùyáo 六爻 2-26B
liùyào 六要 2-36B
liǔyāohuātài 柳腰花態 4-929B
liǔyáojīn 柳搖金 4-929A
liǔyāoliánliǎn 柳腰蓮臉 4-929B
liùyāolìng 六幺令 2-25B
liǔyāotáoyàn 柳夭桃豔 4-923B
liúyè 流喝 5-1270B
liúyè 流葉 5-1270A
liúyè 榴靨 4-1220A
liǔyè 柳葉 4-928A
liǔyè 柳靨 4-931B
liǔyèdāo 柳葉刀 4-928A
liúyèhàn 流夜汗 5-1263A
liǔyèjīnzhàngní 柳葉金障泥 4-928A
liǔyèméi 柳葉眉 4-928B
liǔyèqǔ 柳葉曲 4-928A
liǔyèzhuàn 柳葉篆 4-928B
liúyí 流夷 5-1259B
liúyí 流移 5-1268B
liúyí 流貤 5-1267A
liúyí 留夷 7-1326B
liúyí 留遺 7-1332B
liúyǐ 旒扆 6-1613A
liúyì 流易 5-1263A
liúyì 流泆 5-1263B
liúyì 流貤 5-1267A
liúyì 流逸 5-1269A
liúyì 流溢 5-1272A
liúyì 流裔 5-1272A
liúyì 流議 5-1278A
liúyì 留意 7-1332A
liǔyī 柳衣 4-924A
liǔyì 柳意 4-929B
liùyī 六一 2-24A
liùyī 六衣 2-31A
liùyí 六夷 2-30A
liùyí 六儀 2-50B
liùyí 六彝 2-54A
liùyì 六佾 2-34B
liùyì 六逸 2-43A
liùyì 六義 2-48A
liùyì 六蓺 2-48B
liùyì 六藝 2-53B
liùyì 六鷁 2-54A
liùyì 六鶂 2-54B
liǔyícáo 柳儀曹 4-930B
liǔyìchuánshū 柳毅傳書 4-930B
liúyìdázhào 劉毅答詔 2-755B
liùyī'értóngjié 六一兒童節 2-24B
liùyìfùyōng 六義附庸 2-48A
liùyīguójì'értóngjié 六一國際兒童節 2-24B
liùyījūshì 六一居士 2-24B
liùyīlǎo 六一老 2-24A
liùyīlú 六一爐 2-24B
liúyīn 流音 5-1265B
liúyīn 流陰 5-1268A
liúyín 流淫 5-1269B
liúyín 留淫 7-1330B
liúyǐn 留飲 7-1331B
liǔyīn 柳陰 4-927A
liǔyīn 柳蔭 4-929B
liùyīn 六姻 2-38B
liùyín 六淫 2-43B
liùyǐn 六引 2-27B
liùyǐn 六飲 2-46A
liùyìn 六印 2-28B
liúyīng 流英 5-1262B
liúyīng 流嚶 5-1277B
liúyīng 流鶯 5-1278A
liúyīng 流鷖 5-1278B
liúyíng 流螢 5-1274B
liúyǐng 流景 5-1270B
liúyǐng 留影 7-1332B
liúyǐng 瘤癭 8-349B
liǔyīng 柳鶯 4-931A
liǔyíng 柳營 4-931A
liǔyǐng 柳影 4-930B
liùyīng 六英 2-33A
liùyīng 六霙 2-51B
liùyīng 六韺 2-53A
liùyíng 六瑩 2-51A
liǔyínghuāshì 柳營花市 4-931A
liǔyīnghuāyàn 柳鶯花燕 4-931A
liǔyǐnghuāyīn 柳影花陰 4-930B
liǔyínghuāzhèn 柳營花陣 4-931A

liǔyíngjiāng 柳營江 4-931A
liùyīní 六一泥 2-24B
liúyīnjī 留音機 7-1329A
liǔyīnzǎi 柳陰仔 4-927A
liùyīquán 六一泉 2-24B
liúyíshīsuǒ 流移失所 5-1268B
liúyīshǒu 留一手 7-1325B
liùyīwēng 六一翁 2-24B
liùyīxiānshēng 六一先生 2-24B
liúyōng 流庸 5-1269A
liúyōng 流傭 5-1271B
liúyòng 留用 7-1326B
liùyòng 六用 2-28B
liùyou 六幽 2-37A
liúyǒuyúdì 留有餘地 7-1326B
liúyú 流魚 5-1269A
liúyǔ 流羽 5-1261A
liúyǔ 流語 5-1272B
liúyù 流域 5-1268A
liúyù 流寓 5-1271A
liúyù 流庽 5-1270B
liúyù 流禦 5-1275B
liúyù 流譽 5-1277B
liúyù 流鬱 5-1278B
liúyù 留獄 7-1332A
liùyǔ 溜雨 6-29A
liùyǔ 六宇 2-31B
liùyǔ 六羽 2-31B
liùyù 六玉 2-27B
liùyù 六欲 2-43A
liùyù 六喻 2-45A
liùyù 六御 2-45B
liùyù 六馭 2-44B
liùyù 六慾 2-50B
liūyuán 溜圓 6-29B
liúyuán 留園 7-1331B
liúyuǎn 流遠 5-1271A
liùyuàn 六院 2-38B
liúyúdì 留餘地 7-1332B
liúyuè 流悅 5-1267B
liúyuè 流越 5-1269B
liùyuè 六樂 2-51A
liùyuè 六月 2-26B
liùyuèfēishuāng 六月飛霜 2-26B
liùyuèshuāng 六月霜 2-27A
liùyuèxuě 六月雪 2-26B
liùyuèzhài 六月債 2-26B
liúyǔn 流隕 5-1271A
liúyùn 流韻 5-1277B
liúyùn 留運 7-1331B
liùyùnshī 六韻詩 2-54A
liùyùtiān 六欲天 2-43A
liúyùzhōu 劉豫州 2-755B
liúzá 流雜 5-1276A
liúzàng 留葬 7-1331A
liùzàng 六藏 2-52B
liúzǎo 流藻 5-1277A
liùzáo 六鑿 2-55B
liùzǎo 遛早 10-1146A
liúzé 流澤 5-1275A
liúzéi 流賊 5-1271B
liùzéi 六賊 2-47A
liùzhāi 六齋 2-53A
liùzháishǐ 六宅使 2-31B
liùzhāng 六章 2-43B
liúzhǎo 留爪 7-1326A
liúzhào 流照 5-1271B
liúzhào 旒旐 6-1613B
liúzhào 斿旐 6-1576B
liùzhào 六詔 2-46A
liúzhé 流謫 5-1276A
liúzhě 流赭 5-1273B
liǔzhéhuācán 柳折花殘 4-924A
liúzhèn 留鎮 7-1333B
liùzhēn 六箴 2-50A
liúzhèng 流鄭 5-1273A
liùzhēng 六徵 2-50B
liùzhèng 六正 2-27B
liùzhèng 六證 2-54A
liūzhí 溜直 6-29A
liúzhī 流卮 5-1262A
liúzhí 留職 7-1333B
liúzhǐ 流徵 5-1274B
liúzhǐ 流祉 5-1264A
liúzhǐ 留止 7-1325B
liúzhì 流滯 5-1273A
liúzhì 流質 5-1274A
liúzhì 留蹕 7-1333B
liúzhì 留志 7-1327A
liúzhì 留置 7-1332A
liúzhì 留滯 7-1332B
liúzhì 留質 7-1332B
liǔzhī 柳枝 4-925A
liǔzhí 柳跖 4-928B
liùzhí 六職 2-53B
liùzhǐ 六指 2-36A
liùzhǐ 六枳 2-36B
liùzhì 六志 2-31B
liùzhì 六摯 2-50A
liùzhì 六贄 2-53B
liǔzhīcí 柳枝詞 4-925A
liūzhīdàjí 溜之大吉 6-28A
liùzhī'er 六枝兒 2-33A
liūzhīhūyě 溜之乎也 6-28A
liùzhīzi 六枝子 2-33A
liúzhōng 留中 7-1326A
liúzhǒng 流腫 5-1272B
liùzhōng 六鍾 2-53A
liùzhōng 六鐘 2-54B
liúzhōu 流洲 5-1266A
liúzhōu 留州 7-1327A
liǔzhōu 柳州 4-924A
liǔzhōu 柳洲 4-926A
liùzhōu 六州 2-31A
liùzhōu 六洲 2-37B
liùzhóu 磟碡 7-1110A
liùzhóu 碌軸 7-1066A
liùzhóu 碌碡 7-1066B
liùzhōugētóu 六州歌頭 2-31B
liùzhóugǔn 碌碡磙 7-1066B
liùzhōutiě 六州鐵 2-31B
liúzhū 流珠 5-1266B
liúzhú 流逐 5-1267A
liúzhù 流注 5-1263B
liúzhù 留住 7-1327B
liùzhū 六銖 2-49A
liùzhù 六祝 2-38B
liùzhù 六箸 2-49A
liūzhuàn 溜轉 6-30A
liúzhuǎn 流轉 5-1275B
liúzhuàn 流囀 5-1278A
liùzhuàn 六傳 2-47B
liùzhuàn'er 六轉兒 2-53B
liǔzhuāngwēng 柳莊翁 4-926B
liǔzhuāngxiàngfǎ 柳莊相法 4-926B
liúzhuì 流墜 5-1273B
liúzhuì 旒綴 6-1613B
liúzhuì 瘤贅 8-349B
liùzhǔkǎi 六屬鎧 2-55A
liùzhūqián 六銖錢 2-49B
liùzhūshā 六銖紗 2-49B
liùzhūyī 六銖衣 2-49A
liūzi 溜子 6-28B
liúzǐ 流子 5-1257A
liúzǐ 留子 7-1325B
liúzǐ 榴子 4-1219A
liùzi 綹子 9-910A
liùzi 溜子 6-28A
liùzi 鎦子 11-1373A
liùzī 六齍 2-54A
liùzǐ 六子 2-25B
liǔzǐcí 柳子祠 4-923B
liǔzǐhòutǐ 柳子厚體 4-923B
liúzǐjiē 留子嗟 7-1325B
liǔzǐxì 柳子戲 4-923B
liùzōng 六宗 2-35B
liūzǒu 溜走 6-28B
liúzǒu 流走 5-1261A
liúzǔ 留阻 7-1328A
liùzú 六族 2-43B
liùzǔ 六祖 2-38A
liūzuǐ 溜嘴 6-30A
liúzuì 流罪 5-1271B
liùzūn 六尊 2-46A
lǐwài 裏外 9-77B
lìwài 例外 1-1334B
lǐwàifāshāo 裏外發燒 9-77B
lǐwàilǐ 裏外裏 9-78A
líwǎng 離罔 11-887B
lǐwáng 李王 4-789A
lǐwáng 理王 4-569A
lǐwǎng 理枉 4-570B
lìwáng 立王 8-372A
lìwǎnkuánglán 力挽狂瀾 2-764A
lìwǎnmíngqiān 利綰名牽 2-640A
líwéi 離違 11-893A
líwéi 籬圍 8-1285B
líwěi 嫠緯 4-401A
líwèi 離位 11-886A
líwèi 離衛 11-895B
lǐwēi 邐逶 10-1302B
lǐwéi 禮闈 7-965B
lǐwèi 里尉 10-370A
lǐwèi 禮遺 7-965A
lìwěi 栗尾 4-965A
lìwěi 曆尾 5-837A
lìwèi 離廚 11-896A
lìwèi 歷位 5-363A
lǐwéiqíngmào 禮爲情貌 7-963A
líwén 離文 11-883B
lǐwén 理文 4-569A
lǐwén 禮文 7-958B
lǐwèn 理問 4-573B
lìwēn 栗溫 4-966A
lìwén 吏文 1-521A
lìwén 隸文 12-176A
lìwén 麗文 12-1295A
lìwěn 利吻 2-636B
lìwèn 歷問 5-364B
lìwēng 曆翁 5-837B
líwō 梨渦 4-1042A
líwō 梨窩 4-1043A
líwō 黎渦 12-1382A
líwù 黎物 12-1381B
líwù 釐務 10-422A
lǐwū 里巫 10-368B
lǐwū 裏屋 9-78B
lǐwù 理物 4-570B
lǐwù 理務 4-572B
lǐwù 禮物 7-960A
lìwǔ 詈侮 11-103B
lìwǔ 厲武 1-938B
lìwǔ 麗舞 12-1298B
lìwù 利物 2-637A
lìwù 例物 1-1335A
lìwù 厲騖 1-940B
lìwù 歷物 5-363B
lìwù 麗物 12-1296B
líxī 釐析 10-421A
líxī 離析 11-887A
líxí 離席 11-890A
líxǐ 離蓰 11-895A
líxǐ 離縰 11-896B
líxǐ 離纚 11-898B
líxì 離隙 11-893A
lǐxì 禮餼 7-965B
lìxī 利息 2-638A
lìxī 櫪樜 4-1358A
lìxí 吏習 1-523A
lìxí 隸習 12-177A
lìxí 麗席 12-1297B
lìxí 颯飄 12-639A
lìxǐ 利屣 2-640A
lǐxià 李下 4-789A
lìxiá 麗黠 12-1299B
lìxià 立夏 8-376A
lìxià 栗罅 4-966A
lǐxiàguātián 李下瓜田 4-789A
líxián 離弦 11-888A
líxiǎn 離顯 11-898A
líxiàn 黎獻 12-1383A
líxiàn 藜莧 9-604B

lǐxiān 李仙 4-789B
lǐxián 裹弦 9-78A
lǐxián 禮賢 7-964B
lǐxiàn 禮憲 7-965B
lǐxiàn 禮獻 7-965B
lìxián 麗嫺 12-1299A
lìxián 麗閑 12-1298B
lìxián 轢弦 9-1338A
lìxiǎn 歷險 5-366A
lìxiàn 立限 8-375A
lìxiàn 立憲 8-379A
lìxiàn 麗限 12-1296B
líxiāng 離鄉 11-892A
líxiāng 灕湘 6-218B
líxiàng 離相 11-888B
lǐxiāng 裹廂 9-78B
lǐxiáng 禮庠 7-961B
lǐxiǎng 理想 4-574B
lǐxiǎng 裹享 9-78A
lǐxiǎng 禮餉 7-964A
lǐxiǎng 禮饗 7-966A
lǐxiàng 里衖 10-370B
lǐxiàng 里巷 10-369B
lǐxiàng 俚巷 1-1384A
lǐxiàng 裹嚮 9-79B
lǐxiàng 裹向 9-78A
lǐxiàng 禮相 7-960B
lìxiǎng 厲響 1-940B
lìxiǎng 麗想 12-1298B
lìxiǎng 麗響 12-1300A
lìxiàng 立象 8-377A
lìxiàng 立像 8-377B
lìxiàng 曆象 5-837B
lìxiàng 歷象 5-364B
lìxiàng 麗象 12-1298A
líxiāngbèijǐng 離鄉背井
11-892A
líxiāngbèitǔ 離鄉背土
11-892A
líxiāngbiéjǐng 離鄉別井
11-892A
líxiāngbiétǔ 離鄉別土
11-892A
líxiāngdiàoyuǎn 離鄉調遠
11-892A
líxiāngjù 離鄉聚 11-892A
lǐxiāngjūn 李香君 4-790A
lǐxiǎngpài 理想派 4-574B
líxiàngpíngděng 離相平等
11-888B
lǐxiǎngxiāng 理想鄉 4-574B
lìxiánwúfāng 立賢無方
8-378B
lǐxiánxiàshì 禮賢下士
7-964B
lǐxiānyīfàn 禮先一飯
7-959A
lǐxiānyīfàn 禮先壹飯
7-959A
lìxiāo 癘痟 8-356A
lìxiāo 麗霄 12-1299A
lìxiào 立效 8-376B
lìxiǎorènzhòng 力小任重
2-762A
lìxiàtíng 歷下亭 5-362A
lǐxiàwúxī 李下無蹊 4-789A
líxié 離攜 11-898A
líxiè 離解 11-894A
líxiè 離榭 11-895A
líxiè 離懈 11-896A
lǐxiè 李謝 4-791B
lǐxiè 俚褻 1-1385A
lìxiē 栗楔 4-966A
lìxié 儷偕 1-1740B
lìxiě 隸寫 12-177B
lìxiè 利械 2-638B
líxīfēnbēng 離析分崩
11-887A
lǐxīhú 裹西湖 9-78A
líxīhuànbēn 離析渙奔
11-887A
lìxīlǜ 利息率 2-638A
líxīn 離心 11-883B
lǐxīn 理心 4-569A
lǐxīn 禮新 7-963B
lǐxìn 理信 4-572A
lǐxìn 禮信 7-961A
lìxīn 立心 8-372B
lìxīn 利心 2-635B
lìxīn 戾心 7-348A
lìxīn 厲心 1-938A
lìxīn 歷心 5-362B
líxíng 離形 11-885B
lǐxíng 麗刑 12-1295B
lǐxíng 理刑 4-569B
lǐxíng 理行 4-570A
lǐxíng 裹行 9-78A
lǐxíng 禮刑 7-959A
lǐxìng 理性 4-571A
lìxíng 力行 2-763A
lìxíng 立行 8-373B
lìxíng 例行 1-1334B
lìxíng 戾行 7-348A
lìxíng 沴刑 5-1235A
lìxíng 厲行 1-938A
lìxíng 勵行 2-822B
lìxíng 歷行 5-363A
lìxíng 隸行 12-176B
lìxíng 麗形 12-1296A
lìxìng 立性 8-375A
lìxìng 勵行 2-822B
lìxíngchāishì 例行差事
1-1334B
lìxínggōngshì 例行公事
1-1334B
líxīnjī 離心機 11-884A
líxīnlì 離心力 11-883B
líxīnlídé 離心離德
11-884A
líxiū 離休 11-884B
líxiù 驪岫 12-920B
lìxiū 莅修 9-421A
lìxiù 礫琇 7-1121A
líxù 黎旭 12-1381A
líxù 離緒 11-895A
líxù 驪畜 12-921A
lǐxū 里胥 10-369B
lǐxū 理虛 4-573A
lǐxǔ 裹許 9-78B
lǐxù 理卹 4-571A
lǐxù 禮序 7-959B
lìxū 吏胥 1-522A
lìxū 戾虛 7-348B
lìxū 隸胥 12-177A
lìxù 利怵 2-637A
lìxù 曆序 5-837A
líxuān 犛軒 6-288B
líxuān 罹喧 8-1285B
líxuán 黎玄 12-1381A
lǐxuǎn 里選 10-371A
lìxuán 麗玄 12-1295B
lìxuǎn 粒選 9-210B
lìxuǎn 歷選 5-366A
líxuě 梨雪 4-1042A
lǐxué 里學 10-371A
lǐxué 理學 4-577B
lǐxué 禮學 7-965A
lǐxuě 理雪 4-573A
lìxué 力學 2-765B
lìxué 立學 8-378B
lìxué 利穴 2-636A
lìxué 歷學 5-366B
lìxué 隸學 12-177B
lìxuě 立雪 8-376B
lìxuè 瀝血 6-206B
lìxuèkòuxīn 瀝血叩心
6-207A
lìxuèpīgān 瀝血披肝
6-207A
lìxuèpīxīn 瀝血披心
6-207A
lǐxùn 理孫 4-572B
lǐxùn 禮訓 7-962A
lìxūn 立勳 8-378B
lǐxúnbèi 李恂被 4-790A
lìyǎ 麗雅 12-1298A
lǐyā'ér 李鴉兒 4-792A
líyán 蠡鹽 10-423B
líyán 離言 11-886A
líyán 離筵 11-892B
líyán 離顏 11-897B
líyǎn 梨酳 4-1042B
líyàn 黎彥 12-1382A
líyàn 離宴 11-890A
líyàn 罹鷃 8-1286A
lǐyán 里言 10-368B
lǐyán 里閻 10-371A
lǐyán 俚言 1-1384A
lǐyán 理言 4-570B
lǐyán 裹言 9-78A
lǐyán 禮筵 7-963A
lǐyàn 里諺 10-371A
lǐyàn 里讌 10-371B
lǐyàn 俚諺 1-1385A
lìyán 力言 2-763B
lìyán 立言 8-374A
lìyán 例言 1-1334B
lìyán 笠簷 8-1128A
lìyán 詈言 11-103B
lìyán 厲言 1-938B
lìyán 麗顏 12-1299B
lìyǎn 利眼 2-638B
lìyǎn 曆眼 5-837B
líyánbiànbái 離言辨白
11-886A
lǐyánbùchū…
裹言不出,外言不入
9-78A
líyāng 離殃 11-888B
líyáng 驪羊 12-920B
lǐyáng 李陽 4-791A
lǐyǎng 理養 4-576B
lìyáng 歷敭 5-365B
lìyáng 癧瘍 8-368A
lìyǎng 利養 2-640A
lìyǎng 麗養 12-1299A
lìyángfēng 癧瘍風 8-368B
lǐyáo 里謠 10-371A
lǐyáo 俚謠 1-1385A
lǐyào 理要 4-571B
lìyāo 厲妖 1-938B
lǐyě 俚野 1-1384B
lǐyè 理業 4-574B
lǐyè 裹謁 9-79A
lǐyè 禮謁 7-965A
lǐyè 醴液 9-1445B
lìyě 麗冶 12-1296A
lìyè 立業 8-377B
lìyè 歷葉 5-364B
lìyè 隸業 12-177B
lìyè 瀝液 6-207A
lǐyěbō 里也波 10-368A
lǐyěbōlǐyěluó
哩也波哩也囉 3-359A
líyī 褵依 9-125A
líyì 黎邑 12-1381B
líyì 離异 11-885B
líyì 離易 11-887B
líyì 離異 11-891A
líyì 離意 11-894A
líyì 驪邑 12-920B
líyì 鱺鰑 12-1270B
lǐyī 俚醫 1-1385A
lǐyī 裹衣 9-78A
lǐyī 禮衣 7-959B
lǐyī 禮揖 7-962B
lǐyí 禮儀 7-965A
lǐyí 邐迤 10-1302B
lǐyí 邐地 10-1302B
lǐyí 迪迤 10-898B
lǐyǐ 峛崺 3-813B
lǐyǐ 邐倚 10-1302B
lǐyì 里役 10-368B
lǐyì 理弋 4-569A
lǐyì 理意 4-575B
lǐyì 理義 4-575B
lǐyì 理詣 4-575B
lǐyì 理繹 4-577B
lǐyì 理議 4-578A
lǐyì 禮異 7-962B
lǐyì 禮意 7-963B
lǐyì 禮義 7-963B
lǐyì 禮誼 7-965A
lìyì 麗億 12-1299A
lìyí 立儀 8-378B
lìyì 力役 2-763B

lìyì 立邑 8-374A
lìyì 立異 8-376B
lìyì 立意 8-377B
lìyì 立義 8-378A
lìyì 吏役 1-521B
lìyì 吏議 1-523B
lìyì 利益 2-638A
lìyì 戾疫 7-348A
lìyì 沴疫 5-1087B
lìyì 厲疫 1-939A
lìyì 厲翼 1-940B
lìyì 勵翼 2-823A
lìyì 歷意 5-365B
lìyì 癘疫 8-356A
lìyì 隸役 12-176B
lìyì 麗逸 12-1298A
lǐyìjí 李益疾 4-790B
lìyìjūnzhān 利益均沾 2-638A
lǐyìliánchǐ 禮義廉恥 7-964A
lǐyìliánchǐ 禮義廉耻 7-964A
líyīn 籬陰 8-1285A
lǐyīn 里闉 10-371A
lǐyīn 理音 4-572A
lǐyǐn 里尹 10-368A
lǐyǐn 禮引 7-958B
lǐyǐn 禮飲 7-963A
lìyīn 厲音 1-939A
lìyín 例銀 1-1335B
lìyín 麗淫 12-1298A
lìyǐn 吏隱 1-523B
líyīng 梨英 4-1041B
lǐyīng 理應 4-577B
lìyíng 利贏 2-641A
lìyíng 歷營 5-366B
lìyǐng 利穎 2-641A
lìyǐng 麗影 12-1299A
lìyǐng 儷影 1-1741A
lǐyīngbēi 李膺杯 4-791B
lǐyīngkè 李膺客 4-791B
lǐyīngmén 李膺門 4-791B
lǐyīngménguǎn 李膺門館 4-791B
lǐyìngwàihé 裹應外合 9-79A
lǐyīngxiān 李膺仙 4-791B
lǐyīngzhōu 李膺舟 4-791B
lǐyíwéizhí 詈夷爲跖 11-103B
lǐyǒng 理詠 4-574A
lǐyòng 禮用 7-959A
lìyòng 力用 2-762B
lìyòng 吏用 1-521A
lìyòng 利用 2-635B
lìyònghòushēng 利用厚生 2-635B
líyōu 蔾憂 4-400B
líyōu 離憂 11-895B
líyóu 離尤 11-883B
líyǒu 藜莠 9-604B
líyòu 貍鼬 10-1338A
lǐyóu 理由 4-569B
lìyóu 麗郵 12-1297B
lìyǒu 麗友 12-1295A
lìyòu 利誘 2-640A
líyù 離域 11-890B
líyù 離欲 11-891B
lǐyú 鯉魚 12-1235A
lǐyú 蠡魚 8-899A
lǐyǔ 里語 10-370B
lǐyǔ 俚語 1-1384B
lǐyǔ 俚窳 1-1385A
lǐyǔ 理語 4-576B
lǐyù 里域 10-370A
lǐyù 理育 4-571A
lǐyù 理欲 4-573A
lǐyù 禮玉 7-958B
lǐyù 禮遇 7-963A
lìyú 利於 2-637A
lìyú 戾於 7-348A
lìyǔ 立語 8-378A
lìyǔ 詈語 11-103B
lìyǔ 隸圉 12-177A
lìyǔ 麗宇 12-1296A
lìyǔ 麗語 12-1298B
lìyǔ 儷語 1-1740B
lìyù 利欲 2-639A
lìyù 利毓 2-639B
lìyù 栗芋 4-965A
lìyù 隸御 12-177B
lìyù 麗玉 12-1295A
lìyù 蠣鷸 8-988B
líyuān 驪淵 12-921A
líyuán 梨元 4-1040B
líyuán 梨園 4-1042B
líyuán 犂元 6-280A
líyuán 黎元 12-1380B
líyuán 離元 11-883A
líyuán 離緣 11-896A
líyuán 籬垣 8-1285A
líyuán 籬援 8-1285B
líyuǎn 離遠 11-893B
líyuàn 離苑 11-887A
líyuàn 離怨 11-889A
lǐyuán 蠡園 8-994A
lǐyuán 李園 4-791A
lǐyuán 澧源 6-162A
lǐyuán 禮園 7-963B
lǐyuàn 理院 4-572A
lǐyuàn 理掾 4-573B
lǐyuàn 裹院 9-78B
lǐyuàn 禮院 7-961B
lǐyuàn 禮願 7-965B
lìyuán 立元 8-372A
lìyuán 立員 8-376B
lìyuán 吏垣 1-522A
lìyuán 吏員 1-522A
lìyuán 利源 2-639B
lìyuán 戾園 7-348B
lìyuán 曆元 5-837A
lìyuán 酈元 10-697B
lìyuǎn 歷遠 5-365A
lìyuàn 立願 8-379A
líyuánbǎng 梨園榜 4-1042B
líyuándìzǐ 梨園弟子 4-1042B
líyuánháng 梨園行 4-1042B
lìyuánjīng 酈元經 10-697B
líyuánxì 梨園戲 4-1042B
lǐyuānzhāifú 理冤摘伏 4-573A
líyuánzǐdì 梨園子弟 4-1042B
líyuánzǐdì 黎園子弟 12-1382B
lǐyuè 理樂 4-577A
lǐyuè 禮樂 7-965A
lìyuē 立約 8-376A
lìyuè 歷閱 5-366A
lìyuè 麗月 12-1295A
lìyuèménghé 礪岳盟河 7-1116B
lǐyúfēng 鯉魚風 12-1235A
lìyùhuā 栗玉花 4-965A
líyún 梨雲 4-1042A
lǐyùn 理運 4-574A
lìyùn 曆運 5-837A
lìyùn 歷運 5-365A
lìyùn 隸韻 12-177B
lǐyùnhé 裹運河 9-79A
líyúnmèng 梨雲夢 4-1042A
lǐyútiàolóngmén 鯉魚跳龍門 12-1235A
lìyùxūnxīn 利欲熏心 2-639A
lìyùyàn 栗玉硯 4-965A
lìzā 立扎 8-372A
lǐzǎi 里宰 10-369B
lìzāi 沴栽 5-1088A
lìzǎi 歷載 5-365A
lìzāilèhuò 利災樂禍 2-636B
lǐzàn 禮贊 7-965B
lǐzàn 禮讚 7-966A
lìzàng 麗藏 12-1299B
lǐzàng 裹藏 9-79A
lízǎo 梨棗 4-1042A
lízǎo 狸藻 5-55A
lìzǎo 栗鑿 4-966B
lìzǎo 麗藻 12-1299B
lìzào 吏皁 1-521B
lìzǎochūnpā 麗藻春葩 12-1299B
lǐzé 理則 4-572A
lǐzé 禮則 7-960B
lìzé 利澤 2-641A
lìzé 笠澤 8-1127B
lìzé 詈責 11-103B
lìzé 麗則 12-1297A
lìzé 麗澤 12-1299A
lìzé 礰礋 7-1121A
lìzè 屴崱 3-799B
lìzélǎowēng 笠澤老翁 8-1127B
lìzèng 例贈 1-1335B
lìzéwēng 笠澤翁 8-1127B
lízhà 籬柵 8-1285A
lìzhá 儷劄 1-1740B
lízhāi 離摘 11-894B
lǐzhài 理債 4-575A
lízhàn 離綻 11-895A
lǐzhǎn 醴醆 9-1445B
lìzhàn 力戰 2-765B
lízhāng 離章 11-891B
lízhǎng 黎長 12-1381B
lízhàng 蔾杖 9-537B
lízhàng 藜杖 8-1276A
lízhàng 黎杖 12-1381A
lízhàng 藜杖 9-604A
lízhàng 籬帳 8-1285B
lízhàng 籬障 8-1285B
lǐzhāng 禮章 7-962B
lǐzhǎng 里長 10-369A
lǐzhàng 理障 4-576B
lìzhāng 例章 1-1335A
lìzhāng 麗章 12-1298A
lìzhàng 立仗 8-373A
lìzhàngmǎ 立仗馬 8-373A
lízhào 離棹 11-892B
lízhào 離照 11-893B
lǐzhào 理棹 4-573B
lǐzhào 理櫂 4-577B
lìzhāo 麗朝 12-1298A
lìzhāoxī 立朝夕 8-377A
lǐzhé 理折 4-570A
lízhèn 釐振 10-422A
lìzhēn 利貞 2-637A
lízhēng 犂蒸 9-550A
lízhēng 黎烝 12-1382A
lízhēng 黎蒸 12-1382B
lízhēng 藜烝 9-604B
lízhēng 藜蒸 9-604B
lízhěng 釐整 10-422B
lízhèng 釐正 10-421A
lǐzhèng 里正 10-368A
lǐzhèng 里甶 10-368B
lǐzhèng 理正 4-569B
lǐzhèng 理證 4-577B
lǐzhèng 禮正 7-958B
lìzhēng 力争 2-763A
lìzhēng 力征 2-763B
lìzhēng 力正 2-762B
lìzhēng 力政 2-763B
lìzhēng 立挣 8-375B
lìzhěng 麗整 12-1299A
lìzhèng 力正 2-762B
lìzhèng 力政 2-763B
lìzhèng 立正 8-372B
lìzhèng 立政 8-375B
lìzhèng 吏政 1-522A
lìzhèng 例證 1-1335B
lìzhèng 涖政 5-1235B
lìzhèng 莅正 9-421A
lìzhèng 莅政 9-421A
lìzhèng 痢症 8-320B
lìzhèng 歷正 5-362B
lìzhèng 歷政 5-363B
lìzhèng 麗正 12-1295A
lǐzhèngcízhí 理正詞直 4-569B
lìzhèngmén 麗正門 12-1295B
lìzhēngshàngyóu 力争上游 2-763A
lìzhèngshūyuàn 麗正書院

12-1295B
lìzhèngxiūshūyuàn 麗正脩書院 12-1295B
lǐzhèngyáqián 里正衙前 10-368A
lízhī 離枝 11-887A
lízhí 離職 11-896B
lízhì 貍製 10-1338A
lízhì 蠡治 10-421B
lízhì 蠡秩 10-422A
lízhì 離志 11-885B
lǐzhí 理直 4-570B
lǐzhí 理值 4-572B
lǐzhí 理職 4-577B
lǐzhí 禮職 7-965B
lǐzhì 理知 4-570B
lǐzhì 理至 4-570A
lǐzhì 理治 4-571B
lǐzhì 理致 4-572A
lǐzhì 理智 4-573B
lǐzhì 禮至 7-959A
lǐzhì 禮志 7-959B
lǐzhì 禮制 7-960A
lǐzhì 禮治 7-960B
lǐzhì 禮秩 7-961B
lǐzhì 禮贄 7-965B
lìzhī 離支 11-883A
lìzhī 離枝 11-887A
lìzhī 荔支 9-397B
lìzhī 荔枝 9-397B
lìzhī 欐枝 4-1370B
lìzhí 吏職 1-523B
lìzhí 例直 1-1335A
lìzhí 涖職 5-1235B
lìzhí 莅職 9-421A
lìzhí 厲直 1-938B
lìzhí 歷職 5-366B
lìzhǐ 利趾 2-638B
lìzhǐ 戾止 7-347B
lìzhǐ 莅止 9-421A
lìzhǐ 歷指 5-364A
lìzhǐ 儷祉 1-1740B
lìzhì 立志 8-373B
lìzhì 立制 8-374B
lìzhì 立治 8-375A
lìzhì 吏治 1-521B
lìzhì 吏秩 1-522A
lìzhì 厲志 1-938B
lìzhì 厲鷙 1-940B
lìzhì 勵志 2-822B
lìzhì 礪志 7-1116B
lìzhì 麗質 12-1299A
lǐzhīdāngrán 理之當然 4-569A
lìzhīnú 荔枝奴 9-397B
lǐzhíqìzhuàng 理直氣壯 4-570B
lìzhīxiāng 荔支香 9-397B
lìzhīxiāng 荔枝香 9-397B
lízhòng 黎衆 12-1382A
lízhòng 離衆 11-892B
lǐzhōng 里中 10-368A
lǐzhōng 理中 4-569A
lǐzhōng 禮中 7-958B
lǐzhǒng 蠡種 8-994A
lǐzhòng 禮重 7-961A
lìzhōng 立忠 8-374B
lìzhǒng 戾種 7-348B
lízhōu 纚舟 9-1064A
lízhòu 黧皺 12-1371A
lìzhōu 礫洲 7-1121A
lìzhóu 立軸 8-377B
lìzhòu 栗皺 4-966A
lìzhōutiè 利州帖 2-636B
lízhū 離朱 11-884B
lízhū 離珠 11-889B
lízhū 驪珠 12-920B
lízhú 攡竹 6-978A
lízhǔ 纚屬 9-1064B
lìzhǔ 立主 8-373A
lìzhǔ 栗主 4-965A
lìzhǔ 麗矚 12-1300A
lìzhù 酈注 10-697B
lǐzhuàn 禮傳 7-963B
lìzhuǎn 例轉 1-1335B
lízhuāng 黎裝 12-1382B
lǐzhuāng 理妝 4-570B
lǐzhuāng 理粧 4-574A
lǐzhuāng 禮裝 7-964A
lǐzhuàng 理狀 4-571B
lìzhuàng 麗狀 12-1296B
lǐzhuī 李錐 4-791B
lìzhuī 立錐 8-378B
lìzhuīzhīdì 立錐之地 8-379A
lǐzhǔn 理準 4-576A
lízhuó 離酌 11-890A
lìzhuó 麗著 12-1298A
lízhuóguǎnkuī 蠡酌管闚 8-993B
lìzhuójītān 厲濁激貪 1-940B
lízi 梨子 4-1040B
lízi 狸子 5-54B
lízi 籬子 8-1285A
lízǐ 蠡孳 10-422B
lízǐ 犂子 6-280A
lízǐ 離子 11-883A
lǐzi 李子 4-789A
lǐzi 裏子 9-77B
lǐzǐ 俚子 1-1384A
lǐzi 鯉子 12-1235A
lìzi 例子 1-1334B
lìzi 栗子 4-965A
lìzī 利資 2-639B
lìzī 詈訾 11-103B
lìzī 麗姿 12-1297A
lìzī 糲粢 9-242B
lìzǐ 力子 2-762A
lìzǐ 立子 8-372A
lìzǐ 利子 2-635A
lìzǐ 荔子 9-397A
lìzǐ 笠子 8-1127B
lìzǐ 曆子 5-836B
lìzǐ 歷子 5-362A
lìzǐ 麗紫 12-1298B
lìzì 隸字 12-176B
lìzǐdì 隸子弟 12-176A
lízòng 離蹤 11-896B
lízòng 離縱 11-896B
lǐzōng 禮宗 7-960B
lízǒu 離走 11-885B
lìzǒu 儷走 1-1740B
lízú 黎族 12-1382A
lízǔ 離阻 11-886A
lìzú 立足 8-374A
lìzú 吏卒 1-521B
lìzú 利足 2-636B
lìzú 利鏃 2-641A
lìzú 隸卒 12-176B
lìzǔ 詈詛 11-103B
lìzǔ 麗組 12-1298A
lìzúdiǎn 立足點 8-374A
lízuì 罹罪 8 1045A
lìzuì 麗罪 12-1298B
lìzuǐ 利觜 2-639B
lìzuǐ 利嘴 2-640B
lìzuì 吏最 1-523A
lízūn 離尊 11-892B
lízūn 離樽 11-896A
lízuò 離坐 11-886A
lìzuǒ 吏佐 1-521B
lìzuò 力作 2-763B
lìzuò 涖阼 5-1235B
lìzuò 涖祚 5-1235B
lóng'àn 龍案 12-1477A
lǒng'àn 攏岸 6-963B
lóng'ào 龍奧 12-1482B
lóngbǎi 龍柏 12-1472A
lóngbài 龍拜 12-1472B
lǒngbǎn 隴阪 11-1135B
lǒngbǎn 隴坂 11-1135B
lǒngbàn 籠絆 8-1279B
lóngbǎng 龍榜 12-1486A
lóngbǎng 龍膀 12-1487B
lǒngbàng 攏傍 6-963B
lóngbèi 隆備 11-1084A
lóngbèi 癃憊 8-354B
lóngbèi 龍焙 12-1483A
lóngbǐ 隆秕 11-1082A
lóngbì 隆弊 11-1084B
lóngbì 癃閉 8-354B
lóngbì 癃痹 8-354B
lóngbì 癃閟 8-354B
lóngbì 龍陛 12-1475A
lóngbì 龍幣 12-1488B
lóngbì 龍壁 12-1493B
lóngbiān 龍編 12-1491B
lóngbiān 龍鞭 12-1495A
lóngbiàn 龍變 12-1499A
lǒngbiān 籠鞭 8-1281B
lǒngbiān 攏邊 6-964A
lóngbiāo 龍標 12-1489B
lóngbiāo 龍飆 12-1497B
lóngbiāo 龍鑣 12-1498B
lóngbiǎo 龍表 12-1468A
lóngbīn 龍賓 12-1489A
lóngbǐng 籠餅 8-1281A
lóngbìng 癃病 8-354A
lóngbō 隆波 11-1081B
lóngbō 龍鉢 12-1484B
lóngbó 隆博 11-1083B
lóngbó 隆薄 11-1085A
lóngbó 龍伯 12-1466B
lóngbóguó 龍伯國 12-1466B
lóngbù 龍步 12-1466A
lóngbù 籠篰 8-1281A
lóngcǎi 龍綵 12-1489A
lóngcān 龍驂 12-1497A
lóngcán 癃殘 8-354B
lóngcáng 龍藏 12-1494A
lóngcáng 龍臧 12-1486B
lóngcǎo 龍草 12-1471B
lóngcǎoshū 龍草書 12-1471B
lóngchā 籠臿 8-1279A
lóngchá 龍茶 12-1471B
lóngchái 隆豺 11-1083A
lóngchán 龍躔 12-1498B
lóngchàn 瓏瓚 4-655A
lóngchāng 隆昌 11-1081B
lóngcháng 隆長 11-1081A
lóngcháng 龍常 12-1478B
lóngcháng 龍裳 12-1486B
lóngchāo 龍超 12-1482A
lóngcháo 龍朝 12-1482A
lóngchē 龍車 12-1465B
lóngchén 龍沈 12-1467B
lóngchéng 龍城 12-1471B
lóngchéng 聾丞 8-718A
lǒngchéng 隴城 11-1135B
lóngchí 蠪蚳 8-998B
lóngchí 隆坻 11-1081B
lóngchí 龍池 12-1465A
lóngchí 龍馳 12-1483B
lóngchí 龍墀 12-1489B
lóngchí 龍漦 12-1489A
lóngchì 隆熾 11-1085B
lóngchíhǔzhòu 龍馳虎驟 12-1483B
lóngchōng 隆衝 11-1084B
lóngchóng 隆崇 11-1083A
lóngchóng 聾蟲 8-719B
lóngchǒng 隆寵 11-1085B
lóngchú 龍芻 12-1477A
lóngchú 龍雛 12-1495B
lóngchuán 龍船 12-1480A
lóngchuán 瀧舡 6-209A
lóngchuán 瀧船 6-209A
lóngchuàn 龍釧 12-1480A
lǒngchuán 攏船 6-963B
lóngchuáng 龍床 12-1467A
lóngchuáng 龍牀 12-1471A
lóngchúfèngzhǒng 龍雛鳳種 12-1495B
lóngchuī 龍吹 12-1466B
lóngchūn 龍輴 12-1492A
lóngchún 龍脣 12-1478A
lóngcí 龍祠 12-1474B
lóngcōng 蘢葱 9-623A
lóngcōng 櫳樅 4-1359B
lóngcōng 瓏璁 4-655A
lóngcōng 瓏葱 4-655A
lóngcōng 瓏璁 4-655A
lóngcōng 籠茐 8-1279A
lóngcōng 籠葱 8-1279B
lóngcòng 籠愡 8-1280A

lǒngcōng 蘢蓯 9-623A
lǒngcóng 籠叢 8-1281B
lóngcōngzhú 籠葱竹 8-1279B
lóngcuán 龍攢 12-1498B
lóngcuì 礱淬 7-1121B
lóngcuò 礱錯 7-1121B
lóngdài 隆貸 11-1084A
lóngdǎn 龍亶 12-1485B
lóngdǎn 龍膽 12-1494B
lóngdǎnshí 龍亶石 12-1485B
lóngdāo 龍刀 12-1460A
lóngdào 龍道 12-1483A
lóngdào 龍纛 12-1499B
lǒngdào 隴道 11-1136A
lóngdàogōng 隆道公 11-1084A
lóngdé 隆德 11-1084B
lóngdé 龍德 12-1490B
lóngdéjū 龍德拘 12-1490B
lóngdēng 龍燈 12-1493B
lóngdēng 籠燈 8-1281A
lóngdézàitián 龍德在田 12-1490B
lóngdí 龍的 12-1469B
lóngdí 龍笛 12-1479B
lóngdí 龍篴 12-1493A
lóngdǐ 龍邸 12-1467A
lóngdǐ 礱砥 7-1121B
lóngdì 龍睇 12-1482A
lǒngdí 隴笛 11-1136A
lǒngdǐ 隴坻 11-1135B
lóngdiàn 龍殿 12-1486A
lóngdiāo 龍雕 12-1493B
lóngdiāofèngjǔ 龍雕鳳咀 12-1493B
lóngdǐng 龍鼎 12-1482A
lǒngdǐzhīshū 隴坻之書 11-1135B
lóngdōng 隆冬 11-1080B
lóngdōng 龍東 12-1468B
lóngdōng 籠東 8-1279A
lóngdōng 儱倲 1-1738B
lóngdòng 隆棟 11-1084A
lóngdòng 龍洞 12-1474A
lóngdòng 龍動 12-1479B
lóngdòu 龍豆 12-1466A
lóngdòu 龍鬬 12-1499A
lóngdòu 龍貗 12-1486B
lóngdǔ 窿篤 8-481A
lóngduàn 龍斷 12-1496A
lǒngduàn 隴斷 11-1136B
lǒngduàn 壟斷 2-1243A
lóngduànkědēng 龍斷可登 12-1496A
lóngduànzhīdēng 龍斷之登 12-1496A
lǒngduànzīběn 壟斷資本 2-1243A
lóngduī 龍堆 12-1478A
lóngdūn 隆敦 11-1084A
lóngdūn 龍蹲 12-1496A
lóngdùn 龍盾 12-1473B
lóngdùn 龍楯 12-1483B
lóngdūnhǔjù 龍蹲虎踞 12-1496A
lóngduōnǎihàn 龍多乃旱 12-1464B
lóngdùtiānmén 龍度天門 12-1473B
lóng'ē 籠阿 8-1279A
lóng'é 龍頟 12-1491A
lóng'é 龍額 12-1495B
lóng'é 籠鵝 8-1281B
lóng'éhóu 龍頟侯 12-1491A
lóng'éhóu 龍額侯 12-1495B
lóng'éjiāshì 籠鵝家世 8-1281B
lóng'ēn 隆恩 11-1082B
lóng'ēn 龍恩 12-1476B
lóng'ér 龍兒 12-1469B
lóng'ér 龍輀 12-1483B
lóng'ér 龍輭 12-1497B
lóng'ěr 龍耳 12-1463B
lǒng'értǒngzhī 籠而統之 8-1278B
lóngfān 龍幡 12-1490A
lóngfān 籠藩 8-1281B
lóngfán 籠樊 8-1281A
lóngfàn 礱飯 7-1121B
lóngfāng 礱坊 7-1121B
lóngfāng 籠坊 8-1279A
lóngfǎng 龍舫 12-1476B
lóngfānhǔdào 龍幡虎纛 12-1490A
lóngfēi 龍飛 12-1475A
lóngfēi 隆廢 11-1085A
lóngfēi 癃廢 8-354B
lóngfēibǎng 龍飛榜 12-1475B
lóngfēifèngwǔ 龍飛鳳舞 12-1475B
lóngfēifèngxiáng 龍飛鳳翔 12-1475B
lóngfēifèngzhù 龍飛鳳翥 12-1475B
lóngfēihǔtiào 龍飛虎跳 12-1475A
lóngfēijiǔwǔ 龍飛九五 12-1475A
lóngfèn 龍奮 12-1493A
lóngfēng 隆豐 11-1085B
lóngfēng 蠬蠭 8-998B
lóngféng 龍逢 12-1476B
lóngfèng 龍鳳 12-1487B
lóngfèngbǐng 龍鳳餅 12-1488A
lóngfèngcài 龍鳳菜 12-1488A
lóngfèngchá 龍鳳茶 12-1487B
lóngfèngchéngxiáng 龍鳳呈祥 12-1487B
lóngfèngchuán 龍鳳船 12-1488A
lóngfèngdì 龍鳳地 12-1487B
lóngfènggě 龍鳳舸 12-1488A
lóngfènggǔ 龍鳳鼓 12-1488A
lóngfèngqián 龍鳳錢 12-1488A
lóngfèngtiě 龍鳳帖 12-1487B
lóngfèngtōngbǎo 龍鳳通寶 12-1488A
lóngfèngtuán 龍鳳團 12-1488A
lóngfèngtuánchá 龍鳳團茶 12-1488A
lóngfèngxǐzhú 龍鳳喜燭 12-1488A
lóngfū 瀧夫 6-209A
lóngfú 隆服 11-1081B
lóngfú 龍符 12-1480A
lóngfú 龍袱 12-1481A
lóngfú 龍綍 12-1486A
lóngfǔ 龍輔 12-1486A
lóngfù 隆富 11-1084B
lóngfù 龍服 12-1469B
lóngfù 龍腹 12-1485A
lóngfùzhú 龍腹竹 12-1485A
lǒnggài 籠蓋 8-1280B
lónggān 龍肝 12-1466B
lónggàn 隆幹 11-1084B
lónggānbàotāi 龍肝豹胎 12-1466B
lónggānfèngsuǐ 龍肝鳳髓 12-1466B
lǒnggǎngshā 壟崗沙 2-1242B
lónggānguā 龍肝瓜 12-1466B
lónggāo 隆高 11-1083A
lónggāo 龍膏 12-1488A
lónggē 龍歌 12-1486B
lónggé 龍閣 12-1489A
lónggě 龍舸 12-1480A
lónggēng 龍羹 12-1496B
lónggōng 隆功 11-1080B
lónggōng 龍工 12-1460A
lónggōng 龍公 12-1462A
lónggōng 龍宮 12-1474B
lónggǒng 龍栱 12-1483B
lǒnggòng 攏共 6-963B
lónggōngyī 龍工衣 12-1460A
lónggōngzhú 龍公竹 12-1462A
lónggōu 龍鉤 12-1484B
lǒnggōu 壟溝 2-1242B
lónggǔ 隆古 11-1080B
lónggǔ 隆谷 11-1081A
lónggǔ 龍骨 12-1472B
lónggǔ 籠轂 8-1281B
lónggǔ 聾瞽 8-718B
lónggù 隆固 11-1081B
lóngguà 龍挂 12-1471B
lóngguà 龍掛 12-1478A
lóngguà 龍褂 12-1486A
lóngguài 龍怪 12-1470A
lóngguān 龍官 12-1470A
lóngguān 龍關 12-1496B
lóngguān 籠官 8-1279A
lóngguān 籠冠 8-1279A
lóngguǎn 龍筦 12-1484B
lóngguǎn 龍管 12-1487B
lǒngguān 隴關 11-1136B
lóngguāng 龍光 12-1463B
lóngguāng 朧光 6-1406A
lóngguāngruìxiàng 龍光瑞像 12-1464A
lónggǔchē 龍骨車 12-1472B
lóngguǐ 隆軌 11-1082A
lóngguì 隆貴 11-1084A
lóngguì 聾聵 8-718B
lóngguǐshéshén 龍鬼蛇神 12-1473B
lónggǔn 龍衮 12-1477A
lónggǔn 龍卷 12-1470A
lóngguǒ 龍椁 12-1482A
lónghái 龍骸 12-1490B
lónghǎi 龍醢 12-1494A
lǒnghǎi 隴海 11-1136A
lónghán 隆寒 11-1084B
lónghán 龍函 12-1471B
lónghàn 龍漢 12-1488B
lónghàn 龍翰 12-1491B
lónghàn 龍頷 12-1493B
lónghànfèngchú 龍翰鳳雛 12-1492A
lónghànfèngyì 龍翰鳳翼 12-1492A
lòngháng 哢吭 3-350A
lónghànjié 龍漢刼 12-1489A
lóngháo 龍蚝 12-1476B
lónghè 隆赫 11-1084B
lónghè 龍鶴 12-1498A
lǒnghé 籠合 8-1279A
lónghēng 龍亨 12-1467A
lónghóng 襱䄆 10-1326B
lónghóu 嚨喉 3-553B
lónghòu 隆厚 11-1082A
lónghú 龍鵠 12-1495B
lónghú 龍湖 12-1483A
lónghú 嚨胡 3-553B
lónghǔ 龍虎 12-1468B
lónghù 隆冱 11-1081A
lónghù 龍户 12-1462B
lónghù 龍扈 12-1481A
lónghuā 龍花 12-1465B
lónghuā 龍華 12-1475B
lónghuá 龍華 12-1475B
lónghuà 隆化 11-1080B
lónghuà 龍化 12-1461B
lónghuāfàn 龍華飯 12-1476A
lónghuàgān 龍畫竿 12-1483A
lónghuàhǔbiàn 龍化虎變 12-1461B
lónghuāhuì 龍華會 12-1476A
lónghuàn 籠豢 8-1281A
lónghuāng 龍幌 12-1482B
lónghuāng 龍荒 12-1472A
lónghuáng 龍黄 12-1478A
lónghuāngmándiàn 龍荒蠻甸 12-1472A
lónghuāngshuòmò 龍荒朔漠 12-1472A
lónghuāsānhuì 龍華三會 12-1476A
lónghuāshù 龍華樹 12-1476A
lónghuāsì 龍華寺 12-1476A

lónghǔbǎng 龍虎榜 12-1469A
lónghǔdòu 龍虎鬪 12-1469B
lónghǔfēngyún 龍虎風雲 12-1469A
lónghuì 龍會 12-1484B
lónghǔjié 龍虎節 12-1469A
lónghún 龍魂 12-1483B
lónghuǒ 隆火 11-1080B
lónghuǒ 龍火 12-1462B
lónghuǒ 爖火 7-315A
lónghuò 龍蠖 12-1496A
lǒnghuǒ 籠火 8-1278B
lónghuǒyī 龍火衣 12-1462B
lónghǔqí 龍虎旂 12-1469A
lónghǔqí 龍虎旗 12-1469A
lónghǔqì 龍虎氣 12-1469A
lónghǔshān 龍虎山 12-1469A
lónghǔwén 龍虎文 12-1469A
lónghǔyáo 龍虎窰 12-1469A
lónghǔyíng 龍虎營 12-1469A
lónghǔzhēnrén 龍虎真人 12-1469A
lónghúzhītòng 龍胡之痛 12-1472A
lóngjī 隆姬 11-1083A
lóngjī 隆基 11-1083A
lóngjī 隆積 11-1085A
lóngjī 龍箕 12-1487B
lóngjí 隆極 11-1084A
lóngjí 癃疾 8-354B
lóngjí 龍集 12-1482B
lóngjǐ 龍脊 12-1477A
lóngjǐ 龍戟 12-1482A
lóngjì 隆寄 11-1083B
lóngjì 隆濟 11-1085B
lóngjì 龍忌 12-1468A
lóngjì 龍驥 12-1499B
lóngjiā 龍笳 12-1480A
lóngjiǎ 龍甲 12-1463A
lóngjià 龍駕 12-1491B
lóngjià 籠駕 8-1281A
lǒngjiā 攏家 6-963B
lóngjiān 龍牋 12-1482B
lóngjiān 龍箋 12-1487B
lóngjiǎn 癃蹇 8-354B
lóngjiàn 龍劍 12-1491A
lóngjiàn 龍劒 12-1493B
lóngjiàn 龍檻 12-1495A
lóngjiàn 龍艦 12-1496B
lóngjiàn 櫳檻 4-1359B
lóngjiàn 籠檻 8-1281B
lóngjiānghǔlàng 龍江虎浪 12-1465A
lóngjiāngjù 龍江劇 12-1465A
lóngjiāo 龍蛟 12-1482B
lóngjiǎo 龍角 12-1467A
lóngjiǎocōng 龍角葱 12-1467A
lóngjiē 龍階 12-1481A
lóngjiē 籠街 8-1280A
lóngjié 龍節 12-1484B
lóngjiè 龍界 12-1472B
lóngjiēhēdào 籠街喝道 8-1280A
lóngjīn 隆矜 11-1082B
lóngjīn 龍巾 12-1460B
lóngjīn 龍津 12-1474B
lóngjīn 龍筋 12-1482B
lóngjīn 籠巾 8-1278B
lóngjìn 龍禁 12-1483B
lóngjīng 龍旌 12-1481A
lóngjīng 龍睛 12-1484A
lóngjīng 龍精 12-1488B
lóngjīng 龍競 12-1497A
lóngjǐng 隆景 11-1084A
lóngjǐng 龍井 12-1461A
lóngjǐng 龍景 12-1482A
lóngjìng 隆敬 11-1084A
lóngjìng 龍鏡 12-1496B
lóngjīngfèngjǐng 龍睛鳳頸 12-1484A
lóngjīnghǔměng 龍精虎猛 12-1488B
lóngjǐngsì 龍井寺 12-1461A
lóngjīngyú 龍睛魚 12-1484A
lóngjīnnǚ 龍津女 12-1474B
lóngjīnqiáo 龍津橋 12-1474B
lóngjìnwèi 龍禁尉 12-1483B
lóngjiōng 龍坰 12-1475B
lóngjiù 隆就 11-1084A
lóngjiù 龍厩 12-1478B
lóngjiù 龍廄 12-1482B
lóngjiù 龍廏 12-1488B
lóngjū 龍居 12-1471A
lóngjū 龍駒 12-1489B
lóngjǔ 龍矩 12-1472B
lóngjǔ 龍舉 12-1493A
lóngjù 龍具 12-1469B
lóngjù 龍據 12-1491B
lóngjù 籠聚 8-1281A
lóngjuàn 隆眷 11-1083B
lóngjuǎnfēng 龍捲風 12-1478A
lóngjué 隆崛 11-1083B
lóngjué 龍桷 12-1478A
lóngjūfèngchú 龍駒鳳雛 12-1489B
lóngjūn 龍君 12-1467B
lóngjùn 隆俊 11-1082B
lóngjùn 隆峻 11-1082B
lóngjùn 龍駿 12-1494A
lóngjǔyúnshǔ 龍舉雲屬 12-1493A
lóngjǔyúnxīng 龍舉雲興 12-1493A
lóngkān 龍龕 12-1498B
lóngkāng 礱糠 7-1122A
lóngkàng 龍亢 12-1462B
lóngkē 龍窠 12-1485B
lóngkè 礱刻 7-1121B
lǒngkè 隴客 11-1136A
lóngkēng 龍阬 12-1466B
lóngkēshí 龍窠石 12-1485B
lóngkōng 隆空 11-1081B
lóngkǒu 龍口 12-1460B
lòngkǒu 弄口 2-1311A
lóngkǒuxì 籠口戲 8-1278B
lóngkū 隆窟 11-1084B
lóngkū 龍窟 12-1486A
lóngkù 龍褲 12-1491B
lóngkuā 隆夸 11-1081A
lóngkuàng 隆貺 11-1084A
lóngkuí 龍葵 12-1482A
lóngkuí 龍夔 12-1497B
lóngkuì 聾聵 8-719A
lǒngkuò 籠括 8-1279A
lónglán 龍蘭 12-1496B
lónglángdànnǚ 龍郎蛋女 12-1470A
lónglǎo 癃老 8-354A
lóngléi 龍雷 12-1484A
lónglèi 龍酹 12-1486B
lónglǐ 隆禮 11-1085B
lónglǐ 龍鯉 12-1495B
lónglì 隆麗 11-1085B
lónglì 龍荔 12-1472A
lónglì 瀧吏 6-209A
lónglì 礱厲 7-1121B
lónglì 礱礪 7-1122A
lǒnglì 籠利 8-1279A
lǒnglì 儱戾 7-794A
lóngliàn 礱鍊 7-1122A
lǒnglián 隴廉 11-1136A
lóngliáo 龍膋 12-1488B
lóngliè 隆烈 11-1082B
lóngliè 龍鬣 12-1499B
lónglín 龍驎 12-1498B
lónglín 龍麟 12-1499A
lónglín 龍鱗 12-1498B
lónglínbǐng 龍鱗餅 12-1499A
lónglíng 瓏𤫊 4-655B
lónglíng 瓏玲 4-655A
lónglínxiāng 龍鱗香 12-1499A
lónglínzuò 龍鱗座 12-1499A
lóngliú 龍旒 12-1485B
lóngliú 龍斿 12-1474A
lónglǐzhuājī 籠裏抓雞 8-1281A
lónglóng 𨏈𨏈 9-1339A
lónglóng 巄巄 3-863B
lónglóng 嚨嚨 3-553B
lónglóng 瀧瀧 6-209A
lónglóng 曨曨 5-850B
lónglóng 朧朧 6-1406B
lónglóng 瓏瓏 4-655A
lónglóng 礱礱 7-1122A
lónglóng 籠籠 8-1282A
lónglóng 龐龐 12-1501B
lónglóng 隴隴 12-1399B
lónglóngwūwū 瓏瓏兀兀 4-655B
lónglóu 龍樓 12-1490A
lónglòu 龍漏 12-1489A
lónglóufèngchéng 龍樓鳳城 12-1490A
lónglóufèngchí 龍樓鳳池 12-1490A
lónglóufènggé 龍樓鳳閣 12-1490A
lónglóufèngquē 龍樓鳳闕 12-1490A
lónglú 龍攎 12-1496A
lónglú 籠爐 8-1281B
lónglù 龍路 12-1484B
lónglù 龍輅 12-1484A
lónglù 瀧路 6-209A
lónglù 瀧漉 6-209A
lóngluán 龍鑾 12-1500A
lóngluán 龍鸞 12-1500A
lóngluǎn 龍卵 12-1467A
lóngluánzì 龍鸞字 12-1500A
lónglún 龍綸 12-1489A
lǒngluó 籠羅 8-1281B
lǒngluò 籠絡 8-1280A
lǒngluò 籠落 8-1280A
lǒngluò 攏絡 6-963B
lóngluòhóu 龍雒侯 12-1488A
lóngmǎ 龍馬 12-1475B
lóngmài 龍脉 12-1473B
lóngmài 龍脈 12-1476B
lóngmài 龍衇 12-1476B
lóngmǎjīngshén 龍馬精神 12-1475B
lóngmǎn 隆滿 11-1084B
lóngmáng 聾盲 8-718B
lóngmáo 龍毛 12-1461B
lóngméi 龍眉 12-1475A
lóngméi 龍媒 12-1483A
lóngméi 龍煤 12-1485B
lóngméi 籠媒 8-1280A
lóngměi 隆美 11-1082B
lóngmèi 聾昧 8-718B
lóngméibàojǐng 龍眉豹頸 12-1475A
lóngméifèngmù 龍眉鳳目 12-1475A
lóngmén 龍門 12-1470A
lóngmén 櫳門 4-1359A
lóngmén 籠門 8-1279A
lóngménbǐ 龍門筆 12-1471A
lóngménbǐfǎ 龍門筆法 12-1471A
lóngméndiǎn’é 龍門點額 12-1471A
lóngmén’èrshípǐn 龍門二十品 12-1470B
lóngméng 籠蒙 8-1280B
lóngméng 聾瞢 8-718B
lóngméng 聾矒 8-719B
lóngměngbǐ 龍猛筆 12-1480B
lóngměngjūn 龍猛軍 12-1480B
lóngménkè 龍門客 12-1471A
lóngménshíkū 龍門石窟 12-1470B
lóngménsì 龍門寺 12-1471A
lóngménzàoxiàng 龍門造像 12-1471A
lóngménzhèn 龍門陣 12-1471A
lóngmì 隆密 11-1083B
lóngmì 礱密 7-1121B

lóngmián 龍眠 12-1476A
lóngmián 龍綿 12-1489A
lóngmiǎn 隆眄 11-1082A
lóngmiǎo 隆眇 11-1082A
lóngmiǎo 隆邈 11-1085B
lóngmiào 龍廟 12-1491A
lóngmíng 隆名 11-1081A
lóngmíng 龍鳴 12-1486B
lóngmíng 朧明 6-1406A
lóngmíngshīhǒu 龍鳴獅吼 12-1486B
lóngmó 礱磨 7-1122A
lóngmò 龍沫 12-1470A
lóngmò 龍漠 12-1485B
lóngmò 礱磨 7-1122A
lóngmǔ 隆牡 11 1081A
lóngmǔ 龍母 12-1463B
lóngmù 龍木 12-1461B
lóngmù 龍目 12-1463A
lǒngmǔ 隴畝 11-1136A
lǒngmǔ 壟畝 2-1242B
lǒngmù 壟墓 2-1242B
lóngná 龍拏 12-1475A
lóngnáhǔjué 龍拏虎攫 12-1475A
lóngnáhǔtiào 龍拏虎跳 12-1475A
lóngnáhǔzhì 龍拏虎擲 12-1475A
lóngnǎo 龍瑙 12-1483B
lóngnǎo 龍腦 12-1485A
lóngnǎobóhe 龍腦薄荷 12-1485A
lóngnǎojiāng 龍腦漿 12-1485A
lóngnǎojú 龍腦菊 12-1485A
lóngnǎoxiāng 龍腦香 12-1485A
lóngnǎoxiāngshù 龍腦香樹 12-1485A
lóngniǎn 龍輦 12-1489A
lǒngniǎn 籠撚 8-1281A
lǒngniǎn 攏撚 6-963B
lóngniǎo 龍鳥 12-1480A
lǒngniǎo 隴鳥 11-1136A
lóngniǎojiànyuán 籠鳥檻猿 8-1279B
lóngniè 龍孽 12-1496A
lóngníyìn 龍泥印 12-1470A
lóngnú 籠笯 8-1279B
lóngnǚ 龍女 12-1461A
lóngpái 龍牌 12-1482B
lóngpán 龍盤 12-1490B
lóngpán 龍蟠 12-1495A
lóngpàn 隆盼 11-1082A
lóngpānfèngfù 龍攀鳳附 12-1496A
lóngpánfèngwǔ 龍盤鳳舞 12-1491A
lóngpánfèngyì 龍盤鳳逸 12-1491A
lóngpánfèngyì 龍蟠鳳逸 12-1495B
lóngpánfèngzhù 龍盤鳳翥 12-1491A
lóngpánfèngzhù 龍蟠鳳翥 12-1495B
lóngpáng 龍逄 12-1473B
lóngpánhǔfú 龍蟠虎伏 12-1495A
lóngpánhǔjù 龍盤虎踞 12-1490B
lóngpánhǔjù 龍蟠虎踞 12-1495B
lóngpánhǔná 龍盤虎拏 12-1490B
lóngpánhǔrǎo 龍蟠虎遶 12-1495B
lóngpánqiújié 龍蟠虬結 12-1495A
lóngpáo 龍袍 12-1477B
lóngpèi 龍旆 12-1477A
lóngpèi 龍轡 12-1498B
lóngpéng 龍棚 12-1482A
lóngpéng 龍鵬 12-1496B
lóngpí 癃罷 8-354B
lóngpí 龍皮 12-1463B
lóngpì 礱甓 7-1122A
lóngpiào 龍票 12-1478A
lóngpíng 隆平 11-1080B
lóngpíng 龍瓶 12-1477A
lóngpíshànzi 龍皮扇子 12-1463B
lóngqí 龍旂 12-1477A
lóngqí 龍旗 12-1488B
lóngqí 龍騎 12-1495A
lóngqí 龍鬐 12-1496B
lóngqì 隆器 11-1085A
lóngqì 龍氣 12-1476B
lóngqì 龍磧 12-1493A
lóngqià 隆洽 11-1082B
lóngqiān 龍牽 12-1481A
lóngqiān 龍騫 12-1497A
lóngqián 龍鈐 12-1482B
lóngqián 龍潛 12-1491B
lóngqiánfèngcǎi 龍潛鳳采 12-1491B
lóngqiāo 龍蹻 12-1496A
lóngqiáo 蠪蟜 8-998B
lóngqiāojīng 龍蹻經 12-1496A
lǒngqiè 籠篋 8-1281A
lóngqīn 隆親 11-1085A
lóngqín 籠禽 8-1280A
lǒngqín 隴禽 11-1136A
lóngqíng 隆情 11-1083B
lóngqìng 隆慶 11-1085A
lóngqìngyáo 隆慶窰 11-1085A
lóngqínjiànshòu 籠禽檻獸 8-1280A
lóngqióng 艭舼 9-12B
lóngqióng 隆穹 11-1081B
lóngqióng 隆窮 11-1085A
lóngqióng 窿穹 8-481A
lóngqióng 龍邛 12-1463A
lóngqióng 龍笻 12-1479B
lóngqióng 龍郎 12-1480A
lóngqiū 龍湫 12-1483A
lóngqiū 龍丘 12-1463A
lóngqiú 龍虬 12-1466A
lóngqiú 龍蚪 12-1469B
lǒngqiū 隴邱 11-1135B
lóngqiūchá 龍湫茶 12-1483A
lóngqū 龍趨 12-1494A
lǒngqǔ 籠取 8-1279A
lóngquán 龍泉 12-1473A
lǒngquān 籠圈 8-1279B
lóngquánhǔwò 龍跧虎臥 12-1484A
lóngquányáo 龍泉窯 12-1473B
lóngquányáo 龍泉窰 12-1473A
lóngqùdǐnghú 龍去鼎湖 12-1463A
lóngquē 龍闕 12-1495B
lóngquè 龍雀 12-1478B
lóngqún 籠裙 8-1280A
lóngqūshéshēn 龍屈蛇伸 12-1471A
lóngrán 龍髯 12-1486A
lóngrán 龍髯 12-1489A
lóngrán 龍頷 12-1493B
lóngránpānqì 龍髯攀泣 12-1489B
lóngrǎo 龍擾 12-1495A
lóngrè 隆熱 11-1084B
lóngrén 隆仁 11-1080B
lǒngróng 蘢茸 9-623A
lóngròu 籠肉 8-1278B
lóngruǎn 龍阮 12-1465B
lóngruì 龍瑞 12-1483B
lóngruǐzān 龍蕊簪 12-1489B
lóngrùn 龍潤 12-1491B
lóngsāi 龍腮 12-1485A
lóngsài 龍塞 12-1485B
lǒngsài 隴塞 11-1136A
lóngsǎng 龍顙 12-1496B
lóngshā 龍沙 12-1467A
lóngshā 龍紗 12-1477B
lóngshā 籠紗 8-1279B
lóngshài 隆殺 11-1082B
lóngshàn 癃疝 8-354A
lóngshàn 龍扇 12-1477B
lǒngshān 隴山 11-1135A
lóngshàng 隆上 11-1080A
lǒngshàng 隴上 11-1135A
lóngshānhuì 龍山會 12-1460B
lóngshānjiāhuì 龍山佳會 12-1460B
lóngshānluòmàofēng 龍山落帽風 12-1460B
lǒngshānluòyě 籠山絡野 8-1278B
lóngshānsānlǎo 龍山三老 12-1460B
lóngshānwénhuà 龍山文化 12-1460B
lóngsháo 龍勺 12-1460A
lóngshé 龍虵 12-1472B
lóngshé 龍蛇 12-1478B
lóngshè 龍麝 12-1497B
lóngshécǎo 龍舌草 12-1464A
lóngshéfēidòng 龍蛇飛動 12-1479B
lóngshéfēiwǔ 龍蛇飛舞 12-1479B
lóngshégē 龍蛇歌 12-1479B
lóngshéhùnzá 龍蛇混雜 12-1479B
lóngshéhuǒ 龍蛇火 12-1479A
lóngshélán 龍舌蘭 12-1464A
lóngshēn 隆深 11-1083B
lóngshēn 龍身 12-1466B
lóngshén 龍神 12-1474B
lǒngshēn 攏身 6-963B
lóngshēng 龍升 12-1461B
lóngshēng 龍昇 12-1469B
lóngshēng 龍笙 12-1479B
lóngshèng 隆盛 11-1083A
lóngshēngjiǔzhǒng 龍生九種 12-1463A
lóngshēngjiǔzǐ 龍生九子 12-1463A
lóngshēnhuòqū 龍伸蠖屈 12-1466B
lóngshénián 龍蛇年 12-1479A
lóngshénmǎzhuàng 龍神馬壯 12-1474B
lóngshépán 龍蛇蟠 12-1479B
lóngshézhèn 龍蛇陣 12-1479B
lóngshézhīshī 龍蛇之詩 12-1479A
lóngshézhīzhāng 龍蛇之章 12-1479A
lóngshī 隆施 11-1082B
lóngshī 龍虱 12-1471B
lóngshī 龍施 12-1474A
lóngshī 龍師 12-1476B
lóngshī 龍蝨 12-1491B
lóngshí 隆時 11-1082B
lóngshí 礱石 7-1121B
lóngshì 隆世 11-1080B
lóngshì 龍勢 12-1483B
lóngshǒu 龍首 12-1474A
lǒngshǒu 隴首 11-1135B
lóngshǒushǐzú 龍首豕足 12-1474A
lóngshū 龍書 12-1477B
lóngshū 龍疏 12-1483A
lóngshū 龍攄 12-1495A
lóngshǔ 隆暑 11-1084A
lóngshù 龍樹 12-1486A
lóngshù 龍樹 12-1492A
lǒngshǔ 隴蜀 11-1136A
lǒngshù 隴戍 11-1135B
lǒngshù 隴樹 11-1136B
lóngshuài 隆率 11-1083B
lóngshū'àn 龍書案 12-1477B
lóngshuì 龍睡 12-1484A
lǒngshuǐ 隴水 11-1135A

lóngshuò 龍朔 12-1477A
lóngsī 隆私 11-1081A
lóngsī 隆思 11-1082A
lóngsī 龍絲 12-1483B
lóngsì 龍駟 12-1489B
lóngsōng 瓏鬆 4-655A
lóngsōng 籠鬆 8-1281B
lóngsōu 龍艘 12-1490B
lóngsú 聾俗 8-718B
lóngsuǐ 龍髓 12-1497B
lǒngsuì 隴隧 11-1136B
lóngsūn 龍孫 12-1477B
lóngsuō 龍梭 12-1478A
lóngtà 龍榻 12-1486A
lóngtái 龍臺 12-1486A
lóngtài 隆泰 11-1082B
lóngtáiguàn 龍臺觀 12-1486A
lóngtáitóu 龍抬頭 12-1468B
lóngtáitóu 龍擡頭 12-1493B
lóngtán 龍潭 12-1491A
lóngtáng 龍堂 12-1478B
lòngtáng 衖堂 3-1021A
lòngtáng 弄唐 2-1313B
lòngtáng 弄堂 2-1313B
lòngtáng ⿸尸弄堂 4-42B
lòngtángfángzi 弄堂房子 2-1313B
lóngtánhǔkū 龍潭虎窟 12-1491B
lóngtánhǔxué 龍潭虎穴 12-1491A
lóngtāo 龍濤 12-1495A
lóngtāo 龍韜 12-1496B
lóngtāo 瀧濤 6-209A
lóngtào 龍套 12-1476A
lóngtāobàolüè 龍韜豹略 12-1496B
lóngténg 龍騰 12-1497A
lóngténgbàobiàn 龍騰豹變 12-1497A
lóngténgfèngjí 龍騰鳳集 12-1497A
lóngténghǔcù 龍騰虎蹴 12-1497A
lóngténghǔjù 龍騰虎踞 12-1497A
lóngténghǔxiào 龍騰虎嘯 12-1497A
lóngténghǔyuè 龍騰虎躍 12-1497A
lóngténghǔzhí 龍騰虎蹢 12-1497A
lóngténghǔzhì 龍騰虎擲 12-1497A
lóngtí 龍蹄 12-1493A
lóngtí 龍蹏 12-1494A
lóngtǐ 龍體 12-1498B
lóngtì 隆替 11-1083B
lóngtì 籠屜 8-1279B
lóngtiān 龍天 12-1461A
lóngtiào 龍跳 12-1484A
lóngtiàohǔfú 龍跳虎伏 12-1484A
lóngtiàohǔwò 龍跳虎臥 12-1484B
lóngtíng 龍廷 12-1464A
lóngtíng 龍亭 12-1473B
lóngtíng 龍庭 12-1473B
lóngtóng 朧朣 6-1406B
lóngtóng 曨曈 7-1268B
lóngtóng 籠僮 8-1281A
lóngtóng 籠銅 8-1281A
lǒngtóng 籠侗 8-1279A
lǒngtóng 儱侗 1-1738B
lǒngtǒng 籠統 8-1280A
lǒngtǒng 攏統 6-963B
lóngtóu ⿰革龍頭 12-216A
lóngtóu 龍頭 12-1492A
lóngtóu 籠頭 8-1281A
lǒngtóu 隴頭 11-1136B
lǒngtóu 攏頭 6-963B
lóngtóugān 龍頭竿 12-1492B
lóngtóuguǎizhàng 龍頭拐杖 12-1492B
lóngtóujùjiǎo 龍頭鋸角 12-1492B
lóngtóukè 龍頭客 12-1492B
lóngtóurén 龍頭人 12-1492B
lóngtóushéwěi 龍頭蛇尾 12-1492B
lóngtóushì 龍頭士 12-1492B
lǒngtóushuǐ 隴頭水 11-1136B
lóngtóushǔlǎochéng 龍頭屬老成 12-1493A
lǒngtóuyín 隴頭吟 11-1136B
lǒngtóuyīnxìn 隴頭音信 11-1136B
lóngtóuzhàng 龍頭杖 12-1492B
lóngtú 龍塗 12-1485B
lóngtú 龍圖 12-1486B
lóngtú 龍駼 12-1493B
lóngtuán 龍團 12-1486B
lóngtuánfèngbǐng 龍團鳳餅 12-1486B
lóngtúgé 龍圖閣 12-1487A
lóngtúgéxuéshì 龍圖閣學士 12-1487A
lóngtuí 隆頹 11-1085A
lóngtuí 癃⿸疒貴 8-354B
lóngtuì 龍退 12-1475A
lóngtuì 龍蛻 12-1484B
lóngtúlǎozǐ 龍圖老子 12-1487A
lóngtuō 籠脫 8-1279B
lóngtuò 籠籜 8-1281B
lóngwā 隆窊 11-1083A
lóngwáng 龍王 12-1461A
lóngwàng 隆望 11-1083B
lóngwángbīng 龍王兵 12-1461A
lóngwǎngxiàng 龍罔象 12-1469B
lóngwángyé 龍王爺 12-1461A
lóngwēi 隆危 11-1081A
lóngwēi 龍威 12-1472A
lóngwéi 龍帷 12-1479B
lóngwěi 龍尾 12-1467B
lóngwèi 龍位 12-1466B
lóngwèi 龍衛 12-1490B
lóngwěichē 龍尾車 12-1468A
lóngwěidào 龍尾道 12-1468A
lóngwēihǔzhèn 龍威虎震 12-1472A
lóngwěishí 龍尾石 12-1468A
lóngwěiyán 龍尾巖 12-1468A
lóngwěiyàn 龍尾硯 12-1468A
lóngwēiyànhàn 龍威燕頷 12-1472A
lóngwén 龍文 12-1462A
lóngwéndao 龍文刀 12-1462B
lóngwénjiàn 龍文劍 12-1462B
lóngwō 龍窩 12-1485B
lóngwò 隆渥 11-1084A
lóngwò 龍臥 12-1468B
lóngwò 龍幄 12-1482B
lóngwū 隆汙 11-1081A
lóngwū 隆污 11-1081A
lóngwǔ 龍武 12-1468A
lóngwǔ 龍舞 12-1487A
lóngwù 隆物 11-1081B
lóngwù 龍物 12-1469B
lóngwǔbīng 龍武兵 12-1468A
lóngwǔjūn 龍武軍 12-1468A
lóngxī 隆曦 11-1085B
lóngxī 龍犀 12-1483A
lóngxī 龍溪 12-1485B
lóngxī 龍犧 12-1496B
lóngxí 礱習 7-1121B
lóngxì 龍舄 12-1482B
lǒngxī 隴西 11-1135B
lóngxiā 龍蝦 12-1490A
lóngxiā 龍鰕 12-1497A
lóngxiá 籠狎 8-1279A
lóngxiān 龍仙 12-1463B
lóngxián 龍涎 12-1474A
lóngxiǎn 隆顯 11-1085B
lóngxiǎn 龍幰 12-1496B
lóngxiàn 龍見 12-1466A
lǒngxián 籠絃 8-1279B
lóngxiāng 龍香 12-1473A
lóngxiāng 龍鄉 12-1481B
lóngxiāng 龍襄 12-1494B
lóngxiāng 龍驤 12-1499B
lóngxiāng 驡驤 12-918A
lóngxiáng 龍翔 12-1482B
lóngxiǎng 隆想 11-1084B
lóngxiàng 隆向 11-1081A
lóngxiàng 隆象 11-1083B
lóngxiàng 龍象 12-1480A
lóngxiāngbàobiàn 龍驤豹變 12-1500A
lóngxiāngbō 龍香撥 12-1473A
lóngxiāngchì 龍驤赤 12-1499B
lóngxiāngfèngjiǎo 龍驤鳳矯 12-1500A
lóngxiángfèngwǔ 龍翔鳳舞 12-1482B
lóngxiángfèngyuè 龍翔鳳躍 12-1483A
lóngxiángfèngzhù 龍翔鳳翥 12-1482B
lóngxiānghǔbù 龍驤虎步 12-1499B
lóngxiānghuì 龍象會 12-1480B
lóngxiānghuòqū 龍驤蠖屈 12-1500A
lóngxiānghǔshì 龍驤虎視 12-1499B
lóngxiānghǔxiào 龍驤虎嘯 12-1500A
lóngxiánghǔyuè 龍翔虎躍 12-1482B
lóngxiānghǔzhì 龍驤虎跱 12-1499B
lóngxiāngjì 龍香劑 12-1473A
lóngxiāngjiāngjūn 龍驤將軍 12-1500A
lóngxiānglínzhèn 龍驤麟振 12-1500A
lóngxiāngyàn 龍香硯 12-1473A
lóngxiàngyán 龍象筵 12-1480B
lóngxiánxiāng 龍涎香 12-1474A
lóngxiānzhī 龍仙芝 12-1463B
lóngxiāo 龍綃 12-1486A
lóngxiāo 龍簫 12-1496B
lóngxié 籠鞵 8-1281B
lóngxīn 隆心 11-1080B
lóngxīn 龍心 12-1462B
lóngxīnfènggān 龍心鳳肝 12-1463A
lóngxīng 隆興 11-1085A
lóngxīng 龍星 12-1472A
lóngxīng 龍腥 12-1484B
lóngxīng 龍興 12-1493A
lóngxíng 隆刑 11-1081A
lóngxíng 隆行 11-1081A
lóngxìng 隆性 11-1081B
lóngxìng 龍性 12-1470A
lóngxīngfèngjǔ 龍興鳳舉 12-1493B
lóngxínghǔbiàn 龍行虎變 12-1464B
lóngxínghǔbù 龍行虎步 12-1464B
lóngxīngsì 隆興寺 11-1085A
lóngxīngsì 龍興寺 12-1493B
lóngxīngyúnshǔ 龍興雲屬 12-1493B
lóngxiōng 嚨哅 3-553B
lóngxiū 龍修 12-1473A
lóngxiū 龍脩 12-1476B
lóngxiù 龍岫 12-1469B
lóngxiù 龍袖 12-1477B

lóngxiù 籠袖 8-1279B
lóngxū 龍鬐 12-1496A
lóngxū 龍鬚 12-1498A
lóngxuān 龍軒 12-1476A
lóngxūcài 龍鬚菜 12-1498A
lóngxūcǎo 龍鬚草 12-1498A
lóngxué 龍穴 12-1463B
lóngxué 龍學 12-1493B
lóngxuè 龍血 12-1464B
lóngxuèfèngsuǐ 龍血鳳髓 12-1464B
lóngxuèshù 龍血樹 12-1464B
lóngxuèxuánhuáng 龍血玄黄 12-1464B
lóngxūmiàn 龍鬚麪 12-1498A
lóngxún 龍浔 12-1491D
lóngxùn 籠馴 8-1280B
lóngxūshuǐ 龍鬚水 12-1498A
lóngxūxí 龍鬐席 12-1496A
lóngxūxí 龍鬚席 12-1498A
lóngxūyǒu 龍鬚友 12-1498A
lóngyá 龍牙 12-1461B
lóngyá 龍芽 12-1465B
lóngyǎ 聾啞 8-718B
lóngyácǎo 龍牙草 12-1461B
lóngyácǎo 龍芽草 12-1465B
lóngyájiāo 龍牙蕉 12-1461B
lóngyān 龍烟 12-1477A
lóngyān 龍煙 12-1485B
lóngyán 隆顔 11-1085B
lóngyán 龍顔 12-1495B
lóngyán 龍鹽 12-1499A
lóngyǎn 龍眼 12-1478B
lóngyánfèngyǔ 龍言鳳語 12-1467A
lóngyánfèngzī 龍顔鳳姿 12-1495B
lóngyáng 隆陽 11-1083B
lóngyáng 龍羊 12-1465A
lóngyáng 龍洋 12-1474A
lóngyáng 龍陽 12-1481A
lóngyánghèn 龍陽恨 12-1481B
lóngyángqìyú 龍陽泣魚 12-1481B
lóngyángzǐdì 龍陽子弟 12-1481B
lóngyāo 龍腰 12-1484B
lóngyáo 隆窑 11-1085A
lóngyào 隆燿 11-1085B
lóngyào 龍曜 12-1495A
lóngyào 龍燿 12-1496B
lóngyǎzhèng 聾啞症 8-718B
lóngyázhóu 龍牙軸 12-1461B
lóngyě 龍野 12-1478B
lóngyè 龍夜 12-1469B
lóngyī 龍衣 12-1465A
lóngyí 隆夷 11-1081A
lóngyí 龍夷 12-1463B
lóngyǐ 龍椅 12-1482A
lóngyǐ 龍轙 12-1498B
lóngyì 隆益 11-1083A
lóngyì 隆異 11-1083A
lóngyì 龍逸 12-1480B
lóngyì 龍翼 12-1495A
lóngyì 龍鷁 12-1497B
lǒngyì 隴驛 11-1137A
lóngyīn 隆陰 11-1083A
lóngyīn 龍闉 12-1495A
lóngyīn 聾喑 8-718B
lóngyīn 聾瘖 8-718B
lóngyín 龍吟 12-1466A
lóngyín 龍齦 12-1497B
lóngyìn 龍胤 12-1473B
lǒngyīn 隴陰 11-1136A
lóngyīng 籠鶯 8-1281B
lóngyínhǔxiào 龍吟虎嘯 12-1466A
lóngyǒng 隆永 11-1080B
lóngyǒng 隆踊 11-1084B
lóngyòu 隆祐 11-1082B
lǒngyòu 隴右 11-1135B
lóngyú 龍魚 12-1480A
lóngyú 龍輿 12-1494B
lóngyú 龍旟 12-1496B
lóngyǔ 隆窳 11-1085A
lóngyǔ 龍雨 12-1468B
lóngyù 隆遇 11-1084A
lóngyù 隆鬱 11-1086A
lóngyù 龍御 12-1482B
lóngyù 龍馭 12-1481B
lóngyù 蘢鬱 9-623A
lóngyù 籠籞 8-1282A
lóngyuān 龍淵 12-1483A
lóngyuán 龍元 12-1461B
lóngyuán 龍圓 12-1484B
lóngyuán 龍轅 12-1494A
lóngyuè 隆嶽 11-1085B
lóngyuè 龍躍 12-1497B
lóngyuè 朧月 6-1406A
lóngyuèhóngjiǎo 龍躍鴻矯 12-1497B
lóngyuèhǔjù 龍躍虎踞 12-1497B
lóngyùshàngbīn 龍御上賓 12-1482B
lóngyùshàngbīn 龍馭上賓 12-1481B
lóngyúzáxì 龍魚雜戲 12-1480A
lóngzǎi 龍仔 12-1463B
lóngzàng 龍藏 12-1494A
lóngzàng 龍臧 12-1486B
lóngzàngsì 龍藏寺 12-1494A
lóngzàngsìbēi 龍藏寺碑 12-1494A
lóngzǎo 龍棗 12-1482A
lóngzǎo 龍藻 12-1496A
lóngzào 聾竈 8-719B
lóngzào 礱竈 3-553B
lóngzào 壟竈 2-1243A
lóngzhái 龍宅 12-1465B
lóngzhān 龍旜 12-1496B
lóngzhǎn 龍盞 12-1484A
lóngzhàn 龍戰 12-1493A
lóngzhāng 龍章 12-1480B
lóngzhàng 龍仗 12-1463B
lóngzhàng 龍杖 12-1465B
lóngzhàng 龍帳 12-1479B
lǒngzhàng 籠仗 8-1278B
lóngzhāngfèngcǎi 龍章鳳彩 12-1481A
lóngzhāngfènghán 龍章鳳函 12-1481A
lóngzhāngfèngzhuàn 龍章鳳篆 12-1481A
lóngzhāngfèngzī 龍章鳳姿 12-1481A
lóngzhānglínjiǎo 龍章麟角 12-1481A
lóngzhāngxiùgǔ 龍章秀骨 12-1481A
lóngzhànhǔzhēng 龍戰虎争 12-1493A
lóngzhànxuánhuáng 龍戰玄黄 12-1493A
lóngzhànyúhài 龍戰魚駭 12-1493A
lóngzhǎo 龍爪 12-1461B
lóngzhào 龍旐 12-1482B
lóngzhào 龍趙 12-1486A
lóngzhào 籠罩 8-1280B
lǒngzhào 籠照 8-1280B
lǒngzhào 籠罩 8-1280B
lóngzhǎocōng 龍爪葱 12-1462A
lóngzhǎohuā 龍爪花 12-1462A
lóngzhǎohuái 龍爪槐 12-1462A
lóngzhǎojì 龍爪稷 12-1462A
lóngzhǎoshū 龍爪書 12-1462A
lóngzhǎosù 龍爪粟 12-1462A
lóngzhǎozhuàn 龍爪篆 12-1462A
lóngzhé 龍蟄 12-1494A
lóngzhéhuòqū 龍蟄蠖屈 12-1494A
lóngzhèn 隆振 11-1082B
lóngzhènfēng 龍陣風 12-1475A
lóngzhēng 龍蒸 12-1483B
lóngzhèng 隆正 11-1080B
lóngzhèng 隆政 11-1081B
lóngzhēnghǔdòu 龍争虎鬦 12-1465A
lóngzhēnghǔdòu 龍争虎鬥 12-1465A
lóngzhēnghǔdòu 龍争虎鬭 12-1465A
lóngzhēnghǔyǎn 龍睁虎眼 12-1478B
lóngzhēnghǔzhàn 龍争虎戰 12-1465A
lóngzhěnyādēng 龍枕鴨燈 12-1468B
lóngzhí 龍直 12-1468B
lóngzhí 籠縶 8-1281B
lóngzhí 聾姪 8-998B
lóngzhǐ 隆指 11-1082A
lóngzhì 隆至 11-1081A
lóngzhì 隆治 11-1081B
lóngzhì 龍質 12-1490B
lóngzhì 聾蛭 8-998B
lǒngzhì 籠制 8-1279A
lǒngzhì 籠致 8-1279B
lóngzhōng 隆中 11-1080A
lóngzhōng 龍鍾 12-1494B
lóngzhōng 龍鐘 12-1496B
lóngzhōng 躘踵 10-569B
lóngzhǒng 癃腫 8-354B
lóngzhǒng 龍種 12-1487A
lóngzhǒng 壟塚 7-1121B
lóngzhòng 隆重 11-1082A
lóngzhòng 躘踵 10-569B
lǒngzhǒng 朧腫 6-1406B
lǒngzhǒng 隴種 11-1136B
lòngzhòng 儱偅 1-1738B
lóngzhōngbùyī 隆中布衣 11-1080A
lóngzhōngduì 隆中對 11-1080A
lóngzhōnggù 隆中顧 11-1080B
lóngzhōngguǎn 龍鐘管 12-1496B
lóngzhōngkè 隆中客 11-1080A
lóngzhǒngmǎ 龍種馬 12-1487B
lǒngzhǒngyáng 壟種羊 2-1242B
lóngzhōngzhīniǎo 籠中之鳥 8-1278B
lóngzhōu 隆周 11-1081B
lóngzhōu 龍舟 12-1464B
lóngzhōu 龍輈 12-1484A
lóngzhòu 龍冑 12-1472B
lóngzhū 龍珠 12-1475B
lóngzhū 龍猪 12-1480B
lóngzhú 龍竹 12-1464A
lóngzhú 龍燭 12-1494B
lóngzhú 籠竹 8-1279A
lóngzhú 籠燭 8-1281B
lóngzhù 龍翥 12-1486A
lóngzhù 礱鑄 7-1122A
lóngzhuǎn 龍轉 12-1495A
lóngzhuàn 龍篆 12-1490B
lóngzhǔn 隆準 11-1084B
lóngzhǔn 龍準 12-1485B
lóngzhǔngōng 隆準公 11-1084B
lóngzhǔngōng 龍準公 12-1485B
lóngzhǔnwēng 龍準翁 12-1485B
lóngzhuó 龍豬 12-1476B
lóngzhuó 龍黔 12-1490A
lóngzhuó 礱琢 7-1121B
lóngzhuó 礱斲 7-1121B
lóngzhuó 礱斵 7-1122A
lóngzi 籠子 8-1278B
lóngzi 聾子 8-718A
lóngzī 龍兹 12-1474A
lóngzī 龍姿 12-1473B

lóngzǐ 龍子 12-1460B
lǒngzi 攏子 6-963B
lóngzǐfān 龍子幡 12-1461A
lóngzīfèngcǎi 龍姿鳳采 12-1474A
lóngzǐyī 龍子衣 12-1461A
lóngzōng 隆宗 11-1081B
lóngzōng 龍綜 12-1489A
lóngzōng 巃嵸 3-874A
lóngzōng 巃嵷 3-874A
lóngzǒng 籠麷 8-1281B
lǒngzōng 隴嵸 11-1136B
lǒngzǒng 籠總 8-1281B
lǒngzǒng 攏總 6-964A
lóngzú 隆崒 11-1083A
lóngzú 龍足 12-1466A
lóngzuò 隆祚 11-1082B
lǒngzuò 壟作 2-1242B
lōubǎ 摟把 6-833B
lòubái 露白 11-736A
lòubài 漏敗 6-111A
lóubǎn 樓板 4-1273A
lòubǎn 漏板 6-110A
lòubǎn 鏤板 11-1380A
lòubǎn 鏤版 11-1380A
lòubāng 陋邦 11-960A
lòubǎng 鏤榜 11-1380B
lōubāo 摟包 6-833B
lóubǎo 樓堡 4-1274B
lǒubào 摟抱 6-833B
lòuběn 鏤本 11-1379B
lòubǐ 陋鄙 11-961B
lòubì 陋敝 11-961B
lòubì 鏤臂 11-1380B
lòubīng 鏤氷 11-1379B
lòubīng 鏤冰 11-1379B
lòubīngchuīlì 鏤冰炊礫 11-1379B
lòubīngdiāoqióng 鏤冰雕瓊 11-1379B
lòubīngdiāoxiǔ 鏤冰雕朽 11-1379B
lòubīngzhúxuě 鏤冰斸雪 11-1379B
lóubō 耬播 8-598B
lòubó 陋薄 11-962A
lòucái 陋才 11-960A
lòucè 漏策 6-112A
lòuchān 鏤襜 11-1381A
lóuchē 樓車 4-1273A
lóuchē 耬車 8-598B
lòuchén 鏤塵 11-1380B
lóuchéng 慺誠 7-706A
lòuchéng 陋誠 11-961B
lóuchōng 樓橦 4-1275A
lòuchǒu 陋醜 11-962A
lóuchú 耬鋤 8-598B
lǒuchǔ 摟處 6-834A
lóuchuán 樓舡 4-1273B
lóuchuán 樓船 4-1274A
lóuchuán 艛船 9-11A
lóuchuāng 樓窗 4-1274B
lòuchuāng 漏窗 6-112A
lòuchuāng 漏瘡 6-112B
lóuchuánjiāngjūn 樓船將軍 4-1274A
lóuchuánjūn 樓船軍 4-1274A
lòuchūnhéshang 漏春和尚 6-110B
lóucōng 樓葱 4-1274A
lòucòu 鏂錂 11-1388A
lòucuò 鏤錯 11-1380B
lǒudài 摟帶 6-834A
lóudí 樓敵 4-1275A
lòudī 漏滴 6-112A
lòudǐ 漏底 6-110A
lòudǐ 露底 11-737B
lóudiàn 樓店 4-1273A
lóudiàn 樓殿 4-1274B
lòudiǎn 漏點 6-113A
lóudiànwù 樓店務 4-1273A
lóudié 樓堞 4-1274A
lóudié 樓艓 4-1275A
lóudié 艛艓 9-11A
lóudǐngjīn 螻頂金 8-954A
lòudòng 漏洞 6-111A
lóudōu 嘍篼 3-756B
lòudōu 漏兜 6-111B
lòudǒu 漏斗 6-110A
lòudòu 漏逗 6-111A
lòuduǎn 陋短 11-961B
lòuduàn 漏斷 6-113A
lòuduó 漏奪 6-112A
lóu'é 樓額 4-1275A
lóu'ér 樓兒 4-1273A
lōufá 摟伐 6-833B
lòufā 漏發 6-112A
lóufán 樓煩 4-1274B
lóufáng 樓房 4-1273A
lòufèi 漏費 6-112A
lóufén 樓棼 4-1274A
lòufēn 漏分 6-109B
lòufěn 漏粉 6-111A
lòufēng 陋風 11-961A
lòufēng 漏風 6-110B
lòufēng 露風 11-738B
lòufèng 漏縫 6-113A
lòufēngzhǎng 漏風掌 6-110B
lòufū 鏤膚 11-1380B
lòufǔ 漏脯 6-111B
lòufù 露富 11-740B
lòugānshùshèn 鏤肝鉥腎 11-1379B
lóugé 樓閣 4-1274B
lóugétáixiè 樓閣臺榭 4-1275A
lóugétíngtái 樓閣亭臺 4-1275A
lóugōng 婁公 4-371A
lóugōng 樓宮 4-1273B
lōugōuzi 摟溝子 6-834A
lóugū 螻蛄 8-954A
lóugǔ 樓鼓 4-1274B
lòugǔ 漏鼓 6-112A
lòugǔ 鏤骨 11-1380A
lòugù 陋固 11-960B
lóuguǎn 樓館 4-1275A
lóuguàn 樓觀 4-1276A
lòuguǎn 瘻管 8-352B
lòuguǎn 鏤管 11-1380B
lóuguàntái 樓觀臺 4-1276A
lòuguī 陋規 11-961B
lòugǔmíngjī 鏤骨銘肌 11-1380A
lòugǔmíngxīn 鏤骨銘心 11-1380A
lóuguō 螻蟈 8-954A
lóuháng 樓航 4-1273B
lóuhāo 蔞蒿 9-535A
lóuhāo 婁郝 4-371A
lóuhù 樓護 4-1275B
lòuhú 漏壺 6-111B
lòuhuàng 鏤榥 11-1380B
lóuhùchúnshé 樓護脣舌 4-1275B
lòuhuì 鏤繪 11-1381A
lòuhuǒ 漏火 6-109B
lóuhùzhì 樓護智 4-1275B
lóujǐ 樓脊 4-1273B
lóujì 樓季 4-1273A
lòujī 漏積 6-112B
lòujī 鏤肌 11-1379B
lòují 陋疾 11-961B
lòujì 陋跡 11-961B
lòujì 漏跡 6-112A
lòujiǎ 鏤甲 11-1379B
lóujiàn 樓檻 4-1275A
lóujiàn 樓艦 4-1275B
lóujiàn 艛艦 9-11A
lòujiàn 陋賤 11-962A
lòujiàn 漏箭 6-112B
lóujiǎo 樓角 4-1273A
lòujìdācài 漏虀搭菜 6-113A
lòujié 鏤桀 11-1380B
lóujīn 婁金 4-371A
lòujīn 鏤金 11-1380A
lòujìn 漏盡 6-112A
lòujīncuòcǎi 鏤金錯采 11-1380A
lòujīnpūcuì 鏤金鋪翠 11-1380A
lòujìnzhōngmíng 漏盡鍾鳴 6-112B
lòujìnzhōngmíng 漏盡鐘鳴 6-112B
lòujīzǐ 鏤雞子 11-1380B
lóujū 樓居 4-1273B
lòujǔ 陋舉 11-962A
lòujù 鏤句 11-1379B
lòujuān 鏤鐫 11-1381A
lòukè 漏刻 6-110B
lòukè 鏤刻 11-1380A
lòukōng 鏤空 11-1380A
lóukù 樓庫 4-1273B
lǒukuò 磈礭 7-1100A
lōulǎn 摟攬 6-834A
lóulán 樓蘭 4-1275B
lóulán 樓欄 4-1276A
lóulǎnluówǎn 樓攬羅綰 4-1276A
lóulí 嘍㒧 3-492A
lóulí 樓犁 4-1274A
lóulí 耬犁 8-598B
lòulǐ 陋俚 11-961A
lòulǐ 漏理 6-111A
lòuliǎn 露臉 11-742B
lòuliǎngshǒu 露兩手 11-737A
lòuliè 陋劣 11-960B
lóulín 樓林 4-1273A
lǒulǐng 嶁領 3-862B
lóulóu 婁婁 4-371A
lóulóu 嘍嘍 3-492A
lóulóu 慺慺 7-706A
lóulóu 樓樓 4-1275A
lóulǔ 樓樐 4-1275A
lóulǔ 樓櫓 4-1275B
lóulǔ 樓艣 4-1275A
lóulù 樓路 4-1274B
lòulú 陋廬 11-962A
lòulù 漏露 6-113A
lōuluó 摟羅 6-834A
lóuluó 婁羅 4-371A
lóuluó 僂囉 1-1632A
lóuluó 僂羅 1-1631B
lóuluó 僂儸 1-1631B
lóuluó 嘍囉 3-492A
lóuluó 嘍羅 3-492A
lóuluó 樓羅 4-1275B
lòuluò 漏落 6-111B
lóuluólì 樓羅曆 4-1275B
lòulǘ 陋閭 11-962A
lòulüè 陋畧 11-961B
lòulüè 漏略 6-111A
lòumǎjiǎo 露馬脚 11-738B
lòuméng 陋氓 11-960B
lóumiàn 樓面 4-1273B
lòumiàn 露面 11-738A
lòumiànzéi 陋面賊 11-961A
lòumiànzéi 漏面賊 6-110B
lòumiáo 露苗 11-737A
lòumín 陋民 11-960A
lòumíng 漏名 6-110A
lòumiù 陋謬 11-962A
lòumù 陋目 11-960A
lòumù 漏目 6-110A
lòunì 漏匿 6-111A
lóuniǎn 樓輦 4-1275A
lòupán 露盤 11-741B
lóupéng 樓棚 4-1274A
lòupì 陋僻 11-962A
lòupǔ 陋圃 11-961A
lòuqiā 漏掐 6-111A
lòuqiǎn 陋淺 11-961B
lòuqiè 露怯 11-737B
lòuqióng 漏窮 6-112B
lòuqū 陋區 11-961B
lòuqū 陋軀 11-962A
lòuqú 鏤渠 11-1380B
lòuqú 鏤衢 11-1381A
lòuqǔ 陋曲 11-960B
lóuquè 樓闕 4-1275A
lòuquē 漏闕 6-113A
lòurén 鏤人 11-1379A
lòurèn 漏刃 6-109B

lòurú 陋儒 11-962A
lòuruò 陋弱 11-961B
lóusāng 樓桑 4-1273B
lóusānglǐ 樓桑里 4-1273B
lóushānguān 婁山關 4-371A
lóushàngzhuāng 樓上粧 4-1272B
lóushè 樓舍 4-1273A
lòushēn 陋身 11-960B
lòushēn 鏤身 11-1379B
lòushēng 陋生 11-960A
lòushēng 漏聲 6-113A
lóushì 蔞室 9-535A
lòushī 漏失 6-110A
lòushī 漏師 6-111A
lòushì 陋世 11-960A
lòushì 陋室 11-961A
lòushì 鏤飾 11-1380B
lòushù 陋術 11-961B
lòushuǐ 漏水 6-109B
lòushuì 漏稅 6-112A
lóusōng 樓松 4-1273A
lōusōu 摟捜 6-834A
lǒusǒu 簍籔 8-1237B
lòusú 陋俗 11-961A
lòusù 陋素 11-961A
lōusuàn 摟算 6-834A
lóutái 樓臺 4-1274B
lòutào 陋套 11-961A
lóuténg 蔞藤 9-535A
lóutī 樓梯 4-1273B
lòutī 鏤剔 11-1380A
lòutǐ 陋體 11-962A
lòutǐ 鏤體 11-1381A
lòutiān 漏天 6-109B
lóutíng 樓庭 4-1273B
lóutóu 樓頭 4-1275A
lòutóu 露頭 11-742A
lòutóuqī 露頭妻 11-742A
lòutuō 陋侻 11-961A
lòutuō 漏脱 6-111B
lóuwàilóu 樓外樓 4-1273A
lòuwáng 陋亡 11-960A
lòuwáng 漏亡 6-109B
lòuwǎng 漏網 6-112B
lòuwàng 陋妄 11-960B
lóuwū 樓屋 4-1273B
lòuwū 陋汙 11-960B
lòuwū 漏屋 6-111A
lòuxī 漏夕 6-109B
lòuxí 陋習 11-961B
lòuxiá 陋狹 11-961A
lòuxià 漏下 6-109B
lòuxiàn 露餡 11-742B
lóuxiāng 樓舡 4-1273B
lòuxiàng 陋巷 11-960B
lòuxiàng 鏤象 11-1380B
lòuxiàng 露相 11-738A
lòuxiàngdānpiáo 陋巷簞瓢 11-961A
lóuxiāngjūn 樓舡軍 4-1273B
lòuxiǎo 陋小 11-960A
lóuxiè 樓榭 4-1274B
lòuxiè 漏泄 6-110B
lòuxiè 漏洩 6-110B
lòuxiè 漏渫 6-112A
lòuxièchūnguāng 漏洩春光 6-110B
lóuxīn 樓心 4-1273A
lòuxīn 陋心 11-960A
lòuxīn 鏤心 11-1379A
lòuxíng 陋行 11-960B
lòuxīngtáng 漏星堂 6-110B
lòuxīnkègǔ 鏤心刻骨 11-1379A
lòuxīn'ǒuxuè 鏤心嘔血 11-1379B
lòuxīnshùgān 鏤心鉥肝 11-1379B
lóuxiù 婁宿 4-371A
lòuxu 陋朐 11 061B
lòuxué 陋學 11-962A
lòuyá 鏤牙 11-1379A
lòuyán 漏言 6-110A
lòuyǎn 漏眼 6-111A
lòuyǎnbùcángsī 漏眼不藏絲 6-111A
lòuyě 陋野 11-961B
lòuyè 漏夜 6-110A
lóuyǐ 螻螘 8-954A
lóuyǐ 螻蟻 8-954A
lòuyí 陋儀 11-962A
lòuyì 陋邑 11-960B
lòuyì 陋易 11-960B
lòuyì 漏逸 6-111B
lóuyīn 樓陰 4-1273B
lóuyǐn 螻蚓 8-954A
lóuyǐn 螻螾 8-954A
lòuyín 陋淫 11-961B
lòuyín 鏤銀 11-1380B
lòuyìn 鏤印 11-1379B
lòuyīng 鏤膺 11-1380A
lóuyǐshàngqiětānshēng 螻蟻尚且貪生 8-954B
lòuyīshǒu 露一手 11-735A
lòuyōng 陋庸 11-961B
lòuyǔ 陋宇 11-960B
lòuyǔ 漏語 6-112A
lòuyuǎn 陋遠 11-961B
lòuyùcáibīng 鏤玉裁冰 11-1379B
lòuyuē 陋約 11-961A
lòuyuè 漏月 6-109B
lòuyuè 漏越 6-111B
lòuyuècáiyún 鏤月裁雲 11-1379A
lòuzéyuán 漏澤園 6-112B
lòuzhàn 漏綻 6-112B
lōuzhàng 摟賬 6-834A
lóuzhàng 樓帳 4-1273B
lòuzhāng 鏤章 11-1380B
lòuzhǎngfēng 漏掌風 6-112A
lóuzhì 樓雉 4-1274B
lóuzhì 螻螲 8-954A
lòuzhī 漏巵 6-110A
lòuzhī 漏巵 6-110A
lòuzhì 陋製 11-962A
lòuzhì 陋質 11-962A
lòuzhījiǎnchǔ 鏤脂翦楮 11-1380A
lòuzhōng 陋忠 11-960B
lóuzhū 婁豬 4-371A
lòuzhuǎn 漏轉 6-113A
lòuzhuàn 鏤篆 11-1380B
lòuzhuō 陋拙 11-960B
lóuzi 婁子 4-371A
lóuzi 樓子 4-1272B
lǒuzi 簍子 8-1237B
lòuzi 漏子 6-109B
lóuzihuā 樓子花 4-1273A
lòuzǐtuī 鏤子推 11-1379A
lòuzōng 陋宗 11-960B
lòuzòu 鏂楱 11-1388A
lòuzú 陋族 11-961B
lòuzuǐ 漏嘴 6-112B
luán'áofèngzhu 鸞翺鳳翥 12-1181B
luǎnbái 卵白 2-528A
luànbài 亂敗 1-801B
luànbāng 亂邦 1-799A
luànbào 亂暴 1-803A
luánbāxùnjiǔ 欒巴噀酒 4-1371B
luánbēi 鸞杯 12-1176B
luànbèi 亂悖 1-801A
luànběn 亂本 1-798B
luánbì 鸞鎞 12-1181B
luánbì 孿躄 6-980B
luánbì 鑾蹕 11-1438A
luánbì 鸞篦 12-1180B
luànbì 亂獘 1-803A
luánbiāo 鸞鑣 12-1182B
luànbīng 亂兵 1-799B
luánbù 鸞步 12-1176A
luáncǎi 鸞采 12-1176B
luáncān 鸞驂 12-1182A
luàncáocáo 亂嘈嘈 1-802B
luánchá 欒茶 4-1372A
luánchāi 鸞釵 12-1178A
luàncháng 亂常 1-801B
luáncháo 鸞巢 12-1178A
luǎncháo 卵巢 2-528B
luàncháo 亂朝 1-802A
luánchē 欒車 4-1371B
luánchē 鸞車 12-1176A
luànchén 亂臣 1-799A
luànchénzéizǐ 亂臣賊子 1-799A
luánchí 鸞墀 12-1180A
luánchì 鸞翅 12-1177B
luánchōng 鑾罿 8-1059B
luánchóu 鸞儔 12-1180B
luánchóufènglǚ 鸞儔鳳侶 12-1180B
luánchuī 鸞吹 12-1176A
luàncí 亂辭 1-804A
luàncì 亂次 1-799B
luàncuān 亂攛 1-804B
luándài 鸞帶 12-1177B
luǎndài 卵袋 2-528B
luàndài 亂代 1-798B
luándān 鸞單 12-1178B
luàndǎng 亂黨 1-804A
luándāo 鑾刀 11-1437B
luándāo 鸞刀 12-1175B
luándào 鸞纛 12-1182B
luàndào 亂道 1-802A
luándī 鸞堤 12-1178B
luándiàn 鑾殿 11-1438A
luándiàn 鸞殿 12-1179A
luándiānfèngdǎo 鸞顛鳳倒 12-1181B
luàndiǎnyuānyāngpǔ 亂點鴛鴦譜 1-803B
luándòng 欒棟 4-1373B
luàndòng 亂動 1-801B
luàndǒngdǒng 亂董董 1-802A
luándū 灤都 6-224B
luàndú 亂黷 1-804B
luànduān 亂端 1-803A
luán'é 鸞訛 12-1178A
luàn'er 亂兒 1-800A
luánfà 鸞髮 12-1180A
luànfǎ 亂法 1-800A
luànfà 亂髮 1-803A
luánfèi 攣廢 6-980B
luánfēifèngwǔ 鸞飛鳳舞 12-1177A
luánfēifèngzhù 鸞飛鳳翥 12-1177A
luánfēn 鸞氛 12-1176B
luànfēnfēn 亂紛紛 1-801B
luánfēnfènglí 鸞分鳳離 12-1175B
luánfēng 鸞封 12-1176B
luánfèng 鸞鳳 12-1179B
luànfēng 亂風 1-800B
luànfēng 亂烽 1-802A
luànféngǎng 亂坟崗 1-799B
luánfèngchóu 鸞鳳儔 12-1180A
luánfèngfēnfēi 鸞鳳分飛 12-1179B
luánfènghèmíng 鸞鳳和鳴 12-1179B
luánfēngmì 鸞蜂蜜 12-1179A
luánfèngshū 鸞鳳書 12-1180A
luánfèngyǒu 鸞鳳友 12-1179B
luánfèngzhǐ 鸞鳳紙 12-1180A
luánfú 鸞伏 12-1175B
luángài 鸞蓋 12-1178B
luángāng 巒岡 3-884A
luángào 鸞誥 12-1180A
luángē 臠割 8-1072B
luángē 鸞歌 12-1179A
luángé 攣格 6-980A
luángé 鸞閣 12-1180A
luángēfèngchuī 鸞歌鳳吹 12-1179A
luángēfèngwǔ 鸞歌鳳舞 12-1179A
luàngēn 亂根 1-801A
luángǒng 欒栱 4-1372A

luángōngshè 欒公社 4-1371B
luángū 鸞孤 12-1176B
luángǔ 巒谷 3-884A
luángǔ 臠股 8-1072A
luángǔ 鸞轂 12-1181A
luángūfèngguǎ 鸞孤鳳寡 12-1176B
luángūfèngzhī 鸞孤鳳隻 12-1176B
luánguī 鸞閨 12-1180A
luànguó 亂國 1-801B
luánhán 鸞函 12-1176B
luànháng 亂行 1-799A
luánhé 鑾和 11-1437B
luánhé 鸞和 12-1176B
luánhè 巒壑 3-884A
luánhè 鸞鶴 12-1182A
luánhè 鸞鶴 12-1182B
luánhéng 鸞衡 12-1180B
luánhèshēng 鸞鶴聲 12-1182A
luánhèyú 鸞鶴輿 12-1182A
luànhōng 亂哄 1-800A
luànhōng 亂烘 1-801A
luànhōnghōng 亂哄哄 1-800A
luànhōnghōng 亂烘烘 1-801A
luànhōnghōng 亂轟轟 1-804B
luànhōnghōng 亂鬨鬨 1-803B
luánhú 鸞鵠 12-1181A
luánhuā 欒華 4-1372A
luánhuā 鸞花 12-1176A
luànhuā 亂化 1-798B
luànhuà 亂化 1-798B
luánhuán 鸞環 12-1181A
luànhuàn 亂患 1-801B
luánhuáng 鸞皇 12-1177A
luánhuáng 鸞凰 12-1178A
luǎnhuáng 卵黄 2-528B
luánhuí 鸞回 12-1175B
luánhuí 鸞迴 12-1177A
luánhuífèngwǔ 鸞迴鳳舞 12-1176B
luánhuífèngzhù 鸞迴鳳翥 12-1177A
luànhūn 亂昏 1-800A
luànhuò 亂惑 1-802A
luànhuò 亂禍 1-802B
luánhútíngzhì 鸞鵠停峙 12-1181A
luánhúzàitíng 鸞鵠在庭 12-1181A
luánjī 鸞雞 12-1181B
luánjī 鸞几 12-1175B
luánjí 欒棘 4-1372A
luánjí 鸞集 12-1178B
luánjì 鸞髻 12-1180A
luànjī 亂機 1-803B
luànjì 亂跡 1-802B
luànjì 亂紀 1-800B
luánjià 鑾駕 11-1438A
luánjià 鸞駕 12-1180B
luànjiā 亂家 1-801B
luánjiàduìzǐ 鑾駕隊子 11-1438A
luánjiān 鸞牋 12-1178B
luánjiān 鸞箋 12-1179B
luánjiān 鸞緘 12-1180B
luánjiǎn 攣蹇 6-980B
luánjiǎn 鸞剪 12-1178A
luánjiàn 鸞鑑 12-1182A
luánjiāng 鑾江 11-1437B
luánjiàng 鸞降 12-1176B
luànjiàng 亂將 1-802A
luánjiāo 鸞交 12-1175B
luánjiāo 鸞膠 12-1180B
luánjiào 巒嶠 3-884A
luánjiāofèngchóu 鸞交鳳儔 12-1176A
luánjiāofèngsī 鸞膠鳳絲 12-1180B
luánjiāofèngyǒu 鸞交鳳友 12-1175B
luánjié 攣結 6-980B
luánjiē 鸞階 12-1178A
luánjié 臠截 8-1072B
luánjiě 臠解 8-1072B
luànjiē 亂階 1-802A
luánjǐn 鸞錦 12-1180B
luánjīng 灤京 6-224B
luánjīng 鑾旍 11-1438A
luánjīng 鸞旌 12-1178A
luánjīng 鸞經 12-1179A
luánjīng 鸞驚 12-1182A
luánjìng 鸞鏡 12-1181B
luànjǐng 亂阱 1-799B
luánjiōng 鸞扃 12-1177A
luánjuǎn 臠卷 8-1072A
luànjūn 亂君 1-799B
luànjūn 亂軍 1-800B
luánkuài 臠膾 8-1072B
luànkuì 亂憒 1-803A
luànkuì 亂潰 1-803A
luánkùnfèngyōng 鸞困鳳慵 12-1176A
luànlái 亂來 1-799B
luánlán 巒嵐 3-884A
luànleyíng 亂了營 1-798A
luànlí 亂離 1-803B
luánliè 鑾迾 11-1437B
luánlín 鸞林 12-1176A
luánlíng 鑾鈴 11-1438A
luánlíng 鸞鈴 12-1179A
luánlíng 鸞綾 12-1180A
luànliú 亂流 1-801A
luánlóng 鸞龍 12-1180B
luánlú 欒櫨 4-1372A
luánlù 鑾輅 11-1438A
luánlù 鸞路 12-1178B
luánlù 鸞輅 12-1178B
luánlù 鸞鷺 12-1182B
luánluán 欒欒 4-1372A
luánluán 臠臠 8-1072B
luànlún 亂倫 1-801A
luànlüè 亂略 1-801B
luànmāmā 亂麻麻 1-802A
luànmáng 亂忙 1-799B
luánméi 鸞媒 12-1178B
luànméi 亂媒 1-802B
luánmén 鸞門 12-1176B
luànmén 亂門 1-800A
luànméng 亂尨 1-799B
luànméng 亂萌 1-801B
luánmiǎn 鸞冕 12-1177B
luǎnmín 卵民 2-528A
luànmín 亂民 1-799A
luánmíng 鸞鳴 12-1179A
luànmíng 亂名 1-799A
luànmìng 亂命 1-800A
luánmíngfèngzòu 鸞鳴鳳奏 12-1179B
luànmóu 亂謀 1-803B
luánmù 鸞幕 12-1178B
luánmù 巒幕 3-766B
luànmù 亂目 1-798B
luǎnmùbēi 卵幕杯 2-528B
luǎnnáng 卵囊 2-529A
luànnì 亂逆 1-800B
luànnì 亂溺 1-802B
luánniǎn 鸞輦 12-1180A
luánniǎo 鸞鳥 12-1178A
luǎnniǎo 卵鳥 2-528B
luànniè 亂孽 1-804A
luànnüè 亂虐 1-800A
luán'ǒu 鸞偶 12-1178A
luán'ǒu 鸞耦 12-1180A
luǎnpāo 卵脬 2-528B
luánpèi 鑾旆 11-1438A
luánpèi 鸞珮 12-1177B
luánpèi 鸞轡 12-1182B
luànpēngpēng 亂蓬蓬 1-802B
luànpiànzǐ 亂片子 1-798B
luánpiāofèngbó 鸞飄鳳泊 12-1181B
luánpíng 鸞軿 12-1178B
luánpō 鑾坡 11-1437B
luánpō 鸞坡 12-1176A
luánqī 鸞栖 12-1177B
luánqī 鸞棲 12-1178B
luánqí 鑾旂 11-1438A
luánqí 鑾旗 11-1438A
luánqí 鸞旂 12-1177B
luánqí 鸞旗 12-1180A
luànqì 亂氣 1-801A
luánqiān 攣牽 6-980B
luánqiāng 鸞蹌 12-1181A
luánqiānhèwǔ 鸞騫鶴舞 12-1182A
luànqībāzāo 亂七八遭 1-798A
luànqībāzāo 亂七八糟 1-798A
luánqíchē 鑾旗車 11-1438A
luánqíchē 鸞旗車 12-1180A
luánqíhóngjīng 鸞跂鴻驚 12-1177B
luánqīn 鸞衾 12-1177B
luánqíng 鸞情 12-1178A
luǎnqīng 卵清 2-528B
luànqióngsuìyù 亂瓊碎玉 1-803B
luánqiū 巒丘 3-884A
luánqiú 攣囚 6-980A
luánqū 攣曲 6-980A
luánqū 攣屈 6-980A
luánqú 攣朐 6-980A
luánqù 攣拘 6-980A
luánquān 脟圈 6-1282B
luánquān 攣圈 6-980B
luánquán 躖踡 10-576B
luánquán 攣拳 6-980A
luánquán 躖跧 10-576B
luánquē 鸞闕 12-1181B
luánquè 鸞雀 12-1177B
luánquè 鸞鵲 12-1181B
luánquè 鸞闕 12-1181A
luánqún 鸞裙 12-1178B
luànqún 亂羣 1-802B
luànrén 亂人 1-798A
luánròu 臠肉 8-1071B
luánruò 攣弱 6-980B
luǎnsè 卵色 2-528A
luànsè 亂色 1-799A
luánshā 臠殺 8-1072A
luánshān 巒山 3-884A
luánshān 鸞山 12-1175B
luánshàn 鸞扇 12-1177B
luánshāng 鸞觴 12-1181B
luánshè 欒社 4-1372A
luànshén 亂神 1-800B
luánshēng 攣生 4-254B
luánshēng 鸞笙 12-1178A
luánshēng 鸞聲 12-1181A
luǎnshēng 卵生 2-528A
luánshēngzǐ 攣生子 4-255B
luǎnshí 卵石 2-528A
luànshí 亂實 1-803A
luànshì 亂世 1-798B
luànshì 亂事 1-799B
luànshì 亂視 1-802A
luànshǒu 亂首 1-800B
luànshǒugòumiàn 亂首垢面 1-800B
luánshǒujiàowèi 鸞手校尉 12-1175B
luánshū 鸞書 12-1177B
luánshuāng 鸞雙 12-1181B
luánshuǐ 欒水 6-218B
luánsī 鸞司 12-1175B
luánsī 鸞絲 12-1178B
luánsì 鸞駟 12-1180A
luànsī 亂絲 1-802B
luànsì 亂嗣 1-802B
luànsǐgǎngzi 亂死崗子 1-799A
luànsōngsōng 亂鬆鬆 1-803B
luànsú 亂俗 1-800B
luǎnsuàn 卵蒜 2-528B
luànsuì 亂歲 1-802B
luànsuìrì 亂歲日 1-802B
luánsǔnbùjiēyì 鸞隼不接翼 12-1177B
luánsuō 攣縮 6-980B
luánsuō 欒睃 4-1372A
luánsuǒ 攣索 6-980A

luǎntǎ 卵塔 2-528B
luántái 鸞臺 12-1179A
luǎntāishēng 卵胎生 2-528B
luántáishìláng 鸞臺侍郎 12-1179A
luàntán 亂彈 1-803A
luǎntánqín 卵彈琴 2-528B
luàntánqín 亂彈琴 1-803A
luántāo 鸞縧 12-1181A
luàntào 亂套 1-801A
luànteng 亂騰 1-804A
luàntēngteng 亂騰騰 1-804B
luàntī 亂梯 1-801B
luàntǐ 亂體 1-804B
luántíng 鸞庭 12-1177A
luántínghúzhì 鸞停鵠峙 12-1178A
luántóng 孌童 4-425B
luántóu 巒頭 3-884A
luàntóu 亂頭 1-803B
luàntóucūfú 亂頭粗服 1-803B
luàntú 亂徒 1-801A
luánwán 巒岏 3-884A
luánwǎn 孌婉 4-425B
luánwǎn 攣踠 6-980B
luànwáng 亂亡 1-798B
luànwàng 亂妄 1-799B
luánwěi 鸞尾 12-1176A
luǎnwēi 卵危 2-528A
luànwēi 亂危 1-799A
luánwén 巒紋 3-884A
luánwén 鸞文 12-1175B
luánwò 攣卧 6-980A
luánwǔ 鸞舞 12-1179B
luànwù 亂物 1-800A
luànwúxiàng 亂無象 1-802A
luǎnxī 卵息 2-528B
luànxiàfēngbáo 亂下風雹 1-798B
luànxiàfēngbiāo 亂下風飈 1-798B
luánxián 鸞弦 12-1176B
luánxiǎn 鸞幰 12-1181B
luánxiáng 鸞翔 12-1178B
luànxiàng 亂項 1-802A
luánxiángfèngjí 鸞翔鳳集 12-1178B
luánxiángfèngzhù 鸞翔鳳翥 12-1178B
luánxiāo 鸞綃 12-1179A
luánxiāo 鸞霄 12-1180A
luánxiāo 鸞簫 12-1181B
luánxiào 鸞嘯 12-1180B
luǎnxìbāo 卵細胞 2-528B
luànxīn 亂心 1-798B
luánxíng 鸞形 12-1176A
luànxíng 亂行 1-799A
luànxìng 亂性 1-800A
luánxiù 巒岫 3-884A
luánxù 臠壻 8-1072A
luánxù 鸞續 12-1182A
luánxuān 鑾軒 11-1438A
luánxuē 鸞鞾 12-1181B
luánxué 巒穴 3-884A
luǎnyán 卵鹽 2-529A
luǎnyàn 卵硯 2-528B
luányáng 灤陽 6-224B
luányànhèlì 鸞咽鶴唳 12-1176B
luányē 鸞掖 12-1177B
luányè 鸞液 12-1178A
luànyè 亂業 1-802B
luányī 鸞衣 12-1176A
luányí 鸞彝 12-1181B
luányì 鸞鷁 12-1182A
luányì 鸞翼 12-1181A
luǎnyì 卵翼 2-528B
luànyì 亂失 1-798B
luányīn 鑾音 11-1437B
luányīn 鸞音 12-1177A
luányīn 鸞裀 12-1178A
luányínfèngchàng 鸞吟鳳唱 12-1176A
luányīng 鸞纓 12-1182B
luányǐng 鸞影 12-1180A
luànyíng 亂營 1-803B
luányīnhèxìn 鸞音鶴信 12-1177A
luányíwèi 鑾儀衛 11-1438A
luǎnyòngjī 卵用鷄 2-528A
luányú 鑾輿 11-1438A
luányú 鑾轝 11-1438B
luányú 鸞輿 12-1181A
luányù 鸞馭 12-1178B
luǎnyù 卵育 2-528A
luànyù 亂獄 1-803A
luànyuán 亂原 1-801A
luànyuán 亂源 1-802B
luányúfèngjià 鸞輿鳳駕 12-1181A
luànyǔhúyán 亂語胡言 1-803A
luànyún 亂雲 1-802A
luǎnyǔshídǒu 卵與石鬬 2-528B
luànzá 亂雜 1-803B
luànzāi 亂災 1-799B
luànzànggǎngzi 亂葬崗子 1-802A
luànzāozāo 亂糟糟 1-803B
luànzázá 亂雜雜 1-803B
luànzéi 亂賊 1-802B
luánzhān 鸞旃 12-1177B
luánzhàng 巒嶂 3-884A
luánzhàng 鸞帳 12-1177B
luánzhào 鸞詔 12-1178B
luànzházhá 亂扎扎 1-798B
luànzházhá 亂札札 1-798B
luánzhé 鸞轍 12-1181B
luánzhěn 鸞軫 12-1178B
luànzhēn 亂真 1-800B
luánzhēng 鸞箏 12-1178B
luànzhèng 亂政 1-800A
luánzhī 鸞枝 12-1176A
luánzhì 臠制 8-1072A
luánzhì 臠炙 8-1072A
luànzhì 亂志 1-799B
luánzhīfèngdān 鸞隻鳳單 12-1177B
luánzhīhuā 鸞枝花 12-1176A
luánzhǐtàn 鸞枳歎 12-1176B
luánzhōu 鸞舟 12-1175B
luánzhǒu 鸞帚 12-1176B
luánzhōuyǐng 灤州影 6-224B
luánzhū 攣株 6-980A
luánzhū 鸞豬 12-1180A
luánzhǔ 鸞渚 12-1178A
luànzhǔ 亂主 1-798B
luánzhuàng 鸞幢 12-1180B
luánzhuì 攣綴 6-980B
luànzhuìtiānhuā 亂墜天花 1-803A
luánzhǔkè 鸞渚客 12-1178A
luánzhuó 鑾躅 11-1438A
luánzhuó 鸞鷟 12-1182A
luánzī 鸞姿 12-1177A
luánzǐ 孿子 4-254B
luánzǐ 欒子 4-1371B
luǎnzǐ 卵子 2-528A
luànzi 亂子 1-798B
luànzǐ 亂子 1-798B
luànzǐ 亂子 9-566A
luánzīfèngtài 鸞姿鳳態 12-1177A
luánzòu 鸞奏 12-1176B
luànzú 亂族 1-802A
luànzuòhúwéi 亂作胡爲 1-799B
luànzuòyītuán 亂作一團 1-799B
lúbài 爐鞴 7-314B
lùbái 録白 11-1343A
lùbáidìniú 露白地牛 11-736A
lǔbān 魯班 12-1207A
lǔbān 魯般 12-1208A
lùbān 禄班 7-939B
lùbǎn 露板 11-737A
lùbǎn 露版 11-737B
lùbàn 路半 10-474B
lǔbānchǐ 魯班尺 12-1207A
lǔbānchǐ 魯般尺 12-1208A
lǔbāng 魯邦 12-1206B
lùbào 露暴 11-741B
lúbèi 爐鞴 7-314B
lúbèi 鑪鞴 11-1430B
lùbēi 淥杯 5-1435A
lùbēi 路陂 10-475A
lùbēi 路碑 10-477B
lǔběn 魯笨 12-1208A
lǔbèn 魯夯 12-1206B
lùběn 録本 11-1343A
lǔbì 魯壁 12-1210B
lùbì 鹿幣 12-1286B
lùbì 路斃 10-479A
lúbiǎn 盧扁 7-1471A
lùbiàn 鹿弁 12-1282B
lùbiāo 陸標 11-997B
lùbiāo 路標 10-478B
lùbiǎo 露表 11-737A
lùbīn 路濱 10-479A
lúbǐng 爐餅 7-314B
lùbīng 陸兵 11-995A
lùbǐng 禄稟 7-940A
lùbìng 潞病 6-161B
lúbó 盧博 7-1471B
lúbó 盧薄 7-1471B
lúbó 蘆箔 9-617A
lǔbó 魯薄 12-1210A
lùbō 淥波 5-1435A
lùbō 醁波 9-1429A
lúbù 臚布 6-1405A
lǔbù 鹵部 12-1027B
lǔbù 鹵簿 12-1028A
lùbù 露布 11-735B
lùbù 鹿布 12-1282A
lǔbùshǐ 鹵簿使 12-1028A
lùbùshíyí 路不拾遺 10-474A
lǔcài 滷菜 0 00B
lùcài 路菜 10-476B
lùcáiyángjǐ 露才揚己 11-735A
lùcán 露蠶 11-743A
lùcānfēngsù 露餐風宿 11-742B
lùcǎo 露草 11-738A
lǔcè 魯册 12-1206B
lùchái 鹿柴 12-1284B
lùchǎn 陸產 11-996B
lúchàng 臚唱 6-1405B
lùcháng 路長 10-475A
lùchǎng 鹿場 12-1285A
lǔcháo 櫓巢 4-1356B
lùchāo 陸鈔 11-997A
lùchāo 鹿超 12-1285A
lùchāoxuězuǎn 露鈔雪纂 11-740B
lùchē 露車 11-737A
lùchē 鹿車 12-1283A
lùchē 路車 10-474B
lùchē 輅車 9-1248A
lùchē 轆車 9-1329B
lùchē 鷺車 12-1164A
lúchén 臚陳 6-1405B
lǔchén 虜塵 8-850A
lùchén 露塵 11-741A
lùchén 陸沉 11-995A
lùchén 陸沈 11-995A
lùchén 禄臣 7-938B
lùchén 路塵 10-478A
lǔchéng 魯城 12-1207A
lùchéng 陸程 11-997A
lùchéng 路程 10-476B
lùchéng 路塍 10-478A
lùchéngbēi 路程碑 10-477A
lǔchí 鹵池 12-1027A
lǔchì 鹵斥 12-1027A
lùchí 陸馳 11-997B
lùchí 淥池 5-1435A
lùchí 漉池 6-99A
lùchílián 陸池蓮 11-995A
lùchōng 路衝 10-479A
lùchǒng 趢趗 9-1145B
lùchǒu 露醜 11-742A

lùchū 路出 10-474B
lùchǔ 露處 11-739A
lùchǔ 陸處 11-996B
lùchù 陸畜 11-996A
lùchù 鹿觸 12-1288A
lúchuán 臚傳 6-1405B
lùchuán 陸船 11-996B
lùchuáng 露牀 11-738A
lùchuáng 鹿牀 12-1284A
lúchuí 爐槌 7-314A
lúchuí 爐錘 7-314B
lúchuí 爐鎚 7-314B
lúchuí 鑪捶 11-1430A
lúchuí 鑪錘 11-1430B
lúchuí 鑪椎 11-1430A
lùchuí 路垂 10-475A
lúchún 鱸蓴 12-1270A
lùchūzuǐbiān 路出嘴邊
10-474B
lúcí 鸕鷀 12-1172A
lúcí 鸕鶿 12-1171B
lùcí 鷺鷀 12-1164B
lùcì 露次 11-736B
lùcì 陸次 11-995A
lùcì 祿次 7-938B
lùcì 祿賜 7-940B
lùcì 路次 10-474B
lúcíbēi 鸕鷀陂 12-1171B
lúcíchuán 鸕鷀船 12-1172A
lúcígòudàng 鸕鷀句當
12-1172A
lúcíháo 鸕鷀號 12-1172A
lúcíjiǔ 鸕鷀酒 12-1172A
lúcíké 鸕鷀咳 12-1171B
lúcísháo 鸕鷀杓 12-1172A
lúcísháo 鸕鷀杓 12-1171B
lúcíwēn 鸕鷀瘟 12-1172A
lúcíxiào 鸕鷀笑 12-1171B
lùcōng 鹿葱 12-1285A
lùcōng 鹿蔥 12-1286A
lùcù 趢趗 9-1145B
lùcuò 戮挫 5-239A
lùdàfu 陸大夫 11-994A
lùdān 路單 10-476B
lùdǎn 路亶 10-478A
lúdàng 蘆蕩 9-617A
lúdānhè 盧耽鶴 7-1471A
lùdǎnpīchéng 露膽披誠
11-743A
lùdǎnpīgān 露膽披肝
11-743A
lǔdào 魯道 12-1209A
lùdǎo 路倒 10-476A
lùdào 陸道 11-997A
lùdào 陸稻 11-997B
lùdào 路道 10-477A
lùdào 鷺翿 12-1164B
lùdé 鯥得 12-1269B
lùdēng 路燈 10-479A
lúdí 蘆荻 9-616A
lúdí 蘆笛 9-616A
lúdǐ 壚邸 2-1239B
lúdǐ 爐底 7-313B
lúdì 廬第 3-1288B
lǔdì 鹵地 12-1027A
lùdī 露滴 11-741B
lùdǐ 露底 11-737B
lùdì 露地 11-736B
lùdì 露第 11-739B
lùdì 陸地 11-994B
lùdì 陸弟 11-995A
lùdì 路地 10-198B
lùdì 錄第 11-1344B
lǔdiàn 魯殿 12-1209B
lùdiǎn 露點 11-742B
lùdiàn 露店 11-737B
lùdiàn 露電 11-740B
lùdiàn 露簟 11-743A
lùdiàn 路奠 10-477A
lùdiàn 路殿 10-478A
lǔdiànlíngguāng 魯殿靈光
12-1209B
lùdìbáiniú 露地白牛
11-736B
lùdié 錄牒 11-1344B
lùdìlián 陸地蓮 11-994B
lúdīng 蘆丁 9-615B
lúdīng 爐丁 7-313A
lúdǐng 爐鼎 7-314A
lǔdīng 滷丁 6-83A
lùdǐng 鹿頂 12-1284B
lúdìngqiáo 瀘定橋 6-208B
lúdǐngzhīkè 鑪鼎之客
11-1430A
lùdìniú 露地牛 11-736B
lùdìshénxiān 陸地神仙
11-994B
lùdòng 鹿洞 12-1284A
lùdòu 菉豆 9-453B
lùdòu 鹿豆 12-1283A
lúdū 盧都 7-1471A
lùdū 碌都 7-1065B
lùdú 鹿獨 12-1287B
lùdú 驢騳 12-881A
lùdù 祿蠹 7-941A
lúduàn 爐煅 7-314A
lúduàn 臚斷 6-1406A
lùduān 甪端 1-657B
lùduànrénxī 路斷人稀
10-479B
lǔduìzhōuyí 魯敦周彝
12-1209A
lǔdùn 鹵鈍 12-1027B
lǔdùn 鹵楯 12-1027B
lǔdùn 魯鈍 12-1209A
lǔdùn 魯頓 12-1209A
lǔdùn 櫓楯 4-1356B
lùdùn 露囤 11-737A
lǔduō 擄掇 6-911A
lǔduó 鹵奪 12-1027B
lǔduó 虜奪 8-850A
lǔduó 擄奪 6-911A
lùduō 鹿荄 12-1284A
lùduǒ 露朵 11-736B
lùduǒ 鹿埵 12-1284B
lúdūzǐ 盧都子 7-1471A
lú'è 廬堊 3-1288B
lù'é 蓼莪 9-544A
lù'è 露鍔 11-742B
lú'ér 盧兒 7-1471A
lú'ér 廬兒 3-1288A
lù'ér 祿兒 7-939A
lù'ěr 鹿耳 12-1282B
lù'ěr 祿餌 7-940B
lù'ěr 騄耳 12-858B
lù'ěr 騄駬 12-858B
lù'ěr 綠耳 9-916A
lù'ěr 綠駬 9-923A
lù'ěrgōng 綠耳公 9-916A
lù'ěrjīn 鹿耳巾 12-1282B
lù'ěrmén 鹿耳門 12-1282B
lǔ'èrshēng 魯二生
12-1206A
lù'ěrtī 綠耳梯 9-916A
lúfān 蘆藩 9-617A
lùfān 鹿轓 12-1288A
lùfáng 露房 11-737B
lúfēi 蘆菲 9-616A
lúfēi 蘆扉 9-616B
lúféi 蠦蜰 8-998A
lúfěi 蠦蜚 8-998A
lúfèi 蘆葩 9-616A
lúfèi 蘆蘼 9-617A
lùfēi 鹿菲 12-1284B
lùfèi 路費 10-477A
lùfèn 路分 10-474A
lúfēng 爐峯 7-314A
lúfēng 爐峰 7-314A
lúfēng 鑪峯 11-1430A
lùfēng 露風 11-738B
lùfèng 祿奉 7-939A
lùfèng 祿俸 7-940A
lǔfēngxié 魯風鞵 12-1207A
lùfózǐ 潞佛子 6-161B
lúfū 盧跗 7-1471B
lúfú 蘆荇 9-616A
lúfú 蘆莩 9-616A
lúfú 蘆菔 9-616A
lúfú 爐拂 7-313B
lúfù 廬阜 3-1288A
lǔfū 魯夫 12-1206A
lǔfù 虜父 8-849B
lùfú 路符 10-476B
lùfú 路福 10-478A
lùfú 錄符 11-1344B
lùfǔ 鹿脯 12-1285A
lùfù 露覆 11-743A
lùgài 露蓋 11-740B
lǔgāng 鹵缸 12-1027A
lǔgàng 魯戇 12-1211A
lùgǎng 鹿港 12-1285B
lúgānshí 盧甘石 7-1470B
lúgānshí 爐甘石 7-313B
lúgāo 鑪櫜 11-1430B
lǔgǎo 魯縞 12-1210B
lùgào 露告 11-737A
lúgé 盧獦 7-1471B
lǔgē 魯戈 12-1206A
lùgé 鹿革 12-1284A
lùgé 鹿觡 12-1285B
lǔgēhuīrì 魯戈揮日
12-1206A
lǔgēhuírì 魯戈迴日
12-1206B
lúgēn 蘆根 9-616A
lùgēn 露根 11-739A
lùgēng 鹿羹 12-1288A
lùgěng 路梗 10-476B
lúgōng 旅弓 2-377B
lúgōng 盧弓 7-1470A
lúgǒng 櫨栱 4-1358B
lùgōng 路工 10-473B
lùgōng 路弓 10-474A
lùgōng 錄公 11-1343A
lùgòng 錄供 11-1343B
lùgǒngfēngchán 露蛬風蟬
11-740A
lúgǒu 盧狗 7-1471A
lúgōuqiáo 蘆溝橋 9-616B
lúgōuxiǎoyuè 盧溝曉月
7-1471B
lúgū 盧家 7-1471B
lúgǔ 臚古 6-1405A
lúgǔ 顱骨 12-378A
lúgǔ 髗骨 12-422B
lùgū 鹿觚 12-1286B
lùgǔ 露骨 11-738A
lùgǔ 路鼓 10-477B
lùgǔ 路鼗 10-478A
lùgǔ 鷺鼓 12-1164A
lúguǎn 蘆管 9-617A
lúguàn 廬觀 3-1289A
lǔguān 虜官 8-849B
lǔguǎn 魯館 12-1210B
lùguān 鹿冠 12-1284B
lùguāng 露光 11-736B
lùgǔfēnjīn 陸賈分金
11-997B
lùgǔfēntuó 陸賈分橐
11-997B
lùguǐ 陸郞 11-995B
lùguǐ 祿鬼 7-939B
lùguǐ 路軌 10-475B
lùguó 露國 11-739B
lùguò 路過 10-476B
lǔgūqìzǐ 魯姑棄子
12-1207A
lùgǔshé 陸賈舌 11-997B
lǔgǔzǐ 櫓罟子 4-1356B
lùhǎi 陸海 11-996A
lùhǎi 鹿醢 12-1287B
lùhài 鹿駭 12-1287A
lùhài 戮害 5-239B
lùhǎipānjiāng 陸海潘江
11-996A
lùháng 露桁 11-738B
lùháng 鹿迒 12-1283B
lùháng 鷺行 12-1164A
lùhé 露劾 11-737B
lùhè 露褐 11-741B
lùhè 露鶴 11-743A
lùhóng 露紅 11-738B
lùhóng 露鴻 11-743A
lùhóngyānlǜ 露紅煙綠
11-738B
lùhóngyānzǐ 露紅煙紫

11-738B
lùhǒu 趢趠 9-1145B
lùhòu 鷺堠 12-1164A
lúhū 臚呼 6-1405B
lúhú 盧胡 7-1471A
lúhǔ 蘆虎 9-616A
lǔhú 魯壺 12-1208B
lùhú 露鵠 11-743A
lúhuā 蘆花 9-616A
lùhuā 露花 11-736B
lùhuá 露華 11-738B
lùhuāfēngxù 露花風絮
11-737A
lúhuān 臚歡 6-1406A
lúhuān 臚驩 6-1406A
lùhuàn 禄豢 7-940B
lùhuáng 録黄 11-1344A
lúhuī 爐灰 7-313B
lùhuī 路徽 10-479A
lùhuí 淥洄 5-1435A
lùhuì 露會 11-741A
lùhuì 賂賄 10-199A
lùhuì 緑蕙 9-923A
lùhún 賁渾 10-139B
lùhún 陸渾 11-997A
lùhúnshān 陸渾山 11-997A
lúhuǒ 爐火 7-313A
lúhuǒ 鑪火 11-1430A
lúhuò 廬霍 3-1288B
lǔhuò 鹵獲 12-1028A
lǔhuò 虜獲 8-850A
lǔhuò 擄獲 6-911A
lùhuò 鹿藿 12-1287B
lùhuócǎo 鹿活草 12-1284B
lúhuǒchúnqīng 爐火純青
7-313A
lújī 盧姬 7-1471B
lǔjī 魯雞 12-1210B
lǔjí 鹵瘠 12-1027B
lǔjí 魯籍 12-1210B
lùjī 露積 11-742B
lùjī 露雞 11-743A
lùjī 路基 10-476B
lùjí 禄籍 7-941A
lùjí 録籍 11-1345A
lùjí 簶籍 8-1277B
lùjì 路祭 10-476B
lùjì 録紀 11-1344A
lùjì 録記 11-1344A
lùjì 騄驥 12-858B
lùjì 緑驥 9-925B
lújiā 盧家 7-1471B
lújiā 蘆笳 9-616B
lùjiā 路家 10-476A
lùjiàchuáng 碌架床 7-1065B
lǔjiā'ér 擄家兒 6-833A
lùjiālǎowū 陸家老屋
11-996A
lǔjiǎn 鹵鹻 12-1028A
lǔjiǎn 鹵鹼 12-1028A
lùjiàn 鹿劍 12-1286B
lùjiàn 路箭 10-478B
lùjiànbùpíng 路見不平
10-475A
lùjiànbùpíng…
路見不平,拔刀相救
10-475A
lùjiànbùpíng…
路見不平,拔刀相助
10-475A
lùjiànbùpíng…
路見不平,拔劍相助
10-475A
lújiāng 鱸江 12-1270A
lùjiāng 淥漿 5-1435A
lújiào 廬徼 3-1289A
lùjiāo 鹿膠 12-1286B
lùjiāo 鹿蕉 12-1286B
lùjiǎo 露脚 11-739B
lùjiǎo 鹿角 12-1283A
lùjiǎo 路脚 10-476B
lùjiǎocài 鹿角菜 12-1283B
lùjiǎochā 鹿角叉 12-1283B
lùjiǎochē 鹿角車 12-1283B
lùjiǎojiāo 鹿角膠 12-1283B
lùjiǎoshuāng 鹿角霜
12-1283B
lùjiǎozhǎo 鹿角爪 12-1283B
lùjīchún 陸機蓴 11-998A
lǔjié 擄劫 6-911A
lùjié 露節 11-740B
lùjié 露潔 11-742A
lùjié 路結 10-199A
lùjié 路劫 10-474B
lùjié 路節 10-477B
lǔjiéfù 魯潔婦 12-1210A
lùjìhuáijú 陸績懷橘
11-998A
lùjìjú 陸績橘 11-998A
lújìn 爐燼 7-314B
lùjīn 露筋 11-740A
lùjīn 鹿巾 12-1281B
lùjīn 鹿筋 12-1285B
lùjīn 漉巾 6-99A
lùjǐn 露槿 11-741B
lùjìn 路賮 10-479B
lùjīncí 露筋祠 11-740A
lùjīnfūrén 露筋夫人
11-740A
lújǐng 廬井 3-1288A
lǔjīng 魯經 12-1209B
lùjǐng 露井 11-735A
lùjǐng 路阱 10-474B
lùjǐng 路警 10-479B
lùjìng 陸徑 11-996A
lùjìng 路徑 10-476A
lùjìng 路逕 10-475B
lùjìng 路境 10-478A
lùjīnnǚ 露筋女 11-740A
lǔjīnyānxuē 魯斤燕削
12-1206B
lújiǔ 廬九 3-1287B
lújiǔ 蘆酒 9-616A
lǔjiǔ 虜酒 8-850A
lǔjiǔ 魯酒 12-1208A
lùjiǔ 露酒 11-739A
lùjiǔ 淥酒 5-1435A
lùjiǔ 鹿韭 12-1284A
lùjiǔ 漉酒 6-99A
lùjiǔ 醁酒 9-1429A
lǔjiǔbó'ér…
魯酒薄而邯鄲圍
12-1208A
lùjiǔjīn 漉酒巾 6-99A
lùjīwù 陸機霧 11-998A
lùjǐyángcái 露己揚才
11-735A
lújū 廬居 3-1288B
lújú 盧橘 7-1471B
lújǔ 臚舉 6-1406A
lújù 爐具 7-313B
lújù 臚句 6-1405A
lùjū 露居 11-738A
lùjū 陸居 11-995B
lùjú 路局 10-475A
lùjù 鹿聚 12-1286A
lùjué 禄爵 7-941A
lùjué 路絶 10-477A
lùjué 録爵 11-1345A
lùjuérénxī 路絶人稀
10-477B
lújūn 廬君 3-1288A
lùjūn 陸軍 11-995B
lùjùn 騄駿 12-858B
lùjùnyí 陸浚儀 11-996A
lùkǎichuánqíng 陸凱傳情
11-997A
lùkǎiguìshèng 陸凱貴盛
11-997A
lùkàngchángyào 陸抗嘗藥
11-995A
lùkē 露顆 11-742B
lùkē 録科 11-1344A
lùkè 輅客 9-1248A
lúkēng 爐坑 7-313B
lùkǒu 路口 10-473B
lùkǒuxìn 露口信 11-735A
lúkuài 鱸膾 12-1270A
lúkuài 鱸鱠 12-1270B
lùkuàng 路礦 10-479B
lùkuí 露葵 11-740A
lùkuí 侓魁 1-1357A
lùlán 録蘭 11-1345A
lúláng 盧郎 7-1471A
lùláng 陸郎 11-995B
lúlǎo 驢老 7-1267B
lùlǎo 淥老 5-1435A
lùlǎo 睩老 7-1234B
lùlǎo 緑老 9-916A
lùlào 漉酪 6-99A
lúlǐ 盧李 7-1470B
lúlǐ 鱸鯉 12-1270A
lúlǐ 鱸鱧 12-1270B
lùlí 谷蠡 10-1319A
lùlí 陸離 11-998A
lùlí 鹿梨 12-1284B
lùlí 鹿蠡 12-1288A
lùlí 漉籬 6-99A
lùlí 騄驪 12-858B
lùlǐ 角里 1-657B
lùlǐ 角里 10-1348B
lùlǐ 禄里 7-939A
lùlì 露立 11-736A
lùlì 陸麗 11-998B
lùlì 鹿糲 12-1288A
lùlì 禄力 7-938B
lùlì 禄利 7-939A
lùlì 僇力 1-1658B
lùlì 勠力 2-821A
lùlì 戮力 5-238B
lǔlián 魯連 12-1207B
lùliǎn 露臉 11-742B
lùliàn 簶練 8-1277B
lǔliáncíshǎng 魯連辭賞
12-1207B
lǔliándǎohǎi 魯連蹈海
12-1207B
lùliáng 陸梁 11-996B
lùliáng 禄糧 7-941A
lùliáng 路糧 10-479B
lǔliǎngshēng 魯兩生
12-1207A
lǔliánjiàn 魯連箭 12-1207B
lǔliánshǐ 魯連矢 12-1207B
lǔliánshū 魯連書 12-1207B
lǔliántái 魯連臺 12-1207B
lǔliánzǐ 魯連子 12-1207B
lùliào 禄料 7-940A
lùlíbānbó 陸離斑駁
11-998B
lùlǐcǎi 路裏彩 10-478A
lúliè 盧猎 7-1471B
lúliè 臚列 6-1405B
lùlíguāngguài 陸離光怪
11-998B
lūlīlūsū 嚕哩嚕嗉 3-541B
lǔlín 魯麟 12-1210B
lùlín 麓林 12-1293B
lùlín 緑林 9-917B
lùlǐn 禄廩 7-940B
lùlíndàdào 緑林大盗
9-917B
lúlíng 爐齡 7-314B
lùlíng 陸陵 11-996A
lùlíng 淥醽 5-1435A
lùlíng 輅軨 9-1248A
lùlíng 醁醽 9-1429A
lùlíng 醁醽 9-1429A
lùlìng 禄令 7-938B
lǔlíngguāng 魯靈光
12-1211A
lǔlíngguāngdiàn 魯靈光殿
12-1211A
lùlínhǎohàn 緑林好漢
9-917B
lùlínháojié 緑林豪傑
9-918A
lùlínháokè 緑林豪客
9-918A
lùlínháoshì 緑林豪士
9-917B
lùlínqiángdào 緑林强盗
9-917B
lùlínshān 緑林山 9-917B
lùlìtóngxīn 勠力同心
2-821A

lùlìtóngxīn 戮力同心 5-238B
lùlìtóngxīn 繆力同心 9-1012B
lùliǔqiánghuā 路柳牆花 10-475B
lùlíwáng 谷蠡王 10-1319A
lùlǐxiānsheng 角里先生 1-657B
lùlǐxiānsheng 角里先生 10-1348B
lùlìyìxīn 戮力一心 5-238B
lùlìyīxīn 戮力壹心 5-239A
lùlóngshuǐlì 陸礱水慄 11-998B
lúlú 盧盧 7-1472A
lǔlǔ 嚕嚕 3-520B
lùlú 轆轤 12-213A
lùlú 鹿盧 12-1287A
lùlú 鹿櫨 12-1288A
lùlú 樚櫨 4-1280A
lùlú 轆轤 9-1329B
lùlú 轆軤 9-1329B
lùlù 輮輮 9-1295A
lùlù 蓼蓼 9-544A
lùlù 翏翏 9-650A
lùlù 陸陸 11-996A
lùlù 陸路 11-997B
lùlù 娽娽 4-380B
lùlù 淥淥 5-1435A
lùlù 硉硉 7-1045B
lùlù 逯逯 10-1014A
lùlù 鹿鹿 12-1285A
lùlù 鹿輅 12-1285B
lùlù 琭琭 4-599A
lùlù 禄禄 7-940A
lùlù 僇僇 1-1658B
lùlù 睩睩 7-1235A
lùlù 碌碌 7-1066A
lùlù 漉漉 6-99A
lùlù 趢趢 9-1145B
lùlù 録録 11-1344B
lùlù 蹗蹗 10-545B
lùlù 轆轆 9-1329B
lùlù 麓麓 12-1293B
lùluàn 碌亂 7-1066B
lùlúbǎng 鹿盧榜 12-1287A
lùlùbōbō 碌碌波波 7-1066A
lùlúgé 鹿盧格 12-1287A
lùlúgé 轆轤格 9-1330A
lùlùgōng 碌碌公 7-1066A
lùlùguǎhé 碌碌寡合 7-1066B
lùlújiàn 鹿盧劍 12-1287B
lùlújiàn 轆轤劍 9-1330A
lúlújiàng 爐爐匠 7-314B
lùlújié 轆轤劫 9-1330A
lùlújié 轆轤刼 9-1330A
lùlújué 鹿盧蹻 12-1287B
lùlùlàlà 碌碌剌剌 7-1066A
lǔlǔmàomào 魯魯冒冒 12-1210A
lǔlún 魯論 12-1210A
lǔlún 櫓輪 4-1356B
lúluò 盧駱 7-1471B
lúluò 廬落 3-1288B
lùluò 陸落 11-997A
lùlútǐ 轆轤體 9-1330A
lùlùtōng 路路通 10-477B
lùlùwúnéng 碌碌無能 7-1066B
lùlùwúqí 碌碌無奇 7-1066A
lùlùwúwéi 碌碌無爲 7-1066B
lùlùyíngyíng 碌碌營營 7-1066B
lùlùyōngyōng 碌碌庸庸 7-1066A
lùlúyùn 轆轤韻 9-1330A
lùlùyúyú 鹿鹿魚魚 12-1285A
lùlǔ 鵱鷜 12-1117A
lǔlüè 鹵掠 12-1027B
lǔlüè 虜掠 8-850A
lǔlüè 虜略 8-850A
lǔlüè 擄掠 6-911A
lǔlüè 擄掠 6-833A
lùlüè 陸掠 11-996B
lùlüè 録略 11-1344B
lùmǎ 鹿馬 12-1284B
lùmǎ 禄馬 7-939B
lùmǎ 路馬 10-475B
lùmǎ 輅馬 9-1248A
lǔmài 鹵脈 12-1027B
lùmǎi 賂買 10-199A
lùmài 陸麥 11-996B
lùmài 路脈 10-476A
lùmǎmiào 陸馬廟 11-996A
lùmàn 露蔓 11-741A
lǔmǎng 鹵莽 12-1027A
lǔmǎng 魯莽 12-1207A
lǔmǎngmièliè 鹵莽滅裂 12-1027A
lǔmǎngmièliè 魯莽滅裂 12-1207B
lùmǎo 露卯 11-736A
lùmén 露門 11-737B
lùmén 陸門 11-995B
lùmén 鹿門 12-1283B
lùmén 賂門 10-199A
lùmén 路門 10-475A
lùmén 鷺門 12-1164A
lùméng 鹿虻 12-1284A
lùméng 鹿蝱 12-1286B
lùmèng 鹿夢 12-1285B
lùménrén 鹿門人 12-1284A
lùménxué 露門學 11-737B
lùménxué 路門學 10-475A
lúmǐ 盧米 7-1470B
lùmí 鹿迷 12-1284A
lùmí 鹿麛 12-1288A
lùmǐ 禄米 7-938B
lùmì 鹿辟 12-1287B
lùmián 露眠 11-739A
lùmiǎn 露冕 11-739B
lùmiǎn 睩眄 7-1235A
lùmiàn 路面 10-475B
lùmiáo 露苗 11-737A
lùmín 僇民 1-1658B
lùmín 戮民 5-239A
lùmín 録民 11-1343B
lúmíng 臚名 6-1405B
lùmíng 鹿鳴 12-1286A
lùmìng 禄命 7-939A
lùmìng 録命 11-1343B
lùmíngkè 鹿鳴客 12-1286A
lùmíngyán 鹿鳴筵 12-1286B
lùmíngyàn 鹿鳴宴 12-1286A
lùmò 露陌 11-738A
lùmò 路陌 10-475B
lùmò 戮没 5-239A
lúmóu 盧牟 7-1470B
lúmǔ 壚坶 2-1239B
lúmù 廬墓 3-1288B
lùmù 露木 11-735B
lùmù 露幕 11-740B
lùmù 輅木 9-1248A
lùmù 樚木 4-1280A
lùmù 録目 11-1343A
lún'āi 輪挨 9-1291A
lún'ǎi 淪藹 5-1388A
lùn'ài 論硋 11-292B
lǔnán 魯男 12-1206B
lùnáng 漉囊 6-99A
lǔnánzǐ 魯男子 12-1206B
lúnǎo 顱腦 12-378A
lún'ào 淪坳 5-1385A
lúnbā 倫巴 1-1509A
lúnbài 淪敗 5-1386A
lúnbān 輪班 9-1291A
lùnbào 論報 11-292B
lúnbèi 倫輩 1-1510B
lúnbǐ 倫比 1-1509A
lúnbǐ 輪筆 9-1292A
lúnbǐ 論比 11-288B
lúnbì 淪敝 5-1386B
lúnbì 淪弊 5-1387B
lúnbiān 輪邊 9-1294A
lúnbiǎn 輪扁 9-1290B
lùnbiàn 論辨 11-295A
lùnbiàn 論辯 11-296A
lùnbiànfēngshēng 論辯風生 11-296A
lúnbiāo 輪鑣 9-1294A
lúnbiǎo 倫表 1-1509B
lúnbīn 輪豳 9-1294A
lùnbīng 論兵 11-290A
lùnbǐng 論柄 11-291A
lùnbìng 論病 11-291B
lúnbō 淪波 5-1385A
lúnbō 淪剥 5-1386A
lúnbó 淪薄 5-1388A
lúnbó 輪舶 9-1291B
lùnbó 論駁 11-293B
lùnbó 論駮 11-294B
lúnbōzhōu 淪波舟 5-1385B
lúnbǔ 輪補 9-1292B
lùnbùdìng 論不定 11-288B
lúncái 掄才 6-687B
lúncái 掄材 6-688A
lúncái 論才 11-288A
lúncái 論材 11-290A
lúncǎi 輪彩 9-1292A
lùncái 論才 11-288A
lùncái 論財 11-291B
lùncái 論裁 11-292B
lùncǎo 論草 11-291A
lúncè 綸册 9-904A
lùncè 論策 11-293A
lúnchái 倫儕 1-1510B
lùnchán 論禪 11-295A
lúncháng 倫常 1-1510A
lúncháng 輪裳 9-1293A
lúnchǎng 輪廠 9-1293A
lúnchàng 輪唱 9-1291B
lùnchángdàoduǎn 論長道短 11-290B
lúnchàngqǔ 輪唱曲 9-1291B
lùnchángshuōduǎn 論長説短 11-290B
lúnchē 輪車 9-1289B
lúnchǐ 淪褫 5-1388A
lúnchǐ 輪尺 9-1289B
lùnchǐ 論齒 11-294A
lùnchì 論斥 11-289A
lúnchóng 輪崇 9-1291B
lùnchóu 論酬 11-293B
lùnchú 論除 11-291B
lùnchǔ 論處 11-292B
lúnchuán 輪船 9-1291B
lúnchuí 輪椎 9-1292A
lúncì 倫次 1-1509B
lúncì 輪次 9-1289B
lùncí 論辭 11-296A
lùncì 論次 11-290A
lùncì 論刺 11-290B
lúncú 淪殂 5-1385B
lūndǎ 掄打 6-688A
lúndài 輪帶 9-1291B
lúndǎng 倫黨 1-1510B
lúndàng 淪蕩 5-1387B
lúndāngmiànduì 輪當面對 9-1292B
lùndào 論道 11-293A
lùndàoguān 論道官 11-293A
lùndàojīngbāng 論道經邦 11-293A
lùndé 論德 11-294B
lúndēng 輪燈 9-1293B
lúnděng 倫等 1-1510A
lúndéshǐnéng 論德使能 11-294B
lúndì 輪遞 9-1292B
lùndí 論敵 11-294B
lùndǐ 論抵 11-290B
lúndiàn 淪墊 5-1387B
lùndiǎn 論點 11-295B
lùndiào 論調 11-294B
lùndìng 論定 11-291A
lúndìngshǐfēng 輪腚使風 9-1292A
lúndù 淪斁 5-1388A
lúndù 輪渡 9-1292B
lùndǔ 論篤 11-295A
lùnduān 論端 11-294A
lùnduàn 論斷 11-295B

lùnduǎndàocháng 論短道長 11-293A
lúnduì 輪對 9-1293A
lúndūn 淪敦 5-1386B
lúnduó 輪鐸 9-1294A
lúnduò 淪墮 5-1387B
lún'è 輪軛 9-1291B
lǔnè 魯訥 12-1208B
lúnèiyā 顱内壓 12-378A
lún'ēn 綸恩 9-904A
lùnfǎ 論法 11-290B
lúnfān 輪番 9-1292A
lúnfān 輪轓 9-1294A
lùnfǎn 論反 11-288B
lúnfàng 淪放 5-1385A
lúnfàng 輪放 9-1290A
lúnfēi 綸扉 9-904B
lúnfēi 輪騑 9-1294A
lúnfèi 淪廢 5-1388A
lúnfēng 輪風 9-1290B
lùnfēng 論鋒 11-294B
lúnfū 倫膚 1-1510B
lúnfú 淪伏 5-1385A
lúnfú 綸綍 9-904B
lúnfú 輪扶 9-1289B
lúnfú 輪輻 9-1293A
lúnfù 淪覆 5-1388A
lùnfù 論賦 11-294A
lúngài 輪蓋 9-1292B
lúngān 綸竿 9-904A
lúngān 輪竿 9-1290B
lùngāng 論綱 11-294A
lùngānjìxīn 論甘忌辛 11-289A
lúngāo 輪膏 9-1293A
lúngào 綸告 9-904A
lúngào 綸誥 9-904B
lùngào 論告 11-290A
lùngāoguǎhé 論高寡合 11-291B
lúngé 綸閣 9-904B
lùngē 論歌 11-294A
lùngēn 論根 11-291B
lúngēng 輪更 9-1289B
lùngōng 論工 11-288A
lùngōng 論功 11-288B
lùngōngshòushǎng 論功受賞 11-289A
lùngōngxíngfēng 論功行封 11-288B
lùngōngxíngshǎng 論功行賞 11-289A
lúngōu 輪鈎 9-1292A
lúngōu 輪鉤 9-1292B
lúngū 輪箍 9-1293A
lúngǔ 輪轂 9-1293B
lùngū 論辜 11-292B
lúnguān 論官 11-291A
lúnguàn 倫貫 1-1510A
lúnguāng 輪光 9-1289B
lúnguǎng 輪廣 9-1293A
lúnguō 輪郭 9-1291A
lúnhàn 綸翰 9-904B
lúnhǎo 倫好 1-1509B
lúnhé 輪翮 9-1293B
lùnhé 論劾 11-290B
lùnhé 論覈 11-295B
lúnhóu 倫侯 1-1509B
lúnhū 淪忽 5-1385A
lúnhuà 淪化 5-1384B
lúnhuà 輪化 9-1289A
lúnhuài 淪壞 5-1388A
lúnhuán 輪環 9-1293B
lúnhuàn 輪奐 9-1290A
lúnhuàn 輪換 9-1291A
lúnhuàn 輪煥 9-1292A
lùnhuángshǔbái 論黃數白 11-292A
lùnhuángshǔhēi 論黃數黑 11-292B
lúnhuī 輪輝 9-1293A
lúnhuí 淪洄 5-1385B
lúnhuí 輪回 9-1289B
lúnhuí 輪廻 9-1290A
lúnhuí 輪迴 9-1290A
lúnhuǐ 淪毀 5-1387A
lúnhuì 淪晦 5-1386A
lúnhuídào 輪迴道 9-1290B
lúnhuíjiǔ 輪回酒 9-1289B
lúnhuíjiǔ 輪迴酒 9-1290B
lúnhuímò 輪迴磨 9-1290B
lùnhūn 論昏 11-290B
lùnhūn 論婚 11-292B
lúnhuò 淪惑 5-1386B
lùní 鹿麑 12-1288A
lùnì 陸溺 11-997B
lùniǎn 鹿輦 12-1286B
lúniǎochuán 鸕鳥船 12-1171B
lùníqiú 鹿麑裘 12-1288A
lùníyī 鹿霓衣 12-1287A
lúnjī 輪機 9-1293B
lúnjǐ 倫脊 1-1509B
lúnjì 倫紀 1-1509B
lúnjì 淪寂 5-1386B
lúnjì 輪迹 9-1290B
lùnjí 論集 11-293A
lùnjí 論輯 11-295A
lùnjí 論詰 11-293B
lùnjì 論記 11-291B
lúnjiā 淪浹 5-1386A
lúnjiǎ 輪甲 9-1289B
lùnjiā 論家 11-291B
lùnjià 論價 11-294A
lúnjiājīsuǐ 淪浹肌髓 5-1386A
lúnjiān 輪奸 9-1289B
lúnjiān 輪姦 9-1290B
lúnjiàn 倫鑒 1-1510B
lúnjiàn 淪賤 5-1387B
lùnjiàn 論薦 11-295B
lùnjiàn 論見 11-290A
lùnjiàn 論建 11-291A
lùnjiàn 論劍 11-294B
lùnjiàn 論諫 11-295A
lúnjiàng 淪降 5-1385B
lúnjiàng 輪匠 9-1289B
lùnjiǎng 論講 11-295B
lùnjiàng 論將 11-292B
lùnjiāo 論交 11-289B
lùnjiě 論解 11-293B
lúnjījiāsuǐ 淪肌浹髓 5-1385A
lùnjìn 論進 11-292B
lùnjīn 論斤 11-288B
lúnjīng 倫經 1-1510A
lúnjīng 綸經 9-904B
lùnjīng 論經 11-293B
lúnjīnggǔyǎn 輪睛鼓眼 9-1292B
lùnjiū 論究 11-290B
lùnjiù 論救 11-292B
lùnjiù 論舊 11-295B
lúnjīzhǎng 輪機長 9-1293B
lùnjǔ 論舉 11-295A
lùnjù 論據 11-294B
lúnjuǎn 淪捲 5-1386A
lúnjué 棆桷 4-1119A
lúnjué 輪桷 9-1291B
lùnjué 論決 11-290A
lúnjùn 崙菌 3-837B
lúnjùn 輪菌 9-1291B
lúnjùn 輪箘 9-1293A
lǔnjūn 碖硱 7-1060A
lùnkàng 論亢 11-288B
lùnkǎo 論考 11-289B
lùnkè 論客 11-291B
lùnkè 論課 11-294B
lùnkōng 論空 11-291A
lùnkǒu 論口 11-288A
lúnkuí 掄魁 6-688A
lúnkuí 倫魁 1-1510A
lúnkǔn 掄捆 6-688A
lúnkuò 輪廓 9-1292B
lúnlǎo 輪轑 9-1294A
lúnlèi 倫類 1-1510B
lúnlǐ 倫理 1-1510A
lúnlǐ 綸理 9-904B
lúnlǐ 輪理 9-1291A
lúnlǐ 論理 11-292A
lùnlǐ 論理 11-292A
lùnlì 論力 11-288A
lùnlì 論吏 11-289B
lúnlián 淪漣 5-1387A
lúnlián 綸連 9-904A
lùnliáng 論量 11-293A
lúnliè 倫列 1-1509A
lùnliè 論列 11-289B
lúnliú 輪流 9-1291A
lúnlǐxué 倫理學 1-1510A
lùnlǐxué 論理學 11-292A
lúnlù 輪路 9-1292B
lùnlún 論倫 11-291B
lúnluò 淪落 5-1386B
lùnlǜ 論律 11-291B
lúnmàn 淪漫 5-1387B
lúnmèi 淪昧 5-1385B
lùnmén 論門 11-291A
lùnmèng 論孟 11-291A
lúnmiè 淪滅 5-1387A
lúnmín 輪輾 9-1292A
lúnmìng 綸命 9-904A
lùnmìng 論命 11-290B
lúnmó 輪磨 9-1293B
lúnmò 淪没 5-1385A
lúnmò 淪歿 5-1385A
lúnmù 淪暮 5-1387B
lúnmù 輪牧 9-1290A
lùnnàn 論難 11-295B
lùnnéng 論能 11-292A
lúnnǐ 倫擬 1-1510B
lúnnì 淪匿 5-1385B
lúnnì 淪溺 5-1387B
lùnnián 論年 11-289B
lúnpài 輪派 9-1290B
lúnpán 輪盤 9-1293A
lùnpàn 論判 11-290A
lúnpándǔ 輪盤賭 9-1293A
lúnpǐ 倫匹 1-1509A
lùnpī 論批 11-290A
lùnpì 論辟 11-293B
lúnpiāo 淪漂 5-1387B
lúnpiāo 淪飄 5-1388A
lúnpǐn 倫品 1-1509B
lúnpíng 輪軿 9-1292B
lùnpíng 論平 11-289A
lùnpíng 論評 11-293A
lúnpò 淪破 5-1385B
lúnpū 淪痡 5-1387A
lúnpū 淪鋪 5-1387B
lúnqì 淪棄 5-1387A
lúnqiān 輪僉 9-1292B
lúnqiānlúnwàn 論千論萬 11-288A
lùnqiè 論切 11-288B
lúnqīng 淪傾 5-1387A
lùnqǐng 論請 11-294B
lùnqiú 論囚 11-289A
lùnqiú 論求 11-290A
lúnquān 輪圈 9-1291B
lúnquē 淪缺 5-1385B
lúnqūn 輪囷 9-1290A
lúnrén 輪人 9-1289A
lúnrén 論人 11-288A
lùnrén 論人 11-288A
lúnrì 輪日 9-1289A
lúnróu 輪輮 9-1293B
lúnrǔ 淪辱 5-1385B
lúnsàn 淪散 5-1386B
lúnsàng 淪喪 5-1386B
lúnsè 倫色 1-1509B
lúnsè 淪塞 5-1387B
lùnshā 論殺 11-291B
lúnshàn 輪扇 9-1291A
lúnshāng 淪傷 5-1387A
lúnshēng 輪生 9-1289B
lúnshěng 綸省 9-904A
lúnshī 淪失 5-1384B
lúnshì 淪逝 5-1385B
lùnshī 論師 11-291B
lùnshì 論士 11-288A
lùnshì 論世 11-289A
lùnshì 論謚 11-295B
lùnshìwén 論事文 11-290B
lùnshìzhīrén 論世知人 11-289A

lùnshòu 論授 11-292A
lúnshū 綸書 9-904A
lùnshū 論疏 11-293A
lùnshū 論輸 11-295A
lùnshù 論述 11-290B
lúnshuò 淪鑠 5-1388B
lùnshuō 論説 11-294A
lùnshuōwén 論説文 11-294A
lúnsī 淪澌 5-1388A
lùnsī 論思 11-291A
lùnsǐ 論死 11-289B
lùnsù 論訴 11-293A
lūnsuàn 掄算 6-688A
lúnsuì 淪碎 5-1387A
lúnsuǒ 輪索 9-1291A
lúntāi 輪胎 9-1290B
lúntái 輪臺 9-1292B
lúntáizhào 輪臺詔 9-1293A
lùntán 論壇 11-294B
lùntáng 論堂 11-292B
lúntāo 淪滔 5-1387A
lùntǎo 論討 11-291B
lúntí 輪蹄 9-1293B
lúntí 輪蹏 9-1294A
lúntì 淪替 5-1386B
lúntì 輪替 9-1292A
lùntí 論題 11-295B
lùntǐ 論體 11-296B
lúntiǎn 淪殄 5-1385B
lùntiān 論天 11-288A
lùntiānbiǎo 論天表 11-288A
lùntiě 論帖 11-290B
lúntóu 侖頭 1-1307A
lúntóu 輪頭 9-1293B
lúntú 倫徒 1-1509B
lùntǔ 論吐 11-289B
lúntuì 淪退 5-1385B
lúntuō 論托 11-289A
lúntuō 論託 11-291B
lúnǚ 盧女 7-1470A
lùnǚ 鹿女 12-1281B
lúnwáng 淪亡 5-1384B
lúnwáng 輪王 9-1289A
lúnwǎng 輪輞 9-1293A
lúnwàng 倫望 1-1510A
lúnwéi 綸闈 9-905A
lùnwèi 論味 11-290B
lúnwén 輪文 9-1289A
lùnwén 論文 11-288B
lùnwèn 論問 11-292B
lúnwú 淪蕪 5-1387B
lúnwǔ 倫伍 1-1509A
lúnwù 倫物 1-1509B
lúnwù 淪誤 5-1387B
lúnxián 論賢 11-294A
lúnxiàn 淪陷 5-1386A
lúnxiāng 輪箱 9-1293A
lúnxiàng 輪相 9-1290A
lúnxiànqū 淪陷區 5-1386A
lúnxiē 淪歇 5-1387A
lúnxiè 淪謝 5-1388A
lúnxiēdì 輪歇地 9-1292B
lùnxīn 論心 11-288B
lùnxīndìngzuì 論心定罪 11-288B
lúnxíng 輪形 9-1289B
lùnxíng 論刑 11-289A
lùnxíng 論行 11-289B
lúnxiū 輪休 9-1289B
lúnxiù 論秀 11-290A
lúnxū 淪胥 5-1385B
lúnxǔ 淪湑 5-1387A
lúnxù 倫序 1-1509B
lúnxù 倫敘 1-1509B
lúnxù 倫敍 1-1510A
lúnxù 倫緒 1-1510A
lùnxù 論敘 11-291B
lùnxù 論敍 11-292B
lúnxuān 輪軒 9-1291A
lúnxuǎn 掄選 6-688A
lùnxué 論學 11-295A
lùnxuè 論謔 11-295A
lúnxùn 輪訓 9-1291A
lúnyān 淪湮 5-1387A
lúnyán 綸言 9-904A
lùnyán 論言 11-290A
lùnyǎn 論演 11-294A
lùnyàn 論讞 11-296B
lúnyāng 輪鞅 9-1293A
lúnyānhuànyān 輪焉奐焉 9-1291A
lúnyáo 輪窑 9-1292A
lúnyào 倫要 1-1509B
lúnyē 綸掖 9-904B
lúnyī 淪猗 5-1386A
lúnyī 淪漪 5-1387B
lúnyí 倫彝 1-1510B
lúnyí 淪夷 5-1385A
lúnyǐ 輪椅 9-1292A
lúnyì 倫誼 1-1510B
lúnyì 淪佚 5-1385A
lúnyì 淪逸 5-1386A
lúnyì 淪翳 5-1388A
lùnyì 論義 11-293B
lùnyì 論繹 11-296A
lùnyì 論議 11-296A
lùnyìfēngshēng 論議風生 11-296A
lúnyīn 淪陰 5-1386A
lúnyīn 綸音 9-904A
lúnyǐn 淪隱 5-1388A
lúnyìn 輪印 9-1289B
lùnyòng 論用 11-289A
lùnyǒu 論友 11-288B
lúnyú 輪輿 9-1294A
lùnyù 論諭 11-295A
lúnyuán 掄元 6-688A
lúnyuán 輪轅 9-1293B
lúnyún 輪雲 9-1292A
lúnyùn 淪藴 5-1387B
lúnyùn 淪蘊 5-1388A
lúnyùn 輪運 9-1292B
lúnzá 淪雜 5-1388A
lúnzāi 輪栽 9-1291A
lùnzǎi 論載 11-293B
lùnzàn 論贊 11-295B
lúnzàng 輪藏 9-1293B
lùnzàng 論藏 11-295A
lúnzé 掄擇 6-688A
lúnzé 論擇 11-294B
lúnzhá 輪鍘 9-1294B
lúnzhá 輪鍘 9-1294A
lùnzhǎn 論斬 11-292B
lùnzhàn 論戰 11-295A
lúnzhāng 綸章 9-904B
lúnzhào 淪照 5-1387A
lúnzhào 綸詔 9-904B
lúnzhē 淪蟄 5-1388A
lúnzhé 淪謫 5-1388A
lùnzhēng 論爭 11-289B
lùnzhèng 論政 11-291A
lùnzhèng 論諍 11-293B
lùnzhèng 論證 11-296A
lúnzhi 輪枝 9-1290A
lúnzhí 輪直 9-1290A
lúnzhí 輪值 9-1291A
lúnzhǐ 綸旨 9-904A
lúnzhǐ 輪指 9-1290A
lúnzhì 倫質 1-1510B
lúnzhì 淪滯 5-1387B
lúnzhì 淪躓 5-1388B
lúnzhì 綸至 9-904A
lùnzhí 論執 11-292A
lùnzhǐ 論旨 11-289B
lùnzhì 論治 11-291A
lùnzhì 論質 11-294B
lùnzhì 論隲 11-294B
lúnzhòng 輪種 9-1293A
lúnzhōu 輪舟 9-1289B
lúnzhōu 輪周 9-1290A
lúnzhóu 輪軸 9-1292A
lùnzhǔ 論主 11-289A
lùnzhù 論著 11-292A
lùnzhù 論箸 11-294A
lúnzhuǎn 輪轉 9-1294A
lúnzhuàn 輪轉 9-1294A
lùnzhuàn 論撰 11-294A
lùnzhuàn 論譔 11-296A
lùnzhuàn 論籑 11-296A
lúnzhuànyǐ 輪轉椅 9-1294A
lúnzhuì 淪墜 5-1387B
lúnzi 輪子 9-1289A
lúnzǐ 淪滓 5-1387A
lǔnzǐ 惀子 7-536A
lùnzīpáibèi 論資排輩 11-293B
lúnzōu 輪騶 9-1294A
lùnzòu 論奏 11-291A
lúnzú 倫族 1-1510A
lùnzuǎn 論纂 11-295B
lùnzuǎn 論纂 11-296A
lùnzuì 論最 11-293A
lùnzuì 論罪 11-293B
lúnzǔjiéshù 綸組節束 9-904B
lúnzǔjiéyuē 綸組節約 9-904B
lúnzuò 輪作 9-1290A
lùnzuò 論坐 11-290A
luóbài 螺唄 8-956A
luóbài 羅拜 8-1049B
luóbāng 騾幫 12-880B
luóbàng 螺蚌 8-955B
luóbàng 螺蜯 8-956B
luóbàng 螺蚄 8-956A
luóbàng 羅謗 8-1053B
luòbǎng 落榜 9-488B
luóbǎo 邏堡 10-1304A
luòbǎo 落保 9-484B
luòbāzú 珞巴族 4-556B
luóbēi 螺杯 8-955B
luóbēi 螺盃 8-955B
luóbēi 邏杯 10-1303B
luóbèi 螺貝 8-955A
luóbēng 羅綳 8-1053A
luóbī 邏逼 10-1304A
luóbì 羅畢 8-1049B
luóbì 蘿薜 9-633B
luóbì 饠饆 12-589B
luòbǐ 落筆 9-487B
luòbiāo 落膘 9-489A
luóbīng 邏兵 10-1303A
luòbīnshēng 洛賓笙 5-1177B
luòbīnshēng 洛濱笙 5-1178A
luóbo 蘿蔔 9-633A
luóbó 螺鈸 8-956B
luòbó 洛伯 5-1175B
luòbó 洛薄 5-1177B
luòbó 落泊 9-484A
luòbó 落薄 9-489A
luóbohuā 蘿蔔花 9-633A
luóbǔ 蠡卜 8-993B
luóbǔ 羅捕 8-1049B
luóbǔ 邏捕 10-1303B
luóbù 羅布 8-1048A
luóbùmá 羅布麻 8-1048A
luòcǎo 落草 9-484B
luóchá 邏察 10-1304B
luóchà 羅刹 8-1048B
luòchā 洛叉 5-1175A
luòchā 落差 9-485A
luóchá'er 邏楂兒 10-1304B
luóchàguó 羅刹國 8-1049A
luòchāi 落差 9-485A
luóchàjiāng 羅刹江 8-1049A
luócháng 羅裳 8-1052A
luóchǎng 邏廠 10-1304B
luòcháng 雒常 11-841A
luòchǎng 落場 9-486B
luóchànǚ 羅刹女 8-1049A
luòchāo 落鈔 9-487B
luòcháo 落潮 9-489A
luóchàrì 羅刹日 8-1049A
luóchàshí 羅刹石 8-1049A
luóchàzhèng 羅刹政 8-1049A
luóchē 騾車 12-880A
luóchē 邏車 10-1303A
luòchē 絡車 9-832A
luóchén 羅陳 8-1050A
luòchén 落塵 9-488B
luóchéng 羅城 8-1049A
luǒchéng 倮裎 1-1497B
luǒchéng 裸裎 9-106B
luǒchéng 臝裎 6-1417B
luòchéng 洛成 5-1175B
luòchéng 落成 9-483A

luòchéng 駱丞 12-834B
luōchī 囉哆 3-565B
luóchí 羅池 8-1048B
luǒchóng 倮蟲 1-1497B
luǒchóng 裸蟲 9-106B
luǒchóng 羸蟲 6-1417B
luóchóu 羅幬 8-1053B
luǒchuān 裸川 9-106A
luǒchuàn 瘰串 8-352B
luòchuān 洛川 5-1175A
luóchuáng 羅床 8-1048B
luóchuáng 羅牀 8-1049A
luócì 邏伺 10-1303A
luódǎ 邏打 10-1303A
luódǎi 邏逮 10-1304A
luódài 螺黛 8-957A
luódài 羅帶 8-1050B
luódān 羅丹 8-1047B
luódàn 籮擔 8-1286B
luòdān 落單 9-487B
luòdǎn 落膽 9-489A
luòdǎng 洛黨 5-1178A
luòdé 落得 9-486A
luòdé 落的 9-484A
luódì 羅地 8-1048A
luòdī 輅靪 12-194B
luòdī 絡鞮 9-833A
luòdì 落地 9-482B
luòdì 落第 9-486A
luódiàn 螺甸 8-955B
luódiàn 螺蜔 8-956B
luódiàn 螺鈿 8-956B
luódiàn 羅甸 8-1048B
luòdiǎn 落點 9-489A
luòdìchuāng 落地窗 9-482B
luódīng 螺釘 8-956A
luòdìng 落定 9-484A
luòdìshēnggēn 落地生根 9-482B
luódōu 籮兜 8-1286A
luódōu 籮篼 8-1286B
luódǒu 籮斗 8-1286A
luòdū 洛都 5-1176A
luòdù 落度 9-485A
luóduàn 羅緞 8-1053A
luòduó 洛澤 5-1178A
luòduò 落墮 9-488B
luǒ'er 倮兒 1-1497B
luòfà 落髮 9-488B
luófān 羅旛 8-1053B
luófàn 囉飯 3-566A
luòfēi 洛妃 5-1175B
luófēng 羅酆 8-1054A
luófēngshān 羅酆山 8-1054A
luófū 羅敷 8-1053A
luófū 騾夫 12-880A
luófú 羅浮 8-1050A
luófú 蘿菔 9-633A
luǒfū 躶膚 10-712A
luòfǔ 落斧 9-484A
luófúchūn 羅浮春 8-1050A
luófúkè 羅浮客 8-1050A
luófúmèng 羅浮夢 8-1050A
luógāng 螺岡 8-955B
luógāng 騾綱 12-880B
luógào 羅告 8-1048B
luógē 籮筃 8-1286B
luǒgōng 裸躬 9-106A
luǒgōng 躶躬 10-711B
luógǔ 羅罟 8-1050A
luógǔ 鑼鼓 11-1433A
luògǔ 駱谷 12-834B
luógǔdiǎn'er 鑼鼓點兒 11-1433B
luòguī 洛龜 5-1178A
luógǔjīng 鑼鼓經 11-1433B
luóguō 羅郭 8-1050A
luóguō 羅鍋 8-1053B
luóguō 鑼鍋 11-1433B
luóguǒ 螺果 8-955B
luǒguó 倮國 1-1497B
luǒguó 裸國 9-106B
luòguō 瘰瘑 8-371B
luóhǎi 蝸醢 8-917B
luóhàn 羅漢 8-1052B
luóhànbìng 羅漢病 8-1052B
luóhàncài 羅漢菜 8-1052B
luóhànchuáng 羅漢牀 8-1052B
luóhàndòu 羅漢豆 8-1052B
luóháng 羅行 8-1048A
luóhànsōng 羅漢松 8-1052B
luóhànyǐzi 羅漢椅子 8-1052B
luóhào 螺號 8-956B
luóhē 羅訶 8-1051B
luóhé 羅合 8-1048A
luóhēihēi 羅黑黑 8-1051B
luòhóng 落紅 9-485A
luóhǒngqǔ 羅嗊曲 8-1052A
luóhóu 羅睺 8-1052A
luóhòu 邏候 10-1303B
luòhòu 落後 9-484B
luòhòulái 落後來 9-485A
luóhú 羅縠 8-1053A
luóhù 邏護 10-1304B
luòhū 落忽 9-484A
luòhù 落户 9-482A
luòhuā 洛花 5-1175B
luòhuāliúshuǐ 落花流水 9-483B
luòhuāméirén 落花媒人 9-483B
luóhuǎng 羅幌 8-1052A
luòhuāng 洛荒 5-1175B
luòhuāng 落荒 9-484B
luòhuāng 落慌 9-487B
luóhuányānfà 螺鬟煙髮 8-957A
luòhuāshēng 落花生 9-483A
luòhuāshíjié 落花時節 9-483B
luòhuāyǒuyì… 落花有意,流水無情 9-483A
luòhuī 落暉 9-488A
luòhuǒ 落火 9-482A
luòhuò 落瓠 9-486A
luójí 邏緝 10-1304B
luójí 邏輯 10-1304B
luójì 螺髻 8-956B
luójì 羅計 8-1049B
luójì 羅髻 8-1053A
luòjí 落籍 9-489B
luòjiā 落家 9-485B
luójiān 籮間 8-1286B
luójiàn 羅襇 8-1053B
luójiàn 羅薦 8-1053B
luòjiàn 洛澗 5-1177B
luójiāng 螺江 8-955A
luójiàng 邏將 10-1304A
luójiǎo 螺角 8-955B
luójiǎo 騾脚 12-880A
luójiào 騾轎 12-880B
luòjiāo 落交 9-483A
luòjiǎo 落脚 9-486A
luòjiǎohuò 落脚貨 9-486A
luójié 蠡結 8-994A
luójié 羅截 8-1052A
luòjiězhōu 落解粥 9-488A
luójìfànzhì 螺髻梵志 8-956B
luójīn 羅巾 8-1047B
luójīn 羅衿 8-1049B
luójǐn 羅錦 8-1053B
luójìn 羅禁 8-1051B
luójīng 羅經 8-1052A
luójīng 鑼經 11-1433B
luójìng 螺徑 8-956A
luójìng 羅鏡 8-1054A
luòjīng 洛京 5-1175B
luòjǐng 落景 9-487B
luòjǐngtóushí 落井投石 9-482A
luòjǐngxiàshí 落井下石 9-481B
luòjǐngxiàshí 落阱下石 9-483A
luójísīwéi 邏輯思維 10-1304B
luójíxué 邏輯學 10-1304B
luójū 羅居 8-1049A
luójū 羅罝 8-1050A
luójū 騾駒 12-880B
luòjǔ 覼舉 10-357B
luòjú 落局 9-483B
luòjù 落句 9-482B
luòjuàn 落卷 9-484A
luójué 羅掘 8-1050B
luòjué 犖角 6-287B
luójuéyīkōng 羅掘一空 8-1050B
luójūn 騾軍 12-880A
luójūn 羸軍 6-1418B
luójūzǐ 羅苴子 8-1048B
luóké 蠡殼 8-993B
luókè 囉唣 3-565B
luòkěbiàn 落可便 9-482B
luòkěde 落可的 9-482B
luókéqián 螺殼錢 8-956A
luòkěyě 落可也 9-482B
luòkōng 落空 9-484B
luókǒu 羅口 8-1047B
luòkǒucāng 洛口倉 5-1175A
luòkuǎn 落款 9-486B
luókuāng 籮筐 8-1286A
luòkuí 落葵 9-487A
luókuò 羅括 8-1049B
luòlái 落來 9-484A
luólán 羅襴 8-1054B
luǒlánchē 羸蘭車 6-1417B
luólè 羅勒 8-1050B
luǒléi 砢礧 7-1017A
luòlěi 落磊 9-489A
luólī 囉哩 3-566A
luólǐ 囉裏 3-566A
luólì 羅立 8-1048A
luólì 羅麗 8-1054A
luólì 邏吏 10-1303A
luǒlì 瘰癧 8-352B
luòlì 落力 9-481B
luóliè 羅列 8-1048A
luōlīluōsuō 囉哩囉嗦 3-566A
luōlǐluōsuō 囉裏囉唆 3-566A
luólíng 羅綾 8-1052B
luǒlíng 倮靈 1-1498A
luòlíng 洛靈 5-1178A
luólóu 囉嘍 3-566A
luǒlù 倮露 1-1498A
luǒlù 裸露 9-106B
luǒlù 羸露 6-1417B
luòlù 珞琭 4-556B
luòlù 落路 9-488A
luóluán 羅孌 8-1054B
luóluó 瓓瓓 4-629A
luóluó 羅羅 8-1054A
luóluó 玀玀 5-145B
luóluǒ 玀倮 5-145B
luóluò 羅絡 8-1051B
luóluò 羅落 8-1051A
luóluò 邏絡 10-1304A
luǒluó 倮玀 5-77A
luǒluǒ 倮倮 5-76B
luǒluǒ 儽儽 1-1743B
luòluò 硌硌 7-1045A
luòluò 樂樂 4-1295B
luòluò 洛洛 5-1176A
luòluò 珞珞 4-556B
luòluò 絡絡 9-832B
luòluò 落落 9-486B
luòluò 犖犖 6-287B
luòluò 雒雒 11-841A
luòluò 轆轆 9-1337B
luòluòchē 轆轆車 9-1337B
luòluòdàfāng 落落大方 9-487A
luòluòmùmù 落落穆穆 9-487A
luòluòquèquè 犖犖确确 6-288A
luōluōsuōsuō 囉囉唆唆 3-566B
luòluòtuōtuō 落落托托 9-487A

luòluòtuótuó 落落陀陀 9-487A
luòluòtuótuó 落落跎跎 9-487A
luòluòtuótuó 落落酡酡 9-487A
luólǘ 騾驢 12-880B
luólǚ 羅縷 8-1053B
luólǚ 覶縷 10-357B
luólǚ 覶覼 10-357B
luólüè 羅略 8-1051A
luómǎ 騾馬 12-880A
luòmǎ 駱馬 12-834B
luómǎdàhuì 騾馬大會 12-880A
luómǎdiàn 騾馬店 12-880A
luómǎhuì 騾馬會 12-880A
luǒmài 裸麥 9-106B
luòmài 絡脈 9-832B
luómàn 羅曼 8-1051A
luómàn 羅幔 8-1052A
luómàn 蘿蔓 9-633A
luómàndìkè 羅曼諦克 8-1051A
luómànsī 羅曼司 8-1051A
luòmào 落帽 9-487B
luómǎzì 羅馬字 8-1049B
luóméi 螺眉 8-955B
luómèi 羅袂 8-1049B
luòméi 落梅 9-485B
luòméifēng 落梅風 9-486A
luòméihuā 落梅花 9-485B
luǒmín 裸民 9-106A
luòmín 雒民 11-841A
luòmǐn 洛閩 5-1177B
luòmíng 落名 9-483A
luómò 螺墨 8-956B
luómò 蘿藦 9-633B
luǒmó 砢麼 7-1017A
luǒmó 砢磨 7-1017A
luòmò 絡漠 9-832B
luòmò 絡縸 9-833A
luòmò 落末 9-482A
luòmò 落莫 9-485A
luòmò 落寞 9-488A
luòmò 落漠 9-488A
luòmò 落墨 9-489A
luómǔ 蠡母 8-993B
luómǔ 螺母 8-955A
luómù 羅幕 8-1051B
luòmù 絡幕 9-832B
luòmù 落木 9-482A
luònàn 落難 9-489B
luónáng 羅囊 8-1054B
luònǎo 絡腦 9-832B
luònián 落年 9-483A
luóniǎo 蘿蔦 9-633A
luónǚ 螺女 8-955A
luònǚ 洛女 5-1175A
luópà 羅帕 8-1048B
luòpài 洛派 5-1176A
luópán 羅盤 8-1053A
luòpéng 落篷 9-489A
luòpiányí 落便宜 9-484B
luòpín 雒嬪 11-841A
luópíng 蠡屏 8-993B
luòpò 落魄 9-488B
luòpǔ 洛浦 5-1176A
luóqí 羅騎 8-1053B
luóqí 邏騎 10-1304B
luóqǐ 羅綺 8-1052B
luòqì 落氣 9-485B
luǒqià 瓢瓠 8-282B
luóqiān 羅千 8-1047B
luóqiánjíwǎng 羅鉗吉網 8-1052A
luòqiáo 洛橋 5-1178A
luòqié 落伽 9-483B
luóqīng 螺青 8-955B
luóqǔ 羅取 8-1048B
luóquān 羅圈 8-1051A
luóquāntuǐ 羅圈腿 8-1051A
luóquānyī 羅圈揖 8-1051A
luóquè 羅雀 8-1050B
luòquè 硌確 7-1093B
luòquè 硌礭 7-1093B
luòquè 犖埆 6-287B
luòquè 犖硞 6-287B
luòquè 犖确 6-287B
luóquèjuéshǔ 羅雀掘鼠 8-1050B
luóqún 羅裙 8-1051B
luóqúnbāotǔ 羅裙包土 8-1051B
luòrán 落然 9-487B
luòrán 犖然 6-287B
luǒrǎng 裸壤 9-106B
luórě 羅惹 8-1051A
luórě 儸惹 1-1742A
luórě 邏惹 10-1304A
luórén 邏人 10-1303A
luǒrén 裸人 9-106A
luòrén 路人 10-473B
luǒrénxiāng 裸人鄉 9-106A
luòrì 落日 9-482A
luórú 羅儒 8-1053B
luórú 羅襦 8-1054A
luòrù 落蓐 9-487B
luòrúhuā 洛如花 5-1175B
luòruì 洛汭 5-1175B
luòsāihúzi 絡腮鬍子 9-832B
luósǎn 羅傘 8-1051B
luósǎn 羅繖 8-1053B
luóshā 邏刹 10-1303B
luóshā 邏莎 10-1303B
luóshāi 籮篩 8-1286B
luóshān 螺山 8-954B
luóshān 羅衫 8-1049A
luòshān 落山 9-481B
luóshānshí 螺山石 8-955A
luóshào 邏哨 10-1303B
luóshé 羅闍 8-1053B
luóshè 邏舍 10-1303B
luòshè 洛社 5-1175B
luǒshēn 倮身 1-1497B
luǒshēn 裸身 9-106A
luǒshēn 躶身 10-711B
luǒshēn 臝身 6-1417B
luòshén 洛神 5-1176A
luóshèng 羅勝 8-1051B
luòshēng 落生 9-482B
luòshēngyǒng 洛生詠 5-1175A
luóshèngzǐ 羅勝子 8-1051B
luòshénzhū 洛神珠 5-1176A
luóshī 羅師 8-1050A
luóshì 邏士 10-1303A
luóshì 邏事 10-1303B
luǒshī 裸屍 9-106A
luòshī 洛師 5-1176A
luòshí 洛食 5-1176A
luòshí 絡石 9-832A
luòshí 落實 9-488B
luòshì 落市 9-482B
luóshǒu 螺首 8-955B
luóshǒu 羅守 8-1048B
luóshǒu 邏守 10-1303A
luǒshòu 倮獸 1-1498A
luóshū 螺書 8-956A
luòshū 洛書 5-1176B
luòshū 雒書 11-841A
luòshǔ 洛蜀 5-1177B
luóshuān 螺栓 8-955B
luóshuānmào 螺栓帽 8-955B
luòshuǐ 洛水 5-1175A
luòshuǐ 落水 9-482A
luòshuǐgǒu 落水狗 9-482A
luòshuǐguǎn 落水管 9-482A
luòshuǐzhàng 落水賬 9-482A
luóshuōbáidào 囉說白道 3-566A
luósī 螺絲 8-956A
luósī 螺螄 8-957A
luósī 邏司 10-1303A
luòsī 絡絲 9-832B
luòsì 洛涘 5-1176A
luòsīchóng 絡絲蟲 9-832B
luósīdāo 螺絲刀 8-956A
luósīdīng 螺絲釘 8-956B
luósīguǎi 螺絲拐 8-956B
luósīkélǐzuòdàochǎng 螺螄殼裏做道場 8-957A
luósīkòu 螺絲扣 8-956B
luósīmào 螺絲帽 8-956B
luósīmǔ 螺絲母 8-956B
luòsīniáng 絡絲娘 9-832B
luósīxuán 螺螄旋 8-957A
luósòng 邏送 10-1303B
luòsòng 洛誦 5-1177B
luòsòng 雒誦 11-841A
luósōu 羅搜 8-1051A
luōsū 囉囌 3-566B
luòsū 落蘇 9-489B
luòsù 落宿 9-486B
luōsuō 囉唆 3-566A
luōsuō 囉嗦 3-566A
luósuō 邏娑 10-1304A
luósuō 邏挲 10-1304A
luósuō 邏逤 10-1304A
luósuǒ 覶瑣 10-357B
luósuǒ 邏所 10-1303B
luòsuǒ 落索 9-485B
luòsuò 鵅鵅 12-1023B
luósuōcáo 邏逤槽 10-1304A
luósuōtán 邏逤檀 10-1304A
luòtái 落臺 9-488B
luótán 羅潭 8-1053A
luótán 邏檀 10-1304B
luǒtǎn 倮袒 1-1497B
luǒtǎn 裸袒 9-106A
luǒtǎn 躶袒 10-712A
luǒtǎn 臝襢 6-1417B
luòtáng 雒棠 11-841A
luòtāngjī 落湯鷄 9-487B
luòtào 落套 9-485B
luǒtǐ 倮體 1-1498A
luǒtǐ 裸體 9-107A
luǒtǐ 躶體 10-712A
luǒtǐ 躶軆 10-712A
luótiān 羅天 8-1047B
luótián 螺填 8-956B
luòtián 雒田 11-841A
luótiāndàjiào 羅天大醮 8-1047B
luótíng 螺亭 8-955B
luòtóng 落銅 9-488B
luótóu 籮頭 8-1286B
luòtóu 絡頭 9-832B
luòtóuxiān 落頭鮮 9-489A
luōtú 捋荼 6-620A
luótú 蘿圖 9-633B
luòtǔ 落土 9-481B
luótuó 騾馱 12-880A
luòtuō 樂託 4-1291A
luòtuō 落托 9-482B
luòtuō 落脱 9-486A
luòtuó 駱駝 12-834B
luòtuó 駱馳 12-834B
luòtuó 橐馳 4-1307B
luòtuó 橐他 4-1307A
luòtuó 橐它 4-1307A
luòtuó 橐佗 4-1307A
luòtuó 橐駝 4-1307B
luòtuó 橐馳 4-1307B
luòtuò 落魄 9-488B
luòtuò 落拓 9-483B
luòtuòbùjī 落魄不羈 9-488B
luòtuòbùjī 落拓不羈 9-484A
luòtuócǎo 駱駝草 12-834B
luòtuócì 駱駝刺 12-834B
luòtuóróng 駱駝絨 12-834B
luòtuózhàng 駱駝杖 12-834B
lù'ǒu 陸藕 11-998A
luówà 羅襪 8-1054A
luówà 羅韤 8-1054B
luówán 羅紈 8-1049B
luówǎng 羅罔 8-1048B
luówǎng 羅網 8-1052B
luòwǎng 落網 9-488B
luówéi 羅帷 8-1051A
luówéi 羅幃 8-1051B
luówèi 羅畏 8-1049B
luówèi 羅尉 8-1053B
luówèi 邏衛 10-1304B

luòwěi 洛尾 5-1175B
luòwěi 絡緯 9-832B
luòwěi 落尾 9-483B
luòwèi 蛒蟡 8-893A
luówén 螺紋 8-956A
luówén 羅文 8-1048A
luówén 羅紋 8-1050A
luówénjiéjiāo 羅紋結角 8-1050B
luówénshí 羅紋石 8-1050B
luówényàn 羅紋硯 8-1050B
luówénzhǐ 羅紋紙 8-1050B
luǒwò 砢硪 7-1017A
luówǔ 羅午 8-1047B
luówǔ 羅舞 8-1052B
luǒwù 羸物 6-1417B
luòwū 落屋 9-485A
luòwǔ 落伍 9-483A
luǒxī 裸裼 9-106B
luǒxì 羸戲 6-1417B
luòxì 洛禊 5-1177B
luòxiá 落霞 9-489A
luòxià 洛下 5-1175A
luǒxiǎn 裸跣 9-106B
luǒxiàn 裸見 9-106A
luǒxiàn 裸綫 9-106B
luòxiǎng 落想 9-488A
luóxiàngyèjiē 囉巷拽街 3-565B
luóxiē 邏些 10-1303B
luóxié 羅纈 8-1054B
luǒxíng 裸形 9-106A
luǒxíng 躶形 10-711B
luǒxíng 羸行 6-1417B
luòxīng 落星 9-484B
luòxīngshí 落星石 9-484B
luǒxiōng 倮匈 1-1497B
luóxiù 羅繡 8-1054A
luóxiù 邏袖 10-1304A
luǒxiù 裸袖 9-106B
luòxiù 絡秀 9-832A
luòxiù 落宿 9-486B
luǒxiùxuānquán 裸袖揎拳 9-106A
luǒxiùxuānquán 攞袖揎拳 6-984A
luǒxiùxuānquán 捰袖揎拳 6-666B
luǒxiùxuānyī 裸袖揎衣 9-106A
luòxù 絡續 9-833A
luóxuán 螺旋 8-956A
luóxuán 蝸旋 8-917A
luòxuǎn 落選 9-489A
luóxuánjiǎng 螺旋槳 8-956A
luòxué 洛學 5-1178A
luòxué 犖嶨 6-288A
luóxún 邏巡 10-1303A
luòyàn 洛宴 5-1176A
luòyàn 落雁 9-487A
luòyànchényú 落雁沉魚 9-487A
luòyànchényú 落鴈沉魚 9-489A
luòyáng 瘰瘍 8-371B
luòyáng 洛陽 5-1176B
luòyángcái 洛陽才 5-1176B
luòyángcáizǐ 洛陽才子 5-1176B
luòyángchǎn 洛陽鏟 5-1177B
luòyáng'é 雒陽鵝 11-841A
luòyánghuā 洛陽花 5-1176B
luòyángqiáo 洛陽橋 5-1177A
luòyángqíyīnghuì 洛陽耆英會 5-1177A
luòyángshè 洛陽社 5-1176B
luòyángshēng 洛陽生 5-1176B
luòyángshēng 雒陽生 11-841A
luòyángtián 洛陽田 5-1176B
luòyángyuàn 洛陽苑 5-1177A
luòyángzhǐguì 洛陽紙貴 5-1177A
luòyè 落夜 9-484A
luóyī 羅衣 8-1048B
luóyì 羅弋 8-1047B
luóyì 邏弋 10-1303A
luóyì 邏役 10-1303A
luòyì 絡繹 9-833A
luòyì 絡驛 9-833A
luòyì 落意 9-488A
luòyì 落驛 9-489B
luòyì 駱驛 12-834B
luòyìbùjué 絡繹不絶 9-833A
luòyìbùjué 絡驛不絶 9-833A
luòyìbùjué 駱驛不絶 12-835A
luóyīn 羅茵 8-1049B
luóyīn 羅裀 8-1051A
luóyīn 羅闉 8-1053B
luòyìn 螺印 8-955A
luòyīn 落音 9-485A
luóyīng 羅纓 8-1054B
luóyíng 囉贏 3-566B
luòyīng 洛英 5-1175B
luòyīng 落英 9-484A
luóyòu 羅囿 8-1049B
luǒyóuguǎn 裸遊館 9-106B
luòyǔ 狢貐 5-46A
luòyǔ 落羽 9-483A
luòyuàn 洛苑 5-1175B
luóyuè 蘿月 9-633A
luòyuè 駱越 12-834B
luòyuèwūliáng 落月屋梁 9-482A
luòyùn 落韻 9-489B
luòzān 落簪 9-489B
luǒzàng 倮葬 1-1497B
luǒzàng 裸葬 9-106B
luǒzàng 躶葬 10-712A
luǒzàng 羸葬 6-1417B
luòzàng 落葬 9-486B
luózào 囉唕 3-566A
luózào 囉唣 3-566A
luózào 囉噪 3-566A
luózào 羅炰 8-1051A
luózào 羅唣 8-1050A
luòzào 躒躁 10-568A
luòzé 洛澤 2-414A
luózhāi 羅齋 8-1053B
luózhǎn 蠡琖 8-993B
luòzhàng 落帳 9-486A
luòzhàng 落賬 9-489A
luózhào 羅趙 8-1052A
luòzhào 落照 9-488A
luózhě 羅者 8-1048B
luózhēn 羅針 8-1050A
luózhēn 邏偵 10-1304A
luózhī 螺巵 8-955B
luózhī 羅織 8-1054A
luózhí 羅摭 8-1052A
luózhǐ 羅紙 8-1050A
luózhì 羅峙 8-1049B
luózhì 羅致 8-1049B
luòzhí 落職 9-489A
luòzhǐ 落紙 9-485B
luózhīyīmù 羅之一目 8-1047B
luózhǔ 邏主 10-1303A
luǒzhú 裸逐 9-106A
luózhuì 羅綴 8-1053A
luòzhuó 落著 9-485B
luòzhuó 落着 9-486B
luózi 騾子 12-880A
luózi 邏子 10-1303A
luòzi 落子 9-481B
luòzi 鮥子 12-1222A
luózǐbǐ 螺子筆 8-955A
luózǐdài 螺子黛 8-955A
luózijūn 騾子軍 12-880A
luózǐmò 螺子墨 8-955A
luóziyíng 騾子營 12-880A
luózú 邏倅 10-1304A
luózú 邏卒 10-1303B
luòzuo 落作 9-483B
luòzuò 落坐 9-483B
luòzuò 落座 9-485B
lúpái 蘆牌 9-616B
lúpái 蘆簰 9-617A
lùpāi 露拍 11-737A
lùpái 路牌 10-477A
lùpán 露槃 11-741B
lùpán 露盤 11-741B
lùpáng'ér 路傍兒 10-477A
lùpēi 醁醅 9-1429A
lùpéng 露棚 11-740A
lùpéng'ōulǚ 鷺朋鷗侶 12-1164A
lùpí 陸皮 11-994B
lùpí 鹿皮 12-1282A
lǔpiáo 魯瓢 12-1210A
lǔpiào 鹵剽 12-1027B
lùpiào 路票 10-476B
lùpícāngbì 鹿皮蒼璧 12-1282B
lùpígōng 鹿皮公 12-1282A
lùpíguān 鹿皮冠 12-1282A
lùpíjī 鹿皮几 12-1282A
lùpíjiá 鹿皮袷 12-1282B
lùpíjīn 鹿皮巾 12-1282A
lùpímào 鹿皮帽 12-1282B
lùpíng 路憑 10-479A
lúpíngsānshì 爐瓶三事 7-314A
lùpíwēng 鹿皮翁 12-1282B
lúpú 盧蒲 7-1471B
lǔpǔ 魯朴 12-1206B
lǔpǔ 魯樸 12-1210A
lùpú 露樸 11-742A
lùpú 路蒲 10-477B
lúqí 盧其 7-1470B
lúqì 爐氣 7-314A
lǔqì 鹵氣 12-1027B
lǔqì 鹵器 12-1028A
lùqí 路岐 10-475A
lùqí 路歧 10-475A
lùqí 騄騏 12-858B
lùqí 綠旗 9-922B
lùqí 角綺 10-1353A
lùqì 露砌 11-738A
lùqì 露氣 11-739A
lùqì 祿氣 7-939B
lùqì 賂器 10-199A
lùqì 漉汔 6-99A
lùqiǎ 路卡 10-474B
lúqián 盧前 7-1471A
lùqián 祿錢 7-940B
lùqián 路鈐 10-477A
lùqiǎn 鹿淺 12-1285A
lùqiǎn 僇譴 1-1658B
lúqiāng 顱腔 12-378A
lǔqiǎng 擄搶 6-911A
lúqiáo 爐嶠 7-314B
lùqīlùbā 露七露八 11-735A
lúqín 盧秦 7-1471A
lúqǐn 廬寢 3-1288B
lǔqín 魯禽 12-1209A
lùqīn 祿親 7-940B
lùqín 露禽 11-740B
lùqín 潞琴 6-161B
lùqǐn 露寢 11-741B
lùqǐn 路寢 10-478A
lúqíng 爐情 7-314B
lúqíng 臚情 6-1405B
lùqīng 碌青 7-1065B
lùqíng 露情 11-739B
lùqióng 露瓊 11-743A
lùqírén 路岐人 10-475A
lùqiú 鹿裘 12-1285B
lùqiúbùwán 鹿裘不完 12-1285B
lùqū 录曲 3-1657A
lùqú 陸衢 11-998B
lùqú 路衢 10-479B
lùqǔ 録取 11-1343B
lúquǎn 盧犬 7-1470B
lùquán 賂權 10-199A
lùquǎn 露犬 11-735B
lúquè 盧鵲 7-1472A
lùráo 露橈 11-742A
lúrén 蘆人 9-615B
lúrén 臚人 6-1405A
lǔrén 鹵人 12-1026B

lŭrén 魯人 12-1206A
lŭrén 櫓人 4-1356B
lùrén 僇人 1-1658B
lùrén 路人 10-473B
lùrén 戮人 5-238B
lŭrénhuírì 魯人迴日 12-1206A
lùrénjiēzhī 路人皆知 10-473B
lŭrì 魯日 12-1206A
lùrì 露日 11-735B
lùróng 鹿茸 12-1284A
lŭrú 魯儒 12-1210A
lùrŭ 僇辱 1-1658B
lùrŭ 戮辱 5-239A
lùrù 禄入 7-938B
lŭruò 魯弱 12-1208A
lùruò 崻若 3-815B
lùsā 露撒 11-741B
lùsài 鹿塞 12-1286A
lùsàn 鹿散 12-1285A
lúsăng 顱顙 12-378A
lŭsāng 魯桑 12-1208A
lùsè 路塞 10-478A
lùsè 路澀 10-479B
lúshā 盧沙 7-1470B
lùshā 戮殺 5-239B
lúshān 廬山 3-1287B
lùshang 路上 10-473B
lùshăng 禄賞 7-940B
lùshanglùxià 路上路下 10-473B
lúshāngōng 廬山公 3-1287B
lùshangshuōhuà… 路上説話,草裏有人 10-473B
lúshānjīng 廬山精 3-1288A
lúshānmiànmù 廬山面目 3-1287B
lúshānzhēnmiàn 廬山真面 3-1287B
lúshānzhēnmiànmù 廬山真面目 3-1287B
lúsháo 鸕杓 12-1171B
lúshào 蘆哨 9-616A
lúshè 廬舍 3-1288A
lùshè 戮社 5-239A
lùshēn 露申 11-736A
lùshēn 戮身 5-239A
lúshēng 盧生 7-1470B
lúshēng 蘆笙 9-616B
lúshēng 臚聲 6-1406A
lŭshēng 櫓聲 4-1356B
lŭshēng 樐聲 4-1336B
lŭshèng 魯聖 12-1209A
lùshēnghuà 陸生畫 11-994B
lúshĭ 玈矢 2-377B
lúshĭ 盧矢 7-1470B
lúshì 廬室 3-1288B
lŭshī 魯詩 12-1209B
lŭshĭ 虜使 8-849B
lŭshĭ 魯史 12-1206B
lŭshì 魯室 12-1207A
lùshī 陸師 11-996A
lùshī 僇尸 1-1658B
lùshī 戮尸 5-239A
lùshī 戮屍 5-239A
lùshí 禄食 7-939B
lùshí 路食 10-475B
lùshĭ 鹿豕 12-1283A
lùshĭ 禄使 7-939A
lùshì 鹿市 12-1282A
lùshì 鹿視 12-1285A
lùshì 禄仕 7-938B
lùshì 僇市 1-1658B
lùshì 路世 10-474B
lùshì 路室 10-475B
lùshì 潞氏 6-161B
lùshì 録事 11-1343B
lúshíbōbō 爐食餑餑 7-313B
lùshìjú 陸氏橘 11-994B
lùshìzhuānghuāng 陸氏莊荒 11-994B
lùshū 露書 11-739A
lùshū 陸疏 11-997B
lùshū 陸輸 11-998A
lùshū 録書 11-1344A
lùshŭ 鹿蜀 12-1285B
lùshù 露墅 11-741A
lùshù 鹿樹 12-1287A
lùshù 禄數 7-940B
lùshù 路數 10-478B
lŭshuĭ 鹵水 12-1026B
lùshuĭ 露水 11-735B
lùshuĭ 淥水 5-1435A
lùshuĭfūqī 露水夫妻 11-735B
lùshuĭxiāngféng 露水相逢 11-735B
lùshuĭyīnyuán 露水姻緣 11-735B
lùshuĭyuán 露水緣 11-735B
lúsì 壚肆 2-1239B
lùsī 露斯 11-740A
lùsī 鷺鷥 12-1164B
lùsī 鷺鶿 12-1164B
lùsĭ 僇死 1-1658B
lùsĭ 戮死 5-239A
lùsĭbùzéyīn 鹿死不擇音 12-1282B
lùsĭbùzéyìn 鹿死不擇廕 12-1282B
lúsīchĭ 慮虒尺 7-693A
lùsĭgŭ 陸死骨 11-994B
lùsĭshéishŏu 鹿死誰手 12-1282B
lùsīténg 鷺鷥藤 12-1164B
lŭsòng 魯頌 12-1209B
lŭsŏu 魯叟 12-1207A
lùsŏu 麓藪 12-1293B
lùsŏuzhīyōu 路叟之憂 10-475B
lūsū 嚕囌 3-541B
lúsù 蘆粟 9-616B
lŭsù 鹵素 12-1027A
lùsù 露宿 11-739B
lùsù 录蔌 3-1657A
lùsù 琭簌 4-599A
lùsù 禄粟 7-940A
lùsù 碌簌 7-1066B
lùsù 路宿 10-476B
lùsù 逯逮 9-1145B
lùsù 簏簌 8-1239A
lùsù 罜觳 8-1037B
lùsù 麗觳 8-1044B
lùsuàn 禄筭 7-940A
lùsuàn 禄算 7-940B
lúsuànzi 爐算子 7-314B
lùsùfēngcān 露宿風餐 11-739B
lúsuì 爐穗 7-314B
lúsŭn 蘆筍 9-616B
lūsuō 嚕嗦 3-541B
lùsuŏ 露索 11-739A
lùtà 戮撻 5-239B
lútái 爐臺 7-314A
lùtāi 鹿胎 12-1284A
lùtái 露臺 11-741A
lùtái 鹿臺 12-1286A
lùtái 路臺 10-478A
lùtáidìzĭ 露臺弟子 11-741A
lùtāijīn 鹿胎巾 12-1284A
lùtáizhīchăn 露臺之産 11-741A
lútàn 爐炭 7-313B
lútàn 鑪炭 11-1430A
lùtán 露壇 11-742A
lùtăn 露袒 11-739A
lútáng 爐膛 7-314B
lŭtáng 魯堂 12-1208A
lùtáng 露堂 11-739A
lùtāo 鷺濤 12-1164B
lùtáo 露桃 11-738B
lùtáo 路鞉 10-478B
lùtáo 路鼗 10-479B
lùtí 鹿蹄 12-1287B
lŭtián 鹵田 12-1027A
lùtiān 露天 11-735A
lùtián 露田 11-736A
lùtián 陸田 11-994B
lùtián 鹿田 12-1282A
lùtián 禄田 7-938B
lùtián 賂田 10-198B
lùtiāntōngshì 露天通事 11-735B
lùtiáo 路條 10-476A
lùtiē 録貼 11-1344B
lútíng 爐亭 7-313B
lŭtíng 虜廷 8-849B
lŭtíng 虜庭 8-849B
lùtíng 露庭 11-738B
lùtíng 路亭 10-475B
lùtĭng 鹿挺 12-1284A
lùtĭng 鹿鋌 12-1286B
lútóng 盧瞳 7-1472A
lŭtŏng 鹵桶 12-1027B
lùtōng 陸通 11-996B
lùtóng 稑穜 8-96A
lùtōnggēfèng 陸通歌鳳 11-996B
lútóu 爐頭 7-314B
lútóu 鑪頭 11-1430B
lùtóu 露頭 11-742A
lùtóu 鹿頭 12-1287A
lùtóu 路頭 10-479A
lùtóuchéng 鹿頭城 12-1287A
lùtóuguān 鹿頭關 12-1287A
lùtóujiăo 露頭角 11-742A
lùtóulùnăo 露頭露腦 11-742A
lùtóupúsà 路頭菩薩 10-479A
lùtóuqī 路頭妻 10-479A
lùtóuzhà 鹿頭柵 12-1287A
lútŭ 壚土 2-1239B
lùtŭ 鸕吐 12-1171B
lùtú 陸塗 11-997B
lùtú 淥圖 5-1435A
lùtú 禄圖 7-940B
lùtú 路途 10-476A
lùtú 録圖 11-1344B
lùtú 籙圖 8-1277B
lùtú 緑圖 9-922A
lùtŭ 露吐 11-736B
lùtŭ 陸土 11-994A
lútuó 鑪橐 11-1430B
lùtuó 録橐 11-1344B
lùwăn 陸挽 11-996A
lùwăn 陸輓 11-997B
lúwáng 盧王 7-1470B
lùwáng 陸王 11-994A
lùwăng 露網 11-741B
lùwăng 露輞 11-741B
lùwăngchē 露網車 11-741B
lùwăngshuānglái 露往霜來 11-737B
lùwánwúrén 陸玩無人 11-995B
lúwěi 蘆葦 9-616B
lŭwèi 鹵味 12-1027A
lŭwèi 魯衛 12-1210A
lùwěi 鹿尾 12-1283B
lùwěi 陸味 11-995B
lùwèi 鹿殘 12-1285A
lùwèi 禄位 7-939A
lùwèi 賂遺 10-199A
lùwěicángtóu 露尾藏頭 11-737A
lùwéimă 鹿爲馬 12-1285B
lŭwèizhīzhèng 魯衛之政 12-1210B
lúwēn 爐温 7-314A
lùwén 鹿文 12-1282A
lŭwénzàishŏu 魯文在手 12-1206B
lúwū 廬屋 3-1288B
lúwŭ 廬伍 3-1288A
lúwŭ 廬廡 3-1288B
lùwū 硉兀 7-1045B
lùwū 硉矹 7-1045B
lùwú 陸吾 11-995A
lùwŭ 鹿瓶 12-1287B
lùwù 崻兀 3-815A
lùwù 崻屼 3-815A
lùwúshíyí 路無拾遺

10-476B
lúxī 臚析 6-1405B
lúxí 蘆席 9-616A
lǔxì 滷潟 6-83B
lùxī 露晞 11-739B
lùxī 鹿蹊 12-1287B
lùxī 賂息 10-199A
lùxī 路蹊 10-479A
lùxí 露檄 11-742B
lùxì 鹿戲 12-1287B
lùxì 禄餼 7-941A
lǔxiā 鹵蝦 12-1027B
lǔxián 鹵鹹 12-1028A
lùxián 鹿銜 12-1286B
lùxiǎn 露跣 11-740B
lùxiàn 露見 11-737A
lùxiàn 賂獻 10-199A
lùxiàn 路綫 10-478A
lùxiáncǎo 鹿銜草 12-1286B
lúxiāng 爐香 7-313B
lúxiāng 鱸鄉 12-1270A
lùxiāng 露香 11-738B
lùxiāng 簏箱 8-1239A
lùxiǎng 禄餉 7-940B
lùxiàng 鹿巷 12-1284A
lùxiàng 禄相 7-939B
lùxiàng 路向 10-474B
lùxiàng 録相 11-1344A
lùxiàng 録像 11-1344B
lùxiàngjī 録像機 11-1344B
lúxiāngtíng 鱸鄉亭
12-1270A
lúxiānshēng 爐先生 7-313B
lùxiāo 蓼蕭 9-544A
lùxiǎo 露曉 11-742B
lùxiào 僇笑 1-1658B
lùxiào 戮笑 5-239B
lǔxiāyóu 鹵蝦油 12-1027B
lǔxiè 鹵潟 12-1028A
lùxiè 露泄 11-737B
lùxiè 露洩 11-738B
lùxiè 露屑 11-739A
lùxiè 露薤 11-742A
lùxiè 陸謝 11-998A
lùxiè 賂謝 10-199A
lúxìn 顱顖 12-378A
lúxìn 顱顋 12-378A
lùxīn 路心 10-474A
lùxīng 禄星 7-939B
lùxíng 露形 11-736B
lùxíngjǐn 鹿行錦 12-1283A
lúxíngzhě 盧行者 7-1470B
lùxiǔ 露朽 11-736B
lùxīyà 露西亞 11-736B
lúxù 臚敘 6-1405B
lùxǔ 露醑 11-742A
lùxǔ 淥醑 5-1435A
lùxǔ 禄糈 7-940B
lùxǔ 醁醑 9-1429A
lùxù 陸續 11-998B
lùxù 録序 11-1343B
lùxù 録續 11-1345A
lùxù 鷺序 12-1164A
lúxuě 蘆雪 9-616A
lǔxuē 魯削 12-1207A
lǔxué 魯學 12-1210A
lùxuè 漉血 6-99A
lúxūn 爐熏 7-314B
lúxūn 爐薰 7-314B
lúxūn 鑪薰 11-1430B
lùxūn 禄勳 7-940B
lùxùnshǐbào 鹿馴豕暴
12-1285B
lùxùyuānháng 鷺序鴛行
12-1164A
lùxùyuānháng 鷺序鵷行
12-1164A
lùyá 露牙 11-735B
lùyá 露芽 11-736B
lùyà 路迓 10-475A
lúyān 爐烟 7-314A
lúyān 爐煙 7-314A
lúyán 臚言 6-1405B
lúyǎn 盧狻 7-1471B
lúyǎn 爐眼 7-314A
lǔyān 鹵烟 12-1027B
lǔyán 鹵鹽 12-1028A
lǔyàn 魯硯 12-1209A
lùyán 陸鹽 11-998B
lùyǎn 露眼 11-739A
lǔyáng 魯陽 12-1208B
lùyāng 戮殃 5-239A
lùyǎng 露養 11-741B
lùyǎng 禄養 7-940B
lǔyánggē 魯陽戈 12-1208B
lǔyánghuīgē 魯陽揮戈
12-1208B
lǔyánghuīgē 魯陽麾戈
12-1208B
lǔyánghuīrì 魯陽揮日
12-1208B
lǔyánghuírì 魯陽迴日
12-1208B
lǔyángzhǐrì 魯陽指日
12-1208B
lǔyángzǐ 魯陽子 12-1208B
lùyāo 録要 11-1344A
lùyáozhīmǎlì…
路遥知馬力,日久見人心
10-477B
lùyáozhīmǎlì…
路遥知馬力,事久見人心
10-477B
lúyě 爐冶 7-313B
lúyě 鑪冶 11-1430A
lùyě 鹿野 12-1284B
lùyè 露葉 11-740A
lùyè 陸葉 11-997A
lùyè 陸業 11-997B
lùyěyuàn 鹿野苑 12-1284B
lúyī 盧醫 7-1472A
lúyī 蘆衣 9-615B
lǔyì 虜役 8-849B
lùyī 露衣 11-736B
lùyí 陸夷 11-995A
lùyí 録遺 11-1344B
lùyǐ 淥蟻 5-1435A
lùyǐ 醁醨 9-1429A
lùyì 禄邑 7-939A
lǔyìgū 魯義姑 12-1209B
lùyīn 録音 11-1344A
lùyín 鹿膑 12-1286B
lùyín 路銀 10-478A
lùyǐn 露飲 11-740B
lùyǐn 鹿隱 12-1287B
lùyǐn 禄隱 7-941A
lùyǐn 路引 10-474A
lùyìn 禄廕 7-940B
lùyīndài 録音帶 11-1344A
lúyíng 廬塋 3-1288B
lùyīng 露英 11-737A
lùyíng 露營 11-742B
lùyíng 陸營 11-998A
lùyíng 緑營 9-924A
lùyǐng 露穎 11-742B
lùyǐngcángxíng 露影藏形
11-741B
lùyīnjī 録音機 11-1344A
lùyǒng 戮勇 5-239A
lùyòng 路用 10-474B
lùyòng 録用 11-1343A
lùyòu 鹿囿 12-1284A
lùyóudān 路由單 10-474B
lúyǔ 廬宇 3-1288A
lǔyú 魯魚 12-1208A
lǔyǔ 魯語 12-1209B
lùyú 鹿魚 12-1285A
lùyú 路隅 10-476B
lùyú 路輿 10-479A
lùyú 漉魚 6-99A
lùyú 戮餘 5-239B
lùyǔ 露雨 11-737A
lùyǔ 鷺羽 12-1164A
lùyǔ 鷺嶼 12-1164A
lùyù 鹿玉 12-1282A
lùyù 路遇 10-476B
lúyuán 廬園 3-1288B
lùyuān 鷺鴛 12-1164A
lùyuān 鷺鵷 12-1164B
lùyuán 鹿園 12-1285B
lùyuán 路員 10-476A
lùyuàn 鹿苑 12-1283B
lùyuǎntiáotiáo 路遠迢迢
10-477B
lùyǔchá 陸羽茶 11-995A
lǔyúdìhǔ 魯魚帝虎
12-1208A
lúyuè 廬岳 3-1288A
lùyuē'ōuméng 鷺約鷗盟
12-1164A
lǔyúhàishǐ 魯魚亥豕
12-1208A
lùyǔjǐng 陸羽井 11-995A
lúyúkuài 鱸魚膾 12-1270A
lúyúkuài 鱸魚鱠 12-1270A
lúyūn 爐氳 7-314A
lúyún 臚雲 6-1405B
lùyùn 陸運 11-997B
lùyùn 禄運 7-940A
lùyúnjiāhè 陸雲家鶴
11-997A
lùyúnpǐ 陸雲癖 11-997A
lùyǔquán 陸羽泉 11-995A
lǔyútáoyīn 魯魚陶陰
12-1208B
lùzàikǒubiān 路在口邊
10-474B
lúzào 爐竈 7-315A
lúzào 鑪竈 11-1430B
lǔzào 鹵竈 12-1028A
lùzé 陸澤 11-998A
lùzé 鹿幘 12-1286B
lùzé 禄澤 7-941A
lùzéi 戮賊 5-239B
lùzèng 賂贈 10-199A
lúzhā 爐渣 7-314A
lùzhà 鹿柵 12-1284A
lúzhái 廬宅 3-1288A
lùzhài 鹿砦 12-1284B
lùzhài 鹿寨 12-1286B
lùzhàn 陸戰 11-998A
lúzhàng 廬帳 3-1288B
lúzhàng 臚脹 6-1405B
lùzhāng 露章 11-739B
lùzhǎng 露掌 11-740A
lùzhǎng 路長 10-475A
lùzhàng 路障 10-478A
lùzhǎo 鹿爪 12-1282A
lùzhào 路照 10-477B
lǔzhé 魯哲 12-1207A
lùzhēn 陸珍 11-995B
lùzhèng 路政 10-475B
lúzhí 壚埴 2-1239B
lúzhì 盧至 7-1470B
lúzhì 盧雉 7-1471B
lúzhì 鱸豸 12-1270A
lǔzhī 鹵汁 12-1027A
lǔzhī 滷汁 6-83B
lǔzhī 魯卮 12-1206B
lǔzhī 櫓枝 4-1336B
lǔzhì 鹵質 12-1027B
lǔzhì 魯雉 12-1209A
lǔzhì 魯質 12-1209B
lùzhí 禄直 7-939A
lùzhǐ 露止 11-735B
lùzhǐ 禄祉 7-939B
lùzhì 禄秩 7-939B
lùzhì 録治 11-1344A
lúzhīchǐ 慮俿尺 7-693A
lúzhǒng 廬冢 3-1288B
lúzhǒng 臚腫 6-1406A
lùzhōng 鹿中 12-1282A
lùzhōng 路中 10-474A
lùzhǒng 路冢 10-476A
lùzhòng 陸種 11-997B
lúzhōngrén 蘆中人 9-615B
lǔzhōngsǒu 魯中叟 12-1206A
lùzhóu 陸軸 11-997A
lùzhóu 轆軸 9-1329B
lùzhóu 磟碡 7-1109B
lùzhòu 露酎 11-739A
lúzhù 爐炷 7-313B
lúzhù 鑪鑄 11-1430B
lùzhū 露珠 11-738B
lùzhú 菉竹 9-453B
lùzhú 鹿竹 12-1282B

lùzhú 綠竹 9-916A
lùzhù 露柱 11-738A
lùzhù 陸注 11-995B
lúzhuàn 爐篆 7-314B
lùzhuān 甋甎 5-295B
lùzhuān 磠磚 7-1109B
lùzhuāng 露妝 11-737A
lùzhuàng 鹿撞 12-1286B
lùzhuāngbǎn 路莊板 10-475B
lúzhuī 蘆錐 9-617A
lǔzhuō 鹵拙 12-1027A
lǔzhuō 魯拙 12-1206B
lǔzhuó 魯斫 12-1207A
lùzhuōjūn 潞涿君 6-161B
lúzi 爐子 7-313A
lúzi 鑪子 11-1430A
lúzi 蘆子 9-615B
lǔzi 鹵子 12-1026B
lǔzi 滷子 6-83A
lǔzi 櫓子 4-1356B
lǔzǐ 虜子 8-849B
lùzi 鹿子 12-1281B
lùzi 盝子 7-1443B
lùzi 路子 10-474A
lùzi 録子 11-1343A
lùzī 路資 10-478A
lùzì 露胔 11-740A
lùzǐquán 陸子泉 11-994A
lùzòng 鹿蹤 12-1287B
lùzòng 鹿縱 12-1287B
lùzǒu 陸走 11-995A
lùzòu 露奏 11-738A
lùzòu 録奏 11-1344A
lùzǒusūtái 鹿走蘇臺 12-1283A
lǔzú 鹵族 12-1027B
lùzú 峍崒 3-815B
lùzú 峍崪 3-815B
lùzuǎnxuěchāo 露纂雪鈔 11-743A
lǔzuǐ 擄嘴 6-911A
lùzuì 戮罪 5-239B
lùzuò 陸作 11-995A
lùzuò 禄祚 7-939B
lùzuò 禄胙 7-939B
lǘ'ān 驢鞍 12-917B
lǜ'ànhóngxī 綠暗紅稀 9-921B
lǚ'āntífèng 吕安題鳳 3-98B
lǚ'áo 旅獒 6-1589B
lǚbǎi 旅百 6-1586A
lǚbài 旅拜 6-1587B
lǜbái 綠白 9-915B
lǚbǎn 履版 4-56B
lǚbǎn 縷板 9-980B
lǚbàn 侶伴 1-1336B
lǚbàn 旅伴 6-1586B
lǚbǎng 旅榜 6-1590A
lǚbào 旅抱 6-1587A
lǜbǎoshí 綠寶石 9-925A
lǚbèi 僂背 1-1631B
lǚbēn 旅賁 6-1588B
lǜběn 律本 3-952B
lǚbì 旅幣 6-1590A
lǚbì 旅壁 6-1590A
lǚbì 履壁 4-59B
lǜbì 綠碧 9-922A
lǚbiǎn 旅窆 6-1587B
lǜbiàn 慮變 7-693B
lǜbiǎo 慮表 7-692B
lǚbìn 旅擯 6-1590B
lǚbìn 旅殯 6-1590B
lǜbìn 綠鬢 9-925A
lǚbīng 履冰 4-56A
lǚbīnghú 履冰狐 4-56A
lǜbìnhóngyán 綠鬢紅顔 9-925B
lǜbìnzhūyán 綠鬢朱顔 9-925A
lǚbó 旅泊 6-1587A
lǚbó 旅舶 6-1588B
lǚbó 履薄 4-58B
lǜbō 綠波 9-918B
lǚbólínshēn 履薄臨深 4-58B
lǜbóshì 律博士 3-954B
lǘbù 閭部 12-110B
lǚbù 僂步 1-1631B
lǚcǎi 縷綵 9-981A
lǜcāi 慮猜 7-693A
lǜcǎnhóngchóu 綠慘紅愁 9-922B
lǜcǎnhóngxiāo 綠慘紅銷 9-922B
lǜcǎo 葎草 9-477A
lǜchá 綠茶 9-918B
lǚcháng 旅腸 6-1589B
lǚcháng 履長 4-56A
lǚcháng 履腸 4-58A
lǜchāngmíng 綠昌明 9-918A
lǘchē 驢車 12-916B
lǜchē 綠車 9-916B
lǚchén 旅塵 6-1590A
lǚchén 縷陳 9-980B
lǚchèn 旅櫬 6-1590B
lǜchén 綠沉 9-917A
lǜchén 綠塵 9-922B
lǜchén 綠沈 9-917A
lǜchénchén 綠沉沉 9-917A
lǚchéng 旅呈 6-1586B
lǚchéng 旅程 6-1589A
lǜchéngchéng 綠澄澄 9-923A
lǚchǐ 履齒 4-58B
lǜchǐ 律尺 3-952B
lǜchīcōng 綠螭驄 9-924A
lǚchóu 旅愁 6-1589B
lǚchóu 旅酬 6-1589B
lǚchóu 旅醻 6-1590B
lǜchuān 綠川 9-914B
lǘchuáng 驢牀 12-917A
lǜchuāng 綠窗 9-921B
lǚchuānzhǒngjué 履穿踵決 4-56B
lǚchuí 鑢錘 11-1428A
lǘchúnbùduì… 驢脣不對馬嘴 12-917A
lǘchúnmǎzuǐ 驢脣馬觜 12-917A
lǚcì 旅次 6-1586B
lǚcì 屢次 4-54A
lǜcí 綠瓷 9-920A
lǚcìsānfān 屢次三番 4-54A
lǜcóng 綠叢 9-924B
lǚcuàn 旅竄 6-1590B
lǜcuì 綠翠 9-922B
lǚcuò 鑢錯 11-1428A
lǘdǎgǔn 驢打滚 12-916B
lǚdài 履帶 4-57A
lǚdài 履戴 4-59A
lǜdài 率帶 2-382A
lǜdài 率貸 2-382B
lǜdài 綠黛 9-924A
lǘdǎng 閭黨 12-111A
lǚdǎo 履蹈 4-59B
lǚdào 履道 4-57B
lǚdàofāng 履道坊 4-57B
lǚdàolǐ 履道里 4-57B
lǜdēng 綠燈 9-924A
lǚdī 縷堤 9-980B
lǚdǐ 旅邸 6-1586B
lǜdì 綠地 9-916A
lǜdì 綠蔕 9-921A
lǜdì 綠蔕 9-922A
lǚdiàn 旅店 6-1587A
lǜdiǎn 律典 3-953B
lǜdiǎn 率典 2-380B
lǘdiǎo 驢鳥 12-917A
lǜdòng 律動 3-954B
lǚdòngbīn 吕洞賓 3-99A
lǚdòu 穭豆 8-161B
lǜdòu 綠豆 9-917A
lǜdòupí'er 綠豆皮兒 9-917A
lǜdòuqīng 綠豆青 9-917A
lǜdòuyá 綠豆芽 9-917A
lǚdù 履度 4-56B
lǜdù 律度 3-954A
lǚduān 履端 4-58A
lǚduāndàshìbùhútu 吕端大事不糊塗 3-100A
lǜ'é 綠蛾 9-922A
lǜ'è 綠蕚 9-921A
lüèbùshìchū 略不世出 7-1355B
lüècǎo 掠草 6-700A
lüèchāo 掠抄 6-699B
lüèchén 略陳 7-1356B
lüèchéng 略城 7-1356B
lüèchī 掠笞 6-700A
lüèchǔ 掠楚 6-700B
lüèchuò 略綽 7-1357B
lüèchuòkǒu 略綽口 7-1357B
lüèdào 掠盜 6-700B
lüèděng 略等 7-1357A
lüèdì 掠地 6-699B
lüèdì 略地 7-1355B
lüèdìng 略定 7-1356A
lüèduó 掠敓 6-700B
lüèduó 掠奪 6-700B
lüèduó 略奪 7-1357B
lüèfàn 掠販 6-700A
lüèfú 掠服 6-699B
lüègāoyīchóu 略高一籌 7-1356B
lüèhǎi 掠海 6-700A
lüèhé 擽合 6-962A
lüèhuò 略獲 7-1357B
lüèjí 略及 7-1355B
lüèjì 略計 7-1356B
lüèjiànyībān 略見一班 7-1356A
lüèjié 掠劫 6-699B
lüèjié 略節 7-1357A
lüèjīlùnxīn 略迹論心 7-1356B
lüèjìn 略盡 7-1357B
lüèjīyuánqíng 略迹原情 7-1356B
lüèjīyuánxīn 略迹原心 7-1356B
lüèjué 略獲 7-1358A
lüèkǎo 掠考 6-699B
lüèkǎo 掠拷 6-700A
lüèkuīyībān 略窺一班 7-1357B
lüèlǐ 掠理 6-700A
lüèlì 掠立 6-699B
lüèlì 略歷 7-1357B
lüèlǔ 掠鹵 6-700A
lüèlǔ 掠虜 6-700B
lüèlǔ 掠擄 6-700B
lüèluō 擽捋 6-962A
lüèlüè 略略 7-1357A
lüèmài 掠賣 6-700B
lüèmài 略賣 7-1357B
lüèměi 掠美 6-700A
lǜ'èméi 綠蕚梅 9-921A
lǜ'èméi 綠蕚梅 9-923A
lüènào 掠鬧 6-700B
lüèpū 擽撲 6-962A
lüèqiě 略且 7-1355B
lüèqǐn 略寢 7-1357B
lüèqíng 略情 7-1357A
lüèqǔ 掠取 6-699B
lüèqǔ 略取 7-1356A
lüèrén 略人 7-1355B
lüèrèn 略刃 7-1355B
lüèshā 掠殺 6-700A
lüèshèng 掠剩 6-700B
lüèshèngguǐ 掠剩鬼 6-700B
lüèshèngshǐ 掠剩使 6-700B
lüèshèngyīchóu 略勝一籌 7-1357A
lüèshì 略事 7-1356A
lüèshízhīwú 略識之無 7-1358A
lüèshǔ 略屬 7-1358A
lüèshù 略術 7-1357A
lüètōng 略通 7-1357A
lüètóng 略同 7-1356A
lüètóu 掠頭 6-701A
lüètú 略圖 7-1357B
lüèwēi 略微 7-1357A
lüèwéi 略爲 7-1357A
lüèwú 略無 7-1357A

lüèwù 略物 7-1356A
lüèwújìdàn 略無忌憚 7-1357A
lüèxí 掠襲 6-701A
lüèxǐ 略洗 7-1356B
lüèxié 略斜 7-1357A
lüèxíng 略行 7-1356A
lüèxū 掠虛 6-700A
lüèxuē 掠削 6-700A
lüèyào 略要 7-1356B
lüèyě 略野 7-1357A
lüèyì 掠役 6-699B
lüèyì 略意 7-1357B
lüèyǐng 掠影 6-700B
lüèyǐngfúguāng 掠影浮光 6-700B
lüèyǒu 略有 7-1356A
lüèyòu 略誘 7-1357B
lüèyǔ 略語 7-1357B
lüèyuē 掠約 6-700A
lüèyuē 略約 7-1356B
lüèzé 略則 7-1356B
lüèzhèn 掠陣 6-700A
lüèzhèn 略陳 7-1356B
lüèzhèn 略陣 7-1356B
lüèzhèn 擽陣 6-962A
lüèzhì 掠治 6-699B
lüèzhīyī'èr 略知一二 7-1356A
lüèzhuàn 略傳 7-1357A
lüèzhuó 掠彴 6-699B
lüèzhuó 略彴 7-1356A
lüèzǐ 掠子 6-699A
lǜfǎ 律法 3-953B
lǜfà 綠髮 9-923A
lǚfān 旅帆 6-1586B
lǚfàn 旅泛 6-1587A
lǜfán 綠礬 9-925A
lǚfāng 履方 4-55B
lǜfáng 綠房 9-918B
lǚfèi 旅費 6-1589A
lǜféi 綠肥 9-918A
lǜféihóngshòu 綠肥紅瘦 9-918A
lǜféizuòwù 綠肥作物 9-918A
lǚfén 旅墳 6-1590A
lǜfěn 綠粉 9-920A
lǘfēng 閭峰 12-110B
lǜfēng 律風 3-954A
lǜfěng 律諷 3-955B
lǘfū 驢夫 12-916B
lǚfú 旅服 6-1587A
lǚfú 履舄 4-58A
lǚfǔ 僂俯 1-1631B
lǚfù 呂傅 3-99B
lǚfù 屢復 4-54B
lǜfú 律服 3-953B
lǜfǔ 率府 2-381A
lǜfù 律賦 3-955A
lǜgài 綠蓋 9-921B
lǜgān 綠甘 9-915B
lǘgānfèi 驢肝肺 12-917A
lǚgē 旅歌 6-1590A
lǚgě 呂葛 3-99B
lǜgé 律格 3-954A
lǜgēng 率更 2-380A
lǜgēnglìng 率更令 2-380A
lǜgèngshū 率更書 2-380A
lǜgēngtǐ 率更體 2-380A
lǜgéshī 律格詩 3-954A
lǚgōng 呂公 3-98A
lǚgōngchē 呂公車 3-98A
lǚgōngjiāo 呂公茭 3-98A
lǚgōngshū 呂公書 3-98A
lǚgōngtāo 呂公縧 3-98B
lǚgōngzhěn 呂公枕 3-98A
lǚgōngzǐ 呂公子 3-98A
lǚgòu 僂垢 1-1631B
lǜgōu 綠溝 9-923A
lǚgǔ 旅骨 6-1587B
lǚgǔ 旅穀 6-1590A
lǚgǔ 穭穀 8-162A
lǜgǔ 律谷 3-953B
lǚguǎn 呂管 3-100A
lǚguǎn 旅舘 6-1590A
lǚguǎn 旅館 6-1590A
lǜguǎn 律琯 3-954B
lǜguǎn 律管 3-955A
lǜguàn 律貫 3-954B
lǚguì 履貴 4-57B
lǜguì 綠桂 9-919B
lǜguò 濾過 6-200B
lǜguò 慮過 7-693A
lǘgūzhú 簡箐竹 8-1275B
lǘhàn 閭閈 12-110B
lǘhé 氀毼 6-1016A
lǚhé 旅翮 6-1590A
lǚhé 履和 4-56B
lǚhè 氀褐 6-1016A
lǚhè 旅褐 6-1590A
lǜhé 綠核 9-919B
lǜhébāo 綠荷包 9-919B
lǚhéjīn 鋁合金 11-1251A
lǚhén 履痕 4-57A
lǚhèn 旅恨 6-1587B
lǚhóng 旅鴻 6-1590B
lǜhòu 律候 3-954B
lǚhòuyán 呂后筵 3-98B
lǘhù 閭互 12-109B
lǘhù 閭户 12-109B
lǚhǔ 履虎 4-56A
lǚhǔ 捋虎 6-620A
lǜhuá 綠華 9-919B
lǜhuà 綠化 9-915A
lǜhuà 慮化 7-692B
lǚhuái 旅懷 6-1590B
lǜhuái 慮懷 7-693B
lǜhuālǜyè 綠花綠葉 9-916B
lǚhuàn 旅宦 6-1587B
lǜhuán 綠鬟 9-925A
lǜhuàn 慮患 7-693A
lǜhuànà 氯化鈉 6-1038A
lǜhuàwù 綠化物 9-915B
lǚhún 旅魂 6-1589A
lǚhuò 呂霍 3-100A
lǚhuò 履獲 4-58B
lǜhuò 慮禍 7-693A
lǚhǔwěi 履虎尾 4-56A
lǚhǔxū 捋虎鬚 6-620A
lǚjī 旅羇 6-1590B
lǚjī 履屐 4-57A
lǚjí 旅集 6-1589A
lǚjí 履極 4-57B
lǚjí 履籍 4-59B
lǚjí 履藉 4-59A
lǚjì 旅寄 6-1588B
lǚjì 履迹 4-56B
lǚjì 履跡 4-58A
lǜjǐ 律己 3-952B
lǜjǐ 率己 2-379A
lǜjì 律紀 3-954A
lǜjì 率計 2-381A
lǜjì 綠罽 9-924A
lǜjì 慮計 7-692B
lǜjiā 律家 3-954B
lǚjiàn 旅見 6-1586B
lǚjiàn 履踐 4-58B
lǜjiǎn 綠簡 9-924B
lǚjiànbùxiān 屢見不鮮 4-54A
lǜjiànzhēnrén 綠劍真人 9-923A
lǚjiāo 屢驕 4-54B
lǚjīchéngbiàn 履機乘變 4-58B
lǚjié 履節 4-58A
lǚjié 履潔 4-58B
lǚjié 履絜 4-57B
lǚjiě 縷解 9-981A
lǜjié 綠節 9-922A
lǚjījiān 履屐間 4-57A
lǚjīn 縷金 9-980B
lǚjìn 旅進 6-1588A
lǘjǐng 閭井 12-109A
lǚjìng 履徑 4-57A
lǚjìnlǚtuì 旅進旅退 6-1588A
lǚjīnnáng 縷金囊 9-980B
lǘjīntóu 驢筋頭 12-917A
lǚjīntuán 縷金團 9-980B
lǚjīnyī 縷金衣 9-980B
lǜjiǔ 綠酒 9-920A
lǜjiǔhóngdēng 綠酒紅燈 9-920A
lǘjū 閭居 12-110A
lǘjū 閭娵 12-110B
lǘjū 驢鞠 12-917B
lǚjū 旅居 6-1587A
lǚjǔ 縷舉 9-981A
lǚjù 僂句 1-1631A
lǚjù 呂鉅 3-99B
lǚjù 呂劇 3-100A
lǚjù 旅拒 6-1586B
lǚjù 旅距 6-1588A
lǚjù 履屨 4-59B
lǜjú 綠橘 9-923A
lǜjù 率醵 2-385A
lǘjūbájuē 驢駒拔撅 12-917B
lǚjuē 履蹻 4-59B
lǚjuē 履屩 4-59B
lǘjūmèi 驢駒媚 12-917B
lǚkān 履勘 4-57A
lǚkè 旅客 6-1587B
lǜkē 律科 3-954A
lǜkē 綠柯 9-919A
lǜkè 率刻 2-381A
lǚkōng 屢空 4-54B
lǜkǒng 慮恐 7-692B
lǜkū 硉矹 3-856A
lǚkuài 縷膾 9-981A
lǚkuàng 旅況 6-1587A
lǘkuí 閭葵 12-110B
lǚkuí 旅葵 6-1588B
lǜkuí 律魁 3-954B
lǜkuí 綠葵 9-921A
lǘlà 膢臘 6-1372A
lǜlà 綠蠟 9-925A
lǚlǎn 呂覽 3-100A
lǜlàng 綠浪 9-920A
lǜláo 綠醪 9-924B
lǘlǐ 閭里 12-110A
lǚlǐ 履理 4-57A
lǚlì 旅力 6-1586A
lǚlì 膂力 6-1367A
lǚlì 履立 4-55B
lǚlì 履歷 4-59A
lǜlí 綠籬 9-925B
lǜlǐ 綠李 9-916B
lǜlì 律例 3-953B
lǜlì 律麻 3-954B
lǜlì 律曆 3-955A
lǜlì 律歷 3-955A
lǘliǎndáguà 驢臉答挂 12-918A
lǚliáng 呂梁 3-99B
lǘliǎnguādā 驢臉瓜搭 12-917B
lǚliáo 膟膋 6-1372B
lǚlìbiǎo 履歷表 4-59A
lǚliè 褸裂 9-135A
lǜlìguǎn 律例館 3-953B
lǜlíng 綠酃 9-924B
lǜlíng 綠醽 9-925B
lǜlìng 律令 3-952B
lǜlìnggéshì 律令格式 3-953A
lǜlìshòu 綠線綬 9-922B
lǜlìzhī 綠荔枝 9-919A
lǚlù 旅路 6-1589B
lǚlù 縷鹿 9-980B
lǘluó 驢騾 12-918A
lǘluó 驢臝 12-918A
lǘluò 閭落 12-110B
lǚluó 縷羅 9-981B
lǚluó 縷覼 9-981B
lǚluò 婁絡 4-371A
lǚluò 縷絡 9-981A
lǜluó 濾羅 6-201A
lǜluó 綠蘿 9-924B
lǜluó 綠蘿 9-925A
lǚlǚ 僂僂 1-1631B
lǚlǚ 旅旅 6-1588A
lǚlǚ 屢屢 4-54B
lǚlǚ 儢儢 1-1732A

lǚlǚ 縷縷 9-981A
lǚlǜ 吕律 3-99A
lǜlǚ 律吕 3-953A
lǜlǜ 律律 3-954A
lǚlǚ 嘍嘍 3-536A
lǚlǚhángháng 縷縷行行 9-981B
lǘmǎchù 驢馬畜 12-917A
lǚmài 穭麥 8-162A
lǚmào 旅貌 6-1590A
lǜmáo 綠毛 9-915A
lǜmào'er 綠帽兒 9-921B
lǜmáoguī 綠毛龜 9-915A
lǜmáosǒu 綠毛叟 9-915A
lǜmáoxiān 綠毛仙 9-915A
lǜmáoyāofèng 綠毛么鳳 9-915A
lǜmáoyaofèng 綠毛幺鳳 9-915A
lǜmàozi 綠帽子 9-921B
lǘmǎtóu 驢馬頭 12-917A
lǘmǎzhài 驢馬債 12-917A
lǘmèi 驢媚 12-917A
lǚméng 屢盟 4-54B
lǚmèng 旅夢 6-1589B
lǜméngméng 綠蒙蒙 9-922A
lǘmí 閭糜 12-111A
lǜmiǎn 慮免 7-692B
lǜmíng 綠茗 9-918B
lǘmínggǒufèi 驢鳴狗吠 12-917B
lǘmíngquǎnfèi 驢鳴犬吠 12-917B
lǘmíngyīshēng 驢鳴一聲 12-917B
lǘmò 閭陌 12-110A
lǘmù 閭墓 12-111A
lǚmǔ 履畝 4-57A
lǚmù 旅幕 6-1589A
lǜnài 綠柰 9-919A
lǜnàn 慮難 7-693A
lǜnèizhàng 綠內障 9-915A
lǘnián 驢年 12-916B
lǘniǎn 驢輦 12-917B
lǚnián 履年 4-55B
lǘniánmǎyuè 驢年馬月 12-916B
lǜnídàjiào 綠呢大轎 9-918A
lǜniù'er 綠拗兒 9-917B
lǚnóng 旅農 6-1589B
lǜnǚhóngnán 綠女紅男 9-914B
lǜpáo 綠袍 9-920A
lǜpáohuáijiǎn 綠袍槐簡 9-920A
lǜpēi 綠醅 9-923A
lǚpéng 旅朋 6-1587A
lǜpiàn 綠片 9-915A
lǜpiāo 綠縹 9-924B
lǘpíjiāo 驢皮膠 12-916B
lǜpín 綠蘋 9-924B
lǜpíng 綠萍 9-920B
lǘpíyǐng 驢皮影 12-916B
lǜpǔ 綠浦 9-920A
lǜpújié 綠蒲節 9-921B
lǜpútáo 綠葡萄 9-921A
lǚqí 履綦 4-58A
lǚqí 縷綦 9-981A
lǚqì 旅憩 6-1590A
lǜqǐ 綠綺 9-922B
lǜqì 濾器 6-201A
lǜqì 氯氣 6-1038A
lǚqià 履洽 4-56B
lǚqiān 屢遷 4-54B
lǚqiān 履謙 4-59B
lǜqián 綠錢 9-924A
lǚqiándāo 吕虔刀 3-99B
lǘqiánmǎhòu 驢前馬後 12-917A
lǜqiào 綠翹 9-924B
lǚqiē 縷切 9-980A
lǜqiè 律切 3-952B
lǜqín 綠琴 9-920B
lǚqīng 履傾 4-58A
lǚqíng 旅情 6-1588B
lǜqīng 綠青 9-917B
lǜqīng 綠卿 9-920A
lǜqìnqìn 綠沁沁 9-917A
lǚqióng 履窮 4-58B
lǜqǐqín 綠綺琴 9-922B
lǘqiū 閭丘 12-109B
lǜqiū 綠秋 9-919A
lǜqiú 慮囚 7-692B
lǚqú 履絇 4-57A
lǘquàn 驢券 12-917A
lǚquàn 旅券 6-1587A
lǚrén 旅人 6-1586A
lǚrén 履仁 4-55B
lǚrèn 履任 4-55B
lǜrén 律人 3-952B
lǚróng 履榮 4-58B
lǜróng 綠茸 9-918B
lǜrōngrōng 綠茸茸 9-918B
lǚròugēng 縷肉羹 9-980A
lǘrú 䕡茹 9-599B
lǘrú 藘蕠 9-602B
lǜrǔ 綠乳 9-918A
lǜrù 綠縟 9-924A
lǚsǎ 履靸 4-57B
lǜsèjìng 濾色鏡 6-200B
lǜsēng 律僧 3-955A
lǜshā 綠莎 9-919B
lǘshān 閭山 12-109A
lǚshàn 履善 4-57B
lǜshān 綠衫 9-918B
lǜshàn 綠扇 9-920A
lǚshàng 履尚 4-56B
lǚshào 吕召 3-98B
lǘshè 閭舍 12-110A
lǘshè 閭社 12-110A
lǚshè 旅舍 6-1587A
lǚshè 旅社 6-1587A
lǜshé 綠舌 9-916A
lǜshé 綠虵 9-919A
lǜshé 綠蛇 9-920B
lǚshēn 僂身 1-1631B
lǜshēn 律身 3-953B
lǚshēng 旅升 6-1586A
lǚshēng 旅生 6-1586A
lǚshēng 穭生 8-161B
lǚshéng 履繩 4-59B
lǜshèng 律乘 3-954A
lǘshēngjǐjiǎo… 驢生笄角瓮生根 12-916B
lǘshēngjījiǎo… 驢生機角瓮生根 12-916B
lǘshēngjǐjiǎo… 驢生戟角瓮生根 12-916B
lǜshēngshēng 綠生生 9-915B
lǘshī 閭師 12-110B
lǘshǐ 閭史 12-109B
lǘshì 閭市 12-109B
lǘshì 閭室 12-110B
lǚshī 旅師 6-1588A
lǚshí 旅食 6-1587B
lǚshí 履時 4-57A
lǚshì 吕氏 3-98B
lǜshī 律師 3-954B
lǜshī 律詩 3-954B
lǜshī 綠施 9-919A
lǜshí 綠石 9-915B
lǜshǐ 慮始 7-692B
lǜshíyàn 綠石硯 9-915B
lǜshǒu 律手 3-952B
lǜshòu 綠綬 9-922B
lǘshū 閭姝 12-110B
lǘshǔ 驢鼠 12-917A
lǚshǔ 縷數 9-981A
lǚshù 旅樹 6-1590A
lǚshù 縷述 9-980B
lǜshù 率數 2-384A
lǘshuài 閭率 12-110B
lǚshuài 旅帥 6-1587A
lǜshuài 慮率 7-693A
lǚshuāng 履霜 4-59A
lǚshuāngcāo 履霜操 4-59B
lǚshuāngjiānbīng 履霜堅冰 4-59A
lǚshuāngzhībīng 履霜知冰 4-59A
lǚshuāngzhījiè 履霜之戒 4-59A
lǜshuǐ 綠水 9-915A
lǜshuì 率稅 2-382B
lǜshuǐluó 濾水羅 6-200B
lǜshuǐqīngshān 綠水青山 9-915A
lǚshuǐzhū 履水珠 4-55B
lǚshuō 縷說 9-981A
lǘsì 閭肆 12-110B
lǚsī 魯颸 12-1210B
lǚsī 旅思 6-1587A
lǜsī 綠絲 9-921B
lǜsī 慮私 7-692B
lǜsī 慮思 7-692B
lǚsīyègǎo 履絲曳縞 4-58A
lǚsòng 吕宋 3-98B
lǚsòngyān 吕宋烟 3-99A
lǚsù 旅宿 6-1588B
lǜsuàn 慮算 7-693A
lǚsuì 履歲 4-58A
lǚsuǒ 旅瑣 6-1589B
lǚtàihòudeyánxí 吕太后的筵席 3-98A
lǚtàihòudeyányàn 吕太后的筵宴 3-98A
lǚtǎn 履坦 4-56A
lǚtàn 履炭 4-56B
lǜtàn 慮嘆 7-693A
lǜtáng 律堂 3-954B
lǚtāngdǎohuǒ 履湯蹈火 4-57B
lǜtánqiāng 綠檀槍 9-924A
lǜténg 綠縢 9-924A
lǚtì 履屜 4-58A
lǜtí 綠綈 9-922A
lǜtǐ 律體 3-955B
lǜtiān 綠天 9-914B
lǜtiáo 律條 3-954A
lǘtíng 閭亭 12-110B
lǚtíng 旅亭 6-1587B
lǜtīng 綠汀 9-915B
lǜtóng 綠桐 9-919B
lǜtǒng 箻筒 8-1213B
lǘtóu 驢頭 12-917B
lǜtóu 綠頭 9-923A
lǘtóubùduì… 驢頭不對馬嘴 12-917B
lǜtóujīn 綠頭巾 9-923B
lǜtóupái 綠頭牌 9-923B
lǜtóuqiān 綠頭籤 9-923B
lǜtóuyā 綠頭鴨 9-923B
lǚtú 旅途 6-1588A
lǚtú 旅塗 6-1589B
lǘtuí 驢頹 12-917B
lǚtuì 旅退 6-1587B
lǚtǔkuàng 鋁土礦 11-1251A
lǚtuō 旅託 6-1588A
lǜtuò 綠籜 9-925A
lǚushǔ 僂數 1-1631B
lǜwài 慮外 7-692B
lǘwáng 驢王 12-916B
lǚwàng 吕望 3-99B
lǚwàng 旅望 6-1588B
lǜwāngwāng 綠汪汪 9-917A
lǚwēi 履危 4-56A
lǚwéi 繫帷 9-1049B
lǚwěi 履尾 4-56A
lǚwèi 吕渭 3-100A
lǚwèi 履位 4-56A
lǜwēi 慮微 7-693A
lǜwén 律文 3-952B
lǜwén 綠文 9-915B
lùwèn 錄問 11-1344B
lǜwèn 慮問 7-693A
lǜwénchìzì 綠文赤字 9-915B
lǚwēng 吕翁 3-99B
lǘwū 驢屋 12-917A
lǘwǔ 閭伍 12-110A
lǚwǔ 屢舞 4-54B
lǚwǔ 履武 4-56A
lǜwú 綠蕪 9-923A
lǜwú 慮無 7-693A
lǜwù 綠霧 9-924B

lǚwǔcāomǎng 吕武操莽 3-99A
lǚxī 旅息 6-1587B
lǚxī 履豨 4-57A
lǚxī 縷析 9-980A
lǚxī 縷晰 9-980B
lǚxì 履繫 4-59B
lǚxì 履舄 4-57B
lǚxì 縷細 9-980B
lǚxiān 吕仙 3-98B
lǚxiǎn 履險 4-58B
lǚxiǎn 履嶮 4-59A
lǜxián 緑弦 9-918B
lǜxiàn 緑線 9-923A
lǚxiǎndǎoweī 履險蹈危 4-58B
lǘxiàng 閭衖 12-110B
lǘxiàng 閭巷 12-110A
lǚxiàng 吕相 3-99A
lǚxiǎnruòyí 履險若夷 4-58B
lǚxiǎnrúyí 履險如夷 4-58B
lǚxiānwēng 吕仙翁 3-98B
lǜxiǎo 緑篠 9-924A
lǚxié 履鞋 4-58B
lǚxìjiāocuò 履舄交錯 4-57B
lǚxīn 履新 4-58A
lǚxíng 僂行 1-1631B
lǚxíng 吕刑 3-98B
lǚxíng 侶行 1-1336B
lǚxíng 旅行 6-1586B
lǚxíng 履行 4-55B
lǚxìng 履性 4-56B
lǜxíng 律行 3-953A
lǚxíngshè 旅行社 6-1586B
lǘxìngzi 驢性子 12-917A
lǚxìnsīshùn 履信思顺 4-56B
lǘxióng 驢熊 12-917B
lǜxióngxí 緑熊席 9-922B
lǘxū 閭胥 12-110B
lǘxū 閭須 12-110B
lǚxū 履虚 4-57A
lǚxū 捋鬚 6-620A
lǚxù 縷續 9-981B
lǜxǔ 緑醑 9-923B
lǜxué 律學 3-955B
lǜxūjiāng 緑鬚姜 9-925A
lǚxūqián 捋鬚錢 6-620A
lǚyá 吕牙 3-98A
lǜyā 緑鴨 9-924A
lǜyá 緑芽 9-916B
lǘyán 閭閻 12-111A
lǚyán 旅顏 6-1590B
lǚyán 縷言 9-980A
lǚyàn 吕硯 3-99B
lǚyàn 旅宴 6-1588A
lǚyàn 旅雁 6-1588B
lǚyàn 旅燕 6-1590A
lǜyán 緑鹽 9-925B
lǘyán'āndǔ 閭閻安堵 12-111A
lǘyánpūdì 閭閻撲地 12-111A
lǘyányīgōng 閭閻醫工 12-111A
lǜyāo 緑幺 9-914B
lǜyāo 緑腰 9-922A
lǚyè 旅謁 6-1590A
lǚyè 履業 4-58A
lǜyě 緑野 9-920B
lǜyèchéngyīn 緑葉成陰 9-920B
lǜyèlǜhuācǎo 緑葉緑花草 9-921A
lǜyětáng 緑野堂 9-920B
lǘyì 閭邑 12-110A
lǚyī 吕伊 3-98B
lǚyī 旅衣 6-1586B
lǚyī 旅揖 6-1588B
lǚyī 縷衣 9-980A
lǚyì 旅逸 6-1588B
lǚyì 旅瘞 6-1590A
lǚyì 履義 4-58A
lǜyī 緑衣 9-916A
lǜyí 律儀 3-955A
lǜyǐ 緑螘 9-924A
lǜyǐ 緑蟻 9-924B
lǜyǐ 緑[illegible] 9-925A
lǜyì 律義 3-955A
lǜyì 緑意 9-922A
lǜyì 緑鷁 9-925A
lǜyì 慮佚 7-692B
lǜyì 慮憶 7-693A
lǜyīláng 緑衣郎 9-916B
lǚyín 旅吟 6-1586B
lǚyǐn 旅飲 6-1589A
lǜyīn 緑茵 9-918B
lǜyīn 緑陰 9-920A
lǜyīn 緑蔭 9-921B
lǚyíng 旅楹 6-1589B
lǜyīng 緑英 9-917B
lǚyíngdǎomǎn 履盈蹈滿 4-56B
lǜyīngméi 緑英梅 9-917B
lǜyīngyīng 緑瑩瑩 9-923A
lǜyīnyīn 緑茵茵 9-918B
lǜyīnyīn 緑陰陰 9-920B
lǜyīnyīn 緑蔭蔭 9-921B
lǜyīrén 緑衣人 9-916B
lǜyīshǐzhě 緑衣使者 9-916B
lǜyīyī 緑依依 9-918A
lǜyīyuánbǎo 緑衣元寶 9-916B
lǘyòu 閭右 12-109B
lǚyóu 旅游 6-1589A
lǚyóu 旅遊 6-1589A
lǜyóu 緑油 9-918A
lǜyōuyōu 緑油油 9-918A
lǘyù 閭閾 12-111A
lǚyù 旅寓 6-1589A
lǜyù 緑玉 9-915B
lǜyuǎn 慮遠 7-693A
lǜyuàn 律院 3-954A
lǚyuē 履約 4-57A
lǚyuè 屢月 4-54A
lǜyùjūn 緑玉君 9-915B
lǚyùn 履運 4-57B
lǜyún 緑筠 9-922A
lǜyún 緑雲 9-921A
lǜyùn 律均 3-953B
lǜyúnhuán 緑雲鬟 9-921B
lǜyúnyī 緑雲衣 9-921A
lǜyùshù 緑玉樹 9-915B
lǜyùzhàng 緑玉杖 9-915B
lǜyùzhī 緑玉枝 9-915B
lǚzàng 旅葬 6-1588B
lǜzàng 律藏 3-955B
lǜzǎo 緑藻 9-924B
lǜzé 律則 3-954A
lǜzé 緑幘 9-922A
lǚzhān 旅占 6-1586A
lǜzhǎn 律斬 3-954B
lǜzhāng 緑章 9-920B
lǜzhāoyún 緑朝雲 9-921A
lǚzhēn 履真 4-57A
lǚzhěn 旅枕 6-1587A
lǜzhēn 緑針 9-920A
lǜzhēn 緑鍼 9-924B
lǚzhèng 吕政 3-99A
lǚzhèng 履正 4-55B
lǜzhēngzhēng 緑崢崢 9-919A
lǚzhēnrén 吕真人 3-99B
lǜzhēnzhēn 緑蓁蓁 9-921B
lǚzhǐ 僂指 1-1631B
lǜzhǐ 濾紙 6-200B
lǘzhōng 閭中 12-109B
lǚzhōng 履中 4-55B
lǚzhōng 履忠 4-56B
lǚzhǒng 旅冢 6-1588A
lǜzhōu 緑洲 9-919A
lǜzhòu 緑酎 9-919B
lǚzhǔ 旅主 6-1586A
lǜzhū 緑珠 9-919A
lǚzhuāng 旅裝 6-1589B
lǜzhuāngyán 緑莊嚴 9-919B
lǜzhūjiāng 緑珠江 9-919A
lǜzhūjǐng 緑珠井 9-919A
lǜzhūlóu 緑珠樓 9-919B
lǜzhǔn 律準 3-955A
lǜzhùshí 緑柱石 9-919A
lǜzhūtán 緑珠潭 9-919B
lǜzhùyù 緑柱玉 9-919A
lǜzhūzhuìlóu 緑珠墜樓 9-919A
lǘzi 驢子 12-916B
lǚzī 旅資 6-1589B
lǜzī 緑滋 9-921B
lǜzì 緑字 9-916B
lǚzikuài 縷子膾 9-980A
lǚzīqián 捋髭錢 6-620A
lǜzōng 律宗 3-953B
lǚzǔ 吕祖 3-99A
lǚzǔ 履組 4-57A
lǜzú 律卒 3-856A
lǚzúcījiān 履足差肩 4-56A
lǚzūn 履尊 4-57B
lǜzūn 緑尊 9-921B
lǜzūn 緑樽 9-923A
lǘzuǒ 閭左 12-109B
lǚzuò 履祚 4-56B
lǜzuò 律坐 3-953B
lǜzuò 律座 3-954B
lǚzǔshī 吕祖師 3-99A

M

má'àn 麻案 12-1275A
mǎ'ān 馬安 12-765B
mǎ'ān 馬窐 12-785A
mǎ'ān 馬鞍 12-783B
mǎ'àng 馬枊 12-768B
mǎ'ānqiáo 馬鞍轎 12-783B
mǎ'ānshì 馬鞍式 12-783B
mǎ'ānxíng 馬鞍形 12-783B
mǎbā'ér 馬八兒 12-760A
mǎbā'èr 馬八二 12-760A
mǎbǎiliáo 馬百鷯 12-765A
mǎbāliù 馬八六 12-760A
mábān 麻斑 12-1276A
mǎbān 馬班 12-773A
mǎbàn 馬絆 12-777B
mǎbàn 馬靽 12-782A
mǎbāng 馬幫 12-787B
mǎbàng 馬棒 12-778A
mábāo 麻包 12-1272A
mǎbāo 馬包 12-764A
mǎbǎo 馬寶 12-790B
mǎbàrén 馬壩人 12-791A
mābāzi 媽巴子 4-393B
mǎbèi 馬鞁 12-782A
mǎbèichuánchún 馬背船脣 12-771A
mǎbèixuéxiào 馬背學校 12-771A
mábì 麻痹 12-1277A
mábì 麻痺 12-1277A
mábì 麻紴 12-1276A
mábì 痲痹 8-330B
mǎbǐ 馬疕 12-767B
mǎbì 馬幣 12-783A
mǎbiān 馬鞭 12-789A
mǎbiǎn 馬扁 12-772B
mǎbiàn 馬弁 12-764B
mǎbiǎo 馬錶 12-787A
mábìbùrén 麻痺不仁 12-1277A
mábìbùrén 痲痹不仁 8-330B
mábìdàyì 麻痹大意 12-1277A
mǎbiē 馬鼈 12-791A
mábǐng 麻餅 12-1277B
mǎbīng 馬兵 12-767A
mǎbīnláng 馬檳榔 12-789A
mabō 麼波 12-1279B
mábó 麻勃 12-1274B
mǎbó 馬勃 12-771A
mǎbó 馬渤 12-779A
mǎbó 馬敎 12-775B
mǎbóguā 馬瓟瓜 12-773B
mǎbóliù 馬百六 12-765A
mǎbóliù 馬伯六 12-767A
mǎbóliù 馬泊六 12-769B
mǎbóniúsōu 馬勃牛溲 12-771A
mǎbóniúsōu 馬浡牛溲 12-774B
mābù 抹布 6-437A
mábù 麻布 12-1272A
mǎbǔ 馬捕 12-773A
mǎbù 馬步 12-766B
mǎbùjiàn 馬步箭 12-766B
mǎbùjiě'ān 馬不解鞍 12-762A
mǎbùrùjiù 馬不入廄 12-762A
mǎbùtíngtí 馬不停蹄 12-762A
mǎbùyuàn 馬步院 12-766B
mǎcái 馬材 12-766A
mǎcǎichē 馬踩車 12-784A
mǎcáo 馬曹 12-775B
mǎcáo 馬槽 12-783B
mǎcǎo 馬草 12-770B
mǎcè 馬策 12-778B
mǎcè 馬筴 12-780B
mǎcèxīzhōu 馬策西州 12-778B
máchá 麻嗏 12-1276B
máchá 麻查 12-1274A
máchá 麻茶 12-1274A
máchá 麻搽 12-1276A
mǎchā 馬叉 12-761B
mǎchā 榪叉 4-1206B
mǎchá 榪槎 4-1206B
mǎchāi 馬差 12-771B
máchán 麻纏 12-1279A
mǎchán 馬蟬 12-789A
mǎchǎng 馬場 12-778A
mǎchǎng 馬廠 12-785A
mácháo 麻朝 12-1276B
mǎchē 馬車 12-766A
mǎchén 馬塵 12-782B
màchēn 罵嗔 12-833A
mǎchénbùjí 馬塵不及 12-782B
mǎchéng 馬城 12-770B
mǎchéng 馬程 12-778B
mǎchéng 馬塍 12-781A
mǎchí 馬匙 12-776A
mǎchǐ 馬齒 12-784A
mǎchǐcài 馬齒菜 12-784A
mǎchíméijí 馬遲枚疾 12-785A
mǎchǐtúzēng 馬齒徒增 12-784A
mǎchǐtúzhǎng 馬齒徒長 12-784A
mǎchǐxiàn 馬齒莧 12-784A
mǎchú 馬芻 12-774A
mǎchú 馬蒭 12-780A
mǎchù 馬畜 12-774B
mǎchuán 馬舡 12-771B
mǎchuán 馬船 12-776B
mǎchuáng 馬牀 12-770A
máchuí 麻搥 12-1276A
máchuí 麻槌 12-1277A
máchuí 麻椎 12-1276B
mǎchuí 馬垂 12-769A
mǎchuí 馬捶 12-775B
mǎchuí 馬箠 12-782B
mácí 麻詞 12-1276B
mácí 麻餈 12-1278A
mácí 麻辭 12-1279A
mǎcì 馬刺 12-768B
mácuī 麻衰 12-1274B
mǎcuò 馬錯 12-787A
mādā 麻搭 12-1276A
mādā 抹搭 6-438A
mádā 麻搭 12-1276A
mádá 麻達 12-1276A
mǎdā 馬褡 12-783A
mǎdá 馬達 12-778A
mǎdàhā 馬大哈 12-760B
mádài 麻帶 12-1275A
mádài 麻袋 12-1275B
mǎdài 馬袋 12-776B
màdàjiē 罵大街 12-832A
mádàn 麻蛋 12-1276A
mǎdàn 馬蛋 12-777A
mǎdāng 馬當 12-780A
màdàngzi 罵檔子 12-833A
mádāo 麻刀 12-1271A
mádǎo 麻搗 12-1277A
mádǎo 麻擣 12-1278B
mǎdāo 馬刀 12-760A
mǎdào 馬道 12-779A
màdǎo 禡禂 7-950A
màdǎo 禡禱 7-950A
màdào 禡纛 7-950B
mǎdàochénggōng 馬到成功 12-768B
mǎdàogōngchéng 馬到功成 12-768B
mǎdàtóu 馬大頭 12-760B
mǎdāzi 馬搭子 12-777B
mǎdāzi 馬褡子 12-783A
māde 媽的 4-393B
mǎdēng 馬燈 12-787B
mǎdèng 馬鄧 12-783A
mǎdèng 馬鐙 12-790A
mǎdèng 馬韂 12-790B
mǎdēngdiào 馬燈調 12-787B
mádì 麻地 12-1272A
mǎdì 馬遞 12-781A
mádiǎn 麻點 12-1278B
mǎdiàn 馬店 12-769B
mǎdiàn 馬殿 12-782A
mǎdiàn 馬電 12-780A
mǎdiào 馬弔 12-763A
mǎdiào 馬吊 12-765A
mǎdiào 馬調 12-784B
mádié 麻絰 12-1277A
màdiēmàniáng 罵爹罵娘 12-832B
màdìng 嘜啶 3-490A
mǎdīnglú 馬丁爐 12-760A
mǎdòng 馬湩 12-779A
mádǒu 麻斗 12-1271B
mádòu 麻豆 12-1273A
mǎdòu 馬豆 12-766A
mǎdōulíng 馬兜鈴 12-776B
mǎdōulíng 馬兜零 12-776B
mǎdù 馬杜 12-766A
mǎduì 馬隊 12-777A
mǎduò 馬垛 12-770B
mǎduòzi 馬垛子 12-770B
mǎ'è 馬軛 12-775B
mǎ'ēnlièsī 馬恩列斯 12-773B
mǎ'ěr 馬耳 12-764B
mǎ'ěrchūnfēng 馬耳春風 12-765A
mǎ'ěrdōngfēng 馬耳東風 12-764B
mǎ'ěrfēng 馬耳風 12-765A
mǎ'ěrgá 瑪爾噶 4-613B
mǎfǎ 馬法 12-769B
máfán 麻煩 12-1277A
máfàn 麻犯 12-1272A
mǎfān 馬蕃 12-783B
mǎfàn 馬飯 12-779A
máfǎng 麻紡 12-1275A
mǎfāng 馬坊 12-766A
mǎfáng 馬房 12-770A
mǎfàngnánshān 馬放南山 12-769B
máfěi 麻菲 12-1275A
máfèi 麻沸 12-1273B
máfèi 麻蕡 12-1277B
mǎfēi 嗎啡 3-454B
máfèisǎn 麻沸散 12-1273B
máfèitāng 麻沸湯 12-1273B
máfèitāng 麻肺湯 12-1273A
máfén 麻黂 12-1279A
mǎfèn 馬糞 12-788B
máfēng 麻風 12-1274B
máfēng 麻瘋 12-1277B
máfēng 痲瘋 8-330B
mǎfēng 馬封 12-770B
mǎfēng 馬蜂 12-780B
mǎfēng 馬逢 12-787B
mǎfēng 馬蠭 12-790B
mǎfēng 螞蜂 8-939B
mǎfēngwō 馬蜂窩 12-780B
mǎfènniáng 馬糞娘 12-788B
mǎfènzhǐ 馬糞紙 12-788B
máfǔ 麻腐 12-1277B
mǎfū 馬夫 12-762A
mǎfū 馬伕 12-765A
mǎfú 馬伏 12-765A
mǎfú 馬服 12-769B
mǎfǔ 馬府 12-769B
mǎfù 馬腹 12-781A
mǎfùlìng 馬復令 12-779A
mǎfùtáobiān 馬腹逃鞭 12-781A
mǎfúzǐ 馬服子 12-769B
mágāi 麻荄 12-1274A
mágǎn 麻秆 12-1273A
mágǎn 麻桿 12-1275A
mǎgān 馬肝 12-767A
mǎgān 馬竿 12-771B
mǎgān 馬乾 12-775B
mǎgǎn 馬杆 12-766A

mǎgāng 馬綱 12-783A
mǎgānshí 馬肝石 12-767A
mǎgānxiá 馬肝峽 12-767A
mǎgāoláng 馬膏䱶 12-782B
mǎgāoyú 馬臯魚 12-773B
mǎgé 馬革 12-770B
mǎgé 馬蛤 12-778B
mǎgéchéngshī 馬革盛尸 12-770B
mágégāo 麻葛糕 12-1276B
mǎgéguǒshī 馬革裹尸 12-770B
mǎgéguǒshī 馬革裹屍 12-770B
mágēng 麻絙 12-1276B
mágēng 蟆更 8-941A
mǎgētóu 馬哥頭 12-773A
mǎgōng 馬工 12-760B
mǎgōng 馬公 12-763A
mǎgōngméisù 馬工枚速 12-760B
mǎgōngzhàng 馬公帳 12-763A
mágū 麻姑 12-1273B
mágǔ 麻股 12-1273A
mǎgǔ 馬骨 12-771B
mǎguà 馬褂 12-781B
mǎguà 馬袿 12-777A
mǎguǎi 馬拐 12-768B
mǎguǎiqiāng 馬拐槍 12-768B
mǎguān 馬官 12-769B
mǎguān 馬冠 12-772B
mǎguān 馬倌 12-773B
mǎguǎn 馬館 12-787A
mǎguàshù 馬褂樹 12-781B
màguǐshū 罵鬼書 12-832B
mágūjiǔ 麻姑酒 12-1273B
mágūlà 麻姑剌 12-1274A
máguō 蟆蟈 8-941A
mǎguōtóu 馬鍋頭 12-787A
mágūsāobèi 麻姑搔背 12-1274A
mágūzhǎo 麻姑爪 12-1273B
mǎhā 馬哈 12-771A
màhǎimà 罵海罵 12-833A
mǎhǎimáo 馬海毛 12-774B
mǎhāmá 馬哈麻 12-771B
mǎhán 馬韓 12-788A
mǎháng 馬行 12-765B
mǎhào 馬號 12-780B
mǎhāyú 馬哈魚 12-771B
mǎhè 馬褐 12-783A
mǎhè 馬赫 12-782A
màhē 罵訶 12-833A
màhè 罵喝 12-833A
mǎhēi 馬黑 12-778B
máhétáo 麻核桃 12-1274B
mǎhóu 馬猴 12-779A
mǎhòu 馬後 12-771B
mǎhòudàliàn 馬后大練 12-765A
mǎhòulǘqián 馬後驢前 12-771B
mǎhòupào 馬後炮 12-771B
mǎhòupào 馬後砲 12-771B
mǎhòupào 馬後礮 12-771B
máhú 麻胡 12-1274A
máhú 馬糊 12-785A
mǎhǔ 馬虎 12-769A
mǎhù 馬户 12-763A
máhuā 麻花 12-1272B
mǎhuà 馬化 12-763A
màhuà 罵話 12-833A
máhuāliàng 麻花亮 12-1272B
mǎhuán 馬環 12-787B
máhuáng 麻黄 12-1275A
mǎhuáng 馬黄 12-775B
mǎhuáng 馬蝗 12-784A
mǎhuáng 馬蟥 12-788A
mǎhuáng 螞蝗 8-939B
mǎhuáng 螞蟥 8-939B
mǎhuángdìng 螞蟥釘 8-939B
mǎhuángnǔ 馬黄弩 12-775B
máhuángsù 麻黄素 12-1275A
mǎhùcè 馬户册 12-763A
mǎhuì 馬喙 12-778B
mǎhuì 馬會 12-781A
màhuǐ 罵毀 12-833A
máhuīsè 麻灰色 12-1272A
mǎhuízi 馬回子 12-765A
mǎhuò 馬禍 12-779B
mǎhǔyǎn 馬虎眼 12-769A
máhúzi 麻胡子 12-1274A
mǎhúzi 馬鬍子 12-789A
mǎhǔzi 馬虎子 12-769A
mái'àn 霾暗 11-745B
mài'àn 脈案 6-1246B
mài'ào 賣傲 10-229B
màibà 麥罷 12-1019A
màibǎishé 賣百舌 10-224B
mǎibàn 買辦 10-167B
màibǎn 麥粄 12-1018B
màibǎn 麥䬳 12-1019A
mǎibàng 買榜 10-166B
mǎibànjiējí 買辦階級 10-168A
mǎibànzīchǎnjiējí 買辦資產階級 10-168A
mǎibào 買報 10-166A
màibén 賣畚 10-228B
máibiǎn 埋窆 2-1105A
mǎibiào 買俵 10-165B
máibìn 埋殯 2-1106A
màibīng 賣冰 10-225A
màibǐng 麥餅 12-1019A
màibǐng 賣餅 10-230A
màibǐngjiā 賣餅家 10-230A
màibó 脈搏 6-1247A
mǎibōlái 買撥來 10-167B
mǎibǔ 買卜 10-161B
mǎibǔ 買補 10-166B
màibǔ 賣卜 10-223B
màibù 麥布 12-1016A
màibù 邁步 10-1169B
mǎibùduǎn 買不短 10-162A
mǎicài 買菜 10-165B
màicái 賣才 10-224A
mǎicàishū 買菜書 10-165B
màicaìyōng 賣菜傭 10-228B
máicáng 埋藏 2-1106A
máicáng 霾藏 11-745B
màicè 麥䇲 12-1019A
màicèhuā 麥策花 12-1018B
màichá 麥茬 12-1017B
màichāng 賣娼 10-229B
màichàng 賣唱 10-229A
màichǎo 麥麨 12-1019A
máichē 埋車 2-1104B
máichén 霾霃 11-745B
màichéng 麥城 12-1017A
màichěng 賣逞 10-228A
màichīdāi 賣癡獃 10-232A
máichóng 貍蟲 10-1338A
màichōng 脈冲 6-1246A
mǎichū 買出 10-162B
màichū 邁出 10-1169B
mǎichuán 買舩 10-165B
mǎichuán 買船 10-166A
màichuàn'er 賣串兒 10-225B
mǎichūn 買春 10-164B
màichūn 賣春 10-227B
màichūnkùn 賣春困 10-227B
mǎichūnqián 買春錢 10-164B
màidá 邁達 10-1170A
màidàhào 賣大號 10-224A
màidàhù 賣大户 10-224A
màidāi 賣呆 10-225B
màidāi 賣獃 10-230A
màidàkàng 賣大炕 10-224A
màidāng 邁當 10-1170A
màidānxùn 麥丹蕈 12-1016A
mǎidào 買道 10-166A
màidǎo 賣倒 10-228B
màidāomǎidú 賣刀買犢 10-223B
màidé 邁德 10-1170B
mǎidēng 買燈 10-168A
màiděng 邁等 10-1170A
mǎidí 買糴 10-169A
màidǐ 賣底 10-226B
mǎidìquàn 買地券 10-162B
màidōng 麥冬 12-1016A
màidòng 脈動 6-1246B
màidòngdiànliú 脈動電流 6-1246B
mǎidōngmǎixī 買東買西 10-163B
mǎidú 買櫝 10-168B
mǎidù 買渡 10-166A
màidù 賣渡 10-229B
mǎiduàn 買斷 10-168B
màiduàn 賣斷 10-231B
mǎidúhuánzhū 買櫝還珠 10-168B
mǎidúmàidāo 買犢賣刀 10-169A
màidúmǎidāo 賣犢買刀 10-231B
mài'é 麥蛾 12-1018B
mài'è 賣惡 10-229B
mài'ēn 賣恩 10-228A
mái'ér 埋兒 2-1104B
mài'ěr 麥餌 12-1019A
mài'ěrdēngní 麥爾登呢 12-1019A
mài'értiēfù 賣兒貼婦 10-226B
mài'éryùnǚ 賣兒鬻女 10-226B
mǎifǎ 買法 10-164A
màifā 脈發 6-1247A
màifǎ 賣法 10-226B
mǎifān 買帆 10-163A
mǎifàn 買販 10-165B
màifàn 麥飯 12-1018B
màifàn 賣犯 10-224B
mǎifāng 買方 10-162B
mǎifàng 買放 10-164A
màifāng 賣方 10-224A
màifǎng 賣訪 10-229A
màifàng 賣放 10-226B
màifànshí 麥飯石 12-1018B
màifěn 麥粉 12-1017B
máifēng 霾風 11-745B
màifēng 麥風 12-1017B
màifēngliú 賣風流 10-228A
màifēngqíng 賣風情 10-228A
máifú 埋伏 2-1104A
máifù 埋覆 2-1106A
mǎifú 買服 10-164A
mǎifù 買復 10-166A
mǎifù 買賦 10-167B
màifū 麥稃 12-1018B
màifū 麥麬 12-1020A
màifú 賣服 10-226B
màifù 賣富 10-229B
màifù 賣賦 10-230B
màifùchāipín 賣富差貧 10-229B
mǎifúqián 買服錢 10-164A
máifúquān 埋伏圈 2-1104A
màifùrén 賣賦人 10-230B
màigǎn 麥稈 12-1018B
màigǎnchóng 麥秆蟲 12-1017A
mǎigào 買告 10-163B
màigāo 麥餻 12-1020A
màigāoyào 賣膏藥 10-230B
màigè 麥個 12-1017B
máigēn 埋根 2-1105A
máigēngtàishǒu 埋羹太守 2-1106A
mǎigōng 買功 10-162B
màigōng 賣工 10-224A
màigōng 賣功 10-224B
màigōngfū 賣工夫 10-224A
màigǒupígāoyào 賣狗皮膏藥 10-226B
màigǒuxuányáng 賣狗懸羊 10-226B
máigǔ 埋骨 2-1104B
máigǔ 埋蠱 2-1106B
mǎigǔ 買骨 10-164B
màigǔ 邁古 10-1169B
máiguà 薶掛 9-596B
mǎiguà 買卦 10-163B

màiguà 賣卦 10-226A
màiguāi 賣乖 10-226A
màiguāiguāi 賣乖乖 10-226B
màiguāinòngqiào 賣乖弄俏 10-226A
mǎiguān 買官 10-164A
màiguān 賣官 10-227A
màiguǎn 脈管 6-1247A
màiguānfànjué 賣官販爵 10-227A
máiguāng 埋光 2-1104A
màiguāng 麥光 12-1016A
màiguāng'er 賣光兒 10-224B
mǎiguānjié 買關節 10-169A
màiguānjié 賣關節 10-232A
màiguānmàijué 賣官賣爵 10-227A
mǎiguānyùjué 買官鬻爵 10-164A
màiguānyùjué 賣官鬻爵 10-227A
màiguānyùyù 賣官鬻獄 10-227A
màiguānzi 賣關子 10-232A
màiguāsǒu 賣瓜叟 10-224B
màigǔchāojīn 邁古超今 10-1169B
mǎiguǐ 買鬼 10-164B
mǎiguǐ 買詭 10-166B
mǎiguǐ 買鴿 10-168B
mǎiguì 買桂 10-165A
màiguì 賣貴 10-229B
màiguó 賣國 10-229A
màiguóqiúlì 賣國求利 10-229A
màiguóqiúróng 賣國求榮 10-229A
màiguózéi 賣國賊 10-229A
màiháng 麥行 12-1016A
mǎihǎo 買好 10-163A
màihǎo 賣好 10-225A
mǎihé 買和 10-164A
mǎihóng 買紅 10-165A
mǎihǒng 買哄 10-164B
màihòu 脈候 6-1246A
màihòu 麥候 12-1017B
màihú 麥斛 12-1018A
màihuā 麥花 12-1016B
màihuā 賣花 10-225B
mǎihuān 買懽 10-169A
mǎihuān 買歡 10-169A
mǎihuān 買驩 10-169A
màihuàn 麥麲 12-1020A
mǎihuāng 買荒 10-164B
màihuāng 賣荒 10-227B
màihuáng 麥黃 12-1018A
màihuángshuǐ 麥黃水 12-1018A
mǎihuāqián 買花錢 10-163A
máihuì 霾晦 11-745B
mǎihuì 買賄 10-166B
màihuì 賣會 10-230A
máihūn 霾昏 11-745B
máihún 埋魂 2-1105A
mǎihūn 買昏 10-164A
màihūn 賣昏 10-226B
màihūn 賣婚 10-229B
mǎihuó 買活 10-164B
mǎihuò 買禍 10-166B
màihuò 賣貨 10-229A
màihuò 賣禍 10-230A
màijī 麥饑 12-1019B
màijì 賣技 10-225A
màijì 邁迹 10-1169B
màijì 邁績 10-1170B
màijì 邁跡 10-1170A
mǎijiā 買家 10-165B
mǎijià 買價 10-167B
màijiā 麥枷 12-1018A
màijiā 賣家 10-228B
màijià 麥稼 12-1019A
máijiàn 埋劍 2-1105B
mǎijiān 買姦 10-165A
màijiān 賣姦 10-228A
màijiàn 賣劍 10-230B
màijiāng 賣漿 10-231A
màijiànmǎidú 賣劍買犢 10-231A
mǎijiànmàiguì 買賤賣貴 10-167B
màijiànmǎiniú 賣劍買牛 10-230B
màijiànmǎiqín 賣劍買琴 10-231A
mǎijiāo 買交 10-163A
màijiāo 賣交 10-225A
màijiǎo 麥角 12-1017A
màijiāoqing 賣交情 10-225A
mǎijié 買結 10-166B
màijiē 麥秸 12-1018A
màijiē 麥稭 12-1019A
màijiē 麥藍 12-1020A
màijié 邁捷 10-1170A
màijīn 賣金 10-226B
màijìn 佅僸 1-1222A
màijìn 賣勁 10-227B
màijìn 邁進 10-1170A
máijīng 霾晶 11-745B
màijīng 麥精 12-1019A
màijǐng 邁景 10-1170A
màijìngchóngyuán 賣鏡重圓 10-232A
mǎijìngqiú'ān 買靜求安 10-166B
màijīshānshíkū 麥積山石窟 12-1019B
màijiǔ 麥酒 12-1017B
màijiǔtípíng 賣酒提瓶 10-228B
màijuān 麥稍 12-1018B
màijuān 麥䅌 12-1020A
màijuānzhǐ 麥䅌紙 12-1020A
mǎijué 買爵 10-168B
màijué 賣絕 10-230A
màijué 賣爵 10-231B
màijué 邁絕 10-1170A
mǎijuéfànguān 買爵販官 10-168B
màijuéyùguān 賣爵鬻官 10-231B
màijùjiāng 麥句薑 12-1016A
mǎijùn 買駿 10-168A
màijùn 邁峻 10-1169B
mǎijùngǔ 買駿骨 10-168A
màikāi 邁開 10-1170A
màikāng 麥糠 12-1020A
màikē 麥顆 12-1019B
màikē 賣科 10-227B
màikè 麥克 12-1016B
màikè 賣客 10-228A
màikè 賣課 10-231A
màikèfēng 麥克風 12-1016B
màikèsīwéi 麥克斯韋 12-1016B
màikōng 賣空 10-227A
mǎikōngcāng 買空倉 10-164B
mǎikōngmàikōng 買空賣空 10-164B
màikōngmǎikōng 賣空買空 10-227A
màikōngxū 賣空虛 10-227A
màikǒu 脈口 6-1245B
màikǒu 賣口 10-224A
màikǒuchī 賣口吃 10-224A
màikǒuqī 麥口期 12-1015A
mǎikuài 買快 10-163B
màikǔlì 賣苦力 10-226A
màikùn 賣困 10-225B
màilǎn 賣懶 10-232A
màilàng 麥浪 12-1018A
màilǎo 賣老 10-224B
màilǐ 脈理 6-1246B
màilǐ 脈禮 6-1247B
màilǐ 麥李 12-1016B
màilǐ 麥醴 12-1020A
màilì 麥粒 12-1018A
màilì 賣力 10-223B
máiliàn 埋殮 2-1106A
mǎiliǎn 買臉 10-168B
mǎiliǎnmiàn 買臉面 10-168B
mǎilímàijiàn 買犁賣劍 10-166A
mǎilímàijiàn 買犂賣劍 10-166A
mǎilín 買鄰 10-167A
màilín 賣鄰 10-230B
màilínggōngfū 賣零工夫 10-230A
màilìqi 賣力氣 10-224A
máiliùzi 埋溜子 2-1105B
màilìzhǒng 麥粒腫 12-1018B
màilóng 麥籠 12-1020B
màilǒng 麥隴 12-1020A
màilǒng 麥壟 12-1020A
màilǒng 麥壠 12-1020A
mǎilù 買路 10-166B
màilú 賣壚 10-231B
màilú 賣爐 10-232A
màiluàn 賣亂 10-230A
máilún 埋輪 2-1105B
màilún 邁倫 10-1169B
máilúnpòzhù 埋輪破柱 2-1105B
màiluò 脈絡 6-1247A
mǎilùqián 買路錢 10-166B
màilǚ 脈縷 6-1247B
màilǚfēnxiāng 賣履分香 10-231A
máimái 䁲䁲 7-1254B
mǎimài 買賣 10-167A
màimǎi 賣買 10-229B
màimài 邁邁 10-1170B
mǎimàihūnyīn 買賣婚姻 10-167B
mǎimàijīng 買賣經 10-167B
mǎimàirén 買賣人 10-167A
màimàixiāngtōng 脈脈相通 6-1246B
mǎimán 買瞞 10-167B
màimáng 麥芒 12-1016A
màimángdāo 麥芒刀 12-1016A
màimǎxiè 賣馬解 10-228A
mǎimǎzhāobīng 買馬招兵 10-165A
mǎimǎzhāojūn 買馬招軍 10-165A
màimǎzi 麥碼子 12-1019A
màimén 脈門 6-1246A
màimén 麥門 12-1017A
màiméndōng 麥門冬 12-1017A
màiméndōng 麥虋冬 12-1020B
máiméng 霾蒙 11-745B
màiměng 賣懵 10-231B
màiměngdǒng 賣懞懂 10-231B
màiměngdǒng 賣懵董 10-231B
mǎiménqián 買門錢 10-164B
màimǐ 麥米 12-1016B
mǎimiǎn 買免 10-163B
màimiǎn 賣免 10-226A
màimiàn 麥麪 12-1019A
màimiàn 麥麵 12-1020A
màimiànguāng 賣面光 10-227B
mǎimiànzi 買面子 10-164B
màimiànzi 賣面子 10-227B
màimiáo 麥苗 12-1017A
máimiè 埋滅 2-1105B
máimíng 埋名 2-1104A
máimíng 埋銘 2-1105B
mǎimíng 買名 10-163A
mǎimìng 買命 10-164A
màimìng 賣命 10-226B
máimò 埋没 2-1104B
màimóu 麥麰 12-1019B
máimù 埋暮 2-1105B
máimù 霾霂 11-724B
mǎinà 買納 10-165B
màinányùnǚ 賣男鬻女 10-225B
màinǎode 賣腦的 10-230A
máinì 埋匿 2-1105A

máinián 埋年 2-1104A
mǎiniúmàijiàn 買牛賣劍 10-162A
mǎiniúmàijiàn 買牛賣劒 10-162B
mǎiniúxīgē 買牛息戈 10-162A
mǎinòng 買弄 10-163A
màinòng 賣弄 10-225A
màinú 麥奴 12-1016A
màipiàn 麥片 12-1015B
màipí'ānchún 賣皮鵪鶉 10-224B
màipíng 賣平 10-224B
màipíng 賣評 10-229B
mǎipítáng 買陂塘 10-163B
màipó 賣婆 10-229B
mǎipū 買撲 10-167A
màipū 賣撲 10-230B
màiqí 麥畦 12-1018A
màiqǐ 脈起 6-1246A
màiqì 脈氣 6-1246A
màiqì 麥氣 12-1017B
màiqì 賣契 10-227A
màiqì 邁氣 10-1169B
màiqián 賣錢 10-231A
màiqiǎo 賣巧 10-224B
màiqiào 賣俏 10-227B
mǎiqiáocuì 買憔悴 10-167B
màiqiàoxíngjiān 賣俏行姦 10-227B
màiqiàoyíngjiān 賣俏迎姦 10-227B
màiqílín 麥淇淋 12-1018B
mǎiqíng 買情 10-166A
màiqīng 麥青 12-1017A
màiqīng 賣青 10-226A
màiqīng 賣清 10-229B
màiqíng 賣情 10-229B
màiqǐng 賣請 10-231A
mǎiqīngmàiqīng 買青賣青 10-163B
mǎiqīngmiáo 買青苗 10-163B
mǎiqiú 買求 10-163A
màiqiū 麥丘 12-1016A
màiqiū 麥秋 12-1017B
màiqiūzhīzhù 麥丘之祝 12-1016A
màiqīyùzǐ 賣妻鬻子 10-226A
mǎiqǔ 買取 10-163B
màiqū 麥麴 12-1020A
màiquán 賣權 10-232A
màiquàn 賣券 10-226B
màiquántóu 賣拳頭 10-228B
mǎiquē 買缺 10-165A
màiquē 賣缺 10-228A
màiquē 賣闕 10-231B
màirǎng'er 賣嚷兒 10-232A
mǎirèn 買認 10-166B
màirén 麥人 12-1015A
màirén 邁人 10-1169A
màirén 邁仁 10-1169A
màirénqíng 賣人情 10-223B
mǎirì 買日 10-162A
màisàn 脈散 6-1247A
màisè 脈色 6-1246A
mǎishān 買山 10-162A
màishàn 麥釤 12-1018A
màishàng 邁上 10-1169A
mǎishànggàoxià 買上告下 10-161B
mǎishānguīwò 買山歸臥 10-162A
mǎishàngzhǔxià 買上囑下 10-162A
mǎishānjū 買山居 10-162A
mǎishānqián 買山錢 10-162A
mǎishānyǐn 買山隱 10-162A
máishé 埋蛇 2-1105A
màishé 賣舌 10-225A
màishēn 賣身 10-225B
mǎishēng'ér 買聲兒 10-168A
máishēnghuìjì 埋聲晦迹 2-1106A
màishēnqì 賣身契 10-226A
mǎishēnqū 買身軀 10-163B
màishēntóukào 賣身投靠 10-226A
mǎishì 買市 10-162B
màishí 麥食 12-1017B
màishì 賣市 10-224B
màishì 邁世 10-1169A
máishǒu 埋首 2-1104B
mǎishōu 買收 10-163A
mǎishǒu 買手 10-162A
mǎishòu 買售 10-166A
mǎishòu 買壽 10-166B
màishōu 麥收 12-1016B
màishǒu 賣手 10-224A
màishòu 邁壽 10-1170A
mǎishú 買贖 10-169A
màishū 脈書 6-1246B
màishú 麥熟 12-1019B
màishù 賣術 10-229A
màishuǎng 邁爽 10-1170A
mǎishuǐ 買水 10-162A
mǎisī 買私 10-163B
mǎisǐ 買死 10-162B
màisī 賣私 10-225B
màisǐ 賣死 10-224B
màisú 邁俗 10-1169B
máisuì 埋祟 2-1105A
màisuì 麥穗 12-1019B
màisuì 麥穟 12-1019B
màisuìliǎngqí 麥穗兩歧 12-1019B
màisuìliǎngqí 麥穗兩岐 12-1019B
máitai 埋汰 2-1104B
màitáng 賣糖 10-231B
màitángtiān 賣餳天 10-231B
mǎitì 買替 10-166A
màití 賣題 10-231B
máitiān 霾天 11-745B
màitiān 麥天 12-1015B
mǎitiányángxiàn 買田陽羨 10-162B
mǎitiěsījīn 買鐵思金 10-169A
màitīngjiǎo 賣廳角 10-232B
mǎitōng 買通 10-165B
máitóu 埋頭 2-1106A
màitóu 麥頭 12-1019B
máitóugùyǐng 埋頭顧影 2-1106A
máitóukǔgàn 埋頭苦幹 2-1106A
màitóumàijiǎo 賣頭賣脚 10-231A
máitǔ 霾土 11-745B
màitú 賣屠 10-229B
mǎituō 買託 10-165B
mǎituō 買脱 10-166A
màiwǎng 邁往 10-1169B
màiwàng 脈望 6-1247A
mǎiwángdéyáng 買王得羊 10-162A
màiwēi 賣威 10-227B
màiwén 賣文 10-224A
màiwénzhǐ 麥紋紙 12-1018A
mǎiwō 買窩 10-166B
máiwù 貍物 10-1337B
máiwù 霾霧 11-745B
mǎiwù 買務 10-165B
màiwǔ 賣武 10-226A
màiwǔ 賣侮 10-227B
màiwùchǎng 賣務場 10-228B
mǎiwùlì 買物曆 10-164A
màixī 脈息 6-1246A
màixì 麥粞 12-1018B
mǎixián 買閒 10-166B
mǎixián 買閑 10-166B
máixiāng 埋香 2-1104B
màixiáng 賣降 10-227A
màixiàng 脈象 6-1246B
màixiàng 賣相 10-227B
mǎixiánqián 買閒錢 10-166B
mǎixiào 買笑 10-165A
màixiào 賣笑 10-228B
mǎixiàojīn 買笑金 10-165A
mǎixiàoqián 買笑錢 10-165B
mǎixiàoxúnhuān 買笑尋歡 10-165B
mǎixiàoyínghuān 買笑迎歡 10-165A
mǎixiàozhuīhuān 買笑追歡 10-165A
màixiàozhuīhuān 賣笑追歡 10-228B
màixībāo 麥粞包 12-1018B
máixié 慣懈 7-738A
màixiè 麥屑 12-1018A
màixiè 麥䴯 12-1020A
màixiè 賣解 10-230A
màixìn 麥信 12-1017B
màixíng 麥餳 12-1019B
màixìnghǔ 賣杏虎 10-225B
mǎixiū 買休 10-163A
màixiū 賣休 10-225A
màixiù 麥秀 12-1016B
màixiù 邁秀 10-1169B
màixiùhán 麥秀寒 12-1016B
màixiùliǎngqí 麥秀兩岐 12-1016B
màixiùliǎngqí 麥秀兩歧 12-1016B
mǎixiūmàixiū 買休賣休 10-163A
mǎixū 買虛 10-165B
màixū 麥鬚 12-1020B
màixù 麥序 12-1017A
màixué 脈學 6-1247B
máixuèjiāshū 薶血加書 9-596B
màixūn 邁勳 10-1170B
màixùn 麥蕈 12-1019A
màixūpí 賣虛脾 10-228B
màiyá 麥芽 12-1016B
màiyá 麥蚜 12-1017B
máiyǎn 埋掩 2-1105A
mǎiyán 買鹽 10-169A
mǎiyàn 買宴 10-165B
màiyǎn 賣眼 10-229A
màiyào 賣耀 10-232A
màiyátáng 麥芽糖 12-1016B
mǎiyè 買夜 10-164A
mǎiyèqián 買夜錢 10-164A
màiyěréntóu 賣野人頭 10-229A
máiyì 埋瘞 2-1106A
máiyì 埋翳 2-1106A
máiyì 霾曀 11-745B
mǎiyì 買易 10-164A
màiyì 麥䴬 12-1019A
màiyì 麥麲 12-1019A
màiyì 賣易 10-226A
màiyì 賣藝 10-231B
màiyì 邁異 10-1170A
màiyì 邁逸 10-1170A
máiyīn 埋堙 2-1105A
màiyín 賣淫 10-229B
màiyīng 麥英 12-1017A
màiyīng 麥櫻 12-1020A
mǎiyōng 買庸 10-166A
mǎiyōng 買傭 10-166B
màiyōng 賣庸 10-229A
màiyōng 賣傭 10-230A
máiyōu 埋憂 2-1105B
mǎiyōu 買憂 10-167B
màiyǒu 賣友 10-224A
màiyǒuqiúróng 賣友求榮 10-224A
màiyóuzuǐ 賣油嘴 10-227A
máiyù 埋玉 2-1104A
mǎiyù 買譽 10-169A
mǎiyù 買鬻 10-169A
màiyǔ 麥雨 12-1017A
màiyù 賣獄 10-230B
màiyù 賣儥 10-231B
màiyù 賣譽 10-232A
màiyù 賣鬻 10-232A
mǎiyuè 買月 10-162B
màiyuē 賣約 10-228A
màiyuè 麥月 12-1015B

màiyuè 邁越 10-1170A
máiyùn 埋緼 2-1106A
màiyùn 賣韻 10-232A
màiyùyùguān 賣獄鬻官 10-230B
màiyúzǐ 麥魚子 12-1018A
máizàng 埋葬 2-1105A
màizāo 麥糟 12-1019B
màizéi 賣賊 10-230A
màizhālí 賣查梨 10-227B
màizhālí 賣楂梨 10-230A
màizhān 麥饘 12-1020A
mǎizhàng 買帳 10-165B
mǎizhàng 買賬 10-167B
màizhàng 賣帳 10-229A
màizhàng 賣賬 10-230B
máizhào 埋照 2-1105A
mǎizhào 買棹 10-166A
mǎizhào 買櫂 10-168B
màizhé 賣摺 10-230A
màizhèn 賣陣 10-228A
màizhēng 邁征 10-1169B
màizhēngcháng 麥争場 12-1016B
mǎizhí 買直 10-163B
màizhí 賣直 10-226A
màizhǐ 麥紙 12-1018A
màizhì 賣質 10-230B
màizhì 邁志 10-1169B
màizhīzhū 麥蜘蛛 12-1019A
màizhōng 邁終 10-1170A
màizhòng 賣重 10-227B
màizhòng 邁種 10-1170A
màizhòng 邁衆 10-1170A
mǎizhōu 買舟 10-163A
mǎizhòu 買酎 10-165A
màizhōu 麥舟 12-1016A
màizhōu 麥粥 12-1018B
mǎizhǔ 買主 10-162B
mǎizhǔ 買屬 10-169A
mǎizhǔ 買囑 10-169A
màizhū 賣珠 10-228A
màizhǔ 賣主 10-224B
mǎizhuǎn 買轉 10-168B
mǎizhūgān 買猪肝 10-166A
màizhǔqiúróng 賣主求榮 10-224B
màizhūzǎi 賣猪仔 10-229A
màizhūzǎi 賣豬仔 10-230B
mǎizǐ 買子 10-162A
màizi 麥子 12-1015B
màizǐ 麥籽 12-1017B
màizìhào 賣字號 10-225A
mǎizòng 買縱 10-168B
màizòng 邁蹤 10-1170B
màizū 麥租 12-1017B
màizū 賣租 10-228B
màizǔ 賣祖 10-228A
mǎizuǐ 買嘴 10-167B
mǎizuì 買醉 10-167B
màizuǐ 賣嘴 10-231A
màizuǐbāpí 賣嘴巴皮 10-231A
màizuǐliàoshé 賣嘴料舌 10-231A
màizuǐpízi 賣嘴皮子 10-231A
màizuò 賣座 10-228B
májī 麻積 12-1278A
mǎjī 馬雞 12-789A
mǎjī 馬鷄 12-790B
mǎjī 馬覊 12-791A
mǎjì 馬伎 12-765A
mǎjì 馬記 12-774A
mǎjì 馬祭 12-776B
mǎjì 馬薊 12-785A
màjī 罵譏 12-833B
màjì 禡祭 7-950A
mǎjiá 馬夾 12-766B
mǎjiá 馬頰 12-786A
mǎjiǎ 馬甲 12-763B
mǎjià 馬架 12-773A
mǎjià 馬價 12-784B
màjià 罵架 12-832B
mǎjiābāngwénhuà 馬家浜文化 12-774B
mǎjiádài 馬夾袋 12-766B
mǎjiǎdài 馬甲袋 12-763B
mǎjiādàliàn 馬家大練 12-774B
mǎjiáhé 馬頰河 12-786A
mǎjiàjuàn 馬價絹 12-784B
májiān 麻牋 12-1276B
mǎjiān 馬韉 12-790B
mǎjiān 馬韀 12-791B
mǎjiān 馬帴 12-776A
mǎjiǎn 馬趼 12-776A
mǎjiàn 馬監 12-782A
mǎjiànchóu 馬見愁 12-766B
májiàng 麻將 12-1276A
májiàng 麻醬 12-1278B
mǎjiāng 馬繮 12-789B
mǎjiāng 馬韁 12-790B
mǎjiàng 馬將 12-777A
májiàngpái 麻將牌 12-1276A
mǎjiàngpái 馬將牌 12-777A
mǎjiànyáng 馬劍洋 12-784B
mǎjiāo 馬鮫 12-788A
mǎjiáo 馬嚼 12-790A
mǎjiǎo 馬角 12-767A
mǎjiǎo 馬脚 12-776B
mǎjiǎo 馬腳 12-781A
mǎjiáocài 馬嚼菜 12-790A
mǎjiáohuán 馬嚼環 12-790A
mǎjiǎoniú 馬角牛 12-767A
mǎjiǎoshēng 馬角生 12-767A
mǎjiǎowūtóu 馬角烏頭 12-767A
mǎjiāoyú 馬交魚 12-765B
mǎjiāoyú 馬鮫魚 12-788B
mǎjiáozi 馬嚼子 12-790A
mǎjiāyáowénhuà 馬家窑文化 12-774B
mǎjiàyǐ 馬架椅 12-773A
mǎjiàyín 馬價銀 12-784B
mǎjiàyínzi 馬價銀子 12-784B
mǎjiǎzhù 馬甲柱 12-763B
mǎjiàzhū 馬價珠 12-784B
mǎjiàzi 馬架子 12-773A
májiē 麻稭 12-1277B
májiē 麻䕸 12-1279A
mǎjiè 馬介 12-763A
màjiē 罵街 12-833A
màjiè 礣砎 7-1116A
màjījī 罵唧唧 12-832B
mǎjíliáo 馬蝍蟟 12-780B
májīn 蟆津 8-941A
májǐn 麻緊 12-1277B
mǎjìn 馬禁 12-780A
mǎjìn 馬靳 12-780A
májīng 麻經 12-1277B
mǎjīnnán 馬金南 12-769B
mǎjīnnáng 馬金囊 12-769B
mǎjiǔ 馬酒 12-774B
mǎjiù 馬厩 12-776A
mǎjiù 馬廄 12-782B
mǎjiù 馬廐 12-779A
mǎjìzhūsī 馬跡蛛絲 12-780B
májū 麻苴 12-1273A
májù 麻炬 12-1273B
májù 麻屨 12-1278B
mǎjū 馬駒 12-783B
mǎjù 馬具 12-769A
màjù 罵倨 12-832B
mǎjuān 馬蠲 12-791A
mǎjuàn 馬圈 12-776B
mǎjué 馬爵 12-788A
mǎjūn 馬軍 12-772B
mǎjùzhuāng 馬具裝 12-769A
mǎkǎi 馬鎧 12-789A
mǎkǎn 馬埳 12-775B
mǎkē 馬珂 12-770A
mǎkè 馬克 12-766A
mǎkè 馬客 12-772B
mǎkēluó 馬軻螺 12-778A
mǎkèqìn 馬克沁 12-766A
mǎkèsīlièníng… 馬克思列寧主義 12-766A
mǎkèsīzhǔyì 馬克思主義 12-766A
mǎkèxīn 馬克辛 12-766A
mǎkōngjìběi 馬空冀北 12-770A
mǎkǒu 馬口 12-761A
mǎkǒu 碼口 7-1084B
mǎkǒuchái 馬口柴 12-761A
mǎkǒuqián 馬口錢 12-761A
mǎkǒutiě 馬口鐵 12-761A
mǎkǒuyú 馬口魚 12-761A
mákū 麻枯 12-1274A
mǎkū 馬窟 12-781B
mǎkù 馬褲 12-785A
mákuài 麻蒯 12-1277A
mǎkuài 馬快 12-767B
mǎkuài 馬儈 12-784B
mǎkuàishǒu 馬快手 12-767B
mǎkùní 馬褲呢 12-785A
málà 麻辣 12-1277B
mālābāzi 媽拉巴子 4-393B
málàlà 麻辣辣 12-1277B
málán 麻藍 12-1278B
mǎlán 馬藍 12-787B
mǎlán 馬闌 12-788B
mǎlán 馬蘭 12-790A
mǎlán 馬欄 12-790B
mǎláng 螞螂 8-939B
mǎláng 馬郎 12-770A
mǎlángdǎng 馬郎黨 12-770A
mǎlàngdàng 馬浪蕩 12-774B
mǎlángfáng 馬郎房 12-770A
mǎlángfù 馬郎婦 12-770A
mǎlántóu 馬藍頭 12-787B
mǎlántóu 馬攔頭 12-790A
mǎlántóu 馬蘭頭 12-790A
mǎlào 馬酪 12-780A
mǎlāsōng 馬拉松 12-768B
mǎlāsōngsàipǎo 馬拉松賽跑 12-768B
mǎlè 馬勒 12-775B
máléi 麻累 12-1275B
mālèiróuchī 抹淚揉眵 6-438A
mālèiróuyǎn 抹淚揉眼 6-438A
máléizi 麻雷子 12-1277A
mǎlèkǒu 馬勒口 12-775B
māli 抹利 6-437A
málì 麻力 12-1271A
málì 麻利 12-1273A
málì 麻俐 12-1274B
málì 麻粒 12-1276A
málì 麻櫟 12-1278B
mǎlǐ 馬理 12-775B
mǎlì 馬力 12-760A
mǎlì 馬吏 12-765A
mǎlì 馬利 12-766B
mǎlì 馬荔 12-770B
mǎlì 馬笠 12-776B
mǎlì 馬櫪 12-790A
màlì 罵詈 12-833A
máliǎn 麻臉 12-1278B
mǎlián 馬蓮 12-779B
mǎliǎn 馬臉 12-788A
máliàng 麻亮 12-1274B
mǎliáng 馬糧 12-789A
mǎliángméi 馬良眉 12-767B
mǎliànzǐ 馬楝子 12-780A
mǎliǎo 馬蓼 12-782A
mǎliào 馬料 12-774B
mǎliàodòu 馬料豆 12-774B
máliè 麻列 12-1272A
mǎliè 馬列 12-765A
mǎliè 馬埒 12-773A
mǎliè 馬鬣 12-790B
mǎliè 馬鬛 12-791A
mǎlièfén 馬鬛墳 12-791B
mǎlièfēng 馬鬛封 12-791B
mǎlièfēng 馬鬣封 12-790B
mǎlièyīdī 馬鬛一滴 12-791B
mǎlièzhǔyì 馬列主義 12-765A
málín 麻林 12-1273A
mǎlìn 馬藺 12-789B

mǎlíng 馬陵 12-775A
mǎlíng 馬鈴 12-781A
mǎlǐng 馬領 12-782B
mǎlíngcài 馬蛉菜 12-776A
mǎlíngguā 馬鈴瓜 12-781A
mǎlíngshǔ 馬鈴薯 12-781A
mǎlíngshūshù 馬陵書樹 12-775A
mālíngtǐng 孖舲艇 4-196A
mǎlíngxuēshù 馬陵削樹 12-775A
mǎlìnzi 馬藺子 12-789B
máliū 麻溜 12-1277B
mǎliú 馬流 12-774B
mǎliú 馬留 12-774A
mǎliú 馬騮 12-790A
mǎliù 馬溜 12-781B
mǎliùchuán 馬溜船 12-781B
mǎliùzi 馬溜子 12-781B
mǎliùzichuán 馬溜子船 12-781B
mǎlìyà 馬利亞 12-766B
mǎlóng 馬龍 12-787B
mǎlóngchēshuǐ 馬龍車水 12-787B
mǎlóu 馬瞜 12-790B
mǎlù 馬陸 12-775A
mǎlù 馬鹿 12-777A
mǎlù 馬路 12-780B
máluàn 麻亂 12-1277A
málùlù 麻轆轆 12-1278B
mǎluó 馬騾 12-790B
mǎluò 馬絡 12-779B
mǎluópī 馬羅披 12-789B
mǎlùxīnwén 馬路新聞 12-780B
mǎlùyázi 馬路牙子 12-780B
mǎlùyázi 馬路崖子 12-780B
mǎlùyìxíng 馬鹿易形 12-777A
málǚ 麻履 12-1278A
málǚ 麻縷 12-1278B
māma 媽媽 4-393B
mámá 麻麻 12-1275B
māmāhēi 麻麻黑 12-1275B
māmāhúhú 麻麻糊糊 12-1275B
mǎmǎhúhú 嗎嗎糊糊 3-454B
mǎmài 馬麥 12-776A
màmàkuòkuò 罵罵括括 12-833A
māmāliàng 麻麻亮 12-1275B
màmàliēliē 罵罵咧咧 12-833A
māmalùn'er 媽媽論兒 4-394A
mǎmáo 馬氂 12-783B
mǎmáowèizhé 馬毛蝟磔 12-763A
māmāyǔ 麻麻雨 12-1275B
māmazi 媽媽子 4-394A
mǎméi 馬枚 12-768B
mǎmén 馬門 12-770A
mámiǎn 麻冕 12-1275B
mámiǎn 麻絻 12-1277B
mǎmiàn 馬面 12-771A
mǎmiànniútóu 馬面牛頭 12-771A
mámìng 麻命 12-1273A
màmíng 罵名 12-832B
mǎmíngpúsà 馬明菩薩 12-769A
mǎmíngwáng 馬明王 12-769A
mǎmò 馬磨 12-787B
mǎmò 馬墨 12-784A
mámù 麻木 12-1271B
mámù 痲木 8-330B
mǎmǔ 馬母 12-764B
mǎmù 馬牧 12-769A
mǎmù 碼目 7-1084B
mámùbùrén 麻木不仁 12-1271B
mǎmùdúgōng 馬目毒公 12-763B
mámǔzhī 麻母芝 12-1272A
manà 麽那 12-1279B
mǎnǎi 馬嬭 12-788B
mǎnǎijiǔ 馬奶酒 12-764B
mǎnǎizi 馬奶子 12-764B
mǎnǎizi 馬妳子 12-770A
mǎnǎizi 馬嬭子 12-788B
màn'àn 漫暗 6-88B
mǎnǎo 馬瑙 12-779B
mǎnǎo 馬腦 12-781B
mǎnǎo 瑪瑙 4-613B
mǎnǎo 碼瑙 7-1084B
mǎnǎo 碼碯 7-1084B
màn'ào 慢傲 7-709A
màn'ào 慢慠 7-709B
mǎnbǎ 滿把 6-59B
mànbā 曼巴 5-736B
mànbǎn 慢板 7-707B
mánbào 蠻暴 8-1014B
mǎnbào 滿抱 6-60A
mànbèi 慢倍 7-708B
mànbèi 慢悖 7-708B
mǎnběnfáng 滿本房 6-58B
mánbì 謾蔽 11-403A
mànbǐ 漫筆 6-88A
mánbiān 蠻鞭 8-1015A
mànbiēbiē 謾憋憋 11-403A
mánbó 蠻舶 8-1012B
mánbó 蠻僰 8-1014A
mǎnbó 滿博 6-62B
mànbō 漫波 6-86B
mànbō 漫剥 6-87B
mànbó 曼帛 5-737A
mànbó 縵帛 9-982A
mánbù 蠻布 8-1010B
mǎnbù 滿布 6-58B
mǎnbù 滿佈 6-59B
mànbù 慢步 7-707B
mànbù 漫步 6-86A
mànbù 縵布 9-981B
mánbùjiǎnglǐ 蠻不講理 8-1010A
mànbùjiāyì 漫不加意 6-85B
mànbùjīngxīn 漫不經心 6-85B
mànbùjīngyì 漫不經意 6-86A
mànbùjīngyì 謾不經意 11-402A
mánbùzàihū 蠻不在乎 8-1010A
mǎnbùzàihu 滿不在乎 6-57B
mǎnbùzàiyì 滿不在意 6-57B
màncán 慢殘 7-709A
máncáng 瞞藏 7-1249B
màncáng 嫚臧 4-405A
màncáng 慢藏 7-710A
màncáng 謾藏 11-403B
màncánghuìdào 慢藏誨盜 7-710A
màncánghuìdào 謾藏誨盜 11-403B
màncánghuìdào 謾藏誨盜 11-403B
màncǎo 蔓草 9-535B
mánchá 蠻茶 8-1011B
mànchà 謾詫 11-403A
mánchán 蠻纏 8-1015A
mánchǎn 瞞産 7-1249B
mánchàng 蠻唱 8-1012B
mànchǎng 曼長 5-737A
mànchǎng 漫長 6-86B
mǎncháo 滿潮 6-64A
mànchāo 曼綽 5-738A
mànchāo 漫鈔 6-88A
màncháo 慢朝 7-709A
mànchē 慢車 7-707B
mánchéng 謾誠 11-403A
mànchéng 幔城 3-757A
mànchéng 漫成 6-86A
mǎnchéngfēngyǔ 滿城風雨 6-60A
mánchī 謾誺 11-403A
mànchí 慢弛 7-707A
mǎnchíjiāo 滿池嬌 6-59A
mánchóng 蠻蟲 8-1015A
mànchōng 慢憧 7-710A
mánchǔ 蠻楚 8-1013A
mánchù 蠻觸 8-1015A
mánchù 蠻畜 8-1012A
mǎnchù 滿處 6-61B
mánchuán 蠻船 8-1012B
mánchuáng 蠻牀 8-1011B
mánchuí 蠻垂 8-1011A
máncí 謾詞 11-402B
máncí 謾辭 11-403B
màncí 曼辭 5-738B
màncí 嫚詞 4-405A
màncí 嫚辭 4-405A
màncí 慢詞 7-709A
màncí 慢辭 7-710B
màncí 蔓詞 9-536A
màncí 蔓辭 9-536A
màncì 漫刺 6-86B
máncíhuāshuō 謾辭譁説 11-403B
máncūn 蠻村 8-1011A
mǎndà 滿大 6-57A
màndá 慢怛 7-708A
màndài 慢待 7-708A
màndài 慢怠 7-708A
màndài 謾怠 11-402B
mǎndǎmǎnsuàn 滿打滿算 6-58B
mándàn 蠻蜑 8-1013A
mándàn 謾誕 11-403A
màndàn 慢誕 7-709B
màndàn 漫誕 6-88B
màndàn 漫澶 6-90A
màndàn 謾訑 11-402B
màndàngdàng 漫蕩蕩 6-90A
mándāngkù 瞞襠袴 7-1249B
màndāngkù 縵襠袴 9-982A
màndào 慢道 7-709A
màndào 漫道 6-88A
màndào 謾道 11-402B
màndélín 曼德琳 5-738A
mándī 鞔鞮 12-197A
mándí 蠻狄 8-1011A
mándǐ 蠻邸 8-1011A
màndì 瞞睇 7-1251B
màndì 曼睇 5-738A
màndiāndiān 慢掂掂 7-708B
màndiào 慢調 7-710A
mándòng 蠻峒 8-1012A
mándōu 樠兜 7-702A
mándòu 饅餖 12-575A
màndū 曼都 5-737B
màndú 慢毒 7-708A
màndú 慢黷 7-710B
màndú 漫瀆 6-90B
màndù 謾妒 11-402A
mándūgē 謾都謌 11-402B
mánduó 悗奪 7-549A
mǎnduò 滿舵 6-62A
mànduò 嫚惰 4-405A
mànduò 慢惰 7-709A
mànduò 慢墮 7-709B
mǎndùpí 滿肚皮 6-60A
mǎndùzi 滿肚子 6-60A
mán'ér 蠻兒 8-1011A
màn'er 漫兒 6-86B
màn'ěr 漫爾 6-89A
màn'ěr 謾爾 11-403A
mǎn'érbùyì 滿而不溢 6-59A
mànfǎ 嫚法 4-404B
mànfǎ 慢法 7-707B
mǎnfān 滿帆 6-59A
mánfāng 蠻方 8-1010A
mǎnfānhàn 滿番汗 6-62B
mànfǎnshè 漫反射 6-86A
mǎnfēn 滿分 6-58A
mánfēngzhàngyǔ 蠻風瘴雨 8-1012A
mánfú 蠻服 8-1011B
mánfǔ 蠻府 8-1011B
mǎnfú 滿服 6-60A
mànfū 慢膚 7-710A
mànfú 曼福 5-738A
mànfú 慢服 7-707B

mànfù 謾附 11-402A
mǎnfùhúyí 滿腹狐疑 6-63A
mǎnfùjīnglún 滿腹經綸 6-63A
mángàn 蠻幹 8-1013A
màngǎng 漫崗 6-88A
mángbèi 芒背 9-277A
mángbiāo 盲飆 7-1135A
mángbiāo 盲颷 7-1135A
mángbìng 忙併 7-413B
mángbùdié 忙不迭 7-413A
mángbùzéjià 忙不擇價 7-413A
mángcǎi 芒彩 9-277B
mǎngcāng 莽蒼 9-413A
mǎngcāng 漭滄 6-4B
mǎngcangcāng 莽蒼蒼 9-413A
mángcǎo 芒草 9-277A
mǎngcǎo 莽草 9-412B
mángchāng 盲倀 7-1134A
mángcháng 盲腸 7-1135A
mángchángyán 盲腸炎 7-1135A
mángchén 盲臣 7-1133B
mángchī 龍鴟 12-1494A
mángchǐ 厖褫 1-920B
mǎngchī 鵃鴟 12-1107B
mángcí 盲詞 7-1134B
mángcì 芒刺 9-276B
mángcìzàibèi 芒刺在背 9-276B
mángcìzàigōng 芒刺在躬 9-277A
mángcóng 盲從 7-1134B
mángcù 忙促 7-413B
mángcuò 厖錯 1-920B
mángdá 芒達 9-277B
mángdà 厖大 1-920A
mǎngdàfū 莽大夫 9-412A
mángdàng 芒碭 9-277B
mángdàng 茫蕩 9-395B
mǎngdàng 莽宕 9-412A
mǎngdàng 莽蕩 9-413B
mǎngdàng 莽盪 9-413B
mǎngdàng 漭蕩 6-4B
mǎngdàng 漭盪 6-4B
mǎngdàngdàng 莽蕩蕩 9-413B
mángdòng 盲動 7-1134B
mángdòngzhǔyì 盲動主義 7-1134B
mǎngduàn 蟒緞 8-941A
mǎngduó 莽奪 9-413B
mángē 蠻歌 8-1014A
mángé 輓革 12-196B
máng'è 芒鍔 9-278A
máng'è 鋩鍔 11-1250A
màngē 漫歌 6-89A
màngē 謾歌 11-403A
mángēlǎoyǔ 蠻歌獠語 8-1014A
màngēn 曼根 5-737B
máng'ér 芒兒 9-277A
mǎngfàn 餵飯 12-535B
mángfèi 盲廢 7-1135A
mángfēng 邙風 10-582A
mángfēng 盲風 7-1134A
mángfēng 鋩鋒 11-1250A
mángfēngbàoyǔ 盲風暴雨 7-1134A
mángfēngdùyǔ 盲風妬雨 7-1134A
mángfēngguàiyǔ 盲風怪雨 7-1134A
mángfēngguàiyún 盲風怪雲 7-1134A
mángfēnghuìyǔ 盲風晦雨 7-1134A
mángfēngsèyǔ 盲風澁雨 7-1134A
mǎngfú 蟒服 8-940B
mánggàn 盲幹 7-1134B
mánggōng 忙工 7-412B
mánggōngjìng 盲公鏡 7-1133A
mánggǔ 盲瞽 7-1135A
mǎnggǔdǎi 莽古歹 9-412A
mánggǔ'è 忙古歹 7-413A
mángguǐ 龙詭 2-1574B
mángguō 哤聒 3-357A
mángguǒ 杧果 4-787A
mǎnghàn 莽漢 9-413B
mǎnghàng 莽沆 9-412A
mǎnghàng 漭沆 6-4B
mánghánsèzhèng 芒寒色正 9-277B
mánghé 忙合 7-413A
mánghóng 厖洪 1-920B
mánghóng 厖鴻 1-920B
mánghóng 痝鴻 8-319B
mánghóng 庬洪 3-1232B
mánghòng 厖澒 1-920B
mánghòu 厖厚 1-920A
mánghū 忙乎 7-413A
mánghū 芒乎 9-276A
mánghū 芒忽 9-277A
mánghū 茫乎 9-394B
mánghū 茫惚 9-395A
mánghuāng 芒荒 9-277A
mǎnghuàng 漭滉 6-4B
mánghuī 鋩輝 11-1250A
mǎnghuǐ 蟒虺 8-940B
mánghūn 盲婚 7-1134B
mánghuó 忙活 7-413B
mánghuǒ 忙火 7-413A
mángjī 龍雞 12-1495B
mángjí 忙急 7-413B
mǎngjiāng 傋儛 1-1370B
mángjiǎo 芒角 9-276B
mángjié 忙刼 7-413A
mángjiéjié 忙刼刼 7-413B
mángjìn 盲進 7-1134B
mángjǐng 盲井 7-1133A
mángjù 忙遽 7-414A
mángjù 芒屩 9-278A
mángjuē 芒屩 9-278A
mángjuēbùyī 芒屩布衣 9-278B
mángkuì 盲聵 7-1135A
mǎnglàn 漭濫 6-4B
mángláng 忙郎 7-413B
mángláng 芒郎 9-277A
mánglàng 茫浪 9-395A
mǎnglàng 莽罠 9-413A
mǎnglàng 莽浪 9-413A
mánglè 龍勒 12-1478A
mángliáng 牻椋 6-268B
mángliè 痝裂 8-319B
mánglǐtōuxián 忙裏偷閒 7-414A
mángliù 宋霤 4-787A
mánglóng 盲聾 7-1135A
mánglóu 蛖螻 8-899A
mánglòu 盲陋 7-1133B
mánglù 忙碌 7-413B
mǎnglǔ 莽鹵 9-413A
mǎnglǔ 莽魯 9-413B
mǎnglǔ 漭鹵 6-4B
mángluàn 忙亂 7-414A
mánglùlù 忙碌碌 7-413B
mángluó 鋩鑼 11-1250A
mánglǚ 芒履 9-278A
mángmán 茫蠻 9-396A
mángmáng 忙忙 7-413A
mángmáng 芒芒 9-276A
mángmáng 盲盲 7-1133B
mángmáng 茫茫 9-395A
mángmáng 痝痝 8-319B
mǎngmáng 莽茫 9-412B
mǎngmǎng 莽莽 9-283B
mǎngmǎng 莽莽 9-412B
mǎngmǎng 漭漭 6-4B
mǎngmǎngcāngcāng 莽莽蒼蒼 9-412B
mǎngmǎngdàngdàng 莽莽蕩蕩 9-413A
mángmángdiédié 忙忙迭迭 7-413A
mángmánglùlù 忙忙碌碌 7-413A
mǎngmǎngmòmò 莽莽漠漠 9-412B
mángmáo 芒茅 9-276B
mángmáo 芒毣 9-277B
mángmào 盲眊 7-1135A
mángméi 龙眉 2-1574B
mángméi 厖眉 1-920B
mángmèi 芒昧 9-277A
mángmèi 盲妹 7-1133B
mángmèi 盲昧 7-1133B
mángmèi 厖昧 1-920A
mángmèi 茫昧 9-395A
mángméihàofà 龙眉皓髮 2-1574B
mángmēng 厖蒙 1-920B
mǎngmǐ 漭瀰 6-4B
mǎngmì 莽沕 9-412A
mángmiǎo 盲眇 7-1133B
mángmiǎo 茫渺 9-395B
mǎngmiǎo 莽眇 9-412B
mǎngmiǎo 莽渺 9-413A
mángmín 龙民 2-1574B
mángmíng 盲明 7-1133B
mángmíng 盲冥 7-1134A
mángmò 茫漠 9-395B
mángmù 盲目 7-1133A
māngniú 牤牛 6-240B
mángnǚ 盲女 7-1133A
mángōng 蠻功 8-1010A
mǎngōng 滿弓 6-57B
mǎngòng 滿共 6-59A
màngōng 慢公 7-707A
màngōngchūqiǎojiàng 慢工出巧匠 7-706B
màngōngchūxìhuò 慢工出細貨 7-706B
mángōngzǐ 蠻公子 8-1010A
mǎngpáo 蟒袍 8-940B
mángpò 忙迫 7-413B
mángqí 龙奇 2-1574B
mángqí 盲棋 7-1134B
mángqì 鋩氣 11-1250A
mángqièqiè 忙怯怯 7-413B
mángqiú 盲求 7-1133B
mángrán 忙然 7-413B
mángrán 芒然 9-277B
mángrán 龙然 2-1574B
mángrán 盲然 7-1134B
mángrán 厖然 1-920B
mángrán 茫然 9-395B
mángrán 痝然 8-319B
mǎngrán 莽然 9-413A
mǎngrán 茻然 9-396A
mángránruòshī 茫然若失 9-395B
mángránzìshī 芒然自失 9-277B
mángránzìshī 茫然自失 9-395B
mángrè 忙熱 7-414A
mángrén 忙人 7-412B
mángrén 盲人 7-1132B
mángrèn 芒刃 9-276A
mángrèn 鋩刃 11-1250A
mángrénménzhú 盲人捫燭 7-1132B
mángrénmōxiàng 盲人摸象 7-1132B
mángrénqíxiāmǎ 盲人騎瞎馬 7-1133A
mángrénshuōxiàng 盲人說象 7-1132B
mángrénxiāmǎ 盲人瞎馬 7-1133A
mángrǒng 忙冗 7-413A
mángrú 茫如 9-394B
mángruò 汒若 5-935B
mángsāndiésì 忙三迭四 7-412B
mángshān 邙山 10-582A
mǎngshān 蟒衫 8-940B
mǎngshé 蟒蛇 8-940B
mángshēn 忙身 7-413A
mángshén 芒神 9-277A
mǎngshēn 蟒身 8-940B

mángshèng 盲聖 7-1134B
mángshǐ 盲史 7-1133B
mǎngshì 莽式 9-412A
mángshǒumángjiǎo 忙手忙脚 7-413A
mángshū 盲書 7-1134B
mángshuò 盲妁 7-1133B
mángsù 芒粟 9-277B
mángtán 盲談 7-1135A
mángtāng 盲湯 7-1134B
mángtāotāo 忙叨叨 7-413A
mǎngtiào 莽跳 9-413B
mángtīng 盲聽 7-1135A
mángtóngbǒshù 盲僮跛豎 7-1135A
mángtóu 芒頭 9-278A
mángtóujíchèn 忙投急趁 7-413A
mángū 蠻估 8-1011A
mángǔ 鞔鼓 12-197A
mángǔ 蠻鼓 8-1013A
mǎnguàn 滿貫 6-62A
mànguān 慢官 7-708A
mànguàn 漫灌 6-90B
mánguānbùmánsī 瞞官不瞞私 7-1249A
mánguǎng 蠻獷 8-1015A
mǎngǔgǔ 滿鼓鼓 6-63A
mánguǒ 蠻果 8-1011A
mángwén 芒芠 9-276B
mángwén 盲文 7-1133A
mángwēng 盲翁 7-1134A
mángwēngményuè 盲翁捫籥 7-1134A
mángwúbiānjì 茫無邊際 9-395B
mángwúduānxù 茫無端緒 9-395A
mángwúsuǒzhī 茫無所知 9-395A
mángwútóuxù 茫無頭緒 9-395B
mángwúyájì 茫無涯際 9-395A
mángxǐ 芒屣 9-278A
mángxiáng 忙祥 7-413B
mángxiáng 尨降 2-1574B
mángxiāo 芒消 9-277B
mángxiāo 芒硝 9-277B
mángxiáo 厖淆 1-920B
mángxié 芒鞋 9-278A
mángxié 芒鞵 9-278B
mángxīn 盲心 7-1133A
mángxìn 盲信 7-1133B
mǎngxiù 蟒繡 8-941A
mángyán 芒炎 9-277A
mángyàn 芒焰 9-277B
mángyàn 芒燄 9-278A
mángyáng 芒羊 9-276B
mángyáng 芒洋 9-277A
mángyáng 茫洋 9-395A
mǎngyāng 莽泱 9-412A
mǎngyāng 漭泱 6-4B
mǎngyáng 汒洋 5-935B
mǎngyàng 莽瀁 9-413B
mǎngyàng 漭瀁 6-4B
mǎngyàng 潤瀁 5-1382A
mǎngyángyáng 漭洋洋 6-4B
mǎngyī 蟒衣 8-940A
mángyīn 盲瘖 7-1135A
mángyín 忙銀 7-414A
mángyǐng 芒穎 9-278A
mángyǐng 鋩穎 11-1250A
mǎngyīyùdài 蟒衣玉帶 8-940A
mángyǔ 盲雨 7-1133B
mángyù 芒芋 9-276A
mǎngyù 蟒玉 8-940A
mǎngyuán 莽原 9-413A
mángyuè 忙月 7-413A
mángyún 盲雲 7-1134B
mángzá 厖雜 1-920B
mángzá 哤褋 3-357A
mángzá 哤雜 3-357A
mángzá 痝雜 8-319B
mángzhào 茫詔 9-395B
mángzhě 盲者 7-1133B
mángzhēn 芒針 9-277B
mángzhēn 芒鍼 9-278A
mángzhǒng 芒種 9-278A
mángzhòng 芒種 9-278A
mángzhōngyǒushī 忙中有失 7-413A
mǎngzhuàng 莽壯 9-412A
mǎngzhuàng 莽撞 9-413B
māngzǐ 牤子 6-240B
mángzi 盲子 7-1133A
mángzì 盲字 7-1133B
mángzuǒ 盲左 7-1133A
mánhān 顢頇 12-357B
mánhàn 蠻悍 8-1012A
mànhàn 漫汗 6-86A
mànhàndiào 漫瀚調 6-90B
mánhǎo 謾好 11-402A
mánhé 蠻盒 8-1012B
mànhè 漫壑 6-90A
mánhéhéng 蠻紘恒 8-1012A
mánhèng 蠻橫 8-1014A
mánhǒng 瞞哄 7-1249A
mánhú 萳胡 1-1032B
mánhú 萳胡 9-436B
mánhǔ 瞞唬 7-1249B
mànhú 曼胡 5-737A
mànhú 漫胡 6-87A
mànhú 漫糊 6-90A
mànhú 縵胡 9-982A
mánhuā 鬘花 12-752B
mánhuā 鬘華 12-752B
mánhuā 蠻花 8-1011A
mánhuà 蠻話 8-1013B
mǎnhuà 滿話 6-63A
mànhuà 漫畫 6-88B
mǎnhuái 滿懷 6-64A
mǎnhuáixìnxīn 滿懷信心 6-64A
mànhuǎn 慢緩 7-710A
mànhuàn 曼漶 5-738A
mànhuàn 漫幻 6-86A
mànhuàn 漫漶 6-89B
mánhuāng 蠻荒 8-1011B
mánhuāng 謾荒 11-402A
mànhuànzhīlí 漫漶支離 6-89B
mánhuì 蠻會 8-1013B
mánhuò 蠻貨 8-1012B
mànhuǒ 慢火 7-707A
mànhúyīng 曼胡纓 5-737B
mànhúyīng 漫胡纓 6-87A
mànhúyīng 縵胡纓 9-982A
mǎnián 馬年 12-765A
mǎniǎn 馬輦 12-783B
mǎniáng 駡娘 12-833A
mǎniào 馬尿 12-768A
mǎniàoshuǐ 馬尿水 12-768A
mánīduī 嘛呢堆 3-494A
mǎnílāmá 馬尼拉麻 12-764B
mánīlún 嘛呢輪 3-494A
mánīqí 嘛呢旗 3-494A
mániú 犘牛 6-288B
mǎniú 馬牛 12-762B
mǎniúfēng 馬牛風 12-762B
mǎniújīnjū 馬牛襟裾 12-763A
mǎniúqífēng 馬牛其風 12-762B
mǎniúzǒu 馬牛走 12-762B
mánjī 蠻饑 8-1014B
mánjì 蠻爵 8-1015A
mànjī 曼姬 5-738A
mànjī 慢迹 7-708A
mǎnjiǎ 滿假 6-62A
mànjiā 漫家 6-87B
mánjiān 蠻牋 8-1013A
mánjiān 蠻箋 8-1014A
mànjiǎn 曼翦 5-738B
mànjiàn 慢件 7-707A
mánjiāng 蠻江 8-1010B
mánjiāng 蠻疆 8-1014B
mánjiàng 蠻强 8-1013A
mànjiǎng 慢講 7-710B
mǎnjiānghóng 滿江紅 6-59A
mánjiānxiàngguǎn 蠻牋象管 8-1013A
mánjiānxiàngguǎn 蠻箋象管 8-1014A
mánjiāo 蠻蕉 8-1014A
mánjiǎo 蠻徼 8-1014B
mǎnjiě 滿解 6-63A
mànjiē 謾嗟 11-402B
mánjiétánglún 蠻睫螳輪 8-1013A
mànjiézòu 慢節奏 7-709B
mánjǐn 蠻錦 8-1014B
mánjìn 蠻勁 8-1011B
mànjìn 漫浸 6-87B
mánjīng 蠻荊 8-1011B
mánjīng 蔓菁 9-536A
mánjǐng 鰻井 12-1257B
mánjiǔ 蠻酒 8-1012A
mànjuǎn 漫捲 6-87B
mánjué 蠻駃 8-1014B
mànjué 漫決 6-86A
mànjué 漫決 6-86B
mánjūn 蠻君 8-1011A
mánjūn 蠻軍 8-1012A
mǎnkǎn 滿坎 6-59A
mǎnkǎn 滿埳 6-61A
mǎnkǎo 滿考 6-59A
mánkē 蠻榼 8-1014A
mánkè 蠻客 8-1012A
mànkè 慢客 7-708A
mànkè 漫客 6-87B
mǎnkēngmǎngǔ 滿坑滿谷 6-59B
mànkōng 漫空 6-87A
mánkòu 蠻寇 8-1012B
mǎnkǒu 滿口 6-57A
mànkǒu 漫口 6-85A
mànkòu 漫叩 6-86A
mànkòu 謾扣 11-402A
mǎnkǒuhúchái 滿口胡柴 6-57A
mànkǔ 僈楛 1-1632A
mànkuā 謾誇 11-403A
mànkuáng 漫狂 6-86B
mànkuì 漫潰 6-90A
mànlái 慢來 7-707B
mánláishēngzuò 蠻來生作 8-1011A
mánlán 謾讕 11-403B
mǎnlán 滿讕 6-64B
mànlán 漫瀾 6-90B
mànlàn 漫爛 6-90B
mànláng 漫郎 6-87A
mànlàng 漫浪 6-87B
mànlàngsǒu 漫浪叟 6-87B
mánlǎo 蠻獠 8-1014B
mànláo 謾勞 11-402B
mànlè 漫泐 6-86B
mánlí 鰻鯬 12-1257B
mánlí 鰻鱺 12-1257B
mánlí 鰻鯠 12-1257B
mánlí 鰻鯬 12-1257B
mánlǐ 鰻鯉 12-1257B
mánlǐ 蠻里 8-1011A
mánlǐ 蠻俚 8-1012A
mánlì 蠻力 8-1009B
mánlì 蠻利 8-1011A
mánlì 蠻隸 8-1014B
mánlì 𥳩笠 8-1237B
mǎnlǐ 滿理 6-61A
mànlǐ 曼理 5-738A
mànlǐ 漫理 6-87B
mànlì 曼麗 5-738B
mànlì 嫚戾 4-404B
mànlì 慢戾 7-708A
mànlì 漫戾 6-87A
mànlì 縵立 9-981B
mànlián 蔓連 9-535B
mànlián 謾憐 11-403B
mànliǎn 慢臉 7-710B
mǎnliǎnchūnfēng 滿臉春風 6-64A
mǎnliǎnchūnsè 滿臉春色 6-64A
mànlìng 嫚令 4-404B

mànlìng 慢令 7-707A
mànliú 漫流 6-87B
mánlóngshéxuè 蠻龍舌血 8-1014B
mánlǔ 蠻虜 8-1013A
mànlù 䁪睩 7-1251B
mànlù 曼睩 5-738A
mànlù 漫録 6-90A
mànluàn 漫亂 6-88B
mànlùn 謾論 11-403B
mánluǒ 蠻猓 8-1012B
mánluò 瞞落 7-1249B
mánluò 蠻落 8-1013A
mànlüè 漫略 6-88A
mànmà 嫚罵 4-405A
mànmà 慢罵 7-710A
mànmà 漫罵 6-90A
mànmà 謾罵 11-403B
mánmán 瞞瞞 7-1249B
mánmán 蠻蠻 8-1015A
mànmàn 曼曼 5-738A
mànmàn 慢慢 7-709B
mànmàn 漫漫 6-89A
mànmàn 蔓蔓 9-536A
mànmàn 澫澫 6-124B
mànmàn 縵縵 9-982A
mànmàn 謾謾 11-403B
mǎnmandāngdāng 滿滿當當 6-63B
mǎnmǎndēngdēng 滿滿登登 6-63B
mànmǎng 漫漭 6-88B
mánmánhānhān 瞞瞞頇頇 7-1249B
mǎnmǎnliúliú 滿滿流流 6-63B
mánmánmèimèi 瞞瞞昧昧 7-1249B
mǎnmǎntángtáng 滿滿堂堂 6-63B
mànmàntūntūn 慢慢吞吞 7-709B
mànmànyōuyōu 慢慢悠悠 7-709B
mánmáo 蠻髦 8-1014A
mánmèi 瞞昧 7-1249A
mánmèi 謾昧 11-402A
mǎnmén 滿門 6-60A
mǎnménchāozhǎn 滿門抄斬 6-60A
mànméngténg 慢朦騰 7-710B
mǎnmì 滿密 6-62A
mànmí 曼靡 5-738B
mànmí 漫靡 6-90B
mànmǐ 漫瀰 6-90B
mànmì 縵密 9-982A
mànmiàn 漫面 6-87A
mǎnmiànchūnfēng 滿面春風 6-60B
mànmiào 曼妙 5-737A
mànmiè 漫滅 6-88B
mánmín 蠻民 8-1010B
mánmò 蠻貉 8-1013B
mánmò 蠻莫 8-1012A
mánmò 蠻貊 8-1013A
mánmò 蠻貃 8-1013B
mànmǒ 漫抹 6-86B
mànmò 漫没 6-86B
mánmǔ 姏母 4-315A
mánmǔ 姏姆 4-315A
mánmù 樠木 4-1257A
mǎnmù 滿目 6-58B
mànmù 幔幕 3-757A
mànmù 幔幙 3-757A
mǎnmùchuāngyí 滿目瘡痍 6-58B
mǎnmùqīliáng 滿目凄涼 6-58B
mánnán 蠻男 8-1011A
mǎnnǐ 滿擬 6-64A
mànnì 嫚逆 4-404B
mánniáng 蠻娘 8-1012B
mánnú 蠻奴 8-1010B
mànnuǎn 曼煖 5-738A
mánpái 蠻牌 8-1013A
mǎnpán 滿盤 6-64A
mánpànguān 蠻判官 8-1011A
mánpānwǔjīng 蠻攀五經 8-1015A
mànpào 慢砲 7-708A
mánpí 蠻皮 8-1010B
mǎnpǐn 滿品 6-60B
mánpó 蠻婆 8-1012B
mǎnpò 滿破 6-61A
mǎnpò 滿魄 6-63B
mànpō 漫坡 6-86B
mǎnpòzhuó 滿破着 6-61A
mánqī 謾欺 11-402B
mánqí 蠻圻 8-1011A
mánqì 蠻氣 8-1012A
mǎnqī 滿期 6-62B
mànqī 慢欺 7-709A
mànqì 慢棄 7-709A
mánqiàn 蠻箐 8-1014A
mànqiǎn 漫淺 6-88A
mánqiáng 蠻檣 8-1015A
mǎnqiāng 滿腔 6-62B
mànqiáng 漫墻 6-90A
mǎnqiāngzi 滿腔子 6-62B
mànqiě 謾且 11-402A
mànqiè 謾切 11-402A
mánqín 蠻禽 8-1013A
mǎnqín 滿勤 6-63A
mànqín 嫚秦 4-404B
mǎnqing 滿清 6-62A
mánqiú 蠻酋 8-1012A
mànqiū 曼丘 5-736B
mánqiútíng [illegible]亭 10-1325B
mànqǔ 慢曲 7-707A
mànrán 慢然 7-709A
mànrán 漫然 6-88A
mànrán 縵然 9-982A
mánrén 蠻人 8-1009B
mǎnrèn 滿任 6-59A
mánrénhàn 瞞人漢 7-1248B
mànrǔ 嫚辱 4-404B
mánsài 蠻傜 8-1014B
mǎnsàn 滿散 6-62B
mànsǎn 漫散 6-88A
mànsàn 漫散 6-88A
mànshā 漫沙 6-86B
mànshān 漫山 6-85A
mǎnshānbiànyě 滿山遍野 6-57B
mànshānbiànyě 漫山遍野 6-85A
mánshàngbùmánxià 瞞上不瞞下 7-1248B
mánshàngqīxià 瞞上欺下 7-1248B
mànshānsèyě 漫山塞野 6-85A
mánshén 謾神 11-402B
mánshēng 蠻聲 8-1014B
mǎnshèng 滿盛 6-61A
mànshēng 曼聲 5-738B
mànshēng 慢聲 7-710A
mànshēng 漫聲 6-90A
mànshēng 蔓生 9-535B
mànshēng 謾生 11-402A
mànshěng 幔省 3-757A
mánshēnglǎoqì 蠻聲獠氣 8-1014B
mànshēngmànqì 慢聲慢氣 7-710A
mànshēngmànyǔ 慢聲慢語 7-710A
mǎnshēngshēng 滿生生 6-58B
mànshēngtūnqì 慢聲吞氣 7-710A
mánshénnòngguǐ 瞞神弄鬼 7-1249B
mánshì 鬘飾 12-753A
mánshì 蠻氏 8-1010A
mánshì 蠻市 8-1010B
mǎnshī 滿師 6-61A
mǎnshí 滿實 6-64A
mànshī 漫失 6-86A
mànshì 幔室 3-757A
mànshì 慢世 7-707A
mànshì 慢視 7-708B
mànshì 漫士 6-85A
mànshì 謾視 11-402B
mǎnshìjiān 滿世間 6-58B
mǎnshìjiè 滿世界 6-58B
mánshǒu 饅首 12-575A
mànshòu 曼壽 5-738A
mánshǒumánjiǎo 蠻手蠻脚 8-1010A
mánshū 蠻書 8-1012B
mǎnshù 滿數 6-64A
mànshū 曼殊 5-737B
mànshū 嫚書 4-404B
mànshū 慢書 7-708B
mànshū 漫書 6-87B
mànshū 謾書 11-402B
mànshuài 慢率 7-708B
mànshuǐ 慢水 7-707A
mànshuō 慢説 7-709B
mànshuō 漫説 6-89A
mànshuō 謾説 11-403A
mànshūshìlì 曼殊室利 5-737B
mánsī 鰻絲 12-1257B
mànsī 漫澌 6-90B
mànsì 慢肆 7-709B
mànsǒu 漫叟 6-87A
mánsú 蠻俗 8-1012A
mǎnsuàn 滿算 6-63B
mǎnsuì 滿歲 6-63A
mànsuǒ 謾索 11-402B
màntán 漫談 6-90A
mǎntáng 滿堂 6-61B
mǎntángcǎi 滿堂彩 6-61B
mǎntángguàn 滿堂灌 6-61B
mǎntánghǎo 滿堂好 6-61B
mǎntánghóng 滿堂紅 6-61B
màntāo 慢慆 7-709B
mánténg 蠻藤 8-1015A
mànténgsīlǐ 慢騰斯禮 7-710B
màntēngtēng 漫騰騰 6-90B
mànténgténg 慢滕滕 7-710A
mànténgténg 慢騰騰 7-710B
mǎntì 滿替 6-62B
màntí 漫題 6-90B
mántiān 瞞天 7-1248B
màntiān 漫天 6-85A
màntián 縵田 9-981B
màntiānbiàndì 漫天遍地 6-85B
màntiānbiànyě 漫天遍野 6-85B
màntiānbìyě 漫天蔽野 6-85B
mántiāndàhuǎng 瞞天大謊 7-1248B
màntiāndàhuǎng 漫天大謊 6-85B
mǎntiāndǎyóufēi 滿天打油飛 6-57B
mǎntiānfēi 滿天飛 6-57B
màntiāngàidì 漫天蓋地 6-85B
mántiānguòhǎi 瞞天過海 7-1249A
màntiānguòhǎi 漫天過海 6-85B
mántiānhuǎng 瞞天謊 7-1249A
màntiānjiàojià 漫天叫價 6-85B
màntiānkāijià 漫天開價 6-85B
mántiānkǒu 謾天口 11-402A
mántiānmándì 瞞天瞞地 7-1249A
mántiānmándì 謾天謾地 11-402A
mántiānmèidì 瞞天昧地 7-1248B
mántiānmèidì 謾天昧地 11-402A
mántiāntǎojià 瞞天討價 7-1249A

màntiānwáng 漫天王 6-85B
mántiānxídì 瞞天席地 7-1249A
mǎntiānxīng 滿天星 6-57B
màntiānyǎndì 漫天掩地 6-85B
mántiānyàojià 瞞天要價 7-1248B
màntiānyàojià 漫天要價 6-85B
mántiānyuàndì 埋天怨地 2-1104A
màntiānzādì 漫天匝地 6-85B
mántiānzhàng 瞞天賬 7-1249A
mántiānzhì 瞞天智 7-1249A
màntiáosīlǐ 慢條斯理 7-708B
màntiáosīlǐ 慢條斯禮 7-708B
màntiáosīlǐ 慢條絲禮 7-708B
màntiáosīlǐ 慢條廝禮 7-708B
màntiáosīlǐ 漫條斯理 6-87B
mántíng 蠻庭 8-1012A
mǎntīng 滿聽 6-64B
màntíng 幔亭 3-757A
mǎntíngfāng 滿庭芳 6-60B
mántóng 蠻童 8-1013A
mántóng 蠻僮 8-1014B
mántou 饅頭 12-575A
mántóu 蠻頭 8-1014B
màntóu 曼頭 5-738A
màntóu 漫頭 6-90A
mántǔ 蠻土 8-1009B
màntúluó 曼荼羅 5-737B
màntūntūn 慢吞吞 7-707A
mántuó 鬘陀 12-752B
mántuó 蠻鼉 8-1015A
mántuó 謾訑 11-402B
mántuó 謾他 11-402A
màntuó 曼陀 5-736B
màntuó 曼陁 5-736B
màntuólín 曼陀林 5-737A
màntuólíng 曼陀鈴 5-737A
màntuóluó 曼陀羅 5-737A
mǎnú 馬奴 12-764B
mǎnǔguān 馬弩關 12-770A
mànwǎn 曼婉 5-738A
mánwáng 蠻王 8-1010A
mǎnwàng 滿望 6-62A
mànwàng 慢忘 7-707B
mánwéi 蠻爲 8-1013A
mànwéi 幔帷 3-757A
mànwéi 慢違 7-709B
mànwèi 漫味 6-86B
mànwén 漫文 6-86A
mánwǔ 謾侮 11-402B
mànwū 幔屋 3-757A
mànwū 漫污 6-86A
mànwǔ 嫚姆 4-405A
mànwǔ 嫚侮 4-404B
mànwǔ 慢侮 7-708A
mànwǔ 慢舞 7-709B
mànwǔ 慢侮 7-707B
mànwù 慢物 7-707B
mánxī 蠻溪 8-1013B
mànxì 嫚戲 4-405A
mànxì 慢戲 7-710B
mànxì 漫戲 6-90A
mánxià 蠻夏 8-1012A
mánxià 謾諕 11-403A
mànxiá 慢狎 7-707B
mánxián 蠻弦 8-1011B
mánxián 蠻絃 8-1013A
mànxián 漫涎 6-87B
mànxiàn 曼羨 5-738A
mànxiàn 漫羨 6-88B
mànxiào 曼嘯 5-738B
mánxiè 慲觟 7-702A
mànxiě 漫寫 6-90A
mànxiè 慢泄 7-707B
mànxiè 慢媟 7-709B
mànxiè 漫泄 6-86B
mánxīn 瞞心 7-1249A
mǎnxīn 滿心 6-58A
mànxīn 慢心 7-707A
mánxìng 蠻性 8-1011B
mànxíng 慢行 7-707A
mànxìng 慢性 7-708A
mànxìng 漫興 6-90A
mànxìngbìng 慢性病 7-708A
mánxìngzi 蠻性子 8-1011B
mánxīnmèijǐ 瞞心昧己 7-1249A
mǎnxū 滿虛 6-61B
mánxuē 蠻靴 8-1013A
mánxuē 蠻鞾 8-1015A
mànxué 謾學 11-403B
mànxuè 慢謔 7-710A
mányān 蠻煙 8-1013B
mányán 謾言 11-402A
mǎnyǎn 滿衍 6-60B
mǎnyǎn 滿眼 6-61B
mànyān 漫淹 6-88A
mànyán 曼延 5-736B
mànyán 嫚言 4-404B
mànyán 慢言 7-707B
mànyán 漫延 6-86A
mànyán 漫言 6-86B
mànyán 獌狿 5-103A
mànyán 蔓延 9-535B
mànyǎn 曼衍 5-737B
mànyǎn 漫衍 6-87A
mànyǎn 漫演 6-89B
mànyǎn 蔓衍 9-535B
mányānzhàngwù 蠻煙瘴霧 8-1013B
mányānzhàngyǔ 蠻煙瘴雨 8-1013B
mányāo 蠻腰 8-1013B
mányáo 蠻徭 8-1013B
mányáo 蠻猺 8-1013B
mànyào 慢要 7-708A
mànyào 慢藥 7-710B
mányě 蠻野 8-1012B
mǎnyè 滿業 6-63A
mànyě 漫野 6-88A
mányí 蠻夷 8-1010B
mányí 蠻彝 8-1015A
mányì 蠻裔 8-1013B
mǎnyì 滿意 6-63A
mǎnyì 滿溢 6-63B
mànyí 慢訑 7-708B
mànyí 漫洟 6-87B
mànyì 嫚易 4-404B
mànyì 慢易 7-707B
mànyì 漫溢 6-89A
mànyì 謾憶 11-403B
mányídàzhǎng 蠻夷大長 8-1010B
mányídǐ 蠻夷邸 8-1010B
mányīn 蠻音 8-1012A
mányín 蠻淫 8-1012B
mányǐn 瞞隱 7-1249B
mǎnyǐn 滿引 6-58A
mǎnyǐn 滿飲 6-62B
mànyīn 曼音 5-737B
mànyín 曼吟 5-736B
mànyín 慢淫 7-708B
mànyín 漫吟 6-86B
mànyǐn 蔓引 9-535B
mǎnyíng 滿盈 6-60B
mànyīng 曼纓 5-738B
mànyīng 縵纓 9-982A
mànyìng 漫應 6-90A
mànyìng 謾應 11-403B
mànyǐnzhūlián 蔓引株連 9-535B
mànyǐnzhūqiú 蔓引株求 9-535B
mányíróngdí 蠻夷戎狄 8-1010B
mányǒng 蠻勇 8-1012A
mànyóu 曼遊 5-738A
mànyóu 嫚游 4-405A
mànyóu 嫚遊 4-405A
mànyóu 慢尤 7-707A
mànyóu 慢游 7-709A
mànyóu 慢遊 7-709A
mànyóu 漫游 6-88A
mànyóu 漫遊 6-88A
mànyóushēngwù 漫游生物 6-88A
mànyōuyōu 慢悠悠 7-708B
mányú 謾諛 11-403B
mányǔ 蠻語 8-1014A
mányǔ 謾語 11-403A
mànyú 慢愚 7-709B
mànyǔ 曼語 5-738A
mànyǔ 嫚語 4-405A
mànyǔ 漫與 6-88B
mànyǔ 漫語 6-89A
mànyǔ 謾與 11-403B
mànyǔ 謾語 11-403A
mànyù 謾彧 11-402B
mányuān 埋冤 2-1105A
mányuán 蔄爰 1-1032B
mányuàn 埋怨 2-1104B
mányuàn 瞞怨 7-1249B
mǎnyuán 滿爰 6-60B
mǎnyuán 滿員 6-61A
mǎnyuàn 滿願 6-64A
mànyuán 漫園 6-88B
mànyuǎn 漫遠 6-88B
mǎnyuánchūn 滿園春 6-63A
mǎnyuè 滿月 6-58A
mànyuē 謾約 11-402B
mànyuè 縵樂 9-982A
mǎnyuèjiān 滿月韉 6-58A
mǎnyuèjiǔ 滿月酒 6-58A
mányún 鬘雲 12-753A
mànyún 漫云 6-85B
mányúndànyǔ 蠻雲蜑雨 8-1013A
mányúnzhàngyǔ 蠻雲瘴雨 8-1013A
mǎnzāi 滿崽 6-62B
mǎnzài 滿載 6-62B
mǎnzài'érguī 滿載而歸 6-62B
mànzàng 慢葬 7-709A
mànzǎo 蔓藻 9-536A
mànzé 曼澤 5-738B
mànzēng 曼矰 5-738B
mànzēng 縵繒 9-982A
mánzhā 蠻查 8-1011B
mánzhà 謾詐 11-402B
mánzhān 蠻氈 8-1015A
mánzhān 蠻氊 8-1015A
mánzhàng 蠻瘴 8-1014B
mǎnzhàng 滿杖 6-59B
mànzhāng 慢張 7-709A
mànzhàng 幔帳 3-757A
mànzhàng 慢仗 7-707A
mànzhàng 慢帳 7-708B
mǎnzhāosǔn…
滿招損,謙受益 6-60A
mánzhēn 蠻珍 8-1011B
mánzhèng 謾正 11-402A
mánzhēnhǎicuò 蠻珍海錯 8-1011B
mánzhǐ 蠻紙 8-1012B
mǎnzhì 滿志 6-59B
mǎnzhì 滿秩 6-61A
mànzhǐ 漫指 6-87A
mànzhì 曼志 5-736B
mànzhì 慢志 7-707B
mànzhì 慢滯 7-709B
mànzhì 漫識 6-90B
mànzhì 漫擲 6-90A
mǎnzhōng 滿中 6-58A
mànzhòng 漫種 6-89A
mǎnzhōu 滿洲 6-60B
mánzhú 簢竹 8-1237B
mǎnzhū 滿珠 6-60B
mànzhū 曼珠 5-737B
mànzhù 漫著 6-87B
mánzhuāng 蠻粧 8-1013A
mánzǐ 蠻子 8-1010A
mǎnzǐ 滿子 6-57B
mànzi 幔子 3-756B
mànzī 漫滋 6-88B

mánzōu 蠻陬 8-1012B
mánzú 蠻族 8-1012B
mǎnzú 滿足 6-59B
mǎnzú 滿族 6-62A
mánzuǒ 蠻左 8-1010A
mánzuò 蠻作 8-1011A
mánzuò 蠻做 8-1012B
mǎnzuò 滿坐 6-59B
mǎnzuò 滿座 6-61A
mǎnzuòfēngshēng 滿坐風生 6-60A
mǎnzuòfēngshēng 滿座風生 6-61A
máo'ān 茅庵 9-361B
máo'ān 茅菴 9-361B
mào'àn 冒暗 5-667A
mào'ānzhìxī 耄安穉嬉 8-643A
máo'áo 蟊螯 8-896A
màobài 冒拜 5-665B
máobǎn 毛板 6-999B
máobǎofàngguī 毛寶放龜 6-1006B
màobèi 眊悖 7-1187B
máoběn 毛本 6-998B
màobēng 冒綳 5-667A
máobǐ 毛筆 6-1002B
máobì 鬌蔽 12-731B
mǎobì 昴畢 5-682B
máobiān 毛邊 6-1006B
máobiānshū 毛邊書 6-1006B
máobiānzhǐ 毛邊紙 6-1006B
máobīng 毛兵 6-999B
máobìng 毛病 6-1001B
màobìng 瞀病 7-1240B
máobódì 錨泊地 11-1317A
máobōlí 毛玻璃 6-1000A
máobǔ 茅卜 9-360A
máobù 毛布 6-998B
mǎobù 卯簿 2-520A
màobǔ 貿卜 10-171A
mǎobùduìsǔn 卯不對榫 2-519B
màobùshī 冒不失 5-663B
màocái 茂才 9-333A
màocái 茂材 9-333A
màocái 貿財 10-171B
màocǎn 冒慘 5-667A
máocao 毛糙 6-1005B
máocǎo 毛草 6-1000A
máocǎozhǐ 毛草紙 6-1000B
máocè 毛厠 6-1002A
máocè 毛廁 6-1002B
mǎocè 卯册 2-519B
màocè 懋册 7-745B
máochā 矛叉 8-579A
máochá 毛茶 6-1000B
máochá 毛槎 6-1003A
máochá 毛碴 6-1004A
máochácháá 毛楂楂 6-1003A
máochái 茅柴 9-361B
máochài 蟊蠆 8-960A
máocháijiǔ 茅柴酒 9-361B
màochán 貌禪 10-1340A
máochǎng 茅廠 9-362B
máochāo 毛鈔 6-1002B
máochē 旄車 6-1583B
máochē 軞車 9-1226B
màochén 冒塵 5-667A
màochēng 冒稱 5-667A
màochéng 懋成 7-745B
máochī 茅鴟 9-362B
màochǐ 茂齒 9-334A
màochì 瞀瘛 7-1241A
máochóng 毛蟲 6-1006A
màochōng 冒充 5-664B
màochǒng 冒寵 5-668A
máochóngzǔ 毛蟲祖 6-1006B
màochǔ 冒處 5-666A
máochuán 茅椽 9-362A
máochuān 矛舛 8-579A
máochuáng 旄幢 6-1584B
máocī 毛疵 6-1002A
máocí 茅茨 9-361A
máocì 毛刺 6-1000A
máocì 茅廁 9-362A
máocíbùjiǎn 茅茨不翦 9-361A
máocítǔjiē 茅茨土階 9-361A
máocōng 蟊葱 8-957A
máocuì 毛毳 6-1002B
màodàbùwěi 冒大不韙 5-663A
máodàhù 毛大户 6-997A
máodài 毛戴 6-1006A
máodàn 鬌髧 12-731B
máodàndànzi 毛蛋蛋子 6-1002A
màodàng 冒當 5-666B
māodào 貓道 10-1340B
máodào 毛道 6-1003A
máodào 旄纛 6-1584B
màodào 眊悼 7-1187B
màodào 耄悼 8-643A
màodé 茂德 9-334B
màodé 懋德 7-746B
máodēng 錨燈 11-1317A
máodí 旄狄 6-1583B
máodì 錨地 11-1317A
màodí 貿糴 10-172A
màodì 冒地 5-664A
máodiàn 茅店 9-360B
máodiàn 茅殿 9-362A
màodiǎn 茂典 9-333A
màodiǎn 懋典 7-746A
màodiàn 懋甸 7-746A
máodié 鬌耋 12-731B
màodié 耄耋 8-643A
máodīng 毛丁 6-997A
mǎodīng 鉚釘 11-1247A
màodīng 帽釘 3-750B
màodǐng 冒頂 5-666A
màodǐng 帽頂 3-750B
màodìng 貌定 10-1339B
mǎodīngqiāng 鉚釘槍 11-1247A
màodìsàdápó 冒地薩怛嚩 5-664A
māodōng 猫冬 5-73B
máodòng 茅棟 9-361B
máodòu 毛豆 6-999B
màodōu 帽兜 3-751A
máodòujié 毛豆節 6-999B
máodú 毛犢 6-1006B
màodú 冒瀆 5-668A
màodú 冒黷 5-668A
màodù 冒度 5-665B
màodù 媢妬 4-387A
máoduān 旄端 6-1584B
máoduàn 毛段 6-1000B
māodūn 猫蹲 5-74B
máodūn 旄敦 6-1584A
máodūn 斄敦 2-1165B
máodùn 矛盾 8-579A
máodùn 矛楯 8-579B
màodūn 懋敦 7-746B
màodùn 冒遁 5-666B
máodùnlǜ 矛盾律 8-579B
mào'ēn 冒恩 5-665B
mào'ér 冒耏 5-665A
máo'erbān 鬌兒班 12-731A
māo'erfáng 猫兒房 5-73B
mào'érguāng 帽兒光 3-750B
mào'érguāngguāng 帽兒光光 3-750B
mào'ergūdōng 冒而咕咚 5-664A
mào'ergūdōng 冒兒咕咚 5-665A
māo'ershí 猫兒食 5-73B
māo'ertóu 貓兒頭 10-1340B
mào'ertóu 帽兒頭 3-750B
māo'erwō 貓兒窩 10-1340B
máo'erxì 鬌兒戲 12-731A
máo'erxìzi 鬌兒戲子 12-731A
māo'eryǎn 猫兒眼 5-73B
māo'eryǎn 貓兒眼 10-1340B
máofà 毛髮 6-1004A
máofà 鬌髮 12-732A
màofǎ 冒法 5-665A
máofàbùshuǎng 毛髮不爽 6-1004B
mǎofàn 卯飯 2-520A
màofán 冒煩 5-667A
màofàn 茂範 9-334A
màofàn 冒犯 5-664A
màofàn 貿販 10-171B
máofáng 毛房 6-1000A
máofáng 茅房 9-360B
máofǎng 毛紡 6-1002A
máofàsùsù 毛髮絲粟 6-1004B
máofàsǒngrán 毛髮悚然 6-1004B
máofàsǒngrán 毛髮聳然 6-1004B
máofēi 茅扉 9-362A
màofèi 耗廢 8-595B
màofèi 貿費 10-172A
màofèn 冒忿 5-665A
màofēng 冒鋒 5-667B
máofù 茅賦 9-362B
màofū 耄夫 8-643A
màogān 冒干 5-663A
máogāng 錨綱 11-1317A
máogē 矛戈 8-579A
máogé 毛葛 6-1002B
máogēn 毛根 6-1001A
mǎogēng 卯羹 2-520A
màogēng 芼羹 9-285A
máogōng 毛公 6-998A
mǎogōng 鉚工 11-1247A
màogōng 茂功 9-333A
màogōng 冒功 5-663B
màogōng 媢功 4-386B
màogōng 貿功 10-171A
màogōng 貌恭 10-1339B
màogōng 懋功 7-745B
máogōngdǐng 毛公鼎 6-998A
máogōngtán 毛公壇 6-998B
màogòu 冒詬 5-666B
máogū 毛咕 6-1000A
máogǔ 毛骨 6-1000B
máogǔ 毛轂 6-1004B
màoguān 貌冠 10-1339B
màoguān 懋官 7-746A
màoguàn 冒貫 5-666A
màoguǎng 袤廣 9-47A
màoguāngguāng 帽光光 3-750B
māoguǐ 貓鬼 10-1340B
máoguī 毛龜 6-1006A
màoguǐ 懋軌 7-746A
màoguì 冒貴 5-666A
máogǔsǒngrán 毛骨悚然 6-1000B
máogǔsǒngrán 毛骨竦然 6-1000B
máogǔsǒngrán 毛骨聳然 6-1000B
máohái 毛孩 6-1001A
máoháizi 毛孩子 6-1001A
máohǎn 旄罕 6-1583B
màohán 冒寒 5-666B
màohào 冒號 5-667A
máohé 毛髡 6-1003A
máohè 毛褐 6-1004A
màohèn 媢恨 4-387A
màohéshénlí 貌合神離 10-1339A
màohéxínglí 貌合行離 10-1339A
màohéxīnlí 貌合心離 10-1339A
máohōnghōng 毛烘烘 6-1001B
māohóu 猫猴 5-74A
māohǔ 貓虎 10-1340B
máohú 矛弧 8-579A
máohú 蝥弧 8-938B
màohú 瑁湖 4-601B
màohuā 冒花 5-664B
màohuā 帽花 3-750B
màohuá 秏滑 8-33B

màohuà 茂化 9-333A
màohuà 懋化 7-745B
màohuàn 貿換 10-171B
máohuáng 髦皇 12-731A
màohuāng 耗荒 8-594B
màohuāng 眊荒 7-1187A
màohuāng 耄荒 8-643A
máohuī 旄麾 6-1584B
màohuī 帽徽 3-751A
màohuì 冒賄 5-667A
máohúlubīng 毛胡蘆兵 6-1000B
máohúlubīng 毛葫蘆兵 6-1002A
máohúlujūn 毛葫蘆軍 6-1002A
máohūn 髦昏 12-731A
màohūn 眊昏 7-1187A
màohūn 耄昏 8-643A
màohùn 冒混 5-666A
máohuò 毛貨 6-1002A
màohuǒ 冒火 5-663B
màohuò 冒貨 5-666A
màohuò 貿化 10-171A
màohuò 貿貨 10-171B
màohuò 瞀惑 7-1240B
māohǔtóu 猫虎頭 5-73B
máojī 毛姬 6-1002A
máojí 蟊疾 8-960A
máojǐ 矛戟 8-579B
máojì 毛髻 6-1005A
máojì 毛罽 6-1006A
màojì 茂績 9-334B
màojì 懋迹 7-746A
màojì 懋績 7-747A
màojí 冒疾 5-665B
màojí 冒籍 5-668A
màojí 媢嫉 4-387A
màojì 媢忌 4-386B
màojiā 冒家 5-666A
máojiān 毛尖 6-998B
máojiān 茅菅 9-361B
màojiān 冒尖 5-664A
màojiān 冒堅 5-666A
màojiàn 冒踐 5-667B
màojiàn 瞀見 7-1240B
màojiàn 懋建 7-746A
mǎojiàng 昴降 5-682B
màojiānhù 冒尖户 5-664A
máojiāo 茅椒 9-362A
máojiāo 茅焦 9-362A
máojiǎo 毛角 6-999B
máojiāohuǒlà 毛焦火辣 6-1002B
máojiǎojī 毛脚鷄 6-1002A
máojiǎonǚxu 毛脚女婿 6-1002A
máojié 毛節 6-1003B
máojié 旄節 6-1584A
máojié 髦傑 12-731B
máojié 髦節 12-731B
máojié 蟊蠿 8-960A
máojiè 毛芥 6-999B
mǎojiē 鉚接 11-1247A
màojiè 懋戒 7-745B
máojīn 毛巾 6-997A
mǎojīn 卯金 2-519B
màojìn 冒進 5-666A
màojìn 冒禁 5-666B
máojīnbèi 毛巾被 6-997A
mǎojīndāo 卯金刀 2-519B
māojīng 猫睛 5-74A
māojīng 貓睛 10-1340B
māojīng 貓精 10-1341A
máojīng 茅旌 9-361B
máojīng 旄旌 6-1584A
mǎojīng 昴精 5-682B
màojìng 帽鏡 3-751A
màojìng 貌敬 10-1340A
màojìng 懋敬 7-746B
māojīngshí 猫睛石 5-74A
māojīngshí 貓睛石 10-1341A
màojīnhuā 冒金花 5-665A
máojiū 蛑蝤 8-896A
mǎojiǔ 卯酒 2-520A
máojǔ 毛舉 6-1005A
màojū 冒居 5-665A
máojuǎn 毛卷 6-1000A
màojuàn 耄倦 8-643A
máojué 茅蕝 9-362B
màojué 冒橛 5-667B
màojué 瞀厥 7-1240B
máojūn 茅君 9-360B
máojùn 旄俊 6-1583B
máojùn 髦雋 12-731B
máojùn 髦俊 12-731A
máojùn 髦儁 12-732A
mǎojūn 卯君 2-519B
máojǔxìgù 毛舉細故 6-1005B
màokè 媢克 4-386B
máokēng 猫坑 5-73B
máokēng 毛坑 6-999B
máokǒng 毛孔 6-998B
máokù 毛褲 6-1005A
màokuī 帽盔 3-751A
màokuì 冒愧 5-666B
màokuì 眊聵 7-1187B
màokuì 眊瞶 7-1187B
màokuì 耄聵 8-643B
màokuì 貌匱 10-1340A
māokūlǎoshǔ 猫哭老鼠 5-74A
mǎokùn 卯困 2-519B
máolā 毛拉 6-999B
máolàchóng 毛刺蟲 6-1000B
máolàchóng 毛蛓蟲 6-1004B
máolán 毛藍 6-1006A
màolàn 冒濫 5-668A
màolǎo 耄老 8-643A
máolèi 毛類 6-1006B
máolèng 毛愣 6-1003A
māolí 猫狸 5-74A
māolí 貓貍 10-1341A
máolí 毛氂 6-1004A
máolí 毛釐 6-1006A
máolǐ 毛裏 6-1003B
máolì 毛利 6-999B
màolǐ 冒禮 5-668A
màolǐ 貿理 10-171B
màolì 懋曆 7-746B
máolián 毛連 6-1001A
máoliǎn 毛臉 6-1006A
máoliàn 錨鏈 11-1317A
máoliáo 茅寮 9-362B
máoliào 毛料 6-1001B
màoliǎo 眊瞭 7-1187B
máoliè 毛鬣 6-1007A
màoliè 茂烈 9-333B
màoliè 懋列 7-745B
máolíng 毛翎 6-1002A
máolǐng 茅嶺 9-362B
mǎolíng 昴靈 5-682B
màolíng 茂陵 9-333B
màolíng 茂齡 9-334B
màolǐng 冒領 5-667A
màolíngliúláng 茂陵劉郎 9-333B
màolíshénhé 貌離神合 10-1340A
máolǐtuōzhān 毛裏拖氈 6-1003B
máoliú 旄旒 6-1584B
máolìzi 毛栗子 6-1001A
máolóng 茅龍 9-362B
màolǒng 帽籠 3-751A
máolú 茅廬 9-363A
máolù 毛路 6-1003B
máoluàn 毛亂 6-1003B
màoluàn 秏亂 8-33B
màoluàn 耗亂 8-595A
màoluàn 冒亂 5-667A
màoluàn 眊亂 7-1187B
màoluàn 耄亂 8-643B
màoluàn 貿亂 10-172A
màoluàn 瞀亂 7-1240B
máolǘ 毛驢 6-1007A
màolǚ 冒履 5-667B
máomǎ 旄馬 6-1584A
máomǎ 髦馬 12-731B
máomài 毛脈 6-1001B
màomǎi 貿買 10-171B
máomán 髦蠻 12-732A
máomao 毛毛 6-997B
máomáo 犛旄 6-288B
máomáo 卷毛 6-1008A
mǎomǎo 蓩蓩 9-533A
màomào 耗眊 8-594B
màomào 耗耄 8-594B
màomào 毷毷 6-1007B
màomào 茂茂 9-333A
màomào 冒冒 5-665A
màomào 眊眊 7-1187A
màomào 耄耄 8-643A
màomaò 貿貿 10-171B
màomào 楙楙 4-1200A
màomào 瞀瞀 7-1241A
màomào 懋懋 7-746B
máomaochóng 毛毛蟲 6-998A
máomaogūgū 毛毛咕咕 6-998A
máomaojiàng 毛毛匠 6-998A
máomaomáo 毛毛毛 6-998A
màomàoshāoshāo 眊眊稍稍 7-1187B
máomaoyǔ 毛毛雨 6-998A
màoměi 茂美 9-333B
màomèi 冒昧 5-665A
máomén 茅門 9-360B
màomèn 瞀悶 7-1240B
màoméng 冒蒙 5-666B
màoměng 冒懵 5-668A
máomǐ 茅靡 9-363A
màomí 瞀迷 7-1240B
màomì 茂密 9-334A
máomín 毛民 6-998B
máomín 髦民 12-731A
máomíng 蟊螟 8-960A
màomíng 冒名 5-664A
màomíng 瞀瞑 7-1241A
màomíng 懋明 7-746A
màomíngdǐngtì 冒名頂替 5-664B
màomíngjiējiǎo 冒名接脚 5-664B
màomò 冒没 5-664B
máomù 毛目 6-998B
màomù 眊目 7-1187A
màonàn 冒難 5-668A
máonáng 毛囊 6-1007A
máonánzú 毛南族 6-1000B
máonánzú 毛難族 6-1006B
màonéng 懋能 7-746A
māonì 猫匿 5-74A
máoní 髦倪 12-731B
màoní 旄倪 6-1584A
màoní 耄倪 8-643A
màonián 茂年 9-333A
màonián 耄年 8-643A
māoniào 猫尿 5-73B
máoniú 氂牛 6-1015B
máoniú 犛牛 6-288A
máoniú 貓牛 10-1340B
máoniú 毛牛 6-997B
máoniú 牦牛 6-244B
máoniú 旄牛 6-1583B
máoniú 髦牛 12-731A
māonú 貓奴 10-1340B
máonǚ 毛女 6-997A
máonǚdòng 毛女洞 6-997B
màopái 冒牌 5-666A
máopán 毛盤 6-1005A
máopáo 毛炮 6-1001A
máopáo 毛炰 6-1000B
màopào 冒炮 5-665B
màopèng 冒碰 5-666B
máopéngpéng 毛蓬蓬 6-1003A
máopī 毛胚 6-1000B
máopī 毛坯 6-999B
máopí 毛皮 6-998B
màopì 袤僻 9-47A
máopiàn 毛片 6-998A
màopiàn 冒騙 5-668A
máopiào 毛票 6-1002A

máopín 毛嬪 6-1006A
màopíng 帽憑 3-751A
màopó 耄皤 8-643B
màopò 冒破 5-665B
máopú 茅蒲 9-362A
máoqí 髦期 12-731B
máoqí 旄騎 6-1584B
máoqǐ 毛起 6-1001A
màoqī 旄期 6-1584A
màoqī 耄期 8-643B
máoqián 毛錢 6-1005B
màoqiān 茂遷 9-334A
màoqiān 楙遷 4-1200A
màoqiān 懋遷 7-746B
màoqián 冒錢 5-668A
máoqiáng 毛嬙 6-1006A
máoqiáng 毛廧 6-1005B
máoqiáng 毛嗇 6-1003A
máoqiāo 矛骹 8-579B
máoqiáo 髦嶠 12-732A
máoqiào 毛竅 6-1006B
màoqiè 冒竊 5-668A
màoqīn 茂親 9-334B
màoqīn 冒親 5-668A
màoqīn 貌侵 10-1339B
màoqín 耄勤 8-643B
màoqǐn 貌侵 10-1339B
màoqǐn 貌寢 10-1340A
màoqíndiàn 懋勤殿 7-746B
máoqīng 毛圊 6-1002A
máoqiū 旄丘 6-1583B
máoqiú 毛裘 6-1003A
máoqú 毛渠 6-1002A
màoqǔ 冒取 5-664B
màoqǔ 貿取 10-171A
máoquán 毛拳 6-1001B
máoqún 毛羣 6-1004A
màoqún 帽帬 3-750B
màoqún 帽裙 3-751A
màoqún 帽裠 3-751A
màorán 冒然 5-666B
màorán 眊然 7-1187B
màorán 貿然 10-171B
máo'erbāfēn 毛兒八分 6-1000A
màorě 貌喏 10-1339B
máorén 毛人 6-997A
máorén 旄人 6-1583B
màorèn 冒刃 5-663B
màorèn 冒認 5-667A
máorǒng 毛氄 6-1006A
màoróng 冒榮 5-667A
màoróng 眘容 7-1240B
màoróng 貌容 10-1339B
máorōngrōng 毛茸茸 6-1000A
máorú 茅茹 9-361A
máorù 毛褥 6-1005A
màorú 耄儒 8-643B
màorú 耄孺 8-643B
màorú 眘儒 7-1241A
màoruì 眘芮 7-1240B
màoruò 眊弱 7-1187B
màosāo 眊矂 7-1187B
màosāo 毷氉 6-1014B
màosāo 毷毶 6-1014B
màosào 眊燥 7-1187B
máosè 毛瑟 6-1003A
máosè 茅塞 9-362A
màosè 冒色 5-664B
màosè 貌色 10-1339A
máosèdùnkāi 茅塞頓開 9-362A
máosèqiāng 毛瑟槍 6-1003A
máoshān 毛衫 6-1000A
máoshān 茅山 9-360B
máoshān 茅苫 9-360B
máoshān 旄山 6-1583B
máoshàn 毛扇 6-1001B
màoshān 帽衫 3-750B
mǎoshàng 卯上 2-519B
màoshǎng 冒賞 5-667B
màoshǎng 懋賞 7-746B
màoshàng 冒上 5-663A
máoshè 茅舍 9-360B
máoshè 茅社 9-360B
màoshé 帽舌 3-750B
màoshé 貿折 10-171A
màoshè 冒涉 5-665B
máoshéng 錨繩 11-1317A
mǎoshēng 卯生 2-519B
màoshèng 茂盛 9-333B
màoshèng 楙盛 4-1200A
māoshí 猫食 5-73B
máoshī 氂虱 6-1015B
máoshī 毛施 6-1001A
máoshī 毛詩 6-1003B
máoshí 毛食 6-1000B
máoshí 毛實 6-1004A
máoshí 蟊食 8-960A
máoshì 髦士 12-730B
mǎoshí 卯食 2-520A
màoshī 冒失 5-663B
màoshí 茂實 9-334A
màoshí 茂識 9-334B
màoshì 茂士 9-332B
màoshì 冒勢 5-666B
màoshì 貿市 10-171A
màoshì 眘視 7-1240B
màoshiguǐ 冒失鬼 5-663B
màoshìqíngfēi 貌是情非 10-1339B
màoshìxīnfēi 貌是心非 10-1339B
māoshìyīngwǔ 猫噬鸚鵡 5-74B
māoshìyīngwǔ 貓噬鸚鵡 10-1341B
máoshòu 毛獸 6-1006B
màoshòu 冒受 5-665A
màoshòu 貿售 10-171B
màoshòu 貌受 10-1339B
máoshǒumáojiǎo 毛手毛脚 6-997B
màoshù 冒恕 5-667A
máoshuā 毛刷 6-1000A
màoshuāi 耄衰 8-643A
màoshuài 冒率 5-666A
máoshuǐ 毛水 6-997B
mǎoshuì 卯睡 2-520A
màoshuì 貿說 10-172A
máoshuò 矛矟 8-579B
máoshuò 矛槊 8-579B
máoshuò 髦碩 12-732A
māoshǔtóngchǔ 猫鼠同處 5-74B
māoshǔtóngchǔ 貓鼠同處 10-1341A
māoshǔtóngmián 猫鼠同眠 5-74A
māoshǔtóngmián 貓鼠同眠 10-1341A
māoshǔtóngrǔ 猫鼠同乳 5-74A
māoshǔtóngrǔ 貓鼠同乳 10-1341A
máosī 毛司 6-998B
máosī 茅司 9-360B
màosī 耄思 8-643A
màosǐ 冒死 5-664A
màosì 貌似 10-1339A
máosǒng 毛悚 6-1001B
máosǒng 毛聳 6-1006A
máosōu 茅蒐 9-361B
máosù 毛粟 6-1002B
màosuì 茂遂 9-334A
máosuíduòjǐng 毛遂墮井 6-1003A
máosuìzìjiàn 毛遂自薦 6-1003A
máosǔn 毛笋 6-1001B
máosǔn 毛筍 6-1002B
máosuō 茅縮 9-362B
máosuō 髦髿 12-732A
máosuǒ 毛索 6-1001A
mǎotǎ 泖塔 5-1091B
máotāi 毛胎 6-1000B
máotái 茅臺 9-362A
máotài 毛太 6-997B
máotáijiǔ 茅臺酒 9-362B
máotǎn 毛毯 6-1002B
máotáng 茅堂 9-361B
màotángtáng 貌堂堂 10-1339B
māotánzhú 貓彈竹 10-1341A
máotáo 毛桃 6-1001B
máotáo 茅綯 9-362B
màotáo 酕醄 9-1394B
màotào 帽套 3-750B
màotì 冒替 5-666A
màotiānxiàzhīdàbùwěi 冒天下之大不韙 5-663B
máotiáo 毛條 6-1001B
máotiáo 髦髫 12-732A
máotiě 毛鐵 6-1007A
màotǒng 帽筒 3-751A
māotóu 猫頭 5-74B
māotóu 貓頭 10-1341A
máotóu 毛頭 6-1005A
máotóu 矛頭 8-580A
máotóu 旄頭 6-1584B
máotóu 髦頭 12-732A
màotóu 冒頭 5-667B
máotóumáonǎo 毛頭毛腦 6-1005A
māotóuniǎo 貓頭鳥 10-1341A
māotóusǔn 貓頭筍 10-1341A
māotóuxié 貓頭鞋 10-1341A
máotóuxīng 毛頭星 6-1005A
māotóuyīng 猫頭鷹 5-74B
māotóuyīng 貓頭鷹 10-1341B
máotóuzhǐ 毛頭紙 6-1005A
māotóuzhú 貓頭竹 10-1341A
máotú 髦徒 12-731B
máotǔ 茅土 9-360A
màotū 冒突 5-665B
máotuán 毛團 6-1004A
máotuánbǎxì 毛團把戲 6-1004A
màotuō 貌托 10-1339A
máowán 毛丸 6-997A
màowàng 冒妄 5-664B
màowàng 眘妄 7-1240B
màowàng 貌望 10-1340A
máowěi 毛尾 6-999B
máowěi 髦尾 12-731A
màowěi 冒猥 5-666B
màowèi 冒位 5-664B
màowèi 貿位 10-171A
màowén 冒文 5-663B
máowō 毛窩 6-1004A
màowò 茂渥 9-334A
máowū 茅屋 9-361A
máowǔ 旄舞 6-1584B
máowù 毛物 6-1000A
máowūcǎichuán 茅屋采椽 9-361A
máoxī 毛犀 6-1003A
máoxí 毛席 6-1001B
màoxí 冒襲 5-668A
màoxí 貿襲 10-172B
máoxiā 毛蝦 6-1005A
máoxiàn 毛綫 6-1004A
màoxián 冒嫌 5-667A
màoxián 媢賢 4-387A
màoxiǎn 冒險 5-667B
màoxiǎn 冒嶮 5-667B
máoxiàng 毛象 6-1002A
máoxiàng 旄象 6-1584A
màoxiǎng 冒餉 5-667A
màoxiàng 貌相 10-1339B
màoxiàng 貌象 10-1340A
màoxiàng 貌像 10-1340A
màoxiāo 冒銷 5-667B
màoxiāo 貌肖 10-1339A
máoxiǎozi 毛小子 6-997A
máoxìguǎn 毛細管 6-1002A
máoxīn 毛心 6-998B
máoxīng 旄星 6-1583B
mǎoxīng 昴星 5-682B
màoxíng 茂行 9-333A
màoxíng 冒行 5-664A
màoxíng 貌形 10-1339A
màoxìng 冒姓 5-665A
màoxìng 冒幸 5-664B
mǎoxīngtuán 昴星團 5-682B

māoxióng 猫熊 5-74B
máoxiù 鬚秀 12-731A
mǎoxiù 昴宿 5-682B
màoxiū 懋修 7-746A
màoxiǔ 耄朽 8-643A
màoxù 茂緒 9-334A
màoxù 冒絮 5-666B
máoxuān 茅軒 9-361B
màoxuǎn 茂選 9-334B
màoxuǎn 懋選 7-746B
màoxuàn 冒眩 5-665B
màoxuàn 眊眩 7-1187B
màoxuàn 眘眩 7-1240B
máoxuē 毛薛 6-1005A
máoxuè 毛血 6-999A
màoxué 茂學 9-334B
màoxué 耄學 8-643B
màoxué 懋學 7-746B
màoxūn 茂勳 9-334B
màoxūn 懋助 7-746B
màoxūn 懋勳 7-746B
māoyǎn 猫眼 5-74A
máoyàn 毛燕 6-1005A
máoyàn 鬚彥 12-731B
mǎoyǎn 卯眼 2-520A
màoyān 冒烟 5-665B
màoyán 皃言 8-250B
màoyán 冒顏 5-668A
màoyán 袤延 9-47A
màoyán 帽檐 3-751A
màoyán 帽簷 3-751A
màoyán 貌言 10-1339A
màoyǎn 茂衍 9-333B
màoyǎn 眊眼 7-1187B
màoyàn 茂彥 9-333B
máoyàng 毛樣 6-1004B
màoyáng 懋揚 7-746A
māoyāo 猫腰 5-74B
máoyāo 毛腰 6-1003B
máoyātou 毛丫頭 6-997A
máoyātou 毛鴉頭 6-1004B
màoyè 茂業 9-334A
màoyè 冒夜 5-665A
màoyè 懋業 7-746B
máoyī 毛衣 6-999A
màoyì 茂異 9-334A
màoyì 貿傷 10-171B
màoyì 貿易 10-171A
màoyì 懋易 7-746A
màoyìfēng 貿易風 10-171B
mǎoyǐn 卯飲 2-520A
màoyīn 冒陰 5-666A
màoyìn 冒蔭 5-666B
máoyīng 氂纓 6-1015B
máoyīng 鬚英 12-731A
máoyíng 茅盈 9-361A
máoyǐng 毛穎 6-1005B
màoyīng 懋膺 7-747A
màoyōng 茂庸 9-334A
màoyōng 懋庸 7-746A
máoyòu 毛蚴 6-1002A
mǎoyǒu 卯酉 2-519B
màoyōu 眘懮 7-1241A
màoyóu 茂猷 9-334A
māoyú 猫魚 5-74A
máoyú 矛渝 8-579B
máoyǔ 毛羽 6-999A
máoyǔ 毛雨 6-1000A
máoyǔ 旄羽 6-1583B
máoyù 蟊蜮 8-960A
màoyú 眘瞞 7-1198A
màoyù 茂育 9-333A
màoyù 茂豫 9-334B
màoyù 貿鬻 10-172B
màoyuǎn 袤遠 9-47A
màoyuàn 茂苑 9-333A
màoyuàn 媢怨 4-387A
máoyuángǔ 毛員鼓 6-1001B
máoyuánruì 毛元銳 6-997B
máoyuè 旄鉞 6-1584A
màoyuè 冒越 5-666A
màoyuè 貌閱 10-1340A
māoyuèzi 猫月子 5-73B
mǎoyún 卯雲 2-520A
máoyǔwèifēng 毛羽未豐 6-999B
màozǎi 茂宰 9-333B
màozài 貿載 10-172A
máozǎizi 毛崽子 6-1002B
máozao 毛躁 6-1007A
máozào 毛皂 6-999B
màozào 冒躁 5-668A
máozé 毛澤 6-1005B
máozédōngsīxiǎng 毛澤東思想 6-1005B
máozéi 毛賊 6-1003A
máozéi 蟀賊 8-896A
máozéi 蝥賊 8-938B
máozéi 蟊賊 8-960A
máozhāi 茅齋 9-362B
máozhān 旄氈 6-1584B
màozhàn 冒占 5-663B
màozhǎng 懋長 7-746A
màozhāo 懋昭 7-746A
máozhé 鬚哲 12-731B
màozhèn 冒賑 5-667A
máozhèng 毛鄭 6-1004A
máozhì 毛摯 6-1004B
máozhì 毛質 6-1005A
máozhì 毛鷙 6-1007A
máozhì 鬚稚 12-731B
màozhí 貌執 10-1339B
màozhì 冒制 5-664B
màozhì 貿致 10-171B
máozhīpǐn 毛織品 6-1006B
máozhòng 毛重 6-1000B
máozhōngshū 毛中書 6-997B
māozhū 貓猪 10-1340B
māozhú 貓竹 10-1340B
máozhū 毛猪 6-1002A
máozhū 毛銖 6-1004A
máozhú 毛竹 6-999A
máozhú 茅竹 9-360B
máozhǔ 旄麈 6-1584B
màozhù 茂著 9-333B
màozhù 懋著 7-746A
máozhuā 錨爪 11-1317A
máozhuàn 毛傳 6-1003B
máozhuāng 毛裝 6-1004A
màozhuàng 冒撞 5-667B
màozhuàng 貌狀 10-1339B
máozhuī 毛錐 6-1005B
máozhuīzi 毛錐子 6-1005B
màozhǔn 帽准 3-750B
màozhuó 冒濁 5-668A
máozi 毛子 6-997A
máozi 矛子 8-579A
máozǐ 鬚子 12-731A
màozi 冒子 5-663B
màozi 帽子 3-750B
màozitóu 帽子頭 3-750B
máozixí 毛子檄 6-997A
máozōng 毛宗 6-1000A
máozū 茅菹 9-361B
máozú 毛族 6-1002A
mǎozuì 卯醉 2-520A
mǎpā 馬趴 12-771A
mǎpá 馬爬 12-769B
mǎpái 馬排 12-775B
mǎpái 馬牌 12-779A
mǎpápá 馬爬爬 12-769B
mǎpèi 馬轡 12-790B
mǎpéng 馬棚 12-778A
mǎpéngfēng 馬棚風 12-778A
mápí 麻皮 12-1272A
mápí 麻蚍 12-1274B
mǎpī 馬披 12-768B
mǎpí 螞蚍 8-939B
mǎpǐ 馬匹 12-762A
mǎpǐ 馬癖 12-789A
mǎpǐ 馬疋 12-764B
mǎpì 馬屁 12-767B
mǎpì 馬窾 12-785A
mǎpiáo 馬藨 12-788A
mǎpiào 馬票 12-776A
mǎpìbó 馬屁勃 12-767B
mǎpìbó 馬屁浡 12-768A
mǎpìbó 馬穵勃 12-772B
mápícūn 麻皮皴 12-1272A
mǎpìjīng 馬屁精 12-768A
mápódòufǔ 麻婆豆腐 12-1276A
mápǔ 麻普 12-1276B
mǎpù 馬鋪 12-784B
mǎpù 馬舖 12-784B
máqǐ 麻起 12-1274B
mǎqí 馬蜞 12-782B
mǎqí 馬騎 12-788B
mǎqí 馬蘄 12-789A
mǎqí 馬鬐 12-790A
màqí 禡旗 7-950A
máqián 麻錢 12-1278B
mǎqiān 馬汧 12-767B
mǎqiān 馬蚈 12-773B
mǎqián 馬前 12-772A
mǎqián 馬錢 12-787A
mǎqián 碼錢 7-1085A
mǎqiāng 馬槍 12-782A
mǎqiánjiàn 馬前健 12-772A
mǎqiánjiàn 馬前劍 12-772A
mǎqiánkè 馬前課 12-772A
mǎqiánpōshuǐ 馬前潑水 12-772A
mǎqiánwéizi 馬前圍子 12-772A
mǎqiánzǐ 馬錢子 12-787A
mǎqiánzú 馬前卒 12-772A
mǎqídēng 馬騎燈 12-788B
mǎqídēng 馬騎鐙 12-788B
mǎqīmǎbā 馬七馬八 12-760A
mǎqīng 馬卿 12-774A
mǎqiū 馬鞦 12-788B
mǎqiú 馬球 12-775A
mǎqiú 馬裘 12-780A
máqú 麻絇 12-1276A
mǎquán 馬蠸 12-791A
mǎquàn 馬券 12-769B
máquè 麻雀 12-1275A
máquèbān 麻鵲斑 12-1278B
máquèpái 麻雀牌 12-1275B
máquèzhàn 麻雀戰 12-1275B
mǎqùmǎguī 馬去馬歸 12-763A
máqún 麻裙 12-1276B
mǎqún 馬裙 12-779B
mǎqúnkōng 馬羣空 12-781B
màrǎng 罵嚷 12-833B
márén 麻仁 12-1271B
mǎrén 馬人 12-760A
mǎrénxiāng 馬人香 12-760A
mǎrì 馬日 12-762B
mǎróng 馬容 12-775A
mǎróngzhàng 馬融帳 12-785A
mǎrǔ 馬乳 12-769B
màrǔ 罵辱 12-832B
mǎruǎn 馬阮 12-765B
mǎrùhuàshān 馬入華山 12-760A
mǎrúliúshuǐ 馬如流水 12-765B
mǎrúlóng 馬如龍 12-765B
mǎrúyóulóng 馬如游龍 12-765B
mǎrúyóuyú 馬如游魚 12-765B
mǎrúzǐ 馬茹子 12-770B
mǎrùzi 馬褥子 12-785A
māsā 抹撒 6-438B
mǎsā 馬馺 12-778A
mǎsàikè 馬賽克 12-788B
másāsā 麻撒撒 12-1277B
máshā 麻沙 12-1273A
máshā 麻紗 12-1275A
mǎshā 馬沙 12-767B
máshāběn 麻沙本 12-1273A
mǎshāng 馬商 12-777A
mǎshàng 馬上 12-760B
mǎshàngchuī 馬上吹 12-761A
mǎshàngdétiānxià 馬上得天下 12-761A
mǎshàngfángzi 馬上房子 12-761A
mǎshànggōng 馬上公 12-761A

mǎshànggōngchéng 馬上功成 12-761A
mǎshàngkànhuā 馬上看花 12-761A
mǎshàngqiángtóu 馬上牆頭 12-761A
mǎshàngrén 馬上人 12-761A
màshānmàhǎi 罵山罵海 12-832A
màshānmén 罵山門 12-832A
mǎsháo 馬杓 12-766A
mǎsháo 馬勺 12-761B
mǎshào 馬哨 12-773B
mǎsháozi 馬杓子 12-766A
mǎsháozi 馬勺子 12-761B
mǎshè 馬社 12-767B
mǎshè 馬射 12-773B
mǎshécài 馬蛇菜 12-776A
máshēn 麻糂 12-1274B
mǎshén 馬神 12-772B
máshéng 麻繩 12-1279A
mǎshēng 馬牲 12-771B
mǎshèng 馬乘 12-773B
máshéngcài 麻繩菜 12-1279A
mǎshēngjiǎo 馬生角 12-764A
máshí 麻石 12-1271B
máshí 麻實 12-1277B
máshì 麻事 12-1273A
mǎshī 馬師 12-773B
mǎshí 馬食 12-771B
mǎshǐ 馬史 12-763B
mǎshǐ 馬矢 12-764A
mǎshǐ 馬使 12-769A
mǎshì 馬士 12-760B
mǎshì 馬市 12-764A
mǎshì 馬式 12-764B
mǎshì 馬飾 12-781A
mǎshì 馬適 12-783A
màshì 罵市 12-832B
mǎshīhuáng 馬師皇 12-773B
mǎshǒu 馬首 12-772A
mǎshǒudōng 馬首東 12-772B
mǎshǒuguā 馬首瓜 12-772A
mǎshòumáocháng 馬瘦毛長 12-782B
mǎshǒushìzhān 馬首是瞻 12-772B
mǎshǒuyùdōng 馬首欲東 12-772B
máshū 麻菽 12-1275A
máshū 麻尗 12-1272A
mǎshù 馬迷 12-775B
mǎshù 馬術 12-776B
mǎshuā 抹刷 6-437B
mǎshuǐchēlóng 馬水車龍 12-762B
mǎshuò 馬稍 12-779B
mǎshuò 馬槊 12-783A
màshuō 罵説 12-833A
máshūshū 麻舒舒 12-1276B
mǎsī 馬廝 12-785A
mǎsì 馬肆 12-779B
mǎsīgēyóu 馬思哥油 12-771A
mǎsìhuán 馬四環 12-764A
mǎsǐhuángjīnjìn 馬死黃金盡 12-765A
mǎsòng 馬訟 12-777A
mǎsuì 馬祟 12-775A
másuǒ 麻索 12-1274B
másūsū 麻酥酥 12-1276B
másūsū 麻蘇蘇 12-1278B
másūtáng 麻酥糖 12-1276B
mátǎ 麻塔 12-1276A
mǎtái 馬臺 12-782A
mátáng 麻糖 12-1278B
mǎtáng 馬唐 12-774A
mǎtáng 馬餹 12-789A
mátāo 麻絛 12-1278B
mǎtào 馬套 12 773B
mǎtí 馬蹄 12-786A
mǎtí 馬蹏 12-788A
màtí 罵題 12-833B
mátián 麻田 12-1272A
màtiānchědì 罵天扯地 12-832A
màtiānzhòudì 罵天咒地 12-832A
mátiáo 麻條 12-1274B
mǎtiáo 馬蜩 12-782B
mǎtiáotiáo 馬條條 12-773B
mǎtíbiǎo 馬蹄錶 12-786B
mǎtíbiē 馬蹄鼈 12-787A
mǎtícǎo 馬蹄草 12-786B
mǎtídāo 馬蹄刀 12-786A
mǎtídēng 馬提燈 12-777B
mǎtiě 馬鐵 12-790B
mǎtíjīn 馬蹄金 12-786B
mǎtíjīn 馬蹏金 12-788A
mǎtíjuémíng 馬蹄決明 12-786B
mǎtílián 馬蹄蓮 12-786B
mǎtítiě 馬蹄鐵 12-786B
mǎtítiè 馬蹄帖 12-786B
mǎtíxiāng 馬蹄香 12-786B
mǎtíxíng 馬蹄形 12-786B
mǎtíxiù 馬蹄袖 12-786B
mǎtíyín 馬蹄銀 12-786B
mǎtōng 馬通 12-775A
mǎtóng 馬童 12-779A
mǎtóng 馬酮 12-780A
mǎtóng 馬僮 12-782B
mǎtóng 馬潼 12-785A
mǎtǒng 馬桶 12-775B
mǎtǒng 榪桶 4-1206B
mátóu 麻頭 12-1278A
mǎtou 碼頭 7-1085A
mǎtóu 馬頭 12-785B
màtou 榪頭 4-1206B
mǎtóu 嘜頭 3-490A
mǎtóudiào 馬頭調 12-785B
mǎtóuniáng 馬頭娘 12-785B
mǎtóuniáng 馬頭孃 12-786A
mǎtóuqiáng 馬頭墻 12-786A
mǎtóuqin 馬頭琴 12-785B
mǎtóurén 馬頭人 12-785B
mǎtóuyáng 馬頭羊 12-785B
mǎtú 馬徒 12-773B
mǎtú 馬屠 12-777A
mǎtú 馬圖 12-782B
mátuán 麻團 12-1277B
mǎtuō 抹脱 6-438A
mǎtuó 馬馱 12-779B
mǎtuózi 馬馱子 12-779B
mǎtuózi 馬駝子 12-783B
mǎwáng 馬王 12-761B
mǎwángcài 馬王菜 12-762A
mǎwángduīhànmù 馬王堆漢墓 12-761B
mǎwángyé 馬王爺 12-762A
máwěi 麻尾 12-1273A
máwěi 麻葦 12-1276B
mǎwéi 馬嵬 12-778B
mǎwěi 馬尾 12-768A
mǎwěibiàn 馬尾辮 12-768A
mǎwěifēng 馬尾蜂 12-768A
mǎwěiluó 馬尾羅 12-768A
mǎwěiluó 馬尾蘿 12-768A
máwěiquè 麻尾雀 12-1273A
mǎwěisōng 馬尾松 12-768A
mǎwéiwà 馬嵬襪 12-778B
mǎwěixiāng 馬尾香 12-768A
mǎwěizǎo 馬尾藻 12-768A
mǎwén 馬文 12-763A
màwěn 罵吻 12-832B
mǎwēng 馬翁 12-774A
mǎwū 馬屋 12-773A
mǎwǔ 馬舞 12-782B
mǎwù 馬兀 12-760B
mǎwù 馬杌 12-766A
màwǔ 罵侮 12-832B
mǎwùzi 馬杌子 12-766A
máxī 皺嚁 8-525B
máxǐ 麻枲 12-1274B
mǎxī 馬犀 12-779B
mǎxí 馬席 12-774A
mǎxì 馬舄 12-778B
mǎxì 馬戲 12-788A
mǎxì 馬鱥 12-789A
máxiá 麻霞 12-1278B
mǎxià 馬下 12-760B
màxiā 傌侕 1-1658A
màxiā 傌偱 1-1658A
máxiàn 麻線 12-1278A
mǎxián 馬蚿 12-776A
mǎxián 馬閑 12-779B
mǎxián 馬銜 12-782B
mǎxiǎn 馬洗 12-772B
mǎxiàn 馬莧 12-773A
máxiàndào 麻線道 12-1278A
mǎxiāngrú 馬相如 12-771A
mǎxiàzú 馬下卒 12-760B
máxié 麻鞋 12-1278A
mǎxiè 馬解 12-781B
mǎxiè 馬卸 12-771B
mǎxiè 馬薤 12-785A
mǎxiè 馬齛 12-791A
mǎxīn 馬辛 12-767B
mǎxīng 馬星 12-771A
mǎxíng 馬行 12-765B
mǎxīnhāo 馬薪蒿 12-785A
mǎxióng 馬熊 12-783A
mǎxuē 馬靴 12-780A
mǎxūn 馬薰 12-788A
mǎyá 馬牙 12-762A
mǎyǎ 馬庌 12-767B
màyá 禡牙 7-950A
mǎyácài 馬牙菜 12-762B
máyān 麻煙 12-1277A
máyán 麻筵 12-1276B
mǎyǎn 馬眼 12-776A
màyán 罵言 12-832B
mǎyànchētián 馬咽車闐 12-769A
mǎyāng 馬鞅 12-782A
mǎyáng 馬揚 12-777B
mǎyáng 碼洋 7-1084B
mǎyángjié 馬羊劫 12-765B
mǎyǎngrénfān 馬仰人翻 12-765A
máyào 麻藥 12-1278B
mǎyáxiāng 馬牙香 12-762A
mǎyáxiāo 馬牙消 12-762A
mǎyáxiāo 馬牙硝 12-762B
mǎyázhě 馬牙褶 12-762B
máyèpí 麻葉皮 12-1276B
máyèzi 麻葉子 12-1276B
mǎyǐ 馬螘 12-787A
máyī 麻衣 12-1272A
mǎyī 馬衣 12-765B
mǎyī 馬揖 12-777B
mǎyī 馬醫 12-789A
mǎyǐ 馬蟻 12-789B
mǎyǐ 螞蟻 8-939B
mǎyì 馬驛 12-790B
mǎyǐbāntàishān 螞蟻搬泰山 8-940A
mǎyǐcǎo 馬螘草 12-787A
mǎyīcǎo 蟆衣草 8-941A
máyīdàorén 麻衣道人 12-1272B
máyīdàoshì 麻衣道士 12-1272B
máyīdàozhě 麻衣道者 12-1272B
mǎyìn 馬印 12-764A
máyíng 麻蠅 12-1278B
mǎyīng 馬纓 12-791A
mǎyíng 馬蠅 12-789B
mǎyīngdān 馬纓丹 12-791A
máyíngfú 麻蠅拂 12-1279A
mǎyīnghuā 馬纓花 12-791A
mǎyīngshù 馬纓樹 12-791A
máyǐnjīpí 麻飲雞皮 12-1276B
mǎyǐshǐ 螞蟻矢 8-940A
máyīxiān 麻衣仙 12-1272B
máyīxiàng 麻衣相 12-1272B
máyīxiàngfǎ 麻衣相法 12-1272B
mǎyōng 馬庸 12-777A
mǎyōng 馬傭 12-781A
mǎyǒng 馬勇 12-773A
mǎyōnglìzhàng 馬慵立仗 12-783A
máyóu 麻油 12-1273B

mǎyóu 馬猶 12-779A
mǎyóulóng 馬游龍 12-779B
mǎyú 馬盂 12-768B
mǎyú 馬輿 12-788A
mǎyú 馬轝 12-790A
mǎyǔ 馬圉 12-773B
mǎyǔ 馬圄 12-776A
mǎyuàn 馬苑 12-768B
mǎyuàn 馬院 12-773A
mǎyuánjù'ān 馬援據鞍 12-777B
mǎyuànrúyáng 馬願如羊 12-789B
mǎyuánzhù 馬援柱 12-777B
mázā 麻扎 12-1271B
māzǎi 孖仔 4-196A
mǎzǎi 馬仔 12-764A
mǎzǎo 馬棗 12-778A
mǎzéi 馬賊 12-780A
mázhā 麻渣 12-1276B
mǎzhá 馬扎 12-762A
mǎzhá 馬札 12-763B
màzhà 螞蚱 8-939B
màzhàchēzi 螞蚱車子 8-939B
mázhádàkǎndāo 麻紮大砍刀 12-1274B
mázhádāo 麻扎刀 12-1271B
mázhádāo 麻札刀 12-1271B
māzhān 孖氈 4-196A
mǎzhàn 馬占 12-763B
mǎzhàn 馬站 12-774B
mǎzhàn 馬棧 12-778A
mǎzhàn 馬戰 12-787A
mǎzhàn 馬蝬 12-782B
màzhàn 罵戰 12-833A
mázhàng 麻杖 12-1272B
mǎzhǎng 馬掌 12-778B
mǎzhàng 馬仗 12-764A
mǎzhàng 馬帳 12-776A
màzhàng 罵仗 12-832A
mǎzhǎngtiě 馬掌鐵 12-778B
mǎzhànzhīhuò 馬棧之禍 12-778A
mǎzhāo 馬昭 12-771A
mǎzhào 馬趙 12-782A
mǎzhàowēnzhōu 馬趙温周 12-782A
mǎzházi 馬扎子 12-762A
mǎzházi 馬札子 12-763B
mǎzházi 馬閘子 12-781B
mázhěn 麻疹 12-1274B
mázhěn 痲疹 8-330B
mǎzhèn 馬紖 12-775A
màzhèn 罵陣 12-832B
mǎzhēncì 馬針刺 12-774A
mǎzhèng 馬正 12-763A
mǎzhèng 馬政 12-770B
mǎzhèng 馬鄭 12-783A
mázhī 麻脂 12-1274B
mázhǐ 麻紙 12-1275A
mázhì 麻制 12-1273A
mǎzhí 馬直 12-768B
mǎzhì 馬蛭 12-778B
mǎzhì 馬質 12-784B
mázhīpǐn 麻織品 12-1278B
mǎzhíshì 馬執事 12-775B
mǎzhǒng 馬冢 12-775A
mǎzhōngguānwǔ 馬中關五 12-762B
mázhōu 麻粥 12-1276B
mǎzhóu 馬軸 12-778A
mǎzhǒu 馬帚 12-770A
mázhù 麻苧 12-1273A
mázhù 麻紵 12-1276A
mǎzhǔ 馬主 12-764A
mǎzhù 馬柱 12-771A
mǎzhuā 馬撾 12-782A
mǎzhuā 馬檛 12-784A
mǎzhuāng 馬樁 12-783B
mǎzhuàngrénqiáng 馬壯人强 12-768A
mǎzhuōlǎoshǔ 馬捉老鼠 12-773A
mázi 麻子 12-1271B
mázi 痲子 8-330B
mázǐ 麻子 12-1271B
mǎzi 馬子 12-761B
mǎzi 榪子 4-1206B
mǎzī 馬貲 12-780A
mǎzī 馬資 12-781B
mǎzǐ 馬子 12-761B
mǎzǐ 碼子 7-1084B
mǎzīshuǐ 馬訾水 12-780A
mǎzitǒng 馬子桶 12-761B
mǎzōng 馬騌 12-788B
mǎzōng 馬鬃 12-788B
mǎzōng 馬騣 12-789A
mǎzōng 馬鬉 12-789A
mǎzōng 馬鬉 12-790B
mǎzōng 馬鬷 12-790A
mǎzōngyǔ 馬鬃雨 12-788B
mǎzǒu 馬走 12-765B
mǎzú 馬足 12-766B
mǎzú 馬卒 12-769B
mǎzǔ 馬祖 12-772B
màzǔ 罵詛 12-833A
mǎzúchēchén 馬足車塵 12-766B
mázuì 麻醉 12-1278A
mázuìjì 麻醉劑 12-1278A
mǎzuìmù 馬醉木 12-784A
mázuìpǐn 麻醉品 12-1278A
mǎzúlóngshā 馬足龍沙 12-766B
màzuò 罵坐 12-832B
màzuò 罵座 12-833A
ḿbù 嘸不 3-509B
medào 麼道 12-1279B
mèi'ài 昧薆 5-658B
mèi'ài 媚愛 4-392A
méi'àn 眉案 7-1193B
méi'ǎo 媒媼 4-385A
mèi'ào 媚奥 4-392A
méi'àotóu 没鏊頭 5-992A
méibābí 没巴鼻 5-981A
méibābì 没巴避 5-981A
méibābì 没巴臂 5-981A
méibǎbí 没把鼻 5-983B
méibǎbì 没把臂 5-983B
méibǎibō 没擺撥 5-992A
méibǎibu 没擺佈 5-992A
méibáiméihēi 没白没黑 5-981B
méibāméibí 没巴没鼻 5-980B
méibǎo 媒保 4-384B
měibǎo 美寶 9-164B
měibào 美報 9-162A
méibāotán 没包彈 5-982A
méibāotán 没褒彈 5-992A
měibēi 渼陂 5-1512B
měibèi 美備 9-162B
méiběnqianshēngyi 没本錢生意 5-981B
méiběnyíngshēng 没本營生 5-981B
méibì 玫陛 4-530B
mèibǐ 昧鄙 5-658B
mèibǐ 媚筆 4-392A
mèibì 昧蔽 5-658B
mèibiàn 韎弁 12-677B
méibiāo 梅飈 4-1051A
méibié 枚别 4-856B
méibó 梅伯 4-1047A
méibó 媒伯 4-384A
méibǔ 枚卜 4-856A
mèibù 韎布 12-677B
měibùshèngshōu 美不勝收 9-159B
méicǎi 没采 5-985B
měicāi 美偲 9-162A
měicái 美才 9-159A
měicái 美材 9-160A
méicáiliào 没才料 5-979A
mèicǎo 媚草 4-391B
mèicǎo 韎草 12-677B
méicáodào 没槽道 5-990B
méicén 梅岑 4-1047A
méicéng 煤層 7-172B
měichāi 美差 9-161B
měicháng 每常 7-822A
měichángjiān 每常間 7-822A
měichèn 美疢 9-161A
měichēng 美稱 9-163A
měichéng 美成 9-159B
mèichéng 媚承 4-391B
méichéng'er 没成兒 5-983A
méichéngkǔn 没成梱 5-983A
méichì 墨屎 2-1216B
mèichì 嚜屎 3-541A
méichīchá 没吃茶 5-983A
mèichìxiè 嚜屎蟹 3-541A
méichóng 眉蟲 7-1195B
mèichǒng 昧寵 5-659A
méichū 没出 5-982A
měichú 美除 9-161B
méichuāi 没揣 5-988B
mèichuāndū 媚川都 4-391A
méichūchǎn 没出産 5-982A
méichūhuō 没出豁 5-982A
méichuī 梅吹 4-1046B
méichūxi 没出息 5-982A
méicí 梅詞 4-1049A
méicí 禖祠 7-942A
měicì 美刺 9-160B
mèicí 媚辭 4-392B
méicí'er 没詞兒 5-989A
méicùn 眉寸 7-1191B
méicūnjìjiǔ 梅村祭酒 4-1046B
méicūntǐ 梅村體 4-1046B
měicuò 美措 9-162A
mèicuò 昧錯 5-659A
mèidǎ 謎打 11-354A
méidài 眉黛 7-1195B
méidǎjǐn 没打緊 5-981A
méidàméixiǎo 没大没小 5-979B
mèidàn 昧旦 5-657B
méidào 蝞道 8-938A
mèidào 昧道 5-658B
mèidào 媚道 4-392A
méidǎoduàn 没倒斷 5-987A
méidàolù 没道路 5-989A
méidāsā 没搭撒 5-988B
méidāshā 没搭煞 5-988B
méidàtóu 梅大頭 4-1043B
méide 没的 5-985B
méidé 没得 5-988A
měidé 美德 9-163B
méidǐ 没底 5-985B
méidì 没地 5-982B
měidì 美地 9-159B
mèidì 昧揥 5-658B
méidiānméidǎo 没顛没倒 5-992A
méidiānsān 没掂三 5-987B
méidiànsān 没店三 5-985B
méidiāodàng 没雕當 5-991B
mèidié 媚蝶 4-392B
méidǐkēng 没底坑 5-985B
méidìlǐ 没地裏 5-982B
méidìlǐdexúnjiǎn 没地裏的巡檢 5-982B
méidìng 媒定 4-384A
méidòng 楣棟 4-1199A
méidòu 梅豆 4-1046B
méidú 梅毒 4-1047B
méidú 煤毒 7-172A
méidú 霉毒 11-699A
méidú 黴毒 3-1110A
měidú 浼瀆 5-1255B
měidù 每度 7-822A
méiduān 眉端 7-1195A
méiduì 没對 5-990A
méiduǒ 梅朵 4-1044B
méidùpílǎnxièyào 没肚皮攬瀉藥 5-984A
méidùzi 没肚子 5-984A
méi'é 眉蛾 7-1194B
méi'é 梅額 4-1051A
méi'è 梅蕚 4-1049A
méi'è 梅蕚 4-1050A
měi'è 美惡 9-162A
měi'è 媺惡 4-394B
méi'ěrxìng 没耳性 5-982B

měifàn 美範 9-163B
mèifàn 昧犯 5-657B
méifǎnàihé 没法奈何 5-985B
měifànbùwàng 每飯不忘 7-822A
méifāngcùn 没方寸 5-980B
méifēi 梅妃 4-1044B
méiféi 脢腓 6-1282A
méifēimùwǔ 眉飛目舞 7-1193A
méifēisèwǔ 眉飛色舞 7-1193A
méifēisèyuè 眉飛色悦 7-1193A
méifēiyǎnxiào 眉飛眼笑 7-1193A
méifěn 梅粉 4-1048B
méifěn 糜粉 12-1281B
méifèn 没分 5-980A
mèifēn 謎氛 11-354A
méifēncun 没分寸 5-980B
méifēng 眉峯 7-1193A
méifēng 眉峰 7-1193A
méifēng 梅風 4-1047B
méifēng 霉風 11-699A
měifēng 美風 9-161A
měiféng 每逢 7-822A
méifēngbì 眉峯碧 7-1193A
méifēnhuō 没分豁 5-980B
méifēnxiǎo 没分曉 5-980B
méifú 梅福 4-1050A
méifǔ 眉斧 7-1192B
méifù 媒婦 4-384B
měifú 美服 9-161A
mèifu 妹夫 4-314B
mèifù 媚附 4-391B
méifúchí 梅福池 4-1050A
měifúdēng 美孚燈 9-160B
méigān 梅乾 4-1048B
méigàn 没幹 5-989A
měigǎn 美感 9-162B
méigāncài 梅乾菜 4-1048B
méigānchán 没干纏 5-979A
měigāngān 美甘甘 9-159B
méigānjìng 没乾净 5-987B
méigāoyǎndī 眉高眼低 7-1193B
méigāoyǎnxià 眉高眼下 7-1193B
méigé 梅格 4-1048A
méigé 梅葛 4-1049A
méigēndì 没根蒂 5-987A
méigēnjiān 梅根監 4-1048A
méigēnyě 梅根冶 4-1048A
méigōng 眉弓 7-1191B
méigōng 梅公 4-1044A
méigōng 禖宫 7-942A
měigōng 美工 9-159A
měigōng 美功 9-159B
méigōngfu 没功夫 5-981A
méigǒu 眉耇 7-1193A
méigǒu 眉耈 7-1193B
méigòu 媒媾 4-385A
méigū 梅姑 4-1047B
méigǔ 没骨 5-986B
méigǔ 梅骨 4-1047B
mèigǔ 昧谷 5-658A
mèigǔ 媚骨 4-391B
méiguā 梅瓜 4-1044B
méiguān 梅關 4-1051A
méiguān 媒官 4-384B
měiguān 美官 9-161A
měiguān 美觀 9-164B
měiguāng 鎂光 11-1358A
méiguānxi 没關係 5-992A
méigǔhuā 没骨花 5-986B
méigǔhuà 没骨畫 5-986B
méiguī 玫瑰 4-530B
méiguī 玫瑚 4-530B
méiguī 瑇瑰 4-581B
mèiguǐ 昧詭 5-658B
méiguibǐng 玫瑰餅 4-531A
méiguilù 玫瑰露 4-531A
méiguisè 玫瑰色 4-530B
méiguishù 玫瑰樹 4-531A
méiguīwèng 玫瑰甕 4-531A
méiguīzhù 玫瑰柱 4-531A
méiguizǐ 玫瑰紫 4-531A
méigútou 没骨頭 5-986B
méigǔtú 没骨圖 5-986B
méiháo 眉毫 7-1194A
méihào 煤耗 7-172A
měihǎo 美好 9-160A
měihào 美號 9-162B
mèihǎo 媚好 4-391A
mèihào 媚好 4-391A
méihǎoméidǎi 没好没歹 5-983B
méihǎoqì 没好氣 5-983B
méihé 媒合 4-384A
méihé 煤核 7-172A
méihè 梅鶴 4-1051A
méihēi 黴黑 3-1110B
měihēi 黰黑 12-1364B
méihēiyóu 煤黑油 7-172B
méihēizi 煤黑子 7-172B
méihéliǔ 梅和柳 4-1047A
méihén 眉痕 7-1194A
méihéshā 没合煞 5-983A
méihétún 梅河豚 4-1047A
méihóng 梅紅 4-1048A
méihóng 媒紅 4-384B
méihóngluó 梅紅羅 4-1048A
méihóngsǎn 梅紅傘 4-1048A
méihòu 梅候 4-1048B
měihòu 美厚 9-161A
méihòuchéng 没後程 5-986B
měihóuwáng 美猴王 9-162B
méihú 梅湖 4-1049B
méihù 郿鄠 10-658A
mèihú 魅狐 12-467A
méihuā 梅花 4-1044B
méihuā 梅華 4-1048A
méihuà 煤化 7-171B
měihuà 美化 9-159B
měihuà 美話 9-163A
méihuābái 梅花白 4-1045A
méihuābēi 梅花碑 4-1046A
méihuābì 梅花婢 4-1045B
méihuāchì 梅花翅 4-1045B
méihuāchǔshì 梅花處士 4-1045B
méihuācūn 梅花村 4-1045A
méihuādàgǔ 梅花大鼓 4-1045A
méihuādí 梅花笛 4-1045B
méihuādiǎn 梅花點 4-1046B
méihuādiào 梅花調 4-1046B
méihuādié 梅花疊 4-1046B
méihuāfǔ 梅花脯 4-1045B
méihuāhǎigǔ 梅花海鶻 4-1045B
méihuái 梅槐 4-1049B
méihuājiǎo 梅花角 4-1045A
méihuājú 梅花菊 4-1045B
méihuājù 梅花句 4-1045A
méihuākēng 梅花坑 4-1045A
méihuāléi 梅花雷 4-1046A
méihuālǐng 梅花嶺 4-1046B
méihuālù 梅花鹿 4-1046A
méihuāluò 梅花落 4-1046A
méihuānǎo 梅花腦 4-1046A
méihuángyǔ 梅黄雨 4-1048B
méihuānòng 梅花弄 4-1045A
méihuānyǎnxiào 眉歡眼笑 7-1195B
méihuāqǔ 梅花曲 4-1045A
méihuāquán 梅花拳 4-1045B
méihuāquè 梅花雀 4-1045B
méihuāsānnòng 梅花三弄 4-1044B
méihuāshēn 梅花参 4-1046A
méihuāshí 梅花石 4-1045A
méihuāshǐ 梅花使 4-1045A
méihuāshù 梅花墅 4-1046A
méihuāshù 梅花數 4-1046B
méihuāshūyuàn 梅花書院 4-1045B
méihuāwù 梅花塢 4-1046A
méihuāwūzhǔ 梅花屋主 4-1045B
méihuāxiān 梅花仙 4-1045A
méihuāxìn 梅花信 4-1045A
méihuāyǎn 梅花眼 4-1045B
méihuāyǎnxiào 眉花眼笑 7-1192B
méihuāyì 梅花驛 4-1046B
méihuāyǐn 梅花引 4-1045A
méihuāyuē 梅花約 4-1045B
méihuāzhàng 梅花帳 4-1045B
méihuāzhàng 梅花障 4-1046A
méihuāzhèn 梅花陣 4-1045B
méihuāzhǐzhàng 梅花紙帳 4-1045B
méihuāzhuāng 梅花粧 4-1046A
méihuāzhuāng 梅花樁 4-1046A
méihūn 眉婚 7-1194A
méihún 梅魂 4-1049B
méihúnshǎozhì 没魂少智 5-989A
méihuǒ 煤火 7-171B
mèihuò 媚惑 4-392A
mèihuò 魅惑 12-467B
méihùrén 媒互人 4-384A
méijī 楣機 4-1199A
méijí 眉急 7-1193A
méijí 眉嵴 7-1194B
méijí 黴瘠 3-1110B
méijì 枚紀 4-856B
měijī 美姬 9-162A
mèijī 昧機 5-658B
méijiá 梅頰 4-1050B
méijiǎ 枚賈 4-856B
měijià 美價 9-163B
měijià 美稼 9-163B
méijiājī 梅家雞 4-1048B
méijiān 眉尖 7-1192A
méijiān 眉間 7-1194A
méijiān 眉閒 7-1194B
méijiān 梅黬 4-1051A
méijiàn 梅煎 4-1050A
méijiàn 媒諓 4-385A
měijiàn 美箭 9-163B
méijiāng 梅漿 4-1050B
méijiàng 眉匠 7-1192A
méijiàng 梅醬 4-1051A
méijiānqiào 眉間俏 7-1194A
méijiànshímiàn 没見食面 5-983B
méijiānsuǒ 眉間鎖 7-1194B
méijiānyǎnwěi 眉尖眼尾 7-1192B
méijiǎo 眉角 7-1192B
méijiǎo 眉脚 7-1193B
mèijiāo 媚嬌 4-392B
méijiǎopángxiè 没脚螃蟹 5-988A
méijiāoshè 没交涉 5-983A
méijiǎoxiè 没脚蟹 5-988A
méijiāoyóu 煤焦油 7-172B
méijiāyì 梅家藝 4-1048B
méijiē 玫階 4-530B
méijié 眉結 7-1194B
méijié 眉睫 7-1194B
méijiè 媒介 4-384A
mèijiējiānmó 袂接肩摩 9-46A
méijǐgǔ 没脊骨 5-987A
mèijǐmánxīn 昧己瞞心 5-657B
méijīn 煤斤 7-171B
méijìn 没勁 5-986A
méijìn 枚進 4-856B
méijìn 媒進 4-384B
měijīn 美金 9-160B
méijìnàihé 没計奈何 5-986B
méijīng 煤精 7-172B
mèijǐng 昧景 5-658B
mèijǐng 媚景 4-392A
méijīngdǎcǎi 没精打采 5-990A

méijīngdǎcǎi 没精打彩 5-990A
měijǐngliángchén 美景良辰 9-162B
méijīngméicǎi 没精没彩 5-990A
méijīngtācǎi 没精塌彩 5-990A
měijiǔ 美酒 9-161B
méijǔ 枚舉 4-857A
měijǔ 美舉 9-164A
mèijū 袂裾 9-46A
měijuàn 美眷 9-162A
mèijué 寐覺 3-1576B
méijūn 黴菌 3-1110B
méijūnshān 梅君山 4-1047A
měijùyùn 每句韻 7-821B
méikāiyǎnxiào 眉開眼笑 7-1194A
méikědé 没可得 5-981B
méikěnàihé 没可奈何 5-981B
méikòng 没空 5-986A
méikōngshēngyǒu 没空生有 5-986A
měikuàngyùxià 每况愈下 7-821B
měikuàngyùxià 每況愈下 7-822A
méiláilì 没來歷 5-985A
méiláitou 没來頭 5-984B
méiláiyǎnqù 眉來眼去 7-1192B
méiláiyóu 没來由 5-984B
méilàn 霉爛 11-699A
méilè'ézhēn 梅勒額真 4-1048B
méiléng 眉棱 7-1194A
méiléng 眉稜 7-1194B
méilénggǔ 眉棱骨 7-1194A
méilèngzhāngjīng 梅楞章京 4-1049B
méilèzhāngjīng 梅勒章京 4-1048B
méilí 黴黧 3-1110B
méilǐ 梅里 4-1046B
měilì 美利 9-160A
měilì 美麗 9-164A
mèilǐ 昧禮 5-659A
mèilì 昧利 5-658A
mèilì 媚麗 4-392B
mèilì 魅力 12-467A
méilián 眉連 7-1193A
méiliǎn 没臉 5-991B
méiliǎn 梅臉 4-1050B
méiliáng 梅梁 4-1049A
méiliáng 楣梁 4-1199A
méiliǎnmiàn 没臉面 5-991B
méiliǎodàng 没了當 5-979A
méiliǎokǔn'er 没了綑兒 5-979A
méiliǎoluò 没了落 5-979A
méiliǎoméiluàn 没撩没亂 5-990A
méiliǎoshōu 没了收 5-979A
méiliǎotóu 没了頭 5-979A
méiliè 枚列 4-856B
méiliè 堳埒 2-1165A
méilǐhuì 没理會 5-987B
méilǐhuìchù 没理會處 5-987B
méilǐlùn 没理論 5-987B
méilǐméiwài 没裏没外 5-989B
méilín 梅霖 4-1050B
méilǐng 梅領 4-1050A
méilǐng 梅嶺 4-1050B
méilínzhǐkě 梅林止渴 4-1047A
méiliǔ 眉柳 7-1193A
méiliǔ 梅柳 4-1047B
méiliù'er 没溜兒 5-989B
méiliúméiluàn 没留没亂 5-987A
méiliúmùluàn 眉留目亂 7-1193B
méiliǔyì 梅柳意 4-1047B
méilóng 梅龍 4-1050B
méilóngtóudemǎ 没籠頭的馬 5-992A
mèilòu 昧陋 5-658A
méilú 煤爐 7-172B
méilǔ 梅鹵 4-1049A
méilù 没路 5-989A
méilù 梅祿 4-1049B
méilù 梅録 4-1050B
měilù 美祿 9-162B
měilùn 美論 9-163B
měilúnměihuàn 美輪美奐 9-163B
méiluò 梅落 4-1049A
mèilǚ 昧履 5-658B
mèilüè 昧略 5-658B
mèilǚzhi 昧履支 5-658B
méimǎ 枚馬 4-856B
méimāma 媒媽媽 4-385A
měimǎn 美滿 9-163A
měimàn 美曼 9-162B
mèimàn 媚曼 4-392A
méimángchǐní 眉尨齒鯢 7-1193A
méimao 眉毛 7-1191B
měimào 美茂 9-160B
měimào 美貌 9-163A
měimào 美懋 9-164A
mèimào 昧冒 5-658A
mèimào 昧瞀 5-658B
méimáodàchóng 没毛大蟲 5-980A
méimáohúziyībǎzhuā 眉毛鬍子一把抓 7-1192A
méiméi 枚枚 4-856B
méiméi 莓莓 9-418B
méiméi 梅梅 4-1048B
méiméi 脢脢 6-1340B
méiméi 塺塺 2-1190B
méiméi 黴黴 3-1110A
měiměi 每每 7-821B
měiměi 美美 9-161B
měiměi 浼浼 5-1255B
mèimei 妹妹 4-314B
mèimèi 媒媒 4-385A
mèimèi 每每 7-821B
mèimèi 昧昧 5-658A
mèimèi 媚媚 4-392A
mèimèi 寐寐 3-1576B
mèimèi 魅鬽 12-467B
méiméiméiyǎn 没眉没眼 5-986B
méimén 眉門 7-1192B
méimén'er 没門兒 5-986A
mèimì 昧密 5-658B
méimiàn 没面 5-986A
méimiàn 眉面 7-1193A
méimiàn 煤麵 7-172B
méimiànmù 没面目 5-986A
méimiànpí 没面皮 5-986A
měimiào 美妙 9-160B
méimíng 眉顯 7-1195B
méimìng 没命 5-985B
měimíng 美名 9-160A
mèimíng 昧明 5-658A
méimò 煤末 7-171B
mèimò 昧没 5-658A
mèimò 昧莫 5-658B
mèimò 昧墨 5-658B
méimǔ 媒姥 4-384B
méimù 眉目 7-1192A
méimù 梅目 4-1044A
méimùrúhuà 眉目如畫 7-1192A
méinàihé 没奈何 5-984B
méinánméinǚ 没男没女 5-983B
méinánmiànběi 眉南面北 7-1193A
měinánpòlǎo 美男破老 9-160A
méinèiwài 没内外 5-980A
méiniè 媒孽 4-385B
méiniè 媒蘗 4-385A
méiniè 媒蘖 4-385B
měiniú 每牛 7-821B
měinǚ 美女 9-159A
měinǚpòshé 美女破舌 9-159A
měinǚzānhuā 美女簪花 9-159A
méipài 梅派 4-1048A
měipàn 美盼 9-161A
měipèi 美配 9-161B
méipī 眉批 7-1192B
méipǐ 眉癖 7-1195B
méipiàn 梅片 4-1044A
méipíchái 没皮柴 5-982A
méipíméiliǎn 没皮没臉 5-982A
méipìn 媒娉 4-384B
méipíng 梅屏 4-1048A
méipíngzè 没平仄 5-981B
méipíziguānggùn 没皮子光棍 5-982A
méipó 媒婆 4-384B
méipǔ 眉譜 7-1195B
méipǔ 梅圃 4-1048B
méipǔ'er 没譜兒 5-992A
méiqī 梅妻 4-1047A
méiqì 没氣 5-987A
méiqì 梅氣 4-1048B
méiqì 煤氣 7-172A
méiqì 霉氣 11-699A
méiqì 黴氣 3-1110B
měiqì 美氣 9-161B
měiqì 美器 9-164A
mèiqì 媚氣 4-391B
méiqián 梅錢 4-1050B
méiqián 媒錢 4-385A
měiqiān 美遷 9-163B
méiqiánchéng 没前程 5-986B
méiqiǎobùchénghuà 没巧不成話 5-981A
méiqǐdǎo 没起倒 5-987A
méiqìdēng 煤汽燈 7-171B
méiqìdēng 煤氣燈 7-172A
méiqīhèzǐ 梅妻鶴子 4-1047A
méiqìlì 没氣力 5-987A
méiqìlù 没氣路 5-987A
měiqín 美芹 9-160A
mèiqǐn 媚寢 4 392A
měiqíng 美情 9-162A
méiqíngméixù 没情没緒 5-988B
méiqīngméizhòng 没輕没重 5-990A
méiqīngmùlǎng 眉清目朗 7-1194A
méiqīngmùxiù 眉清目秀 7-1194A
méiqíngqù 没情趣 5-988B
méiqīngtóu 没清頭 5-988A
méiqiú 煤球 7-172A
méiqiúlú 煤球爐 7-172A
méiqìxīng 霉氣星 11-699A
méiqìzào 煤氣竈 7-172A
méiqù 没趣 5-990A
mèiqū 媚曲 4-391A
mèiqù 媚趣 4-392B
méiquán 眉泉 7-1193A
méiqùbābā 没趣巴巴 5-990B
méiqùdālā 没趣搭拉 5-990B
měiquē 美缺 9-161B
měiquē 美闕 9-164A
mèirán 昧然 5-658B
mèirán 痗然 8-320B
měirángōng 美髯公 9-163A
méirén 梅仁 4-1044A
méirén 媒人 4-383B
měirén 美人 9-158B
měirén 媺人 4-394B
mèirén 韎任 12-677B
mèirén 魅人 12-467A
měirénchímù 美人遲暮 9-159A
měirénjì 美人計 9-159A
měirénjú 美人局 9-158B

méirénpó 媒人婆 4-384A
měirénquán 美人拳 9-159A
měiréntāi'er 美人胎兒 9-159A
měiréntāizi 美人胎子 9-159A
měirénxiāngcǎo 美人香草 9-159A
měirìjiān 每日間 7-821B
měirìjie 每日家 7-821A
měirìjie 每日價 7-821B
měirìlǐ 每日裏 7-821B
méirìméiyè 没日没夜 5-980A
měiróng 美容 9-161B
měiróngshù 美容術 9-161B
měiróngyuàn 美容院 9-161B
mèiróu 媚柔 4-391B
měirúguānyù 美如冠玉 9-160A
méiruǐ 梅蕊 4-1050A
méirùjiǎochù 没入脚處 5-979A
méirùn 梅潤 4-1050B
mèiruò 昧弱 5-658B
méisāi 梅腮 4-1050A
méisān 梅三 4-1043B
méisānméisì 没三没四 5-979A
méisānsī 没三思 5-979A
měisè 美色 9-160A
mèisè 昧色 5-658A
mèisè 媚色 4-391A
měishā 鎂砂 11-1358A
méishān 眉山 7-1191B
méishān 梅山 4-1043B
měishàn 美善 9-162B
měishàn 美贍 9-164B
měishǎng 美賞 9-163B
mèishàng 媚上 4-391A
méishàngméixià 没上没下 5-979B
méishàngxià 没上下 5-979B
méishāo 眉梢 7-1193B
méishāo 梅梢 4-1048B
méishào 媒紹 4-384B
měishào 美劭 9-160B
méishé'er 梅舌兒 4-1044B
méishēng 梅生 4-1044A
měishēng 每生 7-821B
měishēng 美聲 9-164A
měishèng 美盛 9-162A
méishénme 没什麼 5-980A
méishī 霉濕 11-699A
méishī 黴濕 3-1110B
méishi 梅實 4-1050A
méishǐ 眉史 7-1192A
méishì 没事 5-984B
méishì 枚筮 4-856B
méishì 眉勢 7-1194B
méishì 梅市 4-1044B
méishì 媒氏 4-384A
měishí 美食 9-161A
měishí 美實 9-163A
měishì 美士 9-159A
měishì 美事 9-160B
měishì 美室 9-161B
měishì 美諡 9-164A
mèishī 韎師 12-678A
mèishí 昧時 5-658B
mèishì 昧視 5-658B
mèishì 媚世 4-391A
mèishì 媚事 4-391B
méishíchéng 没十成 5-978B
méishìchù 没是處 5-986A
méishìcūn 没事村 5-984B
méishí'er 梅什兒 4-1044A
méishìhěn 没事哏 5-984B
méishìhěn 没事狠 5-984B
méishìhěn 没是哏 5 986A
měishíjiā 美食家 9-161A
méishìrén 没事人 5-984B
měishìwèn 每事問 7-821B
méishǒu 梅首 4-1048A
méishòu 眉壽 7-1195A
měishǒu 美手 9-159B
měishòu 美授 9-162A
méishōushā 没收煞 5-983B
méishǔ 枚數 4-856B
méishǔ 梅暑 4-1049A
méishù 枚述 4-856B
méishù 枚數 4-856B
měishù 美術 9-162A
mèishù 媚術 4-392A
mèishuǎng 昧爽 5-658B
mèishuǎng 昒爽 7-1190A
měishuì 美睡 9-162B
méishuǐchá 梅水茶 4-1044A
méishūmùzhǎn 眉舒目展 7-1194A
méishuò 媒妁 4-384A
měishùpiān 美術片 9-162A
měishùzi 美術字 9-162A
mèisī 昧私 5-658A
mèisǐ 昧死 5-657B
méisǐhuó 没死活 5-983A
méisīyěyǒucùn 没絲也有寸 5-989A
méisǒu 梅籔 4-1051A
méisū 梅蘇 4-1051A
měisú 美俗 9-161A
mèisú 媚俗 4-391B
méisuànshù 没算數 5-990A
méisūwán 梅蘇丸 4-1051A
méitǎ 煤溚 7-172B
méitāi 脢胎 6-1282A
méitái 莓苔 9-418A
méitái 煤炱 7-172A
méitái 煤炲 7-172A
mèitài 媚態 4-392A
méitán 禖壇 7-942A
méitàn 没探 5-987B
méitàn 煤炭 7-172A
měitán 美談 9-163B
měitán 美譚 9-164B
méitánbō 没彈剥 5-990B
méitāng 梅湯 4-1049B
měitáng 美唐 9-161B
méitāo 郿絛 10-658A
méitáoshèng 没淘剩 5-988B
méitáozi 梅桃子 4-1048A
méitàsà 没傝僿 5-989A
méitàshā 没撻煞 5-990A
méiténgnà 没騰那 5-991B
méitiān 梅天 4-1044A
méitiān 霉天 11-699A
méitián 煤田 7-171B
měitián 美田 9-159B
méitiānhuò 没添貨 5-988A
méitiānlǐ 没天理 5-979B
méitiānliáng 没天良 5-979B
méitǐmiàn 没體面 5-992A
méitíng 梅亭 4-1047B
méitóng 梅童 4-1049A
méitóu 没頭 5-990B
méitóu 眉頭 7-1195A
méitóu 梅頭 4-1050B
méitóu 煤頭 7-172B
méitóu 霉頭 11-699A
méitóucāngying 没頭蒼蠅 5-991A
méitóu'é 没頭鵝 5-991B
méitóugàoshi 没頭告示 5-991A
méitóuguānsī 没頭官司 5-991A
méitóuguǐ 没頭鬼 5-991A
méitóuméiliǎn 没頭没臉 5-991A
méitóuméinǎo 没頭没腦 5-991A
méitóuméiwěi 没頭没尾 5-991A
méitóunǎo 没頭腦 5-991B
méitóushén 没頭神 5-991A
méitóutiězi 没頭帖子 5-991A
méitóuyǎnhòu 眉頭眼後 7-1195B
méitóuyǎnnǎo 眉頭眼腦 7-1195B
méitóuyǎnwěi 眉頭眼尾 7-1195B
méitóuyīcù… 眉頭一蹙,計上心來 7-1195B
méitóuyīfàng… 眉頭一放,計上心來 7-1195A
méitóuyīzhǎn… 眉頭一展,計上心來 7-1195A
méitóuyīzhòu… 眉頭一皺,計上心來 7-1195A
méitóuyīzòng… 眉頭一縱,計上心來 7-1195B
méitóuzhǐ 煤頭紙 7-172B
méitú 眉圖 7-1195A
mèiwài 媚外 4-391A
méiwān 眉彎 7-1195B
méiwán 没完 5-984A
méiwán 梅丸 4-1043B
méiwángfǎ 没王法 5-979B
méiwánméiliǎo 没完没了 5-984A
méiwěi 眉尾 7-1192B
méiwěi 煤尾 7-171B
méiwèi 没味 5-985A
méiwèi 梅尉 4-1049A
měiwèi 美味 9-160B
mèiwéi 韎韋 12-677B
méiwén 枚文 4-856B
méiwěnpó 媒穩婆 4-385B
méiwǔ 眉膴 7-1195B
méiwǔ 眉嫵 7-1195A
méiwǔ 眉憮 7-1195A
méiwù 梅塢 4-1049B
méiwù 郿塢 10-658A
měiwù 美物 9-160B
mèiwǔ 媚嫵 4-392B
mèiwù 寐寤 3-1576B
méiwūjiàliáng 没屋架梁 5-986B
méixī 梅腊 4-1049A
méixī 梅犀 4-1049B
méixī 梅溪 4-1050A
méixi 梅谿 4-1050B
méixǐ 梅洗 4-1048A
mèixī 寐息 3-1576B
méixià 梅夏 4-1048B
měixià 每下 7-821A
méixiàchǎng 没下場 5-979B
méixiàhàndehuà 没下頷的話 5-979B
méixiān 梅仙 4-1044A
měixiàn 每限 7-822A
méixiāndòng 梅仙洞 4-1044A
méixiāng 梅香 4-1047B
méixiáng 没祥 5-987B
měixiáng 美祥 9-162A
mèixiāng 魅鄉 12-467B
mèixiào 媚笑 4-391B
méixiàshāo 没下鞘 5-979B
méixiàshāo 没下梢 5-979B
méixiàshāo 没下稍 5-979B
méixiàtiānméi 眉下添眉 7-1191B
měixiàyùkuàng 每下愈況 7-821A
méixìchàng 没戲唱 5-991B
méixiē 媒蝎 4-385A
méixiè 枚謝 4-857A
méixiēbābí 没些巴鼻 5-985A
méixièlù 煤屑路 7-172A
méixīn 没心 5-980B
méixīn 眉心 7-1192A
méixīn 梅心 4-1044A
méixìn 梅信 4-1047B
měixīn 美新 9-163A
mèixīn 昧心 5-657B
mèixìn 昧信 5-658B
mèixīncái 昧心財 5-657B
méixīncháng 没心腸 5-980B

méixīnchéng 没心程 5-980B
méixìng 没興 5-991B
méixìng 没幸 5-984B
měixíng 美行 9-159B
mèixíng 媚行 4-391A
méixīngān 没心肝 5-980B
méixīngchèng 没星秤 5-986A
méixíngzhǐ 没行止 5-983A
méixīnméifèi 没心没肺 5-980B
méixīnméixiǎng 没心没想 5-980B
mèixīnqián 昧心錢 5-657B
méixiōng 梅兄 4-1044A
měixiù 美秀 9-160A
mèixiù 媚秀 4-391A
méixū 眉鬚 7-1195B
méixū 梅鬚 4-1051A
méixǔ 眉詡 7-1194B
mèixū 魅虚 12-467A
mèixù 妹壻 4-314B
mèixù 妹婿 4-314B
méixuān 眉軒 7-1193A
méixuān 梅軒 4-1048B
méixuàn 媒衒 4-384B
měixuǎn 美選 9-164A
méixuě 眉雪 7-1193B
méixuě 梅雪 4-1048B
měixué 美學 9-164A
méiyákěn 没牙啃 5-980A
méiyáméikǒu 没牙没口 5-980A
méiyán 眉言 7-1192B
méiyán 梅妍 4-1047A
méiyán 梅鹽 4-1051A
méiyǎn 眉眼 7-1193B
měiyán 美言 9-160B
měiyán 媺言 4-394B
měiyàn 美彦 9-161B
mèiyǎn 媚眼 4-391B
mèiyǎn 寐魘 3-1576B
méiyáng 没佯 5-985A
méiyàng 眉樣 7-1195A
méiyǎngāodī 眉眼高低 7-1193B
méiyángmùzhǎn 眉揚目展 7-1194A
méiyǎnjīn 没眼斤 5-987B
méiyánlàosè 没顔落色 5-992A
mèiyánmíyǔ 謎言謎語 11-354A
méiyǎnrúhuà 眉眼如畫 7-1193B
méiyǎnsè 没眼色 5-987B
méiyānzi 煤烟子 7-172A
méiyáo 煤窰 7-172B
mèiyào 媚藥 4-392B
mèiyào 魅藥 12-467B
méiyàoméijǐn 没要没緊 5-986A
méiyáqián 没牙箝 5-980A
méiyè 眉葉 7-1194A
méiyè 眉靨 7-1196A
měiyè 美業 9-162B
mèiyè 媚靨 4-393A
méiyì 梅驛 4-1051A
méiyì 媒翳 4-385A
měiyì 美異 9-162A
měiyì 美意 9-163A
mèiyì 媚逸 4-392A
měiyìn 美蔭 9-162B
mèiyīn 昧陰 5-658B
méiyīng 梅英 4-1047A
méiyǐng 没影 5-990B
méiyǐng 梅影 4-1050B
měiyìqiúměi 美益求美 9-161B
méiyìsī 没意思 5-989B
méiyìtóu 没意頭 5-989B
měiyìyánnián 美意延年 9-163A
méiyòng 没用 5-981B
měiyǒng 美詠 9-162B
méiyóu 煤油 7-171B
méiyǒu 没有 5-982B
mèiyōu 昧幽 5-658B
méiyǒubùsàndeyánxí 没有不散的筵席 5-982B
méiyóudēng 煤油燈 7-171B
méiyǒushuōde 没有説的 5-982B
méiyú 梅魚 4-1049A
méiyǔ 没與 5-989A
méiyǔ 眉宇 7-1192B
méiyǔ 眉語 7-1195A
méiyǔ 梅雨 4-1047A
méiyǔ 霉雨 11-699A
méiyù 媒嫗 4-385A
měiyǔ 美語 9-163A
měiyù 美育 9-161A
měiyù 美譽 9-164B
mèiyú 媚諛 4-392B
mèiyú 寐魚 3-1576B
mèiyǔ 寐語 3-1576B
méiyuán 梅園 4-1049B
méiyuán 媒援 4-385A
méiyuán 酶原 9-1410B
méiyuàn 媒怨 4-384B
méiyuáncūn 梅園村 4-1049B
méiyuánxīncūn 梅園新村 4-1050A
méiyuè 眉月 7-1192A
méiyuè 梅月 4-1044A
mèiyuè 媚悦 4-391B
méiyuèyuán 梅月圓 4-1044A
méiyǔmùxiào 眉語目笑 7-1195A
méiyùn 梅醞 4-1050B
měiyùn 美醞 9-164A
mèiyúnhànyǔ 袂雲汗雨 9-46A
měiyùwúxiá 美玉無瑕 9-159B
méizān 梅簪 4-1051A
méizǎo 枚藻 4-857A
mèizào 媚竈 4-393A
méizāomó 没遭磨 5-990A
měizé 美澤 9-164A
méizèn 媒譖 4-385B
méizhā 煤渣 7-172B
méizhà 煤炸 7-172A
méizhālì 没查利 5-986A
méizhāméilì 没查没利 5-986A
méizhǎng 煤掌 7-172A
méizhàng 没帳 5-987B
méizhàng 没賬 5-990B
méizhàng 梅杖 4-1046B
méizhàng 梅帳 4-1049A
mèizhàng 妹丈 4-314B
méizhāngdàozhì 没張倒置 5-988B
méizhàngdésuàn 没帳得算 5-988A
méizhāngméizhì 没張没致 5-988B
méizhāngzhì 没張志 5-988B
méizhāngzhì 没張致 5-988B
méizhàzi 煤砟子 7-172A
méizhé 没轍 5-992A
méizhě 煤赭 7-172B
méizhēlán 没遮攔 5-990A
méizhēn 梅真 4-1048A
méizhēng 梅蒸 4-1049B
méizhèng 媒証 4-385A
méizhèng 媒證 4-385B
měizhēng 美徵 9-163B
měizhèng 美政 9-161A
méizhèngjīng 没正經 5-981A
méizhèngtiáo 没正條 5-981A
méizhézhì 没摺至 5-990A
méizhī 梅汁 4-1044B
méizhī 梅芝 4-1044B
méizhì 没治 5-985B
méizhì 媒贄 4-385A
měizhǐ 浼止 5-1255B
měizhì 美志 9-160A
měizhì 美質 9-163B
měizhōngbùzú 美中不足 9-159B
méizhōngduì 没中對 5-980A
méizhōu 梅粥 4-1049B
méizhòuniàn 没咒念 5-985A
méizhū 梅諸 4-1050B
méizhǔ 媒主 4-384A
méizhù 玫柱 4-530B
méizhù 禖祝 7-942A
mèizhū 媚豬 4-392B
mèizhú 篃竹 8-1219A
méizhuān 煤磚 7-172B
méizhuàn 眉瑑 7-1194B
měizhuān 鎂磚 11-1358B
méizhuāng 梅妝 4-1047A
méizhuāng 梅粧 4-1049A
měizhuāng 美莊 9-161B
méizhuǎxiè 没爪蟹 5-980A
méizhǔn 没准 5-987A
méizi 枚子 4-856B
méizi 眉子 7-1191B
méizi 梅子 4-1043B
méizi 煤子 7-171B
méizi 糜子 9-238B
méizi 鶥子 12-1131A
méizi 麋子 12-1281B
méizǐ 媒子 4-384A
méizì 没字 5-983A
mèizǐ 媚子 4-391A
mèizǐ 謎子 11-354A
mèizì 謎字 11-354A
méizìbēi 没字碑 5-983A
méizihuángshíyǔ 梅子黄時雨 4-1043B
méizikēng 眉子坑 7-1191B
méizishí 眉子石 7-1191B
méiziyàn 眉子硯 7-1191B
měizīzī 美孜孜 9-160B
měizīzī 美姿姿 9-161B
měizīzī 美滋滋 9-162B
měizìzì 美恣恣 9-161B
méizōu 枚鄒 4-856B
méizū 梅菹 4-1048B
méizuǐhúlu 没嘴葫蘆 5-991B
méizuòdàolichù 没做道理處 5-988A
méizuòlǐhuìchù 没作理會處 5-983B
méizuòlǐhuìchù 没做理會處 5-988A
méizuònàihéchù 没做奈何處 5-988A
méizuòshìchù 没做是處 5-988A
méizuòxìng 没坐性 5-984A
mèn'āi'āi 悶捱捱 12-97A
ménbǎn 門板 12-8A
ménbàn 門瓣 12-19A
ménbǎng 門榜 12-15A
ménbǎng 門牓 12-15A
mènbàng 悶棒 12-97A
ménbāo 門包 12-6B
ménbào 門豹 12-11B
ménbāzú 門巴族 12-5B
ménbēi 門杯 12-8A
ménbēi 門盃 12-9A
ménbì 門庇 12-7B
mènbī 悶逼 12-97B
ménbiāo 門表 12-7B
ménbiāo 門檦 12-18B
ménbí'er 門鼻兒 12-15B
ménbīn 門賓 12-15B
ménbó 門鈸 12-14B
ménbù 門簿 12-19A
ménbùtíngbīn 門不停賓 12-4A
ménbùyèguān 門不夜關 12-4A
ménbùyèjiōng 門不夜扃 12-4A
méncái 門才 12-2A
méncǎi 門綵 12-16A
ménchāguān 門插關 12-13A
ménchāguǎn 門插管 12-13A
ménchāo 門朝 12-13A
mēnchénchén 悶沉沉 12-96B
mènchénchén 悶沉沉 12-96B

ménchǐ 門齒 12-16B
ménchǒng 門寵 12-19A
ménchuángmǎdào 門牀馬道 12-8B
méncí 門詞 12-13B
méncì 門次 12-7A
méncì 門刺 12-8A
méncóng 門從 12-12A
méndàfū 門大夫 12-3A
mèndáhái 悶答孩 12-97B
mèndǎhái 悶打孩 12-96B
mèndǎkē 悶打頦 12-96B
méndān 門單 12-13A
méndānghùduì 門當户對 12-14A
méndānhùbó 門單户薄 12-13A
méndānhùjìn 門殫户盡 12-17A
méndào 門道 12-13B
méndàohùshuō 門到户説 12-8A
méndì 門地 12-7A
méndì 門弟 12-7B
méndì 門第 12-12A
méndiào'er 門弔兒 12-5B
méndīng 門丁 12-2A
méndīng 門釘 12-11B
méndìzǐ 門弟子 12-7B
méndōng 門冬 12-6B
méndōng 虋冬 9-635A
méndōng 蘴冬 9-634A
méndòng 門洞 12-10A
méndòu 門斗 12-4B
ménduì 門對 12-15A
méndūn 門墩 12-16A
ménduò 門垛 12-9A
mén'ē 門阿 12-7B
mén'é 門額 12-18B
mén'er 門兒 12-8A
ménfá 門伐 12-7A
ménfá 門閥 12-16A
ménfǎ 門法 12-8B
ménfān 門藩 12-18B
ménfàn 門範 12-16B
mènfán 懣煩 7-767A
ménfāng 門枋 12-8A
ménfáng 門房 12-8B
ménfēi 門扉 12-13B
ménfèn 門分 12-4A
mènfèn 悶忿 12-96B
mènfèn 懣憤 7-767A
ménfēng 門封 12-9A
ménfēng 門風 12-9B
ménféng 門縫 12-17B
ménfū 門夫 12-4A
ménfú 門符 12-12A
ménfǔ 門父 12-4A
ménfù 門附 12-7B
ménfù 捫腹 6-724B
mēng'ài 鄳隘 10-694A
mēng'ài 鄳阨 10-694A
mēng'ài 鄳陒 10-694A
méng'ái 蒙騃 9-528A
méng'àisài 黽隘塞 12-1400A
méng'àisài 黽阨塞 12-1400A
méngàn 門幹 12-14A
méng'àn 瞢闇 7-1242A
méng'àn 瞢暗 7-1242A
méng'àn 蒙闇 9-528A
měng'ān 猛安 5-81A
méngǎng 門崗 12-12A
mèngbáijī 夢白雞 3-1186B
méngbāng 盟邦 7-1441B
méngbǎo 矇保 7-1260A
měngbào 猛暴 5-83B
méngbèi 蒙被 9-526A
mèngbēn 孟賁 4-207B
méngbǐ 蒙鄙 9-527A
méngbì 朦蔽 6-1383B
méngbì 矇蔽 7-1260B
méngbì 蒙庇 9-525A
méngbì 蒙蔽 9-527A
měngbì 懵蔽 7-771B
mèngbǐ 夢筆 3-1187B
méngbiāo 甍標 5-294B
mèngbǐshān 夢筆山 3-1188A
mèngbǐshēnghuā 夢筆生花 3-1188A
méngbó 氓伯 6-1432A
mèngbódēngchē 孟博登車 4-208A
mèngbǔ 夢卜 3-1185B
měngbùfáng 猛不防 5-80B
měngbùzhà 猛不乍 5-80B
mèngcǎo 夢草 3-1187A
méngcéng 矇瞪 7-1260B
méngchán 氓廛 6-1432B
mèngcháng 夢腸 3-1188B
mèngcháng 孟常 4-207B
mèngcháng 孟嘗 4-208A
mèngchángjūn 孟嘗君 4-208A
méngchén 蒙塵 9-527B
mèngchèn 夢讖 3-1190A
méngchēng 儚僜 1-1688A
méngchéng 瞞盯 7-1262B
měngchèng 懵憕 7-771B
méngchī 氓蚩 6-1432B
méngchì 寍翅 8-861A
méngchōng 朦充 6-1383A
méngchōng 艨衝 9-11B
méngchōng 艨艟 9-11B
méngchōng 蒙衝 9-527B
méngchōng 懜憧 7-760B
méngchóng 蝱蟲 8-932B
měngchōng 懞憧 7-760B
měngchōng 懵憧 7-771B
měngchóng 蠓蟲 8-976A
mèngchòng 夢銃 3-1189A
mèngchòng 夢朧 3-1187B
mèngchūn 孟春 4-206B
méngcí 盟辭 7-1443B
méngcóng 鬖叢 12-755B
méngdá 萌達 9-441B
mèngdāo 夢刀 3-1185B
méngdǐ 朦抵 6-1383A
méngdì 盟弟 7-1442A
měngdi 猛地 5-81A
mèngdiàn 夢奠 3-1188A
méngdiāo 鶵鵰 12-1163B
mèngdié 夢蝶 3-1189B
měngdìlǐ 猛地裏 5-81A
měngdīng 猛丁 5-80B
méngdǒng 瞢懂 7-1242A
méngdǒng 朦朧 6-1383B
méngdǒng 矇曨 7-1260B
méngdǒng 懜懂 7-760B
méngdòng 萌動 9-441A
méngdòng 甍棟 5-294B
měngdǒng 懞懂 7-760B
měngdǒng 懵董 7-771B
měngdǒng 懵懂 7-771B
mèngdōng 孟冬 4-205B
mèngduàn 夢斷 3-1189B
méngdùn 矇頓 7-1260B
méngdùn 蒙鈍 9-526B
méngé 門閤 12-16A
méngé 門閣 12-16A
měng'è 猛惡 5-83A
méng'ēn 蒙恩 9-526A
mèngěng 悶哽 12-97A
mèng'értíng 夢兒亭 3-1186B
méngfā 萌發 9-441B
méngfá 蒙伐 9-525A
měngfǎ 猛法 5-82A
méngfàn 蒙犯 9-524B
méngfēi 蝱飛 8-932B
méngfēi 寍飛 8-861A
měngfèn 猛奮 5-84A
méngfēng 寍風 8-861A
méngfū 矇夫 7-1260A
méngfǔ 盟府 7-1442A
méngfù 蒙覆 9-528A
měnggài 猛概 5-83B
měnggāng 錳鋼 11-1346A
ménggē 甿歌 7-1308B
měnggēdīng 猛哥丁 5-82B
měnggēdīng 猛割丁 5-83B
ménggōng 蒙公 9-524B
mènggōngmèngmǔ 孟公孟姥 4-205B
mènggōngtóuxiá 孟公投轄 4-205B
ménggū 蒙辜 9-526B
ménggǔ 朦瞽 6-1383B
ménggǔ 矇瞽 7-1260B
ménggǔ 蒙谷 9-525A
ménggǔ 蒙穀 9-527B
ménggǔ 蒙瞽 9-528A
méngguǎn 蒙館 9-528A
mèngguān 夢官 3-1187A
mèngguāng 孟光 4-205B
měnggǔbāo 蒙古包 9-524B
měnggǔdīng 猛古丁 5-81A
měnggūdīngde 猛孤丁地 5-82A
měnggūdīngde 猛孤仃的 5-82A
měnggǔ'ér 蒙古兒 9-524B
mènggūgu 孟姑姑 4-206B
méngguì 矇瞶 7-1260B
méngguì 蒙貴 9-526B
méngguó 盟國 7-1442B
méngguǒ 檬果 4-1335B
měngguō 黽蟈 12-1400B
měnggūtíngde 猛孤停的 5-82A
měnggǔzú 蒙古族 9-524B
ménghàn 濛汗 6-159B
měnghān 猛憨 5-83B
měnghán 猛寒 5-83B
měnghàn 懞漢 7-760B
měnghàn 猛悍 5-83A
mènghán 孟韓 4-208B
ménghànyào 蒙汗藥 9-525A
ménghǎo 盟好 7-1441B
mēnghǒng 蒙哄 9-525B
ménghōng 蒙顭 9-528B
ménghóng 濛鴻 6-160A
ménghóng 蒙鴻 9-528A
ménghòng 濛澒 6-160A
ménghòng 蒙澒 9-527B
měnghóng 庬鴻 3-1233A
měnghòng 庬澒 3-1232B
ménghòu 蒙厚 9-525B
mènghóu 孟侯 4-206B
ménghù 甿户 7-1308B
měnghū 猛忽 5-81B
ménghuà 蒙化 9-524B
mènghuā 夢花 3-1186B
mènghuá 夢華 3-1187A
mènghuà 夢話 3-1188B
mènghuái 孟槐 4-208A
mènghuáikē 夢槐柯 3-1188B
mènghuàn 夢幻 3-1186A
mènghuànpàoyǐng 夢幻泡影 3-1186A
měnghǔchāchì 猛虎插翅 5-81B
ménghuì 盟會 7-1443A
ménghuì 霿晦 11-689A
ménghuì 濛晦 6-160A
mènghuí 夢回 3-1186B
mènghuí 夢迴 3-1187A
ménghùn 朦混 6-1383A
ménghùn 矇混 7-1260B
ménghùn 蒙混 9-526B
mènghún 夢魂 3-1188A
mènghúndiāndǎo 夢魂顛倒 3-1188A
měnghuǒ 猛火 5-81A
měnghuǒyóu 猛火油 5-81A
měnghǔshēnshān 猛虎深山 5-81B
měnghǔtiānyì 猛虎添翼 5-81B
měnghǔxíng 猛虎行 5-81B
méngjī 蒙箕 9-527B
méngjí 氓籍 6-1432B
měngjí 猛急 5-82A
měngjì 猛劑 5-84A
mèngjí 孟極 4-208A

méngjiā 氓家 6-1432B
méngjiǎ 萌甲 9-440B
mèngjiā 夢家 3-1187A
mèngjiāchán 孟家蟬 4-207B
mèngjiāluòmào 孟嘉落帽 4-208A
měngjiàn 猛健 5-82B
mèngjiàn 夢見 3-1186B
měngjiàng 猛將 5-83A
mèngjiāng 孟姜 4-206B
mèngjiāngnǚ 孟姜女 4-206B
mèngjiāngnǚdiào 孟姜女調 4-207A
méngjiāo 甿郊 7-1308B
méngjiǎo 朦狡 6-1383A
mèngjiāo 夢蕉 3-1189B
měngjié 猛捷 5-83A
méngjīn 幪巾 3-762B
měngjìn 猛勁 5-82A
měngjìn 猛進 5-83A
mèngjīn 盟津 7-1442B
mèngjīn 孟津 4-207A
mèngjìn 孟晉 4-207A
měngjìn'er 懵勁兒 7-771A
měngjìng 猛勁 5-82A
mèngjìng 夢境 3-1189A
méngjiū 蒙鳩 9-527A
méngjiū 蛖鳩 8-895B
mèngjiǔ 夢九 3-1185B
měngjù 猛炬 5-82A
měngjù 猛虡 5-83B
měngjù 猛簴 5-84A
mèngjū 孟娵 4-207B
měngjué 猛决 5-81A
mèngjué 夢覺 3-1190A
méngjūn 盟軍 7-1442B
měngjùn 猛峻 5-82B
měngkě 猛可 5-81A
měngkēdīng 猛跎丁 5-82B
měngkělǐ 猛可裏 5-81A
měngkū 黽窟 12-1400B
méngkuò 蒙括 9-525B
mènglán 夢蘭 3-1190A
měnglàng 猛浪 5-82B
mènglàng 孟浪 4-207A
mèngláo 孟勞 4-208A
mènglè 孟樂 4-208B
ménglí 甿黎 7-1308B
ménglí 萌黎 9-441B
ménglì 氓隸 6-1432B
ménglì 甿隸 7-1308B
ménglì 萌隸 9-441B
ménglì 蒙吏 9-524B
měnglì 猛力 5-80B
měnglì 猛利 5-81B
měnglì 猛戾 5-82A
měnglì 猛厲 5-83B
méngliáo 氓撩 6-1432B
méngliáo 氓獠 6-1432B
měngliè 猛烈 5-82B
ménglǐméngdǒng 朦裏朦朧 6-1383B
měnglǐměngdǒng 懞裏懞懂 7-760B
mènglín 孟鄰 4-208B
mènglíng 夢齡 3-1190A
mènglínsǔn 孟林笋 4-206A
ménglóng 濛朧 6-160A
ménglóng 濛籠 6-160A
ménglóng 曚曨 5-839B
ménglóng 朦朧 6-1383B
ménglóng 矇矓 7-1261A
ménglóng 矇聾 7-1261A
ménglóng 蒙蘢 9-528B
ménglóng 蒙朧 9-528B
ménglóng 蒙瓏 9-528B
ménglóng 蒙籠 9-528B
ménglòu 蒙陋 9-525B
mènglù 夢鹿 3-1187B
méngluàn 尨亂 2-1574B
méngluàn 雺亂 11-689A
méngluàn 霿亂 11-745A
méngluàn 霧亂 11-727B
ménglún 蒙輪 9-527B
méngluò 蒙絡 9-526B
měngmǎ 猛獁 5-83B
mèngmǎi 㨉嘪 3-400A
méngmáng 蒙尨 9-525A
méngmào 瞢眊 7-1242A
méngmào 矇冒 7-1260A
méngmào 矇瞀 7-1260B
méngmào 蒙茂 9-525A
méngmào 蒙冒 9-526A
měngmào 懵冒 7-771B
méngmèi 瞢昧 7-1242A
méngmèi 濛昧 6-159B
méngmèi 曚昧 5-839B
méngmèi 朦昧 6-1383A
méngmèi 矇昧 7-1260A
méngmèi 蒙昧 9-525B
méngmèi 蒙袂 9-526A
měngméi 黽媒 12-1400A
měngmèi 懵昧 7-771B
mèngmèi 夢寐 3-1188A
měngmèi 懵昧 7-771B
mèngmén 孟門 4-206A
méngméng 氓萌 6-1432B
méngméng 夢夢 3-1188B
méngméng 雺雺 11-689A
méngméng 甍甍 5-294B
méngméng 儚儚 1-1688A
méngméng 瞢瞢 7-1242A
méngméng 濛濛 6-160A
méngméng 曚曚 5-839B
méngméng 朦朦 6-1383B
méngméng 矇瞢 7-1260B
méngméng 矇矇 7-1261A
méngméng 蒙蒙 9-526B
méngméng 懜懜 7-760B
měngměng 幪幪 3-762B
měngměng 懞懞 7-760B
měngměng 懵懵 7-771B
méngméngchòngchòng 夢夢銃銃 3-1188B
mēngmēngliàng 曚曚亮 5-839B
mēngmēngliàng 蒙蒙亮 9-527A
méngméngsōngsōng 濛濛鬆鬆 6-160A
méngméngsōngsōng 朦朦松松 6-1383B
méngméngzhà 夢夢乍 3-1188B
méngméngzhāzhā 夢夢查查 3-1188B
méngmí 蒙迷 9-526A
méngmì 蒙密 9-526B
méngmiàn 蒙面 9-525B
méngmiànsàngxīn 蒙面喪心 9-525B
méngmiǎo 矇眇 7-1260A
méngmiè 濛濊 6-160A
méngmiè 濛篾 6-160A
méngmiè 蒙滅 9-527A
měngmiè 蠓蠛 8-976A
méngmò 雺墨 11-689A
méngmò 濛漠 6-160A
méngmò 蒙没 9-525A
mèngmó 夢魔 3-1190A
méngmǔ 甿畝 7-1308B
méngmù 蒙幕 9-526B
mèngmǔ 孟姥 4-207A
mèngmǔ 孟母 4-205B
méngnàn 蒙難 9-528A
měngniǎo 猛鳥 5-83A
mèngniǎo 夢鳥 3-1187B
mèngniǎo 孟鳥 4-207B
méngniè 萌孽 9-441B
méngniè 萌蘖 9-441B
měngnù 猛怒 5-82A
méngōng 門公 12-4B
méngōng 門功 12-5B
mēngōng'er 閟弓兒 12-96B
méng'ōu 甿謳 7-1308B
méng'ōu 盟鷗 7-1443B
méngòu 門構 12-15A
méngpán 盟槃 7-1443A
méngpán 盟盤 7-1443A
mèngpào 夢泡 3-1187A
mēngpiàn 蒙騙 9-528A
mèngpó 孟婆 4-207B
mèngpò 夢破 3-1187A
méngqí 蒙倛 9-526A
méngqí 蒙魌 9-528A
méngqǐ 萌起 9-441A
méngqì 盟契 7-1442A
méngqì 盟器 7-1443B
méngqì 蒙氣 9-526A
méngqì 蒙葺 9-526B
měngqǐ 猛起 5-82B
měngqì 猛氣 5-82B
měngqiáoqiáo 猛趫趫 5-84A
měngqín 猛禽 5-83A
mèngqīng 孟青 4-206A
mèngqīngbàng 孟青棒 4-206A
mèngqiū 孟秋 4-206B
méngrán 瞞然 7-1249B
méngrán 瞢然 7-1242A
méngrán 蒙然 9-526B
měngrán 猛然 5-83B
mèngrán 懵然 7-771B
méngrén 萌人 9-440B
měngrén 猛人 5-80B
mèngrì 夢日 3-1185B
méngróng 尨茸 2-1574B
méngróng 髼茸 12-739A
méngróng 濛茸 6-159B
méngróng 蒙戎 9-524B
méngróng 蒙茸 9-525B
mèngrú 懵如 7-771A
méngruì 蝱蚋 8-932B
měngruì 猛銳 5-83B
měngruì 蠓蚋 8-976A
měngsā 懵撒 7-771B
mèngsā 夢撒 3-1189A
méngsài 黽塞 12-1400B
mèngsāliáodīng 夢撒寮丁 3-1189B
mèngsāliáodīng 夢撒撩丁 3-1189B
méngsè 雺塞 11-689A
méngshà 盟歃 7-1443A
měngshā 猛殺 5-82B
méngshān 蒙衫 9-525B
méngshānshìhǎi 盟山誓海 7-1441A
méngshēng 萌生 9-440B
měngshēng 猛生 5-81A
měngshèng 猛盛 5-83A
mēngshì 蒙事 9-525A
méngshī 蒙師 9-526A
méngshí 礞石 7-1114A
méngshí 蒙拾 9-525B
méngshǐ 宝矢 8-861A
méngshì 盟誓 7-1443A
méngshì 蒙士 9-524A
měngshī 蜢虱 8-925A
měngshì 猛士 5-80B
měngshì 猛氏 5-81A
mèngshīdéguān 夢屍得官 3-1187A
mèngshíwéikè 孟什維克 4-205B
méngshǒu 盟首 7-1442A
méngshòu 蒙受 9-525A
měngshòu 猛獸 5-84A
méngshū 盟書 7-1442B
méngshú 蒙塾 9-527B
méngshù 氓庶 6-1432B
méngshù 甿庶 7-1308B
méngshù 萌庶 9-441A
méngshuì 甿稅 7-1308B
mèngshuō 夢説 3-1189A
mèngshuō 孟説 4-208B
méngsì 濛汜 6-159B
méngsì 蒙汜 9-525A
mèngsī 夢思 3-1187A
mèngsī 夢絲 3-1188A
méngsōng 鬔鬆 12-755B
méngsōng 鬔鬆 12-755B
méngsōng 瞢鬆 7-1242A
méngsōng 濛鬆 6-160A
méngsōng 朦瞛 6-1383B
méngsòng 甿訟 7-1308B

méngsòng 蒙頌 9-527A
mèngsōng 夢松 3-1186B
méngsōnghuā 鬗鬆花 12-755B
méngsǒu 矇叟 7-1260A
méngsǒu 矇瞍 7-1260B
méngsǒu 矇瞍 7-1260B
méngsǒu 蒙叟 9-526A
méngsǒu 蒙瞍 9-527B
mèngsǒu 孟叟 4-206B
méngsú 氓俗 6-1432A
méngsú 甿俗 7-1308B
méngsú 萌俗 9-441A
méngsuō 矇睃 7-1260B
měngtài 懵懤 7-771B
méngtán 盟壇 7-1443A
méngténg 瞢騰 7-1242A
méngténg 朦騰 6-1384A
méngténg 矇騰 7-1261A
méngténg 蒙騰 9-528B
měngténg 懵騰 7-772A
mèngtíng 孟亭 4-206B
méngtōng 萌通 9-441A
méngtóng 曚曈 5-839B
méngtóng 朦朣 6-1383B
méngtóng 氋氃 6-1017B
méngtóng 氋毲 6-1017B
méngtóng 矇瞳 7-1260B
méngtóng 鸏艟 12-1163B
méngtóng 蒙童 9-526B
měngtóuměngnǎo 懵頭懵腦 7-771B
mēngtóuzhuànxiàng 蒙頭轉向 9-527B
méngtóuzhuànxiàng 朦頭轉嚮 6-1383B
měngtóuzhuànxiàng 懵頭轉向 7-771B
ménguān 門官 12-8B
ménguān 門倌 12-11A
ménguān 門關 12-19A
ménguǎn 門舘 12-17A
ménguǎn 門館 12-17A
ménguàn 門觀 12-19B
mènguànchē 悶罐車 12-98B
ménguàng 門桄 12-11A
ménguǎnxiānshēng 門館先生 12-17B
mèngùn 悶棍 12-97A
méngwài 氓外 6-1432A
méngwèi 寍蟹 8-861A
méngwén 盟文 7-1441B
méngwén 寍蚊 8-861A
méngwǔ 氓伍 6-1432A
méngwù 雺霧 11-689A
méngwù 蒙霿 9-526A
méngwù 霿雺 11-745A
měngwǔ 猛武 5-81B
mèngwǔ 孟廡 4-208B
mèngxī 夢溪 3-1189A
mèngxì 孟戲 4-208B
mèngxià 孟夏 4-207A
méngxiān 矇矙 7-1261A
méngxiāng 盟香 7-1442A
méngxiàng 萌象 9-441A
mèngxiāng 夢鄉 3-1187B
mèngxiǎng 夢想 3-1188B
mèngxiǎng 孟享 4-206A
mèngxiǎng 孟饗 4-209A
mèngxiàng 甍趍 10-526B
mèngxiàng 夢象 3-1187B
mèngxiàng 夢像 3-1188B
mèngxiǎngdiāndǎo 夢想顛倒 3-1188B
mèngxiāngyáng 孟襄陽 4-208B
méngxiáo 霿淆 11-745A
mèngxiètíng 夢謝亭 3-1189B
méngxīn 甿心 7-1308B
méngxīn 盟心 7-1441B
méngxìn 盟信 7-1442A
méngxìng 蒙幸 9-525A
měngxǐng 猛省 5-82A
mèngxíngzhèng 夢行癥 3-1186B
méngxiōng 盟兄 7-1441B
mèngxióng 夢熊 3-1189A
mèngxiòng 甍趍 10-526B
méngxiōngdì 盟兄弟 7-1441B
mèngxióngpí 夢熊羆 3-1189A
méngxiū 蒙羞 9-526A
méngxū 蒙須 9-526B
méngxuàn 瞢眩 7-1242A
méngxué 蒙學 9-528A
měngxuéqúcháo 黽穴鴝巢 12-1400A
měngxùn 猛迅 5-81B
mèngxún 孟荀 4-206B
méngyá 萌牙 9-440B
méngyá 萌芽 9-440B
mèngyālā 啈雅喇 3-400A
méngyán 盟言 7-1441B
méngyán 蝱蜒 8-932B
méngyǎn 蒙揜 9-526B
měngyān 蠓烟 8-976A
mèngyán 夢言 3-1186B
mèngyǎn 夢魘 3-1190A
méngyáng 萌陽 9-441A
méngyǎng 蒙養 9-527B
mèngyáng 孟陽 4-207B
méngyāo 盟要 7-1442A
méngyáo 甿謠 7-1308B
měngyào 懵藥 7-771B
méngyī 濛漪 6-160A
méngyī 蒙衣 9-525A
méngyì 濛翳 6-160A
méngyì 蒙翳 9-528A
měngyì 猛毅 5-83B
mèngyí 夢遺 3-1189B
mèngyì 夢囈 3-1190A
mèngyì 孟藝 4-208B
méngyíng 蝱蠅 8-933A
méngyǐng 曚影 5-839B
mèngyǐng 夢影 3-1189B
méngyǒng 濛涌 6-159B
měngyǒng 猛勇 5-82A
méngyǒu 盟友 7-1441B
méngyòu 蒙幼 9-524B
mèngyóu 夢游 3-1188A
mèngyóu 夢遊 3-1188A
mèngyóuzhèng 夢遊癥 3-1188A
méngyú 蒙愚 9-527A
méngyǔ 氓宇 6-1432A
méngyǔ 夢雨 3-1186B
méngyǔ 甍宇 5-294B
méngyǔ 濛雨 6-159B
méngyù 萌毓 9-441B
méngyù 朦鬱 6-1384A
mèngyú 夢餘 3-1189B
mèngyǔ 夢語 3-1189A
méngyuán 盟員 7-1442B
méngyuán 盟緣 7-1443A
méngyuánlì 蒙園吏 9-527A
méngyuē 盟約 7-1442B
mèngyuè 夢説 3-1189A
mèngyuè 夢月 3-1186A
mèngyuè 孟月 4-205B
mèngyún 夢雲 3-1187B
méngzá 尨雜 2-1574B
méngzá 蒙褷 9-528A
méngzá 蒙雜 9-528A
méngzǎi 盟載 7-1443A
méngzàigǔlǐ 蒙在鼓裏 9-524B
méngzé 蒙澤 9-528A
mèngzé 夢澤 3-1189B
měngzhà 猛乍 5-81A
méngzhǎng 盟長 7-1442A
méngzhào 萌兆 9-440B
méngzhào 蒙罩 9-527A
mèngzhào 夢兆 3-1186B
mèngzhěn 夢枕 3-1186B
méngzhēng 氓征 6-1432A
měngzhēng 懞挣 7-760B
měngzhēng 懵怔 7-771A
měngzhèng 猛政 5-82A
mèngzhēng 夢徵 3-1189B
méngzhí 懞直 7-760B
méngzhì 氓智 6-1432B
méngzhì 盟質 7-1443A
méngzhì 瞢滯 7-1242A
méngzhì 蒙稚 9-527A
méngzhì 蒙穉 9-528A
měngzhì 猛志 5-81B
měngzhì 猛鷙 5-84A
mèngzhī 孟織 4-208B
méngzhòng 儚蚛 1-1688A
mèngzhōng 夢中 3-1185B
mèngzhōngmèng 夢中夢 3-1186A
mèngzhòngshūjì 孟仲叔季 4-206A
mèngzhōngshuōmèng 夢中説夢 3-1186A
mèngzhōu 夢周 3-1187A
méngzhǔ 盟主 7-1441B
méngzhù 盟祝 7-1442B
měngzhú 猛燭 5-84A
mèngzhū 孟諸 4-208B
mèngzhū 孟豬 4-208B
mèngzhū 孟瀦 4-208B
mèngzhú 孟竹 4-206A
mèngzhǔ 夢渚 3-1187B
méngzhuāng 蒙莊 9-526A
měngzhuàng 猛壯 5-81B
méngzhuāngzǐ 蒙莊子 9-526A
méngzhuó 萌茁 9-441A
méngzǐ 盟姊 7-1442A
méngzǐ 儚子 1-1688A
měngzi 猛子 5-80B
mèngzǐ 夢梓 3-1187B
mèngzǐ 孟子 4-205B
mèngzōngzhú 孟宗竹 4-206A
méngzòu 矇奏 7-1260A
mèngzōu 孟陬 4-207B
méngzǔ 盟詛 7-1442B
ménháo 門濠 12-18A
ménhào 門號 12-14B
ménhé 門闔 12-19A
ménhéng 門衡 12-17A
ménhòu 門候 12-11A
ménhù 門户 12-4B
mènhuái 悶懷 12-98A
ménhuàjī'er 門畫雞兒 12-13B
ménhuán 門環 12-17B
ménhuàn 門宦 12-10A
ménhùcè 門户册 12-5A
ménhùchāibō 門户差撥 12-5A
mènhúlu 悶胡盧 12-96B
mènhúlu 悶葫蘆 12-97A
mènhúluguàn'er 悶葫蘆罐兒 12-97A
mènhūn 悶昏 12-96B
ménhuò 門禍 12-13B
ménhùrén 門户人 12-5A
ménhùrénjiā 門户人家 12-5A
ménhùzhījiàn 門户之見 12-5A
ménhùzhīzhēng 門户之争 12-5A
meniáng 麽娘 12-1279B
ménjī 門基 12-11B
ménjī 門畿 12-16B
ménjí 門籍 12-19B
ménjǐ 門戟 12-13A
ménjiā 門家 12-11B
ménjiá 門頰 12-17A
ménjiān 門牋 12-13A
ménjiān 門箋 12-15A
ménjiàn 門楗 12-13A
ménjiàn 門鍵 12-17A
ménjiàng 門匠 12-7A
ménjiàng 門將 12-12B
ménjiào 門教 12-11B
ménjiē 門階 12-12B
ménjié 門節 12-14B
ménjiēhùxí 門階户席 12-12B
ménjìn 門禁 12-14A
ménjǐng 門警 12-19A
ménjìng 門徑 12-11A
ménjìng 門逕 12-11A

ménjìngmài 門靜脈 12-15A
ménjìnsēnyán 門禁森嚴 12-14A
ménjiù 門臼 12-7A
ménjiù 門舊 12-17B
mènjiǔ 悶酒 12-97A
ménjuàn 門眷 12-12B
mènjuàn 悶倦 12-97A
mēnjué 悶絶 12-97B
ménjué 門爵 12-17B
ménjūn 門軍 12-10B
ménkǎn 門檻 12-18B
ménkǎn 門坎 12-7A
ménkānluóquè 門堪羅雀 12-12B
ménkǎnshuì 門檻稅 12-18B
ménkè 門客 12-10A
ménkěluóquè 門可羅雀 12-5B
ménkēng 門坑 12-7B
ménkězhāngluó 門可張羅 12-5B
ménkǒu 門口 12-3B
mènkǔ 悶苦 12-96B
ménkuǎn 門款 12-12B
ménkuāng 門框 12-11A
ménkǔn 門梱 12-12A
ménkǔn 門閫 12-16B
ménlán 門闌 12-18A
ménlán 門欄 12-19B
ménláng 門郎 12-8B
ménláng 門廊 12-12A
mēnléi 悶雷 12-98A
ménlèi 門類 12-19A
ménlǐ 門禮 12-18A
ménlì 門吏 12-7A
ménlì 門曆 12-17A
ménlì 門歷 12-17A
ménlì 門隸 12-17B
ménlián 門帘 12-8B
ménlián 門聯 12-17B
ménlián 門簾 12-19A
ménliǎn 門臉 12-18A
ménliáo 門燎 12-17B
ménlǐchūshēn 門裏出身 12-14B
ménlǐdà 門裏大 12-14B
ménlíng 門鈴 12-14B
ménlǐrén 門裏人 12-14B
ménliú 門流 12-11B
ménlóu 門樓 12-16A
ménlǔ 門櫓 12-19A
ménlù 門路 12-14B
mènluàn 悶亂 12-98A
mènluàn 懣亂 7-767A
ménluó 捫蘿 6-725A
ménlǚ 門閭 12-15B
ménlǚwàng 門閭望 12-16A
ménlǚzhīwàng 門閭之望 12-15B
mènmào 悶瞀 12-98A
ménméi 門眉 12-10B
ménméi 門楣 12-14A
mēnmēn 悶悶 12-97B
ménmén 門門 12-8B
ménmén 汶汶 5-993A
mènmèn 惛惛 7-602A
mènmèn 悶滿 12-98A
mènmèn 悶悶 12-97B
mènmèn 悶懣 12-98A
mènmèn 懣悶 7-767A
mènmèn 懣懣 7-767A
mènmènbùlè 悶悶不樂 12-97B
mènmì 悗密 7-549A
ménmiàn 門面 12-9A
ménmiànbēi 門面杯 12-9B
ménmiànhuà 門面話 12-9B
ménmiànpùxírén 門面鋪席人 12-9B
ménmiànyǔ 門面語 12-9B
mēnmò 悶默 12-98A
ménmō 捫摸 6-724B
ménmǔ 門牡 12-7B
ménmù 門目 12-5B
ménmù 門幕 12-13B
ménnèi 門內 12-4A
ménniè 門闑 12-19A
mènnù 悶怒 12-97A
ménnǚ 門女 12-4A
ménpái 門牌 12-13A
ménpiào 門票 12-12A
ménpǐn 門品 12-9B
ménpíng 門屏 12-10B
ménpū 門鋪 12-16B
ménpú 門僕 12-15A
mēnqì 悶氣 12-97A
ménqí 門旂 12-11B
ménqí 門旗 12-15B
ménqǐ 門啓 12-12B
mènqì 悶氣 12-97A
ménqiāng 門槍 12-15A
ménqiāng 門鎗 12-18B
ménqiáng 門墻 12-16B
ménqiáng 門牆 12-18A
ménqiángtáolǐ 門墻桃李 12-16B
ménqiángtáolǐ 門牆桃李 12-18B
ménqiánrén 門前人 12-10A
ménqiáo 門橋 12-16B
ménqiào 門竅 12-18B
ménqìng 門情 12-12B
ménqìng 門慶 12-16B
ménqú 門衢 12-20A
ménquān 門圈 12-12A
ménquē 門闕 12-19A
mēnrán 悶然 12-97B
mènrán 惛然 7-602A
mēnrè 悶熱 12-98A
ménrén 門人 12-2A
ménrèn 門仞 12-6A
mènrén 悶人 12-96A
mēnruò 悶若 12-96B
ménsēng 門僧 12-15A
ménsèwéikè 門塞維克 12-15A
ménshàn 門扇 12-11B
ménshàng 門上 12-3B
ménshàngrén 門上人 12-3B
ménshé 捫舌 6-724B
ménshè 捫涉 6-724B
ménshēn 捫參 6-724B
ménshén 門神 12-10B
ménshēng 門生 12-5B
ménshēnggùjiù 門生故舊 12-6A
ménshēnggùlì 門生故吏 12-6A
ménshēngtiānzǐ 門生天子 12-6A
ménshēnlìjǐng 捫參歷井 6-724B
ménshī 門師 12-11A
ménshī 捫虱 6-724B
ménshī 捫蝨 6-725A
ménshǐ 門史 12-5B
ménshì 門士 12-2A
ménshì 門氏 12-4B
ménshì 門世 12-5B
ménshì 門市 12-6B
ménshì 門侍 12-8A
ménshì 門勢 12-13B
ménshǒu 門首 12-10A
ménshū 門樞 12-16A
ménshú 門塾 12-15B
ménshǔ 糜黍 8-151A
ménshuāizuòbó 門衰祚薄 12-11B
ménshuān 門櫄 12-19B
ménshuān 門閂 12-10B
ménshuān 門栓 12-11A
ménsī 門司 12-6B
ménsù 門素 12-10B
ménsuì 門隧 12-16A
ménsūn 門孫 12-11B
ménsūn 捫搎 6-724B
mènsǔn 悶損 12-98A
ménsuǒ 捫索 6-724B
méntà 門闥 12-19B
méntái 門臺 12-15A
méntān 門攤 12-19B
mèntàn 悶歎 12-98A
méntáng 門堂 12-12A
mèntēngténg 悶騰騰 12-98B
méntiān 捫天 6-724A
méntiē 門貼 12-13A
méntiè 門帖 12-8A
méntīng 門桯 12-11B
méntíng 門廷 12-7A
méntíng 門庭 12-9B
méntíngruòshì 門庭若市 12-10A
méntíngrúshì 門庭如市 12-10A
méntóng 門童 12-13B
mēntóu 悶頭 12-98A
méntóu 門頭 12-17A
mēntǔ 悶吐 12-96B
méntú 門徒 12-11A
ménwàihàn 門外漢 12-6B
ménwàilóutóu 門外樓頭 12-6B
ménwàirén 門外人 12-6B
ménwàng 門望 12-12A
ménwéi 門帷 12-12A
ménwéi 門幃 12-13A
ménwéi 門闈 12-18A
ménwèi 門尉 12-12B
ménwèi 門衛 12-17A
ménwū 門屋 12-10B
ménwǔ 門廡 12-16B
ménwúzábīn 門無雜賓 12-13A
ménwúzákè 門無雜客 12-13A
ménxī 捫膝 6-725A
ménxì 門隙 12-13B
ménxì 門隟 12-15A
ménxià 門下 12-2A
ménxià 門罅 12-17B
ménxiàdū 門下督 12-3A
ménxiàfāng 門下坊 12-2B
ménxiàkè 門下客 12-3A
ménxiàn 門閒 12-16A
ménxiàn 門限 12-9A
mēnxiāng 悶香 12-96B
ménxiàng 門向 12-7A
ménxiàng 門巷 12-9A
ménxiàrén 門下人 12-2B
ménxiàshēng 門下生 12-2B
ménxiàshěng 門下省 12-3A
ménxiàshǐ 門下史 12-2B
ménxiàshì 門下士 12-2B
ménxiàshìláng 門下侍郎 12-3A
ménxiàwǎnshēng 門下晚生 12-3A
ménxiàyuàn 門下掾 12-3A
ménxiē 門楔 12-14A
ménxiè 門謝 12-18A
ménxīn 捫心 6-724A
ménxíng 門行 12-7A
ménxīnzìwèn 捫心自問 6-724A
ménxù 門壻 12-12B
ménxù 門婿 12-13B
ménxù 門緒 12-16A
ménxuǎn 門選 12-16B
ménxún 捫循 6-724B
ményá 門牙 12-4A
ményán 門檐 12-17B
ményàn 門唁 12-11A
mēnyǎng 悶癢 12-98A
mènyānyān 悶懨懨 12-98A
ményè 門業 12-14A
ményì 門役 12-7B
ményì 門義 12-14B
ményǐn 門尹 12-5A
ményìn 門蔭 12-13B
ményìn 門印 12-6A
ményìn 門廕 12-14B
ményīng 捫攖 6-725A
ményíng 門楹 12-14A
ményōng 門墉 12-15A
ményǒng 門勇 12-10B

mènyōu 惛憂 7-602A
ményǔ 門宇 12-7A
ményù 門閾 12-17B
mènyù 悶鬱 12-98B
ményuán 門垣 12-9A
mènyuàn 懣怨 7-767A
ményuè 門鑰 12-20A
ményuè 門閱 12-16B
ményuè 門籥 12-19B
ményuè 捫月 6-724A
ményuè 捫籥 6-725A
mēnzào 悶躁 12-98A
ménzào 門阜 12-7B
ménzào 門皂 12-7B
ménzhǎng 門長 12-7B
ménzhàng 門仗 12-6A
ménzhàng 門杖 12-7B
ménzhě 門者 12-7B
ménzhěn 門診 12-13B
ménzhēng 門征 12-8A
ménzhèng 門正 12-5B
ménzhèng 門政 12-9A
mēnzhì 悶窒 12-97A
ménzhí 門姪 12-10B
ménzhōng 門中 12-4A
ménzhōngrén 門中人 12-4A
ménzhòu 門冑 12-9B
ménzhū 門誅 12-14B
ménzhǔ 門主 12-6B
ménzhù 門著 12-11B
ménzhuàng 門狀 12-8B
ménzhuó 汶濁 5-993A
ménzī 門資 12-14B
ménzǐ 門子 12-3B
mènzichē 悶子車 12-96B
ménzǐqián 門子錢 12-4A
ménzōng 門宗 12-8B
ménzú 門卒 12-8B
ménzú 門族 12-12A
ménzú 捫足 6-724B
ménzuò 門祚 12-10B
meshēng 麼生 12-1279A
mì'ài 祕愛 7-903A
mì'ài 密愛 3-1539A
mí'àn 迷闇 10-823B
mí'àn 迷岸 10-817B
mí'àn 迷暗 10-821A
mì'ān 謐安 11-392A
mián'ài 綿薆 9-902B
mián'ài 綿曖 9-902B
miǎn'ài 澠阨 6-164A
mián'ǎo 棉襖 4-1118B
miǎnbà 免罷 2-268B
miànbái 面白 12-381A
miànbài 面拜 12-384B
miǎnbǎn 冕版 5-749A
miànbǎn 麪板 12-1021B
miànbāo 麪包 12-1021A
miànbāochē 麪包車 12-1021A
miànbāoguǒ 麪包果
12-1021A
miànbāoquān 麪包圈
12-1021A
miánbèi 棉被 4-1118A
miánbèi 綿憊 9-902B
miǎnbèi 偭背 1-1538B
miànbèi 面背 12-384B
miànběiméinán 面北眉南
12-380B
miǎnbì 免辟 2-268B
miǎnbì 免避 2-269A
miànbì 面壁 12-389B
miǎnbiàn 冕弁 5-749A
miànbìcān 面壁參 12-389B
miànbié 面別 12-382B
miànbìmózhuān 面壁磨塼
12-389B
miànbǐng 面稟 12-387B
miànbǐng 麪餅 12-1022B
miánbó 棉薄 4-1118B
miánbó 綿帛 9-900A
miánbó 綿薄 9-902B
miànbó 面帛 12-383A
miànbó 面薄 12-389A
miànbó 麪勃 12-1021B
miànbōluó 面波羅 12-383B
miánbù 棉布 4-1117A
miánbù 綿布 9-899B
miànbù 面布 12-380B
miǎnbude 免不得 2-266B
miànbùgǎiróng 面不改容
12-380A
miànbùgǎisè 面不改色
12-380A
miǎnbuliǎo 免不了 2-266B
miáncài 瞑菜 7-1247B
miáncán 眠蠶 7-1201B
miǎncè 免册 2-266B
miáncèlǐ 綿側理 9-900B
miànchá 麪茶 12-1021B
miánchái 棉柴 4-1118A
miánchán 綿纏 9-903A
miáncháng 綿長 9-900A
miànchángmiànduǎn
面長面短 12-383A
miǎnchén 免臣 2-266B
miànchén 面陳 12-385B
miànchèn 面櫬 12-390B
miànchēng 面稱 12-388A
miànchéng 面呈 12-382B
miànchēngjǐngchì
面赬頸赤 12-389A
miánchǐ 綿褫 9-902B
miǎnchí 黽池 12-1400A
miǎnchí 澠池 6-164A
miànchǐ 面齒 12-388B
miànchǐ 麪豉 12-1022A
miànchì 面斥 12-381A
miǎnchíhuì 澠池會 6-164A
miánchóu 棉綢 4-1118B
miánchóu 綿紬 9-901A
miánchóu 綿綢 9-902A
miǎnchú 免除 2-267B
miǎnchù 免黜 2-269A
miànchù 面觸 12-391A
miánchuáng 眠床 7-1201B
miánchuáng 眠牀 7-1201A
miànchuāng 面創 12-386B
miànchuáng 麪牀 12-1021B
miánchuò 綿惙 9-901A
miánchuò 綿綴 9-902A
miǎncì 免賜 2-268B
miàncí 面辭 12-390B
miàncì 面刺 12-383A
miàncóng 面從 12-386A
miándài 綿代 9-899B
miǎndài 冕帶 5-749B
miándàifu 棉大夫 4-1117A
miàndàn 面彈 12-389A
miándǎo 眠倒 7-1201B
miándàyī 棉大衣 4-1117A
miǎnde 免得 2-268A
miǎnde 免的 2-267A
miàndǐ 面詆 12-387A
miàndì 面地 12-381B
miàndiàn 麪店 12-1021B
miǎndiào 免掉 2-267B
miǎndiào 免調 2-268B
miándié 綿颭 9-900B
miǎndié 免絰 2-268B
miǎndīng 免丁 2-266A
miǎndīngqián 免丁錢 2-266B
miǎndīngyóuzǐ 免丁由子
2-266B
miàndòu 面豆 12-382B
miándǔ 綿篤 9-902B
miánduǎnróng 棉短絨
4-1118A
miànduì 面對 12-388A
miànduìmiàn 面對面 12-388A
miándùn 綿頓 9-901B
miàn'é 面額 12-390B
miànfā 面發 12-387A
miànfān 面蕃 12-388B
miànfàn 麪飯 12-1022A
miánfǎng 棉紡 4-1118A
miǎnfàng 免放 2-267A
miànfāng 麪坊 12-1021B
miànfāngrútián 面方如田
12-380B
miǎnfèi 免費 2-268A
miànféi 面肥 12-383B
miànféi 麪肥 12-1021B
miànfěn 面粉 12-385B
miànfěn 麪粉 12-1022A
miànfèn 面分 12-380B
miànfèng 面奉 12-382B
miǎnfū 免夫 2-266B
miǎnfú 冕服 5-749A
miǎnfú 冕紱 5-749B
miǎnfú 冕黻 5-749B
miǎnfù 免賦 2-268B
miànfù 面縛 12-389B
miǎnfūqián 免夫錢 2-266B
miànfùxiánbì 面縛銜璧
12-390A
miànfùyúchèn 面縛輿櫬
12-390A
miángé 綿隔 9-901A
miǎngé 緬隔 9-937A
miàngé 面革 12-383B
miàngēdá 麪圪瘩 12-1021B
miàngēdá 麪疙瘩 12-1021B
miángèn 綿亘 9-899B
miángèn 綿亙 9-899B
miàngòu 面垢 12-383B
miángù 綿痼 9-901B
miǎngū 鮸姑 12-1236A
miǎngǔ 黽谷 12-1400A
miǎngù 免梏 2-268A
miàngǔ 面骨 12-384B
miǎnguān 免官 2-267A
miǎnguān 免冠 2-267B
miǎnguān 冕冠 5-749A
miànguǎn 麪館 12-1022B
miànguāng 面光 12-381B
miǎnguī 免歸 2-269A
miǎnguī 偭規 1-1538B
miǎnguīcuòjǔ 偭規錯矩
1-1538B
miángǔngǔn 棉滾滾 4-1118A
miànguǒzi 麪菓子 12-1022A
miànhàn 面頷 12-389A
miǎnhángqián 免行錢 2-266B
miànhěn 面佷 12-383A
miànhóng 面紅 12-385A
miànhóng'ěrchì 面紅耳赤
12-385A
miànhóng'ěrrè 面紅耳熱
12-385A
miànhóngjǐngchì 面紅頸赤
12-385B
miànhóngmiànchì 面紅面赤
12-385A
miànhóngmiànlǜ 面紅面緑
12-385B
miánhóngzhīzhū 棉紅蜘蛛
4-1117B
miánhóu 棉猴 4-1118A
miǎnhù 冕笏 5-749A
miànhú 麪糊 12-1022B
miánhuā 綿花 9-900A
miànhuā 面花 12-382B
miànhuā 麪花 12-1021B
miánhuāchuāng 棉花瘡
4-1117B
miánhuāgāo 棉花糕 4-1117B
miǎnhuái 絠懷 9-751B
miǎnhuái 娩懷 4-364A
miǎnhuái 腼懷 6-1346A
miǎnhuái 緬懷 9-937B
miǎnhuáizhīsuì 免懷之歲
2-269A
miánhuājièliǔ 眠花藉柳
7-1201A
miǎnhuàn 免患 2-268A
miànhuán 麪環 12-1022B
miànhuángjīshòu 面黄肌瘦
12-386A
miánhuāqū 棉花蛆 4-1117B
miánhuārángzi 棉花穰子
4-1117B
miánhuāróng 棉花絨 4-1117B
miánhuāsùliǔ 眠花宿柳
7-1201A
miánhuātāi 棉花胎 4-1117B

miánhuātàozi 棉花套子 4-1117B
miánhuāwòliǔ 眠花卧柳 7-1201A
miánhuāzhuāng 棉花莊 4-1117B
miánhuāzuǐ 棉花嘴 4-1117B
miánhuāzuìliǔ 眠花醉柳 7-1201A
miànhúguǐ 麪糊鬼 12-1022B
miànhuì 面會 12-387B
miǎnhuò 免禍 2-268A
miànhúpén 麪糊盆 12-1022B
miànhútǒng 麪糊桶 12-1022B
miànhútuán 麪糊團 12-1022B
miànjī 面稽 12-388B
miànjī 面積 12-389A
miànjí 面詰 12-387B
miànjì 面計 12-384B
miánjiǎ 棉甲 4-1117B
miánjiǎ 綿甲 9-899B
miànjiá 面頰 12-389A
miánjiǎn 綿繭 9-903A
miǎnjiǎn 免減 2-268A
miǎnjiàn 緬鑒 9-937B
miànjiǎn 麪鹼 12-1023A
miànjiàn 面見 12-382B
miànjiàn 面諫 12-389A
miànjiāng 麪漿 12-1022B
miànjiàng 麪醬 12-1022B
miánjiào 眠覺 7-1201B
miànjiāo 面交 12-381B
miànjiāo 面繳 12-390B
miǎnjiè 免解 2-268B
miànjié 面訐 12-385B
miànjiè 面戒 12-382A
miǎnjièjìnshì 免解進士 2-268B
miǎnjièjǔrén 免解舉人 2-268B
miànjīn 面巾 12-380A
miànjīn 麪巾 12-1021A
miànjīn 麪觔 12-1021B
miànjīn 麪筋 12-1022A
miànjìn 面盡 12-388B
miànjìn 面進 12-386A
miànjiū 面究 12-382B
miánjǔ 綿矩 9-900B
miánjù 綿劇 9-902A
miànjū 面鞠 12-390A
miànjù 面具 12-383A
miánjué 綿蕝 9-902A
miánjué 綿蕞 9-902A
miǎnjué 緬絶 9-937A
miànjué 面决 12-382A
miǎnkāizūnkǒu 免開尊口 2-268A
miànkè 面課 12-388B
miànkěn 面懇 12-390A
miànkǒng 面孔 12-380B
miánkù 棉褲 4-1118B
miánkuàng 綿纊 9-903A
miànkuò 面闊 12-390A
miǎnlài 眄睞 7-1166B
miǎnláo 勉勞 2-792A
miànlǎoshǔ 麪老鼠 12-1021B
miánlěi 棉蕾 4-1118B
miánlì 棉力 4-1117A
miánlì 綿力 9-899A
miánlì 綿歷 9-902B
miánlì 綿麗 9-903A
miǎnlì 勉力 2-791B
miǎnlì 勉厲 2-792A
miǎnlì 勉勵 2-792A
miànlí 麪梨 12-1022A
miànlǐ 面理 12-386A
miànlǐ 面裏 12-387B
miánlián 棉連 4-1117B
miánlián 綿連 9-900B
miánlián 綿聯 9-902B
miánliánzhǐ 棉連紙 4-1117B
miànliào 面料 12-385B
miánlìbócái 綿力薄材 9-899B
miánliè 綿劣 9-899B
miànlín 面臨 12-390A
miánlíng 棉鈴 4-1118A
miánlíngchóng 棉鈴蟲 4-1118A
miánlǐtiě 綿裹鐵 9-901B
miǎnliú 冕旒 5-749B
miánlǐzhēn 綿裹針 9-901B
miánlǐzhēn 綿裹鍼 9-901B
miánluán 綿攣 9-903A
miǎnluàn 湎亂 5-1454B
miànlùn 面論 12-389A
miánluò 綿絡 9-901A
miǎnlǜ 免慮 2-268B
miánmǎ 蝒馬 8-928A
miànmǎ'er 麪碼兒 12-1022B
miǎnmài 緬邁 9-937B
miánmán 綿蠻 9-903A
miánmán 緡蠻 9-954B
miànmán 面謾 12-390B
miànmánfùfěi 面謾腹誹 12-390B
miánmào 綿袤 9-900B
miànmáo 面毛 12-380A
miànmào 面貌 12-388A
miánmáokù 棉毛褲 4-1117A
miánmáoshān 棉毛衫 4-1117A
miànmén 面門 12-383B
miánméng 綿濛 9-902B
miánmèng 眠夢 7-1201B
miánmì 綿密 9-901A
miánmì 綿冪 9-902A
miánmì 綿羃 9-903A
miànmì 面冪 12-389A
miánmián 綿綿 9-901B
miánmián 民民 6-1423A
miǎnmiǎn 沔沔 5-947A
miǎnmiǎn 勉勉 2-791B
miǎnmiǎn 眄眄 7-1166B
miǎnmiǎn 勔勉 2-798B
miǎnmiǎn 湎湎 5-1454B
miǎnmiǎn 緬緬 9-937B
miànmiàn 面面 12-383B
miánmiánbùjué 綿綿不絶 9-902A
miánmiánguādié 綿綿瓜瓞 9-902A
miànmiànguān 面面觀 12-384A
miànmiànguāng 面面光 12-384A
miànmiànjiēdào 面面皆到 12-384A
miànmiànjùdào 面面俱到 12-384A
miànmiànjùyuán 面面俱圓 12-384A
miánmiánmínmín 綿綿緡緡 9-902A
miànmiànshàng 面面上 12-383B
miànmiànsīqù 面面廝覷 12-384A
miànmiànxiāngdǔ 面面相覩 12-384A
miànmiànxiāngkàn 面面相看 12-384A
miànmiànxiāngkui 面面相窺 12-384A
miànmiànxiāngqù 面面相覷 12-384A
miànmiànyuándào 面面圓到 12-384A
miánmiǎo 綿眇 9-900B
miánmiǎo 綿淼 9-901A
miánmiǎo 綿渺 9-901A
miánmiǎo 綿藐 9-902B
miánmiǎo 綿邈 9-902B
miánmiǎo 矊眇 7-1267B
miǎnmiǎo 緬渺 9-937A
miǎnmiǎo 緬邈 9-937B
miǎnmǐn 俛僶 1-1412A
miànmìng 面命 12-383A
miànmìng'ěrtí 面命耳提 12-383A
miánmò 矊脈 7-1267B
miànmóluó 面魔羅 12-391A
miànmòluó 面没羅 12-382B
miànmòluó 面磨羅 12-389B
miànmóu 面謀 12-389A
miǎnmù 緬慕 9-937B
miànmù 面目 12-380B
miànmù 面幕 12-387B
miànmù 麪木 12-1021A
miànmùkězēng 面目可憎 12-381A
miànmùquánfēi 面目全非 12-381A
miànmùyīxīn 面目一新 12-381A
miǎnnàn 娩難 4-364A
miànnánbèiběi 面南背北 12-383B
miànnèn 面嫩 12-388B
miǎnnì 眄睨 7-1167A
miànnián 麪黏 12-1022B
miànniè 面涅 12-385B
miǎnnìfǎ 緬匿法 9-937A
miánniú 眠牛 7-1200B
miánnóng 棉農 4-1118A
miǎnnóng 勉農 2-792A
miànpán 面般 12-385B
miànpán 面盤 12-388B
miànpáng 面龐 12-390B
miànpánzi 面盤子 12-388B
miánpáo 棉袍 4-1118A
miànpào 面皰 12-386A
miànpén 面盆 12-384B
miànpéng 面朋 12-383B
miànpéngkǒuyǒu 面朋口友 12-383B
miànpí 面皮 12-381A
miànpiàn'er 麪片兒 12-1021A
miǎnpiào 免票 2-268A
miànpī'er 麪坯兒 12-1021B
miànpù 麪鋪 12-1022B
miánqǐ 眠起 7-1201B
miànqī 面欺 12-386B
miànqià 面洽 12-385A
miánqiān 眠芊 7-1200B
miǎnqiǎn 免遣 2-268B
miànqiān 面僉 12-387B
miànqián 面前 12-384B
miǎnqiǎng 免强 2-268A
miǎnqiǎng 勉彊 2-792B
miǎnqiǎng 勉强 2-792A
miànqiáng 面牆 12-390A
miànqiáng'érlì 面牆而立 12-390A
miànqiào 面誚 12-388B
miànqǐbǐng 麪起餅 12-1022A
miànqíng 面情 12-386B
miànqìng 面罄 12-390A
miǎnqiú 免囚 2-266B
miǎnqiú 緬求 9-936B
miánqū 綿區 9-900B
miǎnqù 免去 2-266B
miǎnquè 免却 2-266B
miǎnrán 緬然 9-937A
miànrán 面然 12-387A
miànrǎn 面染 12-385A
miànrándàshì 面然大士 12-387A
miànráng 面穰 12-391A
miànrè 面熱 12-388B
miànrén'er 麪人兒 12-1021A
miánróng 綿絨 9-901A
miánróng 綿羢 9-901A
miànróng 面容 12-385B
miánróngróng 棉茸茸 4-1117B
miànróu 面柔 12-385A
miǎnrǔ 㝃乳 4-233A
miǎnrǔ 免乳 2-267A
miánruǎn 綿軟 9-900B
miànruǎn 面軟 12-386A
miànrúfùfěn 面如傅粉 12-382A
miànrúguānyù 面如冠玉 12-382A

miànrúhuītǔ 面如灰土 12-382A
miánruò 綿弱 9-900B
miànruò 面弱 12-385B
miànruòsǐhuī 面若死灰 12-383A
miànrúsǐhuī 面如死灰 12-382A
miànrútǔsè 面如土色 12-382A
miǎnsāng 免喪 2-268A
miànsè 面色 12-381B
miànsèrútǔ 面色如土 12-381B
miánshā 碢砂 7-1057A
miánshā 棉紗 4-1118A
miànshā 面沙 12-382B
miànshā 面紗 12-386A
miánshān 綿山 9-899B
miànshàn 面善 12-387A
miánshàng 綿上 9-899B
miànshāng 面商 12-386B
miànshāng 面傷 12-387B
miànshàng 面上 12-379B
miǎnshè 免赦 2-268A
miǎnshēn 挽身 4-233A
miǎnshēn 免身 2-266B
miǎnshēn 娩身 4-363B
miǎnshēn 娩娠 4-363B
miǎnshēn 冕紳 5-749B
miànshēn 面申 12-381A
miànshěn 面審 12-389A
miǎnshěng 免省 2-267A
miànshēng 面生 12-381A
miànshēng 麪牲 12-1021B
miànshèng 面聖 12-387B
miànshénjīng 面神經 12-385A
miánshí 眠食 7-1201A
miánshì 綿視 9-901A
miǎnshì 免試 2-268B
miǎnshì 眄飾 7-1167A
miànshí 麪食 12-1021B
miànshì 眄視 7-1166B
miànshì 面世 12-380B
miànshì 面市 12-381A
miànshì 面勢 12-387A
miànshì 面試 12-387B
miànshì 面飾 12-387B
miànshì 面埶 12-386A
miànshì 麪市 12-1021A
miànshìbèifēi 面是背非 12-384B
miànshìxīnfēi 面是心非 12-384B
miànshìzhǐshǐ 眄視指使 7-1166B
miànshǒu 面首 12-384B
miànshòu 面受 12-383A
miànshòu 面授 12-386A
miànshòujīyí 面授機宜 12-386A
miánshǒumēnzi 棉手悶子 4-1117A
miànshǒuzuǒyòu 面首左右 12-385A
miǎnshū 免輸 2-269A
miǎnshù 緬述 9-937A
miànshú 面熟 12-389A
miànshǔ 面數 12-388B
miánshuì 眠睡 7-1201B
miǎnshuì 免稅 2-268A
miǎnsī 緬思 9-937A
miǎnsì 眄伺 7-1166B
miánsīmèngxiǎng 眠思夢想 7-1201A
miánsù 眠宿 7-1201B
miǎnsú 免俗 2-267B
miǎnsù 免粟 2-268A
miǎnsù 緬訴 9-937A
miànsù 麪塑 12-1022A
miántǎn 棉毯 4-1118A
miántàn 綿歎 9-902A
miàntān 面癱 12-391A
miàntán 面談 12-389A
miántáng 綿糖 9-902B
miàntāng 面湯 12-387A
miàntāng 麪湯 12-1022A
miántáo 棉桃 4-1117B
miántào 棉套 4-1118A
miàntǐ 面體 12-391A
miántiān 綿天 9-899B
miántián 棉田 4-1117B
miǎntiǎn 眠娗 7-1201A
miǎntiǎn 愐懊 7-656A
miǎntiǎn 腼腆 6-1346A
miǎntiǎn 緬覥 9-937B
miǎntiǎn 靦腆 12-391B
miǎntiǎn 靦覥 12-391B
miǎntiǎn 面腆 12-387A
miàntiáo 麪條 12-1022A
miàntiáoyú 麪條魚 12-1022A
miàntǒng 面桶 12-386A
miàntǒng 麪筒 12-1022A
miàntǔ 面土 12-379B
miàntuán 面團 12-388A
miàntuán 麪團 12-1022B
miàntuántuán 面團團 12-388A
miǎntúfùzuò 免徒復作 2-267B
miǎntuì 免退 2-267B
miǎntuō 免脫 2-268A
miánwà 棉襪 4-1118B
miánwàng 綿望 9-900B
miǎnwàng 緬望 9-751B
miǎnwàng 眄望 7-1166B
miànwǎng 面網 12-388B
miánwēi 綿微 9-901B
miánwéi 眠桅 7-1201B
miǎnwéi 緬惟 9-937A
miǎnwéi 緬維 9-937B
miǎnwèi 勉慰 2-792A
miànwéi 面違 12-387A
miǎnwéiqínán 勉為其難 2-792A
miànwèn 面問 12-386B
miánwò 眠臥 7-1201A
miánwōwō 棉窩窩 4-1118B
miànwù 面晤 12-386A
miànwúrénsè 面無人色 12-386B
miánxī 眠息 7-1201B
miǎnxí 免席 2-267B
miánxiàn 棉綫 4-1118B
miǎnxiǎng 緬想 9-751B
miǎnxiǎng 緬想 9-937A
miànxiàng 面相 12-383B
miànxiàng 面向 12-381B
miánxié 棉鞋 4-1118B
miànxiè 面謝 12-390A
miǎnxíng 免刑 2-266B
miànxíng 面形 12-382A
miànxíng 面型 12-383B
miánxù 棉絮 4-1118A
miánxù 綿絮 9-901A
miǎnxù 勉勖 2-791B
miǎnxù 勉勗 2-791B
miànxǔ 面許 12-386B
miànxù 面敘 12-384B
miánxuán 綿旋 9-900B
miánxuàn 眠眩 7-1201B
miánxuàn 瞑眩 7-1247B
miǎnxuǎn 免選 2-268B
miǎnxuàn 眄眩 7-1166B
miànxuàn 面旋 12-386B
miànxuàn 冥眴 2-453A
miánxuànyào 瞑眩藥 7-1247B
miǎnxuē 免削 2-267A
miànxuě 麪雪 12-1022A
miànxùn 面訊 12-385B
miányá 棉蚜 4-1118A
miányān 棉菸 4-1118A
miányán 綿延 9-899B
miǎnyǎn 湎演 5-1454B
miànyán 面顏 12-390B
miányáng 眠羊 7-1200B
miányáng 綿羊 9-900A
miànyáng 面陽 12-386B
miànyáng 面揚 12-386B
miányào 眠藥 7-1201B
miányào 棉藥 4-1118B
miányào 綿藥 9-903A
miànyào 面藥 12-390B
miányě 綿野 9-900B
miànyè 面靨 12-391A
miányī 棉衣 4-1117B
miányī 綿衣 9-900A
miǎnyì 免役 2-267A
miǎnyì 緬憶 9-937B
miànyī 面衣 12-381B
miànyí 面夷 12-381B
miànyǐ 面乙 12-379B
miànyì 面議 12-391A
miǎnyìfǎ 免役法 2-267A
miǎnyìlì 免疫力 2-267B
miányīn 眠音 7-1201A
miǎnyín 湎淫 5-1454B
miànyīn 面陰 12-385B
miànyǐng 面影 12-388B
miànyǐntíngzhēng 面引廷爭 12-380B
miǎnyìqián 免役錢 2-267A
miǎnyìxìng 免疫性 2-267B
miànyōngshù 面雍樹 12-387B
miànyōngshù 面擁樹 12-389A
miànyóu 面油 12-383B
miànyǒu 面友 12-380A
miányú 眠輿 7-1201B
miányú 眠轝 7-1201B
miányǔ 綿宇 9-900A
miányǔ 綿羽 9-900A
miányǔ 綿寓 9-901A
miǎnyù 勉喻 2-792A
miǎnyù 勉諭 2-792B
miǎnyù 眄遇 7-1166B
miànyú 面諛 12-389A
miànyù 面喻 12-386B
miànyù 面諭 12-389A
miànyù 面譽 12-390B
miányuǎn 綿遠 9-901B
miǎnyuǎn 緬遠 9-937A
miànyùbèifēi 面譽背非 12-390B
miànyúbèihuǐ 面諛背毀 12-389A
miànyùbèihuǐ 面譽背毀 12-390B
miǎnyuè 偭越 1-1538B
miǎnyuè 絻鉞 9-875A
miànyuē 面約 12-385B
miányún 眠雲 7-1201B
miànyūn 面暈 12-387B
miányúnwòshí 眠雲臥石 7-1201B
miǎnzé 免責 2-267B
miǎnzhài 免債 2-268B
miǎnzhān 勉旃 2-791B
miànzhāng 麪粻 12-1022B
miànzhàng 麪杖 12-1021B
miǎnzhànpái 免戰牌 2-269A
miànzhé 面折 12-382A
miànzhé 糆秏 9-235B
miànzhēng 面爭 12-381B
miànzhèng 面諍 12-387B
miànzhēngtínglùn 面爭庭論 12-381B
miànzhétíngzhēng 面折廷爭 12-382A
miànzhétíngzhēng 面折庭爭 12-382B
miànzhétíngzhèng 面折廷諍 12-382B
miánzhǐ 棉紙 4-1118A
miánzhǐ 綿紙 9-900B
miǎnzhí 免職 2-269A
miànzhī 面脂 12-385B
miànzhí 面值 12-385B
miànzhí 面執 12-386A
miànzhì 面質 12-388B
miánzhīpǐn 棉織品 4-1118B
miǎnzhòu 免胄 2-267A
miǎnzhú 免逐 2-267B
miànzhuān 面磚 12-389A
miànzhuāng 面妝 12-382B

miánzi 綿子 9-899B
miànzi 面子 12-380A
miànzi 麪子 12-1021A
miànzì 面自 12-381B
miánzǐbǐng 棉籽餅 4-1117B
miànzihuà 面子話 12-380A
miànziqíng'er 面子情兒 12-380A
miánzǐróng 棉籽絨 4-1117B
miánzǐyóu 棉子油 4-1117A
miànzizhàng 面子帳 12-380A
miànzòu 面奏 12-383B
miǎnzū 免租 2-267B
miǎnzuì 免罪 2-268B
miánzuò 瞑坐 7-1247B
miǎnzuò 免坐 2-267A
mì'ào 祕奧 7-903A
mì'ào 祕鄭 7-903B
miào'ào 妙奥 4-300B
miàobēi 廟碑 3-1276A
miáobǐ 描筆 6-640B
miàobǐ 妙筆 4-300B
miàobiàn 妙辨 4-302B
miàobiàn 妙辯 4-303A
miǎobó 眇薄 7-1169B
miǎobǒ 眇跛 7-1169A
miáobǔ 描補 6 640B
miàobùkěyán 妙不可言 4-297B
miǎobùzúdào 渺不足道 5-1455B
miàocái 妙才 4-297B
miàocái 妙材 4-298B
miàocǎi 妙采 4-299A
miàocǎi 妙綵 4-302A
miàocāo 妙操 4-302B
miàocè 玅策 2-369B
miàocè 廟策 3-1276A
miàocháo 廟朝 3-1276A
miǎochōng 眇冲 7-1168A
miàochù 妙處 4-300A
miáochuáng 苗牀 9-338A
miàochuī 妙吹 4-298B
miǎochǔkānshì 邈處欿視 10-1281A
miǎochūn 杪春 4-814B
miáocí 苗茨 9-338A
miàocí 廟祠 3-1275B
miǎocú 眇徂 7-1168A
miàodá 妙達 4-300B
miáodài 描黛 6-641A
miàodàng 妙當 4-301A
miàodào 妙道 4-300B
miǎodí 眇覿 7-1169B
miàodì 妙諦 4-302B
miǎodiān 杪顛 4-815A
miàodiǎn 妙典 4-298B
miàodiàn 廟殿 3-1276B
miǎodōng 杪冬 4-814B
miáo'é 媌娥 4-369A
miào'é 妙娥 4-300A
miáo'érbùxiù 苗而不秀 9-337B
miàofǎ 妙法 4-299A
miàofāng 妙方 4-297B
miǎofēng 眇風 7-1168B
miáofù 苗父 9-337B
miàogé 妙格 4-299B
miǎogōng 眇躬 7-1168B
miǎogōng 藐躬 9-597A
miàogōng 妙工 4-297A
miàogōng 廟攻 3-1274B
miǎogū 藐姑 9-597A
miǎogū 藐孤 9-596B
miǎogǔ 邈古 10-1280B
miàogǔ 妙古 4-298A
miàoguài 眇恠 7-1168B
miàoguān 妙觀 4-303A
miàoguān 廟官 3-1275A
miàoguǎn 妙管 4-301B
miàoguǒ 妙果 4-298B
miǎogūyè 藐姑射 9-597A
miàohàn 妙翰 4-302B
miàohāo 苗薅 9-338B
miàohǎo 妙好 4-298B
miàohào 廟號 3-1276A
miáohóng 描紅 6-640B
miáohù 苗扈 9-338B
miǎohū 杪忽 4-814B
miǎohū 杪曶 4-814B
miǎohū 眇忽 7-1168A
miǎohū 秒忽 8-33A
miàohù 廟户 3-1274A
miáohuā 描花 6-640A
miáohuà 描畫 6-640B
miàohuā 妙華 4-299B
miàohuá 妙華 4-299B
miàohuà 廟畫 3-1276A
miáohuì 描繪 6-641A
miàohuì 妙慧 4-302A
miàohuì 廟會 3-1276B
miàohuì 廟諱 3-1277A
miǎojì 杪季 4-814B
miàojī 妙姬 4-300A
miàojì 妙迹 4-299B
miàojì 妙妓 4-298B
miàojì 妙計 4-299B
miàojì 妙偈 4-300A
miáojià 苗稼 9-338B
miǎojiǎn 眇蹇 7-1169B
miàojiǎn 妙簡 4-302B
miàojiàn 妙鍵 4-302B
miàojiàn 廟見 3-1274B
miáojiāng 苗薑 9-338B
miàojiào 妙教 4-300A
miàojié 杪節 4-815A
miàojié 妙節 4-301A
miàojiě 妙解 4-301A
miáojīn 描金 6-640B
miǎojìng 訬婧 11-67A
miǎojìng 眇勁 7-1168A
miàojìng 妙婧 4-300B
miàojìng 妙境 4-301B
miàojù 妙句 4-298A
miǎojué 眇絶 7-1169A
miǎojué 邈絶 10-1281B
miàojué 妙訣 4-300B
miàojué 妙絶 4-300B
miàojué 妙覺 4-303A
miàojué 玅訣 2-369B
miàojuéshírén 妙絶時人 4-300B
miàokǎi 妙楷 4-301A
miàokǎitái 妙楷臺 4-301A
miǎokuò 邈廓 10-1281B
miàoláng 廟廊 3-1276A
miàolè 妙樂 4-302B
miàolǐ 妙理 4-300A
miàolì 妙力 4-297A
miàolì 妙麗 4-303A
miǎoliáo 淼寥 5-1293B
miàolíng 妙齡 4-303A
miáolóngcìfèng 描龍刺鳳 6-641A
miáolóngxiùfèng 描龍繡鳳 6-641A
miáoluáncìfèng 描鸞刺鳳 6-641A
miàolüè 廟略 3-1276A
miàolùn 眇論 7-1169B
miàolùn 妙論 4-302A
miàolùn 廟論 3-1276B
miǎolǜ 渺慮 5-1457A
miàolǜ 廟律 3-1275A
miǎolüè 眇略 7-1169A
miǎolüè 邈掠 10-1281A
miàolüè 妙略 4-300A
miáomài 苗脉 9-338A
miáomài 苗脈 9-338A
miǎomán 邈蠻 10-1282A
miǎomàn 眇漫 7-1169A
miǎomàn 淼漫 5-1293B
miǎomàn 渺漫 5-1456B
miàomán 妙鬘 4-303A
miǎomàn 眇曼 7-1169A
miǎománg 眇芒 7-1168A
miǎománg 眇茫 7-1168A
miǎománg 淼茫 5-1293B
miǎománg 渺茫 5-1455B
miǎomǎng 眇莽 7-1168B
miǎomǎng 淼漭 5-1293B
miǎomǎng 渺莽 5-1455B
miǎomǎng 渺漭 5-1456B
miàomào 廟貌 3-1276B
miáoméi 描眉 6-640B
miǎomèi 眇昧 7-1168B
miàomén 妙門 4-299A
miàomén 廟門 3-1275A
miáomǐ 苗米 9-338A
miǎomí 渺彌 5-1457A
miǎomí 渺瀰 5-1457A
miǎomì 妙密 4-300B
miàomí 妙靡 4-303A
miǎomián 眇綿 7-1169B
miǎomián 眇緜 7-1169B
miǎomián 渺綿 5-1457A
miǎomián 渺緜 5-1457A
miǎomián 邈綿 10-1281B
miǎomián 邈緜 10-1281B
miǎomiǎn 渺沔 5-1455B
miǎomiǎn 渺湎 5-1456A
miǎomiǎo 杪杪 4-814B
miǎomiǎo 眇眇 7-1168B
miǎomiǎo 眇藐 7-1169B
miǎomiǎo 眇邈 7-1169B
miǎomiǎo 淼淼 5-1293B
miǎomiǎo 淼渺 5-1293B
miǎomiǎo 渺渺 5-1456B
miǎomiǎo 渺邈 5-1457A
miǎomiǎo 緲緲 9-939A
miǎomiǎo 藐藐 9-597A
miǎomiǎo 邈渺 10-1281B
miǎomiǎo 邈邈 10-1282A
miǎomiǎo 紗紗 9-757A
miàomiǎo 眇邈 7-1169B
miǎomiǎohūhū 眇眇忽忽 7-1168B
miǎomiǎomángmáng 渺渺茫茫 5-1456B
miáomín 苗民 9-337B
miǎomíng 眇冥 7-1168B
miǎomíng 渺冥 5-1456A
miáomō 描摸 6-640B
miáomó 描摸 6-640B
miáomó 描摹 6-641A
miáomó 描模 6-641A
miáomò 苗末 9-337B
miǎomó 眇麽 7-1169A
miǎomò 杪末 4-814B
miǎomò 眇末 7-1168A
miǎomò 眇漠 7-1169A
miǎomò 眇默 7-1169B
miǎomò 秒末 8-33A
miǎomò 渺漠 5-1456B
miàomó 廟謨 3-1277A
miàomò 妙墨 4-302A
miàomóu 廟謀 3-1277A
miáomù 苗木 9-337B
miàonéng 妙能 4-300A
miǎonì 眇睨 7-1169A
miǎonián 眇年 7-1168A
miàonián 妙年 4-298A
miàonián 玅年 2-369B
miàonòng 妙弄 4-298B
miàopáo 廟庖 3-1275A
miàopǐ 妙匹 4-297B
miàopǐn 妙品 4-299A
miàopíng 廟屏 3-1275B
miáopǔ 苗圃 9-338A
miàopú 妙璞 4-302B
miàoqì 妙契 4-299A
miàoqì 妙氣 4-299B
miàoqì 妙器 4-302B
miàoqì 廟器 3-1277A
miàoqiǎo 妙巧 4-297B
miàoqín 妙勤 4-301A
miàoqǐn 廟寢 3-1276B
miǎoqiū 杪秋 4-815A
miàoqù 妙趣 4-302A
miàoqùhéngshēng 妙趣横生 4-302A
miǎoqún 邈羣 10-1281B
miǎorán 眇然 7-1169A
miǎorán 渺然 5-1456A
miǎorán 藐然 9-597A
miǎorán 邈然 10-1281B

miǎorán 妙然 4-300B
miàorǎn 妙染 4-299B
miàorén 妙人 4-297A
miǎorú 邈如 10-1281A
miǎorúkuàngshì 邈如曠世 10-1281A
miǎoruòhéhàn 邈若河漢 10-1281A
miǎoruòhéshān 邈若河山 10-1281A
miǎoruòshānhé 邈若山河 10-1281A
miǎosǎn 邈散 10-1281A
miàosè 妙色 4-298A
miàosèyīn 廟瑟音 3-1276A
miàoshàn 妙善 4-300B
miàoshǎng 妙賞 4-302A
miǎoshǎo 眇少 7-1167B
miàoshé 妙舌 4-298A
miàoshè 廟社 3-1275A
miǎoshēn 眇身 7-1168A
miàoshēn 妙身 4-298B
miǎoshēng 眇生 7-1168A
miàoshēng 妙聲 4-302B
miàoshēng 廟牲 3-1275A
miàoshèng 廟勝 3-1276A
miáoshénhuàguǐ 描神畫鬼 6-640B
miáoshī 描詩 6-640B
miǎoshì 眇眂 7-1168B
miǎoshì 眇視 7-1169A
miǎoshì 渺視 5-1456A
miǎoshì 藐視 9-597A
miǎoshì 邈世 10-1280B
miǎoshì 邈視 10-1281A
miàoshí 妙實 4-301B
miàoshí 妙識 4-303A
miàoshí 廟祏 3-1275A
miàoshí 廟食 3-1275A
miàoshì 妙士 4-297A
miàoshì 妙飾 4-301A
miàoshì 妙適 4-301B
miàoshì 廟市 3-1274B
miàoshì 廟室 3-1275A
miáoshǒu 描手 6-640A
miáoshòu 苗狩 9-338A
miàoshǒu 妙手 4-297B
miàoshǒuhuíchūn 妙手回春 4-297B
miàoshǒukōngkōng 妙手空空 4-297B
miáoshù 描述 6-640B
miǎoshū 邈殊 10-1281A
miǎoshǔ 杪黍 4-815A
miàoshū 妙書 4-300A
miàoshù 妙術 4-300A
miàoshùn 妙瞬 4-302B
miàoshuō 妙説 4-301B
miáosì 苗嗣 9-338B
miǎosī 邈思 10-1281A
miǎosī 妙思 4-299A
miàosī 眇思 7-1168B
miàosī 妙思 4-299A
miàosì 廟祀 3-1275A
miàosòng 廟頌 3-1276B
miǎosú 邈俗 10-1281A
miàosù 妙速 4-299B
miàosuàn 妙算 4-301B
miàosuàn 廟筭 3-1276B
miàosuàn 廟算 3-1276B
miàosuànshénjī 妙算神機 4-301B
miǎosuì 杪歲 4-815A
miǎosuì 眇歲 7-1169A
miàotài 妙態 4-301B
miàotán 妙彈 4-302A
miàotáng 廟堂 3-1275B
miàotángbēi 廟堂碑 3-1276A
miàotángwénxué 廟堂文學 3-1275B
miáotián 苗田 9-337B
miàotián 廟田 3-1274B
miáotiao 媌條 4-368B
miáotiao 媌嫶 4-369A
miáotiáo 苗條 9-338A
miàotiāo 廟祧 3-1275B
miàotíng 廟廷 3-1274B
miàotíng 廟庭 3-1275A
miáotóu 苗頭 9-338B
miǎotóu 杪頭 4-815A
miáotóuhuàjiǎo 描頭畫角 6-641A
miáotú 描圖 6-641A
miàotǔ 妙土 4-297A
miǎowán 藐玩 9-596B
miǎowēi 眇微 7-1169A
miàowēi 眇微 7-1169A
miàowēi 妙微 4-301A
miàowèi 妙味 4-298B
miàowèi 廟衛 3-1276B
miàowò 廟幄 3-1276A
miàowǔ 妙舞 4-301B
miàowù 妙物 4-298B
miàowù 妙悟 4-299B
miǎowúrénjì 渺無人迹 5-1456A
miǎowúrényān 渺無人烟 5-1456A
miǎowúrényān 渺無人煙 5-1456A
miǎowúrénzōng 渺無人蹤 5-1456A
miǎowúyǐngzōng 渺無影踪 5-1456A
miǎowúyīnxìn 渺無音信 5-1456A
miǎowúyīnxùn 渺無音訊 5-1456A
miǎowúzōngyǐng 渺無蹤影 5-1456A
miàoxǐ 妙喜 4-300B
miàoxì 妙戲 4-302B
miàoxiá 廟祫 3-1275B
miǎoxiǎng 邈想 10-1281B
miàoxiāng 妙香 4-299B
miàoxiǎng 妙想 4-301A
miàoxiǎng 妙響 4-303A
miàoxiàng 妙相 4-299A
miàoxiàng 妙象 4-300B
miàoxiàng 妙像 4-301A
miàoxiàng 廟象 3-1276A
miàoxiàng 廟像 3-1276B
miàoxiǎngtiānkāi 妙想天開 4-301A
miǎoxiǎo 杪小 4-814B
miǎoxiǎo 眇小 7-1167B
miǎoxiǎo 渺小 5-1455B
miǎoxiǎo 藐小 9-596B
miàoxiào 妙肖 4-298B
miáoxiě 描寫 6-641A
miáoxíng 媌娙 4-369A
miǎoxíng 邈行 10-1281A
miǎoxiòng 藐敻 9-618A
miǎoxiòng 藐敻 9-597A
miáoxiù 描繡 6-641A
miáoxù 苗緒 9-338B
miáoxù 描敘 6-640B
miàoxù 妙緒 4-301B
miǎoxuán 邈玄 10-1280B
miàoxuǎn 妙選 4-302A
miàoxuǎn 玅選 2-369B
miàoxué 廟穴 3-1274B
miàoxué 廟學 3-1277A
miàoyán 妙言 4-298B
miàoyán 妙顏 4-302B
miàoyǎn 妙演 4-301B
miàoyányàodào 妙言要道 4-298B
miǎoyáo 眇䁘 7-1169B
miáoyì 苗裔 9-338B
miǎoyì 妙意 4-301A
miàoyí 妙儀 4-302A
miàoyì 妙異 4-300A
miàoyì 妙意 4-301A
miàoyì 妙義 4-301A
miàoyì 妙藝 4-302B
miàoyì 廟議 3-1277A
miáoyìn 苗胤 9-338A
miàoyīn 眇因 7-1168A
miàoyīn 妙音 4-299B
miàoyǐn 妙引 4-297B
miǎoyǐng 邈影 10-1281B
miàoyīng 妙英 4-298B
miǎoyǐshānhé 邈以山河 10-1280B
miǎoyǒng 邈永 10-1281A
miàoyòng 妙用 4-298A
miàoyǒu 妙有 4-298A
miǎoyú 邈踰 10-1281B
miàoyǔ 妙語 4-301B
miàoyǔ 廟宇 3-1274B
miǎoyuǎn 渺遠 5-1456B
miǎoyuǎn 邈遠 10-1281B
miàoyuǎn 妙遠 4-301A
miàoyuàn 廟院 3-1275B
miàoyuè 妙樂 4-302B
miàoyuè 廟樂 3-1277A
miàozé 妙擇 4-302B
miàozhàn 廟戰 3-1277A
miǎozhàngfū 眇丈夫 7-1167B
miáozhemú'er 描着模兒 6-640B
miǎozhēn 邈真 10-1281A
miàozhēn 妙珍 4-299A
miǎozhì 眇志 7-1168A
miǎozhì 眇質 7-1169B
miǎozhì 邈志 10-1281A
miàozhǐ 眇指 7-1168A
miàozhǐ 妙旨 4-298A
miàozhǐ 妙指 4-299A
miàozhì 妙質 4-302A
miáozhòu 苗胄 9-338A
miáozhū 描朱 6-640A
miàozhú 妙竹 4-298A
miàozhǔ 廟主 3-1274B
miàozhù 廟祝 3-1275A
miàozhuàn 妙囀 4-303A
miáozhuàng 描狀 6-640B
miáozhǔn 瞄準 7-1225B
miàozhuó 妙著 4-300A
miàozhuó 妙着 4-300B
miàozhuó 妙斲 4-302A
miàozhuó 廟濯 3-1277A
miáozi 苗子 9-337B
miáozì 描字 6-640A
miàozī 妙姿 4-299B
miáozú 苗族 9-338B
miàozú 妙足 4-298B
míbài 迷敗 10-819A
mìbái 密白 3-1532A
mìbàn 密辦 3-1541A
míbāng 迷邦 10-815B
mǐbāng 敉邦 5-443A
mǐbàng 弭謗 4-116B
mìbǎo 祕寶 7-904B
mìbǎo 密保 3-1534B
mìbào 密報 3-1537B
míbèi 迷背 10-817B
míbèi 迷悖 10-819A
mǐbèi 米糒 9-197B
mìběn 祕本 7-900B
míbì 迷蔽 10-822A
míbì 糜弊 9-239A
míbì 麋弊 12-1292A
míbì 靡敝 11-790A
míbì 靡幣 11-791B
míbì 靡弊 11-791B
míbì 靡獘 11-791B
mǐbǐ 米粃 9-196A
mìbì 密閉 3-1537B
mǐbiàn 靡辯 11-792B
mǐbiàn 弭變 4-116B
mìbiàn 覓便 10-331B
mǐbīng 彌兵 4-158B
mǐbīng 弭兵 4-115A
mìbǐng 密稟 3-1539B
mìbǐng 蜜餅 8-924A
míbó 靡薄 11-791B
mìbó 密博 3-1537B
míbǔ 彌補 4-160A
míbù 迷怖 10-817A
mìbǔ 密捕 3-1535B
mìbù 密布 3-1532A
mìbùchǐfēng 蜜不齒蜂 8-922A
mìbùtōngfēng 密不通風

3-1531A
mǐbùyǒuchū…
靡不有初,鮮克有終
11-788B
mícái 靡財 11-789B
mícǎi 迷彩 10-819B
mìcái 密裁 3-1537B
mícáng 迷藏 10-823B
mìcáng 祕藏 7-904A
mìcáng 祕臧 7-903B
mìcáng 密藏 3-1541B
mícǎo 縻草 9-238B
mǐcǎo 靡草 11-789B
mìcǎo 祕草 7-901B
mìcǎo 蜜草 8-923A
mǐcè 米栅 9-196B
mǐcè 米粣 9-197A
mìcè 祕册 7-900B
mìcè 祕策 7-903A
mìcéngcéng 密層層 3-1540B
mìchá 密查 3-1534B
mìchá 密察 3-1540A
mìchāi 密差 3-1535A
mìchāi 密拆 3-1533B
míchán 迷纏 10-824B
mìchān 密覘 3-1538A
mǐcháng 彌長 4-158B
mǐcháng 靡常 11-790A
míchǎo 麋麨 12-1292A
mǐchè 弭徹 4-116A
míchén 迷沉 10-816B
mìchén 密陳 3-1536A
mìchèn 秘讖 8-72B
mǐchěng 靡騁 11-791B
míchī 迷眵 10-819A
míchī 迷癡 10-824A
mǐchǐ 靡侈 11-789A
mǐchǐ 彌侈 4-159A
mìchí 塓墀 2-1185A
mìchóng 蜜蟲 8-924B
mìchóu 密稠 3-1539A
mìchù 密處 3-1536B
míchuān 迷川 10-815A
mìchuán 祕傳 7-903A
mícì 禰刺 7-968A
mìcì 密賜 3-1540B
mìcì 密伺 3-1533A
mǐcóng 靡從 11-790A
mǐcóng 弭從 4-115B
mìcōngcóng 密叢叢 3-1541B
mìcù 密促 3-1534B
mìcù 密簇 3-1541B
mícuò 迷錯 10-823A
mícuōmódēng 迷彫模登
10-820A
mícuōmòténg 迷彫没騰
10-820A
mǐdá 靡達 11-790B
mìdá 密達 3-1537B
mídài 彌代 4-158A
mídàn 迷淡 10-819B
mǐdàng 靡蕩 11-791B
mìdǎng 密黨 3-1542A
mìdàng 密當 3-1539A
mídào 迷道 10-820A
mídào 彌道 4-160A
mǐdào 米道 9-197A
mìdǎo 密禱 3-1542A
mìdào 祕道 7-903A
mídēng 迷登 10-820B
mídēng 謎燈 11-354B
mídèng 迷瞪 10-823B
mídǐ 謎底 11-354A
mìdì 密地 3-1532B
mìdì 密諦 3-1541A
mǐdiān 米顛 9-197B
mìdiǎn 祕典 7-901A
mìdiàn 祕殿 7-903A
mìdiàn 密電 3-1539A
mìdiànmǎ 密電碼 3-1539A
mídiāo 靡彫 11-790B
mídié 迷迭 10-817B
mídié 迷蝶 10-823A
mǐdiē 靡跌 11-790B
mìdié 祕牒 7-903A
mìdié 密牒 3-1539A
mǐdìng 弭定 4-115B
mìdīng 蜜丁 8-922A
mìdìng 嘧啶 3-495A
mídiūdádū 迷丟答都
10-816A
mídiūmòdèng 迷丟没鄧
10-816A
mìdízhī 蜜的支 8-922B
mìdū 密都 3-1535B
mìdú 密櫝 3-1542A
mìdù 密度 3-1535A
míduàn 迷斷 10-824A
mìduì 密對 3-1539B
mídùn 迷盹 10-817B
mídùn 迷頓 10-821A
míduó 迷奪 10-822A
míduó 彌度 4-159A
mí'è 禰鶚 7-968A
mièbā 篾巴 8-1238A
mièbǎo 滅寶 6-11B
miēbì 乜躄 1-760A
mièbùgè 滅不個 6-9A
mièbùguò 滅不過 6-9A
mièchá 滅茬 6-10A
mièchén 滅沉 6-9B
mièchú 滅除 6-10B
mièci 滅刺 6-10A
mièclzhāoshí 滅此朝食
6-9B
miēdāidāi 乜呆呆 1-759B
mièdāo 鱴刀 12-1268B
mièdiàn 篾簟 8-1238A
mièdǐng 滅頂 6-10B
mièdù 滅度 6-10A
miè'ěr 蔑爾 9-537B
mièfú 滅拂 6-10A
mièfù 滅覆 6-11B
mièfúdé 滅弗得 6-9B
mièguó 滅國 6-10B
mièguóqǔyú 滅虢取虞 6-11A
mièhù 滅户 6-9B
mièhuà 滅化 6-9A
mièhuáng 篾篁 8-1238A
mièhuǒqì 滅火器 6-9B
mièjì 滅迹 6-10A
mièjì 滅跡 6-11A
mièjiàn 蔑賤 9-537B
mièjiàng 篾匠 8-1238A
mièjié 滅劫 6-9B
mièjié ⿰面蔑尐 12-392B
mièjìn 蔑盡 9-537B
mièjué 滅絶 6-11A
mièjué 懱爵 7-767B
mièjué 瀎潏 6-180B
mièkǒu 滅口 6-9A
mièlán 篾籃 8-1238A
mièlǎn 篾纜 8-1238A
mièliè 滅裂 6-10B
mièlóng 篾籠 8-1238A
mièlǒu 篾簍 8-1238A
mièlòu 蔑陋 9-536B
mièlún 滅倫 6-10B
mièlúnbèilǐ 蔑倫悖理
9-537A
mièluó 篾籮 8-1238A
mièmào 篾帽 8-1238A
mièmén 滅門 6-10A
mièméng 蔑蒙 9-537A
mièměng 蔑蠓 9-537B
mièměng 薎蒙 9-564A
mièměng 蠛蠓 8-987B
miēmiē 咩咩 3-347A
miēmiē 哶哶 3-318A
mièmiè 蔑蔑 9-537A
miēmiēxiēxiē 乜乜些些
1-759B
miēmiēxiéxié 乜乜斜斜
1-759B
miēmiēxuéxué 乜乜踅踅
1-759B
mièmǐn 滅泯 6-10A
mièmíng 滅名 6-9B
mièmó 滅磨 6-11A
mièmò 滅没 6-9B
mì'ēn 密恩 3-1535B
mièni 蔑睨 9-537A
mièpiàn 篾片 8-1238A
mièqì 滅棄 6-11A
mièqì 蔑弃 9-536B
mièqì 蔑棄 9-537A
mièqì 篾棄 8-1238A
mièqīn 滅親 6-11B
mièqīng 滅青 6-10A
mièquè 滅却 6-9B
mièquè 滅卻 6-10B
mí'ěr 迷耳 10-815B
mǐ'ěr 弭耳 4-115A
mǐ'èr 靡貳 11-790B
mì'ěr 密爾 3-1539B
mì'ěr 密邇 3-1541B
mì'ěr 蜜餌 8-924A
mì'ěr 謐爾 11-392B
mièrán 蔑然 9-537A
mièrǎn 衊染 8-1361B
mí'érbùfǎn 迷而不反
10-815B
mí'érbùfǎn 迷而不返
10-815B
mì'érbùlù 祕而不露
7-900B
mì'érbùyán 祕而不言
7-900B
mièrú 蔑如 9-536B
mièrú 篾如 8-1238A
mièrǔ 蔑辱 9-537A
mí'érzhīfǎn 迷而知反
10-816A
mí'érzhīfǎn 迷而知返
10-816A
mièshā 滅殺 6-10B
mièshā 蔑殺 9-537A
mièshēn 滅身 6-9B
mièshì 蔑視 9-537A
mièshōu 滅收 6-9B
mièsī 滅澌 6-11A
mièsī 篾絲 8-1238A
mièsì 滅祀 6-9B
mièsǔn 篾筍 8-1238A
mièsuǒ 篾索 8-1238A
miètiáo 篾條 8-1238A
miètiē 滅貼 6-11A
mièwáng 滅亡 6-9A
mièwēi 滅威 6-10A
mièwǔ 蔑侮 9-537A
miēxī 乜嬉 1-760A
mièxī 滅息 6-10B
mièxī 滅熄 6-11A
mièxí 篾席 8-1238A
mièxiàng 滅相 6-10A
miēxiē 乜些 1-760A
miēxié 乜邪 1-759B
miēxié 乜斜 1-760A
miēxiéchánzhàng 乜斜纏帳
1-760A
mièxìng 滅性 6-10A
mièxué 滅學 6-11A
mièxūyǒu 蔑須有 9-537A
miēyé 乜邪 1-759B
miēyě 乜嘢 1-760A
mièyí 滅夷 6-9B
mièyí 蔑夷 9-536B
mièyì 滅抑 6-9B
mièyǐng 滅景 6-11A
mièyǐngzhuīfēng 滅景追風
6-11A
mièyǒu 蔑有 9-536B
mièyǔn 滅殞 6-11A
mièzhézi 篾折子 8-1238A
mièzhǒng 滅種 6-11A
mièzi 蠛子 8-987B
mièzú 滅族 6-10B
mìfā 密發 3-1538B
mìfǎ 祕法 7-901B
mìfǎ 密法 3-1534A
mífán 迷煩 10-821B
mífàn 瀰汎 6-217A
mífàn 瀰泛 6-217A
mífāng 迷方 10-815B
mìfāng 祕方 7-900B
mìfáng 密房 3-1534A

mìfáng 蜜房 8-922B
mìfǎng 密訪 3-1536B
mífèi 糜沸 9-238B
mífèi 糜費 9-239A
mífèi 縻費 9-1008A
mífèi 麋沸 12-1291A
mífèi 麋費 12-1291B
mífèi 靡費 11-791A
mífěn 糜粉 9-238B
mǐfěn 米粉 9-196A
mífèng 眯縫 7-1209A
mífēng 迷風 10-817B
mífēng 彌封 4-159A
míféng 彌縫 4-161A
mǐfēng 靡風 11-789B
mìfēng 密封 3-1534A
mìfēng 蜜蜂 8-923B
mìfēng 蜜蠭 8-924B
mìfèng 覓縫 10-332A
mìfēngwō 蜜蜂窩 8-923B
mífū 麋膚 12-1292A
mífǔ 麋脯 12-1291B
mífù 迷復 10-820A
mífú 靡服 11-789B
mífú 弭伏 4-115A
mífú 弭服 4-115B
mìfǔ 祕府 7-901A
mìfù 密付 3-1532A
mìfù 密附 3-1533B
mìfù 蜜父 8-922A
mǐgài 弭蓋 4-116A
mǐgān 米泔 9-196A
mìgān 密竿 3-1534B
mìgān 蜜甘 8-922B
mǐgānshuǐ 米泔水 9-196A
mígāo 麋膏 12-1292A
mìgào 密告 3-1533A
mìgé 祕閣 7-903B
mígèn 彌亙 4-158A
mígěng 縻綆 9-1008A
mìgétiè 秘閣帖 8-72B
mìgéxùtiè 秘閣續帖 8-72B
mígōng 迷宮 10-818A
mǐgōng 敉功 5-443A
mìgòng 蜜供 8-922B
mìgòu 密彀 3-1538B
mígǔ 迷穀 10-822A
mígǔ 靡骨 11-789B
mǐgǔ 靡盬 11-791B
mǐgǔ 米穀 9-197A
mìgù 祕固 7-901A
mìgù 密固 3-1533B
mìguā 蜜瓜 8-922B
míguǎi 迷拐 10-816B
mìguài 祕怪 7-901B
míguān 迷關 10-824B
mìguān 蜜官 8-922B
mìguǎn 祕館 7-904A
míguǎng 彌廣 4-160A
míguǐ 迷鬼 10-817B
mǐguì 靡貴 11-790B
mìguǐ 祕軌 7-901B
míguó 迷國 10-819B
mǐguǒ 米果 9-196A
mìguǒ 蜜果 8-922B
mǐhā 米哈 9-196A
míhǎi 麋醢 12-1292A
mǐhǎn 米罕 9-196A
mìhán 密函 3-1534A
mìhàn 覓漢 10-332A
míháng 迷航 10-818B
mǐháng 米行 9-195B
míhào 糜耗 9-238B
míhào 麋耗 12-1291A
mìhào 密耗 3-1535A
míhé 迷合 10-816A
míhé 彌合 4-158B
mǐhé 弭合 4-115A
mìhé 密合 3-1533A
mìhé 密和 3-1533B
mìhésè 蜜合色 8-922B
míhóu 麋侯 12-1291A
míhóu 獼猴 5-145A
míhóuchí 獼猴池 5-145A
míhóujiāng 獼猴江 5-128B
míhóulí 獼猴梨 5-145B
míhóumiàn 獼猴面 5-145A
míhóuqítǔniú 獼猴騎土牛 5-145B
míhóuqítǔniú 獼猴騎土牛 5-128B
míhóutáo 獼猴桃 5-145A
míhóutáo 獼猴桃 5-128B
míhóutī 獼猴梯 5-145B
míhóuwǔ 獼猴舞 5-128B
míhóuxì 獼猴戲 5-145B
míhóuzhǎ 獼猴鮓 5-145B
mīhú 眯糊 7-1209A
míhu 迷糊 10-823A
míhū 迷忽 10-817A
míhú 迷胡 10-817B
mǐhū 靡膴 11-791B
mǐhú 米斛 9-196B
mìhù 密户 3-1531B
míhuā 迷花 10-816A
mìhuà 祕化 7-900B
mìhuà 祕畫 7-903A
mìhuà 密畫 3-1538B
míhuàn 迷幻 10-815B
mǐhuàn 弭患 4-115B
mìhuàn 秘幻 8-72A
míhuáng 迷惶 10-820A
mǐhuáng 靡皇 11-789B
mǐhuáng 靡遑 11-790B
míhuāyǎnxiào 迷花眼笑 10-816B
míhuāzhāncǎo 迷花沾草 10-816B
míhúdié 迷蝴蝶 10-823A
míhuí 迷回 10-816A
míhuì 迷晦 10-819A
mìhuì 密會 3-1539A
mìhuì 密諱 3-1541A
míhūn 迷昏 10-817A
míhún 迷魂 10-820B
mìhūn 覓婚 10-332A
míhúndòng 迷魂洞 10-820B
míhúnduópò 迷魂奪魄 10-821A
míhúnjú 迷魂局 10-820B
míhúnqiáng 迷魂牆 10-821A
míhúntāng 迷魂湯 10-821A
míhúnyào 迷魂藥 10-821A
míhúnyào 迷混藥 10-819B
míhúnyínpò 迷魂淫魄 10-820B
míhúnzhài 迷魂寨 10-821A
míhúnzhèn 迷魂陣 10-820B
míhuò 迷或 10-817A
míhuò 迷惑 10-820A
míhuò 麋惑 12-1291B
mǐhuò 靡貨 11-790A
mìhuó 覓活 10-331B
míhuòtāng 迷惑湯 10-820A
míjī 彌朞 4-159B
mǐjí 靡及 11-788B
mǐjí 弭戢 4-116A
mǐjí 弭楫 4-116A
mǐjí 弭檝 4-116A
mǐjì 靡既 11-789B
mìjī 祕機 7-904A
mìjī 密機 3-1540B
mìjī 蜜唧 8-923A
mìjí 祕籍 7-904B
mìjí 密笈 3-1534B
mìjí 密集 3-1538A
mìjí 密詰 3-1539A
mìjí 蜜蝍 8-923B
mìjǐ 密擠 3-1541B
mìjì 祕忌 7-901A
mìjì 祕計 7-901B
mìjì 祕記 7-902A
mìjì 祕劑 7-904A
mìjì 秘紀 8-72A
mìjì 密計 3-1534B
mìjì 密記 3-1535B
mìjì 密跡 3-1539A
mìjià 祕駕 7-903B
mǐjiāchuán 米家船 9-196B
míjiàn 迷見 10-816B
mǐjiān 靡堅 11-789B
mìjiān 秘緘 8-72B
mìjiān 密緘 3-1540B
mìjiān 蜜煎 8-923B
mìjiǎn 祕檢 7-904A
mìjiǎn 秘簡 8-72B
mìjiǎn 密簡 3-1541B
mìjiàn 祕監 7-903B
mìjiàn 密件 3-1532B
mìjiàn 密諫 3-1541A
mìjiàn 蜜餞 8-924A
mǐjiānbùcuī 靡堅不摧 11-789B
mìjiāng 蜜漿 8-924A
mìjiānjiān 蜜煎煎 8-923B
míjiāo 麋膠 12-1292A
míjiǎo 麋角 12-1291A
mǐjiǎo 靡角 11-789A
mìjiào 祕校 7-902A
mìjiào 密教 3-1536A
mǐjiāshān 米家山 9-196B
míjiě 彌姐 4-159A
míjié 彌節 4-160A
mǐjié 弭節 4-116A
mǐjiè 靡屆 11-789B
mìjiē 密接 3-1536A
mìjiē 密揭 3-1537B
mìjié 祕結 7-903A
mìjié 密結 3-1538B
mìjìjǐ 密擠擠 3-1541B
míjīn 迷津 10-818A
míjīn 彌襟 4-161A
mǐjǐn 米錦 9-197A
mìjìn 祕近 7-901A
mìjìn 密近 3-1533A
mìjìn 密進 3-1536B
míjìng 迷徑 10-818B
míjìng 彌竟 4-159B
míjìng 彌敬 4-160A
mǐjīng 靡旌 11-790A
mìjīng 祕經 7-903A
mìjīng 蓂菁 9-528B
mìjìng 秘静 8-72B
mìjìng 密徑 3-1535B
mìjìng 密靖 3-1539B
mìjìng 密静 3-1539B
mìjìng 密靚 3-1540A
mìjìng 謐静 11-392B
míjīnzuìzhǐ 迷金醉紙 10-817A
míjiǔ 彌久 4-157B
mǐjiǔ 米酒 9-196A
mìjiǔ 蜜酒 8-923A
míjù 麋聚 12-1291B
míjú 蜜橘 8-924A
mìjǔ 密舉 3-1541A
mìjǔ 覓舉 10-332A
mìjù 覓句 10-331B
mìjù 蜜炬 8-922B
míjuān 糜捐 9-238B
míjuān 麋捐 12-1291A
míjuàn 迷倦 10-818B
mìjuàn 祕卷 7-901A
mìjuàn 祕倦 7-902A
míjué 迷蕨 10-822B
mìjué 汨潏 5-977B
mìjué 祕訣 7-902B
mìjué 密訣 3-1536B
míjūn 迷君 10-816B
míjūn 縻軍 9-1008A
míjùn 麋畯 12-1291B
mǐkàng 靡亢 11-788B
mǐkè 米課 9-197A
mìkē 密科 3-1534B
mìkè 蜜課 8-924A
míkōng 迷空 10-817A
míkōngbùzhàng 迷空步障 10-817B
mǐkǒu 弭口 4-115A
mìkǒujiànfù 蜜口劍腹 8-922A
mìkuǎn 密欵 3-1536B
mìkuǎn 密款 3-1537B
míkuáng 迷狂 10-816B
míkuàng 彌曠 4-161A
mǐkuáng 米狂 9-196A

míkuì 糜潰 9-239A
míkuò 彌闊 4-161A
mílā 靡拉 11-789A
mílà 麋腊 12-1291B
mìlà 蜜蠟 8-924B
mílàn 糜爛 9-239A
mílàn 縻爛 9-1008B
mílàn 麋爛 12-1292A
mǐlán 米瀾 9-197B
mǐlàn 靡濫 11-791B
mǐláo 靡勞 11-791A
mílè 彌勒 4-159B
mílèdòng 迷樂洞 10-823A
mǐlèi 靡類 11-792B
mílètà 彌勒榻 4-159B
mílí 迷離 10-824A
mílǐ 迷禮 10-823B
mílǐ 彌里 4-158B
mílì 彌歷 4-160B
mǐlì 靡麗 11-792A
mǐlì 米粒 9-196B
mìlí 密厘 3-1534B
mìlí 熐蠡 7-218A
mìlí 冪籬 2-462A
mìlí 冪羅 2-462A
mìlí 羃籬 8-1046B
mìlí 羃羅 8-1046B
mìlí 爑蠡 7-307B
mìlǐ 密理 3-1536A
mìlǐ 蜜醴 8-924B
mìlì 秘曆 8-72B
mìlì 密栗 3-1535B
mìlì 幎歷 3-756A
mìlì 冪㔷 2-462A
mìlì 冪歷 2-461B
mìlì 羃㔷 8-1046B
mìlì 羃歷 8-1046B
míliàn 迷戀 10-824B
mìliàn 蜜戀 8-924B
mǐliáng 米糧 9-197B
mìliáng 密量 3-1538A
mǐliángchuān 米糧川 9-197B
mìlǐcángdāo 蜜裹藏刀 8-923B
mílíchángfǎng 迷離徜仿 10-824A
mílíchánghuǎng 迷離徜恍 10-824A
mílíchǎnghuǎng 迷離惝恍 10-824A
mílǐgūdōng 迷裏咕咚 10-821B
mìlìjiāluó 密利迦羅 3-1533A
mīlìjiān 咪唎嚁 3-347B
mǐlǐn 米廩 9-197B
mìlín 密林 3-1533B
mìlìn 祕悋 7-901B
mílíng 蘼泠 12-1292B
mílíng 蘼泠 12-1292B
mìlìng 密令 3-1532A
mìlínlín 密鱗鱗 3-1542A
mílípūshuò 迷離撲朔 10-824A
mìlǐtiáoyóu 蜜裹調油 8-923B
míliú 迷留 10-819A
míliú 彌流 4-159B
míliú 彌留 4-159A
míliúmènluàn 迷留悶亂 10-819A
míliūmòluàn 迷溜没亂 10-821B
míliúmōluàn 迷留摸亂 10-819A
míliúmòluàn 迷留没亂 10-819A
míliúmùluàn 迷留目亂 10-819A
mǐlìxuě 米粒雪 9-196B
mìlìzhī 蜜荔枝 8-923A
mǐlóng 彌龍 4-160B
mílóu 迷樓 10-822B
mílù 迷露 10-824B
mílù 迷路 10-821A
mílù 麋鹿 12-1291A
mìlù 祕録 7-904A
mìlù 祕籙 7-904B
mìlù 蜜露 8-924B
míluǎn 麛卵 12-1300B
míluàn 迷亂 10-821B
míluàn 糜亂 9-239A
míluàn 眯亂 7-1209A
mǐluàn 靡亂 11-791A
mǐluàn 弭亂 4-116A
mǐluàn 敉亂 5-443A
mìluè 密略 3-1536B
mílún 彌淪 4-159B
mílún 彌綸 4-160B
mílún 瀰淪 6-217A
mílùn 麋論 12-1292A
míluó 彌羅 4-161A
míluò 縻絡 9-1008A
míluò 麋鞜 12-1292A
mìluó 汨羅 5-963B
mìluójǐngǔ 密鑼緊鼓 3-1542A
mílùxiánrén 麋鹿閑人 12-1291B
mílùxìng 麋鹿性 12-1291A
mílùyóu 麋鹿遊 12-1291B
mílùzhì 麋鹿志 12-1291A
mílùzī 麋鹿姿 12-1291B
mìlǜ 密率 3-1536B
mìlǜ 密慮 3-1540B
mìlüè 祕略 7-902B
mímá 𪓰𪔂 12-1402A
mìmǎ 密碼 3-1540A
mǐmài 米麥 9-196B
mìmámá 密麻麻 3-1536B
mímǎn 彌滿 4-160A
mímǎn 瀰滿 6-217A
mímàn 迷漫 10-822A
mímàn 彌漫 4-160A
mímàn 彌蔓 4-160A
mímàn 縻漫 9-1008A
mímàn 瀰漫 6-217A
mǐmàn 靡曼 11-790A
mǐmàn 靡嫚 11-791B
mǐmàn 靡漫 11-791B
mǐmàn 瀰漫 6-183A
mǐmàn 瀰澷 6-183B
mǐmàn 孊嫚 4-425A
mímáng 迷芒 10-815B
mímáng 迷茫 10-817B
mímáng 彌茫 4-159A
mímáng 瀰茫 6-217A
mìmángmáng 密茫茫 3-1534B
mímào 迷瞀 10-822B
mǐmáo 弭毛 4-115A
mǐmáo 弭髦 4-116A
mìmào 密茂 3-1533B
mímèi 迷昧 10-817B
mímèi 迷媚 10-820B
mǐméi 靡楳 11-791A
mímèn 迷悶 10-820B
mímēng 迷蒙 10-821A
míméng 迷懞 10-823B
míméng 迷濛 10-823B
míméng 迷朦 10-823B
míméng 迷蒙 10-821A
mímèng 迷夢 10-821A
mìméng 密蒙 3-1538B
mìmèng 眯夢 7-1209A
mīmī 咪咪 3-347B
mímí 迷迷 10-818A
mímí 彌彌 4-161A
mímí 彌靡 4-161B
mímí 瀰瀰 6-217B
mímì 迷密 10-819B
mǐmǐ 靡靡 11-792A
mǐmǐ 瀰瀰 6-183B
mǐmì 靡密 11-790B
mǐmì 敉謐 5-443A
mǐmì 孊密 4-425A
mìmì 祕密 7-902B
mìmì 秘密 8-72B
mìmì 密秘 3-1535B
mìmì 密密 3-1537A
mìmì 覓覓 10-332A
mìmì 冪冪 2-461B
mìmì 謐謐 11-392B
mìmì 羃羃 8-1046B
mímiàn 謎面 11-354B
mǐmiàn 米麪 9-197B
mìmiàn 蜜麫 8-924A
mìmiàn 蜜麪 8-924B
mímiǎo 彌邈 4-161A
mímiào 迷繆 10-823B
mìmiào 祕妙 7-901A
mìmìcéngcéng 密密層層 3-1537B
mìmìchóuchóu 密密稠稠 3-1537A
mìmìcóngcóng 密密叢叢 3-1537B
mìmìcuōcuō 密密搓搓 3-1537A
mímídàngdàng 迷迷蕩蕩 10-818A
mímiè 糜滅 9-239A
mímiè 麋滅 12-1291B
mìmìjiào 秘密教 8-72B
mìmìjìjì 密密寂寂 3-1537A
mímílènglèng 迷迷愣愣 10-818A
mìmìmámá 密密麻麻 3-1537A
mímín 迷民 10-815B
mìmìng 密命 3-1534A
mìmìshíshí 密密實實 3-1537A
mìmìshūshū 密密疏疏 3-1537A
mìmìtián 蜜蜜甜 8-924A
mímiù 迷謬 10-824A
mìmìzàng 祕密藏 7-902B
mìmìzāzā 密密匝匝 3-1537A
mímízhēngzhēng 迷迷怔怔 10-818A
mǐmǐzhīshēng 靡靡之聲 11-792B
mǐmǐzhīyīn 靡靡之音 11-792B
mǐmǐzhīyuè 靡靡之樂 11-792B
mímò 迷没 10-816B
mímò 迷漠 10-821B
mímò 糜没 9-238B
mímò 麋墨 12-1292A
mǐmò 靡莫 11-789B
mǐmò 眯瞙 7-1209A
mìmó 密謨 3-1541B
mímóu 彌牟 4-158B
mìmóu 祕謀 7-904A
mìmóu 密謀 3-1541A
mímù 迷目 10-815B
mìmǔ 蜜母 8-922B
mìmù 宓穆 3-1404B
mìmù 幎目 3-756A
mìná 密拿 3-1535B
mín'ài 民愛 6-1429A
mǐn'āi 愍哀 7-651A
mǐn'āi 憫哀 7-743B
mǐn'ài 愍愛 7-651B
mǐnáng 米囊 9-197B
mǐnánghuā 米囊花 9-197B
mǐnángōng 米南宫 9-196A
mín'ānguótài 民安國泰 6-1423B
mín'ānwùfù 民安物阜 6-1423A
mínbàn 民辦 6-1430B
mínbàngōngzhù 民辦公助 6-1430B
mínbāowùyǔ 民胞物與 6-1426A
mǐnběihuà 閩北話 12-108B
mínběn 民本 6-1422A
mínbì 珉陛 4-542B
mínbiān 民編 6-1430B
mínbiàn 民變 6-1431B
mǐnbiàn 敏辨 5-467A
mǐnbiàn 敏辯 5-467A
mínbiǎo 民表 6-1424A

mínbīng 民兵 6-1423B
mínbǐng 民柄 6-1425B
mínbìng 民病 6-1427A
mínbō 岷嶓 3-812A
mǐnbó 敏博 5-466A
mǐnbózhīxué 敏博之學 5-466B
mínbù 民部 6-1427A
mínbùkānmìng 民不堪命 6-1421B
mínbùliáoshēng 民不聊生 6-1421B
míncái 民財 6-1426B
míncǎi 珉采 4-542A
mǐncái 敏才 5-465B
míncāng 旻蒼 5-638B
míncáo 民曹 6-1427A
mǐncè 愍册 7-651A
mǐncè 愍惻 7-651B
mǐncè 憫惻 7-744A
mǐnchá 閔荼 12-94B
mǐnchá 閔察 12-95B
mínchǎn 民産 6-1427B
mínchàng 民常 6-1427B
mínchén 民臣 6-1423A
mínchóu 民仇 6-1421B
mínchóu 民疇 6-1431A
mínchóu 民讎 6-1431B
mǐnchú 泯除 5-1111B
mǐnchuān 閩川 12-108A
mínchúnsúhòu 民淳俗厚 6-1428A
míncí 民詞 6-1428B
míncóng 民悰 6-1428B
mǐncuì 愍悴 7-651B
míncūn 民村 6-1423B
mǐndá 敏達 5-466B
mǐndàng 泯蕩 5-1112A
míndào 民道 6-1428B
mǐndào 閔悼 12-95A
mǐndào 愍悼 7-651A
mǐndào 憫悼 7-744A
míndé 民德 6-1430A
míndiǎn 民典 6-1424B
mǐndiàn 泯玷 5-1111B
míndīng 民丁 6-1421A
míndú 岷瀆 3-812A
míndù 民蠹 6-1431B
mǐnduàn 敏斷 5-467A
mǐnduì 敏對 5-466B
mín'é 民訛 6-1427B
mín'é 岷峨 3-812A
mǐn'ěr 抿耳 6-503A
mínfǎ 民法 6-1425A
mínfán 民煩 6-1429B
mínfáng 民房 6-1425B
mínfèn 民憤 6-1430A
mǐnfēn 泯棼 5-1111B
mínfēng 民風 6-1426A
mínfū 民夫 6-1421A
mínfū 民伕 6-1423A
mínfū 珉砆 4-542B
mínfú 民服 6-1425A
mínfù 民負 6-1426A
mínfù 民賦 6-1430A
mǐnfǔ 僶俛 1-1691B
mínfùguóqiáng 民富國彊 6-1428B
míng'āi 鳴哀 12-1047A
míng'ǎi 瞑靄 5-820B
míng'ài 明曖 5-618B
míng'ài 冥隘 2-454A
míng'ài 冥阸 2-450A
míng'ài 冥阸 2-450B
míng'ān 明安 5-601A
míng'àn 明闇 5-619A
míng'àn 明暗 5-613B
míng'àn 冥闇 2-457A
míng'àn 冥暗 2-454B
míng'àn 瞑暗 5-820A
mǐngǎn 敏感 5-466B
mìng'àn 命案 3-284B
míngāng 民綱 6-1430A
míngāo 民膏 6-1429B
míng'áo 鳴嗷 12-1049B
míng'ào 明奥 5-611B
míng'ào 冥奥 2-454A
míngāomínzhī 民膏民脂 6-1429B
míngbai 明白 5-599A
míngbài 瞑拜 7-1247B
míngbǎizhe 明擺着 5-619A
míngbān 名班 3-170B
míngbǎn 明版 5-603B
míngbāng 名邦 3-167A
míngbǎng 名榜 3-175A
míngbǎo 名寶 3-178B
míngbǎo 明保 5-605B
míngbǎo 冥寶 2-457A
míngbào 冥報 2-453B
míngbēi 鳴悲 12-1049A
míngbèi 名輩 3-176B
míngbèi 明備 5-611B
míngběn 明本 5-598B
míngbǐ 名筆 3-174A
míngbì 明辟 5-614B
míngbì 鳴壁 12-1051A
míngbì 鳴蹕 12-1051B
mìngbǐ 命筆 3-285B
míngbiān 鳴鞭 12-1051B
míngbiàn 名辯 3-178B
míngbiàn 明辨 5-618A
míngbiàn 明辯 5-620B
míngbiànshìfēi 明辨是非 5-618A
míngbiāo 鳴飈 12-1053A
míngbiāo 鳴鑣 12-1053A
míngbiǎo 明表 5-602B
míngbiāobiāo 明彫彫 5-612A
míngbiǎolángguān 名表郎官 3-168B
míngbǐng 明昞 5-605A
míngbō 溟波 6-42A
míngbó 茗渤 9-385B
míngbó 冥伯 2-450A
míngbó 溟渤 6-42B
míngbó 溟渤 6-42B
mìngbó 命薄 3-286B
mìngbóyuánqiān 命薄緣慳 3-286B
míngbǔ 名捕 3-171A
míngbù 名部 3-171B
míngbù 名簿 3-178B
míngbùfúshí 名不符實 3-165B
míngbùfùshí 名不副實 3-165B
míngbùpíng 鳴不平 12-1044A
míngbùxūchuán 名不虛傳 3-165B
míngbùxūdé 名不虛得 3-165B
míngbùxūlì 名不虛立 3-165B
míngbùzhèng… 名不正,言不順 3-165B
míngcái 名才 3-164B
míngcái 名材 3-168A
míngcái 冥財 2-452A
míngcǎi 明彩 5-610A
mìngcái 命材 3-282B
mìngcǎi 命彩 3-285A
míngcān 冥參 2-453A
míngcàn 明燦 5-618B
míngcáo 冥曹 2-453A
míngcáo 鳴艚 12-1051B
mìngcǎo 命草 3-283B
míngcè 名册 3-167A
míngchá 名察 3-175B
míngchá 明察 5-615B
míngchà 名刹 3-169A
míngchá'ànfǎng 明查暗訪 5-604B
míngchá'ànfǎng 明察暗訪 5-615B
míngchāi 冥差 2-451B
míngchán 明蟾 5-620A
míngchán 鳴蟬 12-1052A
míngchāng 名倡 3-171A
míngchāng 明昌 5-602B
míngchǎng 名場 3-173B
míngchǎng 明敞 5-611B
míngchàng 名唱 3-173A
míngchàng 明鬯 5-607B
míngchàng 明暢 5-615A
míngchāo 冥鈔 2-454A
míngcháo 明朝 5-611A
míngcháqiūháo 明察秋毫 5-615B
míngchè 明徹 5-616B
míngchè 明澈 5-617A
mìngche 命車 3-282B
míngchén 名臣 3-167A
míngchén 明晨 5-609B
míngchén 冥臣 2-449B
míngchén 溟沉 6-42A
míngchén 鳴晨 12-1048A
míngchén 瞑臣 7-1247B
míngchèn 冥讖 2-457B
mìngchén 命臣 3-282B
míngchēng 名稱 3-175B
míngchēng 茗鐺 9-385B
míngchéng 名城 3-169B
míngchéng 名程 3-174A
míngchéng 明誠 5-614A
mìngchēng 命稱 3-286A
míngchī 鳴鴟 12-1051A
míngchí 溟池 6-42A
míngchì 明劶 5-607A
míngchì 明敕 5-609A
míngchì 明飭 5-611B
mìngchì 命敕 3-285A
míngchǐjiàozhàn 明耻教戰 5-607A
míngchōng 冥憃 2-455B
míngchóng 螟蟲 8-950A
míngchóu 冥讎 2-457A
mìngchóuxiàolǚ 命儔嘯侣 3-286B
míngchǔ 明處 5-609A
míngchù 明處 5-609A
míngchuān 名川 3-165A
míngchuān 茗荈 9-385A
míngchuāngchén 明窗塵 5-612B
míngchuāngjìngjī 明窗浄儿 5-612A
míngchuíqīngshǐ 名垂青史 3-169A
míngchuíwàngǔ 名垂萬古 3-169A
míngchūn 冥椿 2-454B
míngchún 鳴鶉 12-1052B
míngchǔn 冥惷 2-454A
míngcí 名詞 3-174A
míngcí 明祠 5-606B
míngcí 銘詞 11-1272B
míngcí 銘辭 11-1273A
míngcí 鳴雌 12-1050A
míngcì 名次 3-167B
míngcì 名刺 3-168B
míngcì 明刺 5-602B
mìngcí 命詞 3-285B
mìngcì 命賜 3-286A
mìngcíqiǎnyì 命詞遣意 3-285B
mìngcíqiǎnyì 命辭遣意 3-287A
míngcōng 明聰 5-618B
míngcóngzhǔrén 名從主人 3-173A
míngcù 冥趣 2-455B
míngcuì 明粹 5-615B
míngcuì 明竄 5-619A
míngcúnshíwáng 名存實亡 3-167A
míngdá 名答 3-174A
míngdá 名達 3-173B
míngdá 明達 5-611A
míngdài 明代 5-599A
míngdài 銘戴 11-1272B
mìngdài 命代 3-282A
míngdān 名單 3-174A
míngdàn 明旦 5-598B
míngdàn 冥誕 2-455A

míngdāng 明當 5-613B
míngdāng 明璫 5-618B
míngdāng 鳴璫 12-1051A
míngdàng 明當 5-613B
míngdàngdàng 明蕩蕩 5-616A
míngdāo 明刀 5-596B
míngdǎo 明導 5-617A
míngdǎo 溟島 6-42A
míngdào 明道 5-612A
míngdào 冥到 2-450B
míngdào 冥道 2-454A
míngdào 鳴盜 12-1049A
mìngdào'àn 命盜案 3-285B
míngdé 名德 3-177A
míngdé 明德 5-616B
míngdé 明德 7-1190A
míngdé 冥德 2-456A
míngdémén 明德門 5-616B
míngdēng 明燈 5-618A
míngdēng 明鐙 5-620B
mìngdèng 命鐙 3-287B
míngdēnghuǒzhàng 明燈火仗 5-618A
míngdéwéixīn 明德惟馨 5-616B
míngdézhòngwàng 名德重望 3-177A
míngdí 鳴鏑 12-1052B
míngdí 鳴笛 12-1048A
míngdì 名地 3-167A
míngdì 名第 3-173A
míngdì 明遞 5-615A
mìngdì 命蒂 3-285A
mìngdì 命蔕 3-286A
míngdiǎn 銘典 11-1271B
míngdiàn 明殿 5-614B
míngdié 名牒 3-175A
míngdīliū 明滴溜 5-615B
míngdǐng 茗艼 9-385A
míngdǐng 銘鼎 11-1272B
míngdìng 冥錠 2-456B
mǐngdǐng 酩酊 9-1403A
mìngdìng 命釘 3-284A
mǐngdǐngdàzuì 酩酊大醉 9-1403A
mǐngdǐnglànzuì 酩酊爛醉 9-1403A
míngdiūdiū 明丟丟 5-600B
míngdòng 鳴動 12-1048A
míngdū 名都 3-171A
míngdú 鳴犢 12-1052A
míngdù 明度 5-606A
míngdù 螟蠹 8-950A
mìngdú 命毒 3-283B
míngduàn 明斷 5-619B
míngdùn 冥遯 2-455B
míngduó 鳴鐸 12-1053A
míngduò 鳴鵽 12-1052B
míngē 民歌 6-1429B
míng'é 名額 3-178A
míng'ēn 明恩 5-607B
míng'er 明兒 5-603B
míng'ergè 明兒個 5-603B
míngfā 明發 5-612B
míngfá 名閥 3-176A
míngfá 明罰 5-615A
míngfǎ 名法 3-169B
míngfǎ 明法 5-604B
míngfáchìfǎ 明罰勑法 5-615A
míngfáchìfǎ 明罰敕法 5-615A
míngfān 名藩 3-178A
míngfán 明礬 5-620B
míngfán 冥煩 2-455A
míngfàn 明範 5-616B
mìngfàn 命犯 3-282A
míngfāng 名方 3-166A
míngfàng 鳴放 12-1045B
míngfēi 明妃 5-601A
míngfēi 冥飛 2-451B
míngfèi 鳴吠 12-1044B
míngfèikè 鳴吠客 12-1045A
míngfēn 明分 5-597A
míngfēn 瞑氛 7-1247B
míngfèn 名分 3-166A
míngfèn 明分 5-597A
míngfèn 冥分 2-449A
mìngfèn 命分 3-281B
míngfèng 鳴鳳 12-1050A
mìngfēng 命風 3-283B
míngfèngcháoyáng 鳴鳳朝陽 12-1050A
míngfēngshù 鳴風樹 12-1046B
míngfèngtiáo 鳴鳳條 12-1050A
míngfú 明服 5-604A
míngfú 冥浮 2-452A
míngfú 冥符 2-453A
míngfú 冥福 2-455B
míngfú 鳴枹 12-1046B
míngfú 鳴桴 12-1047A
míngfǔ 明甫 5-601B
míngfǔ 明府 5-604A
míngfǔ 明輔 5-615A
míngfǔ 冥府 2-450B
míngfǔ 螟脯 8-949B
míngfǔ 螟蜅 8-949B
míngfù 名父 3-166A
mìngfū 命夫 3-281B
mìngfú 命服 3-283A
mìngfù 命婦 3-285A
míngfūlòugǔ 銘膚鏤骨 11-1272B
míngfúqíshí 名符其實 3-173A
míngfùqíshí 名副其實 3-172B
mínggān 明玕 5-601A
mínggǎn 冥感 2-454B
mínggǎn 銘感 11-1272B
mínggàn 明幹 5-613B
mìnggān 命幹 3-285B
mínggāo 名高 3-171B
mínggāo 鳴臯 12-1047A
mínggāo 鳴高 12-1047A
mínggào 明告 5-601B
mìnggào 命誥 3-286A
mínggāonánfù 名高難副 3-171B
mínggè 明個 5-607B
mínggēn 名根 3-171A
mìnggēn 命根 3-284A
mìnggēnzi 命根子 3-284A
mínggōng 名工 3-164A
mínggōng 名公 3-166A
mínggōng 明公 5-597A
mínggōng 明宮 5-606B
mínggōng 冥工 2-448B
mínggōng 冥窮 2-456A
mínggōng 銘功 11-1271B
mínggōng 鳴攻 12-1044B
mínggōng 瞑弓 7-1247A
mínggòng 冥供 2-450B
mìnggōng 命工 3-281A
mìnggōng 命宮 3-283B
mínggōngjùqīng 名公巨卿 3-166A
mínggōngjùqīng 名公鉅卿 3-166A
mínggōngjùrén 名公巨人 3-166A
mínggōngjùrén 名公鉅人 3-166A
mínggōngzhèngdào 明公正道 5-597B
mínggōngzhèngqì 明公正氣 5-597B
mínggōngzhèngyì 明公正義 5-597B
mínggōu 明溝 5-614A
mínggǔ 冥谷 2-450A
mínggǔ 冥骨 2-451B
mínggǔ 冥瞽 2-457A
mínggǔ 銘骨 11-1272A
mínggǔ 鳴轂 12-1051A
mínggǔ 鳴鼓 12-1049A
mínggù 鳴顧 12-1053A
mìnggù 命故 3-283B
míngguān 冥觀 2-457A
míngguān 鳴官 12-1046A
míngguǎn 鳴管 12-1050A
míngguàn 名貫 3-173B
mìngguān 命官 3-283A
mìngguān 命棺 3-285A
mìngguān 命關 3-287A
mìngguǎn 命管 3-286A
mìngguǎn 命館 3-286B
míngguāng 明光 5-600A
míngguāng 瞑光 7-1247B
mìngguāng 命光 3-282B
míngguāngdiàn 明光殿 5-600A
míngguānggōng 明光宮 5-600A
míngguāngguāng 明光光 5-600A
míngguāngjǐn 明光錦 5-600B
míngguāngshuòliàng 明光爍亮 5-600B
míngguāngzèngliàng 明光鋥亮 5-600B
míngguāngzhēngliàng 明光錚亮 5-600B
mínggǔchuījiǎo 鳴鼓吹角 12-1049B
mínggǔ'érgōng 鳴鼓而攻 12-1049A
míngguī 明規 5-608B
míngguī 鳴鳺 12-1050B
míngguì 名貴 3-173B
mìngguī 命圭 3-282B
mìngguī 命珪 3-284A
mìngguī 命龜 3-286B
míngguō 鳴聒 12-1048B
míngguó 冥國 2-453A
míngguǒ 明果 5-602B
míngguǒ 冥果 2-450B
mìngguò 命過 3-285A
míngguòqíshí 名過其實 3-173A
mínghǎi 冥海 2-452A
mínghǎi 溟海 6-42A
mínghǎi 銘海 11-1272A
mínghāo 名豪 3-175B
mínghāo 鳴嘷 12-1049B
mínghāo 鳴號 12-1049B
mínghào 名號 3-174B
mínghào 明號 5-613B
mínghàohóu 名號侯 3-175A
mínghé 明河 5-604B
mínghé 明覈 5-619B
mínghé 冥合 2-449B
mínghé 鳴和 12-1045B
mínghè 溟壑 6-43A
mínghè 鳴和 12-1045B
mìnghé 命禾 3-282A
mínghēi 冥黑 2-453B
mínghéluán 鳴和鸞 12-1045B
mínghèzhīyìng 鳴鶴之應 12-1053A
mínghèzhōu 鳴鶴舟 12-1053A
mínghóng 冥鴻 2-456B
mínghóng 溟鴻 6-43A
mínghóu 明侯 5-605B
mínghóu 鳴鍭 12-1051B
mínghǒu 鳴吼 12-1045A
mínghòu 明后 5-600B
mínghòu 明後 5-605B
mínghòu 明候 5-607B
mínghū 鳴呼 12-1045B
mínghū 鳴謼 12-1052A
mínghú 明湖 5-612A
mínghú 鳴鵠 12-1052A
mìnghù 命祜 3-283B
mínghuā 名花 3-168A
mínghuā 茗花 9-385A
mínghuá 名華 3-171A
mínghuà 名畫 3-174A
mínghuà 明嫿 5-617B
mínghuà 冥化 2-449A
mínghuái 銘懷 11-1273A
mínghuán 鳴環 12-1051A

mínghuàn 名宦 3-170B
mínghuàn 明焕 5-610B
mínghuàn 冥幻 2-449B
mínghuàn 鳴喚 12-1047A
mínghuáng 明皇 5-605B
mínghuáng 明黄 5-609A
mínghuáng 鳴凰 12-1048A
mínghuáng 鳴璜 12-1050B
mínghuáng 鳴簧 12-1051B
mínghuáng 螟蝗 8-949B
mínghuānghuāng 明晃晃 5-607B
mínghuǎnghuǎng 明幌幌 5-613B
mínghuǎnghuǎng 明熀熀 5-615B
mínghuī 明暉 5-613B
mínghuī 明煇 5-614A
mínghuī 明輝 5-616A
mínghuī 明徽 5-618B
mínghuì 名諱 3-177B
mínghuì 明晦 5-610A
mínghuì 明惠 5-611A
mínghuì 明慧 5-616A
mínghuì 冥晦 2-453A
mínghuì 冥會 2-454B
mínghuì 瞑晦 5-820A
mínghūn 明昏 5-604A
mínghūn 冥昏 2-450B
mínghūn 冥婚 2-453A
mínghún 冥魂 2-454B
mínghūnzhèngpèi 明婚正配 5-610B
mínghūnzhèngqǔ 明婚正娶 5-611A
mínghuō 明豁 5-619A
mínghuǒ 明火 5-598A
mínghuǒ 明伙 5-600B
mínghuǒ 冥火 2-449A
mínghuǒ 鳴火 12-1044A
mínghuò 明憒 5-617A
mínghuò 明惑 5-611B
mínghuǒchízhàng 明火持杖 5-598A
mínghuǒzhíxiè 明火執械 5-598A
mínghuǒzhízhàng 明火執仗 5-598A
mínghuǒzhízhàng 明火執杖 5-598A
míngjī 名迹 3-170B
míngjī 名姬 3-172A
míngjī 明璣 5-617B
míngjī 冥機 2-456A
míngjī 瞑機 5-820A
míngjī 銘激 11-1272B
míngjī 鳴機 12-1051A
míngjī 鳴璣 12-1051A
míngjī 鳴雞 12-1052A
míngjí 名級 3-170B
míngjí 名籍 3-178B
míngjí 明殛 5-611B
míngjí 冥極 2-453B
míngjí 冥籍 2-457A
míngjí 溟極 6-42B
míngjì 明濟 5-619A
míngjì 名績 3-178A
míngjì 名跡 3-175A
míngjì 名蹟 3-178A
míngjì 冥迹 2-451B
míngjì 冥寂 2-453A
míngjì 銘迹 11-1272A
míngjì 銘記 11-1272A
míngjì 鳴驥 12-1053B
mìngjí 命籍 3-287B
mìngjì 命祭 3-285A
míngjiā 名家 3-171B
míngjiā 鳴笳 12-1048A
míngjiā 鳴葭 12-1048B
míngjiá 蓂莢 9-528B
míngjiá 鳴鋏 12-1050B
míngjià 名價 3-177A
mìngjiā 命家 3-284B
mìngjià 命價 3-286A
mìngjià 命駕 3-286B
míngjiājū 名家駒 3-172A
míngjiān 明間 5-612B
míngjiān 冥間 2-454A
míngjiǎn 名柬 3-170A
míngjiǎn 名儉 3-177A
míngjiǎn 名檢 3-178A
míngjiàn 名件 3-167B
míngjiàn 明監 5-615A
míngjiàn 明見 5-601B
míngjiàn 明薦 5-617B
míngjiàn 明鑑 5-620B
míngjiàn 明鑒 5-620B
míngjiàn 冥鑒 2-457A
míngjiàn 鳴劍 12-1050B
míngjiàn 鳴箭 12-1050B
mìngjiǎn 命蹇 3-287A
míngjiāng 名繮 3-178B
míngjiāng 名韁 3-178B
míngjiāng 鳴螿 12-1051B
míngjiàng 名匠 3-167B
míngjiàng 名將 3-173B
míngjiàng 明降 5-604B
míngjiàng 明將 5-610B
míngjiàng 鳴將 12-1048B
mìngjiàng 命將 3-285A
míngjiānglìsuǒ 名韁利鎖 3-178B
mìngjiǎnshíguāi 命蹇時乖 3-287A
míngjiànwànlǐ 明見萬里 5-601B
míngjiāo 明膠 5-617A
míngjiǎo 明角 5-601B
míngjiǎo 鳴角 12-1045A
míngjiào 名教 3-172B
míngjiào 明教 5-608B
míngjiào 明轎 5-619B
míngjiào 鳴叫 12-1044B
mìngjiāo 命郊 3-283A
mìngjiào 命教 3-285A
mìngjiào 命醮 3-287B
míngjiǎodēng 明角燈 5-601B
míngjiàozuìrén 名教罪人 3-172B
míngjiāzǐ 名家子 3-172A
míngjié 名傑 3-174A
míngjié 名節 3-175A
míngjié 明劫 5-601B
míngjié 明捷 5-608B
míngjié 明節 5-613B
míngjié 明潔 5-617A
míngjié 明絜 5-611A
míngjié 瞑睫 7-1248A
míngjié 瞑截 7-1248A
míngjiě 明解 5-613B
míngjiè 明戒 5-601A
míngjiè 明誡 5-615A
míngjiè 冥界 2-451A
míngjiè 銘戒 11-1271B
mìngjié 命節 3-285B
mìngjiè 命介 3-281B
mìngjiè 命戒 3-282B
míngjīlìkòng 名鞿利鞚 3-178B
míngjīlòugǔ 銘肌鏤骨 11-1271B
míngjīn 冥津 2-451B
míngjīn 鳴金 12-1045B
mìngjīn 命金 3-283A
míngjīnfù 鳴金賦 12-1045B
míngjīng 明旌 5-610B
míngjīng 明經 5-614B
míngjīng 銘旌 11-1272A
míngjìng 明淨 5-606A
míngjìng 明徑 5-607B
míngjìng 明靜 5-614B
míngjìng 明鏡 5-620A
míngjìng 冥境 2-455B
míngjīngcǎo 明莖草 5-607A
míngjìnggāoxuán 明鏡高懸 5-620A
míngjīnshōubīng 鳴金收兵 12-1045B
míngjīnshōujūn 鳴金收軍 12-1045B
míngjiōng 鳴扃 12-1047A
míngjiū 鳴鳩 12-1049B
míngjiǔ 名酒 3-171B
mìngjiǔ 命酒 3-284B
míngjū 名駒 3-176B
míngjū 鳴駒 12-1050B
míngjú 鳴踘 12-1050A
míngjú 鳴鶪 12-1052A
míngjú 鳴鵙 12-1052B
míngjǔ 明舉 5-618A
míngjù 明據 5-617B
mìngjù 命屨 3-287A
míngjuān 明蠲 5-621A
míngjuān 銘鐫 11-1273A
míngjué 名角 3-168B
míngjué 名爵 3-178A
míngjué 明決 5-602A
míngjué 冥絶 2-454A
mìngjué 命爵 3-286B
míngjūn 明君 5-602B
míngjūn 明均 5-601A
míngjūn 冥鈞 2-454A
míngjùn 名雋 3-174A
míngjùn 名俊 3-170A
míngjùn 名儁 3-175B
míngjùn 明雋 5-611B
míngjùn 明俊 5-605B
míngjùn 明儁 5-615A
míngkāi 明開 5-612B
míngkǎi 明闓 5-619B
míngkān 明刊 5-598B
míngkē 名科 3-170A
míngkē 明科 5-605A
míngkē 茗柯 9-385A
míngkē 鳴柯 12-1046B
míngkē 鳴珂 12-1046A
míngkè 明刻 5-604A
míngkè 明恪 5-606A
míngkè 冥客 2-451B
míngkè 銘刻 11-1271B
mìngkè 命客 3-283B
míngkēlǐ 鳴珂里 12-1046B
míngkēqiāngyù 鳴珂鏘玉 12-1046B
míngkēqǔ 鳴珂曲 12-1046A
míngkēxiàng 鳴珂巷 12-1046B
míngkōng 冥空 2-450B
míngkòng 鳴控 12-1047B
míngkǒu 名口 3-164B
míngkuài 明快 5-602A
mìngkuài 命快 3-282B
míngkuǎn 銘款 11-1272A
míngkuàng 明貺 5-611B
míngkuàng 明曠 5-619A
míngkuàng 冥貺 2-453B
mìngkuī 命虧 3-286B
míngkūn 覭鬘 10-352A
míngkǔn 鳴悃 12-1047B
mínglài 鳴籟 12-1053A
mínglái'ànwǎng 明來暗往 5-602B
mínglán 名藍 3-178A
míngláng 名郎 3-169B
míngláng 鳴根 12-1047B
míngláng 鳴榔 12-1048B
mínglǎng 明朗 5-608A
mínglǎnglǎng 明朗朗 5-608A
mínglè 銘泐 11-1271B
mínglè 銘勒 11-1272A
mínglěi 銘誄 11-1272B
mínglěng 溟冷 6-42A
mínglí 明離 5-619B
mínglǐ 名理 3-172A
mínglǐ 明理 5-608B
mínglì 名利 3-168B
mínglì 名例 3-169A
mínglì 明吏 5-599B
mínglì 明利 5-601B
mínglì 明麗 5-619B
mínglì 冥吏 2-449B
mínglì 蓂曆 9-529A
mínglì 鳴唳 12-1048A
mínglì 螟立 8-949B
mìnglǐ 命理 3-284B
mìnglì 命吏 3-282B

mìnglì 命曆 3-286B
mínglián 鳴廉 12-1049B
míngliàn 明練 5-617B
mínglián'ànchá 明廉暗察 5-614A
míngliáng 明良 5-602A
míngliǎng 明兩 5-602B
míngliàng 明亮 5-605B
míngliànggé 明亮隔 5-606A
míngliàngliàng 明亮亮 5-606A
míngliǎo 明了 5-596A
mínglìchǎng 名利場 3-168B
mínglìè 名烈 3-171A
mínglìè 明烈 5-607A
mínglièqiánmáo 名列前茅 3-167B
mínglín 鳴林 12-1045A
mínglíng 名伶 3-168B
mínglíng 明靈 5-621A
mínglíng 冥淩 2-452A
mínglíng 冥陵 2-453A
mínglíng 冥靈 2-457A
mínglíng 溟泠 6-42A
mínglíng 蓂靈 9-529A
mínglíng 鳴鈴 12-1049B
mínglíng 螟蠕 8-950A
mínglíng 螟蛉 8-949B
mínglìng 明令 5-599B
mìnglìng 命令 3-282A
mìnglìngjù 命令句 3-282A
mìnglìngzhǔyì 命令主義 3-282A
mínglíngzǐ 螟蛉子 8-949B
mínglìnú 名利奴 3-168B
míngliú 名流 3-171B
míngliújùzǐ 名流巨子 3-171B
mìnglìzhùdìng 命裏注定 3-285B
mìnglóng 命籠 3-287B
mínglóu 明樓 5-616A
mínglòu 銘鏤 11-1273A
mínglú 明矑 5-620B
mínglǔ 鳴櫓 12-1052A
mínglǔ 鳴艣 12-1052B
mínglù 名路 3-175A
mínglù 名録 3-177B
mínglù 明露 5-620B
mínglù 明路 5-613B
mínglù 冥路 2-454B
mínglù 冥録 2-456B
mínglù 鳴鹿 12-1048B
mìnglù 命禄 3-285B
mìnglù 命路 3-285B
mìnglù 命籙 3-287B
míngluán 鳴鑾 12-1053B
míngluán 鳴鸞 12-1053B
mínglún 名倫 3-171A
mínglún 明綸 5-615B
mínglùn 名論 3-177A
mínglùn 明論 5-617A
mínglúntáng 明倫堂 5-607B
míngluó 鳴鑼 12-1053B
míngluóhèdào 鳴鑼喝道 12-1053B
míngluókāidào 鳴鑼開道 12-1053B
míngluòsūnshān 名落孫山 3-173B
mínglǘ 鳴驢 12-1053B
mínglǜ 明慮 5-616A
mínglǜ 鳴律 12-1046B
mìnglǚ 命侶 3-283A
mìnglǚ 命旅 3-284B
mìnglǚ 命履 3-286B
mìnglǚ 命縷 3-287A
mínglüè 明略 5-610A
míngmǎ 名馬 3-171A
míngmǎ 明碼 5-616A
mìngmài 命脉 3-283B
mìngmài 命脈 3-284A
míngmán 瞑瞞 7-1248A
míngmáng 明盲 5-604A
míngmáng 冥芒 2-449B
míngmáng 冥茫 2-451A
míngmáng 溟茫 6-42A
míngmáng 瞑茫 5-820A
míngmǎng 溟漭 6-42B
míngmáo 螟蟊 8-950A
míngmào 明茂 5-602B
míngmào 明懋 5-618B
míngmàoshíyì 名貿實易 3-174A
míngmèi 明昧 5-605A
míngmèi 明媚 5-612B
míngmèi 冥昧 2-451A
míngméizhènglǐ 明媒正禮 5-612B
míngméizhèngqǔ 明媒正娶 5-612B
míngmén 名門 3-169B
mìngmén 命門 3-283A
míngmēng 冥濛 2-456B
míngmēng 冥矇 2-457A
míngmēng 冥蒙 2-454B
míngméng 眳矇 7-1204B
míngméng 溟濛 6-43A
míngméng 瞑濛 5-820A
míngméng 瞑矇 5-820A
míngméng 覭髳 10-352A
míngméng 溟濛 6-43A
míngméng 溟蒙 6-42B
míngmí 明迷 5-606A
míngmí 明靡 5-620A
míngmí 茗糜 9-385B
míngmí 冥迷 2-451B
míngmì 明密 5-610B
míngmì 冥密 2-453A
míngmì 冥謐 2-456B
míngmián 瞑眠 7-1247B
míngmiǎn 冥緬 2-456A
míngmiǎo 茗邈 9-385B
míngmiǎo 冥邈 2-456B
míngmiǎo 溟邈 6-43A
míngmiè 明滅 5-614A
míngmiè 冥滅 2-455A
míngmǐn 明敏 5-610A
mìngmín 命民 3-282A
míngmíng 明名 5-601A
míngmíng 明明 5-603A
míngmíng 明明 7-1190A
míngmíng 冥冥 2-452A
míngmíng 溟溟 6-42B
míngmíng 瞑瞑 7-1248A
míngmíng 窅窅 8-438A
míngmìng 名命 3-169A
míngmìng 明命 5-603B
mìngmíng 命名 3-282B
míngmíngbáibái 明明白白 5-603A
míngmínghèhè 明明赫赫 5-603A
mìngmìngniǎo 命命鳥 3-283A
míngmò 冥没 2-450B
míngmò 冥莫 2-451B
míngmò 冥寞 2-455B
míngmò 冥漠 2-455A
míngmò 冥默 2-456A
míngmò 溟漠 6-42B
míngmóu 明眸 5-609B
míngmóuhàochǐ 明眸皓齒 5-610A
míngmóushànlài 明眸善睞 5-610A
míngmòzhīdū 冥漠之都 2-455A
míngmòzhīxiāng 冥漠之鄉 2-455A
míngmǔ 名母 3-167A
míngmù 名木 3-165B
míngmù 名目 3-166B
míngmù 明目 5-598B
míngmù 明牧 5-603A
míngmù 冥目 2-449B
míngmù 冥暮 2-455B
míngmù 溟沐 6-42A
míngmù 瞑目 7-1247A
míngmùdácōng 明目達聰 5-599A
míngmùzhāngdǎn 明目張膽 5-599A
míngnáo 鳴呶 12-1045B
míngnáo 鳴鐃 12-1052B
míngnì 明嶷 5-618B
míngnián 明年 5-600B
míngniǎo 鳴鳥 12-1048A
míngnóng 明農 5-613B
míngnòng 鳴弄 12-1044B
míngnù 鳴怒 12-1047A
míngōng 民工 6-1421A
míngōng 民公 6-1421B
míngōng 民功 6-1422A
míng'ōu 名謳 3-178A
mìng'ǒu 命偶 3-285A
míngpái 名牌 3-174A
míngpái 銘牌 11-1272B
míngpán 明盤 5-617A
míngpèi 冥配 2-452A
míngpèi 銘佩 11-1271B
míngpèi 鳴佩 12-1045B
míngpèi 鳴珮 12-1047A
míngpéng 溟鵬 6-43A
míngpí 鳴鞞 12-1051B
míngpì 明辟 5-614B
míngpiān 名篇 3-176B
míngpiàn 名片 3-165B
míngpiàn 明片 5-597A
mìngpiān 命篇 3-286A
míngpiào 名票 3-172B
míngpǐn 名品 3-170A
mìngpù 命舗 3-286A
míngqī 冥期 2-453B
míngqī 冥棲 2-453B
míngqí 明祇 5-604B
míngqí 鳴岐 12-1045A
míngqì 名氣 3-171A
míngqì 名器 3-177A
míngqì 明器 5-618A
míngqì 冥契 2-450B
míngqì 冥器 2-456A
míngqì 鳴砌 12-1046B
mìngqī 命期 3-285A
míngqià 明洽 5-606A
míngqiān 名籤 3-179A
míngqiān 鳴謙 12-1051B
míngqián 明前 5-606A
míngqián 冥錢 2-456A
mìngqiān 命慳 3-286A
míngqiáng 明彊 5-618B
míngqiǎng 冥彊 2-456B
míngqiǎng 冥鏹 2-457A
míngqiāng'ànjiàn 明槍暗箭 5-615A
míngqiǎng'àntōu 明搶暗偷 5-613A
míngqiānghǎoduǒ… 明槍好趓,暗箭難防 5-615A
míngqiānghǎoduǒ… 明槍好躲,暗箭難防 5-615A
míngqiāngróngyìduǒ… 明鎗容易躲,暗劍最難防 5-619B
míngqiāngróngyìduǒ… 明鎗容易躲,暗箭最難防 5-619A
míngqiāngyìduǒ… 明槍易躲,暗箭難防 5-615A
míngqiè 明切 5-596B
míngqífèng 鳴岐鳳 12-1045A
míngqīn 名親 3-177B
míngqín 鳴琴 12-1048B
míngqín 鳴禽 12-1049A
míngqīng 名卿 3-171B
míngqīng 明清 5-610B
míngqìng 冥慶 2-456A
míngqìng 鳴磬 12-1051A
mìngqīng 命卿 3-284A
mìngqìng 覫靘 9-16B
míngqīngjùgōng 名卿鉅公 3-171B
míngqióng 明瓊 5-619A

míngqióng 鳴蛩 12-1048B
míngqiú 冥求 2-450A
míngqiú 鳴球 12-1047B
míngqū 名區 3-172B
míngqū 冥屈 2-450B
míngquán 冥筌 2-453B
míngquán 鳴泉 12-1046B
míngquè 明確 5-616A
míngquè 鳴鵲 12-1052A
míngrán 冥然 2-454A
míngrán 暝然 5-820A
míngrán 瞑然 7-1248A
míngráo 鳴橈 12-1051A
míngrén 名人 3-164A
míngrén 明人 5-596A
míngrénbùzuò'ànshì
明人不做暗事 5-596A
míngrì 明日 5-597A
mìngrì 命日 3-281B
míngrìhuánghuā 明日黃花
5-597A
míngrú 名儒 3-177B
míngruì 明睿 5-615A
míngruì 明銳 5-617A
míngruì 明叡 5-617B
míngruì 明叡 7-1190A
míngrùn 明潤 5-617A
míngruòguānhuǒ 明若觀火
5-602B
mìngruòxuánsī 命若懸絲
3-283A
míngrúzhǐzhǎng 明如指掌
5-601A
míngsè 名色 3-167B
míngsè 明瑟 5-613A
míngsè 冥色 2-450A
míngsè 溟色 6-42A
míngsè 暝色 5-820A
míngsè 鳴瑟 12-1049A
míngsè 瞑色 7-1247B
míngsēng 名僧 3-175B
míngshā 鳴沙 12-1045A
míngshān 名山 3-164B
míngshān 冥山 2-448B
míngshàn 明贍 5-620B
míngshāndàchuān 名山大川
3-165A
míngshǎng 名賞 3-176B
míngshǎng 明賞 5-616A
míngshàng 明上 5-596B
mìngshāng 命觴 3-287A
míngshǎnshǎn 明閃閃
5-608A
míngshānshèngchuān
名山勝川 3-165A
míngshānshèngshuǐ
名山勝水 3-165A
míngshānshìyè 名山事業
3-165A
míngshānzhīxí 名山之席
3-165A
míngshāo 鳴鞘 12-1051A
míngshāo 鳴梢 12-1047B
míngshé 茗舌 9-385A
míngshé 鳴虵 12-1046B
míngshé 鳴蛇 12-1048A
míngshè 明社 5-602A
míngshén 冥神 2-451B
míngshén 鳴神 12-1047A
míngshěn 明審 5-617A
míngshèn 明慎 5-614A
míngshēng 名聲 3-178A
míngshēng 明聲 5-618B
míngshēng 冥升 2-449A
míngshēng 鳴聲 12-1051B
míngshèng 名勝 3-174A
míngshèng 明盛 5-609A
míngshèng 明聖 5-613A
míngshèng 鳴盛 12-1047B
míngshēng'ànjiàng
明升暗降 5-597A
míngshènghú 明聖湖 5-613A
míngshī 名尸 3-165A
míngshī 名師 3-171B
míngshī 明師 5-607B
míngshí 名實 3-175B
míngshí 名識 3-178B
míngshí 明石 5-598B
míngshí 明時 5-607A
míngshí 明識 5-620A
míngshí 鳴石 12-1044B
míngshì 名士 3-164A
míngshì 名氏 3-166A
míngshì 名世 3-166B
míngshì 名勢 3-174B
míngshì 名埶 3-172B
míngshì 明世 5-598B
míngshì 明示 5-598B
míngshì 明眎 5-607A
míngshì 明視 5-610B
míngshì 明試 5-614A
míngshì 明晳 5-615A
míngshì 冥氏 2-449A
míngshì 冥事 2-450B
míngshì 冥室 2-451B
míngshì 鳴世 12-1044B
míngshì 瞑士 7-1247A
míngshì 瞑視 7-1247B
mìngshǐ 命使 3-283A
mìngshì 命士 3-281A
mìngshì 命氏 3-281B
mìngshì 命世 3-281B
mìngshì 命事 3-283A
mìngshì 命謚 3-286B
mìngshìcái 命世才 3-282A
míngshìfēngliú 名士風流
3-164A
míngshìpài 名士派 3-164A
míngshìqì 名士氣 3-164A
míngshíxiāngfú 名實相符
3-176A
míngshíxiāngfù 名實相副
3-176A
míngshǒu 名手 3-165B
míngshǒu 名守 3-168A
míngshòu 冥壽 2-455B
míngshū 名姝 3-170B
míngshū 名書 3-172A
míngshū 明姝 5-606B
míngshū 明淑 5-610B
míngshù 名數 3-176B
míngshù 明恕 5-608A
míngshù 明庶 5-610A
míngshù 冥數 2-455B
míngshù 銘述 11-1271B
míngshù 鳴潄 12-1050B
mìngshū 命書 3-284B
mìngshù 命術 3-285A
mìngshù 命數 3-286A
míngshuài 名帥 3-170A
mìngshuài 命帥 3-283B
míngshuǎng 明爽 5-609A
míngshùfēng 明庶風 5-610A
míngshuǐ 名水 3-165B
míngshuǐ 明水 5-597A
míngshuò 名碩 3-175A
míngsī 冥司 2-449B
míngsī 冥思 2-451A
míngsī 鳴絲 12-1049A
míngsī 鳴嘶 12-1050B
míngsì 明祀 5-602A
mìngsì 命祀 3-282B
míngsīkǔsuǒ 冥思苦索
2-451A
míngsīkǔxiǎng 瞑思苦想
7-1247B
míngsōu 冥搜 2-453B
míngsù 名夙 3-167B
míngsù 名素 3-170B
míngsù 名宿 3-173A
míngsù 明肅 5-614B
mìngsù 命素 3-284A
míngsuàn 明筭 5-607B
míngsuàn 明算 5-615A
míngsuì 明歲 5-613A
míngsǔn 明筍 5-611B
míngsuō 鳴梭 12-1047B
míngsuǒ 冥索 2-452A
míngtái 明臺 5-614B
míngtān 明灘 5-621A
míngtān 鳴灘 12-1053A
míngtán 冥談 2-456A
míngtán 鳴彈 12-1050B
míngtǎn 明坦 5-602B
míngtáng 名堂 3-172B
míngtáng 明唐 5-608A
míngtáng 明堂 5-609A
míngtángzhèngdào
明堂正道 5-609B
míngtǎo 冥討 2-452A
mìngtǎo 命討 3-284B
míngtè 明忒 5-601B
míngtè 明特 5-607B
míngtè 螟螣 8-950A
míngtè 螟蟘 8-949B
míngtè 螟蟦 8-950A
míngtí 名題 3-178A
míngtí 鳴鵜 12-1052B
míngtǐ 名體 3-179A
mìngtí 命題 3-287A
mìngtǐ 命體 3-287B
míngtiān 明天 5-596B
míngtián 名田 3-167A
míngtiāngǔ 鳴天鼓 12-1044A
míngtiānlì 明天曆 5-596B
míngtiáo 鳴條 12-1047A
míngtiáo 鳴蜩 12-1050A
míngtiáozhīshì 鳴條之事
12-1047A
míngtiě 名帖 3-169A
míngtíng 明廷 5-600B
míngtíng 明庭 5-606A
míngtíng 螟蜓 8-949B
míngtōng 名通 3-172A
míngtōng 明通 5-608A
míngtōng 冥通 2-453A
míngtóng 明瞳 5-618B
míngtóng 冥童 2-454A
míngtóng 鳴桐 12-1047A
mìngtōng 命通 3-284B
míngtōngbǎng 明通榜 5-608B
míngtóngshíyì 名同實異
3-167B
míngtóu 名頭 3-177A
míngtú 冥途 2-452A
míngtú 暝途 5-820A
mìngtú 命途 3-284A
míngtuān 鳴湍 12-1049A
míngtuī'ànjiù 明推暗就
5-608B
míngtuó 明駝 5-616A
míngtuó 鳴駞 12-1050B
míngtuó 鳴鼉 12-1053B
míngtuò 鳴柝 12-1046B
míngtuóshǐ 明駝使 5-616A
mǐngù 慜顧 7-693B
mínguān 民官 6-1425A
mínguān 民瘝 6-1430A
mǐnguān 閩關 12-109A
mínguó 民國 6-1427B
míngwā 鳴蛙 12-1049A
míngwǎ 明瓦 5-596B
míngwán 冥頑 2-454A
míngwánbùlíng 冥頑不靈
2-454A
míngwáng 名王 3-165A
míngwáng 明王 5-596B
míngwáng 冥王 2-449A
míngwǎng 名網 3-176A
míngwàng 名望 3-173A
míngwángmèng 明王夢
5-596B
míngwángxīng 冥王星
2-449A
míngwēi 明威 5-604B
míngwēi 明微 5-613B
míngwēi 冥微 2-454B
míngwèi 名位 3-168B
míngwèi 名謂 3-177B
míngwèi 冥衛 2-456A
míngwén 名文 3-166A
míngwén 名聞 3-176A
míngwén 明文 5-597B
míngwén 銘文 11-1271B
míngwén 鳴文 12-1044A
míngwén 瞑聞 7-1248A

míngwèn 名問 3-173B
míngwèn 明問 5-610B
míngwénlìyǎng 名聞利養 3-176A
míngwò 瞑臥 7-1247B
míngwū 冥屋 2-451B
míngwú 冥無 2-453B
míngwǔ 鳴舞 12-1050A
míngwù 名物 3-169A
míngwù 明悟 5-608A
míngwù 明晤 5-609B
míngwù 冥悟 2-452A
mìngwǔ 詺侮 11-198A
míngxī 明悉 5-610A
míngxī 明晰 5-611B
míngxī 明皙 5-611A
míngxī 明犀 5-612B
míngxí 明習 5-610B
mìngxí 命席 3-284B
mìngxì 命舄 3-285B
míngxiā 明蝦 5-616B
míngxiá 明霞 5-618B
míngxiá 明黠 5-619A
míngxià 名下 3-164B
míngxiān 明鮮 5-618B
míngxián 名銜 3-175B
míngxián 名賢 3-176B
míngxián 明賢 5-616A
míngxián 鳴弦 12-1046A
míngxián 鳴絃 12-1048B
míngxián 鳴舷 12-1048A
míngxián 鳴蚿 12-1048A
míngxiǎn 明顯 5-621A
míngxiǎn 冥顯 2-457A
míngxiàn 明憲 5-618B
mìngxiàn 命限 3-283B
míngxiāng 冥鄉 2-453B
míngxiǎng 冥想 2-454B
míngxiǎng 銘饗 11-1273A
míngxiǎng 鳴響 12-1053A
míngxiǎng 瞑想 7-1248A
míngxiàng 名相 3-169B
míngxiàng 名象 3-173A
mìngxiàng 命相 3-283B
míngxiánkuírì 鳴弦揆日 12-1046A
míngxiāo 鳴髇 12-1051A
míngxiāo 鳴骹 12-1050B
míngxiāo 鳴簫 12-1052B
míngxiāo 鳴髐 12-1052A
míngxiǎo 明曉 5-617B
míngxiào 明效 5-607B
míngxiào 鳴哮 12-1047A
mìngxiào 命嘯 3-286B
míngxiàodàyàn 明效大驗 5-608A
míngxiàolíng 明孝陵 5-601A
míngxiàshì 名下士 3-164B
míngxiàwúxū 名下無虛 3-164B
míngxiàwúxūshì 名下無虛士 3-164B
míngxiè 溟澥 6-43A
míngxiè 銘謝 11-1273A
míngxiè 鳴謝 12-1051B
míngxīn 名心 3-166B
míngxīn 明心 5-598A
míngxīn 冥心 2-449A
míngxīn 銘心 11-1271B
míngxìn 名信 3-170A
míngxìn 明信 5-605B
míngxīng 明星 5-605A
míngxíng 名行 3-167B
míngxíng 明刑 5-599B
míngxíng 明行 5-601A
míngxíng 冥行 2-449B
míngxìng 名姓 3-169B
míngxìng 暝涬 5-820A
míngxìng 溟涬 6-42A
mìngxìng 命姓 3-283B
míngxíngbìjiào 明刑弼教 5-599B
míngxíngzhāizhí 冥行擿埴 2-449B
míngxīnjiànxìng 明心見性 5-598A
míngxīnkègǔ 銘心刻骨 11-1271B
míngxīnlòugǔ 銘心鏤骨 11-1271B
míngxìnpiàn 明信片 5-605B
míngxiù 明秀 5-601B
míngxiūzhàndào… 明修棧道,闇度陳倉 5-605B
míngxiūzhàndào… 明修棧道,暗度陳倉 5-605A
míngxū 冥盱 2-450A
míngxū 冥虛 2-453A
míngxù 名緒 3-176A
míngxù 明旭 5-601A
míngxù 明恤 5-606A
míngxù 明煦 5-613B
míngxuān 明宣 5-606A
míngxuǎn 明選 5-617B
míngxuàn 明絢 5-613A
míngxuàn 瞑眴 7-1247B
míngxué 名學 3-177B
míngxuě 茗雪 9-385B
míngxuě 冥雪 2-453A
míngxūn 銘勳 11-1272B
míngxùn 明訓 5-607B
míngyā 鳴鴉 12-1050B
míngyǎ 明雅 5-611B
míngyān 暝烟 5-820A
míngyān 暝煙 5-820A
míngyán 名言 3-168B
míngyán 明言 5-602A
míngyán 冥言 2-450B
míngyán 冥巖 2-457A
míngyǎn 明眼 5-609B
míngyàn 名彥 3-170B
míngyàn 明驗 5-621A
míngyàn 明艷 5-621A
míngyàn 明釅 5-621A
míngyàn 明豔 5-621A
míngyàn 鳴雁 12-1048B
míngyàndàxiào 明驗大效 5-621A
míngyáng 明揚 5-611A
míngyáng 明敭 5-613B
míngyáng 冥羊 2-450A
míngyángcèlòu 明揚側陋 5-611A
míngyángfèng 鳴陽鳳 12-1048B
míngyángzèlòu 明揚仄陋 5-611A
míngyǎnhàn 明眼漢 5-609B
míngyǎnrén 明眼人 5-609B
míngyànzhímù 鳴雁直木 12-1049A
míngyào 明要 5-604B
míngyào 明曜 5-619A
míngyào 明耀 5-620B
míngyè 名業 3-174B
míngyè 明夜 5-604A
míngyè 明業 5-613A
míngyè 冥夜 2-450B
míngyěshípíng 鳴野食苹 12-1048A
míngyī 名醫 3-178A
míngyī 明衣 5-601A
míngyī 明漪 5-615B
míngyī 明醫 5-619A
míngyī 冥一 2-448B
míngyī 冥衣 2-450A
míngyí 明夷 5-599B
míngyì 名義 3-175A
míngyì 明義 5-614A
míngyì 明翼 5-619A
míngyì 明懿 5-620B
míngyì 冥翳 2-456B
míngyì 冥翼 2-457A
míngyì 鳴弋 12-1044B
mìngyì 命意 3-285B
míngyīn 明禋 5-614A
míngyīn 冥陰 2-453A
míngyīn 暝陰 5-820A
míngyín 鳴吟 12-1045A
míngyǐn 名隱 3-177B
míngyǐn 明尹 5-598A
míngyǐn 茗飲 9-385B
míngyìn 名蔭 3-174B
míngyìn 名印 3-167A
míngyìn 名胤 3-170B
míngyīng 鳴嚶 12-1052B
míngyíng 明瑩 5-617A
míngyíng 溟瀛 6-43A
míngyǐng 明穎 5-618A
míngyìng 明應 5-618B
míngyìng 冥應 2-456B
mìngyìng 命硬 3-285A
míngyōu 名優 3-178A
míngyōu 明幽 5-605A
míngyōu 冥幽 2-451B
míngyǒu 名友 3-165B
míngyòu 冥佑 2-450A
míngyòu 冥祐 2-451B
míngyú 名魚 3-173A
míngyú 冥愚 2-454B
míngyú 溟魚 6-42A
míngyú 鳴竽 12-1046B
míngyǔ 名語 3-175B
míngyǔ 冥雨 2-450B
míngyǔ 鳴雨 12-1045B
míngyù 名譽 3-178B
míngyù 明喻 5-611B
míngyù 明諭 5-618A
míngyù 明譽 5-620B
míngyù 冥遇 2-453B
míngyù 冥豫 2-456A
míngyù 冥鬱 2-457B
míngyù 鳴玉 12-1044A
míngyù 鳴豫 12-1050B
míngyù 螟蜮 8-949B
míngyuān 鳴冤 12-1047B
míngyuān 鳴鳶 12-1049B
míngyuán 名原 3-171A
míngyuán 名園 3-174B
míngyuán 名媛 3-174B
míngyuán 冥緣 2-456A
míngyuǎn 明遠 5-613A
míngyuàn 冥願 2-457A
míngyuàn 鳴願 12-1052A
míngyuǎnchē 明遠車 5-613A
míngyuānjiàoqū 鳴冤叫屈 12-1047B
míngyuǎnlóu 明遠樓 5-613A
míngyuē 名約 3-170B
míngyuē 明約 5-606B
míngyuè 明月 5-597B
míngyuè 鳴躍 12-1053A
míngyuè 鳴籥 12-1053A
mìngyuè 命樂 3-286B
míngyuèqīngfēng 明月清風 5-597B
míngyuèrùhuái 明月入懷 5-597B
míngyuèzhū 明月珠 5-597B
míngyǔn 明允 5-598A
mìngyùn 命運 3-285B
míngyúqiáomù 鳴于喬木 12-1044A
míngyùxī 鳴玉溪 12-1044B
míngyùxī 鳴玉谿 12-1044B
míngyùyàn 鳴玉宴 12-1044B
míngyùyàn 鳴玉讌 12-1044B
míngyùyèlǚ 鳴玉曳履 12-1044B
míngyùyèzǔ 鳴玉曳組 12-1044B
míngzǎi 名宰 3-172A
mìngzàidànxī 命在旦夕 3-282B
mìngzàizhāoxī 命在朝夕 3-282B
míngzàn 鳴贊 12-1052B
míngzàng 冥藏 2-456B
míngzǎo 明早 5-600B
míngzǎo 明蚤 5-606B
míngzào 明燥 5-618B
míngzào 鳴噪 12-1051A
míngzàoyīshí 名噪一時 3-177B

míngzé 冥賾 2-457A
míngzhā 榠査 4-1234B
míngzhā 榠楂 4-1234B
míngzhā 榠樝 4-1234B
míngzhā 鳴吒 12-1044B
míngzhà 鳴咤 12-1046B
míngzhái 冥宅 2-450A
míngzhàn 茗戰 9-385B
míngzhāng 明章 5-610B
míngzhāng 明彰 5-615B
míngzhāng 銘章 11-1272A
míngzhàng 明杖 5-601B
míngzhàng 溟漲 6-42B
míngzhāo 明朝 5-611A
míngzhāo 明昭 5-605A
míngzhào 明詔 5-612A
míngzhào 明照 5-613B
míngzhào 冥召 2-449B
míngzhào 冥兆 2-449B
míngzhào 銘旐 11-1272B
míngzhào 鳴棹 12-1048B
mìngzhào 命棹 3-285A
mìngzhào 命詔 3-285B
míngzhāoméng'àn 冥昭瞢闇 2-451A
míngzhé 明哲 5-607A
míngzhé 明悊 5-608B
míngzhé 明喆 5-611A
míngzhé 明轍 5-619B
míngzhé 明撕 5-607A
míngzhé 冥謫 2-457A
míngzhébǎoshēn 明哲保身 5-607A
míngzhēn 明真 5-607A
míngzhēn 冥真 2-452A
míngzhēng 明徵 5-616B
míngzhēng 冥徵 2-456A
míngzhēng 鳴箏 12-1049A
míngzhēng 鳴鉦 12-1049B
míngzhèng 明正 5-598B
míngzhèng 明政 5-604B
míngzhèng 明証 5-612A
míngzhèng 明證 5-620A
míngzhēng'àndòu 明爭暗鬭 5-601A
míngzhèngdiǎnxíng 明正典刑 5-598B
míngzhènglǐshùn 名正理順 3-166B
míngzhèngyánshùn 名正言順 3-166B
míngzhènyīshí 名震一時 3-176B
míngzhī 明知 5-603B
míngzhī 茗汁 9-385A
míngzhí 冥職 2-457A
míngzhǐ 名紙 3-172A
míngzhǐ 明旨 5-601A
míngzhǐ 冥紙 2-453A
míngzhǐ 鳴指 12-1046B
míngzhì 名制 3-169A
míngzhì 名治 3-169B
míngzhì 名秩 3-171A
míngzhì 名製 3-175B
míngzhì 明知 5-603B
míngzhì 明志 5-601B
míngzhì 明制 5-603A
míngzhì 明治 5-604B
míngzhì 明智 5-611B
míngzhì 明質 5-616B
míngzhì 冥志 2-450A
míngzhì 冥智 2-453B
míngzhì 銘識 11-1273A
míngzhì 銘志 11-1271B
míngzhì 銘誌 11-1272B
míngzhì 銘鋕 11-1272B
mìngzhǐ 命趾 3-285A
mìngzhì 命志 3-282B
mìngzhì 命秩 3-284A
míngzhīgùfàn 明知故犯 5-603B
míngzhīgùwèn 明知故問 5-603B
míngzhǐmáoshēng 名紙毛生 3-172A
míngzhōng 明中 5-597A
míngzhōng 冥中 2-449A
míngzhōng 暝鍾 5-820B
míngzhōng 暝鐘 5-820B
míngzhōng 鳴鍾 12-1051B
míngzhōng 鳴鐘 12-1052B
míngzhǒng 名種 3-175B
míngzhòng 名重 3-170A
mìngzhōng 命終 3-285A
mìngzhòng 命中 3-281B
míngzhōnggé 鳴鐘閣 12-1053A
míngzhōnggǔ 鳴鍾鼓 12-1051B
míngzhōnglièdǐng 鳴鐘列鼎 12-1053A
mìngzhònglǜ 命中率 3-281B
míngzhōngshídǐng 鳴鐘食鼎 12-1053A
mìngzhòngzhùdìng 命中注定 3-281B
míngzhōu 茗粥 9-385B
míngzhōu 溟洲 6-42A
míngzhòu 名胄 3-170A
míngzhòu 名酎 3-171A
míngzhū 明珠 5-606B
míngzhū 冥誅 2-455A
míngzhū 溟誅 6-42B
míngzhú 明燭 5-618B
míngzhǔ 明主 5-599B
míngzhù 名著 3-172B
míngzhù 明著 5-609A
míngzhù 冥助 2-450A
míngzhù 銘注 11-1272A
míngzhù 鳴杼 12-1045B
mìngzhǔ 命麈 3-286B
míngzhuǎn 明轉 5-619A
míngzhuàn 銘篆 11-1272B
míngzhuàn 鳴囀 12-1053A
míngzhuāng 明妝 5-602B
míngzhuāng 明粧 5-618A
míngzhuàng 名狀 3-169B
míngzhū'àntóu 明珠暗投 5-606B
mìngzhūhóu 命諸侯 3-286A
míngzhuī 冥追 2-451B
míngzhǔn 明準 5-614A
míngzhuó 明酌 5-607A
mìngzhuó 命酌 3-284A
mìngzhuó 命濁 3-286B
míngzhuózhuó 明灼灼 5-602A
míngzhūtánquè 明珠彈雀 5-606B
míngzhūtóu'àn 明珠投暗 5-606B
míngzhūyètóu 明珠夜投 5-606B
míngzi 名子 3-165A
míngzi 明子 5-596B
míngzī 名緇 3-176A
míngzī 明齊 5-615B
míngzī 明姿 5-606A
míngzī 明粢 5-612A
míngzī 明齍 5-620A
míngzī 冥資 2-455A
míngzǐ 名子 3-165A
míngzì 名字 3-168A
míngzì 明字 5-601A
míngzǐ 溟滓 6-42B
mìngzǐ 命梓 3-285A
míngzījiàng 明資匠 5-614A
míngzilǐ 瞑子裏 7-1247A
míngzilǐ 冥子裏 2-448B
mǐngzilǐ 酩子裏 9-1402B
míngzōng 名宗 3-169B
mìngzōng 命宗 3-283A
míngzōu 溟陬 6-42A
míngzōu 鳴騶 12-1052B
míngzòu 鳴奏 12-1046A
míngzú 名族 3-173A
míngzuò 名作 3-168B
míngzuò 冥坐 2-450A
míngzuò 銘座 11-1272A
míngzuò 瞑坐 7-1247B
mínhài 民害 6-1427A
mǐnhǎi 閩海 12-108B
mínhàn 岷漢 3-812A
mínháo 民豪 6-1429B
mínhé 民和 6-1424B
mínhè 民和 6-1424B
mǐnhé 泯合 5-1111A
mǐnhé 敏覈 5-467A
mínhéniánrěn 民和年稔 6-1424B
mínhóng 珉玒 4-542A
mínhù 民户 6-1421B
mǐnhù 愍護 7-651B
mǐnhù 憫護 7-744B
mǐnhuà 泯化 5-1111A
mǐnhuāng 閩荒 12-108B
mǐnhuǐ 閔悔 12-95A
mǐnhuì 敏惠 5-466B
mǐnhuì 敏慧 5-466B
mínhùn 民圂 6-1426B
mǐnhuó 敏活 5-466A
míní 麋麑 12-1292A
míní 麋鬻 12-1292A
mínǐ 迷你 10-816B
mínì 迷泥 10-817A
mínì 迷逆 10-818A
mínì 迷溺 10-821B
mínián 彌年 4-158B
míniǎo 迷鳥 10-819B
míniǎo 麋鳥 12-1291A
mǐniè 米糵 9-198A
mǐniè 米蘖 9-197B
mìníng 弭寧 4-116A
mǐníng 敉寧 5-443A
mìníng 謐寧 11-392B
mínǐqún 迷你裙 10-816B
mínjí 民疾 6-1427A
mínjí 民極 6-1428B
mínjí 民籍 6-1431A
mínjì 民紀 6-1426B
mínjì 民寄 6-1428B
mǐnjí 敏疾 5-466A
mǐnjí 憫急 7-743B
mǐnjǐ 敏給 5-466B
mǐnjì 敏濟 5-467A
mǐnjì 愍忌 7-651A
mǐnjì 憫忌 7-743B
mínjiā 民家 6-1427A
mínjiǎ 民甲 6-1422A
mínjiān 民間 6-1428B
mínjiān 民艱 6-1430B
mínjiǎn 珉簡 4-542B
mínjiàn 民監 6-1429B
mínjiàn 民鑑 6-1431B
mǐnjiàn 憫諫 7-744B
mínjiāng 岷江 3-811B
mínjiāngùshi 民間故事 6-1429A
mínjiānwénxué 民間文學 6-1428B
mínjiānyìshù 民間藝術 6-1429A
mǐnjiào 閩徼 12-109A
mínjiē 珉階 4-542B
mǐnjiē 憫嗟 7-744A
mǐnjié 敏捷 5-466A
mǐnjīn 皿金 7-1415A
mínjīng 民經 6-1429B
mínjǐng 民警 6-1431A
mǐnjìng 抿鏡 6-503B
mǐnjiù 愍救 7-651A
mǐnjiù 憫救 7-744A
mínjū 民居 6-1425B
mǐnjù 閩劇 12-108B
mǐnjuàn 皿卷 7-1415A
mínjué 民爵 6-1430B
mǐnjué 泯絶 5-1111B
mǐnjué 敏抉 5-465B
mǐnjué 敏決 5-465B
mǐnjué 敏絶 5-466B
mínjūn 民軍 6-1426A
mǐnjùn 敏雋 5-466B
mínkāngwùfù 民康物阜 6-1427B
mínkè 緡課 9-954A
mínkǒu 民口 6-1421A

mǐnkǒu 敏口 5-465B
mǐnkù 閔酷 12-95B
mínkuài 民快 6-1424A
mǐnkuài 敏快 5-465B
mínkuì 民潰 6-1430A
mǐnkuì 憫愧 7-744B
mínkùn 民困 6-1423B
mínkùnguópín 民困國貧 6-1423B
mǐnkuò 敏括 5-466A
mǐnláo 閔勞 12-95A
mínlèi 民累 6-1427B
mínlí 民黎 6-1430A
mínlǐ 民禮 6-1431A
mínlì 民力 6-1421A
mínlì 民利 6-1423B
mínlì 民曆 6-1430B
mínlì 民隸 6-1430B
mǐnlì 敏麗 5-467A
mǐnlì 愍隸 7-651B
mǐnlì 閩隸 12-109A
mǐnlián 閔憐 12-95B
mǐnlián 愍憐 7-651B
mǐnlián 憫憐 7-744B
mǐnliàn 敏練 5-467A
mínliáng 民糧 6-1431A
mǐnliàng 憫諒 7-744B
mínlíng 民靈 6-1431B
mínlíng 旻靈 5-638B
mínlǐng 岷嶺 3-812A
mǐnlǐng 閩嶺 12-109A
mínlǔ 民虜 6-1429A
mǐnluàn 暋亂 5-809A
mǐnluàn 泯亂 5-1111B
mǐnluànsīzhì 閔亂思治 12-95B
mínlún 緡綸 9-954A
mǐnluò 閩洛 12-108B
mǐnmǎ 閔馬 12-94B
mǐnmài 敏邁 5-466B
mǐnmào 敏茂 5-465B
mǐnmèn 閔懣 12-95B
mínméng 民氓 6-1425A
mínméng 民甿 6-1424B
mínméng 民萌 6-1427A
mǐnmí 泯靡 5-1112A
mínmián 緡緜 9-954A
mǐnmián 閔緜 12-95B
mǐnmiǎn 閔免 12-94B
mǐnmiǎn 閔勉 12-94B
mǐnmiǎn 黽俛 12-1400A
mǐnmiǎn 黽勉 12-1400A
mǐnmiǎn 僶俛 1-1691B
mǐnmiǎn 僶勉 1-1691B
mǐnmiǎo 泯邈 5-1112A
mǐnmiào 敏妙 5-465B
mǐnmiè 泯滅 5-1111B
mínmín 瞢瞢 9-492A
mínmín 旼旼 5-638A
mínmín 眅眅 7-1190B
mínmín 緡緡 9-954A
mǐnmǐn 泯泯 5-1111A
mǐnmǐn 閔閔 12-95A
mǐnmǐn 愍愍 7-651B
mǐnmǐn 黽敏 12-1400A
mǐnmǐn 憫憫 7-744B
mǐnmǐn 繩繩 9-1032A
mǐnmǐnfēnfēn 泯泯芬芬 5-1111A
mǐnmǐnfēnfēn 泯泯棼棼 5-1111A
mínmìng 民命 6-1425A
mǐnmíng 敏明 5-465B
mǐnmǐnzīzī 黽黽孳孳 12-1400A
mínmò 民瘼 6-1430A
mínmò 文莫 6-1529A
mǐnmò 泯没 5-1111A
mǐnmò 泯默 5-1112A
mǐnmò 閔嘿 12-95B
mǐnmò 閔默 12-95B
mǐnmò 憫默 7-744B
mǐnmò 黽没 8-993A
mínmǔ 民母 6-1423A
mínmǔ 民畝 6-1426B
mínmù 民牧 6-1424B
mǐnnàn 弭難 4-116B
mǐnnánhuà 閩南話 12-108B
mínnéng 民能 6-1427A
mǐnniàn 閔念 12-94B
mǐnniàn 愍念 7-651A
mǐnniàn 慜念 7-693B
mǐnniàn 憫念 7-743B
mǐnniǎo 繁鳥 9-987A
mínòng 迷弄 10-816A
mìnòng 祕弄 7-901A
mín'ōu 民謳 6-1431A
mǐnpài 閩派 12-108B
mínpèi 珉珮 4-542B
mínpǐn 民品 6-1425B
mǐnpín 憫貧 7-744A
mínpū 民痡 6-1428B
mínqì 民氣 6-1426B
mínqì 民器 6-1430B
mínqì 珉砌 4-542B
mǐnqì 昏棄 5-627A
mǐnqì 皿器 7-1415A
mǐnqì 抿泣 6-503A
mǐnqì 泯棄 5-1111B
mǐnqià 敏洽 5-466A
mínqián 緡錢 9-954A
mǐnqiān 閔騫 12-95B
mínqiǎng 緡鏹 9-954B
mínqiǎng 緡繈 9-954B
mǐnqiáng 敏强 5-466B
mǐnqiáo 閩嶠 12-109A
mǐnqiè 憫切 7-743B
mínqíng 民情 6-1428A
mínqióng 岷邛 3-811B
mínqióng 旻穹 5-638B
mínqióngcáijìn 民窮財盡 6-1430A
mǐnqiú 敏求 5-465B
mínquán 民權 6-1431B
mínquán 緡泉 9-954A
mínquánzhǔyì 民權主義 6-1431B
mǐnquè 泯却 5-1111A
mǐnrán 泯然 5-1111B
mǐnrán 閔然 12-95A
mǐnrán 愍然 7-651B
mǐnrán 憫然 7-744A
mínràng 民讓 6-1432A
mínrén 民人 6-1421A
mǐnrén 閔仁 12-94B
mǐnruì 敏鋭 5-467A
mǐnruì 敏叡 5-467A
mǐnrúxiāng 愍儒鄉 7-651B
mínshān 岷山 3-811B
mǐnshàn 敏贍 5-467A
mǐnshāng 閔傷 12-95B
mǐnshāng 愍傷 7-651B
mǐnshāng 憫傷 7-744B
mǐnshào 敏劭 5-465B
mǐnshào 敏邵 5-465B
mínshè 民舍 6-1424B
mínshè 民社 6-1424A
mǐnshēn 閔參 12-95A
mínshēng 民生 6-1422A
mínshēng 民聲 6-1430B
mínshēngguójì 民生國計 6-1422B
mínshēngzhǔyì 民生主義 6-1422B
mínshī 民師 6-1426B
mínshí 民食 6-1426A
mínshí 民時 6-1426B
mínshí 珉石 4-542A
mínshí 瑉石 4-612B
mínshǐ 民史 6-1422A
mínshì 民事 6-1424A
mínshì 民室 6-1426A
mǐnshí 敏識 5-467A
mǐnshì 憫世 7-743B
mǐnshíbìngsú 憫時病俗 7-744A
mǐnshǒu 敏手 5-465B
mínshū 民輸 6-1430B
mínshǔ 岷蜀 3-812A
mínshù 民庶 6-1427B
mínshù 民數 6-1430A
mǐnshū 愍書 7-651A
mǐnshuā 抿刷 6-503A
mínshuài 民率 6-1428A
mínsī 民思 6-1425B
mǐnsī 敏思 5-466A
mínsòng 民訟 6-1427B
mínsú 民俗 6-1425B
mǐnsù 敏速 5-466A
mínsuǒ 民所 6-1424B
mínsúxué 民俗學 6-1425B
mǐntàn 憫歎 7-744B
míntiān 民天 6-1421A
míntiān 旻天 5-638B
mǐntiān 閔天 12-94B
míntiān 顅天 12-342B
míntián 民田 6-1422A
míntīng 民聽 6-1431B
míntòng 憫慟 7-744B
míntú 民徒 6-1426B
míntuán 民團 6-1429B
míntún 民屯 6-1421B
mínwáng 民王 6-1421A
mínwàng 民望 6-1428A
mǐnwáng 泯亡 5-1111A
mǐnwèi 閔慰 12-95B
mǐnwěn 筤笏 8-1128A
mínwū 民屋 6-1426A
mínwǔ 民伍 6-1423A
mínwù 民物 6-1424B
mínwù 民務 6-1427A
mǐnwù 敏悟 5-466A
mǐnwù 敏晤 5-466A
mǐnwù 敏寤 5-466B
mǐnxī 泯息 5-1111B
mǐnxī 敏惜 5-466A
mǐnxī 閔惜 12-95A
mǐnxī 愍惜 7-651A
mǐnxī 憫惜 7-744A
mínxià 民下 6-1421A
mǐnxiá 敏黠 5-467A
mínxiàn 民獻 6-1431A
mínxiǎng 民享 6-1425A
mínxiào 民校 6-1426B
mǐnxiào 抿笑 6-503A
mǐnxiào 閔笑 12-95A
mǐnxiào 憫笑 7-744A
mínxiàyù 岷下芋 3-811B
mínxiè 民械 6 1427A
mǐnxié 敏諧 5-467A
mínxīn 民心 6-1421B
mínxíng 民行 6-1423A
mínxìng 民性 6-1425A
mǐnxíng 敏行 5-465B
mínxìnjú 民信局 6-1425B
mǐnxiōng 閔凶 12-94B
mǐnxiōng 愍凶 7-651A
mǐnxiōng 憫凶 7-743B
mínxiù 民秀 6-1423B
mǐnxiù 敏秀 5-465B
mínxīwùfù 民熙物阜 6-1429B
mínxū 民圩 6-1423A
mínxū 民墟 6-1429B
mínxù 旻序 5-638B
mǐnxù 愍卹 7-651A
mǐnxù 憫恤 7-743B
mínxuán 民懸 6-1431A
mínxuán 玟璇 4-531B
mínxuǎn 民選 6-1430B
mínxué 民學 6-1430B
mǐnxué 敏學 5-467A
mǐnxué 閩學 12-109A
mínxún 珉珣 4-542B
mǐnxùn 敏遜 5-466B
mínyán 民言 6-1424A
mínyán 民碞 6-1429B
mínyán 民閻 6-1430B
mínyàn 民諺 6-1430B
mínyáo 民窯 6-1430A
mínyáo 民謡 6-1431A
mínyáo 珉瑶 4-542B
mǐnyāo 昏夭 5-622A
mínyè 民業 6-1429A
mínyí 民夷 6-1423A
mínyí 民儀 6-1430A

mínyí 民彝 6-1431A
mínyì 民役 6-1423B
mínyì 民意 6-1429A
mínyì 民義 6-1429A
mínyì 岷益 3-812A
mínyìcèyàn 民意測驗 6-1429A
mínyǐn 民隱 6-1430B
mínyīng 民英 6-1424A
mínyíng 民營 6-1430B
mínyīnguófù 民殷國富 6-1426B
mínyǐshíwéitiān 民以食爲天 6-1422B
mínyōng 民庸 6-1427B
mínyòng 民用 6-1422B
mínyōu 民憂 6-1430A
mínyóu 民猷 6-1429A
mínyǒu 民有 6-1423A
mǐnyōu 閔憂 12-95B
mǐnyòu 憫宥 7-744A
mínyú 民魚 6-1427B
mínyǔ 民語 6-1429B
mínyǔ 旻宇 5-638B
mínyù 民欲 6-1427B
mínyù 民獄 6-1429B
mínyù 民譽 6-1431A
mínyù 珉玉 4-542A
mínyù 瑉玉 4-612B
mǐnyù 閔雨 12-94B
mínyuàn 民怨 6-1426A
mínyuàn 民願 6-1431A
mínyuànfèiténg 民怨沸騰 6-1426A
mínyuángémìng 民元革命 6-1421B
mínyuē 民約 6-1426A
mínyuè 民樂 6-1430B
mǐnyuè 閩粵 12-108B
mǐnyuè 閩越 12-108B
mínyún 旻雲 5-638B
mínyùn 民運 6-1428B
mínzǎi 民宰 6-1427A
mínzé 民則 6-1425B
mínzéi 民賊 6-1429A
mínzéidúfū 民賊獨夫 6-1429A
mǐnzhá 昏札 5-622A
mínzhái 民宅 6-1423A
mínzhǎng 民長 6-1424A
mínzhēn 玟砧 4-531B
mínzhèng 民正 6-1422A
mínzhèng 民政 6-1425B
mínzhī 民祇 6-1426A
mínzhī 民脂 6-1426B
mínzhì 民志 6-1423B
mínzhì 民治 6-1425A
mínzhì 民智 6-1428B
mǐnzhì 敏智 5-466B
mínzhīmíngāo 民脂民膏 6-1426B
mínzhǒng 民冢 6-1427A
mínzhòng 民衆 6-1428B
mǐnzhōng 閩中 12-108A
mǐnzhōngshízǐ 閩中十子 12-108B
mǐnzhōu 敏周 5-466A
mínzhǔ 民主 6-1422B
mínzhuàng 民壯 6-1424A
mínzhǔdǎngpài 民主黨派 6-1423A
mǐnzhuì 泯墜 5-1112A
mínzhǔjízhōngzhì 民主集中制 6-1422B
mínzhǔrénshì 民主人士 6-1422B
mínzhǔshēnghuó 民主生活 6-1422B
mínzī 民資 6-1429A
mǐnzi 抿子 6-503A
mǐnzǐ 閔子 12-94B
mǐnzǐlǐ 閔子裏 12-94B
mínzōng 民宗 6-1425A
mínzú 民族 6-1427B
mínzúgòngtóngyǔ 民族共同語 6-1428A
mǐnzuǐ 抿嘴 6-503B
mǐnzuò 昏作 5-622B
mǐnzuò 暋作 5-809A
mínzúxíngshì 民族形式 6-1428A
mínzúyīngxióng 民族英雄 6-1428A
mínzúzhǔyì 民族主義 6-1427B
mínzúzīchǎnjiējí 民族資産階級 6-1428A
mì'ǒu 密偶 3-1536B
mì'ǒu 蜜藕 8-924B
mǐpān 米潘 9-197A
mǐpèi 彌轡 4-161B
mǐpèi 米糒 9-197A
mǐpèi 弭佩 4-115B
mǐpèi 弭轡 4-116B
mìpéngpéng 密蓬蓬 3-1538B
mǐpī 靡披 11-789A
mìpí 蜜脾 8-923B
mǐpíng 靡蓱 11-790B
mǐpíng 敉平 5-443A
mīqī 眯萋 7-1208B
mīqī 眯瞑 7-1209A
mīqí 眯齊 7-1209A
míqī 迷瞑 10-822B
míqì 迷氣 10-818B
mǐqí 靡旗 11-791B
mǐqí 米奇 9-196A
mìqì 密戚 3-1536A
mìqí 祕奇 7-901A
mìqǐ 密啓 3-1537B
mìqì 祕器 7-904A
mìqì 密契 3-1534A
mìqià 密洽 3-1535A
mìqiǎn 密遣 3-1539A
mìqiāngqiāng 密蹡蹡 3-1541B
mìqiāngqiāng 密鏘鏘 3-1542A
mìqiángwēi 密薔薇 3-1540B
míqiào 迷竅 10-824A
mìqiǎo 密巧 3-1531B
mìqiè 密切 3-1531B
mìqīn 密親 3-1541A
míqíng 迷情 10-819B
mǐqīng 靡傾 11-791A
mìqīng 密清 3-1536B
mìqìng 密箐 3-1539B
mìqìqì 密葺葺 3-1538A
míqiú 麛裘 12-1300B
mìqiū 祕丘 7-900B
míqíyǎn 迷齊眼 10-822A
míqū 糜軀 9-239A
míqū 麋軀 12-1292A
míqū 靡軀 11-792A
mǐqū 米麴 9-197B
mìqǔ 覓取 10-331B
míquè 迷却 10-816A
míqūsuìshǒu 糜軀碎首 9-239A
míqūyǎn 迷覷眼 10-823B
mǐrán 靡然 11-791A
mìrán 密然 3-1538B
mìrán 謐然 11-392B
mǐránchéngfēng 靡然成風 11-791A
mǐráncóngfēng 靡然從風 11-791A
mǐráng 弭禳 4-116B
mǐránshùnfēng 靡然順風 11-791A
mǐránxiàngfēng 靡然鄉風 11-791A
mǐránxiàngfēng 靡然嚮風 11-791A
mǐránxiàngfēng 靡然向風 11-791A
mírén 迷人 10-814B
mìrén 密人 3-1531A
mìrén 蜜人 8-922A
mìrén 冪人 2-461B
mírényǎnmù 迷人眼目 10-815A
mírì 彌日 4-157B
mírìlěiyè 彌日累夜 4-158A
míróng 麛茸 12-1291A
mǐrǒng 靡冗 11-788B
mìróng 密榮 3-1540A
mǐrù 靡縟 11-791B
mìrú 密如 3-1533A
mìrú 謐如 11-392B
mìruì 祕瑞 7-903A
mǐrùn 靡潤 11-791B
mǐruò 靡弱 11-789B
mísa 彌撒 4-160B
mísàn 彌散 4-159B
mísàn 糜散 9-239A
mísàn 麋散 12-1291B
mísàn 靡散 11-790B
mísàn 爢散 7-322A
mísàn 瀰散 6-217A
mǐsàn 弭散 4-115B
mísè 迷塞 10-821B
mǐsè 米色 9-195B
mìsè 祕色 7-900B
mìsè 祕濇 7-904A
mìsè 密塞 3-1539B
mìsè 蜜色 8-922B
míshān 迷山 10-815A
míshān 彌扇 4-159B
mìshān 峚山 3-813B
mìshān 密山 3-1531A
mìshàn 密贍 3-1542A
mìshāng 密商 3-1536B
míshāngènyě 彌山亘野 4-157B
míshāngxiàcài 迷傷下蔡 10-821B
míshé 麋舌 12-1290B
míshè 迷攝 10-824B
mǐshěn 米瀋 9-197B
mìshēn 密深 3-1537A
mìshěn 密諗 3-1540B
mìshèn 泌滲 5-1102B
míshēng 彌甥 4-160A
míshēng 禰生 7-968A
mìshěng 祕省 7-901B
míshī 迷失 10-815B
míshí 迷識 10-824A
míshí 彌時 4-159A
míshì 彌士 4-157B
míshì 彌事 4-158B
mǐshì 靡飾 11-791A
mǐshì 彌事 4-159A
mìshí 密石 3-1532A
mìshí 密實 3-1540A
mìshí 覓石 10-331B
mìshí 覓食 10-331B
mìshí 蜜食 8-923A
mìshǐ 祕史 7-900B
mìshǐ 密矢 3-1532A
mìshǐ 密使 3-1534A
mìshì 瞶暘 7-1250B
mìshì 祕室 7-901B
mìshì 密事 3-1533B
mìshì 密侍 3-1533B
mìshì 密室 3-1535A
míshǒu 麋首 12-1291A
míshòu 麋壽 12-1291B
mǐshǒu 弭首 4-115B
mìshǒu 冪首 2-461B
mìshū 祕書 7-902A
mìshū 祕樞 7-903B
mìshū 秘書 8-72B
mìshū 密書 3-1535B
mìshū 密疏 3-1538B
mìshū 密樞 3-1540A
mìshū 蜜殊 8-923A
mìshú 密熟 3-1540B
mìshù 祕術 7-902B
mìshù 密樹 3-1540B
mìshūchéng 祕書丞 7-902A
mìshuǐ 祕水 7-900B
mìshuǐ 蜜水 8-922A
mìshūjiàn 祕書監 7-902B
mìshūláng 祕書郎 7-902A
mìshuō 祕說 7-903B
mìshūshěng 祕書省 7-902A

mìshūwàijiàn 祕書外監 7-902A
mìshūyuàn 祕書院 7-902B
mísī 迷廝 10-823A
mísī 迷澌 10-823A
mísǐ 迷死 10-816A
mìsī 祕思 7-901B
mìsī 密司 3-1532B
mìsī 密思 3-1534B
mìsī 密斯 3-1538A
mìsǐ 覓死 10-331B
mìsītè 密司忒 3-1532B
mìsītuō 密斯脱 3-1538A
mísú 靡俗 11-789B
mǐsù 米粟 9-196B
mìsū 蜜蘇 8-924B
mìsuàn 祕算 7-903B
mísuì 彌歲 4-160A
mísuì 糜碎 9-239A
mísuì 麋碎 12-1291B
mísuì 靡碎 11-791A
mìsuì 祕邃 7-904B
mísūn 彌孫 4-159B
mísǔn 糜損 9-239A
mísuǒ 靡瑣 11-791A
mìsuō 密唆 3-1535B
mìsuǒ 密索 3-1535B
mìsuǒ 覓索 10-332A
mǐsuǒdǐzhǐ 靡所底止 11-789A
mǐsuǒshìcóng 靡所適從 11-789A
mǐtā 靡他 11-788B
mǐtā 靡它 11-788B
mítái 麋臺 12-1291B
mìtán 密談 3-1540B
mìtàn 密探 3-1536A
mítāng 迷湯 10-820A
mǐtāng 米湯 9-197A
mítānghuà 迷湯話 10-820A
mǐtè 靡忒 11-789A
mǐtè 靡慝 11-791A
mítì 迷殢 10-822B
mǐtì 靡替 11-790B
mítiān 迷天 10-815A
mítiān 彌天 4-157B
mítiān 瀰天 6-217A
mítián 麋田 12-1290B
mìtián 蜜甜 8-923A
mítiānbùzhàng 迷天步障 10-815A
mítiāndàhuǎng 迷天大謊 10-815A
mítiāndàzuì 迷天大罪 10-815A
mítiānzǐ 彌天子 4-157B
mǐtiē 米貼 9-196B
mǐtiē 弭帖 4-115B
mìtiē'er 覓貼兒 10-332A
mìtiē'er 覓帖兒 10-331B
mìtíng 秘庭 8-72A
mítóng 迷童 10-820A
mìtōng 密通 3-1536A
mìtǒng 密筩 3-1539A
mìtǒng 蜜筒 8-923B
mìtǒng 蜜筩 8-923B
mítóu 迷頭 10-823A
mítóu 謎頭 11-354B
mǐtóu 弭頭 4-116A
mítú 迷徒 10-818B
mítú 迷途 10-818B
mítú 迷塗 10-821B
mǐtū 米突 9-196A
mìtú 祕圖 7-903B
mìtú 密塗 3-1539B
mìtú 密圖 3-1539B
mítuán 迷團 10-822A
mítuán 謎團 11-354B
mítuó 彌陀 4-158B
mítuó 彌陁 4-158B
mǐtuó 靡佗 11-789A
mìtuósēng 密陀僧 3-1533B
mítuótà 彌陀榻 4-158B
mítúzhīfǎn 迷途知反 10-818B
mítúzhīfǎn 迷途知返 10-818B
mítúzhīfǎn 迷塗知反 10-821B
miù'ài 謬愛 11-409A
miùcǎixūshēng 謬采虛聲 11-407B
miùcǎixūyù 謬采虛譽 11-407B
miùchǒu 繆醜 9-1013B
miùchuán 繆傳 9-1013B
miùchuán 謬傳 11-408B
miùchuǎn 謬舛 11-407B
miùcí 謬辭 11-410A
miùcuò 繆錯 9-1013B
miùcuò 謬錯 11-410A
miùdá 謬答 11-408B
miùdàn 謬誕 11-409A
miùdé 謬得 11-408B
miùdēng 謬登 11-408B
miùdú 謬牘 11-410A
miùdùn 謬遁 11-408B
miù'è 謬惡 11-408B
miù'ēn 繆恩 9-1013A
miù'ēn 謬恩 11-408A
miùfǎ 謬法 11-407B
miùgōng 謬工 11-407A
miùguān 謬官 11-407B
miùhàn 謬漢 11-409B
miùhuì 謬會 11-409A
miùhuò 繆惑 9-1013A
miùhuò 謬惑 11-408B
miùjì 謬計 11-408A
miùjì 謬冀 11-409B
miùjiā 謬加 11-407A
miùjiàn 謬見 11-407B
miùjiàn 謬薦 11-409B
miùjié 繆節 9-1013B
miùjiě 謬解 11-409A
miùjìn 謬進 11-408B
miùjǔ 謬舉 11-409B
miùlàn 謬濫 11-410A
miùlàn 謬爛 11-410A
miùlàng 謬浪 11-408A
miùlǐ 謬理 11-408A
miùlì 繆戾 9-1012B
miùlì 繆盭 9-1014A
miùlì 謬戾 11-407B
miùlì 謬沴 11-407B
miùlì 謬盭 11-410A
miùlòu 繆陋 9-1013A
miùlòu 謬陋 11-408A
miùlòu 謬漏 11-409B
miùluàn 繆亂 9-1013B
miùluàn 謬亂 11-409A
miùlùn 謬論 11-409B
miùlüè 謬略 11-408A
miùmào 謬耄 11-408A
miùpì 謬僻 11-409B
miùpǐn 謬品 11-408A
miùqiǎo 繆巧 9-1012B
miùqiǎo 謬巧 11-407A
miùquē 繆缺 9-1013A
miùquē 謬闕 11-410A
miùrán 謬然 11-408B
miùrèn 謬認 11-409B
miùróng 謬容 11-408A
miùrǒng 謬宂 11-407A
miùshī 謬失 11-407A
miùshù 繆數 9-1013B
miùshuō 繆說 9-1013B
miùshuō 謬說 11-409B
miùsuàn 謬算 11-409A
miùtán 謬談 11-409B
miùtè 謬忒 11-407B
miùtīng 謬聽 11-410A
miùtuōzhījǐ 謬托知己 11-407A
miùwàng 繆妄 9-1012B
miùwàng 謬妄 11-407B
miùwàngwújī 謬妄無稽 11-407B
miùwéi 謬爲 11-408B
miùwěn 繆紊 9-1013A
miùwū 謬誣 11-409A
miùwù 繆誤 9-1013B
miùwù 謬悞 11-408A
miùwù 謬誤 11-409B
miùxiǎng 謬想 11-408B
miùxiǎngtiānkāi 謬想天開 11-408B
miùyán 謬言 11-407B
miùyào 謬藥 11-410A
miùyì 謬易 11-407B
miùyì 謬異 11-408A
miùyì 謬議 11-410A
miùyǐqiānlǐ 謬以千里 11-407A
miùyōu 繆悠 9-1013A
miùyōu 謬幽 11-408A
miùyōu 謬悠 11-408A
miùyū 謬迂 11-407A
miùyǔ 謬語 11-409A
miùyuè 謬越 11-408B
miùzhāng 謬彰 11-409B
miùzhèng 繆政 9-1013A
miùzhèng 謬政 11-408A
miùzhí 謬職 11-410A
miùzhǒng 謬種 11-409A
miùzhǒngliúchuán 繆種流傳 9-1013B
miùzhǒngliúchuán 謬種流傳 11-409A
miùzì 謬字 11-407B
mǐwàishǐ 米外史 9-195B
míwán 迷頑 10-820B
mìwán 祕玩 7-901A
mìwán 蜜丸 8-922A
míwáng 迷亡 10-815A
míwǎng 迷罔 10-817A
míwǎng 迷惘 10-819B
míwǎng 迷網 10-822B
míwàng 迷妄 10-816A
míwàng 彌望 4-159B
míwàng 瀰望 6-217A
mǐwàng 弭忘 4-115B
mìwǎng 密網 3-1540A
mìwēi 密微 3-1539A
mìwěi 祕緯 7-904A
míwěiqīng 彌尾青 4-158B
mìwēiwēi 密微微 3-1539A
míwén 彌文 4-158A
mìwén 祕文 7-900B
mìwěn 謐穩 11-392B
mìwēngwēng 蜜翁翁 8-923A
mìwò 密幄 3-1538A
míwú 蘪蕪 9-626B
míwú 麋蕪 12-1292A
míwú 蘼蕪 9-633B
míwú 蘪蕪 9-626B
míwù 迷悟 10-819A
míwù 迷悞 10-819A
míwù 迷誤 10-822A
míwù 迷霧 10-823B
míwù 迷騖 10-824B
mǐwū 米巫 9-195B
mìwù 密勿 3-1531B
mìwù 蜜勿 8-922A
mīxī 眯睎 7-1209A
mīxì 眯細 7-1208B
míxī 迷希 10-816B
míxī 迷奚 10-819A
míxī 迷稀 10-820A
míxī 迷嬉 10-823A
míxì 迷戲 10-823B
míxì 縻繫 9-1008A
mǐxī 弭息 4-115B
mǐxī 弭錫 4-116B
mǐxí 靡習 11-790B
mǐxǐ 靡徙 11-790A
mǐxì 靡細 11-790B
mìxī 祕惜 7-902B
mìxī 謐息 11-392B
mìxí 密席 3-1535B
mìxǐ 蜜璽 8-924B
mìxì 祕戲 7-904B
míxiàcài 迷下蔡 10-815A
míxián 麋銜 12-1292A
mìxián 密銜 3-1540A
míxiāng 迷香 10-817B
míxiāng 迷鄉 10-820A

míxiàng 迷向 10-816A
mǐxiāng 靡響 11-792B
mìxiāng 蜜香 8-923A
mìxiàng 祕象 7-902B
míxiāngdòng 迷香洞 10-817B
mìxiāngshù 蜜香樹 8-923A
mǐxiāngyáng 米襄陽 9-197B
mìxiāngzhǐ 蜜香紙 8-923A
mìxiāo 密篠 3-1541A
míxiè 彌澥 4-160B
míxiè 靡屑 11-789B
mìxiě 密寫 3-1540B
míxīn 迷心 10-815B
míxìn 迷信 10-817B
mìxīn 祕辛 7-901A
mìxīn 密心 3-1531B
mìxìn 密信 3-1534B
míxīng 麋腥 12-1291B
míxíng 迷行 10-816A
míxìng 迷性 10-817A
mìxíng 密行 3-1533A
mìxìng 蜜杏 8-922B
mìxìtú 祕戲圖 7-904B
mìxiū 密修 3-1534B
mìxū 密須 3-1538A
míxuàn 迷眩 10-818B
mǐxuě 米雪 9-196B
mìxué 祕學 7-904A
mìxué 密學 3-1541A
míxún 彌旬 4-158B
mīyā 咪呀 3-347B
míyān 迷烟 10-819A
míyān 迷煙 10-821B
míyǎn 迷眼 10-819A
míyǎn 彌衍 4-159A
mǐyán 米鹽 9-198A
mìyán 秘嚴 8-72B
mìyán 密言 3-1533B
mìyán 密筵 3-1538A
mìyán 密嚴 3-1542A
mìyàn 密宴 3-1535B
mìyàn 密讌 3-1542A
míyáng 迷陽 10-819B
míyàng 迷漾 10-822B
mìyáng 密陽 3-1537B
mìyáng 密楊 3-1539A
míyánmíyǔ 迷言迷語 10-816B
mǐyánnìlǐ 靡顏膩理 11-792A
míyāo 麛夭 12-1300B
míyào 迷藥 10-823B
mìyào 祕要 7-901B
mìyào 祕藥 7-904B
mìyào 密要 3-1534B
mìyě 祕埜 7-902B
mìyě 祕野 7-902B
míyí 迷疑 10-822A
míyí 瀰迤 6-217A
míyì 迷意 10-821B
míyì 彌益 4-159B
mǐyí 靡匜 11-788B
mǐyí 靡迤 11-789A
mǐyí 靡遺 11-791B
mǐyí 靡迆 11-789A
mǐyí 瀰迆 6-183A
mǐyí 鮇鱶 12-1231B
mǐyì 彌翼 4-161A
mǐyì 弭翼 4-116B
mìyí 祕儀 7-903B
mìyí 密移 3-1536B
mìyì 祕異 7-902B
mìyì 祕逸 7-902B
mìyì 祕義 7-903A
mìyì 密意 3-1539B
mìyì 密義 3-1539B
mìyì 密翳 3-1541B
mìyì 密議 3-1542A
mìyì 滵溢 6-108A
mǐyǐn 米飲 9-197A
mìyīn 密姻 3-1535A
mìyǐn 祕隱 7-904A
mìyǐn 秘引 8-72A
mìyìn 祕印 7-900B
mìyìn 密蔭 3-1538B
mìyìn 密印 3-1532B
mìyìn 蜜印 8-922B
míyíng 彌楹 4-160A
mǐyītōushí 靡衣偷食 11-789A
mǐyītōushí 靡衣媮食 11-789A
mǐyīyùshí 靡衣玉食 11-789A
míyǒng 彌永 4-158A
mìyōng 密庸 3-1536B
mìyòng 密用 3-1532B
mìyǒngtiányín 密咏恬吟 3-1533B
mìyǒngtiányín 密詠恬吟 3-1538B
míyòu 迷誘 10-822A
mìyóu 密遊 3-1538B
mìyǒu 密友 3-1531B
mìyòu 覓誘 10-332A
mǐyǒujiéyí 靡有孑遺 11-789A
míyú 迷愚 10-821A
míyǔ 迷語 10-822A
míyǔ 謎語 11-354B
mìyǔ 眯語 7-1209A
mìyǔ 祕宇 7-900B
mìyǔ 密雨 3-1533B
mìyǔ 密語 3-1540A
mìyù 宓汨 3-1404A
mìyù 祕獄 7-903B
mìyù 祕鬱 7-904B
mìyù 密諭 3-1541A
mìyù 滵汨 6-108A
míyuǎn 彌遠 4-160A
míyuàn 麋苑 12-1291A
mìyuán 蜜源 8-924A
mìyuǎn 祕遠 7-903A
mìyuàn 秘苑 8-72A
mìyuàn 密院 3-1535A
míyuè 迷月 10-815A
míyuè 彌月 4-158A
mìyuē 密約 3-1535A
mìyuè 祕樂 7-904A
mìyuè 祕籥 7-904B
mìyuè 蜜月 8-922A
míyún 迷雲 10-820A
mìyún 密雲 3-1538A
mìyùn 秘藴 8-72B
mìyùn 密運 3-1538B
mìyúnbùyǔ 密雲不雨 3-1538A
mìyúnlóng 密雲龍 3-1538A
mìyúnlóng 蜜雲龍 8-923B
mìyǔtiányán 蜜語甜言 8-924A
mǐzāi 弭災 4-115B
mìzàn 密贊 3-1542A
mǐzàng 靡葬 11-790B
mìzàng 祕藏 7-904A
mìzàng 祕臧 7-903B
mìzàng 密藏 3-1541B
mìzǎo 蜜棗 8-923A
mìzāzā 密匝匝 3-1532A
mìzāzā 密拶拶 3-1534B
mìzé 祕賾 7-904B
mǐzéi 米賊 9-197A
mìzhá 密札 3-1531B
mǐzhān 靡旃 11-789B
mízhàng 迷瘴 10-823A
mìzhāng 密章 3-1536B
mìzhāng 蜜章 8-923A
mǐzhào 弭棹 4-115B
mǐzhào 弭櫂 4-116B
mìzhào 密詔 3-1538B
mìzházhá 密札札 3-1532A
mǐzhé 弭蹢 4-116B
mǐzhé 弭轍 4-116B
mìzhé 密摺 3-1539B
mízhēn 迷真 10-818B
mízhèn 迷陣 10-818A
mízhèn 縻紖 9-1008A
mìzhēn 祕珍 7-901B
mízhí 迷執 10-819A
mízhí 縻縶 9-1008A
mízhí 縻職 9-1008A
mízhì 迷智 10-820A
mízhì 迷滯 10-822A
mízhì 彌至 4-158B
mízhì 麋至 12-1290B
mízhì 麋質 12-1292A
mǐzhī 米汁 9-195B
mǐzhǐ 靡止 11-788B
mǐzhì 米制 9-196A
mìzhī 蜜汁 8-922B
mìzhí 密植 3-1538A
mìzhǐ 秘旨 8-72A
mìzhǐ 密旨 3-1533A
mìzhǐ 密指 3-1534A
mìzhì 密致 3-1535B
mìzhì 密畤 3-1536B
mìzhì 密製 3-1539B
mìzhì 密緻 3-1541B
mìzhì 密櫛 3-1541B
mízhōng 迷中 10-815A
mìzhòng 祕重 7-901B
mízhōu 糜粥 9-239A
mízhōu 麋鬻 12-1292A
mízhōu 麋粥 12-1291B
mìzhōu 密周 3-1533B
mìzhòu 祕呪 7-901A
mízhǔ 糜煮 9-239A
mìzhú 密竹 3-1532B
mìzhú 蜜燭 8-924A
mìzhǔ 汨渚 5-963B
mìzhǔ 密屬 3-1542A
mìzhù 祕祝 7-902A
mìzhù 祕著 7-902B
mìzhuàn 密撰 3-1540A
mìzhuāng 密裝 3-1539B
mízhūbì 迷朱碧 10-816A
mǐzhùchóng 米蛀蟲 9-196B
mízhuì 迷墜 10-822B
mízhuó 迷著 10-819A
mízhuó 迷濁 10-823B
mízhuó 麋灼 12-1291A
mǐzhūxīnguì 米珠薪桂 9-196A
mìzǐ 蜜滓 8-924A
mìzì 蜜漬 8-924A
mízōng 迷踪 10-822B
mízōng 迷蹤 10-824A
mǐzōng 彌宗 4-159A
mǐzòng 靡蹤 11-792A
mìzōng 密宗 3-1534A
mízōngquán 迷踪拳 10-822B
mízōngyì 迷踪藝 10-823A
mìzòu 密奏 3-1534A
mízǒushénjīng 迷走神經 10-816A
mízuì 迷罪 10-821B
mízuì 迷醉 10-822B
mìzuò 密坐 3-1533A
m1mā 姆媽 4-337A
ḿmò 嘸没 3-509B
mò'āi 默哀 12-1343B
mó'àn 摩按 6-824A
mǒ'àn 抹岸 6-437B
mó'ǎo 魔媼 12-475A
mò'áo 莫敖 9-416B
móbài 膜拜 6-1360A
móbài 膜唄 6-1360A
móbǎn 摹版 6-787B
mòbān 末班 4-698A
mòbǎn 墨板 2-1217A
mòbǎn 墨版 2-1217A
móbàng 魔棒 12-475A
mòbǎo 墨寶 2-1220B
móbēi 模碑 4-1210A
mòběi 漠北 6-5A
móběn 摹本 6-787A
móběn 模本 4-1208A
mòběn 末本 4-694B
mòběn 墨本 2-1215B
móbī 劘逼 2-759A
móbì 劘拂 2-759A
mòbǐ 墨筆 2-1219B
mòbì 墨辟 2-1219B
mòbiān 末編 4-702A
mòbiàn 末弁 4-695A
móbiǎo 模表 4-1208B

mòbīng 墨兵 2-1216B
móbō 劘剥 2-759A
mòbō 沫餑 5-1034B
mòbó 驀駁 12-867B
mòbóshì 磨博士 7-1105B
mǒbózi 抹脖子 6-438A
mòbù 莫不 9-415A
mòbù 貊布 10-1335B
mòbùchéng 莫不成 9-415A
mòbùguānxīn 漠不關心 6-5A
mòbùkāi 磨不開 7-1101B
mòbùkāi 抹不開 6-437A
móbùlín…磨不磷,涅不緇 7-1101B
mòbùshā 没不煞 5-980A
mòbushì 莫不是 9-415A
mócā 摩擦 6-826B
mócā 磨擦 7-1107B
mòcái 末材 4-696A
mòcái 墨裁 2-1219A
mòcǎi 墨彩 2-1218B
mòcǎi 墨綵 2-1220A
mòcǎn 墨慘 2-1220A
mòcāng 默蒼 12-1344A
mòcǎnyī 墨慘衣 2-1220A
mòcāo 末操 4-702A
mòcáodūtǒng 墨曹都統 2-1218B
mócè 謨策 11-372A
mòcè 末策 4-700B
mòcè 墨册 2-1215B
mòcè 墨策 2-1219A
mòcègāoshēn 莫測高深 9-417A
mócèng 磨蹭 7-1108B
mòchá 末茶 4-697A
mòchá 默察 12-1344B
móchán 磨纏 7-1109A
mòchǎn 没産 5-988A
mòchǎn 末産 4-700A
mòchǎng 墨場 2-1219A
mòcháo 末朝 4-700B
mòchē 磨車 7-1102B
mòchē 墨車 2-1216B
móchén 謨臣 11-372A
móchén 譕臣 11-420A
mòchén 末臣 4-695A
mòchén 末塵 4-702A
mòchén 墨臣 2-1215B
mòchēng 瞙瞠 7-1241B
mòchéng 墨程 2-1219A
mòchéng 默成 12-1342B
mòchī 墨癡 2-1220B
mòchí 墨池 2-1216A
mòchǐ 没齒 5-990B
mòchǐ 殁齒 5-155B
mòchì 墨勑 2-1218A
mòchì 墨勅 2-1217B
mòchì 墨敕 2-1218B
mòchǐbùwàng 没齒不忘 5-990B
mòchǐnánwàng 没齒難忘 5-990B
mòchìxiéfēng 墨敕斜封 2-1218B
móchóng 麽蟲 12-1279B
mòchóu 莫愁 9-417A
mòchóuhú 莫愁湖 9-417A
móchù 摩觸 6-827A
mòchú 秣芻 8-66A
mòchǔ 墨楮 2-1219A
mōchuāi 摹揣 6-788A
mōchuāi 摸揣 6-794B
móchuāi 摩揣 6-825A
móchuāi 磨揣 7-1105B
mòchuāi 默揣 12-1344A
móchuán 模傳 4-1210A
mòchuán 默傳 12-1344A
móchuāntiěxié 磨穿鐵鞋 7-1103B
móchuāntiěyàn 磨穿鐵硯 7-1103B
móchǔchéngzhēn 磨杵成針 7-1103A
mòchuí 末垂 4-696B
mòchūn 末春 4-697A
móchǔzuòzhēn 磨杵作針 7-1103A
mócì 模次 4-1208B
mócuì 磨淬 7-1105A
mòcuī 墨縗 2-1220B
mòcuī 墨衰 2-1218A
mòcuīcóngróng 墨縗從戎 2-1220B
mòcuīdié 墨衰絰 2-1218A
mòcún 默存 12-1342B
mòcǔn 默忖 12-1342B
mócuò 磨錯 7-1107B
módǎ 摹打 6-787A
mǒdā 抹搭 6-438A
mòdà 末大 4-693B
mòdàbìzhé 末大必折 4-693B
mòdàbùdiào 末大不掉 4-693B
mòdài 没代 5-981B
mòdài 末代 4-694B
mòdài 末貸 4-700B
mòdàisūn 末代孫 4-694B
módàng 摩蕩 6-826A
módàng 摩盪 6-826B
módàng 劘蕩 2-759A
mòdàngzi 墨盪子 2-1220B
módào 魔道 12-475A
mòdāo 陌刀 11-962B
mòdāo 驀刀 12-867B
mòdǎo 默禱 12-1345B
mòdào 貉道 10-1336B
mòdào 磨道 7-1105B
mòdào 貊道 10-1335B
mòdào 默倒 12-1343B
mòdào 默到 12-1343A
mòdào 默道 12-1344A
módāobùwùkǎncháigōng 磨刀不誤砍柴工 7-1101A
módāohuòhuò 磨刀霍霍 7-1101B
módāoshuǐ 磨刀水 7-1101B
módāoyǔ 磨刀雨 7-1101B
mòde 没的 5-985A
mòdé 没得 5-988A
mòdé 末德 4-702A
mòdé 莫得 9-416B
mòdékāi 抹得開 6-437B
módēng 摩登 6-825B
módēnggānǚ 摩登伽女 6-825B
módēngnǚ 摩登女 6-825B
mōdǐ 摸底 6-794A
mòdǐ 末底 4-696B
mòdì 没地 5-982A
mòdì 末第 4-699B
mòdì 驀的 12-867B
mòdì 驀地 12-867B
módiǎn 謨典 11-372A
mòdiào 末調 4-702A
mòdiào 默釣 12-1343B
módiē 摩跌 6-825A
mòdié 墨絰 2-1219B
mòdiécóngróng 墨絰從戎 2-1219B
módǐkèlì 磨砥刻厲 7-1104A
mòdìlǐ 驀地裡 12-867B
mòdìlǐ 驀地裏 12-867B
módǐng 摩頂 6-821A
módǐngfàngzhǒng 摩頂放踵 6-824B
módǐngzhìzhǒng 摩頂至踵 6-824B
módǐngzhìzú 摩頂至足 6-824B
mǒdiū 抹丢 6-437A
mǒdiū 抹颩 6-438A
mòdōng 末冬 4-694B
módòng 磨動 7-1105A
mòdǒu 墨斗 2-1215A
mòdǒu 墨蚪 2-1218B
mòdòufǔ 磨豆腐 7-1102B
mòdòufǔ 磨荳腐 7-1104A
módōujiān 磨兜堅 7-1105A
módōujiān 磨兜鞬 7-1105A
mòdǒuyú 墨斗魚 2-1215B
módù 模度 4-1209A
mòdū 末都 4-698A
mòdú 冒頓 5-666B
mòdú 默讀 12-1345B
mòdù 末度 4-698A
mòdù 袜肚 9-47A
móduàn 謨斷 11-372B
móduì 磨兑 7-1102B
móduì 磨對 7-1106B
mòduì 磨兑 7-1102B
módūn 摩敦 6-825B
módūn 磨敦 7-1105B
módùn 磨盾 7-1103B
módùn 磨鈍 7-1105B
módùnbí 磨盾鼻 7-1103B
mòduó 嘿奪 3-509A
mòduōguó 末多國 4-695B
mò'é 抹額 6-438B
mò'é 陌額 11-963B
mò'é 墨娥 2-1218A
mò'é 袜額 9-47B
mò'ěr 嘿爾 3-509A
mò'ěr 漠爾 6-6A
mò'ěr 默爾 12-1344B
mò'èr 莫二 9-415A
mó'érbùlín… 礳而不隣,涅而不滓 7-1122B
mó'érbùlìn… 磨而不磷,涅而不緇 7-1102A
mófǎ 魔法 12-474B
mòfǎ 末法 4-696B
mòfǎ 墨法 2-1217B
mófàn 模範 4-1210B
mófàn 謨範 11-372B
mófàn 囩梳 3-620A
mòfān 磨翻 7-1108A
mòfán 磨煩 7-1106A
mófāng 模枋 4-1208B
mófǎng 摹仿 6-787B
mófǎng 摹倣 6-787B
mófǎng 摹放 6-787B
mófǎng 模仿 4-1208B
mófǎng 模彷 4-1208B
mófǎng 模倣 4-1209B
mófǎng 模放 4-1208B
mòfāng 磨坊 7-1102B
mòfáng 磨房 7-1103A
mòfēi 莫非 9-415B
mòfěi 莫匪 9-416B
mòfèi 末費 4-700B
mófēn 魔氛 12-474B
mófēng 魔風 12-474B
mòfēng 末封 4-697A
mòfēng 末風 4-697B
mòfēng 墨封 2-1217B
mófú 摩拂 6-823B
mófú 磨拂 7-1103B
mófú 劘拂 2-759A
mófǔ 摩拊 6-823B
mófǔ 摩撫 6-826A
mòfú 末伏 4-695B
mòfú 莫弗 9-415A
mòfú 墨紱 2-1219A
mòfú 默符 12-1343B
mòfú 帕服 3-702B
mòfù 抹腹 6-438B
mòfù 末富 4-700B
mòfù 袹複 9-73A
mòfù 帕複 3-703A
mòfù 帕腹 3-703A
mòfù 袙複 9-52A
mòfù 袙腹 9-51B
mòfù 袜腹 9-47B
mògǎi 默改 12-1343A
mògān 鏌干 11-1360A
mògǎn 莫敢 9-417A
mògǎn 默感 12-1344A
mógào 謨誥 11-372A
mògǎo 默稿 12-1344B
mògǎo 默藁 12-1345A
mògào 默告 12-1342B
mógāoyīchǐ…

魔高一尺,道高一丈 12-475A
mógé 磨隔 7-1106A
mògé 靺鞈 12-678A
mògé 靺鞈 12-189B
mògé 靺鞈 12-189B
mògédài 靺鞈帶 12-678A
mógōng 魔宫 12-474B
mògōng 末工 4-693B
mògōng 末功 4-694A
mògōng 貊弓 10-1335B
mògōng 墨工 2-1215A
mògòng 末供 4-696B
mógū 嫫姑 4-394A
mógū 摹姑 6-787B
mógū 磨菇 7-1104B
mógū 蘑菇 9-623A
mógū 蘑菰 9-623A
mógǔ 撫古 6-873A
mógǔ 模古 4-1208A
mógǔ 磨古 7-1102A
mógǔ 磨骨 7-1103B
mògǔ 没汩 5-984A
mògǔ 没滑 5-989A
móguā 磨刮 7-1103A
móguài 魔怪 12-474B
mòguān 嘿觀 3-509B
mòguān 没官 5-985B
mòguān 末官 4-697A
mòguān 墨官 2-1217B
mòguāng 末光 4-695A
móguī 劘規 2-759A
móguǐ 魔鬼 12-474B
mòguī 末規 4-699B
mǒguǐliǎn 抹鬼臉 6-437B
mǒgǔpái 抹骨牌 6-437B
mógūxùn 蘑菰蕈 9-623A
mógūyún 蘑菇雲 9-623A
mógūzhànshù 蘑菇戰術 9-623A
móhài 磨害 7-1104A
móhài 謨蓋 11-372A
mòhǎi 墨海 2-1218A
móháng 魔行 12-474B
mòháng 末行 4-695B
móhào 磨耗 7-1104A
mòháo 末毫 4-700A
mòhào 末號 4-701A
móhē 摩呵 6-823B
móhē 摩訶 6-825A
móhé 磨核 7-1104A
mòhé 靺鞨 12-678A
mòhé 靺鞨 12-189B
mòhé 墨盒 2-1218B
móhēchí 摩訶池 6-825A
mòhéfú 莫何弗 9-415B
mòhèfú 莫賀弗 9-417A
mōhēi 摸黑 6-794B
mǒhēi 抹黑 6-438A
mòhēi 墨黑 2-1219A
móhēlè 磨喝樂 7-1105B
móhēluó 摩訶羅 6-825B
móhéluó 磨合羅 7-1102A
móhéluó 魔合羅 12-474A
mòhén 墨痕 2-1219A
mòhéng 末衡 4-702B
móhēzhèndàn 摩訶震旦 6-825B
móhēzhìnà 摩訶至那 6-825A
mòhézi 墨盒子 2-1218B
mòhóu 莫侯 9-416A
mòhòu 没後 5-986B
mòhòu 末後 4-697B
móhóuluó 摩侯羅 6-824A
móhóuluó 摩睺羅 6-826A
móhóuluó 摩睺羅 6-825B
móhóuluó 魔侯羅 12-474B
móhóuluógā 摩睺羅伽 6-826A
móhú 模胡 4-1209A
móhú 模糊 4-1210B
móhú 模糊 9-234A
mòhū 驀忽 12-867B
móhú 麩糊 12-1023A
móhuà 摹畫 6-788A
móhuà 模畫 4-1209B
móhuà 摩畫 6-825B
móhuà 謨畫 11-372A
mòhuā 墨花 2-1216B
mòhuà 没化 5-980A
mòhuà 默化 12-1342A
mòhuàbùkāi 磨化不開 7-1102A
mòhuàn 磨滙 7-1107A
mòhuàn 末宦 4-698A
mòhuànqiányí 默换潛移 12-1343B
mòhuàqiányí 默化潛移 12-1342B
móhuì 摹繪 6-789A
mǒhuī 抹灰 6-437A
mòhuī 墨灰 2-1215B
mòhuī 纆徽 9-1051A
mòhuì 嘿會 3-509A
mòhuì 默會 12-1344A
mòhúlú 莫胡盧 9-416A
móhūnjuékuì 磨昏抉聵 7-1104A
móhuò 魔惑 12-475A
mòhuò 末貨 4-699B
mòhuò 莫或 9-415B
mójī 摩笄 6-824A
mójī 摩激 6-826B
mójī 磨笄 7-1104A
mójí 摩詰 6-825B
mòjí 末疾 4-698B
mòjí 默籍 12-1345B
mòjì 嘿記 3-509A
mòjì 末迹 4-698A
mòjì 末伎 4-695A
mòjì 末技 4-695B
mòjì 末季 4-696B
mòjì 寞寂 3-1576B
mòjì 墨迹 2-1217B
mòjì 墨跡 2-1219B
mòjì 墨蹟 2-1220B
mòjì 默計 12-1343A
mòjì 默記 12-1343B
mòjì 默覬 12-1345A
mójiā 魔家 12-475A
mójiá 摩戛 6-824B
mójiá 磨戛 7-1105A
mòjiā 末家 4-699A
mòjiā 墨家 2-1218A
mòjiǎ 末甲 4-694B
mójiān 摩肩 6-823B
mójiān 摩監 6-825B
mòjiǎn 末減 4-700A
mòjiǎn 末減 4-700B
mòjiǎn 末簡 4-702B
mòjiǎn 秣蹇 8-66A
mòjiàn 末見 4-696A
mòjiàn 默諫 12-1345A
mójiāng 魔漿 12-475B
mójiǎng 摩獎 6-826A
mòjiàng 末將 4-700A
mòjiǎngjiu 没講究 5-992A
mójiānjiēgǔ 摩肩接轂 6-823B
mójiānjiēzhǒng 摩肩接踵 6-823B
mójiào 魔教 12-475A
mòjiǎo 抹角 6-437A
mòjiào 末教 4-699B
mòjiào 末校 4-698A
mòjiào 莫教 9-416B
mòjiào 默教 12-1343B
mójiào'ébēng 磨攪訛綳 7-1109B
mòjiǎohǎi 没脚海 5-988A
mòjiǎozhuǎnwān 抹角轉彎 6-437B
mòjiǎozhuǎnwān 抹角轉灣 6-437B
mójié 摩竭 6-826A
mójié 磨劫 7-1102B
mójié 磨刼 7-1103A
mójié 魔劫 12-474A
mǒjiē 抹階 6-438A
mòjiē 没階 5-988B
mòjié 末劫 4-695B
mòjié 末節 4-701B
mòjié 末截 4-701B
mòjiě 默解 12-1344B
mòjiè 末界 4-697B
mòjiéxìxíng 末節細行 4-701B
mòjiéyá 靺羯芽 12-189B
mōjīn 摸金 6-793B
mójǐn 模堇 4-1209B
mójìn 摩近 6-823B
mójìn 磨勁 7-1103B
mòjīn 鞨巾 12-203B
mòjìn 末進 4-699B
mójìng 磨鏡 7-1108B
mójìng 魔境 12-475B
mòjīng 墨晶 2-1219A
mòjǐng 末景 4-700B
mòjǐng 墨井 2-1215A
mòjìng 末境 4-701B
mòjìng 墨鏡 2-1220B
mòjìng 默静 12-1344B
mójìngshí 磨鏡石 7-1108B
mōjīnjiàowèi 摸金校尉 6-793B
mòjīnshāyǔ 没金鎩羽 5-985B
mòjīnyǐnyǔ 没金飲羽 5-985B
mójiū 磨究 7-1102B
mòjiū 默究 12-1343A
mòjú 墨菊 2-1218B
mòjuān 末涓 4-698B
mòjuàn 末卷 4-698B
mòjuàn 末眷 4-700A
mòjuàn 墨卷 2-1217A
mòjué 末脚 4-699B
mòjué 末厥 4-700B
mójūn 魔君 12-474A
mójūn 魔軍 12-475A
mòjūn 墨君 2-1216B
mókāi 磨揩 7-1105B
mókǎi 摹楷 6-788B
mókǎi 模楷 4-1210A
mókān 磨勘 7-1104B
mókè 摹刻 6-787B
mókè 模刻 4-1209A
mòkē 末科 4-697B
mòkè 墨刻 2-1217A
mòkè 墨客 2-1218A
mòkěmíngzhuàng 莫可名狀 9-415A
mòkěnàihé 莫可奈何 9-415A
mòkǒu 没口 5-979B
mòkǒu 默口 12-1342A
mókǒugāoshé 摩口膏舌 6-822B
mòkǒuzi 没口子 5-979B
mókū 魔窟 12-475A
mòkuī 默窺 12-1345A
mòkuì 默愧 12-1344A
mǒlā 抹剌 6-437B
mòlán 墨蘭 2-1220B
mòlàng 末浪 4-699A
mólè 摹泐 6-787B
mólè 摹勒 6-788A
mólè 模勒 4-1209B
mólè 摩勒 6-824B
mólè 磨泐 7-1102B
mólè 磨勒 7-1104B
mǒlè 抹勒 6-437B
mólebànjiéshétou 磨了半截舌頭 7-1101A
móléi 摩壘 6-826B
móléi 劘壘 2-759A
mòlèi 末類 4-703A
móléng 摸棱 6-794B
móléng 摸稜 6-794B
móléng 模棱 4-1209B
móléng 模稜 4-1210A
mólénglliǎngduān 模棱兩端 4-1209B
mólénglliǎngkě 模棱兩可 4-1209B
móléngshǒu 模稜手 4-1210A
móléngshǒu 模稜首 4-1210A

móléngwánjiāo 磨稜刓角 7-1106A
mólì 摩厲 6-825B
mólì 磨利 7-1102B
mólì 磨厲 7-1106B
mólì 磨勵 7-1107B
mólì 磨礪 7-1108B
mólì 魔力 12-473B
mólì 劘厲 2-759A
mólì 劘礪 2-759A
mòlǐ 默禮 12-1345A
mòlì 貊隸 10-1336B
mòlì 没利 5-983B
mòlì 抹厲 6-438B
mòlì 抹麗 6-438B
mòlì 末力 4-693B
mòlì 末利 4-696A
mòlì 末麗 4-702B
mòlì 茉莉 9-316B
mòlì 墨吏 2-1215B
móliàn 磨煉 7-1106A
móliàn 磨練 7-1107B
móliàn 磨鍊 7-1108A
mǒliǎn 抹臉 6-438B
mōliáng 摸量 6-794B
mòliáo 末僚 4-701B
mòliǎo 末了 4-693B
mólìè 謨烈 11-372A
mòliè 末列 4-695A
mólín 摹臨 6-788B
mǒlín 抹鄰 6-438B
mòlín 墨林 2-1217A
mǒlíng 抹零 6-438B
mòliú 末流 4-698B
mòliú 沫流 5-1034B
mólìyǐxū 摩厲以須 6-825B
mólìyǐxū 摩厲以需 6-826A
mólìyǐxū 摩礪以須 6-826B
mólìyǐxū 磨厲以須 7-1106B
mólìyǐxū 磨礪以須 7-1108B
mólóng 摩礱 6-827A
mólóng 磨礱 7-1109A
mólóng 磨礲 7-1109A
mólǒng 磨壠 7-1108A
mòlòng 末衖 4-700B
mólóngcuìlì 磨礲淬勵 7-1109A
mólóngdǐlì 磨礱底厲 7-1109A
mólóngdǐlì 磨礱砥礪 7-1109A
mólóngdǐlì 磨礲砥礪 7-1109A
mólóngjìnguàn 磨礱浸灌 7-1109A
mólóngjìnguàn 磨礲浸灌 7-1109A
mólóngjuānqiè 磨礱鐫切 7-1109A
mólòu 麽陋 12-1279B
mòlòu 末陋 4-697A
mólù 摹録 6-788B
mòlù 末路 4-701A
mòlù 陌路 11-963A
mòlù 墨路 2-1219B
mòluàn 没亂 5-989A
mòluànshā 没亂殺 5-989B
mòluànshā 没亂煞 5-989B
mòluànsǐ 没亂死 5-989B
mǒlún 抹倫 6-437B
móluō 磨捋 7-1104A
móluó 摩羅 6-826B
móluó 磨羅 7-1108B
mǒluǒ 懡㦬 7-768B
mǒluǒ 麽麽 12-392A
mòluò 没落 5-989A
mòluò 莫絡 9-417A
mòluóyú 末羅瑜 4-702B
mòluòzhǎng 伯格長 1-1265A
mòluòzhǎng 伯落長 1-1266A
mòlùqióngtú 末路窮途 4-701B
mòlùrén 驀路人 12-867B
mólǚ 摩捋 6-824A
mólǚ 磨鑢 7-1109B
mólǜ 謨慮 11-372B
mòlǚ 末僂 4-701B
mòlǜ 墨緑 2-1220A
mòlǜ 默慮 12-1344B
mólüè 摹略 6-788A
mólüè 模略 4-1209B
mólüè 謨略 11-372A
mòlüè 没略 5-987B
mòlüè 末略 4-699B
mòmá 墨麻 2-1219A
mòmǎ 秣馬 8-65B
mòmǎlìbīng 秣馬利兵 8-65B
mòmǎlìbīng 秣馬厲兵 8-66A
mōmángmáng 摸盲盲 6-794A
mòmǎzhīchē 秣馬脂車 8-66A
mómèi 魔魅 12-475B
mǒmèi 抹媚 6-438A
mòméi 墨梅 2-1218B
mǒméitóujīn 抹眉頭巾 6-437B
mǒméixiǎosuǒ 抹眉小索 6-437B
mōménbùzháo 摸門不着 6-794A
mòmén'er 抹門兒 6-437B
mòmēng 末蒙 4-701A
mòméng 墨幪 2-1220A
mòméng 墨幏 2-1219B
mòmiàn 墨面 2-1217B
mòmiànbùxiāngshí 陌面不相識 11-963A
mómiǎo 麽眇 12-1279B
mòmiǎo 末杪 4-696B
mòmiào 墨妙 2-1216B
mòmiàotíng 墨妙亭 2-1217A
mómiè 摩滅 6-825B
mómiè 磨滅 7-1106A
mómiè 劘滅 2-759A
mómín 魔民 12-474A
mòmín 末民 4-694B
mòmín 漠瞑 6-6A
mòmǐn 嘿泯 3-509A
mòmǐn 漠閔 6-5B
mómíng 謨明 11-372A
mòmíng 莫名 9-415B
mòmíng 漠溟 6-6A
mòmìng 没命 5-985B
mòmìng 末命 4-696B
mòmìng 歿命 5-155B
mòmíngqímiào 莫名其妙 9-415B
mòmíngqímiào 莫明其妙 9-416A
mómó 嬷嬷 4-420B
mómó 麽麽 12-1279B
mómó 磨磨 7-1107B
mómó 饃饃 12-572B
mómó 饝饝 12-588A
mómó 麿麿 12-575A
mómó 糢糢 9-243B
mómó 饝饝 12-588A
mòmó 墨模 2-1219B
mòmò 嘿嘿 3-509A
mòmò 脈脈 6-1246A
mòmò 没没 5-984A
mòmò 嚜嚜 3-541A
mòmò 磨磨 7-1107B
mòmò 末末 4-694A
mòmò 莫莫 9-416B
mòmò 脈脈 7-1203B
mòmò 漠漠 6-5B
mòmò 貊貘 10-1336A
mòmò 墨墨 2-1220A
mòmò 默默 12-1345A
mòmò 驀驀 12-868A
mòmòchīchī 嘿嘿蚩蚩 3-509B
mòmòchīchī 嘿嘿癡癡 3-509B
mómódiē 嬷嬷爹 4-420B
mòmòhánqíng 脈脈含情 6-1246B
mòmòliǎo 末末了 4-694A
mòmòluòluò 寞寞落落 3-1576B
mómómā 嬷嬷媽 4-421A
mómóu 謨謀 11-372B
mòmòwúwén 没没無聞 5-984A
mòmòwúwén 默默無聞 12-1345A
mòmòwúyán 默默無言 12-1345A
mómǔ 晦母 3-715A
mómǔ 嫫母 4-394A
mómǔ 嫫姆 4-394A
mòmù 末暮 4-701B
mòmù 陌目 11-963A
mónà 磨衲 7-1104A
mònàihé 末耐何 4-697A
mònàihé 莫奈何 9-415B
mònàlóu 末那樓 4-695B
mónàn 磨難 7-1108A
mónàn 魔難 12-476A
mònán 莫難 9-417B
mònán 漠南 6-5A
mònáng 墨囊 2-1221A
mònánshàn 莫難扇 9-417B
móní 摩尼 6-823A
mónǐ 摸擬 6-795A
mónǐ 摹儗 6-788B
mónǐ 摹擬 6-788B
mónǐ 模擬 4-1211A
mónǐ 摩擬 6-826B
mǒnì 抹膩 6-438B
mòní 末尼 4-694B
mòní 末泥 4-697A
mònì 没匿 5-987A
mònì 没溺 5-989B
mònì 莫逆 9-416A
mònián 末年 4-695A
mòniàn 默念 12-1343A
móniè 磨涅 7-1106A
mònìjiào 末尼教 4-694B
mònìjiāo 莫逆交 9-416B
móniú 磨牛 7-1102A
mònìzhījiāo 莫逆之交 9-416A
mónízhū 摩尼珠 6-823A
mónòng 摩弄 6-823A
mónòng 磨弄 7-1102A
mònǔ 末弩 4-697A
mónǚ 魔女 12-473B
mōpái 摸牌 6-794B
mǒpái 抹牌 6-438A
mòpài 末派 4-698A
mòpán 磨盤 7-1107A
mòpán 貊槃 10-1336A
mòpán 貊盤 10-1336A
mòpánliǎngyuán 磨盤兩圓 7-1107A
mòpǐ 墨癖 2-1220B
mòpǐ 鴂鴄 12-1076A
mòpiàn 默片 12-1342A
mópiāo 模剽 4-1210A
mòpiāo 没漂 5-990A
mòpǐn 末品 4-697B
mòpíng 貘屏 10-1342B
mòpò 嶓岶 3-858A
mòpò 濊破 6-180B
mòpò 漠泊 6-5A
móqí 磨旗 7-1107A
mòqī 末戚 4-699B
mòqī 末期 4-700A
mòqí 万俟 1-335B
mòqí 磨臍 7-1108A
mòqí 末旗 4-702A
mòqǐ 墨啓 2-1219A
mòqì 嘿契 3-509A
mòqì 末契 4-697A
mòqì 默契 12-1343A
móqiān 磨鈆 7-1105B
móqiān 磨鉛 7-1106A
mòqiān 陌阡 11-963A
mòqiān 纆牽 9-1051A
móqiāncèjiǎn 磨鉛策蹇 7-1106A
mǒqiāng 抹蹌 6-438B
móqiē 摩切 6-823A
móqiē 磨切 7-1101B
móqiē 劘切 2-758B

móqiè 摹竊 6-789A
móqiéluó 摩伽羅 6-823B
mòqièzi 磨趄子 7-1105B
móqín 模鋟 4-1210B
mòqīn 末親 4-702B
mòqìng 墨卿 2-1218A
mòqíng 墨黥 2-1220B
mòqìshénhuì 默契神會 12-1343A
mōqiū 摸秋 6-794A
mòqiū 末秋 4-697B
mòqiú 默求 12-1342B
mòqǔ 貌取 10-1339B
mòqǔ 末曲 4-695A
móquáncāzhǎng 摩拳擦掌 6-824A
móquáncāzhǎng 磨拳擦掌 7-1104A
mòrán 嘿然 3-509A
mòrán 莫然 9-417A
mòrán 嘆然 3-457B
mòrán 漠然 6-5A
mòrán 默然 12-1344A
mòrán 驀然 12-867B
mòránzhìzhī 漠然置之 6-5B
mórén 麽人 12-1279A
mòrén 没人 5-978B
mòrén 末人 4-693B
mòrèn 默認 12-1344B
mòrì 末日 4-694A
mòrìshěnpàn 末日審判 4-694A
móróng 模鎔 4-1211A
móróu 摩揉 6-825A
móróu 磨揉 7-1105B
mórú 磨濡 7-1108A
mòrú 莫如 9-415B
mòrú 漠如 6-5A
mòrù 没入 5-979A
mòrùn 没閏 5-989A
mòrúzhīhé 末如之何 4-695B
mòsài 没賽 5-992A
mòsāng 陌桑 11-963A
mòsānláng 墨三郎 2-1215A
mòsè 墨色 2-1216A
mòsè 默塞 12-1344B
móshā 摩沙 6-823B
móshā 磨沙 7-1102B
mǒshā 抹撥 6-438A
mǒshā 抹殺 6-437B
mǒshā 抹煞 6-438B
mòshā 末槊 4-702A
mòshā 末摋 4-701A
mòshā 末殺 4-698B
mòshā 默殺 12-1343B
mòshān 墨山 2-1215A
mòshàn 磨扇 7-1104A
móshānfànshuǐ 模山範水 4-1208A
móshāng 謨觴 11-372B
móshàng 劘上 2-758B
mòshàng 末上 4-693B
mòshàng'ér 陌上兒 11-962B
mòshànggē 陌上歌 11-963A
mòshàngrén 陌上人 11-962B
mòshàngsāng 陌上桑 11-963A
mòshàngsāngjiān 陌上桑間 11-963A
mòshānxī 驀山溪 12-867B
mòshànyāzhùshǒu 磨扇壓住手 7-1104B
mòshànzhuìzheshǒu 磨扇墜着手 7-1104A
mōshào 摸哨 6-794A
mòshāo 末梢 4-699B
mòshāoshénjīng 末梢神經 4-699B
mòshāotou 末梢頭 4-699B
móshén 摹神 6-787B
mòshēn 没身 5-984A
mòshēn 歿身 5-155B
mòshén 默神 12-1343B
mòshěn 墨瀋 2-1220B
mòshēng 末生 4-694B
mòshēng 陌生 11-963A
mòshēng 驀生 12-867B
móshí 磨石 7-1102A
móshì 模式 4-1208B
móshì 膜視 6-1360A
móshì 摩拭 6-824A
móshì 磨拭 7-1103A
móshì 謨士 11-372A
móshì 魔事 12-474B
mòshī 末失 4-694B
mòshī 末師 4-698B
mòshí 没石 5-981A
mòshí 磨石 7-1102A
mòshí 末食 4-697B
mòshǐ 没矢 5-981B
mòshǐ 末始 4-697A
mòshì 没世 5-981A
mòshì 磨室 7-1103B
mòshì 末士 4-693B
mòshì 末世 4-694A
mòshì 末事 4-696B
mòshì 末視 4-700A
mòshì 末勢 4-701A
mòshì 歿世 5-155B
mòshì 莫是 9-416A
mòshì 漠視 6-5A
mòshì 墨士 2-1215A
mòshì 墨試 2-1219B
mòshì 默示 12-1342B
mòshì 默視 12-1344A
mòshìbùwàng 没世不忘 5-981A
mòshìbùyú 没世不渝 5-981B
mòshìqióngnián 没世窮年 5-981B
mòshìwúwén 没世無聞 5-981B
mòshíyǐnyǔ 没石飲羽 5-981B
mòshízǐsuān 没食子酸 5-986B
móshǒu 魔手 12-474A
mòshōu 没收 5-983A
mòshǒu 没首 5-986B
mòshǒu 帓首 3-699B
mòshǒu 袹首 9-73A
mòshǒu 墨守 2-1216A
mòshǒu 帕首 3-703A
mòshǒu 袜首 9-47B
mòshòu 没壽 5-989B
mòshòu 墨綬 2-1220A
mòshǒuchéngfǎ 墨守成法 2-1216A
mòshǒuchéngguī 墨守成規 2-1216A
móshù 魔術 12-475A
mòshǔ 嘿數 3-509A
mòshǔ 末屬 4-703A
mòshǔ 默數 12-1344B
móshuā 磨刷 7-1103A
mǒshuā 抹刷 6-437B
mòshuǐ 没水 5-980A
mòshuǐ 沫水 5-1034A
mòshuǐ 墨水 2-1215A
mòshuǐbǐ 墨水筆 2-1215A
mòshuǐchí 墨水池 2-1215A
móshuō 魔説 12-475B
mòshuō 末説 4-702A
mòsī 默思 12-1343A
mòsǐ 没死 5-982B
mòsì 秣飼 8-66A
mòsòng 嘿誦 3-509A
mòsòng 默送 12-1343B
mòsòng 默誦 12-1344B
mōsū 摸蘇 6-795A
mósū 摩窣 6-825B
mòsú 末俗 4-697B
mósuàn 磨算 7-1106B
mósuì 魔祟 12-475A
mòsuì 末歲 4-701A
mósǔn 磨損 7-1106A
mòsūn 末孫 4-699A
mōsuō 摸娑 6-794A
mōsuō 摸挲 6-794A
mōsuǒ 摸捸 6-794B
mōsuǒ 摸索 6-794A
mōsuǒ 摹索 6-787B
mósuō 攠挱 6-841A
mósuō 摩挱 6-824A
mósuō 摩莎 6-824A
mósuō 摩娑 6-824A
mósuō 摩挲 6-824B
mósuō 磨娑 7-1104A
mòsuǒ 纆索 9-1050B
mósuōshí 摩娑石 6-824A
mósuōshí 摩挲石 6-825A
mótà 摸搨 6-794B
mótà 摸拓 6-793B
mótà 摹搨 6-788A
mótà 摹拓 6-787B
mótà 模搭 4-1209B
mótà 模搨 4-1209B
mótà 模拓 4-1208B
mòtái 默台 12-1342B
mòtáng 末堂 4-699B
mótāo 磨叨 7-1102A
mótè'er 模特兒 4-1209A
mótiān 摩天 6-822B
mótiān 魔天 12-474A
mótiānlóu 摩天樓 6-822B
mótiáo 摹調 6-788B
mótiè 摹帖 6-787B
mótiè 模帖 4-1208B
mǒtiē 抹貼 6-438A
mòtiè 墨帖 2-1217A
mòtīng 默聽 12-1345B
mòtíng 末廷 4-695A
mòtíng 末庭 4-698A
mótóu 摩頭 6-826B
mótóu 魔頭 12-476A
mǒtóu 抹頭 6-438B
mòtóu 没頭 5-990B
mòtóu 末頭 4-702A
mòtóu 陌頭 11-963A
mòtóu 帞頭 3-705B
mòtóu 貊頭 10-1336A
mòtóu 驀頭 12-867B
mòtóu 帕頭 3-703A
mōtóubùzháo 摸頭不着 6-795A
mòtóudūn 没頭蹲 5-991B
mótóuxīng 魔頭星 12-476A
mòtū 墨突 2-1217B
mòtú 末途 4-698B
mòtú 末塗 4-701B
mòtūbùqián 墨突不黔 2-1217B
mótuō 摩托 6-823A
mótuō 磨拖 7-1103A
mótuó 磨佗 7-1102B
mótuó 磨陀 7-1103A
mótuó 磨跎 7-1105B
mótuó 磨駝 7-1107A
mótuó 磨駞 7-1107A
mótuó 魔酡 12-475A
mótuó 魔駝 12-475B
mòtuó 没馱 5-989A
mótuōchē 摩托車 6-823A
mótuózi 磨它子 7-1102A
mótuózi 磨佗子 7-1102B
móubiàn 謀變 11-331A
móucái 謀才 11-326B
móucái 謀材 11-327A
móucái 謀財 11-328B
móucáihàimìng 謀財害命 11-328B
móucè 謀策 11-329B
móuchāi 謀差 11-328A
móucháng 謀長 11-327B
móucháo 謀朝 11-329A
móuchén 貿辰 10-171A
móuchén 謀臣 11-327A
móuchénměngjiàng 謀臣猛將 11-327A
móuchénrúyǔ 謀臣如雨 11-327A
móuchénwǔjiàng 謀臣武將 11-327A
móudào 謀道 11-329B
móudàozuòshè 謀道作舍 11-329B

móudé 侔德 1-1357B
mǒuděng 某等 4-890A
móuduàn 謀斷 11-330B
móuduī 牟追 6-238B
móuduī 毋追 7-816A
móuduīshōu 毋追收 7-816A
móuduó 謀度 11-328A
móufǎn 謀反 11-326B
móufěn 辫粉 12-1023B
móufū 謀夫 11-326B
móufǔ 謀府 11-327B
mǒufǔ 某甫 4-889B
móugàn 謀幹 11-329B
móugōng 謀攻 11-327A
móuguāng 牟光 6-238A
móuguāng 眸光 7-1221B
móuguī 謀龜 11-330B
móuguó 謀國 11-329A
móuhài 謀害 11-328B
móuhé 謀合 11-327A
móuhóng 謀虹 11-328A
móuhuà 謀畫 11-329B
móuhuà 謀劃 11-330A
móuhuān 謀懽 11-331A
móuhuān 謀歡 11-331A
móuhūlìduō 牟呼栗多
6-238B
móuhuó 謀活 11-328B
móuhūpójiéluòpó
牟呼婆羯洛婆 6-238B
móujī 侔迹 1-1357B
móujì 謀計 11-328A
móujì 謀跡 11-329B
móujiǎ 牟甲 6-238A
móujiǎ 鍪甲 11-1359A
mǒujiā 某家 4-890A
mǒujiǎ 某甲 4-889B
móujiān 謀姦 11-328B
móujiàng 謀將 11-329A
móujié 謀結 11-329B
móukè 謀克 11-327A
móukè 謀客 11-328B
móulì 貿利 10-171A
móulì 牟利 6-238A
móulì 侔利 1-1357B
móulì 謀力 11-326B
móuliáng 謀量 11-329A
móulùn 謀論 11-330B
móulǜ 謀律 11-328A
móulǜ 謀慮 11-330A
móulüè 謀略 11-329A
móumài 牟麥 6-238B
móumài 辫麥 12-1023B
mǒumén 某門 4-889B
mǒumén 某們 4-890A
móumiàn 謀面 11-328A
móumíng 貿名 10-171A
móumíng 侔名 1-1357B
móumìng 謀命 11-327B
móumó 謀謨 11-330B
móumò 侔莫 1-1357B
mōumōu 哞哞 3-350A
móumoú 貿貿 10-172A
móumóu 牟牟 6-238A
móumóu 悼悼 7-529B
móumówéiwò 謀謨帷幄
11-330B
móumǔ 鴾母 12-1107A
móuní 牟尼 6-238A
móunǐ 侔擬 1-1357B
móunì 謀逆 11-328B
móunián 謀年 11-327A
móunǐjiào 牟尼教 6-238A
móunízhū 牟尼珠 6-238A
móunízǐ 牟尼子 6-238A
móupàn 謀叛 11-328A
móupàn 謀畔 11-328B
móupiān 謀篇 11-330A
mǒupíng 某屏 4-889B
móupóluòjiēlāpó
牟婆洛揭拉婆 6-238B
móuqiān 貿遷 10-172A
móuqiú 謀求 11-327A
móuqǔ 牟取 6-238B
móuqǔ 謀取 11-327B
móuquē 謀闕 11-330B
móurén 謀人 11-326B
mǒurén 某人 4-889A
móurú 貿儒 10-172A
móusèchuǎichèn 侔色揣稱
1-1357B
móushā 謀殺 11-328B
móushān 牟衫 6-238B
mǒushè 某舍 4-889B
móushēn 謀身 11-327B
móushēng 謀生 11-326B
móushèng 牟盛 6-238B
móushí 牟食 6-238B
móushí 謀食 11-328A
móushí 謀識 11-330B
móushǐ 謀始 11-327B
móushì 謀士 11-326B
móushì 謀事 11-327B
móushì 謀筮 11-329B
mǒushì 某士 4-889A
móushìzàirén…
謀事在人,成事在天
11-327B
móushǒu 謀首 11-328B
móushòu 牟壽 6-238B
móushǒuzhīchóu 貿首之讎
10-171B
móushū 繆書 9-1013A
móushù 謀術 11-329A
móushuài 謀帥 11-328A
móushuò 牟槊 6-238B
móusī 繆思 9-1013A
móusī 繆斯 9-1013A
móusī 謀私 11-327B
móusuàn 謀算 11-330A
móusūn 謀孫 11-328B
móutīngjìxíng 謀聽計行
11-331A
móutú 謀圖 11-330A
móutúbùguǐ 謀圖不軌
11-330A
móuwàng 謀望 11-329A
móuwéi 謀惟 11-329A
móuwéi 謀維 11-330A
móuwéibùguǐ 謀爲不軌
11-329B
móuwò 謀幄 11-329A
móuwúyícè 謀無遺策
11-329A
móuxī 謀夕 11-326B
móuxián 眸瞯 7-1221B
móuxián 眸瞯 7-1221B
móuxiàn 謀陷 11-328B
móuxiàn 謀憲 11-330B
móuxié 牟擷 6-239A
mǒuxiē 某些 4-889B
móuxīn 謀心 11-326B
móuxīn 謀新 11-330A
móuxuǎn 謀選 11-330B
móuxún 謀尋 11-329B
móuxún 謀詢 11-330A
móuyán 謀言 11-327B
móuyǎng 謀養 11-330A
móuyě 謀野 11-329A
móuyì 謀意 11-330A
móuyì 謀翼 11-330B
móuyì 謀議 11-330B
mǒuyǐ 某乙 4-889A
mǒuyǐ 某矣 4-889B
mǒuyǐ 厶乙 2-829A
móuyǒng 謀勇 11-328B
móuyóu 謀猶 11-329B
móuyóu 謀猷 11-330A
móuyuán 謀元 11-326B
móuyuē 謀約 11-328B
móuzàn 謀贊 11-330B
móuzéi 牟賊 6-238B
móuzèn 謀譖 11-330B
móuzhà 謀詐 11-329B
móuzhāng 謀章 11-329A
mǒuzhě 某者 4-889B
móuzhèng 謀政 11-328A
móuzhī 牟知 6-238B
móuzhì 謀志 11-327A
móuzhì 謀智 11-329A
móuzhǔ 眸矚 7-1221B
móuzhǔ 謀主 11-327A
móuzhuàn 繆篆 9-1013B
móuzhuàng 侔狀 1-1357B
móuzi 眸子 7-1221A
móuzī 侔訾 1-1357B
móuzǐ 牟子 6-238A
mǒuzǐ 某子 4-889B
móuzūn 侔尊 1-1357B
mòvjiā 默伽 12-1342B
mówài 膜外 6-1360A
mówán 摩玩 6-823B
mówán 摩翫 6-826B
mówán 磨刓 7-1102A
mówǎn 磨晚 7-1105A
mòwán 墨丸 2-1215A
mówáng 魔王 12-474A
mówǎng 魔魍 12-476A
mòwěi 末尾 4-696A
mòwèi 没衛 5-990B
mòwèi 末位 4-696A
mòwèi 貘猬 10-1342B
mòwěisānshāo 末尾三稍
4-696B
mòwèiyǐnyǔ 没衛飲羽
5-990B
mówèn 磨問 7-1105A
mówù 魔物 12-474B
mòwù 末務 4-699A
mòwù 默悟 12-1343B
mòwùguān 墨務官 2-1218B
móxí 摹習 6-788A
móxí 摹襲 6-789A
móxí 模習 4-1209B
móxí 劘習 2-759A
móxǐ 磨洗 7-1103B
mòxí 末席 4-698B
mòxí 末習 4-700A
mòxǐ 末嬉 4-702A
mòxǐ 末喜 4-700A
mòxǐ 妺嬉 4-314B
mòxǐ 妺喜 4-314B
mòxǐ 墨洗 2-1217B
mòxì 墨戲 2-1220B
mòxià 没下 5-979B
móxiàn 模憲 4-1211A
mòxiān 墨仙 2-1215B
mòxiān 默仙 12-1342B
mòxiàn 末限 4-697A
mòxiàn 墨綫 2-1220A
móxiǎng 摹想 6-788B
móxiàng 摸象 6-794A
móxiàng 模象 4-1209B
mòxiāng 末香 4-697B
mòxiǎng 默想 12-1344A
mòxiāngshǔrǎng 貊鄉鼠壤
10-1335B
mòxiāngshǔrǎng 貊鄉鼠攘
10-1335B
móxiāo 摹肖 6-787B
móxiāo 摩霄 6-826A
móxiào 摹效 6-788A
móxiào 摹傚 6-788A
móxiào 模効 4-1208B
móxiào 模效 4-1209B
móxiào 模傚 4-1209B
móxiào 模斅 4-1211A
mōxiāyú 摸瞎魚 6-794B
móxiē 磨蝎 7-1107A
móxiē 磨蠍 7-1108B
móxié 魔邪 12-474A
móxiě 摸寫 6-794B
móxiě 摹寫 6-788B
móxiě 模寫 4-1210B
mòxiě 默寫 12-1345A
mòxiè 末屑 4-699A
móxiēgōng 磨蝎宫 7-1107A
móxīn 魔心 12-474A
mòxīn 磨心 7-1102A
mòxìn 末釁 4-703A
móxīng 魔星 12-474B
móxíng 模型 4-1209A
mòxíng 末行 4-695B
mòxíng 墨刑 2-1215B
mòxǐng 默省 12-1343A
móxíngliànxìng 磨形鍊性

7-1102B
mòxīní 抹稀泥 6-438A
mòxiōng 抹胸 6-437B
mòxū 莫須 9-417A
mòxǔ 默許 12-1343B
mòxù 末緒 4-702A
móxuàn 磨渲 7-1106A
mòxuǎn 墨選 2-1220A
mòxuàn 磨旋 7-1105A
mòxué 末學 4-702A
mòxuè 沫血 5-1034A
mòxuéfūshòu 末學膚受 4-702B
mòxuéxīnjìn 末學新進 4-702B
móxūn 謨勳 11-372B
móxùn 謨訓 11-372A
mòxùn 莫訓 9-416B
mòxūyǒu 莫須有 9-417A
móyá 摩牙 6-822B
móyá 摩厓 6-823B
móyá 摩崖 6-824B
móyá 磨牙 7-1101B
móyá 磨厓 7-1103A
móyá 磨崖 7-1105A
móyá 劘牙 2-758B
móyà 磨軋 7-1103A
mòyā 墨鴉 2-1220A
mòyā 墨鴨 2-1220A
móyábēi 磨崖碑 7-1105A
móyán 劘研 10-696A
móyán 摩研 6-824A
móyán 磨研 7-1103B
móyán 謨言 11-372A
móyǎn 磨晻 7-1105B
móyǎn 魔魘 12-476A
móyàn 魔餤 12-476A
mòyán 磨研 7-1103B
mòyán 末筵 4-700B
mòyán 末鹽 4-703A
mòyán 墨研 2-1217B
móyàng 模樣 4-1210A
mòyáng 墨陽 2-1219A
mòyǎng 秣養 8-66A
móyánggōng 磨洋工 7-1103B
mòyáo 玫瑤 4-531B
mòyáo 莫徭 9-417B
mòyáo 貊謠 10-1336A
mòyáo 瑊瑤 4-581B
mòyào 没藥 5-992A
mòyào 末藥 4-702B
móyáshǔnxiě 磨牙吮血 7-1101B
móyázáochǐ 磨牙鑿齒 7-1101B
mōyè 摸夜 6-794A
móyē 摩耶 6-823B
mòyé 莫邪 9-415A
mòyé 莫耶 9-415B
mòyé 鏌邪 11-1360A
mòyé 鏌耶 11-1360A
mòyé 鏌釾 11-1360A
mòyé 鏌鋣 11-1360A
mòyé 鏌鎁 11-1360A
mòyě 漠野 6-5A
mòyè 末葉 4-700A
mòyè 末業 4-701A
móyì 魔意 12-475A
mòyī 没一 5-978B
mòyì 抹衣 6-437A
mòyī 墨衣 2-1216A
mòyí 墨台 2-1215B
mòyí 默移 12-1343B
mòyǐ 磨螘 7-1107B
mòyǐ 磨蟻 7-1108B
mòyì 没益 5-987A
mòyì 末裔 4-701B
mòyì 末藝 4-702B
mòyì 末議 4-703A
mòyì 墨義 2-1219B
mòyì 默意 12-1344B
mǒyībízihuī 抹一鼻子灰 6-437A
móyìn 摹印 6-787A
móyìn 模印 4-1208A
mòyīn 末姻 4-698A
mòyín 墨銀 2-1220A
mòyín 默吟 12-1342B
mòyǐn 没飲 5-989A
mōyíng 摸營 6-795A
móyíng 磨瑩 7-1107A
móyǐng 魔影 12-475B
mòyòng 末用 4-694B
móyóu 謨猷 11-372A
mòyóu 末由 4-694B
mòyóu 末游 4-700B
mòyǒu 没有 5-982B
mòyǒu 默牖 12-1345A
mòyòu 默佑 12-1342B
mǒyóuzuǐ 抹油嘴 6-437B
móyù 磨鋊 7-1107A
móyù 魔芋 12-474A
mòyú 墨魚 2-1218B
mòyǔ 没羽 5-983B
mòyǔ 沫雨 5-1034A
mòyǔ 默語 12-1344B
mòyù 嘿喻 3-509A
mòyù 墨玉 2-1215B
mòyù 默喻 12-1344A
mòyù 默寓 12-1344A
mòyuán 末員 4-698A
móyuē 模擭 4-1211A
mòyuè 瀎泧 6-180B
mòyuè 驀越 12-867B
mǒyuèpīfēng 抹月批風 6-437A
móyún 魔雲 12-475A
mòyūn 墨暈 2-1219B
mòyǔn 默允 12-1342B
mòyùn 末運 4-700B
mòyùn 默運 12-1344A
mòyǔzhīhǔ 没羽之虎 5-983B
mòzàn 默贊 12-1345B
mòzàng 没葬 5-988B
mózào 模造 4-1209A
mòzào 末皂 4-696A
mòzào 末造 4-698A
mózé 模則 4-1209A
mòzé 貊澤 10-1336A
mòzhà 磨榨 7-1106B
mózhǎng 魔掌 12-475A
mózhàng 磨障 7-1106B
mózhàng 魔杖 12-474A
mózhàng 魔障 12-475B
mózhàng 魔瘴 12-476A
mòzhàng 墨丈 2-1215A
mòzhǎnyīchóu 莫展一籌 9-416B
mózhǎo 魔爪 12-474A
mózhào 磨照 7-1106A
mòzhāo 末著 4-699B
mòzhāo 末着 4-700A
mòzhào 末照 4-701A
mòzhào 墨詔 2-1219B
mòzhào 默照 12-1344A
mózhé 磨折 7-1102B
mòzhé 末折 4-695B
mòzhé 莫折 9-415B
mòzhé 蛨蚝 8-889A
mòzhě 莫者 9-415B
mòzhě 墨者 2-1217A
mòzhèn 没陳 5-987B
mòzhèn 没振 5-987A
mǒzheyánwangbízi 抹着閻王鼻子 6-438A
mózhǐ 磨止 7-1102A
mózhì 摩擲 6-825B
mózhì 磨治 7-1103A
mòzhī 墨汁 2-1215B
mòzhí 末職 4-702B
mòzhí 驀直 12-867B
mòzhǐ 陌紙 11-963A
mòzhǐ 墨旨 2-1216A
mòzhì 嘿識 3-509B
mòzhì 末志 4-695B
mòzhì 末秩 4-698B
mòzhì 漠置 6-5B
mòzhì 貊炙 10-1335B
mòzhì 墨制 2-1217A
mòzhì 默識 12-1345B
mòzhìkè 末至客 4-695A
mòzhīyǔjīng 莫之與京 9-415A
mózhǒng 摩踵 6-826B
mòzhōngyīshì 没衷一是 5-987A
mòzhōngyīshì 莫衷一是 9-416B
mózhòu 魔咒 12-474B
mòzhòu 末冑 4-697B
mòzhū 墨猪 2-1218B
mòzhū 墨豬 2-1220A
mòzhú 墨竹 2-1215B
mòzhǔ 末主 4-694B
mòzhù 默祝 12-1343B
mózhuān 磨磚 7-1107B
mòzhuàn 磨轉 7-1108A
mózhuānchéngjìng 磨塼成鏡 7-1106B
mōzhuāng 摸樁 6-794B
mōzhuāng 摹樁 6-788B
mózhuàng 摹狀 6-787B
mózhuàng 模狀 4-1209A
mòzhuāng 墨莊 2-1218A
mòzhuāng 墨粧 2-1219B
mòzhuǎnqiányí 默轉潛移 12-1345A
mózhuānzuòjìng 磨甎作鏡 7-1107A
mózhuānzuòjìng 磨磚作鏡 7-1107B
mòzhuì 末綴 4-702A
mózhǔn 模準 4-1210A
mōzhuō 摹捉 6-787B
mózhuó 磨琢 7-1105A
mózhuó 磨斲 7-1108A
mózhuó 磨濯 7-1108A
mòzhuó 纆繳 9-1051A
mòzhútíng 墨竹亭 2-1216A
mózì 摹字 6-787B
mǒzi 抹子 6-437A
mòzi 蟔子 8-941A
mòzi 末子 4-694A
mòzī 末資 4-701B
mòzibīng 磨子兵 7-1101B
mózuǐpízi 磨嘴皮子 7-1107B
mòzuǒ 末佐 4-696A
mòzuò 末作 4-696A
mòzuò 末坐 4-696A
mòzuò 末座 4-698B
mòzuò 默坐 12-1343A
ḿshá 嘸啥 3-509B
ḿshǐ 唔使 3-356A
ḿtáochéng 嘸淘成 3-509B
mǔ'ài 母愛 7-819B
mù'āi 穆哀 8-150A
mù'ǎi 暮靄 5-814B
mù'ài 睦愛 7-1225A
mù'àn 木岸 4-667B
mù'àn 暮暗 5-814A
mù'ānjīn 穆安津 8-149B
mùbǎ 目把 7-1125B
múbǎn 模板 4-1208B
mùbǎn 木板 4-667A
mùbǎn 木版 4-667B
mùbàn 木柈 4-669A
mùbāng 木梆 4-671A
mùbǎng 木榜 4-678A
mùbǎnshū 木板書 4-667A
mùbǎnshuǐyìn 木版水印 4-667B
mùbǎntú 木版圖 4-667B
mùbǎnxié 木板鞋 4-667A
mùbāo 目胞 7-1126B
mùbāo 牧包 6-246A
mùbēi 墓碑 2-1167A
mùběi 幕北 3-754A
mǔběn 母本 7-818A
mùběn 木本 4-662B
mùběnshuǐyuán 木本水源 4-662B
mùběnzhíwù 木本植物 4-662B
mùběnzhīyì 木本之誼 4-662B
mùbǐ 木筆 4-675B

mùbì 木陛 4-670B
mùbì 暮碧 5-814A
mùbiànshí 木變石 4-683B
mùbiānzhīmù…
木邊之目,田下之心
4-682A
mùbiāo 木標 4-679A
mùbiāo 木鑣 4-683B
mùbiāo 目標 7-1129B
mùbiǎo 木表 4-666B
mùbiǎo 墓表 2-1166A
mùbiéhuìfēn 目別彙分
7-1125B
mùbīn 幕賓 3-755A
mùbīng 木冰 4-665A
mùbīng 目兵 7-1125B
mùbīng 募兵 2-805B
mùbīngzhì 募兵制 2-805B
mùbō 木鉢 4-677B
mùbō 木撥 4-678B
mùbō 目波 7-1126A
mùbó 木舶 4-673B
mùbó 牧伯 6-246B
mùbǔ 繆卜 9-1012B
mùbǔ 穆卜 8-149B
mùbù 幕布 3-753B
mùbùgǒushì 目不苟視
7-1124A
mùbùjiànjié 目不見睫
7-1124A
mùbùjiāojié 目不交睫
7-1123B
mùbùjǐshǎng 目不給賞
7-1124A
mùbùkuīyuán 目不窺園
7-1124A
mùbùrěndǔ 目不忍覩
7-1124A
mùbùrěnjiàn 目不忍見
7-1124A
mùbùrěnshì 目不忍視
7-1124A
mùbùshídīng 目不識丁
7-1124B
mùbùshíshū 目不識書
7-1124B
mùbùxiájǐ 目不暇給
7-1124A
mùbùxiájiē 目不暇接
7-1124A
mùbùxiéshì 目不邪視
7-1123B
mùbùxiéshì 目不斜視
7-1124A
mùbùzhīshū 目不知書
7-1124A
mùbùzhuǎnjīng 目不轉睛
7-1124B
mǔcái 母財 7-819A
mùcái 木材 4-665B
mǔcǎo 母草 7-819A
mùcáo 木槽 4-679A
mùcáo 牧曹 6-247B
mùcǎo 牧草 6-247A
mùcáomǎ 木槽馬 4-679A
mùcè 木册 4-663B
mùcè 目測 7-1129A
mùchái 木柴 4-671B
mùchán 沐脠 5-945B
mùchǎn 木産 4-674A
mùcháng 木腸 4-677B
mùchǎng 木場 4-674B
mùchǎng 木廠 4-680A
mùchǎng 牧場 6-248A
mùchǎng 牧廠 6-248B
mùchǎng 墓場 2-1167A
mùchàng 穆暢 8-150A
mùchē 木車 4-666A
mùchèn 木櫬 4-683A
mùchénchǎnzǐ 木沉産子
4-666B
mùchēng 木棦 4-671B
mùchēng 目瞠 7-1130A
mùchéng 木城 4-668B
mùchéng 目成 7-1125A
mùchéng 暮程 5-813B
mǔchì 母敕 7-819B
mùchí 暮遲 5-814B
mùchǐ 木尺 4-662A
mùchǐ 木齒 4-679A
mùchǐ 暮齒 5-814B
mùchì 木屎 4-666B
mùchì 目眙 7-1127B
mùchǐdān 木齒丹 4-679B
mùchóng 木蟲 4-681B
mùchóng 睦崇 7-1224B
mùchǒu 木杻 4-667B
mùchú 牧芻 6-247B
mùchǔ 木杵 4-667A
mùchǔ 木處 4-673A
mùchù 目觸 7-1131A
mùchù 牧畜 6-247B
mùchuán 木船 4-673B
mùchuáng 木牀 4-668B
mùchuí 木椎 4-675A
mùchūn 莫春 9-416A
mùchūn 暮春 5-812B
mùchǔzhāoqín 暮楚朝秦
5-813B
mǔcí 母慈 7-819B
mùcì 木賜 4-679B
mùcì 目次 7-1125B
mùcì 墓次 2-1166A
mùcì 幕次 3-754A
mùcōng 木葱 4-674B
mùcóng 幕從 3-754B
mùcóng 慕從 7-674A
mùcuànzhāochōng 暮爨朝舂
5-814B
mùcuì 牧倅 6-247A
mùcuìzhāohóng 暮翠朝紅
5-814A
mùdà 木大 4-660B
mǔdàchóng 母大蟲 7-817B
mùdá'ěrtōng 目達耳通
7-1128B
mùdāi 木呆 4-666A
mùdāidāi 木呆呆 4-666A
mǔdan 牡丹 6-239A
mùdān 木丹 4-662A
mǔdǎng 母黨 7-820B
mǔdanhuāhǎo…
牡丹花好,終須緑葉扶持
6-239A
mǔdansuīhǎo…
牡丹雖好,還要緑葉扶持
6-239A
mǔdantóu 牡丹頭 6-239A
mǔdào 母道 7-819B
mǔdào 畝道 7-1334B
mùdāo 木刀 4-660B
mùdào 牧道 6-248A
mùdào 墓道 2-1167A
mùdào 幕道 3-755A
mùdào 慕道 7-674A
mǔdé 母德 7-820A
mùdé 木德 4-679B
mùdé 慕德 7-674B
mùdèngkǒudāi 目瞪口呆
7-1130B
mùdèngkǒujiāng 目瞪口僵
7-1130B
mùdèngkǒujié 目瞪口結
7-1130B
mùdèngkǒuwāi 目瞪口歪
7-1130B
mùdèngkǒuzhāng 目瞪口張
7-1130B
mùdèngshéjiāng 目瞪舌彊
7-1131A
mùdèngshéjiǎo 目瞪舌撟
7-1131A
mùdèngxīnhài 目瞪心駭
7-1131A
mǔdì 母弟 7-818A
mùdī 木堤 4-674B
mùdī 牧羝 6-248A
mùdí 牧笛 6-247B
mùdì 木帝 4-670A
mùdì 目的 7-1126A
mùdì 牧地 6-246A
mùdì 墓地 2-1166A
mùdiàn 木店 4-667B
mùdiàn 幕殿 3-755A
mùdiāo 木雕 4-681A
mùdiāo 木鵰 4-682B
mùdiāonísù 木雕泥塑
4-681A
mùdìdì 目的地 7-1126A
mùdié 木牒 4-677B
mùdié 暮耋 5-813A
mùdīng 牧丁 6-245A
mùdìngkǒudāi 目定口呆
7-1126A
mùdìwù 目的物 7-1126A
mǔdòng 拇動 6-530B
mùdōng 暮冬 5-812A
mùdòngyánsì 目動言肆
7-1128B
mùdòu 木豆 4-666A
mùdú 木匵 4-681B
mùdú 木瀆 4-682A
mùdú 木櫝 4-682A
mùdú 木牘 4-682B
mùdú 牧犢 6-248B
mùdǔ 目睹 7-1129A
mùdǔ 目覩 7-1129B
mùdù 木蠹 4-683B
mùdù 木蠧 4-683B
mùduàn 目斷 7-1131A
mùdùn 木遁 4-676A
mùduó 木鐸 4-683A
mùdúzǐ 牧犢子 6-249A
mù'ē 目痾 7-1129A
mù'é 木鵝 4-681B
mù'ēn 沐恩 5-945A
mú'er 母兒 7-818B
mù'ér 牧兒 6-246B
mù'ěr 木耳 4-664B
mǔfǎ 母法 7-818B
mùfá 木栰 4-671B
mùfá 木筏 4-675B
mùfà 沐髮 5-945B
mùfà 暮髮 5-814A
mǔfàn 母範 7-820A
mùfāng 木枋 4-667A
mùfāng 沐芳 5-944B
mùfǎng 慕倣 7-674A
mùfàng 牧放 6 247A
mǔfēi 牡飛 6-239B
mùfèi 木柹 4-667A
mùfèi 木柿 4-667A
mùfèngxiánshū 木鳳銜書
4-678A
mùfó 木佛 4-666A
mǔfú 母服 7-818B
mǔfù 母婦 7-819B
mùfū 木夫 4-661B
mùfū 木膚 4-679B
mùfū 牧夫 6-245B
mùfú 木符 4-673A
mùfǔ 莫府 9-416A
mùfǔ 木斧 4-667B
mùfǔ 幕府 3-754A
mùfù 牧副 6-247B
mùfù 幕覆 3-755B
mǔfūrén 母夫人 7-817B
mùfúróng 木芙蓉 4-665B
mùfǔshūchú 幕府書厨
3-754A
mùgài 墓蓋 2-1167A
mùgān 木柑 4-669A
mùgān 幕竿 3-754B
mùgǎn 木杆 4-665B
mùgǎn 木桿 4-672B
mùgàng 慔戇 7-675B
mùgāng 目綱 7-1129B
mùgāng 鉬鋼 11-1229B
mùgàng 木杠 4-665B
mùgānniǎoqī 木乾鳥栖
4-672B
mǔgé 牡蛤 6-239B
mùgē 牧歌 6-248A
mùgē 穆歌 8-150A
mùgé 木格 4-671B
mùgé 木槅 4-677B

mùgé 木閣 4-678B
mùgé 募格 2-805B
mùgēn 木根 4-671B
mùgēng 目耕 7-1127A
mùgēng 暮更 5-812B
mùgěng 木梗 4-672B
mùgěngrén 木梗人 4-672B
mùgěngzhīhuàn 木梗之患 4-672B
mùgōng 木工 4-660B
mùgōng 木弓 4-661A
mùgōng 木公 4-662A
mùgōng 木功 4-662B
mùgōng 牧工 6-245B
mùgōng 牧宫 6-247A
mùgōng 墓工 2-1166A
mùgōngjīnmǔ 木公金母 4-662A
mùgòu 木構 4-677B
mùgōuzi 木鉤子 4-676A
mùgǒuzi 木狗子 4-667B
mǔgū 牡椁 6-240A
mùgū 木觚 4-676A
mùgǔ 木谷 4-666A
mùgǔ 木骨 4-669B
mùgǔ 沐骨 5-944B
mùgǔ 慕古 7-673A
mùgǔ 暮古 5-812A
mùgǔ 暮鼓 5-813B
mùgù 慕顧 7-675A
mùguā 木瓜 4-663B
mùguāhǎitáng 木瓜海棠 4-663B
mùguǎi 木枴 4-669A
mùguài 木怪 4-668A
mùguān 木官 4-668A
mùguān 目觀 7-1131B
mùguān 幕官 3-754A
mùguǎn 木錧 4-681A
mùguàn 沐冠 5-945A
mùguāng 目光 7-1125A
mùguāng 慕光 7-673B
mùguāngrúdòu 目光如豆 7-1125A
mùguāngrújù 目光如炬 7-1125A
mùguāngrúshǔ 目光如鼠 7-1125A
mùguāshān 木瓜山 4-663B
mùguāzhàng 木瓜杖 4-663B
mùgǔbójīn 慕古薄今 7-673A
mùgǔchénzhōng 暮鼓晨鐘 5-813B
mǔguì 牡桂 6-239B
mùguǐ 暮晷 5-813A
mùguì 木桂 4-671A
mùguìyīng 穆桂英 8-150A
mǔguó 母國 7-819B
mùguǒ 沐椁 5-945A
mùguǒmù 木椁墓 4-675A
mùguózhāoyú 暮虢朝虞 5-814B
mùgǔzhāozhōng 暮鼓朝鐘 5-813B
mùhán 木函 4-668B
mùhāng 木夯 4-663A
mùháng 木行 4-665A
mùhānshénzuì 目酣神醉 7-1128B
mǔhāo 牡蒿 6-240A
mùháo 慕號 7-674A
mùhào 目耗 7-1127A
múhé 毪毼 6-1015A
mùhé 木禾 4-663A
mùhè 木鶴 4-683B
mùhéng 木桁 4-671B
mùhèxiānrén 木鶴仙人 4-683B
mùhóngqiú 木紅毬 4-670B
mùhóngsè 木紅色 4-670B
mǔhóu 母猴 7-819B
mǔhòu 母后 7-818A
mùhóu 木猴 4-670A
mùhóu 沐猴 5-945A
mùhòu 幕後 3-754B
mùhóu'érguàn 沐猴而冠 5-945B
mùhóuguàn 沐猴冠 5-945B
mùhóuwǔ 沐猴舞 5-945B
mùhóuyīguàn 沐猴衣冠 5-945B
mùhū 目呼 7-1125B
mùhú 木斛 4-673B
mùhù 木笏 4-672A
mùhù 牧户 6-245B
mùhù 穆護 8-150B
mùhuà 木畫 4-676B
mùhuà 募化 2-805B
mùhuà 慕化 7-673A
mùhuàjiǔlóng 木化九隆 4-662A
mùhuàn 木槵 4-679A
mùhuáng 木皇 4-670A
mùhuànzǐ 木患子 4-673A
mùhuànzǐ 木槵子 4-679A
mùhuàshí 木化石 4-662A
mùhùgē 穆護歌 8-150B
múhuī 獏㺔 5-99A
mùhuī 暮暉 5-814A
mùhùshā 穆護砂 8-150B
mùhùsī 木笏司 4-672A
mùhùzǐ 穆護子 8-150B
mǔjī 畝積 7-1334B
mǔjí 畝級 7-1334B
mùjī 木屐 4-672A
mùjī 木雞 4-682A
mùjī 目擊 7-1130B
mùjí 目及 7-1123B
mùjí 目即 7-1125B
mùjí 目疾 7-1128A
mùjí 目極 7-1128B
mùjí 募集 2-806A
mùjì 木紀 4-670B
mùjì 木稷 4-679B
mùjì 沐稷 5-945B
mùjì 墓祭 2-1166B
mùjì 暮紀 5-813A
mǔjiā 母家 7-819A
mùjiā 木夾 4-666A
mùjiǎ 木甲 4-663A
mùjià 木架 4-670B
mùjià 木稼 4-679B
mǔjiān 母艱 7-820A
mùjiān 木牋 4-676A
mùjiǎn 木簡 4-682A
mùjiǎn 目瞼 7-1131A
mùjiàn 木楗 4-675B
mùjiàn 木漸 4-678B
mùjiàn 木劍 4-680A
mùjiàn 木薦 4-680A
mùjiàn 木諫 4-681A
mùjiàn 目見 7-1125B
mùjiān 牧監 6-248A
mùjiàn'ěrwén 目見耳聞 7-1125B
mùjiànfù 牧監副 6-248B
mùjiāng 木僵 4-679B
mùjiāng 木强 4-676B
mùjiàng 木彊 4-681A
mùjiàng 木匠 4-664B
mùjiàng 木强 4-676B
mùjiàngdàijiā 木匠帶枷 4-664B
mùjiāngjiāng 木僵僵 4-679B
mǔjiāo 姆教 4-337A
mǔjiào 母教 7-819A
mǔjiào 姆教 4-337A
mùjiáo 木嚼 4-683A
mùjiāo 木角 4-666B
mùjiāo 暮角 5-812B
mùjiǎodào 木脚道 4-673B
mùjiǎokè 木脚客 4-673B
mùjiāoxīntōng 目交心通 7-1125A
mùjiǎshān 木假山 4-673B
mùjiǎtíng 木假亭 4-673B
mùjīdàocún 目擊道存 7-1130B
mùjié 目捷 7-1128A
mùjié 目睫 7-1129A
mùjié 墓偈 2-1166B
mùjié 墓碣 2-1167A
mùjié 暮節 5-814A
mùjiě 木解 4-677B
mùjiè 木介 4-662A
mùjī'ěrwén 目擊耳聞 7-1130B
mùjiézhīlùn 目睫之論 7-1129B
mǔjīn 母金 7-818B
mùjīn 木斤 4-662A
mùjīn 目今 7-1124B
mùjīn 沐巾 5-944B
mùjīn 沐金 5-944B
mùjǐn 木堇 4-672B
mùjǐn 木槿 4-679A
mùjǐn 暮槿 5-814A
mùjìn 目近 7-1125B
mùjìn 目禁 7-1129A
mǔjīng 牡荆 6-239B
mùjīng 木精 4-678B
mùjīng 木鯨 4-682B
mùjīng 目睛 7-1129A
mùjīng 目精 7-1129B
mùjǐng 幕井 3-753B
mùjǐng 暮景 5-813B
mùjìng 暮境 5-814A
mùjìng 穆静 8-150A
mùjǐngcánguāng 暮景殘光 5-813B
mùjǐngsāngyú 暮景桑榆 5-813B
mǔjiù 母舅 7-819B
mùjiù 木臼 4-665A
mújù 模具 4-1208B
mǔjū 牡鞠 6-240A
mǔjú 牡菊 6-239B
mùjú 木局 4-666B
mùjù 睦劇 7-1225A
mǔjuān 畝捐 7-1334B
mùjuān 募捐 2-805B
mùjué 木厥 4-675B
mùjué 木橛 4-680A
mùjué 木蹻 4-682B
mùjūhǎichǔ 木居海處 4-668B
mǔjūn 母君 7-818B
mùjūshì 木居士 4-668B
mùkè 木刻 4-668A
mùkè 木客 4-670A
mùkè 目刻 7-1126A
mùkè 墓刻 2-1166B
mùkè 幕客 3-754B
mùkèdàzhǒng 木客大冢 4-670B
mùkèfúqì 木刻符契 4-668A
mùkèguǐ 木客鬼 4-670B
mùkèniǎo 木客鳥 4-670B
mùkèshī 木客詩 4-670B
mùkōngyīqiè 目空一切 7-1126B
mùkōngyīshì 目空一世 7-1126B
mùkōngyúzǐ 目空餘子 7-1126B
mùkǒudiāokè 木口雕刻 4-660B
mùkū 墓窟 2-1167A
mùkuǎn 募款 2-806A
mùkuàng 墓壙 2-1167B
mǔkūn 母昆 7-818B
mùlài 慕賴 7-674B
mùlán 木藍 4-681B
mùlán 木蘭 4-682B
mùlán 沐蘭 5-946A
mùlánchuán 木蘭船 4-683A
mùlánhuā 木蘭花 4-683A
mùlánzhōu 木蘭舟 4-683A
mùlǎo 狇狫 5-25A
mùlǎo 暮老 5-812A
mùlào 木酪 4-677A
mùlào 慕嫪 7-674B *
mǔlǎohǔ 母老虎 7-818A
mùlǎolǎo 木老老 4-664A
mùlǎolǎo 木佬佬 4-667B
mùlǎoyā 木老鴉 4-664A

mùlǎoyā 木老鴉 4-664B
mùlǎozú 仫佬族 1-1153B
mùlè 慕樂 7-674B
mùlèi 慕類 7-675A
mùlènglèng 木愣愣 4-676A
mǔlì 牡蠣 6-240A
mùlí 木鼈 4-681B
mùlǐ 木李 4-666A
mùlǐ 木理 4-672B
mùlǐ 目禮 7-1131A
mùlǐ 沐禮 5-946A
mùlì 木立 4-663B
mùlì 木吏 4-664B
mùlì 木戾 4-668A
mùlì 目力 7-1123B
mùlì 墓厲 2-1167A
mùlì 幕吏 3-754B
mùlì 慕利 7-673B
mùlián 木蓮 4-676B
mùlián 目連 7-1127A
mùlián 目蓮 7-1129A
mùliàn 慕戀 7-675A
mǔliáng 拇量 6-530B
mùliáng 沐粱 5-945B
mùliáng 幕粱 3-754B
mùliángyìyíng 目量意營 7-1128B
mùliánhàitóu 目連嗐頭 7-1127B
mùliánjiùmǔ 目連救母 7-1127B
mùliánlǐ 木連理 4-671B
mùliánxì 目連戲 7-1127B
mùliánxì 目蓮戲 7-1129A
mùliáo 幕僚 3-755A
mùliáo 幕寮 3-755A
mùliào 木料 4-672A
mùliào 慕料 7-674A
mùlǐchéncān 暮禮晨參 5-814B
mùliè 目裂 7-1128B
mùlǐhóngsī 幕裏紅絲 3-755A
mǔlín 母臨 7-820A
mùlín 墓鄰 2-1167B
mùlín 睦鄰 7-1225A
mùlín 睦隣 7-1225A
mùlín 霂霖 11-700A
mùlìn 慕藺 7-674B
mùlíng 木軨 4-675B
mùlíng 墓陵 2-1166B
mùlíng 暮齡 5-814B
mùlìng 牧令 6-245B
mùliù 暮鷚 5-814B
mǔlǒng 畝隴 7-1334B
mǔlǒng 畮隴 7-1358A
mùlóng 木龍 4-681A
mùlóng 木礱 4-683B
mùlóu 木樓 4-679A
mǔlǔ 譕譿 11-371B
mùlú 木盧 4-680B
mùlú 墓廬 2-1167B
mùlù 木路 4-677A
mùlù 木輅 4-677A
mùlù 目錄 7-1130A
mùluán 木欒 4-683B
mùluànjīngmí 目亂睛迷 7-1129B
mùluànjīngmí 目亂精迷 7-1129B
mùlùn 目論 7-1130A
mùluó 幕羅 3-755B
mùluò 莫落 9-417A
mùluò 木落 4-674B
mùluòguīběn 木落歸本 4-674B
mùlùshūfēng 沐露梳風 5-946A
mùlùxué 目錄學 7-1130A
mùlùzhānshuāng 沐露沾霜 5-946A
mùlǘ 木驢 4-684A
mùlǚ 木履 4-680A
mùlǚ 慕侶 7-673B
mùlǜ 暮律 5-813A
mǔmá 牡麻 6-239B
mùmǎ 木馬 4-671A
mùmǎ 牧馬 6-247A
mùmài 木脉 4-670A
mùmǎjì 木馬計 4-671A
mùmǎn 穆滿 8-150A
mùmàn 木幔 4-678A
mùmántou 木饅頭 4-682B
mùmāo 木貓 4-680A
mùmào 目眊 7-1126B
mùmǎzi 木馬子 4-671A
mǔmèi 母妹 7-818B
mùméi 木莓 4-671A
mùmèi 木媚 4-676B
mùmèi 木魅 4-678A
mùmén 木門 4-668B
mùmén 墓門 2-1166B
mǔméng 牡蒙 6-240A
mùméng 木蝱 4-680A
mùmí 目迷 7-1127A
mùmí 牧靡 6-249A
mùmì 木蜜 4-678B
mùmián 木棉 4-675A
mùmián 木綿 4-678B
mùmián 木緜 4-679B
mùmiàn 目面 7-1126B
mùmiàndiāokè 木面雕刻 4-669A
mùmiǎo 木杪 4-667A
mùmín 牧民 6-246A
mùmín 募民 2-805B
mùmín 穆民 8-149B
mùmín 穆忞 8-150A
mùmíng 目冥 7-1128A
mùmíng 目瞑 7-1130A
mùmíng 墓銘 2-1167A
mùmíng 慕名 7-673B
mùmíwǔsè 目迷五色 7-1127A
mùmò 木末 4-662A
mùmò 暮末 5-812A
mǔmǔ 姥姥 4-338A
mǔmǔ 母母 7-818A
mǔmǔ 姆母 4-337A
mǔmǔ 姆姆 4-337A
mùmǔ 木母 4-664A
mùmù 繆繆 9-1013B
mùmù 莫莫 9-416B
mùmù 木木 4-661B
mùmù 罞罞 6-1008A
mùmù 墓木 2-1166A
mùmù 幕幕 3-755A
mùmù 睦睦 7-1225A
mùmù 暮暮 5-814A
mùmù 穆穆 8-150A
mùmùchuán 艒艒船 9-10A
mùmùchūchū 木木樗樗 4-661B
mùmùchúnchún 穆穆純純 8-150B
mùmùrán 木木然 4-661B
mùmùxiāngqù 目目相覷 7-1125A
mùmùyǐgǒng 墓木已拱 2-1166A
mùmùzhāozhāo 暮暮朝朝 5-814A
mùnǎiyī 木乃伊 4-660B
mùnàkè 木那克 4-665A
mùnán 莫難 9-417B
mùnán 木難 4-682A
mùnán 幕南 3-754B
mǔnànrì 母難日 7-820B
mùnáo 沐猱 5-945B
mùnǎoké 木腦殼 4-677B
mùnè 木訥 4-674A
mùnèizì 目内眥 7-1124B
mùnèlǎorén 木訥老人 4-674A
mùnì 目逆 7-1127A
mùnián 暮年 5-812A
mùniú 木牛 4-661B
mùniúliúmǎ 木牛流馬 4-661B
mùniúwúquán 目牛無全 7-1124B
mùnú 木奴 4-663B
mùnú 牧奴 6-246A
mùnǔ 木弩 4-668B
mù'ǒu 木偶 4-673A
mù'ǒu 木耦 4-678B
mù'ǒu 木禺 4-669A
mù'ǒulóng 木禺龍 4-669B
mù'ǒumǎ 木偶馬 4-673A
mù'ǒumǎ 木禺馬 4-669A
mù'ǒupiàn 木偶片 4-673A
mù'ǒurén 木偶人 4-673A
mù'ǒurén 木禺人 4-669A
mù'ǒuxì 木偶戲 4-673A
mù'ǒuyīguān 木偶衣冠 4-673A
mùpá 木杷 4-667B
mùpái 木排 4-672B
mùpái 木牌 4-676A
mùpán 木柈 4-669A
mùpén 沐盆 5-945A
mùpī 木披 4-667A
mùpí 木皮 4-664A
mùpí 木箄 4-682A
mǔpián 拇駢 6-531A
mùpílǐng 木皮嶺 4-664A
mǔpìn 牡牝 6-239B
mùpín 慕嚬 7-674B
mùpísǎnrén 木皮散人 4-664A
mùpō 木坡 4-667A
mùpú 木僕 4-678A
mùpǔ 木樸 4-680A
mùpūtóu 木撲頭 4-678B
mǔqì 母氣 7-819A
mùqī 木棲 4-675A
mùqí 牧騎 6-248B
mùqǐ 慕企 7-673B
mùqì 木契 4-668B
mùqì 木氣 4-672A
mùqì 暮氣 5-813A
mǔqián 母錢 7-820A
mùqián 目前 7-1127A
mùqiāng 木椌 4-675B
mùqiāng 木腔 4-676A
mùqiāng 木槍 4-678A
mùqiáo 木樵 4-680B
mùqiǎo 目巧 7-1124B
mùqìchénchén 暮氣沉沉 5-813A
mǔqīn 母親 7-820A
mǔqín 牡菣 6-239B
mùqīn 睦親 7-1225A
mùqīn 穆親 8-150B
mùqín 木琴 4-674B
mùqín 暮禽 5-813B
mùqīng 穆清 8-150A
mùqíng 暮情 5-813A
mùqìng 暮磬 5-814B
mǔqiū 畝丘 7-1334B
mùqiū 暮秋 5-812B
mùqiú 木囚 4-663A
mùqiúshǐzhě 木毬使者 4-673A
mùqū 木詘 4-676A
mùqū 牧區 6-247B
mùqú 木蕖 4-677B
mùquàn 木券 4-668A
mǔquánzhì 母權制 7-820B
mǔquánzǐ 母權子 7-820B
mùquē 墓闕 2-1167B
mùqún 牧羣 6-248A
mùqùzhāolái 暮去朝來 5-812A
mùqúzhī 木渠芝 4-674A
mùrán 木然 4-676A
mùrán 穆然 8-150A
mùrǎn 目染 7-1127A
mùrǎn'ěrrú 目染耳濡 7-1127A
mùrén 木人 4-660A
mùrén 牧人 6-245A
mùrěn 睦忍 7-1224B
mùrénshíxīn 木人石心 4-660A
mùrényùyì 沐仁浴義 5-944B

mùrì 沐日 5-944B
mùrìyùyuè 沐日浴月 5-944B
mùróng 慕容 7-674A
mùrú 木茹 4-668B
mùrú 穆如 8-149B
mùrǔbǐng 木乳餅 4-667B
mùrǔ'ěrrǎn 目擩耳染 7-1130B
mùruò 穆若 8-149B
mùrúqīngfēng 穆如清風 8-149B
mùsānduì 木三對 4-660B
mùsè 目色 7-1125A
mùsè 暮色 5-812A
múshān 毪衫 6-1015A
mǔshàn 牡疝 6-239B
mùshān 慕羶 7-675A
mùshàn 木扇 4-672A
mùshāng 木商 4-674A
mùshāng 暮商 5-813A
mùshàng 慕尚 7-673B
mùshàngzuò 木上座 4-660B
mùshānhú 木珊瑚 4-668B
mùshāo 木梢 4-672B
mùshào 木紹 4-674A
mùsháoyào 木芍藥 4-664B
mǔshé 母舌 7-818A
mùshé 木舌 4-664B
mùshè 木射 4-672A
mùshè 目攝 7-1131A
mùshè 墓舍 2-1166B
mùshēn 牧身 6-246B
mùshén 木神 4-670B
mùshēng 木聲 4-681B
mùshēng 目生 7-1125A
mùshēng 慕聲 7-674B
mùshēng 暮生 5-812A
mùshēng 穆生 8-149B
mùshěng 目眚 7-1128A
mùshèng 木聖 4-676B
mùshēng'ér 墓生兒 2-1166A
mùshēng'ér 暮生兒 5-812A
mǔshī 母師 7-819A
mǔshī 姆師 4-337A
mǔshì 母氏 7-817B
mùshī 牧師 6-247A
mùshí 木石 4-662B
mùshí 木食 4-670A
mùshí 木實 4-678B
mùshí 沐食 5-944B
mùshí 墓石 2-1166A
mùshì 木事 4-667B
mùshì 木室 4-670A
mùshì 目視 7-1128B
mùshì 牧室 6-247A
mùshì 墓室 2-1166B
mùshì 幕士 3-753B
mùshì 慕勢 7-674A
mùshì 暮世 5-812A
mùshǐtīngjīng 牧豕聽經 6-246B
mùshíxīncháng 木石心腸 4-663A
mùshǐyílìng 目使頤令 7-1126A
mùshǒu 木手 4-661B
mùshǒu 牧守 6-246B
mùshòu 木獸 4-682B
mùshòu 目授 7-1128A
mùshú 目熟 7-1130A
mùshú 睦孰 7-1224B
mùshǔ 木薯 4-680A
mùshǔ 目數 7-1130A
mùshǔ 幕屬 3-755B
mùshù 木數 4-679B
mùshù 沐樹 5-945B
mùshù 牧竪 6-248A
mùshù 牧豎 6-248B
mùshù 募俞 2-805B
mùshuāi 暮衰 5-813A
mùshuān 木栓 4-671B
mùshuì 木稅 4-675B
mùshùn 目瞤 7-1130B
mùshuò 幕朔 3-754B
mùsī 牧司 6-246A
mùsī 慕思 7-673B
mùsī 暮颸 5-814B
mùsì 木柶 4-669A
mùsīlín 穆斯林 8-150A
mùsìzhāosān 暮四朝三 5-812A
mùsòng 目送 7-1127A
mùsù 艒艏 9-6A
mùsù 目宿 7-1128B
mùsù 牧宿 6-248A
mùsù 穆肅 8-150A
mùsuí 墓隧 2-1167B
mùsuì 木燧 4-681A
mùsuì 暮歲 5-814A
mǔsǔn 母筍 7-819B
mùsūn 木孫 4-672A
mùsuǒ 木索 4-671B
mùsuǒ 牧所 6-246B
mùsuǒ 墓所 2-1166B
mùtǎ 木獺 4-682B
mùtà 木榻 4-678A
mùtàchuān 木榻穿 4-678A
mǔtāi 母胎 7-819A
mùtāi 木胎 4-670A
mùtàn 木炭 4-669B
mùtàn 慕歎 7-674B
mùtáng 木餳 4-681B
mùtáng 墓堂 2-1166B
mùtànhuà 木炭畫 4-669B
mùtáo 木桃 4-671B
mùtáo 目逃 7-1126B
mǔtí 母題 7-820B
mǔtǐ 母體 7-820B
mùtiān 木天 4-661A
mùtiān 暮天 5-811B
mùtián 牧田 6-245B
mùtián 墓田 2-1166A
mùtiānxídì 幕天席地 3-753B
mùtiānzǐ 穆天子 8-149B
mùtiāo 木挑 4-668B
mùtiǎoméiyǔ 目挑眉語 7-1126B
mùtiǎoxīnyǔ 目窕心與 7-1128B
mùtiǎoxīnyuè 目挑心悅 7-1126B
mùtiǎoxīnzhāo 目挑心招 7-1126B
mùtīng 目聽 7-1131A
mùtīng 幕廳 3-755B
mùtíng 墓亭 2-1166B
mùtíng 墓庭 2-1166B
mùtíng 幕庭 3-754B
mùtǐng 木梃 4-671B
mǔtóng 牡銅 6-240A
mùtōng 木通 4-672A
mùtóng 牧童 6-248A
mùtou 木頭 4-680B
mùtoudǐ'er 木頭底兒 4-680B
mùtoujuézi 木頭橛子 4-680B
mùtoumùnǎo 木頭木腦 4-680B
mùtourén 木頭人 4-680B
mútú 醬酴 9-1436B
mùtū 木突 4-670A
mùtú 木圖 4-678A
mùtú 目圖 7-1129B
mùtú 暮途 5-813A
mùtù 木兔 4-667B
mùtùgùquǎn 目兔顧犬 7-1126A
mǔtuó 母陀 7-818B
mǔtuóluó 母陀羅 7-818B
mùwǎ 木瓦 4-661B
mùwàizì 目外眥 7-1125A
mǔwǎn 畝畹 7-1334B
mùwán 木丸 4-661A
mùwán 目翫 7-1130A
mùwǎn 木碗 4-677A
mùwáng 木王 4-661A
mùwáng 穆王 8-149B
mùwàng 木王 4-661A
mùwàng 慕望 7-674A
mǔwèi 母位 7-818A
mùwēi 木威 4-669A
mùwéi 目圍 7-1128B
mùwéi 目爲 7-1129A
mùwéi 幕帷 3-754B
mùwèi 木位 4-666A
mùwèi 幕位 3-754A
mùwèi 慕位 7-673B
mùwēixǐzhī 木威喜芝 4-669A
mùwén 墓文 2-1166A
mùwò 目卧 7-1125B
mùwū 幕屋 3-754B
mùwú 木吾 4-666A
mùwúfǎjì 目無法紀 7-1129A
mùwúquánniú 目無全牛 7-1128B
mùwúsānchǐ 目無三尺 7-1128B
mùwúwángfǎ 目無王法 7-1128B
mùwúxiàchén 目無下塵 7-1128B
mùwúyúzǐ 目無餘子 7-1129A
mùwúzūnzhǎng 目無尊長 7-1129A
mǔxì 母系 7-818A
mùxī 木犀 4-676B
mùxī 木熙 4-677B
mùxī 木樨 4-680B
mùxí 木檄 4-681B
mùxí 幕席 3-754B
mùxí 慕習 7-674A
mùxí 慕襲 7-675A
mùxǐ 沐洗 5-945A
mùxiá 木匣 4-666A
mùxiá 木柙 4-669A
mùxiá 暮霞 5-814B
mùxià 目下 7-1123B
mùxià 幕下 3-753B
mǔxián 母弦 7-818B
mùxiān 木楸 4-675A
mùxiān 木掀 4-672B
mùxiān 木鍁 4-681A
mùxián 慕賢 7-674B
mùxiàn 慕羨 7-674B
mùxiāng 木香 4-669B
mùxiāng 木廂 4-672B
mùxiǎng 目想 7-1129A
mùxiàng 木象 4-674A
mùxiàng 木像 4-677B
mùxiàng 牧相 6-247A
mùxiàng 慕嚮 7-674B
mùxiàng 慕向 7-673B
mùxiāngjú 木香菊 4-670A
mùxiǎngzhāosī 暮想朝思 5-814A
mǔxiào 母校 7-819A
mùxiào 目笑 7-1128A
mùxiào 牧嘯 6-248B
mùxiào 慕効 7-673B
mùxiào 慕效 7-674A
mùxiào 慕斅 7-675A
mùxiàsānláng 木下三郎 4-660B
mùxiàshíháng 目下十行 7-1123B
mùxiè 木械 4-672B
mùxiè 木屧 4-680A
mùxīhuā 木樨花 4-680B
mǔxìng 母性 7-818B
mùxīng 木星 4-669B
mùxíng 木行 4-665A
mùxíng 穆行 8-149B
mùxìng 木性 4-668A
mùxīnshífù 木心石腹 4-662A
mǔxiōng 母兄 7-818A
mùxū 沐胥 5-945A
mùxū 墓虛 2-1166B
mùxū 幕胥 3-754B
mùxù 苜蓿 9-336A
mùxù 暮序 5-812B
mùxuān 穆宣 8-150A
mùxuǎn 募選 2-806A
mùxuàn 目眩 7-1127B
mùxuànshényáo 目眩神搖

7-1127B
mùxuàntóuhūn 目眩頭昏
7-1127B
mùxuàntóuyūn 目眩頭暈
7-1127B
mùxué 目學 7-1130A
mùxué 墓穴 2-1166A
mǔxùn 姆訓 4-337A
mùxūn 沐薰 5-946A
mùxún 慕循 7-674A
mùxùn 慕殉 7-673B
mùyá 木芽 4-665B
mùyān 暮烟 5-813A
mùyān 暮煙 5-814A
mùyán 木鹽 4-683B
mùyǎn 目眼 7-1128A
mùyàn 木硯 4-675B
mùyàn 木雁 4-675B
mùyàn 木鴈 4-679A
mùyàn 目驗 7-1131A
mùyàn 目艷 7-1131B
mùyàn 幕燕 3-755A
mùyàn 慕艷 7-675A
mùyàn 慕豔 7-675A
mùyàndǐngyú 幕燕鼎魚
3-755B
mùyànfǔyú 幕燕釜魚 3-755B
múyàng 模樣 4-1210A
mǔyǎng 母養 7-820A
mùyǎng 牧養 6-248B
mùyǎng 慕仰 7-673B
mùyángchén 牧羊臣 6-246A
mùyángchéng 木楊城 4-677A
mùyáng'ér 牧羊兒 6-246A
mùyāo 木妖 4-666B
mùyào 木曜 4-681B
mùyào 木鷂 4-683B
mùyào 穆耀 8-150B
mùyàorì 木曜日 4-681B
mùyě 坶野 2-1092B
mùyě 牧野 6-247B
mùyè 莫夜 9-416A
mùyè 木葉 4-674B
mùyè 牧業 6-248A
mùyè 暮夜 5-812B
mǔyèchā 母夜叉 7-818B
mùyèdié 木葉蝶 4-674B
mùyěhú 木野狐 4-673A
mùyèjīn 暮夜金 5-812B
mùyèshān 木葉山 4-674B
mùyèxiānróng 暮夜先容
5-812B
mǔyí 母儀 7-820A
mùyī 目揖 7-1128B
mùyī 墓衣 2-1166A
mùyǐ 木錡 4-681A
mùyì 木杙 4-665B
mùyì 木易 4-667B
mùyì 目意 7-1129B
mùyì 目翳 7-1130B
mùyì 募役 2-805B
mùyì 幕帟 3-754B
mùyì 睦誼 7-1225A
mùyì 慕義 7-674B
mùyǐchéngzhōu 木已成舟
4-661A
mùyìfǎ 募役法 2-805B
mǔyīn 母音 7-819A
mǔyìn 拇印 6-530B
mùyīn 睦姻 7-1224B
mùyīn 睦婣 7-1224B
mùyìn 木印 4-663B
mùyīng 木罌 4-683A
mùyíng 墓塋 2-1167A
mùyǐng 木癭 4-683B
mùyìng 木硬 4-675B
mùyīngfǒu 木罌缶 4-683A
mùyīngfǒu 木罌甒 4-683A
mùyìnjì 木印記 4-663B
mǔyǐzǐguì 母以子貴 7-818A
mùyōng 木雍 4-677B
mùyōng 睦雍 7-1225A
mùyǒng 木俑 4-670A
mùyǒng 沐泳 5-944B
mùyǒng 墓俑 2-1166B
mùyòng 慕用 7-673B
mǔyōu 母憂 7-820A
mùyóu 幕游 3-755A
mùyóu 幕遊 3-755A
mùyǒu 幕友 3-753B
mùyǒu 睦友 7-1224B
mǔyú 踇隅 10-485A
mǔyǔ 母語 7-819B
mùyú 木魚 4-673B
mùyú 牧漁 6-248B
mùyú 慕輿 7-674B
mùyǔ 木羽 4-665A
mùyǔ 目語 7-1129B
mùyǔ 沐雨 5-944B
mùyǔ 牧圉 6-247B
mùyǔ 暮羽 5-812A
mùyǔ 暮雨 5-812B
mùyǔ 穆羽 8-149B
mùyù 木寓 4-676B
mùyù 沐浴 5-945A
mùyù 墓域 2-1166B
mùyuān 木鳶 4-678A
mùyuān 木鵷 4-681A
mùyuán 沐猿 5-945B
mùyuán 募原 2-806A
mùyuán 募緣 2-806A
mùyuán 墓園 2-1167A
mùyuǎn 慕遠 7-674A
mùyuǎn 穆遠 8-150A
mùyuàn 牧苑 6-246B
mùyuánshū 募緣疏 2-806A
mùyuānxīntún 目眢心忳
7-1128A
mǔyuè 牡鑰 6-240B
mǔyuè 牡籥 6-240A
mùyuè 慕悅 7-674A
mùyuè 暮月 5-812A
mùyǔ'éshùn 目語額瞬
7-1129B
mùyúfú 木魚符 4-674A
mùyǔjīngshuāng 沐雨經霜
5-944B
mùyùlóng 木寓龍 4-676B
mùyùmǎ 木寓馬 4-676B
mùyùn 木運 4-676B
mùyǔnǔjiàn 木羽弩箭
4-665B
mùyúshū 木魚書 4-674A
mùyǔshūfēng 沐雨梳風
5-944B
mùyǔzhāoyún 暮雨朝雲
5-812B
mùyǔzhìfēng 沐雨櫛風
5-944B
mùzāi 木災 4-666B
mùzǎi 牧宰 6-247B
mùzàng 墓葬 2-1167A
mùzǎo 沐澡 5-945B
mùzé 沐澤 5-945B
mùzéicǎo 木賊草 4-677A
mùzhá 木札 4-662B
mùzhá 木牐 4-677B
mùzhà 木柵 4-669A
mùzhài 木柴 4-671B
mùzhàmén 木柵門 4-669A
mǔzhàn 拇戰 6-531A
mùzhàn 木棧 4-675A
mùzhāng 木章 4-674A
mùzhǎng 牧長 6-246B
mùzhàng 木杖 4-665B
mùzhào 募召 2-805B
mǔzhèn 拇陣 6-530B
mùzhēn 木椹 4-677A
mùzhēn 暮砧 5-813A
mùzhěn 木枕 4-667A
mùzhèn 目眹 7-1128A
mùzhèn 目眑 7-1126B
mùzhēng 木征 4-667B
mùzhèng 木正 4-662B
mùzhèng 牧正 6-245B
mùzhēnggé 募征格 2-805B
mùzhēngkǒudāi 目睜口呆
7-1128A
mùzhèngkǒudāi 目怔口呆
7-1126A
mùzhēngxīnhài 目眐心駭
7-1127B
mǔzhǐ 拇指 6-530B
mǔzhì 牡鷙 6-240A
mǔzhì 畝制 7-1334B
mùzhī 木汁 4-663B
mùzhī 木芝 4-664B
mùzhí 木植 4-675A
mùzhí 幕職 3-755B
mùzhǐ 目指 7-1126B
mùzhì 木治 4-668A
mùzhì 木質 4-679B
mùzhì 目識 7-1131A
mùzhì 沐櫛 5-946A
mùzhì 墓誌 2-1167B
mùzhì 慕志 7-673B
mùzhì 暮志 5-812A
mùzhìmíng 墓誌銘 2-1167B
mùzhǐqìshǐ 目指氣使
7-1126B
mùzhìshǒuyíng 目治手營
7-1126A
mùzhīyǎnjiàn 目知眼見
7-1126A
mǔzhōng 畝鍾 7-1334B
mǔzhōng 畮鍾 7-1323B
mǔzhōng 晦鍾 7-1358A
mùzhōng 木鍾 4-681B
mùzhǒng 沐腫 5-945B
mùzhōngwúrén 目中無人
7-1124B
mùzhǒu 目睭 7-1129B
múzhù 模鑄 4-1211A
mǔzhū 母株 7-819A
mùzhū 目珠 7-1127A
mùzhú 木竹 4-665A
mùzhǔ 木主 4-663B
mùzhǔ 目屬 7-1131A
mùzhǔ 牧主 6-246A
mùzhù 目注 7-1126A
mùzhù 幕柱 3-754A
mùzhūang 木樁 4-678B
mùzhuàng 木戇 4-684A
mùzhūnú 牧豬奴 6-248B
mùzhūnúxì 牧豬奴戲 6-248B
mùzhūnúxì 牧賭奴戲 6-248A
mùzhuó 木斫 4-669A
mùzhuó 沐濯 5-946A
mùzhùxīnníng 目注心凝
7-1126A
mùzhùxīnyíng 目注心營
7-1126A
mùzhúzi 木竹子 4-665A
múzi 模子 4-1208A
mǔzǐ 母子 7-817B
mǔzì 母字 7-818A
mùzǐ 木子 4-661A
mùzǐ 牧子 6-245B
mùzǐ 暮子 5-811B
mùzì 目眥 7-1128A
mùzì 目眦 7-1128A
mùzì 牧字 6-246B
mǔzǐmèi 母姊妹 7-818B
mùziqián 目子錢 7-1123B
mǔzú 母族 7-819B
mùzú 木鏃 4-682B
mùzú 睦族 7-1224B
mùzuàn 木鑽 4-684A
mùzuō 木作 4-666A
mùzuò 木祚 4-670B

N

nà'ǎo 衲襖 9-42B
nábǎ 拏把 6-435A
nábǎ 拿把 6-536B
nábài 拿敗 6-537A
nàbài 納拜 9-760B
nábān 拿班 6-536B
nábàn 拿辦 6-538A
nǎbān 那般 10-599B
nàbān 那般 10-599B
nábānzuòshì 拏班做勢 6-435B
nábānzuòshì 拿班作勢 6-537A
nábānzuòshì 拿班做勢 6-537A
nàbǎo 納寶 9-763B
nàbèi 衲被 9-42A
nǎbì 那必 10-598A
nàbì 那壁 10-602A
nàbì 納陛 9-760B
nàbì 納幣 9-762B
nábīng 拏兵 6-435B
nǎbìxiāng 那壁廂 10-602A
nàbìxiāng 那壁廂 10-602A
nàbō 納鉢 9-762A
nàbō 捺鉢 6-642B
nàbó 衲帛 9-42A
nábǔ 拿捕 6-537A
nàbù 納布 9-759A
nàbù 納步 9-760A
nábùchūshǒu 拿不出手 6-536A
nábúzhù 拿不住 6-536A
nàcái 納財 9-761A
nàcǎi 納采 9-760B
nàchéngzi 那程子 10-600B
nàchǒng 納寵 9-763B
nàcuì 納粹 9-762B
nácuò 拏錯 6-436A
nácūxiéxì 拏粗挾細 6-436A
nácūxiéxì 拿粗挾細 6-537B
nádā 拿搭 6-537B
nádà 拿大 6-536A
nǎdā 哪搭 3-348B
nǎdā 那搭 10-600A
nǎdá 哪達 3-348B
nǎdá 那答 10-600B
nǎdá 那達 10-600A
nàdā 那搭 10-600A
nàdá 那答 10-600B
nàdá 那達 10-600A
nàdá 那塔 10-602A
nádàcǎo 拿大草 6-536A
nádàdǐng 拿大頂 6-536A
nǎdā'erlǐ 那搭兒裏 10-600A
nǎdālǐ 那搭裏 10-600A
nàdámù 那達慕 10-600B
nàdāng'er 那當兒 10-600B
nádāodòngzhàng 拿刀動杖 6-536A
nádāonòngzhàng 拿刀弄杖 6-536A
nǎde 那的 10-599A
nǎdé 那得 10-600A
nàde 那的 10-599A
nàdēng 鈉燈 11-1218B
nàděng 那等 10-600B
nádéqǐ 拿得起 6-537A
nádǐng 拿頂 6-537A
nádǐng 拿鼎 6-537B
nádōngnáxī 拏東拏西 6-435B
nádòu 拏鬬 6-436A
náduō 拏掇 6-435B
ná'é 拏訛 6-435B
ná'é 拿訛 6-537B
nǎ'er 哪兒 3-348B
nà'er 那兒 10-599A
ná'étóu 拏訛頭 6-435B
ná'étóu 拿囮頭 6-536B
ná'étóu 拿訛頭 6-537B
náfǎ 拿法 6-536B
náfǎng 拏訪 6-436A
náfǎng 拿訪 6-537B
nàfǎng 納訪 9-761B
náfēngyuèyún 拏風躍雲 6-435B
nàfú 納福 9-762A
nàfù 納婦 9-761B
nàgā 那伽 10-598B
nàgāhuā 那伽花 10-598B
nàgān 納肝 9-760A
nǎge 那個 10-599B
nǎge 那箇 10-601B
nǎgè 哪個 3-348B
nǎgè 哪箇 3-349A
nàgè 那個 10-599B
nàgè 那箇 10-601B
nágěi 拿給 6-538A
nágēn 拿跟 6-538A
nàgēng 那庚 10-599A
nàgòng 納貢 9-761A
nàgòucángwū 納垢藏污 9-760B
nàgù 納顧 9-763B
náguā 拿瓜 6-536B
nàguān 納官 9-760B
nàguó 納國 9-761A
nǎguō'er 那堝兒 10-599B
nàguō'er 那堝兒 10-600A
nàguō'erlǐ 那堝兒裏 10-600A
nàhǎn 納罕 9-760A
nàhǎn 納喊 9-761B
nàhǎn 吶喊 3-208B
nàhé 納合 9-759B
nàhè 魶魶 12-1211A
náhēichǔ 拿黑杵 6-537B
nǎhēng 那哼 10-599B
nǎhēng 郍亨 10-604B
nàhuà'er 那話兒 10-601A
nàhuán 納還 9-763A
nàhuàn 納宦 9-761A
nàhuáng 納隍 9-761B
nàhuì 納賄 9-762A
nàhuì 納誨 9-762B
nǎhuì'er 哪會兒 3-348B
nǎhuì'er 那會兒 10-600B
náhuò 拏獲 6-436A
náhuò 拿獲 6-538A
nàhuǒ 内火 1-998A
nàhuò 納貨 9-761A
nǎi'ǎo 嬭媼 4-418A
nàibǎo 耐飽 8-777B
nǎicái 乃纔 1-628B
nǎichá 奶茶 4-266A
nǎichéng 乃誠 1-628A
nàidài 褦襶 9-125B
nàidàizǐ 褦襶子 9-125B
nàidōng 耐冬 8-776B
nǎidòufu 奶豆腐 4-266A
nàidǔ 耐篤 8-777B
nàiduǒ 耐朵 8-776B
nǎi'ěr 乃耳 1-627B
nǎi'ěr 乃爾 1-628B
nàifán 奈煩 2-1516A
nàifán 耐煩 8-777B
nǎifáng 奶房 4-266A
nǎifáng 嬭房 4-418A
nǎifěn 奶粉 4-266A
nǎifù 乃父 1-627B
nǎigāo 奶糕 4-266B
nàigé 耐格 8-777A
nǎigēge 奶哥哥 4-266A
nǎigōng 乃公 1-627B
nǎigōng 迺公 10-768B
nàiguān 耐官 8-777A
nàihán 耐寒 8-777B
nàihán 能寒 6-1270B
nàihàn 耐旱 8-776B
nàihé 奈何 2-1515B
nàihé 奈河 2-1515B
nàihé 柰何 4-887B
nàihé 柰河 4-888A
nàihé 耐何 8-776B
nàihémù 奈何木 2-1515B
nàihémù 柰何木 4-887B
nàihéqiáo 奈河橋 2-1515B
nàihétiān 奈何天 2-1515B
nàihuā 柰花 4-887B
nàihuǒ 耐火 8-776B
nàihuǒzhuān 耐火磚 8-776B
nǎijīn 乃今 1-627B
nǎijīn 迺今 10-768B
nàijìng 耐静 8-777B
nǎijiǔ 奶酒 4-266A
nàijiǔ 奈久 2-1515A
nàijiǔ 柰久 4-887B
nàijiǔ 耐久 8-776A
nàijiǔpéng 耐久朋 8-776A
nǎijuàn 乃眷 1-628A
nàikàn 耐看 8-777A
nǎikě 乃可 1-627B
nàikě 耐可 8-776B
nǎikǒu 奶口 4-265B
nàikǔ 耐苦 8-777A
nǎiláng 乃郎 1-628A
nǎilǎo 乃老 1-627B
nǎilào 奶酪 4-266A
nàiláo 耐勞 8-777B
nàilì 耐力 8-776A
nàilín 柰林 4-887B
nàilún 耐綸 8-777B
nǎimā 奶媽 4-266A
nǎimán 乃蠻 1-628B
nàimàn 奈曼 2-1516A
nàimiàn 耐面 8-777A
nǎimíng 奶名 4-266A
nàimó 耐磨 8-778A
nǎimǔ 奶母 4-266A
nǎimǔ 奶姆 4-266A
nǎimǔ 嬭母 4-418A
náinái 痲痲 8-312A
nǎinai 奶奶 4-266A
nǎinai 嬭嬭 4-418A
nǎiniáng 奶娘 4-266A
náinóu 羪羺 9-190B
nǎipàng 奶胖 4-266A
nǎipàng 嬭胖 4-418A
nǎipó 嬭婆 4-418A
nǎiqí 乃其 1-628A
nǎiqiāng 奶腔 4-266A
nǎiqíng 乃情 1-628A
nàirè 耐熱 8-777B
nàirénjǔjué 耐人咀嚼 8-776A
nàirénxúnwèi 耐人尋味 8-776A
nàirǔ 耐辱 8-777A
nàirǔjūshì 耐辱居士 8-777A
nǎiruò 乃若 1-628A
nǎishēngnǎiqì 奶聲奶氣 4-266B
nǎishí 奶食 4-266A
nǎishí 嬭食 4-418A
nǎishì 乃是 1-628A
nàishí 耐實 8-777B
nàishì 耐事 8-777A
nǎishuǐ 奶水 4-266A
nàishuǐ 耐水 8-776A
nàisuān 耐酸 8-777B
nǎitáng 乃堂 1-628A
nàitáo 柰桃 4-888A
nàitòng 耐痛 8-777A
nàitóng'ér 耐童兒 8-777A
nǎiwá 奶娃 4-266A
nǎiwǎng 乃往 1-628A
nǎiwēng 乃翁 1-628A
nǎiwūtā 奶烏他 4-266A
nǎixī 乃昔 1-628A
nàixiàng 奈向 2-1515A
nǎixīn 乃心 1-627B
nàixīn 奈心 2-1515A
nàixīn 耐心 8-776B
nàixīnfán'er 耐心煩兒 8-776B

nǎixīng 奶腥 4-266A
nàixìng 耐性 8-777A
nàixīnkǔ 耐辛苦 8-776B
nàixīnnàicháng 耐心耐腸 8-776B
nàixīnnàiyì 耐心耐意 8-776B
nǎixīnwángshì 乃心王室 1-627B
nǎiyá 嬭牙 4-418A
nàiyòng 耐用 8-776B
nǎiyóu 奶油 4-266A
nàiyuán 奈緣 2-1516A
nàiyuán 柰園 4-888A
nàiyuàn 奈苑 2-1515B
nàiyuàn 柰苑 4-887B
nǎizài 迺在 10-768B
nàizhàn 耐戰 8-777B
nǎizhě 乃者 1-627B
nǎizhě 迺者 10-769A
nàizhe 能着 6-1270B
nǎizhì 乃至 1-627B
nǎizi 奶子 4-265B
nǎizi 嬭子 4-418A
nǎizǐ 嬭子 4-418A
nàizǐ 柰子 4-887B
nǎizifǔ 奶子府 4-266A
nàizǐhuā 柰子花 4-887B
nàizuì 耐罪 8-777B
nàjí 納吉 9-759B
nàjí 納級 9-761A
nàjiǎ 納甲 9-759A
nàjiàn 納監 9-762B
nàjiàn 納諫 9-763A
nájiǎo 拿脚 6-537A
nàjiāo 內交 1-1001A
nàjiāo 納交 9-759B
nájiàzi 拿架子 6-536B
nájiè 拿解 6-538A
nàjié 納節 9-762A
nàjīn 內金 1-1004A
nàjǐn 衲錦 9-42B
nájiū 拏究 6-435B
nájiū 拿究 6-536B
nájué 拏攫 6-436A
nàjué 捺抉 6-642B
nàjùzhǒngjué 納屨踵決 9-763A
nǎkān 那堪 10-600A
nǎkàn 那看 10-599A
nàkè 衲客 9-42A
nákōng 拏空 6-435B
nǎkuài 哪塊 3-348B
nàkuài 那塊 10-600A
nákuǎn 拿款 6-537B
nàkuǎn 內款 1-1012A
nàkuǎn 納款 9-761B
nàkuànuóyāo 納胯那腰 9-761A
nàkuànuóyāo 納胯挪腰 9-761A
nàkuí 納揆 9-761B
nàlā 納喇 9-761B
nàlà 納剌 9-760B
náláizhǔyì 拿來主義 6-536B
nàlán 納蘭 9-763B
nàlàntuó 那爛陀 10-602B
nàlàntuó 那爛陁 10-602B
nálǎo 拿老 6-536B
nālāshì 那拉氏 10-598B
nǎli 那里 10-598B
nǎli 那裏 10-601A
nǎlǐ 哪裏 3-349A
nàli 那裏 10-601A
nàlǐ 納禮 9-763A
nàliáng 納涼 9-761A
nàliáng 納凉 9-761B
nǎlifàngzhe 那裏放着 10-601A
nàlǐměi 那裏每 10-601A
nàliù’er 那溜兒 10-601A
nǎliyě 那裏也 10-601A
nàlù 納禄 9-762A
nàlù 納賂 9-762A
nàlù 納麓 9-763A
nàluòjiā 那落迦 10-600B
nàluótuó 那羅陀 10-602B
nálǚ 拏閭 6-436A
nàlǚ 納履 9-763A
nàlǚzhǒngjué 納履踵決 9-763A
nàma 那嗎 10-600B
nàmǎ 納馬 9-761A
nàme 那麽 10-601B
nàmediǎn’er 那麽點兒 10-601B
nàměi 那每 10-598B
nàmen 那們 10-599B
nàmén 那門 10-599A
nàmèn 那懣 10-602B
nàmèn 納悶 9-762A
nǎménzi 哪門子 3-348B
nàmexiē 那麽些 10-601B
nàmezhe 那麽着 10-601B
nàmìng 納命 9-760A
nāmó 南膜 1-903B
nāmó 南無 1-900B
nàmó 那摩 10-602A
nàmó 那謨 10-602A
nàmò 那末 10-598A
nāmó’ēmítuófó 南無阿彌陀佛 1-900B
námówēn 拿摩温 6-538A
nàmówēn 那摩温 10-602A
nàmòwēn 那莫温 10-599B
nàmòzhe 那末着 10-598A
nànà 餇餇 12-496A
nànà 衲衲 9-42A
nànà 納納 9-761A
nán’āi 難捱 11-902B
nán’ái 難挨 11-902B
nán’āo 難熬 11-904B
nánbā 南八 1-883B
nánbài 男拜 7-1306B
nánbān 南班 1-895A
nánbāng 男邦 7-1305B
nánbāng 南邦 1-888A
nánbǎng 南榜 1-903A
nánbāngzi 南梆子 1-895B
nánbànqiú 南半球 1-888A
nánbānzi 南班子 1-895B
nánbǎo 難保 11-902A
nánbēi 南碑 1-901B
nánběi 南北 1-886B
nánbèi 南貝 1-889B
nánběicháo 南北朝 1-887B
nánběicháotǐ 南北朝體 1-887B
nánběicí 南北詞 1-887B
nánběi’èrxuán 南北二玄 1-886B
nánběihétào 南北合套 1-887A
nánběihézuò 南北合作 1-887A
nánběijiāo 南北郊 1-887A
nánběijuàn 南北卷 1-887A
nánběijūn 南北軍 1-887A
nánběilù 南北路 1-887B
nánběiqǔ 南北曲 1-886B
nánběirén 南北人 1-886B
nánběishěng 南北省 1-887A
nánběishǐ 南北史 1-886B
nánběishūpài 南北書派 1-887B
nánběisī 南北司 1-886B
nánběitào 南北套 1-887B
nánběixuǎn 南北選 1-887B
nánběixué 南北學 1-887B
nánběiyá 南北衙 1-887B
nánběizhái 南北宅 1-887A
nánběizōng 南北宗 1-887A
nánbēn 南奔 1-890A
nànběn 難本 11-900B
nánbǐ 南鄙 1-902A
nánbì 南蔽 1-903A
nánbì 難必 11-901A
nánbian 南邊 1-906B
nánbiàn 南辮 1-907A
nánbó 南伯 1-889B
nánbó 南亳 1-896B
nànbó 難駁 11-904B
nánbù 南部 1-897A
nánbùchéng 難不成 11-900A
náncài 南菜 1-898A
náncáo 南曹 1-898A
náncáo 南漕 1-904A
nánchán 難纏 11-905A
nánchǎn 難產 11-903A
nánchàngnǚsuí 男唱女隨 7-1307A
nánchánsì 南禪寺 1-905B
náncháo 南巢 1-899B
náncháo 南朝 1-900A
nánchē 南車 1-889B
nánchēn 南琛 1-899B
nánchén 難諶 11-904B
nánchénběicuī 南陳北崔 1-898A
nánchénběilǐ 南陳北李 1-898A
nánchǒng 男寵 7-1307B
nǎnchóng 蝻蟲 8-927A
nánchǔ 南楚 1-901B
nánchuān 南川 1-884B
nánchuāng 南窗 1-901B
nánchuáng 南床 1-889B
nánchuáng 南牀 1-891B
nánchuí 南垂 1-890A
náncí 南詞 1-900B
náncūn 南村 1-889A
nándàdānghūn 男大當婚 7-1304B
nándàdāngqǔ 男大當娶 7-1304B
nándāng 難當 11-904A
nándāngdāng 難當當 11-904A
nándào 南道 1-901A
nándào 難道 11-903B
nándàonǚchāng 男盜女娼 7-1307A
nándàonǚchāng 男盗女娼 7-1307A
nándàozhǔren 南道主人 1-901A
nándàxūhūn 男大須婚 7-1304B
nándé 男德 7-1307B
nándé 難得 11-903A
nándì 男弟 7-1306A
nándì 南地 1-888B
nándì 南帝 1-893B
nándì 難弟 11-901B
nándiǎn 難點 11-905A
nándiàn 南甸 1-889B
nándìnánxiōng 難弟難兄 11-901B
nàndìnànxiōng 難弟難兄 11-901B
nándīng 男丁 7-1304B
nándīyīn 男低音 7-1306A
nándǒng 南董 1-899B
nándǒu 南斗 1-886A
nándū 南都 1-895B
nándù 南渡 1-901B
nánduān 南端 1-903B
nándùn 南頓 1-902A
nándùnběijiàn 南頓北漸 1-902A
nán’é 南訛 1-898B
nán’é 南譌 1-907A
nán’é 南僞 1-903B
nàn’è 難厄 11-900A
nàn’è 難戹 11-901A
nàn’è 難阸 11-901B
nǎnéng 哪能 3-348B
nǎnéng 那能 10-599B
nán’ér 男兒 7-1306A
nán’érliǎngxī… 男兒兩膝有黄金 7-1306A
nán’érxīxià… 男兒膝下有黄金 7-1306A

nán'éryǒulèi… 男兒有淚不輕彈 7-1306A
nánfān 南藩 1-906B
nánfān 南蕃 1-904A
nánfāng 南方 1-885B
nánfēng 男風 7-1306B
nánfēng 南風 1-893A
nánfēngbùjìng 南風不競 1-893A
nánfēnggē 南風歌 1-893B
nánfēnnánjiě 難分難解 11-900A
nánfēnnánshè 難分難捨 11-900A
nánfū 男夫 7-1305B
nánfú 男服 7-1306B
nánfú 南服 1-890B
nánfǔ 南府 1-891A
nánfù 男婦 7-1307A
nánfù 南阜 1-890B
nánfùlǎoyòu 男婦老幼 7-1307A
nángāi 南陔 1-891B
nángāoyīn 男高音 7-1306B
nǎngbāo 攮包 6-996A
nángbèi 囊被 3-564A
nāngbí 囔鼻 3-567B
nǎngchén 曩辰 5-851A
nángchǔ 囊楮 3-564A
nāngchuài 囊揣 3-564A
nǎngdài 曩代 5-851A
nǎngdāozi 攮刀子 6-995B
nángdǐ 囊底 3-563B
nángdǐcái 囊底才 3-563B
nángdǐzhì 囊底智 3-563B
nángé 南革 1-891B
nángēn 男根 7-1306B
nángēngnǚzhī 男耕女織 7-1306B
nángēngpúshǔ 難更僕數 11-901A
nángēzi 南歌子 1-903A
nǎngfèn 曩分 5-851A
nángfēng 囊封 3-563B
nángfēng 囊風 3-564A
nánggāo 囊櫜 3-565A
nǎnggǔ 曩古 5-851A
nǎnghuái 曩懷 5-851B
nángjiā 囊家 3-564A
nángjiàn 囊檻 3-565A
nǎngjiù 曩舊 5-851B
nǎngkāng 饢糠 12-589B
nǎngkāng 攮糠 6-996B
nángkōng 囊空 3-563B
nángkōngrúxǐ 囊空如洗 3-563B
nángkuò 囊括 3-563B
nángkuòsìhǎi 囊括四海 3-564A
nánglǐchéngzhuī 囊裏盛錐 3-564B
nǎngliè 曩列 5-851A
nǎngliè 曩烈 5-851A
nánglóng 囊籠 3-565B
nánglòuchǔzhōng 囊漏儲中 3-564B
nánglòuzhùzhōng 囊漏貯中 3-564B
nánglù 囊漉 3-564B
nángmǐ 囊米 3-563B
nángmò 囊莫 3-564A
nāngnāngduōduō 囊囊咄咄 3-565B
nāngnāngtūtū 囔囔突突 3-567B
nāngnāngtūtū 囊囊突突 3-565B
nǎngnián 曩年 5-851A
nángōng 男工 7-1304B
nángōng 南公 1-885B
nángōng 南宮 1-894A
nángōngdǐng 南公鼎 1-885B
nángōngjìng 南宮敬 1-894B
nángōngshèrén 南宮舍人 1-894B
nǎngpiān 曩篇 5-851B
nángpū 囊撲 3-564B
nǎngqì 攮氣 6-996A
nángqiè 囊篋 3-564B
nángqín 囊琴 3-564A
nǎngrì 曩日 5-851A
nāngruǎn 儾軟 1-1744B
nǎngsāng 攮喪 6-996A
nǎngsǎng 攮嗓 6-996B
nǎngsǎng 攮顙 6-996B
nángsè 囊澀 3-565A
nángshā 囊沙 3-563B
nángshǐ 囊矢 3-563A
nǎngshí 曩時 5-851B
nángshǒu 囊首 3-564A
nángshū 囊書 3-564A
nángsì 囊笥 3-564A
nǎngsuì 曩歲 5-851B
nángsuō 囊縮 3-565A
nǎngtǐ 曩體 5-851B
nángtóu 囊頭 3-565A
nángtǔ 囊土 3-563A
nángtūn 囊吞 3-563B
nángtuó 囊橐 3-565A
nángtǔyōngshuǐ 囊土壅水 3-563A
nánguā 南瓜 1-888A
nánguài 難怪 11-902A
nánguān 南官 1-891B
nánguān 南冠 1-894B
nánguān 南關 1-907A
nánguān 難關 11-905A
nánguǎn 南館 1-905A
nánguānkè 南冠客 1-894B
nánguāzǐ 南瓜子 1-888A
nánguō 南郭 1-896B
nánguó 南國 1-898B
nánguó 南虢 1-904B
nánguò 難過 11-902B
nánguōchǔshì 南郭處士 1-896B
nánguójiārén 南國佳人 1-898B
nánguōqí 南郭綦 1-896B
nánguóshè 南國社 1-898B
nánguōxiānshēng 南郭先生 1-896B
nánguōzǐqí 南郭子綦 1-896B
nǎngxī 曩昔 5-851A
nǎngxián 曩賢 5-851B
nǎngxiāo 曩宵 5-851B
nángxiárúxǐ 囊匣如洗 3-563B
nángxū 囊虛 3-564A
nǎngxuèdāozi 攮血刀子 6-996A
nǎngyè 曩葉 5-851B
nǎngyè 攮業 6-996A
nángyī 囊衣 3-563A
nángyíng 囊螢 3-565A
nángzài 囊載 3-564B
nǎngzǎi 曩載 5-851B
nǎngzāo 饢糟 12-589B
nāngzhà 囊膪 3-565A
nǎngzhé 曩哲 5-851A
nángzhōngshù 囊中術 3-563A
nángzhōngwù 囊中物 3-563A
nángzhù 囊貯 3-564B
nángzhuāng 囊裝 3-564B
nāngzhuì 儾惴 1-1744B
nángzhuīlùyǐng 囊錐露穎 3-565A
nángzī 囊齎 3-565B
nángzī 囊輜 3-564B
nǎngzi 攮子 6-995B
nǎngzōng 曩蹤 5-851B
nángzòu 囊奏 3-563B
nánhǎi 南海 1-897B
nánhǎibó 南海舶 1-897B
nánhǎishén 南海神 1-897B
nánhǎizǐ 南海子 1-897B
nánhàn 南漢 1-903B
nǎnhàn 赧汗 9-1178B
nánhángběiqí 南航北騎 1-896A
nánhé 南河 1-891A
nánhéng 南桁 1-895B
nánhóngběikǒng 南洪北孔 1-894A
nánhú 南狐 1-890B
nánhú 南胡 1-892A
nánhú 南湖 1-901B
nánhù 南户 1-886A
nánhuā 男花 7-1305B
nánhuā 男華 7-1306B
nánhuá 南華 1-895B
nánhuà 南畫 1-901B
nánhuái 南淮 1-899A
nánhuálǎoxiān 南華老仙 1-895B
nánhuámèng 南華夢 1-895B
nánhuāng 南荒 1-892A
nǎnhuáng 蝻蝗 8-927A
nánhuānnǚ'ài 男歡女愛 7-1307B
nánhuázhēnjīng 南華真經 1-895B
nánhuázhēnrén 南華真人 1-895B
nánhuì 難晦 11-902B
nánhùkuīláng 南户窺郎 1-886A
nánhūnnǚjià 男婚女嫁 7-1307A
nánhūnnǚpìn 男婚女聘 7-1307A
nánhuó 難活 11-902B
nánhuò 南貨 1-898B
nánhūqínán 難乎其難 11-900B
nánhūwéijì 難乎爲繼 11-900B
nánhūwéiqíng 難乎爲情 11-900B
nániǎn 拿捻 6-537A
nániē 拏捏 6-435B
nániē 拿捏 6-537A
nánjī 男畿 7-1307B
nánjī 南箕 1-903A
nánjī 南畿 1-904B
nánjí 南極 1-900A
nánjì 南紀 1-895A
nànjí 難極 11-903B
nànjí 難詰 11-904A
nánjiā 男家 7-1307A
nánjiā 南家 1-897B
nánjiān 南監 1-903A
nánjiàn 南監 1-903A
nánjiànběn 南監本 1-903A
nánjiāng 南江 1-889A
nánjiànsānxiānshēng 南劍三先生 1-904B
nánjiāo 南交 1-888B
nánjiāo 南郊 1-891A
nánjiào 男教 7-1307A
nánjiào 南徼 1-905A
nánjīběidǒu 南箕北斗 1-903B
nánjiè 南戒 1-889A
nánjiěnánfēn 難解難分 11-904A
nánjiěnánrù 難解難入 11-904A
nánjílǎo 南極老 1-900A
nánjílǎorén 南極老人 1-900A
nánjīn 南金 1-890B
nánjìn 難進 11-903A
nánjīndōngjiàn 南金東箭 1-890B
nánjīng 南京 1-891A
nánjīngshūyuàn 南菁書院 1-898A
nánjìnyìtuì 難進易退 11-903A
nánjíxiānwēng 南極仙翁 1-900A
nánjuàn 南卷 1-891A

nánjùběiyáng 南瞿北楊 1-906B
nánjué 男爵 7-1307B
nánjūn 南軍 1-894B
nánkān 難堪 11-903A
nánkàn 難看 11-902A
nánkē 南柯 1-892A
nánkè 南客 1-894B
nánkēmèng 南柯夢 1-892A
nánkētàishǒu 南柯太守 1-892A
nánkēyǐ 南柯蟻 1-892A
nánkēyīmèng 南柯一夢 1-892A
nánkǒu 男口 7-1304B
nánkǒu 南口 1-884A
nánkù 南庫 1-896B
nànkǔ 難苦 11-901B
nánkuī 難虧 11-904B
nǎnkuì 赧愧 9-1179A
nánláiběiwǎng 南來北往 1-890A
nǎnláng 赧郎 9-1179A
nánlǎo 難老 11-901A
nánléi 南雷 1-902A
nánlí 南離 1-906B
nánliáng 南梁 1-899A
nánliáng 南涼 1-899A
nánliáng 南糧 1-906B
nánlín 南鄰 1-903B
nánlíng 南陵 1-898A
nánlǐng 南嶺 1-906A
nánliú 楠榴 4-1147B
nánliú 楠瘤 4-1147B
nánliújǐng 南流景 1-897B
nánlōng 南隆 1-899B
nánlǒng 南隴 1-906B
nánlóu 南樓 1-904A
nánlù 南陸 1-898A
nánlùxú 南路徐 1-902A
nánlǚ 南呂 1-888B
nánmài 南邁 1-904A
nánmán 南蠻 1-907A
nánmáng 冉駹 1-1028B
nánmánjuéshé 南蠻鴃舌 1-907A
nánmánzi 南蠻子 1-907A
nánméinǚshuò 男媒女妁 7-1307B
nánmén 南門 1-891B
nánméng 南甍 1-903A
nánmǐ 南米 1-888B
nánmiǎn 難免 11-901B
nánmiàn 南面 1-892B
nǎnmiàn 赧面 9-1178B
nánmiànbǎichéng 南面百城 1-892B
nánmiànguān 南面官 1-892B
nánmiànwáng 南面王 1-892B
nánmǐn 南皿 1-888A
nànmín 難民 11-901A
nánmíng 南明 1-890A
nánmíng 南冥 1-897B
nánmíng 南溟 1-902B
nánmíng 難名 11-901A
nánmínggūzhǎng 難鳴孤掌 11-904B
nánḿlǎo 喃嘸佬 3-412B
nánmò 南陌 1-891B
nánmǔ 南畝 1-896A
nánmù 南牧 1-890A
nánmù 楠木 4-1147B
nánnài 難耐 11-902A
nānnān 囡囡 3-620A
nánnán 喃喃 3-412B
nánnán 諵諵 11-333A
nánnándǔdǔ 喃喃篤篤 3-412B
nánnánduōduō 喃喃咄咄 3-412B
nánnánhézuò 南南合作 1-892A
nánnánnènè 喃喃吶吶 3-412B
nánnánnènè 諵諵訥訥 11-333B
nánnánnuònuò 喃喃喏喏 3-412B
nánnánnǚnǚ 男男女女 7-1306A
nǎnnǎnrán 赧赧然 9-1178B
nánnèi 南內 1-885B
nánnéng 南能 1-898A
nánnéng 難能 11-902B
nánnéngběixiù 南能北秀 1-898A
nánnéngkěguì 難能可貴 11-902B
nánníwān 南泥灣 1-891B
nǎnnù 赧怒 9-1178B
nánnǚ 男女 7-1305A
nánnǚlǎoshào 男女老少 7-1305B
nánnǚlǎoxiǎo 男女老小 7-1305A
nánnǚlǎoyòu 男女老幼 7-1305B
nánnǚshòushòubùqīn 男女授受不親 7-1305B
nánnǚyǒubié 男女有別 7-1305B
nán'ōu 南歐 1-904A
nánpài 南派 1-894A
nánpēng 南烹 1-899A
nánpí 南皮 1-888A
nánpīn 難拚 11-901B
nánpīn 難拼 11-902B
nánpíng 南平 1-886A
nánpíng 南屏 1-895A
nánpíng 難憑 11-904B
nánpínglǎo 南平獠 1-886A
nánpú 男僕 7-1307B
nánpǔ 南浦 1-897A
nánpǔtuósì 南普陀寺 1-901A
nánqí 男圻 7-1305B
nánqí 南齊 1-903B
nánqiān 南遷 1-904A
nánqián 男錢 7-1307B
nánqiān'èryǒu 南遷二友 1-904B
nánqiāngběidiào 南腔北調 1-900B
nánqiáo 南譙 1-906B
nánqiè 男妾 7-1306B
nánqīng 男青 7-1306A
nánqǔ 南曲 1-888B
nánquán 男權 7-1307B
nánquán 南拳 1-897A
nánqùběilái 南去北來 1-886A
nǎnrán 赧然 9-1179A
nánrén 男人 7-1304B
nánrén 南人 1-883B
nánrén 難人 11-900A
nánrèn 難任 11-901A
nánróng 南容 1-897B
nánróng 南榮 1-903B
nǎnróng 赧容 9-1178B
nánruǎn 南阮 1-889A
nánsè 男色 7-1305B
nánsè 難色 11-901A
nǎnsè 赧色 9-1178B
nánshān 南山 1-884A
nánshānbào 南山豹 1-884B
nánshāncàn 南山粲 1-884B
nánshāngàn 南山矸 1-884A
nánshānhào 南山皓 1-884B
nánshānlǜzōng 南山律宗 1-884B
nánshānsānzhuàngshì 南山三壯士 1-884A
nánshānshòu 南山壽 1-884B
nánshānsì 南山寺 1-884A
nánshānsǒu 南山叟 1-884B
nánshāntiě'àn 南山鐵案 1-884B
nánshānwù 南山霧 1-884B
nánshānzōng 南山宗 1-884B
nánshě 難捨 11-902B
nánshè 南社 1-889B
nánshěnánfēn 難捨難分 11-902B
nánshēng 男生 7-1305B
nánshēng 男聲 7-1307B
nánshěng 南省 1-892B
nánshèng 難勝 11-903B
nánshěngshèrén 南省舍人 1-893A
nánshí 南食 1-893A
nánshǐ 南史 1-887B
nánshì 男事 7-1306A
nánshì 男飾 7-1307B
nánshì 南士 1-883B
nánshì 南氏 1-885B
nánshì 南市 1-888A
nánshì 南式 1-888B
nànshì 難世 11-900B
nánshīběisòng 南施北宋 1-893B
nánshìnǚjiā 男室女家 7-1306B
nánshǒu 南首 1-893B
nánshòu 南守 1-889A
nánshòu 南狩 1-893B
nánshòu 難受 11-902A
nánshōufùpénshuǐ 難收覆盆水 11-901A
nánshūfáng 南書房 1-898A
nánshuō 難說 11-904B
nánshuò 南朔 1-897A
nànshuō 難說 11-904B
nánshuōhuà 難說話 11-904B
nánsī 南司 1-888A
nánsī 南颸 1-906B
nánsòng 南宋 1-889B
nánsù 難素 11-902B
nántà 南榻 1-903A
nántái 南臺 1-902B
nántáng 南唐 1-896B
nántáng 南糖 1-905A
nántáng'èrlíng 南唐二陵 1-897A
nántáng'èrzhǔ 南唐二主 1-897A
nántí 難題 11-905A
nántiān 南天 1-885A
nántiānmén 南天門 1-885A
nántiānzhú 南天竹 1-885A
nántiānzhú 南天竺 1-885A
nántiáo 南條 1-896A
nántīng 難聽 11-905A
nántíng 南庭 1-893B
nántíngtíngzhǎng 南亭亭長 1-893B
nántú 南圖 1-903A
nántǔ 南土 1-883B
nántuó 難陀 11-901B
nànǚ 納女 9-759A
nánwānzíchuán 南灣子船 1-907A
nánwei 難爲 11-903B
nánwēi 南威 1-892A
nánwéi 南維 1-904A
nánwéi 南闈 1-906A
nánwéi 難爲 11-903B
nánwěi 南緯 1-904B
nánwèi 南爲 1-900B
nánwéiqíng 難爲情 11-903B
nànwèn 難問 11-903A
nánwēng 南翁 1-896A
nánwòjǔ 南沃沮 1-889B
nánwū 男巫 7-1306A
nánwū 南烏 1-896A
nánwǔzǔ 南五祖 1-885A
nánxī 南溪 1-902B
nánxí 男覡 7-1307B
nánxì 南戲 1-906A
nánxià 南夏 1-895B
nánxiān 南鮮 1-906A
nánxiàn 南憲 1-905A
nǎnxiàn 赧獻 9-1179A
nánxiāng 南鄉 1-899B
nánxiáng 南翔 1-901A
nánxiàng 南鄉 1-899B
nánxiāngzǐ 南鄉子 1-899B

nánxīn 南心 1-886A
nánxīn 難心 11-900A
nánxīng 南星 1-893A
nánxíng 難行 11-901A
nánxìng 男性 7-1306B
nànxīng 難星 11-902A
nánxīnwán 難心丸 11-900A
nánxiōng 難兄 11-900B
nánxiōngnándì 難兄難弟 11-900B
nànxiōngnàndì 難兄難弟 11-900B
nánxiōngnú 南匈奴 1-888B
nánxīxiāng 南西廂 1-888B
nánxú 南徐 1-896A
nánxuǎn 南選 1-904B
nánxué 南學 1-905A
nánxuéhuì 南學會 1-905A
nánxūn 南薰 1-905B
nánxún 南巡 1-889A
nánxún 南潯 1-904B
nánxùn 南熏 1-903A
nánxùn 難訓 11-902B
nánxūnběibǐ 南薰北鄙 1-905B
nányá 南牙 1-885B
nányá 南衙 1-902A
nányǎ 南雅 1-900B
nányà 南亞 1-889B
nányān 南燕 1-904B
nányán 難言 11-901B
nǎnyán 赧顏 9-1179A
nànyán 難言 11-901B
nányáng 南洋 1-894A
nányáng 南陽 1-899A
nányángdàchén 南洋大臣 1-894A
nányángjiāqì 南陽佳氣 1-899A
nányángqì 南陽氣 1-899B
nányángsāngé 南陽三葛 1-899A
nányángzǐ 南陽子 1-899A
nányánzhīyǐn 難言之隱 11-901B
nányě 南野 1-898B
nányě 南壄 1-905A
nányí 南夷 1-888B
nányí 南疑 1-903B
nányǐ 難以 11-900A
nányì 南裔 1-902B
nányì 難易 11-901B
nányì 難義 11-904B
nànyí 難疑 11-904B
nányìběijià 南鷁北駕 1-906B
nányīn 男陰 7-1307A
nányīn 南音 1-893B
nànyìn 難蔭 11-904A
nànyìn 難廕 11-904A
nànyìnshēng 難廕生 11-904A
nányǐwéiqíng 難以爲情 11-900B
nányōng 南雍 1-902B
nányōng 南廱 1-907A
nànyǒu 難友 11-900A
nányú 難于 11-900A
nányú 難於 11-902A
nányuán 南元 1-885A
nányuán 南園 1-902A
nányuán 南轅 1-905B
nányuàn 南苑 1-889B
nányuàn 南院 1-895A
nányuánběizhé 南轅北轍 1-905B
nányuánshíxiānshēng 南園十先生 1-902A
nányuè 南樂 1-904B
nányuè 南岳 1-890A
nányuè 南粵 1-900B
nányuè 南越 1-899B
nányuè 南嶽 1-906A
nányuè 南籥 1-907A
nányuèfūrén 南岳夫人 1-890A
nányuèniǎo 南越鳥 1-899B
nányuèshòu 南岳壽 1-890B
nányún 南雲 1-900B
nánzǎixiàngfǔ 南宰相府 1-897B
nánzájù 南雜劇 1-906B
nánzhāi 南齋 1-906A
nánzhān 諵詀 11-333A
nánzhàndào 南棧道 1-900A
nánzhàngshān 南障山 1-902B
nánzhào 南詔 1-901A
nánzhàoběiyuán 南櫂北轅 1-906B
nánzhàohuàjuàn 南詔畫卷 1-901A
nánzhàomán 南詔蠻 1-901A
nànzhé 難折 11-901A
nánzhēn 南真 1-895B
nánzhēn 南針 1-896A
nánzhēn 南鍼 1-906A
nánzhēng 南征 1-890B
nánzhèng 南正 1-886A
nánzhèng 南鄭 1-903B
nánzhēngběifá 南征北伐 1-890B
nánzhēngběitǎo 南征北討 1-890B
nánzhēngběizhàn 南征北戰 1-890B
nánzhī 南枝 1-889B
nánzhí 南直 1-889B
nánzhì 男贄 7-1307B
nánzhì 南至 1-888B
nǎnzhì 腩炙 6-1341A
nánzhīwēi 南之威 1-885A
nánzhōng 南中 1-885B
nánzhōngyīn 男中音 7-1305B
nánzhōu 南州 1-889A
nánzhōutà 南州榻 1-889A
nánzhū 南珠 1-895A
nánzhú 南竹 1-888B
nánzhú 楠竹 4-1147B
nánzhuàn 南饌 1-907A
nánzhuāng 男裝 7-1307B
nánzhuómò 難著莫 11-902B
nánzǐ 男子 7-1304B
nánzǐ 南子 1-885A
nǎnzǐ 蝻蚆 8-927A
nánzǐhàn 男子漢 7-1305A
nánzōng 南宗 1-891B
nánzǔ 南祖 1-895A
nánzǔ 難阻 11-901B
nànzǔ 難阻 11-901B
nánzūnnǚbēi 男尊女卑 7-1307A
nǎnzuò 赧怍 9-1178B
nāo'ào 惱懊 7-670A
nǎobābā 惱巴巴 7-669A
náobài 撓敗 6-851A
náobài 橈敗 4-1298B
nàobàn 淖溗 5-1372A
nǎobāo 孬包 4-359A
nǎobāo 腦包 6-1357A
náoběi 撓北 6-850A
nàobiāo 鬧標 12-724B
nàobiǎo 鬧錶 12-725A
nàobiéniǔ 鬧蹩扭 12-725A
nàobiéniǔ 鬧彆扭 12-724B
nàobīng 淖冰 5-1371B
nàobìng 鬧病 12-723A
náobó 鐃鈸 11-1390A
náobù 鐃部 11-1390A
nǎocāo 惱懆 7-670A
nàocáo 鬧漕 12-724B
nàochá 鬧茶 12-722A
nàochǎng 鬧場 12-723B
nàochǎo 鬧吵 12-721B
nàochǎo 鬧炒 12-722A
nàochāochāo 鬧抄抄 12-721B
nàochāochāo 鬧吵吵 12-721B
nàochǎochǎo 鬧炒炒 12-722A
nàochénchén 鬧沉沉 12-721B
náochóng 蟯蟲 8-960B
nǎochōngxuè 腦充血 6-1357A
náochuī 鐃吹 11-1389B
náocí 撓詞 6-851A
náocí 撓辭 6-851B
náocí 橈詞 4-1298B
náocí 橈辭 4-1299A
nǎocí 腦詞 6-1358B
nàocì'er 鬧刺兒 12-722A
nàocóngcóng 鬧叢叢 12-725A
náocuò 撓挫 6-850B
nǎodài 腦帶 6-1358A
nǎodài 腦袋 6-1358A
nǎodàiguā 腦袋瓜 6-1358A
nǎodàiguāzi 腦袋瓜子 6-1358B
náodàng 撓蕩 6-851B
nǎodiànbō 腦電波 6-1358B
nǎodiàntú 腦電圖 6-1358B
náodòng 撓動 6-851A
nàodòng 鬧動 12-723A
nàodòngfáng 鬧洞房 12-722B
náodú 撓瀆 6-851B
náoduó 鐃鐸 11-1390A
nàodùzi 鬧肚子 12-721B
nǎo'é 腦額 6-1359B
nào'é 鬧蛾 12-724A
nào'é 鬧鵝 12-725A
náo'ér 猱兒 5-96B
náo'ér 嫐兒 4-393A
náo'ér 㹴兒 1-1586B
nào'ěr 淖爾 5-1372A
nào'ěrduǒ 鬧耳朵 12-721A
nǎo'erjiǔ 腦兒酒 6-1357A
náofǎ 撓法 6-850B
náofǎ 橈法 4-1298B
nǎofán 惱煩 7-670A
nǎofàn 惱犯 7-669B
nàofān 鬧翻 12-725A
nàofàn 鬧泛 12-721B
nàofáng 鬧房 12-722A
nàofāntiān 鬧翻天 12-725A
nǎofènfèn 惱忿忿 7-669B
nàofēnfēn 鬧紛紛 12-723A
nàofēngcháo 鬧風潮 12-722B
nǎofǔ 腦府 6-1357A
nǎogài 腦蓋 6-1358B
nàogāi 鬧垓 12-722A
nàogāigāi 鬧垓垓 12-722A
nǎogàigǔ 腦蓋骨 6-1358B
nǎogàizi 腦蓋子 6-1358B
nàogān 鬧竿 12-722B
nàogān 鬧桿 12-723A
náogē 鐃歌 11-1390A
náogé 撓格 6-851A
nǎogēn 腦根 6-1357B
nǎogōng 惱公 7-669A
náogōu 撓勾 6-850A
náogōu 撓鉤 6-851A
náogǔ 撓滑 6-851A
náogǔ 鐃鼓 11-1390A
nǎogū 腦箍 6-1359A
náogǔ 澆滑 6-120B
nǎoguā 腦瓜 6-1356B
náoguǎn 鐃管 11-1390A
nàoguāngjǐng 鬧光景 12-721A
nǎoguārén 腦瓜仁 6-1357A
nǎoguāzi 腦瓜子 6-1356B
nàoguǐ 鬧鬼 12-722B
nǎoguō 惱聒 7-669B
nǎoguō 婩聒 4-393A
nǎohǎi 腦海 6-1358A
nǎohài 惱害 7-669B
nàohāihāi 鬧咳咳 12-722B
nǎohǎo 孬好 4-359A
nǎohé 腦合 6-1357A
nàohēhē 鬧呵呵 12-722A
nǎohèn 惱恨 7-669B
nǎohènhèn 惱恨恨 7-669B
nàohǒng 鬧閧 12-724B
nàohòng 鬧哄 12-722A
nàohòng 鬧閧 12-725A
nàohōnghōng 鬧烘烘 12-723A
nàohōnghōng 鬧轟轟 12-726A
nàohònghòng 鬧哄哄

12-722A
nàohònghòng 鬧鬨鬨 12-725A
nǎohòu 腦後 6-1357B
nǎohòuchābǐ 腦後插筆 6-1357B
náohóulièsǎng 撓喉捩嗓 6-851A
nǎohòuzhàng 腦後賬 6-1357B
náohǔ 撓虎 6-850B
nǎohù 腦户 6-1356B
nǎohuá 腦華 6-1357B
nàohuā 鬧花 12-721B
nàohuādēng 鬧花燈 12-721B
náohuài 撓壞 6-851B
nàohuàn 鬧喚 12-722B
nàohuāng 鬧荒 12-722A
nàohuāng 鬧慌 12-723B
nàohuānghuāng 鬧荒荒 12-722A
náohuí 蟯蛔 8-960B
nǎohuǐ 惱悔 7-669B
náohún 撓混 6-851A
nàohùn 鬧混 12-723B
nǎohuǒ 惱火 7-669A
nàohuǒ 鬧火 12-721A
nàohuòduó 鬧濩鐸 12-725A
nàohuòduó 鬧鑊鐸 12-726A
nàohuǒhuǒ 鬧火火 12-721A
nǎojī 惱激 7-670A
nǎojī 腦機 6-1359B
nǎojì 腦際 6-1358B
náojiǎ 蟯瘕 8-960B
nàojià 鬧架 12-722B
nǎojiāng 腦漿 6-1359A
náojiǎo 撓攪 6-851B
náojié 撓節 6-851A
nǎojiè 腦界 6-1357B
nàojīhuāng 鬧饑荒 12-725B
náojìn 猱進 5-96B
nǎojīn 腦筋 6-1358B
nǎojīng 腦精 6-1359A
nǎojìng 腦鏡 6-1359B
nǎojīshuǐ 腦積水 6-1359B
náojiǔ 撓酒 6-851A
nǎojiū 腦揪 6-1358B
nàojiǔ 鬧酒 12-723A
nàojiǔgāi 鬧九垓 12-720B
nàojiūjiū 鬧啾啾 12-723B
náojǔ 撓沮 6-850B
náojǔ 橈沮 4-1298B
nǎojū 腦疽 6-1358A
nàojù 鬧劇 12-724B
náojué 猱玃 5-96B
nàokāi 鬧開 12-723B
náokàng 撓抗 6-850B
nǎokē 腦頦 6-1359A
nǎoké 腦殼 6-1358A
nàokuǎnzi 鬧款子 12-723B
nàokuò 鬧闊 12-725A
nàolán 鬧籃 12-725B
nàolǎo 淖潦 5-1372A
nàoleguīqí 鬧了歸齊 12-720B
nàoléizhuì 鬧累贅 12-723A
nǎolì 腦力 6-1356B
nǎolìláodòng 腦力勞動 6-1356B
nàolóng 鬧龍 12-725A
náoluàn 撓亂 6-851B
náoluàn 橈亂 4-1299A
nǎoluàn 惱亂 7-670A
nàoluàn 鬧亂 12-724A
nàoluànzi 鬧亂子 12-724A
nǎomà 惱罵 7-670A
nàomá 鬧麻 12-723A
nǎomǎnchángféi 腦滿腸肥 6-1359A
nàománg 鬧忙 12-721B
nàomáodùn 鬧矛盾 12-721A
náomèn 撓悶 6-851A
nǎomén 腦門 6-1357B
nǎomèn 惱悶 7-669B
nàoměng 鬧猛 12-723A
nǎoménxīnzi 腦門心子 6-1357B
nǎoménzi 腦門子 6-1357B
nàomí 淖糜 5-1372A
náomiè 橈蠛 4-1299A
nàomǐtāng 鬧米湯 12-721B
nǎomó 腦膜 6-1359A
nàomó 鬧魔 12-726A
nǎomóyán 腦膜炎 6-1359A
náomù 橈木 4-1298A
nǎomù 腦幕 6-1358B
náoná 呶拏 3-315A
náonáo 呶呶 3-314B
náonáo 怓怓 7-483A
náonáo 詉詉 11-129A
náonáo 撓撓 6-851B
náonáo 譊譊 11-410A
náonáo 橈橈 4-1299A
nàonàohéhé 鬧鬧和和 12-724B
náonáojījī 呶呶唧唧 3-315A
nàonàorángráng 鬧鬧穰穰 12-724B
nàonì 淖溺 5-1372A
nàoniánchéng 鬧年成 12-721A
náoníng 猱獰 5-96B
nàonìng 淖濘 5-1372B
nǎonù 惱怒 7-669B
nǎopàn 腦畔 6-1357B
nàopǎodù 鬧跑肚 12-723B
náopí 鐃鼙 11-1390A
nǎopiáo 腦瓢 6-1359B
nǎopínxuè 腦貧血 6-1358B
nàopíqì 鬧脾氣 12-723B
nǎoqì 腦氣 6-1357B
nàoqì 鬧氣 12-722B
nàoqiāng 鬧腔 12-723B
nàoqiāng 鬧槍 12-724B
nǎoqiáo 腦橋 6-1359A
nǎoqìjīn 腦氣筋 6-1358A
náoqíng 撓情 6-851A
náoqíng 橈情 4-1298B
nàoqíngxù 鬧情緒 12-723B
nǎoqiú 腦球 6-1358A
náoqū 撓曲 6-850A
náoqū 撓屈 6-850B
náoqū 橈曲 4-1298B
náoqūwǎngzhí 撓曲枉直 6-850A
náorǎng 呶嚷 3-315A
nàorǎng 鬧嚷 12-725B
nàorǎng 鬧攘 12-725A
nàorǎngrǎng 鬧穰穰 12-726A
nàorǎngrǎng 鬧嚷嚷 12-725B
nàorǎngrǎng 鬧攘攘 12-725A
náorǎo 撓擾 6-851B
nàorè 鬧熱 12-724B
náorén 獶人 5-134A
náorén 橈人 4-1298A
nǎorén 惱人 7-669A
nàoróngróng 鬧茸茸 12-722A
náoruò 撓弱 6-851A
náoruò 橈弱 4-1298B
nàosāi 鬞腮 12-753B
nàosāihú 鬧腮鬍 12-724A
náosāijuē'ěr 撓腮撧耳 6-851B
náosàn 橈散 4-1298B
nǎosàng 惱喪 7-669B
nàosāng 鬧喪 12-723B
nàosǎo 鬧掃 12-723A
nàosǎo 鬧埽 12-723A
nàosǎojì 鬧掃髻 12-723A
nàosǎozhuāng 鬧掃粧 12-723A
náosè 橈色 4-1298B
náoshā 碙砂 7-1014B
náoshā 硇砂 7-1045A
náoshā 磠砂 7-1056A
nǎoshā 惱殺 7-669B
nǎoshà 惱煞 7-670A
nàoshā 淖沙 5-1372A
nǎosháo 腦杓 6-1357A
nǎosháozi 腦杓子 6-1357A
nǎoshè 腦麝 6-1359B
nàoshè 鬧社 12-721B
náoshēng 猱升 5-96B
náoshēngnáoqì 呶聲呶氣 3-315A
nǎoshénjīng 腦神經 6-1357B
nǎoshí 腦識 6-1359B
nǎoshì 腦室 6-1357B
nàoshì 鬧市 12-721A
nàoshì 鬧事 12-722A
náoshīgǒu 猱獅狗 5-96B
nàoshǒu 鬧手 12-721A
nàoshuō 鬧説 12-724B
nàosuānkuǎn 鬧酸款 12-724B
nǎosuǐ 腦髓 6-1359B
nǎosǔn 惱損 7-669B
nàotái 鬧臺 12-724B
náotáo 橈桃 4-1298B
nàoténg 鬧騰 12-725B
nàotián 淖田 5-1371B
nàotiān'er 鬧天兒 12-720B
nàotiāngōng 鬧天宮 12-721A
nàotiānguāng 鬧天光 12-720B
nàotiào 鬧糶 12-726A
náotóu 撓頭 6-851B
nǎotóu 腦頭 6-1359B
nàotóu 鬧頭 12-725A
náotuì 撓退 6-850B
náowǎn 鐃挽 11-1390A
nàowán 鬧玩 12-721B
náowǎng 橈枉 4-1298B
nàowánxiào 鬧玩笑 12-722A
náowěi 撓骫 6-851A
náowěn 獿抆 5-134A
nàowū 淖汙 5-1372A
nàowǔkuí 鬧五魁 12-721A
náoxí 橈襲 4-1299A
nàoxì 鬧戲 12-725A
nàoxián 鬧閑 12-724A
nàoxiāng 鬧香 12-722B
nàoxiāo 鬧囂 12-726A
nàoxiàohuà 鬧笑話 12-722B
nǎoxīn 惱心 7-669A
nàoxīnfáng 鬧新房 12-724A
nǎoxìng 腦性 6-1357A
nǎoxìngxìng 惱悻悻 7-669B
nàoxìngzi 鬧性子 12-722A
nàoxīnyǎn'er 鬧心眼兒 12-721A
nǎoxiūbiànnù 惱羞變怒 7-669B
nǎoxiūchéngnù 惱羞成怒 7-669B
nàoxū 鬧虛 12-723A
nàoxuān 鬧喧 12-723B
nàoxuánxū 鬧玄虛 12-721A
nǎoxué 腦學 6-1359B
nǎoxuè 腦血 6-1357A
nǎoyā 惱鴉 7-670A
nǎoyán 腦炎 6-1357A
nàoyǎn 淖衍 5-1372A
náoyāng 撓秧 6-851A
nàoyáng 鬧陽 12-723B
nàoyánghuā 鬧羊花 12-721B
nàoyángqì 鬧揚氣 12-723B
nàoyángyáng 鬧洋洋 12-722B
nàoyào 鬧藥 12-725A
nàoyāyā 鬧吖吖 12-721A
nàoyāyā 鬧呀呀 12-721B
náoyì 撓抑 6-850B
náoyì 橈意 4-1299A
nǎoyì 惱意 7-670A
nàoyìjiàn 鬧意見 12-724A
nàoyín 鬧銀 12-724B
nàoyín'é 鬧銀蛾 12-724B
nàoyīngyīng 鬧嚶嚶 12-725A
nàoyíngyíng 鬧盈盈 12-722B
nàoyīnyīn 鬧音音 12-722B
nàoyínyín 鬧淫淫 12-723B
nǎoyìxuè 腦溢血 6-1358B
náoyòu 猱狖 5-96B
nàoyōu 鬧油 12-722A
nǎoyǔ 腦語 6-1359A
náoyuán 猱援 5-96B
náoyuán 蝚蝯 8-938B

nàoyuánxiāo 鬧元宵 12-721A
nàoyúhuā 鬧魚花 12-723A
nàoyūnyūn 鬧氲氲 12-724A
náozá 猱雜 5-96B
náozá 獶雜 5-134A
nàozá 鬧雜 12-725A
nǎozào 惱燥 7-670A
nǎozào 惱躁 7-670A
nǎozáozi 腦鑿子 6-1359B
nàozé 淖澤 5-1372A
nàozhā 鬧喳 12-723B
náozhān 橈旃 4-1298B
nàozhàng 鬧仗 12-721A
nàozhāzhā 鬧喳喳 12-723B
náozhé 撓折 6-850A
náozhé 橈折 4-1298B
nǎozhèndàng 腦震蕩 6-1359A
náozhèng 撓正 6-850A
nàozhewán 鬧着玩 12-723A
nàozhewán 鬧着頑 12-723B
náozhì 撓志 6-850B
nǎozhī 腦汁 6-1357A
nǎozhī 腦脂 6-1358A
náozhíwéiqū 撓直爲曲 6-850B
nǎozhǒng 孬種 4-359A
nàozhōng 鬧鐘 12-725B
nàozhuāng 鬧妝 12-721B
nàozhuāng 鬧粧 12-723B
nàozhuāng 鬧裝 12-724A
nàozhuāngdài 鬧裝帶 12-724B
nàozhuānghuā 鬧裝花 12-724A
nǎozhuāngzi 腦樁子 6-1359A
nàozhúgān 鬧竹竿 12-721B
náozǐ 拏子 6-435A
nǎozi 腦子 6-1356B
nàozi 鬧子 12-720B
náozǔ 撓阻 6-850B
nàozuǐ 鬧嘴 12-725A
nǎpà 哪怕 3-348B
nàpàn 那畔 10-599B
nàpáo 衲袍 9-42A
nàpēng 納亨 9-760A
nàpìn 納聘 9-762A
náqiá 拿拏 6-536B
náqiāng 拿腔 6-537B
náqiāngzuòdiào 拿腔作調 6-537B
náqiāngzuòshì 拿腔做勢 6-537B
náqiáo 拿喬 6-537B
náqíng 拿情 6-537B
nàqǐng 那頃 10-600A
nàqīngtíng 捺蜻蜓 6-642B
nàquān 捺弮 6-642B
nàqún 衲裙 9-42A
nárén 拏人 6-435A
nárén 拿人 6-535B
nàrù 納入 9-759A
násānbānsì 拿三搬四 6-536A
nàsè 捺瑟 6-642B
nàsēng 衲僧 9-42A
nàshān 衲衫 9-42A
nàshàn 納善 9-761B
nàshāyīn 捺殺因 6-642B
náshēnfèn 拿身分 6-536B
náshì 拏事 6-435B
nàshī 衲師 9-42A
nàshí 納石 9-759A
nàshì 納室 9-760B
nàshīshī 納失失 9-759B
nàshíshī 納石失 9-759A
náshǒu 拏手 6-435A
náshǒu 拿手 6-536A
nàshǒu 内手 1-998A
nàshǒu 那首 10-599B
nàshòu 納受 9-760B
náshǒuhǎoxì 拿手好戲 6-536B
nàshú 納贖 9-763B
nàshuì 納税 9-761B
nàshuì 納説 9-762B
násòng 拿送 6-536B
nàsù 納粟 9-761B
nàtà 那榻 10-601A
nàtā'erlǐ 那塌兒裏 10-600B
nàtǎn 納坦 9-760A
nátáng 拏堂 6-435B
nátáng 拿唐 6-537A
nátáng 拿堂 6-537A
nátáng 拿搪 6-538A
nátáng 拿糖 6-538A
nátángzuòcù 拿糖作醋 6-538A
nàtou 衲頭 9-42B
nàtóu 納頭 9-763A
nàtú 衲徒 9-42A
nàtǔ 納土 9-759A
nǎtuó'er 那駝兒 10-601B
nǎtuó'erlǐ 那坨兒裏 10-598B
náwěn 拿穩 6-538A
náwèn 拿問 6-537B
nàwūcánggòu 納污藏垢 9-759B
nàwūcánghuì 納污藏穢 9-760A
nàwūcángjí 納污藏疾 9-759B
nàwūhángòu 納污含垢 9-759B
nàxī 納錫 9-763A
nàxià 納下 9-759A
nàxià 納夏 9-761A
náxiàmǎ 拏下馬 6-435A
náxiàmǎ 拿下馬 6-536A
nàxiàn 衲線 9-42A
nǎxiāng 那廂 10-600B
nàxiāng 那廂 10-600B
nàxiáng 納降 9-760B
nǎxiē 哪些 3-348B
nǎxiē 那些 10-598B
nàxiē 那些 10-598B
nàxié 納鞋 9-762B
nàxiédǐ 納鞋底 9-762B
nǎxiēgè 那些個 10-598B
nǎxiēgè 那些箇 10-599A
nàxiēge 那些個 10-599A
nàxìng 捺興 6-642B
nàxīntǔgù 納新吐故 9-762A
nàxīzú 納西族 9-759B
nǎxū 那須 10-600B
nǎxǔ 那許 10-600A
nàxǔ 那許 10-600A
nǎyán 那言 10-598B
nàyán 納言 9-760A
nàyàng 那樣 10-602A
nàyánshì 納言士 9-760A
náyāo 拿腰 6-538A
náyāzi 拿鴨子 6-538A
nàyè 衲葉 9-42A
nàyī 衲衣 9-41B
nàyī 納衣 9-759B
nàyí 納宜 9-760B
nàyì 納異 9-761A
nàyīn 納音 9-760B
nàyìn 捺印 6-642B
nàyìng 捺硬 6-642B
náyīshǒu 拿一手 6-535B
nàyòng 納用 9-759B
nàyǒu 納牖 9-762B
nàyòu 納佑 9-760A
nàyòu 納祐 9-760B
náyún 拏雲 6-436A
náyúnjuéshí 拏雲攫石 6-436A
náyúnshǒu 拏雲手 6-436A
náyúnshǒu 拿雲手 6-537B
náyúnwòwù 拏雲握霧 6-436A
nàzán 那咱 10-599A
nàzán 那喒 10-600B
nàzán 那昝 10-599B
nǎzánwǎn 那昝晚 10-599B
nàzánwǎn 那咱晚 10-599A
nàzǎowǎn 那早晚 10-598A
nàzhā 那查 10-599A
názhàn 拏戰 6-436A
nàzhèn'er 那陣兒 10-599B
nàzhēng 納徵 9-762B
nàzhí 納職 9-763A
nàzhì 納質 9-762B
nàzhì 納贄 9-763A
nàzhōng 納忠 9-760A
nàzhǒng 納種 9-762B
názhōu 拏舟 6-435A
názhōu 拿週 6-537A
názhuāng 拿樁 6-538A
názhuī 拿追 6-536B
názhǔn 拿准 6-537A
názhuō 拿捉 6-537A
názhǔyi 拿主意 6-536B
nàzi 衲子 9-41B
nàzi 魶子 12-1211A
názǒng 拿總 6-538A
ňdǔ 呧篤 3-200B
ňduǒ 呧朶 3-200A
nè'ái 訥騃 11-68A
nèchī 吶吃 3-208B
nèdùn 吶鈍 3-209A
nèdùn 訥鈍 11-67B
nèibāfǔzǎixiàng 内八府宰相 1-996B
něibài 餒敗 12-561A
nèibān 内班 1-1007B
nèibǎn 内板 1-1003A
nèibāo 内包 1-999B
nèibǎochāojú 内寶鈔局 1-1020A
nèibèi 内備 1-1012B
něibì 餒斃 12-561B
nèibī 内逼 1-1012A
nèibì 内嬖 1-1018B
nèibì 内閟 1-1019B
nèibì 内贔 1-1020B
nèibīn 内賓 1-1015B
něibìng 餒病 12-561A
nèibīng 内兵 1-1002A
nèibìng 内病 1-1008B
nèibó 内帛 1-1004A
nèibù 内部 1-1008B
nèibù 内簿 1-1020A
nèibùliánxì 内部聯係 1-1008B
nèibùmáodùn 内部矛盾 1-1008B
něicái 餒才 12-561A
nèicái 内才 1-997A
nèicái 内材 1-1002A
nèicān 内參 1-1011B
nèicāng 内倉 1-1008A
nèicāo 内操 1-1017B
nèicǎo 内草 1-1006A
nèichāi 内差 1-1007A
nèichǎng 内廠 1-1017A
nèichàng 内暢 1-1015A
nèichángshì 内常侍 1-1010B
nèicháo 内朝 1-1012A
nèicháoguān 内朝官 1-1012A
nèicháwàidiào 内查外調 1-1006A
nèichén 内臣 1-1000B
nèichéng 内誠 1-1014B
nèichéngjīngxuē 内城京靴 1-1005B
nèichǒng 内寵 1-1020A
nèichú 内除 1-1007B
nèichú 内廚 1-1017A
nèichúfáng 内厨房 1-1012A
nèichuímén 内垂門 1-1003B
nèichūxuě 内出血 1-1000A
nèicí 内祠 1-1007A
nèicí 内辭 1-1020A
nèidá 内怛 1-1005A
nèidàchén 内大臣 1-997B
nèidān 内丹 1-998A
nèidāng 内當 1-1013B
nèidāng 内璫 1-1018B
nèidāngjiā 内當家 1-1013B
nèidào 内道 1-1013A
nèidàochǎng 内道場 1-1013A
nèidé 内德 1-1017A

nèiděngzǐ 内等子 1-1012B
nèidǐ 内邸 1-1002B
nèidì 内地 1-1000A
nèidì 内弟 1-1002B
nèidì 内娣 1-1010A
nèidì 内第 1-1010B
nèidiǎn 内典 1-1003B
nèidiàn 内殿 1-1015A
nèidīng 内丁 1-996B
nèidìng 内定 1-1005A
nèidòngcí 内動詞 1-1010B
nèidòngzì 内動字 1-1010B
nèidù 内度 1-1006B
něi'è 餒餓 12-564A
něi'ér 餒而 12-561A
nèi'ěr 内耳 1-1000B
nèifǎ 内法 1-1004B
nèifǎjiǔ 内法酒 1-1004B
nèifān 内藩 1-1019B
nèifǎn 内反 1-998A
nèifàn 内範 1-1016B
nèifāng 内方 1-998A
nèifāng 内坊 1-1001B
nèifáng 内房 1-1005A
nèifǎshǒu 内法手 1-1004B
nèifēng 内封 1-1005B
nèifēnmì 内分泌 1-998A
něifù 餒腹 12-561B
nèifú 内服 1-1004B
nèifǔ 内府 1-1004B
nèifǔ 内輔 1-1015A
nèifù 内父 1-998A
nèifù 内附 1-1002B
nèifù 内婦 1-1011B
nèifù 内傅 1-1012B
nèifūrén 内夫人 1-997B
nèigàn 内幹 1-1013B
nèigāng 内剛 1-1008A
nèigǎng 内港 1-1013A
něigǎo 餒稿 12-561B
nèigé 内閣 1-1015B
nèigé 内閤 1-1015B
nèigézhōngshū 内閣中書 1-1016A
nèigōng 内工 1-997A
nèigōng 内功 1-998B
nèigōng 内攻 1-1001B
nèigōng 内宮 1-1007A
nèigòngfèng 内供奉 1-1004A
nèigòu 内冓 1-1007B
nèigōushǐ 内勾使 1-998A
nèigǔ 内骨 1-1006B
nèigù 内顧 1-1020B
nèiguà 内卦 1-1003A
nèiguān 内官 1-1005A
nèiguān 内關 1-1020A
nèiguān 内觀 1-1020B
nèiguānzǐ 内官子 1-1005A
něiguǐ 餒鬼 12-561A
nèiguǐ 内宄 1-1000A
nèiguó 内國 1-1010B
nèiguò 内過 1-1010B
nèiguǒpí 内果皮 1-1003B
nèigǔzi 内骨子 1-1006B
nèihǎi 内海 1-1008B
nèihán 内含 1-1002B
nèihán 内涵 1-1011A
nèihán 内寒 1-1013A
nèihàn 内翰 1-1017B
nèiháng 内行 1-1001A
nèihào 内耗 1-1007B
nèihào 内號 1-1014A
nèihé 内和 1-1003B
nèihé 内河 1-1005A
nèihé 内核 1-1007B
nèihòng 内哄 1-1006B
nèihòng 内訌 1-1008A
nèihòng 内鬨 1-1017B
nèihòu 内厚 1-1006A
nèihú 内壼 1-1013B
nèihù 内户 1-998B
nèihù 内韄 1-1020B
nèihuà 内化 1-998A
nèihuàhú 内畫壺 1-1013A
nèihuàn 内患 1-1010B
nèihuánghóu 内黄侯 1-1010A
nèihuì 内慧 1-1016A
nèihuì 内諱 1-1018B
něihún 餒魂 12-561B
nèihuǒ 内火 1-998A
něijı 餒飢 12-561A
něijí 餒疾 12-561A
nèijī 内機 1-1017B
nèijí 内急 1-1006B
nèijí 内疾 1-1008B
nèijí 内籍 1-1020A
nèijì 内妓 1-1002B
nèijì 内忌 1-1002B
nèijì 内祭 1-1010B
nèijiā 内家 1-1009A
nèijiābīng 内家兵 1-1009A
nèijiāguān 内家官 1-1009A
nèijiān 内奸 1-1001B
nèijiān 内姦 1-1007B
nèijiān 内間 1-1013A
nèijiān 内監 1-1015A
nèijiān 内艱 1-1018B
nèijiàn 内間 1-1013A
nèijiàn 内監 1-1015A
nèijiàn 内鑒 1-1020B
nèijiàng 内降 1-1005B
nèijiàngjūn 内將軍 1-1011B
nèijiào 内教 1-1010A
nèijiàofāng 内教坊 1-1010A
nèijiāquán 内家拳 1-1009A
nèijiāzhuāng 内家粧 1-1009A
nèijiāzhuāng 内家裝 1-1009A
nèijiē 内階 1-1011B
nèijìmíng 内記名 1-1008A
něijǐn 餒饉 12-561B
nèijìn 内進 1-1010B
nèijìn 内禁 1-1013B
nèijǐng 内景 1-1012B
nèijìng 内境 1-1015A
nèijìshēng 内寄生 1-1011A
nèijìshì 内記室 1-1008A
nèijìsì 内祭祀 1-1010B
nèijiǔ 内灸 1-1002B
nèijiǔ 内酒 1-1008B
nèijiù 内咎 1-1004B
nèijiù 内疚 1-1004B
nèijiù 内廄 1-1015B
nèijiù 内厩 1-1012B
nèijū 内疽 1-1008B
nèijú 内局 1-1002B
nèijǔ 内舉 1-1018A
nèijù 内具 1-1003B
nèijuàn 内眷 1-1011A
nèijué 内絕 1-1013B
nèijūn 内軍 1-1007A
nèijùnguó 内郡國 1-1007A
nèijùnwàihé 内峻外和 1-1008A
nèikāi 内開 1-1013A
nèikē 内科 1-1006B
nèikòu 内寇 1-1011A
nèikù 内庫 1-1008B
nèikuǎn 内款 1-1012A
něikuì 餒匱 12-561B
nèikuì 内匱 1-1015A
nèikuì 内潰 1-1017A
nèikuì 内饋 1-1020A
nèikùn 内困 1-1002A
nèiláng 内郎 1-1005A
nèiláo 内醪 1-1019B
nèilào 内澇 1-1017B
nèilǎobǎn 内老板 1-1000A
nèilǐ 内里 1-1002A
nèilǐ 内理 1-1010A
nèilǐ 内裏 1-1014B
nèilì 内力 1-997A
nèilì 内利 1-1002A
nèilì 内隸 1-1019A
nèilián 内廉 1-1014B
nèilián 内簾 1-1019B
nèiliàn 内鍊 1-1019A
nèiliè 内列 1-1000B
nèilíng 内陵 1-1009B
nèilìng 内令 1-999A
nèiliù 内霤 1-1019B
nèilù 内陸 1-1009B
nèilù 内録 1-1018A
nèiluàn 内亂 1-1015A
nèilùguó 内陸國 1-1009B
nèilùhǎi 内陸海 1-1009B
nèilùhé 内陸河 1-1009B
nèilùhú 内陸湖 1-1009B
nèilǜ 内律 1-1006B
nèiměi 内美 1-1007A
nèimèi 内妹 1-1005B
nèimèi 内媚 1-1013B
nèimì 内密 1-1011A
nèimiǎn 内眄 1-1006A
nèimiàn 内面 1-1006A
nèimín 内民 1-1000A
nèimǐn 内敏 1-1010B
nèimíng 内明 1-1003B
nèimìng 内命 1-1004B
nèimìngfū 内命夫 1-1004B
nèimìngfù 内命婦 1-1004B
nèimóu 内謀 1-1018A
nèimù 内目 1-998B
nèimù 内幕 1-1013B
nèimù 内睦 1-1013B
nèinàn 内難 1-1019B
nèináng 内囊 1-1020B
nèinì 内逆 1-1007A
nèinǔ 内弩 1-1005B
nèinǚ 内女 1-997B
nèinù 内恧 1-1008A
nèipàn 内判 1-1002B
nèipī 内批 1-1001B
nèipiān 内篇 1-1017A
něipiǎo 餒殍 12-561A
nèipíng 内平 1-998B
nèipíng 内屏 1-1007B
něipò 餒魄 12-561B
nèipò 内迫 1-1004A
něiqì 餒棄 12-561B
nèiqì 内戚 1-1010A
nèiqǐ 内啟 1-1011B
nèiqiān 内遷 1-1016B
nèiqiàn 内縴 1-1019A
něiqiè 餒怯 12-561A
nèiqiè 内妾 1-1004B
nèiqiēyuán 内切圓 1-997B
nèiqīn 内親 1-1018B
nèiqín 内勤 1-1013B
nèiqǐn 内寢 1-1015B
nèiqīng 内卿 1-1008A
nèiqīng 内傾 1-1014A
nèiqíng 内情 1-1011A
nèiqǔ 内取 1-1003A
nèiqǔ 内娶 1-1010A
něiquè 餒却 12-561A
nèiránjī 内燃機 1-1018B
nèirè 内熱 1-1016A
něirén 餒人 12-563B
něirěn 餒荏 12-561A
nèirén 内人 1-996B
nèirěn 内荏 1-1006A
nèirèn 内任 1-1001A
nèirénjiā 内人家 1-997A
nèirénxié 内人斜 1-997A
nèiróng 内容 1-1009A
nèiróng 内榮 1-1015B
nèiróngtíyào 内容提要 1-1009B
nèirùhángzhǎng 内入行長 1-997A
nèiruǐ 内蕊 1-1016B
nèirùn 内潤 1-1017B
něiruò 餒弱 12-561A
nèisāng 内喪 1-1012A
nèisānguān 内三關 1-997A
nèisānláng 内三郎 1-997A
nèisānyuàn 内三院 1-997A
nèisè 内色 1-1001A
nèisēng 内僧 1-1015A
nèishàn 内禪 1-1018B
nèishàn 内扇 1-1009B
nèishàn 内膳 1-1018A
nèishāng 内壤 1-1020A
nèishāng 内傷 1-1014A

nèishàngshū 内尚書 1-1003B
nèishè 内舍 1-1004A
nèishēn 内身 1-1002A
nèishēn 内深 1-1011A
nèishén 内神 1-1007A
nèishēng 内陞 1-1007B
nèishēng 内聲 1-1018B
nèishěng 内省 1-1006A
nèishèng 内乘 1-1008A
nèishèngwàiwáng 内聖外王 1-1013B
něishì 餒士 12-561A
nèishī 内師 1-1008A
nèishí 内食 1-1006B
nèishí 内實 1-1015B
nèishǐ 内史 1-998B
nèishǐ 内使 1-1004A
nèishì 内市 1-999B
nèishì 内事 1-1003A
nèishì 内侍 1-1004A
nèishì 内室 1-1007A
nèishì 内視 1-1011B
nèishì 内試 1-1014B
nèishì 内噬 1-1018A
nèishìfǎntīng 内視反聽 1-1011B
nèishǐfǔ 内史府 1-999A
nèishǐshěng 内史省 1-999A
nèishǒu 内守 1-1001B
nèishǒu 内首 1-1007A
nèishū 内書 1-1009B
nèishū 内樞 1-1016B
nèishǔ 内署 1-1014A
nèishǔ 内屬 1-1020B
nèishù 内恕 1-1010A
nèishù 内竪 1-1013B
nèishù 内豎 1-1016B
nèishūfáng 内書房 1-1009B
nèishuǐ 内水 1-998A
nèishūshēng 内書生 1-1009B
nèishūtáng 内書堂 1-1009B
nèisī 内司 1-1000A
nèisì 内寺 1-1000A
nèisòng 内訟 1-1011A
nèità 内闥 1-1020B
nèitāi 内胎 1-1006B
nèitái 内臺 1-1015A
nèitàishī 内太師 1-997B
nèitáng 内堂 1-1010A
nèitǎng 内帑 1-1005B
nèitīng 内廳 1-1021A
nèitíng 内廷 1-1000B
nèitíng 内庭 1-1006B
nèitóng 内童 1-1013A
nèiwài 内外 1-999A
nèiwàijiāokùn 内外交困 1-999B
nèiwàiqīn 内外親 1-999B
nèiwàisūn 内外孫 1-999B
nèiwàixué 内外學 1-999B
nèiwěi 内緯 1-1017B
nèiwèi 内位 1-1002A
nèiwén'àn 内文案 1-998A
nèiwū 内屋 1-1007B
nèiwǔ 内侮 1-1006B
nèiwǔ 内廡 1-1017A
nèiwù 内務 1-1010A
nèixì 内郤 1-1006B
nèixì 内鬩 1-1019A
nèixián 内閑 1-1013A
nèixiàn 内陷 1-1009B
nèixiàn 内綫 1-1016A
nèixiáng 内詳 1-1014B
nèixiǎng 内想 1-1013B
nèixiàng 内相 1-1006A
nèixiàng 内鄉 1-1011B
nèixiàng 内嚮 1-1019A
nèixiàng 内向 1-1001A
nèixiàng 内像 1-1014B
nèixiāo 内消 1-1008B
nèixiāo 内銷 1-1017A
nèixiéshì 内斜視 1-1010B
nèixījì 内吸劑 1-1000B
nèixīn 内心 1-998B
nèixìn 内釁 1-1021A
nèixíng 内刑 1-1000A
nèixíng 内行 1-1001A
nèixǐng 内省 1-1006A
nèixìng 内姓 1-1005B
nèixìng 内幸 1-1003A
nèixíngchǎng 内行廠 1-1001A
nèixīnshìjiè 内心世界 1-998B
nèixiōng 内兄 1-999A
nèixióng 内熊 1-1016A
nèixiòng 内詗 1-1012B
nèixiōngdì 内兄弟 1-999A
nèixiū 内羞 1-1008B
nèixiù 内秀 1-1002A
nèixiūwàirǎng 内修外攘 1-1006B
nèixū 内虛 1-1010A
nèixù 内敍 1-1010B
nèixué 内學 1-1018A
nèixùn 内訓 1-1008A
nèiyá 内衙 1-1014B
nèiyán 内言 1-1002B
nèiyǎn 内奄 1-1003B
nèiyàn 内宴 1-1009A
nèiyàn 内焰 1-1013A
nèiyàn 内燕 1-1017B
nèiyáng 内洋 1-1007A
nèiyǎng 内養 1-1015B
nèiyàng 内樣 1-1016B
nèiyáo 内窰 1-1017B
nèiyàofáng 内藥房 1-1019B
nèiyè 内頁 1-1006A
nèiyè 内謁 1-1018A
nèiyèzhě 内謁者 1-1018A
nèiyī 内衣 1-1001B
nèiyí 内儀 1-1017A
nèiyì 内邑 1-1002A
nèiyì 内意 1-1014B
nèiyímén 内儀門 1-1017A
nèiyīn 内因 1-1000B
nèiyīn 内姻 1-1007B
nèiyǐn 内引 1-998B
nèiyǐn 内隱 1-1018B
nèiyǐng 内穎 1-1018A
nèiyìng 内應 1-1019A
nèiyōng 内饔 1-1020B
nèiyòng 内用 1-999A
nèiyōu 内憂 1-1016B
nèiyōuwàihuàn 内憂外患 1-1016B
nèiyù 内御 1-1012B
nèiyù 内籞 1-1020B
nèiyuán 内原 1-1008A
nèiyuán 内園 1-1014A
nèiyuàn 内苑 1-1003A
nèiyuàn 内院 1-1007B
nèiyuánxiǎo'ér 内園小兒 1-1014A
nèiyuè 内樂 1-1017A
nèiyuèfǔ 内樂府 1-1017A
nèiyǔn 内允 1-998B
nèiyùn 内孕 1-1000A
nèiyùn 内醞 1-1017B
nèizài 内在 1-1000B
nèizǎixiàng 内宰相 1-1009B
nèizàng 内藏 1-1019A
nèizàng 内臧 1-1015A
nèizàng 内臟 1-1020B
nèizàngkù 内藏庫 1-1019A
nèizàorén'er 内造人兒 1-1008A
nèizé 内則 1-1006A
nèizhái 内宅 1-1001B
nèizhài 内債 1-1014A
nèizhàn 内戰 1-1018A
nèizhàng 内仗 1-999A
nèizhàng 内帳 1-1010B
nèizhàng 内障 1-1015A
nèizhǎngguì 内掌櫃 1-1012B
nèizhào 内召 1-1000A
nèizhào 内詔 1-1012B
nèizhào 内照 1-1013B
nèizhě 内者 1-1003A
nèizhēn 内珍 1-1005B
nèizhèn 内鎮 1-1019B
nèizhèng 内政 1-1005B
nèizhèng 内症 1-1008B
nèizhèng 内證 1-1020A
nèizhī 内知 1-1003B
nèizhī 内祇 1-1007A
nèizhí 内侄 1-1004A
nèizhí 内直 1-1003A
nèizhí 内職 1-1019A
nèizhǐ 内旨 1-1001A
nèizhì 内志 1-1001B
nèizhì 内制 1-1003B
nèizhì 内治 1-1005A
nèizhì 内痔 1-1011A
nèizhínǚ 内侄女 1-1004A
nèizhōng 内中 1-997B
nèizhòngwàiqīng 内重外輕 1-1006B
nèizhōu 内州 1-1001B
nèizhòu 内籀 1-1019B
nèizhǔ 内主 1-999B
nèizhù 内助 1-1002A
nèizhuǎn 内轉 1-1019B
nèizhuàn 内傳 1-1014A
nèizhuàng 内狀 1-1005B
nèizhuō 内拙 1-1003A
nèizī 内資 1-1015A
nèizǐ 内子 1-997B
nèizì 内眥 1-1010A
nèizú 内足 1-1002A
nèizú 内族 1-1011A
nèizuō 内作 1-1002A
nèizuò 内座 1-1008B
nèkǒu 呐口 3-208B
nèkǒu 訥口 11-67B
nènbì 嫩碧 4-402B
nènè 呐呐 3-208B
nènè 訥訥 11-67B
nèn'éhuáng 嫩鵝黄 4-402B
nènfēng 嫩風 4-402A
nènfùnǚzǐ 嫩婦女子 4-402A
néngbǐ 能鄙 6-1271A
néngbù 能不 6-1267B
néngcān 能参 6-1270B
néngchén 能臣 6-1268A
néngchēng 能稱 6-1271A
néngde 能底 6-1269B
néngde 能地 6-1268A
néngdòng 能動 6-1270A
néngdòngxìng 能動性 6-1270A
néng'ěr 能爾 6-1271A
néng'ěr 能邇 6-1271B
néngfǎ 能法 6-1269B
néngfàn 能飯 6-1270B
néngfǒu 能不 6-1267B
néngfǒu 能否 6-1268A
nénggàn 能幹 6-1270B
nénggè 能箇 6-1271A
nénggěng 能梗 6-1270A
nénggōngqiǎojiàng 能工巧匠 6-1267A
nénggòu 能勾 6-1267B
nénggòu 能够 6-1270A
nénggòu 能夠 6-1270B
nénggòu 能彀 6-1270B
néngguān 能官 6-1269B
nénghào 能耗 6-1270A
nénghēng 能亨 6-1269A
néngjì 能績 6-1271B
néngjiàndù 能見度 6-1268B
néngjiě 能解 6-1271A
néngjìnqǔpì 能近取譬 6-1268B
néngkě 能可 6-1267B
nénglì 能力 6-1267A
nénglì 能吏 6-1268A
néngliàng 能量 6-1270B
néngmíng 能名 6-1268A
néngnài 能奈 6-1269A
néngnài 能耐 6-1269B
néngnéng 能能 6-1270A
néngnuò 能那 6-1268A
néngpǐn 能品 6-1269B
néngqiāhuìsuàn 能掐會算 6-1270A

néngqún 能羣 6-1271A
néngqūnéngshēn 能屈能伸 6-1269B
néngrén 能人 6-1267A
néngrén 能仁 6-1267B
néngshàngnéngxià 能上能下 6-1267B
néngshēng 能聲 6-1271A
néngshēnnéngqū 能伸能屈 6-1268B
néngshì 能士 6-1267B
néngshì 能仕 6-1268A
néngshì 能事 6-1269A
néngshǒu 能手 6-1267B
néngshū 能書 6-1270A
néngshù 能術 6-1270A
néngshuōhuìdào 能說會道 6-1271A
néngsuǒ 能所 6-1269A
néngwéi 能爲 6-1270B
néngwén 能文 6-1267B
néngwénnéngwǔ 能文能武 6-1267B
néngwú 能無 6-1270B
néngxián 能賢 6-1271A
néngxiěhuìsuàn 能寫會算 6-1271A
néngxíng 能刑 6-1268A
néngxǔ 能許 6-1270B
néngyálìchǐ 能牙利齒 6-1267B
néngyán 能言 6-1268B
néngyàng 能様 6-1271A
néngyánjiā 能言家 6-1268B
néngyánkuàishuō 能言快說 6-1268B
néngyánkuàiyǔ 能言快語 6-1268B
néngyánniǎo 能言鳥 6-1268B
néngyánshànbiàn 能言善辯 6-1268B
néngyányā 能言鴨 6-1268B
néngyīn 能因 6-1268A
néngyǒu 能有 6-1268A
néngyuán 能員 6-1270A
néngyuán 能源 6-1271A
néngyǔláng 能語狼 6-1271A
néngzhěduōláo 能者多勞 6-1269A
néngzhèng 能政 6-1269B
néngzhēngguànzhàn 能征慣戰 6-1269A
néngzǐ 能子 6-1267B
nènhán 嫩寒 4-402B
nènhóng 嫩紅 4-402A
nènhuáng 嫩黃 4-402A
nènjiàn 嫩箭 4-402B
nènliáng 嫩涼 4-402A
nènliáng 嫩凉 4-402A
nènlǜ 嫩綠 4-402B
nènpēi 嫩醅 4-402B
nènqì 嫩氣 4-402A
nènqíng 嫩晴 4-402B
nènrì 嫩日 4-402A
nènruǐ 嫩蕊 4-402B
nènruǐ 嫩蘂 4-402B
nènshǒu 嫩手 4-402A
nènshuǐ 嫩水 4-402A
nèntāng 嫩湯 4-402B
nènyàn 嫩豔 4-402B
nènyuē 嫩約 4-402A
nèpǔ 訥樸 11-68A
nèsè 訥澀 11-68A
nèsè 訥譅 11-68A
nèshèn 訥慎 11-67B
nèyán 訥言 11-67B
nèyánmǐnxíng 訥言敏行 11-67B
nézhā 哪吒 3-348B
nézhā 那吒 10-598A
nèzhí 訥直 11-67B
nèzuò 訥怍 11-67B
ǹg'à 嗯啊 3-465A
ǹg'āi 嗯哎 3-464B
ńgdǔ 唔篤 3-356A
ńgduǒ 唔哚 3-356A
ńglī 唔哩 3-356A
ǹgluó 吭囉 3-97B
ǹgna 嗯哪 3-465A
ǹgǹg 哽哽 3-354A
nì'ài 昵愛 5-684A
nì'ài 溺愛 6-44B
nì'ài 暱愛 5-810B
nì'ài 暱愛 7-1241A
ní'ān 尼庵 4-11B
ní'ān 尼菴 4-11A
nì'àn 逆案 10-830B
nì'àn 匿黯 1-971A
nián'ài 年艾 1-648B
niānbā 蔫巴 9-533B
niánbā 黏巴 12-1383A
niánbǎ 年把 1-649B
niǎnbā 撚巴 6-885A
niánbābā 黏巴巴 12-1383A
niànbāchán 廿八躔 1-848A
niǎnbǎ'er 撚靶兒 6-885B
niànbái 念白 7-421B
niánbān 年班 1-652A
niánbèi 年輩 1-655B
niǎnbì 輦蹕 9-1283B
niánbiān 年邊 1-656B
niánbiǎo 年表 1-650A
niánbìn 年鬢 1-657A
niánbó 年伯 1-649B
niánbótuō 年餺飥 1-656B
niánbǔ 黏補 12-1384A
niáncài 年菜 1-653A
niánchá 年茶 1-651A
niáncháng 年常 1-653A
niánchǎnliàng 年產量 1-653B
niǎnchē 輦車 9-1282B
niánchén 年辰 1-649B
niánchéng 年成 1-649A
niánchéng 年程 1-653B
niánchī 黏黐 12-1384B
niánchǐ 年齒 1-655B
niánchóng 黏蟲 12-1384B
niānchóu 拈籌 6-451B
niánchóu 粘稠 9-205B
niánchū 年初 1-650A
niǎnchuán 碾船 7-1096A
niánchūliū 鮎出溜 12-1213B
niánchūn 年春 1-651A
niáncì 年次 1-649B
niàncí 念詞 7-423B
niǎncóng 輦從 9-1283A
niǎncuān 撵躥 6-954A
niāncuō 拈撮 6-451B
niāndā 拈搭 6-451B
niándài 年代 1-649A
niándài 黏帶 12-1384A
niǎndǎng 捻黨 6-696B
niǎndào 輦道 9-1283A
niàndào 念到 7-422A
niàndào 念道 7-423B
niándé 年德 1-656A
niándēng 年登 1-654B
niándǐ 年底 1-651A
niándì 年弟 1-650A
niándù 年度 1-651B
niándù 黏度 12-1383B
niánduì 年對 1-655A
niānduō 拈掇 6-451A
nián'é 年額 1-656B
nián'er 黏兒 12-1383B
niǎn'er 捻兒 6-696A
niàn'èrshǐ 廿二史 1-848A
niánfà 年髮 1-655B
niánfàn 年飯 1-654A
niánfāng 年芳 1-649B
niǎnfáng 碾坊 7-1096A
niǎnfáng 碾房 7-1096A
niǎnfáng 輾房 9-1313A
niánfèn 年分 1-648B
niánfèn 年份 1-649B
niǎnfěn 撚粉 6-885B
niánfēng 年豐 1-656B
niánfèng 年俸 1-652B
niànfó 念佛 7-422A
niànfózhū 念佛珠 7-422A
niánfù 黏附 12-1383B
niǎnfū 輦夫 9-1282B
niánfùlìqiáng 年富力强 1-654A
niánfùyīnián 年復一年 1-654A
niángāiyuèzhí 年該月值 1-655A
niāngān 拈竿 6-451A
niángāo 年高 1-652B
niángāo 年糕 1-656B
niángāo 黏餻 12-1384B
niángāo 粘糕 9-205B
niángāodéshào 年高德卲 1-652B
niángāowàngzhòng 年高望重 1-652B
niàngcǎi 釀采 9-1448B
niàngcí 釀辭 9-1449B
niǎngé 輦閣 9-1283B
niǎngé 輦閤 9-1283B
niàng'é 釀鵝 9-1449B
niángēn 年根 1-652A
niángēng 年庚 1-651A
niángēng 年羹 1-657A
niángēngrìjiǎ 年庚日甲 1-651A
niáng'ér 娘兒 4-366A
niáng'er'àiqiào… 娘兒愛俏，鴇兒愛鈔 4-366A
niáng'ermen 娘兒們 4-366A
niàngfàn 釀飯 9-1449A
niànghán 釀寒 9-1449A
niángháng 娘行 4-366A
niànghuā 釀花 9-1448B
niànghuò 釀禍 9-1449A
niángjiā 娘家 4-366B
niángjiù 娘舅 4-366B
niàngjiǔ 釀酒 9-1449A
niàngjù 釀具 9-1448B
niánglǎozi 娘老子 4-366A
niàngluàn 釀亂 9-1449A
niángmen 娘們 4-366A
niàngmǐ 釀米 9-1448B
niàngmì 釀蜜 9-1449A
niángmǔ 娘母 4-365B
niàngmǔjūn 釀母菌 9-1448B
niángmǔzǐ 娘母子 4-365B
niángniáng 娘娘 4-366B
niángniáng 孃孃 4-424B
niángniángmiào 娘娘廟 4-366B
niàngnuò 釀糯 9-1449B
niángqīn 娘親 4-366B
niàngquán 釀泉 9-1448B
niàngrèwù 釀熱物 9-1449B
niángshā 娘殺 4-366A
niàngshì 釀事 9-1448B
niàngshú 釀秫 9-1449A
niàngsì 釀肆 9-1449A
niángtāi 娘胎 4-366A
niángǔ 年穀 1-655B
niǎngǔ 輦轂 9-1283B
niàngù 念顧 7-424A
niánguān 年關 1-657A
niánguāng 年光 1-649A
niǎngǔnzi 碾磙子 7-1096B
niǎngǔxià 輦轂下 9-1283B
niàngwáng 釀王 9-1448B
niàngwèng 釀甕 9-1449B
niàngwèng 釀罋 9-1449B
niàngxuě 釀雪 9-1449A
niángyí 娘姨 4-366A
niàngyù 釀郁 9-1448B
niàngyùn 釀醞 9-1449B
niàngzào 釀造 9-1449A
niàngzé 釀澤 9-1449B
niàngzhì 釀製 9-1449A
niángzǐ 娘子 4-365A
niángzǐ 孃子 4-424B
niángzǐbīng 娘子兵 4-365B
niángzǐbù 娘子布 4-365B
niángzǐguān 娘子關 4-365B
niángzǐjūn 娘子軍 4-365B

niàngzū 蘸菹 9-634B
niánháng 年行 1-649B
niānháo 拈毫 6-451B
niánhào 年號 1-654B
niānháonònggu ǎn 拈毫弄管 6-451B
niànhé 念合 7-422A
niánhéjì 黏合劑 12-1383B
niānhóng 蔫紅 9-533B
niánhóngdiàndēng 年紅電燈 1-651B
niánhòu'er 年候兒 1-652B
niánhú 黏糊 12-1384B
niánhú 粘糊 9-205B
niānhuā 拈花 6-450B
niánhuá 年華 1-652A
niánhuá 黏滑 12-1384A
niánhuà 年畫 1-654A
niánhuàn 年宦 1-651B
niānhuáng 殲黄 5-176A
niánhuāng 年荒 1-651B
niànhuángquǎn 念黄犬 7-423B
niānhuānòngliǔ 拈花弄柳 6-450B
niānhuānòngyuè 拈花弄月 6-450B
niānhuārěcǎo 拈花惹草 6-450B
niānhuāyīxiào 拈花一笑 6-450B
niānhuāzhāiyàn 拈花摘豔 6-451A
niānhuāzhāiyàn 拈華摘豔 6-451A
niánhūhū 粘乎乎 9-205A
niánhúhu 粘糊糊 9-205B
niánhuī 黏徽 12-1384B
niánhuì 年會 1-655A
niánhuò 年貨 1-653A
niánjī 年飢 1-652B
niánjī 年饑 1-657A
niánjī 黏雞 12-1384B
niánjí 年級 1-651B
niánjí 年集 1-653B
niánji 年幾 1-654B
niánjì 年忌 1-650A
niánjì 年紀 1-651B
niánjì 年計 1-651B
niànjì 念記 7-423A
niánjiā 年家 1-653A
niánjiǎ 年甲 1-649A
niánjià 年假 1-653A
niánjià 年稼 1-656A
niánjiān 年間 1-654B
niánjiān 黏煎 12-1384A
niánjiǎn 年儉 1-656A
niánjiàn 年鑑 1-657A
niǎnjiǎo 輦脚 9-1283A
niánjiǎoxià 年脚下 1-653A
niánjiāoxiānwéi 黏膠纖維 12-1384B
niànjiāshānpò 念家山破 7-423A
niánjiāzǐ 年家子 1-653A
niánjiē 黏接 12-1383B
niánjié 年節 1-655A
niánjié 黏結 12-1384A
niánjīn 年金 1-651A
niánjǐn 年饉 1-656B
niǎnjīn 撚金 6-885B
niánjǐng 年景 1-653B
niánjìng 年敬 1-653B
niànjīng 念經 7-423B
niánjīngguówěi 年經國緯 1-655A
niānjiū 拈鬮 6-452A
niānjiǔ 拈酒 6-451A
niánjiǔ 年酒 1-652B
niànjiù 念咎 7-422B
niànjiù 念舊 7-424A
niánjù 黏據 12-1384B
niǎnjù 捻具 6-695B
niánjūn 黏菌 12-1384A
niǎnjūn 捻軍 6-696A
niánkāi 年開 1-654A
niánkǎo 年考 1-649A
niánkè 年課 1-656A
niánkōng 黏空 12-1383B
niánlà 年臘 1-657A
niánlái 年來 1-650A
niánláisuìqù 年來歲去 1-650B
niǎnláng 囝郎 8-1020B
niǎnláng 輦郎 9-1282B
niánláo 年勞 1-654A
niánlǐ 年禮 1-656B
niánlì 年力 1-648A
niánlì 年利 1-649B
niánlì 年例 1-650B
niánlì 年曆 1-656B
niǎnlì 輾轢 9-1313B
niánlián 黏連 12-1383B
niànliàn 念戀 7-424A
niánlíng 年齡 1-657A
niánlìnjiǎoròo 黏悋繳繞 12-1383B
niánliū 鮎溜 12-1214A
niánliú 年流 1-653A
niánliú 黏留 12-1383B
niánliǔ 年柳 1-651B
niǎnlù 輦路 9-1283B
niǎnlù 輦輅 9-1283A
niánlún 年輪 1-655B
niǎnluò 輦洛 9-1283A
niánlǜ 年律 1-651B
niànlǜ 念慮 7-423B
niánmài 年邁 1-655B
niánmào 年貌 1-655B
niánmàocè 年貌册 1-655B
niǎnméi 撚眉 6-885B
niánmǐ 黏米 12-1383B
niānmián 蔫綿 9-533B
niánmiàn 年麵 1-657A
niánmiǎo 年杪 1-650A
niánmíng 年名 1-649B
niánmìng 年命 1-651A
niánmó 黏膜 12-1384A
niánmó 粘膜 9-205B
niánmò 年末 1-648B
niánmò 黏沫 12-1383B
niǎnmò 撚抹 6-885B
niǎnmò 碾磨 7-1096B
niánmǔ 黏牡 12-1383B
niánmù 年暮 1-655A
niānniān 蔫蔫 9-533B
niánnián 年年 1-649B
niànniàn 念念 7-422B
niànniànbùwàng 念念不忘 7-422B
niánniándādā 黏黏搭搭 12-1384B
niánniánhúhú 黏黏糊糊 12-1384B
niǎnniǎnnìnì 捻捻膩膩 6-696A
niànniànnínì 唸唸呢呢 3-389B
niánniánsuìsuì 年年歲歲 1-649B
niànniànyǒucí 念念有詞 7-422B
niǎnniǎnzhuàn 捻捻轉 6-696A
niānnòng 拈弄 6-450B
niǎnnòng 撚弄 6-885A
niànnú 念奴 7-421B
niànnújiāo 念奴嬌 7-421B
niánpán 年盤 1-656A
niǎnpán 碾盤 7-1096B
niǎnpéng 輦箻 9-1283B
niánpídàigǔ 黏皮帶骨 12-1383B
niánpízhágǔ 黏皮着骨 12-1383B
niānpò 拈破 6-451A
niánpòrìsuǒ 年迫日索 1-650B
niánpǔ 年譜 1-657A
niánqī 年期 1-653B
niánqí 年耆 1-652A
niánqì 年器 1-656B
niǎnqián 撚錢 6-885B
niánqīn 年侵 1-651B
niánqīng 年青 1-650A
niánqīng 年輕 1-655A
niānqīngduōzhòng 拈輕掇重 6-451B
niánqīnglìzhuàng 年輕力壯 1-655A
niānqīngpàzhòng 拈輕怕重 6-451B
niànqǔ 念曲 7-422A
niánrě 黏惹 12-1384A
niánrěn 年稔 1-655A
niánruò 年弱 1-653A
niánsānshí 年三十 1-648A
niánsè 黏澀 12-1384B
niǎnsè 捻色 6-695B
niǎnshān 撵山 6-954A
niánshàng 年上 1-648B
niǎnshàng 輦上 9-1282B
niánsháo 年韶 1-655B
niánshào 年少 1-648B
niǎnshāozǐ 撚梢子 6-885B
niánshē 年賒 1-655A
niánshēn 年深 1-653B
niǎnshèng 輦乘 9-1283A
niánshēnrìjiǔ 年深日久 1-653B
niánshēnsuìjiǔ 年深歲久 1-653B
niánshēnyuèjiǔ 年深月久 1-653B
niānshí 蔫食 9-533B
niánshī 黏濕 12-1384B
niánshí 年時 1-652A
niánshǐ 年矢 1-649A
niánshǐ 年始 1-651A
niánshì 年世 1-648B
niánshì 年市 1-649A
niánshì 年事 1-650B
niànshì 念室 7-423A
niánshìshēng 年侍生 1-650B
niánshǒu 年首 1-651B
niánshòu 年壽 1-655A
niánshū 年疏 1-654B
niánshǔ 黏黍 12-1384A
niánshù 年數 1-656A
niǎnshū 輦輸 9-1283B
niànshū 念書 7-423A
niánshuāi 年衰 1-652B
niánshuāisuìmù 年衰歲暮 1-652B
niánsì 年祀 1-650A
niánsì 年禩 1-656A
niànsī 念思 7-422B
niànsìduī 廿四堆 1-848B
niànsìfēng 廿四風 1-848B
niànsìkǎozhōngshū 廿四考中書 1-848B
niànsìqiáo 廿四橋 1-848B
niànsìshǐ 廿四史 1-848B
niǎnsòng 輦送 9-1283A
niànsòng 念誦 7-423B
niānsuān 拈酸 6-451B
niánsuàn 年算 1-655A
niǎnsuān 撚酸 6-885B
niànsuān 念酸 7-423B
niānsuānchīcù 拈酸吃醋 6-451B
niānsuānchīcù 拈酸喫醋 6-451B
niānsuānpōcù 拈酸潑醋 6-451B
niánsuì 年歲 1-654B
niánsuǒ 年所 1-650B
niǎntái 碾臺 7-1096A
niàntāo 念叨 7-421B
niántètè 黏忒忒 12-1383B
niántiān 黏天 12-1383A
niǎntiǎn 淰淟 5-1290B
niǎntiǎo 撚挑 6-885B
niántiē 黏貼 12-1384A
niántiě 年帖 1-650B
niāntífēnyùn 拈題分韻

6-451B
niántǒng 年統 1-654B
niántóu 年頭 1-656A
niǎntóu 捻頭 6-696B
niàntóu 念頭 7-423B
niāntóudānǎo 蔫頭奋腦 9-533B
niántóujìn 年頭禁 1-656B
niāntóuniānnǎo 蔫頭蔫腦 9-533B
niántóuyuèwěi 年頭月尾 1-656B
niántú 黏塗 12-1384A
niántǔ 黏土 12-1383A
niāntuán'er 拈團兒 6-451B
niántuánzi 年團子 1-655A
niǎntuó 碾砣 7-1096A
niànwàng 念望 7-423B
niánwǎnshēng 年晚生 1-653A
niánwěi 年尾 1-650A
niánwèi 年位 1-649B
niǎnwèi 碾磑 7-1096A
niánwēng 年翁 1-652B
niǎnwō 碾窩 7-1096A
niánwù 年物 1-650B
niànwù 念物 7-422B
niánxī 年息 1-652B
niánxǐ 年禧 1-656B
niǎnxí 輦席 9-1283A
niánxià 年下 1-648A
niǎnxià 輦下 9-1282B
niánxián 黏涎 12-1383B
niánxián 粘涎 9-205A
niánxiàn 年限 1-651A
niānxiāng 拈香 6-451A
niānxiàng 拈相 6-451A
niánxiáng 年祥 1-653A
niànxiǎng 念想 7-423B
niànxiàng 念相 7-422B
niánxiánzi 黏涎子 12-1383B
niǎnxiè 碾械 7-1096A
niǎnxìn 捻信 6-696A
niànxīn'er 念心兒 7-421B
niànxìn'er 念信兒 7-422B
niánxíng 年行 1-649B
niànxǐng 念省 7-422B
niánxiōng 年兄 1-649A
niánxiǔ 年朽 1-649A
niǎnxū 撚鬚 6-885B
niànxù 念恤 7-422B
niányá 年涯 1-653B
niǎnyà 碾軋 7-1096A
niǎnyán 淰顏 5-1290B
niànyāng 念殃 7-422B
niànyāng 念秧 7-423A
niányānshìyuǎn 年湮世遠 1-654A
niányáo 年窰 1-656A
niányè 年夜 1-651A
niányè 黏液 12-1384A
niányè 黏葉 12-1384A
niányè 粘液 9-205B
niányèxìngshuǐzhǒng 黏液性水腫 12-1384A
niányì 年誼 1-656A
niànyī 念一 7-421B
niànyīshǐ 廿一史 1-848A
niányòu 年幼 1-649A
niānyū 蔫菸 9-533B
niányú 鮎魚 12-1213B
niǎnyú 輦輿 9-1283B
niǎnyú 輦轝 9-1283B
niǎnyù 輦御 9-1283A
niányuánzhú 鮎緣竹 12-1214A
niányuè 年月 1-648B
niányuè 年籥 1-657A
niǎnyùjiàng 碾玉匠 7-1096A
niányùn 拈韻 6-451B
niányùn 年運 1-654A
niǎnyùn 輦運 9-1283A
niányúshànggān 鮎魚上竿 12-1214A
niányúshàngzhú 鮎魚上竹 12-1214A
niányúshàngzhúgān 鮎魚上竹竿 12-1214A
niányúyuánzhúgān 鮎魚緣竹竿 12-1214A
niǎnyùzuō 碾玉作 7-1096A
niánzāi 年災 1-650A
niánzǎi 年載 1-654B
niánzāiyuè'è 年災月厄 1-650A
niánzāiyuèyāng 年災月殃 1-650A
niánzào 年造 1-652B
niánzhǎng 年長 1-650A
niánzhàng 年丈 1-648A
niánzhī 年支 1-648B
niánzhí 年侄 1-650B
niánzhí 年姪 1-651B
niánzhí 黏埴 12-1383B
niánzhǐ 年紙 1-653A
niánzhì 年秩 1-652B
niánzhì 黏滯 12-1384A
niánzhì 粘滯 9-205B
niānzhǐ 拈指 6-451A
niǎnzhǐ 撚指 6-885B
niǎnzhì 輦致 9-1283A
niǎnzhǐjiān 捻指間 6-696A
niánzhōng 年中 1-648B
niánzhōng 年終 1-653B
niǎnzhòng 輦重 9-1283A
niànzhòu 念咒 7-422A
niānzhōushìzuì 拈周試晬 6-451A
niánzhù 年祝 1-651B
niǎnzhú 攆逐 6-954A
niǎnzhǔ 黼黈 12-1373A
niànzhū 念珠 7-423A
niǎnzhuàn 攆轉 6-954A
niánzhuàng 年壯 1-650A
niánzhuàng 年狀 1-651A
niànzhūcáo 念珠曹 7-423A
niánzhuì 黏贅 12-1384B
niánzhuó 黏著 12-1383B
niánzhuólì 黏着力 12-1384A
niānzhǔyì 蔫主意 9-533B
niánzī 年資 1-655A
niánzǐ 黏子 12-1383A
niǎnzi 捻子 6-695B
niǎnzi 撚子 6-885A
niǎnzi 碾子 7-1096A
niǎnzī 撚髭 6-885B
niànzīzàizī 念兹在兹 7-422B
niànzīzī 念孜孜 7-422A
niánzòng 黏蹤 12-1384B
niánzū 年租 1-652B
niánzūn 年尊 1-654A
niánzuō 年作 1-649B
niánzuò 年祚 1-651B
ní'ǎo 尼媪 4-11B
niǎobèi 鳥背 12-1033A
niàobiē 尿鱉 4-13A
niǎobó 鳥泊 12-1032B
niǎobǔ 鳥卜 12-1031A
niàobù 尿布 4-12B
niǎocān 褭驂 9-122A
niǎocè 鳥策 12-1034B
niǎocháo 鳥巢 12-1034A
niǎochòng 鳥銃 12-1035B
niǎochóngshū 鳥蟲書 12-1037A
niàochuáng 尿牀 4-13A
niàochuángzǐ 尿牀子 4-13A
niàochūzī 尿出子 4-12B
niǎocì 鳥次 12-1032A
niǎocuàn 鳥竄 12-1037A
niǎocuì 鳥毳 12-1034B
niǎodào 鳥道 12-1035A
niǎodàoyángcháng 鳥道羊腸 12-1035A
niǎodégōngcáng 鳥得弓藏 12-1034A
niǎodiàoshān 鳥吊山 12-1032A
niǎodié 鳥堞 12-1034A
niǎodié 鳥跕 12-1034B
niǎodū 鳥都 12-1033B
niǎoduǒ 褭朵 9-121A
niǎoduǒ 褭軃 9-121B
niǎo'é 鳥囮 12-1032B
niǎofèncéng 鳥糞層 12-1037A
niǎofèng 鳥鳳 12-1036A
niǎofényúlàn 鳥焚魚爛 12-1034B
niǎofúshòuqióng 鳥伏獸窮 12-1032A
niǎofùwēicháo 鳥覆危巢 12-1037A
niǎogāo 鳥膏 12-1036A
niǎogē 鳥歌 12-1035B
niǎogéhuīfēi 鳥革翬飛 12-1032B
niǎogēwànsuìyuè 鳥歌萬歲樂 12-1035B
niǎogōng 鳥工 12-1031B
niǎogǔ 鳥谷 12-1032B
niǎoguān 鳥官 12-1032B
niàoguān 溺冠 6-44B
niǎoguō 鳥聒 12-1034A
niǎohài 鳥害 12-1034A
niǎohàishǔcuàn 鳥駭鼠竄 12-1036B
niǎohéng 鳥衡 12-1037A
niàohú 溺壺 6-44B
niàohú 尿壺 4-13A
niǎohuì 鳥喙 12-1034B
niǎohuǒ 鳥火 12-1031B
niǎojí 鳥集 12-1035A
niǎojì 鳥迹 12-1033A
niǎojì 鳥紀 12-1033B
niǎojì 鳥跡 12-1035A
niǎojiàn 鳥箭 12-1036A
niǎojiǎo 褭脚 9-121A
niǎojìchóngsī 鳥跡蟲絲 12-1035A
niǎojílíncuì 鳥集鱗萃 12-1035A
niǎojīn 鳥巾 12-1031B
niǎojìng 鳥徑 12-1034A
niǎojìngōngcáng 鳥盡弓藏 12-1036A
niǎojīngshǔcuàn 鳥驚鼠竄 12-1037B
niǎojīngyúhài 鳥驚魚駭 12-1037B
niǎojīngyúkuì 鳥驚魚潰 12-1037B
niǎojīngyúsàn 鳥驚魚散 12-1037B
niǎojīpào 鳥機砲 12-1036B
niǎojìshū 鳥迹書 12-1033A
niǎojìshū 鳥跡書 12-1035A
niǎojìwén 鳥迹文 12-1033A
niǎojǔ 鳥舉 12-1036B
niǎojù 鳥聚 12-1035B
niǎokàn 鳥瞰 12-1036B
niǎoké 鳥殼 12-1034A
niǎokòu 鳥鷇 12-1037B
niàokù 溺袴 6-44B
niàokuì 溺簣 6-45A
niǎokūyuántí 鳥哭猿啼 12-1033B
niǎolán 鳥瀾 12-1037B
niǎolì 鳥曆 12-1036B
niǎoliǎoshuài 鳥了帥 12-1031A
niǎolìbiēguān 鳥吏鼈官 12-1032A
niàoliúpìgǔn 尿流屁滾 4-13A
niǎolóng 鳥籠 12-1037B
niǎolòng 鳥哢 12-1033B
niǎolù 鳥路 12-1035A
niǎoluǎn 鳥卵 12-1032B
niǎoluó 鳥羅 12-1037A
niǎoluó 蔦蘿 9-537B
niǎoméi 鳥媒 12-1035A
niǎomiànhúxíng 鳥面鵠形 12-1033A
niǎomíng 鳥明 12-1032B

niǎonà 裹娜 9-121A
niǎonǎo 嬲惱 4-420B
niǎoniǎo 嫋嫋 4-400A
niǎoniǎo 裹嫋 9-121A
niǎoniǎo 裹裹 9-121B
niàoniào 溺尿 6-44A
niǎoniǎotíngtíng 嫋嫋亭亭 4-400A
niǎoniǎotíngtíng 嫋嫋婷婷 4-400A
niǎoniǎotíngtíng 裹裹亭亭 9-121B
niǎoniǎotíngtíng 裹裹婷婷 9-121B
niǎonú 鳥帑 12-1032B
niǎonuó 嫋娜 4-400A
niàopāo 尿泡 4-13A
niàopén'er 尿盆兒 4-13A
niàopénzi 溺盆子 6-44B
niǎopīng 裹娉 9-121A
niǎoqī 鳥栖 12-1033B
niǎoqī 鳥棲 12-1034B
niǎoqí 鳥旗 12-1036A
niàoqì 溺器 6-45A
niǎoqiāng 鳥槍 12-1035B
niǎoqiāng 鳥鎗 12-1037A
niǎoqiānghuànpào 鳥槍換炮 12-1035B
niǎoqín 鳥禽 12-1035A
niǎoqióng 鳥窮 12-1036B
niǎoquè 鳥雀 12-1034A
niǎorào 裹繞 9-121B
niǎorén 鳥人 12-1031A
niǎosàn 鳥散 12-1034B
niǎosànyúkuì 鳥散魚潰 12-1034B
niǎoshān 鳥山 12-1031B
niǎoshēn 鳥申 12-1032A
niǎoshēn 鳥伸 12-1032B
niǎoshēngshòuxīn 鳥聲獸心 12-1037A
niǎoshī 鳥師 12-1033B
niǎoshí 鳥食 12-1033A
niǎoshǐ 鳥使 12-1032B
niǎoshì 鳥市 12-1032A
niǎoshì 鳥逝 12-1033B
niǎoshòu 鳥獸 12-1037A
niǎoshòusàn 鳥獸散 12-1037A
niǎoshòuxīn 鳥獸心 12-1037A
niǎoshòuxíng 鳥獸行 12-1037A
niǎoshū 鳥書 12-1034A
niǎoshǔ 鳥鼠 12-1035A
niǎoshǔtóngxué 鳥鼠同穴 12-1035B
niǎosī 鳥司 12-1032A
niǎosī 裹絲 9-121A
niàosōu 溺溲 6-44B
niǎosú 鳥俗 12-1033A
niàosuībābā 尿尿把把 4-13A
niǎosúshì 鳥俗氏 12-1033A
niǎotán 鳥譚 12-1037B
niǎotáo 裹駣 9-121A
niǎotí 裹蹄 9-121B
niǎotí 裹蹏 9-121B
niǎotián 鳥田 12-1032A
niǎotiǎo 裹窕 9-121A
niǎotíhuāluò 鳥啼花落 12-1034B
niǎotíhuāyuàn 鳥啼花怨 12-1034B
niǎotíng 鳥庭 12-1033A
niǎotóu 蟲頭 12-1182B
niǎotú 鳥途 12-1034A
niǎowài 鳥外 12-1032A
niǎowáng 鳥王 12-1031B
niǎowǎng 鳥網 12-1036A
niǎowén 鳥文 12-1031B
niǎowū 鳥烏 12-1033B
niǎoxì 鳥戲 12-1037A
niǎoxì 嬲戲 4-420B
niǎoxiāng 鳥鄉 12-1034A
niǎoxìn 鳥信 12-1033A
niǎoxīng 鳥星 12-1033A
niǎoyán 鳥言 12-1032B
niǎoyǎnlíng 鳥眼綾 12-1034A
niǎoyǎo 裹騕 9-121B
niǎoyí 鳥彝 12-1037A
niǎoyì 鳥弋 12-1031B
niǎoyì 鳥翼 12-1037A
niǎoyīn 鳥音 12-1033A
niǎoyín 鳥吟 12-1032B
niǎoyǒng 鳥踊 12-1035B
niǎoyǔ 鳥旟 12-1037B
niǎoyǔ 鳥語 12-1036A
niǎoyúguó 鳥魚國 12-1034A
niǎoyǔhuāxiāng 鳥語花香 12-1036A
niǎoyún 鳥耘 12-1033B
niǎoyúnzhīzhèn 鳥雲之陣 12-1034B
niǎozàng 鳥葬 12-1034B
niǎozào 鳥竈 12-1037B
niǎozéi 鳥賊 12-1035A
niǎozhān 鳥占 12-1031B
niǎozhàn 鳥戰 12-1036B
niǎozhāng 鳥章 12-1034A
niǎozhǎo 鳥爪 12-1031B
niǎozhé 鳥折 12-1032A
niǎozhèn 鳥陳 12-1034A
niǎozhèn 鳥陣 12-1033B
niǎozhōu 鳥舟 12-1032A
niǎozhòu 鳥咮 12-1033A
niǎozhòu 鳥噣 12-1036B
niǎozhòu 鳥籀 12-1037B
niǎozhòu 鳥注 12-1032B
niǎozhuàn 鳥篆 12-1036A
niǎozhuàn 鳥囀 12-1037B
niǎozhuàn 裹篆 9-121A
niǎozuǐ 鳥觜 12-1035A
niǎozuǐchòng 鳥嘴銃 12-1036B
níbā 泥巴 5-1104A
níbǎn 泥坂 5-1105A
nìbān 逆班 10-829B
nìbǎnzǒuwán 逆阪走丸 10-827A
nìbǎnzǒuwán 逆坂走丸 10-827A
nìbào 逆暴 10-832B
níbātuǐ 泥巴腿 5-1104B
nìbèi 逆悖 10-830B
nìbèi 逆備 10-831A
nìbì 妮婢 4-335A
nìbǐ 昵比 5-683B
nìbǐ 逆筆 10-831A
nìbǐ 暱比 5-810A
nìbì 昵嬖 5-684A
nìbì 逆濞 10-833B
nìbì 匿避 1-971A
nìbì 溺斃 6-45A
nìbiān 逆邊 10-834A
nìbiàn 逆變 10-834B
nìbīn 昵賓 5-684A
nìbīng 逆兵 10-827B
nìbō 逆波 10-828A
nìbǔ 泥補 5-1108A
nìbǔ 逆卜 10-825B
nǐbùyúlún 儗不於倫 1-1717A
nìcāng 逆鶬 10-834B
nìcáng 匿藏 1-971A
nìchā 逆差 10-829B
nìchǎn 逆產 10-831A
níchāng 泥菖 5-1107A
nícháng 蜺裳 8-918B
nícháng 霓裳 11-703A
nìcháng 泥常 5-1107A
nìcháng 逆常 10-831A
níchāngpú 泥菖蒲 5-1107A
nícháng sù 霓裳素 11-703B
nícháng wǔ 霓裳舞 11-703B
nícháng yǔyī 霓裳羽衣 11-703A
nícháng yǔyīqǔ 霓裳羽衣曲 11-703B
nícháng yǔyīwǔ 霓裳羽衣舞 11-703B
nǐchē 柅車 4-940B
níchén 泥塵 5-1109A
níchén 泥沈 5-1105B
nìchén 逆臣 10-826B
nìchén 溺沈 6-44A
níchēng 泥鐺 5-1110B
nǐchéng 擬程 6-938A
nìchēng 嬺稱 4-393B
níchēwǎgǒu 泥車瓦狗 5-1105A
níchēwǎmǎ 泥車瓦馬 5-1105A
níchǐ 兒齒 2-273B
níchǐ 倪齒 1-1508B
níchǐ 鯢齒 12-1241B
níchǐ 齯齒 12-1456B
nǐchì 擬斥 6-937A
nìchì 逆斥 10-826A
níchíwù 泥池物 5-1105A
nìchóng 膩蟲 6-1378A
níchóu 蜺幬 8-918B
nìchóu 逆儔 10-833B
nìchú 逆雛 10-834A
nìchù 逆畜 10-830A
nìchuāi 逆揣 10-831A
níchuáng 霓幢 11-703B
nìchuāng 泥窗 5-1108A
nìcí 昵詞 5-683B
nìcí 昵辭 5-684A
nìcí 逆辭 10-834A
nìcì 逆刺 10-827B
nìcóng 逆從 10-831A
nìcuàn 逆竄 10-834A
nìcuàn 匿竄 1-971A
nícuì 蜺翠 8-918B
nǐdài 擬待 6-937B
nídān 尼聃 4-11A
nídàn 泥蛋 5-1107B
nìdàn 匿誕 1-970B
nídàng 泥蕩 5-1109B
nìdāng 逆璫 10-833B
nìdǎng 逆黨 10-834A
nídānhàn 泥擔漢 5-1109B
nìdào 昵道 5-684A
nìdào 逆道 10-831B
nìdàoluàncháng 逆道亂常 10-831B
nìdé 逆德 10-833A
nìdédé 膩得得 6-1378A
nǐděng 你等 1-1276A
nǐdǐ 擬抵 6-937A
nǐdìng 擬定 6-937B
nǐdìng 擬訂 6-937B
nìdìng 泥定 5-1106A
nìdìng 逆定 10-828B
nìdìnglǐ 逆定理 10-828B
nǐdù 柅杜 4-940B
nìdǔ 逆睹 10-831B
nìdǔ 逆覩 10-832B
nìdù 逆度 10-829A
nǐduàn 擬斷 6-939A
nìduān 匿端 1-971A
nìduàn 逆斷 10-834A
nǐduì 你敦 1-1276A
nìdùn 逆遁 10-831B
nídūndūn 泥墩墩 5-1109A
nǐduó 擬度 6-937B
nìduó 逆度 10-829A
níduōfódà 泥多佛大 5-1104B
nì'è 逆惡 10-831A
nì'è 逆戹 10-825B
niè'àn 齧岸 12-1453A
niēbǎhàn 捏把汗 6-609A
nièbái 涅白 5-1210A
nièbái 鑷白 11-1432B
niēbào 捏報 6-610A
nièbào 孽報 4-254A
nièbì 薾敝 9-590B
nièbì 噛臂 3-540A
nièbì 鎳幣 11-1371A
nièbì 孽嬖 4-254B
nièbì 齧臂 12-1454A
nièbì 嚙臂 3-567A

nièbìméng 囓臂盟 3-540A
nièbìméng 齧臂盟 12-1454A
nièbìn 鑷髩 11-1433A
nièbìn 鑷鬢 11-1433A
nièbìzhīhǎo 齧臂之好 12-1454A
nièbǔ 躡捕 10-571B
nièbù 躡步 10-571A
nièchè 囁呫 3-558A
nièchén 孽臣 4-253B
nièchén 孽塵 4-254B
nièchén 躡塵 10-572B
nièchǐ 涅齒 5-1210B
nièchǐ 囓齒 3-540A
nièchǐ 齧齒 12-1453B
nièchǐmù 囓齒目 3-540A
nièchóng 蠥蟲 8-998A
nièchǒng 孽寵 4-254B
nièchū 孽出 4-253B
nièchù 孽畜 4-253B
niēchuāi 捏揣 6-609B
niēchuán 捻船 6-696A
niēcí 捏詞 6-610A
niècōng 驫驄 12-919B
niēcuō 捏撮 6-610A
niēdā 捏搭 6-609B
nièdàn 囓啖 3-540A
nièdǎng 孽黨 4-254B
nièdǎo 躡蹈 10-573A
nièdēng 躡蹬 10-573B
nièděng 躡等 10-572A
nièdì 櫱帝 4-1358B
nièdiàn 躡電 10-572B
nièdié 囁喋 3-558A
nièdié 躡蹀 10-573A
niēdìng 捏定 6-609B
nièdòng 躡凍 10-571B
nièdōu 囁吺 3-558A
nièdú 孽毒 4-253B
nièduǎn 躡短 10-572A
nièduó 躡踱 10-573A
niè'ér 囁呢 3-558A
niè'érbùzī 涅而不淄 5-1210A
niè'érbùzī 涅而不緇 5-1210A
niè'érbùzǐ 泥而不滓 5-1104B
niēfán 捻煩 6-696A
niēfàn 捻泛 6-695B
nièféi 齧肥 12-1453A
nièfēng 孽風 4-253B
nièfēng 躡風 10-571B
nièfú 涅伏 5-1210B
nièfú 躡鳧 10-572B
nièfǔ 臬府 8-1338B
niègāng 鎳鋼 11-1371A
niègānliáojiǎ 敜干敹甲 5-491A
niēgào 捏告 6-609A
niègēn 孽根 4-253B
niègēn 躡跟 10-572B
niègèsī 鎳鉻絲 11-1371A
niègōng 鑷工 11-1432B
niēgòu 捏構 6-610A
niēgù 捏故 6-609B
niègǔ 齧骨 12-1453B
niègǔ 顳骨 12-378B
niēguài 捏怪 6-609B
niēguàipáikē 捏怪排科 6-609B
niēguàipáikē 捏恠排科 6-609B
niēguǎn 捻管 6-696A
niēgǔxiàng 捻骨相 6-696A
nièhǎi 孽海 4-253B
niēhé 捏合 6-609A
nièhé 囓合 3-539B
nièhé 齧齕 12-1454A
nièhuài 齧壞 12-1454A
nièhuán 泥洹 5-1106B
nièjī 躡屐 10-571B
nièjī 躡基 10-571B
nièjī 躡擊 10-573A
nièjí 臬極 8-1338B
nièjí 躡級 10-571B
nièjì 躡迹 10-571B
nièjì 躡跡 10-572B
nièjì 躡蹟 10-573A
nièjiáo 囓嚼 3-540A
nièjiǎo 躡脚 10-572A
niējiǎoniēshǒu 捻脚捻手 6-696A
niējiǎoniēshǒu 捏脚捏手 6-609B
nièjiǎonièshǒu 躡脚躡手 10-572A
nièjié 躡節 10-572B
nièjǐn 茶箽 8-1127A
nièjiǔ 櫱酒 9-243B
niējué 捻訣 6-696A
niējué 捏訣 6-609B
nièjuē 躡屩 10-573A
nièjué 躡蹻 10-573B
nièjuēdāndēng 躡屩擔簦 10-573A
nièjuēdàndēng 躡屩檐簦 10-573B
nièjuédāndēng 躡蹻擔簦 10-573B
nièjuédàndēng 躡蹻檐簦 10-573B
nièkěn 囓啃 3-540A
nièkōng 躡空 10-571A
nièkōngcǎo 躡空草 10-571B
nièkǒu 籋口 8-1275B
nièkòu 躡寇 10-572A
nièkuà 躡跨 10-572B
nièlèi 孽類 4-254B
nièlí 齧黎 12-1453B
niēliǎngbǎhàn 捏兩把汗 6-609B
nièlóng 孽龍 4-254B
nièlǚ 躡履 10-572B
niēmǎ 捏碼 6-610A
niēmǎzi 捏碼子 6-610A
niémí 薾靡 9-590B
niémí 苶靡 9-349B
nièmiàn 涅面 5-1210B
nièmiáo 孽苗 4-253B
niēmíng 捏名 6-609A
nièmò 涅墨 5-1210B
nièněi 闑內 12-146B
nièniǎo 孽鳥 4-254B
nièniè 臲臲 8-1340B
nièniè 枿枿 4-888B
nièniè 嵲嵲 3-869B
nièniè 聶聶 8-708A
nièniè 孽孽 4-254B
nièniè 囁囁 3-558A
nièniè 齧齧 12-1454A
nièniè 钀钀 9-1340B
niēniēnìnì 捻捻昵昵 6-696A
nièniērúrú 囁囁嚅嚅 3-558A
niēnong 捏弄 6-609A
niēnóng 捏膿 6-610A
niēnuò 捻掿 6-696A
nièpán 涅槃 5-1210B
nièpánchūshì 涅槃出世 5-1210B
nièpú 涅菩 5-1210B
nièqiān 孽愆 4-254B
nièqián 躡潛 10-572B
nièqiāoqiāo 躡悄悄 10-571B
nièqiè 孽妾 4-253B
nièqiè 孼妾 4-423A
nièqiú 躡毬 10-572A
nièqū 櫱麴 9-243B
nièquē 齧缺 12-1453B
ní'ér 泥兒 5-1105B
nì'ěr 逆耳 10-826B
nì'ěr 嶷爾 3-873A
niérán 薾然 9-590B
niérán 苶然 9-349B
niéránjǔsàng 苶然沮喪 9-349B
nièrì 泥日 5-1103B
nì'ěrlìxíng 逆耳利行 10-826B
ní'ěrlǒngshǒu 泥耳籠首 5-1104B
nièrú 囁嚅 3-558A
nièrú 顳顬 12-378B
niéruò 薾弱 9-590B
nièrúwēng 囁嚅翁 3-558A
nièrúxiǎo'ér 囁嚅小兒 3-558A
nièshā 齧殺 12-1453B
niēshāchéngtuán 捏沙成團 6-609A
niēshé 捻舌 6-695B
niēshé 捏舌 6-609A
nièshēng 枿生 4-888A
niēshénniēguǐ 捻神捻鬼 6-696A
niēshétou 捏舌頭 6-609A
niēshì 捏事 6-609B
niēshì 捏飾 6-610A
nièshī 躡失 10-571A
nièshí 涅石 5-1210A
nièshí 囓食 3-539B
nièshí 齧食 12-1453B
nièshí 齧蝕 12-1453B
nièshí 嚙食 3-567A
nièshǐ 臬使 8-1338B
nièshì 囓噬 3-540A
nièshì 齧噬 12-1454A
nièshǒu 涅手 5-1210A
niēshǒuniējiǎo 捏手捏脚 6-609A
nièshǒunièjiǎo 躡手躡脚 10-570B
nièshǒunièzú 躡手躡足 10-570B
nièshù 孽庶 4-254A
nièshù 孽豎 4-254B
nièsī 臬司 8-1338B
nièsì 鑷肆 11-1432B
nièsītuōlìpài 聶斯脫利派 8-707B
niēsù 捻塑 6-696A
niēsù 捏素 6-609B
niēsù 捏塑 6-610A
niēsuān 捏酸 6-610A
nièsūn 孽孫 4-254A
niètái 枿臺 4-888B
niètái 臬台 8-1338B
niètái 臬臺 8-1338B
niētiē 捏貼 6-610A
niètiě 齧鐵 12-1454A
niétóu 𪍑頭 12-1024A
niètóu 𩛩頭 12-564A
niētǔfénxiāng 捻土焚香 6-695B
niētǔwéixiāng 捻土爲香 6-695B
nièwán 泥丸 5-1103B
nièwén 涅文 5-1210A
niēwū 捏誣 6-610A
nièwū 涅汙 5-1210B
nièwū 臬兀 8-1338A
nièwǔ 躡武 10-571A
nièwù 峴屼 3-835B
nièwù 嵲屼 3-858B
nièwù 臲卼 8-1340A
nièwù 臲鼿 8-1340B
nièwù 甈鼿 5-294B
nièwù 陧杌 11-1078A
nièxī 囓膝 3-540A
nièxī 齧郄 12-1453B
nièxī 齧郤 12-1453B
nièxī 齧膝 12-1453B
nièxǐ 躡屣 10-572B
niēxiàn 捏陷 6-609B
nièxián 鑷撏 11-1433A
nièxiǎn 涅幰 5-1210B
nièxiǎn 躡險 10-573A
nièxiàn 臬憲 8-1338B
niēxiāng 捻香 6-696A
nièxiàng 孽相 4-253B
nièxiè 躡屧 10-572B
nièxīn 囓心 3-539B
nièxīng 孽星 4-253B
nièxū 躡虛 10-571B

nièxuě 齧雪 12-1453B
nièxuèqìngǔ 齧血沁骨 12-1453A
nièxuětūnzhān 嚙雪呑氈 3-539B
nièxuèwéiméng 囓血爲盟 3-567A
nièxún 躡尋 10-572A
nièyá 枿芽 4-888A
nièyá 孽牙 4-253B
nièyá 孽芽 4-253B
nièyá 蘖芽 9-626A
nièyǎo 嚙咬 3-539B
nièyì 孽裔 4-254A
niēyībǎhàn 捏一把汗 6-608B
nièyǐng 躡景 10-572A
nièyǐng 躡影 10-572B
nièyǐngcángxíng 躡影藏形 10-572B
nièyǐngqiánzōng 躡影潛踪 10-572B
nièyǐnniáng 聶隱娘 8-708A
nièyǔ 孽齬 4-254B
nièyuān 孽冤 4-254A
nièyuè 槷刖 4-1238B
nièyuè 踂跀 10-521A
nièyún 躡雲 10-572A
nièyùn 躡運 10-572A
niēzào 捏造 6-609B
nièzé 嚙咋 3-539B
nièzhài 孽債 4-254A
nièzhān 齧氈 12-1454A
nièzhān 囓氈 3-567A
nièzhàng 孽障 4-254A
nièzhé 齧折 12-1453A
niēzhebízi 捻着鼻子 6-696A
niēzhebízi 捏着鼻子 6-609B
nièzhī 枿枝 4-888A
nièzhí 臬檵 8-1338B
nièzhǐ 嚙指 3-539B
nièzhǐ 齧指 12-1453A
nièzhǒng 孽種 4-254A
nièzhǒng 躡踵 10-573A
nièzhú 躡逐 10-571B
nièzhuī 躡追 10-571B
nièzi 籋子 8-1275B
nièzi 鑷子 11-1432B
nièzǐ 孽子 4-253A
nièzì 涅字 5-1210B
nièzōng 躡踪 10-572B
nièzōng 躡蹤 10-573A
nièzú 齧鏃 12-1454A
nièzú 囓鏃 3-567A
nièzú 躡足 10-571A
nièzúfǎ 嚙鏃法 3-540A
nièzuò 枿坐 4-888A
nièzúqiánzōng 躡足潛踪 10-571A
nǐfǎ 擬法 6-937B
nìfǎ 逆法 10-828A
nǐfàn 擬範 6-938B
nìfān 逆藩 10-833B
nìfān 逆蕃 10-832B
nìfán 膩煩 6-1378A
nìfàn 逆犯 10-826A
nífáng 尼房 4-11A
nìfáng 逆防 10-827A
nìfǎnxīnlǐ 逆反心理 10-826A
nífátou 泥垡頭 5-1106A
niféi 泥肥 5-1106A
nǐfēiqílún 儗非其倫 1-1717A
nǐfēiqílún 擬非其倫 6-937B
nìfēn 逆氛 10-828A
nìfěn 膩粉 6-1378A
nífēng 尼峰 4-11A
nífēng 泥封 5-1106A
nìfēng 逆封 10-828B
nìfēng 逆風 10-829A
nìfèng 膩縫 6-1378A
nìfēng'èlàng 逆風惡浪 10-829A
nìfēngjiā 逆風家 10-829A
nífó 泥佛 5-1105A
nífóquàntǔfó 泥佛勸土佛 5-1105A
nífú 泥伏 5-1104B
nífǔ 尼甫 4-10B
nífǔ 尼父 4-10B
nífù 鯢鮒 12-1241B
nìfú 逆拂 10-827B
nìfú 匿伏 1-969B
nìfù 昵附 5-683B
nìfù 逆負 10-829A
nìfù 暱附 5-810B
nígāngzi 泥岡子 5-1105B
nǐgǎo 擬稿 6-938B
nìgào 逆告 10-827B
nǐgé 柅格 4-940B
nǐgè 你個 1-1276A
nǐgè 你箇 1-1276A
nìgé 逆格 10-829B
nígōng 泥弓 5-1103B
nígōu 泥溝 5-1108B
nígòu 泥垢 5-1106A
nìgòu 膩垢 6-1377B
nígū 尼姑 4-11A
nígǔ 泥骨 5-1106A
nǐgǔ 擬古 6-937A
nǐgǔ 泥古 5-1104B
nígū'ān 尼姑庵 4-11A
nìguāng 逆光 10-826B
nìguāng 匿光 1-969B
nìgǔbùhuà 泥古不化 5-1104B
níguī 泥龜 5-1110A
nìguǐ 逆鬼 10-828B
nǐguīhuàyuán 擬規畫圓 6-938A
nìgǔjūfāng 泥古拘方 5-1104B
níhái 泥孩 5-1106B
nìhài 逆害 10-830B
nǐhàn 擬捍 6-938A
nìhàn 逆捍 10-829B
nìhǎo 昵好 5-683B
nìhē 逆呵 10-828A
nìhé 砮合 4-240B
nìhé 逆河 10-828A
níhóng 泥鴻 5-1110A
níhóng 霓虹 11-702B
níhóngdēng 霓虹燈 11-702B
nìhòu 昵厚 5-683B
nìhòu 暱厚 5-810B
nìhú 逆胡 10-828B
nìhú 膩糊 6-1378A
nìhù 匿户 1-969B
níhuá 泥滑 5-1108A
nǐhuàběn 擬話本 6-938B
níhuáhuá 泥滑滑 5-1108A
níhuán 鯢桓 12-1241B
nìhuān 昵歡 5-684A
níhúhu 泥糊糊 5-1109B
níhuī 泥灰 5-1104B
nìhuì 匿諱 1-971A
nìhuì 膩穢 6-1378A
nìhuò 溺惑 6-44B
níjì 倪際 1-1508B
nǐjì 擬迹 6-937B
nǐjì 擬跡 6-938A
nìjī 逆擊 10-833B
nìjì 匿迹 1-970A
nìjì 匿跡 1-971A
nìjí 逆籍 10-834A
nìjì 嶷岌 3-873A
nìjì 逆迹 10-829A
nìjì 逆計 10-829A
níjiān 泥緘 5-1109B
nìjiàn 逆見 10-827A
nìjiàn 逆箭 10-833A
nìjiàn 逆諫 10-833B
níjiāng 泥漿 5-1109B
nìjiàng 逆降 10-828B
nìjiāo 昵交 5-683B
nìjiāo 暱交 5-810A
nìjiào 逆教 10-830B
níjiǎogān 泥脚桿 5-1107A
níjié 霓節 11-703A
nìjiē 逆接 10-830B
nìjié 逆訐 10-830A
nìjié 逆節 10-832A
nìjié 睨詰 7-1232B
níjīn 泥金 5-1105B
níjīn 泥濜 5-1110A
níjīn 霓襟 11-703B
nìjìn 昵近 5-683B
nìjìn 暱近 5-810B
níjīng 蜺旌 8-918A
níjīng 霓旌 11-703A
níjīng 鯢鯨 12-1241B
nǐjīng 擬經 6-938B
nìjīng 逆經 10-832B
nìjìng 逆境 10-832B
níjīnshàn 泥金扇 5-1105B
níjīntiězi 泥金帖子 5-1105B
níjīnwàndiǎn 泥金萬點 5-1105B
nìjìqiánxíng 匿跡潛形 1-971A
nìjiū 霓糾 11-702B
nìjiǔ 泥酒 5-1106B
nìjiù 暱就 5-810B
nìjìxiāoshēng 匿迹銷聲 1-970B
nìjū 尼居 4-11A
nìjū 逆居 10-828B
nìjù 逆拒 10-827A
nìjuàn 昵眷 5-683B
nìjué 逆決 10-827B
níkē 尼軻 4-11B
níkēng 泥坑 5-1105A
nìkǒng 匿空 1-970A
nìkòng 匿控 1-970B
nǐkòu 擬寇 6-938A
nìkǒu 逆口 10-825B
nìkǒu 溺口 6-44A
nìkuǎn 昵款 5-683B
nìkǔn 匿悃 1-970B
nìláishùnshòu 逆來順受 10-827B
nílàn 泥爛 5-1110B
nìlàng 逆浪 10-830B
nǐlǎo 你老 1-1275B
nìláo 逆勞 10-831B
nǐlǎozi 你老子 1-1275B
nílí 泥犁 5-1107A
nílí 泥犂 5-1107B
nìlǐ 逆理 10-830B
nìlǐ 膩理 6-1378A
nìlì 逆沴 10-828A
nìliào 逆料 10-830A
nìlín 逆鱗 10-834B
nìlìng 逆令 10-826A
nìliú 逆泝 10-827B
nìliú 逆流 10-830A
nìliú 匿留 1-970B
nìliǔ 膩柳 6-1377B
nílóng 泥龍 5-1110A
nílú 猊爐 5-79A
nílù 倪露 1-1508B
nílù 麑鹿 12-1300A
nìlú 逆臚 10-834A
nìlǔ 逆虜 10-831B
nílù 泥漉 5-1109A
níluǎn 麑卵 12-1300A
nìluàn 逆亂 10-832A
nílún 泥淪 5-1107B
nǐlún 擬倫 6-938A
nǐlùn 擬論 6-938B
nìlún 逆倫 10-829B
nìlùn 逆論 10-833A
níluó 泥螺 5-1110A
nìlǚ 逆旅 10-830A
nìlǜ 逆慮 10-832B
nímǎ 泥馬 5-1106B
nǐmāde 你媽的 1-1276A
nímǎdùjiāng 泥馬渡江 5-1106B
nímán 泥鰻 5-1110B
nímánggǔ 尼厖古 4-11A
nímáo 蜺旄 8-918A
nímáo 霓旄 11-702B

nǐmào 擬貌 6-938B
nìmáo 逆毛 10-826A
nìmào 逆冒 10-828B
nìmáocāng 逆毛鶬 10-826A
nǐměi 你每 1-1275B
nǐmen 你們 1-1276A
nǐmén 你門 1-1276A
nǐmèn 你懣 1-1276A
nìméng 逆萌 10-831A
nǐmiào 禰廟 7-968A
nìmín 逆民 10-826A
nìmíng 匿名 1-969B
nìmìng 逆命 10-828A
nìmíngshīshí 泥名失實 5-1104B
nìmíngshū 匿名書 1-970A
nìmíngtiě 匿名帖 1-969B
nìmíngxìn 匿名信 1-969B
nǐmò 擬墨 6-938B
nìmǒ 膩抹 6-1377B
nìmò 溺没 6-44A
nìmóu 逆謀 10-833B
nìmóu 匿謀 1-971A
nímù 泥木 5-1103B
nǐnà 你那 1-1275B
nínán 呢喃 3-313A
nínào 泥淖 5-1107A
níng'ǎi 凝靄 2-440B
nìng'āi 佞哀 1-1223A
níng'ān 寧安 3-1600B
níngbái 凝白 2-434B
níngbào 獰暴 5-130B
níngbì 凝閉 2-437B
níngbì 凝碧 2-438B
níngbiān 寧邊 3-1603A
níngbiàn 寧便 3-1601A
nìngbiàn 佞辯 1-1223B
níngbiāo 獰飆 5-131A
níngbiāo 獰飈 5-131A
níngbìchí 凝碧池 2-438B
níngbīng 凝冰 2-434B
nìngchǎn 佞諂 1-1223B
nìngchǎn 佞讇 1-1223B
níngchāng 寧昌 3-1600B
níngchě 擰扯 6-946B
níngchén 凝塵 2-438B
nìngchén 佞臣 1-1222B
níngchéng 凝澄 2-439B
níngchéngyīgǔ 擰成一股 6-946B
níngchóu 寧綢 3-1602B
níngchóu 凝愁 2-438A
níngchǒu 獰醜 5-131A
níngchǔ 寧處 3-1602A
nǐngcōng 擰葱 6-947A
níngcuì 凝粹 2-439A
níngcuì 薴顇 9-560A
níngdài 凝待 2-435B
níngdàn 凝淡 2-437A
níngdàn 凝澹 2-439B
nìngdāng 寧當 3-1602B
nìngdào 佞道 1-1223A
níngdǐ 寧柢 3-1601A
níngdì 凝睇 2-437B
níngdǐ 寧底 3-1601A
níngdiàn 凝澱 2-439B
níngdīng 寧丁 3-1599B
níngdìng 寧定 3-1601A
níngdìng 凝定 2-435A
níngdōng 凝冬 2-434B
níngdòng 凝凍 2-436A
níngdú 獰毒 5-130B
níng'è 獰惡 5-130B
nìng'è 佞惡 1-1223A
níng'ér 儜兒 1-1719A
níngfāng 寧方 3-1600A
nìngfēng 甯封 3-1576A
nìngfēngzǐ 甯封子 3-1576A
nìngfó 佞佛 1-1222B
níngfū 冰膚 2-398B
níngfū 凝膚 2-439A
níngfù 寧附 3-1600B
nínggào 寧告 3-1600B
nínggē 寧哥 3-1601B
nìnggē 甯歌 3-1576A
nínggù 寧固 3-1600B
nínggù 凝固 2-435A
níngguǎng 獰獷 5-131A
nínggùdiǎn 凝固點 2-435A
níngguǐ 寧晷 3-1602A
nínggùqìyóudàn 凝固汽油彈 2-435A
nínghán 凝寒 2-437B
nínghán 凝凓 2-439B
nínghàn 獰悍 5-130B
nìnghǎo 譾好 11-459A
nínghé 寧和 3-1601A
nínghé 凝合 2-434B
nínghé 凝和 2-435A
nínghé 凝涸 2-437A
nínghé 凝閡 2-439A
nínghóu 寧侯 3-1601B
nínghòu 寧候 3-1601B
nínghòu 凝厚 2-435B
nínghū 獰呼 5-130B
nínghù 凝冱 2-434B
nínghù 凝沍 2-434B
nínghù 凝泘 2-434B
nínghuá 凝滑 2-437B
nìnghuá 佞猾 1-1223A
nìnghuá 濘滑 6-196A
nínghuǎn 凝緩 2-439B
nìnghuì 佞慧 1-1223B
nínghún 凝魂 2-438A
nìnghuò 佞惑 1-1223A
níngjī 冰肌 2-391A
níngjī 凝積 2-439B
níngjí 寧吉 3-1600A
níngjí 寧極 3-1602A
níngjí 寧集 3-1602A
níngjí 寧輯 3-1603A
níngjí 凝集 2-437B
níngjí 凝籍 2-440B
níngjì 寧濟 3-1603A
níngjì 凝寂 2-437A
nìngjǐ 佞給 1-1223B
níngjiā 寧佳 3-1601A
níngjiā 寧家 3-1601B
níngjiā 寧嘉 3-1602B
níngjiā 凝笳 2-436B
níngjiān 凝堅 2-436B
níngjiǎn 凝蹇 2-440A
níngjiǎn 凝簡 2-440A
nìngjiǎn 寧儉 3-1602B
níngjié 凝結 2-437B
níngjié 凝竭 2-439A
níngjié 凝潔 2-439B
níngjīn 凝津 2-436A
níngjǐn 凝錦 2-439B
níngjìn 寧覲 3-1603A
níngjīng 凝睛 2-438A
níngjīng 凝精 2-439A
níngjìng 寧靖 3-1602B
níngjìng 寧静 3-1602B
níngjìng 凝浄 2-436A
níngjìng 凝静 2-438B
níngjīyùgǔ 冰肌玉骨 2-391A
níngjū 寧居 3-1601A
níngjù 凝聚 2-438B
níngjué 凝絶 2-438A
níngjué 鸋鴂 12-1170B
níngjùlì 凝聚力 2-438B
níngjùn 凝峻 2-436A
níngkāng 寧康 3-1602A
níngkǎo 寧考 3-1600B
níngkē 凝科 2-435B
nìngkě 寧可 3-1600A
nìngkěn 寧肯 3-1600B
nìngkěyùsuì… 寧可玉碎,不能瓦全 3-1600A
nìngkǒu 佞口 1-1222B
níngkuàng 凝曠 2-440A
níngkǔn 凝悃 2-436B
nìnglǎo 濘潦 6-196A
nínglè 寧樂 3-1603A
níngléi 獰雷 5-130B
nínglěng 凝冷 2-434B
nínglì 凝立 2-434B
nínglì 凝厲 2-438B
nínglì 獰厲 5-130B
nínglì 疑立 8-512A
níngliǎn 冰臉 2-400A
níngliàn 凝煉 2-438A
níngliàn 凝練 2-439B
níngliàn 凝鍊 2-440A
níngliàn 凝戀 2-440B
nìngliǎo 寧了 3-1599B
nìngliǎo 甯了 3-1576A
nìngliè 儜劣 1-1719A
nínglìè 凝冽 2-435A
nínglìè 獰劣 5-130B
nínglín 獰鱗 5-131A
níngliú 凝旒 2-438A
nínglòu 儜陋 1-1719A
nínglú 凝臚 2-440B
nínglù 凝露 2-440B
nìnglù 佞禄 1-1223A
níngluàn 寧亂 3-1602B
nínglùcōng 凝露驄 2-440B
nínglùcōng 凝露驄 2-440B
nínglǜ 凝慮 2-439A
nìngmèi 佞媚 1-1223A
níngméng 檸檬 4-1354A
níngměng 獰猛 5-130B
níngmì 寧謐 3-1603A
níngmiǎo 凝邈 2-440A
níngmiào 凝妙 2-434B
níngmín 寧民 3-1600A
nìngmín 佞民 1-1222B
níngmíng 凝明 2-435A
níngmìng 凝命 2-435A
níngmò 凝默 2-439B
níngmóu 凝眸 2-436B
níngmù 凝目 2-434A
níngmù 獰目 5-130B
nìngmǔ 蟶母 8-974B
nìngmǔ 泥母 5-1104B
níngnài 寧奈 3-1600B
níngnài 寧耐 3-1601A
níngnán 寧南 3-1601A
nìngnào 濘淖 6-196A
níngnèi 寧内 3-1600A
nìngní 濘泥 6-196A
níngniàn 凝念 2-435A
níngníng 氉氉 6-1020B
níngníng 凝凝 2-439B
níngnú 儜奴 1-1718B
níngpàn 凝盼 2-435B
níngpín 凝嚬 2-440B
níngpín 凝顰 2-441A
níngpíng 寧平 3-1600A
níngpǔ 凝樸 2-439B
nìngqī 甯戚 3-1576A
nìngqiǎo 佞巧 1-1222B
nìngqīgē 甯戚歌 3-1576A
níngqīn 寧親 3-1603A
níngqíng 凝情 2-437A
nìngqú 寧渠 3-1602A
nìngquēwúlàn 寧缺毋濫 3-1601B
níngrán 凝然 2-437B
níngránzhāngmù 獰髯張目 5-130B
níngrén 寧人 3-1599B
nìngrén 佞人 1-1222B
nìngróu 佞柔 1-1223A
níngruò 儜弱 1-1719A
níngsè 凝澀 2-440A
nìngsè 佞色 1-1222B
nìngshé 佞舌 1-1222B
níngshēn 凝深 2-437A
níngshén 寧神 3-1601B
níngshén 凝神 2-436A
níngshěn 凝審 2-439B
nìngshēng 甯生 3-1576A
níngshì 凝視 2-437A
níngshì 獰視 5-130B
nìngshǐ 佞史 1-1222B
níngshuāng 凝霜 2-440A
níngshùn 寧順 3-1602A
níngsī 凝思 2-435B
níngsī 凝澌 2-439B
níngsī 疑思 8-514A
nìngsǐbùqū 寧死不屈

3-1600B
nìngsòng 佞宋 1-1223A
nìngsòngzhǔrén 佞宋主人 1-1223A
níngsū 凝酥 2-437A
níngsú 寧俗 3-1601A
níngsù 寧肅 3-1602B
níngsù 凝肅 2-438A
nìngsù 甯遬 3-1576A
níngsuì 寧歲 3-1602A
níngsuì 凝邃 2-440A
níngsuǒ 寧所 3-1601A
níngtài 寧泰 3-1601B
níngtài 凝態 2-439A
níngtè 凝特 2-436A
níngtǐ 寧體 3-1603B
níngtiào 凝眺 2-436B
níngtiē 寧貼 3-1602A
níngtiē 寧帖 3-1601A
níngtiē 凝帖 2-435A
níngtīng 凝聽 2-440B
níngtíng 凝停 2-437A
níngtóng 凝瞳 2-440A
níngtú 凝圖 2-438B
nìngtuō 佞侻 1-1223A
níngwán 凝玩 2-434B
níngwán 凝翫 2-439B
níngwáng 寧王 3-1599B
níngwǎng 凝網 2-439A
níngwàng 凝望 2-437A
nìngwéijīkǒu…
寧爲鷄口，毋爲牛後 3-1602A
nìngwéijīkǒu…
寧爲鷄口，無爲牛後 3-1602A
nìngwéiyùsuì…
寧爲玉碎，不爲瓦全 3-1602A
níngwěn 凝穩 2-440B
níngwù 凝霧 2-440A
nìngwǔ 甯武 3-1576A
nìngwǔzǐ 甯武子 3-1576A
níngxī 寧息 3-1601B
níngxì 凝盻 2-435B
níngxiā 蠑蝦 8-990A
nìngxiǎn 佞險 1-1223B
níngxiǎng 凝想 2-438A
níngxiángchí 凝祥池 2-436B
níngxiào 凝笑 2-436A
níngxiào 獰笑 5-130B
nìngxié 佞邪 1-1222B
níngxīn 寧心 3-1600A
níngxīn 寧馨 3-1603A
níngxīn 凝心 2-434A
níngxīn'ér 寧馨兒 3-1603B
níngxǐng 寧省 3-1601A
nìngxìng 擰性 6-946B
nìngxìng 佞幸 1-1223A
nìngxìng 佞倖 1-1223A
níngxū 凝虛 2-436B
níngxū 鬡鬚 12-758B
níngxù 獰獝 5-131A
nìngxǔ 寧許 3-1602A
níngxuě 冰雪 2-394B
níngyān 凝煙 2-438A
níngyán 凝嚴 2-440B
níngyǎn 凝眼 2-436B
níngyàn 寧晏 3-1601B
nìngyán 佞言 1-1222B
nìngyán 譔言 11-459A
níngyào 凝曜 2-440A
níngyē 凝噎 2-439A
níngyě 寧野 3-1602A
níngyè 寧業 3-1602B
níngyè 凝咽 2-435B
níngyī 寧一 3-1599B
níngyī 寧壹 3-1602A
níngyī 凝一 2-434A
níngyì 寧乂 3-1599B
níngyì 寧意 3-1602B
níngyì 凝意 2-438A
níngyīn 寧殷 3-1601B
níngyīn 凝陰 2-436B
níngyīng 凝瑛 2-437A
níngyíng 寧盈 3-1601B
níngyǔ 寧宇 3-1600B
níngyǔ 凝雨 2-435A
níngyǔ 獰雨 5-130B
nìngyú 佞諛 1-1223B
nìngyù 佞譽 1-1223B
níngyuǎn 凝遠 2-438A
nìngyuàn 寧願 3-1603B
nìngyuè 佞兑 1-1223A
nìngyuè 佞說 1-1223B
níngyún 凝雲 2-437A
níngzhái 寧宅 3-1600B
níngzhàn 凝湛 2-437B
níngzhāng 凝章 2-437A
nìngzhébùwān 寧折不彎 3-1600B
níngzhēn 凝貞 2-435B
níngzhēng 獰猙 5-130B
níngzhēng 鬡鬇 12-758B
níngzhèng 凝正 2-434A
níngzhī 凝脂 2-436A
níngzhí 凝直 2-434B
níngzhǐ 寧止 3-1600A
níngzhǐ 凝止 2-434A
níngzhǐ 疑止 8-512A
níngzhì 凝滯 2-439A
níngzhì 凝質 2-439A
níngzhì 疑滯 8-517A
nìngzhī 佞枝 1-1223A
níngzhì 濘滯 6-196A
níngzhīdiǎnqī 凝脂點漆 2-436A
níngzhòng 凝重 2-435B
níngzhǒng 擰種 6-947A
níngzhǔ 凝矚 2-441A
níngzhù 凝佇 2-434B
níngzhù 凝注 2-435A
níngzhù 凝竚 2-436B
níngzhù 凝鑄 2-440B
nǐngzhuǎn 擰轉 6-947A
níngzhuāng 凝妝 2-434B
níngzhuāng 凝莊 2-436A
níngzhuāng 凝粧 2-437B
níngzhǔbùzhuǎn 凝矚不轉 2-441A
níngzhuō 儜拙 1-1719A
nìngzǐ 甯子 3-1576A
níngzuò 凝坐 2-434B
níní 呢呢 3-313A
níní 泥泥 5-1106A
níní 倪倪 1-1508B
nǐnǐ 苨苨 9-452A
nǐnǐ 濔濔 6-183B
nǐnǐ 泥泥 5-1106A
nǐnǐ 柅擬 4-1113A
nǐnǐ 苊苊 9-357A
nǐnǐ 柅柅 4-940B
nǐnǐ 旎旎 6-1607B
nǐnǐ 儗儗 1-1717A
nǐnǐ 薿薿 9-597B
nìnì 泥泥 5-1106A
nìnì 泥溺 5-1109A
nìnì 昵昵 5-683B
nìnì 暱暱 7-1200B
nìnì 惄惄 7-575B
nìnì 溺溺 6-45A
nìnì 懝懝 7-675B
nìnì 嶷嶷 3-873A
nìnián 匿年 1-969B
nìniáng 你娘 1-1276A
níníchīchī 呢呢癡癡 3-313A
nìniè 泥涅 5-1107A
nìniè 逆孽 10-834A
nínìng 泥濘 5-1110A
nǐnìng 你儜 1-1276A
níniú 泥牛 5-1104A
níniúrùhǎi 泥牛入海 5-1104A
nínjia 您家 7-534B
nínlǎo 您老 7-534B
nínměi 恁每 7-500B
nínmén 恁們 7-500B
nǐnóng 你儂 1-1276A
nìnǚ 逆女 10-825B
nìnǚ 溺女 6-44A
nì'òu 逆毆 10-832B
nípán 泥蟠 5-1110A
nìpàn 逆叛 10-829B
nípèi 霓帔 11-702B
nípèi 霓旆 11-702B
nípī 泥坯 5-1105B
nǐpiào 擬票 6-938A
nípó 泥婆 5-1107B
nípóluó 泥婆羅 5-1107B
nípúsà 泥菩薩 5-1107A
níqí 霓騎 11-703B
nìqí 膩旗 6-1378A
nìqì 逆氣 10-829B
nìqià 昵洽 5-683B
nìqià 暱洽 7-1200B
níqián 尼犍 4-11B
níqián 尼乾 4-11A
níqián 泥錢 5-1110A
nìqiǎn 逆遣 10-832A
níqiāo 泥橇 5-1109B
nìqīn 昵親 5-684A
nìqīn 逆親 10-833B
nìqíng 匿情 1-970B
nìqíng 溺情 6-44B
níqiū 尼丘 4-10B
níqiū 尼邱 4-11A
níqiū 泥鰌 5-1110B
níqiū 泥鰍 5-1110B
níqiū 鯢鰌 12-1241B
níqiū 鯢鰍 12-1241B
níqiū 鯢鰍 12-1245A
níqiú 麑裘 12-1300A
níqiūgǒuzi 泥鰍狗子 5-1110B
níqiūjǐ 泥鰍脊 5-1110B
nìqū 儗屈 1-1717A
nìqú 逆渠 10-831A
nìqǔshùnshǒu 逆取順守 10-827B
nìrán 闟肰 12-727A
nìrán 惄然 7-575B
nìrán 睨然 7-1232B
nìrán 嶷然 3-873A
nìrǎng 膩壤 6-1378B
nìràng 逆讓 10-834B
nírén 泥人 5-1103A
nǐrén 擬人 6-936B
nìrén 逆人 10-825B
nìrén 溺人 6-43B
nìrén 膩人 6-1377B
níróng 呢絨 3-313A
nǐróng 擬容 6-938A
níróngjué 泥融覺 5-1109B
nìrú 嶷如 3-873A
nìrùpíngchū 逆入平出 10-825B
nìsāng 匿喪 1-970B
nísè 泥色 5-1105A
nísēng 尼僧 4-11B
níshā 泥沙 5-1105A
níshājùxià 泥沙俱下 5-1105A
níshān 尼山 4-10B
nìshàn 匿善 1-970B
nìshè 逆射 10-829B
nìshēn 逆紳 10-831A
níshèng 尼聖 4-11B
nǐshèng 擬聖 6-938A
nìshēng 逆生 10-826A
nìshēng 逆牲 10-828B
nìshěng 逆眚 10-829B
níshī 尼師 4-11A
níshì 泥軾 5-1108A
nìshī 逆尸 10-825B
nìshī 逆失 10-826A
nìshī 逆施 10-829A
nìshī 逆詩 10-832A
nìshí 逆時 10-829B
nìshì 泥視 5-1107B
nìshì 泥飾 5-1108B
nìshì 逆事 10-827B
nìshì 逆視 10-831A
nìshì 睨視 7-1232B
nìshì 暱侍 5-810B

níshīdànnà 尼師但那 4-11A
nìshīdàoxíng 逆施倒行 10-829A
níshíliú 泥石流 5-1104B
níshītán 尼師壇 4-11A
níshǒu 尼首 4-11A
nìshǒu 泥守 5-1105A
níshǒu 泥首 5-1106B
níshū 泥書 5-1107A
nǐshū 擬疏 6-938A
nìshū 逆書 10-830B
nìshǔ 昵屬 5-684A
nìshǔ 逆暑 10-831A
nìshǔ 逆數 10-833A
nìshǔ 逆屬 10-834B
nìshù 逆竪 10-831B
nìshù 逆數 10-833A
nìshù 逆豎 10-832B
nìshuǎng 嶷爽 3-873A
níshuǐ 泥水 5-1104A
nǐshuǐ 擬水 6-937A
nìshuǐ 逆水 10-826A
nìshuǐ 溺水 6-44A
níshuǐdāo 泥水刀 5-1104A
níshuǐjiàng 泥水匠 5-1104A
níshuǐmùjiàng 泥水木匠 5-1104A
níshuǐmùzuò 泥水木作 5-1104A
nìshuǐxíngzhōu 逆水行舟 10-826A
nìshùn 逆順 10-831A
nìshùn 睨眴 7-1232B
nísì 尼寺 4-10B
nǐsǐ 擬死 6-937A
nǐsì 儗似 1-1717A
nìsǐ 逆死 10-826B
nìsǐ 溺死 6-44A
nìsì 逆祀 10-827B
nǐsǐwǒhuó 你死我活 1-1275B
nìsòng 逆送 10-829B
nísù 泥塑 5-1108B
nìsù 逆泝 10-828A
nìsù 逆溯 10-832A
nísùmùdiāo 泥塑木雕 5-1108B
nísǔn 泥筍 5-1107B
nísùrén 泥塑人 5-1108B
nítāi 泥胎 5-1106A
nítái 鯢鮐 12-1241B
nǐtài 擬態 6-938B
nítāi'er 泥胎兒 5-1106B
nítān 泥灘 5-1110B
nítán 尼壇 4-11B
nítán 泥潭 5-1109B
nìtàn 逆探 10-830B
nítáng 泥塘 5-1108A
nítáng 猊糖 5-79A
nìtāo 逆濤 10-833B
nìtáo 匿逃 1-970A
nǐtí 擬題 6-938B
nìtiān 逆天 10-825B
nìtiānbàowù 逆天暴物 10-825B
nìtiānfànshùn 逆天犯順 10-825B
nìtiānwéizhòng 逆天違衆 10-825B
nìtīng 逆聽 10-834B
nítǒnghuā 泥筩花 5-1108B
nítóngzǐ 尼童子 4-11B
nítóu 泥頭 5-1109B
nìtóu 泥頭 5-1109B
nítóujiǔ 泥頭酒 5-1109B
nítú 泥涂 5-1107A
nítú 泥途 5-1106B
nítú 泥塗 5-1108B
nítǔ 泥土 5-1103A
nìtú 逆徒 10-829B
nìtú 逆圖 10-832B
nítuǐ 泥腿 5-1108B
nìtuī 逆推 10-830B
nìtuì 逆退 10-829B
nítuǐgǎn 泥腿桿 5-1108B
nǐtuō 擬托 6-937A
nǐtuō 擬託 6-938A
niú'āi 牛哀 6-230B
niǔbàn 紐絆 9-775B
niúbàng 牛蒡 6-233B
niúbàng 牛旁 6-231B
niúbèi 牛被 6-231B
niúbèidí 牛背笛 6-230A
niúbiǎo 牛表 6-228B
niǔbiè 扭別 6-419B
niǔbiè 扭彆 6-420B
niùbiè 拗別 6-532A
niùbiè 拗彆 6-533A
niúbīng 牛兵 6-228B
niúbíshéng 牛鼻繩 6-234B
niúbízi 牛鼻子 6-234A
niúbózi 牛脖子 6-232A
niùbùguò 拗不過 6-531B
niúbùhuà 牛步化 6-228B
niúbùlǎo 牛不老 6-226B
niúcén 牛涔 6-231B
niúchē 牛車 6-228A
niǔchě 扭扯 6-419B
niúchī 牛齝 6-236A
niúchīxiè 牛吃蟹 6-227B
niǔchù 扭搐 6-420B
niúchuǎn 牛喘 6-232B
niúchún 牛脣 6-232A
niǔdā 扭搭 6-420A
niǔdá 扭達 6-420A
niǔdǎ 扭打 6-419B
niúdài 牛埭 6-231B
niǔdài 紐帶 9-775B
niúdàiniú 牛戴牛 6-235B
niúdāo 牛刀 6-225B
niúdāogējī 牛刀割雞 6-225B
niúdāogējī 牛刀割鷄 6-226A
niúdāoxiǎoshì 牛刀小試 6-225B
niúdí 牛笛 6-232A
niúdǐng 牛鼎 6-232B
niúdòng 牛湩 6-233B
niǔdòng 扭動 6-420A
niúdǒu 牛斗 6-226B
niúdòu 牛痘 6-233A
niúdòu 牛鬬 6-236B
niúdú 牛犢 6-236A
niúdùn 牛囤 6-228B
niúduō 牛鐸 6-236A
niǔ'ēn 狃恩 5-27A
niū'er 妞兒 4-312B
niú'ěr 牛耳 6-227B
niúfù 牛腹 6-234A
niúfùshū 牛腹書 6-234A
niúgāomǎdà 牛高馬大 6-231B
niúgé 牛革 6-230A
niúgēng 牛耕 6-230B
niúgōng 牛宮 6-230B
niúguān 牛倌 6-231B
niǔgǔ'ertáng 扭股兒糖 6-419B
niúguī 牛閨 6-234B
niúguǐshàonián 牛鬼少年 6-230A
niúguǐshéshén 牛鬼蛇神 6-230A
niúháng 牛行 6-227B
niǔhèn 忸恨 7-439B
niúhòu 牛後 6-230B
niúhuáng 牛黄 6-231B
niúhuánggǒubǎo 牛黄狗寶 6-232A
niúhuò 牛禍 6-233B
niúhuò 牛藿 6-236A
niújī 牛磯 6-235B
niújì 牛驥 6-236B
niùjiàng 拗强 6-533A
niújiāo 牛膠 6-234B
niújiǎo 牛角 6-228B
niǔjiǎo 扭絞 6-420A
niújiǎoguàshū 牛角挂書 6-228B
niújiǎohào 牛角號 6-228B
niújiǎoshūshēng 牛角書生 6-228B
niújiǎozhīgē 牛角之歌 6-228B
niǔjié 扭結 6-420A
niǔjié 狃捷 5-27A
niǔjié 紐結 9-775B
niǔjiè 扭解 6-420B
niújìgònglǎo 牛驥共牢 6-236B
niújìmǎhòu 牛繼馬後 6-236A
niújīn 牛金 6-229A
niújīn 牛津 6-230B
niújīn 牛觔 6-230B
niújīn 牛筋 6-233A
niújìn 牛勁 6-230A
niùjìn 拗勁 6-532A
niújīng 牛莖 6-231A
niújìtóngcáo 牛驥同槽 6-236B
niújìtóngzào 牛驥同皁 6-236B
niújiǔ 牛酒 6-231B
niújǐyǔ 牛脊雨 6-231B
niújū 牛拘 6-229A
niújù 牛具 6-229A
niúkè 牛客 6-230B
niúkǒu 牛口 6-226A
niǔkòu 紐扣 9-775A
niǔkòu 鈕扣 11-1224B
niúkǒuzhīxià 牛口之下 6-226A
niúkuài 牛儈 6-234B
niúkuài 牛膾 6-236A
niǔkuī 扭虧 6-420B
niǔkuīzēngyíng 扭虧增盈 6-420B
niúlādā 牛拉搭 6-229A
niúlán 牛欄 6-236A
niúláng 牛郎 6-229A
niúlángzhīnǚ 牛郎織女 6-229B
niúláo 牛牢 6-228B
niúlào 牛酪 6-234A
niúlí 牛犂 6-233A
niúlǐ 牛李 6-228A
niúlì 牛力 6-226A
niúlì 牛吏 6-227B
niǔlì 扭力 6-419B
niùlì 拗捩 6-532B
niúlǐng 牛領 6-234B
niúlù 牛录 6-229B
niúluán 牛彎 6-236B
niúlù'ézhēn 牛录額貞 6-229B
niúlù'ézhēn 牛录額真 6-229B
niúlù'èzhēn 牛录厄真 6-229B
niúlùzhāngjīng 牛录章京 6-229B
niúmǎ 牛馬 6-230B
niúmǎfēng 牛馬風 6-231A
niúmǎjīnjū 牛馬襟裾 6-231A
niúmáo 牛毛 6-226B
niúmáoxìyǔ 牛毛細雨 6-226B
niúmáoyǔ 牛毛雨 6-226B
niúmǎqiáng 牛馬牆 6-231A
niúmǎxiāngshēng 牛馬相生 6-231A
niúmǎzǒu 牛馬走 6-231A
niúmǐ 牛米 6-228A
niúmián 牛眠 6-231A
niúmiándì 牛眠地 6-231A
niúmíng 牛鳴 6-234A
niùmùzhěn 拗木枕 6-531B
niúnǎi 牛奶 6-227A
niúnǎishì 牛奶柿 6-227B
niúnǎishì 牛奶柹 6-227A
niúnǎn 牛腩 6-234A
niǔní 忸怩 7-439B
niǔniǎn 扭捻 6-420A

niǔnie 扭捏 6-419B
niǔniē 紐捏 9-775B
niūniu 妞妞 4-312B
niúniú 牛牛 6-226B
niǔniǔgēgē 扭扭屹屹 6-419B
niǔniǔniēniē 扭扭捏捏 6-419B
niǔniǔníní 忸忸怩怩 7-439B
niúnǔ 牛弩 6-230A
niúnǚ 牛女 6-226B
niú'ǒu 牛耦 6-234B
niǔ'ōu 扭毆 6-420B
niúpá 牛扒 6-227A
niúpái 牛排 6-231B
niǔpàn 紐襻 9-775B
niúpéng 牛棚 6-232B
niúpí 牛皮 6-227B
niúpíchuán 牛皮船 6-227B
niúpíjiāo 牛皮膠 6-227B
niúpíqi 牛脾氣 6-233A
niúpítǒng 牛皮筒 6-227B
niúpízhǐ 牛皮紙 6-227B
niúqi 牛氣 6-231B
niúqiè 牛篋 6-234B
niǔqū 扭曲 6-419B
niúquàn 牛券 6-229A
niǔqūzuòzhí 扭曲作直 6-419B
niúrén 牛人 6-225B
niúrǔ 牛乳 6-229A
niúshān 牛山 6-226A
niúshānbēi 牛山悲 6-226A
niǔshāng 扭傷 6-420B
niúshānkè 牛山客 6-226A
niúshānlèi 牛山淚 6-226A
niúshānmù 牛山木 6-226A
niúshāntàn 牛山歎 6-226A
niúshānxiàtì 牛山下涕 6-226A
niúshēng 牛牲 6-230A
niǔshèng 狃勝 5-27A
niúshi 牛哃 6-229A
niúshǐ 牛矢 6-227A
niǔshì 忸怢 7-439B
niǔshì 忸忕 7-439B
niǔshì 狃怢 5-27A
niǔshì 狃忕 5-27A
niúshìbìng 牛哃病 6-229A
niúshízì 牛識字 6-236A
niúshǒu 牛首 6-230B
niúshǒu'āpáng 牛首阿旁 6-230B
niúshù 牛豎 6-234A
niúshù 牛曁 6-234B
niǔshū 鈕樞 11-1224B
niúsì 牛飼 6-234A
niǔsòng 扭送 6-419B
niúsōu 牛溲 6-233B
niǔsōu 扭搜 6-420A
niúsōumǎbó 牛溲馬勃 6-233B
niúsōumǎbó 牛溲馬渤 6-233B
niúsū 牛酥 6-232B
niúsuō 牛蓑 6-233B
niǔtà 扭撻 6-420B
niǔtài 忸忲 7-439B
niǔtài 忸忕 7-439B
niǔtài 狃泰 5-27A
niútáo 牛桃 6-231A
niútí 牛蹄 6-235B
niútián 牛田 6-227A
niútīngtánqín 牛聽彈琴 6-236B
niútízhīyú 牛蹄之魚 6-235B
niútízhōngyú 牛蹄中魚 6-235B
niútóng 牛童 6-233A
niútóngmǎzǒu 牛童馬走 6-233A
niútóu 牛頭 6-235A
niútóu'ābàng 牛頭阿傍 6-235A
niútóu'ābàng 牛頭阿旁 6-235A
niútóubùduìmǎmiàn 牛頭不對馬面 6-235A
niútóubùduìmǎzuǐ 牛頭不對馬嘴 6-235A
niútóuchuán 牛頭船 6-235B
niútóumǎmiàn 牛頭馬面 6-235A
niútóuyèchā 牛頭夜叉 6-235A
niútóuzhāntán 牛頭旃檀 6-235B
niúwān 牛彎 6-236B
niúwáng 牛王 6-226B
niúwěilí 牛尾貍 6-228B
niúwēng 牛螉 6-235B
niúwū 牛屋 6-230B
niúxī 牛䣱 6-234A
niúxī 牛膝 6-234B
niǔxí 狃習 5-27A
niúxià 牛下 6-226A
niǔxiá 狃狎 5-27A
niúxiàgē 牛下歌 6-226A
niúxiǎng 牛享 6-229A
niùxiàng 拗項 6-533A
niùxiànggong 拗相公 6-532A
niùxiàngqiáo 拗項橋 6-533A
niǔxiāo 狃猇 5-27A
niúxīn 牛心 6-227A
niúxīng 牛騂 6-235B
niúxìng 牛性 6-229A
niǔxīng 紐星 9-775A
niùxìng 拗性 6-532A
niúxīnguǎigū 牛心拐孤 6-227A
niúxīngzhīnǚ 牛星織女 6-230A
niúxīnzhì 牛心炙 6-227A
niúxiù 牛宿 6-232B
niúxiùqí 牛宿旗 6-232B
niúyàng 牛鞅 6-234A
niǔyāngge 扭秧歌 6-420A
niúyángwùjiàn 牛羊勿踐 6-228A
niǔyángzhēn 鈕陽珍 10-602B
niúyāo 牛腰 6-234A
niǔyāosākuà 扭腰撒胯 6-420B
niúyī 牛衣 6-227B
niúyǐ 牛蟻 6-236A
niúyì 牛疫 6-230B
niúyībìngwò 牛衣病卧 6-227B
niúyīduìqì 牛衣對泣 6-228A
niúyī'ér 牛醫兒 6-236A
niúyīkè 牛衣客 6-227B
niúyīlèi 牛衣淚 6-228A
niúyǐn 牛飲 6-233A
niúyīqì 牛衣泣 6-227B
niúyīsuìyuè 牛衣歲月 6-228A
niúyīyèkū 牛衣夜哭 6-227B
niúyóu 牛油 6-229A
niúyú 牛魚 6-232A
niǔyuánzǐ 紐元子 9-775A
niǔzá 鈕雜 12-511B
niúzǎikù 牛仔褲 6-227A
niǔzào 扭造 6-420A
niúzhéchǐ 牛折齒 6-228A
niúzhì 牛炙 6-229A
niùzhí 拗執 6-532B
niúzhìbāo 牛彘胞 6-233B
niúzhǒng 牛種 6-234A
niǔzhuāi 扭拽 6-419B
niǔzhuǎn 扭轉 6-420B
niùzhuǎn 拗轉 6-533A
niúzhuǎncǎo 牛轉草 6-236A
niúzhǔguài 牛渚怪 6-232A
niúzhǔjī 牛渚磯 6-232B
niúzhǔxī 牛渚犀 6-232A
niúzhǔyǒng 牛渚詠 6-232A
niúzǐ 牛子 6-226B
niúzì 牛胾 6-232B
niǔzi 紐子 9-775A
niǔzi 鈕子 11-1224A
niúzǐpái 牛子牌 6-226B
niǔzuó 扭捽 6-420A
nìwāi 膩歪 6-1377B
níwǎjiàng 泥瓦匠 5-1103B
níwán 泥丸 5-1103B
nìwǎng 逆網 10-832B
nìwàng 睨望 7-1232B
níwángōng 泥丸宮 5-1103B
níwáwa 泥娃娃 5-1106B
níwāzi 泥洼子 5-1106B
níwěi 泥尾 5-1105B
nìwéi 逆違 10-831B
nìwèi 膩味 6-1377B
nìwén 泥文 5-1104A
níwō 泥窩 5-1109A
níwò 泥涴 5-1107B
nìwōzi 溺窩子 6-45A
níwū 泥汙 5-1105A
níwū 泥污 5-1105A
níwù 倪仡 1-1508B
níwù 蜺霧 8-918B
nǐwù 擬物 6-937B
nìwǔ 逆迕 10-827B
nìwǔ 逆逜 10-829B
nìxī 逆鼇 10-833B
nìxī 匿犀 1-970B
nìxí 逆襲 10-834B
nìxì 睨戲 5-684A
nìxiá 睨狎 5-683B
nìxiá 匿瑕 1-970B
nìxiá 暱狎 5-810B
nìxiáhángòu 匿瑕含垢 1-971A
nǐxiàn 擬憲 6-938B
nìxiān 逆先 10-826B
nìxián 睨嫌 5-684A
nìxián 暱嫌 5-810B
níxiàng 泥像 5-1108B
nǐxiǎng 擬想 6-938A
nǐxiàng 儗象 1-1717A
nǐxiàng 擬象 6-938A
nìxiāng 膩香 6-1377B
nìxiáng 逆降 10-828B
níxiàng 泥象 5-1107A
nìxiàng 逆向 10-826B
nǐxiào 擬效 6-938A
nìxiāo 逆銷 10-833A
nìxiāo 逆曉 10-833A
nìxiào 匿笑 1-970B
nìxiào 睨笑 7-1232B
níxiàqiánguī 泥下潛珪 5-1103B
nìxié 逆邪 10-826B
nìxiè 暱媟 5-810B
níxiézhǎiwà 泥鞋窄襪 5-1109B
níxífù 泥媳婦 5-1109A
nìxīn 逆心 10-826A
nìxīn 匿心 1-969B
nìxīn 溺心 6-44A
nìxīn 膩心 6-1377B
nìxìn 泥信 5-1106A
nìxìn 逆信 10-828B
nìxìn 溺信 6-44A
nìxíng 尼行 4-10B
nìxíng 逆行 10-826B
nìxíng 逆形 10-827A
nìxíng 匿形 1-970A
nìxìng 睨倖 5-683B
nìxíngdàoshī 逆行倒施 10-826B
nìxīnmièzhì 溺心滅質 6-44A
níxiù 霓袖 11-702B
nìxiū 逆修 10-828B
níxù 泥絮 5-1108A
nìxǔ 逆許 10-831A
nǐxué 擬學 6-938B
nìyá 逆芽 10-827A
níyǎn 泥鰋 5-1110A
níyàn 泥燕 5-1109B
nǐyán 擬鹽 6-939A
nìyān 逆閹 10-833B

nìyān 逆奄 10-827B
nìyán 逆言 10-827B
nìyàn 昵宴 5-683B
nìyàn 逆焰 10-831B
nìyàn 逆餤 10-833B
nìyánqià 膩顏帢 6-1378A
nìyāo 蜺妖 8-918A
nìyáo 匿堯 1-970B
nìyào 匿曜 1-971A
nìyào 匿耀 1-971A
nìyè 逆曳 10-826B
níyī 霓衣 11-702B
níyī 麑衣 12-1300A
nǐyí 擬儀 6-938B
nǐyì 擬議 6-939A
nìyī 昵依 5-683B
nìyì 逆意 10-832A
nìyì 逆溢 10-832A
nìyì 逆億 10-833A
nìyì 逆臆 10-833B
nìyì 匿意 1-971A
nìyì 溺意 6-44B
níyín 泥銀 5-1109A
nìyīn 溺音 6-44B
nìyǐn 泥飲 5-1108A
níyǒng 泥俑 5-1106A
nǐyòng 擬用 6-937A
nìyǒu 昵友 5-683A
nìyǒu 膩友 6-1377B
nìyǒu 暱友 7-1241A
níyū 泥淤 5-1107B
níyū 泥瘀 5-1107A
níyú 鯢魚 12-1241B
nìyǔ 呢羽 3-312B
nǐyù 擬喻 6-938A
nǐyù 擬諭 6-938B
nìyú 昵諛 5-684A
nìyǔ 昵語 5-684A
nìyǔ 膩語 6-1378A
nìyù 逆喻 10-831A
nìyù 膩玉 6-1377B
níyuàn 尼院 4-11A
nìyuàn 匿怨 1-970A
nìyuàn 慝怨 7-670B
níyuángōng 泥垣宮 5-1106A
níyuè 輗軏 9-1288A
níyún 蜺雲 8-918A
nìyún 膩雲 6-1378A
nìyùnsuàn 逆運算 10-831B
nǐzé 擬則 6-937B
nìzé 膩澤 6-1378A
nìzéi 逆賊 10-831B
nìzhà 逆詐 10-831B
nízhàn 尼站 4-11A
nìzhàn 逆戰 10-833A
nízhāng 泥章 5-1107A
nízhǎng 泥掌 5-1107B
nízhǎo 泥沼 5-1106A
nízhào 泥詔 5-1108A
nìzhé 逆折 10-827A
nǐzhèng 擬正 6-937A
nìzhēng 逆争 10-827A
nìzhèng 逆政 10-828B
nìzhèng 逆證 10-834A
nízhì 泥滯 5-1109A
nǐzhì 擬制 6-937B
nǐzhì 擬質 6-938B
nìzhī 逆知 10-828A
nìzhí 泥執 5-1107A
nìzhí 溺職 6-45A
nìzhǐ 尼止 4-10B
nìzhǐ 逆指 10-828B
nìzhǐ 匿止 1-969B
nìzhì 泥滯 5-1109A
nìzhì 逆志 10-827A
nìzhì 逆制 10-828A
nìzhì 逆治 10-828A
nìzhī 匿知 1-970A
nìzhì 溺志 6-44A
nìzhì 膩滯 6-1378A
nìzhǐfànyán 逆指犯顏
10-828B
nìzhìzhì 膩滯滯 6-1378A
nìzhǒng 逆種 10-832B
nízhōngcì 泥中刺 5-1103B
nízhōngyǐncì 泥中隱刺
5-1104A
nízhōngzhīduì 泥中之對
5-1103B
nǐzhǒu 擬肘 6-937A
nízhū 尼珠 4-11A
nízhū 泥珠 5-1106B
nǐzhǔ 擬主 6-937A
nǐzhù 擬注 6-937B
nìzhù 睨注 7-1232B
nìzhuǎn 逆轉 10-833B
nízhuàng 霓幢 11-703B
nìzhuàng 逆狀 10-828B
nǐzhuīwǒgǎn 你追我趕
1-1276A
nízhūjiègǒu 泥猪疥狗
5-1107A
nízhūlàigǒu 泥猪癩狗
5-1107A
nìzhuó 泥濁 5-1110A
nízhūwǎgǒu 泥猪瓦狗
5-1107A
nīzǐ 妮子 4-334B
nízi 呢子 3-312B
nízi 倪子 1-1508B
nízi 婗子 4-372A
nízǐ 泥子 5-1103B
nízǐ 泥滓 5-1109A
nízì 蜺字 8-918A
nìzi 膩子 6-1377B
nìzī 逆齍 10-834A
nìzi 泥子 5-1103B
nìzǐ 逆子 10-825B
nǐzòng 擬蹤 6-939A
nǐzòu 擬奏 6-937B
nìzǒu 逆走 10-827A
nìzǒupángshè 逆走旁射
10-827A
nǐzú 擬足 6-937A
nǐzǔ 禰祖 7-968A
nìzú 逆族 10-831A
nìzǔ 尼阻 4-11A
nízuì 泥醉 5-1109B
nǐzuì 擬罪 6-938A
nízuò 猊坐 5-78B
nízuò 猊座 5-78B
nǐzuò 擬作 6-937A
nìzuò 匿作 1-970A
ńń 哽哽 3-354A
nóng'ā 儂阿 1-1691B
nòngbáimǎyìqián
弄白馬益錢 2-1311B
nòngbáixiàng 弄白相
2-1311B
nóngbāo 濃包 6-162A
nóngbāo 膿包 6-1384B
nóngbāoháng 膿包行 6-1384B
nóngbèi 儂輩 1-1692A
nóngběn 農本 10-6A
nóngbì 農幣 10-10A
nòngbǐ 弄筆 2-1314A
nòngbīng 弄兵 2-1312A
nòngbīnghuángchí
弄兵潢池 2-1312B
nòngbǐshēng 弄筆生 2-1314B
nòngbǐtóu 弄筆頭 2-1314B
nòngbō 弄撥 2-1314B
nòngbō 弄播 2-1314B
nóngbù 農步 10-7A
nóngcán 農蠶 10-11A
nòngcānjūn 弄參軍 2-1314A
nóngcǎo 農草 10-7B
nóngchǎn 農産 10-9A
nóngcháng 農場 10-9A
nóngchǎng 農場 10-9A
nóngchǎnpǐn 農産品 10-9A
nóngchǎnwù 農産物 10-9A
nòngcháo 弄潮 2-1315A
nòngcháo'ér 弄潮兒
2-1315A
nóngchén 農臣 10-6B
nóngchén 農晨 10-9A
nòngchén 弄臣 2-1312A
nòngchěn'er 弄碜兒 2-1314A
nòngchī 弄癡 2-1315B
nòngchīrén 弄癡人 2-1315B
nóngchóu 農疇 10-11A
nòngchǒu 弄醜 2-1315A
nóngchù 農畜 10-8B
nóngchuán 農船 10-9A
nóngchún 濃醇 6-163A
nóngchún 醲醇 9-1446A
nóngchún 醲醕 9-1446B
nòngchūn 弄春 2-1312B
nòngchúnwěn 弄脣吻
2-1313A
nòngcí 弄辭 2-1315B
nóngcuì 濃翠 6-163A
nóngcuì 穠粹 8-157A
nóngcuì 醲粹 9-1446A
nóngcūn 農村 10-6B
nóngdàfū 農大夫 10-5B
nóngdài 農貸 10-9B
nóngdài 濃黛 6-163B
nóngdì 農帝 10-7B
nóngdīng 農丁 10-5A
nóngdù 濃度 6-162B
nòng'ér 弄兒 2-1312B
nòngfǎ 弄法 2-1312B
nóngfán 濃繁 6-163B
nóngfán 穠繁 8-157A
nóngfāng 穠芳 8-156B
nòngfǎwǔwén 弄法舞文
2-1312B
nòngfěntiáozhū 弄粉調朱
2-1313B
nóngfū 農夫 10-5B
nóngfú 濃福 6-163A
nóngfú 穠福 8-157A
nóngfù 農父 10-5B
nóngfù 農婦 10-9A
nóngfù 農賦 10-10A
nóngfù 濃馥 6-163B
nòngfǔbānmén 弄斧班門
2-1312B
nónggē 農歌 10-10A
nónggēng 農耕 10-8A
nónggōng 農工 10-5A
nónggōng 農功 10-6A
nòngguāi 弄乖 2-1312B
nóngguān 農官 10-7B
nòngguǎntiáoxián
弄管調絃 2-1314B
nòngguǐ 弄鬼 2-1313A
nòngguǐdiàohóu 弄鬼掉猴
2-1313A
nòngguǐzhuāngyāo
弄鬼妝幺 2-1313A
nóngguō 噥咶 3-520B
nònghàn 弄翰 2-1315A
nóngháng 農行 10-6B
nònghǎomò 弄毫墨 2-1314A
nónghé 農禾 10-6A
nónghòu 濃厚 6-162B
nónghòu 醲厚 9-1446A
nónghù 農户 10-6A
nónghù 農扈 10-9A
nónghù 農鳸 10-10A
nónghuā 穠華 8-156B
nónghuà 農話 10-10A
nónghuà 醲化 9-1446A
nònghuā 弄花 2-1312A
nónghuáng 農皇 10-7B
nónghuáng 農黄 10-8B
nónghuì 農會 10-9B
nónghuó 農活 10-8A
nónghuǒ 農火 10-6A
nóngjī 農機 10-10A
nóngjī 噥唧 3-520B
nóngjí 農籍 10-11A
nóngjì 農技 10-6B
nóngjì 農稷 10-10A
nóngjì 濃濟 6-163B
nòngjī 弄機 2-1315A
nóngjiā 農家 10-8B
nóngjiā 儂家 1-1691B
nóngjià 農稼 10-10A
nòngjiá 弄頰 2-1315A
nòngjiǎchéngzhēn
弄假成真 2-1313B
nòngjiǎfùrén 弄假婦人

2-1314A
nóngjiāo 農郊 10-7B
nóngjiāzǐ 農家子 10-8B
nóngjié 農節 10-9B
nòngjīncāofǔ 弄斤操斧 2-1311A
nóngjīng 農經 10-10A
nóngjǐng 農井 10-5B
nóngjìng 農徑 10-8A
nòngjīnghún 弄精魂 2-1314B
nòngjīngshén 弄精神 2-1314B
nòngjiǔ 弄酒 2-1313B
nóngjū 農居 10-7B
nóngjù 農具 10-7A
nòngjù 弄具 2-1312B
nóngjué 濃譎 6-163B
nóngjūn 農軍 10-8A
nóngjùn 農畯 10-9B
nóngjùn 穠俊 8-156B
nóngkē 農科 10-7B
nóngkěn 農墾 10-10B
nòngkōngtóu 弄空頭 2-1312B
nòngkǒu 弄口 2-1311A
nòngkǒumíngshé 弄口鳴舌 2-1311A
nóngláo 濃醪 6-163B
nónglǐ 農里 10-7A
nónglǐ 穠李 8-156B
nónglǐ 醲醴 9-1446B
nónglì 農力 10-5A
nónglì 農吏 10-6B
nónglì 農曆 10-10B
nónglì 穠麗 8-157A
nóngliè 濃洌 6-162B
nóngliè 濃烈 6-162B
nónglín 農林 10-7A
nònglìng 弄令 2-1311B
nónglù 農録 10-10B
nónglǜ 醲緑 9-1446A
nòngmǎ 弄馬 2-1313A
nóngmáng 農忙 10-6B
nóngmào 穠茂 8-156B
nóngmàoshìchǎng 農貿市場 10-9B
nóngméi 濃眉 6-162B
nòngméi 弄梅 2-1313B
nòngméijǐyǎn 弄眉擠眼 2-1313A
nóngméng 農氓 10-7B
nóngméng 農甿 10-7A
nóngmì 濃密 6-163A
nóngmì 穠密 8-157A
nóngmín 農民 10-6A
nóngmínxiéhuì 農民協會 10-6B
nóngmó 農膜 10-10A
nóngmǒ 濃抹 6-162A
nóngmò 農末 10-6A
nóngmǒdànzhuāng 濃抹淡粧 6-162A
nóngmǔ 農畝 10-8A
nóngmǔ 農畮 10-9B
nóngmù 農牧 10-7A
nóngmùyè 農牧業 10-7B
nóngniàng 醲釀 9-1446B
nóngnóng 噥噥 3-520B
nóngnóng 濃濃 6-163A
nóngnóng 穠穠 8-157A
nóngnóngjījī 噥噥唧唧 3-521A
nóngnú 農奴 10-6B
nòngnuǎn 弄暖 2-1314B
nóngnúzhì 農奴制 10-6B
nóngnúzhǔ 農奴主 10-6B
nóngpàn 農畔 10-8A
nóngpēi 醲醅 9-1446A
nòngpín 弄矉 2-1316A
nòngpò 弄破 2-1313B
nóngpǔ 農圃 10-8A
nóngqī 農期 10-9A
nóngqǐ 濃綺 6-163A
nóngqì 農器 10-10B
nòngqì 弄器 2-1315B
nóngqiáo 農樵 10-10A
nòngqiǎo 弄巧 2-1311B
nòngqiǎochéngzhuō 弄巧成拙 2-1311B
nòngqiǎofǎnzhuō 弄巧反拙 2-1311B
nóngqíng 農情 10-9A
nòngqíng 弄晴 2-1314A
nòngquán 弄權 2-1315B
nóngquānmìdiǎn 濃圈密點 6-162B
nóngráng 農穰 10-11A
nóngrén 農人 10-5A
nóngrù 濃縟 6-163B
nóngrù 穠縟 8-157A
nóngsāng 農桒 10-7B
nóngsāng 農桑 10-8B
nóngsè 農穡 10-11A
nòngsè 弄色 2-1312A
nóngshāi 濃釃 6-163B
nóngshāng 農商 10-9A
nóngshǎng 醲賞 9-1446A
nóngshè 農舍 10-7B
nóngshè 農社 10-7A
nòngshé 弄舌 2-1312A
nóngshēn 濃深 6-163A
nòngshénnòngguǐ 弄神弄鬼 2-1313A
nóngshī 農師 10-8A
nóngshí 農食 10-7B
nóngshí 農時 10-8A
nóngshí 醲實 9-1446A
nóngshì 農士 10-5B
nóngshì 農事 10-7A
nóngshì 穠飾 8-157A
nòngshǐ 弄矢 2-1311B
nóngshōu 農收 10-6B
nóngshū 農書 10-8B
nòngshǔ 弄黍 2-1314A
nóngshuì 濃睡 6-163A
nòngshuǐ 弄水 2-1311A
nòngshuō 弄説 2-1314B
nóngsì 農耜 10-8B
nòngsī 弄思 2-1313A
nòngsǐ 弄死 2-1312A
nòngsōng 弄鬆 2-1315B
nòngsǒng 弄慫 2-1315A
nòngsǒng 弄聳 2-1315B
nòngsòng 弄送 2-1313A
nóngsuì 農歲 10-9B
nòngsūn 弄孫 2-1313B
nóngsuō 濃縮 6-163B
nóngsuǒ 農瑣 10-10A
nòngtāi 弄胎 2-1313A
nòngtài 弄態 2-1314B
nóngtán 農談 10-10A
nóngtáo 穠桃 8-157A
nòngtāo 弄濤 2-1315B
nóngtáoyànlǐ 濃桃豔李 6-162B
nóngtī 穠睇 8-157A
nóngtián 農田 10-6A
nòngtián 弄田 2-1311B
nòngtóng 弄童 2-1314B
nóngtǔ 農土 10-5B
nóngtuán 膿團 6-1384B
nòngwǎ 弄瓦 2-1311A
nòngwán 弄丸 2-1311A
nòngwǎn 弄椀 2-1314A
nòngwànzhù 弄盌注 2-1313B
nòngwén 弄文 2-1311B
nóngwù 農務 10-8B
nóngxì 農隙 10-9B
nòngxì 弄戲 2-1315B
nòngxiá 弄狎 2-1312B
nóngxiān 穠纖 8-157A
nóngxián 農閑 10-9B
nòngxiǎn 弄險 2-1315A
nóngxiáng 農祥 10-8B
nóngxiào 農校 10-8A
nóngxiào 濃笑 6-162B
nòngxiǎo 弄小 2-1311A
nóngxīng 農星 10-7B
nòngxìng 弄性 2-1312B
nóngxiōng 膿胸 6-1384B
nóngxiù 穠秀 8-156B
nóngxiù 醲秀 9-1446A
nóngxǔ 醲醑 9-1446B
nóngxù 農畜 10-8B
nóngxuān 農軒 10-8A
nòngxuān 弄喧 2-1314A
nòngxuān 弄諠 2-1315B
nòngxuán 弄玄 2-1312A
nòngxuánxū 弄玄虛 2-1312A
nóngxué 農學 10-10B
nóngxuè 膿血 6-1384B
nóngxuèzhài 膿血債 6-1384B
nòngxūtóu 弄虛頭 2-1313B
nòngxūzuòjiǎ 弄虛作假 2-1313B
nóngyàn 農諺 10-10B
nóngyàn 濃艷 6-163B
nóngyàn 濃釅 6-163B
nóngyàn 濃豔 6-163B
nóngyàn 穠豔 8-157A
nòngyàntiáoyīng 弄燕調鶯 2-1315A
nóngyáo 農謠 10-10B
nóngyáo 儂徭 1-1692A
nóngyào 農要 10-7B
nóngyào 農藥 10-11A
nóngyě 農野 10-9A
nóngyè 農業 10-9B
nóngyè 農饁 10-11A
nóngyèguó 農業國 10-9B
nóngyèpǐn 農業品 10-9B
nóngyèshuì 農業税 10-9B
nóngyì 農役 10-7A
nóngyì 農藝 10-11A
nóngyì 穠逸 8-157A
nóngyīn 儂音 1-1691B
nóngyǐn 農隱 10-10B
nòngyīn 弄音 2-1313A
nòngyìn 弄印 2-1311B
nòngyǐng 弄影 2-1314B
nòngyǐngtuánfēng 弄影團風 2-1315A
nóngyòng 農用 10-6A
nóngyǒu 農友 10-5B
nòngyōu 弄優 2-1315B
nóngyú 農漁 10-10A
nóngyú 農輿 10-10B
nóngyú 濃腴 6-163A
nóngyù 濃郁 6-162A
nóngyù 濃鬱 6-163B
nóngyù 穠郁 8-156B
nóngyù 醲郁 9-1446A
nòngyù 弄玉 2-1311B
nòngyuán 弄圓 2-1314B
nóngyuè 農月 10-5B
nòngyuè 弄月 2-1311B
nòngyuèyínfēng 弄月吟風 2-1311B
nóngyún 農芸 10-6B
nóngyùn 農運 10-9B
nóngyùn 醲醞 9-1446B
nóngzé 農澤 10-10B
nóngzhàn 農戰 10-10B
nòngzhǎnchuánbēi 弄盞傳杯 2-1314B
nòngzhāng 弄章 2-1314A
nòngzhāng 弄獐 2-1314B
nòngzhāng 弄璋 2-1314B
nòngzhāng 弄麞 2-1315B
nòngzhāngnòngzhì 弄獐弄智 2-1314B
nóngzhàngrén 農丈人 10-5B
nóngzhě 農者 10-7A
nóngzhèng 農正 10-6A
nóngzhèng 農政 10-7B
nóngzhí 農植 10-9A
nóngzhí 農殖 10-9A
nóngzhì 農志 10-6B
nóngzhì 濃摯 6-163A
nóngzhì 穠緻 8-157A
nóngzhōng 農中 10-5B
nóngzhǒng 膿腫 6-1384B
nóngzhòng 農種 10-10A
nóngzhòng 濃重 6-162B
nòngzhū 弄珠 2-1313A
nóngzhuǎnfēi 農轉非 10-11A
nóngzhuāng 農莊 10-8A

nóngzhuāng 濃妝 6-162A
nóngzhuāng 濃粧 6-163A
nòngzhuāng 弄妝 2-1312B
nòngzhuāng 弄粧 2-1314B
nóngzhuāngyànfú 濃妝艷服 6-162A
nóngzhuāngyànguǒ 濃妝艷裹 6-162A
nóngzhuāngyànmǒ 濃妝艷抹 6-162A
nóngzhuāngyànmǒ 濃粧艷抹 6-163A
nóngzhuāngyànmǒ 濃裝艷抹 6-163A
nóngzhuāngyànshì 濃妝艷飾 6-162A
nóngzhuāngyànshì 濃粧豔飾 6-163A
nóngzhuó 濃濁 6-163B
nòngzhútánsī 弄竹彈絲 2-1312A
nóngzī 濃姿 6-162B
nóngzǐ 農子 10-5B
nòngzī 弄姿 2-1313A
nòngzuǐ 弄嘴 2-1315A
nòngzuǐnòngshé 弄嘴弄舌 2-1315A
nóngzuò 農作 10-7A
nóngzuòwù 農作物 10-7A
nòugēng 耨耕 8-598A
nóunái 羺羪 9-195A
nóunóu 譨譨 11-445B
nòuwǎnwēndūn 耨盌温敦 8-598A
nòuwòmó 耨斡麼 8-598A
nú'àn 駑闇 12-826B
nú'àn 駑暗 12-826A
nuǎn'ǎi 暖靄 5-796A
nuǎn'àng 暖盎 5-794A
nuǎnbì 暖碧 5-795A
nuǎnchén 暖塵 5-795B
nuǎnchén 煖塵 7-200A
nuǎnchí 暖池 5-793A
nuǎnchuì 煖吹 7-199B
nuǎncuì 暖翠 5-795B
nuǎncuì 暝翠 5-781A
nuǎndàn 暖蛋 5-794B
nuǎndáshì 煖荅世 7-200A
nuǎndì 煖地 7-199B
nuǎndiàn 暖殿 5-795A
nuǎndōu 暖兜 5-794B
nuǎn'ěr 暖耳 5-793A
nuǎn'ěr 煖耳 7-199B
nuǎnfáng 暖房 5-793B
nuǎnfáng 煖房 7-199B
nuǎnfáng 餪房 12-568B
nuǎnfángyèfàn 暖房夜飯 5-793B
nuǎnfēng 暖風 5-793B
nuǎnfēng 煖風 7-199B
nuǎngé 暖閣 5-795B
nuǎngé 煖閣 7-200A
nuǎnguō 暖鍋 5-795B
nuǎnguō 煖鍋 7-200A
nuǎnguó 暖國 5-794B
nuǎnhán 暖寒 5-795A
nuǎnhán 煖寒 7-200A
nuǎnhán 烦寒 7-196A
nuǎnhánhuì 煖寒會 7-200A
nuǎnhé 暖和 5-793B
nuǎnhè 暖赫 5-795A
nuǎnhōng 煖烘 7-200A
nuǎnhōnghōng 暖烘烘 5-794B
nuǎnhōnghōng 煖烘烘 7-200A
nuǎnhú 暖壺 5-794B
nuǎnhuāfáng 暖花房 5-793A
nuǎnhūhū 暖呼呼 5-793B
nuǎnhūhū 暖忽忽 5-793B
nuǎnhuǒpén 煖火盆 7-199A
nuǎnjì 暖霽 5-796A
nuǎnjiǎng 暖講 5-796A
nuǎnjiào 暖轎 5-796A
nuǎnjiào 煖轎 7-200B
nuǎnjié 暖潔 5-795B
nuǎnjǐng 暖景 5-794B
nuǎnkàng 暖炕 5-793B
nuǎnkēng 煖坑 7-199B
nuǎnlǎo 煖老 7-199B
nuǎnlǎo 烦老 7-196A
nuǎnlián 暖簾 5-796A
nuǎnlián 煖簾 7-200B
nuǎnlíng 暖靈 5-796A
nuǎnliú 暖流 5-794B
nuǎnlú 暖爐 5-796A
nuǎnlú 煖爐 7-200B
nuǎnlú 煖鑪 7-200B
nuǎnlǜ 暖律 5-793B
nuǎnlǜ 煖律 7-199B
nuǎnmào 暖帽 5-795A
nuǎnmù 暖目 5-793A
nuǎnnuǎn 煖煖 7-200A
nuǎnnǚ 暖女 5-793A
nuǎnnǚ 煖女 7-199A
nuǎnnǚ 餪女 12-568B
nuǎnnǚhuì 烦女會 7-196A
nuǎnpí 暖皮 5-793A
nuǎnpíng 暖瓶 5-794B
nuǎnqì 暖氣 5-794A
nuǎnqì 煖氣 7-199B
nuǎnqì 烦氣 7-196A
nuǎnqìguǎn 暖氣管 5-794A
nuǎnqìtuán 暖氣團 5-794A
nuǎnquán 暖泉 5-793B
nuǎnrè 暖熱 5-795B
nuǎnróngróng 暖溶溶 5-795A
nuǎnróngróng 暖融融 5-795B
nuǎnróngróng 煖溶溶 7-200A
nuǎnróngróng 煖融融 7-200A
nuǎnsè 暖色 5-793A
nuǎnsè 煖色 7-199B
nuǎnshēng 煖笙 7-200A
nuǎnshēng 餪生 12-568B
nuǎnshì 暖室 5-794A
nuǎnshòu 暖壽 5-795B
nuǎnshòu 煖壽 7-200A
nuǎnshuǐdài 暖水袋 5-793A
nuǎnshuǐpíng 暖水瓶 5-793A
nuǎnsī 暖絲 5-795A
nuǎnsīsī 暖絲絲 5-795A
nuǎnsū 暖酥 5-794B
nuǎntáng 暖堂 5-794B
nuǎntàngtàng 暖燙燙 5-796A
nuǎntòng 暖痛 5-795A
nuǎntòng 煖痛 7-200A
nuǎntūn 暖暾 5-795B
nuǎnwū 暖屋 5-794A
nuǎnwū 煖屋 7-199B
nuǎnwù 暖霧 5-796A
nuǎnxí 暖席 5-794A
nuǎnxí 煖席 7-199B
nuǎnxiá 煖匣 7-199B
nuǎnxiāng 暖香 5-793B
nuǎnxiào 暖孝 5-793A
nuǎnxié 暖鞋 5-795B
nuǎnxīnhuà 暖心話 5-793A
nuǎnxiù 暖袖 5-794B
nuǎnxù 暖煦 5-795A
nuǎnxuē 暖韡 5-796A
nuǎnxùxù 暖煦煦 5-795A
nuǎnyān 暖烟 5-794B
nuǎnyǎn 暖眼 5-794B
nuǎnyàn 暖豔 5-796A
nuǎnyángyáng 暖洋洋 5-794A
nuǎnyángyáng 暖陽陽 5-794B
nuǎnyī 暖衣 5-793A
nuǎnyì 暖意 5-795A
nuǎnyībǎoshí 煖衣飽食 7-199B
nuǎnyú 煖輿 7-200B
nuǎnyù 煖燠 7-200A
nuǎnyù'ān 暖玉鞍 5-793A
nuǎnyún 暖雲 5-794B
nuǎnzhái 暖宅 5-793A
nuǎnzhēngzhēng 暖蒸蒸 5-795A
nuǎnzhuó 渜濯 5-1454B
nuǎnzuò 暖坐 5-793B
nuǎnzuò 暖座 5-794A
númbèi 奴輩 4-268A
núbì 奴婢 4-268A
nǔbì 努臂 2-786A
nùbì 怒臂 7-467A
núbīng 奴兵 4-267A
nǔbó 努膊 2-786A
nùbó 怒艴 7-466B
nùbù 怒步 7-465A
nùbùkě'è 怒不可遏 7-464B
núcái 奴才 4-266B
núcái 奴材 4-267A
núcái 駑才 12-824B
núcái 駑材 12-825A
núcān 駑驂 12-826B
núchán 駑孱 12-826A
núchǎnzǐ 奴産子 4-267B
nùcháo 怒潮 7-467A
nǔchē 弩車 4-114A
nùchēn 怒嗔 7-466B
núchìjiànguó 䢸赤建國 8-1132B
nùcóngxīnshàngqǐ… 怒從心上起，惡向膽邊生 7-466A
núdùn 駑鈍 12-825B
núdùn 駑頓 12-826A
nú'ē 駑痾 12-825B
nù'è 怒惡 7-466B
nú'ér 孥兒 4-231B
nùfā 怒發 7-466B
nùfàchōngguān 怒髮衝冠 7-466B
nùfàng 怒放 7-465B
nùfèn 怒忿 7-465B
nùfèn 怒憤 7-467A
núgē 奴哥 4-267B
nǔgōng 弩弓 4-113B
núguān 奴官 4-267B
nùguānsānguà 怒冠三掛 7-465B
núhàn 駑悍 12-825B
nùháo 怒號 7-466B
nùháo 怒呺 7-465B
nùhèn 怒恨 7-465B
nùhōnghōng 怒吽吽 7-465A
nùhōnghōng 怒哄哄 7-465B
nùhōnghōng 怒烘烘 7-466A
nùhōnghōng 怒轟轟 7-467A
nùhōnghōng 怒吽吽 7-465A
nùhǒu 怒吼 7-465B
núhuà 奴化 4-267A
nùhuā 怒華 7-465B
núhuǎn 駑緩 12-826A
núhuì 孥賄 4-231B
nùhuì 怒恚 7-465B
nùhuǒ 怒火 7-464B
nùhuǒchōngtiān 怒火衝天 7-465A
nùhuǒzhōngshāo 怒火中燒 7-464B
nǔjī 弩機 4-114B
nújiā 奴家 4-267B
nújià 駑駕 12-826A
nùjiá 怒頰 7-467A
nújiǎn 駑蹇 12-826A
nǔjiàn 弩箭 4-114B
nújiàng 駑將 12-825B
nújiǎo 奴角 4-267A
nújīn 駑筋 12-825B
nújū 駑駒 12-826A
núkè 奴客 4-267B
nǔkuò 弩括 4-114A
nùlàng 怒浪 7-466A
núléi 駑羸 12-826B
núlěi 孥累 4-231B
núlì 奴隸 4-268A
nǔlì 努力 2-785B
nǔlì 弩力 4-113B
núliáng 駑良 12-825A
núliè 駑劣 12-824B
núlìzhǔ 奴隸主 4-268B
núlìzhǔyì 奴隸主義 4-268B
nùlóng 怒瀧 7-467A
núlǔ 奴虜 4-268A
núlù 奴僇 4-268A

núlù 奴戮 4-268A
núlù 拏戮 4-231B
núlù 帑僇 3-704B
nǔlú 弩廬 4-114B
núluó 駑羸 12-826B
númǎ 駑馬 12-825A
nùmǎ 怒馬 7-465B
númǎliànzhàndòu
駑馬戀棧豆 12-825B
nùmáng 怒芒 7-465A
númǎqiāndāo 駑馬鈆刀
12-825B
númǎshíjià 駑馬十駕
12-825A
númǎshíshè 駑馬十舍
12-825A
nùmián 怒矊 7-467A
númò 帑抹 3-704B
nǔmò 弩末 4-113B
nǔmù 努目 2-785B
nùmù 怒目 7-465A
nùmù'érshì 怒目而視
7-465A
nùmùhéngméi 怒目橫眉
7-465A
nǔmùyángjīng 督目揚精
7-1201B
nùnà 怒那 7-465A
nùnǎo 怒惱 7-466B
nùní 怒猊 7-466A
núnié 駑薾 12-826A
núniú 駑牛 12-824B
núnú 奴奴 4-267A
nǔnǔ 呶呶 3-314B
núnuò 駑懦 12-826A
nǔnuó 弩郍 4-114A
nuòbǐ 搦筆 6-821A
nuóbō 那撥 10-602A
nuòbó 懦薄 7-768B
nuóbù 那步 10-598B
nuóbù 挪步 6-594A
nuòchán 懦孱 7-768A
nuóchì 那叱 10-598A
nuòchí 懦弛 7-768A
nuòcíguàishuō 懦詞怪說
7-768A
nuócòu 那湊 10-600B
nuócuán 那攢 10-602B
nuócuán 挪攢 10-602B
nuòcuì 懦脆 7-768A
nuòdào 糯稻 9-243A
nuódong 挪動 6-594A
nuòdùn 懦鈍 7-768A
nuó'ē 娜婀 4-348B
nuò'ér 懦兒 7-768A
nuò'ěr 諾爾 11-274B
nuófú 儺祓 1-1740A
nuófù 那父 10-598A
nuòfū 懦夫 7-767B
nuògāo 諾皋 11-274A
nuògāo 諾臯 11-274B
nuógǔ 儺鼓 1-1740A
nuòguǎn 搦管 6-821A
nuòhàn 搦翰 6-821A
nuóhé 那何 10-598B
nuóhépóguǒ 那核婆果
10-599B
nuóhētān 那呵灘 10-599A
nuójiè 那借 10-599B
nuójiè 挪借 6-594A
nuòjīn 諾金 11-274A
nuòjīn 懦衿 7-768A
nuòjǐn 懦謹 7-768B
nuókě'er 那可兒 10-598A
nuókōng 那空 10-599A
nuólǐ 儺禮 1-1740A
nuòliè 懦劣 7-767B
nuòlóng 諾龍 11-274B
nuòmài 糯麥 9-243A
nuòmí 懦靡 7-768B
nuòmǐ 糯米 9-243A
nuòmǐzhǐ 糯米紙 9-243A
nuòmù 梛木 4-1237A
nuóniǎn 那撚 10-602A
nuóniǎo 娜嫋 4-348B
nuónuó 娜娜 4-348B
nuònuò 喏喏 3-375B
nuònuò 搦搦 6-821A
nuònuò 諾諾 11-274B
nuònù 懦恧 7-768A
nuòqiè 懦怯 7-768A
nuórán 難然 11-903B
nuóráng 儺禳 1-1740A
nuóróng 那融 10-602A
nuòruǎn 懦軟 7-768A
nuòruò 懦弱 7-768A
nuòruò 需弱 11-689B
nuòshā 捼沙 6-640A
nuòshàn 懦善 7-768A
nuóshén 儺神 1-1740A
nuóshēng 儺聲 1-1740A
nuòshì 諾仕 11-274A
nuóshù 那豎 10-602A
nuòshú 懦熟 7-768B
nuòsū 諾蘇 11-274B
nuòsù 糯粟 9-243A
nuósuō 挪挱 6-594A
nuósuō 挪挲 6-594A
nuòténg 諾藤 11-274B
nuòtuì 懦退 7-768A
nuòwāng 懦尪 7-768A
nuòwéi 諾唯 11-274B
nuǒwǒ 姬婐 4-343B
nuówō'er 挪窩兒 6-594A
nuówǔ 儺舞 1-1740A
nuòxì 懦葸 7-768A
nuòxiǎng 懦響 7-768B
nuòxiǎo 懦小 7-767B
nuóxíng 那行 10-598A
nuòxiǔmódùn 搦朽磨鈍
6-820B
nuòxǔ 諾許 11-274B
nuóyán 那延 10-598A
nuóyán 那顏 10-602A
nuóyǎn 那衍 10-599B
nuòyán 諾言 11-274A
nuòyán 諾顏 11-274B
nuóyí 那移 10-600A
nuóyí 挪移 6-594A
nuòyǐ 諾已 11-274A
nuóyòng 那用 10-598A
nuóyòng 挪用 6-594A
nuòyōng 懦庸 7-768A
nuòyú 懦愚 7-768A
nuòzā 搦札 6-820B
nuózǎn 那儹 10-602B
nuòzé 諾責 11-274B
nuózhāi 那摘 10-601A
nuòzhàn 捼戰 6-640A
nuòzhàn 搦戰 6-821A
nuózhǐ 難止 11-900A
nuòzhōng 懦衷 7-768A
nuózhú 儺逐 1-1740A
nuózōng 那蹤 10-602A
núpú 奴僕 4-268A
nùqì 怒氣 7-465B
núqiān 駑鈆 12-825B
núqiān 駑鉛 12-826A
nùqiǎn 怒譴 7-467A
nùqìchōngchōng 怒氣衝衝
7-466A
nùqìchōngtiān 怒氣衝天
7-466A
núqiè 奴怯 4-267B
núqiè 駑怯 12-825A
núquǎn 駑犬 12-824B
nùróng 怒容 7-466A
núruò 駑弱 12-825B
nùsà 傉薩 1-1600B
núsǎn 駑散 12-825B
nùsè 怒色 7-465A
núshèng 駑乘 12-825A
nùshēng 怒生 7-465A
núshǐ 奴使 4-267B
núshì 奴視 4-267B
nǔshī 弩師 4-114A
nǔshí 砮石 7-1024B
nǔshǐ 弩矢 4-113B
núshǒu 駑守 12-825A
nǔshǒu 弩手 4-113B
núshū 奴書 4-267B
núshǔ 拏屬 4-231B
nùshuǐ 怒水 7-464B
nútāi 奴胎 4-267B
nútái 駑駘 12-826A
nǔtái 弩臺 4-114A
nùtāo 怒濤 7-467A
nùtè 怒特 7-466A
nútí 駑蹄 12-826A
nǔtǐ 弩體 4-114B
nǔtuán 弩團 4-114A
nùwā 怒蛙 7-466B
nùwā 怒鼃 7-467A
núwán 駑頑 12-826A
núwěi 駑猥 12-825B
nùwěn 怒吻 7-465B
nùwǔ 怒武 7-465B
nùwù 怒惡 7-466B
núxià 奴下 4-267A
núxià 駑下 12-824B
nǔxián 弩弦 4-114A
nǔxiàtáojiàn 弩下逃箭
4-113B
nùxīn 怒心 7-465A
núxìng 奴性 4-267B
nǔxíng 弩行 4-114A
nùxíng 怒行 7-465A
nùxíngyúsè 怒形於色
7-465A
núxiǔ 駑朽 12-824B
nǔyá 弩牙 4-113B
núyán 奴顏 4-268B
nǔyǎn 努眼 2-785B
nùyán 怒言 7-465B
núyánbìlài 奴顏婢睞
4-268B
núyánbìsè 奴顏婢色 4-268B
núyánbìxī 奴顏婢膝 4-268B
núyánmèigǔ 奴顏媚骨
4-268B
núyì 奴役 4-267A
núyīn 拏音 6-435B
nǔyǐng 弩影 4-114A
núyōng 駑庸 12-825B
nùyǒng 怒湧 7-466B
núyú 駑愚 12-826A
nùyuàn 怒怨 7-465B
nùzào 怒譟 7-467A
nùzhāng 怒張 7-466A
nùzhǎng 怒漲 7-466B
nǔzhāngjiànbá 弩張劍拔
4-114A
núzhì 拏稚 4-231B
núzhuō 駑拙 12-825A
núzǐ 奴子 4-267A
nǔzǐ 弩子 4-113B
núzú 駑足 12-825A
nǔzuǐ 努嘴 2-786A
nǔzuǐ'er 拗嘴兒 6-511A
nǔzuǐpàngchún 努嘴胖唇
2-786A
nǚbá 女妭 4-260B
nǚbá 女魃 4-264A
nǚbàn 女伴 4-259A
nǚbì 女婢 4-263A
nǚbì 女嬖 4-265A
nǚbì 女臂 4-265A
nǚbiǎo 女表 4-259B
nǚbó 女伯 4-258B
nǚbóshì 女博士 4-263A
nǚbù 女布 4-257B
nǜbù 恧步 7-493A
nǚcáo'ér 女曹兒 4-262B
nǚchāng 女倡 4-261B
nǚchǒng 女寵 4-265B
nǚchǒu 女丑 4-257B
nǚchuáng 女床 4-259A
nǚchuáng 女牀 4-260B
nǜcuò 衄挫 8-1349B
nǚdàbùzhōngliú
女大不中留 4-256B
nǚdàdāngjià 女大當嫁
4-256B
nǚdànánliú 女大難留
4-256B
nǚdào 女道 4-263B

nǚdàshíbābiàn
女大十八變 4-256B
nǚdàxūjià 女大須嫁 4-256B
nǚdé 女德 4-264B
nǚdì 女弟 4-259A
nǚdié 女堞 4-263B
nǚdīng 女丁 4-255B
nǚdīngfùrén 女丁婦壬 4-256A
nǚdìzǐ 女弟子 4-259A
nǚ'é 女娥 4-262B
nüèbá 虐魃 8-812B
nüèbào 虐暴 8-812B
nüèbìng 瘧病 8-336A
nüèdài 虐待 8-812A
nüègē 虐割 8-812B
nüèguī 瘧龜 8-336B
nüèguǐ 瘧鬼 8-336A
nüèhài 虐害 8-812A
nüèhán 瘧寒 8-336B
nüèhuàn 瘧患 8-336B
nüèjí 虐疾 8-812A
nüèjí 瘧疾 8-336A
nüèkě 瘧渴 8-336B
nüèkè 虐刻 8-812A
nüèlì 虐戾 8-812A
nüèlì 瘧癘 8-336B
nüèliǎn 虐斂 8-812B
nüèliè 虐烈 8-812A
nüèmóu 虐謀 8-812B
nüèmǔ 瘧母 8-336A
nüèqiāng 虐戕 8-812A
nǚ'ér 女兒 4-260A
nǚ'érchá 女兒茶 4-260A
nüèrén 虐人 8-811B
nǚ'érgé 女兒葛 4-260A
nǚ'érjié 女兒節 4-260B
nǚ'érjiǔ 女兒酒 4-260A
nǚ'érláo 女兒癆 4-260B
nǚ'érzǐ 女兒子 4-260A
nüèshā 虐殺 8-812A
nüèshǐ 虐使 8-812A
nüèshì 虐士 8-811B
nüèshì 虐世 8-811B
nüèshǔ 虐暑 8-812A
nüètāo 虐饕 8-812B
nüèwēi 虐威 8-812A
nüèwén 瘧蚊 8-336A
nüèxì 虐戲 8-812B
nüèxíng 虐刑 8-812A
nüèxíng 虐行 8-812A
nüèxuè 虐謔 8-812B
nüèyàn 虐焰 8-812B
nüèyàn 虐燄 8-812B
nüèyòng 虐用 8-811B
nüèyù 虐遇 8-812A
nüèzhèng 虐政 8-812A
nüèzhuó 婥斫 4-371B
nǚfāng 女方 4-257B
nǚfū 女夫 4-257A
nǚgōng 女工 4-256A
nǚgōng 女功 4-257B
nǚgōng 女宮 4-261A
nǚgōng 女紅 4-261B
nǚgōngzǐ 女公子 4-257B
nǚgǔ 女古 4-257B
nǚguān 女冠 4-261A
nǚguǎn 女館 4-265A
nǚguānzǐ 女冠子 4-261A
nǚguō 女郭 4-262A
nǚguó 女國 4-262B
nǚhái 女孩 4-261B
nǚhǎo 女好 4-258B
nǚhéshàng 女和尚 4-260A
nǚhòu 女后 4-258B
nǚhù 女户 4-257B
nǚhuā 女花 4-258B
nǚhuā 女華 4-261B
nǚhuàn 女豢 4-265B
nǚhuáng 女皇 4-261A
nǚhuángguān 女黃冠 4-262B
nǚhuò 女禍 4-263B
nǚjì 女伎 4-258B
nǚjì 女妓 4-259A
nǚjì 女紀 4-261B
nǚjiā 女家 4-262A
nǚjiān 女監 4-263B
nǚjiàng 女匠 4-258A
nǚjiàng 女將 4-263A
nǚjiàng 女鷗 4-265A
nǚjiāo 女嬌 4-264B
nǚjiào 女教 4-262B
nǚjiàoshū 女校書 4-261B
nǚjídì 女及第 4-256B
nǚjiè 女戒 4-258B
nǚjiè 女界 4-261A
nǚjiǔ 女酒 4-262A
nǚjuàn 女眷 4-262B
nǚjué 女角 4-259A
nǚjué 女脚 4-262B
nǚjūn 女君 4-259A
nǚkē 女科 4-261A
nǚkè 女客 4-261A
nǚkǒu 女口 4-256B
nǚkuài 女儈 4-264A
nǚláng 女郎 4-260B
nǚlánghuā 女郎花 4-260B
nǚláo 女牢 4-259A
nǚlì 女隸 4-265A
nǚlíng 女伶 4-258B
nǚliú 女流 4-262A
nǚluó 女羅 4-265B
nǚluó 女蘿 4-265B
nǚlǘ 女閭 4-264A
nǚmāo 女猫 4-262B
nǚmāo 女貓 4-264B
nǚmàolángcái 女貌郎才 4-264A
nǚměi 女媄 4-263B
nǚmèi 女妹 4-260B
nǚnán 女男 4-258B
nǚnáo 女猱 4-263B
nùní 恧怩 7-493A
nùní 蚎蚭 8-871B
nǚniáng 女娘 4-262B
nǚniángjiā 女娘家 4-262B
nǚniǎo 女鳥 4-262B
nǚniè 女孽 4-265B
nǚniú 女牛 4-257B
nǚnú 女奴 4-258A
nùnù 恧恧 7-493A
nǚpéitáng 女陪堂 4-262A
nǚpí 女陴 4-262A
nǚqī 女妻 4-259B
nǚqí 女岐 4-258B
nǚqí 女歧 4-259B
nǚqián 女錢 4-264B
nǚqiáng 女墻 4-264B
nǚqiáng 女牆 4-265A
nǚqiáo 女趫 4-265B
nǚqiè 女妾 4-260B
nǚqū 女麴 4-265B
nǚquán 女權 4-265B
nùrán 恧然 7-493B
nùrán 衄然 8-1349B
nǚren 女人 4-256A
nǚrén 女人 4-256A
nǚrèn 女仞 4-258A
nǚrénbài 女人拜 4-256A
nǚróng 女戎 4-258A
nǚsāng 女桑 4-262B
nǚsè 女色 4-258B
nǚsēng 女僧 4-264A
nǚshāmí 女沙彌 4-259A
nǚshàngshū 女尚書 4-259B
nǚshēn 女身 4-259A
nǚshén 女神 4-261B
nǚshēng 女生 4-258A
nǚshēng 女甥 4-263B
nǚshēngwàixiàng 女生外嚮
4-258A
nǚshēngwàixiàng 女生外向
4-258A
nǚshī 女尸 4-256B
nǚshī 女師 4-262A
nǚshǐ 女史 4-257B
nǚshǐ 女使 4-260A
nǚshì 女士 4-256A
nǚshì 女市 4-258A
nǚshì 女事 4-259B
nǚshì 女侍 4-260A
nǚshìzhōng 女侍中 4-260A
nǚshū 女叔 4-259B
nùshù 朒數 6-1245A
nǚshùn 女順 4-263B
nǚsì 女肆 4-263B
nǚsūn 女孫 4-262A
nùsuō 恧縮 7-493B
nùsuō 朒縮 6-1245A
nùtiǎo 朒朓 6-1179A
nùtiǎo 朒朓 6-1245A
nǚtóng 女童 4-263B
nǚtóu 女頭 4-264B
nǚtú 女徒 4-262A
nǚtú 女圖 4-264A
nǚwā 女媧 4-263A
nǚwáng 女王 4-257A
nǚwāshí 女媧石 4-263A
nǚwāshì 女媧氏 4-263A
nǚwū 女巫 4-258B
nǚxī 女奚 4-262A
nǚxiān 女先 4-258B
nǚxiàngrú 女相如 4-261A
nǚxìng 女性 4-260B
nǚxiōng 女兄 4-258A
nǚxiù 女宿 4-263A
nǚxiùcái 女秀才 4-258B
nǚxū 女須 4-263B
nǚxū 女嬃 4-264B
nǚxù 女聟 4-262B
nǚxù 女壻 4-263B
nǚxù 女婿 4-263B
nǚxué 女學 4-264B
nǜxuè 衄血 8-1349B
nǚxuéshì 女學士 4-264B
nǚyàn 女匽 4-261A
nǚyè 女謁 4-265A
nǚyí 女夷 4-258A
nǜyí 衄痍 8-1349B
nǚyīn 女陰 4-262A
nǚyīng 女英 4-259B
nǚyīng 女罃 4-265A
nǚyōu 女憂 4-264A
nǚyōu 女優 4-265A
nǚyù 女御 4-263B
nǚyuán 女垣 4-260B
nǚyuè 女樂 4-264B
nǚzāi 女災 4-259B
nǚzhǎn 女颭 4-264A
nǚzhǎngdāngjià 女長當嫁
4-259B
nǚzhàngfū 女丈夫 4-256B
nǚzhǎngxūjià 女長須嫁
4-259B
nǚzhāodài 女招待 4-259B
nǜzhé 衄折 8-1349B
nǚzhēn 女貞 4-261A
nǚzhēn 女真 4-261B
nǚzhēnwén 女真文 4-261B
nǚzhí 女直 4-259B
nǚzhí 女姪 4-261B
nǚzhí 女職 4-265B
nǚzhì 女贄 4-265B
nǚzhízì 女直字 4-259B
nǚzhōng 女妐 4-259B
nǚzhōngyáoshùn 女中堯舜
4-257A
nǚzhōngzhàngfū 女中丈夫
4-257A
nǚzhǔ 女主 4-258A
nǚzǐ 女子 4-257A
nǚzǐguó 女子國 4-257A
nǚzǐwúcái…
女子無才便是德 4-257A
nǚzǐzǐ 女子子 4-257A
nǚzōng 女宗 4-260B

O

ó'à 哦呵 3-363B
óhē 哦喝 3-363B
ōubàn 鷗伴 12-1157A
ōubǎo 鷗保 12-1157A
ōubì 歐碧 6-1473A
ǒubiàntóuxì 偶變投隙 1-1548B
ōubō 鷗波 12-1157A
ōubó 漚泊 6-74B
ōubōpíngjì 鷗波萍跡 12-1157A
ōubǔ 甌卜 5-295A
ǒucè 禺筴 7-1315B
ōuchàng 謳唱 11-400B
ōuchàng 嘔唱 3-487A
ǒucháng 藕腸 9-600A
ǒuchàng 偶倡 1-1547B
ǒuchē 禺車 7-1315A
ǒuchéng 偶成 1-1547A
ǒuchǐ 齵齒 12-1457A
ōuchǔ 歐褚 6-1473A
ōuchuí 毆捶 6-1508A
ōuchuí 敺捶 5-502B
ōuchuí 歐捶 6-1472B
óucī 齵差 12-1457A
ǒucí 偶詞 1-1547B
ǒucí 偶辭 1-1548A
ōudǎ 毆打 6-1507B
ǒudǎ 歐打 6-1472A
òudàng 漚氹 6-74B
ōudāo 歐刀 6-1472A
ōudī 塸坻 2-1188A
ōudiǎn 漚點 6-75A
ōudìng 漚釘 6-74B
ǒuduànsīcháng 藕斷絲長 9-600A
ǒuduànsīlián 藕斷絲連 9-600A
ǒuduànsīlián 藕斷絲聯 9-600A
ǒuduì 偶對 1-1548A
ǒu'ě 歐惡 6-1473A
ǒu'ér 偶而 1-1547A
ǒu'ěr 偶爾 1-1548A
ǒufā 偶發 1-1547B
ōufàn 鷗泛 12-1157A
ǒufāng 偶方 1-1546B
òuféi 漚肥 6-74B
ǒufěn 藕粉 9-600A
òufèn 漚糞 6-75A
ōufēng 歐風 6-1472B
ǒufèng 嘔鳳 3-487B
ōufēngměiyǔ 歐風美雨 6-1472B
ǒufù 藕覆 9-600A
ōufúlùlì 鷗浮鷺立 12-1157A
ōufúpàoyǐng 漚浮泡影 6-74B
ōugā 嘔嘎 3-487B
ōugē 歐歌 6-1473A
ōugē 謳歌 11-400B
ōugē 謳謌 11-400B
ōugé 鷗閣 12-1157A
ǒugēng 偶耕 1-1547B
ǒugēng 耦耕 8-597B
ǒugōng 偶攻 1-1547A
ōugōngsòngdé 謳功頌德 11-400A
ǒugòu 歐詬 6-1473A
ǒuguó 耦國 8-597B
ōuhè 謳和 11-400B
ǒuhé 偶合 1-1547A
ǒuhé 藕合 9-599B
ǒuhé 藕荷 9-600A
ōuhóu 歐侯 6-1472B
ōuhǒu 嘔吼 3-486B
ōuhū 謳乎 11-400A
ōuhuà 歐化 6-1472A
ǒuhuā 藕花 9-600A
ǒuhuī 藕灰 9-599B
ǒuhūn 偶婚 1-1547B
ǒuhuò 偶或 1-1547A
ōujī 毆擊 6-1508A
ǒujī 歐擊 6-1473A
ǒujiā 嘔家 3-487A
ōujiàn 歐劍 6-1473A
òujiān 漚菅 6-74B
ǒujié 藕節 9-600A
ōujīn 甌金 5-295A
ǒujū 耦居 8-597B
ǒujù 偶句 1-1546B
ǒujù 耦俱 8-597B
ǒujùwúcāi 耦俱無猜 8-597B
ōukōu 甌摳 5-295B
òukù 漚庫 6-74B
òuláng 漚榔 6-75A
ōulì 毆詈 6-1508A
ǒulí 耦犁 8-597B
ǒulì 歐詈 6-1473A
ǒulì 偶力 1-1546B
ǒulì 偶儷 1-1548B
ǒulì 耦立 8-597B
ǒulì 耦麗 8-597B
ǒulì 耦儷 8-598A
ōulóu 甌窶 5-295B
ōulóu 甌樓 5-295B
ōulù 漚鷺 6-75A
òulù 渥漉 5-1527B
ōulùméng 鷗鷺盟 12-1157B
ōuluò 歐駱 6-1473A
ōuluò 甌駱 5-295B
ōulùwàngjī 鷗鷺忘機 12-1157A
ōumà 毆罵 6-1508A
ǒumǎ 禺馬 7-1315B
òumá 漚麻 6-74B
òumáchí 漚麻池 6-75A
ōuméi 歐梅 6-1472B
ōuměi 歐美 6-1472B
ǒuméi 藕煤 9-600A
ōuméng 鷗盟 12-1157A
ōumèng 鷗夢 12-1157A
ōumèng 漚夢 6-75A
ōumò 歐墨 6-1473A
ōumòjǐnyàn 漚沫槿艷 6-74B
ōumǔ 歐母 6-1472B
ōumǔ 歐姆 6-1472B
ōuní 嘔呢 3-487A
ǒunì 歐逆 6-1472B
ǒunì 嘔逆 3-487A
ǒunián 偶年 1-1547A
ōuniǎo 漚鳥 6-74B
ōupào 漚泡 6-74B
òupǔ 漚朴 6-74B
òuqì 毆氣 6-1508A
òuqì 嘔氣 3-487A
òuqì 慪氣 7-705A
òuqì 漚氣 6-74B
ōuqín 歐秦 6-1472B
ǒuqǐn 偶寢 1-1548A
ōuqíng 鷗情 12-1157A
ōuqǔ 謳曲 11-400A
ǒurán 偶然 1-1547B
ōurǎng 毆攘 6-1508B
ǒurǎng 歐攘 6-1473B
ǒuránxìng 偶然性 1-1547B
ōurén 歐人 6-1472A
ǒurén 偶人 1-1546B
ǒurén 耦人 8-597A
òurén 慪人 7-705A
ōurǔ 毆辱 6-1508A
ǒusè 藕色 9-600A
ōushā 鷗沙 12-1157A
ōushā 敺殺 5-502B
ōushāng 毆傷 6-1508A
ōushāng 敺傷 5-502B
ōusháo 甌杓 5-295A
ōushè 鷗社 12-1157A
ōushì 謳士 11-400A
ǒushí 偶時 1-1547B
ǒushì 偶世 1-1546B
ǒushì 偶視 1-1547B
ǒushì 耦世 8-597B
òushǒu 握手 6-779B
òushǒuxiāng 漚手香 6-74A
ōushū 歐書 6-1472B
ōushū 謳書 11-400B
ǒushù 偶數 1-1548A
ōushuǐxiāngyī 鷗水相依 12-1156B
ōusī 謳思 11-400B
ǒusī 藕絲 9-600A
ōusòng 謳訟 11-400B
ōusòng 謳頌 11-400B
ōusòng 謳誦 11-400B
ōusū 歐蘇 6-1473A
ǒusú 偶俗 1-1547A
ōutà 毆撻 6-1508A
ōutà 毆蹋 6-1508B
ǒutí 偶題 1-1548A
ōutián 區田 1-976A
ōutīng 鷗汀 12-1157A
ǒutù 歐吐 6-1472A
ǒutù 嘔吐 3-486B
ōutuō 歐脱 6-1472B
ōutuō 甌脱 5-295A
ōutuō 區脱 1-978A
ōuwā 嘔哾 3-487A
ōuwā 嘔哇 3-487A
ǒuwū 歐歍 6-1473A
ōuxī 歐西 6-1472A
ōuxī 甌犧 5-295B
ǒuxì 偶戲 1-1548A
ōuxián 鷗閑 12-1157A
ǒuxiàng 偶像 1-1547B
ǒuxiàng 耦象 8-597B
ǒuxiè 歐泄 6-1472B
ǒuxiè 歐洩 6-1472B
ǒuxiè 嘔泄 3-487A
òuxiè 漚泄 6-74B
ōuxīn 鷗心 12-1156B
ǒuxīn 嘔心 3-486A
ǒuxīn 藕心 9-599B
ǒuxīnchōucháng 嘔心抽腸 3-486A
ǒuxīndīxuè 嘔心滴血 3-486A
ǒuxíng 偶行 1-1547A
ǒuxīnlìxuè 嘔心瀝血 3-486B
ǒuxīnlòugǔ 嘔心鏤骨 3-486B
ǒuxīnqián 藕心錢 9-599B
ǒuxīnxuè 嘔心血 3-486A
ōuxuě 甌雪 5-295A
ǒuxuè 歐血 6-1472A
ǒuxuè 毆血 6-1508A
ǒuxuè 嘔血 3-486B
ōuxùn 鷗馴 12-1157A
ōuyā 謳鴉 11-400B
ōuyā 謳啞 11-400B
ōuyā 鷗鴉 12-1157A
ōuyā 嘔呀 3-486B
ōuyā 嘔鴉 3-487B
ōuyā 嘔鵶 3-487B
ōuyā 嘔啞 3-487A
ōuyà 歐軋 6-1472B
ōuyà 謳軋 11-400B
ōuyà 嘔軋 3-486B
ōuyā 吽呀 3-209A
ōuyá 吽牙 3-209A
ōuyàn 謳諺 11-400B
ǒuyán 偶言 1-1547A
òuyǎn 漚罨 6-75A
ōuyáng 歐陽 6-1472B
ōuyángshàngshū 歐陽尚書 6-1472B
ōuyáo 謳謠 11-400B
ōuyě 歐冶 6-1472A
ōuyě 區冶 1-976B
ōuyè 毆曳 6-1507B
ōuyějiàn 歐冶劍 6-1472A
ōuyí 嘔夷 3-486B
ōuyǐ 甌檥 5-295B
ōuyǐ 甌蟻 5-295B
ǒuyī 偶一 1-1546B
ōuyín 謳吟 11-400A

ōuyín 謳唫 11-400B
ōuyín 嘔吟 3-486B
ǒuyǐng 偶影 1-1548A
ōuyǒng 謳詠 11-400B
ōuyú 塸堣 2-1188A
ōuyú 歐隅 6-1472B
ōuyú 歐虞 6-1473A
ōuyú 甌臾 5-295A
ǒuyǔ 偶語 1-1548A
ǒuyǔ 耦語 8-597B
òuyù 漚鬱 6-75A
ōuyuè 歐越 6-1473A
ǒuyuě 嘔噦 3-487B
ǒuyuè 甌粵 5-295B
ǒuyuè 甌越 5-295B
ōuyúfǎ 歐虞法 6-1473A
ōuzǎi 甌宰 5-295A
ōuzēng 歐曾 6-1473A
ōuzhān 歐瞻 6-1473A
ōuzhàng 毆杖 6-1508A
ǒuzhāng 偶章 1-1547B
ǒuzhàng 歐杖 6-1472A
ōuzhòng 區種 1-978B
ōuzhú 毆逐 6-1508A
ǒuzhǔ 偶屬 1-1548B
òuzhù 漚苧 6-74B
òuzhù 漚紵 6-75A
ōuzhuā 毆撾 6-1508A
ōuzhūjǐnyàn 漚珠槿艷 6-74B
òuzi 漚子 6-74A
ōuzuò 毆作 6-1508A
ǒuzuò 偶作 1-1547A
ǒuzuò 偶坐 1-1547A
ōyō 喔唷 3-452B

P

pàbù 怕不 7-481B
pàbù 怕怖 7-481B
pàbùdà 怕不大 7-481B
pàbùdài 怕不待 7-481B
pàbùdào 怕不道 7-481B
pàbùde 怕不的 7-481B
pāchā 叭嚓 3-45B
pāchā 啪嚓 3-372A
páchē 杷車 4-885B
páchě 扒扯 6-338B
pácuō 爬蹉 6-1104A
pādā 啪搭 3-372A
pādā 啪嗒 3-372A
pādā 啪噠 3-372A
pādàn 趴蛋 10-430A
pádàn 爬蛋 6-1103B
pā'ěrduo 把耳朵 7-48A
pá'ěrsāosāi 扒耳搔腮 6-338B
pá'ěrsāosāi 爬耳搔腮 6-1103A
páfēn 扒分 6-338A
pāfú 扒伏 6-338B
pāfú 趴伏 10-430A
páfú 爬伏 6-1103B
pàfù 怕婦 7-482A
págān 扒桿 6-338B
págān 把竿 6-423A
págān 爬竿 6-1103B
pàgǎn 怕敢 7-482A
págǎnchuán 杷桿船 4-885B
págāo 扒糕 6-339A
pāhuā 葩蘤 9-475B
pāhuá 葩華 9-475A
pāhuì 葩卉 9-475A
páhuī 扒灰 6-338B
páhuī 爬灰 6-1103A
pāi'àn 拍案 6-470B
pāi'ànjiàojué 拍案叫絶 6-471A
pāi'ànjīngqí 拍案驚奇 6-471A
pái'ào 排奡 6-659A
pái'ào 排奥 6-659A
pāibǎn 拍板 6-470A
páibān 排班 6-657B
páibǎn 排版 6-656A
páibàn 排辦 6-661B
páibǎng 牌榜 6-1047B
páibǎng 牌牓 6-1047B
páibǎo 牌寶 6-1048A
páibèi 排備 6-659A
pāibì 拍髀 6-472A
páibǐ 排比 6-653B
páibǐ 排筆 6-659A
páibǐ 排枇 6-656A
páibiǎn 牌匾 6-1047B
páibiàn 排遍 6-659B
pàibié 派別 5-1169B
páibìn 排儐 6-661A
páibìn 排擯 6-661B
páibō 排撥 6-660B
pàibō 派撥 5-1170B
páibù 排布 6-654A
páicǎo 排草 6-656B
páicǎoxiāng 排草香 6-657A
páichā 排叉 6-653B
páichā 排插 6-658B
páichāng 俳倡 1-1477A
páichǎng 排場 6-658B
pāichē 拍車 6-469B
páichē 排車 6-655B
páichén 排陳 6-658A
páichéng 排城 6-656B
páichì 排斥 6-654B
páichìyìjǐ 排斥异己 6-654B
páichìyìjǐ 排斥異己 6-654B
páichòng 排銃 6-660B
pàichōng 派充 5-1169B
páichú 排除 6-657B
páichuán 箄船 8-1197B
páichuò 排娖 6-658A
pàichūsuǒ 派出所 5-1169B
páicì 排次 6-655A
páicù 排蹙 6-662A
páicuàn 排鑹 6-663A
pāida 拍打 6-469B
pāidá 拍達 6-471A
pāidá 拍韃 6-472A
páidǎ 排打 6-654A
pāidàn 拍但 6-469B
páidān 排單 6-659A
páidāng 排當 6-659B
páidǎng 排擋 6-661A
páidàng 排當 6-659B
páidàng 排宕 6-656B
páidàng 排蕩 6-661A
páidàng 排盪 6-661B
pāidāo 拍刀 6-469A
páidāo 牌刀 6-1046A
páidào 牌纛 6-1048A
páidǐ 排抵 6-656A
páidǐ 排詆 6-659A
páidiào 排調 6-661A
pàidiào 派調 5-1170B
páidié 排疊 6-662B
pàidìng 派定 5-1170A
páiduì 排隊 6-658B
páidùn 排頓 6-659B
páiduó 排奪 6-660B
pái'é 牌額 6-1048A
pái'er 排兒 6-656A
pái'ér 俳兒 1-1476B
pāifā 拍發 6-471B
páifá 箄筏 8-1240A
páifá 排筏 6-659A
páifá 箄筏 8-1197B
páifá 簰筏 8-1245A
pàifàn 派飯 5-1170A
páifāng 排方 6-654A
páifāng 牌坊 6-1046B
páifàng 排放 6-656A
páifèi 排廢 6-661A
pàifēn 派分 5-1169B
páifēng 排風 6-657A
páifēng 牌風 6-1047B
pāifú 拍浮 6-470B
pāifǔ 拍撫 6-471B
páifú 排拂 6-656A
páifù 俳賦 1-1477A
pāigān 拍竿 6-470B
páigào 排告 6-655B
páigē 俳歌 1-1477A
páigē 排歌 6-660B
páigé 排閣 6-660B
páigé 排閤 6-660B
páigēn 排根 6-657B
páigōng 排工 6-653A
pàigòu 派購 5-1170B
páigǔ 排骨 6-657A
páiguàn 排灌 6-662B
pāigǔn 拍衮 6-470B
páihài 排害 6-658A
páiháng 排行 6-655A
páihào 牌號 6-1047B
pāihé 拍合 6-469B
páihé 排闔 6-662A
pàihé 派合 5-1169B
páihén 排根 6-656B
pāihù 拍户 6-469B
páihù 排户 6-654A
pāihuā 拍花 6-469B
pāihuà 拍話 6-471B
páihuà 排話 6-660A
páihuái 俳佪 1-1476B
páihuái 徘徊 3-985A
páihuái 徘回 3-985A
páihuáihuā 徘徊花 3-985A
páihuáijú 徘徊菊 3-985B
páihuáiyú 徘徊輿 3-985B
páihuàn 排喚 6-658A
pàihuán 派還 5-1170B
páihuànjiěfēn 排患解紛 6-658B
páihuī 俳詼 1-1477A
páihuí 俳回 1-1476B
páihuǐ 排毁 6-660A
páihuò 排貨 6-658B
pāijī 拍擊 6-472A
páijī 排擊 6-661B
páijī 排擠 6-661B
páijì 牌記 6-1047B
páijiā 排家 6-658A
páijiá 排戛 6-658A
páijiǎ 排甲 6-654B
páijiǎ 牌甲 6-1046B
páijià 排駕 6-661A
páijià 牌價 6-1048A
pāijiān 拍肩 6-470A
pāijiàn 拍艦 6-472A
páijiàn 排間 6-659B
páijiàn 排閒 6-659B
páijiào 排教 6-658A
páijiào 排校 6-657B
pāijié 拍節 6-471B
páijié 排訐 6-658A
páijiě 排解 6-660A
páijīn 牌金 6-1047A
pǎijīpào 迫擊炮 10-765A
páijiǔ 牌九 6-1046A
páijú 排局 6-655B
páijú 牌局 6-1047A
páijǔ 排沮 6-656A
páijù 俳句 1-1476B
páijù 排句 6-654B
páijù 排拒 6-655B
páijūn 排軍 6-657B
páijun 牌軍 6-1047B
páikē 排科 6-657A
páikē 排窠 6-660A
páikē 排磕 6-661A
páikōng 排空 6-656B
páikùn 排困 6-655B
pàilài 派賴 5-1170B
páilào 排澇 6-661A
pāilǎoqiāng 拍老腔 6-469B
páilì 俳麗 1-1477B
páilì 排立 6-655A
páilián 排連 6-657B
páiliàn 排練 6-661A
páiliè 排列 6-655A
páilín 排鄰 6-660B
pàilìsī 派力司 5-1169B
pàiliú 派流 5-1170A
páilou 牌樓 6-1048A
pāiluòtuō 拍落托 6-471A
páilǜ 排律 6-657A
pāimǎ 拍馬 6-470B
pāimài 拍賣 6-471B
pāimǎliūxū 拍馬溜鬚 6-470B
pāimǎn 拍滿 6-471B
páimǎn 排滿 6-660B
páimào 排媢 6-659B
pāimǎpì 拍馬屁 6-470B
páimén 排門 6-656B
páimèn 排悶 6-659B
páiménfěnbì 排門粉壁 6-656B
páiménfū 排門夫 6-656B
páiménjūn 排門軍 6-656B
pāimì 拍密 6-471A
páimiàn 牌面 6-1047A
páimiànguǎn 牌面館 6-1047B
páimò 排沫 6-656A
páinàn 排難 6-662A
páinànjiěfēn 排難解紛 6-662A
páinì 排溺 6-660A
páinián 排年 6-655A
páiniǎo 排裊 6-660A
páiniē 排揑 6-657B
páiniú 犤牛 6-290A
pái'ǒu 俳偶 1-1477A
pái'ǒu 排偶 6-658B
pāipāi 拍拍 6-470A

pàipài 湃湃 5-1482B
páipào 排炮 6-657A
páipī 排批 6-655B
páipì 排闢 6-662B
páipiào 牌票 6-1047B
páipiē 排擎 6-661A
pāiqí 拍夵 6-470B
páiqī 牌期 6-1047B
páiqì 排砌 6-657A
páiqì 排棄 6-659B
páiqiān 排遷 6-661A
páiqiān 排籤 6-662B
páiqiǎn 排遣 6-659B
pàiqiǎn 派遣 5-1170B
páiqiāng 排腔 6-659A
páiqiāng 排槍 6-660A
páiqiáng 排墻 6-661A
páiqiáng 排牆 6-662A
páiqiǎo 俳巧 1-1476B
pàiqín 哌嗪 3-331A
páiqíng 排檠 6-661A
páiqíng 排檄 6-661A
páiqiú 排球 6-658A
pàiqǔ 派取 5-1170A
pāirán 拍然 6-471A
páirì 排日 6-654A
pāisè 拍塞 6-471B
páishājiǎnjīn 排沙簡金
6-655B
páishājiànjīn 排沙見金
6-655B
páishān 排山 6-653B
páishāndǎohǎi 排山倒海
6-653B
pàishǎng 派賞 5-1170B
páishānyāluǎn 排山壓卵
6-653B
pāishè 拍攝 6-472A
páishè 排設 6-658B
pàishēng 派生 5-1169B
pàishēngcí 派生詞 5-1169B
pāishì 拍試 6-471B
páishǐ 牌使 6-1047A
páishì 排釋 6-662B
páishì 牌示 6-1046B
pàishì 派式 5-1169B
pàishì 派勢 5-1170B
pàishì 派滋 5-1170B
pāishǒu 拍手 6-469A
páishǒu 排手 6-654A
páishǒu 牌手 6-1046A
pāishǒuchēngkuài
拍手稱快 6-469B
pāishǒudǎzhǎng 拍手打掌
6-469B
páishǔ 排數 6-661A
pàishù 派數 5-1170B
páishuō 俳說 1-1477A
páishuō 排說 6-660B
páishuò 排稍 6-659B
páisī 牌司 6-1046B
páisuànzǐ 排筭子 6-660A
pàisuǒ 派索 5-1170A
páitā 排他 6-654B
páità 排闥 6-662B
pāitán 拍彈 6-471B
páitǐ 俳體 1-1477B
pāitiān 拍天 6-469A
páitiān 排天 6-653B
pāitiào 趙趠 9-1117B
páitiáo 俳調 1-1477A
páitiáo 排調 6-661A
pàitìdìng 哌替啶 3-331A
páitóu 排頭 6-661A
páitóu 牌頭 6-1048A
pàitóu 派頭 5-1170B
páitóubīng 排頭兵 6-661A
páitū 排突 6-657A
páituī 排推 6-658A
pāituō 拍拖 6-469B
páituò 排拓 6-656A
páiwài 排外 6-654B
pāiwǎngzi 拍網子 6-471B
páiwěi 排尾 6-655B
páiwěi 牌尾 6-1047A
páiwèi 牌位 6-1046B
páiwěiguǎn 牌尾館 6-1047A
páiwén 俳文 1-1476B
páiwò 排斡 6-660A
páiwū 排污 6-655A
páiwǔ 俳儛 1-1477A
páiwù 排霧 6-662A
pāixī 拍惜 6-471A
páixī 俳嬉 1-1477A
páixì 排戲 6-661B
pàixì 派系 5-1170A
páixiá 牌匣 6-1046B
páixiàn 排陷 6-658A
páixiáng 徘翔 3-985B
páixiāo 排簫 6-662A
páixiào 俳笑 1-1476B
páixié 俳諧 1-1477A
páixiè 排泄 6-656A
páixiétǐ 俳諧體 1-1477A
páixiéwén 俳諧文 1-1477A
pàixìng 派性 5-1170A
pāixiōngpú 拍胸脯 6-470B
pāixù 拍序 6-469B
páixū 排虛 6-658A
páixuān 排揎 6-659A
páixuè 俳謔 1-1477B
páiyá 排牙 6-653B
páiyá 排衙 6-660A
páiyà 排軋 6-656A
pāiyǎn 拍演 6-471B
páiyān 排烟 6-658A
páiyǎn 排演 6-660B
pàiyǎn 派衍 5-1170A
pàiyǎn 派演 5-1170B
páiyì 排抑 6-655B
pāiyīn 拍音 6-470B
páiyìn 排印 6-654B
páiyìn 牌印 6-1046B
páiyōu 俳優 1-1477B
páiyōu 排優 6-661B
páiyōujiěnàn 排憂解難
6-661A
páiyǔ 俳語 1-1477A
páiyǔ 排語 6-660B
páiyún 排雲 6-659A
páizā 排搒 6-656B
páizé 排迮 6-656A
páizé 排笮 6-658B
páizhà 排栅 6-657A
pāizhāng 拍張 6-471A
pāizhǎng 拍掌 6-471A
pāizhǎng 趙漲 9-1117B
páizhǎng 俳長 1-1476B
páizhǎng 排長 6-656A
páizhǎng 牌長 6-1047A
páizhàng 排仗 6-654B
pàizhàng 派仗 5-1169B
pāizhào 拍照 6-471B
páizhào 牌照 6-1047B
páizhé 排折 6-655B
pàizhēng 派徵 5-1170B
páizhǐ 排抵 6-655B
pāizhǐbù 拍紙簿 6-471A
páizhōng 排鐘 6-662B
páizhōnglǜ 排中律 6-654A
páizhú 排逐 6-657B
páizhuì 排墜 6-660B
pāizhuōdǎdèng 拍桌打凳
6-470B
pāizi 拍子 6-469A
páizi 牌子 6-1046A
páizī 排訾 6-659B
páizì 排字 6-655B
pàizichē 排子車 6-653B
páizipào 排子炮 6-653B
páiziqiāng 排子槍 6-653B
páiziqǔ 牌子曲 6-1046A
pāizú 拍足 6-469B
páizuǎn 排纂 6-662B
páizuǎn 排纘 6-662B
páizuàn 排攢 6-662B
pāizuǐ 拍嘴 6-472A
páizuò 牌座 6-1047B
pājià 趴架 10-430A
pájìn 扒進 6-338B
pājīng 葩經 9-475B
pàjù 怕懼 7-482A
pàkǒng 怕恐 7-481B
pālā 叭啦 3-45B
pālā 啪啦 3-372A
pálā 扒拉 6-338B
pálā 爬拉 6-1103B
pálǎn 杷欖 4-886A
páli 扒犁 6-338B
páli 爬犁 6-1103B
pálóng 扒龍 6-339A
pálóu 扒摟 6-338B
pálóu 耙耬 8-596A
páluó 爬羅 6-1104A
pàluó 帕羅 3-703A
páluótìjué 杷羅剔抉
4-886A
páluótìjué 爬羅剔抉
6-1104A
pàmò 怕莫 7-481B
pān'ān 潘安 6-143A
pán'ān 槃桉 4-1215A
pán'àn 盤岸 7-1461B
pán'àn 盤案 7-1463B
pàn'àn 判案 2-646B
pàn'àn 泮岸 5-1101B
pàn'àn 畔岸 7-1338B
pān'ānxiàn 潘安縣 6-143B
pán'ào 盤坳 7-1461B
pàn'ǎo 袢襖 9-54B
pánbà 盤壩 7-1469B
pānbǎi 攀柏 6-951A
pànbài 叛敗 2-889B
pānbàn 攀絆 6-951B
pánbǎn 盤阪 7-1460B
pànbèi 叛背 2-889B
pānbǐ 攀比 6-949B
pánbì 盤湢 7-1465A
pánbì 盤辟 7-1466A
pánbì 蹣躃 10-538A
pánbiān 蟠編 8-973A
pànbiàn 叛變 2-890A
pànbié 判別 2-645B
pānbìn 潘髩 6-144B
pānbìn 潘鬢 6-144B
pánbō 盤剝 7-1463B
pánbō 盤撥 7-1466B
pánbó 磻礡 7-1120B
pánbó 般礡 9-5A
pánbó 磻礴 7-1112A
pánbó 槃薄 4-1216A
pánbó 槃礴 4-1216A
pánbó 盤泊 7-1461B
pánbó 盤博 7-1464B
pánbó 盤駁 7-1466A
pánbó 盤薄 7-1467B
pánbó 盤礴 7-1468B
pánbó 磐礴 7-1090B
pánbó 蟠泊 8-971B
pánbó 蟠薄 8-973B
pánbó 蟠礴 8-974A
pànbó 襻膊 9-153B
pànbó'ér 襻膊兒 9-153B
pánbù 槃布 4-1214A
páncài 盤菜 7-1463B
páncān 盤飡 7-1464A
páncān 盤餐 7-1467B
páncāng 盤倉 7-1463A
páncāo 槃操 4-1216A
pánchá 盤查 7-1462A
pánchá 盤察 7-1466B
pānchán 扳纏 6-390A
pánchán 般纏 9-5A
pánchán 盤纏 7-1469A
pánchāng 盤閶 7-1468A
pánchǎng 般腸 9-4B
pánchǎng 盤腸 7-1466A
pānchánzhéguì 攀蟾折桂
6-953B
pānchē 潘車 6-143B
pānchě 扳扯 6-389A
pānchě 攀扯 6-950A
pánchē 蟠車 8-971B
pànchè 泮拆 5-1101A
pànchén 畔臣 7-1338B
pánchéng 盤程 7-1465A

pánchèng 盤秤 7-1463A
pànchénggōu 盼辰勾 7-1188B
pānchēwòzhé 攀車卧轍 6-950B
pánchī 盤螭 7-1467B
pánchī 蟠螭 8-973B
pànchí 泮池 5-1101A
pánchīfū 蟠螭趺 8-973B
pánchīwén 蟠螭紋 8-973B
pānchóu 攀愁 6-952B
pànchǔ 判處 2-646B
pánchuān 盤川 7-1459A
pàncí 判詞 2-647A
pàncí 判辭 2-647B
páncù 盤蹙 7-1468A
páncún 盤存 7-1460B
páncuò 槃錯 4-1216A
páncuò 盤錯 7-1467B
páncuò 磐錯 7-1090B
páncuò 蟠錯 8-973B
pándài 鞶帶 12-212A
pàndài 襻帶 9-153B
pándàn 盤擔 7-1467A
pàndān 判單 2-647A
pándǎo 盤倒 7-1463A
pándào 盤道 7-1465A
pándào 蟠道 8-972B
pàndāo 盼刀 7-1188B
pàndǎo 盼禱 7-1189B
pàndào 叛道 2-889B
pàndào 畔道 7-1339A
pàndàolíjīng 畔道離經 7-1339A
pāndēng 攀登 6-952A
pándèng 盤磴 7-1468A
pànděng 畔等 7-1339A
pàndì 盼睇 7-1189A
pándiǎn 盤點 7-1468A
pándiàn 盤坫 7-1461A
pándiàn 盤店 7-1461B
pándiāo 盤鵰 7-1468B
pāndìlóng 攀地龍 6-950A
pándǐng 盤頂 7-1463B
pándǐng 盤鼎 7-1464B
pándìng 盤飣 7-1463A
pàndìng 判定 2-646A
pàndòng 泮凍 5-1101B
pàndú 判牘 2-647B
pànduàn 判斷 2-647A
pànduàncí 判斷詞 2-647B
pànduànjù 判斷句 2-647B
pànduànlì 判斷力 2-647B
pándūchéng 槃都丞 4-1214B
pānduì 扳對 6-389B
pánduō 槃多 4-1214B
pán'ē 盤阿 7-1461A
pán'er 盤兒 7-1461B
pānfān 攀翻 6-953B
pànfǎn 叛反 2-889A
pānfēi 潘妃 6-143B
pánfèi 般費 9-4B
pánfèi 盤費 7-1465A
pànfèi 畔廢 7-1339B
pānfèng 攀奉 6-950B
pānfèng 攀鳳 6-952B
pānfú 攀扶 6-950A
pānfù 扳附 6-389A
pānfù 攀附 6-950B
pānfù 攀傅 6-952A
pánfú 般伏 9-3B
pánfú 蟠伏 8-971B
pànfū 叛夫 2-889A
pànfú 叛服 2-889A
pànfù 叛附 2-889A
páng'ài 傍僾 1-1610A
páng'ài 旁愛 6-1597B
pāngān 潘泔 6-143B
pángāngjiàn 蟠鋼劍 8-973B
pángàngzi 盤槓子 7-1466B
pangao 扳高 6-389A
pāngāo 攀高 6-951B
pāngào 攀告 6-950B
pàng'ǎo 胖襖 6-1174B
pàng'ǎo 胖襖 6-1237B
pāngāojiēguì 攀高接貴 6-951B
pāngāojiéguì 攀高結貴 6-951B
pāngāozhī'er 攀高枝兒 6-951B
pángbái 傍白 1-1607B
pángbái 旁白 6-1593A
pāngbào 鎊鑤 11-1373B
pāngbèi 滂被 6-35B
pángbèi 旁備 6-1597A
pángbì 彭濞 3-1131A
pángbiān 傍邊 1-1610A
pángbiān 旁邊 6-1598B
pángbiānrén 旁邊人 6-1598B
pāngbiāo 雱飆 11-743B
pāngbó 滂浡 6-35A
pāngbó 滂渤 6-35B
pāngbó 滂薄 6-36A
pángbó 傍薄 1-1610A
pángbó 磅礴 7-1093A
pángbó 旁薄 6-1598A
pángbó 旁礴 6-1599A
pángbó 龐博 12-1501A
pángbó 龐駮 12-1501A
pángbó 彭勃 3-1130A
pángbó 彭薄 3-1130B
pángbò 旁魄 6-1597B
pángbùkěn 傍不肯 1-1607B
pángcān 旁參 6-1596B
pángcè 旁側 6-1596B
pángchàng 旁暢 6-1597B
pángcháo 旁朝 6-1597A
pángcháo 旁嘲 6-1598A
pángchè 傍掣 1-1609A
pángchū 旁出 6-1593A
pángchuān 旁穿 6-1595B
pángchūn 旁春 6-1595A
pāngcuò 鎊錯 11-1373B
pángdà 龐大 12-1500B
pàngdàhǎi 胖大海 6-1237A
pángdài 旁貸 6-1597A
pángdàn 龐誕 12-1501A
pángdào 旁道 6-1597A
pángdào 龐道 12-1501A
pángdiē 旁跌 6-1597A
pángdū 方都 6-1563B
pàngdūndūn 胖墩墩 6-1237B
pángē 盤歌 7-1466B
pángé 盤格 7-1462B
pàngē 判割 2-647A
pāngèdà 攀個大 6-951A
pángēn 槃根 4-1215A
pángēn 盤根 7-1462B
pángēn 蟠根 8-972B
pángèn 盤亘 7-1460B
pángèn 蟠亙 8-971B
pángēncuòjié 槃根錯節 4-1215A
pángēncuòjié 盤根錯節 7-1463A
pángēncuòjié 蟠根錯節 8-972B
pángēng 般庚 9-3B
pángēnjiūdǐ 盤根究底 7-1463A
páng'er 厖兒 1-920A
páng'er 龐兒 12-1500B
pángfàn 傍犯 1-1608A
pángfèi 傍費 1-1609B
pángfēng 旁風 6-1595B
pāngfū 滂敷 6-35B
pángfū 傍夫 1-1607B
pángfú 旁孚 6-1594A
pángfú 旁福 6-1597B
pángfù 旁婦 6-1596B
pánggài 傍概 1-1609B
pānggāng 膖肛 6-1254A
pànggāng 胖肛 6-1174B
pánggào 旁告 6-1594A
pánggē 方割 6-1568A
pánggé 旁格 6-1595B
pánggōng 龐公 12-1500B
pānggǔ 滂汩 6-34B
pánggǔ 旁谷 6-1594A
pánggù 傍顧 1-1610B
pángguān 傍觀 1-1610B
pángguān 旁觀 6-1599B
pángguàn 傍貫 1-1609A
pángguàn 旁貫 6-1596B
pángguāng 膀光 6-1366B
pángguāng 膀胱 6-1366B
pángguāng 旁光 6-1593B
pángguānzhěqīng 旁觀者清 6-1599B
pángguānzhěshěn… 傍觀者審,當局者迷 1-1610B
pángguó 旁國 6-1596B
pānghào 滂浩 6-35A
pánghé 旁合 6-1593B
pánghēng 彭亨 3-1129B
pánghóng 龐洪 12-1500B
pánghóng 龐鴻 12-1501A
pánghòu 龐厚 12-1500B
pánghù 傍扈 1-1609A
pánghù 旁户 6-1592B
pánghuáng 傍皇 1-1608B
pánghuáng 傍偟 1-1609A
pánghuáng 傍徨 1-1609B
pánghuáng 徬徨 3-1063B
pánghuáng 憡惶 7-681B
pánghuáng 方皇 6-1562B
pánghuáng 房皇 7-357B
pánghuáng 仿偟 1-1214A
pánghuáng 仿徨 1-1214B
pánghuáng 彷徨 3-928A
pánghuáng 旁皇 6-1595B
pánghuáng 旁遑 6-1597A
pánghuángshīcuò 徬徨失措 3-1063B
pànghūhū 胖乎乎 6-1237A
pānghuì 滂濊 6-36A
pánghuò 旁禍 6-1597B
pāngjí 滂集 6-35B
pángjī 旁稽 6-1598A
pángjī 旁激 6-1598B
pángjī 旁擊 6-1598B
pángjī 旁朞 6-1597A
pángjī 旁期 6-1597A
pángjí 傍及 1-1607B
pángjí 旁及 6-1592A
pángjǐ 傍戟 1-1609A
pángjì 傍暨 1-1609B
pángjì 傍繼 1-1610B
pángjì 旁寄 6-1596B
pángjì 旁騎 6-1598B
pángjiā 旁浹 6-1596A
pángjiàn 傍薦 1-1610A
pángjiē 傍接 1-1609A
pángjìn 旁近 6-1594A
pángjiù 旁救 6-1596A
pángjù 旁聚 6-1597B
pángjué 傍絶 1-1609B
pángjùn 旁郡 6-1595B
pángkāi 旁開 6-1597B
pángkǎo 彭考 3-1129B
pāngkē 磅磕 7-1093A
pāngkē 磅礚 7-1093A
pánglài 旁睞 6-1597B
pánglǎn 傍覽 1-1610B
pāngláng 磅硠 7-1093A
pāngláng 滂硠 6-35B
pānglàng 膀浪 6-1367A
pángláng 篣筤 8-1235A
pánglì 旁立 6-1593A
pánglì 旁吏 6-1593A
pánglì 旁戾 6-1595A
pánglín 傍鄰 1-1609B
pánglín 傍隣 1-1609B
pánglín 旁鄰 6-1598A
pāngliú 滂流 6-35B
pángliú 方流 6-1564B
pángliú 旁流 6-1596A
pánglù 旁録 6-1598B
pángluàn 龐亂 12-1501A
pángluó 旁羅 6-1599A
pángluò 傍落 1-1609A
pángluò 旁落 6-1597A
pǎngmǎng 髈髒 9-16B
pángméi 龐眉 12-1500B
pángméihàofà 龐眉皓髮

12-1500B
pángméihàoshǒu 龐眉皓首 12-1500B
pángméihèfà 龐眉鶴髮 12-1501A
pángméihuángfà 龐眉黃髮 12-1500B
pángmén 傍門 1-1608B
pángmén 逄門 10-915B
pángmén 旁門 6-1595A
pángmén 龎門 8-998A
pángmēng 逄蒙 10-916B
pángméng 龎蒙 8-998B
pángménwàidào 旁門外道 6-1595A
pángménxiǎodào 旁門小道 6-1595A
pángménxiédào 旁門邪道 6-1595A
pángménzǐ 逄門子 10-915B
pángménzuǒdào 旁門左道 6-1595A
pángmǐ 旁靡 6-1599A
pángmiàn 旁面 6-1595A
pángmín 旁民 6-1593A
pángmíng 旁明 6-1594B
pángmìng 方命 6-1560A
pāngmǔ 滂母 6-34B
pángnáng 傍囊 1-1610B
pángnáng 旁囊 6-1599B
pángnáo 旁撓 6-1598A
pángnì 旁睨 6-1597B
pángniè 旁孽 6-1599A
pángniǔ 傍紐 1-1608B
pángniǔ 旁紐 6-1596A
pāngòng 攀供 6-950B
pángǒng 盤拱 7-1462A
pàngōng 泮宮 5-1101B
pàngōng 畔宮 7-1338B
pàngōng 頖宮 12-286A
pāngpā 滂葩 6-35B
pángpái 傍排 1-1609A
pángpái 傍牌 1-1609A
pángpái 旁排 6-1596A
pángpái 旁牌 6-1597A
pángpái 彭排 3-1130A
pángpàn 旁畔 6-1595B
pāngpāng 雱雱 12-660A
pāngpāng 雱雱 11-667B
pāngpāng 滂滂 6-35B
pāngpāng 鼜鼜 12-1398B
pángpáng 逄逄 10-800B
pángpáng 龐龐 12-1501B
pángpáng 彭彭 3-1130B
pāngpèi 滂沛 6-34B
pāngpèi 滂霈 6-35B
pāngpèi 霶霈 11-743B
pángpèi 雱霈 11-700B
pángpī 旁批 6-1593B
pángpí 鰟皮 12-1255A
pángpí 鰟魮 12-1255A
pángpí 鰟鮍 12-1255A
pángpì 旁辟 6-1597B
pángpíjì 鰟魮鯽 12-1255A
pángpíshù 鰟魮樹 12-1255A
pángpò 彭魄 3-1130B
pángqī 傍妻 1-1608A
pángqī 旁妻 6-1594B
pángqí 旁其 6-1594B
pángqí 螃蜞 8-948A
pāngqià 滂洽 6-35A
pángqià 旁洽 6-1595B
pángqiāo 旁敲 6-1597B
pángqiāocèjī 旁敲側擊 6-1597B
pángqīn 傍親 1-1610A
pángqīn 旁親 6-1598B
pǎngqīng 榜青 4-1224A
pǎngqīnghù 榜青户 4-1224A
pángqiú 旁求 6-1593B
pángqiúbókǎo 旁求博考 6-1594A
pángqū 旁趨 6-1598B
pángrán 龐然 12-1501A
pángrándàwù 龐然大物 12-1501A
pāngrén 滂人 6-34B
pángrén 旁人 6-1592A
pángrù 旁入 6-1592A
pāngrùn 滂潤 6-36A
pāngrùn 霶潤 11-743B
pángruòwúrén 傍若無人 1-1608A
pángruòwúrén 旁若無人 6-1594B
pángshài 旁殺 6-1595B
pángshè 傍舍 1-1608B
pángshè 旁舍 6-1594B
pángshè 旁射 6-1595B
pángshēng 傍生 1-1607B
pángshēng 旁生 6-1593A
pángshěng 旁省 6-1595A
pāngshī 滂施 6-35A
pángshī 傍施 1-1608B
pángshī 方施 6-1563A
pángshī 旁施 6-1595B
pángshī 旁師 6-1595B
pángshì 旁侍 6-1594B
pángshì 旁室 6-1595B
pángshì 旁視 6-1596B
pángshōu 旁收 6-1593B
pángshōubócǎi 旁收博采 6-1593B
pāngshù 滂澍 6-36A
pángshǔ 旁屬 6-1599A
pángshuāng 觻艭 9-9A
pángshuō 傍説 1-1609B
pángshuō 旁説 6-1597B
pángsì 胖肆 6-1237B
pángsòng 旁訟 6-1596B
pángsōu 旁搜 6-1596B
pángsōu 旁蒐 6-1597A
pángsōubócǎi 旁搜博采 6-1596B
pángsōubócǎi 旁搜博採 6-1596B
pángsōuyuǎnshào 旁搜遠紹 6-1597A
pángsōuyuǎnshào 旁蒐遠紹 6-1597A
pāngtáng 滂溏 6-35B
pángtáng 磅唐 7-1093A
pángtáng 磅磄 7-1093A
pángtáng 旁唐 6-1596A
pángtī 旁剔 6-1595B
pángtiào 旁眺 6-1596B
pángtīng 旁聽 6-1599A
pángtīngxí 旁聽席 6-1599B
pángtōng 傍通 1-1608B
pángtōng 旁通 6-1596A
pángtǒng 傍統 1-1609B
pángtǒngjì 龐統驥 12-1501A
pángtōnglì 傍通曆 1-1608B
pángtōngqūchàng 旁通曲鬯 6-1596A
pángtōngqūchàng 旁通曲暢 6-1596A
pángtóu 鰟頭 12-1255A
pàngtóuyú 胖頭魚 6-1237B
pángtuī 旁推 6-1596A
pángtuīcèyǐn 旁推側引 6-1596A
pāngtuó 滂沲 6-35A
pāngtuó 滂沱 6-35A
pāngtuó 霶霈 11-743B
pāngtuó 霶霑 11-743B
pángǔ 槃鼓 4-1215B
pángǔ 盤古 7-1460A
pángǔ 盤鼓 7-1465B
pángù 盤固 7-1461B
pángù 磐固 7-1090B
pángù 蟠固 8-971B
pàngù 盼顧 7-1189B
pánguān 般關 9-5A
pánguān 縏冠 9-985B
pànguān 判官 2-646A
pānguāng 攀光 6-950A
pànguāntóu 判官頭 2-646B
pángùhóu 槃固侯 4-1214B
pángùhóu 盤固侯 7-1461B
pānguì 攀桂 6-951A
pāngǔmò 潘谷墨 6-143B
pānguǒ 潘果 6-143B
pànguó 頖國 12-286B
pángwěi 旁委 6-1594B
pángwén 傍文 1-1607B
pángwén 方聞 6-1570A
pángwénkē 方聞科 6-1570A
pángwénshèngyì 旁文賸義 6-1592B
pángwǔ 傍午 1-1607B
pángwǔ 旁午 6-1592B
pángwǔ 旁忤 6-1594B
pángwǔ 旁迕 6-1594A
pángwù 旁騖 6-1599A
pángxī 傍蹊 1-1610A
pángxī 龐鼈 12-1501A
pángxiá 旁狎 6-1594B
pángxiàn 旁縣 6-1598B
pángxiàncèchū 旁見側出 6-1594A
pángxiàng 旁鄉 6-1596B
pángxiāo 旁囂 6-1599A
pángxiè 旁蟹 6-1599A
pángxiè 螃蟹 8-948A
pángxiè 螃蠏 8-948A
pángxíng 傍行 1-1608A
pángxíng 方行 6-1556B
pángxíng 旁行 6-1593B
pángxíngshū 旁行書 6-1593B
pángxíngxiéshàng 旁行邪上 6-1593B
pángxíngxiéshàng 旁行斜上 6-1593B
pángxìqīnshǔ 旁系親屬 6-1594A
pángxuě 旁雪 6-1596A
pángxùn 傍訊 1-1608B
pángxùn 旁訓 6-1595B
pángyālì 旁壓力 6-1598B
pángyán 旁言 6-1594A
pángyán 龐言 12-1500B
pāngyáng 滂洋 6-35A
pángyáng 傍佯 1-1608B
pángyáng 方羊 6-1557A
pángyáng 方佯 6-1560A
pángyáng 方洋 6-1563A
pángyáng 仿佯 1-1214A
pángyáng 仿洋 1-1214A
pángyáng 彷佯 3-927B
pángyáng 彷徉 3-928A
pángyáng 彷洋 3-928A
pángyào 旁要 6-1595A
pángyáoyīnshān 旁摇陰煽 6-1597B
pāngyì 滂溢 6-35B
pángyì 旁邑 6-1594A
pángyì 旁溢 6-1597B
pángyì 旁議 6-1599A
pángyǐchuān 傍矣川 1-1608A
pángyìhéngchū 旁逸横出 6-1596B
pángyǐn 旁引 6-1592B
pángyìn 傍蔭 1-1609B
pángyǐnqūzhèng 旁引曲證 6-1593A
pángyóu 旁游 6-1597A
pángyù 旁喻 6-1597A
pángyù 龐豫 12-1501A
pángzá 龐雜 12-1501A
pāngzé 滂澤 6-36A
pángzé 方澤 6-1571B
pángzé 旁澤 6-1598B
pángzé 龐賾 12-1501A
pángzè 旁仄 6-1592B
pángzhān 傍瞻 1-1610A
pángzhān 旁瞻 6-1598B
pāngzhàng 膖脹 6-1254A
pàngzhàng 胖脹 6-1237A
pángzhé 旁磔 6-1598A
pángzhèng 旁證 6-1599A
pángzhēngbóyǐn 旁徵博引 6-1598A
pángzhī 傍支 1-1607B
pángzhī 旁支 6-1592B
pángzhī 旁枝 6-1594B

pángzhīmòjié 旁枝末節 6-1594B
pángzhǐqūyù 旁指曲論 6-1595A
pángzhōu 傍州 1-1608A
pángzhōulì 傍州例 1-1608A
pángzhōulì 旁州例 6-1593B
pángzhōuyàngzi 旁州樣子 6-1593B
pāngzhù 滂注 6-35A
pángzhú 旁燭 6-1598B
pángzhǔ 傍屬 1-1610B
pángzhǔ 旁矚 6-1599B
pángzhù 旁注 6-1594B
pángzhuǎn 傍轉 1-1610A
pángzhuǎn 旁轉 6-1598B
pàngzhuàng 胖壯 6-1237A
pángzī 旁資 6-1597B
pángzī 旁諮 6-1598B
pàngzi 胖子 6-1237A
pángzi'er 磅子兒 7-1092B
pàngzinián 胖子年 6-1237A
pángzōng 旁宗 6-1595A
pángzōu 旁諏 6-1598A
pángzú 旁族 6-1596B
pángzūn 傍尊 1-1609B
pángzūn 旁尊 6-1597A
pángzuǒ 旁佐 6-1594A
pángzuò 旁作 6-1594A
pángzuò 旁坐 6-1594A
pángzuò 旁座 6-1595B
pānhài 扳害 6-389B
pānhài 攀害 6-951B
pànhàn 半漢 1-715B
pànhàn 泮汗 5-1101A
pānháo 攀號 6-952A
pānhè 攀和 6-950B
pánhè 盤壑 7-1468A
pànhé 判合 2-645B
pànhé 泮合 5-1101A
pànhé 牉合 6-1044A
pānhéyáng 潘河陽 6-143B
pānhóng 攀鴻 6-953B
pānhú 攀胡 6-951A
pānhú 瓿瓳 5-296A
pánhù 槃互 4-1214A
pánhù 槃瓠 4-1215A
pánhù 槃護 4-1216A
pánhù 盤互 7-1459B
pánhù 盤瓠 7-1463B
pánhù 盤㸦 7-1459B
pánhù 磐互 7-1090A
pánhù 磐㸦 7-1090A
pánhù 蟠互 8-971A
pānhuā 潘花 6-143B
pānhuā 攀花 6-950A
pānhuà 扳話 6-389B
pānhuà 攀話 6-952B
pánhuā 盤花 7-1461A
pánhuà 盤話 7-1466A
pànhuā 判花 2-645B
pánhuán 般桓 9-4A
pánhuán 槃桓 4-1214B
pánhuán 槃還 4-1216A
pánhuán 盤桓 7-1462B
pánhuán 磐桓 7-1090B
pánhuán 洀桓 5-1171A
pànhuǎn 畔援 7-1339A
pànhuàn 伴奐 1-1280B
pànhuàn 判奐 2-645B
pànhuàn 判渙 2-646B
pànhuàn 泮奐 5-1101A
pànhuàn 泮渙 5-1101B
pànhuàn 叛換 2-889B
pànhuàn 叛渙 2-889B
pànhuàn 畔換 7-1339A
pànhuàn 畔渙 7-1339A
pánhuāng 盤荒 7-1462A
pánhuánjì 盤桓髻 7-1462B
pānhuāwènliǔ 攀花問柳 6-950B
pānhuāzhéliǔ 攀花折柳 6-950B
pánhuí 槃回 4-1214B
pánhuí 盤回 7-1460B
pánhuí 盤迴 7-1462A
pánhuǐwén 蟠虺紋 8-972A
pánhuò 盤貨 7-1463B
pánhuò 盤獲 7-1467A
pānjī 扳躋 6-390A
pānjī 攀隮 6-953B
pānjī 攀躋 6-953B
pánjī 槃基 4-1215A
pánjī 盤基 7-1463B
pánjí 蟠極 8-972B
pánjì 盤計 7-1462A
pánjì 蟠際 8-973A
pànjì 判迹 2-646B
pànjì 畔際 7-1339B
pánjiā 盤家 7-1463B
pānjiàn 攀踐 6-952B
pānjiàn 攀檻 6-953B
pánjiàn 槃澗 4-1215B
pánjiàn 鞶鑑 12-212B
pānjiāngjūn 潘將軍 6-144A
pānjiānglùhǎi 潘江陸海 6-143A
pānjiāo 拌嬌 6-502B
pānjiāo 攀交 6-950A
pānjiào 攀教 6-951B
pánjiǎo 盤脚 7-1464A
pánjiǎo 盤絞 7-1465B
pánjiǎo 盤繳 7-1468B
pánjiǎo 盤攪 7-1469A
pànjiào 判教 2-646B
pānjiē 攀接 6-951B
pánjiē 盤街 7-1465A
pánjié 槃結 4-1215B
pánjié 槃節 4-1215B
pánjié 盤結 7-1465B
pánjié 盤節 7-1465B
pánjié 盤詰 7-1466A
pánjié 磐結 7-1090B
pánjié 縏結 9-969A
pánjié 蟠結 8-972B
pànjiē 盼接 7-1189A
pànjiě 判解 2-647A
pànjiè 畔界 7-1338B
pánjiégēnjù 蟠結根據 8-973A
pánjīgùxù 槃積固畜 4-1216A
pānjíliangbùzháo 揙脊梁不着 6-790A
pānjìn 攀進 6-951B
pánjīn 盤金 7-1461B
pānjīndiàogǔ 攀今弔古 6-949B
pānjīndiàogǔ 攀今吊古 6-949B
pānjīndiàogǔ 攀今掉古 6-949B
pánjìng 盤勁 7-1462A
pānjīnlǎngǔ 攀今擥古 6-949B
pānjīnlǎngǔ 攀今攬古 6-949B
pánjiū 盤究 7-1461A
pánjiū 盤糾 7-1461B
pánjú 蹣跼 10-538A
pánjù 蹯踞 10-552B
pánjù 盤距 7-1463B
pánjù 盤踞 7-1467A
pánjù 盤據 7-1467A
pánjù 蟠踞 8-973A
pánjù 蟠據 8-973A
pánjué 盤蹶 7-1469B
pánjué 蟠攫 8-974A
pànjué 判決 2-645B
pánjùgùjié 蟠據固結 8-973A
pánkǎo 盤考 7-1460B
pánkōng 盤空 7-1461B
pánkù 盤庫 7-1463A
pánkuí 蟠夔 8-974A
pánkuíwén 蟠夔紋 8-974A
pànlài 盼睞 7-1189A
pānlán 潘瀾 6-144B
pānlán 潘瀾 6-144B
pānlán 攀欄 6-953B
pánlán 槃藍 4-1216A
pánlán 盤籃 7-1468B
pānláng 潘郎 6-143B
pānlángbìn 潘郎鬢 6-143B
pānlángbìnsī 潘郎鬢絲 6-144A
pānlǎo 攀橑 6-953A
pànláo 畔牢 7-1338B
pànláochóu 畔牢愁 7-1338B
pánlè 般樂 9-4B
pánlè 槃樂 4-1215B
pánlè 盤樂 7-1467A
pānlěi 攀累 6-951B
pānlǐ 潘李 6-143B
pānlì 攀例 6-950B
pánlì 盤厲 7-1466B
pánlì 鞶厲 12-212A
pànlí 畔離 7-1339B
pànlì 判例 2-646A
pànlì 叛戾 2-889A
pànlì 畔戾 7-1338B
pānlián 扳連 6-389A
pānlián 扳聯 6-390A
pānlián 攀連 6-951A
pānliàn 攀戀 6-954A
pánlián 盤聯 7-1468A
pánlián 蟠聯 8-974A
pánlián 蹣連 10-538A
pànliàn 盼戀 7-1189B
pánliáng 盤量 7-1464B
pánliang 般量 9-4A
pánliè 鞶裂 12-212A
pànliè 判裂 2-647A
pānlín 攀林 6-950B
pānlín 攀鱗 6-953B
pànlín 泮林 5-1101A
pānlínfùyì 攀鱗附翼 6-954A
pānlìng 潘令 6-143A
pánlíng 盤鈴 7-1465B
pánlǐng 盤領 7-1466B
pànlìng 判令 2-645A
pànlíngéyīn 泮林革音 5-1101B
pánlíngkuǐlěi 盤鈴傀儡 7-1465B
pānliú 攀留 6-951A
pánliú 蟠蟉 8-974A
pānlóng 扳龍 6-390A
pānlóng 攀龍 6-953A
pánlóng 盤龍 7-1467B
pánlóng 蟠龍 8-973B
pánlǒng 盤壟 7-1468B
pánlǒng 盤攏 7-1468B
pánlóngchá 盤龍茶 7-1468A
pánlóngchāi 蟠龍釵 8-973B
pánlóngchéngyízhǐ 盤龍城遺址 7-1467B
pānlóngfùfèng 扳龍附鳳 6-390A
pānlóngfùfèng 攀龍附鳳 6-953A
pānlóngfùjì 攀龍附驥 6-953A
pánlóngjì 盤龍髻 7-1468A
pánlóngjùhǔ 蟠龍踞虎 8-973B
pánlóngpǐ 盤龍癖 7-1468A
pānlóngtuōfèng 攀龍託鳳 6-953A
pánlóngwòhǔ 蟠龍臥虎 8-973B
pānlù 潘陸 6-144A
pānlù 攀路 6-952A
pānluán 攀攣 6-954A
pànluàn 叛亂 2-890A
pànluàn 畔亂 7-1339B
pānlún 攀輪 6-952B
pánluò 盤絡 7-1465B
pánluò 蟠絡 8-973A
pānlùyánxiè 潘陸顏謝 6-144A
pànlǜ 畔慮 7-1339B
pánmǎ 槃馬 4-1214B
pánmǎ 盤馬 7-1462B
pánmǎ 蹣馬 10-538A

pánmài 盤賣 7-1466B
pànmài 叛賣 2-890A
pānmàn 扳蔓 6-389B
pánmǎn 蟠滿 8-973A
pánmào 鷩鶜 12-1137A
pánmǎwāngōng 盤馬彎弓 7-1462B
pànmèi 判袂 2-646B
pànméng 畔盟 7-1339A
pànmiǎn 盼眄 7-1189A
pānmìng 拌命 6-502A
pánmíng 盤銘 7-1466B
pànmíng 判明 2-646A
pànmíng 判冥 2-646B
pànmìng 判命 2-646A
pànmìng 叛命 2-889A
pānmó 攀摩 6-952B
pánmò 磐磨 7-1090B
pānmù 潘沐 6-143B
pānmù 攀慕 6-952B
pánmù 槃木 4-1214A
pánmù 蟠木 8-971A
pánmùxiǔzhū 槃木朽株 4-1214A
pánmùxiǔzhū 蟠木朽株 8-971A
pánná 盤拏 7-1462A
pánná 蟠拏 8-972A
pánná 蟠挐 8-972B
pánnáng 盤囊 7-1469A
pánnáng 鞶囊 12-212A
pānnǐ 攀擬 6-953B
pánní 蟠泥 8-971B
pànnì 叛逆 2-889B
pànnì 畔逆 7-1338B
pānnián 潘年 6-143A
pànniàn 盼念 7-1189A
pánniǎo 盤裊 7-1465B
pānniè 攀躡 6-954A
pánníxīlín 盤尼西林 7-1460B
pānnòng 攀弄 6-950A
pánnòng 盤弄 7-1460B
pānpá 攀爬 6-950B
pánpán 般般 9-4A
pánpán 槃槃 4-1215B
pánpán 盤盤 7-1467A
pánpán 磐磐 7-1090B
pánpán 蟠蟠 8-974A
pànpàn 反反 2-857A
pànpàn 盼盼 7-1189A
pànpànchá chá 盼盼茶茶 7-1189A
pánpánguó 槃槃國 4-1215B
pànpànnǚ 盼盼女 7-1189A
pānpéi 攀陪 6-951B
pānpèi 攀配 6-951A
pànpéng 畔朋 7-1338B
pánpǐ 盤擗 7-1467A
pánpì 般辟 9-4B
pánpì 槃辟 4-1215B
pánpì 磐辟 7-1090B
pánpì 蟠闢 8-974A
pánpò 盤魄 7-1466B
pánpú 槃璞 4-1216A
pánqí 磻磎 7-1112A
pánqí 槃歧 4-1214B
pánqì 盤器 7-1467B
pànqī 判妻 2-646A
pānqiān 扳牽 6-389B
pānqiān 攀牽 6-951B
pánqián 蟠潛 8-973A
pànqiàn 盼倩 7-1189A
pànqiè 盼切 7-1188B
pānqīn 扳親 6-390A
pānqīn 攀親 6-953A
pánqīn 盤嵚 7-1467A
pánqín 槃琴 4-1215A
pànqín 泮芹 5-1101A
pánqīngcóngcuì 蟠青叢翠 8-971B
pánqiú 盤虬 7-1461A
pánqiú 蟠虬 8-971B
pánqiú 蟠虯 8-971B
pánqū 槃曲 4-1214B
pánqū 盤曲 7-1460B
pánqū 盤屈 7-1461B
pánqū 蟠曲 8-971B
pánqū 蟠屈 8-971B
pànquè 判卻 2-646B
pánqūliáojiū 蟠屈繚糾 8-971B
pānrán 攀髯 6-952B
pānrǎn 攀染 6-951A
pànrán 判然 2-647A
pànrán 泮然 5-1101B
pánráo 盤繞 7-1468B
pánrào 蟠繞 8-974A
pānrén 潘仁 6-143A
pànrén 叛人 2-889A
pànruòhónggōu 判若鴻溝 2-646A
pànruòliǎngrén 判若兩人 2-646A
pànruòshuǐhuǒ 判若水火 2-646A
pánsān 槃散 4-1215A
pánsàn 半散 1-713B
pànsǎn 叛散 2-889B
pànsàn 叛散 2-889B
pànsàn 畔散 7-1339A
pánshān 般跚 9-4A
pánshān 蹯跚 10-552B
pánshān 媻姍 4-395B
pánshān 媻珊 4-395B
pánshān 媻跚 4-395B
pánshān 槃珊 4-1214B
pánshān 槃跚 4-1215A
pánshān 盤珊 7-1461B
pánshān 盤跚 7-1464B
pánshān 蹣跚 10-538A
pánshān 蹣跚 10-538A
pānshě 拌捨 6-502A
pánshé 盤虵 7-1462A
pánshé 盤蛇 7-1463B
pánshé 蟠虵 8-972A
pánshé 蟠蛇 8-972B
pánshè 盤涉 7-1463A
pánshēn 槃深 4-1215A
pànshěn 判審 2-647A
pānshēng 潘生 6-143A
pānshì 潘室 6-144A
pánshí 磻石 7-1112A
pánshí 盤石 7-1460A
pánshí 磐石 7-1090A
pánshí 蟠石 8-971A
pànshī 判施 2-646B
pànshí 盼識 7-1189B
pànshì 判事 2-646A
pànshì 判釋 2-647B
pànshì 盼飾 7-1189B
pànshì 畔弒 7-1339A
pánshísāngbāo 盤石桑苞 7-1460A
pánshízōng 盤石宗 7-1460A
pánshòu 盤受 7-1461B
pánshù 盤術 7-1463B
pànshū 判書 2-646B
pànshǔ 判署 2-647A
pānshuǐ 潘水 6-143A
pánshuǐ 槃水 4-1214A
pánshuǐ 盤水 7-1459B
pánshuì 鞶帨 12-211B
pànshuǐ 泮水 5-1101A
pànshuǐ 頖水 12-286A
pánshuǐjiājiàn 盤水加劍 7-1459B
pánshuò 槃槊 4-1215B
pànsī 判司 2-645A
pànsǐ 判死 2-645B
pānsòng 扳送 6-389A
pānsòng 攀送 6-951A
pánsōng 盤松 7-1461B
pánsuan 盤算 7-1466B
pánsūn 盤飧 7-1465A
pāntán 扳談 6-390A
pāntán 攀談 6-952B
pántān 盤灘 7-1469A
pántàn 蹩盝 10-513A
pántāo 盤絛 7-1465A
pántáo 盤桃 7-1462B
pántáo 蟠桃 8-972A
pàntáo 叛逃 2-889B
pántáobēi 蟠桃盃 8-972A
pántáofàn 蟠桃飯 8-972B
pántáohuì 蟠桃會 8-972B
pántáojiāhuì 蟠桃嘉會 8-972B
pántáoshènghuì 蟠桃勝會 8-972B
pántáoyàn 蟠桃宴 8-972A
pānténgfùgé 攀藤附葛 6-953B
pánténgqīnjuàn 蟠藤親眷 8-974A
pántī 盤梯 7-1463B
pántián 盤田 7-1460A
pántiānjìdì 蟠天際地 8-971A
pāntiáo 攀條 6-951A
pántíng 槃停 4-1215A
pántóu 盤頭 7-1467B
pàntou 盼頭 7-1189B
pántóudī 槃頭氐 4-1216A
pántū 盤突 7-1462A
pàntú 叛徒 2-889B
pántuǐ 盤腿 7-1466A
pántuó 盤陀 7-1461A
pántuó 盤陁 7-1461A
pántuó 盤舵 7-1464B
pántuóshí 磐陀石 7-1090A
pānwán 攀翫 6-952B
pánwān 盤蜿 7-1466B
pánwān 蟠蜿 8-973A
pánwán 盤完 7-1461A
pānwàng 攀望 6-951B
pànwáng 叛亡 2-889A
pànwáng 畔亡 7-1338A
pànwàng 盼望 7-1189A
pānwéi 攀違 6-952A
pánwēi 槃委 4-1214B
pánwéi 盤維 7-1466B
pánwéi 磐維 7-1090B
pánwěi 盤委 7-1461B
pánwěi 盤骫 7-1465A
pánwěi 蟠委 8-971B
pànwéi 叛違 2-890A
pánwěicuòzhěn 蟠委錯紾 8 971B
pānwěizhù 攀尾柱 6-950B
pānwèn 攀問 6-951A
pánwèn 盤問 7-1464B
pànwén 判文 2-645A
pānwēng 潘翁 6-144A
pānwényuèzhǐ 潘文樂旨 6-143A
pánwō 盤渦 7-1464A
pānwū 攀誣 6-952B
pánwū 槃洿 4-1214B
pánwǔ 柈舞 4-935B
pánwǔ 槃舞 4-1215B
pánxī 磻溪 7-1112A
pánxī 磻谿 7-1112A
pánxī 盤嬉 7-1467A
pánxì 盤膝 7-1467A
pánxì 盤戲 7-1468A
pànxī 判析 2-646A
pānxiàn 扳陷 6-389B
pānxiàn 潘縣 6-144B
pānxiǎng 攀想 6-952A
pánxiāng 盤香 7-1462A
pánxiāng 盤鄉 7-1464B
pànxiāng 泮鄉 5-1101B
pànxiáng 叛降 2-889B
pànxiǎng 盼想 7-1189A
pànxiāo 泮鴞 5-1101B
pànxīn 畔心 7-1338B
pànxìn 畔釁 7-1339B
pánxīng 盤星 7-1462A
pánxíng 盤行 7-1460B
pánxíng 蹣行 10-537B
pànxíng 判刑 2-645B
pànxíng 判行 2-645B
pānxiōng 扳胸 6-389A
pánxiōng 蟠胸 8-972B
pánxīsǒu 磻溪叟 7-1112A

pánxiū 盤羞 7-1463A
pánxiù 鞶繡 12-212A
pánxuán 般還 9-5A
pánxuán 般旋 9-4A
pánxuán 跘旋 10-454A
pánxuán 槃旋 4-1215A
pánxuán 盤還 7-1467B
pánxuán 盤旋 7-1464A
pánxuán 蟠旋 8-972B
pànxuán 判縣 2-647A
pánxué 盤踅 7-1466A
pányā 盤鴉 7-1467A
pányá 盤牙 7-1459B
pányá 磐牙 7-1090A
pànyā 判押 2-645B
pànyá 畔涯 7-1339A
pānyán 攀延 6-950A
pānyán 攀沿 6-950B
pānyǎn 眅眼 7-1188A
pányán 盤筵 7-1465A
pányán 盤巖 7-1469A
pányǎn 槃衍 4-1214B
pányàn 盤驗 7-1469A
pànyǎn 反衍 2-861B
pànyǎn 叛衍 2-889B
pànyàn 畔喭 7-1339A
pānyánfùrè 攀炎附熱 6-950B
pānyáng 潘楊 6-144A
pányáng 盤羊 7-1460B
pányǎng 盤養 7-1466B
pānyǎo 扳咬 6-389A
pányáo 盤肴 7-1461B
pányáo 盤餚 7-1467B
pānyī 攀依 6-950B
pānyǐ 攀倚 6-951A
pānyì 攀翼 6-953B
pányí 槃匜 4-1214A
pányí 槃夷 4-1214B
pányí 盤匜 7-1460A
pányì 般逸 9-4A
pányì 盤逸 7-1464A
pányì 盤溢 7-1466A
pānyǐn 攀引 6-950A
pànyīn 判陰 2-646B
pányīng 縏纓 9-991B
pányīng 鞶纓 12-212B
pányíng 盤縈 7-1468A
pányíng 磐縈 7-1090B
pányíng 蟠縈 8-974A
pányǐng 盤郢 7-1462A
pányǐng 磐郢 7-1090B
pányǐng 蟠癭 8-974A
pányìng 盤硬 7-1464B
pānyōng 攀擁 6-953A
pányòng 盤用 7-1460A
pányōu 蟠幽 8-972A
pányóu 般遊 9-4A
pányóu 槃游 4-1215B
pányóu 槃遊 4-1215A
pányóu 盤游 7-1465A
pányóu 盤遊 7-1465A
pányóufàn 盤游飯 7-1465A
pānyú 賁禺 10-138B
pānyú 賁隅 10-139A
pānyú 潘魚 6-144A
pānyú 潘輿 6-144B
pányū 槃紆 4-1214B
pányū 盤迂 7-1460B
pányū 盤紆 7-1462A
pányū 盤溋 7-1464A
pányū 蟠紆 8-972A
pányū 蟠紓 8-972A
pányú 柈杅 4-935A
pányú 槃盂 4-1214B
pányú 槃虞 4-1215B
pányú 盤杅 7-1461A
pányú 盤盂 7-1461A
pányù 槃鬱 4-1216A
pányù 盤鬱 7-1469B
pányù 蟠鬱 8-974A
pànyú 襻輿 9-153B
pànyǔ 判語 2-647A
pànyǔ 泮宇 5-1101A
pànyù 胖育 6-1044B
pànyù 盼遇 7-1189A
pānyuán 扳援 6-389B
pānyuán 扳緣 6-390A
pānyuán 潘園 6-144A
pānyuán 攀援 6-952A
pānyuán 攀緣 6-953A
pānyuán 攀轅 6-953B
pānyuàn 潘掾 6-144A
pányuán 盤緣 7-1467A
pányuàncōng 盤怨葱 7-1462A
pānyuánjīng 攀援莖 6-952A
pānyuánwòzhé 攀轅臥轍 6-953B
pānyuè 攀越 6-951B
pànyuē 畔約 7-1338B
pànyuè 判閱 2-647A
pānyuèbìn 潘岳鬢 6-143B
pānyuèhuā 潘岳花 6-143B
pānyún 攀雲 6-952A
pányún 盤雲 7-1464B
pányùn 盤運 7-1465A
pánzài 盤載 7-1465B
pānzhāi 攀摘 6-952B
pánzhǎn 盤盞 7-1465B
pānzhàng 扳障 6-389B
pánzhāng 鞶章 12-212A
pánzhàng 盤賬 7-1467A
pānzhāngzuǒshù 潘張左束 6-144A
pānzhé 扳折 6-389A
pānzhé 攀折 6-950A
pánzhé 盤折 7-1460B
pánzhé 盤摺 7-1466B
pánzhé 蟠蟄 8-974A
pànzhé 判折 2-645B
pánzhēn 盤針 7-1463A
pànzhèn 叛鎮 2-890A
pànzhèng 判正 2-645A
pānzhǐ 扳指 6-389A
pānzhǐ 攀止 6-949B
pānzhǐ 攀指 6-950B
pānzhì 扳陟 6-389A
pānzhì 攀陟 6-951A
pánzhī 蟠枝 8-971B
pánzhǐ 蟠紙 8-972B
pánzhì 磐峙 7-1090B
pánzhì 磐跱 7-1090B
pánzhì 縏袠 9-969A
pánzhì 蟠峙 8-972A
pànzhì 判滯 2-647A
pànzhì 畔志 7-1338B
pānzhīhuā 攀枝花 6-950B
pánzhōngshī 盤中詩 7-1459B
pánzhū 蟠株 8-972A
pánzhǔ 潘渚 6-144A
pànzhǔ 盼矚 7-1189B
pánzhuǎn 盤轉 7-1468A
pánzhuàn 柈饌 4-935B
pánzhuàn 盤饌 7-1468B
pànzhuàng 判狀 2-646B
pānzhuī 攀追 6-951A
pānzhūjiàn 攀朱檻 6-950A
pānzǐ 潘子 6-143A
pánzi 盤子 7-1459A
pánzī 盤資 7-1466A
pànzǐ 判子 2-645A
pànzì 判自 2-645B
pánzitóu 盤子頭 7-1459B
pánzú 盤足 7-1461A
pánzǔ 鞶組 12-212A
pànzuì 判罪 2-647A
pánzūn 盤樽 7-1467B
pānzuǒ 潘左 6-143A
pánzuò 盤坐 7-1461A
páo'áo 炮熬 7-54B
páo'ǎo 袍襖 9-54A
páobā 匏巴 2-1546B
páobiǎo 袍表 9-53A
pǎobiǎo 跑錶 10-453B
pāobié 拋別 6-395B
pǎobīng 跑冰 10-450A
pàobīng 炮兵 7-53B
pàobìnghào 泡病號 5-1092B
pāobó 拋泊 6-396A
páobó 咆勃 3-311A
páobó 咆嘞 3-311B
pǎobù 跑步 10-450B
pàocài 泡菜 5-1093A
pàocàn 砲粲 7-1024B
pǎochá 跑碴 10-453B
pàochá 泡茶 5-1092B
pǎochāi 跑差 10-451A
pàochǎng 砲場 7-1024A
páocháo 匏巢 2-1546B
pāochē 拋車 6-395B
pǎochē 跑車 10-450A
pàochē 炮車 7-53B
pàochē 砲車 7-1023B
pàochēyún 砲車雲 7-1023B
pāochí 拋持 6-396A
pàochòng 炮銃 7-54B
pàochòng 砲銃 7-1024A
pāochū 拋出 6-395B
pāochú 拋除 6-396A
páochú 胞廚 6-1236B
páochú 刨除 2-644B
páochú 庖廚 3-1222A
pǎochuán 跑船 10-452A
pàochuán 砲船 7-1023B
pǎodā 跑搭 10-452A
pàodǎdēng 炮打燈 7-53B
páodài 庖代 3-1222A
páodài 袍帶 9-53B
páodàichǒu 袍帶丑 9-53B
pàodàn 炮彈 7-54B
pàodàn 泡蛋 5-1093A
pàodàn 砲彈 7-1024A
pǎodānbāng 跑單幫 10-452B
pǎodào 跑道 10-452B
pàodēng 泡燈 5-1093A
pǎodiàn 跑電 10-452B
pāodiào 拋調 6-397B
pǎodiào 跑調 10-453B
páodīng 庖丁 3-1221B
páodǐng 庖鼎 3-1222A
páodīngjiěniú 庖丁解牛 3-1221B
pǎodíqíng 跑敵情 10-453B
pǎodòng 跑動 10-452A
páodǒu 匏斗 2-1546B
pǎodù 跑肚 10-450B
páoduàn 袍段 9-53A
pàodūn 砲墩 7-1024A
pāoduǒ 拋朵 6-395B
pāoduǒ 拋趓 6-397A
pāoduǒ 拋躲 6-397A
pāoduǒ 拋軃 6-398A
pāoduò 拋垛 6-396A
pǎofā 跑發 10-452B
páofán 炮燔 7-54B
pǎofǎn 跑反 10-449B
pàofán 炰燔 7-58A
pàofàn 泡飯 5-1093A
pāofèi 拋費 6-397A
pāofèi 拋廢 6-397B
pǎofēng 跑風 10-451A
páofèngpēnglóng 炮鳳烹龍 7-54B
pāofú 拋拂 6-396A
páofú 袍服 9-53A
pǎofù'er 跑付兒 10-450A
pàogān 砲竿 7-1023B
pàogāo 炰羔 7-58A
pāogē 拋割 6-397A
pāogē 拋歌 6-397A
páogē 袍哥 9-53A
páogé 匏革 2-1546B
páogēn'er 刨根兒 2-644B
páogēnjiūdǐ 刨根究底 2-644B
páogēnwèndǐ 刨根問底 2-644B
pǎogōngxiāo 跑供銷 10-450B
pǎogǒu 跑狗 10-450B
pǎogǒuchǎng 跑狗場 10-450B
páoguā 包瓜 2-182B
páoguā 苞瓜 9-354A
páoguā 爮瓜 8-281A
páoguā 匏瓜 2-1546B
páoguā 嚗媧 4-334A

páoguà 袍褂 9-53B
páoguàdǎng 袍褂黨 9-54A
pāoguān 抛官 6-396A
pǎoguāndōng 跑關東 10-454A
pāoguāng 抛光 6-395B
pǎoguāng 跑光 10-450A
pǎohǎi 跑海 10-452A
páohǎn 咆喊 3-311B
pǎohànchuán 跑旱船 10-450B
páoháo 咆號 3-311B
pǎohé 跑合 10-450A
pǎohóng 跑紅 10-451A
pǎohóngmáo 跑紅毛 10-451A
páohú 匏壺 2-1546B
páohù 袍笏 9-53A
páohuā 袍花 9-53A
pàohuā 泡花 5-1092A
pàohuàn 泡幻 5-1092A
pāohuāng 抛荒 6-396A
páohuáng 匏簧 2-1547A
pǎohuāng 跑荒 10-451A
pàohuàzi 砲划子 7-1023A
páohùdēngchǎng 袍笏登場 9-53B
pàohuī 炮灰 7-53B
pàohuī 砲灰 7-1023A
páohūn 庖閽 3-1222A
pāohuò 泡貨 5-1093A
pàohuǒ 炮火 7-53B
pàohuǒ 砲火 7-1023A
páojì 炮祭 7-54A
pàojī 炮擊 7-54B
páojiǎ 袍甲 9-52B
páojiǎ 袍鉀 9-53B
pàojià 砲架 7-1023B
pāojiājì 抛家髻 6-396A
páojiān 炮煎 7-54A
páojiǎn 袍繭 9-54A
páojiǎn 袍襺 9-54A
pàojiān 炰煎 7-58A
pàojiàn 炮艦 7-55A
pǎojiānghú 跑江湖 10-450A
pǎojiānzi 跑尖子 10-450A
pǎojiāotōng 跑交通 10-450A
páojiè 袍界 9-53A
pǎojiē 跑街 10-452B
pǎojiéchǎng 跑節場 10-453A
pǎojǐngbào 跑警報 10-453B
pàojú 砲局 7-1023B
páojué 匏爵 2-1547A
páokǎi 袍鎧 9-54A
pāokōng 抛空 6-396A
páokù 袍袴 9-53B
páokù 袍絝 9-53B
páokuài 庖膾 3-1222B
páolán 袍襴 9-54A
pǎolehéshang…
跑了和尚跑不了廟 10-449B
pǎolehéshang…
跑了和尚跑不了寺 10-449B
pàoléi 砲雷 7-1024A
pàolěi 砲壘 7-1024A
pāolí 抛離 6-398A
páolì 瓟蠡 8-281A
pāoliǎn 抛臉 6-398A
páoliàn 炮煉 7-54A
pàolián 砲簾 7-1024A
pāoliáng 抛梁 6-396B
páolǐn 庖廩 3-1222A
páolǐng 袍領 9-54A
pǎolíng 跑凌 10-452A
pǎolíngxié 跑凌鞋 10-452A
pàolìshuǐ 泡立水 5-1092A
pàolìsī 泡立司 5-1092A
pàolóng 砲籠 7-1024A
páolóngpēngfèng 炮龍烹鳳 7-54B
pǎolóngtào 跑龍套 10-453B
pǎolóu 跑樓 10-453A
pàolóu 炮樓 7-54B
pàolóu 砲樓 7-1024A
pǎolóu'ér 跑樓兒 10-453B
pāolù 抛露 6-398A
páolù 麃鹿 12-1289A
pǎolù 跑路 10-452B
pāolún 抛淪 6-396B
pāoluò 抛落 6-396B
páoluò 炮格 7-53B
páoluò 炮烙 7-53B
páoluò 砲烙 7-1023B
páoluò 炰烙 7-58A
pǎolǘ 跑驢 10-454A
pǎomǎ 跑馬 10-451A
pǎomǎchǎng 跑馬場 10-451B
pǎomǎdēng 跑馬燈 10-451B
pǎomǎguānhuā 跑馬觀花 10-451B
pāomài 抛賣 6-397A
pǎomǎimai 跑買賣 10-452B
pǎomǎlóu 跑馬樓 10-451B
pǎomǎmàixiè 跑馬賣解 10-451B
pāomáo 抛錨 6-397B
pàomáoguǐ 泡毛鬼 5-1092A
pǎomǎtou 跑碼頭 10-453B
pǎomǎxiè 跑馬解 10-451B
pǎomǎzhànhuāng 跑馬占荒 10-451B
pǎomǎzhànquān 跑馬占圈 10-451B
pǎoméi 跑媒 10-452B
pàomò 泡沫 5-1092B
pàomógu 泡蘑菇 5-1093B
pàomòsùliào 泡沫塑料 5-1092B
pàoniǎn 炮捻 7-54A
páonù 咆怒 3-311B
páopáo 泡泡 5-1092B
pàopào 泡泡 5-1092B
pǎopǎodiāndiān 跑跑顛顛 10-452A
pàopàoshā 泡泡紗 5-1092B
páopèi 袍帔 9-53A
páopì 庖驅 3-1222B
pǎopiàn 跑片 10-449B
pāopiē 抛撇 6-397A
páopílǎo 袍皮老 9-53A
páopò 咆哱 3-311B
pǎopō 跑坡 10-450B
pǎopòxié 跑破鞋 10-451B
pāoqì 摽棄 6-831B
pāoqì 抛棄 6-397A
pǎoqì 跑氣 10-452A
pàoqiān 炮釺 7-54A
pāoqiāng 抛腔 6-397A
pǎoqǐlái 跑起來 10-451B
páoqín 匏琴 2-1546B
pǎoqīng 跑青 10-450B
pāoqīngchūn 抛青春 6-396A
pǎoqíngkuàng 跑情況 10-452A
pāoqiúyuè 抛毬樂 6-396B
pāoqǔ 抛曲 6-395B
pǎoquán 跑泉 10-451A
pǎoquān 跑圈 10-452A
pāoquè 抛却 6-395B
pāoquè 抛卻 6-396A
páorén 胞人 6-1236A
páorén 庖人 3-1221B
páorén 炮人 7-53A
pāorēng 抛扔 6-395B
pāosǎ 抛撒 6-397A
pāoshǎn 抛閃 6-396B
páoshàn 庖膳 3-1222A
pǎoshān 跑山 10-449B
pǎoshāng 跑墒 10-453A
pǎoshàngfáng 跑上房 10-449B
páoshāo 泡溲 5-1093A
páosháo 匏勺 2-1546A
pāoshě 抛捨 6-396B
pāoshēng 抛聲 6-398A
páoshēng 匏笙 2-1546B
pāoshēngdiàosǎng 抛聲調嗓 6-398A
pāoshēngxuánqiào 抛聲衒俏 6-398A
pǎoshēngyi 跑生意 10-450A
pāoshī 抛尸 6-395B
pāoshí 抛石 6-395B
páoshí 刨食 2-644B
páoshí 炮食 7-53B
pàoshí 砲石 7-1023A
pāoshòu 抛售 6-396B
pàoshǒu 炮手 7-53B
pàoshǒu 砲手 7-1023A
pāoshù 抛數 6-397B
páoshǔ 炮暑 7-54A
páoshuāng 庖霜 3-1222B
páoshùsōugēn 刨樹搜根 2-644B
páosù 庖餗 3-1222A
pǎotà 跑蹋 10-454A
pǎotà 跑踏 10-453B
pàotǎ 炮塔 7-54A
pàotái 炮臺 7-54B
pàotái 砲臺 7-1024A
pǎotān 跑灘 10-454A
pǎotáng 跑堂 10-452A
pàotāng 泡湯 5-1093A
pàotáng 炮膛 7-54B
pàotāngyuán 泡湯圓 5-1093A
pǎotānjiàng 跑灘匠 10-454A
páotáo 匏陶 2-1546B
páotào 袍套 9-53A
pǎoténg 跑騰 10-454A
páotí 跑蹄 10-453B
pǎotí 跑題 10-453B
pǎotiào 跑跳 10-452B
pàotǐng 炮艇 7-54A
pàotóng 泡桐 5-1092B
pàotǒngzi 炮筒子 7-54A
pàotóu 砲頭 7-1024A
pàotóudīng 泡頭釘 5-1093A
pāotóulùmiàn 抛頭露面 6-397B
páotū 庖突 3-1222A
páotǔ 匏土 2-1546A
pǎotū 跑突 10-451A
pǎotuǐ 跑腿 10-453A
pǎotuǐzi 跑腿子 10-453B
páotún 炮豚 7-54A
pāotuó 抛堶 6-396B
páotǔzhīgǔ 炮土之鼓 7-53A
páowā 媋媧 4-334A
pǎowài 跑外 10-450A
pāowán 抛丸 6-395B
páowēi 炮煨 7-54A
pàowèi 炮位 7-53B
pàowèi 砲位 7-1023B
pāowén 抛文 6-395B
páowū 庖屋 3-1222A
pǎowǔfāng 跑五方 10-449B
pāowùxiàn 抛物綫 6-396A
páoxī 庖羲 3-1222A
páoxī 庖犧 3-1222B
páoxī 炮犧 7-55A
páoxì 庖戲 3-1222B
páoxì 匏繫 2-1547A
pāoxiānglíjǐng 抛鄉離井 6-396B
páoxiāo 咆哮 3-311B
páoxiāo 咆咻 3-311B
páoxiāo 咆烋 3-311B
páoxiāo 狍鴞 5-43B
pàoxiāo 炰虓 7-58A
pàoxiāo 炰哮 7-58A
pàoxiāo 炰烋 7-58A
pǎoxié 跑鞋 10-453A
pǎoxièmǎ 跑解馬 10-453A
pǎoxìn 跑信 10-451A
pǎoxīnwén 跑新聞 10-453A
páoxīshì 包犧氏 2-187B
páoxīshì 庖犧氏 3-1222B
páoxīshū 庖西書 3-1222A
páoxiū 包羞 2-184A
páoxiū 庖羞 3-1222A
páoxiù 袍袖 9-53B
pàoxiū 炰羞 7-58A
páoxuē 袍韡 9-54A
páoxún 炮燖 7-54B
pàoxún 炰燖 7-58A
pàoyǎn 炮眼 7-54A

pāoyàng 抛漾 6-397A
pāoyánghé 跑洋河 10-451A
pǎoyěmǎ 跑野馬 10-452A
pàoyī 炮衣 7-53B
páoyīng 匏罌 2-1547A
pàoyǐng 泡影 5-1093A
páoyú 袍魚 9-53B
pàoyú 泡魚 5-1093A
pāoyuánchǎng 跑圓場 10-453A
páoyuè 咆躍 3-311B
pàoyún 砲雲 7-1024A
páozǎi 庖宰 3-1222A
páozǎi 炮宰 7-54A
páozāng 炮牂 7-54A
páozào 炮燥 7-54B
pǎozào 跑躁 10-454A
páozé 袍澤 9-54A
páozé 袍襗 9-54A
pāozhǎn 抛盞 6-397A
páozhàng 袍仗 9-52B
páozhàng 袍杖 9-53A
pǎozhàng 跑賬 10-453B
pàozhāng 炮張 7-54A
pàozhàng 炮熗 7-54B
pàozhàng 炮仗 7-53B
pàozhàng 砲仗 7-1023A
pàozhàng 砲杖 7-1023B
pàozhěn 疱疹 8-307A
páozhèng 庖正 3-1222A
pāozhì 抛置 6-397A
pāozhì 抛擲 6-397B
páozhì 庖炙 3-1222A
páozhì 炮炙 7-53B
páozhì 炮製 7-54B
páozhì 泡製 5-1093A
pāozhīshíyè 抛枝拾葉 6-490B
pǎozhǒng 跑種 10-453A
páozhú 匏竹 2-1546B
pàozhú 炮竹 7-53B
pāozhuān 抛塼 6-397A
páozhuàn 庖饌 3-1222B
pāozhuānyǐnyù 抛甎引玉 6-397B
pāozhuānyǐnyù 抛磚引玉 6-397B
pǎozhúmǎ 跑竹馬 10-450A
pāozi 泡子 5-1092A
páozi 狍子 5-43A
páozi 袍子 9-52B
páozi 麃子 12-1290A
páozǐ 庖子 3-1221B
páozì 炮胾 7-54A
pàozi 泡子 5-1092A
pàozǐ 炮子 7-53B
pàozǐ 砲子 7-1023A
pāozihé 泡子河 5-1092A
pǎozǒu 跑走 10-450A
páozǔfén 刨祖坟 2-644B
páozūn 匏樽 2-1547A
páozūn 匏尊 2-1547A
pàozuò 砲坐 7-1023B
pàozuò 砲座 7-1023B
pāpā 叭叭 3-45A
pāpā 盼盼 8-267B
pàpà 汃汃 5-904A
pāpādèng 趴趴凳 10-430A
páqiǎ 跁跒 10-438B
pàqiè 怕怯 7-481B
pàrén 怕人 7-481A
párshǒu 扒兒手 6-338B
pàsānpàsì 怕三怕四 7-481B
pásāo 把搔 6-424B
pásāo 爬搔 6-1104A
pàsào 怕臊 7-482A
páshā 扒沙 6-338B
páshā 爬沙 6-1103B
páshānhǔ 扒山虎 6-338A
páshānhǔ 爬山虎 6-1103A
páshānshèshuǐ 爬山涉水 6-1103A
pàshì 怕事 7-481B
páshǒu 扒弄 6-338B
páshǒu 扒手 6-338A
páshǒu 弄手 6-634A
pàshǒu 帊首 3-699B
páshū 杷梳 4-886A
páshū 爬梳 6-1103B
páshū 爬疏 6-1104A
páshū 耙梳 8-596A
páshūtījué 爬梳剔抉 6-1103B
páshūxǐtī 爬梳洗剔 6-1103B
pāsī 派司 5-1169B
pàsǐguǐ 怕死鬼 7-481B
pàsǐtānshēng 怕死貪生 7-481B
pāsuō 葩髿 9-475B
pásuō 爬挲 6-1103B
pātā 啪塌 3-372A
pátī 爬剔 6-1103B
pátǐng 扒艇 6-338B
pàtòngpàyǎng 怕痛怕癢 7-482A
pátóu 杷頭 4-886A
pátuī 杷推 4-885B
pātuō 啪脱 3-372A
pāwō 趴窩 10-430A
páwō 爬窩 6-1104A
pāxī 趴稀 10-430A
pāxia 趴下 10-430A
páxíng 爬行 6-1103B
pàxiū 怕羞 7-481B
páyán 爬蜒 6-1104A
pàyǎngshù 怕癢樹 7-482A
pàyìngqīruǎn 怕硬欺軟 7-482A
pāzǎo 葩藻 9-475B
pázhǎ 扒扠 6-338A
pāzhǎo 葩瑵 9-475A
pāzhǎo 葩爪 9-475A
pázhì 爬櫛 6-1104A
pázi 耙子 8-596A
pàzi 帕子 3-702B
pèi'ài 沛艾 5-946B
péibài 陪拜 11-1053A
péibàn 倍伴 1-1515B
péibàn 陪伴 11-1052B
péibǎng 陪綁 11-1055A
pèibào 配報 9-1393A
péibèi 陪備 11-1055A
pèibèi 配備 9-1393A
péiběn 賠本 10-276A
péibǐ 陪筆 11-1055A
péibì 陪禆 11-1055B
péibì 陪蹕 11-1056A
péibì 賠貱 10-276B
pèibǐ 佩筆 1-1342B
pèibǐ 配比 9-1390B
pèibiān 配邊 9-1394A
péibīn 陪賓 11-1056A
pèibīng 配兵 9-1391A
péibǔ 賠補 10-276B
pèibù 配布 9-1390B
péibùshì 陪不是 11-1052A
péibùshì 賠不是 10-276A
péicè 陪廁 11-1055A
pèicè 轡策 9-1338B
pèicè 轡筴 9-1339A
péichǎn 賠産 10-276B
péicháng 倍償 1-1517A
péicháng 陪償 11-1056A
péicháng 賠償 10-277B
péichāo 賠鈔 10-276B
péichén 陪臣 11-1052A
péichén 陪塵 11-1055B
péichèn 陪襯 11-1056B
pèichèn 配稱 9-1393B
pèichèn 配襯 9-1394B
péichéng 陪承 11-1053A
péichénguó 陪臣國 11-1052A
pèichí 沛遲 5-947A
pèichōng 配舂 9-1392B
péicóng 陪從 11-1054B
pèicú 沛徂 5-946B
pèidā 配搭 9-1392B
pèidā'er 配搭兒 9-1393A
péidài 陪待 11-1053A
pèidài 佩帶 1-1342A
pèidài 佩袋 1-1342A
pèidài 佩戴 1-1342B
pèidài 珮袋 4-556A
pèidài 配帶 9-1392B
pèidāng 珮璫 4-556A
pèidāng 配當 9-1393B
pèidàng 配當 9-1393B
pèidāo 佩刀 1-1341A
pèidé 配德 9-1393B
pèidí 配嫡 9-1393B
pèidí 配適 9-1393B
pèidì 配地 9-1390B
pèidì 配帝 9-1392A
pèidì 配遞 9-1393B
pèidì 配墬 9-1393B
péidiàn 賠墊 10-277A
pèidiàn 配殿 9-1393B
pèidiàn 配電 9-1393A
pèidiànpán 配電盤 9-1393A
péidiào 陪吊 11-1052A
péidǐng 陪鼎 11-1054B
péidòu 陪鬭 11-1056B
pèidōu 轡兜 9-1338B
péidū 陪都 11-1053B
pèidú 佩犢 1-1343A
péiduī 培堆 2-1130B
pèiduì 配對 9-1393B
péidūn 陪敦 11-1055A
péidūn 培敦 2-1130B
péidùn 陪頓 11-1055A
pèi'é 配額 9-1394A
pèi'ēn 霈恩 11-700A
péi'èr 陪貳 11-1054B
pèi'èr 配貳 9-1392B
pèifā 沛發 5-947A
péifáng 陪房 11-1053A
péifáng 賠房 10-276A
pèifāng 配方 9-1390B
pèifáng 配防 9-1391A
pèifáng 配房 9-1392A
péifèi 倍費 1-1516B
péifèi 陪費 11-1055A
péifèi 賠費 10-276B
péifēng 培風 2-1130B
péifèng 陪奉 11-1052B
péifǔ 陪輔 11-1055B
péifù 培附 2-1130A
péifù 培坿 2-1130A
pèifú 佩伏 1-1341B
pèifú 佩服 1-1341B
pèifú 帔服 3-705B
pèifú 珮服 4-555B
pèifú 珮韍 4-556A
pèifù 配祔 9-1392A
péigào 陪告 11-1052B
pèigē 配割 9-1393A
pèigēng 珮羹 4-556A
pèigōng 沛公 5-946B
pèigōng 沛宮 5-946B
pèigōng 配宮 9-1392A
pèiguī 佩龜 1-1342B
pèihào 配號 9-1393B
pèihé 妃合 4-280B
pèihé 配合 9-1391A
pèihēng 配亨 9-1391B
péihù 坏户 2-1038B
péihù 陪扈 11-1054B
péihù 培户 2-1130A
péihù 培護 2-1131A
pèihù 配户 9-1390B
péihuā 陪花 11-1052A
péihuà 陪話 11-1055B
péihuà 賠話 10-277A
péihuái 裴徊 9-97B
péihuái 裴褱 9-97B
péihuán 賠還 10-277A
pèihuán 佩環 1-1342B
pèihuán 珮環 4-556A
pèihuáng 珮璜 4-556A
péihuí 裴回 9-97B
pèihuì 沛濊 5-947A
pēihún 肧渾 6-1222B
pēihún 肧混 6-1222B
pēihún 肧腪 6-1222B
péijì 陪祭 11-1054B

pèijí 配極 9-1393A
pèijǐ 配給 9-1393A
pèijì 配祭 9-1392B
péijiā 賠嫁 10-277A
péijià 陪嫁 11-1055B
péijià 賠價 10-277A
pèijià 配嫁 9-1393B
pèijiǎfāng 配甲坊 9-1390B
pèijiān 帔肩 3-705B
pèijiàn 佩劍 1-1342B
pèijiàn 配件 9-1391A
pèijiāo 配郊 9-1392A
péijiē 陪接 11-1054A
péijiè 陪价 11-1052A
pèijīn 佩巾 1-1341A
pèijīn 佩衿 1-1342A
pèijīn 帔巾 3-705B
péijīng 陪京 11-1053A
pèijīng 旆旌 6-1583A
pèijīng 旆旍 6-1583A
pēijiǔ 醅酒 9-1428B
péijiǔ 陪酒 11-1054A
pèijiǔ 佩玖 1-1341B
pèijū 珮琚 4-556A
péijué 陪決 11-1052B
pèijué 佩玦 1-1341B
pèijué 珮玦 4-555B
pèijué 配角 9-1391A
pèijūn 配軍 9-1392A
péikè 陪克 11-1052A
péikè 陪客 11-1053A
pèikē 佩珂 1-1341B
pèikē 珮珂 4-555B
pèikè 佩刻 1-1341B
péikǒu 陪口 11-1051B
péikū 陪哭 11-1053B
péikuǎn 賠款 10-276B
pèilán 佩蘭 1-1343A
pèilè 轡勒 9-1338B
péilefūrén…
賠了夫人又折兵
10-276A
pēilěi 痞瘤 8-334A
péilěi 陪累 11-1054B
péilěi 賠累 10-276A
péilǐ 陪禮 11-1056A
péilǐ 賠禮 10-277B
péilì 陪隸 11-1056A
pèilí 佩離 1-1343A
pèilí 配藜 9-1394A
pèilì 沛厲 5-947A
pèilì 配隸 9-1394A
pèilì 配儷 9-1394A
péilián 陪奩 11-1055B
péilián 賠奩 10-277A
pèiliǎn 配斂 9-1394A
péiliánfáng 陪奩房
11-1055B
pèiliáng 配量 9-1393A
pēiliào 胚料 6-1222B
péiliáo 陪寮 11-1056A
pèiliào 配料 9-1392A
péiliè 陪列 11-1052A
pèiliè 配列 9-1390B
péilíng 陪陵 11-1054A
pèiliú 配流 9-1392B
pēilù 醅醁 9-1428B
péiluán 陪鑾 11-1056B
pèilǜ 配率 9-1392B
pèimǎ 珮馬 4-556A
péimǎn 裴滿 9-97B
péiméncái 陪門財 11-1053A
pēimiàn 醅面 9-1428B
péimiàn 陪面 11-1053A
pèimín 配緡 9-1394A
pèimíng 佩銘 1-1342B
pèimíng 配名 9-1391A
pèimìng 配命 9-1391B
pèimò 配没 9-1391B
péinà 賠納 10-276A
pèináng 佩囊 1-1343A
pèinǐ 配擬 9-1394A
pēiniàng 醅釀 9-1429A
pèiníxīlín 配尼西林
9-1390B
péinú 陪奴 11-1052A
pèi'ǒu 妃偶 4-280B
pèi'ǒu 妃耦 4-280B
pèi'ǒu 配偶 9-1392B
pèi'ǒu 配耦 9-1393B
pèipāng 沛滂 5-947A
pēipēi 呸呸 3-258A
pèipèi 茇茇 9-335A
pèipèi 茷茷 9-380A
pèipèi 肺肺 6-1175A
pèipèi 沛沛 5-946B
pèipèi 旆旆 6-1583A
pèipèi 霈霈 11-700A
pèipèi 淠淠 5-1380A
pèipǐ 妃匹 4-280B
pèipǐ 配匹 9-1390B
péipú 陪僕 11-1055B
pèiqià 霈洽 11-700A
péiqián 陪錢 11-1056A
péiqián 賠錢 10-277A
pèiqián 配乾 9-1392B
pèiqián 配錢 9-1394A
pēiqiǎng 呸搶 3-258B
péiqiánhuò 陪錢貨 11-1056A
péiqiánhuò 賠錢貨 10-277B
péiqiè 陪妾 11-1053A
péiqíng 陪情 11-1054B
péiqíng 賠情 10-276B
pèiqīng 佩青 1-1341B
pèiqǔ 配曲 9-1390B
pèirán 沛然 5-946B
pèirén 配人 9-1390A
pèirèn 佩衽 1-1342A
pèirèn 珮衽 4-556A
pèirùn 霈潤 11-700A
pèiruò 沛若 5-946B
péisāi 陪鰓 11-1056B
péisāi 毰毸 6-1014A
pèisè 妃色 4-280B
pèisè 配色 9-1391A
péishǎng 陪賞 11-1056A
pèishè 佩韘 1-1343A
pèishè 配社 9-1391B
péishěn 陪審 11-1056A
pèishén 配神 9-1392A
péishèng 陪乘 11-1053B
pèishēng 配聲 9-1394A
péishēnxiàqì 賠身下氣
10-276A
péishěnzhì 陪審制 11-1056A
péishì 陪侍 11-1052B
péishì 賠釋 10-277B
pèishí 配食 9-1392A
pèishì 珮飾 4-556A
pèishǒu 配手 9-1390B
pèishǒu 轡首 9-1338B
pèishòu 佩綬 1-1342B
pèishòu 配售 9-1392B
péishǔ 陪屬 11-1056B
pèishǔ 配屬 9-1394B
péisì 陪祀 11-1052B
pèisì 配祀 9-1391B
péisòng 陪送 11-1053B
péisòng 賠送 10-276A
péisuí 陪隨 11-1056A
pèisuì 佩璲 1-1342B
péisǔn 賠損 10-277A
pèisuǒ 配所 9-1391B
pēitāi 坏胎 2-1038B
pēitāi 胚胎 6-1222A
péitái 陪臺 11-1055B
péitáng 陪堂 11-1054A
péitángshēng 陪堂生
11-1054B
pèitào 配套 9-1392A
pèitàochénglóng 配套成龍
9-1392A
pèiténg 沛騰 5-947A
péitián 賠填 10-276B
pèitiān 配天 9-1390A
pèitián 配填 9-1393A
pèitiàn 珮瑱 4-556A
péitiē 賠貼 10-276B
pèitíng 沛廷 5-946B
pèitíng 沛庭 5-946B
péitóng 陪同 11-1052A
pèitóng 佩銅 1-1342B
pèitóu 配頭 9-1394A
pèitóu 轡頭 9-1339A
péitǔ 培土 2-1130A
péituī 陪推 11-1054A
péiwěi 陪尾 11-1052B
péiwèi 陪位 11-1052B
péiwèi 陪衛 11-1056A
pèiwéi 佩韋 1-1342A
pèiwéi 佩幃 1-1342B
pèiwèi 佩慰 1-1342B
pèiwèi 配位 9-1391A
pēiwèng 醅甕 9-1428B
péiwò 陪幄 11-1055A
pèiwò 沛渥 5-947A
pèiwǔ 配伍 9-1390B
péixí 陪席 11-1054A
pèixī 佩觿 1-1343A
pèixī 佩觽 1-1343A
pèixī 佩觹 1-1343A
pèixì 配戲 9-1394A
pèixián 佩弦 1-1341B
pèixián 轡銜 9-1339A
pèixián 轡衘 9-1339A
péixiǎng 賠餉 10-277A
pèixiāng 佩纕 1-1343A
pèixiāng 佩香 1-1342A
pèixiǎng 配享 9-1391B
pèixiǎng 配饗 9-1394A
péixiào 陪笑 11-1053B
péixiào 賠笑 10-276A
péixiàoliǎn 陪笑臉
11-1053B
péixiǎoxīn 陪小心 11-1051B
péixiǎoxīn 賠小心 10-276A
péixiū 培修 2-1130B
pēixuè 衃血 8-1349A
péixùn 培訓 2-1130B
pēiyá 胚芽 6-1222A
péiyàn 陪宴 11-1054A
pèiyǎn 配眼 9-1392B
péiyǎng 培養 2-1130B
pèiyǎng 佩仰 1-1341B
péiyǎngjī 培養基 2-1131A
pèiyányōushū 配鹽幽菽
9-1394B
pèiyāo 珮要 4-555B
pèiyào 配藥 9-1394A
pèiyī 配衣 9-1391A
pèiyì 配役 9-1391A
péiyīn 陪音 11-1053A
péiyín 賠銀 10-277A
pèiyīn 配音 9-1392A
pèiyǐn 轡靷 9-1339A
pèiyìn 佩印 1-1341B
pèiyīng 珮纓 4-556A
pèiyìng 配映 9-1392A
péiyōng 培擁 2-1131A
péiyōng 培壅 2-1131A
péiyóu 陪遊 11-1055A
pèiyòu 配侑 9-1391B
pèiyòu 霈宥 11-700A
péiyú 陪輿 11-1056A
péiyù 培育 2-1130A
pèiyú 佩魚 1-1342A
pèiyú 轡輿 9-1339A
pèiyù 佩玉 1-1341A
pèiyù 珮玉 4-555B
pèiyù 配御 9-1393A
pèiyuè 配樂 9-1394A
pèizài 配載 9-1393A
péizāng 賠贓 10-277B
péizàng 陪葬 11-1054B
péizé 陪責 11-1054A
pèizé 沛澤 5-947A
pèizé 霈澤 11-700A
péizèng 賠贈 10-277B
péizhǎn 陪斬 11-1054A
pèizhān 旆旃 6-1583A
pèizhān 旆旃 6-1583A
péizhàng 賠帳 10-276B
péizhàng 賠賬 10-277A
pèizhāng 佩章 1-1342A
pèizhēn 珮珍 4-555B
pēizhì 柸治 4-903A

péizhí 培植 2-1130B
pèizhì 配置 9-1393B
pèizhì 配製 9-1393B
pēizhǒng 胚種 6-1222B
pèizhǒng 配種 9-1393B
pèizhōnggē 沛中歌 5-946B
pēizhòu 醅酎 9-1428B
pēizhū 胚珠 6-1222B
pèizhū 珮珠 4-556A
pèizhú 沛竹 5-946B
pèizhǔ 配主 9-1390B
péizhuāng 陪裝 11-1055B
péizhuāng 賠樁 10-277A
pēizi 胚子 6-1222A
pèizi 帔子 3-705B
pèizǐ 佩紫 1-1342A
pèizǐ 配子 9-1390A
pèizǐhuáihuáng 佩紫懷黄 1-1342A
pèizòu 配奏 9-1392A
péizuì 陪罪 11-1055A
péizuì 賠罪 10-277A
pèizuò 配坐 9-1391A
pén'àng 盆盎 7-1416B
pēnbào 濆瀑 6-122B
pēnbí 歕鼻 6-1474A
pēnbì 濆濞 6-122B
pènbí 噴鼻 3-498B
pènbì 湓濞 5-1494B
pēnbó 噴勃 3-497B
pēnbó 噴薄 3-499A
pēnbó 噴礴 3-499B
pēnbó 濆薄 6-122B
pēnbó 濆礴 6-122B
pēnbó 歕薄 6-1474A
péncǎo 盆草 7-1416B
pénchéng 盆成 7-1416B
pénchí 盆池 7-1416B
péndì 盆地 7-1416B
péndiào 盆吊 7-1416B
pēnfā 噴發 3-498B
pēnfā 濆發 6-122B
pēnfàn 噴飯 3-498A
pēnfèi 噴沸 3-497B
pēnfèi 濆沸 6-122B
pénfǒu 盆缻 7-1416B
pénfù 盆覆 7-1417A
péng'ài 朋愛 6-1182B
péng'ài 蓬艾 9-511A
pēng'àn 抨按 6-449B
pēng'áo 烹熬 7-86B
péng'áo 鵬鼇 12-1125B
péngbā 棚扒 4-1119B
péngbā 棚机 4-1119B
péngbādiàokǎo 棚扒吊栲 4-1119B
péngbàn 朋伴 6-1182A
péngbāng 朋幫 6-1183B
péngbǎo 蓬葆 9-512B
péngbèi 朋輩 6-1183A
péngbèi 鵬背 12-1123B
pèngbēi 碰杯 7-1064A
pēngbēn 淜奔 6-92A
pēngbēn 淜渀 6-92A
péngbēn 澎渀 6-123B
péngbēn 淜犇 5-1400B
pēngbì 滂濞 6-36A
pēngbì 淜濞 6-92A
pēngbì 澎濞 6-123B
pēngbì 澎贔 6-124A
péngbǐ 朋比 6-1181A
péngbì 蓬蓽 9-512B
pèngbì 碰壁 7-1065A
péngbiàn 鵬變 12-1125B
péngbiāo 弸彪 4-131B
péngbiāo 鵬飈 12-1125B
péngbìn 蓬鬢 9-514A
pēngbīng 烹冰 7-85B
péngbìshēnghuī 蓬蓽生輝 9-512B
péngbǐwéijiān 朋比爲奸 6-1181B
péngbǐzuòjiān 朋比作奸 6-1181B
pēngbó 淜渤 6-92A
péngbó 旁勃 6-1595A
péngbó 漨浡 6-27A
péngbó 漨渤 6-27A
péngbó 蓬勃 9-511B
péngbó 熢焞 7-215A
péngbó 熢燉 7-215A
péngbù 篷布 8-1233B
pēngcǎi 烹採 7-86A
péngcáo 朋曹 6-1182B
pēngchá 烹茶 7-85B
péngchái 朋儕 6-1183A
pēngchǎn 烹燀 7-86B
péngchǎng 篷廠 8-1233B
pěngchǎng 捧場 6-636B
péngchē 棚車 4-1120A
péngchē 輣車 9-1294B
péngchē 篷車 8-1233B
péngchēgǔdí 棚車鼓笛 4-1120A
péngchén 蓬塵 9-513A
péngchéng 鵬程 12-1124A
péngchéngwànlǐ 鵬程萬里 12-1124A
péngchī 搒笞 6-817B
péngchí 蓬池 9-511A
péngchí 鵬池 12-1123B
péngchǐ 朋齒 6-1183A
pěngchí 捧持 6-636B
péngchōng 朋充 6-1181B
péngchōng 輣衝 9-1294B
péngchóu 朋儔 6-1183A
péngchóu 朋讐 6-1184A
pěngchòujiǎo 捧臭脚 6-636B
péngchǔ 篣楚 8-1235A
péngchǔ 搒楚 6-817B
pèngchù 碰觸 7-1065A
péngchuán 篷船 8-1233B
péngchuāng 篷窗 8-1233B
péngchuí 篣捶 8-1235A
péngchuí 搒捶 6-817A
péngchuí 搒棰 6-817B
péngchuí 鵬垂 12-1123B
pēngchuò 烹啜 7-86A
péngcí 蓬茨 9-511B
péngcóng 朋從 6-1182B
péngdà 膨大 6-1378B
pěngdài 捧戴 6-637A
péngdān 彭聃 3-1130A
pèngdàn 碰蛋 7-1064B
pēngdàng 砰宕 7-1018A
péngdǎng 朋黨 6-1183B
péngdǎngbǐzhōu 朋黨比周 6-1183B
péngdǎo 蓬島 9-512A
péngdǐ 篷底 8-1233B
péngdì 堋的 2-1129B
péngdiāo 鵬鵰 12-1125A
péngdiào 蓬藋 9-513B
pèngdìngzi 碰釘子 7-1064B
péngdǔ 朋賭 6-1183A
pēngduàn 烹鍛 7-86B
péngduǒ 棚垜 4-1120A
péng'è 鵬鶚 12-1125B
péngfà 蓬髮 9-513A
pēngfán 烹燔 7-86B
péngfān 篷帆 8-1233B
péngfān 鵬翻 12-1125A
pēngfēn 烹分 7-85B
péngfēn 朋分 6-1181B
péngfēng 鵬風 12-1124A
péngfù 朋附 6-1182A
péngfù 鵬賦 12-1125A
pěngfù 奉腹 2-1513A
pěngfù 捧腹 6-637A
pénggàng 棚杠 4-1119B
pénggāo 篷篙 8-1234A
pēnggē 烹割 7-86A
pénggé 篣格 8-1235A
pénggé 棚閣 4-1120A
pénggé 蓬閣 9-513A
pěnggén 捧哏 6-636B
pénggěng 蓬梗 9-512A
pēnggōng 抨弓 6-449B
pénggōng 朋工 6-1181A
pénggōng 彭觥 3-1130B
pēnggǒu 烹狗 7-85B
pénggòu 蓬垢 9-511B
pēnggǒucánggōng 烹狗藏弓 7-85B
pénggù 朋故 6-1182A
pènggǔ 碰股 7-1064B
pèngguìjiǔ 碰櫃酒 7-1065A
pěnggǔtuīlún 捧轂推輪 6-637A
pēnghǎi 亨醢 2-348B
pēnghǎi 烹醢 7-86B
pénghǎi 鵬海 12-1124A
pénghāo 蓬蒿 9-513A
pénghǎo 朋好 6-1181B
pēnghé 抨劾 6-449B
pēnghé 烹和 7-85B
pēnghè 烹鶴 7-87A
pénghé 鵬翮 12-1125A
pénghè 鵬壑 12-1125A
pénghēng 憉悙 7-734B
pénghēng 膨亨 6-1378B
pénghēng 膨脝 6-1378B
pēnghōng 匉訇 2-188A
pēnghōng 砰訇 7-1018A
pēnghōng 砰輷 7-1018B
pēnghōng 砰鍧 7-1019A
pēnghōng 砰轟 7-1019A
pēnghōng 砰硡 7-1018A
pēnghōng 砰礴 7-1018B
pēnghōng 軯訇 9-1235A
pēnghōng 軯鍧 9-1235A
pēnghōng 輧訇 9-1252A
pénghóng 弸彋 4-131B
pénghóng 淜洪 5-1400B
pénghóu 彭侯 3-1130A
pénghú 蓬弧 9-511B
pénghú 蓬壺 9-512B
pénghú 澎湖 6-123B
pénghù 棚户 4-1119B
pénghù 蓬户 9-510B
pènghú 碰和 7-1064B
pènghú 碰壺 7-1064B
pènghú 碰湖 7-1064B
pēnghuàn 烹轘 7-87A
pénghuáng 朋皇 6-1182A
pénghuázi 蟛螖子 8-961A
pénghuì 朋會 6-1182B
pēnghuò 烹臛 7-87A
pēnghuò 淜湱 6-92A
pénghuǒ 朋夥 6-1182B
pénghuò 蓬藿 9-513B
pénghùwèngyǒu 蓬户瓮牖 9-510B
pénghùwèngyǒu 蓬户甕牖 9-510B
pēngjī 抨擊 6-450A
pēngjī 砰擊 7-1018B
péngjí 棚籍 4-1120B
péngjì 鵬迹 12-1124A
péngjiā 朋家 6-1182A
péngjiǎ 朋甲 6-1181B
péngjià 棚架 4-1120A
pēngjiān 烹煎 7-86A
pēngjiàn 磞見 7-1100B
péngjiān 朋奸 6-1181B
péngjiān 朋姦 6-1182A
péngjiān 彭籛 3-1131A
pèngjiàn 碰見 7-1064A
péngjiānquè 蓬間雀 9-512B
péngjiāo 鵬鷦 12-1125B
péngjiǎo 篷脚 8-1233B
pěngjiǎo 捧脚 6-636B
pèngjiǎobànshǒu 磞脚絆手 7-1111A
pēngjīn 烹金 7-85B
pèngjìn 碰勁 7-1064B
péngjīng 鵬鯨 12-1125A
péngjǐng 棚井 4-1119B
péngjiǔ 朋酒 6-1182A
péngjiù 朋舊 6-1183B
pěngjīzhǒu 奉箕箒 2-1513B
péngjū 蓬居 9-511B
péngjú 棚菊 4-1120A
péngjǔ 鵬舉 12-1125A
péngjuān 彭涓 3-1130A
péngjuàn 棚圈 4-1120A

péngjué 搒決 6-817A
pěngjué 捧角 6-636B
pēngkē 砰磕 7-1018B
pēngkē 砰礚 7-1019A
pēngkē 軯礚 9-1235A
pēngkē 軯輵 9-1235A
pēngkē 硼磕 7-1060A
péngkē 蓬科 9-511B
péngkē 蓬顆 9-513B
pèngkē 碰磕 7-1064B
péngkěn 朋肯 6-1182A
pēngkēng 砰鏗 7-1019A
péngkēng 彭鏗 3-1131A
péngkuài 蓬塊 9-512B
péngkūn 鵬鯤 12-1125A
péngkūn 鵬鵾 12-1125A
pénglái 逢萊 10-916A
pénglái 朋來 6-1182A
pénglái 蓬萊 9-512A
péngláichí 蓬萊池 9-512A
péngláigé 蓬萊閣 9-512A
péngláigōng 蓬萊宮 9-512A
péngláishān 蓬萊山 9-512A
pénglán 棚欄 4-1120B
pēngláng 磞硠 7-1100B
pēnglǎng 砰朗 7-1018A
péngláng 彭郎 3-1130B
pénglàng 蓬閬 9-513A
pēnglàngjī 澎浪磯 6-123B
pénglèi 逢累 10-916A
pénglěi 蓬虆 9-513A
pénglěi 蓬虉 9-514A
pénglěi 蓬累 9-512A
pénglèi 朋類 6-1183B
pēnglǐ 烹鯉 7-86B
pénglǐ 彭李 3-1129B
pénglì 鵬力 12-1123B
pēngliàn 烹煉 7-86A
pēngliàn 烹鍊 7-86B
pénglián 棚簾 4-1120B
péngliáo 朋僚 6-1183A
péngliáo 朋寮 6-1183A
péngliáo 棚寮 4-1120A
péngliáo 篷寮 8-1233B
pēnglíng 砰駖 7-1018B
pēnglíngyùlù 砰磷鬱律 7-1019A
pénglóng 蓬龍 9-513B
pēnglóngpáofèng 烹龍庖鳳 7-86B
pēnglóngpáofèng 烹龍炮鳳 7-86B
pēnglóngzhǔfèng 烹龍煮鳳 7-86B
pénglú 蓬廬 9-513B
pénglú 篷廬 8-1234A
pénglǔ 棚櫓 4-1120B
pénglù 鵬路 12-1124B
péngluàn 蓬亂 9-513A
pénglǚ 朋侶 6-1182A
pénglüè 搒掠 6-817A
péngmá 蓬麻 9-512A
péngmáo 蓬茅 9-511A
péngmáo 蓬茆 9-511A
pěngmèi 捧袂 6-636B
péngmén 蓬門 9-511A
péngménbìhù 蓬門蓽户 9-511B
péngménshēnghuī 蓬門生輝 9-511A
pēngmiè 烹滅 7-86A
péngmín 棚民 4-1119B
pēngmíng 烹茗 7-85B
péngmíng 鵬溟 12-1124B
pèngmìng 碰命 7-1064B
péngniǎo 鵬鳥 12-1124A
pēngpā 砰啪 7-1018B
pēngpà 澎汃 6-123B
péngpá 棚琶 4-1120A
pēngpài 滂湃 6-35B
pēngpài 滂濞 6-36A
pēngpài 泙派 5-1065B
pēngpài 泙湃 5-1065B
pēngpài 砰湃 7-1018B
pēngpài 淜湃 6-92A
pēngpài 彭湃 3-1130B
pēngpài 澎湃 6-123B
pēngpài 淜湃 5-1400B
pēngpāng 砰磅 7-1018B
pēngpáo 烹庖 7-85B
pēngpáo 烹炮 7-85B
pēngpáo 烹炰 7-85B
pēngpèi 淜沛 6-92A
péngpēn 淜濆 5-1400B
pēngpēng 怦怦 7-474B
pēngpēng 泙泙 5-1065B
pēngpēng 恲恲 7-528A
pēngpēng 砰砰 7-1018A
pēngpēng 閛閛 12-98B
pēngpēng 淜泙 6-92A
pēngpēng 硼砰 7-1060A
pēngpēng 澎澎 6-123B
pēngpēng 苹苹 9-335A
pēngpéng 砰韸 7-1018B
péngpéng 逢逢 10-915B
péngpéng 韸韸 12-1399B
péngpéng 芃芃 9-275A
péngpéng 朋朋 6-1182A
péngpéng 蓬蓬 9-512B
péngpéng 膨膨 6-1379A
péngpéng 韸韸 12-660A
péngpéng 鬔鬔 12-743B
péngpéng 騯騯 12-870B
pēngpēngbóbó 澎澎渤渤 6-123B
pēngpēnghōnghōng 砰砰訇訇 7-1018A
pēngpēnghuòluò 砰硼霍落 7-1018B
péngpéngyìng 棚棚硬 4-1120A
pēngpì 抨闢 6-450A
pēngpì 泙濞 5-1065B
pēngpì 憉憁 7-734B
péngpiāo 蓬飄 9-514A
pēngpíng 泍淜 5-1188B
péngpó 蓬婆 9-512B
péngpò 彭魄 3-1130B
pēngqí 抨棋 6-449B
péngqī 朋戚 6-1182B
péngqí 彭蜞 3-1130B
péngqí 螃蚑 8-961A
péngqí 螃蜞 8-961A
péngqiān 鵬騫 12-1125B
péngqiáng 篷檣 8-1234A
pèngqiǎo 碰巧 7-1064A
péngqín 鵬擒 12-1124B
péngqiū 蓬丘 9-511A
pèngqiú 碰球 7-1064B
péngqú 鵬衢 12-1125B
pēngquǎncánggōng 烹犬藏弓 7-85B
péngquē 蓬闕 9-513B
péngquè 蓬雀 9-512A
pēngrán 砰然 7-1018B
pēngrán 烹然 7-86A
péngrán 逢然 10-916B
péngráng 髼鬤 12-748B
pēngrén 亨人 2-348A
pēngrèn 亨飪 2-348B
pēngrèn 烹飪 7-86A
pēngrèn 烹餁 7-86B
péngrén 朋人 6-1181A
pěngrì 捧日 6-636A
pěngrìyíng 捧日營 6-636A
péngróng 蓬茸 9-511B
péngróng 髼茸 12-747B
péngsài 棚塞 4-1120A
péngsēng 鬔鬙 12-743B
péngsēng 髼鬙 12-747B
pēngshā 烹殺 7-85B
péngshā 硼砂 7-1060A
péngshā 鵬砂 12-1123B
péngshān 朋挻 6-1182A
péngshān 朋煽 6-1183A
péngshān 朋扇 6-1182B
péngshān 蓬山 9-510B
pēngshāng 烹鬺 7-87A
péngshāng 彭殤 3-1130B
pēngshé 烹蛇 7-86A
péngshēng 篷聲 8-1234A
péngshēngmázhōng 蓬生麻中 9-511A
pēngshí 烹石 7-85B
péngshī 彭尸 3-1129B
péngshì 鵬螫 12-1125A
péngshí 朋識 6-1183B
péngshǐ 蓬矢 9-511A
péngshì 蓬室 9-511B
péngshǒu 蓬首 9-511B
péngshǒu 髼首 12-747B
pěngshǒu 捧手 6-636B
pèngshǒu 碰手 7-1064A
péngshǒugòumiàn 蓬首垢面 9-511B
pēngshú 亨孰 2-348B
péngshù 鵬術 12-1124A
pēngsī 淜澌 6-92A
péngsōng 蓬鬆 9-513B
péngsōng 鬔鬆 12-743B
péngsōng 髼鬆 12-747B
péngsuǒ 篷索 8-1233B
péngtà 搒撻 6-817B
péngtà 蓬沓 9-511A
pēngtán 抨彈 6-449B
pēngtán 拼彈 6-587B
pēngtān 棚攤 4-1120B
pēngténg 淜騰 6-92A
péngtiān 鵬天 12-1123B
pēngtiáo 烹調 7-86B
péngtiáo 鵬蜩 12-1124B
pēngtōng 砰通 7-1018A
pēngtóu 磞頭 7-1100B
péngtóu 朋頭 6-1183A
péngtóu 棚頭 4-1120A
péngtóu 鬔頭 12-743B
péngtóu 髼頭 12-747B
pěngtóu 奉頭 2-1514A
pèngtóu 磞頭 7-1111A
pèngtóu 碰頭 7-1064B
péngtóuchìjiǎo 鬔頭赤脚 12-743B
péngtóugòumiàn 蓬頭垢面 9-513A
péngtóugòumiàn 髼頭垢面 12-747B
pèngtóuhuì 碰頭會 7-1065A
pèngtóulǐ 碰頭禮 7-1065A
péngtóulìchǐ 蓬頭歷齒 9-513A
pěngtóushǔcuàn 奉頭鼠竄 2-1514A
pěngtóushǔcuàn 捧頭鼠竄 6-637A
péngtóuxiǎnzú 髼頭跣足 12-747B
péngtú 朋徒 6-1182A
péngtú 鵬圖 12-1124B
pěngtǔ 捧土 6-636A
pēngtuān 淜湍 6-92A
péngtuán 鵬摶 12-1124B
péngtuánkūnyùn 鵬摶鵾運 12-1124B
péngtuányìtuì 鵬摶鷁退 12-1124B
péngwéi 彭韋 3-1130A
pēngwò 烹斡 7-86B
péngwū 蓬屋 9-511B
péngxī 朋錫 6-1183B
péngxī 鵬息 12-1124A
péngxì 朋戲 6-1183B
pěngxí 捧檄 6-637A
pēngxiān 亨鮮 2-348B
pēngxiān 亨鱻 2-348B
pēngxiān 烹鮮 7-86B
péngxiān 鵬騫 12-1125B
péngxiàng 棚巷 4-1120A
pèngxiǎng 碰響 7-1065A
péngxiāo 鵬霄 12-1124B
péngxiào 朋嘯 6-1183A
péngxiāowànlǐ 鵬霄萬里 12-1125A
pēngxiǎoxiān 烹小鮮 7-85A
pēngxiè 烹燮 7-87A
péngxié 朋邪 6-1181B
péngxiè 搒械 6-817B

péngxīn 朋心 6-1181B
péngxīn 蓬心 9-510B
pěngxīn 捧心 6-636B
pēngxīng 硼星 7-1100B
pēngxìng 怦性 7-528A
péngxīng 朋興 6-1183A
péngxué 蟛蚏 8-961A
pěngxuē 捧靴 6-637A
pēngxún 烹燖 7-86B
péngyà 朋婭 6-1182B
péngyà 輣軋 9-1294B
péngyán 蓬簷 9-513B
péngyàn 朋宴 6-1182A
péngyàn 朋讌 6-1184A
péngyàn 鵬鷃 12-1125B
péngyáo 彭窑 3-1130B
péngyì 朋義 6-1182B
péngyì 鵬翼 12-1125A
pēngyībízihuī 碰一鼻子灰 7-1064A
pēngyín 烹銀 7-86B
pēngyǐn 砰隱 7-1018B
pēngyǐn 駍隱 12-813A
pēngyǐn 磞隱 7-1060A
péngyín 朋淫 6-1182B
péngyín 堋淫 2-1129B
péngyǐn 朋飲 6-1182B
pēngyíng 怦營 7-474B
pēngyíng 苹縈 9-335A
péngyíng 蓬瀛 9-513B
péngyínglǚ 蓬瀛侶 9-514A
pēngyǒng 泙涌 5-1188B
pěngyōng 捧擁 6-637A
péngyou 倗友 1-1511A
péngyóu 朋游 6-1182B
péngyóu 朋遊 6-1182B
péngyóu 鵬游 12-1124B
péngyóu 鵬遊 12-1124A
péngyǒu 朋友 6-1181A
péngyóudiémèng 鵬遊蝶夢 12-1124B
pēngyú 烹魚 7-86A
péngyú 鵬魚 12-1124A
péngyuán 朋援 6-1182B
pēngyuè 烹瀹 7-87A
péngyuè 彭月 3-1129B
péngyuè 彭越 3-1130A
péngyuè 蟛蠘 8-961A
péngyuè 蟛蚎 8-961A
péngyuè 蟛蚏 8-961A
péngyún 鵬雲 12-1124A
péngyùn 鵬運 12-1124B
pēngzǎi 烹宰 7-86A
péngzān 朋簪 6-1183B
péngzé 彭澤 3-1130B
péngzémǐ 彭澤米 3-1130B
péngzhān 鵬鱣 12-1125B
péngzhàn 棚棧 4-1120A
pēngzhāng 抨章 6-449B
péngzhāng 鵬張 12-1124A
péngzhǎng 棚長 4-1120A
péngzhàng 棚帳 4-1120A
péngzhàng 澎漲 6-123B
péngzhàng 澎脹 6-123B
péngzhàng 篷帳 8-1233B
péngzhàng 膨張 6-1379A
péngzhàng 膨漲 6-1379A
péngzhàng 膨脹 6-1379A
péngzhàngxìshù 膨脹系數 6-1379A
pēngzhì 抨隲 6-450A
pēngzhì 烹治 7-85B
pēngzhì 烹炙 7-85B
péngzhī 朋知 6-1182A
péngzhí 朋執 6-1182B
péngzhōng 弸中 4-131B
péngzhōngbiāowài 弸中彪外 4-131B
péngzhōu 篷舟 8-1233B
péngzhòu 鵬噣 12-1125A
pěngzhǒu 奉帚 2-1510B
pěngzhǒu 奉箒 2-1513B
pēngzhǔ 亨煮 2-348B
pēngzhǔ 烹煮 7-86A
péngzhù 鵬翥 12-1124B
péngzhuǎn 蓬轉 9-513B
pēngzhuó 淜濔 6-92A
péngzi 棚子 4-1119B
péngzi 篷子 8-1233B
péngzi 韸子 12-660A
péngzōng 鬔鬆 12-743B
péngzǔ 彭祖 3-1130A
pěngzú 捧足 6-636B
péngzūn 朋樽 6-1183A
pēnhǒu 噴吼 3-497A
pēnhú 噴壺 3-498A
pēnhuǒ 噴火 3-497A
pēnhuǒqì 噴火器 3-497A
pēnjī 噴激 3-499A
pēnjī 濆激 6-122B
pēnjiàn 噴濺 3-499A
pēnjīn 歕金 6-1473B
pēnjìn 噴浸 3-498A
pénjǐng 盆景 7-1417A
pēnkǒu 噴口 3-497A
pénkǒu 湓口 5-1494A
pēnliú 湓流 5-1494B
pēnlún 濆淪 6-122B
pēnmò 噴沫 3-497B
pēnnào 濆淖 6-122B
pènpènxiāng 噴噴香 3-498B
pénpǔ 湓浦 5-1494A
pénpǔkǒu 湓浦口 5-1494B
pénqiāng 盆腔 7-1417A
pēnqìfādòngjī 噴氣發動機 3-497B
pēnqìshìfēijī 噴氣式飛機 3-497B
pēnqū 噴蛆 3-498A
pēnquán 噴泉 3-497B
pēnquán 濆泉 6-122B
pēnsǎ 噴灑 3-499B
pēnshān 歕山 6-1473B
pénshān 盆山 7-1416B
pēnshè 噴射 3-497B
pénshǒu 盆手 7-1416B
pēnshuǐchí 噴水池 3-497A
pēnsī 噴嘶 3-498B
péntāng 盆湯 7-1417A
péntáng 盆堂 7-1417A
pēnténg 噴騰 3-499B
pēntì 噴嚏 3-499A
pēntǒng 噴桶 3-498A
pēntǒng 噴筒 3-498A
pēntǒng 噴筩 3-498B
pēntóu 噴頭 3-499A
péntóu 盆頭 7-1417A
pēntǔ 噴吐 3-497A
pēnwùqì 噴霧器 3-499A
pénxià 盆下 7-1416B
pēnxiāng 噴香 3-497B
pènxiāng 噴香 3-497B
pènxiāngshòu 噴香獸 3-497B
pēnxiè 噴瀉 3-499A
pēnxuán 濆旋 6-122B
pēnxuán 濆漩 6-122B
pēnxuě 噴雪 3-498A
pēnxuèzìwū 噴血自污 3-497A
pēnxùn 噴噀 3-498B
pényē 湓噎 5-1494B
pēnyì 噴溢 3-498B
pēnyì 濆溢 6-122B
pényì 瓫溢 5-288A
pényì 盆溢 7-1417A
pényì 湓溢 5-1494B
pēnyǒng 噴湧 3-498B
pēnyǒng 濆涌 6-122B
pényǒng 湓涌 5-1494B
pényǒng 湓湧 5-1494B
pēnyù 噴玉 3-497A
pēnyúntǔwù 噴雲吐霧 3-498A
pēnyúnxièwù 噴雲泄霧 3-498A
pēnyǔxūyún 噴雨噓雲 3-497A
pēnzhèn 噴振 3-497B
pēnzhù 噴注 3-497B
pénzi 盆子 7-1416B
pēnzuǐ 噴嘴 3-499A
pǐ'ài 癖愛 8-360B
pì'ài 僻隘 1-1709A
pí'àn 狉犴 5-25B
pì'ān 僻安 1-1707B
piān'ài 徧愛 3-1046A
piān'ài 偏隘 1-1569A
piān'ài 偏愛 1-1569A
piān'ān 徧安 3-1045A
piān'ān 偏安 1-1564A
piān'àn 偏闇 1-1571B
piān'àn 偏岸 1-1564B
piānbà 偏霸 1-1572A
piānbài 偏稗 1-1569A
piánbái 駢白 12-839A
piānbāng 偏邦 1-1563A
piānbàng 偏傍 1-1568B
piánbàng 駢傍 12-841A
piànbāng 片幫 6-1041A
piānbǎo 偏寶 1-1572A
piānbēi 偏杯 1-1564B
piānbèi 偏背 1-1565B
piānbèi 偏倍 1-1566B
piānbǐ 偏比 1-1562B
piānbǐ 偏肥 1-1564B
piānbì 偏愎 1-1568B
piānbì 偏詖 1-1568B
piānbì 偏蔽 1-1569B
piánbī 駢逼 12-841A
piánbǐ 駢比 12-838B
piánbì 便嬖 1-1368B
piánbì 駢坒 12-839A
piánbì 駢臂 12-842A
piānbiǎn 偏褊 1-1570A
piānbiàn 偏辨 1-1571B
piánbìng 駢并 12-839A
piānbó 偏伯 1-1564A
piānbó 偏駁 1-1569B
piānbó 偏駮 1-1571A
piānbó 篇帛 8-1217B
piānbǒ 偏跛 1-1568B
piánbù 楄部 4-1196A
piānbùde 偏不的 1-1562B
piāncái 偏才 1-1562B
piāncái 偏材 1-1564A
piāncè 偏側 1-1567B
piāncè 篇册 8-1217A
piānchá 偏察 1-1570A
piānchà 偏差 1-1566A
piànchá 片茶 6-1040A
piāncháng 偏長 1-1564B
piānchǎng 偏廠 1-1570B
piànchángbóji 片長薄技 6-1040A
piànchángmòjì 片長末技 6-1040A
piānchèn 偏稱 1-1570A
piānchī 偏吃 1-1563B
piánchí 駢馳 12-841A
piánchǐ 骿齒 12-1454B
piánchǐ 駢齒 12-841B
piānchǒng 偏寵 1-1572A
piānchū 偏出 1-1563A
piánchǔ 平處 2-936A
piánchù 駢矗 12-842B
piànchǔ 片楮 6-1040B
piānchuí 偏陲 1-1567A
piāncí 偏辭 1-1572A
piāncí 篇辭 8-1218B
piāncì 偏次 1-1564A
piāncì 篇次 8-1217A
piáncí 便辭 1-1368B
piáncí 駢詞 12-841A
piàncí 片詞 6-1041A
piàncí 片辭 6-1041A
piàncí 騙詞 12-861A
piàncízhījù 片詞隻句 6-1041A
piāncóng 偏從 1-1568A
piáncuò 駢錯 12-842A
piándá 駢沓 12-839B
piāndài 偏待 1-1566A
piāndān 偏襌 1-1571B
piāndàn'er 偏擔兒 1-1571A
piāndǎng 偏黨 1-1572A
piāndàng 偏宕 1-1565A

piāndāo 刷刀 2-724B
piāndǎo 偏倒 1-1566B
piāndé 偏得 1-1568A
piāndì 篇第 8-1217B
piāndiǎn 篇典 8-1217A
piāndiàn 偏殿 1-1569B
piándié 駢疊 12-842A
piāndìng 偏定 1-1565A
piāndū 偏裻 1-1569B
piāndú 篇牘 8-1218B
piānduān 偏端 1-1570A
piānduān 篇端 8-1218A
piānduǎn 偏短 1-1568B
piānduàn 偏斷 1-1572A
piànduān 騙端 12-861A
piànduàn 片段 6-1040A
piànduàn 片斷 6-1041A
piānduò 偏惰 1-1568B
piān'ē 偏阿 1-1564B
piān'ēn 偏恩 1-1566B
piàn'ertāng 片兒湯 6-1040A
piānfā 偏發 1-1569A
piānfá 偏罰 1-1570A
piānfǎ 篇法 8-1217B
piānfān 翩幡 9-673B
piānfān 翩翻 9-674A
piānfǎn 翩反 9-673A
piānfǎn 翩反 9-673A
piánfān 駢蕃 12-841B
piánfán 便蕃 1-1368A
piánfán 便繁 1-1368B
piánfán 駢繁 12-842A
piànfān 片帆 6-1039B
piànfán 便煩 1-1367B
piānfāng 偏方 1-1562B
piānfáng 偏房 1-1565A
piānfēi 翩飛 9-673A
piānfèi 偏廢 1-1571A
piānfēng 偏風 1-1566A
piānfēng 偏鋒 1-1570B
piānfèng 偏縫 1-1571B
piánfēng 楩楓 4-1181A
piānfēntóu 偏分頭 1-1562B
piānfú 篇幅 8-1218A
piānfù 偏柎 1-1565B
piánfū 駢跗 12-841A
piánfù 便腹 1-1367A
piánfù 楄柎 4-1196A
piánfù 駢複 12-841B
piánfù 駢賦 12-841B
piángàn 骿骭 12-407A
piángàn 駢幹 12-841A
piāngé 偏格 1-1566B
piāngōng 偏宮 1-1566A
piāngōng 偏躬 1-1566B
piāngū 偏孤 1-1565A
piāngù 偏固 1-1564B
piángǔ 駢骨 12-840A
piànguǎi 騙拐 12-860B
piànguānglíngyǔ 片光零羽 6-1039B
piānguǐ 偏軌 1-1565B
piánguǐ 駢軌 12-840A
piànguǐ 片晷 6-1040B
piànguǐ 騙鬼 12-860B
piàngùn 騙棍 12-861A
piānguó 偏國 1-1567B
piānguò 偏過 1-1567B
piánguǒ 楩椁 4-1181A
piānhǎi 偏海 1-1567A
piànhài 騙害 12-860B
piānhàn 篇翰 8-1218A
piānhào 偏好 1-1564A
piánhé 駢合 12-839A
piànhé 片合 6-1039B
piànhóng 片紅 6-1040A
piànhóng 片鴻 6-1041A
piànhǒng 騙哄 12-860B
piānhóu 偏侯 1-1566A
piánhòu 駢厚 12-840A
piānhù 偏户 1-1563A
piānhù 偏護 1-1572A
piánhuà 駢化 12-838B
piānhuái 偏懷 1-1572A
piānhuì 偏惠 1-1568B
piānhuì 偏諱 1-1571B
piánhuī 璸暉 4-654A
piānjī 偏積 3-1046B
piānjī 偏畸 1-1569A
piānjī 偏激 1-1571B
piānjí 偏疾 1-1567A
piānjí 篇籍 8-1218B
piānjì 偏紀 1-1566B
piānjì 偏記 1-1566B
piānjì 篇技 8-1217A
piānjì 篇記 8-1217B
piánjí 駢集 12-841A
piànjì 片記 6-1040B
piànjì 片劑 6-1041A
piānjiā 篇家 8-1217B
piānjià 偏駕 1-1571A
piànjiǎ 片甲 6-1039A
piànjiǎbùcún 片甲不存 6-1039A
piànjiǎbùhuán 片甲不還 6-1039B
piànjiǎbùhuí 片甲不回 6-1039B
piànjiǎbùliú 片甲不留 6-1039B
piānjiǎn 篇簡 8-1218B
piānjiàn 偏見 1-1564A
piānjiàn 偏鑒 1-1572B
piánjiān 駢肩 12-839B
piànjiǎn 片簡 6-1041A
piánjiāndiéjì 駢肩疊迹 12-840A
piánjiāndiéjì 駢肩疊跡 12-840A
piānjiàng 偏將 1-1568A
piánjiānjiējī 駢肩接迹 12-839B
piánjiānlěijì 駢肩累迹 12-840A
piánjiānlěijì 駢肩累跡 12-840A
piánjiānlěizhǒng 駢肩累踵 12-840A
piánjiānlěizú 駢肩累足 12-839B
piānjiào 偏徼 1-1571B
piānjié 偏節 1-1569A
piānjiě 偏解 1-1569A
piānjiè 偏介 1-1562B
piánjiē 駢接 12-840B
piànjiēcùnfù 片接寸附 6-1040B
piánjìn 駢進 12-841A
piānjīng 偏精 1-1570A
piānjìng 偏敬 1-1568A
piānjiǒng 偏迥 1-1564B
piānjiù 偏咎 1-1564B
piānjǔ 偏舉 3-1046B
piānjǔ 偏舉 1-1571B
piānjù 偏據 1-1571A
piānjù 篇句 8-1217A
piánjù 駢聚 12-841B
piànjū 猵狙 5-96A
piànjú 騙局 12-860B
piànjù 片句 6-1039B
piānjuàn 篇卷 8-1217B
piánjuān 便娟 1-1365B
piánjuān 媥娟 4-387B
piānjué 偏絶 1-1569A
piánjué 平決 2-929A
piānjūn 偏軍 1-1566A
piānkè 偏刻 1-1565A
piànkè 片刻 6-1040A
piànkǒu 騙口 12-860A
piànkǒuzhāngshé 騙口張舌 12-860A
piānkū 扁枯 7-361B
piānkū 痛枯 8-344A
piānkū 偏枯 1-1565B
piānkǔ 偏苦 1-1564B
piānkù 偏酷 1-1569B
piānkūduì 偏枯對 1-1565B
piànlài 騙賴 12-861A
piānlàn 偏濫 1-1571B
piānláo 偏勞 1-1568B
piánláo 駢牢 12-839B
piānlěi 偏累 1-1567B
piānlí 偏離 1-1572A
piānlì 偏沴 1-1565A
piánlǐ 平理 2-936A
piánlì 駢立 12-839A
piánlì 駢麗 12-842A
piánlì 駢儷 12-842A
piānlián 偏憐 1-1571A
piānlián 篇聯 8-1218B
piānlián 翩連 9-673A
piānlián 翩聯 9-674A
piánlián 駢憐 12-841B
piánlián 駢聯 12-842A
piānliànyǔ 偏練雨 1-1571A
piānliè 偏列 1-1563A
piánliè 駢列 12-839A
piānlìn 偏吝 1-1564A
piánlín 駢鄰 12-841B
piànlínbànzhǎo 片鱗半爪 6-1041A
piànlíncánjiǎ 片鱗殘甲 6-1041B
piānlìng 偏令 1-1563A
piànlínzhījiǎ 片鱗隻甲 6-1041A
piānlù 偏露 1-1572A
piánlù 駢戮 12-841B
piánluán 胼攣 6-1256B
piānlùn 偏論 1-1570B
piánluó 駢羅 12-842A
piánmǎ 駢馬 12-840B
piànmǎ 騙馬 12-860B
piánmàn 駢蔓 12-841B
piānmáng 偏盲 1-1565A
piánmào 胼冒 6-1256B
piānměi 偏美 1-1566A
piánmèi 便媚 1-1367A
piánmèi 媥媚 4-387B
piānmén 偏門 1-1565A
piánmén 駢門 12-840A
piánménliánshì 駢門連室 12-840A
piānmián 翩綿 9-673B
piánmiàn 平面 2-932A
piànmiàn 片面 6-1040A
piānmiǎo 翩眇 9-673A
piānmíng 偏名 1-1563B
piānmiù 偏謬 1-1572A
piānmò 篇末 8-1217A
piānmù 篇目 8-1217A
piánmǔ 駢拇 12-839B
piánmǔqízhǐ 駢拇枝指 12-839B
piánnán 楩柟 4-1181A
piánnán 楩枏 4-1181A
piánnán 楩楠 4-1181A
piānnì 偏暱 1-1570A
piánniè 便孽 1-1368B
piānnìng 偏佞 1-1564A
piánníng 辯佞 11-511A
piánnìng 便寧 1-1368A
piánnìng 便佞 1-1362B
piǎnnìng 諞佞 11-357A
piānniú 犏牛 6-286A
piān'niù 偏拗 1-1564B
pián'ǒu 駢偶 12-840B
piānpáng 偏傍 1-1568B
piānpáng 偏旁 1-1567A
piānpéi 偏陪 1-1567A
piānpí 偏裨 1-1569B
piānpí 偏毗 1-1565B
piānpì 偏辟 1-1569B
piānpì 偏僻 1-1570B
piánpì 便辟 1-1367B
piánpì 便僻 1-1368A
piánpì 便嬖 1-1368B
piànpī 片批 6-1039B
piānpiān 扁扁 7-362A
piānpiān 偏偏 1-1567B
piānpiān 翩翩 9-673B
piánpián 便便 1-1364B
piánpián 辯辯 11-514B
piánpián 駢駢 12-841B
piánpian 平平 2-924A
piānpiāndǎodǎo 偏偏倒倒

1-1567B
piānpiāngōngzǐ 翩翩公子 9-673B
piānpiāo 翩飄 9-674A
piānpiāo 鶣鷂 12-1135B
piānpō 偏頗 1-1570A
piānqī 偏妻 1-1564B
piānqī 偏棲 1-1568A
piānqī 偏攲 1-1568B
piānqí 偏奇 1-1564B
piānqì 偏弃 1-1564A
piānqì 偏氣 1-1566B
piānqì 偏棄 1-1569B
piánqí 騈枝 12-839B
piānqiān 偏慳 1-1570A
piānqián 偏錢 1-1571B
piānqiáo 偏橋 1-1571A
piānqiǎo 偏巧 1-1563A
piánqiǎo 便巧 1-1361B
piānqífǎnyǐ 翩其反矣 9-673A
piānqīn 偏親 1-1571B
piānqū 偏曲 1-1563B
piānqū 偏區 1-1567B
piànqǔ 騙取 12-860B
piānrán 翩然 9-673A
piánrán 便然 1-1366B
piánrán 騈然 12-841A
piānrén 偏人 1-1562B
piānrèn 偏任 1-1563B
piànrén 騙人 12-860A
piánróu 便柔 1-1365A
piānrùn 偏閏 1-1569A
piánsǎn 便散 1-1366B
piānsàng 偏喪 1-1568A
piānsānxiàngsì 偏三向四 1-1562B
piànshà 片霎 6-1041A
piānshān 偏衫 1-1565A
piānshàn 偏善 1-1568B
piānshàn 偏擅 1-1571A
piánshān 蹁跚 10-480A
piánshān 褊衫 9-118B
piánshān 便姍 1-1364A
piànshàn 片善 6-1041A
piānshǎng 偏賞 1-1570B
piànshǎng 片晌 6-1040B
piànshǎng 片餉 6-1041A
piānshāojì 偏髾髻 1-1569B
piānshēng 偏生 1-1563A
piānshèng 扁乘 7-362A
piānshèng 偏勝 1-1568B
piánshēng 騈生 12-839A
piánshèng 騈盛 12-840B
piānshēngde 偏生的 1-1563A
piānshī 偏師 3-1046A
piānshī 偏施 1-1566A
piānshī 偏師 1-1566B
piānshí 偏食 1-1566A
piānshí 偏蝕 1-1570A
piānshí 篇什 8-1217A
piānshì 偏侍 1-1564B
piānshì 偏室 1-1566A
piānshì 偏恃 1-1566A
piānshì 偏視 1-1568A
piānshì 偏嗜 1-1569A
piánshī 騈屍 12-840B
piánshí 騈石 12-838B
piànshí 片石 6-1039A
piànshí 片時 6-1040B
piànshí 騙石 12-860B
piānshǒu 偏手 1-1562B
piānshǒu 篇首 8-1217B
piánshǒu 騈首 12-840A
piánshǒujiùdǎi 騈首就逮 12-840B
piánshǒujiùlù 騈首就僇 12-840B
piánshǒujiùlù 騈首就戮 12-840B
piánshǒujiùsǐ 騈首就死 12-840B
piánshǒujiùxì 騈首就繫 12-840B
piānshǒuqián 偏手錢 3-1045A
piánshǒuzhīzú 胼手胝足 6-1256B
piānshù 篇述 8-1217A
piānshù 篇數 8-1218A
piànshù 騙術 12-861A
piānshuài 偏帥 1-1566A
piānshuō 偏說 1-1570A
piānsī 偏私 1-1564A
piānsǐ 偏死 1-1563A
piánsǐ 騈死 12-839A
piánsìlìliù 騈四儷六 12-839A
piánsǒng 騈聳 12-842A
piānsuí 偏隨 1-1570A
piánsuì 騈穗 12-842A
piānsuǒ 偏瑣 1-1569B
piántāi 騈胎 12-840A
piāntān 偏癱 1-1572B
piāntǎn 偏袒 1-1567A
piántǎn 褊袒 9-119A
piāntáo 偏桃 1-1566B
piāntè 偏特 1-1566B
piānténg 偏疼 1-1567A
piāntí 偏提 1-1568A
piāntí 偏題 1-1572A
piāntí 篇題 8-1218B
piāntǐ 篇體 8-1218B
piántǐ 便體 1-1368B
piántǐ 騈體 12-842B
piántián [illegible]闐 12-133A
piántián 騈田 12-838B
piántián 騈塡 12-841A
piántián 騈闐 12-842A
piāntiáo 篇條 8-1217B
piāntīng 偏聽 1-1572A
piāntīngpiānxìn 偏聽偏信 1-1572B
piántǐwén 騈體文 12-842B
piāntǒng 篇統 8-1218A
piāntóutòng 偏頭痛 1-1571A
piàntuǐ 騙腿 12-861A
piànwābùliú 片瓦不留 6-1039A
piānwáng 偏亡 1-1562B
piānwǎng 偏枉 1-1564B
piānwàng 偏王 1-1562B
piànwǎwúcún 片瓦無存 6-1039A
piānwēi 偏威 1-1565B
piānwěi 偏委 1-1564B
piānwèi 偏爲 1-1568B
piánwén 騈文 12-838B
piànwénzhīshì 片文隻事 6-1039A
piānwǔ 偏伍 1-1563B
piānwù 偏惡 1-1568A
piānxī 偏裼 1-1569B
piánxí 便席 1-1365B
piánxí 便習 1-1366B
piànxí 片席 6-1040B
piānxiá 偏狹 1-1566B
piànxià 騙嚇 12-861A
piānxiān 媥姺 4-390B
piānxiān 翩仙 9-673A
piānxiān 翩僊 9-673A
piānxiān 翩躚 9-674A
piānxiān 翩蹮 9-674A
piānxiān 翩翻 9-674A
piānxián 偏絃 1-1568A
piānxiǎn 偏險 1-1571A
piánxiān 跰[illegible] 10-480A
piánxiān 跰蹮 10-480A
piánxiān 褊褼 9-119B
piánxiān 蹁蹮 10-524A
piānxiāng 偏廂 1-1568B
piānxiáng 翩翔 9-673A
piānxiàng 偏向 1-1563B
piānxiāngchē 偏箱車 1-1570B
piānxiāngpìrǎng 偏鄉僻壤 1-1568A
piānxiào 偏校 1-1566B
piānxié 偏斜 1-1568A
piánxié 骿脅 12-407A
piánxié 騈脅 12-840B
piánxié 騈脇 12-840B
piànxié 騙脅 12-861A
piānxīn 偏心 1-1563A
piānxìn 偏信 1-1565B
piānxíng 偏行 1-1563B
piānxǐng 偏醒 1-1571B
piánxíng 騈行 12-839A
piánxīngcuòchū 騈興錯出 12-842A
piānxīnlún 偏心輪 1-1563A
piānxiū 偏修 1-1565B
piánxù 平序 2-928B
piànxǔ 片許 6-1040B
piānxuān 翩翾 9-674A
piānxuán 翩旋 9-673A
piánxuān 便儇 1-1368A
piánxuān 便嬛 1-1368B
piánxuān 便翾 1-1368B
piánxuán [illegible] 8-931A
piánxuán [illegible]蜁 8-931A
piánxuàn 便旋 1-1366A
piānxùn 偏徇 1-1566A
piānxùn 偏狥 1-1566A
piānyán 偏言 1-1564A
piānyán 翩姸 9-673A
piānyǎn 偏眼 1-1567B
piányán 便姸 1-1363A
piányán 便言 1-1362B
piányán 㛹姸 4-387B
piányǎn 騈衍 12-840A
piányǎn 騈演 12-841B
piǎnyán 諞言 11-357A
piànyán 片言 6-1039B
piànyánzhéyù 片言折獄 6-1039B
piànyánzhīyǔ 片言隻語 6-1040A
piànyánzhīzì 片言隻字 6-1040A
piānyào 偏要 1-1565B
piānyào 偏藥 1-1572A
piānyè 篇頁 8-1217B
piānyè 篇葉 8-1218A
piānyè 篇業 8-1218A
piānyī 偏衣 1-1563B
piānyí 偏宜 1-1565A
piānyǐ 偏倚 1-1566B
piānyì 偏異 1-1567B
piānyì 偏意 1-1569B
piānyì 偏藝 1-1572A
piānyì 偏譯 1-1572A
piányí 便宜 1-1363B
piányì 騈邑 12-839A
piányì 騈溢 12-841A
piányì 騈翼 12-842A
piànyǐng 片影 6-1041A
piányíshì 便宜事 1-1363B
piānyōng 偏壅 1-1571B
piānyōng 偏擁 1-1571A
piānyǒng 篇咏 8-1217B
piānyǒng 篇詠 8-1218A
piānyōu 偏憂 1-1570B
piànyóu 騙油 12-860B
piànyòu 騙誘 12-861A
piānyú 偏隅 1-1568A
piānyǔ 偏窳 1-1571A
piānyǔ 篇語 8-1218A
piányǔ 騈語 12-841B
piányù 騈鬱 12-842B
piànyǔ 片羽 6-1039B
piànyǔ 片雨 6-1040A
piànyǔ 片語 6-1041A
piànyù 片玉 6-1039A
piānyuán 偏圓 1-1569A
piānyuǎn 偏遠 1-1569A
piānyuàn 偏院 1-1566B
piányuān 便悁 1-1365B
piānyuè 偏越 1-1568A
piànyuè 片月 6-1039A
piānyùn 篇韻 8-1218B
piányǔn 騈殞 12-841B
piányùn 騈孕 12-839A
piànyún 片雲 6-1040B
piánzā 騈匝 12-838B
piánzá 騈雜 12-842A

piānzāi 偏災 1-1564B
piānzài 偏載 1-1569A
piánzài 平在 2-926A
piànzāng 騙贓 12-861A
piànzéi 騙賊 12-861A
piānzēng 偏憎 1-1571A
piànzhá 片札 6-1039A
piànzhà 騙詐 12-861A
piānzhàn 偏戰 1-1571B
piánzhǎn 駢斬 12-840B
piānzhāng 篇章 8-1218A
piánzhāng 便章 1-1366A
piánzhāng 平章 2-937A
piānzhào 偏照 1-1569A
piánzhēn 駢臻 12-841B
piānzhèng 偏政 1-1565B
piānzhí 偏執 1-1567A
piānzhǐ 偏指 1-1565B
piānzhì 偏至 1-1563A
piānzhì 偏忮 1-1564A
piānzhì 偏制 1-1564B
piānzhì 偏智 1-1568B
piānzhì 偏滯 1-1570A
piānzhì 偏摯 1-1570B
piānzhì 偏質 1-1570B
piānzhì 篇帙 8-1217B
piānzhì 篇秩 8-1217B
piānzhì 篇袠 8-1218A
piānzhì 篇製 8-1218A
piánzhī 跰跖 10-480A
piánzhī 胼胝 6-1256B
piánzhī 骿胝 12-407A
piánzhī 駢支 12-838B
piánzhí 駢躓 12-842B
piánzhí 駢植 12-841A
piánzhǐ 跰趾 10-480A
piánzhǐ 駢祉 12-840B
piánzhǐ 駢指 12-840A
piánzhǐ 駢趾 12-840B
piánzhì 駢峙 12-840A
piánzhì 平秩 2-934B
piànzhǐ 片紙 6-1040B
piānzhíkuáng 偏執狂
1-1567B
piánzhīlìyè 駢枝儷葉
12-839B
piánzhīshǒuzú 胼胝手足
6-1256B
piànzhǐzhīzì 片紙隻字
6-1040B
piānzhòng 偏重 1-1565B
piānzhōu 扁舟 7-361A
piānzhōu 偏州 1-1564A
piānzhōu 偏舟 1-1563B
piānzhōuchéngxìng
扁舟乘興 7-361A
piānzhōuxìngjìn
扁舟興盡 7-361B
piānzhōuyì 扁舟意 7-361B
piānzhū 偏諸 1-1570B
piānzhù 偏注 1-1565A
piánzhū 駢誅 12-841A
piānzhuì 偏墜 1-1570A
piánzhuì 駢贅 12-842A
piānzi 片子 6-1039A
piānzi 篇子 8-1217A
piānzì 偏恣 1-1567A
piánzǐ 楩梓 4-1181A
piánzì 駢字 12-839A
piànzi 片子 6-1038B
piànzi 騙子 12-860B
piànzì 片字 6-1039B
piànzidì 片子地 6-1039A
piànzishǒu 騙子手 12-860B
piānzōu 偏陬 1-1567A
piánzòu 駢奏 12-840A
piánzòu 平奏 2-931B
piānzú 偏卒 1-1565A
piánzú 跰足 10-480A
piánzú 駢族 12-841A
piánzǔ 駢組 12-841A
piànzuàn 騙賺 12-861A
piānzuǐ 偏嘴 1-1571B
piànzuǐ 騙嘴 12-861A
pí'ǎo 皮襖 8-523B
pǐ'ào 癖傲 8-360B
pì'ào 僻拗 1-1708A
pì'ào 僻奧 1-1709A
piāobǎi 漂擺 6-79A
piǎobái 漂白 6-75B
piǎobáifěn 漂白粉 6-75B
piāobào 飄暴 12-648A
piáobēi 瓢栝 8-283A
piǎobèi 縹被 9-978B
piàoběn 票本 7-908A
piǎobì 縹碧 9-978B
piàobì 票臂 7-909B
piàobiàn 剽便 2-737B
piāobó 漂泊 6-76B
piāobó 漂薄 6-79A
piāobó 飄泊 12-644A
piāobó 飄薄 12-648A
piāobǒ 飄簸 12-648B
piǎobó 殍殕 5-166A
piàobō 剽剥 2-738A
piàobó 剽薄 2-739A
piāobù 飄布 12-643B
piǎobù 漂布 6-75B
piàobù 票布 7-908A
piàobù 票簿 7-909B
piāocán 飄殘 12-646A
piàochá 票查 7-908B
piàochàng 嘌唱 3-488B
piáochāng 嫖娼 4-403B
piàochāo 票鈔 7-909A
piāochén 漂沉 6-76A
piāochén 漂沈 6-76A
piāochén 飄塵 12-647B
piāochén 飄沈 12-643B
piàochén 剽塵 2-739A
piáochóng 瓢蟲 8-283A
piāochǔ 漂杵 6-76A
piāochuī 飄吹 12-643B
piǎocí 縹瓷 9-978B
piāodài 飄帶 12-645B
piǎodài 縹帶 9-978B
piāodān 飄殫 12-648A
piáodān 瓢簞 8-283A
piāodàng 漂蕩 6-78B
piāodàng 飄蕩 12-647B
piāodàng 飄盪 12-648B
piáodàng 闞蕩 12-152B
piàodào 剽盜 2-738B
piāodiàn 漂墊 6-78A
piāodiàn 飄電 12-647A
piāodòng 飄動 12-645B
piáodǔ 嫖賭 4-403B
piāoduò 飄墮 12-647B
piàoduō 剽剟 2-738A
piàoduō 剽掇 2-738B
piàoduó 剽敓 2-738B
piàoduó 剽奪 2-739A
piǎo'è 殍餓 5-166A
piào'é 票額 7-909B
piāo'er 漂兒 6-76A
piāo'ěr 飄爾 12-647B
piáo'ercài 瓢兒菜 8-282B
piào'eryín 票兒銀 7-908A
piāofá 飄垡 12-644B
piāofà 漂髮 6-78B
piàofā 票發 7-909A
piàofǎ 票法 7-908B
piāofàn 漂泛 6-76A
piāofàn 飄泛 12-643B
piàofáng 票房 7-908B
piàofángjiàzhí 票房價值
7-908B
piāofánluòhùn 飄樊落溷
12-647B
piāofānzhuìhùn 飄藩墜溷
12-648B
piāofēi 飄霏 12-648A
piāofèi 漂沸 6-76B
piàofēn 剽分 2-737A
piàofèn 剽奮 2-739A
piāofēng 飄風 12-644B
piāofēng 颮風 12-642B
piāofēngbàoyǔ 飄風暴雨
12-644B
piāofēngguò'ěr 飄風過耳
12-644B
piāofēngguòyǔ 飄風過雨
12-644B
piāofēngjíyǔ 飄風急雨
12-644B
piāofēngkǔyǔ 飄風苦雨
12-644B
piāofēngzhòuyǔ 飄風驟雨
12-644B
piāofú 漂浮 6-77A
piāofú 飄拂 12-643B
piāofú 飄浮 12-645A
piāofù 漂覆 6-79A
piàofú 剽拂 2-737B
piāogài 漂槩 6-78A
piàogǎn 慓敢 7-706A
piāogāo 漂膏 6-78B
piàogēn 票根 7-908B
piāogěng 漂梗 6-77A
piàogōng 剽攻 2-737B
piāogǔ 漂汩 6-76A
piāogǔ 飄鼓 12-646B
piáoguān 瓢冠 8-282B
piàoguó 驃國 12-879B
piàoguǒ 慓果 7-705B
piāohǎi 漂海 6-77A
piàohàn 驃悍 12-879B
piàohàn 剽悍 2-738A
piàohàn 剽捍 2-738A
piàohàn 僄悍 1-1630B
piàohàn 慓悍 7-705B
piàohào 票號 7-909A
piǎohóng 縹紅 9-978B
piàohóng 票紅 7-908B
piāohū 翲忽 9-676B
piāohū 飄忽 12-644A
piāohū 飄曶 12-644A
piàohū 票忽 7-908A
piáohú 瓢壺 8-283A
piāohuā 飄花 12-643B
piàohuá 剽猾 2-738B
piāohuí 飄回 12-643B
piàohuì 票匯 7-909A
piàohuó 票活 7-908B
piàohuò 剽獲 2-739A
piāojī 漂激 6-79A
piāojī 飄擊 12-648B
piāojī 飄虀 12-649B
piāojí 飄疾 12-645A
piāojì 飄迹 12-644B
piāojì 飄寄 12-646A
piāojì 飄跡 12-647A
piáojì 闞妓 12-152B
piáojì 嫖妓 4-403B
piàojí 猽猜 5-102B
piàojí 剽急 2-737B
piàojí 剽疾 2-738A
piàojí 漂疾 6-77A
piàojí 僄急 1-1630B
piàojí 慓疾 7-705B
piàojì 票記 7-908B
piàojiā 票夾 7-908A
piàojià 票價 7-909B
piāojiàn 瞟見 7-1250A
piàojiàn 票健 7-908B
piàojiàng 票將 7-909A
piāojiǎo 彯狡 3-1131A
piàojiǎo 剽狡 2-737B
piàojiǎo 僄狡 1-1630B
piàojiǎo 猽狡 5-102B
piāojié 飄傑 12-646A
piǎojié 縹節 9-978B
piàojié 剽刦 2-737B
piàojié 剽劫 2-737B
piǎojìn 殍殣 5-166A
piàojìn 慓勁 7-705B
piáojīng 嫖經 4-403B
piàojìng 剽勁 2-737B
piāojiǒng 漂冋 6-76A
piāojiǔ 飄酒 12-645A
piǎojiǔ 縹酒 9-978B
piāojǔ 摽舉 6-832A
piāojǔ 飄舉 12-648A
piàojù 票據 7-909B
piāojué 漂決 6-76A
piāojué 飄決 12-643B

piàojùn 驃駿 12-879B
piáokè 闝客 12-152B
piáokè 嫖客 4-403B
piāokuàng 漂絖 6-77B
piāolàn 漂濫 6-79A
piāolàng 漂浪 6-77A
piāoláo 縹醪 9-979A
piáolì 瓢笠 8-283A
piǎolǐ 縹李 9-978A
piàolì 剽利 2-737B
piāolì 漂厲 6-78B
piāoliáng 飄梁 12-646A
piǎoliang 漂亮 6-76B
piàoliang 漂亮 6-76B
piāoliángdàicì 漂涼帶刺 6-77B
piàolianghuà 漂亮話 6-76B
piàoliè 剽裂 2-738B
piāolín 飄淋 12-645B
piāolíng 漂凌 6-76B
piāolíng 漂零 6-78A
piāolíng 飄泠 12-644A
piāolíng 飄凌 12-645A
piāolíng 飄零 12-647A
piàolìng 嘌呤 3-488B
piāolíngshūjiàn 飄零書劍 12-647A
piāoliú 漂流 6-77A
piāoliú 飄流 12-645A
piāolǔ 漂鹵 6-77A
piāolǔ 漂樐 6-79A
piāolǔ 漂櫓 6-79A
piàolǔ 剽鹵 2-738B
piàolǔ 剽虜 2-738B
piàolù 剽戮 2-739A
piāolún 漂淪 6-77B
piāolún 飄淪 12-646A
piāolún 飄輪 12-648A
piāoluò 漂落 6-77B
piāoluò 飄落 12-646A
piàolüè 摽掠 6-831A
piàolüè 剽掠 2-738A
piàolüè 剽略 2-738B
piàolüè 剽剠 2-738A
piāomǎ'er 飄馬兒 12-645A
piāomài 漂麥 6-77A
piàomiàn 票面 7-908B
piāomiǎo 漂渺 6-77B
piāomiǎo 縹眇 9-978B
piāomiǎo 縹渺 9-978B
piāomiǎo 縹緲 9-979A
piāomiǎo 飄眇 12-644B
piāomiǎo 飄渺 12-646B
piāomiǎo 飄邈 12-648B
piāomiǎo 瞟眇 7-1250A
piāomò 漂没 6-76A
piāomò 漂沫 6-76A
piāomò 飄没 12-643B
piāomò 瀏沫 6-160B
piàomó 剽模 2-739A
piāomù 飄沐 12-643B
piǎomǔ 漂母 6-75B
piǎomǔsūn 漂母飧 6-76A
piáonáng 瓢囊 8-283B
piǎonáng 縹囊 9-979A
piāonì 漂溺 6-78A
piāonì 飄溺 12-647A
piàonǐ 剽擬 2-739A
piàonǐ 票擬 7-909B
piāoniǎo 飄裊 12-647A
piàoniǎo 驃裊 12-879B
piāoniè 漂齧 6-79A
piǎonǚ 漂女 6-75B
piāoōu 漂漚 6-78B
piāopèi 漂沛 6-76A
piāopéng 漂蓬 6-78A
piāopéng 飄蓬 12-647A
piāopéng 飄篷 12-648A
piāopéngduàngěng 飄蓬斷梗 12-647A
piāopiān 飄翩 12-648A
piāopiāo 摽摽 6-831B
piāopiāo 彯彯 3-1131A
piāopiāo 漂漂 6-78B
piāopiāo 縹縹 9-979A
piāopiāo 飄飄 12-649A
piāopiāo 票票 7-909A
piàopiào 票票 7-909A
piàopiào 慓慓 7-706A
piāopiāorán 飄飄然 12-649B
piāopiāoshuǐ 飍飍水 12-922B
piāopiāoyàngyàng 飄飄漾漾 12-649B
piāopiāoyànyàn 飄飄艷艷 12-649B
piāopiāoyèyè 飄飄拽拽 12-649B
piāopiāoyùxiān 飄飄欲仙 12-649B
piāopiē 飄瞥 12-648A
piāopiē 瀏潎 6-160B
piāopiě 彯撇 3-1131A
piāopiě 彯擎 3-1131B
piāopiě 漂撇 6-78A
piāopíng 漂萍 6-77A
piāopíng 飄萍 12-645B
piāopíngduàngěng 飄萍斷梗 12-645B
piāopínglàngjì 飄萍浪迹 12-645B
piāopō 漂潑 6-79A
piáopō 瓢潑 8-283A
piàopò 剽迫 2-737B
piáopōwǎguàn 瓢潑瓦灌 8-283A
piāoqí 趣騎 9-1153A
piǎoqì 縹氣 9-978B
piàoqí 驃騎 12-879B
piàoqí 票騎 7-909B
piàoqì 僄弃 1-1630B
piàoqiān 票籤 7-910A
piàoqiè 摽竊 6-832A
piàoqiè 剽竊 2-739B
piàoqín 票禽 7-909A
piāoqīng 漂輕 6-78B
piāoqīng 飄輕 12-647B
piāoqīng 票輕 7-909B
piǎoqīng 縹青 9-978A
piǎoqīng 縹清 9-978B
piàoqīng 剽輕 2-739A
piàoqīng 票輕 7-909B
piàoqīng 僄輕 1-1630B
piàoqīng 僄䡾 1-1631A
piàoqīng 慓輕 7-706A
piǎoqū 瞟覷 7-1250B
piàoqǔ 剽取 2-737B
piàoqǔ 票取 7-908A
piāorán 彯然 3-1131A
piāorán 漂然 6-77B
piāorán 飄然 12-646B
piāorán 票然 7-909A
piǎorǎn 漂染 6-76B
piàorǎng 剽攘 2-739B
piàoróu 剽蹂 2-739A
piāorú 漂濡 6-79A
piàoruì 剽鋭 2-739A
piàoruì 慓鋭 7-706A
piāosǎ 漂灑 6-79A
piāosǎ 飄洒 12-644B
piāosǎ 飄灑 12-650A
piāosà 飄颯 12-647B
piāosǎn 飄散 12-646A
piāosàn 飄散 12-646A
piǎosào 瞟掃 7-1250B
piāosè 飄色 12-643B
piǎosè 縹色 9-978A
piāoshā 漂沙 6-76A
piāoshā 漂殺 6-76B
piàoshā 剽殺 2-738A
piāoshǎn 飄閃 12-645A
piǎoshǎn 瞟閃 7-1250A
piàoshāng 剽傷 2-738B
piàoshāng 票商 7-909A
piáosháo 瓢杓 8-282B
piáosháo 瓢勺 8-282B
piāoshēn 摽身 6-831A
piáoshēng 瓢笙 8-283A
piàoshēng 剽聲 2-739A
piàoshēng 僄聲 1-1631A
piāoshì 飄逝 12-645A
piàoshí 剽拾 2-737B
piàoshì 票式 7-908A
piàoshì 慓士 7-705B
piāoshǔ 趣鼠 9-1153A
piǎoshū 縹書 9-978B
piàoshù 剽态 2-737B
piàoshuài 票帥 7-908B
piāoshuǐ 飍水 12-922A
piāoshuì 漂説 6-78B
piàoshuō 摽説 6-831B
piāosù 飄素 12-645A
piāosù 飄速 12-645A
piáosù 闝宿 12-152B
piàosú 剽俗 2-737B
piàosù 剽遬 2-739A
piàosù 僄遬 1-1631A
piāotà 飄沓 12-644A
piáotáng 瓢堂 8-283A
piāotián 漂田 6-75B
piàotiē 票貼 7-909A
piàotiě 票帖 7-908A
piàotóu 票頭 7-909B
piāotū 飄突 12-645A
piàotū 僄突 1-1630B
piāowǎ 飄瓦 12-643A
piǎowǎ 縹瓦 9-978A
piāowǎxūzhōu 飄瓦虚舟 12-643B
piàowèi 驃衛 12-879B
piàowén 剽聞 2-739A
piāowū 飄兀 12-643A
piāowǔ 飄舞 12-647B
piàowǔ 票武 7-908A
piāoxǐ 漂洗 6-76B
piāoxǐ 飄纚 12-650A
piǎoxǐ 漂洗 6-76B
piàoxí 剽襲 2-739B
piàoxì 剽係 2-737B
piāoxiāng 飄鄉 12-646A
piāoxiáng 飄翔 12-646B
piǎoxiāng 縹緗 9-978B
piāoxiāo 彯蕭 3-1131B
piāoxiāo 螵蛸 8-952B
piāoxiāo 飄蕭 12-648A
piǎoxiāo 縹霄 9-978B
piàoxiě 票寫 7-909B
piàoxìn 驃信 12-879A
piàoxíng 票行 7-908A
piàoxióng 票雄 7-909A
piāoxiū 飄飍 12-650A
piāoxū 飄欻 12-648A
piǎoxù 漂絮 6-77B
piāoxuán 漂旋 6-77A
piāoxuán 飄旋 12-645B
piàoxuǎn 票選 7-909B
piàoxuē 剽削 2-737B
piāoxùn 飄迅 12-643B
piāoyān 飄焉 12-645B
piǎoyān 縹煙 9-978B
piǎoyǎn 瞟眼 7-1250A
piàoyán 票鹽 7-910A
piāoyáng 飄揚 12-646A
piāoyáng 飄颺 12-648B
piāoyàng 飄漾 12-647B
piàoyáng 票洋 7-908B
piāoyángguòhǎi 飄洋過海 12-645A
piāoyánghánghǎi 飄洋航海 12-644B
piāoyáo 摽摇 6-831B
piāoyáo 彯摇 3-1131A
piāoyáo 漂摇 6-77B
piāoyáo 漂遥 6-78A
piāoyáo 飄姚 12-645A
piāoyáo 飄摇 12-646B
piāoyáo 飄遥 12-647A
piāoyáo 飄颻 12-649A
piǎoyáo 灪飈 6-183A
piàoyáo 剽姚 2-737B
piàoyáo 票姚 7-908B
piàoyáo 嫖姚 4-403B
piàoyào 驃姚 12-879A
piàoyào 票鷂 7-910A
piāoyáocǎo 漂摇草 6-78A
piāoyè 漂曳 6-76A

piāoyè 飄曳 12-643B
piāoyǐ 漂蟻 6-79A
piāoyì 漂溢 6-78A
piāoyì 飄逸 12-645B
piāoyì 飄溢 12-647A
piāoyīn 飄茵 12-644A
piāoyín 漂淫 6-77B
piáoyǐn 瓢飲 8-283A
piàoyín 票銀 7-909B
piàoyǐn 票引 7-907B
piāoyīnduòhùn 飄茵墮溷 12-644B
piāoyīng 影纓 3-1131B
piāoyīng 飄英 12-643B
piāoyīnluòhùn 飄茵落溷 12-644A
piāoyīnsuíhùn 飄茵隨溷 12-644B
piāoyǒng 漂泳 6-76B
piàoyǒng 剽勇 2-738A
piàoyǒng 票勇 7-908B
piàoyǒng 僄勇 1-1630B
piàoyǒng 慓勇 7-705B
piāoyōu 飄悠 12-645B
piāoyóu 漂游 6-77B
piāoyóu 飄游 12-646B
piāoyóu 飄遊 12-646B
piāoyóu 飄颻 12-648A
piàoyǒu 票友 7-907B
piāoyù 漂寓 6-77B
piāoyù 飄寓 12-646B
piǎoyù 縹玉 9-978A
piáoyuàn 闞院 12-152B
piāoyújīn 漂渝津 6-77B
piāoyǔn 飄霣 12-648B
piàozéi 剽賊 2-738B
piàozéi 票賊 7-909A
piàozhāi 剽摘 2-738B
piàozhāi 票摘 7-909A
piāozhǎn 飄展 12-645B
piāozhǎn 飄颭 12-647B
piàozhàng 漂賬 6-79A
piàozhào 票照 7-909A
piáozhì 瓢觶 8-283A
piǎozhì 縹帙 9-978B
piǎozhì 縹致 9-978B
piàozhǐ 票旨 7-908A
piàozhǐ 票紙 7-908B
piàozhì 慓鷙 7-706A
piāozhòu 飄驟 12-650A
piāozhù 飄翥 12-647B
piāozhuǎn 飄轉 12-648B
piàozhuāng 票莊 7-908B
piàozhuàng 驃壯 12-879A
piāozhuì 漂墜 6-78B
piāozhuì 飄墜 12-647B
piàozhuì 剽綴 2-739A
pī'ǎozi 披襖子 6-528B
piàozi 票子 7-907B
piāozǔ 影組 3-1131A
piáozūn 瓢尊 8-283A
piáozūn 瓢樽 8-283A
píbài 皮韛 8-523B
pǐbài 否敗 3-204A
pībàn'er 劈半兒 2-744A
píbǎn'er 皮板兒 8-520A
píbǎnmáo 皮板毛 8-520A
pībàntíngfēn 疋半停分 8-493B
píbāo 皮包 8-519B
píbāogǔtou 皮包骨頭 8-519B
pībāzì 批八字 6-365A
píběi 罷北 8-1041A
píbèi 罷憊 8-1043B
píbèi 疲憊 8-310B
pīběn 批本 6-365B
pībǐ 批筆 6-367B
pībì 披辟 6-527A
píbì 罷敝 8-1043A
píbì 罷弊 8-1043B
píbì 罷獘 8-1043B
píbì 皮幣 8-522B
píbì 疲敝 8-309A
píbì 疲弊 8-310A
píbì 疲獘 8-310A
pǐbǐ 匹比 1-948B
pǐbì 否閉 3-204A
pìbǐ 僻鄙 1-1709B
pìbǐ 譬比 11-457A
pībiān 被邊 9-60B
pībiàn 丕變 1-493A
píbiān 皮鞭 8-523B
píbiàn 皮弁 8-519B
píbiàncǎo 皮弁草 8-520A
píbiànfú 皮弁服 8-520A
pǐbiào 擗摽 6-932B
pìbiē 脾憋 6-1333B
pǐbié 仳別 1-1191A
pībǐng 批稟 6-367B
pībǐng 披秉 6-523A
píbìng 罷病 8-1042B
píbìng 疲病 8-309A
pībō 披撥 6-527B
pībō 劈剝 2-744B
pībó 批駁 6-367B
pībó 披帛 6-523B
pībó 披膊 6-527A
pībó 披薄 6-528A
pībó 紕薄 9-756B
píbō 皮剝 8-521A
píbó 皮帛 8-520A
pǐbō 否剝 3-204A
pǐbō 圮剝 2-1015B
pǐbō 擗撥 6-932B
pǐbó 疋帛 8-493B
pìbó 闢駁 12-174B
píbōsuǒ 皮剝所 8-521A
pībù 坯布 2-1072B
pībù 披布 6-522A
pībù 披簿 6-529A
pībǔ 毗補 5-273A
pìbù 辟布 11-485A
pīcǎi 披采 6-523B
pīcái 庀材 3-1208A
pícān 疲驂 8-311A
pìcáng 辟藏 11-491A
pīcǎo 披草 6-524A
pìcǎo 辟草 11-487B
pícǎoháng 皮草行 8-520B
pìcè 僻側 1-1708B
pīchà 劈叉 2-743B
pǐchái 劈柴 2-744B
pǐchái 匹儕 1-951B
pīcháidāo 劈柴刀 2-744B
pīchǎn 丕闡 1-493A
pīchāng 披昌 6-523A
pīchāng 披猖 6-525B
pīchāng 狓猖 5-44A
pīchǎng 坯場 2-1072B
pícháng 皮裳 8-522B
píchǎngmiào 皮場廟 8-521B
píchē 皮車 8-520A
pǐchè 圮坼 2-1015B
pīchén 披陳 6-525A
pīchéng 丕承 1-491B
pīchéng 披誠 6-527A
pìchēng 辟稱 11-490A
pìchēng 譬稱 11-457B
pìchéng 譬成 11-457A
pīchì 批敕 6-367A
píchī 膍胵 6-1361A
píchí 罷池 8-1041B
pǐchí 匹馳 1-950B
pīchóng 丕崇 1-492B
pìchōng 僻惷 1-1709B
pǐchóu 匹儔 1-951A
pǐchóu 匹疇 1-951B
pǐchóu 疋儔 8-494A
pīchū 劈初 2-744A
pǐchú 匹雛 1-951B
pǐchǔ 匹處 1-949B
pìchú 辟除 11-487B
pìchú 闢除 12-174B
pìchǔ 僻處 1-1708B
pìchù 僻處 1-1708B
píchuán 皮船 8-521B
pīchuí 批箠 6-368A
pìchuì 鼙吹 12-1399A
pīchūtóu 劈初頭 2-744A
pǐchūtóu 擗初頭 6-932B
pīcì 劈刺 2-744A
pìcìguǎdàn 屁雌寡淡 4-12B
pícuì 皮綷 8-522B
pícuì 疲悴 8-309B
pícuì 疲瘁 8-309B
pícuì 疲顇 8-311A
pìcùjú 皮蹴鞠 8-523B
pìcuò 僻錯 1-1710A
pīdá 批答 6-367A
pīdà 丕大 1-491B
pìdà 譬大 11-457A
pīdài 披帶 6-525B
pīdài 披戴 6-528A
pídài 罷怠 8-1042B
pídài 皮帶 8-521B
pídài 皮袋 8-521B
pídài 疲怠 8-308B
pídài 疲殆 8-308B
pīdǎn 批侃 6-365B
pīdǎn 批抗 6-365B
pīdǎn 披膽 6-528B
pīdàn 丕誕 1-492B
pídān 疲單 8-309B
pídān 疲殫 8-310A
pídàn 皮蛋 8-521B
pīdàng 披蕩 6-527B
pīdāo 鈚刀 11-1248B
pīdāo 劈刀 2-743B
pīdǎo 批擣 6-368B
pǐdào 否道 3-204B
pìdào 闢道 12-174B
pīdāpāidā 劈嗒拍嗒 2-745A
pǐdé 否德 3-205A
pǐdé 媲德 4-395B
pīdēng 丕登 1-492B
pídēnglóng 皮燈籠 8-523B
pídēngqiú 皮燈毬 8-523B
pídēngqiú 皮燈球 8-523B
pīdī 被隄 9-58B
pīdì 披覿 6-530A
pīdǐ 批抵 6-365B
pīdì 劈地 2-744A
pǐdí 匹嫡 1-950B
pǐdí 匹敵 1-951A
pǐdì 圮地 2-1015B
pìdì 辟地 11-485A
pìdì 闢地 12-174A
pìdì 僻地 1-1707B
pīdiǎn 批點 6-368B
pìdiǎn 僻典 1-1708A
pìdiàn 辟奠 11-489A
pìdiào 僻窵 1-1710A
pídié 陴堞 11-1017A
pīdìng 鈚鋌 11-1228B
pīdiūpūdā 劈丟撲搭 2-744A
pǐdiūpūdā 疋丟撲搭 8-493B
pǐdiūpūdá 疋丟撲答 8-493B
pīdiūpūdōng 劈丟撲鼕 2-744A
pīdòng 披凍 6-525A
pīdòu 批鬭 6-369A
pīdú 披讀 6-530A
pīdù 紕蠹 9-756B
pǐduàn 匹段 1-949A
pǐduàn 疋段 8-494A
pīduī 披堆 6-525A
pīduì 披對 6-527A
pídùn 罷頓 8-1043A
pídùn 疲鈍 8-309B
pídùn 疲頓 8-309B
pīduō 披哆 6-524A
pīduò 剫剁 2-709B
pīduó 毞毻 6-1007A
píduò 疲墮 8-310A
pí'ē 疲痾 8-309B
pì'è 僻惡 1-1709A
piēbà 撇罷 6-846A
piēbō 撇波 6-845A
piědāidǎduò 撇呆打墮 6-845A
piědào 撇道 6-845B
piēdì 瞥地 7-1252A
piēdiào 撇弔 6-845A
piēdǔ 瞥覩 7-1252B
piē'ěr 瞥爾 7-1252B
piēfàng 撇放 6-845A

piēguān 瞥觀 7-1252B
piēhū 瞥忽 7-1252A
piějiǎ 撇假 6-845B
piējiàn 瞥見 7-1252A
piēkāi 撇開 6-845B
piěkàng 撇抗 6-845A
piělán 撇蘭 6-846A
piělán 苤藍 9-327B
piēliè 潎洌 6-104A
piēliè 瞥列 7-1252A
piēliè 瞥捩 7-1252A
piēliè 瞥裂 7-1252B
piěliè 撇捩 6-845A
piěliè 撇烈 6-845A
piěliè 撇捩 6-845B
piēmiàn 瞥面 7-1252A
piěmò 撇末 6-845A
piēmù 瞥目 7-1252A
piěpán 鐅盤 11-1387B
piēpiē 瞥瞥 7-1252B
piēqì 撇棄 6-845B
piēqiàn 撇欠 6-845A
piěqiàn 撇嵌 6-845B
piēqīng 撇清 6-845B
piěqīng 撇清 6-845B
piēquē 擎缺 6-827A
piēquè 撇却 6-845A
pī'ér 鬔耏 12-733A
pī'ér 鬔髵 12-733A
pì'èr 辟珥 11-487B
piērán 瞥然 7-1252B
piěrán 撇然 6-845B
piēsǎ 撇撒 6-846A
piēshǎn 撇閃 6-845A
piēshì 瞥視 7-1252B
piēsū'er 撇酥兒 6-845B
piētuō 撇脫 6-845B
piētuō 瞥脫 7-1252B
piēwàng 撇忘 6-845A
piēwén 瞥聞 7-1252B
piěxū 撇虛 6-845B
piēxuán 撇漩 6-846A
piēyǎn 瞥眼 7-1252A
piēyàng 撇漾 6-846A
piēyàng 瞥樣 7-1252B
piēyǎnjiān 瞥眼間 7-1252A
piēyè 撇曳 6-845A
piěyè 撇葉 6-845B
piēyìng 瞥映 7-1252A
piězuǐ 撇嘴 6-846A
pīfā 批發 6-367B
pīfà 被髮 9-59B
pīfà 披髮 6-527B
pífá 罷乏 8-1041A
pífá 皮筏 8-522A
pífá 疲乏 8-307B
pìfǎ 辟法 11-487A
pìfǎ 辟灋 11-491B
pīfǎn 批反 6-365A
pífàn 裨販 9-108B
pīfáng 披房 6-523B
pìfāng 辟方 11-484B
pìfāng 譬方 11-457A
pìfàng 僻放 1-1708A
pīfàrùshān 被髮入山 9-60A
pīfàrùshān 披髮入山 6-527B
pīfàwénshēn 被髮文身 9-60A
pīfàxiǎnzú 被髮跣足 9-60A
pīfàyángkuáng 被髮佯狂 9-60A
pīfàyiángkuáng 被髮詳狂 9-60A
pīfàyīngguān 被髮纓冠 9-60A
pīfàyīngguān 披髮纓冠 6-527B
pīfàzuǒrèn 被髮左衽 9-60A
pīfàzuǒrèn 被髮左袵 9-60A
pīfàzuǒrèn 披髮左袵 6-527B
pífèi 疲費 8-309B
pǐfèi 圮廢 2-1016A
pīfēn 披紛 6-525A
pīfēng 丕風 1-492A
pīfēng 披風 6-524B
pīfèng 批鳳 6-368A
pīfèng 毗奉 5-272A
pīfēngmǒyuè 批風抹月 6-366B
pīfēngzhǎnlàng 劈風斬浪 2-744B
pīfó 闢佛 12-174A
pífóu 蚍蜉 8-867A
pífǒu 蚍蜉 8-867A
pīfū 披敷 6-527B
pīfú 被服 9-57B
pífú 蠯蠹 8-946A
pīfú 披拂 6-523A
pīfú 披服 6-523B
pīfù 批覆 6-368B
pīfù 披腹 6-526B
pīfù 披覆 6-528B
pífū 皮膚 8-522B
pífú 皮服 8-520A
pífú 芘芣 9-284B
pífú 蚍蜉 8-867A
pífú 蚍蚨 8-867A
pǐfǔ 裨輔 9-108B
pífǔ 毗輔 5-273A
pífù 裨附 9-108A
pífù 皮傅 8-522A
pífù 毗富 5-273A
pǐfū 匹夫 1-947B
pǐfū 疋夫 8-493A
pǐfù 否婦 3-204B
pǐfù 匹婦 1-950A
pífūbìng 皮膚病 8-523A
pǐfùbùhuò 匹婦不獲 1-950A
pǐfūbùkěduózhì 匹夫不可奪志 1-948A
pífúdàipén 蚍蜉戴盆 8-867B
pífúdàipén 蜱蜉戴盆 8-918B
pífúdié 蚍蜉堞 8-867A
pǐfūfànfù 匹夫販婦 1-948A
pǐfūgōudú 匹夫溝瀆 1-948B
pǐfùgōuqú 匹婦溝渠 1-950A
pífúhàndàmù 蚍蜉撼大木 8-867A
pífúhàndàshù 蚍蜉撼大樹 8-867A
pífúhànshù 蚍蜉撼樹 8-867B
pǐfūhuáibì 匹夫懷璧 1-948B
pífújiǔcǎo 蚍蜉酒草 8-867A
pǐfūpǐfù 匹夫匹婦 1-948A
pǐfūpǐfù 疋夫疋婦 8-493B
pǐfūshùfù 匹夫庶婦 1-948A
pǐfūtóngfù 匹夫僮婦 1-948B
pǐfūwúzuì…
匹夫無罪，懷璧其罪 1-948B
pǐfūxiǎoliàng 匹夫小諒 1-948A
pǐfùxīn 披腹心 6-526B
pǐfūyǒng 匹夫勇 1-948A
pǐfūyǒuzé 匹夫有責 1-948A
pífúyuán 蚍蜉援 8-867A
pífūzhījiàn 皮膚之見 8-523A
pǐfūzhīliàng 匹夫之諒 1-948A
pǐfūzhīyǒng 匹夫之勇 1-948A
pīgǎi 批改 6-366A
pígāi 膍胲 6-1361A
pǐgài 匹概 1-950B
pīgān 披肝 6-522B
pígàn 皮幹 8-522A
pīgāndǎn 披肝膽 6-522B
pīgāngdǎoxū 批亢擣虛 6-365B
pīgāngdǐxī 批亢抵巇 6-365A
pīgānlìdǎn 披肝瀝膽 6-522B
pīgānlìxuè 披肝瀝血 6-522B
pīgānlùdǎn 披肝露膽 6-522B
pīgào 披告 6-522B
pīgé 丕革 1-492A
pígé 鞞革 12-197B
pígé 蠯蛤 8-1001A
pígé 皮革 8-520A
pígé 笓格 8-1108B
pǐgé 否鬲 3-204A
pǐgé 否隔 3-204B
pǐgé 圮隔 2-1016A
pǐgé 痞鬲 8-318B
pǐgé 痞隔 8-319A
pīgēn 批根 6-367A
pīgōng 丕功 1-491B
pīgōng 庀工 3-1208A
pìgōng 辟宮 11-487B
pīgòu 丕構 1-492B
pīgòu 披覯 6-528B
pǐgǔ 仳扢 1-1237A
pīgǔ 披瞽 6-528B
pígǔ 鞞鼓 12-197B
pígǔ 皮骨 8-520B
pígǔ 鼙鼓 12-1399A
pǐgù 癖痼 8-360B
pìgu 屁股 4-12A
pīgū 罷辜 8-1043A
pīgū 副辜 7-1411A
pìgù 僻固 1-1708A
pīguà 披掛 6-525A
píguà 皮袿 8-522B
pìguài 辟怪 11-487A
pìguài 僻怪 1-1708A
píguān 皮冠 8-520B
pìgudūn'er 屁股蹲兒 4-12B
pǐguī 鈲摫 11-1267A
pǐguǐ 圮陒 2-1015B
pìguǐ 僻詭 1-1709B
pǐgùn 痞棍 8-319A
pìgǔnniàoliú 屁滾尿流 4-12B
píguó 罷國 8-1042B
pìguó 闢國 12-174B
píhǎi 裨海 9-108A
píhǎi 蠯醢 8-1001B
píhǎi 蜱醢 8-918B
pīhàn 批扞 6-365B
pīhàn 批捍 6-367A
píhào 罷耗 8-1042B
píhào 疲耗 8-308B
pǐhǎo 匹好 1-949A
pǐhào 癖好 8-360A
pìhào 僻好 1-1707B
pīhé 披覈 6-529A
pīhè 被褐 9-59B
pīhè 披褐 6-527B
píhé 脾和 6-1333A
pīhè 皮褐 8-522B
pǐhé 匹合 1-948B
pìhé 闢闔 12-174B
pīhècánghuī 被褐藏輝 9-59B
pīhèhuáibǎo 被褐懷寶 9-59B
pīhèhuáiyù 被褐懷玉 9-59B
pīhóng 批紅 6-366B
pīhóng 披紅 6-524B
pīhóngpànbái 批紅判白 6-367A
píhóu 皮猴 8-520B
píhóu'er 皮猴兒 8-522A
píhóuzi 皮猴子 8-522A
pīhù 坯户 2-1072B
píhú 狉狐 5-25B
píhǔ 貔虎 10-1342B
píhǔ 羆虎 8-1047A
pīhuá 鈹滑 11-1248B
pīhuá 劈劃 2-745A
pīhuà 劈畫 2-745A
pǐhuà 痞話 8-319A
pìhuà 屁話 4-12B
pīhuādǎokuǎn 批耉導窾

6-366B
pīhuái 披懷 6-529B
pǐhuài 圮壞 2-1016B
pīhuàn 批患 6-367A
píhuán 貔環 10-1343A
píhuǎn 疲緩 8-310A
pìhuǎn 僻緩 1-1709B
píhuáng 皮黄 8-521B
píhuáng 皮簧 8-523B
píhuáng 陴隍 11-1017A
pīhuí 批回 6-365B
pīhuí 批迴 6-366B
pīhuǐ 批毀 6-367B
píhuī 仳倠 1-1191B
pǐhuǐ 圮毀 2-1016A
pìhuí 辟回 11-485B
píhūn 皮婚 8-521B
píhúntún 皮餛飩 8-523B
pīhuō 披豁 6-528B
píhuò 皮貨 8-521B
pījī 丕基 1-492A
pījī 丕緝 1-493A
pījī 丕績 1-493A
píjī 皮屐 8-521A
píjí 罷瘠 8-1043B
píjí 疲極 8-309B
píjí 疲瘠 8-310A
pǐjī 痞積 8-319A
pǐjí 痞疾 8-318B
pǐjì 辟紀 11-488A
pìjì 媲跡 4-395B
pījiá 鵧鵊 12-1137A
pījiá 批頰 6-368A
pījiá 批鵊 6-368B
pījiá 披頰 6-528A
pījiǎ 披甲 6-522A
píjiā 脾家 6-1333B
píjiǎ 皮甲 8-519B
pījiǎchíbīng 被甲持兵
9-56A
pījiādàisuǒ 披枷帶鎖
6-524A
pījiādàisuǒ 披枷戴鎖
6-524A
pījiǎjù'ān 被甲據鞍
9-56B
pījiān 披肩 6-523B
pījiān 披緘 6-528A
pījiǎn 披揀 6-526A
pījiǎn 披檢 6-528B
pījiàn 鈚箭 11-1216B
píjiān 皮韉 8-524A
píjiǎn 疲蹇 8-311A
píjiàn 皮薦 8-523B
píjiàn 皮艦 8-524A
pǐjiǎn 痞蹇 8-319A
pìjiàn 僻見 1-1707B
píjiàng 裨將 9-108B
píjiàng 皮匠 8-520A
pìjiāng 辟彊 11-491A
pìjiāng 辟疆 11-491B
pìjiāngyuán 辟彊園 11-491A
pìjiāngyuán 辟疆園 11-491B
pījiānzhírui 被堅執銳
9-58B
pījiānzhírui 披堅執銳
6-525A
pījiào 批較 6-367B
pījiào 披較 6-526B
pījiào 披校 6-524B
píjiāo 皮膠 8-523A
píjiāo 鼙角 12-1399A
pìjiào 僻嶠 1-1709B
pǐjiǎo'er 劈鬏兒 2-745B
pǐjiǎogēn 劈脚跟 2-745A
pījiǎzàibīng 被甲載兵
9-56B
pījiǎzhíbīng 被甲執兵
9-56B
pījiǎzhírui 被甲執銳
9-56B
píjiázi 皮夾子 8-520A
píjié 疲竭 8-310A
pǐjié 否結 3-204B
pǐjié 痞結 8-319A
pǐjié 癖潔 8-360B
pìjiě 譬解 11-457B
pìjiè 僻介 1-1707B
píjiěkù 皮解庫 8-522A
pījīn 被巾 9-56A
pījīn 披巾 6-521B
pījīn 披衿 6-524B
pījīn 披襟 6-529A
pījīn 鈚金 11-1228B
pījǐn 披錦 6-528B
píjǐn 疲饉 8-311A
píjìn 罷盡 8-1043B
pìjìn 辟禁 11-489B
pìjìn 僻近 1-1708A
pījīng 披荆 6-524A
pìjīng 僻經 1-1709B
pìjìng 僻凈 1-1708B
pìjìng 僻徑 1-1708B
pìjìng 僻境 1-1709B
pìjìng 僻靜 1-1709B
píjīngjiélì 疲精竭力
8-310A
pījīngzhǎnjí 披荆斬棘
6-524A
pǐjīngzhǎnjí 劈荆斬棘
2-744B
pījīnjiědài 披襟解帶
6-529A
pǐjítàihuí 否極泰回
3-204B
pǐjítàilái 否極泰來
3-204B
pījiū 披究 6-522B
pījiǔ 丕酒 1-492A
píjiǔ 皮酒 8-521A
píjiǔ 啤酒 3-388B
píjiǔ 羆九 8-1046B
pǐjíyánghuí 否極陽回
3-204B
pìjì 媲迹 4-395A
pǐjiǎo'er 劈角兒 2-744A
píjú 皮毱 8-522A
píjù 皮屨 8-523B
píjù 疲劇 8-310A
pǐjū 匹居 1-949A
pìjū 辟居 11-487A
pìjǔ 辟舉 11-491A
pījuàn 批卷 6-366A
pījuàn 披卷 6-523B
píjuàn 罷券 8-1042A
píjuàn 罷倦 8-1042B
píjuàn 罷勸 8-1042B
píjuàn 疲倦 8-308B
pījué 披抉 6-522B
pījué 披決 6-522B
píjué 脾膕 6-1333B
pǐjué 圮絕 2-1016A
pìjué 僻絕 1-1709A
pìjùn 僻郡 1-1708B
píkāiròuzhàn 皮開肉綻
8-522A
pīkǎn 披砍 6-524A
píkē 疲痾 8-309A
píkē 椑榼 4-1119A
píké 皮殼 8-521B
píkē'er 皮科兒 8-520B
pīkēngdǎoxū 批吭搗虛
6-366A
pīkōng 劈空 2-744A
pīkōng 霹空 11-743B
pīkōng 闢空 12-174B
pǐkǒu 劈口 2-743B
pǐkǒu 否口 3-203B
pìkǒu 辟口 11-484A
píkǔ 疲苦 8-308A
píkù 皮庫 8-521A
pǐkuài 痞塊 8-318B
pīkuǎn 披款 6-526A
pìkuàng 澼絖 6-179B
pìkuàng 譬況 11-457B
pìkuàng 譬况 11-457B
pīkuì 披潰 6-528A
píkuì 疲匱 8-310A
píkùn 罷困 8-1041B
píkùn 疲困 8-308A
pīlā 批拉 6-366A
pīlā 劈拉 2-744A
pìlà 辟剌 11-487B
pílài 皮賴 8-523B
pīlǎn 批覽 6-368B
pīlǎn 披覽 6-529B
pílán 毗嵐 5-273A
pílǎn 疲懶 8-311A
pìlàn 僻濫 1-1710A
pílánfēng 鞞藍風 12-198A
pílánpó 毗藍婆 5-273B
píláo 罷勞 8-1043A
píláo 疲勞 8-309B
pílǎo 罷老 8-1041A
pílǎo 疲老 8-308A
pìlǎo 僻老 1-1707B
pǐlè 圮泐 2-1015B
pīléi 劈雷 2-745A
pīléi 霹雷 11-743B
pīlěi 紕纇 9-756B
píléi 罷羸 8-1044A
píléi 疲羸 8-311A
pílèi 疲累 8-309A
pìlèi 譬類 11-458A
pīléngjiān 劈棱簡 2-745A
pīlí 被離 9-61A
pīlí 披離 6-528B
pīlí 紕離 9-756B
pīlí 貔貍 10-1332B
pīlǐ 鈚理 11-1267A
pīlì 被麗 9-61A
pīlì 披歷 6-528A
pīlì 披瀝 6-529A
pīlì 紕戾 9-756A
pīlì 紕盭 9-756B
pīlì 劈歷 2-745B
pīlì 劈礰 2-745B
pīlì 劈靂 2-745B
pīlì 礔礰 7-1115B
pīlì 霹靂 11-744A
pílí 毗貍 5-273A
pílí 毗離 5-273B
pílí 疲黎 8-310A
pílí 貔貍 10-1343A
pílì 裨苙 9-108A
pílì 裨笠 9-108B
pílì 皮笠 8-521B
pílì 疲隸 8-311A
pílí 仳離 1-1191B
pílí 仳儷 1-1191B
pǐlì 否戾 3-204A
pǐlì 痞利 8-318B
pǐlì 擗慄 6-932B
pìlì 辟戾 11-487A
pìlì 辟歷 11-491B
pìlì 僻戾 1-1708A
pīliǎn 劈臉 2-745B
pīliàn 被練 9-60B
pílián 皮簾 8-523B
pílián 毗連 5-272B
pílián 毗聯 5-273B
pǐliàn 匹練 1-951A
pǐliàn 疋練 8-494A
pīliàng 批量 6-367A
pīliào 坯料 2-1072B
pīlibāla 劈哩叭啦 2-744B
pīlibālā 劈里巴拉 2-744A
pīlibālā 劈里叭拉 2-744A
pīlìchē 礔礰車 7-1116A
pīlìchē 霹靂車 11-744B
pílǐchōuròu 皮裏抽肉
8-522B
pílǐchūnqiū 皮裏春秋
8-522B
pīlìdàxiān 霹靂大仙
11-744A
pīliè 丕烈 1-492A
pīliè 劈烈 2-744B
pīliè 劈裂 2-745A
píliè 疲劣 8-308A
pǐliè 匹裂 1-950A
pǐliè 圮裂 2-1016A
pīlìfǔ 霹靂斧 11-744B
pīlìgāndǎn 披瀝肝膽
6-529B
pīlìgāngé 披瀝肝膈 6-529B

pīlìhuǒ 霹靂火 11-744A
pīlìjiān 霹靂尖 11-744B
pīlìjiào 霹靂酵 11-744B
pīlìjìn 霹靂礵 11-744B
pílǐjìnshū 皮裏晉書 8-522B
pīlìjiǔ 霹靂酒 11-744B
pílǐmówài 皮裏膜外 8-522B
pīlìmù 霹靂木 11-744A
pīlín 批鱗 6-369A
pīlín 披鱗 6-530A
pílín 毗鄰 5-273A
pīlíng 丕靈 1-493A
pílíng 毗陵 5-272B
pǐlǐng 辟領 11-490A
pīlínqǐngjiàn 批鱗請劍 6-369A
pīlínxiéxiù 披林擷秀 6-523A
pīlīpālā 劈哩啪啦 2-744B
pīlīpālā 噼哩啪啦 3-533A
pīlǐpālā 噼里啪啦 3-533A
pīlìpālā 噼嚦啪啦 3-533B
pīlǐpēnglāng 噼里嘭啷 3-533A
pīlìpūlù 匹力撲六 1-947B
pīlìqín 霹靂琴 11-744B
pīlìshǒu 霹靂手 11-744A
píliú 毗劉 5-273A
pīliùpūlā 劈溜撲剌 2-745A
pīliúpūlù 劈留撲碌 2-744B
pīlìxiē 霹靂楔 11-744B
pílǐyángqiū 皮裏陽秋 8-522B
pīlìyǐn 霹靂引 11-744B
pílízhàngé 笓籬戰格 8-1108B
pīlìzhēn 霹靂碪 11-744B
pīlōng 丕隆 1-492B
pílóng 罷癃 8-1044A
pílóng 疲癃 8-310B
pílóng 疲瘽 8-310A
pīlóng 媲隆 4-395B
pīlónglín 批龍鱗 6-368B
pīlòu 紕漏 9-756A
pīlòu 疲陋 8-308B
pǐlóu 疋婁 8-494A
pìlòu 辟陋 11-487A
pìlòu 僻陋 1-1708A
pīlù 披露 6-529B
pílú 毗盧 5-273A
pílù 罷露 8-1044B
pílù 罷潞 8-1044A
pílù 皮陸 8-521A
pìlù 僻路 1-1709A
pīluàn 紕亂 9-756A
pìluàn 僻亂 1-1709B
pīlùgāndǎn 披露肝膽 6-530A
pílúmào 毗盧帽 5-273A
pìlùn 僻論 1-1709B
pīluǒ 鈲剆 11-1267A
pīluò 批落 6-367A
píluó 䮾蠃 8-1001B
pīluódàicuì 披羅戴翠 6-529A
píluómào 毗羅帽 5-273B
pílǚ 槐梠 4-1213B
pǐlǚ 匹侶 1-949A
pīlüè 擗掠 6-932B
pīmá 披麻 6-525B
pímá 蜱麻 8-918B
pímǎ 罷馬 8-1042B
pǐmǎ 匹馬 1-949A
pǐmǎ 疋馬 8-494A
pǐmǎběifāng 匹馬北方 1-949A
pīmádàisuǒ 披麻帶索 6-525B
pīmádàixiào 披麻帶孝 6-525B
pīmádàixiào 披麻戴孝 6-526A
pǐmǎdāngxiān 匹馬當先 1-949B
pǐmǎdānqiāng 匹馬單槍 1-949B
pǐmǎdānqiāng 匹馬單鎗 1-949B
pīmájiùhuǒ 披麻救火 6-525B
pīmákǎo 披麻拷 6-525B
pīmàn 披慢 6-527A
pīmàn 紕縵 9-756B
pīmáo 披毛 6-521B
pīmào 丕冒 1-492A
pímáo 皮毛 8-519B
pīmáodàijiāo 被毛戴角 9-56A
pīmáodàijiāo 披毛戴角 6-522A
pīmáoqiúcī 批毛求疵 6-365A
pīmáoqiúcī 披毛求疵 6-521B
pīmáoqiúxiá 披毛求瑕 6-522A
pīmáosuǒyǎn 披毛索黶 6-522A
pǐmǎqiūniú 匹馬丘牛 1-949A
pǐmǎyīhuī 匹馬一麾 1-949A
pǐmǎzhīlún 匹馬隻輪 1-949B
pìměi 媲美 4-395A
pǐmèn 痞滿 8-319A
pìmén 辟門 11-487A
pìmén 闢門 12-174B
píméng 罷甿 8-1042A
píméng 疲氓 8-308B
píméng 疲甿 8-308A
pìméng 辟盟 11-489B
pīmí 披迷 6-524B
pīmǐ 披靡 6-529A
pìmì 拂汨 6-505A
pìmì 僻祕 1-1708B
pīmián 披綿 6-527B
pīmián 披緜 6-528A
pīmiàn 劈面 2-744B
pímián 皮棉 8-522A
pímiǎn 裨冕 9-108B
pímiàn 皮面 8-520B
pìmiàn 頓面 12-323B
pìmiàn 闢面 12-174B
pímín 罷民 8-1041A
pímín 疲民 8-308A
pīmìng 批命 6-366A
pìmíng 辟名 11-486A
pīmiù 性繆 7-541A
pīmiù 性謬 7-541A
pīmiù 紕繆 9-756B
pīmiù 紕謬 9-756B
pìmiù 辟謬 11-491B
pìmiù 僻謬 1-1710A
pīmó 坯模 2-1072B
pīmǒ 批抹 6-366A
pímó 皮膜 8-522B
pímù 皮目 8-519B
pímù 疲暮 8-309B
pīnà 披衲 6-524B
pīnǎi 丕乃 1-491B
pīnàn 批難 6-368B
pínáng 皮囊 8-524A
pīnbǎn 拼版 6-587A
pínbào 貧暴 10-119B
pínbèi 貧憊 10-120B
pínbǐ 貧鄙 10-118B
pínbì 貧敝 10-117B
pínbì 貧弊 10-119A
pínbì 貧獘 10-120A
pìnbì 娉幣 4-361B
pìnbì 聘幣 8-679A
pínbiǎn 貧褊 10-119A
pǐnbié 品別 3-322B
pínbìng 貧病 10-116B
pínbìng 頻併 12-313A
pínbìngjiāogōng 貧病交攻 10-116B
pínbìngjiāopò 貧病交迫 10-116B
pínbìngjiāoqīn 貧病交侵 10-116B
pīnbó 拼搏 6-587B
pínbó 貧薄 10-120B
pǐnbǔ 品補 3-325A
pínbùxuéjiǎn 貧不學儉 10-113B
pǐncái 品裁 3-325A
pìncái 娉財 4-361B
píncāng 貧傖 10-117B
píncǎo 蘋草 9-599A
pǐnchá 品茶 3-323B
pínchán 貧孱 10-118B
pínchǎn 貧產 10-117A
pǐncháng 品嘗 3-325B
pǐnchángguān 品嘗官 3-325B
pìncháo 牝朝 6-237B
pǐnchén 品臣 3-322A
pìnchén 牝晨 6-237B
pìnchéng 牝城 6-237A
pǐnchóu 品儔 3-326A
pínchú 貧廚 10-120A
pínchuán 頻傳 12-313B
pīncì 拼刺 6-587A
píncì 頻次 12-313A
pǐncí 品詞 3-325A
pǐncì 品次 3-322B
píncóng 嬪從 4-421B
pǐncóng 品從 3-324B
pīncòu 拼湊 6-587B
píncù 頻蹙 12-313B
píncù 頻顣 12-314A
píncù 嚬戚 3-542B
píncù 嚬蹴 3-542B
píncù 嚬蹙 3-542B
píncù 嚬顣 3-542B
píncù 顰蹙 12-377B
píncù 顰顣 12-378A
píncù 顰顣 12-378A
píncuì 貧悴 10-117B
píncuì 貧瘁 10-118B
píncuì 貧顇 10-121A
píncuì 嚬瘁 3-542B
píncuòdà 貧措大 10-117A
pǐndā 品搭 3-325A
píndài 頻帶 12-313A
píndān 貧單 10-117B
píndào 貧道 10-118A
píndào 頻道 12-313B
pīnde 拚得 6-530B
píndé 嬪德 4-421B
pǐndé 品德 3-325B
pǐndí 品笛 3-324B
pǐndì 品地 3-322A
pǐndì 品第 3-324B
pǐndiào 品調 3-326A
píndīng 貧丁 10-112B
pǐndìng 品定 3-323A
pìndìng 聘定 8-678B
píndòng 貧凍 10-116B
píndú 貧獨 10-121A
píndù 頻度 12-313A
pǐndù 品度 3-323B
pínduǎn 貧短 10-117B
pínduàn 頻段 12-313A
pínduò 貧惰 10-118A
pín'é 嬪娥 4-421B
pín'é 嚬蛾 3-542B
pín'é 顰蛾 12-377B
pín'è 貧隘 10-118B
pín'è 貧厄 10-113B
pín'è 貧阸 10-114B
pín'è 貧餓 10-120A
pín'è 矉頞 7-1267B
píněi 疲餒 8-310B
pín'ér 貧兒 10-115A
pín'érwúchǎn 貧而無諂 10-114A
pínfá 貧乏 10-113B
pínfán 貧凡 10-113A
pínfán 頻煩 12-313B
pínfán 頻蘇 12-313B
pínfán 頻繁 12-313B
pínfán 蘋蘩 9-614B
pínfēi 嬪妃 4-421A
pínfēibìng 貧非病 10-114B

pínfēng 蘋風 9-614B
pínfū 貧夫 10-113B
pínfū 貧痡 10-118A
pínfǔ 貧腐 10-119A
pínfù 貧婦 10-117B
pínfù 嬪婦 4-421B
pǐnfú 品服 3-323A
pìnfú 牝服 6-237A
pǐngài 品概 3-325A
píng'ān 平安 2-927A
píng'àn 憑按 7-724A
píng'ānfú 平安符 2-927B
píng'ānhuǒ 平安火 2-927A
píng'ānjiào 平安醮 2-927B
píng'ānnuò 平安喏 2-927B
píng'ānxìn 平安信 2-927B
píng'ānzhǐ 平安紙 2-927B
píng'ānzì 平安字 2-927B
píngbá 評跋 11-99B
píngbà 坪壩 2-1073A
píngbái 平白 2-924B
píngbái 憑白 7-723A
píngbáiwúgū 平白無辜 2-925A
píngbáiwúgù 平白無故 2-924B
píngbáiwúgù 憑白無故 7-723A
píngbān 平頒 2-940B
píngbǎn 平板 2-929B
píngbǎnchē 平板車 2-929B
píngbǎnyí 平板儀 2-930A
píngbēi 平陂 2-929A
píngbēi 平波 2-931A
píngbèi 淜濞 6-115B
píngbèi 平輩 2-942A
píngběn 評本 11-98B
píngbǐ 評比 11-98A
píngbì 平碧 2-941A
píngbì 屏蔽 4-40A
píngbié 評別 11-98B
píngbō 瓶鉢 5-289B
píngbó 平勃 2-932A
píngbó 平博 2-938A
píngbó 萍泊 9-450B
píngbó 評駁 11-100A
píngbó 評泊 11-99A
píngbó 評駮 11-100A
píngbó 評薄 11-101A
píngbǔ 平補 2-939B
píngbù 平布 2-924A
píngbù 平步 2-928A
píngbùqīngxiāo 平步青霄 2-928A
píngbùqīngyún 平步青雲 2-928A
píngcái 評裁 11-99B
píngcáo 平槽 2-942A
píngcè 平側 2-936B
píngchǎn 平産 2-937A
píngchǎn 評産 11-99B
píngcháng 平常 2-936A
píngchǎng 平場 2-938A
píngchǎng 平敞 2-938B
píngchǎng 平廠 2-943A
píngchàng 平暢 2-941A
píngchàng 評唱 11-99B
píngcháo 平潮 2-943A
píngchē 苹車 9-335A
píngchē 軿車 9-1252A
píngchè 平徹 2-942B
píngchén 平沉 2-929A
píngchén 平陳 2-935B
píngchén 平沈 2-929A
píngchéng 平成 2-926A
píngchéng 平乘 2-934B
píngchéng 憑城 7-724A
píngchéngjièyī 憑城借一 7-724A
píngchénzānzhé 瓶沈簪折 5-289B
píngchénzānzhé 缾沈簪折 8-1076B
píngchí 軿馳 9-1252A
píngchǐ 平褫 2-943A
píngchì 平翅 2-934A
píngchóu 平紬 2-938A
píngchóu 平疇 2-945A
píngchóu 屏籌 4-41B
píngchū 平出 2-925A
píngchú 平除 2-933B
píngchǔ 平楚 2-939B
píngchǔ 平處 2-936A
píngchǔ 瓶儲 5-290A
píngchǔ 缾儲 8-1077A
píngchù 平處 2-936A
píngchuān 平川 2-922B
píngchūn 平春 2-931B
píngcí 平詞 2-939A
píngcòu 軿湊 9-1252A
píngcuì 平粹 2-941B
píngcún 平存 2-926A
píngcuō 平蹉 2-944A
píngdài 平貸 2-938B
píngdān 憑單 7-725A
píngdàn 平旦 2-924B
píngdàn 平淡 2-937A
píngdàn 平澹 2-944B
píngdàng 平當 2-940A
píngdàng 平蕩 2-942A
píngdàng 平盪 2-944B
píngdànwúqí 平淡無奇 2-937B
píngdànwúqí 平澹無奇 2-944B
píngdào 平道 2-939A
píngděng 平等 2-938B
píngdèng 平澄 2-943A
píngděngfǎhuì 平等法會 2-938B
píngdí 平滌 2-940B
píngdí 平糴 2-945B
píngdì 平地 2-925B
píngdiǎn 平典 2-930B
píngdiǎn 評點 11-101B
píngdiàn 平甸 2-928B
píngdiǎnběn 評點本 11-101B
píngdiǎnjiā 評點家 11-101B
píngdiào 平調 2-943A
píngdiào 凭弔 2-290B
píngdiào 評弔 11-98A
píngdiào 憑弔 7-723A
píngdiào 憑吊 7-723A
píngdiàoqǔ 平調曲 2-943A
píngdìdēngyún 平地登雲 2-926A
píngdié 平牒 2-940A
píngdìfēngbō 平地風波 2-926A
píngdìfēngléi 平地風雷 2-926A
píngdìmù 平地木 2-925B
píngdǐng 平頂 2-936A
píngdìng 平定 2-931A
píngdìng 評定 11-99A
píngdìng 評訂 11-99A
píngdìqǐléi 平地起雷 2-926A
píngdìqīngyún 平地青雲 2-926A
píngdìyīshēngléi 平地一聲雷 2-925B
píngdǐzú 平底足 2-931A
píngdòng 平峒 2-932B
píngdù 平度 2-933A
píngduān 平端 2-941B
píngduàn 評斷 11-101B
píngduàn 憑斷 7-726A
píngduì 屏對 4-40B
píngdùn 平鈍 2-939A
píngduó 評度 11-99A
pǐngé 品格 3-324A
píngfá 平乏 2-923B
píngfǎ 平法 2-931A
píngfān 屏藩 4-41B
píngfán 平凡 2-922B
píngfǎn 平反 2-923A
píngfàn 萍泛 9-450B
píngfāng 平方 2-923B
píngfáng 平房 2-931B
píngfānggēn 平方根 2-923B
píngfānggōnglǐ 平方公里 2-923B
píngfēn 平分 2-923A
píngfēn 評分 11-98A
píngfēng 甹丰 7-1302B
píngfēng 平封 2-931B
píngfēng 屏風 4-38A
píngfēng 荓蜂 9-394B
píngfēng 帡風 3-751B
píngfēng 憑風 7-724A
píngfēngcǎo 屏風草 4-38B
píngfēngdié 屏風疊 4-38B
píngfēng'ér 屏風兒 4-38B
píngfēnggé 屏風格 4-38B
píngfēngjìnglàng 平風靜浪 2-932B
píngfēngjiǔdié 屏風九疊 4-38B
píngfēngmǎ 屏風馬 4-38B
píngfēngwùdiǎn 屏風誤點 4-38B
píngfēnqiūsè 平分秋色 2-923A
píngfú 平伏 2-926B
píngfú 平服 2-930B
píngfú 平浮 2-935A
píngfú 屏幅 4-39B
píngfú 萍浮 9-450B
píngfǔ 平府 2-931A
píngfù 馮附 12-792B
píngfù 馮傅 12-794A
píngfù 平富 2-939B
píngfù 平復 2-938B
píngfù 平賦 2-942A
píngfù 帡覆 3-715A
píngfù 憑附 7-723A
píngfù 憑負 7-724A
píngfùtiè 平復帖 2-939A
pínggǎi 評改 11-98B
pínggài 平概 2-939B
pínggàn 平幹 2-939B
pínggāng 平岡 2-930B
pínggāo 平皋 2-934B
pínggāo 平臯 2-938B
pínggāo 凭高 2-291A
pínggāo 憑高 7-724B
pínggē 平擱 2-944B
pínggé 平格 2-933B
pínggé 平鬲 2-933B
pínggěng 萍梗 9-450B
pínggōng 平宮 2-933A
pínggōng 帡宮 3-751B
pínggōng 評功 11-98B
pínggǒng 平拱 2-931B
pínggòng 瓶供 5-289B
pínggōngbǎihǎo 評功擺好 11-98B
pínggōngjìfēn 評工記分 11-98A
pínggōnglì 平公立 2-923B
pínggū 平估 2-928B
pínggū 評估 11-98B
píngguǎn 缾管 8-1077A
píngguāng 平光 2-926B
píngguāngguāng 平光光 2-926B
píngguānzhōng 平關中 2-945A
píngguī 憑龜 7-726A
píngguó 平國 2-936B
píngguǒ 蘋果 9-614B
píngguǒlǜ 蘋果綠 9-614B
pínghàn 屏翰 4-40B
pínghàng 平巷 2-932A
pínghào 屏號 4-40A
pínghé 馮河 12-793A
pínghé 平和 2-930B
pínghé 萍合 9-450A
pínghé 評覈 11-101B
pínghé 憑河 7-723B
pínghébàohǔ 馮河暴虎 12-793A
pínghéng 平衡 2-944A
pínghéng 評衡 11-101B
pínghéngmù 平衡木 2-944B

pínghóng 馮閎 12-794A
pínghū 平忽 2-931A
pínghú 憑狐 7-723B
pínghù 屏户 4-37B
pínghuá 平滑 2-939B
pínghuà 平畫 2-939B
pínghuà 平話 2-940B
pínghuà 平書 2-937B
pínghuà 評話 11-100A
pínghuán 平桓 2-933B
pínghuǐ 平毁 2-940A
pínghuì 平惠 2-938A
pínghuó 平活 2-933A
pínghuǒ 平火 2-923B
pínghuǒ 平伙 2-926B
pínghuǒ 瓶夥 5-289B
píngjī 馮几 12-792A
píngjī 凭几 2-290B
píngjī 萍虀 9-451A
píngjī 評譏 11-101B
píngjī 憑几 7-722B
píngjí 平吉 2-925B
píngjí 平戢 2-940A
píngjí 平脊 2-935A
píngjí 評級 11-99A
píngjì 平濟 2-944B
píngjì 萍迹 9-450B
píngjì 萍寄 9-450B
píngjì 萍跡 9-450B
píngjì 憑記 7-724B
pīngjiá 頩頰 12-293A
píngjiā 評家 11-99A
píngjià 平賈 2-940A
píngjià 平價 2-942A
píngjià 評價 11-100B
píngjiān 凭肩 2-290B
píngjiān 憑肩 7-723B
píngjiǎn 平簡 2-945A
píngjiǎn 評檢 11-101B
píngjiàn 平健 2-934B
píngjiàn 平漸 2-941B
píngjiàn 平劍 2-942B
píngjiàn 平澗 2-943A
píngjiàn 平賤 2-942A
píngjiàn 凭檻 2-291A
píngjiàn 萍劍 9-451A
píngjiàn 評薦 11-101A
píngjiǎng 評獎 11-100B
píngjiānkǒngquè 屏間孔雀 4-40A
píngjiānyú 平肩輿 2-931B
píngjiānyǔ 凭肩語 2-290B
píngjiānyǔ 憑肩語 7-723B
píngjiāo 平交 2-927A
píngjiào 評校 11-99A
píngjiāodào 平交道 2-927A
pīngjié 硑碣 7-1020A
píngjiē 軿接 9-1252A
píngjié 憑結 7-725A
píngjiě 平解 2-940B
píngjiè 馮藉 12-794B
píngjiè 評介 11-98A
píngjiè 憑籍 7-726B
píngjiè 憑借 7-724B
píngjiè 憑藉 7-726A
píngjiéléichǐ 缾竭罍恥 8-1077A
píngjījùzhàng 憑几據杖 7-722B
píngjīn 平巾 2-922A
píngjīn 平金 2-930B
píngjīn 平津 2-933A
píngjīn 憑衿 7-724A
píngjìn 平進 2-936B
píngjīndǐ 平津邸 2-933A
píngjìng 平靖 2-940B
píngjìng 平靜 2-941A
píngjìng 屏鏡 4-41B
píngjīngé 平津閣 2-933A
píngjīnguǎn 平津館 2-933A
píngjīnzé 平巾幘 2-922B
píngjiū 評究 11-98B
píngjiǔ 評酒 11-99A
píngjīzhīzhào 憑几之詔 7-722B
píngjū 平居 2-931B
píngjū 缾居 8-1076B
píngjū 憑居 7-723B
píngjú 平局 2-929A
píngjù 平劇 2-942A
píngjù 萍聚 9-450B
píngjù 評劇 11-100B
píngjù 憑據 7-725B
píngjué 平較 2-940A
píngjué 評決 11-98B
píngjūn 平均 2-927B
píngjūndìquán 平均地權 2-928A
píngjūngōngzi 平均工資 2-928A
píngjūnlìrùn 平均利潤 2-928A
píngjūnshù 平均數 2-928A
píngjūnzhǔyì 平均主義 2-928A
píngkàn 平看 2-932B
píngkāng 平康 2-936B
píngkānglǐ 平康里 2-936B
píngkāngxiàng 平康巷 2-936B
píngkào 凭靠 2-291A
píngkào 憑靠 7-725B
píngkē 瓶榼 5-289B
píngkē 憑科 7-724A
píngkōng 平空 2-931A
píngkōng 憑空 7-723B
píngkōngniēzào 憑空揑造 7-723B
píngkōngniēzào 憑空捏造 7-723B
píngkuān 平寬 2-941B
píngkuàng 平曠 2-945A
píngkuí 平逵 2-936A
pínglài 馮賴 12-794B
pínglài 憑賴 7-726A
pínglán 馮闌 12-794B
pínglán 凭闌 2-291A
pínglán 凭欄 2-291A
pínglán 憑闌 7-726A
pínglán 憑欄 7-726B
pínglǎn 憑覽 7-726B
pínglǎn 憑攬 7-726B
pínglè 平樂 2-943A
pínglèguǎn 平樂館 2-943A
pínglèguàn 平樂觀 2-943A
pínglēi 瓶罍 5-290A
pínglēi 缾罍 8-1077A
píngléizhīchǐ 缾罍之恥 8-1077A
pínglèyuàn 平樂苑 2-943A
pínglǐ 平理 2-935B
pínglǐ 平禮 2-944B
pínglǐ 評理 11-99B
pínglì 平吏 2-926A
pínglì 平曆 2-944A
píngliáng 平良 2-929A
píngliáng 評量 11-99B
píngliǎng 平兩 2-930A
pīngliè 平列 2-926A
pīngliè 軿列 9-1252A
pínglín 平林 2-929B
pínglín 憑臨 7-726A
pínglínbīng 平林兵 2-929B
pīnglíng 娉姈 4-361A
pīnglíng 俜伶 1-1397B
pīnglíng 竮竛 8-402A
pínglíng 馮凌 12-793B
pínglíng 馮陵 12-793B
pínglíng 平陵 2-935B
pínglíng 凭凌 2-291A
pínglíng 憑凌 7-724B
pínglíng 憑陵 7-724B
pínglíngdōng 平陵東 2-935B
pínglíngqǔ 平陵曲 2-935B
píngliú 平流 2-935A
píngliú 萍流 9-450B
pínglóng 馮隆 12-794A
pínglóng 平窿 2-944B
pínglóng 憑隆 7-725A
pínglòng 平弄 2-927B
pínglú 平爐 2-945B
pínglù 平露 2-945B
pínglù 平陸 2-935B
pínglù 平路 2-940A
pínglù 軿輅 9-1252B
pínglùn 平論 2-942B
pínglùn 評論 11-100B
píngluóyī 軿羅衣 9-1252B
pínglǜ 平綠 2-942A
pínglǜ 平慮 2-942A
pínglǜcǎo 平慮草 2-942A
píngmǎ 軿馬 9-1252A
píngmǎguǎn 平碼館 2-942A
píngmài 平脈 2-935A
píngmài 評脉 11-99A
píngmài 憑脈 7-724B
píngmǎn 平滿 2-941B
píngmàn 平漫 2-941B
píngmǎng 平莽 2-933B
píngmén 平門 2-931B
píngmén 屏門 4-38A
píngméng 帡幪 3-714B
píngmǐ 平米 2-927A
píngmiǎn 平冕 2-936A
píngmiàn 平面 2-932A
píngmiàn 屏面 4-38A
píngmiànbō 平面波 2-932A
píngmiànjǐhé 平面幾何 2-932A
píngmiànjìng 平面鏡 2-932A
píngmiànshì 平面視 2-932A
píngmiàntú 平面圖 2-932A
píngmiànzǐ 平面子 2-932A
píngmiè 平滅 2-940B
píngmǐfǎ 平米法 2-927A
píngmín 平民 2-925A
píngmíng 平明 2-930A
píngmínkū 平民窟 2-925A
píngmínwénxué 平民文學 2-925A
píngmínxíyìsuǒ 平民習藝所 2-925A
píngmínyuàn 平民院 2-925A
píngmó 評模 11-100A
píngmù 平目 2-924B
píngmù 平睦 2-940A
píngmù 屏幕 4-40A
píngnàn 平難 2-945A
píngní 屏泥 4-38A
píngnì 憑匿 7-724B
píngnián 平年 2-926B
píngniǎn 平輦 2-942A
píngniè 甹蘖 7-1302B
píngnìng 平寧 2-941B
píngnù 馮怒 12-793A
píngòng 嬪貢 4-421B
píngòng 品供 3-323A
pìngōng 聘弓 8-678A
pìngòng 聘貢 8-678B
píngōu 頻句 12-312B
píngpán 平盤 2-942B
píngpàn 評判 11-98B
pīngpāng 乒乓 1-657B
pīngpāng 硑砰 7-1020A
pīngpāng 淜滂 5-1400B
pīngpāngqiú 乒乓球 1-657B
píngpèi 平配 2-933B
pīngpēng 硑砰 7-1019B
píngpéng 屏篷 4-41A
píngpéng 萍蓬 9-450B
píngpì 洴澼 5-1188B
píngpiāo 萍漂 9-450B
píngpiāo 萍飄 9-451A
píngpìkuàng 洴澼絖 5-1188B
píngpǐn 評品 11-99A
pīngpīng 娉娉 4-361B
pīngpīng 硑硑 7-1020A
píngpíng 馮馮 12-794A
píngpíng 平平 2-924A
píngpíng 屏屏 4-38B
píngpíng 淜淜 5-1400B
píngpíng 憑憑 7-726A
pīngpīngniǎoniǎo 娉娉嫋嫋 4-361B
pīngpīngniǎoniǎo 娉娉裊裊 4-361B

pīngpīngniǎoniǎo 娉娉裊裊 4-361B
pīngpīngpāngpāng 乒乒乓乓 1-657B
píngpíngyìyì 馮馮翊翊 12-794A
píngpíngyìyì 馮馮翼翼 12-794A
píngpō 平坡 2-929A
píngpō 平頗 2-942A
píngpó 蘋婆 9-614B
píngpū 平鋪 2-942B
píngpǔ 平圃 2-934B
píngpūzhíxù 平鋪直敘 2-942B
píngqī 憑期 7-725A
píngqí 平畦 2-936B
píngqí 平棊 2-938A
píngqí 枰棊 4-905A
píngqì 馮氣 12-793B
píngqì 平氣 2-934B
píngqiān 平阡 2-925B
píngqián 平錢 2-944B
píngqiǎn 平淺 2-937A
píngqiǎn 平遣 2-940A
píngqiáo 平橋 2-943B
píngqíng 平情 2-937B
píngqìngléichǐ 瓶罄罍恥 5-290A
píngqǐpíngzuò 平起平坐 2-933B
píngqū 平曲 2-926B
píngqú 平衢 2-945B
píngquán 平泉 2-932B
píngquán 平銓 2-941A
píngquán 平權 2-945B
píngquán 評銓 11-100A
píngquàn 憑券 7-723B
píngquánzhuāng 平泉莊 2-932B
píngrén 平人 2-921B
píngrì 平日 2-922B
píngróng 馮戎 12-792B
píngróng 平戎 2-925B
píngruò 平弱 2-935B
píngrùpíngchū 平入平出 2-922A
píngsǎ 平灑 2-945B
píngsāntào 平三套 2-922A
píngsè 平塞 2-941A
píngshā 平沙 2-928B
píngshāluòyàn 平沙落雁 2-928B
píngshān 屏山 4-37B
píngshàn 平善 2-939A
píngshǎng 評賞 11-100B
píngshàngpíngchē 平上輧車 2-922A
píngshàngzé 平上幘 2-922A
píngshāo 瓶筲 5-289B
píngshè 屏懾 4-41B
píngshè 屏攝 4-41B
píngshè 憑社 7-723A
píngshēn 平身 2-928B
píngshēn 萍身 9-450B
píngshēn 憑身 7-723A
píngshěn 評審 11-101A
píngshēng 馮生 12-792B
píngshēng 平生 2-924B
píngshēng 平聲 2-944B
píngshēng 瓶笙 5-289B
píngshēng 缾笙 8-1076B
píngshēnghuān 平生歡 2-924B
píngshèpào 平射炮 2-934B
píngshī 馮尸 12-792A
píngshī 平施 2-933A
píngshí 平時 2-934A
píngshí 平實 2-941B
píngshí 萍實 9-450B
píngshǐ 馮豕 12-792B
píngshì 馮式 12-792B
píngshì 馮恃 12-793A
píngshì 馮軾 12-794A
píngshì 平世 2-924A
píngshì 平市 2-925A
píngshì 平事 2-930A
píngshì 平視 2-937B
píngshì 平適 2-941B
píngshì 屏室 4-38B
píngshì 萍氏 9-450A
píngshì 評士 11-98A
píngshì 評事 11-98B
píngshì 評釋 11-102A
píngshì 憑式 7-723A
píngshì 憑恃 7-724A
píngshì 憑軾 7-725B
píngshíbùshāoxiāng… 平時不燒香,臨時抱佛脚 2-934B
píngshìjiézhé 憑軾結轍 7-725B
píngshìpángguān 憑軾旁觀 7-725B
píngshōu 平收 2-927B
píngshǒu 平手 2-923A
píngshū 評書 11-99B
píngshú 平熟 2-943A
píngshǔ 平署 2-940A
píngshù 平恕 2-935B
píngshù 評述 11-98B
píngshuǐ 平水 2-923A
píngshuǐ 萍水 9-450A
píngshuǐqī 平水期 2-923A
píngshuǐxiāngféng 萍水相逢 9-450A
píngshuǐyùn 平水韻 2-923A
píngshùn 平順 2-938B
píngshuō 平説 2-941B
píngshuō 評説 11-100A
píngshuō 憑説 7-725B
píngshuò 平朔 2-935A
píngshūqǐngkè… 憑書請客,奉貼勾人 7-724B
píngsì 平肆 2-939B
píngsù 平素 2-933B
píngsù 平肅 2-941A
píngsuì 平歲 2-940A
píngtái 平臺 2-941A
píngtái 坪臺 2-1073A
pīngtán 乒壇 1-657B
píngtán 平談 2-943A
píngtán 評彈 11-101A
píngtǎn 平坦 2-929A
píngtǎo 平討 2-935A
píngtiān 平添 2-937A
píngtián 軿闐 9-1252B
píngtiǎn 平殄 2-932A
píngtiānguān 平天冠 2-922B
píngtiānjídì 帡天極地 3-714B
píngtiáo 平調 2-943A
píngtiáo 屏條 4-39A
píngtiào 平糶 2-945B
píngtiào 憑眺 7-725A
píngtiē 平貼 2-938B
píngtiē 平帖 2-930B
pīngtíng 娉婷 4-361B
pīngtíng 俜停 1-1397B
píngtīng 平聽 2-945B
píngtíng 平亭 2-932B
pīngtíngniǎonuó 娉婷嫋娜 4-361B
píngtōng 平通 2-935B
píngtóu 平頭 2-943B
píngtóuchē 平頭車 2-944A
píngtóulùnjiǎo 評頭論脚 11-101B
píngtóulùnzú 評頭論足 11-101A
píngtóuniǎn 平頭輦 2-944A
píngtóunú 平頭奴 2-943B
píngtóunúzǐ 平頭奴子 2-943B
píngtóupǐnzú 評頭品足 11-101A
píngtóushù 平頭數 2-944A
píngtóusǔn 平頭筍 2-944A
píngtóuxiǎoyàngjīn 平頭小樣巾 2-943B
píngtóuzhèngliǎn 平頭正臉 2-943B
píngtú 平途 2-935A
píngtú 平塗 2-941A
píngtǔ 平土 2-922A
píngtūn 平吞 2-927B
píngtuō 平脱 2-936B
píngtuō 憑託 7-724B
píngtuǒ 平妥 2-928B
píngū 貧姑 10-115B
píngǔ 貧賈 10-118B
píngù 貧雇 10-118A
pǐngǔ 品骨 3-323B
pìngǔ 牝谷 6-237A
pínguǎ 貧寡 10-119A
pínguān 貧官 10-115A
pínguān 貧鰥 10-121B
pǐnguān 品官 3-323A
pínguǐ 貧鬼 10-115B
píngùnóng 貧雇農 10-118A
pínguó 貧國 10-117A
pínguǒ 頻果 12-313A
píngwán 瓶玩 5-289B
píngwǎn 平婉 2-938A
píngwàng 平望 2-937A
píngwéi 屏帷 4-39B
píngwéi 屏圍 4-39B
píngwéi 屏幃 4-39B
píngwéi 帡幃 3-714B
píngwéi 幈幃 3-752A
píngwèi 平蔚 2-941A
píngwèi 屏衛 4-40B
píngwén 平文 2-923B
píngwén 憑文 7-722B
píngwěn 平穩 2-945A
píngwò 平渥 2-939B
píngwū 平屋 2-933B
píngwú 平蕪 2-942A
píngwǔ 平午 2-923A
píngwǔ 憑侮 7-724A
píngxī 平西 2-926A
píngxī 平昔 2-929A
píngxī 平息 2-935A
píngxī 瓶錫 5-290A
píngxī 缾錫 8-1077A
píngxí 平隰 2-944B
píngxì 評戲 11-101B
píngxì 憑係 7-724B
píngxià 平下 2-922A
píngxiǎn 憑險 7-725B
píngxiàn 平陷 2-935B
píngxiàn 平縣 2-944A
píngxiàn 憑限 7-724A
píngxiāng 馮襄 12-794B
píngxiāng 瓶香 5-289B
píngxiàng 馮相 12-793A
píngxiàngshì 馮相氏 12-793A
píngxiāo 憑霄 7-725B
píngxiǎo 平曉 2-944A
píngxiāoquè 憑霄雀 7-725B
píngxiémànfū 平脅曼膚 2-935B
píngxīn 馮心 12-792B
píngxīn 平心 2-923B
píngxīn 評薪 11-101A
píngxīn 憑心 7-723A
píngxìn 平信 2-932B
píngxìn 凭信 2-290B
píngxìn 憑信 7-724A
píngxīndìngqì 平心定氣 2-923B
píngxīn'érlùn 平心而論 2-923B
píngxīng 平星 2-932B
píngxīng 屏星 4-38A
píngxīng 箳篂 8-1218B
píngxíng 平刑 2-925B
píngxíng 平行 2-926B
píngxíng 評刑 11-98B
píngxíngguān 平型關 2-931B
píngxíngsìbiānxíng 平行四邊形 2-927A
píngxíngxiàn 平行綫 2-927A
píngxíngzuòyè 平行作業

2-927A
píngxīnjìngqì 平心静氣 2-924A
píngxīnyìqì 平心易氣 2-923B
píngxióng 憑熊 7-725B
píngxū 馮虛 12-793B
píngxū 平虛 2-936A
píngxū 凭虛 2-291A
píngxū 憑虛 7-725A
píngxù 評敘 11-99A
píngxuān 軿軒 9-1252A
píngxuǎn 評選 11-101A
píngxuǎnběn 評選本 11-101A
píngxūgōngzǐ 憑虛公子 7-725A
píngxūkè 憑虛客 7-725A
píngyǎ 平雅 2-938B
píngyán 頩顏 12-293A
píngyān 平烟 2-935A
píngyǎn 平剡 2-935A
píngyǎn 平衍 2-932B
píngyàn 平讞 2-945B
píngyàn 憑驗 7-726B
píngyáng 平陽 2-937B
píngyángdì 平洋地 2-933A
píngyángfǔjūnquē 平陽府君闕 2-938A
píngyángjiǔ 平陽酒 2-938A
píngyāo 憑妖 7-723A
píngyáo 馮珧 12-793A
píngyáo 平繇 2-944B
píngyáo 瓶窯 5-290A
píngyào 平藥 2-944B
píngyě 平野 2-936A
píngyè 平夜 2-931A
píngyè 平業 2-940A
píngyī 馮依 12-793A
píngyī 平一 2-921B
píngyī 平壹 2-938A
píngyī 平揖 2-938A
píngyī 憑依 7-723B
píngyī 憑噫 7-726A
píngyí 平夷 2-926A
píngyǐ 屏扆 4-39B
píngyǐ 憑倚 7-724B
píngyì 馮翊 12-793B
píngyì 馮翼 12-795A
píngyì 平抑 2-928A
píngyì 平易 2-930A
píngyì 平意 2-940B
píngyì 平溢 2-941A
píngyì 平懌 2-944B
píngyì 平議 2-945B
píngyì 屏翳 4-41A
píngyì 蓱翳 9-489B
píngyì 評議 11-102A
píngyì 憑翊 7-725A
píngyì 憑億 7-725B
píngyì 憑臆 7-726A
píngyīgōng 平一公 2-921B
píngyìjìnmín 平易近民 2-930B
píngyìjìnrén 平易近人 2-930A
píngyǐn 瓶隱 5-290A
píngyǐn 憑引 7-723A
píngyīng 馮應 12-794B
píngyīng 瓶甖 5-290A
píngyīng 瓶罌 5-290A
píngyíng 平盈 2-933B
píngyíng 平瑩 2-943A
píngyìng 憑應 7-726A
píngyīngtuán 平英團 2-929B
píngyōng 平庸 2-937A
píngyóu 憑由 7-723A
píngyòu 平宥 2-933A
píngyú 平愉 2-939B
píngyú 平餘 2-942B
píngyú 憑愚 7-725B
píngyǔ 平語 2-941B
píngyǔ 評語 11-100A
píngyù 馮玉 12-792B
píngyù 平裕 2-939B
píngyù 平愈 2-940A
píngyù 平獄 2-941A
píngyù 屏閾 4-41A
píngyù 萍寓 9-450B
píngyuán 馮垣 12-793A
píngyuán 平原 2-934A
píngyuán 平圓 2-940A
píngyuán 平闤 2-944A
píngyuǎn 平遠 2-939B
píngyuándūyóu 平原督郵 2-934A
píngyuánjūn 平原君 2-934A
píngyuánjūshì 平原居士 2-934A
píngyuánkè 平原客 2-934A
píngyuánxiōngdì 平原兄弟 2-934A
píngyuánxiù 平原繡 2-934A
píngyuányìyě 平原易野 2-934A
píngyuè 平月 2-923B
píngyuè 評閱 11-101A
píngyún 平匀 2-923B
píngyún 平雲 2-938B
píngyǔn 平允 2-924A
píngyùn 平運 2-939B
píngyùn 平韻 2-945A
píngzá 平襍 2-944B
píngzān 瓶簪 5-290A
píngzàn 評贊 11-101B
píngzāng 平臟 2-945B
píngzāng 評贓 11-102A
píngzǎo 平早 2-926B
píngzǎo 萍藻 9-451A
píngzé 平則 2-932B
píngzé 平澤 2-944B
píngzè 平仄 2-922B
píngzhān 平瞻 2-945A
píngzhǎn 平展 2-935A
píngzhǎnbìng 瓶盞病 5-289B
píngzhāng 平章 2-937A
píngzhāng 屏鄣 4-40A
píngzhāng 評章 11-99B
píngzhàng 屏帳 4-39B
píngzhàng 屏障 4-40A
píngzhàng 屏幛 4-40B
píngzhàng 憑仗 7-723A
píngzhǎnzhǎn 平展展 2-935B
píngzhào 憑照 7-725B
píngzhēn 軿臻 9-1252B
píngzhēng 平政 2-931B
píngzhěng 平整 2-943B
píngzhèng 平正 2-924A
píngzhèng 平政 2-931B
píngzhèng 憑證 7-726B
píngzhī 屏祗 4-38B
píngzhí 平直 2-929B
píngzhí 評直 11-98B
píngzhì 平至 2-926B
píngzhì 平志 2-928A
píngzhì 平治 2-931A
píngzhì 評識 11-101B
píngzhì 評隲 11-101B
píngzhì 評騭 11-102A
píngzhōng 平中 2-922B
píngzhōng 憑中 7-722B
píngzhòng 平仲 2-926B
píngzhòng 憑重 7-724A
píngzhōu 憑舟 7-723A
píngzhù 平注 2-931A
píngzhù 屏著 4-39B
píngzhù 評注 11-99A
píngzhù 評註 11-100A
píngzhuǎn 平轉 2-944B
píngzhuàn 評傳 11-100A
píngzhuāng 平裝 2-941A
píngzhuàng 平狀 2-931B
píngzhuìzānzhé 瓶墜簪折 5-289B
píngzhǔn 平準 2-940B
píngzhǔn 評准 11-99A
píngzhǔn 憑准 7-724B
píngzhǔn 憑準 7-725B
píngzi 瓶子 5-289A
píngzī 馮資 12-794B
píngzī 軿輜 9-1252B
píngzì 平字 2-927A
píngzōng 萍踪 9-451A
píngzòng 萍蹤 9-451A
píngzōnglàngjì 萍踪浪迹 9-451A
píngzōnglàngjì 萍踪浪跡 9-451A
píngzònglàngjì 萍蹤浪跡 9-451A
píngzònglàngyǐng 萍蹤浪影 9-451A
píngzú 平足 2-928A
píngzuì 平罪 2-940A
píngzuò 平作 2-928B
píngzuò 平坐 2-928B
pínhán 貧寒 10-118A
pínhào 貧耗 10-116A
pìnhǎo 聘好 8-678A
pīnhé 姘合 4-348A
pīnhé 拼合 6-587A
pǐnhé 品覈 3-326B
pǐnhéng 品衡 3-326A
pǐnhóng 品紅 3-323B
pǐnhóngpínglǜ 品紅評綠 3-323B
pínhù 貧户 10-113B
pìnhù 牝户 6-237A
pínhuà 貧化 10-113B
pínhuàn 貧患 10-117A
pìnhuáng 牝騜 6-237B
pǐnhuì 品彙 3-325B
pìnhuì 娉會 4-361B
pīnhuǒ 拼伙 6-587A
píní 毗尼 5-272A
píní 陴倪 11-1017A
pǐnì 圮溺 2-1016A
pìnì 俾倪 1-1508B
pìnì 辟倪 11-488A
pìnì 辟匿 11-488A
pìnì 辟睨 11-489B
pìnì 埤堄 2-1128B
pìnì 埤院 2-1128B
pìnì 睥睨 7-1233B
pìnì 僻倪 1-1708B
píniàng 郫釀 10-647A
pǐniǎo 匹鳥 1-950A
pǐniǎo 疋鳥 8-494A
pí'nié 疲薾 8-310B
píniè 疲苶 8-308A
pīnìlín 批逆鱗 6-366B
pīnìlónglín 批逆龍鱗 6-366B
píniú 罷牛 8-1040B
pǐniǔ 圮紐 2-1016A
pìnìyīqiè 睥睨一切 7-1233B
pínjí 貧疾 10-116B
pínjí 貧塉 10-118B
pínjí 貧瘠 10-120A
pínjì 嬪妓 4-421A
pǐnjí 品級 3-323B
pǐnjí 品極 3-325A
pìnjī 牝雞 6-237B
pínjiā 貧家 10-116B
pínjiā 頻伽 12-313A
pínjiá 貧鋏 10-120A
pìnjià 聘嫁 8-679A
pínjiān 貧煎 10-118B
pínjiān 貧艱 10-121A
pínjiǎn 貧儉 10-119B
pínjiǎn 貧蹇 10-121A
pínjiàn 貧賤 10-119B
pǐnjiàn 品件 3-322B
pǐnjiàn 品鑑 3-326B
pǐnjiàn 品鑒 3-326B
pínjiāniǎo 頻伽鳥 12-313A
pínjiànjiāo 貧賤交 10-119B
pínjiànjiāorén 貧賤驕人 10-119B
pínjiànzāokāng 貧賤糟糠 10-119B
pínjiànzhījiāo 貧賤之交 10-119B
pínjiànzhīzhī 貧賤之知 10-119B
pīnjiāo 拚嬌 6-530B

pínjiāo 貧交 10-114B
pìnjīchénmíng 牝雞晨鳴 6-237B
pínjié 貧竭 10-119A
pínjié 貧潔 10-120A
pǐnjié 品節 3-325A
pìnjiē 聘接 8-679A
pìnjīmǔmíng 牝雞牡鳴 6-237B
pīnjìn 拼勁 6-587B
pínjīn 貧衿 10-116A
pǐnjìn 品進 3-324B
pìnjīn 聘金 8-678B
pínjìng 貧境 10-119A
pínjìng 貧靜 10-118B
pínjiǒng 貧窘 10-118A
pǐnjíshān 品級山 3-324A
pìnjīsīchén 牝雞司晨 6-237B
pìnjīsīdàn 牝雞司旦 6-237B
pīnjū 姘居 4-348A
pínjū 貧居 10-115B
pínjū 貧鞠 10-121A
pínjù 貧窶 10-119A
pínjù 貧劇 10-119B
pínjù 貧窶 10-121A
pìnjǔ 聘舉 8-679B
pīnjuān 拚捐 6-530B
pǐnjué 品爵 3-326A
pìnjūn 聘君 8-678B
pínkè 貧客 10-116A
pínkōng 貧空 10-115A
pínkǔ 貧苦 10-114B
pínkuàng 貧況 10-115A
pínkuàng 貧曠 10-121A
pínkuàng 貧礦 10-121A
pínkuì 貧匱 10-119A
pínkùn 貧困 10-114B
pǐnlán 品藍 3-326A
pǐnláng 品郎 3-323B
pínláo 貧勞 10-118A
pínlè 貧樂 10-120B
pínléi 貧羸 10-121A
pínlěi 貧累 10-117A
pǐnlèi 品類 3-326B
pínlí 貧嫠 10-119A
pínlí 貧黎 10-119B
pínlǐ 貧里 10-114B
pínlì 貧吏 10-114A
pínlì 嬪儷 4-421B
pǐnlì 品例 3-323A
pìnlǐ 聘禮 8-679B
pǐnliáng 品量 3-325A
pǐnliào 品料 3-324A
pǐnlìng 品令 3-322A
pínliú 頻留 12-313A
pǐnliú 品流 3-324B
pínlóng 貧癃 10-121A
pínlòu 貧陋 10-115B
pínlù 貧露 10-121B
pǐnlù 品錄 3-326A
pǐnlùn 品論 3-325B
pínluò 貧落 10-117B
pínlǚ 貧旅 10-116B
pínlǜ 頻率 12-313A
pǐnlǜ 品綠 3-325B
pínmáng 貧忙 10-114B
pǐnmào 品貌 3-325B
pínméi 嚬眉 3-542B
pínméi 顰眉 12-377B
pínmén 貧門 10-115B
pínméng 貧氓 10-115A
pínméng 貧甿 10-115A
pínméng 貧萌 10-117A
pínmín 貧民 10-114A
pīnmìng 拚命 6-530A
pīnmìng 拼命 6-587A
pīnmìng 拵命 6-625B
pǐnmíng 品名 3-322B
pǐnmíng 品茗 3-323B
pǐnmìng 品命 3-323A
pìnmìng 娉命 4-361A
pìnmìng 聘命 8-678B
pínmínkù 貧民窟 10-114A
pínmò 蘋末 9-614B
pínmǔ 貧母 10-114A
pǐnmù 品目 3-322A
pìnmǔ 牝牡 6-237A
pìnmǔlíhuáng 牝牡驪黃 6-237A
pínnà 貧衲 10-116A
pìnnà 娉内 4-361A
pìnnà 娉納 4-361B
pìnnà 聘納 8-679A
pínnàn 貧難 10-121A
pínněi 貧餒 10-120A
pínní 貧尼 10-114A
pínnián 貧年 10-114A
pínnián 頻年 12-312B
pínnóng 貧農 10-118B
pínnuò 貧懦 10-121A
pínnǚ 貧女 10-113A
pīnpà 砏汃 7-1015A
pǐnpái 品排 3-324B
pīnpán 拼盤 6-587B
pīnpēng 驞騯 12-915A
pínpín 頻頻 12-313B
pǐnpǐn 品品 3-323B
pǐnpíng 品評 3-325A
pínpó 貧婆 10-117B
pínpó 頻婆 12-313A
pínpò 貧迫 10-115A
pínpò 貧破 10-116A
pínpóguǒ 頻婆果 12-313A
pínpóguǒ 頻婆菓 12-313A
pínqī 貧栖 10-116A
pínqí 矉䁈 7-1267B
pínqǐ 貧乞 10-113A
pǐnqí 品齊 3-325B
pìnqī 聘妻 8-678B
pìnqí 牝騏 6-237B
pínqiān 貧慳 10-119A
pínqiáng 嬪嬙 4-421B
pínqié 傾伽 1-1737B
pínqiè 貧妾 10-115A
pínqiè 嬪妾 4-421A
pínqìng 貧罄 10-121A
pìnqǐng 聘請 8-679A
pínqióng 貧窮 10-120A
pìnqiú 聘求 8-678A
pínquē 貧闕 10-121A
pínrán 嬪然 4-421B
pīnrén 姘人 4-348A
pínrén 貧人 10-112B
pǐnrén 品人 3-322A
pìnrèn 聘任 8-678A
pínréng 頻仍 12-312B
pínrì 貧日 10-113B
pínrì 頻日 12-312B
pínrú 貧儒 10-120B
pínruò 貧弱 10-116B
pínsè 貧嗇 10-118B
pǐnsè 品色 3-322B
pínsēng 貧僧 10-119A
pǐnsèyī 品色衣 3-322B
pīnshā 拼殺 6-587B
pīnshě 拚捨 6-530B
pīnshě 拵捨 6-625B
pínshè 貧舍 10-115A
pìnshè 聘射 8-678B
pínshēn 貧身 10-114B
pínshēn 頻伸 12-313A
pínshēn 頻呻 12-313A
pínshēn 嚬伸 3-542B
pínshēn 嚬呻 3-542B
pínshēn 顰呻 12-377B
pínshēng 貧生 10-114A
pìnshēnglàngqì 牝聲浪氣 6-237B
pínshēngzi 貧生子 10-114A
pīnshì 拼式 6-587A
pínshì 貧士 10-113A
pínshì 貧仕 10-114A
pínshì 貧室 10-115B
pínshì 頻世 12-312B
pínshì 嬪侍 4-421A
pǐnshí 品食 3-323B
pǐnshì 品式 3-322A
pǐnshì 品事 3-323A
pìnshǐ 聘使 8-678B
pìnshì 聘士 8-678A
pínshíjiāo 貧時交 10-116A
pínshòu 貧瘦 10-119A
pínshǔ 貧屬 10-121B
pínshù 貧庶 10-117A
pǐnshù 品庶 3-324B
pìnshū 聘書 8-679A
pínshuò 頻數 12-313B
pīnsǐ 拚死 6-530A
pīnsǐ 拵死 6-625B
pīnsǐnàmìng 拼死捺命 6-587A
pīnsǐpīnhuó 拼死拼活 6-587A
pínsòng 頻送 12-313A
pínsù 貧素 10-116A
pǐnsú 品俗 3-323B
pínsuān 貧酸 10-119A
pínsuì 頻歲 12-313B
pínsuǒ 貧索 10-116A
píntāi 貧胎 10-115B
pǐntāi 品胎 3-323B
pǐntí 品題 3-326A
pǐntǐ 品體 3-326B
pǐntiáo 品調 3-326A
pìntóng 牝銅 6-237B
pīntou 姘頭 4-348A
pǐntóulùnzú 品頭論足 3-326A
pǐntóutízú 品頭題足 3-326A
píntū 貧突 10-116A
pìntǔ 牝土 6-236B
pǐntuō 品脫 3-324B
pínú 罷駑 8-1043B
pínú 疲駑 8-310A
pínuò 罷懦 8-1044A
pínuò 疲懦 8-311A
pínuò 疲愞 8-309B
pīnuòqiāng 鈚鍩槍 11-1216B
pínǚ 罷女 8-1040B
pínwāng 貧尩 10-114B
pǐnwàng 品望 3-325A
pínwēi 貧危 10-114B
pínwēi 貧微 10-118B
pínwèi 貧味 10-115A
pǐnwèi 品位 3-322B
pǐnwèi 品味 3-323A
pìnwèn 聘問 8-679A
pínwū 貧屋 10-116A
pínwù 嬪物 4-421A
pǐnwù 品物 3-323A
pìnwù 聘物 8-678B
pínwúlìzhuī 貧無立錐 10-117B
pínwúzhìzhuī 貧無置錐 10-117B
pínxī 嬪息 4-421B
pínxì 貧細 10-117B
pínxiá 貧狹 10-116B
pínxià 貧下 10-113A
pínxián 貧閒 10-118B
pínxián 貧閑 10-118B
pínxián 貧賢 10-119A
pìnxián 聘賢 8-679A
pǐnxiánfǎ 品弦法 3-323B
pínxiāng 貧鄉 10-117B
pínxiàng 貧相 10-115B
pínxiàng 貧巷 10-115B
pǐnxiàng 品象 3-324B
pìnxiǎng 聘享 8-678B
pínxiǎo 貧小 10-113A
pínxiào 儐笑 1-1718B
pínxiào 嚬笑 3-542B
pínxiào 顰效 12-377B
pínxiào 顰笑 12-377B
pǐnxiāonòngdí 品簫弄笛 3-326B
pínxiàzhōngnóng 貧下中農 10-113A
pīnxiě 拼寫 6-587B
pínxié 貧協 10-114B
pínxīn 貧心 10-114A
pínxīn 貧辛 10-114B
pínxíng 頻行 12-313A

pǐnxíng 品行 3-322B
pǐnxìng 品性 3-323A
pínxū 貧虛 10-117A
pìnxǔ 躬許 10-710B
pǐnxuǎn 品選 3-326A
pìnxuǎn 聘選 8-679A
pínxuè 貧血 10-114A
pǐnxué 品學 3-326A
pínyǎn 貧眼 10-117A
pǐnyàn 品驗 3-326B
pǐnyàng 品樣 3-325B
pǐnyì 品詣 3-325A
pǐnyì 品誼 3-326A
pīnyīn 砏磤 7-1015A
pīnyīn 拼音 6-587B
pínyìng 嬪媵 4-421B
pīnyīnwénzì 拼音文字
6-587B
pīnyīnzìmǔ 拼音字母
6-587B
pìnyòng 聘用 8-678A
pínyóu 貧油 10-115A
pínyóu 貧游 10-118A
pínyǒu 貧友 10-113B
pínyù 嬪御 4-421B
pínyuē 貧約 10-116A
pǐnyuè 品月 3-322A
pìnyuē 聘約 8-678B
pǐnyùn 品韻 3-326B
pínzǎo 蘋藻 9-614B
pínzào 貧竈 10-121B
pǐnzǎo 品藻 3-326B
pínzé 嬪則 4-421A
pǐnzé 品擇 3-326A
pínzhái 貧宅 10-114B
pǐnzhāng 品章 3-324B
pìnzhào 聘召 8-678A
pīnzheyīshēnguǎ…
拚着一身剮,
敢把皇帝拉下馬 6-530B
pínzhì 貧稚 10-118B
pínzhì 貧躓 10-121B
pǐnzhì 品制 3-323A
pǐnzhì 品秩 3-324A
pǐnzhì 品致 3-324A
pǐnzhì 品質 3-325B
pǐnzhì 品騭 3-326B
pǐnzhǒng 品種 3-325B
pìnzhòumíngchén 牝咮鳴辰
6-237A
pínzhū 蠙珠 8-990A
pínzhū 玭珠 4-530B
pínzhǔ 貧主 10-114A
pǐnzhú 品竹 3-322A
pǐnzhù 品柱 3-323B
pǐnzhuàn 品饌 3-326B
pǐnzhuàng 品狀 3-323B
pīnzhuì 拼綴 6-587B
pǐnzhuó 品著 3-324B
pǐnzhuó 品酌 3-324A
pǐnzhútánsī 品竹彈絲
3-322B
pǐnzhútiáosī 品竹調絲
3-322B
pǐnzhútiáoxián 品竹調絃
3-322A
pínzǐ 貧子 10-113B
pǐnzǐ 品子 3-322A
pǐnzìfēng 品字封 3-322B
pǐnzìkēng 品字坑 3-322B
pǐnzìméi 品字梅 3-322B
pínzōng 貧宗 10-115A
pínzú 貧族 10-117A
pǐnzú 品族 3-324B
pínzuǐ 貧嘴 10-120B
pínzuǐbóshé 貧嘴薄舌
10-120B
pínzuǐ'èshé 貧嘴惡舌
10-120B
pínzuǐhuáshé 貧嘴滑舌
10-120B
pínzuǐjiànshé 貧嘴賤舌
10-120B
pǐ'ǒu 匹偶 1-949B
pǐ'ǒu 匹耦 1-950B
pǐ'ǒu 媲偶 4-395B
pīpā 劈啪 2-745A
pīpā 噼啪 3-533A
pípá 批把 6-365B
pípá 枇杷 4-814A
pípá 琵琶 4-584B
pípábiébào 琵琶別抱
4-585A
pípábiénòng 琵琶別弄
4-585A
pípácáo 琵琶槽 4-585A
pípáchóng 琵琶蟲 4-585A
pípágǔ 琵琶骨 4-585A
pípáhúyǔ 琵琶胡語 4-585A
pīpāi 劈拍 2-744B
pīpāi 霹拍 11-743B
pípái 皮排 8-521A
pìpāi 搞拍 6-739A
pípájīn 琵琶襟 4-585A
pípájiùyǔ 琵琶舊語 4-585A
pípáménxiàng 枇杷門巷
4-814A
pīpàn 批判 6-366A
pìpàn 睥盼 7-1233B
pīpáo 披袍 6-525A
pípáo 皮袍 8-521A
pípátíng 琵琶亭 4-585A
pípátuǐ 琵琶腿 4-585A
pǐpèi 疲旆 8-308B
pǐpèi 匹配 1-949B
pǐpèi 疋配 8-494A
pīpī 被被 9-58B
pīpī 丕丕 1-491B
pīpī 伾伾 1-237A
pīpī 披披 6-523A
pīpī 狉狉 5-27B
pīpī 駓駓 12-812B
pīpī 批鼴 6-368B
pīpí 紕僻 9-756B
pípí 裨裨 9-108B
pípí 疲罷 8-310A
pīpī 嚭嚭 3-541B
pìpì 濞濞 6-189A
pìpì 淠淠 5-1380A
pìpì 澼澼 6-104A
pìpì 譬媲 11-458A
pìpì 吡吡 3-206A
pīpījījī 丕丕基 1-491B
pīpījījī 披披藉藉 6-523A
pīpìn 匹聘 1-950B
pīpíng 丕平 1-491B
pīpíng 批評 6-367B
pīpīpāipāi 劈劈拍拍
2-745A
pīpīpāpā 劈劈啪啪 2-745A
pīpītuōtuō 劈劈脱脱
2-745A
pípó 鞞婆 12-197B
pípó 鼙婆 12-1399A
pīpòmiànpí 劈破面皮
2-744B
pípòròulàn 皮破肉爛
8-521A
pípòxuèliú 皮破血流
8-521A
pīpòyù 劈破玉 2-744B
pīpū 劈噗 2-745A
pīpū 劈撲 2-745A
pīpú 坯墣 2-1072B
pīpú 坯璞 2-1072B
pǐpū 匹撲 1-950B
píqí 肶臍 6-1177B
píqì 脾氣 6-1333A
pǐqì 痞氣 8-318B
pìqǐ 辟啓 11-488B
pìqǐ 辟啟 11-488B
pìqì 甓器 5-299A
píqián 皮錢 8-523B
pīqiāng 鈚槍 11-1216B
pīqiáo 邳橋 10-604B
píqiào 皮鞘 8-523A
píqiè 罷怯 8-1042A
píqiè 皮篋 8-523A
pìqiè 睥竊 7-1233B
pǐqín 匹禽 1-950A
pīqìng 批傾 6-367B
pīqíng 披情 6-526A
pǐqīng 圮傾 2-1016A
pīqiú 披裘 6-526B
píqiú 皮球 8-521A
píqiú 皮裘 8-522A
pīqiúdàisuǒ 披裘帶索
6-526B
pīqiúfùxīn 披裘負薪
6-526B
pǐqū 否屈 3-204A
pīquè 披却 6-522B
pǐquē 圮缺 2-1015B
pǐquē 圮闕 2-1016B
píqùmáo'ānfù
皮去毛安附 8-519B
pǐqún 匹羣 1-950B
pǐqùtàilái 否去泰來
3-203B
pīrán 丕然 1-492B
pīrán 披然 6-526A
pīrán 劈然 2-745A
pǐrán 匹然 1-950A
pìrán 辟然 11-489A
pìrán 僻然 1-1709A
pīrǎng 披攘 6-529B
pìrǎng 僻壤 1-1710A
pírén 罷人 8-1040B
pírén 疲人 8-307B
pǐrén 匹人 1-947B
pírǒng 疲冗 8-307B
píròu 皮肉 8-520A
píròushēngyá 皮肉生涯
8-520A
pírù 皮褥 8-523A
pírù 罷褥 8-1047A
pìrú 辟如 11-486A
pìrú 辟儒 11-491A
pǐrú 匹如 1-949A
pìrú 僻儒 1-1710A
pìrú 譬如 11-457A
pīruǎn 紕軟 9-756A
píruǎn 罷軟 8-1042B
píruǎn 罷輭 8-1043B
píruǎn 罷需 8-1043A
píruǎn 疲軟 8-309A
píruǎn 疲輭 8-310A
pīruí 𦝼覞 8-524A
píruò 罷弱 8-1042B
píruò 疲弱 8-309A
pìruò 辟若 11-486B
pìruò 譬若 11-457B
pǐrúxián 匹如閑 1-949A
pìrúxián 譬如閒 11-457A
pīsāi 髬䰄 12-733A
pìsāi 屁塞 4-12B
pīsàn 披散 6-526A
písǎn 罷散 8-1043A
pǐsāng 否桑 3-204A
pīsào 披埽 6-525A
pǐsè 否塞 3-204B
pǐsè 痞塞 8-319A
pìsè 閫塞 12-129A
pìsè 僻澁 1-1709B
pìsè 僻澀 1-1710A
pīshā 披沙 6-522B
pīshà 披廈 6-527A
píshā 毗沙 5-272A
pìshā 辟殺 11-488A
pīshājiǎnjīn 披沙揀金
6-522B
pīshājiǎnjīn 披沙簡金
6-522B
píshāmén 毗沙門 5-272A
píshāméntiānwáng
毗沙門天王 5-272A
pīshān 披山 6-521B
pīshān 披衫 6-523B
pīshāndàihé 被山帶河
9-56A
píshāngròuzhàn 皮傷肉綻
8-522A
píshànwǔ 鞞扇舞 12-197B
pīshè 披涉 6-525A
píshè 毗舍 5-272B
pìshè 甓社 5-298B

pìshèhú 甓社湖 5-299A
pīshěn 批審 6-368A
píshèn 螷蜃 8-1001B
píshèng 疲乘 8-308B
pìshèzhū 甓社珠 5-298B
pīshí 丕時 1-492A
pīshì 批示 6-365B
pīshì 披示 6-522A
pīshì 披拭 6-523B
pīshì 披視 6-526A
píshī 裨師 9-108A
píshí 皮實 8-522B
píshì 罷士 8-1040B
pǐshì 匹士 1-947B
pǐshì 庀事 3-1208A
pǐshì 癖嗜 8-360B
pìshí 僻時 1-1708B
pìshǐ 譬使 11-457B
pìshì 僻事 1-1708A
pìshì 僻嗜 1-1709A
pìshì 疈事 7-1411A
pìshì 譬釋 11-458A
píshìbīng 皮室兵 8-520B
píshìjūn 皮室軍 8-520B
pīshǒu 鈚首 11-1371A
pīshǒu 批首 6-366B
pīshǒu 劈手 2-743B
píshòu 疲瘦 8-310A
pǐshǒu 匹手 1-948B
pīshū 批書 6-367A
pīshū 披書 6-525A
pīshū 紕疏 9-756A
pīshù 披述 6-523A
píshǔ 裨屬 9-109A
pǐshù 匹庶 1-950A
pǐshù 匹豎 1-951A
pìshū 僻書 1-1708B
pìshù 僻數 1-1709B
pīshuāng 披霜 6-528B
pīshuāng 砒霜 7-1012B
pīshuāng 砒礵 7-1012B
pǐshuāng 匹雙 1-951B
píshuì 疲睡 8-309B
pìshuì 譬說 11-458A
pìshuō 辟說 11-490B
pìshuō 僻說 1-1709B
píshùzhōng 皮樹中 8-523B
pīsì 駓騃 12-813A
písī 皮絲 8-522A
pǐsì 疋似 8-493B
pǐsì 匹似 1-948B
pìsì 譬似 11-457A
pǐsìxián 匹似閑 1-948B
pìsìxián 譬似閑 11-457A
pīsòng 披誦 6-527A
pīsù 坯素 2-1072B
pīsù 披訴 6-526B
písú 罷俗 8-1042A
písú 疲俗 8-308B
pǐsù 匹素 1-949A
pǐsuàn 擗算 6-932B
pīsuō 披蓑 6-526B
pīsuǒ 披索 6-524B
pītà 批撻 6-368A
pītà 披闥 6-529B
pítà 疲沓 8-308A
pǐtǎ 疋塔 8-494B
pítāgǔ 鞞鞨鼓 12-198A
pītāi 坯胎 2-1072B
pǐtài 否泰 3-204A
pītáo 坯陶 2-1072B
pītī 披剔 6-524B
pītì 披剃 6-524B
pītì 披鬀 6-528B
pítí 崥崹 3-837A
pìtī 鸊鷉 12-1170A
pìtī 鸊鵜 12-1170A
pìtí 鸊鷈 12-1170A
pìtián 辟田 11-485A
pìtián 闢田 12-174A
pītiáo 批條 6-367A
pìtīdāo 鸊鵜刀 12-1170A
pītiě 批帖 6-366A
pìtīgāo 鸊鵜膏 12-1170A
pìtījiàn 鸊鵜劍 12-1170A
pìtīquán 鸊鵜泉 12-1170A
pítǒng 郫筒 10-647A
pítǒngzi 皮桶子 8-521B
pītóu 批頭 6-368A
pītóu 披頭 6-528A
pītóu 劈頭 2-745B
pǐtou 匹頭 1-951A
pǐtóu 匹頭 1-951A
pǐtóu 疋頭 8-494A
pìtóu 闢頭 12-174B
pītóudàiliǎn 劈頭帶臉 2-745B
pītóugàidǐng 劈頭蓋頂 2-745B
pītóugàiliǎn 披頭蓋臉 6-528A
pītóugàiliǎn 劈頭蓋臉 2-745B
pītóugàinǎo 披頭蓋腦 6-528A
pītóugàinǎo 劈頭蓋腦 2-745B
pītóugùn 批頭棍 6-368A
pītóumáo 劈頭毛 2-745B
pītóupīliǎn 劈頭劈臉 2-745B
pītóupīnǎo 劈頭劈腦 2-745B
pītóusànfà 披頭散髮 6-528A
pītú 丕圖 1-492B
pītú 披圖 6-527A
pītǔ 坏土 2-1038B
pítǔ 脾土 6-1333A
pǐtú 庀徒 3-1208A
pǐtú 痞徒 8-318B
pìtú 僻塗 1-1709B
pìtú 甓塗 5-299A
pìtǔ 辟土 11-484A
pìtǔ 闢土 12-174A
pītuì 披退 6-524B
pītuō 劈脫 2-745A
pítuò 鞞柝 12-197B
pìtuō 僻脫 1-1708B
pīwán 披玩 6-523A
pīwán 披翫 6-528A
píwán 疲玩 8-308A
píwán 疲頑 8-309B
pīwàng 紕妄 9-756A
píwáng 裨王 9-108A
pǐwáng 癖王 8-360A
pìwáng 辟王 11-484A
pìwáng 僻王 1-1707B
pǐwǎngtàilái 否往泰來 3-204A
pīwéi 披帷 6-525B
pīwěi 批尾 6-366A
pīwèi 披味 6-523A
píwěi 皮葦 8-522A
píwèi 埤遺 2-1128B
píwèi 脾味 6-1333A
píwèi 脾胃 6-1333A
pìwéi 辟違 11-489B
pìwéi 僻違 1-1709A
pīwén 伾文 1-1236B
pīwén 批文 6-365A
pīwén 披文 6-522A
píwǒ 頗我 12-287A
píwò 羆臥 8-1046B
pīwū 披屋 6-524B
pīwū 霹誣 11-743B
pīwù 披霧 6-528B
píwǔ 鞞舞 12-198A
píwǔ 貔武 5-101B
píwǔ 貔武 10-1342B
píwǔ 鼙舞 12-1399A
píwù 陴塢 11-1017A
pīxī 鈲析 11-1267A
pīxī 丕釐 1-493A
pīxī 披析 6-523A
pīxī 劈析 2-744A
píxī 脾析 6-1333A
píxì 毗戲 5-273B
pǐxī 擗析 6-932B
pǐxí 癖習 8-360B
pìxī 辟翕 11-489A
pìxī 闢翕 12-174B
pǐxià 圮下 2-1015B
pìxiá 僻狹 1-1708B
pīxiǎn 被跣 9-59A
pīxiǎn 丕顯 1-493A
pìxiàn 辟陷 11-488A
pìxiàn 僻縣 1-1709B
pīxiāng 披香 6-524A
pīxiáng 披詳 6-527A
píxiāng 皮箱 8-523A
píxiàng 皮相 8-520B
pìxiàng 僻巷 1-1708A
pīxiānlǐ 劈先裏 2-744A
pǐxiānlǐ 疋先裏 8-493B
pīxiāo 坯銷 2-1072B
pīxiāo 鈚銷 11-1228B
pīxiào 被孝 9-57A
píxiāo 蜱蛸 8-918B
pìxiǎo 辟小 11-484A
pìxiǎo 僻小 1-1707B
pìxiǎo 譬曉 11-458A
pīxiāojuéhàn 披霄決漢 6-527B
píxiàoròubùxiào 皮笑肉不笑 8-521A
pīxìdǎokuǎn 批郤導窾 6-366B
pīxìdǎokuǎn 批隙導窾 6-367B
pīxiě 披寫 6-528A
pīxiè 披泄 6-523B
pīxiè 披謝 6-528B
pīxiè 劈瀉 2-745B
píxié 皮鞋 8-522B
píxié 皮鞵 8-523B
píxiè 毗燮 5-273B
píxiè 疲懈 8-310B
píxiè 脾泄 6-1333A
pǐxié 仳脇 1-1191B
pìxié 辟邪 11-485A
pìxié 辟脅 11-488A
pìxié 闢邪 12-174A
pìxié 僻邪 1-1707B
pīxīn 披心 6-522A
pīxīn 劈心 2-743B
pǐxīn 否心 3-203B
pīxīnfù 披心腹 6-522A
pīxīng 披星 6-524A
pīxíng 批行 6-365B
pīxǐng 披省 6-524A
píxìng 脾性 6-1333A
pǐxìng 癖性 8-360B
pìxíng 僻行 1-1707B
pìxìng 僻性 1-1708A
pīxīngdàiyuè 披星帶月 6-524A
pīxīngdàiyuè 披星戴月 6-524A
píxīnjiélǜ 疲心竭慮 8-307B
pīxīnlǐ 劈心裏 2-743B
pīxīnlìxuè 披心瀝血 6-522A
pīxiōng 劈胸 2-744B
pīxiū 丕休 1-491B
píxiū 貔貅 10-1342B
píxiū 羆貅 8-1047A
píxiǔ 罷朽 8-1041A
píxiǔ 疲朽 8-308A
pǐxiū 匹休 1-948B
pīxiùzhīxī 被繡之犧 9-61A
pīxiùzhòuxíng 被繡晝行 9-61A
pīxù 丕緒 1-492B
pīxuān 披宣 6-524B
píxuān 皮軒 8-521A
pìxuán 辟旋 11-488A
pīxuē 批削 6-366B
pīxuē 披削 6-524A
pīxuě 披雪 6-525B
píxuē 皮靴 8-522A
píxuē 皮鞾 8-523B
pìxué 僻穴 1-1707B
pìxué 僻學 1-1710A
píxuēyè'er 皮靴頁兒

8-522A
pīxún 披尋 6-526B
pīxùn 丕訓 1-492A
pīyà 匹亞 1-949A
pīyán 披顏 6-529A
pīyán 披簷 6-529A
pīyǎn 鈹掩 11-1248B
pīyàn 鈲驗 11-1267A
pīyàn 批驗 6-368B
píyàn 疲厭 8-310A
pìyán 辟言 11-486B
pìyǎn 屁眼 4-12B
pīyǎnà 披雅那 6-526A
pīyànà 批婭娜 6-367A
pīyáng 丕揚 1-492B
pīyáng 披揚 6-526A
pìyánghóu 辟陽侯 11-488B
pìyángzhīchǒng 辟陽之寵
11-488B
pīyànuò 披亞諾 6-523A
pīyāo 劈腰 2-745A
pìyáo 闢謠 12-174B
pīyě 坏冶 2-1038B
pīyě 坯冶 2-1072B
pīyè 丕業 1-492B
pīyē 毗耶 5-272A
píyé 毗邪 5-272A
píyè 疲曳 8-308A
pīyī 被衣 9-56B
pīyī 披衣 6-522A
pīyì 披挹 6-524B
pīyì 披繹 6-529B
píyī 裨衣 9-108A
píyī 皮衣 8-520A
píyǐ 毗倚 5-272B
píyǐ 蚍蟻 8-867B
píyì 毗益 5-272B
píyì 毗翼 5-273B
píyì 疲役 8-308A
píyì 疲勩 8-309B
píyì 埤益 2-1128B
pǐyì 匹溢 1-950B
pǐyì 庀役 3-1208A
pǐyì 擗易 6-932B
pìyǐ 辟倚 11-488A
pìyì 辟異 11-488A
pìyì 轉輗 9-1288A
pìyì 譬抑 11-457B
pìyìgài 轉輗蓋 9-1288A
pīyín 邳垠 10-604A
píyǐn 皮靷 8-522A
pìyín 辟淫 11-488A
pìyín 僻淫 1-1709A
pìyǐn 僻隱 1-1710A
pīyìng 丕應 1-493A
píyíng 裨瀛 9-109A
pǐyìng 擗膺 6-932B
pǐyìng 痞硬 8-319A
píyǐngxì 皮影戲 8-523A
píyōng 疲庸 8-309A
píyǒng 毗勇 5-272B
pǐyǒng 擗踊 6-932B
pǐyǒng 擗踴 6-932B
pìyǒng 辟踊 11-490A
pīyóu 丕猶 1-492B
pīyóu 丕猷 1-492B
pīyòu 丕祐 1-492A
píyóu 皮油 8-520A
píyóu 蚍蝣 8-867B
pǐyóu 匹游 1-950B
pǐyóu 匹遊 1-950B
pìyōu 僻幽 1-1708B
pìyóu 譬由 11-457A
pìyóu 譬猶 11-457B
pīyǔ 被羽 9-56B
pīyǔ 批語 6-368A
pǐyù 匹遇 1-950A
pìyú 僻愚 1-1709A
pìyú 譬於 11-457B
pìyǔ 僻語 1-1709B
pìyǔ 譬語 11-458A
pìyù 辟喻 11-489A
pìyù 譬喻 11-457B
pìyù 譬諭 11-458A
píyuàn 疲怨 8-308B
pìyuǎn 辟遠 11-489B
pìyuǎn 僻遠 1-1709A
píyúbēnmìng 罷於奔命
8-1042A
píyúbēnmìng 疲于奔命
8-307B
píyúbēnmìng 疲於奔命
8-308B
pīyuè 批閱 6-368A
pīyuè 披閱 6-528A
pīyuè 紕越 9-756A
pǐyuē 擗約 6-932B
píyúgòngmìng 疲於供命
8-308B
pīyún 披雲 6-526A
pīyǔn 丕允 1-491B
pīyǔn 批允 6-365B
pīyùn 丕運 1-492B
pǐyùn 否運 3-204B
pīyúnwù 披雲霧 6-526A
pízàn 裨贊 9-109A
pízàn 毗贊 5-273B
pízàng 脾臟 6-1333B
pǐzāng 否臧 3-204B
pīzáo 批鑿 6-369A
pīzé 丕則 1-492A
pìzé 譬則 11-457B
pízhài 罷瘵 8-1043B
pízhài 疲瘵 8-310B
pīzhǎn 披展 6-525A
pīzhāng 邳張 10-604B
pízhāng 皮張 8-521B
pízhǎng 皮掌 8-522A
pǐzhàng 劈帳 2-745A
pǐzhàng 痞脹 8-319A
pìzhàng 辟仗 11-485A
pìzhàng 闢仗 12-174A
pìzhàngjiàn 闢仗箭 12-174A
pīzhāo 劈着 2-745A
pīzhào 批照 6-367B
pīzhé 披磔 6-527B
pīzhěguànmù 被赭貫木
9-60A
pīzhēn 披榛 6-527A
pīzhēn 狉獉 5-27B
pīzhēn 狉榛 5-27B
pīzhēn 鈹針 11-1248B
pīzhēn 鈹鍼 11-1248B
pīzhēn 錍針 11-1322B
pīzhēn 錍鍼 11-1322B
pīzhèn 丕振 1-492A
pīzhèn 霹震 11-744A
pīzhēncǎilán 披榛採蘭
6-527A
pǐzhèng 癖症 8-360B
pìzhèng 譬證 11-458A
pīzhèngfǔ 劈正斧 2-744A
pīzhǐ 丕址 1-491B
pīzhǐ 丕祉 1-491B
pīzhì 披帙 6-523A
pízhǐ 皮紙 8-521A
pízhì 皮廌 8-522B
pǐzhí 匹植 1-950A
pǐzhǐ 匹紙 1-949B
pǐzhì 否滯 3-205A
pǐzhì 匹製 1-950B
pǐzhì 圮滯 2-1016A
pìzhī 辟支 11-484B
pìzhī 譬之 11-457A
pìzhí 僻執 1-1708B
pìzhí 譬執 11-457B
pìzhǐ 辟芷 11-486A
pìzhǐ 譬止 11-457A
pìzhǐ 譬旨 11-457A
pìzhì 闢治 12-174B
pìzhì 僻志 1-1707B
pìzhì 僻滯 1-1709B
pízhībùcún…
皮之不存,毛將安傅
8-519A
pízhībùcún…
皮之不存,毛將焉附
8-519A
pìzhīfó 辟支佛 11-484B
pìzhīguǒ 辟支果 11-484B
pīzhǐwěi 批紙尾 6-367A
pìzhīxiàchéng 辟支下乘
11-484B
pìzhīxiǎochéng 辟支小乘
11-484B
pǐzhōngfùtài 否終復泰
3-204B
pǐzhōngsītài 否終斯泰
3-204B
pǐzhōngzétài 否終則泰
3-204B
pìzhòu 甓甃 5-299A
pīzhù 批注 6-366B
pízhù 毗助 5-272A
pízhù 埤助 2-1128B
pǐzhū 匹諸 1-951A
pìzhū 甓珠 5-299A
pìzhū 譬諸 11-458A
pīzhuǎn 批轉 6-368B
pīzhǔn 批准 6-367A
pīzhǔn 批準 6-367B
pīzhuó 被著 9-58B
pízhuō 疲拙 8-308A
pīzhūpèizǐ 被朱佩紫 9-56B
pīzhūzǐ 被朱紫 9-56B
pīzi 批子 6-365A
pīzi 坯子 2-1072A
pīzi 披子 6-521B
pīzī 被緇 9-59B
pīzī 披緇 6-527B
pízi 皮子 8-519A
pǐzi 痞子 8-318B
pǐzǐ 諀訿 11-287A
pìzì 僻恣 1-1708B
pīzijiàn 鈚子箭 11-1216B
pízimiàn 皮子麵 8-519B
pìzìsèjù 僻字澀句 1-1707B
pìzōu 僻陬 1-1708B
pǐzú 圮族 2-1016A
pìzǔ 僻阻 1-1708A
pīzuò 丕祚 1-492A
pízuǒ 毗佐 5-272A
pìzuǒ 僻左 1-1707B
pò'ài 迫隘 10-764B
pò'ài 迫阨 10-762A
pò'àn 破案 7-1033A
pòbà 破罷 7-1038B
pōbài 頗敗 12-287B
pòbái 破白 7-1027B
pòbǎi 泊栢 5-1086A
pòbài 破敗 7-1033B
pòbàiwǔguǐ 破敗五鬼
7-1034A
pòbāngpòqún 破梆破羣
7-1031B
pòbǎo 魄寶 12-469B
pōbǐ 潑筆 6-157A
pòbī 迫逼 10-764A
pòbí 破鼻 7-1038A
pòbì 烞熚 7-60A
pòbì 破敝 7-1034B
pòbì 破弊 7-1038A
pòbì 破壁 7-1039B
pòbì 破璧 7-1040B
póbǐng 婆餅 4-377A
póbǐngjiāo 婆餅焦 4-377A
pòbō 破剝 7-1033B
pòbō 破撥 7-1038B
pòbó 擂擽 6-908B
pòbù 破步 7-1029A
pòbùdéyǐ 迫不得已 10-761B
pòbùjídài 迫不及待
10-761B
pòbùkědài 迫不可待
10-761B
pòbùlà 破不剌 7-1027A
pōcái 潑才 6-155A
pōcǎi 頗采 12-287B
pòcái 破財 7-1032A
pōcáiliào 潑材料 6-156A
pòcán 破殘 7-1035B
pōcánshēng 潑殘生 6-157A
pōcè 頗側 12-287B
pǒcè 叵測 1-957B
pǒcè 頗測 12-288A
pòchá 破茬 7-1030A

pòcháidū 破柴都 7-1032A
pòchǎn 破産 7-1034A
pòchǎndàngyè 破産蕩業 7-1034B
pōchānggēn 潑娼根 6-157A
pōchāo 頗超 12-288A
pòchāo 破鈔 7-1035B
pòcháo 破巢 7-1034B
pòcháowánluǎn 破巢完卵 7-1034B
pòcháoyúluǎn 破巢餘卵 7-1034B
pòchéng 破承 7-1030A
pòchéng 破城 7-1030A
pòchéng 破酲 7-1038A
pòchéngtí 破承題 7-1030A
pòchóu 破愁 7-1037A
pòchóuwéixiào 破愁爲笑 7-1037A
pòchú 破除 7-1031B
pòchú 魄蜍 12-469A
pòchù 迫怵 10-762B
pòchūn 破春 7-1030A
pōcí 頗辭 12-288B
pòcù 迫促 10-763A
pòcù 迫猝 10-764A
pòcù 迫蹙 10 765A
pòcù 迫蹴 10-765A
pòcù 迫蹵 10-765A
pòcù 迫戚 10-764A
pòcù 迫趣 10-764B
pòcù 迫卒 10-762B
pòcuī 迫催 10-764B
pōdài 潑黛 6-158B
pòdài 破貸 7-1035B
pōdǎn 潑膽 6-158B
pòdǎn 破膽 7-1040A
pòdàng 破蕩 7-1038B
pòdànghúnfēi 魄蕩魂飛 12-469A
pòdànghúnyáo 魄蕩魂搖 12-469A
pòdǎnhánxīn 破膽寒心 7-1040A
pōdāo 朴刀 4-726B
pòdào 破道 7-1036A
pōdì 坡地 2-1092A
pòdì 破鏑 7-1041A
pòdí 破敵 7-1039A
pòdì 破的 7-1029B
pòdiào 破調 7-1039A
pòdǐng 破鼎 7-1035B
pòdiūbùdā 破丟不答 7-1028A
pòdiūbùluò 破丟不落 7-1028A
pōdiūpōyǎng 潑丟潑養 6-156A
pōdìzǐ 潑弟子 6-156A
pōdōngxi 潑東西 6-156A
pòdòu 破鬪 7-1042A
pōdù 坡度 2-1092B
pòdú 破讀 7-1042A
pòduǒ 破朵 7-1028B
pòduōluó 破多羅 7-1028B
pō'è 潑惡 6-157A
pǒ'ě 駊騀 12-830B
pò'è 迫厄 10-761B
pò'è 迫阨 10-762A
pò'è 迫阸 10-762B
pò'è 破惡 7-1034B
pò'è 破萼 7-1035A
pó'er 婆兒 4-375B
póerqì 婆兒氣 4-375B
pò'èrzuòsān 破二作三 7-1026A
pòfá 破伐 7-1028B
pōfán 潑煩 6-157B
pòfānfēng 破帆風 7-1028A
pòfèi 破費 7-1036A
pòfèi 破廢 7-1039A
pòfēn 破分 7-1027A
pòfèn 破分 7-1027A
pōfēng 潑風 6-156B
pōfēngdāo 潑風刀 6-156B
pōfú 泊洑 5-1086A
pōfù 潑婦 6-157A
pōfù 頗覆 12-288B
pófù 皤腹 8-275A
pòfǔ 膊脯 6-1360B
pòfǔ 破斧 7-1029B
pòfǔ 破釜 7-1032A
pòfù 破腹 7-1037B
pòfǔchénzhōu 破釜沉舟 7-1032B
pòfǔchénzhōu 破釜沈舟 7-1032A
pòfǔfénzhōu 破釜焚舟 7-1032B
pòfǔquēqiāng 破斧缺斨 7-1029B
pògānmíwèi 破肝糜胃 7-1029A
pògé 破格 7-1031B
pōgōng 坡公 2-1092A
pōgōngdī 坡公堤 2-1092A
pògōngfū 破工夫 7-1026A
pògōngfū 破功夫 7-1027B
pōgǔ 坡谷 2-1092A
pògū 破觚 7-1035B
pògù 破故 7-1030B
pòguā 破瓜 7-1027B
póguān 婆官 4-375B
pòguān 破關 7-1041B
pòguàn 破罐 7-1042A
pòguàn 破甗 7-1041B
pòguāng 魄光 12-468B
pòguànpòshuāi 破罐破摔 7-1042A
pòguànzipòshuāi 破罐子破摔 7-1042A
pógui 鄱桂 10-684A
pōguǐtóu 潑鬼頭 6-156B
pòguó 破國 7-1034A
pògūwéiyuán 破觚爲圜 7-1036A
pògùzhǐ 破故紙 7-1030B
pògūzhuódiāo 破觚斲雕 7-1036A
pòhài 迫害 10-763B
pòhài 破害 7-1032B
pōhán 潑寒 6-157A
pōhàn 潑悍 6-156B
pòhán 破寒 7-1036A
pōhánhú 潑寒胡 6-157B
pōhánhúxì 潑寒胡戲 6-157B
póhāo 皤蒿 8-275A
pòhào 破耗 7-1031B
pòhé 破合 7-1028B
pòhèn 破恨 7-1031A
póhóujì 婆侯伎 4-375B
póhóujì 婆猴伎 4-377A
pōhú 潑胡 6-156B
póhú 鄱湖 10-684A
pòhuá 迫劃 10-764B
pòhuà 破話 7-1037B
pòhuái 破懷 7-1041B
pòhuài 破壞 7-1040B
pòhuāng 破荒 7-1030B
póhuānxǐ 婆歡喜 4-377B
pōhuātuán 潑花團 6-156A
pōhuí 頗迴 12-287B
pòhuǐ 破燬 7-1040A
pòhuǐ 破毀 7-1037A
pòhuì 破碻 7-1040A
pòhuì 迫晦 10-764A
pòhūn 破昏 7-1029B
pōhuǒ 潑火 6-155B
pōhuò 潑貨 6-157A
pòhuò 破貨 7-1034A
pòhuò 破惑 7-1035B
pòhuò 破獲 7-1039A
pōhuǒyǔ 潑火雨 6-155B
pōhúwángqǐhánxì 潑胡王乞寒戲 6-156B
pōjī 頗激 12-288B
pōjī 頗譏 12-288B
pōjí 頗極 12-288A
pòjī 迫激 10-765A
pòjī 破擊 7-1039B
pòjí 迫亟 10-762B
pòjí 迫急 10-763A
pòjí 迫詰 10-764B
pójiā 婆家 4-376B
pòjiā 破家 7-1032B
pòjiǎ 破甲 7-1027B
pòjiābàichǎn 破家敗産 7-1033A
pòjiādàngchǎn 破家蕩産 7-1033A
pòjiādàngyè 破家蕩業 7-1033A
pòjiāguǐ 破家鬼 7-1033A
pòjiājiéchǎn 破家竭産 7-1033A
pōjiàn 潑賤 6-158A
pòjiàn 破鑑 7-1041B
pòjiāncuīgāng 破堅摧剛 7-1033B
pòjiānfāfú 破姦發伏 7-1031B
pòjiàng 迫降 10-762B
pōjiànrén 潑賤人 6-158A
pójiāo 婆焦 4-377A
pōjiǎozihuò 潑脚子貨 6-157A
pòjiāsàngchǎn 破家喪産 7-1033A
pōjiāsī 潑家私 6-156B
pòjiāwǔguǐ 破家五鬼 7-1033A
pòjiāxiànlìng 破家縣令 7-1033A
pòjiāzǐ 破家子 7-1033A
pòjié 迫刼 10-762A
pòjié 迫截 10-764B
pòjié 破結 7-1036B
pòjiě 破解 7-1037B
pòjiè 破戒 7-1028B
pòjìn 迫近 10-762B
pòjìn 破禁 7-1036B
pòjìng 破獍 7-1038A
pòjìng 破鏡 7-1041A
pòjìngchónghé 破鏡重合 7-1041A
pòjìngchóngyuán 破鏡重圓 7-1041A
pòjiǒng 迫窘 10-764B
pòjiū 迫究 10-762B
pòjiǔ 破酒 7-1032B
pòjiù 破舊 7-1039B
pòjiùlìxīn 破舊立新 7-1039B
pòjū 搏且 5-99B
pòjū 蒩苴 9-566A
pòjǔ 破沮 7-1030A
pòjù 迫遽 10-764B
pòjù 破句 7-1028A
pòjué 破決 7-1029A
pójūn 番君 7-1361A
pòjūn 破軍 7-1031A
pòjūnshājiàng 破軍殺將 7-1031A
pòjǔwéiyuán 破矩爲圓 7-1031A
pòké 破殼 7-1034B
pòkōng 破空 7-1030A
pòkǒng 迫恐 10-763A
pōkǒu 潑口 6-155A
pòkǒu 破口 7-1026B
pòkǒudàmà 破口大駡 7-1026B
pòkuài 破塊 7-1034B
pòkuì 破潰 7-1039A
pòkuò 破栝 7-1031B
pōla 潑辣 6-157B
pōlà 潑剌 6-156B
pòlà 破臘 7-1041A
pōlahuò 潑辣貨 6-157B
pōlàhuò 潑剌貨 6-156B
pōlài 潑賴 6-158A
pōlālā 潑喇喇 6-157A
pōlàlà 潑剌剌 6-156B
pólán 婆蘭 4-377A
pǒlán 笸籃 8-1118A
pòlàn 破爛 7-1041B

pòlàng 破浪 7-1032B
pòlàngchéngfēng 破浪乘風 7-1032B
pòlànhuò 破爛貨 7-1041B
pōlǎo 坡老 2-1092A
pólǎo 婆老 4-375B
pòlǎo 破老 7-1028A
pòlè 迫勒 10-764A
pōlèi 頗類 12-288B
pōlèi 頗纇 12-288B
pòlěi 破蕾 7-1039A
pōléng 頗稜 12-288A
pōlénglénɡ 潑梭梭 6-156B
pōlěngshuǐ 潑冷水 6-156A
pōlí 頗梨 12-287B
pōlí 頗黎 12-288A
pōlí 頗瓈 12-288B
pōlǐ 頗李 12-287A
pòlǐ 破理 7-1033B
pòlì 迫力 10-761B
pòlì 破例 7-1029B
pòlì 魄力 12-468B
pòliǎn 破臉 7-1040A
pōliáng 坡梁 2-1092B
pòliàng 破亮 7-1031A
pōliángshuǐ 潑涼水 6-156B
pòliè 迫烈 10-763A
pòliè 破裂 7-1035B
pōlín 潑淋 6-157A
pòlín 迫臨 10-765A
pōlíng 頗陵 12-287B
pòlìng 迫令 10-762A
pòlíngsānluàn 破零三亂 7-1037A
póliú 婆留 4-375B
pòliùhán 破六韓 7-1027B
pōlǒng 坡壠 2-1092B
pòlòu 破陋 7-1030A
pòlòu 破漏 7-1038A
pòlù 破露 7-1041B
pòluàn 破亂 7-1037B
pòluǎnqīngcháo 破卵傾巢 7-1029A
pǒluó 笸籮 8-1198B
pǒluó 笸籮 8-1198B
pǒluó 叵羅 1-957B
pǒluó 笸籮 8-1118A
pǒluó 頗羅 12-288B
pǒluó 哱囉 3-353A
pòluò 破落 7-1035A
pòluòhán 破落韓 7-1035B
pòluòhàn 破落汗 7-1035A
pòluòhù 破落户 7-1035A
póluómén 婆羅門 4-377A
póluóménzhòu 婆羅門呪 4-377A
pòluònà 破落那 7-1035B
pòlùxù 破陸續 7-1033B
pólǜ 婆律 4-375B
pòlǜ 破律 7-1031A
pòlǜ 魄慮 12-469A
pòmǎ 破馬 7-1031B
pòmài 破賣 7-1038B
pòmào 破冒 7-1030B
pòmào 破帽 7-1035B
pōmáoshén 潑毛神 6-155B
pōmáotuán 潑毛團 6-155B
pòmén 破門 7-1030A
pòmén 魄門 12-468B
pòmèn 破悶 7-1036A
pòmén'érchū 破門而出 7-1030A
pòmén'érrù 破門而入 7-1030A
pòmí 破迷 7-1031A
pòmí 破謎 7-1039B
pōmiàn 潑面 6-156B
pòmiànguǐ 破面鬼 7-1030B
pòmiè 破滅 7-1037B
pōmìng 潑命 6-156A
pòmíng 破暝 7-1038A
pòmìng 破命 7-1029B
pòmǐzāokāng 破米糟糠 7-1028B
pōmò 帞味 8-266B
pōmò 潑墨 6-158A
pòmò 珀末 4-534B
pòmò 破没 7-1029A
pòmò 破墨 7-1038B
pòmò 溥漠 6-8A
pōmòzǐ 潑墨紫 6-158A
pōmù 頗牧 12-287A
pómǔ 婆母 4-375B
pòmù 迫暮 10-764B
pǒnài 叵奈 1-957B
pǒnài 叵耐 1-957B
pǒnài 尀奈 2-1250B
pǒnài 尀耐 2-1250B
pǒnài 頗奈 12-287A
pǒnài 頗耐 12-287B
pònáng 破囊 7-1041B
pōnánnǚ 潑男女 6-156A
pōnánpōnǚ 潑男潑女 6-156A
pònǎokūxīn 破腦刳心 7-1037B
pònàshūgēng 破衲疏羹 7-1031A
póniáng 婆娘 4-376B
pònòng 迫弄 10-762A
pònuǎn 破暖 7-1037A
pōnútāi 潑奴胎 6-155B
pòpāi 破拍 7-1029A
pòpán 破盤 7-1038B
pōpēi 潑醅 6-158A
pōpēi 醱醅 9-1444B
pòpéng 破篷 7-1039A
pōpí 潑皮 6-155B
pōpì 頗辟 12-288A
pōpì 頗僻 12-288A
pōpiān 頗偏 12-287B
pōpiě 坡撇 2-1092B
pōpíhuò 潑皮貨 6-155B
pōpílàiròu 潑皮賴肉 6-156A
pōpō 潑潑 6-158A
pōpō 頗頗 12-288A
pópó 番番 7-1363A
pópó 婆婆 4-376B
pópó 皤皤 8-275B
pòpò 颰颰 12-637B
pòpò 膊膊 6-1360B
pòpò 咄咄 5-684A
pòpò 洦洦 5-1138A
pópóguólǎo 皤皤國老 8-275B
pópójiā 婆婆家 4-376B
pópomāma 婆婆媽媽 4-376B
pōpóniáng 潑婆娘 6-157A
pōpōsǎsǎ 潑潑撒撒 6-158A
pōpōsǎsǎ 潑潑灑灑 6-158A
pòqì 破弃 7-1029A
pòqì 破氣 7-1032A
pòqì 破棄 7-1036A
pòqiān 破慳 7-1038A
pòqián 破錢 7-1039A
pòqiǎn 迫遣 10-764B
pòqiáng 迫彊 10-765A
pòqiè 迫切 10-761B
pòqīn 破親 7-1039B
pòqín 破琴 7-1034B
pòqínjuéxián 破琴絶絃 7-1034B
pòquàn 破券 7-1030A
pòquē 破缺 7-1032A
pòquè 破卻 7-1031A
pórán 婆然 4-377A
pórán 皤然 8-275A
pòrán 迫然 10-764A
pòrén 迫人 10-761B
pòrì 破日 7-1027A
pòrǔ 迫辱 10-763A
pòruò 破弱 7-1033B
pōsǎ 潑撒 6-157B
pōsǎ 潑灑 6-158B
pōsàn 潑散 6-157A
pòsǎn 破散 7-1035A
pòsàn 破散 7-1035A
pòsànhúnfēi 魄散魂飛 12-469A
pòsànhúnpiāo 魄散魂飄 12-469A
pòsànhúnxiāo 魄散魂消 12-469A
pósǎochuán 婆嫂船 4-377A
pòsè 破瑟 7-1036B
pòshāmào 破紗帽 7-1033B
pōshàn 潑釤 6-157A
pòshān 破山 7-1026B
pòshāng 破傷 7-1037A
pòshāngfēng 破傷風 7-1037A
pòshānjiàn 破山劍 7-1026B
pòshānsì 破山寺 7-1026B
pòshāshā 破殺殺 7-1032A
pòshé 破舌 7-1028A
pòshè 迫懾 10-765A
pōshèn 頗甚 12-287B
pòshēn 破身 7-1029A
pòshēng 迫生 10-762A
pòshēng 破聲 7-1039B
pòshèng 破勝 7-1035B
pōshēnglàngqì 潑聲浪氣 6-158B
pòshèshè 破設設 7-1034A
pōshī 頗失 12-287A
pòshí 迫時 10-763B
pòshǐ 迫使 10-762B
pòshǐ 破使 7-1029B
pòshì 迫視 10-764A
pòshì 破示 7-1027B
pòshì 破式 7-1028A
pōshìjiā 頗眡迦 12-287B
pòshǒu 迫守 10-762A
pòshǒu 破首 7-1031A
pòshǔ 破曙 7-1040A
pòshù 迫束 10-762A
pòshuì 破睡 7-1037A
pōshuǐjié 潑水節 6-155B
pōshuǐnánshōu 潑水難收 6-155B
pōshuō 潑説 6-157B
pōshuō 頗説 12-288A
pòshuō 破説 7-1038A
pòsǐlāhuó 破死拉活 7-1028A
pōsǐpōhuó 潑死潑活 6-156A
pòsǐwàngshēng 破死忘生 7-1028A
pòsú 破俗 7-1031A
pòsù 迫速 10-763A
pòsuì 破碎 7-1036B
pōsǔn 潑損 6-157B
pòsǔn 破損 7-1036B
pòsǔngé 破損格 7-1036B
pósuō 媻娑 4-395B
pósuō 婆娑 4-376A
pòsuǒ 迫索 10-763A
pósuō'ér 婆娑兒 4-376B
pósuōmòsuǒ 婆娑没索 4-376B
pótái 繁臺 9-989A
pōtāng 潑湯 6-157A
pòtí 破啼 7-1035B
pòtí 破題 7-1040A
pòtǐ 破體 7-1041B
pòtì 破涕 7-1032B
pōtiān 潑天 6-155B
pōtián 坡田 2-1092A
pòtiǎn 破殄 7-1030B
pōtiānhòng 潑天鬨 6-155B
pòtiānhuāng 破天荒 7-1026B
pòtiānliàng 破天亮 7-1027A
pòtiáo 破調 7-1039A
pòtìchéngxiào 破涕成笑 7-1032B
pòtiě 破帖 7-1029B
pòtí'er 破題兒 7-1040A
pòtí'erdìyīzāo 破題兒第一遭 7-1040A
pòtǐshū 破體書 7-1041B
pòtìwéixiào 破涕爲笑 7-1032B
pòtǐzì 破體字 7-1041B
pòtōng 迫通 10-764A
pòtòng 迫痛 10-764A
pòtónglàntiě 破銅爛鐵 7-1038A

pòtóngzhīyè 破桐之葉 7-1031B
pòtóuhuà 破頭話 7-1039A
pòtóulàn'é 破頭爛額 7-1039A
pōtǔ 坡土 2-1092A
pòtǔ 破土 7-1026B
pòtù 魄兔 12-469A
pōtuō 頗脱 12-287B
pōtuó 陂池 11-958B
pōtuó 陂陀 11-958B
pōtuó 陂陁 11-958B
pōtuó 陂阤 11-958B
pōtuó 碑池 7-1058A
pōtuó 坡陀 2-1092B
pōtuó 坡陁 2-1092B
pōtuó 岥峇 3-812B
pótuó 婆陀 4-375B
pótuó 婆陁 4-375B
pōu'ài 剖愛 2-711B
pōubái 剖白 2-710A
pōubàngdézhū 剖蚌得珠 2-710B
pōubàngqiúzhū 剖蚌求珠 2-710B
pōubiàn 剖辨 2-711B
pōubiàn 剖辯 2-712A
pōubié 剖別 2-710A
pōubō 剖撥 2-711B
póubō 裒剥 9-71B
pōucái 剖裁 2-711A
pōuchén 剖陳 2-711A
pǒuchì 掊斥 6-703B
pōucí 剖辭 2-712A
póucì 裒次 9-71A
póucuō 裒撮 9-72A
póudá 裒沓 9-71B
pǒudǒuzhéhéng 掊斗折衡 6-703B
pōuduàn 剖斷 2-711B
póuduì 裒對 9-72A
póuduó 裒掇 9-71B
póuduōyìguǎ 裒多益寡 9-71A
póuduōzēngguǎ 裒多增寡 9-71A
pōufēn 剖分 2-709B
pōufú 剖符 2-711A
pōufù 剖腹 2-711B
pōufùcángzhū 剖腹藏珠 2-711B
pōufùchǎn 剖腹産 2-711B
pōugānlìdǎn 剖肝瀝膽 2-710A
pōugānqìxuè 剖肝泣血 2-710A
pōugē 剖割 2-711A
póugē 裒割 9-72A
pǒugōng 掊攻 6-704A
pōugū 剖觚 2-711A
pōuháoxīmáng 剖毫析芒 2-711A
póuhé 裒合 9-71A
póuhuì 裒彙 9-72A
póuhuì 裒會 9-72A
pōuhuō 剖豁 2-711B
póujī 裒積 9-72A
póují 裒集 9-71B
póují 裒輯 9-72A
pǒujī 掊擊 6-704A
pōujiě 剖解 2-711B
póujù 捊聚 6-620B
póujù 掊聚 6-704A
póujù 裒聚 9-72A
pōujué 剖決 2-710A
pōujué 剖決 2-710B
póujùn 掊攟 6-704A
póukè 掊克 6-704A
póukè 掊刻 6-704A
póukè 掊剋 6-704A
póukè 掊尅 6-704A
póukè 裒刻 9-71B
póukè 裒剋 9-71B
póulǎn 裒覽 9-72B
póulèi 裒類 9-72B
pōulí 剖黎 2-711A
pōulí 剖鯉 2-711B
póuliǎn 掊斂 6-704A
póuliǎn 裒斂 9-72B
pōuliè 剖列 2-710A
pōuliè 剖裂 2-711A
pǒulóu 部婁 10-653A
pǒulǒu 踣嶁 3-842B
pǒulǒu 附婁 11-952A
pǒulǒu 培塿 2-1130B
pōulù 剖露 2-712A
póulù 裒録 9-72A
pōuluǎn 剖卵 2-710A
póumào 掊冒 6-704A
pōumiàn 剖面 2-710B
pōumíng 剖明 2-710B
póu'ōu 涪漚 5-1412B
pōupàn 剖判 2-710A
pōupàn 剖泮 2-710B
pōupò 剖破 2-710B
póupóu 裒裒 9-71B
póuqǔ 捊取 6-620B
póuqǔ 掊取 6-704A
póuqǔ 裒取 9-71A
pōusàn 剖散 2-711A
pōushì 剖釋 2-712A
póushuài 裒率 9-71B
pōushuō 剖說 2-711B
pōusù 剖訴 2-711A
póusuǒ 裒索 9-71B
póutǔ 抔土 6-360B
pōuxī 剖柎 2-710B
pōuxī 剖析 2-710B
pōuxī 剖悉 2-711A
pōuxī 剖晰 2-711A
póuxiào 裒嘯 9-72A
pōuxīgāndǎn 剖析肝膽 2-710B
pōuxīn 剖心 2-709B
pōuxīnchègān 剖心坼肝 2-710A
pōuxīnqìxuè 剖心泣血 2-710A
pōuxīnxīdǎn 剖心析膽 2-710A
pōuxīnxīgān 剖心析肝 2-710A
póuxù 裒畜 9-71B
pōuxuánxīwēi 剖玄析微 2-710A
póuxuē 裒削 9-71B
pōuyàn 剖驗 2-712A
pōuyí 剖疑 2-711B
póuyì 裒益 9-71B
póuyì 裒藝 9-72B
póuyǐn 抔飲 6-360B
pōuyōuxīwēi 剖幽析微 2-710B
pōuyuān 剖冤 2-711A
póuyuàn 掊怨 6-704A
póuzé 裒責 9-71B
pōuzhāi 剖摘 2-711B
póuzhěng 裒整 9-72A
pōuzhì 剖治 2-710B
pōuzhōng 剖衷 2-710B
pōuzhú 剖竹 2-710A
pōuzhuān 剖篿 2-711B
póuzhuì 裒綴 9-72A
pōuzhuó 剖斲 2-711B
pōuzòu 剖奏 2-710B
pòwǎ 破瓦 7-1027A
pòwáng 破亡 7-1026B
pòwàng 破妄 7-1028B
pòwányì'er 破玩意兒 7-1029A
pòwǎtuíyuán 破瓦頹垣 7-1027A
pówēng 皤翁 8-275A
pòwèng 破甕 7-1040A
pōwù 潑物 6-156A
pòwū 破屋 7-1031A
pòwǔ 破五 7-1027A
pòwǔ 破午 7-1027A
pòwù 破霧 7-1040A
pōwūshuǐ 潑污水 6-156A
pōwútú 潑無徒 6-157A
pòxī 哱噏 3-353A
pòxī 哱息 3-353A
pòxī 破析 7-1029B
pòxì 破隙 7-1036B
pòxiá 迫狹 10-763B
pòxiá 迫陿 10-764A
pòxià 破夏 7-1032A
pōxiān 坡仙 2-1092A
pōxiǎn 頗險 12-288A
pòxián 破閒 7-1036A
pòxián 破閑 7-1036A
pòxiàn 破陷 7-1033B
pòxiàng 破相 7-1030B
pòxiàngzōng 破相宗 7-1030B
pòxiāo 朴消 4-727B
pòxiāo 朴硝 4-727B
pòxiǎo 迫小 10-761B
pòxiǎo 破曉 7-1039A
pòxiào 破孝 7-1029A
pòxiào 破笑 7-1032A
pòxiāohúnsàn 魄消魂散 12-469A
pōxié 頗邪 12-287A
pòxié 迫脅 10-763B
pòxié 迫脇 10-763B
pòxié 迫愶 10-764B
pòxié 破邪 7-1028A
pòxié 破鞋 7-1038B
pòxiè 迫屑 10-763B
pòxiè 破械 7-1033B
póxīn 婆心 4-375B
pǒxìn 叵信 1-957B
pòxīn 破心 7-1027B
pòxīn 魄心 12-468B
pòxiōng 破凶 7-1027A
pōxiōngxiōng 潑凶凶 6-155B
pōxuàngā 頗眩伽 12-287B
pòxuě 破雪 7-1033B
pòxuēdǎng 破靴黨 7-1036B
pòyā 迫壓 10-765A
pòyǎ 破啞 7-1034A
pòyájuéjiǎo 破崖絶角 7-1034A
pōyǎn 潑眼 6-157A
pòyán 破言 7-1029A
pòyán 破顏 7-1040B
pòyǎn 破眼 7-1033B
pòyàn 破豔 7-1042A
póyáng 番陽 7-1362B
póyáng 鄱陽 10-684A
póyángbái 鄱陽白 10-684A
póyánghú 鄱陽湖 10-684A
pōyānhuā 潑煙花 6-157B
pōyányǔ 潑言語 6-156A
pōyě 坡野 2-1092B
pōyě 潑野 6-156B
pòyè 破業 7-1037A
pòyèjiàn 破葉箭 7-1035A
pòyětóu 破野頭 7-1033B
póyí 婆姨 4-375B
pòyí 破疑 7-1038A
pòyì 破義 7-1037B
pòyín 迫淫 10-764A
pōyǐng 坡穎 2-1092B
póyīng 皤罌 8-275B
pòyòng 破用 7-1027B
pòyòu 迫誘 10-764B
pōyóujiùhuǒ 潑油救火 6-156A
pōyǔ 潑語 6-157B
pòyú 膊魚 6-1360B
pòyù 破玉 7-1027B
pòyù 破獄 7-1038A
pōyuán 頗緣 12-288A
pòyuān 魄淵 12-469A
pòyùchuízhū 破玉錘珠 7-1027B
pòyuē 破約 7-1031B
pòyuè 破月 7-1027B
pòyúméijié 迫於眉睫 10-762B
pòyún 破雲 7-1035B
pòyùn 破暈 7-1037A
pòzā 迫拶 10-762B
pòzàiméijié 迫在眉睫

10-762A
pòzé 迫措 10-764A
pòzé 迫迮 10-762B
pòzé 迫唶 10-764A
pōzéi 潑賊 6-157B
pòzèng 破甑 7-1039B
pòzhāi 破齋 7-1040A
pòzhǎi 迫窄 10-763B
pòzhài 迫責 10-764A
pòzhàn 破綻 7-1038A
pòzhào 魄兆 12-468B
pòzhé 破折 7-1029A
pòzhé 破磔 7-1038B
pòzhéhào 破折號 7-1029A
pòzhēn 迫真 10-763A
pòzhèn 破陣 7-1031A
pòzhenglóngbùchéngqì 破蒸籠不盛氣 7-1036B
pòzhènyuè 破陣樂 7-1031A
pòzhènzǐ 破陣子 7-1031A
pōzhī 頗胝 12-287B
pòzhí 破執 7-1033B
pòzhì 迫制 10-762B
pòzhì 破滯 7-1038A
pòzhì 破質 7-1038B
pōzhījiā 頗胝迦 12-287B
pòzhǒng 破冢 7-1033A
pòzhǒngshū 破冢書 7-1033B
pòzhú 迫逐 10-763A
pòzhú 破竹 7-1028A
pòzhú 破逐 7-1032A
pòzhù 迫著 10-764A
pòzhù 破柱 7-1030B
pòzhuì 破墜 7-1038A
pòzhújiànlíng 破竹建瓴 7-1028B
pòzhùqiújiān 破柱求姦 7-1030B
pòzhúzhīshì 破竹之勢 7-1028B
pōzi 泊子 5-1086A
pózi 婆子 4-375A
pòzī 破貲 7-1037A
pòzì 破字 7-1028B
pòzǒu 破走 7-1028B
pòzú 破族 7-1034B
pòzuàn 破賺 7-1040A
pōzuò 潑做 6-157A
pòzuó 迫笮 10-764B
pòzuò 破坐 7-1029A
pú'ài 蒲艾 9-519B
pǔ'ái 朴騃 4-728B
pǔ'ái 樸騃 4-1312A
pǔ'ài 朴隘 4-728A
pǔ'ài 溥愛 6-7B
pū'ǎn 撲揞 6-864B
pú'ān 蒲菴 9-521A
pù'áo 鋪厫 11-1290B
pūbái 鋪白 11-1287B
pūbǎi 捬擺 6-441B
pūbǎi 鋪擺 11-1291B
púbài 蒲稗 9-521B
pùbái 暴白 5-822B
pūbān 鋪班 11-1289A
pùbǎn 鋪板 11-1288A
púbāo 蒲包 9-519B
pùbǎo 鋪保 11-1288B
pùbèi 暴背 5-825B
pùbèi 曝背 5-849A
pùbèishíqín 曝背食芹 5-849A
púbènchē 蒲笨車 9-521A
pūbí 撲鼻 6-865A
pūbǐ 撲筆 6-865A
púbì 蒲蔽 9-522A
púbì 蒲璧 9-522B
pǔbǐ 朴鄙 4-728A
pǔbǐ 樸鄙 4-1311A
pūbiàn 捬徧 6-441B
púbiān 蒲鞭 9-522B
pǔbiàn 普徧 5-777B
pǔbiàn 普遍 5-777B
pǔbiàn 溥遍 6-7B
pūbiāo 撲膔 6-866B
pǔbiǎo 譜表 11-428A
pùbīng 暴兵 5-823B
pùbīng 鋪兵 11-1288A
pùbīngluó 鋪兵鑼 11-1288A
púbó 蒱博 9-495A
púbó 蒲帛 9-520A
púbó 蒲博 9-521A
pǔbó 普博 5-777A
pǔbó 溥博 6-7B
pùbù 瀑布 6-201A
púcài 蒲菜 9-521A
pūcǎichīwén 鋪采摛文 11-1288B
pùcāng 鋪倉 11-1289B
púcǎo 蒲草 9-520B
púcǎomáowō 蒲草毛窩 9-520B
púcè 僕厠 1-1669B
pǔchá 普查 5-776B
pǔchàng 溥鬯 6-7B
pǔchàng 溥暢 6-8A
pùcháng 曝場 5-849B
púchānghǎi 蒲昌海 9-520A
púchē 蒲車 9-520A
pūchén 鋪陳 11-1289B
pūchèn 鋪襯 11-1292A
púchén 僕臣 1-1669A
púchén 僕陳 1-1669B
púchén 璞沈 4-633A
pùchén 暴陳 5-827A
pūchéng 撲城 6-863A
pūchéng 鋪呈 11-1288A
pūchéng 鋪程 11-1290B
púchéng 僕程 1-1670A
pǔchéng 朴誠 4-728A
pǔchéng 樸誠 4-1311A
pūchī 噗哧 3-507A
pūchī 噗嗤 3-507B
pūchī 撲吃 6-862B
pūchī 撲哧 6-863B
pūchī 撲蚩 6-864A
pūchī 撲嗤 6-865A
pūchī 撲箠 6-865A
pūchí 鋪持 11-1288B
pūchí 鋪遲 11-1291B
pūchǐ 撲褫 6-866A
pūchǐ 鋪尺 11-1287B
pūchì 撲赤 6-862B
pūchì 撲抶 6-863A
pūchì 朴抶 4-726B
pùchǔ 暴處 5-827A
púchuán 樸椽 4-1311A
pǔchuán 朴船 4-727B
pūchuáng 鋪牀 11-1288B
pǔchún 樸淳 4-1310B
pǔchún 樸醇 4-1311B
pǔcí 朴辭 4-728B
pǔcì 譜次 11-427B
púcóng 僕從 1-1670A
pǔcuì 樸悴 4-1311A
pūcuìxiāojīn 鋪翠銷金 11-1291B
pǔcún 普存 5-775B
pūdā 鋪搭 11-1290B
pūdǎ 撲打 6-862B
púdá 濮達 6-189A
pǔdà 溥大 6-7B
púdàfū 僕大夫 1-1668B
pǔdàn 樸澹 4-1312A
pūdàng 撲蕩 6-865B
púdǎng 僕黨 1-1671A
pūdāo 撲刀 6-862A
pūde 撲的 6-863A
pūde 撲地 6-862B
pūdé 鋪德 11-1291A
pūdēng 蹼蹬 10-551B
pūdèngdèng 撲鄧鄧 6-865B
pūdēng'é 撲燈蛾 6-866A
pūdì 撲地 6-862B
pǔdì 普遞 5-777B
pǔdì 譜第 11-428A
pùdǐ 鋪底 11-1288B
pùdì 鋪遞 11-1291A
pūdiàn 鋪墊 11-1291A
pūdiànhuā 鋪殿花 11-1291A
pūdiào 鋪調 11-1291B
pūdiē 撲跌 6-864B
pūdié 鋪疊 11-1292A
púdié 蒲牒 9-521B
pǔdié 譜牒 11-428A
pǔdié 譜諜 11-428B
pùdié 曝昳 5-849A
pūdiéhuì 撲蝶會 6-866A
pūdìjǐn 鋪地錦 11-1287B
pùdīng 鋪丁 11-1287B
pūdìqián 鋪地錢 11-1287B
pūdìxiāntiān 撲地掀天 6-862B
pūdōng 噗咚 3-507A
pūdōng 撲鼕 6-866A
pūdōngdōng 撲咚咚 6-863A
pūdōngdōng 撲鼕鼕 6-866B
pǔdōngdōng 普鼕鼕 5-778A
pūdú 痡毒 8-317B
pǔdù 普度 5-776B
pǔdù 普渡 5-777B
pūduàn 撲斷 6-866B
pǔdùdàhuì 普度大會 5-776B
pūduī 撲堆 6-864A
pūdùn 仆頓 1-1103B
pǔdùn 朴鈍 4-727B
pǔdùn 樸鈍 4-1311A
pǔdùqúnshēng 普度羣生 5-776B
pǔdùzhòngshēng 普度衆生 5-776B
pǔdùzhòngshēng 普渡衆生 5-777B
pǔ'ēn 普恩 5-777A
pǔ'er 譜兒 11-428A
pǔ'ěr 普耳 5-775B
pǔ'ěr 普爾 5-777B
pǔ'ěrchá 普洱茶 5-776B
pǔ'erqián 普兒錢 5-776A
pǔ'ěrqián 普爾錢 5-777B
pūfá 扑罰 6-337B
pūfá 撲罰 6-865A
pǔfǎ 普法 5-776A
pùfā 暴發 5-828B
pūfàn 撲犯 6-862B
púfān 蒲帆 9-519B
pǔfān 浦帆 5-1195A
pǔfàn 普氾 5-775B
pǔfàn 普汎 5-776A
pǔfàn 普泛 5-776A
pǔfàn 溥氾 6-7B
pūfáng 鋪房 11-1288B
pūfàng 鋪放 11-1288B
pūfānshēn 撲翻身 6-866B
pūfèi 仆廢 1-1103B
pūfēn 鋪棻 11-1290A
pūfū 鋪敷 11-1291B
pūfū 鯆鲟 12-1232B
pūfù 捬覆 6-441B
pūfù 撲復 6-865A
púfū 僕夫 1-1668B
púfú 扶伏 6-352A
púfú 扶服 6-353A
púfú 扶匐 6-355A
púfú 匍伏 2-188B
púfú 匍匐 2-188B
púfú 蒲伏 9-519B
púfú 蒲服 9-520A
púfù 僕婦 1-1670A
pǔfú 溥浮 6-7B
pǔfù 普覆 5-778A
pǔfù 樸父 4-1309B
pùfū 鋪夫 11-1287B
púfúzhījiù 匍匐之救 2-189A
pūgài 鋪蓋 11-1290B
pūgàijuǎn 鋪蓋捲 11-1291A
pǔgào 普告 5-776A
púgē 蒲鴿 9-522B
pǔgěng 朴鯁 4-728B
pūgōng 鋪公 11-1287B
púgōng 蒲弓 9-519A
púgōngyīng 蒲公英 9-519B
púgū 僕姑 1-1669B
púgǔ 蒲穀 9-522A
púgǔ 僕骨 1-1669B
púgù 僕固 1-1669A

pŭgŭ 朴古 4-726B
pùgŭ 暴骨 5-825B
pūguān 鋪觀 11-1292A
pŭguăng 普廣 5-777B
pūguĭ 鋪軌 11-1288B
pūguò 鋪過 11-1290A
pūhăi 鋪海 11-1289B
púhăi 蒲海 9-520B
pŭhăi 浦海 5-1195A
pùhái 暴骸 5-829B
pŭhàn 樸悍 4-1310B
pùháng 鋪行 11-1288A
pŭhào 譜號 11-428A
púhé 蒲合 9-519B
púhé 蒲荷 9-520B
púhè 蒲褐 9-522A
pŭhòu 朴厚 4-727A
pŭhòu 樸厚 4-1310A
pūhù 摊扈 6-441B
pūhù 摊摅 6-441B
pùhù 鋪户 11-1287B
pūhuā 撲花 6-863A
pŭhuà 普化 5-775B
pūhuàn 撲浣 6-864A
pùhuàn 暴浣 5-827A
pùhuāng 暴荒 5-825A
pūhúdié 撲蝴蝶 6-866A
pūhŭ'er 撲虎兒 6-863A
púhuì 酺會 9-1407B
pùhuì 暴慧 5-829B
pŭhún 樸渾 4-1311A
púhuó 蒲越 9-521A
pūjī 扑擊 6-337B
pūjī 撲擊 6-866A
pūjī 朴擊 4-728B
pūjì 撲祭 6-864B
pŭjí 普及 5-775A
pŭjí 譜籍 11-428B
pŭjĭ 普濟 5-778A
pŭjì 譜紀 11-428A
pŭjì 譜記 11-428A
pŭjiā 普加 5-775B
pŭjiā 普浹 5-777A
pŭjià 譜架 11-428A
pùjiā 鋪家 11-1289B
pūjiān 鋪監 11-1291B
pūjiăn 撲剪 6-864B
pūjiăn 撲翦 6-866A
pújiān 蒲韉 9-523A
pújiàn 蒲劍 9-522B
pújiàn 蒲薦 9-522B
pŭjiăn 樸儉 4-1312A
pŭjiăn 樸簡 4-1312B
pŭjiàn 普薦 5-778A
pūjiāng 仆僵 1-1103B
pŭjiāng 溥將 6-7B
pŭjiàng 樸彊 4-1312A
pŭjiào 普教 5-777A
pŭjíbăn 普及版 5-775A
pŭjíbĕn 普及本 5-775A
pūjié 鋪結 11-1290B
pújié 蒲節 9-521B
pŭjié 樸潔 4-1312A
pūjĭn 鋪錦 11-1291B
pŭjĭn 朴謹 4-728B
pŭjĭn 樸謹 4-1312B
pŭjìn 普進 5-777A
pújīng 蒲鯨 9-523A
pŭjìng 樸静 4-1311A
pŭjìqúnshēng 普濟羣生 5-778A
pŭjìtáng 普濟堂 5-778A
pūjiŭ 撲酒 6-864A
pūjiù 撲救 6-864A
pújiŭ 蒲酒 9-495A
pújiŭ 蒲酒 9-520B
pŭjìzhòngshēng 普濟衆生 5-778A
pújū 蒲且 9-495A
pújū 蒲苴 9-520A
pújū 蒲且 9-519B
pújù 蒲劇 9-522A
pújù 酺聚 9-1407B
pújù 酺醵 9-1407B
pŭjú 譜局 11-427B
pújué 樸桷 4-1310B
púkān 蒲龕 9-523A
pūkàng 鋪炕 11-1288B
pūkè 撲克 6-863A
pūkōng 撲空 6-863A
pŭkŏu 浦口 5-1194B
pŭkuài 普快 5-776A
púkuí 蒲葵 9-521B
púkuíshà 蒲葵箑 9-521B
púkuíshàn 蒲葵扇 9-521B
pùkūn 曝褌 5-849B
pūlā 噗喇 3-507B
pūlā 撲拉 6-863A
pūlā 鋪拉 11-1288A
pūla 撲剌 6-863A
pŭlà 蹼辣 10-551B
pŭlài 普賚 5-777B
pūlālā 噗喇喇 3-507B
pūlàlà 撲剌剌 6-863A
púlán 蒲藍 9-522B
púlán 蒲籃 9-523A
pŭlăn 溥覽 6-8A
púlăngzàobái 苻朗皁白 9-349A
púláo 蒲牢 9-520A
púléi 僕纍 1-1671A
púléi 僕累 1-1669B
púlèi 蒲類 9-523A
púlèihăi 蒲類海 9-523A
pūlèng 撲棱 6-864B
pūlèng 撲楞 6-865A
pūléngléng 噗楞楞 3-507B
pūlènglèng 撲楞楞 6-865A
pūlì 鋪麗 11-1292A
púlì 僕隸 1-1671A
pŭlì 溥利 6-7B
pŭlì 樸力 4-1309B
pūliàn 瀑練 6-201B
pŭlián 樸廉 4-1311A
pŭliàn 樸練 4-1312A
pūliàng 撲亮 6-863B
pūliăo 鋪潦 11-1291B
pūliè 撲列 6-863A
pūliè 鋪列 11-1287B
pŭliè 樸劣 4-1309B
pŭliè 譜列 11-427B
pùliè 暴列 5-823A
púlìn 僕賃 1-1670A
pŭlín 溥臨 6-8A
pùlín 暴鱗 5-831A
pūlīpūlà 撲哩撲剌 6-863B
pūlĭpūtōng 噗里噗通 3-507A
púliŭ 蒲柳 9-520B
pùliú 瀑流 6-201B
pùliù 瀑溜 6-201B
pŭliùrú 普六茹 5-775B
púlóng'àihŭ 蒲龍艾虎 9-522B
pūlòu 仆漏 1-1103B
pŭlóu 浦漊 5-1195A
pŭlòu 朴陋 4-727A
pŭlòu 樸陋 4-1310A
pŭlòurú 普陋茹 5-776B
pūlù 撲鹿 6-864B
pūlù 撲碌 6-865A
pūlù 撲漉 6-865B
pūlù 鋪路 11-1291A
púlú 蒲盧 9-495A
púlú 蒲盧 9-522B
púlú 蒲蘆 9-522B
púlŭ 僕虜 1-1670A
pūlū 噗嚕 3-512A
pŭlŭ 朴魯 4-728B
pŭlŭ 樸魯 4-1312A
pŭlŭ 氆氌 6-1017A
pŭlŭ 氆氇 6-1017A
pŭlŭ 氆氌 6-1017A
pŭlù 譜録 11-428B
pùlù 暴露 5-830B
pùlù 曝露 5-849B
pūlūlū 噗嚕嚕 3-507B
pūlùlù 噗碌碌 3-507B
pūlùlù 撲碌碌 6-865A
pŭlùlù 普碌碌 5-777B
púlún 蒲輪 9-522A
pūluò 撲落 6-864B
púluó 蒲蠃 9-523A
pŭluó 普羅 5-778A
pŭluò 普洛 5-776B
pùluó 蠂螺 8-962B
pŭluóliètălìyàtè 普羅列塔利亞特 5-778A
pŭluóměixiūshì 普羅美修士 5-778A
pŭluòměixiūsī 普洛美修斯 5-776B
pŭluómĭxiūshì 普羅米修士 5-778A
pūlùshízĭ 鋪路石子 11-1291A
pùlùwénxué 暴露文學 5-831A
pùlùwúyí 暴露無遺 5-831A
púlǚ 僕旅 1-1669B
pŭlǜ 普率 5-777A
pŭlüè 朴略 4-727B
pŭlüè 樸略 4-1310B
pūmă 撲馬 6-863B
púmă 僕馬 1-1669B
pŭmă 樸馬 4-1310B
pùmă 鋪馬 11-1289A
pūmăi 撲買 6-864B
pūmăi 鋪買 11-1290B
pūmài 撲賣 6-865B
pūmăn 撲滿 6-865A
pūmáng 撲忙 6-862B
pŭmào 朴茂 4-727A
pŭmào 樸茂 4-1310A
pŭmào 樸貌 4-1311B
pùmăshèngzhĭ 鋪馬聖旨 11-1289B
pùmăzházi 鋪馬劄子 11-1289B
pūméiméngyăn 鋪眉蒙眼 11-1289A
pūméishānyăn 鋪眉苫眼 11-1289A
pūméishànyăn 鋪眉搧眼 11-1289A
pūmén 鯆門 12-1232B
pŭmén 普門 5-776A
púmì 蒲密 9-521A
pūmiàn 撲面 6-863B
pùmiàn 暴面 5-825A
pùmiàn 鋪面 11-1288B
pùmiànfáng 鋪面房 11-1288B
pūmiè 仆滅 1-1103B
pūmiè 撲滅 6-865A
pūmíng 撲明 6-863A
pùmíng 暴明 5-824A
pŭmĭzú 普米族 5-776A
pūmō 撲摸 6-865A
pūmó 鋪模 11-1291A
pūmóu 鋪謀 11-1291B
pūmóudìngjì 鋪謀定計 11-1291B
pūmŭ 鋪母 11-1287B
pŭmú 譜模 11-428B
pŭmù 樸木 4-1309B
pŭnăi 普乃 5-775A
pŭnè 朴訥 4-727B
pŭnè 樸訥 4-1310B
púniăn 蒲輦 9-522A
púniú 僕牛 1-1669A
pŭniú 朴牛 4-726B
púnú 僕奴 1-1669A
pŭnuò 樸懦 4-1312B
pú'ōu 僕歐 1-1670B
pú'ōu 僕區 1-1669B
pŭ'ōu 浦鷗 5-1195A
pūpái 鋪排 11-1290A
pūpái 鋪牌 11-1290B
pūpài 鋪派 11-1289A
pūpáihù 鋪排户 11-1290A
pūpiào 撲票 6-864B
púpíng 蒲平 9-519B
pūpò 撲破 6-863B
pūpū 撲撲 6-865B
pūpū 鋪鋪 11-1291B
púpū [illegible] 12-1415B

púpū 纀皾 12-1415B
púpú 僕僕 1-1670B
pùpù 暴暴 5-829B
púpúdàotú 僕僕道途 1-1670B
púpúfēngchén 僕僕風塵 1-1670B
púpújíbài 僕僕亟拜 1-1670B
pǔpǔqiāngqiāng 蹼蹼蹡蹡 10-551B
pūqí 仆旗 1-1103B
pūqí 撲旂 6-864A
pūqí 撲旗 6-865B
pūqì 鋪砌 11-1288B
pǔqí 圃畦 3-629A
pǔqì 譜氣 11-428A
pùqì 暴棄 5-828A
pǔqià 普洽 5-776B
pǔqià 溥洽 6-7B
púqiàn 蒲槧 9-522A
pūqiào 痡峭 8-317B
púqiè 僕妾 1-1669A
púqín 苻秦 9-349A
pùqín 曝芹 5-849A
pǔqǐng 普請 5-777B
pūqū 撲曲 6-862B
pūqǔ 撲取 6-863A
pǔqǔ 譜曲 11-427B
pùquán 瀑泉 6-201B
pǔquè 樸愨 4-1311B
pūrèn 撲認 6-865B
púrén 卜人 1-983B
púrén 蒲人 9-519A
púrén 僕人 1-1668B
pǔrén 朴人 4-726B
púróng 蒲絨 9-521B
pūròu 撲肉 6-862B
pǔrú 樸儒 4-1312A
pūsā 撲撒 6-865B
pūsā 鋪撒 11-1291B
pūsǎ 撲撒 6-865B
púsà 菩薩 9-449B
púsàdīméi 菩薩低眉 9-449B
púsàgē'er 菩薩哥兒 9-449B
púsài 蒲塞 9-522A
púsài 蒲簺 9-523A
pǔsài 樸僿 4-1312A
pùsāi 暴鰓 5-830B
pùsāi 曝腮 5-849B
pùsāi 曝鰓 5-849B
púsàmán 菩薩蠻 9-449B
púsàmiàn 菩薩面 9-449B
púsǎn 僕散 1-1670A
pǔsàn 朴散 4-727B
púsàyú 菩薩魚 9-449B
pǔsè 朴澀 4-728B
pūshā 撲殺 6-863B
púshà 蒲莛 9-521A
pūshācǐlǎo 撲殺此獠 6-863B
pùshài 暴曬 5-831A
pùshài 曝曬 5-849B
pūshan 撲扇 6-864A
pūshǎn 撲閃 6-864A
púshàn 蒲扇 9-521A
pǔshàn 朴贍 4-728B
púshàng 濮上 6-189A
púshàngfēng 濮上風 6-189A
púshāo 蒲捎 9-520B
púshāo 蒲梢 9-521A
púshāo 蒲稍 9-521B
púsháo 蒲勺 9-519A
pūshè 鋪設 11-1290A
pùshè 鋪舍 11-1288A
pùshè 曝射 5-849B
pǔshèn 樸慎 4-1311A
pùshēn 暴身 5-823B
púshèng 僕乘 1-1669B
pūshī 鋪施 11-1289A
pūshí 鋪食 11-1289A
púshí 僕食 1-1669B
púshí 璞石 4-633A
púshǐ 蒲矢 9-519B
púshǐ 僕使 1-1669A
púshì 蒲室 9-520B
pǔshī 普施 5-776B
pǔshí 朴實 4-728A
pǔshí 樸實 4-1311B
pǔshì 樸士 4-1309B
pǔshì 譜氏 11-427B
pǔshì 譜式 11-427B
pùshī 暴尸 5-822A
pùshī 暴屍 5-826A
pùshī 暴師 5-826B
pùshī 曝尸 5-849A
pùshì 暴示 5-822B
pùshì 暴室 5-826A
pūshítóu 撲實頭 6-865B
pǔshítou 朴實頭 4-728A
pǔshítóu 樸實頭 4-1311B
pǔshíwúhuá 樸實無華 4-1311B
pūshǒu 撲手 6-862B
pūshǒu 鋪手 11-1287B
pūshǒu 鋪首 11-1289A
pùshǒu 暴首 5-826A
pūshū 鋪舒 11-1290B
pūshù 鋪述 11-1288A
púshǔ 僕數 1-1670B
púshù 僕竪 1-1670A
púshù 僕豎 1-1670B
pǔshū 樸疎 4-1311A
pǔshū 樸疏 4-1311A
pǔshù 溥澍 6-8A
pùshū 曝書 5-849B
pūshuāi 撲甩 6-862B
pǔshuài 樸率 4-1310B
pùshuǐ 瀑水 6-201A
pùshūjiànzhú 曝書見竹 5-849B
pūshuō 鋪說 11-1291B
pūshuò 撲朔 6-864A
pūshuòmílí 撲朔迷離 6-864A
pūsǐ 仆死 1-1103B
púsī 僕廝 1-1670B
pùsī 鋪司 11-1288A
pūsù 撲速 6-863B
pūsù 撲簌 6-866A
púsū 蒲蘇 9-523A
púsù 僕遬 1-1670A
púsù 僕遫 1-1670A
púsù 樸遫 4-1311B
púsù 樸樕 4-1311B
púsù 樸樕 4-1311B
pǔsù 朴素 4-727A
pǔsù 樸素 4-1310A
pǔsù 樸蔌 4-1311B
pǔsù 樸簌 4-1312B
pǔsuǒ 樸索 4-1310B
púsuōmōsuǒ 蒱睃摸索 9-495A
pūsuōsuō 撲梭梭 6-864A
pūsuǒsuǒ 撲索索 6-863B
pūsùsù 噗簌簌 3-507B
pūsùsù 撲速速 6-863B
pūsùsù 撲簌簌 6-866A
pǔsùsù 普速速 5-776B
pūtà 扑撻 6-337B
pūtān 浦灘 5-1195A
pūtán 普覃 5-777A
pūtáng 鋪堂 11-1290A
pūtángtáng 撲唐唐 6-863B
pūtǎo 撲討 6-863B
pútáo 葡桃 9-477A
pútáo 葡萄 9-477A
pútáo 蒲桃 9-520B
pútáo 蒲陶 9-521A
pútáo 蒲萄 9-521A
pútáogān 葡萄乾 9-477B
pútáogōng 葡萄宮 9-477B
pútáogōng 蒲萄宮 9-521A
pútáohè 葡萄褐 9-477B
pútáohuī 葡萄灰 9-477B
pútáojì 蒲桃髻 9-520B
pútáojià 葡萄架 9-477B
pútáojiǔ 葡萄酒 9-477B
pútáojiǔ 蒲桃酒 9-520B
pútáojiǔ 蒲陶酒 9-521A
pútáojiǔ 蒲萄酒 9-521A
pútáotāi 葡萄胎 9-477B
pútáotáng 葡萄糖 9-477B
pútáozǐ 葡萄紫 9-477B
pūténg 撲騰 6-866B
pūténg 鋪滕 11-1291B
pūténg 鋪騰 11-1292A
pūténgténg 撲騰騰 6-866B
pútí 菩提 9-449A
pūtiān 撲天 6-862A
pūtiān 撲殄 6-863B
pǔtiān 普天 5-775A
pǔtiān 溥天 6-7B
pǔtián 圃田 3-629A
pūtiāngàidì 撲天蓋地 6-862B
pūtiāngàidì 鋪天蓋地 11-1287B
pǔtiānshuàitǔ 普天率土 5-775B
pǔtiānshuàitǔ 溥天率土 6-7B
pǔtiāntóngqìng 普天同慶 5-775B
pǔtiāntóngqìng 溥天同慶 6-7B
pǔtiānxià 普天下 5-775B
pǔtiānzādì 普天匝地 5-775B
pǔtiānzhīxià 普天之下 5-775B
pǔtiě 譜帖 11-428A
pūtīpùtà 蹼踶蹼踏 10-551B
pútíshù 菩提樹 9-449B
pútízǐ 菩提子 9-449B
pūtōng 噗通 3-507B
pūtōng 噗嗵 3-507B
pūtōng 撲通 6-864A
pūtōng 撲涌 6-865A
pútóng 僕童 1-1670A
pútóng 僕僮 1-1670B
pǔtōng 普通 5-777A
pǔtóng 普同 5-775B
pǔtōnghuà 普通話 5-777A
pǔtōngjiàoyù 普通教育 5-777A
pūtóu 撲頭 6-866A
pǔtóu 髉頭 12-410B
pùtóukǒu 鋪頭口 11-1291B
pūtū 撲禿 6-863A
pūtú 痡瘏 8-317B
pǔtú 譜圖 11-428B
pútuán 蒲團 9-522A
pūtún 鋪敦 11-1290B
pǔtún 普屯 5-775B
pǔtuó 普陀 5-776A
púwàng 蒲望 9-521A
pùwāng 暴尫 5-824B
pùwāng 暴尪 5-823B
pūwèi 鋪位 11-1288A
púwěi 蒲葦 9-521A
pùwēi 暴威 5-825A
pùwèi 鋪位 11-1288A
pūwén 鋪文 11-1287B
pūwén 鋪聞 11-1291B
pūwò 撲握 6-864B
pūwò 鋪臥 11-1288A
pūwò 朴握 4-727B
pūwò 朴渥 4-727B
púwōzi 蒲窩子 9-522A
pùwū 暴巫 5-823A
pùwū 鋪屋 11-1289A
pùwū 曝巫 5-849A
pūxí 鋪席 11-1289B
púxí 蒲席 9-520B
púxì 蒱戲 9-495A
púxì 蒲戲 9-522B
pǔxì 譜系 11-427B
pùxí 鋪席 11-1289B
pǔxián 普賢 5-777B
pùxiǎn 暴顯 5-831A
pùxiàn 暴見 5-823B
pùxiàn 曝獻 5-849B
pǔxiàng 譜像 11-428A
pǔxiǎo 普小 5-775A
pūxiě 鋪寫 11-1291B

púxié 蒲鞋 9-522A
pǔxiě 譜寫 11-428B
pǔxīn 樸心 4-1309B
pùxíng 暴行 5-823A
pǔxiù 樸秀 4-1309B
pūxù 鋪叙 11-1289A
pūxù 鋪敍 11-1290A
pūxù 鋪緒 11-1291B
pǔxù 浦溆 5-1195A
pǔxù 譜敍 11-428A
pǔxuǎn 普選 5-777B
pǔxué 朴學 4-728B
pǔxué 樸學 4-1312A
pǔxué 譜學 11-428B
pǔyǎ 朴雅 4-727B
pǔyǎ 樸雅 4-1311A
pūyǎn 撲掩 6-864A
pūyǎn 鋪衍 11-1289A
púyán 蒲筵 9-521B
púyán 濮鈆 6-189A
púyàn 酺宴 9-1407B
púyàn 酺燕 9-1407B
pǔyǎn 譜演 11-428B
pǔyàn 普宴 5-777A
pùyán 暴言 5-823B
pūyáng 鋪揚 11-1290B
púyáng 蒲楊 9-521B
pùyáng 暴揚 5-827B
pùyáng 曝陽 5-849B
pùyáng 曝揚 5-849B
púyè 僕射 1-1669B
pǔyě 朴野 4-727B
pǔyě 樸野 4-1310B
pūyì 鋪翳 11-1291B
pūyì 鋪繹 11-1292A
púyī 蒲衣 9-520A
púyì 蒲弋 9-519A
púyì 蒲奕 9-520B
púyì 僕役 1-1669A
púyì 濮議 6-189A
pǔyī 樸壹 4-1311A
pùyī 暴衣 5-823A
pùyī 曝衣 5-849A
pùyì 鋪驛 11-1292A
pùyīlóu 曝衣樓 5-849A
pùyīlùgài 暴衣露蓋 5-823A
pùyīlùguān 暴衣露冠 5-823A
púyǐn 蒲飲 9-521B
púyìng 僕媵 1-1670A
pǔyǒng 樸勇 4-1310A
pūyú 撲魚 6-864B
pūyú 鋪于 11-1287B
púyú 僕輿 1-1671A
púyǔ 僕圉 1-1670A
púyù 僕御 1-1670A
púyù 璞玉 4-633A
pǔyú 朴愚 4-728A
pǔyú 樸愚 4-1311A
pǔyǔ 浦嶼 5-1195A
pūyuán 撲緣 6-866A
púyuán 僕緣 1-1671A
pǔyuǎn 朴遠 4-728A
púyuè 蒲月 9-519B
pǔyuè 浦月 5-1195A
púyùhúnjīn 璞玉渾金 4-633A
pūzáo 鋪鑿 11-1292A
pūzǎo 撲棗 6-864B
pūzé 扑責 6-337B
pūzé 撲責 6-864A
pǔzé 圃澤 3-629A
púzēng 僕憎 1-1671A
púzhǎ 蒲鮓 9-522B
púzhāi 僕齋 1-1671A
pūzhǎn 鋪展 11-1289B
pūzhāng 鋪張 11-1290A
pùzhāng 暴章 5-827B
pūzhānglàngfèi 鋪張浪費 11-1290B
pūzhāngyánglì 鋪張揚厲 11-1290B
pǔzhào 普淖 5-777A
pǔzhào 普照 5-777B
pūzhì 仆質 1-1103B
pūzhì 鋪置 11-1291A
púzhì 蒲質 9-522A
pǔzhí 朴直 4-727A
pǔzhí 樸直 4-1310A
pǔzhǐ 蹼趾 10-551B
pǔzhì 朴質 4-728A
pǔzhì 樸質 4-1312A
pǔzhì 樸鷙 4-1312B
pǔzhì 譜帙 11-428A
pǔzhì 譜製 11-428B
pùzhì 暴炙 5-824B
pǔzhōng 朴忠 4-727A
pǔzhōng 樸忠 4-1310A
pǔzhòng 樸重 4-1310A
púzhú 濮竹 6-189A
púzhǔ 樸屬 4-1312B
pǔzhū 朴豬 4-728A
pǔzhǔ 譜主 11-427B
pǔzhù 譜注 11-428A
pùzhǔ 鋪主 11-1287B
pùzhù 暴著 5-827A
pǔzhuàn 譜傳 11-428A
pǔzhuàng 朴戇 4-728B
pǔzhuàng 樸戇 4-1312B
pǔzhuàng 譜狀 11-428A
pūzhuó 剥啄 2-715B
pūzhuó 鋪著 11-1290A
pǔzhuō 朴拙 4-727A
pǔzhuō 樸拙 4-1309B
pǔzhuó 朴斲 4-728A
pǔzhuó 樸斲 4-1311B
pǔzhuó 樸斵 4-1312B
pùzhuó 暴灼 5-823B
pǔzhuózhīcái 朴斲之材 4-728A
púzi 脯子 6-1279A
púzī 蒲姿 9-520B
púzǐ 僕子 1-1668B
pǔzi 譜子 11-427B
pùzi 鋪子 11-1287B
púzú 僕卒 1-1669A
pùzú 鋪卒 11-1288B
pùzuò 暴坐 5-823B

Q

qiābā 掐巴 6-698A
qiābǎ 掐把 6-698A
qiábǎ 抸把 6-450A
qiǎbà 跒跁 10-439A
qiǎbái 卡白 1-988A
qiàbǐ 洽比 5-1171A
qiàbiànsì 恰便似 7-525B
qiàbó 洽博 5-1172A
qiàbóduōwén 洽博多聞 5-1172A
qiǎbózi 卡脖子 1-988B
qiàcái 恰才 7-525A
qiàcái 恰纔 7-525B
qiǎchāi 卡差 1-988B
qiàchàng 洽暢 5-1172A
qiāchūshuǐlái 掐出水來 6-698A
qiàdài 恰待 7-525B
qiàdāng 恰當 7-525B
qiàdàng 恰當 7-525B
qiàdàohǎochù 恰到好處 7-525A
qiàdòu 楬豆 4-1177A
qiādú 掐毒 6-698A
qiāduì 忢懟 7-414A
qiǎ'è 卡扼 1-988A
qiǎfáng 卡房 1-988A
qiàfāng 恰方 7-525A
qiàgòu 諫詬 11-326A
qiàhàn 洽汗 5-1171B
qiàhǎo 恰好 7-525A
qiàhé 恰合 7-525A
qiàhé 洽和 5-1171B
qiàhǔ 䖇虎 4-425B
qiàhuà 洽化 5-1171A
qiàhuān 洽歡 5-1172B
qiàhuān 洽驩 5-1172B
qiǎhuáng 卡鐄 1-989A
qī'āi 七哀 1-158B
qī'āi 凄哀 2-424B
qī'ài 戚愛 5-229A
qí'āi 祁哀 7-830B
qí'ài 奇愛 2-1527A
qí'ài 耆艾 8-640A
qí'ài 騎墭 12-855A
qí'ài 蘄艾 9-617B
qǐ'āi 乞哀 1-763A
qì'ài 契愛 2-1534B
qì'ài 器愛 3-524B
qǐ'āigàolián 乞哀告憐 1-763A
qiàjiā 洽浹 5-1171B
qiājiān 掐尖 6-698A
qiājiānluòchāo 掐尖落鈔 6-698A
qiǎjiè 卡借 1-988B
qiàjīn 洽衿 5-1171B
qiǎjuè 跒倔 10-439A
qiǎké 卡殼 1-988B
qiàkè 洽客 5-1171B
qiǎkǒu 卡口 1-987B
qiàlái 恰來 7-525A
qiàlǎn 洽覽 5-1172B
qiālí 剳犂 2-726A
qiàlì 楬戾 4-1177A
qiǎlù 卡路 1-989A
qiǎlún 卡倫 1-988B
qiàmào 帢帽 3-707A
qiàmù 恰莫 7-525B
qiàmù 洽穆 5-1172A
qī'àn 凄黯 2-426B
qī'àn 淒黯 5-1359A
qī'àn 欺暗 6-1451A
qī'àn 欹案 6-1453A
qí'àn 碕岸 7-1055B
qǐ'àn 起岸 9-1094A
qǐ'àn 起案 9-1099B
qì'àn 氣岸 6-1028A
qì'àn 器岸 3-523A
qiǎn'āi 淺埃 5-1364A
qiǎn'āi 遣哀 10-1136A
qiǎn'ài 淺隘 5-1365B
qiān'ān 遷安 10-1173A
qián'ān 乾安 1-786B
qiǎn'àn 淺闇 5-1367A
qiǎn'àn 淺暗 5-1365B
qiàn'ān 欠安 6-1433A
qián'ānqǔ 乾安曲 1-786B
qiānbá 遷拔 10-1173A
qiānbǎ 千把 1-835B
qiānbābǎi 千八百 1-831A
qiánbáhòuzhì 前跋後疐 2-132B
qiānbái 鉛白 11-1235B
qiānbǎi 千百 1-834B
qiānbài 遷拜 10-1174A
qiǎnbái 淺白 5-1362B
qiānbān 千般 1-843B
qiānbǎn 牽板 6-271B
qiānbǎn 鉛版 11-1235B
qiānbàn 牽絆 6-274A
qiánbànshǎng 前半晌 2-122B
qiánbàntiān 前半天 2-122B
qiánbànyè 前半夜 2-122B
qiānbào 遷報 10-1177A
qiánbāo 錢包 11-1318B
qiánbāo 潛包 6-130B
qiánbāo 潛苞 6-131B
qiánbāsī 前八司 2-120B
qiānbēi 牽卑 6-272A
qiānbēi 謙卑 11-388A
qiánbèi 前輩 2-136A
qiánběn 錢本 11-1318B
qiànběn 槧本 4-1257B
qiānbēng 騫崩 12-871A
qiānbī 遷偪 10-1176B
qiānbī 遷逼 10-1177B
qiānbǐ 牽比 6-269B
qiānbǐ 鉛筆 11-1236B
qiānbǐ 諐鄙 11-285A
qiānbì 牽蔽 6-276A
qiānbì 愆弊 7-630A
qiānbì 遷避 10-1179B
qiānbì 遷蹕 10-1179B
qiānbì 謙毖 11-388B
qiānbì 謙避 11-390B
qiánbì 前臂 2-137A
qiánbì 前蹕 2-137A
qiánbì 前趩 2-137A
qiánbì 錢幣 11-1321A
qiánbì 潛閉 6-134B
qiánbì 潛避 6-136B
qiánbì 潛壁 6-137B
qiǎnbǐ 淺鄙 5-1365B
qiǎnbì 淺弊 5-1366A
qiǎnbì 淺蔽 5-1365B
qiǎnbì 遣幣 10-1138A
qiànbì 歉弊 6-1469B
qiānbiǎn 遷窆 10-1174B
qiānbiǎn 遷貶 10-1176A
qiānbiǎn 謙褊 11-390B
qiānbiàn 千變 1-848A
qiānbiàn 遷變 10-1180B
qiánbian 前邊 2-137B
qiànbiǎn 歉褊 6-1469B
qiānbiànwànhuà 千變萬化 1-848A
qiānbiànwànzhěn 千變萬軫 1-848A
qiānbiànwànzhuàng 千變萬狀 1-848A
qiānbiǎo 阡表 11-910B
qiánbié 鈐別 11-1219B
qiānbǐhuà 鉛筆畫 11-1237A
qiānbìn 遷殯 10-1180A
qiānbīng 千兵 1-838A
qiānbīng 簽兵 8-1263B
qiānbǐng 謙柄 11-388A
qiánbīng 箝兵 8-1185B
qiánbīng 潛兵 6-131B
qiǎnbīngdiàojiàng 遣兵調將 10-1136A
qiānbīngwànmǎ 千兵萬馬 1-838A
qiānbíshé 褰鼻蛇 9-123A
qiānbō 遷播 10-1179A
qiánbō 潛波 6-132A
qiánbó 錢帛 11-1319A
qiǎnbó 淺薄 5-1366A
qiànbó 歉薄 6-1469B
qiānbōlí 鉛玻璃 11-1235B
qiānbōluó 顩鉢羅 12-366B
qiānbǔ 牽補 6-275A
qiānbǔ 遷補 10-1178B
qiānbǔ 籤補 8-1284A
qiānbù 僉簿 1-1613A
qiānbù 鉛部 11-1236A
qiánbǔ 錢卜 11-1318A
qiánbù 前部 2-130B
qiánbù 乾步 1-786B
qiánbù 錢布 11-1318B
qiánbù 潛步 6-131B
qiánbùbācūn… 前不巴村，後不巴店 2-121A
qiánbùbācūn… 前不巴村，後不着店 2-121A
qiānbǔbǎinà 千補百衲 1-844B
qiánbùjiàngǔrén… 前不見古人，後不見來者 2-121A
qiānbùláng 千步廊 1-836A
qiānbùxiāng 千步香 1-836A
qiánbùzhuócūn… 前不着村，後不着店 2-121A
qiāncǎi 搴采 6-789B
qiáncái 錢財 11-1319B
qiǎncái 淺才 5-1362A
qiǎncán 豎蚕 8-913A
qiàncàn 蒨璨 9-503B
qiáncāng 黔蒼 12-1346B
qiáncáng 潛藏 6-137A
qiāncāngwànxiāng 千倉萬箱 1-843B
qiáncáo 錢漕 11-1321A
qiáncè 前册 2-122B
qiáncè 前策 2-133A
qiáncè 乾策 1-792B
qiǎncè 遣策 10-1137A
qiāncéngdǐ 千層底 1-846B
qiāncénggāo 千層糕 1-846B
qiānchā 扦插 6-345A
qiānchá 鉛察 11-1237A
qiánchā 錢插 11-1320B
qiánchá 鈐察 11-1220A
qiǎnchá 淺察 5-1366A
qiānchāi 簽差 8-1264A
qiǎnchāi 遣差 10-1136B
qiánchāi'er 錢靫兒 11-1320B
qiānchán 牽纏 6-277A
qiànchān 輤裧 9-1282A
qiánchán 嵌巉 3-852B
qiāncháng 蹇裳 10-535B
qiāncháng 牽腸 6-275B
qiāncháng 牽裳 6-276A
qiāncháng 搴裳 6-789B
qiāncháng 褰裳 9-123A
qiánchǎng 前場 2-132A
qiánchàng 潛暢 6-135B
qiǎncháng 淺嘗 5-1365B
qiānchánggēdù 牽腸割肚 6-275B
qiānchángguàdù 牽腸挂肚 6-275B
qiānchángguàdù 牽腸掛肚 6-275B
qiānchángyíngxīn 牽腸縈心 6-276A
qiānchángzhài 牽腸債 6-276A
qiǎnchángzhézhǐ 淺嘗輒止 5-1365B
qiǎnchángzhézhǐ 淺嚐輒止 5-1366B

qiánchāo 錢鈔 11-1320B
qiáncháo 前朝 2-132B
qiānchàwànbié 千差萬別 1-842B
qiānchē 牽車 6-271B
qiānchě 牽扯 6-271A
qiānchè 牽掣 6-274B
qiánchē 前車 2-124B
qiánchē 乾車 1-786B
qiánchè 鉗掣 11-1226B
qiǎnchē 遣車 10-1135B
qiànchē 輤車 9-1282A
qiánchēkějiàn 前車可鑒 2-124B
qiānchén 遷臣 10-1172A
qiánchén 前塵 2-135A
qiànchén 歉忱 6-1469A
qiānchēng 謙稱 11-390B
qiānchéng 阡塍 11-911A
qiānchéng 愆程 7-630A
qiānchéng 簽呈 8-1263B
qiánchéng 前程 2-133A
qiánchéng 虔誠 8-814B
qiánchéngwànlǐ 前程萬里 2-133A
qiánchényǐngshì 前塵影事 2-135A
qiānchénzhúkè 遷臣逐客 10-1172A
qiánchēzhījiàn 前車之鑒 2-124B
qiānchí 牽持 6-272A
qiānchí 遷遲 10-1179A
qiānchí 謙持 11-388A
qiānchǐ 千尺 1-834A
qiānchì 遷斥 10-1171B
qiānchì 謙飭 11-389B
qiánchī 錢癡 11-1322B
qiǎnchī 譴笞 11-444B
qiǎnchì 遣斥 10-1135B
qiǎnchì 譴敕 11-444B
qiǎnchì 譴斥 11-443B
qiānchōng 謙冲 11-387B
qiānchōng 謙沖 11-388A
qiānchóng 千重 1-842B
qiānchóng 謙崇 11-389B
qiānchǒng 遷寵 10-1180A
qiánchōng 前衝 2-136A
qiānchóngwà 千重襪 1-842B
qiānchóu 牽愁 6-275B
qiānchóu 籤籌 8-1284B
qiánchóu 前儔 2-137A
qiánchóu 前籌 2-138A
qiánchǒu 黔醜 12-1346B
qiǎnchóu 遣愁 10-1137B
qiǎnchóusuǒxiào 遣愁索笑 10-1137B
qiānchóuwànhèn 千愁萬恨 1-845B
qiānchóuwànxù 千愁萬緒 1-846A
qiānchú 遷除 10-1175A
qiānchú 籤廚 8-1284A
qiānchù 遷黜 10-1179B
qiánchū 潛出 6-130B
qiánchū 潛初 6-131B
qiánchú 前除 2-129A
qiánchǔ 潛處 6-133B
qiǎnchū 譴出 11-443B
qiǎnchú 遣除 10-1136B
qiǎnchù 譴黜 11-445A
qiànchù 歉絀 6-1469B
qiánchuāi 箝揣 8-1186A
qiānchuán 牽船 6-273B
qiánchuàn 錢串 11-1318B
qiānchuāngbǎikǒng 千瘡百孔 1-846B
qiānchuāngbǎiyí 千瘡百痍 1-846B
qiánchuànzi 錢串子 11-1318B
qiánchuí 鉗錘 11-1227A
qiánchuí 鉗鎚 11-1227A
qiānchuíbǎiliàn 千錘百煉 1-847A
qiānchuídǎluó… 千棰打鑼,一棰定聲 1-847A
qiānchuídǎluó… 千錘打鑼,一錘定音 1-847A
qiānchuíxiàn 鉛垂綫 11-1235B
qiānchūn 千春 1-841A
qiānchūn 千椿 1-845A
qiánchún 錢唇 11-1319B
qiǎnchūn 淺春 5-1363B
qiāncí 謙詞 11-389B
qiāncí 謙辭 11-391A
qiāncì 千次 1-835B
qiāncì 遷次 10-1172B
qiáncǐ 前此 2-123A
qiáncì 前次 2-124A
qiáncì 黔刺 12-1346A
qiǎncí 遣詞 10-1137A
qiǎncí 遣辭 10-1138A
qiàncì 槧次 4-1257B
qiǎncícuòyì 遣詞措意 10-1137B
qiǎncícuòyì 遣辭措意 10-1138A
qiǎncílìyì 遣詞立意 10-1137B
qiǎncízàoyì 遣詞造意 10-1137B
qiāncóng 牽從 6-273B
qiàncóng 傔從 1-1611A
qiāncòu 遷湊 10-1178A
qiāncú 遷徂 10-1173B
qiāncú 遷殂 10-1174A
qiǎncù 淺促 5-1364A
qiǎncù 淺蹙 5-1367A
qiāncuàn 遷竄 10-1180A
qiáncuàn 潛竄 6-137B
qiāncuì 遷倅 10-1175B
qiāncūnwànluò 千村萬落 1-836A
qiāncuō 牽撮 6-276B
qiāncuò 愆錯 7-630B
qiāncuò 遷厝 10-1175B
qiándá 前達 2-132A
qiāndài 牽埭 6-273B
qiāndài 牽帶 6-273B
qiāndài 愆怠 7-629B
qiāndài 鉛黛 11-1237B
qiāndài 遷代 10-1171B
qiándài 前代 2-122B
qiándài 前埭 2-131A
qiándài 錢袋 11-1320A
qiǎndài 淺黛 5-1366B
qiāndān 鉛丹 11-1235A
qiāndàn 千石 1-834B
qiāndàn 鉛彈 11-1237B
qiāndàn 謙憚 11-390B
qiāndàn 籤膻 8-1284B
qiǎndàn 淺淡 5-1365A
qiǎndàn 淺誕 5-1365B
qiàndàn 嵌窞 3-852B
qiāndàng 騫蕩 12-871B
qiāndāo 鉛刀 11-1235A
qiāndǎo 遷導 10-1179A
qiāndào 謙道 11-390A
qiāndào 簽到 8-1263B
qiándāo 虔刀 8-814A
qiándāo 錢刀 11-1318A
qiándǎo 前導 2-136B
qiándǎo 潛導 6-136A
qiándào 乾道 1-793A
qiàndào 綪道 9-1008B
qiándāo’er 前刀兒 2-120B
qiāndāowànduò 千刀萬剁 1-831B
qiāndāowànguǎ 千刀萬剮 1-831B
qiāndāoyìgē 鉛刀一割 11-1235A
qiándàozǐ 乾道紫 1-793A
qiándāzi 錢褡子 11-1321A
qiāndé 謙德 11-390B
qiándé 乾德 1-795A
qiándé 潛德 6-136A
qiándémìxíng 潛德秘行 6-136A
qiándēng 前登 2-133B
qiándéyǐnxíng 潛德隱行 6-136A
qiāndī 簽堤 8-1264B
qiāndì 遷地 10-1172A
qiándí 前敵 2-136B
qiándǐ 潛邸 6-131B
qiándǐ 潛底 6-132A
qiándì 鉗釱 11-1226B
qiándì 潛地 6-130B
qiāndiàn 遷奠 10-1178A
qiándiǎn 前典 2-126A
qiándiǎn 錢點 11-1322A
qiándiàn 前殿 2-134B
qiándiàn 錢店 11-1319A
qiǎndiàn 淺澱 5-1366B
qiàndiǎn 欠點 6-1434A
qiàndiàn 遣奠 10-1137B
qiāndiào 遷調 10-1179A
qiándiào 前調 2-136B
qiāndié 千疊 1-847B
qiāndīng 千丁 1-831A
qiāndīng 簽釘 8-1264B
qiāndǐng 鉛鼎 11-1236B
qiāndǐng 遷鼎 10-1177B
qiāndìng 簽訂 8-1264A
qiándìng 前定 2-127A
qiāndīngníng… 千叮嚀萬囑咐 1-834B
qiāndīngwànzhǔ 千叮萬囑 1-834B
qiāndǒng 遷董 10-1177A
qiāndòng 牽動 6-273B
qiándòng 乾棟 1-792B
qiǎndòng 遣動 10-1136B
qiándòu 乾竇 1-797A
qiándòu 潛竇 6-137B
qiàndòu 嵌竇 3-853A
qiāndū 遷都 10-1175A
qiāndù 千度 1-842B
qiāndù 僉度 11-285A
qiándǔ 前覩 2-135B
qiándǔ 乾篤 1-795A
qiándù 前度 2-128B
qiàndǔ 壍堵 2-1187B
qiānduǎn 騫短 12-871A
qiānduàn 牽斷 6-277A
qiánduàn 乾斷 1-796B
qiǎnduǎn 淺短 5-1365A
qiánduānkūnní 乾端坤倪 1-794A
qiānduānwànxù 千端萬緒 1-846A
qiàndù’erqìngjia 欠肚兒親家 6-1433B
qiánduì 前隊 2-131B
qiánduì 前對 2-135A
qiándùliúláng 前度劉郎 2-128B
qiāndùn 牽頓 6-275B
qiāndùn 鉛鈍 11-1237A
qiándùn 潛盾 6-132B
qiándùn 潛遁 6-134B
qiándùn 潛頓 6-135A
qiándùn 潛遯 6-135B
qiǎndùn 淺鈍 5-1365A
qiānduō 攓掇 6-969A
qiānduó 遷奪 10-1178B
qiānduò 愆墮 7-630B
qiánduó 潛度 6-132B
qiánduǒ 潛躲 6-135A
qiánduò 錢垛 11-1319B
qiǎnduó 譴奪 11-445A
qiāndūyùshǐ 僉都御史 1-1613A
qiān’ē 愆痾 7-630A
qiān’é 遷訛 10-1176B
qiān’é 遷譌 10-1180A
qiān’è 鉛鍔 11-1237B
qiān’è 騫諤 12-871B
qián’é 前額 2-137B
qián’é 錢額 11-1322A
qián’è 前惡 2-132A
qiǎn’è 遣惡 10-1137A

qiǎn'ēn 淺恩 5-1364A
qiān'ēnwànxiè 千恩萬謝 1-843A
qián'ér 前兒 2-126A
qián'ěr 鉗耳 11-1226A
qiān'erbābǎi 千兒八百 1-839A
qián'érgè 前兒個 2-126B
qiānfā 簽發 8-1264B
qiānfá 愆乏 7-629A
qiānfǎ 遷法 10-1174A
qiánfā 潛發 6-135A
qiánfá 前閥 2-135B
qiánfǎ 錢法 11-1319A
qiánfà 鬈髮 12-748A
qiǎnfā 遣發 10-1137B
qiǎnfā 譴發 11-445A
qiǎnfá 譴罰 11-445A
qiànfá 欠乏 6-1433A
qiānfān 千帆 1-835A
qiānfàn 愆犯 7-629A
qiánfān 前番 2-133B
qiánfān 潛藩 6-137A
qiánfàn 前軓 2-129B
qiánfàn 錢範 11-1321B
qiǎnfǎn 遣返 10-1136A
qiǎnfàn 遣犯 10-1135B
qiānfāng 搴芳 6-789B
qiānfāng 遷方 10-1171B
qiānfàng 遷放 10-1173B
qiánfāng 前方 2-121B
qiánfāng 乾方 1-785B
qiánfáng 前房 2-127A
qiǎnfāng 淺方 5-1362B
qiānfāngbǎijì 千方百計 1-833B
qiánfánghòujì 前房後繼 2-127A
qiānfēi 遷飛 10-1175A
qiānfēi 騫飛 12-871A
qiānfèi 牽費 6-275A
qiánfèi 潛沸 6-132A
qiānfén 遷墳 10-1179A
qiānfěn 鉛粉 11-1236A
qiánfén 前墳 2-135B
qiánfèn 前忿 2-126B
qiànfěn 芡粉 9-310A
qiānfēng 鉛鋒 11-1237B
qiānfēng 遷封 10-1174A
qiānfēng 遷風 10-1174A
qiānfèng 遷奉 10-1173A
qiánfēng 前鋒 2-136A
qiánfēng 乾風 1-789A
qiánfēng 錢封 11-1319B
qiánfēng 潛鋒 6-136A
qiánféng 鈐縫 11-1220B
qiánfèng 虔奉 8-814A
qiānfēngbǎizhàng 千峰百嶂 1-843A
qiánfēngjūn 前鋒軍 2-136B
qiānfēngwànhè 千峰萬壑 1-843A
qiánfēngyíng 前鋒營 2-136B
qiānfēngyísú 遷風移俗 10-1174A
qiānfódòng 千佛洞 1-838B
qiānfómíngjīng 千佛名經 1-838B
qiānfóshān 千佛山 1-838A
qiānfótǔ 千佛土 1-838A
qiānfū 千夫 1-832B
qiānfú 愆伏 7-629A
qiānfǔ 遷府 10-1173B
qiānfù 牽附 6-271B
qiānfù 牽復 6-274B
qiānfù 愆負 7-629B
qiānfù 遷附 10-1173A
qiānfù 遷袝 10-1174B
qiānfù 遷復 10-1177B
qiānfù 騫腹 12-871B
qiānfù 僁負 1-1601B
qiánfū 前夫 2-121A
qiánfū 潛夫 6-129B
qiánfú 前符 2-131A
qiánfú 乾符 1-791B
qiánfú 鈐符 11-1220A
qiánfú 潛伏 6-131A
qiánfú 潛孚 6-131B
qiánfú 潛服 6-132A
qiánfú 潛浮 6-133A
qiánfú 潛符 6-134A
qiánfù 前婦 2-132A
qiánfù 乾覆 1-796A
qiǎnfū 淺夫 5-1362B
qiǎnfú 淺浮 5-1364B
qiǎnfú 遣俘 10-1136A
qiǎnfù 譴負 11-444A
qiànfū 縴夫 9-1008B
qiànfú 倩服 1-1443B
qiànfù 欠負 6-1433A
qiánfùhòujì 前赴後繼 2-127B
qiánfúkūnzhēn 乾符坤珍 1-791B
qiānfūnuònuò… 千夫諾諾，不如一士諤諤 1-832B
qiánfúqī 潛伏期 6-131A
qiānfūsuǒzhǐ 千夫所指 1-832B
qiānfūzhǎng 千夫長 1-832B
qiānfūzhǐ 千夫指 1-832B
qiāngǎi 遷改 10-1173A
qiángài 鈐蓋 11-1220A
qiángài 鉗蓋 11-1226B
qiángǎn 潛感 6-135A
qiángàn 鈐幹 11-1220A
qiáng'àn 牆岸 7-813B
qiǎng'àn 搶案 6-813B
qiángāng 乾岡 1-787B
qiángāng 乾剛 1-790A
qiángāng 乾綱 1-794B
qiángāng 錢鋼 11-1321A
qiángǎng 乾崗 1-791B
qiǎngàng 淺戇 5-1367B
qì'áng'áng 氣昂昂 6-1028A
qiāngāngyīsè 千缸一色 1-841A
qiāngāo 鉛膏 11-1237A
qiāngào 籤告 8-1283B
qiángāo 乾皋 1-790B
qiǎngào 譴告 11-444A
qiāngbā 槍疤 4-1217B
qiángbà 强霸 4-148B
qiángbà 强伯 4-137B
qiāngbài 戕敗 5-215B
qiángbái 强白 4-135B
qiǎngbái 嗆白 3-468A
qiǎngbái 搶白 6-812B
qiāngbǎn 腔板 6-1339A
qiángbǎn 牆板 7-813B
qiángbàn 强半 4-136A
qiángbào 强暴 4-146B
qiángbào 强颮 4-147A
qiángbào 牆報 7-814B
qiǎngbǎo 鏹寶 11-1398A
qiǎngbǎo 强葆 4-143B
qiǎngbǎo 襁保 9-139B
qiǎngbǎo 襁葆 9-139B
qiǎngbǎo 襁褓 9-139B
qiǎngbǎo 襁緥 9-139B
qiǎngbǎo 繈保 9-1023B
qiǎngbǎo 繈葆 9-1024A
qiǎngbǎo 繈褓 9-1024A
qiǎngbǎo 繈緥 9-1024A
qiǎngbào 襁抱 9-139B
qiǎngbào 繈抱 9-1023B
qiǎngbǎowù 襁褓物 9-139B
qiāngbàzi 槍把子 4-1217A
qiǎngbèi 搶背 6-813A
qiángběn 强本 4-135A
qiāngbēng 槍崩 4-1218A
qiángběnjiéyòng 强本節用 4-135B
qiángběnruòmò 强本弱末 4-135A
qiángběnruòzhī 强本弱支 4-135A
qiángběnruòzhī 强本弱枝 4-135B
qiāngbì 槍斃 4-1218B
qiāngbì 鎗斃 11-1372B
qiángbǐ 强筆 4-144A
qiángbì 牆壁 7-815A
qiǎngbī 强偪 4-142B
qiǎngbī 强逼 4-143B
qiángbiàn 强辯 4-148B
qiǎngbiàn 强辨 4-147A
qiǎngbiàn 强辯 4-148B
qiángbīnbùyāzhǔ 强賓不壓主 4-146A
qiángbīng 强兵 4-137B
qiángbīngfùguó 强兵富國 4-137B
qiāngbó 將伯 7-808A
qiǎngbù 强步 4-137A
qiǎngbù 搶步 6-813A
qiǎngbùzhīyǐwéizhī 强不知以爲知 4-134B
qiāngcái 槍材 4-1217A
qiāngcán 戕殘 5-215B
qiángcè 强策 4-144A
qiāngchà 鎗鍤 11-1372B
qiángchá 强察 4-146A
qiángchē 强車 4-137A
qiángchén 强臣 4-136A
qiāngchéng 槍城 4-1217B
qiángchì 强熾 4-147B
qiǎngchǒng 强寵 4-148B
qiāngchóu 槍籌 4-1218B
qiángchóu 强仇 4-134B
qiángchú 强鉏 4-145B
qiāngchuāng 搶摐 6-813B
qiāngchuī 槍吹 4-1217A
qiángchúnlièzuǐ 强脣劣嘴 4-142A
qiǎngchuò 强啜 4-142B
qiǎngchūtóu 强出頭 4-136A
qiāngcì 槍刺 4-1217B
qiángcí 强詞 4-144A
qiángcì 牆茨 7-813B
qiǎngcí 强詞 4-144A
qiǎngcí 强辭 4-148A
qiǎngcíduólǐ 强詞奪理 4-144A
qiǎngcíduózhèng 强詞奪正 4-144A
qiángdà 强大 4-134A
qiāngdǎchūtóuniǎo 槍打出頭鳥 4-1217A
qiāngdàn 槍彈 4-1218B
qiāngdàng 槍碭 4-1218A
qiángdào 强盜 4-144A
qiángdào 强道 4-144A
qiǎngdào 鏹道 11-1398A
qiángdàogǔ 强盜骨 4-144B
qiángdǎozhòngréntuī 牆倒衆人推 7-814A
qiǎngdǎpāi 强打拍 4-135A
qiǎngdǎzhèng 强打掙 4-135A
qiángdé 强德 4-146B
qiǎngdéyìpín 强得易貧 4-142B
qiāngdí 羌笛 9-158A
qiāngdì 蹌地 10-531B
qiāngdì 搶地 6-812B
qiángdí 强敵 4-146B
qiángdì 强地 4-136A
qiàngdī 戧堤 5-236B
qiāngdiào 腔調 6-1339B
qiángdiào 强調 4-146B
qiāngdìhūtiān 搶地呼天 6-812B
qiángdīng 强丁 4-133B
qiángdìng 强定 4-139A
qiángdōng 牆東 7-813B
qiángdōngyǐn 牆東隱 7-813B
qiāngdǒu 槍斗 4-1217A
qiángdù 强度 4-140A
qiǎngdù 强渡 4-144B
qiǎngduàn 强斷 4-148A
qiángduì 强對 4-145B
qiángduǒ 牆垛 7-813B
qiǎngduó 搶奪 6-813B
qiāngé 遷革 10-1174A

qiāngé 遷格 10-1175B
qiāngé 遷隔 10-1178B
qiángē 前歌 2-135A
qiángēhòuwǔ 前歌後舞 2-135A
qiángēn 錢根 11-1319B
qiàngēn 嵌根 3-852B
qiāngēng 遷更 10-1173A
qiāngfá 戕伐 5-215B
qiāngfǎ 槍法 4-1217B
qiángfān 强藩 4-147B
qiángfān 檣帆 4-1335B
qiángfān 牆藩 7-815B
qiǎngfàn 强飯 4-144A
qiángfáng 强房 4-139A
qiángfēi 强非 4-138B
qiángfěn 牆粉 7-814A
qiángfèn 强奮 4-147A
qiāngfēng 戕風 5-215B
qiāngfēng 戧風 5-236B
qiāngfēng 搶風 6-813A
qiángfēngbì'ěr 牆風壁耳 7-814A
qiǎngfēngqíng 强風情 4-140A
qiángfū 强夫 4-134A
qiángfǔ 强輔 4-145B
qiángfù 强富 4-144B
qiǎngfú 强扶 4-137A
qiǎngfú 强服 4-139A
qiǎngfù 强附 4-138A
qiǎngfù 襁負 9-139B
qiǎngfù 繦負 9-1024A
qiǎngfúbiànhè 强鳬變鶴 4-145A
qiǎnggài 强丐 4-134B
qiǎnggài 强匄 4-135B
qiānggān 槍竿 4-1217B
qiānggǎn 槍桿 4-1217B
qiánggān 檣竿 4-1335B
qiánggàn 强幹 4-145A
qiánggànruòzhī 强幹弱枝 4-145A
qiānggǎnzi 槍桿子 4-1217B
qiǎnggàohuà 强告化 4-137B
qiánggāojīxià 牆高基下 7-814A
qiánggēn 强根 4-140B
qiánggēn 牆根 7-814A
qiánggěng 强梗 4-142A
qiánggěng 强鯁 4-148A
qiǎnggēng 强耕 4-140B
qiánggōng 强攻 4-137A
qiánggù 强固 4-138B
qiǎnggǔ 强賈 4-145A
qiāngguǎn 羌管 9-158A
qiángguǎng 强獷 4-147B
qiāngguì 蹌跪 10-531B
qiāngguì 搶跪 6-813B
qiángguō 强聒 4-143B
qiángguó 强國 4-142A
qiángguǒ 强果 4-138B
qiānghài 戕害 5-215B
qiānghàn 搶捍 6-813B
qiánghān 强憨 4-147A
qiánghàn 强悍 4-141B
qiānghàn 蹌捍 10-531B
qiǎngháng 搶行 6-813A
qiángháo 强豪 4-146A
qiánghé 牆合 7-813A
qiánghéhéchéng 强合和成 4-136B
qiánghěn 强佷 4-139A
qiánghěn 强很 4-139B
qiánghěn 强狠 4-140A
qiánghèng 强横 4-146A
qiānghōng 鏘訇 11-1388A
qiānghóng 鏘鈜 11-1388B
qiǎnghóng 搶紅 6-813A
qiánghòu 强厚 4-139B
qiānghū 搶呼 6-813A
qiānghú 羌胡 9-158A
qiánghù 强扈 4-143A
qiānghuā 槍花 4-1217A
qiánghuā 牆花 7-813A
qiánghuá 强猾 4-144A
qiánghuà 强化 4-135A
qiánghuái 强懷 4-148B
qiánghuāliǔ 牆花柳 7-813A
qiánghuālùcǎo 牆花路草 7-813A
qiánghuālùliǔ 牆花路柳 7-813A
qiānghuān 强歡 4-148B
qiānghuáng 鏘喤 11-1388B
qiánghuì 强會 4-145B
qiānghuǒ 槍火 4-1217A
qiānghuò 戕禍 5-215B
qiǎnghuǒ 搶火 6-812B
qiángióng 潛蛬 6-134B
qiāngjī 槍機 4-1218B
qiāngjī 槍擊 4-1218B
qiāngjī 蹌躋 10-532A
qiāngjǐ 槍戟 4-1218A
qiāngjì 蹌濟 10-532A
qiángjī 牆基 7-814A
qiángjí 强急 4-140A
qiángjì 强忌 4-137B
qiángjì 强記 4-141A
qiángjì 强濟 4-147B
qiǎngjī 羥基 9-173B
qiǎngjì 强記 4-141A
qiǎngjì 强濟 4-147B
qiángjiā 强加 4-136A
qiángjiā 强家 4-141B
qiángjiān 强奸 4-136B
qiángjiān 强姦 4-140B
qiángjiān 强姧 4-140B
qiángjiàn 强健 4-141A
qiángjiàn 强僭 4-146A
qiángjiàn 强諫 4-147A
qiǎngjiàn 强見 4-137B
qiángjiàngshǒuxià… 强將手下無弱兵 4-143A
qiángjiǎo 强狡 4-140A
qiángjiǎo 牆角 7-813B
qiángjiǎo 牆脚 7-814B
qiángjìbówén 强記博聞 4-141A
qiángjié 强刦 4-137A
qiángjié 强劫 4-137A
qiángjié 强刧 4-138A
qiǎngjié 搶劫 6-813A
qiāngjīn 鶬金 12-1138A
qiāngjīn 鏘金 11-1388A
qiángjìn 强近 4-137B
qiángjìn 牆進 7-814A
qiǎngjìn 强進 4-142B
qiàngjīn 戧金 5-236B
qiàngjīn 鎗金 11-1372A
qiàngjīn 搶金 6-813A
qiàngjìn 嗆勁 3-468A
qiángjìng 强勁 4-139B
qiāngjìnjiǔ 將進酒 7-810A
qiāngjīnkēngyù 鏘金鏗玉 11-1388A
qiāngjīnmíngyù 鏘金鳴玉 11-1388A
qiǎngjiǔ 强酒 4-141B
qiǎngjiù 搶救 6-813B
qiángjiùrú 廧咎如 3-1284B
qiángjù 强瞿 4-148A
qiāngjué 槍决 4-1217A
qiángjùn 强俊 4-139B
qiāngkā 嗆喀 3-468A
qiángkǎi 强楷 4-145A
qiángkàng 强亢 4-135A
qiángkàng 强伉 4-136B
qiángkàng 强抗 4-137A
qiāngkē 腔窠 6-1339B
qiāngké 嗆咳 3-468A
qiāngkēng 鏘鏗 11-1388B
qiāngkǒu 腔口 6-1339A
qiángkòu 强寇 4-143A
qiǎngkuài 搶快 6-813A
qiángkuāng 牆匡 7-813A
qiānglā 嗆喇 3-468A
qiǎnglǎn 强覽 4-148B
qiāngláng 蜣蜋 8-908B
qiāngláng 蜣螂 8-909A
qiāngláng 篬筤 8-1233A
qiāngláng 鏘鋃 11-1388B
qiānglángjūn 篬筤君 8-1233A
qiānglàngzhīzhuàn 蜣蜋之轉 8-908B
qiānglàngzhuǎnfèn 蜣螂轉糞 8-909A
qiānglángzhuànwán 蜣郎轉丸 8-908B
qiānglàngzhuànwán 蜣蜋轉丸 8-908B
qiánglǎo 强老 4-136A
qiǎnglǎo 挾老 6-832B
qiǎnglè 强勒 4-142A
qiāngléi 槍雷 4-1218A
qiānglěi 槍纍 4-1218B
qiānglěi 槍壘 4-1218B
qiānglěi 槍櫐 4-1218B
qiānglí 鎗籬 11-1372B
qiānglí 搶籬 6-814A
qiánglí 牆籬 7-815B
qiánglì 强力 4-134A
qiánglì 强立 4-135B
qiánglì 强吏 4-136A
qiánglì 强戾 4-139A
qiánglì 强厲 4-145B
qiánglì 牆立 7-812B
qiǎnglì 硗礰 7-1053B
qiǎnglì 强力 4-134A
qiángliáng 强良 4-137B
qiángliáng 强梁 4-142B
qiàngliàng 蹌踋 10-532A
qiàngliàng 蹌踉 10-531B
qiàngliàng 哾哴 3-369A
qiángliè 强烈 4-140B
qiánglìguān 牆立觀 7-812B
qiánglǐkāihuā… 牆裏開花牆外香 7-814B
qiánglín 强鄰 4-146A
qiānglíndànyǔ 槍林彈雨 4-1217A
qiānglíndāoshù 槍林刀樹 4-1217A
qiānglíng 羌零 9-158A
qiánglìng 强令 4-135B
qiángliǔ 牆柳 7-813B
qiángliǔ 牆輞 7-814B
qiāngliúdàn 槍榴彈 4-1218A
qiánglóngbùyā… 强龍不壓地頭蛇 4-147B
qiánglǔ 强虜 4-145A
qiǎnglǔ 搶擄 6-814A
qiǎngluǒ 搶攞 6-814A
qiánglǚ 强旅 4-141A
qiánglǚ 强膂 4-146A
qiǎnglüè 搶掠 6-813B
qiángmài 强邁 4-146A
qiǎngmǎn 搶滿 6-814A
qiángméiyìngbǎo 强媒硬保 4-144B
qiángmén 强門 4-139A
qiángmí 薔蘼 9-632B
qiángmǐ 牆靡 7-815B
qiángmiàn 牆面 7-813B
qiǎngmiǎn 强勉 4-140A
qiángmǐn 强敏 4-142B
qiāngmíng 鏘鳴 11-1388B
qiángmíng 强名 4-136B
qiángmíng 强明 4-138B
qiǎngmíng 强名 4-136B
qiǎngnàn 强難 4-148A
qiāngnáng 戕囊 5-216A
qiángnéng 强能 4-141B
qiǎngnǐngdeguā… 强擰的瓜不甜 4-147B
qiǎngniǔdeguā… 强扭的瓜不甜 4-137A
qiángnǔ 强弩 4-139A
qiángnǔmòshǐ 强弩末矢 4-139B
qiángnǔzhījí 强弩之極 4-139B
qiángnǔzhīmò 强弩之末 4-139A
qiāngnüè 戕虐 5-215B

qiángnüè 强虐 4-139B
qiāngōng 牽弓 6-269B
qiāngōng 謙恭 11-389A
qiāngǒng 鉛汞 11-1235B
qiángōng 虔恭 8-814A
qiángōng 鉗工 11-1225B
qiǎngōng 淺攻 5-1363A
qiàngōng 槧工 4-1257B
qiángōngjìnmiè 前功盡滅 2-122A
qiángōngjìnqì 前功盡棄 2-122A
qiāngōngxiàshì 謙恭下士 11-389A
qiāngōngxiàshì 謙躬下士 11-389A
qiāngōu 牽鉤 6-274B
qiāngōu 牽鉤 6-275B
qiāng'ǒu 嗆嘔 3-468A
qiángòu 前構 2-135A
qiángòu 乾構 1-794A
qiángòu 潛搆 6-135A
qiángòu 潛遘 6-135A
qiángòu 潛構 6-135B
qiāngōuwànhè 千溝萬壑 1-846A
qiāngpāi 腔拍 6-1339A
qiāngpái 槍排 4-1217B
qiāngpài 腔派 6-1339A
qiāngpào 槍炮 4-1217B
qiāngpào 槍砲 4-1217B
qiángpí 牆皮 7-812B
qiángpíng 牆屏 7-814A
qiǎngpò 强迫 4-138B
qiángpū 牆鋪 7-814B
qiāngqí 槍旗 4-1218A
qiāngqí 鎗旗 11-1372B
qiǎngqǐ 强起 4-140B
qiāngqià 椌楬 4-1132A
qiángqián 强鉗 4-145A
qiāngqiang 嗆嗆 3-468A
qiāngqiāng 鶬鶬 12-1138A
qiāngqiāng 將將 7-810B
qiāngqiāng 嗆嗆 3-468A
qiāngqiāng 嶈嶈 3-863B
qiāngqiāng 戧戧 5-236B
qiāngqiāng 牄牄 7-812A
qiāngqiāng 瑲瑲 4-627A
qiāngqiāng 蹌蹌 10-532A
qiāngqiāng 蹡蹡 10-546B
qiāngqiāng 鎗鎗 11-1372B
qiāngqiāng 鏘鏘 11-1388B
qiángqiǎng 强搶 4-145A
qiàngqiàng 蹌蹌 10-532A
qiāngqiāngjījī 蹌蹌躋躋 10-532A
qiāngqiāngjǐjǐ 蹌蹌濟濟 10-532A
qiāngqiāngjǐjǐ 蹡蹡濟濟 10-547A
qiāngqiāngqíqí 鏘鏘濟濟 11-1389A
qiāngqiāngyìyì 鏘鏘翼翼 11-1389A
qiángqiè 强切 4-134B
qiángqīn 强親 4-147A
qiǎngqīn 搶親 6-814A
qiǎngqiū 搶秋 6-813A
qiǎngqiú 强求 4-137A
qiǎngqū 强屈 4-139A
qiángquán 强權 4-148B
qiǎngquàn 强勸 4-148A
qiángqún 牆裙 7-814B
qiāngrán 將然 7-811A
qiāngrán 鏘然 11-1388B
qiāngrǎng 槍攘 4-1218B
qiāngrěn 戕忍 5-215B
qiángrén 强人 4-133B
qiángrěn 强忍 4-138A
qiángrèn 强韌 4-143B
qiángrèn 强靭 4-144B
qiángrèn 牆仞 7-812B
qiǎngrén 强仁 4-134B
qiǎngrěn 强忍 4-138A
qiàngrén 嗆人 3-468A
qiǎngrénsuǒnán 强人所難 4-133B
qiāngróng 羌戎 9-158A
qiāngrú 鏘如 11-1388A
qiángrú 强如 4-136B
qiángruò 强弱 4-141B
qiǎngsāngzhǒnghún 搶喪踵魂 6-813B
qiāngsè 錆色 11-1309B
qiángsè 强塞 4-145B
qiāngshā 戕殺 5-215B
qiāngshā 槍殺 4-1217B
qiángshā 强殺 4-141A
qiángshā 强煞 4-145B
qiángshà 牆翣 7-814B
qiāngshāng 槍傷 4-1218A
qiǎngshāng 搶墒 6-813B
qiángshàngnípí 牆上泥皮 7-812B
qiāngshēnfámìng 戕身伐命 5-215B
qiāngshēng 戕生 5-215A
qiángshèng 强乘 4-141A
qiángshèng 强盛 4-142A
qiángshèng 强勝 4-144A
qiāngshēngdāoyǐng 槍聲刀影 4-1218B
qiángshī 嬙施 4-415B
qiángshí 强實 4-146A
qiángshì 强仕 4-135B
qiángshì 强勢 4-145A
qiángshì 强執 4-141B
qiǎngshí 强食 4-139B
qiǎngshì 强世 4-135A
qiǎngshì 强市 4-135B
qiǎngshì 强飾 4-145B
qiǎngshímíjué 强食靡角 4-140A
qiángshíruòròu 强食弱肉 4-140A
qiǎngshízì'ài 强食自愛 4-140A
qiāngshǒu 槍手 4-1216B
qiāngshǒu 鎗手 11-1372A
qiángshǒu 强手 4-134B
qiángshòu 强壽 4-145B
qiǎngshōu 搶收 6-813A
qiǎngshǒu 搶手 6-812B
qiāngshù 槍術 4-1218A
qiángshù 强豎 4-146B
qiǎngshú 强孰 4-142B
qiǎngshù 强恕 4-141B
qiǎngshuài 强率 4-142B
qiāngshuān 槍栓 4-1217B
qiāngshuǐ 戧水 5-236B
qiāngshuǐ 鏹水 11-1398A
qiāngshuǐ 强水 4-134B
qiǎngshuǐ 搶水 6-812B
qiāngshuō 强説 4-146A
qiángsǐ 强死 4-136A
qiángsì 强似 4-136B
qiángsì 强肆 4-144B
qiǎngsǐlàihuó 强死賴活 4-136B
qiǎngsǐqiǎnghuó 强死强活 4-136A
qiāngsǒng 鏘聳 11-1388B
qiāngsòu 嗆嗽 3-468A
qiāngsòu 啌嗽 3-393B
qiángsuì 强歲 4-145A
qiángtái 强臺 4-145B
qiàngtái 戧臺 5-236B
qiāngtáng 槍膛 4-1218B
qiángtè 强慝 4-145B
qiāngtì 槍替 4-1218A
qiǎngtì 搶替 6-813B
qiǎngtì 襁裼 9-139B
qiāngtiě 羌帖 9-158A
qiángtǐng 强挺 4-139B
qiǎngtīng 强聽 4-148B
qiángtōng 强通 4-141B
qiāngtóu 槍頭 4-1218B
qiángtóu 牆頭 7-814B
qiāngtóudāo 槍頭刀 4-1218B
qiángtóumǎshàng 牆頭馬上 7-814B
qiángtóushī 牆頭詩 7-814B
qiángtóuyīkēcǎo… 牆頭一棵草，風吹兩邊倒 7-814B
qiángtú 强徒 4-141A
qiāngtuō 槍托 4-1217A
qiāngǔ 千古 1-834A
qiāngǔ 遷谷 10-1173A
qiāngù 牽顧 6-277A
qiāngù 遷固 10-1173B
qiángǔ 前古 2-122A
qiángǔ 錢穀 11-1321A
qiángǔ 潛鵠 6-137B
qiángù 乾顧 1-797A
qiángù 鉗固 11-1226A
qiángù 鉗梏 11-1226B
qiǎngù 淺固 5-1363B
qiàngǔ 嵌谷 3-852B
qiàngǔ 塹谷 2-1187B
qiānguà 牽挂 6-272A
qiānguà 牽掛 6-273A
qiānguà 牽罣 6-273B
qiānguà 牽絓 6-275A
qiànguà 欠掛 6-1433B
qiānguān 千官 1-840B
qiānguān 遷官 10-1174A
qiánguān 前官 2-127A
qiánguàn 前貫 2-132A
qiánguàn 錢貫 11-1320B
qiǎnguān 遣官 10-1136A
qiānguāng 謙光 11-387B
qiánguāng 前光 2-123A
qiánguāng 乾光 1-786A
qiánguāng 潛光 6-130B
qiánguāngnìyào 潛光匿曜 6-130B
qiánguāngyǐndé 潛光隱德 6-130B
qiánguāngyǐnyào 潛光隱耀 6-130B
qiāngǔbùmó 千古不磨 1-834A
qiāngǔbùxiǔ 千古不朽 1-834A
qiāngǔdúbù 千古獨步 1-834B
qiāngǔhèn 千古恨 1-834B
qiānguì 攐撅 6-992B
qiānguì 攓撅 6-969A
qiánguī 前規 2-131A
qiánguī 潛規 6-133B
qiánguǐ 前軌 2-127B
qiánguǐ 乾晷 1-792B
qiǎnguī 遣歸 10-1138A
qiānguǐshàngjiàn 牽鬼上劍 6-272B
qiāngǔjì 千古計 1-834B
qiāngǔjuéchàng 千古絕唱 1-834B
qiāngǔjuédiào 千古絕調 1-834B
qiángǔkù 錢穀庫 11-1321B
qiāngǔmíng 千古名 1-834A
qiānguó 汧國 5-943B
qiānguó 遷國 10-1176A
qiānguò 僁過 1-1659B
qiānguò 愆過 7-629B
qiánguòběidǒu… 錢過北斗,米爛陳倉 11-1320A
qiánguòběidǒu… 錢過北斗,米爛成倉 11-1320A
qiánguōzi 錢鍋子 11-1321B
qiāngǔqítán 千古奇談 1-834A
qiāngǔqíwén 千古奇聞 1-834A
qiāngǔqíyuān 千古奇冤 1-834A
qiángǔshīyé 錢穀師爺 11-1321B
qiángǔwèiwén 前古未聞 2-122A
qiāngǔyīdì 千古一帝

1-834A
qiāngǔyīlǜ 千古一律 1-834A
qiāngǔyīshí 千古一時 1-834A
qiāngǔyīzhé 千古一轍 1-834A
qiāngwán 蜣丸 8-908B
qiángwán 强頑 4-144B
qiángwēi 薔薇 9-562A
qiángwēi 牆隈 7-814B
qiángwēilù 薔薇露 9-562A
qiángwēishuǐ 薔薇水 9-562A
qiángwén 强文 4-135A
qiǎngwèn 搶問 6-813B
qiǎngwénbiēcù 强文憋醋 4-135A
qiǎngwénjiǎcù 强文假醋 4-135A
qiǎngwō 搶窩 6-813B
qiángwū 檣烏 4-1335B
qiángwū 牆屋 7-814A
qiángwǔ 强武 4-138A
qiángwù 强悟 4-141B
qiāngwúgùshí 羌無故實 9-158A
qiángxì 强鬩 4-147B
qiǎngxì 繈係 9-1024A
qiángxiá 强黠 4-148A
qiǎngxiān 搶先 6-813A
qiǎngxiǎn 搶險 6-814A
qiāngxiáng 蹌降 10-531B
qiángxiàng 强項 4-143A
qiángxiànglìng 强項令 4-143A
qiǎngxiào 强笑 4-141A
qiāngxiè 槍械 4-1217B
qiángxíng 强行 4-136B
qiángxíng 强形 4-137A
qiángxìng 强姓 4-139A
qiǎngxíng 强行 4-136B
qiángxíngjūn 强行軍 4-136B
qiángxīnzhēn 强心針 4-135A
qiángxióng 强雄 4-143B
qiǎngxiū 搶修 6-813A
qiángxué 强學 4-147A
qiāngyān 槍烟 4-1217B
qiāngyǎn 槍眼 4-1218A
qiángyán 强言 4-137B
qiángyǎn 牆眼 7-814A
qiǎngyán 强言 4-137B
qiǎngyán 强顏 4-148A
qiǎngyǎn 搶眼 6-813B
qiāngyáng 蹌揚 10-531B
qiāngyáng 鏘羊 11-1388A
qiāngyáng 鏘洋 11-1388A
qiāngyáng 搶佯 6-813A
qiángyáng 强蛘 4-145A
qiángyáng 强羊 4-136B
qiángyáng 强陽 4-143A
qiángyáng 强蛘 4-144A
qiāngyānpàoyǔ 槍煙礮雨 4-1218A
qiángyāo 牆腰 7-814B
qiāngyí 戕夷 5-215B
qiángyī 牆衣 7-813A
qiángyì 强毅 4-146B
qiāngyīn 腔音 6-1339A
qiāngyīn 廧陰 7-696A
qiángyīn 强音 4-140A
qiángyīn 牆陰 7-814A
qiàngyín 鎗銀 11-1372B
qiāngyīng 槍纓 4-1219A
qiángyìng 强硬 4-143B
qiángyǐnqiángshí 强飲强食 4-144A
qiāngyǒng 鏘湧 11-1388B
qiángyōng 牆墉 7-814B
qiángyǒng 强勇 4-140B
qiángyǒu 强有 4-136A
qiángyǒu'ěr 牆有耳 7-813A
qiángyǒufēng… 牆有風,壁有耳 7-813A
qiángyǒufèng… 牆有縫,壁有耳 7-813A
qiángyǒulì 强有力 4-136A
qiāngyú 槍榆 4-1218A
qiāngyú 蹌踰 10-532A
qiāngyú 搶揄 6-813B
qiángyú 牆隅 7-814B
qiángyǔ 强梧 4-142A
qiángyǔ 强予 4-135A
qiángyǔ 强圉 4-142A
qiángyǔ 牆宇 7-813A
qiángyù 强衙 4-145A
qiángyù 强禦 4-147B
qiángyuán 强援 4-143B
qiángyuán 嬙媛 4-415B
qiángyuán 牆垣 7-813B
qiāngyuè 鏘鉞 11-1388B
qiǎngyùn 强韻 4-148A
qiǎngzāowēn 强遭瘟 4-145B
qiāngzéi 戕賊 5-216A
qiǎngzhāidéguā… 强摘的瓜不甜 4-145B
qiángzhàn 强占 4-135B
qiángzhàn 强戰 4-147A
qiǎngzhàn 搶占 6-812B
qiǎngzhàng 繈杖 9-1023B
qiāngzhàngshǒu 槍仗手 4-1217A
qiāngzhàngshǒu 槍杖手 4-1217A
qiāngzhé 戕折 5-215B
qiǎngzhéjiànmǎi 强折賤買 4-137A
qiángzhēn 强貞 4-139B
qiángzhèn 强陣 4-140A
qiángzhèng 强正 4-135A
qiángzhèng 强政 4-139B
qiāngzhī 槍支 4-1216B
qiāngzhī 槍枝 4-1217B
qiángzhí 强直 4-138A
qiángzhí 强執 4-141B
qiángzhí 强植 4-143B
qiángzhì 强識 4-148A
qiángzhì 强志 4-137A
qiángzhì 强鷙 4-148B
qiǎngzhì 强制 4-138B
qiǎngzhì 强致 4-140B
qiǎngzhì 繈至 9-1023B
qiángzhìbówén 强識博聞 4-148A
qiángzhīruòběn 强枝弱本 4-138B
qiángzhízìsuí 强直自遂 4-138A
qiángzhōng 强中 4-134B
qiángzhǒng 强種 4-146A
qiǎngzhōng 强中 4-134B
qiángzhōnggèngyǒu… 强中更有强中手 4-134B
qiángzhōngzìyǒu… 强中自有强中手 4-134B
qiāngzhū 槍珠 4-1217B
qiāngzhǔ 羌煮 9-158A
qiǎngzhǔ 襁屬 9-139B
qiǎngzhǔ 繈屬 9-1024A
qiàngzhù 戧柱 5-236B
qiāngzhuàn 蜣轉 8-909A
qiángzhuàng 强壯 4-137B
qiāngzi 腔子 6-1339A
qiāngzǐ 槍子 4-1216B
qiángzì 强恣 4-141B
qiángzìqǔzhé 强自取折 4-136B
qiángzìqǔzhù 强自取柱 4-136B
qiángzōng 强宗 4-139A
qiāngzú 羌族 9-158A
qiángzú 强族 4-142B
qiángzuì 强最 4-143B
qiǎngzuǐ 搶嘴 6-814A
qiǎngzuì 强醉 4-146B
qiángzuǐyìngyá 强嘴硬牙 4-147A
qiǎngzuò 强作 4-137B
qiānhǎi 遷海 10-1175B
qiánhǎi 潛醢 6-137A
qiānhán 籤函 8-1283B
qiānhàn 釬焊 11-1205A
qiánhàn 前漢 2-135B
qiánháng 前行 2-124A
qiānhào 䙴耗 11-285A
qiánhǎo 前好 2-124A
qiánhào 前好 2-124A
qiánhào 錢號 11-1321A
qiànháo 塹壕 2-1187B
qiānhé 牽合 6-270B
qiānhé 愆和 7-629B
qiānhé 謙和 11-388A
qiānhé 簽合 8-1263A
qiānhé 簽河 8-1264A
qiānhé 騫翮 12-871B
qiánhé 前和 2-126A
qiǎnhē 譴呵 11-444A
qiǎnhē 譴訶 11-445A
qiǎnhē 譴何 11-444A
qiànhē 欠呵 6-1433B
qiànhé 嵌合 3-852B
qiānhéfùhuì 牽合附會 6-271A
qiānhéfùhuì 牽合傅會 6-271A
qiánhēi 黔黑 12-1346B
qiānhèn 慊恨 7-682A
qiānhēng 謙亨 11-388A
qiánhéng 乾衡 1-795A
qiánhétóu 前和頭 2-126A
qiānhóng 牽紅 6-272B
qiānhóng 鉛紅 11-1236A
qiànhóng 茜紅 9-364A
qiānhóngsī 牽紅絲 6-272B
qiānhóngwànzǐ 千紅萬紫 1-843A
qiānhóngxiàn 牽紅線 6-272B
qiānhòu 愆候 7-629B
qiānhòu 謙厚 11-388A
qiánhóu 前侯 2-128A
qiánhòu 前後 2-128A
qiánhòujiǎo 前後脚 2-128B
qiánhòusōu 前後溲 2-128B
qiánhòuyǎn 前後眼 2-128B
qiānhǔ 鉛虎 11-1235B
qiānhù 千户 1-833B
qiánhú 錢斛 11-1320A
qiánhú 錢湖 11-1320B
qiánhù 潛户 6-130A
qiānhuā 蹇華 10-534B
qiānhuā 鉛花 11-1235B
qiānhuā 鉛華 11-1236A
qiānhuà 遷化 10-1171B
qiánhuà 乾化 1-785A
qiánhuà 潛化 6-130A
qiánhuà 潛畫 6-135A
qiǎnhuà 淺話 5-1365B
qiànhuà 綪畫 9-876A
qiánhuāhuā 錢花花 11-1318B
qiánhuái 潛懷 6-137B
qiǎnhuái 遣懷 10-1138A
qiānhuàn 遷換 10-1175A
qiǎnhuán 遣還 10-1138A
qiǎnhuàn 遣喚 10-1136B
qiānhuáng 牽黄 6-273B
qiānhuáng 鉛黄 11-1236B
qiānhuáng 遷蝗 10-1179A
qiánhuāng 錢荒 11-1319B
qiànhuāng 歉荒 6-1469A
qiānhuángquǎn 牽黄犬 6-273B
qiānhùhóu 千户侯 1-834A
qiánhūhòuyōng 前呼後擁 2-126A
qiānhuī 謙撝 11-390B
qiānhuí 遷回 10-1172A
qiānhuǐ 愆悔 7-629B
qiānhuǐ 遷悔 10-1175B
qiānhuì 遷賄 10-1178B
qiánhuī 前徽 2-137A
qiánhuī 乾暉 1-793B
qiánhuī 潛暉 6-135A
qiánhuī 潛輝 6-136A
qiánhuī 潛隳 6-137A
qiánhuí 前回 2-123B
qiánhuǐ 前悔 2-130B
qiánhuì 錢會 11-1321A

qiánhuì 黔喙 12-1346A
qiánhuì 濳晦 6-133B
qiánhuì 濳會 6-135A
qiánhuì 濳薈 6-136B
qiánhuì 濳穢 6-137B
qiānhuǐ 譴毀 11-445A
qiānhuíbǎizhé 千回百折 1-835A
qiānhuíbǎizhé 千迴百折 1-841A
qiānhuíbǎizhuǎn 千回百轉 1-835A
qiānhuíbǎizhuǎn 千迴百轉 1-841A
qiānhuíwànzhuǎn 千回萬轉 1-835A
qiānhuìwànzhuàng 千彙萬狀 1-846A
qiānhùn 牽混 6-274A
qiànhún 倩魂 1-1444A
qiānhuò 千和 1-839A
qiānhuò 遷惑 10-1177B
qiánhuǒ 濳火 6-130A
qiánhuò 錢貨 11-1320A
qiánhuò 濳禍 6-135A
qiánhuò 濳濩 6-136B
qiǎnhuō 淺豁 5-1367A
qiānhūwànhuàn 千呼萬喚 1-839A
qiānhúyè 千狐腋 1-840B
qiānjī 牽羈 6-277B
qiānjí 千急 1-842B
qiānjí 牽及 6-269B
qiānjí 牽疾 6-273A
qiānjí 遷籍 10-1180A
qiānjǐ 謙己 11-387B
qiānjì 千忌 1-838B
qiānjì 牽記 6-273A
qiānjì 遷迹 10-1174B
qiānjì 遷寂 10-1177A
qiānjì 籤記 8-1283B
qiánjī 拑擊 6-439A
qiánjī 乾基 1-791A
qiánjī 鉗擊 11-1227A
qiánjī 箝擊 8-1186A
qiánjí 鬈笄 12-748A
qiánjí 前疾 2-130B
qiánjí 乾吉 1-786A
qiánjí 濳戢 6-134B
qiánjì 前紀 2-129A
qiánjì 前記 2-130A
qiánjì 鈐記 11-1220A
qiánjì 鉗忌 11-1226A
qiánjì 濳計 6-132B
qiánjì 濳寂 6-134B
qiánjì 濳跡 6-135A
qiánjì 濳濟 6-137A
qiánjì 鬈髻 12-748A
qiǎnjī 淺機 5-1366B
qiǎnjí 譴詰 11-445A
qiǎnjì 遣紀 10-1136B
qiǎnjì 遣寄 10-1137A
qiànjí 欠籍 6-1434A
qiānjiā 遷加 10-1171B
qiánjiā 前家 2-130B
qiánjiā 乾嘉 1-794A
qiánjià 錢價 11-1321B
qiǎnjià 遣价 10-1135B
qiǎnjià 遣嫁 10-1138A
qiánjiā'ér 前家兒 2-130B
qiánjiāhòujì 前家後繼 2-130B
qiānjiǎn 遷蹇 10-1179B
qiānjiǎn 謙儉 11-390B
qiānjiàn 謙賤 11-390B
qiánjiàn 前件 2-123B
qiánjiàn 前鑒 2-138A
qiánjiàn 乾健 1-790A
qiánjiàn 乾鑒 1-797A
qiánjiàn 鈐鍵 11-1220A
qiánjiàn 鉗鍵 11-1227A
qiánjiàn 錢監 11-1321A
qiǎnjiàn 淺見 5-1363A
qiànjiǎn 歉儉 6-1469B
qiānjiàng 謙降 11-388A
qiánjiāng 黔江 12-1345B
qiǎnjiàng 遣將 10-1137A
qiǎnjiàngdiàobīng 遣將調兵 10-1137A
qiánjiāngjūn 前將軍 2-131B
qiǎnjiàngzhēngbīng 遣將徵兵 10-1137A
qiānjiào 遷教 10-1176A
qiánjiǎo 前脚 2-131A
qiǎnjiǎo 淺角 5-1363A
qiǎnjiào 淺教 5-1364B
qiànjiāo 倩嬌 1-1444A
qiānjiāobǎimèi 千嬌百媚 1-846B
qiánjiāokùnfèng 濳蛟困鳳 6-134B
qiānjiāwànhù 千家萬户 1-843B
qiánjiāxuépài 乾嘉學派 1-794A
qiānjiē 簽揭 8-1264B
qiānjié 千劫 1-835B
qiānjiè 千界 1-841A
qiānjiè 僉解 1-1613A
qiānjiè 簽解 8-1265A
qiánjié 虔潔 8-814B
qiánjié 鈐結 11-1220A
qiánjié 鉗劫 11-1226A
qiánjié 鉗結 11-1226B
qiánjié 箝結 8-1186A
qiánjiè 前戒 2-124A
qiǎnjiè 譴戒 11-444A
qiǎnjiè 譴誡 11-445A
qiánjié'er 前截兒 2-134B
qiánjiēhòuxiàng 前街後巷 2-133A
qiānjīn 千斤 1-833B
qiānjīn 千金 1-839A
qiānjīn 牽巾 6-269B
qiānjǐn 謙謹 11-391A
qiānjìn 遷進 10-1176B
qiánjīn 前襟 2-137B
qiánjīn 錢金 11-1319A
qiánjìn 前進 2-131A
qiánjìn 鉗噤 11-1227A
qiǎnjìn 淺盡 5-1366A
qiǎnjìn 淺近 5-1363A
qiànjīn 茜金 9-364A
qiànjīn 嵌金 3-852B
qiānjīnbìzhǒu 千金敝帚 1-840A
qiānjīncài 千金菜 1-840A
qiānjīndàn 千斤擔 1-833B
qiānjīndǐng 千斤頂 1-833B
qiānjīn'è 千金堨 1-840A
qiānjīng 遷京 10-1173B
qiānjīng 謙兢 11-390A
qiānjìng 謙敬 11-389B
qiānjìng 謙靖 11-390A
qiánjīng 前旌 2-131B
qiánjīng 前經 2-134B
qiánjīng 乾精 1-794B
qiánjīng 濳精 6-135B
qiánjīng 濳驚 6-138A
qiánjǐng 前景 2-132B
qiánjǐng 乾景 1-792B
qiánjìng 虔敬 8-814B
qiánjǐngjīngshāng 錢井經商 11-1318A
qiánjīngjījī 濳精積思 6-135B
qiánjīngyánsī 濳精研思 6-135B
qiānjīngyǐnlǐ 牽經引禮 6-276A
qiánjīnhòujū 前襟後裾 2-137B
qiānjīnjià 千金價 1-840B
qiānjīnjiān 千斤犍 1-833B
qiānjīnjiàn 千金劍 1-840B
qiānjīnmǎ 千金馬 1-840A
qiānjīnmǎifù 千金買賦 1-840A
qiānjīnmǎixiào 千金買笑 1-840A
qiānjīnnuò 千金諾 1-840B
qiānjīnqiú 千金裘 1-840A
qiānjīnqū 千金軀 1-840B
qiānjīnshí 千金石 1-839B
qiānjīnshǐ 千斤使 1-833B
qiánjìnshì 前進士 2-131A
qiānjīnshìgǔ 千金市骨 1-839B
qiānjīnshòu 千金壽 1-840B
qiānjīnxiào 千金笑 1-840A
qiānjīnxiǎojiě 千金小姐 1-839B
qiānjīnyàn 千金堰 1-840A
qiānjīnyì 千金意 1-840A
qiānjīnyīhú 千金一壺 1-839B
qiānjīnyīhù 千金一瓠 1-839B
qiānjīnyīkè 千金一刻 1-839A
qiānjīnyīnuò 千金一諾 1-839B
qiānjīnyīxiào 千金一笑 1-839A
qiānjīnyīzhì 千金一擲 1-839B
qiānjīnyòngbīng… 千金用兵,百金求間 1-839B
qiānjīnzhá 千斤閘 1-833B
qiānjīnzhījiā 千金之家 1-839B
qiānjīnzhīqiú… 千金之裘,非一狐之腋 1-839B
qiānjīnzhīzǐ 千金之子 1-839B
qiānjīnzǐ 千金子 1-839B
qiānjīnzì 千金字 1-840A
qiānjiù 僁咎 1-1659B
qiānjiù 牽就 6-275A
qiānjiù 愆咎 7-629B
qiānjiù 僁咎 11-285A
qiānjiù 遷就 10-1178A
qiánjiū 濳究 6-131B
qiánjiǔ 乾九 1-785A
qiǎnjiù 譴咎 11-444A
qiànjiù 歉疚 6-1469A
qiánjiùchǐ 前臼齒 2-123B
qiānjū 牽拘 6-271B
qiānjū 牽裾 6-276A
qiānjū 遷居 10-1174A
qiānjǔ 褰舉 9-123A
qiānjǔ 騫舉 12-871B
qiānjù 謙拒 11-387B
qiānjù 謙懼 11-391A
qiánjū 乾居 1-788A
qiánjū 鉗且 11-1226A
qiánjū 濳居 6-132A
qiánjū 濳狙 6-132A
qiánjú 前局 2-125B
qiánjú 錢局 11-1318B
qiánjǔ 前矩 2-128A
qiánjù 前拒 2-124B
qiánjù 黔劇 12-1346B
qiǎnjú 淺局 5-1363A
qiǎnjǔ 譴舉 11-445A
qiǎnjù 遣具 10-1136A
qiànjù 欠據 6-1434A
qiānjuān 遷捐 10-1175A
qiānjuē 攓撅 6-969A
qiānjué 遷絶 10-1178B
qiānjué 遷爵 10-1179B
qiānjué 籤訣 8-1284A
qiánjué 前覺 2-138A
qiánjué 鈐決 11-1219B
qiánjué 濳絶 6-135A
qiǎnjué 遣決 10-1136A
qiànjué 塹絶 2-1187B
qiánjùhòugōng 前倨後恭 2-129B
qiānjūn 千鈞 1-844A
qiānjūn 遷軍 10-1174B
qiānjūn 簽軍 8-1264A
qiánjūn 前軍 2-129A
qiánjūn 乾鈞 1-792B

qiánjūn 潛君 6-131B
qiánjūn 潛軍 6-132B
qiǎnjūn 遣軍 10-1136B
qiànjùn 倩俊 1-1443B
qiānjūnbàng 千鈞棒 1-844B
qiānjūnwànmǎ 千軍萬馬 1-843A
qiānjūnyìdé… 千軍易得，一將難求 1-842B
qiānjūnyīfā 千鈞一髮 1-844B
qiānkǎ 千卡 1-834B
qiànkǎn 塹坎 2-1187B
qiānkàng 愆亢 7-629A
qiánkàng 潛亢 6-130A
qiǎnkǎo 譴考 11-444A
qiānkè 千克 1-836A
qiānkè 牽課 6-276B
qiānkè 遷刻 10-1173B
qiānkè 遷客 10-1174B
qiānkè 謙克 11-388A
qiānkè 謙恪 11-388B
qiánkē 前科 2-128A
qiánkè 虔恪 8-814A
qiánkè 掮客 6-716B
qiánkè 潛客 6-132B
qiǎnkè 譴客 11-444A
qiànkè 槧刻 4-1257B
qiánkěn 虔懇 8-814B
qiānkēng 鉛坑 11-1235B
qiānkèsāorén 遷客騷人 10-1174B
qiánkětōngshén 錢可通神 11-1318B
qiànkōng 嵌空 3-852B
qiànkōng 嵌崆 3-852B
qiánkǒu 柑口 4-888B
qiánkǒu 拑口 6-439A
qiánkǒu 鉗口 11-1225B
qiánkǒu 箝口 8-1185B
qiánkǒu 黔口 12-1345B
qiánkòu 潛寇 6-134B
qiánkǒucèmù 箝口側目 8-1185B
qiánkǒu'er 前口兒 2-120B
qiánkǒujiǎoshé 鉗口撟舌 11-1225B
qiánkǒujiéshé 鉗口結舌 11-1225B
qiánkǒujiéshé 箝口結舌 8-1185B
qiánkǒujiéshé 鍼口結舌 11-1349A
qiánkǒutūnshé 鉗口吞舌 11-1225B
qiánkǒuxié'er 鈐口鞋兒 11-1219B
qiǎnkǔ 慊苦 7-682A
qiànkū 嵌窟 3-852B
qiánkuǎn 前款 2-132A
qiánkuǎn 潛款 6-134B
qiǎnkuǎn 慊款 7-682A
qiánkuàng 乾貺 1-792B
qiánkuí 潛逵 6-133B
qiánkuì 鈐匱 11-1220A
qiánkuì 潛潰 6-136A
qiánkūn 乾巛 1-785A
qiánkūn 乾坤 1-787A
qiánkūn 鉗髡 11-1226B
qiánkǔn 前閫 2-136B
qiánkuò 鈐括 11-1220A
qiǎnkuo 慊闊 7-682A
qiānlā 牽拉 6-271B
qiānlà 鉛鑞 11-1237B
qiānlài 千籟 1-848A
qiánlái 前來 2-125B
qiánlài 潛籟 6-138A
qiānlǎn 牽纜 6-277B
qiānlǎn 搴擥 6-789B
qiānlàn 僁濫 1-1659B
qiānlàn 慳濫 7-705B
qiānlánbiànbào 遷蘭變鮑 10-1180A
qiánláng 前廊 2-131B
qiánláng 錢郎 11-1319A
qiánláng 潛郎 6-132A
qiánlǎng 潛朗 6-133B
qiànlǎng 倩朗 1-1444A
qiānlángláng 牽郎郎 6-272A
qiánláo 錢癆 11-1322A
qiánlè 柑勒 4-888B
qiánlè 拑勒 6-439A
qiánlè 鈐勒 11-1220A
qiánlè 鉗勒 11-1226B
qiánlè 箝勒 8-1186A
qiǎnlè 譴勒 11-444B
qiānléi 愆纍 7-630B
qiānlěi 牽累 6-273B
qiānlěi 遷累 10-1176A
qiānlèi 鉛淚 11-1236B
qiánléi 乾雷 1-793B
qiánléi 黔雷 12-1346B
qiánléi 黔靁 12-1346B
qiǎnlěi 遣累 10-1136B
qiǎnlěi 譴累 11-444B
qiànlěi 塹壘 2-1187B
qiānlěng 牽冷 6-271B
qiānlí 牽離 6-277A
qiānlǐ 千里 1-836A
qiānlǐ 鬝俚 12-755A
qiānlì 芊麗 9-275A
qiānlì 牽力 6-269B
qiānlì 愆戾 7-629B
qiānlì 鉛粒 11-1236B
qiānlì 遷吏 10-1172A
qiānlì 遷歷 10-1179B
qiānlì 遷隸 10-1179B
qiānlì 鬝鬁 12-755A
qiánlí 黔黎 12-1346B
qiánlí 黔黧 12-1346B
qiánlǐ 錢裹 11-1321A
qiánlì 前例 2-126A
qiánlì 鉗戾 11-1226A
qiánlì 潛力 6-129B
qiǎnlǐ 淺俚 5-1364A
qiǎnlì 淺利 5-1363A
qiànlì 倩麗 1-1444A
qiànlì 傔力 1-1611A
qiànlì 傔隸 1-1611A
qiānlián 牽連 6-272B
qiānlián 牽聯 6-277A
qiānlián 謙廉 11-390A
qiānliàn 牽戀 6-277B
qiánlián 前聯 2-137A
qiànliàn 淒浰 5-1357B
qiànliàn 芊蒹 9-274B
qiànliàn 倩浰 1-1444A
qiànliàn 蒨練 9-503B
qiānliáng 謙良 11-388A
qiānliàng 謙亮 11-388B
qiánliáng 前良 2-125B
qiánliáng 錢糧 11-1322A
qiǎnliàng 淺量 5-1365A
qiánliángdàngzi 錢糧檔子 11-1322A
qiánliángshīye 錢糧師爺 11-1322A
qiānliángwàndǒu 千粱萬斟 1-843B
qiánliào 前料 2-130B
qiānliǎobǎidàng 千了百當 1-831B
qiānliǎowàndàng 千了萬當 1-831B
qiānlǐbié 千里別 1-836B
qiānlǐcǎo 千里草 1-836B
qiānlǐchén 千里塵 1-838A
qiānlǐchuán 千里船 1-837B
qiānlǐchún 千里蓴 1-837B
qiānlǐchúngēng 千里蒓羹 1-837B
qiānlǐchúngēng 千里蓴羹 1-837B
qiānliè 牽裂 6-274B
qiánliè 前列 2-123A
qiánliè 前烈 2-129B
qiánliè 錢埒 11-1319B
qiǎnliè 淺劣 5-1363A
qiānlǐ'émáo 千里鵝毛 1-838A
qiánlièxiàn 前列腺 2-123A
qiānlǐféngyíng 千里逢迎 1-837B
qiānlǐgǔ 千里骨 1-836B
qiānlǐguāng 千里光 1-836B
qiānlǐjí 千里及 1-836A
qiānlǐjí 千里急 1-837A
qiānlǐjì 千里驥 1-838A
qiānlǐjièchóu 千里借籌 1-837A
qiānlǐjì'émáo 千里寄鵝毛 1-837B
qiānlǐjiéyán 千里結言 1-837B
qiānlǐjǐng 千里井 1-836B
qiānlǐjìng 千里鏡 1-838A
qiānlǐjiǔ 千里酒 1-837B
qiānlǐjū 千里駒 1-838A
qiānlǐjùngǔ 千里駿骨 1-838A
qiānlǐkè 千里客 1-837A
qiānlǐkuìliáng… 千里餽糧，士有饑色 1-838A
qiānlǐmǎ 千里馬 1-837A
qiānlǐmìngjià 千里命駕 1-836B
qiānlǐmù 千里目 1-836B
qiānlín 遷鄰 10-1178B
qiānlín 騫林 12-871A
qiānlìn 慳吝 7-705A
qiānlìn 慳悋 7-705B
qiānlìn 慳恪 7-705B
qiánlín 潛林 6-131B
qiánlín 潛淋 6-134B
qiánlín 潛鱗 6-138A
qiǎnlìn 慊吝 7-682A
qiānlíng 幵零 2-946A
qiānlíng 千齡 1-847B
qiānlìng 愆令 7-629A
qiānlìng 遷令 10-1171B
qiánlíng 前靈 2-138A
qiánlíng 乾陵 1-790B
qiánlíng 乾靈 1-797A
qiánlíng 潛靈 6-138A
qiánlìng 前令 2-122B
qiǎnlǐng 嵰嶺 3-860B
qiǎnlìng 遣令 10-1135B
qiānlíngbǎilì 千伶百俐 1-838A
qiānlíngwàndài 千齡萬代 1-847B
qiánlínjìyǔ 潛鱗戢羽 6-138A
qiānlǐqíng 千里情 1-837B
qiānlǐshénjiāo 千里神交 1-837A
qiānlǐsòng'émáo 千里送鵝毛 1-837A
qiānlǐtiáotiáo 千里迢迢 1-836B
qiānlǐtóumíng… 千里投名，萬里投主 1-836B
qiānliú 牽留 6-273A
qiānliú 遷流 10-1175B
qiānliú 遷留 10-1175B
qiánliú 前流 2-130B
qiánliú 前旒 2-134A
qiánliú 虔劉 8-814B
qiánliú 乾劉 1-795A
qiánliú 錢流 11-1320A
qiánliú 潛流 6-133A
qiánliù 潛溜 6-135B
qiǎnliú 遣流 10-1136B
qiánliúdì 錢流地 11-1320A
qiánliúhǎi 前劉海 2-136B
qiánliùshí 前六識 2-121B
qiānlǐwúyān 千里無烟 1-837B
qiānlǐxìn 千里信 1-836B
qiānlǐyǎn 千里眼 1-837B
qiānlǐyì 千里意 1-837B
qiānlǐyìn 千里印 1-836B
qiānlǐyīnyuán…

千里姻緣使綫牽 1-837A
qiānlǐyīnyuán…
千里姻緣一線牽 1-837A
qiānlǐyīqū 千里一曲 1-836A
qiānlǐyíxí 千里移檄 1-837B
qiānlǐyuè 千里月 1-836B
qiānlǐzhào 千里棹 1-837B
qiānlǐzhīdī…
千里之隄,潰于蟻穴 1-836A
qiānlǐzhīrèn 千里之任 1-836A
qiānlǐzhīxíng…
千里之行,始於足下 1-836A
qiānlǐzhīzhì 千里之志 1-836A
qiānlǐzhōu 千里舟 1-836B
qiānlǐzhú 千里燭 1-838A
qiānlǐzhuǎnxiǎng 千里轉餉 1-838A
qiānlǐzú 千里足 1-836B
qiānlǒng 阡隴 11-911A
qiānlǒng 汧隴 5-943B
qiánlóng 乾龍 1-795B
qiánlóng 錢龍 11-1322A
qiánlóng 潛龍 6-136B
qiánlóngyàn 錢龍宴 11-1322A
qiánlóu 黔婁 12-1346A
qiǎnlòu 淺陋 5-1363B
qiánlóuqī 黔婁妻 12-1346A
qiānlú 千廬 1-847B
qiānlǔ 遷虜 10-1178B
qiānlù 遷戮 10-1179A
qiánlú 鉗盧 11-1226B
qiánlú 灊廬 6-218A
qiánlù 前路 2-134A
qiánlù 前籙 2-138A
qiánlù 乾録 1-795B
qiǎnlù 淺露 5-1367A
qiànlù 牽路 6-275B
qiànlù 縴路 9-1009A
qiānluán 牽攣 6-277B
qiánlún 潛淪 6-134B
qiānluò 遷落 10-1177A
qiánluó 乾羅 1-796B
qiánluó 鉗羅 11-1227A
qiánluò 乾絡 1-793A
qiánluò 箝絡 8-1186A
qiánluò 黔落 12-1346A
qiànluó 茜羅 9-364A
qiānluóbǔwū 牽蘿補屋 6-277A
qiānluómòbǔ 牽蘿莫補 6-277A
qiānlǜ 千慮 1-846A
qiānlǜ 牽慮 6-276B
qiánlǘ 黔驢 12-1346B
qiánlǜ 前慮 2-136A
qiánlǜ 乾律 1-789A
qiánlǜ 鈐律 11-1220A
qiánlǜ 潛慮 6-136A
qiǎnlǜ 淺慮 5-1366A
qiǎnlüè 淺略 5-1364B
qiánlǘjìgū 黔驢技孤 12-1347A
qiánlǘjìjìn 黔驢技盡 12-1347A
qiánlǘjìqióng 黔驢技窮 12-1347A
qiānlǜyīdé 千慮一得 1-846A
qiānlǜyīshī 千慮一失 1-846A
qiánlǘzhījì 黔驢之技 12-1346B
qiānmǎ 鉛碼 11-1237A
qiánmá 蕁麻 9-560B
qiánmǎ 柑馬 4-888B
qiánmǎ 拑馬 6-439A
qiánmǎ 前馬 2-129A
qiánmǎ 乾馬 1-790A
qiánmǎ 鉗馬 11-1226A
qiánmǎ 箝馬 8-1185B
qiánmài 前邁 2-135B
qiānmǎn 遷滿 10-1178B
qiānmàn 牽漫 6-276A
qiānmàn 牽蔓 6-276A
qiánmàn 錢鏝 11-1322B
qiánmàn 錢幕 11-1321A
qiǎnmán 淺蠻 5-1367B
qiānmáng 牽忙 6-271A
qiānmào 遷貿 10-1177B
qiánmáo 前茅 2-125B
qiánmáo 鬈毛 12-748A
qiǎnmáo 淺毛 5-1362B
qiǎnmào 淺瞀 5-1366A
qiánmǎzi 錢碼子 11-1321B
qiánmèi 乾昧 1-788B
qiánmèi 潛寐 6-135A
qiǎnmèi 淺昧 5-1364A
qiānmén 千門 1-840B
qiánmén 前門 2-127A
qiǎnmèn 遣悶 10-1137B
qiānmèng 牽夢 6-275B
qiǎnmèng 淺夢 5-1365B
qiánménjùhǔ…
前門拒虎,後門進狼 2-127A
qiánménqùhǔ…
前門去虎,後門進狼 2-127A
qiānménwànhù 千門萬户 1-840B
qiānmí 遷迷 10-1174B
qiānmǐ 千米 1-835B
qiǎnmì 淺褀 5-1366A
qiǎnmì 淺幦 5-1366B
qiānmián 千眠 1-843A
qiānmián 仟眠 1-1153A
qiānmián 阡眠 11-911A
qiānmián 阡綿 11-911A
qiānmián 芊眠 9-274B
qiānmián 芊綿 9-274B
qiānmián 芊緜 9-275A
qiānmián 牽綿 6-276B
qiānmián 遷綿 10-1178B
qiānmiǎn 牽勉 6-272B
qiānmiàn 愆面 7-629B
qiánmian 前面 2-127B
qiānmiào 遷廟 10-1179A
qiǎnmiǎo 淺眇 5-1364A
qiǎnmiào 淺妙 5-1363B
qiānmiàozhǔ 遷廟主 10-1179A
qiānmiè 遷滅 10-1178B
qiǎnmiè 淺幭 5-1366B
qiānmín 遷民 10-1171B
qiánmín 前民 2-123A
qiánmín 錢緡 11-1321B
qiánmín 黔民 12-1345B
qiánmín 潛瑉 6-134B
qiānmíng 盰瞑 7-1132B
qiānmíng 千名 1-835B
qiānmíng 芊瞑 9-274B
qiānmíng 僉名 1-1612A
qiānmíng 謙明 11-388A
qiānmíng 簽名 8-1263A
qiānmíng 籤名 8-1283B
qiánmíng 前明 2-125B
qiánmíng 乾明 1-787B
qiánmíng 潛名 6-131A
qiánmìng 乾命 1-788A
qiǎnmíng 淺明 5-1363B
qiānmiù 僁謬 1-1659B
qiānmiù 愆謬 7-630B
qiǎnmiù 淺繆 5-1367A
qiǎnmiù 淺謬 5-1367A
qiānmò 千伯 1-838A
qiānmò 千陌 1-841A
qiānmò 仟伯 1-1153A
qiānmò 阡陌 11-910B
qiānmò 鉛墨 11-1237B
qiānmò 謙默 11-390B
qiánmò 拑秣 6-439A
qiánmò 箝默 8-1186A
qiánmò 錢陌 11-1319A
qiánmò 潛默 6-136B
qiǎnmò 淺末 5-1362B
qiānmóbǎizhé 千磨百折 1-847A
qiānmóu 僉謀 1-1613A
qiánmóu 鈐謀 11-1220B
qiánmóu 潛謀 6-136B
qiānmǔ 千畝 1-843B
qiānmǔ 阡畝 11-911A
qiānmǔ 鉛母 11-1235B
qiānmù 牽目 6-270B
qiānmù 愆目 7-629A
qiānmù 鉛幕 11-1237A
qiānmù 遷墓 10-1178B
qiānmù 謙牧 11-388A
qiánmǔ 前母 2-123A
qiánmù 潛目 6-130B
qiánmùshāo 揵木梢 6-716B
qiānnà 千衲 1-843A
qiánnà 潛納 6-133B
qiánnán 前男 2-124B
qiánnán 乾男 1-786B
qiánnán 黔南 12-1346A
qiánnàn 潛難 6-137B
qiānnáng 慳囊 7-705B
qiānnánwànkǔ 千難萬苦 1-847B
qiānnánwànnán 千難萬難 1-847B
qiānnánwànxiǎn 千難萬險 1-847B
qiánnǎo 前腦 2-134A
qiánnéng 潛能 6-133B
qiānnì 謙匿 11-389A
qiánní 前兒 2-126A
qiánnì 潛匿 6-133A
qiānnián 千年 1-835A
qiānniàn 千念 1-840B
qiānniàn 牽念 6-272A
qiānniàn 遷念 10-1173B
qiánnián 前年 2-123B
qiànnián 歉年 6-1469A
qiānniánbǎi 千年柏 1-835A
qiānniáncài 千年蔡 1-835A
qiānniándiào 千年調 1-835B
qiānniàng 千釀 1-848A
qiánniáng 前娘 2-131A
qiánniáng 前孃 2-138A
qiànniáng 倩娘 1-1444A
qiānniángōng 千年觥 1-835A
qiānniánhèn 千年恨 1-835A
qiānniánrùn 千年潤 1-835B
qiānniánsōng 千年松 1-835A
qiānniányīlǜ 千年一律 1-835A
qiānniánzǎo 千年棗 1-835A
qiánniè 箝籋 8-1186A
qiánníngrén 前寧人 2-135B
qiānniú 千牛 1-833A
qiānniú 牽牛 6-269B
qiānniǔ 牽扭 6-271B
qiánniú 潛牛 6-130A
qiánniǔ 乾紐 1-791A
qiánniǔ 鉗扭 11-1226A
qiānniúbèishēn 千牛備身 1-833A
qiānniúdāo 千牛刀 1-833A
qiānniúfū 牽牛夫 6-270A
qiānniújīn 牽牛津 6-270A
qiānniúláng 牽牛郎 6-270A
qiānniúxī 牽牛蹊 6-270A
qiānniúxiàjǐng 牽牛下井 6-270A
qiānniúxīng 牽牛星 6-270A
qiānniúzhàng 千牛仗 1-833A
qiānniúzhīnǚ 牽牛織女 6-270A
qiānnú 千奴 1-834B
qiānnú 鉛駑 11-1237B
qiānnù 遷怒 10-1175A
qiánnú 鈐奴 11-1219B
qiánnú 鉗奴 11-1226A
qiánnú 錢奴 11-1318B
qiǎnnù 譴怒 11-444A
qiānnúgòngyīdǎn
千奴共一膽 1-834B

qiānnuó 遷挪 10-1174A
qiānnuò 謙需 11-390A
qiànnǚ 倩女 1-1443B
qiànnǚlíhún 倩女離魂 1-1443B
qiānpái 遷排 10-1176A
qiānpái 籤牌 8-1284A
qiǎnpài 遣派 10-1136B
qiánpàláng… 前怕狼,後怕虎 2-126B
qiānpān 牽扳 6-271A
qiānpān 牽攀 6-277A
qiānpàn 僉判 1-1612B
qiānpàn 簽判 8-1263B
qiánpán 潛蟠 6-137B
qiànpàn 倩盼 1-1443B
qiānpáng 牽徬 6-275B
qiānpèi 遷配 10-1175B
qiánpèi 前旆 2-130B
qiánpèi 前配 2-129B
qiànpéi 欠陪 6-1433B
qiànpèi 綪茷 9-876A
qiànpèi 綪旆 9-876A
qiānpǐ 謙癖 11-391A
qiánpǐ 錢癖 11-1322A
qiánpì 前媲 2-134B
qiānpiānyīlǜ 千篇一律 1-846B
qiānpiào 僉票 1-1613A
qiānpiào 簽票 8-1264B
qiānpiào 籤票 8-1283B
qiánpiào 錢票 11-1320A
qiànpiào 欠票 6-1433B
qiānpín 千顰 1-848A
qiānpǐn 千品 1-841A
qiánpǐn 錢品 11-1319B
qiǎnpín 淺顰 5-1367B
qiánpíng 錢平 11-1318B
qiānpò 牽迫 6-272A
qiánpó 虔婆 8-814B
qiànpò 歉迫 6-1469A
qiānpū 騫撲 12-871B
qiānpǔ 籤譜 8-1284B
qiánpù 錢鋪 11-1321B
qiànpú 傔僕 1-1611A
qiánpúhòubó 前仆後踣 2-121B
qiánpúhòujì 前仆後繼 2-121B
qiānqī 僊期 1-1659B
qiānqī 僉妻 1-1612B
qiānqī 愆期 7-630A
qiānqī 騫期 12-871A
qiānqí 千騎 1-847B
qiānqí 搴旗 6-789B
qiānqǐ 千乞 1-832A
qiānqì 鉛砌 11-1235B
qiánqī 前妻 2-125B
qiánqī 前期 2-132A
qiánqǐ 乾啓 1-792A
qiánqǐ 潛啟 6-134B
qiánqì 潛契 6-132A
qiǎnqì 譴棄 11-445A
qiānqià 謙洽 11-388B
qiánqià 潛洽 6-132B
qiānqiān 鎩鉛 11-1317A
qiānqiān 千千 1-832A
qiānqiān 仟仟 1-1153A
qiānqiān 阡阡 11-910B
qiānqiān 芊芊 9-274B
qiānqiān 谸芊 10-1319A
qiānqiān 谸谸 10-1319A
qiānqiān 慳慳 7-705B
qiānqiān 諐諐 11-285A
qiānqiān 褰褰 9-123A
qiānqiān 謙謙 11-390B
qiānqiān 騫騫 12-871B
qiānqiān 嗛嗛 3-470A
qiānqiān 㦓㦓 7-656A
qiānqián 鉛錢 11-1237B
qiānqián 慳錢 7-705B
qiānqiàn 鉛槧 11-1237A
qiánqiān 前愆 2-134A
qiánqián 虔虔 8-814A
qiánqián 乾乾 1-791A
qiánqián 鉗鉗 11-1226B
qiánqián 錢錢 11-1321B
qiánqián 騝騝 12-858B
qiánqián 潛潛 6-136A
qiǎnqiǎn 淺淺 5-1364B
qiǎnqiǎn 慊慊 7-682A
qiànqiàn 倩倩 1-1444A
qiànqiàn 嗛嗛 3-470A
qiànqiàn 蒨蒨 9-503B
qiànqiàn 歉歉 6-1469B
qiānqiānchěchě 牽牽扯扯 6-274A
qiānqiāndādā 牽牽搭搭 6-274A
qiànqiàndádá 欠欠答答 6-1433A
qiànqiàndiūdiū 欠欠丟丟 6-1433A
qiānqiānfàn 千千飯 1-832A
qiānqiáng 牽彊 6-277A
qiānqiáng 騫牆 12-871B
qiānqiǎng 牽强 6-275A
qiānqiǎng 摔强 6-844A
qiánqiāng 前腔 2-133B
qiánqiāng 錢鏹 11-1322B
qiānqiǎngfùhé 牽强附合 6-275A
qiānqiǎngfùhuì 牽强附會 6-275A
qiánqiángyú 錢爿魚 11-1318A
qiánqiánhòuhòu 前前後後 2-128B
qiānqiānjūnzi 謙謙君子 11-391A
qiānqiānwànwàn 千千萬萬 1-832A
qiánqiányìyì 乾乾翼翼 1-791A
qiānqiáo 遷喬 10-1177B
qiànqiǎo 倩巧 1-1443B
qiànqiǎo 蒨巧 9-503B
qiànqiào 倩俏 1-1443B
qiānqiáochūgǔ 遷喬出谷 10-1177B
qiānqíbǎiguài 千奇百怪 1-839A
qiānqiè 千切 1-832B
qiánqiè 虔切 8-814A
qiǎnqiè 淺切 5-1362B
qiánqièyángpiāo 潛竊陽剽 6-138A
qiānqīn 遷侵 10-1174A
qiánqín 前禽 2-133B
qiānqíng 牽情 6-274A
qiānqíng 愆晴 7-630A
qiānqíng 遷情 10-1177A
qiānqǐng 千頃 1-843B
qiánqīng 前清 2-131B
qiánqīng 錢清 11-1320B
qiánqíng 錢黥 11-1322B
qiǎnqíng 淺情 5-1365A
qiǎnqíng 遣情 10-1137A
qiànqíng 欠情 6-1433B
qiánqīnggōng 乾清宮 1-792A
qiānqǐngpái 千頃牌 1-843B
qiánqīnwǎnhòu 前親晚後 2-137A
qiánqióng 乾穹 1-788A
qiānqiū 千秋 1-841A
qiānqiú 鉛球 11-1236B
qiānqiú 諐囚 11-284B
qiánqiū 前秋 2-128A
qiánqiú 箝求 8-1185B
qiánqiú 潛虬 6-131B
qiánqiú 潛虯 6-132A
qiānqiūfān 千秋旛 1-842A
qiānqiūguàn 千秋觀 1-842A
qiānqiūjiāchéng 千秋佳城 1-841B
qiānqiūjié 千秋節 1-842A
qiānqiūjìng 千秋鏡 1-842A
qiānqiūjīnjìng 千秋金鏡 1-841B
qiānqiūlìngjié 千秋令節 1-841B
qiānqiūrénwù 千秋人物 1-841B
qiānqiūsuì 千秋歲 1-842A
qiānqiūsuìyǐn 千秋歲引 1-842A
qiānqiūtíng 千秋亭 1-841B
qiānqiūwàndài 千秋萬代 1-841B
qiānqiūwàngǔ 千秋萬古 1-841B
qiānqiūwànshì 千秋萬世 1-841B
qiānqiūwànsuì 千秋萬歲 1-841B
qiānqiūyàn 千秋宴 1-841B
qiánqīzǐ 前七子 2-120A
qiānqū 謙屈 11-388A
qiānqū 孅趍 4-424B
qiānqū 孅趨 4-424B
qiānqǔ 搴取 6-789B
qiānqǔ 攓取 6-969A
qiánqū 前駈 2-135B
qiánqū 前驅 2-138A
qiánqū 鬋曲 12-748A
qiánqù 前去 2-122A
qiànqù 欠故 6-1433B
qiánquàn 錢券 11-1319A
qiǎnquǎn 繾綣 9-1032B
qiānquǎndōngmén 牽犬東門 6-269B
qiǎnquǎnsī 繾綣司 9-1032B
qiānquē 愆闕 7-630B
qiānquè 遷却 10-1173A
qiānquè 謙卻 11-388B
qiānquè 謙慤 11-390B
qiánquè 前却 2-124B
qiánquè 前卻 2-128B
qiánquè 潛却 6-131B
qiǎnquē 淺闕 5-1367A
qiǎnquè 譴却 11-444A
qiǎnquè 譴卻 11-444A
qiànquē 欠缺 6-1433B
qiànquē 欠闕 6-1434A
qiānqūn 遷逡 10-1176A
qiànqún 茜裙 9-364A
qiānrán 僉然 1-1613A
qiānrǎn 牽染 6-272B
qiānrǎn 遷染 10-1174B
qiánrán 潛然 6-134B
qiǎnrán 慊然 7-682A
qiànrán 嗛然 3-470A
qiànrán 歉然 6-1469B
qiānràng 遷讓 10-1180B
qiānràng 謙讓 11-391A
qiānràng 嗛讓 3-470A
qiánrǎng 潛壤 6-137B
qiánràng 潛讓 6-138A
qiǎnràng 譴讓 11-445B
qiānrǎo 牽擾 6-277A
qiānrě 牽惹 6-274B
qiānrě 遷惹 10-1177A
qiánrè 潛熱 6-135B
qiānrén 僉人 1-1612A
qiānrén 僉壬 1-1612A
qiānrén 遷人 10-1171A
qiānrén 謙人 11-387B
qiānrén 謙仁 11-387B
qiānrén 孅人 4-424A
qiānrèn 千仞 1-834B
qiānrèn 遷任 10-1172B
qiánrén 前人 2-120A
qiánrèn 前任 2-123B
qiǎnrén 淺人 5-1362A
qiànrén 傔人 1-1610B
qiànrén 歉人 6-1469A
qiànrén 槧人 4-1257B
qiānrénbǎiyǎn 千人百眼 1-831A
qiānrénjù 千人聚 1-831B
qiānrénkēng 千人坑 1-831A
qiānrénniē 千人捏 1-831B
qiānrénnuònuò… 千人諾諾,不如一士諤諤 1-831B
qiānrénshí 千人石 1-831A

qiánrénshījiăo…
前人失脚,後人把滑 2-120B
qiānrénsuŏzhĭ 千人所指 1-831B
qiānréntà 千人踏 1-831B
qiānrényīmiàn 千人一面 1-831A
qiánrénzāishù…
前人栽樹,後人乘凉 2-120B
qiānrénzhēn 千人針 1-831B
qiánrénzhòngshù…
前人種樹,後人乘凉 2-120B
qiānrénzuò 千人坐 1-831A
qiānrì 千日 1-832B
qiānrì 遷日 10-1171A
qiánrì 前日 2-121A
qiănrì 遣日 10-1135B
qiānrìdăchái…
千日打柴一日燒 1-832B
qiānrìhóng 千日紅 1-833A
qiānrìjiŭ 千日酒 1-833A
qiānrìniàng 千日釀 1-833A
qiānrìyĭn 千日飲 1-833A
qiānrìzhuóchái…
千日斫柴一日燒 1-832B
qiānróng 鉛容 11-1236B
qiānrŏng 遷冗 10-1171B
qiánróng 前榮 2-135B
qiānróu 謙柔 11-388B
qiánrù 潛入 6-129B
qiănrú 淺儒 5-1366B
qiānrú 慊如 7-682A
qiănrŭ 譴辱 11-444B
qiánrúmòbèi 潛濡默被 6-137A
qiánrúmòhuà 潛濡默化 6-137A
qiánrùn 潛潤 6-136A
qiānruò 謙弱 11-389A
qiănruò 淺弱 5-1364B
qiánsāi 鉗塞 11-1226B
qiánsāi 箝塞 8-1186A
qiánsāi 潛鰓 6-137B
qiānsàn 遷散 10-1177A
qiănsàn 遣散 10-1137A
qiánsānhòusì 前三後四 2-120B
qiānsè 鉛色 11-1235B
qiānsè 慳嗇 7-705B
qiānsè 慳澀 7-705B
qiānsè 慳澀 7-705B
qiănsè 淺澀 5-1367A
qiānshā 鉛砂 11-1235B
qiānshā 遷沙 10-1173A
qiānshān 千山 1-832A
qiānshàn 遷善 10-1178A
qiānshàn 遷嬗 10-1179B
qiánshān 鈐山 11-1219B
qiănshān 嗛山 3-860B
qiànshàn 倩善 1-1444A
qiānshànchù'è 遷善黜惡 10-1178A
qiānshăng 遷賞 10-1179A
qiánshăng 前晌 2-129B
qiānshàngăiguò 遷善改過 10-1178A
qiānshànqù'è 遷善去惡 10-1178A
qiānshànsèwéi 遷善塞違 10-1178A
qiānshānwànhè 千山萬壑 1-832A
qiānshānwànshuĭ 千山萬水 1-832A
qiànshānyīngŭ 塹山堙谷 2-1187B
qiānshànyuănzuì 遷善遠罪 10-1178A
qiánshào 前哨 2-129B
qiánshàozhàn 前哨戰 2-129B
qiānshè 千社 1-838B
qiānshè 牽涉 6-273A
qiānshè 遷舍 10-1173B
qiánshè 鈐攝 11-1220B
qiánshè 錢舍 11-1319A
qiánshè 潛涉 6-133A
qiànshé 欠折 6-1433A
qiānshén 遷神 10-1174B
qiānshèn 謙慎 11-390A
qiánshēn 前身 2-125A
qiánshēn 黔突 12-1346A
qiánshēn 潛身 6-131B
qiánshēn 潛深 6-134B
qiánshén 錢神 11-1319B
qiánshén 潛神 6-132B
qiănshēn 淺深 5-1365A
qiànshēn 欠申 6-1433A
qiànshēn 欠伸 6-1433A
qiànshēn 欠身 6-1433A
qiānshēng 千生 1-834B
qiānshēng 遷升 10-1171B
qiānshēng 遷昇 10-1173B
qiānshēng 遷陞 10-1175A
qiānshēng 遷聲 10-1179B
qiānshēng 籤聲 8-1284A
qiānshěng 籤省 8-1283B
qiānshèng 千乘 1-843A
qiánshēng 前生 2-122B
qiánshēng 前聲 2-137A
qiánshēng 潛升 6-130A
qiánshēng 潛生 6-130B
qiánshēng 潛聲 6-136B
qiánshèng 前聖 2-133B
qiănshēng 淺聲 5-1366B
qiănshēng 遣聲 10-1138A
qiānshēngwànjié 千生萬劫 1-834B
qiānshèngwànqí 千乘萬騎 1-843A
qiānshēngwànsĭ 千生萬死 1-834B
qiánshénmògūi 潛神嘿規 6-133A
qiānshī 愆失 7-629A
qiānshī 僉失 11-284B
qiānshī 籤詩 8-1284A
qiānshí 僁時 1-1659B
qiānshí 牽時 6-273A
qiānshí 愆時 7-629B
qiānshĭ 遷史 10-1171B
qiānshì 遷逝 8-763B
qiānshì 千室 1-842B
qiānshì 牽世 6-270B
qiānshì 僉士 1-1612A
qiānshì 僉事 1-1612B
qiānshì 遷逝 10-1175A
qiānshì 謙飾 11-390A
qiānshì 簽事 8-1263B
qiánshī 前失 2-122B
qiánshī 乾施 1-789A
qiánshī 潛師 6-133A
qiánshí 前時 2-129B
qiánshí 前識 2-137B
qiánshí 潛識 6-137B
qiánshĭ 前史 2-122A
qiánshĭ 乾矢 1-786A
qiánshĭ 乾始 1-788A
qiánshĭ 潛使 6-132A
qiánshì 前世 2-122A
qiánshì 前式 2-123A
qiánshì 前室 2-129A
qiánshì 乾式 1-786A
qiánshì 鉗市 11-1226A
qiănshī 遣施 10-1136A
qiănshī 遣蝨 10-1138A
qiănshí 淺識 5-1367A
qiănshĭ 遣使 10-1136A
qiănshì 淺事 5-1363B
qiănshì 淺視 5-1365A
qiănshì 遣適 10-1138A
qiănshì 遣釋 10-1138B
qiànshì 欠事 6-1433B
qiánshìbùwàng…
前事不忘,後事之師 2-125B
qiānshìzhăng 千室長 1-842B
qiānshōu 簽收 8-1263B
qiānshŏu 扦手 6-345A
qiānshŏu 搴手 6-789B
qiānshòu 遷授 10-1176A
qiánshŏu 前手 2-121B
qiánshŏu 前首 2-129A
qiánshŏu 乾首 1-789A
qiánshŏu 黔首 12-1346A
qiánshŏu 鬈首 12-748A
qiànshōu 歉收 6-1469A
qiànshŏu 縴手 9-1008B
qiānshŏuguānyīn 千手觀音 1-833B
qiānshŏují 簽首級 8-1264A
qiānshŏuqiānyăn…
千手千眼觀音 1-833A
qiānshòuyì 謙受益 11-388A
qiānshū 遷書 10-1176A
qiānshū 謙書 11-389A
qiānshū 簽書 8-1264B
qiānshū 籤疏 8-1284A
qiānshŭ 簽署 8-1264B
qiānshù 牽束 6-271B
qiānshù 褰樹 9-123A
qiānshù 謙恕 11-389A
qiānshù 騫樹 12-871B
qiánshū 前書 2-130B
qiánshū 乾樞 1-794B
qiánshŭ 錢署 11-1321A
qiánshù 前數 2-136A
qiánshù 鈐束 11-1219B
qiánshù 鉗束 11-1226A
qiánshù 箝束 8-1185B
qiánshù 錢樹 11-1321B
qiánshù 黔庶 12-1346A
qiănshū 遣書 10-1136B
qiănshú 淺熟 5-1366A
qiănshŭ 遣暑 10-1137A
qiănshŭ 嗛鼠 3-470A
qiănshù 淺術 5-1364B
qiănshù 淺數 5-1366A
qiănshù 遣戍 10-1135B
qiānshuài 牽率 6-274A
qiānshuài 牽帥 6-272B
qiānshuài 謙率 11-389B
qiānshuài 籤帥 8-1283B
qiănshuài 淺率 5-1364B
qiānshuāng 千霜 1-847A
qiānshuāng 鉛霜 11-1237B
qiănshuāng 淺霜 5-1366B
qiànshuăng 欠爽 6-1433B
qiānshuĭ 鉛水 11-1235A
qiánshuĭ 潛水 6-129B
qiánshuĭtĭng 潛水艇 6-130A
qiānshuĭwànshān 千水萬山 1-833A
qiánshuĭyī 潛水衣 6-130A
qiánshuĭyuán 潛水員 6-130A
qiānshùn 謙順 11-389B
qiánshuō 前説 2-135A
qiănshuō 淺説 5-1366A
qiānsī 牽絲 6-275A
qiānsī 鉛絲 11-1237A
qiānsì 千祀 1-838B
qiānsì 千駟 1-846A
qiānsì 千禩 1-847B
qiánsī 潛思 6-132B
qiánsì 錢肆 11-1320B
qiánsì 潛伺 6-131B
qiănsĭ 譴死 11-444A
qiánsīhòuxiăng 前思後想 2-128A
qiānsīhuílǜ 遷思回慮 10-1174A
qiānsīhuílǜ 遷思迴慮 10-1174A
qiānsīkuĭlěi 牽絲傀儡 6-275B
qiānsīpānténg 牽絲攀藤 6-275B
qiānsĭqiānxiū 千死千休 1-835A
qiānsīwànlǚ 千絲萬縷 1-844B
qiānsīwànlǜ 千思萬慮 1-841A
qiānsīwànxiăng 千思萬想

1-841A
qiānsīxì 牽絲戲 6-275B
qiánsǒng 虔竦 8-814B
qiǎnsòng 遣送 10-1136B
qiánsōu 前溲 2-133B
qiánsōu 前蒐 2-132B
qiānsǒuyàn 千叟宴 1-842B
qiānsú 牽俗 6-272A
qiānsù 僉素 1-1659B
qiānsù 愆素 7-629B
qiānsù 鉛素 11-1236A
qiānsù 謙素 11-388B
qiānsù 謙肅 11-390A
qiánsù 虔肅 8-814B
qiánsù 錢粟 11-1320B
qiǎnsú 淺俗 5-1364A
qiánsuàn 前算 2-135A
qiānsuì 千歲 1-845A
qiánsuí 前綏 2-134B
qiánsuì 前歲 2-133B
qiánsuì 潛墜 6-136A
qiánsuì 潛隧 6-135B
qiǎnsuì 譴祟 11-444B
qiànsuì 歉歲 6-1469B
qiānsuìhègui 千歲鶴歸
1-845B
qiānsuìléi 千歲虆 1-845B
qiānsuìshí 千歲實 1-845B
qiānsuìshì 千歲室 1-845B
qiānsuìshù 千歲樹 1-845B
qiānsuìyīshí 千歲一時
1-845B
qiānsuìzǐ 千歲子 1-845B
qiānsǔn 謙損 11-390A
qiānsǔn 騫損 12-871B
qiānsuǒ 遷所 10-1173B
qiánsuǒ 鉗鎖 11-1227A
qiánsuǒ 鉗鑷 11-1227A
qiánsuǒ 箝鎖 8-1186A
qiànsuǒ 搟索 6-844A
qiánsuǒwèiyǒu 前所未有
2-126B
qiántà 乾闥 1-797A
qiāntài 謙泰 11-388B
qiántái 前臺 2-134B
qiántái 乾台 1-786A
qiántáicí 潛臺詞 6-135B
qiāntàiwànzhuàng
千態萬狀 1-846A
qiāntān 慳貪 7-705B
qiántān 錢攤 11-1322B
qiǎntān 淺灘 5-1367A
qiántáng 前堂 2-131A
qiántáng 錢唐 11-1320A
qiántáng 錢塘 11-1320B
qiántánghú 錢塘湖 11-1321A
qiántángjiāng 錢唐江
11-1320A
qiántángjiāng 錢塘江
11-1320B
qiántángqiāng 前膛槍
2-136B
qiǎntángshǐ 遣唐使
10-1136B
qiāntáo 遷逃 10-1174A
qiāntào 僉套 1-1613A
qiāntào 謙套 11-389A
qiántāo 鈐韜 11-1220B
qiántāo 潛韜 6-137B
qiántáo 潛逃 6-132B
qiántàpó 乾闥婆 1-797A
qiāntè 愆忒 7-629A
qiānténg 遷騰 10-1180A
qiānténg 騫騰 12-871B
qiānténg 籤勝 8-1284A
qiāntī 扦剔 6-345A
qiāntí 謙題 11-391A
qiāntí 籤題 8-1284B
qiāntì 遷替 10-1177A
qiántí 前提 2-132A
qiántí 前題 2-137B
qiántì 潛替 6-134B
qiàntì 欠體 6-1434A
qiāntián 鉛田 11-1235B
qiántiān 前天 2-121A
qiàntiān 俔天 1-1385B
qiāntiāo 遷祧 10-1176A
qiāntiáo 鉛條 11-1236A
qiāntiáo 簽條 8-1264B
qiāntiáowànduān 千條萬端
1-843A
qiāntiáowànlǚ 千條萬縷
1-843B
qiāntiáowànxù 千條萬緒
1-843B
qiāntiē 簽貼 8-1264B
qiāntiē 籤貼 8-1284A
qiāntiě 鉛鐵 11-1237B
qiāntiě 簽帖 8-1264A
qiántiě 鉗鐵 11-1227A
qiántiě 錢帖 11-1319A
qiāntīng 簽廳 8-1265A
qiāntǐng 牽挺 6-272A
qiántīng 潛聽 6-138A
qiántíng 前庭 2-128B
qiántǐng 潛艇 6-134B
qiāntóng 僉同 1-1612A
qiāntǒng 鉛桶 11-1236B
qiāntǒng 籤筒 8-1284A
qiāntǒng 籤箭 8-1284A
qiántōng 潛通 6-133B
qiántǒng 乾統 1-793A
qiántǒng 錢筒 11-1320B
qiántǒng 錢箭 11-1321A
qiàntōng 欠通 6-1433B
qiāntóu 牽頭 6-276B
qiāntóu 搟頭 6-844A
qiāntóu 鬜頭 12-755A
qiántóu 前頭 2-137A
qiāntóujú 千頭橘 1-847A
qì'àntóumíng 棄暗投明
4-1127B
qiāntóumùnú 千頭木奴
1-846B
qiántóurén 前頭人 2-137A
qiāntóuwànxù 千頭萬序
1-847A
qiāntóuwànxù 千頭萬緒
1-847A
qiāntǔ 遷土 10-1171A
qiántū 黔突 12-1346A
qiántú 前涂 2-130B
qiántú 前途 2-130A
qiántú 前塗 2-134B
qiántú 前圖 2-135A
qiántú 乾圖 1-794A
qiántú 鉗徒 11-1226B
qiántú 潛圖 6-135B
qiǎntú 淺圖 5-1366A
qiāntuán 騫摶 12-871B
qiántúdàogē 前徒倒戈
2-130A
qiāntuì 謙退 11-388B
qiāntuì 嗛退 3-470A
qiántuì 潛退 6-133A
qiāntuō 牽拖 6-271B
qiāntuō 謙託 11-389A
qiántuó 乾陀 1-787A
qiántuóluó 健陀羅 1-1521A
qiántuóluó 健馱羅 1-1522B
qiántuóluó 乾陀囉 1-787A
qiántuóluó 乾陀羅 1-787A
qiāntuǒwàndàng 千妥萬當
1-838B
qiāntuǒwàntuǒ 千妥萬妥
1-838B
qiānwǎ 千瓦 1-832B
qiánwá 虔娃 8-814A
qiānwán 鉛丸 11-1235A
qiānwǎn 牽挽 6-272B
qiānwǎn 牽綰 6-276B
qiānwǎn 牽輓 6-276A
qiānwǎn 謙婉 11-389B
qiānwàn 千萬 1-844A
qiánwán 潛玩 6-131B
qiánwǎn 前晚 2-131A
qiánwǎn 灊皖 6-218A
qiānwǎng 牽網 6-276A
qiānwàng 僉望 1-1613A
qiānwàng 愆忘 7-629B
qiānwàng 遷忘 10-1173A
qiánwáng 前王 2-120B
qiánwǎng 前往 2-126B
qiánwǎng 鉗網 11-1226B
qiánwàng 前望 2-131B
qiǎnwàng 淺妄 5-1363A
qiánwàngjìng 潛望鏡 6-134A
qiānwànmǎilín 千萬買隣
1-844A
qiānwànshòu 千萬壽 1-844A
qiānwànyì 千萬意 1-844A
qiānwéi 愆違 7-630A
qiānwéi 搴帷 6-789B
qiānwéi 褰帷 9-122B
qiānwéi 褰幃 9-123A
qiānwěi 僉尾 1-1612B
qiānwèi 千衛 1-846B
qiānwèi 芊蔚 9-274B
qiānwèi 汧渭 5-943B
qiānwèi 牽位 6-271B
qiānwèi 牽畏 6-272A
qiānwèi 愆位 7-629A
qiānwèi 謙畏 11-388B
qiánwéi 乾維 1-794B
qiánwěi 前委 2-126A
qiánwěi 鈐尾 11-1219B
qiánwèi 前衛 2-136A
qiánwèi 乾位 1-787A
qiǎnwēi 淺微 5-1365B
qiǎnwěi 淺猥 5-1365B
qiǎnwěi 淺僞 5-1366A
qiànwèi 蒨蔚 9-503B
qiánwēihòuzé 前危後則
2-124A
qiānwéilùmiǎn 褰帷露冕
9-122B
qiānwén 千文 1-833B
qiānwén 牽文 6-270A
qiānwěn 愆紊 7-629B
qiánwén 前文 2-121B
qiánwén 乾文 1-785B
qiánwén 錢文 11-1318A
qiánwén 潛文 6-130A
qiǎnwén 淺聞 5-1366A
qiǎnwèn 遣問 10-1137A
qiǎnwèn 譴問 11-444B
qiānwénbùrúyījiàn
千聞不如一見 1-846A
qiánwénchē 乾文車 1-785B
qiánwénrén 前文人 2-121B
qiánwō 前窩 2-134B
qiánwò 乾渥 1-793A
qiānwū 騫汙 12-871A
qiānwǔ 謍忤 11-284B
qiānwǔ 騫舞 12-871B
qiānwù 牽物 6-272A
qiānwù 愆誤 7-630A
qiánwū 黔巫 12-1345B
qiánwǔ 前武 2-125B
qiánwù 錢物 11-1319A
qiǎnwù 淺務 5-1364B
qiǎnwù 譴悟 11-444B
qiánwǔdài 前五代 2-121A
qiānwǔguàsì 搟五掛四
6-844A
qiánwúgǔrén 前無古人
2-133A
qiánwúgǔrén…
前無古人,後無來者
2-133A
qiānwùyǐnlèi 牽物引類
6-272A
qiánwǔzǐ 前五子 2-121A
qiānxī 鉛錫 11-1237B
qiānxí 遷席 10-1175B
qiānxǐ 遷徙 10-1176B
qiānxǐ 謙喜 11-389B
qiānxì 牽繫 6-277A
qiānxì 牽係 6-272B
qiánxī 前夕 2-120B
qiánxī 前溪 2-134B
qiánxī 前膝 2-136B
qiánxī 潛息 6-133A
qiánxí 前席 2-130A
qiánxí 錢席 11-1320A
qiánxí 潛襲 6-138A

qiánxì 前郤 2-128B
qiánxì 黔細 12-1346A
qiànxī 歉惜 6-1469A
qiānxiá 僉瑕 1-1659B
qiānxiá 愆瑕 7-630A
qiānxià 謙下 11-387B
qiánxiá 鈐轄 11-1220B
qiánxià 鈐下 11-1219B
qiǎnxiá 淺狹 5-1364A
qiǎnxià 淺下 5-1362B
qiānxiān 鉛銛 11-1237A
qiānxiàn 牽陷 6-273A
qiānxiàn 牽綫 6-276A
qiānxiàn 牽線 6-276B
qiānxiàn 僉憲 1-1613A
qiánxiān 潛仙 6-130B
qiánxián 前嫌 2-134B
qiánxián 前銜 2-135A
qiánxián 前賢 2-135B
qiánxiàn 前綫 2-135B
qiánxiàn 錢限 11-1319B
qiǎnxián 遣閒 10-1137B
qiǎnxiǎn 淺鮮 5-1366B
qiǎnxiǎn 淺尠 5-1365B
qiǎnxiǎn 淺顯 5-1367B
qiānxiāng 騫驤 10-537A
qiānxiāng 千箱 1-846B
qiānxiāng 騫驤 12-872A
qiānxiáng 騫翔 12-871A
qiānxiàng 阡巷 11-910B
qiānxiàng 遷項 10-1177A
qiánxiàng 前鄉 2-132A
qiánxiàng 前嚮 2-137A
qiánxiàng 前向 2-123B
qiánxiàng 前項 2-132A
qiánxiàng 乾象 1-791B
qiánxiànglì 乾象曆 1-791B
qiánxiàngniǎn 乾象輦
1-791B
qiānxiǎo 僉小 1-1612A
qiānxiǎo 嗛小 3-469B
qiánxiāo 前宵 2-130B
qiánxiāo 潛消 6-133A
qiǎnxiǎo 淺小 5-1362B
qiǎnxiào 淺笑 5-1364A
qiànxiào 倩笑 1-1443B
qiánxiāomòhuà 潛消默化
6-133A
qiānxié 牽攜 6-275B
qiānxié 僉邪 1-1612A
qiānxié 僉諧 1-1613A
qiānxié 愆邪 7-629A
qiānxié 搴擷 6-789B
qiānxiè 遷謝 10-1179B
qiānxiè 謙謝 11-390B
qiánxiè 潛渫 6-135A
qiǎnxiè 淺屑 5-1364B
qiānxīn 牽心 6-270A
qiānxīn 遷歆 10-1178B
qiānxìn 愆釁 7-630B
qiánxīn 虔心 8-814A
qiánxīn 乾心 1-785B
qiánxīn 錢心 11-1318A
qiánxīn 潛心 6-130A
qiánxīn 鬈心 12-748A
qiǎnxìn 遣信 10-1136A
qiánxīndílǜ 潛心滌慮
6-130B
qiánxīndǔzhì 潛心篤志
6-130B
qiānxíng 遷刑 10-1171B
qiānxíng 遷行 10-1172B
qiānxíng 遷形 10-1173A
qiānxìng 遷幸 10-1173A
qiānxìng 攓性 6-969A
qiánxīng 前星 2-127B
qiánxíng 前行 2-124A
qiánxíng 乾行 1-786A
qiánxíng 潛行 6-131A
qiánxíng 潛形 6-131A
qiǎnxíng 遣行 10-1135B
qiǎnxìng 遣興 10-1138A
qiánxínggōngshì 鉗形攻勢
11-1226A
qiánxíngjuéjì 潛形譎跡
6-131A
qiánxíngnìjì 潛形匿跡
6-131A
qiánxíngnìyǐng 潛形匿影
6-131A
qiǎnxìngtáoqíng 遣興陶情
10-1138A
qiānxíngwànzhuàng
千形萬狀 1-835B
qiānxīnjìnǚ 千心妓女
1-833B
qiānxīnwànkǔ 千辛萬苦
1-838B
qiānxióng 遷雄 10-1177B
qiánxiōnghòudì 前兄後弟
2-122B
qiánxīqǔ 前溪曲 2-134B
qiánxiū 前休 2-123B
qiánxiū 前修 2-128A
qiánxiū 前脩 2-129B
qiánxiū 潛修 6-132B
qiánxiū 潛脩 6-133A
qiànxiù 倩秀 1-1443B
qiánxiūyǐndé 潛休隱德
6-131A
qiánxīwǔ 前溪舞 2-134B
qiānxū 謙虛 11-389A
qiānxù 僉序 1-1659B
qiānxù 牽敘 6-272B
qiānxù 愆序 7-629A
qiānxù 遷序 10-1173A
qiānxù 遷敘 10-1174A
qiānxù 遷敍 10-1176B
qiānxù 謙煦 11-390A
qiánxū 鬈鬚 12-748A
qiánxù 前緒 2-135B
qiánxù 鈐蓄 11-1220A
qiánxù 潛畜 6-133A
qiánxù 潛蓄 6-135A
qiànxū 欠須 6-1434A
qiānxuán 愆懸 7-630B
qiànxuàn 蒨絢 9-503B
qiānxuē 遷削 10-1174A
qiánxué 潛穴 6-130B
qiǎnxué 淺學 5-1366B
qiānxūjìngshèn 謙虛敬慎
11-389B
qiānxūjǐnshèn 謙虛謹慎
11-389B
qiānxún 千尋 1-844B
qiānxùn 謙馴 11-390A
qiānxùn 謙巽 11-390A
qiānxùn 謙遜 11-390A
qiánxùn 前訓 2-130A
qiānxùwànduān 千緒萬端
1-846A
qiānyā 僉押 1-1612B
qiānyā 謙厭 11-390A
qiānyā 簽押 8-1263B
qiānyā 籤押 8-1283B
qiānyā 謙雅 11-389B
qiányā 鈐壓 11-1220B
qiǎnyà 譴訝 11-444B
qiànyā 嵌壓 3-852B
qiànyǎ 欠雅 6-1434A
qiānyāchù 簽押處 8-1263B
qiānyāfáng 簽押房 8-1263B
qiānyāfáng 籤押房 8-1283B
qiānyán 牽延 6-270B
qiānyán 牽鹽 6-277B
qiānyán 僉言 1-1612B
qiānyán 遷延 10-1172A
qiānyán 謙言 11-388A
qiányán 前言 2-125A
qiányán 前沿 2-126B
qiányán 前筵 2-133A
qiányán 潛研 6-132B
qiányán 潛嚴 6-137B
qiányǎn 錢眼 11-1320A
qiányǎn 潛演 6-135B
qiányàn 前彥 2-128B
qiǎnyán 淺言 5-1363A
qiǎnyán 遣言 10-1136A
qiànyán 嵌巖 3-853A
qiányánbùdāhòuyǔ
前言不搭後語 2-125A
qiányánbùdáhòuyǔ
前言不答後語 2-125A
qiányánbùduìhòuyǔ
前言不對後語 2-125A
qiǎnyáncuòyì 遣言措意
10-1136A
qiānyāng 愆殃 7-629B
qiānyāng 諐殃 11-285A
qiānyáng 牽羊 6-271A
qiānyáng 愆陽 7-630A
qiānyáng 諐陽 11-285A
qiányáng 攕羊 9-191A
qiǎnyáng 嗛羊 3-469B
qiānyángbǎmáo 牽羊把茅
6-271A
qiányángdiàn 乾陽殿 1-792A
qiányǎnghòuhé 前仰後合
2-123B
qiānyángròutǎn 牽羊肉袒
6-271A
qiānyánguānwàng 遷延觀望
10-1172B
qiānyángùwàng 遷延顧望
10-1172B
qiānyángzhīpí…
千羊之皮，
不如一狐之腋 1-835B
qiānyánjīliú 遷延稽留
10-1172B
qiānyánjīliú 遷延羈留
10-1172B
qiānyánrìyuè 遷延日月
10-1172A
qiānyánshírì 遷延時日
10-1172A
qiānyánsuìyuè 遷延歲月
10-1172A
qiányánwǎngxíng 前言往行
2-125A
qiānyánwànhè 千巖萬壑
1-848A
qiānyánwànshuō 千言萬說
1-838B
qiānyánwànyǔ 千言萬語
1-838B
qiānyáo 遷搖 10-1178B
qiānyào 鉛藥 11-1237B
qiányào 乾曜 1-796B
qiányào 潛曜 6-137A
qiányào 潛耀 6-137B
qiǎnyào 淺要 5-1364A
qiānyāzhuō 簽押桌 8-1263B
qiānyè 千葉 1-844A
qiānyè 牽曳 6-270B
qiānyè 牽拽 6-272A
qiānyè 遷業 10-1178B
qiányè 前夜 2-126B
qiányè 前業 2-133B
qiányè 潛夜 6-132A
qiānyèlián 千葉蓮 1-844A
qiānyī 千一 1-831A
qiānyī 牽衣 6-271A
qiānyī 謙揖 11-389B
qiānyī 騫衣 12-871A
qiānyí 愆儀 7-630B
qiānyí 諐儀 11-285A
qiānyí 遷迻 10-1174B
qiānyí 遷移 10-1176A
qiānyì 千溢 1-846A
qiānyì 千億 1-846B
qiānyì 牽弋 6-269B
qiānyì 牽役 6-271B
qiānyì 僉議 1-1613A
qiānyì 愆佚 7-629A
qiānyì 愆義 7-630A
qiānyì 諐佚 11-284B
qiānyì 遷邑 10-1173A
qiānyì 遷易 10-1173B
qiānyì 謙抑 11-387B
qiānyì 謙挹 11-389A
qiānyì 謙益 11-389A
qiányí 前疑 2-135A
qiányí 虔夷 8-814A
qiányí 乾儀 1-795A
qiányí 潛移 6-133B

qiányì 錢義 11-1321A
qiányì 黔劓 12-1346B
qiányì 潛逸 6-134A
qiányì 潛瘞 6-136A
qiányì 潛翳 6-137A
qiányì 潛翼 6-137A
qiányì 潛懿 6-138A
qiǎnyì 淺易 5-1363B
qiǎnyì 遣意 10-1137B
qiànyí 歉疑 6-1469B
qiànyì 欠抑 6-1433A
qiànyì 茜意 9-364A
qiànyì 歉意 6-1469B
qiányí'ànhuà 潛移暗化 6-133B
qiānyībǎishùn 千依百順 1-839A
qiānyīfà'érdòng… 牽一髮而動全身 6-269B
qiānyīlǜ 千一慮 1-831A
qiányímòduó 潛移嘿奪 6-134A
qiányímòduó 潛移默奪 6-134A
qiányímòhuà 潛移默化 6-134A
qiányímòyùn 潛移默運 6-134A
qiányímòzhuǎn 潛移默轉 6-134A
qiānyín 牽吟 6-271B
qiānyín 愆淫 7-630A
qiānyǐn 牽引 6-270A
qiānyìn 鉛印 11-1235B
qiányīn 前因 2-123A
qiányīn 乾音 1-789A
qiányǐn 前引 2-122A
qiányǐn 錢引 11-1318A
qiányǐn 潛隱 6-136B
qiányìn 乾蔭 1-793B
qiányìn 乾廕 1-793B
qiányìn 鈐印 11-1219B
qiǎnyǐn 淺飲 5-1365A
qiānyǐnfùhuì 牽引附會 6-270B
qiānyīng 遷鶯 10-1180A
qiānyīng 遷鸎 10-1180B
qiānyíng 牽縈 6-276B
qiányīng 潛英 6-131B
qiányíng 前楹 2-133B
qiányíng 黔嬴 12-1346B
qiányǐng 潛影 6-136A
qiányǐng 潛穎 6-136B
qiányìng 潛映 6-132B
qiànyǐng 倩影 1-1444A
qiànyìng 傔媵 1-1611A
qiānyīngchūgǔ 遷鶯出谷 10-1180B
qiányīnhòuguǒ 前因後果 2-123A
qiányìshí 潛意識 6-135A
qiānyītóuxiá 牽衣投轄 6-271A
qiányīxiàng 前一向 2-120A
qiānyīzhǒuxiàn 牽衣肘見 6-271A
qiānyōng 汧雍 5-943B
qiányǒng 潛泳 6-132A
qiǎnyōng 淺庸 5-1364B
qiǎnyòng 遣用 10-1135B
qiānyóu 僁尤 1-1659B
qiānyóu 愆尤 7-629A
qiānyóu 諐尤 11-284B
qiānyǒu 千有 1-835A
qiānyòu 牽誘 6-276A
qiānyòu 謙幼 11-387B
qiányóu 前猷 2-134A
qiányóu 潛游 6-135A
qiányóu 潛遊 6-135A
qiānyú 牽魚 6-274A
qiānyú 愆虞 7-630A
qiānyú 遷渝 10-1178A
qiānyǔ 謙語 11-390B
qiānyù 謙裕 11-390A
qiānyù 謙豫 11-390B
qiányú 前魚 2-131B
qiányú 黔愚 12-1346B
qiányǔ 乾宇 1-786B
qiányǔ 鉗語 11-1226B
qiányǔ 箝語 8-1186A
qiányǔ 潛語 6-135B
qiányù 錢獄 11-1321A
qiányù 潛玉 6-130B
qiányù 潛豫 6-136B
qiǎnyú 淺愚 5-1365B
qiǎnyǔ 淺語 5-1366A
qiǎnyǔ 淺窳 5-1366A
qiǎnyù 慊鬱 7-682A
qiǎnyù 遣欲 10-1136B
qiǎnyù 遣遇 10-1137A
qiǎnyù 譴域 11-444B
qiànyú 蒨輿 9-1282A
qiànyǔ 倩語 1-1444A
qiānyuán 阡原 11-910B
qiānyuán 牽援 6-274B
qiānyuàn 僉院 1-1612B
qiānyuàn 遷怨 10-1174B
qiānyuàn 謙愿 11-390A
qiányuán 前元 2-121A
qiányuán 前緣 2-136B
qiányuán 乾元 1-785A
qiányuán 潛源 6-135B
qiǎnyuán 遣員 10-1136B
qiànyuān 壍淵 2-1187B
qiānyuē 謙約 11-388B
qiānyuē 嗛約 3-470A
qiānyuè 遷越 10-1177A
qiānyuè 騫越 12-871A
qiányuè 前月 2-121B
qiányuè 灊岳 6-218A
qiányuè 潛躍 6-137B
qiānyún 遷雲 10-1177B
qiānyǔn 僉允 1-1612A
qiānyùn 遷運 10-1178B
qiányùn 前韻 2-137B
qiányùn 潛運 6-135A
qiányùn 潛蘊 6-137A
qiānyǔwànyán 千語萬言 1-846A
qiǎnyùzhīhuà 遣獄之化 10-1138A
qiānyyāng 愆暘 7-630A
qiānzá 牽雜 6-277A
qiānzǎi 千載 1-844B
qiánzāi 乾災 1-787A
qiánzǎi 前載 2-133B
qiánzài 潛在 6-130B
qiānzāibǎinàn 千災百難 1-838B
qiānzǎihèn 千載恨 1-845A
qiānzǎinánféng 千載難逢 1-845A
qiānzǎinányù 千載難遇 1-845A
qiānzǎiqíyù 千載奇遇 1-845A
qiānzǎiyīféng 千載一逢 1-845A
qiānzǎiyīhuì 千載一會 1-845A
qiānzǎiyīrì 千載一日 1-844B
qiānzǎiyīshèng 千載一聖 1-845A
qiānzǎiyīshí 千載一時 1-844B
qiānzǎiyītán 千載一彈 1-845A
qiānzǎiyīyù 千載一遇 1-845A
qiānzàn 僉贊 1-1613A
qiānzàng 遷藏 10-1179B
qiānzàng 遷塟 10-1177A
qiānzàng 遷葬 10-1177A
qiānzáo 牽鑿 6-277B
qiánzǎo 前藻 2-137B
qiánzào 乾造 1-790A
qiánzào 黔皁 12-1346A
qiánzào 黔竈 12-1346B
qiǎnzào 淺躁 5-1367A
qiānzé 僁責 1-1659B
qiānzé 鉛澤 11-1237B
qiānzé 諐則 11-285A
qiánzé 乾則 1-788B
qiǎnzé 譴責 11-444B
qiànzè 歉仄 6-1469A
qiǎnzéxiǎoshuō 譴責小説 11-444B
qiānzhāi 牽摘 6-276A
qiānzhāi 鉛摘 11-1237A
qiānzhāi 鉛擿 11-1237B
qiānzhái 遷宅 10-1172B
qiánzhàn 前站 2-130B
qiānzhāng 千張 1-843B
qiānzhāng 千章 1-843B
qiānzhāng 阡張 11-911A
qiānzhǎng 千長 1-839A
qiānzhǎng 牽掌 6-274B
qiānzhàng 千丈 1-831B
qiǎnzhàngfū 淺丈夫 5-1362B
qiānzhàngjìng 千丈鏡 1-832A
qiānzhàngliǔ 千丈柳 1-831B
qiānzhāngwànjù 千章萬句 1-843B
qiánzhānhòugù 前瞻後顧 2-137B
qiānzhǎo 籤爪 8-1283B
qiānzhào 阡兆 11-910B
qiānzhào 遷召 10-1171B
qiānzhào 遷詔 10-1178A
qiánzhāo 前朝 2-132B
qiánzhào 前兆 2-124A
qiǎnzhào 遣召 10-1135B
qiānzhé 千折 1-835B
qiānzhé 遷謫 10-1180A
qiānzhé 遷讁 10-1180A
qiánzhé 前哲 2-129A
qiánzhé 前喆 2-132A
qiánzhé 前轍 2-137B
qiánzhé 潛蟄 6-137A
qiánzhě 拑者 6-439A
qiánzhě 鉗赭 11-1226B
qiǎnzhé 遣謫 10-1138A
qiǎnzhé 譴謫 11-445A
qiǎnzhé 譴讁 11-445A
qiānzhebízizǒu 牽着鼻子走 6-274A
qiánzhékějiàn 前轍可鑒 2-137B
qiánzhēn 乾楨 1-793B
qiánzhēn 潛珍 6-132A
qiánzhèn 前陣 2-129A
qiǎnzhēndīchàng 淺斟低唱 5-1365B
qiānzhèng 簽證 8-1265A
qiánzhēng 黔烝 12-1346A
qiánzhèng 前政 2-127B
qiānzhēngchùsè 遷正黜色 10-1171B
qiānzhēnwànquè 千真萬確 1-843A
qiānzhī 謙祗 11-388B
qiānzhí 牽縶 6-277A
qiānzhí 鉛直 11-1235B
qiānzhí 遷植 10-1177B
qiānzhí 遷職 10-1180A
qiānzhí 謙執 11-389A
qiānzhǐ 千指 1-841A
qiānzhǐ 阡紙 11-911A
qiānzhì 千雉 1-845B
qiānzhì 牽制 6-272A
qiānzhì 牽致 6-273A
qiānzhì 牽置 6-275B
qiānzhì 牽滯 6-276A
qiānzhì 牽躓 6-277B
qiānzhì 愆滯 7-630A
qiānzhì 搴陟 6-789B
qiānzhì 遷志 10-1173A
qiānzhì 遷陟 10-1175A
qiānzhì 遷秩 10-1175B
qiānzhì 遷滯 10-1178B
qiānzhì 謙志 11-387B
qiānzhì 簽治 8-1264A
qiānzhì 籤帙 8-1283B
qiánzhī 前知 2-126A

qiánzhī 前肢 2-126B
qiánzhī 虔祇 8-814A
qiánzhí 潛值 6-133A
qiánzhǐ 錢紙 11-1320A
qiánzhì 玪瑰 4-531A
qiánzhì 前志 2-124B
qiánzhì 鈐識 11-1220B
qiánzhì 鈐制 11-1219B
qiánzhì 鉗制 11-1226A
qiánzhì 鉗桎 11-1226A
qiánzhì 箝制 8-1185B
qiánzhì 錢質 11-1321B
qiánzhì 潛志 6-131A
qiánzhì 潛畤 6-135A
qiǎnzhí 淺直 5-1363B
qiǎnzhí 淺職 5-1367A
qiǎnzhì 淺知 5-1363B
qiǎnzhì 淺智 5-1365A
qiǎnzhì 淺稚 5-1365B
qiǎnzhì 遣制 10-1136A
qiānzhōng 千鍾 1-847A
qiānzhōng 謙衷 11-389A
qiānzhǒng 遷冢 10-1176A
qiānzhòng 遷種 10-1178B
qiǎnzhōng 淺中 5-1362B
qiǎnzhōng 淺衷 5-1364B
qiānzhòngdú 鉛中毒
11-1235A
qiānzhōu 千周 1-840B
qiānzhōu 遷舟 10-1172B
qiānzhóu 籤軸 8-1284A
qiānzhǒu 牽肘 6-271B
qiánzhóu 乾軸 1-792B
qiǎnzhōu 嵰州 3-860B
qiǎnzhòu 遣晝 10-1137A
qiǎnzhòu 譴呪 11-444A
qiānzhū 愆誅 7-630A
qiānzhú 遷逐 10-1175A
qiānzhǔ 僉屬 1-1613B
qiānzhù 鉛筑 11-1236B
qiānzhù 簽助 8-1263B
qiānzhù 簽注 8-1264A
qiānzhù 騫翥 12-871B
qiánzhú 前躅 2-138A
qiánzhú 乾竺 1-788A
qiánzhǔ 前主 2-122B
qiánzhù 前注 2-126B
qiánzhù 前祝 2-129A
qiánzhù 前筯 2-134A
qiánzhù 前箸 2-135A
qiánzhù 錢注 11-1319A
qiánzhù 潛住 6-131B
qiánzhù 潛注 6-132A
qiǎnzhú 譴逐 11-444B
qiǎnzhù 淺注 5-1363B
qiānzhuǎn 遷轉 10-1180A
qiánzhuǎn 潛轉 6-137A
qiánzhuàn 前轉 2-137A
qiánzhuāng 錢莊 11-1319B
qiǎnzhuāng 淺妝 5-1363B
qiǎnzhuāng 淺粧 5-1365B
qiànzhuāng 倩粧 1-1444A
qiānzhuàngwàntài
千狀萬態 1-840B
qiānzhuì 牽綴 6-276B
qiánzhuì 前綴 2-135B
qiánzhǔn 前准 2-130B
qiánzhǔn 前準 2-134A
qiānzhuō 牽拙 6-271B
qiānzhuó 遷擢 10-1179B
qiánzhuō 錢桌 11-1319B
qiǎnzhuō 淺拙 5-1363B
qiǎnzhuó 淺酌 5-1364A
qiānzi 扦子 6-345A
qiānzi 釬子 11-1205A
qiānzi 簽子 8-1263A
qiānzi 籤子 8-1283B
qiānzǐ 牽子 6-269B
qiānzì 鉛子 11-1235A
qiānzì 鉛字 11-1235B
qiānzì 簽字 8-1263B
qiánzi 鉗子 11-1226A
qiánzī 前資 2-134A
qiánzī 錢資 11-1321A
qiánzǐ 鉗子 11-1226A
qiǎnzi 淺子 5-1362B
qiǎnzǐ 床子 7-347A
qiànzī 欠資 6-1434A
qiānzībǎitài 千姿百態
1-842B
qiānzǐbiān 千子鞭 1-832A
qiànzìgé 嵌字格 3-852B
qiánzīguān 前資官 2-134A
qiānzìhéjīn 鉛字合金
11-1235B
qiānzishǒu 扦子手 6-345A
qiānzishǒu 簽子手 8-1263A
qiānzīwàntài 千姿萬態
1-842B
qiānzìwén 千字文 1-835B
qiānzǒng 千總 1-847B
qiānzòng 牽縱 6-277A
qiánzōng 潛踪 6-136A
qiánzǒng 潛總 6-137A
qiánzōng 潛蹤 6-137A
qiánzōngnièjì 潛蹤躡跡
6-137B
qiánzōngnìyǐng 潛踪匿影
6-136A
qiánzōngyǐnjì 潛踪隱跡
6-136A
qiánzōu 前騶 2-138A
qiánzòu 前奏 2-127B
qiánzòuqǔ 前奏曲 2-127B
qiànzú 倩卒 1-1611A
qiánzuān 鉆鑽 11-1229B
qiānzuì 愆罪 7-630A
qiǎnzuì 淺醉 5-1366A
qiǎnzuì 遣罪 10-1137B
qiǎnzuì 譴罪 11-445A
qiānzūn 謙尊 11-389B
qiānzūn'érguāng
謙尊而光 11-389B
qiānzuǒ 僉佐 1-1612B
qiānzuò 僉坐 1-1612B
qiānzuò 遷坐 10-1173A
qiānzuò 遷座 10-1175B
qiánzuò 前作 2-124B
qī'ào 欺傲 6-1451A
qí'ào 奇奧 2-1526A
qí'ào 淇奧 5-1344A
qí'ào 淇澳 5-1344A
qiāo'áo 磽磝 7-1092B
qiāo'áo 磽磝 7-1111A
qiāo'áo 磽磝 7-1111A
qiào'ào 竅奧 8-486A
qiáobā 蕎巴 9-550B
qiáobā 蕎粑 9-550B
qiáobá 翹拔 9-682A
qiàobá 峭拔 3-817A
qiáobái 瞧白 7-1255A
qiáobàn 喬扮 3-430A
qiàobǎn 峭坂 3-817A
qiáobāo 僑胞 1-1672A
qiàobāo 竅包 8-485B
qiǎobēi 愀悲 7-660B
qiāobēng 敲榜 5-501B
qiāobǐ 敲比 5-499B
qiáobǐ 僑鄙 1-1673A
qiàobī 峭逼 3-818B
qiàobì 峭壁 3-819A
qiáobiǎn 瞧扁 7-1255A
qiǎobiàn 巧便 2-969A
qiǎobiàn 巧辯 2-971A
qiàobiān 撬邊 6-879A
qiāobiāngǔ 敲邊鼓 5-502A
qiāobiànzi 蹺辮子 10-548B
qiàobiànzi 翹辮子 9-684A
qiāobīngjiáyù 敲冰戛玉
5-500A
qiāobīngqiúhuǒ 敲冰求火
5-500A
qiāobīngsuǒhuǒ 敲冰索火
5-500A
qiāobīngyùxiè 敲冰玉屑
5-500A
qiāobīngzhǐ 敲冰紙 5-500A
qiāobō 敲剥 5-501A
qiāobó 磽薄 7-1111A
qiǎobó 巧薄 2-970B
qiàobó 峭薄 3-819A
qiàobó 誚薄 11-227B
qiǎobùkějiē 巧不可階
2-968A
qiāocái 敲才 5-499A
qiáocái 喬才 3-429B
qiáocái 喬材 3-430A
qiáocái 趫才 9-1153B
qiáocái 趫材 9-1154A
qiáocái 翹材 9-681B
qiáocǎi 樵采 4-1316A
qiáocǎi 樵採 4-1316B
qiàocài 殼菜 6-1493B
qiǎocǎn 愀慘 7-661A
qiàocǎn 峭慘 3-819A
qiāochā 鍬鍤 11-1350B
qiáochàng 樵唱 4-1316B
qiāochē 蹺車 10-547B
qiáochē 樵車 4-1315B
qiáochē 翹車 9-681B
qiáochéng 翹誠 9-683A
qiǎochí 巧遲 2-970B
qiàochī 誚嗤 11-227B
qiàochì 誚斥 11-227A
qiáochú 樵芻 4-1316B
qiáochǔ 翹楚 9-683A
qiáochù 僑處 1-1672B
qiàochù 譙黜 11-420B
qiǎochuàng 悄愴 7-542A
qiǎochuàng 愀愴 7-661A
qiǎochuí 巧垂 2-969A
qiǎochuí 巧倕 2-969B
qiǎocí 巧辭 2-970B
qiàocù 俏醋 1-1383B
qiàocù 俏簇 1-1383B
qiáocuàn 樵爨 4-1317B
qiǎocùcù 悄促促 7-541B
qiáocuì 焦瘁 7-167A
qiáocuì 蕉萃 9-551A
qiáocuì 燋爍 7-258A
qiáocuì 燋悴 7-258A
qiáocuì 醮頳 12-392B
qiáocuì 憔悴 7-738B
qiáocuì 憔瘁 7-739A
qiáocuì 憔頳 7-739A
qiáocuì 癄瘁 8-358A
qiáocuì 顦悴 12-358A
qiáocuì 顦頳 12-358A
qiáocūnyúpǔ 樵村漁浦
4-1315B
qiàocuò 峭措 3-818A
qiāodǎ 敲打 5-499B
qiáodài 翹待 9-682A
qiáodàn 樵擔 4-1317A
qiáodàng 趫盪 9-1154A
qiāodǎo 敲擣 5-501B
qiáodào 橋道 4-1314B
qiǎode'er 巧的兒 2-969A
qiàodènghuánghuánǔ
竅鐙黄華弩 8-486B
qiāodèngnǔ 蹺蹬弩 10-548B
qiàodèngnǔ 竅鐙弩 8-486B
qiáodí 樵笛 4-1316B
qiǎodǐ 巧詆 2-970A
qiǎodì 悄地 7-541B
qiàodǐ 峭詆 3-818B
qiāodiǎn 敲點 5-502A
qiāodiàn 蹺墊 10-548A
qiāodiào 敲掉 5-501A
qiāodié 墝垤 2-1211A
qiāodié 蹺蹀 10-548A
qiāodìng 敲定 5-500B
qiāodìng 敲訂 5-500B
qiáodīng 橋丁 4-1313B
qiāodīngchuí 敲釘錘 5-501A
qiāodīngchuí 敲釘鎚 5-501A
qiāodīngzuānjiǎo
敲釘鑽脚 5-501A
qiáodòng 橋洞 4-1314A
qiàodòu 竅竇 8-486B
qiáodù 橋肚 4-1314A
qiàoduàn 鞘段 12-196A
qiǎoduì 巧對 2-970A
qiáodūn 橋墩 4-1315A
qiǎoduótiāngōng 巧奪天工
2-970A

qiǎo'é 巧額 2-970B
qiào'è 峭崿 3-818B
qiáo'ěr 蕎餌 12-1026A
qiǎo'ér 巧兒 2-969A
qiǎofǎ 巧法 2-969A
qiàofā 峭發 3-818B
qiàofǎ 峭法 3-817B
qiǎofán 巧繁 2-970B
qiàofān 陗帆 11-984A
qiàofān 陗颿 11-984A
qiàofān 峭帆 3-817A
qiàofàn 俏泛 1-1383A
qiǎofāqízhòng 巧發奇中
2-970A
qiáofēng 喬峯 3-431A
qiáofēng 樵風 4-1316A
qiàofěng 誚諷 11-227B
qiáofū 樵夫 4-1315B
qiáofū 趫夫 9-1153B
qiáofú 樵服 4-1316A
qiáofǔ 樵斧 4-1316A
qiáofù 樵父 4-1315B
qiáofù 樵婦 4-1316B
qiǎofù 巧婦 2-969B
qiǎofùnánwéi…
巧婦難爲無米之炊
2-969B
qiáogàn 喬幹 3-431B
qiàogàng 撬槓 6-879A
qiāogāoxīsuǐ 敲膏吸髓
5-501B
qiáogē 樵歌 4-1316B
qiáogé 橋閣 4-1315A
qiáogé 譙閣 11-420B
qiàogé 削格 2-694A
qiāogēng 敲更 5-500A
qiàogěng 峭鯁 3-819B
qiāogōng 蹺工 10-547B
qiáogōng 僑工 1-1671B
qiáogōng 翹弓 9-681A
qiǎogōng 巧工 2-967B
qiáogōng'àn 喬公案 3-430A
qiáogōngdào 喬公道 3-430A
qiáogōngyuè 橋公鉞 4-1313B
qiáogòu 橋構 4-1315A
qiàogòu 譙詬 11-420B
qiáogǔ 樵鼓 4-1316B
qiáogǔ 譙鼓 11-420B
qiǎogù 巧故 2-969A
qiāoguài 蹺怪 10-547B
qiāoguài 蹺恠 10-547B
qiáoguān 翹關 9-684A
qiáoguǎn 翹館 9-683B
qiāogǔbōsuǐ 敲骨剝髓
5-500B
qiàogùn 撬棍 6-879A
qiáoguò 翹過 9-682B
qiǎoguǒ 巧果 2-969A
qiàoguǒ 殼果 6-1493B
qiáoguóxīnshū 譙國新書
11-420B
qiāogǔxīsuǐ 敲骨吸髓
5-500B
qiāogǔzhàsuǐ 敲骨榨髓
5-500B
qiáohǎi 樵海 4-1316B
qiāohàn 趬悍 9-1153A
qiáohán 橋涵 4-1314B
qiáohàn 樵漢 4-1317A
qiáohàn 趫悍 9-1154A
qiàohán 峭寒 3-818B
qiàohàn 峭漢 3-819A
qiáoháng 橋航 4-1314B
qiáoháng 橋桁 4-1314A
qiǎohé 巧合 2-968B
qiàohē 譙呵 11-420A
qiàohē 譙訶 11-420B
qiàohē 誚呵 11-227A
qiàohé 陗覈 11-984A
qiàohé 竅合 8-485B
qiàohè 峭壑 3-819B
qiàohèn 誚恨 11-227A
qiāohéng 敲飈 5-502A
qiáohóng 橋虹 4-1314A
qiàohòu 誚厚 11-227A
qiáohù 僑户 1-1671B
qiáohù 樵户 4-1315B
qiàohú 哨壺 3-358B
qiàohù 竅瓠 8-486A
qiáohuà 喬畫 3-431A
qiáohuà 喬話 3-431B
qiàohuā 誚譁 11-227B
qiáohuán 嶠鬟 3-866A
qiǎohuàn 巧宧 2-969A
qiáohuáng 翹惶 9-683A
qiáohuì 僑滙 1-1673A
qiàohuǐ 誚毀 11-227B
qiàohuì 竅會 8-486A
qiāohuǒ 敲火 5-499B
qiāohuò 捎貨 6-607B
qiàohuò 俏貨 1-1383B
qiāojī 敲擊 5-501B
qiāojí 墝埆 2-1211A
qiāojí 墝瘠 2-1211A
qiāojí 磽埆 7-1110B
qiāojí 磽瘠 7-1111A
qiāojí 磽确 7-1111A
qiāojí 磽脊 7-1110B
qiáojí 樵汲 4-1315B
qiáojī 橋基 4-1314B
qiáojí 趫疾 9-1154A
qiáojì 僑寄 1-1672B
qiǎojí 巧籍 2-971A
qiǎojì 悄寂 7-541B
qiǎojì 巧計 2-969A
qiàojī 誚譏 11-227B
qiàojí 峭急 3-818A
qiàojí 誚詰 11-227B
qiàojí 硝瘠 7-1051B
qiàojí 峭訐 3-818A
qiāojiá 磽戛 7-1110B
qiáojiā 僑家 1-1672B
qiáojiā 樵家 4-1316B
qiáojiāgōng 喬家公 3-431A
qiāojiān 敲尖 5-500A
qiāojiǎn 蹺減 10-548A
qiáojiàn 瞧見 7-1255A
qiáojiàn 趫健 9-1154A
qiàojiàn 峭健 3-818A
qiàojiàn 峭澗 3-819A
qiǎojiàng 巧匠 2-968A
qiāojiǎo 蹺脚 10-548A
qiáojiǎo 嶠角 3-865B
qiáojiǎo 橋脚 4-1314B
qiáojiē 翹揭 9-682B
qiáojié 喬桀 3-431A
qiáojié 趫捷 9-1154A
qiáojié 翹捷 9-682B
qiáojié 翹結 9-683A
qiǎojié 巧捷 2-969B
qiǎojié 巧節 2-970A
qiàojié 俏潔 1-1383B
qiàojié 峭潔 3-819A
qiáojìfǎ 僑寄法 1-1672B
qiǎojìn 巧勁 2-969A
qiàojìn 峭勁 3-817B
qiáojìng 樵徑 4-1316B
qiáojìng 樵逕 4-1316B
qiáojìng 翹敬 9-682B
qiǎojìng 悄靜 7-542A
qiáojìnjià 喬禁架 3-431B
qiāojīnjiáyù 敲金戛玉
5-500A
qiāojīnjīshí 敲金擊石
5-500A
qiāojīnjīyù 敲金擊玉
5-500A
qiáojiù 僑僦 1-1673A
qiáojiù 僑舊 1-1673A
qiāojù 敲句 5-500A
qiáojū 僑居 1-1672A
qiáojū 譙居 11-420B
qiáojǔ 翹舉 9-683B
qiáojù 僑蹠 1-1673A
qiáojuàn 僑眷 1-1672B
qiàojuān 譙鐫 11-421A
qiāojué 鍬撅 11-1350A
qiāojué 鍬掘 11-1350A
qiāojué 鍬钁 11-1350B
qiāojué 鍬钁 11-1350B
qiāojué 蹺趹 10-547B
qiàojué 陗絶 11-984A
qiàojué 峭崛 3-818A
qiàojué 峭絶 3-818B
qiàojué 竅訣 8-486A
qiāojuéjūn 鍬钁軍 11-1350B
qiáojūn 僑軍 1-1672A
qiáojùn 僑郡 1-1672B
qiáojùn 翹雋 9-682B
qiáojùn 翹俊 9-682A
qiáojùn 翹儁 9-683A
qiàojùn 俏俊 1-1383A
qiàojùn 峭雋 3-818B
qiàojùn 峭峻 3-818A
qiáojūnxué 橋君學 4-1314A
qiāokāibǎnbì…
敲開板壁説亮話 5-501A
qiáokàn 瞧看 7-1255A
qiàokǎn 竅坎 8-486A
qiāokē 敲搕 5-501B
qiāokē 敲磕 5-501B
qiáokē 喬柯 3-430B
qiáokē 樵柯 4-1316A
qiáokē 瞧科 7-1255A
qiáokè 僑客 1-1672A
qiáokè 樵客 4-1316B
qiàokè 陗刻 11-984A
qiàokè 峭刻 3-817B
qiāokēlā 敲坷垃 5-500A
qiǎokèlì 巧克力 2-968B
qiāokēng 敲鏗 5-502A
qiáokǒng 橋孔 4-1313B
qiàokuài 峭快 3-817A
qiàolěi 誚累 11-227B
qiàoléng 翹棱 9-682B
qiàolěng 峭冷 3-817A
qiáolì 僑立 1-1671B
qiáolì 橋吏 4-1314A
qiǎolì 巧曆 2-970B
qiǎolì 巧歷 2-970B
qiǎolì 巧麗 2-970B
qiàolǐ 竅理 8-486A
qiàolì 譙勵 11-420B
qiàolì 俏俐 1-1383A
qiàolì 俏麗 1-1383B
qiàolì 峭立 3-817A
qiàolì 峭厲 3-818B
qiàolì 峭麗 3-819B
qiàoliǎn 俏臉 1-1383B
qiáoliáng 橋梁 4-1314B
qiàolǐcángdāo 鞘裏藏刀
12-196A
qiàoliè 峭裂 3-818B
qiǎolìmíngmù 巧立名目
2-968A
qiǎolìmíngsè 巧立名色
2-968A
qiáolín 喬林 3-430B
qiáolíng 橋陵 4-1314B
qiàolíng 陗崚 11-984A
qiàolǐng 竅領 8-486A
qiāolíngké 敲菱殼 5-501A
qiáoliú 僑流 1-1672B
qiáoliú 鱎鰡 12-358B
qiáolónghuàhǔ 喬龍畫虎
3-432A
qiáolóu 樵樓 4-1317A
qiáolóu 譙樓 11-420B
qiàolòuzi 殼漏子 6-1494A
qiáolú 僑廬 1-1673A
qiáolǔ 譙櫓 11-420B
qiáolǔ 譙樐 11-420B
qiáolù 蕉鹿 9-551A
qiáolù 樵路 4-1316B
qiáolù 橋路 4-1314B
qiáolù 翹陸 9-682B
qiáolù 翹踛 9-683A
qiáolùn 僑論 1-1673A
qiàolùngěngyì 峭論鯁議
3-819A
qiāoluódǎgǔ 敲鑼打鼓
5-502A
qiāoluófàngpào 敲鑼放炮
5-502A
qiāoluómàitáng…
敲鑼賣糖,各幹一行

5-502A
qiáolǚ 樵侶 4-1316A
qiàomà 誚罵 11-227B
qiāomài 蹺脉 10-547B
qiāomài 蹺脈 10-547B
qiáomài 荍麥 9-396A
qiáomài 蕎麥 9-550B
qiáomài 𪍿麥 12-1026A
qiàomài 竅脉 8-486A
qiáomàimiàn 蕎麥麵 9-550B
qiāomàn'er 敲鏝兒 5-502A
qiàomǎzi 鞘馬子 12-196A
qiǎoméi 巧梅 2-969B
qiǎoměi 巧挴 2-969A
qiǎomèi 巧媚 2-970A
qiàoměi 俏美 1-1383A
qiàomèi 俏媚 1-1383B
qiàomèi 削袂 2-693B
qiáoméihuàyǎn 喬眉畫眼
3-430B
qiāomén 敲門 5-500B
qiáomén 樵門 4-1316A
qiáomén 橋門 4-1314B
qiáomén 譙門 11-420B
qiàomén 竅門 8-486A
qiáoméng 僑氓 1-1672A
qiáoméng 樵甿 4-1316A
qiáoměng 趫猛 9-1154A
qiāoménshí 敲門石 5-500B
qiāoménzhuān 敲門甎 5-500B
qiāoménzhuān 敲門磚 5-500B
qiáomǐ 樵米 4-1315B
qiǎomì 悄密 7-541B
qiáomiàn 蕎麵 9-550B
qiǎomiào 巧妙 2-968B
qiàomiào 竅妙 8-486A
qiáomín 僑民 1-1672A
qiáomǐn 趫敏 9-1154A
qiáomǐn 翹敏 9-682B
qiǎomǐn 巧敏 2-969B
qiáomíng 嫶冥 4-414A
qiáomíng 翹明 9-682A
qiǎomíngmíng 悄冥冥 7-541B
qiàomíngmíng 俏冥冥
1-1383A
qiāomó 敲磨 5-501B
qiǎomò 悄默 7-542A
qiǎomòshēng 悄没聲 7-541B
qiǎomòshēng 悄默聲 7-542A
qiáomù 喬木 3-430A
qiáomù 僑墓 1-1673A
qiáomù 樵牧 4-1316A
qiáomù 翹慕 9-683A
qiáomù 招木 6-511B
qiàomù 竅木 8-485B
qiáomúqiáoyàng 喬模喬樣
3-431B
qiáomúyàng 喬模樣 3-431B
qiàonàn 誚難 11-227B
qiáonánnǚ 喬男女 3-430A
qiàonǎo 誚惱 11-227B
qiǎonìng 巧佞 2-968B
qiāoniúzǎimǎ 敲牛宰馬
5-499B
qiàonù 譙怒 11-420B
qiáonǚ 樵女 4-1315B
qiáo'ōu 樵謳 4-1317A
qiāopāi 敲拍 5-500A
qiáopái 橋牌 4-1314B
qiáopàn 翹盼 9-682A
qiāopéng 敲搒 5-501B
qiàopí 俏皮 1-1382B
qiàopì 峭僻 3-819A
qiàopihuà 俏皮話 1-1383A
qiāopíng 敲枰 5-500B
qiáopò 憔迫 7-738B
qiáopò 瞧破 7-1255A
qiāopū 敲扑 5-499B
qiāopū 敲撲 5-501B
qiāopǔ 敲朴 5-500A
qiáopú 樵僕 4-1316B
qiāoqī 蹺踦 10-548A
qiāoqī 蹺蹊 10-548A
qiāoqī 蹺欹 10-548A
qiāoqí 敲棋 5-501A
qiāoqí 敲碁 5-501B
qiāoqí 蹺奇 10-547B
qiáoqǐ 翹跂 9-682B
qiáoqǐ 翹企 9-681B
qiǎoqī 悄戚 7-541B
qiǎoqī 悄慼 7-542A
qiǎoqī 愀戚 7-660B
qiàoqì 竅氣 8-486A
qiāoqiā 獟犽 5-106B
qiáoqiān 喬扦 3-430A
qiáoqiān 喬遷 3-432A
qiáoqián 趫揵 9-1154A
qiǎoqiàn 悄蒨 7-542A
qiàoqiàn 陗壍 11-984A
qiàoqiàn 峭蒨 3-818B
qiáoqiāng 喬腔 3-431A
qiāoqiāo 磝磝 7-1084A
qiāoqiāo 磽磽 7-1111A
qiáoqiáo 喬喬 3-431A
qiáoqiáo 譙譙 11-420B
qiáoqiáo 趫趫 9-1154A
qiáoqiáo 翹翹 9-683B
qiǎoqiǎo 悄悄 7-541B
qiàoqiào 陗陗 11-984A
qiàoqiào 峭峭 3-818A
qiàoqiào 殼殼 6-1493B
qiāoqiāobǎn 蹺蹺板 10-548B
qiǎoqiǎohuà 悄悄話 7-541B
qiáoqiáojījī 嶠嶠喈喈
3-510A
qiǎoqiǎomìmì 悄悄密密
7-541B
qiǎoqiǎomíngming
悄悄冥冥 7-541B
qiǎoqīchángbàn…
巧妻常伴拙夫眠 2-968B
qiáoqiè 喬怯 3-430B
qiáoqiè 翹切 9-681A
qiǎoqiè 悄切 7-541A
qiàoqiè 撬竊 6-879A
qiáoqín 翹勤 9-683A
qiáoqín 翹懃 9-683B
qiàoqín'ér 俏勤兒 1-1383B
qiáoqīng 樵青 4-1315B
qiáoqīng 趫輕 9-1154A
qiáoqíshā 喬其紗 3-430B
qiāoqiú 蹺毬 10-548A
qiāoquè 墝埆 2-1211A
qiāoquè 磽埆 7-1110B
qiāoquè 磽峭 7-1110B
qiāoquè 磽确 7-1110B
qiāoquè 磽確 7-1111A
qiǎoqǔháoduó 巧取豪奪
2-968B
qiáoqūlǎo 喬軀老 3-432A
qiāorán 蹺然 10-548A
qiáorán 焦然 7-166B
qiáorán 燋然 7-258A
qiáorán 翹然 9-682B
qiǎorán 悄然 7-542A
qiǎorán 愀然 7-660B
qiàorán 誚然 11-227B
qiàoràng 譙讓 11-421A
qiàoràng 誚讓 11-227B
qiáorén 喬人 3-429B
qiáorén 僑人 1-1671B
qiáorén 樵人 4-1315B
qiǎorèn 巧任 2-968B
qiáorénwù 喬人物 3-429B
qiāorì 敲日 5-499B
qiǎorú 愀如 7-660B
qiàorǔ 誚辱 11-227A
qiàosè 峭澀 3-819B
qiāoshā 敲殺 5-501A
qiāoshāguàn 敲沙罐 5-500A
qiáoshān 喬山 3-430A
qiáoshān 樵山 4-1315B
qiáoshān 橋山 4-1313B
qiáoshān 橋柵 4-1314A
qiàoshān 誚姍 11-227A
qiàoshàn 誚訕 11-227A
qiāoshānzhènhǔ 敲山振虎
5-499A
qiāoshānzhènhǔ 敲山震虎
5-499B
qiáoshè 樵舍 4-1316A
qiǎoshé 巧舌 2-968A
qiāoshēn 蹺身 10-547B
qiàoshēn 峭深 3-818A
qiáoshéncuìlì 憔神悴力
7-738B
qiǎoshēng 悄聲 7-542A
qiáoshēngguàiqì 喬聲怪氣
3-432A
qiáoshēngsǎngqì 喬聲顙氣
3-432A
qiāoshēngshēng 蹺生生
10-547B
qiàoshēngshēng 俏生生
1-1382B
qiàoshēngshēng 竅生生
8-485B
qiáoshēngshì 喬聲勢 3-432A
qiǎoshérúhuáng 巧舌如簧
2-968A
qiǎoshétou 巧舌頭 2-968B
qiàoshéyīn 翹舌音 9-681B
qiāoshī 敲詩 5-501B
qiāoshí 敲石 5-499B
qiāoshǐ 敲矢 5-499B
qiáoshí 樵拾 4-1316A
qiáoshì 喬勢 3-431B
qiáoshì 僑士 1-1671B
qiáoshì 樵室 4-1316A
qiáoshì 橋市 4-1313B
qiǎoshì 巧士 2-967B
qiǎoshì 巧飾 2-970A
qiàoshí 誚石 11-227A
qiàoshì 俏式 1-1383A
qiàoshì 鞘室 12-196A
qiáoshǒu 翹首 9-682A
qiáoshòu 憔瘦 7-739A
qiǎoshǒu 巧手 2 968A
qiáoshǒuqǐzhǒng 翹首跂踵
9-682A
qiáoshǒuqǐzú 翹首企足
9-682A
qiáoshù 喬樹 3-432A
qiáoshù 樵豎 4-1317A
qiáoshù 樵樹 4-1317A
qiàoshù 陗束 11-984A
qiāosī 敲絲 5-501B
qiáosī 蕎絲 9-550B
qiáosī 翹思 9-682A
qiáosǐ 橋死 4-1314A
qiáosōng 喬松 3-430B
qiáosōng 僑松 1-1672A
qiáosōng 橋松 4-1314A
qiáosǒng 喬竦 3-431A
qiáosǒng 翹悚 9-682B
qiáosǒng 翹竦 9-683A
qiàosǒng 峭聳 3-819B
qiáosǒu 樵叟 4-1316A
qiáosū 樵蘇 4-1317A
qiáosù 喬素 3-430B
qiáosūbùcuàn 樵蘇不爨
4-1317B
qiàosuì 撽遂 6-920B
qiāosuǐsǎgāo 敲髓灑膏
5-502A
qiáosūkè 樵蘇客 4-1317B
qiáosūshīcuàn 樵蘇失爨
4-1317B
qiāotán 敲彈 5-501B
qiáotàn 樵炭 4-1316A
qiàotān 潲滩 6-13B
qiáotè 翹特 9-682B
qiàotè 峭特 3-818A
qiáoténg 趫騰 9-1154A
qiáoténg 翹騰 9-684A
qiàotiǎo 竅窕 8-486A
qiāotíniǎnjiǎo 蹺蹄輦脚
10-548A
qiáotíniǎnjiǎo 翹蹄捻脚
9-683B
qiāotíniějiǎo 蹺蹄躡脚
10-548A
qiáotóng 樵童 4-1316B
qiāotóu 敲頭 5-501B
qiāotóu 幧頭 3-762B
qiāotóu 幓頭 3-758B

qiáotóu 樵頭 4-1317A
qiáotóu 橋頭 4-1315A
qiàotóu 俏頭 1-1383B
qiàotóu 峭頭 3-715A
qiáotóubāo 橋頭堡 4-1315A
qiǎotōuháoduó 巧偷豪奪 2-969B
qiāotū 磽秃 7-1110B
qiáotú 樵途 4-1316B
qiáotú 橋塗 4-1315A
qiáotù 橋堍 4-1314B
qiāotuī 敲推 5-501A
qiāotuǐ 蹺腿 10-548A
qiǎowán 巧丸 2-968A
qiáowàng 翹望 9-682B
qiáowěi 橋尾 4-1314A
qiǎowěi 巧僞 2-970A
qiǎowèi 巧衛 2-970B
qiàowēi 峭危 3-817A
qiàowěiba 翹尾巴 9-682A
qiǎowén 巧文 2-968A
qiǎowèn 愀問 7-660B
qiáowēng 樵翁 4-1316B
qiáowénjiǎcù 喬文假醋 3-430A
qiáowénwù 喬文物 3-430A
qiáowú 僑吳 1-1672A
qiáowǔ 翹舞 9-683A
qiáowù 僑務 1-1672B
qiàowǔ 誚侮 11-227A
qiàowù 峭屼 3-817A
qiàowù 殼物 6-1493B
qiáoxī 僑肸 1-1672A
qiáoxǐ 僑徙 1-1672B
qiǎoxī 巧夕 2-967B
qiàoxì 誚戲 11-227B
qiàoxì 竅隙 8-486A
qiāoxiá 磽狹 7-1110B
qiāoxiá 磽陿 7-1110B
qiàoxiá 陗陿 11-984A
qiàoxiá 峭狹 3-818A
qiáoxiàn 僑縣 1-1673A
qiàoxiǎn 峭險 3-819A
qiàoxiǎn 峭巘 3-819A
qiáoxiāng 僑鄉 1-1672B
qiáoxiǎng 翹想 9-683A
qiàoxiàng 誚項 11-227B
qiáoxiāngde 瞧香的 7-1255A
qiáoxiāngshí 喬相識 3-430B
qiáoxiāo 翹蕭 9-683B
qiáoxiāo 翹肖 9-681B
qiǎoxiào 巧笑 2-969B
qiàoxiào 誚笑 11-227A
qiáoxīn 樵薪 4-1317A
qiáoxīn 翹心 9-681B
qiǎoxīn 巧心 2-968A
qiáoxīng 橋星 4-1314A
qiáoxìng 喬性 3-430B
qiàoxīng 竅星 8-486A
qiàoxíng 峭刑 3-817A
qiàoxíng 峭行 3-817A
qiáoxíngjìng 喬行徑 3-430A
qiáoxióng 趫雄 9-1154A
qiáoxiù 翹秀 9-681B
qiáoxiù 翹袖 9-682B
qiàoxiù 峭秀 3-817A
qiàoxiù 峭岫 3-817B
qiàoxiù 鞘袖 12-967B
qiāoxuē 敲削 5-500B
qiàoxuē 峭削 3-817B
qiàoxué 竅穴 8-485B
qiàoxùn 趫迅 9-1154A
qiāoyá 敲牙 5-499B
qiáoyá 喬衙 3-431B
qiāoyáliáozuǐ 敲牙料嘴 5-499B
qiāoyǎn 磝衍 7-1084A
qiáoyān 樵烟 4-1316B
qiáoyān 樵煙 4-1316B
qiáoyán 嫶姸 4-414A
qiàoyàn 翹彦 9-682A
qiǎoyán 巧言 2-968B
qiàoyán 峭巖 3-819B
qiàoyǎn 俏眼 1-1383B
qiàoyǎn 峭巘 3-819B
qiàoyǎn 竅眼 8-486A
qiáoyàng 喬樣 3-431B
qiáoyàngshì 喬樣勢 3-432A
qiàoyàngzi 俏樣子 1-1383B
qiǎoyánlìngsè 巧言令色 2-968B
qiǎoyánrúhuáng 巧言如簧 2-968B
qiāoyáo 碻礉 7-1092B
qiāoyāo 燋夭 7-257B
qiáoyáo 翹遥 9-683A
qiàoyào 鞘戯 3-527A
qiàoyào 竅要 8-486A
qiàoyè 殼葉 6-1494A
qiáoyī 譙傢 11-420B
qiāoyì 劁刈 2-741B
qiáoyì 翹異 9-682B
qiǎoyì 悄悒 7-541B
qiàoyì 峭異 3-818A
qiāoyín 敲吟 5-500A
qiáoyǐn 樵隱 4-1317A
qiàoyīng 翹英 9-682A
qiàoyǐng 俏影 1-1383B
qiáoyōng 翹顒 9-683B
qiáoyǒng 趫勇 9-1154A
qiàoyōu 峭幽 3-818A
qiàoyǒu 竅牖 8-486A
qiáoyú 樵漁 4-1317A
qiáoyù 僑寓 1-1672B
qiǎoyú 巧諛 2-970B
qiǎoyǔ 悄語 7-542A
qiǎoyù 巧遇 2-970A
qiàoyǔ 俏語 1-1383B
qiàoyù 譙諭 11-420B
qiàoyuānjia 俏冤家 1-1383A
qiāoyuè 蹺躍 10-548B
qiáoyuè 嶠嶽 3-865B
qiáoyuè 喬岳 3-430B
qiáoyuè 喬嶽 3-432A
qiǎoyuè 巧月 2-968A
qiǎoyǔhuāyán 巧語花言 2-970B
qiáozān 翹簪 9-683B
qiàozàng 竅藏 8-486A
qiàozáo 竅鑿 8-486B
qiàozào 誚譟 11-227B
qiàozé 譙責 11-420B
qiàozé 誚責 11-227B
qiāozhà 敲詐 5-501A
qiáozhá 僑札 1-1671B
qiǎozhà 巧詐 2-970A
qiǎozhàbùrúzhuōchéng 巧詐不如拙誠 2-970A
qiāozhàlèsuǒ 敲詐勒索 5-501A
qiāozhàlèsuǒ 敲榨勒索 5-501B
qiáozhān 翹瞻 9-683B
qiáozhàng 橋鄣 4-1315A
qiáozhāngzhì 喬張致 3-431A
qiáozhāngzuòzhì 喬張做致 3-431A
qiáozhé 劁折 2-741B
qiáozhēng 樵蒸 4-1316B
qiàozhěng 峭整 3-819A
qiàozhèng 峭正 3-817A
qiáozhì 喬陟 3-430B
qiáozhì 僑治 1-1672A
qiáozhì 僑置 1-1673A
qiàozhí 陗直 11-984A
qiàozhí 峭直 3-817B
qiàozhǐ 譙止 11-420A
qiàozhì 陗陁 11-984A
qiàozhì 陗阤 11-984A
qiàozhì 峭阤 3-817A
qiàozhì 峭峙 3-817B
qiàozhì 殼質 6-1494A
qiáozhǒng 橋塚 4-1314B
qiàozhōng 竅中 8-485B
qiáozhōngjiǎnxiè 僑終蹇謝 1-1672B
qiáozhōu 樵舟 4-1315A
qiáozhù 僑住 1-1672A
qiáozhù 翹注 9-682A
qiáozhù 翹竚 9-682B
qiáozhù 翹駐 9-683A
qiáozhuāng 喬妝 3-430B
qiáozhuāng 喬粧 3-431A
qiáozhuāng 喬裝 3-431B
qiáozhuāng 僑裝 1-1673A
qiáozhuāng 橋樁 4-1315A
qiáozhuāngdǎbàn 喬妝打扮 3-430B
qiáozhuāngdǎbàn 喬裝打扮 3-431B
qiáozhuānggǎibàn 喬裝改扮 3-431B
qiāozhúgān 敲竹竿 5-500A
qiāozhúgàng 敲竹杠 5-500A
qiāozhúgàng 敲竹槓 5-500A
qiáozhuó 橋彴 4-1314A
qiàozhuō 俏倬 1-1383A
qiàozhuó 峭卓 3-817B
qiáozhǔzhāng 喬主張 3-430A
qiáozī 翹滋 9-683A
qiáozǐ 喬梓 3-431A
qiáozǐ 樵子 4-1315B
qiáozǐ 橋梓 4-1314B
qiàozi 鞘子 12-196A
qiàozǐ 殼子 6-1493B
qiǎozōng'er 巧宗兒 2-969A
qiāozú 蹺足 10-547B
qiáozú 翹足 9-681B
qiàozú 殼族 6-1493B
qiāozú'érdài 蹺足而待 10-547B
qiáozú'érdài 翹足而待 9-681B
qiāozúkàngshǒu 蹺足抗手 10-547B
qiāozúkàngshǒu 蹺足抗首 10-547B
qiáozúkědài 翹足可待 9-681B
qiáozuò 喬做 3-431A
qiǎozuòmíngmù 巧作名目 2-968B
qiáozuòyá 喬作衙 3-430A
qiáozuòyá 喬坐衙 3-430B
qiáozuòyá 喬做衙 3-431A
qiāpàn 袷袢 9-75B
qiàpíng 洽平 5-1171A
qiàpǔ 洽普 5-1172A
qiàqià 合合 3-147B
qiàqià 砎砎 7-1005B
qiàqià 恰恰 7-525B
qiàqià 洽恰 5-1171B
qiàqiǎo 恰巧 7-525A
qiàqiè 恰切 7-525A
qiàqìng 洽慶 5-1172A
qiàrén 洽人 5-1171A
qiàrú 恰如 7-525A
qiàrú 洽濡 5-1172B
qiàrùn 洽潤 5-1172A
qiàrúqífèn 恰如其分 7-525A
qiāsǎ 搯撒 6-776A
qiàsè 洽色 5-1171B
qiàshāng 洽商 5-1172A
qiàshǎng 洽賞 5-1172A
qiàshí 洽識 5-1172B
qiàshì 恰適 7-525B
qiàshú 洽孰 5-1171B
qiàshú 洽熟 5-1172A
qiàsì 恰似 7-525A
qiāsuàn 掐算 6-698A
qiàtán 洽談 5-1172A
qiàtiē 恰貼 7-525B
qiàtōng 洽通 5-1171B
qiàtóng 洽同 5-1171A
qiātóu 掐骰 6-698A
qiātóuqùwěi 掐頭去尾 6-698A
qiàwén 合聞 3-157B
qiàwén 洽聞 5-1172A
qiàwénqiángjì 洽聞强記 5-1172A
qiàxī 洽悉 5-1171B
qiàxī 洽熙 5-1172A
qiàxiàn 恰限 7-525B
qiāyá 掐牙 6-698A

qiàyì 恰意 7-525B
qiàyì 洽意 5-1172A
qiàyìng 洽應 5-1172B
qiàyǒu 洽友 5-1171A
qiàyuàn 洽願 5-1172B
qiàyuè 洽悅 5-1171B
qiàzé 恰則 7-525B
qiàzhèng 恰正 7-525A
qiàzhēngzhēng 矻睜睜 7-1005B
qiāzhǐ 掐指 6-698A
qiàzhù 洽著 5-1171B
qiǎzi 卡子 1-988A
qiàzòu 洽奏 5-1171B
qiàzú 洽足 5-1171B
qiǎzuò 卡座 1-988B
qiàzuò 洽作 5-1171B
qībā 七八 1-149A
qíbá 奇拔 2-1523A
qǐbà 起覇 9-1108A
qǐbà 起霸 9-1108B
qǐbà 起伯 9-1093A
qībǎi 七百 1-153A
qǐbái 啓白 3-395A
qǐbài 稽拜 8-121A
qǐbài 起拜 9-1096B
qíbáilù 騎白鹿 12-852B
qíbān 齊班 12-1431B
qǐbǎn 夵板 1-1359B
qǐbàn 起辦 9-1107B
qíbǎng 旗榜 6-1617A
qíbǎng 旗牓 6-1617A
qībǎnzi 七板子 1-156A
qībǎo 七寶 1-168B
qíbào 奇抱 2-1523A
qíbào 祈報 7-840A
qǐbào 啓報 3-397A
qìbào 器抱 3-523A
qībǎobiān 七寶鞭 1-169A
qībǎochá 七寶茶 1-169A
qībǎochē 七寶車 1-168B
qībǎochí 七寶池 1-168B
qībǎogāochē 七寶高車 1-169A
qībǎogēng 七寶羹 1-169B
qībǎohuā 七寶花 1-168B
qībǎoliánchí 七寶蓮池 1-169A
qībǎolóutái 七寶樓臺 1-169A
qībǎoniǎn 七寶輦 1-169A
qībǎotái 七寶臺 1-169A
qībǎotuánluán 七寶團圞 1-169A
qībǎowǔwèizhōu 七寶五味粥 1-168B
qībāoxiàn 漆包綫 6-65A
qībǎoyú 七寶輿 1-169A
qībǎozhōu 七寶粥 1-169A
qībǎozhuāngyán 七寶莊嚴 1-169A
qībāxiàli 七八下裏 1-149A
qībēi 悽悲 7-593A
qíbèi 齊貝 12-1429A
qíbèi 齊備 12-1434A
qǐbèi 起憊 9-1107A
qìběi 磧北 7-1096B
qìbèi 棄背 4-1125B
qìbèi 器備 3-524B
qìbèitiānxià 棄背天下 4-1125B
qībēn 七奔 1-156A
qǐběn 起本 9-1090A
qìběn 棄本 4-1123A
qīběng 萋菶 9-438A
qìběnqiúmò 棄本求末 4-1123A
qìběnzhúmò 棄本逐末 4-1123A
qībì 棲庇 4-1093A
qībì 欺弊 6-1451B
qībì 欺蔽 6-1451B
qíbǐ 奇筆 2-1526A
qǐbǐ 起筆 9-1101B
qǐbì 豈必 9-1345A
qǐbì 起蹕 9-1108B
qǐbì 啓閉 3-397A
qǐbì 啓蓽 3-397B
qìbǐ 棄筆 4-1127A
qìbì 契臂 2-1535A
qìbì 訖畢 11-47A
qìbì 器幣 3-524B
qībiàn 七辯 1-169B
qībiàn 欺變 6-1452A
qíbiān 齊編 12-1435B
qíbiàn 綦弁 9-878A
qǐbiàn 起抃 9-1092A
qíbiǎnyínliǎng 旗扁銀兩 6-1615B
qībiāo 凄飈 2-426B
qībiāo 淒飈 5-1359A
qíbiāo 奇標 2-1527B
qíbiāo 齊鑣 12-1437B
qíbiǎo 奇表 2-1523A
qǐbiāo 起膘 9-1106A
qǐbiāo 起鏢 9-1108B
qíbiāobìngqū 齊鑣並驅 12-1437B
qìbǐcóngróng 棄筆從戎 4-1127A
qìbié 泣別 5-1099A
qìbié 契苾 2-1533B
qìbié 棄別 4-1124B
qìbié'ér 契苾兒 2-1533B
qìbiéyǔ 契苾羽 2-1533B
qībìn 漆鬢 6-67A
qǐbìn 起殯 9-1108A
qǐbìn 啓殯 3-399A
qībīng 七兵 1-154B
qíbīng 奇兵 2-1522B
qíbīng 旗兵 6-1615A
qíbīng 騎兵 12-853A
qǐbīng 起兵 9-1092B
qǐbǐng 啓禀 3-398A
qǐbìng 乞病 1-763B
qǐbìng 起病 9-1099A
qìbǐng 氣禀 6-1034B
qìbǐng 氣稟 6-1034B
qībìngbādǎo 七病八倒 1-160A
qībìngbātòng 七病八痛 1-160B
qǐbìsāi 啓閉塞 3-397A
qībó 倛魄 1-1446B
qībó 凄薄 2-426B
qībó 淒薄 5-1358B
qībó 棲泊 4-1093A
qībó 棲薄 4-1096A
qíbǒ 踦跛 10-490A
qíbó 岐伯 3-802A
qíbó 棋博 4-1079A
qíbó 碁博 7-1055A
qǐbō 起波 9-1095A
qǐbō 起剥 9-1099B
qǐbō 起撥 9-1105A
qìbō 棄播 4-1128B
qìbó 棄薄 4-1129A
qìbó 憩泊 7-721A
qìbóbó 氣勃勃 6-1028B
qībù 七步 1-154A
qībù 漆布 6-65A
qíbù 棋布 4-1077B
qíbù 碁布 7-1054B
qíbù 騎步 12-853A
qǐbǔ 起補 9-1102B
qǐbù 跂步 10-433A
qǐbù 起步 9-1092B
qǐbù 起部 9-1099A
qìbǔ 葺捕 9-459B
qībùbāchā 七步八叉 1-154A
qìbǔbǔ 氣哺哺 6-1030A
qìbùbù 氣丕丕 6-1026A
qìbùchéngshēng 泣不成聲 5-1098B
qībùchéngshī 七步成詩 1-154A
qībùchéngzhāng 七步成章 1-154A
qíbùcuòzhì 棋布錯峙 4-1077B
qìbùfèn 氣不忿 6-1025B
qìbùfèn 氣不憤 6-1025B
qìbùguò 氣不過 6-1025B
qībùkān 七不堪 1-150B
qìbùkěyǎng 泣不可仰 5-1098B
qìbùpíng 氣不平 6-1025B
qíbùxīngchén 棋布星陳 4-1077B
qíbùxīngluó 棋布星羅 4-1077B
qíbùxīngluó 碁布星羅 7-1054B
qíbùxīngzhì 旗布星峙 6-1614B
qībùzhīcái 七步之才 1-154A
qíbùzǒu 齊步走 12-1429A
qīcǎi 七采 1-156B
qīcǎi 七彩 1-161B
qícái 奇才 2-1521A
qícái 奇材 2-1522B
qǐcái 起材 9-1092B
qǐcái 啓才 3-394B
qǐcái 綺才 9-881B
qìcái 棄才 4-1122B
qìcái 棄材 4-1124B
qìcái 棄財 4-1126B
qìcái 器材 3-522B
qìcǎi 器彩 3-524A
qícáiyìnéng 奇才異能 2-1521A
qīcǎn 恓慘 7-512A
qīcǎn 凄慘 2-426A
qīcǎn 悽慘 7-593B
qīcǎn 戚慘 5-229A
qīcǎn 淒慘 5-1358B
qícán 祈蠶 7-841A
qǐcán 起蠶 9-1109A
qǐcàn 綺粲 9-883B
qìcān 棄餐 4-1129A
qīcánbābài 七殘八敗 1-162A
qīcāng 凄滄 2-425B
qícāng 奇鶬 2-1529B
qícāo 騎操 12-855A
qícáo 騎曹 12-854B
qícáo 螧螬 8-990A
qícǎo 琪草 4-589A
qǐcáo 起曹 9-1100A
qǐcǎo 起草 9-1096A
qǐcǎo 啓草 3-396B
qícáobùjìmǎ 騎曹不記馬 12-854B
qīcè 攲側 4-1387B
qīcè 敧側 5-472A
qīcè 七筴 1-164A
qīcè 恓惻 7-512A
qīcè 凄惻 2-425B
qīcè 悽惻 7-593A
qīcè 淒惻 5-1358A
qīcè 嘁測 3-488B
qīcè 欹側 6-1453A
qīcèwǔchéng 七策五成 1-162B
qīchá 棲槎 4-1095A
qīchá 棲苴 4-1093A
qíchà 奇詫 2-1527A
qǐchá 起茶 9-1096A
qìchá 忔楂 7-412A
qícháchá 齊茬茬 12-1430B
qǐchāi 起差 9-1097A
qǐchāi 啓拆 3-396A
qīchán 棲禪 4-1096A
qīchǎn 欺諂 6-1452A
qíchàn 祈懺 7-841A
qǐchàn 起懺 9-1108B
qìchàn 氣孱 6-1033B
qīchàng 悽悵 7-592B
qícháng 旂常 6-1585A
qícháng 頎長 12-268B
qícháng 旗常 6-1616A
qíchǎng 旗氅 6-1617B
qíchàng 齊唱 12-1432B
qǐchǎng 起場 9-1101A
qìcháng 氣長 6-1027B

qìcháng 棄常 4-1126B
qīchángbāduǎn 七長八短 1-155B
qíchángjīng 騎長鯨 12-853B
qíchǎo 棋炒 4-1078A
qìcháo 棄朝 4-1127A
qīchē 漆車 6-65B
qìchē 藒車 9-545B
qìchē 汽車 5-971B
qìchē 器車 3-522B
qīchén 七臣 1-153A
qīchén 七辰 1-154A
qíchén 耆臣 8-640B
qǐchén 啓陳 3-396B
qīchéng 期程 6-1308A
qīchéng 棲誠 4-1095B
qīchéng 漆城 6-65B
qíchéng 其程 2-103A
qíchéng 騎乘 12-854A
qǐchéng 起程 9-1101B
qǐchéng 啓程 3-397A
qìchéng 訖成 11-47A
qīchéngbāmài 七成八脈 1-153A
qǐchéngzhuǎnhé 起承轉合 9-1095B
qìchēzǒulín 棄車走林 4-1124B
qìchí 迟迡 10-721A
qīchí 棲遲 4-1095A
qīchí 棲遲 4-1095B
qīchí 棲遟 4-1095B
qīchǐ 七尺 1-151B
qīchǐ 漆齒 6-66B
qíchí 騎馳 12-854B
qíchǐ 耆齒 8-642A
qíchǐ 齊齒 12-1435A
qǐchí 企遲 1-1167B
qǐchǐ 起齒 9-1105B
qǐchǐ 啓齒 3-398B
qìchì 棄斥 4-1124A
qíchǐdàrǔ 奇恥大辱 2-1524B
qíchǐhū 齊齒呼 12-1435B
qíchìlǐ 騎赤鯉 12-853A
qīchǐqū 七尺軀 1-151B
qīchǒng 戚寵 5-229B
qíchóng 奇蟲 2-1529A
qǐchóng 企崇 1-1167A
qìchōngchōng 氣沖沖 6-1026B
qīchōngmén 七衝門 1-165B
qǐchǒngnàwǔ 啓寵納侮 3-399A
qìchōngniúdǒu 氣衝牛斗 6-1035B
qīchóngwéizǐ 七重圍子 1-158B
qīchōngyèjiǎn 棲冲業簡 4-1093A
qīchōngyèjiǎn 棲冲業簡 4-1093A
qìchōngzhìjiāo 氣充志驕 6-1026B
qīchǒu 䫏醜 12-323A
qīchǒu 倛醜 1-1446B
qīchǒu 僛醜 1-1661B
qíchóu 棋讎 4-1079B
qíchǒu 奇醜 2-1528A
qǐchóu 乞惆 1-764A
qǐchōugēchā 乞抽扢叉 1-762A
qīchū 七出 1-152B
qīchǔ 悽楚 7-512A
qīchǔ 淒楚 2-425B
qīchǔ 悽楚 7-593A
qīchǔ 淒楚 5-1358B
qīchǔ 棲處 4-1094B
qīchù 棲處 4-1094B
qíchū 岐出 3-801B
qíchū 歧出 5-349B
qíchǔ 棋處 4-1078B
qíchǔ 齊楚 12-1434B
qǐchū 起初 9-1093B
qǐchú 起除 9-1097B
qǐchǔ 啓處 3-396B
qǐchù 起處 9-1100A
qìchú 棄除 4-1126A
qìchǔ 棄礎 4-1129B
qìchù 氣觸 6-1037A
qīchuàn 戚串 5-228A
qíchuán 旗船 6-1616A
qíchuàn 鶀鷁 12-1117B
qǐchuán 起船 9-1100B
qǐchuán 綺船 9-883A
qìchuán 汽船 5-972A
qìchuǎn 氣喘 6-1032B
qīchuānbādòng 七穿八洞 1-159A
qīchuānbālàn 七穿八爛 1-159A
qìchuǎnchuǎn 氣喘喘 6-1033A
qīchuāng 漆瘡 6-66B
qīchuáng 攲牀 6-1452B
qīchuàng 悽愴 7-512A
qīchuàng 淒愴 2-425B
qīchuàng 悽愴 7-593A
qīchuàng 淒愴 5-1358B
qíchuáng 旗幢 6-1617B
qíchuáng 麡牀 12-1305B
qǐchuāng 綺窗 9-883A
qǐchuáng 起床 9-1093B
qǐchuáng 起牀 9-1096A
qìchuāng 氣窗 6-1033A
qīchuāngbākǒng 七瘡八孔 1-166A
qìchuánqiújiàn 契船求劍 2-1534A
qìchuǎnrúniú 氣喘如牛 6-1033A
qìchuǎnxūxū 氣喘吁吁 6-1033A
qīchuí 攲垂 6-1452B
qíchuī 齊吹 12-1429B
qíchuī 騎吹 12-853A
qìchuí 汽錘 5-972A
qǐchǔn 跂蠢 10-434B
qíchūqírù 岐出岐入 3-801B
qīcí 七辭 1-168A
qící 琦辭 4-591A
qícì 其次 2-102B
qícì 鬐刺 12-751B
qǐcí 乞祠 1-763A
qǐcí 啓詞 3-397A
qìcí 砌詞 7-1013A
qícóng 騎從 12-854B
qìcòu 氣湊 6-1032A
qīcù 悽蹙 7-593B
qīcù 戚促 5-228A
qīcù 刺促 2-653B
qīcù 刺蹙 2-657A
qīcuàn 棲竄 4-1096B
qícuán 齊攢 12-1437A
qǐcuán 起攢 9-1108B
qǐcuán 啓攢 3-399B
qǐcuàn 起爨 9-1109A
qīcuì 七萃 1-160B
qǐcún 起存 9-1091A
qīcuó 攲矬 6-1453A
qícuò 奇錯 2-1528B
qícuò 棋錯 4-1079B
qícuò 碁錯 7-1055A
qǐcuò 綺錯 9-884A
qǐcuòdà 乞措大 1-764A
qícuòyīzhāo… 棋錯一着，滿盤皆輸 4-1079B
qīdà 七大 1-149A
qídà 頎大 12-268A
qǐdá 乞答 1-764A
qǐdǎ 起打 9-1089B
qīdābā 七搭八 1-162A
qīdǎbā 七打八 1-151B
qīdàbā 七大八 1-149B
qīdābāchě 七搭八扯 1-162A
qīdābādā 七搭八搭 1-162A
qīdàbāxiǎo 七大八小 1-149B
qídàfēi'ǒu 齊大非偶 12-1427A
qīdàfū 七大夫 1-149B
qídǎhū 齊打忽 12-1427B
qídàhū 齊大乎 12-1426B
qídǎhuǒ'er 齊打夥兒 12-1427B
qīdài 期待 6-1307B
qīdài 欺殆 6-1450B
qīdài 欺紿 6-1451A
qīdài 欺詒 6-1451A
qídài 臍帶 6-1399B
qǐdài 乞貸 1-764B
qǐdài 企待 1-1167A
qǐdài 企逮 1-1167A
qìdài 器待 3-523B
qìdài 棄代 4-1124A
qīdàixiānlíng 七代先靈 1-152B
qīdàjiā 七大家 1-149B
qīdān 七單 1-162B
qīdān 凄單 2-425A
qīdān 期單 6-1308A
qīdàn 七旦 1-152A
qīdàn 悽淡 7-592B
qīdàn 欺誕 6-1451A
qídàn 奇誕 2-1527A
qǐdān 起單 9-1101B
qǐdàn 豈但 9-1345A
qìdān 契丹 2-1532B
qīdānbānuó 七擔八挪 1-166A
qīdǎng 妻黨 4-320A
qīdǎng 戚黨 5-229B
qīdǎng 戚[illegible] 5-228A
qīdàng 棲蕩 4-1095B
qídāng 齊襠 12-1436B
qídàng 奇宕 2-1523B
qídàng 旗檔 6-1618A
qǐdàng 起蕩 9-1105A
qìdānwén 契丹文 2-1532B
qīdǎo 攲倒 5-472A
qīdǎo 欹倒 6-1453A
qīdào 悽悼 7-592B
qīdào 欺盜 6-1451A
qídāo 齊刀 12-1426B
qídǎo 祈禱 7-840B
qídǎo 騎導 12-855A
qídào 岐道 3-802B
qídào 奇道 2-1526B
qídào 歧道 5-350A
qídào 旗纛 6-1618B
qǐdǎo 企禱 1-1168A
qǐdǎo 起倒 9-1098B
qǐdǎo 啓導 3-398B
qǐdǎo 啓禱 3-399A
qǐdào 稽道 8-122A
qǐdào 起道 9-1102A
qìdāo 契刀 2-1532B
qīdǎobāwāixié 七倒八歪斜 1-160A
qìdàorènshù 棄道任術 4-1127A
qídàowúyóu 其道亡繇 2-103A
qídàowúyóu 其道無由 2-103A
qīdàzhōu 七大洲 1-149B
qīdé 七德 1-165B
qīdé 欺德 6-1451B
qídé 耆德 8-642A
qídé 齊德 12-1435B
qǐdé 豈得 9-1346A
qīděng 七等 1-162B
qídēng 碁燈 7-1055A
qíděng 齊等 12-1433B
qìdēng 汽燈 5-972A
qìdēng 忔登 7-412A
qídéshuòlǎo 耆德碩老 8-642A
qīdéwǔ 七德舞 1-165B
qīdì 七地 1-152B
qīdì 妻弟 4-319A
qídí 棋敵 4-1079B
qídí 蕲笛 9-617B
qídì 旗的 6-1615A
qídì 旗地 6-1615A

qǐdí 乞羅 1-765B
qǐdí 啓迪 3-396A
qǐdì 起地 9-1090B
qǐdì 起第 9-1100B
qìdí 汽笛 5-972A
qìdí 訖羅 11-47B
qìdì 契弟 2-1533A
qìdì 棄地 4-1124A
qīdiǎn 七典 1-156B
qídiàn 圻甸 2-1039B
qídiàn 琪殿 4-589A
qídiàn 蘄簟 9-617B
qǐdiǎn 起點 9-1107B
qǐdiàn 起店 9-1094B
qǐdiàn 啓奠 3-397A
qīdiānbādǎo 七顛八倒 1-168A
qīdiāo 桼雕 4-1056A
qīdiāo 漆雕 6-66B
qīdiào 七調 1-165B
qīdiào 棲釣 4-1094B
qǐdiào 起調 9-1106A
qìdiào 氣調 6-1035B
qídié 耆耋 8-642A
qìdié 砌疊 7-1013A
qīdiēbāzhuàng 七跌八撞 1-162B
qídīng 畦丁 7-1340B
qídīng 旗丁 6-1614A
qǐdǐng 起頂 9-1100A
qǐdìng 起椗 9-1101B
qǐdìng 起碇 9-1103A
qǐdìng 啓椗 3-397A
qǐdìng 啓碇 3-398A
qǐdiūkētā 乞丢磕塔 1-761B
qīdòng 悽動 7-592A
qīdòng 淒湅 5-1357B
qídōng 齊東 12-1429B
qǐdòng 起動 9-1100B
qǐdòng 起棟 9-1101A
qǐdòng 啓動 3-397A
qídònghuìxī 跂動噦息 10-433B
qídōngyěyǔ 齊東野語 12-1429B
qídōngyǔ 齊東語 12-1429B
qídòu 騎鬭 12-856A
qídòuxiāngjiān 萁豆相煎 9-435B
qīdú 踦犢 10-490B
qīdù 期度 6-1307B
qīdù 欺蠹 6-1452B
qídū 騎督 12-854B
qídù 奇度 2-1524B
qǐdú 豈獨 9-1346A
qǐdù 起度 9-1097A
qìdù 氣度 6-1029B
qìdù 器度 3-523B
qīduàn 凄斷 2-426B
qīduàn 悽斷 7-593B
qīduàn 淒斷 5-1358B
qíduàn 齊斷 12-1436B
qǐduān 起端 9-1104B
qìduǎn 氣短 6-1033A
qìduàn 氣斷 6-1036B
qīduǎnbācháng 七短八長 1-162B
qīduànbāxù 七斷八續 1-167B
qīduānbāzhèng 七端八正 1-164B
qìduǎnjiùcháng 棄短就長 4-1127A
qìduànshēngtūn 氣斷聲吞 6-1036B
qìduǎnyòngcháng 棄短用長 4-1127A
qíduī 鬿堆 12-462A
qíduì 旗隊 6-1616A
qīdùn 棲遁 4-1095A
qīdùn 棲遯 4-1095B
qídūnguǒ 齊墩果 12-1435A
qīduó 期度 6-1307B
qīduò 攲陊 5-438A
qǐduó 乞奪 1-764B
qǐduó 起度 9-1097A
qǐduó 起奪 9-1104B
qǐduò 起舵 9-1101A
qǐduò 起柂 9-1096A
qìduó 氣奪 6-1035A
qī'é 榛娥 4-1257A
qí'é 齊娥 12-1432B
qǐ'é 企鵝 1-1168A
qièbāyì 怯八義 7-470A
qièbāyì 怯八藝 7-470A
qiēbì 趄避 9-1117B
qièbǐ 竊比 8-490A
qièbì 鍥臂 11-1347A
qièbì 竊庇 8-490B
qiěbìng 且並 1-508B
qièbǐng 竊柄 8-491A
qièbìng 切病 2-560B
qiēbō 切剥 2-561A
qièbó 怯薄 7-471B
qièbó 鍥薄 11-1347A
qiěbùshàng 且不上 1-507B
qiècháng 竊嘗 8-492B
qièchǎng 怯場 7-471A
qièchí 挈持 6-534A
qièchǐ 切齒 2-563A
qièchì 切勑 2-560B
qièchì 切敕 2-561A
qièchǐfǔxīn 切齒拊心 2-563A
qièchǐfǔxīn 切齒腐心 2-563A
qièchǐrén 切齒人 2-563A
qièchóng 竊蟲 8-492B
qiēchú 切除 2-560B
qièchù 挈搐 6-534B
qièchuī 竊吹 8-490B
qiècí 切辭 2-564A
qiècí 挈辭 6-535A
qiècóng 挈從 6-534A
qì'ècóngshàn 棄惡從善 4-1127A
qiècù 切促 2-560A
qiēcuō 切瑳 2-562A
qiēcuō 切磋 2-562B
qiēcuò 切錯 2-563B
qiēcuōzhuómó 切瑳琢磨 2-562A
qiēcuōzhuómó 切磋琢磨 2-562B
qièdá 切怛 2-560A
qièdá 怯怛 7-470B
qièdài 挈帶 6-534A
qiědāng 且當 1-509A
qièdàng 切當 2-562A
qièdàng 愜當 7-652B
qiědào 且道 1-509A
qièdāo 鍥刀 11-1346B
qièdào 竊盜 8-491B
qièdào 竊盗 8-492A
qièdǐ 切詆 2-561B
qièdiāo 鍥雕 11-1347A
qièdié 沏迭 5-949B
qièdié 踥蹀 10-512A
qièdié 唼喋 3-392B
qièdǐng 竊鼎 8-491B
qièdú 篋櫝 8-1208A
qièdú 篋牘 8-1208A
qiēduàn 切斷 2-563B
qièduì 切對 2-562B
qièdùn 怯鈍 7-471A
qièduò 怯惰 7-471A
qiè'è 切愕 2-562A
qiè'érbùshě 鍥而不舍 11-1346B
qiè'érbùshě 鍥而不捨 11-1346B
qièfā 竊發 8-492A
qièfàn 竊犯 8-490A
qièfángyǒngzhàn 怯防勇戰 7-470A
qiēfèi 切肺 2-560A
qièfēi 妾妃 4-334A
qiēfù 切腹 2-562A
qiěfū 且夫 1-507B
qiěfù 且復 1-509A
qièfū 切膚 2-563A
qièfū 怯夫 7-470A
qièfú 挈扶 6-534A
qièfú 愜服 7-652A
qièfú 篋服 8-1207B
qièfú 竊伏 8-490B
qièfǔ 竊鈇 8-491B
qièfǔ 竊斧 8-491A
qièfù 妾婦 4-334B
qièfūzhītòng 切膚之痛 2-563A
qiēgāo 切糕 2-563B
qiègāo 挈皋 6-534A
qiègāo 挈臯 6-534B
qiēgē 切割 2-562A
qiēgēnchóng 切根虫 2-560B
qiègōu 竊鉤 8-492A
qiègòu 竊構 8-492B
qiègōudàoguó 竊鉤盜國 8-492A
qiègōuzhězhū… 竊鉤者誅，竊國者侯 8-492B
qiègǔ 切骨 2-560A
qièguān 怯官 7-470B
qièguó 竊國 8-491B
qièhài 切害 2-561A
qièhào 竊號 8-492B
qièhé 切合 2-559A
qièhé 切礉 2-563B
qièhé 鍥覈 11-1347A
qièhóng 竊紅 8-491A
qièhóngpàhēi 怯紅怕黑 7-470B
qièhòu 怯候 7-470B
qièhú 挈壺 6-534B
qiēhuā 切花 2-559A
qièhuái 愜懷 7-652B
qièhuán 挈還 6-534B
qièhuáng 竊黄 8-491B
qièhuǐ 怯悔 7-471A
qièhuó 竊活 8-491A
qièjī 切激 2-563B
qièjí 切急 2-560B
qièjí 怯疾 7-471A
qièjí 鍥急 11-1346B
qièjí 竊疾 8-491B
qièjǐ 切給 2-562A
qièjǐ 切己 2-557B
qièjì 嗛齊 3-470A
qièjì 切忌 2-559B
qièjì 切記 2-560B
qièjiā 挈家 6-534A
qièjiàn 切諫 2-563B
qièjiǎo 切脚 2-561A
qièjiē 切接 2-561A
qièjié 切結 2-562A
qièjiè 切戒 2-559A
qièjǐn 切緊 2-562A
qièjìn 切近 2-559A
qièjìndídàng 切近的當 2-559B
qièjiū 切究 2-559B
qièjǔ 怯沮 7-470A
qièjù 怯懼 7-471B
qièjù 竊踞 8-492B
qièjù 竊據 8-492B
qièjuàn 挈眷 6-534A
qièjùn 切峻 2-560B
qièkǎn'er 怯坎兒 7-470A
qiěkě 且可 1-508A
qièkè 切刻 2-560A
qièkè 鍥刻 11-1346B
qiēkǒu 切口 2-557B
qièkǒu 切口 2-557B
qièkuài 愜快 7-652A
qiěkuàng 且況 1-508B
qièkuāng 怯恇 7-470B
qièkuì 篋匱 8-1208A
qièkuò 契闊 2-1535A
qièlái 揭來 5-811A
qiélán 伽藍 1-1295A
qièlǎn 挈攬 6-535A
qiélánshén 伽藍神 1-1295B
qiélánxiāng 伽藍香 1-1295B
qièlěi 挈累 6-534A

qièlèi 切類 2-564A
qièlì 切厲 2-562A
qièlì 切勵 2-563A
qiélí 伽梨 1-1295A
qiélí 伽黎 1-1295A
qièlì 切厲 2-562A
qièliánhù 怯憐户 7-471B
qièliánkǒu 怯憐口 7-471A
qièliè 怯劣 7-470A
qièliè 緁獵 9-885B
qièlǐhuìxīn 切理會心
2-561A
qièlǐmǎchì 怯里馬赤
7-470A
qièlín 切鄰 2-562B
qièlǐng 挈領 6-534B
qièlǐngtígāng 挈領提綱
6-534B
qièlǐyànxīn 切理厭心
2-561A
qièlǐyànxīn 切理饜心
2-561A
qièlòu 切鏤 2-564A
qièlù 篋簏 8-1208A
qièlù 竊禄 8-492A
qièlùn 切論 2-563A
qièlüè 竊掠 8-491B
qièmā 切螞 2-563B
qièmài 切脈 2-560B
qièmài 切衇 2-561B
qiěmàn 且慢 1-509B
qiēmiàn 切麪 2-563A
qiēmiàn 切麵 2-564A
qièmiǎn 切免 2-559B
qièmíng 竊名 8-490B
qièmìng 切命 2-560A
qièmìng 竊命 8-491A
qiēmó 切劘 2-563B
qiēmó 切摩 2-563A
qiēmó 切磨 2-563B
qiēmó 切劘 2-564A
qiēmó 切礳 2-564A
qiěmò 且莫 1-509A
qièmó 切摩 2-563A
qièmó 切磨 2-563B
qièmó 切劘 2-564A
qièmò 砌末 7-1013A
qièmò 切末 2-558B
qièmò 切莫 2-560B
qièmóu 竊眸 8-491B
qì'ēn 乞恩 1-763B
qiénà 伽那 1-1294B
qiénán 伽倻 1-1295A
qiénán 伽楠 1-1295A
qiènáng 挈囊 6-535A
qiénánxiāng 伽南香 1-1295A
qiénánzhū 伽楠珠 1-1295A
qiènáo 怯撓 7-471A
qiènáo 怯橈 7-471B
qièněi 怯餒 7-471A
qiéní 伽尼 1-1294B
qièni 切儗 2-563B
qièniàn 切念 2-560A
qiènìng 唼佞 3-392A
qiènòng 竊弄 8-490B
qiènuò 怯懦 7-471B
qiènuò 怯愞 7-471A
qièpàn 切盼 2-560A
qièpèi 挈轡 6-535A
qièpèi 竊轡 8-493B
qièpì 切譬 2-564A
qiēpiàn 切片 2-558B
qièpíng 挈瓶 6-534A
qièpíng 挈缾 6-534B
qièpò 切迫 2-560A
qièqǐ 竊乞 8-490A
qièqǐ 竊起 8-491A
qièqì 愜氣 7-652A
qièqià 愜洽 7-652A
qièqiào'er 怯殼兒 7-471A
qiēqiē 切切 2-557B
qiéqié 伽伽 1-1294B
qièqié 朅伽 5-810B
qièqiè 捷捷 6-651B
qièqiè 趄趄 9-1117A
qièqiè 嗛嗛 3-494A
qièqiè 漆漆 6-66B
qièqiè 謙謙 11-391A
qièqiè 切切 2-557B
qièqiè 怯怯 7-470A
qièqiè 挈挈 6-534A
qièqiè 愜愜 7-652B
qièqiè 朅朅 5-811A
qièqiè 篋篋 8-1208A
qièqiè 竊竊 8-493A
qièqiè 唼唼 3-392A
qiēqiēchāchá 切切嚓嚓
2-558A
qiēqiēcháchá 切切察察
2-558A
qièqièchīchī 怯怯癡癡
7-470B
qiēqiējiéjié 切切節節
2-558A
qièqièlièliè 趄趄趔趔
9-1117B
qièqièqiáoqiáo 怯怯喬喬
7-470B
qièqièqiáoqiáo 怯怯僑僑
7-470B
qiēqiēsīsī 切切偲偲
2-558A
qièqièsīsī 竊竊私私
8-493B
qièqièsīyì 竊竊私議
8-493B
qièqièsīyǔ 竊竊私語
8-493B
qièqièxiūxiū 怯怯羞羞
7-470B
qièqièxǔxǔ 竊竊詡詡
8-493B
qièqièzúzú 唼唼呢呢
3-392A
qièqíng 切情 2-561B
qièqíng 愜情 7-652A
qièqǔ 竊取 8-490B
qiěquán 且權 1-509B
qièquán 竊權 8-493A
qièquè 切却 2-559A
qièquè 切慤 2-563A
qī'ér 妻兒 4-319A
qī'ér 凄而 2-423B
qī'ér 淒洏 2-424B
qī'ér 悽洏 7-592A
qí'ér 頎而 12-268A
qí'ér 齊兒 12-1430A
qí'ěr 祈珥 7-840A
qí'èr 祈衈 7-840A
qí'èr 祈聏 7-840A
qǐ'ér 乞兒 1-762B
qì'ér 棄兒 4-1125A
qiěrán 且然 1-509A
qièrán 嗛然 3-470A
qièrán 愜然 7-652A
qièrǎng 竊攘 8-493A
qièràng 切讓 2-564A
qì'èrbùkuì 器二不匱
3-521B
qǐ'érchéngxiǎochē
乞兒乘小車 1-762B
qièrén 切人 2-557A
qièrén 妾人 4-334A
qièrén 怯人 7-470A
qī'érlǎoshào 妻兒老少
4-319A
qī'érlǎoxiǎo 妻兒老小
4-319A
qièrù 切人 2-557B
qiěrú 且如 1-508A
qièruǎn 怯爽 7-470B
qièruò 怯弱 7-471A
qǐ'érxiàng 乞兒相 1-762B
qièsè 怯色 7-470A
qièshàn 篋扇 8-1207B
qièshàng 怯上 7-470A
qièshé 唼舌 3-392A
qièshè 怯懾 7-471B
qièshēn 切身 2-559A
qièshēn 妾身 4-334A
qièshēng 怯生 7-470A
qièshēngshēng 怯生生
7-470A
qiěshǐ 且使 1-508B
qiěshì 且是 1-508B
qièshí 切實 2-562B
qièshí 竊食 8-491A
qièshì 切事 2-559B
qièshì 切適 2-562B
qièshì 妾侍 4-334A
qièshì 妾勢 4-334B
qièshì 愜適 7-652B
qièshì 竊室 8-491A
qièshì 竊視 8-491B
qiěshígélí 且食蛤蜊
1-508B
qièshìyōngquán 竊勢擁權
8-492A
qiēshǒu 切手 2-558B
qièshùn 愜順 7-652A
qiěshuō 且説 1-509A
qièshūqiándì 篋書潛遞
8-1207B
qiēsī 切偲 2-561A
qièsì 切似 2-559A
qièsì 篋笥 8-1207B
qièsì 竊肆 8-492A
qièsù 愜素 7-652A
qièsuō 怯縮 7-471B
qiétā 伽他 1-1294B
qiètàn 切嘆 2-562B
qiètáo 竊桃 8-491A
qiètáo'ér 竊桃兒 8-491A
qiètí 切題 2-563B
qiètí 挈提 6-534A
qiètiáozi 怯條子 7-470B
qiètiē 切貼 2-561B
qiètīng 竊聽 8-493A
qiètǒng 竊統 8-492A
qiètòng 切痛 2-561B
qiètóuqiènǎo 怯頭怯腦
7-471B
qiétú 伽荼 1-1295A
qiétuó 伽陀 1-1294B
qiétuóluó 伽陀羅 1-1295A
qièwàng 切望 2-561B
qièwàng 愜望 7-652A
qièwéi 切惟 2-561B
qièwéi 挈維 6-534B
qièwèi 怯畏 7-470B
qièwèi 竊位 8-490B
qièwèisùcān 竊位素餐
8-490B
qièwèn 切問 2-561B
qièwù 切勿 2-558B
qièwù 切務 2-561A
qiěxǐ 且喜 1-509A
qièxī 怯惜 7-471A
qièxián 怯弦 7-470B
qiēxiàng 切象 2-561B
qièxiǎng 切響 2-564A
qiēxiāo 切削 2-560A
qièxiào 竊咲 8-491A
qièxiào 竊笑 8-491A
qièxié 挈擕 6-535A
qièxiè 切謝 2-563B
qièxīn 切心 2-558B
qièxīn 慊心 7-681B
qièxīn 切心 2-558B
qièxīn 愜心 7-652A
qièxīnguìdàng 愜心貴當
7-652A
qiěxiū 且休 1-508A
qièxiū 朅休 5-810B
qièxū 切須 2-561B
qièxuē 怯薛 7-471B
qièxún 切尋 2-562A
qièxún 切循 2-561B
qièyán 切言 2-559B
qièyán 怯言 7-470A
qièyán 竊言 8-490B
qièyǎn 篋衍 8-1207B
qièyào 切要 2-560A
qièyào 竊藥 8-492B
qiéyé 伽耶 1-1295A
qièyǐ 切踦 2-563A

qièyǐ 切倚 2-560B
qièyì 慊意 7-682A
qièyì 切詣 2-562A
qièyì 切議 2-564A
qièyì 愜意 7-652B
qièyì 竊議 8-493A
qièyīn 切音 2-560B
qièyǐn 挈引 6-534A
qièyìng 妾媵 4-334B
qièyīqǔwēn 竊衣取温 8-490B
qièyòng 切用 2-558B
qiěyóu 且由 1-508A
qiěyóu 且猶 1-509A
qièyōu 切憂 2-563A
qiēyù 切玉 2-558B
qièyú 妾魚 4-334A
qièyú 挈杅 6-534A
qièyù 妾御 4-334B
qièyù 竊譽 8-493A
qiēyùdāo 切玉刀 2-558B
qièyún 切雲 2-561B
qièyùn 切韻 2-564A
qièyúnguān 切雲冠 2-561B
qièyùtōuhuā 竊玉偷花 8-490A
qièyùtōuxiāng 竊玉偷香 8-490A
qiězàn 且暫 1-509B
qièzānzhīchén 竊簪之臣 8-492B
qiēzé 切責 2-561A
qiězé 且則 1-508B
qièzé 切責 2-561A
qièzéi 竊賊 8-492A
qièzhào 切照 2-562A
qièzhěn 篋枕 8-1207B
qièzhèn 怯陣 7-470B
qiēzhèng 切正 2-558B
qièzhèng 切正 2-558B
qièzhèng 切政 2-560A
qièzhèng 怯症 7-470B
qièzhèng 竊政 8-491A
qiēzhí 切直 2-559B
qièzhī 竊脂 8-491B
qièzhí 切直 2-559B
qièzhì 嗛志 3-470A
qièzhì 切至 2-558B
qièzhì 切摯 2-562B
qièzhì 怯滯 7-471A
qièzhì 愜志 7-652A
qièzhòng 切中 2-558A
qièzhōngshū 篋中書 8-1207B
qièzhōngyǎn'ěr 竊鍾掩耳 8-492B
qièzhōngyǎn'ěr 竊鐘掩耳 8-493A
qiězhù 且住 1-508A
qièzhù 切祝 2-560B
qièzhuàng 切狀 2-560A
qiězhùwéijiā 且住爲佳 1-508A
qiézi 伽子 1-1294B
qiézi 茄子 9-358A
qiězì 且自 1-508A
qièzī 竊貲 8-492A
qièzī 竊訾 8-492A
qièzì 鍥梓 11-1346B
qièzì 切字 2-559A
qièzú 跙足 10-443A
qièzú 慊足 7-682A
qièzú 唼哫 3-392A
qiězuò 且做 1-509A
qīfā 七發 1-163A
qīfá 七伐 1-153A
qífǎ 棋法 4-1078A
qífà 鬐髮 12-751B
qǐfā 起發 9-1102B
qǐfā 啓發 3-397B
qǐfá 啓伐 3-395B
qìfǎ 棄法 4-1125B
qīfān 戚藩 5-229A
qīfān 戚蕃 5-229A
qīfàn 欺犯 6-1450A
qífān 旗番 6-1616B
qífān 旗幡 6-1617A
qífān 旗旛 6-1618A
qǐfān 啓藩 3-399A
qǐfān 啓蕃 3-398B
qǐfán 乞播 1-765A
qǐfán 起煩 9-1103B
qǐfán 啓煩 3-398A
qǐfǎn 起反 9-1088B
qǐfàn 乞飯 1-764B
qìfàn 器範 3-525A
qīfǎndān 七返丹 1-155A
qīfāng 七方 1-151B
qīfáng 妻房 4-319A
qífāng 奇方 2-1521B
qīfāngshì 漆方士 6-65A
qīfāngshíjì 七方十齊 1-151B
qīfǎnhuándān 七返還丹 1-155A
qīfǎnjiǔhuán 七返九還 1-154B
qīfǎnlíngshā 七返靈砂 1-155A
qǐfāshì 啓發式 3-397B
qīfēi 妻非 9-438A
qīfēi 漆妃 6-65B
qīfěi 妻斐 9-438A
qǐfēi 豈非 9-1345B
qǐfēi 起飛 9-1097B
qǐfèi 起廢 9-1106B
qìfèi 棄廢 4-1128B
qīféibāshòu 七肥八瘦 1-156B
qīfèn 期分 6-1306A
qífèn 齊奮 12-1436A
qǐfén 起墳 9-1105A
qǐfěn 綺紛 9-883A
qìfēn 氣分 6-1025B
qìfēn 氣氛 6-1028A
qìfèn 契分 2-1532B
qìfèn 氣分 6-1025B
qìfèn 氣忿 6-1028A
qìfèn 氣憤 6-1036A
qìfèn 器分 3-521B
qìfènfèn 氣忿忿 6-1028A
qìfènfèn 氣憤憤 6-1036A
qīfēng 凄風 2-424A
qīfēng 淒風 5-1357A
qīfēng 郪酆 10-587B
qífēng 奇鋒 2-1527B
qífēng 畦封 7-1341A
qífēng 齊鋒 12-1435B
qífēng 臍風 6-1399B
qífēng 騎縫 12-855B
qífèng 騎鳳 12-855A
qǐfēng 起風 9-1097A
qǐfēng 啓封 3-396B
qǐfèng 起鳳 9-1104B
qīfēngchǔyǔ 淒風楚雨 5-1357A
qífēngdíshǒu 棋逢敵手 4-1078B
qíféngdíshǒu 碁逢敵手 7-1054B
qíféngduìshǒu 棋逢對手 4-1078B
qīfēnghányǔ 淒風寒雨 2-424B
qīfēngkǔyǔ 淒風苦雨 2-424A
qīfēngkǔyǔ 淒風苦雨 5-1357A
qīfēnglěngyǔ 淒風冷雨 2-424A
qīfēngsùyǔ 棲風宿雨 4-1093B
qǐfèngténgjiāo 起鳳騰蛟 9-1104B
qíféngyìn 騎縫印 12-855B
qīfó 七佛 1-154B
qǐfó 乞佛 1-762A
qīfū 妻夫 4-319A
qīfú 妻服 4-319A
qīfú 棲伏 4-1093A
qīfǔ 七輔 1-164A
qīfǔ 戚輔 5-229A
qīfù 七賦 1-165A
qīfù 七覆 1-167A
qīfù 欺負 6-1450B
qífū 畦夫 7-1340B
qífū 騎夫 12-852A
qífú 奇服 2-1523B
qífú 祈祓 7-839B
qífú 祈福 7-840B
qífú 祺福 7-933B
qífǔ 頎甫 12-268B
qífù 圻父 2-1039B
qífù 岐跗 3-802B
qífù 祈父 7-839A
qífù 蚚父 8-868A
qífù 旗婦 6-1616A
qǐfū 起夫 9-1088A
qǐfú 稽服 8-121A
qǐfú 乞伏 1-761B
qǐfú 起伏 9-1091B
qǐfú 起服 9-1094B
qǐfú 起浮 9-1099A
qǐfú 起福 9-1104A
qǐfú 啓服 3-396A
qǐfù 企附 1-1166B
qǐfù 杞婦 4-788A
qǐfù 起富 9-1102A
qǐfù 起復 9-1102A
qǐfù 啓復 3-397A
qìfū 棄夫 4-1123A
qìfú 器服 3-523A
qìfǔ 器府 3-523A
qìfù 契父 2-1532B
qìfù 棄婦 4-1127A
qīfúliùzhào 七符六詔 1-161A
qígài 旗蓋 6-1617A
qǐgài 乞丐 1-760B
qǐgài 乞匄 1-761B
qǐgài 起蓋 9-1103A
qǐgài 啓丐 3-394B
qìgài 乞丐 1-761A
qìgài 乞匄 1-761B
qìgài 氣概 6-1034A
qǐgàixiàng 乞丐相 1-761A
qīgān 棲竿 4-1093B
qīgǎn 悽感 7-593A
qīgǎn 淒感 5-1358B
qígān 旗杆 6-1615A
qígān 旗竿 6-1615B
qígàn 奇幹 2-1526B
qígàn 旗幹 6-1617A
qǐgǎn 豈敢 9-1346A
qìgàn 氣幹 6-1034A
qìgàn 器幹 3-524B
qǐgāng 起綱 9-1105A
qìgāng 汽缸 5-971B
qìgāng 氣剛 6-1030A
qīgāo 期高 6-1307B
qīgào 七誥 1-164B
qígāo 其高 2-103A
qǐgǎo 綦縞 9-878B
qígào 祈告 7-839B
qǐgǎo 起稿 9-1105B
qǐgǎo 起藁 9-1108A
qǐgǎo 綺縞 9-884B
qǐgào 乞告 1-762A
qǐgào 啓告 3-395B
qīgāobādī 七高八低 1-160A
qígāoyīzhāo… 棋高一着,縛手縛脚 4-1078B
qīgē 悽歌 7-593B
qígē 齊割 12-1434A
qígē 齊歌 12-1435A
qígē 騎戈 12-852A
qígé 棋格 4-1078B
qígé 麒閣 12-1292B
qǐgé 綺閣 9-884A
qìgē 棄割 4-1127A
qìgé 氣格 6-1029B
qīgèbāgè 七個八個 1-160A
qìgébìng 氣鬲病 6-1030A
qígélèngzhēng 齊格楞峥 12-1431B
qǐgēn 起根 9-1098A

qìgēn 砌跟 7-1013A
qìgēn 氣根 6-1030A
qǐgēnfājiǎo 起根發脚 9-1098A
qīgěng 悽哽 7-592A
qígěng 臍梗 6-1399B
qǐgēng 起更 9-1092B
qǐgēnyóutóu 起根由頭 9-1098A
qīgètóubāgèdǎn 七個頭八個膽 1-160A
qígēzā 齊割扎 12-1434A
qīgōng 七公 1-151A
qīgōng 七宮 1-159A
qīgōng 妻公 4-319A
qīgōng 妻宮 4-319B
qīgōng 漆工 6-65A
qīgōng 漆宮 6-66A
qígōng 奇功 2-1522A
qígōng 棋工 4-1077B
qígōng 棋功 4-1077B
qígōng 綦公 9-878A
qígōng 齊功 12-1428A
qǐgōng 起工 9-1087B
qǐgōng 起功 9-1089B
qìgōng 迄工 10-718B
qìgōng 迄功 10-718B
qìgōng 氣功 6-1026A
qìgōng 訖工 11-46B
qìgōng 訖功 11-47A
qìgòng 器貢 3-523B
qīgǒngbāqiáo 七拱八翹 1-157A
qǐgōngjú 起功局 9-1089B
qìgōngyíngsī 棄公營私 4-1123A
qīgòu 七垢 1-157A
qígōu 畦溝 7-1341B
qígǒu 耆耇 8-641A
qígǒu 耆耉 8-641A
qǐgǒu 杞狗 4-787B
qǐgòu 綺構 9-883B
qīgū 漆姑 6-65B
qīgǔ 七古 1-152A
qīgǔ 棲谷 4-1093A
qígū 奇觚 2-1526A
qígǔ 岐穀 3-802B
qígǔ 奇古 2-1522A
qígǔ 奇骨 2-1524A
qígǔ 祈穀 7-840B
qígǔ 旗鼓 6-1616B
qígǔ 齊鼓 12-1434A
qígǔ 齊皷 12-1435A
qǐgǔ 跂骨 10-433B
qǐgǔ 起股 9-1094B
qǐgǔ 起骨 9-1096B
qǐgǔ 起鼓 9-1103A
qǐgù 豈顧 9-1346B
qǐgù 起痼 9-1103B
qìgū 泣辜 5-1099B
qìgū 棄觚 4-1127A
qìgǔ 契骨 2-1533B
qìgǔ 氣骨 6-1029A
qìgǔ 氣臌 6-1036B
qìgǔ 氣蠱 6-1037B
qìgù 鼜鼓 12-1399B
qīguā 期瓜 6-1306B
qǐguà 起卦 9-1093B
qíguǎi 棋罫 4-1079A
qíguài 奇怪 2-1523B
qīguān 七觀 1-169B
qíguān 丌官 1-333B
qíguān 奇觀 2-1529B
qíguān 旗官 6-1615A
qíguān 齊冠 12-1431A
qíguān 齊觀 12-1437B
qíguān 騎官 12-853B
qíguàn 畦灌 7-1341B
qǐguān 起官 9-1095A
qǐguān 起冠 9-1097B
qǐguān 起棺 9-1101B
qǐguān 啓關 3-399B
qǐguǎn 起館 9-1107A
qìguān 棄官 4-1125B
qìguān 器官 3-523B
qìguān 器觀 3-525B
qìguǎn 汽管 5-972A
qìguǎn 氣管 6-1035A
qìguǎn 憩館 7-721B
qìguànchánghóng 氣貫長虹 6-1032B
qíguāng 齊光 12-1428A
qíguāngyìcǎi 奇光異彩 2-1522A
qīguāntiè 七觀帖 1-169B
qìgǔgǔ 氣鼓鼓 6-1033B
qīguǐ 欺詭 6-1451B
qīguì 七貴 1-162B
qíguī 奇瑰 2-1526B
qíguī 奇瓌 2-1529B
qíguī 奇傀 2-1525B
qíguī 耆龜 8-642B
qíguī 琦傀 4-590B
qíguī 琪瑰 4-589A
qíguī 齊規 12-1432B
qíguǐ 鬿鬼 12-476A
qíguǐ 奇詭 2-1527A
qíguǐ 齊軌 12-1430B
qíguì 祈禬 7-840B
qǐguī 乞歸 1-765B
qìguī 挈龜 6-535A
qìguǐ 摖鬼 6-840A
qíguǐliánpèi 齊軌連轡 12-1430B
qīguìsāngōng 七貴三公 1-162B
qìguǐshén 泣鬼神 5-1099A
qīguìwǔhóu 七貴五侯 1-162B
qǐguīyǎng 乞歸養 1-765B
qǐguìzhènlóng 啓瞶振聾 3-399A
qìgùlǎnxīn 棄故攬新 4-1125B
qīguó 七國 1-161A
qǐguō 起鍋 9-1107A
qǐguó 起虢 9-1106A
qǐguò 起過 9-1100A
qìguó 棄國 4-1126B
qìguòtúxīn 棄過圖新 4-1126B
qǐguóyōutiān 杞國憂天 4-788A
qǐguózhīyōu 杞國之憂 4-788A
qígǔtán 祈穀壇 7-840B
qígǔxiāngdāng 旗鼓相當 6-1616B
qīgūzǐ 七姑子 1-156B
qīhǎi 七海 1-160B
qīhǎi 七醢 1-166B
qíhài 奇駭 2-1528A
qǐhái 乞骸 1-765A
qìhái 棄孩 4-1126A
qìhái 棄骸 4-1128B
qìhǎi 炁海 7-48A
qìhǎi 氣海 6-1031B
qǐháigǔ 乞骸骨 1-765A
qìhāihāi 氣咍咍 6-1028A
qīhán 淒寒 5-1358B
qīhàn 戚閈 5-228B
qíhán 祁寒 7-830B
qíhán 祈寒 7-840A
qǐhán 乞寒 1-764B
qǐhàn 起旱 9-1092B
qíháng 齊行 12-1428B
qǐháng 啓航 3-396B
qìhánggǎiyè 棄行改業 4-1124B
qīhángjùxià 七行俱下 1-153B
qǐhánhú 乞寒胡 1-764B
qǐhánpōhú 乞寒潑胡 1-764B
qīhāo 萋蒿 9-438B
qīháo 棲毫 4-1094B
qīhǎo 戚好 5-227B
qīhào 亓號 7-828A
qíháo 齊毫 12-1433A
qíhào 旗號 6-1617A
qǐhào 起號 9-1103A
qǐhào 綺皓 9-883A
qìhǎo 契好 2-1533A
qìhǎobèiméng 棄好背盟 4-1124B
qīhé 期合 6-1306B
qīhè 棲鶴 4-1096B
qīhè 磎壑 7-1091A
qíhè 騎鶴 12-856A
qǐhé 乞和 1-762B
qǐhé 起禾 9-1090A
qǐhé 起合 9-1092A
qǐhé 起翮 9-1106B
qǐhé 綺合 9-882A
qìhé 契合 2-1533A
qìhé 砌合 7-1013A
qìhé 氣合 6-1026B
qìhé 氣和 6-1028A
qìhé 氣核 6-1030A
qíhègēngyángzhōu 騎鶴更揚州 12-856A
qíhèhuà 騎鶴化 12-856A
qīhēi 漆黑 6-66A
qīhēiyītuán 漆黑一團 6-66A
qīhèn 悽恨 7-592A
qīhèn 慼恨 7-685B
qīhéng 棲衡 4-1096A
qíhéng 奇恒 2-1524B
qíhéng 齊衡 12-1436A
qíhéng 騎衡 12-855A
qīhéngbāshù 七横八豎 1-165A
qìhēnghēng 氣哼哼 6-1030A
qìhěnhěn 氣狠狠 6-1029A
qìhènhèn 氣恨恨 6-1029B
qíhèshàngwéiyáng 騎鶴上維揚 12-856A
qíhèshàngyáng 騎鶴上揚 12-856A
qíhèshàngyángzhōu 騎鶴上揚州 12-856A
qíhètè 齊赫特 12-1435A
qíhèwàngyángzhōu 騎鶴望揚州 12-856A
qíhèwéiyáng 騎鶴維揚 12-856A
qíhèyángzhōu 騎鶴揚州 12-856A
qīhǒng 欺哄 6-1450B
qíhóng 祁紅 7-830B
qíhóng 旗紅 6-1615B
qíhóng 蠁虹 12-751B
qǐhōng 起轟 9-1108B
qǐhòng 起哄 9-1096A
qǐhòng 起鬨 9-1106B
qìhóngduīlǜ 砌紅堆緑 7-1013A
qìhōnghōng 氣哄哄 6-1028B
qìhōnghōng 氣烘烘 6-1031A
qíhòu 齊后 12-1428B
qìhǒu 氣吼 6-1027A
qìhòu 契厚 2-1533B
qìhòu 氣候 6-1030A
qìhǒuhǒu 氣吼吼 6-1027A
qíhòunüè 齊后瘧 12-1428B
qíhòupòhuán 齊后破環 12-1428B
qīhū 欺忽 6-1450B
qíhǔ 騎虎 12-853B
qíhù 歧互 5-349B
qíhù 畦户 7-1340B
qǐhú 乞胡 1-762B
qǐhú 綺縠 9-884A
qǐhù 企户 1-1166B
qǐhù 屺岵 3-801A
qǐhù 啓户 3-395A
qǐhù 棨户 4-1133A
qǐhù 綺户 9-882A
qìhū 棄忽 4-1125B
qīhuá 欺猾 6-1451A
qīhuà 期話 6-1309A
qīhuà 漆畫 6-66A
qíhuā 琪花 4-589A
qíhuā 琪蘤 4-589B
qíhuā 琪華 4-589A
qíhuā 旗花 6-1615A

qíhuà 奇畫 2-1526B
qíhuà 碁畫 7-1055A
qǐhuā 起花 9-1092A
qǐhuá 企劃 1-1167B
qǐhuà 乞化 1-761A
qǐhuà 起化 9-1088B
qǐhuà 啓旮 3-395B
qǐhuà 啓化 3-395A
qìhuà 汽化 5-971B
qìhuà 氣化 6-1025B
qīhuái 悽懷 7-593B
qíhuái 奇懷 2-1529B
qǐhuái 企懷 1-1168A
qǐhuái 綺懷 9-885A
qìhuái 器懷 3-525B
qīhuàn 戚宦 5-228A
qíhuán 祇洹 7-841B
qíhuán 淇洹 5-1344A
qíhuàn 奇幻 2-1521B
qīhuáng 悽惶 7-512A
qīhuáng 淒惶 2-425B
qīhuáng 悽惶 7-593A
qīhuáng 淒惶 5-1358A
qíhuáng 岐黄 3-802A
qíhuáng 歧黄 5-350A
qǐhuāng 起肓 9-1093B
qīhuāngbāluàn 七慌八亂
1-163A
qíhuángjiā 岐黄家 3-802A
qíhuánjīngshè 祇洹精舍
7-841B
qǐhuātou 起花頭 9-1092B
qǐhuāyàng 起花樣 9-1092B
qíhuāyáocǎo 琪花瑤草
4-589A
qíhuāyìcǎo 奇花異草
2-1522B
qíhuāyìhuì 奇花異卉
2-1522B
qíhuāyùshù 琪花玉樹
4-589A
qìhuázi 汽划子 5-971B
qìhūhū 氣呼呼 6-1028A
qìhǔhǔ 氣虎虎 6-1027B
qīhuī 漆灰 6-65A
qīhuǐ 萋毀 9-438B
qīhuì 期會 6-1309A
qíhuī 旗麾 6-1617B
qíhuǐ 祇悔 7-841B
qíhuì 跂喙 10-434A
qíhuì 碁會 7-1055A
qǐhuī 乞麾 1-765A
qǐhuī 起灰 9-1091A
qǐhuì 起會 9-1103B
qǐhuì 啓會 3-398A
qǐhuì 啓誨 3-398B
qǐhuì 綺繢 9-884B
qǐhuì 綺繪 9-885A
qìhuī 棄灰 4-1124A
qìhuǐ 棄毀 4-1128A
qìhuì 契會 2-1534A
qìhuì 棄穢 4-1129B
qìhuì 器賄 3-524B
qìhūn 氣昏 6-1028A
qíhǔnánxià 騎虎難下
12-853B
qīhuò 期貨 6-1307B
qīhuò 欺惑 6-1451A
qíhuǒ 旗火 6-1614B
qíhuǒ 騎火 12-852B
qíhuò 奇貨 2-1525B
qíhuò 旗獲 6-1618A
qíhuò 齊貨 12-1433A
qǐhuó 乞活 1-763A
qǐhuǒ 乞火 1-761A
qǐhuǒ 起火 9-1089A
qǐhuǒ 起伙 9-1091B
qǐhuò 乞嚯 1-765B
qǐhuò 起貨 9-1100B
qǐhuò 起禍 9-1102B
qǐhuò 起獲 9-1107A
qíhuǒchá 騎火茶 12-852B
qíhuòkějū 奇貨可居
2-1525B
qǐhuǒrén 乞火人 1-761A
qíhùzhǎng 耆户長 8-640A
qījī 淒激 5-1358B
qījí 淒急 2-424B
qījí 淒急 5-1357A
qījí 期集 6-1308B
qījí 棲集 4-1095A
qījì 淒寂 2-425A
qījì 悽寂 7-592B
qījì 淒寂 5-1358A
qījì 期寄 6-1308A
qījì 期冀 6-1309B
qījì 棲迹 4-1093B
qījì 棲寄 4-1094B
qíjī 齊姬 12-1432B
qíjī 騎箕 12-854B
qíjí 碁集 7-1055A
qíjí 旗籍 6-1618A
qíjí 齊集 12-1434A
qíjí 齊輯 12-1435B
qíjí 鰭棘 12-1252A
qíjǐ 齊給 12-1434A
qíjì 奇迹 2-1524B
qíjì 奇勣 2-1526B
qíjì 奇績 2-1529A
qíjì 奇伎 2-1522A
qíjì 奇技 2-1522B
qíjì 奇紀 2-1524B
qíjì 奇跡 2-1527A
qíjì 奇蹟 2-1529A
qíjì 祈霽 7-841A
qíjì 綦迹 9-878B
qíjì 綦跡 9-878B
qíjì 綦蹟 9-878B
qíjì 齊技 12-1429A
qíjì 齊跡 12-1434B
qíjì 騏驥 12-851B
qíjì 麒麟 12-1293B
qǐjī 起基 9-1100A
qǐjī 啓機 3-398B
qǐjí 跂及 10-433A
qǐjí 企及 1-1166A
qǐjí 起急 9-1097A
qǐjí 起疾 9-1099A
qǐjí 起集 9-1102A
qǐjí 起籍 9-1108B
qǐjǐ 棨戟 4-1133A
qǐjì 企冀 1-1167B
qǐjì 啓碁 3-397A
qǐjì 綺季 9-882A
qìjī 汽機 5-972A
qìjī 契機 2-1535A
qìjī 氣機 6-1036A
qìjí 氣急 6-1029A
qìjí 氣疾 6-1031A
qìjí 棄疾 4-1126B
qìjǐ 契已 2-1532B
qījiā 戚家 5-228A
qījià 攲架 6-1453A
qíjiā 棋家 4-1078B
qíjiā 齊家 12-1432A
qíjiǎ 旗甲 6-1614B
qíjiǎ 鬐甲 12-751B
qíjià 齊駕 12-1435B
qǐjiā 起家 9-1099B
qǐjiǎ 乞假 1-764A
qǐjià 乞假 1-764A
qǐjià 起價 9-1106A
qǐjià 起稼 9-1106A
qǐjià 起駕 9-1106B
qìjiā 契家 2-1534A
qìjiǎ 棄甲 4-1123B
qìjiǎ 器甲 3-522A
qījiāchá 七家茶 1-160B
qìjiādàngchǎn 棄家蕩産
4-1126B
qìjiǎdǎogē 棄甲倒戈
4-1123B
qìjiǎfùnǔ 棄甲負弩
4-1123B
qījiājūn 戚家軍 5-228A
qījiān 期間 6-1308B
qījiǎn 漆簡 6-67A
qījiàn 欺僭 6-1451B
qíjiān 其間 2-103A
qíjiān 齊肩 12-1430B
qíjiǎn 奇蹇 2-1528B
qíjiàn 奇劍 2-1528A
qíjiàn 旗艦 6-1618B
qǐjiān 起奸 9-1092A
qǐjiān 起肩 9-1095A
qǐjiān 起姦 9-1097B
qǐjiǎn 跂蹇 10-434A
qǐjiǎn 乞儉 1-765A
qǐjiǎn 起翦 9-1106B
qǐjiǎn 起繭 9-1108A
qǐjiàn 起見 9-1092B
qǐjiàn 起建 9-1095A
qìjiàn 契箭 2-1534B
qìjiàn 棄劍 4-1128B
qìjiàn 棄劒 4-1129A
qìjiàn 器鑒 3-525B
qījiàn'er 七件兒 1-153B
qījiàng 漆匠 6-65A
qíjiāng 齊姜 12-1431A
qíjiàng 耆將 8-642A
qíjiàng 騎將 12-854B
qǐjiāng 啓彊 3-399A
qǐjiāng 啓疆 3-399B
qǐjiǎng 起講 9-1108A
qǐjiàng 乞降 1-762B
qǐjiāngdéjiǔ 乞漿得酒
1-765A
qíjiāngshí 奇礓石 2-1529A
qījiànshì 七件事 1-153B
qījiāo 七郊 1-156B
qījiào 七教 1-160B
qījiào 七校 1-159B
qījiào 戚醮 5-229A
qījiào 期較 6-1308B
qíjiāo 圻郊 2-1039B
qíjiāo 齊交 12-1428B
qíjiǎo 奇矯 2-1528B
qíjiǎo 蚑蟜 8-866B
qíjiǎo 碕角 7-1055B
qíjiǎo 旗脚 6-1616A
qíjiǎo 稽角 8-120B
qǐjiǎo 跂脚 10-433B
qǐjiǎo 企脚 1-1167A
qǐjiǎo 起脚 9-1101A
qǐjiào 乞教 1-764A
qǐjiào 起酵 9-1104B
qǐjiào 起轎 9-1108A
qìjiāo 契交 2-1533A
qìjiǎo 憩脚 7-721B
qījiǎobājiǎo 七角八角
1-155A
qījiǎobāshǒu 七脚八手
1-164A
qǐjiǎobǐng 起膠餅 9-1106A
qìjiāozhìmǎn 氣驕志滿
6-1037A
qìjiǎtóugē 棄甲投戈
4-1123B
qìjiǎyèbīng 棄甲曳兵
4-1123B
qìjiǎyúsāi 棄甲于思
4-1123B
qíjiāzhìguó 齊家治國
12-1432A
qìjíbàihuài 氣急敗壞
6-1029B
qìjíbàisàng 氣急敗喪
6-1029A
qǐjìcí 綺季祠 9-882A
qījiē 戚嗟 5-228B
qījié 期節 6-1309A
qíjié 奇傑 2-1526A
qíjié 奇節 2-1527A
qíjié 棋劫 4-1078A
qíjié 旗節 6-1617A
qíjié 齊截 12-1435A
qíjiè 圻界 2-1039B
qíjiè 祈借 7-840A
qíjiè 鬐介 12-751B
qǐjié 起結 9-1103A
qǐjié 起節 9-1103A
qǐjié 啓節 3-398A
qǐjié 綺節 9-883B
qǐjiě 起解 9-1103B
qǐjiè 乞借 1-763B
qǐjiè 起解 9-1103B

qìjiē 砌階 7-1013A
qìjié 氣結 6-1033B
qìjié 氣節 6-1034B
qìjiè 器界 3-523B
qījiébiān 七節鞭 1-164A
qíjiéjié 齊截截 12-1435A
qìjiéshēngsī 氣竭聲嘶 6-1035A
qìjiéshēngsī 氣竭聲澌 6-1035A
qījífèi 期集費 6-1308B
qījífúróng 七級芙蓉 1-159A
qījífútú 七級浮屠 1-159A
qījífútú 七級浮圖 1-159A
qíjīkāifǔ 齊雞開府 12-1436B
qíjìkùnyánchē 騏驥困鹽車 12-851B
qījǐn 淒緊 2-426A
qījǐn 淒緊 5-1358B
qījǐn 萋錦 9-438B
qíjīn 奇斤 2-1521B
qíjīn 綦巾 9-878A
qǐjīn 起今 9-1089A
qǐjǐn 乞緊 1-764B
qǐjìn 起盡 9-1105A
qǐjìn 起勁 9-1096A
qìjīn 迄今 10-718B
qìjīn 氣矜 6-1029B
qìjīn 訖今 11-47A
qìjìn 汔盡 5-927A
qìjìn 氣盡 6-1035B
qìjìn 氣祲 6-1032A
qìjìn 氣禁 6-1034A
qìjìn 訖盡 11-47B
qījīng 七經 1-164A
qījīng 七精 1-164B
qījǐng 七景 1-162B
qījǐng 淒警 5-1358B
qījǐng 漆井 6-65A
qījìng 淒靜 2-426A
qījìng 漆靜 6-66B
qíjīng 棋經 4-1079A
qíjīng 碁經 7-1055A
qíjīng 旗旌 6-1616A
qíjīng 騎鯨 12-855B
qíjǐng 奇警 2-1529A
qíjǐng 旗警 6-1618A
qíjìng 岐徑 3-802A
qíjìng 畦徑 7-1341A
qíjìng 畦逕 7-1341A
qǐjīng 起經 9-1104A
qǐjǐng 企警 1-1168A
qǐjǐng 綺井 9-881B
qǐjìng 起敬 9-1101A
qìjīng 泣荊 5-1099A
qìjīng 契經 2-1534B
qìjǐng 棄井 4-1122B
qìjìng 氣勁 6-1028B
qìjìng 訖竟 11-47A
qìjìng 器敬 3-524A
qíjīngkè 騎鯨客 12-855B
qíjīnglǐ 騎鯨李 12-855B
qíjīngyú 騎京魚 12-853B
qíjīngyú 騎鯨魚 12-855B
qíjīnxiǎodié 齊筋小碟 12-1434A
qījiǒng 淒炯 2-424B
qǐjiōng 啓扃 3-396B
qījíqián 期集錢 6-1308B
qījísuǒ 期集所 6-1308B
qījiǔ 七九 1-149A
qījiù 妻舅 4-319B
qījiù 戚舊 5-229A
qíjiù 耆舊 8-642B
qǐjiù 起柩 9-1096A
qìjiǔ 汽酒 5-972A
qìjiù 棄咎 4-1125B
qìjiù 棄舊 4-1129A
qìjiùliánxīn 棄舊憐新 4-1129B
qìjiùtúxīn 棄舊圖新 4-1129B
qìjiùyíngxīn 棄舊迎新 4-1129A
qījīwěi 騎箕尾 12-854B
qíjīyì 騎箕翼 12-855A
qíjìyínqiǎo 奇技淫巧 2-1522B
qījíyuàn 期集院 6-1308B
qījū 棲居 4-1093B
qījù 棲聚 4-1095B
qījù 棲踞 4-1095B
qījù 欺拒 6-1450A
qíjū 琪琚 4-589A
qíjú 奇局 2-1523A
qíjú 棋局 4-1078A
qíjú 碁局 7-1054B
qíjù 祁劇 7-831A
qíjù 崎岠 3-831B
qǐjū 乞鞠 1-765B
qǐjū 乞鞫 1-765B
qǐjū 起居 9-1095A
qǐjū 啓居 3-396A
qǐjú 杞菊 4-787B
qǐjú 起局 9-1093B
qǐjǔ 企矩 1-1166B
qǐjù 豈鉅 9-1346A
qǐjù 豈遽 9-1346A
qǐjù 豈渠 9-1346A
qǐjù 起句 9-1090B
qìjú 氣局 6-1027A
qìjú 器局 3-522B
qìjǔ 氣沮 6-1028B
qìjù 跂據 10-434A
qìjù 契據 2-1535A
qìjù 器具 3-523A
qījuàn 悽眷 7-592B
qījuàn 戚眷 5-228B
qǐjuān 起捐 9-1098A
qǐjuàn 起圈 9-1100A
qìjuān 棄捐 4-1126A
qìjuàn 棄卷 4-1125B
qījué 七角 1-155A
qījué 七絕 1-163A
qījué 七覺 1-168A
qījué 淒絕 2-425B
qījué 悽絕 7-593A
qījué 淒絕 5-1358B
qíjué 奇倔 2-1525A
qíjué 奇崛 2-1525B
qíjué 奇絕 2-1526B
qíjué 奇譎 2-1529A
qíjué 耆崛 8-641B
qíjué 齊較 12-1434B
qǐjué 起角 9-1093B
qǐjué 起蹶 9-1108B
qǐjué 起蹷 9-1108A
qìjué 棨钁 4-1133A
qìjué 氣決 6-1027A
qìjué 氣訣 6-1032A
qìjué 氣厥 6-1032B
qìjué 氣絕 6-1033B
qìjué 棄絕 4-1127B
qījuéfēn 七覺分 1-168A
qìjuéquándá 氣決泉達 6-1027A
qījūn 七均 1-154A
qījūn 七軍 1-159A
qíjūn 旗軍 6-1615B
qíjūn 齊均 12-1429A
qíjūn 騎軍 12-853B
qíjùn 岐峻 3-802A
qíjùn 奇儁 2-1526A
qíjùn 奇俊 2-1524A
qíjùn 奇峻 2-1525A
qíjùn 奇僑 2-1527B
qíjùn 耆俊 8-641B
qíjùn 頎峻 12-268B
qǐjūn 起軍 9-1097B
qījūnwǎngshàng 欺君罔上 6-1450A
qǐjūshèrén 起居舍人 9-1095B
qījǔshíjié 七舉時節 1-166B
qǐjūzhù 起居注 9-1095B
qìkǎ 契卡 2-1533A
qǐkāi 起開 9-1102B
qǐkāi 啓開 3-397B
qīkāibādé 七開八得 1-163A
qíkāidéshèng 旗開得勝 6-1616B
qīkān 期刊 6-1306B
qìkān 契勘 2-1534A
qǐkàng 起炕 9-1094B
qǐkàng 起坑 9-1092A
qīkǎo 期考 6-1306B
qīkē 七科 1-158B
qīkè 期刻 6-1307A
qīkè 期剋 6-1307B
qíkè 祈克 7-839B
qíkè 棋客 4-1078B
qíkè 碁客 7-1054B
qǐkē 起科 9-1096B
qǐkē 起痾 9-1099A
qǐkē 起窠 9-1104A
qǐkě 豈可 9-1345A
qǐkè 起課 9-1106A
qǐkè 起騍 9-1108A
qǐkè 綺刻 9-882A
qīkēzhé 七科適 1-158B
qīkēzhé 七科謫 1-158B
qīkǒng 七孔 1-151B
qīkǒngshēngyān 七孔生煙 1-151B
qīkǒngzhēn 七孔針 1-151B
qīkǒngzhēn 七孔鍼 1-151B
qíkǒu 齊口 12-1427A
qíkòu 騎寇 12-854B
qǐkǒu 啓口 3-394B
qǐkòu 起叩 9-1090A
qìkǒu 氣口 6-1025B
qīkǒubāzuǐ 七口八嘴 1-149B
qīkǔ 淒苦 2-424B
qīkǔ 悽苦 7-591B
qīkǔ 淒苦 5-1357A
qìkū 泣哭 5-1099B
qìkǔ 氣苦 6-1027B
qíkuà 騎跨 12-854B
qíkuài 旗膾 6-1618A
qíkuài 綦會 9-878B
qǐkuài 啓會 3-398A
qìkuài 砌塊 7-1013A
qīkuáng 欺狂 6-1450A
qīkuáng 欺誑 6-1451B
qǐkuàng 豈況 9-1345B
qíkuí 琦魁 4-591A
qíkuǐ 碕磈 7-1097A
qìkuì 棄潰 4-1128B
qīlābāchě 七拉八扯 1-155B
qīlài 欺賴 6-1452A
qǐlái 起來 9-1094A
qǐlài 起籟 9-1108B
qīlàlà 吃刺刺 3-131A
qīlán 欺讕 6-1452B
qīlàn 欺濫 6-1452A
qílán 奇藍 2-1528B
qīlǎng 悽朗 7-592A
qīlǎng 淒朗 5-1357B
qíláng 麢狼 12-1305B
qǐlàng 起浪 9-1099B
qìlàng 氣浪 6-1031B
qīláo 七牢 1-155B
qíláo 齊牢 12-1429B
qílǎo 耆老 8-640B
qīlǎobādǎo 七老八倒 1-152B
qīlāobārǎng 七撈八攘 1-164B
qīlǎobāshí 七老八十 1-152B
qīlǎohuì 七老會 1-152B
qīlèi 悽淚 7-592B
qíléi 耆羸 8-642B
qǐléi 起雷 9-1103A
qìléi 氣羸 6-1037A
qìlěi 砌壘 7-1013B
qìlěi 棄壘 4-1129B
qìlèi 泣淚 5-1099B
qìlèi 砌累 7-1013A
qìlèi 氣類 6-1037A
qìlèi 器類 3-525B
qíléitíwū 齊壘啼烏

12-1436B
qīlěng 凄冷 2-424A
qīlěng 淒冷 5-1356B
qīlèng 畦稜 7-1341B
qīléngbābàn 七楞八瓣 1-163B
qīlǐ 戚里 5-227B
qīlì 毄力 6-1504B
qīlì 七曆 1-166A
qīlì 凄戾 2-424A
qīlì 凄唳 2-425A
qīlì 凄厲 2-426A
qīlì 悽戾 7-591B
qīlì 悽唳 7-592A
qīlì 悽悷 7-592B
qīlì 悽厲 7-593B
qīlì 悽麗 7-593B
qīlì 淒淚 5-1358A
qīlì 淒戾 5-1357A
qīlì 淒唳 5-1357B
qīlì 淒厲 5-1358B
qīlì 淒麗 5-1359A
qīlì 期厲 6-1309A
qīlì 漆吏 6-65A
qīlì 螇螃 8-946A
qílí 奇離 2-1529A
qílí 蚑離 8-866B
qílǐ 齊理 12-1432B
qílì 奇麗 2-1529A
qílì 棋力 4-1077B
qílì 頎立 12-268A
qílì 齊力 12-1426B
qílì 騎吏 12-852B
qǐlí 起離 9-1108A
qǐlǐ 綺里 9-882A
qǐlì 跂立 10-433A
qǐlì 乞力 1-760B
qǐlì 企立 1-1166B
qǐlì 起力 9-1087B
qǐlì 起立 9-1090B
qǐlì 起利 9-1092B
qǐlì 起例 9-1094B
qǐlì 起慄 9-1104A
qǐlì 綺麗 9-884B
qìlǐ 棄禮 4-1129B
qìlǐ 葺理 9-459B
qìlì 揭厲 6-759A
qìlì 氣力 6-1025A
qìlì 氣厲 6-1035A
qìlì 棄力 4-1122B
qìlì 磧歷 7-1097A
qìlì 磧礫 7-1097A
qìlì 磧礰 7-1097A
qīliàn 悽戀 7-593B
qílián 棋奩 4-1079A
qílián 綦連 9-878B
qǐlián 乞憐 1-765A
qǐlián 起聯 9-1107B
qīliáng 凄涼 2-424B
qīliáng 悽涼 7-592A
qīliáng 淒涼 5-1358A
qīliáng 棲糧 4-1096B
qīliàng 凄亮 2-424B
qīliáng 郪梁 10-587B
qíliáng 岐梁 3-802B
qíliáng 齊梁 12-1433A
qíliàng 齊量 12-1433B
qǐliáng 乞良 1-762A
qǐliáng 乞糧 1-765B
qǐliǎng 乞兩 1-762B
qìliàng 氣量 6-1032B
qìliàng 器量 3-524A
qǐliángchéng 杞梁城 4-788A
qíliàngděngguān 齊量等觀 12-1433B
qīliángdiào 淒涼調 5-1358A
qīliángfàn 淒涼犯 5-1358A
qǐliángqī 杞梁妻 4-788A
qǐliàngqūlǜ 乞量曲律 1-764A
qíliángtǐ 齊梁體 12-1433A
qíliǎngtóumǎ 騎兩頭馬 12-853B
qíliánshān 祁連山 7-830B
qīliáo 凄寥 2-426A
qīliáo 淒寥 5-1358B
qǐliáo 綺寮 9-884A
qìliǎo 訖了 11-46B
qīliǎobādàng 七了八當 1-149A
qǐlǐcí 綺里祠 9-882A
qìlǐdāsā 砌裹搭撒 7-1013A
qīliè 凄洌 2-424A
qīliè 淒洌 5-1357A
qīliè 棲列 4-1093A
qíliè 圻埒 2-1039B
qíliè 畦畤 7-1341B
qíliè 棋列 4-1077B
qíliè 齊列 12-1428A
qíliè 騎獵 12-855B
qíliè 鬐鬣 12-751B
qíliè 鬐鬛 12-751B
qíliè 鰭鬣 12-1252A
qíligǔguài 奇離古怪 2-1529A
qǐlǐjì 綺里季 9-882A
qīlìkāzhā 嘁哩喀喳 3-488B
qīlǐlài 七里瀨 1-154B
qīlǐn 凄凜 2-426A
qīlǐn 淒凜 5-1358B
qílín 祇林 7-841B
qílín 騏驎 12-851B
qílín 騏麟 12-851B
qílín 麒麟 12-1292B
qǐlín 乞鄰 1-765A
qìlín 泣麟 5-1100A
qìlínbēifèng 泣麟悲鳳 5-1100A
qílínbǐ 麒麟筆 12-1293A
qílínchú 麒麟雛 12-1293B
qílíndiàn 麒麟殿 12-1293A
qílíndòu 麒麟鬬 12-1293B
qílín'ér 麒麟兒 12-1293A
qīlíng 七陵 1-160B
qīlíng 凄零 2-425B
qīlíng 欺凌 6-1450B
qīlíng 欺陵 6-1451A
qílíng 奇齡 2-1529B
qílǐng 蠐領 8-990A
qǐlíng 乞靈 1-765B
qǐlíng 起靈 9-1109A
qǐlǐng 碕嶺 7-1055B
qǐlìng 起令 9-1090A
qìlíng 器靈 3-525B
qìlǐng 契領 2-1534B
qìlǐng 挈領 6-534B
qìlìng 契令 2-1533A
qìlìng 氣令 6-1026A
qìlìng 挈令 6-534A
qīlíngbāluò 七菱八落 1-160B
qīlíngbāluò 七零八落 1-163B
qīlíngbāsuì 七零八碎 1-163B
qílíngé 麒麟閣 12-1293B
qīlíngqián 踦零錢 10-490A
qǐlìngsuíhé 起令隨合 9-1090B
qǐlìngsuílìng 起令隨令 9-1090A
qílínhán 麒麟函 12-1293A
qílínhuà 麒麟畫 12-1293A
qílínjié 騏驎竭 12-851B
qílínkè 麒麟客 12-1293A
qīlínlín 七林林 1-156A
qílínmén 麒麟門 12-1293A
qílínpáo 麒麟袍 12-1293A
qílínshǒu 麒麟手 12-1293A
qílínshū 麒麟書 12-1293A
qílínxiàng 麒麟像 12-1293A
qílínxuàn 麒麟楦 12-1293A
qílínzhǒng 麒麟冢 12-1293A
qílínzhǒng 麒麟塚 12-1293A
qílínzhǒng 麒麟種 12-1293B
qíliú 棋流 4-1078B
qíliú 旗旒 6-1617A
qíliú 騏駵 12-851A
qíliú 騏騮 12-851A
qǐliǔ 杞柳 4-787B
qìliú 氣流 6-1031B
qìliú 憩流 7-721A
qǐliúdīngláng 乞留玎琅 1-763B
qīliúqīlì 七留七力 1-160A
qǐliúqǐliáng 乞留乞良 1-763B
qīliúqīlín 七留七林 1-160A
qǐliúqǔlǚ 乞留曲呂 1-763B
qǐliúqūlǜ 乞留曲律 1-763B
qīliúsuǒ 棲流所 4-1094A
qǐliúwūlàn 乞留恶濫 1-763B
qǐliúwūliáng 乞留兀良 1-763B
qīlǐxiāng 七里香 1-154B
qílìyōng 瘨癧癰 8-330A
qīlízǐsàn 妻離子散 4-319B
qílóng 騎龍 12-855A
qílǒng 畦隴 7-1341B
qǐlóng 起龍 9-1107B
qǐlóng 綺櫳 9-885B
qílóngnòngfèng 騎龍弄鳳 12-855A
qílóu 騎樓 12-855A
qǐlóu 起樓 9-1105A
qǐlóu 綺樓 9-884A
qìlóu 氣樓 6-1035B
qīlù 七錄 1-166B
qílǔ 齊虜 12-1434B
qílù 岐路 3-802B
qílù 歧路 5-350A
qílù 棋陸 4-1078B
qílù 棋路 4-1079A
qílù 琦賂 4-591A
qílù 騎鹿 12-854B
qílù 騏騄 12-851A
qǐlù 起陸 9-1099B
qǐlù 起路 9-1103A
qǐlù 啓露 3-399B
qǐlù 啓路 3-398A
qìlú 汽爐 5-972B
qìlú 滊鑪 6-16A
qìlǔ 磧鹵 7-1097A
qìlù 泣露 5-1100A
qìlù 泣路 5-1100A
qìlù 訖録 11-47B
qìlù 訖籙 11-47B
qìlù 棄祿 4-1127A
qìlù 棄戮 4-1129A
qìlù 磧路 7-1097A
qǐluán 起鑾 9-1109A
qǐluán 啓鑾 3-399B
qíluáncānfèng 騎鸞驂鳳 12-856B
qìluè 器略 3-524A
qílún 齊倫 12-1432A
qǐlún 啓輪 3-398B
qìlún 汽輪 5-972A
qīlúnfēng 七輪風 1-165A
qìlúnjī 汽輪機 5-972A
qīlúnshàn 七輪扇 1-165A
qíluò 齊落 12-1433A
qǐluó 綺羅 9-884B
qǐluò 起落 9-1101A
qǐluócóng 綺羅叢 9-885A
qǐluógélán 啓羅格蘭 3-399A
qǐluómàidāng 啓羅邁當 3-399A
qǐluórén 綺羅人 9-885A
qǐluóyán 綺羅筵 9-885A
qílùrén 岐路人 3-802B
qílùwángyáng 歧路亡羊 5-350A
qīlǚ 棲旅 4-1094A
qīlǜ 七律 1-158B
qīlǜ 漆綠 6-66B
qílǚ 棋侶 4-1078A
qílǚ 綦履 9-878B
qílǜ 奇律 2-1524B
qǐlǜ 杞慮 4-788A
qìlǜ 氣律 6-1029A
qílǘdǎoduò 騎驢倒墮 12-856B

qīlüè 七略 1-161A
qílüè 奇略 2-1525B
qìlüè 妻略 4-319B
qìlüè 氣略 6-1031B
qílǘfēngxuězhōng 騎驢風雪中 12-856A
qílǘjiǔ 騎驢酒 12-856B
qílǘkè 騎驢客 12-856A
qílǘmìlǘ 騎驢覓驢 12-856B
qílǘsuǒjù 騎驢索句 12-856B
qílǘyínbàshàng 騎驢吟灞上 12-856A
qímǎ 齊馬 12-1431B
qímǎ 騎馬 12-854A
qǐmǎ 起馬 9-1097B
qǐmǎ 起碼 9-1105B
qímǎbù 騎馬布 12-854A
qímǎdàizi 騎馬帶子 12-854A
qímài 奇邁 2-1527B
qìmài 氣脈 6-1031A
qīmán 欺瞞 6-1452A
qīmán 欺謾 6-1452A
qīmàn 淒曼 5-1357B
qīmàn 欺慢 6-1451B
qǐmàn 起漫 9-1105A
qǐmàn 綺幔 9-883B
qīmǎnbāpíng 七滿八平 1-164B
qímángfú'ài 奇厖福艾 2-1524A
qìmǎnjiāngfù 器滿將覆 3-525A
qīmánjiāzhàng 欺瞞夾帳 6-1452A
qìmǎnyìdé 器滿意得 3-525A
qìmǎnzéfù 器滿則覆 3-525A
qìmǎnzhìdé 氣滿志得 6-1035A
qìmǎnzhìjiāo 氣滿志驕 6-1035A
qīmào 戚貌 5-229A
qīmào 欺冒 6-1450B
qīmào 慼貌 7-685B
qímáo 奇毛 2-1521B
qímáo 旗旄 6-1615B
qímáo 鬐毛 12-751B
qímào 耆耄 8-641B
qǐmáo 起毛 9-1088B
qǐmáo 起錨 9-1107A
qǐmáo 啓錨 3-399A
qìmào 氣茂 6-1027B
qìmào 氣貌 6-1035A
qìmào 器貌 3-524B
qímàobùyáng 其貌不揚 2-103B
qǐmǎpái 起馬牌 9-1098A
qímǎxúnmǎ 騎馬尋馬 12-854A
qímǎzhǎomǎ 騎馬找馬 12-854A
qīmèi 欺昧 6-1450B
qíméi 奇煤 2-1527A
qíméi 齊眉 12-1431A
qǐměi 綺美 9-882B
qǐmèi 綺媚 9-883B
qíméi'àn 齊眉案 12-1431B
qíméijǔ'àn 齊眉舉案 12-1431B
qíméixí 齊眉席 12-1431B
qīméizǐhè 妻梅子鶴 4-319B
qīmén 期門 6-1307A
qímén 奇門 2-1523B
qímén 旗門 6-1615A
qímén 齊門 12-1430B
qìmén 汽門 5-971B
qìmén 氣門 6-1028B
qìmèn 氣悶 6-1033A
qìmèn 氣懣 6-1036B
qíméndùnjiǎ 奇門遁甲 2-1523B
qīméng 欺朦 6-1452A
qīméng 欺蒙 6-1451A
qíméng 齊盟 12-1434B
qímèng 觭夢 10-1382B
qímèng 祈夢 7-840A
qǐméng 乞盟 1-764B
qǐméng 杞萌 4-787B
qǐméng 啓矇 3-399A
qǐméng 啓蒙 3-397B
qǐmèng 綺夢 9-883B
qǐméngyùndòng 啓蒙運動 3-397B
qìmènmèn 氣悶悶 6-1033B
qīmí 凄迷 2-424B
qīmí 悽迷 7-592A
qīmí 淒迷 5-1357A
qīmí 萋迷 9-438A
qímí 奇靡 2-1529B
qímí 歧迷 5-350A
qímí 棋迷 4-1078B
qímì 奇祕 2-1524B
qímì 奇秘 2-1525A
qǐmí 綺靡 9-885A
qǐmǐ 乞米 1-761B
qǐmì 乞覓 1-764B
qìmì 契密 2-1534A
qīmiàn 漆面 6-65B
qǐmiàn 起麵 9-1108B
qǐmiànbǐng 起麪餅 9-1105B
qìmiànyín 契面銀 2-1533B
qīmiǎo 欺藐 6-1452A
qīmiào 七廟 1-166A
qímiào 奇妙 2-1523A
qīmiàolüè 七廟略 1-166A
qīmiè 欺滅 6-1451B
qīmiè 欺蔑 6-1451B
qǐmiè 起滅 9-1104A
qìmiè 棄蔑 4-1128A
qīmǐn 七閩 1-164B
qīmǐn 悽憫 7-593B
qímín 耆民 8-640B
qímín 旗民 6-1614B
qímín 齊民 12-1428A
qǐmín 起民 9-1090B
qìmín 棄民 4-1124A
qìmǐn 器皿 3-522A
qīmìng 七命 1-156B
qīmìng 期命 6-1307A
qímíng 耆名 8-640B
qímíng 棋名 4-1078A
qímíng 齊名 12-1428B
qímíng 齊明 12-1429B
qǐmíng 起名 9-1092A
qǐmíng 起明 9-1094A
qǐmíng 啓明 3-396A
qǐmìng 乞命 1-762B
qìmìng 氣命 6-1028A
qìmìng 棄命 4-1125B
qímíngbìngjià 齊名並價 12-1428B
qǐmíngxīng 啓明星 3-396A
qǐmǐtiè 乞米帖 1-761B
qímǐzhéluàn 旗靡轍亂 6-1618A
qīmò 漆墨 6-66B
qímó 奇謨 2-1528B
qímò 畦陌 7-1341A
qímò 騎驀 12-855B
qǐmó 起磨 9-1107B
qǐmò 起末 9-1089B
qǐmò 起墨 9-1105B
qǐmò 綺陌 9-882B
qìmò 契末 2-1533A
qìmò 磧漠 7-1097A
qìmòfǎnběn 棄末反本 4-1123A
qìmòfǎnběn 棄末返本 4-1123A
qímóu 奇謀 2-1528B
qìmóu 器謀 3-525A
qīmǔ 棲畝 4-1094A
qīmù 七穆 1-166A
qīmù 棲暮 4-1095B
qímǔ 歧母 5-349B
qímǔ 畦畝 7-1341A
qímǔ 枝拇 4-807A
qímù 岐木 3-801B
qímù 跂慕 10-434A
qǐmù 乞募 1-764A
qǐmù 企慕 1-1167B
qǐmù 綺幕 9-883B
qìmǔ 契母 2-1533A
qìmǔ 氣母 6-1026A
qìmù 契慕 2-1534B
qǐmǔshí 啓母石 3-395A
qínà 其那 2-102B
qǐnà 起納 9-1099B
qīn'ǎi 親藹 10-350B
qīn'ài 親愛 10-348B
qīn'ài 欽愛 6-1456B
qínài 其奈 2-102B
qǐnài 豈奈 9-1345B
qīn'àn 欽案 6-1455B
qínán 奇南 2-1524A
qín'àn 琴案 4-587A
qǐnán 杞柟 4-787B
qīnánbāxù 七男八壻 1-154B
qìnáng 氣囊 6-1037A
qínánxiāng 奇南香 2-1524A
qínánxiāng 棋楠香 4-1079A
qínánzǐ 奇男子 2-1522B
qínáo 蚑蟯 8-866B
qínáo 跂蹺 10-434B
qìnǎo 氣惱 6-1033A
qǐnbà 寢罷 3-1608B
qīnbài 侵敗 1-1428A
qǐnbǎn 鋟板 11-1309A
qǐnbǎn 鋟版 11-1309A
qīnbàng 侵傍 1-1429A
qīnbàng 親傍 10-347B
qínbǎng 擒綁 6-884A
qīnbào 侵暴 1-1430A
qīnbèi 衾被 9-38A
qínbēi 秦碑 8-63B
qǐnběn 鋟本 11-1309A
qīnbī 侵偪 1-1428B
qīnbī 侵逼 1-1429A
qīnbǐ 親比 10-341A
qīnbǐ 親筆 10-347B
qīnbì 侵蔽 1-1429B
qīnbì 親嬖 10-350A
qínbǐ 秦筆 8-63A
qínbì 秦璧 8-64B
qínbì 秦壁 8-65A
qínbì 勤毖 2-818B
qīnbiǎo 親表 10-343B
qīnbīn 親賓 10-349A
qīnbīng 親兵 10-343B
qīnbìng 侵并 1-1426A
qǐnbīng 寢兵 3-1605B
qǐnbìng 寢病 3-1607A
qīnbō 侵剝 1-1428A
qīnbó 侵薄 1-1430B
qínbǔ 擒捕 6-883B
qǐnbù'ānxí 寢不安席 3-1605A
qǐnbùchéngmèi 寢不成寐 3-1605A
qīnbùdìng 欽不定 6-1454A
qǐnbùliáomèi 寢不聊寐 3-1605A
qínbùshōuwèibùguǎn 秦不收魏不管 8-59A
qīncái 衾材 9-37B
qíncái 琴材 4-586A
qíncài 芹菜 9-307B
qīncán 侵殘 1-1429A
qīncán 親蠶 10-351B
qǐncáng 寢藏 3-1609A
qíncāo 琴操 4-588B
qīncāojǐngjiù 親操井臼 10-349B
qīncè 親策 10-347B
qíncè 琴冊 4-586A
qīncén 欽岑 6-1454A
qīnchāi 欽差 6-1455A
qīnchái 欽柴 6-1455B
qínchāi 秦釵 8-62A
qīnchāidàchén 欽差大臣 6-1455A
qīnchǎn 欽產 6-1455B
qīncháng 衾裳 9-38A
qínchángjiǎo 秦長脚 8-60A
qínchánglěi 秦長壘 8-60A
qīnchāo 侵抄 1-1426A

qīnchāo 侵鈔 1-1429A
qīnchē 侵車 1-1426A
qǐnchē 寢車 3-1605B
qīnchén 侵臣 1-1425B
qīnchén 侵晨 1-1428A
qīnchén 親臣 10-342A
qínchèn 秦讖 8-65B
qīnchéng 欽承 6-1455A
qínchéng 芹誠 9-307B
qínchéng 秦成 8-59B
qínchéng 秦城 8-60A
qínchéng 琴城 4-586B
qínchéng 勤誠 2-819B
qīnchí 欽遲 6-1456B
qīnchì 侵斥 1-1425A
qínchì 勤飭 2-819B
qǐnchí 寢弛 3-1605B
qínchǐdàifā 噙齒戴髮
3-511B
qīnchóng 欽崇 6-1455B
qīnchǒng 親寵 10-351A
qīnchòng 嶔衝 3-867A
qínchóng 琴蟲 4-588B
qīnchóu 侵愁 1-1429B
qīnchóu 衾裯 9-38A
qīnchóu 衾幬 9-38B
qīnchóu 親讎 10-351A
qīnchóubùyǎn 衾裯不掩
9-38A
qīnchóujiāsuǒ 衾裯枷鎖
9-38A
qīnchóuqiè 衾裯妾 9-38A
qīnchóushì 衾裯事 9-38A
qīnchú 欽除 6-1455B
qínchù 禽畜 1-1588A
qǐnchǔ 寢處 3-1607A
qínchuān 秦川 8-58B
qínchuān 琴川 4-585B
qīnchuàng 欽愴 6-1456B
qínchuáng 琴牀 4-586B
qǐnchuáng 寢牀 3-1606A
qínchuānnǚ 秦川女 8-58B
qīncí 親祠 10-345B
qīncí 親慈 10-348B
qīncǐ 欽此 6-1454A
qīncì 欽賜 6-1456B
qīncóng 親從 10-346B
qíncuì 勤悴 2-819B
qíncuì 勤瘁 2-819B
qíncuì 勤顇 2-820B
qíncuì 懃瘁 7-745A
qīndài 親代 10-342A
qīndài 親待 10-345A
qīndài 欽戴 6-1457A
qīndān 衾單 9-38A
qīndǎng 親黨 10-351A
qīndāngshǐshí 親當矢石
10-348A
qīndāo 欽刀 6-1453B
qīndǎo 欽蹈 6-1457A
qīndào 侵盜 1-1428B
qíndào 琴道 4-587B
qíndé 琴德 4-588A
qíndé 勤德 2-820B
qīndí 親嫡 10-349A
qīndì 侵地 1-1425B
qíndì 秦地 8-59B
qīndiǎn 欽點 6-1457A
qīndiàn 衾簟 9-38B
qíndiǎn 秦典 8-60A
qǐndiàn 寢殿 3-1608A
qíndiào 琴釣 4-587A
qíndiào 琴調 4-588B
qīndīng 親丁 10-340A
qīndìng 欽定 6-1455A
qíndìnǚ 秦帝女 8-61A
qīndòng 欽動 6-1455B
qíndòng 秦洞 8-61A
qíndòng 勤動 2-819A
qīndú 侵瀆 1-1430B
qīndú 侵黷 1-1431A
qīndǔ 親睹 10-348A
qīndǔ 親覩 10-349A
qīndù 浸蠹 5-1290B
qīndù 侵蠹 1-1431A
qíndú 禽犢 1-1589A
qíndǔ 勤篤 2-820B
qīnduǎn 侵短 1-1429A
qǐnduān 寢端 3-1608A
qínduànzhūxián 琴斷朱絃
4-588B
qǐndùn 寢頓 3-1608A
qīnduó 侵奪 1-1429B
qǐnduó 寢奪 3-1608A
qín'é 秦娥 8-62A
qín'é 螓蛾 8-939A
qǐn'é 寢訛 3-1607B
qǐn'è 寢惡 3-1607B
qǐn'è 寢遏 3-1607B
qǐn'è 寢餓 3-1608B
qìněi 氣餒 6-1035B
qínéng 奇能 2-1525A
qìnéng 棄能 4-1126B
qìnéng 器能 3-523B
qín'ér 勤兒 2-818A
qín'ér 懃兒 7-745A
qín'èrdài 秦二代 8-58A
qīnfá 侵伐 1-1425B
qīnfá 欽罰 6-1456B
qīnfān 親藩 10-350B
qīnfàn 侵犯 1-1425B
qīnfàn 欽犯 6-1454A
qǐnfán 寢繁 3-1609A
qǐnfàn 寢飯 3-1607B
qīnfáng 親房 10-344A
qínfáng 秦房 8-60A
qínfēi 秦妃 8-59B
qǐnfèi 寢廢 3-1608B
qínfēn 秦分 8-59A
qínfèn 勤分 2-817B
qínfèn 勤奮 2-820B
qīnfēng 欽風 6-1455A
qīnfèng 欽奉 6-1454B
qínfēng 秦封 8-60A
qínfèng 秦鳳 8-63B
qīnfū 親夫 10-341A
qīnfú 衾服 9-38A
qīnfú 親服 10-344A
qīnfú 欽伏 6-1454A
qīnfú 欽服 6-1455A
qīnfù 親附 10-343A
qīnfù 欽附 6-1454B
qīnfù 欽負 6-1455A
qínfú 禽俘 1-1588A
qínfù 禽縛 1-1588B
qǐnfú 寢伏 3-1605B
qínfùyínxiùcái
秦婦吟秀才 8-62B
qīnfūzhǔ 親夫主 10-341A
qīng'āi 清哀 5-1307B
qīng'ǎi 青靄 11-565B
qīng'ǎi 卿靄 2-546B
qīng'ǎi 輕靄 9-1280B
qīng'ài 青艾 11-518B
qīng'ài 輕壒 9-1276A
qíng'ǎi 晴靄 5-754A
qíng'ài 情愛 7-584A
qīng'ān 清安 5-1299A
qīng'ān 輕安 9-1260B
qīng'àn 青岸 11-526B
qīng'àn 輕暗 9-1273A
qíngàn 勤幹 2-819B
qǐng'ān 請安 11-260A
qīng'àng 清醠 5-1334A
qīng'àng 清醠 5-1319B
qíngāng 秦綱 8-63B
qīngào 親告 10-342B
qīng'ào 清奥 5-1320B
qīng'ào 輕傲 9-1271B
qíngāo 琴高 4-586B
qíngāoshēng 琴高生 4-587A
qíngāoyú 琴高魚 4-587A
qīngbá 清拔 5-1301B
qīngbái 青白 11-520A
qīngbái 清白 5-1297B
qīngbái 輕白 9-1259B
qīngbài 清唄 5-1311A
qīngbài 傾敗 1-1648B
qìngbài 慶拜 7-695B
qīngbáifū 青白夫 11-520A
qīngbáiyǎn 青白眼 11-520A
qīngbān 清班 5-1309B
qīngbǎn 青坂 11-523B
qīngbǎn 青板 11-526A
qīngbāng 青幫 11-558B
qīngbāng 清幫 5-1334A
qīngbǎng 青牓 11-550A
qíngbǎng 擎榜 6-849A
qìngbāng 慶幫 7-697B
qīngbǎo 輕寶 9-1279B
qíngbào 情抱 7-579B
qíngbào 情報 7-583A
qīngbāomǐ 青苞米 11-525B
qīngbàoxiěchéng 傾抱寫誠
1-1646A
qīngbēi 清杯 5-1302A
qīngbēi 清盃 5-1305B
qīngbēi 傾杯 1-1646A
qīngbēi 傾盃 1-1647A
qīngběi 青北 11-518B
qīngbèi 傾背 1-1647A
qíngbèi 鯨背 12-1243B
qīngbēiyuè 傾杯樂 1-1646A
qīngbēiyuè 傾盃樂 1-1647A
qīngběn 清本 5-1297A
qíngběn 情本 7-577B
qíngbēng 檠榜 4-1306B
qīngbǐ 輕比 9-1258B
qīngbǐ 輕鄙 9-1272B
qīngbì 青陛 11-532B
qīngbì 青幣 11-551B
qīngbì 青碧 11-549B
qīngbì 青壁 11-558B
qīngbì 清閟 5-1326A
qīngbì 清蹕 5-1334B
qīngbì 傾陂 1-1646A
qīngbì 傾詖 1-1650B
qīngbì 輕畢 9-1267A
qīngbì 輕碧 9-1273B
qíngbì 情弊 7-585B
qíngbì 晴碧 5-753B
qìngbǐ 倩筆 1-1444A
qìngbì 慶幣 7-697A
qīngbiān 青編 11-555A
qīngbiǎn 輕褊 9-1274B
qīngbiàn 清辯 5-1338A
qīngbiàn 輕便 9-1265A
qīngbiàn 輕艑 9-1275A
qíngbiàn 情變 7-588A
qǐngbiàn 請便 11-261B
qìngbiàn 慶忭 7-695A
qìngbiàn 慶抃 7-695A
qīngbiāo 青標 11-553A
qīngbiāo 青飆 11-564A
qīngbiāo 青飇 11-564A
qīngbiāo 清標 5-1329B
qīngbiāo 清颷 5-1335A
qīngbiāo 清飆 5-1338A
qīngbiāo 清飇 5-1338A
qīngbiāo 清飈 5-1338A
qīngbiāo 輕猋 9-1279A
qīngbiāo 輕飆 9-1280A
qīngbiāo 輕飇 9-1280A
qīngbiāo 輕鑣 9-1280A
qīngbiāo 輕猋 9-1271B
qīngbìgé 清閟閣 5-1326A
qīngbìn 青鬢 11-549B
qīngbìn 青鬢 11-565A
qīngbìn 輕鬢 9-1280B
qìngbǐnánshū 罄筆難書
7-1098B
qìngbǐnánshū 磬筆難書
8-1078A
qīngbīng 青冰 11-522A
qīngbīng 輕冰 9-1260A
qīngbīng 輕兵 9-1261A
qīngbǐng 青丙 11-518B
qǐngbìng 請病 11-262B
qīngbō 青波 11-527B
qīngbō 清波 5-1304B
qīngbō 傾波 1-1646B
qīngbó 清薄 5-1332B
qīngbó 傾踣 1-1652A
qīngbó 輕薄 9-1276A
qíngbō 鯨波 12-1243B
qíngbō 晴波 5-753A

qìngbó 磬鎛 7-1098B
qíngbō'èlàng 鯨波鱷浪 12-1243B
qīngbóliánhuā 輕薄蓮華 9-1276B
qíngbōnùlàng 鯨波怒浪 12-1243B
qíngbōtuólàng 鯨波鼉浪 12-1243B
qīngbówúlǐ 輕薄無禮 9-1276B
qīngbówúxíng 輕薄無行 9-1276B
qīngbówúzhī 輕薄無知 9-1276B
qīngbǔ 清補 5-1322A
qīngbù 青簿 11-563A
qīngbù 輕步 9-1261A
qíngbùkěquè 情不可却 7-577A
qíngbùzìjìn 情不自禁 7-577A
qíngbùzìyǐ 情不自已 7-577A
qīngcái 清才 5-1295B
qīngcái 清材 5-1299B
qīngcái 清裁 5-1319B
qīngcái 輕才 9-1258A
qīngcái 輕財 9-1267A
qīngcǎi 青采 11-526B
qīngcǎi 清采 5-1303B
qīngcài 青菜 11-538A
qīngcáiguìyì 輕財貴義 9-1267B
qīngcáihàoshī 輕財好施 9-1267B
qīngcáihàoshì 輕財好士 9-1267B
qīngcáihàoyì 輕財好義 9-1267B
qīngcáijìngshì 輕財敬士 9-1267B
qīngcàiliú 青菜劉 11-538A
qīngcáizhàngyì 輕財仗義 9-1267A
qīngcáizhòngshì 輕財重士 9-1267B
qīngcáizhòngyì 輕財重義 9-1267B
qīngcàn 青孱 11-544B
qīngcāng 青蒼 11-546A
qīngcāng 清倉 5-1312A
qīngcāng 清蒼 5-1323B
qīngcāo 清操 5-1332B
qīngcáo 卿曹 2-546A
qīngcáo 清曹 5-1315A
qīngcǎo 青草 11-530A
qíngcāo 情操 7-587A
qīngcǎodòng 青草峒 11-530A
qīngcǎohú 青草湖 11-530A
qīngcǎoshān 青草山 11-530A
qīngcǎozhàng 青草瘴 11-530A
qīngcè 青册 11-520A
qīngcè 圊厠 3-630A
qīngcè 清册 5-1297B
qīngcè 傾側 1-1649A
qīngcè 輕側 9-1269B
qīngcén 青岑 11-524A
qīngchá 清查 5-1305B
qīngchá 清茶 5-1305A
qīngchá 清察 5-1328B
qīngchán 青蟬 11-561B
qīngchán 青鱣 11-564B
qīngchán 清孱 5-1322B
qīngchán 清蟾 5-1337A
qīngchán 輕蟬 9-1278B
qīngchán 輕儳 9-1279B
qīngchǎn 傾諂 1-1652B
qíngchán 情禪 7-587B
qīngcháng 青裳 11-549B
qīngcháng 清償 5-1334B
qīngchǎng 清昶 5-1309A
qīngchǎng 清敞 5-1320A
qīngchàng 清唱 5-1316A
qīngchàng 清暢 5-1327B
qīngchàng 輕暢 9-1274A
qíngcháng 情常 7-582A
qíngcháng 情腸 7-584A
qíngchǎng 情場 7-583A
qíngchàng 晴暢 5-753B
qǐngcháng 頃常 12-228B
qīngchángdào 清腸稻 5-1324B
qīngchángdàodù 傾腸倒肚 1-1651A
qīngchàngjù 清唱劇 5-1316A
qīngchǎnhézī 清産核資 5-1316B
qīngchántù 青蟾兔 11-562B
qīngchāo 清超 5-1319A
qīngchāo 輕訬 9-1270A
qīngcháo 清朝 5-1319B
qīngcháo 傾巢 1-1649B
qīngcháo 傾朝 1-1650A
qíngcháo 鯨潮 12-1244A
qīngchāshǒu 青插手 11-541B
qīngchē 傾車 1-1645B
qīngchē 輕車 9-1260B
qīngchè 清徹 5-1330B
qīngchè 清澈 5-1331B
qǐngchē 請車 11-260A
qīngchējiǎncóng 輕車減從 9-1260B
qīngchējiǎncóng 輕車簡從 9-1261A
qīngchén 青塵 11-551A
qīngchén 青麈 11-557A
qīngchén 清臣 5-1298A
qīngchén 清晨 5-1315B
qīngchén 清塵 5-1328A
qīngchén 傾忱 1-1646A
qīngchén 輕塵 9-1274A
qíngchén 情塵 7-585B
qīngchēng 清稱 5-1327B
qīngchéng 青城 11-529B
qīngchéng 清澂 5-1331B
qīngchéng 清澄 5-1332A
qīngchéng 清瀓 5-1336A
qīngchéng 清徵 5-1330A
qīngchéng 傾城 1-1646B
qǐngchéng 請成 11-259B
qìngchéng 慶成 7-695A
qīngchéngkè 青城客 11-529B
qīngchéngmén 青城門 11-529B
qīngchéngqīngguó 傾城傾國 1-1647A
qīngchéngshān 青城山 11-529B
qìngchéngyàn 慶成宴 7-695A
qīngchéngzhīhuò 青城之禍 11-529B
qīngchénqīruòcǎo 輕塵棲弱草 9-1274B
qīngchénzhuóshuǐ 清塵濁水 5-1328A
qīngchēshúdào 輕車熟道 9-1261A
qīngchēshúlù 輕車熟路 9-1261A
qīngchī 青螭 11-556A
qīngchī 青離 11-561B
qīngchí 青池 11-523B
qīngchí 青墀 11-552B
qīngchí 青坻 11-525A
qīngchí 傾弛 1-1645B
qīngchǐ 輕侈 9-1263A
qīngchì 輕翅 9-1267A
qíngchī 情癡 7-588A
qīngchōng 清冲 5-1299A
qīngchōng 清沖 5-1300B
qīngchóng 青蟲 11-561A
qīngchóng 清崇 5-1316A
qíngchǒng 情寵 7-588A
qìngchóng 磬蟲 7-1098B
qīngchóngzān 青蟲簪 11-561A
qīngchóu 青疇 11-562A
qīngchóu 清愁 5-1324B
qīngchū 清出 5-1298A
qīngchū 輕出 9-1259B
qīngchú 青芻 11-535A
qīngchú 清除 5-1309A
qīngchǔ 清楚 5-1323B
qīngchǔ 傾褚 1-1651A
qīngchù 青怵 11-528A
qīngchù 青忞 11-530B
qīngchù 傾黜 1-1653A
qìngchū 磬出 7-1098A
qīngchuān 青川 11-516B
qīngchuán 輕船 9-1270A
qíngchuān 晴川 5-752A
qíngchuāng 晴窗 5-753B
qíngchuāng 晴牕 5-753B
qíngchuāngé 晴川閣 5-752A
qīngchuī 青吹 11-524A
qīngchuī 清吹 5-1299B
qīngchuì 清吹 5-1299B
qīngchūn 青春 11-529A
qīngchūn 輕春 9-1264A
qīngchún 青唇 11-533B
qīngchún 青脣 11-538B
qīngchún 清純 5-1314A
qīngchún 清淳 5-1318A
qīngchún 清醇 5-1329B
qīngchún 輕淳 9-1270B
qīngchún 輕醇 9-1275A
qǐngchūncí 請春詞 11-261B
qīngchūnkè 青春客 11-529B
qǐngchūnkè 請春客 11-261B
qīngchūnqī 青春期 11-529B
qīngchūnzhǒng 青春種 11-529B
qīngchūnzǐ 青春子 11-529B
qīngchūyúlán 青出于藍 11-520B
qīngchūyúlán… 青出于藍而勝于藍 11-520B
qīngchūyúlán 青出於藍 11-520B
qīngcí 青詞 11-543B
qīngcí 青瓷 11-555A
qīngcí 青辭 11-563A
qīngcí 清詞 5-1321A
qīngcí 清辭 5-1337A
qīngcí 清泚 5-1308A
qíngcí 情詞 7-583B
qìngcì 慶賜 7-697A
qīngcílìjù 清詞麗句 5-1321A
qīngcílìjù 清辭麗句 5-1337A
qīngcílìqǔ 清辭麗曲 5-1337A
qīngcōng 青葱 11-541B
qīngcōng 青蔥 11-549B
qīngcōng 青驄 11-563B
qīngcōng 青蔥 11-538A
qīngcóng 青叢 11-561A
qíngcóng 情悰 7-582B
qíngcuàn 黥竄 12-1372A
qīngcùcù 青簇簇 11-560A
qīngcuì 青翠 11-552A
qīngcuì 清脆 5-1312A
qīngcuì 清粹 5-1328A
qīngcuì 清翠 5-1329A
qīngcuì 輕脃 9-1268A
qīngcuì 輕脆 9-1268A
qīngcuì 輕翠 9-1274B
qíngcuì 晴翠 5-753B
qìngcuò 磬錯 7-1098B
qīngdàfū 卿大夫 2-545A
qīngdài 青黛 11-560A
qīngdài 輕怠 9-1266B
qīngdài 輕貸 9-1271B
qíngdài 擎戴 6-849B
qǐngdài 頃代 12-227A
qǐngdài 請代 11-259B
qìngdài 倩代 1-1443B
qìngdài 慶戴 7-697B
qīngdài'é 青黛蛾 11-560A
qīngdān 青丹 11-518A
qīngdān 清單 5-1320B
qīngdān 輕單 9-1271B

qīngdàn 氫彈 6-1037B
qīngdàn 清旦 5-1297A
qīngdàn 清淡 5-1318A
qīngdàn 清澹 5-1334A
qīngdàn 輕淡 9-1270B
qīngdàn 輕澹 9-1277B
qíngdǎn 情膽 7-587B
qìngdàn 慶旦 7-695A
qìngdàn 慶誕 7-696B
qīngdàng 清當 5-1324A
qīngdàng 清宕 5-1304B
qīngdàng 清蕩 5-1329B
qīngdàng 傾蕩 1-1652A
qīngdàng 輕蕩 9-1274B
qīngdāo 青刀 11-515B
qīngdāo 輕舠 9-1263A
qīngdǎo 青島 11-534B
qīngdǎo 清蹈 5-1334B
qīngdǎo 傾倒 1-1647B
qīngdǎo 頃倒 12-228B
qīngdào 青道 11-544A
qīngdào 青稻 11-554A
qīngdào 清道 5-1321B
qīngdào 傾倒 1-1647B
qíngdǎo 情禱 7-587B
qíngdào 勍盜 2-795A
qǐngdǎo 請禱 11-265A
qìngdào 箐道 8-1185A
qīngdàofū 清道夫 5-1321B
qīngdàoqí 清道旗 5-1321B
qīngdàoshǐ 清道使 5-1321B
qīngdé 青德 11-554B
qīngdé 清德 5-1330A
qīngdēng 青燈 11-558B
qīngdèng 青磴 11-559A
qīngdèng 青鐙 11-563B
qīngdēnggǔfó 青燈古佛 11-558B
qīngdēnghuángjuàn 青燈黃卷 11-558B
qīngdī 青氐 11-520A
qīngdī 傾低 1-1645B
qīngdí 青鸐 11-565B
qīngdí 清滌 5-1325B
qīngdí 輕敵 9-1275B
qīngdǐ 清底 5-1304A
qīngdǐ 輕詆 9-1271B
qīngdì 青地 11-521A
qīngdì 青帝 11-531B
qīngdì 清第 5-1316A
qīngdì 清遰 5-1327A
qīngdì 輕地 9-1259B
qíngdí 勍敵 2-795A
qíngdí 情敵 7-587A
qíngdì 情地 7-578A
qǐngdì 請地 11-259B
qìngdì 磬地 7-1098A
qìngdì 罄地 8-1077B
qīngdiān 傾顛 1-1653B
qīngdiǎn 清典 5-1303A
qīngdiǎn 清點 5-1334B
qīngdiǎn 輕典 9-1263A
qīngdiàn 青甸 11-524B
qīngdiàn 青殿 11-548B
qīngdiàn 青靛 11-555B
qīngdiàn 青簟 11-561B
qīngdiàn 清簟 5-1336A
qīngdiàn 傾玷 1-1646B
qīngdiàn 輕電 9-1272B
qíngdiàn 請佃 11-260B
qíngdiàn 請奠 11-263B
qìngdiǎn 慶典 7-695B
qìngdiàn 磬甸 7-1098A
qīngdiāo 青琱 11-541B
qīngdiāo 青雕 11-556B
qīngdiāo 輕貂 9-1271B
qīngdiào 清調 5-1330B
qíngdiào 情調 7-586B
qǐngdiào 請調 11-264B
qìngdiào 慶弔 7-694B
qìngdiào 慶吊 7-695A
qīngdiàoqǔ 清調曲 5-1330B
qīngdiē 傾跌 1-1650A
qīngdié 輕艓 9-1275A
qīngdīng 蜻虰 8-910B
qīngdìng 清定 5-1304B
qīngdòng 傾動 1-1649A
qīngdòng 輕動 9-1269B
qīngdòng 頃動 12-228B
qìngdòng 箐峒 8-1185A
qīngdòu 青豆 11-524A
qíngdòu 情竇 7-588A
qíngdòuchūkāi 情竇初開 7-588A
qīngdòufáng 青豆房 11-524A
qīngdòushè 青豆舍 11-524A
qīngdū 青都 11-533A
qīngdū 清都 5-1310A
qīngdú 青犢 11-563A
qīngdú 輕瀆 9-1278B
qīngdú 輕黷 9-1280B
qíngdù 情妒 7-579B
qìngdū 慶都 7-696A
qìngdú 慶牘 7-697B
qīngduàn 輕斷 9-1279A
qíngduān 情端 7-585B
qǐngduì 請對 11-264B
qīngdūjiàngquè 清都絳闕 5-1310A
qīngdūn 青墩 11-552B
qīngdūn 青墪 11-554B
qīngdùn 清炖 5-1304A
qīngdùn 清燉 5-1333B
qīngdùn 傾頓 1-1651A
qīngduó 清鐸 5-1338A
qīngduó 傾奪 1-1651B
qīngduò 青鵽 11-563B
qīngduò 傾墮 1-1651B
qīngduò 輕惰 9-1272A
qīngduò 輕媠 9-1272A
qīngduò 輕嫷 9-1274B
qīngdùpíhúsūn 青肚皮猢猻 11-524B
qīngdūzǐfǔ 清都紫府 5-1310A
qīngdūzǐwēi 清都紫微 5-1310A
qīngē 侵割 1-1429A
qīng'ē 青阿 11-524B
qīng'é 青娥 11-537A
qīng'é 青蛾 11-547B
qīng'é 輕娥 9-1269A
qíngē 琴歌 4-588A
qíng'è 鯨鱷 12-1244B
qǐngē 寢戈 3-1605A
qǐngé 寢閤 3-1608B
qǐngé 寢格 3-1606B
qǐngé 寢閣 3-1608B
qīng'édiànjiāo 青娥殿脚 11-537A
qíngējiǔfù 琴歌酒賦 4-588A
qīngēng 親耕 10-345B
qīng'ěr 青珥 11-532B
qīng'ěr 清耳 5-1298A
qīng'ěr 傾耳 1-1644B
qīng'èr 卿貳 2-546A
qīng'éryìjǔ 輕而易舉 9-1259B
qīngfā 清發 5-1322B
qīngfā 輕發 9-1272A
qīngfǎ 輕法 9-1263B
qīngfà 青髮 11-552B
qǐngfà 請髮 11-264A
qìngfá 慶閥 7-697A
qìngfá 罄乏 8-1077B
qīngfān 青幡 11-554A
qīngfān 青旛 11-561B
qīngfān 青翻 11-561B
qīngfān 青蕃 11-553A
qīngfān 輕帆 9-1260A
qīngfān 輕颿 9-1279A
qīngfán 青蘩 11-555B
qīngfǎn 傾返 1-1645B
qīngfàn 清氾 5-1298A
qīngfàn 清範 5-1330A
qíngfàn 情犯 7-578A
qǐngfán 請蹯 11-265A
qīngfāng 青方 11-518A
qīngfāng 青坊 11-523B
qīngfāng 青芳 11-523B
qīngfāng 清方 5-1296B
qīngfáng 青房 11-528A
qīngfáng 青魴 11-554B
qīngfáng 清防 5-1299A
qīngfǎng 青舫 11-535A
qīngfǎng 輕舫 9-1268A
qīngfàng 清放 5-1304A
qīngfēi 輕飛 9-1266B
qīngféi 青肥 11-526B
qīngféi 輕肥 9-1263A
qíngfēidéyǐ 情非得已 7-579B
qīngfēn 清芬 5-1299B
qīngfēn 清氛 5-1303A
qīngfén 清梵 5-1315A
qīngfěn 青粉 11-535A
qīngfěn 輕粉 9-1268A
qīngfèn 傾僨 1-1651B
qíngfèn 情分 7-577B
qíngfèn 情份 7-578A
qīngfēng 青風 11-531B
qīngfēng 青峯 11-534A
qīngfēng 青葑 11-541B
qīngfēng 青楓 11-547A
qīngfēng 青鋒 11-554B
qīngfēng 清風 5-1307A
qīngfēng 清豐 5-1335B
qīngfēng 傾風 1-1647B
qīngfēng 輕風 9-1266A
qīngfèng 青鳳 11-551A
qīngfèng 清俸 5-1312A
qíngfèng 請奉 11-260B
qíngfèng 請俸 11-262A
qīngfēngfàn 清風飯 5-1307B
qīngfēnggāojié 清風高節 5-1307A
qǐngfēngguāng 請風光 11-261B
qīngfēngjiàn 青鋒劍 11-554B
qīngfēngjìngjié 清風勁節 5-1307A
qīngfēngjùnjié 清風峻節 5-1307A
qīngfēnglǎngyuè 清風朗月 5-1307B
qīngfēngliàngjié 清風亮節 5-1307A
qīngfēngliǎngxiù 清風兩袖 5-1307A
qīngfēnglǐng 清風嶺 5-1307B
qīngfēngmíngyuè 清風明月 5-1307A
qīngfēngpǔ 青楓浦 11-547A
qīngfēngshǐ 清風使 5-1307A
qìngfēngsī 慶豐司 7-697B
qīngfēngzǐ 清風子 5-1307A
qīngfū 青夫 11-517A
qīngfū 青敷 11-553B
qīngfū 青膚 11-553B
qīngfú 青拂 11-525A
qīngfú 青服 11-527A
qīngfú 青鳧 11-531A
qīngfú 青蚨 11-534A
qīngfú 青符 11-539B
qīngfú 青紱 11-541A
qīngfú 青鳬 11-548A
qīngfú 清浮 5-1313A
qīngfú 清福 5-1326A
qīngfú 傾服 1-1646B
qīngfú 輕服 9-1263B
qīngfú 輕浮 9-1268B
qīngfǔ 卿輔 2-546B
qīngfǔ 清府 5-1304A
qīngfǔ 傾撫 1-1652A
qīngfù 青箙 11-561B
qīngfù 清富 5-1322A
qīngfù 清馥 5-1336A
qīngfù 傾附 1-1646A
qīngfù 傾覆 1-1653A
qīngfù 輕賦 9-1275A
qíngfū 情夫 7-577A
qíngfū 黥夫 12-1371A
qíngfù 情婦 7-583A

qǐngfú 請服 11-261A
qǐngfú 請福 11-264A
qìngfú 慶福 7-697A
qìngfǔ 慶父 7-694B
qīngfùbólián 輕賦薄斂 9-1275A
qìngfǔbùsǐ… 慶父不死，魯難未已 7-694B
qīngfúfú 輕拂拂 9-1262B
qíngfúyìhé 情孚意合 7-579A
qīnggài 青蓋 11-545A
qīnggài 清概 5-1323B
qīnggài 傾蓋 1-1650B
qīnggài 輕蓋 9-1272A
qínggài 擎蓋 6-849A
qǐnggài 請丐 11-259A
qǐnggài 請匄 11-259B
qīnggān 青肝 11-524A
qīnggān 青竿 11-531A
qīnggān 青乾 11-538A
qīnggàn 清幹 5-1323B
qínggān 情甘 7-577B
qínggān 晴乾 5-753A
qínggǎn 情感 7-583B
qīnggānbìxuè 青肝碧血 11-524B
qīnggāng 青缸 11-531A
qīnggāng 青釭 11-540B
qīnggāng 清剛 5-1311B
qīnggānhuálà 清甘滑辣 5-1296B
qīnggānlìdǎn 傾肝瀝膽 1-1645B
qīnggāo 青皋 11-534B
qīnggāo 青臯 11-540B
qīnggāo 青皐 11-543B
qīnggāo 清高 5-1312B
qīnggǎo 青縞 11-558B
qīnggǎo 清稿 5-1330A
qínggāo 鯨膏 12-1244A
qǐnggào 請告 11-260B
qīnggē 清歌 5-1327A
qīnggē 輕歌 9-1274A
qīnggé 青閣 11-552A
qīnggé 清革 5-1305A
qīnggé 清格 5-1310B
qīnggě 青舸 11-540B
qīnggě 輕舸 9-1270A
qínggē 情哥 7-581B
qínggē 情歌 7-585A
qīnggējù 輕歌劇 9-1274A
qīnggēmànwǔ 清歌曼舞 5-1327A
qīnggēmànwǔ 輕歌曼舞 9-1274A
qīnggēmiàowǔ 清歌妙舞 5-1327A
qínggēn 情根 7-581B
qīnggēng 青耕 11-532B
qīnggěng 清耿 5-1310A
qīnggěng 清骾 5-1333B
qīnggěng 清鯁 5-1336A
qīnggěnggěng 清耿耿 5-1310A
qīnggōng 青工 11-515B
qīnggōng 青宮 11-531B
qīnggōng 清公 5-1296A
qīnggōng 清宮 5-1308B
qīnggōng 傾宮 1-1647B
qīnggōng 輕弓 9-1258B
qīnggōng 頃宮 12-228A
qīnggòng 青供 11-526B
qīnggòng 清供 5-1303B
qǐnggōng 請功 11-259A
qìnggōng 親公 10-341B
qìnggōng 慶功 7-695A
qìnggōng 磬工 7-1097B
qīnggōngyè 輕工業 9-1258A
qīnggòu 傾構 1-1651B
qīnggòu 輕垢 9-1264A
qīnggū 青姑 11-529A
qīnggū 青菰 11-538A
qīnggū 清酤 5-1319B
qīnggū 傾酤 1-1650A
qīnggū 輕孤 9-1266B
qīnggǔ 青古 11-518B
qīnggǔ 青骨 11-530B
qīnggǔ 清古 5-1296B
qīnggǔ 清穀 5-1329A
qīnggù 青顧 11-564A
qínggǔ 鯨罟 12-1243B
qínggǔ 鯨鼓 12-1244A
qínggù 情故 7-580B
qǐnggù 請故 11-261B
qìnggǔ 箐谷 8-1185A
qìnggù 倩僱 1-1444A
qīngguā 青緺 11-552A
qīngguān 青官 11-528A
qīngguān 青綸 11-552B
qīngguān 清官 5-1304B
qīngguān 清關 5-1337B
qīngguān 輕關 9-1279B
qīngguǎn 青筦 11-548A
qīngguǎn 青管 11-550A
qīngguǎn 清管 5-1327B
qīngguàn 清冠 5-1309A
qīngguàn 清貫 5-1319A
qíngguǎn 情管 7-585A
qíngguàn 鯨觀 12-1244B
qǐngguān 請關 11-265A
qìngguǎn 磬筦 7-1098B
qìngguǎn 磬管 7-1098B
qīngguāng 青光 11-521B
qīngguāng 清光 5-1298B
qíngguāng 晴光 5-752B
qīngguāngdāng 青光當 11-521B
qīngguānghuálà 清光滑辣 5-1298B
qīngguāngyǎn 青光眼 11-521B
qīngguǎnmèng 青管夢 11-550A
qīngguānnánduàn… 清官難斷家務事 5-1304B
qīngguānrén 清倌人 5-1312A
qīngguī 青圭 11-521A
qīngguī 青珪 11-532B
qīngguī 青規 11-537B
qīngguī 青閨 11-552A
qīngguī 清規 5-1314B
qīngguī 清閨 5-1329A
qīngguǐ 青鬼 11-531A
qīngguǐ 清軌 5-1305B
qīngguǐ 傾詭 1-1651A
qīngguǐ 輕詭 9-1273B
qīngguì 青桂 11-533B
qīngguì 清貴 5-1320B
qīngguījièlǜ 清規戒律 5-1314B
qīngguìxiāng 青桂香 11-533B
qīnggǔn 卿袞 2-546A
qīngguō 青郭 11-535A
qīngguō 清聒 5-1319B
qīngguó 清國 5-1316A
qīngguó 傾國 1-1648B
qīngguǒ 青果 11-526B
qīngguǒ 青菓 11-538A
qīngguǒ 輕果 9-1262B
qīngguò 輕過 9-1269B
qīngguōguō 清活活 5-1308A
qīngguōlěngzào 清鍋冷竈 5-1333B
qīngguóqīngchéng 傾國傾城 1-1648B
qīngguòyúlán 青過於藍 11-539B
qīnggǔtou 輕骨頭 9-1264B
qīnghǎi 青海 11-535A
qīnghài 傾害 1-1648A
qīnghài 傾駭 1-1652B
qīnghài 傾駴 1-1652B
qínghǎi 鯨海 12-1243B
qínghǎi 情海 7-582A
qīnghǎicōng 青海驄 11-535B
qǐngháigǔ 請骸骨 11-264B
qīnghǎimǎ 青海馬 11-535B
qīnghán 清涵 5-1318B
qīnghán 清寒 5-1322A
qīnghán 輕寒 9-1272A
qīnghàn 青汗 11-523B
qīnghàn 青漢 11-551B
qīnghàn 青翰 11-555A
qīnghàn 清漢 5-1328B
qīnghàn 輕悍 9-1269A
qīnghàn 輕翰 9-1276B
qīngháng 輕航 9-1268A
qīnghàng 清吭 5-1299B
qīnghànzhào 青翰棹 11-555B
qīnghànzhōu 青翰舟 11-555B
qīnghāo 青蒿 11-546A
qīngháo 青毫 11-540B
qīngháo 清豪 5-1327B
qīnghào 青昊 11-526B
qīnghào 清昊 5-1302B
qínghǎo 情好 7-578B
qínghǎo 晴好 5-752B
qínghào 情好 7-578B
qínghào 晴昊 5-752B
qīnghé 青禾 11-519B
qīnghé 青荷 11-533A
qīnghé 清和 5-1303A
qīnghé 清核 5-1310B
qīnghé 清覈 5-1336B
qīnghé 清龢 5-1338B
qīnghé 傾河 1-1646B
qīnghé 輕合 9-1260A
qīnghé 輕河 9-1264A
qīnghé 輕荷 9-1267A
qīnghé 輕翮 9-1277A
qīnghè 鶄鶴 12-1117A
qīnghè 青鶴 11-564A
qínghé 情和 7-580A
qínghé 情核 7-581B
qínghé 晴和 5-752B
qínghé 晴河 5-753A
qǐnghé 請和 11-261A
qìnghè 慶荷 7-696A
qìnghè 慶賀 7-696B
qīnghēi 青黑 11-543B
qīnghěn 輕很 9-1266A
qínghèn 情恨 7-581A
qīnghézhàn 青河戰 11-527A
qīnghóng 青紅 11-532B
qīnghóng 青虹 11-530B
qīnghóng 輕紅 9-1266B
qīnghóng 輕鴻 9-1278A
qīnghòng 青澒 11-555A
qínghóng 晴虹 5-753A
qīnghóngbāng 青紅幫 11-532B
qīnghóngzàobái 青紅皂白 11-532B
qīnghòu 青后 11-522A
qīnghòu 清候 5-1312A
qínghǒu 鯨吼 12-1243A
qínghòu 情厚 7-580B
qīnghū 輕忽 9-1263B
qīnghú 青鵠 11-563B
qīnghú 青狐 11-527A
qīnghú 傾壺 1-1649B
qīnghú 輕狐 9-1263B
qīnghú 輕縠 9-1276A
qīnghù 青扈 11-541A
qīnghù 青頀 11-563B
qǐnghū 頃忽 12-227B
qīnghuā 輕華 9-1267A
qīnghuá 青華 11-533A
qīnghuá 清華 5-1310A
qīnghuá 清滑 5-1322A
qīnghuá 輕華 9-1267A
qīnghuá 輕猾 9-1271B
qīnghuà 清化 5-1296A
qīnghuà 清話 5-1325A
qínghuá 鯨猾 12-1244A
qínghuá 情華 7-581B
qínghuà 情話 7-584A
qǐnghuà 請畫 11-263B
qīnghuádìjūn 青華帝君 11-533A
qīnghuáguàn 青華觀 11-533A
qīnghuái 清淮 5-1317B
qīnghuái 清懷 5-1337B

qīnghuái 傾懷 1-1653B
qínghuái 情懷 7-588A
qīnghuájūn 青華君 11-533A
qīnghuān 清歡 5-1338A
qīnghuān 輕歡 9-1279B
qīnghuán 青環 11-558B
qīnghuán 青鬟 11-565A
qīnghuán 清還 5-1333A
qīnghuǎn 輕緩 9-1276A
qīnghuàn 青幻 11-518A
qīnghuàn 清宦 5-1308B
qǐnghuàn 請喚 11-262A
qīnghuáng 青皇 11-531A
qīnghuáng 青黄 11-537B
qīnghuáng 輕黄 9-1269B
qīnghuángbùjiē 青黄不接
11-537B
qīnghuánggōumù 青黄溝木
11-538A
qīnghuángwèijiē 青黄未接
11-537B
qīnghuáxiānzhēn 青華仙真
11-533A
qīnghuī 青灰 11-521B
qīnghuī 青暉 11-547A
qīnghuī 青輝 11-553B
qīnghuī 清暉 5-1324A
qīnghuī 清輝 5-1330A
qīnghuī 清徽 5-1334B
qīnghuī 傾暉 1-1651A
qīnghuī 輕灰 9-1260A
qīnghuí 傾回 1-1645A
qīnghuǐ 傾毀 1-1651A
qīnghuì 清惠 5-1319B
qīnghuì 清會 5-1324B
qīnghuì 清誨 5-1327B
qīnghuì 清慧 5-1329A
qǐnghuì 請會 11-264A
qìnghuī 慶輝 7-697A
qìnghuì 慶惠 7-696A
qìnghuì 慶會 7-696B
qīnghuīlěnghuǒ 清灰冷火
5-1298A
qīnghuīlěngzào 清灰冷竈
5-1298A
qīnghún 清渾 5-1322A
qīnghún 清魂 5-1323A
qīnghùn 圊溷 3-630A
qīnghùn 清溷 5-1325B
qǐnghūn 請昏 11-261A
qǐnghūn 請婚 11-263A
qīnghúnzàobái 清渾皂白
5-1322A
qīnghuó 輕活 9-1266A
qīnghuò 傾豁 1-1653A
qīnghuò 傾惑 1-1650A
qīnghuò 傾藿 1-1653B
qīnghuò 輕貨 9-1269B
qínghuǒ 情火 7-577B
qǐnghuǒ 請火 11-259A
qīngjī 青璣 11-555B
qīngjī 清機 5-1332B
qīngjī 清激 5-1334A
qīngjī 輕賫 9-1275A
qīngjī 輕機 9-1276B
qīngjī 輕齎 9-1280A
qīngjī 輕羈 9-1280B
qīngjí 青及 11-516B
qīngjí 清吉 5-1298A
qīngjí 清級 5-1309B
qīngjí 清集 5-1320B
qīngjí 輕疾 9-1268A
qīngjí 輕楫 9-1272B
qīngjí 輕檝 9-1276B
qīngjǐ 清己 5-1295B
qīngjǐ 清濟 5-1335A
qīngjǐ 傾己 1-1644A
qīngjǐ 傾擠 1-1652B
qīngjì 青妓 11-525A
qīngjì 青髻 11-555B
qīngjì 清績 5-1335B
qīngjì 清寂 5-1318B
qīngjì 清霽 5-1338B
qíngjì 情迹 7-581A
qíngjí 情急 7-581A
qíngjí 情極 7-583A
qíngjǐ 請給 11-263B
qíngjì 情紀 7-581A
qíngjì 情計 7-581A
qíngjì 情寄 7-582B
qíngjì 晴霽 5-754A
qíngjì 擎跽 6-849B
qǐngjí 請吉 11-259B
qǐngjí 請急 11-261B
qǐngjì 請寄 11-263A
qìngjī 箐雞 8-1185A
qìngjī 慶基 7-696A
qìngjì 慶忌 7-695A
qīngjia 卿家 2-546A
qīngjiā 卿家 2-546A
qīngjiā 清佳 5-1303B
qīngjiā 清笳 5-1316A
qīngjiā 清嘉 5-1326B
qīngjiā 傾家 1-1648A
qīngjiǎ 青甲 11-518B
qīngjiǎ 清甲 5-1297B
qīngjiǎ 清斝 5-1320B
qīngjiǎ 輕甲 9-1259B
qīngjiǎ 輕假 9-1270A
qīngjià 輕駕 9-1276A
qíngjiǎ 鯨甲 12-1243A
qíngjià 擎架 6-849A
qíngjià 檠架 4-1306B
qǐngjià 請假 11-262B
qìngjiā 親家 10-346A
qìngjiā 罄家 8-1078A
qīngjiābàichǎn 傾家敗産
1-1648A
qīngjiādàngchǎn 傾家蕩産
1-1648A
qìngjiādiē 親家爹 10-346A
qìngjiāgōng 親家公 10-346A
qīngjiājiéchǎn 傾家竭産
1-1648A
qìngjiāmǔ 親家母 10-346A
qīngjiān 青尖 11-521B
qīngjiān 青牋 11-543B
qīngjiān 青箋 11-550A
qīngjiān 青縑 11-558B
qīngjiān 清堅 5-1315A
qīngjiǎn 青翦 11-555A
qīngjiǎn 青簡 11-561B
qīngjiǎn 清減 5-1316B
qīngjiǎn 清減 5-1321B
qīngjiǎn 清儉 5-1330A
qīngjiǎn 清檢 5-1334A
qīngjiǎn 清簡 5-1336A
qīngjiǎn 輕減 9-1270A
qīngjiǎn 輕減 9-1271B
qīngjiǎn 輕簡 9-1278B
qīngjiàn 青劍 11-554B
qīngjiàn 青澗 11-555A
qīngjiàn 青箭 11-554B
qīngjiàn 青鑑 11-564B
qīngjiàn 青鑒 11-564B
qīngjiàn 清監 5-1327A
qīngjiàn 清健 5-1312A
qīngjiàn 清鑒 5-1338B
qīngjiàn 輕健 9-1267B
qīngjiàn 輕楗 9-1270A
qīngjiàn 輕劍 9-1275B
qīngjiàn 輕賤 9-1275A
qíngjiān 情箋 7-585A
qíngjiàn 情見 7-578B
qíngjiàn 情鑒 7-588A
qǐngjiān 頃間 12-228B
qǐngjiǎn 請柬 11-261B
qǐngjiàn 請間 11-263B
qǐngjiàn 請見 11-260B
qǐngjiàn 請閒 11-263B
qǐngjiàn 請劍 11-264B
qīngjiāng 青江 11-523B
qīngjiāng 清江 5-1299A
qīngjiāng 清疆 5-1337B
qīngjiàng 青絳 11-544B
qǐngjiàng 請降 11-261A
qǐngjiàngbùrú…
請將不如激將 11-263A
qīngjiāngqǔ 清江曲 5-1299A
qīngjiāngshǐ 清江使
5-1299A
qīngjiāngshǐzhě 清江使者
5-1299A
qīngjiāngyǐn 清江引
5-1299A
qīngjiāo 青郊 11-527A
qīngjiāo 青茭 11-530A
qīngjiāo 青椒 11-542A
qīngjiāo 青蛟 11-543A
qīngjiāo 青鵁 11-560B
qīngjiāo 青鷮 11-565A
qīngjiāo 清交 5-1299A
qīngjiǎo 青角 11-524B
qīngjiǎo 青徼 11-556A
qīngjiǎo 清角 5-1300A
qīngjiǎo 清皎 5-1316B
qīngjiǎo 清剿 5-1326B
qīngjiǎo 清矯 5-1334B
qīngjiǎo 傾狡 1-1647B
qīngjiǎo 輕狡 9-1266A
qīngjiǎo 輕矯 9-1277B
qīngjiào 清教 5-1314B
qīngjiào 清醮 5-1336B
qíngjiāo 情交 7-578B
qǐngjiào 請教 11-262B
qīngjiàotú 清教徒 5-1314B
qīngjiāpòchǎn 傾家破産
1-1648A
qìngjiāwēng 親家翁 10-346A
qīngjiē 清街 5-1320B
qīngjiē 傾接 1-1648B
qīngjié 青節 11-548A
qīngjié 清捷 5-1314B
qīngjié 清結 5-1322B
qīngjié 清節 5-1324B
qīngjié 清潔 5-1331B
qīngjié 清絜 5-1319A
qīngjié 傾竭 1-1651B
qīngjié 輕捷 9-1269A
qīngjié 輕潔 9-1275B
qīngjiè 清介 5-1296A
qīngjiè 清戒 5-1299B
qíngjié 剠刦 2-709B
qíngjié 情節 7-584A
qìngjié 慶節 7-696B
qìngjié 罄竭 8-1078A
qīngjiéjiā 清節家 5-1324B
qīngjiélǐ 清節里 5-1324B
qīngjīgāng 輕齎綱 9-1280A
qìngjìguān 慶忌冠 7-695A
qīngjīguānqiāng 輕機關槍
9-1276B
qīngjílì 輕吉利 9-1259B
qíngjíliǎo 情急了 7-581A
qīngjīn 青巾 11-516A
qīngjīn 青金 11-526B
qīngjīn 青衿 11-532A
qīngjīn 青筋 11-543B
qīngjīn 青襟 11-561B
qīngjīn 清襟 5-1336B
qīngjīn 傾衿 1-1647B
qīngjīn 傾襟 1-1653B
qīngjīn 輕津 9-1266A
qīngjǐn 青錦 11-556B
qīngjǐn 清緊 5-1327A
qīngjǐn 清謹 5-1336A
qīngjìn 青禁 11-546B
qīngjìn 清近 5-1300A
qīngjìn 清禁 5-1323B
qīngjìn 傾盡 1-1651B
qīngjìn 輕進 9-1270A
qíngjīn 晴襟 5-753B
qìngjìn 罄盡 8-1078A
qīngjīng 青莖 11-533A
qīngjīng 青旌 11-540B
qīngjīng 青菁 11-537B
qīngjīng 青睛 11-547A
qīngjīng 青精 11-551A
qīngjīng 清晶 5-1320A
qīngjǐng 清景 5-1320A
qīngjǐng 清警 5-1336B
qīngjǐng 傾景 1-1650A
qīngjìng 青徑 11-535A
qīngjìng 青鏡 11-563A
qīngjìng 清勁 5-1305B
qīngjìng 清净 5-1304A

qīngjìng 清淨 5-1308A
qīngjìng 清靖 5-1325A
qīngjìng 清静 5-1326B
qīngjìng 清靚 5-1329A
qīngjìng 清鏡 5-1337A
qīngjìng 輕勁 9-1264A
qīngjìng 請靚 11-264A
qíngjǐng 情景 7-583A
qíngjìng 情敬 7-583A
qíngjìng 情境 7-584B
qǐngjīng 請旌 11-263A
qìngjìng 磬淨 7-1098A
qìngjìng 罄淨 8-1078A
qīngjìngbáixǐng 清淨白省 5-1308B
qīngjīngdào 青精稻 11-551B
qīngjīngfàn 青精飯 11-551B
qīngjìngjìmiè 清淨寂滅 5-1308B
qīngjīngjūn 青精君 11-551B
qīngjìngshēn 清淨身 5-1308B
qīngjīngshífàn 青精石飯 11-551B
qīngjìngwúwéi 清淨無爲 5-1308B
qīngjìngwúwéi 清静無爲 5-1326B
qīngjīnjiàowèi 青巾校尉 11-516A
qīngjìnkè 青禁客 11-546B
qíngjìnqiáo 情盡橋 7-585B
qīngjīnshǔ 輕金屬 9-1263A
qīngjìnzhōng 清禁鐘 5-1323B
qīngjīnzǐ 青衿子 11-532A
qīngjīnzǐ 青襟子 11-562A
qīngjiǒng 清迥 5-1303A
qīngjiǒng 清逈 5-1306B
qīngjīqiāng 輕機槍 9-1276B
qíngjīqūquán 擎跽曲拳 6-849B
qīngjiū 青鳩 11-548A
qīngjiǔ 清酒 5-1313A
qīngjiù 輕就 9-1271B
qíngjiù 情舊 7-587B
qǐngjiǔ 頃久 12-227A
qǐngjiǔ 請酒 11-262B
qǐngjiù 請救 11-262B
qīngjīyín 輕齎銀 9-1280A
qīngjīyú 青鯖魚 11-565A
qíngjízhìshēng 情急智生 7-581A
qīngjǔ 清舉 5-1333B
qīngjǔ 輕舉 9-1277A
qīngjù 青句 11-520A
qīngjù 青炬 11-527A
qīngjù 輕倨 9-1268A
qīngjù 輕屨 9-1278A
qíngjǔ 擎舉 6-849B
qǐngjǔ 請舉 11-264B
qìngjù 磬虡 7-1098B
qīngjuàn 青眷 11-540B
qīngjuàn 清狷 5-1312B
qīngjuàn 輕狷 9-1268A
qīngjuàn 輕獧 9-1277B
qīngjuǎn 罄捲 8-1078A
qīngjué 清角 5-1300A
qīngjué 清絶 5-1322B
qīngjué 傾鷢 1-1653B
qīngjué 輕絶 9-1272A
qǐngjué 請爵 11-265A
qìngjué 罄絶 8-1078A
qīngjǔjuésú 輕舉絶俗 9-1277B
qīngjūn 青君 11-524B
qīngjūn 輕軍 9-1266A
qīngjùn 清雋 5-1312A
qīngjùn 清儁 5-1320B
qīngjùn 清俊 5-1307A
qīngjùn 清峻 5-1311B
qīngjùn 輕儁 9-1271B
qīngjùn 輕俊 9-1265B
qíngjūn 黥軍 12-1371B
qǐngjùn 請郡 11-262A
qīngjūncè 清君側 5-1301A
qǐngjūnrùwèng 請君入瓮 11-260B
qǐngjūnrùwèng 請君入甕 11-260B
qīngjǔwàngdòng 輕舉妄動 9-1277A
qīngjǔyuǎnyóu 輕舉遠游 9-1277B
qīngjǔyuǎnyóu 輕舉遠遊 9-1277B
qǐngkài 謦欬 11-392B
qìngkài 磬欬 7-1098A
qīngkàn 輕看 9-1264B
qīngkàng 清抗 5-1299B
qīngkàngxiān 青抗先 11-523B
qīngkào 青靠 11-554A
qíngkǎo 情拷 7-580B
qīngkē 青稞 11-547B
qīngkē 傾柯 1-1647A
qīngkē 輕科 9-1264B
qīngkě 傾渴 1-1650B
qīngkě 輕可 9-1259A
qīngkè 清刻 5-1304A
qīngkè 清剋 5-1305B
qīngkè 清客 5-1309A
qīngkè 清恪 5-1308B
qīngkè 清課 5-1330B
qīngkè 輕客 9-1266A
qíngkè 情客 7-581A
qǐngké 謦咳 11-392B
qīngkè 傾刻 1-1646B
qǐngkè 頃刻 12-227B
qǐngkè 頃剋 12-228A
qǐngkè 請客 11-262A
qīngkèchuàn 清客串 5-1309A
qǐngkèhuā 頃刻花 12-228A
qīngkējiǔ 青稞酒 11-547B
qǐngkèjiǔ 頃刻酒 12-228A
qīngkēmài 青麲麥 11-562A
qīngkēmài 青稞麥 11-547B
qīngkēmài 青𪌉麥 11-564B
qìngkěn 綮肯 9-914A
qīngkēng 鯨鏗 12-1244A
qīngkēwèizú 傾柯衛足 1-1647A
qīngkèxiànggong 清客相公 5-1309A
qīngkōng 青空 11-528A
qīngkōng 清空 5-1305A
qíngkōng 晴空 5-753A
qìngkōng 罄空 8-1077B
qìngkòng 磬控 7-1098B
qìngkòng 罄控 8-1078A
qīngkǒu 輕口 9-1258A
qīngkòu 青轂 11-563B
qíngkǒu 鯨口 12-1242B
qíngkòu 鯨寇 12-1244A
qíngkòu 勍寇 2-795A
qìngkǒu 磬口 7-1097B
qīngkǒubáishé 青口白舌 11-515B
qīngkǒubóshé 輕口薄舌 9-1258B
qìngkǒuméi 磬口梅 7-1097B
qīngkǒuqīngshé 輕口輕舌 9-1258B
qīngkū 清枯 5-1305B
qīngkǔ 清苦 5-1301B
qīngkǔ 輕楛 9-1271A
qíngkū 情窟 7-584B
qīngkuài 清駃 5-1326B
qīngkuài 清快 5-1300B
qīngkuài 輕駃 9-1274A
qīngkuài 輕快 9-1262A
qíngkuài 晴快 5-752B
qìngkuài 慶快 7-695A
qíngkuǎn 情欵 7-582B
qíngkuǎn 情款 7-583A
qìngkuǎn 綮窾 9-914B
qīngkuāng 青筐 11-543B
qīngkuāng 傾筐 1-1650A
qīngkuāng 頃匡 12-227A
qīngkuāng 頃筐 12-228B
qīngkuáng 青狂 11-524B
qīngkuáng 清狂 5-1300A
qīngkuáng 輕狂 9-1261B
qīngkuàng 青曠 11-561A
qīngkuàng 清況 5-1304A
qīngkuàng 清曠 5-1335B
qíngkuàng 情況 7-579A
qīngkuāngdàoguǐ 傾筐倒庋 1-1650A
qīngkuāngdàoqiè 傾筐倒篋 1-1650A
qīngkuī 傾虧 1-1652B
qīngkuí 青逵 11-537B
qīngkuí 傾葵 1-1650A
qīngkuì 傾觖 1-1649B
qīngkuì 傾匱 1-1651B
qìngkuì 罄匱 8-1078A
qīngkūn 青鯤 11-563A
qíngkūn 鯨鯤 12-1244B
qíngkǔn 情悃 7-582A
qìngkùn 罄困 8-1077B
qīngkuò 青廓 11-548A
qīngkuò 清廓 5-1325A
qìngkuò 檠括 4-1306B
qínglà 鯨蠟 12-1244B
qīnglài 青睞 11-547A
qīnglài 清籟 5-1338B
qínglài 情賴 7-587A
qǐnglái 頃來 12-227B
qìnglài 慶賚 7-697A
qìnglài 慶賴 7-697B
qīnglán 青嵐 11-543B
qīnglǎn 青覽 11-564A
qínglán 情瀾 7-588A
qínglán 晴嵐 5-753A
qīnglánbīngshuǐ 青藍冰水 11-559A
qīngláng 青狼 11-535A
qīngláng 青琅 11-537A
qīngláng 清郎 5-1305A
qīnglǎng 清朗 5-1313B
qīnglàng 輕浪 9-1268B
qíngláng 情郎 7-580A
qínglǎng 晴朗 5-753A
qínglàng 鯨浪 12-1243B
qīnglángbiān 青琅編 11-537B
qīnglánggān 青琅玕 11-537A
qīnglánggān 青瑯玕 11-541B
qīngláo 青簩 11-561B
qīngláo 清醪 5-1335B
qīnglǎo 卿老 2-545B
qīnglǎo 清老 5-1298A
qǐnglǎo 請老 11-259B
qīnglè 清樂 5-1332A
qīngléi 清羸 5-1337A
qīngléi 輕雷 9-1272B
qīnglèi 清淚 5-1318A
qínglěi 情累 7-582B
qīnglěng 清冷 5-1300B
qīnglěng 輕冷 9-1262A
qìnglèng 殑殑 5-166A
qīnglí 青黎 11-554A
qīnglí 青藜 11-561A
qīnglí 青蘺 11-564A
qīnglí 青籬 11-565B
qīnglí 青驪 11-565B
qīnglí 清蠡 5-1335B
qīnglí 傾離 1-1653A
qīnglǐ 青李 11-524A
qīnglǐ 清理 5-1314A
qīnglǐ 清醴 5-1337B
qīnglì 清立 5-1297B
qīnglì 清吏 5-1298A
qīnglì 清利 5-1299B
qīnglì 清俐 5-1306B
qīnglì 清唳 5-1316A
qīnglì 清溧 5-1321A
qīnglì 清厲 5-1327A
qīnglì 清歷 5-1333A
qīnglì 清麗 5-1336B
qīnglì 傾慄 1-1651A
qīnglì 輕利 9-1261A
qīnglì 輕麗 9-1279A
qínglǐ 情理 7-582A
qínglǐ 情禮 7-587B

qínglì 鯨力 12-1242B
qínglì 晴麗 5-754A
qínglì 黥隸 12-1372A
qǐnglì 請吏 11-259B
qìnglǐ 慶禮 7-697B
qìnglì 罄瀝 8-1078B
qīnglián 青帘 11-528A
qīnglián 青連 11-533B
qīnglián 青漣 11-548B
qīnglián 青蓮 11-545B
qīnglián 清廉 5-1325A
qīnglián 清漣 5-1325B
qīnglián 輕憐 9-1275B
qīngliàn 清浰 5-1313A
qíngliàn 情戀 7-588B
qìnglián 慶廉 7-696B
qīngliándàoshì 青蓮道士 11-546A
qīngliánduǒ 青蓮朵 11-545B
qīngliáng 青粱 11-548B
qīngliáng 清良 5-1301A
qīngliáng 清涼 5-1312B
qīngliáng 清涼 5-1317B
qīngliáng 輕涼 9-1270B
qīngliáng 輕輬 9-1274B
qīngliáng 輕量 9-1271A
qīngliàng 清亮 5-1307B
qīngliàng 清諒 5-1331A
qīngliàng 輕靚 9-1274B
qíngliàng 情量 7-583A
qīngliánggōng 清涼宮 5-1318A
qīngliángguó 清涼國 5-1318A
qīngliángjū 清涼居 5-1318A
qīngliángōng 青蓮宮 11-546A
qīngliángshān 清涼山 5-1312B
qīngliánguān 青蓮冠 11-546A
qīngliángyóu 清涼油 5-1312B
qīngliánhuāmù 青蓮花目 11-545B
qīngliánjì 青蓮偈 11-546A
qīngliánjiè 青蓮界 11-546A
qīngliánjūshì 青蓮居士 11-546A
qīngliánkè 青蓮客 11-546A
qīngliánmù 青蓮目 11-545B
qīngliánqián 青連錢 11-533B
qīngliánshè 青蓮舍 11-546A
qīngliánshū 青蓮書 11-546A
qīngliánténgxī 輕憐疼惜 9-1275B
qīngliántòngxī 輕憐痛惜 9-1275B
qīngliányǎn 青蓮眼 11-546A
qīngliányǔ 青蓮宇 11-545B
qīngliányù 青蓮域 11-546A
qīngliánzhòngxī 輕憐重惜 9-1275B
qīngliáo 卿僚 2-546B
qīngliáo 清寥 5-1328B
qīngliáo 清漻 5-1328B
qīngliǎo 青蓼 11-549B
qīngliào 青料 11-535A
qíngliáo 情憀 7-585B
qíngliáo 情憭 7-587A
qīnglìdēng 青藜燈 11-561A
qīngliè 青鬣 11-565B
qīngliè 青蛪 11-542A
qīngliè 清列 5-1298A
qīngliè 清洌 5-1303B
qīngliè 清冽 5-1308A
qīngliè 清烈 5-1311A
qíngliè 鯨鬣 12-1244B
qīnglín 青林 11-525B
qīnglín 青燐 11-558B
qīnglín 青磷 11-559A
qīnglín 青鱗 11-565A
qīnglín 清粼 5-1328A
qínglǐnánróng 情理難容 7-582A
qīnglíng 青陵 11-536B
qīnglíng 青蛉 11-539B
qīnglíng 青零 11-547A
qīnglíng 青綾 11-552A
qīnglíng 青蘦 11-563B
qīnglíng 青櫺 11-564A
qīnglíng 青靈 11-565B
qīnglíng 清冷 5-1300B
qīnglíng 清泠 5-1304A
qīnglíng 清陵 5-1313B
qīnglíng 清零 5-1324A
qīnglíng 清靈 5-1338B
qīnglíng 蜻蛉 8-910B
qīnglíng 輕靈 9-1280B
qīnglǐng 青領 11-551A
qīnglìng 青令 11-520A
qīnglìng 清令 5-1297B
qínglíng 情靈 7-588B
qǐnglíng 請靈 11-265B
qìnglíng 慶靈 7-697B
qīnglíngfěndié 青陵粉蝶 11-536B
qīnglínglīng 清凌凌 5-1312B
qīnglínglíng 清靈靈 5-1339A
qīnglíngtái 青凌臺 11-535A
qīnglíngtái 青陵臺 11-536B
qīnglínhēisài 青林黑塞 11-526A
qīnglínkè 青林客 11-526A
qīnglínyīnyuè 青林音樂 11-526A
qīnglínyuè 青林樂 11-526A
qīnglǐshū 青李書 11-524A
qīngliū 清溜 5-1326A
qīngliū 輕溜 9-1273B
qīngliú 清流 5-1313A
qīngliú 清瀏 5-1336A
qīngliú 輕流 9-1268B
qīngliù 清溜 5-1326A
qīngliūliū 清溜溜 5-1326A
qīnglíxuéshì 青藜學士 11-561A
qīnglóng 青龍 11-557A
qīnglóng 青籠 11-564B
qínglòng 晴哢 5-753A
qìnglóng 慶隆 7-696A
qīnglóngchē 青龍車 11-558A
qīnglóngdāo 青龍刀 11-558A
qīnglóngdào 青龍稻 11-558A
qīnglóngfān 青龍幡 11-558A
qīnglóngfú 青龍符 11-558A
qīnglóngjiàn 青龍艦 11-558B
qīnglóngjīnkuì 青龍金匱 11-558A
qīnglǒngmànniǎn 輕攏慢撚 9-1279A
qīnglóngqí 青龍旗 11-558A
qīnglóngshū 青龍疏 11-558A
qīnglóngsì 青龍寺 11-558A
qīnglóngtóu 青龍頭 11-558B
qīnglóngyǎnyuèdāo 青龍偃月刀 11-558A
qīnglóu 青樓 11-553A
qīnglòu 青鏤 11-563A
qīnglòu 清漏 5-1328B
qīnglóuchǔguǎn 青樓楚館 11-553B
qīnglòuguǎn 青鏤管 11-563A
qīnglú 青廬 11-563A
qīnglú 青鸕 11-565B
qīnglú 清壚 5-1333A
qīnglú 清矑 5-1338A
qīnglǔ 輕虜 9-1272B
qīnglù 青陸 11-536B
qīnglù 青淥 11-540B
qīnglù 青路 11-547B
qīnglù 青輅 11-547A
qīnglù 青簶 11-564B
qīnglù 清露 5-1338A
qīnglù 清路 5-1324A
qīnglù 傾路 1-1651A
qínglù 擎露 6-849B
qìnglù 罄露 8-1078B
qīngluán 青巒 11-565A
qīngluán 青鑾 11-565B
qīngluán 青鸞 11-565B
qīngluán 清鑾 5-1339A
qīngluán 輕鸞 9-1280B
qīngluàn 傾亂 1-1651A
qīngluányì 青鸞翼 11-566A
qīnglún 青綸 11-552B
qīnglún 清倫 5-1312A
qīnglún 傾淪 1-1649B
qīnglùn 清論 5-1330B
qīngluó 青螺 11-559B
qīngluó 青羅 11-562B
qīngluó 青騾 11-563B
qīngluó 青蘿 11-564A
qīngluó 輕螺 9-1277B
qīngluó 輕羅 9-1279A
qīngluò 青洛 11-531B
qīngluò 青絡 11-544B
qīngluódài 青羅帶 11-563A
qīngluójì 青螺髻 11-559B
qīngluópèi 青羅帔 11-562B
qīngluósǎn 青羅傘 11-563A
qīngluóshì 青騾事 11-563B
qīnglúyè 青蘆葉 11-562A
qīnglǚ 輕呂 9-1260A
qīnglǜ 青律 11-531A
qīnglǜ 青綠 11-552B
qīnglǜ 清慮 5-1329B
qīnglǜ 輕綠 9-1274B
qīnglǜ 輕慮 9-1275A
qínglǚ 情侶 7-580A
qínglǜ 情慮 7-586B
qīnglüè 輕略 9-1269B
qīnglǜqiǎnmóu 輕慮淺謀 9-1275A
qīnglǜshānshuǐ 青綠山水 11-552B
qīngmá 青麻 11-540B
qīngmǎ 青馬 11-533A
qǐngmá 檾麻 8-162A
qǐngmá 檾蔴 8-162A
qǐngmá 苘麻 9-348B
qǐngmá 綮麻 4-1353B
qīngmái 青霾 11-564B
qīngmài 青脉 11-531B
qīngmài 清邁 5-1329B
qǐngmài 請脈 11-262A
qǐngmàijuézǐ 請賣爵子 11-264A
qǐngmákuài 綮麻塊 4-1353B
qīngmán 輕謾 9-1278B
qīngmàn 青蔓 11-549B
qīngmàn 輕嫚 9-1274B
qīngmàn 輕慢 9-1274B
qīngmáng 青芒 11-521A
qīngmáng 青盲 11-527A
qīngmángjù 青芒屨 11-521A
qīngmánglǚ 青芒履 11-521A
qīngmángmǎ 青駹馬 11-559A
qīngmáo 青茅 11-525B
qīngmǎo 青泖 11-527B
qīngmào 清茂 5-1301B
qíngmào 情貌 7-585A
qǐngmázuǐ 檾麻嘴 8-162A
qīngméi 青眉 11-532B
qīngméi 青梅 11-538A
qīngméi 青煤 11-548A
qīngméi 輕眉 9-1266B
qīngméi 輕煤 9-1273B
qīngměi 清美 5-1307B
qīngmèi 清媚 5-1322B
qīngmèi 輕媚 9-1272A
qíngméi 晴眉 5-753A
qíngměi 晴美 5-753A
qīngméisù 青黴素 11-565A
qīngméizhǔjiǔ 青梅煮酒 11-538B
qīngméizhúmǎ 青梅竹馬 11-538B
qīngmén 青門 11-528B
qīngmén 清門 5-1305A
qìngmén 慶門 7-695B
qīngméndào 青門道 11-529A

qīngměng 輕猛 9-1270A
qīngmèng 清夢 5-1323A
qǐngméng 請盟 11-263B
qīngméngua 青門瓜 11-528B
qīngméngùhóu 青門故侯 11-528B
qīngménjiàn 青門餞 11-529A
qīngménjiěmèi 青門解袂 11-529A
qīngménjìnghù 清門靜户 5-1305A
qīngménliǔ 青門柳 11-528B
qīngménlùyùfáng 青門綠玉房 11-529A
qīngménqiáo 青門橋 11-529A
qīngményǐn 青門隱 11-529A
qīngmí 青蘼 11-563B
qīngmí 輕靡 9-1279B
qīngmǐ 清靡 5-1337A
qīngmǐ 清弭 5-1309A
qīngmǐ 傾靡 1-1653B
qīngmì 清祕 5-1309A
qīngmì 清秘 5-1312A
qīngmì 清密 5-1318B
qīngmì 清謐 5-1335A
qíngmí 情迷 7-581A
qīngmián 清眠 5-1311A
qīngmián 輕綿 9-1274B
qíngmiàn 情面 7-580B
qíngmiàn 黥面 12-1371B
qǐngmiàn 請面 11-261B
qìngmián 慶緜 7-697A
qìngmiǎn 慶勉 7-695B
qīngmiànliáoyá 青面獠牙 11-530B
qīngmiànshèngzhě 青面聖者 11-530B
qīngmiáo 青苗 11-525A
qīngmiǎo 清眇 5-1306A
qīngmiǎo 清邈 5-1335A
qīngmiǎo 輕眇 9-1264A
qīngmiǎo 輕渺 9-1271B
qīngmiǎo 輕藐 9-1277B
qīngmiǎo 輕邈 9-1278A
qīngmiào 清妙 5-1301A
qīngmiào 清玅 5-1307B
qīngmiào 清廟 5-1331A
qīngmiào 輕妙 9-1262A
qíngmiáo 情苗 7-579B
qīngmiáodànxiě 輕描淡寫 9-1269A
qīngmiáofǎ 青苗法 11-525A
qīngmiàoqì 清廟器 5-1331A
qīngmiáoqián 青苗錢 11-525A
qīngmiè 青篾 11-560A
qīngmiè 傾滅 1-1651A
qīngmiè 輕滅 9-1273B
qīngmiè 輕蔑 9-1274A
qīngmiè 輕蠛 9-1279B
qīngmín 青旻 11-526B
qīngmín 青珉 11-529B
qīngmín 青緡 11-555A
qīngmín 清旻 5-1303A
qīngmín 輕民 9-1259B
qīngmǐn 清敏 5-1316A
qīngmǐn 輕敏 9-1269B
qīngmíng 青冥 11-536A
qīngmíng 青溟 11-548B
qīngmíng 青瞑 11-550A
qīngmíng 青瞑 11-553B
qīngmíng 清名 5-1299A
qīngmíng 清明 5-1302B
qīngmíng 清茗 5-1305A
qīngmíng 清冥 5-1313B
qīngmíng 輕明 9-1262B
qīngmìng 傾命 1-1646B
qíngmíng 晴明 5-752B
qǐngmìng 請命 11-261A
qìngmìng 慶命 7-695B
qīngmíngbǎ 青冥靶 11-536B
qīngmíngfēng 清明風 5-1303A
qīngmínghuǒ 清明火 5-1303A
qīngmíngkè 青冥客 11-536B
qīngmíngzī 青冥姿 11-536B
qīngmò 青墨 11-554A
qīngmò 傾没 1-1646A
qīngmò 輕末 9-1259A
qíngmò 黥墨 12-1371B
qīngmóu 青眸 11-539A
qīngmóu 清眸 5-1315B
qīngmǔ 青畝 11-535A
qīngmù 青木 11-517A
qīngmù 青目 11-518B
qīngmù 清穆 5-1333B
qīngmù 傾目 1-1644B
qīngmù 傾慕 1-1651A
qíngmù 鯨目 12-1243A
qíngmù 檠木 4-1306B
qǐngmǔ 頃畝 12-228B
qǐngmǔ 頃畮 12-228B
qìngmǔ 親母 10-342A
qīngmùxiāng 青木香 11-517A
qīngnà 青衲 11-532A
qīngnà'ǎo 青衲襖 11-532A
qīngnáng 青囊 11-564A
qīngnáng 傾囊 1-1654A
qìngnáng 磬囊 8-1078B
qīngnángshū 青囊書 11-564B
qīngnángyìn 青囊印 11-564B
qīngnáo 傾撓 1-1652A
qīngnéng 清能 5-1314A
qīngní 青泥 11-527B
qīngní 青蜺 11-550A
qīngní 青霓 11-556A
qíngní 鯨鯢 12-1244B
qíngnì 情昵 7-580B
qǐngní 請泥 11-261A
qǐngnì 請逆 11-261B
qīngnián 青年 11-521B
qīngnián 青黏 11-560A
qīngnián 青黏 11-556A
qīngnián 清年 5-1298B
qīngnián 輕年 9-1260A
qǐngnián 頃年 12-227A
qíngniáng 情娘 7-582A
qīngniánhuì 青年會 11-521B
qīngniánjié 青年節 11-522A
qīngniántuán 青年團 11-522A
qīngniǎo 青鳥 11-540A
qīngniǎo 青裊 11-548A
qīngniǎo 清裊 5-1324B
qīngniǎoniǎo 輕裊裊 9-1273A
qīngniǎoshǐ 青鳥使 11-540A
qīngniǎoshì 青鳥氏 11-540A
qīngniǎoshū 青飢飯 11-540B
qīngniǎoshū 青鳥書 11-540A
qīngníbǎn 青泥坂 11-527B
qīngníchéng 青泥城 11-527B
qíngniè 情孽 7-587B
qīngnífàn 青泥飯 11-527B
qīngnílǐng 青泥嶺 11-527B
qīngníng 青寧 11-552A
qīngníng 清寧 5-1328B
qīngniú 青牛 11-517B
qīngniúdàoshì 青牛道士 11-517B
qīngniújù 青牛句 11-517B
qīngniúshī 青牛師 11-517B
qīngniúwēng 青牛翁 11-517B
qīngniúwénzǐ 青牛文梓 11-517B
qīngniúyù 青牛嫗 11-518A
qīngníxìn 青泥信 11-527B
qīngnòng 清弄 5-1299B
qīngnòng 傾弄 1-1645B
qīngnú 青奴 11-520B
qīngnù 輕怒 9-1266B
qīngnuǎn 輕暖 9-1272B
qīngnuǎn 輕煖 9-1273B
qīngnuǎn 輕煗 9-1273B
qīngnuǎn 輕暝 9-1272B
qíngnuǎn 晴暖 5-753B
qíngnuǎn 晴煖 5-753B
qìngnuǎn 慶煖 7-696B
qīngnuò 輕諾 9-1275B
qīngnuòguǎxìn 輕諾寡信 9-1275B
qīngnǚ 青女 11-516B
qīngnǜ 傾衄 1-1648A
qīngnǚshuāng 青女霜 11-516B
qīngnǚyuè 青女月 11-516B
qīngōng 欽工 6-1453B
qìngòng 親供 10-344A
qíngōng 芹宮 9-307B
qíngōng 秦弓 8-58B
qíngōng 秦宮 8-61A
qíngōng 琴工 4-585B
qǐngōng 寢宮 3-1606B
qíngōngjiǎnxué 勤工儉學 2-817A
qíngōngkuàilì 秦宮塊礫 8-61A
qíngōngzhùxué 勤工助學 2-817A
qíngōngzǐ 秦公子 8-59A
qīng'ōu 清謳 5-1336A
qīng'ōu 輕漚 9-1274B
qīng'ǒu 青耦 11-552B
qīng'òu 青漚 11-551B
qíngōu 秦篝 8-64B
qíngòu 秦垢 8-60A
qīngpái 傾排 1-1648B
qīngpán 青盤 11-554B
qīngpàn 青盼 11-530B
qīngpàn 青昐 11-530B
qīngpàn 清盼 5-1306A
qīngpāng 青膀 11-551A
qīngpāng 青滂 11-548B
qīngpàng 青胖 11-531B
qīngpáo 青袍 11-535B
qīngpào 輕炮 9-1266A
qīngpáobáimǎ 青袍白馬 11-536A
qīngpáobùwà 青袍布襪 11-535B
qīngpáojiǎodài 青袍角帶 11-536A
qīngpáowūqià 青袍烏帢 11-536A
qīngpáoyùshǐ 青袍御史 11-536A
qīngpéi 輕裴 9-1274A
qīngpèi 青佩 11-526B
qīngpèi 青旆 11-531B
qīngpèi 青旆 11-535A
qīngpèi 青珮 11-533A
qīngpèi 傾佩 1-1646A
qīngpèi 輕轡 9-1280A
qíngpèi 黥配 12-1371B
qīngpēn 清濆 5-1331B
qīngpén 青湓 11-544A
qīngpén 傾盆 1-1647A
qīngpéng 青篷 11-556A
qīngpéng 青艂 11-563A
qīngpéng 輕蓬 9-1272A
qíngpéng 鯨鵬 12-1244A
qíngpéng 黥彭 12-1371B
qīngpí 青皮 11-520B
qīngpí 青脾 11-543B
qīngpǐ 清癖 5-1336A
qīngpǐ 傾否 1-1645B
qīngpǐ 傾圮 1-1644B
qīngpì 青甓 11-560B
qīngpián 清便 5-1306B
qīngpiāo 輕飄 9-1279B
qīngpiǎo 青縹 11-560B
qīngpiǎo 清醥 5-1335B
qīngpiào 輕剽 9-1272B
qīngpiào 輕僄 9-1273A
qīngpiào 輕猽 9-1274A
qīngpiāopiāo 輕飄飄 9-1279B
qīngpín 青蘋 11-562A
qīngpín 清貧 5-1316B
qīngpín 輕顰 9-1280B
qīngpǐn 清品 5-1306A
qíngpǐn 情品 7-580B
qīngpínfēng 青蘋風 11-562A
qīngpíng 青屏 11-532B
qīngpíng 青萍 11-538A

qīngpíng 青蓱 11-542A
qīngpíng 清平 5-1297A
qīngpíng 清評 5-1321A
qīngpíng 輕平 9-1259A
qǐngpíng 請平 11-259B
qīngpíngdiào 清平調 5-1297A
qīngpíngguān 清平官 5-1297A
qīngpínghuà 清平話 5-1297A
qīngpíngshìjiè 清平世界 5-1297A
qīngpíngyuè 清平樂 5-1297A
qīngpínmò 青蘋末 11-562A
qīngpō 傾潑 1-1652B
qīngpō 傾頗 1-1652A
qīngpū 青鋪 11-554B
qīngpú 青蒲 11-546B
qīngpǔ 青浦 11-535A
qīngpǔ 清樸 5-1332B
qíngpǔ 鯨浦 12-1243B
qīngqī 清漆 5-1328B
qīngqī 傾敧 1-1650A
qīngqī 輕欺 9-1271B
qīngqí 青圻 11-523B
qīngqí 青祇 11-528B
qīngqí 青旗 11-551A
qīngqí 清奇 5-1302A
qīngqí 傾崎 1-1649A
qīngqí 輕騎 9-1278A
qīngqǐ 青綺 11-552A
qīngqǐ 清綺 5-1329A
qīngqǐ 傾企 1-1645B
qīngqǐ 輕綺 9-1274B
qīngqì 青氣 11-534A
qīngqì 氫氣 6-1037B
qīngqì 清氣 5-1311B
qīngqì 清器 5-1333A
qīngqì 傾棄 1-1651A
qīngqì 輕氣 9-1267B
qíngqī 情期 7-583A
qíngqí 擎奇 6-849A
qíngqì 情契 7-580B
qǐngqī 請期 11-263A
qǐngqí 請蘄 11-265A
qǐngqǐ 請乞 11-259A
qǐngqǐ 請啓 11-263A
qìngqī 慶期 7-696A
qìngqià 慶洽 7-695B
qīngqiān 青芉 11-521A
qīngqiān 輕愆 9-1273B
qīngqián 青錢 11-556B
qīngqián 清錢 5-1333B
qīngqiǎn 青淺 11-540B
qīngqiǎn 清淺 5-1317B
qīngqiǎn 輕淺 9-1270B
qīngqiàn 輕倩 9-1267B
qíngqiān 鯨騫 12-1244B
qǐngqián 請錢 11-264B
qǐngqiān 請愆 11-264A
qǐngqián 頃前 12-228A
qìngqián 磬錢 7-1098B
qīngqiāng 青羌 11-524B
qīngqiáng 清疆 5-1337B
qīngqiáng 清强 5-1322B
qīngqiáng 輕强 9-1272A
qìngqiāng 倩槍 1-1444A
qīngqiāngbǎn 青羌坂 11-524B
qīngqiánwànxuǎn 青錢萬選 11-556B
qīngqiánxuǎn 青錢選 11-556B
qīngqiánxuéshì 青錢學士 11-556B
qīngqiāo 青骹 11-554A
qīngqiāo 清悄 5-1313B
qīngqiāo 輕悄 9-1268B
qīngqiāo 輕敲 9-1274A
qīngqiāo 輕蹻 9-1279A
qīngqiáo 輕喬 9-1271B
qīngqiáo 輕趫 9-1279A
qīngqiǎo 清巧 5-1296B
qīngqiǎo 傾巧 1-1644B
qīngqiǎo 輕巧 9-1259A
qīngqiào 清陗 5-1309A
qīngqiào 清峭 5-1311A
qīngqiào 輕俏 9-1265B
qíngqiǎo 情巧 7-577B
qíngqiào 情竅 7-587A
qīngqiāohuǎnjī 輕敲緩擊 9-1274A
qīngqiāoqiāo 輕悄悄 9-1268B
qīngqiè 清切 5-1295B
qīngqiè 輕怯 9-1264A
qíngqiè 情切 7-577A
qìngqiè 清切 5-1296A
qīngqíjiǎncóng 輕騎減從 9-1278B
qīngqíjiǎncóng 輕騎减從 9-1278B
qīngqíjiǎncóng 輕騎簡從 9-1278B
qīngqǐliè 輕乞列 9-1258B
qīngqǐmén 青綺門 11-552A
qīngqín 青琴 11-541B
qīngqín 青禽 11-543B
qīngqín 清琴 5-1323A
qīngqín 清勤 5-1323A
qīngqín 輕禽 9-1271B
qíngqīn 情親 7-587A
qìngqín 慶覃 7-696A
qīngqīng 青青 11-525A
qīngqīng 卿卿 2-545B
qīngqīng 清卿 5-1312B
qīngqīng 清清 5-1317A
qīngqīng 清輕 5-1327A
qīngqīng 輕清 9-1270B
qīngqìng 輕清 9-1268A
qíngqíng 殑殑 5-166A
qíngqíng 擎擎 6-849B
qǐngqǐng 頃頃 12-228B
qìngqīng 慶卿 7-696A
qìngqìng 硜硜 7-1043A
qīngqīngbóbó 輕輕薄薄 9-1274A
qīngqīngjǐnjǐn 清清謹謹 5-1317B
qīngqīngkuǎnkuǎn 輕輕款款 9-1274B
qīngqīnglěnglěng 清清冷冷 5-1317B
qīngqīnglínglíng 清清泠泠 5-1317B
qīngqīngpiēpiē 輕輕瞥瞥 9-1274A
qīngqīngwǒwǒ 卿卿我我 2-546A
qīngqīngzǎo 清清早 5-1317B
qīngqióng 青穹 11-528A
qīngqióng 青筇 11-539B
qīngqióng 青瓊 11-560B
qīngqióng 清穹 5-1305A
qìngqióng 罄窮 8-1078A
qīngqióngzhàng 青筇杖 11-539B
qīngqìqiú 輕氣球 9-1267B
qīngqiū 青丘 11-519B
qīngqiū 青邱 11-524A
qīngqiū 青秋 11-531A
qīngqiū 青鞦 11-560B
qīngqiū 清秋 5-1306B
qīngqiú 清球 5-1314A
qīngqiú 清遒 5-1321B
qīngqiú 輕囚 9-1259B
qīngqiú 輕裘 9-1272B
qíngqiú 情囚 7-578A
qǐngqiú 請求 11-260A
qǐngqiú 請賕 11-264A
qīngqiúféimǎ 輕裘肥馬 9-1272B
qīngqiúhuǎndài 輕裘緩帶 9-1272B
qīngqiúhuǎnpèi 輕裘緩轡 9-1272B
qīngqiūjié 清秋節 5-1306B
qīngqiūzhuó 青丘繳 11-519B
qīngqiūzǐ 青丘子 11-519B
qíngqīyìqiè 情悽意切 7-582B
qīngqū 傾曲 1-1645A
qīngqú 青絇 11-541A
qīngqú 青癯 11-565A
qīngqú 清臞 5-1338B
qīngqú 清癯 5-1338B
qīngqǔ 輕取 9-1262B
qīngqù 清趣 5-1329A
qíngqū 鯨呿 12-1243A
qíngqū 情曲 7-578A
qíngqǔ 情取 7-579B
qíngqù 情趣 7-586A
qǐngqǔ 請取 11-260B
qīngquán 青荃 11-530A
qīngquán 輕權 9-1280A
qīngquǎn 清甽 5-1303A
qíngquán 擎拳 6-849A
qíngquánchēngjiǎo 擎拳撐脚 6-849A
qíngquánhézhǎng 擎拳合掌 6-849A
qīngquē 青闕 11-562A
qīngquè 青雀 11-538B
qīngquè 青鵲 11-562A
qīngquè 清慤 5-1329B
qīngquèfǎng 青雀舫 11-538B
qīngquèjīng 青雀旌 11-539A
qīngquèmén 青雀門 11-538B
qīngquèzhōu 青雀舟 11-538B
qīngqún 青裙 11-544B
qīngqúngǎomèi 青裙縞袂 11-544B
qīngrán 青髯 11-552B
qǐngrán 頃然 12-228B
qìngrán 罄然 8-1078A
qìngrǎng 罄壤 8-1078B
qīngráo 輕橈 9-1276B
qīngráosùfàng 輕饒素放 9-1279B
qíngrè 情熱 7-586B
qíngrè 晴熱 5-753B
qīngrén 清人 5-1295B
qīngrén 輕人 9-1258A
qíngrén 情人 7-577A
qìngrén 倩人 1-1443B
qìngrén 磬人 7-1097B
qíngrényǎnlǐchūxīshī 情人眼裏出西施 7-577A
qíngrényǎnlǐyǒuxīshī 情人眼裏有西施 7-577A
qīngrì 輕日 9-1258B
qíngrì 晴日 5-752B
qǐngrì 頃日 12-227A
qǐngrì 請日 11-259A
qīngróng 清容 5-1313B
qīngróng 傾容 1-1648B
qīngróng 輕容 9-1269A
qīngróng 輕褣 9-1275B
qīngróu 清柔 5-1309B
qīngróu 輕柔 9-1266B
qīngrǔ 輕辱 9-1267A
qīngruǎn 清軟 5-1315A
qīngruǎn 清輭 5-1332B
qīngruǎn 輕耎 9-1264A
qīngruǎn 輕軟 9-1269B
qīngruǎn 輕輭 9-1277A
qīngrúhóngmáo 輕如鴻毛 9-1260B
qīngruì 清銳 5-1330B
qīngruì 輕銳 9-1275A
qìngruì 慶瑞 7-696B
qīngrùn 青潤 11-555A
qīngrùn 清潤 5-1332A
qīngruò 青蒻 11-546B
qīngruò 青箬 11-550A
qīngruò 青篛 11-556A
qīngruò 清弱 5-1313B
qīngruò 輕弱 9-1269A
qīngruòhóngmáo 輕若鴻毛 9-1262B
qīngruòkōng 清若空 5-1301B
qīngruòlì 青箬笠 11-550A
qīngruòlì 青篛笠 11-556A
qīngsǎ 清灑 5-1338B
qīngsài 青塞 11-548B
qīngsǎn 清散 5-1319B

qīngsāng 輕喪 9-1271A
qīngsàng 輕喪 9-1271A
qīngsǎo 清掃 5-1314B
qīngsào 清埽 5-1315A
qīngsè 青色 11-522A
qīngsè 清瑟 5-1323A
qīngsè 輕色 9-1260A
qíngsè 情色 7-578B
qìngsè 慶色 7-695A
qìngsè 磬色 7-1098A
qīngsēn 清森 5-1319B
qīngsēnsēn 青森森 11-542A
qīngshā 青莎 11-533A
qīngshā 輕沙 9-1262A
qíngshā 鯨鯊 12-1244A
qíngshā 情殺 7-581B
qíngshā 晴沙 5-752B
qīngshān 青山 11-515B
qīngshān 青衫 11-528A
qīngshàn 清善 5-1321A
qīngshàn 清贍 5-1337B
qīngshàn 輕扇 9-1269A
qìngshàn 慶善 7-696B
qīngshānbáiyúnrén 青山白雲人 11-516A
qìngshāncǎimù 罄山採木 8-1077B
qīngshāng 青傷 11-548A
qīngshāng 清商 5-1316B
qīngshāng 清觴 5-1336A
qīngshāng 傾觴 1-1653A
qīngshǎng 清賞 5-1330A
qīngshǎng 傾賞 1-1652A
qīngshàng 清尚 5-1302A
qíngshāng 情商 7-582B
qíngshāng 情傷 7-584A
qíngshǎng 情賞 7-586B
qíngshàng 情尚 7-579B
qǐngshǎng 請賞 11-264A
qìngshāng 慶觴 7-697B
qìngshǎng 慶賞 7-697A
qīngshāngjì 清商伎 5-1317A
qīngshāngqǔ 清商曲 5-1317A
qīngshāngsāndiào 清商三調 5-1316B
qīngshānguǎn 青山館 11-516A
qīngshāngyuàn 清商怨 5-1317A
qīngshāngyuè 清商樂 5-1317A
qīngshānjiā 青山家 11-516A
qīngshānlùshuǐ 青山綠水 11-516A
qīngshānshēngyì 青山生意 11-516A
qīngshānsīmǎ 青衫司馬 11-528B
qīngshānyīfà 青山一髮 11-516A
qīngsháo 青韶 11-551A
qīngsháo 清韶 5-1328A
qīngshǎo 輕少 9-1258B
qīngshào 清劭 5-1301A
qīngshào 清邵 5-1301A
qīngshāzhàng 青紗帳 11-537A
qīngshé 青虵 11-530B
qīngshé 青蛇 11-539B
qīngshè 青社 11-524B
qīngshēn 青身 11-524A
qīngshēn 清身 5-1300A
qīngshēn 清深 5-1318B
qīngshēn 傾身 1-1645B
qīngshēn 輕身 9-1261B
qīngshén 青神 11-532A
qīngshén 清神 5-1309A
qīngshěn 清審 5-1332A
qīngshèn 清慎 5-1326A
qíngshén 情神 7-581A
qǐngshén 請神 11-262A
qìngshēn 罄身 8-1077B
qīngshēnfàn 青粈飯 11-531B
qīngshēng 清聲 5-1334A
qīngshēng 傾生 1-1644B
qīngshēng 輕生 9-1259B
qīngshēng 輕聲 9-1277B
qīngshéng 青繩 11-563B
qīngshěng 青眚 11-534A
qīngshěng 清省 5-1306A
qīngshěng 輕省 9-1264A
qīngshèng 清勝 5-1321A
qīngshèng 清聖 5-1323A
qìngshēng 磬聲 7-1098B
qīngshēngsè 青生色 11-519B
qīngshēngzhòngyì 輕生重義 9-1259B
qīngshèngzhuóxián 清聖濁賢 5-1323A
qīngshēnjiéjǐ 清身潔己 5-1300A
qīngshènqín 清慎勤 5-1326A
qīngshēnxiàqì 輕身下氣 9-1261B
qīngshēnxùnyì 輕身殉義 9-1261B
qíngshēnyīwǎng 情深一往 7-582B
qíngshēnyìzhòng 情深意重 7-582B
qíngshēnyìzhòng 情深義重 7-582B
qīngshēnzhòngyì 輕身重義 9-1261B
qīngshī 清詩 5-1325A
qīngshī 輕師 9-1268A
qīngshí 青石 11-518B
qīngshí 清時 5-1311A
qīngshí 清實 5-1329A
qīngshí 清識 5-1337A
qīngshí 傾時 1-1647B
qīngshǐ 青史 11-519B
qīngshǐ 青使 11-526B
qīngshǐ 青屎 11-532B
qīngshǐ 清駛 5-1329A
qīngshǐ 輕使 9-1263A
qīngshǐ 輕駛 9-1274B
qīngshì 青士 11-515B
qīngshì 青室 11-531B
qīngshì 青襫 11-563B
qīngshì 卿士 2-545A
qīngshì 清士 5-1295B
qīngshì 清世 5-1296B
qīngshì 清事 5-1302A
qīngshì 清室 5-1308B
qīngshì 清視 5-1318B
qīngshì 清適 5-1328A
qīngshì 傾世 1-1644B
qīngshì 傾市 1-1644B
qīngshì 傾逝 1-1647B
qīngshì 輕世 9-1259A
qīngshì 輕視 9-1270B
qīngshì 請室 11-261B
qìngshì 慶士 7-694B
qíngshī 情詩 7-584A
qíngshí 情實 7-585B
qíngshí 情識 7-588A
qǐngshí 請實 11-264A
qíngshì 情事 7-579B
qíngshì 情勢 7-583B
qíngshì 情嗜 7-583B
qǐngshí 頃時 12-228A
qǐngshì 頃世 12-227A
qǐngshì 請示 11-259A
qǐngshì 請事 11-260B
qìngshī 慶施 7-695B
qìngshī 磬師 7-1098A
qìngshí 磬石 7-1097B
qìngshì 慶室 7-695B
qīngshì'àowù 輕世傲物 9-1259A
qīngshìliáo 卿士寮 2-545A
qīngshìliáo 卿事寮 2-545B
qīngshǐshì 青史氏 11-519B
qīngshìsìzhì 輕世肆志 9-1259A
qìngshìxué 慶氏學 7-694B
qīngshìyuè 卿士月 2-545A
qīngshǒu 青首 11-531B
qīngshǒu 傾首 1-1647B
qīngshòu 青綬 11-552B
qīngshòu 青獸 11-562B
qīngshòu 清瘦 5-1327B
qīngshòu 輕售 9-1270A
qīngshòu 輕獸 9-1279A
qíngshǒu 情首 7-581A
qíngshǒu 黥首 12-1371B
qíngshòu 情受 7-580A
qíngshòu 擎受 6-849A
qǐngshòu 請受 11-261A
qìngshòu 慶壽 7-697A
qīngshǒunièjiǎo 輕手躡脚 9-1258B
qīngshǒuqīngjiǎo 輕手輕脚 9-1258B
qīngshǒuruǎnjiǎo 輕手軟脚 9-1258B
qīngshū 青書 11-536B
qīngshū 青疏 11-544B
qīngshū 青蔬 11-553A
qīngshū 青踈 11-550A
qīngshū 清姝 5-1309B
qīngshū 清書 5-1313B
qīngshū 清殊 5-1311A
qīngshū 清淑 5-1317B
qīngshū 清踈 5-1322B
qīngshū 清疏 5-1322B
qīngshū 清舒 5-1321A
qīngshū 傾輸 1-1652B
qīngshū 輕踈 9-1272A
qīngshū 輕疏 9-1272A
qīngshū 輕舒 9-1271B
qīngshú 清熟 5-1331A
qīngshǔ 青鼠 11-548A
qīngshǔ 卿署 2-546B
qīngshǔ 清暑 5-1320A
qīngshǔ 清署 5-1324A
qīngshǔ 清曙 5-1334B
qīngshǔ 輕暑 9-1271A
qīngshù 青樹 11-555B
qīngshù 傾述 1-1646A
qíngshū 情書 7-582A
qíngshú 情熟 7-587A
qíngshù 情恕 7-582A
qíngshù 情數 7-586B
qǐngshū 請書 11-262B
qǐngshù 頃數 12-229A
qìngshū 磬叔 7-1098A
qìngshū 罄輸 8-1078B
qìngshù 罄述 8-1077B
qīngshuài 清率 5-1317A
qīngshuài 輕率 9-1270A
qīngshuāng 青霜 11-559A
qīngshuāng 清霜 5-1334A
qīngshuǎng 清爽 5-1315A
qīngshuǎng 輕爽 9-1269B
qíngshuǎng 情爽 7-582A
qíngshuǎng 晴爽 5-753A
qīngshuǐ 清水 5-1296A
qīngshuǐ 輕水 9-1258B
qīngshuì 清睡 5-1324A
qǐngshuǐ 請水 11-259A
qīngshuǐjì 青水芰 11-517B
qīngshuǐliǎn 青水臉 11-517B
qīngshuǐliǎn 清水臉 5-1296A
qīngshuǐwúdàyú 清水無大魚 5-1296A
qīngshuǐyámén 清水衙門 5-1296A
qīngshuǐzàobái 青水皂白 11-517B
qíngshùlǐqiǎn 情恕理遣 7-582A
qīngshùn 清順 5-1320B
qǐngshùn 請順 11-263B
qīngshuò 清鑠 5-1338B
qǐngshuò 請朔 11-262B
qīngsī 青絲 11-544B
qīngsī 清思 5-1306A
qīngsī 輕颸 9-1278B
qīngsǐ 青死 11-521B
qīngsǐ 輕死 9-1260A
qīngsì 青兕 11-524A
qīngsì 卿寺 2-545B

qīngsì 清祀 5-1301A
qīngsì 輕肆 9-1272A
qíngsī 情私 7-579A
qíngsī 情思 7-580B
qíngsī 情絲 7-583B
qíngsī 晴絲 5-753B
qíngsī 晴颸 5-753B
qíngsǐ 情死 7-578A
qīngsībáimǎ 青絲白馬 11-545A
qīngsībiān 青絲編 11-545A
qīngsījiǎnbiān 青絲簡編 11-545A
qīngsīkòng 青絲鞚 11-545A
qīngsǐzhòngqì 輕死重氣 9-1260A
qīngsǐzhòngyì 輕死重義 9-1260A
qīngsōng 青松 11-526A
qīngsōng 輕鬆 9-1278A
qīngsǒng 清聳 5-1335A
qīngsǒng 傾悚 1-1648A
qīngsǒng 傾竦 1-1650B
qīngsǒng 傾聳 1-1653A
qīngsòng 傾送 1-1647B
qīngsōngzhái 青松宅 11-526A
qīngsòu 清嗽 5-1327B
qīngsū 青蘇 11-562A
qīngsū 清酥 5-1320A
qīngsū 清蘇 5-1336B
qīngsú 輕俗 9-1265B
qīngsù 清素 5-1309B
qīngsù 清肅 5-1326A
qīngsù 傾訴 1-1650B
qīngsù 輕素 9-1267A
qīngsù 輕速 9-1267A
qíngsù 情素 7-581B
qíngsù 情愫 7-584B
qǐngsù 請粟 11-263A
qǐngsù 請訴 11-263B
qīngsuàn 青蒜 11-545A
qīngsuàn 清算 5-1327B
qīngsùchē 清素車 5-1309B
qīngsúhánshòu 輕俗寒瘦 9-1265B
qīngsuǐ 青髓 11-564A
qīngsuì 青歲 11-547A
qīngsuì 青穗 11-560A
qīngsuì 青襚 11-560A
qīngsuì 清邃 5-1335B
qǐngsuì 頃歲 12-229A
qǐngsuì 請隧 11-264A
qíngsuíshìqiān 情隨事遷 7-585B
qīngsǔn 青笋 11-534A
qīngsǔn 青筍 11-543B
qīngsuǒ 青瑣 11-548B
qīngsuǒ 青鎖 11-561B
qīngsuǒ 青璅 11-552B
qīngsuǒ 輕鎖 9-1278B
qīngsuǒbài 青瑣拜 11-549A
qīngsuǒdì 青瑣第 11-549A
qīngsuǒkè 青瑣客 11-549A
qīngsuǒláng 青瑣郎 11-549A
qīngsuǒmén 青瑣門 11-549A
qīngsuǒmì 青瑣祕 11-549A
qīngsuǒtà 青瑣闥 11-549B
qīngsuǒtōuxiāng 青瑣偷香 11-549A
qīngsuǒwéi 青瑣幃 11-549A
qīngsuǒwéi 青瑣闈 11-549A
qīngsuǒwéi 青鎖闈 11-561B
qīngtā 傾塌 1-1650B
qīngtà 青闥 11-563B
qīngtái 青苔 11-525B
qīngtái 青臺 11-549B
qīngtái 清臺 5-1326B
qīngtài 清泰 5-1309B
qíngtài 情態 7-586A
qìngtài 慶泰 7-696A
qīngtáipiān 青苔篇 11-525B
qīngtáixiàng 青苔巷 11-525B
qīngtáizhǐ 青台旨 11-521A
qīngtán 青壇 11-555B
qīngtán 清潭 5-1331B
qīngtán 清談 5-1331A
qīngtán 清譚 5-1337A
qīngtán 傾談 1-1652A
qǐngtán 頃談 12-229A
qǐngtán 謦談 11-393A
qīngtāng 清湯 5-1321B
qīngtáng 青唐 11-535A
qīngtáng 青堂 11-539A
qīngtáng 青棠 11-543A
qīngtáng 青塘 11-545A
qīngtáng 清堂 5-1315B
qīngtáng 清塘 5-1323A
qīngtángchéng 青堂城 11-539A
qīngtāngguǎshuǐ 清湯寡水 5-1321B
qīngtángqiāng 青堂羌 11-539A
qīngtánpài 清談派 5-1331A
qīngtáo 青檮 11-561A
qíngtāo 鯨濤 12-1244A
qíngtāotuólàng 鯨濤鼉浪 12-1244A
qìngténg 慶騰 7-697B
qīngtī 青梯 11-538B
qīngtī 清剔 5-1311A
qīngtí 青緹 11-555A
qīngtí 輕荑 9-1264A
qīngtí 鯖鯷 12-1237B
qīngtǐ 輕體 9-1280A
qīngtì 清涕 5-1313A
qīngtiān 青天 11-516B
qīngtián 青田 11-518B
qīngtián 清恬 5-1308B
qīngtián 輕恬 9-1266A
qīngtiǎn 清殄 5-1305B
qíngtiān 情天 7-577A
qíngtiān 晴天 5-752A
qíngtiān 擎天 6-849A
qíngtián 情田 7-577B
qīngtiānbáirì 青天白日 11-517A
qīngtiānbáirì 清天白日 5-1295B
qīngtiándàhètiān 青田大鶴天 11-519A
qīngtiándòng 青田湅 11-519A
qīngtiánhé 青田核 11-519A
qīngtiánhè 青田鶴 11-519A
qíngtiānjiàhǎi 擎天架海 6-849A
qīngtiánjiǔ 青田酒 11-519A
qíngtiānkāishuǐlù 晴天開水路 5-752B
qīngtiānpīlì 青天霹靂 11-517A
qíngtiānpīlì 晴天霹靂 5-752B
qīngtiánshí 青田石 11-519A
qíngtiānshǒu 擎天手 6-849A
qīngtiánwēng 青田翁 11-519A
qíngtiānzhù 擎天柱 6-849A
qīngtiāo 輕佻 9-1263A
qīngtiāo 輕恌 9-1266A
qīngtiāo 輕挑 9-1264A
qīngtiāo 輕窕 9-1270B
qīngtiáo 青條 11-534A
qīngtiáo 青蜩 11-550A
qīngtiáo 輕條 9-1267B
qīngtiáo 輕鯈 9-1277B
qīngtiào 清眺 5-1315B
qīngtiào 輕跳 9-1273A
qíngtiáo 情條 7-581B
qīngtiě 青鐵 11-564A
qǐngtiě 請帖 11-261A
qīngtiěyàn 青鐵硯 11-564A
qīngtīng 清聽 5-1338A
qīngtīng 傾聽 1-1654A
qǐngtīng 頃聽 12-229A
qīngtíng 青亭 11-531B
qīngtíng 青蜓 11-543A
qīngtíng 清渟 5-1322A
qīngtíng 蜻蜓 8-911A
qīngtíng 蜻蝏 8-911B
qīngtǐng 清挺 5-1310A
qīngtíngdiǎnshuǐ 蜻蜓點水 8-911A
qīngtínghànshízhù 蜻蜓撼石柱 8-911A
qīngtínghàntiězhù 蜻蜓撼鐵柱 8-911A
qīngtíngshù 蜻蜓樹 8-911A
qīngtíngtǐng 蜻蜓艇 8-911A
qīngtǐngtǐng 青挺挺 11-530A
qīngtíngzhōu 蜻蜓舟 8-911A
qīngtōng 清通 5-1314A
qīngtóng 青桐 11-533B
qīngtóng 青童 11-544A
qīngtóng 青銅 11-550A
qīngtóng 青瞳 11-559B
qīngtǒng 圊桶 3-630A
qíngtōng 情通 7-582A
qīngtóngdàjūn 青童大君 11-544A
qíngtónggǔròu 情同骨肉 7-578A
qīngtónghǎi 青銅海 11-550B
qīngtóngjìng 青銅鏡 11-550B
qīngtóngjūn 青童君 11-544A
qīngtóngqì 青銅器 11-550B
qīngtóngqián 青銅錢 11-550B
qīngtóngshén 青童神 11-544A
qīngtóngshídài 青銅時代 11-550B
qīngtóngxuéshì 青銅學士 11-550B
qīngtóu 青頭 11-555B
qīngtóu 圊牏 3-630A
qīngtóu 清頭 5-1332B
qīngtóu 輕頭 9-1277A
qíngtóu 情頭 7-587A
qīngtóujī 青頭雞 11-555B
qíngtóuqìhé 情投契合 7-578B
qíngtóuyìhé 情投意合 7-578B
qíngtóuyìhé 情投誼合 7-578B
qíngtóuyìqià 情投意洽 7-578B
qíngtóuyìxiān 情投意忺 7-578B
qīngtú 青荼 11-533A
qīngtú 清途 5-1312A
qīngtú 清塗 5-1325B
qīngtú 輕徒 9-1268A
qīngtǔ 青土 11-515B
qīngtǔ 傾吐 1-1645A
qīngtǔ 輕土 9-1258A
qīngtù 傾吐 1-1645A
qíngtú 情塗 7-584B
qíngtú 黥徒 12-1371B
qìngtù 罄吐 8-1077B
qīngtuān 清湍 5-1322A
qīngtuán 青糰 11-563B
qīngtuí 傾隤 1-1652A
qīngtuí 傾頹 1-1652B
qīngtuí 傾穨 1-1653B
qīngtuì 清退 5-1309A
qǐngtuì 請退 11-262A
qīngtuǐyágān 青腿牙疳 11-548A
qíngtūn 鯨吞 12-1243A
qíngtūn 晴暾 5-753B
qíngtūncánshí 鯨吞蠶食 12-1243A
qíngtūnhǔshì 鯨吞虎噬 12-1243A
qīngtūnmàntǔ 輕吞慢吐 9-1260B
qíngtūnshéshì 鯨吞蛇噬 12-1243A
qīngtuō 清脱 5-1316B

qīngtuō 輕侻 9-1265B
qīngtuō 輕脱 9-1270A
qīngtuó 青橐 11-555B
qīngtuǒ 清妥 5-1300A
qíngtuō 擎托 6-849A
qǐngtuō 請托 11-259B
qǐngtuō 請託 11-262A
qìngtuò 謦唾 11-393A
qìngtuó 罄橐 8-1078B
qīngù 親故 10-344B
qīnguān 侵官 1-1426B
qīnguàn 親串 10-342B
qínguān 秦關 8-65B
qínguǎn 芹館 9-307B
qínguàn 秦觀 8-65B
qǐnguānpùkuàng 寢關曝纊
3-1609A
qīnguì 親貴 10-347B
qīnguì 欽貴 6-1456A
qínguī 秦規 8-62A
qínguī 秦龜 8-65A
qínguó 秦虢 8-64B
qínguó 禽馘 1-1588B
qīngǔròu 親骨肉 10-344B
qīngǔxuè 親骨血 10-344B
qīngwā 青蛙 11-543A
qǐngwài 請外 11-259B
qīngwán 清玩 5-1301B
qīngwán 輕玩 9-1262B
qīngwán 輕紈 9-1266B
qīngwǎn 清婉 5-1318B
qīngwǎn 輕婉 9-1270B
qíngwán 情玩 7-579B
qíngwán 情翫 7-587A
qīngwáng 傾亡 1-1644A
qīngwàng 清晘 5-1320A
qīngwàng 清望 5-1317A
qīngwàng 傾望 1-1649B
qíngwǎng 情網 7-586A
qīngwàngguān 清望官
5-1317A
qīngwēi 清微 5-1324B
qīngwēi 傾危 1-1645B
qīngwēi 傾微 1-1651A
qīngwēi 輕威 9-1264A
qīngwēi 輕微 9-1273A
qīngwēi 頃危 12-227B
qīngwéi 青幃 11-543B
qīngwéi 青闈 11-560B
qīngwěi 青煒 11-548A
qīngwěi 輕僞 9-1274A
qīngwèi 青味 11-526B
qīngwèi 清位 5-1300A
qīngwèi 清味 5-1302B
qīngwèi 清蔚 5-1327A
qíngwěi 情僞 7-585A
qíngwěi 請僞 11-264A
qíngwèi 情味 7-579B
qìngwèi 慶慰 7-697A
qīngwēidànyuǎn 清微淡遠
5-1324B
qīngwēijiā 清微家 5-1324B
qīngwèizhuójīng 清渭濁涇
5-1322A
qīngwén 青霙 11-543A
qīngwén 青鳶 11-555A
qīngwén 清文 5-1296A
qīngwén 清聞 5-1329A
qīngwén 輕文 9-1258B
qīngwěn 清穩 5-1337A
qīngwèn 清問 5-1318B
qíngwén 情文 7-577B
qíngwén 黥文 12-1371A
qǐngwèn 請問 11-263A
qìngwèn 慶問 7-696A
qìngwēng 親翁 10-345B
qīngwò 青臒 11-560A
qīngwò 青臒 11-560A
qìngwò 慶渥 7-696B
qīngwū 青屋 11-532B
qīngwū 青烏 11-534B
qīngwú 青梧 11-538A
qīngwú 青蕪 11-553B
qīngwǔ 輕武 9-1262B
qīngwǔ 輕侮 9-1265B
qīngwù 青戊 11-518B
qīngwù 青霧 11-561A
qīngwù 清悟 5-1313A
qīngwù 清晤 5-1315B
qīngwù 傾寤 1-1651B
qīngwù 輕物 9-1263A
qīngwù 輕鶩 9-1279B
qíngwù 情物 7-580A
qīngwūjīng 青烏經 11-534B
qīngwūlǒng 青烏壟 11-535A
qīngwǔqì 輕武器 9-1262B
qīngwūshù 青烏術 11-534B
qīngwūshuō 青烏説 11-534B
qīngwūzǐ 青烏子 11-534B
qīngxī 青溪 11-548B
qīngxī 青錫 11-556B
qīngxī 青谿 11-560A
qīngxī 清析 5-1302A
qīngxī 清晰 5-1320A
qīngxī 傾膝 1-1652A
qīngxī 傾羲 1-1652B
qīngxǐ 青喜 11-541B
qīngxǐ 清洗 5-1308A
qīngxì 清細 5-1319A
qīngxì 清戲 5-1334B
qīngxì 輕繫 9-1279A
qīngxì 輕細 9-1270B
qíngxī 鯨吸 12-1243A
qíngxī 鯨谿 12-1244A
qíngxī 晴曦 5-754A
qíngxí 情習 7-583A
qǐngxī 頃息 12-228B
qìngxǐ 慶喜 7-696A
qīngxiā 青蝦 11-554A
qīngxiá 青霞 11-559A
qīngxiá 清遐 5-1322B
qīngxiá 清暇 5-1324A
qīngxiá 輕俠 9-1265B
qīngxiá 輕霞 9-1277B
qīngxiá 輕黠 9-1278B
qīngxià 清夏 5-1310B
qīngxià 傾下 1-1644A
qīngxià 輕下 9-1258A
qíngxiá 晴霞 5-753B
qīngxiàmànshàng 輕下慢上
9-1258A
qīngxiān 青鮮 11-560A
qīngxiān 清鮮 5-1335A
qīngxiān 輕纖 9-1280A
qīngxián 青絃 11-541B
qīngxián 清間 5-1322B
qīngxián 清閒 5-1322B
qīngxián 清涎 5-1308A
qīngxián 清絃 5-1319A
qīngxián 清閑 5-1322A
qīngxián 清賢 5-1329B
qīngxián 輕閒 9-1272A
qīngxián 輕閑 9-1272A
qīngxiǎn 青幰 11-563A
qīngxiǎn 青蘚 11-563B
qīngxiǎn 清顯 5-1338B
qīngxiǎn 傾險 1-1652B
qīngxiǎn 傾嶮 1-1652B
qīngxiǎn 輕鮮 9-1278A
qīngxiǎn 輕險 9-1275B
qīngxiǎn 輕幰 9-1279A
qīngxiàn 青線 11-555A
qīngxiàn 清現 5-1314B
qīngxiàn 傾陷 1-1648B
qīngxiàn 傾羨 1-1650B
qīngxiàn 傾獻 1-1653B
qíngxián 情賢 7-586B
qíngxiàn 情見 7-578B
qǐngxiān 請仙 11-259B
qǐngxiān 請僊 11-264A
qìngxiàn 慶羨 7-696B
qīngxiāng 青葙 11-541B
qīngxiāng 青箱 11-554A
qīngxiāng 青緗 11-555A
qīngxiāng 清香 5-1306A
qīngxiāng 清鄉 5-1319A
qīngxiāng 傾鄉 1-1649B
qīngxiāng 頃襄 12-229A
qīngxiáng 青祥 11-536A
qīngxiǎng 清響 5-1338A
qīngxiǎng 傾想 1-1650B
qīngxiàng 卿相 2-545B
qīngxiàng 傾向 1-1645A
qíngxiǎng 情想 7-583B
qǐngxiáng 請降 11-261A
qǐngxiàng 頃向 12-227B
qìngxiāng 磬襄 7-1098B
qìngxiáng 慶祥 7-696A
qīngxiāngchuánxué
青箱傳學 11-554B
qīngxiāngjiā 青箱家
11-554B
qīngxiāngtuán 清鄉團
5-1319A
qīngxiàngxìng 傾向性
1-1645A
qīngxiāngxué 青箱學
11-554B
qīngxiāngxué 青緗學
11-555A
qíngxiànhūcí 情見乎詞
7-579A
qíngxiànhūcí 情見乎辭
7-579A
qíngxiànhūyán 情見乎言
7-579A
qíngxiànlìqū 情見力屈
7-579A
qǐngxiānrùwèng 請先入甕
11-259B
qíngxiànshìjié 情見埶竭
7-579A
qíngxiànshìqū 情見勢屈
7-579A
qíngxiànyúsè 情見於色
7-579A
qīngxiāo 青髐 11-556A
qīngxiāo 青霄 11-553B
qīngxiāo 清宵 5-1313B
qīngxiāo 清霄 5-1329B
qīngxiāo 傾銷 1-1652A
qīngxiāo 輕綃 9-1273B
qīngxiāo 輕霄 9-1275A
qīngxiǎo 清曉 5-1333A
qīngxiǎo 輕小 9-1258A
qīngxiào 清嘯 5-1333A
qīngxiào 輕笑 9-1267B
qìngxiāo 慶霄 7-697A
qìngxiào 慶笑 7-696A
qīngxiāobáirì 青霄白日
11-553B
qīngxiāobó 青篠箔 11-556A
qīngxiāobù 青霄步 11-553B
qīngxiāolù 青霄路 11-553B
qīngxiāoyì 青霄翼 11-553B
qīngxiāozhíshàng
青霄直上 11-553B
qīngxiáyì 青霞意 11-559B
qīngxiázhì 青霞志 11-559B
qīngxīdàjiào 清唏大叫
5-1311A
qīngxié 青鞋 11-553A
qīngxié 青鞵 11-562A
qīngxié 清邪 5-1298B
qīngxié 傾邪 1-1644B
qīngxié 傾斜 1-1649B
qīngxiè 青蟹 11-563A
qīngxiè 清渫 5-1321B
qīngxiè 傾寫 1-1652B
qīngxiè 傾泄 1-1646B
qīngxiè 傾瀉 1-1653A
qīngxiè 廎寫 3-1270A
qīngxiè 輕屑 9-1269A
qīngxiè 輕懈 9-1277B
qīngxiè 輕褻 9-1278A
qíngxiè 檠榭 4-1306B
qǐngxiè 請謝 11-265A
qīngxiébùwà 青鞋布襪
11-553A
qīngxīmèi 青溪妹 11-548B
qīngxīn 青薪 11-555B
qīngxīn 清心 5-1296B
qīngxīn 清新 5-1325A
qīngxīn 清馨 5-1337B
qīngxīn 傾心 1-1644A
qīngxīn 輕心 9-1258B

qīngxīn 輕新 9-1273B
qīngxīn 頃心 12-227A
qīngxìn 傾信 1-1647A
qīngxìn 輕信 9-1265B
qíngxīn 情心 7-577B
qíngxìn 情信 7-581A
qìngxīn 罄心 8-1077B
qīngxíng 清行 5-1298B
qīngxíng 輕刑 9-1259B
qīngxíng 輕行 9-1260A
qīngxǐng 清醒 5-1332B
qīngxǐng 輕醒 9-1277A
qīngxìng 青杏 11-524A
qīngxìng 青荇 11-530A
qīngxìng 清興 5-1333B
qíngxíng 情行 7-578A
qíngxíng 情形 7-578B
qíngxíng 黥刑 12-1371A
qíngxìng 情興 7-587A
qíngxìng 情性 7-580A
qǐngxíng 請行 11-260A
qìngxìng 慶幸 7-695A
qīngxǐngbáijìng 清省白淨 5-1306A
qīngxǐngbáixǐng 清醒白醒 5-1333A
qīngxīnguǎyù 清心寡慾 5-1296B
qīngxǐniǎojǔ 輕徙鳥舉 9-1270A
qīngxīnjùnyì 清新俊逸 5-1325A
qīngxīnshǎoyù 清心少欲 5-1296B
qīngxīntǔdǎn 傾心吐膽 1-1644B
qīngxióng 清雄 5-1320A
qīngxiòng 清敻 5-1327B
qīngxiū 清休 5-1298B
qīngxiū 清修 5-1306B
qīngxiū 清羞 5-1312B
qīngxiū 清脩 5-1312A
qīngxiù 青秀 11-524A
qīngxiù 清秀 5-1300A
qīngxiù 輕秀 9-1261A
qīngxīxiǎogū 青溪小姑 11-548B
qīngxīxiǎomèi 青溪小妹 11-548B
qīngxū 青虛 11-538B
qīngxū 清虛 5-1315A
qīngxū 輕虛 9-1269B
qīngxú 青徐 11-535A
qīngxú 輕徐 9-1268A
qīngxǔ 清醑 5-1333A
qīngxù 青欨 11-526B
qīngxù 清旭 5-1299A
qīngxù 清序 5-1300B
qīngxù 輕煦 9-1273A
qíngxū 鯨鬚 12-1244B
qíngxū 情虛 7-582A
qíngxū 晴虛 5-753A
qíngxù 情慉 7-584B
qíngxù 情緒 7-586A
qíngxù 晴旭 5-752B
qìngxù 慶卹 7-695B
qìngxù 慶恤 7-695B
qìngxù 慶緒 7-697A
qīngxuān 青軒 11-533B
qīngxuān 輕軒 9-1267A
qīngxuān 輕儇 9-1275A
qīngxuān 輕翾 9-1279A
qīngxuán 青玄 11-520B
qīngxuán 清縣 5-1333A
qīngxuán 清玄 5-1297B
qīngxuán 清懸 5-1337B
qīngxuǎn 清選 5-1332A
qīngxuàn 傾炫 1-1647B
qìngxuán 磬懸 7-1098B
qìngxuán 罄懸 8-1078B
qīngxuándì 青玄帝 11-520B
qīngxuánjiǔyáng… 青玄九陽上帝 11-520B
qīngxuánxuán 青旋旋 11-540B
qīngxūdiàn 清虛殿 5-1315B
qīngxūdòngfǔ 清虛洞府 5-1315B
qīngxuē 青削 11-530B
qīngxuē 清削 5-1305B
qīngxuě 清雪 5-1315A
qīngxuè 青血 11-522A
qīngxuè 清血 5-1298B
qíngxuě 晴雪 5-753A
qìngxuē 慶削 7-695B
qīngxūjìng 清虛境 5-1315B
qīngxùn 青餕 11-550B
qīngxùn 輕迅 9-1260B
qíngxún 鯨鱏 12-1244B
qíngxùn 情訊 7-581B
qíngxūn 晴熏 5-753B
qíngxūn 晴曛 5-753B
qǐngxùn 請訓 11-262A
qīngxùnfàn 青餕飯 11-550B
qīngyā 青鴉 11-553B
qīngyā 青鴨 11-556A
qīngyā 傾壓 1-1652B
qīngyá 青牙 11-517A
qīngyá 青芽 11-523B
qīngyá 青崖 11-539B
qīngyǎ 清雅 5-1320A
qīngyǎ 輕雅 9-1271A
qīngyà 傾亞 1-1646A
qīngyà 傾軋 1-1646A
qīngyà 輕亞 9-1262B
qīngyān 青崦 11-539B
qīngyān 青殷 11-535A
qīngyān 輕烟 9-1268B
qīngyān 輕煙 9-1273B
qīngyán 青嵒 11-543B
qīngyán 青巖 11-564B
qīngyán 青鹽 11-565A
qīngyán 清妍 5-1301A
qīngyán 清言 5-1300B
qīngyán 清顏 5-1336A
qīngyán 清嚴 5-1337A
qīngyán 輕妍 9-1262A
qīngyán 輕言 9-1261B
qīngyǎn 青眼 11-539A
qīngyǎn 青巘 11-565A
qīngyǎn 清偃 5-1316B
qīngyǎn 傾偃 1-1649A
qīngyàn 青焰 11-544A
qīngyàn 青餤 11-556B
qīngyàn 青豔 11-565B
qīngyàn 清宴 5-1313B
qīngyàn 清晏 5-1311A
qīngyàn 清燕 5-1332B
qīngyàn 清讌 5-1338B
qīngyàn 清艷 5-1339A
qīngyàn 清豔 5-1339A
qīngyàn 輕艷 9-1280B
qīngyàn 輕豔 9-1280B
qíngyàn 情焰 7-583B
qíngyàn 晴晏 5-781B
qǐngyàn 請讞 11-265B
qìngyān 慶煙 7-696B
qìngyán 慶延 7-695A
qìngyǎn 慶演 7-697A
qìngyàn 慶唁 7-696A
qīngyáng 青羊 11-523A
qīngyáng 青陽 11-541A
qīngyáng 青楊 11-546B
qīngyáng 清陽 5-1318B
qīngyáng 清揚 5-1319A
qīngyáng 傾陽 1-1649B
qīngyáng 輕揚 9-1271A
qīngyáng 輕颺 9-1278B
qīngyǎng 傾仰 1-1645A
qīngyàng 清恙 5-1313A
qīngyàng 清樣 5-1329B
qìngyāng 慶殃 7-695B
qìngyǎng 慶仰 7-695A
qīngyánggōng 青羊宮 11-523A
qīngyángqiāng 青陽腔 11-541A
qīngyánguǎxìn 輕言寡信 9-1262A
qīngyǎnguǐ 清眼鬼 5-1315B
qīngyángxiàng 青楊巷 11-547A
qīngyǎnkè 青眼客 11-539A
qīngyǎnlǜ 青眼律 11-539A
qīngyánqīngyǔ 輕言輕語 9-1262A
qīngyánruǎnyǔ 輕言軟語 9-1262A
qīngyánsìkǒu 輕言肆口 9-1262A
qīngyánxìyǔ 輕言細語 9-1262A
qīngyāo 青腰 11-548A
qīngyāo 青要 11-530B
qīngyáo 青瑤 11-549B
qīngyáo 清瑤 5-1326B
qīngyáo 清謠 5-1335A
qīngyáo 傾搖 1-1650B
qīngyǎo 青杳 11-526A
qīngyào 青葽 11-541B
qīngyào 清要 5-1305B
qīngyào 清曜 5-1335B
qīngyào 清耀 5-1337B
qǐngyào 請藥 11-265A
qìngyào 綮要 9-914B
qīngyáobófù 輕傜薄賦 9-1271B
qīngyáobófù 輕徭薄賦 9-1273A
qīngyáobófù 輕繇薄賦 9-1277B
qīngyáobóshuì 輕徭薄稅 9-1273A
qīngyáojiǎn 青瑤簡 11-549B
qīngyāonǚ 青要女 11-530B
qīngyāyā 青鴉鴉 11-553B
qīngyě 青野 11-539B
qīngyě 清野 5-1315B
qīngyě 輕冶 9-1262A
qīngyè 青夜 11-527A
qīngyè 清夜 5-1304A
qīngyè 清業 5-1324A
qǐngyè 請業 11-263B
qǐngyè 請謁 11-264B
qìngyè 慶謁 7-697B
qīngyī 青衣 11-522A
qīngyī 青漪 11-551B
qīngyī 青鷖 11-565A
qīngyī 清一 5-1295A
qīngyī 清壹 5-1319B
qīngyī 清漪 5-1328B
qīngyī 傾依 1-1646B
qīngyí 清夷 5-1298A
qīngyí 清怡 5-1304B
qīngyí 清彝 5-1336B
qīngyí 傾移 1-1649A
qīngyǐ 傾倚 1-1647B
qīngyǐ 輕蟻 9-1279A
qīngyì 青翳 11-559A
qīngyì 青翼 11-560B
qīngyì 青鷁 11-564A
qīngyì 清乂 5-1295B
qīngyì 清佚 5-1300A
qīngyì 清易 5-1303A
qīngyì 清異 5-1316A
qīngyì 清逸 5-1316B
qīngyì 清意 5-1325B
qīngyì 清毅 5-1331B
qīngyì 清議 5-1337B
qīngyì 清懿 5-1338A
qīngyì 傾意 1-1651A
qīngyì 輕佚 9-1261B
qīngyì 輕佾 9-1263A
qīngyì 輕易 9-1262B
qīngyì 輕逸 9-1270A
qīngyì 輕意 9-1273B
qīngyì 輕翼 9-1278A
qīngyì 輕鷁 9-1280A
qíngyì 情佚 7-579A
qíngyì 情意 7-584B
qíngyì 情義 7-584B
qíngyì 情誼 7-586B
qíngyì 黥劓 12-1372A
qǐngyì 請益 11-262B
qìngyì 慶裔 7-696B
qīngyīchèn 青衣讖 11-523A

qīngyījiéjí 青衣節級 11-523A
qīngyīmèng 青衣夢 11-522B
qīngyīn 青陰 11-536B
qīngyīn 清音 5-1307B
qīngyīn 清陰 5-1313B
qīngyīn 輕陰 9-1269A
qīngyín 清吟 5-1299B
qīngyín 輕銀 9-1274A
qīngyǐn 卿尹 2-545B
qīngyǐn 傾飲 1-1650B
qíngyīn 鯨音 12-1243B
qíngyǐn 鯨飲 12-1244A
qǐngyǐn 請引 11-259A
qīngyínáng 青儀囊 11-554B
qīngyīng 清英 5-1301B
qīngyíng 青熒 11-551B
qīngyíng 青瑩 11-555A
qīngyíng 青蠅 11-562A
qīngyíng 清熒 5-1328A
qīngyíng 清瑩 5-1331B
qīngyíng 輕盈 9-1266B
qīngyǐng 青影 11-553B
qīngyǐng 青穎 11-556B
qīngyǐng 清影 5-1330A
qīngyìng 清暎 5-1320A
qǐngyīng 請纓 11-265A
qìngyīng 慶膺 7-697B
qīngyíngdiǎnbì 青蠅點璧 11-562B
qīngyíngdiǎnsù 青蠅點素 11-562B
qīngyíngdiǎnyù 青蠅點玉 11-562B
qīngyíngrǎnbái 青蠅染白 11-562B
qīngyīnjūshì 清音居士 5-1307B
qīngyínpù 傾銀鋪 1-1651B
qīngyínxiǎobān 清吟小班 5-1299B
qīngyīnyuè 輕音樂 9-1266A
qīngyīrén 青衣人 11-522B
qīngyīsè 清一色 5-1295A
qīngyīshén 青衣神 11-522B
qīngyìtáng 清議堂 5-1337B
qīngyīxiǎomào 青衣小帽 11-522B
qīngyīxíngjiǔ 青衣行酒 11-522B
qīngyīyú 青衣魚 11-522B
qīngyōng 輕庸 9-1270A
qīngyǒng 清詠 5-1321A
qīngyǒng 輕勇 9-1266B
qíngyòng 情用 7-578A
qīngyōu 清幽 5-1306A
qīngyōu 清優 5-1334B
qīngyóu 青由 11-519A
qīngyóu 青油 11-527A
qīngyóu 清油 5-1304A
qīngyóu 清游 5-1322A
qīngyóu 清遊 5-1321A
qīngyóu 清猷 5-1325B
qīngyóu 輕油 9-1264A
qīngyóu 輕郵 9-1267B
qīngyǒu 青黝 11-559B
qīngyòu 傾誘 1-1651B
qíngyóu 情由 7-577B
qìngyòu 慶宥 7-695B
qīngyóudēng 青油燈 11-527B
qīngyóufǎng 青油舫 11-527A
qíngyǒukěyuán 情有可原 7-578A
qīngyòuliào 青釉料 11-543B
qīngyóumù 青油幕 11-527A
qīngyóushì 青油士 11-527A
qīngyōuyōu 青幽幽 11-531A
qīngyōuyōu 青油油 11-527A
qīngyōuyōu 清悠悠 5-1316B
qīngyú 青魚 11-540B
qīngyú 清娛 5-1314A
qīngyú 清腴 5-1321A
qīngyú 清歈 5-1324B
qīngyú 輕輿 9-1277B
qīngyǔ 青雨 11-526B
qīngyǔ 清雨 5-1302A
qīngyǔ 清語 5-1327B
qīngyǔ 清籞 5-1337B
qīngyǔ 傾語 1-1651B
qīngyǔ 輕羽 9-1260B
qīngyù 青玉 11-518A
qīngyù 青馭 11-541B
qīngyù 青籞 11-565A
qīngyù 清裕 5-1322A
qīngyù 清豫 5-1332A
qīngyù 清譽 5-1337B
qīngyù 清籞 5-1338B
qīngyù 輕玉 9-1259A
qíngyú 鯨魚 12-1243B
qíngyǔ 情語 7-585A
qíngyù 情欲 7-582B
qíngyù 情慾 7-586B
qíngyù 晴燠 5-753B
qǐngyǔ 請雨 11-260B
qìngyú 慶餘 7-697A
qìngyǔ 磬宇 8-1077B
qìngyù 慶育 7-695B
qìngyù 慶譽 7-697B
qìngyù 胜遇 6-1234A
qīngyuān 青鴛 11-557A
qīngyuān 卿淵 2-546A
qīngyuán 青原 11-533B
qīngyuán 青圓 11-547B
qīngyuán 青圜 11-556A
qīngyuán 清原 5-1311A
qīngyuán 清員 5-1311A
qīngyuán 清圓 5-1324A
qīngyuán 清源 5-1325B
qīngyuán 清猿 5-1324B
qīngyuán 輕圓 9-1273A
qīngyuǎn 青遠 11-545A
qīngyuǎn 清遠 5-1323A
qīngyuàn 清怨 5-1307B
qīngyuàn 清愿 5-1327B
qīngyù'àn 青玉案 11-518A
qíngyuān 情寃 7-582B
qíngyuán 情猿 7-584A
qíngyuán 情緣 7-587A
qíngyuàn 情怨 7-581A
qíngyuàn 情願 7-587B
qǐngyuán 請援 11-263A
qǐngyuàn 請願 11-265A
qīngyuánsù 輕元素 9-1258B
qīngyuānwǎ 青鴛瓦 11-557A
qīngyuánzhèngběn 清源正本 5-1325B
qíngyǔbiǎo 晴雨表 5-752B
qīngyùdié 青玉牒 11-518B
qīngyuē 清約 5-1309B
qīngyuē 輕約 9-1267A
qīngyuè 青樾 11-555B
qīngyuè 青籥 11-565A
qīngyuè 卿月 2-545B
qīngyuè 清樂 5-1332A
qīngyuè 清悅 5-1313B
qīngyuè 清越 5-1319A
qīngyuè 傾悅 1-1648A
qīngyuè 輕越 9-1271A
qíngyuè 情說 7-585B
qǐngyuè 頃月 12-227A
qìngyuè 慶悅 7-696A
qìngyuè 慶躍 7-697B
qīngyùgān 青玉竿 11-518A
qīngyúhóngmáo 輕於鴻毛 9-1263B
qíngyǔjì 晴雨計 5-752B
qīngyúlán 青于藍 11-515B
qīngyūn 青暈 11-547A
qīngyún 青筠 11-548A
qīngyún 青雲 11-542A
qīngyún 卿雲 2-546A
qīngyún 清雲 5-1320A
qīngyún 輕匀 9-1258B
qīngyún 輕雲 9-1271A
qīngyǔn 清允 5-1296B
qīngyǔn 傾隕 1-1650B
qīngyǔn 傾殞 1-1651B
qīngyǔn 傾霣 1-1653A
qīngyùn 清均 5-1299B
qīngyùn 清醞 5-1332B
qīngyùn 清韻 5-1337A
qíngyùn 情韻 7-588A
qíngyūn 晴暈 5-753B
qìngyún 慶雲 7-696A
qìngyùn 慶蘊 7-697B
qīngyúndúbù 青雲獨步 11-543A
qīngyúnjià 青雲價 11-542B
qīngyúnjiāo 青雲交 11-542B
qīngyúnkè 青雲客 11-542B
qīngyúnliào 青雲料 11-542B
qīngyúnlù 青雲路 11-542B
qīngyúnpǔ 青雲譜 11-543A
qīngyúnqì 青雲器 11-542B
qīngyúnshì 青雲士 11-542A
qīngyúntī 青雲梯 11-542B
qīngyúnxīn 青雲心 11-542B
qīngyúnxuéshì 青雲學士 11-543A
qīngyúnyì 青雲意 11-542B
qīngyúnyǒu 青雲友 11-542B
qīngyúnzhì 青雲志 11-542B
qīngyúnzhíshàng 青雲直上 11-542B
qīngyùpán 青玉盤 11-518B
qīngyùpèi 青玉旆 11-518A
qīngyùqiú 青玉虯 11-518A
qīngyùyù 青鬱鬱 11-565B
qīngyùzhàng 青玉嶂 11-518B
qíngyúzuò 鯨魚座 12-1244A
qíngzá 情雜 7-587B
qīngzǎi 卿宰 2-546A
qīngzàn 青攢 11-564A
qǐngzàn 頃暫 12-229A
qīngzāo 清糟 5-1335A
qīngzāo 清湭 5-1323B
qīngzǎo 清早 5-1298B
qīngzǎo 清藻 5-1336B
qīngzào 卿皂 2-545B
qīngzào 傾躁 1-1653B
qīngzào 輕躁 9-1279B
qíngzǎo 情藻 7-587B
qīngzǎochén 清早晨 5-1298B
qīngzǎoshàng 清早上 5-1298B
qīngzé 輕幘 9-1274A
qīngzè 傾仄 1-1644A
qīngzè 傾昃 1-1646A
qìngzé 箐澤 8-1185A
qìngzé 慶澤 7-697B
qīngzēng 青曾 11-544A
qīngzhà 傾詐 1-1650B
qíngzhà 情詐 7-583B
qīngzhāi 清齋 5-1335A
qìngzhài 箐砦 8-1185A
qīngzhān 青氈 11-560B
qīngzhān 青氊 11-559B
qīngzhǎn 傾颭 1-1651B
qīngzhàn 清湛 5-1321B
qīngzhàn 輕戰 9-1277A
qǐngzhàn 請戰 11-264B
qīngzhāng 清漳 5-1328B
qīngzhǎng 卿長 2-545B
qīngzhǎng 清長 5-1301B
qīngzhǎng 清漲 5-1328B
qīngzhàng 青帳 11-539B
qīngzhàng 青嶂 11-550A
qīngzhàng 清丈 5-1295B
qīngzhàng 清帳 5-1316A
qīngzhàng 清賬 5-1330A
qíngzhàng 情障 7-584B
qīngzhānguùwù 青氈故物 11-560B
qīngzhāo 清朝 5-1319B
qīngzhāo 清炤 5-1308A
qīngzhào 青詔 11-544A
qīngzhào 青照 11-547A
qīngzhào 青罩 11-547B
qīngzhào 輕棹 9-1271A
qíngzhāo 情招 7-579B
qíngzhāo 晴朝 5-753A
qíngzhào 情照 7-584A
qíngzhào 晴照 5-753B
qǐngzhào 請召 11-259B
qìngzhǎo 磬沼 7-1098A
qīngzhé 清摺 5-1327A

qīngzhé 傾折 1-1645B
qǐngzhě 頃者 12-227B
qìngzhé 磬折 7-1098A
qìngzhé 磬折 8-1077B
qīngzhēn 青真 11-533B
qīngzhēn 清貞 5-1305B
qīngzhēn 清真 5-1310B
qīngzhēn 清砧 5-1310B
qīngzhěn 青鬒 11-563B
qíngzhēn 情真 7-581B
qíngzhèn 黥陣 12-1371B
qīngzhēng 青睜 11-539A
qīngzhēng 清蒸 5-1323B
qīngzhěng 清整 5-1332B
qīngzhèng 清正 5-1296B
qīngzhèng 清證 5-1337A
qǐngzhèng 請正 11-259A
qǐngzhèng 請政 11-261B
qīngzhēnjiào 清真教 5-1310B
qīngzhēnsì 清真寺 5-1310B
qīngzhēnyán 清真言 5-1310B
qíngzhēnyìqiè 情真意切 7-581B
qīngzhī 青芝 11-521A
qīngzhí 清直 5-1302A
qīngzhí 清職 5-1335B
qīngzhí 傾遲 1-1652B
qīngzhí 輕直 9-1262B
qīngzhǐ 青芷 11-523B
qīngzhǐ 青紙 11-537A
qīngzhǐ 清徵 5-1330A
qīngzhǐ 清旨 5-1299A
qīngzhǐ 清芷 5-1299B
qīngzhǐ 清祉 5-1305A
qīngzhì 青織 11-562A
qīngzhì 青雉 11-547B
qīngzhì 青幟 11-554A
qīngzhì 青質 11-554B
qīngzhì 清制 5-1303A
qīngzhì 清治 5-1304B
qīngzhì 清秩 5-1311B
qīngzhì 清致 5-1311A
qīngzhì 清質 5-1330A
qīngzhì 傾阤 1-1646A
qīngzhì 傾陁 1-1644B
qīngzhì 傾志 1-1645B
qīngzhì 傾躓 1-1654A
qíngzhī 情知 7-580A
qíngzhǐ 情旨 7-578A
qíngzhì 情志 7-578B
qíngzhì 情致 7-581B
qíngzhì 情摯 7-586B
qíngzhì 情質 7-586B
qǐngzhī 頃之 12-227A
qǐngzhǐ 請止 11-259A
qǐngzhǐ 請旨 11-260A
qìngzhǐ 慶祉 7-695B
qíngzhīdào 情知道 7-580A
qīngzhīlǜyè 青枝綠葉 11-526A
qīngzhōng 青鍾 11-560A
qīngzhōng 清中 5-1296A
qīngzhōng 清忠 5-1303A
qīngzhōng 清衷 5-1312B
qīngzhǒng 青冢 11-535B
qīngzhǒng 青塚 11-545A
qīngzhǒng 青腫 11-548A
qīngzhòng 清種 5-1327B
qīngzhòng 清重 5-1306B
qīngzhòng 清衆 5-1320B
qīngzhòng 傾重 1-1647A
qīngzhòng 輕重 9-1264B
qíngzhōng 鯨鍾 12-1244B
qíngzhōng 鯨鐘 12-1244B
qíngzhōng 情衷 7-582A
qíngzhōng 情鍾 7-587B
qíngzhǒng 情種 7-585A
qíngzhòng 情重 7-580B
qìngzhōng 磬鍾 7-1098B
qìngzhōng 磬鐘 7-1098B
qīngzhòngdàozhì 輕重倒置 9-1265A
qīngzhònghuǎnjí 輕重緩急 9-1265A
qíngzhòngjiānggōng 情重姜肱 7-580B
qīngzhòngjiǔfǔ 輕重九府 9-1265A
qīngzhòngshīyí 輕重失宜 9-1265A
qīngzhōu 青州 11-523A
qīngzhōu 青洲 11-531B
qīngzhōu 傾輈 1-1651A
qīngzhōu 輕舟 9-1260A
qīngzhòu 青甃 11-547B
qīngzhòu 清胄 5-1306A
qīngzhòu 清晝 5-1318B
qīngzhòu 清酎 5-1310B
qīngzhòu 輕驟 9-1280B
qíngzhōu 鯨舟 12-1243A
qíngzhòu 晴晝 5-753A
qīngzhòuchóu 青縐綢 11-558B
qīngzhōucóngshì 青州從事 11-523B
qīngzhōuqū 青州麯 11-523B
qīngzhū 青珠 11-532B
qīngzhū 輕朱 9-1260A
qīngzhú 青竹 11-522A
qīngzhú 青燭 11-560B
qīngzhǔ 傾屬 1-1654A
qīngzhǔ 傾矚 1-1654A
qīngzhù 青祝 11-532A
qīngzhù 青紵 11-541B
qīngzhù 青貯 11-543A
qīngzhù 傾佇 1-1645B
qīngzhù 傾注 1-1646B
qīngzhù 傾柱 1-1647A
qīngzhù 傾祝 1-1647B
qíngzhū 鯨珠 12-1243B
qíngzhǔ 情屬 7-588A
qǐngzhǔ 請屬 11-265A
qǐngzhǔ 請囑 11-265B
qìngzhù 慶祝 7-695B
qīngzhuàn 清囀 5-1338A
qīngzhuāng 鶄莊 12-1117A
qīngzhuāng 青莊 11-533B
qīngzhuāng 清莊 5-1310B
qīngzhuāng 傾裝 1-1651A
qīngzhuāng 輕妝 9-1262A
qīngzhuāng 輕粧 9-1271B
qīngzhuāng 輕裝 9-1273B
qīngzhuàng 青壯 11-524B
qīngzhuàng 青幢 11-554A
qīngzhuàng 清壯 5-1301A
qíngzhuàng 情狀 7-580A
qǐngzhuàng 請狀 11-261A
qīngzhuāngjiǎncóng 輕裝簡從 9-1273B
qīngzhuāngruǎnbàn 輕妝軟扮 9-1262A
qīngzhuāngshàngzhèn 輕裝上陣 9-1273B
qīngzhúbiāo 青竹飆 11-522A
qīngzhúdānfēng 青竹丹楓 11-522A
qīngzhuī 青騅 11-563A
qīngzhuì 傾墜 1-1652A
qīngzhǔn 青純 11-537A
qǐngzhǔn 請准 11-262A
qìngzhúnánqióng 罄竹難窮 8-1077B
qìngzhúnánshū 罄竹難書 8-1077B
qīngzhuó 青繳 11-563B
qīngzhuó 青茁 11-525B
qīngzhuó 清卓 5-1302A
qīngzhuó 清酌 5-1310B
qīngzhuó 清斲 5-1330A
qīngzhuó 清濁 5-1333B
qíngzhúshìqiān 情逐事遷 7-581B
qīngzī 清資 5-1325A
qīngzī 輕資 9-1273B
qīngzǐ 青子 11-516B
qīngzǐ 青紫 11-543A
qīngzǐ 卿子 2-545A
qìngzi 磬子 7-1097B
qīngzǐguànjūn 卿子冠軍 2-545A
qīngzìpái 青字牌 11-523B
qǐngzìwěishǐ 請自隗始 11-259B
qíngzōng 情蹤 7-586B
qíngzōng 情蹤 7-587B
qīngzǒu 輕走 9-1260B
qīngzòu 青奏 11-529A
qīngzú 清族 5-1317A
qīngzú 輕足 9-1261A
qīngzú 輕卒 9-1263B
qīngzǔ 青組 11-541A
qīngzǔ 傾阻 1-1646A
qíngzú 黥卒 12-1371B
qīngzuǐ 輕嘴 9-1277A
qīngzuì 清最 5-1320A
qíngzuì 情罪 7-584A
qíngzuì 黥罪 12-1371B
qǐngzuì 請罪 11-263B
qǐngzuì 請辠 11-263B
qīngzuǐbóshé 輕嘴薄舌 9-1277A
qīngzūn 青尊 11-544A
qīngzūn 清尊 5-1321B
qīngzūn 清樽 5-1332B
qīngzūn 清罇 5-1335B
qīngzuǒ 卿佐 2-545B
qīngzuò 清坐 5-1300A
qìngzuò 慶祚 7-696A
qīnhài 侵害 1-1428A
qīnhài 侵駭 1-1430A
qínhǎi 秦海 8-61B
qínhán 秦韓 8-65A
qínháng 勤行 2-817B
qínhànzǐ 秦漢子 8-63B
qīnhǎo 親好 10-342B
qīnhào 侵耗 1-1427B
qínhǎo 琴好 4-586A
qīnhé 親和 10-343B
qīnhé 欽和 6-1454B
qínhé 秦和 8-60A
qínhè 琴鶴 4-589A
qīnhēi 侵黑 1-1429A
qínhéng 秦衡 8-64B
qínhéng 秦蘅 8-65A
qīnhòu 親厚 10-344B
qínhòu 勤厚 2-818B
qínhóuguā 秦侯瓜 8-60B
qínhú 琴壺 4-587A
qǐnhù 寢户 3-1605A
qínhuā 禽華 1-1588A
qǐnhuà 鋟畫 11-1309A
qínhuái 秦淮 8-62B
qǐnhuài 寢壞 3-1609A
qīnhuān 親驩 10-351B
qínhuǎn 秦緩 8-64B
qínhuāng 禽荒 1-1587B
qínhuāng 禽芒 1-1587B
qínhuáng 秦皇 8-60B
qǐnhuǎng 寢幌 3-1608A
qínhuángyú 秦皇魚 8-60B
qínhuánzhuāngjìng 秦鬟妝鏡 8-65B
qīnhuǐ 侵毀 1-1429B
qínhuī 秦灰 8-59B
qínhuī 琴徽 4-588B
qínhuǒ 秦火 8-59A
qínhuò 秦貨 8-62A
qínhuò 秦禍 8-63A
qínhuò 禽獲 1-1588B
qínhuò 擒獲 6-884A
qíní 岐嶷 3-803A
qíní 奇嶷 2-1528B
qíní 歧嶷 5-350B
qǐnǐ 企擬 1-1168A
qǐnì 起膩 9-1107A
qǐnì 綺膩 9-884B
qìnì 氣逆 6-1029B
qīniǎn 七輦 1-164B
qínián 祈年 7-839A
qínián 耆年 8-640B
qínián 齊年 12-1428B
qíniàn 岐念 3-802A
qǐnián 綺年 9-882A
qǐniǎn 起輦 9-1105A
qǐniàn 起念 9-1094B

qìniǎn 汽碾 5-972A
qíniándiàn 祈年殿 7-839A
qǐniáng 起娘 9-1099B
qíniángōng 祈年宮 7-839A
qíniángōng 蘄年宮 9-617B
qǐniǎngǔ 起輦谷 9-1105A
qíniánguàn 祈年觀 7-839B
qíniánhuì 耆年會 8-640B
qíniánshēng 齊年生
12-1428B
qíniánshuòdé 耆年碩德
8-640B
qīniǎo 棲鳥 4-1094B
qīniǎoyúquán 棲鳥於泉
4-1094B
qīniè 戚孽 5-229A
qīniè 攲瓶 4-1387A
qìnìguīshùn 棄逆歸順
4-1126A
qīniú 期牛 6-1306A
qíniúdúhànshū
騎牛讀漢書 12-852B
qǐniǔhūnóng 乞紐忽濃
1-764A
qíniúmìniú 騎牛覓牛
12-852B
qīnjī 親羈 10-351B
qīnjī 親朞 10-347B
qīnjì 親寄 10-347A
qīnjì 親跡 10-348B
qínjì 秦稽 8-64A
qínjī 琴几 4-585B
qínjí 禽疾 1-1588A
qínjì 勤績 2-820B
qínjì 勤濟 2-820B
qǐnjí 寢疾 3-1607A
qǐnjì 寢迹 3-1606B
qǐnjì 寢跡 3-1608A
qīnjiā 侵加 1-1425B
qīnjiā 親家 10-345B
qīnjiā 欽嘉 6-1456B
qínjiā 秦家 8-61B
qínjiā 秦嘉 8-63B
qínjiǎ 琴甲 4-586A
qínjiālóu 秦家樓 8-61B
qīnjiàn 侵踐 1-1430A
qīnjiàn 欽件 6-1454A
qínjiǎn 禽剪 1-1588B
qínjiǎn 禽翦 1-1588B
qínjiǎn 勤儉 2-820A
qínjiàn 秦鑑 8-65B
qínjiàn 琴劍 4-588A
qínjiàn 琴鍵 4-588B
qǐnjiàn 寢薦 3-1608B
qīnjiāng 侵疆 1-1430B
qīnjiàng 親將 10-347A
qínjiānjiǔ 擒奸酒 6-883B
qínjiànpiāolíng 琴劍飄零
4-588A
qínjiāntīfú 擒奸擿伏
6-883B
qīnjiāo 親交 10-342B
qīnjiāo 親郊 10-344A
qīnjiào 親校 10-345B
qínjiāo 秦椒 8-62B
qīnjiē 親接 10-346B
qīnjiē 欽嗟 6-1456A
qīnjié 親結 10-348A
qínjié 禽截 1-1588B
qínjiè 勤介 2-817B
qīnjiēqián 侵街錢 1-1429A
qínjíliǎo 秦吉了 8-59B
qīnjìn 侵近 1-1426A
qīnjìn 親近 10-343A
qínjǐn 勤緊 2-820A
qínjǐn 勤謹 2-820B
qínjìn 秦晉 8-61B
qínjìn 勤進 2-819A
qīnjìng 親敬 10-347B
qīnjìng 欽敬 6-1456A
qínjīng 秦京 8-60A
qínjīng 勤精 2-820A
qínjìng 芹敬 9-307B
qínjìng 秦鏡 8-65B
qínjìnggāoxuán 秦鏡高懸
8-65B
qínjìnzhīhǎo 秦晉之好
8-61B
qínjìnzhīméng 秦晉之盟
8-61B
qínjīqǔ 秦姬曲 8-62A
qīnjiù 親就 10-347B
qīnjiù 親舊 10-350A
qínjiù 勤舊 2-820B
qīnjǔ 侵沮 1-1426B
qīnjù 侵據 1-1430A
qínjū 禽罝 1-1588A
qínjù 秦炬 8-60A
qínjù 勤劇 2-820A
qǐnjù 寢具 3-1606A
qīnjuàn 親眷 10-347A
qínjuàn 勤倦 2-818B
qīnjūn 親軍 10-345A
qīnkē 衾窠 9-38A
qīnkè 侵克 1-1426A
qīnkè 侵刻 1-1426B
qīnkè 侵剋 1-1426B
qīnkè 侵尅 1-1427B
qīnkè 親客 10-345A
qínkè 秦客 8-61A
qínkè 琴客 4-586B
qínkě 勤恪 2-818B
qínkě 懃恪 7-745A
qínkěn 勤懇 2-820B
qínkěn 懃懇 7-745B
qínkēng 秦坑 8-59B
qīnkǒu 親口 10-340B
qīnkòu 侵寇 1-1428B
qínkǒuqián 噙口錢 3-511B
qīnkǔ 侵苦 1-1426A
qínkǔ 勤苦 2-818A
qínkuai 勤快 2-818A
qínkuài 堇塊 2-1113B
qínkuǎn 勤款 2-819B
qīnkuàng 衾纊 9-38B
qīnkuì 親饋 10-351A
qínkuì 勤匱 2-820A
qǐnkuì 寢饋 3-1609B
qínkùnfùchē 禽困覆車
1-1587B
qīnlài 親賴 10-349B
qīnlài 欽賴 6-1457A
qīnlǎn 親攣 10-350B
qīnlǎn 親覽 10-351A
qīnlǎn 親攬 10-351A
qīnlàn 侵濫 1-1430B
qínláo 秦牢 8-59B
qínláo 勤勞 2-819B
qínláo 懃勞 7-745A
qīnlè 親樂 10-349B
qīnlěi 親累 10-346B
qīnlèi 親類 10-350B
qínlěi 秦壘 8-65A
qǐnlěi 寢耒 3-1605B
qīnlǐ 親里 10-342B
qīnlǐ 親理 10-346A
qīnlǐ 親禮 10-350B
qīnlì 親吏 10-342A
qīnlì 親歷 10-349B
qínlǐ 琴理 4-587A
qínlì 秦隸 8-65A
qínlì 勤力 2-817A
qínlì 勤厲 2-820A
qínlì 勤勵 2-820B
qínlì 懃力 7-745A
qínlián 勤廉 2-820A
qínliàn 勤練 2-820B
qínliáng 秦梁 8-62B
qìnliáng 沁凉 5-1016B
qínliè 禽獵 1-1588B
qīnlín 親鄰 10-349A
qīnlín 親臨 10-350B
qīnlíng 侵凌 1-1611B
qīnlíng 浸凌 5-1288A
qīnlíng 侵凌 1-1427B
qīnlíng 侵陵 1-1428A
qīnlíng 侵淩 1-1428B
qínlǐng 秦嶺 8-65A
qǐnlíng 寢陵 3-1607A
qīnlízhòngpàn 親離衆叛
10-350B
qīnlóng 欽隆 6-1456A
qínlǒng 秦隴 8-65A
qínlóu 秦樓 8-63B
qǐnlòu 寢陋 3-1606A
qínlóuchǔguǎn 秦樓楚館
8-64A
qínlóuxiègguǎn 秦樓謝館
8-64A
qínlóuyuè 秦樓月 8-64A
qīnlù 欽録 6-1457A
qínlǔ 禽虜 1-1588B
qínlù 秦鹿 8-62A
qínlù 禽鹿 1-1588B
qínlù 擒戮 6-884A
qǐnlú 寢廬 3-1609A
qìnlù 沁漉 5-1017A
qīnluàn 侵亂 1-1429B
qínlǚ 禽旅 1-1588A
qìnlǜ 沁緑 5-1017A
qīnlüè 侵掠 1-1428A
qīnlüè 侵略 1-1428A
qínlüè 勤略 2-819A
qīnlüèzhànzhēng
侵略戰爭 1-1428B
qīnmàn 侵慢 1-1430A
qǐnmàn 寢慢 3-1608A
qīnmáo 侵蟊 1-1430B
qīnmào 侵冒 1-1427A
qínmǎo 芹茆 9-307B
qīnmàoshǐshí 親冒矢石
10-344B
qīnmèi 親媚 10-348A
qǐnmèi 寢寐 3-1607B
qínmén 禽門 1-1587B
qǐnmén 寢門 3-1606A
qǐnmèng 寢夢 3-1608A
qīnmì 親密 10-347A
qínmì 勤密 2-819B
qǐnmí 寢弭 3-1606B
qínmiǎn 勤勉 2-818B
qínmiǎn 勤黽 2-819B
qǐnmiǎn 寢免 3-1605B
qīnmiào 親廟 10-349B
qǐnmiào 寢廟 3-1608B
qīnmiè 侵滅 1-1429B
qīnmiè 侵蠛 1-1431A
qínmiè 禽滅 1-1588B
qínmiè 斡篾 12-188B
qǐnmiè 寢滅 3-1608A
qīnmín 親民 10-342A
qínmín 勤民 2-817B
qínmǐn 勤敏 2-819A
qīnmíng 欽明 6-1454B
qīnmìng 欽命 6-1454B
qīnmìwújiàn 親密無間
10-347A
qīnmò 侵没 1-1426A
qīnmò 親末 10-341B
qǐnmò 寢嘿 3-1608B
qǐnmò 寢默 3-1608B
qīnmóu 侵蛑 1-1429A
qīnmóu 侵牟 1-1426A
qīnmóu 侵侔 1-1426B
qīnmóu 欽謀 6-1457A
qǐnmóu 寢謀 3-1609A
qīnmǔ 親母 10-342A
qīnmù 親睦 10-348B
qīnmù 親穆 10-350A
qīnmù 欽慕 6-1456B
qínmǔ 勤母 2-817B
qǐnmù 鋟木 11-1308B
qīnnà 親納 10-346A
qínná 擒拏 6-883B
qínná 擒拿 6-884A
qínnà 勤納 2-819A
qínnàn 勤難 2-821A
qínnáng 琴囊 4-589A
qīnnáo 侵撓 1-1430A
qīnnáo 侵橈 1-1430B
qīnnǎo 侵惱 1-1429A
qīnnéng 欽能 6-1455B
qínnéng 勤能 2-819A
qínnéngbǔzhuō 勤能補拙
2-819A
qīnnì 侵匿 1-1427B

qīnnì 親妮 10-344B
qīnnì 親昵 10-344B
qīnnì 親暱 10-348B
qīnnì 親慝 10-348B
qīnnì 親翻 10-349B
qínní 堇泥 2-1113B
qínní 墐泥 2-1187A
qínní 芹泥 9-307B
qīnnián 親年 10-342A
qīnnián 欽年 6-1454A
qīnniàn 欽念 6-1454B
qínniàn 廑念 3-1262A
qīnniáng 親娘 10-346A
qínniáng 秦娘 8-62A
qínniángzǐ 勤娘子 2-819A
qínniǎo 禽鳥 1-1588A
qīnniè 侵齧 1-1431A
qínnòngyù 秦弄玉 8-59B
qīnnuó 侵挪 1-1426B
qínnǚ 秦女 8-58B
qínnǚchǔzhū 秦女楚珠 8-58B
qīnnüè 侵虐 1-1427A
qīnòng 欺弄 6-1450A
qínóng 祈農 7-840B
qīnòng 奇弄 2-1522B
qǐnòng 起弄 9-1092A
qìnóngjīngshāng 棄農經商 4-1127B
qīnpài 欽派 6-1455A
qīnpàn 侵叛 1-1427A
qīnpèi 欽佩 6-1454B
qīnpéng 親朋 10-344A
qīnpī 欽邳 6-1454A
qīnpī 欽駓 6-1456B
qīnpí 欽䲹 6-1457A
qìnpí 沁脾 5-1016B
qǐnpíshíròu 寢皮食肉 3-1605B
qīnpò 侵迫 1-1426B
qīnpū 傾仆 1-1644A
qínpǔ 琴譜 4-588B
qínpǔ 勤樸 2-820B
qínpù 芹曝 9-307B
qīnqi 親儀 10-351A
qīnqi 親戚 10-346B
qīnqi 親慼 10-349B
qīnqi 親戚 10-345A
qīnqī 侵欺 1-1428B
qīnqī 嶔嵌 3-867A
qīnqí 嶔嵜 3-866B
qīnqí 嶔嶔 3-867A
qīnqí 嶔奇 3-866B
qīnqí 嶔崎 3-866B
qīnqí 嶔嶬 3-867A
qīnqǐ 欽企 6-1454A
qīnqì 欽器 6-1457A
qínqī 秦七 8-58A
qínqí 懃蘄 7-745B
qínqǐ 勤企 2-817B
qīnqià 親洽 10-345A
qīnqiàn 嶔嵌 3-867A
qínqián 勤虔 2-818B
qīnqiáng 親彊 10-350A
qínqiāng 秦腔 8-63A
qínqiáo 秦橋 8-64B
qīnqiè 侵竊 1-1431A
qīnqiè 親切 10-341A
qínqiè 勤切 2-817B
qīnqílěiluò 嶔崎磊落 3-866B
qīnqílìluò 嶔嶔歷落 3-867A
qīnqílìluò 嶔崎歷落 3-866B
qīnqīn 侵侵 1-1427A
qīnqīn 親親 10-350A
qīnqīn 駸駸 12-847A
qīnqīn 欽親 6-1457A
qīnqīn 欽欽 6-1456A
qínqīn 庈嶔 1-935B
qínqín 秦秦 8-61A
qínqín 勤勤 2-819B
qínqín 懃懃 7-745A
qǐnqīn 寢衾 3-1607A
qǐnqǐn 寢寢 3-1608A
qīnqīng 欽傾 6-1456A
qīnqíng 親情 10-347A
qínqīng 秦青 8-59B
qīnqīnjìngjìng 欽欽敬敬 6-1456A
qínqínkěnkěn 懃懃懇懇 7-760A
qīnqīnlìlì 欽欽歷歷 6-1456A
qìnqìnxiànxiàn 沁沁涀涀 5-1016B
qínqíshūhuà 琴棋書畫 4-587A
qínqiú 秦裘 8-63B
qínqiú 禽囚 1-1587B
qǐnqiū 寢丘 3-1605A
qǐnqiūzhīzhì 寢丘之志 3-1605A
qīnqū 侵毆 1-1430A
qīnqū 侵驅 1-1431A
qīnqū 嶔嶇 3-867A
qīnqū 親屈 10-344A
qīnqǔ 侵取 1-1426A
qínqú 勤劬 2-818A
qínqú 勤渠 2-819A
qínqǔ 琴曲 4-586A
qínqù 琴趣 4-588A
qínquán 勤拳 2-819A
qínquán 懃惓 7-745A
qínquàn 勤勸 2-821A
qínquē 秦缺 8-61B
qínquè 禽縠 1-1588B
qínquè 勤愨 2-820A
qínquè 勤慤 2-820A
qǐnquē 寢闕 3-1609A
qīnrán 嶔然 3-867A
qīnrǎn 侵染 1-1427B
qīnrǎng 侵攘 1-1430B
qīnrǎo 侵擾 1-1430B
qīnrè 親熱 10-349A
qīnrén 親人 10-340B
qīnrén 親仁 10-341B
qīnrèn 衾衽 9-38A
qīnrèn 親任 10-342B
qínrén 秦人 8-58B
qínrén 勤人 2-817A
qínrèn 勤任 2-817B
qínrèn 勤恁 2-818B
qínréncè 秦人策 8-58B
qínréndòng 秦人洞 8-58B
qìnrénfèifǔ 沁人肺腑 5-1016B
qīnrénshànlín 親仁善鄰 10-341B
qīnrénshànlín 親仁善隣 10-341B
qìnrénxīnfèi 沁人心肺 5-1016B
qìnrénxīnfǔ 沁人心腑 5-1016B
qìnrénxīnpí 沁人心脾 5-1016B
qǐnróng 寢容 3-1607A
qīnrǔ 傻辱 1-1611B
qīnrǔ 侵辱 1-1427B
qīnrǔ 親辱 10-345B
qīnrù 侵入 1-1425A
qīnrù 衾褥 9-38B
qínrǔ 勤辱 2-818B
qínruǎn 琴阮 4-586A
qìnrùn 沁潤 5-1017A
qīnruò 欽若 6-1454B
qǐnruò 寢弱 3-1607A
qīnrúshǒuzú 親如手足 10-342B
qìnrùxīnpí 沁入心脾 5-1016B
qínsài 秦塞 8-63B
qīnsàn 鋟頪 12-324A
qīnsāng 親桑 10-346A
qínsè 秦瑟 8-63A
qínsè 琴瑟 4-587B
qínsè 禽色 1-1587B
qínsèbùtiáo 琴瑟不調 4-587B
qīnshā 侵殺 1-1427B
qīnshàn 親善 10-348A
qǐnshān 寢苫 3-1605B
qǐnshàn 寢膳 3-1609A
qǐnshàn 寢饍 3-1609B
qīnshāng 侵傷 1-1429B
qīnshǎng 親賞 10-349B
qīnshǎng 欽賞 6-1456B
qīnshàng 欽尚 6-1454B
qínshāng 琴觴 4-588B
qīnshàngchéngqīn 親上成親 10-340B
qīnshàngzuòqīn 親上做親 10-340B
qǐnshānzhěncǎo 寢苫枕草 3-1606A
qǐnshānzhěngān 寢苫枕干 3-1605B
qǐnshānzhěngē 寢苫枕戈 3-1605B
qǐnshānzhěnkuài 寢苫枕塊 3-1606A
qǐnshānzhěnkuài 寢苫枕凷 3-1606A
qǐnshānzhěntǔ 寢苫枕土 3-1605B
qínshè 芹舍 9-307B
qīnshēn 親身 10-343A
qīnshēn 欽身 6-1454A
qīnshèn 欽慎 6-1456B
qínshēn 廑身 3-1262A
qínshēn 勤身 2-818A
qínshèn 勤慎 2-820A
qīnshēng 親生 10-342A
qínshēng 秦聲 8-65A
qínshēng 擒生 6-883B
qínshèng 秦聖 8-63B
qǐnshéng 寢繩 3-1609A
qínshēngtàfú 擒生踏伏 6-883B
qīnshí 侵食 1-1427A
qīnshí 侵蝕 1-1430A
qīnshí 親識 10-350B
qīnshì 侵噬 1-1430B
qīnshì 親事 10-343B
qínshī 琴師 4-586B
qínshí 秦石 8-59A
qínshí 勤實 2-820A
qínshì 秦氏 8-59A
qínshì 秦市 8-59A
qínshì 琴氏 4-585B
qínshì 琴室 4-586B
qínshì 勤事 2-818A
qínshì 勤飾 2-819B
qǐnshí 寢石 3-1605A
qǐnshí 寢食 3-1606B
qǐnshì 寢事 3-1606A
qǐnshì 寢室 3-1606B
qǐnshíbù'ān 寢食不安 3-1606B
qínshìfěn 秦氏粉 8-59A
qīnshìguān 親事官 10-343B
qínshǐhuánglíng 秦始皇陵 8-60A
qīnshōu 侵收 1-1426A
qīnshǒu 親手 10-341B
qīnshòu 親授 10-346B
qínshǒu 螓首 8-939A
qínshòu 禽獸 1-1589A
qǐnshòu 寢獸 3-1609A
qínshǒu'éméi 螓首蛾眉 8-939A
qínshòupútáojìng 禽獸葡萄鏡 1-1589A
qínshòuxíng 禽獸行 1-1589A
qīnshū 親疎 10-348A
qīnshū 親疏 10-348A
qīnshú 親熟 10-349B
qīnshǔ 親署 10-348B
qīnshǔ 親屬 10-351A
qínshū 琴書 4-587A
qínshǔ 勤屬 2-821A
qīnshuài 欽率 6-1455B
qǐnshuāi 寢衰 3-1607A
qínshūbātǐ 秦書八體 8-61B

qínshùchǔtiān 秦樹楚天 8-64B
qǐnshuì 寢睡 3-1608A
qìnshùn 欽順 6-1456A
qínshùn 懃順 7-745A
qínsī 秦絲 8-63A
qínsī 琴絲 4-587B
qínsī 勤思 2-818B
qínsì 秦肆 8-63A
qǐnsì 寢兕 3-1605B
qīnsǒng 欽竦 6-1456A
qínsù 秦素 8-61A
qínsù 勤肅 2-820A
qǐnsù 寢宿 3-1607B
qīnsuí 親隨 10-349A
qīnsuì 衾襚 9-38B
qīnsuì 嶔邃 3-867A
qǐnsuǒ 寢所 3-1606A
qíntái 琴臺 4-587B
qīntàn 欽歎 6-1456B
qíntān 禽貪 1-1588A
qíntáng 琴堂 4-587A
qǐntáng 寢堂 3-1607B
qíntǎo 禽討 1-1588A
qíntǎo 擒討 6-884A
qīntì 親逖 10-345B
qíntī 擒擿 6-884A
qíntí 擒題 6-884A
qīntiān 侵天 1-1425A
qīntián 侵田 1-1425A
qīntián 親田 10-342A
qíntiǎn 禽殄 1-1588A
qīntiānjiàn 欽天監 6-1453B
qīntiānlì 欽天曆 6-1454A
qíntiánshuǐyuè 秦田水月 8-59A
qīntiāntán 欽天壇 6-1454A
qíntiáo 琴調 4-588B
qīntíng 親庭 10-345A
qíntíng 秦庭 8-60B
qǐntíng 寢庭 3-1606B
qǐntíng 寢停 3-1607B
qíntínglǎngjìng 秦庭朗鏡 8-61A
qíntíngzhīkū 秦庭之哭 8-61A
qīntōng 親通 10-346A
qíntóng 秦銅 8-63B
qíntóng 琴童 4-587B
qīntòngchóukuài 親痛仇快 10-348A
qíntóu 秦頭 8-64B
qìntòu 沁透 5-1016B
qīntū 侵突 1-1427B
qīntǔ 親土 10-340B
qíntú 墐塗 2-1187A
qīntuī 親推 10-346B
qīntūn 侵呑 1-1426A
qǐntuò 寢侻 3-1606A
qīnú 妻孥 4-319B
qīnú 妻帑 4-319A
qínú 齊奴 12-1428A
qínú 騎奴 12-852B
qīnuò 期諾 6-1309A
qìnuò 契需 2-1534B
qínúwù 齊奴物 12-1428A
qínǚ 齊女 12-1427A
qīnǚchí 七女池 1-150B
qínǚmén 齊女門 12-1427A
qīnwán 欽玩 6-1454B
qīnwǎn 侵晚 1-1428A
qīnwáng 親王 10-341A
qīnwǎng 侵枉 1-1426B
qīnwǎng 侵罔 1-1426B
qínwáng 勤王 2-817B
qínwàng 秦望 8-62A
qínwàngbēi 秦望碑 8-62B
qínwángnǚ 秦王女 8-58B
qínwángpòzhènyuè 秦王破陣樂 8-58B
qīnwéi 衾幃 9-38A
qīnwéi 親闈 10-350B
qīnwéi 欽惟 6-1456A
qīnwěi 親委 10-344A
qīnwèi 親衛 10-350A
qīnwèi 欽味 6-1454B
qínwěichǔzhuì 秦諉楚諈 8-64B
qīnwěn 侵紊 1-1427B
qīnwěn 親吻 10-342B
qínwén 秦文 8-59A
qīnwò 衾幄 9-38A
qīnwò 親渥 10-348A
qǐnwò 寢臥 3-1606A
qǐnwò 寢幄 3-1607B
qīnwū 侵誣 1-1430A
qīnwǔ 侵侮 1-1611B
qīnwǔ 侵侮 1-1427A
qínwū 秦烏 8-61B
qínwù 勤務 2-819A
qínwùbīng 勤務兵 2-819A
qínwǔyáng 秦舞陽 8-63B
qínwùyuán 勤務員 2-819A
qīnxī 嶔巇 3-867A
qīnxī 嶔巇 3-867A
qīnxí 侵襲 1-1431A
qīnxí 親習 10-347B
qínxī 琴溪 4-587B
qínxǐ 秦鉩 8-63B
qínxì 禽戲 1-1588B
qǐnxī 寢息 3-1607A
qīnxiá 親狎 10-344A
qīnxián 親嫌 10-348B
qīnxián 親賢 10-349A
qīnxián 欽賢 6-1456B
qīnxiàn 侵陷 1-1428A
qīnxiàn 親獻 10-351A
qīnxiàn 欽限 6-1455A
qīnxiàn 欽羨 6-1456B
qínxián 秦絃 8-62B
qínxián 琴弦 4-586B
qínxián 琴絃 4-587A
qínxiǎn 禽獮 1-1588B
qínxiàn 芹獻 9-307B
qínxiàn 禽獻 1-1589A
qīnxiāng 親香 10-345A
qīnxiáng 侵降 1-1426B
qīnxiǎng 親饗 10-351A
qīnxiǎng 欽想 6-1456A
qīnxiàng 傾嚮 1-1653A
qǐnxiǎng 寢想 3-1608A
qīnxiánguǎn 欽賢館 6-1456B
qīnxiāo 欽鴞 6-1457A
qīnxiǎo 侵曉 1-1430B
qínxiāo 秦簫 8-65A
qínxiào 勤效 2-818B
qǐnxiǎo 寢小 3-1605A
qīnxié 嶔斜 3-866B
qīnxiè 侵媟 1-1429B
qínxiè 琴榭 4-588A
qīnxīn 親心 10-341B
qīnxīn 欽心 6-1454A
qīnxìn 親信 10-345A
qīnxìn 欽信 6-1455A
qínxīn 琴心 4-586A
qínxīn 勤心 2-817B
qìnxīn 沁心 5-1016B
qīnxīng 侵星 1-1427A
qīnxíng 欽刑 6-1454A
qīnxìng 親幸 10-343B
qīnxìng 親倖 10-345B
qīnxìng 欽幸 6-1454B
qínxīng 禽星 1-1588A
qínxíng 勤行 2-817B
qǐnxīng 寢興 3-1609A
qínxīniǎoshì 禽息鳥視 1-1588A
qínxīnjiàndǎn 琴心劍膽 4-586A
qīnxǐshū 欽璽書 6-1457A
qínxiū 禽羞 1-1588A
qǐnxízhīxì 寢席之戲 3-1607A
qīnxù 欽卹 6-1454B
qīnxù 欽恤 6-1455B
qínxū 秦墟 8-63B
qínxù 琴緒 4-588A
qínxù 勤卹 2-818A
qínxù 勤恤 2-818B
qínxuān 秦軒 8-61A
qínxuān 琴軒 4-586B
qīnxuē 侵削 1-1427A
qínxué 秦學 8-64B
qínxué 勤學 2-820B
qínxuě 秦雪 8-62A
qǐnxué 寢穴 3-1605B
qìnxún 浸潭 5-1289B
qìnxún 浸尋 5-1289A
qìnxún 浸潯 5-1290A
qīnxún 侵尋 1-1429A
qīnxún 侵潯 1-1430A
qīnxún 駸尋 12-847A
qīnyá 嶔崖 3-866B
qīnyà 侵軋 1-1426B
qīnyà 親婭 10-347B
qīnyà 欽訝 6-1455B
qínyá 秦牙 8-59A
qīnyán 嶔巖 3-867A
qīnyǎn 親眼 10-346B
qínyán 秦妍 8-59B
qínyán 琴言 4-586B
qínyán 禽言 1-1587B
qínyàn 秦艷 8-65B
qínyàn 琴硯 4-587B
qǐnyān 寢湮 3-1607B
qǐnyàn 寢宴 3-1607A
qǐnyàn 寢讌 3-1609B
qīnyǎng 欽仰 6-1454A
qīnyào 親要 10-344B
qīnyè 侵夜 1-1426B
qīnyè 親謁 10-350A
qīnyī 衾衣 9-37B
qīnyī 欽依 6-1454B
qīnyī 欽挹 6-1455B
qīnyí 顉頤 12-324A
qīnyí 欽頤 6-1457A
qīnyǐ 親倚 10-345B
qīnyì 侵佚 1-1426A
qīnyì 侵軼 1-1429A
qīnyì 親誼 10-349B
qīnyì 親懿 10-351A
qīnyì 欽翼 6-1457A
qínyī 秦醫 8-65A
qínyí 秦儀 8-64A
qínyí 禽夷 1-1587B
qínyí 禽儀 1-1588B
qínyì 芹意 9-307B
qínyì 琴弈 4-586B
qínyì 琴意 4-587B
qínyì 勤役 2-818A
qínyì 勤勩 2-820A
qǐnyī 寢衣 3-1605B
qìnyí 顉頤 12-367A
qìnyì 沁溢 5-1017A
qīnyīn 親姻 10-345B
qīnyīn 親婣 10-348A
qīnyín 浸淫 5-1288A
qīnyín 侵淫 1-1428B
qīnyín 嶔岑 3-866B
qīnyín 嶔崟 3-866B
qīnyín 駸淫 12-846B
qīnyín 欽崟 6-1455B
qīnyín 滲淫 6-115A
qīnyín 磡硂 7-1112A
qínyīn 琴音 4-586B
qínyǐn 琴引 4-586A
qínyǐn 琴隱 4-588B
qǐnyǐn 螼螾 8-952A
qǐnyǐn 螼蟥 8-952A
qīnyíng 親迎 10-343A
qīnyìng 親迎 10-343A
qínyíng 秦嬴 8-64B
qīnyǐngdúduì 衾影獨對 9-38A
qīnyínshān 嶔岑山 3-866B
qīnyínshān 嶔崟山 3-866B
qīnyòng 侵用 1-1425B
qīnyòng 親用 10-342A
qínyōng 秦雍 8-63B
qínyǒng 秦俑 8-60B
qīnyóu 親游 10-348A
qīnyóu 親遊 10-348A
qīnyǒu 親友 10-341A
qínyóu 秦郵 8-61B
qínyóutiè 秦郵帖 8-61B
qìnyú 浸漁 5-1289B

qīnyú 侵虞 1-1429B
qīnyú 侵漁 1-1430A
qīnyú 親輿 10-350B
qīnyǔ 親與 10-348B
qīnyù 侵與 1-1429B
qīnyù 侵欲 1-1428B
qīnyù 侵預 1-1429B
qīnyù 親遇 10-347B
qīnyù 親豫 10-349B
qīnyù 親譽 10-351A
qīnyù 欽喻 6-1456A
qínyú 秦餘 8-64A
qínyǔ 禽語 1-1588B
qínyǔ 勤雨 2-818A
qīnyuān 侵冤 1-1428A
qīnyuán 親緣 10-349B
qīnyuàn 侵怨 1-1427A
qínyuān 秦冤 8-61B
qínyuán 秦原 8-61A
qínyuàn 秦苑 8-60A
qǐnyuān 寢冤 3-1607B
qǐnyuán 寢園 3-1608A
qǐnyuǎn 寢遠 3-1607B
qìnyuán 沁園 5-1016B
qìnyuánchūn 沁園春 5-1016B
qīnyuè 侵越 1-1428B
qīnyuè 欽悦 6-1455B
qínyuē 勤約 2-818B
qínyuè 秦越 8-62B
qínyuèrén 秦越人 8-62B
qínyùn 琴韻 4-588B
qínyúwàng 秦餘望 8-64B
qīnzá 侵雜 1-1430B
qīnzàn 欽贊 6-1457A
qīnzāng 欽贓 6-1457A
qīnzǎo 侵早 1-1425B
qínzǎo 芹藻 9-307B
qǐnzǎo 鋟棗 11-1309A
qínzárényuán 勤雜人員 2-821A
qínzéiqínwáng 擒賊擒王 6-884A
qīnzhá 親劄 10-349A
qīnzhá 親札 10-342A
qǐnzhāi 寢齋 3-1609A
qǐnzhài 寢瘵 3-1609A
qīnzhǎn 親展 10-346A
qīnzhàn 侵占 1-1425A
qīnzhàn 侵佔 1-1426A
qínzhàn 秦棧 8-62B
qīnzhǎng 親長 10-343B
qǐnzhàng 寢帳 3-1607B
qīnzhāo 親昭 10-344B
qīnzhào 欽召 6-1454A
qīnzhào 欽詔 6-1456A
qínzhàobǎn 秦詔版 8-63A
qínzhāoméngyí 秦昭盟夷 8-60B
qīnzhěn 衾枕 9-37B
qínzhěn 琴枕 4-586B
qínzhěn 琴軫 4-587A
qīnzhēng 侵争 1-1425B
qīnzhēng 親征 10-344A
qīnzhèng 親政 10-344B
qínzhēng 秦箏 8-63A
qínzhēng 秦正 8-59A
qínzhèng 勤政 2-818A
qínzhèngjùhuì 懃政聚會 7-745A
qínzhēngzhàosè 秦箏趙瑟 8-63A
qīnzhěnzhīlè 衾枕之樂 9-37B
qīnzhī 親支 10-341A
qīnzhī 親枝 10-343B
qīnzhī 親知 10-343B
qīnzhí 侵職 1-1430B
qīnzhǐ 親指 10-344B
qīnzhì 親炙 10-344A
qīnzhì 親秩 10-345B
qīnzhì 親智 10-347B
qínzhī 琴巵 4-586A
qínzhī 禽芝 1-1587B
qínzhí 勤直 2-818A
qínzhí 勤職 2-820B
qínzhí 擒執 6-884A
qínzhì 秦畤 8-62A
qínzhì 秦痔 8-62A
qínzhì 琴摯 4-588A
qínzhì 禽制 1-1587B
qínzhì 勤志 2-817B
qínzhì 擒治 6-883B
qǐnzhǐ 寢止 3-1605A
qǐnzhì 寢置 3-1608A
qǐnzhì 寢滯 3-1608A
qínzhìyúyú 秦智虞愚 8-63A
qīnzhòng 親重 10-345A
qīnzhòng 親衆 10-347B
qīnzhòng 欽重 6-1455A
qínzhōng 秦中 8-59A
qínzhòng 勤重 2-818B
qīnzhǔ 侵主 1-1425B
qīnzhǔ 欽矚 6-1457A
qīnzhù 欽佇 6-1454A
qínzhū 秦珠 8-61A
qínzhù 廑注 3-1262A
qínzhù 秦柱 8-60B
qínzhù 琴柱 4-586B
qínzhù 勤佇 2-817B
qínzhuàn 秦篆 8-64A
qínzhuāng 禽妝 1-1587B
qínzhuì 秦贅 8-64B
qínzhuō 勤拙 2-818A
qínzhuō 擒捉 6-884A
qīnzǐ 親子 10-340B
qīnzì 侵恣 1-1427B
qīnzì 親自 10-342B
qǐnzǐ 鋟梓 11-1309A
qínzòng 擒縱 6-884A
qīnzú 親族 10-346B
qīnzuǐ 親嘴 10-349B
qínzuì 秦醉 8-64A
qīnzūn 親尊 10-348A
qīnzūn 欽尊 6-1456A
qīnzūn 欽遵 6-1456B
qínzūn 琴尊 4-587B
qínzūn 琴樽 4-588B
qínzūn 琴罇 4-588B
qínzuó 擒捽 6-884A
qǐnzuò 寢座 3-1607A
qióng'àn 窮案 8-466B
qióng'áo 瓊璈 4-652A
qióng'ào 窮奥 8-469A
qióngbǎn 瓊板 4-648B
qióngbǎn 瓊版 4-648B
qióngbàngzi 窮棒子 8-468B
qióngbāo 瓊苞 4-647B
qióngbào 窮暴 8-471B
qióngbào 瓊報 4-651A
qióngbēi 穹碑 8-427A
qióngbēi 瓊杯 4-648B
qióngběi 窮北 8-459B
qióngběn 窮本 8-459B
qióngběnjíyuán 窮本極源 8-459B
qióngbī 窮逼 8-469A
qióngbǐ 窮鄙 8-470A
qióngbì 穹碧 8-427A
qióngbì 窮敝 8-468A
qióngbì 窮弊 8-471A
qióngbì 瓊璧 4-653B
qióngbiān 蛩邊 8-888B
qióngbiān 窮邊 8-473A
qióngbiān 瓊編 4-653A
qióngbiàn 窮變 8-474A
qióngbiàn 瓊弁 4-646B
qióngbiěcù 窮癟醋 8-473B
qióngbīng 窮兵 8-461B
qióngbīngdúwǔ 窮兵黷武 8-461B
qióngbīngjíwǔ 窮兵極武 8-461B
qióngbō 窮波 8-463A
qióngbō 窮剥 8-466B
qióngbó 邛僰 10-582A
qióngbó 窮薄 8-472B
qióngbómíngsōu 穹礴冥搜 8-428A
qióngbǔ 窮捕 8-465B
qióngbù 跫步 10-457B
qióngcǎi 瓊彩 4-651A
qióngcāng 穹倉 8-426B
qióngcāng 穹蒼 8-427A
qióngcǎo 瓊草 4-649A
qióngcè 窮測 8-469A
qióngcè 瓊叜 4-650A
qióngchán 瓊蟾 4-653B
qióngchāng 穹閶 8-427B
qióngchén 窮辰 8-461A
qióngchén 窮塵 8-471A
qióngchéng 窮城 8-463B
qióngchí 瓊池 4-646B
qióngchǐ 窮侈 8-463A
qióngchǐ 瓊尺 4-646A
qióngchǐjíshē 窮侈極奢 8-463A
qióngchǐjíyù 窮侈極欲 8-463A
qióngchóng 嵤崇 3-851A
qióngchóng 穹崇 8-426B
qióngchǒng 窮寵 8-473B
qióngchóu 窮愁 8-470A
qióngchóuliǎodǎo 窮愁潦倒 8-470A
qióngchǔ 窮處 8-467B
qióngchù 窮絀 8-468B
qióngchù 窮處 8-467B
qióngchújīnxué 瓊廚金穴 4-653A
qióngcòu 窮湊 8-469A
qióngcù 窮促 8-464B
qióngcù 窮蹴 8-472A
qióngcù 窮蹙 8-473A
qióngcuì 窮悴 8-468A
qióngcuì 窮瘁 8-470B
qióngcūn 窮村 8-461A
qióngdá 窮達 8-468B
qióngdan 煢單 2-292B
qióngdàn 窮蛋 8-468B
qióngdāngyìjiān 窮當益堅 8-469B
qióngdǎo 瓊島 4-650A
qióngdào 窮道 8-469A
qióngdǎochūnyún 瓊島春雲 4-650A
qióngdàshījū 窮大失居 8-458B
qióngdēng 窮登 8-469B
qióngdì 窮地 8-460A
qióngdì 瓊睇 4-651B
qióngdì 瓊瑅 4-650B
qióngdiàn 瓊殿 4-651B
qióngdīdī 窮滴滴 8-471B
qióngdīng 窮丁 8-458A
qióngdōng 窮冬 8-460A
qióngdū 邛都 10-581A
qióngdū 瓊都 4-649B
qióngdú 嬛獨 4-390B
qióngdú 惸獨 7-667A
qióngdú 煢獨 2-293A
qióngdú 窮毒 8-463B
qióngdú 窮獨 8-472B
qióngdú 窮黷 8-474A
qióngdú 焭獨 7-96A
qióngduǎn 窮短 8-469A
qióngdúguānguǎ 惸獨鰥寡 7-667A
qióngduìfù 窮對付 8-471A
qióngduìfù 窮對副 8-471A
qióngduò 窮墮 8-471B
qióng'é 瓊娥 4-650B
qióng'è 窮厄 8-459A
qióng'è 窮戹 8-460A
qióng'è 窮阨 8-461A
qióng'è 窮餓 8-472A
qióng'è 瓊萼 4-651B
qióng'ér 窮兒 8-463A
qióng'érbàofù 窮兒暴富 8-463A
qióng'érhòugōng 窮而後工 8-460A
qióngfá 窮乏 8-459B
qióngfà 窮髮 8-471B
qióngfāng 瓊芳 4-647A
qióngfēi 瓊妃 4-646B
qióngfēi 瓊扉 4-651B

qióngfěn 瓊粉 4-650A
qióngfèn 窮憤 8-472A
qióngfēng 瓊峯 4-650A
qióngfěng 窮覂 8-466A
qióngfū 窮夫 8-459A
qióngfū 瓊荂 4-648B
qióngfū 瓊敷 4-652B
qióngfú 窮服 8-463A
qióngfùjíguì 窮富極貴 8-469A
qióngfūlù 瓊荂露 4-648B
qiónggāi 窮該 8-470A
qiónggāng 窮岡 8-463A
qiónggāo 窮高 8-466B
qiónggāo 瓊膏 4-652A
qiónggǎo 窮槁 8-470B
qiónggé 邛葛 10-581B
qiónggé 瓊閣 4-652B
qiónggéluó 窮蛤螺 8-469A
qiónggēmen 窮哥們 8-466A
qiónggēn 窮根 8-465B
qiónggěng 窮鯁 8-473A
qiónggēnjiūdǐ 窮根究底 8-466A
qiónggōng 穹宮 8-426B
qiónggōng 瓊宮 4-649B
qiónggōngjíbiàn 窮工極變 8-458A
qiónggōngjíqiǎo 窮工極巧 8-458A
qiónggōngjítài 窮工極態 8-458A
qiónggū 惸孤 7-666B
qiónggū 窮孤 8-463B
qiónggǔ 穹古 8-426A
qiónggǔ 穹谷 8-426A
qiónggǔ 窮谷 8-462A
qiónggǔ 窮骨 8-464B
qiónggǔ 瓊轂 4-653A
qiónggù 窮固 8-462B
qióngguǎ 惸寡 7-667A
qióngguǎ 窮寡 8-471B
qióngguān 邛關 10-582A
qióngguān 穹官 8-426A
qióngguān 惸鰥 7-667A
qióngguān 煢鰥 7-201A
qióngguān 窮覩 8-474A
qióngguǎn 瓊琯 4-651A
qióngguǎn 瓊管 4-652A
qióngguāngdàn 窮光蛋 8-460B
qióngguānggùn 窮光棍 8-460B
qióngguī 穹龜 8-427B
qióngguī 窮閨 8-471B
qióngguī 瓊瑰 4-651B
qióngguǐ 窮鬼 8-464B
qióngguǐ 窮晷 8-469A
qióngguó 窮國 8-467B
qiónggǔtou 窮骨頭 8-464B
qiónghǎi 窮海 8-466B
qiónghǎi 瓊海 4-650B
qiónghán 瓊函 4-648B
qiónghàn 穹漢 8-427B
qiónghàn 窮閈 8-468B
qiónghàn 窮漢 8-471A
qiónghàn 瓊翰 4-653A
qiónghào 穹昊 8-426A
qiónghào 窮昊 8-462B
qiónghé 窮涸 8-468A
qiónghé 窮覈 8-473B
qiónghè 穹壑 8-427B
qiónghēng 窮亨 8-462A
qiónghòu 穹厚 8-426B
qiónghū 窮忽 8-463A
qiónghǔ 窮虎 8-462B
qiónghù 瓊户 4-646A
qiónghuā 瓊花 4-647A
qiónghuā 瓊華 4-649B
qiónghuādǎo 瓊華島 4-649B
qiónghuāguàn 瓊花觀 4-647A
qiónghuái 煢懷 7-201A
qiónghuái 瓊懷 4-653B
qiónghuālù 瓊花露 4-647A
qiónghuán 穹環 8-427B
qiónghuāng 窮荒 8-464A
qiónghuāngjuéjiào 窮荒絶儌 8-464A
qiónghuāyàn 瓊華宴 4-650A
qiónghuì 窮恚 8-465B
qiónghuò 窮禍 8-469B
qióngjī 蛩機 8-888B
qióngjī 窮羈 8-474A
qióngjī 瓊肌 4-646B
qióngjī 瓊姬 4-650B
qióngjī 瓊璣 4-653A
qióngjí 穹極 8-427A
qióngjí 窮急 8-465A
qióngjí 窮疾 8-466B
qióngjí 窮極 8-469A
qióngjí 窮瘠 8-472A
qióngjí 窮詰 8-470A
qióngjí 瓊笈 4-649A
qióngjì 窮迹 8-465A
qióngjì 窮技 8-461A
qióngjì 窮紀 8-465B
qióngjì 窮際 8-471B
qióngjiǎ 瓊斝 4-651B
qióngjiāfùlù 窮家富路 8-466B
qióngjiǎn 窮儉 8-472A
qióngjiǎn 窮蹇 8-473A
qióngjiàn 窮賤 8-471B
qióngjiàn 窮鑒 8-474A
qióngjiāng 蛩螿 8-888B
qióngjiāng 瓊漿 4-653A
qióngjiānjí'è 窮奸極惡 8-461A
qióngjiānjí'è 窮姦極惡 8-465B
qióngjiāo 窮交 8-461A
qióngjiāo 窮郊 8-463A
qióngjiào 窮儌 8-472B
qióngjiāzǐ 窮家子 8-466B
qióngjiē 穹階 8-426B
qióngjié 邛節 10-581B
qióngjié 煢孑 7-200B
qióngjié 窮節 8-470A
qióngjié 窮竭 8-471A
qióngjīn 窮津 8-465A
qióngjīn 瓊津 4-649A
qióngjìn 窮盡 8-471B
qióngjìn 窮勁 8-464A
qióngjīng 窮經 8-470B
qióngjīng 窮精 8-471A
qióngjǐng 窮井 8-458B
qióngjǐng 窮景 8-469A
qióngjìng 窮徑 8-466A
qióngjìng 窮竟 8-468A
qióngjìng 瓊鏡 4-653B
qióngjiǒng 窮窘 8-469B
qióngjiū 窮究 8-462A
qióngjiǔ 窮九 8-458A
qióngjiǔ 瓊玖 4-646B
qióngjiù 煢疚 7-201A
qióngjíwúliáo 窮極無聊 8-469A
qióngjū 穹居 8-426B
qióngjū 穹鞠 8-427B
qióngjū 煢居 7-201A
qióngjū 窮居 8-463B
qióngjū 窮鞠 8-473A
qióngjū 瓊琚 4-651A
qióngjǔ 邛蒟 2-512B
qióngjǔ 邛蒟 10-581B
qióngjǔ 窮沮 8-463A
qióngjù 邛鉅 10-581B
qióngjù 蛩岠 8-888A
qióngjù 蛩蚷 8-888A
qióngjù 蛩駏 8-888B
qióngjù 窮窶 8-472B
qióngjué 穹爵 8-427B
qióngjué 蛩蟨 8-888B
qióngjué 窮絶 8-469B
qióngjué 瓊爵 4-653A
qióngjūn 窮君 8-462A
qióngjūn 窮軍 8-465A
qióngjùn 穹峻 8-426B
qióngjùzhān 蛩駏氈 8-888B
qióngjùzi 窮窶子 8-473A
qióngkǎn 窮坎 8-461A
qióngkǎo 窮考 8-460A
qióngkē 瓊柯 4-649A
qióngkē 瓊珂 4-648B
qióngkě 窮渴 8-469A
qióngkè 窮客 8-465A
qióngkēng 窮坑 8-461A
qióngkōng 窮空 8-463B
qióngkǒu 窮口 8-458B
qióngkòu 窮寇 8-468A
qióngkòumòzhuī 窮寇莫追 8-468A
qióngkòuwùpò 窮寇勿迫 8-468A
qióngkòuwùzhuī 窮寇勿追 8-468A
qióngkǔ 窮苦 8-462B
qióngkù 窮袴 8-468B
qióngkù 窮綺 8-469B
qióngkuì 窮匱 8-470B
qióngkùn 煢困 7-200B
qióngkùn 窮困 8-461B
qiónglà 窮臘 8-473B
qiónglái 邛崍 10-581B
qiónglái 邛萊 10-581B
qióngláibǎn 邛郲坂 10-581B
qióngláibǎn 邛崍坂 10-581B
qiónglàiguān 邛崍關 10-581B
qiónglālā 窮拉拉 8-462A
qiónglǎn 窮覽 8-473B
qiónglàn 窮爛 8-474A
qiónglǎo 窮老 8-460A
qiónglǎo 窮佬 8-463A
qiónglèi 瓊雷 4-651B
qiónglěi 窮壘 8-473A
qiónglí 婞嫠 4-390A
qiónglí 惸嫠 7-667A
qiónglí 煢嫠 7-201A
qiónglí 煢釐 7-201A
qiónglí 窮嫠 8-470B
qiónglí 窮黎 8-472A
qiónglí 瓊籬 4-654A
qiónglǐ 窮里 8-461B
qiónglǐ 窮理 8-467A
qiónglì 穹麗 8-427B
qiónglì 瓊立 4-646A
qiángliǎn 窮斂 8-473A
qióngliǎo 窮了 8-458A
qiónglǐjìnxìng 窮理盡性 8-467A
qiónglǐjūjìng 窮理居敬 8-467A
qiónglín 穹林 8-426A
qiónglín 窮林 8-462B
qiónglín 窮鱗 8-474A
qiónglín 瓊林 4-647B
qiónglíng 穹靈 8-428A
qiónglǐng 穹嶺 8-427B
qiónglínjǐnxiùxiān 瓊林錦繡仙 4-648A
qiónglínyàn 瓊林宴 4-648A
qiónglínyuàn 瓊林苑 4-648A
qióngliú 窮流 8-466B
qiónglóng 筇籠 8-1241A
qiónglóng 穹隆 8-426B
qiónglóng 穹巄 8-427B
qiónglóng 穹窿 8-427B
qiónglóng 穹籠 8-428A
qiónglǒng 邛籠 10-582A
qiónglóu 瓊樓 4-652B
qiónglòu 窮陋 8-463B
qiónglóujīnquè 瓊樓金闕 4-652B
qiónglóuyùyǔ 瓊樓玉宇 4-652B
qiónglú 穹廬 8-427B
qiónglú 窮廬 8-473B
qiónglǔ 窮虜 8-469B
qiónglù 窮露 8-474A
qiónglù 窮陸 8-466B
qióngluán 瓊鸞 4-654A
qiónglǘ 穹閭 8-427B
qiónglǘ 窮閭 8-471B
qiónglǚ 窮旅 8-466B
qióngmáng 窮忙 8-461A

qióngmáo 藑茅 9-597B
qióngmáo 瓊茅 4-647B
qióngmén 穹門 8-426B
qióngmén 窮門 8-463B
qióngmí 煢迷 7-201A
qióngmí 窮迷 8-465A
qióngmí 瓊糜 4-653B
qióngmí 瓊靡 4-653B
qióngmí 瓊縻 4-654A
qióngmiǎo 煢眇 7-201A
qióngmiào 窮妙 8-462A
qióngmiáokǔgēn 窮苗苦根 8-462B
qióngmín 穹旻 8-426A
qióngmín 窮民 8-460A
qióngmín 瓊珉 4-648B
qióngmíng 穹冥 8-426B
qióngmíng 窮溟 8-470B
qióngmìng 窮命 8-463A
qióngmó 窮磨 8-472B
qióngmò 窮莫 8-465B
qióngmò 窮漠 8-470B
qióngmù 窮目 8-459B
qióngmù 窮幕 8-469B
qióngmù 窮暮 8-470B
qióngnàn 窮難 8-473A
qióngněi 窮餒 8-472A
qióngnián 窮年 8-460B
qióngniánjìnqì 窮年盡氣 8-460B
qióngniánlěishì 窮年累世 8-460B
qióngniánlěisuì 窮年累歲 8-460B
qióngniánlěiyuè 窮年累月 8-460B
qióngniánlǚyuè 窮年屢月 8-460B
qióngniánmòshì 窮年没世 8-460B
qióngniǎo 窮鳥 8-467B
qióngniǎochùlóng 窮鳥觸籠 8-468A
qióngniǎoguīrén 窮鳥歸人 8-468A
qióngniǎorùhuái 窮鳥入懷 8-467B
qióngniǎotóurén 窮鳥投人 8-467B
qióngnú 瓊奴 4-646A
qióngnù 窮怒 8-465B
qióngnǚ 窮衂 8-465A
qióngpā 瓊葩 4-651B
qióngpèi 瓊佩 4-648B
qióngpèi 瓊珮 4-649B
qióngpí 窮皮 8-460A
qióngpǐ 窮否 8-461B
qióngpǐ 窮圮 8-460A
qióngpì 窮辟 8-470B
qióngpì 窮僻 8-472A
qióngpiān 瓊篇 4-653A
qióngpiàn 瓊片 4-645B
qióngpiāo 窮漂 8-471A
qióngpò 窮迫 8-463A
qióngpò 窮破 8-466A
qióngpū 瓊鋪 4-653A
qióngpǔ 窮朴 8-460A
qióngpǔ 瓊圃 4-650A
qióngqī 煢妻 7-201A
qióngqī 窮戚 8-467B
qióngqī 窮期 8-468B
qióngqī 窮棲 8-468B
qióngqī 窮慼 8-471B
qióngqí 穹祇 8-426B
qióngqí 窮奇 8-462B
qióngqì 窮氣 8-466A
qióngqiān 瓊籤 4-653B
qióngqiàn 穹嵌 8-427A
qióngqiěyìjiān 窮且益堅 8-459B
qióngqīn 窮親 8-472B
qióngqín 窮禽 8-469A
qióngqìng 窮罄 8-473A
qióngqīnpōgù 窮親潑故 8-472B
qiōngqióng 鞠窮 12-201A
qiōngqióng 鞠藭 12-201B
qióngqióng 嬛嬛 4-390A
qióngqióng 䠻䠻 2-191B
qióngqióng 跫跫 10-458A
qióngqióng 卭卭 2-512A
qióngqióng 邛邛 10-581A
qióngqióng 穹穹 8-426A
qióngqióng 穹窮 8-427B
qióngqióng 惸惸 7-667A
qióngqióng 焭焭 2-292B
qióngqióng 蛩蛩 8-888A
qióngqióng 煢煢 7-201A
qióngqióng 窮窮 8-472B
qióngqióng 瓊瓊 4-653B
qióngqióng 嬛嬛 4-415B
qióngqiónghòuhòu 穹穹厚厚 8-426A
qióngqióngjùxū 卭卭距虛 2-512A
qióngqióngjùxū 邛邛岠虛 10-581A
qióngqióngjùxū 邛邛距虛 10-581A
qióngqióngjùxū 蛩蛩巨虛 8-888A
qióngqióngjùxū 蛩蛩距虛 8-888A
qióngqióngjùxū 蛩蛩鉅虛 8-888A
qióngqióngjùxū 蛩蛩駏驉 8-888B
qióngqióngzhān 蛩蛩氈 8-888B
qióngqiū 窮秋 8-464B
qióngqiú 窮囚 8-459B
qióngqū 窮屈 8-463B
qióngquán 窮泉 8-464B
qióngquē 窮闕 8-473A
qióngrán 跫然 10-457B
qióngrán 惸然 7-667A
qióngrán 煢然 7-201A
qióngrǎng 穹壤 8-427B
qióngrǎng 窮壤 8-473B
qióngrén 窮人 8-458A
qióngrěn 窮稔 8-470A
qióngrèn 瓊刃 4-645B
qióngrì 窮日 8-459A
qióngrìluòyuè 窮日落月 8-459A
qióngrǒng 窮冗 8-459B
qióngrǔ 窮辱 8-466A
qióngrǔ 瓊乳 4-648B
qióngruí 瓊蕤 4-652B
qióngruǐ 瓊蕊 4-652B
qióngruò 惸弱 7-667A
qióngruò 煢弱 7-201A
qióngruò 窮弱 8-466B
qióngsà 瓊鈒 4-651A
qióngsài 窮塞 8-470B
qióngsāng 穹桑 8-426B
qióngsāng 窮桑 8-467A
qióngsāngshì 窮桑氏 8-467A
qióngsè 窮塞 8-470B
qióngshā 窮沙 8-462A
qióngshān 蛩山 8-888A
qióngshān 窮山 8-458B
qióngshān 瓊山 4-645B
qióngshān'èshuǐ 窮山惡水 8-458B
qióngshāng 瓊觴 4-653B
qióngshānhé 瓊山禾 4-645B
qióngshānjiézé 窮山竭澤 8-458B
qióngshānpìrǎng 窮山僻壤 8-458B
qióngshāo 窮燒 8-472B
qióngshējíchǐ 窮奢極侈 8-467B
qióngshějíyù 窮奢極欲 8-467B
qióngshějíyù 窮奢極慾 8-467B
qióngshēn 窮申 8-459B
qióngshēn 窮身 8-461B
qióngshēn 窮深 8-468A
qióngshén 窮神 8-465A
qióngshěn 窮審 8-472A
qióngshēng 蛩聲 8-888B
qióngshēng 窮生 8-460A
qióngshénguānhuà 窮神觀化 8-465A
qióngshēnpōmìng 窮身潑命 8-462A
qióngshénzhīhuà 窮神知化 8-465A
qióngshí 穹石 8-426A
qióngshí 窮識 8-473B
qióngshí 瓊什 4-645B
qióngshí 瓊實 4-652B
qióngshì 窮士 8-458A
qióngshì 窮市 8-460A
qióngshì 瓊室 4-649A
qióngshìlú 窮士廬 8-458B
qióngshǒu 窮守 8-461A
qióngshū 瓊書 4-650B
qióngshū 瓊梳 4-650B
qióngshù 瓊樹 4-653A
qióngshǔnièlí 窮鼠齧貍 8-470A
qióngshuō 窮說 8-471A
qióngshuò 窮朔 8-466B
qióngsī 窮廝 8-472A
qióngsī 瓊思 4-649A
qióngsī 瓊絲 4-651B
qióngsì 瓊笥 4-651A
qióngsībìjīng 窮思畢精 8-464A
qióngsìhuò 窮四和 8-459B
qióngsījíxiǎng 窮思極想 8-464A
qióngsōng 傑俶 1-1591B
qióngsōng 髳鬆 12-740A
qióngsōu 窮搜 8-468B
qióngsǒu 窮藪 8-473A
qióngsōubócǎi 窮搜博採 8-468B
qióngsū 瓊酥 4-651B
qióngsū 瓊蘇 4-653B
qióngsú 窮俗 8-464B
qióngsù 窮素 8-465B
qióngsuān 窮酸 8-471A
qióngsuān'ècù 窮酸餓醋 8-471A
qióngsuì 窮歲 8-469B
qióngsuìlěiyuè 窮歲累月 8-469B
qióngsuǒ 窮索 8-466A
qióngtái 瓊臺 4-652A
qióngtài 窮泰 8-465B
qióngtàijíchǐ 窮泰極侈 8-465B
qióngtàn 窮探 8-467A
qióngtiān 穹天 8-425B
qióngtiān 窮天 8-458B
qióngtián 瓊田 4-646A
qióngtiáncǎo 瓊田草 4-646A
qióngtiānjídì 窮天極地 8-459A
qióngtíng 穹庭 8-426B
qióngtōng 窮通 8-467A
qióngtóu 窮頭 8-472B
qióngtú 窮途 8-466A
qióngtú 窮塗 8-470B
qióngtuì 窮退 8-465A
qióngtúmòlù 窮途末路 8-466B
qióngtúzhīkū 窮途之哭 8-466A
qióngwēi 窮危 8-460B
qióngwēi 窮微 8-470A
qióngwén 瓊文 4-646A
qióngwèn 窮問 8-468B
qióngwénzhān 蛩蟁氈 8-888B
qióngwū 窮烏 8-466A
qióngwǔ 窮迕 8-461B
qióngwǔ 窮武 8-462A
qióngwù 窮悟 8-466B
qióngxī 窮夕 8-458B
qióngxì 窮係 8-464B
qióngxiá 窮峽 8-466A

qióngxià 窮下 8-458B
qióngxiǎn 穹顯 8-428A
qióngxiǎn 窮險 8-472B
qióngxiāng 窮鄉 8-468B
qióngxiāng 瓊香 4-649A
qióngxiǎng 蛩響 8-888B
qióngxiàng 窮相 8-464A
qióngxiàng 窮巷 8-463B
qióngxiànggǔtóu 窮相骨頭 8-464A
qióngxiāngjǔ 邛鄉蒟 10-581B
qióngxiǎngkōnggǔ 蛩響空谷 10-458A
qióngxiāngpìrǎng 窮鄉僻壤 8-468B
qióngxiāo 瓊簫 4-653B
qióngxiǎozi 窮小子 8-458B
qióngxiè 瓊屑 4-650B
qióngxīn 窮心 8-459B
qióngxīn 窮新 8-470B
qióngxíngjìnxiàng 窮形盡相 8-461A
qióngxíngjíxiàng 窮形極相 8-461A
qióngxiōng 窮凶 8-459A
qióngxiōng 窮兇 8-460B
qióngxiōngjíbào 窮凶極暴 8-459B
qióngxiōngjíbèi 窮凶極悖 8-459A
qióngxiōngjí'è 窮凶極惡 8-459A
qióngxiōngjí'è 窮兇極惡 8-460B
qióngxiōngjínì 窮凶極逆 8-459A
qióngxiōngjínüè 窮凶極虐 8-459A
qióngxiū 瓊羞 4-650A
qióngxiù 穹岫 8-426A
qióngxiù 窮岫 8-462B
qióngxiù 瓊琇 4-650B
qióngxiùcái 窮秀才 8-461B
qióngxū 窮虛 8-467B
qióngxuān 瓊軒 4-650A
qióngxuán 穹玄 8-426A
qióngxuán 窮玄 8-460A
qióngxuán 窮懸 8-473B
qióngxuán 瓊璇 4-652B
qióngyá 窮涯 8-468A
qióngyá 瓊崖 4-650B
qióngyájuégǔ 窮崖絕谷 8-467B
qióngyán 窮埏 8-463B
qióngyán 窮研 8-464A
qióngyán 窮閻 8-473A
qióngyán 窮檐 8-473A
qióngyán 窮簷 8-473B
qióngyán 窮櫚 8-473B
qióngyán 窮巖 8-474A
qióngyán 瓊筵 4-651B
qióngyǎn 瓊巘 4-653B
qióngyánzáyǔ 窮言雜語 8-462A
qióngyáo 瓊瑤 4-652A
qióngyě 窮埜 8-467B
qióngyě 窮野 8-467B
qióngyè 窮咽 8-464A
qióngyè 窮夜 8-463A
qióngyè 瓊液 4-651A
qióngyè 瓊葉 4-651A
qióngyí 穹儀 8-427B
qióngyǐ 窮已 8-458B
qióngyì 窮抑 8-461A
qióngyì 窮裔 8-470B
qióngyīn 跫音 10-457B
qióngyīn 窮陰 8-467A
qióngyīn 瓊音 4-649A
qióngyín 蛩吟 8-888A
qióngyǐn 窮飲 8-469A
qióngyīng 瓊英 4-647B
qióngyīng 瓊瑛 4-651A
qióngyīng 瓊罌 4-653B
qióngyíng 瓊瑩 4-653A
qióngyōng 穹墉 8-427A
qióngyōng 窮墉 8-470B
qióngyōu 窮幽 8-464B
qióngyóu 邛郵 10-581B
qióngyú 窮魚 8-468A
qióngyú 窮餘 8-472A
qióngyǔ 穹宇 8-426A
qióngyǔ 蛩語 8-888B
qióngyǔ 瓊宇 4-646B
qióngyǔ 瓊羽 4-646B
qióngyù 邛遇 10-581A
qióngyù 窮域 8-467A
qióngyù 瓊玉 4-646A
qióngyuán 穹元 8-425B
qióngyuán 穹圓 8-427A
qióngyuán 窮原 8-466A
qióngyuán 窮源 8-470B
qióngyuǎn 窮遠 8-469B
qióngyuàn 瓊苑 4-647B
qióngyuánbēnlín 窮猿奔林 8-470A
qióngyuánjìngwěi 窮原竟委 8-466A
qióngyuánshīmù 窮猿失木 8-470A
qióngyuántóulín 窮猿投林 8-470A
qióngyuē 窮約 8-465B
qióngyuè 瓊岳 4-648B
qióngyùn 蛩韻 8-888B
qióngyùn 窮運 8-469B
qióngyùn 窮韻 8-473B
qióngzān 瓊簪 4-653B
qióngzé 窮澤 8-472B
qióngzé 窮賾 8-473A
qióngzésībiàn 窮則思變 8-464A
qióngzhá 瓊札 4-646A
qióngzhān 蛩氈 8-888B
qióngzhàn 窮戰 8-472B
qióngzhāng 瓊章 4-651A
qióngzhàng 卭杖 2-512B
qióngzhàng 邛杖 10-581A
qióngzhàng 穹帳 8-426B
qióngzhàng 笻杖 8-1116B
qióngzhé 窮折 8-461A
qióngzhé 窮轍 8-473A
qióngzhēn 瓊珍 4-648B
qióngzhèng 窮正 8-459B
qióngzhī 邛枝 10-581A
qióngzhī 穹枝 8-426A
qióngzhī 笻枝 8-1116B
qióngzhī 瓊芝 4-646B
qióngzhī 瓊巵 4-647A
qióngzhī 瓊枝 4-648A
qióngzhī 瓊脂 4-650A
qióngzhì 穹秩 8-426B
qióngzhì 穹窒 8-426B
qióngzhì 穹質 8-427B
qióngzhì 窮治 8-463A
qióngzhì 窮桎 8-465B
qióngzhì 窮雉 8-470A
qióngzhì 窮滯 8-471A
qióngzhībān 瓊枝班 4-648B
qióngzhōu 窮州 8-461A
qióngzhōu 瓊州 4-646B
qióngzhōu 瓊舟 4-646B
qióngzhòu 窮宙 8-463B
qióngzhòu 窮晝 8-468B
qióngzhū 瓊珠 4-649B
qióngzhú 卭竹 2-512B
qióngzhú 邛竹 10-581A
qióngzhú 笻竹 8-1116B
qióngzhù 瓊柱 4-649A
qióngzhuàng 窮壯 8-462A
qióngzhuī 窮追 8-465A
qióngzhúshān 邛竹山 10-581A
qióngzhúzhàng 邛竹杖 10-581A
qióngzhúzhàng 笻竹杖 8-1116B
qióngzī 瓊姿 4-649A
qióngzǐ 惸子 7-200B
qióngzōu 窮陬 8-466B
qióngzōupìrǎng 窮陬僻壤 8-466B
qióngzuǐ 窮嘴 8-472B
qióngzuó 邛筰 10-581B
qióngzuó 邛笮 10-581B
qí'ōu 齊謳 12-1436B
qí'ǒu 齊耦 12-1435A
qípā 奇葩 2-1526A
qīpái 七排 1-160B
qīpāi 忝拍 1-1359B
qípái 旗牌 6-1616A
qǐpái 起牌 9-1101B
qǐpài 起派 9-1097B
qìpāi 氣拍 6-1027B
qìpài 氣派 6-1029B
qípáiguān 旗牌官 6-1616B
qīpán 七槃 1-164B
qīpán 七盤 1-165B
qīpán 棲盤 4-1095B
qípán 棋盤 4-1079B
qípán 碁盤 7-1055A
qǐpàn 企盼 1-1166B
qípáng 歧旁 5-350A
qípáng 耆龐 8-642B
qípáo 旗袍 6-1616A
qǐpǎo 起跑 9-1101B
qǐpào 起泡 9-1095A
qǐpào 起皰 9-1099B
qìpào 氣泡 6-1028B
qípèi 旗旆 6-1615B
qípèi 齊轡 12-1437A
qǐpèi 企佩 1-1166B
qìpēng 齊烹 12-1433A
qīpí 漆皮 6-65A
qípǐ 碁癖 7-1055A
qípì 奇辟 2-1527A
qípì 奇闢 2-1529B
qípì 奇僻 2-1527B
qǐpì 啓譬 3-399B
qīpiān 七篇 1-165A
qīpiān 欹偏 6-1453A
qīpiàn 欺騙 6-1452A
qìpián 氣褊 6-1035A
qīpiào 期票 6-1307B
qǐpiào 起票 9-1100A
qìpiáo 棄瓢 4-1129A
qìpiáosǒu 棄瓢叟 4-1129A
qìpiáowēng 棄瓢翁 4-1129A
qìpiáoyán 棄瓢巖 4-1129A
qìpiē 棄撇 4-1128A
qīpín 棲貧 4-1094B
qípǐn 棋品 4-1078A
qípǐn 碁品 7-1054B
qìpǐn 氣品 6-1028B
qīpīnbācòu 七拼八湊 1-157A
qīpínbāfù 七貧八富 1-161B
qīpǐnchá 七品茶 1-158A
qīpíng 棲憑 4-1096A
qípíng 棋枰 4-1078A
qípíng 碁枰 7-1054B
qípíng 齊平 12-1428A
qìpíngjū 棄平居 4-1123B
qīpǐnhuángtáng 七品黄堂 1-158A
qīpínqīfù 七貧七富 1-161B
qīpǐnqíntáng 七品琴堂 1-158A
qìpīpī 乞丕丕 1-761B
qīpō 踦頗 10-490A
qīpò 七魄 1-164A
qīpò 欺魄 6-1451B
qípó 岐婆 3-802B
qípó 耆婆 8-641B
qǐpō 起坡 9-1093B
qǐpō 起頗 9-1105A
qǐpó 乞婆 1-764A
qìpò 氣魄 6-1035A
qīpòbābǔ 七破八補 1-159B
qípóqípó 耆婆耆婆 8-641B
qīpòyōuyōu 七魄悠悠 1-164B
qīpū 欹仆 6-1452B
qípú 奇璞 2-1528A
qípǔ 棋譜 4-1079B
qípùpù 齊鋪鋪 12-1435B

qìpūpū 氣撲撲 6-1035B
qīqī 吃吃 3-130A
qīqī 七七 1-148B
qīqī 悽悽 7-512A
qīqī 凄凄 2-424B
qīqī 凄戚 2-425A
qīqī 悽悽 7-592B
qīqī 悽戚 7-592A
qīqī 悽慼 7-593B
qīqī 戚戚 5-228B
qīqī 淒淒 5-1357B
qīqī 萋萋 9-438A
qīqī 期期 6-1308A
qīqī 僛僛 1-1661B
qīqī 嘁嘁 3-489A
qīqī 慽慽 7-706A
qīqī 漆漆 6-66B
qīqī 踦踦 10-490A
qīqí 凄其 2-424B
qīqí 悽其 7-591B
qīqí 淒其 5-1357A
qīqí 踦跂 10-490A
qīqǐ 七起 1-159B
qīqì 攲器 5-472A
qīqì 七棄 1-164A
qīqì 期契 6-1307A
qīqì 棲憩 4-1095B
qīqì 棲憩 4-1096A
qīqì 漆器 6-66B
qīqì 欹器 6-1453B
qíqí 伎伎 1-1179A
qíqí 濟濟 6-194B
qíqí 祁祁 7-830B
qíqí 岐岐 3-801B
qíqí 歧歧 5-349B
qíqí 祈祈 7-839B
qíqí 蚑蚑 8-866B
qíqí 跂跂 10-433B
qíqí 頎頎 12-268B
qíqí 旗旂 6-1615B
qíqí 齊齊 12-1435A
qíqì 奇氣 2-1525A
qíqì 奇器 2-1528B
qíqì 旗器 6-1617B
qíqì 齊契 12-1430B
qíqì 齊氣 12-1432A
qíqì 騎氣 12-854A
qǐqí 跂踦 10-434A
qǐqī 乞期 1-764A
qǐqí 豈其 9-1345B
qǐqí 起旗 9-1104B
qǐqí 崎錡 3-832A
qǐqǐ 起起 9-1098A
qǐqì 啓乞 3-394B
qǐqì 起氣 9-1098B
qǐqì 起訖 9-1098B
qìqī 棄妻 4-1125A
qìqí 泣岐 5-1099A
qìqì 咠咠 3-318A
qìqì 契契 2-1533B
qìqì 訖訖 11-47A
qìqià 契洽 2-1533B
qīqī'ài'ài 期期艾艾 6-1308A
qīqiān 七遷 1-165A
qīqiān 萋芊 9-438A
qīqiàn 萋蒨 9-438B
qīqiàn 欹嵌 6-1453A
qíqiān 祈籤 7-841A
qǐqiān 起遷 9-1105B
qǐqiān 起籤 9-1109A
qǐqián 起前 9-1097A
qǐqián 起錢 9-1107A
qǐqián 綺錢 9-884A
qǐqiǎn 起遣 9-1103A
qìqiǎn 棄遣 4-1127B
qīqiāng 凄鏘 2-426B
qīqiāng 淒鏘 5-1359A
qīqiāng 濟蹌 6-194A
qīqiāng 旗槍 6-1617A
qīqiāng 旗鎗 6-1618A
qíqiáng 騎墻 12-855A
qíqiáng 騎牆 12-855B
qǐqiáng 起檣 9-1107B
qìqiāng 氣槍 6-1035A
qìqiányú 泣前魚 5-1099A
qīqiāo 悽悄 7-592A
qīqiāo 踦校 10-489B
qīqiāo 蹊蹺 10-531B
qīqiāo 蹊蹻 10-531B
qīqiào 七竅 1-167B
qíqiǎo 奇巧 2-1521B
qíqiǎo 琦巧 4-590B
qíqiǎo 齊巧 12-1428A
qíqiào 奇峭 2-1524B
qíqiào 崎峭 3-831B
qǐqiǎo 乞巧 1-761A
qīqiǎobǎn 七巧板 1-152A
qǐqiǎojié 乞巧節 1-761B
qīqiàolínglóng 七竅玲瓏 1-167B
qǐqiǎolóu 乞巧樓 1-761B
qīqiàomàohuǒ 七竅冒火 1-167B
qīqiàoshēngyān 七竅生煙 1-167B
qīqiǎotú 七巧圖 1-152A
qīqībābā 七七八八 1-149A
qīqībāluò 七起八落 1-159B
qīqicācā 嘁嘁嚓嚓 3-489A
qīqicècè 嘁嘁測測 3-489A
qīqichāchā 唓唓喳喳 3-377B
qíqicùcù 濟濟促促 6-194B
qīqiè 悽切 7-512A
qīqiè 凄切 2-423B
qīqiè 悽切 7-591B
qīqiè 戚切 5-227B
qīqiè 淒切 5-1356B
qìqiè 契切 2-1532B
qìqiè 棄妾 4-1125B
qīqīhuánghuáng 悽悽惶惶 7-512A
qīqīhuánghuáng 悽悽遑遑 7-512A
qīqīhuánghuáng 悽悽惶惶 7-592B
qīqījiējiē 戚戚嗟嗟 5-228B
qìqílù 泣岐路 5-1099A
qīqīn 欺侵 6-1450B
qīqín 七禽 1-163A
qīqīn 嵚嶔 3-865A
qíqīn 崎嶔 3-832A
qíqīn 崎嶔 3-832A
qíqín 齊禽 12-1434A
qǐqīn 碕嶔 7-1055B
qǐqǐn 起寢 9-1105A
qìqīn 棄親 4-1129A
qīqīng 攲傾 4-1387B
qīqīng 攲傾 5-472A
qīqīng 攲傾 5-438A
qīqīng 七卿 1-160A
qīqīng 凄清 2-425A
qīqīng 悽清 7-592B
qīqīng 淒清 5-1357B
qīqīng 欹傾 6-1453A
qīqíng 七情 1-161B
qīqíng 棲情 4-1094B
qíqīng 崎傾 3-831B
qíqíng 奇情 2-1526A
qíqíng 奇擎 2-1528A
qíqíng 祈晴 7-840A
qíqǐng 祈請 7-840B
qǐqíng 綺情 9-883A
qǐqǐng 乞請 1-765A
qǐqǐng 起請 9-1106A
qǐqǐng 啓請 3-398B
qìqíng 氣情 6-1032A
qīqīngbāhuáng 七青八黄 1-155B
qìqíngjìnyì 訖情盡意 11-47A
qīqíngliùyù 七情六慾 1-161B
qìqíngyìshì 棄情遺世 4-1127A
qíqīngzhú 騎青竹 12-853B
qīqīnlìluò 欹嶔歷落 6-1453B
qíqīnlìluò 崎嶔歷落 3-832A
qíqīnlìluò 崎嶔歷落 3-832A
qīqínqīzòng 七擒七縱 1-164B
qíqióng 畸窮 7-1384B
qǐqióngjiǎnxiàng 乞窮儉相 1-765A
qìqióngshílì 棄瓊拾礫 4-1129B
qíqíqiāngqiāng 濟濟蹌蹌 6-195A
qíqíqiāngqiāng 濟濟鏘鏘 6-195A
qǐqíqiànqiàn 起起欠欠 9-1098A
qíqíqīqī 濟濟漆漆 6-194B
qīqīshìbiàn 七七事變 1-149A
qǐqìsuōsuō 乞乞縮縮 1-760B
qīqiú 期求 6-1306B
qīqiū 䱻鰍 12-1238B
qíqiú 祈求 7-839B
qíqiú 蚑蛷 8-866B
qǐqiú 乞求 1-762A
qǐqiú 企求 1-1166B
qǐqiú 啓求 3-395B
qìqiú 汽球 5-972A
qìqiú 氣毬 6-1031B
qìqiú 氣球 6-1031B
qīqiūyǐngǔ 棲丘飲谷 4-1093A
qìqíyúyú 棄其餘魚 4-1125A
qīqīzhāzhā 嘁嘁喳喳 3-489A
qíqizhěngzhěng 齊齊整整 12-1435A
qīqū 攲嶇 5-438A
qīqù 七趣 1-164B
qīqū 踦嶇 10-490B
qīqū 欹曲 6-1452B
qīqū 欹嶇 6-1453A
qīqū 攲嶇 4-1387A
qīqù 七去 1-152A
qíqū 岐嶇 3-802B
qíqū 歧趨 5-350B
qíqū 歧趣 5-350B
qíqū 崎曲 3-831A
qíqū 崎嶇 3-831B
qíqū 崎嶬 3-831B
qíqū 跂趨 10-434A
qíqū 齊驅 12-1437A
qíqù 岐趨 3-803A
qíqù 奇趣 2-1527B
qǐqū 起趨 9-1107B
qǐqǔ 乞取 1-762A
qǐqù 起去 9-1089B
qìqū 棄軀 4-1129B
qǐqǔ 迟曲 10-754B
qìqǔ 妻娶 4-319B
qìqǔ 棄取 4-1125A
qīquán 七泉 1-158B
qīquán 期佺 6-1307A
qíquán 齊全 12-1428B
qǐquǎn 畦畎 7-1341A
qǐquán 啓全 3-395B
qìquán 棄權 4-1130A
qìquàn 契券 2-1533B
qíqūbìngjià 齊趨並駕 12-1436B
qíqūbìngjià 齊驅並駕 12-1437A
qíqūbìngjìn 齊驅並進 12-1437A
qíqūbìngzhòu 齊驅並驟 12-1437A
qīquē 攲缺 5-472A
qīquē 七缺 1-159B
qíquè 鴝雀 12-462A
qìqúnchén 棄羣臣 4-1128A
qīrán 凄然 2-425B
qīrán 悽然 7-593A
qīrán 戚然 5-228B
qīrán 淒然 5-1358A

qírán 跂然 3-832B
qírán 其然 2-103A
qírán 祺然 7-933B
qírán 頎然 12-268B
qírán 臍燃 6-1400A
qìrán 挈然 6-534B
qìráng 祈禳 7-841A
qìrǎng 棄壤 4-1129B
qìráo 迟橈 10-755A
qīrén 七人 1-149A
qīrén 棲篤 4-1096B
qīrén 漆人 6-65A
qírén 畸人 7-1383B
qírén 奇人 2-1521A
qírén 碁人 7-1054B
qírén 旗人 6-1614A
qírén 齊人 12-1426B
qìrèn 齊刃 12-1427A
qǐrén 乞人 1-760B
qǐrén 杞人 4-787A
qǐrén 起人 9-1087B
qǐrèn 起任 9-1091B
qìrèn 起認 9-1104B
qìrén 棄人 4-1122A
qìrén 器人 3-521B
qìrèn 器刃 3-521B
qìrèn 器任 3-522B
qìrěnshēngtūn 氣忍聲吞 6-1027B
qǐrényōutiān 杞人憂天 4-787A
qǐrénzhīyōu 杞人之憂 4-787A
qīrì 期日 6-1306A
qìrì 棄日 4-1123A
qìrì 磧日 7-1096B
qīrìláifù 七日來復 1-151A
qīróng 七戎 1-152B
qīróng 戚容 5-228A
qīróng 慼容 7-685B
qíróng 齊容 12-1432B
qǐróng 起戎 9-1090B
qīrú 悽如 7-591B
qírú 其如 2-102B
qírú 耆儒 8-642B
qírú 蚑蠕 8-866B
qírú 跂蠕 10-434B
qǐrú 綺襦 9-885A
qǐrù 綺縟 9-884B
qìrú 契繻 2-1535A
qìrǔ 棄辱 4-1126A
qīruǎnpàyìng 欺軟怕硬 6-1451A
qíruì 奇瑞 2-1526B
qǐruò 豈若 9-1345B
qìruòbìxǐ 棄若敝屣 4-1125A
qírúshuòdé 耆儒碩德 8-642B
qǐrúwánkù 綺襦紈袴 9-885A
qǐrúwánkù 綺襦紈絝 9-885A
qǐrúyuàn 乞如願 1-761B
qìsǎ 棄靸 4-1127A
qìsài 祈賽 7-840B
qǐsāi 啓塞 3-398A
qǐsài 起賽 9-1108A
qísǎn 旗繖 6-1618A
qǐsāng 起喪 9-1101A
qǐsǎng 稽顙 8-123A
qǐsǎng 啓顙 3-399B
qìsàng 氣喪 6-1032B
qǐsǎngmóbài 稽顙膜拜 8-123A
qísānshì 齊三士 12-1426B
qīsè 七色 1-153B
qīsè 凄瑟 2-425B
qīsè 悽塞 7-593B
qísè 奇澀 2-1528B
qǐsè 起色 9-1092A
qìsè 氣塞 6-1035A
qìsè 氣色 6-1026B
qīsèbǎn 七色板 1-153B
qísèxíng 齊瑟行 12-1434A
qīshā 七殺 1-160A
qīshā 七煞 1-164A
qīshā 漆紗 6-66A
qìshā 砌煞 7-1013A
qìshā 磧沙 7-1096B
qīshān 棲山 4-1092B
qíshān 祁山 7-830B
qíshān 岐山 3-801B
qíshān 耆山 8-640A
qíshān 齊山 12-1427A
qíshàn 奇贍 2-1529B
qǐshàn 綺贍 9-885B
qìshàn 葺繕 9-459B
qíshāncāo 岐山操 3-801B
qīshāng 七商 1-161B
qīshāng 七傷 1-164A
qīshāng 凄傷 2-425B
qīshāng 悽傷 7-593B
qíshàng 齊尚 12-1429B
qǐshāng 起墒 9-1104A
qǐshāng 起殤 9-1105B
qǐshǎng 起晌 9-1098A
qǐshàng 啓上 3-394B
qìshǎng 器賞 3-525A
qìshǎng 憩賞 7-721B
qìshàng 氣尚 6-1027B
qìshàng 器尚 3-523A
qīshàngbāluò 七上八落 1-149B
qīshàngbāxià 七上八下 1-149B
qíshànglǎohǔ 騎上老虎 12-852A
qīshàngwǎngxià 欺上罔下 6-1449B
qíshàngyángzhōuhè 騎上揚州鶴 12-852A
qíshānkè 齊山客 12-1427A
qīshāyàn 漆沙硯 6-65B
qìshāzhōngkuí 氣殺鍾馗 6-1030B
qīshè 七舍 1-156B
qíshé 耆闍 8-642B
qíshé 蘄蛇 9-617B
qíshè 岐社 3-802A
qíshè 棋射 4-1078B
qíshè 騎射 12-854A
qǐshè 啓設 3-397A
qìshě 棄舍 4-1125B
qìshě 棄捨 4-1126B
qìshè 揭涉 6-758B
qìshè 氣慴 6-1037A
qīshébāzuǐ 七舌八嘴 1-153A
qíshéjuéshān 耆闍崛山 8-642B
qīshēn 棲身 4-1093A
qīshēn 漆身 6-65B
qīshén 凄神 2-424B
qīshén 棲神 4-1093B
qíshēn 耆紳 8-642A
qíshén 祈沈 7-839B
qǐshēn 乞身 1-762A
qǐshēn 起身 9-1093A
qǐshēn 綺紳 9-883A
qìshēn 棄身 4-1124B
qīshēng 七聲 1-166B
qīshēng 妻甥 4-319B
qīshēng 欺生 6-1450A
qīshèng 七聖 1-163A
qíshēng 棋聲 4-1079B
qíshēng 齊聲 12-1436B
qíshěng 頎省 12-268B
qíshěng 騎省 12-853B
qíshèng 奇勝 2-1526A
qíshèng 祈勝 7-840A
qíshèng 棋聖 4-1079A
qíshèng 碁聖 7-1055A
qíshèng 騎乘 12-854A
qǐshēng 起生 9-1090A
qǐshēng 起昇 9-1094A
qǐshèng 起聖 9-1103A
qìshēng 棄生 4-1123B
qìshèng 氣盛 6-1031B
qīshèngdāo 七聖刀 1-163B
qíshèngguǎngyuān 齊聖廣淵 12-1434B
qīshēngqīsǐ 七生七死 1-152A
qìshēngqìsǐ 氣生氣死 6-1026A
qīshēngzhībù 七升之布 1-151A
qīshénzhīyù 棲神之域 4-1093B
qīshī 戚施 5-228A
qīshí 七識 1-168A
qīshǐ 七始 1-156B
qīshì 七市 1-152B
qīshì 七事 1-156A
qīshì 妻室 4-319B
qīshì 欺事 6-1450A
qīshì 欺飾 6-1451A
qīshì 漆室 6-65B
qíshī 棋師 4-1078B
qíshī 騎師 12-854A
qíshí 其時 2-103A
qíshí 其實 2-103B
qíshí 碁石 7-1054B
qíshì 奇士 2-1521A
qíshì 歧視 5-350A
qíshì 棋勢 4-1079A
qíshì 齊世 12-1428A
qíshì 臍噬 6-1400A
qíshì 騎士 12-852A
qǐshī 乞師 1-763B
qǐshī 起尸 9-1088A
qǐshī 起屍 9-1097B
qǐshī 起師 9-1098B
qǐshī 綺詩 9-883B
qǐshí 乞食 1-763A
qǐshí 起石 9-1090A
qǐshí 起時 9-1098A
qǐshí 綺食 9-882B
qǐshǐ 起始 9-1096A
qǐshǐ 起駛 9-1105A
qǐshì 乞士 1-760B
qǐshì 起事 9-1093B
qǐshì 起誓 9-1104A
qǐshì 啓示 3-395A
qǐshì 啓事 3-396A
qǐshì 綺室 9-882B
qǐshì 綺飾 9-883B
qìshī 泣詩 5-1100A
qìshī 棄失 4-1123B
qìshī 棄屍 4-1126A
qìshī 器師 3-523B
qìshí 跂石 10-433A
qìshí 砌石 7-1013A
qìshí 氣識 6-1036B
qìshí 器什 3-521B
qìshí 器食 3-523B
qìshí 器實 3-525A
qìshí 器識 3-525B
qìshǐ 器使 3-523A
qìshì 弃市 2-1316A
qìshì 氣勢 6-1033B
qìshì 訖事 11-47A
qìshì 棄士 4-1122B
qìshì 棄世 4-1123A
qìshì 棄市 4-1124A
qìshì 棄事 4-1125A
qìshì 棄逝 4-1126A
qìshì 器世 3-521B
qìshì 器飾 3-524B
qīshìdàomíng 欺世盜名 6-1450A
qīshí’èr 七十二 1-147B
qīshì’er 七事兒 1-156A
qīshí’èrbiànhuà 七十二變化 1-148B
qīshí’èrdì 七十二帝 1-148A
qīshí’èrdìshà 七十二地煞 1-148A
qīshí’èrfén 七十二墳 1-148A
qīshí’èrfúdì 七十二福地 1-148A
qīshí’èrgū 七十二沽 1-148A
qīshí’èrháng 七十二行 1-148A

qīshí'èrhòu 七十二候 1-148A
qīshí'èrxián 七十二賢 1-148A
qīshí'èryíng 七十二營 1-148B
qīshí'èryízhǒng 七十二疑冢 1-148A
qīshí'èrzǐ 七十二子 1-148A
qīshí'èrzuān 七十二鑽 1-148B
qīshìjiā 七事家 1-156A
qīshìjiàn 七事件 1-156A
qìshìjiān 器世間 3-521B
qīshíniǎo 七十鳥 1-148B
qìshíniú 氣食牛 6 1029A
qīshísānbāshísì 七十三八十四 1-148B
qīshíshuì 七十説 1-148B
qíshìxiōngxiōng 其勢洶洶 2-103A
qìshìxiōngxiōng 氣勢洶洶 6-1034A
qīshízǐ 七十子 1-148B
qīshìzǐ 七事子 1-156A
qīshìzǐsūn 七世子孫 1-152A
qīshízuān 七十鑽 1-148B
qíshǒu 岐首 3-802A
qíshǒu 旗手 6-1614B
qíshǒu 齊首 12-1431A
qíshǒu 騎手 12-852B
qíshòu 耆壽 8-642A
qǐshǒu 稽首 8-121A
qǐshǒu 頶首 12-291A
qǐshǒu 跂首 10-433B
qǐshǒu 起手 9-1088B
qǐshǒu 起首 9-1097A
qǐshǒu 啓手 3-394B
qǐshǒu 啓首 3-396B
qǐshǒu 䭫首 12-674A
qǐshòu 起售 9-1100B
qīshǒubājiǎo 七手八脚 1-151A
qīshǒubājiǎo 七首八脚 1-159A
qíshòugǒulǎo 耆壽耇老 8-642A
qǐshǒujīn 起手巾 9-1088B
qǐshǒuqǐzú 啓手啓足 3-394B
qíshǒushé 技首蛇 6-371A
qǐshǒuzàibài 稽首再拜 8-121A
qǐshǒuzú 啓手足 3-394B
qīshū 七書 1-160B
qīshū 戚疎 5-228B
qīshū 桼書 4-1056A
qīshū 漆書 6-66A
qīshǔ 七屬 1-169B
qīshǔ 戚屬 5-229B
qīshǔ 磎鼠 7-1091A
qīshù 七術 1-161A
qīshù 戚豎 5-229A
qīshù 期數 6-1309A
qíshù 奇數 2-1527B
qíshù 祇樹 7-842A
qíshù 祈澍 7-840B
qíshù 棋術 4-1078B
qíshù 琪樹 4-589A
qǐshū 起書 9-1099B
qǐshū 起輸 9-1106B
qǐshū 綺疎 9-883A
qǐshū 綺疏 9-883B
qǐshǔ 啓曙 3-399A
qìshù 乞恕 1-763B
qǐshù 起數 9-1105B
qǐshù 啓述 3-396A
qǐshù 綺樹 9-884A
qìshū 契書 2-1534A
qìshù 乞墅 1-764B
qìshù 氣數 6-1035B
qìshù 器數 3-525A
qíshuài 耆率 8-641B
qǐshuāi 起衰 9-1098B
qīshuǎng 凄爽 2-425A
qīshuǎng 淒爽 5-1357B
qíshuāshuā 齊刷刷 12-1430B
qíshuāshuā 齊唰唰 12-1432B
qíshuǐ 奇水 2-1521B
qǐshuǐ 起水 9-1088A
qǐshuì 起稅 9-1101B
qìshuǐ 汽水 5-971B
qìshuǐ 砌水 7-1013A
qìshuì 憩睡 7-721B
qìshūjuānjiàn 棄書捐劍 4-1126B
qíshùlín 祇樹林 7-842A
qíshuò 耆碩 8-642A
qíshuò 棋槊 4-1079B
qíshuò 頎碩 12-268B
qìshuò 氣朔 6-1031A
qíshūxiānzhuó 棋輸先著 4-1079B
qíshùyuán 祇樹園 7-842A
qīsī 七絲 1-163A
qīsī 期思 6-1307B
qīsǐ 七死 1-153A
qīsì 七祀 1-155B
qísī 奇思 2-1524A
qísī 祈禠 7-840B
qísǐ 祈死 7-839A
qísì 奇肆 2-1526B
qísì 棋肆 4-1079A
qǐsī 綺思 9-882B
qǐsǐ 起死 9-1091A
qǐsì 乞四 1-761B
qǐsì 起嗣 9-1103A
qìsǐ 棄死 4-1124B
qīsǐbāhuó 七死八活 1-153A
qīsībāxiǎng 七思八想 1-158A
qìsǐfēng 氣死風 6-1026A
qǐsǐhuíhái 起死回骸 9-1091A
qǐsǐhuíshēng 起死回生 9-1091A
qīsīqín 七絲琴 1-163A
qīsǐqīshēng 七死七生 1-153A
qǐsǐrén'érròubáigǔ 起死人而肉白骨 9-1091A
qǐsìtǐ 啓四體 3-395A
qísǒng 齊竦 12-1434A
qǐsǒng 跂竦 10-434A
qǐsǒng 跂聳 10-434A
qǐsǒng 企竦 1-1167A
qǐsòng 起送 9-1097A
qīsōngjiā 七松家 1-156A
qǐsòngwénshū 起送文書 9-1097A
qǐsòngwúzhēng 杞宋無徵 4-787B
qísōu 岐蒐 3-802B
qísǒu 耆叟 8-641B
qǐsōu 起溲 9-1102A
qīsù 棲宿 4-1094B
qísú 齊俗 12-1431A
qísù 耆夙 8-640B
qísù 耆宿 8-641B
qísù 齊肅 12-1434B
qǐsù 起粟 9-1101B
qǐsù 起訴 9-1102A
qìsú 氣俗 6-1029A
qìsú 棄俗 4-1125B
qìsù 泣訴 5-1099B
qìsù 泣愬 5-1100A
qìsù 器素 3-523B
qīsuān 凄酸 2-426A
qīsuān 悽酸 7-593B
qīsuān 淒酸 5-1358B
qìsuān 器酸 3-524B
qísuì 奇邃 2-1529A
qǐsuì 綺歲 9-883B
qǐsuì 綺碎 9-883B
qǐsǔn 杞笋 4-787B
qìsǔn 棄損 4-1127B
qīsǔnbāshāng 七損八傷 1-163A
qīsǔnbāyì 七損八益 1-163A
qìsǔntái 泣筍臺 5-1099B
qīsuǒ 棲所 4-1093A
qǐsuǒ 乞索 1-763A
qìsuǒ 氣索 6-1030A
qǐsuǒ'ér 乞索兒 1-763B
qǐsùshū 起訴書 9-1102A
qítā 其他 2-102B
qítā 其它 2-102B
qítā 其佗 2-102B
qǐtǎ 起塔 9-1101A
qǐtǎ 起墖 9-1104A
qītāi 漆胎 6-65B
qítài 齊泰 12-1431B
qǐtài 綺態 9-884A
qìtái 砌臺 7-1013B
qìtài 氣態 6-1035B
qítán 奇談 2-1528A
qítán 奇譚 2-1529A
qítán 碕潭 7-1055B
qǐtán 起壇 9-1106B
qǐtán 綺談 9-884A
qìtáng 憩棠 7-721B
qítánguàilùn 奇談怪論 2-1528A
qìtángzhàng 棄堂帳 4-1126B
qǐtǎo 乞討 1-763B
qítè 奇特 2-1525A
qǐtè 乞貣 1-763B
qǐtè 豈特 9-1345B
qīténg 凄疼 2-424B
qītǐ 七體 1-169B
qítí 枝蹄 4-810B
qítǐ 齊體 12-1437A
qǐtǐ 啓體 3-399B
qǐtì 啓惕 3-397A
qìtí 泣啼 5-1099B
qìtí 泣嗁 5-1100A
qìtǐ 氣體 6-1037A
qìtì 泣涕 5-1099B
qítiān 齊天 12-1427A
qítián 畦田 7-1340B
qítián 旗田 6-1614B
qǐtián 起田 9-1090A
qìtiān 棄天 4-1122B
qìtián 砌填 7-1013A
qítiāndàshèng 齊天大聖 12-1427A
qítiānhóngfú 齊天洪福 12-1427B
qítiānshàn 齊天鐥 12-1427B
qītiānwǎngdì 欺天罔地 6-1449B
qītiānwǎngrén 欺天罔人 6-1449B
qìtiānxià 棄天下 4-1122B
qǐtiānyōu 杞天憂 4-787B
qǐtiānzhīlǜ 杞天之慮 4-787B
qītiáo 七條 1-160A
qītiáosī 七條絲 1-160A
qītiáoxián 七條弦 1-160A
qìtiě 契帖 2-1533B
qítíng 旗亭 6-1615B
qítǐng 奇挺 2-1524A
qítǐng 畦町 7-1340B
qǐtíng 起葶 9-1101A
qìtīng 氣聽 6-1037A
qìtǐng 汽艇 5-972A
qītíngbādàng 七停八當 1-161A
qítǐrén 齊體人 12-1437A
qītóng 漆瞳 6-67A
qītòng 悽慟 7-593B
qītòng 淒慟 5-1358B
qítóng 祁僮 7-830B
qítóng 奇童 2-1526A
qítóng 耆童 8-642A
qítóng 棋童 4-1079A
qítóng 齊同 12-1428A
qǐtǒng 棋筒 4-1079B
qìtǒng 汽筒 5-972A
qītǒngdǐtuō 漆桶底脱 6-66A
qìtóngjíyì 棄同即異 4-1124B

qītóu 頎頭 12-322B
qītóu 倛頭 1-1446B
qītóu 魌頭 12-470A
qítóu 旗頭 6-1617B
qítóu 齊頭 12-1436A
qǐtóu 乞頭 1-765A
qǐtóu 起頭 9-1106B
qìtóu 棄投 4-1124B
qítóubìngjìn 齊頭並進 12-1436A
qítóushàn 齊頭鐥 12-1436A
qìtóushàng 氣頭上 6-1036A
qítóushù 齊頭數 12-1436A
qítóuzi 齊頭子 12-1436A
qītū 欺突 6-1450B
qītū 欹突 6-1453A
qítū 奇突 2-1524B
qítú 岐途 3-802A
qítú 岐塗 3-802B
qítú 歧途 5-350A
qítú 歧塗 5-350B
qítú 跂塗 10-434A
qítú 碁圖 7-1055A
qítú 齊徒 12-1432A
qítú 鶀鵌 12-1121B
qítǔ 齊土 12-1426B
qǐtú 企圖 1-1167B
qǐtú 豈徒 9-1345B
qǐtú 啓途 3-396B
qǐtú 啓塗 3-398A
qǐtǔ 起土 9-1087B
qǐtǔ 啓土 3-394B
qìtǔ 氣土 6-1025B
qítuǎn 畦疃 7-1341B
qítuǎn 畦畽 7-1341B
qītuí 魌魋 12-470A
qītuì 棲退 4-1093B
qǐtuì 乞退 1-763A
qītuībāzǔ 七推八阻 1-160B
qítūn 齊暾 12-1436A
qìtūn 氣吞 6-1026B
qítūnguǒ 齊暾果 12-1436A
qìtūnhóngní 氣吞虹蜺 6-1027A
qìtūnhúhǎi 氣吞湖海 6-1027A
qìtūnshānhé 氣吞山河 6-1026B
qìtūnyǔzhòu 氣吞宇宙 6-1027A
qītuō 棲托 4-1093A
qītuō 棲託 4-1094A
qítuó 祇陀 7-841B
qǐtuó 起柁 9-1096A
qìtuō 契託 2-1533B
qìtuò 棄唾 4-1126B
qītuōbāzhuǎn 七托八轉 1-152B
qiū'āi 秋靄 8-48A
qiú'āi 求哀 5-900A
qiú'ài 求艾 5-898A
qiú'ài 求愛 5-902A
qiūbā 丘八 1-511A
qiūbà 秋罷 8-45A
qiúbá 遒拔 10-1061A
qiūbǎi 秋柏 8-39A
qiūbǎn 丘坂 1-511B
qiūbàn 秋半 8-36A
qiūbǎng 秋榜 8-44B
qiūbào 秋報 8-43A
qiúbèi 球琲 4-567B
qiǔbèi 糗糒 9-234B
qiūbì 湫閉 5-1483B
qiūbì 秋碧 8-44B
qiúbí 鼽鼻 12-1422A
qiúbì 球璧 4-567B
qiúbì 裘韠 9-77A
qiúbiàn 遒變 10-1062B
qiūbiāo 秋標 8-45A
qiūbiāo 秋飆 8-47B
qiūbiāo 秋飈 8-47B
qiúbìjīnjìn 裘敝金盡 9-76B
qiúbìjīnjìn 裘弊金盡 9-77A
qiūbìn 秋髩 8-44B
qiūbìn 秋鬢 8-48A
qiūbō 秋波 8-38A
qiūbó 湫泊 5-1483A
qiūbó 秋伯 8-37A
qiūbó 秋帛 8-38A
qiūbólù 秋孛轆 8-37A
qiūbōyíngyíng 秋波盈盈 8-38A
qiúcǎi 求採 5-900B
qiūcán 秋殘 8-43A
qiūcāng 鶖鶬 12-1135A
qiūcāo 秋操 8-46A
qiūcáo 秋曹 8-41B
qiūcè 丘側 1-512B
qiūchán 秋蟾 8-47A
qiūcháng 秋嘗 8-44B
qiūcháng 秋場 8-43A
qiūchǎng 鶖氅 12-1135A
qiúchǎng 毬場 6-1009A
qiúchǎng 球場 4-567B
qiūchànzi 鍬剗子 12-570A
qiūcháo 秋潮 8-45B
qiūchéng 丘城 1-512A
qiūchéng 秋成 8-36B
qiūchéng 秋程 8-43B
qiūchéng 秋澄 8-45B
qiúchéng 求成 5-898B
qiūchí 秋坻 8-37B
qiūchì 秋翅 8-40B
qiúchī 虯螭 8-856A
qiúchī 裘絺 9-76B
qiúchí 仇池 1-1105B
qiúchú 馗廚 12-674A
qiúchuáng 虯牀 8-855A
qiūchuī 秋吹 8-37A
qiūcí 秋祠 8-40A
qiūcí 龜茲 12-1508A
qiǔcí 糗餈 9-234B
qiūcíbǎn 龜茲板 12-1508B
qiūcíjì 龜茲伎 12-1508B
qiúdài 求代 5-898B
qiúdài 毬帶 6-1009A
qiúdài 裘帶 9-76B
qiūdàn 丘旦 1-511A
qiúdǎn 球膽 4-567B
qiúdàn 求旦 5-898A
qiúdǎng 酋黨 9-1370B
qiúdàng 遒宕 10-1061A
qiūdāo 鰍魛 12-1248B
qiūdǎo 丘禱 1-514A
qiúdāo 球刀 4-567A
qiúdào 求盜 5-901B
qiúdào 求道 5-901B
qiūdēng 秋登 8-43B
qiūdèng 鞦鐙 12-203B
qiúdēng 毬燈 6-1009B
qiūdí 鞦靮 12-203B
qiūdǐ 湫底 5-1483A
qiūdì 秋帝 8-40A
qiūdiǎn 秋典 8-37B
qiūdiǎn 秋點 8-46B
qiūdiàn 丘甸 1-511B
qiūdiàn 秋殿 8-44A
qiūdiāo 秋凋 8-41A
qiūdiāo 秋彫 8-42A
qiūdídǔ 丘的篤 1-512A
qiūdié 丘垤 1-512A
qiūdié 邱垤 10-605A
qiūdié 坵垤 2-1086B
qiūdīng 秋丁 8-34B
qiúdù 泅渡 5-1084B
qiúduó 遒鐸 10-1062B
qiū'ē 丘阿 1-511B
qiū'ē 邱阿 10-605A
qiū'é 秋娥 8-41B
qiú'ér 泅兒 5-1084B
qiú'ěr 酋耳 9-1370A
qiǔ'ěr 糗餌 9-234B
qiūfà 秋髮 8-45A
qiūfán 丘樊 1-513B
qiūfán 邱樊 10-605B
qiúfàn 囚犯 3-568B
qiūfāng 秋方 8-35B
qiūfāng 秋坊 8-37A
qiūfāng 秋芳 8-37A
qiūfàng 秋放 8-38A
qiúfāng 仇方 1-1105B
qiúfǎng 求訪 5-901A
qiúfàng 遒放 10-1061A
qiǔfāng 糗芳 9-234B
qiūfēn 秋分 8-35B
qiūfén 丘墳 1-513B
qiūfén 邱墳 10-605B
qiūfén 坵墳 2-1086B
qiūfēng 丘封 1-512A
qiūfēng 秋風 8-39B
qiūfēngguò'ěr 秋風過耳 8-39B
qiūfēnghēiliǎn 秋風黑臉 8-39B
qiūfēngkè 秋風客 8-39B
qiūfēngsǎoluòyè 秋風掃落葉 8-39B
qiūfēngsǎoyè 秋風掃葉 8-39B
qiūfēngtuánshàn 秋風團扇 8-40A
qiūfēngwánshàn 秋風紈扇 8-39B
qiūfú 秋伏 8-36B
qiūfú 秋祓 8-40A
qiūfù 丘阜 1-512A
qiūfù 丘賦 1-513B
qiūfù 邱阜 10-605A
qiūfù 秋婦 8-43A
qiūfù 秋賦 8-45A
qiúfú 囚俘 3-568B
qiúfú 求福 5-902A
qiúfú 泅浮 5-1084B
qiúfú 裘紱 9-76B
qiúfǔ 球府 4-567A
qiūgài 丘蓋 1-513A
qiūgài 區蓋 1-978A
qiúgài 求丐 5-898A
qiúgài 求匄 5-898B
qiúgài 虯蓋 8-855B
qiūgāo 秋高 8-41A
qiúgào 求告 5-899B
qiūgāomǎféi 秋高馬肥 8-41A
qiūgāoqìhé 秋高氣和 8-41A
qiūgāoqìshuǎng 秋高氣爽 8-41A
qiūgāoqìsù 秋高氣肅 8-41A
qiúgé 裘葛 9-76B
qiūgēn 鞦根 12-203B
qiūgēng 秋耕 8-40A
qiūgōng 秋宮 8-40A
qiūgòng 秋貢 8-40A
qiúgōng 虯宮 8-855B
qiúgòu 求購 5-902B
qiūgū 秋姑 8-38B
qiūgǔ 秋骨 8-39A
qiúgǔ 遒古 10-1061A
qiūguān 秋官 8-38B
qiúguān 賕官 10-208B
qiūguāng 秋光 8-36B
qiūguī 秋閨 8-45A
qiūhǎi 鰍海 12-1248A
qiūhān 鰍魽 12-1248B
qiūhán 楸函 4-1180B
qiūhàn 秋漢 8-44B
qiúhán 毬寒 6-1009A
qiúhàn 遒悍 10-1061B
qiūháng 楸桁 4-1180B
qiūháo 秋毫 8-42A
qiūháo 秋豪 8-44B
qiūhào 秋昊 8-37B
qiúháo 酋豪 9-1370B
qiúháo 遒豪 10-1062A
qiúhǎo 逑好 10-848A
qiūháobùfàn 秋毫不犯 8-42B
qiūháowúfàn 秋毫無犯 8-42B
qiūháowùfàn 秋毫勿犯 8-42B
qiūháozhīmò 秋毫之末 8-42A
qiūháozhīmò 秋豪之末

8-44B
qiūhé 秋禾 8-36A
qiūhé 秋河 8-38A
qiūhè 丘壑 1-514A
qiūhè 邱壑 10-606A
qiúhé 求合 5-899A
qiúhé 求和 5-899B
qiúhè 裘褐 9-77A
qiūhóng 秋紅 8-40A
qiūhóng 秋鴻 8-47A
qiūhòu 秋後 8-39B
qiūhòusuànzhàng 秋後算賬 8-39B
qiūhú 秋胡 8-38B
qiūhù 楸户 4-1180A
qiúhū 遒忽 10-1061A
qiúhǔ 虬虎 8-855A
qiúhù 虬户 8-855A
qiūhuā 秋華 8-40A
qiūhuā 楸花 4-1180A
qiúhuá 遒華 10-1061B
qiúhuà 求化 5-898A
qiūhuái 秋懷 8-47B
qiūhuán 秋還 8-46A
qiūhuān 求歡 5-903A
qiūhuāng 丘荒 1-512A
qiūhuáng 秋黄 8-41B
qiúhuáng 求皇 5-900A
qiúhuáng 求凰 5-901A
qiúhuáng 球璜 4-567B
qiúhuáng 球鍠 4-567B
qiūhúfù 秋胡婦 8-38B
qiūhuī 秋灰 8-36B
qiūhuī 秋暉 8-43B
qiūhuì 秋晦 8-42A
qiúhuì 虬蟡 8-856A
qiúhuì 賕賄 10-208B
qiúhūn 求昏 5-900A
qiúhūn 求婚 5-901A
qiúhún 遒渾 10-1062A
qiūhuǒ 秋火 8-36A
qiūhuò 秋穫 8-47A
qiúhuò 賕貨 10-208B
qiūhúxì 秋胡戲 8-38B
qiúhùxiǎocān 虬户篠驂 8-855A
qiúhùxiǎocān 虬户篠驂 8-855A
qiūjí 秋棘 8-43A
qiūjì 秋季 8-38A
qiūjì 秋計 8-40A
qiūjì 秋祭 8-42A
qiūjì 秋霽 8-47B
qiūjì 鰍鯚 12-1248B
qiújí 囚籍 3-569B
qiújí 球籍 4-567B
qiújì 囚髻 3-569A
qiújì 裘罽 9-77A
qiūjiá 秋莢 8-40B
qiūjiǎ 丘甲 1-511B
qiūjiǎ 楸檟 4-1180B
qiūjià 秋稼 8-45A
qiūjià 秋駕 8-45B
qiújiǎ 求假 5-901A
qiújiǎ 虬甲 8-855A
qiújià 求假 5-901A
qiújià 虬駕 8-856A
qiūjiān 鞦韆 12-210A
qiūjiàn 秋見 8-37A
qiūjiàn 秋箭 8-45A
qiūjiàn 秋薦 8-46A
qiújiàn 求間 5-901B
qiújiàn 虬箭 8-856A
qiújiàn 酋健 9-1370B
qiújiàn 遒健 10-1061B
qiūjiāng 秋醬 8-47A
qiūjiǎng 秋講 8-46B
qiūjiāo 秋膠 8-45B
qiūjiǎo 秋角 8-37A
qiújiǎo 虬角 8-855A
qiújiǎo 觩角 10-1381B
qiújiào 求教 5-900B
qiūjié 秋捷 8-41B
qiūjié 秋節 8-44A
qiūjiè 秋解 8-44A
qiújié 求竭 5-902A
qiújié 虬結 8-855B
qiújié 遒捷 10-1061B
qiújiě 求解 5-902A
qiújiě 囚解 3-569A
qiūjǐn 丘錦 1-514A
qiūjìn 秋覲 8-47A
qiújǐn 遒緊 10-1062A
qiújǐn 遒謹 10-1062B
qiújìn 囚禁 3-569A
qiújìn 遒盡 10-1062B
qiújìn 遒進 10-1061B
qiūjǐng 丘井 1-511A
qiūjǐng 邱井 10-605A
qiūjǐng 秋井 8-35A
qiūjǐng 秋景 8-43A
qiūjìng 秋徑 8-40B
qiūjìng 秋逕 8-40B
qiújǐng 遒警 10-1062B
qiújìng 虬勁 8-855B
qiújìng 遒勁 10-1061A
qiūjǐngtiān 秋景天 8-43B
qiújiù 求救 5-900B
qiújiù 求舊 5-902B
qiūjú 楸局 4-1180A
qiūjǔ 秋舉 8-46A
qiújū 囚拘 3-568B
qiújǔ 遒舉 10-1062B
qiūjuàn 秋卷 8-38A
qiūjué 秋决 8-37A
qiújué 遒絶 10-1062A
qiújùn 遒雋 10-1062A
qiújùn 遒俊 10-1061B
qiújùn 遒峻 10-1061B
qiūkē 丘軻 1-513A
qiūkē 秋科 8-39A
qiūkè 秋課 8-45B
qiúkē 虬柯 8-855A
qiúké 觓欬 12-1422A
qiūkū 丘窟 1-513A
qiūkū 秋枯 8-38B
qiúkuí 酋魁 9-1370B
qiūlài 秋籟 8-48A
qiūlán 秋嵐 8-43B
qiūlán 秋藍 8-46B
qiūlán 秋蘭 8-47B
qiúlán 虬欄 8-856B
qiūlàng 秋浪 8-41A
qiūláo 秋醪 8-47A
qiūlǎo 秋潦 8-45B
qiúláo 囚牢 3-568B
qiūlǎohǔ 秋老虎 8-36B
qiūlèi 秋淚 8-42B
qiūlǐ 丘里 1-511B
qiūlì 秋厲 8-44B
qiúlì 虬立 8-855A
qiúlì 遒利 10-1061A
qiúlì 遒麗 10-1062B
qiúlì 賕吏 10-208B
qiūlián 秋蓮 8-43B
qiūliǎn 秋斂 8-46B
qiūliàn 秋練 8-46A
qiúliàn 遒鍊 10-1062B
qiūliáng 秋凉 8-41A
qiūliáng 秋涼 8-42B
qiūliáng 秋糧 8-47A
qiūliáng 鶖梁 12-1135A
qiúliáng 囚粱 3-569A
qiǔliáng 糗糧 9-235A
qiūliào 秋料 8-41A
qiúliè 毬獵 6-1009B
qiúliè 遒烈 10-1061B
qiūlín 丘林 1-511B
qiūlín 秋霖 8-46A
qiúlín 球琳 4-567A
qiúlín 璆琳 4-632B
qiūlíng 丘陵 1-512B
qiūlíng 邱陵 10-605B
qiūlíng 秋零 8-43B
qiūlìng 秋令 8-36A
qiúlǐng 酋領 9-1370B
qiúlǐng 裘領 9-76B
qiúlǐng 蝤領 8-933A
qiúlínqì 球琳器 4-567B
qiūliū 秋溜 8-44A
qiúliú 觩觵 10-1381B
qiūlǒng 丘籠 1-514B
qiūlǒng 丘隴 1-514A
qiūlǒng 丘壟 1-514B
qiūlǒng 丘壠 1-514B
qiūlǒng 邱隴 10-606A
qiūlǒng 邱壟 10-606A
qiūlǒng 邱壠 10-606A
qiúlóng 囚籠 3-569B
qiúlóng 虬龍 8-856A
qiúlóu 求樓 5-902B
qiúlóu 毬樓 6-1009A
qiúlóuliànggé 虬樓亮槅 8-856A
qiúlòuliànggé 虬鏤亮槅 8-856B
qiūlù 秋露 8-47B
qiūlù 秋陸 8-41B
qiúlú 虬爐 8-856B
qiúlǔ 囚虜 3-569A
qiúlù 囚録 3-569A
qiúlù 求禄 5-901B
qiúlù 毬路 6-1009A
qiúlù 賕賂 10-208B
qiúlùdài 毬路帶 6-1009A
qiúlùjǐn 毬露錦 6-1009B
qiúlùjǐn 毬路錦 6-1009A
qiūluó 秋羅 8-47B
qiūluó 鰍羅 12-1248B
qiūluò 丘落 1-512B
qiūlǜ 秋律 8-39B
qiúmǎ 毬馬 6-1009A
qiúmǎ 裘馬 9-76A
qiūmài 秋麥 8-41B
qiúmài 遒邁 10-1062B
qiúmǎng 裘莽 9-76B
qiúmáo 酋矛 9-1370A
qiúmáo 厹矛 2-832A
qiúmào 遒茂 10-1061A
qiúmào 裘帽 9-76B
qiúmǎqīngkuáng 裘馬清狂 9-76B
qiúmǎshēngsè 裘馬聲色 9-76B
qiúmǎyūtángshì 求馬於唐市 5-900A
qiúmǎyūtángsì 求馬於唐肆 5-900A
qiūméi 秋眉 8-40A
qiúměi 求浼 5-900B
qiúměi 遒美 10-1061B
qiúmèi 求媚 5-901B
qiúmèi 遒媚 10-1062A
qiūmén 丘門 1-512A
qiúmén 毬門 6-1008B
qiúmén 球門 4-567A
qiūmèng 秋孟 8-38B
qiúmí 球迷 4-567A
qiúmì 求覓 5-901A
qiúmì 遒密 10-1062A
qiúmiǎn 裘冕 9-76B
qiūmiáo 鯢鰽 12-1241B
qiūmiáo 秋苗 8-37B
qiūmiǎo 秋杪 8-37B
qiūmín 丘民 1-511B
qiūmín 秋旻 8-37B
qiūmíng 邱明 10-605A
qiūmíng 秋明 8-37B
qiūmíng 秋溟 8-44A
qiūmíng 秋蓂 8-43B
qiūmíng 鰍溟 12-1248B
qiúmíng 求名 5-899A
qiúmìng 囚命 3-568B
qiūmíngzhījí 丘明之疾 1-512A
qiūmò 秋末 8-36A
qiūmò 楸陌 4-1180B
qiúmò 求瘼 5-902B
qiūmóu 秋眸 8-42A
qiūmóu 鰍蛑 12-1248B
qiūmóu 鰍蝥 12-1248B
qiūmù 丘木 1-511A
qiūmù 丘墓 1-513A
qiūmù 邱墓 10-605B
qiūmù 秋木 8-35A
qiūmù 秋暮 8-44B

qiúmù 仇牧 1-1105B
qiúnà 賕納 10-208B
qiúnángde 囚囊的 3-569B
qiúnǎngde 囚攮的 3-569B
qiūnǎo 丘腦 1-513A
qiúní 仇尼 1-1105B
qiūnián 秋年 8-36B
qiúniǎn 虬輦 8-855B
qiūniáng 秋娘 8-41B
qiūniáng 秋孃 8-47B
qiūniè 秋栛 8-38B
qiūniú 丘牛 1-511A
qiúniú 紌牛 9-696A
qiúniú 仇牛 1-1105A
qiúniú 囚牛 3-568A
qiúniú 求牛 5-898A
qiúnú 囚奴 3-568B
qiūnuò 秋稬 8-44B
qiūnuò 秋穤 8-47B
qiūnǚ 秋女 8-35A
qiúnǜ 觓衄 12-1421B
qiúnǜ 觓屻 12-1421B
qiú'ǒu 仇偶 1-1106A
qiú'ǒu 求偶 5-900B
qiú'ǒu 逑耦 10-848A
qiúpāi 球拍 4-567A
qiúpán 虬盤 8-856A
qiúpán 虬蟠 8-856A
qiúpèi 求配 5-900B
qiūpéng 秋蓬 8-43B
qiūpí 秋鼙 8-47B
qiúpí 裘皮 9-76A
qiúpǐ 仇匹 1-1105A
qiúpǐ 逑匹 10-848A
qiúpìn 求娉 5-900B
qiúpìn 求聘 5-902A
qiūpíng 楸枰 4-1180B
qiūpò 秋魄 8-44B
qiúpò 遒迫 10-1061A
qiūpǔ 秋浦 8-41A
qiūqī 秋期 8-43A
qiūqí 秋祺 8-43B
qiūqí 楸棋 4-1180B
qiūqì 秋氣 8-40B
qiúqí 蝤蠐 8-933A
qiúqǐ 求乞 5-897B
qiūqiān 秋千 8-35A
qiūqiān 秋遷 8-45A
qiūqiān 鞦韆 12-203B
qiúqiān 緧輿 9-948A
qiúqiān 求愆 5-902A
qiúqiān 求督 5-902B
qiúqiān 求籤 5-903A
qiūqiānjié 鞦韆節 12-203B
qiúqíjǐng 蝤蠐頸 8-933B
qiúqílǐng 蝤蠐領 8-933B
qiúqīn 求親 5-902B
qiūqīng 秋卿 8-40B
qiūqīng 秋清 8-42B
qiūqǐng 秋請 8-45B
qiúqíng 求情 5-901A
qiúqǐng 賕請 10-209A
qiúqìng 璆磬 4-632B
qiúqīngàoyǒu 求親告友 5-902B
qiúqīnkàoyǒu 求親靠友 5-902B
qiūqióng 秋蛩 8-43A
qiūqiū 湫湫 5-1483B
qiūqiū 秋秋 8-39A
qiúqiú 仇仇 1-1105B
qiúqiú 厹厹 3-58B
qiúqiú 俅俅 1-1360A
qiúqiú 酋酋 9-1370B
qiúqiú 球球 4-567A
qiúqiú 遒遒 10-1062A
qiúqiú 絿絿 9-858A
qiúqiúdàndàn 毬毬蛋蛋 6-1009A
qiūqiūzhìzhì 秋秋猘猘 8-39A
qiúqíxiàng 蝤蠐項 8-933A
qiūqū 邱區 10-605B
qiūqú 秋蕖 8-44B
qiúqū 虬曲 8-855A
qiúqū 虬屈 8-855A
qiúqú 酋渠 9-1370B
qiúqǔ 求取 5-899B
qiúqǔ 逑取 10-848A
qiūquán 秋泉 8-39A
qiúquán 求全 5-899A
qiúquán 虬卷 8-855A
qiúquánzébèi 求全責備 5-899A
qiúquánzhīhuǐ 求全之毀 5-899A
qiúrán 虬髯 8-855B
qiúrán 遒然 10-1062A
qiúrán 璆然 4-632B
qiūrǎng 丘壤 1-514B
qiúrángōng 虬髯公 8-855B
qiúránkè 虬髯客 8-855B
qiúránwēng 虬髯翁 8-856A
qiúráo 求饒 5-903A
qiūrěn 秋稔 8-44A
qiúrén 囚人 3-568A
qiúrén 求人 5-897B
qiúrén 俅人 1-1360A
qiúrén 遒人 10-1060B
qiúréndérén 求仁得仁 5-898A
qiūrì 秋日 8-35A
qiūróng 秋容 8-41A
qiūróng 秋榮 8-44B
qiúróng 求容 5-900B
qiúróng 裘茸 9-76A
qiūrùn 秋閏 8-43B
qiúrùn 遒潤 10-1062B
qiūsài 秋賽 8-47A
qiúsānbàisì 求三拜四 5-897B
qiūsǎo 丘嫂 1-512B
qiūsǎo 丘嫂 1-513A
qiūsǎo 邱嫂 10-605B
qiūsè 秋色 8-36B
qiūsè 秋穡 8-47A
qiúsè 觓塞 12-1422A
qiūshā 秋殺 8-40B
qiúshā 囚殺 3-569A
qiūshān 丘山 1-511A
qiūshān 邱山 10-605A
qiūshàn 秋扇 8-41B
qiūshàn 鰍鱓 12-1248B
qiūshàn 鰍鱔 12-1248B
qiūshàn 鰍鱣 12-1248B
qiúshān 囚山 3-568A
qiúshàng 遒上 10-1060B
qiūshāo 鞦鞘 12-203B
qiūshè 秋社 8-37B
qiūshēn 秋深 8-42B
qiūshěn 秋審 8-45B
qiúshēn 求伸 5-899B
qiúshēn 求信 5-900A
qiúshēn 遒深 10-1062A
qiúshén 求神 5-900A
qiūshēng 秋聲 8-46B
qiūshéng 秋繩 8-47B
qiūshéng 鞦繩 12-203B
qiūshèng 丘乘 1-512B
qiúshēng 求生 5-898B
qiúshēnghàirén 求生害仁 5-898B
qiūshī 䲡鼅 12-1402A
qiūshí 秋石 8-36A
qiūshí 秋實 8-44B
qiūshì 秋士 8-34B
qiūshì 秋事 8-37B
qiūshì 秋室 8-40A
qiūshì 秋勢 8-43B
qiūshì 秋試 8-44A
qiúshī 求詩 5-902A
qiúshí 求實 5-902A
qiúshì 毬式 6-1008B
qiúshì 毬事 6-1008B
qiúshì 毬勢 6-1009A
qiūshíchūnhuā 秋實春華 8-45A
qiūshōu 秋收 8-37A
qiūshǒu 丘首 1-512A
qiúshǒu 仇首 1-1106A
qiúshǒu 囚首 3-568B
qiúshǒu 酋首 9-1370B
qiúshòu 求售 5-901A
qiúshòu 虬獸 8-856B
qiúshǒugòumiàn 囚首垢面 3-568B
qiúshǒusāngmiàn 囚首喪面 3-568B
qiūshū 秋輸 8-46A
qiūshú 秋孰 8-42B
qiūshú 秋熟 8-45B
qiūshǔ 秋暑 8-43A
qiūshù 丘樹 1-514A
qiūshuā 秋刷 8-38B
qiúshuài 酋帥 9-1370B
qiūshuāng 秋霜 8-46B
qiūshuǎng 秋爽 8-42A
qiúshuǎng 遒爽 10-1061B
qiūshuǐ 湫水 5-1483A
qiūshuǐ 秋水 8-35B
qiúshuǐ 泅水 5-1084B
qiūshuǐyíngyíng 秋水盈盈 8-35B
qiūshuǐyīrén 秋水伊人 8-35B
qiūshuò 秋朔 8-41A
qiūsī 秋思 8-39A
qiúsī 求思 5-900A
qiūsōu 秋蒐 8-43A
qiúsōu 蛷螋 8-896B
qiúsōu 蛷蛟 8-896B
qiūsù 秋素 8-40A
qiúsù 遒肅 10-1062A
qiūsuí 邱隧 10-605B
qiūsuǒ 丘索 1-512B
qiūsuǒ 邱索 10-605B
qiúsuō 緧縮 9-948A
qiúsuō 虬梭 8-855B
qiúsuǒ 囚鎖 3-569B
qiúsuǒ 囚鏁 3-569B
qiúsuǒ 求索 5-900A
qiūtà 蹹踏 10-524A
qiūtán 丘壇 1-514A
qiūtáng 秋堂 8-42A
qiútì 觓嚏 12-1422A
qiūtiān 秋天 8-35A
qiūtián 秋田 8-36A
qiútián 求田 5-898B
qiútiánwènshè 求田問舍 5-898B
qiūtiáo 秋蜩 8-44B
qiūtīng 秋聽 8-47B
qiūtíng 丘亭 1-512A
qiútōng 求通 5-900B
qiútóngcúnyì 求同存異 5-899A
qiútóu 毬頭 6-1009B
qiūtú 秋荼 8-40B
qiútú 囚徒 3-569A
qiútú 球圖 4-567B
qiútú 觓荼 12-1421B
qiūtùháo 秋兔毫 8-38A
qiútuì 求退 5-900A
qiūtuó 鰍鮀 12-1248B
qiūtuò 秋籜 8-48A
qiútuō 求托 5-898B
qiútuó 賕託 10-208B
qiūwǎn 秋晚 8-42A
qiúwǎn 遒婉 10-1062A
qiúwàng 酋望 9-1370B
qiūwéi 秋闈 8-47A
qiúwěi 遒偉 10-1061B
qiúwén 虬文 8-855A
qiúwén 遒文 10-1060B
qiúwèn 求問 5-901A
qiúwèng 觓齆 12-1422A
qiūwú 丘吾 1-511B
qiūwú 秋蕪 8-45A
qiūwú 簌箸 8-1212B
qiūwù 秋物 8-37B
qiūwù 秋務 8-41B
qiúwú 仇吾 1-1105B
qiūxī 秋曦 8-47B
qiūxí 邱隰 10-606A
qiūxì 秋禊 8-44A
qiūxì 秋稧 8-44B

qiúxī 酋腊 9-1370B
qiúxì 囚繫 3-569B
qiúxì 泅戲 5-1084B
qiūxiā 鰍鰕 12-1248B
qiūxiá 秋俠 8-39A
qiūxiá 秋袷 8-41B
qiúxiá 求瑕 5-901B
qiūxiǎn 秋省 8-39A
qiūxiǎn 秋獮 8-46B
qiūxiàn 秋憲 8-46B
qiūxiàn 秋縣 8-46A
qiūxiàn 秋霰 8-47B
qiūxiàn 楸線 4-1180B
qiúxiān 求仙 5-898B
qiúxián 求賢 5-902A
qiūxiāng 秋香 8-39A
qiūxiǎng 秋享 8-38A
qiúxiāng 仇香 1-1105B
qiúxiǎng 賕餉 10-209A
qiūxiāngsè 秋香色 8-39A
qiúxiánrúkě 求賢如渴
5-902A
qiúxiánruòkě 求賢若渴
5-902B
qiúxiánxiàshì 求賢下士
5-902A
qiūxiāo 秋宵 8-41A
qiūxiǎo 秋皛 8-45A
qiūxiào 秋嘯 8-46A
qiúxié 球鞋 4-567B
qiúxiè 賕謝 10-209A
qiūxīn 秋心 8-36A
qiūxìn 秋信 8-39A
qiúxīn 求心 5-898A
qiūxīng 秋星 8-39A
qiūxíng 秋刑 8-36B
qiūxìng 秋興 8-46A
qiūxiù 秋秀 8-37A
qiúxiù 虯蝮 8-856A
qiūxū 丘虛 1-512B
qiūxū 丘墟 1-513A
qiūxū 邱虛 10-605B
qiūxū 邱墟 10-605B
qiūxū 坵墟 2-1086B
qiūxù 秋序 8-37A
qiūxù 秋緒 8-45A
qiúxū 求須 5-901B
qiúxū 虯須 8-855B
qiúxū 虯鬚 8-856B
qiūxué 秋學 8-46A
qiúxué 求學 5-902B
qiúxūkè 虯鬚客 8-856B
qiūxùn 秋汛 8-37A
qiúxùn 遒迅 10-1061A
qiúyǎ 遒雅 10-1062A
qiūyān 秋煙 8-44A
qiūyán 秋顏 8-47A
qiūyán 秋嚴 8-47A
qiūyǎn 秋眼 8-42A
qiūyàn 秋宴 8-41A
qiūyàn 秋晏 8-40B
qiūyàn 秋讞 8-48A
qiúyán 求言 5-899B
qiúyán 虯檐 8-856A
qiúyán 虯簷 8-856B
qiúyàn 遒豔 10-1063A
qiūyáng 秋陽 8-42B
qiūyáng 秋暘 8-43B
qiúyáng 求羊 5-899A
qiūyào 秋葯 8-43A
qiúyáo 仇繇 1-1106B
qiūyě 秋野 8-42A
qiūyè 秋液 8-42B
qiūyè 秋葉 8-43A
qiūyè 楸葉 4-1180B
qiúyě 艽野 9-273A
qiúyè 求謁 5-902B
qiúyè 賕謁 10-209A
qiūyègāo 楸葉膏 4-1180B
qiūyī 秋衣 8-36B
qiūyī 秋噫 8-46A
qiūyì 丘役 1-511B
qiūyì 秋刈 8-35B
qiūyì 秋意 8-44A
qiúyī 求衣 5-899A
qiúyī 求醫 5-902B
qiúyì 毬衣 6-1008B
qiúyì 酋醳 9-1370B
qiúyì 遒佚 10-1061A
qiúyì 遒逸 10-1061B
qiūyīn 丘闉 1-514A
qiūyīn 秋音 8-40A
qiūyín 秋吟 8-37A
qiūyín 秋蟫 8-47A
qiūyǐn 丘蚓 1-512B
qiūyǐn 丘螾 1-514A
qiūyǐn 邱蚓 10-605B
qiūyǐn 邱螾 10-606A
qiūyǐn 秋引 8-36A
qiūyǐn 蚯蚓 8-876B
qiūyǐn 蚯螾 8-876B
qiúyīn 球音 4-567A
qiúyǐn 囚飲 3-569A
qiúyǐn 蝤蚓 8-933A
qiūyīng 秋英 8-37B
qiūyīng 楸英 4-1180B
qiūyíng 丘塋 1-513A
qiūyíng 邱塋 10-605B
qiūyǐng 秋影 8-45A
qiūyǐng 秋穎 8-46B
qiūyǐnqiào 蚯蚓竅 8-876B
qiūyínqióng 秋吟蛩 8-37A
qiūyǐnzhàng 蚯蚓瘴 8-876B
qiūyóu 秋游 8-43B
qiúyóu 仇由 1-1105B
qiúyóu 仇猶 1-1106A
qiúyóu 鰌鮋 12-1214B
qiúyóu 厹由 2-832A
qiúyóu 厹猶 2-832A
qiúyǒu 求友 5-898A
qiūyū 湫淤 5-1483B
qiūyú 丘隅 1-512B
qiūyú 鰍魚 12-1248A
qiūyú 蹯魚 10-524A
qiūyǔ 丘宇 1-511B
qiūyǔ 秋庾 8-42B
qiūyù 秋玉 8-36A
qiūyù 秋御 8-43B
qiūyù 秋豫 8-45B
qiúyú 犰狳 5-3B
qiúyú 毬魚 6-1009A
qiúyú 鰽魚 12-1256B
qiúyǔ 犰貐 5-3B
qiúyǔ 求雨 5-899B
qiúyù 球玉 4-567A
qiūyuán 丘原 1-512B
qiūyuán 丘園 1-513A
qiūyuán 邱園 10-605B
qiūyuán 秋原 8-40B
qiūyuán 鰍蚖 12-1248A
qiūyuàn 秋怨 8-40A
qiúyuán 求援 5-901B
qiūyuè 丘岳 1-512A
qiūyuè 秋月 8-35B
qiúyuè 遒越 10-1062A
qiūyuèchūnfēng 秋月春風
8-35B
qiūyuèchūnhuā 秋月春花
8-35B
qiūyùjú 楸玉局 4-1180A
qiūyún 秋芸 8-37A
qiūyùn 秋韻 8-47B
qiúzào 遒躁 10-1062B
qiúzàotóubùrúgàozàowěi
求竈頭不如告竈尾
5-903A
qiúzàotóubùrúqiúzàowěi
求竈頭不如求竈尾
5-903A
qiúzé 遒澤 10-1062B
qiūzhǎ 秋鮓 8-46B
qiūzhāi 秋齋 8-47A
qiūzhàn 秋戰 8-46A
qiúzhàn 求戰 5-902B
qiūzhǎng 秋漲 8-44B
qiūzhàng 秋嶂 8-44B
qiúzhāng 遒章 10-1062A
qiúzhǎng 酋長 9-1370A
qiúzhàng 毬仗 6-1008B
qiúzhàng 毬杖 6-1008B
qiǔzhāng 粻粻 9-234B
qiúzhàngtīnòng 毬杖踢弄
6-1008B
qiūzhào 丘兆 1-511B
qiūzhào 秋照 8-44A
qiūzhēn 秋砧 8-40B
qiūzhěn 丘疹 1-512B
qiūzhēng 秋鯖 8-47B
qiūzhēng 秋征 8-38A
qiúzhěng 遒整 10-1062B
qiúzhèng 求正 5-898A
qiúzhèng 求證 5-903A
qiúzhèng 遒正 10-1061A
qiúzheng 絿政 9-858A
qiūzhēnrén 邱真人 10-605A
qiūzhí 丘植 1-512B
qiūzhí 秋直 8-37B
qiūzhì 秋至 8-36B
qiúzhī 求知 5-899B
qiúzhī 虯枝 8-855A
qiúzhí 囚執 3-569A
qiúzhí 囚縶 3-569A
qiúzhí 崷直 3-857B
qiúzhí 遒直 10-1061A
qiúzhǐ 遒旨 10-1061A
qiúzhì 囚制 3-568B
qiúzhì 囚桎 3-569A
qiúzhì 觓窒 12-1422A
qiúzhībùdé 求之不得
5-897B
qiúzhìdádào 求志達道
5-899B
qiūzhōng 秋中 8-35A
qiūzhǒng 丘冢 1-512B
qiūzhǒng 丘塚 1-513A
qiūzhǒng 坵塚 2-1086B
qiūzhǒng 秋種 8-44B
qiūzhòng 秋種 8-44B
qiúzhōng 虯鐘 8-856B
qiúzhōng 裘鍾 9-77A
qiúzhǒng 酋種 9-1370B
qiúzhòng 求仲 5-899A
qiúzhōngchūxiào 求忠出孝
5-899B
qiūzhóu 鞦軸 12-203B
qiūzhòu 秋酎 8-40B
qiúzhū 虯珠 8-855B
qiúzhǔ 賕囑 10-209A
qiúzhù 虯柱 8-855B
qiūzhuàn 丘傳 1-513A
qiúzhuàng 遒壯 10-1061A
qiūzhuāngjia 秋莊稼 8-40B
qiúzhuàngyuán 毬狀元
6-1008B
qiūzī 秋姿 8-40A
qiūzǐ 秋子 8-35A
qiūzǐ 楸子 4-1180A
qiūzǐ 楸梓 4-1180B
qiūzǐ 鶖子 12-1135A
qiúzī 虯髭 8-856A
qiúzǐ 毬子 6-1008B
qiúzǐjú 毬子菊 6-1008B
qiúzǐxīncháng 毬子心腸
6-1008B
qiūzǐyī 鶖子衣 12-1135A
qiúzú 崷崒 3-857B
qiúzú 崷崪 3-857B
qīwāi 攲歪 5-472A
qǐwài 乞外 1-761B
qìwài 棄外 4-1124A
qīwāibāniǔ 七歪八扭
1-157A
qīwán 欺玩 6-1450A
qīwǎn 七椀 1-162A
qīwǎn 七碗 1-163B
qīwǎn 凄婉 2-425A
qīwǎn 凄惋 2-425A
qīwǎn 悽婉 7-592B
qīwǎn 悽惋 7-592B
qīwǎn 戚畹 5-229A
qīwǎn 淒婉 5-1358A
qīwǎn 淒惋 5-1358A
qīwǎn 漆椀 6-66A
qíwān 碕灣 7-1055B
qíwán 奇玩 2-1523A
qíwán 棋丸 4-1077B

qíwán 琦玩 4-590B
qíwán 齊紈 12-1431B
qǐwǎn 畦畹 7-1341B
qǐwán 綺紈 9-882B
qìwán 器玩 3-522B
qīwānbāguǎi 七彎八拐 1-169B
qīwānbāguǎi 七灣八拐 1-170A
qīwānbāniǔ 七灣八扭 1-170A
qīwǎnchá 七椀茶 1-162A
qǐwán'ér 綺紈兒 9-882B
qīwáng 七亡 1-150A
qīwáng 七王 1-150B
qīwǎng 悽惘 7-592B
qīwǎng 欺枉 6-1450A
qīwǎng 欺罔 6-1450B
qīwàng 期望 6-1308A
qīwàng 欺妄 6-1450A
qíwáng 蘄王 9-617B
qíwàng 祈望 7-840A
qíwàng 旗望 6-1616A
qǐwàng 跂望 10-433B
qǐwàng 企望 1-1167A
qìwàng 氣望 6-1032A
qìwàng 棄忘 4-1125A
qìwàng 器望 3-524A
qíwángshèniú 齊王捨牛 12-1427A
qíwánlǔgǎo 齊紈魯縞 12-1431B
qíwánsù 齊紈素 12-1431B
qǐwànzhēn 乞萬真 1-764A
qǐwánzǐ 綺紈子 9-882B
qīwēi 攲危 5-472A
qīwēi 敧危 5-438A
qīwēi 淒微 5-1358B
qīwēi 欹危 6-1452B
qīwěi 七緯 1-166A
qīwěi 欺僞 6-1451B
qíwēi 崎危 3-831A
qíwěi 奇偉 2-1525B
qíwěi 奇瑋 2-1526B
qíwěi 崎嵬 3-831B
qíwěi 琦瑋 4-590B
qíwěi 頎偉 12-268B
qíwěi 旗尾 6-1615A
qíwèi 淇衛 5-1344A
qíwèi 旗尉 6-1616A
qíwèi 綦衛 9-878B
qǐwéi 豈唯 9-1346A
qǐwéi 豈惟 9-1346A
qǐwéi 豈維 9-1346A
qǐwéi 綺闈 9-884B
qǐwěi 起痿 9-1103B
qìwěi 氣緯 6-1036A
qìwěi 磧尾 7-1097A
qìwèi 乞遺 1-765A
qìwèi 氣味 6-1027B
qìwěicóngzhēn 棄僞從真 4-1128A
qǐwéitóu 起爲頭 9-1102A
qìwèixiāngtóu 氣味相投 6-1028A
qīwén 漆文 6-65A
qíwén 奇文 2-1521B
qíwén 奇聞 2-1527B
qíwén 祈文 7-839A
qǐwén 起文 9-1089A
qǐwén 綺文 9-881B
qǐwén 綺紋 9-883A
qǐwèn 啓問 3-397A
qìwēn 氣温 6-1033A
qìwén 契文 2-1533A
qìwén 棄文 4-1123A
qìwéncúnzhì 棄文存質 4-1123A
qíwéngòngshǎng 奇文共賞 2-1521B
qìwénjiùwǔ 棄文就武 4-1123A
qīwō 棲蝸 4-1095B
qǐwò 起臥 9-1093B
qǐwò 啓沃 3-395B
qìwò 棄臥 4-1125A
qīwōbādài 七窩八代 1-164A
qíwòwēn 奇渥温 2-1526B
qīwū 棲烏 4-1094A
qīwū 欺誣 6-1451B
qīwú 棲梧 4-1094A
qīwǔ 欺侮 6-1450B
qīwǔ 僛舞 1-1661B
qíwú 綦母 9-878B
qíwú 綦毋 9-878A
qíwǔ 齊武 12-1429B
qíwù 歧悞 5-350A
qíwù 歧誤 5-350B
qíwù 旗物 6-1615A
qíwù 齊物 12-1430A
qíwù 齊鶩 12-1437A
qǐwū 起屋 9-1097B
qǐwǔ 起舞 9-1104B
qǐwǔ 起儛 9-1107A
qǐwù 啓悟 3-396B
qǐwù 啓寤 3-398B
qìwū 葺屋 9-459B
qìwù 契悟 2-1533B
qìwù 棄惡 4-1127A
qìwù 棄物 4-1125A
qìwù 器物 3-523A
qǐwǔgēng 起五更 9-1088A
qíwùlùn 齊物論 12-1430A
qīwǔsān 七五三 1-150B
qīxī 七夕 1-150A
qīxī 妻息 4-319B
qīxī 悽欷 7-592A
qīxī 棲息 4-1094A
qīxǐ 欺[illegible] 6-1451A
qīxì 悽愾 7-593A
qíxī 奇希 2-1523A
qíxī 淇溪 5-1344A
qíxī 跂息 10-433B
qíxī 頎皙 12-268B
qíxī 綦谿 9-878B
qíxí 奇襲 2-1529B
qíxǐ 祈喜 7-840A
qǐxī 起息 9-1098B
qǐxí 起席 9-1099A
qǐxí 綺席 9-882B
qǐxí 綺習 9-883A
qǐxì 啓隙 3-397B
qìxī 氣息 6-1030B
qìxī 訖息 11-47A
qìxī 愒息 7-658B
qìxī 憩息 7-721A
qìxí 氣習 6-1032A
qìxí 棄席 4-1126B
qìxí 葺襲 9-460A
qìxǐ 棄屣 4-1128B
qìxì 扢戲 6-346A
qìxì 忔戲 7-412B
qíxià 旗下 6-1614A
qíxià 綦下 9-878A
qǐxiá 綺霞 9-884B
qìxiá 氣俠 6-1029A
qìxiá 棄瑕 4-1127B
qìxiá 器狹 3-523B
qìxià 氣下 6-1025B
qìxiálùyòng 棄瑕録用 4-1127B
qīxián 七弦 1-156B
qīxián 七絃 1-162A
qīxián 七賢 1-165A
qīxián 棲賢 4-1095B
qīxiǎn 棲險 4-1096A
qīxiàn 七獻 1-168A
qīxiàn 期限 6-1307A
qíxiān 棋仙 4-1077B
qíxián 耆賢 8-642A
qíxiǎn 奇險 2-1528A
qíxiǎn 崎險 3-832A
qíxiǎn 崎嶮 3-832A
qíxiàn 耆獻 8-642B
qǐxiān 起先 9-1091B
qǐxián 乞閒 1-764B
qǐxián 啓舷 3-397A
qǐxiàn 企羨 1-1167B
qǐxiàn 起限 9-1096A
qǐxiàn 起現 9-1100A
qìxián 棄嫌 4-1128A
qìxiǎn 揭跣 6-759A
qīxiāng 七襄 1-167A
qīxiáng 棲翔 4-1095A
qīxiǎng 期想 6-1308B
qíxiāng 臍香 6-1399B
qíxiáng 祈祥 7-840A
qíxiáng 祺祥 7-933B
qíxiǎng 棋響 4-1079B
qíxiàng 奇相 2-1524A
qíxiàng 祈嚮 7-840B
qíxiàng 蘄向 9-617B
qǐxiáng 乞降 1-762B
qǐxiǎng 跂想 10-434A
qǐxiǎng 企想 1-1167A
qǐxiàng 跂嚮 10-434B
qǐxiàng 乞相 1-763A
qǐxiàng 企嚮 1-1168A
qìxiàng 氣象 6-1031B
qìxiàng 氣像 6-1034B
qìxiàng 器象 3-524A
qīxiāngbǎoniǎn 七香寶輦 1-158B
qīxiāngchē 七香車 1-158A
qīxiāngjiān 七香牋 1-158A
qǐxiāngjùn 乞鄉郡 1-764A
qīxiānglún 七香輪 1-158B
qīxiāngpíng 七香軿 1-158B
qīxiāngtāng 七香湯 1-158B
qíxiǎngtiānkāi 奇想天開 2-1526B
qīxiánguòguāntú 七賢過關圖 1-165A
qìxiàngwànqiān 氣象萬千 6-1032A
qīxiàngwǔgōng 七相五公 1-157A
qīxiánqín 七弦琴 1-156B
qīxiánqín 七絃琴 1-162A
qīxiǎo 妻小 4-318B
qīxiào 欺笑 6-1450B
qíxiào 旗校 6-1615B
qǐxiǎo 起小 9-1087B
qǐxiào 企效 1-1167A
qìxiǎo 器小 3-521B
qìxiāodǎnduó 氣消膽奪 6-1031A
qìxiǎoyìyíng 器小易盈 3-521B
qìxiáqǔyòng 棄瑕取用 4-1127B
qìxiáwàngguò 棄瑕忘過 4-1127B
qīxiē 棲歇 4-1095B
qīxié 攲斜 4-1387B
qīxié 攲邪 5-472A
qīxié 攲斜 5-472A
qīxié 欹斜 6-1453A
qīxiè 恓屑 7-512A
qīxiè 悽屑 7-592A
qíxié 齊偕 12-1432B
qíxié 齊諧 12-1436A
qǐxiè 起謝 9-1108A
qǐxiè 綺榭 9-883B
qìxiē 氣歇 6-1034B
qìxiē 憩歇 7-721B
qìxié 氣邪 6-1026A
qìxié 棄邪 4-1124B
qìxiè 器械 3-524A
qìxiécóngzhèng 棄邪從正 4-1124B
qìxiéguīzhèng 棄邪歸正 4-1124B
qīxīhóng 七夕紅 1-150A
qīxīn 悽心 7-591B
qīxīn 戚欣 5-228A
qīxīn 棲心 4-1092B
qīxīn 欺心 6-1449B
qīxìn 期信 6-1307B
qíxīn 齊心 12-1427B
qíxìn 齊信 12-1431A
qǐxīn 起心 9-1089B
qǐxīn 起薪 9-1106B
qǐxìn 起信 9-1096B
qǐxìn 起衅 9-1100B
qǐxìn 起釁 9-1109A

qǐxìn 啓釁 3-399B
qìxìn 棨信 4-1133A
qìxīn 契心 2-1533A
qìxìn 氣信 6-1029A
qìxìn 棄信 4-1125B
qíxīnbìnglì 齊心併力 12-1427B
qīxīng 七星 1-157B
qíxīng 旗星 6-1615B
qíxíng 奇行 2-1522A
qíxíng 蚑行 8-866A
qíxíng 跂行 10-433A
qíxíng 琦行 4-590B
qíxíng 齊行 12-1428B
qíxíng 騎行 12-853A
qǐxíng 起行 9-1091B
qǐxíng 啓行 3-395B
qǐxìng 起興 9-1107A
qìxíng 器行 3-522B
qìxìng 氣性 6-1028B
qìxìng 器性 3-523A
qīxīngbǎn 七星板 1-157B
qīxīngcǎo 七星草 1-157B
qīxīngchē 七星車 1-157B
qīxīngchuáng 七星床 1-157B
qíxíngchuǎnxī 蚑行喘息 8-866A
qíxíngchuǎnxi 跂行喘息 10-433A
qīxīngdēng 七星燈 1-157B
qíxíngguàizhuàng 奇形怪狀 2-1522B
qīxīngguān 七星冠 1-157B
qíxínghuìxī 蚑行喙息 8-866A
qíxínghuìxī 跂行喙息 10-433A
qīxīngjiàn 七星劍 1-157B
qíxíngkuàixī 蚑行噲息 8-866B
qíxíngràodòng 蚑行蟯動 8-866B
qíxíngrúdòng 蚑行蠕動 8-866B
qīxīngtán 七星壇 1-157B
qīxīngyán 七星巖 1-158A
qíxíngyìzhuàng 奇形異狀 2-1522B
qíxīnlùlì 齊心戮力 12-1427B
qíxīntónglì 齊心同力 12-1427B
qíxīnxiélì 齊心協力 12-1427B
qíxīnyīlì 齊心一力 12-1427B
qīxióng 七雄 1-162A
qíxióng 騏雄 12-851A
qǐxiōng 起凶 9-1089A
qìxiōng 氣胸 6-1031A
qìxióng 氣雄 6-1032B
qìxiōngxiōng 氣洶洶 6-1027A
qīxīqián 七夕錢 1-150A
qíxītè 齊希特 12-1429B
qīxiū 戚休 5-227B
qīxiù 淒秀 5-1356B
qíxiù 奇秀 2-1522B
qíxiù 歧秀 5-349B
qíxiù 耆秀 8-640B
qíxiù 頎秀 12-268B
qíxiù 綦繡 9-878B
qǐxiū 乞休 1-761B
qǐxiū 起羞 9-1099A
qǐxiù 綺繡 9-885B
qìxiū 憩休 7-721A
qìxiù 氣秀 6-1027A
qìxiūxiū 氣咻咻 6-1028B
qìxīyānyān 氣息奄奄 6-1030B
qīxīzhēn 七夕鍼 1-150A
qíxīzhījiàn 祁奚之薦 7-830B
qīxǔ 期許 6-1307B
qīxù 淒序 5-1357A
qīxù 期勖 6-1307B
qíxū 齊虛 12-1432B
qìxū 氣虛 6-1031B
qìxū 棄繻 4-1129B
qìxǔ 器許 3-524A
qìxù 泣緒 5-1100A
qìxù 氣序 6-1027A
qíxuán 跂懸 10-434B
qīxuē 攲削 6-1453A
qíxuē 岐薛 3-803A
qíxué 旗學 6-1617B
qìxuè 泣血 5-1099A
qìxuè 氣血 6-1026A
qìxuèfānggāng 氣血方剛 6-1026B
qìxūguān 棄繻關 4-1130A
qìxūláng 棄繻郎 4-1130A
qīxún 棲尋 4-1095A
qíxūn 奇勛 2-1526A
qíxūn 奇勳 2-1528B
qíxùn 耆訓 8-641B
qìxūnián 棄繻年 4-1129B
qìxūshēng 棄繻生 4-1129B
qìxūxū 氣噓噓 6-1035A
qìxūxū 氣吁吁 6-1026A
qìxūzhě 棄繻者 4-1130A
qīyā 棲鴉 4-1095B
qīyā 欺壓 6-1452A
qíyá 奇牙 2-1521B
qìyā 氣壓 6-1036B
qīyān 漆烟 6-66A
qīyán 嵚巖 3-864B
qīyán 七言 1-155A
qīyán 悽妍 7-591B
qīyán 戚言 5-228A
qīyán 戚顏 5-229A
qīyán 淒妍 5-1357A
qīyán 棲巖 4-1096B
qīyán 慼言 7-685B
qīyǎn 棲偃 4-1094B
qīyàn 淒豔 2-426B
qīyàn 悽艷 7-593B
qīyàn 悽豔 7-593B
qīyàn 淒艷 5-1359A
qīyàn 淒豓 5-1359A
qīyàn 淒豔 5-1359A
qīyàn 期驗 6-1309B
qīyàn 漆硯 6-66A
qíyán 歧言 5-349B
qíyán 畦鹽 7-1341B
qíyán 齊言 12-1429B
qíyǎn 棋眼 4-1078B
qíyàn 奇彥 2-1524B
qíyàn 奇驗 2-1529B
qíyàn 耆彥 8-641B
qíyàn 畦堰 7-1341B
qíyàn 旗緂 6-1618A
qǐyán 乞言 1-762A
qǐyán 啓言 3-395B
qǐyán 啓顏 3-399A
qǐyán 綺筵 9-883A
qǐyǎn 起眼 9-1100A
qǐyàn 啓驗 3-399B
qǐyàn 綺宴 9-882B
qǐyàn 綺燕 9-884A
qǐyàn 綺艷 9-885B
qǐyàn 綺豔 9-885B
qìyán 泣顏 5-1100A
qìyán 氣炎 6-1028A
qìyán 棄言 4-1124B
qìyǎn 憩偃 7-721B
qìyàn 氣焰 6-1033A
qìyàn 氣緂 6-1036B
qìyàn 棄厭 4-1128A
qìyàn 憩讌 7-721B
qīyánbāyǔ 七言八語 1-155A
qīyáng 戚揚 5-228B
qíyáng 岐陽 3-802B
qíyáng 祈羊 7-839B
qíyáng 騎羊 12-853A
qǐyǎng 稽仰 8-120B
qǐyǎng 跂仰 10-433A
qǐyǎng 乞養 1-764B
qǐyǎng 企仰 1-1166B
qǐyàng 起樣 9-1105B
qìyáng 扢揚 6-345B
qìyǎng 棄養 4-1128A
qǐyángcǎo 起陽草 9-1101A
qíyánglì 瘨瘍癧 8-330A
qíyángzhīsōu 岐陽之蒐 3-802B
qíyángzhísuì 騎羊執穗 12-853A
qíyángzhōuhè 騎揚州鶴 12-854B
qíyángzǐ 騎羊子 12-853A
qíyānjiǔdiǎn 齊烟九點 12-1432A
qīyánlǜ 七言律 1-155A
qīyánlǜshi 七言律詩 1-155A
qīyánshī 七言詩 1-155A
qīyántǐ 七言體 1-155B
qǐyǎnwéishù 起偃爲豎 9-1100B
qìyányán 氣炎炎 6-1028B
qīyāo 期要 6-1307B
qīyào 七曜 1-167B
qīyào 七燿 1-167B
qīyào 七耀 1-168A
qíyáo 崎嶢 3-832A
qǐyáo 起繇 9-1107B
qǐyáo 綺肴 9-882A
qǐyào 啓鑰 3-399B
qǐyào 啓籥 3-399B
qīyàolì 七曜曆 1-167B
qīyè 七液 1-161B
qīyè 七葉 1-162A
qīyè 妻謁 4-319B
qīyè 凄咽 2-424A
qīyè 悽咽 7-592A
qīyè 淒咽 5-1357A
qíyè 祇夜 7-841B
qǐyè 企業 1-1167A
qǐyè 起夜 9-1094B
qǐyè 啓業 3-398A
qǐyè 啓謁 3-399A
qìyē 氣噎 6-1035B
qìyé 契爺 2-1534A
qìyè 氣咽 6-1028B
qìyè 氣業 6-1034B
qìyè 棄業 4-1127B
qìyè 器業 3-524B
qìyèbiànchǎn 棄業變産 4-1127B
qīyèdiāo 七葉貂 1-162A
qǐyèhuà 企業化 1-1167B
qǐyèjiā 企業家 1-1167B
qīyèshù 七葉樹 1-162A
qīyèyīzhīhuā 七葉一枝花 1-162A
qīyī 七一 1-147B
qīyí 期頤 6-1309A
qīyì 凄異 2-425A
qīyì 悽悒 7-592A
qīyì 悽異 7-592A
qīyì 戚意 5-229A
qīyì 戚裔 5-229A
qīyì 戚誼 5-229A
qīyì 戚懿 5-229B
qīyì 淒異 5-1357B
qīyì 萋翳 9-438B
qīyì 棲逸 4-1094B
qīyì 棲意 4-1095B
qīyì 棲翼 4-1096B
qīyì 欺役 6-1450A
qíyī 齊一 12-1426B
qíyī 齊壹 12-1433A
qíyí 歧頤 5-350B
qíyí 耆頤 8-642B
qíyí 嶔巇 3-865A
qíyí 崎巇 3-832A
qíyì 岐邑 3-801B
qíyì 奇異 2-1525B
qíyì 奇逸 2-1526A
qíyì 歧異 5-350A
qíyì 歧意 5-350A
qíyì 歧義 5-350B
qíyì 祈瘞 7-840B
qíyì 旗翼 6-1618A
qíyì 騎邑 12-853A

qíyì 騎驛 12-856A
qǐyī 豈伊 9-1345A
qǐyī 綺衣 9-882A
qǐyí 杞夷 4-787B
qǐyí 起移 9-1100A
qǐyí 起疑 9-1104B
qǐyí 啓移 3-396B
qǐyǐ 碕礒 7-1055B
qǐyì 起役 9-1093A
qǐyì 起意 9-1103B
qǐyì 起義 9-1103B
qǐyì 啓邑 3-395B
qǐyì 啓臆 3-399A
qìyì 訖繄 11-47B
qìyí 棄移 4-1126B
qìyí 棄疑 4-1128A
qìyí 棄遺 4-1128B
qìyǐ 訖已 11-47A
qìyì 契意 2-1534B
qìyì 契義 2-1534B
qìyì 契誼 2-1534B
qìyì 氣疫 6-1029B
qìyì 氣意 6-1034B
qìyì 氣義 6-1034B
qìyì 氣誼 6-1036A
qìyì 氣翳 6-1036B
qìyì 訖役 11-47A
qìyì 哫嘘 3-375A
qìyì 器異 3-524A
qìyì 器藝 3-525B
qìyìbèixìn 棄義倍信
4-1128A
qīyīn 七音 1-159A
qīyīn 戚姻 5-228A
qīyīn 戚媚 5-229A
qīyīn 棲音 4-1093B
qīyín 凄吟 2-424A
qīyǐn 棲隱 4-1096B
qīyǐn 欺隱 6-1452A
qíyín 崎崟 3-831B
qǐyīn 起因 9-1091B
qǐyīn 起音 9-1097A
qǐyín 乞銀 1-764B
qìyīn 砌陰 7-1013A
qīyǐng 棲景 4-1095A
qīyǐng 棲影 4-1095B
qíyīng 耆英 8-641A
qíyíng 旗營 6-1618A
qíyǐng 奇穎 2-1528B
qíyǐng 齊穎 12-1436A
qǐyíng 起營 9-1107B
qǐyǐng 起影 9-1105B
qìyíng 器盈 3-523B
qìyìng 氣應 6-1036B
qíyīnghuì 耆英會 8-641A
qíyìngruòxiǎng 其應若響
2-103B
qíyìngrúxiǎng 其應如響
2-103B
qíyīngshè 耆英社 8-641A
qìyìqiúnán 棄易求難
4-1125A
qìyìxiāngtóu 氣義相投
6-1034B
qìyìxiāngtóu 氣誼相投
6-1036A
qíyǒng 齊勇 12-1431B
qǐyǒng 企詠 1-1167A
qǐyòng 起用 9-1090B
qǐyòng 啓用 3-395A
qìyǒng 氣勇 6-1029B
qìyòng 器用 3-522A
qìyǒngrúshān 氣湧如山
6-1033A
qīyōu 戚憂 5-229A
qīyōu 慼憂 7-685B
qīyóu 棲遊 4-1095A
qīyǒu 七友 1-151A
qīyǒu 戚友 5-227B
qíyōu 齊優 12-1436B
qíyóu 騎郵 12-854A
qíyǒu 奇友 2-1521B
qíyǒu 棋友 4-1077B
qǐyōu 杞憂 4-788A
qǐyóu 起油 9-1094B
qǐyǒu 啓牖 3-398B
qǐyòu 乞宥 1-763A
qǐyòu 啓右 3-395A
qǐyòu 啓佑 3-395B
qǐyòu 啓祐 3-396B
qǐyòu 啓誘 3-398B
qìyóu 汽油 5-971B
qìyóu 器猷 3-524B
qìyǒu 契友 2-1532B
qǐyǒucǐlǐ 豈有此理
9-1345A
qìyóudēng 汽油燈 5-971B
qìyóujī 汽油機 5-971B
qǐyǒushìlǐ 豈有是理
9-1345A
qīyú 七輿 1-166B
qīyǔ 七羽 1-153B
qīyǔ 淒雨 5-1357A
qīyǔ 欺羽 6-1450A
qīyù 七隩 1-164B
qīyù 棲寓 4-1095A
qíyú 其魚 2-103A
qíyú 其餘 2-103B
qíyú 齊竽 12-1430B
qíyú 騎魚 12-854B
qíyǔ 其雨 2-102B
qíyǔ 其與 2-103A
qíyǔ 祈雨 7-839B
qíyǔ 旗語 6-1617A
qíyù 奇遇 2-1526A
qíyù 齊譽 12-1437A
qǐyú 起予 9-1089B
qǐyǔ 企予 1-1166B
qǐyǔ 起雨 9-1093B
qǐyǔ 起語 9-1104B
qǐyǔ 啓予 3-395A
qǐyǔ 綺語 9-883B
qǐyù 企喻 1-1167A
qǐyù 起卸 9-1096B
qǐyù 起獄 9-1104B
qìyú 芞輿 9-275A
qìyú 泣魚 5-1099B
qìyú 氣輿 6-1036B
qìyú 棄餘 4-1128B
qìyǔ 乞與 1-764B
qìyǔ 氣宇 6-1026B
qìyǔ 棄予 4-1123A
qìyǔ 器宇 3-522B
qìyǔ 器寓 3-524B
qìyù 泣玉 5-1099A
qìyù 氣鬱 6-1037B
qìyù 器遇 3-524B
qīyuán 七元 1-150B
qīyuán 戚援 5-228B
qīyuán 漆園 6-66B
qīyuàn 淒怨 2-424B
qīyuàn 悽怨 7-592A
qīyuàn 淒怨 5-1357A
qīyuàn 期願 6-1309B
qíyuān 奇冤 2-1525A
qíyuán 奇緣 2-1528A
qíyuán 祇園 7-841B
qíyuán 淇園 5-1344A
qíyuàn 祇苑 7-841B
qíyuàn 祈願 7-841A
qíyuàn 畦苑 7-1341A
qíyuàn 棋院 4-1078B
qǐyuán 乞袁 1-763A
qǐyuán 乞援 1-764A
qǐyuán 起元 9-1088A
qǐyuán 起原 9-1098A
qǐyuán 起源 9-1104A
qǐyuán 起緣 9-1106B
qǐyuán 綺園 9-883B
qìyuǎn 棄遠 4-1127B
qíyuánjīngshè 祇園精舍
7-841B
qīyuánlì 漆園吏 6-66B
qīyúdàfū 七輿大夫 1-166B
qīyuē 期約 6-1307B
qīyuē 棲約 4-1093B
qīyuè 七月 1-151A
qīyuè 悽悅 7-592A
qīyuè 鏚鉞 11-1378A
qíyuè 跂躍 10-434B
qǐyuè 起樂 9-1106B
qǐyuè 啓瀹 3-399B
qìyuē 契約 2-1533B
qìyuē 棄約 4-1126A
qìyuè 器樂 3-525A
qìyuè 磧月 7-1096B
qīyuèbàn 七月半 1-151B
qīyuèqī 七月七 1-151B
qíyuèyǔ 騎月雨 12-852B
qǐyùgē 企喻歌 1-1167A
qīyún 棲雲 4-1095A
qīyùn 期運 6-1308B
qíyún 齊匀 12-1427B
qíyún 齊雲 12-1433A
qíyún 騎雲 12-854B
qǐyún 起雲 9-1101B
qǐyún 綺雲 9-883A
qǐyùn 起運 9-1102B
qǐyùn 啓運 3-397A
qìyūn 氣暈 6-1034B
qìyùn 氣運 6-1033A
qìyùn 氣韻 6-1036B
qìyùn 訖運 11-47A
qìyùn 器蘊 3-525B
qìyùn 器韻 3-525B
qíyúnchuán 齊雲船 12-1433B
qíyúnguàn 齊雲觀 12-1433B
qíyúnlóu 齊雲樓 12-1433B
qíyúnshè 齊雲社 12-1433B
qíyúnzhànjiàn 齊雲戰艦
12-1433B
qìyúxiāohàn 氣踰霄漢
6-1036B
qìyǔxuān'áng 氣宇軒昂
6-1026B
qìyǔxuān'áng 器宇軒昂
3-522B
qízá 歧雜 5-350B
qīzábāsè 七雜八色 1-167B
qìzàiqìsì 汔再汔四 5-926B
qīzāng 踦牂 10-490A
qǐzāng 乞藏 1-765B
qǐzāng 乞臧 1-764B
qǐzāng 起贓 9-1108B
qǐzàng 起藏 9-1107B
qīzào 棲噪 4-1096A
qǐzǎo 起早 9-1091A
qǐzào 起造 9-1098B
qǐzào 起躁 9-1108B
qǐzào 起竈 9-1108B
qǐzǎoguàwǎn 起早掛晚
9-1091A
qǐzǎomōhēi 起早摸黑
9-1091B
qǐzǎoshuìwǎn 起早睡晚
9-1091B
qǐzǎotānhēi 起早貪黑
9-1091A
qīzé 七澤 1-166B
qīzè 攲仄 6-1452B
qízè 碕仄 7-1055B
qìzé 棄擇 4-1129A
qìzēng 忔憎 7-412B
qìzēngzēng 忔憎憎 7-412B
qīzhā 嘁喳 3-488B
qīzhá 七札 1-152A
qīzhà 欺詐 6-1451A
qǐzhá 啓劄 3-398B
qǐzhá 綺札 9-882A
qìzhá 磩牐 7-1066B
qìzhá 磩閘 7-1066B
qīzhái 漆宅 6-65B
qǐzhāi 起齋 9-1108A
qǐzhài 起責 9-1100A
qǐzhài 起寨 9-1105A
qìzhài 棄責 4-1126B
qīzhān 七占 1-152A
qīzhàn 期戰 6-1309B
qízhàn 祈戰 7-840B
qízhàn 棋戰 4-1079B
qízhàn 騎戰 12-855A
qǐzhān 企瞻 1-1168A
qízhāng 旗章 6-1616A
qízhāng 齊章 12-1433A
qízhǎng 耆長 8-641A
qízhǎng 騎長 12-853B

qízhàng 旗仗 6-1614B
qízhàng 旗杖 6-1615A
qízhàng 旗帳 6-1616A
qízhàng 齊賬 12-1435B
qǐzhāng 起張 9-1101A
qǐzhàng 綺帳 9-883A
qìzhǎng 器長 3-523A
qìzhàng 泣杖 5-1099A
qìzhàng 契丈 2-1532B
qìzhàng 器仗 3-522A
qìzhàng 器杖 3-522B
qīzhāngbāzuǐ 七張八嘴 1-161B
qìzhàngcǎo 棄杖草 4-1124B
qízhǎnzhǎn 齊展展 12-1432B
qízhǎnzhǎn 齊嶄嶄 12-1435A
qízhǎnzhǎn 齊崭崭 12-1435A
qízhào 旗旐 6-1616B
qǐzhào 起召 9-1090B
qǐzhào 啓召 3-395A
qīzhé 棲蟄 4-1096B
qízhé 岐轍 3-803A
qízhé 耆哲 8-641B
qízhé 綦轍 9-878B
qízhě 其者 2-102B
qǐzhē 啓蟄 3-399A
qǐzhé 起蟄 9-1107B
qǐzhě 啓者 3-395B
qìzhé 㞒戹 4-54A
qīzhébākòu 七折八扣 1-154A
qīzhēn 七珍 1-157A
qīzhēn 七真 1-159B
qīzhēn 棲真 4-1093B
qīzhěn 悽軫 7-593A
qízhēn 奇珍 2-1523B
qízhēn 琦珍 4-590B
qízhěn 畦畛 7-1341A
qízhěn 齊軫 12-1433A
qízhèn 碁陣 7-1054B
qǐzhēn 啓禎 3-398A
qǐzhèn 起陣 9-1097B
qīzhèng 七正 1-152A
qīzhèng 七政 1-157A
qīzhèng 桼政 4-1056A
qízhěng 齊整 12-1435B
qízhèng 奇正 2-1522A
qízhèng 齊正 12-1428A
qǐzhēng 起征 9-1094B
qǐzhēng 啓征 3-396A
qǐzhèng 啓證 3-399A
qīzhēnjiǔliè 七貞九烈 1-157B
qīzhēntáng 七真堂 1-159B
qízhēnyìbǎo 奇珍異寶 2-1524A
qízhēnzhēn 齊蓁蓁 12-1434B
qízhēnzhēn 齊臻臻 12-1436A
qízhěshànduò 騎者善墮 12-853B
qīzhī 七支 1-150B
qīzhī 戚枝 5-228A
qīzhǐ 棲止 4-1092B
qīzhì 七志 1-154A
qīzhì 期質 6-1309A
qīzhì 棲志 4-1093A
qīzhì 棲峙 4-1093B
qīzhì 棲置 4-1095B
qīzhì 棲跱 4-1095B
qīzhì 棲滯 4-1095B
qízhī 祇枝 9-45A
qízhǐ 歧旨 5-349B
qízhǐ 祈祉 7-839B
qízhǐ 耆指 8-641A
qízhǐ 蕲茝 9-617B
qízhǐ 枝指 4-807B
qízhì 奇志 2-1522B
qízhì 奇致 2-1524B
qízhì 畦畤 7-1341A
qízhì 棋峙 4-1078B
qízhì 棋置 4-1079A
qízhì 棋跱 4-1079A
qízhì 碁置 7-1055A
qízhì 旗識 6-1618A
qízhì 旗織 6-1618A
qízhì 旗志 6-1615A
qízhì 旗幟 6-1617B
qízhì 齊志 12-1429A
qízhì 齊智 12-1433B
qízhì 騎置 12-854B
qǐzhī 起支 9-1088A
qǐzhī 啓知 3-396A
qǐzhí 豈直 9-1345B
qǐzhǐ 跂趾 10-433B
qǐzhǐ 豈止 9-1345A
qǐzhǐ 起止 9-1088A
qǐzhì 企至 1-1166B
qìzhí 棄職 4-1129B
qìzhí 墒墌 2-1151A
qìzhǐ 契紙 2-1534A
qìzhǐ 憩止 7-721A
qìzhì 迄至 10-718B
qìzhì 氣志 6-1027A
qìzhì 氣質 6-1035B
qìzhī 棄知 4-1125A
qìzhì 棄智 4-1127A
qìzhì 棄置 4-1128A
qìzhì 棄擲 4-1129A
qìzhì 葺治 9-459B
qìzhì 器志 3-522B
qìzhì 器制 3-523A
qìzhì 器質 3-525A
qīzhībādā 七支八搭 1-150B
qìzhībìxǐ 棄之敝屣 4-1122B
qìzhīdùwài 棄之度外 4-1122B
qìzhīkěxī 棄之可惜 4-1122B
qízhìxiānmíng 旗幟鮮明 6-1617B
qìzhìyíshēn 棄智遺身 4-1127A
qīzhòng 七衆 1-162B
qīzhòng 踦重 10-489B
qízhōng 其中 2-102B
qízhōng 齊終 12-1433A
qízhòng 奇中 2-1521B
qǐzhǒng 跂踵 10-434A
qǐzhǒng 企踵 1-1167B
qǐzhǒng 起冢 9-1099B
qǐzhòng 起重 9-1096B
qǐzhōng 蟿螽 8-976A
qìzhòng 契重 2-1533B
qìzhòng 氣重 6-1029A
qìzhòng 器重 3-523B
qǐzhǒngkědài 企踵可待 1-1167B
qīzhōu 七州 1-153B
qīzhǒu 戚朏 5-228A
qízhōu 隑州 11-1095B
qízhōu 岐周 3-802A
qízhōu 齊州 12-1429A
qìzhōu 汽舟 5-971B
qìzhòu 忔皺 7-412A
qìzhòu 忔㤘 7-412A
qízhōuguǐ 蕲州鬼 9-617B
qīzhú 漆燭 6-67A
qīzhǔ 七屬 1-169B
qīzhù 七注 1-156B
qīzhù 棲住 4-1093A
qízhū 其諸 2-103B
qízhū 騎豬 12-855A
qízhú 騎竹 12-852B
qízhú 蕲竹 9-617B
qízhǔ 旗主 6-1614B
qízhù 祈祝 7-840A
qízhù 騏羼 12-851A
qǐzhù 跂佇 10-433B
qǐzhù 企佇 1-1166B
qǐzhù 起築 9-1107A
qǐzhù 綺注 9-882A
qìzhū 泣珠 5-1099B
qìzhú 泣竹 5-1099A
qìzhú 棄逐 4-1126A
qīzhuàn 悽囀 7-593B
qízhuàn 騎傳 12-854B
qǐzhuàn 棨傳 4-1133A
qǐzhuàn 綺饌 9-885B
qízhuāng 旗裝 6-1617A
qízhuàng 耆壯 8-641A
qìzhuàng 氣狀 6-1028B
qìzhuàngdǎncū 氣壯膽粗 6-1027B
qìzhuànghéshān 氣壯河山 6-1027B
qìzhuànglǐzhí 氣壯理直 6-1027B
qìzhuàngshānhé 氣壯山河 6-1027A
qízhuāngyìfú 奇裝異服 2-1527B
qízhuì 齊贅 12-1436B
qìzhuì 棄墜 4-1128B
qízhúmǎ 騎竹馬 12-852B
qīzhuō 棲拙 4-1093A
qízhuó 奇卓 2-1523A
qīzi 妻子 4-319A
qīzǐ 七子 1-150A
qīzǐ 妻子 4-319A
qīzì 七字 1-153B
qízi 旗子 6-1614B
qízǐ 祈子 7-839A
qízǐ 棋子 4-1077B
qízǐ 碁子 7-1054B
qízǐ 齊紫 12-1433B
qízì 奇字 2-1522A
qízì 奇恣 2-1525A
qǐzǐ 起子 9-1088A
qǐzǐ 跂訾 10-434A
qǐzǐ 乞子 1-760B
qǐzǐ 杞梓 4-787B
qǐzi 起子 9-1088A
qìzī 器資 3-524B
qìzǐ 棄子 4-1122B
qīzǐbāxù 七子八壻 1-150A
qīzìfǎ 七字法 1-153B
qīzǐjìng 七子鏡 1-150B
qīzǐjūnyǎng 七子均養 1-150B
qīzǐmèi 七姊妹 1-155B
qízǐmiàn 碁子麪 7-1054B
qīzìpǔ 七字譜 1-153B
qǐzǐzhīlín 杞梓之林 4-788A
qīzōng 棲踪 4-1095B
qīzòng 七縱 1-167A
qízōng 齊踪 12-1435B
qízòng 奇縱 2-1529A
qízòng 齊蹤 12-1436B
qǐzǒng 起總 9-1108A
qīzòngbāhéng 七縱八橫 1-167A
qīzòngbātiào 七縱八跳 1-167A
qīzōngbù 七緵布 1-166A
qízōnglángjūn 畦宗郎君 7-1341A
qīzòngqīqín 七縱七禽 1-167A
qīzòngqīqín 七縱七擒 1-167A
qīzōu 七騶 1-168A
qízòu 齊奏 12-1430B
qǐzòu 起奏 9-1096A
qǐzòu 啓奏 3-396B
qīzū 七菹 1-161A
qīzú 七族 1-161B
qīzú 妻族 4-319B
qīzú 戚族 5-228B
qīzǔ 七祖 1-159A
qízú 齊足 12-1429A
qízú 騎卒 12-853B
qízǔ 歧阻 5-349B
qízǔ 肵俎 6-1179A
qízǔ 綦組 9-878B
qǐzū 起租 9-1098B
qǐzú 跂足 10-433A
qǐzú 企足 1-1166B
qǐzú 起卒 9-1094B
qǐzú 啓足 3-395B
qǐzǔ 啓祖 3-396B
qǐzǔ 綺組 9-883A
qīzǔbādǎng 七阻八擋 1-155B
qīzúbāshǒu 七足八手

1-154B
qízúbìngqū 齊足並驅 12-1429A
qīzuǐ 欺嘴 6-1452A
qǐzuì 啓罪 3-398A
qìzuì 泣罪 5-1100A
qīzuǐbāshé 七嘴八舌 1-166A
qīzuǐbāzhāng 七嘴八張 1-166A
qízúmù 鰭足目 12-1252A
qīzuō 漆作 6-65B
qīzuǒ 七佐 1-154B
qīzuò 漆作 6-65B
qízuò 棋坐 4-1078A
qízuò 騎坐 12-853B
qǐzuǒ 啓佐 3-395B
qǐzuò 起坐 9-1093A
qǐzuò 起座 9-1099A
qǐzuò 啓祚 3-396B
qìzuò 跂坐 10-433B
qū'ài 曲愛 5-571A
quán'ān 全安 1-1159B
quán'ān 痊安 8-315A
quànbǎifēngyī 勸百諷一 2-825B
quánbān 全般 1-1162A
quànbàn 豢絆 12-678B
quánbàng 拳棒 6-540A
quánbǎo 全保 1-1161A
quánbào 全豹 1-1162A
quánbào 泉瀑 5-1033B
quānbēi 棬杯 4-1130A
quánbèi 全備 1-1163B
quánbèi 泉貝 5-1032A
quánbèi 權備 4-1364B
quànbēi 勸杯 2-826A
quànbēi 勸盃 2-826B
quánběn 全本 1-1158B
quánbǐ 詮筆 11-186A
quánbì 全璧 1-1165B
quánbì 泉幣 5-1033B
quánbì 權閉 4-1364B
quánbì 權嬖 4-1367A
quánbiàn 詮辯 11-186B
quánbiàn 權便 4-1363A
quánbiàn 權變 4-1367B
quánbiànfēngchū 權變鋒出 4-1367B
quánbiǎo 詮表 11-185B
quánbié 全別 1-1159B
quánbié 銓別 11-1268A
quánbìguīzhào 全璧歸趙 1-1165B
quánbīn 全賓 1-1164B
quánbīng 全兵 1-1159B
quánbīng 權兵 4-1361B
quánbǐng 銓柄 11-1268A
quánbǐng 權秉 4-1362A
quánbǐng 權柄 4-1362B
quánbǐng 權棅 4-1364B
quánbó 泉舶 5-1033A
quánbǔ 詮補 11-186A
quánbǔ 銓補 11-1269A
quánbù 全部 1-1162A
quánbù 泉布 5-1031B
quánbù 銓部 11-1268B
quánbùxiānshēng 泉布先生 5-1032A
quáncái 全才 1-1158A
quáncái 全材 1-1159B
quáncái 輇才 9-1247B
quáncái 輇材 9-1247B
quáncǎi 銓採 11-1268B
quáncài 拳菜 6-540A
quáncáimòxué 詮才末學 11-185A
quáncáng 跧藏 10-463A
quáncáo 銓曹 11-1268B
quáncè 全策 1-1163B
quáncè 權策 4-1364B
quánchá 荃察 9-381A
quánchài 痊差 8-315A
quánchài 痊瘥 8-315B
quánchǎn 踡嵯 10-512B
quánchǎn 踡蹎 10-513A
quánchē 輇車 9-1247B
quánchén 銓臣 11-1267B
quánchén 權臣 4-1361A
quánchēng 全稱 1-1164B
quánchēng 權稱 4-1365B
quánchéng 全城 1-1161A
quánchéng 全程 1-1163B
quànchéng 勸懲 2-829B
quǎnchǐ 犬齒 5-3A
quànchì 勸飭 2-827A
quánchǒng 權寵 4-1367B
quánchòng 拳銃 6-540B
quánchōu 痊瘳 8-315B
quànchóu 勸酧 2-827B
quànchóu 勸酬 2-827B
quánchú 痊除 8-315A
quánchú 詮除 11-185B
quánchú 銓除 11-1268A
quánchuǎn 蜷蜷 8-921A
quànchuàng 勸創 2-827A
quáncí 詮詞 11-186A
quáncí 詮詈 11-186A
quáncí 權詞 4-1365A
quáncí 權辭 4-1367A
quáncì 詮次 11-185B
quáncì 銓次 11-1267B
quàncóng 勸從 2-827A
quáncù 拳蹙 6-541A
quáncù 跧蹙 10-463A
quáncuàn 跧竄 10-463A
quáncuì 全粹 1-1164B
quáncuò 權厝 4-1363B
quándá 權達 4-1364B
quándǎjiǎotī 拳打脚踢 6-539A
quándāng 權璫 4-1367A
quándǎng 拳黨 6-541A
quándǎng 權黨 4-1367B
quándāo 泉刀 5-1031B
quándào 全道 1-1163B
quándào 權道 4-1365A
quàndǎo 勸導 2-828B
quándé 全德 1-1165A
quāndì 圈地 3-649A
quándí 權敵 4-1366B
quándì 詮第 11-186A
quándì 詮諦 11-186B
quándì 銓第 11-1268B
quāndiǎn 圈點 3-649B
quándiǎn 權典 4-1362A
quándiào 銓調 11-1269A
quándīng 全丁 1-1158A
quándìng 詮訂 11-185B
quándìng 銓定 11-1268A
quándòu 拳鬭 6-541A
quándú 全獨 1-1165A
quándù 全度 1-1161A
quándù 權度 4-1363A
quǎndú 甽瀆 7-1310A
quàndū 勸督 2-827B
quánduàn 權斷 4-1367A
quánduó 詮度 11-185B
quánduó 銓度 11-1268A
quánduó 權度 4-1363A
quánduó 權奪 4-1365B
quán'ē 卷阿 2-536B
quán'ē 痊痾 8-315A
quán'é 全額 1-1165B
quǎn'ér 犬兒 5-2A
quǎn'ernián 犬兒年 5-2A
quánfā 詮發 11-186A
quánfǎ 拳法 6-539B
quánfǎ 銓法 11-1268A
quánfà 卷髮 2-538B
quánfà 捲髮 6-712A
quánfà 拳髮 6-540B
quánfà 腃髮 6-1338B
quànfáng 勸防 2-826A
quánfāqiǎn 權發遣 4-1365A
quánfēi 泉扉 5-1033A
quánféi 全肥 1-1160B
quǎnfèi 犬吠 5-2A
quǎnfèizhīdào 犬吠之盗 5-2A
quǎnfèizhījǐng 犬吠之警 5-2A
quánfèn 全份 1-1159B
quànfēn 勸分 2-825B
quànfěng 勸諷 2-829A
quǎnfēngguó 犬封國 5-2A
quánfú 全幅 1-1163A
quánfú 全福 1-1164B
quánfú 拳服 6-539B
quánfú 跧伏 10-463A
quánfú 輇紼 9-1247B
quánfú 蜷伏 8-921A
quánfú 踡伏 10-512B
quánfǔ 泉府 5-1032A
quánfǔ 權府 4-1362B
quánfǔ 顴輔 12-378B
quánfù 全副 1-1162B
quánfù 痊復 8-315A
quánfù 銓覆 11-1270A
quánfù 權富 4-1365A
quǎnfú 犬服 5-2A
quànfú 勸服 2-826B
quánfūrén 拳夫人 6-538B
quánfúshǒu 全福手 1-1164B
quánfúshòu 全福壽 1-1164B
quāngǎi 悛改 7-551B
quángài 權概 4-1365A
quángài 權槩 4-1365B
quángāng 權綱 4-1366A
quàngào 勸告 2-826A
quāngé 悛革 7-552A
quángé 銓格 11-1268B
quángè 全個 1-1162A
quángēn 泉根 5-1032B
quàngēng 勸耕 2-826B
quángōng 全功 1-1158B
quángōng 泉宮 5-1032B
quángòng 全供 1-1160B
quángòng 銓貢 11-1268A
quàngōng 勸功 2-825B
quángōngjìnqì 全功盡棄 1-1158B
quángǔ 髖骨 12-422B
quángǔ 泉骨 5-1032A
quángǔ 權骨 4-1363A
quángǔ 顴骨 12-378B
quǎngǔ 甽谷 7-1309B
quánguān 權官 4-1362B
quánguǎn 泉館 5-1033B
quánguǎn 銓筦 11-1269A
quánguǎn 銓管 11-1269A
quánguàn 詮貫 11-186A
quánguàn 銓貫 11-1269A
quànguān 綣冠 9-962A
quánguàzi 全卦子 1-1160A
quánguàzi 全掛子 1-1162B
quánguī 全歸 1-1165B
quánguǐ 權詭 4-1365B
quánguì 全貴 1-1163A
quánguì 權貴 4-1364B
quánguó 全國 1-1163A
quánguǒ 拳果 6-539B
quánguójìlù 全國紀錄 1-1163A
quánguóréndà 全國人大 1-1163A
quánguórénmín… 全國人民代表大會 1-1163A
quánháo 權豪 4-1366A
quànhào 勸耗 2-826B
quánháoshìyào 權豪勢要 4-1366A
quánhé 全和 1-1160B
quánhé 痊和 8-315A
quánhé 銓覈 11-1270A
quánhè 泉壑 5-1033B
quǎnhè 甽壑 7-1310A
quànhé 勸和 2-826A
quánhéng 銓衡 11-1269B
quánhéng 權衡 4-1366B
quánhèng 權橫 4-1366A
quánhéngqīngzhòng 權衡輕重 4-1366B
quànhǒng 勸哄 2-826B
quánhu 全乎 1-1159A

quánhú 全壺 1-1163A
quánhù 全護 1-1165B
quánhù 泉户 5-1031B
quánhuā 泉花 5-1032A
quánhuā 泉華 5-1032B
quànhuà 勸化 2-825B
quānhuàn 悛换 7-552A
quánhuàn 權宦 4-1363B
quánhuánshí 全環食 1-1165B
quānhuǐ 悛悔 7-552A
quānhuì 圈圓 3-649B
quānhuì 圈繢 3-650A
quānhuì 圈闠 3-650A
quánhuǐ 全毀 1-1164A
quánhuì 全會 1-1164A
quànhuì 勸誨 2-828A
quánhún 全渾 1-1164A
quánhuó 全活 1-1161A
quánhuǒ 全夥 1-1164B
quánhuǒ 泉火 5-1031B
quánhuò 泉貨 5-1033A
quánhuò 拳禍 6-540A
quǎnhuò 犬鬩 5-3A
quǎnhuò 犬禍 5-3A
quānjí 悛戢 7-552A
quánjī 拳擊 6-540B
quánjí 全集 1-1163B
quánjí 全詰 1-1164A
quánjí 腃急 6-1338B
quánjí 踡蹐 10-512B
quánjì 全濟 1-1165B
quánjì 拳技 6-539A
quánjì 拳跽 6-540B
quánjì 痊濟 8-315B
quánjì 跧跡 10-463A
quánjì 踡跽 10-512B
quánjì 權計 4-1363A
quánjì 權寄 4-1364B
quǎnjī 犬雞 5-3B
quànjī 勸激 2-829A
quànjǐ 券給 2-648B
quànjì 券劑 2-648B
quánjiā 全家 1-1162A
quánjiā 權家 4-1363B
quánjiá 顴頰 12-378B
quánjiǎ 全甲 1-1159A
quánjiǎ 權假 4-1364A
quánjià 全價 1-1165A
quànjià 勸架 2-826B
quànjià 勸稼 2-828A
quànjià 勸駕 2-828B
quánjiāfú 全家福 1-1162A
quánjiāfūzuò 全跏趺坐 1-1163A
quánjiān 全殲 1-1166A
quánjiān 權奸 4-1361B
quánjiān 權姦 4-1363B
quánjiǎn 全簡 1-1165B
quánjiǎn 痊減 8-315B
quánjiǎn 詮揀 11-186A
quánjiǎn 詮簡 11-186B
quánjiǎn 銓簡 11-1270A
quànjiàn 勸諫 2-828B
quǎnjiāng 畎疆 7-1310A
quànjiǎng 勸獎 2-828A
quànjiǎng 勸講 2-829A
quánjiāo 全交 1-1159B
quánjiǎo 拳脚 6-540A
quánjiǎo 觠角 10-1361A
quánjiào 痊較 8-315B
quánjiào 詮較 11-186A
quánjiào 銓校 11-1268B
quánjiào 權教 4-1364A
quànjiào 勸教 2-826B
quánjiǎozì 捲角牸 6-711B
quánjié 全節 1-1164A
quánjié 全潔 1-1165A
quánjié 拳捷 6-540A
quánjié 權捷 4-1364A
quánjié 權節 4-1365B
quánjiě 詮解 11-186A
quánjiè 權藉 4-1367A
quǎnjié 綣結 9-910B
quànjiě 勸解 2-828A
quànjiè 勸戒 2-826A
quànjiè 勸借 2-826B
quànjiè 勸誡 2-828A
quǎnjìhúzōng 犬跡狐蹤 5-3A
quánjīn 泉金 5-1032A
quánjìn 權近 4-1361B
quànjìn 勸進 2-827A
quànjìnbiǎo 勸進表 2-827A
quánjīng 全經 1-1164B
quánjīng 全精 1-1164B
quánjīng 拳經 6-540B
quánjǐng 全景 1-1163A
quánjìng 銓鏡 11-1270A
quànjǐng 勸儆 2-828A
quánjiōng 泉扃 5-1032B
quànjiǔ 勸酒 2-826B
quànjiǔhú 勸酒胡 2-826B
quānjù 悛懼 7-552A
quánjū 跧居 10-463A
quánjú 全局 1-1160A
quánjú 拳局 6-539A
quánjú 拳跼 6-540B
quánjú 觠局 10-1361A
quánjú 跧跼 10-463A
quánjú 蜷局 8-921A
quánjú 踡局 10-512B
quánjú 踡跼 10-512B
quánjù 全具 1-1160A
quánjù 筌句 8-1151B
quànjǔ 勸沮 2-826B
quánjué 權譎 4-1367A
quánjūn 全軍 1-1161B
quánjūnfùmò 全軍覆没 1-1161B
quánjūnlìdí 權均力敵 4-1361B
quánjūnlìqí 權均力齊 4-1361B
quánkāi 全開 1-1164A
quánkǎo 銓考 11-1267B
quánkē 痊疴 8-315A
quánkě 痊可 8-315A
quánkè 泉客 5-1032B
quànkè 勸課 2-828B
quánkěn 惓懇 7-604B
quánkèzhū 泉客珠 5-1032B
quǎnkuài 畎澮 7-1309B
quānkuì 圈樻 3-649B
quānkuì 圈檟 3-650A
quánkuí 啳睽 3-392B
quánkuò 銓括 11-1268A
quànlái 勸來 2-826A
quànláo 勸勞 2-827B
quánláodònglì 全勞動力 1-1164A
quànlè 勸樂 2-828B
quánlǐ 全禮 1-1165B
quánlǐ 泉裏 5-1033A
quánlì 全力 1-1158A
quánlì 銓歷 11-1269B
quánlì 權力 4-1360B
quánlì 權利 4-1361B
quànlì 勸力 2-825B
quànlì 勸厲 2-828A
quànlì 勸勵 2-828B
quǎnliàn 綣戀 9-911A
quānliáng 卷梁 2-537B
quánliáng 詮量 11-186A
quánliáng 銓量 11-1269A
quánliáng 權量 4-1364B
quánliàng 全量 1-1163A
quánliàng 權量 4-1364B
quǎnlǐng 綣領 9-910B
quánlìyǐfù 全力以赴 1-1158A
quānlǒng 圈櫳 3-650A
quǎnlǒng 畎隴 7-1310A
quǎnlǒng 畎壟 7-1310A
quánlóu 卷婁 2-537B
quánlóu 拳僂 6-540B
quánlòu 泉漏 5-1033B
quánlù 全禄 1-1164A
quánlù 泉路 5-1033A
quánlù 拳路 6-540A
quánlù 銓録 11-1269B
quánluán 卷攣 2-539B
quánluán 卷臠 2-539B
quánluán 拳攣 6-541A
quánlún 輇輪 9-1247B
quánlùn 詮論 11-186B
quánlǜ 全率 1-1163A
quánlüè 權略 4-1364A
quánmá 全麻 1-1163A
quánmǎ 拳馬 6-539B
quǎnmǎ 犬馬 5-2A
quànmǎ 券馬 2-648B
quǎnmǎbìng 犬馬病 5-2B
quǎnmǎchǐ 犬馬齒 5-2B
quánmài 泉脈 5-1032B
quǎnmǎliàn 犬馬戀 5-2B
quǎnmǎliànzhǔ 犬馬戀主 5-3A
quánmáo 拳毛 6-539A
quánmào 全貌 1-1164B
quánmào 權媢 4-1365A
quánmáoguā 拳毛騧 6-539A
quǎnmǎxīn 犬馬心 5-2B
quǎnmǎzhībào 犬馬之報 5-2B
quǎnmǎzhījí 犬馬之疾 5-2B
quǎnmǎzhījué 犬馬之決 5-2B
quǎnmǎzhīláo 犬馬之勞 5-2B
quǎnmǎzhīlì 犬馬之力 5-2B
quǎnmǎzhīnián 犬馬之年 5-2B
quǎnmǎzhīyǎng 犬馬之養 5-2B
quánměi 全美 1-1161A
quánmén 全門 1-1160B
quánmén 泉門 5-1032A
quánmén 權門 4-1362B
quánměng 拳猛 6-540A
quǎnmì 犬衹 5-3A
quánmiǎn 全免 1-1160A
quánmiàn 全面 1-1161A
quànmiǎn 勸勉 2-826B
quánmiáo 全苗 1-1160A
quánmín 全民 1-1159A
quánmín 拳民 6-539A
quánmíng 泉明 5-1032A
quánmíng 泉冥 5-1032B
quánmíng 詮明 11-185B
quánmìng 權命 4-1362A
quánmínjiēbīng 全民皆兵 1-1159A
quánmínsuǒyǒuzhì 全民所有制 1-1159A
quánmóu 權謀 4-1366B
quánmǔ 拳母 6-539A
quǎnmǔ 畎畝 7-1309B
quǎnmǔ 畎畆 7-1309B
quǎnmǔ 畎畒 7-1309B
quǎnmǔ 畎晦 7-1309B
quǎnmù 綣慕 9-910B
quànmù 勸募 2-827A
quànmù 勸慕 2-828A
quànnèi 券内 2-648A
quánnéng 全能 1-1162B
quánnéng 權能 4-1364A
quànnéng 勸能 2-826B
quánnéngguànjūn 全能冠軍 1-1162B
quánnéngquánzhì 全能全智 1-1162B
quánnéngyùndòng 全能運動 1-1162B
quánnǐ 銓擬 11-1269B
quánnìng 權佞 4-1361B
quánniú 全牛 1-1158B
quànnóng 勸農 2-827B
quànnóngshǐ 勸農使 2-827B
quánpán 全盤 1-1165A
quánpàn 銓判 11-1268A
quànpán 勸盤 2-828B
quānpántuǐ 圈盤腿 3-649B
quánpántuōchū 全盤托出 1-1165A
quánpèi 銓配 11-1268B
quánpì 全譬 1-1165B

quànpì 勸譬 2-829B
quánpiān 全篇 1-1165A
quánpiào 全票 1-1162B
quánpǐn 詮品 11-185B
quánpǐn 銓品 11-1268A
quánpíng 痊平 8-315A
quánpíng 詮評 11-186A
quánpú 踡仆 10-463A
quánpǔ 輇樸 9-1247B
quǎnpù 犬鋪 5-3A
quánqī 權戚 4-1364A
quánqí 權奇 4-1362A
quánqì 全氣 1-1162A
quánqì 全器 1-1165A
quànqì 券契 2-648B
quǎnqiǎn 綣繾 9-911A
quánqiáng 權彊 4-1367A
quánqiáng 權强 4-1365A
quánqiáo 佺喬 1-1339A
quánqiǎo 權巧 4-1361A
quánqiě 權且 4-1361A
quánqiè 惓切 7-604B
quánqín 全勤 1-1164A
quánqīng 全清 1-1163A
quánqīngtiānxià 權傾天下 4-1365B
quánqīngzhōngwài 權傾中外 4-1365B
quánqiú 全球 1-1162B
quánqū 卷曲 2-535B
quánqū 卷屈 2-536B
quánqū 全軀 1-1165B
quánqū 泉曲 5-1032A
quánqū 拳曲 6-539A
quánqū 蜷曲 8-920B
quánqū 踡曲 10-512B
quánqū 踡屈 10-512B
quánqǔ 銓取 11-1268A
quānquān 圈圈 3-649B
quánquán 卷卷 2-536B
quánquán 捲捲 6-711B
quánquán 棬棬 4-1130A
quánquán 全權 1-1165B
quánquán 拳拳 6-539B
quánquán 惓惓 7-604B
quǎnquǎn 綣綣 9-910B
quánquándàibiǎo 全權代表 1-1165B
quánquánfúyīng 拳拳服膺 6-540A
quánqún 全羣 1-1164B
quánrán 齤然 12-1455A
quánrán 卷然 2-538B
quánrán 全然 1-1163B
quánrǎng 泉壤 5-1033B
quánrén 全人 1-1158A
quánrén 權人 4-1360B
quánrèn 權任 4-1361A
quǎnrén 犬人 5-1A
quánrìzhì 全日制 1-1158B
quānróng 悛容 7-552A
quánróng 權榮 4-1366A
quǎnróng 犬戎 5-1B
quǎnróng 畎戎 7-1309B
quǎnrú 犬儒 5-3B
quánsàng 全喪 1-1163A
quànshàn 勸善 2-827A
quànshànchéng'è 勸善懲惡 2-827B
quànshànchù'è 勸善黜惡 2-827A
quànshǎng 勸賞 2-828A
quànshànjiè'è 勸善戒惡 2-827A
quánshè 權攝 4-1367B
quānshèn 悛慎 7-552A
quánshēn 全身 1-1160A
quánshēn 泉紳 5-1033A
quánshēn 拳參 6-540A
quánshēng 全生 1-1159A
quánshēng 全牲 1-1161A
quánshēng 全聲 1-1165B
quánshēng 牷牲 6-268A
quánshèng 全盛 1-1162B
quánshèng 全勝 1-1163B
quánshénguānzhù 全神關注 1-1161B
quánshénguànzhù 全神貫注 1-1161B
quánshénguànzhù 全神灌注 1-1161B
quánshēnmázuì 全身麻醉 1-1160A
quánshī 全師 1-1162A
quánshī 拳師 6-539B
quánshí 卷石 2-535A
quánshí 全食 1-1161A
quánshí 全實 1-1165A
quánshí 全蝕 1-1164B
quánshí 泉石 5-1031B
quánshí 拳石 6-539A
quánshí 筌拾 8-1151B
quánshí 詮識 11-186B
quánshí 權時 4-1363B
quánshí 權實 4-1366A
quánshǐ 權使 4-1362A
quánshì 全士 1-1158A
quánshì 泉世 5-1031B
quánshì 泉室 5-1032A
quánshì 詮釋 11-186B
quánshì 銓事 11-1268A
quánshì 銓試 11-1269A
quánshì 權士 4-1360B
quánshì 權事 4-1362A
quánshì 權勢 4-1365A
quánshì 權埶 4-1364A
quǎnshǐ 犬豕 5-2A
quànshí 券食 2-648B
quànshì 勸世 2-825B
quànshì 勸釋 2-829B
quánshígāohuāng 泉石膏肓 5-1031B
quánshìgé 銓試格 11-1269A
quánshǐquánzhōng 全始全終 1-1160B
quánshízhìyí 權時制宜 4-1363B
quánshǒu 捲手 6-711A
quánshǒu 全守 1-1159B
quánshǒu 拳手 6-538B
quánshǒu 權首 4-1363B
quánshòu 全壽 1-1164B
quánshòu 詮授 11-185B
quánshòu 銓授 11-1268B
quánshòuquánguī 全受全歸 1-1160B
quānshū 棬樞 4-1130A
quánshū 卷舒 2-538A
quánshū 全書 1-1162A
quánshū 詮疏 11-186A
quánshū 權書 4-1363B
quánshǔ 權署 4-1365B
quánshù 全數 1-1165A
quánshù 拳術 6-540A
quánshù 詮述 11-185B
quánshù 權術 4-1364A
quánshù 權數 4-1366A
quánshù 權豎 4-1366B
quǎnshū 犬書 5-3A
quànshū 券書 2-648B
quànshuài 勸率 2-827A
quánshuǐ 泉水 5-1031B
quánshuì 權説 4-1366A
quánshuō 詮説 11-186B
quánshuō 權説 4-1366A
quànshuō 勸説 2-828A
quánsī 泉澌 5-1033B
quánsī 銓司 11-1267B
quànsǒng 勸聳 2-829A
quánsǒu 泉藪 5-1033B
quánsù 全速 1-1161B
quánsuàn 全算 1-1164B
quánsuì 全遂 1-1164A
quǎnsuì 畎遂 7-1309B
quánsūn 荃蓀 9-381A
quánsǔn 痊損 8-315B
quánsuō 卷縮 2-539A
quánsuō 拳縮 6-540B
quánsuō 踡縮 10-463A
quánsuō 蜷縮 8-921A
quánsuō 踡蹜 10-513A
quánsuō 踡縮 10-512B
quánsuǒ 詮索 11-185B
quántái 泉臺 5-1033B
quántài 銓汰 11-1268A
quàntái 券臺 2-648B
quǎntáigōng 犬臺宮 5-3A
quāntào 圈套 3-649A
quántào 全套 1-1161B
quāntì 悛惕 7-552A
quántí 荃蹄 9-381A
quántí 筌罤 8-1151B
quántí 筌蹄 8-1151B
quántí 筌蹏 8-1151B
quántǐ 全體 1-1166A
quántiān 全天 1-1158B
quǎntián 畎田 7-1309B
quántiānhòu 全天候 1-1158B
quántiě 全帖 1-1160B
quántiě 權帖 4-1362A
quántiè 泉帖 5-1032A
quàntiě 券帖 2-648A
quántíng 銓廷 11-1267B
quántǐxué 全體學 1-1166A
quántíyīwù 筌蹏一悟 8-1151B
quántōng 全通 1-1162B
quántōng 權通 4-1364A
quántou 拳頭 6-540B
quántouchǎnpǐn 拳頭產品 6-540B
qù'àntóumíng 去暗投明 2-835A
quántoushàng… 拳頭上立得人，肐膊上走得馬 6-540B
quántoushàng… 拳頭上站的人，肐膊上走的馬 6-540B
quántoushàng… 拳頭上走的馬，臂膊上立得人 6-540B
quántú 全圖 1-1164B
quántú 泉途 5-1032B
quántú 泉塗 5-1033B
quántǔ 銓土 11-1267B
quǎntùjùbì 犬兔俱斃 5-2A
quántuō 全托 1-1159A
quànwài 券外 2-648A
quánwān 蜷蜿 8-921A
quánwán 全完 1-1160A
quánwàn 拳掔 6-540A
quánwàn 拳腕 6-540A
quánwǎng 權枉 4-1361B
quānwéi 圈圍 3-649B
quánwēi 權威 4-1363A
quánwéi 銓闈 11-1270A
quánwèi 權位 4-1361B
quànwèi 勸慰 2-828B
quánwén 全文 1-1158B
quánwén 銓文 11-1267B
quánwō 泉窩 5-1033B
quánwò 捲握 6-712A
quánwò 拳握 6-540A
quánwò 蜷臥 8-921A
quánwò 踡臥 10-512B
quānwǔ 卷武 2-536B
quānwù 悛悟 7-552A
quánwù 全物 1-1160B
quánwù 牷物 6-268A
quánwù 巏嵍 3-874B
quánwù 巏嶅 3-874B
quànwù 勸務 2-826B
quánwǔháng 全武行 1-1160A
quánwúxīngān 全無心肝 1-1163B
quánxī 全息 1-1162A
quánxī 泉穸 5-1032A
quánxī 牷犧 6-268A
quánxí 銓席 11-1268B
quánxià 泉下 5-1031B
quánxiàn 全綫 1-1165A
quánxiàn 銓限 11-1268A
quánxiàn 權限 4-1362B
quánxiàn 權現 4-1364A
quánxiāng 泉鄉 5-1033A

quánxiàng 全相 1-1161A
quánxiàng 筌相 8-1151B
quánxiàng 筌象 8-1151B
quánxiàng 權相 4-1362B
quánxiàng 權象 4-1364A
quànxiāng 勸相 2-826B
quánxiē 權蠍 4-1367A
quānxīn 悛心 7-551B
quànxīn 勸心 2-825B
quánxīng 權星 4-1363A
quánxíng 全行 1-1159B
quánxíng 跧形 10-463A
quánxíng 權行 4-1361A
quánxǐng 筌管 8-1151B
quánxìng 全性 1-1160B
quánxìng 權幸 4-1361B
quánxìng 權倖 4-1363B
quánxīnquányì 全心全意 1-1158B
quánxiōng 權兇 4-1361A
quánxiū 全休 1-1159B
quánxǔ 權諝 4-1367A
quánxǔ 權許 4-1364B
quánxù 筌緒 8-1151B
quánxù 詮序 11-185B
quánxù 詮敘 11-185B
quánxù 詮敍 11-186A
quánxù 銓序 11-1268A
quánxù 銓叙 11-1268A
quánxù 銓敍 11-1268B
quánxuān 拳僎 6-540B
quánxuán 璿璇 1-982A
quánxuán 權縣 4-1366B
quánxuǎn 銓選 11-1269A
quánxué 泉穴 5-1032A
quànxué 勸學 2-828B
quányǎ 牷雅 6-268A
quǎnyá 犬牙 5-1A
quǎnyájiāocuò 犬牙交錯 5-1A
quányān 權閹 4-1367A
quányān 權奄 4-1362A
quányán 詮言 11-185B
quányǎn 泉眼 5-1032B
quányǎn 權掩 4-1364A
quányàn 權焰 4-1365A
quányǎng 全養 1-1164B
quǎnyáng 犬羊 5-1B
quányào 權要 4-1362B
quànyāo 券要 2-648B
quǎnyápánshí 犬牙盤石 5-1B
quǎnyáxiāngcuò 犬牙相錯 5-1B
quǎnyáxiāngzhì 犬牙相制 5-1B
quǎnyáyīngzhǎo 犬牙鷹爪 5-1B
quànyē 勸掖 2-827A
quànyè 勸業 2-827B
quānyí 悛移 7-552A
quānyǐ 圈椅 3-649B
quányī 全一 1-1158A
quányī 全衣 1-1159B
quányì 拳揖 6-540A
quányí 權宜 4-1362B
quányí 權疑 4-1365B
quányí 權儀 4-1366A
quányì 全義 1-1164A
quányì 筌意 8-1151B
quányì 詮義 11-186A
quányì 詮譯 11-186B
quányì 權益 4-1363B
quányì 權義 4-1365B
quányì 權議 4-1367B
quǎnyí 犬夷 5-1B
quǎnyí 畎夷 7-1309B
quányímǎlù 權移馬鹿 4-1364A
quányīn 全音 1-1161A
quányīn 泉音 5-1032A
quányǐn 銓引 11-1267B
quànyǐn 勸引 2-825B
quányízhīcè 權宜之策 4-1362B
quányízhījì 權宜之計 4-1362B
quányǒng 捲勇 6-711B
quányǒng 泉涌 5-1032B
quányǒng 泉湧 5-1033A
quányǒng 拳勇 6-539B
quányǒng 權勇 4-1363B
quányòng 全用 1-1159A
quányòng 詮用 11-185A
quányòng 銓用 11-1267B
quányòng 權用 4-1361A
quányòu 全佑 1-1159B
quányòu 全宥 1-1161B
quányòu 權右 4-1361A
quànyòu 勸侑 2-826A
quànyòu 勸誘 2-828A
quǎnyóu'ér 犬猶兒 5-3A
quányú 泉魚 5-1033A
quányú 筌魚 8-1151B
quányú 權輿 4-1367A
quányǔ 全羽 1-1159B
quányǔ 泉雨 5-1032A
quányǔ 權與 4-1365B
quányù 鸛鵒 12-1173A
quányù 全愈 1-1164A
quányù 痊愈 8-315B
quányù 痊痛 8-315B
quányù 痊瘉 8-315B
quányù 權御 4-1364B
quǎnyú 蘿蕍 9-634A
quànyù 勸喻 2-827A
quànyù 勸諭 2-829A
quànyù 勸譽 2-829B
quányuán 全員 1-1162A
quányuán 泉原 5-1032B
quányuán 泉源 5-1033A
quányuán 埢垣 2-1141A
quànyuàn 縓緣 9-962A
quānyuè 圈閱 3-649B
quànyuē 券約 2-648B
quányún 泉雲 5-1033A
quányùn 泉韻 5-1033B
quányùnhuì 全運會 1-1164A
quánzǎi 荃宰 9-381A
quánzàn 權暫 4-1366A
quànzàn 勸贊 2-829B
quánzǎo 詮藻 11-186B
quánzǎo 銓藻 11-1270A
quánzào 全灶 1-1160A
quánzé 泉澤 5-1033B
quánzé 詮擇 11-186B
quánzé 銓擇 11-1269B
quánzé 權責 4-1364A
quánzhà 權詐 4-1364B
quānzhàn 圈占 3-649A
quánzhǎng 銓掌 11-1269A
quánzhàng 全仗 1-1159A
quánzhé 跧摺 10-463A
quǎnzhé 犬牒 5-3A
quánzhēn 全真 1-1161B
quánzhēng 全争 1-1159B
quánzhēng 全烝 1-1162A
quánzhěng 全整 1-1165A
quánzhèng 詮正 11-185A
quánzhèng 詮證 11-186B
quánzhèng 銓政 11-1268A
quánzhèng 權正 4-1361A
quánzhèng 權政 4-1362B
quànzhèng 券證 2-648B
quánzhēnjiào 全真教 1-1161B
quānzhì 悛志 7-551B
quānzhì 圈識 3-650A
quánzhī 權知 4-1362A
quánzhí 全直 1-1160A
quánzhǐ 全恉 1-1161A
quánzhǐ 詮旨 11-185B
quánzhì 全制 1-1160B
quánzhì 拳摯 6-540B
quánzhì 權忮 4-1361B
quánzhì 權制 4-1362A
quánzhì 權智 4-1364B
quǎnzhì 犬彘 5-3A
quànzhí 券直 2-648A
quànzhí 勸職 2-829B
quànzhǐ 勸止 2-825B
quánzhīfǔ 權知府 4-1362A
quánzhìquánnéng 全智全能 1-1163B
quánzhōng 全忠 1-1160B
quánzhòng 全衆 1-1163B
quánzhòng 權重 4-1363A
quánzhōngnuòshā 拳中掿沙 6-538B
quánzhòngwàngchóng 權重望崇 4-1363A
quánzhòngzhìbēi 權重秩卑 4-1363A
quánzhōu 全周 1-1160B
quánzhóu 銓軸 11-1269A
quánzhóu 權軸 4-1364B
quánzhù 詮註 11-186A
quánzhù 銓注 11-1268A
quànzhù 勸助 2-826A
quánzhuǎn 全轉 1-1165B
quánzhuàn 權篆 4-1366A
quánzhǔn 權準 4-1365B
quánzhuó 全濁 1-1165A
quánzhuó 銓擢 11-1269B
quānzi 圈子 3-649A
quǎnzǐ 犬子 5-1A
quánzǐmǔ 權子母 4-1360B
quánzōng 全宗 1-1160B
quánzōng 銓綜 11-1269A
quánzōng 權宗 4-1362B
quánzǒng 銓總 11-1270A
quánzú 拳足 6-539A
quánzú 權族 4-1364B
quànzǔ 勸阻 2-826A
quánzūn 權尊 4-1365A
quánzuò 跧坐 10-463A
qū'ào 曲拗 5-566A
qū'ào 曲奥 5-570A
qūbā 曲巴 5-564A
qūbài 趨拜 9-1150A
qūbān 趨班 9-1150B
qǔbàn 取辦 2-878A
qūbāo 曲包 5-564A
qǔbǎo 取保 2-874B
qūbèi 曲備 5-570A
qūbèi 趨背 9-1150A
qúbèi 渠輩 5-1361A
qūbēn 驅奔 12-874A
qǔběn 曲本 5-564A
qùběnjiùmò 去本就末 2-833A
qùběnqūmò 去本趨末 2-833A
qūbī 驅偪 12-876A
qūbī 驅逼 12-876A
qūbǐ 曲筆 5-570A
qūbǐ 屈筆 4-32A
qūbì 曲庇 5-565B
qūbì 曲蔽 5-571B
qūbì 屈避 4-33A
qūbì 屈躄 4-33B
qūbì 趨辟 9-1151B
qūbì 趨避 9-1152A
qúbì 癯弊 8-369B
qǔbì 取必 2-872B
qǔbì 取斃 2-878B
qūbiān 覷邊 10-354A
qūbiàn 曲辨 5-573B
qūbiàn 曲辯 5-575A
qūbiàn 曲變 5-575A
qūbiàn 屈辨 4-33A
qūbiàn 覷便 10-353B
qǔbiàn 取便 2-874B
qūbiànzi 曲辮子 5-575A
qūbiāo 驅鑣 12-879A
qūbié 區别 1-976A
qǔbié 取別 2-873B
qūbìn 驅擯 12-878A
qūbīng 曲兵 5-565B
qūbīng 驅兵 12-874A
qūbǐng 麴餅 12-1025A
qūbìng 驅屏 12-875A
qūbìng 驅病 12-875B
qǔbìng 齲病 12-1457A
qūbǐnglì 曲柄笠 5-567A
qúbóyù 蘧伯玉 9-615A
qūbù 曲簿 5-574B

qūbù 趨步 9-1148B
qūbù 麴部 12-1025A
qūbù 趣步 9-1143A
qūbù 覻步 10-353B
qǔbù 曲部 5-569A
qǔbùlíkǒu 曲不離口 5-563B
qūbùshàngshū 麴部尚書 12-1025A
qūcái 屈才 4-28A
qūcái 軀材 10-712B
qǔcái 取材 2-873A
qǔcái 取裁 2-876A
qūcān 趨參 9-1151A
qūcán 驅殘 12-876A
qūcāng 佉倉 1-1223B
qūcāo 趨操 9-1151B
qūcǎo 屈草 4-30B
qūcǎo 蛆草 8-875A
qǔcāo 曲操 5-573A
qùcāo 趣操 9-1144A
qūcè 驅策 12-876B
qūchán 區廛 1-978B
qūchán 趨禪 9-1144B
qūchǎn 屈產 4-31B
qūchān 渠幨 5-1361B
qūcháng 鞠裳 12-201A
qūchàng 曲鬯 5-568B
qūchàng 曲暢 5-571B
qǔcháng 取償 2-878B
qǔchángbǔduǎn 取長補短 2-874A
qǔchángqìduǎn 取長棄短 2-873B
qūcháo 曲朝 5-569B
qūcháo 趨朝 9-1151A
qūchē 麴車 12-1024B
qūchē 驅車 12-874A
qúchē 蘧車 9-615A
qūchén 鞠塵 12-201A
qūchén 曲陳 5-569A
qūchén 屈沉 4-29B
qūchén 屈沈 4-29B
qūchén 袪塵 7-843A
qūchén 麴塵 12-1025A
qūchén 驅塵 12-877B
qūchèn 驅趁 12-876A
qùchén 闃沈 12-132A
qūchéng 曲成 5-564A
qūchéng 曲承 5-566B
qūchéng 曲城 5-567A
qūchéng 趨承 9-1149B
qūchéng 趣承 9-1143B
qūchěng 敺騁 5-503A
qūchěng 驅騁 12-878A
qǔchēng 取稱 2-877B
qǔchéng 取成 2-872B
qǔchéng 取程 2-876A
qùchéng 去程 2-834B
qūchénluó 麴塵羅 12-1025A
qūchénsī 麴塵絲 12-1025A
qūchí 曲池 5-564B
qūchí 趨馳 9-1151B
qūchí 驅馳 12-876B
qūchǐ 曲尺 5-563B
qūchì 麴豉 12-1025A
qūchì 驅叱 12-873B
qūchì 驅斥 12-873B
qǔchǐ 齲齒 12-1457A
qùchì 去斥 2-833A
qǔchixiào 齲齒笑 12-1457A
qūchóng 蛆蟲 8-875A
qúchōng 渠衝 5-1361B
qǔchǒng 取寵 2-878B
qūchóngjì 驅蟲劑 12-878B
qūchóngshī 蛆蟲師 8-875A
qūchóu 驅愁 12-877A
qǔchóu 取酬 2-876B
qūchū 趨出 9-1147B
qūchú 毆除 6-1508A
qūchú 袪除 7-843A
qūchú 袪除 9-47B
qūchú 敺除 5-502B
qūchú 驅除 12-875A
qūchǔ 屈處 4-31B
qūchǔ 區處 1-977B
qūchù 區處 1-977B
qúchú 蘧除 9-615A
qúchú 蘧篨 9-615A
qúchú 蘧篨 9-615B
qúchú 籧篨 8-1277A
qúchú 籧篨 8-1277A
qúchǔ 衢處 3-1111A
qùchǔ 去處 2-834B
qùchù 去處 2-834B
qūchuí 曲垂 5-566A
qūchuí 驅捶 12-875B
qúchuí 欋椎 4-1370B
qúchuò 瞿惙 8-369B
qūcí 曲詞 5-570B
qūcí 曲辭 5-574B
qūcí 驅辭 12-878B
qūcì 曲賜 5-572B
qǔcǐ 取此 2-873A
qǔcì 取次 2-873A
qūcóng 曲從 5-569A
qūcóng 屈從 4-31B
qūcóng 驅從 12-876A
qūcù 曲蹴 5-574B
qūcù 驅踧 12-877B
qūcù 驅蹙 12-878A
qūcù 驅蹴 12-878B
qūcuī 驅催 12-877A
qúcuì 劬瘁 2-785A
qúcuì 劬顇 2-785B
qúcuì 瞿瘁 8-369B
qǔcuō 取撮 2-878A
qùcuó 呿嵯 3-253A
qùcūqǔjīng 去粗取精 2-834B
qúdá 渠答 5-1361A
qūdǎchéngzhāo 屈打成招 4-28B
qūdài 曲貸 5-570A
qǔdài 取代 2-872B
qǔdài 取貸 2-876A
qúdān 瞿聃 7-1261B
qūdāng 覻當 10-353B
qūdàng 曲當 5-570B
qūdàng 袪蕩 9-48A
qǔdāng 取當 2-876B
qūdào 曲道 5-570B
qūdào 詘道 11-128B
qūdào 驅盜 12-876B
qúdào 渠道 5-1361A
qúdào 衢道 3-1111B
qǔdào 取道 2-876A
qūdàoshì 麴道士 12-1025A
qǔdé 取得 2-875B
qùdé 去得 2-834B
qūdēng 焌燈 7-84A
qúdēng 衢燈 3-1111B
qǔdēng'er 取燈兒 2-878B
qūdí 鞠翟 12-201A
qúdì 瞿地 7-1261B
qúdì 衢地 3-1110B
qǔdì 取締 2-878A
qūdiàn 區甸 1-976A
qūdiàn 麴店 12-1024B
qūdiàn 驅殿 12-877A
qǔdiào 曲調 5-572B
qūdīng 驅丁 12-873A
qūdìng 覻定 10-353B
qúdīng 鉤町 11-1240B
qūdòng 驅動 12-875B
qūdòu 軀脰 10-712B
qúdòu 鼩竇 12-1413A
qūdù 袪蠹 7-843A
qǔdù 曲度 5-567B
qūduàn 曲斷 5-574A
qūduàn 區段 1-976B
qūdùchújiān 袪蠹除奸 7-843A
qūduì 曲隊 5-569B
qūduì 區隊 1-978A
qūdùn 屈鈍 4-32A
qūduó 驅奪 12-877A
qúduō 鴝掇 12-1083A
qǔduó 取奪 2-877B
qū'ē 曲阿 5-565B
qū'è 曲頞 5-573A
qū'è 屈厄 4-28B
qū'è 驅遏 12-876B
qū'è 驅鱷 12-879A
qū'è 齲腭 12-1458A
qú'è 渠堨 5-1360B
què'àn 鵲岸 12-1118B
quèbà 卻罷 2-544A
quēbài 闕敗 12-149B
quèbài 雀稗 11-796B
quèbān 雀斑 11-796B
quèbān 雀瘢 11-796B
quèbān 鵲斑 12-1119B
quèbǎo 確保 7-1094B
quèbào 雀豹 11-796A
quèbào 鵲報 12-1120A
quèbēi 芍陂 9-275A
quèbèi 卻背 2-543A
quèbí 決鼻 5-1024A
quēbǐ 缺筆 8-1075B
quèbì 卻避 2-544B
quèbiàn 雀弁 11-795A
quèbiàn 雀忭 11-795B
quèbīng 郤兵 10-628A
quèbìng 卻病 2-543A
quèbìngyánnián 卻病延年 2-543A
quēbó 缺薄 8-1076A
quēbó 闕薄 12-150B
quèbó 㲉薄 6-1511A
quēbù 闕簿 12-151A
quèbù 卻步 2-542B
quèbù 雀步 11-795B
quèbùtà 鵲不踏 12-1117B
quèbùtíng 鵲不停 12-1117B
quècái 卻纔 2-544B
quècǎi 榷采 4-1235A
quēcán 闕殘 12-150A
quèchá 搉茶 6-820A
quèchá 榷茶 4-1235A
quèchá 確查 7-1094B
quèchá 鵲槎 12-1120A
quèchāi 雀釵 11-796A
quēchán 缺蟾 8-1076A
quèchǎng 搉場 6-820A
quèchǎng 榷場 4-1235B
quèchǎngjú 榷場局 4-1235B
quècháo 鵲巢 12-1119B
quècháofù 鵲巢賦 12-1119B
quècháojiūjū 鵲巢鳩居 12-1119B
quècháojiūjù 鵲巢鳩踞 12-1119B
quècháojiūjù 鵲巢鳩據 12-1119B
quècháojiūzhàn 鵲巢鳩占 12-1119B
quècháojiūzhàn 鵲巢鳩佔 12-1119B
quècháojiūzhǔ 鵲巢鳩主 12-1119B
quēchē 闕車 12-148B
quèchē 碻車 7-1092A
quèchèn 鵲讖 12-1121A
quèchéng 愨誠 7-670B
quèchénrù 卻塵褥 2-544A
quēchīduǎnchuān 缺吃短穿 8-1074A
quēchīshǎochuān 缺吃少穿 8-1074A
quēchún 缺唇 8-1074B
quècù 榷醋 4-1236A
quēdài 闕殆 12-149B
quèdài 卻待 2-543A
quèdǎng 闕黨 12-151A
quèdàng 碻當 7-1092B
quèdàng 確當 7-1095A
quèdào 卻倒 2-543A
quēdé 缺德 8-1076A
quèdí 屈狄 4-29B
quèdí 卻敵 2-544A
quèdí 闕狄 12-149A
quèdí 闕翟 12-150B
quèdì 卻地 2-542A
quēdiǎn 缺典 8-1074B
quēdiǎn 缺點 8-1076A
quēdiǎn 闕典 12-149A

quèdiàn 鵲殿 12-1120A
quèdiào 确碻 7-1053B
quèdíguān 卻敵冠 2-544A
quèdílóu 卻敵樓 2-544A
quèdǐng 雀頂 11-796A
quèdìng 確定 7-1094A
quèdòu 確鬭 7-1095B
quèdòu 鵲豆 12-1118A
quēdù 闕蠹 12-151A
quèdù 鵲渡 12-1120A
quēduǎn 缺短 8-1075A
quēduǎn 闕短 12-150A
quèdùn 卻頓 2-544A
quē'é 缺訛 8-1075A
quē'é 缺額 8-1076A
quē'é 闕額 12-150B
quē'è 缺阨 8-1074A
quē'ěr 闕爾 12-150A
què'ér 雀兒 11-795B
què'érchángdù 雀兒腸肚 11-795B
quēfá 缺乏 8-1074A
quēfá 闕乏 12-148A
quèfán 榷礬 4-1236B
quèfǎn 鵲返 12-1118A
quèfǎng 雀舫 11-796A
quèfǎnluánhuí 鵲返鸞回 12-1118A
quèfǎnluánjīng 鵲反鸞驚 12-1118A
quēfèi 缺廢 8-1076A
quēfèi 闕廢 12-150B
quèfēi 卻非 2-542B
quèfēidiàn 卻非殿 2-542B
quèfēiguān 卻非冠 2-542B
quēfèn 缺分 8-1073B
quèfù 卻復 2-543B
quèfù 榷賦 4-1236A
quègè 确硌 7-1053A
quègōng 鵲弓 12-1117B
quègǒng 闕鞏 12-150B
quègōu 卻勾 2-541B
quègōu 闋勾 12-141B
quègòu 鵲構 12-1120A
quègū 搉估 6-820A
quègū 搉沽 6-820A
quègū 搉酤 6-820A
quègū 榷沽 4-1235A
quègū 榷酤 4-1236A
quègū 醀酤 9-1437B
quègù 卻顧 2-544B
quègù 確固 7-1094A
quèguān 卻冠 2-543A
quèguān 榷官 4-1235A
quèguān 榷關 4-1236B
quèguǎn 搉筦 6-820A
quèguǎn 榷筦 4-1236A
quèguǎn 榷管 4-1236A
quèguàn 闕觀 12-151A
quègùbùbá 確固不拔 7-1094A
quèguī 卻歸 2-544B
quēhàn 缺憾 8-1076A
quèhàn 鵲漢 12-1120B
quèhánlián 卻寒簾 2-543B
quèhào 確耗 7-1094B
quèhé 塙覈 2-1174A
quèhé 確核 7-1094B
quèhé 鵲河 12-1118B
quèhēi 鵲黑 12-1120A
quèhéng 雀桁 11-795B
quèhòu 卻後 2-543A
quèhū 確乎 7-1094A
quèhù 鵲户 12-1118A
quēhuà 缺畫 8-1075B
quèhuá 鵲華 12-1119A
quèhuà 鵲畫 12-1120A
quèhuàgōng 鵲畫弓 12-1120A
quehuài 缺壞 8-1076A
quèhuán 卻還 2-544A
quèhuán 雀環 11-797A
quèhuángbǎokáng 鵲潢寶扛 12-1120B
quèhuázhuāng 鵲華莊 12-1119A
quèhūbùbá 確乎不拔 7-1094A
quēhúgē 缺壺歌 8-1075A
quèhuí 卻回 2-542A
quèhuò 卻惑 2-543B
quèhuò 榷貨 4-1235B
quèhuò 確貨 7-1094B
quèhuǒquè 卻火雀 2-541B
quèhuòwù 榷貨務 4-1235B
quèjí 卻籍 2-544B
quèjí 埆塉 2-1108A
quèjí 埆瘠 2-1108A
quèjí 确瘠 7-1053B
quèjí 确[illegible] 7-1053B
quèjià 鵲駕 12-1120B
quèjiàn 鵲鑑 12-1121A
quèjiǎo 雀角 11-795B
quèjiǎo 闕角 12-149A
quèjiǎo 鵲角 12-1118B
quèjiǎoshǔyá 雀角鼠牙 11-795B
quèjiàyínhé 鵲駕銀河 12-1120B
quèjiě 塙解 2-1174A
quèjīn 榷金 4-1235A
quèjǐn 鵲錦 12-1121A
quējǐng 闕景 12-150A
quèjìng 鵲鏡 12-1121A
quèjīnmùyè 卻金暮夜 2-542B
quèjīnní 雀金泥 11-795B
quējīnpáo 缺襟袍 8-1076A
qū'ējiǔ 曲阿酒 5-565B
quèjiǔ 擢酒 6-962B
quèjiǔ 榷酒 4-1235A
quèjiǔgū 榷酒酤 4-1235B
quèjiǔqián 榷酒錢 4-1235B
quèjiǔzhēngchá 榷酒征茶 4-1235B
quējū 缺裾 8-1075B
quèjǔ 榷舉 4-1236B
quèjù 碻據 7-1092B
quèjù 確據 7-1095B
quējuàn 闕卷 12-149A
quējué 缺絶 8-1075B
quējué 闕絶 12-150A
quèjué 卻絶 2-544A
quèjūn 皵皸 8-525A
quèkǎo 確攷 7-1094A
quēkè 缺刻 8-1074B
quèkè 榷課 4-1236B
quèkè 礐硞 7-1115B
quēkǒu 決口 5-1018B
quēkǒu 缺口 8-1073B
quēkǒu 闕口 12-148A
quèkòu 雀觳 11-797B
quèkòu 雀鷇 11-797B
quekǒunièzi 缺口鑷子 8-1073B
quèkǔ 㲉苦 6-1511A
quèkǔ 確苦 7-1094A
quèkuài 榷會 4-1236A
quēkuī 缺虧 8-1076A
quēkuī 闕虧 12-150B
quèlái 卻來 2-542B
quélángkějí 瘸狼渴疾 8-355A
quèlǎo 卻老 2-542A
quèlǎohuántóng 卻老還童 2-542A
quèlǎoshuāng 卻老霜 2-542A
quèlǎoxiānshēng 卻老先生 2-542A
quèlěicháojiū 鵲壘巢鳩 12-1121A
quēlí 缺漓 8-1075B
quèlí 雀離 11-797A
quèlí 榷釐 4-1236B
quèlǐ 雀李 11-795A
quèlǐ 闕里 12-148B
quèlì 卻立 2-542A
quèlì 卻笠 2-543B
quèlì 卻粒 2-543B
quèlì 雀立 11-795A
quèlì 搉利 6-820A
quèlì 愨勵 7-670B
quèlì 榷利 4-1235A
quèlì 確立 7-1094A
quèlì 鵲厲 12-1120A
quèlián 卻奩 2-544A
quèliǎn 榷斂 4-1236B
quèliáng 搉量 6-820A
quèliáng 鵲梁 12-1119B
quèliàng 搉量 6-820A
quēliè 決裂 5-1022A
quèlífótú 雀離佛圖 11-797A
quèlífútú 雀離浮圖 11-797A
quèlíng 踖陵 10-489A
quèlíng 雀翎 11-796A
quèlíng 鵲陵 12-1119A
quèlíng 鵲靈 12-1121A
quèliú 卻流 2-543B
quēlòu 缺漏 8-1075B
quēlòu 闕陋 12-149B
quēlòu 闕漏 12-150B
quèlòu 㲉陋 6-1511A
quèlú 确顱 7-1053B
quèlú 鵲爐 12-1121A
quèlú 鵲罏 12-1121A
quèlú 鵲鑪 12-1121A
quèlù 雀録 11-797A
quèlù 雀籙 11-797B
quèlùn 卻論 2-544A
quèlùn 搉論 6-820A
quèlùn 榷論 4-1236B
quèlùn 確論 7-1095B
quēluò 闕落 12-150A
quèluó 雀羅 11-797B
quèluò 确犖 7-1053B
quèluò 确礫 7-1053B
quèluómén 雀羅門 11-797B
quēlǚ 決履 5-1024B
quèlǜ 搉慮 6-820A
quèlǜ 榷率 4-1235B
quēlüè 缺略 8-1075A
quēlüè 闕略 12-149B
quèlüè 卻略 2-543B
quèlüè 榷略 4-1235B
quèmá 雀麻 11-796B
quèmǎ 榷馬 4-1235A
quèmǎi 擢買 6-962B
quèmài 雀麥 11-796A
quèmài 榷賣 4-1236A
quèmáng 雀盲 11-795B
quèmángyǎn 雀盲眼 11-795B
quèmǎyúlóng 雀馬魚龍 11-795B
quèméi 雀梅 11-796A
quēmén 缺門 8-1074B
quēmén 闕門 12-149B
quèmén 闕門 12-149A
quèmén 鵲門 12-1118B
quèméng 雀蒙 11-796B
quèméngyǎn 雀蒙眼 11-796B
quèmiàngōng 鵲面弓 12-1119A
quèmíng 榷茗 4-1235A
quèmíngyán 鵲鳴簷 12-1120A
quēmiù 缺謬 8-1076A
quēmiù 闕謬 12-150B
quèmíyǎn 雀迷眼 11-795B
quèmùshǔbù 雀目鼠步 11-795A
qū'ēn 曲恩 5-568A
quènǎo 鵲腦 12-1120A
quènè 愨訥 7-670B
quènǐ 確擬 7-1095B
quèniǎo 雀鳥 11-796A
quēniè 缺齧 8-1076B
quèpán 礐盤 7-1115B
quèpáo 鵲袍 12-1119A
quēpén 缺盆 8-1074B
quēpǐ 缺圮 8-1074A
quèpiáo 雀瓢 11-797A
quèpíng 雀屏 11-795B
quèpíng 確評 7-1095A
quèpǔ 鵲浦 12-1119A

quèqǐ 鵲起 12-1119A
quèqì 卻棄 2-543B
quēqiàn 缺欠 8-1074A
quèqiáo 鵲橋 12-1120B
quèqiǎo 権巧 4-1235A
quèqiáoxiān 鵲橋仙 12-1120B
quèqiè 埆切 2-1174A
quèqiè 確切 7-1093B
quēqín 缺勤 8-1075B
quèqīng 確青 7-1094A
quèqū 卻曲 2-542A
quèqū 郤曲 10-628A
quèqǔ 榷取 4-1235A
quèqù 卻去 2-541B
quēquē 缺缺 8-1074B
quēquē 鈌鈌 2-1553A
quèquè 礐確 7-1121A
quèquè 卻卻 2-543A
quèquè 埆埆 2-1108A
quèquè 确确 7-1053A
quèquè 碏碏 7-1055A
quèquè 鵲鵲 12-1121A
qú'ěr 鐻耳 11-1418A
qǔ'er 曲兒 5-566B
qǔ'ěr 取耳 2-872B
qù'ěr 闃爾 12-132B
quērán 缺然 8-1075B
quērán 闕然 12-150A
quèrán 榷然 4-1236A
quèrán 確然 7-1095A
quèránbùqún 确然不羣 7-1053A
qǔ'érdàizhī 取而代之 2-872B
quērèn 缺衽 8-1074B
quērèn 缺袵 8-1075A
quèrèn 確認 7-1095A
quērú 缺如 8-1074A
quērú 闕如 12-148B
quèrǔ 鵲乳 12-1118B
quèruì 鵲瑞 12-1120A
quēsàng 缺喪 8-1075A
quèsǎo 卻掃 2-543B
quèsǎo 卻埽 2-543B
quèshān 鵲山 12-1117B
quèshàn 卻扇 2-543B
quèshàn 雀扇 11-796A
quèshàn 愨善 7-670B
quèshàn 鵲扇 12-1119A
quèshāng 搉商 6-820A
quèshāng 榷商 4-1235B
quèshāng 確商 7-1094B
quèshānhú 鵲山湖 12-1117B
quēshǎo 缺少 8-1073B
quēshǎo 闕少 12-148A
quèshé 雀舌 11-795A
quèshé 鵲舌 12-1118A
quèshè 卻舍 2-542B
quèshēng 卻生 2-542A
quèshēng 雀生 11-795A
quèshēng 鵲聲 12-1121A
quēshī 缺失 8-1074A
quēshī 闕失 12-148A
quēshí 缺蝕 8-1075B
quēshí 闕蝕 12-150B
quēshì 缺事 8-1074B
quēshì 闕事 12-149A
quèshí 穀食 6-1511A
quèshí 愨實 7-670B
quèshí 確實 7-1095A
quèshí 鵲石 12-1118A
quèshǐ 鵲矢 12-1118A
quèshì 愨士 7-670B
quèshì 確士 7-1093B
quèshǒu 確守 7-1094A
quèshū 雀書 11-796A
quèshǔ 雀鼠 11-796B
quèshǔ 榷署 4-1236A
quèshù 榷束 4-1235A
quèshù 確數 7-1095A
quèshù 鵲術 12-1119A
quèshuāng 卻霜 2-544B
quèshǔdāo 卻鼠刀 2-544A
quèshǔhào 雀鼠耗 11-796B
quèshuì 榷稅 4-1236A
quèshuìcǎo 卻睡草 2-544A
quèshuō 卻說 2-544A
quèsǐ 卻死 2-542A
quèsǐxiāng 卻死香 2-542A
quèsǒng 闕竦 12-150A
quèsū 卻蘇 2-544B
quèsù 愨素 7-670B
quèsuàn 榷算 4-1236A
quètái 雀臺 11-796B
quètái 鵲臺 12-1120A
quètáng 雀餳 11-797A
quètàzhī 鵲踏枝 12-1120B
quètiánhé 鵲填河 12-1120A
quètiánqiáo 鵲填橋 12-1120A
quètiě 榷鐵 4-1236B
quètíng 闕廷 12-148B
quètíng 闕庭 12-149B
quètóng 擢銅 6-962B
quètóu 鵲頭 12-1120B
quètóulǚ 雀頭履 11-797A
quètóuxiāng 雀頭香 11-796B
quètǔ 瞉土 6-1511A
quètuì 卻退 2-543A
quèwǎ 雀瓦 11-795A
quēwàng 缺望 8-1075A
quēwàng 闕忘 12-149A
quèwǎng 榷網 4-1236A
quèwàng 卻望 2-543B
quēwēi 缺微 8-1075B
quēwéi 闕違 12-150A
quēwèi 缺位 8-1074B
quēwèi 闕位 12-149A
quèwéi 搉惟 6-820A
quèwěi 鵲尾 12-1118B
quèwěiguān 鵲尾冠 12-1118B
quèwěilú 鵲尾爐 12-1118B
quèwěilú 鵲尾鑪 12-1118B
quēwén 缺文 8-1074A
quēwén 闕文 12-148A
quēwù 闕悞 12-149B
quēwù 闕誤 12-150B
quèwù 榷務 4-1235B
quēxí 缺席 8-1075A
quēxì 決隙 5-1023A
quēxì 缺隟 8-1075B
quèxī 雀息 11-796A
quèxī 確息 7-1094B
quèxǐ 雀喜 11-796B
quèxǐ 鵲喜 12-1119B
quēxiā 缺呀 8-1074A
quèxià 卻下 2-541B
quèxià 闕下 12-148A
quēxiàn 缺限 8-1074B
quēxiàn 缺陷 8-1075A
quēxiàn 闕陷 12-149B
quèxiàn 確限 7-1094B
quēxiàng 缺項 8-1075A
quèxiàng 鵲相 12-1119A
quèxiànjīnhuán 雀獻金環 11-797B
quèxiàojiūwǔ 鵲笑鳩舞 12-1119A
quèxìn 確信 7-1094B
quēxíng 缺行 8-1074A
quēxíng 闕行 12-148B
quèxíng 卻行 2-542A
quèxíngqiúqián 卻行求前 2-542B
quèxuānjiūjù 雀喧鳩聚 11-796B
quèxuè 鵲血 12-1118A
quèxuègōng 鵲血弓 12-1118A
quèxùn 確訊 7-1094B
quēyà 缺齾 8-1076B
quēyà 闕齾 12-151A
quēyān 闕焉 12-149B
quèyán 榷鹽 4-1236B
quèyán 鵲簷 12-1121A
quèyán 鵲巖 12-1121A
quèyǎn 雀眼 11-796A
quèyàn 鵲驗 12-1121A
quèyánfǎ 榷鹽法 4-1236B
quèyáng 搉揚 6-820A
quèyáng 榷揚 4-1235B
quèyào 雀鷂 11-797B
quèyào 鵲藥 12-1121A
quèyē 闕掖 12-149B
quèyèchuánzhī 鵲夜傳枝 12-1118B
quēyí 缺疑 8-1075B
quēyí 闕疑 12-150B
quēyí 闕遺 12-150B
quēyì 缺逸 8-1075A
quēyì 缺軼 8-1075A
quēyì 闕佚 12-148B
quēyì 闕逸 12-149B
quēyì 闕軼 12-150A
quèyī 鵲衣 12-1118A
quèyì 卻倚 2-543A
quèyì 搉易 6-820A
quèyì 榷易 4-1235A
quēyībùkě 缺一不可 8-1073B
quēyībùkě 闕一不可 12-147B
quèyīn 確音 7-1094B
quèyīn 鵲音 12-1119A
quèyìn 鵲印 12-1118A
quèyīng 雀鷹 11-797B
quèyǐng 鵲影 12-1120B
quèyìshǔ 榷易署 4-1235A
quèyìyuàn 榷易院 4-1235A
quèyǒng 雀踴 11-797A
quèyóu 搉油 6-820A
quēyú 缺隅 8-1075A
qū'èyú 驅鱷魚 12-879A
quèyǔ 鵲羽 12-1118A
quèyǔ 鵲語 12-1120B
quèyù 雀芋 11-795A
quèyù 確喻 7-1094B
quèyù 鵲馭 12-1119B
quēyuán 闕員 12-149B
quèyuàn 愨愿 7-670B
quēyuè 缺月 8-1074A
quēyuè 闕月 12-148A
quèyuè 卻月 2-541B
quèyuè 雀躍 11-797B
quèyuèméi 卻月眉 2-541B
quèyùnjú 榷運局 4-1236A
quèzáo 碻鑿 7-1092B
quèzào 鵲噪 12-1121A
quèzhān 雀鸇 11-797B
quèzhǎn 鵲醆 12-1120B
quēzhé 缺折 8-1074A
quèzhé 瞉折 6-1511A
quèzhěn 確診 7-1095A
quēzhèng 缺政 8-1074B
quēzhèng 闕政 12-149B
quèzhēng 榷徵 4-1236B
quèzhēng 鵲征 12-1118B
quèzhèng 榷政 4-1235A
quèzhèng 確證 7-1095B
quèzhí 愨直 7-670B
quèzhí 確執 7-1094B
quèzhǐ 確指 7-1094B
quèzhì 確至 7-1094A
quèzhì 確志 7-1094A
quèzhì 確質 7-1095B
quèzhībùgōng 卻之不恭 2-541B
quèzhīfēng 鵲知風 12-1118B
quèzhìhuà 雀雉化 11-796B
quèzhōu 鵲洲 12-1119A
quèzhǔ 鵲渚 12-1119B
quèzhuàng 確撞 7-1095A
quèzhuó 鵲啅 12-1119A
quézi 瘸子 8-354B
quèzi 鵲子 12-1117B
quèzǐ 雀子 11-795A
quèzǒu 卻走 2-542B
quèzú 卻足 2-542B
quēzuǐ 缺嘴 8-1076A
quèzuò 卻坐 2-542B
quèzuò 確鑿 7-1095B
qūfā 驅發 12-876B
qūfá 詘乏 11-127B
qūfǎ 曲法 5-566B
qūfǎ 屈法 4-30A

qūfǎ 詘法 11-128A
qūfǎ 麴法 12-1024B
qǔfǎ 取法 2-874A
qǔfǎhūshàng…
取法乎上,僅得乎中 2-874A
qūfān 驅番 12-876B
qūfān 驅翻 12-878B
qūfāng 曲坊 5-565A
qūfáng 曲防 5-565A
qūfáng 曲房 5-566B
qūfàng 驅放 12-874B
qūfāngshì 曲方氏 5-563B
qūféi 驅肥 12-874B
qūfēn 區分 1-975B
qūfèn 區分 1-975B
qūfēng 祛風 7-842B
qūfēng 趨風 9-1150A
qūfēng 驅風 12-874B
qūfēng 趣風 9-1143B
qūfèng 曲奉 5-565B
qūfèng 趨奉 9-1148B
qǔfèng 取奉 2-873B
qūfú 曲拂 5-566A
qūfú 曲洑 5-567B
qūfú 曲岪 5-566A
qūfǔ 屈伏 4-28B
qūfú 屈服 4-30A
qūfú 區服 1-976B
qūfú 詘服 11-128A
qūfú 敺祓 5-502B
qūfú 趨伏 9-1147B
qūfú 驅拂 12-874A
qūfù 曲附 5-565B
qūfù 曲阜 5-566B
qūfù 曲傅 5-570A
qūfù 曲復 5-570A
qūfù 屈附 4-29B
qūfù 趨附 9-1148B
qūfù 趨赴 9-1150A
qūfù 覷付 10-353B
qúfù 瞿父 7-1261A
qúfù 渠復 5-1361A
qǔfù 取覆 2-878B
qùfù 去婦 2-834B
qūgài 曲蓋 5-570B
qūgǎn 驅趕 12-877A
qūgàn 軀幹 10-712B
qūgàn 軀榦 10-713A
qǔgào 取告 2-873B
qǔgāohèguǎ 曲高和寡 5-568B
qūgāojiùxià 屈高就下 4-31A
qūgé 曲閣 5-572B
qūgé 軀格 10-712B
qúgē 衢歌 3-1111B
qūgōng 曲肱 5-566B
qūgōng 曲恭 5-568A
qūgōng 曲躬 5-568B
qūgōng 軀躬 10-712B
qǔgōng 曲工 5-563A
qūgōnggōng 曲躬躬 5-568B
qūgōu 曲鉤 5-571A
qūgǔ 軀骨 10-712B
qūgù 曲故 5-567A
qūgù 曲顧 5-575A
qúgǔ 劬古 2-785A
qúgǔ 渠股 5-1359B
qúgǔ 衢鼓 3-1111B
qúguān 衢關 3-1112B
qùguān 去官 2-833B
qūguǐ 詘詭 11-325B
qūguǐ 驅鬼 12-874B
qǔguì 取貴 2-876A
qùguī 去歸 2-835B
qūgǔjùhù 屈穀巨瓠 4-32B
qùgùnàxīn 去故納新 2-834A
qūgùnqiú 曲棍球 5-569B
qūguó 曲國 5-569A
qūguò 趨過 9-1150B
qúguó 衢國 3-1111A
qùguó 去國 2-834B
qūhái 軀骸 10-713A
qūhài 屈害 4-31B
qūhài 驅駭 12-877B
qūhán 驅寒 12-876B
qūháng 麴行 12-1024B
qūhé 趨合 9-1148A
qūhé 驅合 12-873B
qūhè 曲荷 5-568A
qūhè 趨和 9-1149A
qūhè 驅赫 12-877A
qūhè 驅嚇 12-878A
qǔhé 取合 2-873A
qǔhé'er 取和兒 2-874A
qūhēi 焌黑 7-84A
qūhēi 黢黑 12-1364B
qùhēi 闃黑 12-132A
qūhéng 曲衡 5-573B
qūhóu 屈侯 4-30B
qùhòu 去後 2-834A
qūhù 曲護 5-574B
qūhù 趨扈 9-1151A
qūhù 驅户 12-873A
qūhuà 區畫 1-978A
qūhuà 區劃 1-978B
qùhuà 趣話 9-1144A
qūhuān 趨讙 9-1152B
qūhuán 曲環 5-573B
qūhuán 區寰 1-978B
qūhuáng 鞠黄 12-200A
qúhuáng 渠黄 5-1360A
qūhuǐ 曲毀 5-571A
qūhuì 曲惠 5-569B
qūhuì 曲諱 5-573B
qúhuǐ 瘻毀 8-369B
qǔhuì 取會 2-877A
qùhuì 趣會 9-1144A
qǔhùn 取諢 2-878A
qūhuò 屈蠖 4-33B
qūhuò 趣禍 9-1144A
qùhuǒ 去火 2-833A
qūjī 曲几 5-563A
qūjī 祛機 7-843A
qūjī 驅雞 12-878B
qūjī 驅鷄 12-879A
qūjī 胠笈 6-1205B
qūjí 區極 1-978A
qūjí 驅集 12-876B
qūjǐ 曲脊 5-568B
qūjǐ 屈己 4-28B
qūjì 曲伎 5-564B
qūjì 曲技 5-565A
qūjì 屈迹 4-30B
qūjì 屈紒 4-31B
qūjì 屈跡 4-32A
qūjì 髷髻 12-741A
qújí 劬瘠 2-785B
qújí 臞瘠 6-1418A
qújí 臞瘠 6-1418A
qújí 瘻瘠 8-369B
qǔjǐ 取譏 2-878B
qǔjí 取急 2-874B
qǔjì 取給 2-876B
qǔjì 取濟 2-878B
qùjí 去疾 2-834A
qùjì 趣寄 9-1144A
qùjì 闃寂 12-132A
qūjiá 曲袷 5-569B
qūjiǎ 屈賈 4-32A
qūjià 屈駕 4-33A
qūjià 驅駕 12-877B
qūjiān 曲韉 5-575A
qūjiān 區間 1-978A
qūjiǎn 屈蹇 4-33B
qūjiǎn 驅剪 12-876A
qūjiǎn 驅翦 12-877B
qūjiǎn 驅蹇 12-878A
qūjiàn 曲檻 5-574A
qūjiàn 麴監 12-1025A
qùjiàn 覷見 10-353B
qújiǎn 劬儉 2-785B
qújiǎn 劬蹇 2-785B
qǔjiàn 取鑒 2-879A
qūjiāng 曲江 5-564B
qūjiàng 曲降 5-567A
qǔjiāng 取將 2-876A
qūjiàng 竘醬 8-380B
qūjiāngchí 曲江池 5-564B
qūjiānghuì 曲江會 5-564B
qūjiāngyàn 曲江宴 5-564B
qūjiǎo 曲角 5-565B
qūjiǎo 屈矯 4-33B
qūjiǎo 屈橋 4-33A
qūjiǎo 驅勦 12-877A
qūjiào 趨教 9-1150B
qújiǎo 衢脚 3-1111A
qūjíbìxiōng 趨吉避凶 9-1147B
qūjiē 曲街 5-570A
qūjié 曲節 5-571A
qūjié 屈節 4-32A
qūjié 區節 1-978B
qūjié 詘節 11-128B
qūjié 驅劫 12-874A
qūjiě 曲解 5-571A
qūjiè 區界 1-976B
qǔjié 取結 2-876B
qǔjié 取節 2-876B
qǔjiě 曲解 5-571A
qǔjiè 取解 2-877A
qùjiē 呿嗟 3-253A
qùjiě 趣解 9-1144A
qūjīn 曲襟 5-574A
qūjǐn 曲謹 5-574A
qūjìn 曲盡 5-572A
qūjìn 趨進 9-1151A
qūjìn 麴禁 12-1025A
qūjìn 驅禁 12-876B
qújǐn 劬瘽 2-785B
qǔjìn 取進 2-875B
qūjīng 佉經 1-1224A
qūjìng 曲徑 5-568B
qūjìng 曲逕 5-568A
qūjìng 曲靜 5-571B
qūjìng 趨競 9-1152B
qújīng 劬精 2-785A
qújīng 鸜鵛 12-1413A
qǔjīng 取經 2-877B
qǔjǐng 取景 2-876A
qǔjìng 取徑 2-875A
qǔjìng 取逕 2-875A
qǔjìng 取境 2-877B
qùjìng 闃靜 12-132B
qǔjīngyònghóng 取精用宏 2-877B
qūjǐngzèng 曲頸甑 5-573A
qūjìnqímiào 曲盡其妙 5-572A
qǔjìnzhǐ 取進止 2-875B
qūjiǔ 麴酒 12-1025A
qūjiù 屈就 4-32A
qūjiù 趨就 9-1151A
qùjiù 去就 2-834B
qūjū 鶌居 12-1130B
qūjū 鶌鵴 12-1130B
qūjū 曲裾 5-571B
qūjū 曲鞠 5-573B
qūjū 佉苴 1-1223B
qūjū 屈居 4-30A
qūjū 區娵 1-978A
qūjú 曲局 5-565B
qūjú 曲跼 5-572A
qūjǔ 曲沮 5-566B
qújù 句屨 3-56A
qújù 絇屨 9-792A
qǔjù 曲劇 5-572B
qǔjù 取具 2-874A
qùjù 趣劇 9-1144A
qūjué 趨蹶 9-1152B
qūjué 驅爵 12-878A
qùjué 覷絶 10-353B
qǔjué 取決 2-873A
qūjūn 曲均 5-565A
qūjūn 麴君 12-1024B
qūjūshì 麴居士 12-1024B
qūkàn 覷看 10-353B
qǔkān 取勘 2-875B
qūké 軀殼 10-712B
qūkè 屈客 4-31A
qūkè 麴課 12-1025B
qūkè 驅課 12-877B
qúkē 衢柯 3-1111A
qūkǒu 軀口 10-712B
qūkǒu 驅口 12-873A

qúkǔ 劬苦 2-785A
qǔkuài 取快 2-873B
qúkuāng 籧筐 8-1277A
qùkuàng 闃曠 12-132B
qúkuí 渠魁 5-1361A
qúkuí 衢逵 3-1111A
qūlā 曲拉 5-566A
qùlái 去來 2-833B
qùláijīn 去來今 2-833B
qūlán 曲欄 5-575A
qūláo 軀勞 10-712B
qūláo 驅勞 12-876B
qūlǎo 軀老 10-712B
qúláo 劬勞 2-785A
qúlǎo 瞿老 7-1261B
qúláozhīēn 劬勞之恩
2-785A
qúlè 渠勒 5-1360B
qǔlè 取樂 2-878A
qūlěi 祛累 7-843A
qúléi 癯羸 8-370A
qǔlěi 取累 2-875B
qǔlèi 取類 2-878B
qūléicèdiàn 驅雷策電
12-877A
qūléichèdiàn 驅雷掣電
12-877A
qūlǐ 曲禮 5-574A
qūlǐ 屈禮 4-33B
qūlǐ 區里 1-976A
qūlǐ 區理 1-977A
qūlì 曲戾 5-566B
qūlì 趨利 9-1148B
qūlì 驅厲 12-877A
qūlì 驅癘 12-878A
qūlì 趣利 9-1143A
qúlí 渠犂 5-1360B
qúlí 渠黎 5-1361A
qúlì 劬力 2-785A
qúlì 氍笠 6-1020B
qǔlì 取戾 2-874B
qùlí 去離 2-835B
qǔlián 取憐 2-878A
qūliáng 曲梁 5-569A
qūliáng 驅良 12-874A
qūliàng 曲諒 5-573A
qūliàng 軀量 10-712B
qúliáng 渠梁 5-1360B
qǔliáng 取涼 2-876A
qūliànshénmíng 祛練神明
7-843A
qūliáo 屈繚 4-33B
qùliáo 闃寥 12-132B
qúliè 癯劣 8-369B
qūlǐguǎiwān'er
曲裏拐彎兒 5-571A
qūlín 曲臨 5-573B
qūlín 屈臨 4-33A
qūlíng 驅齡 12-878B
qūlǐng 曲領 5-572A
qūlǐng 驅領 12-877B
qūlìng 趨令 9-1147B
qūlìng 驅令 12-873B
qúlíng 瞿陵 7-1261B
qùliú 去留 2-834A
qūlóu 曲僂 5-571A
qūlóu 佉樓 1-1224A
qūlóushū 佉樓書 1-1224A
qūlú 佉盧 1-1224A
qūlú 區廬 1-979A
qūlǔ 驅虜 12-877A
qūlǔ 驅擄 12-877B
qūlù 曲录 5-566B
qūlù 曲盝 5-571B
qūlù 曲録 5-573B
qūlù 驅録 12-878A
qúlú 蘧廬 9-615B
qúlù 劬禄 2-785A
qúlù 劬録 2-785B
qúlù 癯露 8-370A
qúlù 衢路 3-1111B
qǔlù 取路 2-876B
qùlù 去路 2-835A
qǔluán 齲攣 12-1457B
qǔluàncúnwáng 取亂存亡
2-877A
qǔluànwǔwáng 取亂侮亡
2-877A
qūlùchuáng 曲录牀 5-566B
qūlùmù 曲录木 5-566B
qūlùn 曲論 5-572B
qūluò 曲洛 5-567B
qūluò 曲落 5-569B
qūluò 區落 1-978A
qūlùsèzhā 佉路瑟吒
1-1224A
qūlúshīzhā 佉盧蝨吒
1-1224A
qūlúwénzì 佉盧文字
1-1224A
qúlúzhénuó 瞿盧折娜
7-1262A
qūlǚ 曲吕 5-564B
qūlǚ 趨履 9-1151B
qūlǜ 曲律 5-567B
qūlǜ 曲率 5-569A
qūlǜ 取慮 2-878A
qúlǘ 衢閭 3-1111B
qúlǚ 句履 3-55B
qúlǚ 絇履 9-792A
qǔlǚ 取履 2-878A
qūlü 曲律 5-567B
qūlüè 毆掠 5-502B
qūlüè 毆略 5-502B
qūlüè 驅掠 12-875B
qūlüè 驅略 12-875B
qúlüè 蠼螋 8-945B
qūmǎ 屈馬 4-31A
qūmǎ 驅馬 12-875A
qūmái 屈埋 4-31A
qūmài 驅邁 12-877B
qúmài 瞿麥 7-1261B
qǔmǎicài 苣蕒菜 9-284A
qūmán 曲瞞 5-573A
qūmáng 驅忙 12-874A
qūmào 軀貌 10-713A
qūmèi 曲媚 5-570B
qūmèi 趨媚 9-1151A
qúméi 渠眉 5-1360A
qǔměi 取美 2-874B
qǔmèi 取媚 2-876B
qúmen 佢們 1-1188B
qúmen 渠們 5-1360A
qúmén 渠門 5-1359B
qūmǐ 麴米 12-1024B
qúmí 渠彌 5-1361B
qúmǐ 渠弭 5-1360A
qūmiǎn 詘免 11-128A
qūmiàn 曲面 5-567A
qūmǐchūn 麴米春 12-1024B
qùmiè 闃滅 12-132B
qúmín 衢民 3-1110B
qǔmín 取民 2-872B
qūmíng 區明 1-976B
qūmíng 趨名 9-1148A
qūmìng 軀命 10-712B
qǔmíng 取名 2-873A
qūmiù 曲謬 5-574A
qūmó 驅磨 12-878A
qūmò 曲陌 5-567A
qūmò 趨末 9-1147B
qúmò 衢陌 3-1111A
qùmò 闃默 12-132B
qúmódì 瞿摩帝 7-1262A
qùmòguīběn 去末歸本
2-833A
qūmóu 曲謀 5-573B
qūmóu 區謀 1-978B
qūmù 驅牧 12-874A
qúmù 鴝目 12-1083A
qūmù 曲目 5-564A
qūmùjī 曲木几 5-563B
qūnà 驅納 12-875B
qǔnà 取納 2-875B
qūnáo 曲撓 5-572B
qūnáo 曲橈 5-573A
qūnáo 屈撓 4-32B
qūnáo 屈橈 4-33A
qǔnào 取鬧 2-878A
qúnbāng 羣邦 9-185B
qúnbàng 羣謗 9-190A
qúnbèi 羣輩 9-189A
qúnbì 痻痹 8-351B
qúnbì 羣辟 9-188B
qúnbiān 裙邊 9-97A
qúnbù 裙布 9-96A
qúncái 羣才 9-184B
qūncāng 囷倉 3-628A
qúncèqúnlì 羣策羣力
9-188A
qúnchǎ 裙衩 9-96B
qúnchāi 裙釵 9-96B
qūnchán 踆躔 10-488B
qúnchǒu 羣醜 9-189B
qúnchǔ 羣處 9-187B
qúncízhōuzhōu 羣雌粥粥
9-189A
qúncóng 羣從 9-187B
qúncuì 羣萃 9-187B
qúndài 裙帶 9-96B
qúndàiguān 裙帶官 9-96B
qúndǎng 羣黨 9-190A
qúndāo 裙刀 9-96A
qúndǎo 羣島 9-187A
qúndǐ 羣抵 9-186A
qúndì 羣帝 9-187A
qúndòng 羣動 9-187B
qúndòu 羣鬭 9-190B
qúndú 羣獨 9-189B
qūndùn 逡遁 10-951B
qūnèi 區内 1-975B
qún'ér 羣兒 9-186B
qún'érbùdǎng 羣而不黨
9-185B
qúnfǎ 羣法 9-186B
qúnfāng 羣方 9-185A
qúnfāng 羣芳 9-186A
qúnfáng 羣房 9-186B
qúnfēi 羣飛 9-187A
qúnfēn 羣分 9-185A
qúnfēnlèijù 羣分類聚
9-185A
qūnfǔ 囷府 3-628A
qúnfú 裙幅 9-96B
qúngàn 羣幹 9-188B
qúngōng 羣工 9-184B
qúngōng 羣公 9-185A
qūnguì 箘桂 8-1196B
qúnguó 羣國 9-187B
qúnháo 羣豪 9-189A
qúnhǎo 羣好 9-186A
qúnhòu 羣后 9-186A
qúnhuā 裙花 9-96A
qúnhuà 羣化 9-185A
qúnhuì 羣喙 9-188A
qúnhuì 羣會 9-188B
qúnhuì 羣穢 9-190A
qúnhūn 羣昏 9-186B
qúnhūn 羣婚 9-188A
qūnì 曲逆 5-567B
qūnì 驅逆 12-874B
qūniàn 曲念 5-566B
qùnián 去年 2-833A
qūniè 曲蘖 5-574B
qūniè 麴孽 12-1025B
qūniè 麴蘖 12-1025B
qūniè 麴櫱 12-1025B
qūniè 麴麸 12-1025B
qúníng 蘧甯 9-615A
qúniú 軥牛 9-1241A
qúnjī 帬屐 3-726A
qúnjī 裙屐 9-96B
qúnjī 羣機 9-189B
qúnjí 麇集 12-1289B
qúnjí 羣籍 9-190A
qúnjì 羣季 9-186B
qúnjì 羣紀 9-187A
qúnjiàn 羣見 9-186A
qūnjiào 囷窌 3-628A
qūnjiào 囷窖 3-628B
qúnjiè 帬介 3-726A
qūnjié 蹲節 10-556A
qūnjīng 囷京 3-628A
qúnjīng 羣經 9-189A
qúnjīshàonián 裙屐少年
9-96B

qūnjū 麇居 12-1289B
qúnjū 裙裾 9-97A
qúnjū 羣居 9-186B
qúnjù 麇聚 12-1289B
qúnjūxuéchǔ 羣居穴處 9-186B
qúnkǒu 羣口 9-184B
qúnkǒushuòjīn 羣口鑠金 9-185A
qúnkūn 羣髡 9-188B
qúnlán 裙襴 9-97A
qúnlèi 羣類 9-190A
qúnlí 羣黎 9-189B
qúnlì 羣立 9-185B
qúnlì 羣厲 9-189A
qúnlì 羣癘 9-190A
qúnliáo 羣僚 9-189A
qúnliáo 羣寮 9-189B
qūnlín 峮嶙 3-823A
qūnlǐn 囷廩 3-628B
qúnlíng 羣靈 9-190B
qúnliú 羣流 9-187A
qúnlóng 羣龍 9-189B
qúnlóngwúshǒu 羣龍無首 9-189B
qūnlù 囷鹿 3-628B
qūnlù 囷簏 3-628B
qúnlù 羣鹿 9-188A
qūnlún 囷輪 3-628B
qúnlún 羣倫 9-187A
qúnluò 羣落 9-188A
qúnmáng 羣盲 9-186B
qúnmáo 羣毛 9-185A
qúnmào 帬帽 3-726A
qúnmào 裙帽 9-97A
qúnmén 裙門 9-96B
qúnméng 羣氓 9-186B
qúnméng 羣萌 9-187B
qúnmí 羣迷 9-187A
qúnmiào 羣廟 9-189B
qúnmó 羣魔 9-190A
qúnmóluànwǔ 羣魔亂舞 9-190B
qúnmù 羣牧 9-186B
qúnniè 羣孽 9-190A
qúnóng 渠儂 5-1361A
qúnpèi 裙帔 9-96A
qúnpéng 羣朋 9-186B
qúnpǐ 羣匹 9-185A
qúnpǐn 羣品 9-187A
qúnpú 羣僕 9-189A
qúnqiǎo 羣巧 9-185B
qúnqíng 羣情 9-188A
qúnqīngzhézhóu 羣輕折軸 9-189A
qúnqǔ 羣曲 9-185B
qúnqūhuìshǐ 羣蛆蝝矢 9-187B
qūnqūn 踆踆 10-488A
qūnqūn 囷囷 3-628A
qūnqūn 峮峮 3-823A
qūnqūn 逡逡 10-951B
qúnqún 羣羣 9-188B
qúnrán 羣然 9-188B
qúnrǎo 羣擾 9-190A
qúnrú 裙襦 9-97A
qúnshān 裙衫 9-96A
qúnshén 羣神 9-187A
qúnshēng 羣生 9-185B
qúnshì 羣士 9-184B
qúnshì 羣室 9-187A
qúnshīchǔkūnzhōng 羣蝨處褌中 9-189B
qúnshū 羣舒 9-188B
qúnshǔ 羣屬 9-190B
qúnshù 羣豎 9-189A
qúnshuǎng 羣爽 9-187B
qúnsī 羣司 9-185B
qúnsì 羣祀 9-186A
qūnsù 逡速 10-951B
qúnsú 羣俗 9-187A
qūnsuō 逡縮 10-951B
qúntè 羣慝 9-189A
qúntǐ 羣體 9-190B
qúntīng 羣聽 9-190B
qúntú 羣徒 9-187A
qūnú 驅奴 12-873B
qǔnù 取怒 2-875A
qǔnuǎn 取暖 2-876B
qǔnuǎn 取煖 2-877B
qūnuó 驅儺 12-878B
qūnuò 曲諾 5-572B
qǔnǚ 取女 2-872A
qūnǚchéng 曲女城 5-563A
qūnüè 驅瘧 12-877B
qúnwǎng 裙網 9-97A
qúnwǎng 羣枉 9-186B
qúnwàng 羣望 9-188A
qúnwò 帬幄 3-726A
qúnwū 羣屋 9-187A
qúnwǔ 羣伍 9-186A
qúnwù 羣務 9-187B
qúnxì 羣戲 9-189B
qúnxià 羣下 9-184B
qúnxiān 羣憸 9-189B
qúnxián 羣賢 9-189A
qúnxiáng 羣翔 9-188B
qúnxiàng 羣像 9-188B
qúnxiǎo 羣小 9-184B
qúnxiǎosì 羣小祀 9-184B
qúnxīn 羣心 9-185A
qúnxíng 羣行 9-186A
qúnxíng 羣形 9-186A
qúnxìng 羣姓 9-186B
qúnxiōng 羣凶 9-185A
qúnxióng 羣雄 9-188A
qúnxué 羣學 9-189B
qūnxún 踆巡 10-488A
qūnxún 遁巡 10-1038B
qūnxún 逡廵 10-951A
qūnxún 逡巡 10-951A
qūnxún 逡循 10-951B
qǔnxún 蹲循 10-556A
qūnxúnjiǔ 逡巡酒 10-951B
qūnxúnshù 逡巡術 10-951B
qúnyǎ 羣雅 9-188A
qúnyán 羣言 9-186A
qúnyǎn 羣演 9-189A
qúnyàn 羣彥 9-187A
qúnyántáng 羣言堂 9-186A
qúnyāo 帬腰 3-726A
qúnyāo 裙腰 9-97A
qúnyí 羣疑 9-189A
qúnyì 羣藝 9-190A
qúnyì 羣議 9-190A
qúnyǐfùshān 羣蟻附膻 9-190A
qúnyǐkuìdī 羣蟻潰堤 9-190A
qúnyīn 羣陰 9-187B
qúnyǐn 羣飲 9-188B
qúnyīng 羣英 9-186A
qúnyīnghuì 羣英會 9-186B
qúnyǐqūshān 羣蟻趨羶 9-190A
qúnyǒu 羣有 9-185B
qúnyòu 羣右 9-185B
qūnyǔ 囷庾 3-628A
qúnyù 羣玉 9-185B
qúnyuán 羣元 9-185A
qúnyuàn 羣願 9-190A
qúnyùshān 羣玉山 9-185B
qúnzào 羣噪 9-189B
qúnzào 羣譟 9-190A
qúnzhě 裙褶 9-97A
qúnzhì 麇至 12-1289B
qúnzhì 羣治 9-186B
qúnzhìdálái 麇至沓來 12-1289B
qúnzhòng 羣衆 9-188A
qúnzhòngguāndiǎn 羣衆觀點 9-188B
qúnzhòngguānxì 羣衆關係 9-188B
qúnzhònglùxiàn 羣衆路綫 9-188B
qúnzhòngyǐngxiǎng 羣衆影響 9-188B
qúnzhòngyùndòng 羣衆運動 9-188B
qúnzhòngzǔzhī 羣衆組織 9-188A
qūnzhūn 逡迍 10-951B
qúnzi 裙子 9-96A
qúnzǐ 羣子 9-185A
qúnzú 羣族 9-187B
qūpá 蛆扒 8-875A
qǔpāi 曲拍 5-566A
qǔpái 曲牌 5-570A
qūpān 趨攀 9-1152B
qūpán 曲盤 5-572B
qūpán 屈盤 4-33A
qūpán 屈蟠 4-33B
qūpàn 區判 1-976B
qūpàn 區畔 1-976B
qúpán 衢盤 3-1111B
qūpéi 趨陪 9-1150B
qūpèi 區配 1-976B
qūpèi 驅配 12-875A
qūpí 蛆皮 8-875A
qūpì 曲譬 5-575A
qǔpì 取譬 2-878B
qūpiāo 驅剽 12-876B
qūpǐn 區品 1-976B
qūpíng 曲平 5-564A
qūpíng 區平 1-976A
qǔpíng 取平 2-872B
qūpò 驅迫 12-874B
qǔpò 曲破 5-568A
qǔpǔ 曲譜 5-574B
qūqī 曲期 5-569B
qūqī ⿰足區踦 10-539A
qūqí 嶇崎 3-862A
qǔqí 取齊 2-877B
qùqí 闃其 12-132A
qùqì 去訖 2-834A
qūqián 麴錢 12-1025B
qūqiǎn 驅遣 12-877A
qúqiàn 渠塹 5-1361A
qǔqiǎn 取遣 2-876B
qūqiāng 趨蹌 9-1152A
qūqiāng 趨鎗 9-1152B
qūqiāng 趨鏘 9-1152B
qūqiāng 軀腔 10-712B
qūqiáng 詘彊 11-129A
qūqiǎng 趨搶 9-1151B
qūqiàng 趨蹡 9-1152B
qǔqiāng 曲腔 5-570B
qūqiǎo 曲巧 5-564A
qǔqiǎo 取巧 2-872B
qǔqiào 取誚 2-877B
qūqiè 胠篋 6-1205B
qūqiè'ér 胠篋兒 6-1206A
qūqīn 嶇嶔 3-862A
qūqīn 嶇嵚 3-862A
qūqīn 驅侵 12-874B
qúqín 劬勤 2-785A
qúqín 劬懃 2-785B
qǔqīn 取親 2-878A
qǔqīn 娶親 4-368B
qūqíng 曲情 5-569A
qūqíng 屈情 4-31B
qǔqíng 曲情 5-569B
qǔqīngpèibái 取青妃白 2-873B
qǔqīngpìbái 取青媲白 2-873B
qūqióng 曲瓊 5-574A
qūqióng 麴藭 12-1025B
qūqiū ⿰月曲⿰月秋 6-1244A
qūqiú 屈求 4-29A
qūqiú 趨求 9-1148B
qúqiú 渠酋 5-1360A
qǔqiú 取求 2-873B
qùqiū 鼀⿰酋黽 12-1401A
qùqíwúrén 闃其無人 12-132A
qūqū 曲曲 5-564A
qūqū 曲屈 5-566B
qūqū 屈曲 4-28B
qūqū 屈屈 4-30A
qūqū 屈詘 4-32A
qūqū 屈戌 4-28B
qūqū 祛祛 7-842B
qūqū 袪袪 9-47B
qūqū 區區 1-977A

qūqū 詘曲 11-128A
qūqū 趨趨 9-1152A
qūqū 驅驅 12-878B
qūqū 嚁嚁 3-559A
qūqū 呻呻 3-321A
qūqū 鉶鉞 11-1346A
qūqú 蛆渠 8-875A
qūqú 蛆蝶 8-875A
qūqǔ 曲取 5-566A
qūqù 曲趣 5-572B
qúqū 蚼蛆 8-877B
qúqú 籧篨 8-1277A
qúqú 籧茁 8-1277A
qúqú 拘拘 6-482B
qúqú 劬劬 2-785A
qúqú 渠渠 5-1360B
qúqú 蘧蘧 9-615B
qúqú 臞臞 6-1418A
qúqú 躣躣 10-573B
qǔqǔ 取詘 2-876A
qǔqǔ 詓詓 11-94B
qùqǔ 去取 2-833B
qùqù 去去 2-833A
qùqù 闃闃 12-132B
qùqù 敁敁 6-1441A
qūquán 曲全 5-564B
qūquán 曲泉 5-567A
qūquán 曲拳 5-569A
qūquàn 曲勸 5-574A
qūquē 趨闕 9-1152B
qūqū'er 蛐蛐兒 8-889B
qūquèyíngqiáo 驅鵲營橋 12-878B
qūqūguàn 蛐蛐罐 8-889B
qūqūguīguī 區區規規 1-977B
qūqūkūkū 區區矻矻 1-977B
qūqūlùlù 區區碌碌 1-977B
qūqūpúpú 區區僕僕 1-977B
qūqūqiāngqiāng 區區將將 1-977B
qūqūquánquán 區區惓惓 1-977B
qūqúrán 覻覻然 10-354A
qúqúrán 朐朐然 6-1235B
qūqūrǒngrǒng 區區冗冗 1-977B
qūqūwānwān 曲曲彎彎 5-564B
qūqūwānwān 曲曲灣灣 5-564B
qūrǎn 屈染 4-30B
qūrǎn 驅染 12-874B
qúrán 蘧然 9-615A
qúrán 臞然 6-1418A
qǔrán 竘然 8-380B
qùrán 闃然 12-132B
qūráng 祛禳 7-843A
qūrǎng 敺攘 5-503A
qūrǎng 驅攘 12-878B
qūràng 屈讓 4-33B
qūràng 趨讓 9-1152B
qúrǎng 衢壤 3-1112B
qūrǎo 驅擾 12-878A
qǔrǎo 取擾 2-878B
qūrén 屈人 4-28A
qūrén 詘人 11-127B
qūrèn 曲刃 5-563B
qǔrén 取人 2-872A
qūrì 戌日 5-189A
qǔrì 取日 2-872A
qùrì 去日 2-833A
qūróng 詘容 11-128B
qǔróng 取容 2-875B
qūróu 屈柔 4-31A
qūróu 詘柔 11-128B
qūrú 曲儒 5-573B
qūrǔ 屈辱 4-31A
qūrǔ 詘辱 11-128B
qúrú 瞿如 7-1261B
qúrú 渠挐 5-1360A
qúrú 臞儒 6-1418A
qúrú 癯儒 8-369B
qúrǔ 癯辱 8-369B
qùrú 闃如 12-132A
qùruò 闃若 12-132A
qūsài 曲塞 5-571B
qúsài 衢塞 3-1111B
qūsǎn 麴糝 12-1025B
qūsàn 驅散 12-876A
qūsǎo 驅掃 12-875B
qūsè 屈色 4-29A
qūshā 曲殺 5-568B
qūshā 佉沙 1-1223B
qūshā 屈殺 4-31A
qùshā 去殺 2-834A
qūshān 驅山 12-873A
qūshān 驅煽 12-877B
qūshān 驅扇 12-875B
qūshàn 曲蟮 5-574A
qūshàn 曲蟺 5-574B
qūshàn 蛐蟮 8-889B
qúshàng 瞿上 7-1261A
qùshàng 趨尚 9-1149A
qùshàng 趣尚 9-1143B
qūshàngē 蛐蟺哥 8-889B
qūshé 蛐蛇 8-889B
qūshě 趨舍 9-1149A
qūshě 趨捨 9-1150B
qūshè 曲赦 5-569A
qūshè 區舍 1-976B
qūshè 驅涉 12-875B
qǔshè 取舍 2-874A
qǔshě 取舍 2-874A
qǔshě 取捨 2-875B
qǔshè 取攝 2-878B
qùshě 趣舍 9-1143B
qùshě 趣捨 9-1143B
qūshēn 屈申 4-28B
qūshēn 屈伸 4-29B
qūshēn 屈身 4-29B
qūshēn 屈信 4-30B
qūshēn 詘申 11-128A
qūshēn 詘伸 11-128A
qūshēn 詘身 11-128A
qūshēn 詘信 11-128B
qūshēn 軀身 10-712B
qūshén 麴神 12-1024B
qūshén 驅神 12-875A
qūshēng 屈聲 4-33A
qūshēng 麴生 12-1024A
qūshéng 曲繩 5-574B
qūshèng 曲勝 5-570B
qūshèng 詘勝 11-128B
qúshěng 癯瘖 8-369B
qǔshèng 曲聖 5-570B
qǔshèng 取勝 2-876A
qùshēng 去聲 2-835A
qūshēngmìng 戌生命 5-189A
qūshèpào 曲射炮 5-568B
qūshī 曲師 5-568B
qūshī 祛濕 7-843A
qūshí 區時 1-976B
qūshí 趨時 9-1150B
qūshí 驅石 12-873A
qūshí 趣時 9-1143B
qūshí 戌時 5-189A
qūshǐ 驅使 12-874A
qūshì 曲士 5-563A
qūshì 曲事 5-566A
qūshì 曲室 5-567B
qūshì 曲飾 5-571A
qūshì 曲釋 5-574B
qūshì 屈士 4-28A
qūshì 屈事 4-30B
qūshì 區士 1-975B
qūshì 敺世 5-502B
qūshì 趨士 9-1147A
qūshì 趨世 9-1147B
qūshì 趨事 9-1149A
qūshì 趨侍 9-1149A
qūshì 趨勢 9-1151B
qūshì 麴室 12-1024B
qūshì 驅世 12-873A
qūshì 趣勢 9-1144A
qūshì 趣埶 9-1143B
qúshì 衢市 3-1110B
qúshì 衢室 3-1111A
qǔshī 曲師 5-568B
qǔshì 取士 2-872A
qǔshì 取事 2-874A
qǔshì 取室 2-875A
qǔshì 取勢 2-876B
qǔshì 取適 2-877B
qùshī 去失 2-833A
qùshí 趣識 9-1144B
qùshì 蜡氏 8-911B
qùshì 去世 2-833A
qùshì 去事 2-833B
qùshì 去勢 2-835A
qūshífèngshì 趨時奉勢 9-1150B
qūshífùshì 趨時附勢 9-1150B
qūshíshénbiān 驅石神鞭 12-873A
qūshǒu 屈首 4-30B
qūshòu 屈受 4-30A
qúshǒu 渠首 5-1360A
qǔshòu 取受 2-874A
qùshǒu 去手 2-833A
qūshǔ 區署 1-978B
qūshǔ 驅暑 12-876A
qūshù 曲述 5-566A
qūshù 曲恕 5-569A
qūshù 曲術 5-569A
qūshù 屈戍 4-28B
qūshù 屈束 4-29A
qúshū 氍毹 6-1020A
qúshū 渠疎 5-1361A
qúshū 渠疏 5-1361A
qúshū 櫂疏 4-1370B
qúshū 氍毹 6-1020B
qúshū 氍毹 6-1020B
qúshǔ 鼩鼠 12-1413A
qúshù 衢術 3-1111A
qǔshú 取贖 2-879A
qūshuài 驅率 12-876A
qúshuài 渠率 5-1360B
qúshuài 渠帥 5-1360A
qǔshuài 取帥 2-874B
qūshuǐ 曲水 5-563B
qúshuǐ 渠水 5-1359B
qǔshuǐ 取水 2-872A
qùshuǐ 去水 2-833A
qūshùn 屈眴 4-31B
qūshuō 曲說 5-572A
qūsī 曲私 5-565B
qūsī 屈私 4-29A
qūsī 趨廝 9-1151B
qǔsǐ 取死 2-872B
qúsì 衢肆 3-1111B
qùsī 去思 2-834A
qūsòng 屈宋 4-29B
qūsǒu 區藪 1-978B
qúsōu 巨蒐 1-954B
qúsōu 貗狻 10-1344B
qúsōu 渠搜 5-1360B
qúsōu 氍毿 6-1020B
qúsōu 氍毵 6-1020B
qúsōu 蠼螋 8-1015B
qúsōu 蠼蛟 8-1015B
qúsōu 渠叟 5-1360A
qúsōuchuāng 蠼螋瘡 8-1015B
qūsú 曲俗 5-567A
qūsú 趨俗 9-1150A
qūsuàn 曲算 5-572A
qūsuì 曲遂 5-570B
qūsuì 曲碎 5-570B
qūsuì 驅祟 12-875B
qǔsuì 取燧 2-878B
qùsuì 去歲 2-835A
qúsuǒ 瞿所 7-1261B
qǔsuǒ 取索 2-875A
qūtái 曲臺 5-571B
qùtàiqùshèn 去太去甚 2-833A
qùtàiqùshèn 去泰去甚 2-834A
qūtán 曲覃 5-569B
qūtán 祛痰 7-843A
qūtán 驅彈 12-877B
qūtǎn 曲袒 5-569A
qūtàn 覷探 10-353B
qútán 瞿曇 7-1262A
qútáng 瞿唐 7-1261B

qútáng 瞿塘 7-1262A
qútánggǔ 瞿塘賈 7-1262A
qútángguān 瞿唐關 7-1261B
qútángtān 瞿塘灘 7-1262A
qútángxiá 瞿唐峽 7-1261B
qútángxiá 瞿塘峽 7-1262A
qūtāo 驅濤 12-878A
qǔtǎo 取討 2-875A
qūtǐ 曲體 5-575A
qūtǐ 屈體 4-33B
qūtǐ 詘體 11-129A
qūtǐ 軀軆 10-713A
qūtǐ 軀體 10-713A
qùtī 去梯 2-834A
qūtiǎn 驅殄 12-874B
qútián 渠田 5-1359B
qùtiānchǐwǔ 去天尺五 2-832B
qūtīng 曲聽 5-575A
qūtíng 趨庭 9-1150A
qūtíngcèdiàn 驅霆策電 12-877B
qǔtòng 齲痛 12-1457A
qūtóu 曲頭 5-573A
qǔtòu 取透 2-875A
qūtū 曲突 5-567B
qūtū 屈突 4-30B
qūtū 驅突 12-874B
qūtǔ 區土 1-975B
qútú 衢涂 3-1111A
qǔtú 取途 2-875A
qūtuǐ 戌腿 5-189A
qūtuì 袪退 7-842B
qūtuì 袪褪 7-843A
qútuī 欋推 4-1370B
qūtuó 屈沱 4-30A
qūtuó 胠橐 6-1206A
qùtuó 呿陀 3-253A
qūtūxǐxīn 曲突徙薪 5-568A
qūtūyíxīn 曲突移薪 5-567B
qūwài 區外 1-976A
qúwǎn 渠椀 5-1360B
qúwǎn 渠碗 5-1361A
qúwǎn 磲盌 7-1109B
qúwǎn 磲椀 7-1109B
qūwáng 麴王 12-1024A
qūwǎng 曲枉 5-566A
qūwǎng 屈枉 4-30A
qūwàng 袪妄 7-842B
qūwàng 覷望 10-353B
qūwēi 曲隈 5-569B
qūwēi 屈威 4-30B
qūwèi 曲畏 5-567A
qūwèi 驅衛 12-878A
qùwèi 去位 2-833B
qùwèi 趣味 9-1143B
qùwěicúnzhēn 去僞存真 2-835A
qùwēijiù'ān 去危就安 2-833B
qūwén 曲文 5-563B
qūwèn 覷問 10-353B
qǔwén 曲文 5-563B
qǔwèn 取問 2-876A
qūwénzōujiàn 區聞陬見 1-978B
qūwū 曲屋 5-568A
qūwū 驅烏 12-875B
qūwù 曲悟 5-569A
qūwù 區物 1-976B
qūwù 驅騖 12-878B
qūwù 趨務 9-1143B
qǔwǔ 取侮 2-874B
qùwúrénshēng 闃無人聲 12-132B
qùwúyīrén 闃無一人 12-132B
qūxī 曲錫 5-573B
qūxī 屈膝 4-33A
qūxī 袪裼 9-48A
qūxī 區析 1-976B
qūxī 詘膝 11-129A
qūxī 嶇嵠 3-862A
qūxí 曲席 5-568B
qūxǐ 驅徙 12-876A
qùxī 呿吸 3-253A
qūxiá 曲狹 5-568B
qūxià 屈下 4-28A
qūxià 區夏 1-976B
qǔxià 取下 2-872A
qùxiā 呿呀 3-253A
qūxiān 驅先 12-873B
qūxián 曲嫌 5-571B
qūxiàn 曲綫 5-572B
qūxiàn 曲獻 5-574B
qūxiàn 屈陷 4-31B
qūxiàn 區縣 1-978B
qúxiān 臞仙 6-1417B
qúxiān 癯仙 8-369B
qǔxiān 取先 2-873A
qǔxián 取嫌 2-877B
qūxiáng 曲詳 5-571A
qūxiáng 區詳 1-978B
qūxiáng 趨翔 9-1151A
qūxiáng 趨詳 9-1151B
qūxiàng 曲巷 5-567A
qūxiàng 趨鄉 9-1151A
qūxiàng 趨嚮 9-1152B
qūxiàng 趨向 9-1147B
qūxiàng 趣鄉 9-1144A
qūxiàng 趣嚮 9-1144B
qūxiàng 趣向 9-1143A
qúxiàng 衢閧 3-1111B
qúxiàng 衢衖 3-1111A
qúxiàng 衢巷 3-1111A
qǔxiàng 取象 2-876A
qùxiàng 趨嚮 9-1152B
qùxiàng 趨向 9-1148A
qùxiàng 去向 2-833B
qùxiàng 趣嚮 9-1144B
qùxiàng 趣向 9-1143A
qūxiànměi 曲綫美 5-572B
qūxiānshēng 麴先生 12-1024B
qūxiào 曲肖 5-565B
qúxiǎo 臞小 6-1417B
qǔxiāo 取消 2-875B
qǔxiāo 取銷 2-878A
qǔxiào 取効 2-874A
qǔxiào 取效 2-875B
qǔxiào 取笑 2-875A
qǔxiàyī 取夏衣 2-875A
qūxié 曲邪 5-564A
qūxié 袪邪 7-842B
qūxié 驅邪 12-873B
qūxié 驅脅 12-875B
qūxié 驅脇 12-875B
qūxiè 曲謝 5-573B
qùxié 呿嗋 3-253A
qùxiéguīzhèng 去邪歸正 2-833A
qǔxífù 娶媳婦 4-368B
qūxīn 曲心 5-563B
qūxīn 屈心 4-28B
qúxīn 劬心 2-785A
qǔxìn 取信 2-874B
qūxíng 曲行 5-564B
qūxíng 曲形 5-565A
qūxíng 屈行 4-29A
qūxíng 趨行 9-1148A
qūxíng 驅行 12-873B
qùxìng 趣興 9-1144B
qūxīnjiǎodù 蛆心攪肚 8-875A
qúxiōng 渠凶 5-1359B
qùxióng 去雄 2-834B
qūxiùcái 麴秀才 12-1024B
qūxū 曲須 5-570B
qūxù 屈衄 4-30A
qūxuán 曲縣 5-573A
qūxuán 曲懸 5-574B
qūxuē 戌削 5-189A
qūxué 曲穴 5-564A
qūxué 曲學 5-573A
qūxué 區穴 1-976A
qúxué 劬學 2-785B
qūxuébìxíng 曲學詖行 5-573A
qūxué'ēshì 曲學阿世 5-573A
qūxùn 曲徇 5-567A
qūyá 趨衙 9-1151B
qūyán 曲言 5-565B
qūyán 趨炎 9-1149B
qūyán 軀顏 10-713A
qūyǎn 曲衍 5-567B
qūyàn 曲宴 5-569A
qūyàn 曲燕 5-573A
qúyán 癯顏 8-370A
qúyǎn 鴝眼 12-1083B
qúyàn 渠匽 5-1360A
qúyàn 渠堰 5-1360B
qǔyān 取湮 2-876B
qūyánchē 驅鹽車 12-879A
qūyánfèngshì 趨炎奉勢 9-1149B
qūyánfùrè 趨炎附熱 9-1149B
qūyánfùshì 趨炎附勢 9-1149B
qūyáng 區陽 1-978A
qūyáng 驅羊 12-873B
qūyǎng 袪痒 9-47B
qūyǎng 歐養 5-502B
qūyàng 屈漾 4-32B
qúyǎng 蚼蝯 8-877B
qǔyàng 取樣 2-878A
qūyángǎnrè 趨炎趕熱 9-1149B
qūyángjiùjié 驅羊舊節 12-873B
qūyángzhànláng 驅羊戰狼 12-873B
qūyāo 曲要 5-567A
qūyāo 屈腰 4-32B
qūyāo 軀腰 10-713A
qūyāo 驅妖 12-874A
qúyáo 衢謠 3-1112A
qūyāohābèi 曲腰哈背 5-571A
qūyāoráoguó 詘要橈膕 11-128B
qūyě 區野 1-978A
qūyè 曲業 5-570B
qūyè 屈曳 4-28B
qūyè 趨謁 9-1152A
qūyè 驅曳 12-873B
qūyī 鞠衣 12-199A
qūyī 屈揖 4-31B
qūyī 䧢陭 11-1097B
qūyí 曲頤 5-573A
qūyí 袪疑 7-843A
qūyì 曲意 5-571A
qūyì 曲藝 5-574A
qūyì 曲譯 5-574B
qūyì 曲議 5-575A
qūyì 屈抑 4-29A
qūyì 屈軼 4-31B
qūyì 屈意 4-32B
qūyì 胠翼 6-1206A
qūyì 詘抑 11-128A
qūyì 詘意 11-129A
qūyì 歐役 5-502B
qūyì 歐疫 5-502B
qūyì 趨役 9-1148B
qūyì 驅役 12-874A
qūyì 趣役 9-1143A
qúyī 渠伊 5-1359B
qúyì 劬勩 2-785B
qǔyì 曲藝 5-574A
qǔyì 取意 2-877A
qǔyì 取義 2-877A
qūyìcǎo 屈佚草 4-29B
qǔyìchéngrén 取義成仁 2-877A
qūyìchéngyíng 曲意承迎 5-571B
qūyìféngyíng 曲意逢迎 5-571B
qūyìfèngyíng 曲意奉迎 5-571B
qùyíjiéshé 呿頤結舌 3-253A
qūyīn 曲闉 5-574A
qūyín 嶇崟 3-862A
qūyín 嶇崯 3-862A

qūyǐn 曲隱 5-573B
qǔyǐn 曲引 5-563B
qǔyìn 曲胤 5-567B
qùyín 呿吟 3-253A
qùyín 呿唫 3-253A
qūyíng 曲營 5-573B
qūyíng 蛆蠅 8-875A
qūyíng 趨迎 9-1148B
qūyíng 趨營 9-1152A
qūyǐng 趨影 9-1151B
qǔyíng 取盈 2-875A
qǔyìng 取應 2-878B
qūyīngchārèn 詘纓插衽 11-129A
qūyǐnqián 麴引錢 12-1024A
qúyīqián 渠伊錢 5-1359B
qūyīshòuyè 袪衣受業 9-47B
qūyìyínghé 曲意迎合 5-571B
qūyīzhǐ 屈一指 4-28A
qūyōng 驅擁 12-878A
qūyǒng 曲踊 5-572A
qūyǒng 驅湧 12-876B
qǔyōng 取庸 2-876A
qūyóu 焌油 7-84A
qūyǒu 區有 1-976A
qūyòu 曲宥 5-567B
qūyòu 區囿 1-976B
qǔyóu 取尤 2-872A
qǔyǒu 取友 2-872A
qūyū 曲迂 5-564A
qūyū 曲紆 5-568A
qūyú 曲隅 5-569B
qūyú 區隅 1-978A
qūyú 趨隅 9-1151B
qūyú 驅魚 12-876A
qūyú 覻覦 10-353B
qūyǔ 區宇 1-976A
qūyǔ 區寓 1-978A
qūyù 曲喻 5-570A
qūyù 曲諭 5-573B
qūyù 曲譽 5-574B
qūyù 屈鬱 4-33B
qūyù 區域 1-977A
qūyù 區寓 1-978A
qūyù 驅馭 12-876A
qūyú 鐻鍝 11-1418A
qúyú 劬愉 2-785A
qúyǔ 渠庾 5-1361A
qúyǔ 衢宇 3-1111A
qúyù 鴝鵒 12-1083B
qǔyǔ 取予 2-872A
qǔyǔ 取與 2-876B
qǔyù 取譽 2-878B
qūyuán 曲原 5-568A
qūyuàn 曲院 5-568A
qūyuàn 麴院 12-1024B
qǔyuàn 取怨 2-874B
qúyuànzhīfēi 蘧瑗知非 9-615B
qǔyuè 取説 2-877B
qǔyuè 取悦 2-875B
qūyǔn 曲允 5-564A
qǔyùn 曲韻 5-574B
qúyùwǔ 鴝鵒舞 12-1083B
qúyùyǎn 鴝鵒眼 12-1083B
qūzā 曲匝 5-564A
qūzàn 曲贊 5-574B
qūzào 屈造 4-31A
qùzào 趣造 9-1143B
qūzé 曲澤 5-573B
qūzé 屈笮 4-31B
qūzé 趨澤 9-1152A
qūzé 驅迮 12-874A
qǔzé 取則 2-874B
qǔzé 取責 2-875B
qǔzé 取擇 2-878A
qǔzēng 取憎 2-878A
qǔzhài 取債 2-876B
qūzhān 曲旃 5-568B
qūzhàn 驅戰 12-878A
qúzhān 渠譫 5-1361B
qúzhǎn 渠展 5-1360A
qūzhāng 曲張 5-569B
qūzhǎng 曲長 5-565B
qúzhǎng 渠長 5-1359B
qǔzhāng 曲章 5-569A
qūzhāo 曲昭 5-567A
qūzhāo 屈招 4-29B
qūzhǎo 曲沼 5-566B
qūzhǎo 曲瑵 5-570B
qūzhào 曲照 5-570B
qūzhé 曲折 5-565A
qūzhé 曲摺 5-571B
qūzhé 屈折 4-29A
qūzhé 屈摺 4-32B
qūzhé 詘折 11-128A
qūzhè 屈柘 4-30B
qūzhěn 曲枕 5-566A
qūzhěn 曲軫 5-569B
qūzhěn 區畛 1-976B
qūzhèng 曲政 5-567A
qūzhèng 曲證 5-574B
qǔzhèng 取正 2-872B
qǔzhèng 取證 2-878B
qūzhī 曲知 5-566B
qūzhī 屈卮 4-29B
qūzhí 曲直 5-566A
qūzhí 趨直 9-1149A
qūzhí 趨職 9-1152B
qūzhí 驅執 12-875B
qūzhí 驅縶 12-878A
qūzhǐ 曲止 5-563B
qūzhǐ 屈指 4-30A
qūzhǐ 詘指 11-128B
qūzhì 曲至 5-564A
qūzhì 曲制 5-566A
qūzhì 曲致 5-568A
qūzhì 曲智 5-570A
qūzhì 屈志 4-29A
qūzhì 屈致 4-31A
qūzhì 屈滯 4-32B
qūzhì 詘志 11-128A
qǔzhì 取志 2-873A
qùzhí 去職 2-835A
qùzhǐ 趣旨 9-1143A
qùzhì 趣致 9-1143B
qǔzhībùjìn… 取之不盡,用之不竭 2-872A
qūzhǐkěshǔ 屈指可數 4-30B
qūzhīruòwù 趨之若鶩 9-1147A
qūzhīrúwù 趨之如鶩 9-1147A
qūzhìshénmíng 袪治神明 7-842B
qūzhōng 曲中 5-563B
qūzhōng 曲衷 5-568B
qūzhōng 區中 1-975B
qūzhòng 曲中 5-563B
qūzhòng 趨重 9-1150A
qūzhòng 驅衆 12-876B
qǔzhòng 取重 2-874B
qūzhōngxué 區中學 1-975B
qūzhōngyuán 區中緣 1-975B
qǔzhōngzòuyǎ 曲終奏雅 5-569B
qūzhòu 區宙 1-976B
qūzhòu 驅驟 12-879A
qúzhōu 軥輈 9-1241A
qúzhōu 軥輖 9-1241A
qūzhú 祛逐 7-843A
qūzhú 驅逐 12-875A
qūzhǔ 曲主 5-564A
qúzhú 蚼蠋 8-877B
qúzhú 句欘 3-56B
qúzhú 斪斸 6-1058B
qùzhù 去住 2-833B
qūzhuàn 驅傳 12-877A
qūzhuāng 屈莊 4-31A
qǔzhuāng 取裝 2-877B
qǔzhūgōngzhōng 取諸宮中 2-878A
qūzhújī 驅逐機 12-875B
qūzhújiàn 驅逐艦 12-875B
qūzhǔn 趨準 9-1151B
qūzhuō 驅捉 12-875A
qǔzhuō 取拙 2-874A
qūzǐ 屈子 4-28B
qūzǐ 麴滓 12-1025A
qǔzi 曲子 5-563A
qǔzī 取資 2-877A
qǔzixiànggōng 曲子相公 5-563A
qūzōu 區陬 1-977A
qūzǒu 趨走 9-1148A
qūzǒu 驅走 12-874A
qūzǒu 趣走 9-1143A
qūzǔ 曲阻 5-565B
qǔzú 取足 2-873B
qǔzuì 取醉 2-878A
qūzūn 屈尊 4-32A
qúzūn 衢尊 3-1111B
qúzūn 衢樽 3-1111B
qúzūn 衢罇 3-1112B
qūzuǒ 屈佐 4-29B
qūzuò 屈座 4-31A

R

rǎn'ài 染愛 4-938B
rǎnbǐ 染筆 4-938B
ránbìn 髯髩 12-737A
ránbìn 髯鬢 12-737B
rǎnbìng 染病 4-937B
rǎncǎi 染采 4-936B
ráncān 髯参 12-737A
ráncānjūn 髯参軍 12-737A
rǎncǎo 染草 4-937A
rǎnchén 染塵 4-938B
rǎnchénrén 染塵人 4-938B
ránchì 然赤 7-170A
ránchú 然除 7-170B
rǎndài 染逮 4-938A
rándǎn 蚺膽 8-876A
rándēng 然燈 7-171A
rándēngf-ó 燃燈佛 7-262A
rándiǎn 燃點 7-262A
rándǐng 然頂 7-170B
rándǐng 燃頂 7-261B
rándǐng 燃鼎 7-261B
rǎndǐng 染鼎 4-938B
rándǐngshēngxiá 髯鼎升遐 12-737A
ránduàn 髯斷 12-737B
rǎn'è 染鍔 4-939B
rán'ér 然而 7-169B
rán'ér 頳耏 12-320A
rǎnfǎ 染法 4-937A
ránfàng 燃放 7-261B
rǎnfāng 染坊 4-936B
rǎnfēngxísú 染風習俗 4-937B
ránfǒu 然不 7-169B
ránfǒu 然否 7-170A
ránfū 髯夫 12-736B
ránfù 然腹 7-171A
rǎnfú 染服 4-937A
rǎngāng 染缸 4-937B
rǎngāngfáng 染缸房 4-937B
rángāo 然膏 7-171A
rǎngbèi 攘背 6-967A
rángbì 禳避 7-968B
rǎngbì 壤陛 2-1244A
rǎngbì 攘臂 6-968B
rǎngbì 攘辟 6-968A
ràngbì 讓辟 11-474A
ràngbiǎo 讓表 11-472B
rǎngbù 攘步 6-967A
ràngbù 讓步 11-472A
rángcǎo 蘘草 9-626B
rǎngcè 壤策 2-1244A
ràngchá 讓茶 11-472B
rǎngchì 攘斥 6-966B
ràngchǐ 讓齒 11-474A
rǎngchóng 壤蟲 2-1244A
rángchú 禳除 7-968B
rǎngchú 攘除 6-967B
rángchuān 穰川 8-162B
rǎngcuī 躟踓 10-570A
rǎngdài 攘代 6-966B
ràngdài 讓帶 11-473A
rángdǎo 禳禱 7-968B
rǎngdào 攘盜 6-968A
ràngdào 讓道 11-473B
ràngdé 讓德 11-474A
ràngdēng 讓登 11-473B
rǎngdí 攘狄 6-967A
rǎngdì 壤地 2-1243B
rǎngdì 壤埊 2-1244A
rǎngdì 攘地 6-966B
ràngdì 讓帝 11-472B
rǎngdiàn 壤奠 2-1244A
ràngdú 讓牘 11-474B
ràngdù 讓渡 11-473B
rǎngduó 攘敓 6-967B
rǎngduó 攘奪 6-968A
rǎngēngzhījí 冉耕之疾 1-1028B
rǎngfá 攘伐 6-966B
rǎngfén 壤墳 2-1244A
rángfú 攘服 6-967A
rǎngfú 攘服 6-967A
rǎngfǔ 壤父 2-1243B
rǎnggē 壤歌 2-1244A
rǎnggé 壤隔 2-1244A
rànggēng 讓耕 11-473A
rǎnggōng 攘肱 6-967A
rǎnggòu 攘詬 6-968A
rǎngguā 嚷刮 3-557A
ràngguān 讓官 11-472B
rángguì 禳禬 7-968B
rǎngguō 嚷聒 3-557A
ràngguó 讓國 11-473A
rǎngguǒ 讓果 11-472B
rǎnghào 穰浩 8-162B
ránghé 蘘荷 9-626B
rǎnghè 嚷喝 3-557A
rànghuà 讓話 11-474A
rǎnghuàn 攘患 6-967B
rànghuán 讓還 11-474A
rángjì 禳祭 7-968B
rǎngjī 蠰谿 8-1001A
rǎngjī 攘雞 6-968B
ràngjià 讓價 11-474A
rángjiǎn 穰儉 8-162B
rǎngjiǎn 攘翦 6-968B
rǎngjiào 嚷叫 3-557A
rángjiě 禳解 7-968B
rǎngjiè 壤芥 2-1243B
rǎngjiè 壤界 2-1243B
rǎngjījígǔ 攘肌及骨 6-966B
rǎngjīn 攘襟 6-968B
ràngjiǔ 讓酒 11-473A
ràngjū 讓居 11-472B
rǎngjuǎn 攘卷 6-967A
rǎngjuǎn 攘捲 6-967B
rǎngjué 攘攫 6-969A
ràngjué 讓爵 11-474A
ràngkāi 讓開 11-473B
ràngkàng 讓抗 11-472A
ràngkè 讓客 11-472B
ràngkǒu 讓口 11-471B
rángkǒu'er 瓤口兒 8-283B
rángIǐ 勷理 2-829B
rànglí 讓梨 11-473A
rànglǐn 讓廩 11-474A
rǎngliú 壤流 2-1244A
rànglǐyīcùn… 讓禮一寸,得禮一尺 11-474A
rànglù 讓陸 11-473A
rànglù 讓祿 11-473B
rànglù 讓路 11-473B
rǎngluàn 嚷亂 3-557A
rǎngluàn 攘亂 6-968A
rǎnglüè 攘畧 6-967B
rǎngmà 嚷罵 3-557A
rǎngmài 壤脈 2-1244A
rǎngměi 攘美 6-967B
rǎngmèi 攘袂 6-967B
rǎngmèiyǐnlǐng 攘袂引領 6-967B
ràngmíng 讓名 11-472A
rǎngmò 壤末 2-1243B
ràngmù 讓木 11-472A
rǎngnáo 攘撓 6-968A
rǎngnào 嚷鬧 3-557A
ràngnéng 讓能 11-473A
rángōng 髯公 12-736B
rǎngōng 染工 4-936A
ràngpàn 讓畔 11-473A
rǎngpiāo 攘剽 6-968A
ràngpǐn 讓品 11-472B
rǎngpóu 攘掊 6-967B
rǎngqì 攘棄 6-968A
ràngqiān 讓謙 11-474A
ràngqiào 讓誚 11-474A
rǎngqiè 攘竊 6-969A
rángqū 儴佉 1-1739B
rǎngqū 攘袪 6-967B
rǎngqǔ 攘取 6-967A
ràngqú 讓衢 11-474B
rǎngquán 攘卷 6-967A
rǎngquán 攘拳 6-967B
ràngquán 讓權 11-474B
rǎngquánduólì 攘權奪利 6-969A
rǎngquè 攘却 6-967A
rǎngquè 攘卻 6-967A
rǎngquè 攘卻 6-967B
rāngrang 嚷嚷 3-557A
rángráng 瀼瀼 6-215B
rángráng 穰穰 8-162B
rángráng 攘攘 6-968B
rǎngrǎng 穰穰 8-163A
rǎngrǎng 躟躟 10-570A
rǎngrǎng 壤壤 2-1244B
rǎngrǎng 攘攘 6-968B
ràngràng 懹懹 7-796A
ràngràng 讓讓 11-474B
rǎngrǎnggāigāi 穰穰垓垓 8-163B
rǎngrǎnggāigāi 攘攘垓垓 6-968B
rǎngrǎngláoláo 穰穰勞勞 8-163B
rǎngrǎngláoláo 攘攘勞勞 6-968B
rǎngrǎngrǎorǎo 攘攘擾擾 6-969A
rǎngrǎngxīxī 攘攘熙熙 6-968B
rǎngrǎngyíngyíng 攘攘營營 6-969A
rǎngrǎo 攘擾 6-968B
rǎngrén 穰人 8-162B
rǎngrèn 攘袵 6-968A
ràngsānràngzài 讓三讓再 11-471B
rǎngshā 攘殺 6-967B
rǎngshàn 攘善 6-968A
ràngshēng 讓生 11-472A
rǎngshì 壤室 2-1244A
ràngshì 讓事 11-472B
rǎngshǒu 攘手 6-966B
ràngshǒu 讓手 11-472A
rǎngshù 壤樹 2-1244A
ràngshū 讓書 11-473A
rǎngsì 壤駟 2-1244A
rángsuì 穰歲 8-162B
rǎngtān 攘貪 6-967B
rǎngtǎo 攘討 6-967B
rǎngtī 攘剔 6-967B
rángtián 禳田 7-968A
rǎngtián 穰田 8-162B
ràngtián 讓田 11-472A
rǎngtóng 壤童 2-1244A
rǎngtóu 攘頭 6-968B
rǎngtǔ 壤土 2-1243B
ràngtuì 讓退 11-473A
rángǔ 然谷 7-170A
rángù 然故 7-170A
rǎngǔ 染古 4-936A
ránguì 然桂 7-170B
rǎngwài 攘外 6-966B
ràngwáng 讓王 11-471B
rǎngwǎngxīlái 攘往熙來 6-967A
ràngwēi 讓威 11-472B
ràngwèi 懹畏 7-796A
ràngwèi 讓位 11-472B
rǎngwēng 壤翁 2-1244A
ràngxiān 讓先 11-472A
ràngxián 讓賢 11-474A
rángxiè 禳謝 7-968B
ràngxìn 讓釁 11-474B
rángxīng 禳星 7-968B
rǎngxiù 攘袖 6-967B
ràngxù 讓敘 11-472B
ràngxù 讓勗 11-473A
rángyā 禳厭 7-968B
ràngyān 讓烟 11-473A
rǎngyáng 攘羊 6-967A
rǎngyí 攘夷 6-966B
rǎngyì 攘抑 6-967A
ràngyī 讓揖 11-473B

ràngyì 讓挹 11-473A
ràngyìjìngláo 讓逸競勞 11-473A
rángyǒng 禳禜 7-968B
rángyú 瓤腴 8-283B
rǎngyú 攘揄 6-968A
rǎngyú 攘羭 6-968A
rǎngyù 攘獄 6-968A
ràngyǔ 讓與 11-473B
rángzāi 禳災 7-968B
rángzāi 禳灾 7-968A
rángzāi 攘災 6-967A
rǎngzāi 穰災 8-162B
ràngzàiràngsān 讓再讓三 11-472A
ràngzǎotuīlí 讓棗推梨 11-473B
rǎngzé 攘擇 6-968B
ràngzé 讓責 11-473A
ràngzhāng 讓章 11-473B
ràngzhǎng 讓長 11-472B
rángzhé 攘磔 6-968A
rǎngzhēng 攘争 6-966B
ràngzhí 讓職 11-474B
rángzi 穰子 8-162B
rǎngzǐ 壤子 2-1243B
rǎngzi 壤子 2-1243B
ràngzi 讓子 11-471B
ràngzǒu 讓走 11-472A
ràngzuò 讓坐 11-472B
ràngzuò 讓座 11-473A
rǎnhàn 染翰 4-939A
rǎnhànchéngzhāng 染翰成章 4-939A
rǎnháo 染毫 4-938A
ránhòu 然後 7-170B
rǎnhòu 染後 4-937B
ránhú 髯胡 12-737A
ránhú 頯胡 12-320A
rǎnhù 染户 4-936A
ránhuā 然花 7-170A
rǎnhuà 染化 4-936A
rǎnhuà 染畫 4-938B
rǎnhuàn 染患 4-938A
rǎnhuáng 染潢 4-938B
ránhuī 然灰 7-170A
ránhuī 燃灰 7-261A
rǎnhuì 染繢 4-939B
ránhuǒ 然火 7-169B
ránhuǒ 燃火 7-261A
rǎnhuò 染惑 4-938A
ránjí 然即 7-170A
ránjǐ 髯戟 12-737A
rǎnjí 染疾 4-937B
rǎnjì 冉季 1-1028B
rǎnjiā 染家 4-938A
rǎnjiàng 染絳 4-938B
rǎnjié 染潔 4-939A
rǎnjiùzuòxīn 染舊作新 4-939A
ránjù 然炬 7-170A
ránkāng 燃糠 7-262A
ránkāngzìzhào 然糠自照 7-171A
ránkě 然可 7-169B
ránkè 髯客 12-737A
ránkǒu 髯口 12-736B
ránlà 然蠟 7-171B
rǎnlǎn 染濫 4-939B
rǎnlánnièzào 染藍涅皂 4-939A
rǎnlěi 染累 4-938A
ránlí 燃藜 7-262A
ránlì 髯麗 12-737B
rǎnliàn 染練 4-939A
ránliào 燃料 7-261B
rǎnliào 染料 4-937B
ránliè 髯鬣 12-737B
ránliè 髯鬣 12-737B
ránlóng 髯龍 12-737B
ránméi 然眉 7-170B
ránméi 燃眉 7-261B
ránméizhījí 燃眉之急 7-261B
ránmì 然蜜 7-171A
ránmíng 然明 7-170A
rǎnmóu 染眸 4-938A
ránnà 然納 7-170B
ránnǎi 然乃 7-169B
rǎnnì 染逆 4-937B
rǎnnì 染溺 4-938B
rǎnniǎo 媣嫋 4-321A
rǎnniǎo 苒嫋 9-339A
ránnú 髯奴 12-736B
ránnuò 然諾 7-171A
rǎnpù 染鋪 4-939A
ránqí 然臍 7-171A
ránqí 燃臍 7-262A
rǎnqiàn 染茜 4-937A
rǎnqiàn 染蒨 4-938B
rǎnqiāng 染戕 4-937A
ránqiě 然且 7-169B
ránqíjiāndòu 燃萁煎豆 7-261B
rǎnqīng 染青 4-936B
ránqízhīmǐn 燃萁之敏 7-261B
ránqízhǔdòu 燃萁煮豆 7-261B
ránrán 誗誗 11-103A
ránrán 呥呥 3-208B
ránrán 呥呥 3-262B
ránrán 然然 7-170B
ránrán 髯髯 12-737A
rǎnrǎn 冄冄 9-643B
rǎnrǎn 冉冉 1-1028A
rǎnrǎn 媣媣 4-321A
rǎnrǎn 苒苒 9-339A
rǎnrǎnchánchán 冉冉纏纏 1-1028B
ránránkěkě 然然可可 7-170B
rǎnrǎnqū 冉冉趨 1-1028B
rǎnrǎnyōuyōu 冉冉悠悠 1-1028B
rǎnrě 苒惹 9-339A
rǎnrě 染惹 4-938A
rǎnrén 染人 4-936A
rǎnrěn 苒荏 9-339A
ránròushēndēng 燃肉身燈 7-261A
ránrú 然如 7-170A
ránrú 髯茹 12-737A
rǎnrú 染濡 4-939B
ránruò 然爇 7-171A
rǎnruò 冉弱 1-1028B
rǎnruò 苒若 9-339A
rǎnruò 苒弱 9-339A
rǎnruò 苒蒻 9-339A
rǎnsè 染色 4-936B
rǎnsètǐ 染色體 4-936B
rǎnshàng 染尚 4-936B
ránshāo 燃燒 7-262A
ránshāodàn 燃燒彈 7-262A
ránshé 蚺虵 8-875B
ránshé 蚺蛇 8-875B
ránshé 髯虵 12-737A
ránshé 髯蛇 12-737A
rǎnshè 染涉 4-937B
ránshédǎn 蚺虵膽 8-875B
ránshédǎn 蚺蛇膽 8-875B
rǎnshénkègǔ 染神刻骨 4-937B
rǎnshénluànzhì 染神亂志 4-937B
ránshéténg 蚺蛇藤 8-876A
ránshí 然石 7-169B
ránshí 燃石 7-261A
ránshǐ 然始 7-170A
ránshì 髯士 12-736B
rǎnshì 染事 4-936B
rǎnshǒu 染手 4-936A
rǎnshǔ 染署 4-938B
rǎnshuāng 染霜 4-939A
rǎnsī 染絲 4-938B
rǎnsīzhībiàn 染絲之變 4-938B
ránsǒu 髯叟 12-737A
ránsū 髯蘇 12-737B
rǎnsù 染素 4-937B
ránsuī 然雖 7-171A
ránsūn 髯孫 12-737A
rǎnwǎng 染網 4-939A
ránwù 然物 7-170A
rǎnwū 染汙 4-936B
rǎnwū 染污 4-936B
rǎnwù 染物 4-936B
ránxī 然犀 7-170B
ránxī 燃犀 7-261B
rǎnxī 染溪 4-938B
rǎnxí 染習 4-938A
ránxiá 髯狎 12-736B
rǎnxià 染夏 4-937B
rǎnxiě 染寫 4-939A
ránxījiǎo 然犀角 7-170B
ránxìn 然信 7-170B
ránxū 髯須 12-737A
ránxū 髯鬚 12-737B
ránxǔ 然許 7-170B
rǎnxuàn 染渲 4-938B
ránxūcānjūn 髯鬚參軍 12-737B
rǎnxuē 染削 4-937A
rǎnxūn 染薰 4-939A
rǎnxūzhòngchǐ 染鬚種齒 4-939B
ránxūzhǔbù 髯須主簿 12-737A
ránxūzhǔbù 髯鬚主簿 12-737B
rányān 髯閹 12-737B
rǎnyán 冉顏 1-1028B
rányí 然疑 7-171A
rányǐ 然已 7-169B
rǎnyī 染衣 4-936B
rǎnyí 冉遺 1-1028B
rǎnyí 鮎遺 12-1214B
rányīn 袡茵 9-51B
rǎnyú 染輿 4-939A
rǎnyǔ 染羽 4-936B
rǎnyuán 染黿 4-939A
rǎnyuàn 染院 4-937B
rányūn 然煴 7-171A
rányùnhuǒ 然蘊火 7-171A
ránzàn 然贊 7-171B
rǎnzǎo 橪棗 4-1317B
ránzé 然則 7-170A
rǎnzēng 染繒 4-939B
ránzhī 然脂 7-170B
ránzhǐ 燃指 7-261B
rǎnzhǐ 染指 4-937A
rǎnzhǐ 染紙 4-938A
rǎnzhǐchuíxián 染指垂涎 4-937A
rǎnzhǐjiacǎo 染指甲草 4-937A
rǎnzhǐshū 染指書 4-937A
ránzhǔbù 髯主簿 12-736B
ránzhuó 燃灼 7-261B
rǎnzhuó 染著 4-938A
rǎnzhuó 染着 4-938A
rǎnzì 染漬 4-938B
rǎobài 嬈敗 4-407A
ráobǎo 饒飽 12-579A
ráoběn 饒本 12-577B
rǎobī 擾逼 6-956A
rǎobì 擾弊 6-956A
ráobiàn 饒辯 12-579B
ràobózi 繞脖子 9-1015A
ráocái 饒財 12-578B
rǎocháobiān 繞朝鞭 9-1015A
rǎocháocè 繞朝策 9-1015A
ráochǐ 饒侈 12-578A
rǎochù 擾畜 6-955B
rǎocóng 擾從 6-955B
ràodā 繞搭 9-1015A
ráodào 饒道 12-579A
rǎodào 遶道 10-1168B
ràodào 繞道 9-1015A
rǎodiànléi 遶殿雷 10-1168B
ràodiànléi 繞殿雷 9-1015B
rǎodòng 擾動 6-955B
ràodòng 蟯動 8-960B
ráoduō 饒多 12-578A
rǎoduó 擾敓 6-955B
ráofá 饒乏 12-577B

rǎofán 擾煩 6-956A
ráofàng 鐃放 12-578A
ráofànzi 橈販子 4-1298B
rǎofó 遶佛 10-1168B
ráofù 鐃富 12-579A
rǎofú 擾服 6-955B
ráogē 橈歌 4-1299A
ráogǔ 橈骨 4-1298B
rǎogù 嬈固 4-407A
rǎoguà 擾挂 6-955B
ráoguǎng 鐃廣 12-579B
ráoguǒ 鐃果 12-578A
rǎoguō 擾聒 6-956A
rǎohài 嬈害 4-407A
rǎohài 擾害 6-955B
rǎohuà 擾化 6-955A
ràohuái 撓懷 6-851B
rǎohuán 遶圜 10-1168B
rǎohuò 擾惑 6-956A
ráojī 橈姬 4-1298B
ráojí 橈楫 4-1298B
ráojǐ 鐃給 12-579A
ráojiǎ 鐃假 12-579A
ráojiǎn 鐃減 12-579A
rǎojiǎo 擾攪 6-956B
ráojiè 鐃借 12-578B
rǎojié 擾劫 6-955B
ràojié 繞結 9-1015B
ráojù 鐃劇 12-579B
rǎojù 擾懼 6-956B
ráokè 橈客 4-1298B
ràokǒu 繞口 9-1014B
ràokǒulìng 繞口令 9-1014B
ráolè 鐃樂 12-579B
rǎolěi 擾累 6-955B
ráolì 鐃利 12-578A
rǎoliáng 遶梁 10-1168B
rǎoliáng 遶樑 10-1168B
ràoliáng 繞梁 9-1015A
rǎoliánggē 遶梁歌 10-1168B
rǎoliángshēng 遶梁聲 10-1168B
ràoliáo 繞繚 9-1015B
ràoliù 繞霤 9-1015B
rǎoluàn 擾亂 6-956A
ráoměi 鐃美 12-578B
ráomiǎn 鐃免 12-578A
rǎomín 擾民 6-955B
ráomìng 鐃命 12-578A
ráomù 蕘牧 9-545A
ráonǎo 嬈惱 4-407A
rǎonòng 遶弄 10-1168A
rǎopàn 擾叛 6-955B
ráopéi 鐃培 12-578B
ráoqíng 鐃情 12-579A
ráoqǔ 鐃取 12-578A
ràoquānzi 繞圈子 9-1015A
ráoràng 鐃讓 12-579B
rǎorǎng 擾穰 6-956B
rǎorǎng 擾躟 6-956B
rǎorǎng 擾嚷 6-956B
rǎorǎng 擾攘 6-956B
rǎorǎo 擾擾 6-956A
rǎorǎo 遶遶 10-1168B
ràorào 繞繞 9-1015B
rǎorǎojiāojiāo 擾擾膠膠 6-956A
ráorén 鐃人 12-577B
rǎorǒng 擾宂 6-955A
rǎoróu 擾柔 6-955B
ráorùn 鐃潤 12-579B
ráoshàn 鐃贍 12-579B
ráoshē 鐃奢 12-578B
ráoshé 鐃舌 12-578A
ráoshè 鐃赦 12-578B
rǎoshēn 遶身 10-1168A
ráoshì 鐃士 12-577B
ráoshòu 鐃受 12-578A
ràoshǒu 繞手 9-1014B
ráoshù 蕘豎 9-545A
ráoshù 鐃恕 12-578B
rǎoshù 遶束 10-1168A
ráoshuǎng 鐃爽 12-578B
rǎosuí 擾綏 6-956A
ràoténg 繞騰 9-1015B
ráotóu 鐃頭 12-579B
rǎowān 遶彎 10-1168B
ràowān'er 繞彎兒 9-1015B
ràowǎng 繞罔 9-1014B
ràowānzi 繞灣子 9-1016A
rǎowéi 遶圍 10-1168B
rǎowěn 擾紊 6-955B
ráowò 鐃沃 12-578A
rǎoxī 遶膝 10-1168B
rǎoxí 擾習 6-955B
rǎoxí 擾襲 6-956B
ràoxī 繞膝 9-1015B
ràoxí 繞襲 9-1015B
rǎoxiá 擾狎 6-955B
ráoxiān 鐃先 12-578A
ráoxiàn 鐃羨 12-579A
ràoxíng 繞行 9-1014B
ráoxióng 鐃雄 12-579A
rǎoxù 擾畜 6-955B
rǎoxùn 擾馴 6-956A
ráoyán 鐃言 12-578A
ráoyǎn 鐃衍 12-578A
ráoyě 鐃野 12-579A
ráoyì 鐃益 12-578B
ráoyì 鐃溢 12-579A
rǎoyì 擾乂 6-955A
rǎoyì 擾毅 6-956A
ráoyīn 挐音 6-541A
ráoyíng 鐃盈 12-578B
rǎoyíng 遶縈 10-1168B
ráoyǒng 鐃勇 12-578B
ráoyōu 鐃憂 12-579B
ráoyǒu 鐃有 12-577B
ráoyú 鐃餘 12-579B
ráoyù 鐃裕 12-579A
ráoyuǎn 鐃遠 12-579A
rǎoyuàn 擾怨 6-955B
ràoyuǎn'er 繞遠兒 9-1015B
ràoyuè 繞越 9-1015A
rǎozá 擾雜 6-956B
rǎozhǐ 遶指 10-1168B
ràozhǐ 繞指 9-1014B
rǎozhǐróu 遶指柔 10-1168B
ràozhǐróu 繞指柔 9-1014B
ráozǐ 蕘子 9-545A
ráozòng 鐃縱 12-579B
ráozú 鐃足 12-578A
ràozǔ 繞組 9-1015A
ràozuǐ 繞嘴 9-1015B
rè'ài 熱愛 7-239A
rè'àoshànghúsūn 熱鏊上猢猻 7-241B
rè'àozishàngmǎyǐ 熱鏊子上螞蟻 7-241B
rèbā 熱巴 7-234A
rèbā 熱芭 7-235A
rěbàn 惹絆 7-563A
rèbārén 熱芭人 7-235A
rèbìng 熱病 7-237A
rècā 熱擦 7-241A
rècáo 熱嘈 7-239B
rècáocáo 熱嘈嘈 7-239B
rěcǎoniānhuā 惹草拈花 7-562B
rěcǎozhānhuā 惹草沾花 7-563A
rècháng 熱腸 7-239A
rècháo 熱潮 7-240B
rèchǎo 熱炒 7-235B
rèchǎorèmài 熱炒熱賣 7-235B
rèchén 熱忱 7-235A
rèchéng 熱誠 7-239B
rèchuǎn 熱喘 7-238B
rèchǔlǐ 熱處理 7-238A
rèchuò 熱啜 7-238A
rèchuò 熱歠 7-241B
rècuáncuán 熱攢攢 7-242A
rècuōcuō 熱撮撮 7-240B
rèdài 熱帶 7-237B
rèdàiyú 熱帶魚 7-237B
rèdì 熱地 7-234B
rèdiǎn 熱點 7-241B
rèdiànzhàn 熱電站 7-239A
rèdìlǐdeyóuyán 熱地裏的蚰蜒 7-234B
rèdìshànglóuyǐ 熱地上螻蟻 7-234B
rèdìshàngmǎyǐ 熱地上螞蟻 7-234B
rèdìshàngyóuyán 熱地上蚰蜒 7-234B
rèdìyóuyán 熱地蚰蜒 7-234B
rědòng 惹動 7-563A
rèdǒu 熱斗 7-234A
rèdú 熱毒 7-235B
rèdù 熱度 7-236A
rèdúfēng 熱毒風 7-235B
rè'ēn 熱恩 7-236B
rěfā 惹發 7-563A
rěfān 惹翻 7-563B
rěfàn 惹犯 7-562B
rèfàn 熱飯 7-238B
rèfēng 熱風 7-236A
rèfū 熱敷 7-240B
rèfù 熱腹 7-239B
rěgān 若干 9-329A
règǎn 熱趕 7-239B
règǎnláng 熱趕郎 7-239B
règāo 熱膏 7-240A
règēng 熱羹 7-241B
règǒu 熱狗 7-235B
rěgù 惹禍 7-563A
règuān 熱官 7-235B
règǔngǔn 熱滾滾 7-239B
règuōqì 熱鍋氣 7-241A
règuōshànglóuyǐ 熱鍋上螻蟻 7-241A
règuōshàngmǎyǐ 熱鍋上螞蟻 7-241A
rèhǎi 熱海 7-237B
rèhàn 熱旱 7-235A
rèhé 熱和 7-235A
rèhéfǎnyìng 熱核反應 7-236B
rèhōnghōng 熱哄哄 7-236A
rèhōnghōng 熱烘烘 7-237A
rèhū 熱乎 7-234B
rèhū 熱呼 7-235A
rèhú 熱糊 7-240B
rèhuà 熱化 7-233B
rèhuà 熱話 7-239B
rèhuāng 熱荒 7-236A
rèhūhū 熱乎乎 7-234B
rèhūhū 熱呼呼 7-235A
rèhūhū 熱忽忽 7-235B
rèhuī 熱灰 7-234B
rèhulà 熱呼辣 7-235A
rèhūlā 熱忽喇 7-235B
rèhūlā 熱忽剌 7-235B
rèhūlà 熱忽辣 7-235B
rèhūn 熱昏 7-235B
rěhuò 惹禍 7-563A
rèhuo 熱火 7-234A
rèhuǒ 熱火 7-234A
rèhuǒcháotiān 熱火朝天 7-234A
rěhuǒshāoshēn 惹火燒身 7-562B
rèjí 熱疾 7-237A
rèjì 熱際 7-239B
rèjiāgōng 熱加工 7-234B
rèjiǎo'er 熱脚兒 7-238A
rèjìn 熱勁 7-236A
rèjiǔ 熱酒 7-237B
rèjué 熱厥 7-238B
rèkàng 熱炕 7-235B
rèkě 熱渴 7-238B
rèkè 熱客 7-236B
rèkězhìshǒu 熱可炙手 7-234A
rěkǒumiàn 惹口面 7-562B
rěkǒushé 惹口舌 7-562B
rèkuáng 熱狂 7-235A
rèlà 熱辣 7-240A
rèlàlà 熱剌剌 7-236A
rèlàlà 熱辣辣 7-240A
rèlàng 熱浪 7-237B
rèlèi 熱泪 7-235B
rèlèi 熱淚 7-238A

rèlì 熱力 7-232B
rèliàn 熱戀 7-242A
rèliǎn'er 熱臉兒 7-241B
rèliàng 熱量 7-238B
rèliè 熱烈 7-236B
rèliú 熱流 7-237B
rèluàn 熱亂 7-239A
rèlùlù 熱碌碌 7-239A
rèluò 熱烙 7-237B
rèluò 熱絡 7-239A
rèluò 熱落 7-238A
rèluòhé 熱洛何 7-236B
rèluòhé 熱洛河 7-236B
rèmà 熱罵 7-241A
rèmámá 熱麻麻 7-238A
rèmán 熱謾 7-241B
rèmǎng 熱莽 7-236B
rèmǎng 熱蟒 7-241A
rèmáozimǎ 熱毛子馬 7-233B
rèmēn 熱悶 7-239A
rèmén 熱門 7-235B
rèmèn 熱悶 7-239A
rèmó 熱魔 7-242A
rěmù 惹目 7-562B
rén'ài 仁愛 1-1100A
rěn'ài 忍愛 7-411A
rěnǎo 惹惱 7-563A
rènǎo 熱惱 7-238B
rènǎo 熱腦 7-239B
rènào 熱鬧 7-240A
rènàochǎng 熱鬧場 7-240B
rènàohuà 熱鬧話 7-240A
rénbǎiqíshēn 人百其身 1-1039A
rénbàn 人伴 1-1040B
rènbān 恁般 7-500B
rénbāo 人胞 1-1045A
rénbǎo 人保 1-1045A
rěnbào 忍暴 7-411B
rènbǎo 任保 1-1202B
rènbǎo 認保 11-253A
rènbǎozhuàng 認保狀 11-253A
rěnbèi 忍悖 7-410B
rénběnyuàn 人本院 1-1037A
rénbǐ 仁鄙 1-1100A
rénbǐ 任鄙 1-1205A
rènbiàn 任便 1-1202B
rènbiàn 認辨 11-255A
rénbiǎo 人表 1-1041B
rénbīn 仁賓 1-1100B
rénbīng 人兵 1-1040B
rénbǐng 人柄 1-1044A
rènbīng 任兵 1-1200A
rénbùliáoshēng 人不聊生 1-1035A
rènbùshì 認不是 11-252A
rénbùwèijǐ… 人不爲己,天誅地滅 1-1035A
réncái 人才 1-1034A
réncái 人材 1-1040A
rèncǎi 認睬 11-254B
réncáibèichū 人才輩出 1-1034A
réncáijǐjǐ 人才濟濟 1-1034A
réncáinèigé 人才内閣 1-1034A
réncáo 人曹 1-1048B
réncǎo 仁草 1-1098B
rěncǎo 忍草 7-410A
réncáoláng 人曹郎 1-1048B
réncè 仁惻 1-1099B
réncè 仁策 1-1099B
rèncháng 衽裳 9-43B
réncháo 人潮 1-1054B
rènchē 任車 1-1200A
rènchē 軔車 9-1225B
rénchén 人臣 1-1039A
rènchén 任臣 1-1199B
rénchēng 人稱 1-1053B
rénchéng 任城 1-1201B
rěnchéng 稔成 8-102A
rènchēng 認稱 11-254B
rěnchǐ 忍恥 7-410A
rènchí 任持 1-1201B
rènchōng 牣充 6-244A
rěnchǒu 忍醜 7-411B
rènchóuzuòfù 認仇作父 11-252A
rènchū 任出 1-1199B
rènchù 認處 11-253B
réncí 仁祠 1-1098B
réncí 仁慈 1-1100A
réncì 人次 1-1040A
réncóng 人從 1-1049A
réncóng 人叢 1-1056A
rěncóng 忍從 7-410B
rèncóng 任從 1-1203B
rèncóngfēnglàngqǐ… 任從風浪起,穩坐釣魚船 1-1204A
réncúnzhèngjǔ 人存政舉 1-1039A
rèncuò 認錯 11-255A
réndà 人大 1-1034A
rèndá 任達 1-1204A
rèndǎ 認打 11-252A
rèndábùjū 任達不拘 1-1204A
réndàhuìtáng 人大會堂 1-1034A
réndài 人代 1-1037B
rèndài 任待 1-1202B
rèndài 韌帶 12-677A
réndān 人丹 1-1036A
réndān 仁丹 1-1096B
rèndàn 任誕 1-1205A
réndānhú 仁丹鬍 1-1097A
réndānhúxū 仁丹鬍鬚 1-1097A
réndānshìgū 人單勢孤 1-1051A
réndào 人道 1-1051B
réndào 仁道 1-1099B
rèndào 任道 1-1204B
réndàozhǔyì 人道主義 1-1051B
réndé 人德 1-1054B
réndé 仁德 1-1100B
rěndé 忍得 7-410B
rènde 恁的 7-500B
rènde 恁底 7-500B
rènde 恁地 7-500A
rènde 認得 11-254A
rènde 認的 11-252B
rénděng 人等 1-1051A
rènděng 恁等 7-500B
rènděng 認鐙 11-255B
rèndepò 認得破 11-254A
réndétáng 仁德堂 1-1100B
réndì 人地 1-1039A
réndì 仁弟 1-1097B
rèndì 任地 1-1199B
rěndiàn 忍殿 7-411A
rèndié 恁迭 7-500B
réndīng 人丁 1-1033A
réndìng 人定 1-1043B
rèndǐng 飪鼎 12-496B
rèndìng 認定 11-252B
réndìngshèngtiān 人定勝天 1-1044A
réndìshēngshū 人地生疏 1-1039A
rèndízuòfù 認敵作父 11-255A
réndǒng 仁董 1-1099B
réndū 人都 1-1046A
réndǔ 仁篤 1-1101A
rěndú 忍毒 7-410A
rènduàn 任斷 1-1206B
rénduī 人堆 1-1048A
réndùn 壬遁 2-1005A
rénduōkǒuzá 人多口雜 1-1039B
rénduōquēshǎo 人多闕少 1-1040A
rénduōshìzhòng 人多勢衆 1-1039B
rénduōzuǐzá 人多嘴雜 1-1039B
rén'ē 人痾 1-1051B
rén'è 人厄 1-1035B
rěn'è 稔惡 8-102B
rěn'èbùquān 稔惡不悛 8-102B
rěn'ècángjiān 稔惡藏奸 8-102B
rén'ēn 仁恩 1-1099A
rènéng 熱能 7-237B
rén'er 人兒 1-1043A
rěn'èyíngguàn 稔惡盈貫 8-102B
rènfá 認罰 11-254B
rènfà 衽髮 9-43B
rénfàn 人犯 1-1037B
rénfàn 人範 1-1054B
rènfàn 認犯 11-252A
rènfàn 認範 11-255A
rénfāng 人方 1-1036A
rénfāng 仁方 1-1097A
rènfàng 任放 1-1201A
rénfànzi 人販子 1-1048B
rènfǎshòu 任法獸 1-1201A
rénfēicǎomù 人非草木 1-1042A
rénfēimùshí 人非木石 1-1042A
rénfēiwùshì 人非物是 1-1042A
rénfēng 人封 1-1044A
rénfēng 人風 1-1045A
rénfēng 仁風 1-1098B
rénfèng 人縫 1-1055B
rènféng 紉縫 9-729B
rénféngxǐshì… 人逢喜事精神爽 1-1047B
rénfógé 仁佛閣 1-1097B
rénfū 人夫 1-1035A
rénfū 人伕 1-1039A
rénfū 壬夫 2-1005A
rénfù 任父 1-1199A
rènfú 衽服 9-43A
rènfù 任負 1-1202B
rènfù 妊婦 4-303B
rénfúyúshì 人浮於事 1-1047B
rèngàn 韌幹 12-677A
réngāng 人綱 1-1054A
réngāo 人膏 1-1053B
rèngbài 艿稗 9-273A
rēngbēng 扔崩 6-339A
rēngbèng 扔蹦 6-339A
réngbēng 唡嘣 3-217B
réngchóng 仍重 1-1104A
réngdié 仍疊 1-1104B
réngé 人格 1-1046A
réngéhuà 人格化 1-1046A
réngèyǒuzhì 人各有志 1-1039B
rèngézhěngē 衽革枕戈 9-43A
rénghào 仍耗 1-1104A
rēnghuò 扔貨 6-339A
réngjī 仍几 1-1104A
réngjiē 仍接 1-1104A
réngjiù 仍就 1-1104B
réngjiù 仍舊 1-1104B
réngjiùguàn 仍舊貫 1-1104B
rénglòuxíjiǎn 仍陋襲簡 1-1104A
réngōng 人工 1-1033B
réngōng 人公 1-1036A
réngōng 人功 1-1037A
réngōng 仁公 1-1096B
réngōng 壬公 2-1005A
réngōng 任公 1-1199A
rèngòng 認供 11-252B
réngōnghú 人工湖 1-1033B
réngōnghūxī 人工呼吸 1-1033B
réngōngjiàngyǔ 人工降雨 1-1033B
réngōngliúchǎn 人工流産 1-1033B

réngōngshòujīng 人工授精 1-1033B
réngōngzǐ 任公子 1-1199A
rěngòu 忍垢 7-410A
rěngòu 忍詬 7-411A
rěngòu 忍訽 7-411A
rèngòu 認購 11-255B
rēngqì 扔棄 6-339A
réngqīn 仍親 1-1104B
réngrán 仍然 1-1104A
rèngrěn 芿荏 9-307B
réngréng 礽礽 3-217B
réngréng 仍仍 1-1104A
réngréng 陾陾 11-1058B
réngshì 仍世 1-1104A
réngsuì 仍歲 1-1104B
réngsūn 耳孫 8-649B
réngsūn 仍孫 1-1104A
réngsūn 礽孫 7-831A
réngtóng 栭桐 4-1176A
réngū 仁姑 1-1098A
réngù 人故 1-1044A
rěngǔ 忍古 7-409B
rèngǔ 認股 11-252B
rěnguǎn 忍管 7-411A
rènguān 任官 1-1201B
rénguǐ 人鬼 1-1045A
rénguó 人國 1-1048B
rénguǒ 人果 1-1042B
rénguǒ 仁果 1-1098A
rènguò 任過 1-1203B
rènguò 認過 11-253B
réngyīn 仍因 1-1104B
réngyún 仍雲 1-1104A
rénhǎi 人海 1-1047B
rěnhài 忍害 7-410B
rénhǎizhànshù 人海戰術 1-1047B
rénhǎnmǎsī 人喊馬嘶 1-1051A
rénháo 人豪 1-1053B
rénhé 人和 1-1043A
rénhé 仁和 1-1098A
rènhé 任何 1-1200A
rénhòu 人後 1-1045A
rénhòu 人候 1-1046B
rénhòu 仁厚 1-1098B
rénhù 人户 1-1036A
rènhù 認户 11-252A
rénhuà 仁化 1-1096B
rénhuái 人懷 1-1056A
rénhuán 人寰 1-1055B
rénhuàn 人患 1-1048B
rènhuàn 任患 1-1203B
rénhuáng 人皇 1-1045A
rénhuáng 仁皇 1-1098B
rénhuāngmǎluàn 人荒馬亂 1-1044A
rénhuì 仁惠 1-1099B
rénhuì 仁誨 1-1100B
rénhuǒ 人火 1-1036A
rénhuǒ 人伙 1-1039B
rénhuò 人禍 1-1051B
rěnhuò 稔禍 8-102B
rěnhuòtāi 稔禍胎 8-102B
rèniàn 熱念 7-235A
rénjì 人迹 1-1045A
rénjì 人跡 1-1052B
rénjì 人蹟 1-1056A
rénjí 人極 1-1050B
rénjí 人籍 1-1056B
rénjì 人紀 1-1045B
rènjī 仞積 1-1157B
rènjī 牣積 6-244A
rènjī 紉緝 9-729B
rènjì 紝績 9-763B
rènjī 認屐 11-253B
rènjì 任寄 1-1204B
rénjiā 人家 1-1047B
rénjiān 人間 1-1052A
rénjiān 人閒 1-1052A
rénjiàn 人鑑 1-1056B
rénjiàn 人鑒 1-1056B
rěnjiān 稔姦 8-102B
rénjiāndìyīhuáng 人間第一黄 1-1052A
rénjiāndìyù 人間地獄 1-1052A
rénjiàng 人匠 1-1039A
rénjiānshì 人間世 1-1052A
rénjiāntiānshàng 人間天上 1-1052A
rénjiāntiāntáng 人間天堂 1-1052A
rénjiānzhòngwǎnqíng 人間重晚晴 1-1052A
rènjiǎo 認脚 11-254A
rènjiào 任教 1-1203B
rénjié 人傑 1-1051A
rénjié 人節 1-1052B
rěnjié 忍節 7-411A
rènjiē 衽接 9-43B
rénjiédìlíng 人傑地靈 1-1051A
rénjǐjiāzú 人給家足 1-1052B
rénjíjìshēng 人極計生 1-1050B
rénjīn 仁矜 1-1099A
rénjǐn 仁謹 1-1101A
rénjīng 人經 1-1053A
rénjīng 人精 1-1053B
rénjìng 人徑 1-1047A
rénjìng 人逕 1-1046A
rénjìng 人境 1-1053A
rénjìng 人鏡 1-1056A
rénjìng 仁境 1-1100A
rènjīngé 衽金革 9-43A
rénjìngfúróng 人鏡芙蓉 1-1056A
rénjìnqícái 人盡其才 1-1053B
rěnjiū 稔究 8-102B
rènjiù 任咎 1-1201A
rènjiù 認舊 11-255B
rénjíwēiqīn 人急偎親 1-1045A
rènjīzuòfèng 認雞作鳳 11-255B
rénjù 人據 1-1055A
rènjū 認拘 11-252B
rènjǔ 任舉 1-1206A
rènjù 刃具 2-556A
rénjuàn 人眷 1-1049B
rénjuàn 人圈 1-1048B
rènjuān 認捐 11-253A
rěnjuànbùjìn 忍雋不禁 7-411A
rénjué 人爵 1-1056A
rénjué 仁決 1-1097B
rénjūn 人君 1-1041A
rénjūn 人均 1-1040A
rénjūn 仁君 1-1097B
rénjūn 任君 1-1200A
rěnjùn 忍俊 7-410A
rěnjùnbùjìn 忍俊不禁 7-410A
rěnjùnbùzhù 忍俊不住 7-410A
rènjūnqí 認軍旗 11-253A
rènjūnqíhào 認軍旗號 11-253A
rěnkǎi 忍鎧 7-411B
rènkān 任堪 1-1204A
rénkè 人客 1-1045B
rěnkē 忍苛 7-409B
rènkě 忍可 7-409B
rènkě 任可 1-1199B
rènkě 認可 11-252A
rènkè 任刻 1-1201A
rénkǒu 人口 1-1034A
rěnkǒu 忍口 7-409A
rěnkòu 稔寇 8-102B
rénkǒushuì 人口稅 1-1034B
rénkǒuzhōu 人口粥 1-1034B
rěnkù 忍酷 7-411A
rénkuǎn 人款 1-1050B
rěnkuì 忍愧 7-411A
rènkuī 認虧 11-255B
rěnkǔnàiláo 忍苦耐勞 7-409B
rénkùnmǎfá 人困馬乏 1-1040B
rénlài 人籟 1-1056B
rénláifēng 人來瘋 1-1042A
rènlán 紉蘭 9-729B
rènláo 任勞 1-1204B
rènláorènyuàn 任勞任怨 1-1204B
rénlǎozhūhuáng 人老珠黄 1-1039A
rénlè 人樂 1-1054B
rénlèi 人類 1-1056A
rěnlèi 忍淚 7-411A
rénlí 人黎 1-1054B
rénlí 任黎 1-1205B
rénlǐ 人理 1-1048A
rénlǐ 仁里 1-1097B
rénlì 人鬲 1-1046A
rénlì 人力 1-1033A
rénlì 人立 1-1038A
rénlì 人吏 1-1039A
rěnlì 稔戾 8-102B
rènlǐ 認理 11-253B
rènlì 任力 1-1198A
rénliáng 仁良 1-1097B
rènliáng 任良 1-1200A
rénlìchē 人力車 1-1033B
rénliè 人列 1-1039A
rénlíng 人靈 1-1057A
rènlǐng 認領 11-254B
rènlìng 任令 1-1199B
rénliú 人流 1-1047B
rénliǔ 人柳 1-1044A
rénlíxiāngjiàn 人離鄉賤 1-1056A
rénlóng 人龍 1-1055B
rénlǔ 人虜 1-1052B
rěnluàn 稔亂 8-103A
rénlún 人倫 1-1046B
rénlúnzi 人輪子 1-1054A
rénluò 人落 1-1050B
rénmǎ 人馬 1-1045B
rènmài 任脉 1-1202B
rènmài 任脈 1-1203A
rènmǎn 任滿 1-1205A
rènmáng 刃鋩 2-556A
rénmǎnwéihuàn 人滿爲患 1-1053B
rénmāo 人貓 1-1054B
rènme 恁麽 7-500B
rénmen 人們 1-1047A
rénmén 人門 1-1044A
rénméng 人萌 1-1048B
rènmì 認覓 11-254A
rénmiàn 人面 1-1044B
rènmiǎn 任免 1-1200A
rènmiàn 刃面 2-556A
rénmiàngǒuxīn 人面狗心 1-1044B
rénmiànshòuxīn 人面獸心 1-1044B
rénmiàntáohuā 人面桃花 1-1044B
rénmiànzhú 人面竹 1-1044B
rénmiànzi 人面子 1-1044B
rénmiào 仁廟 1-1100B
rénmín 人民 1-1038A
rénmín 仁民 1-1097A
rénmǐn 仁憫 1-1100B
rénmínbì 人民幣 1-1038B
rénmíndàhuìtáng 人民大會堂 1-1038A
rénmíndàibiǎo 人民代表 1-1038A
rénmíndàibiǎodàhuì 人民代表大會 1-1038A
rénmínfǎyuàn 人民法院 1-1038B
rénmíng 仁明 1-1098A
rénmìng 人命 1-1043A
rěnmìng 忍命 7-409B
rènmíng 認明 11-252B
rènmìng 任命 1-1201A
rènmìng 認命 11-252B
rénmìngguānsī 人命官司

1-1043B
rénmìngguāntiān 人命關天 1-1043B
rénmíngōngshè 人民公社 1-1038A
rénmíngshī 人名詩 1-1039B
rènmìngzhuàng 任命狀 1-1201A
rénmínjiǎncháyuàn 人民檢察院 1-1038B
rénmínjǐngchá 人民警察 1-1038B
rénmínmínzhǔzhuānzhèng 人民民主專政 1-1038A
rénmínnèibùmáodùn 人民內部矛盾 1-1038A
rénmínqúnzhòng 人民羣衆 1-1038B
rénmíntuántǐ 人民團體 1-1038B
rénmínwěiyuánhuì 人民委員會 1-1038B
rénmínyīngxióng… 人民英雄紀念碑 1-1038B
rénmínzhànzhēng 人民戰爭 1-1038B
rénmínzhèngfǔ 人民政府 1-1038B
rénmò 人瘼 1-1054B
rènmó 任麽 1-1205A
rènmò 訒默 11-65B
rénmógǒuyàng 人模狗様 1-1053B
rénmóu 人謀 1-1055B
rěnmóu 稔謀 8-103A
rénmòyúdú 人莫予毒 1-1046A
rénmù 人木 1-1035A
rénmù 人牧 1-1042B
rènmù 任木 1-1198B
rènnà 認納 11-253B
rěnnài 忍奈 7-409B
rěnnài 忍耐 7-410A
rènnèi 任内 1-1198B
rènnéng 任能 1-1203A
rěnnì 稔膩 8-103A
rěnnián 稔年 8-102A
rénniǎo 仁鳥 1-1099A
rénnìng 壬佞 2-1005A
rénnú 人奴 1-1038B
rénnúchǎnzǐ 人奴産子 1-1039A
rénnuò 仁懦 1-1101A
rènnúzuòláng 認奴作郎 11-252A
rěnnüè 忍虐 7-410A
rén'ǒu 人偶 1-1049A
rén'ǒu 人耦 1-1054A
rénpàchūmíng… 人怕出名猪怕壯 1-1043B
rénpái 人排 1-1048B
rènpài 認派 11-253A
rènpéi 認賠 11-255A
rènpèi 紉佩 9-729B
rènpí 任罷 1-1205B
rénpídùn 人皮囤 1-1038B
rénpín 仁頻 1-1101A
rénpǐn 人品 1-1044B
rénpíng 人平 1-1037A
rènpíng 任憑 1-1205B
rènpíng 恁憑 7-500B
rènpíngfēnglàngqǐ… 任憑風浪起,穩坐釣魚船 1-1206A
rènpíngfēnglàngqǐ… 任憑風浪起,穩坐釣魚台 1-1206A
rènpó 紝婆 9-763B
rénpǔ 仁樸 1-1101A
rénqī 仁妻 1-1098A
rénqí 人祇 1-1044A
rénqí 壬奇 2-1005A
rénqì 人氣 1-1046B
rénqì 仁氣 1-1099A
rěnqì 忍氣 7-410B
rènqī 任期 1-1204A
rènqí 認旗 11-254B
rènqì 刃器 2-556A
rènqì 任氣 1-1203A
rènqì 任器 1-1205B
rènqì 紝器 9-763B
rénqià 仁洽 1-1098B
rènqián 任前 1-1203A
rénqiáng 仁彊 1-1101A
rénqiángmǎzhuàng 人强馬壯 1-1052A
rénqiángshèngtiān 人强勝天 1-1052B
rénqīn 人親 1-1055B
rénqín 人琴 1-1050B
rènqīn 認親 11-255A
rénqíng 人情 1-1049B
rěnqíng 忍情 7-411A
rènqíng 任情 1-1204A
rénqínglěngnuǎn 人情冷暖 1-1050A
rénqínglěngnuǎn 人情冷煖 1-1050A
rénqíngqián 人情錢 1-1050A
rénqíngshìgù 人情世故 1-1050A
rénqíngshìtài 人情世態 1-1050A
rénqíngwèi 人情味 1-1050A
rénqíngxiōngxiōng 人情恟恟 1-1050A
rénqíngxiōngxiōng 人情洶洶 1-1050A
rénqíngzhīcháng 人情之常 1-1050A
rénqínjùshì 人琴俱逝 1-1050B
rénqínjùwáng 人琴俱亡 1-1050B
rénqínliǎngwáng 人琴兩亡 1-1050B
rénqióngzhìduǎn 人窮志短 1-1054B
rěnqìtūnshēng 忍氣吞聲 7-410B
rènqízìliú 任其自流 1-1200B
rènqízìrán 任其自然 1-1200B
rénqū 人區 1-1048B
rènqǔ 認取 11-252B
rénquán 人權 1-1056B
rènquè 認確 11-255A
rénqùlóukōng 人去樓空 1-1037A
rénqún 人羣 1-1053A
rěnrǎn 荏苒 9-380B
rěnrǎn 荏染 9-380B
rěnrǎn 啱㖠 3-329B
rénràng 仁讓 1-1101A
rěnràng 忍讓 7-411B
rénrén 人人 1-1033A
rénrén 仁人 1-1096B
rénrén 仁仁 1-1096B
rénrén 壬人 2-1005A
rénrén 任人 1-1198A
rěnrén 忍人 7-409A
rěnrěn 忍忍 7-409B
rènrén 任人 1-1197B
rènrén 恁人 7-500A
rènrén 認人 11-252A
rénrénjūnzǐ 仁人君子 1-1096B
rěnrěnnìnì 稔稔膩膩 8-102B
rènrénwéiqīn 任人唯親 1-1198A
rènrénwéixián 任人唯賢 1-1198A
rénrényìshì 仁人義士 1-1096B
rénrénzhìshì 仁人志士 1-1096B
rénrénzìwēi 人人自危 1-1033A
rénrì 人日 1-1035B
rénrìniǎo 人日鳥 1-1035B
rěnróng 忍容 7-410B
rénróu 仁柔 1-1099A
rénróuguǎduàn 仁柔寡斷 1-1099A
rěnrǔcǎo 忍辱草 7-410B
rěnrǔfùzhòng 忍辱負重 7-410B
rěnrǔhángòu 忍辱含垢 7-410A
rénruì 人瑞 1-1052B
rénruì 仁瑞 1-1099B
rěnrǔkǎi 忍辱鎧 7-410B
rénruò 仁弱 1-1099A
rěnruò 荏弱 9-380B
rènsǎn 任散 1-1204A
rénsè 人色 1-1040A
rěnsè 稔色 8-102A
rènsè 認色 11-252A
rénsèfū 人嗇夫 1-1052B
rènshā 認殺 11-253B
rènshá 任啥 1-1203B
rénshàn 仁善 1-1099B
rénshàng 人上 1-1034A
rènshàng 任上 1-1198B
rénshānrénhǎi 人山人海 1-1034B
rénshè 人舍 1-1043B
rénshè'ángfǒu 人涉卬否 1-1047B
rénshēn 人參 1-1050A
rénshēn 人身 1-1040B
rénshēn 人葠 1-1050B
rénshēn 人蓡 1-1052B
rénshēn 仁參 1-1099B
rénshén 人神 1-1045B
rènshēn 任身 1-1200A
rènshēn 任娠 1-1203A
rènshēn 妊身 4-303B
rènshēn 妊娠 4-303B
rénshēnbǎoxiǎn 人身保險 1-1041A
rénshēng 人生 1-1037A
rénshēng 人牲 1-1045A
rénshēng 仁聲 1-1101A
rénshèng 人勝 1-1051A
rénshèng 仁聖 1-1099B
rènshēng 認生 11-252A
rénshēngdǐngfèi 人聲鼎沸 1-1055B
rénshēngguān 人生觀 1-1037B
rénshèngjié 人勝節 1-1051B
rénshēngōngjī 人身攻擊 1-1041A
rénshéngòngjí 人神共嫉 1-1045B
rénshēngqīshí… 人生七十古來稀 1-1037B
rénshēngrújì 人生如寄 1-1037B
rénshēngruòjì 人生若寄 1-1037B
rénshèngtóng 任聖童 1-1204B
rénshēnguǒ 人參果 1-1050B
rènshénme 任甚麽 1-1202A
rénshéntóngjí 人神同嫉 1-1045B
rénshēnzìyóu 人身自由 1-1040B
rénshī 人師 1-1047A
rénshí 人時 1-1046A
rénshǐ 人豕 1-1040B
rénshǐ 人使 1-1043A
rénshì 人士 1-1033B
rénshì 人氏 1-1036A
rénshì 人世 1-1037A
rénshì 人市 1-1037B
rénshì 人事 1-1041B
rénshì 仁士 1-1096B
rénshì 仁事 1-1098A
rěnshì 忍事 7-409B
rènshi 認識 11-255B
rènshī 認尸 11-252A

rènshī 認屍 11-253A
rènshí 任石 1-1199B
rènshí 任實 1-1205A
rènshí 恁時 7-500B
rènshí 認實 11-255A
rènshǐ 任使 1-1201A
rènshì 任士 1-1198B
rènshì 任事 1-1200B
rènshì 任是 1-1202A
rènshì 任勢 1-1204B
rénshìbùxǐng 人事不省 1-1042A
rénshìbùxǐng 人事不醒 1-1042A
rénshìbùzhī 人事不知 1-1042A
rénshìguānxì 人事關係 1-1042A
rénshìjiān 人世間 1-1037A
rènshilùn 認識論 11-255B
rènshílùn 仞識論 1-1157B
rénshìwù 人事物 1-1042A
rénshǒu 人手 1-1036A
rénshòu 人壽 1-1053A
rénshòu 仁壽 1-1100A
rénshòu 仁獸 1-1101A
rěnshōu 稔收 8-102B
rěnshǒu 忍手 7-409A
rěnshòu 忍受 7-410A
rènshòu 任受 1-1201A
rénshòugōng 仁壽宮 1-1100B
rénshòujié 仁壽節 1-1100B
rénshòujìng 仁壽鏡 1-1100B
rénshòumù 仁壽木 1-1100B
rénshòuniánfēng 人壽年豐 1-1053A
rénshù 人庶 1-1049A
rénshù 人術 1-1049A
rénshù 人數 1-1054A
rénshù 仁恕 1-1099A
rénshù 仁術 1-1099A
rěnshū 荏菽 9-380B
rěnshú 稔熟 8-103A
rènshū 認輸 11-255A
rènshú 飪熟 12-496B
rènshú 認熟 11-255A
rènshù 任術 1-1203B
rènshù 任數 1-1205B
rènshuài 任率 1-1204A
rěnshùn 忍順 7-411A
rénsì 人祀 1-1041A
rěnsǐ 忍死 7-409B
rènsī 恁廝 7-500B
rènsì 任姒 1-1200A
rènsǐkòuzi 認死扣子 11-252A
rènsǐlǐ 認死理 11-252A
rénsú 人俗 1-1045A
rènsù 飪餗 12-496B
rènsuàn 任算 1-1205A
rěnsuì 稔歲 8-102B
rènsuí 任隨 1-1205A
rènsuǒ 任所 1-1201A
rěntài 稔泰 8-102B
réntáng 任棠 1-1204A
rěntè 稔慝 8-103A
réntī 人梯 1-1048B
réntǐ 人體 1-1056B
réntǐ 仁體 1-1101A
réntì 仁悌 1-1099A
rěntì 忍涕 7-410B
réntiān 人天 1-1035A
rèntiān 任天 1-1198B
réntīng 人聽 1-1056B
rèntīng 任聽 1-1206B
rěntòng 忍痛 7-411A
rèntóng 認同 11-252A
réntóngyīshì 仁同一視 1-1097A
réntóu 人頭 1-1055A
rèntóu 認頭 11-255A
rèntòu 認透 11-253B
réntóuchùmíng 人頭畜鳴 1-1055A
réntóuluóchà 人頭羅刹 1-1055A
réntóushuì 人頭稅 1-1055A
réntú 人徒 1-1047A
rěntǔ 忍土 7-409A
rèntǔ 任土 1-1198A
réntuì 人蛻 1-1052B
rèntǔzuògòng 任土作貢 1-1198A
rénwài 人外 1-1037B
rénwàiyóu 人外遊 1-1037B
rénwáng 人王 1-1035A
rénwáng 仁王 1-1096B
rénwàng 人望 1-1049A
rénwángbāngcuì 人亡邦瘁 1-1034B
rénwángjiāpò 人亡家破 1-1034B
rénwángzhèngxī 人亡政息 1-1034B
rénwéi 人爲 1-1051A
rénwèi 人位 1-1040B
rénwèi 人味 1-1042B
rènwéi 認爲 11-254A
rènwěi 任委 1-1200B
rénwéidāozǔ… 人爲刀俎,我爲魚肉 1-1051A
rénwēiquánqīng 人微權輕 1-1053A
rénwēiwàngqīng 人微望輕 1-1053A
rénwēiyánjiàn 人微言賤 1-1052B
rénwēiyánqīng 人微言輕 1-1052B
rénwén 人文 1-1036A
rénwén 仁聞 1-1100B
rěnwén 稔聞 8-103A
rénwénkēxué 人文科學 1-1036A
rénwénzhǔyì 人文主義 1-1036A
rénwǒ 人我 1-1040B
rénwū 仁烏 1-1099A
rénwǔ 人舞 1-1053B
rénwù 人物 1-1042B
rěnwù 忍惡 7-411A
rènwù 任務 1-1203B
rénwùhuà 人物畫 1-1043A
rěnwúkěrěn 忍無可忍 7-411A
rénwùtóu 人物頭 1-1043A
rénwùzhì 人物志 1-1043A
rénxī 人腊 1-1051A
rénxī 人犧 1-1056B
rěnxī 稔悉 8-102B
rènxī 認息 11-253B
rènxí 衽席 9-43A
rénxiā 人蝦 1-1054B
rènxiá 任俠 1-1202B
rénxián 人銜 1-1053B
rénxián 仁賢 1-1100B
rénxiàn 人莧 1-1046A
rènxián 任賢 1-1205B
rénxiàng 人相 1-1044A
rènxiánshǐnéng 任賢使能 1-1205B
rénxiāo 人梟 1-1049A
rénxiào 仁孝 1-1097A
rěnxiào 忍笑 7-410B
rènxíbùxiū 衽席不修 9-43B
rěnxiè 忍屑 7-410B
rénxìguǐdà 人細鬼大 1-1050B
rénxīn 人心 1-1036B
rénxīn 仁心 1-1097A
rénxìn 仁信 1-1098B
rěnxīn 忍心 7-409A
rěnxìn 稔釁 8-103A
rènxīn 任心 1-1199A
rènxìn 任信 1-1202B
rènxīnángkuò 衽扱囊括 9-43A
rénxīnbùgǔ 人心不古 1-1036B
rénxīnbùzú… 人心不足蛇吞象 1-1036B
rénxíng 人形 1-1040A
rénxíng 仁形 1-1097B
rénxìng 人性 1-1043B
rěnxíng 忍形 7-409B
rěnxìng 忍性 7-410A
rènxìng 任興 1-1206A
rènxìng 任性 1-1201B
rènxìng 韌性 12-677A
rénxíngdào 人行道 1-1039B
rénxīngédùpí 人心隔肚皮 1-1037A
rénxínghéngdàoxiàn 人行橫道綫 1-1039B
rénxìnglùn 人性論 1-1042A
rénxīnguǒ 人心果 1-1036B
rěnxīnhàilǐ 忍心害理 7-409B
rénxīnhuánghuáng 人心皇皇 1-1036B
rénxīnhuánghuáng 人心惶惶 1-1036B
rénxīnnáncè 人心難測 1-1037A
rénxīnpǒcè 人心叵測 1-1036B
rénxīnsuǒxiàng 人心所向 1-1036B
rénxīnwéiwēi 人心惟危 1-1036B
rénxīnxiàngbèi 人心向背 1-1036B
rénxiōng 仁兄 1-1097A
rénxióng 人雄 1-1050B
rénxióng 人熊 1-1053B
rěnxiū 忍羞 7-410B
rènxíwúbiàn 衽席無辨 9-43B
rènxíwúbiàn 衽席無辯 9-43B
rènxíwúbié 衽席無別 9-43B
rènxízhī'ài 衽席之愛 9-43B
rènxízhīhào 衽席之好 9-43B
rènxízhīxián 衽席之嫌 9-43B
rénxù 仁恤 1-1098B
rěnxǔ 忍許 7-411A
rènxǔ 認許 11-254A
rènxù 任卹 1-1201A
rènxù 任恤 1-1203A
rénxuǎn 人選 1-1055A
rènxuǎn 任選 1-1205B
rénxué 人學 1-1055A
rényá 人芽 1-1040A
rényá'er 人牙兒 1-1035B
rényān 人烟 1-1047B
rényān 人煙 1-1053A
rényán 人言 1-1041A
rényán 仁言 1-1097B
rényǎn 人眼 1-1048B
rényàn 人驗 1-1056B
rènyán 訒言 11-65A
rényānchóumì 人烟稠密 1-1047B
rényānchóumì 人煙稠密 1-1053A
rényáng 人洋 1-1045B
rényàng 人樣 1-1054A
rènyǎng 任養 1-1205A
rènyàng 恁樣 7-500B
rényàngjiājū 人樣豭駒 1-1054A
rényǎngmǎfān 人仰馬翻 1-1039B
rényàngxiāqū 人樣蝦蛆 1-1054A
rényàngxiāqú 人樣鰕朐 1-1054A
rényàngzi 人樣子 1-1054A
rényánkěwèi 人言可畏 1-1041A
rényánlìbó 仁言利博 1-1097B

rényánlìpǔ 仁言利溥 1-1097B
rényāo 人妖 1-1041A
rényāo 人祅 1-1044A
rényázi 人牙子 1-1035B
rényě 人野 1-1048B
rènyè 認業 11-254A
rényí 人彝 1-1056A
rényì 人役 1-1041A
rényì 人意 1-1053A
rényì 仁羿 1-1098B
rényì 仁義 1-1100A
rényì 仁誼 1-1100B
rěnyì 忍衣 7-409B
rěnyì 忍抑 7-409B
rènyì 任意 1-1205A
rènyì 任臆 1-1206A
rènyì 認義 11-254B
rényìdàodé 仁義道德 1-1100A
rényījǐbǎi 人一己百 1-1033A
rényǐn 人隱 1-1055B
rényǐn 仁隱 1-1101A
rényīng 人英 1-1041B
rényǐng 人影 1-1054A
rènyínglǚjiě 刃迎縷解 2-556A
rènyǐngwéitóu 認影爲頭 11-255A
rènyìqiú 任意球 1-1205A
rényǒng 仁勇 1-1099A
rènyòng 任用 1-1199B
rényòu 仁宥 1-1098B
rényú 人魚 1-1049A
rényǔ 人宇 1-1040A
rényǔ 仁宇 1-1097A
rényù 人欲 1-1049A
rényù 人譽 1-1056B
rényù 仁育 1-1098A
rényù 仁譽 1-1101A
rènyù 任遇 1-1204B
rényuán 人元 1-1035A
rényuán 人員 1-1046A
rényuán 人緣 1-1055A
rènyuàn 任怨 1-1202B
rènyuànrènláo 任怨任勞 1-1203A
rényuè 人樂 1-1054B
rènyuē 恁約 7-500B
rényuèyuán 人月圓 1-1036A
rényúgāo 人魚膏 1-1049A
rényùn 人均 1-1040A
rènyùn 任運 1-1204B
rényúnyìyún 人云亦云 1-1035A
rènzāng 認贓 11-255B
rénzào 人造 1-1046B
rénzàobǎn 人造板 1-1046B
rénzàobīng 人造冰 1-1046B
rénzàogé 人造革 1-1046B
rénzàohú 人造湖 1-1046B
rénzàomáo 人造毛 1-1046B
rénzàomián 人造棉 1-1046B
rénzàosī 人造絲 1-1046B
rénzàowèixīng 人造衛星 1-1046B
rénzàoxiānwéi 人造纖維 1-1046B
rénzàoxíngxīng 人造行星 1-1046B
rénzé 仁澤 1-1101A
rènzé 任責 1-1203B
rènzéiwéifù 認賊爲父 11-254B
rènzéiwéizǐ 認賊爲子 11-254B
rènzéizuòfù 認賊作父 11-254A
rènzéizuòzǐ 認賊作子 11-254A
rénzhā 人渣 1-1051B
rènzhàn 任戰 1-1205B
rènzhàn 韌戰 12-677A
rènzhàng 認帳 11-253B
rènzhàng 認賬 11-255A
rénzhǎo 人爪 1-1036A
rènzháo 認着 11-254A
rénzhǎwèng 人鮓甕 1-1056B
rénzhǎwèng 人鮓瓮 1-1055B
rénzhǎwèng 人鮓甕 1-1055B
rénzhě 仁者 1-1097B
rènzhe 認着 11-254A
rénzhějiànrén… 仁者見仁,智者見智 1-1098A
rénzhèn 人陳 1-1048A
rénzhèn 人陣 1-1045B
rènzhēn 任真 1-1203A
rènzhēn 紉針 9-729B
rènzhēn 紉箴 9-729B
rènzhēn 紉鍼 9-729B
rènzhēn 認真 11-253A
rénzhěnéngrén 仁者能仁 1-1098A
rénzhēng 人正 1-1037A
rénzhèng 人證 1-1056A
rénzhèng 仁政 1-1098A
rènzhèng 任正 1-1199A
rènzhèng 任政 1-1201B
rènzhèng 認證 11-255B
rénzhì 人治 1-1043B
rénzhì 人彘 1-1052B
rénzhì 人質 1-1054B
rénzhì 仁智 1-1099B
rěnzhī 稔知 8-102B
rěnzhì 忍志 7-409B
rěnzhì 忍忮 7-409B
rěnzhì 忍騺 7-411B
rènzhī 紝織 9-763B
rènzhī 認知 11-252B
rènzhí 任職 1-1206A
rénzhīchángqíng 人之常情 1-1034B
rénzhìdiàn 仁智殿 1-1099B
rénzhìjū 仁智居 1-1099B
rènzhíxiàng 任職相 1-1206B
rénzhìyào 仁智樂 1-1099B
rénzhìyìjìn 仁至義盡 1-1097A
rénzhīzǐ 人之子 1-1034B
rénzhōng 人中 1-1035B
rénzhǒng 人種 1-1053B
rénzhòng 人種 1-1053B
rénzhòng 人衆 1-1051A
rènzhòng 任重 1-1202A
rénzhōngbái 人中白 1-1035B
rènzhòngdàoyōu 任重道悠 1-1202A
rènzhòngdàoyuǎn 任重道遠 1-1202A
rénzhōnglóng 人中龍 1-1035B
rènzhòngzhìyuǎn 任重致遠 1-1202A
rénzhǔ 人主 1-1037B
rènzhǔ 任屬 1-1206B
rěnzhuǎn 稔轉 8-103A
rènzhuàng 認狀 11-253A
rènzhuāxiān 任抓掀 1-1200A
rènzhǔn 認準 11-254B
rénzī 人資 1-1053A
rénzǐ 人子 1-1034B
rénzǐ 仁子 1-1096B
rénzǐ 任子 1-1198B
rènzǐ 任子 1-1198B
rènzì 認字 11-252B
rènzǐlìng 任子令 1-1198B
rénzìwéizhàn 人自爲戰 1-1039B
rénzìwéizhèng 人自爲政 1-1039B
rénzōng 人宗 1-1043B
rénzōng 人蹤 1-1056A
rènzòng 任縱 1-1206A
rénzú 人卒 1-1043B
rènzú 認族 11-254A
rènzǔguīzōng 認祖歸宗 11-253A
rènzuì 認罪 11-254B
rénzújiājǐ 人足家給 1-1040B
rènzuǒ 衽左 9-43A
rènzuò 認作 11-252B
rènzuò 認做 11-253B
rèpánshàngyǐzi 熱盤上蟻子 7-240B
rèpéngpéng 熱蓬蓬 7-239A
rèpūpū 熱撲撲 7-240B
rěqǐ 惹起 7-563A
rěqì 惹氣 7-563A
rèqì 熱氣 7-236B
rèqiè 熱切 7-233A
rèqíng 熱情 7-238A
rèqìténgténg 熱氣騰騰 7-237A
rèquán 熱泉 7-236A
rèrén 熱人 7-232B
rèsāng 熱喪 7-238B
rèshǎn 熱閃 7-237B
rèshěn 熱審 7-240B
rèshēng 熱升 7-233B
rèshēnsài 熱身賽 7-235A
rěshì 惹事 7-562B
rèshī 熱屍 7-236B
rèshí 熱石 7-234A
rèshí 熱食 7-236A
rèshì 熱勢 7-239A
rěshìfēi 惹是非 7-563A
rěshìshēngfēi 惹事生非 7-562B
rěshìshēngfēi 惹是生非 7-563A
rěshìzhāofēi 惹是招非 7-563A
rěshīzitóushàngnáo 惹虱子頭上撓 7-562B
rèshǒu 熱手 7-233B
rèshú 熱熟 7-240B
rèshǔ 熱暑 7-238B
rèshuǐ 熱水 7-233B
rèshuǐdài 熱水袋 7-233B
rèshuǐguǎn 熱水管 7-233B
rèshuǐpíng 熱水瓶 7-233B
rèshuǐtīng 熱水汀 7-233B
rèshúyánhuí 熱熟顏回 7-240B
rèshúyáoshùn 熱熟堯舜 7-240B
rètāng 熱湯 7-238B
rètāngtāng 熱湯湯 7-238B
rètàngtàng 熱燙燙 7-241A
rèténg 熱騰 7-241B
rèténgténg 熱騰騰 7-241B
rètiān 熱天 7-233A
rètóu 熱頭 7-241A
rètǔ 熱土 7-233A
rètūtū 熱突突 7-236B
rèwǎfǔ 熱瓦甫 7-233A
rèwàng 熱望 7-238A
rèwō 熱窩 7-239B
rèwō'er 熱窩兒 7-239B
rèwù 熱霧 7-241B
rèxì 熱戲 7-241A
rèxiàn 熱綫 7-240A
rèxiāng 熱鄉 7-238A
rèxiào 熱孝 7-234B
rèxīn 熱心 7-234A
rèxīncháng 熱心腸 7-234A
rèxìng 熱性 7-235B
rèxīnkuàicháng 熱心快腸 7-234A
rèxīnkǔkǒu 熱心苦口 7-234A
rèxiōngdì 熱兄弟 7-234A
rèxuè 熱血 7-234B
rèxuèdòngwù 熱血動物 7-234B
rěyǎn 惹眼 7-563A
rěyàn 惹厭 7-563A
rèyǎn 熱眼 7-238A
rèyàn 熱焰 7-238B
rèyǎngyǎng 熱癢癢 7-241B
rèyào 熱藥 7-241B
rèyē 熱暍 7-239A
rèyì 熱囈 7-242A

rèyǐn 熱飲 7-238B
rèyǔ 熱語 7-239B
rèyuán 熱源 7-239B
rèzǎn 熱趲 7-242A
rèzào 熱燥 7-241B
rèzàozào 熱燥燥 7-241B
rèzhàn 熱戰 7-241A
rèzháo 熱着 7-238A
rèzhào 熱照 7-239A
rèzhe 熱着 7-238A
rèzhèng 熱症 7-237A
rèzhōng 熱中 7-233A
rèzhōng 熱衷 7-237A
rèzhōngrén 熱中人 7-233A
rèzhuó 熱灼 7-235A
rèzuǐ 熱嘴 7-241A
rì'àn 日闇 5-555A
rìbā 合八 1-1168A
rìbān 日班 5-546B
rìbān 日斑 5-549A
rìbào 日報 5-549B
rìbēng 日崩 5-548B
rìbiān 日邊 5-555B
rìbiǎo 日表 5-543B
rìbó 日薄 5-554A
rìbósāngyú 日薄桑榆 5-554A
rìbóxīshān 日薄西山 5-554A
rìbóyúyuān 日薄虞淵 5-554A
rìbū 日晡 5-548A
rìbū 日餔 5-553B
rìbùwǒyǔ 日不我與 5-538A
rìbùxiájǐ 日不暇給 5-538B
rìbùyíguǐ 日不移晷 5-538B
rìbùyíyǐng 日不移影 5-538B
rìcǎi 日彩 5-548B
rìcān 日參 5-549A
rìcè 日側 5-548B
rìchā 日差 5-546A
rìchán 日躔 5-556A
rìcháng 日常 5-548A
rìchǎng 日場 5-549B
rìchángjiān 日常間 5-548A
rìchángshí 日常時 5-548A
rìchángzhì 日長至 5-543B
rìchē 日車 5-542B
rìchén 日辰 5-542B
rìchéng 日程 5-550A
rìchéng 馹丞 12-807B
rìchéngyuèkè 日程月課 5-550B
rìchóngguāng 日重光 5-545B
rìchūbùqióng 日出不窮 5-541B
rìchūchùtiānzǐ 日出處天子 5-541B
rìchū'érzuò… 日出而作，日入而息 5-541B
rìchūsāngān 日出三竿 5-541A
rìcù 日蹙 5-555B
rìdàn 日旦 5-541A
rìdǎo 合搗 1-1168A
rìdào 日道 5-551A
rìdé 日德 5-553B
rìdì 馹遞 12-807B
rìdié 日昳 5-545B
rìdōngyuèxī 日東月西 5-544A
rìdù 日度 5-546A
rìduǎn 日短 5-550A
rìduǎnxīncháng 日短心長 5-550A
rìduànyuèliàn 日鍛月煉 5-555A
rìduànyuèliàn 日鍛月鍊 5-555A
rìduǎnzhì 日短至 5-550A
rì'e 日額 5-555B
rì'ěr 日珥 5-546B
rìfǎnwù 日返塢 5-543A
rìfēi 日非 5-544A
rìfèn 日分 5-539A
rìfū 馹夫 12-807B
rìfú 日符 5-548B
rìfú 衵服 9-41B
rìfù 日富 5-551A
rìfù 馹訃 12-807B
rìfùyīrì 日復一日 5-550B
rìgān 日干 5-537A
rìgàn 日旰 5-542B
rìgànbùshí 日旰不食 5-542B
rìgànwàngcān 日旰忘餐 5-542B
rìgànwàngshí 日旰忘食 5-542B
rìgāosānzhàng 日高三丈 5-547B
rìgōng 日工 5-537A
rìgōng 日宮 5-546B
rìgǔ 日轂 5-555A
rìguài 日怪 5-544B
rìguān 日官 5-544B
rìguān 日冠 5-545B
rìguàn 日觀 5-556A
rìguāng 日光 5-542A
rìguāngdēng 日光燈 5-542A
rìguāngyù 日光浴 5-542A
rìguī 日圭 5-541B
rìguī 日規 5-548A
rìguǐ 日鬼 5-545B
rìguǐ 日晷 5-549B
rìhéfēngnuǎn 日和風暖 5-544B
rìhén 日痕 5-549A
rìhóng 日虹 5-545B
rìhòu 日後 5-545B
rìhuá 日華 5-546B
rìhuángbù 日黃簿 5-548A
rìhuánshí 日環食 5-555A
rìhún 日魂 5-551A
rìhún 日寬 5-551A
rìhuǒ 日火 5-540B
rìjī 日譏 5-553B
rìjí 日及 5-537B
rìjǐ 日給 5-551A
rìjì 日記 5-547A
rìjì 日際 5-552B
rìjì 日稷 5-553B
rìjiā 日加 5-541B
rìjiā 日家 5-547B
rìjiān 日間 5-551A
rìjiàn 日見 5-542B
rìjiàn 日漸 5-553A
rìjiǎo 日角 5-543A
rìjiǎo 日脚 5-548B
rìjiǎo 日腳 5-551B
rìjiǎolóngtíng 日角龍庭 5-543A
rìjiǎolóngyán 日角龍顏 5-543A
rìjiǎoyǎnyuè 日角偃月 5-543A
rìjiǎozhūtíng 日角珠庭 5-543A
rìjìběn 日記本 5-547B
rìjìbù 日記簿 5-547B
rìjīn 日今 5-539A
rìjīn 日津 5-546B
rìjìn 日禁 5-551B
rìjìncháng'ānyuǎn 日近長安遠 5-543A
rìjīng 日晶 5-549B
rìjīng 日精 5-553A
rìjǐng 日景 5-550A
rìjìng 日鏡 5-555B
rìjiǔ 日久 5-537B
rìjiǔjiànrénxīn 日久見人心 5-537B
rìjiǔsuìcháng 日久歲長 5-537B
rìjiǔsuìshēn 日久歲深 5-537B
rìjiǔtiāncháng 日久天長 5-537B
rìjiùyuèjiāng 日就月將 5-550B
rìjiǔyuèshēn 日久月深 5-537B
rìjīyuèjù 日積月聚 5-554B
rìjīyuèlěi 日積月纍 5-554B
rìjīyuèlěi 日積月累 5-554B
rìjìzhàng 日記帳 5-547B
rìjù 馹遽 12-807B
rìjuānyuèjiǎn 日朘月減 5-548B
rìjuānyuèxuē 日朘月削 5-548B
rìjué 日屈 5-545A
rìjūn 日君 5-543B
rìjūyuèzhū 日居月諸 5-544B
rìkè 日刻 5-544B
rìkè 日課 5-553B
rìkū 日窟 5-552A
rìkuī 日虧 5-555A
rìlái 日來 5-544A
rìláiyuèwǎng 日來月往 5-544A
rìlèiyuèjì 日累月積 5-548B
rìlǐ 日裏 5-552A
rìlì 日力 5-536B
rìlì 日曆 5-554A
rìlìfēnghé 日麗風和 5-555B
rìlìfēngqīng 日麗風清 5-555B
rìlǐn 日稟 5-552A
rìlǐn 日廩 5-555A
rìlínguó 日林國 5-544A
rìlíngyuètì 日陵月替 5-547B
rìlǐwànjī 日理萬機 5-547B
rìlù 日路 5-551B
rìlù 日錄 5-554B
rìlún 日輪 5-553A
rìluò 日落 5-549B
rìluòqiānzhàng 日落千丈 5-549B
rìluòxīshān 日落西山 5-549B
rìmǎ 馹馬 12-807B
rìmiǎn 日冕 5-548A
rìmò 日没 5-543B
rìmòchùtiānzǐ 日没處天子 5-543B
rìmǔ 日母 5-541B
rìmù 日莫 5-546B
rìmù 日暮 5-552B
rìmùdàoyuǎn 日暮道遠 5-552B
rìmùlùyuǎn 日暮路遠 5-552B
rìmùtúqióng 日暮途窮 5-552B
rìmùtúyuǎn 日莫途遠 5-546B
rìmùtúyuǎn 日暮途遠 5-552B
rìnánzhì 日南至 5-545A
rìnèi 日內 5-539A
rìnuǎnfēnghé 日暖風和 5-551B
rìnuǎnfēngtián 日煖風恬 5-552A
rìpèi 日轡 5-556A
rìpiānshí 日偏食 5-548B
rìpíng 日馮 5-550B
rìpíngdù 日平度 5-541A
rìqī 日期 5-549B
rìqí 日旂 5-547B
rìqí 日旗 5-553A
rìqí 馹騎 12-807B
rìqì 日契 5-545A
rìqì 日氣 5-547A
rìqián 日前 5-546A
rìqiǎn 日淺 5-549A
rìqiánxītì 日乾夕惕

5-548A
rìqiú 日球 5-548A
rìqū 日趨 5-555A
rìquánshí 日全食 5-542A
rìquè 日闋 5-555A
rìrì 日日 5-538B
rìrìyèyè 日日夜夜 5-538B
rìrù 日入 5-536B
rìsāngān 日三竿 5-537A
rìsè 日色 5-542A
rìshàn 日膳 5-554B
rìshàngsāngān 日上三竿 5-537A
rìshèbìng 日射病 5-547A
rìshèjiāo 日射角 5-547A
rìshēngyuègèng 日升月恒 5-539A
rìshènyīrì 日甚一日 5-545A
rìshènyīrì 日慎一日 5-552A
rìshí 日食 5-545B
rìshí 日時 5-547A
rìshí 日蝕 5-552B
rìshì 日勢 5-551B
rìshíqián 日食錢 5-546A
rìshìqián 日事錢 5-544A
rìshíwànqián 日食萬錢 5-546A
rìshìwànyán 日試萬言 5-551B
rìshòu 日瘦 5-553A
rìshū 馹書 12-807B
rìsòngwǔchē 日誦五車 5-552B
rìtā 日塌 5-551A
rìtán 日壇 5-553B
rìtǐ 日體 5-556A
rìtì 日惕 5-549A
rìtiān 日天 5-538A
rìtiānzǐ 日天子 5-538A
rìtou 日頭 5-554A
rìtōu 日偷 5-548B
rìtuān 日黗 5-555B
rìwán 日完 5-543B
rìwǎn 日晚 5-548A
rìwǎngyuèlái 日往月來 5-544B
rìwéi 日圍 5-550A
rìwō 合窩 1-1168A
rìwū 日烏 5-547A
rìwǔ 日午 5-539A
rìwúxiáguǐ 日無暇晷 5-550A
rìxī 日夕 5-537B
rìxī 日西 5-541B
rìxī 日息 5-547A
rìxià 日下 5-537A
rìxiàng 日相 5-545A
rìxiāoyuèshuò 日銷月鑠 5-553B
rìxiàwúshuāng 日下無雙 5-537A
rìxīn 日新 5-552A
rìxǐng 日省 5-545A
rìxíngqiānlǐ 日行千里 5-542A
rìxǐngyuèkè 日省月課 5-545B
rìxǐngyuèshì 日省月試 5-545A
rìxǐngyuèxiū 日省月修 5-545A
rìxīnyuèshèng 日新月盛 5-552A
rìxīnyuèyì 日新月異 5-552A
rìxīnyuèzhù 日新月著 5-552A
rìxiōng 日兄 5-541A
rìxǔduōshí 日許多時 5-548B
rìxuēyuègē 日削月割 5-545B
rìxuēyuèjuān 日削月朘 5-545B
rìxūn 日曛 5-555B
rìxǔshí 日許時 5-549A
rìxǔshíjiān 日許時間 5-549A
rìyān 日煙 5-552A
rìyàn 日晏 5-547A
rìyáng 日陽 5-549A
rìyáng 日暘 5-551B
rìyào 日要 5-545A
rìyào 日曜 5-555B
rìyàorì 日曜日 5-555B
rìyè 日夜 5-544B
rìyèjiānchéng 日夜兼程 5-544B
rìyī 衵衣 9-41A
rìyí 日施 5-546A
rìyì 日益 5-547B
rìyǐjìyè 日以繼夜 5-541A
rìyǐng 日景 5-550A
rìyǐng 日影 5-553B
rìyǐnwúhé 日飲亡何 5-550B
rìyǐnwúhé 日飲無何 5-550B
rìyīnyuèsè 日堙月塞 5-549B
rìyǐnyuèzhǎng 日引月長 5-540B
rìyǐsāngān 日已三竿 5-538A
rìyǐwéicháng 日以爲常 5-540B
rìyìyuègēng 日異月更 5-548B
rìyìyuèshū 日異月殊 5-548B
rìyìyuèxīn 日異月新 5-548B
rìyìyuèzī 日益月滋 5-547B
rìyōng 日傭 5-551B
rìyǒng 日永 5-541A
rìyòng 日用 5-541A
rìyòngpǐn 日用品 5-541A
rìyōngrén 日傭人 5-551B
rìyóushén 日遊神 5-551A
rìyǒuwànjī 日有萬機 5-541B
rìyú 日禺 5-545B
rìyú 日餘 5-553B
rìyǔ 日宇 5-542A
rìyǔ 日羽 5-542B
rìyù 日域 5-548A
rìyù 日御 5-550B
rìyù 日馭 5-549A
rìyuán 日元 5-538A
rìyuán 日圓 5-551B
rìyuè 日月 5-539A
rìyuè 日軏 5-546B
rìyuèbùjū 日月不居 5-539B
rìyuèchóngguāng 日月重光 5-540A
rìyuècuōtuó 日月蹉跎 5-540B
rìyuèhébi 日月合璧 5-539B
rìyuèjiāoshí 日月交食 5-539B
rìyuèjīngtiān… 日月經天,江河行地 5-540A
rìyuèlìtiān 日月麗天 5-540B
rìyuèqí 日月旗 5-540A
rìyuèqíchú 日月其除 5-540A
rìyuèrùhuái 日月入懷 5-539B
rìyuèrúliú 日月如流 5-539B
rìyuèrúsuō 日月如梭 5-540A
rìyuèshān 日月山 5-539B
rìyuèshēnchén 日月參辰 5-540A
rìyuètán 日月潭 5-540A
rìyuèxiàng 日月相 5-540A
rìyuèyúmài 日月逾邁 5-540A
rìyuèyúmài 日月踰邁 5-540B
rìyùn 日暈 5-551B
rìzè 日仄 5-538B
rìzè 日昃 5-544A
rìzè 日昗 5-542B
rìzè 日𠩄 5-544A
rìzèbùshí 日昃不食 5-544A
rìzègànshí 日昃旰食 5-544A
rìzēngyuèshèng 日增月盛 5-553A
rìzēngyuèyì 日增月益 5-553A
rìzèwàngshí 日昃忘食 5-544A
rìzhàn 馹站 12-807B
rìzhāng 日章 5-549A
rìzhāo 日朝 5-549B
rìzhào 日照 5-551B
rìzhě 日者 5-543B
rìzhēngyuèmài 日征月邁 5-544B
rìzhì 日至 5-541B
rìzhì 日志 5-542B
rìzhì 日制 5-544A
rìzhì 日秩 5-547A
rìzhìfēngshāi 日炙風篩 5-544B
rìzhōng 日中 5-538B
rìzhǒng 日種 5-552B
rìzhōngbìhuì 日中必彗 5-538B
rìzhōngbìhuì 日中必熭 5-539A
rìzhōngbìyí 日中必移 5-539A
rìzhōngbìzè 日中必昃 5-538B
rìzhōngjiāngzè 日中將昃 5-539A
rìzhōngzéyí 日中則移 5-539A
rìzhōngzézè 日中則昃 5-539A
rìzhòu 日晝 5-549A
rìzhū 日珠 5-546B
rìzhú 日逐 5-546B
rìzhù 日注 5-544B
rìzhù 日鑄 5-556A
rìzhuàng 日幢 5-553B
rìzhuǎnqiānjiē 日轉千階 5-555A
rìzhuǎnqiānjiē 日轉千堦 5-555B
rìzhuǎnqiānjiē 日轉千街 5-555B
rìzi 日子 5-538A
rìzǐ 日子 5-538A
rìzīyuèyì 日滋月益 5-551A
rìzuó 日昨 5-545B
róng'āi 榮哀 4-1228A
róng'ài 榮愛 4-1230B
rǒng'ài 宂隘 3-1292B
róng'ān 狨鞍 5-44B
róngbān 榮班 4-1228B
rǒngbàn 宂絆 3-1292B
róngbāo 榮褒 4-1231B
róngbǎo 容保 3-1492B
róngbǎozhāi 榮寶齋 4-1233A
róngbèi 戎備 5-187A
rǒngbèn 宂坌 3-1291B
róngbì 容庇 3-1491A
róngbì 容芘 3-1490B
róngbì 榮庇 4-1227A
rǒngbǐ 宂筆 3-1292B
róngbiàn 榮忭 4-1227B
róngbiàn 榮抃 4-1227A
róngbiāo 容標 3-1495B
róngbiǎo 容表 3-1491A
róngbìn 容鬢 3-1497A
róngbīng 戎兵 5-184B
róngbǐng 戎柄 5-185A
rǒngbīng 宂兵 3-1291A
róngcài 鎔裁 11-1375A

róngcǎi 容采 3-1492A
róngcǎi 容彩 3-1493B
róngcān 戎驂 5-188B
róngcànbómì 融粲勃泌 8-944A
róngcǎo 榮草 4-1228A
róngchǎn 容諂 3-1496A
róngchāng 榮昌 4-1227B
róngchāng 融昌 8-942B
róngcháng 容長 3-1491A
róngchǎng 戎場 5-187A
róngchàng 榮暢 4-1230B
róngchàng 融暢 8-944B
róngchàng 融暘 8-944B
rǒngcháng 宂長 3-1291B
róngchángliǎn 容長臉 3-1491A
róngchē 戎車 5-184B
róngchē 容車 3-1490B
róngchè 融徹 8-944B
róngchén 戎臣 5-184A
róngchēng 榮稱 4-1231A
róngchéng 容成 3-1489B
róngchéng 容盛 3-1493B
róngchéng 蓉城 9-523B
róngchéng 榕城 4-1234A
róngchénggōng 容成公 3-1490A
róngchénghóu 容城侯 3-1492A
róngchéngshì 容成氏 3-1490A
róngchéngzǐ 容成子 3-1490A
róngchǐ 容齒 3-1495B
róngchǐ 榮恥 4-1228B
róngchǐ 榮齒 4-1231A
róngchóng 榮崇 4-1229A
róngchǒng 榮寵 4-1232B
róngchǒu 戎醜 5-188A
róngchú 榮除 4-1228B
róngchú 榮趎 4-1230A
róngchǔ 戎儲 5-188A
róngchuán 榮椽 4-1230B
rǒngchuò 宂齪 3-1294A
róngcì 榮賜 4-1231A
rǒngcí 宂辭 3-1294A
rǒngcóng 宂從 3-1292A
róngcuì 榮悴 4-1229B
róngcuì 榮瘁 4-1230B
rǒngcuì 氄毳 6-1017B
róngcuò 容厝 3-1492B
róngcuò 容措 3-1493B
róngcuò 容錯 3-1496B
rǒngcuǒ 宂脞 3-1292B
róngdá 榮達 4-1229B
róngdá 融達 8-943B
róngdài 容貸 3-1494A
róngdāng 容當 3-1494B
róngdāo 容刀 3-1489A
róngdé 容德 3-1496A
róngdí 戎狄 5-184B
róngdí 戎翟 5-188A
róngdí 容翟 3-1495B
róngdiǎn 容典 3-1491B
róngdiǎn 榮典 4-1227B
róngdiǎn 熔點 7-217B
róngdiànqì 容電器 3-1494B
róngdiāo 榮彫 4-1229A
róngdié 榮牒 4-1230B
róngdòng 溶洞 6-40A
rǒngdú 宂瀆 3-1294A
rǒngdù 宂蠹 3-1294A
róngduàn 鎔鍛 11-1375A
róng'ē 榮阿 4-1227B
róngfá 榮閥 4-1231A
róngfà 髶髮 12-740A
róngfān 戎藩 5-188B
róngfàn 容範 3-1495B
róngfàn 鎔范 11-1374B
róngfàn 鎔範 11-1375A
rǒngfán 宂煩 3-1293A
rǒngfán 宂繁 3-1293B
rǒngfàn 宂泛 3-1291B
róngfàng 容放 3-1492A
rǒngfèi 宂費 3-1292B
róngfēn 榮芬 4-1227A
róngfēn 榮紛 4-1229A
róngfēng 融風 8-942B
róngfū 榮荂 4-1228A
róngfū 榮敷 4-1231A
róngfú 戎服 5-185A
róngfú 容服 3-1492A
róngfú 榮福 4-1230B
róngfù 戎副 5-186B
róngfù 容覆 3-1496B
róngfù 榮富 4-1230A
rǒngfū 宂膚 3-1293B
rǒngfù 宂複 3-1293A
rǒngfù 宂賦 3-1293B
rónggǎi 榮改 4-1227B
rónggài 容蓋 3-1494B
rónggàn 榮幹 4-1230A
rónggǎo 榮槁 4-1230B
rónggē 戎歌 5-187B
rónggōng 戎工 5-183B
rónggōng 戎弓 5-183B
rónggōng 戎公 5-184A
rónggōng 戎功 5-184A
rónggōng 榮公 4-1226B
rónggù 榮顧 4-1233A
róngguān 戎冠 5-185A
róngguān 容觀 3-1497A
róngguān 榮冠 4-1228A
róngguān 榮觀 4-1233A
róngguàn 榮觀 4-1233A
róngguàn 榮貫 4-1229B
róngguàn 融貫 8-943B
rǒngguān 宂官 3-1291B
róngguāng 容光 3-1490A
róngguāng 榮光 4-1226B
róngguāng 融光 8-942A
róngguānghuànfā 容光煥發 3-1490A
róngguī 榮歸 4-1232A
róngguì 榮貴 4-1230A
rónggǔlòujīn 榮古陋今 4-1226B
rónggǔnüèjīn 榮古虐今 4-1226B
róngguó 榮國 4-1229A
rónggǔzhùjīn 鎔古鑄今 11-1374B
rónghǎi 榕海 4-1234A
rónghàn 戎捍 5-186A
rónghàn 榮翰 4-1231B
rónghàng 戎行 5-184B
rónghǎo 容好 3-1490B
rónghào 戎號 5-187B
rǒnghào 宂號 3-1293A
rónghé 容和 3-1492A
rónghé 溶合 6-39B
rónghé 溶和 6-39B
rónghé 融合 8-942A
rónghé 融和 8-942B
rónghé 鎔合 11-1374B
rónghè 榮荷 4-1228B
rónghè 榮赫 4-1230B
rónghédàidàng 融和駘蕩 8-942B
rónghóng 嶸竑 3-873B
rónghù 容護 3-1497A
rónghuā 絨花 9-802A
rónghuā 榮華 4-1228B
rónghuá 戎華 5-186A
rónghuá 容華 3-1492B
rónghuá 榮華 4-1228B
rónghuá 傛華 1-1611B
rónghuà 溶化 6-39B
rónghuà 熔化 7-217A
rónghuà 融化 8-942A
rónghuà 鎔化 11-1374B
rónghuáfùguì 榮華富貴 4-1228B
rónghuái 榮懷 4-1232B
rónghuāng 戎荒 5-185A
rónghuī 戎麾 5-188A
rónghuī 容輝 3-1495B
rónghuī 榮輝 4-1231A
rónghuì 容喙 3-1494A
rónghuì 溶匯 6-40A
rónghuì 融匯 8-944A
rónghuì 融會 8-944A
rǒnghuì 宂穢 3-1294A
rónghuìguàntōng 融匯貫通 8-944A
rónghuìguàntōng 融會貫通 8-944A
rónghuìtōngjiā 融會通浹 8-944A
rónghún 融渾 8-943B
rónghùn 融混 8-943B
rónghuò 容或 3-1491B
rónghuò 榮獲 4-1232A
róngjī 戎機 5-188A
róngjī 容積 3-1496B
róngjí 戎級 5-185B
róngjí 戎疾 5-186B
róngjí 戎籍 5-188B
róngjí 榮級 4-1228B
róngjì 戎寄 5-187A
róngjì 容迹 3-1492B
róngjì 容跡 3-1494B
róngjì 容濟 3-1496B
róngjì 溶劑 6-40B
róngjì 榮寄 4-1229B
róngjì 榮冀 4-1231B
róngjì 熔劑 7-217B
róngjì 駥驥 12-831B
rǒngjī 宂積 3-1293B
rǒngjí 宂急 3-1292A
rǒngjí 宂輯 3-1293B
róngjiā 融浹 8-943A
róngjiǎ 戎甲 5-184A
róngjiǎ 容假 3-1493B
róngjiān 狨韉 5-44B
róngjiān 狨韉 5-44B
róngjiān 容姦 3-1494B
róngjiān 融堅 8-943A
róngjiàn 戎艦 5-188B
róngjiàn 榮賤 4-1231A
róngjiàn 榮踐 4-1231B
róngjiàn 榮薦 4-1231B
róngjiàn 鎔鑑 11-1375B
rǒngjiàn 宂僭 3-1293A
rǒngjiàn 宂賤 3-1293B
róngjiāng 榮將 4-1229B
róngjiàng 戎將 5-187A
róngjiàng 鎔匠 11-1374B
rǒngjiàng 宂將 3-1292B
róngjiē 容接 3-1493B
róngjié 戎捷 5-186B
róngjié 戎節 5-187B
róngjié 戎羯 5-188A
róngjié 溶結 6-40A
róngjié 融結 8-943B
róngjiě 溶解 6-40A
róngjiě 熔解 7-217B
róngjiě 融解 8-944A
róngjiè 戎戒 5-184B
róngjiè 容借 3-1492B
róngjīn 鎔金 11-1374B
róngjìn 戎禁 5-187B
róngjìn 戎燼 5-188B
róngjìn 榮近 4-1227A
róngjìn 榮進 4-1229A
róngjīng 戎經 5-187B
róngjīng 融晶 8-943B
róngjìng 榕逕 4-1234A
róngjìng 榮鏡 4-1232B
róngjìng 榮競 4-1233A
róngjìng 融鏡 8-945A
róngjīnzhùgǔ 鎔今鑄古 11-1374B
róngjū 容居 3-1492A
róngjù 戎具 5-185A
róngjù 榮懼 4-1233A
rǒngjú 宂局 3-1291B
rǒngjù 宂句 3-1291A
rǒngjù 宂劇 3-1293A
róngjué 榮爵 4-1232A
róngjūn 榮軍 4-1228A
róngjūn 鎔鈞 11-1375A
róngjùn 榮峻 4-1229A
róngkē 榮科 4-1228A
róngkě 容可 3-1489B
róngkèchuán 戎克船 5-184B

rǒngkǒu 宂口 3-1291A
róngkū 溶瀫 6-41A
róngkū 榮枯 4-1228A
róngkuān 容寬 3-1495B
róngkuí 戎葵 5-187A
róngkuí 茙葵 9-363A
róngkǔn 戎閫 5-188A
rónglài 榮賚 4-1231A
rónglǎn 榮覽 4-1233A
rǒnglàn 宂濫 3-1293B
rónglǎng 融朗 8-943A
rónglè 榮樂 4-1231B
rónglěi 戎壘 5-188B
rónglǐ 容禮 3-1496B
rónglǐ 頌禮 12-273A
rónglì 戎吏 5-184A
rónglì 榮利 4-1227A
rǒnglì 宂吏 3-1291A
róngliàn 熔煉 7-217B
róngliàn 融煉 8-944B
róngliàn 鎔鍊 11-1375A
róngliàng 容量 3-1494A
róngliàng 容諒 3-1496A
rǒngliè 宂列 3-1291A
rónglìn 榮吝 4-1227A
róngliú 容留 3-1492B
róngliú 融流 8-943A
rǒngliú 宂流 3-1292A
rónglú 熔爐 7-217B
rónglǔ 戎虜 5-187B
rónglù 戎路 5-187B
rónglù 戎輅 5-187B
rónglù 榮露 4-1233A
rónglù 榮祿 4-1230A
rónglù 榮路 4-1230B
rǒngluàn 宂亂 3-1293A
róngluó 戎邏 5-188B
róngluó 榮羅 4-1232B
róngluò 戎落 5-187A
róngluò 榮落 4-1230A
rónglǚ 戎旅 5-186B
rónglǜ 戎律 5-185B
rónglüè 戎略 5-187A
róngmǎ 戎馬 5-185B
róngmǎcānghuáng 戎馬倉皇 5-186A
róngmǎkǒngzǒng 戎馬倥傯 5-186A
róngmǎkǒngzǒng 戎馬倥偬 5-186A
róngmǎkuāngráng 戎馬劻勷 5-186A
róngmán 戎蠻 5-188B
róngmàn 戎曼 5-187A
rǒngmàn 宂曼 3-1292A
rǒngmàn 宂漫 3-1293A
rǒngmàn 宂蔓 3-1293A
rǒngmáng 宂忙 3-1291A
róngmáo 茸毛 9-363A
róngmáo 絨毛 9-802A
róngmáo 髶鬤 12-740A
róngmào 容貌 3-1495A
róngmào 榮茂 4-1227B
róngmào 頌皃 12-271B
róngmào 頌貌 12-272A
rǒngmáo 氄毛 6-1012A
rǒngmáo 氋毛 6-1017A
rǒngmáo 毴毴 6-1015B
róngmǎshēngjiāo 戎馬生郊 5-186A
róngmǎshēngyá 戎馬生涯 5-186A
róngměi 容美 3-1492B
róngměi 榮美 4-1228A
róngmèi 容媚 3-1494A
róngmén 戎門 5-185A
róngmì 茸密 9-363B
rǒngmí 宂縻 3-1293B
róngmiǎn 榮冕 4-1229A
róngmín 容民 3-1489B
róngmíng 榮名 4-1227A
róngmíng 融明 8-942B
róngmìng 榮命 4-1227B
róngmínxùzhòng 容民畜衆 3-1489B
rǒngmiù 宂謬 3-1294A
róngmò 戎貊 5-187B
rǒngmò 宂末 3-1291A
róngmǔ 茸母 9-363B
róngmù 戎幕 5-187B
róngmù 榮木 4-1226B
róngmù 榮目 4-1226B
róngmù 榮慕 4-1230B
róngnà 容納 3-1493A
róngnà 榮納 4-1229A
róngnài 容耐 3-1492B
rǒngnào 宂鬧 3-1293A
róngnì 容匿 3-1492B
róngnián 榮年 4-1226B
róngnuǎn 融暖 8-944A
rǒngnuò 宂懦 3-1293B
róngnǚ 戎女 5-184A
róngpèi 戎旆 5-186B
róngpèi 戎轡 5-188B
róngpéng 容彭 3-1494A
róngpǐn 榮品 4-1228A
róngpò 榮魄 4-1231A
rǒngpò 宂迫 3-1291B
róngpú 戎僕 5-187B
róngqī 榮戚 4-1229A
róngqī 榮期 4-1229B
róngqí 戎旗 5-188A
róngqí 戎騎 5-188A
róngqǐ 戎棨 5-187A
róngqǐ 容乞 3-1489B
róngqǐ 榮啓 4-1229B
róngqì 戎器 5-188A
róngqì 容氣 3-1492B
róngqì 容器 3-1496B
róngqì 榮氣 4-1229A
róngqià 溶洽 6-40A
róngqià 融洽 8-943A
róngqiàwújiàn 融洽無間 8-943A
rǒngqiè 宂怯 3-1291B
róngqīn 榮親 4-1232A
róngqíng 容情 3-1493B
róngqíng 融晴 8-943B
róngqìng 榮慶 4-1231B
róngqǐqī 榮啓期 4-1229B
róngqiū 融丘 8-942A
róngqiú 絨球 9-802A
róngqū 榮區 4-1229A
róngquán 榮泉 4-1228A
róngrán 融然 8-943B
róngràng 容讓 3-1497A
rǒngrǎo 宂擾 3-1293B
róngrén 容人 3-1489A
róngrěn 容忍 3-1491A
róngrèn 榮任 4-1226B
rǒngrén 宂人 3-1291A
róngrì 肜日 6-1174A
róngrì 容日 3-1489B
róngróng 嗈嗈 3-470B
róngróng 戎戎 5-184A
róngróng 肜肜 6-1174A
róngróng 茸茸 9-363B
róngróng 容容 3-1493A
róngróng 烿烿 7-83B
róngróng 絨絨 9-802A
róngróng 溶溶 6-40A
róngróng 榮榮 4-1231A
róngróng 融溶 8-944B
róngróng 融融 8-944B
róngróng 融鎔 8-945A
róngróng 瀜瀜 6-206B
róngróng 傛傛 1-1611B
rǒngrǒng 宂宂 3-1291A
róngróngdàndàn 溶溶澹澹 6-40B
róngróngdàngdàng 溶溶蕩蕩 6-40B
róngróngmàimài 溶溶脈脈 6-40B
róngróngwāngwāng 榮榮汪汪 4-1231A
róngróngxièxiè 溶溶洩洩 6-40B
róngróngyànyàn 溶溶灩灩 6-40B
róngróngyěyě 融融冶冶 8-945A
róngróngyèyè 溶溶曳曳 6-40B
róngróngyèyè 融融曳曳 8-945A
róngróngyíyí 融融怡怡 8-945A
róngróngyìyì 融融泄泄 8-945A
róngróngyìyì 融融洩洩 8-945A
róngrǔ 榮辱 4-1228B
róngrùn 榮潤 4-1231B
rǒngruò 宂弱 3-1292A
róngsǎn 融散 8-943B
rǒngsǎn 宂散 3-1292B
róngsè 容色 3-1490A
róngsè 榮色 4-1227A
róngshà 榕廈 4-1234A
róngshàn 戎繕 5-188B
róngshǎng 榮賞 4-1231A
róngshě 容捨 3-1493B
róngshè 容赦 3-1493B
róngshēn 容身 3-1490B
róngshēn 榮伸 4-1227A
róngshēn 榮身 4-1227A
róngshēng 容聲 3-1496B
róngshēng 榮升 4-1226B
róngshēng 榮陞 4-1228A
róngshēng 榮聲 4-1232A
róngshéng 絨繩 9-802A
róngshèng 榮盛 4-1229A
rǒngshèng 宂賸 3-1293B
róngshī 榮施 4-1228A
róngshí 溶蝕 6-40B
róngshí 融蝕 8-944B
róngshì 戎士 5-183B
róngshì 戎事 5-185A
róngshì 容貰 3-1494A
róngshì 容飾 3-1495A
róngshì 榮仕 4-1226B
róngshì 榮侍 4-1227B
róngshì 榮勢 4-1230A
róngshì 榮適 4-1231A
róngshì 榮埶 4-1229A
róngshì 融釋 8-945A
róngshì 鎔式 11-1374B
rǒngshí 宂食 3-1292A
róngshìguàntōng 融釋貫通 8-945A
róngshìxià 榮侍下 4-1227B
róngshǒu 戎首 5-185B
róngshòu 容受 3-1492A
róngshū 戎叔 5-185A
róngshū 戎菽 5-186B
róngshū 戎樞 5-188A
róngshū 茙菽 9-363A
róngshù 戎戍 5-184B
róngshù 容恕 3-1493A
róngshù 榕樹 4-1234B
róngshuāi 榮衰 4-1229A
róngshuài 戎帥 5-185B
rǒngshuài 宂率 3-1292B
róngshǔn 榮楯 4-1230A
róngshùn 容順 3-1494A
róngshuò 鎔鑠 11-1375B
róngsǒu 榮叟 4-1228A
rǒngsuì 宂碎 3-1292B
róngsuǒ 戎索 5-186A
rǒngsuǒ 宂瑣 3-1293A
róngtà 茸闒 9-363B
rǒngtà 宂沓 3-1291B
rǒngtà 宂闒 3-1294A
róngtái 容臺 3-1495A
róngtài 容態 3-1495B
róngtài 榮泰 4-1228B
róngtài 融汰 8-942B
róngtài 融泰 8-943A
róngtán 榮彈 4-1231B
róngtán 榮談 4-1231B
róngtǎn 毧毯 6-1007B
róngtǎn 絨毯 9-802A
róngtáng 容堂 3-1493B
róngtāo 戎韜 5-188B
róngtáo 融陶 8-943A

róngtáo 鎔陶 11-1374B
róngtǐ 容體 3-1497A
róngtiǎn 榮忝 4-1227B
róngtiáo 榮條 4-1229A
róngtiáo 融調 8-944B
róngtiáo 鎔調 11-1375A
róngtíng 戎亭 5-185B
róngtōng 融通 8-943A
róngtǒng 戎統 5-187A
róngtóu 容頭 3-1496A
róngtóuguòshēn 容頭過身 3-1496A
róngtú 榮塗 4-1230B
róngwàng 榮旺 4-1227B
róngwàng 榮望 4-1229B
róngwángshǐzhě 戎王使者 5-184A
róngwángzǐ 戎王子 5-184A
róngwēi 戎威 5-185A
róngwèi 戎衛 5-188A
róngwèi 容衛 3-1496A
róngwèi 榮位 4-1227A
róngwèi 榮味 4-1227B
róngwèi 榮衛 4-1231B
rǒngwěi 宂委 3-1291B
rǒngwěi 宂猥 3-1292B
róngwèn 榮問 4-1229B
róngwò 榮渥 4-1230A
róngwò 融渥 8-943B
róngwǔ 戎伍 5-184B
róngwǔ 榮膴 4-1231B
róngwǔ 榮伍 4-1226B
róngwù 戎務 5-186B
róngwù 容物 3-1492A
róngwù 融悟 8-943A
rǒngwú 宂蕪 3-1293A
rǒngwù 宂務 3-1292A
róngxī 容膝 3-1496A
róngxī 榮熙 4-1230B
róngxì 容繫 3-1497A
róngxì 頌繫 12-273A
rǒngxì 宂細 3-1292B
rǒngxià 宂下 3-1291A
róngxiān 榮鮮 4-1232A
róngxián 容賢 3-1495B
róngxián 榮銜 4-1231A
róngxiǎn 榮顯 4-1233A
róngxiǎn 融顯 8-945A
róngxiàn 茸線 9-363B
róngxiàn 絨線 9-802A
róngxiàn 榮羡 4-1230A
róngxiàn 榮羨 4-1230B
rǒngxiǎn 毧毨 6-1013B
rǒngxiǎn 氄毨 6-1017B
róngxiàng 容像 3-1495A
róngxiāo 溶消 6-40A
róngxiào 戎校 5-186A
róngxiē 榮歇 4-1230B
róngxiě 鎔寫 11-1375A
róngxiè 溶洩 6-39B
róngxiè 榮謝 4-1232A
róngxiè 融泄 8-942B
róngxiè 融洩 8-943A
rǒngxiè 宂屑 3-1292A
róngxiékànglì 榮諧伉儷 4-1232A
róngxīn 戎心 5-184A
róngxīn 容心 3-1489B
róngxíng 榮行 4-1227A
róngxìng 榮幸 4-1227B
róngxiù 容臭 3-1492B
róngxiù 絨綉 9-802A
róngxiù 榮秀 4-1227A
róngxǔ 容許 3-1493B
róngxù 容畜 3-1493A
róngxù 榮序 4-1227A
róngxuān 戎軒 5-186B
róngxuānwángshī 戎宣王尸 5-185B
róngxūn 榮勳 4-1231B
róngyán 戎鹽 5-188B
róngyán 容顏 3-1497A
róngyán 熔岩 7-217B
róngyán 頌言 12-271B
róngyǎn 榮庵 4-1229B
róngyàn 榮餤 4-1232A
róngyàn 榮嬿 4-1232B
róngyàn 榮讌 4-1233A
rǒngyán 宂言 3-1291B
rǒngyàn 宂厭 3-1293A
róngyǎng 容養 3-1495B
róngyǎng 榮養 4-1231A
róngyàng 溶漾 6-40B
róngyào 榮曜 4-1232A
róngyào 榮耀 4-1232B
róngyě 容冶 3-1491A
róngyě 融冶 8-942A
róngyě 鎔冶 11-1374B
róngyè 容曳 3-1490A
róngyè 溶液 6-40A
róngyè 榮業 4-1230B
róngyè 融液 8-943B
róngyè 鎔液 11-1375A
róngyèguàntōng 融液貫通 8-943B
róngyī 戎衣 5-184B
róngyī 容衣 3-1490B
róngyí 戎夷 5-184B
róngyí 容儀 3-1495B
róngyí 融怡 8-942B
róngyí 頌儀 12-272B
róngyì 戎役 5-184B
róngyì 容濟 3-1496B
róngyì 容易 3-1491B
róngyì 容裔 3-1495A
róngyì 溶濟 6-40B
róngyì 溶溢 6-40A
róngyì 榮逸 4-1229A
róngyì 融溢 8-944B
róngyì 融裔 8-944A
róngyì 融熠 8-944B
róngyì 融懿 8-945A
rǒngyī 氄衣 6-1017A
rǒngyī 宂衣 3-1291A
rǒngyì 宂役 3-1291B
rǒngyì 宂溢 3-1293A
róngyǐn 容隱 3-1496B
róngyīng 榮膺 4-1232A
róngyíng 溶瀛 6-41A
róngyìng 榮映 4-1228A
róngyīng'èjiàn 榮膺鶚薦 4-1232A
róngyóu 溶油 6-39B
róngyòu 戎右 5-184A
róngyǔ 容與 3-1494B
róngyǔ 絨羽 9-802A
róngyǔ 溶與 6-40A
róngyù 戎御 5-187A
róngyù 容裕 3-1494B
róngyù 榮遇 4-1230A
róngyù 榮譽 4-1232B
róngyù 榮鬱 4-1233A
róngyuán 榮援 4-1229B
róngyuán 榮猨 4-1230A
róngyuán 蠑蚖 8-990A
róngyuán 蠑螈 8-990A
róngyuǎn 融遠 8-943B
róngyuàn 榮願 4-1232B
rǒngyuán 宂員 3-1292A
róngyuè 戎鉞 5-187B
róngyuè 容説 3-1495A
róngyuè 容悦 3-1493A
róngyuè 容閱 3-1496A
róngyùjūnrén 榮譽軍人 4-1233A
róngyǔn 榮隕 4-1230A
rǒngzá 宂雜 3-1294A
róngzài 容載 3-1494B
róngzào 鎔造 11-1374B
róngzé 容則 3-1492B
róngzé 榮澤 4-1232A
róngzhān 戎旃 5-186B
róngzhān 戎氈 5-188A
róngzhāng 戎章 5-187A
róngzhāng 榮章 4-1229B
róngzhǎng 容長 3-1491A
róngzhàng 戎仗 5-184A
róngzhàng 戎帳 5-187A
róngzhāo 戎昭 5-185A
róngzhāo 融昭 8-942B
róngzhěn 戎軫 5-187A
róngzhèn 戎陳 5-186B
róngzhèn 戎陣 5-185B
róngzhèng 戎政 5-185A
rǒngzhèng 宂政 3-1291B
róngzhǐ 容止 3-1489B
róngzhì 戎秩 5-186B
róngzhì 容制 3-1492A
róngzhì 容置 3-1494B
róngzhì 容質 3-1496A
róngzhì 容櫛 3-1496B
róngzhì 溶質 6-40B
róngzhì 榮志 4-1227A
róngzhì 榮秩 4-1229A
rǒngzhí 宂職 3-1294A
rǒngzhì 宂滯 3-1293A
róngzhòng 戎重 5-185B
róngzhòng 容衆 3-1494A
rǒngzhòng 宂重 3-1292A
róngzhú 箰竹 8-1143A
róngzhù 熔鑄 7-217B
róngzhù 鎔鑄 11-1375A
róngzhuǎn 榮轉 4-1232A
róngzhuāng 戎裝 5-187B
róngzhuāng 容妝 3-1491A
róngzhuàng 容狀 3-1492A
rǒngzhuì 宂贅 3-1293B
róngzhuó 榮擢 4-1232A
róngzhuó 鎔琢 11-1375A
rǒngzhuó 宂濁 3-1293B
róngzī 容姿 3-1492B
róngzī 榮滋 4-1230A
róngzī 榮資 4-1230B
róngzì 融字 8-942A
róngzòng 容縱 3-1496B
róngzōngyàozǔ 榮宗耀祖 4-1227B
róngzú 戎卒 5-185A
róngzú 容足 3-1490B
róngzūn 融尊 8-943B
róngzuò 狨坐 5-44A
róngzuò 狨座 5-44A
róngzuò 榮祚 4-1228A
róu'ài 柔愛 4-952A
róu'ān 柔安 4-947A
ròu'ān 肉鞍 8-1065B
ròu'àn 肉案 8-1063A
róubái 柔白 4-946B
ròubāoyǎn 肉胞眼 8-1062B
ròubāozidǎgǒu 肉包子打狗 8-1060B
ròubǐng 肉餠 8-1065B
ròubó 肉搏 8-1064B
ròubó 肉薄 8-1065B
ròubógǔbìng 肉薄骨并 8-1065B
ròubózhàn 肉搏戰 8-1064B
róubū 柔逋 4-948B
róucā 揉擦 6-786A
róucháng 柔腸 4-952A
róuchángbǎijié 柔腸百結 4-952A
róuchángbǎizhuǎn 柔腸百轉 4-952A
róuchángcùnduàn 柔腸寸斷 4-952A
ròuchànxīnjīng 肉顫心驚 8-1067A
ròuchēn 肉稱 8-1065B
róuchéng 柔成 4-946B
róuchéng 柔承 4-948A
ròuchìhǔ 肉翅虎 8-1063A
ròuchù 肉畜 8-1063A
róucí 柔慈 4-952A
róucí 柔雌 4-952B
ròucì 肉刺 8-1061B
róucóng 柔從 4-949B
ròucōngróng 肉蓯蓉 8-1065A
róucù 蹂促 10-526A
róucuì 柔脆 4-949A
róucuì 柔脃 4-948B
róucuì 柔毳 4-950B
róucuō 揉搓 6-785B
róucuò 揉錯 6-786A
ròudài 肉袋 8-1064A
róudàn 柔澹 4-953B

róudǎo 蹂蹈 10-526A
róudǎo 輮蹈 9-1307A
róudào 柔道 4-950B
ròudēngtái 肉燈臺 8-1066A
ròudiàochuāng 肉吊窗 8-1061A
róudié 蹂蹀 10-526A
róudìng 柔鋌 4-952B
ròudīng 肉丁 8-1060A
ròudòukòu 肉荳蔻 8-1063A
róudùn 柔鈍 4-950B
róu'é 柔娥 4-949A
róu'è 柔惡 4-950A
róu'ěr 揉耳 6-785B
róufàn 柔範 4-952B
ròufēi 肉飛 8-1062B
ròufēiméiwǔ 肉飛眉舞 8-1062B
ròufēixiān 肉飛仙 8-1062B
róufēng 柔風 4-948B
ròufēng 肉封 8-1062A
róufú 柔伏 4-947A
róufú 柔服 4-948A
róufú 柔莩 4-948B
róufú 揉輻 6-786A
róufǔ 柔撫 4-952B
róufù 柔復 4-950B
ròufǔ 肉脯 8-1064A
ròufù 肉父 8-1060B
róufūruòtǐ 柔膚弱體 4-952B
ròufǔzi 肉脯子 8-1064A
róugān 柔竿 4-948B
ròugǎn 肉感 8-1064B
róugāng 柔剛 4-948B
ròugàoshì 肉告示 8-1061B
róugé 柔革 4-948A
róugé 揉革 6-785B
ròugēng 肉羹 8-1066B
róugōng 柔功 4-946B
ròugǔ 肉骨 8-1062A
róuguān 柔冠 4-948B
ròuguān 肉冠 8-1062B
róuguāng 柔光 4-946B
ròugǔchuī 肉鼓吹 8-1064B
róuguī 柔規 4-949A
ròuguì 肉桂 8-1063A
ròuguǒ 肉果 8-1062A
ròuhǎi 肉醢 8-1066A
róuhàn 柔翰 4-953A
róuháo 柔毫 4-949B
róuháo 柔豪 4-952B
ròuhào 肉好 8-1061A
róuháorù 柔毫褥 4-949B
róuhé 柔合 4-947A
róuhé 柔和 4-947B
róuhé 揉合 6-785B
róuhé 揉和 6-785B
róuhé 糅合 9-234A
róuhóng 柔紅 4-948B
ròuhóng 肉紅 8-1062B
róuhòu 柔厚 4-948A
róuhuá 柔滑 4-951A
róuhuà 柔化 4-946B
róuhuái 柔懷 4-954A
róuhuǎn 柔緩 4-953A
róuhuáng 柔黄 4-949A
ròuhūhū 肉乎乎 8-1060B
ròuhūhū 肉呼呼 8-1062A
róuhuì 柔惠 4-950A
róuhún 柔魂 4-951B
róuhùn 揉慁 6-786A
róuhuó 柔活 4-948B
ròuhuò 肉臛 8-1066B
róují 揉藉 6-786A
róují 蹂籍 10-526B
róují 蹂藉 10-526A
róujì 柔齊 4-952B
ròujī 肉肌 8-1061A
ròujì 肉髻 8-1065B
róujiā 柔嘉 4-952A
róujiǎ 柔甲 4-946B
róujiān 柔奸 4-947A
róujiàn 蹂踐 10-526A
ròujiǎn 肉趼 8-1064A
róujiǎng 柔槳 4-953A
ròujiàng 肉醬 8-1066B
ròujiǎnpái 肉簡牌 8-1066B
ròujiǎo 肉角 8-1061B
róujié 柔節 4-952A
róujié 柔潔 4-953A
róujǐn 柔謹 4-954A
róujīncuìgǔ 柔筋脆骨 4-950B
róujìng 柔静 4-952A
róujǔ 揉莒 6-785B
róujǔ 糅莒 9-234A
ròujué 肉攫 8-1067A
ròujué 肉玃 8-1067A
róukē 柔柯 4-948A
róukè 柔克 4-947A
róukè 柔剋 4-948A
róulán 柔藍 4-953B
róulán 揉藍 6-786A
ròuléi 肉雷 8-1064B
róulì 柔立 4-946B
róulì 柔利 4-947A
róulì 柔麗 4-954A
róulì 蹂轢 10-526B
róulì 輮轢 9-1307A
ròulí 肉鳌 8-1066A
ròulǐ 肉理 8-1063B
róuliàn 揉煉 6-786A
róuliáng 柔良 4-947B
róuliào 輮料 12-210B
ròuliáo 肉燎 8-1066A
ròulǐcì 肉裏刺 8-1065A
róulín 蹂轔 10-526B
róulìn 蹂躪 10-526B
róulìn 蹂躙 10-526B
ròulín 肉林 8-1061B
ròulǐqián 肉裏錢 8-1065A
ròuliú 肉瘤 8-1065B
ròulǐyǎn 肉裏眼 8-1065A
róulǔ 柔櫓 4-954A
róulǔ 柔艣 4-954A
róulù 柔露 4-954A
róulǜ 柔綠 4-952B
róulüè 蹂掠 10-526A
róumá 柔麻 4-949B
ròumá 肉麻 8-1064A
ròumǎ 肉馬 8-1063A
róumàn 柔曼 4-949B
róumàn 柔蔓 4-952B
róumáo 柔毛 4-946B
róumào 柔茂 4-947B
róuměi 柔美 4-948B
róumèi 柔媚 4-951A
róumí 柔靡 4-954A
ròumí 肉糜 8-1066A
róumín 柔民 4-946B
róumíng 柔明 4-947B
róumó 揉摩 6-786A
róumó 揉磨 6-786A
róumò 柔默 4-953A
ròumò 肉磨 8-1066A
róumù 柔木 4-946A
róumù 柔睦 4-951B
ròunángnáng 肉囊囊 8-1066B
róunáo 柔橈 4-953A
róunè 柔訥 4-949B
róunèn 柔嫩 4-952B
róunì 柔膩 4-953A
róuniē 揉揑 6-785B
róunìng 柔佞 4-947A
ròuniú 肉牛 8-1060B
róunòng 揉弄 6-785B
róunú 柔奴 4-946B
róunǔ 揉拗 6-785B
róunuǎn 柔暖 4-952A
róunuó 揉挪 6-785B
róunuò 柔懦 4-953B
róunuò 柔愞 4-951A
róunuò 蹂踏 10-526A
róunuò 濡愞 6-184B
róunuòguǎduàn 柔懦寡斷 4-953B
ròupái 肉排 8-1063B
róupèi 柔轡 4-954B
ròupéngjiǔyǒu 肉朋酒友 8-1062A
róupì 柔辟 4-952A
ròupí 肉皮 8-1060B
ròupì 肉辟 8-1065A
ròupiào 肉票 8-1063B
ròupíng 肉屏 8-1062B
ròupíngfēng 肉屏風 8-1062B
ròupǔ 肉圃 8-1063A
ròupǔ 肉譜 8-1066B
róuqí 柔祇 4-948A
róuqì 柔氣 4-948B
ròuqí 肉鰭 8-1066B
róuqiān 柔謙 4-953B
róuqiáng 柔彊 4-953B
ròuqīn 肉親 8-1066A
róuqíng 柔情 4-949B
róuqíngchuòtài 柔情綽態 4-950A
róuqíngmèitài 柔情媚態 4-950A
róuqíngmìyì 柔情密意 4-950A
róuqíngmìyì 柔情蜜意 4-950A
róuqíngxiágǔ 柔情俠骨 4-949B
róuqū 輮曲 9-1307A
róuquán 柔牷 4-948B
róuquè 柔慤 4-952B
róurán 柔然 4-950B
róuráng 柔穰 4-954B
róurǎo 柔擾 4-954A
róurén 柔仁 4-946B
róurěn 柔忍 4-947B
róurěn 柔荏 4-948A
róurěn 濡忍 6-184A
róurèn 柔刃 4-946A
róurèn 柔朋 4-947A
róurèn 柔韌 4-951A
ròurén 肉人 8-1060A
róurì 柔日 4-946A
róuróng 柔融 4-953A
ròuróngróng 肉茸茸 8-1062A
ròuròu 肉肉 8-1061A
róurú 柔茹 4-948A
róurú 柔濡 4-953B
róurú 柔蠕 4-954A
róurú 蝚蠕 8-938B
róuruǎn 柔軟 4-949A
róuruǎn 柔輭 4-952B
róuruǎn 柔輭 4-953A
róuruǎn 柔需 4-952B
róurúgāngtǔ 柔茹剛吐 4-948A
róurùn 柔潤 4-953A
róuruò 柔弱 4-949A
róuruò 蹂若 10-526A
róusāng 柔桑 4-949A
róusè 柔色 4-947A
ròusè 肉色 8-1061A
róushàn 柔善 4-950B
ròushān 肉山 8-1060A
ròushānfǔlín 肉山脯林 8-1060A
ròushānjiǔhǎi 肉山酒海 8-1060A
róushé 柔舌 4-947A
róushēn 柔伸 4-947A
róushèn 柔慎 4-952A
ròushēn 肉身 8-1061B
ròushēndēng 肉身燈 8-1061B
róushēng 柔聲 4-953B
róushèng 柔勝 4-950B
ròushēng 肉聲 8-1066A
róushēngxiàqì 柔聲下氣 4-953B
ròushēnpúsà 肉身菩薩 8-1061B
ròushí 肉食 8-1062A
ròushì 肉試 8-1065A
ròushízhěbǐ 肉食者鄙 8-1062B
róushū 柔淑 4-949B
róushū 柔蔬 4-952B
róushù 柔術 4-949B
róushùn 柔順 4-950B

ròusōng 肉鬆 8-1066B
róusuān 鞣酸 12-210B
róusǔn 蹂損 10-526A
róutà 蹂踏 10-526A
róutāi 柔胎 4-948B
róutài 柔態 4-952B
ròutáipán 肉臺柈 8-1065A
ròutáipán 肉臺盤 8-1065A
ròutǎn 肉袒 8-1063B
róutāng 柔湯 4-951A
ròutǎnmiànfù 肉袒面縛 8-1063B
ròutǎnqiānyáng 肉袒牽羊 8-1063B
ròutáozi 肉桃子 8-1063A
róutī 蹂剔 10-526A
róutí 柔荑 4-948A
ròutǐ 肉體 8-1066B
róutiáo 柔調 4-953A
róutiáo 柔條 4-948B
ròutiàoshénjīng 肉跳神驚 8-1065A
ròutiàoxīnjīng 肉跳心驚 8-1065A
róutiě 柔鐵 4-954A
róutiě 鍒鐵 11-1427A
róutóng 柔同 4-947A
ròutòng 肉痛 8-1064B
ròutóu 肉頭 8-1065B
ròutóuhòu 肉頭厚 8-1066A
ròutóuhù 肉頭户 8-1066A
ròutóuròunāo 肉頭肉腦 8-1066A
róuwǎn 柔婉 4-950A
ròuwánzi 肉丸子 8-1060B
ròuwěi 肉痿 8-1065A
róuwēn 柔温 4-951A
róuwò 柔握 4-950A
róuwǔ 柔武 4-947B
ròuwù 肉杌 8-1061B
ròuwù 肉物 8-1062A
róuxí 柔習 4-950A
róuxì 柔細 4-950A
róuxiān 柔纖 4-954B
róuxián 柔閑 4-951A
róuxiāng 柔鄉 4-950A
ròuxiàng 肉相 8-1062A
ròuxiānglú 肉香爐 8-1062A
ròuxiāo 肉消 8-1063A
róuxié 柔邪 4-946B
róuxīn 柔心 4-946B
róuxìng 柔性 4-948A
ròuxīng 肉腥 8-1065A
ròuxíng 肉刑 8-1060B
ròuxìng 肉杏 8-1061B
róuxù 柔煦 4-952A
róuxún 柔馴 4-951B
róuxùn 柔訓 4-949A
róuxùn 柔巽 4-951A
róuxùn 柔遜 4-952A
róuyǎ 柔雅 4-950B
róuyà 揉砑 6-785B
ròuyá 肉芽 8-1061B
róuyán 柔顏 4-954A
róuyàn 柔艷 4-954B
róuyàn 柔豔 4-954B
ròuyǎn 肉眼 8-1063B
ròuyǎnfánfū 肉眼凡夫 8-1064A
ròuyǎnfántāi 肉眼凡胎 8-1064A
ròuyǎnpào 肉眼泡 8-1064A
ròuyǎnyúméi 肉眼愚眉 8-1064A
ròuyāodāo 肉腰刀 8-1065A
róuyě 柔冶 4-947B
róuyè 柔液 4-949B
róuyì 柔易 4-947B
róuyì 柔嫕 4-952B
róuyì 柔毅 4-953A
róuyì 蹂抑 10-526A
róuyíng 柔瑩 4-953A
róuyǐng 鍒穎 11-1359A
róuyōng 柔癰 4-954A
ròuyòngjī 肉用雞 8-1060B
róuyú 柔魚 4-949B
róuyú 柔腴 4-950B
ròuyù 肉欲 8-1064A
róuyuǎn 柔遠 4-951B
róuyuàn 柔愿 4-952B
ròuyuán 肉圓 8-1065A
róuyuǎnhuái'ěr 柔遠懷邇 4-951B
róuyuǎnhuáilái 柔遠懷來 4-951B
róuyuǎnnéng'ěr 柔遠能邇 4-951B
róuyuǎnsuíhuái 柔遠綏懷 4-951B
róuyuǎnzhèn'ěr 柔遠鎮邇 4-951B
róuzá 揉雜 6-786A
róuzá 糅雜 9-234A
ròuzǎo 肉棗 8-1064B
róuzé 柔則 4-948B
róuzé 柔澤 4-953B
róuzhào 柔兆 4-947A
ròuzhèn 肉陣 8-1062B
ròuzhēng 肉癥 8-1066B
róuzhǐ 柔指 4-948A
róuzhì 柔質 4-953A
róuzhì 柔穉 4-953B
róuzhì 揉制 6-785B
ròuzhī 肉汁 8-1060B
ròuzhī 肉芝 8-1061A
róuzhīnèntiáo 柔枝嫩條 4-947B
róuzhīnènyè 柔枝嫩葉 4-947B
róuzhōng 柔中 4-946B
róuzhòng 柔種 4-952B
ròuzhōngcì 肉中刺 8-1060B
ròuzhòngqiānjīn 肉重千斤 8-1062A
ròuzhú 肉竹 8-1061A
ròuzhù 肉柱 8-1062A
ròuzhuì 肉贅 8-1066A
róuzhuó 揉斲 6-786A
róuzhuó 揉濯 6-786A
ròuzījié 肉孜節 8-1061B
ròuzōng 肉騣 8-1066B
ròuzōng 肉鬉 8-1066B
ruǎnbàn 軟半 9-1228A
ruǎnbàn 軟絆 9-1230B
ruǎnbāo 軟包 9-1228A
ruǎnbāo 軟飽 9-1231B
ruǎnbèijǐ 軟背脊 9-1229A
ruǎnbì 軟碧 9-1231B
ruǎnbì 軟壁 9-1233A
ruǎnbù 阮步 11-912A
ruǎnbù 軟步 9-1228A
ruǎnbùdōu 軟布兜 9-1228A
ruǎnchán 軟纏 9-1233B
ruǎnchàn 軟顫 9-1233B
ruǎnchē 軟車 9-1228A
ruǎnchén 軟塵 9-1232A
ruǎnchéntǔ 軟塵土 9-1232A
ruǎnchǐ 軟尺 9-1227B
ruǎnchìshājīn 軟翅紗巾 9-1230A
ruǎnchuǎi 軟揣 9-1230B
ruǎnchuǎichuǎi 軟揣揣 9-1230B
ruǎnchuī 軟炊 9-1228B
ruǎnchuíchuí 軟垂垂 9-1228B
ruǎncuì 耎脆 8-778A
ruǎncuì 耎毳 8-778A
ruǎncuì 軟脆 9-1230A
ruǎndálà 軟答剌 9-1231A
ruǎndàn 軟蛋 9-1230B
ruǎndàn 軟檐 9-1233A
ruǎndāo 軟刀 9-1227A
ruǎndāozi 軟刀子 9-1227A
ruǎndiàn 軟墊 9-1231B
ruǎndiāohuànjiǔ 阮貂換酒 11-913B
ruǎndiàopí 軟調脾 9-1232B
ruǎndìngzi 軟釘子 9-1230A
ruǎndiūdá 軟丟答 9-1228A
ruǎndiūdiū 軟丟丟 9-1228A
ruǎndòngdòng 軟凍凍 9-1230A
ruǎnduǎn 緛短 9-937B
ruǎnduàn 軟緞 9-1232B
ruǎnduǒ 軟鞾 9-1233B
ruǎn'è 軟腭 9-1231B
ruǎn'ěr 軟耳 9-1228A
ruǎnféi 軟肥 9-1228B
ruǎnfēng 軟風 9-1229B
ruǎnfù 阮婦 11-913A
ruǎnfúdiāo 阮孚貂 11-912B
ruǎnfúrónglǚ 阮孚戎旅 11-912B
ruǎngāo 軟膏 9-1232A
ruǎngōng 軟工 9-1227A
ruǎngōng 軟功 9-1227B
ruǎngōngxié 軟公鞋 9-1227B
ruǎngǔ 軟骨 9-1229A
ruǎngù 軟梏 9-1230A
ruǎngǔbìng 軟骨病 9-1229A
ruǎngǔnángnáng 軟古囊囊 9-1228A
ruǎngǔnóng 軟骨農 9-1229A
ruǎngútou 軟骨頭 9-1229A
ruǎngǔyú 軟骨魚 9-1229A
ruǎnhāihāi 軟咍咍 9-1228B
ruǎnhé 阮何 11-912A
ruǎnhóng 軟紅 9-1229B
ruǎnhóngchén 軟紅塵 9-1229B
ruǎnhū 軟乎 9-1228A
ruǎnhuá 甓滑 5-293B
ruǎnhuá 軟滑 9-1231A
ruǎnhuà 軟化 9-1227B
ruǎnhuà 軟話 9-1231B
ruǎnhuo 軟和 9-1228B
ruǎnhuǒ 軟火 9-1227B
ruǎnhuohuo 軟和和 9-1228B
ruánjì 擩嚌 6-936A
ruǎnjī 阮屐 11-913A
ruǎnjì 軟劑 9-1233A
ruǎnjiā 阮家 11-913A
ruǎnjiǎ 軟甲 9-1228A
ruǎnjiāhuì 阮家會 11-913A
ruǎnjiājī 阮家屐 11-913A
ruǎnjiājí 阮家集 11-913A
ruǎnjiān 軟監 9-1231B
ruǎnjiàn 軟件 9-1228A
ruǎnjiǎo 軟脚 9-1230B
ruǎnjiǎo 軟腳 9-1231B
ruǎnjiǎojiǔ 軟脚酒 9-1230B
ruǎnjiǎojú 軟腳局 9-1231B
ruǎnjiǎoyán 軟腳筵 9-1231B
ruǎnjiāpín 阮家貧 11-913A
ruǎnjié 軟節 9-1231B
ruǎnjīgētuō 軟嘰咯托 9-1232A
ruǎnjījī 軟嘰嘰 9-1232B
ruǎnjìn 軟禁 9-1231B
ruǎnjítú 阮籍途 11-913B
rù'ānjū 入安居 1-1060B
ruǎnjuàn 軟絹 9-1231B
ruǎnjúzi 軟局子 9-1228B
ruǎnkéjīdàn 軟殼雞蛋 9-1231A
ruǎnkǒutāng 軟口湯 9-1227A
ruǎnkuǎn 軟款 9-1230B
ruǎnkuáng 阮狂 11-912B
ruǎnkùn 軟困 9-1228A
ruǎnlàdá 軟剌答 9-1229A
ruǎnlǎn 軟懶 9-1233B
ruǎnlàn 軟爛 9-1233B
ruǎnláng 阮郎 11-912B
ruǎnlàng 軟浪 9-1230A
ruǎnlángdāng 軟郎當 9-1229A
ruǎnlángdāng 軟琅瑞 9-1230A
ruǎnlángguī 阮郎歸 11-912B
ruǎnlángmí 阮郎迷 11-912B
ruǎnlèi 軟肋 9-1228A
ruǎnlì 緛戾 9-937B
ruǎnlián 軟簾 9-1233A
ruǎnlín 阮林 11-912B
ruǎnliú 阮劉 11-913B

ruǎnlún 耎輪 8-778A
ruǎnlún 軟輪 9-1232A
ruǎnlúnchē 軟輪車 9-1232A
ruǎnměi 軟美 9-1229B
ruǎnmèi 軟媚 9-1231A
ruǎnměngkuàng 軟錳礦 9-1232B
ruǎnmián 軟棉 9-1231A
ruǎnmián 軟緜 9-1232B
ruǎnmiànjīn 軟麵筋 9-1233B
ruǎnmiānmiān 軟綿綿 9-1232A
ruǎnmín 碝碈 7-1080A
ruǎnmó 軟磨 9-1233A
ruǎnmò 軟默 9-1232B
ruǎnmù 軟木 9-1227A
ruǎnmùhuà 軟木畫 9-1227B
ruǎnmùzhuān 軟木磚 9-1227B
ruǎnnáng 阮囊 11-913B
ruǎnnángnáng 軟囊囊 9-1233B
ruǎnnángxiūsè 阮囊羞澀 11-913B
ruǎnní 軟泥 9-1228B
ruǎnnóngnóng 軟噥噥 9-1232B
ruǎnnóngzāxuè 軟膿咂血 9-1233A
ruǎnnuò 耎懦 8-778A
ruǎnnuò 軟懦 9-1233A
ruǎnpāipāi 軟拍拍 9-1228B
ruǎnpán 軟槃 9-1232A
ruǎnpán 軟盤 9-1232B
ruǎnpiàn 軟片 9-1227B
ruǎnpiàn 軟騙 9-1233A
ruǎnpīpī 軟披披 9-1228B
ruǎnpūpū 軟鋪鋪 9-1232B
ruǎnqì 碝碱 7-1080A
ruǎnqiè 軟怯 9-1229A
ruǎnqièqiè 軟怯怯 9-1229A
ruǎnqín 阮琴 11-913A
ruǎnqiúkuàimǎ 軟裘快馬 9-1231B
ruǎnqū 阮曲 11-912A
ruǎnróu 軟柔 9-1229B
ruǎnróuróu 軟柔柔 9-1229B
ruǎnruǎn 軟軟 9-1230A
ruǎnruǎn 媆媆 4-386B
ruǎnrùn 軟潤 9-1232B
ruǎnruò 耎弱 8-782B
ruǎnruò 濡弱 6-184B
ruǎnruò 耎弱 8-778A
ruǎnruò 軟弱 9-1230A
ruǎnshā 軟沙 9-1228B
ruǎnshàn 軟善 9-1231A
ruǎnshè 阮舍 11-912B
ruǎnshèbèi 軟設備 9-1230B
ruǎnshēng 軟聲 9-1233A
ruǎnshēngchē 阮生車 11-912A
ruǎnshēngjí 阮生集 11-912A
ruǎnshēngjiē 阮生嗟 11-912A
ruǎnshēngjù'àn 阮生據案 11-912A
ruǎnshēngkuáng 阮生狂 11-912A
ruǎnshēngtì 阮生涕 11-912A
ruǎnshēngtòng 阮生慟 11-912A
ruǎnshèshè 軟設設 9-1230B
ruǎnshī 軟濕 9-1233A
ruǎnshí 軟石 9-1228A
ruǎnshí 軟食 9-1229B
ruǎnshí 碝石 7-1080A
ruǎnshìjiǔ 阮氏酒 11-912A
ruǎnshǐpíng 阮始平 11-912B
ruǎnshú 軟熟 9-1232B
ruǎnshuǐ 軟水 9-1227B
ruǎnsījīn 軟斯金 9-1231A
ruǎnsījīn 軟廝禁 9-1232B
ruǎnsú 軟俗 9-1229B
ruǎnsūsū 軟酥酥 9-1231A
ruǎnsùsù 軟簌簌 9-1233A
ruǎntāi 軟胎 9-1229B
ruǎntái 軟擡 9-1233A
ruǎntàishǒu 阮太守 11-912A
ruǎntān 軟攤 9-1233B
ruǎntān 軟癱 9-1233B
ruǎntáng 軟糖 9-1233A
ruǎntānjià 軟癱架 9-1233B
ruǎntánlìyǔ 軟談麗語 9-1232B
ruǎntānzihuò 軟癱子貨 9-1233B
ruǎntàotào 軟套套 9-1230A
ruǎntī 耎梯 8-778A
ruǎntī 軟梯 9-1230A
ruǎntì 軟屜 9-1230B
ruǎntì 軟替 9-1230B
ruántián 堧田 2-1236B
ruǎntǐdòngwù 軟體動物 9-1233B
ruǎntòng 軟痛 9-1231A
ruǎntú 阮途 11-913A
ruǎnwán 軟頑 9-1231B
ruǎnwēngxié 軟翁鞋 9-1230A
ruǎnwēnwēn 軟温温 9-1231A
ruǎnwǔ 軟舞 9-1232A
ruǎnwūlà 軟兀剌 9-1227A
ruǎnwǔqǔ 軟舞曲 9-1232A
ruǎnxí 軟席 9-1230A
ruǎnxiàgān 軟下疳 9-1227A
ruǎnxián 阮咸 11-913A
ruǎnxiàng 阮巷 11-913A
ruǎnxiāngcháo 軟香巢 9-1229A
ruǎnxiāngwēnyù 軟香温玉 9-1229B
ruǎnxiánzhái 阮咸宅 11-913A
ruǎnxiào 軟笑 9-1230A
ruǎnxīncháng 軟心腸 9-1227B
ruǎnxìng 軟性 9-1229A
ruǎnyán 軟言 9-1228B
ruǎnyàn 軟堰 9-1230B
ruǎnyángyáng 軟洋洋 9-1229B
ruǎnyīn 軟茵 9-1229A
ruǎnyìngjiānshī 軟硬兼施 9-1231A
ruǎnyìngmù 軟硬木 9-1231A
ruǎnyǐnliào 軟飲料 9-1231A
ruǎnyú 軟舁 9-1229B
ruǎnyú 軟輿 9-1233A
ruǎnyú 軟轝 9-1233B
ruǎnyǔ 阮瑀 11-913B
ruǎnyǔ 軟語 9-1232A
ruǎnyù 軟玉 9-1227B
ruányuán 堧垣 2-1236B
ruǎnyuányú 阮元瑜 11-912A
ruǎnyùwēnxiāng 軟玉温香 9-1227B
ruǎnyǔwēnyán 軟語温言 9-1232A
ruǎnzǎo 檽棗 4-1352B
ruǎnzǎo 軟棗 9-1231A
ruǎnzào 軟皂 9-1228B
ruǎnzhái 阮宅 11-912A
ruǎnzhàn 軟戰 9-1232B
ruǎnzhàng 軟障 9-1231B
ruǎnzhāo 軟招 9-1228B
ruǎnzhào 阮肇 11-913B
ruǎnzhī 軟脂 9-1230A
ruǎnzhǐ 軟指 9-1229A
ruǎnzhīsuān 軟脂酸 9-1230A
ruǎnzhuólù 軟着陸 9-1230B
ruǎnzōng 阮宗 11-912B
ruǎnzuǐtāshé 軟嘴塌舌 9-1232B
rú'ǎo 襦襖 9-146A
rǔ'ǎo 乳媪 1-782A
rǔ'ǎojī 乳媪譏 1-782A
rǔbái 乳白 1-779B
rùbāngwènsú 入邦問俗 1-1060A
rúbǎo 孺褓 4-252B
rǔbǎo 乳保 1-780B
rǔbào 乳抱 1-780A
rǔbèi 汝輩 5-940A
rúbǐ 茹筆 9-397A
rúbǐ 濡筆 6-184B
rǔbì 乳婢 1-782A
rǔbì 辱賁 10-4B
rùbì 入幣 1-1067B
rùbìn 入殯 1-1069B
rúbīng 挐兵 6-541A
rǔbǐng 乳餅 1-783A
rúbìshǐzhǐ 如臂使指 4-277A
rúbó 儒博 1-1715A
rǔbō 乳缽 1-781B
rǔbō 乳鉢 1-782B
rùbó 入鈸 1-1067A
rǔbǔ 乳哺 1-781A
rǔbǔ'ér 乳哺兒 1-781A
rùbùfūchū 入不敷出 1-1058B
rúbùshèngyī 如不勝衣 4-270B
rúcài 茹菜 9-397A
rùcǎi 縟采 9-961B
rùcǎi 縟彩 9-961B
rǔcán 辱殘 10-4B
rǔcáo 汝曹 5-940A
rùcǎo 褥草 9-123B
rùcǎowù 入草物 1-1062A
rúcāozuǒquàn 如操左券 4-276B
rǔchá 乳茶 1-780B
rùchán 入禪 1-1069A
rúcháng 如常 4-274A
rùchǎng 入場 1-1065A
rùchǎngquàn 入場券 1-1065B
rùchāo 入抄 1-1060B
rùchāo 入超 1-1065B
rùcháo 入朝 1-1065B
rúchén 儒臣 1-1712A
rùchén 入臣 1-1060A
rúchí 濡遲 6-185A
rúchǐ 孺齒 4-252B
rǔchǐ 辱恥 10-4A
rúchīsìzuì 如癡似醉 4-277A
rúchízuǒquàn 如持左券 4-273A
rúchóng 蠕蟲 8-989A
rùchǒng 入寵 1-1069B
rǔchú 乳雛 1-783B
rǔchù 乳畜 1-781B
rùchū 入出 1-1059B
rúchuánbǐ 如椽筆 4-275A
rǔchuáng 乳牀 1-780B
rùchuāng 褥瘡 9-124A
rǔchuí 乳槌 1-782B
rúchūyīkǒu 如出一口 4-271A
rúchūyīzhé 如出一轍 4-271A
rúcí 如茨 4-273B
rúcǐ 如此 4-271B
rúcì 如次 4-271B
rùcì 入次 1-1060B
rúcǐ'éryǐ 如此而已 4-271B
rúcǐzhèbān 如此這般 4-271B
rúcù 蠕簇 8-989A
rúdài 襦帶 9-145B
rǔdài 辱殆 10-4A
rùdān 褥單 9-124A
rúdǎng 儒黨 1-1716B
rùdǎng 入黨 1-1069B
rúdào 儒道 1-1715B
rǔdào 辱到 10-4A
rùdào 入道 1-1066A
rúdǎoshuǐhuǒ 如蹈水火 4-276B
rúdǎotānghuǒ 如蹈湯火 4-276B
rùdé 入德 1-1068B
rùděng 入等 1-1065B
rúdì 如弟 4-272B
rǔdī 乳羝 1-781B

rǔdì 乳娣 1-781B
rùdì 入地 1-1060A
rùdì 入第 1-1064B
rúdiǎn 儒典 1-1712B
rǔdiàn 辱玷 10-4A
rùdiào 入調 1-1068B
rúdié 儒牒 1-1715B
rùdìng 入定 1-1061B
rùdìwúmén 入地無門 1-1060A
rúdòng 嚅動 3-534B
rúdòng 蠕動 8-989A
rǔdòng 乳洞 1-781A
rǔdòng 乳湩 1-782A
rǔdòu 乳竇 1-784A
rǔdú 乳犢 1-784A
rǔdúbùpàhǔ 乳犢不怕虎 1-784A
rùduì 入隊 1-1065A
rùduì 入對 1-1067B
rúduòwǔlǐwùzhōng 如墮五里霧中 4-276A
rúduòyānhǎi 如墮煙海 4-276A
rúduòyānwù 如墮煙霧 4-276A
rǔ'è 乳萼 1-782A
rú'ér 儒兒 1-1712B
rú'ér 嚅唲 3-534B
rú'ér 嚅咡 3-534B
rú'ér 孺兒 4-252B
rǔ'ér 乳兒 1-780A
rǔ'ěr 汝爾 5-940A
rù'ěr 入耳 1-1060A
rúfǎ 如法 4-273A
rúfán 挐繁 6-541A
rùfàn 入犯 1-1059B
rǔfáng 乳房 1-780A
rùfáng 入房 1-1061B
rúfǎpáozhì 如法炮製 4-273A
rúfǎpàozhì 如法泡製 4-273A
rúfēi 蠕蜚 8-989A
rǔfén 汝墳 5-940A
rúfēng 儒風 1-1713B
rǔfēng 乳峰 1-781A
rúfēngguò'ěr 如風過耳 4-274A
rúfú 儒服 1-1713A
rǔfǔ 乳腐 1-783A
rǔfù 乳婦 1-782A
rùfú 入伏 1-1060A
rùfú 入服 1-1061B
rùfù 蓐婦 9-502A
rúfūrén 如夫人 4-270B
rúgān 如干 4-270A
rǔgān 乳柑 1-780B
rùgǎng 入港 1-1066A
rǔgāo 乳膏 1-783A
rùgào 入告 1-1060B
rúgāozhì 如皐雉 4-274B
rùgé 入閤 1-1068A
rùgé 入格 1-1063B
rùgé 入閣 1-1068A
rùgédēngtán 入閣登壇 1-1068A
rúgèn 儒艮 1-1712B
rúgōng 儒宫 1-1713B
rùgòng 入貢 1-1063B
rǔgǒu 乳狗 1-780A
rǔgòu 辱詬 10-4B
rùgòu 入彀 1-1066B
rúgù 如故 4-273B
rùgǔ 入股 1-1061B
rùgǔ 入骨 1-1062B
rùgǔ 入穀 1-1068A
rúguān 儒官 1-1713A
rúguān 儒冠 1-1713B
rúguān 儒關 1-1716B
rúguǎn 儒館 1-1716A
rǔguǎn 乳管 1-782B
rùguān 入官 1-1061B
rùguǎn 入館 1-1068B
rùguàn 入冠 1-1063A
rúgǔhánjīn 茹古涵今 9-396B
rúguī 儒閨 1-1715B
rúguì 儒貴 1-1715A
rúguó 襦幗 9-146A
rúguǒ 如果 4-273A
rǔguó 辱國 10-4A
rǔguósàngshī 辱國喪師 10-4A
rǔguótiǎnmín 辱國殄民 10-4A
rùguówènsú 入國問俗 1-1064B
rǔguóyāngmín 辱國殃民 10-4A
rǔhǎi 汝海 5-940A
rǔhài 辱害 10-4A
rǔhái'er 乳孩兒 1-781A
rùhǎisuànshā 入海算沙 1-1064A
rúhàn 濡翰 6-185B
rùháng 入行 1-1060A
rúháo 儒豪 1-1715B
rúháo 濡毫 6-184B
rúhé 如何 4-272A
rúhè 濡褐 6-185A
rǔhè 辱荷 10-4A
rùhè 入賀 1-1066A
rúhèn 茹恨 9-396B
rúhòu 儒厚 1-1713A
rúhù 儒户 1-1711B
rǔhǔ 乳虎 1-780A
rùhù 入户 1-1059A
rúhuà 如化 4-270B
rúhuà 儒化 1-1711B
rǔhuā 乳花 1-780A
rùhuà 入化 1-1059A
rùhuà 入畫 1-1066A
rùhuà 入話 1-1067A
rúhuǎn 儒緩 1-1716A
rùhuàn 入宦 1-1062B
rúhuáng 如黄 4-274A
rúhuáng 如簧 4-277A
rúhuáng 茹黄 9-397A
rúhuāsìduǒ 如花似朵 4-272A
rúhuāsìjǐn 如花似錦 4-272A
rúhuāsìyù 如花似玉 4-271B
rúhuāsìyuè 如花似月 4-271B
rúhǔdéyì 如虎得翼 4-273A
rúhǔfùyì 如虎傅翼 4-273A
rúhuì 袽穢 3-715A
rúhūn 茹葷 9-397A
rúhuó 蠕活 8-989A
rúhuò 如或 4-272B
rùhuǒ 入火 1-1059A
rùhuǒ 入伙 1-1060A
rùhuǒ 入夥 1-1067B
rùhuò 入貨 1-1064B
rùhuǒfùtāng 入火赴湯 1-1059A
rúhuǒrútú 如火如荼 4-270B
rúhuòzhìbǎo 如獲至寶 4-276B
rúhuòzhìzhēn 如獲至珍 4-276B
rúhǔshēngyì 如虎生翼 4-273A
rúhǔtiānyì 如虎添翼 4-273A
rúhúyú 鱬鯯魚 12-1268B
ruì'ǎi 瑞藹 4-605B
ruì'ǎi 瑞靄 4-606A
ruìbǎng 蕊榜 9-560B
ruìbǐ 銳筆 11-1307B
ruìbì 銳弊 11-1307B
ruìbiāo 銳標 11-1307B
ruíbīn 蕤賓 9-547B
ruìbīng 銳兵 11-1306A
ruíbīntiěxiǎng 蕤賓鐵響 9-547B
ruìbó 睿博 7-1236A
ruìcái 睿才 7-1235A
ruìcái 睿裁 7-1236A
ruìcái 叡才 2-890A
ruìcǎi 瑞采 4-602B
ruìcǎi 瑞彩 4-604A
ruìcǎo 瑞草 4-602B
ruìcǎokuí 瑞草魁 4-603A
ruìchāng 瑞昌 4-602B
ruìchē 瑞車 4-602B
ruìchéng 睿誠 7-1236B
ruìcí 睿慈 7-1236B
ruìcōng 睿聰 7-1237A
ruìcuòqìsuǒ 銳挫氣索 11-1306B
ruìcuòwàngjué 銳挫望絶 11-1306B
ruìdá 睿達 7-1236A
ruìdá 銳達 11-1307A
ruìdé 瑞德 4-605A
ruìdé 睿德 7-1237A
ruìdé 叡德 2-890B
ruìdiān 瑞顛 4-605B
ruìdiǎn 瑞典 4-602B
ruìdiǎn 叡典 2-890B
ruìdié 瑞牒 4-604B
ruìdǐng 銳頂 11-1307A
ruìduān 銳端 11-1307B
ruìduàn 睿斷 7-1237B
ruìfān 睿蕃 7-1237A
ruìfàn 睿範 7-1237A
ruìfāng 枘方 4-854B
ruìfěn 蕊粉 9-560B
ruìfēng 銳鋒 11-1307B
ruìfú 瑞符 4-603B
ruìfú 瑞福 4-604B
ruìgǎn 睿感 7-1236B
ruìgōng 蕊宫 9-560A
ruìgōng 橤宫 9-1023B
ruìguāng 瑞光 4-602A
ruìguǎng 睿廣 7-1237A
ruìguī 瑞珪 4-603B
ruìguǒ 銳果 11-1306B
ruìhàn 銳悍 11-1307A
ruìhàn 銳翰 11-1308A
ruìhǎo 睿好 7-1235B
ruìhé 瑞禾 4-602A
ruìhè 瑞鶴 4-606A
ruìhěn 銳很 11-1306B
ruìhèxiān 瑞鶴仙 4-606A
ruìhòu 睿后 7-1235B
ruìhòu 叡后 2-890B
ruìhuà 睿化 7-1235A
ruìhuáng 蕊黄 9-560B
ruìjī 銳居 11-1306B
ruìjiǎn 蕊簡 9-560B
ruìjiàn 睿監 7-1236B
ruìjiàn 睿鑒 7-1237B
ruìjiǎng 睿獎 7-1237A
ruìjiàng 銳將 11-1307A
ruìjiǎo 銳角 11-1306B
ruìjié 瑞節 4-604B
ruìjǐn 瑞錦 4-605A
ruìjìn 銳進 11-1307A
ruíjīng 綏旌 9-874A
ruíjīng 綏旍 9-874A
ruìjīng 銳精 11-1307B
ruìjǐng 瑞景 4-604A
ruìjìng 叡鏡 2-890B
ruìjǐnkē 瑞錦窠 4-605A
ruìjuàn 睿眷 7-1236A
ruìjuàn 睿睠 7-1236B
ruìkuǎn 睿欵 7-1236A
ruìlǎn 睿覽 7-1237B
ruìláng 銳鋃 11-1307B
ruìlì 兑利 2-269B
ruìlì 瑞曆 4-605A
ruìlì 銳立 11-1306A
ruìlì 銳利 11-1306A
ruìlì 銳厲 11-1307B
ruìlián 瑞蓮 4-604B
ruìliè 銳冽 11-1306B
ruìlíng 睿齡 7-1237B
ruìlìng 瑞令 4-602A
ruìlóngnǎo 瑞龍腦 4-605A
ruìlú 瑞爐 4-605B
ruìlù 瑞露 4-605B
ruìlǚ 銳旅 11-1307A

ruìlǜ 睿慮 7-1237A
ruìlǜ 銳慮 11-1307B
ruìlüè 睿略 7-1236A
ruìlüè 睿畧 7-1236A
ruìlüè 叡略 2-890B
ruìmǎ 瑞馬 4-603B
ruìmài 瑞麥 4-603B
ruìmào 蕤茂 9-475A
ruìmào 蕤茂 9-444B
ruìmèng 瑞夢 4-604B
ruìmì 銳密 11-1307A
ruìmǐn 睿敏 7-1236A
ruìmǐn 銳敏 11-1307A
ruìmǐn 叡敏 2-890B
ruìmíng 睿明 7-1235B
ruìmíng 叡明 2-890B
ruìmìng 瑞命 4-602B
ruìmìng 睿命 7-1235B
ruìmó 睿謨 7-1237A
ruìmóu 睿謀 7-1237A
ruìmù 瑞木 4-601B
ruìmù 睿木 7-1235A
ruìnǎo 瑞腦 4-604B
ruìnián 瑞年 4-602A
ruìniǎo 瑞鳥 4-604A
ruǐnǚ 蕊女 9-560A
ruìqí 銳騎 11-1308A
ruìqì 瑞氣 4-603B
ruìqì 睿氣 7-1236A
ruìqì 銳氣 11-1306B
ruìqì 銳器 11-1308A
ruìqín 瑞禽 4-604A
ruìqíng 睿情 7-1236A
ruìqíng 銳情 11-1307A
ruìqìng 瑞慶 4-605A
ruìqìngjié 瑞慶節 4-605A
ruìqǔ 瑞曲 4-602A
ruìqǔ 睿曲 7-1235B
ruìquè 瑞闕 4-605B
ruìrén 瑞人 4-601B
ruìrì 瑞日 4-602A
ruìrì 睿日 7-1235A
ruìrù 銳入 11-1306A
ruíruí 颷颷 12-640A
ruíruí 緌緌 9-895A
ruíruí 蕤蕤 9-547B
ruǐruǐ 橤橤 4-1319B
ruìruì 叡叡 7-1521A
ruìruì 芮芮 9-285A
ruìsè 瑞色 4-602B
ruìshǎng 睿賞 7-1237A
ruìshàng 銳上 11-1306A
ruìshēn 銳身 11-1306B
ruìshèng 瑞聖 4-604A
ruìshèng 睿聖 7-1236B
ruìshèng 叡聖 2-890B
ruìshènghuā 瑞聖花 4-604A
ruìshèngnú 瑞聖奴 4-604A
ruìshī 銳師 11-1306B
ruìshí 睿識 7-1237B
ruìshì 瑞世 4-602A
ruìshì 銳士 11-1306A
ruìshì 銳勢 11-1307B
ruìshòu 瑞獸 4-605B
ruìsī 睿思 7-1235B
ruìsī 銳思 11-1306B
ruìsuàn 睿筭 7-1236B
ruìsuàn 睿算 7-1236B
ruísuí 蕤綏 9-547B
ruìtīng 睿聽 7-1237B
ruìtóu 銳頭 11-1308A
ruìtú 瑞圖 4-605A
ruìtú 睿圖 7-1236B
ruìwǎng 銳往 11-1306B
ruìwén 睿文 7-1235B
ruìwèn 睿問 7-1236A
ruìwò 睿幄 7-1236A
ruìwò 睿渥 7-1236B
ruìwǔ 睿武 7-1235B
ruìwǔ 銳武 11-1306B
ruìwù 瑞物 4-602B
ruìxiá 瑞霞 4-605A
ruíxiān 蕤鮮 9-547B
ruìxiāng 瑞香 4-603A
ruìxiǎng 睿想 7-1236B
ruìxiàng 瑞相 4-603A
ruìxiàng 瑞象 4-604A
ruìxiàng 瑞像 4-604B
ruìxiàng 睿相 7-1235B
ruìxiào 睿孝 7-1235B
ruìxìn 瑞信 4-603A
ruìxīng 瑞星 4-603A
ruìxìng 睿性 7-1235B
ruìxù 蚋序 8-867B
ruìxù 睿緒 7-1237A
ruìxué 睿學 7-1237A
ruìxuě 瑞雪 4-603B
ruìxùn 睿訓 7-1236A
ruìyā 瑞鴨 4-605A
ruìyá 瑞芽 4-602B
ruìyān 瑞烟 4-603B
ruìyān 瑞煙 4-604B
ruìyǎn 瑞鷗 4-605B
ruìyàn 睿豔 7-1237B
ruìyè 瑞葉 4-604A
ruìyì 瑞異 4-603B
ruìyì 睿意 7-1236B
ruìyì 銳逸 11-1307A
ruìyì 銳意 11-1307B
ruìyǐng 銳景 11-1307A
ruìyìng 瑞應 4-605B
ruìyìngchē 瑞應車 4-605B
ruìyīnglián 瑞英簾 4-602B
ruìyìngquán 瑞應泉 4-605B
ruìyòu 瑞祐 4-603B
ruìyǔ 瑞羽 4-602B
ruìyù 瑞玉 4-602A
ruǐyuàn 蕊苑 9-560A
ruìyuánzáofāng 枘圓鑿方 4-854B
ruìyuè 瑞月 4-602A
ruìyuè 睿岳 7-1235B
ruìyún 瑞雲 4-604A
ruìzáo 枘鑿 4-855A
ruìzǎo 睿藻 7-1237B
ruìzǎo 銳藻 11-1308A
ruìzáobīngtàn 枘鑿冰炭 4-855A
ruìzáofāngyuán 枘鑿方圓 4-855A
ruìzé 睿澤 7-1237A
ruìzé 銳澤 11-1308A
ruízhāng 緌章 9-874A
ruìzhào 睿詔 7-1236B
ruìzhé 睿哲 7-1235B
ruìzhé 叡哲 2-890B
ruìzhé 叡喆 2-890B
ruìzhègū 瑞鷓鴣 4-606A
ruìzhèn 銳陣 11-1306B
ruìzhēng 瑞徵 4-605A
ruìzhī 瑞芝 4-602A
ruìzhǐ 睿旨 7-1235B
ruìzhì 睿知 7-1235B
ruìzhì 睿智 7-1236A
ruìzhì 銳志 11-1306A
ruìzhì 銳智 11-1307A
ruìzhì 叡知 2-890B
ruìzhì 叡智 2-890B
ruìzhì 叡質 2-890B
ruǐzhū 蕊珠 9-560A
ruìzhú 瑞竹 4-602A
ruìzhù 瑞祝 4-603B
ruǐzhūgōng 蕊珠宮 9-560A
ruǐzhūjīng 蕊珠經 9-560B
ruìzī 睿姿 7-1235B
ruìzī 睿資 7-1236B
ruìzì 蚋眥 8-867B
ruìzì 銳眥 11-1307A
ruìzú 銳卒 11-1306B
ruìzǔ 睿祖 7-1235B
ruìzuò 叡作 2-890B
rújí 儒籍 1-1716B
rújì 如寄 4-274B
rújì 嚅嚌 3-534B
rújì 濡迹 6-184A
rújì 濡跡 6-184B
rǔjì 乳跽 1-782B
rǔjì 乳劑 1-783B
rújì 擩祭 6-936A
rùjī 入機 1-1068B
rùjí 入籍 1-1070A
rùjǐ 入己 1-1058A
rùjì 入計 1-1062B
rùjì 入寂 1-1065A
rújiā 儒家 1-1714A
rújiā 濡浹 6-184B
rùjiǎ 入甲 1-1059B
rùjià 入價 1-1068A
rǔjiàn 辱賤 10-4B
rùjiān 入肩 1-1061B
rùjiān 入姦 1-1063A
rùjiān 入監 1-1067B
rùjiàn 入監 1-1067B
rùjiàn 入見 1-1060B
rújiàng 儒將 1-1714B
rùjiānyóu 入監油 1-1067B
rújiànzàixián 如箭在弦 4-276A
rújiào 儒教 1-1714B
rùjiǎo 入脚 1-1064B
rùjiào 入教 1-1064A
rújiāorúqī 如膠如漆 4-276B
rújiāosìqī 如膠似漆 4-276A
rújiāotóuqī 如膠投漆 4-276B
rújiàotú 儒教徒 1-1714B
rǔjié 乳節 1-782B
rǔjiě 乳姐 1-780B
rùjié 入刼 1-1061A
rùjié 縟節 9-961B
rújiědàoxuán 如解倒懸 4-275B
rújīn 如今 4-270B
rújīn 儒巾 1-1711B
rújǐn 儒謹 1-1716B
rǔjīn 辱金 10-4A
rùjìn 入禁 1-1066B
rùjìn 入覲 1-1069A
rújīng 儒經 1-1715B
rǔjǐng 乳井 1-779A
rǔjǐng 辱井 10-3B
rùjǐng 入井 1-1058B
rùjǐng 溽景 6-8B
rùjìng 入竟 1-1064B
rùjìng 入境 1-1067B
rùjìng 入靜 1-1067A
rùjìngwènjìn 入竟問禁 1-1064B
rùjìngwènsú 入境問俗 1-1067B
rùjìngzhèng 入境證 1-1067B
rújīrúkě 如飢如渴 4-274A
rújīrúkě 如饑如渴 4-277B
rújīsìkě 如饑似渴 4-277A
rǔjiǔ 乳酒 1-781B
rùjǐzāng 入己贓 1-1058B
rújū 濡洵 6-184A
rǔjū 乳駒 1-783A
rǔjú 乳橘 1-783A
rǔjǔ 辱舉 10-4B
rùjú 入局 1-1060B
rújué 挐攫 6-541A
rújūn 如君 4-272B
rújùn 儒俊 1-1713B
rúkē 儒科 1-1713A
rúkè 儒客 1-1713B
rúkēng 儒硎 1-1714B
rúkěrújī 如渴如饑 4-275A
rǔkǒng 乳孔 1-779B
rúkǒu 濡口 6-183B
rǔkǒu 乳口 1-779A
rùkǒu 入口 1-1058A
rùkòu 入寇 1-1065A
rúkù 襦袴 9-145B
rǔkū 乳窟 1-782B
rùkù 入庫 1-1063B
rùkuǎn 入款 1-1065A
rǔkuàng 辱貺 10-4B
rúkùgē 襦袴歌 9-145B
rúkǔhánxīn 茹苦含辛 9-396B
rúkù'ōu 襦袴謳 9-146A
rúkùyáo 襦袴謠 9-146A
rúlái 如來 4-272B

rùlái 入來 1-1061A
rùlǎn 入覽 1-1070A
rúlángmùyáng 如狼牧羊 4-274A
rúlángrúhǔ 如狼如虎 4-274A
rúlángsìhǔ 如狼似虎 4-274A
rǔlǎo 乳姥 1-781A
rǔlào 乳酪 1-782B
rùláo 蓐勞 9-502A
rúléiguàn'ěr 如雷貫耳 4-275A
rúléiguàn'ěr 如雷灌耳 4-275A
rúlǐ 醹醴 9-1447A
rúlì 儒吏 1-1712A
rǔlí 乳梨 1-781B
rǔlì 辱詈 10-4B
rùlǐ 入理 1-1064A
rùlǐ 縟禮 9-961B
rùlì 入立 1-1059B
rùlì 入苙 1-1061A
rùlì 縟麗 9-962A
rùlián 入簾 1-1069B
rùliàn 入殮 1-1069A
rùliè 入列 1-1060A
rùlǐfányí 縟禮煩儀 9-962A
rúlín 如林 4-272B
rúlín 儒林 1-1712B
rǔlín 辱臨 10-4B
rùlín 入林 1-1061A
rùlín 入臨 1-1069A
rúlíndàdí 如臨大敵 4-276B
rúlǐng 襦領 9-146A
rúlìng 如令 4-271A
rǔlǐng 乳領 1-783A
rúlínshēnyuān 如臨深淵 4-276B
rúlínzhàngrén 儒林丈人 1-1712B
rùlǐqièqíng 入理切情 1-1064A
rúliú 儒流 1-1714A
rǔliù 乳溜 1-782B
rùliú 入流 1-1064A
rúlóngsìhǔ 如龍似虎 4-276B
rùlóuyǐ 蓐螻蟻 9-502A
rùlù 溽露 6-8B
rǔluǎn 乳卵 1-780A
rúlǘ 茹藘 9-397A
rúlǚ 儒侶 1-1712B
rúlǚ 濡縷 6-185B
rúlǜ 如律 4-273B
rùlǜ 入律 1-1062B
rúlǚbóbīng 如履薄冰 4-276B
rúlǜlìng 如律令 4-274A
rúlǚpíngdì 如履平地 4-276B
rúlǚrúlín 如履如臨 4-276B
rúmá 如麻 4-274B
rǔmà 辱罵 10-4B
rùmǎ 入馬 1-1063A
rúmángcìbèi 如芒刺背 4-271A
rúmángzàibèi 如芒在背 4-271A
rǔmáo 乳毛 1-779B
rúmáoyǐnxuè 茹毛飲血 9-396B
rùmèi 嚅昧 5-841B
rùméi 入梅 1-1064A
rùmèi 入寐 1-1066A
rúmén 儒門 1-1713A
rùmén 入門 1-1061B
rǔménbàihù 辱門敗户 10-4A
rúméng 孺蒙 4-252B
rùmèng 入夢 1-1066B
rúmèngchūjué 如夢初覺 4-275A
rúmèngchūxǐng 如夢初醒 4-275A
rúmèngfāngxǐng 如夢方醒 4-275A
rúmènglìng 如夢令 4-275A
rùménwènhuì 入門問諱 1-1062A
rùménzhàngzi 入門杖子 1-1062A
rǔmí 乳糜 1-783B
rǔmí 乳麋 1-783B
rùmí 入迷 1-1062B
rúmiàn 如面 4-273B
rùmián 入眠 1-1063B
rùmiào 入妙 1-1061A
rùmiè 入滅 1-1067A
rùmín 入民 1-1059B
rúmìng 如命 4-273A
rǔmíng 乳名 1-779B
rǔmíng 乳茗 1-780B
rǔmìng 辱命 10-4A
rùmíng 入冥 1-1064A
rǔmíyūn 乳糜暈 1-783B
rúmò 儒墨 1-1715B
rúmò 濡没 6-184A
rúmò 濡沫 6-184A
rúmò 濡墨 6-185A
rǔmó 辱模 10-4B
rǔmó 辱麽 10-4B
rǔmǒ 辱抹 10-3B
rǔmò 辱没 10-3B
rǔmò 辱末 10-3B
rǔmò 辱莫 10-4A
rǔmò 辱寞 10-4B
rùmó 入魔 1-1070A
rúmù 孺慕 4-252B
rǔmǔ 乳母 1-779B
rùmǔ 蓐母 9-501B
rùmù 入木 1-1058B
rùmù 入目 1-1059A
rùmù 入幕 1-1066A
rùmù 入暮 1-1067B
rùmùbīn 入幕賓 1-1066A
rùmùsānfēn 入木三分 1-1058B
rúnà 茹内 9-396B
rùnàn 入難 1-1069B
rǔnánchénjī 汝南晨雞 5-939B
rǔnánchénjī 汝南晨鷄 5-939B
rùnáng 入囊 1-1070A
rǔnánjī 汝南雞 5-940A
rǔnánnuò 汝南諾 5-939B
rǔnánpíng 汝南評 5-939B
rǔnányuèdàn 汝南月旦 5-939B
rùnǎo 蓐惱 9-502A
rùnbǐ 潤筆 6-148A
rùnbiàn 閏變 12-36B
rùnbǐhuā 潤筆花 6-148A
rùnbǐqián 潤筆錢 6-148B
rùnbǐzhízhèng 潤筆執政 6-148A
rùnbǐzī 潤筆資 6-148A
rùnchá 閏察 12-36A
rùncháo 閏朝 12-36A
rùncí 潤辭 6-149A
rùndú 潤黷 6-149A
rùnfǎ 閏法 12-36A
rùnfèn 閏分 12-35B
rùnfēngfēng 潤風風 6-147B
rùngǎi 潤改 6-147B
rùngé 潤格 6-148A
rùngōng 閏宫 12-36A
rùnhán 潤含 6-147B
rùnháo 潤毫 6-148A
rùnhuá 潤滑 6-148B
rùnhuáyóu 潤滑油 6-148B
rùnhuò 潤鑊 6-149A
rúnì 濡溺 6-185A
rúnián 孺年 4-252A
rǔniáng 乳娘 1-781B
rúniǎoshòusàn 如鳥獸散 4-274A
rúniè 嚅囁 3-534B
rǔniú 乳牛 1-779B
rúniúfùzhòng 如牛負重 4-270B
rùnjí 閏集 12-36A
rùnjì 閏繼 12-36B
rùnjì 潤濟 6-149A
rùnjiā 潤浹 6-148A
rùnjiāqián 潤家錢 6-148A
rùnjìn 潤浸 6-148A
rùnlǎng 潤朗 6-148A
rùnlì 潤利 6-147B
rùnlì 潤麗 6-149A
rùnlù 潤賂 6-148B
rùnměi 潤美 6-147B
rùnnì 潤膩 6-148B
rùnnián 閏年 12-35B
rùnqì 潤氣 6-148A
rùnqiū 閏秋 12-36A
rùnrì 閏日 12-35B
rùnrù 潤溽 6-148B
rùnsè 潤色 6-147B
rùnsèxiānsheng 潤色先生 6-147B
rùnshēn 潤身 6-147B
rùnshēng 閏陞 12-36A
rùnshī 潤濕 6-149A
rùnshì 潤飾 6-148B
rùnshuāng 閏雙 12-36A
rùntǒng 閏統 12-36A
rùntuó 潤橐 6-148B
rúnuò 儒懦 1-1716A
rúnuò 儒愞 1-1715B
rǔnǚ 乳女 1-779A
rùnwèi 閏位 12-35B
rùnwén 潤文 6-147A
rùnwénguān 潤文官 6-147B
rùnwénshǐ 潤文使 6-147A
rùnwū 潤屋 6-147B
rùnxī 潤息 6-148A
rùnxià 潤下 6-147A
rùnyǎng 潤養 6-148B
rùnyì 閏益 12-36A
rùnyì 潤益 6-148A
rùnyīn 閏音 12-36A
rùnyū 潤淤 6-148A
rùnyú 閏餘 12-36A
rùnyǔ 潤雨 6-147B
rùnyù 潤玉 6-147B
rùnyuè 閏月 12-35B
rùnyùn 閏運 12-36A
rùnzé 潤澤 6-148B
rùnzhèng 潤正 6-147B
rùnzhǐ 閏徵 12-36A
rùnzhì 潤緻 6-149A
rùnzī 潤滋 6-148B
rùnzīzī 潤滋滋 6-148B
ruò'áo 若敖 9-331A
ruò'áoguǐ 若敖鬼 9-331A
ruòbāochuán 篛包船 8-1189B
ruòbèi 若輩 9-332B
ruòbēngjuéjiǎo 若崩厥角 9-331B
ruòběnqiángmò 弱本强末 4-118B
ruòbù 弱步 4-119A
ruòbù 篛篰 8-1235B
ruòbùhàonòng 弱不好弄 4-118A
ruòbùjìnfēng 弱不禁風 4-118A
ruòbùshā 若不沙 9-329B
ruòbùshèngyī 若不勝衣 9-329B
ruòbùshèngyī 弱不勝衣 4-118A
ruòcái 弱才 4-117B
ruòcáo 若曹 9-331B
ruòchén 弱辰 4-119A
ruòchèn 爇櫬 7-309B
ruòchǐ 弱齒 4-120B
ruòchì 弱翅 4-119B
ruòchūyīguǐ 若出一軌 9-329B
ruòchūyīzhé 若出一轍 9-329B
ruòcǐ 若此 9-330A
ruòcúnruòwáng 若存若亡 9-330A

ruócuō 挼搓 6-621A
ruòdàruòxiǎo 若大若小 9-329A
ruòdī 若覾 9-332B
ruòdí 弱敵 4-121A
ruòdì 弱弟 4-119A
ruòdì 弱蔕 4-120A
ruòdì 弱蒂 4-120B
ruòdiǎn 弱點 4-121A
ruò'ér 若而 9-330A
ruò'ěr 若爾 9-332A
ruòfāng 若芳 9-330A
ruòfáng 弱房 4-119A
ruòfēi 若非 9-331A
ruòfēng 弱風 4-119B
ruòfú 若夫 9-329B
ruògān 若干 9-329A
ruògè 若個 9-331B
ruògè 若箇 9-332A
ruògōng 弱弓 4-118A
ruògǒu 若苟 9-330B
ruògū 弱孤 4-119A
ruògǔ 弱骨 4-119B
ruòguǎ 弱寡 4-120B
ruòguǎn 弱管 4-120B
ruòguàn 弱冠 4-119B
ruòguāng 若光 9-330A
ruòguǒ 若果 9-331A
ruòhàn 弱翰 4-121A
ruòháo 弱毫 4-120A
ruòhé 若何 9-330A
ruòhuā 若華 9-331B
ruòhuì 若惠 9-331B
ruòhuò 若或 9-330B
ruòjī 蒻雞 7-309B
ruòjí 弱疾 4-120A
ruòjiǎ 弱甲 4-118B
ruòjié 蒻節 7-309A
ruòjíruòlí 若即若離 9-330A
ruójiù 擱就 6-892B
ruòjiǔ 若酒 9-331B
ruòjūn 若菌 9-331B
ruòké 箬殼 8-1190A
ruòkè 蒻客 7-309A
ruòkǒu 弱口 4-118A
ruòkǒuyǐn 若口引 9-329A
ruólán 挼藍 6-621A
ruòlěi 弱累 4-120A
ruòlì 弱力 4-117B
ruòlì 蒻笠 9-529A
ruòlì 箬笠 8-1190A
ruòlì 篛笠 8-1235B
ruòliè 弱劣 4-118B
ruòlíng 弱齡 4-121A
ruòlíruòjí 若離若即 9-332B
ruòliú 若留 9-331B
ruòliú 若榴 9-332A
ruòliǔ 弱柳 4-119B
ruòlóng 篛籠 8-1235B
ruòlǒu 箬簍 8-1190A
ruòluǎntóushí 若卵投石 9-330A
ruòmào 箬帽 8-1190A
ruòmào 篛帽 8-1235B
ruòmèi 弱袂 4-119B
ruòmén 弱門 4-119A
ruòmín 弱民 4-118B
ruòmíngruò'àn 若明若暗 9-331A
ruòmíngruòmèi 若明若昧 9-331A
ruòmù 若木 9-329B
ruónà 挼捺 6-620B
ruònǎi 若乃 9-329A
ruònǎi 若迺 9-331A
ruònián 弱年 4-118B
ruónòng 挼弄 6-620B
ruònòng 弱弄 4-119A
ruònuò 弱懦 4-121A
ruònǚ 弱女 4-118A
ruòpéng 箬篷 8-1190A
ruòpéng 篛篷 8-1235B
ruòpēngxiǎoxiān 若烹小鮮 9-331B
ruóqì 挼擦 6-621A
ruòqí 若其 9-330B
ruòqiāng 婼羌 4-368B
ruòqíng 弱情 4-120A
ruóqǔzi 挼曲子 6-620B
ruòrán 若然 9-332A
ruòrén 弱人 4-117B
ruòròuqiángshí 弱肉強食 4-118B
ruòrú 若如 9-330A
ruòruò 惹惹 7-563A
ruòruò 若若 9-330B
ruòsàng 弱喪 4-120A
ruòsàngkǎobǐ 若喪考妣 9-331B
ruóshā 挼莎 6-668B
ruòshàng 弱尚 4-119A
ruòshāo 蒻燒 7-309B
ruòshèyuānbīng 若涉淵冰 9-331B
ruòshèyuānshuǐ 若涉淵水 9-331B
ruóshì 擱拭 6-892B
ruòshí 若時 9-331B
ruòshǐ 若使 9-331A
ruòshì 若士 9-329A
ruòshì 若是 9-331A
ruòshì 弱室 4-119B
ruòshǒu 弱守 4-118B
ruòshū 若淑 9-331B
ruòshǔ 若屬 9-332B
ruòshuǐ 若水 9-329B
ruòshuǐ 弱水 4-118A
ruòsī 若斯 9-331B
ruòsī 弱思 4-119B
ruòsuì 弱歲 4-120B
ruòsūn 若蓀 9-332A
ruósuō 挼挱 6-620B
ruósuō 挼莎 6-620B
ruósuō 挼挲 6-621A
ruòténgténg 蒻騰騰 7-309B
ruòtóu 蒻頭 9-529A
ruòtǔ 弱土 4-117B
ruòtuān 弱湍 4-120B
rù'ōu 入鷗 1-1070A
ruòwàn 弱腕 4-120B
ruòwéi 若爲 9-332A
ruòwěi 弱猥 4-120B
ruówǔ 挼舞 6-621A
ruòwúqíshì 若無其事 9-332A
ruòxī 弱析 4-119A
ruòxī 弱息 4-119B
ruòxī 弱錫 4-120B
ruòxí 弱習 4-120A
ruòxí 蒻席 9-529A
ruòxià 若下 9-329A
ruòxià 箬下 8-1189B
ruòxiàchūn 箬下春 8-1189B
ruòxiàjiǔ 若下酒 9-329A
ruòxiàjiǔ 箬下酒 8-1189B
ruòxiāngdǐnglǐ 蒻香頂禮 7-309A
ruòxiǎo 弱小 4-117B
ruòxiǎo 焫蕭 7-79B
ruòxīn 蒻薪 7-309A
ruòxíng 弱行 4-118B
ruòxǔ 若許 9-331B
ruòxù 弱絮 4-120B
ruòyán 弱顏 4-121A
ruòyē 若邪 9-330A
ruòyē 若耶 9-330B
ruòyēxī 若耶溪 9-330B
ruòyīng 若英 9-330B
ruòyǐnruòxiàn 若隱若現 9-332B
ruòyǒuruòwú 若有若無 9-329B
ruòyǒusuǒshī 若有所失 9-329B
ruòyǒusuǒsī 若有所思 9-329B
ruòyǔ 弱羽 4-119A
ruòyuān 弱淵 4-120B
ruòyuàn 弱愿 4-120B
ruòyuē 弱約 4-119B
ruòzǎo 弱藻 4-121A
ruòzhě 若者 9-330B
ruòzhī 弱枝 4-119A
ruòzhí 弱植 4-120A
ruòzhì 弱志 4-119A
ruòzhì 弱質 4-120B
ruòzhīhé 若之何 9-329A
ruòzhīzǎo 弱枝棗 4-119A
ruòzhú 焫燭 7-80A
ruòzhú 箬竹 8-1190A
ruòzhú 篛竹 8-1235B
ruòzhǔ 弱主 4-118B
ruózì 挼漬 6-621A
ruòzī 若茲 9-331A
ruòzǐ 弱子 4-118A
ruózòng 擱縱 6-892B
ruòzú 弱足 4-119A
rùpàn 入泮 1-1061B
rúpáo 襦袍 9-145B
rúpèi 濡霈 6-185A
rúpí 絮魮 12-1232A
rúpǐn 儒品 1-1713A
rùpǐn 入品 1-1062A
rùpò 入破 1-1063B
rúqī 如期 4-274B
rúqí 如其 4-272B
rúqí 儒棋 1-1715A
rúqí 孺企 4-252A
rúqì 孺泣 4-252B
rǔqī 乳漆 1-783A
rǔqì 汝器 5-940A
rǔqì 乳氣 1-781A
rúqià 濡洽 6-184B
rùqiān 入遷 1-1068A
rùqián 入錢 1-1068B
rúqìbìxǐ 如棄敝屣 4-275A
rúqíbùrán 如其不然 4-272B
rǔqié 乳茄 1-780A
rúqiērúcuō 如切如磋 4-270B
rùqīn 入侵 1-1062B
rùqǐn 入寢 1-1068A
rùqíngrùlǐ 入情入理 1-1065A
rùqìrì 入氣日 1-1063B
rúqìrúsù 如泣如訴 4-273A
rúqiū 儒丘 1-1663A
rùqù 入趣 1-1068A
rùqù 入去 1-1059A
rǔquán 乳泉 1-780B
rǔquè 乳雀 1-781B
rǔquè 乳鵲 1-784A
rúqún 襦裙 9-146A
rúrǎn 濡染 6-184B
rǔrǎn 擩染 6-936A
rùrè 溽熱 6-8B
rúrén 儒人 1-1711B
rúrén 孺人 4-251B
rúrěn 嚅忍 3-534B
rǔrén 乳人 1-779A
rǔrén 辱人 10-3B
rùrén 入人 1-1058A
rúrényǐnshuǐ… 如人飲水,冷暖自知 4-270A
rúrìfāngshēng 如日方升 4-270B
rúrìzhōngtiān 如日中天 4-270B
rúróu 儒柔 1-1713B
rúróutǔgāng 茹柔吐剛 9-396B
rúrú 魗魗 12-477B
rúrú 臑臑 6-1399B
rúrú 如如 4-271B
rúrú 儒儒 1-1716A
rúrú 嚅嚅 3-534B
rúrú 濡如 6-184A
rúrú 濡濡 6-185B
rúrú 蠕蠕 8-989A
rúrú 咮嚅 3-328A
rùrù 入入 1-1058A
rúrùn 濡潤 6-185A
rùrùn 溽潤 6-8B

rúruò 如若 4-272B
rúruò 儒弱 1-1714B
rúruò 孺弱 4-252B
rúrúrán 嬬嬬然 4-418B
rùrùtiētiē 入入貼貼 1-1058A
rúsāi 袽塞 9-76A
rùsài 入塞 1-1067A
rúsàngkǎobǐ 如喪考妣 4-274B
rúsǎo 如嫂 4-275A
rǔshàn 乳扇 1-781B
rùshān 入山 1-1058A
rùshānfú 入山符 1-1058A
rúshàng 如上 4-270A
rúshānyāluǎn 如山壓卵 4-270A
rùshào 入紹 1-1065A
rúshé 蠕蛇 8-989A
rǔshè 乳舍 1-780A
rùshè 入舍 1-1061B
rúshēn 儒紳 1-1714B
rǔshēn 辱身 10-3B
rùshēn 入身 1-1060B
rùshēn 入深 1-1065A
rùshén 入神 1-1063A
rǔshēnbàimíng 辱身敗名 10-3B
rúshēng 儒生 1-1712A
rùshēng 入聲 1-1069A
rùshèng 入聖 1-1066A
rùshèngchāofán 入聖超凡 1-1066A
rǔshēngrǔqì 乳聲乳氣 1-783B
rúshī 儒師 1-1714A
rúshī 濡濕 6-185B
rúshí 如實 4-276A
rúshǐ 如使 4-273A
rúshǐ 儒史 1-1712A
rúshì 如是 4-273B
rúshì 儒士 1-1711B
rúshì 儒釋 1-1716B
rǔshí 乳石 1-779B
rǔshí 乳食 1-780B
rǔshì 辱仕 10-3B
rùshī 洳濕 5-1193B
rùshí 入時 1-1063B
rùshí 蓐食 9-502A
rùshì 入世 1-1059A
rùshì 入仕 1-1059B
rùshì 入市 1-1059B
rùshì 入式 1-1060A
rùshì 入侍 1-1061A
rùshì 入室 1-1062B
rùshì 入試 1-1067A
rùshìbīn 入室賓 1-1063A
rùshìcāogē 入室操戈 1-1063A
rúshídìjiè 如拾地芥 4-273B
rùshìdìzǐ 入室弟子 1-1063A
rùshìshēngtáng 入室升堂 1-1062B
rùshìshēngtáng 入室昇堂 1-1063A
rúshìwǒwén 如是我聞 4-273B
rúshìzhòngfù 如釋重負 4-277A
rúshǒu 挐首 6-541A
rúshǒu 濡首 6-184A
rǔshòu 乳獸 1-784A
rùshōu 蓐收 9-502A
rùshǒu 入手 1-1058B
rúshū 儒書 1-1714B
rúshū 儒輸 1-1716A
rúshǔ 襦襹 9-146A
rúshù 如數 4-276A
rúshù 儒術 1-1714B
rǔshù 乳豎 1-783A
rùshǔ 溽暑 6-8A
rúshuài 儒帥 1-1713B
rǔshuǐ 乳水 1-779B
rùshuì 入睡 1-1066B
rúshǔjiāzhēn 如數家珍 4-276A
rúshuò 儒碩 1-1715B
rùshuō 入説 1-1067B
rúsī 如斯 4-274B
rúsì 儒肆 1-1715B
rùsǐchūshēng 入死出生 1-1060A
rúsù 茹素 9-396B
rúsù 儒素 1-1713B
rǔsù 乳粟 1-782A
rùsù 入宿 1-1065A
rùsù 入粟 1-1065B
rúsuān 儒酸 1-1715B
rǔsuì 乳穗 1-783B
rǔtái 乳臺 1-782B
rǔtái 辱臺 10-4B
rǔtáng 乳糖 1-783B
rǔtáng 乳餳 1-783B
rútāngguànxuě 如湯灌雪 4-275A
rútāngjiāoxuě 如湯澆雪 4-275A
rútāngpōxuě 如湯潑雪 4-275A
rútāngwòxuě 如湯沃雪 4-275A
rùtào 入套 1-1063B
rùtào 褥套 9-123B
rùtèshǔ 褥特鼠 9-124A
rútí 濡鵜 6-185B
rútiānzhīfú 如天之福 4-270B
rǔtiè 汝帖 5-939B
rùtiē 入貼 1-1065B
rùtiězhǔbù 入鐵主簿 1-1070A
rútíng 孺亭 4-252B
rútóng 如同 4-271B
rútóng 儒童 1-1715A
rútóng 孺童 4-252B
rútòng 茹痛 9-397A
rǔtǒng 乳筩 1-782B
rútóu 濡頭 6-185B
rǔtóu 乳頭 1-783A
rùtóu 入頭 1-1068B
rǔtóuxiāng 乳頭香 1-783B
rútú 茹荼 9-397A
rùtǔ 入土 1-1058A
rùtuán 入團 1-1067B
rùtuō 入托 1-1060A
rùwáng 入王 1-1058B
rùwàng 入望 1-1064B
rúwēi 茹薇 9-397A
rúwěi 濡尾 6-184A
rùwēi 入微 1-1066B
rùwéi 入闈 1-1069A
rùwèi 入味 1-1061A
rùwèi 褥位 9-123B
rùwénchūwǔ 入文出武 1-1059A
rùwèng 入甕 1-1069A
rúwò 濡沃 6-184A
rúwò 濡渥 6-184B
rúwù 如晤 4-274B
rǔwū 辱汙 10-3B
rùwǔ 入伍 1-1060A
rùwù 入物 1-1061A
rùwù 入務 1-1064A
rùwúgòuzhōng 入吾彀中 1-1060B
rúxí 儒席 1-1714A
rùxí 入席 1-1063B
rùxì 入細 1-1065A
rùxì 入戲 1-1069A
rúxiá 儒俠 1-1713B
rúxià 如下 4-270A
rǔxià 乳下 1-779A
rùxià 溽夏 6-8A
rúxiān 儒仙 1-1712A
rúxiān 儒先 1-1712A
rúxián 儒賢 1-1715B
rǔxiàn 乳腺 1-782B
rùxián 入銜 1-1067B
rùxiàn 入限 1-1062A
rùxiàn 入餡 1-1068B
rùxiàn 入獻 1-1069B
rúxiāng 儒鄉 1-1714B
rúxiáng 儒庠 1-1713B
rúxiàng 如像 4-275B
rúxiàng 儒相 1-1713A
rǔxiāng 乳香 1-780B
rùxiáng 入降 1-1062A
rùxiáng 入庠 1-1062B
rùxiàng 入相 1-1062A
rúxiángjiǎo 如詳繳 4-275B
rùxiāngwènsú 入鄉問俗 1-1065A
rǔxiànyán 乳腺炎 1-782B
rúxiào 儒效 1-1714A
rùxiàochūtì 入孝出弟 1-1060B
rùxiàochūtì 入孝出悌 1-1060B
rúxiè 濡寫 6-185A
rúxiè 濡泄 6-184A
rúxiè 繻紲 9-1039B
rùxiè 入謝 1-1069A
rúxīn 如心 4-271A
rúxīn 如新 4-275B
rúxīn 如馨 4-277A
rùxīn 入心 1-1059A
rúxíng 儒行 1-1712A
rúxíng 蠕行 8-989A
rǔxíng 辱行 10-3B
rùxíng 入行 1-1060A
rùxìng 入幸 1-1061A
rúxiōng 如兄 4-271A
rúxiōngrúdì 如兄如弟 4-271A
rúxiū 儒修 1-1713B
rúxiù 儒秀 1-1712B
rúxiù 襦袖 9-145B
rúxiù 襦褎 9-146A
rǔxiù 乳臭 1-781A
rùxiù 縟繡 9-962A
rǔxiù'ér 乳臭兒 1-781B
rǔxiùwèichú 乳臭未除 1-781B
rǔxiùwèigān 乳臭未乾 1-781B
rǔxiùxiǎo'ér 乳臭小兒 1-781A
rǔxiùxiǎozǐ 乳臭小子 1-781A
rǔxiùzǐ 乳臭子 1-781A
rúxū 濡須 6-184B
rúxū 濡需 6-185A
rúxǔ 如許 4-274B
rúxù 濡煦 6-184B
rúxuán 儒玄 1-1712A
rǔxuàn 乳贙 1-784A
rùxuán 入玄 1-1059B
rùxuǎn 入選 1-1068B
rúxué 儒學 1-1716A
rǔxué 乳穴 1-779B
rùxué 入學 1-1068B
rǔxuéfēng 汝穴風 5-939B
rúxùn 儒訓 1-1714A
rúxūnrúchí 如壎如篪 4-276B
rúxūwù 濡須塢 6-184B
rúyǎ 儒雅 1-1715A
rǔyā 乳鴉 1-783A
rǔyá 乳牙 1-779B
rúyǎfēngliú 儒雅風流 1-1715A
rúyàn 儒彥 1-1713B
rǔyàn 乳燕 1-783A
rùyǎn 入眼 1-1064B
rǔyànfēi 乳燕飛 1-783A
rúyǎng 濡養 6-185A
rǔyǎng 乳養 1-783A
rùyáng 入陽 1-1065A
rǔyáo 汝窑 5-940A
rǔyáo 汝窯 5-940A
rǔyào 乳藥 1-783B
rùyào 入藥 1-1069B
rúyè 儒業 1-1715B
rùyè 入夜 1-1061B

rùyè 入液 1-1065A
rùyè 入謁 1-1068B
rúyī 如一 4-270A
rúyī 儒衣 1-1712A
rúyī 儒醫 1-1716A
rúyī 襦衣 9-145B
rúyí 如台 4-271A
rúyǐ 如已 4-270A
rúyì 如意 4-275B
rǔyī 乳醫 1-783B
rùyǐ 蓐醫 9-502A
rùyǐ 蓐蟻 9-502A
rùyì 入易 1-1061A
rùyì 入意 1-1067A
rúyǐfùshān 如蟻附膻 4-277A
rúyīng 儒英 1-1712B
rúyīng 孺嬰 4-252B
rúyǐngsuíxíng 如影隨形 4-276A
rúyíngzhúchòu 如蠅逐臭 4-277A
rúyìniáng 如意娘 4-275B
rúyìsuànpán 如意算盤 4-275B
rúyìzhū 如意珠 4-275B
rùyòng 入用 1-1059B
rúyòu 儒囿 1-1713A
rǔyóu 辱遊 10-4B
rúyǒusuǒshī 如有所失 4-271A
rúyú 茹魚 9-397A
rúyǔ 如雨 4-272B
rúyù 儒域 1-1714B
rǔyú 乳魚 1-781B
rǔyù 乳育 1-780A
rǔyù 乳嫗 1-783A
rùyù 入浴 1-1064A
rùyù 入獄 1-1067B
rúyuàn 如願 4-277A
rúyuànyǐcháng 如願以償 4-277A
rúyúdéshuǐ 如魚得水 4-274A
rúyuē 如約 4-274A
rúyuè 孺月 4-252A
rǔyuè 汝月 5-939B
rùyuè 入月 1-1059A
rǔyùjī 乳嫗譏 1-783A
rúyún 如雲 4-274B
rúyùn 襦緼 9-146A
rùyùn 入韻 1-1069B
rúyúsìshuǐ 如魚似水 4-274A
rúyúyǐnshuǐ… 如魚飲水,冷暖自知 4-274B
rúzài 如在 4-271A
rǔzài 辱在 10-3B
rúzàng 儒藏 1-1716A
rǔzǎo 乳棗 1-782A
rúzé 濡澤 6-185B
rúzhāi 茹齋 9-397A
rùzhái 入宅 1-1060B
rúzhān 濡霑 6-185B
rùzhàng 入仗 1-1059B
rùzhàng 入帳 1-1064B
rùzhàng 入賬 1-1068A
rǔzhào 乳罩 1-782B
rǔzhào 辱照 10-4B
rúzhé 儒哲 1-1714A
rúzhé 儒喆 1-1715A
rúzhě 儒者 1-1712B
rùzhé 入蟄 1-1069A
rùzhēng 入征 1-1061B
rùzhēng 溽蒸 6-8B
rúzhí 儒職 1-1716A
rúzhì 如志 4-271B
rúzhì 濡滯 6-185A
rúzhì 濡櫛 6-185B
rǔzhī 乳汁 1-779B
rǔzhī 辱知 10-4A
rǔzhì 乳彘 1-782A
rǔzhì 乳雉 1-782B
rǔzhì 乳穉 1-783B
rùzhí 入直 1-1061A
rùzhí 入值 1-1063B
rùzhì 入質 1-1068A
rùzhì 入贄 1-1069A
rúzhīhé 如之何 4-270A
rúzhīnàihé 如之奈何 4-270A
rúzhǐzhūzhǎng 如指諸掌 4-273B
rǔzhōng 乳鍾 1-783B
rùzhōng 入中 1-1058B
rùzhōng 蓐中 9-501B
rùzhòng 入衆 1-1065B
rǔzhōu 乳粥 1-782A
rǔzhōufēng 汝州風 5-939B
rǔzhù 乳柱 1-780B
rùzhǔ 入褚 1-1067A
rùzhǔ 入主 1-1059B
rùzhuǎn 入轉 1-1069B
rúzhuāng 儒裝 1-1715B
rùzhǔchūnú 入主出奴 1-1059B
rùzhuì 入贅 1-1069A
rúzhuó 濡濯 6-185B
rúzǐ 孺子 4-251B
rúzì 如字 4-271B
rúzì 濡漬 6-185A
rǔzǐ 乳子 1-779A
rǔzǐ 辱子 10-3B
rǔzì 乳字 1-780A
rǔzì 乳牸 1-781A
rùzi 褥子 9-123B
rùzì 入齎 1-1070A
rùzī 入貲 1-1066B
rùzǐ 入子 1-1058B
rùzǐ 入梓 1-1064B
rúzǐhuān 孺子歡 4-252A
rúzǐkějiào 孺子可教 4-252A
rúzǐniú 孺子牛 4-252A
rúzōng 儒宗 1-1713A
rùzòu 入奏 1-1062A
rúzú 濡足 6-184A
rùzǔ 縟組 9-961B
rùzuǎn 入纂 1-1070A
rùzuǎn 入纘 1-1070A
rúzuìrúchī 如醉如癡 4-276A
rùzuò 入坐 1-1060B
rùzuò 入座 1-1064A
rúzuòchūnfēng 如坐春風 4-272A
rúzuòyúnwù 如坐雲霧 4-272B
rúzuòzhēnzhān 如坐針氈 4-272A

S

sā'ào 撒拗 6-855A
săbá 靸拔 12-185B
sàbái 颯白 12-638A
săbĭ 灑筆 6-221B
săbō 撒撥 6-857A
săbō 撒播 6-857A
sàbó 薩薄 9-585B
săchén 灑塵 6-222A
sāchī 撒癡 6-857B
sāchīsājiāo 撒癡撒嬌
6-858A
săchú 灑除 6-220B
sācūn 撒村 6-854B
sādă 撒打 6-854A
sàdá 馺駱 12-801A
sàdá 颯沓 12-638A
sādài 撒袋 6-856A
sădài 靸袋 12-185B
sădài 灑帶 6-221A
sādàn 撒旦 6-854A
sădào 灑道 6-221B
sāde 撒的 6-855A
sādiàn 撒阽 6-854B
sādiàn 撒坫 6-854B
sădiàn 撒殿 6-856B
sādiāo 撒刁 6-854A
sădiào 洒調 5-1138A
sādiū 撒彫 6-856A
sādòuchéngbīng 撒豆成兵
6-854B
sādòugŭ 撒豆穀 6-854B
sāduì 撒對 6-856B
sādūn 撒敦 6-856A
sàduŏ 薩埵 9-585A
sà'ĕr 颯爾 12-638B
sāfàng 撒放 6-855A
săfèn 灑擹 6-222A
sāfēng 撒風 6-855A
sàgádáwájié 薩噶達娃節
9-585B
sāgēng 撒羹 6-858A
sāguāi 撒乖 6-855A
săguāng 灑光 6-220B
săgŭchí 澈骨池 6-124B
săgŭdòu 撒穀豆 6-857A
săhăilà 灑海剌 6-220B
săhàn 洒翰 5-1138A
săhàn 灑翰 6-222A
sàháng 薩杭 9-585A
sāháo 撒豪 6-856B
sāhé 撒和 6-855A
săhuā 撒花 6-854B
săhuā 灑花 6-220B
sàhuā 鈒花 11-1210A
sāhuān 撒歡 6-858A
sāhuăng 撒謊 6-857B
săhuō 洒豁 5-1138A
săhuó 撒活 6-855B
săhuò 撒貨 6-856A
sāibā 腮巴 6-1349A
sāibā 顋巴 12-334A
sāibái 塞白 2-1181A
sāibāng 腮幫 6-1349A
sàibāng 塞邦 2-1181A
sāibāngzi 腮幫子 6-1349A
sàibăo 賽寶 10-290B
sāibāzi 腮巴子 6-1349A
sàibĕi 塞北 2-1181A
sàibĕijiāngnán 塞北江南
2-1181A
sāibì 塞蔽 2-1183A
sàibiăo 塞表 2-1181B
sàibié 塞別 2-1181B
sāibó 塞箔 2-1183B
sāicăo 鰓草 12-1247B
sàichăng 賽場 10-289B
sàichē 賽車 10-289A
sàichén 塞塵 2-1183B
sāichú 塞除 2-1182A
sàichuán 賽船 10-289B
sāicōng 塞聰 2-1183B
sàidá 賽荅 10-289A
sàidá 賽答 10-289B
sàidăo 塞禱 2-1184A
sàidăo 賽禱 10-290A
sàidào 塞道 2-1183A
sàidēng 賽燈 10-290A
sàidiănchì 賽典赤 10-289A
sāidòu 腮斗 6-1349A
sàidòu 賽鬪 10-290B
sāi'ĕr 塞耳 2-1181A
sāi'ĕrdàozhōng 塞耳盜鍾
2-1181A
săifáng 簺房 8-1213B
sàifēn 塞氛 2-1181B
sāigài 鰓蓋 12-1247B
sāigé 塞隔 2-1183A
sāigŏudòng 塞狗洞 2-1181B
sàiguān 塞關 2-1184A
sàiguăn 塞管 2-1183B
sàiguò 賽過 10-289B
sàihóng 塞鴻 2-1184A
sāihuà 揌話 6-932A
sāihuà 塞話 2-1183A
sàihuādēng 賽花燈 10-289A
sàihuì 賽會 10-290A
sāijí 塞詰 2-1183A
sàijì 賽祭 10-289B
sāijiá 腮頰 6-1349A
sāijiá 顋頰 12-334A
sàijiā 塞笳 2-1183A
sàijiăo 塞角 2-1181B
sàijiào 塞徼 2-1183B
sàijĭnbiāoshè 賽錦標社
10-290A
sāijĭngfénshè 塞井焚舍
2-1180B
sāijĭngyízào 塞井夷竈
2-1180B
sāijiù 塞咎 2-1181B
sàijù 塞具 2-1181B
sàijù 賽具 10-289A
sāijué 塞絕 2-1183A
sāikŏng 鰓孔 12-1247B
sàikŏu 塞口 2-1180B
sàikŏu 賽口 10-288B
sàilán 賽蘭 10-290B
sàilánxiāng 賽蘭香 10-290B
sāilĭ 鰓理 10-1383B
sàilì 賽例 10-289A
sàilìng 塞令 2-1181A
sāilòu 塞陋 2-1181B
sāilòu 僿陋 1-1707A
sàilù 塞路 2-1183A
sàilú 塞蘆 2-1184A
sàilŭ 塞虜 2-1183A
sàilù 塞路 2-1183A
sàilùfēn 賽璐玢 10-290A
sàilùluò 賽璐珞 10-290A
sàimă 塞馬 2-1182A
sàimă 賽馬 10-289B
sàimài 賽麥 10-289B
sāimăn 塞滿 2-1183B
sāimén 塞門 2-1181B
sàimén 塞門 2-1181B
sàimiào 賽廟 10-290A
sāimò 塞嘿 2-1183B
sāimò 塞默 2-1183B
sàinán 塞南 2-1182A
sàinèi 塞内 2-1180B
sāinì 塞匿 2-1182A
sàiniáng 賽娘 10-289B
sàiniúwáng 賽牛王 10-288B
sāipáng 腮龐 6-1349A
sàipăo 賽跑 10-289B
sàiqiángrú 賽强如 10-290A
sàiqŭ 塞曲 2-1181A
sàirén 塞人 2-1180B
sàirú 賽如 10-289A
sāisāi 塞塞 2-1183A
sàisè 塞色 2-1181A
sàishăi 賽色 10-289A
sàishàng 塞上 2-1180B
sàishàngjiāngnán
塞上江南 2-1180B
sàishàngmă 塞上馬 2-1180B
sàishàngqiū 塞上秋 2-1180B
sàishàngqŭ 塞上曲 2-1180B
sàishàngwēng 塞上翁
2-1180B
sàishè 賽社 10-289A
sàishén 賽神 10-289A
sàishēng 塞聲 2-1183B
sàishénhuì 賽神會 10-289B
sàishīhuì 賽詩會 10-290A
sàisì 賽似 10-289A
sàisì 賽祀 10-289A
sāisīhēi 塞思黑 2-1182A
sàisŏu 塞叟 2-1182A
sàitĭng 賽艇 10-290A
sāitú 塞途 2-1182A
sāitú 塞塗 2-1183A
sàiwài 塞外 2-1181A
sāiwàng 塞望 2-1183A
sàiwēng 塞翁 2-1182B
sàiwēngdémă 塞翁得馬
2-1182B
sàiwēngmă 塞翁馬 2-1182B
sàiwēngshīmă 塞翁失馬
2-1182B
sàiwēngshīmă…
塞翁失馬,安知非福
2-1182B
sàiwēngshīmă…
塞翁失馬,焉知非福
2-1182B
sàiwēngzhīmă 塞翁之馬
2-1182B
sàiwū 賽烏 10-289B
sàixià 塞下 2-1180B
sāixián 塞賢 2-1183B
sāixiàn 腮腺 6-1349A
sāixìng 塞性 2-1181B
sàiyàn 塞雁 2-1183A
sàiyàn 塞贗 2-1183B
sāiyē 塞噎 2-1183B
sàiyĕ 僿野 1-1707A
sàiyì 塞邑 2-1181A
sàiyì 塞裔 2-1183A
sàiyīn 賽因 10-288B
sàiyīn 賽音 10-289A
sàiyín 賽銀 10-290A
sàiyĭn 賽飲 10-290A
sàiyīnggē 賽鸚哥 10-290B
sàiyīnsī 賽因斯 10-288B
sāiyuān 塞淵 2-1183A
sāiyuàn 塞怨 2-1182A
sàiyuán 塞垣 2-1181B
sàiyuàn 賽願 10-290A
sàiyuánchūn 塞垣春 2-1182A
sàiyuèmíng 賽月明 10-288B
sàizhēnhuì 賽珍會 10-289A
sāizhí 塞職 2-1184A
sāizhŏng 塞種 2-1183B
sàizhuàn 賽饌 10-290B
sāizi 塞子 2-1180B
sājí 撒極 6-856A
săjĭ 靸戟 12-185B
sàjĭ 鈒戟 11-1210A
săjiā 洒家 5-1137A
sājiān 撒奸 6-854B
sājiān 撒姦 6-855B
sājiāo 撒嬌 6-857B
sājiāosāchī 撒嬌撒癡
6-857B
sājīn 撒津 6-855B
săjiŭ 洒酒 5-1137A
săjiŭfēng 撒酒風 6-855B
sājué 撒決 6-854B
sākāi 撒開 6-856A
sākē 撒科 6-855A
sākēdăhùn 撒科打諢 6-855A
sākŏu 撒口 6-854A
sākū 撒枯 6-855A
sākuáng 撒誑 6-856B
sākùjiăo 撒褲脚 6-857A
sākùtuĭ 撒褲腿 6-857B
sālā 撒拉 6-855A

sālā 靸拉 12-185B
sàlā 飒拉 12-638A
sālài 撒賴 6-857B
sàlàlà 飒剌剌 12-638A
sālànwū 撒爛污 6-858A
sālāzú 撒拉族 6-855A
sălèi 灑淚 6-221A
sălèiyǔ 灑淚雨 6-221A
sălì 灑利 6-220B
sàlì 飒戾 12-638A
sàlì 飒俐 12-638B
sāliǎn 撒臉 6-857B
sālóu 撒婁 6-855B
sālóu 撒髏 6-858A
sàlòu 鈒鏤 11-1210A
săluò 洒落 5-1137B
săluò 灑樂 6-222A
săluò 灑落 6-221A
sàmǎ 薩瑪 9-585A
sāmàn 撒漫 6-856B
sămàn 撒漫 6-856B
sămàn 撒鏝 6-857B
sàmǎn 薩滿 9-585A
sàmǎnjiào 薩滿教 9-585A
sāmiǎntiǎn 撒腼腆 6-856B
sāmízhēng 撒迷怔 6-855A
sămò 洒墨 5-1138A
sànàhǎn 薩那罕 9-585A
sān'ǎi 三靄 1-257A
sān'àn 三闇 1-252A
sān'àn 三案 1-226A
sānbā 三八 1-173A
sānbā 三巴 1-187A
sānbădāo 三把刀 1-199A
sānbái 三白 1-190A
sānbǎi 三百 1-193B
sānbài 三拜 1-214B
sǎnbái 散白 5-474B
sànbài 散敗 5-480A
sānbáicǎo 三白草 1-190A
sānbáicuì 三白脆 1-190B
sānbáifǎ 三白法 1-190A
sānbáijiǔ 三白酒 1-190B
sānbǎiliùshíháng
三百六十行 1-193B
sānbǎiliùshíjié
三百六十節 1-193B
sānbǎiliùshírì
三百六十日 1-193B
sānbáiniǎo 三白鳥 1-190B
sānbǎipiān 三百篇 1-193B
sānbǎiqián 三百錢 1-193B
sānbǎiqīngtóngqián
三百青銅錢 1-193B
sānbáishí 三白食 1-190B
sānbǎiwèngjī 三百甕齏
1-193B
sānbǎiwǔpiān 三百五篇
1-193B
sānbàizhīrǔ 三敗之辱
1-228B
sānbājié 三八節 1-173B
sānbān 三班 1-219B
sānbǎn 三板 1-205B
sānbǎn 三版 1-207B
sǎnbān 散班 5-478B
sǎnbǎn 散板 5-477A
sànbǎn 散板 5-476B
sānbāndǎo 三班倒 1-220A
sānbān'er 三般兒 1-223B
sānbānfèngzhí 三班奉職
1-219B
sānbāng 三邦 1-191B
sānbāng 三梆 1-221A
sānbàng 三棒 1-234B
sānbǎngdìng'àn 三榜定案
1-242A
sānbànggǔ 三棒鼓 1-234B
sānbānjièzhí 三班借職
1-220A
sānbānliǎngyàng 三般兩様
1-223B
sānbānliùfáng 三班六房
1-219B
sānbānxiànchéng 三班縣丞
1-220A
sānbāo 三包 1-190B
sānbǎo 三寶 1-255A
sānbào 三豹 1-224A
sānbǎodiàn 三寶殿 1-255A
sānbǎotàijiàn 三保太監
1-215B
sānbāqiāng 三八槍 1-173B
sānbāshì 三八式 1-173A
sānbāxiàn 三八綫 1-173B
sānbāzhì 三八制 1-173B
sānbāzuòfēng 三八作風
1-173B
sānběi 三北 1-188B
sānbèi 三輩 1-245B
sǎnbèi 散輩 5-484A
sānbēihéwànshì
三杯和萬事 1-205B
sānbēitōngdàdào
三杯通大道 1-205B
sānběn 三本 1-188A
sànbèng 散迸 5-478A
sānbì 三辟 1-241B
sānbì 三幣 1-244A
sānbì 三避 1-250A
sǎnbǐ 散筆 5-481A
sānbiān 三邊 1-252B
sānbiàn 三變 1-256B
sānbiānjiǔ 三鞭酒 1-252A
sānbiǎo 三表 1-204A
sānbiǎowǔ'ěr 三表五餌
1-204A
sānbié 三别 1-201A
sànbié 散别 5-475B
sānbǐliùshī 三筆六詩
1-236A
sānbīng 三兵 1-201B
sānbìng 三病 1-224B
sǎnbīng 傘兵 1-1587A
sǎnbīng 散兵 5-476A
sǎnbīngkēng 散兵坑 5-476A
sānbìngsìtòng 三病四痛
1-225A
sǎnbīngxiàn 散兵綫 5-476A
sǎnbīngyóuyǒng 散兵游勇
5-476A
sānbó 三帛 1-207B
sānbó 三亳 1-224B
sǎnbó 散伯 5-476A
sànbō 散播 5-483B
sānbū 三晡 1-228B
sànbù 散布 5-474A
sànbù 散佈 5-476A
sànbù 散步 5-475B
sānbùguǎn 三不管 1-182A
sānbùguī 三不歸 1-182A
sānbùhuò 三不惑 1-182A
sānbùjì 三部伎 1-225A
sānbùjiànfāng 三步見方
1-200B
sānbùkāi 三不開 1-182A
sānbùliǎngjiǎo 三步兩脚
1-200B
sānbùliú 三不留 1-182A
sānbù'niùliù 三不拗六
1-181B
sānbùqī 三不欺 1-182A
sānbùqǔ 三部曲 1-225A
sānbùqù 三不去 1-181B
sānbùrù 三不入 1-181B
sānbùshí 三不食 1-182A
sānbùshí 三不時 1-182A
sānbùxiáng 三不祥 1-182A
sānbùxiào 三不孝 1-181B
sānbùxiǔ 三不朽 1-181B
sānbùyí 三不宜 1-182A
sānbùzhī 三不知 1-181B
sānbùzhì 三不知 1-181B
sānbùzhǔyì 三不主義
1-181B
sānbùzúwèi 三不足畏
1-181B
sāncā 三擦 1-250B
sāncái 三才 1-175A
sāncái 三材 1-199A
sāncǎi 三采 1-208A
sāncài 三蔡 1-242A
sǎncái 散才 5-473A
sǎncái 散材 5-475B
sàncái 散財 5-478B
sāncáijiàn 三才箭 1-175A
sǎncān 散参 5-480B
sāncāng 三倉 1-224A
sāncāng 三蒼 1-239A
sǎncāng 散艙 5-484B
sāncáo 三曹 1-227B
sǎncáo 散曹 5-479B
sǎncǎo 散草 5-477B
sāncè 三策 1-236A
sàncè 散策 5-481A
sāncén 三岑 1-201A
sāncéngdà…
三層大,二層小 1-247B
sǎnchá 散茶 5-477B
sǎnchāi 散差 5-478A
sǎnchāimǎ 散差馬 5-478A
sānchājǐ 三叉戟 1-178B
sānchākǒu 三叉口 1-178B
sānchāliǎngcuò 三差兩錯
1-217A
sāncháliùfàn 三茶六飯
1-211B
sāncháliùlǐ 三茶六禮
1-211B
sānchālù 三叉路 1-178B
sānchàlù 三岔路 1-202A
sānchán 三禪 1-250A
sāncháng 三長 1-204B
sāncháng 三常 1-228A
sānchǎng 三場 1-233B
sānchàng 三唱 1-229A
sànchàng 散暢 5-483A
sànchǎng 散場 5-480B
sānchángliǎngduǎn
三長兩短 1-204B
sānchángsìduǎn 三長四短
1-204B
sāncháo 三朝 1-234A
sàncháo 散朝 5-481A
sāncháoyuánlǎo 三朝元老
1-234B
sānchásānzhěng 三查三整
1-212A
sānchē 三車 1-199B
sǎnchē 散車 5-475B
sānchēkè 三車客 1-199B
sānchén 三臣 1-193A
sānchén 三辰 1-200A
sānchéng 三成 1-194A
sānchéng 三乘 1-222A
sānchénjiǔ 三辰酒 1-200A
sānchí 三池 1-197B
sānchǐ 三尺 1-186A
sǎnchí 散弛 5-475A
sānchǐbù 三尺布 1-186B
sānchǐfǎ 三尺法 1-186B
sānchǐfēng 三尺鋒 1-187A
sānchǐhuì 三尺喙 1-187A
sānchǐjiàn 三尺劍 1-187A
sānchǐjiāotóng 三尺焦桐
1-187A
sānchǐkūtóng 三尺枯桐
1-186B
sānchǐlìng 三尺令 1-186B
sānchǐlǜ 三尺律 1-186B
sānchǐnán 三尺男 1-186B
sānchǐqīngfēng 三尺青鋒
1-186B
sānchǐqīngshé 三尺青蛇
1-186B
sānchǐqiūshuāng 三尺秋霜
1-186B
sānchǐshuǐ 三尺水 1-186B
sānchǐtóng 三尺桐 1-186B
sānchǐtóng 三尺僮 1-187A
sānchǐtóng 三尺銅 1-187A
sānchǐtóngméng 三尺童蒙
1-187A
sānchǐtóngzǐ 三尺童子
1-187A
sānchǐtǔ 三尺土 1-186A

sānchǐxuě 三尺雪 1-186B
sānchǐyù 三尺玉 1-186B
sānchǐzhīgū 三尺之孤 1-186B
sānchǐzhīmù 三尺之木 1-186B
sānchǐzhóu 三尺軸 1-186B
sānchóng 三蟲 1-252B
sānchóng 三重 1-214B
sānchóngmén 三重門 1-214B
sànchóu 散愁 5-482A
sànchóu 散籌 5-486A
sānchú 三芻 1-224A
sānchǔ 三楚 1-239A
sānchù 三黜 1-251B
sǎnchū 散樗 5-484A
sǎnchǔ 散楚 5-482A
sǎnchǔ 散處 5-479B
sānchuān 三川 1-178A
sānchuán 三傳 1-240A
sànchuán 散傳 5-482A
sānchùhé 三處合 1-228A
sānchuí 三垂 1-206B
sānchūn 三春 1-211A
sānchūnhuī 三春暉 1-211B
sānchūnliǔ 三春柳 1-211A
sāncí 三辭 1-253B
sāncì 三次 1-197A
sāncì 三刺 1-205B
sǎncí 散辭 5-485B
sàncí 散辭 5-485B
sàncì 散賜 5-484A
sāncóng 三從 1-229B
sǎncóng 散從 5-480A
sǎncóngguān 散從官 5-480A
sāncóngsìdé 三從四德 1-230A
sāncuī 三崔 1-229A
sāncuìmiàn 三脆麪 1-224A
sāncùn 三寸 1-175A
sāncùnbùlànzhīshé 三寸不爛之舌 1-175B
sāncùngōng 三寸弓 1-175B
sāncùnguǎn 三寸管 1-175B
sāncùnhuánggān 三寸黄甘 1-175B
sāncùnjīmáo 三寸雞毛 1-176A
sāncùnjīnlián 三寸金蓮 1-175B
sāncùnniǎoqīcùnzuǐ 三寸鳥七寸嘴 1-175B
sāncùnqì 三寸氣 1-175B
sāncùnruòguǎn 三寸弱管 1-175B
sāncùnruòhàn 三寸弱翰 1-175B
sāncùnshé 三寸舌 1-175B
sāncùnyān 三寸咽 1-175B
sāncùnyíngōu 三寸銀鉤 1-175B
sāncùnzhīxiá 三寸之轄 1-175A
sāndá 三達 1-233B
sāndà 三大 1-176A
sàndà 散大 5-473A
sāndábùhuítóu… 三答不回頭,四答和身轉 1-236A
sāndǎbùhuítóu… 三打不回頭,四打連身轉 1-187B
sāndàchābié 三大差别 1-176A
sāndádé 三達德 1-233B
sāndàdiàn 三大殿 1-176B
sāndàgǎizào 三大改造 1-176A
sāndàhù 三大户 1-176A
sāndài 三代 1-189B
sāndài 散帶 5-479B
sàndài 散帶 5-479B
sàndài 散黛 5-485A
sāndàihéngmén 散帶衡門 5-479B
sāndàirénwù 三代人物 1-190A
sāndàizhíjīn 三代執金 1-190A
sāndàjié 三大節 1-176B
sāndàjìlǜ 三大紀律 1-176A
sāndàlǐ 三大禮 1-176B
sāndān 三單 1-235B
sǎndàn 散旦 5-474A
sǎndàn 散淡 5-480A
sǎndàn 散誕 5-482B
sǎndàn 散彈 5-484A
sǎndàn 散澹 5-485A
sǎndàn 霰彈 11-730A
sāndǎng 三黨 1-254B
sǎndàng 散宕 5-477B
sǎndàng 散蕩 5-483B
sàndàng 散蕩 5-483B
sāndāntián 三丹田 1-185A
sǎndànzǐ 散淡子 5-480B
sāndāo 三刀 1-174A
sāndǎo 三倒 1-222B
sāndǎo 三島 1-224A
sāndào 三到 1-206A
sāndào 三道 1-237A
sāndǎobān 三倒班 1-222B
sāndāomèng 三刀夢 1-174B
sāndǎoshízhōu 三島十洲 1-224A
sāndàotóu 三道頭 1-237A
sāndàqíshū 三大奇書 1-176A
sāndàshì 三大士 1-176A
sāndàshū 三大書 1-176A
sāndàxiàn 三大憲 1-176B
sāndàyíng 三大營 1-176B
sāndàyùndòng 三大運動 1-176B
sāndàzhànyì 三大戰役 1-176B
sāndàzhèngcè 三大政策 1-176A
sāndázūn 三達尊 1-233B
sāndàzuòfēng 三大作風 1-176A
sāndé 三德 1-246B
sāndēng 三登 1-237B
sānděng 三等 1-236A
sàndēng 散燈 5-485A
sànděng 散等 5-481A
sàndēnghuā 散燈花 5-485A
sānděngjiǔbān 三等九般 1-236A
sānděngjiǔgé 三等九格 1-236A
sāndí 三翟 1-244B
sāndì 三諦 1-249B
sǎndì 散地 5-474B
sàndì 散地 5-474B
sāndiǎn 三典 1-206B
sāndiǎn 三點 1-251A
sāndiàn 三殿 1-241B
sāndiǎnhuì 三點會 1-251A
sāndiǎnjiǎn 三點檢 1-251A
sāndiǎnshuǐ 三點水 1-251A
sāndiào 三調 1-247A
sāndié 三疊 1-255B
sāndiéyángguān 三疊陽關 1-256A
sāndǐng 三鼎 1-235B
sāndìng 三定 1-209A
sāndǐngguǎi 三頂拐 1-227A
sāndǐngjiǎ 三鼎甲 1-235B
sāndōng 三冬 1-190B
sāndòng 三洞 1-217B
sāndōng'èrxià 三冬二夏 1-190B
sāndǒu'ài 三斗艾 1-185B
sāndǒuchén 三斗塵 1-185B
sāndǒucōng 三斗葱 1-185B
sāndǒucù 三斗醋 1-185B
sāndū 三都 1-220B
sāndú 三毒 1-211B
sāndú 三獨 1-249B
sāndù 三度 1-217A
sāndù 三蠹 1-256B
sānduān 三端 1-243B
sānduàn 三段 1-215B
sǎnduàn 散段 5-477B
sānduànbēi 三段碑 1-215B
sānduànlùnshì 三段論式 1-215B
sāndūfù 三都賦 1-220B
sānduìliùmiàn 三對六面 1-242B
sānduìmiànxiānsheng 三對面先生 1-242B
sǎnduìzixì 散對子戲 5-483B
sānduō 三多 1-197A
sānduó 三度 1-217A
sāndǔqiáng 三堵牆 1-227A
sāndúzuò 三獨坐 1-249B
sān'é 三娥 1-226B
sān'é 三峨 1-222A
sān'è 三惡 1-234A
sān'èdào 三惡道 1-234A
sān'èqù 三惡趣 1-234A
sān'ěr 三耳 1-193A
sān'èr 三二 1-170B
sǎn'érháng 散兒行 5-477A
sānfá 三乏 1-185A
sānfǎ 三法 1-208B
sànfā 散發 5-481B
sànfà 散髮 5-483B
sǎnfàchōuzān 散髮抽簪 5-483B
sānfān 三番 1-236B
sānfān 三幡 1-246A
sānfān 三藩 1-252A
sānfǎn 三反 1-184A
sānfàn 三犯 1-190B
sānfàn 三飯 1-236B
sǎnfàn 散犯 5-474B
sānfāng 三方 1-185B
sānfáng 三房 1-210A
sǎnfàng 散放 5-477B
sànfàng 散放 5-477A
sānfāngwǔshì 三方五氏 1-185B
sānfānliǎngcì 三番兩次 1-236B
sānfānsìfù 三翻四復 1-253A
sānfānsìfù 三翻四覆 1-253A
sānfǎnsìfù 三反四覆 1-184A
sānfānwǔcì 三番五次 1-236B
sānfānzhīluàn 三藩之亂 1-252B
sānfānzi 三番子 1-236B
sānfǎsī 三法司 1-208B
sānfèi 三廢 1-247B
sānfēn 三分 1-184B
sānfén 三墳 1-245A
sānfèn 三分 1-184B
sānfēndǐngzú 三分鼎足 1-184B
sānfēnfà 三分髮 1-184B
sānfēng 三風 1-216B
sānfēng 三峰 1-222A
sānfèng 三鳳 1-243A
sānfēngshíqiān 三風十愆 1-216B
sānfēngtàishǒu 三風太守 1-216B
sānfēnguó 三分國 1-184B
sānfēnsìrén… 三分似人,七分似鬼 1-184B
sānfēntiānxià… 三分天下有其二 1-184B
sānfénwǔdiǎn 三墳五典 1-245A
sānfú 三伏 1-195B
sānfú 三福 1-241B
sānfǔ 三甫 1-200A
sānfǔ 三府 1-208B
sānfǔ 三釜 1-223B
sānfǔ 三輔 1-242B

sānfǔ 三黼 1-251A
sānfù 三副 1-228A
sānfù 三婦 1-233A
sānfù 三復 1-236B
sānfù 三賦 1-245B
sānfù 三覆 1-252B
sǎnfū 散夫 5-473B
sǎnfù 散附 5-476B
sànfú 散福 5-482B
sānfùbáiguī 三復白圭 1-236B
sānfùbāmǔ 三父八母 1-184A
sānfūchéngshìhǔ 三夫成市虎 1-179B
sānfūrén 三夫人 1-179A
sānfùyàn 三婦豔 1-233A
sānfǔyǎng 三釜養 1-223B
sānfūzhīduì 三夫之對 1-179B
sānfūzhīyán 三夫之言 1-179A
sāngāi 三陔 1-211A
sāngāi 三垓 1-211B
sǎngài 傘蓋 1-1587A
sǎngài 繖蓋 9-1016A
sāngǎitù 三改兔 1-204A
sāngān 三竿 1-215A
sāngǎn 三笴 1-229A
sǎngǎn 傘簳 1-1587A
sāngāng 三綱 1-244B
sāngāngwǔcháng 三綱五常 1-244B
sāngānrì 三竿日 1-215A
sāngāo 三高 1-224B
sāngàoguān 三告官 1-201B
sāngàotóuzhù 三告投杼 1-201B
sāngbài 喪拜 3-409B
sàngbài 喪敗 3-410B
sāngbáipí 桑白皮 4-1021A
sāngbáipíxiàn 桑白皮線 4-1021A
sāngbǎng 喪榜 3-411B
sāngbàng 喪謗 3-412A
sàngbāng 喪邦 3-408B
sāngbēishídǐng 桑杯石鼎 4-1021B
sāngběn 桑本 4-1020B
sāngbǐ 桑比 4-1020A
sāngbìng 喪病 3-410A
sāngcán 桑蠶 4-1027A
sāngcāng 桑滄 4-1025B
sāngchā 桑叉 4-1020A
sāngchā 桑杈 4-1021B
sāngchē 喪車 3-408B
sāngchén 桑臣 4-1021A
sāngchóng 桑蟲 4-1026B
sāngchōu 桑疇 4-1026B
sāngcì 喪次 3-408B
sǎngcǐ 顙泚 12-357A
sàngdǎn 喪膽 3-412A
sàngdǎnyóuhún 喪膽游魂 3-412A
sāngdào 喪道 3-411A
sàngdé 喪德 3-411B
sǎngdèng 磉磴 7-1096B
sāngdiàn 喪奠 3-411A
sāngdù 桑蠹 4-1027A
sāngdù 桑土 4-1020A
sàngduó 喪奪 3-411B
sāngdùzhīfáng 桑土之防 4-1020A
sāngdùzhīmóu 桑土之謀 4-1020A
sāngé 三革 1-212A
sāngé 三閣 1-244A
sāng'é 桑蛾 4-1025B
sāng'é 桑鵝 4-1026B
sāngèchòupíjiang… 三個臭皮匠，合成一個諸葛亮 1-223A
sāngèmiànxiàng 三個面向 1-223A
sāngēng 三更 1-200A
sāngēng 三庚 1-208B
sàngēng 散更 5-475B
sāngēngbànyè 三更半夜 1-200A
sāngēngzǎo 三更棗 1-200A
sāng'ér 桑兒 4-1022A
sāng'ér 桑檽 4-1026A
sāng'ěr 桑耳 4-1021A
sāngèshìjiè 三個世界 1-223A
sāngfān 喪幡 3-411B
sāngfān 喪旛 3-412A
sāngfēn 喪氛 3-409A
sāngfén 桑枌 4-1021B
sāngfēng 桑封 4-1022A
sāngfú 喪服 3-409A
sāngfǔ 桑斧 4-1022A
sāngfù 桑婦 4-1023B
sàngfǔ 喪斧 3-409A
sàngfù 喪覆 3-412A
sānggài 桑蓋 4-1024B
sānggān 桑乾 4-1023A
sānggēn 桑根 4-1022B
sǎnggēn 顙根 12-357A
sānggēnchē 桑根車 4-1022B
sānggēnshé 桑根蛇 4-1022B
sānggēnxiàn 桑根線 4-1022B
sānggēnzhǐ 桑根紙 4-1022B
sānggōng 桑弓 4-1020A
sānggōng 桑公 4-1020B
sànggǒu 喪狗 3-409A
sānggū 桑姑 4-1022A
sānggǔ 桑穀 4-1026A
sǎnggǔ 顙骨 12-357A
sāngguān 喪冠 3-409B
sāngguǎn 桑管 4-1026A
sāngguǒ 桑果 4-1022A
sàngguó 喪國 3-410B
sānghǎi 桑海 4-1023A
sǎnghàn 顙汗 12-357A
sānghé 桑闔 4-1026B
sānghú 桑弧 4-1022A
sānghù 桑户 4-1020B
sānghù 桑扈 4-1023B
sānghù 桑鳸 4-1026A
sānghuā 桑花 4-1021B
sànghuà 喪話 3-411A
sānghuāng 喪荒 3-409B
sānghuáng 桑黄 4-1023A
sǎnghuáng 嗓黄 3-472B
sǎnghuáng 嗓癀 3-472B
sānghúhāoshǐ 桑弧蒿矢 4-1022A
sànghúnluòpò 喪魂落魄 3-411A
sànghúnshīpò 喪魂失魄 3-411A
sānghuò 桑蠖 4-1026B
sānghuò 喪禍 3-411A
sānghúpéngshǐ 桑弧蓬矢 4-1022A
sānghùpéngshū 桑户蓬樞 4-1020B
sānghùquānshū 桑户棬樞 4-1020B
sānghúshǐzhì 桑弧矢志 4-1022A
sāngjī 桑屐 4-1023A
sāngjī 桑笄 4-1023A
sāngjī 桑雞 4-1026B
sāngjì 喪紀 3-409B
sāngjì 喪祭 3-410B
sàngjì 喪紀 3-410A
sāngjiā 喪家 3-410A
sāngjiā 桑稼 4-1026A
sàngjiā 喪家 3-410A
sàngjiāgǒu 喪家狗 3-410B
sāngjiān 桑間 4-1024A
sàngjiǎn 喪檢 3-412A
sāngjiānpúshàng 桑間濮上 4-1024A
sāngjiānzhīyīn 桑間之音 4-1024A
sāngjiānzhīyǒng 桑間之詠 4-1024A
sāngjiānzhīyuē 桑間之約 4-1024A
sǎngjiàozǐ 顙叫子 12-357A
sàngjiāquǎn 喪家犬 3-410B
sàngjiāzhīgǒu 喪家之狗 3-410B
sàngjiāzhīquǎn 喪家之犬 3-410A
sàngjiāzǐ 喪家子 3-410B
sāngjiēzhàng 桑節杖 4-1025B
sāngjǐn 桑槿 4-1026A
sāngjīng 桑經 4-1026A
sāngjǐng 桑井 4-1020A
sàngjīng 喪精 3-411B
sāngjīngshí 桑莖實 4-1022B
sàngjìntiānliáng 喪盡天良 3-411B
sāngjìshēng 桑寄生 4-1023B
sāngjiū 桑鳩 4-1025B
sāngjiù 喪柩 3-409B
sāngjū 喪居 3-409B
sāngjù 喪具 3-408B
sàngjǔ 喪沮 3-409A
sāngjūn 桑菌 4-1023A
sǎngkē 嗓磕 3-472B
sǎngkè 嗓嗑 3-472B
sāngkǒng 桑孔 4-1020B
sāngkū 喪哭 3-410A
sānglángláng 桑琅琅 4-1023A
sānglí 桑梨 4-1023B
sānglǐ 桑里 4-1021B
sānglǐ 喪禮 3-412A
sānglín 桑林 4-1021B
sānglíndǎo 桑林禱 4-1021B
sānglíng 喪靈 3-412A
sānglù 桑陸 4-1023A
sāngluàn 喪亂 3-411A
sānglún 桑輪 4-1026A
sāngluò 桑落 4-1024A
sāngluòjiǔ 桑落酒 4-1024A
sāngluòwǎjiě 桑落瓦解 4-1024A
sānglǜ 桑律 4-1022B
sànglǜ 喪律 3-409B
sāngmá 桑麻 4-1023B
sāngmàn 桑蟃 4-1026B
sāngmén 桑門 4-1022A
sǎngmén 嗓門 3-472A
sàngmen 喪門 3-409A
sàngmén 喪門 3-409A
sàngménguǐ 喪門鬼 3-409B
sāngménjiàn 桑門劍 4-1022A
sàngménshén 喪門神 3-409B
sàngménxīng 喪門星 3-409B
sàngmiè 喪滅 3-411B
sàngmíng 喪明 3-408B
sàngmìng 喪命 3-409A
sàngmíngzhītòng 喪明之痛 3-409A
sāngmò 桑末 4-1020B
sàngmò 喪没 3-408B
sāngōng 三公 1-184A
sāngōng 三宫 1-218A
sǎngōng 散工 5-473A
sàngōng 散工 5-473A
sāngōngguān 三工官 1-175A
sāngōngliùyuàn 三宫六院 1-218B
sāngōngshānbēi 三公山碑 1-184B
sāngōngzǐ 三公子 1-184B
sāngǒu 三狗 1-208A
sāngòu 三垢 1-211B
sàng'ǒu 喪偶 3-410B
sǎngpán 磉盤 7-1096B
sàngpèi 喪珮 3-410A
sāngpéng 桑蓬 4-1024B
sāngpéngzhì 桑蓬志 4-1024B
sāngpí 桑皮 4-1021A
sāngpiāoxiāo 桑螵蛸 4-1026B
sāngpízhǐ 桑皮紙 4-1021A
sāngpò 桑朴 4-1021A
sàngpò 喪魄 3-411B

sāngpú 桑濮 4-1026B
sàngpú 喪仆 3-408A
sāngqī 喪期 3-411A
sāngqí 桑畦 4-1023B
sāngqì 喪器 3-411B
sàngqi 喪氣 3-410A
sàngqì 喪氣 3-410A
sāngqián 桑錢 4-1026B
sàngqīn 喪親 3-411B
sāngqiū 桑丘 4-1021A
sāngqǔ 喪取 3-408B
sāngqǔ 喪娶 3-410B
sàngqū 喪軀 3-412A
sàngquánrǔguó 喪權辱國
3-412A
sāngráng 桑穰 4-1027A
sāngrángzhǐ 桑穰紙 4-1027A
sāngrén 喪人 3-408A
sàngrén 喪人 3-408A
sāngróu 桑柔 4-1022B
sāngrǒu 桑楺 4-1025B
sāngsè 桑穡 4-1026B
sāngshà 喪煞 3-411A
sāngshàngjìshēng
桑上寄生 4-1020A
sāngshèn 桑葚 4-1023B
sāngshèn 桑椹 4-1024B
sāngshèn 桑黮 4-1027A
sàngshēn 喪身 3-408B
sàngshēng 喪生 3-408A
sāngshēngháoqì 喪聲嚎氣
3-412A
sāngshēngwāiqì 喪聲歪氣
3-412A
sāngshènjiǔ 桑椹酒 4-1024B
sāngshí 桑實 4-1026A
sāngshí 喪食 3-409B
sāngshì 喪事 3-408B
sāngshí 磉石 7-1096B
sàngshī 喪失 3-408B
sàngshī 喪師 3-410A
sàngshì 喪室 3-409B
sàngshì 喪逝 3-410A
sàngshīrǔguó 喪師辱國
3-410A
sāngshū 桑樞 4-1026A
sāngshūwéidài 桑樞韋帶
4-1026A
sāngshūwèngyǒu 桑樞瓮牖
4-1026A
sāngsī 桑思 4-1022B
sāngtián 桑田 4-1020B
sāngtiánbìhǎi 桑田碧海
4-1021A
sāngtiáncānghǎi 桑田滄海
4-1020B
sàngtiānhàilǐ 喪天害理
3-408A
sāngtiáowéi 桑條韋 4-1023A
sāngtíng 喪庭 3-409B
sāngtǔ 桑土 4-1020A
sāngtǔchóumóu 桑土綢繆
4-1020A
sǎngtuīzhīlǚ 顙推之履
12-357A
sāngū 三估 1-201B
sāngū 三姑 1-211A
sāngū 三孤 1-210B
sāngǔ 三古 1-188A
sāngǔ 三鼓 1-238B
sāngǔ 三嘏 1-242B
sāngù 三顧 1-255B
sāngū 散估 5-476A
sāngǔ 散鼓 5-482A
sānguān 三官 1-209B
sānguān 三冠 1-218B
sānguān 三關 1-254A
sānguān 三觀 1-256B
sānguǎn 三館 1-249B
sānguān 散官 5-477B
sǎnguān 散關 5-485B
sànguǎn 散館 5-484B
sānguāng 三光 1-194B
sǎnguāng 散光 5-475A
sànguàng 散逛 5-479A
sānguānqián 三官錢 1-209B
sānguānshǒushū 三官手書
1-209B
sānguāntáng 三官堂 1-209B
sānguānyǔ 三關語 1-254B
sāngùcǎolú 三顧草廬
1-255B
sānguī 三圭 1-192A
sānguī 三皈 1-216A
sānguī 三珪 1-219B
sānguī 三歸 1-252B
sānguī 三龜 1-251B
sānguì 三貴 1-235B
sānguìjiǔkòu 三跪九叩
1-239B
sānguǐtíng 三癸亭 1-219A
sāngūliùpó 三姑六婆
1-211A
sāngùmáolú 三顧茅廬
1-255B
sānguó 三國 1-229A
sānguó 三虢 1-246B
sānguò 三過 1-229A
sānguòbǐ 三過筆 1-229A
sàngwáng 喪亡 3-408A
sàngwǎng 喪惘 3-411A
sāngwéi 桑韋 4-1022B
sàngwù 喪物 3-409A
sāngxǐ 桑枲 4-1022B
sāngxiǎn 桑蘚 4-1026B
sàngxiàn 喪陷 3-410B
sāngxiāng 桑欀 4-1026B
sāngxiē 桑蝎 4-1026A
sāngxīn 桑薪 4-1026A
sàngxīn 喪心 3-408A
sàngxīnbìngkuáng
喪心病狂 3-408A
sāngxīnfù 桑新婦 4-1025B
sāngyǎn 桑眼 4-1023A
sǎngyǎn 嗓眼 3-472B
sāngyāng 桑秧 4-1022B
sāngyáng 桑羊 4-1021A
sāngyáng 桑楊 4-1024B
sāngyě 桑野 4-1023B
sāngyè 桑葉 4-1023B
sāngyè 桑業 4-1025B
sāngyèguān 桑葉冠 4-1024A
sāngyí 喪儀 3-411B
sāngyīn 喪音 3-409B
sǎngyīn 嗓音 3-472A
sāngyìnbùxǐ 桑蔭不徙
4-1024B
sāngyìnwèiyí 桑蔭未移
4-1024B
sāngyōng 桑雍 4-1025B
sāngyú 桑榆 4-1024B
sāngyú 桑虞 4-1025B
sāngyù 桑域 4-1023A
sàngyuán 喪元 3-408A
sāngyúbǔ 桑榆補 4-1025A
sāngyújǐng 桑榆景 4-1025A
sāngyúmòjǐng 桑榆末景
4-1025A
sāngyúmù 桑榆暮 4-1025A
sāngyúmùjǐng 桑榆暮景
4-1025A
sàngyǔn 喪隕 3-411A
sāngyúnián 桑榆年 4-1025A
sāngyúnuǎn 桑榆暖 4-1025A
sāngyúnuǎn 桑榆煖 4-1025A
sāngyúwǎnjǐng 桑榆晚景
4-1025A
sāngyúzhījǐng 桑榆之景
4-1025A
sāngyúzhīlǐ 桑榆之禮
4-1025A
sāngzǎi 喪宰 3-410B
sāngzàng 喪葬 3-411A
sāngzé 喪幘 3-411B
sāngzhè 桑柘 4-1022B
sāngzhī 桑織 4-1026B
sāngzhì 桑雉 4-1025B
sāngzhì 喪制 3-409A
sàngzhì 喪志 3-408B
sāngzhōng 桑中 4-1020A
sāngzhōng 喪鐘 3-412A
sāngzhōngzhīxǐ 桑中之喜
4-1020B
sāngzhōngzhīyuē 桑中之約
4-1020B
sāngzhú 桑蠋 4-1026B
sāngzhǔ 桑主 4-1021A
sāngzhǔ 喪主 3-408B
sāngzhù 桑苧 4-1021B
sāngzhùjīng 桑苧經 4-1021B
sāngzhùwēng 桑苧翁
4-1021B
sāngzǐ 桑梓 4-1023A
sǎngzi 嗓子 3-472A
sǎngzi 顙子 12-357A
sàngzī 喪資 3-411B
sāngzǐlǐ 桑梓禮 4-1023A
sǎngziyǎn 嗓子眼 3-472A
sǎngziyǎn 顙子眼 12-357A
sānhǎi 三海 1-225B
sānhài 三害 1-225B
sānhán 三韓 1-251A
sǎnhàn 散漢 5-483B
sànhán 散寒 5-481B
sānháng 三行 1-196A
sǎnháng 散行 5-475A
sānhánzhǐ 三韓紙 1-251A
sānháo 三豪 1-243B
sānháo 三號 1-239B
sānhǎo 三好 1-198A
sānhào 三好 1-198A
sānhǎo'èrqiè 三好二怯
1-198A
sānhǎoliǎngdǎi 三好兩歹
1-198A
sānhǎoliǎngqiàn 三好兩歉
1-198A
sānhé 参和 2-842A
sānhé 三合 1-196A
sānhé 三何 1-201B
sānhé 三和 1-207A
sānhé 三河 1-209A
sānhébǎn 三合板 1-196B
sānhéfáng 三合房 1-196B
sānhéhuì 三合會 1-196B
sānhéliùyì 三翮六翼
1-248B
sānhèn 三根 1-218A
sānhéng 三衡 1-249A
sānhétǔ 三合土 1-196B
sānhétǔ 三和土 1-207A
sānhóng 三洪 1-217A
sānhóngxiùcai 三紅秀才
1-219A
sānhóu 三侯 1-215B
sānhòu 三后 1-196A
sānhòu 三候 1-223A
sǎnhóu 散侯 5-477B
sānhóuzhīzhāng 三侯之章
1-215B
sānhú 三胡 1-212A
sānhú 三壺 1-233B
sānhǔ 三虎 1-206A
sānhù 三户 1-185B
sānhù 三護 1-255A
sǎnhù 散户 5-474A
sānhuā 三花 1-199A
sǎnhuā 散花 5-475B
sǎnhuà 散話 5-482B
sànhuā 散花 5-475B
sànhuā 散華 5-478B
sānhuái 三槐 1-239A
sànhuái 散懷 5-485B
sànhuài 散壞 5-485B
sānhuáijiǔjí 三槐九棘
1-239A
sānhuáinán 三淮南 1-231B
sānhuáitáng 三槐堂 1-239B
sānhuáizhītīng 三槐之聽
1-239B
sānhuājùdǐng 三花聚頂
1-199A
sānhuāliǎn 三花臉 1-199A
sānhuāmǎ 三花馬 1-199A
sānhuán 三桓 1-221A
sānhuàn 三浣 1-225B

sānhuàn 三患 1-229A
sānhuàn 三澣 1-250A
sǎnhuǎn 散緩 5-484A
sànhuàn 散涣 5-479B
sànhuàn 散焕 5-480A
sānhuáng 三皇 1-216A
sānhuáng 三黄 1-227B
sānhuángsuǒ 三簧鎖 1-251B
sānhuángwǔdì 三皇五帝 1-216A
sānhuāngwǔyuè 三荒五月 1-212A
sānhuánwǔkòu 三環五扣 1-250A
sànhuārén 散花人 5-475B
sānhuāshù 三花樹 1-199A
sànhuātiānnǚ 散花天女 5-475B
sānhùfǎ 三互法 1-182B
sānhuī 三麾 1-247B
sānhuī 三徽 1-251B
sānhuì 參會 2-846B
sānhuì 三惠 1-235A
sānhuì 三會 1-240B
sānhuì 三穢 1-252B
sànhuì 散會 5-482B
sànhuījiōnghù 散灰扃户 5-475A
sānhuíjiǔzhuǎn 三回九轉 1-195A
sānhuíwǔcì 三回五次 1-195A
sānhuíwǔjiě 三回五解 1-195A
sānhún 三魂 1-238A
sānhúnchūqiào 三魂出竅 1-238B
sānhúnqībó 三魂七魄 1-238B
sānhūnwǔyàn 三葷五厭 1-234B
sānhuǒ 三火 1-185B
sānhuò 三惑 1-235A
sǎnhuō 散豁 5-485A
sànhuǒ 散火 5-474A
sànhuǒ 散夥 5-483A
sānhùwángqín 三户亡秦 1-186A
sānhùyáo 三户謡 1-186A
sāniào 撒溺 6-856B
sānìzhì 撒膩滯 6-857B
sānízú 撒尼族 6-854B
sānjī 三奇 1-206A
sānjí 三疾 1-225A
sānjí 三極 1-235A
sānjǐ 三戟 1-234B
sānjì 三季 1-207A
sānjì 三祭 1-230B
sǎnjì 散妓 5-476B
sǎnjì 散記 5-479A
sǎnjì 散跡 5-482B
sǎnjì 散劑 5-485A
sànjī 散積 5-484B
sànjì 散髻 5-484B
sānjiā 三加 1-191B
sānjiā 三家 1-225B
sānjiǎ 三甲 1-188B
sānjià 三駕 1-247B
sànjià 散架 5-478A
sānjiācūn 三家村 1-226A
sānjiādiàn 三家店 1-226A
sānjiān 三姦 1-219A
sānjiān 三監 1-242B
sānjiān 三縅 1-248A
sānjiǎn 三檢 1-250B
sānjiàn 三建 1-210A
sānjiàn 三劍 1-246B
sānjiàn 三諫 1-249B
sānjiàn 三鑑 1-256A
sǎnjiàn 散賤 5-484A
sānjiàndìngtiānshān 三箭定天山 1-246A
sānjiāng 三江 1-197A
sānjiāng 三姜 1-217A
sānjiāngjūn 三將軍 1-232B
sānjiāngkǒu 三江口 1-197B
sānjiāngqīzé 三江七澤 1-197B
sānjiāngwǔhú 三江五湖 1-197B
sānjiānliǎngrèndāo 三尖兩刃刀 1-194B
sānjiānqíkǒu 三縅其口 1-248A
sānjiànzhīyì 三諫之義 1-249B
sānjiāo 三郊 1-208B
sānjiāo 三焦 1-236B
sānjiǎo 三角 1-202A
sānjiào 三教 1-227A
sānjiǎobǎn 三角板 1-202B
sānjiàobùyī 三教布衣 1-227B
sānjiǎohámá 三脚蝦蟆 1-230A
sānjiǎohánshù 三角函數 1-202B
sānjiǎojì 三角髻 1-202B
sānjiǎojià 三脚架 1-230A
sānjiàojiǔliú 三教九流 1-227B
sānjiǎoliàn'ài 三角戀愛 1-202B
sānjiǎoliǎngbù 三脚兩步 1-230B
sānjiāoliǎngjùyán 三交兩句言 1-197A
sānjiǎomāo 三脚猫 1-230A
sānjiàoshìláng 三覺侍郎 1-255A
sānjiǎoshòu 三角獸 1-202B
sānjiǎotiě 三角鐵 1-202B
sānjiǎotóng 三角童 1-202B
sānjiàotú 三教圖 1-227B
sānjiǎoxíng 三角形 1-202A
sānjiǎoyǎn 三角眼 1-202B
sānjiāoyè 三蕉葉 1-245A
sānjiǎozhōu 三角洲 1-202B
sānjiāshī 三家詩 1-226A
sānjiāshǔ 三家藷 1-226A
sānjiē 三接 1-227A
sānjiē 三階 1-232B
sānjié 三傑 1-236A
sānjié 三節 1-240A
sānjiè 三戒 1-198B
sānjiè 三界 1-213B
sǎnjiē 散階 5-480B
sànjié 散節 5-482A
sànjiě 散解 5-482B
sānjiégùn 三節棍 1-240A
sānjiéhé 三結合 1-237B
sānjiēliǎngshì 三街兩市 1-236B
sānjiéliǎngshòu 三節兩壽 1-240A
sānjiēliùshì 三街六市 1-236B
sānjiēliùxiàng 三街六巷 1-236B
sānjiérén 三節人 1-240A
sānjiéréncóng 三節人從 1-240A
sānjíguǎn 三極管 1-235A
sānjīliǎngbǎo 三饑兩飽 1-255A
sānjíliùyì 三棘六異 1-235A
sānjǐmáo 三脊茅 1-225A
sānjīn 三金 1-207B
sānjìn 三晉 1-221B
sǎnjīn 繖金 11-1389A
sànjìn 散金 5-477A
sànjìn 散禁 5-482B
sānjīng 三京 1-208A
sānjīng 三荆 1-211B
sānjīng 三旌 1-230B
sānjīng 三經 1-241B
sānjīng 三精 1-244A
sānjīng 三驚 1-255B
sānjǐng 三景 1-235B
sānjìng 三浄 1-217B
sānjìng 三徑 1-223A
sānjìng 三逕 1-221B
sānjìng 三鏡 1-253B
sànjīng 散精 5-483B
sānjítiàoyuǎn 三級跳遠 1-219B
sānjiǔ 三九 1-174A
sānjiǔ 三韭 1-212B
sānjiǔ 三酒 1-225B
sānjiù 三就 1-236B
sānjiǔtiān 三九天 1-174A
sānjiǔxiànggōng 三九相公 1-174A
sānjìzhǎng 三擊掌 1-251A
sānjū 三居 1-210B
sānjǔ 三舉 1-249A
sānjù 三聚 1-242A
sānjù 三懼 1-255B
sǎnjū 散居 5-477B
sǎnjú 散局 5-476B
sǎnjù 散句 5-474B
sǎnjù 散屨 5-485A
sànjú 散局 5-476B
sànjù 散聚 5-482B
sānjùbùlíběnháng 三句不離本行 1-190B
sānjué 三絶 1-237B
sānjué 三爵 1-251B
sǎnjué 散爵 5-485A
sànjué 散絶 5-481B
sānjuézhīfá 三爵之罰 1-251B
sānjūgōng 三鞠躬 1-250B
sānjūn 三君 1-203B
sānjūn 三軍 1-218B
sānjùn 三俊 1-215B
sànjūn 散軍 5-478A
sānjùtiánliǎngjùkǔ 三句甜兩句苦 1-190B
sànkāi 散開 5-481B
sānkāng 三康 1-230B
sānkǎo 三考 1-192B
sānkǎolì 三考吏 1-193A
sānkē 三科 1-215A
sānkè 三刻 1-208B
sānkè 三剋 1-212A
sānkè 三恪 1-217B
sānkējiǔzhǐ 三科九旨 1-215A
sǎnkésou 散咳嗽 5-477B
sānkōng 三空 1-209B
sānkǒng 三孔 1-187A
sānkū 三窟 1-241A
sānkù 三庫 1-224B
sānkuānglán 三匡欄 1-192A
sànkuì 散潰 5-484A
sǎnkuò 散闊 5-485A
sānlà 三臘 1-253B
sānlàicǎo 三賴草 1-248B
sǎnlǎn 散嬾 5-485B
sānláng 三郎 1-210A
sǎnláng 散郎 5-477B
sǎnlǎng 散朗 5-479B
sānlántiēlǐ 三襴貼裏 1-256B
sānláo 三牢 1-203A
sānlǎo 三老 1-192A
sǎnlǎo 傘橑 1-1587A
sānlǎosìshào 三老四少 1-192B
sānlǎosìyán 三老四嚴 1-192B
sānlǎowǔgēng 三老五更 1-192B
sānlè 三樂 1-248A
sānléi 三羸 1-254A
sānlěi 三累 1-228B
sānlèi 三類 1-254A
sānlèjiāng 三勒漿 1-227B
sānlí 三犁 1-229A
sānlí 三犂 1-236A
sānlǐ 三李 1-199B
sānlǐ 三禮 1-252A
sānlì 三立 1-191A
sānlì 三吏 1-193A

sānlì 三戾 1-210A
sǎnlì 散吏 5-475A
sǎnlì 散隸 5-485A
sǎnlì 散櫟 5-485B
sǎnlì 糝粒 9-240A
sànlí 散離 5-485B
sànlì 散利 5-475B
sānlián 參連 2-844A
sānlián 三蘼 1-248B
sānliánchuànpiào 三連串票 1-221A
sānliánchuànpiào 三聯串票 1-250B
sānliándān 三聯單 1-250B
sānliáng 三良 1-203B
sānliáng 三梁 1-232A
sānliǎng 參兩 2-842A
sānliǎng 三兩 1-206A
sānliángchén 三良臣 1-203B
sǎnliáo 散僚 5-483A
sǎnliáo 散寮 5-484A
sānliàojiàng 三料匠 1-225A
sānlìcí 三笠辭 1-229A
sànliè 散裂 5-481A
sānlièsōng 三鬣松 1-257B
sānlièxiù 三列宿 1-194A
sānlín 三鄰 1-244A
sānlíng 三靈 1-256B
sānlìngjié 三令節 1-190B
sānlìngwǔshēn 三令五申 1-190B
sānlínsìshè 三隣四舍 1-244A
sānliú 三流 1-225B
sānliú 三劉 1-247A
sānliǔ 三柳 1-212A
sānliù 三六 1-185A
sànliú 散流 5-479B
sānliùjiǔ 三六九 1-185A
sānliùjiǔbǐshì 三六九比勢 1-185B
sānliùjiǔděng 三六九等 1-185B
sānliǔshūtóu… 三綹梳頭，兩截穿衣 1-244B
sānlǐwù 三里霧 1-200B
sānlóng 三龍 1-250A
sānlóngcí 三龍祠 1-250A
sānlòu 參漏 2-847B
sānlòu 參鏤 2-850A
sānlù 三露 1-255B
sānlù 三陸 1-226A
sānlù 三籙 1-256A
sānluán 三巒 1-256A
sānluán 三欒 1-256B
sānluán 三鸞 1-257B
sǎnluàn 散亂 5-482B
sānlùjùngōng 三鹿郡公 1-230B
sānlún 三倫 1-223A
sānlún 三輪 1-245A
sānlùn 三論 1-247A
sānlùnzōng 三論宗 1-247A
sānluó 三羅 1-253B
sānluò 三洛 1-217B
sǎnluò 散落 5-481A
sànluò 散落 5-481A
sānlùwéibēn 三鹿爲犇 1-230B
sānlǘ 三閭 1-244A
sānlǜ 三率 1-231B
sànlǜ 散慮 5-484A
sānlǘdàfū 三閭大夫 1-244A
sānlüè 三略 1-228B
sānlüè 散略 5-480A
sānlǘxiǎoyù 三閭小玉 1-244A
sānmǎ 三馬 1-220A
sǎnmǎ 散馬 5-478B
sànmá 散麻 5-480A
sànmǎ 散馬 5-478B
sānmài 三麥 1-228A
sǎnmài 散脈 5-479A
sǎnmàn 散漫 5-483B
sānmáo 三毛 1-183B
sānmáo 三茅 1-205A
sānmǎo 三泖 1-209A
sānmáojūn 三茅君 1-205A
sānmáoqīkǒng 三毛七孔 1-183B
sānmáozhōng 三茅鐘 1-205A
sānmǎtóngcáo 三馬同槽 1-220A
sànmǎxiūniú 散馬休牛 5-478B
sānmèi 三昧 1-213A
sānméiliùzhèng 三媒六證 1-237B
sānmèizhēnhuǒ 三昧真火 1-213A
sānmén 三門 1-210A
sànmèn 散悶 5-481B
sānměng 三猛 1-230B
sānmèng 三夢 1-239A
sānméngànbù 三門幹部 1-210B
sānménsìhù 三門四户 1-210B
sānménxiá 三門峽 1-210B
sānmì 三密 1-232A
sānmián 三眠 1-221B
sānmiàn 三面 1-212B
sānmiànhóngqí 三面紅旗 1-212B
sānmiànluó 三面羅 1-212B
sānmiànrén 三面人 1-212B
sānmiànwǎng 三面網 1-212B
sānmiáo 三苗 1-205A
sānmiǎo 三藐 1-250B
sānmiào 三廟 1-247A
sānmiǎosānpútí 三藐三菩提 1-250B
sānmiàoyīn 三妙音 1-204A
sànmiè 散滅 5-482B
sǎnmín 散民 5-474B
sānmíng 三明 1-206B
sānmìng 三命 1-208A
sǎnmíng 散名 5-475A
sānmíngsāngāo 三名三高 1-197A
sānmínzhǔyì 三民主義 1-191A
sānmó 三摩 1-247B
sānmó 三謨 1-251B
sānmò 三墨 1-246A
sànmò 散没 5-476B
sānmóbōtí 三摩鉢提 1-247B
sānmódì 三摩地 1-247B
sānmǔ 三母 1-191B
sānmù 三繆 1-252A
sānmù 三木 1-180A
sānmù 三沐 1-203A
sānmù 三牧 1-207A
sǎnmù 散木 5-473B
sànmù 散目 5-474A
sànmù 散牧 5-477A
sānmùlóuzī 三木樓呰 1-180A
sānmùsānxūn 三沐三薰 1-203A
sānmǔzhái 三畝宅 1-224B
sǎnnán 散男 5-475B
sānnánliǎngnǚ 三男兩女 1-200B
sānnánzǐ 三男子 1-200B
sānnào 三淖 1-231B
sānnào 三鬧 1-244B
sānnèi 三内 1-183B
sānní 三臡 1-257B
sānnì 三逆 1-217A
sǎnniàn 散念 5-477A
sānnián'ài 三年艾 1-195A
sānniánbì 三年碧 1-195B
sānniánbùkuīyuán 三年不窺園 1-195A
sānniàngwǔjì 三釀五齊 1-256B
sānniángzǐ 三娘子 1-226B
sānniánhuàbì 三年化碧 1-195A
sānniánsāng 三年喪 1-195A
sānniánwǔzǎi 三年五載 1-195A
sānniánzǎozhīdao 三年早知道 1-195A
sānniánzhīxù 三年之畜 1-195A
sānniǎo 三鳥 1-230B
sānníbāzū 三臡八菹 1-257B
sānniè 三枿 1-212A
sānniè 三孽 1-253B
sānniè 三蘗 1-254B
sānnìng 三佞 1-201B
sānniúwéicū 三牛爲麤 1-183B
sānnóng 三農 1-239B
sānnòng 三弄 1-198A
sān'ǒu 參偶 2-845A
sān'ǒu 三耦 1-244B
sānpàn 三叛 1-217A
sànpán 散盤 5-484A
sànpàn 散叛 5-478A
sànpàn 散畔 5-478B
sànpànfà 散叛髮 5-478A
sānpào 三炮 1-217A
sànpèi 散配 5-478B
sānpén 三盆 1-216B
sānpén 糝盆 9-240A
sānpéng 三彭 1-233B
sānpéng 三蓬 1-239A
sānpéngsìyǒu 三朋四友 1-208A
sānpénshǒu 三盆手 1-216B
sānpì 參辟 2-847A
sǎnpiàn 散片 5-473B
sànpiāo 散剽 5-482A
sānpǐn 三品 1-214A
sānpǐnchú 三品芻 1-214A
sānpǐnchúdòu 三品蒭豆 1-214A
sānpíng 三平 1-188B
sānpíng'èrmǎn 三平二滿 1-188B
sānpǐnliào 三品料 1-214A
sānpǐnniǎo 三品鳥 1-214A
sānpǐnsōng 三品松 1-214A
sānpǐnxiùcai 三品秀才 1-214A
sānpǐnyuàn 三品院 1-214A
sānpó 三婆 1-232A
sānpóliǎngsǎo 三婆兩嫂 1-232A
sānpǔ 三普 1-237A
sànpǔ 散朴 5-474B
sànpǔ 散樸 5-484B
sānpútí 三菩提 1-227B
sānqī 三七 1-173A
sānqí 三奇 1-206A
sānqí 三祇 1-210A
sānqí 三齊 1-243B
sānqǐ 三起 1-220A
sānqì 三氣 1-222A
sānqì 三器 1-249A
sǎnqí 散棊 5-480B
sǎnqì 散棄 5-481B
sànqǐ 散綺 5-483B
sànqì 散氣 5-479A
sànqì 散棄 5-481B
sānqiān 三千 1-177A
sānqiān 三愆 1-240B
sānqiān 三遷 1-245B
sānqián 三乾 1-228A
sǎnqián 散錢 5-484B
sànqián 散錢 5-484B
sànqiǎn 散遣 5-482A
sānqiānbāwàn 三千八萬 1-177B
sānqiāndàqiān 三千大千 1-177B
sānqiāndàqiānshìjiè 三千大千世界 1-177B
sānqiāndìzǐ 三千弟子 1-177B
sānqiāndú 三千牘 1-178A
sānqiānjiè 三千界 1-177B

sānqiānjiǔwàn 三千九萬 1-177B
sānqiānkè 三千客 1-177B
sānqiānliùbǎidiào 三千六百釣 1-177B
sānqiānshìjiè 三千世界 1-177B
sānqiānshuǐ 三千水 1-177B
sānqiāntú 三千徒 1-178A
sānqiānwēiyí 三千威儀 1-177B
sānqiānyíng 三千營 1-178A
sānqiánzhīfǔ 三錢之府 1-249A
sānqiānzhūlǚ 三千珠履 1-178A
sānqiáo 三樵 1-248B
sǎnqíchángshì 散騎常侍 5-485A
sānqiè 三篋 1-246A
sānqīfēn 三七分 1-173A
sānqīfēnkāi 三七分開 1-173A
sānqīkāi 三七開 1-173A
sānqīn 三親 1-249B
sānqín 三秦 1-219B
sānqín 三勤 1-238B
sānqǐn 三寢 1-244A
sànqīn 散親 5-485A
sānqīng 三卿 1-224A
sānqīng 三清 1-231B
sànqíng 散情 5-480B
sānqīngdiàn 三清殿 1-231B
sānqīngjìng 三清境 1-231B
sānqīngkè 三清客 1-231B
sānqīngniǎo 三青鳥 1-204A
sānqīngsìbái 三清四白 1-231B
sānqīngtuán 三青團 1-204A
sānqīngwàn 三青蔓 1-204A
sānqǐngzhūgéliàng 三請諸葛亮 1-247A
sānqīngzi 三青子 1-204A
sānqīnliùgù 三親六故 1-250A
sānqīnliùjuàn 三親六眷 1-250A
sānqīnsìjuàn 三親四眷 1-250A
sānqióng 三窮 1-247B
sānqīsìqiè 三妻四妾 1-206A
sānqiū 三丘 1-189B
sānqiū 三秋 1-215A
sānqiúsìgào 三求四告 1-199B
sānqīxiánnìng 三期賢佞 1-234A
sānqīzhāi 三七齋 1-173A
sānqū 三曲 1-194B
sānqū 三驅 1-255A
sānqú 三衢 1-257A
sānqù 三去 1-187B
sǎnqǔ 散曲 5-475A
sānquán 三泉 1-216A
sānquán 三銓 1-243A
sānquán 三權 1-255A
sānquándíbùdé…
三拳敵不得四手 1-225A
sānquán'èrjiǎo 三拳二脚 1-225A
sānquē 三闕 1-253A
sànquē 散缺 5-479A
sànquē 散闕 5-485B
sānrǎn 三染 1-217B
sānrǎng 三壤 1-254B
sānràng 三讓 1-257A
sānrǎoquè 三遶鵲 1-245A
sānrè'ài 三熱愛 1-245A
sānrén 三仁 1-184A
sānrén 三壬 1-184A
sǎnrén 散人 5-473A
sānrénchénghǔ 三人成虎 1-174A
sānrénchéngshìhǔ
三人成市虎 1-173B
sānrénliùyànghuà
三人六樣話 1-173B
sānrénwéizhòng 三人爲衆 1-174A
sānrénwùdàshì…
三人誤大事,六耳不通謀 1-174A
sānrénxíng…
三人行,必有我師 1-174A
sānrényīlóng 三人一龍 1-173B
sānrényītiáoxīn…
三人一條心,黄土變成金 1-173B
sānrényuè 三人月 1-173B
sànrèqì 散熱器 5-483B
sānrì 三日 1-183A
sānrìchéngpò 三日成魄 1-183A
sānrìdǎyú…
三日打魚,兩日曬網 1-183A
sānrì'ěrlóng 三日耳聾 1-183A
sānrìlóng 三日聾 1-183B
sānrìpúyè 三日僕射 1-183B
sānrìqūshuǐ 三日曲水 1-183A
sānrìsānyè…
三日三夜說不了 1-183A
sānrìxiāng 三日香 1-183B
sānrìxīnfù 三日新婦 1-183B
sānrǒng 三冗 1-186A
sǎnrǒng 散冗 5-474A
sǎnrǒng 散宂 5-474B
sānrú 三儒 1-249A
sǎnrú 散儒 5-484B
sānsǎ 三灑 1-256B
sànsǎ 散灑 5-486A
sānsān 三三 1-174B
sānsān 毿毿 6-1016A
sānsān 鬖鬖 12-753A
sānsān 毶毶 9-1153B
sānsān 糝糝 9-240A
sànsàn 鬖鬖 12-753B
sǎnsǎnde 散散的 5-480B
sànsǎn'er 散散兒 5-480B
sānsāng 三桑 1-226B
sānsānjié 三三節 1-175A
sānsānjìng 三三徑 1-174B
sānsānliǎngliǎng
三三兩兩 1-174B
sǎnsǎnluòluò 散散落落 5-480B
sānsānsìsì 三三四四 1-174B
sǎnsǎntíngtíng 散散停停 5-480B
sānsānwǔwǔ 三三五五 1-174B
sānsānzhì 三三制 1-174B
sānsè 三色 1-197A
sǎnsè 参色 2-841A
sānsèjǐn 三色堇 1-197A
sānshā 三殺 1-223B
sānshā 毿毯 6-1016A
sānshā 毿毶 6-1016A
sǎnshā 散沙 5-476B
sānshǎi 三色 1-197A
sānshān 三山 1-177A
sānshān 毿珊 6-1016A
sānshàn 三善 1-237A
sānshàn 三嬗 1-250A
sānshàn 三鱓 1-256B
sānshàn 三饍 1-257A
sǎnshàn 傘扇 1-1587A
sànshàn 散贍 5-486A
sānshàndào 三善道 1-237A
sānshāng 三商 1-231A
sānshāng 三殤 1-245B
sānshāng 三觴 1-253A
sānshàng 三上 1-176B
sǎnshāng 散商 5-480A
sǎnshāngchǒuhài 散傷醜害 5-482A
sānshāngǔ 三山股 1-177A
sānshāngǔ 三山骨 1-177A
sānshàngwǔluò 三上五落 1-176B
sānshānkè 三山客 1-177A
sānshānwǔyuè 三山五嶽 1-177A
sānshǎo 三少 1-183A
sānshāomòwěi 三梢末尾 1-228A
sānshè 三舍 1-207B
sānshè 三社 1-203B
sānshè 三赦 1-227A
sǎnshè 散射 5-479A
sànshè 散射 5-479A
sānshèfǎ 三舍法 1-207B
sānshégēng 三蛇羹 1-228B
sānshēn 三申 1-189A
sānshēn 三身 1-202A
sānshén 三神 1-218B
sānshēndiàn 三身殿 1-202A
sānshēng 三生 1-189A
sānshēng 三牲 1-214B
sānshēng 三甥 1-235B
sānshēng 三聲 1-250B
sānshěng 三省 1-213A
sānshèng 三乘 1-222A
sānshèng 三聖 1-238B
sǎnshēng 散生 5-474A
sǎnshēng 散聲 5-485A
sǎnshèng 散聖 5-482A
sānshēngdùmù 三生杜牧 1-189B
sànshēngrì 散生日 5-474A
sānshēngshí 三生石 1-189A
sānshēngwǔdǐng 三牲五鼎 1-214B
sānshēngyǒuxìng 三生有幸 1-189A
sānshēngyuàn 三生願 1-189B
sànshēngzhāi 散生齋 5-474A
sānshénshān 三神山 1-219A
sānshénzhōu 三神洲 1-219A
sānshèrénshī 三舍人詩 1-207B
sānshèshēng 三舍生 1-207B
sānshī 三尸 1-178A
sānshī 三失 1-189B
sānshī 三師 1-223A
sānshí 三十 1-170B
sānshí 三食 1-216A
sānshí 三時 1-221B
sānshǐ 三史 1-189A
sānshǐ 三矢 1-189B
sānshǐ 三豕 1-200B
sānshǐ 三始 1-211A
sānshì 三啇 1-231B
sānshì 三士 1-175A
sānshì 三世 1-187B
sānshì 三仕 1-189B
sānshì 三市 1-191A
sānshì 三式 1-192A
sānshì 三事 1-205B
sānshì 三室 1-218A
sānshì 三勢 1-238B
sānshì 三適 1-243B
sǎnshì 散適 5-483A
sǎnshī 散失 5-474B
sànshī 散施 5-478A
sànshí 散食 5-478A
sànshǐ 散使 5-477A
sànshì 散適 5-483A
sànshì 散釋 5-486A
sānshídiàn 三時殿 1-221B
sānshí'érlì 三十而立 1-172B
sānshí'èrmíngchén
三十二名臣 1-170B
sānshí'èrtiān 三十二天 1-170B
sānshí'èrxiàng 三十二相 1-170B
sānshìfó 三世佛 1-188A

sānshígē 三十哥 1-173A
sānshíliù 三十六 1-171A
sānshíliùbēi 三十六陂 1-171B
sānshíliùcè 三十六策 1-172B
sānshíliùcè… 三十六策,走是上計 1-172B
sānshíliùdòngtiān 三十六洞天 1-172A
sānshíliùfēng 三十六峯 1-172A
sānshíliùgōng 三十六宮 1-172A
sānshíliùguó 三十六國 1-172A
sānshíliùháng 三十六行 1-171A
sānshíliùjì 三十六計 1-171B
sānshíliùjì… 三十六計,走爲上計 1-172A
sānshíliùjiè 三十六界 1-171B
sānshíliùjùn 三十六郡 1-172A
sānshíliùlín 三十六鱗 1-172B
sānshíliùshū 三十六書 1-172A
sānshíliùtǐ 三十六體 1-172B
sānshíliùtiān 三十六天 1-171A
sānshíliùtiāngāng 三十六天罡 1-171A
sānshíliùwù 三十六物 1-171B
sānshíliùyīngxióng 三十六英雄 1-171B
sānshíliùyǔ 三十六雨 1-171B
sānshíliùyuàn 三十六苑 1-171B
sānshíliùyùhuáng 三十六玉皇 1-171A
sānshíliùzhāo… 三十六着,走爲上着 1-172B
sānshíliùzìmǔ 三十六字母 1-171A
sānshíniánhédōng… 三十年河東,三十年河西 1-172B
sānshíniánlǎoniáng… 三十年老娘倒綳孩兒 1-172B
sǎnshìpán 散氏盤 5-473B
sānshīqīsēng 三師七僧 1-223A
sānshīqīzhèng 三師七證 1-223A
sānshísāntiān 三十三天 1-171A
sānshǐshèhé 三豕涉河 1-200B
sānshīshén 三尸神 1-178B
sānshìtóngcái 三世同財 1-188A
sānshìtóngcuàn 三世同爨 1-188A
sānshíwǎnshang 三十晚上 1-173A
sānshīwǔguǐ 三尸五鬼 1-178A
sānshìyīcuàn 三世一爨 1-188A
sānshíyǒushì 三十有室 1-172B
sānshìzhíjǐ 三世執戟 1-188A
sānshízi 三十子 1-171A
sānshòu 三壽 1-242A
sǎnshōu 散收 5-475A
sǎnshǒu 散手 5-473B
sānshòudù 三獸渡 1-253B
sānshòudùhé 三獸渡河 1-253B
sānshǒuguó 三首國 1-217A
sānshòukè 三壽客 1-242A
sānshǒuliùbì 三首六臂 1-217A
sǎnshǒuzhàng 散手仗 5-473B
sānshū 三叔 1-206A
sānshǔ 三署 1-240A
sānshǔ 三蜀 1-240A
sānshǔ 三屬 1-255B
sānshù 三庶 1-230B
sānshù 三術 1-229B
sānshù 三數 1-245B
sǎnshū 散殊 5-478B
sànshū 散舒 5-481B
sànshū 散攄 5-485A
sǎnshuǎ 散耍 5-477B
sānshuài 三帥 1-216A
sānshuāng 三霜 1-251A
sǎnshuǐ 散水 5-473B
sànshuǐ 散水 5-473B
sānshuǐbù 三水部 1-183B
sānshuìfǎ 三說法 1-243B
sànshuǐhuā 散水花 5-473B
sānshūliùlǐ 三書六禮 1-226A
sānshuò 三朔 1-225A
sànshuō 散說 5-483A
sānsī 三司 1-191A
sānsī 三思 1-213B
sānsǐ 三死 1-194A
sānsì 三巳 1-178B
sānsì 三四 1-189A
sānsì 三祀 1-203B
sànsī 散絲 5-482A
sānsī'érxíng 三思而行 1-213B
sānsītái 三思臺 1-214A
sānsìwǔ 三四五 1-189A
sānsòng 三頌 1-241A
sànsòng 散送 5-478A
sānsōngdǎo 三松倒 1-205B
sǎnsòu 散嗽 5-483A
sānsū 三蘇 1-253B
sānsù 三素 1-220A
sānsù 三肅 1-241B
sānsuì 三隧 1-244A
sǎnsuí 散綏 5-482B
sǎnsuì 散碎 5-482A
sānsǔn 三損 1-238B
sānsuō 毿娑 6-1016A
sānsuō 鬖髿 12-753A
sānsuō 鬖毿 12-753A
sānsuō 鬖毶 12-753A
sānsuǒ 三索 1-221A
sānsuōbù 三梭布 1-228A
sānsùwàng 三素望 1-220A
sānsùyún 三素雲 1-220A
sāntái 三能 1-226B
sāntái 三台 1-191B
sāntái 三臺 1-242A
sāntài 三太 1-182B
sàntái 散臺 5-482B
sāntáibāzuò 三台八座 1-191B
sāntǎn 三袒 1-226A
sāntàn 三嘆 1-242B
sāntàn 三歎 1-245A
sǎntǎn 散袒 5-479B
sàntān 散攤 5-486A
sāntáng 三唐 1-224B
sāntáng 三堂 1-228A
sàntánggǔ 散堂鼓 5-479B
sāntāngliǎnggē 三湯兩割 1-237B
sāntāngwǔgē 三湯五割 1-237B
sāntányìnyuè 三潭印月 1-247B
sǎntào 散套 5-478B
sāntǐ 三體 1-256A
sǎntǐ 散體 5-486A
sàntǐ 散體 5-486A
sāntiān 三天 1-179A
sāntián 三田 1-189A
sāntiāndǎyú… 三天打魚,兩天曬網 1-179A
sāntiān'èrdì 參天貳地 2-839B
sāntiānliǎngdì 參天兩地 2-839A
sāntiānliǎngtóu 三天兩頭 1-179A
sāntiānméidàxiǎo 三天没大小 1-179A
sāntiānshǐ 三天使 1-179A
sāntiānzhú 三天竺 1-179A
sāntiáo 三條 1-222B
sàntiào 散糶 5-486A
sāntiáochuánxià 三條椽下 1-222B
sāntiáojiǔmò 三條九陌 1-222B
sāntiáolù 三條路 1-222B
sāntiáozhú 三條燭 1-222B
sāntíng 三亭 1-216B
sāntíng 三庭 1-217A
sāntíng 三停 1-229B
sāntǐng 三挺 1-211B
sāntíngdāo 三停刀 1-229B
sāntōng 三通 1-226B
sāntóng 三同 1-194B
sāntǒng 三統 1-238A
sāntǒnglì 三統曆 1-238A
sāntóngyīpiàn 三同一片 1-194B
sāntóu 三頭 1 248B
sǎntóu 傘頭 1-1587A
sāntóubābì 三頭八臂 1-248B
sāntóubùbiànliǎng 三頭不辨兩 1-248B
sāntóuliǎngmiàn 三頭兩面 1-249A
sāntóuliǎngrì 三頭兩日 1-248B
sāntóuliǎngxù 三頭兩緒 1-249A
sāntóuliùbì 三頭六臂 1-248B
sāntóuliùmiàn 三頭六面 1-248B
sāntóuliùzhèng 三頭六證 1-248B
sāntú 三涂 1-225B
sāntú 三途 1-223B
sāntú 三塗 1-241A
sāntūchū 三突出 1-218B
sāntuī 三推 1-227A
sāntuīliùwèn 三推六問 1-227A
sāntǔsānwò 三吐三握 1-194B
sāntùxué 三兔穴 1-208A
sǎnwài 散外 5-474B
sānwǎliǎngshè 三瓦兩舍 1-182B
sānwǎliǎngxiàng 三瓦兩巷 1-183A
sānwáng 三亡 1-178A
sānwáng 三王 1-178B
sānwàng 三忘 1-203A
sānwàng 三望 1-231A
sànwáng 散亡 5-473A
sānwàngchē 三望車 1-231B
sānwángchéng 三王城 1-178B
sānwángmù 三王墓 1-178B
sānwànliùqiāncháng 三萬六千場 1-234A
sānwànliùqiānrì 三萬六千日 1-234A
sānwēi 三危 1-196B
sānwēi 三微 1-240B
sānwéi 三違 1-237B
sānwěi 三緯 1-248A

sānwèi 三畏 1-213B
sānwèi 三衛 1-246B
sānwèi 三魏 1-251B
sǎnwèi 散位 5-476B
sānwēishān 三危山 1-196B
sānwèiyītǐ 三位一體 1-201B
sǎnwén 散文 5-474A
sǎnwěn 散紊 5-479B
sànwén 散文 5-473B
sǎnwénshī 散文詩 5-474A
sǎnwò 繖幄 9-1016A
sānwòfà 三握髮 1-233B
sānwōliǎngkuài 三窩兩塊 1-241A
sānwū 三烏 1-224A
sānwú 三吳 1-200B
sānwú 三吾 1-200A
sānwú 三無 1-235B
sānwǔ 參五 2-839B
sānwǔ 參伍 2-840B
sānwǔ 三五 1-180A/1-181A
sānwǔ 三武 1-204A
sānwǔ 三舞 1-243A
sānwù 三物 1-207A
sānwù 三務 1-226B
sānwǔchánguāng 三五蟾光 1-181A
sānwǔchéngqún 三五成群 1-181A
sānwǔchuángān 三五傳柑 1-181A
sānwǔcuòzōng 參伍錯綜 2-840B
sānwǔcuòzòng 參伍錯縱 2-840B
sānwǔmén 三五門 1-181A
sānwǔqīyánshī 三五七言詩 1-181A
sānwǔxī 三五夕 1-181A
sānwǔyè 三五夜 1-181A
sānwǔyuè 三五月 1-181A
sānwǔzhīlōng 三五之隆 1-181A
sānwúzuòchù 三無坐處 1-235B
sānxī 三西 1-193A
sānxī 三錫 1-249B
sānxī 三犧 1-254B
sānxí 三襲 1-256A
sānxì 三郤 1-216A
sānxì 三細 1-233A
sǎnxí 散席 5-479A
sànxí 散席 5-479A
sànxǐ 散徙 5-480A
sànxì 散戲 5-485A
sānxiá 三峽 1-222A
sānxià 三夏 1-221A
sānxiān 三仙 1-190A
sānxiān 三鮮 1-251B
sānxián 三弦 1-210B
sānxián 三絃 1-233B
sānxián 三賢 1-245A
sānxiàn 三綫 1-244B
sānxiàn 三獻 1-254B
sǎnxiān 散仙 5-474B
sǎnxián 散閑 5-481B
sānxiāng 三香 1-214B
sānxiāng 三湘 1-237A
sānxiàng 三相 1-212A
sānxiàng 三象 1-230A
sànxiǎng 散想 5-482A
sānxiāngshī 三鄉詩 1-233A
sānxiànguān 三獻官 1-254B
sānxiāngyí 三襄夷 1-252A
sānxiàngzhāngjiā 三相張家 1-212A
sǎnxiānrén 散仙人 5-474B
sānxiánshíshèng 三賢十聖 1-245A
sānxiànyù 三獻玉 1-254B
sānxiāo 三消 1-225B
sānxiāo 三梟 1-230B
sānxiāo 三霄 1-245B
sānxiǎobēi 三蕭碑 1-248B
sānxiǎofènghuáng 三小鳳凰 1-177A
sànxiǎorén 散小人 5-473A
sānxiàotú 三笑圖 1-222B
sānxiǎoxì 三小戲 1-177A
sǎnxiāoyáo 散消搖 5-479B
sānxiǎozi 三小子 1-177A
sānxiàtou 三嚇頭 1-251A
sānxiàwǔchú'èr 三下五除二 1-175A
sānxǐchéngdū 三徙成都 1-229B
sānxǐchéngguó 三徙成國 1-229B
sānxié 三邪 1-194A
sānxiè 三謝 1-251B
sānxiěchéngwū 三寫成烏 1-247B
sānxiěyìzì 三寫易字 1-247B
sānxǐjiào 三徙教 1-229B
sānxīn 三心 1-186A
sānxìn 三釁 1-257B
sǎnxīn 散心 5-474A
sànxīn 散心 5-474A
sānxīn'èryì 三心二意 1-186A
sānxīng 三星 1-213A
sānxíng 三刑 1-192A
sānxíng 三行 1-196A
sānxíng 三形 1-198B
sānxǐng 三省 1-213A
sānxìng 三性 1-209A
sǎnxíng 散行 5-475A
sànxíng 散行 5-475A
sànxíng 散形 5-475A
sānxīnghù 三星户 1-213B
sānxīngyuē 三星約 1-213B
sānxīngzàitiān 三星在天 1-213B
sānxīnliǎngyì 三心兩意 1-186A
sānxìnsānyù 三釁三浴 1-257B
sānxiōng 三凶 1-184B
sānxióng 三雄 1-235A
sānxītáng 三希堂 1-202A
sānxiū 三休 1-195B
sānxiǔ 三宿 1-232A
sānxiù 三秀 1-201B
sānxiǔliàn 三宿戀 1-232A
sānxiūtái 三休臺 1-195B
sānxiūtíng 三休亭 1-195B
sānxú 三徐 1-223B
sǎnxù 散序 5-476B
sànxù 散絮 5-481B
sānxuán 三睘 1-240A
sānxuán 三玄 1-191A
sānxuǎn 三選 1-247B
sānxuàn 三鉉 1-240B
sānxuē 三削 1-213A
sānxuē 三薛 1-248A
sānxué 三穴 1-191A
sānxué 三學 1-249A
sǎnxué 散學 5-484B
sànxué 散學 5-484B
sānxuéshì 三學士 1-249A
sānxūgōu 三鬚鉤 1-255B
sānxūn 三薰 1-250B
sānxún 三巡 1-198A
sānxùn 三汛 1-197B
sānxùn 三訊 1-224B
sānxūnsānmù 三薰三沐 1-250B
sānyā 三椏 1-234B
sānyá 三牙 1-182B
sānyá 三衙 1-240B
sānyǎ 三雅 1-235A
sànyá 散衙 5-482B
sānyǎchí 三雅池 1-235A
sānyájiā 三衙家 1-240B
sānyán 參言 2-841B
sānyán 三言 1-202B
sānyán 三炎 1-208B
sānyán 三巖 1-253B
sānyàn 三咽 1-214A
sānyàn 三厭 1-242B
sānyàn 三燕 1-248A
sǎnyán 傘檐 1-1587A
sǎnyán 散言 5-476B
sǎnyán 散鹽 5-486A
sànyán 散鹽 5-486A
sànyǎn 散衍 5-478A
sānyǎnchòng 三眼銃 1-228B
sānyán'éhǔ 三言訛虎 1-203A
sānyán'èrpāi 三言二拍 1-203A
sānyáng 三陽 1-232B
sānyáng 三楊 1-239A
sānyǎng 三養 1-244A
sànyáng 散陽 5-480B
sānyángjiāotài 三陽交泰 1-233A
sānyángjié 三陽節 1-233A
sānyángkāitài 三陽開泰 1-233A
sānyángwǔhuì 三陽五會 1-233A
sānyángwǔshū 三陽五輸 1-233A
sānyánliǎngjù 三言兩句 1-203A
sānyánliǎngyǔ 三言兩語 1-203A
sānyánqīngluósǎn 三簷青羅繖 1-253B
sānyánsǎn 三檐傘 1-251A
sānyánsǎngài 三簷傘蓋 1-253B
sānyánshī 三言詩 1-203A
sānyánsìmǎ 三簷四馬 1-253B
sǎnyánsuìyǔ 散言碎語 5-476B
sānyánzhīdào 三言之道 1-203A
sānyáo 三謠 1-252A
sānyào 三要 1-212B
sānyào 三曜 1-252B
sànyào 散藥 5-485B
sānyě 三野 1-228B
sānyè 三葉 1-234A
sānyè 三業 1-239B
sǎnyè 散頁 5-477B
sānyī 三一 1-170A
sānyī 三衣 1-197A
sānyī 三揖 1-233B
sānyī 三醫 1-252B
sānyí 參夷 2-840A
sānyí 三夷 1-194A
sānyí 三儀 1-246A
sānyí 三彝 1-253A
sānyǐ 三已 1-178B
sānyì 三弋 1-176B
sānyì 三易 1-206B
sānyì 三益 1-225A
sānyì 三異 1-228B
sānyì 三翼 1-252A
sǎnyī 散衣 5-475A
sǎnyì 散役 5-476B
sǎnyì 散逸 5-480A
sànyì 散佚 5-476A
sànyì 散逸 5-480A
sànyì 散軼 5-481A
sànyì 散意 5-482B
sānyībācǎn'àn 三一八慘案 1-170A
sānyīhuíwǔyīhuí 三一回五一回 1-170B
sānyīlǜ 三一律 1-170B
sānyīn 三陰 1-226B
sānyín 三淫 1-232A
sānyǐn 三尹 1-187A
sānyǐn 三隱 1-250A
sānyìn 三酳 1-242B
sǎnyīn 散音 5-478A
sānyīng 三英 1-205A
sānyǐng 三影 1-245B
sānyǐnglángzhōng 三影郎中 1-246A

sānyīsānràng 三揖三讓 1-233B
sānyīsānshíyī 三一三十一 1-170B
sānyíshǐ 三遺矢 1-246A
sānyǐxīn 三已心 1-178B
sānyōng 三雍 1-241A
sānyǒng 三踊 1-243A
sǎnyǒng 散勇 5-478A
sānyōnggōng 三雍宮 1-241A
sānyōu 三憂 1-245B
sānyǒu 三友 1-182B
sānyǒu 三有 1-193B
sānyǒu 三酉 1-200A
sānyòu 參宥 2-844A
sānyòu 三又 1-174B
sānyòu 三右 1-188B
sānyòu 三幼 1-191B
sānyòu 三侑 1-207A
sānyòu 三宥 1-218A
sànyóu 散游 5-481B
sànyóu 散遊 5-481B
sānyú 參輿 2-849B
sānyú 三魚 1-230A
sānyú 三虞 1-239B
sānyú 三餘 1-246B
sānyǔ 參語 2-847B
sānyǔ 三雨 1-206A
sānyǔ 三語 1-243B
sānyù 三育 1-208B
sānyù 三欲 1-230A
sānyù 三獄 1-243B
sǎnyǔ 散語 5-483A
sānyuán 三元 1-179B
sānyuán 三垣 1-211B
sānyuán 三原 1-221A
sānyuán 三袁 1-220B
sānyuǎn 三遠 1-238B
sānyuàn 三怨 1-216B
sānyuàn 三院 1-219A
sǎnyuán 散員 5-479A
sānyuánbāhuì 三元八會 1-179B
sānyuánbáifǎ 三元白法 1-180A
sānyuànchéngfǔ 三怨成府 1-216B
sānyuánjié 三元節 1-180A
sānyuánjūn 三元君 1-180A
sānyuánkè 三元客 1-180A
sānyuánlǐ 三元里 1-180A
sānyuánsè 三原色 1-221A
sānyuè 三樂 1-248A
sānyuè 三越 1-233B
sǎnyuè 散樂 5-484A
sànyuè 散越 5-480B
sānyuèbùzhī… 三月不知肉味 1-185A
sānyuè'èr 三月二 1-185A
sānyuèjiē 三月街 1-185A
sānyuèsānrì 三月三日 1-185A
sānyuèxuě 三月雪 1-185A
sānyún 三雲 1-235A
sānyùn 三韻 1-254A
sānyùsānxūn 三浴三薰 1-225B
sānyǔyuàn 三語掾 1-243B
sānzā 三帀 1-181A
sānzā 三匝 1-188A
sǎnzá 散雜 5-485B
sānzāi 三災 1-204A
sānzǎi 三宰 1-226A
sānzāibānàn 三災八難 1-204A
sānzāiliùnàn 三災六難 1-204A
sànzān 散簪 5-485B
sānzàng 三藏 1-250B
sānzhà 三咤 1-214A
sanzhái 三宅 1-198A
sànzhāi 散齊 5-483A
sànzhāi 散齋 5-485A
sānzhǎn 三斬 1-228A
sānzhāncóng'èr 三占從二 1-188B
sānzhāng 三張 1-232B
sānzhāng 三章 1-231A
sānzhǎng 三長 1-204B
sānzhàng 三仗 1-189B
sānzhàng 三障 1-241B
sānzhāngfǎ 三章法 1-231A
sānzhǎngshànyuè 三長善月 1-204B
sānzhǎngyuè 三長月 1-204B
sānzhǎngzhāiyuè 三長齋月 1-204B
sānzhāo 三朝 1-234A
sānzhào 三兆 1-196B
sānzhāoliǎngshì 三招兩式 1-204B
sānzhāowǔrì 三朝五日 1-234B
sānzhé 三折 1-198B
sānzhé 三哲 1-220B
sānzhé 三悊 1-227A
sānzhébǐ 三折筆 1-198B
sānzhégōng 三折肱 1-198B
sānzhégōngwéiliángyī 三折肱爲良醫 1-198B
sānzhégǔwéiliángyī 三折股爲良醫 1-198B
sānzhēn 三貞 1-212B
sānzhēn 三真 1-220B
sānzhèn 三陳 1-226B
sānzhèn 三陣 1-219A
sànzhèn 散振 5-478B
sànzhèn 散賑 5-483A
sānzhēnfù 三貞婦 1-213A
sānzhēng 三征 1-207B
sānzhēng 三徵 1-246B
sānzhèng 三正 1-187B
sānzhēngqībì 三徵七辟 1-246B
sānzhēnjīng 三真經 1-221A
sānzhēnjiǔliè 三貞九烈 1-212B
sānzhēnliùcǎo 三真六草 1-221A
sànzhèntóucháo 散陣投巢 5-478A
sānzhēnwǔliè 三貞五烈 1-213A
sānzhī 三支 1-181A
sānzhī 三芝 1-193A
sānzhí 三直 1-205A
sānzhǐ 三指 1-211B
sānzhǐ 三趾 1-229A
sānzhì 三至 1-194A
sānzhì 三志 1-199A
sānzhì 三制 1-206B
sānzhì 三陟 1-219A
sǎnzhī 馓枝 12-580B
sǎnzhí 散職 5 485A
sǎnzhì 散秩 5-479A
sǎnzhì 散滯 5-483B
sǎnzhì 散質 5-484A
sànzhí 散直 5-477A
sànzhì 散帙 5-477A
sànzhì 散置 5-482A
sànzhì 散滯 5-483B
sānzhībǐliàng 三支比量 1-181B
sānzhìqiānjīn 三致千金 1-221B
sānzhīrì 三之日 1-178A
sānzhīshǒu 三隻手 1-223A
sānzhìshǒu 三制手 1-206B
sānzhìwǔcāi 三智五猜 1-235B
sānzhǐwúlú 三紙無驢 1-227A
sānzhǐxiànggōng 三旨相公 1-197A
sānzhìyì 三致意 1-221B
sānzhìzhì 三致志 1-221B
sānzhōng 三忠 1-206B
sānzhōng 三終 1-233A
sānzhǒng 三种 1-215A
sānzhǒng 三種 1-243A
sānzhòng 三重 1-214B
sànzhòng 散衆 5-481A
sānzhǒngrén 三種人 1-243A
sānzhōu 三周 1-208A
sānzhōu 三洲 1-217B
sānzhǒu 三肘 1-202A
sǎnzhōu 散州 5-475A
sānzhōugē 三洲歌 1-217B
sānzhōuqǔ 三洲曲 1-217B
sānzhōushuōfa 三周説法 1-208A
sānzhū 三珠 1-219B
sānzhú 三竺 1-207A
sānzhǔ 三屬 1-255B
sānzhù 三住 1-201B
sānzhù 三注 1-209A
sānzhù 三柱 1-212A
sānzhù 三祝 1-219A
sǎnzhú 散逐 5-478B
sānzhuàn 三傳 1-240A
sànzhuàn 散篆 5-484A
sǎnzhuāng 散裝 5-482B
sānzhuǎnshēn 三轉身 1-252B
sānzhuǎnsìhuítóu 三轉四回頭 1-252B
sānzhūfú 三珠符 1-219B
sānzhuīzizābùchū… 三錐子扎不出血來 1-249B
sānzhùlǐ 三柱里 1-212B
sānzhǔn 三准 1-224B
sānzhǔn 三準 1-241A
sǎnzhuō 散拙 5-476B
sǎnzhuó 散卓 5-477A
sǎnzhuóbǐ 散卓筆 5-477A
sānzhūqián 三銖錢 1-243A
sānzhùsānchàng 三注三唱 1-209A
sānzhūshù 三珠樹 1-219B
sānzī 三資 1-241A
sānzì 三字 1-198A
sānzì 三自 1-195B
sǎnzi 饊子 12-580A
sǎnzǐ 傘子 1-1587A
sǎnzǐ 散子 5-473B
sànzǐ 散子 5-473B
sānzìjīng 三字經 1-198A
sǎnzǐyán 傘子鹽 1-1587A
sǎnzǐyán 繖子鹽 9-1016A
sānzìyībāo 三自一包 1-195B
sānzìyù 三字獄 1-198A
sānzōng 三宗 1-209A
sānzōng 三蝬 1-246A
sānzōng 三騣 1-253A
sānzòng 三從 1-229B
sānzòngxiōngdi 三從兄弟 1-230A
sānzǒu 三走 1-198B
sànzǒu 散走 5-475B
sānzú 三足 1-201A
sānzú 三族 1-231A
sānzǔ 三組 1-216A
sānzǔ 三祖 1-218B
sānzǔ 三組 1-233A
sǎnzú 散卒 5-477A
sānzúbiē 三足鼈 1-201A
sānzúdǐng 三足鼎 1-201A
sānzúdǐnglì 三足鼎立 1-201A
sānzuì 三醉 1-245B
sānzuǐháng 三嘴行 1-249A
sānzújīnjī 三足金雞 1-201A
sānzūn 三尊 1-237A
sānzúnái 三足能 1-201A
sānzuǒ 三左 1-188B
sānzuò 參坐 2-841B
sǎnzuò 散坐 5-476B
sǎnzuò 散座 5-479A
sànzuò 散坐 5-476B
sànzuò 散胙 5-478A
sānzuòdàshān 三座大山 1-224B
sānzúwū 三足烏 1-201A
sào'àn 埽岸 2-1141B

sàobā 掃笆 6-727B
sàobǎ 掃把 6-726A
sǎobái 掃白 6-725B
sāobèi 搔背 6-784B
sāobǐ 騷筆 12-864A
sāobì 獧婢 5-106B
sāobì 騷弊 12-864B
sāobiān 騷邊 12-865A
sǎobiān 掃邊 6-729B
sāobùdà 燥不搭 7-301B
sāocè 騷策 12-864A
sāocháng 騷腸 12-864A
sāochǎng 騷場 12-863B
sāochē 繅車 9-1032B
sāochē 繅車 9-1014A
sǎochén 掃塵 6-729A
sāochóu 騷愁 12-864A
sāochòu 騷臭 12-863A
sǎochóuzhǒu 掃愁帚 6-728B
sǎochóuzhǒu 掃愁箒 6-728B
sǎochóuzhǒu 埽愁帚 2-1142A
sǎochú 騷除 12-863A
sǎochú 掃除 6-727B
sǎochú 埽除 2-1142A
sāocí 騷詞 12-864A
sǎodā 掃搭 6-728A
sǎodài 掃黛 6-729B
sǎodài 埽黛 2-1142B
sǎodàng 掃蕩 6-729A
sǎodàng 掃盪 6-729B
sǎodàng 埽蕩 2-1142A
sǎodàng 埽盪 2-1142B
sāodánú 騷達奴 12-863B
sǎodào 掃道 6-728B
sāodázi 騷達子 12-863B
sǎodí 掃滌 6-728B
sǎodì 掃地 6-726A
sǎodì 埽地 2-1141B
sǎodiàn 掃殿 6-729A
sǎodìchūmén 掃地出門 6-726A
sǎodìfū 掃地夫 6-726A
sǎodìjùjìn 掃地俱盡 6-726A
sǎodìng 掃定 6-726B
sǎodìwúyí 掃地無遺 6-726A
sǎodìwúyú 掃地無餘 6-726A
sǎodìyǐjìn 掃地以盡 6-726A
sāodòng 搔動 6-784B
sāodòng 騷動 12-863A
sǎoduàn 掃斷 6-729B
sāofán 騷煩 12-864A
sǎofánmǎ 掃凡馬 6-725B
sǎofèn 掃拚 6-727B
sāofù 騷賦 12-864B
sǎofú 掃拂 6-726B
sǎofūren 嫂夫人 4-387B
sàogān 瘙疳 8-344B
sǎogé 掃閣 6-729A
sāogēn 臊根 6-1385A
sāogǔ 騷牯 12-862B
sāoguā 搔瓜 6-784A
sǎoguā 掃刮 6-726B
sǎoguāng 掃光 6-726A
sǎoguǐ 掃軌 6-727A
sǎoguǐ 埽軌 2-1142A
sàogǔn 埽緷 2-1142A
sǎoguó 掃馘 6-729B
sǎoguōguāzào 掃鍋刮竈 6-729B
sāohài 騷駭 12-864B
sāohuì 臊穢 6-1385A
sàohuì 掃彗 6-727B
sāohún 騷魂 12-864A
sāohuò 騷貨 12-863B
sāojī 騷激 12-864B
sǎojì 掃迹 6-727A
sǎojì 掃跡 6-728B
sǎojì 埽迹 2-1142A
sāojiǎo 騷攪 12-865B
sāojiào 騷徼 12-864B
sǎojiē 掃街 6-728A
sǎojiè 掃解 6-728B
sǎojiè 掃疥 6-727A
sāojīng 騷經 12-864A
sǎojìng 掃徑 6-727B
sǎojìng 掃逕 6-727B
sǎojìng 掃境 6-729A
sǎojìng 埽境 2-1142A
sāojù 騷句 12-862B
sāokè 騷客 12-863A
sāokùn 騷困 12-862B
sǎokuò 掃括 6-727A
sāoláo 慅勞 7-761B
sāolěi 騷壘 12-865A
sǎoléi 掃雷 6-728B
sāolí 騷離 12-865A
sǎolí 掃犁 6-728A
sǎoliǎn 掃臉 6-729B
sāoluàn 騷亂 12-864A
sāolüè 騷掠 12-863A
sǎolüè 掃掠 6-727B
sāomǎ 騷馬 12-863A
sǎománg 掃盲 6-726B
sǎoméi 掃眉 6-727A
sǎoméicái 埽眉才 2-1142A
sǎoméicáizǐ 掃眉才子 6-727A
sǎoméicáizǐ 埽眉才子 2-1142A
sàoméidāyǎn 臊眉耷眼 6-1385A
sāomén 搔捫 6-784B
sǎomén 掃門 6-726B
sǎomén 埽門 2-1142A
sǎomiáo 掃描 6-727B
sǎomiè 掃滅 6-728B
sǎomiè 埽滅 2-1142A
sāomō 搔摸 6-784B
sāomó 搔摩 6-785A
sǎomù 掃墓 6-728B
sǎomù 埽墓 2-1142A
sǎomùwàngsāng 掃墓望喪 6-728B
sǎonàn 掃難 6-729B
sāonào 騷鬧 12-864B
sàonǎo'er 掃腦兒 6-728B
sāonímǐ 掃泥米 6-726B
sǎonìshūyuán 嫂溺叔援 4-388A
sāoniú 騷牛 12-862B
sāonú 騷奴 12-862B
sāonüè 騷虐 12-862B
sāopá 搔把 6-784A
sāopá 搔爬 6-784B
sāopá 搔耙 6-784B
sāopén 繅盆 9-1033A
sāopí 臊皮 6-1384B
sàopí 氉皮 6-1017B
sǎopíng 掃平 6-725B
sāoqì 騷氣 12-863A
sǎoqì 掃棄 6-728B
sāoqiā 搔掐 6-784B
sāoqíng 騷情 12-863B
sǎoqīng 掃清 6-728A
sǎoqíngfù 掃晴婦 6-728A
sāoqíngfùgǔ 騷情賦骨 12-863B
sǎoqíngniáng 掃晴娘 6-728A
sāorán 騷然 12-864A
sāorǎng 騷攘 12-865A
sāorǎo 慅擾 7-669A
sāorǎo 搔擾 6-785A
sāorǎo 騷擾 12-864B
sāorén 騷人 12-862A
sāoréncíkè 騷人詞客 12-862A
sāorénmòkè 騷人墨客 12-862B
sāorénmòshì 騷人墨士 12-862A
sāoréntǐ 騷人體 12-862B
sāorényǎshì 騷人雅士 12-862A
sāorényìkè 騷人逸客 12-862A
sǎosǎ 掃洒 6-727A
sǎosǎ 掃灑 6-729B
sāosāo 颾颾 12-652B
sāosāo 慅慅 7-668B
sāosāo 搔搔 6-784B
sāosāo 溞溞 5-1528B
sāosāo 颾颾 12-642A
sāosāo 騷騷 12-865A
sǎosao 嫂嫂 4-388A
sāosè 騷瑟 12-864A
sāoshā 騷殺 12-863A
sāoshān 臊膻 6-1385A
sǎoshè 掃射 6-727B
sāoshēng 臊聲 6-1385A
sāoshì 騷士 12-862B
sǎoshí 掃石 6-725B
sǎoshǐ 埽史 2-1141B
sǎoshì 掃拭 6-727A
sǎoshì 掃視 6-728A
sāoshǒu 搔首 6-784B
sāoshǒunòngzī 搔首弄姿 6-784B
sǎoshù 掃數 6-729A
sǎoshuā 掃刷 6-727A
sāosī 繅絲 9-1033A
sāosī 繅絲 9-1014A
sāosī 騷思 12-862B
sāosīniáng 繅絲娘 9-1014A
sǎosōng 掃松 6-726B
sāosū 騷蘇 12-865A
sǎotà 掃榻 6-729A
sāotán 騷壇 12-864B
sǎotángtuǐ 掃堂腿 6-728A
sǎotángzi 掃堂子 6-728A
sāotǐ 騷體 12-865A
sàotí 瘙蹄 8-344B
sǎotiǎn 掃殄 6-727A
sǎotīng 掃聽 6-729B
sǎotīng 掃廳 6-730A
sǎotíng 掃庭 6-727A
sāotóu 搔頭 6-785A
sāotóu 騷頭 12-864B
sǎotóu 掃頭 6-729A
sāotóunòngzī 搔頭弄姿 6-785A
sǎotǔ 掃土 6-725B
sāotuó 臊陀 6-1385A
sāotuó 臊陁 6-1385A
sǎotuò 掃籜 6-729B
sāotuōtuō 騷托托 12-862B
sǎowàng 掃望 6-728A
sǎowěi 掃尾 6-726B
sāowén 騷文 12-862B
sāowēngmòkè 騷翁墨客 12-863A
sǎowū 掃兀 6-725B
sāoxié 騷擕 12-865A
sāoxiè 搔屑 6-784B
sāoxiè 騷屑 12-863A
sāoxīng 臊腥 6-1385A
sāoxìng 騷興 12-864B
sǎoxìng 掃興 6-729B
sàoxīng 掃星 6-727A
sàoxīng 埽星 2-1142A
sāoxué 騷學 12-864B
sǎoxué 掃穴 6-725B
sǎoxué 掃學 6-729B
sǎoxuě 掃雪 6-728A
sǎoxuélíting 掃穴犁庭 6-725B
sǎoxuélíting 埽穴犂庭 2-1141B
sāoyǎ 騷雅 12-863B
sāoyǎn 繅演 9-1014A
sǎoyǎn 掃掩 6-727B
sāoyǎng 搔痒 6-784B
sāoyǎng 搔癢 6-785A
sàoyǎng 瘙痒 8-344B
sàoyǎng 瘙癢 8-344B
sàoyǎngbìng 瘙癢病 8-344B
sǎoyè 掃葉 6-728A
sāoyì 騷驛 12-865B
sǎoyí 掃夷 6-726A
sǎoyí 埽夷 2-1141B
sāoyīn 騷音 12-863A
sāoyōu 搔憂 6-785A
sāoyōu 騷憂 12-864B
sāoyǔ 騷語 12-864B
sāoyuàn 騷怨 12-862B

sāozá 騷雜 12-865A
sàozhā 瘙楂 8-344B
sāozhāng 騷章 12-863B
sāozhǐ 騷旨 12-862B
sàozhou 掃帚 6-726B
sàozhou 掃箒 6-729A
sàozhoucài 掃帚菜 6-727A
sàozhoudiāndǎoshù
掃帚顛倒豎 6-727A
sàozhouxīng 掃帚星 6-726B
sàozhouxīng 掃箒星 6-729A
sàozhú 掃竹 6-726A
sāozhuóyǎngchù 搔着癢處
6-784B
sāozi 臊子 6-1384B
sāozi 燥子 7-301B
sāozi 騷子 12-862B
sǎozi 嫂子 4-387B
sàozi 臊子 6-1384B
sàozi 臊子 6-1398A
sāozǐjiāng 獵子薑 5-106B
sāozōng 騷踪 12-864B
sǎpài 洒派 5-1137A
sǎpài 灑派 6-220B
sāpēn 撒噴 6-857A
sāpiē 撒撇 6-856B
sāpō 撒潑 6-857A
sāqi 撒氣 6-855B
sǎqì 灑泣 6-220B
sǎqiān 洒籤 5-1138A
sāqiàndiūfēng 撒欠颩風
6-854A
sàqímǎ 薩其馬 9-585A
sàqímǎ 薩齊瑪 9-585A
sāqìn 撒沁 6-854B
sāqìn 撒訫 6-856A
sāqìn 撒唚 6-855B
sǎrán 撒然 6-856A
sǎrán 洒然 5-1137B
sǎrán 灑然 6-221B
sàrán 颯然 12-638B
sǎrú 洒如 5-1137A
sǎrú 灑如 6-220B
sāsā 撒撒 6-857A
sǎsǎ 洒洒 5-1137A
sǎsǎ 灑灑 6-222A
sǎsǎ 纚纚 9-1064B
sàsǎ 颯洒 12-638B
sàsǎ 颯灑 12-639A
sàsà 馺馺 12-801A
sàsà 颯颯 12-639A
sāsàn 撒散 6-856A
sǎsǎo 洒掃 5-1137B
sǎsǎo 洒埽 5-1137B
sǎsǎo 灑掃 6-220B
sǎsǎo 灑埽 6-220B
sǎsǎoyìngduì 灑掃應對
6-221A
sǎsǎxiāoxiāo 洒洒瀟瀟
5-1137A
sàsè 颯瑟 12-638B
sāshà 靸霅 12-185B
sàshā 馺莎 12-801A
sāshàn 撒扇 6-855B
sāshǒu 撒手 6-854A
sāshǒujiǎn 撒手鐧 6-854A
sǎshù 撒數 6-857A
sǎshuǎng 灑爽 6-221A
sàshuǎng 颯爽 12-638B
sǎshuǐchē 灑水車 6-220B
sāsōu 撒溲 6-856A
sàsuǒ 馺娑 12-801A
sàtà 馺沓 12-800B
sàtà 馺遝 12-801A
sàtà 馺踏 12-801A
sàtà 颯遝 12-638B
sàtà 颯踏 12-639A
sǎtì 灑涕 6-220B
sātìzhì 撒殢滯 6-857A
sǎtú 灑塗 6-222A
sātuǐ 撒腿 6-856B
sātuì 撒褪 6-856B
sātūn 撒吞 6-854B
sātǔn 撒唔 6-855B
sǎtuo 灑脱 6-221A
sǎtuō 撒脱 6-856A
sǎtuō 洒脱 5-1137B
sāwán 撒頑 6-856B
sāwǎng 撒網 6-856B
sāwǎngrě 撒網喏 6-857A
sǎwò 灑沃 6-220B
sàxǐ 颯纚 12-639A
sǎxiàn 洒線 5-1138A
sǎxiàn 灑線 6-222A
sāxiǎngpì 撒響屁 6-858A
sǎxié 扱鞋 6-349B
sǎxié 撒鞋 6-857A
sǎxié 靸鞋 12-185B
sǎxié 靸鞢 12-185B
sǎxié 灑鞋 6-222A
sǎxīng 撒星 6-855A
sǎxiù 灑繡 6-222A
sǎxuē 洒削 5-1137A
sǎyán 撒鹽 6-858A
sàyān 颯焉 12-638B
sāyāo 撒妖 6-854B
sāyāzi 撒丫子 6-854A
sāyāzi 撒鴨子 6-857B
sāyě 撒野 6-855B
sàyè 颯擖 12-639A
sāyěhuǒ 撒野火 6-855B
sǎyīn 撒因 6-854B
sǎyíng 撒嬴 6-857B
sāyìnǐ 撒旖旎 6-856B
sāyìyǔ 撒窫語 6-858A
sāzàn 撒暫 6-857A
sāzàn 撒嚽 6-857B
sāzhàdǎoxū 撒詐搗虛
6-856A
sāzhàng 撒帳 6-855B
sāzhìtì 撒滯殢 6-856B
sāzǐ 撒子 6-854A
sàzi 馺子 5-519A
sāzǐjiǎo 撒子角 6-854A
sāzuǐ 撒嘴 6-857B
sèbābā 澀巴巴 6-197A
sèbǐ 色筆 9-15B
sèbǐ 澀筆 6-197A
sèbiàn 色變 9-16B
sèbié 色别 9-13B
sèbó 色勃 9-14A
sècǎi 色采 9-13B
sècǎi 色彩 9-15A
sēcāyīn 塞擦音 2-1183B
sèchā 色差 9-14A
sèchén 色塵 9-15B
sèchén 穡臣 8-153A
sèchì 澀赤 6-197A
sèchǒng 色寵 9-16B
sècí 色辭 9-16A
sècí 澀辭 6-197B
sècù 瑟踧 4-600B
sèdǎn 色膽 9-16A
sèdào 澀道 6-197A
sèdì 穡地 8-153A
sèdiào 色調 9-16A
sèdòng 色動 9-15A
sèdū 穡督 8-153A
sè'é 色額 9-16A
sèfēi 色飛 9-14B
sèfēiméiwǔ 色飛眉舞 9-14B
sèfū 廧夫 3-1284B
sèfū 嗇夫 3-459B
sèfū 穡夫 8-153A
sèfú 色服 9-13B
sèfǔ 色府 9-13B
sègē 瑟歌 4-600B
sègǔ 瑟汩 4-599B
sèguǐ 色鬼 9-14A
sèhòu 色候 9-14B
sèhuāng 色荒 9-14A
sèhuò 嗇禍 3-460A
sèjì 色霽 9-16B
sèjì 澀劑 6-197B
sèjià 轖駕 9-1334A
sèjiào 色叫 9-13A
sèjié 轖結 9-1334A
sèjiè 色界 9-14A
sèjiètiān 色界天 9-14A
sèjū 瑟居 4-599B
sèjǔ 色沮 9-14A
sèjù 色拒 9-13B
sèjù 颸颶 12-652B
sèkè 嗇克 3-460A
sèkè 嗇刻 3-460A
sèkōng 色空 9-14A
sèkǔ 澀苦 6-197A
sèlàng 澀浪 6-197A
sèlè 澀勒 6-197A
sèlèi 色類 9-16A
sèlǐ 色理 9-14B
sèlì 色力 9-13A
sèliàn 澀鍊 6-197B
sèlìdǎnbó 色厲膽薄 9-15B
sèlìn 嗇吝 3-460A
sèlìn 嗇悋 3-460A
sèlìnèirěn 色厲内荏 9-15B
sèmài 濇脈 6-160B
sèmài 澀脈 6-197A
sèmáng 色盲 9-13B
sèmèn 澀悶 6-197A
sèmí 色迷 9-14B
sèmín 嗇民 3-459B
sèmín 穡民 8-153A
sèmù 色目 9-13A
sēn'ǎi 森藹 4-1087B
sènán 澀難 6-197B
sènǎn 色赧 9-14B
sènáo 色撓 9-16A
sēnbī 森逼 4-1086B
sēnbì 森壁 4-1087B
sēnbiāo 森標 4-1087A
sēnbó 森伯 4-1085A
sēnbó 森薄 4-1087B
sēnbù 森布 4-1084B
sēnchǎng 森敞 4-1086B
sēnchén 森沉 4-1085A
sēnchén 森沈 4-1085A
sēnchuǎng 森磢 4-1087B
sēncuì 森萃 4-1085B
sēndòng 森動 4-1086A
sènè 澀呐 6-197A
sènè 澀訥 6-197A
sēnfēng 森風 4-1085B
sēnfū 森敷 4-1087A
sēnfù 森復 4-1087A
sēng'ān 僧庵 1-1684B
sēngbǎo 僧寶 1-1686A
sēngqiébì 僧伽彼 1-1683A
sēngbīng 僧兵 1-1682B
sēngcán 僧殘 1-1684B
sēngcáo 僧曹 1-1684B
sēngchà 僧刹 1-1683B
sēngchú 僧廚 1-1685B
sēngchú 僧雛 1-1685B
sēngchuāng 僧窗 1-1685A
sēngchuāng 僧牕 1-1685B
sēngchuāng 僧窓 1-1685A
sēngdān 僧單 1-1684B
sēngdào 僧道 1-1685A
sēngdié 僧牒 1-1685A
sēng'ér 鬙兒 12-755A
sēngfāng 僧坊 1-1682B
sēngfáng 僧房 1-1683B
sēngfū 僧趺 1-1684B
sēnggāng 僧綱 1-1685A
sēnggé 僧格 1-1684A
sēnggé 僧閣 1-1685A
sēnggōng 僧宫 1-1684A
sēnggòng 僧供 1-1683B
sēngguān 僧官 1-1683B
sēngguǎn 僧館 1-1685B
sēngháng 僧行 1-1682B
sēnghù 僧户 1-1682A
sēnghuì 僧會 1-1685A
sēngjí 僧籍 1-1686A
sēngjiā 僧家 1-1684B
sēngjiǎng 僧講 1-1685B
sēngjiè 僧戒 1-1682B
sēngjū 僧居 1-1684A
sēnglà 僧臘 1-1685B
sēnglán 僧藍 1-1685B
sēngláng 僧廊 1-1684B
sēngliáo 僧寮 1-1685B
sēnglóu 僧樓 1-1685B
sēnglú 僧廬 1-1686A

sēnglù 僧録 1-1685B
sēnglùsī 僧録司 1-1685B
sēnglǚ 僧侶 1-1683B
sēnglǜ 僧律 1-1684A
sēngmén 僧門 1-1684A
sēngméng 僧盟 1-1685A
sēngnà 僧衲 1-1684A
sēngnà 僧納 1-1684B
sēngní 僧尼 1-1682A
sēngníng 鬙鬡 12-755A
sēngǒng 森拱 4-1085A
sēngqí 僧祇 1-1683B
sēngqié 僧伽 1-1682B
sēngqiéchī 僧迦鵄 1-1684A
sēngqiélán 僧伽藍 1-1683A
sēngqiélí 僧伽梨 1-1683B
sēngqiélí 僧伽棃 1-1683A
sēngqiélí 僧迦梨 1-1684A
sēngqiéluómó 僧伽羅磨 1-1683A
sēngqiémào 僧伽帽 1-1683A
sēngqiéxiàng 僧伽像 1-1683A
sēngqiézhī 僧伽胝 1-1683A
sēngqígǔ 僧祇穀 1-1684A
sēngqíhù 僧祇户 1-1684A
sēngqìng 僧磬 1-1685B
sēngqísù 僧祇粟 1-1684A
sēngqiú 僧裘 1-1685A
sēngqízhī 僧祇支 1-1684A
sēngqū 僧佉 1-1682B
sēngquèqí 僧却崎 1-1682B
sēngrén 僧人 1-1682A
sēngsēng 鬙鬙 12-755A
sēngshè 僧舍 1-1683B
sēngshè 僧社 1-1683B
sēngshǐ 僧史 1-1682A
sēngshǒu 僧首 1-1684A
sēngsì 僧寺 1-1682B
sēngsú 僧俗 1-1684A
sēngtǎ 僧塔 1-1684B
sēngtà 僧榻 1-1685A
sēngtáng 僧堂 1-1684B
sēngténgkè 僧騰客 1-1686A
sēngtǒng 僧統 1-1685A
sēngtú 僧徒 1-1684B
sēngtuó 僧陀 1-1683B
sēnguì 森桂 4-1085B
sēngwáng 僧王 1-1682A
sēngxià 僧夏 1-1684B
sēngxié 僧鞋 1-1685A
sēngxiéjú 僧鞋菊 1-1685A
sēngxíng 僧行 1-1682B
sēngxuān 僧軒 1-1684B
sēngyàowà 僧靿襪 1-1685A
sēngyī 僧衣 1-1682B
sēngyīng 僧英 1-1683B
sēngyǔ 僧宇 1-1682B
sēngyuàn 僧院 1-1684A
sēngzhāi 僧齋 1-1685B
sēngzhàng 僧帳 1-1684B
sēngzhèng 僧正 1-1682A
sēngzhì 僧制 1-1683B
sēngzhōng 僧鍾 1-1685B
sēngzhōng 僧鐘 1-1686A
sēngzhòng 僧衆 1-1684B
sēngzhǔ 僧麈 1-1685B
sēngzhǔ 僧主 1-1682A
sēngzì 僧字 1-1682B
sēngzìzìrì 僧自恣日 1-1682B
sēnhuàn 森幻 4-1084B
sènián 嗇年 3-459B
sēnjì 森寂 4-1086A
sēnjíjí 森觺觺 4-1088A
sēnjù 森聚 4-1087A
sēnlǎng 森朗 4-1085B
sēnléng 森稜 4-1087A
sēnlì 森立 4-1085A
sēnlì 森麗 4-1087B
sēnliáng 森涼 4-1085B
sēnliè 森列 4-1085A
sēnlín 森林 4-1085A
sēnlǐn 森凜 4-1087B
sēnluó 森羅 4-1088A
sēnluò 摻落 6-848A
sēnluóbǎodiàn 森羅寶殿 4-1088A
sēnluódiàn 森羅殿 4-1088A
sēnluówànxiàng 森羅萬象 4-1088A
sēnlǜ 森緑 4-1087A
sēnmáng 森芒 4-1085A
sēnmào 森茂 4-1085A
sēnmì 森密 4-1086A
sēnmiǎo 森渺 4-1087A
sēnmù 森木 4-1084B
sēnqiāng 森鏘 4-1088A
sēnqiào 森峭 4-1085B
sēnrán 森然 4-1086B
sěnrán 洒然 5-1138A
sēnrén 森人 4-1084B
sēnróng 森榮 4-1087A
sēnsàn 森散 4-1086A
sēnsēn 摻摻 6-848A
sēnsēn 森森 4-1086A
sēnsēn 森槮 4-1087A
sēnsēnqiānqiān 森森芊芊 4-1086B
sēnsēnsùsù 森森蹜蹜 4-1086B
sēnshāo 森梢 4-1085B
sēnshāo 槮梢 4-1284A
sēnshèng 森盛 4-1086A
sēnshī 襂褷 9-136B
sēnshī 襂襹 9-137A
sēnshī 襂纚 9-137A
sēnshū 森踈 4-1087A
sēnshū 森疏 4-1087A
sēnshù 森束 4-1085A
sēnshù 森竪 4-1087A
sēnshù 森豎 4-1087B
sēnshuāi 森衰 4-1085B
sēnshuǎng 森爽 4-1085B
sēnshuǎng 槮爽 4-1284A
sēnshuò 森箾 4-1087B
sēnsǒng 森悚 4-1085B
sēnsǒng 森竦 4-1087A
sēnsǒng 森聳 4-1087B
sēnsù 森肅 4-1087A
sēnsuì 森邃 4-1087B
sēnsūn 森孫 4-1085B
sēnsuǒ 森索 4-1085B
sēntè 森特 4-1085B
sēntǐng 森挺 4-1085B
sēnwèi 森蔚 4-1087A
sēnwèi 森衛 4-1087B
sēnxǐ 森纚 4-1088A
sēnxiān 森鮮 4-1087B
sēnxiāo 森霄 4-1087B
sēnxiāo 森蕭 4-1087B
sēnxiù 森秀 4-1085A
sēnyán 森嚴 4-1087B
sēnyánbìlěi 森嚴壁壘 4-1088A
sēnyì 森翳 4-1087B
sēnyīn 森陰 4-1085B
sēnyìng 森映 4-1085B
sēnyù 森鬱 4-1088A
sēnzhāng 森張 4-1086A
sēnzhàng 森仗 4-1084B
sēnzhěng 森整 4-1087B
sēnzhí 森植 4-1086A
sēnzhǐ 森指 4-1085B
sēnzhì 森峙 4-1085B
sēnzǔnzǔn 森蓴蓴 4-1087A
sèpì 澀僻 6-197B
sèqì 色氣 9-14B
sèqì 嗇氣 3-460A
sèqín 瑟琴 4-599B
sèqǐn 色寢 9-16A
sèqíng 色情 9-15A
sèrán 槭然 4-1270B
sèrán 色然 9-15B
sèrán 瑟然 4-599B
sèrén 嗇人 3-459B
sèrén 穡人 8-153A
sèrèn 色認 9-15B
sèrénxíngwéi 色仁行違 9-13A
sèróng 色容 9-14B
sèruò 色弱 9-14B
sèruòsǐhuī 色若死灰 9-13B
sèrúsǐhuī 色如死灰 9-13B
sèsè 槭槭 4-1270B
sèsè 色色 9-13A
sèsè 嗇嗇 3-460A
sèsè 瑟瑟 4-600A
sèsè 濇濇 6-160B
sèsè 璱璱 4-634B
sèsè 飋飋 12-652B
sèsè 愬愬 7-672A
sèsè 潹潹 6-6B
sèsèchén 瑟瑟塵 4-600A
sèsèmù 瑟瑟幕 4-600A
sèsèsuōsuō 瑟瑟縮縮 4-600A
sèsèzhěn 瑟瑟枕 4-600A
sèshé 轖舌 9-1334A
sèshēn 色身 9-13B
sèshén 嗇神 3-460A
sèshì 嗇事 3-460A
sèshì 穡事 8-153A
sèshòu 色授 9-15A
sèshòuhúnyǔ 色授魂與 9-15A
sèshǔ 嗇黍 3-460A
sèshù 嗇術 3-460A
sèshuāi'àichí 色衰愛弛 9-14B
sèsī 色斯 9-15A
sèsī 色絲 9-15B
sèsījījiù 色絲虀臼 9-15B
sèsù 色素 9-14B
sèsuō 瑟縮 4-600B
sèsuǒ 瑟索 4-599B
sètà 𢖍譶 3-1110A
sètà 㒊譶 1-1720A
sètǐ 澀體 6-197B
sètiān 色天 9-13A
sètīng 色聽 9-16B
sèwǔ 色忤 9-13B
sèwǔ 色舞 9-15B
sèwù 色物 9-13B
sèxǐ 色喜 9-15A
sèxì 嗇細 3-460A
sèxiàng 色相 9-14A
sèxiàng 色象 9-15A
sèxiào 色笑 9-14B
sèyǎng 色養 9-15B
sèyǎng 嗇養 3-460A
sèyǎng 穡養 8-153A
sèyàng 色樣 9-16A
sèyē 澀噎 6-197B
sèyī 色衣 9-13B
sèyí 色夷 9-13A
sèyì 色役 9-13B
sèyì 色藝 9-16A
sēyīn 塞音 2-1182A
sèyù 色欲 9-15A
sèyù 色慾 9-16A
sèyù 瑟颶 4-600A
sèyù 飋颶 12-652B
sèyùn 瑟韻 4-600B
sēzé 塞責 2-1182B
sèzé 色澤 9-16A
sèzhǎng 色長 9-13B
sèzhèn 色陣 9-14B
sèzhì 色智 9-15B
sèzhì 濇滯 6-160B
sèzhì 澀滯 6-197A
sèzhòng 澀重 6-197A
sèzhú 澀竹 6-197A
sèzhuāng 色莊 9-14B
sèzuò 色作 9-13B
shā'àn 沙岸 5-953B
shābǎ 剎把 2-672A
shābà 沙壩 5-963A
shǎbái 傻白 1-1642A
shàbái 煞白 7-211A
shābǎn 沙板 5-953A
shābǎn 沙版 5-953B
shābǎn'erqián 沙板兒錢 5-953A
shābāo 沙包 5-951B
shābāo 砂包 7-1013B

shābāo 沙鸨 5-960B
shābào 沙暴 5-960A
shābāodù 沙包肚 5-952A
shābèi 沙背 5-954B
shābēng 沙崩 5-956A
shābǐ 沙筆 5-958A
shābiǎo 沙表 5-953A
shàbiēbiē 煞憋憋 7-212A
shābìng 殺併 6-1490B
shābō 沙鉢 5-959A
shābù 沙步 5-952B
shābù 紗布 9-757A
shābùlèngdēng 傻不楞登
1-1642A
shàbùrú 煞不如 7-211A
shācái 殺才 6-1489B
shācái 殺材 6-1490A
shācán 沙蠶 5-963A
shāchǎng 沙場 5-959B
shāchǎng 沙場 5-957A
shāchǎng 殺場 6-1492A
shāchǎng 紗廠 9-757B
shāchǎng 煞場 7-212A
shāchē 刹車 2-672A
shāchē 煞車 7-211A
shāchén 沙塵 5-959B
shāchěn 沙墋 5-959B
shāchí 沙墀 5-960A
shāchí 沙坻 5-953A
shāchì 鎩翅 11-1371B
shāchì 鯊翅 12-1236B
shāchìlì 沙叱利 5-951B
shāchóng 沙蟲 5-961B
shāchóng 莎蟲 9-423B
shāchú 紗厨 9-757A
shāchú 紗廚 9-757B
shāchú 紗幮 9-758A
shāchú 紗櫥 9-758A
shāchuán 沙船 5-956A
shāchuāng 紗窗 9-757B
shāchuānghèn 紗窗恨 9-757B
shāchuí 沙陲 5-955B
shāchuí 沙椎 5-957B
shāchún 沙鶉 5-962A
shàcí 歃辭 6-1462A
shācōng 沙葱 5-957B
shācūn 沙村 5-952B
shādài 沙袋 5-956A
shādài 砂袋 7-1014A
shādǎo 沙島 5-955A
shādào 沙道 5-958A
shǎdàtóu 傻大頭 1-1642A
shādēng 紗燈 9-758A
shǎdēngdēng 傻登登
1-1643A
shādèngyǔ 砂磴語 7-1014A
shādī 沙隄 5-957A
shādī 沙堤 5-957A
shādì 沙地 5-952A
shādì 殺地 6-1490A
shǎdiǎo 傻屌 1-1642A
shādiàozi 沙銚子 5-959B
shādīng 沙丁 5-950B
shādīng 砂丁 7-1013B
shādǐng 沙鼎 5-958A
shādìng 殺定 6-1491A
shādìng 紗錠 9-758A
shādīngyú 沙丁魚 5-950B
shādízhìguǒ 殺敵致果
6-1492B
shādú 殺毒 6-1491A
shādù 沙度 5-954B
shāduàn 殺斷 6-1493A
shāduī 沙堆 5-955B
shāduī 沙塠 5-957A
shǎdūndūn 傻敦敦 1-1642B
shāduò 殺剁 6-1491A
shā'é 沙俄 5-954B
shǎ'ér'āo 傻兒凹 1-1642B
shāfā 沙發 5-958B
shāfá 殺伐 6-1490A
shāfāng 沙方 5-951B
shāfáng 沙房 5-953B
shàfáng 廈房 3-1253B
shāfātà 沙發榻 5-958B
shāfāyǐ 沙發椅 5-958B
shāfēi 沙飛 5-955A
shàfèikǔxīn 煞費苦心
7-212A
shàfèixīnjī 煞費心機
7-212A
shāfēng 沙風 5-954B
shāfēng 殺風 6-1491A
shāfēngjǐng 殺風景 6-1491A
shāfēngjǐng 煞風景 7-211B
shāfú 砂俘 7-1013B
shāfǔ 沙府 5-953B
shāfù 沙阜 5-953B
shāfù 殺縛 6-1492B
shàfǔ 萐甫 9-438A
shàfǔ 萐脯 9-438A
shàfǔ 萐莆 9-438A
shàfǔ 箑脯 8-1190B
shàfù 廈覆 3-1253B
shāgā 沙嘎 5-958B
shāgān 沙柑 5-954A
shāgāng 沙崗 5-956A
shāgǎng 沙岡 5-953B
shāgāo 杉篙 4-785B
shāgāo 杉槁 4-785B
shāgē 沙鴿 5-961B
shāgé 沙蛤 5-958A
shāgǒng 砂汞 7-1013B
shāgōu 沙鉤 5-958A
shāgǒu 沙狗 5-953B
shāgǔ 鯊鼓 12-1236B
shāguā 傻瓜 1-1642A
shǎguādàn 傻瓜蛋 1-1642A
shāguān 紗冠 9-757A
shāguàn 沙罐 5-963A
shāguàn 砂罐 7-1014B
shàguǐ 煞鬼 7-211B
shāguō 沙鍋 5-961A
shāguō 砂鍋 7-1014A
shāguǒ 沙果 5-953A
shāguǒ 砂果 7-1013B
shāguǒ 煞果 7-211B
shāguōdǎosuàn 砂鍋搗蒜
7-1014A
shāguōqiǎn'er 沙鍋淺兒
5-961A
shāguōzásuàn 砂鍋砸蒜
7-1014A
shāhǎi 沙海 5-955A
shāhài 殺害 6-1491B
shāhàizhàng 殺害障 6-1491B
shǎhàn 傻漢 1-1643A
shàhào 煞耗 7-211B
shāhé 殺合 6-1490A
shāhé 鎩翮 11-1371B
shāhè 沙鶴 5-962B
shǎhēhē 傻呵呵 1-1642B
shǎhēhē 傻喝喝 1-1642B
shāhēi 殺黑 6-1492A
shàhēi 煞黑 7-212A
shāhén 沙痕 5-956B
shāhéshang 沙和尚 5-953B
shāhóng 沙洪 5-954B
shàhòu 煞後 7-211B
shāhóulóng 沙喉嚨 5-958A
shāhú 沙鶘 5-962B
shāhú 沙狐 5-953B
shāhú 沙壺 5-957B
shāhú 砂壺 7-1014A
shāhú 紗縠 9-757B
shāhù 沙縠 5-960B
shāhù 沙户 5-951B
shǎhuà 傻話 1-1643A
shāhuài 殺壞 6-1493A
shāhuān 沙獾 5-962B
shāhuān 沙貛 5-963A
shāhuāng 沙荒 5-954A
shāhuáng 沙皇 5-954B
shāhuǎng 紗幌 9-757B
shāhuāngdì 沙荒地 5-954A
shāhuàzhuī 沙畫錐 5-958B
shǎhūhū 傻乎乎 1-1642A
shǎhūhū 傻呼呼 1-1642B
shǎhūhū 傻虎虎 1-1642B
shàhuí 煞回 7-211A
shàhuì 歃會 6-1461B
shāhúlín 殺胡林 6-1491A
shāhuó 殺活 6-1491B
shāhuǒ 煞火 7-211A
shāhuò 殺獲 6-1492B
shài'āi 殺哀 6-1491A
shàicháng 曬場 5-852A
shàichì 曬翅 5-852A
shāichūn 篩春 8-1232A
shàidiàn 曬簟 5-852A
shàidúbí 曬犢鼻 5-852B
shàifèng 殺縫 6-1492B
shàifù 曬腹 5-852A
shāigǔ 篩骨 8-1232A
shāihánsǎbái 篩寒灑白
8-1232A
shāijīn 篩金 8-1232A
shāijiǔ 篩酒 8-1232A
shāikāng 篩糠 8-1232A
shàilàng 曬眼 5-852A
shàilǐ 殺禮 6-1492B
shàilì 殺力 6-1489A
shāilián 篩簾 8-1232A
shāiluó 篩羅 8-1232A
shāiluó 篩籮 8-1232A
shāiluó 篩鑼 8-1232A
shāiluò 篩落 8-1232A
shāiluózhǎnghào 篩鑼掌號
8-1232B
shāilù 篩濾 8-1232A
shàinuǎn 曬暖 5-852A
shàipíng 曬坪 5-852A
shàipù 曬曝 5-852B
shāishāi 簛簛 8-1241A
shāishāi 簁簁 8-1286A
shàishěng 殺省 6-1491A
shàishí 殺食 6-1491A
shàishū 曬書 5-852A
shǎishù'er 色數兒 9-16A
shàisǔn 殺損 6-1492A
shàitái 曬臺 5-852A
shàitú 曬圖 5-852A
shàituō 攦脱 6-983B
shāiwǎ 篩瓦 8-1232A
shàixí 曬席 5-852A
shàixiù 攦秀 6-983B
shāixuǎn 篩選 8-1232A
shāiyáng 篩揚 8-1232A
shàiyào 殺藥 6-1493A
shàiyīsuōshí 殺衣縮食
6-1490A
shāizi 篩子 8-1231B
shǎizi 色子 9-13A
shāiziwèilǘ 篩子喂驢
8-1231B
shājī 沙雞 5-962A
shājī 沙鷄 5-962B
shājī 殺機 6-1492B
shājī 莎雞 9-423B
shājí 沙棘 5-957B
shājì 沙際 5-959B
shājià 殺價 6-1492A
shājiān 沙尖 5-952A
shājiǎndì 沙礆地 5-959B
shājiāng 砂礓 7-1014B
shājiāngzhà 沙江鮓 5-952A
shājiǎo 沙角 5-952B
shājiào 沙徼 5-961A
shājīchěbó 殺雞扯脖
6-1493A
shājié 沙劫 5-952B
shājié 沙刼 5-953A
shājié 殺節 6-1492A
shājiè 沙界 5-954B
shājiè 殺戒 6-1490A
shājī'ermǒbózi
殺雞兒抹脖子 6-1493A
shājīhàihóu 殺雞駭猴
6-1493A
shājīn 沙金 5-953B
shājīn 紗巾 9-757A
shǎjìn 傻勁 1-1642B
shājǐng 沙井 5-951A
shājìng 沙徑 5-955A
shājìng 沙逕 5-955A
shājìng 沙鏡 5-962A

shājīqǔluǎn 殺鷄取卵 6-1493A
shājīwéishǔ 殺雞爲黍 6-1493A
shājīxiàhóu 殺鷄嚇猴 6-1493A
shājīyānyòng… 殺雞焉用牛刀 6-1493A
shājú 沙橘 5-960B
shājuàn 紗絹 9-757B
shājué 殺決 6-1490B
shǎjué 傻角 1-1642A
shākē 砂顆 7-1014A
shākè 沙堁 5-955B
shākēng 沙阬 5-952B
shākēng 沙坑 5-952B
shākézi 沙殼子 5-955B
shākézi 砂殼子 7-1014A
shākuài 沙塊 5-957A
shàlàchóng 唼臘蟲 3-392B
shālài 沙瀨 5-962A
shālài 煞癩 7-212A
shālālā 沙拉拉 5-953A
shālàqián 砂鑞錢 7-1014B
shālāshālā 沙拉沙拉 5-953A
shālāshālā 沙啦沙啦 5-955B
shǎlè 傻樂 1-1643A
shāléng 沙稜 5-959A
shǎlènglèng 傻楞楞 1-1643A
shālí 沙梨 5-956A
shālì 沙礫 5-962B
shālì 砂礫 7-1014B
shālì 殺厲 6-1492A
shāliǎn 殺斂 6-1492B
shāliáng 沙粱 5-957A
shǎlibājī 傻裏八機 1-1643A
shǎlibājī 傻裏巴機 1-1643A
shālín 沙淋 5-956B
shǎlíshǎqì 傻裏傻氣 1-1643A
shālǐtáojīn 沙裏淘金 5-959A
shālǐtáojīn 砂裏淘金 7-1014A
shāliǔ 沙柳 5-954A
shàliǔ 萋蔞 9-450A
shàliǔ 翣柳 9-667B
shālóng 沙龍 5-961A
shālóng 紗籠 9-758A
shālǒng 沙籠 5-963A
shālǒng 沙壟 5-962A
shālǒng 沙壠 5-962A
shālóngzhōngrén 紗籠中人 9-758B
shālòu 沙漏 5-960A
shālǔ 沙鹵 5-955B
shālǔ 沙滷 5-959B
shālù 沙鹿 5-956B
shālù 沙路 5-958B
shālù 沙麓 5-962A
shālù 沙鷺 5-963A
shālù 殺僇 6-1492A
shālù 殺戮 6-1492B
shālúfú 沙蘆菔 5-962A
shālún 沙輪 5-960A
shāluó 沙羅 5-962A
shāluó 沙鑼 5-963A
shāluó 砂鑼 7-1014B
shāluó 紗羅 9-758A
shāluó 鈔鑼 11-1308A
shāluò 煞落 7-212A
shāluóbo 沙蘿蔔 5-962B
shālǜ 沙濾 5-962A
shālǜchí 沙濾池 5-962A
shālüè 殺掠 6-1491B
shālüè 殺略 6-1492A
shālǜqì 沙濾器 5-962A
shāmǎhuǐchē 殺馬毀車 6-1491B
shāmái 沙霾 5-963A
shāmàn 紗幔 9-757B
shāmǎng 沙莽 5-955A
shāmào 沙帽 5-958A
shāmào 紗帽 9-757A
shàmáo 翣毛 9-667A
shāmáoqián 沙毛錢 5-951A
shāmàoshēng 紗帽生 9-757B
shāmàoyuánlǐng 紗帽圓領 9-757B
shāmázhú 沙麻竹 5-956B
shǎméilèngyǎn 傻眉楞眼 1-1642B
shāmén 沙門 5-953B
shāméndǎo 沙門島 5-954A
shàméng 歃盟 6-1461B
shāmí 沙彌 5-961B
shāmǐ 沙米 5-952A
shāmín 沙民 5-952A
shāmíní 沙彌尼 5-961B
shāmò 沙漠 5-959A
shāmò'ertóngqián 沙模兒銅錢 5-959B
shāmózhú 沙摩竹 5-960B
shāmù 沙木 5-951A
shāmù 沙幕 5-958B
shāmù 杉木 4-785B
shān'ǎi 山靄 3-799A
shān'ài 山隘 3-788B
shàn'ài 擅愛 6-927A
shànàjiān 霎那間 11-705A
shān'àn 山岸 3-776A
shānáng 沙囊 5-962B
shānáng 紗囊 9-758A
shān'āo 山凹 3-769B
shān'ào 山坳 3-774B
shān'ào 山岙 3-773A
shān'ào 山嶴 3-776A
shān'ào 山岰 3-773A
shān'ào 山坳 3-772A
shàn'ào 訕傲 11-38B
shānbā 笘笆 8-1118A
shǎnbā 睒巴 7-1222A
shànbàgānxiū 善罷干休 3-448A
shànbàgānxiū 善罷甘休 3-448A
shànbài 善敗 3-446A
shānbǎn 山阪 3-772A
shānbǎn 山坂 3-772A
shānbǎn 山岅 3-773A
shānbǎn 杉板 4-785B
shānbǎn 舢板 9-2B
shānbǎn 舢舨 9-2B
shānbàn 山半 3-770B
shànbǎn 扇板 7-365B
shànbàng 姍謗 4-333B
shànbàng 訕謗 11-39A
shànbàng 樿傍 4-1313A
shànbàng 樿旁 4-1313A
shānbǎnzi 杉板子 4-785B
shānbāo 山包 3-770A
shànbào 善報 3-446A
shānbāohǎihuì 山包海匯 3-770A
shānbāohǎiróng 山包海容 3-770A
shānbēi 山陂 3-774B
shānbēi 山杯 3-775A
shānběi 山北 3-769B
shānbèi 山背 3-779A
shānběn 删本 2-641B
shànběn 善本 3-441A
shānbēng 山崩 3-785B
shānbēngchuānjié 山崩川竭 3-785B
shānbēngdìchè 山崩地坼 3-785B
shānbēngdìliè 山崩地裂 3-786A
shānbēngdìtā 山崩地塌 3-786A
shānbēngdìxiàn 山崩地陷 3-785B
shānbēnghǎixiào 山崩海嘯 3-786A
shānbēngshuǐjié 山崩水竭 3-785B
shānbēngzhōngyìng 山崩鐘應 3-786A
shānbǐ 山鄙 3-789B
shānbì 山壁 3-795B
shǎnbì 閃避 12-23A
shànbǐ 訕鄙 11-38B
shànbǐ 善鄙 3-447B
shànbǐ 贍筆 10-304A
shǎnbiān 閃邊 12-23B
shànbiàn 禪變 7-957B
shànbiàn 善便 3-444B
shànbiàn 善變 3-449B
shànbiàn 嬗變 4-416A
shànbiàn 擅便 6-926A
shànbiàn 贍辨 10-304B
shānbiǎo 山表 3-774A
shànbiǎo 贍表 10-303A
shànbiǎozi 贍表子 10-303A
shānbīn 山賓 3-792B
shānbìng 疝病 8-295B
shànbīng 善兵 3-442B
shànbīng 擅兵 6-925B
shànbīng 繕兵 9-1021B
shànbǐng 擅柄 6-926A
shānbó 山伯 3-773A
shànbó 訕駁 11-39A
shànbó 訕薄 11-39A
shànbó 贍博 10-303B
shānbǔ 删補 2-643A
shānbù 山步 3-773A
shànbù 善簿 3-449A
shànbù 擅步 6-925B
shànbù 膳部 6-1382A
shànbù 贍部 10-303A
shànbùdá 赸不答 9-1085A
shànbùdāde 訕不搭的 11-38A
shànbùjīn 贍部金 10-303A
shànbùzhōu 贍部洲 10-303B
shāncái 删裁 2-643A
shāncái 杉材 4-785B
shāncǎi 山採 3-784B
shāncǎi 删采 2-642A
shāncài 山菜 3-784B
shàncái 善才 3-440B
shàncái 善財 3-445A
shàncáitóngzǐ 善財童子 3-445B
shāncán 山蠶 3-799A
shāncǎo 山草 3-778A
shàncǎo 禪草 7-954B
shàncǎo 善草 3-444B
shāncáoqīhú 杉槽漆斛 4-785B
shāncè 山側 3-786A
shàncè 善策 3-446B
shāncén 山岑 3-773A
shānchá 山茶 3-778A
shànchá 善查 3-444B
shànchá 善茬 3-444B
shǎnchàn 閃顫 12-24A
shānchǎng 山塲 3-791A
shānchǎng 山場 3-787A
shānchǎng 山廠 3-793B
shānchàng 潸悵 6-126B
shàncháng 擅長 6-925B
shànchǎng 擅場 6-926B
shànchàng 贍暢 10-304A
shānchángshuǐkuò 山長水闊 3-774A
shānchángshuǐyuǎn 山長水遠 3-774A
shāncháo 山巢 3-787A
shàncháo 擅朝 6-926B
shānchē 山車 3-772B
shànchē 扇車 7-365B
shānchēn 山琛 3-787A
shānchén 山臣 3-770B
shānchéng 山城 3-778A
shānchéng 山程 3-787B
shānchéng 山塍 3-790A
shānchī 山魑 3-797B
shānchí 山池 3-772A
shānchí 山坻 3-774A
shànchì 煽熾 7-218A
shànchì 訕斥 11-38A
shànchì 繕飾 9-1022A

shānchōng 山冲 3-771B
shānchóng 山蟲 3-797A
shànchǒng 擅寵 6-927B
shānchóngshuǐfù 山重水複 3-779B
shānchóu 山紬 3-787A
shānchú 山廚 3-793B
shānchú 刪除 2-642B
shānchú 芟除 9-310B
shànchú 禪除 7-955A
shànchǔ 剡楮 2-712B
shànchǔ 善處 3-445B
shànchù 訕黜 11-39A
shànchù 善處 3-445B
shànchuāi 扇搋 7-366B
shānchuān 山川 3-767A
shānchuán 杉船 4-785B
shānchuáng 山床 3-773B
shānchuáng 山牀 3-777B
shānchuānmǐjù 山川米聚 3-767A
shānchuī 山吹 3-773A
shānchuí 山陲 3-783B
shǎnchuí 閃槌 12-22B
shànchuí 剡硾 2-712B
shāncí 山詞 3-788A
shāncí 山雌 3-791B
shāncí 苫茨 9-335B
shāncì 刪次 2-641B
shāncì 苫次 9-335B
shàncī 訕疵 11-38B
shàncí 澹辭 6-177B
shàncí 善辭 3-449A
shàncí 贍辭 10-304B
shàncì 訕刺 11-38A
shàncì 贍賜 10-304A
shāncìzi 杉刺子 4-785B
shāncōng 山葱 3-787A
shāncōng 山蔥 3-791B
shāncuàn 山竄 3-797B
shāncuàn 刪竄 2-644A
shāncuì 山翠 3-793A
shāncūn 山村 3-772B
shāncún 刪存 2-641B
shǎncuò 閃挫 12-21B
shǎncuò 閃錯 12-23A
shàndādāde 訕搭搭地 11-38B
shàndādāde 訕答答地 11-38B
shāndài 山帶 3-784B
shāndài 山黛 3-796A
shāndài 衫帶 9-27A
shǎndài 閃帶 12-22A
shàndài 禪代 7-952B
shàndài 善貸 3-446B
shàndài 嬗代 4-416A
shāndān 山丹 3-769A
shàndàn 膳啗 6-1382A
shāndāndān 山丹丹 3-769A
shāndàng 扇蕩 7-367B
shǎndàng 閃盪 12-23B
shāndǎo 山島 3-781B
shāndǎo 山㠀 3-792A
shāndào 山道 3-788B
shǎndào 閃道 12-22B
shàndāo 善刀 3-440B
shàndǎo 善導 3-448B
shàndǎo 善道 3-447A
shàndào 善道 3-447A
shāndàonián 山道年 3-788B
shǎndāozhǐ 閃刀紙 12-20B
shāndàrén 山大人 3-767A
shāndēng 山燈 3-795B
shāndèng 山嶝 3-793B
shāndèng 山磴 3-796A
shāndǐ 山邸 3-773B
shāndì 山地 3-770B
shāndì 山第 3-786A
shāndì 扇地 7-365B
shàndí 善敵 3-448B
shàndì 善地 3-441B
shàndì 嬗遞 4-416A
shàndì 擅地 6-925B
shàndì 贍地 10-302B
shāndiān 山顛 3-797B
shāndiān 山巔 3-798B
shāndiàn 山甸 3-773B
shāndiàn 山店 3-776B
shāndiàn 山殿 3-790B
shǎndiàn 閃電 12-22B
shǎndiànchuāng 閃電窗 12-22B
shǎndiànniángniáng 閃電娘娘 12-22B
shǎndiànzhàn 閃電戰 12-23A
shāndīng 山丁 3-766A
shāndǐng 山頂 3-784A
shāndìng 刪定 2-642A
shāndìng 刪訂 2-642B
shāndìng 芟定 9-310B
shāndìngcáo 刪定曹 2-642B
shāndǐngdòngrén 山頂洞人 3-784B
shāndìngguān 刪定官 2-642A
shāndìngláng 刪定郎 2-642A
shāndīngzi 山丁子 3-766B
shāndōng 山東 3-775A
shāndòng 山洞 3-780A
shāndòng 搧動 6-819B
shāndòng 煽動 7-217B
shāndòng 扇動 7-366A
shǎndòng 閃動 12-22A
shāndōngbāngzi 山東梆子 3-775B
shāndōngchūxiàng… 山東出相,山西出將 3-775A
shāndōngkuàishū 山東快書 3-775B
shāndōngqínshū 山東琴書 3-775B
shāndōngzhào 山東詔 3-775B
shāndōu 山兜 3-786A
shāndǒu 山斗 3-769A
shāndòugēn 山豆根 3-773A
shāndū 山都 3-780B
shàndú 訕讟 11-39B
shànduān 善端 3-448A
shànduǎn 訕短 11-38B
shànduàn 擅斷 6-927B
shànduì 扇對 7-367A
shānduǒ 山朵 3-771B
shānduǒ 山朶 3-772A
shānduò 山墮 3-792B
shānduò 山隋 3-792B
shǎnduō 閃多 12-21A
shǎnduǒ 閃躲 12-23A
shān'ē 山阿 3-773B
shān'é 山額 3-797B
shàn'è 善惡 3-446B
shānèi 殺内 6-1489B
shān'ér 山兒 3-776B
shānfā 扇發 7-366B
shānfá 山伐 3-771B
shànfǎ 善法 3-443B
shānfán 山樊 3-793A
shānfán 山礬 3-798A
shānfán 刪繁 2-644A
shànfàn 善飯 3-446B
shānfándì 山礬弟 3-798A
shānfáng 山房 3-777B
shǎnfàng 閃放 12-21B
shànfāng 善芳 3-442A
shànfáng 善防 3-442A
shànfáng 膳房 6-1381B
shānfánjiùjiǎn 刪繁就簡 2-644A
shānfánshuǐ 山礬水 3-798A
shànfǎtáng 善法堂 3-443B
shānfēi 山扉 3-788B
shànfēi 扇扉 7-366B
shànfēi 善非 3-443A
shānfén 山墳 3-793A
shānfēng 山風 3-779B
shānfēng 山峯 3-781B
shānfēng 搧風 6-819B
shānfēng 扇風 7-366A
shànfēng 扇風 7-366A
shànfēng 善風 3-445A
shānfēngdiǎnhuǒ 搧風點火 6-819B
shānfēngdiǎnhuǒ 煽風點火 7-217B
shānfū 山夫 3-767B
shānfū 山趺 3-785B
shānfū 山膚 3-793A
shānfū 扇夫 7-365A
shānfú 扇拂 7-365B
shānfǔ 山甫 3-773A
shānfǔ 山府 3-776B
shānfù 山父 3-768B
shānfù 山阜 3-776B
shānfù 山𠂤 3-779B
shānfù 山婦 3-787A
shānfù 山腹 3-790A
shǎnfú 陝服 11-980A
shànfū 膳夫 6-1381B
shànfú 扇拂 7-365B
shànfú 膳服 6-1381B
shànfǔ 單父 3-419A
shànfǔ 膳府 6-1381B
shànfǔ 膳脯 6-1382A
shànfǔ 鱔脯 12-1260B
shànfù 善婦 3-446A
shànfù 善富 3-447A
shànfù 擅賦 6-927A
shànfù 贍富 10-304A
shànfǔqín 單父琴 3-419A
shānfūshuǐhuàn 山膚水豢 3-793A
shāng'āi 傷哀 1-1637B
shāngǎi 刪改 2-642A
shāngài 苫蓋 9-335B
shǎng'ài 賞愛 10-256B
shàngài 扇蓋 7-366B
shāngālázi 山旮旯子 3-771B
shǎngān 陝甘 11-980A
shàngān 擅干 6-925A
shàngǎn 善感 3-447A
shàng'àn 上岸 1-276B
shāngāng 山阬 3-772A
shāngāng 山岡 3-776A
shāngǎng 山崗 3-785B
shāngǎngzi 山崗子 3-785B
shǎngānníng 陝甘寧 11-980A
shāngāo 山皋 3-781B
shāngāo 山臯 3-788A
shāngāo 山膏 3-792A
shàngào 禪誥 7-956B
shāngāobùzhētàiyáng 山高不遮太陽 3-782A
shāngāohuángdìyuǎn 山高皇帝遠 3-782A
shāngāoshuǐcháng 山高水長 3-782A
shāngāoshuǐdī 山高水低 3-782A
shāngāozhēbùzhù… 山高遮不住太陽 3-782A
shāngbā 傷疤 1-1637B
shǎngbá 賞拔 10-254A
shàngbādòng 上八洞 1-262B
shāngbài 傷敗 1-1639A
shàngbái 上白 1-270B
shàngbái 尚白 2-1660B
shāngbān 傷瘢 1-1641A
shāngbàn 商辦 2-376B
shàngbān 上班 1-282A
shàngbāng 上邦 1-271A
shàngbànjié 上半截 1-271A
shàngbànshǎng 上半晌 1-271A
shàngbàntiān 上半天 1-271A
shàngbànyè 上半夜 1-271A
shǎngbào 賞報 10-256A
shàngbào 上報 1-288B
shāngbēi 傷悲 1-1639B
shāngbēi 觴杯 10-1384B
shàngbèi 上備 1-289B
shàngbèi 上輩 1-295A
shàngběn 上本 1-270A
shāngbì 觴弊 10-1385A
shàngbì 上幣 1-294A
shàngbiān 上邊 1-298A/1-298B
shàngbiàn 上變 1-299A
shāngbiāo 商猋 2-374B

shāngbiāo 商標 2-376A
shāngbiāo 商颮 2-377A
shāngbiāo 商飆 2-377A
shāngbiāo 商飈 2-377A
shāngbiāo 商颷 2-377B
shàngbiāo 上膘 1-295B
shàngbiāo 上表 1-275B
shāngbiāoguǎn 商飆館 2-377A
shāngbiāoguàn 商飆觀 2-377A
shāngbié 傷別 1-1636B
shāngbīn 觴賓 10-1385A
shàngbīn 上賓 1-294A
shàngbìn 上擯 1-297A
shāngbīng 傷兵 1-1636B
shàngbīng 上兵 1-274A
shāngbìngyuán 傷病員 1-1638B
shāngbō 傷剥 1-1638B
shāngbó 商舶 2-374A
shāngbù 商部 2-373B
shāngbù 商埠 2-373B
shàngbū 上晡 1-286A
shàngbù 上簿 1-298B
shǎngbùdānggōng 賞不當功 10-253A
shàngbùdelúwěi 上不得蘆葦 1-267A
shàngbùshàng… 上不上,下不下 1-267A
shǎngbùyúrì 賞不踰日 10-253A
shǎngbùyúshí 賞不踰時 10-253A
shàngbùzàitiān… 上不在天,下不着地 1-267A
shàngbùzhèng… 上不正,下參差 1-267A
shàngbùzhuótiān… 上不着天,下不着地 1-267A
shàngcái 上才 1-263B
shàngcái 上材 1-273B
shàngcái 上裁 1-288A
shàngcài 上菜 1-285A
shàngcàicāngyīng 上蔡蒼鷹 1-293A
shàngcàiyīnglú 上蔡鷹盧 1-293A
shāngcán 傷殘 1-1639B
shāngcǎn 傷慘 1-1641A
shàngcāng 上倉 1-283B
shàngcāng 上蒼 1-291A
shāngcáo 商曹 2-374A
shàngcāo 上操 1-296A
shāngcè 傷惻 1-1640A
shàngcè 上測 1-290B
shàngcè 上策 1-289A
shàngcéng 上層 1-295B
shàngcéngjiànzhù 上層建築 1-296A
shàngcénglùxiàn 上層路綫 1-296A
shàngcéngshèhuì 上層社會 1-296A
shàngchà 上刹 1-277A
shāngchǎng 商場 2-374B
shàngcháng 上場 1-288A
shàngchǎng 上場 1-288A
shàngchǎngmén 上場門 1-288A
shàngchǎngshī 上場詩 1-288A
shàngcháo 上朝 1-288B
shàngcháo 上潮 1-295B
shàngchē 上車 1-273B
shàngchén 上臣 1-271B
shàngchén 上辰 1-273B
shàngchén 上陳 1-285A
shàngchén 上塵 1-293B
shàngchéng 上成 1-271B
shàngchéng 上城 1-278B
shàngchéng 上乘 1-283B
shàngchí 上池 1-273A
shàngchǐ 上齒 1-295A
shàngchǐ 尚齒 2-1662B
shàngchíshuǐ 上池水 1-273A
shāngchōng 傷忡 1-1636B
shāngchóng 商蟲 2-377A
shāngchóu 商籌 2-377A
shāngchǔ 傷楚 1-1640B
shāngchù 傷觸 1-1641B
shàngchú 上除 1-282A
shāngchuán 商船 2-374A
shāngchuán 觴傳 10-1385A
shāngchuàn 商串 2-371B
shāngchuāng 傷創 1-1640A
shāngchuàng 傷愴 1-1640B
shāngchuī 商吹 2-371B
shāngchūn 傷春 1-1637A
shǎngchūn 賞春 10-255A
shàngchūn 上春 1-278B
shāngcí 傷辭 1-1641B
shāngcì 商賜 2-376A
shāngcì 觴次 10-1384A
shǎngcì 賞賜 10-257B
shàngcí 尚辭 2-1662B
shàngcì 上次 1-273A
shàngcù 上簇 1-297B
shàngcuànxiàtiào 上竄下跳 1-298B
shāngcuī 傷摧 1-1640B
shāngcuì 傷悴 1-1639B
shāngcuò 傷挫 1-1638A
shàngdá 上達 1-288B
shàngdàfū 上大夫 1-265A
shàngdài 上代 1-270A
shāngdàichéngqiáng… 商代城牆遺址 2-371A
shāngdān 傷單 1-1639B
shàngdàng 上當 1-291B
shàngdàngxuéguāi 上當學乖 1-291B
shàngdǎngzhīguó 上黨之國 1-298B
shàngdāntián 上丹田 1-268B
shāngdào 商道 2-375A
shāngdào 傷悼 1-1639A
shàngdào 上盜 1-290B
shàngdào 上道 1-290A
shàngdāoshān 上刀山 1-263A
shàngdàrén 上大人 1-265A
shàngdǎzū 上打租 1-269B
shǎngdé 賞得 10-256A
shàngdé 上德 1-295A
shāngdēng 商燈 2-376B
shǎngdēng 賞燈 10-258A
shàngdēng 上燈 1-297A
shàngděng 上等 1-289A
shàngděngbīng 上等兵 1-289A
shāngdí 商敵 2-376A
shāngdǐ 傷詆 1-1640A
shǎngdí 賞覿 10-258B
shǎngdì 賞地 10-253B
shàngdǐ 上邸 1-274B
shàngdì 上地 1-271B
shàngdì 上弟 1-275A
shàngdì 上帝 1-280B
shàngdì 上第 1-286A
shāngdiàn 商店 2-372A
shāngdiàn 觴奠 10-1385A
shǎngdiǎn 賞典 10-254B
shàngdiǎn 上典 1-276B
shāngdiào 商釣 2-374A
shāngdiào 商調 2-376A
shàngdiào 上弔 1-269B
shàngdiào 上吊 1-272A
shàngdiào 上釣 1-286B
shàngdiào 上調 1-295B
shāngdìng 商定 2-372A
shāngdìng 商訂 2-373A
shàngdīng 上丁 1-262B
shāngdòng 傷恫 1-1637B
shàngdōng 上冬 1-270B
shàngdòng 上凍 1-284A
shàngdòngxiàyǔ 上棟下宇 1-289A
shāngdòu 觴豆 10-1384A
shāngdòu 觴竇 10-1385A
shàngdū 上都 1-282B
shàngduān 上端 1-293B
shāngduì 商兑 2-371B
shāngduì 商隊 2-374B
shǎngduì 賞對 10-257A
shàngduì 上兑 1-275A
shāngdùn 商頓 2-375A
shàngdùn 上頓 1-291B
shāngduō 商咄 2-372A
shāngduó 商度 2-373A
shāngduò 傷墯 1-1641A
shāngē 山歌 3-791B
shāngē 刪割 2-643A
shāngé 山閣 3-792B
shāngé 刪革 2-642B
shàngē 騸割 12-906B
shàngē 騙割 12-872A
shāngēda 山圪塔 3-771B
shāngēlà 山圪落 3-770B
shāngēn 山根 3-781A
shāngēn 羶根 9-193B
shàngēn 善根 3-445A
shàngēng 禪更 7-953A
shàngēng 嬗更 4-416A
shàngēng 鱔羹 12-1260B
shàng'ěr 尚爾 2-1662B
shàng'èr 上貳 1-287B
shāngfá 傷伐 1-1636B
shǎngfá 賞罰 10-257A
shǎngfá 賞罸 10-257B
shàngfǎ 上法 1-277B
shǎngfáfēnmíng 賞罰分明 10-257A
shǎngfáfēnshěn 賞罸分審 10-257B
shāngfàn 商販 2-374A
shāngfàn 傷犯 1-1636B
shǎngfàn 晌飯 5-711A
shàngfān 上番 1-289B
shàngfāng 上方 1-268B
shàngfāng 尚方 2-1660A
shàngfáng 上房 1-278A
shàngfǎng 上訪 1-286B
shàngfāngbǎojiàn 上方寶劍 1-269A
shàngfāngbǎojiàn 尚方寶劍 2-1660B
shàngfāngbùzú… 上方不足,下比有餘 1-269A
shàngfāngjiàn 上方劍 1-269A
shàngfāngjiàn 尚方劍 2-1660B
shàngfāngxì 尚方舄 2-1660B
shàngfāngzhàng 尚方仗 2-1660A
shàngfāngzhǎnmǎjiàn 尚方斬馬劍 2-1660A
shǎngfáxìnmíng 賞罰信明 10-257A
shǎngfáyánmíng 賞罰嚴明 10-257A
shāngfèi 傷廢 1-1641A
shāngfèn 傷憤 1-1641A
shàngfén 上坟 1-273B
shàngfén 上墳 1-294B
shàngfèn 上糞 1-297B
shāngfēng 商風 2-372B
shāngfēng 傷風 1-1637B
shǎngfēng 賞封 10-255A
shǎngfèng 賞俸 10-255B
shàngfēng 上封 1-278B
shàngfēng 上風 1-280B
shàngfēng 上峰 1-283A
shàngfèng 上奉 1-275B
shāngfēngbàihuà 傷風敗化 1-1637B
shāngfēngbàisú 傷風敗俗 1-1637B
shàngfēngguānsi 上風官司 1-280B
shāngfēnghuà 傷風化 1-1637B

shāngfú 殤服 5-177A
shāngfù 傷負 1-1637B
shǎngfú 賞服 10-254B
shǎngfú 賞俘 10-255A
shǎngfù 賞附 10-254A
shǎngfù 賞賻 10-258B
shàngfú 上拂 1-275B
shàngfú 上服 1-277A
shàngfú 上浮 1-284A
shàngfǔ 上府 1-277B
shàngfǔ 上輔 1-293A
shàngfǔ 尚甫 2-1661B
shàngfù 上覆 1-298A
shàngfù 尚父 2-1660A
shànggài 上蓋 1-291A
shānggǎn 傷感 1-1640B
shànggān 上干 1-263A
shànggān 上竿 1-280A
shànggānduótī 上竿掇梯
1-280A
shānggǎng 商港 2-374B
shànggāng 上綱 1-294B
shànggāngshàngxiàn
上綱上綫 1-294B
shànggānyú 上竿魚 1-280A
shànggào 上告 1-274A
shǎnggāofáxià 賞高罰下
10-255B
shānggē 商歌 2-375B
shānggē 觴歌 10-1385A
shǎnggé 賞格 10-255B
shànggēn 上根 1-283A
shànggēndàqì 上根大器
1-283A
shānggēng 商庚 2-372A
shānggōng 商功 2-370B
shānggōng 傷弓 1-1635B
shānggōng 殤宮 5-177A
shānggōng 觴觥 10-1385A
shǎnggōng 賞工 10-252B
shǎnggōng 賞功 10-253A
shǎnggōng 賞共 10-253B
shǎnggòng 賞貢 10-255B
shànggōng 上工 1-263A
shànggōng 上公 1-268A
shànggōng 上功 1-269B
shànggōng 上宮 1-281A
shànggòng 上供 1-276B
shànggòng 上貢 1-282A
shǎnggōngfázuì 賞功罰罪
10-253B
shānggōngzhīniǎo
傷弓之鳥 1-1635B
shānggōu 墒溝 2-1200B
shànggōu 上鈎 1-289B
shànggōu 上鉤 1-292A
shānggū 商估 2-371B
shānggǔ 商股 2-372A
shānggǔ 商賈 2-375A
shànggǔ 上古 1-269B
shànggǔ 尚古 2-1660B
shāngguāi 傷乖 1-1637A
shāngguān 商官 2-372A
shāngguān 傷官 1-1637A
shāngguǎn 商管 2-376A
shāngguǎn 商館 2-376B
shǎngguān 賞官 10-255A
shàngguān 上官
1-277B/1-278A
shàngguān 尚冠 2-1661B
shàngguǎn 上館 1-297A
shǎngguāng 賞光 10-253B
shàngguāntǐ 上官體 1-278A
shàngguǎnzi 上館子 1-297A
shàngguǐdào 上軌道 1-279A
shānggùn 商棍 2-374B
shànggǔn 上衮 1-284A
shàngguō 上鍋 1-297A
shàngguó 上國 1-285B
shàngguǒ 上果 1-276B
shàngguǒ 上菓 1-285A
shànggùzi 尚古子 2-1660B
shànggùzì 尚古自 2-1660B
shànggùzì 尚故自 2-1661B
shānghài 傷害 1-1638B
shānghán 商韓 2-377A
shānghán 傷寒 1-1640A
shāngháng 商行 2-371A
shàngháng 上行 1-272B
shànghángshǒu 上行首
1-272B
shānghào 商皓 2-375A
shānghào 商號 2-375B
shānghào 傷秏 1-1637A
shānghào 傷耗 1-1638A
shānghào 傷號 1-1640B
shǎnghào 賞好 10-254A
shǎnghào 賞號 10-256B
shànghǎo 上好 1-273B
shànghàoxiàshèn 上好下甚
1-273B
shānghé 商和 2-372A
shānghé 傷和 1-1637A
shānghé 傷閡 1-1641A
shǎnghè 賞賀 10-256B
shānghén 傷痕 1-1639A
shānghéng 商橫 2-376A
shānghéngzhōudǐng
商衡周鼎 2-376B
shānghé'ǒu 傷荷藕 1-1638A
shànghéxiàmù 上和下睦
1-276B
shānghú 商胡 2-372B
shànghù 上户 1-269A
shānghuā 觴花 10-1384A
shānghuà 傷化 1-1635B
shànghuà 上畫 1-290B
shānghuàbàisú 傷化敗俗
1-1635B
shǎnghuāhóng 賞花紅
10-254A
shānghuái 傷懷 1-1641B
shānghuài 傷壞 1-1641B
shǎnghuái 賞懷 10-258B
shānghuàn 商宦 2-373A
shànghuàn 上浣 1-284B
shànghuàn 上澣 1-297A
shànghuáng 上皇 1-280A
shànghuáng 上黃 1-285B
shànghuātái 上花臺 1-273B
shānghuǐ 傷悔 1-1638B
shānghuǐ 傷毀 1-1640B
shānghuì 商會 2-375B
shǎnghuì 賞會 10-256B
shànghuí 上回 1-272A
shànghuìxiàhuì 上諱下諱
1-297A
shānghún 傷魂 1-1640A
shànghúnyí 上渾儀 1-290B
shānghuò 商貨 2-374A
shǎnghuò 賞獲 10-258A
shànghuǒ 上火 1-269A
shànghuò 上貨 1-286A
shāngjí 商蕀 2-376A
shāngjí 商籍 2-377A
shāngjí 傷疾 1-1638B
shāngjì 商計 2-373A
shāngjì 商祭 2-374A
shǎngjī 賞激 10-258A
shǎngjī 賞擊 10-258B
shǎngjī 賞賫 10-258B
shǎngjì 賞際 10-257A
shàngjī 上隮 1-297A
shàngjī 上躋 1-298B
shàngjī 上齊 1-293B
shàngjí 上急 1-280B
shàngjí 上級 1-282A
shàngjì 上計 1-280B
shàngjì 上記 1-283B
shàngjì 上祭 1-286B
shàngjì 上齊 1-293B
shāngjiā 商家 2-373B
shāngjiā 傷家 1-1638B
shāngjiǎ 觴斝 10-1384B
shǎngjiā 賞家 10-255B
shǎngjià 賞假 10-256A
shàngjiā 上家 1-284B
shàngjiǎ 上甲 1-270A
shàngjià 上賈 1-291A
shàngjià 上價 1-295A
shàngjià 上駕 1-296A
shāngjiān 商監 2-375B
shāngjiǎn 商檢 2-377A
shāngjiàn 商鑒 2-377B
shǎngjiàn 賞監 10-257A
shǎngjiàn 賞鑒 10-258B
shǎngjiàn 賞鑑 10-259A
shǎngjiàn 賞鑒 10-259A
shàngjiān 上肩 1-278A
shàngjiān 上牋 1-289B
shàngjiàn 上件 1-272A
shàngjiàn 上僭 1-293B
shàngjiàn 上檻 1-298A
shàngjiān'er 上尖兒 1-272A
shàngjiāng 上江 1-273A
shàngjiàng 上將 1-287B
shàngjiàngjūn 上將軍
1-287B
shàngjiānróngyì…
上肩容易下肩難 1-278A
shāngjiào 商較 2-375A
shāngjiào 商校 2-373A
shǎngjiào 晌覺 5-711A
shàngjiāo 上交 1-273A
shàngjiāo 上焦 1-289B
shàngjiǎo 上佼 1-276B
shàngjiǎo 上繳 1-298B
shāngjiàobàisú 傷教敗俗
1-1638B
shāngjiē 傷嗟 1-1639B
shāngjié 商節 2-375B
shāngjiè 商界 2-372B
shāngjiè 商借 2-373B
shǎngjiē 賞接 10-255B
shǎngjiē 賞揭 10-256A
shǎngjié 賞節 10-256B
shàngjie 上介 1-268A
shàngjiè 上界 1-279B
shāngjīn 傷今 1-1636A
shāngjǐn 傷錦 1-1641A
shǎngjīn 賞金 10-254B
shǎngjīn 賞襟 10-258B
shǎngjìn 賞進 10-256A
shàngjīn 上巾 1-265B
shàngjǐn 上緊 1-293A
shàngjìn 上勁 1-279B
shàngjìn 上進 1-286A
shāngjīndònggǔ 傷觔動骨
1-1637B
shāngjīndònggǔ 傷筋動骨
1-1639B
shǎngjìng 賞靜 10-257A
shàngjīng 上京 1-277A
shāngjiǔ 傷酒 1-1638B
shāngjiǔ 觴酒 10-1384B
shàngjiū 上究 1-275A
shàngjiǔ 上九 1-263A
shāngjiǔdòuròu 觴酒豆肉
10-1384B
shàngjìyuàn 上計掾 1-280B
shāngjǔ 傷沮 1-1637A
shāngjù 商蚷 2-373A
shǎngjù 賞句 10-253B
shàngjuān 上捐 1-282B
shāngjué 商決 2-371B
shāngjué 傷蹶 1-1641B
shāngjué 觴爵 10-1385A
shàngjué 上爵 1-297B
shāngjūn 商均 2-371B
shàngjūn 上軍 1-281B
shǎngkǎi 賞慨 10-256B
shàngkāi 上開 1-290B
shàngkàng 上炕 1-277B
shǎngkào 賞犒 10-257A
shàngkǎo 上考 1-271B
shāngkē 傷科 1-1637A
shāngkè 商客 2-373A
shāngkè 傷刻 1-1637A
shāngkè 傷剋 1-1638A
shāngkè 觴客 10-1384B
shǎngkè 賞客 10-255B
shàngkē 上科 1-280A
shàngkè 上客 1-281B
shàngkè 上課 1-295B
shàngkōng 上空 1-278A
shàngkòng 上控 1-285A

shāngkǒu 傷口 1-1635A
shǎngkǒu 賞口 10-253A
shàngkǒu 上口 1-265B
shàngkǒu 尚口 2-1659B
shàngkǒuzì 上口字 1-265B
shāngkū 傷枯 1-1637A
shāngkǔ 傷苦 1-1636B
shāngkuài 商儈 2-376A
shàngkuǎn 上款 1-287B
shǎnglài 賞賚 10-257B
shànglái 上來 1-276A
shānglàitǐ 商籟體 2-377B
shānglàn 觴濫 10-1385A
shānglǎo 商老 2-371A
shǎngláo 賞勞 10-256B
shǎngláo 賞撈 10-258A
shàngláo 上牢 1-275A
shànglǎo 上老 1-271B
shǎngláofázuì 賞勞罰罪 10-256B
shānglí 傷離 1-1641B
shānglǐ 商李 2-371B
shānglì 商利 2-371B
shānglì 傷沴 1-1637A
shǎnglì 賞立 10-253B
shànglǐ 上禮 1-297B/1-298A
shànglì 上利 1-274A
shànglì 上厲 1-293A
shānglián 傷廉 1-1640B
shānglián 傷憐 1-1641A
shāngliǎn 傷臉 1-1641B
shǎngliǎn 賞臉 10-258B
shǎngliàn 賞戀 10-259A
shànglián 上聯 1-297B
shàngliǎn 上臉 1-297B
shāngliáng 商量 2-374B
shàngliáng 上梁 1-287A
shàngliángbùzhèng… 上梁不正下梁歪 1-287A
shàngliángwén 上梁文 1-287A
shàngliè 上列 1-271B
shàngliè 上烈 1-283A
shānglín 商霖 2-376B
shānglín 傷麟 1-1641B
shànglín 上林 1-275B
shānglǐng 商嶺 2-377A
shānglìng 觴令 10-1384A
shànglíng 上陵 1-285A
shànglíng 上靈 1-299A
shànglìng 上令 1-270B
shànglíngxiàtì 上陵下替 1-285A
shānglínrùmèng 傷鱗入夢 1-1641B
shànglínyuàn 上林苑 1-276A
shàngliú 上流 1-284A
shàngliù 上六 1-268B
shàngliúshèhuì 上流社會 1-284A
shàngliútián 上留田 1-283B
shàngliūtóu 上溜頭 1-292A
shàngliútóu 上流頭 1-284A
shǎnglìzhūbì 賞立誅必 10-253B
shānglóng 商龍 2-376B
shānglǒng 墒壠 2-1200B
shànglóu 上僂 1-292A
shànglóuqùtī 上樓去梯 1-294B
shànglòuxiàshī 上漏下濕 1-294A
shānglù 商陸 2-373B
shānglù 商路 2-375B
shǎnglù 賞録 10-258A
shànglù 上禄 1-290B
shànglù 上路 1-291B
shànglù 上戮 1-296A
shāngluàn 傷亂 1-1640B
shānglùn 商論 2-376A
shànglùn 尚論 2-1662B
shāngluò 商洛 2-373A
shāngluò 商雒 2-376A
shàngluò 上落 1-288B
shānglǚ 商侶 2-372A
shānglǚ 商旅 2-373B
shānglǜ 商律 2-372B
shǎnglǜ 賞率 10-256A
shànglǚ 上旅 1-284A
shānglüè 商略 2-374A
shànglüè 上略 1-286A
shàngmǎ 上馬 1-282B
shàngmǎbēi 上馬盃 1-282B
shàngmáng 上忙 1-273B
shàngmànxiàbào 上嫚下暴 1-294B
shàngmànxiàbào 上慢下暴 1-294B
shāngmào 商冒 2-372B
shàngmǎyītíjīn… 上馬一提金,下馬一提銀 1-282B
shǎngměi 賞美 10-255A
shāngméinòngsè 商枚弄色 2-371B
shàngmén 上門 1-278A
shāngmènghuáirén 商夢懷人 2-375A
shāngmí 商謎 2-376B
shàngmian 上面 1-279A
shàngmiào 上妙 1-275A
shāngmín 商民 2-371A
shāngmǐn 傷愍 1-1640B
shāngmìng 傷命 1-1637A
shàngmìng 上命 1-277A
shāngmóu 商謀 2-376B
shāngmù 商暮 2-375B
shāngmù 傷目 1-1636A
shāngmù 傷暮 1-1640B
shǎngmù 賞募 10-256A
shàngmù 上墓 1-291A
shàngmùlǘ 上木驢 1-267A
shǎngnà 賞納 10-255B
shàngnà 上納 1-285A
shàngnánluòběi 上南落北 1-279A
shāngnǎojīn 傷腦筋 1-1640B
shàngnéng 上能 1-285A
shàngnì 上逆 1-281A
shàngnián 上年 1-272A
shàngnián 尚年 2-1661A
shàngniánjì 上年紀 1-272A
shāngniǎo 傷鳥 1-1639A
shǎngnòng 賞弄 10-254A
shàngnóng 上農 1-291B
shàngnóngfū 上農夫 1-292A
shāngnǚ 商女 2-370B
shàngnǚ 上女 1-266A
shāngōng 山工 3-766B
shāngōng 山公 3-768B
shāngōng 山宮 3-780A
shāngòng 山貢 3-780B
shàngōng 善工 3-440B
shāngōngdǎozài 山公倒載 3-768B
shāngōngmǐngdǐng 山公酩酊 3-769A
shāngōngqǐ 山公啓 3-768B
shāngōngqǐ 山公啟 3-769A
shāngōngqǐshì 山公啓事 3-769A
shāngōngxìng 山公興 3-769A
shāngōngzuì 山公醉 3-769A
shāngōu 山溝 3-790B
shāngōu 珊鉤 4-541B
shāng'ōu 傷毆 1-1641A
shāngòu 煽構 7-218A
shāngòu 扇構 7-367A
shàngòu 擅構 6-927A
shāngpā 商葩 2-374B
shāngpēng 鬺亨 12-924B
shāngpēng 鬺烹 12-924B
shàngpián 上駢 1-296A
shàngpiānshànglùn 上篇上論 1-295A
shǎngpiào 賞票 10-255B
shāngpǐn 商品 2-372B
shàngpǐn 上品 1-279B
shāngpíng 商憑 2-376B
shàngpíng 上平 1-270A
shàngpíng 尚平 2-1660B
shāngpǐnjīngjì 商品經濟 2-372B
shāngpǐnliáng 商品糧 2-372B
shāngpǐnliútōng 商品流通 2-372B
shāngpǐnshēngchǎn 商品生產 2-372B
shāngpíwèi 傷脾胃 1-1640A
shāngpò 傷破 1-1638A
shàngpō 上坡 1-275B
shàngpōlù 上坡路 1-275B
shāngpū 商鋪 2-376A
shāngqí 商祈 2-372A
shāngqì 商氣 2-373B
shāngqì 傷氣 1-1638B
shǎngqì 賞契 10-255A
shàngqǐ 上啓 1-287B
shàngqì 上氣 1-283A
shàngqì 尚氣 2-1661B
shāngqià 商洽 2-373A
shāngqiàn 商嵌 2-375A
shǎngqián 賞錢 10-258A
shǎngqián 賞潛 10-257B
shàngqiān 上遷 1-295A
shàngqiāng 上腔 1-289B
shàngqiào 上竅 1-298B
shàngqìbùjiēxiàqì 上氣不接下氣 1-283A
shàngqiě 尚且 2-1660B
shāngqín 傷禽 1-1640A
shāngqíng 商情 2-374B
shāngqíng 傷情 1-1639A
shāngqíng 墒情 2-1200B
shǎngqíng 晌晴 5-711A
shǎngqìng 賞慶 10-257B
shàngqīng 上卿 1-283B
shàngqīng 上清 1-286A
shàngqīng 尚卿 2-1661B
shàngqǐng 上請 1-295B
shàngqīnggōng 上清宮 1-287A
shàngqīngguàn 上清觀 1-287A
shàngqīnglù 上清籙 1-287A
shàngqīngtóngzǐ 上清童子 1-287A
shàngqióng 上穹 1-278A
shāngqíshízhǐ… 傷其十指,不如斷其一指 1-1636B
shāngqiū 商丘 2-371A
shāngqiū 商秋 2-372B
shāngqiū 傷秋 1-1637A
shàngqiū 上秋 1-280A
shǎngqíxīyí 賞奇析疑 10-254B
shāngqǔ 觴曲 10-1384A
shàngqù 上去 1-269B
shǎngquàn 賞勸 10-258B
shàngquàn 上券 1-277B
shàngquāntào 上圈套 1-286A
shāngquē 傷缺 1-1638B
shāngquè 商搉 2-375A
shāngquè 商榷 2-375B
shāngquè 商確 2-376A
shàngrán 尚然 2-1662A
shàngrǎng 上壤 1-298B
shāngrè 傷熱 1-1641A
shāngrén 商人 2-370B
shāngrèn 商任 2-371A
shàngrén 上人 1-262B/1-263A
shàngrén 上仁 1-268A
shàngrèn 上任 1-272A
shàngrèn 上衽 1-281B
shàngrén'er 上人兒 1-263A
shāngrì 商日 2-370B
shàngrì 上日 1-267A
shàngróng 上榮 1-294A
shàngruì 上瑞 1-291A
shàngsānqí 上三旗 1-263A
shàngsè 上色 1-272B
shàngshǎi 上色 1-273A
shāngshān 商山 2-370B

shàngshān 上山 1-265B
shàngshàn 上善 1-290A
shǎngshànfá'è 賞善罰惡 10-256B
shǎngshànfápǐ 賞善罸否 10-256B
shāngshāng 商商 2-374B
shāngshāng 慯慯 7-657B
shāngshāng 滴滴 6-102B
shāngshāng 湯湯 5-1462A
shàngshǎng 上賞 1-295A
shàngshàng 上上 1-265A
shàngshàngchéng 上上乘 1-265B
shāngshāngdàngdàng 湯湯蕩蕩 5-1462A
shàngshàngrén 上上人 1-265A
shàngshàngshǒu 上上手 1-265B
shàngshàngxiàxià 上上下下 1-265A/1-265B
shāngshānlǎo 商山老 2-370B
shàngshānqínhǔyì… 上山擒虎易,開口告人難 1-266A
shāngshānsìgōng 商山四公 2-370B
shāngshānsìhào 商山四皓 2-370B
shāngshānsìwēng 商山四翁 2-370B
shāngshānwēng 商山翁 2-370B
shàngshānxiàxiāng 上山下鄉 1-265B
shàngshānzhuōhǔ… 上山捉虎,下海擒龍 1-265B
shàngshāo 上梢 1-285B
shàngshāo 上稍 1-289A
shǎngshè 賞設 10-256A
shàngshè 上舍 1-277A
shāngshēn 商参 2-374B
shāngshēn 傷身 1-1636B
shāngshén 傷神 1-1637B
shàngshēn 上身 1-274B
shàngshén 上神 1-281B
shāngshēng 商聲 2-376B
shāngshēng 傷生 1-1636A
shǎngshēng 上聲 1-297B
shàngshēng 上升 1-268A
shàngshēng 上昇 1-276B
shàngshēng 上牲 1-279B
shàngshèng 上乘 1-283B
shàngshèng 上聖 1-291A
shāngshí 傷食 1-1637B
shāngshí 傷時 1-1638A
shāngshì 商市 2-371A
shāngshì 傷世 1-1636A
shāngshì 傷逝 1-1638A
shāngshì 傷勢 1-1640B
shǎngshí 賞識 10-258B
shǎngshì 賞世 10-253B
shǎngshì 賞事 10-254B
shǎngshì 賞適 10-257B
shàngshí 上食 1-280A
shàngshí 上時 1-283A
shàngshí 尚食 2-1661B
shàngshì 上士 1-263B
shàngshì 上世 1-269B
shàngshì 上市 1-270B
shàngshì 上事 1-276A
shāngshòu 商受 2-372A
shǎngshōu 賞收 10-254A
shǎngshǒu 賞首 10-255A
shàngshōu 上收 1-273B
shàngshǒu 上手 1-267B/1-268A
shàngshǒu 上首 1-281A
shàngshòu 上壽 1-292B
shàngshǒugōng 上首功 1-281A
shāngshǔ 傷暑 1-1639B
shāngshù 商庶 2-374A
shàngshū 上書 1-284B
shàngshū 上疏 1-291A
shàngshū 尚書 2-1662A
shàngshú 上孰 1-286B
shàngshú 上熟 1-295B
shàngshù 上述 1-276A
shàngshù 上術 1-286B
shàngshùbátī 上樹拔梯 1-296A
shàngshūfáng 上書房 1-284B
shāngshuǐ 傷水 1-1635B
shǎngshuì 晌睡 5-711A
shàngshuǐ 上水 1-267B
shàngshuì 上稅 1-289A
shàngshuǐchuán 上水船 1-267B
shàngshūláng 尚書郎 2-1662A
shàngshūlǚ 尚書履 2-1662A
shǎngshuō 賞説 10-257B
shàngshuōtiāntáng… 上説天堂,下説蘇杭 1-293B
shàngshūshěng 尚書省 2-1662A
shāngsī 商絲 2-375A
shāngsī 傷司 1-1636B
shāngsì 商肆 2-375A
shǎngsī 賞私 10-254A
shàngsī 上司 1-271A
shàngsì 上巳 1-266A
shàngsì 上嗣 1-292A
shàngsì 上駟 1-294B
shàngsīyámen 上司衙門 1-271A
shāngsú 傷俗 1-1637A
shāngsù 商素 2-373A
shàngsù 上泝 1-277B
shàngsù 上訴 1-289B
shàngsù 上溯 1-292B
shàngsù 上愬 1-294A
shāngsuàn 商算 2-375B
shàngsuàn 上算 1-293A
shàngsuì 上遂 1-290A/1-290B
shàngsuì 上歲 1-291B
shàngsuìshu 上歲數 1-291B
shāngsǔn 傷損 1-1640A
shàngsuǒ 上鎖 1-298B
shàngtái 上台 1-271A
shàngtái 上臺 1-292B
shàngtáipán 上臺盤 1-292B
shāngtán 商談 2-376A
shāngtàn 傷嘆 1-1641A
shāngtàn 傷歎 1-1641A
shǎngtàn 賞嘆 10-257A
shǎngtàn 賞歎 10-257B
shàngtán 上蕁 1-294B
shàngtáng 上堂 1-285B
shàngtáng 上膛 1-295B
shāngtǎo 商討 2-373B
shàngtào 上套 1-283A
shàngtǐ 上體 1-299A
shǎngtián 賞鈿 10-256B
shǎngtián 賞田 10-253B
shàngtiān 上天 1-266A
shàngtián 上田 1-270A
shàngtiānbùfù… 上天不負苦心人 1-266B
shāngtiānhàilǐ 傷天害理 1-1635B
shàngtiānrùdì 上天入地 1-266B
shàngtiāntī 上天梯 1-266B
shàngtiānwúlù… 上天無路,入地無門 1-266B
shǎngtiào 賞眺 10-255B
shǎngtiě 賞帖 10-254B
shāngtíng 商亭 2-373A
shàngtíng 上停 1-286A
shàngtīnghángshǒu 上廳行首 1-299A
shàngtínghángshǒu 上停行首 1-286A
shàngtìxiàlíng 上替下陵 1-287B
shāngtōng 商通 2-373B
shāngtóng 商同 2-371A
shāngtòng 傷痛 1-1640A
shāngtòng 傷慟 1-1641A
shàngtōng 上通 1-285A
shàngtóng 尚同 2-1661A
shǎngtóngfáyì 賞同罰異 10-254A
shàngtóu 上頭 1-296A/1-296B
shāngtuán 商團 2-375B
shāngtún 商屯 2-370B
shāngū 山姑 3-777B
shāngǔ 山谷 3-773A
shāngǔ 山骨 3-779A
shāngù 山堌 3-784A
shàngǔ 扇骨 7-366A
shàngǔ 善賈 3-447A
shānguài 山怪 3-777A
shānguān 山官 3-777A
shānguān 山關 3-798A
shānguān 杉關 4-786A
shānguǎn 山館 3-795A
shānguàn 山觀 3-798B
shànguǎn 擅管 6-927A
shànguǎn 擅斡 6-927A
shānguāng 山光 3-771A
shǎnguāng 閃光 12-21A
shǎnguāngdēng 閃光燈 12-21A
shānguāngshuǐsè 山光水色 3-771A
shāngǔchén 山谷臣 3-773B
shāngǔdàorén 山谷道人 3-773B
shāngǔhè 山谷褐 3-773B
shānguī 山龜 3-796A
shānguǐ 山鬼 3-779B
shānguǐ 痁鬼 8-295B
shānguì 山桂 3-780B
shàngùn 善棍 3-446B
shānguō 山郭 3-782A
shānguó 山國 3-785B
shānguǒ 山果 3-775B
shànguó 禪國 7-956A
shànguó 擅國 6-926B
shànguǒ 善果 3-443A
shāngǔtǐ 山谷體 3-773B
shāngǔzhīshì 山谷之士 3-773B
shāngwǎn 傷惋 1-1639B
shǎngwán 賞玩 10-254A
shǎngwán 賞翫 10-258A
shāngwáng 傷亡 1-1635B
shǎngwàng 賞望 10-256A
shāngwángshìgù 傷亡事故 1-1635B
shāngwéi 傷違 1-1640A
shāngwèi 傷味 1-1637A
shāngwèi 傷胃 1-1637A
shǎngwèi 賞味 10-254B
shǎngwèi 賞慰 10-257B
shàngwéi 尚韋 2-1661B
shàngwěi 上尾 1-275A
shàngwèi 上位 1-274A
shàngwèi 上味 1-276B
shàngwèi 上尉 1-287B
shāngwèn 商問 2-374B
shàngwén 上文 1-268B
shàngwén 上聞 1-294A
shàngwén 尚文 2-1660A
shàngwénjué 上聞爵 1-294B
shāngwù 商務 2-373B
shǎngwǔ 晌午 5-711A
shǎngwǔ 賞午 10-253A
shàngwū 上屋 1-281B/1-282A
shàngwū 尚兀 2-1659B
shàngwǔ 上午 1-267B
shàngwǔ 尚武 2-1661B
shàngwù 上戊 1-270A
shàngwù 上務 1-285A
shāngwùbànshìchù 商務辦事處 2-373B

shāngwùcānzàn 商務參贊 2-373B
shǎngwǔdàcuò 晌午大錯 5-711A
shāngwùdàibiǎochù 商務代表處 2-373B
shǎngwǔfàn 晌午飯 5-711A
shàngwúpiànwǎ… 上無片瓦,下無卓錐 1-289A
shǎngwǔwāi 晌午歪 5-711A
shàngwùzì 尚兀自 2-1659B
shāngxī 傷惜 1-1639A
shǎngxī 賞析 10-254B
shǎngxī 賞錫 10-258A
shàngxí 上席 1-283B/1-284A
shàngxí 尚席 2-1661B
shàngxì 上系 1-274B
shǎngxiá 賞狎 10-254B
shàngxiá 上假 1-286A
shàngxiá 上遐 1-291A
shàngxià 上下 1-263B/1-264B
shàngxiàchuáng 上下床 1-264B
shàngxiàhéhé 上下和合 1-265A
shàngxiàmáng 上下忙 1-264B
shāngxián 商弦 2-372A
shāngxián 商絃 2-374B
shāngxián 觴絃 10-1384B
shāngxiàn 傷陷 1-1638B
shàngxiān 上仙 1-270A/1-270B
shàngxiān 上先 1-272A
shàngxiān 上僊 1-293B
shàngxián 上弦 1-278B
shàngxián 上賢 1-295A
shàngxiàn 上限 1-278B
shàngxiàn 上憲 1-297A
shǎngxiánfábào 賞賢罰暴 10-257B
shǎngxiàng 賞項 10-256A
shàngxiāng 上襄 1-297B
shàngxiáng 上庠 1-280B
shàngxiáng 上翔 1-290A
shàngxiáng 上詳 1-292A
shàngxiǎng 尚享 2-1661B
shàngxiǎng 尚饗 2-1662B
shàngxiàng 上相 1-279A
shàngxiàng 上項 1-288A
shǎngxiánshǐnéng 賞賢使能 10-257B
shàngxiánwǔ… 上咸五,下登三 1-279A
shǎngxiào 賞笑 10-255B
shàngxiào 上校 1-283A
shàngxiàpíng 上下平 1-264B
shàngxiàqíshǒu 上下其手 1-265A
shàngxiàtóngmén 上下同門 1-264B
shàngxiàtóngxīn 上下同心 1-264B
shàngxiàtóngyù 上下同欲 1-264B
shàngxiàwén 上下文 1-264B
shàngxiàyīxīn 上下一心 1-264B
shàngxié 上鞋 1-294B
shàngxié 緔鞋 9-890A
shāngxīn 商辛 2-371B
shāngxīn 傷心 1-1636A
shāngxìn 商信 2-372B
shǎngxīn 賞心 10-253A
shǎngxīn 賞新 10-257A
shàngxīn 上心 1-269A
shàngxīn 上辛 1-275A
shàngxìn 上信 1-280A
shāngxīncǎnmù 傷心慘目 1-1636A
shǎngxìnfábì 賞信罰必 10-255A
shǎngxìnfámíng 賞信罰明 10-255A
shāngxīng 商星 2-372B
shāngxíng 觴行 10-1384A
shāngxìng 傷倖 1-1638B
shǎngxíng 賞刑 10-253B
shǎngxìng 賞興 10-258A
shàngxíng 上刑 1-271A/1-271B
shàngxíng 上行 1-272A
shàngxíng 尚行 2-1661A
shàngxìng 上姓 1-278B
shàngxíngshǒuběn 上行手本 1-272B
shàngxíngxiàxiào 上行下效 1-272B
shāngxīnhāomù 傷心蒿目 1-1636A
shāngxīnjíshǒu 傷心疾首 1-1636A
shǎngxīnlèshì 賞心樂事 10-253A
shǎngxīntíng 賞心亭 10-253A
shǎngxīnyuèmù 賞心悅目 10-253A
shàngxītiān 上西天 1-271B
shàngxiǔ 上宿 1-287A
shāngxū 商墟 2-375B
shāngxù 商序 2-371B
shāngxù 傷緒 1-1641A
shǎngxù 賞卹 10-254B
shàngxù 上序 1-275A
shàngxuán 上玄 1-270B
shàngxuán 尚玄 2-1661A
shàngxuǎn 上選 1-296A
shàngxué 上學 1-296B
shǎngxūn 賞勳 10-258A
shàngxún 上旬 1-272B
shàngxún 上尋 1-290B
shāngyán 商巖 2-377B
shāngyǎn 商偃 2-374A
shāngyàn 觴宴 10-1384B
shāngyàn 觴燕 10-1385A
shǎngyán 賞延 10-254A
shǎngyàn 賞讌 10-259A
shàngyán 上言 1-274B
shàngyán 上炎 1-277B
shàngyǎn 上眼 1-286A
shàngyǎn 上演 1-294A
shàngyàn 上讞 1-299A
shāngyáng 商羊 2-371B
shāngyáng 商陽 2-374B
shāngyáng 鷸鴹 12-1159A
shàngyáng 上陽 1-287B
shàngyángbáifàrén 上陽白髮人 1-287B
shàngyánggōng 上陽宮 1-287B
shàngyánghuā 上陽花 1-287B
shāngyāngliàng 商鞅量 2-375B
shàngyángrén 上陽人 1-287B
shāngyánzāyǔ 傷言扎語 1-1636B
shāngyǎnzhībiàn 商奄之變 2-372A
shāngyāo 殤夭 5-177A
shāngyāo 殤殀 5-177A
shāngyáo 觴肴 10-1384B
shāngyào 傷藥 1-1641B
shǎngyào 賞要 10-255A
shàngyāo 上腰 1-292A
shàngyáo 上爻 1-268A
shàngyáo 上肴 1-277A
shàngyào 上藥 1-298A
shāngyè 商葉 2-374B
shāngyè 商業 2-375A
shàngyé 上邪 1-272A
shàngyè 上夜 1-277B
shàngyè 上葉 1-288B
shàngyè 上謁 1-297A
shāngyèwǎng 商業網 2-375A
shāngyèzīběn 商業資本 2-375A
shāngyí 鬺彝 12-1322B
shāngyí 商夷 2-371A
shāngyí 商宜 2-372A
shāngyí 傷夷 1-1636B
shāngyí 傷痍 1-1639A
shāngyì 商意 2-375B
shāngyì 商議 2-377A
shāngyì 觴醳 10-1385A
shāngyì 嘀議 3-494B
shǎngyì 賞邑 10-254A
shǎngyì 賞異 10-255B
shǎngyì 賞逸 10-256A
shǎngyì 賞意 10-257A
shàngyī 上衣 1-273A
shàngyī 上醫 1-298A
shàngyí 上儀 1-295A
shàngyí 尚儀 2-1662B
shàngyì 上意 1-292A
shàngyì 上義 1-292A
shāngyīn 商音 2-373A
shāngyǐn 觴飲 10-1385A
shǎngyīn 賞音 10-255A
shǎngyín 賞銀 10-257A
shàngyín 上寅 1-287A
shàngyǐn 上癮 1-298B
shàngyìn 上印 1-270B
shàngyìng 上映 1-279B
shàngyǐnshǒu 上引首 1-269B
shāngyíxiàdǐng 商彝夏鼎 2-377A
shàngyìxiàlòu 上溢下漏 1-292A
shāngyǒng 傷勇 1-1638A
shāngyǒng 觴咏 10-1384B
shāngyǒng 觴詠 10-1385A
shǎngyǒng 賞咏 10-254B
shǎngyǒng 賞詠 10-256A
shàngyòng 上用 1-270B
shāngyōu 傷憂 1-1641A
shàngyóu 上游 1-290B
shàngyóu 尚猶 2-1662A
shàngyóu 尚猷 2-1662B
shàngyǒu 尚友 2-1660A
shàngyòu 上囿 1-279B
shàngyòu 尚右 2-1660B
shàngyǒutiāntáng… 上有天堂,下有蘇杭 1-271B
shāngyú 商餘 2-376A
shāngyǔ 商羽 2-371B
shǎngyù 賞遇 10-256A
shǎngyù 賞豫 10-258A
shǎngyù 賞譽 10-258B
shàngyú 上臾 1-276B
shàngyú 上腴 1-289B
shàngyú 上愚 1-291B
shàngyǔ 上雨 1-276A
shàngyù 上御 1-289B
shàngyù 上諭 1-297A
shāngyuán 傷員 1-1638A
shàngyuán 上元 1-266B
shàngyuán 上圓 1-292A
shàngyuán 上源 1-292A
shàngyuán 上轅 1-297B
shàngyuǎn 尚遠 2-1662A
shàngyuàn 上苑 1-275B
shàngyuàn 上院 1-282A
shàngyuàn 上願 1-298B
shàngyuándāntián 上元丹田 1-267A
shàngyuánfūrén 上元夫人 1-266B
shàngyuánjiǎzǐ 上元甲子 1-266B
shàngyuánxiàtuī 上援下推 1-288A
shāngyuē 商約 2-373A
shǎngyuè 賞月 10-253A
shǎngyuè 賞悅 10-255B
shàngyuè 上月 1-268B
shāngyún 商雲 2-374B
shāngyǔn 傷殞 1-1641A
shàngzǎi 上宰 1-284B
shǎngzàn 賞贊 10-258B
shǎngzàn 賞讚 10-259A
shàngzào 上造 1-283A
shàngzào 上竈 1-298B

shàngzé 上則 1-279B
shǎngzèng 賞贈 10-258B
shàngzhāi 上齋 1-297B
shàngzhái 上宅 1-273B
shāngzhàn 商戰 2-376B
shàngzhāng 上章 1-286B
shàngzhāng 尚章 2-1662A
shàngzhǎng 上漲 1-294A
shàngzhàng'er 上帳兒 1-286A
shāngzhāo 商招 2-371B
shǎngzhào 賞召 10-253B
shāngzhé 傷折 1-1636B
shāngzhé 殤折 5-177A
shàngzhé 上哲 1-282B
shāngzhěn 傷軫 1-1639B
shàngzhēn 上真 1-282B
shàngzhèn 上陣 1-282A
shāngzhèng 觴政 10-1384B
shàngzhēng 上征 1-276B
shàngzhēng 上烝 1-285A
shàngzhēngxiàbào 上蒸下報 1-291A
shāngzhì 傷痍 1-1638B
shāngzhì 商質 2-376A
shǎngzhī 賞知 10-254B
shǎngzhí 賞直 10-254B
shǎngzhì 賞秩 10-255B
shàngzhī 上肢 1-277A
shàngzhí 上直 1-275B
shàngzhǐ 上旨 1-272B
shàngzhǐ 上指 1-278B
shàngzhǐ 上紙 1-285A
shàngzhì 上知 1-276B
shàngzhì 上志 1-273B
shàngzhì 上秩 1-283B
shàngzhì 上智 1-289A
shàngzhì 尚志 2-1661A
shàngzhīhuí 上之回 1-266A
shàngzhīsuǒhào… 上之所好,下必從之 1-266A
shāngzhōng 商中 2-370B
shǎngzhōng 賞鍾 10-258B
shǎngzhòng 賞重 10-255B
shàngzhōng 上中 1-267A
shàngzhǒng 上冢 1-284B
shàngzhǒng 上塚 1-291A
shàngzhǒng 上種 1-293A
shàngzhōngnóng 上中農 1-267B
shāngzhōu 商周 2-372A
shàngzhòu 上宙 1-277B
shàngzhòu 上晝 1-287B
shāngzhù 商祝 2-373A
shāngzhù 觴祝 10-1384B
shàngzhǔ 上主 1-270B
shàngzhǔ 尚主 2-1661A
shàngzhuāng 上妝 1-275A
shàngzhuāng 上裝 1-292B
shàngzhūang 上樁 1-294B
shàngzhùguó 上柱國 1-279A
shāngzhuó 商酌 2-373A
shāngzhuó 觴杓 10-1384A
shāngzhuó 觴勺 10-1384A
shāngzhuó 觴酌 10-1384B
shǎngzhuó 賞酌 10-255B
shǎngzhuó 賞擢 10-258A
shàngzhuó 上著 1-285A
shàngzhuó 上着 1-286B
shāngzǐ 殤子 5-177A
shàngzī 上資 1-292A
shàngzǐ 上梓 1-285B
shàngzǐ 尚子 2-1659B
shàngzì 尚字 2-1661A
shàngzì 尚自 2-1661A
shàngzōng 上宗 1-277B
shàngzòu 上奏 1-278B
shàngzú 上足 1-274A
shàngzú 上族 1-286B
shàngzǔ 上祖 1-281B
shàngzuì 上罪 1-292A
shàngzūn 上尊 1-290A
shàngzūn 上樽 1-296B
shàngzūnjiǔ 上尊酒 1-290A
shàngzūnjiǔ 上樽酒 1-296B
shàngzuǒ 上佐 1-274A
shàngzuǒ 尚左 2-1660B
shàngzuò 上坐 1-274B
shàngzuò 上座 1-284A
shānhǎi 山海 3-782B
shānhǎiguān 山海關 3-783A
shānhǎijīng 山海經 3-782B
shānhàn 山漢 3-792B
shānhàn 扇汗 7-365B
shānháo 山豪 3-792A
shànhǎo 善好 3-442A
shānhé 山河 3-777A
shānhè 山壑 3-796A
shānhè 苫褐 9-336A
shānhè 扇和 7-365B
shānhè 扇赫 7-367A
shànhé 善和 3-443A
shānhébiǎolǐ 山河表裏 3-777A
shànhéfāng 善和坊 3-443A
shānhènzi 山夯子 3-769B
shānhéshang 山和尚 3-776A
shānhétao 山核桃 3-781A
shānhétaochàzhe… 山核桃差着一槅兒 3-781A
shānhéyìgǎi… 山河易改,本性難移 3-777A
shànhèzhuānqiū 擅壑專丘 6-927B
shānhóng 山洪 3-780A
shǎnhóng 閃紅 12-21B
shànhóng 贍宏 10-303A
shànhòu 善後 3-444B
shànhòu 擅厚 6-926A
shànhòujú 善後局 3-444B
shānhū 山呼 3-775B
shānhú 山胡 3-778B
shānhú 珊瑚 4-541A
shānhù 山户 3-769A
shǎnhū 閃忽 12-21A
shǎnhū 睒忽 7-1234B
shànhù 贍護 10-304B
shānhuā 山花 3-772B
shànhuà 禪化 7-952B
shànhuà 善化 3-441A
shànhuái 善懷 3-449A
shānhuájiùsù 删華就素 2-642B
shānhuán 山環 3-795B
shānhuán 山鬟 3-798B
shànhuàn 善幻 3-441A
shànhuàn 善宦 3-445A
shānhuāng 山荒 3-778B
shānhúdǐng 珊瑚頂 4-541B
shānhúgōu 珊瑚鈎 4-541B
shānhúgōu 珊瑚鉤 4-541B
shānhuī 山獋 3-788A
shānhuì 山會 3-790A
shānhuì 山諱 3-795A
shānhuì 羶穢 6-1392A
shānhuì 羶穢 9-194A
shànhuǐ 訕毀 11-38B
shànhuǐ 善毀 3-447B
shànhuì 善會 3-447B
shānhūn 羶葷 9-193B
shānhūn 膻葷 6-1382A
shānhuǒ 山火 3-769A
shānhuò 山貨 3-786A
shānhuò 搧惑 6-819B
shānhuò 煽惑 7-218A
shānhuò 扇惑 7-366B
shànhuò 善惑 3-446B
shǎnhuòhuò 閃霍霍 12-23A
shānhúqiáo 珊瑚翹 4-541B
shānhúshù 珊瑚樹 4-541B
shānhúwǎng 珊瑚網 4-541B
shānhúzhū 珊瑚珠 4-541B
shānián 煞年 7-211A
shāniǎo 沙鳥 5-956A
shāniú 沙牛 5-951A
shānjī 山屐 3-783A
shānjī 山基 3-784B
shānjī 山積 3-794B
shānjī 山雞 3-797A
shānjī 删緝 2-643B
shānjī 杉雞 4-786A
shānjī 杉鷄 4-786A
shānjí 山集 3-788A
shānjí 痁疾 8-295B
shānjí 柵極 4-922A
shānjǐ 山脊 3-782B
shānjì 山紀 3-780B
shānjì 山記 3-782A
shānjì 山際 3-791A
shānjì 山薊 3-794A
shānjì 山罽 3-796A
shǎnjī 閃擊 12-23A
shànjī 訕譏 11-39A
shànjī 繕緝 9-1022A
shànjǐ 贍給 10-304B
shànjì 贍濟 10-304B
shānjiā 山家 3-783A
shānjiǎ 山岬 3-776A
shànjiā 善家 3-445B
shànjiā 贍家 10-303B
shānjiā 痁痂 8-284A
shànjiǎ 繕甲 9-1021B
shànjià 善賈 3-447A
shànjià 善價 3-448A
shànjià 擅價 6-927A
shānjiān 山尖 3-771A
shānjiǎn 删剪 2-643A
shānjiǎn 删減 2-643A
shānjiǎn 删翦 2-643B
shānjiǎn 删簡 2-644A
shānjiǎn 芟剪 9-310B
shānjiǎn 芟翦 9-310B
shānjiàn 山澗 3-793B
shānjiàn 山磵 3-796A
shānjiàn 山檻 3-796B
shànjiàn 善薦 3-448B
shànjiàn 善諫 3-449A
shānjiāng 山薑 3-794A
shānjiǎng 扇奬 7-367A
shānjiàng 山匠 3-771A
shànjiàng 騸匠 12-872A
shānjiǎnxìng 山簡興 3-797A
shānjiǎnzuì 山簡醉 3-797A
shānjiāo 山郊 3-777A
shānjiāo 山椒 3-787B
shānjiǎo 山角 3-773B
shānjiǎo 山脚 3-786A
shānjiào 山徼 3-795A
shānjiào 山叫 3-769B
shānjiào 山嶠 3-793B
shānjiào 山轎 3-797B
shànjiāo 善交 3-442A
shànjiào 扇轎 7-367B
shānjiàozi 山叫子 3-769B
shānjiāzōng 山家宗 3-783A
shānjībōwěi 山積波委 3-794B
shānjiē 山階 3-786B
shānjié 山偈 3-786A
shānjié 山劫 3-772B
shānjié 删節 2-643B
shānjié 煽結 7-218A
shānjié 扇結 7-366B
shānjiè 山芥 3-772B
shānjiè 山界 3-779A
shànjié 訕訐 11-38A
shànjié 善節 3-447B
shānjiéběn 删節本 2-643B
shānjiéhào 删節號 2-643B
shānjiézǎozhuō 山節藻梲 3-790A
shānjījiāo 山雞椒 3-797A
shānjīn 山巾 3-767A
shānjīn 山斤 3-768B
shānjīn 山金 3-776B
shānjǐn 杉錦 4-785B
shǎnjīn 陝津 11-980B
shànjīn 訕觔 11-38A
shànjīn 訕筋 11-38B
shànjìn 善禁 3-447A
shānjīng 山荆 3-778A
shānjīng 山經 3-791A
shānjīng 山精 3-792A

shānjìng 山徑 3-782A
shānjìng 山逕 3-781B
shānjìng 杉徑 4-785B
shànjìng 善旌 3-446A
shànjīng 善經 3-447B
shànjìng 善静 3-447B
shānjiōng 山扃 3-780A
shānjiū 山鳩 3-790A
shānjiǔ 山酒 3-782B
shànjiù 贍救 10-303B
shānjīyìngshuǐ 山雞映水 3-797A
shǎnjīzhàn 閃擊戰 12-23A
shānjīzhàoyǐng 山雞照影 3-797A
shānjū 山居 3-777B
shānjū 山狙 3-776B
shānjú 山菊 3-784B
shānjú 山橘 3-794A
shānjǔ 刪舉 2-644A
shānjù 扇聚 7-367A
shànjǔ 善舉 3-448B
shànjǔ 贍舉 10-304B
shānjuān 山鵑 3-797A
shànjuǎn 善卷 3-443B
shǎnjué 閃絶 12-22B
shànjué 訕譎 11-39A
shànjué 善覺 3-449B
shānjūn 山君 3-773B
shānjùn 山菌 3-784B
shānjùn 山郡 3-780B
shānjùnzi 山菌子 3-784B
shānjūqióng 山鞠窮 3-796A
shānjūshuǐyá 山砠水厓 3-781A
shānkǎi 潸慨 6-127A
shǎnkāi 閃開 12-22B
shānkān 山龕 3-798B
shānkē 山窠 3-790B
shānkè 山客 3-780A
shànkè 剡客 2-712B
shānkèn 衫褃 9-27B
shānkǒu 山口 3-767A
shānkòu 山寇 3-786B
shànkǒu 訕口 11-38A
shānkū 山枯 3-778B
shānkù 山庫 3-782B
shānkù 扇酷 7-367A
shānkuài 苫塊 9-335B
shānkuài 苫由 9-335B
shǎnkuáng 閃誑 12-23A
shānkuí 山夔 3-798A
shānkuīyīkuì 山虧一簣 3-796A
shànkùn 善困 3-442B
shānkūshísǐ 山枯石死 3-779A
shānlà 山辣 3-792A
shānlài 山籟 3-798B
shànlài 善睞 3-447A
shānlán 山嵐 3-787B
shànlǎn 繕覽 9-1022B
shānláng 山郎 3-777B
shànlàng 扇筤 7-366B
shānláo 山醪 3-796B
shànlǎo 贍老 10-302B
shānléi 山罍 3-798A
shānlèi 山肋 3-771B
shānlèi 潸淚 6-126B
shànlèi 善類 3-449A
shānlí 山梨 3-786A
shānlí 杉籬 4-786A
shānlì 山立 3-770B
shānlì 山吏 3-771A
shānlì 山例 3-776A
shānlì 山栗 3-781A
shǎnlí 閃離 12-23B
shànlǐ 繕理 9-1022A
shànlǐ 贍禮 10-304B
shànlì 訕詈 11-38B
shànlì 善吏 3-441B
shànlì 擅利 6-925B
shànlì 贍麗 10-304B
shānliàn 煽煉 7-218A
shànlián 釤鐮 11-1205B
shànliǎn 訕臉 11-39A
shānliáng 山梁 3-786B
shǎnliàng 閃亮 12-21B
shànliáng 善良 3-442B
shànliàngchuán 扇筤船 7-367A
shānliáo 山寮 3-793B
shānlìbù 山吏部 3-771A
shānliè 扇烈 7-366A
shānlìhóng 山裏紅 3-790B
shānlín 山林 3-774B
shànlín 善鄰 3-448A
shānlíng 山陵 3-783B
shānlíng 山靈 3-799A
shānlǐng 山嶺 3-796A
shānlíngbēng 山陵崩 3-783B
shānlínjī 山林屐 3-775A
shānlínwénxué 山林文學 3-774B
shānlínyǐnyì 山林隱逸 3-775A
shānliú 山榴 3-791B
shānliú 杉瘤 4-785B
shānliú 潸流 6-126B
shānliù 山溜 3-790B
shānliù 山霤 3-797A
shānlóng 山龍 3-795A
shānlóng 山籠 3-798B
shānlǒng 山隴 3-797B
shānlǒng 山壟 3-798A
shānlòng 山弄 3-772A
shānlòng 山峀 3-781B
shànlóng 扇籠 7-367B
shānlóngzǐ 山龍子 3-795B
shānlóu 山樓 3-793A
shānlòu 山漏 3-792B
shānlú 苫廬 9-336A
shānlù 山陸 3-783B
shānlù 山渌 3-786B
shānlù 山麓 3-797B
shǎnlù 閃露 12-24A
shànlù 繕録 9-1022A
shānluán 山巒 3-798B
shānluàn 挻亂 6-564B
shānluàn 煽亂 7-218A
shànlùn 訕論 11-39A
shānluó 杉蘿 4-786A
shānluò 山落 3-787B
shānluò 刪落 2-643A
shǎnluò 陝洛 11-980A
shǎnluò 閃落 12-22B
shānlǘ 山驢 3-799A
shānlǚ 山侣 3-776B
shānlüè 刪掠 2-643A
shānlüè 刪略 2-643A
shānlǘwáng 山驢王 3-799A
shānmǎ 跚馬 10-449A
shànmǎ 扇馬 7-366A
shànmǎ 善馬 3-445A
shànmǎ 騸馬 12-872A
shànmà 訕罵 11-39A
shānmài 山脉 3-779B
shānmài 山脈 3-782A
shānmài 掞邁 6-713A
shānmán 山蠻 3-799A
shānmāo 山貓 3-793B
shānmáo 山毛 3-768B
shānmǎo 山茆 3-776A
shānmào 衫帽 9-27B
shànmāo 騸貓 12-872A
shānmāo'er 山貓兒 3-793B
shànmǎshúrén 善馬熟人 3-445A
shānméi 山眉 3-780B
shānmèi 山魅 3-792A
shǎnmèi 摻袂 6-848A
shànměi 擅美 6-926A
shànměi 贍美 10-303A
shànměi 檀美 4-1348B
shànméishànyǎn 善眉善眼 3-445A
shānmén 山門 3-777B
shànmén 善門 3-443B
shānméng 山氓 3-777A
shānméng 山甿 3-775B
shānméng 山盟 3-789B
shānménghǎishì 山盟海誓 3-789B
shānmì 山蜜 3-792B
shānmiǎn 山冕 3-785A
shānmiàn 山面 3-779A
shǎnmiàn 閃面 12-21B
shànmiàn 扇面 7-366A
shànmiànduì 扇面對 7-366A
shānmiáo 山苗 3-774B
shànmiàodì 贍廟地 10-304A
shānmín 山民 3-770B
shànmín 善民 3-441B
shànmǐn 贍敏 10-303B
shānmíng 山茗 3-778B
shānmíng 山銘 3-792A
shǎnmíng 閃明 12-21A
shànmíng 善名 3-442A
shànmíng 擅名 6-925B
shànmìng 擅命 6-926A
shānmíngɡǔyìng 山鳴谷應 3-791B
shānmíngshuǐxiù 山明水秀 3-775B
shānmǒ 删抹 2-642A
shànmò 善没 3-442B
shànmò 贍墨 10-304A
shànmóu 善謀 3-448B
shānmǒwēiyún 山抹微雲 3-774A
shānmù 山木 3-767B
shànmù 羶慕 9-193B
shǎnmù 閃目 12-20B
shānmǔdàshū 山姆大叔 3-777B
shànmúshànyàng 善模善様 3-448A
shānnà 山衲 3-780B
shānnài 山柰 3-778B
shānnán 山南 3-778B
shānnánhǎiběi 山南海北 3-778B
shànnánxìnnǚ 善男信女 3-442A
shànnánzǐ 善男子 3-442A
shānnǎopàn 山腦坢 3-790A
shànnéng 善能 3-445B
shānní 山泥 3-777A
shānnì 羶膩 9-194A
shànniàn 善念 3-443A
shānniè 煽孽 7-218A
shànnìng 善佞 3-442B
shānnóng 山農 3-790A
shānnòng 煽弄 7-217B
shànnù 訕怒 11-38A
shānnǚ 山女 3-767A
shǎnnǜ 閃朒 12-21A
shǎnnǜ 閃朒 12-22A
shànnǚ 善女 3-440B
shānnüè 煽虐 7-217B
shānnüè 扇虐 7-366A
shànnǚrén 善女人 3-440B
shān'ōu 山謳 3-797A
shānpái 山牌 3-788A
shànpái 膳牌 6-1382A
shānpáo 山庖 3-776B
shānpáo 衫袍 9-27A
shānpáo 扇庖 7-365B
shānpào 山炮 3-780A
shānpéng 山棚 3-787B
shānpǐ 山癖 3-797B
shānpì 山僻 3-793B
shànpǐ 善不 3-440B
shànpǐ 善否 3-442A
shānpiàn 煽騙 7-218A
shānpiáo 山瓢 3-794B
shānpíng 山屏 3-780B
shānpíng 山瓶 3-782B
shànpíng 善平 3-441B
shānpípá 山枇杷 3-775A
shànpíshànliǎn 訕皮訕臉 11-38A
shānpō 山坡 3-774B
shānpò 扇迫 7-365B
shǎnpò 閃魄 12-23A
shānpōdì 山坡地 3-774B

shànpópo 善婆婆 3-446A
shānpōyáng 山坡羊 3-774B
shānpǔ 山浦 3-782B
shānpù 山瀑 3-797B
shànpūyíng 善撲營 3-448A
shānqī 山妻 3-775B
shānqī 山栖 3-781A
shānqī 山棲 3-787B
shānqí 山祇 3-777B
shānqì 山砌 3-779A
shānqì 山氣 3-781B
shānqì 删棄 2-643A
shānqì 膻氣 6-1391B
shànqí 善騎 3-449A
shànqì 疝氣 8-284A
shànqì 訕棄 11-38B
shànqì 善氣 3-445B
shànqì 繕葺 9-1022A
shànqià 贍洽 10-303A
shānqiān 山阡 3-770B
shānqiàn 山嵌 3-787B
shānqiàn 山塹 3-791B
shànqián 善錢 3-448B
shānqiáng 山廧 3-795A
shānqiáng 山牆 3-796B
shànqiáng 擅彊 6-927A
shànqiáng 擅强 6-926B
shānqiāo 跚橇 10-449A
shānqiáo 山樵 3-794A
shānqiào 姍誚 4-333B
shànqiǎo 善巧 3-441A
shànqiào 訕誚 11-39A
shànqiè 贍切 10-302B
shānqiézi 山茄子 3-774B
shānqīgǔyǐn 山棲谷飲 3-787B
shānqín 山禽 3-788A
shānqíng 山情 3-786B
shānqìng 山箐 3-791B
shànqìng 善慶 3-448B
shānqīngshuǐxiù 山清水秀 3-786A
shānqióngshuǐduàn 山窮水斷 3-793B
shānqióngshuǐjìn 山窮水盡 3-793B
shānqióngshuǐjué 山窮水絶 3-793B
shānqiū 山湫 3-788B
shānqiū 山丘 3-770A
shānqiū 山邱 3-773A
shānqiú 山囚 3-770A
shānqū 山曲 3-771A
shānqū 山區 3-784B
shānqǔ 山娶 3-784B
shānqǔ 删取 2-642A
shānquān 山圈 3-786A
shānquán 山泉 3-779B
shānquán 煽權 7-218A
shànquán 善權 3-449B
shànquán 擅權 6-927B
shànquǎn 善綣 3-448A
shānquē 山闕 3-797B
shānquè 山雀 3-785A
shānquè 山鵲 3-797B
shānqún 衫裙 9-27B
shànqún 善羣 3-447B
shānrán 潸然 6-127A
shǎnrán 閃然 12-22B
shǎnràng 閃讓 12-24A
shànrǎng 善壤 3-449B
shànràng 禪讓 7-957B
shànràng 訕讓 11-39B
shànràng 擅讓 6-927B
shānrén 山人 3-766B
shànrén 善人 3-440A
shànrén 繕人 9-1021B
shànrì 善日 3-441A
shānróng 山戎 3-770B
shānróng 山容 3-783A
shānróng 埏鎔 2-1100A
shānrónghǎinà 山容海納 3-783A
shānróu 埏揉 2-1100A
shānròu 羶肉 9-193B
shànróu 善柔 3-445A
shānrú 山茹 3-778B
shànrǔ 訕辱 11-38A
shànrù 贍縟 10-304B
shànruì 善瑞 3-447A
shānrùn 删潤 2-643B
shànruò 善弱 3-445B
shǎnsà 閃颯 12-23A
shànsǎ 赸撒 9-1085A
shǎnsài 陝塞 11-980B
shànsǎn 扇繖 7-367B
shānsāng 山桑 3-784A
shānsāo 山繅 3-796B
shānsāo 山臊 3-796A
shānsāo 山獫 3-792A
shānsāo 山獠 3-795A
shānsāo 羶臊 9-194A
shānsè 山色 3-771B
shǎnsè 閃色 12-21A
shànsè 善色 3-442A
shānsēng 山僧 3-792A
shǎnshā 閃殺 12-22A
shànshā 擅殺 6-926B
shànshà 扇箑 7-367A
shànshà 扇翣 7-367B
shānshān 摻摻 6-848A
shānshān 縿縿 9-1014A
shānshān 彡彡 3-1112A
shānshān 芟芟 9-310B
shānshān 姍姍 4-333B
shānshān 珊珊 4-541A
shānshān 跚跚 10-449A
shānshān 潸潸 6-127A
shǎnshǎn 閃閃 12-22A
shǎnshǎn 睒睒 5-780B
shǎnshǎn 煔煔 7-200B
shǎnshǎn 睒閃 7-1234B
shǎnshǎn 睒睒 7-1234B
shǎnshǎn 睒烱 7-1234B
shǎnshǎn 睒睭 7-1234B
shǎnshǎn 烱烱 7-218B
shǎnshǎn 睭睒 7-1248A
shǎnshǎn 睭睭 7-1248A
shànshàn 博贍 1-916A
shànshàn 汕汕 5-926B
shànshàn 訕訕 11-38B
shànshàn 赸赸 9-1085A
shànshàn 善善 3-447A
shànshàn 鄯善 10-684B
shànshàn 潬潬 6-141A
shǎnshǎncángcáng 閃閃藏藏 12-22A
shànshǎng 善賞 3-448A
shànshàng 訕上 11-38A
shānshàngwúlǎohǔ… 山上無老虎,猴子稱大王 3-767A
shānshàngyǒushān 山上有山 3-767A
shanshānláichí 姍姍來遲 4-333B
shānshānláichí 珊珊來遲 4-541A
shānshānshuǐshuǐ 山山水水 3-767A
shànshànwù'è 善善惡惡 3-447A
shānshāo 山燒 3-795B
shànsháo 樿杓 4-1313A
shànshǎo 善少 3-441A
shānshè 山舍 3-776B
shānshè 山麝 3-798B
shǎnshè 閃射 12-21B
shànshè 善攝 3-449B
shànshè 饍舍 12-1268A
shānshēn 山身 3-773A
shānshén 山神 3-780A
shǎnshēn 閃身 12-21A
shǎnshēn 睒眒 7-1234B
shànshēn 贍身 10-303A
shǎnshén'er 閃神兒 12-21B
shānshěng 删省 2-642B
shànshēng 訕聲 11-39A
shànshēng 善聲 3-449A
shànshēng 擅聲 6-927A
shànshēng 繕生 9-1021B
shànshēng 贍生 10-302B
shànshèng 善勝 3-446B
shānshényé 山神爺 3-780A
shānshī 山師 3-782A
shānshī 删詩 2-643B
shānshí 山實 3-792B
shānshí 删拾 2-642B
shānshí 羶食 9-193B
shānshì 山世 3-769B
shānshì 山市 3-770A
shānshì 山事 3-775B
shānshì 山勢 3-789A
shǎnshī 閃失 12-21A
shǎnshī 閃屍 12-21B
shǎnshí 閃石 12-20B
shǎnshì 閃試 12-23A
shǎnshì 睒睗 7-1234B
shànshī 擅師 6-926B
shànshí 善時 3-445A
shànshí 膳食 6-1381B
shànshì 扇市 7-365B
shànshì 善士 3-440B
shànshì 善世 3-441A
shànshì 善事 3-442B
shànshì 善逝 3-445A
shànshì 善視 3-446A
shànshì 擅市 6-925B
shànshì 擅事 6-926A
shànshì 擅室 6-926A
shànshì 擅勢 6-927A
shànshì 繕飾 9-1022A
shànshìdiāolóng 禪世雕龍 7-952B
shànshǐlìngzhōng 善始令終 3-444A
shānshíliu 山石榴 3-769B
shànshǐshànzhōng 善始善終 3-444A
shānshǒu 摻手 6-848A
shānshǒu 山首 3-780A
shānshòu 山壽 3-791A
shǎnshǒu 摻手 6-848A
shànshōu 善收 3-442A
shànshóu 善熟 3-448B
shànshǒu 善手 3-441A
shànshǒu 善守 3-442A
shànshǒu 繕守 9-1021B
shànshòu 禪受 7-954A
shànshòu 禪授 7-955B
shānshū 山蔬 3-793A
shānshū 删書 2-643A
shānshǔ 山藷 3-796B
shānshù 山戍 3-771A
shānshù 山述 3-775A
shānshù 山墅 3-791B
shānshù 删述 2-642A
shǎnshū 陝輸 11-980B
shǎnshū 閃倏 12-21B
shǎnshū 閃倐 12-21B
shànshū 禪書 7-955B
shànshū 善書 3-445B
shànshǔ 善數 3-448A
shānshuǐ 山水 3-768A
shānshuì 山稅 3-788A
shānshuǐhuà 山水畫 3-768A
shānshuǐkū 山水窟 3-768B
shānshuǐnà 山水衲 3-768A
shānshuǐnòng 山水弄 3-768A
shānshuǐshī 山水詩 3-768A
shānshuǐyì 山水意 3-768A
shānshuǐyùn 山水韻 3-768B
shànshùn 善順 3-446B
shānshuò 煽爍 7-218A
shǎnshuò 閃爍 12-23B
shǎnshuò 閃鑠 12-24A
shǎnshuò 烱爍 7-218B
shànshuò 訕鑠 11-39B
shǎnshuòqící 閃爍其詞 12-23B
shānsī 山思 3-779A
shānsì 山寺 3-770B
shànsī 善思 3-444B
shànsī 贍私 10-303A
shànsī 鱔絲 12-1260B
shànsǐ 善死 3-441B

shānsōng 杉松 4-785B
shànsòngshàndǎo 善頌善禱 3-447B
shānsōu 山廋 3-788B
shānsǒu 山叟 3-779B
shānsǒu 山藪 3-796B
shànsòu 訕嗽 11-39A
shānsù 山蔌 3-791A
shànsú 善俗 3-444B
shànsù 膳宿 6-1382A
shànsù 贍速 10-303A
shànsuì 善歲 3-447A
shānsuō 苫蓑 9-336A
shǎnsuō 閃縮 12-23B
shāntǎ 山獺 3-797B
shāntà 山沓 3-776A
shāntái 山臺 3-791A
shāntài 删汰 2-642A
shàntái 禪臺 7-956B
shāntàn 山炭 3-779A
shàntán 善談 3-448A
shàntán 善譚 3-449A
shāntáng 山堂 3-785A
shāntáng 山塘 3-789A
shàntáng 善堂 3-445B
shàntáng 膳堂 6-1382A
shàntáng 饍堂 12-1268A
shāntángxiāngshuǐ 山堂香水 3-785A
shāntáo 山桃 3-781A
shāntáo 埏陶 2-1100A
shǎntáo 閃逃 12-21B
shànténg 剡藤 2-713A
shāntī 山梯 3-784B
shāntí 山題 3-797A
shāntì 删薙 2-643B
shāntì 芟薙 9-310B
shàntì 嬗替 4-416A
shāntián 山田 3-769B
shāntián 山畋 3-779A
shàntián 善田 3-441B
shàntián 贍田 10-302B
shāntiānbǔ 扇天卜 7-365A
shǎntiào 閃跳 12-23A
shàntíluó 扇提羅 7-366B
shāntíng 山亭 3-779B
shāntíng 山庭 3-779B
shàntīng 善聽 3-449B
shàntíng 饍庭 12-1268A
shāntóng 山童 3-788B
shāntóng 山僮 3-792A
shàntōng 善通 3-445B
shàntōng 贍通 10-303B
shāntóngshílàn 山童石爛 3-788B
shāntóngzǐ 山桐子 3-781A
shāntóu 山頭 3-794A
shàntóu 扇頭 7-367B
shāntóucuōhé 山頭撮合 3-794B
shāntóutíngwèi 山頭廷尉 3-794B
shāntóuzhǔyì 山頭主義 3-794B
shāntú 山圖 3-791B
shāntuí 山穨 3-794B
shàntuí 扇隤 7-367A
shàntuì 擅退 6-926B
shǎntuō 閃脱 12-22A
shānwā 山洼 3-780A
shānwài 山外 3-770A
shānwàiyǒushān… 山外有山,天外有天 3-770A
shānwàizōng 山外宗 3-770A
shànwán 繕完 9-1021B
shānwáng 山王 3-767B
shānwǎng 珊網 4-541B
shànwàng 訕妄 11-38A
shànwàng 善忘 3-442B
shānwēi 山隈 3-787A
shānwěi 山委 3-776A
shànwèi 禪位 7-953A
shànwèi 贍蔚 10-304A
shànwèi 贍遺 10-304A
shànwèi 掞蔚 6-713A
shānwén 山文 3-769A
shānwén 山紋 3-784A
shànwén 禪文 7-952B
shànwén 贍文 10-302B
shànwén 贍聞 10-304A
shānwēng 山翁 3-782A
shānwō 山窩 3-790B
shānwōwō 山窩窩 3-790B
shānwū 山屋 3-780B
shānwū 山烏 3-782A
shānwǔ 姍侮 4-333B
shānwù 山塢 3-789A
shānwù 山物 3-776A
shǎnwù 閃誤 12-23A
shànwǔ 扇舞 7-367A
shànwǔ 訕侮 11-38A
shànwù 善物 3-443A
shānxī 山西 3-771A
shānxī 山犀 3-788B
shānxī 山溪 3-790B
shānxī 山谿 3-796A
shānxí 苫席 9-335B
shànxí 扇席 7-366A
shānxǐ 删洗 2-642B
shānxì 山系 3-773B
shànxī 剡溪 2-712B
shànxī 擅夕 6-925B
shànxí 善習 3-446A
shānxiá 山峽 3-781B
shānxiá 山陿 3-786B
shānxiá 山硤 3-787B
shǎnxià 閃下 12-20B
shānxiǎn 山險 3-793B
shānxiàn 山縣 3-794B
shǎnxiàn 閃現 12-22A
shànxiān 扇仙 7-365A
shānxiāng 山香 3-779B
shānxiāng 山鄉 3-787A
shānxiāng 搧箱 6-819B
shānxiāng 膻鄉 6-1391B
shānxiāng 膻薌 6-1391B
shānxiāng 羶薌 9-194A
shānxiǎng 山響 3-798A
shānxiàng 山相 3-779A
shānxiàng 山向 3-771B
shànxiáng 善祥 3-445B
shànxiáng 善詳 3-447B
shànxiáng 譱祥 11-450B
shànxiàng 善相 3-444B
shānxiāo 山蕭 3-794B
shānxiāo 山魈 3-795A
shānxiāo 山猾 3-782A
shānxiào 山笑 3-781B
shānxiào 姍笑 4-333B
shànxiǎo 善曉 3-448B
shànxiào 訕笑 11-38B
shànxiào 赸笑 9-1085A
shānxiǎoshànzi 搧小扇子 6-819B
shānxībāngzi 山西梆子 3-771A
shànxīchuán 剡溪船 2-712B
shānxié 山脅 3-784A
shānxié 山脇 3-782A
shānxié 衫襭 9-27B
shānxiè 疝泄 8-295B
shànxiě 繕寫 9-1022A
shǎnxiē'er 閃些兒 12-21A
shānxīn 山心 3-769B
shànxīn 善心 3-441A
shànxìn 善信 3-444B
shānxīng 膻腥 6-1391B
shānxīng 羶腥 9-193B
shānxíng 山陘 3-781B
shānxíng 山行 3-771B
shānxíng 山形 3-772A
shānxíng 煽行 7-217B
shānxíng 羶行 9-193B
shānxìng 山杏 3-772B
shānxìng 山性 3-777A
shànxīng 善星 3-444B
shànxīng 擅興 6-927A
shànxíng 善行 3-441B
shànxíng 擅行 6-925B
shànxìng 善性 3-443B
shànxìng 繕性 9-1022A
shànxīngfā 擅興發 6-927A
shānxínghǎisù 山行海宿 3-771B
shànxīnglǜ 擅興律 6-927A
shānxiōng 鞍胸 12-196A
shānxiōng 山芎 3-770B
shānxīpiàohào 山西票號 3-771A
shànxīténg 剡溪藤 2-713A
shānxiū 山羞 3-782B
shānxiū 删修 2-642B
shānxiù 山岫 3-776A
shānxiù 衫袖 9-27A
shànxiū 膳羞 6-1382A
shànxiū 繕修 9-1022A
shànxiū 饍羞 12-582A
shànxiù 善秀 3-442B
shànxíwēnzhěn 扇席温枕 7-366A
shànxīxìng 剡溪興 2-713A
shānxū 山墟 3-791A
shānxù 删敘 2-642B
shànxù 扇訹 7-366B
shànxù 蟺緒 8-983B
shànxù 贍卹 10-303A
shànxù 贍恤 10-303A
shànxù 饍序 12-1268A
shānxuān 山喧 3-787B
shānxuàn 潸泫 6-126B
shānxuē 删削 2-642B
shānxuē 芟削 9-310B
shānxué 山穴 3-770B
shǎnxué 睒瞲 7-1234B
shànxué 善學 3-448B
shànxué 贍學 10-304B
shànxuè 訕謔 11-39A
shànxuè 善謔 3-449A
shānyá 山芽 3-772B
shānyá 山厓 3-775B
shānyá 山崖 3-785B
shànyǎ 贍雅 10-303B
shānyān 山崦 3-785B
shānyán 山嵒 3-787B
shānyán 山顔 3-797B
shānyán 山巖 3-798B
shānyǎn 山眼 3-785A
shǎnyǎn 閃眼 12-22A
shǎnyàn 睒豔 5-780B
shànyán 善言 3-442B
shānyáng 山羊 3-771B
shānyáng 山陽 3-786B
shānyáng 山楊 3-789A
shānyáng 煽揚 7-218A
shānyáng 扇揚 7-366B
shànyǎng 贍養 10-304A
shānyángdí 山陽笛 3-786B
shānyánghuì 山陽會 3-787A
shānyánglèi 山陽淚 3-787A
shānyǎnpūméi 苫眼鋪眉 9-335B
shānyāo 山妖 3-774A
shānyāo 山腰 3-790A
shānyáo 山猺 3-790A
shānyáo 山謡 3-796B
shānyáo 煽摇 7-218A
shānyáo 扇摇 7-366B
shānyào 山藥 3-796B
shānyào 删要 2-642B
shānyào 扇耀 7-367B
shǎnyào 閃耀 12-24A
shànyào 善藥 3-449A
shānyàodàn 山藥蛋 3-796B
shānyáodìdòng 山摇地動 3-789A
shānyáohǎicuò 山餚海錯 3-795A
shānyáoshuǐyuǎn 山遥水遠 3-790A
shānyáoyěsù 山肴野蔌 3-776B
shānyáoyěsù 山殽野蔌 3-788A
shànyáxiánkè 訕牙閑嗑 11-38A

shānyē 扇暍 7-366B
shānyě 山埜 3-784B
shānyě 山野 3-785A
shānyè 山腋 3-788A
shànyè 善業 3-447A
shànyè 擅業 6-927A
shānyī 山衣 3-771B
shānyí 山夷 3-771A
shānyí 删夷 2-641B
shānyí 芟夷 9-310A
shānyí 芟薙 9-310B
shānyì 山邑 3-773A
shānyì 山意 3-790B
shānyì 山驛 3-798B
shānyì 删刈 2-641B
shānyì 删易 2-642A
shānyì 芟刈 9-310A
shānyì 姍議 4-333B
shǎnyì 閃異 12-22A
shǎnyì 閃熠 12-23A
shànyī 善衣 3-442A
shànyí 擅移 6-926B
shànyì 訕議 11-39B
shànyì 善意 3-447B
shànyì 嬗易 4-416A
shànyì 繕裔 9-1022A
shànyì 贍逸 10-303B
shānyīn 山陰 3-783B
shānyín 山垠 3-778A
shānyín 山淫 3-786B
shānyǐn 山蚓 3-781B
shānyǐn 山隱 3-795B
shānyǐn 煽引 7-217B
shànyīn 訕音 11-38A
shànyǐn 膳飲 6-1382A
shànyǐn 饍飲 12-582B
shānyīnchéngxìng
山陰乘興 3-783B
shānyīndào 山陰道 3-784A
shānyīndàoshàng 山陰道上 3-784A
shānyīndàoshàng…
山陰道上,應接不暇 3-784A
shānyīng 山英 3-774B
shānyīng 山櫻 3-798A
shānyíng 山楹 3-789A
shānyíng 山營 3-795B
shānyǐng 山影 3-793A
shǎnyìng 閃映 12-21B
shànyíng 繕營 9-1022B
shànyǐng 扇影 7-367B
shànyìng 善應 3-449A
shānyīnkè 山陰客 3-783B
shānyīnxìng 山陰興 3-784A
shānyīnyèxuě 山陰夜雪 3-783B
shānyínzéchàng 山吟澤唱 3-773A
shànyòng 贍用 10-302B
shānyōu 山幽 3-779A
shānyóu 山郵 3-781B
shānyóu 山遊 3-788B
shānyòu 山右 3-769B
shānyòu 山狖 3-776B
shānyòu 煽誘 7-218A
shānyòu 扇誘 7-367A
shànyǒu 善友 3-440B
shànyòu 善誘 3-448A
shànyǒushànbào…
善有善報,惡有惡報 3-441B
shānyú 山隅 3-787A
shānyú 山嵎 3-787B
shānyú 山畬 3-788A
shānyú 山虞 3-789B
shānyú 山輿 3-796A
shānyǔ 山宇 3-772A
shānyǔ 痁語 8-295B
shānyǔ 苫宇 9-335B
shānyù 山奧 3-788A
shānyù 山芋 3-770B
shānyù 山嫗 3-792B
shānyù 山蕷 3-794A
shǎnyú 閃揄 12-22A
shǎnyú 閃榆 12-22B
shànyú 扇輿 7-367B
shànyú 善于 3-440B
shànyú 善於 3-443B
shànyú 贍腴 10-304A
shànyǔ 訕語 11-39A
shànyù 善喻 3-446B
shànyù 善遇 3-446B
shànyù 善馭 3-446A
shànyù 贍育 10-303A
shànyù 贍郁 10-303A
shànyù 贍裕 10-304A
shànyù 饍御 12-582A
shānyuān 山淵 3-788B
shānyuán 山原 3-781A
shānyuán 山園 3-789B
shānyuán 山塬 3-789A
shānyuán 山源 3-790B
shānyuán 衫褑 9-27B
shānyuàn 山院 3-780B
shànyuān 善淵 3-447A
shànyuān 蟺蜎 8-983B
shànyuán 善緣 3-448B
shànyuānhuòhuò 蟺蜎蠖濩 8-983B
shānyuē 删約 2-642B
shānyuè 山樂 3-794A
shānyuè 山岳 3-776A
shānyuè 山越 3-787A
shānyuè 山嶽 3-796A
shānyuè 杉月 4-785B
shānyuè 笘籥 8-1118B
shànyuè 禪月 7-952B
shànyuè 扇月 7-365A
shànyuè 善月 3-441A
shānyuèguān 山樂官 3-794A
shànyùn 善蘊 3-449A
shānyǔyùlái…
山雨欲來風滿樓 3-775B
shānzāi 挻災 6-564B
shànzāi 善哉 3-444A
shànzǎi 膳宰 6-1382A
shànzǎi 饍宰 12-582A
shànzāixíng 善哉行 3-444A
shānzǎo 山藻 3-797B
shānzào 煽造 7-217B
shànzǎo 贍藻 10-304B
shànzǎo 掞藻 6-713A
shànzào 繕造 9-1022A
shānzé 山澤 3-795B
shānzé 芟柞 9-310B
shānzéi 山賊 3-789B
shānzhā 山查 3-779A
shānzhā 山楂 3-789A
shānzhā 山樝 3-793A
shānzhǎ 山鮓 3-795A
shànzhà 禪祚 7-955A
shānzhāgāo 山查糕 3-779A
shānzhāi 山齋 3-796B
shānzhài 山砦 3-784B
shānzhài 山寨 3-792B
shǎnzhǎn 閃展 12-22A
shànzhàn 善戰 3-448B
shānzhǎng 山長 3-774A
shānzhǎng 山漲 3-792B
shānzhàng 山丈 3-767A
shānzhàng 山障 3-791A
shānzhàng 山嶂 3-791B
shānzhàng 山瘴 3-795A
shànzhāng 掞張 6-712B
shānzhào 山照 3-789B
shànzhào 善照 3-447B
shānzhě 山鷓 3-798B
shànzhé 擅適 6-927A
shānzhěn 山枕 3-775A
shānzhěn 扇枕 7-365B
shānzhèn 山鎮 3-797A
shànzhèn 贍振 10-303A
shànzhèn 贍賑 10-304A
shānzhèng 删正 2-641B
shānzhèng 芟正 9-310A
shànzhēng 善徵 3-448A
shànzhèng 善政 3-444A
shànzhèng 擅政 6-926A
shānzhēnhǎicuò 山珍海錯 3-778A
shānzhēnhǎiwèi 山珍海味 3-778A
shānzhēnhǎixū 山珍海胥 3-778A
shānzhěnwēnqīn 扇枕温衾 7-365B
shānzhěnwēnxí 扇枕温席 7-365B
shānzhī 山梔 3-779A
shānzhí 挻埴 2-1100A
shānzhí 挻埴 6-564B
shānzhǐ 山址 3-772A
shānzhǐ 山趾 3-785B
shānzhì 山志 3-772A
shānzhì 山雉 3-790A
shànzhí 善職 3-449A
shànzhǐ 剡紙 2-712B
shànzhì 善志 3-442A
shànzhì 善治 3-443B
shànzhì 擅制 6-926A
shànzhì 樿櫛 4-1313A
shànzhì 繕治 9-1021B
shànzhī 贍知 10-303A
shànzhì 贍智 10-303B
shānzhǐchuānxíng
山止川行 3-767B
shànzhīshí 善知識 3-443B
shānzhìyuāntíng 山峙淵渟 3-779A
shānzhízhú 山躑躅 3-798A
shānzhōng 山鐘 3-798A
shānzhǒng 山冢 3-783A
shānzhòng 山衆 3-788A
shànzhōng 剡中 2-712A
shànzhōng 善終 3-446A
shànzhǒng 善種 3-448A
shānzhōngwúhǎohàn…
山中無好漢,猢猻稱霸王 3-768A
shānzhōngxiàng 山中相 3-767B
shānzhōngzǎixiàng
山中宰相 3-767B
shānzhōu 山州 3-772A
shānzhōu 山周 3-776B
shànzhōu 贍洲 10-303A
shānzhū 山猪 3-786A
shānzhū 山豬 3-793A
shānzhǔ 山主 3-770A
shānzhù 山鑄 3-798B
shānzhù 删著 2-643A
shànzhù 贍助 10-302B
shānzhuàn 删撰 2-643B
shǎnzhuàn 閃賺 12-23B
shànzhuān 擅專 6-926B
shānzhuāng 山莊 3-780B
shànzhuàng 善狀 3-444A
shānzhuì 杉贅 4-785B
shǎnzhuì 閃綴 12-23A
shànzhuì 扇墜 7-367A
shānzhuó 山酌 3-781A
shǎnzhuó 閃灼 12-21A
shǎnzhuó 黏灼 7-200B
shǎnzhuó 烱灼 7-218B
shānzhuómù 山啄木 3-785A
shānzhūyú 山茱萸 3-778A
shānzi 衫子 9-27A
shānzī 山貲 3-789B
shānzī 山資 3-790B
shānzǐ 山子 3-767A
shānzǐ 杉子 4-785A
shānzì 山字 3-772A
shànzi 扇子 7-365A
shànzì 善字 3-442A
shànzì 擅自 6-925B
shànzì 擅恣 6-926B
shānzìjiān 山字肩 3-772A
shānzìjìng 山字鏡 3-772A
shānzìtàishǒu 山字太守 3-772A
shànzìwéimóu 善自爲謀 3-441B
shànzǐxiān 扇子仙 7-365A
shānzōng 山宗 3-777A
shānzōu 山陬 3-783B

shǎnzǒu 閃走 12-21A
shānzǒuhǎishì 山陬海澨 3-783B
shānzú 山足 3-773A
shānzǔ 山阻 3-773B
shànzú 澹足 6-176B
shànzú 贍足 10-303A
shānzuǐ 山觜 3-789B
shānzuǐ 山嘴 3-794B
shànzuì 善最 3-446B
shānzūn 山尊 3-788B
shānzūn 山樽 3-794A
shānzuǒ 山左 3-769B
shànzuò 鱣座 12-1268A
sháo'ài 韶艾 12-657B
shào'ài 少艾 2-1648A
shāo'ānwúzào 稍安毋躁 8-83A
shāo'ānwúzào 少安毋躁 2-1649B
shǎo'ānwúzào 少安無躁 2-1649B
shāobǎ 梢靶 4-1038B
shāobǎ'er 鞘靶兒 12-196A
shàobáitóu 少白頭 2-1648B
shǎobàn 少半 2-1648B
shàobàng 哨棒 3-358B
shāobāo 燒包 7-249A
shàobǎo 少保 2-1652A
shāobēi 燒杯 7-250A
shàobiàn 哨弁 3-358A
shàobiàn 哨遍 3-358B
shǎobié 少別 2-1650A
shāobǐng 燒餅 7-253A
shàobīng 哨兵 3-358A
shāobó 捎泊 6-607A
shāobó 梢泊 4-1038A
shāobó 稍伯 8-83B
shāobó 燒煿 7-253A
shàobó 少帛 2-1651B
shàobó 邵伯 10-608B
shàobóshù 邵伯樹 10-608B
shàobóshù 召伯樹 3-77A
shàobósòngtáng 邵伯訟棠 10-608B
shàobótáng 召伯棠 3-77A
shǎobù 少步 2-1650A
shǎobude 少不得 2-1647B
shǎobude 少不的 2-1647B
shàobùgēngshì 少不更事 2-1647B
shàobùjīngshì 少不經事 2-1647B
shǎobuliǎo 少不了 2-1647B
sháobùtóu 韶部頭 12-658B
shǎocái 少才 2-1647A
shǎocǎi 少采 2-1651B
shāocáishén 燒財神 7-251A
shāocán 燒殘 7-252A
shàocān 少參 2-1654A
shāocáo 燒槽 7-253A
shǎochà 少差 2-1652A
shǎochài 少差 2-1652A
shāocháng 梢長 4-1038A
shǎocháng 少長 2-1650B
shàocháng 少常 2-1653B
shāochángdǎnzhuàng 稍長膽壯 8-83B
shàochéng 少成 2-1649A
shàochéng 少城 2-1651B
shàochéng 紹承 9-799B
shàochéngruòxìng 少成若性 2-1649A
sháochǐ 韶齒 12-659A
shàochǐ 少齒 2-1655B
shǎochījiǎnyòng 少吃儉用 2-1649A
shāochú 燒除 7-251A
shàochú 少雛 2-1656A
shàochuán 哨船 3-358B
shāochūn 燒春 7-250A
sháochūn 韶春 12-658A
shāocí 燒瓷 7-251A
shàocóng 少從 2-1653B
shāocūdǎnzhuàng 稍麄膽壯 8-84B
shāodā 捎搭 6-607B
shāodài 捎帶 6-607A
shāodài 梢袋 4-1038A
shāodài 稍帶 8-83B
shāodài 稍袋 8-84A
shāodài 筲袋 8-1171B
shǎodài 少待 2-1652A
shāodàijiǎo 捎帶脚 6-607A
shāodān 燒丹 7-249A
shāodāng 燒當 7-252B
shāodàng 梢當 4-1038A
shǎodāngwújì 少襠無繫 2-1656A
shǎodāngwújì 少擋無繫 2-1655B
shāodānliàngǒng 燒丹鍊汞 7-249A
shāodāo 燒刀 7-248B
sháodāo 韶刀 12-657B
sháodào 韶道 12-659A
shāodāozi 燒刀子 7-248B
shāodēng 燒燈 7-254A
shāodèng 燒鐙 7-254B
shāodēngjié 燒燈節 7-254A
shāodì 稍地 8-83A
shāodì 燒地 7-249B
shàodì 少弟 2-1650A
shàodì 少帝 2-1652A
shāodiǎn 燒點 7-254A
shāodìmián… 燒地眠,炙地臥 7-249B
shāodìwò…燒地臥,炙地眠 7-249B
shàodōngjia 少東家 2-1651A
shàodōngrén 少東人 2-1651A
shàodǒu 筲斗 8-1171A
shàodù 邵杜 10-608B
shàodù 召杜 3-77A
shāodúkuāngfěi 稍牘筐篚 8-85A
shāoduó 燒掇 7-251B
sháoduó 勺鐸 2-171B
shǎoduō 少多 2-1649B
shǎo'è 少惡 2-1654A
shāo'er 梢兒 4-1038A
shào'ér 少兒 2-1651A
shāofà 髾髮 12-743A
sháofà 韶髮 12-659A
shāofán 燒燔 7-254A
shāofàn 燒飯 7-252B
shāofáng 稍房 8-83B
shāofáng 燒房 7-250A
shàofáng 少房 2-1651B
shàofēi 少妃 2-1649B
shāofén 燒焚 7-252A
shāofén 燒熕 7-254A
sháofěn 韶粉 12-658B
sháofēng 杓風 4-786B
sháofēng 韶風 12-658A
shàofǔ 少府 2-1651B
shàofù 少婦 2-1654A
shàofù 少傅 2-1654B
shàofù 少嬪 2-1655A
shàofù 少腹 2-1655A
shàofù 邵父 10-608A
shàofù 紹復 9-799B
shàofùdùmǔ 召父杜母 3-77A
sháogāi 韶陔 12-658A
shàogǎng 哨崗 3-358B
shāogāngdì 燒缸地 7-250B
shāogāoxiāng 燒高香 7-251A
shāogē 燒割 7-252B
shàogē 少歌 2-1655A
shāogēngfàn 燒羹飯 7-254B
shāogēniú 稍割牛 8-84B
shāogōng 梢工 4-1037B
shāogōng 梢公 4-1037B
shāogōng 稍工 8-83A
shāogōng 稍公 8-83A
shāogōng 艄公 9-9B
shāogǒng 燒汞 7-249B
shàogōng 少公 2-1648A
shàogōng 少宮 2-1652A
shàogōngtáng 召公棠 3-77A
shàogōngzhǐ 邵公紙 10-608A
shāoguā 梢瓜 4-1037B
shāoguā 稍瓜 8-83A
shàoguā 邵瓜 10-608B
shàoguān 哨官 3-358A
shāoguāndǎjié 稍關打節 8-85A
shāoguāndǎjié 捎關打節 6-607B
sháoguāng 韶光 12-657B
shǎoguǎng 少廣 2-1655A
shàoguǎng 少廣 2-1655A
shāoguō 燒鍋 7-254A
shāoguōzi 燒鍋子 7-254A
shàohǎi 少海 2-1652B
shāohàn 燒焊 7-252A
shǎohǎo 少好 2-1649B
shàohǎo 少好 2-1649B
shàohào 少昊 2-1651A
shàohào 少皡 2-1655B
sháohé 韶和 12-658A
shāohén 燒痕 7-251B
shàohǒng 哨哄 3-358B
shàohóu 邵侯 10-608B
shàohóuguā 邵侯瓜 10-608B
sháohù 韶護 12-659B
sháohù 韶頀 12-659B
sháohù 韶濩 12-659B
shāohuà 燒化 7-248B
sháohuá 韶華 12-658A
shāohuāng 燒荒 7-250B
shāohūhū 燒乎乎 7-249A
shāohuī 燒灰 7-249B
shāohuǐ 燒毀 7-252B
sháohuī 韶暉 12-659A
shàohuì 少惠 2-1654A
shāohúledejuǎnzi 燒糊了的饒子 7-253A
shāohúlejuǎnzi 燒煳了卷子 7-252B
shāohúlexǐliǎnshuǐ 燒胡了洗臉水 7-250B
shāohuǒ 燒火 7-249A
shāohuò 燒臛 7-253A
shàohuǒ 燒火 7-249A
shāojī 筲箕 8-1171B
shàojì 紹繼 9-800A
shāojiān 梢間 4-1038B
shāojiān 稍間 8-84B
shǎojiān 少間 2-1654B
shǎojiàn 少間 2-1654B
shǎojiàn 少見 2-1650A
shàojiàn 哨箭 3-359A
shǎojiànduōguài 少見多怪 2-1650A
shàojiān'er 哨尖兒 3-358A
shàojiàng 少將 2-1654A
shāojiǎo 捎脚 6-607B
shǎojiǎo 搜攪 6-768B
shāojiǎowénshū 燒角文書 7-249B
shāojié 燒劫 7-249B
shàojiè 紹介 9-799A
shāojīn 燒金 7-250A
shǎojìn 少進 2-1653B
shàojìn 燒燼 7-254B
sháojǐng 韶景 12-658B
sháojǐng 韶警 12-659B
shāojiǔ 燒酒 7-251B
shǎojiǔ 少久 2-1647A
shàojiǔ 紹酒 9-799B
shàojiù 少舊 2-1655B
sháojǔ 韶舉 12-659B
shàojù 紹劇 9-799B
sháojūn 韶鈞 12-659A
shàojūn 少君 2-1650B
shàojūn 哨軍 3-358B
shàojùn 少儁 2-1654B
shàojùn 少俊 2-1652A
shàojūnshù 少君術 2-1650B
shàokāng 少康 2-1653B
shǎokě 少可 2-1648B
shǎokè 少刻 2-1651B
shàokè 少客 2-1652A
shāokōng 梢空 4-1038A
shāokōng 燒空 7-250A

sháokǒu 杓口 4-786B
sháokǒu 勺口 2-171A
shàokǒu 哨口 3-357B
shǎokuǎn 少款 2-1654A
shāolà 燒蠟 7-254B
sháolái 杓倈 4-786B
shàolái 少來 2-1651A
sháolǎng 韶朗 12-658B
shàoláo 少牢 2-1650B
shǎolěi 少壘 2-1656A
shāolěngzào 燒冷竈 7-249B
shāolǐ 稍禮 8-84B
sháolǐ 韶理 12-658B
sháolì 韶麗 12-659B
shǎolǐ 少禮 2-1656A
shàolì 少罵 2-1656A
shàolì 少吏 2-1648B
shāoliàn 燒煉 7-253A
shāoliàn 燒鍊 7-254A
shàolián 捎連 6-607A
shàolián 捎褳 6-607B
shāoliáng 梢梁 4-1038B
sháoliàng 韶亮 12-658A
shǎoliàng 少量 2-1654B
shāoliào 燒料 7-251A
shàoliáo 紹繚 9-800A
shāoliè 捎捩 6-607A
shāolín 梢林 4-1038A
shàolín 少林 2-1651A
sháolíng 韶齡 12-659B
sháolìng 韶令 12-657B
shàolíng 少陵 2-1653A
shàolìng 劭令 2-786A
shàolínquán 少林拳 2-1651A
shàolínsì 少林寺 2-1651A
shāolìshì 燒利市 7-249B
shàolóng 紹隆 9-799B
shàolóu 哨樓 3-359A
shāolú 燒爐 7-254B
shàolù 哨鹿 3-358B
shāoluó 梢騾 4-1038B
shāoluó 筲籮 8-1171B
shāolùtóu 燒路頭 7-252B
shāomǎ 燒馬 7-251A
shàomǎ 捎馬 6-607A
shàomǎ 哨馬 3-358B
shāomái 燒埋 7-251A
shāomài 稍麥 8-84A
shāomài 燒賣 7-253A
shāomáiqián 燒埋錢 7-251A
shāomáiyín 燒埋銀 7-251A
sháomàn 韶曼 12-658B
sháomào 韶茂 12-658A
shàomǎzi 捎馬子 6-607A
shāoméi 燒眉 7-251A
sháoměi 韶美 12-658A
sháomèi 韶媚 12-659A
shàoměi 劭美 2-786A
shàomèi 紹昧 9-799B
shāomén 梢門 4-1038A
sháomí 韶靡 12-659B
sháomiào 韶妙 12-658A
sháomǐn 韶敏 12-658B
shàomín 少民 2-1648B
shāomò 稍秣 8-83B
shàomǔ 少母 2-1648B
shàonǎi 少奶 2-1648B
shàonǎinai 少奶奶 2-1648B
shàonán 少男 2-1650A
shàonán 邵南 10-608B
shàonánfēng 少男風 2-1650A
sháonǎo 韶腦 12-659A
shàonèi 少內 2-1648A
shàonèn 少嫩 2-1655A
sháonián 韶年 12-658A
shǎonián 少年 2-1649A
shàonián 少年 2-1649A
shàoniánchǎng 少年場 2-1649B
sháoniáng 韶娘 12 658B
shàoniángōng 少年宮 2-1649B
shàoniánlǎochéng 少年老成 2-1649A
shàoniánlǎochéng 少年老誠 2-1649A
shàoniánxiānfēngduì 少年先鋒隊 2-1649A
shàoniánxiānfēngyíng 少年先鋒營 2-1649B
shàoniánxíng 少年行 2-1649B
shàoniánzhījiā 少年之家 2-1649A
shàoniánzǐ 少年子 2-1649A
shāoniú 燒牛 7-248B
shàonóng 劭農 2-786A
shàonǚ 少女 2-1647A
shàonǚfēng 少女風 2-1647A
shàonǚnènfù 少女嫩婦 2-1647B
shǎo'ǒu 少偶 2-1653B
shāopán 燒盤 7-253A
shǎopéi 少陪 2-1653A
shàopéng 少蓬 2-1655A
shāopíng 燒瓶 7-251A
shàopíngguā 邵平瓜 10-608B
shàopíngguā 召平瓜 3-77A
shàopíngpǔ 邵平圃 10-608B
shàopíngtián 邵平田 10-608A
shàopíngyuán 邵平園 10-608B
shǎopíwúmáo 少皮無毛 2-1648B
shāopó 梢婆 4-1038A
shāopó 稍婆 8-84A
shāopòyǎn 燒破眼 7-251A
shàopǔ 邵圃 10-609A
shāoqī 捎漆 6-607B
shāoqī 稍漆 8-84B
shāoqì 燒器 7-253B
sháoqǐ 韶綺 12-659A
sháoqì 韶氣 12-658B
shǎoqì 少氣 2-1652B
shǎoqì 少憩 2-1655B
shàoqī 少妻 2-1651A
shàoqí 哨騎 3-359A
shàoqiǎ 哨卡 3-358A
shāoqiān 稍遷 8-84B
shāoqián 燒錢 7-253B
shǎoqiǎn 少譴 2-1656A
shǎoqiàn 少欠 2-1648A
shāoqiánlièzhǐ 燒錢烈紙 7-254A
shāoqiánzhǐ 燒錢紙 7-254A
shāoqin 稍侵 8-83B
shāoqǐn 少寢 2-1655A
shàoqǐn 少寢 2-1655A
shǎoqǐng 少頃 2-1653B
shàoqīng 少卿 2-1652B
shāoqínzhǔhè 燒琴煮鶴 7-252A
shǎoqìwúlì 少氣無力 2-1652B
shàoquàn 劭勸 2-786A
shāorén 梢人 4-1037B
shāorén 稍人 8-83A
shǎorén 少人 2-1647A
shǎorì 少日 2-1648A
shàorì 少日 2-1648A
sháoróng 韶容 12-658B
shǎoróng 少容 2-1653A
shǎorǒng 少宂 2-1648B
shàoróng 少容 2-1653A
sháorùn 韶潤 12-659B
shāoruò 燒焫 7-251B
shāoruò 燒爇 7-254B
shǎoruò 少弱 2-1653A
shàoruò 少弱 2-1653A
shāosè 梢械 4-1038B
shàosè 捎色 6-607A
shàosè 少色 2-1649B
shāoshā 梢殺 4-1038A
shāoshā 稍殺 8-83B
shǎoshài 少殺 2-1652B
shāoshān 稍芟 8-83A
shàoshān 梢芟 4-1037B
shàoshāng 少商 2-1653B
shāoshāo 梢梢 4-1038A
shāoshāo 稍稍 8-84A
shǎoshǎo 少少 2-1647B
shǎoshào 少少 2-1647B
sháosháobǎibǎi 韶韶擺擺 12-659A
shāoshē 燒畬 7-252A
shàoshēng 邵生 10-608B
shǎoshènme 少甚麼 2-1651B
shāoshí 稍食 8-83B
shāoshì 稍事 8-83B
sháoshí 韶石 12-657B
shǎoshí 少時 2-1652A
shàoshī 少師 2-1652B
shàoshí 少時 2-1652A
shàoshì 紹世 9-799A
shǎoshìme 少是末 2-1651B
shāoshǒu 燒手 7-248B
shàoshǒu 哨守 3-358A
shāoshū 梢書 4-1038A
shǎoshù 少數 2-1655B
shàoshù 紹述 9-799B
shàoshuài 少帥 2-1652A
shāoshuǐ 稍水 8-83A
sháoshuǐ 勺水 2-171A
shàoshuǐ 潲水 6-141A
sháoshuǐyīluán 勺水一臠 2-171A
shǎoshùmínzú 少數民族 2-1655B
shāoshuò 燒鑠 7-254B
shǎoshuō 少説 2-1655A
shàoshùzǐ 少庶子 2-1653B
shǎosī 少思 2-1651B
shàosī 哨廝 3-359A
shàosōu 少溲 2-1654B
sháosuì 韶歲 12-659A
shàosuǒ 哨所 3-358A
shāotàn 燒炭 7-250B
shàotàn 哨探 3-358B
shàotáng 召棠 3-77B
shàotì 燒薙 7-253B
shāotiān 梢天 4-1037B
shāotiān 稍天 8-83A
shāotián 燒田 7-249A
shāotiānhuǒbǎ 燒天火把 7-248B
shāotiáo 梢條 4-1038A
shǎotiáoshījiào 少條失教 2-1652B
shǎotíng 少停 2-1653B
shàotíng 少庭 2-1652A
shāotǒng 梢桶 4-1038A
shāotǒng 筲桶 8-1171B
shàotóng 少童 2-1654B
shàotǒng 紹統 9-799B
shāotou 燒頭 7-253B
shāotóu 梢頭 4-1038B
shāotóu 燒頭 7-253B
shāotóulúxiāng 燒頭爐香 7-253B
shàotuǐ 哨腿 3-358B
shā'ōu 沙鷗 5-962B
shàowáng 少亡 2-1647A
shāowǎnshāo 稍挽稍 8-83B
shāowēi 稍微 8-84B
shāowéi 稍爲 8-84B
shāowěi 梢尾 4-1038A
shāowěi 燒尾 7-250A
shǎowēi 少微 2-1655A
shàowēi 少微 2-1655A
shàowèi 少尉 2-1654A
shàowèi 哨位 3-358A
shāowèn 稍問 8-84A
shǎowén 少文 2-1648A
shàowēng 少翁 2-1652B
shāowù 稍物 8-83B
sháowǔ 韶武 12-658A
sháowǔ 韶舞 12-659A
sháowǔ 招武 6-513A
sháowǔ 招舞 6-518B
shāoxī 稍息 8-83B
shāoxì 稍餼 8-85A
shǎoxī 少息 2-1652B
shāoxī 稍息 8-83B
shàoxī 紹熙 9-799B
shàoxí 少習 2-1654A

shàoxí 紹襲 9-800A
sháoxià 韶夏 12-658B
shāoxiàn 燒獻 7-254B
sháoxiān 韶鮮 12-659B
shǎoxián 少間 2-1654B
shǎoxián 少閒 2-1654B
shàoxiàn 哨綫 3-359A
shàoxiānduì 少先隊 2-1649B
shāoxiāng 燒香 7-250B
shàoxiang 少相 2-1651B
shāoxiāngyǐnleguìlái
燒香引了鬼來 7-250B
sháoxiāo 韶箾 12-659A
sháoxiāo 韶簫 12-659B
sháoxiāo 招箾 6-519B
shàoxiǎo 少小 2-1647A
shàoxiào 少校 2-1652A
shāoxīguānhuǒ 燒犀觀火
7-252B
shāoxīn 燒心 7-249A
shāoxīn 燒薪 7-253B
shāoxìn 梢信 4-1038A
shāoxīng 捎星 6-607A
shàoxīng 紹興 9-800A
shàoxíng 少形 2-1650A
shàoxīngjiǔ 紹興酒 9-800A
shàoxīngshīyé 紹興師爺
9-800A
shàoxīngxi 紹興戲 9-800A
shāoxīnhú 燒心壺 7-249A
sháoxiū 韶羞 12-658B
sháoxiù 韶秀 12-658A
shāoxū 稍須 8-84B
shāoxǔ 稍許 8-84A
shǎoxū 少胥 2-1652A
shǎoxū 少需 2-1655A
shǎoxǔ 少許 2-1653B
shǎoxù 少敍 2-1653B
shàoxù 紹續 9-800A
shǎoxuǎn 少選 2-1655B
shǎoxuàn 少旋 2-1654A
shàoxué 少學 2-1655B
shàoxūn 少勳 2-1655B
shāoxùnyīchóu 稍遜一籌
8-84B
shāoyā 燒鴨 7-253B
sháoyǎ 韶雅 12-658B
shāoyán 燒研 7-250B
shāoyǎn 燒眼 7-251B
shāoyàn 燒研 7-250B
shāoyàn 燒硯 7-252A
shāoyàn 燒燕 7-253A
shāoyàn 燒鷰 7-254B
sháoyán 韶顏 12-659B
sháoyàn 韶艷 12-659B
shǎoyān 少焉 2-1653A
shāoyàn'er 燒餤兒 7-254A
shāoyáng 燒羊 7-249B
sháoyáng 韶陽 12-658B
shàoyáng 少陽 2-1654A
shàoyáng 少揚 2-1654A
shǎoyánguǎyǔ 少言寡語
2-1650A
shāoyānyān 燒煙煙 7-252B
sháoyánzhìchǐ 韶顏稚齒
12-659B
shāoyáo 梢摇 4-1038B
shāoyào 燒藥 7-254B
sháoyáo 招摇 6-518A
sháoyào 勺藥 2-171A
sháoyào 芍藥 9-275B
shàoye 少爺 2-1654B
shāoyí 燒夷 7-249B
sháoyí 韶儀 12-659A
shàoyī 紹衣 9-799B
shāoyídàn 燒夷彈 7-249B
shāoyín 燒銀 7-253A
shāoyìn 燒胤 7-251A
sháoyǐn 勺飲 2-171A
shàoyīn 少陰 2-1653A
shàoyǐn 少尹 2-1648A
sháoyīng 韶英 12-658A
sháoyīng 韶韺 12-659B
shǎoyīshí 少一時 2-1647A
shǎoyǒu 少有 2-1648B
shàoyǒu 少友 2-1647B
sháoyú 韶虞 12-659A
shàoyù 少御 2-1654B
shàoyù 少嫗 2-1655B
sháoyuàn 韶苑 12-658A
shāoyún 梢雲 4-1038B
shāoyún 燒雲 7-252A
sháoyùn 韶運 12-659A
shàozǎi 少宰 2-1653A
shāozàng 燒葬 7-252A
shāozhāi 捎摘 6-768A
shāozhàn 燒棧 7-252A
shàozhǎng 少長 2-1650B
shàozhǎng 哨長 3-358A
shàozhānshì 少詹事 2-1655A
shàozhèng 少正 2-1648A
shāozhǐ 燒指 7-250B
shāozhǐ 燒紙 7-251B
shāozhì 燒炙 7-250A
sháozhì 韶稚 12-659A
shāozhǐmǎ 燒紙馬 7-251B
shāozhǐqián 燒紙錢 7-251B
shāozhū 燒猪 7-251B
shāozhǔ 稍屬 8-85A
shǎozhù 少住 2-1650A
shǎozhù 少駐 2-1655B
shàozhǔ 少主 2-1648B
shāozhuān 燒塼 7-253A
shāozhuān 燒甎 7-253A
shāozhuān 燒磚 7-253B
shàozhuàng 少壯 2-1650B
shāozhuó 燒灼 7-250A
shāozi 筲子 8-1171A
shāozi 梢子 4-1037B
shāozi 稍子 8-83A
sháozi 杓子 4-786B
sháozi 勺子 2-171A
shǎozì 少字 2-1649B
shàozi 哨子 3-358A
shàozǐ 少子 2-1647A
shāozòngjíshì 稍縱即逝
8-84B
shāozòngzéshì 稍縱則逝
8-85A
shàozú 哨卒 3-358A
shàozuò 少作 2-1650A
shàozuò 紹祚 9-799B
shāpāi 煞拍 7-211B
shāpán 沙盤 5-960A
shāpào 沙砲 5-955A
shāpēi 殺胚 6-1491A
shāpén 沙盆 5-954B
shāpéng 沙蓬 5-958B
shāpī 殺坯 6-1490B
shāpí 鯊皮 12-1236B
shāpíng 沙瓶 5-955A
shāpíng 砂瓶 7-1013B
shāpǔ 沙浦 5-955A
shāpú 箑蒲 8-1190B
shāqì 沙磧 5-960B
shāqì 砂磧 7-1014A
shāqì 殺氣 6-1491B
shāqì 煞氣 7-211B
shǎqì 傻氣 1-1642B
shàqì 煞氣 7-212A
shāqián 沙錢 5-961A
shāqiāndāo 殺千刀 6-1489B
shāqiǎn'er 沙淺兒 5-957A
shāqiáng 蔱薔 9-504A
shàqiángrú 煞强如 7-212A
shàqiángsì 煞强似 7-212A
shāqín 沙禽 5-958A
shāqīng 殺青 6-1490B
shāqīqiújiàng 殺妻求將
6-1490B
shāqìténgténg 殺氣騰騰
6-1491B
shāqiū 沙丘 5-951B
shāqū 沙區 5-955B
shāquán 沙泉 5-954B
shāquán 砂泉 7-1013B
shāqún 沙裙 5-958A
shāráng 沙瓤 5-963A
shārǎng 沙壤 5-962B
shārǎng 砂壤 7-1014B
shārén 沙人 5-950B
shǎrén 傻人 1-1642A
shàrèn 煞認 7-212A
shārénbùguò…
殺人不過頭點地
6-1489A
shārénbùjiànxuè
殺人不見血 6-1489A
shārénbùzhǎyǎn
殺人不眨眼 6-1489A
shārénchùzuānchū…
殺人處鑽出頭來
6-1489A
shārénmièkǒu 殺人滅口
6-1489A
shārénrúcǎo 殺人如草
6-1489A
shārénrúhāo 殺人如蒿
6-1489A
shārénrúmá 殺人如麻
6-1489A
shārénrúyì 殺人如蓺
6-1489A
shārényíngyě 殺人盈野
6-1489A
shārényuèhuò 殺人越貨
6-1489A
shārì 沙日 5-951A
shārù 沙洳 5-955A
shāruì 沙汭 5-953A
shāsài 沙塞 5-959A
shāsàizǐ 沙塞子 5-959A
shāsān 沙三 5-950B
shāsè 沙澀 5-961B
shāsēng 沙僧 5-959B
shāshā 沙沙 5-952B
shāshā 殺殺 6-1491B
shàshà 唼唼 3-377B
shàshà 唼啑 3-392A
shàshà 唼唼 3-392A
shàshà 翣翣 9-667B
shǎshāhūhū 傻傻忽忽
1-1643A
shāshānglì 殺傷力 6-1492A
shàshàyǎn 翣翣眼 9-667B
shāshēn 沙參 5-957A
shāshēn 沙蔘 5-959B
shāshēn 殺身 6-1490A
shàshén 煞神 7-211B
shāshēnchéngrén 殺身成仁
6-1490B
shāshēnchéngyì 殺身成義
6-1490B
shāshēng 殺生 6-1490A
shāshēng 殺聲 6-1492B
shāshéng 煞繩 7-212A
shāshī 沙虱 5-954A
shāshī 沙蝨 5-960B
shāshí 砂石 7-1013B
shāshí 砦石 7-1053B
shāshǐ 殺矢 6-1489B
shāshì 沙市 5-952A
shāshì 沙勢 5-958B
shàshí 唼食 3-392A
shàshí 煞實 7-212A
shàshí 霎時 11-705A
shàshì 煞是 7-211B
shāshíjì 沙時計 5-955A
shàshíjiān 煞時間 7-211B
shàshíjiān 霎時間 11-705A
shāshōu 殺收 6-1490A
shāshǒu 殺手 6-1489B
shāshǒujiān 剎手鐧 2-671B
shāshǒujiàn 殺手鐧 6-1489B
shāshǒujiān 煞手鐧 7-211A
shāshū 沙書 5-955B
shāshǔ 沙鼠 5-959A
shāshǔ 砂鼠 7-1014A
shāshuǐ 沙水 5-951A
shāshuǐ 煞水 7-211A
shāshuò 沙朔 5-955A
shàshuò 唼嗍 3-392B
shāsī 嗄嘶 3-461B
shāsuǒ 沙所 5-953B
shātǎ 沙塔 5-957A
shātái 煞臺 7-212A

shātài 沙汏 5-952B
shātài 沙汰 5-952B
shātān 沙潬 5-960B
shātān 沙灘 5-963A
shātán 沙壇 5-960B
shātáng 桬棠 4-1064A
shātáng 沙堂 5-955B
shātáng 沙棠 5-957B
shātáng 沙糖 5-961A
shātáng 砂糖 7-1014A
shātángchuán 沙棠船 5-958A
shātángjī 沙棠屐 5-958A
shātángyú'er 砂糖魚兒 7-1014A
shātángzhōu 沙棠舟 5-958A
shātián 沙田 5-951B
shātiě 砂鐵 7-1014B
shātīng 沙汀 5-952A
shātizi 紗屜子 9-757A
shātóu 沙頭 5-960B
shǎtóushǎnǎo 傻頭傻腦 1-1643A
shātú 沙屠 5-957A
shātú 沙塗 5-959A
shātǔ 沙土 5-950B
shātuó 沙陀 5-953A
shāwài 沙外 5-951B
shāwán 沙丸 5-951A
shāwéi 紗帷 9-757A
shāwěi 沙尾 5-953A
shāwěi 煞尾 7-211A
shāwēibàng 殺威棒 6-1491A
shāwēigùn 殺威棍 6-1491A
shāwēn 沙鰛 5-962B
shāwén 沙文 5-951A
shāwénzhǔyì 沙文主義 5-951B
shāwō 沙堝 5-955B
shāwō 沙窩 5-959B
shāwù 沙塢 5-958B
shàwū 廈屋 3-1253B
shāwùjìng 沙悟淨 5-955B
shāxī 沙西 5-952A
shāxī 沙犀 5-958B
shāxì 沙戲 5-961B
shàxiā 唼呷 3-392A
shāxiàn 沙綫 5-960A
shāxiàn 沙線 5-960B
shāxiāng 紗箱 9-757B
shǎxiàng 傻相 1-1642B
shǎxiào 傻笑 1-1642B
shǎxiǎozi 傻小子 1-1642A
shāxiè 沙蟹 5-962A
shāxíng 沙餳 5-961B
shāxìng 沙杏 5-952B
shāxìng 煞性 7-211B
shàxing 煞星 7-211B
shāxìngzi 煞性子 7-211B
shǎxīnyǎn 傻心眼 1-1642A
shāxiù 沙岫 5-953B
shāxū 沙墟 5-959B
shāxù 沙溆 5-958A
shāxù 沙漵 5-959B
shāxù 沙潊 5-959B
shàxuè 啑血 3-377B
shàxuè 唼血 3-392A
shàxuè 喢血 3-429A
shàxuè 歃血 6-1461B
shàxuè 翣血 9-667A
shāxún 鯊潯 12-1236B
shāxùn 沙巽 5-960A
shāxùn 殺殉 6-1491B
shāyā 沙壓 5-961B
shāyǎ 沙啞 5-956A
shāyǎ 吵啞 3-369B
shàyǎ 嗄啞 3-461A
shāyán 砂鹽 7-1014B
shāyǎn 沙衍 5-954B
shāyǎn 沙眼 5-955B
shāyǎn 沙魘 5-963A
shāyǎn 砂眼 7-1013B
shāyàn 沙堰 5-957A
shāyàn 沙雁 5-957B
shāyàn 沙鴈 5-960A
shāyàn 沙燕 5-960B
shǎyǎn 傻眼 1-1642B
shāyáng 紗羊 9-757A
shāyǎng 煞癢 7-212A
shàyánzhǐ 啑鹽指 3-377B
shāyáo 沙瑶 5-959B
shāyè 殺業 6-1492A
shàyè 霅曄 11-700A
shàyè 霅爗 11-700A
shāyī 沙衣 5-952A
shāyī 沙壹 5-957A
shāyì 鎩翼 11-1371B
shāyījǐngbǎi 殺一儆百 6-1488B
shāyījǐngbǎi 殺一警百 6-1488B
shāyīlìbǎi 殺一利百 6-1488B
shāyīlìbǎi 殺一礪百 6-1488B
shāyīn 殺禋 6-1492A
shāyōng 沙壅 5-961A
shāyǒng 沙勇 5-955A
shàyǒu 煞有 7-211A
shàyǒujièshì 煞有介事 7-211A
shāyú 沙魚 5-956B
shāyǔ 沙雨 5-953A
shāyǔ 沙嶼 5-961A
shāyǔ 鎩羽 11-1371B
shāyù 沙浴 5-955B
shàyǔ 廈宇 3-1253B
shāyuán 沙原 5-955A
shāyuán 紗元 9-757A
shāyuàn 沙苑 5-953A
shāyǔbàolín 鎩羽暴鱗 11-1371B
shāyuè 沙月 5-951A
shāyuè 殺越 6-1492A
shāyǔhélín 鎩羽涸鱗 11-1371B
shāyún 沙雲 5-957B
shāyúpí 沙魚皮 5-956B
shāyúqiào 沙魚鞘 5-956B
shàzā 唼咂 3-392A
shāzǎo 沙棗 5-957B
shāzhā 殺喳 6-1492A
shāzhà 沙吒 5-952A
shàzhá 啑喋 3-377B
shàzhá 唼喋 3-392A
shàzhá 唼唼 3-392A
shāzhàlì 沙吒利 5-952A
shāzhàlì 沙咤利 5-954B
shāzhǎng 沙漲 5-960A
shāzhàng 紗帳 9-757A
shāzhàng 煞帳 7-212A
shāzhāo 殺著 6-1491B
shāzhào 紗罩 9-757B
shāzhēng 沙蒸 5-958B
shāzhǐ 沙沚 5-952B
shāzhǐ 殺止 6-1489B
shāzhìjiàozǐ 殺彘教子 6-1492A
shāzhōu 沙州 5-952A
shāzhōu 沙洲 5-954B
shāzhǔ 沙渚 5-956B
shāzhù 沙柱 5-954B
shāzhù 沙筯 5-959A
shāzhù 沙箸 5-959B
shāzhuàn 沙篆 5-960A
shāzi 沙子 5-951A
shāzi 砂子 7-1013B
shāzi 紗子 9-757A
shāzi 痧子 8-321A
shāzì 殺字 6-1490A
shǎzi 傻子 1-1642A
shàzi 廈子 3-1253B
shāzidēng 沙子燈 5-951A
shāziyù 沙子玉 5-951A
shāzuǐ 沙觜 5-958B
shāzuǐ 沙嘴 5-961A
shè'ài 設隘 11-87A
shē'ào 奢傲 2-1548A
shè'áo 設熬 11-87B
shěbá 舍拔 8-1084A
shèbǎi 設擺 11-88B
shèbài 設拜 11-84A
shèbān 設班 11-84B
shèbǎn 設版 11-83A
shèbào 設報 11-86A
shébēi 蛇盃 8-880B
shèběi 社北 7-832A
shèběi 懾北 7-798A
shèbèi 設備 11-86B
shébēigōngyǐng 蛇盃弓影 8-880B
shéběn 舌本 8-1081A
shéběn 折本 6-376B
shěběncóngmò 舍本從末 8-1083B
shěběnqiúmò 捨本求末 6-686A
shěběnzhúmò 舍本逐末 8-1083B
shěběnzhúmò 捨本逐末 6-686A
shēbǐ 奢比 2-1547B
shébì 舌敝 8-1081B
shébì 舌弊 8-1081B
shèbǐ 涉筆 5-1198B
shébiàn 舌辨 8-1082A
shébiàn 舌辯 8-1082A
shébiàn 蛇變 8-884B
shèbiàn 設辨 11-88B
shèbiàn 設辯 11-89A
shèbiàn 設變 11-89B
shèbǐchéngqù 涉筆成趣 5-1198B
shébìchúnjiāo 舌敝脣焦 8-1081B
shébìchúnkū 舌敝脣枯 8-1081B
shèbīng 設兵 11-82A
shēbó 奢薄 2-1548B
shèbō 歙鉢 6-1474B
shèbó 社伯 7-832A
shèbù 慴怖 7-713A
shèbù 懾怖 7-798A
shěbude 捨不得 6-685B
shèbùzhǔpí 射不主皮 2-1264A
shècāng 社倉 7-833A
shècáng 舍藏 8-1085A
shécǎo 蛇草 8-880B
shècè 射策 2-1267B
shècè 設策 11-86A
shěcèzhuīyáng 捨策追羊 6-687A
shèchǎng 社場 7-833A
shècháo 射潮 2-1268B
shècháo 設朝 11-86A
shèchén 設陳 11-85A
shèchén 麝沉 12-1301A
shèchéng 射程 2-1267B
shèchéng 設誠 11-87B
shèchéng 攝承 6-973A
shēchí 賒遲 10-212A
shēchǐ 奢侈 2-1547B
shēchǐ 奢爹 2-1547B
shéchì 折翅 6-379B
shèchí 攝持 6-973B
shèchīdūjiàng 射鴟都將 2-1269A
shēchǐpǐn 奢侈品 2-1547B
shéchóng 蛇蟲 8-884A
shèchóng 設重 11-84A
shéchóngbǎijiǎo 蛇蟲百脚 8-884A
shèchú 設厨 11-86A
shèchú 赦除 9-1178A
shèchǔ 設儲 11-88B
shèchǔ 設處 11-85B
shéchuān 蛇穿 8-880B
shéchuāng 蛇瘡 8-883B
shéchuáng 蛇床 8-880A
shéchuáng 蛇牀 8-880A
shècí 設詞 11-86B
shècí 設辭 11-89A
shècì 舍次 8-1083B
shècì 設次 11-81B
shècì 攝次 6-972A
shēcù 賒促 10-211B

shècuī 攝衰 6-974A
shècuò 設措 11-85A
shècuò 懾剉 7-798A
shēdài 賒貸 10-212A
shèdài 赦貸 9-1178B
shèdài 攝代 6-972A
shèdài 麝帶 12-1301B
shédǎn 蛇膽 8-883B
shèdàn 射彈 2-1268B
shèdàn 慴憚 7-713A
shèdàn 懾憚 7-798B
shēdàng 奢宕 2-1547B
shēdàng 奢蕩 2-1548B
shédàng 詍蕩 11-109B
shēdāo 畬刀 7-1358B
shèdào 涉道 5-1199A
shědàoyòngquán 舍道用權 8-1084B
shěde 捨得 6-687A
shèdēng 麝燈 12-1301B
shèdí 厙狄 1-920A
shèdì 射的 2-1265B
shèdiàn 設奠 11-86B
shèdiàntiānwénxué 射電天文學 2-1267B
shèdiànwàngyuǎnjìng 射電望遠鏡 2-1267B
shèdiāo 射雕 2-1268B
shèdiào 設弔 11-81A
shèdiāoshǒu 射雕手 2-1269A
shédié 蛇蛭 8-882A
shèdié 攝牒 6-974B
shédiēbiē 蛇跌鼈 8-882A
shèdìng 設定 11-83B
shèdōng 設東 11-83A
shédòu 蛇竇 8-884A
shédú 蛇毒 8-880B
shèdū 設都 11-84B
shèdú 舍毒 8-1084A
shèdù 設渡 11-86B
shéduān 舌端 8-1081B
shèduān 設端 11-88A
shěduǎnlùcháng 舍短録長 8-1084B
shěduǎnqǔcháng 舍短取長 8-1084B
shéduānyuèdàn 舌端月旦 8-1081B
shèduó 設鐸 11-89A
shèduò 射垜 2-1265B
shè'è 慴愕 7-713A
shè'ēn 赦恩 9-1178A
shè'ér 涉兒 5-1198B
shěfá 捨筏 6-687A
shèfǎ 設法 11-83B
shèfàn 社飯 7-833B
shēfàng 奢放 2-1547B
shěfàng 舍放 8-1084A
shèfāng 社方 7-831B
shèfāng 設方 11-81A
shèfáng 射防 2-1265A
shèfáng 設防 11-81B
shèfàng 設放 11-83B
shèfàng 赦放 9-1178A
shèfàng 攝放 6-973A
shēfèi 奢費 2-1548A
shèfēi 射飛 2-1266A
shèfèihóu 赦肺侯 9-1178A
shèfēizhúzǒu 射飛逐走 2-1266B
shèfēn 麝芬 12-1301A
shèfěn 麝粉 12-1301A
shéfēng 舌鋒 8-1082A
shèfēng 社風 7-832B
shèfó 設佛 11-82B
shéfú 蛇伏 8-879B
shéfú 蛇符 8-882A
shéfù 蛇蚹 8-881B
shéfù 蛇蝮 8-883A
shèfú 射服 2-1265B
shèfú 設伏 11-81B
shèfú 設服 11-83B
shèfú 設泭 11-83B
shèfú 慴伏 7-713A
shèfú 慴服 7-713A
shèfú 懾伏 7-798A
shèfú 懾服 7-798A
shèfú 攝伏 6-972A
shèfú 攝服 6-973A
shèfǔ 設府 11-83B
shèfǔ 攝輔 6-975A
shèfù 社副 7-833A
shèfù 射父 2-1264B
shèfù 射鮒 2-1269A
shèfù 射覆 2-1269B
shèfù 麝父 12-1301A
shéfùduàn 蛇腹斷 8-882B
shéfùduànwén 蛇腹斷紋 8-882B
shéfùwén 蛇腹紋 8-882B
shègǎng 設崗 11-85B
shègǎo 社稿 7-835A
shègǎo 射縞 2-1269A
shègé 赦格 9-1178A
shēgēng 畬耕 7-1358B
shégēng 舌耕 8-1081A
shégēng 蛇虆 8-883B
shégēng 蛇虆 8-884A
shégōng 蛇弓 8-879A
shègōng 社公 7-831B
shègōng 社宮 7-832B
shègōng 射工 2-1264A
shègōng 射宮 2-1266A
shègōng 攝弓 6-971B
shègòng 設供 11-83A
shègōnghàolóng 葉公好龍 9-456A
shègōngyǔ 社公雨 7-831B
shēgòu 賒購 10-212B
shègōu 射鉤 2-1268A
shègōu 射韝 2-1269B
shègōu 射韛 2-1269B
shègōu 攝勾 6-971B
shègōu 麝篝 12-1301B
shègòucángjiū 設彀藏鬮 11-87A
shégǔ 蛇谷 8-880A
shégǔ 蛇蠱 8-884A
shègū 赦孤 9-1178A
shègǔ 社鼓 7-833B
shègǔ 射鵠 2-1269B
shègù 攝固 6-972B
shéguàn 揲貫 6-734B
shèguān 射官 2-1265B
shèguān 設官 11-83B
shèguān 攝官 6-973A
shèguǎn 舍館 8-1085A
shèguǎn 設館 11-88A
shēguǎng 奢廣 2-1548B
shéguī 蛇龜 8-883B
shéguǐ 蛇鬼 8-880B
shèguǐ 社鬼 7-832B
shèguǐ 設鬼 11-84A
shèguǐ 設詭 11-87B
shèguǐjiàn 射鬼箭 2-1266A
shèguó 設國 11-85B
shèguò 赦過 9-1178A
shèguòyòuzuì 赦過宥罪 9-1178A
shèhài 懾駭 7-798B
shéhán 蛇含 8-880A
shèhàn 射捍 2-1266B
shéhánshí 蛇含石 8-880A
shēháo 奢豪 2-1548A
shéhào 折耗 6-379A
shēhè 賒荷 10-211B
shèhé 射合 2-1265A
shéhóng 蛇虹 8-880B
shèhóu 射侯 2-1266A
shèhú 設弧 11-84A
shèhǔ 射虎 2-1265A
shèhù 設枑 11-82B
shèhù 攝護 6-975B
shēhuá 奢華 2-1547B
shèhuà 設化 11-80B
shèhuà 攝化 6-971B
shèhuà 攝畫 6-974B
shēhuǎn 賒緩 10-212A
shéhuáng 舌簧 8-1082A
shéhuáng 蛇黃 8-881B
shéhuǐ 蛇虺 8-880B
shèhuì 社會 7-833B
shèhuì 設會 11-87A
shèhuìbǎoxiǎn 社會保險 7-834A
shèhuìcúnzài 社會存在 7-834A
shèhuìguānxì 社會關係 7-834B
shèhuìhuódòng 社會活動 7-834A
shèhuìjiàoyù 社會教育 7-834B
shèhuìkēxué 社會科學 7-834A
shèhuìqīngnián 社會青年 7-834A
shéhuíshòupà 蛇回獸怕 8-879B
shèhuìxiándá 社會賢達 7-834B
shèhuìxiànxiàng 社會現象 7-834A
shèhuìxué 社會學 7-834B
shéhuīyǐnxiàn 蛇灰蚓綫 8-879B
shèhuìyìshí 社會意識 7-834B
shèhuìzhìdù 社會制度 7-834A
shèhuìzhǔyì 社會主義 7-834A
shèhuìzhǔyìgémìng 社會主義革命 7-834A
shèhún 攝魂 6-974B
shēhuǒ 畬火 7-1358B
shéhuò 蛇禍 8-882B
shèhuǒ 社火 7-831B
shèhuǒ 社夥 7-834B
shèhuò 設或 11-83A
shèhùxiàn 攝護腺 6-975B
shéjí 蛇脊 8-881B
shéjì 蛇迹 8-880B
shèjī 射稽 2-1268B
shèjī 射擊 2-1269A
shèjī 設笄 11-85A
shèjī 設機 11-88A
shèjí 涉及 5-1198A
shèjí 設棘 11-86A
shèjí 設極 11-86A
shèjí 攝級 6-974A
shèjí 拾級 6-566A
shèjǐ 射戟 2-1267A
shèjǐ 設戟 11-86A
shèjì 社祭 7-833A
shèjì 社稷 7-834B
shèjì 設計 11-84A
shèjì 設祭 11-85B
shèjì 慴悸 7-713A
shéjiǎ 蛇甲 8-879A
shèjiā 社家 7-833A
shèjiǎ 攝假 6-974A
shējiàn 奢僭 2-1548A
shèjiān 舍間 8-1084B
shèjiān 舍監 8-1085A
shèjiān 麝牋 12-1301B
shèjiǎn 攝檢 6-975B
shèjiàn 射箭 2-1268B
shèjiàn 設間 11-86B
shèjiàn 設監 11-87B
shèjiàn 設建 11-83B
shéjiànchúnqiāng 舌劍脣槍 8-1082A
shéjiànchúnqiāng 舌劍脣鎗 8-1082A
shějiǎng 捨講 6-687B
shéjiāo 蛇蛟 8-882A
shéjiǎo 舌撟 8-1081B
shéjiǎo 蛇角 8-880A
shèjiāo 社交 7-832A
shèjiāo 射蛟 2-1267B
shèjiào 設教 11-85A
shèjiào 設醮 11-88B
shèjìchén 社稷臣 7-835A
shějǐchéngrén 舍己成人 8-1083A

shějǐcóngrén 舍己從人 8-1083A
shějǐcóngrén 捨己從人 6-685B
shējiè 賒借 10-211B
shéjiě 蛇解 8-882B
shèjié 設節 11-87A
shéjīn 蛇筋 8-882B
shéjìn 蛇進 8-882A
shějìn 舍禁 8-1084B
shèjìn 設禁 11-87A
shējìng 奢競 2-1549A
shéjīng 蛇精 8-883A
shějìng 捨敬 6-687A
shèjǐng 設阱 11-81B
shèjǐng 設穽 11-84B
shèjǐng 設警 11-88B
shèjìng 設境 11-87B
shějīngcóngquán 舍經從權 8-1084B
shějìnjíyuǎn 捨近即遠 6-686B
shějìnmóuyuǎn 舍近謀遠 8-1084A
shějìnqiúyuǎn 舍近求遠 8-1084A
shějìnqiúyuǎn 捨近求遠 6-686B
shějìnwùyuǎn 捨近務遠 6-686B
shèjìqì 社稷器 7-835A
shèjìshén 社稷神 7-835A
shèjìtán 社稷壇 7-835A
shéjiǔ 蛇酒 8-881B
shèjiǔ 社酒 7-833A
shèjiǔ 麝酒 12-1301B
shějiùmóuxīn 舍舊謀新 8-1085A
shéjiùmǔ 蛇舅母 8-882B
shějǐyúnrén 舍己芸人 8-1083A
shèjìzhǔ 社稷主 7-835A
shéjǔ 舌舉 8-1082A
shèjū 設罝 11-85A
shèjū 攝居 6-973A
shèjú 設局 11-82B
shèjù 設簴 11-89A
shèjù 慴懼 7-713B
shèjù 慴懼 7-798B
shèjuàn 舍眷 8-1084B
shéjué 蛥蚗 8-893A
shèjué 射決 2-1265A
shèjué 設爵 11-88B
shèjūn 社君 7-832A
shēkè 畬客 7-1358B
shèkē 射科 2-1266A
shèkē 設科 11-84A
shèkè 社客 7-832B
shèkè 設客 11-84B
shèkēdǎhùn 設科打諢 11-84A
shèkōng 攝空 6-973A
shèkǒu 射口 2-1264A
shèkǒu 設口 11-80B
shékǒujié 蛇口結 8-879A
shèkuǎn 設款 11-86A
shēkuò 奢闊 2-1548B
shélán 蛇藍 8-883B
shèlán 麝蘭 12-1302A
shèlǎn 涉覽 5-1199B
shèláng 射狼 2-1266B
shēlǎo 賒老 10-211B
shēlì 奢麗 2-1549A
shēlì 猞猁 5-79A
shélí 闍梨 12-122B
shélí 闍黎 12-122B
shělí 捨離 6-687B
shělǐ 射禮 2-1269B
shèlǐ 設醴 11-89A
shèlǐ 攝理 6-974A
shèlì 舍利 8-1083B
shèlì 社櫟 7-835B
shèlì 射利 2-1265A
shèlì 涉厲 5-1199A
shèlì 涉歷 5-1199A
shèlì 設立 11-81A
shèlì 設利 11-82A
shèlì 慴慄 7-713A
shèlì 懾栗 7-798A
shèlì 攝力 6-971B
shèliǎn 舍臉 8-1085A
shèliǎn 攝斂 6-975B
shèliáng 射糧 2-1269B
shèliángjūn 射糧軍 2-1269B
shèliáo 攝療 6-975B
shèliè 射獵 2-1269B
shèliè 涉獵 5-1199B
shèliè 涉躐 5-1199B
shèlìgūmíng 射利沽名 2-1265A
shélín 蛇鱗 8-884B
shèlín 社林 7-832B
shélíng 蛇靈 8-884B
shèlíng 慴愯 7-713A
shèlǐng 攝領 6-975A
shèlìng 設令 11-81A
shèlìng 赦令 9-1177B
shèlíngxīng 社零星 7-833B
shēlìsūn 猞猁猻 5-79A
shèlìtǎ 舍利塔 8-1084A
shéliǔ 蛇柳 8-880B
shèliǔ 射柳 2-1265B
shèlìzǐ 舍利子 8-1083B
shēlóng 奢龍 2-1548B
shélóng 蛇龍 8-883B
shèlù 攝錄 6-975B
shèlùn 社論 7-835A
shèlùn 設論 11-88A
shèlùnzōng 攝論宗 6-975A
shèluózǐ 攝羅子 6-975B
shèlǚ 涉履 5-1199A
shèlǚ 攝縷 6-975B
shèlǜ 設慮 11-88A
shèlüè 涉略 5-1198B
shēmǎi 賒買 10-212A
shēmài 賒賣 10-212A
shémáo 蛇矛 8-879A
shémáo 蛇蟊 8-883B
shèmáo 設旄 11-85A
shémáomǎjiǎo 蛇毛馬角 8-879A
shēmātā 奢摩他 2-1548B
shēmātā 奢摩它 2-1548B
shéméi 蛇莓 8-881A
shèméi 麝煤 12-1301B
shèmèi 攝袂 6-973B
shémén 蛇門 8-880A
shèmén 射門 2-1265B
shēmí 奢糜 2-1548B
shēmí 奢靡 2-1549A
shēmí 賒彌 10-212B
shēmí 奓靡 2-1540B
shémǐ 蛇米 8-879B
shèmiǎn 赦免 9-1177B
shèmiào 社廟 7-835A
shēmín 畬民 3-858B
shēmín 畬民 7-1358B
shěmìng 舍命 8-1084A
shěmìng 捨命 6-686B
shèmíng 社鳴 7-834B
shèmìng 赦命 9-1178A
shěmìngchīhétún 捨命喫河豚 6-686B
shémó 蛇魔 8-884A
shèmò 麝墨 12-1301B
shémòchuāng 蛇漠瘡 8-882B
shèmóu 設謀 11-88B
shémǔ 蛇母 8-879B
shèmù 社木 7-831A
shèmù 涉目 5-1198A
shèmùzhài 社木砦 7-831B
shěn'àn 審案 3-1631A
shènán 社南 7-832B
shènàn 涉難 5-1199B
shènàn 設難 11-88B
shènáng 麝囊 12-1302A
shén'ānqìjí 神安氣集 7-863A
shēn'ào 深拗 5-1425A
shēn'ào 深奧 5-1430B
shén'áo 神獒 7-883B
shén'ǎo 神媪 7-880B
shén'ào 神奥 7-878B
shènǎo 麝腦 12-1301B
shēnbá 申拔 7-1292A
shēnbái 申白 7-1291A
shēnbàimínghuī 身敗名隳 10-704B
shēnbàimíngliè 身敗名裂 10-704A
shénbáiyuán 神白猨 7-860A
shēnbǎn 身板 10-702A
shēnbǎn 身版 10-702B
shēnbàn 身伴 10-702A
shénbān 甚般 1-573B
shénbǎn 神版 7-866B
shěnbàn 審辦 3-1634A
shénbāng 神邦 7-861A
shēnbáo 深薄 5-1433B
shēnbào 申報 7-1294B
shénbǎo 神保 7-869B
shénbǎo 神寶 7-890A
shěnbào 沈鮑 5-1013B
shěnbào 審報 3-1631B
shénbǎojūn 神寶君 7-890B
shēnbēi 深杯 5-1425B
shēnbēi 深盃 5-1426B
shénbēi 神碑 7-881B
shěnbèi 審備 3-1632A
shènbèi 甚備 1-574A
shènbèi 蜃貝 8-897A
shénbēn 神奔 7-865A
shénbēng 神祊 7-868A
shēnbì 參畢 2-844B
shēnbì 呻畢 3-261A
shēnbì 深毖 5-1427A
shēnbì 深閟 5-1431B
shēnbì 深壁 5-1433B
shénbǐ 神比 7-858A
shénbǐ 神筆 7-878B
shénbì 神閟 7-883A
shènbǐ 慎比 7-676A
shènbì 腎痺 6-1330A
shènbì 慎毖 7-676B
shènbì 蜃壁 8-898A
shēnbiān 身邊 10-706B
shēnbiàn 申辨 7-1296B
shēnbiàn 申辯 7-1297A
shēnbiàn 申變 7-1297B
shénbiǎn 神匾 7-875A
shénbiàn 神變 7-891B
shěnbiān 審編 3-1633B
shěnbiàn 審辨 3-1633B
shēnbiānrén 身邊人 10-706B
shénbiànyuè 神變月 7-891B
shēnbiǎo 申表 7-1292A
shénbiāo 神標 7-885A
shénbiāo 神飈 7-890B
shěnbié 審別 3-1629A
shénbìgōng 神臂弓 7-888B
shēnbìgùjù 深閉固拒 5-1430A
shēnbìgùjù 深閉固距 5-1430A
shēnbìgùlěi 深壁固壘 5-1433B
shēnbǐng 申稟 7-1295B
shénbīng 神兵 7-864A
shénbìng 甚病 1-573B
shènbìng 甚病 1-573B
shénbīngtiānjiàng 神兵天將 7-864A
shénbìnǔ 神臂弩 7-889A
shēnbó 身薄 10-706A
shēnbó 深博 5-1430A
shénbó 神帛 7-866B
shěnbó 審博 3-1631B
shēnbù 申布 7-1290B
shénbùfùtǐ 神不附體 7-858A
shénbùshōushè 神不收舍 7-858A
shénbùshǒushè 神不守舍 7-857B
shēnbùyóujǐ 身不由己 10-699B

shēnbùyóuzhǔ 身不由主 10-700A
shēnbùyùshí 身不遇時 10-700A
shénbùzhīguǐbùjué 神不知鬼不覺 7-858A
shénbùzhīguǐbùxiǎo 神不知鬼不曉 7-858A
shēncái 身才 10-699A
shēncái 身材 10-702A
shēncái 身裁 10-704B
shēncǎi 深采 5-1426A
shéncái 神才 7-856B
shéncái 神裁 7-877A
shéncǎi 神采 7-867A
shéncǎi 神彩 7-876A
shéncài 神蔡 7-883B
shéncǎifēiyáng 神采飛揚 7-867A
shéncǎihuànfā 神采煥發 7-867A
shéncǎiyīngbá 神采英拔 7-867A
shéncǎiyìyì 神采奕奕 7-867A
shěncān 審參 3-1631B
shéncāng 神倉 7-873B
shéncáng 神藏 7-888A
shéncángguǐfú 神藏鬼伏 7-888A
shēncángruòxū 深藏若虛 5-1433B
shéncǎo 神草 7-868B
shēncāojǐngjiù 身操井臼 10-706A
shēncè 深策 5-1430B
shéncè 神册 7-860A
shéncè 神策 7-878A
shéncè 神筴 7-882A
shěncè 審册 3-1628B
shèncè 慎測 7-677B
shéncèjūn 神策軍 7-878A
shēnchá 深察 5-1432A
shénchá 神察 7-885A
shěnchá 審查 3-1630A
shěnchá 審察 3-1633A
shènchá 慎察 7-678A
shēnchái 參柴 2-844B
shénchāiguǐqiǎn 神差鬼遣 7-870B
shénchāiguǐshǐ 神差鬼使 7-870B
shènchǎn 慎産 7-677A
shēncháng 身長 10-702A
shēncháng 深長 5-1425A
shēnchàng 申暢 7-1295B
shénchǎng 神場 7-877A
shénchǎng 神廠 7-886A
shèncháng 腎腸 6-1330A
shénchāo 神超 7-877A
shénchāoxíngyuè 神超形越 7-877A
shēnchè 申徹 7-1296A
shénchē 神車 7-863B
shènchē 蜃車 8-897A
shēnchén 參辰 2-841A
shēnchén 申陳 7-1293B
shēnchén 深沉 5-1424B
shēnchén 深沈 5-1424B
shēnchén 深湛 5-1430B
shénchèn 神櫬 7-890B
shēnchéng 申呈 7-1291B
shēnchéng 身城 10-702B
shénchéngǔhán 神湛骨寒 7-880A
shēnchénmǎoyǒu 參辰卯酉 2-841A
shēnchénrìyuè 參辰日月 2-841A
shēnchí 伸弛 1-1240B
shēnchí 深池 5-1424A
shēnchì 申勑 7-1293A
shēnchì 申斥 7-1291A
shēnchì 申勅 7-1292B
shēnchì 申敕 7-1294A
shēnchì 申飭 7-1294B
shénchī 神螭 7-887A
shénchí 神池 7-862B
shénchí 神馳 7-880B
shénchìdiànjī 神抶電擊 7-865A
shénchílìkùn 神馳力困 7-880B
shēnchóng 申重 7-1292B
shēnchóng 深重 5-1427B
shénchóng 神蟲 7-889A
shēnchóu 深讎 5-1434B
shénchóu 神籌 7-890B
shēnchóudàhèn 深仇大根 5-1422B
shēnchóudàhèn 深讐大根 5-1434B
shēnchóusùyuàn 深仇宿怨 5-1422B
shēnchǔ 呻楚 3-261A
shēnchù 申黜 7-1296B
shénchú 神厨 7-877B
shénchú 神廚 7-886A
shénchú 神櫥 7-886B
shěnchǔ 審處 3-1631A
shènchū 慎初 7-676B
shénchuán 神傳 7-882A
shénchuán 神椽 7-881A
shènchuāng 蜃窗 8-897B
shénchūguǐmò 神出鬼没 7-860B
shénchūguǐrù 神出鬼入 7-860B
shěnchuí 邥垂 10-597B
shēnchún 深淳 5-1429B
shēnchún 深醇 5-1432B
shēncí 深辭 5-1434A
shéncí 神祠 7-871A
shèncí 慎辭 7-678B
shēncìshūsuǐ 深刺腧髓 5-1425B
shēncóng 深叢 5-1434A
shéncōng 神聰 7-888A
shéncóng 神叢 7-889A
shēncuàn 深竄 5-1434A
shēncuì 深粹 5-1432A
shéncuì 神粹 7-884B
shěncún 哂存 3-319A
shēndá 申達 7-1294B
shēndà 深大 5-1422A
shēndài 紳帶 9-780A
shěndài 沈帶 5-999B
shēndān 深耽 5-1428A
shēndàn 申旦 7-1290B
shéndān 神丹 7-858B
shéndàn 神誕 7-882B
shěndān 審單 3-1632A
shèndàn 滲淡 6-115A
shēndàndáxī 申旦達夕 7-1291A
shéndàng 神蕩 7-885A
shěndàng 審當 3-1632B
shēndāngqíjìng 身當其境 10-705A
shēndāngshǐshí 身當矢石 10-705A
shēndǎo 申禱 7-1297A
shēndào 伸道 1-1241B
shēndào 深到 5-1425B
shéndào 神道 7-879A
shéndàobēi 神道碑 7-879B
shéndàojié 神道碣 7-880A
shéndàoshèjiào 神道設教 7-879B
shéndàozhìbǐ 神到之筆 7-865B
shéndé 神德 7-886A
shèndé 慎德 7-678A
shéndēng 神燈 7-888A
shēndí 申滌 7-1295B
shēndǐ 深詆 5-1430B
shēndì 身地 10-701A
shéndǐ 甚底 1-573B
shéndì 甚的 1-573B
shěndí 審的 3-1629B
shěndí 審敵 3-1633A
shěndì 審諦 3-1633B
shěndì 審諟 3-1633B
shēndié 申牒 7-1295A
shéndié 甚迭 1-573B
shēndīng 身丁 10-699A
shēndìng 申定 7-1292B
shéndīng 神丁 7-856A
shéndǐng 神鼎 7-877B
shéndìng 神定 7-868A
shěndìng 審定 3-1630A
shěndìng 審訂 3-1630B
shēndīngmǐ 身丁米 10-699A
shēndīngqián 身丁錢 10-699A
shēndīngshuì 身丁稅 10-699A
shēndǒng 紳董 9-780A
shēndòng 深洞 5-1427B
shěndōngyáng 沈東陽 5-998B
shēndǒu 伸抖 1-1240B
shēndū 申都 7-1293A
shēndù 深度 5-1427B
shéndū 神都 7-872A
shěndú 審讀 3-1634B
shěndù 審度 3-1630B
shèndū 甚都 1-573B
shèndú 慎獨 7-678A
shēnduàn 申斷 7-1297A
shēnduàn 身段 10-703A
shénduàn 神斷 7-889B
shěnduān 審端 3-1633A
shěnduàn 審斷 3-1634A
shénduǎnqìfú 神短氣浮 7-878A
shēndùn 深遯 5-1432A
shěnduó 審度 3-1630B
shén’é 神鵝 7-889A
shēn’ēn 伸恩 1-1241A
shēn’ēn 深恩 5-1428B
shén’er 神兒 7-866B
shěn’ěr 審爾 3-1632B
shèn’ér 甚而 1-573A
shén’érmíngzhī 神而明之 7-861A
shèn’érzhìyú 甚而至于 1-573A
shēnfā 申發 7-1295A
shēnfá 參伐 2-840B
shēnfá 參罰 2-847A
shēnfá 申罰 7-1295B
shěnfā 審發 3-1632A
shěnfá 審罰 3-1632B
shènfá 慎罰 7-677B
shènfǎ 慎法 7-676B
shēnfàn 身範 10-705B
shěnfàn 沈范 5-998B
shènfán 脤膰 6-1280A
shēnfáng 深房 5-1426B
shénfāng 神方 7-858B
shènfánzhīguó 脤膰之國 6-1280A
shénfēi 神飛 7-871B
shēnfèimínglìè 身廢名裂 10-706A
shēnfēimùshí 身非木石 10-702A
shénfēiqìyáng 神飛氣揚 7-871B
shénfēisèwǔ 神飛色舞 7-871B
shēnfèn 申憤 7-1296A
shēnfèn 身分 10-700A
shēnfèn 身份 10-701B
shēnfèn 深分 5-1423A
shénfèn 神瀵 7-890B
shěnfèn 審分 3-1628B
shènfēn 蜃氛 8-897A
shénfēng 神封 7-868B
shénfēng 神風 7-870A
shénfēng 神峯 7-872B
shénfēng 神鋒 7-886A
shénfèng 神鳳 7-884B
shènfēng 蜃風 8-897B
shénfèngcāo 神鳳操 7-884B
shénfó 神佛 7-864A

shēnfú 身服 10-702B
shēnfú 深伏 5-1424A
shēnfǔ 申甫 7-1291B
shēnfù 申復 7-1294B
shēnfù 申覆 7-1297A
shēnfù 伸覆 1-1242A
shēnfù 深覆 5-1434A
shénfú 神服 7-867B
shénfú 神符 7-876A
shénfú 神福 7-883A
shénfú 神凫 7-882A
shénfǔ 神甫 7-863B
shénfǔ 神府 7-867B
shénfù 神父 7-858B
shěnfù 審覆 3-1634A
shēnfú 蜃綍 8-898A
shéngài 神蓋 7-881A
shēngàn 身幹 10-705A
shēngàn 身榦 10-705B
shéngǎn 神感 7-881A
shéng'àn 繩按 9-1029B
shéng'àn 繩案 9-1030B
shēngào 申告 7-1291B
shēngào 申誥 7-1296A
shéngāo 神皋 7-873B
shéngāo 神臯 7-878B
shéngāo 神膏 7-884B
shèng'ào 聖奥 8-672B
shēngbá 升拔 1-639B
shěngbà 省罷 7-1178A
shēngbái 生白 7-1492A
shèngbái 乘白 1-668A
shèngbàibīngjiā…
勝敗兵家之常 6-1337A
shèngbàinǎibīngjiā…
勝敗乃兵家常事
6-1337A
shēngbān 升班 1-640B
shéngbǎn 繩板 9-1029B
shēngbānyìngtào 生搬硬套
7-1510B
shēngbào 生報 7-1508B
shèngbǎo 乘鴇 1-673A
shèngbǎo 聖寶 8-677A
shēngbēi 生碑 7-1510B
shēngbēi 牲碑 6-258B
shèngbēi 聖杯 8-668A
shēngběn 生本 7-1491B
shēngbǐ 生鄙 7-1511A
shēngbǐ 聲比 8-685A
shēngbì 生幣 7-1513A
shēngbì 牲幣 6-258B
shēngbì 牲璧 6-259A
shěngbǐ 省筆 7-1176A
shēngbiàn 生變 7-1517B
shēngbiàn 聲辯 8-695B
shěngbiàn 省便 7-1174A
shèngbiān 盛編 7-1430A
shéngbiǎo 繩表 9-1029A
shēngbié 生別 7-1497A
shēngbiélí 生別離 7-1497A
shēngbīng 生兵 7-1497A
shēngbīng 聲兵 8-687A
shēngbǐng 生稟 7-1511B
shēngbìng 生病 7-1505A
shēngbìng 聲病 8-690B
shěngbìng 省并 7-1172A
shěngbìng 眚病 7-1197A
shèngbīng 盛兵 7-1426A
shèngbīng 勝兵 6-1336A
shèngbīng 聖兵 8-667B
shèngbǐngzi 聖餅子 8-674B
shēngbō 生剝 7-1505B
shēngbō 聲波 8-688B
shēngbó 生帛 7-1499A
shēngbó 生搏 7-1510B
shěngbó 省薄 7-1178B
shēngbǔ 升補 1-642A
shēngbǔ 生捕 7-1503A
shēngbǔ 陞補 11-985A
shēngbù 聲部 8-690B
shěngbù 省部 7-1175A
shēngbùféngchǎng
生不逢場 7-1489B
shēngbùféngchén 生不逢辰
7-1489B
shēngbùféngshí 生不逢時
7-1489B
shēngcā 陞擦 11-985A
shēngcācā 生擦擦 7-1516A
shēngcái 生才 7-1489A
shēngcái 生材 7-1496B
shēngcái 生財 7-1503B
shēngcái 聲裁 8-692A
shēngcǎi 聲采 8-688A
shēngcài 生菜 7-1506B
shéngcái 繩裁 9-1030B
shèngcái 盛才 7-1425A
shèngcái 聖裁 8-672A
shèngcàicángēng 賸菜殘羹
6-1396B
shèngcān 聖餐 8-675B
shèngcán 勝殘 6-1337B
shèngcánqùshā 勝殘去殺
6-1337B
shēngcǎo 生草 7-1501A
shèngcè 聖策 8-672B
shēngchā 聲叉 8-685A
shéngchá 繩察 9-1031A
shēngchāi 陞差 11-984B
shēngchái 生柴 7-1503B
shēngchǎn 生產 7-1507B
shèngchán 聖讒 8-677B
shēngchǎncāo 生產操
7-1508A
shēngchǎnfāngshì
生產方式 7-1508A
shēngcháng 昇常 5-593B
shěngchǎng 省場 7-1176A
shèngchāng 盛昌 7-1426B
shèngcháng 勝常 6-1337A
shēngchǎngōngjù 生產工具
7-1508A
shēngchǎnguānxì 生產關係
7-1508A
shēngchǎnguòshèng
生產過剩 7-1508A
shēngchǎnhézuòshè
生產合作社 7-1508A
shēngchǎnjījīn 生產基金
7-1508A
shēngchǎnlì 生產力 7-1507B
shēngchǎnlǜ 生產率 7-1508A
shēngchǎnnénglì 生產能力
7-1508A
shēngchǎnpǐn 生產品
7-1508A
shēngchǎnshǒuduàn
生產手段 7-1508A
shēngchǎnzīliào 生產資料
7-1508A
shēngchāo 昇超 5-594A
shēngcháo 升朝 1-641B
shěngchāo 省鈔 7-1176B
shèngcháo 勝朝 6-1337B
shèngcháo 聖朝 8-672A
shēngcháoguān 升朝官
1-641B
shēngchǎorèmài 生炒熱賣
7-1500B
shēngcházǐ 生查子 7-1501A
shēngchē 升車 1-639A
shěngchè 省徹 7-1178A
shèngchē 乘車 1-668B
shēngchēn 生嗔 7-1511A
shēngchén 升沉 1-639A
shēngchén 生臣 7-1493A
shēngchén 生辰 7-1496B
shēngchén 生塵 7-1513A
shēngchén 昇沉 5-593B
shēngchén 陞沉 11-984B
shēngchén 聲塵 8-693B
shěngchén 省臣 7-1172A
shěngchén 省陳 7-1175A
shèngchén 聖臣 8-667A
shèngchén 聖辰 8-667B
shèngchén 聖宸 8-671A
shēngchénbāzì 生辰八字
7-1496B
shēngchēng 聲稱 8-693A
shēngchéng 生成 7-1494B
shěngchēng 省稱 7-1177B
shěngchéng 省城 7-1174A
shèngchēng 盛稱 7-1429B
shèngchéng 聖城 8-669A
shēngchéngāng 生辰綱
7-1496B
shēngchénjítiě 生辰吉帖
7-1496B
shēngchí 笙篪 8-1120A
shēngchǐ 生齒 7-1514A
shéngchǐ 繩尺 9-1028B
shèngchǐ 盛齒 7-1429B
shèngchì 盛熾 7-1430A
shěngchījiǎnyòng
省吃儉用 7-1172A
shěngchījiǎnyòng
省喫儉用 7-1176A
shěngchīxìyòng 省吃細用
7-1172A
shēngchóng 生蟲 7-1517A
shèngchǒng 盛寵 7-1430B
shēngchū 生出 7-1492B
shēngchú 生芻 7-1505A
shēngchú 生蒭 7-1510B
shēngchú 牲芻 6-258A
shēngchú 陞除 11-985A
shēngchǔ 升儲 1-643A
shēngchù 升黜 1-643A
shēngchù 生處 7-1506B
shēngchù 生畜 7-1505B
shēngchù 牲畜 6-258A
shēngchù 陞絀 11-985A
shēngchù 陞黜 11-985B
shèngchǔ 乘處 1-671B
shèngchù 勝處 6-1337A
shēngchuán 聲傳 8-693A
shèngchuán 盛傳 7-1429A
shéngchuáng 繩床 9-1029A
shéngchuáng 繩牀 9-1029B
shéngchuángtǔcuò
繩牀土銼 9-1029B
shèngchūn 盛春 7-1427A
shēngcí 生祠 7-1503A
shēngcí 聲詞 8-692A
shēngcì 生次 7-1495B
shèngcí 聖慈 8-674A
shēngcóng 笙叢 8-1120A
shèngcōng 聖聰 8-676B
shèngcóng 盛從 7-1428A
shēngcòu 生湊 7-1507B
shēngcuì 生翠 7-1513B
shēngcún 生存 7-1493A
shēngcúnjìngzhēng
生存競爭 7-1493A
shèngdà 盛大 7-1425A
shēngdài 生代 7-1492A
shēngdài 聲帶 8-691A
shéngdài 繩帶 9-1030B
shèngdài 盛代 7-1425B
shèngdài 勝代 6-1335A
shèngdài 聖代 8-666A
shēngdàn 生誕 7-1511B
shèngdàn 盛旦 7-1425B
shèngdàn 聖旦 8-666A
shèngdàn 聖誕 8-673B
shēngdǎng 聲黨 8-695B
shèngdànjié 聖誕節 8-673B
shèngdànlǎorén 聖誕老人
8-673B
shēngdào 生道 7-1509B
shēngdào 生稻 7-1514B
shěngdào 省道 7-1176B
shèngdào 盛道 7-1429A
shèngdào 聖道 8-672B
shèngdào 賸到 6-1396A
shèngdào 賸道 6-1396B
shēngdé 生得 7-1507A
shěngde 省得 7-1175B
shèngdé 盛德 7-1430A
shèngdé 聖悳 8-672A
shèngdé 聖德 8-675B
shèngdēng 聖燈 8-676A
shèngdézhī 聖得知 8-671B
shēngdì 升第 1-641B
shēngdì 生的 7-1499A

shēngdì 生地 7-1493A
shēngdì 聲地 8-685B
shéngdì 繩地 9-1029A
shěngdí 省敵 7-1178B
shěngdì 省地 7-1172A
shèngdì 勝地 6-1335B
shèngdì 聖地 8-666B
shèngdì 聖帝 8-669B
shèngdì 聖諦 8-676A
shēngdiàn 升殿 1-642A
shèngdiǎn 盛典 7-1426B
shèngdiǎn 聖典 8-668B
shēngdiào 聲調 8-694B
shēngdìbìhuà 生地壁畫 7-1493A
shèngdìmíngwáng 聖帝明王 8-669B
shēngdìmītū 生的米突 7-1499A
shēngdìyù 生地獄 7-1493A
shēngdòng 生動 7-1507A
shēngdòng 生棟 7-1509A
shèngdōng 盛冬 7-1425B
shēngdōngjīxī 聲東擊西 8-687B
shēngdǒu 升斗 1-638B
shēngdǒu 升𣁲 1-641A
shēngdú 牲犢 6-259A
shēngdù 聲度 8-689A
shéngdū 繩督 9-1031A
shéngdù 繩度 9-1030A
shèngdù 聖度 8-669B
shēngduān 生端 7-1513A
shèngduàn 聖斷 8-676B
shèngduō 盛多 7-1425B
shèngduó 聖度 8-669B
shēngduóyìngqiǎng 生奪硬搶 7-1512B
shēngè 身個 10-704A
shéngē 神歌 7-884A
shěng'é 省額 7-1179B
shèngé 蜃蛤 8-897B
shèngé 蜃閣 8-898A
shēngēn 身根 10-703B
shēng'ēn 生恩 7-1504A
shéngēn 神根 7-872B
shèng'ēn 聖恩 8-670B
shēngēng 深更 5-1424B
shēngēng 深耕 5-1428A
shēngēngùběn 深根固本 5-1428A
shēngēngùdǐ 深根固柢 5-1428A
shēngēngùdì 深根固蒂 5-1428A
shēngēngùdì 深根固蔕 5-1428B
shēngēngyìnòu 深耕易耨 5-1428A
shēngēnníngjí 深根寧極 5-1428B
shēngēnpánjié 深根蟠結 5-1428B
shēng'ér 陞陑 11-984B
shēng'ér 聲兒 8-688A
shēngèzi 身個子 10-704A
shēngfā 升發 1-642A
shēngfǎ 生法 7-1500B
shéngfǎ 繩法 9-1029B
shéngfà 繩髮 9-1031A
shèngfá 盛閥 7-1429B
shèngfǎ 聖法 8-668B
shēngfān 生番 7-1509B
shēngfān 生蕃 7-1514A
shēngfán 生礬 7-1517A
shēngfǎn 生返 7-1497B
shèngfān 勝幡 6-1338B
shèngfàn 聖範 8-675A
shēngfāng 聲芳 8-687A
shēngfáng 生房 7-1500B
shēngfàng 生放 7-1500A
shēngfàwèizào 生髮未燥 7-1513B
shēngfàyóu 生髮油 7-1513B
shéngfēi 繩非 9-1029B
shéngfèi 繩非 9-1030B
shéngfèi 繩屝 9-1030B
shēngfēn 生分 7-1490B
shēngfèn 生分 7-1490B
shēngfèn 生忿 7-1500A
shēngfèn 生糞 7-1516B
shěngfèn 省分 7-1171A
shěngfèn 省份 7-1172A
shèngfěn 賸粉 6-1396B
shēngfēng 升封 1-640A
shēngfēng 生風 7-1501B
shēngfēngmù 聲風木 8-688B
shēngfènzi 生忿子 7-1500A
shēngfó 生佛 7-1497B
shēngfú 昇扶 5-593B
shēngfú 聲服 8-688B
shēngfú 聲符 8-691B
shēngfù 升祔 1-640A
shēngfù 生父 7-1490B
shēngfù 生阜 7-1499A
shēngfù 生縛 7-1516A
shēngfù 生覆 7-1517A
shéngfú 繩幅 9-1031A
shěngfú 省符 7-1175B
shěngfǔ 省府 7-1173A
shèngfú 盛服 7-1426B
shèngfǔ 盛府 7-1427A
shèngfù 勝負 6-1336B
shèngfù 聖父 8-665B
shèngfù 賸馥 6-1397A
shèngfùbīngjiā… 勝負兵家之常 6-1336B
shèngfùcángāo 剩馥殘膏 2-725B
shèngfúxiānshēng 盛服先生 7-1427A
shènggài 盛槩 7-1429B
shènggài 勝概 6-1337B
shènggài 勝槩 6-1338A
shēnggāo 升高 1-640B
shènggāo 盛高 7-1428A
shēnggāonéngfù 升高能賦 1-640B
shěnggde 省的 7-1173A
shēnggē 升歌 1-642A
shēnggē 生割 7-1510A
shēnggē 笙歌 8-1119B
shēnggē 聲歌 8-693A
shēnggé 升格 1-640B
shēnggě 升合 1-639A
shěnggé 省閤 7-1178A
shěnggé 省閣 7-1178A
shēnggēn 生根 7-1503A
shēnggēng 生庚 7-1500A
shēnggěng 生梗 7-1506B
shēnggèng 升恒 1-640A
shēnggēngbāzì 生庚八字 7-1500A
shēnggēzā 生扢扎 7-1492B
shēnggèzā 生各扎 7-1495A
shēnggēzhā 生扢揸 7-1493A
shēnggèzhā 生各札 7-1495A
shēnggēzhī 生扢支 7-1493A
shēnggèzhī 生各支 7-1495A
shēnggèzi 生個子 7-1504B
shēnggōng 升工 1-638A
shēnggōng 生公 7-1490B
shēnggǒng 升汞 1-639A
shěnggōng 省功 7-1171B
shènggōng 聖功 8-666A
shènggōng 聖躬 8-670B
shēnggōngshí 生公石 7-1490B
shēnggōngzhǐguò 生功止過 7-1491A
shēnggǔ 生骨 7-1501A
shēnggǔ 生穀 7-1514A
shēnggǔ 聲骨 8-688B
shēnggù 生故 7-1501A
shènggū 聖姑 8-669A
shènggǔ 盛古 7-1425A
shènggǔ 聖鼓 8-673A
shēngguā 生瓜 7-1492A
shēngguān 升官 1-639B
shēngguān 升冠 1-640A
shēngguǎn 笙管 8-1120A
shēngguǎn 甥館 7-1521B
shěngguān 省官 7-1173B
shèngguān 盛觀 7-1431A
shèngguàn 勝冠 6-1336B
shēngguānfācái 升官發財 1-639B
shēngguāng 生光 7-1494B
shēngguāng 聲光 8-685B
shēngguǎng 生獷 7-1516B
shèngguǎng 乘廣 1-673A
shēngguānghuàdiàn 聲光化電 8-685B
shēngguānsǐjié 生關死劫 7-1517A
shēngguāntú 陞官圖 11-984B
shēngguǐ 生鬼 7-1501B
shéngguī 繩規 9-1030B
shèngguī 聖規 8-671A
shèngguǐ 盛軌 7-1427A
shèngguǐ 聖軌 8-669A
shēnggǔn 生滾 7-1512A
shēngguǒ 生果 7-1498B
shēngguò 陞過 11-985A
shèngguó 勝國 6-1337A
shèngguó 聖國 8-671B
shèngguǒ 聖果 8-668A
shēnghái 生孩 7-1503A
shènghǎi 聖海 8-671A
shènghán 盛寒 7-1429A
shēngháng 升行 1-639A
shēnghào 生號 7-1511A
shēnghào 牲號 6-258B
shěnghào 省耗 7-1174B
shēnghè 笙鶴 8-1120B
shénghé 繩劾 9-1029B
shénghé 繩河 9-1029B
shēnghòu 生後 7-1501B
shènghòu 聖后 8-667A
shēnghū 聲呼 8-688A
shēnghú 升斛 1-641B
shēnghú 生縠 7-1515A
shēnghù 生户 7-1491A
shěnghù 省户 7-1171B
shènghú 乘壺 1-671B
shēnghuā 生花 7-1496A
shēnghuā 生華 7-1503A
shēnghuá 升華 1-640B
shēnghuá 生華 7-1503A
shēnghuá 聲華 8-689B
shēnghuà 升化 1-638B
shēnghuà 生化 7-1490A
shēnghuà 聲化 8-685A
shènghuà 盛化 7-1425A
shēnghuābǐ 生花筆 7-1496B
shènghuā'er 聖花兒 8-667B
shènghuái 聖懷 8-676B
shēnghuāmiàobǐ 生花妙筆 7-1496B
shēnghuāmiàoyǔ 生花妙語 7-1496B
shēnghuán 生還 7-1515B
shēnghuàn 生患 7-1506B
shēnghuāng 生荒 7-1501A
shēnghuáng 笙篁 8-1120A
shēnghuáng 笙簧 8-1120A
shènghuáng 乘黄 1-671A
shènghuáng 聖皇 8-669B
shènghuángzhū 乘黄朱 1-671A
shēnghuāshuǐ 升花水 1-639A
shēnghuī 生輝 7-1514B
shēnghuì 生卉 7-1491A
shěnghuì 省會 7-1177B
shènghuī 聖輝 8-675A
shènghuì 盛會 7-1429A
shènghuì 勝會 6-1338A
shènghuì 聖會 8-673B
shènghuì 聖誨 8-675A
shènghuì 聖諱 8-676A
shènghuìfāng 聖惠方 8-672A
shēnghún 生魂 7-1510B
shēnghúnshén 生魂神 7-1510B
shēnghuó 升越 1-641B
shēnghuó 生活 7-1502A

shēnghuǒ 升火 1-638B
shēnghuǒ 生火 7-1490B
shēnghuò 生貨 7-1507A
shēnghuò 生獲 7-1516A
shēnghuò 牲鑊 6-259B
shènghuǒ 聖火 8-665B
shēnghuófèi 生活費 7-1502B
shēnghuólì 生活力 7-1502B
shēnghuóshǐ 生活史 7-1502B
shēnghuóshuǐpíng 生活水平 7-1502B
shēnghuózhìdù 生活制度 7-1502B
shēnghuózīliào 生活資料 7-1502B
shēnghǔzi 生虎子 7-1498B
shēngjī 升躋 1-643B
shēngjī 生肌 7-1495A
shēngjī 生機 7-1515B
shēngjī 昇躋 5-594A
shēngjī 聲績 8-695A
shēngjí 升級 1-640A
shēngjí 升極 1-641B
shēngjí 生疾 7-1505B
shēngjí 生籍 7-1517A
shēngjì 升濟 1-643A
shēngjì 生忌 7-1497B
shēngjì 生計 7-1501B
shēngjì 生祭 7-1507B
shēngjì 聲迹 8-689A
shēngjì 聲伎 8-685B
shēngjì 聲妓 8-687B
shēngjì 聲技 8-687A
shēngjì 聲跡 8-693A
shéngjì 繩迹 9-1030A
shéngjì 繩伎 9-1029A
shéngjì 繩妓 9-1029A
shéngjì 繩技 9-1029A
shèngjī 聖齎 8-677B
shèngjí 乘籍 1-674B
shèngjí 盛集 7-1428B
shèngjí 聖籍 8-676B
shèngjì 盛跡 7-1429A
shèngjì 盛際 7-1429B
shèngjì 勝迹 6-1336B
shèngjì 勝計 6-1336B
shèngjì 勝跡 6-1338A
shèngjì 勝蹟 6-1338B
shèngjì 聖迹 8-669B
shèngjì 聖跡 8-673A
shēngjiā 牲豭 6-259A
shēngjiā 聲家 8-691A
shēngjiǎ 生甲 7-1491B
shēngjiǎ 陞甲 11-984B
shēngjià 生稼 7-1514B
shēngjià 牲架 6-258A
shēngjià 聲價 8-694A
shěngjiā 省家 7-1175A
shěngjiǎ 省甲 7-1171B
shèngjiǎ 乘甲 1-668A
shèngjià 聖駕 8-675B
shēngjiàbǎibèi 聲價百倍 8-694A
shēngjiàbèizēng 聲價倍增 8-694A
shēngjiān 生肩 7-1500B
shēngjiǎn 生繭 7-1516B
shēngjiān 生監 7-1512B
shēngjiàn 生間 7-1510A
shēngjiàn 生賤 7-1514B
shéngjiǎn 繩檢 9-1032A
shěngjiǎn 省減 7-1176B
shěngjiǎn 省儉 7-1178A
shěngjiǎn 省簡 7-1179A
shèngjiǎn 盛翦 7-1430B
shèngjiǎn 聖璽 8-676B
shèngjiàn 勝踐 6-1338A
shèngjiàn 聖鑑 8-677A
shèngjiàn 聖鑒 8-677A
shēngjiāng 生薑 7-1515A
shēngjiàng 升降 1-639B
shēngjiàng 生將 7-1508B
shēngjiàng 昇降 5-593B
shēngjiàng 陞降 11-984B
shēngjiàngduò 升降舵 1-639B
shēngjiàngjī 升降機 1-639B
shēngjiāngshùshàng… 生薑樹上生 7-1515B
shēngjiāo 聲交 8-687A
shēngjiǎo 生脚 7-1507A
shēngjiào 聲教 8-691A
shèngjiào 聖筊 8-672B
shèngjiào 聖珓 8-670A
shèngjiào 聖教 8-671A
shèngjiàoxù 聖教序 8-671B
shēngjiàshíbèi 聲價十倍 8-694A
shēngjiē 升階 1-641B
shēngjié 生劫 7-1496A
shēngjié 生結 7-1510B
shēngjié 聲節 8-693A
shēngjiè 生介 7-1490B
shēngjiè 生戒 7-1495B
shěngjié 省節 7-1177A
shěngjiè 省解 7-1177B
shèngjié 盛節 7-1429A
shèngjié 聖節 8-673A
shèngjié 聖潔 8-675B
shèngjiè 盛价 7-1425B
shèngjiè 盛介 7-1425A
shèngjiè 聖誡 8-674B
shēngjì'ér 聲伎兒 8-686A
shēngjiéxiāng 生結香 7-1510B
shēngjīn 生巾 7-1489B
shēngjīn 生金 7-1499A
shēngjīn 生津 7-1502B
shēngjìn 升進 1-641B
shēngjìn 昇進 5-593B
shěngjìn 省禁 7-1176B
shēngjìng 鼪徑 12-1412B
shěngjìng 省浄 7-1174B
shěngjìng 省徑 7-1175A
shěngjìng 省靜 7-1177B
shèngjīng 聖經 8-674A
shèngjìng 勝境 6-1338A
shèngjìng 聖境 8-674A
shèngjīngxiánzhuàn 聖經賢傳 8-674A
shēngjìsǐguī 生寄死歸 7-1508B
shēngjiǔ 生酒 7-1505B
shēngjiǔ 牲酒 6-258B
shēngjiù 生就 7-1509B
shēngjiù 甥舅 7-1521B
shéngjiū 繩糾 9-1029B
shēngjìxué 生計學 7-1502A
shèngjíyīshí 盛極一時 7-1428B
shēngjū 生拘 7-1498A
shēngjū 生駒 7-1513B
shēngjǔ 升舉 1-642B
shēngjǔ 昇舉 5-594A
shēngjù 生具 7-1498B
shēngjù 生聚 7-1512B
shéngjǔ 繩矩 9-1030A
shéngjǔ 繩榘 9-1031A
shéngjǔ 繩舉 9-1031B
shéngjù 繩屨 9-1032A
shěngjù 省句 7-1172A
shèngjū 乘居 1-669A
shèngjǔ 盛舉 7-1430A
shèngjǔ 聖矩 8-669B
shēngjuàn 生卷 7-1500A
shēngjuàn 生絹 7-1512B
shèngjuàn 聖眷 8-671B
shēngjué 生角 7-1497B
shēngjué 生訣 7-1507B
shèngjué 勝絕 6-1337B
shèngjué 聖覺 8-677A
shēngjuétàshēngdì 生脚踏生地 7-1507A
shéngjuézhīxì 繩橛之戲 9-1031B
shēngjùjiàoxùn 生聚教訓 7-1512B
shēngjùjiàoyǎng 生聚教養 7-1512B
shéngjùmùduàn 繩鋸木斷 9-1031B
shēngjūn 生軍 7-1503A
shèngjūn 盛君 7-1426A
shèngjūn 聖君 8-667B
shèngjūnxiánxiàng 聖君賢相 8-668A
shēngkài 聲欬 8-690B
shèngkāi 盛開 7-1429A
shèngkǎo 聖考 8-666B
shēngkē 升科 1-640A
shēngkē 昇科 5-593B
shēngkè 升課 1-642B
shēngkè 生克 7-1496B
shēngkè 生剋 7-1501A
shēngkè 生客 7-1503A
shēngkè 生尅 7-1503A
shěngkě 省可 7-1171B
shèngkè 賸客 6-1396A
shēngkēcā 生磕擦 7-1514A
shēngkěcā 生可擦 7-1491B
shěngkělǐ 省可裏 7-1171B
shèngkěn 賸肯 6-1396A
shēngkǒng 生恐 7-1503A
shéngkòng 繩控 9-1030B
shéngkòng 繩鞚 9-1032A
shēngkou 牲口 6-257B
shēngkǒu 生口 7-1489A
shēngkǒu 聲口 8-685A
shēngkòu 生寇 7-1508B
shěngkǒu 省口 7-1171A
shèngkǒu 盛口 7-1425A
shèngkù 聖庫 8-671A
shèngkuā 盛誇 7-1429B
shēngkuàng 生壙 7-1516A
shēngkuàng 生礦 7-1517A
shěngkuàng 省曠 7-1179A
shèngkuàng 盛況 7-1426A
shēngkuì 牲饋 6-259A
shěngkuí 省魁 7-1177A
shéngkǔnsuǒbǎng 繩捆索綁 9-1030A
shēngkūrén 生哭人 7-1503B
shēnglāhuóchě 生拉活扯 7-1498A
shēnglāhuózhuài 生拉活拽 7-1498A
shēnglái 生來 7-1498B
shēnglài 生賴 7-1515B
shēnglài 笙籟 8-1120B
shēnglālā 生喇喇 7-1509B
shēnglàlà 生剌剌 7-1501A
shénglǎn 繩纜 9-1032A
shènglǎn 勝覽 6-1338B
shènglǎn 聖覽 8-677A
shēnglàng 聲浪 8-691A
shěngláng 省郎 7-1173B
shēngláo 牲牢 6-258A
shēngláo 牲醪 6-259A
shēnglāyìngchě 生拉硬扯 7-1498A
shénglè 繩勒 9-1030B
shēnglěi 生累 7-1506B
shēnglèi 生類 7-1517A
shēnglèi 聲淚 8-691B
shèngléi 乘雷 1-672B
shēnglèijùfā 聲淚俱發 8-691B
shēnglèijùxià 聲淚俱下 8-691B
shēnglěng 生冷 7-1497B
shēnglí 生黎 7-1514B
shēnglí 生離 7-1517A
shēnglǐ 生理 7-1506A
shēnglǐ 牲禮 6-259A
shēnglǐ 牲醴 6-259A
shēnglì 升儷 1-643B
shēnglì 生力 7-1489A
shēnglì 生立 7-1492B
shēnglì 生利 7-1497A
shēnglì 聲利 8-687A
shěnglǐ 眚禮 7-1197A
shěnglì 省力 7-1171A
shěnglì 省吏 7-1172A
shěnglì 眚沴 7-1197A
shěnglì 眚厲 7-1197A
shènglǐ 盛禮 7-1430B

shènglì 盛力 7-1425A
shènglì 盛麗 7-1430B
shènglì 勝利 6-1335B
shènglì 聖曆 8-675B
shènglì 聖歷 8-675B
shēnglián 生憐 7-1515A
shēngliǎn 生斂 7-1516A
shēngliǎn 生臉 7-1516A
shēngliàn 升煉 1-642A
shéngliáng 繩量 9-1030B
shèngliáng 聖良 8-667B
shēngliáo 生獠 7-1515A
shēngliǎo 升燎 1-642B
shēngliào 生料 7-1505B
shēnglìbīng 生力兵 7-1489A
shēnglìchǎng 聲利場 8-687A
shēngliè 升列 1-639A
shēngliè 聲列 8-685B
shēngliè 聲烈 8-689B
shèngliè 盛烈 7-1427B
shēnglìjūn 生力軍 7-1489A
shēnglìkè 聲利客 8-687A
shènglín 聖林 8-668A
shēnglíng 生靈 7-1517B
shēnglíng 牲靈 6-259B
shēnglíng 聲靈 8-695B
shènglíng 聖靈 8-677B
shènglìng 聖令 8-666A
shēnglíngtútàn 生靈塗炭 7-1518A
shènglìpǐn 勝利品 6-1336A
shēnglísǐbié 生離死別 7-1517A
shèngliú 盛流 7-1428A
shèngliú 勝流 6-1337A
shēnglǐxué 生理學 7-1506B
shēnglǐyánshuǐ 生理鹽水 7-1506B
shēnglóng 升龍 1-642B
shènglóng 乘龍 1-674A
shènglóng 盛隆 7-1428B
shēnglónghuóhǔ 生龍活虎 7-1516A
shēnglónghuóxiàn 生龍活現 7-1516A
shēnglóngnǎo 生龍腦 7-1516A
shēnglǔ 生虜 7-1511A
shēnglù 生祿 7-1510A
shēnglù 生路 7-1511A
shènglù 乘路 1-672B
shēngluán 生欒 7-1517B
shēnglún 生倫 7-1504B
shēnglùn 聲論 8-694B
shènglùn 聖論 8-675B
shēngluò 生落 7-1509A
shéngluò 繩絡 9-1031A
shēnglǜ 生慮 7-1514B
shēnglǜ 聲律 8-688B
shénglǚ 繩履 9-1031B
shénglǜ 繩律 9-1030A
shènglǚ 勝侶 6-1336A
shènglǜ 聖慮 8-675A
shēnglüè 聲略 8-691B
shěnglüè 省略 7-1175B
shènglüè 聖畧 8-671B
shěnglüèhào 省略號 7-1175B
shēngmǎ 生馬 7-1503A
shěngmǎ 省馬 7-1174B
shèngmǎ 乘馬 1-670A
shēngmái 生埋 7-1503A
shēngmài 生脈 7-1505A
shēngmán 生蠻 7-1518A
shèngmǎn 盛滿 7-1429B
shēngmáo 生毛 7-1490A
shēngmào 聲貌 8-693A
shèngmào 盛茂 7-1426B
shèngměi 盛美 7-1427A
shēngmén 聲門 8-688B
shěngmén 省門 7-1173B
shèngmén 盛門 7-1427A
shèngmén 聖門 8-669A
shēngméng 牲盟 6-258B
shēngmǐ 生米 7-1495B
shèngmǐ 聖米 8-667B
shēngmiàn 生面 7-1501A
shēngmiáo 生描 7-1506B
shèngmiào 勝妙 6-1336A
shèngmiào 聖廟 8-675B
shēngmiè 生滅 7-1512A
shēngmiè 昇滅 5-594A
shēngmín 生民 7-1492B
shèngmín 勝民 6-1335A
shēngmíng 昇名 5-593B
shēngmíng 聲名 8-686A
shēngmíng 聲明 8-687B
shēngmìng 生命 7-1499B
shèngmíng 盛名 7-1425B
shèngmíng 盛明 7-1426B
shèngmíng 聖明 8-668A
shēngmínghèyì 聲名赫奕 8-686A
shēngmíngjìshèn 聲名藉甚 8-686A
shēngmínglángjí 聲名狼籍 8-686A
shēngmínglángjí 聲名狼藉 8-686A
shēngmìnglì 生命力 7-1499B
shèngmíngnánfù 盛名難副 7-1425B
shēngmíngquèqǐ 聲名鵲起 8-686A
shēngmíngrén 聲名人 8-686A
shēngmíngwénwù 聲名文物 8-686A
shēngmíngwénwù 聲明文物 8-688A
shēngmìngxiàn 生命綫 7-1499B
shēngmíngxuǎnhè 聲名烜赫 8-686A
shèngmíngyuè 聖明樂 8-668B
shēngmíntútàn 生民塗炭 7-1492B
shēngmǐshúfàn 生米熟飯 7-1495B
shēngmǐzhǔchéngshúfàn 生米煮成熟飯 7-1495B
shēngmǐzuòchéngshúfàn 生米做成熟飯 7-1495B
shēngmò 升没 1-639B
shéngmò 繩墨 9-1031A
shěngmò 省陌 7-1173B
shèngmó 聖謨 8-676B
shèngmò 賸墨 6-1396B
shèngmóu 聖謀 8-676A
shēngmǔ 生母 7-1492B
shēngmǔ 聲母 8-685B
shēngmù 生木 7-1489B
shēngmù 生墓 7-1510B
shéngmù 繩木 9-1028B
shěngmù 眚目 7-1197A
shèngmǔ 勝母 6-1335A
shèngmǔ 聖母 8-666B
shèngmù 聖木 8-665B
shèngmǔshénhuáng 聖母神皇 8-666B
shèngmǔtiè 聖母帖 8-666B
shēngmǔyú 生母魚 7-1492B
shēngnà 聲納 8-691A
shěngnà 省納 7-1175B
shèngnán 聖男 8-667B
shēngnáo 生猱 7-1509B
shēngnèi 生内 7-1490A
shěngnèi 省内 7-1171A
shèngní 聖尼 8-666B
shēngnián 生年 7-1495A
shēngnián 陞年 11-984B
shèngnián 盛年 7-1425B
shèngniǎo 聖鳥 8-671B
shēngniè 生孽 7-1517A
shēngniè 生蘖 7-1517A
shēngníng 生寧 7-1513B
shēngníng 生獰 7-1516B
shēngníng 狌獰 5-32A
shēngniǔ 生扭 7-1496A
shēngniǔ 聲紐 8-691A
shēngniǔzuò 生扭做 7-1496A
shēngnòng 笙弄 8-1119B
shèngnóng 盛農 7-1429A
shèngnù 盛怒 7-1427B
shēngnuǎn 笙煖 8-1119B
shēngnuò 聲喏 8-691B
shēngnuò 聲諾 8-694A
shēngnǚ 甥女 7-1521B
shèngnǚ 聖女 8-665A
shēngōng 申宮 7-1293A
shēngōng 身工 10-699A
shēngōng 深弓 5-1422A
shēngōng 深功 5-1423B
shēngōng 深宮 5-1428A
shēngǒng 深拱 5-1426B
shéngōng 神工 7-856B
shéngōng 神公 7-858B
shéngōng 神功 7-859A
shéngōng 神宮 7-870B
shéngōng 神躬 7-873B
shéngōngguǐfǔ 神工鬼斧 7-856B
shéngōngguǐlì 神工鬼力 7-856B
shéngōngshènghuà 神功聖化 7-859A
shéngōngtiānqiǎo 神工天巧 7-856B
shéngōngyìjiàng 神工意匠 7-856B
shēngōu 申句 7-1291A
shēngōu 伸鉤 1-1241B
shēng'ōu 升甌 1-642B
shēng'ǒu 聲偶 8-691B
shéngòu 神構 7-883B
shèngōu 滲溝 6-115A
shēngōubìlěi 深溝壁壘 5-1431B
shēngōugāolěi 深溝高壘 5-1431B
shēngōugùlěi 深溝固壘 5-1431B
shéngǒuqiánláng 神狗乾郎 7-867B
shēngpà 生怕 7-1500B
shèngpái 聖牌 8-672B
shēngpān 昇攀 5-594A
shēngpáng 聲旁 8-690B
shēngpánzi 生盤子 7-1515A
shēngpáo 笙匏 8-1119B
shēngpén 生盆 7-1501B
shēngpēng 生烹 7-1507B
shēngpī 生坯 7-1498A
shēngpì 生闢 7-1517B
shēngpì 生僻 7-1514B
shèngpǐ 勝否 6-1335B
shēngpǐn 生品 7-1494B
shèngpǐn 聖品 8-669A
shèngpìn 盛聘 7-1429A
shēngpíng 升平 1-638B
shēngpíng 生平 7-1491B
shēngpíng 昇平 5-593A
shèngpíng 盛平 7-1425B
shēngpíngtiè 升平帖 1-638B
shēngpīnyìngcòu 生拼硬凑 7-1500B
shēngpò 升魄 1-642A
shēngpò 生霸 7-1517B
shēngpò 生魄 7-1512B
shēngpò 昇魄 5-594A
shēngpǔ 聲譜 8-695A
shēngpúsà 生菩薩 7-1506B
shēngqī 生妻 7-1498B
shēngqī 生期 7-1509A
shēngqī 生漆 7-1513B
shēngqí 升旗 1-642A
shēngqí 生騎 7-1516B
shēngqì 升氣 1-640B
shēngqì 生炁 7-1498B
shēngqì 生氣 7-1504A
shēngqì 生器 7-1515B
shēngqì 牲器 6-259A
shēngqì 聲氣 8-689B
shéngqì 繩契 9-1029B
shěngqī 眚期 7-1197A
shěngqí 省騎 7-1179A

shèngqī 盛戚 7-1428A
shèngqī 勝期 6-1337B
shèngqī 聖期 8-672A
shèngqì 盛氣 7-1427B
shèngqì 勝氣 6-1337A
shēngqiān 升遷 1-642B
shēngqiān 牲牽 6-258B
shēngqiān 陞遷 11-985A
shēngqián 生前 7-1502A
shéngqiān 繩愆 9-1031A
shěngqiān 眚愆 7-1197A
shěngqián 省錢 7-1178B
shèngqián 聖錢 8-676A
shēngqiāng 聲腔 8-692A
shēngqiǎng 生搶 7-1510B
shèngqiáng 盛彊 7-1430A
shèngqiáng 盛強 7-1429A
shěngqiānguǎguò 省愆寡過 7-1177A
shéngqiānjiūmiù 繩愆糾繆 9-1031A
shéngqiānjiūmiù 繩愆糾謬 9-1031A
shéngqiānjiūwéi 繩愆糾違 9-1031A
shēngqiānqiáo 昇遷橋 5-594A
shēngqiǎo 生巧 7-1491A
shéngqiáo 繩橋 9-1031B
shēngqìbóbó 生氣勃勃 7-1504A
shēngqìchá 生忔察 7-1495B
shèngqìlíngrén 盛氣淩人 7-1427B
shèngqìlínrén 盛氣臨人 7-1427B
shēngqín 生禽 7-1509B
shēngqín 生擒 7-1514A
shèngqín 乘禽 1-671B
shēngqíng 生情 7-1508B
shēngqíng 聲情 8-691B
shēngqǐng 聲請 8-694A
shēngqìng 笙磬 8-1120A
shèngqíng 盛情 7-1428B
shèngqíng 勝情 6-1337A
shēngqíngbìngmào 聲情並茂 8-691B
shēngqìngtóngyīn 笙磬同音 8-1120A
shèngqiū 乘丘 1-668A
shèngqiū 盛秋 7-1427A
shèngqiú 賸求 6-1396A
shēngqìxiāngqiú 聲氣相求 8-690A
shēngqìxiāngtóu 聲氣相投 8-690A
shēngqū 聲屈 8-688B
shēngqǔ 聲曲 8-685B
shēngqù 生趣 7-1514A
shéngqū 繩屈 9-1029B
shèngqù 聖去 8-666A
shēngquán 生全 7-1495A
shēngquán 牲牷 6-258A
shěngquán 省銓 7-1177B
shèngquán 聖泉 8-669B
shèngquàn 勝券 6-1336A
shéngqūchǐbù 繩趨尺步 9-1031B
shēngquē 陞缺 11-985A
shěngquè 省却 7-1172B
shèngquè 勝卻 6-1336B
shēngqún 生裙 7-1510A
shéngrǎn 繩染 9-1030A
shèngrǎng 勝壤 6-1338B
shēngrè 生熱 7-1514A
shēngrén 生人 7-1488B
shēngrén 生仁 7-1490A
shēngrèn 升任 1-639A
shēngrèn 陞任 11-984B
shèngrén 盛人 7-1425A
shèngrén 聖人 8-664A
shèngrèn 勝任 6-1335B
shèngrénchū 聖人出 8-665A
shēngrénfù 生人婦 7-1488B
shèngrénkū 聖人窟 8-665A
shēngrénqī 生人妻 7-1488B
shēngrénqì 生人氣 7-1488B
shèngrénshī 聖人師 8-665A
shēngrénxuè 生人血 7-1488B
shèngrènyúkuài 勝任愉快 6-1335B
shèngrénzhīnián 聖人之年 8-664B
shèngrénzhītú 聖人之徒 8-665A
shēngrì 生日 7-1490A
shèngrì 盛日 7-1425A
shèngrì 勝日 6-1335A
shèngrì 聖日 8-665B
shēngrìqián 生日錢 7-1490A
shēngróng 升榮 1-642A
shēngróng 生榮 7-1513A
shēngróng 聲容 8-691A
shēngróng 聲榮 8-693B
shèngróng 盛容 7-1428A
shèngróng 聖容 8-671A
shēngróngmò'āi 生榮没哀 7-1513B
shēngróngsǐ'āi 生榮死哀 7-1513B
shēngróngwáng'āi 生榮亡哀 7-1513B
shēngròu 生肉 7-1494B
shēngròukūgǔ 生肉枯骨 7-1494B
shēngrú 生儒 7-1516A
shēngrǔ 生乳 7-1500A
shèngrú 聖儒 8-676A
shèngruì 盛鋭 7-1430A
shèngruì 聖瑞 8-673A
shēngrùxīntōng 聲入心通 8-685A
shēngsān 生三 7-1489A
shēngsǎng 聲嗓 8-693A
shēngsāngzhīmèng 生桑之夢 7-1505B
shēngsāo 生臊 7-1516A
shēngsè 生色 7-1495A
shēngsè 生澁 7-1515A
shēngsè 生澀 7-1516B
shēngsè 鉎澀 11-1232B
shēngsè 聲色 8-686B
shěngsè 省嗇 7-1176B
shěngsè 省穡 7-1179A
shèngsè 盛色 7-1426A
shēngsèbìnglì 聲色並厲 8-687A
shēngsèbùdòng 聲色不動 8-686B
shēngsègǒumǎ 聲色狗馬 8-686B
shēngsèhuòlì 聲色貨利 8-687A
shēngsèjùlì 聲色俱厲 8-687A
shèngsēng 聖僧 8-674B
shēngsèquǎnmǎ 聲色犬馬 8-686B
shēngsèsè 生澀澀 7-1516B
shēngshā 生殺 7-1504B
shēngshā 牲殺 6-258A
shēngshà 牲歃 6-258B
shēngshān 生山 7-1489B
shēngshàn 生善 7-1509B
shèngshàn 聖善 8-672B
shēngshāncǎizhū 升山採珠 1-638A
shēngshāng 升觴 1-643A
shēngshǎng 升賞 1-642B
shēngshǎng 陞賞 11-985A
shèngshàng 聖上 8-665A
shēngshàngqǐxià 生上起下 7-1489A
shēngshāo 生燒 7-1516A
shēngsháo 升勺 1-638A
shēngshāyǔduó 生殺予奪 7-1505A
shēngshāyǔduó 生殺與奪 7-1505A
shēngshē 聲奢 8-691A
shēngshè 生設 7-1507B
shěngshè 省舍 7-1173A
shēngshēn 生申 7-1491B
shēngshēn 生身 7-1497A
shèngshén 聖神 8-670A
shēngshēng 生生 7-1491B
shēngshēng 牲牲 6-258A
shéngshéng 憴憴 7-761B
shéngshéng 譝譝 11-443B
shěngshēng 省聲 7-1179A
shěngshěng 省省 7-1174A
shēngshēnghuàhuà 生生化化 7-1492A
shēngshēngkǒukǒu 聲聲口口 8-694B
shēngshēngmàn 聲聲慢 8-694B
shēngshēngqìqì 聲聲氣氣 8-694B
shēngshēngshìshì 生生世世 7-1492A
shēngshēngsǐsǐ 生生死死 7-1492A
shèngshénwénwǔ 聖神文武 8-670A
shēngshī 生蓍 7-1510B
shēngshī 笙詩 8-1119B
shēngshī 聲施 8-689B
shēngshī 聲詩 8-693A
shēngshí 生什 7-1490A
shēngshí 生食 7-1501B
shēngshí 生時 7-1503B
shēngshí 生識 7-1517A
shēngshí 牲石 6-258A
shēngshì 生世 7-1491A
shēngshì 生式 7-1492B
shēngshì 生事 7-1498A
shēngshì 生勢 7-1510B
shēngshì 牲事 6-258A
shēngshì 聲勢 8-692A
shēngshì 聲執 8-691A
shěngshī 省詩 7-1177B
shěngshì 省事 7-1173A
shěngshì 省試 7-1177B
shěngshì 省釋 7-1179B
shèngshī 聖師 8-670B
shèngshí 盛時 7-1427B
shèngshí 聖時 8-670B
shèngshǐ 盛使 7-1426B
shèngshì 盛世 7-1425A
shèngshì 盛事 7-1426B
shèngshì 盛飾 7-1429B
shèngshì 勝士 6-1335A
shèngshì 勝事 6-1336A
shèngshì 聖世 8-666A
shèngshì 聖事 8-668A
shēngshìhàodà 聲勢浩大 8-692B
shēngshìhèyì 聲勢赫奕 8-692B
shěngshìníngrén 省事寧人 7-1173A
shěngshìsān 省事三 7-1173A
shēngshìxiōngxiōng 聲勢汹汹 8-692B
shēngshìxiōngxiōng 聲勢洶洶 8-692B
shēngshìxuǎnhè 聲勢烜赫 8-692B
shēngshìxùnzhuó 聲勢熏灼 8-692B
shēngshǒu 升首 1-640A
shēngshǒu 生手 7-1490A
shēngshòu 升受 1-639B
shēngshòu 升授 1-640B
shēngshòu 生受 7-1499B
shēngshòu 陞授 11-985A
shēngshòu 鉎鏉 11-1232B
shěngshòu 省瘦 7-1177B
shèngshǒu 聖手 8-665B
shèngshòu 聖壽 8-674B
shēngshǒushēngjiǎo 生手生脚 7-1490A
shèngshòuyuè 聖壽樂 8-674B
shēngshū [illegible] 6-1007B
shēngshū 生書 7-1505B

shēngshū 生疎 7-1510A
shēngshū 生疏 7-1510A
shēngshú 生孰 7-1507B
shēngshú 生熟 7-1515A
shēngshǔ 鼪鼠 12-1412B
shēngshù 生術 7-1507A
shēngshù 生數 7-1514B
shēngshù 聲述 8-687B
shéngshū 繩樞 9-1031A
shéngshù 繩束 9-1029A
shěngshǔ 省署 7-1177A
shèngshū 聖淑 8-672A
shèngshǔ 盛暑 7-1428B
shèngshuāi 盛衰 7-1428A
shēngshuǐ 升水 1-638B
shēngshuǐ 生水 7-1490A
shèngshuǐ 聖水 8-665B
shèngshuǐcánshān 剩水殘山 2-725B
shèngshuǐcánshān 賸水殘山 6-1396A
shēngshuō 聲說 8-693B
shēngshuò 聲朔 8-691A
shēngshútāng 生熟湯 7-1515A
shéngshūwèngyǒu 繩樞甕牖 9-1031A
shēngsī 生絲 7-1510B
shēngsǐ 生死 7-1493A
shěngsī 省司 7-1172A
shěngsì 省寺 7-1172A
shèngsī 聖私 8-667B
shèngsī 聖思 8-669A
shèngsì 勝似 6-1335B
shēngsǐbù 生死簿 7-1494A
shēngsǐbùyì 生死不易 7-1493B
shēngsǐbùyú 生死不渝 7-1493B
shēngsǐchángyè 生死長夜 7-1494A
shēngsǐcúnwáng 生死存亡 7-1493B
shēngsǐguān 生死觀 7-1494B
shēngsǐguāntóu 生死關頭 7-1494B
shēngsǐgǔròu 生死骨肉 7-1494A
shēngsǐhǎi 生死海 7-1494A
shēngsǐjiāo 生死交 7-1494A
shēngsǐkǔhǎi 生死苦海 7-1494A
shēngsīlìjié 聲嘶力竭 8-694A
shēngsǐròugǔ 生死肉骨 7-1493B
shēngsǐwénzì 生死文字 7-1493B
shēngsǐwú'èr 生死無貳 7-1494A
shēngsǐxiàn 生死綫 7-1494A
shēngsǐyōuguān 生死攸關 7-1494A
shēngsǐyuán 生死緣 7-1494A
shēngsǐyǔgòng 生死與共 7-1494A
shēngsǐzhījiāo 生死之交 7-1493B
shēngsǐzuìmèng 生死醉夢 7-1494A
shēngsǒng 升聳 1-643A
shēngsǒng 昇聳 5-594A
shēngsòu 聲嗽 8-693A
shēngsù 生速 7-1503B
shēngsù 聲速 8-689B
shèngsuàn 勝筭 6-1338A
shèngsuàn 勝算 6-1338A
shēngsuì 生遂 7-1510A
shēngsuì 生歲 7-1510B
shèngsuǐ 聖髓 8-677A
shēngsūn 甥孫 7-1521B
shěngsǔn 省損 7-1176B
shéngsuǒ 繩索 9-1030A
shèngsuǒ 賸索 6-1396B
shěngtà 省闥 7-1179B
shēngtāi 生胎 7-1501B
shēngtái 生臺 7-1512B
shēngtài 升汰 1-639A
shēngtài 生態 7-1513B
shēngtài 昇泰 5-593B
shēngtài 聲態 8-694A
shěngtái 省臺 7-1177B
shèngtāi 聖胎 8-669B
shēngtàipínghéng 生態平衡 7-1513B
shēngtàixìtǒng 生態系統 7-1513B
shēngtàixué 生態學 7-1513B
shéngtán 繩彈 9-1031B
shèngtán 盛談 7-1430A
shèngtán 勝談 6-1338B
shèngtàn 盛歎 7-1429B
shēngtáng 升堂 1-641A
shēngtáng 昇堂 5-593B
shēngtáng 陞堂 11-985A
shěngtáng 省堂 7-1175B
shèngtáng 盛唐 7-1428A
shēngtángbàimǔ 升堂拜母 1-641A
shèngtānglàshuǐ 剩湯臘水 2-725B
shēngtángrùshì 升堂入室 1-641A
shēngtángrùshì 陞堂入室 11-985A
shēngtǎo 聲討 8-690B
shéngtào 繩套 9-1030B
shěngtè 眚慝 7-1197A
shēngténg 升騰 1-643A
shēngténg 生疼 7-1505B
shēngténg 昇騰 5-594A
shēngtí 升提 1-641B
shēngtí 生稊 7-1509B
shēngtǐ 生體 7-1517B
shēngtǐ 牲體 6-259B
shéngtī 繩梯 9-1030B
shěngtí 省題 7-1179A
shèngtǐ 聖體 8-677A
shēngtiān 升天 1-638A
shēngtiān 生天 7-1489B
shēngtiān 生添 7-1508B
shēngtiān 昇天 5-593A
shēngtián 生田 7-1491B
shèngtián 乘田 1-668A
shēngtiáo 生條 7-1504B
shēngtiào 昇眺 5-593B
shèngtiáo 聖笤 8-671B
shēngtiě 生鐵 7-1517B
shèngtiě 聖鐵 8-677A
shēngtīng 升廳 1-643B
shēngtīng 陞廳 11-985B
shěngtíng 省庭 7-1174B
shěngtíshī 省題詩 7-1179A
shēngtóng 生童 7-1509B
shēngtóng 生銅 7-1512B
shēngtǒng 升統 1-642A
shēngtòng 生痛 7-1509B
shèngtōng 聖通 8-671A
shèngtóng 聖童 8-672B
shèngtǒng 聖統 8-673A
shēngtóu 牲頭 6-259A
shéngtóu 繩頭 9-1031B
shēngtóusǐlǒng 生頭死壟 7-1515B
shēngtú 生徒 7-1504B
shēngtú 生途 7-1504B
shēngtú 牲腯 6-258B
shēngtú 甥徒 7-1521B
shèngtú 甸徒 7-1303B
shèngtú 勝屠 6-1337B
shèngtú 聖徒 8-670B
shèngtú 聖圖 8-674B
shèngtuī 盛推 7-1428A
shèngtuì 聖蜕 8-673A
shēngtūn 生吞 7-1495B
shēngtūnhuóbō 生吞活剝 7-1495B
shēngtūnhuóduó 生吞活奪 7-1496A
shēngtūnqìrěn 聲吞氣忍 8-687A
shēngtuōsǐzhuài 生拖死拽 7-1498A
shēngū 深辜 5-1430B
shēngǔ 身骨 10-703A
shēngǔ 深谷 5-1424B
shēngù 申固 7-1292B
shēngù 身故 10-702B
shēngù 深固 5-1425B
shēngù 深故 5-1426B
shēngù 深痼 5-1431B
shēngù 深錮 5-1433A
shéngǔ 神谷 7-864A
shéngǔ 神骨 7-869B
shéngǔ 神瞽 7-889A
shěngù 審顧 3-1634B
shèngù 慎固 7-676B
shénguà 神卦 7-865A
shēnguài 深怪 5-1426B
shénguài 神怪 7-867B
shénguān 神官 7-868A
shénguān 神觀 7-891B
shénguǎn 神館 7-887B
shěnguān 審官 3-1630A
shěnguān 審觀 3-1634B
shēnguāng 身光 10-701A
shēnguǎng 深廣 5-1432A
shénguāng 神光 7-861A
shěnguānyuàn 審官院 3-1630A
shēnguī 身圭 10-701A
shēnguī 深閨 5-1432A
shēnguī 信圭 1-1417A
shēnguì 詵桂 11-175B
shénguī 神規 7-874B
shénguī 神龜 7-888B
shénguǐ 神鬼 7-869B
shénguì 神貴 7-878A
shénguīlè 神龜樂 7-888B
shénguǐmòcè 神鬼莫測 7-869B
shénguǐtiān 神鬼天 7-869B
shéngùn 神棍 7-877B
shēngǔwéilíng 深谷爲陵 5-1424B
shēngwài 生外 7-1492A
shéngwài 繩外 9-1029A
shēngwán 聲玩 8-687B
shēngwǎng 生往 7-1499A
shēngwàng 升望 1-641B
shēngwàng 生望 7-1508A
shēngwàng 聲望 8-691B
shéngwǎng 繩枉 9-1029B
shèngwáng 盛王 7-1425A
shèngwáng 聖王 8-665B
shēngwēi 聲威 8-688B
shēngwèi 生位 7-1497A
shēngwèi 聲位 8-687B
shēngwèi 聲味 8-687B
shéngwéi 繩違 9-1031A
shěngwéi 省闈 7-1179A
shèngwéi 乘韋 1-670A
shèngwéi 椉韋 4-1121A
shèngwèi 盛位 7-1426A
shèngwèi 賸味 6-1396A
shēngwén 升聞 1-642B
shēngwén 聲文 8-685B
shēngwén 聲聞 8-693B
shēngwèn 聲聞 8-693B
shēngwèn 聲問 8-692A
shéngwén 繩文 9-1028B
shéngwén 繩紋 9-1030B
shěngwén 省文 7-1171B
shèngwén 聖文 8-665B
shèngwèn 聖問 8-672A
shēngwénchéng 聲聞乘 8-693B
shēngwènguòqíng 聲聞過情 8-694A
shèngwò 聖渥 8-673A
shēngwū 升屋 1-640A
shēngwú 鼪鼯 12-1412B
shēngwǔ 笙舞 8-1120A
shēngwù 生物 7-1498B
shēngwù 生務 7-1505B
shēngwù 牲物 6-258A

shéngwǔ 繩武 9-1029A
shèngwǔ 聖武 8-668A
shèngwù 盛務 7-1428A
shēngwùfángzhì 生物防治 7-1499A
shēngwùgōngchéng 生物工程 7-1499A
shēngwùhuàxué 生物化學 7-1499A
shēngwújìng 鼪鼯徑 12-1413A
shēngwùquān 生物圈 7-1499A
shēngwúxiāngjiàn… 生毋相見,死毋相哭 7-1491A
shēngwùxué 生物學 7-1499A
shēngwùzhàn 生物戰 7-1499A
shēngwúzhījìng 鼪鼯之徑 12-1413A
shēngwùzhìpǐn 生物製品 7-1499A
shēngwùzhōng 生物鐘 7-1499A
shēngxī 生西 7-1493A
shēngxī 生息 7-1504B
shēngxī 生犀 7-1510A
shēngxī 昇曦 5-594A
shēngxī 聲息 8-690A
shēngxí 聲習 8-692A
shēngxì 生隙 7-1510B
shēngxì 生餼 7-1517A
shēngxì 牲餼 6-259A
shéngxì 繩戲 9-1032A
shěngxī 省息 7-1175A
shěngxī 省惜 7-1176A
shèngxǐ 聖洗 8-669B
shèngxì 聖系 8-667B
shēngxiá 升假 1-641B
shēngxiá 升遐 1-642A
shēngxiá 昇遐 5-594A
shēngxiá 昇霞 5-594A
shéngxià 繩下 9-1028B
shèngxià 盛夏 7-1427B
shēngxiān 升仙 1-638B
shēngxiān 生鮮 7-1516A
shēngxiān 昇仙 5-593A
shēngxiān 昇僊 5-594A
shēngxián 生賢 7-1514A
shēngxiǎn 升險 1-642B
shēngxiàn 升獻 1-643A
shēngxiàn 生羨 7-1512A
shěngxiàn 省限 7-1174A
shěngxiàn 省憲 7-1179A
shèngxiān 聖先 8-667A
shèngxián 聖賢 8-675A
shēngxiāng 生香 7-1501A
shēngxiāng 聲香 8-688B
shēngxiáng 生降 7-1500B
shēngxiāng 聲鄉 8-692A
shēngxiǎng 聲響 8-695B
shēngxiàng 生相 7-1501A
shēngxiàng 生像 7-1511B
shěngxiǎng 省餉 7-1177B
shèngxiāng 聖鄉 8-672A
shèngxiàng 聖相 8-669A
shèngxiàng 聖像 8-673B
shēngxiāngxiè 生香屧 7-1501B
shēngxiānqiáo 昇仙橋 5-593A
shéngxiānqǐhòu 繩先啟後 9-1029A
shēngxiāntàizǐ 升仙太子 1-638B
shēngxiāo 生綃 7-1512A
shēngxiāo 笙簫 8-1120B
shēngxiǎo 升曉 1-642B
shēngxiǎo 生小 7-1489A
shēngxiǎo 生曉 7-1515B
shēngxiào 生孝 7-1496A
shēngxiào 生肖 7-1497A
shēngxiào 生效 7-1505B
shèngxiǎo'ér 聖小兒 8-665A
shēngxiāoguǎndí 笙簫管笛 8-1120B
shēngxiāojìmiè 聲銷迹滅 8-694A
shēngxiàoqián 生肖錢 7-1497A
shèngxié 勝邪 6-1335B
shēngxīn 生心 7-1491A
shěngxīn 省心 7-1171B
shèngxīn 盛心 7-1425A
shèngxīn 聖心 8-666A
shēngxīng 牲腥 6-258B
shēngxíng 升行 1-639A
shēngxíng 生刑 7-1492B
shēngxìng 生性 7-1500B
shěngxíng 省刑 7-1172A
shěngxíng 省形 7-1172B
shèngxíng 盛行 7-1425B
shēngxītiān 升西天 1-639A
shēngxiù 生銹 7-1515A
shēngxiù 聲臭 8-690A
shēngxīwèidàn 聲希味淡 8-687B
shēngxū 升虛 1-641A
shēngxǔ 牲糈 6-259A
shēngxù 生蓄 7-1510B
shēngxù 昇叙 5-593B
shēngxù 甥壻 7-1521B
shēngxù 聲叙 8-688B
shèngxū 盛虛 7-1428A
shèngxù 聖緒 8-675A
shēngxuán 生旋 7-1508A
shēngxuán 昇玄 5-593B
shěngxuǎn 省選 7-1178B
shēngxué 升學 1-642B
shēngxué 生學 7-1515B
shēngxué 聲學 8-694B
shéngxuē 繩削 9-1030A
shèngxué 聖學 8-676A
shēngxuéjiā 生學家 7-1516A
shēngxùn 生殉 7-1503B
shēngxùn 聲訓 8-690B
shèngxūn 聖勳 8-676A
shèngxùn 聖訓 8-670B
shēngyā 升壓 1-643A
shēngyá 生涯 7-1508B
shēngyān 生烟 7-1505B
shēngyán 生鹽 7-1517B
shēngyán 聲言 8-687B
shēngyǎn 生眼 7-1506B
shēngyàn 生厭 7-1512B
shēngyàn 聲焰 8-692A
shēngyàn 聲燄 8-694B
shěngyǎn 省眼 7-1175B
shèngyán 盛言 7-1426A
shèngyán 盛筵 7-1428B
shèngyán 盛顏 7-1430B
shèngyán 聖顏 8-676B
shèngyàn 盛宴 7-1428A
shèngyánbìsàn 盛筵必散 7-1428B
shēngyáng 升揚 1-641B
shēngyáng 聲揚 8-692A
shēngyǎng 生養 7-1513A
shèngyáng 盛陽 7-1428B
shèngyǎng 盛養 7-1429B
shēngyángdiàn 昇陽殿 5-594A
shèngyánnánzài 盛筵難再 7-1428B
shèngyányìsàn 盛筵易散 7-1428B
shēngyáo 生爻 7-1490B
shēngyào 升藥 1-643A
shēngyào 生藥 7-1516B
shēngyào 昇耀 5-594A
shěngyāo 眚妖 7-1197A
shěngyào 省要 7-1174A
shēngyàojú 生藥局 7-1516B
shēngyàopù 生藥鋪 7-1517A
shēngyàopù 生藥舖 7-1517A
shēngyāozuò 生腰坐 7-1511B
shēngyè 生業 7-1511A
shēngyè 笙咽 8-1119B
shèngyè 盛業 7-1429A
shèngyè 聖業 8-673A
shēngyi 生意 7-1511B
shēngyī 生一 7-1488B
shēngyī 生衣 7-1495A
shēngyí 生疑 7-1513A
shēngyì 生意 7-1511B
shēngyì 生議 7-1517B
shěngyì 省易 7-1173A
shèngyī 勝衣 6-1335B
shèngyí 盛儀 7-1430A
shèngyí 聖儀 8-675A
shèngyí 賸遺 6-1396B
shèngyì 盛意 7-1429B
shèngyì 盛溢 7-1429B
shèngyì 勝異 6-1337A
shèngyì 勝義 6-1338A
shèngyì 聖意 8-674A
shèngyì 聖裔 8-673B
shèngyì 聖譯 8-677A
shèngyì 賸義 6-1396B
shěngyìbófù 省役薄賦 7-1172B
shéngyījièbǎi 繩一戒百 9-1028B
shěngyījiéshí 省衣節食 7-1172A
shēngyìjīng 生意經 7-1512A
shēngyikǒu 生意口 7-1512A
shēngyīn 聲音 8-689A
shēngyín 生銀 7-1513A
shēngyǐn 升引 1-638B
shēngyǐn 聲飲 8-692A
shēngyìn 陞廕 11-985A
shěngyìn 省印 7-1172A
shèngyīn 盛陰 7-1428A
shèngyīn 勝因 6-1335B
shèngyǐn 勝引 6-1335A
shèngyìn 聖胤 8-669B
shēngyīng 聲英 8-687B
shēngyǐng 聲影 8-694A
shēngyìng 生硬 7-1509A
shéngyīng 繩纓 9-1032A
shèngyīng 聖謍 8-676A
shēngyìngqìqiú 聲應氣求 8-694B
shēngyīnxiàomào 聲音笑貌 8-689A
shēngyirén 生意人 7-1512A
shēngyōng 笙庸 8-1119B
shēngyōng 笙鏞 8-1120B
shēngyòng 牲用 6-258A
shēngyòng 陞用 11-984B
shēngyōu 生憂 7-1514A
shēngyóu 生油 7-1500B
shēngyóu 聲猷 8-693A
shēngyǒu 生友 7-1489B
shēngyòu 升侑 1-639B
shèngyóu 勝游 6-1337B
shèngyóu 勝遊 6-1337B
shèngyóu 聖猷 8-674A
shèngyǒu 勝友 6-1335A
shèngyǒu 賸有 6-1396A
shěngyóudēng 省油燈 7-1173B
shèngyǒusì 聖友寺 8-665B
shēngyòuzhījìng 鼪鼬之逕 12-1412B
shēngyú 升踰 1-642B
shēngyú 升輿 1-643A
shēngyú 生魚 7-1507A
shēngyú 牲魚 6-258B
shēngyú 笙竽 8-1119B
shēngyǔ 生語 7-1513A
shēngyù 升馭 1-641B
shēngyù 生育 7-1500A
shēngyù 牲玉 6-257B
shēngyù 聲域 8-691A
shēngyù 聲譽 8-695B
shèngyú 乘輿 1-674A
shèngyú 乘轝 1-674B
shèngyú 剩餘 2-725B
shèngyú 賸餘 6-1396B
shèngyǔ 剩語 2-725B
shèngyǔ 聖語 8-674B
shèngyǔ 賸語 6-1396B

shèngyù 盛譽 7-1430B
shèngyù 聖域 8-671A
shèngyù 聖諭 8-676A
shèngyù 賸欲 6-1396B
shēngyuān 聲寃 8-691B
shēngyuán 生員 7-1503B
shēngyuán 生緣 7-1515A
shēngyuán 聲援 8-692A
shēngyuán 聲源 8-693A
shěngyuán 省元 7-1171A
shěngyuán 省垣 7-1174A
shěngyuán 省員 7-1174B
shěngyuàn 省掾 7-1176A
shèngyuán 剩員 2-725B
shèngyuán 勝緣 6-1338B
shēngyuántiè 昇元帖 5-593A
shèngyúbōyuè 乘輿播越 1-674A
shèngyúchǎnpǐn 剩餘產品 2-725B
shèngyúchē 乘輿車 1-674A
shēngyuè 生月 7-1490B
shēngyuè 笙樂 8-1120A
shēngyuè 笙籥 8-1120B
shēngyuè 聲樂 8-694B
shéngyuē 繩約 9-1030A
shěngyuē 省約 7-1174B
shèngyuè 盛樂 7-1430A
shèngyújiàzhí 剩餘價值 2-725B
shèngyúláodong 剩餘勞動 2-725B
shēngyùlǜ 生育率 7-1500A
shēngyún 昇雲 5-594A
shēngyún 聲云 8-685A
shēngyùn 生運 7-1510A
shēngyùn 聲均 8-687A
shēngyùn 聲韵 8-693A
shēngyùn 聲韻 8-695A
shèngyùn 盛運 7-1429A
shèngyùn 聖運 8-673A
shēngyùnxué 聲韻學 8-695B
shēngyùshíbèi 聲譽十倍 8-695B
shěngzāi 省哉 7-1174A
shěngzāi 眚災 7-1197A
shěngzāi 眚烖 7-1197A
shēngzàng 生藏 7-1516A
shèngzǎng 乘駔 4-1121A
shēngzào 升造 1-640B
shēngzào 生造 7-1504A
shèngzǎo 盛藻 7-1430B
shèngzǎo 聖藻 8-676B
shēngzé 陞則 11-984B
shéngzé 繩責 9-1030B
shèngzé 盛則 7-1427A
shèngzé 聖則 8-669A
shèngzé 聖澤 8-676A
shēngzēng 生憎 7-1515A
shěngzhá 省劄 7-1177B
shēngzhāng 聲張 8-692A
shēngzhāng 聲章 8-691B
shēngzhǎng 升漲 1-642A
shēngzhǎng 生長 7-1497B
shēngzhàng 升帳 1-641A
shēngzhàng 陞帳 11-985A
shèngzhāng 盛章 7-1428A
shèngzhàng 勝仗 6-1335A
shēngzhǎngqī 生長期 7-1497B
shēngzhāngshìlì 聲張勢厲 8-692A
shēngzhàngzihuò 生帳子貨 7-1507A
shēngzhāo 生朝 7-1509A
shèngzhào 聖詔 8-672B
shèngzhé 聖哲 8-670A
shèngzhé 聖喆 8-672A
shèngzhé 聖轍 8-676B
shèngzhēn 聖真 8-670B
shéngzhèng 繩正 9-1029A
shèngzhèng 聖證 8-676B
shēngzhènhuányǔ 聲振寰宇 8-689B
shēngzhènlínmù 聲振林木 8-689B
shēngzhī 生支 7-1489B
shēngzhī 生知 7-1498B
shēngzhí 升值 1-640B
shēngzhí 生執 7-1506B
shēngzhí 生植 7-1509A
shēngzhí 生殖 7-1509A
shēngzhí 甥姝 7-1521B
shēngzhí 甥姪 7-1521B
shēngzhǐ 生紙 7-1505B
shēngzhì 升陟 1-640A
shēngzhì 升秩 1-640B
shēngzhì 升幟 1-642B
shēngzhì 生致 7-1503B
shēngzhì 生質 7-1515A
shēngzhì 昇陟 5-593B
shēngzhì 陞陟 11-984B
shéngzhí 繩直 9-1029A
shéngzhì 繩治 9-1029B
shěngzhì 省治 7-1173B
shèngzhī 聖知 8-668B
shèngzhǐ 盛旨 7-1425B
shèngzhǐ 盛指 7-1427A
shèngzhǐ 聖旨 8-667A
shèngzhì 盛治 7-1427A
shèngzhì 盛製 7-1429B
shèngzhì 勝致 6-1336B
shèngzhì 聖志 8-667B
shèngzhì 聖制 8-668B
shèngzhì 聖治 8-669A
shèngzhì 聖智 8-672A
shèngzhì 聖製 8-674B
shèngzhì 聖質 8-675B
shēngzhī'ānxíng 生知安行 7-1498B
shēngzhīgān 生枝柑 7-1498A
shēngzhíqì 生殖器 7-1509A
shēngzhíqìchóngbài 生殖器崇拜 7-1509B
shēngzhōng 笙鐘 8-1120B
shēngzhòng 升中 1-638A
shēngzhòng 昇中 5-593A
shěngzhōng 省中 7-1171A
shèngzhōng 聖衷 8-670B
shēngzhōngjǐfù 聲鍾給賻 8-694B
shēngzhòngshíguǎ 生衆食寡 7-1509B
shēngzhōu 生洲 7-1502B
shēngzhū 生豬 7-1507B
shēngzhǔ 生主 7-1492A
shēngzhù 升注 1-639B
shēngzhù 昇翥 5-594A
shēngzhù 笙筑 8-1119B
shéngzhú 繩逐 9-1030B
shèngzhǔ 盛主 7-1425B
shèngzhǔ 聖主 8-666A
shēngzhuàihuótuō 生拽活拖 7-1500B
shēngzhuǎn 升轉 1-643A
shēngzhuǎn 陞轉 11-985B
shēngzhuàn 生傳 7-1511B
shěngzhuǎn 省轉 7-1179A
shèngzhuàn 乘傳 1-672B
shèngzhuàn 盛饌 7-1430B
shèngzhuāng 盛妝 7-1426A
shèngzhuāng 盛粧 7-1428B
shèngzhuāng 盛裝 7-1429B
shèngzhuàng 盛壯 7-1426A
shèngzhuàng 勝狀 6-1336B
shèngzhǔchuíyī 聖主垂衣 8-666B
shéngzhuì 繩墜 9-1031A
shéngzhǔn 繩準 9-1031A
shēngzhuó 升擢 1-643A
shēngzhuó 陞擢 11-985B
shèngzhuó 盛躅 7-1430B
shēngzi 升子 1-638A
shēngzī 生姿 7-1502A
shēngzī 生貲 7-1511A
shēngzī 生資 7-1511B
shēngzī 牲粢 6-258B
shēngzī 聲姿 8-689A
shēngzǐ 生子 7-1489B
shēngzì 生字 7-1495B
shēngzì 生自 7-1495A
shéngzi 繩子 9-1028B
shéngzī 澠淄 6-164A
shěngzì 省字 7-1172B
shèngzī 聖姿 8-669B
shèngzǐ 勝子 6-1335A
shèngzǐ 聖子 8-665A
shèngzǐshénsūn 聖子神孫 8-665A
shēngzú 生卒 7-1500A
shēngzǔ 牲俎 6-258A
shēngzǔ 聲阻 8-687B
shéngzǔ 繩祖 9-1030A
shèngzú 盛族 7-1428A
shèngzǔ 聖祖 8-669B
shèngzuì 賸醉 6-1396B
shēngzuìzhìtǎo 聲罪致討 8-693A
shèngzūn 盛尊 7-1429A
shēngzuò 升坐 1-639A
shēngzuò 升座 1-640B
shēngzuò 生作 7-1497A
shēngzuò 生做 7-1507A
shēngzuò 昇祚 5-593B
shéngzuò 繩坐 9-1029A
shèngzuò 盛作 7-1426A
shèngzuò 盛坐 7-1426A
shèngzuò 聖作 8-667B
shènhǎi 蜃海 8-897B
shènhǎi 蜃醢 8-898B
shēnhán 申韓 7-1296B
shénhàn 神漢 7-884B
shēnháng 伸吭 1-1241A
shēnhǎo 申好 7-1291B
shénhào 神號 7-881B
shénháoguǐkū 神嚎鬼哭 7-888A
shénháoguǐkū 神號鬼哭 7-881B
shénháoguǐqì 神號鬼泣 7-881B
shēnhé 深劾 5-1426A
shēnhè 申賀 7-1295A
shēnhè 深壑 5-1433B
shénhé 神禾 7-859A
shénhé 神合 7-861B
shénhé 神和 7-866B
shěnhé 審合 3-1629A
shěnhé 審核 3-1630B
shěnhé 審覈 3-1634A
shènhé 慎覈 7-678B
shènhé 滲合 6-114B
shènhé 滲涸 6-115A
shénhébìng 神和病 7-866B
shēnhèn 申恨 7-1293A
shēnhéng 參横 2-848A
shénhézǐ 神和子 7-866B
shēnhóng 深宏 5-1425A
shēnhóng 深泓 5-1426A
shēnhóng 深閎 5-1431A
shēnhòu 身後 10-703A
shēnhòu 深厚 5-1426B
shénhòu 神后 7-861B
shénhòu 神候 7-873A
shènhòu 慎厚 7-676B
shēnhū 呻呼 3-261A
shēnhū 眒忽 7-1196B
shēnhǔ 參虎 2-842A
shēnhù 紳笏 9-780A
shénhú 神狐 7-867B
shénhǔ 神虎 7-865B
shénhǔ 神滸 7-884B
shénhù 神祜 7-870B
shènhù 慎護 7-678B
shēnhuà 申畫 7-1295A
shēnhuà 深化 5-1422B
shénhuá 神華 7-872A
shénhuà 神化 7-858A
shénhuà 神話 7-882B
shěnhuà 審畫 3-1632A
shénhuàguǐjiào 神譁鬼叫 7-888B
shénhuái 神懷 7-890A
shēnhuáiliùjiǎ 身懷六甲 10-706B
shēnhuàn 呻喚 3-261A

shēnhuáng 深隍 5-1430A
shénhuáng 神皇 7-869B
shénhuáng 神潢 7-884B
shénhùcǎo 神護草 7-890B
shēnhuí 參回 2-840A
shēnhuì 深晦 5-1429A
shēnhuì 詵誨 11-175B
shénhuì 神惠 7-877B
shénhuì 神會 7-882A
shènhuī 慎徽 7-678A
shènhuī 蜃灰 8-897A
shēnhuídǒuzhuǎn 參回斗轉 2-840B
shénhuìxīnróng 神會心融 7-882B
shénhǔmén 神虎門 7-865B
shēnhún 深渾 5-1431A
shénhún 神魂 7-880B
shénhúndàngyáng 神魂蕩颺 7-880B
shénhúndiāndǎo 神魂顛倒 7-880B
shénhúnfēiyuè 神魂飛越 7-880B
shénhúnpiāodàng 神魂飄蕩 7-880B
shēnhuō 申豁 7-1296B
shēnhuō 深豁 5-1433B
shēnhuǒ 身火 10-700B
shénhuǒ 神火 7-858B
shènhuǒ 慎火 7-676A
shènhuò 滲和 6-114B
shènhuòzhìyú 甚或至于 1-573A
shénhuqíjì 神乎其技 7-860A
shénhūqíshén 神乎其神 7-860A
shēnhūxi 深呼吸 5-1426A
shènì 舍匿 8-1084A
shénián 蛇年 8-879B
shèniàn 設念 11-83A
shèniàn 攝念 6-973A
shéniè 蛇孽 8-884A
shèniú 射牛 2-1264A
shēnjī 身肌 10-701B
shēnjī 身基 10-704A
shēnjī 深機 5-1433A
shēnjǐ 身己 10-699B
shēnjì 申濟 7-1296B
shēnjì 身計 10-703A
shēnjì 深計 5-1427B
shénjī 神迹 7-870A
shénjī 神機 7-886B
shénjì 神跡 7-881B
shénjì 神蹟 7-889A
shénjì 神伎 7-861B
shénjì 神技 7-863A
shénjì 神紀 7-871B
shénjì 神驥 7-891B
shěnjī 審稽 3-1633A
shěnjǐ 審己 3-1628B
shěnjì 審計 3-1630A
shēnjiā 身家 10-704A
shēnjià 身架 10-703B
shēnjià 身價 10-705B
shénjià 神駕 7-886A
shēnjiān 深姦 5-1428A
shēnjiǎn 申減 7-1295A
shēnjiàn 申薦 7-1296B
shēnjiàn 申鑒 7-1297A
shēnjiàn 深間 5-1431A
shēnjiàn 深見 5-1424B
shēnjiàn 深鑒 5-1434B
shénjiān 神奸 7-863A
shénjiān 神姦 7-871A
shénjiān 神監 7-884A
shénjiǎn 神檢 7-888A
shénjiàn 神見 7-863B
shénjiàn 神劍 7-886A
shénjiàn 神箭 7-885B
shénjiàn 神鑑 7-891A
shénjiàn 神鑒 7-891A
shěnjiàn 審見 3-1629A
shěnjiàn 審鑒 3-1634B
shènjiān 慎緘 7-678A
shènjiān 慎柬 7-676B
shènjiǎn 慎檢 7-678A
shènjiǎn 慎簡 7-678A
shēnjiǎng 申獎 7-1296A
shénjiāng 神漿 7-886A
shènjiàng 慎將 7-677A
shénjiānjùdù 神姦巨蠹 7-871B
shēnjiānjùhuá 深姦巨猾 5-1428A
shénjiānjùhuá 神奸巨猾 7-863A
shēnjiànyuǎnlǜ 深見遠慮 5-1424B
shēnjiāo 申椒 7-1294B
shēnjiāo 深交 5-1424A
shēnjiǎo 伸脚 1-1241B
shēnjiào 身教 10-704A
shénjiāo 神交 7-862A
shénjiāo 神蛟 7-878A
shénjiǎo 神脚 7-876A
shénjiào 神教 7-875A
shěnjiāo 審交 3-1629A
shěnjiào 審校 3-1630B
shènjiāo 慎交 7-676B
shénjiāoguǐlàn 神焦鬼爛 7-878B
shēnjiāxìngmìng 身家性命 10-704A
shénjìchūlì 神驥出櫪 7-891B
shěnjīduóshì 審幾度勢 3-1632A
shēnjié 申結 7-1295A
shēnjiě 申解 7-1295A
shēnjiě 深解 5-1431B
shēnjiè 申解 7-1295A
shēnjiè 申戒 7-1291B
shēnjiè 申誡 7-1295B
shēnjiè 身界 10-703A
shénjié 神捷 7-875A
shénjiě 神解 7-882B
shénjiè 神藉 7-888A
shěnjié 審結 3-1632A
shènjié 慎節 7-677B
shènjiè 慎戒 7-676B
shénjīguǐxiè 神機鬼械 7-886B
shēnjìhǔwěn 身寄虎吻 10-704B
shénjīmiàosuàn 神機妙算 7-886B
shēnjīn 紳衿 9-780A
shēnjìn 申禁 7-1295A
shēnjìn 深禁 5-1431A
shénjīn 神衿 7-870B
shénjīn 神襟 7-889B
shènjǐn 甚緊 1-574A
shěnjǐn 審謹 3-1634A
shènjīn 滲金 6-115A
shènjǐn 慎謹 7-678B
shēnjǐng 參井 2-839A
shēnjǐng 申儆 7-1295B
shēnjǐng 申警 7-1297A
shēnjìng 申敬 7-1294B
shēnjìng 伸敬 1-1241B
shēnjìng 深竟 5-1429B
shēnjìng 深靚 5-1432B
shénjīng 神京 7-867B
shénjīng 神旌 7-876B
shénjīng 神經 7-883A
shénjīng 神精 7-884B
shénjǐng 神井 7-857B
shénjǐng 神景 7-878A
shénjìng 神境 7-883B
shènjīng 蜃精 8-898A
shènjǐng 蜃景 8-897B
shènjìng 慎敬 7-677B
shènjìng 慎静 7-677B
shēnjīngbǎizhàn 身經百戰 10-705B
shénjīngbìng 神經病 7-883A
shénjīngcuòluàn 神經錯亂 7-883B
shénjīngguòmǐn 神經過敏 7-883B
shénjīngmòshāo 神經末梢 7-883A
shénjīngshí 神驚石 7-891A
shénjīngshuāiruò 神經衰弱 7-883A
shénjīngxiānwéi 神經纖維 7-883B
shénjīngxìbāo 神經細胞 7-883B
shénjīngzhàn 神經戰 7-883B
shénjīngzhì 神經質 7-883B
shénjīngzhōngshū 神經中樞 7-883A
shénjǐnqīn 神錦衾 7-887B
shēnjiǒng 深炯 5-1427B
shénjiōng 神坰 7-865A
shēnjiōnggùyuè 深扃固鑰 5-1428A
shénjītóng 神雞童 7-889A
shēnjiū 申究 7-1292A
shēnjiū 深究 5-1425A
shēnjiù 申救 7-1293B
shénjiǔ 神酒 7-874A
shénjiù 神柩 7-869A
shěnjiū 審究 3-1629B
shěnjiǔ 㩤酒 6-962A
shěnjiǔ 㰂酒 4-1357A
shénjīyíng 神機營 7-886B
shēnjìyuǎnlǜ 深計遠慮 5-1427B
shēnjū 深居 5-1426B
shēnjǔ 申舉 7-1296B
shēnjù 深句 5-1423B
shénjǔ 神舉 7-887A
shěnjū 審鞫 3-1634A
shènjǔ 慎舉 7-678A
shēnjuǎn 伸卷 1-1241A
shēnjuàn 深眷 5-1429B
shénjué 神訣 7-876B
shénjué 神爵 7-888B
shěnjué 審決 3-1629A
shěnjué 審決 3-1629B
shēnjūjiǎnchū 深居簡出 5-1426B
shēnjùn 深峻 5-1428B
shénjūn 神君 7-864B
shénjùn 神俊 7-870A
shénjùn 神儁 7-884A
shénjùn 神駿 7-888A
shénkān 神龕 7-891A
shěnkān 審勘 3-1631A
shénkānzi 神龕子 7-891A
shēnkǎo 深考 5-1423B
shénkǎo 神考 7-861A
shěnkǎo 審考 3-1628B
shēnkē 深苛 5-1425B
shēnké 身殼 10-704B
shēnkè 深刻 5-1426A
shēnkè 深尅 5-1428A
shénkè 神課 7-886A
shěnkè 審克 3-1629A
shènkē 瘮痾 8-355B
shènkè 慎恪 7-677A
shěnkěkě 嘇可可 3-496A
shēnkěn 伸懇 1-1242A
shènkēng 滲坑 6-114B
shēnkòng 申控 7-1293B
shénkōng 神空 7-868A
shēnkǒu 身口 10-699B
shénkǒu 神口 7-856B
shènkǒu 甚口 1-572B
shènkǒu 慎口 7-676A
shēnkù 深酷 5-1431B
shēnkuǎn 申款 7-1294A
shénkuàng 神貺 7-877B
shénkuí 神逵 7-875A
shènkuì 慎潰 7-678A
shénlái 神來 7-865B
shénlài 神籟 7-891A
shènlài 滲瀨 6-115B
shènlài 滲癩 6-115B
shénláiqìwàng 神來氣旺 7-865B
shénláizhībǐ 神來之筆 7-865B

shěnlǎn 審覽 3-1634B
shěnláng 沈郎 5-999B
shènlàng 蜃浪 8-897B
shěnlángqián 沈郎錢 5-999B
shēnlángqiāng 參狼羌 2-844B
shěnlángyāo 沈郎腰 5-999B
shēnlǎnyāo 伸懶腰 1-1242A
shēnlǎo 莘老 9-423A
shēnlè 申勒 7-1293B
shēnlěi 深壘 5-1434A
shēnlí 絏纚 9-879A
shēnlǐ 申理 7-1293B
shēnlǐ 申禮 7-1296B
shēnlǐ 伸理 1-1241A
shēnlì 申勵 7-1296B
shēnlì 身力 10-699A
shēnlì 深厲 5-1431B
shēnlì 瘁慄 8-321A
shénlí 神貍 7-884A
shénlǐ 神理 7-874B
shénlì 神力 7-856B
shénlì 神厲 7-884A
shénlì 神麗 7-889B
shěnlǐ 審理 3-1631A
shěnlǐ 審禮 3-1634A
shènlǐ 慎禮 7-678A
shènlì 滲瀝 6-115B
shěnliàn 審練 3-1633B
shēnliáng 紳糧 9-780B
shēnliàng 身量 10-704B
shēnliàng 深亮 5-1427B
shěnliáng 審量 3-1632A
shènliáng 滲凉 6-115A
shēnliào 申料 7-1293B
shěnliào 審料 3-1631A
shēnliè 申列 7-1291A
shēnliè 深烈 5-1428B
shēnlín 深林 5-1425B
shénlín 神林 7-865A
shènlǐn 瘮懍 8-355B
shēnlíng 參苓 2-842A
shēnlíng 身靈 10-707A
shēnlìng 申令 7-1291A
shénlíng 神靈 7-891B
shénlǐngyìdé 神領意得 7-884B
shénlǐngyìzào 神領意造 7-884A
shēnlínqíjìng 身臨其境 10-706A
shēnlìqiǎnqì 深厲淺揭 5-1432A
shēnlìqíjìng 身歷其境 10-706A
shénliù 神溜 7-883A
shénliúqìchàng 神流氣鬯 7-874A
shénlóng 神龍 7-887B
shénlóngmǎzhuàng 神龍馬壯 7-887B
shénlóngshīshì 神龍失埶 7-887B
shénlóngxiànshǒu 神龍見首 7-887B
shénlóngxiànshǒu… 神龍見首不見尾 7-887B
shénlóu 神樓 7-885A
shěnlóu 沈樓 5-1011B
shènlóu 蜃樓 8-898A
shènlòu 滲漏 6-115B
shènlóuhǎishì 蜃樓海市 8-898A
shènlóushānshì 蜃樓山市 8-898A
shénlú 神廬 7-890A
shénlù 神路 7-881B
shěnlù 審録 3-1633B
shènlù 蜃輅 8-897B
shènlù 滲漉 6-115A
shēnlún 深淪 5-1429B
shēnlùn 申論 7-1296A
shēnlùn 深論 5-1432B
shēnlǜ 深慮 5-1432B
shénlǜ 神慮 7-885B
shěnlǜ 審律 3-1630A
shěnlǜ 審慮 3-1633A
shènlǜ 慎慮 7-678A
shénlüè 神略 7-875B
shénmǎ 神馬 7-872A
shēnmǎng 深莽 5-1428A
shēnmǎo 參昴 2-843A
shēnmào 身貌 10-705B
shēnmào 深茂 5-1425B
shénmào 神貌 7-884A
shénme 甚没 1-573A
shénme 什麽 1-1102B
shēnméi 伸眉 1-1241A
shēnméi 信眉 1-1419B
shēnměi 深美 5-1427B
shēnmèi 深昧 5-1427A
shénméi 神媒 7-880A
shěnměi 審美 3-1630B
shěnměiguān 審美觀 3-1630B
shénméiguǐdào 神眉鬼道 7-871A
shénméiguǐyǎn 神眉鬼眼 7-871A
shénmén 神門 7-868B
shēnméng 申盟 7-1295A
shēnméng 深盟 5-1431A
shénméng 神盟 7-881B
shēnmì 深祕 5-1428A
shēnmì 深秘 5-1428B
shēnmì 深密 5-1430A
shénmì 神祕 7-871A
shénmì 神秘 7-873A
shénmì 神密 7-877A
shěnmì 審密 3-1631B
shènmì 慎祕 7-677A
shènmì 慎密 7-677A
shēnmiǎn 紳冕 9-780A
shēnmiǎo 深眇 5-1427A
shēnmiǎo 深渺 5-1430B
shēnmiǎo 深邈 5-1433B
shēnmiào 深眇 5-1427A
shēnmiào 深妙 5-1425A
shénmiǎo 神眇 7-869A
shénmiào 神妙 7-864B
shénmiào 神廟 7-886A
shénmièxíngxiāo 神滅形消 7-883A
shēnmín 紳民 9-780A
shēnmǐn 深敏 5-1429A
shénmín 神民 7-860B
shénmǐn 神敏 7-876A
shēnmíng 申明 7-1292A
shēnmíng 身名 10-701B
shēnmíng 呻鳴 3-261A
shēnmíng 深明 5-1425B
shēnmíng 深暝 5-1432A
shēnmíng 深瞑 5-1432B
shēnmìng 申命 7-1292B
shēnmìng 身命 10-702B
shēnmìng 信命 1-1418B
shénmíng 神明 7-866A
shénmìng 神命 7-867A
shěnmíng 審名 3-1629A
shēnmíngdàyì 深明大義 5-1425B
shēnmíngfèifǔ 深銘肺腑 5-1432A
shēnmíngjùbài 身名俱敗 10-701B
shēnmíngjùmiè 身名俱滅 10-701B
shēnmíngjùtài 身名俱泰 10-701B
shēnmíngliǎngtài 身名兩泰 10-701B
shénmíyìduó 神迷意奪 7-870B
shénmìzhǔyì 神秘主义 7-873A
shēnmò 深嘿 5-1432B
shēnmò 深墨 5-1432B
shēnmò 深默 5-1433A
shénmó 神謨 7-888B
shénmó 神魔 7-890B
shénmó 甚麽 1-574A
shénmò 甚末 1-572B
shénmò 甚莫 1-573B
shénmò 什末 1-1102A
shènmò 慎墨 7-678A
shènmò 慎默 7-678A
shénmómiàosuàn 神謨廟筭 7-888B
shēnmóu 身謀 10-706A
shēnmóu 深謀 5-1433A
shénmóu 神謀 7-887B
shěnmóu 審謀 3-1633B
shénmóumódào 神謀魔道 7-887B
shēnmóuyuǎnlǜ 深謀遠慮 5-1433B
shénmóyuǎnsuàn 神謨遠算 7-888B
shēnmù 深目 5-1423B
shénmǔ 神母 7-860B
shénmù 神木 7-857B
shénmù 神牧 7-866A
shénmù 神幕 7-881A
shěnmǔ 嬸母 4-422B
shēnmùguó 深目國 5-1423B
shénmùlèngtūn 神木楞吞 7-857B
shènmǔlóu 蜃母樓 8-897A
shénmǔyèháo 神母夜號 7-860B
shénmǔyèkū 神母夜哭 7-860B
shēnnà 申納 7-1293B
shěnnà 哂納 3-319B
shènnáng 腎囊 6-1330A
shénnǎo 神腦 7-882B
shēnní 深泥 5-1426A
shēnnì 深泥 5-1426A
shěnnǐ 審擬 3-1634A
shènní 蜃霓 8-898A
shēnnián 身年 10-701A
shēnniàn 深念 5-1426A
shénniáng 甚娘 1-573B
shěnniáng 嬸娘 4-422B
shénniǎo 神鳥 7-876A
shěnniǔ 弞杻 4-108B
shénnóng 神農 7-881B
shénnóngshè 神農社 7-882A
shénnǔ 神弩 7-868B
shénnùrényuàn 神怒人怨 7-871B
shénnǚ 神女 7-857A
shènnǚ 蜃女 8-897A
shénnǚfēng 神女峰 7-857A
shénnǚmiào 神女廟 7-857A
shénnǚxiá 神女峽 7-857A
shènòng 設弄 11-82A
shēnpái 申牌 7-1294B
shēnpài 身派 10-703B
shénpái 神牌 7-878B
shēnpàn 身畔 10-703B
shěnpàn 審判 3-1629A
shēnpáng 身傍 10-705A
shěnpànguān 審判官 3-1629B
shěnpànquán 審判權 3-1629B
shěnpàntīng 審判廳 3-1629B
shěnpàntíng 審判庭 3-1629B
shěnpànyuán 審判員 3-1629B
shěnpànzhǎng 審判長 3-1629B
shēnpēi 身胚 10-703A
shēnpén 籸盆 9-198A
shénpéng 神蓬 7-881A
shēnpī 身坯 10-702A
shēnpì 深僻 5-1432B
shénpí 神疲 7-873B
shěnpī 審批 3-1629A
shēnpín 呻嚬 3-261A
shēnpǐn 身品 10-703A
shénpǐn 神品 7-869A
shēnpíncù'é 深曠蹙額 5-1434A
shēnpíncù'è 深曠蹙頞 5-1434A
shēnpō 深坡 5-1424A
shēnpò 申破 7-1293A
shénpó 神婆 7-876B

shénpò 神魄 7-884A
shēnpōu 伸剖 1-1241A
shēnpǔ 深溥 5-1431B
shēnqí 參旗 2-847B
shēnqí 身奇 10-702A
shēnqí 紳耆 9-780A
shēnqǐ 身起 10-703B
shēnqì 身契 10-702B
shēnqì 身器 10-706A
shēnqì 深契 5-1426B
shénqī 神期 7-877A
shénqí 神奇 7-865A
shénqí 神祇 7-868A
shénqí 神旗 7-884B
shénqí 神亓 7-858B
shénqì 神契 7-868B
shénqì 神氣 7-872B
shénqì 神器 7-887A
shěnqī 審期 3-1632A
shènqì 腎氣 6-1329B
shènqì 蜃氣 8-897B
shènqì 蜃器 8-898A
shēnqià 深洽 5-1427B
shēnqiān 參騫 2-850B
shēnqián 身前 10-703B
shēnqián 身錢 10-706A
shēnqiǎn 深淺 5-1429B
shēnqiǎn 深譴 5-1434B
shēnqiàn 伸欠 1-1240B
shēnqiàn 身欠 10-700A
shēnqiàn 深塹 5-1431B
shénqiān 神遷 7-885A
shénqiān 神簽 7-890A
shénqiān 神籤 7-891A
shènqiáng 蜃牆 8-898B
shēnqiánglìzhuàng 身强力壯 10-705A
shénqiāngshǒu 神槍手 7-883B
shénqiānguǐzhì 神牽鬼制 7-876B
shēnqiào 深峭 5-1428B
shénqiǎo 神巧 7-859A
shēnqiè 深切 5-1422B
shènqiě 甚且 1-572B
shènqiězhìyú 甚且至于 1-573A
shēnqièzhùbái 深切著白 5-1422B
shēnqièzhùmíng 深切著明 5-1422B
shénqìhuóxiàn 神氣活現 7-873A
shènqìlóu 蜃氣樓 8-897B
shēnqīn 身親 10-706A
shénqín 神禽 7-879A
shénqǐn 神寢 7-885A
shēnqíng 深情 5-1429B
shēnqǐng 申請 7-1296A
shēnqǐng 伸請 1-1242A
shénqīng 神清 7-876B
shénqíng 神情 7-877A
shénqíngbùzhǔ 神情不屬 7-877A
shēnqíngdǐlǐ 深情底理 5-1429B
shénqīnggǔxiù 神清骨秀 7-876B
shēnqínghòuyì 深情厚意 5-1429B
shēnqínghòuyì 深情厚誼 5-1430A
shénqīngqìlǎng 神清氣朗 7-876B
shénqīngqìmào 神清氣茂 7-876B
shénqīngqìshuǎng 神清氣爽 7-876B
shēnqǐngshū 申請書 7-1296A
shēnqīngyánwēi 身輕言微 10-705B
shēnqióng 身窮 10-706A
shēnqiū 深秋 5-1427A
shēnqiú 深求 5-1424A
shénqiū 神丘 7-859A
shénqiú 神虬 7-863B
shěnqiú 審求 3-1629A
shēnqū 申驅 7-1297A
shēnqū 伸屈 1-1241A
shēnqū 身軀 10-706B
shēnqū 深曲 5-1423B
shēnqǔ 申曲 7-1291B
shēnqǔ 深取 5-1425A
shénqū 神區 7-875A
shénqū 神軀 7-889A
shénqū 神麯 7-889B
shénqù 神趣 7-885A
shěnqū 審曲 3-1628B
shènqū 慎軀 7-678B
shēnquán 深泉 5-1427B
shénquán 神泉 7-869B
shénquán 神拳 7-874A
shénquán 神權 7-890B
shěnquán 審權 3-1634B
shénquánjiào 神拳教 7-874A
shénquè 神雀 7-875B
shénquè 神闕 7-889B
shènquē 蜃闕 8-898B
shénqūguǐ'ào 神區鬼奧 7-875A
shěnqūmiànshì 審曲面勢 3-1629A
shěnqūmiànshì 審曲面埶 3-1628B
shēnrán 燊然 12-922B
shěnrán 哂然 3-319B
shěnrán 審然 3-1632A
shēnrě 深喏 5-1429A
shēnrè 身熱 10-705B
shēnrén 深人 5-1421B
shénrén 神人 7-856A
shěnrén 審人 3-1628B
shènrén 滲人 6-114B
shènrén 瘆人 8-355B
shēnrénhòuzé 深仁厚澤 5-1422B
shénróng 神戎 7-861A
shénróng 神容 7-874A
shènróng 慎容 7-677A
shénróngqìtài 神融氣泰 7-886B
shēnróu 深糅 5-1433A
shēnrù 罙入 4-880A
shēnrù 深入 5-1421B
shénrǔ 神乳 7-867B
shènrù 滲入 6-114B
shēnrùgāohuāng 深入膏肓 5-1422A
shēnrùgǔsuǐ 深入骨髓 5-1421B
shēnruí 紳緌 9-780A
shēnruì 身瑞 10-705A
shénruì 神瑞 7-880B
shénruì 神睿 7-884A
shénruì 神鋭 7-886A
shénruì 神叡 7-887A
shénruǐxíngrú 神蘂形茹 7-889B
shēnrùqiǎnchū 深入淺出 5-1422A
shēnrùxiǎnchū 深入顯出 5-1422A
shènsàn 慎散 7-677B
shénsàngdǎnluò 神喪胆落 7-877B
shēnsè 身色 10-701B
shénsè 神色 7-862A
shènsè 瘆痳 8-355B
shénsèzìruò 神色自若 7-862A
shénshà 神煞 7-882B
shēnshān 深山 5-1422A
shēnshàn 身善 10-705A
shēnshàn 深贍 5-1434B
shénshān 神山 7-857A
shénshàn 神嬗 7-888A
shēnshānchánggǔ 深山長谷 5-1422A
shēnshang 身上 10-699B
shēnshāng 參商 2-845B
shēnshāng 申商 7-1294A
shēnshāng 紳商 9-780A
shénshāng 神傷 7-882A
shěnshǎng 審賞 3-1633A
shénshàngshǐ 神上使 7-856B
shěnshàngshū 沈尚書 5-998B
shēnshānlǎolín 深山老林 5-1422A
shēnshānmìlín 深山密林 5-1422A
shēnshānqiónggǔ 深山窮谷 5-1422A
shēnshānqiónglín 深山窮林 5-1422A
shēnshānyě'ào 深山野墺 5-1422A
shēnshānyōugǔ 深山幽谷 5-1422A
shēnshào 深邵 5-1425A
shénshé 神虵 7-869A
shénshé 神蛇 7-875B
shénshè 神社 7-864A
shénshè 神射 7-873B
shènshè 甚設 1-574A
shēnshēn 參參 2-845B
shēnshēn 申申 7-1291A
shēnshēn 伸伸 1-1241A
shēnshēn 侁侁 1-1338B
shēnshēn 甡甡 7-1518A
shēnshēn 深深 5-1429B
shēnshēn 兟兟 2-280A
shēnshēn 詵詵 11-175B
shēnshēn 駪駪 12-833B
shēnshēn 瘁瘁 8-321A
shēnshēn 莘莘 9-423A
shēnshēn 信信 1-1419B
shēnshěn 申審 7-1296A
shénshén 神神 7-870B
shěnshen 嬸嬸 4-422B
shěnshěn 淰淰 5-1400A
shěnshèn 審慎 3-1632B
shènshěn 慎審 7-678A
shènshèn 滲滲 6-115B
shēnshéng 申繩 7-1297A
shénshēng 神牲 7-869B
shénshēng 甚生 1-573A
shénshèng 神聖 7-881A
shěnshēng 審聲 3-1634A
shènshēng 甚生 1-573A
shénshènggōngqiǎo 神聖工巧 7-881A
shénshénguǐguǐ 神神鬼鬼 7-871A
shēnshēnqiāngqiāng 莘莘將將 9-423A
shénshénqiqi 神神氣氣 7-871A
shènshēnxiūyǒng 慎身修永 7-676B
shēnshī 身屍 10-703B
shēnshī 襳襹 9-152A
shēnshí 申時 7-1293A
shēnshí 身識 10-706B
shēnshí 深識 5-1434B
shēnshì 申示 7-1290B
shēnshì 申釋 7-1297A
shēnshì 身世 10-700B
shēnshì 身事 10-702A
shēnshì 侁仕 1-1338B
shēnshì 深士 5-1422A
shēnshì 深室 5-1427B
shēnshì 紳士 9-780A
shénshī 神蓍 7-881A
shénshí 神識 7-890A
shénshǐ 神矢 7-859A
shénshǐ 神使 7-866B
shénshì 神世 7-859A
shénshì 神事 7-865A
shénshì 神視 7-877A
shěnshí 審時 3-1630B
shěnshí 審實 3-1633A
shěnshí 審識 3-1634A
shěnshì 審視 3-1631B
shěnshì 審勢 3-1632A
shěnshì 審飾 3-1632B
shěnshì 審釋 3-1634A

shènshí 甚實 1-574A
shènshí 愼時 7-677A
shènshǐ 愼始 7-676B
shènshì 甚是 1-573B
shènshì 蜃市 8-897A
shěnshíduóshì 審時度勢 3-1631A
shénshǐguǐchāi 神使鬼差 7-866B
shénshīguǐshè 神施鬼設 7-870B
shénshìpòduó 神逝魄奪 7-872A
shěnshīrénbǐ 沈詩任筆 5-1008B
shēnshǒu 申守 7-1291B
shēnshǒu 伸手 1-1240B
shēnshǒu 身手 10-700A
shēnshǒu 身首 10-703B
shēnshòu 身受 10-702B
shénshǒu 神手 7-858A
shénshǒu 神守 7-863A
shénshòu 神授 7-875A
shénshòu 神獸 7-889B
shěnshōu 哂收 3-319A
shěnshǒu 審守 3-1629A
shènshǒu 愼守 7-676B
shénshòumén 神獸門 7-890A
shēnshǒuyìchù 身首異處 10-703B
shēnshǒuyìdì 身首異地 10-703B
shēnshū 申抒 7-1291B
shēnshū 申叔 7-1292A
shēnshū 申紓 7-1293B
shēnshū 申菽 7-1293B
shēnshū 申舒 7-1294B
shēnshū 伸舒 1-1241B
shénshū 神荼 7-872A
shēnshú 申孰 7-1294A
shēnshù 申束 7-1291B
shēnshù 申述 7-1292A
shēnshù 伸述 1-1241A
shénshū 神樞 7-885A
shénshù 神術 7-876A
shénshù 神樹 7-886B
shěnshù 審數 3-1633A
shénshuǎng 神爽 7-875A
shénshūguǐyùn 神輸鬼運 7-886B
shénshūguǐzàng 神樞鬼藏 7-885A
shēnshuǐ 申水 7-1290B
shēnshuì 身稅 10-705A
shénshuǐ 神水 7-858A
shènshuǐ 腎水 6-1329B
shēnshuō 申說 7-1296A
shěnshuō 審說 3-1633A
shénshuōguǐhuà 神說鬼話 7-884B
shēnshūyùlǜ 神荼鬱壘 7-872A
shēnsī 呻嘶 3-261A
shēnsī 深思 5-1427A
shénsī 神思 7-869A
shénsì 神似 7-861B
shénsì 神祀 7-864B
shěnsī 審思 3-1630A
shènsī 愼思 7-677A
shénsīhuǎnghū 神思恍惚 7-869A
shēnsīshúlǜ 深思熟慮 5-1427A
shēnsīyuǎnlǜ 深思遠慮 5-1427A
shēnsòng 申送 7-1293A
shénsǒng 神慫 7-891A
shénsǒng 神聳 7-888B
shěnsòng 沈宋 5-998A
shěnsòngtǐ 沈宋體 5-998A
shénsǒngxīntì 神竦心惕 7-879A
shēnsù 申訴 7-1295A
shēnsù 伸訴 1-1241B
shēnsù 伸愬 1-1242A
shēnsù 震夙 11-691B
shénsù 神素 7-871B
shénsù 神速 7-872B
shènsù 愼肅 7-677B
shénsuàn 神筭 7-882A
shénsuàn 神算 7-884A
shēnsuì 深邃 5-1433B
shénsuǐ 神髓 7-890B
shénsuì 神邃 7-888B
shēnsūn 申孫 7-1293B
shénsūn 神孫 7-874A
shēnsuō 伸縮 1-1242A
shēntǎ 身塔 10-704B
shéntāi 神胎 7-870A
shéntài 神態 7-885A
shèntái 蜃臺 8-898A
shèntài 甚泰 1-573B
shěntàitai 嬸太太 4-422B
shēntán 深潭 5-1433A
shēntán 深談 5-1433A
shēntǎn 伸坦 1-1241A
shéntán 神壇 7-886A
shèntàn 蜃炭 8-897A
shēntáng 深堂 5-1429A
shéntáng 神堂 7-875B
shēntǎo 申討 7-1293A
shéntáo 神桃 7-872B
shēntǐ 身躰 10-705A
shēntǐ 身體 10-706B
shéntǐ 神體 7-891A
shēntǐfàfū 身體髮膚 10-707A
shēntǐlìxíng 身體力行 10-707A
shēntíng 申停 7-1294A
shēntǐng 申挺 7-1292B
shēntǐng 身挺 10-702B
shéntīng 神聽 7-891A
shéntíng 神庭 7-870A
shěntīng 審聽 3-1634B
shēntōng 呻恫 3-261A
shēntōng 深通 5-1429A
shéntōng 神通 7-874A
shéntóng 神童 7-879A
shéntōngguǎngdà 神通廣大 7-874B
shéntōnglì 神通力 7-874B
shéntōngyóuxì 神通游戲 7-874B
shēntòu 深透 5-1428B
shèntòu 滲透 6-115A
shéntóuguǐliǎn 神頭鬼臉 7-887A
shéntóuguǐmiàn 神頭鬼面 7-887A
shēntóusuōjǐng 伸頭縮頸 1-1242A
shēntú 申徒 7-1293A
shēntú 申屠 7-1294A
shēntú 身圖 10-705B
shěntú 審圖 3-1632B
shéntuán 神團 7-884A
shēntuǐ 伸腿 1-1242A
shēntuìgōngchéng 身退功成 10-703B
shēntúyuǎnsuàn 深圖遠算 5-1432A
shēnüè 奢虐 2-1547B
shēnwài 身外 10-700B
shēnwàishēn 身外身 10-701A
shēnwàishì 身外事 10-701A
shēnwàiwù 身外物 10-701A
shēnwàizhīwù 身外之物 10-700B
shēnwán 伸玩 1-1241A
shēnwǎn 深婉 5-1430A
shénwán 神完 7-864A
shēnwǎng 申枉 7-1292A
shénwáng 神王 7-857B
shénwǎng 神往 7-867A
shénwàng 神王 7-857B
shénwàng 神旺 7-865B
shénwǎngshénlái 神往神來 7-867A
shénwánqìzú 神完氣足 7-864A
shēnwēi 申威 7-1292B
shēnwēi 深微 5-1431A
shēnwēi 信威 1-1419A
shēnwéi 深惟 5-1430A
shēnwèi 申慰 7-1296B
shēnwèi 深味 5-1425B
shénwēi 神威 7-869A
shénwēi 神微 7-882A
shénwěi 神委 7-866B
shénwèi 神位 7-864A
shénwèi 神味 7-865B
shénwèi 神衛 7-886A
shěnwéi 沈圍 5-1006B
shènwēi 愼微 7-677B
shènwèi 蜃衛 8-898A
shēnwéichónglǜ 深惟重慮 5-1430A
shēnwēilìbáo 身微力薄 10-705A
shēnwén 申文 7-1290B
shēnwén 申聞 7-1296A
shēnwén 身文 10-700A
shēnwén 深文 5-1423A
shēnwěn 深穩 5-1434A
shénwén 神文 7-858B
shěnwèn 審問 3-1631B
shènwèn 愼問 7-677A
shēnwéndàyì 深文大義 5-1423A
shēnwénfùhuì 深文附會 5-1423A
shēnwénfùhuì 深文傅會 5-1423A
shēnwénjùnfǎ 深文峻法 5-1423A
shēnwénqiǎodǐ 深文巧詆 5-1423A
shēnwénqūzhé 深文曲折 5-1423A
shēnwénzhōunà 深文周内 5-1423A
shēnwénzhōunà 深文周納 5-1423A
shēnwò 深渥 5-1431A
shénwǒ 神我 7-863B
shénwò 神幄 7-878A
shénwò 神渥 7-880A
shēnwú 深蕪 5-1432B
shēnwù 申晤 7-1294A
shénwū 神巫 7-863A
shénwū 神屋 7-871A
shénwǔ 神武 7-864B
shénwù 神物 7-866A
shénwù 神悟 7-874A
shénwù 神晤 7-875B
shěnwù 審物 3-1629B
shēnwúcùnlǚ 身無寸縷 10-704B
shēnwúcùntiě 身無寸鐵 10-704B
shénwǔguàguān 神武挂冠 7-865A
shénwǔjūn 神武軍 7-865A
shēnwúlìzhuī 身無立錐 10-704B
shénwǔmén 神武門 7-864B
shénwǔqí 神武旗 7-865A
shēnwùtòngjí 深惡痛疾 5-1430B
shēnwùtòngjí 深惡痛嫉 5-1430B
shēnwùtòngjué 深惡痛絕 5-1430B
shēnwúwánfū 身無完膚 10-704B
shēnwúzéxíng 身無擇行 10-705A
shēnwúzhàngwù 身無長物 10-705A
shēnxī 申析 7-1292A
shēnxī 申錫 7-1296B

shēnxī 深谿 5-1433B
shēnxǐ 幓纚 3-758B
shénxǐ 神璽 7-889B
shěnxī 沈羲 5-1013B
shěnxī 審悉 3-1631B
shěnxì 審細 3-1631B
shènxī 慎惜 7-677A
shēnxiá 深瑕 5-1431A
shēnxià 身下 10-699B
shènxià 慎夏 7-677A
shēnxiān 申鮮 7-1296B
shēnxián 深銜 5-1432A
shēnxiǎn 深險 5-1433A
shēnxiǎn 深嶮 5-1433A
shēnxiàn 申憲 7-1296B
shēnxiàn 深憲 5-1433B
shénxiān 神仙 7-859A
shénxiān 神先 7-861B
shénxiān 神僊 7-884A
shénxián 神弦 7-868B
shénxián 神賢 7-885A
shénxiàn 神縣 7-887A
shénxiānbùshìfánrénzuò
神仙不是凡人作 7-859B
shénxiāndù 神仙肚 7-859B
shénxiānfútú 神仙浮屠
7-859B
shēnxiáng 申詳 7-1295B
shēnxiàng 身相 10-702B
shēnxiàng 深巷 5-1426B
shénxiāng 神香 7-869B
shénxiāng 神鄉 7-877A
shénxiàng 神相 7-869A
shénxiàng 神象 7-876A
shénxiàng 神像 7-882A
shěnxiáng 審詳 3-1632B
shénxiángē 神弦歌 7-868B
shénxiānkū 神仙窟 7-860A
shénxiānkū 神僊窟 7-884A
shénxiānlì 神仙吏 7-859B
shēnxiǎnmíngyáng
身顯名揚 10-707A
shénxiánqìdìng 神閑氣定
7-880A
shénxiánqìjìng 神閑氣靜
7-880A
shénxiánqǔ 神弦曲 7-868B
shénxiānrén 神仙人 7-859B
shēnxiānshìzhòng
身先士衆 10-701B
shēnxiānshìzú 身先士卒
10-701A
shénxiānshǒu 神仙手 7-859B
shénxiānshǔ 神仙署 7-859B
shénxiānwèi 神仙尉 7-859B
shénxiānyú 神仙魚 7-859B
shēnxiānzhāolù 身先朝露
10-701B
shénxiānzhōngrén
神仙中人 7-859B
shénxiānzhōngrén
神僊中人 7-884A
shēnxiāo 深宵 5-1429A
shēnxiǎo 深曉 5-1433A
shénxiāo 神宵 7-874A
shénxiāo 神霄 7-885B
shénxiāo 神廟 7-891B
shénxiāo 神肖 7-863B
shénxiào 神效 7-873B
shěnxiào 哂笑 3-319A
shènxiāo 甚囂 1-574A
shènxiāochénshàng
甚囂塵上 1-574A
shénxiāojiàngquè
神霄絳闕 7-885B
shènxiǎojǐnwēi 慎小謹微
7-676A
shènxiǎoshìwēi 慎小事微
7-676A
shēnxiē 伸歇 1-1241B
shēnxiě 申寫 7-1296A
shēnxiè 申謝 7-1296B
shēnxiè 伸謝 1-1242A
shěnxiè 沈謝 5-1014B
shènxiè 滲泄 6-115A
shènxiè 滲洩 6-115A
shēnxīn 身心 10-700B
shēnxīn 深心 5-1423A
shénxīn 神心 7-858B
shěnxìn 審信 3-1630A
shēnxīng 參星 2-843A
shēnxīng 身星 10-703A
shēnxíng 申行 7-1291B
shēnxíng 身行 10-701B
shēnxíng 身形 10-702A
shēnxíng 身型 10-702B
shēnxíng 深刑 5-1423B
shēnxǐng 深省 5-1427A
shénxīng 神興 7-887A
shénxíng 神行 7-861B
shénxíng 神形 7-863A
shénxìng 神興 7-887A
shénxìng 神性 7-867B
shěnxíng 審刑 3-1628B
shěnxíng 審行 3-1629A
shěnxíng 審形 3-1629A
shěnxǐng 審省 3-1630A
shènxíng 慎刑 7-676B
shènxíng 慎行 7-676B
shénxíngfǎ 神行法 7-861B
shénxíngtàibǎo 神行太保
7-861B
shěnxíngyuàn 審刑院
3-1628B
shēnxīnjiāobìng 身心交病
10-700B
shēnxīnjiāocuì 身心交瘁
10-700B
shēnxiù 參宿 2-845B
shēnxiù 深秀 5-1424B
shénxiū 神休 7-861B
shénxiū 神庥 7-870A
shénxiū 神羞 7-874A
shénxiù 神秀 7-864A
shènxiū 甚休 1-573A
shènxiū 慎修 7-677A
shènxiū 慎脩 7-677A
shēnxū 參虛 2-845A
shēnxū 參墟 2-847A
shēnxū 深虛 5-1429A
shēnxǔ 申許 7-1294A
shēnxù 申敘 7-1293A
shēnxù 申敍 7-1294A
shénxū 神虛 7-875A
shénxū 神墟 7-883B
shěnxū 眕盱 7-1197B
shēnxuán 深玄 5-1423B
shēnxuě 申雪 7-1294A
shēnxuě 伸雪 1-1241B
shénxué 神學 7-887B
shěnxuè 哂謔 3-319B
shēnxùn 身殉 10-703B
shěnxùn 審訊 3-1631A
shényā 神鴉 7-885B
shényá 神崖 7-876A
shēnyán 申延 7-1291B
shēnyán 申言 7-1291B
shēnyán 申嚴 7-1297A
shēnyán 伸延 1-1240B
shēnyán 深言 5-1424B
shēnyán 深嚴 5-1434A
shēnyán 深巖 5-1434B
shēnyǎn 申衍 7-1293A
shényàn 神驗 7-891A
shényàn 神豔 7-892A
shěnyàn 審驗 3-1634B
shènyán 甚言 1-573A
shènyán 腎炎 6-1329B
shènyán 慎言 7-676B
shēnyàng 身樣 10-705B
shényáng 神羊 7-862A
shényáng'er 神羊兒 7-862B
shēnyāo 伸腰 1-1241B
shēnyāo 伸要 1-1241A
shēnyāo 身腰 10-705B
shēnyǎo 深杳 5-1425B
shēnyǎo 深窅 5-1429A
shēnyǎo 深窈 5-1429A
shēnyào 深要 5-1426B
shényáo 神堯 7-877A
shényào 神要 7-869A
shényào 神藥 7-889A
shényào 神耀 7-890B
shěnyāo 沈腰 5-1008B
shènyáo 蜃珧 8-897B
shényáomùduó 神搖目奪
7-881A
shěnyāopānbìn 沈腰潘鬢
5-1008B
shēnyáoxīn'ěr 身遥心邇
10-705B
shēnyě 參野 2-845A
shēnyě 莘野 9-423A
shēnyè 伸曳 1-1240B
shēnyè 深夜 5-1426A
shényé 神爺 7-879A
shěnyè 瀋液 6-204B
shēnyī 深一 5-1421B
shēnyī 深衣 5-1424A
shēnyī 深揖 5-1430A
shēnyí 槩疑 12-922B
shēnyì 申意 7-1295B
shēnyì 申義 7-1295B
shēnyì 申議 7-1297A
shēnyì 伸意 1-1242A
shēnyì 伸義 1-1242A
shēnyì 身役 10-702A
shēnyì 身意 10-705B
shēnyì 深意 5-1431B
shēnyì 深詣 5-1431B
shēnyì 信意 1-1422B
shényī 神衣 7-862A
shényī 神醫 7-889A
shényí 神怡 7-868A
shényí 神儀 7-885B
shényì 神異 7-875B
shényì 神逸 7-876A
shényì 神意 7-882B
shěnyì 審議 3-1634B
shényì'ér 甚意兒 1-574A
shēnyīkǒushí 身衣口食
10-702A
shēnyín 身銀 10-705B
shēnyín 呻吟 3-260B
shēnyǐn 深隱 5-1433B
shényǐn 神隱 7-888A
shěnyīn 審音 3-1630B
shēnyǐng 身影 10-705B
shényīng 神鷹 7-891B
shényíng 神瑩 7-886A
shényǐng 神影 7-885B
shényǐng 神穎 7-887B
shényìng 神應 7-888B
shényìqìyú 神懌氣愉
7-888A
shényíxīnkuàng 神怡心曠
7-868A
shényìzìruò 神意自若
7-883A
shēnyǒng 申詠 7-1295A
shēnyǒng 深永 5-1423B
shēnyòng 申用 7-1291A
shényǒng 神勇 7-871B
shényòng 神用 7-860A
shēnyōu 深幽 5-1427A
shēnyōu 深憂 5-1432B
shēnyóu 身尤 10-700A
shēnyóu 深尤 5-1422B
shēnyòu 申宥 7-1293A
shényóu 神遊 7-879A
shényóu 神猷 7-883A
shényòu 神佑 7-864A
shěnyóu 沈猶 5-1006B
shēnyóuyuǎnjì 深猷遠計
5-1431B
shēnyū 深迂 5-1423B
shēnyǔ 深語 5-1432A
shēnyù 申諭 7-1296B
shēnyù 深喻 5-1430B
shēnyù 深鬱 5-1434B
shényú 神魚 7-876A
shényú 神輿 7-888A
shényǔ 神宇 7-862B
shényǔ 神禹 7-870A
shényǔ 神語 7-884B
shényù 神域 7-874B

shényù 神欲 7-876A
shényù 神御 7-878B
shényù 神遇 7-877B
shěnyǔ 審語 3-1632B
shěnyù 審喻 3-1632A
shěnyù 審諭 3-1633B
shènyǔ 甚雨 1-573B
shènyù 慎獄 7-677B
shēnyuān 申冤 7-1293B
shēnyuān 伸冤 1-1241A
shēnyuān 深淵 5-1431A
shēnyuán 身源 10-705B
shēnyuǎn 深遠 5-1431A
shényuān 神淵 7-880A
shényuán 神源 7-883A
shényuán 神緣 7-886A
shényuàn 神媛 7-880B
shěnyuán 沈園 5-1008B
shènyuàn 慎愿 7-677B
shēnyuānlǐwǎng 伸冤理枉 1-1241A
shēnyuǎnxīnjìn 身遠心近 10-705A
shényǔbēi 神禹碑 7-870A
shényùdiàn 神御殿 7-879A
shēnyuē 申約 7-1293A
shēnyuè 深樾 5-1433A
shényuè 神樂 7-886A
shényuè 神岳 7-866B
shényuè 神越 7-877A
shényuè 神嶽 7-888A
shěnyuè 淰躍 5-1400A
shěnyuè 審樂 3-1633B
shěnyuè 審閱 3-1633A
shěnyuè 瀋瀹 6-218B
shēnyún 身雲 10-704B
shēnyùn 身孕 10-701A
shényùn 神運 7-880A
shényùn 神韵 7-882B
shényùn 神韻 7-890A
shènyún 蜃雲 8-897B
shènyún 滲勻 6-114B
shényùnguǐshū 神運鬼輸 7-880A
shényùnshí 神運石 7-880A
shényùnshuō 神韻說 7-890A
shényùqìcuì 神鬱氣悴 7-892A
shěnyǔtáng 審雨堂 3-1629B
shènzá 滲雜 6-115B
shēnzàicáoyíng… 身在曹營心在漢 10-701A
shēnzàijiānghú… 身在江湖,心存魏闕 10-701A
shēnzàijiānghú… 身在江湖,心懸魏闕 10-701A
shēnzàilínquán… 身在林泉,心懷魏闕 10-701A
shènzàng 腎臟 6-1330A
shēnzào 深造 5-1428B
shénzǎo 神藻 7-889B
shénzào 神造 7-873A
shènzào 慎竈 7-678B
shènzào 蜃竈 8-898B
shēnzé 深賾 5-1434A
shēnzè 深仄 5-1422A
shěnzé 審責 3-1631A
shěnzé 審擇 3-1633B
shēnzéi 深賊 5-1431A
shénzhái 神宅 7-863A
shēnzháidàyuàn 深宅大院 5-1424A
shēnzhǎn 申展 7-1293B
shēnzhǎn 伸展 1-1241A
shēnzhàn 深湛 5-1430B
shēnzhāng 申張 7-1294A
shēnzhāng 申章 7-1294A
shēnzhāng 伸張 1-1241B
shēnzhāng 身章 10-704B
shēnzhǎng 身長 10-702A
shénzhàng 神帳 7-875B
shēnzhào 申詔 7-1295A
shénzhào 神照 7-881B
shènzhě 甚者 1-573A
shénzhēn 神真 7-872B
shénzhěn 神枕 7-865A
shēnzhēng 駪征 12-833B
shēnzhèng 申證 7-1297A
shénzhēng 神鉦 7-882A
shénzhèng 神諍 7-869B
shénzhèng 神政 7-868B
shěnzhèng 審正 3-1628B
shēnzhèngbùpà… 身正不怕影兒歪 10-700B
shēnzhèngbùpà… 身正不怕影兒斜 10-700B
shēnzhī 深知 5-1426A
shēnzhī 詵枝 11-175B
shēnzhí 甡植 7-1518A
shēnzhí 深執 5-1429A
shēnzhǐ 深旨 5-1424A
shēnzhì 申志 7-1291B
shēnzhì 申制 7-1292B
shēnzhì 申治 7-1292B
shēnzhì 申致 7-1293A
shēnzhì 伸志 1-1240B
shēnzhì 深至 5-1423B
shēnzhì 深志 5-1424A
shēnzhì 深致 5-1428B
shēnzhì 深摯 5-1432B
shēnzhì 深緻 5-1433B
shénzhī 神芝 7-861A
shénzhī 神知 7-866A
shénzhǐ 神旨 7-862A
shénzhì 神志 7-863A
shénzhì 神致 7-872B
shénzhì 神智 7-878A
shénzhì 神畤 7-881B
shénzhì 神質 7-885B
shěnzhī 審知 3-1629B
shěnzhī 諗知 11-296B
shěnzhì 審質 3-1633A
shènzhí 慎職 7-678A
shènzhì 甚至 1-573A
shènzhì 慎志 7-676B
shénzhìcōng 神智聰 7-878A
shénzhìtǐ 神智體 7-878A
shènzhìyú 甚至於 1-573A
shénzhìzhībǐ 神至之筆 7-861A
shēnzhōng 深衷 5-1429A
shēnzhòng 深重 5-1427B
shénzhōng 神衷 7-873B
shěnzhòng 審重 3-1630A
shènzhòng 慎重 7-677A
shènzhōngchéngshǐ 慎終承始 7-677B
shēnzhōngdǔxíng 深中篤行 5-1422B
shènzhòngqíshì 慎重其事 7-677A
shènzhōngrúshǐ 慎終如始 7-677B
shēnzhōngyǐnhòu 深中隱厚 5-1422B
shènzhōngyúshǐ 慎終于始 7-677B
shènzhōngzhuīyuǎn 慎終追遠 7-677B
shénzhōu 神州 7-862B
shénzhōu 神洲 7-870B
shénzhòu 神呪 7-866A
shénzhòu 神胄 7-869A
shénzhōuchìxiàn 神州赤縣 7-862B
shénzhòufú 神咒符 7-866A
shēnzhú 參术 2-839B
shēnzhú 深竹 5-1424A
shēnzhǔ 申主 7-1291A
shēnzhù 申杼 7-1292A
shēnzhù 申祝 7-1293A
shēnzhù 申著 7-1293B
shénzhū 神珠 7-871B
shénzhǔ 神主 7-860A
shénzhǔ 神渚 7-876B
shénzhù 神助 7-863B
shénzhù 神注 7-867B
shěnzhù 審注 3-1629B
shēnzhuàng 申狀 7-1292B
shēnzhuàng 身狀 10-702B
shénzhuī 神騅 7-889A
shēnzhuó 申酌 7-1293A
shēnzhuó 申擢 7-1296B
shěnzhuó 審酌 3-1630B
shénzhǔpái 神主牌 7-860B
shénzhǔshí 神主石 7-860B
shénzhùyìhéquán 神助義和拳 7-863B
shēnzi 身子 10-699B
shēnzī 身姿 10-703A
shēnzī 神椔 4-910B
shēnzì 身自 10-701B
shénzī 神姿 7-870A
shénzī 神資 7-882B
shénzǐ 神子 7-857A
shěnzǐ 嬸子 4-422A
shènzi 腎子 6-1329B
shènzì 滲漬 6-115A
shēnzigǔ 身子骨 10-699B
shénzōng 神宗 7-868A
shēnzòu 申奏 7-1292B
shēnzǔ 深阻 5-1425A
shénzú 神足 7-863B
shénzuìxīnwǎng 神醉心往 7-885A
shēnzuò 深坐 5-1424B
shénzuò 神坐 7-864A
shénzuò 神座 7-873B
shénzuòhuòzuò 神作禍作 7-864A
shēnzuòshēndāng 身做身當 10-704B
shénzúyuè 神足月 7-863B
shépán 蛇蟠 8-884A
shèpàn 攝判 6-972B
shépánguǐfù 蛇盤鬼附 8-883A
shépánjìng 蛇盤鏡 8-883B
shépánshòusì 蛇盤綬笥 8-883A
shépányǐnjié 蛇蟠蚓結 8-884A
shépāo 蛇藨 8-883B
shèpèi 設佩 11-83A
shèpéng 射堋 2-1266B
shèpéng 射棚 2-1267B
shēpì 賒僻 10-212A
shépí 闍毗 12-122B
shépí 蛇皮 8-879A
shèpì 設譬 11-89A
shèpiàn 設騙 11-88B
shépiányi 折便宜 6-379A
shépígǔ 蛇皮鼓 8-879A
shěpīn 捨拚 6-686B
shěpīn 捨拵 6-687A
shěpín 捨貧 6-687A
shèpǐn 設品 11-84A
shèpíng 社評 7-833B
shèpíng 射屏 2-1266A
shépíxuǎn 蛇皮癬 8-879A
shépó 闍婆 12-122B
shépó 蛇婆 8-882A
shépódá 闍婆達 12-122B
shépópódá 闍婆婆達 12-122B
shèpǔ 射圃 2-1266B
shēqǐ 奢綺 2-1548B
shéqí 蛇臍 8-884A
shěqì 舍棄 8-1084B
shěqì 捨棄 6-687A
shèqí 射魃 2-1268A
shèqí 射騎 2-1269B
shèqí 設奇 11-83A
shèqí 麝臍 12-1301B
shèqì 射器 2-1268B
shèqì 慴氣 7-798A
shèqì 攝契 6-973B
shēqián 賒錢 10-212A
shēqiàn 賒欠 10-211B
shèqián 社錢 7-835B
shèqiǎn 涉淺 5-1198B
shèqiè 慴怯 7-713A

shèqiè 慴怯 7-798A
shèqī'ējiāo 歙漆阿膠 6-1474B
shèqīn 舍親 8-1085A
shèqìn 射親 2-1269A
shèqīn 麝衾 12-1301A
shēqǐng 賒請 10-212A
shèqíxiāng 麝臍香 12-1302A
shèqū 慴屈 7-798A
shèqǔ 攝取 6-972B
shèqù 涉趣 5-1199A
shēquàn 賒券 10-211B
shěquè 舍却 8-1083B
shèquè 射雀 2-1267A
shéquèzhībào 蛇雀之報 8-881B
shérén 舌人 8-1081A
shérén 蛇人 8-878B
shèrén 舍人 8-1083A
shèrén 社人 7-831A
shèrén 射人 2-1263B
shèrén 涉人 5-1198A
shèrén 設人 11-80B
shèrèn 攝任 6-972A
shèrèn 攝衽 6-973B
shèrèn 攝袵 6-974A
shèrénshī 射人師 2-1263B
shèrénxiānshèmǎ 射人先射馬 2-1263B
shèrì 社日 7-831B
shèrì 射日 2-1264A
shéróng 蛇羢 8-883A
shèróng 設戎 11-81B
shèróng 設容 11-85A
shèròu 社肉 7-832A
shèrú 設如 11-82A
shèruò 設若 11-82B
shérùshǔchū 蛇入鼠出 8-879A
shérùtǒngzhōng… 蛇入筩中曲性在 8-878B
shérùzhútǒng… 蛇入竹筒,曲性猶在 8-878B
shèsài 社賽 7-835B
shèsè 設色 11-81B
shèshā 射殺 2-1266B
shèshā 射莎 2-1266B
shéshān 蛇山 8-879A
shéshàn 蛇鱓 8-884A
shéshàn 蛇鱔 8-884B
shéshàn 蛇䱇 8-883B
shéshàn 蛇䲣 8-884B
shēshàng 奢尚 2-1547B
shéshāng 舌傷 8-1081B
shèshǎng 設賞 11-88A
shèshàng 設上 11-80B
shèshé 射蛇 2-1267A
shèshè 設舍 11-83A
shèshè 設設 11-85B
shèshè 摵摵 6-832A
shèshè 蔎蔎 9-539A
shèshè 慴慴 7-798B
shèshè 慴慴 7-798B
shèshè 攝攝 6-975B
shéshéchuíchuí 揲揲錘錘 6-734B
shéshēn 蛇伸 8-880A
shéshén 蛇神 8-881A
shěshēn 舍身 8-1084A
shěshēn 捨身 6-686A
shèshēn 設身 11-82A
shèshēn 攝身 6-972B
shèshén 社神 7-832B
shèshēnchǔdì 設身處地 11-82B
shěshēng 捨生 6-686A
shèshēng 射生 2-1264B
shèshēng 射聲 2-1269A
shèshēng 攝生 6-972A
shèshèng 攝盛 6-974A
shěshēngcúnyì 舍生存義 8-1083B
shèshēng'ér 射生兒 2-1264B
shèshēnghù 射生户 2-1264B
shèshēngjūn 射生軍 2-1264B
shěshēngqǔyì 舍生取義 8-1083B
shěshēngqǔyì 舍生取誼 8-1083B
shěshēngqǔyì 捨生取義 6-686A
shèshēngshǒu 射生手 2-1264B
shéshénniúguǐ 蛇神牛鬼 8-881A
shěshēnsìhǔ 捨身飼虎 6-686B
shěshēnyá 捨身崖 6-686A
shēshì 賒市 10-211B
shēshì 賒貰 10-212A
shéshī 揲蓍 6-734B
shéshī 蛇師 8-881B
shéshǐ 蛇豕 8-879B
shéshì 蛇市 8-879A
shéshì 蛇勢 8-882B
shěshī 捨施 6-686B
shèshī 社師 7-833A
shèshī 射師 2-1266B
shèshī 射虱 2-1268B
shèshī 設施 11-84A
shèshǐ 設使 11-83A
shèshì 社事 7-832B
shèshì 射士 2-1264A
shèshì 射室 2-1266A
shèshì 涉世 5-1198A
shèshì 涉事 5-1198B
shèshì 設事 11-83A
shèshì 設飾 11-87A
shèshì 設誓 11-87B
shèshì 赦貰 9-1178A
shèshì 赦釋 9-1178B
shèshì 攝事 6-972B
shèshì 攝試 6-974B
shéshīcǎo 揲蓍草 6-734B
shéshìduànwàn 蛇螫斷腕 8-883B
shéshíjīngtūn 蛇食鯨呑 8-880B
shěshítīngshēng 舍實聽聲 8-1085A
shèshìwēndùjì 攝氏温度計 6-971B
shèshíyǐnyǔ 射石飲羽 2-1264B
shèshìzhūyì 赦事誅意 9-1177B
shěshǒu 捨手 6-685B
shěshòu 捨壽 6-687A
shèshōu 攝收 6-972B
shèshǒu 社首 7-832B
shèshǒu 射手 2-1264B
shèshǒu 涉手 5-1198A
shèshǒu 設守 11-81B
shèshǒu 攝守 6-972A
shèshòu 攝受 6-972B
shéshū 蛇書 8-881B
shéshǔ 蛇鼠 8-882B
shèshū 射書 2-1266B
shèshū 赦書 9-1178A
shèshú 赦贖 9-1178B
shèshǔ 社鼠 7-833B
shèshǔ 攝屬 6-975B
shèshù 舍戍 8-1083B
shèshù 社樹 7-835B
shèshù 射數 2-1268B
shèshù 設數 11-88A
shèshù 赦恕 9-1178A
shèshǔchénghú 社鼠城狐 7-833B
shèshuǐ 攝水 6-971B
shèshuì 設帨 11-85A
shèshuò 涉朔 5-1198B
shēsǐ 賒死 10-211B
shèsī 社司 7-832A
shèsī 設私 11-82A
shèsì 社祀 7-832A
shèsīhézi 攝絲盒子 6-974B
shěsǐwàngshēng 捨死忘生 6-686A
shèsǒng 慴悚 7-713A
shèsǒng 慴慫 7-713A
shèsǒng 慴聳 7-798B
shèsòng 涉訟 5-1198B
shésù 蛇粟 8-882A
shèsú 涉俗 5-1198B
shèsù 射宿 2-1267A
shèsuàn 設算 11-87B
shésǔn 折損 6-381B
shèsǔn 射隼 2-1266B
shètà 設榻 11-87B
shētài 奢太 2-1547B
shētài 奢忲 2-1547B
shētài 奢汰 2-1547B
shētài 奢泰 2-1547B
shétái 舌苔 8-1081A
shétàijūn 佘太君 1-1221B
shètán 社壇 7-835A
shètán 麝檀 12-1301B
shètáng 射堂 2-1267A
shètāo 射濤 2-1269A
shètào 涉套 5-1198B
shèténg 麝縢 12-1301B
shètí 攝提 6-974A
shētián 畬田 7-1358B
shètiān 射天 2-1264A
shètiānláng 射天狼 2-1264A
shétiānzú 蛇添足 8-882A
shètiē 射貼 2-1267B
shètiē 射帖 2-1265B
shètígé 攝提格 6-974B
shétíhuā 闍提花 12-122B
shètīng 設廳 11-89B
shètíng 射亭 2-1266A
shètǒng 射筒 2-1267B
shètǒng 攝統 6-974B
shētóu 賒頭 10-212A
shétou 舌頭 8-1082A
shétóuxiēwěi 蛇頭蝎尾 8-883B
shètú 赦圖 9-1178B
shètuán 社團 7-834B
shètuán 射團 2-1268A
shètuán 麝團 12-1301B
shétuì 蛇退 8-881A
shétuì 蛇蜕 8-882B
shétūnxiàng 蛇呑象 8-879B
shètuó 涉池 5-1198B
shèwài 涉外 5-1198A
shéwān 蛇蜿 8-882B
shéwán 蛇蚖 8-881A
shēwàng 奢望 2-1548A
shēwàng 賒望 10-212A
shéwǎng 蛇蝄 8-880B
shèwǎng 射罔 2-1265B
shèwǎng 設網 11-88A
shéwǎngcǎo 蛇網草 8-883A
shéwéi 闍維 12-122B
shèwēi 攝威 6-973B
shèwéi 麝幃 12-1301B
shèwěi 社壝 7-835B
shèwèi 設位 11-82A
shèwèi 設衛 11-88A
shèwèi 慴畏 7-713A
shèwèi 慴畏 7-798A
shèwèi 攝位 6-972B
shèwèi 攝衛 6-975A
shèwèi 攝衛 6-975B
shèwēishànshì 攝威擅勢 6-973B
shéwén 蛇紋 8-881B
shèwén 設文 11-80B
shèwèn 設問 11-85B
shèwèn 攝問 6-974A
shèwēng 社翁 7-833A
shèwēngyǔ 社翁雨 7-833A
shèwò 麝幄 12-1301B
shéwū 蛇巫 8-879B
shèwū 社屋 7-833A
shèwū 射烏 2-1266B
shèwù 攝悟 6-974A
shéwútóu'érbùxíng 蛇無頭而不行 8-882A
shèxī 韘韘 12-683A
shèxī 社鼷 7-835B

shèxī 慴息 7-713A
shèxī 懾息 7-798A
shèxī 攝息 6-974A
shèxí 設席 11-85A
shèxǐ 設洗 11-84B
shèxǐ 設纚 11-89B
shèxì 社戲 7-835B
shèxì 設戲 11-88B
shèxiá 設舝 11-88A
shèxià 舍下 8-1083A
shèxià 攝下 6-971B
shéxián 蛇涎 8-880B
shéxián 蛇銜 8-883A
shèxián 涉嫌 5-1199A
shèxiǎn 涉險 5-1199A
shèxiǎn 設險 11-88A
shèxiàn 射綫 2-1268A
shèxiàn 設陷 11-85A
shèxiàn 攝陷 6-974A
shèxiànfú 葉縣鳧 9-457A
shèxiāng 射香 2-1266A
shèxiāng 射鄉 2-1267A
shèxiāng 麝香 12-1301A
shèxiáng 設庠 11-84A
shèxiǎng 涉想 5-1199A
shèxiǎng 設享 11-83B
shèxiǎng 設想 11-87A
shèxiǎng 設饗 11-89A
shèxiǎng 攝想 6-974B
shèxiàng 射像 2-1268A
shèxiàng 設象 11-85B
shèxiàng 攝相 6-973B
shéxiángāo 蛇銜膏 8-883A
shèxiāngcǎo 麝香草 12-1301A
shèxiāngcōng 麝香驄 12-1301A
shèxiāngcōng 麝香騘 12-1301A
shèxiānghè 麝香褐 12-1301A
shéxiānghǔluò 蛇鄉虎落 8-882A
shèxiāngjīn 麝香金 12-1301A
shèxiānglí 麝香縭 12-1301A
shèxiāngshān 麝香山 12-1301A,
shèxiàngzhǐtí 射像止啼 2-1268A
shēxiāo 賒銷 10-212A
shéxiē 蛇蝎 8-883A
shèxīn 設心 11-81A
shèxīn 攝心 6-971B
shèxīnchǔlǜ 設心處慮 11-81A
shéxīnfókǒu 蛇心佛口 8-879A
shēxíng 賒刑 10-211B
shéxíng 蛇行 8-879B
shéxíng 蛇形 8-879B
shèxíng 設刑 11-81B
shèxíng 設行 11-81B
shèxíng 攝行 6-972A
shèxìng 攝性 6-973A
shéxínglínqián 蛇行鱗潛 8-879B
shéxíngshǔbù 蛇行鼠步 8-879B
shèxìngshuòdiē… 射幸數跌,不如審發 2-1265A
shèxīnjīlǜ 設心積慮 11-81A
shèxiū 設修 11-84A
shèxǔ 設許 11-85B
shèxuán 設懸 11-89A
shèxuǎn 攝選 6-975B
shèxué 社學 7-835B
shèxué 涉學 5-1199B
shéxūjiàn 蛇鬚箭 8-884A
shèxún 涉旬 5-1198A
shèyā 射鴨 2-1268B
shéyán 舌言 8-1081A
shéyán 蛇蜒 8-882A
shěyǎn 舍眼 8-1084B
shèyān 麝煙 12-1301B
shèyán 設言 11-82B
shèyán 設筵 11-86B
shèyàn 社燕 7-835A
shèyàn 設宴 11-85A
shèyàn 設硯 11-86A
shèyàn 設燕 11-88A
shèyàn 設讌 11-89A
shèyàn 設驗 11-89A
shèyàn 歙硯 6-1474A
shèyáng 攝揚 6-974B
shèyǎng 攝養 6-975A
shèyànkǒu 設焰口 11-86B
shēyáo 賒遥 10-212A
shéyāo 蛇妖 8-880A
shéyào 蛇藥 8-883B
shèyāo 射妖 2-1265A
shěyè 舍業 8-1084B
shèyè 射葉 2-1267A
shēyì 奢佚 2-1547B
shēyì 奢易 2-1547B
shēyì 奢逸 2-1548A
shēyì 奢溢 2-1548A
shéyī 蛇醫 8-884A
shéyì 蛇蜴 8-882B
shèyī 設衣 11-81B
shèyī 攝衣 6-972A
shèyí 涉疑 5-1199A
shèyí 設移 11-85B
shèyí 設疑 11-87B
shèyí 設儀 11-88A
shèyì 射意 2-1268A
shèyì 射藝 2-1269B
shèyì 設意 11-87B
shèyì 攝意 6-975A
shéyīmǔ 蛇醫母 8-884A
shēyín 奢淫 2-1548A
shéyǐn 蛇蚓 8-881A
shèyīn 攝音 6-973B
shèyǐn 社飲 7-833B
shèyǐn 射飲 2-1267B
shèyǐn 射隱 2-1269A
shèyǐn 設飲 11-86B
shéyīng 蛇纓 8-884B
shéyǐng 蛇影 8-883A
shèyǐng 射影 2-1268B
shèyǐng 攝景 6-974B
shèyǐng 攝影 6-975A
shéyǐngbēigōng 蛇影杯弓 8-883A
shèyíngduì 設營隊 11-88B
shèyǐnghánshā 射影含沙 2-1268B
shèyǒng 攝勇 6-973B
shèyòng 設用 11-81A
shèyǒu 社友 7-831B
shèyòu 射囿 2-1266A
shèyòu 赦宥 9-1178A
shēyù 奢欲 2-1548A
shēyù 奢豫 2-1548B
shéyú 蛇魚 8-882A
shéyù 蛇蜮 8-882B
shèyǔ 社雨 7-832B
shèyù 射御 2-1267B
shèyù 射馭 2-1267A
shèyù 射蜮 2-1268A
shèyù 設喻 11-86A
shèyù 攝御 6-974B
shēyuǎn 賒遠 10-212A
shēyuàn 奢願 2-1549A
shēyuàn 賒願 10-212B
shèyuán 舍園 8-1084B
shèyuán 社員 7-833A
shèyuán 設員 11-84B
shèyuán 赦原 9-1178A
shèyuǎn 涉遠 5-1199A
shěyuándòu 捨緣豆 6-687A
shéyuānyòu 蛇淵囿 8-882B
shéyuè 折閱 6-384B
shěyuè 舍越 8-1084B
shèyuè 射月 2-1264B
shèyuè 射越 2-1267A
shèyuè 涉月 5-1198A
shèyuè 涉閱 5-1199A
shèyuè 麝月 12-1301A
shèyúzhǐtiān 射魚指天 2-1267A
shèzǎi 社宰 7-833A
shèzhà 設詐 11-86B
shězhái 捨宅 6-686A
shèzhāi 設齋 11-88B
shèzhāi 攝齋 6-975B
shézhàn 舌戰 8-1082A
shēzhàng 賒帳 10-211B
shēzhàng 賒賬 10-212A
shézhāng 蛇章 8-882A
shézhàng 蛇杖 8-879B
shézhàng 蛇瘴 8-883B
shèzhāng 設張 11-86A
shèzhǎng 舍長 8-1084A
shèzhǎng 社長 7-832A
shèzhàng 舍帳 8-1084B
shèzhàng 設帳 11-85B
shèzhāo 射招 2-1265A
shèzhào 攝召 6-972A
shèzhào 攝照 6-974B
shēzhē ⿰口奢嗻 3-490A
shēzhē 奢遮 2-1548B
shèzhé 慴讋 7-713B
shèzhé 攝讋 6-975B
shězhejīnzhōng… 捨着金鐘撞破盆 6-687A
shézhèn 蛇陣 8-881A
shèzhěn 麝枕 12-1301A
shèzhèng 射正 2-1264B
shèzhèng 設政 11-84A
shèzhèng 攝政 6-973B
shèzhèng 麝橙 12-1301B
shézhī 蛇脂 8-881B
shèzhī 攝知 6-972B
shèzhí 社直 7-832B
shèzhí 攝職 6-975B
shèzhǐ 舍止 8-1083A
shèzhì 射雉 2-1267B
shèzhì 設置 11-87A
shèzhì 攝制 6-972B
shèzhì 攝製 6-975A
shèzhìxì 射雉戲 2-1268A
shèzhōng 舍中 8-1083A
shèzhōng 設中 11-80B
shèzhòng 社衆 7-833B
shèzhōu 設粥 11-86B
shézhū 蛇珠 8-881A
shèzhǔ 社主 7-832A
shèzhǔ 設主 11-81A
shèzhǔ 攝主 6-972A
shèzhù 麝炷 12-1301A
shèzhuàn 攝篆 6-975A
shèzhuī 攝追 6-973B
shèzhuì 慴惴 7-713A
shèzhǔn 射埻 2-1267A
shézhūquèhuán 蛇珠雀環 8-881A
shèzhǔrén 設主人 11-81A
shēzì 奢恣 2-1548A
shězì 捨字 6-686A
shèzī 攝齋 6-975B
shèzī 攝齊 6-975A
shézǐshésūn 蛇子蛇孫 8-879A
shēzòng 奢縱 2-1548B
shēzòng 奓縱 2-1540B
shězòng 舍縱 8-1085A
shèzōng 社宗 7-832B
shēzú 畲族 7-1358B
shézú 蛇足 8-879B
shézǔ 蛇祖 8-881A
shèzú 涉足 5-1198B
shèzǔ 設祖 11-84B
shézuāndekūlóng… 蛇鑽的窟窿蛇知道 8-884B
shézuānkūdòngshézhīdào 蛇鑽窟洞蛇知道 8-884B
shézuānxīnbìng 蛇鑽心病 8-884B
shézuānzhúdòng… 蛇鑽竹洞,曲心還在 8-884B
shèzuì 赦罪 9-1178B
shèzuò 設作 11-82A

shèzuò 設坐 11-82B
shèzuò 攝祚 6-973B
shí'afù 十阿父 1-822A
shī'ài 失愛 2-1488B
shī'ài 蓍艾 9-495B
shì'ài 市愛 3-691A
shì'ài 恃愛 7-511B
shì'ài 嗜愛 3-456A
shī'àn 詩案 11-148B
shí'àn 食桉 12-485B
shí'àn 食案 12-486B
shí'àn 時暗 5-703B
shǐ'àn 史案 3-50A
shì'ān 釋奄 10-1316A
shì'ān 釋鞍 10-1316A
shì'àn 侍案 1-1316A
shí'ànfāngzhàng 食案方丈 12-486B
shī'ào 濕奧 6-188A
shí'ào 十拗 1-822A
shì'ào 室奧 3-1425B
shì'ào 室隩 3-1425B
shí'àobǐng 石鏊餅 7-1002A
shíbá 識拔 11-423A
shìbā 試巴 11-136B
shìbá 釋軷 10-1314B
shìbà 世霸 1-506A
shíbābān 十八般 1-811B
shíbābānbīngqì 十八般兵器 1-811B
shíbābānwǔyì 十八般武藝 1-811B
shíbābiàn 十八變 1-812A
shíbācéngdìyù 十八層地獄 1-812A
shíbāchóngdìyù 十八重地獄 1-811A
shíbādìyù 十八地獄 1-810B
shíbādìyù 十八埊獄 1-811B
shíbāfáng 十八房 1-811A
shíbāgāoxián 十八高賢 1-811B
shíbāgōng 十八公 1-810B
shíbāhóu 十八侯 1-811A
shībài 失敗 2-1485A
shíbái 食白 12-481B
shíbǎi 十伯 1-821B
shíbǎi 什伯 1-1102A
shíbǎi 石柏 7-987B
shíbǎi 食柏 12-484B
shíbài 十敗 1-825B
shíbài 蝕敗 8-919A
shìbǎide 是百的 5-660B
shíbājiè 十八界 1-811A
shíbājiǔ 十八九 1-810B
shíbālù 十八路 1-811B
shíbāluóhàn 十八羅漢 1-812A
shībān 詩斑 11-149B
shībān 詩瘢 11-153B
shībǎn 詩板 11-145B
shībǎn 詩版 11-145B
shībàn 詩伴 11-145A
shíbǎn 石坂 7-983B
shíbǎn 石板 7-985B
shíbǎn 石版 7-986A
shíbàn 十半 1-818A
shǐbān 史班 3-49B
shìbān 侍班 1-1315B
shìbǎn 仕版 1-1126A
shìbǎn 市版 3-687A
shìbàn 試辦 11-141A
shībǎng 詩榜 11-152A
shíbǎng 石榜 7-997A
shíbǎng 石膀 7-997B
shíbàng 拾蚌 6-566B
shǐbàng 使棒 1-1331A
shíbāng'àn 石幫岸 7-1001A
shìbàngōngbǎi 事半功百 1-546B
shìbàngōngbèi 事半功倍 1-546B
shíbāniáng 十八娘 1-811B
shìbàntián 試辦田 11-141B
shǐbànzi 使絆子 1-1331A
shībǎo 師保 3-720A
shībào 施報 6-1581A
shíbào 食報 12-487B
shìbǎo 世寶 1-506A
shìbǎo 視保 10-334B
shìbǎo 謚寶 11-387A
shíbǎofú 十保扶 1-823B
shìbǎomǎténg 士飽馬騰 2-1004B
shíbàoshíxiāo 實報實銷 3-1618A
shíbāshěng 十八省 1-811A
shíbāshì 十八世 1-810B
shíbāshì 十八事 1-811A
shíbātān 十八灘 1-812A
shíbāxián 十八賢 1-812A
shíbāxuéshì 十八學士 1-812A
shíbāyí 十八姨 1-811A
shíbāyù 十八獄 1-812A
shíbāzǐ 十八子 1-810B
shíbāzi'er 十八子兒 1-810B
shībēi 詩碑 11-151A
shíbēi 石碑 7-995A
shíbèi 十輩 1-829A
shíbèi 時背 5-698B
shíbèi 時輩 5-705B
shìbēi 謚碑 11-387A
shìbèi 適備 10-1166A
shìbèigōngbàn 事倍功半 1-550A
shíbēipī 石碑丕 7-995A
shīběn 失本 2-1479A
shīběn 詩本 11-143B
shíbēn 石鐼 7-1000B
shíběn 石本 7-982A
shíběn 蝕本 8-919A
shíběn 識本 11-422B
shìběn 事本 1-546A
shìběn 試本 11-136B
shībǐ 失匕 2-1477B
shībǐ 師比 3-717A
shībǐ 詩筆 11-150A
shībì 詩婢 11-149B
shībì 詩壁 11-154B
shībì 濕痹 6-188A
shībì 濕痺 6-188A
shíbí 石鼻 7-997B
shíbǐ 食匕 12-479A
shíbì 石壁 7-1001A
shíbì 石璧 7-1002B
shíbì 時弊 5-704B
shǐbǐ 史筆 3-50B
shǐbì 使婢 1-1331A
shǐbì 使弼 1-1331A
shìbǐ 試筆 11-139B
shìbǐ 謚筆 11-387A
shìbì 世辟 1-503B
shìbì 世弊 1-503B
shìbì 戺陛 7-347A
shìbì 侍婢 1-1316B
shìbì 是必 5-660B
shìbì 勢必 2-814B
shìbì 釋幣 10-1315B
shībiān 詩編 11-153B
shíbiān 實邊 3-1621A
shíbiàn 時變 5-707B
shíbiàn 識辨 11-426B
shíbiàn 識辯 11-427A
shíbiàn 識變 11-427A
shǐbiān 史編 3-51B
shìbiàn 世變 1-506B
shìbiàn 事變 1-554B
shìbiàn 飾辨 12-516A
shìbiàn 飾辯 12-516A
shìbiàn 適便 10-1164B
shìbiàn 適變 10-1168A
shíbiàncóngyí 識變從宜 11-427A
shíbiànláoxīn 食辨勞薪 12-490B
shíbiànwǔhuà 十變五化 1-830B
shíbiànxīng 食變星 12-491B
shìbiǎnyúbāo 示貶於褒 7-829B
shībiāo 詩標 11-153A
shībiǎo 師表 3-719A
shíbiǎo 石表 7-985A
shíbiǎo 時表 5-696B
shìbiāo 世標 1-504A
shìbiǎo 世表 1-496B
shìbiǎo 飾表 12-513B
shìbiǎo 誓表 11-213B
shíbīchùcǐ 實偪處此 3-1618A
shíbiē 石鼈 7-1004B
shíbié 識別 11-422B
shìbié 事別 1-547B
shìbiésānrì… 士別三日,刮目相待 2-1001B
shíbìfāngzhàng 食必方丈 12-482A
shìbìgōngqīn 事必躬親 1-547A
shībīng 師兵 3-718B
shībīng 詩兵 11-144B
shībǐng 失柄 2-1482A
shībǐng 詩柄 11-146B
shībìng 詩病 11-148A
shíbìng 蝕病 8-937B
shíbǐng 時柄 5-698B
shíbìng 時病 5-700B
shìbīng 士兵 2-1001B
shìbīng 試兵 11-137A
shìbīng 飾兵 12-513B
shìbīng 釋兵 10-1313A
shìbǐng 事柄 1-549A
shìbǐng 柿餅 4-934B
shìbìng 世病 1-500A
shíbìngjiǔtòng 十病九痛 1-825A
shìbìxìng 使弊倖 1-1331B
shībǐzhù 失匕箸 2-1477B
shībó 師伯 3-718B
shībó 師舶 3-721A
shībó 詩伯 11-145A
shíbō 石鉢 7-995B
shíbō 蝕剝 8-919A
shíbò 食檗 12-490B
shíbò 食蘗 12-491B
shíbò 食蘖 12-491B
shìbō 逝波 10-847B
shìbō 試播 11-140B
shìbó 世伯 1-496A
shìbó 市伯 3-686B
shìbó 市舶 3-689B
shìbó 噬搏 3-527B
shìbó 螫搏 8-950B
shìbó 褉襏 9-146A
shìbókù 市舶庫 3-689B
shībóshì 詩博士 11-149B
shìbóshǐ 市舶使 3-689B
shìbósī 市舶司 3-689B
shìbówù 市舶務 3-689B
shībū 詩逋 11-147B
shībù 失步 2-1480B
shībù 施布 6-1578A
shībù 絁布 9-791B
shíbù 十不 1-815A
shíbù 十布 1-817B
shíbù 十部 1-825A
shíbù 石步 7-984A
shǐbù 史部 3-50A
shǐbù 駛步 12-814B
shìbǔ 筮卜 8-1170A
shìbǔ 試補 11-139B
shìbù 市布 3-685A
shìbù 市步 3-686A
shìbù 市埠 3-689A
shìbù 釋部 10-1314A
shìbùcéng 世不曾 1-494B
shíbùcháng 時不常 5-693A
shíbùchōngcháng 食不充腸 12-480A
shíbùchōngjī 食不充飢 12-480A
shíbùchōngkǒu 食不充口 12-480A

shíbùchóngròu 食不重肉 12-480A
shìbùchóngtán 室不崇壇 3-1423B
shíbùchóngwèi 食不重味 12-480A
shíbùcóngshì 十部從事 1-825A
shíbùdāngyī 十不當一 1-815A
shǐbude 使不得 1-1326A
shǐbude 使不的 1-1326A
shíbù'èrwèi 食不二味 12-480A
shíbùgānwèi 食不甘味 12-480A
shìbùguānjǐ… 事不關己,高高掛起 1-545B
shíbùguǒfù 食不果腹 12-480A
shìbùguòsān 事不過三 1-545B
shíbùhuángwèi 食不遑味 12-480B
shíbùhúkǒu 食不餬口 12-480B
shíbùjiānròu 食不兼肉 12-480A
shíbùjiānwèi 食不兼味 12-480B
shíbùjiǔhuítóu 十步九回頭 1-821A
shǐbùjuéshū 史不絶書 3-48B
shìbùkědāng 勢不可當 2-814A
shìbùkě'è 勢不可遏 2-814A
shíbùkěshī 時不可失 5-693A
shíbùlěiwèi 食不累味 12-480B
shìbùliǎngcún 勢不兩存 2-814B
shìbùliǎnglì 勢不兩立 2-814B
shìbùliǎnglì 誓不兩立 11-212B
shíbùshí 時不時 5-693A
shìbùshì 是不是 5-660A
shìbùshīgǔ 事不師古 1-545B
shíbùwǒdài 時不我待 5-693A
shíbùwǒyǔ 時不我與 5-693A
shíbùxiábǎo 食不暇飽 12-480B
shíbùxián 十不閑 1-815A
shíbùxián 什不閑 1-1102A
shíbùxiàyàn 食不下咽 12-480A
shǐbùxūfā 矢不虛發 7-1522B
shíbùyànjīng… 食不厭精,膾不厭細 12-480B
shìbùyíchí 事不宜遲 1-545B
shìbùyǒuyú 事不有餘 1-545B
shíbùyuè 十部樂 1-825A
shìbùyùjià 市不豫賈 3-684B
shíbúzàilái 時不再來 5-693A
shǐbùzháo 使不着 1-1326A
shíbùzhīnèi… 十步之内,必有芳草 1-821A
shíbùzhīnèi… 十步之内,自有芳草 1-821A
shíbùzhīwèi 食不知味 12-480A
shíbùzhōngwèi 食不終味 12-480B
shìcā 拭擦 6-541B
shīcái 失才 2-1477B
shīcái 詩才 11-143A
shīcái 詩材 11-144B
shīcǎi 詩彩 11-149A
shīcài 蓍蔡 9-495B
shícái 石材 7-984A
shícái 拾才 6-565B
shícái 時才 5-692B
shícái 時材 5-695B
shícái 實才 3-1613B
shícái 識才 11-422A
shícái 識裁 11-425A
shícǎi 食采 12-484A
shícài 拾菜 6-566B
shícài 食菜 12-486B
shǐcái 史才 3-48B
shǐcái 史裁 3-50B
shǐcái 使才 1-1326A
shìcāi 是猜 5-661B
shìcái 試才 11-136A
shìcái 適才 10-1163A
shìcài 適纔 10-1168A
shìcài 舍采 8-1084A
shìcài 舍菜 8-1084B
shìcài 釋采 10-1313B
shìcài 釋菜 10-1314B
shìcái'àowù 恃才傲物 7-511A
shícàiniáng 拾菜孃 6-566B
shìcáirúmìng 視財如命 10-334B
shícàishìmó 食菜事魔 12-486B
shìcáishìsuǒ 適材適所 10-1164A
shícáizǐ 十才子 1-814A
shícáizūnxián 識才尊賢 11-422A
shīcǎo 蓍草 9-495B
shīcǎo 詩艸 11-144B
shīcǎo 詩草 11-146B
shícáo 石槽 7-998B
shícáo 食槽 12-490A
shìcāo 士操 2-1004B
shìcáo 市曹 3-689A
shìcáo 侍曹 1-1316A
shìcǎo 視草 10-334B
shìcǎotái 視草臺 10-334B
shīcè 失策 2-1487A
shīcè 失筴 2-1488B
shīcè 蓍策 9-495B
shīcè 詩册 11-144A
shícè 石策 7-993B
shícè 時策 5-702B
shǐcè 史册 3-49A
shǐcè 史策 3-50B
shìcè 市册 3-685B
shìcè 侍側 1-1316A
shìcè 試策 11-139B
shìcè 謚册 11-386B
shìcè 謚策 11-387A
shícéng 石層 7-999B
shīchá 失察 2-1489B
shíchā 時差 5-699B
shíchá 食茶 12-484B
shíchá 識察 11-426A
shìchá 是察 5-662A
shìchá 視察 10-335B
shìchá 試茶 11-138A
shìchá 試察 11-140B
shíchàhǎi 十刹海 1-822B
shíchàhǎi 什刹海 1-1102B
shíchái 實柴 3-1617B
shìchāi 試差 11-138B
shīchán 詩禪 11-154B
shìchán 郝蟬 10-623B
shìchán 市廛 3-692B
shìchán 市鄽 3-693A
shìchán 貰廛 10-140B
shìchǎn 世産 1-501A
shìchǎn 事産 1-550B
shìchǎn 試産 11-139A
shìchàn 世禪 1-505B
shīcháng 失常 2-1485A
shīcháng 詩腸 11-151B
shīchǎng 屍場 4-34A
shīchǎng 詩場 11-149B
shícháng 石腸 7-996A
shícháng 食腸 12-489A
shícháng 時常 5-701A
shìchāng 市娼 3-689B
shìcháng 試嘗 11-140A
shìchǎng 市場 3-689B
shìchǎng 試場 11-139B
shìchàng 市倡 3-688B
shīchánggǔchuī 詩腸鼓吹 11-151B
shíchāngpú 石菖蒲 7-991B
shíchángshì 十常侍 1-825B
shīchāo 詩抄 11-144B
shīchāo 詩鈔 11-150B
shícháo 時朝 5-702A
shǐchāo 史鈔 3-50B
shìchāo 市鈔 3-690B
shìcháo 仕朝 1-1126B
shìcháo 市朝 3-690A
shìcháo 侍朝 1-1316B
shìcháo 眎朝 7-1196A
shìcháo 視朝 10-335A
shícháoguān 石朝官 7-993A
shīchē 尸車 4-2A
shíchē 食車 12-482B
shíchē 石坼 7-985A
shǐchē 使車 1-1327B
shìchē 試車 11-137A
shìchē 軾車 9-1242A
shìchē 飾車 12-513B
shīchén 尸臣 4-1B
shīchén 師臣 3-718A
shīchèn 失稱 2-1489B
shīchèn 詩讖 11-156A
shíchén 拾塵 6-566B
shíchén 食陳 12-486B
shíchén 時臣 5-694B
shíchén 時辰 5-695B
shíchén 實沈 3-1615B
shíchèn 食稱 12-489B
shǐchén 史臣 3-49A
shǐchén 使臣 1-1327A
shìchén 士臣 2-1001A
shìchén 世臣 1-496A
shìchén 世塵 1-503B
shìchén 市塵 3-691B
shìchén 侍臣 1-1313B
shìchén 侍晨 1-1316A
shìchén 飾臣 12-513A
shìchén 寺臣 2-1249B
shìchèn 適稱 10-1167A
shìchèn 適襯 10-1168A
shíchénbāzì 時辰八字 5-695B
shǐchénbēi 史晨碑 3-50A
shíchéndàhǎi 石沉大海 7-984B
shíchéndàhǎi 石沈大海 7-984B
shīchéndànzāi 釃沈澹災 9-1449B
shíchéndǎogù 拾陳蹈故 6-566A
shǐchénfáng 使臣房 1-1327B
shīchēng 詩稱 11-152B
shīchéng 施呈 6-1579A
shīchéng 師承 3-719B
shīchéng 詩城 11-146B
shīchěng 施逞 6-1580A
shíchēng 石鐺 7-1004A
shíchēng 時稱 5-704B
shíchéng 十成 1-819A
shíchéng 石承 7-986B
shíchéng 石城 7-987A
shíchéng 時乘 5-700A
shíchéng 實成 3-1615A
shíchéng 實誠 3-1619A
shǐchéng 史成 3-49B
shìchéng 飭成 12-498A
shìchéng 世程 1-501B
shìchéng 市城 3-688A

shìchéng 示懲 7-830B
shìchéng 視成 10-333B
shìchéng 試程 11-139B
shìchéng 誓懲 11-214B
shìchèng 市稱 3-691B
shìchèng 市秤 3-688B
shíchéngchú 識乘除 11-424B
shíchéngjiǔwěn 十成九穩 1-819A
shíchéngtāngchí 石城湯池 7-987A
shīchénjī 失晨雞 2-1485A
shíchénpái 時辰牌 5-695B
shíchéntái 時辰臺 5-695B
shǐchénxīng 使臣星 1-1327B
shíchénzhōng 時辰鐘 5-695B
shīchī 詩癡 11-155B
shíchǐ 石齒 7-998B
shǐchí 駛馳 12-814B
shìchǐ 市尺 3-685A
shíchìbùduó 石赤不奪 7-983B
shǐchíjié 使持節 1-1329A
shīchóng 尸蟲 4-3B
shīchóng 獅蟲 5-101B
shīchóng 蝨蟲 8-938A
shīchǒng 尸寵 4-4A
shīchǒng 失寵 2-1491B
shíchōng 實充 3-1615A
shìchóng 螫蟲 8-951A
shìchǒng 世寵 1-506A
shìchǒng 市寵 3-693A
shìchǒng 恃寵 7-511B
shīchóu 失儔 2-1490B
shīchóu 失疇 2-1491B
shīchóu 絁紬 9-791B
shīchóu 詩愁 11-151B
shīchóu 詩籌 11-155B
shìchóu 世仇 1-494B
shìchóu 世讎 1-506B
shīchū 失出 2-1479A
shíchū 時出 5-694B
shíchǔ 石礎 7-1002A
shǐchū 始初 4-335B
shǐchù 豕畜 10-12B
shìchū 世出 1-495B
shìchú 試廚 11-141A
shìchǔ 室處 3-1425A
shìchù 事畜 1-550A
shìchù 室處 3-1425A
shìchù 是處 5-661B
shìchù 試黜 11-141B
shīchuán 失傳 2-1488B
shīchuán 師船 3-721A
shīchuán 師傳 3-722A
shíchuān 識穿 11-424A
shǐchuán 使傳 1-1331B
shìchuān 逝川 10-847A
shìchuān 試穿 11-138B
shìchuán 世傳 1-503A
shīchuáng 詩牀 11-146A
shíchuāng 石窗 7-994A
shíchuáng 石床 7-984B
shíchuáng 石牀 7-987A
shíchuáng 食牀 12-484A
shíchuàng 石幢 7-999A
shǐchuàng 始創 4-336B
shíchùjǔyíng 時絀舉贏 5-702A
shīchǔkūn 蝨處褌 8-937B
shǐchūn 始春 4-335B
shìchūn 試春 11-138A
shīchūwúmíng 師出無名 3-718A
shīchūyǒumíng 師出有名 3-718A
shìchūyǒuyīn 事出有因 1-547A
shīcí 失詞 2-1487A
shīcí 失辭 2-1491B
shīcí 詩詞 11-150B
shīcí 詩辭 11-155B
shīcì 尸次 4-1B
shīcì 失次 2-1480A
shící 實詞 3-1618B
shícì 食次 12-482B
shǐcí 矢詞 7-1523B
shǐcí 矢辭 7-1524A
shìcí 侍祠 1-1315B
shìcí 飾詞 12-515A
shìcí 飾辭 12-516A
shìcí 誓詞 11-214B
shìcí 誓辭 11-215A
shìcí 釋詞 10-1315A
shìcì 世次 1-496A
shìcì 市次 3-686A
shìcì 螫刺 8-950B
shìcíguān 侍祠官 1-1315B
shīcōng 失聰 2-1490B
shícóng 石淙 7-992B
shìcóng 侍從 1-1316B
shìcóng 適從 10-1165B
shìcú 逝殂 10-847B
shǐcuànlángbū 豕竄狼逋 10-13A
shícùcù 石醋醋 7-998B
shícuì 拾翠 6-567A
shícuìrén 拾翠人 6-567A
shícuìyǔ 拾翠羽 6-567A
shīcún 詩存 11-144B
shìcùn 市寸 3-684A
shīcuò 失挫 2-1483A
shīcuò 失措 2-1485A
shīcuò 失錯 2-1490B
shīcuò 施措 6-1580B
shícuò 時措 5-701A
shìcuō 市撮 3-692A
shǐcùqiā 使促掐 1-1329B
shǐcùxiá 使促狹 1-1329B
shídá 石磋 7-1001A
shídá 識達 11-425A
shìdà 事大 1-545B
shīdádá 濕答答 6-188A
shídàdìzǐ 十大弟子 1-814B
shídàdòngtiān 十大洞天 1-814B
shìdā'er 是搭兒 5-661B
shìdá'er 是答兒 5-661B
shìdàfū 士大夫 2-1000A
shīdài 師戴 3-723A
shīdài 獅帶 5-101B
shīdài 詩袋 11-149A
shídài 石埭 7-991B
shídài 石黛 7-1001B
shídài 時代 5-694A
shìdài 世代 1-495A
shìdài 貰貸 10-140B
shìdài 誓帶 11-214A
shídàichónghuán 拾帶重還 6-566B
shídàimíngwáng 十代冥王 1-818A
shídàjiā 十大家 1-814B
shīdān 失單 2-1487A
shīdǎn 詩膽 11-154B
shīdàn 失旦 2-1479A
shídān 石甔 7-1001B
shídān 食單 12-488A
shídǎn 石膽 7-1001B
shídǎn 石礑 7-1002A
shídàn 食啖 12-487A
shídàn 食啗 12-487A
shídàn 食淡 12-487B
shídàn 食噉 12-489B
shídàn 實彈 3-1620B
shǐdān 史聃 3-50A
shìdān 釋聃 10-1314B
shìdǎn 嗜膽 3-456A
shìdǎn 試膽 11-141B
shìdàn 市担 3-686B
shìdàn 市石 3-685A
shīdàng 失當 2-1488A
shídàng 時當 5-703B
shìdāng 適當 10-1166B
shìdǎng 市黨 3-693A
shìdàng 是當 5-661B
shìdàng 適當 10-1166B
shìdāngqíchōng 適當其衝 10-1166B
shìdāngqíshí 適當其時 10-1166B
shídàngshíjué 十蕩十決 1-828B
shīdànjī 失旦雞 2-1479A
shìdānrúlǜ 視丹如綠 10-333A
shīdào 失盜 2-1487A
shīdào 失道 2-1487A
shīdào 師道 3-722A
shīdào 詩道 11-150B
shídāo 石刀 7-980B
shídào 十道 1-827B
shídào 石道 7-994A
shídào 食道 12-488B
shídào 識道 11-425B
shǐdào 矢道 7-1524A
shìdǎo 示導 7-830A
shìdào 世道 1-501B
shìdào 仕道 1-1127A
shìdào 市道 3-690B
shìdào 適道 10-1166A
shìdào 釋道 10-1315A
shīdàoguǎzhù 失道寡助 2-1487A
shìdàojiāo 市道交 3-690B
shìdàorénxīn 世道人心 1-502A
shìdāotóngshā 勢刀銅鎩 2-813B
shīdàozūnyán 師道尊嚴 3-722A
shídàqǔ 十大曲 1-814B
shídǎshí 實打實 3-1614A
shídǎshíshòu 實打實受 3-1614A
shídǎshízháo 實打實着 3-1614A
shídàtǐ 識大體 11-422A
shīdé 失得 2-1485B
shīdé 失德 2-1490A
shīdé 施德 6-1582A
shīdé 師德 3-722B
shíde 識得 11-425A
shídé 十德 1-829A
shídé 食德 12-490A
shídé 時德 5-705B
shídé 實德 3-1620B
shǐde 使得 1-1330B
shǐde 使的 1-1328B
shǐdé 史德 3-51B
shìde 似的 1-1221A
shìdé 世德 1-504B
shìdé 市德 3-692A
shìdé 是得 5-661B
shídèng 石蹬 7-1002B
shídèng 石隥 7-998A
shídèng 石磴 7-1001A
shídèng 石鐙 7-1004A
shìdēng 試燈 11-141B
shìděng 適等 10-1166A
shìdéqífǎn 適得其反 10-1165B
shīdí 詩敵 11-153B
shīdì 失地 2-1479A
shīdì 失第 2-1485B
shīdì 師弟 3-719A
shīdì 詩遞 11-151B
shīdì 詩諦 11-154A
shídī 石隄 7-992B
shídī 石堤 7-993A
shídǐ 實底 3-1616B
shídì 十地 1-818B
shídì 十帝 1-823B
shídì 石地 7-983A
shídì 食地 12-482A
shídì 時帝 5-699B
shídì 實地 3-1614A
shǐdí 矢鏑 7-1524A
shìdí 世嫡 1-504A
shìdí 市糴 3-693B
shìdí 士的 2-1002A
shìdì 世弟 1-496B
shìdì 世諦 1-505A
shìdì 侍弟 1-1314A
shìdì 室第 3-1425B
shìdì 柿蒂 4-934B

shìdì 柿蒂 4-934B
shìdì 筮地 8-1170B
shìdì 釋帝 10-1314A
shīdiān 詩顛 11-155B
shīdiān 詩癲 11-156B
shīdiàn 師甸 3-718B
shīdiàn 濕墊 6-188A
shídiǎn 時點 5-706B
shídiàn 十殿 1-828A
shídiàn 石殿 7-996B
shídiàn 食店 12-484A
shǐdiǎn 使典 1-1328B
shìdiǎn 世典 1-497A
shìdiǎn 市點 3-693A
shìdiǎn 事典 1-548A
shìdiǎn 試點 11-141B
shìdiǎn 謚典 11-386B
shìdiǎn 釋典 10-1313B
shìdiàn 舍奠 8-1084B
shìdiàn 市店 3-687B
shìdiàn 釋奠 10-1315A
shídiànyánwáng 十殿閻王 1-828A
shīdiào 失掉 2-1485A
shīdiào 失調 2-1490A
shīdiào 詩調 11-153B
shídiāo 石碉 7-995A
shídiào 石銚 7-997B
shídiào 時調 5-705B
shǐdiāo 使刁 1-1326A
shìdiào 世調 1-504B
shìdiào 市調 3-692B
shìdiào 釋釣 10-1314B
shídiàotóu 識弔頭 11-422A
shìdìchén 侍帝晨 1-1315B
shǐdié 史牒 3-50B
shǐdié 史諜 3-51B
shìdié 釋經 10-1315A
shídìjiè 拾地芥 6-565B
shídīng 識丁 11-422A
shídǐng 石鼎 7-993B
shídìng 石矴 7-984A
shìdīng 侍丁 1-1312B
shìdīng 適丁 10-1162B
shìdǐng 舐鼎 8-1085B
shídīshuǐ 十滴水 1-828B
shìdìxiōng 世弟兄 1-496B
shǐdīzuǐ 使低嘴 1-1327B
shídòng 石洞 7-988B
shídòng 石涷 7-990B
shídòng 時棟 5-702B
shǐdòng 駛動 12-814B
shídòngchūn 石涷春 7-990B
shídōnglàyuè 十冬臘月 1-818A
shídǒu 石斗 7-982A
shídǒu 石㪷 7-991B
shídòu 石竇 7-1004A
shìdǒu 市斗 3-685A
shīdù 失度 2-1482B
shīdù 濕度 6-187B
shídù 時度 5-699B
shídù 識度 11-424A
shìdú 侍讀 1-1318B
shìdú 舐犢 8-1085B
shìdú 試牘 11-142A
shìdú 螫毒 8-950B
shìdú 釋讀 10-1316B
shìdù 世度 1-499B
shìdù 式度 2-1583B
shìdù 適度 10-1165A
shíduàn 識斷 11-427A
shìduān 事端 1-553A
shìduān 視端 10-335B
shìduǎn 世短 1-501B
shìduǎn 示短 7-829B
shìduǎnguīcháng 筮短龜長 8-1170B
shíduānmíng 石端明 7-997B
shìdúbóshì 侍讀博士 1-1318B
shīduì 失對 2-1489A
shíduì 實對 3-1619B
shìduì 事對 1-553A
shìduì 試對 11-140A
shídūndūn 實墩墩 3-1620A
shīduó 尸奪 4-3B
shíduo 拾掇 6-566A
shíduó 拾奪 6-566B
shìduō 士多 2-1001B
shìdúxuéshì 侍讀學士 1-1318B
shí'è 十惡 1-826B
shí'è 石堊 7-991B
shí'è 石鍔 7-1001B
shí'è 石堨 7-993A
shǐ'é 豕訛 10-12B
shǐ'è 使惡 1-1331A
shì'é 試額 11-142A
shì'è 式遏 2-1583B
shí'èbùshè 十惡不赦 1-826B
shī'ēn 失恩 2-1483B
shī'ēn 施恩 6-1580A
shì'ēn 市恩 3-688B
shī'ér 獅兒 5-101A
shí'ér 時而 5-694B
shí'ěr 石耳 7-983A
shí'ěr 食餌 12-489B
shí'èr 十二 1-804B
shì'ér 市兒 3-687A
shì'ér 侍兒 1-1314B
shì'ér 試兒 11-137B
shì'ěr 世耳 1-495B
shì'ěr 適爾 10-1167A
shí'èrbìfēng 十二碧峰 1-809A
shí'èrbóshì 十二博士 1-808B
shí'érbùhuà 食而不化 12-482A
shì'érbùjiàn 視而不見 10-333A
shì'érbùjiàn… 視而不見,聽而不聞 10-333A
shí'èrcéng 十二層 1-809B
shí'èrchén 十二辰 1-806A
shí'èrchénchóng 十二辰蟲 1-806A
shí'èrchénduī 十二辰堆 1-806A
shí'èrchénshén 十二辰神 1-806A
shí'èrchénshǔ 十二辰屬 1-806A
shí'èrchóng 十二蟲 1-809B
shí'èrchónglóu 十二重樓 1-807A
shí'èrchù 十二處 1-808A
shí'èrdào 十二道 1-808B
shí'èrdàojīnpái 十二道金牌 1-809A
shí'èrdiào 十二調 1-809B
shí'èrdù 十二度 1-807A
shí'èrfēn 十二分 1-805A
shí'èrfēng 十二峯 1-808A
shí'èrfēng 十二峰 1-808A
shí'èrfēnxīng 十二分星 1-805B
shí'èrfēnyě 十二分野 1-805B
shí'èrgōng 十二公 1-805B
shí'èrgōng 十二宮 1-807A
shí'èrguó 十二國 1-808A
shí'èrhè 十二和 1-806A
shí'èrhóng 十二紅 1-807B
shí'èrjǐ 十二戟 1-808B
shí'èrjiàn 十二監 1-809A
shí'èrjiē 十二街 1-808B
shí'èrjīnchāi 十二金釵 1-806B
shí'èrjīng 十二經 1-809A
shí'èrjīngmài 十二經脈 1-809A
shí'èrjīnpái 十二金牌 1-806B
shí'èrjīnrén 十二金人 1-806B
shí'èrjítáifēng 十二級颱風 1-807B
shí'èrkè 十二客 1-807A
shí'èrlángān 十二闌干 1-809B
shí'èrliú 十二旒 1-809A
shí'èrlóu 十二樓 1-809A
shí'èrlǜ 十二律 1-807A
shí'èrmài 十二脈 1-808A
shí'èrmén 十二門 1-806B
shí'èrmù 十二牧 1-806A
shí'èrmùkǎmǔ 十二木卡姆 1-805A
shí'èrnǚ 十二女 1-805A
shí'èrqīng 十二卿 1-808A
shí'èrqú 十二衢 1-810A
shì'ěrrénxiá 室邇人遐 3-1425B
shì'ěrrényáo 室邇人遥 3-1426A
shì'ěrrényuǎn 室邇人遠 3-1425B
shí'èrrù 十二入 1-805A
shí'èrshè 十二舍 1-806B
shí'èrshén 十二神 1-807B
shí'èrshēngxiào 十二生肖 1-805B
shí'èrshí 十二食 1-807A
shí'èrshí 十二時 1-807B
shí'èrshíchóng 十二時蟲 1-807B
shí'èrshímàn 十二時慢 1-807B
shí'èrshípán 十二時盤 1-807B
shí'èrshíshén 十二時神 1-807B
shí'èrshòu 十二獸 1-809B
shí'èrshǔ 十二屬 1-809B
shí'èrtǒng 十二筒 1-808B
shí'èrwànfēn 十二萬分 1-808B
shí'èrwǎnfēng 十二晚峰 1-808A
shí'èrwù 十二物 1-806A
shí'èrwǔ'ér… 識二五而不知十 11-422A
shí'èrwūfēng 十二巫峰 1-805B
shí'èrwūfēngnǚ 十二巫峰女 1-805B
shí'èrxiàng 十二象 1-808B
shí'èrxiàngshǔ 十二相屬 1-806B
shí'èrxiào 十二肖 1-806A
shí'èryī 十二衣 1-805B
shí'èryīnyuán 十二因緣 1-805B
shí'èryuánqǐ 十二緣起 1-809B
shí'èryuèlǜ 十二月律 1-805B
shí'èrzhāng 十二章 1-808B
shí'èrzhé 十二哲 1-807B
shí'èrzhī 十二支 1-805A
shí'èrzhī 十二枝 1-806A
shí'èrzhī 十二肢 1-806B
shí'èrzhǐcháng 十二指陽 1-806B
shí'èrzhōng 十二鍾 1-809B
shí'èrzhōng 十二鐘 1-809B
shí'èrzhūhóu 十二諸侯 1-809B
shí'èrzǐ 十二子 1-805A
shí'èwǔnì 十惡五逆 1-826B
shīfā 施發 6-1581B
shīfǎ 施法 6-1579B
shīfǎ 師法 3-719B
shīfǎ 詩法 11-146A
shífá 石筏 7-993B
shífà 石髮 7-998A
shǐfǎ 史法 3-49B
shǐfǎ 使法 1-1329A
shìfá 世閥 1-504A
shìfǎ 世法 1-497B

shìfǎ 式法 2-1583B
shìfǎ 式灋 2-1584B
shìfǎ 試法 11-138A
shìfǎ 謚法 11-387A
shìfǎ 釋法 10-1313B
shìfà 誓髮 11-214B
shīfàn 師範 3-722B
shīfàn 詩犯 11-144B
shífān 十番 1-827A
shífān 石帆 7-983A
shífān 拾翻 6-567B
shífán 食蹯 12-491A
shífǎn 十反 1-816A
shífǎn 十返 1-821B
shífǎn 時反 5-693B
shífàn 食飯 12-488B
shífàn 時範 5-705B
shǐfàn 使範 1-1331B
shìfán 世凡 1-494A
shìfán 是凡 5-660A
shìfàn 世範 1-504B
shìfàn 市販 3-689A
shìfàn 示範 7-830A
shìfàn 式範 2-1584B
shìfàn 釋梵 10-1314B
shīfǎng 師放 3-719B
shīfǎng 詩舫 11-147B
shīfàng 施放 6-1579B
shífāng 十方 1-817A
shífāng 石方 7-981B
shífāng 時方 5-694A
shífāng 時芳 5-695B
shífāng 汁方 5-903B
shífáng 石房 7-986B
shífáng 汁防 5-903B
shǐfáng 矢房 7-1523B
shìfāng 市坊 3-686A
shìfáng 市房 3-687B
shìfàng 釋放 10-1313B
shífāngchángzhù 十方常住 1-817B
shífāngjiè 十方界 1-817B
shífāngshìjiè 十方世界 1-817A
shífāngǔ 十番鼓 1-827A
shífāngyúqián 食方于前 12-481A
shífāngzhàngyúqián 食方丈于前 12-481A
shífānyǒutú 實蕃有徒 3-1620A
shífányǒutú 實繁有徒 3-1621A
shífāshízhòng 十發十中 1-827B
shīféi 施肥 6-1579B
shífēi 石扉 7-994A
shǐfèi 使費 1-1331A
shìfēi 是非 5-660B
shìfēi 試飛 11-138B
shìfēi 飾非 12-513B
shìfēichǎng 是非場 5-661A
shìfēidiāndǎo 是非顛倒 5-661A
shìfēiduī 是非堆 5-661A
shìfēijùjiàn 飾非拒諫 12-513B
shìfēikǒushé 是非口舌 5-661A
shìfēiqūzhí 是非曲直 5-661A
shìfēisuìguò 飾非遂過 12-513B
shīfēituōlǜ 施緋拖緑 6-1582A
shìfēiwénguò 飾非文過 12-513B
shìfēiwō 是非渦 5-661A
shìfēiyǎngguò 飾非養過 12-514A
shìfēiyǎnguò 飾非掩過 12-513B
shìfēizhǐwèiduōkāikǒu 是非只爲多開口 5-661A
shìfēizìyǒugōnglùn 是非自有公論 5-661A
shīfěn 施粉 6-1580B
shífēn 十分 1-816A
shífēn 時分 5-693B
shífèn 食分 12-481A
shífèn 摅憤 6-957A
shìfēn 世氛 1-497B
shìfēn 世紛 1-500B
shìfēn 世雰 1-501B
shìfēn 市分 3-685A
shìfēn 適分 10-1163A
shìfèn 事分 1-545B
shìfèn 勢分 2-814B
shìfèn 適分 10-1163A
shìfèn 釋憤 10-1316A
shīfēng 失風 2-1482B
shīfēng 師風 3-720B
shīfēng 詩風 11-147A
shīfēng 濕風 6-187B
shífēng 堤封 2-1147B
shífēng 石封 7-987A
shífēng 石峯 7-990A
shífēng 食封 12-484B
shífēng 食風 12-485A
shífēng 時風 5-699A
shífēng 時豐 5-707A
shífēng 實封 3-1616B
shífèng 食奉 12-483A
shífèng 食俸 12-486A
shǐfēng 矢鋒 7-1524A
shǐfēng 使風 1-1329B
shǐfēng 駛風 12-814B
shìfēng 士風 2-1002B
shìfēng 世風 1-499A
shìfēng 勢峯 2-815B
shìféng 適逢 10-1165A
shìfèng 世俸 1-500A
shìfèng 事奉 1-548A
shìfèng 侍奉 1-1314A
shìfèng 室奉 3-1424B
shìféngqíhuì 適逢其會 10-1165A
shìféngqíshí 適逢其時 10-1165A
shífēngwǔyǔ 十風五雨 1-823B
shǐfēnshéduàn 豕分蛇斷 10-11A
shífēnxīngxīng… 十分惺惺使九分 1-816A
shífēnxīngxīng… 十分惺惺使五分 1-816A
shīfó 詩佛 11-145A
shìfǒu 是否 5-660B
shīfǔ 師輔 3-722B
shīfǔ 詩府 11-146A
shīfù 失負 2-1482B
shīfù 施賦 6-1582A
shīfù 師父 3-717A
shīfù 師傅 3-721B
shīfù 獅負 5-101A
shīfù 詩負 11-147A
shīfù 詩賦 11-153A
shífū 十夫 1-815A
shífū 石蚨 7-993B
shífú 石浮 7-991A
shífú 食浮 12-486A
shífú 時服 5-698A
shífú 實福 3-1619B
shífǔ 石斧 7-986A
shífù 石阜 7-986A
shífù 石婦 7-992B
shífù 石鰒 7-1004A
shífù 時復 5-702B
shǐfū 矢夫 7-1522B
shǐfú 矢服 7-1523B
shǐfú 矢箙 7-1524A
shǐfú 使符 1-1330B
shǐfù 豕腹 10-13A
shǐfù 使副 1-1330B
shìfū 士夫 2-1000B
shìfū 噬膚 3-527B
shìfú 士服 2-1002A
shìfú 世服 1-497B
shìfú 拭拂 6-541B
shìfú 釋服 10-1313B
shìfú 釋紱 10-1314B
shìfǔ 市府 3-687B
shìfǔ 市脯 3-689B
shìfǔ 釋黻 10-1316B
shìfù 世父 1-494B
shìfù 世婦 1-501B
shìfù 市賦 3-692A
shìfù 示覆 7-830A
shìfù 室婦 3-1425B
shìfù 噬負 3-527A
shìfù 釋縛 10-1316B
shìfùfénchèn 釋縛焚櫬 10-1316B
shìfūhuà 士夫畫 2-1000B
shífùjiān 時復間 5-702B
shífūkè 十夫客 1-815A
shīfùniáng 師父娘 3-717A
shífūráochuí 十夫橈椎 1-815A
shífūrǒuchuí 十夫楺椎 1-815A
shǐfùtú 豕負塗 10-12A
shīgài 詩丐 11-143B
shígài 食蓋 12-489A
shígài 食槩 12-489A
shīgān 師干 3-716A
shígān 十干 1-814A
shígān 石肝 7-984B
shígān 食肝 12-483A
shígǎn 石礀 7-1002A
shígǎn 實感 3-1619A
shígàn 十幹 1-827B
shígàn 十榦 1-828B
shígàn 食幹 12-489A
shígàn 時幹 5-703B
shígàn 實幹 3-1619A
shǐgàn 矢幹 7-1524A
shìgàn 世幹 1-502B
shìgàn 事幹 1-551B
shígǎndāng 石敢當 7-992B
shígāng 石綱 7-998A
shígàng 石矼 7-985B
shígàng 石杠 7-984A
shígānqǐn'ān 食甘寢安 12-481B
shígānqǐnníng 食甘寢寧 12-481B
shīgǎo 詩稿 11-153A
shīgǎo 詩藁 11-155A
shígāo 石膏 7-997B
shǐgāo 豕膏 10-13A
shǐgǎo 史稿 3-51A
shǐgǎo 矢藳 7-1524A
shìgāo 柿糕 4-935A
shìgāo 飾羔 12-514B
shìgào 誓誥 11-214B
shìgào 謚告 11-386B
shìgāo'er 柿膏兒 4-935A
shīgē 詩歌 11-152A
shīgē 詩謌 11-154B
shīgé 尸格 4-3A
shīgé 失格 2-1483A
shīgé 屍格 4-34A
shīgé 詩格 11-147B
shīgě 詩舸 11-149A
shígé 石閣 7-998A
shígé 食格 12-485B
shígé 食葛 12-488A
shǐgé 史閣 3-51A
shìgē 市歌 3-691B
shìgě 市合 3-686A
shígèguānggùn… 十個光棍九個倔 1-825A
shǐgèláng 屎蛇蜋 4-42A
shígéli 食蛤梨 12-488A
shígéli 食蛤蜊 12-488A
shígēn 石根 7-989B
shígēng 食羹 12-491B
shígēng 時耕 5-699B
shīgōng 施工 6-1577B
shīgōng 施功 6-1578A
shīgōng 師工 3-716A
shīgōng 師公 3-717A
shīgōng 詩工 11-143A
shīgōng 詩公 11-143B

shīgōng 詩功 11-143B
shígōng 石工 7-980B
shígōng 石宮 7-989A
shígōng 石磺 7-998B
shígōng 食工 12-479B
shígōng 時功 5-694A
shígòng 食貢 12-485B
shígòng 時貢 5-699B
shígòng 實供 3-1616B
shǐgōng 史功 3-49A
shìgōng 世功 1-495A
shìgōng 市工 3-684A
shìgōng 事功 1-546A
shìgōng 恃功 7-511A
shìgōng 試工 11-136A
shìgòng 試貢 11-138B
shǐgōngbùrúshǐguò 使功不如使過 1-1326B
shīgōngxì 師公戲 3-717A
shìgōngzhīxué 事功之學 1-546A
shīgōu 施鉤 6-1581B
shígōu 石溝 7-996A
shìgǒu 噬狗 3-527A
shìgòu 適遘 10-1166B
shìgòuyǎncī 飾垢掩疵 12-514A
shīgū 師姑 3-719B
shīgū 濕姑 6-187B
shīgǔ 尸骨 4-2B
shīgǔ 屍骨 4-34A
shīgǔ 師古 3-717B
shīgǔ 詩骨 11-146B
shīgǔ 蝨蠱 8-938A
shígǔ 石谷 7-984B
shígǔ 石骨 7-988A
shígǔ 石鼓 7-994B
shígǔ 拾骨 6-566A
shígǔ 食穀 12-490A
shígǔ 食蠱 12-491B
shígǔ 時穀 5-705A
shígǔ 實穀 3-1620A
shígù 時固 5-697A
shìgū 市估 3-686B
shìgū 市沽 3-687B
shìgū 市酤 3-690A
shìgǔ 市骨 3-688A
shìgǔ 市賈 3-691A
shìgǔ 式穀 2-1584A
shìgǔ 是古 5-660A
shìgǔ 嗜古 3-455A
shìgǔ 誓骨 11-213B
shìgù 世故 1-498A
shìgù 事故 1-549A
shìgù 恃固 7-511B
shìgù 是故 5-661A
shīguà 蓍卦 9-495B
shíguà 食掛 12-486B
shìguà 筮卦 8-1170B
shíguāi 時乖 5-697B
shǐguāi 使乖 1-1328B
shìguài 飭怪 12-498B
shíguāimìngjiǎn 時乖命蹇 5-697B
shǐguāinòngqiǎo 使乖弄巧 1-1328B
shíguāiyùnjiǎn 時乖運蹇 5-697B
shìguàizhuāngqí 飾怪裝奇 12-514A
shīguān 尸官 4-2A
shīguān 失官 2-1482A
shīguān 施關 6-1582B
shīguān 詩官 11-146A
shīguān 蝨官 8-937B
shíguān 石棺 7-993B
shíguān 石關 7-1003B
shíguān 食官 12-484A
shíguān 實官 3-1616B
shíguǎn 石舘 7-1000B
shíguǎn 石館 7-1000B
shíguǎn 食管 12-489B
shǐguān 史官 3-49B
shǐguān 使官 1-1329A
shǐguǎn 史館 3-51B
shǐguǎn 使館 1-1332A
shǐguàn 史觀 3-52A
shǐguàn 始冠 4-335B
shìguān 士官 2-1002A
shìguān 世官 1-497B
shìguān 仕官 1-1126B
shìguān 市官 3-687B
shìguān 侍官 1-1315A
shìguān 試官 11-138A
shìguān 飾棺 12-514B
shìguān 飾觀 12-516A
shìguān 適觀 10-1168A
shìguǎn 試管 11-140B
shìguǎn 試館 11-141A
shìguàn 世貫 1-501B
shīguānfājī 施關發機 6-1582B
shíguāng 時光 5-694B
shíguǎng 石獷 7-1001B
shìguàng 市横 3-693A
shíguāngwǔsè 十光五色 1-819A
shìguǎnshòucàn 適館授粲 10-1167B
shígǔbùhuà 食古不化 12-481B
shīgūcǎo 師姑草 3-720A
shìgǔfēijīn 是古非今 5-660B
shīguī 蓍龜 9-495B
shīguī 詩歸 11-155A
shīguī 詩鬼 11-146B
shīguì 失桂 2-1483A
shíguī 石閨 7-998A
shíguī 石龜 7-1001B
shíguǐ 時軌 5-699A
shíguǐ 時晷 5-702B
shíguì 石桂 7-989B
shíguì 石匱 7-997A
shíguì 時貴 5-702B
shìguī 式規 2-1583B
shìguī 筮龜 8-1171A
shìguī 適歸 10-1167B
shìguǐ 飾詭 12-515A
shìguì 世貴 1-501B
shìguì 軾櫃 9-1242A
shīguījiā 蓍龜家 9-496A
shǐguǐqián 使鬼錢 1-1329B
shígǔn 石滾 7-998A
shígǔn 石磙 7-998B
shìgùn 市棍 3-690A
shīguó 失國 2-1485A
shīguó 詩國 11-149A
shīguò 失過 2-1485B
shíguō 石郭 7-990B
shíguó 十國 1-825B
shíguó 食國 12-486B
shíguǒ 石椁 7-993A
shíguǒ 石槨 7-997A
shíguǒ 時果 5-697A
shíguò 十過 1-826A
shìguō 市郭 3-689A
shìguó 世國 1-501A
shìguò 事過 1-550B
shìguò 貰過 10-140B
shìguò 飾過 12-514B
shíguòjìngqiān 時過境遷 5-701B
shìguòjǐngqiān 事過景遷 1-550B
shìguòjìngqiān 事過境遷 1-550B
shìguòqíngqiān 事過情遷 1-550B
shígǔrúgěng 食古如鯁 12-481B
shígǔwén 石鼓文 7-994B
shīhái 尸骸 4-3B
shīhái 屍骸 4-34A
shǐhái 始孩 4-336A
shǐhài 豕亥 10-11B
shìhǎiméngshān 誓海盟山 11-214A
shìhǎitārén 世海他人 1-500A
shǐhàiyúlǔ 豕亥魚魯 10-11B
shīhán 施函 6-1579B
shīhán 詩函 11-146A
shīhàn 詩翰 11-154A
shíhán 石函 7-987A
shíhán 石圅 7-991A
shíhán 石涵 7-992B
shíhán 識韓 11-426B
shíhàn 石汗 7-983B
shǐhàn 史漢 3-51A
shǐhàn 史翰 3-51B
shìhán 視含 10-334A
shìhàn 釋憾 10-1316A
shíháng 十行 1-819B
shìháng 試航 11-139A
shìháng 飾行 12-513A
shíhángběn 十行本 1-819B
shíhángjùxià 十行俱下 1-819B
shìhángyùtè 飾行儥慝 12-513A
shíhángzhào 十行詔 1-819B
shíhányīpù 十寒一暴 1-827B
shīháo 詩毫 11-149A
shīháo 詩豪 11-152B
shīhào 失好 2-1480A
shīhào 師號 3-722A
shíháo 石濠 7-1002A
shíháo 時豪 5-704B
shíhào 十號 1-827B
shíhào 食耗 12-485A
shíhào 時好 5-695A
shíhào 時耗 5-699B
shíhào 蝕耗 8-919A
shǐháo 豕豪 10-13A
shìháo 市毫 3-689B
shìháo 勢豪 2-816A
shìhǎo 世好 1-496A
shìhǎo 式好 2-1583B
shìhǎo 飾好 12-513A
shìhào 氏號 6-1419B
shìhào 世好 1-496A
shìhào 嗜好 3-455B
shìhào 謚號 11-387A
shīhàofālìng 施號發令 6-1581B
shíhāqiàn 石哈欠 7-988A
shīhé 失合 2-1479B
shīhé 失和 2-1481B
shīhé 施翮 6-1582A
shíhé 食盒 12-487A
shíhé 時和 5-697B
shíhé 實核 3-1617A
shíhé 實覈 3-1621B
shíhè 石壑 7-1001B
shíhè 食褐 12-489B
shǐhé 駛河 12-814B
shǐhè 使鶴 1-1332A
shìhé 市合 3-686A
shìhé 筮盍 8-1170B
shìhé 適合 10-1163B
shìhé 噬嗑 3-527B
shìhè 是荷 5-661B
shìhè 釋褐 10-1315B
shīhén 詩痕 11-149A
shīhéng 失衡 2-1490B
shíhēngyùntài 時亨運泰 5-696A
shíhéniánfēng 時和年豐 5-697B
shìhéxínglí 勢合形離 2-814B
shìhéyánzhí 事核言直 1-549B
shīhóng 詩鴻 11-154B
shíhóng 石泓 7-986B
shíhóng 石鉷 7-996A
shìhòng 市閧 3-692B
shīhǒu 獅吼 5-101A
shīhòu 失候 2-1484A
shíhou 時候 5-700A
shíhóu 石猴 7-994A
shíhòu 石堠 7-993A
shǐhóu 史侯 3-49B

shǐhòu 豕狗 10-12B
shìhòu 事後 1-549B
shìhòu 侍候 1-1315B
shìhòu 是後 5-661B
shìhòu 視候 10-334B
shīhǒutáng 獅吼堂 5-101A
shìhòuzhūgéliàng
事後諸葛亮 1-549B
shīhǔ 詩虎 11-145B
shīhù 失怙 2-1481B
shíhú 石斛 7-992A
shíhú 石湖 7-994A
shíhú 時壺 5-702A
shíhǔ 石虎 7-985B
shíhù 石户 7-982A
shíhù 石瓠 7-991B
shíhù 石穀 7-996B
shíhù 實户 3-1613B
shǐhū 使乎 1-1326B
shìhú 侍胡 1-1315A
shìhǔ 市虎 3-686B
shìhù 仕户 1-1126A
shìhù 市户 3-685A
shìhù 侍護 1-1318B
shìhù 恃怙 7-511B
shìhù 視護 10-336B
shīhuā 詩花 11-144B
shīhuà 施化 6-1578A
shīhuà 詩話 11-151B
shīhuà 溼化 6-187A
shíhuā 石花 7-984A
shíhuā 石華 7-989B
shíhuā 時花 5-695B
shíhuā 時華 5-699B
shíhuà 石畫 7-994A
shíhuà 時化 5-693B
shíhuà 實話 3-1619A
shǐhuà 史話 3-51A
shìhuā 柿花 4-934B
shìhuā 試花 11-137A
shìhuá 世華 1-500A
shìhuá 市猾 3-690B
shìhuà 示化 7-828B
shìhuà 事化 1-545B
shìhuà 侍話 1-1317B
shìhuà 飾畫 12-515A
shíhuā'élǜ 石華娥綠
7-989B
shīhuā'er 失花兒 2-1480B
shīhuái 詩懷 11-155B
shǐhuài 使壞 1-1332A
shìhuái 示懷 7-830B
shìhuái 釋懷 10-1316B
shīhuān 失懽 2-1491B
shīhuān 失歡 2-1491B
shíhuàn 時患 5-701B
shíhuàn 實患 3-1618A
shǐhuàn 使喚 1-1330A
shǐhuàn 使换 1-1330A
shìhuān 市歡 3-693B
shìhuán 市闤 3-693B
shìhuán 侍鬟 1-1318B
shìhuàn 士宦 2-1002B
shìhuàn 世幻 1-495A
shìhuàn 世宦 1-499B
shìhuàn 世患 1-501A
shìhuàn 仕宦 1-1126B
shìhuàn 事宦 1-549B
shìhuàn 貰患 10-140B
shīhuāng 失慌 2-1487A
shíhuāng 拾荒 6-566A
shíhuáng 石隍 7-992B
shíhuáng 石黄 7-991B
shǐhuáng 史皇 3-49B
shǐhuáng 始黄 4-336A
shǐhǔchuán'é 豕虎傳譌
10-12A
shíhǔdiàn 石虎殿 7-985B
shīhuǐ 失悔 2-1484B
shīhuì 失會 2-1488B
shīhuì 施惠 6-1581A
shīhuì 詩會 11-151B
shíhuī 石灰 7-983A
shíhuǐ 蝕毁 8-919A
shíhuì 時晦 5-701B
shíhuì 時會 5-704A
shíhuì 時諱 5-706A
shíhuì 實惠 3-1618B
shíhuì 識會 11-425B
shǐhuì 矢穢 7-1524A
shǐhuì 豕喙 10-12B
shìhuī 視撝 10-335B
shìhuí 釋回 10-1313A
shìhuì 市惠 3-690A
shìhuì 市會 3-691A
shìhuì 市闠 3-693A
shìhuì 示誨 7-830A
shìhuì 事會 1-552B
shìhuì 適會 10-1166B
shìhuízēngměi 釋回增美
10-1313A
shíhújūshì 石湖居士
7-994A
shīhún 失魂 2-1487B
shīhún 詩魂 11-151A
shíhūn 食葷 12-488A
shíhūn 食焄 12-487B
shìhūn 世婚 1-501B
shìhūn 適婚 10-1166A
shìhùn 飾混 12-514B
shīhúndǎn 失魂膽 2-1487B
shīhúndàngpò 失魂蕩魄
2-1487B
shīhúnluòpò 失魂落魄
2-1487B
shíhùnóng 石户農 7-982A
shīhúnsàngdǎn 失魂喪膽
2-1487B
shīhúnsàngpò 失魂喪魄
2-1487B
shīhuǒ 失火 2-1478B
shīhuò 失惑 2-1486B
shīhuò 詩禍 11-150B
shíhuǒ 石火 7-981B
shíhuǒ 實火 3-1613B
shíhuò 食貨 12-487A
shíhuò 時或 5-696B
shíhuò 時貨 5-701B
shíhuò 實禍 3-1618B
shíhuò 識貨 11-425A
shǐhuò 史禍 3-50B
shǐhuò 豕禍 10-12B
shìhuǒ 勢火 2-814B
shìhuò 世禍 1-502A
shìhuò 釋獲 10-1316A
shíhuǒdiànguāng 石火電光
7-982A
shíhuǒfēngdēng 石火風燈
7-982A
shíhuǒfēngzhú 石火風燭
7-982A
shíhuǒjī 食火鷄 12-481A
shíhuòxuánchún 食藿懸鶉
12-491A
shìhuǒzhòulóng 事火咒龍
1-546A
shíhúxiān 石湖仙 7-994A
shījī 失飢 2-1484A
shījī 失機 2-1490A
shījī 失幾 2-1487B
shījí 詩集 11-150A
shījí 詩輯 11-154A
shījī 蝨蟣 8-938A
shījì 尸祭 4-3A
shījì 失計 2-1482B
shījì 失記 2-1484A
shījì 施濟 6-1582B
shījì 師祭 3-721B
shījì 詩忌 11-145B
shījì 詩記 11-148A
shījì 詩偈 11-149A
shījì 溼季 6-187B
shíjī 石磯 7-1001A
shíjī 石雞 7-1002A
shíjī 石几 7-980B
shíjī 食積 12-490A
shíjī 時機 5-706A
shíjī 時激 5-706B
shíjī 時幾 5-703A
shíjī 塒雞 2-1172A
shíjī 塒鷄 2-1172A
shíjī 識機 11-426B
shíjī 識幾 11-425B
shíjí 石笈 7-988A
shíjí 石級 7-989A
shíjí 拾集 6-566B
shíjí 食籍 12-491B
shíjí 時疾 5-700B
shíjí 湜籍 5-1455A
shíjǐ 石脊 7-991A
shíjì 十紀 1-824B
shíjì 十際 1-828A
shíjì 十劑 1-830A
shíjì 十驥 1-830B
shíjì 石記 7-990B
shíjì 石鯽 7-1002A
shíjì 石蜞 7-995B
shíjì 食忌 12-483A
shíjì 食既 12-485A
shíjì 食齊 12-489B
shíjì 時忌 5-696B
shíjì 時季 5-698A
shíjì 時既 5-699B
shíjì 時計 5-699A
shíjì 時祭 5-701B
shíjì 實迹 3-1617A
shíjì 實績 3-1621A
shíjì 實跡 3-1619A
shíjì 實際 3-1619B
shíjì 實濟 3-1621A
shíjì 蝕既 8-919A
shíjì 識記 11-424B
shǐjì 史迹 3-49B
shǐjī 始笄 4-336A
shǐjí 史籍 3-52A
shǐjì 史績 3-51B
shǐjì 史記 3-50A
shìjī 世機 1-505A
shìjì 事迹 1-549B
shìjī 事機 1-553B
shìjì 事績 1-553B
shìjī 事幾 1-551B
shìjì 事跡 1-552A
shìjì 事蹟 1-554A
shìjī 侍姬 1-1316A
shìjī 侍其 1-1314B
shìjī 誓肌 11-213A
shìjí 士籍 2-1004B
shìjí 世及 1-494A
shìjí 仕籍 1-1127A
shìjí 市集 3-690B
shìjí 市籍 3-693A
shìjí 示及 7-828B
shìjí 示疾 7-829A
shìjí 事極 1-551A
shìjí 侍疾 1-1315B
shìjí 是即 5-660B
shìjí 視疾 10-334B
shìjí 勢籍 2-816B
shìjí 勢藉 2-816B
shìjí 誓檝 11-214B
shìjí 釋急 10-1314A
shìjí 釋嫉 10-1315B
shìjì 事濟 1-553B
shìjǐ 適己 10-1163A
shìjì 世紀 1-499B
shìjì 世濟 1-505B
shìjì 市暨 3-692A
shìjì 示寂 7-829B
shìjì 事計 1-549B
shìjì 事寄 1-551A
shìjì 事際 1-552B
shìjì 侍祭 1-1316B
shìjì 室祭 3-1425B
shìjì 嗜芰 3-455B
shìjì 試技 11-137A
shìjì 試劑 11-141B
shījiā 施加 6-1578B
shījiā 詩家 11-148A
shījiā 溼家 6-187B
shījiǎ 蝨瘕 8-937B
shījià 詩價 11-153A
shíjiā 十家 1-825B
shíjiā 食加 12-482A
shíjiā 時家 5-700B
shíjià 十駕 1-829B

shíjià 石架 7-989A
shíjià 時價 5-705B
shíjià 時稼 5-705B
shíjià 實價 3-1620B
shǐjiā 史家 3-50A
shǐjiā 使家 1-1330B
shǐjià 駛駕 12-814B
shìjiā 士家 2-1003B
shìjiā 世家 1-500A
shìjiā 仕家 1-1126B
shìjiā 事家 1-550A
shìjiā 室家 3-1425A
shìjiā 勢家 2-815B
shìjiā 嗜痂 3-455B
shìjiā 筮嘉 8-1171A
shìjiā 釋迦 10-1314A
shìjiā 釋家 10-1314A
shìjiǎ 釋甲 10-1313A
shìjià 市賈 3-691A
shìjià 市價 3-692A
shìjià 式假 2-1583B
shìjià 侍駕 1-1317B
shìjià 飾賈 12-515A
shìjià 飾價 12-515B
shìjià 適價 10-1167A
shìjià 釋駕 10-1316A
shíjiàgé 石架閣 7-989A
shíjiāliánzuò 十家連坐
1-825B
shìjiāmóuní 釋迦牟尼
10-1314A
shījiān 詩牋 11-150A
shījiān 詩箋 11-152B
shījiǎn 失檢 2-1491A
shījiǎn 施檢 6-1582A
shījiàn 尸諫 4-3B
shījiàn 屍諫 4-34A
shíjiān 十尖 1-819A
shíjiān 食間 12-489A
shíjiān 時間 5-703A
shíjiān 時艱 5-706B
shíjiān 實堅 3-1618A
shíjiǎn 石筧 7-995B
shíjiǎn 石檢 7-1001A
shíjiǎn 拾揀 6-566B
shíjiǎn 時蹇 5-707A
shíjiǎn 識檢 11-426B
shíjiàn 十箭 1-829A
shíjiàn 什件 1-1102A
shíjiàn 石楗 7-993B
shíjiàn 石劍 7-999A
shíjiàn 石澗 7-999A
shíjiàn 石箭 7-999A
shíjiàn 石劒 7-1000B
shíjiàn 石揵 7-991B
shíjiàn 時間 5-703A
shíjiàn 時見 5-695B
shíjiàn 實見 3-1615B
shíjiàn 實踐 3-1620A
shíjiàn 識見 11-422B
shíjiàn 識鑑 11-427A
shíjiàn 識鑒 11-427A
shǐjiān 始間 4-336B
shǐjiàn 史鑑 3-52A
shìjiān 世間 1-502A
shìjiān 市姦 3-688B
shìjiān 適間 10-1166A
shìjiān 釋肩 10-1313B
shìjiǎn 士檢 2-1004B
shìjiǎn 示儉 7-830A
shìjiàn 世鑒 1-506A
shìjiàn 事件 1-547A
shìjiàn 侍間 1-1317A
shìjiàn 侍見 1-1314A
shìjiàn 是件 5-660B
shìjiàn 試劍 11-141A
shìjiàn 誓劍 11-214B
shìjiàncǎo 蝨建草 8-937B
shìjiǎncǎo 誓儉草 11-214B
shìjiānfǎ 世間法 1-502A
shījiàng 師匠 3-718B
shījiàng 詩匠 11-144B
shījiàng 詩將 11-149B
shíjiāng 十饕 1-830B
shíjiāng 十漿 1-829B
shíjiàng 石匠 7-983A
shíjiàng 時匠 5-694B
shǐjiàng 史匠 3-49A
shìjiāng 誓江 11-213A
shìjiǎng 世講 1-505B
shìjiǎng 侍講 1-1318A
shìjiǎng 飾獎 12-515B
shìjiàng 世匠 1-496A
shìjiàng 世將 1-501A
shíjiāngjūn 石將軍 7-992B
shìjiāngqùrǔ 逝將去汝
10-847B
shíjiāngwǔkuì 十漿五饋
1-829B
shìjiǎngxuéshì 侍講學士
1-1318A
shíjiānjīnkuì 石緘金匱
7-999B
shìjiànjīnpái 勢劍金牌
2-816A
shíjiànshi 使見識 1-1327B
shìjiànshí 試劍石 11-141A
shījiānshòu 詩肩瘦 11-146A
shìjiàntóngzhá 勢劍銅鍘
2-816B
shìjiānxiàng 世間相 1-502A
shíjiānxìng 時間性 5-703A
shījiāo 失交 2-1479B
shījiǎo 失脚 2-1485B
shījiào 失教 2-1485A
shījiào 施教 6-1580B
shījiào 詩教 11-148B
shījiào 詩窖 11-150B
shíjiāo 石交 7-983B
shíjiāo 石礁 7-1001A
shíjiāo 時交 5-695A
shíjiāo 碩交 7-1078B
shíjiǎo 十角 1-821B
shíjiǎo 石脚 7-992A
shíjiǎo 食角 12-483A
shíjiào 十教 1-825B
shíjiào 石窖 7-994A
shíjiào 時教 5-701A
shìjiāo 豕交 10-11A
shìjiāo 世交 1-496A
shìjiāo 世膠 1-504B
shìjiāo 市交 3-686A
shìjiāo 市郊 3-687B
shìjiāo 勢交 2-814B
shìjiào 世教 1-500B
shìjiào 示教 7-829B
shìjiào 侍教 1-1316A
shìjiào 釋教 10-1314A
shíjiāochóng 食膠蟲
12-490A
shìjiàoshēng 侍教生
1-1316A
shījiàozǐ 詩窖子 11-150B
shījiāsānmèi 詩家三昧
11-148A
shíjiāxiāng 十家香 1-825B
shíjiāyuán 石家園 7-991A
shìjiāzǐ 世家子 1-500B
shījié 失節 2-1488B
shījié 詩傑 11-150A
shījié 詩節 11-151B
shījié 詩碣 11-152A
shījiě 尸解 4-3B
shījiě 屍解 4-34A
shījiè 失解 2-1489A
shījiè 詩界 11-146B
shíjié 石劫 7-984A
shíjié 石蜐 7-995B
shíjié 石碣 7-997A
shíjié 石蛣 7-992A
shíjié 食結 12-489A
shíjié 時劫 5-695B
shíjié 時傑 5-702B
shíjié 時節 5-703B
shíjiě 識解 11-425B
shíjiè 十誡 1-828B
shíjiè 石芥 7-984A
shíjiè 拾芥 6-566A
shǐjié 使節 1-1331B
shǐjiè 使介 1-1326B
shìjiē 市街 3-690B
shìjiē 釋結 10-1315A
shìjié 士節 2-1004A
shìjié 事節 1-552B
shìjié 飾節 12-515A
shìjié 飾潔 12-515B
shìjiě 釋解 10-1315A
shìjiè 世界 1-498B
shìjiè 示戒 7-829A
shìjiè 誓戒 11-213A
shìjiégōngbèi 事捷功倍
1-550B
shìjièguān 世界觀 1-499A
shìjièshí 世界時 1-499A
shìjièyǔ 世界語 1-499A
shíjìgōngzī 實際工資
3-1619B
shījījì 濕虀齏 6-188B
shījíjù 詩集句 11-150B
shíjīlèi 食雞肋 12-491A
shíjìlún 石季倫 7-985B
shìjìmò 世紀末 1-499B
shījīn 絁巾 9-791B
shījǐn 詩錦 11-154A
shījìn 失禁 2-1488A
shījìn 師禁 3-722A
shíjīn 十金 1-822B
shíjǐn 十緊 1-828B
shíjǐn 十錦 1-829B
shíjǐn 什錦 1-1103A
shíjìn 時進 5-701B
shíjìn 時禁 5-703B
shǐjìn 使勁 1-1329B
shǐjìn 使靳 1-1331A
shìjīn 市斤 3-685A
shìjīn 是今 5-660A
shìjīn 飾巾 12-512B
shìjīn 釋巾 10-1312B
shìjìn 仕進 1-1126B
shìjìn 侍禁 1-1317A
shìjìn 眂祲 7-1197B
shìjìn 嗜進 3-456A
shìjìn 誓禁 11-214B
shíjīnbùmèi 拾金不昧
6-566A
shījīng 失驚 2-1492A
shījǐng 詩景 11-150A
shījìng 失敬 2-1486B
shījìng 施敬 6-1581A
shījìng 詩境 11-152A
shíjīng 十經 1-828A
shíjīng 石經 7-996B
shíjīng 石精 7-997B
shíjīng 石鯨 7-1003A
shíjīng 識荆 11-423B
shíjǐng 石井 7-981A
shíjǐng 時景 5-702B
shíjǐng 時儆 5-704B
shíjǐng 實景 3-1618B
shíjìng 石徑 7-990A
shíjìng 石逕 7-990A
shíjìng 石鏡 7-1002B
shíjìng 實境 3-1619B
shìjīng 世經 1-503B
shìjīng 事經 1-552B
shìjǐng 市井 3-684A
shìjǐng 市景 3-690A
shìjǐng 示儆 7-830A
shìjǐng 示警 7-830A
shìjǐng 逝景 10-847B
shìjǐng 適景 10-1166A
shìjǐng 釋警 10-1316B
shìjìng 世境 1-503B
shìjìng 世鏡 1-506A
shíjǐngchú 十景櫥 1-827A
shījīngdǎguài 失驚打怪
2-1492A
shījīngdǎoguài 失驚倒怪
2-1492A
shījīngluòcǎi 失精落彩
2-1489B
shìjǐngqì 市井氣 3-684B
shìjǐngrén 市井人 3-684B
shíjīngtóngzǐ 十經童子
1-828B
shìjǐngtú 市井徒 3-684B

shìjǐngwúlài 市井無賴 3-684B
shìjǐngxiǎorén 市井小人 3-684B
shìjǐngzhīchén 市井之臣 3-684B
shìjǐngzǐ 市井子 3-684B
shījīnjīn 濕津津 6-187B
shījìnjìn 濕浸浸 6-187B
shìjīnshí 試金石 11-137B
shíjìnzhì 十進制 1-826A
shìjīnzhì 侍巾櫛 1-1313A
shìjìqíměi 世濟其美 1-505B
shījīshāngbǎo 失飢傷飽 2-1484A
shìjíshì 是即是 5-660B
shījiū 尸鳩 4 3B
shījiū 詩鬮 11-156B
shījiū 鳲鳩 12-1069B
shījiǔ 詩酒 11-148A
shījiǔ 釃酒 9-1450A
shījiù 尸柩 4-2B
shījiù 失舊 2-1490B
shījiù 屍柩 4-34A
shījiù 蓍舊 9-495B
shíjiǔ 十九 1-812B
shíjiǔ 十酒 1-825A
shíjiǔ 什九 1-1101B
shíjiǔ 食酒 12-486A
shíjiǔ 時酒 5-700B
shíjiù 石臼 7-983B
shíjiù 時咎 5-698A
shǐjiū 始鳩 4-336B
shǐjiǔ 使酒 1-1330A
shìjiǔ 耆酒 8-641B
shìjiǔ 市酒 3-689A
shìjiǔ 事酒 1-550A
shìjiǔ 侍酒 1-1316A
shìjiǔ 試酒 11-139A
shìjiù 世舊 1-505B
shījiǔfēngliú 詩酒風流 11-148A
shíjiǔlù 十九路 1-812B
shíjiǔlùjūn 十九路軍 1-812B
shǐjiǔmàzuò 使酒罵坐 1-1330A
shǐjiǔmàzuò 使酒罵座 1-1330A
shíjiǔrén 十九人 1-812B
shījiǔshè 詩酒社 11-148A
shījiūshì 鳲鳩氏 12-1069B
shíjiǔxìntiáo 十九信條 1-812B
shìjíwújūnzǐ 事急無君子 1-549B
shìjízhǒu 侍箕帚 1-1317B
shījū 尸居 4-2A
shījú 詩局 11-145A
shījǔ 師矩 3-720A
shījù 失據 2-1490A
shījù 詩句 11-144A
shījù 詩具 11-145B
shījù 詩劇 11-153A
shíjú 石局 7-985A
shíjú 時局 5-696B
shíjú 時菊 5-701A
shíjú 識局 11-423A
shíjǔ 石矩 7-988A
shíjǔ 食舉 12-490A
shíjǔ 識舉 11-426B
shíjù 什具 1-1102A
shíjù 石距 7-992A
shíjù 食具 12-483B
shíjù 實據 3-1620B
shíjù 識具 11-423A
shǐjú 史局 3-49A
shǐjù 史劇 3-51A
shìjū 市狙 3-687B
shìjū 事居 1-549A
shìjū 室居 3-1424B
shìjū 勢居 2-815B
shìjú 世局 1-496B
shìjú 事局 1-548A
shìjú 勢局 2-815A
shìjǔ 試舉 11-141A
shìjù 市聚 3-691B
shījuàn 絁絹 9-791B
shījuàn 詩卷 11-146A
shījuàn 詩絹 11-152A
shǐjuàn 豕圈 10-12B
shìjuàn 試卷 11-138A
shījué 尸厥 4-3A
shījué 尸蹷 4-4A
shījué 施爵 6-1582A
shíjué 食爵 12-490B
shǐjué 矢橛 7-1524A
shǐjué 屎橛 4-42A
shìjuē 釋屩 10-1316B
shìjuē 釋蹻 10-1316B
shìjué 世爵 1-505B
shìjué 視覺 10-336B
shìjué 筮決 8-1170B
shìjué 噬攫 3-528A
shíjuémíng 石決明 7-984B
shǐjuézi 屎橛子 4-42B
shījūn 失君 2-1481A
shījūn 師君 3-719A
shījùn 詩俊 11-146B
shījùn 釃浚 9-1450A
shíjūn 時君 5-696A
shíjùn 石菌 7-991B
shíjùn 石蜠 7-997B
shíjùn 時雋 5-702B
shíjùn 時俊 5-699A
shíjùn 時儁 5-704B
shíjùn 識俊 11-424A
shǐjūn 史君 3-49A
shǐjūn 使君 1-1327B/1-1328A
shìjūn 世君 1-496B
shìjūn 適均 10-1164A
shìjùn 市駿 3-692B
shìjūnlìdí 勢均力敵 2-814B
shìjūnlìdí 勢鈞力敵 2-816A
shǐjūntān 使君灘 1-1328A
shǐjūnzǐ 史君子 3-49A
shǐjūnzǐ 使君子 1-1328A
shìjūnzǐ 士君子 2-1001B
shìjūqífǎn 適居其反 10-1164B
shījūyúqì 尸居餘氣 4-2B
shījūyúqì 屍居餘氣 4-34A
shīkǎi 師楷 3-722A
shíkǎi 石鎧 7-1002A
shīkān 詩龕 11-156A
shíkān 石龕 7-1004B
shíkǎn 石坎 7-983B
shíkàn 石墈 7-996B
shìkān 試刊 11-136B
shìkàn 是看 5-661B
shìkàn 試看 11-138B
shíkāng 時康 5-701B
shìkāngjímǐ 舐糠及米 8-1085B
shìkāngjímǐ 䑛糠及米 5-45A
shíkānzǐ 石堪子 7-993A
shìkǎo 試考 11-136B
shíkǎojiǔbàng 十拷九棒 1-822B
shīkè 師課 3-722B
shīkè 詩刻 11-146A
shīkè 詩客 11-147A
shīkè 詩課 11-153B
shíkē 十科 1-823B
shíkē 石科 7-988A
shíkē 實科 3-1617A
shíkè 十客 1-824A
shíkè 石刻 7-986A
shíkè 食客 12-485A
shíkè 時刻 5-698A
shíkè 時客 5-699B
shíkè 蝕刻 8-919A
shǐkē 史科 3-49B
shǐkè 史課 3-51B
shǐkè 使客 1-1329B
shìkě 適可 10-1163B
shìkě 釋渴 10-1315A
shìkè 室客 3-1424B
shìkè 試課 11-141A
shìkě'érzhǐ 適可而止 10-1163B
shǐkèláng 屎蚵蜋 4-42A
shìkěrěn… 是可忍,孰不可忍 5-660B
shīkòng 失控 2-1485A
shīkòng 失鞚 2-1490B
shíkōng 時空 5-698B
shíkǒng 石孔 7-982A
shìkǒng 視孔 10-333A
shíkòngbiàn 識空便 11-423B
shīkǒu 失口 2-1477B
shíkǒu 食口 12-479B
shǐkǒu 矢口 7-1522B
shìkǒu 世口 1-494A
shìkǒu 市口 3-684A
shìkǒu 飾口 12-512B
shìkǒu 適口 10-1163A
shìkǒu 螫口 8-950B
shìkǒu 釋口 10-1312B
shǐkǒuchāngyán 矢口猖言 7-1522B
shǐkǒufǒurèn 矢口否認 7-1522B
shíkǒuxiāngchuán 十口相傳 1-814B
shīkù 詩庫 11-148A
shíkū 石窟 7-996A
shíkū 識窟 11-426A
shǐkuài 矢旝 7-1524B
shìkuài 市儈 3-692A
shíkuǎn 十款 1-826A
shíkuǎn 時款 5-702A
shìkuǎn 事款 1-551A
shīkuáng 詩狂 11-145A
shīkuàng 施貺 6-1581B
shīkuàng 師曠 3-723A
shíkuàng 實況 3-1615B
shìkuàng 世況 1-497B
shìkuàng 事況 1-548B
shìkuàng 勢況 2-815A
shíkuàngguǎngbō 實況廣播 3-1615B
shìkuānjíyuán 事寬即圓 1-553A
shíkuǎntiāntiáo 十款天條 1-826A
shìkuǎnzéyuán 事款則圓 1-551A
shīkūgāntí 濕哭乾啼 6-187B
shíkuī 蝕虧 8-919A
shíkuī 識窺 11-426B
shìkuí 市魁 3-691A
shìkuì 釋憒 10-1316A
shíkùmén 石庫門 7-990B
shíkuò 拾括 6-566A
shìkuò 式廓 2-1584A
shīlà 尸蠟 4-4A
shílài 十賚 1-829A
shílài 石瀨 7-1003A
shìlái 適來 10-1164A
shìlài 恃賴 1-1317B
shìlài 恃賴 7-511B
shíláiyùnzhuǎn 時來運轉 5-697A
shīlán 失闌 2-1491A
shílán 石闌 7-1002A
shílán 石蘭 7-1003B
shílán 石欄 7-1004A
shīláng 師郎 3-719B
shíláng 石郎 7-986B
shìlàng 駛浪 12-814B
shìláng 狏狼 5-11A
shìláng 侍郎 1-1315A
shílángān 石闌干 7-1002A
shílángān 石欄干 7-1004A
shílángbādāng 十郎八當 1-822B
shílángshén 石郎神 7-986B
shílànhǎikū 石爛海枯

7-1004A
shílànjiāngkū 石爛江枯
7-1004A
shīláo 詩牢 11-145A
shīlǎo 詩老 11-144B
shíláo 時醪 5-707A
shíláo 實牢 3-1616A
shǐláo 豕牢 10-11B
shìláo 釋勞 10-1315A
shìlǎo 室老 3-1424A
shìlǎo 釋老 10-1313A
shīlè 失勒 2-1485A
shílè 咶叻 3-258B
shìlè 世樂 1-504B
shílèhǎikū 石泐海枯
7-984B
shīlěi 詩壘 11-155A
shíléi 石雷 7-995A
shíléi 食欘 12-491A
shíléi 食罍 12-491B
shíléi 食壘 12-491A
shílěi 食樏 12-490A
shílèi 時累 5-701B
shílèi 時類 5-707A
shìlěi 釋耒 10-1313A
shìlěi 釋累 10-1314B
shìlěi 醳耒 9-1446B
shìlèi 士類 2-1004B
shìlèi 世累 1-501A
shìlèi 世類 1-506A
shìlèi 事類 1-554A
shìlèi 拭泪 6-541B
shìlèi 拭淚 6-541B
shìlèi 釋淚 10-1314A
shíléng 石稜 7-995B
shílèniǎo 時樂鳥 5-706A
shīlí 褷襹 9-135B
shīlǐ 失理 2-1484B
shīlǐ 失禮 2-1491A
shīlǐ 施禮 6-1582B
shīlǐ 詩理 11-148B
shīlǐ 詩禮 11-155A
shīlì 尸利 4-2A
shīlì 失利 2-1480B
shīlì 失儷 2-1491B
shīlì 師吏 3-718A
shīlì 詩力 11-143A
shílǐ 石理 7-991B
shílǐ 實理 3-1618A
shílǐ 識理 11-425A
shílì 十力 1-812B
shílì 什吏 1-1102A
shílì 石栗 7-989B
shílì 石礫 7-1003B
shílì 食力 12-479B
shílì 食利 12-483A
shílì 食例 12-484A
shílì 時力 5-692B
shílì 時利 5-696A
shílì 時曆 5-706A
shílì 實力 3-1613A
shílì 實利 3-1615B
shílì 實例 3-1616B
shílì 識力 11-422A
shǐlǐ 史李 3-49A
shǐlì 史例 3-49A
shǐlì 始立 4-335B
shìlì 勢利 2-815A
shìlì 市釐 3-693A
shìlǐ 士禮 2-1004B
shìlǐ 世里 1-496A
shìlǐ 市里 3-686A
shìlǐ 市俚 3-688B
shìlǐ 事理 1-550A
shìlǐ 適理 10-1165B
shìlì 耆利 8-640B
shìlì 世吏 1-495B
shìlì 世利 1-496A
shìlì 世曆 1-505A
shìlì 世歷 1-505A
shìlì 市吏 3-685B
shìlì 市利 3-686A
shìlì 示例 7-829A
shìlì 事力 1-545A
shìlì 事利 1-548A
shìlì 事例 1-548B
shìlì 侍立 1-1313B
shìlì 視力 10-333A
shìlì 勢力 2-813B
shìlì 嗜利 3-455B
shìlì 試吏 11-136B
shìlì 試例 11-137B
shìlì 飾吏 12-513A
shìlì 飾厲 12-515B
shìlì 適例 10-1164B
shìlì 釋例 10-1313B
shīlián 詩匳 11-153A
shīlián 詩聯 11-154B
shīliàn 失戀 2-1492A
shílián 十連 1-824B
shílián 石蓮 7-994B
shílián 石奩 7-997B
shílián 石鐮 7-1004A
shìliàn 試煉 11-140A
shìliàn 試練 11-141A
shìliàn 試鍊 11-141B
shíliáng 食粮 12-489A
shíliáng 食糧 12-491A
shíliàng 食量 12-488A
shíliàng 識量 11-425A
shìliǎng 市兩 3-686B
shìliàng 適量 10-1166A
shìliàng 釋亮 10-1314A
shíliánhuā 石蓮花 7-995A
shíliánshù 石連樹 7-989B
shíliánzǐ 石蓮子 7-995A
shīliáo 施療 6-1582A
shīliáo 詩寮 11-153B
shīliào 詩料 11-148A
shíliáo 食療 12-490B
shíliào 食料 12-486A
shǐliào 史料 3-50A
shìliǎo 眂瞭 7-1197B
shíliǎochóng 食蓼蟲
12-489B
shílǐbái 時裏白 5-704A
shílǐbí 十里鼻 1-821B
shìlìchǎng 勢利場 2-815A
shílǐchángtíng 十里長亭
1-821A
shīlǐchuánjiā 詩禮傳家
11-155A
shīliè 失列 2-1479B
shíliè 十裂 1-827A
shíliè 石烈 7-990A
shǐliè 豕鬣 10-13A
shìliè 市列 3-685B
shìliè 侍獵 1-1318B
shìlìfànwéi 勢力範圍
2-814A
shìliguǐ 勢力鬼 2-814A
shìliguǐ 勢利鬼 2-815A
shílǐhónglóu 十里紅樓
1-821B
shīlín 詩林 11-145B
shílín 石林 7-985A
shílín 石麟 7-1004B
shílín 石鱗 7-1004B
shílín 時霖 5-706A
shílǐn 石廩 7-1001A
shílǐn 實稟 3-1619A
shílǐn 實廩 3-1621A
shílìn 時吝 5-696A
shìlín 士林 2-1002A
shìlín 仕林 1-1126A
shìlín 侍臨 1-1318A
shìlín 視臨 10-336A
shìlínbù 士林布 2-1002A
shīlíng 尸靈 4-4A
shīlíng 失靈 2-1492A
shīlíng 屍靈 4-34A
shīlíng 施靈 6-1582B
shīlíng 詩綾 11-153A
shīlíng 詩靈 11-156A
shīlíng 褷翎 9-135A
shīlìng 施令 6-1578A
shīlìng 師令 3-718A
shílíng 拾零 6-566B
shílìng 時令 5-694B
shǐlíng 豕零 10-12B
shǐlìng 使伶 1-1327B
shǐlìng 使令 1-1326B
shìlíng 適齡 10-1167B
shìlìng 市令 3-685B
shìlìng 試令 11-136B
shìlìng 誓令 11-212B
shílìngbìng 時令病 5-694B
shìlínguǎn 士林館 2-1002A
shílínjīngshè 石林精舍
7-985B
shīlīnlín 濕淋淋 6-187B
shílìpài 實力派 3-1613A
shìlìqián 市利錢 3-686A
shìlìqián 市例錢 3-687A
shìlìqián 事例錢 1-548B
shìliquān 勢力圈 2-814A
shīlǐrénjiā 詩禮人家
11-155A
shílíshī 十離詩 1-830A
shīlìsùcān 尸利素餐 4-2A
shǐlìtóngxīn 矢力同心
7-1522B
shīliú 灑流 6-220B
shīliú 詩流 11-148A
shíliú 蝨瘤 8-937B
shīliú 釃流 9-1450A
shíliú 石流 7-991A
shíliú 石留 7-990B
shíliú 石榴 7-996B
shíliú 時流 5-700B
shíliù 石窌 7-991A
shíliù 石溜 7-996A
shíliù 石霤 7-1002A
shǐliú 駛流 12-814B
shìliú 士流 2-1003A
shìliú 仕流 1-1126B
shìliú 逝流 10-847B
shìliú 視流 10-335A
shìliú 釋流 10-1314A
shíliùcáizǐ 十六才子
1-816B
shíliùguó 十六國 1-817A
shíliúhóng 石榴紅 7-997A
shíliúhuā 石榴花 7-997A
shíliúhuáng 石流黄 7-991A
shíliúhuáng 石留黄 7-990B
shíliúhuáng 石硫黄 7-993B
shíliùjiǎo 十六角 1-816B
shíliújiǔ 石榴酒 7-997A
shíliùlóu 十六樓 1-817A
shíliùluóhàn 十六羅漢
1-817A
shǐliúpìgǔn 屎流屁滾
4-42A
shíliúqún 石榴裙 7-997A
shīliúshūlà 失流疎剌
2-1484A
shīliúshūlà 失留疎剌
2-1484A
shīliùshūlà 失溜疎剌
2-1489A
shíliùtiānmó 十六天魔
1-816B
shíliùwèi 十六衛 1-817A
shíliùxiàng 十六相 1-816B
shīliúxièlì 失留屑歷
2-1484A
shíliùyuàn 十六院 1-817A
shíliùzhái 十六宅 1-816B
shíliúzǐ 石榴子 7-997A
shíliùzìjué 十六字訣
1-816B
shíliùzìlìng 十六字令
1-816B
shíliùzìxīnchuán
十六字心傳 1-816B
shíliùzú 十六族 1-817A
shìlìyǎn 勢力眼 2-814A
shìlìyǎn 勢利眼 2-815A
shílǐyángchǎng 十里洋場
1-821A
shílìzhá 十吏札 1-818B
shīlǐzhījiā 詩禮之家
11-155A
shílǐzhīshū 識禮知書
11-426B

shīlǐzhīxùn 詩禮之訓 11-155A
shílóng 石龍 7-1001A
shílóng 時龍 5-706A
shīlòu 失漏 2-1489B
shílóu 石樓 7-998B
shílòu 時陋 5-698B
shílòu 時漏 5-705A
shìlóu 市樓 3-692A
shílòuzi 拾漏子 6-567A
shīlù 尸祿 4-3A
shīlù 失鹿 2-1485B
shīlù 失路 2-1488A
shílú 拾櫨 6-567B
shílù 石碌 7-995A
shílù 食祿 12-489A
shílù 食路 12-489A
shílù 時路 5-703B
shílù 實録 3-1620B
shǐlù 史録 3-51B
shǐlù 使鹿 1-1330B
shìlú 式盧 2-1584B
shìlú 室盧 3-1426A
shìlú 軾盧 9-1242B
shìlù 世祿 1-502A
shìlù 世路 1-503A
shìlù 仕祿 1-1127A
shìlù 仕路 1-1127A
shìlù 逝路 10-848A
shìlù 勢路 2-816A
shìlù 試録 11-141A
shìlù 飾路 12-515A
shìlù 適路 10-1166B
shíluán 石巒 7-1004B
shíluǎn 石卵 7-984B
shíluàn 十亂 1-827B
shìluán 市欒 3-693B
shìluàn 飾亂 12-515A
shǐlù'èlúnchūn 使鹿鄂倫春 1-1330B
shílùgāo 食鹿糕 12-487B
shílùgāo 食祿糕 12-489A
shīlūlū 濕漉漉 6-188A
shīlùlù 濕淥淥 6-188A
shīlún 失倫 2-1484A
shīlùn 詩論 11-153B
shílún 十倫 1-825A
shílún 時倫 5-700A
shílún 時輪 5-705A
shílùn 時論 5-705B
shǐlùn 史論 3-51B
shìlún 士倫 2-1003A
shìlún 事倫 1-549B
shìlùn 士論 2-1004B
shìlùn 世論 1-504B
shìlùn 試論 11-141A
shílúnjīngāngfǎhuì 時輪金剛法會 5-705A
shīluó 尸羅 4-4A
shīluò 失落 2-1486B
shíluó 石螺 7-1001B
shíluó 石蘿 7-1004A
shíluó 食籮 12-492A
shíluó 蒔蘿 9-502B
shíluò 實落 3-1618B
shìluó 世羅 1-506A
shìluò 市落 3-690A
shíluòtuo 石駱駝 7-1000B
shīlùsùcān 尸祿素飡 4-3A
shīlùsùcān 尸祿素餐 4-3A
shīlǚ 失侶 2-1481B
shīlǚ 師旅 3-721A
shīlǚ 詩侶 11-145B
shīlǜ 失律 2-1482A
shīlǜ 師律 3-720B
shīlǜ 詩律 11-147A
shílǚ 石履 7-999A
shílǚ 識履 11-426B
shílǜ 十率 1-826A
shílǜ 石緑 7-998A
shílǜ 時律 5-699A
shílǜ 識慮 11-426A
shǐlǘ 使驢 1-1332A
shìlǘ 市閭 3-692A
shìlǘ 式閭 2-1584A
shìlǘ 室閭 3-1425B
shìlǘ 軾閭 9-1242A
shìlǚ 士旅 2-1003A
shìlǚ 視履 10-335B
shìlǚ 誓旅 11-214A
shìlǚ 釋侶 10-1313B
shìlǚ 釋旅 10-1314A
shìlǜ 世慮 1-504A
shìlǜ 事律 1-549B
shìlǜ 事慮 1-553B
shìlǜ 試律 11-138B
shílüè 識略 11-425A
shìlüè 事略 1-550B
shīmǎ 失馬 2-1483A
shímá 石麻 7-992A
shímǎ 石馬 7-989B
shímǎ 食馬 12-485A
shǐmā 使媽 1-1331B
shǐmǎ 使馬 1-1330A
shǐmǎ 駛馬 12-814B
shìmǎ 士馬 2-1002B
shìmà 飾罵 12-516A
shǐmǎ'èlúnchūn 使馬鄂倫春 1-1330A
shímā'er 實媽兒 3-1619B
shímài 石脉 7-988A
shímài 石脈 7-990B
shímài 時邁 5-705A
shìmǎi 市買 3-690B
shìmài 逝邁 10-848A
shìmǎichéng 市買丞 3-690B
shìmǎisī 市買司 3-690B
shímǎliúgān 食馬留肝 12-485B
shīmán 獅蠻 5-101B
shīmàn 絁縵 9-791B
shímǎn 實滿 3-1620A
shīmánbǎodài 獅蠻寶帶 5-101B
shímáng 石芒 7-983A
shímáng 石鋩 7-997B
shímǎng 食莽 12-485B
shìmǎng 市莽 3-688B
shīmāo 獅猫 5-101B
shīmào 失貌 2-1489B
shīmào 詩貌 11-152B
shímáo 時髦 5-704B
shímǎo 蝕昴 8-919A
shìmào 飾貌 12-515B
shímáojiàntǔ 食毛踐土 12-481A
shīmǎsàiwēng 失馬塞翁 2-1483A
shīmǎsǒu 失馬叟 2-1483A
shīmǎwēng 失馬翁 2-1483A
shīméi 詩媒 11-151A
shīmèi 尸昧 4-2B
shīmèi 失寐 2-1487A
shíméi 十眉 1-824B
shíméi 石梅 7-991B
shíméi 拾煤 6-566B
shìměi 飾美 12-514A
shìmèi 室妹 3-1424B
shíméitú 十眉圖 1-824B
shíměitú 十美圖 1-823B
shīmén 師門 3-719B
shīmén 詩門 11-146A
shímén 十門 1-822B
shímén 石門 7-986B
shìmén 仕門 1-1126B
shìmén 市門 3-687B
shìmén 勢門 2-815B
shìmén 釋門 10-1314A
shìmèn 適悶 10-1166B
shìmèn 釋悶 10-1315A
shīméng 尸盟 4-3A
shīméng 詩盟 11-151A
shīmèng 施孟 6-1579B
shīmèng 詩夢 11-151A
shímèng 石鯭 7-1004B
shǐméng 矢盟 7-1524A
shìméng 士氓 2-1002A
shìméng 誓盟 11-214B
shìmèng 示夢 7-830A
shīméngméng 濕濛濛 6-188B
shìménshuì 市門稅 3-688A
shìménwēng 市門翁 3-688A
shīmí 失迷 2-1482B
shīmí 施糜 6-1582A
shīmí 詩謎 11-154A
shīmì 失密 2-1486A
shímǐ 食米 12-482B
shímì 石密 7-992B
shímì 石蜜 7-998A
shìmǐ 釋米 10-1313A
shīmián 失眠 2-1483B
shímiǎn 識眄 11-424A
shímiàn 什面 1-1102B
shímiàn 識面 11-423B
shìmiǎn 釋冕 10-1314B
shìmiàn 世面 1-498B
shìmiàn 市面 3-688A
shìmiàn 侍面 1-1315A
shìmiàn 飾面 12-514A
shímiánjiǔzuò 十眠九坐 1-825A
shímiànmáifú 十面埋伏 1-823A
shímiàntáiguān 識面臺官 11-423B
shímiáo 食苗 12-483B
shímiáo 時苗 5-696B
shímiào 時繆 5-707A
shìmiáo 事苗 1-548A
shìmiào 世廟 1-504B
shímiè 識滅 11-426A
shìmiè 示滅 7-830A
shìmiè 逝滅 10-848A
shímǐjiǔkāng 十米九糠 1-820A
shīmín 失民 2-1479A
shímín 石民 7-982B
shǐmín 使民 1-1327A
shìmín 士民 2-1001A
shìmín 世民 1-495B
shìmín 市民 3-685B
shìmín 誓民 11-212B
shīmíng 失名 2-1479B
shīmíng 失明 2-1481B
shīmíng 詩名 11-144B
shīmìng 失命 2-1481B
shīmìng 施命 6-1579A
shímíng 石銘 7-997B
shímíng 時名 5-695A
shímìng 十命 1-822B
shímìng 時命 5-698A
shǐmìng 矢命 7-1523B
shǐmìng 使命 1-1328B
shìmíng 世名 1-496A
shìmíng 市名 3-686A
shìmíng 恃明 7-511B
shìmíng 試茗 11-138A
shìmíng 飾名 12-513A
shìmíng 謚名 11-386B
shìmìng 誓命 11-213B
shìmìng 澤命 6-166B
shīmìngfāhào 施命發號 6-1579A
shímíngzhìshěn 識明智審 11-423A
shìmínrúshāng 視民如傷 10-333A
shìmínrúzǐ 視民如子 10-333A
shìmǐntǔ 士敏土 2-1003B
shìmínwénxué 市民文學 3-685B
shīmiù 失謬 2-1491B
shīmó 師模 3-722B
shīmó 師謨 3-723A
shīmó 詩魔 11-156A
shīmò 詩墨 11-153A
shímó 十魔 1-830B
shímǒ 石抹 7-985A
shímò 石磨 7-1001A
shímò 石漠 7-996A
shímò 拾没 6-566A
shímò 食墨 12-490A
shǐmò 始末 4-335B
shìmō 拭抹 6-541B
shìmó 世模 1-503B

shìmó 世謨 1-505B
shìmó 是麼 5-662A
shìmò 市陌 3-688A
shìmò 是末 5-660A
shìmò 逝没 10-847B
shìmò 試墨 11-140B
shìmóchīcài 事魔喫菜 1-554A
shìmóshícài 事魔食菜 1-554A
shìmòtiě 試墨帖 11-140B
shímóu 時謀 5-706A
shīmǔ 師姥 3-720B
shīmǔ 師母 3-718A
shīmǔ 師姆 3-720A
shīmù 師慕 3-722B
shímǔ 十母 1-818A
shímǔ 石母 7-983A
shímǔ 石踇 7-993B
shímǔ 食母 12-482A
shímù 時目 5-694A
shímù 時暮 5-704B
shǐmù 使幕 1-1331B
shìmǔ 世母 1-495B
shìmǔ 市畝 3-688B
shìmù 式墓 2-1584A
shìmù 事目 1-546A
shìmù 拭目 6-541B
shìmù 誓牧 11-213B
shìmù 誓墓 11-214B
shìmù'érdài 拭目而待 6-541B
shímùsuǒshì 十目所視 1-817B
shímùsuǒshì… 十目所視,十手所指 1-817B
shìmùyǐdài 拭目以待 6-541B
shìmùyǐsì 拭目以俟 6-541B
shīmùyú 蝨目魚 8-937B
shínájiǔwěn 十拏九穩 1-824B
shínájiǔwěn 十拿九穩 1-825A
shínán 石枏 7-985B
shínán 石南 7-987B
shínán 石柟 7-987B
shínán 石楠 7-995A
shínàn 時難 5-707A
shìnàn 世難 1-505B
shìnàn 釋難 10-1316B
shīnáng 詩囊 11-156A
shínáng 食囊 12-491B
shínǎoyóu 石腦油 7-996A
shìnèi 室内 3-1424A
shìnèijiāngliú 室内江流 3-1424A
shǐnéng 使能 1-1330B
shìnéng 勢能 2-815B
shīnì 失溺 2-1489A
shíní 石泥 7-986B
shìnì 弑逆 2-1585B
shìnì 飾匿 12-514A
shìnì 噬逆 3-527A
shīnián 失黏 2-1491A
shīnián 失粘 2-1486A
shínián 十年 1-819A
shínián 時年 5-695A
shínián 實年 3-1615A
shíniǎn 石碾 7-998B
shǐnián 始年 4-335B
shìnián 世年 1-496A
shìnián 逝年 10-847B
shìniàn 世念 1-497B
shìniàn 誓念 11-213B
shìniàn 釋念 10-1313B
shíniánchuāngxià… 十年窗下無人問 1-819A
shíniándòngluàn 十年動亂 1-819A
shíniándúshū 十年讀書 1-819B
shīniáng 師娘 3-721A
shìniàng 市釀 3-693B
shìniángēng 試年庚 11-136B
shíniánhàojié 十年浩劫 1-819A
shíniánjiǔbùyù 十年九不遇 1-819A
shíniánjiǔhuāng 十年九荒 1-819A
shíniánjiǔlào 十年九潦 1-819A
shíniánjiǔlào 十年九澇 1-819A
shíniánmójiàn 十年磨劍 1-819B
shíniánnèiluàn 十年内亂 1-819A
shíniánshēngjù… 十年生聚,十年教訓 1-819A
shíniánshū 十年書 1-819A
shíniánshùmù… 十年樹木,百年樹人 1-819B
shíniǎo 時鳥 5-701B
shǐniào 屎溺 4-42A
shǐniào 屎尿 4-42A
shìniǎo 逝鳥 10-847B
shíniè 石涅 7-991A
shíniè 石孽 7-1002B
shíniè 食齧 12-491B
shíniè 蝕囓 8-919B
shìniè 噬齧 3-528A
shìniè 齛齧 12-1451A
shíniú 石牛 7-981B
shíniú 食牛 12-481A
shíniǔ 石紐 7-991A
shīnóng 詩農 11-151A
shínòng 拾弄 6-565B
shìnòng 侍弄 1-1313B
shìnòng 飾弄 12-513A
shìnónggōngshāng 士農工商 2-1004A
shīnú 詩奴 11-144B
shínú 石奴 7-982B
shínǔ 石砮 7-991A
shìnù 市怒 3-688B
shínuó 時難 5-707A
shìnùshìsè 室怒市色 3-1424B
shìnùwā 軾怒鼃 9-1242A
shínǚ 石女 7-981A
shínǚ 實女 3-1613B
shǐnǚ 使女 1-1326A
shìnǚ 士女 2-1000B
shìnǚ 仕女 1-1126A
shìnǚ 侍女 1-1313A
shìnǚ 室女 3-1423B
shìnǚbāntóu 仕女班頭 1-1126A
shìnüè 弑虐 2-1585B
shìnǚgōng 室女宮 3-1423B
shìnǚhuà 仕女畫 1-1126A
shìnǚtú 仕女圖 1-1126A
shìnǚzuò 室女座 3-1423B
shī'ǒu 失偶 2-1485B
shī'ǒu 詩偶 11-149A
shīpā 詩葩 11-150A
shīpái 詩牌 11-150A
shīpài 詩派 11-147A
shípāi 實拍 3-1616A
shípái 食牌 12-488B
shípái 時牌 5-702B
shípài 時派 5-699B
shǐpāi 使拍 1-1328B
shìpài 勢派 2-815B
shípáilóu 石牌樓 7-994A
shípán 石盤 7-999A
shípán 石磐 7-999A
shìpán 式盤 2-1584B
shìpán 柿盤 4-935A
shìpàn 試判 11-137A
shīpáo 絁袍 9-791B
shīpào 施炮 6-1580A
shípào 石砲 7-990A
shīpéi 失陪 2-1484B
shīpèi 失配 2-1483B
shìpèi 飾配 12-514A
shípēipēi 實呸呸 3-1616A
shípén 石盆 7-988A
shǐpén'er 屎盆兒 4-42A
shīpéng 詩朋 11-146A
shípéng 十朋 1-822B
shīpéngjiǔlǚ 詩朋酒侶 11-146A
shīpéngjiǔyǒu 詩朋酒友 11-146A
shípéngzhīguī 十朋之龜 1-822B
shīpí 尸皮 4-1B
shīpí 詩脾 11-150B
shīpǐ 詩癖 11-155A
shípí 石脾 7-994A
shípǐ 石癖 7-1002A
shīpiān 詩篇 11-153A
shípiān 什篇 1-1103A
shǐpiān 史篇 3-51A
shìpiàn 試片 11-136A
shípiànshíqì 石片石器 7-981B
shīpiáo 詩瓢 11-154A
shīpǐn 詩品 11-146B
shípín 食貧 12-487A
shípǐn 石品 7-987B
shípǐn 食品 12-485A
shípǐn 時品 5-699A
shípìn 時聘 5-703B
shǐpìn 使聘 1-1331A
shìpín 仕貧 1-1126B
shìpǐn 士品 2-1002B
shīpíng 詩評 11-150B
shípíng 石屏 7-989A
shípíng 石枰 7-987B
shípíng 食苹 12-483A
shípíng 食萍 12-486B
shípíng 食蓱 12-488A
shípíng 時平 5-694A
shípíng 時評 5-703A
shǐpíng 史評 3-50B
shìpíng 市平 3-685A
shìpíng 式凴 2-1584A
shìpíng 式憑 2-1584B
shìpíng 恃憑 7-511B
shípínglù 食苹鹿 12-483B
shípīpī 實丕丕 3-1614A
shípīpī 實坯坯 3-1616A
shǐpìzhíliú 屎屁直流 4-42A
shīpízi 尸皮子 4-1B
shīpó 師婆 3-721B
shīpó 濕婆 6-188A
shīpò 失魄 2-1489B
shípò 識破 11-424A
shìpò 逝魄 10-848A
shīpójīng 師婆粳 3-721B
shípòtiānjīng 石破天驚 7-990A
shīpóxiān 濕婆僊 6-188A
shípú 石蒲 7-995A
shípú 石璞 7-999B
shípǔ 食譜 12-491B
shípǔ 實譜 3-1621B
shìpú 世僕 1-503B
shìpǔ 飭朴 12-498A
shìpǔ 氏譜 6-1419B
shìpǔ 世譜 1-506A
shìpǔ 謚譜 11-387A
shìpù 市鋪 3-692B
shìpù 試鋪 11-140B
shīqī 失期 2-1486B
shīqī 師期 3-721B
shīqí 師祁 3-718B
shīqǐ 尸啓 4-3A
shīqǐ 詩啓 11-149B
shīqì 失氣 2-1483B
shīqì 施氣 6-1580B
shīqì 濕氣 6-187B
shíqī 十七 1-810A
shíqī 石漆 7-997B
shíqī 時期 5-702A
shíqí 石圻 7-983B
shíqí 石碕 7-995A
shíqì 什器 1-1103A

shíqì 石砌 7-987B
shíqì 石氣 7-990A
shíqì 石器 7-1000B
shíqì 石磧 7-1000B
shíqì 炻器 7-50A
shíqì 食氣 12-485B
shíqì 食器 12-490A
shíqì 時氣 5-700A
shíqì 時器 5-706A
shíqì 實氣 3-1617B
shíqì 識器 11-426B
shǐqí 矢棋 7-1523B
shǐqí 屎棋 4-42A
shǐqì 使氣 1-1330A
shìqī 世戚 1-500B
shìqī 事期 1-551A
shìqī 柿漆 4-935A
shìqī 試期 11-139B
shìqí 噬齊 3-527B
shìqí 噬臍 3-527B
shìqǐ 恃屺 7-511B
shìqì 士氣 2-1002B
shìqì 世契 1-498A
shìqì 世器 1-505A
shìqì 事契 1-549A
shìqì 恃氣 7-511B
shìqì 飾器 12-516A
shīqiān 詩籤 11-156A
shíqiān 十千 1-814B
shíqiān 十愆 1-827B
shíqián 石錢 7-1000B
shíqián 食錢 12-490A
shǐqiān 史遷 3-51A
shǐqián 史前 3-49B
shǐqiǎn 使遣 1-1331B
shìqián 市錢 3-692B
shìqián 式乾 2-1583B
shìqián 事前 1-549B
shìqián 貰錢 10-140B
shíqiánfāngzhàng
食前方丈 12-485A
shīqiáng 施嬙 6-1582A
shīqiáng 詩牆 11-155A
shǐqiāng 使腔 1-1331A
shǐqiáng 使強 1-1331A
shǐqiāngláng 屎蜣螂 4-42A
shìqiánglíngruò 恃強凌弱
7-511B
shíqiánzhǔbù 十錢主簿
1-829B
shǐqiānzǔ 始遷祖 4-336B
shīqiǎo 施巧 6-1578A
shíqiáo 石橋 7-999B
shíqiáo 時喬 5-702B
shíqiáo 時僑 5-704B
shíqiào 石竅 7-1002B
shíqiào 識竅 11-426B
shǐqiǎo 使巧 1-1326B
shìqiǎo 飾巧 12-513A
shìqiǎo 適巧 10-1163B
shíqībā 十七八 1-810A
shǐqìbáilài 使氣白賴
1-1330A
shíqǐdǎo 識起倒 11-424A
shíqīdìzǐ 十七弟子 1-810A
shīqiè 尸竊 4-4A
shīqiè 失竊 2-1492A
shīqiè 詩篋 11-153A
shíqiè 石篋 7-999A
shíqiè 實切 3-1613B
shìqiè 侍妾 1-1315A
shìqiè 室妾 3-1424B
shìqiè 適切 10-1163A
shǐqígǔ 使旗鼓 1-1331B
shíqílín 石麒麟 7-1003A
shìqímòjí 噬臍莫及 3-527B
shīqīn 尸親 4-3B
shīqīn 屍親 4-34A
shīqǐn 尸寢 4-3B
shīqǐn 失寢 2-1489B
shīqìn 施衿 6-1580A
shíqín 食芹 12-482B
shíqín 時禽 5-703A
shìqīn 世親 1-505A
shìqīn 侍親 1-1318A
shìqín 釋勤 10-1315A
shìqǐn 侍寢 1-1317B
shìqǐn 視寢 10-335B
shīqíng 詩情 11-149B
shíqīng 石青 7-985A
shíqīng 拾青 6-566A
shíqíng 時情 5-702A
shíqíng 實情 3-1618A
shíqǐng 食頃 12-486B
shíqǐng 時頃 5-701A
shíqìng 石磬 7-999B
shìqīng 世卿 1-500A
shìqīng 誓清 11-214A
shìqíng 世情 1-501A
shìqíng 事情 1-551A
shìqíng 適情 10-1166A
shìqǐng 市頃 3-689A
shíqīnghǎiyàn 時清海宴
5-702A
shīqínghuàyì 詩情畫意
11-149B
shìqíngjiǎoxíng 飾情矯行
12-514B
shíqīngjiǔzhuó 十清九濁
1-826A
shìqíngkànlěngnuǎn…
世情看冷暖,人面逐高低
1-501A
shìqíngrènyù 適情任欲
10-1166A
shìqíngshuàiyì 適情率意
10-1166A
shíqīngzǐ 拾青紫 6-566A
shīqìnjiélí 施衿結縭
6-1580A
shíqīnjiǔgù 十親九故
1-830A
shíqīnjiǔjuàn 十親九眷
1-830A
shīqióng 詩窮 11-153B
shìqiónglìcù 勢窮力蹙
2-816B
shìqiónglìjié 勢窮力竭
2-816B
shìqiónglìqū 勢窮力屈
2-816B
shíqīshǐ 十七史 1-810A
shìqíshìchǔ 事齊事楚
1-553A
shíqītiè 十七帖 1-810B
shīqiú 絁裘 9-791B
shīqiú 詩囚 11-144A
shìqíwújí 噬臍無及 3-527B
shǐqìxìng 使氣性 1-1330A
shíqīzìshī 十七字詩
1-810A
shīqú 詩臞 11-156A
shīqú 詩癯 11-156A
shīqú 詩衢 11-156A
shīqù 失去 2-1479A
shīqù 詩趣 11-153A
shíqū 時區 5-701A
shíqū 時趨 5-706B
shíqū 時趣 5-705A
shíqú 石渠 7-992B
shíqǔ 時曲 5-695A
shíqǔ 識曲 11-422B
shíqǔ 識取 11-423A
shíqù 識趣 11-426A
shìqū 世曲 1-496A
shìqū 市區 3-689A
shìqú 市衢 3-693B
shìqù 適趣 10-1167A
shīquán 失權 2-1491B
shīquàn 詩券 11-146A
shíquán 十全 1-819B
shíquán 石泉 7-988A
shíquán 實權 3-1621B
shíquǎn 食犬 12-480B
shǐquǎn 使犬 1-1326A
shìquān 市圈 3-689A
shìquán 世權 1-506A
shìquán 市權 3-693B
shìquán 事權 1-554A
shìquán 試銓 11-140B
shìquǎn 噬犬 3-527A
shìquàn 世券 1-497B
shìquàn 市券 3-687B
shìquàn 誓券 11-213B
shíquánlǎorén 十全老人
1-820A
shíquánshíměi 十全十美
1-820A
shìquánzhījī 誓泉之譏
11-213B
shīquè 失却 2-1480B
shíquē 時闕 5-707A
shíquē 實缺 3-1617B
shíquè 石闕 7-1002B
shíquè 實確 3-1620A
shíquè 識卻 11-424A
shǐquēwén 史闕文 3-51B
shíqúgé 石渠閣 7-992B
shíqūjǔyíng 時詘舉贏
5-703A
shīqún 失羣 2-1489A
shíqūn 石囷 7-985B
shīrán 施然 6-1581B
shírán 實然 3-1618B
shírǎn 石染 7-988B
shǐrán 使然 1-1331A
shìrán 舍然 8-1084B
shìrán 適然 10-1166A
shìrán 釋然 10-1314B
shìrán 醳然 9-1446B
shìràng 飾讓 12-516B
shīrè 濕熱 6-188B
shīrén 失人 2-1477B
shīrén 施人 6-1577B
shīrén 師人 3-716A
shīrén 詩人 11-143A
shīrěn 失稔 2-1488B
shīrèn 失飪 2-1487A
shírén 石人 7-980A
shírén 時人 5-692B
shírén 識人 11-422A
shírèn 時任 5-695A
shírèn 實任 3-1615A
shírèn 實牣 3-1615B
shírèn 識認 11-426A
shǐrén 矢人 7-1522A
shǐrén 使人 1-1326A
shǐrèn 矢刃 7-1522B
shìrén 士人 2-999B
shìrén 世人 1-494A
shìrén 市人 3-683B
shìrén 示人 7-828B
shìrén 事人 1-545A
shìrén 侍人 1-1313A
shìrén 室人 3-1423B
shìrén 是人 5-660A
shìrén 勢人 2-813B
shìrén 筮人 8-1170A
shìrén 適人 10-1162B
shìrén 簭人 8-1241A
shìrén 寺人 2-1249B
shìrěn 貰忍 10-140B
shìrèn 事任 1-547B
shìrèn 誓刃 11-212B
shìrénrúshāng 視人如傷
10-333A
shìrénrúzǐ 視人如子
10-332B
shírénfìtuò 拾人涕唾
6-565B
shíréntuòtì 拾人唾涕
6-565B
shíréntuòyú 拾人唾餘
6-565B
shìrénxiǎoshuō 市人小說
3-683B
shírényáhuì 拾人牙慧
6-565B
shírénzhuàn 十人饌 1-810B
shīrì 失日 2-1478A
shírì 十日 1-815B
shírì 食日 12-480B
shírì 時日 5-693A
shǐrì 矢日 7-1522B
shìrì 市日 3-684B
shìrì 逝日 10-847A

shìrì 視日 10-333A
shìrì 筮日 8-1170B
shìrì 試日 11-136A
shírìbìngchū 十日並出 1-815B
shírìhuān 十日歡 1-815B
shírìpíngyuán 十日平原 1-815B
shìrìrúnián 視日如年 10-333A
shírìyǐn 十日飲 1-815B
shìrìzhǐtiān 誓日指天 11-212B
shīróng 失容 2-1484B
shíróng 石絨 7-994B
shíróng 時榮 5-705A
shìróng 世榮 1-504A
shìróng 市容 3-689A
shìróng 事戎 1-547A
shíròu 食肉 12-482A
shìròu 視肉 10-333B
shīròubàngānchái 濕肉伴乾柴 6-187B
shíròuqǐnpí 食肉寢皮 12-482A
shíròuxiàng 食肉相 12-482A
shīrú 師儒 3-723A
shīrù 失入 2-1477B
shīrù 濕洳 6-187B
shírǔ 石乳 7-986A
shìrú 士儒 2-1004B
shìrú 世儒 1-505A
shìrú 適如 10-1164A
shìrú 釋儒 10-1316A
shìrǔ 螫乳 8-950B
shìrù 市人 3-684A
shìrúcǎojiè 視如草芥 10-334A
shìrúfèntǔ 視如糞土 10-334A
shíruǐ 石蕊 7-998B
shíruǐ 石蘂 7-1002B
shíruì 時瑞 5-703B
shìruì 世瑞 1-502B
shìrúmòlù 視如陌路 10-334A
shīrùn 濕潤 6-188B
shírùn 時潤 5-705B
shìrùn 飾潤 12-515B
shīrùnrùn 濕潤潤 6-188B
shíruò 時若 5-696B
shìruò 示弱 7-829A
shìruò'érxì 視若兒戲 10-334A
shìruòlùrén 視若路人 10-334A
shìruòwúdǔ 視若無睹 10-334A
shìrúpīzhú 勢如劈竹 2-814B
shìrúpòzhú 勢如破竹 2-814B
shìrúqífèn 適如其分 10-1164A
shìrúxuánqìng 室如縣罄 3-1424A
shìrúxuánqìng 室如懸磬 3-1424B
shìrúxuánqìng 室如懸罄 3-1424B
shǐrúyǔxià 矢如雨下 7-1523A
shísā 識瞰 11-426B
shīsàn 失散 2-1486B
shīsàn 施散 6-1581A
shísān 食三 12-479B
shísǎn 石散 7-993A
shísāndiǎn 十三點 1-814A
shísāndiào 十三調 1-814A
shīsāng 尸喪 4-3A
shīsàng 尸喪 4-3A
shīsàng 失喪 2-1486B
shísǎng 石磉 7-998B
shísǎng 食嗓 12-489A
shísānháng 十三行 1-813A
shísānhuánjīndài 十三環金帶 1-814A
shísānhuánjīndài 十三鐶金帶 1-814A
shísānjiā 十三家 1-813B
shísānjiānlóu 十三間樓 1-813B
shísānjīng 十三經 1-813B
shísānkē 十三科 1-813A
shísānlíng 十三陵 1-813B
shísānlíngshuǐkù 十三陵水庫 1-813B
shísānlóu 十三樓 1-813B
shísānpiān 十三篇 1-814A
shísānshěng 十三省 1-813A
shísānshǐ 十三史 1-813A
shísāntàibǎo 十三太保 1-812B
shísānxián 十三弦 1-813A
shísānyuè 十三月 1-812B
shísānzhé 十三轍 1-814A
shīsāo 詩騷 11-155A
shīsè 失色 2-1479B
shīsè 詩澀 11-154B
shísè 十色 1-820A
shísè 食色 12-482A
shísè 時色 5-695A
shìsè 事色 1-547B
shīsēng 詩僧 11-152B
shíshà 石歃 7-995B
shíshà 時霎 5-706A
shìshā 勢沙 2-815A
shìshā 勢煞 2-816A
shìshā 嗜殺 3-455B
shìshà 勢霎 2-816B
shīshǎn 失閃 2-1484B
shīshàn 失善 2-1487A
shīshàn 詩扇 11-148B
shíshān 石山 7-981A
shíshàn 十善 1-827A
shíshàn 食膳 12-490B
shíshàn 時膳 5-706A
shìshǎn 睗睒 7-1230A
shìshàn 侍膳 1-1318A
shìshàn 視膳 10-336A
shíshàndào 十善道 1-827B
shīshāng 失墒 2-1489A
shīshāng 詩商 11-149B
shīshǎng 施賞 6-1582A
shíshāng 食傷 12-489A
shíshǎng 時晌 5-700A
shíshǎng 識賞 11-426A
shíshàng 十上 1-814B
shíshàng 時上 5-692B
shíshàng 時尚 5-697A
shìshàng 世上 1-494A
shìshàng 事上 1-545B
shìshàng 嗜尚 3-455B
shíshàngcǎo 石上草 7-980B
shīshàngfù 師尚父 3-719B
shìshàngwúnánshì 世上無難事 1-494A
shìshānménghǎi 誓山盟海 11-212A
shìshàntáng 世善堂 1-501B
shīshānxuèhǎi 尸山血海 4-1B
shīshānxuèhǎi 屍山血海 4-33B
shīshǎo 失少 2-1478A
shìshāo 市梢 3-689A
shìsháo 市勺 3-684A
shíshǎoshìfán 食少事煩 12-480B
shíshǎoshìfán 食少事繁 12-480B
shìshāotóu 市梢頭 3-689A
shīshé 詩舌 11-144B
shīshě 施舍 6-1579A
shīshě 施捨 6-1580B
shīshè 施舍 6-1579A
shīshè 施設 6-1580B
shīshè 詩社 11-145A
shíshé 石蛇 7-992A
shíshè 十設 1-826A
shìshě 施舍 6-1579A
shìshé 試舌 11-136B
shìshè 市舍 3-687B
shìshè 侍射 1-1315B
shìshè 室舍 3-1424B
shìshè 貰赦 10-140B
shìshè 試射 11-138B
shìshè 試播 11-142A
shìshè 誓社 11-213B
shīshēn 尸身 4-2A
shīshēn 失身 2-1481A
shīshēn 施身 6-1579A
shīshén 失神 2-1483A
shīshén 詩神 11-147A
shīshèn 失慎 2-1489A
shíshén 識神 11-424A
shíshěn 拾瀋 6-567B
shíshèn 食葚 12-487B
shíshèn 食甚 12-484B
shíshèn 食椹 12-489A
shìshēn 士紳 2-1004A
shìshēn 試身 11-137A
shìshēn 飾身 12-513B
shìshēn 適身 10-1164A
shìshén 是甚 5-661A
shìshén 釋神 10-1314A
shīshēng 失聲 2-1490B
shīshēng 施生 6-1578A
shīshēng 師生 3-718A
shīshēng 詩聲 11-154B
shīshēng 濕生 6-187A
shīshèng 詩乘 11-147B
shīshèng 詩聖 11-151A
shíshēng 十升 1-816A
shíshēng 食生 12-481B
shíshèng 史乘 3-49B
shìshēng 飭牲 12-498B
shìshēng 市升 3-685A
shìshēng 市聲 3-692B
shìshēng 侍生 1-1313B
shìshēng 視生 10-333A
shìshēng 飾聲 12-516A
shìshēng 適生 10-1163B
shìshéng 世繩 1-506A
shìshěng 誓省 11-213B
shìshèng 逝聖 10-848A
shìshèng 勢勝 2-816A
shíshēngbùhuà 食生不化 12-481B
shíshēngjiǔsǐ 十生九死 1-818A
shìshēngqǔyì 釋生取義 10-1313A
shíshéshǔ 食蛇鼠 12-486B
shīshī 鼉鼉 12-1406B
shīshī 施施 6-1580A
shīshī 師師 3-720B
shīshī 詩師 11-147B
shīshī 蝨蝨 8-938A
shīshī 褷褷 9-135A
shīshī 濕濕 6-188B
shīshī 纚褷 9-153B
shīshī 纚褷 9-153B
shīshī 纚纚 9-153B
shīshí 失時 2-1483B
shīshí 失實 2-1490A
shīshí 施食 6-1579B
shīshí 詩什 11-143B
shīshǐ 詩史 11-144A
shīshì 尸事 4-2A
shīshì 失事 2-1481B
shīshì 失恃 2-1482B
shīshì 失勢 2-1488A
shīshì 施事 6-1579A
shīshì 師氏 3-717A
shīshì 師式 3-718A
shīshì 師事 3-719A
shīshì 蓍筮 9-495B
shīshì 詩式 11-144B
shīshì 詩室 11-147A
shīshì 詩勢 11-151A
shíshī 十失 1-818A
shíshī 石師 7-990A
shíshī 時失 5-694A
shíshī 時師 5-700A
shíshī 實施 3-1617A

shíshí 十時 1-825A
shíshí 姼姼 4-344A
shíshí 食食 12-485A
shíshí 食時 12-485B
shíshí 時食 5-699A
shíshí 時時 5-700A
shíshí 湜湜 5-1455A
shíshí 實實 3-1620A
shíshí 識時 11-424A
shíshǐ 十史 1-817B
shíshǐ 十使 1-822B
shíshì 十事 1-822A
shíshì 十室 1-824A
shíshì 十勢 1-827B
shíshì 石室 7-988B
shíshì 祏室 7-843B
shíshì 食事 12-483B
shíshì 時士 5-692B
shíshì 時世 5-694A
shíshì 時式 5-694B
shíshì 時事 5-696B
shíshì 時勢 5-703B
shíshì 時適 5-704B
shíshì 實事 3-1616A
shíshì 實是 3-1617A
shíshì 識事 11-423A
shíshì 識視 11-425A
shǐshī 史詩 3-51A
shǐshī 矢施 7-1523B
shǐshī 豕蝨 10-13A
shǐshī 屎詩 4-42A
shǐshí 史實 3-51A
shǐshí 史識 3-52A
shǐshí 矢石 7-1523A
shǐshí 豕食 10-12A
shǐshì 史氏 3-48B
shǐshì 史事 3-49A
shǐshì 矢室 7-1523B
shǐshì 矢誓 7-1524A
shǐshì 豕視 10-12B
shǐshì 使事 1-1328B
shǐshì 始室 4-335B
shìshī 士師 2-1003A
shìshī 市師 3-688B
shìshī 視師 10-334B
shìshī 試詩 11-140A
shìshī 誓師 11-214A
shìshí 市石 3-685A
shìshí 市食 3-688B
shìshí 事寔 1-551B
shìshí 事實 1-553A
shìshí 侍食 1-1315B
shìshí 適時 10-1165A
shìshǐ 士史 2-1001A
shìshǐ 事使 1-548B
shìshǐ 事始 1-549A
shìshǐ 侍史 1-1313B
shìshǐ 侍使 1-1314B
shìshǐ 筮史 8-1170B
shìshǐ 飾始 12-514A
shìshì 郝郝 10-623B
shìshì 世士 1-494A
shìshì 世氏 1-494B
shìshì 世世 1-495A
shìshì 世事 1-496B
shìshì 世室 1-499B
shìshì 世勢 1-502B
shìshì 市事 3-686B
shìshì 示世 7-829A
shìshì 式式 2-1583A
shìshì 事事 1-548A
shìshì 事勢 1-551B
shìshì 侍視 1-1316B
shìshì 室氏 3-1424A
shìshì 室市 3-1424A
shìshì 室事 3-1424B
shìshì 是事 5-660B
shìshì 眎事 7-1196A
shìshì 眡事 7-1197B
shìshì 逝世 10-847A
shìshì 逝逝 10-847B
shìshì 視事 10-334A
shìshì 筮氏 8-1170B
shìshì 筮仕 8-1170B
shìshì 試士 11-136A
shìshì 試市 11-136B
shìshì 試事 11-137A
shìshì 飾室 12-514A
shìshì 適世 10-1163B
shìshì 適事 10-1164A
shìshì 噬螫 3-527B
shìshì 螫噬 8-951A
shìshì 釋氏 10-1312B
shìshì 釋事 10-1313B
shìshì 釋釋 10-1316B
shìshì 澤澤 6-167A
shíshídábiàn 識時達變 11-424B
shíshìdānchuán 十世單傳 1-817B
shíshídáwù 識時達務 11-424B
shìshìfēifēi 是是非非 5-661B
shíshífēng 食實封 12-489B
shǐshìgàiyī 豕食丐衣 10-12A
shīshīhuānghuāng 失失慌慌 2-1479A
shǐshìjì 史氏記 3-49A
shíshìjīnguì 石室金匱 7-989A
shíshìjīnguì 石室金鐀 7-989A
shíshìjiǔkōng 十室九空 1-824A
shíshìjiǔkuì 十室九匱 1-824A
shīshíluòshì 失時落勢 2-1483B
shíshìqiúshì 實事求是 3-1616A
shíshìróngxián 十室容賢 1-824A
shìshíshèngyú… 事實勝於雄辯 1-553A
shìshìsuōsuō 試試縮縮 11-140A
shíshítōngbiàn 識時通變 11-424B
shíshíwù 識時務 11-424A
shíshíwǔwǔ 十十五五 1-810A
shìshìwùwù 事事物物 1-548A
shíshíwùzhě… 識時務者爲俊傑 11-424B
shìshìyìngwù 適時應務 10-1165A
shíshìyòu 十世宥 1-817B
shíshìyòunéng 十世宥能 1-817B
shíshìzhīyì… 十室之邑，必有忠士 1-824A
shíshìzhīyì… 十室之邑，必有忠信 1-824A
shíshìzhuāng 時世妝 5-694A
shíshìzhuāng 時世粧 5-694A
shíshìzhuāng 時世裝 5-694A
shíshīzi 石獅子 7-996A
shīshōu 失收 2-1480A
shīshǒu 尸首 4-2B
shīshǒu 失手 2-1478B
shīshǒu 失守 2-1480A
shīshǒu 屍首 4-34A
shīshǒu 施手 6-1578A
shīshǒu 詩手 11-143B
shīshòu 施受 6-1579B
shīshòu 施授 6-1580B
shíshōu 實收 3-1615B
shíshǒu 十守 1-820A
shíshǒu 石首 7-988A
shíshǒu 食手 12-481A
shíshǒu 時手 5-693B
shíshòu 石獸 7-1002B
shíshòu 實受 3-1616B
shíshòu 實授 3-1618A
shǐshǒu 豕首 10-12A
shìshǒu 事守 1-547B
shìshǒu 試手 11-136A
shìshǒu 試守 11-136B
shìshǒu 螫手 8-950B
shìshǒu 釋手 10-1312B
shìshòu 世壽 1-503B
shìshòu 室授 3-1425A
shìshòu 試授 11-139A
shìshòu 釋綬 10-1315B
shíshǒuchéng 石首城 7-988B
shìshǒujiěwàn 螫手解腕 8-950B
shíshǒujú 石首局 7-988B
shíshǒujūn 石手軍 7-981B
shìshǒuxiàozǐ 試守孝子 11-137A
shíshǒuzhēngzhǐ 十手争指 1-815B
shīshū 詩書 11-148B
shīshū 詩疏 11-151A
shīshù 師術 3-721A
shīshù 詩述 11-145B
shíshū 時蔬 5-705A
shíshú 時熟 5-705B
shíshú 識熟 11-426A
shíshǔ 石鼠 7-995B
shíshǔ 時暑 5-702B
shíshǔ 鼫鼠 12-1412A
shíshù 十數 1-829A
shíshù 時術 5-701B
shíshù 時澍 5-705B
shíshù 實數 3-1620A
shǐshū 史書 3-50A
shǐshū 矢書 7-1523B
shǐshǔ 使署 1-1331B
shǐshǔ 使屬 1-1332A
shìshū 世叔 1-497A
shìshū 事書 1-550A
shìshū 事樞 1-553B
shìshū 侍姝 1-1315B
shìshū 侍書 1-1316A
shìshū 嗜書 3-456A
shìshū 誓書 11-214A
shìshǔ 市署 3-691A
shìshǔ 室屬 3-1426A
shìshǔ 試暑 11-139B
shìshù 士庶 2-1003B
shìshù 世數 1-504A
shìshù 事術 1-550B
shìshù 事數 1-553B
shīshuài 師帥 3-720A
shìshuāng 柿霜 4-935A
shīshūfāzhǒng 詩書發冢 11-148B
shīshūfāzhǒng 詩書發塚 11-148B
shīshuǐ 失水 2-1478B
shíshuǐ 石水 7-981B
shíshuǐ 食水 12-481A
shíshuǐ 時水 5-693B
shíshuì 食稅 12-488B
shìshuǐ 閟水 12-116A
shìshuǐ 逝水 10-847A
shìshuǐ 試水 11-136A
shìshuì 市稅 3-690B
shìshuì 飾帨 12-514A
shíshuǐxìng 識水性 11-422A
shīshuǐyú 失水魚 2-1478B
shíshùn 時順 5-702B
shìshùn 適順 10-1166A
shīshuō 師說 3-722B
shīshuō 詩說 11-152B
shīshuò 詩槊 11-152B
shìshuō 飾說 12-515B
shìshuò 視朔 10-334B
shìshūtiěquàn 誓書鐵券 11-214A
shíshǔtóngxué 十鼠同穴 1-827B
shīsī 詩思 11-146B
shīsǐ 失死 2-1479B
shísī 十思 1-823A
shísǐ 十死 1-818B
shísì 石兕 7-984B
shísì 石耜 7-991A
shísì 食肆 12-489A

shísì 時祀 5-696A
shǐsǐ 矢死 7-1523A
shìsī 市司 3-685B
shìsī 市絲 3-691A
shìsǐ 市死 3-686A
shìsǐ 逝死 10-847A
shìsǐ 貰死 10-140B
shìsǐ 試死 11-136B
shìsǐ 誓死 11-212B
shìsì 世祀 1-496B
shìsì 世嗣 1-503A
shìsì 市肆 3-691A
shǐsǐbù'èr 矢死不二 7-1523A
shìsǐbù'èr 誓死不二 11-212B
shìsǐbù'èr 誓死不貳 11-212B
shìsǐbùqū 誓死不屈 11-212B
shísǐbùwèn 十死不問 1-818B
shìsǐbùyú 誓死不渝 11-213A
shísìjīng 十四經 1-817B
shísǐjiǔhuó 十死九活 1-818B
shísìlóu 十四樓 1-818A
shìsǐrúguī 視死如歸 10-333B
shìsǐruòguī 視死若歸 10-333B
shìsǐruòshēng 視死若生 10-333B
shìsǐrúshēng 視死如生 10-333B
shìsǐrúyí 視死如飴 10-333B
shǐsǐwú'èr 矢死無貳 7-1523A
shísìxián 十四弦 1-817B
shísìxián 十四絃 1-817B
shísǐyīshēng 十死一生 1-818B
shìsǐyóuguī 視死猶歸 10-333B
shīsòng 詩頌 11-151B
shísòng 拾誦 6-566B
shīsǒu 詩叟 11-146B
shísǒu 十藪 1-830A
shísǒu 實叟 3-1617A
shǐsǒu 使嗾 1-1331B
shīsú 失俗 2-1482A
shīsù 尸素 4-2B
shísú 時俗 5-699A
shísù 食宿 12-487B
shísù 時速 5-699B
shísù 時蔌 5-704B
shìsú 世俗 1-499A
shìsú 市俗 3-688B
shìsú 適俗 10-1164B
shìsú 釋俗 10-1314A
shìsù 士素 2-1002B
shìsù 侍宿 1-1316B
shìsù 勢素 2-815B
shīsuàn 失算 2-1489B
shìsuàn 市算 3-691B
shìsuàn 筮筭 8-1170B
shīsuì 詩祟 11-148B
shísuí 時綏 5-704A
shísuǐ 石髓 7-1004A
shísuì 時歲 5-703B
shísuǐgēng 石髓羹 7-1004A
shīsūn 詩孫 11-148B
shīsǔn 失損 2-1487B
shísǔn 石笋 7-990A
shísǔn 石筍 7-993B
shísǔn 蝕損 8-919A
shìsūn 士孫 2-1003B
shìsūn 世孫 1-500B
shìsūn 室孫 3-1425A
shīsuǒ 失所 2-1481B
shísuǒ 石鎖 7-1002A
shísuǒ 識鎖 11-426B
shìsuō 示唆 7-829A
shìsuǒ 適所 10-1164B
shìsúsuíshí 適俗隨時 10-1164B
shísùxiāngjiān 食宿相兼 12-487B
shītǎ 師塔 3-721B
shítà 石榻 7-996B
shítà 石拓 7-985A
shītài 失態 2-1490A
shītài 師太 3-716B
shítái 石苔 7-985A
shítái 石臺 7-996B
shítái 時臺 5-704B
shítài 時態 5-705A
shìtái 世臺 1-503B
shìtài 世態 1-504A
shìtài 事態 1-553A
shìtài 視態 10-335B
shìtài 勢態 2-816A
shítàiwèi 石太尉 7-981A
shìtàiyánliáng 世態炎涼 1-504A
shītán 詩壇 11-154A
shítán 石潭 7-999A
shítán 石壇 7-999B
shítán 時談 5-705B
shítán 時譚 5-707A
shítàn 石炭 7-988A
shǐtán 史談 3-51B
shìtán 世談 1-504B
shìtán 飾談 12-515B
shìtǎn 士坦 2-1002A
shìtàn 試探 11-139A
shítáng 石噋 7-995B
shítáng 石塘 7-994B
shítáng 食堂 12-486B
shítáng 食糖 12-490B
shìtáng 室堂 3-1425A
shītánjìjiǔ 詩壇祭酒 11-154A
shītāo 詩濤 11-154B
shítào 石套 7-990A
shìtào 世套 1-500A
shītàtà 濕澾澾 6-188B
shítàtà 實塌塌 3-1619A
shìtè 貰貣 10-140B
shítēngtēng 實騰騰 3-1621B
shītí 詩題 11-155A
shītǐ 尸體 4-4A
shītǐ 失體 2-1492A
shītǐ 屍體 4-34A
shītǐ 詩體 11-156A
shītì 失涕 2-1484B
shītì 施髢 6-1581B
shítī 石梯 7-991B
shítǐ 十體 1-830B
shítǐ 時體 5-707B
shítǐ 實體 3-1621B
shítǐ 識體 11-427A
shǐtǐ 史體 3-52A
shìtí 試題 11-141B
shìtǐ 事體 1-554A
shìtǐ 適體 10-1168A
shītián 師田 3-717B
shītiǎn 尸忝 4-2A
shítiān 食天 12-480A
shítián 石田 7-982A
shítián 食田 12-481B
shítián 時田 5-694A
shítián 實田 3-1614A
shìtiān 誓天 11-212B
shìtián 士田 2-1001A
shìtiānduànfà 誓天斷髮 11-212B
shìtiānzhǐrì 誓天指日 11-212B
shītiānzǐ 詩天子 11-143A
shītiáo 失調 2-1490A
shìtiáo 事條 1-549B
shìtiào 市糶 3-693B
shìtiào 視眺 10-335A
shítǐcí 實體詞 3-1621B
shītiě 詩帖 11-145B
shìtiě 試帖 11-137B
shìtiěshī 試帖詩 11-137B
shītiēzi 詩貼子 11-150A
shītíhóngyè 詩題紅葉 11-155A
shìtíhuányīn 釋提桓因 10-1314B
shītīng 失聽 2-1492A
shítīng 時聽 5-707B
shítíng 十停 1-826A
shítíng 石亭 7-988A
shìtīng 眎聽 7-1196A
shìtīng 眡聽 7-1197B
shìtīng 視聽 10-336B
shìtīng 試聽 11-142A
shìtīng 試廳 11-142A
shìtíng 市亭 3-688B
shìtíng 戺庭 7-347A
shītíngzhīxùn 詩庭之訓 11-147A
shītǒng 失統 2-1487B
shītǒng 詩筒 11-150A
shītǒng 詩筩 11-151B
shítōng 十通 1-825B
shítóng 石幢 7-1000B
shítóng 時銅 5-704B
shìtóng 侍僮 1-1317B
shìtǒng 世統 1-502B
shìtǒng 事統 1-551B
shìtóng'érxì 視同兒戲 10-333B
shìtónggǒngbì 視同拱璧 10-333B
shìtóngmòlù 視同陌路 10-333B
shìtóngqínyuè 視同秦越 10-333B
shìtóngshēngsǐ 誓同生死 11-213A
shìtóngyīlǜ 視同一律 10-333B
shītóu 尸頭 4-3B
shītóu 屍頭 4-34A
shítou 石頭 7-1000A
shítóu 十頭 1-829B
shítóu 拾頭 6-567B
shítòu 識透 11-424B
shǐtou 使頭 1-1332A
shìtōu 市偷 3-689A
shìtóu 市頭 3-692B
shìtóu 事頭 1-553B
shìtóu 侍投 1-1314A
shìtóu 勢頭 2-816B
shítouchéng 石頭城 7-1000A
shītóu'é 獅頭鵝 5-101B
shítoujì 石頭記 7-1000A
shǐtóujīn 屎頭巾 4-42B
shìtóupó 市頭婆 3-692B
shítourén 石頭人 7-1000A
shítóutiānpiě 十頭添撇 1-829B
shítouyú 石頭魚 7-1000B
shītú 失途 2-1484A
shītú 失塗 2-1489A
shītú 失圖 2-1489A
shītú 屍圖 4-34A
shītú 施屠 6-1581A
shītú 師徒 3-721A
shītú 詩圖 11-152B
shítú 石圖 7-997B
shítú 識途 11-424B
shítǔ 食土 12-479B
shítǔ 實土 3-1613B
shǐtū 豕突 10-12A
shǐtú 豕屠 10-12B
shǐtú 使徒 1-1330A
shìtú 士徒 2-1003A
shìtú 世途 1-500A
shìtú 世塗 1-503B
shìtú 仕途 1-1126B
shìtú 仕塗 1-1127A
shìtú 市屠 3-689B
shìtú 事途 1-550A
shìtú 試圖 11-140A
shītuán 師團 3-722B
shǐtuán 使團 1-1331B
shìtuān 逝湍 10-848A
shǐtūlángbēn 豕突狼奔

10-12A
shítúlǎomǎ 識途老馬 11-424B
shítúlǎomǎ 識塗老馬 11-426A
shítúmǎ 識塗馬 11-426A
shítún 石囤 7-984A
shìtūn 噬吞 3-527A
shītuō 失拖 2-1481B
shītuō 失脱 2-1485B
shītuó 詩橐 11-154A
shítuó 石駝 7-998A
shītuólín 尸陀林 4-2A
shītuólín 尸陁林 4-2A
shītuólín 屍陀林 4-34A
shítuòyú 拾唾餘 6-566B
shìtúsìbì 室徒四壁 3-1424B
shítúwòjí 食荼卧棘 12-485B
shìwā 軾蛙 9-1242A
shìwā 軾鼃 9-1242A
shìwá 市娃 3-688B
shìwài 世外 1-495A
shìwài 事外 1-546B
shìwài 飾外 12-513A
shìwàijiāo 世外交 1-495B
shìwàirén 世外人 1-495B
shìwàitáoyuán 世外桃源 1-495B
shīwán 尸玩 4-2A
shīwán 詩丸 11-143A
shíwàn 十萬 1-826B
shìwán 恃頑 7-511B
shìwán 嗜玩 3-455B
shìwán 飾玩 12-513B
shìwán 飾翫 12-515B
shíwànbāqiānlǐ 十萬八千里 1-826B
shīwáng 失亡 2-1478A
shīwáng 師王 3-716B
shīwáng 詩王 11-143A
shīwàng 失忘 2-1481A
shīwàng 失望 2-1486A
shīwàng 師望 3-721B
shíwáng 十王 1-815A
shíwáng 時王 5-693A
shíwǎng 時網 5-705A
shíwàng 十望 1-826A
shíwàng 時望 5-702A
shíwàng 實望 3-1618A
shìwǎng 世網 1-504A
shìwǎng 逝往 10-847B
shìwǎng 釋網 10-1316A
shìwàng 士望 2-1004A
shìwàng 世望 1-501A
shìwàng 式望 2-1583B
shìwàng 事望 1-550B
shìwàng 勢望 2-816A
shíwángdiàn 十王殿 1-815A
shìwǎngrìqiān 事往日遷 1-548B
shíwángzhái 十王宅 1-815A
shíwànhuǒjí 十萬火急 1-826B
shíwànhuǒsù 十萬火速 1-827A
shíwànyáng 食萬羊 12-487B
shīwēi 施威 6-1579B
shīwēi 獅威 5-101A
shīwéi 施爲 6-1581B
shīwèi 尸位 4-2A
shīwèi 失位 2-1480B
shīwèi 施遺 6-1582A
shīwèi 詩味 11-145B
shíwēi 識微 11-425B
shíwéi 十韋 1-824B
shíwéi 十圍 1-827A
shíwéi 石韋 7-989A
shíwèi 十位 1-821B
shíwèi 石尉 7-992B
shíwèi 食味 12-483B
shíwéi 時爲 5-703A
shíwèi 時味 5-697A
shíwèi 識味 11-423A
shǐwéi 豕韋 10-12A
shǐwéi 狶韋 5-57A
shìwēi 示威 7-829A
shìwēi 式微 2-1584A
shìwēi 事威 1-549A
shìwēi 勢威 2-815B
shìwéi 式圍 2-1584A
shìwéi 事爲 1-551B
shìwéi 室韋 3-1424B
shìwéi 試闈 11-141B
shìwěi 世僞 1-503B
shìwěi 視偉 10-335A
shìwěi 飾僞 12-515B
shìwèi 世位 1-496B
shìwèi 世味 1-497A
shìwèi 侍衛 1-1317B
shìwèi 勢位 2-815A
shìwèi 適味 10-1164B
shìwèi 釋位 10-1313A
shìwèi'er 是味兒 5-661A
shìwéi'érxì 視爲兒戲 10-335A
shíwèifāngzhàng 食味方丈 12-483B
shìwèiguān 侍衛官 1-1317B
shíwēijiànjī 識微見幾 11-425B
shíwēijiànyuǎn 識微見遠 11-425B
shìwéikòuchóu 視爲寇讎 10-335A
shíwéimíntiān 食爲民天 12-488B
shǐwéishì 豕韋氏 10-12A
shīwèisùcān 尸位素餐 4-2A
shìwéiwèitú 視爲畏途 10-335A
shíwéiwǔgōng 十圍五攻 1-827A
shíwéiwǔgōng 什圍伍攻 1-1102B
shíwēizhīzhù 識微知著 11-425B
shìwēizhīzhù 視微知著 10-335B
shīwēn 濕温 6-188A
shīwén 詩文 11-143B
shīwěn 詩吻 11-144B
shíwén 時文 5-693B
shíwén 石璺 7-1003B
shǐwén 史文 3-49A
shìwēn 室温 3-1425B
shìwén 式聞 2-1584A
shìwén 眎文 7-1196A
shìwén 試文 11-136A
shìwén 飾紋 12-514B
shìwén 誓文 11-212B
shìwén 釋文 10-1313A
shìwèn 示問 7-829B
shìwèn 侍問 1-1316B
shìwèn 視問 10-335A
shìwèn 筮問 8-1170B
shìwèn 試問 11-139A
shíwénduànzì 識文斷字 11-422A
shīwēng 詩翁 11-147B
shìwēng 世翁 1-500A
shíwēngzhòng 石翁仲 7-990A
shíwéntánzì 識文談字 11-422A
shíwò 石硪 7-993B
shīwōwō 濕撾撾 6-188A
shīwū 師巫 3-718B
shīwū 詩屋 11-147B
shīwǔ 失伍 2-1479B
shīwù 失物 2-1481B
shīwù 失悞 2-1484B
shīwù 失誤 2-1489B
shíwū 石屋 7-989A
shíwǔ 什伍 1-1102A
shíwǔ 時舞 5-704B
shíwù 什物 1-1102B
shíwù 石隖 7-994B
shíwù 食物 12-483B
shíwù 時物 5-697A
shíwù 時務 5-700B
shíwù 實物 3-1616A
shíwù 實務 3-1617B
shíwù 識務 11-425A
shíwù 識悟 11-424B
shǐwū 史巫 3-49A
shǐwù 豕誤 10-13A
shǐwù 使物 1-1328B
shìwǔ 士五 2-1001A
shìwǔ 士伍 2-1001B
shìwǔ 室廡 3-1425B
shìwù 世物 1-497B
shìwù 世務 1-500B
shìwù 市物 3-687A
shìwù 事物 1-548B
shìwù 事務 1-550A
shìwù 是勿 5-660A
shìwù 逝物 10-847B
shìwù 勢物 2-815B
shìwù 飾物 12-514A
shìwù 適物 10-1164B
shìwúbùkě… 事無不可對人言 1-551A
shíwùcè 時務策 5-701A
shìwúchángshī 事無常師 1-551B
shíwùdìzū 實物地租 3-1616A
shìwú'èrchéng 事無二成 1-551A
shíwúgān 食無肝 12-488B
shíwùliàn 食物鏈 12-483B
shǐwúqiánlì 史無前例 3-50B
shìwúsānbùchéng 事無三不成 1-551A
shíwǔshí 十五時 1-815A
shíwūtú 石於菟 7-986A
shǐwúxūfā 矢無虚發 7-1523B
shíwúyú 食無魚 12-488B
shíwùzhòngdú 食物中毒 12-483B
shìwùzhǔyì 事務主義 1-550A
shīxī 師錫 3-723A
shīxí 尸襲 4-4A
shīxí 失席 2-1484A
shīxí 詩席 11-148A
shīxǐ 失喜 2-1486B
shíxī 石磎 7-998B
shíxī 石犀 7-994A
shíxī 石溪 7-996A
shíxī 食息 12-486A
shíxī 食醯 12-491A
shíxī 識悉 11-425A
shíxí 十襲 1-830B
shíxí 什襲 1-1103A
shíxí 石席 7-990B
shíxí 拾襲 6-567B
shíxí 時習 5-702A
shíxí 實習 3-1618A
shíxí 識習 11-425A
shíxǐ 石璽 7-1002B
shíxì 石舃 7-994A
shíxì 石舄 7-1001A
shíxì 食氣 12-486A
shíxì 食餼 12-491A
shíxì 時隙 5-703A
shíxì 實細 3-1618A
shǐxī 豕腊 10-12B
shìxī 士息 2-1003A
shìxī 恃息 7-511B
shìxī 逝息 10-847B
shìxī 視息 10-334B
shìxí 士習 2-1004A
shìxí 世襲 1-506A
shìxí 視習 10-335A
shìxí 筮席 8-1170B
shìxí 試席 11-139A
shìxí 試習 11-139B
shìxǐ 釋璽 10-1316B
shìxǐ 釋躧 10-1316B
shìxì 世繫 1-506A
shìxì 世系 1-496B

shìxì 事隙 1-551B
shīxiá 匙匣 2-207A
shīxiá 詩俠 11-146B
shíxiá 石匣 7-984A
shíxiá 石峽 7-990A
shíxiá 時暇 5-703B
shíxià 石罅 7-1001B
shíxià 時下 5-692B
shíxià 時夏 5-699B
shǐxià 使下 1-1326A
shìxiá 室匣 3-1424B
shìxià 示下 7-828B
shīxiān 詩仙 11-144A
shīxián 失涎 2-1482B
shīxián 獅弦 5-101A
shīxiàn 失陷 2-1484B
shíxiān 時鮮 5-706B
shíxián 石弦 7-986B
shíxián 時嫌 5-704A
shíxián 時賢 5-705A
shíxiǎn 石蘚 7-1003B
shíxiàn 石限 7-987A
shíxiàn 石莧 7-989B
shíxiàn 食限 12-484A
shíxiàn 時限 5-698B
shíxiàn 時憲 5-706B
shíxiàn 時獻 5-707A
shíxiàn 實現 3-1617B
shìxiān 事先 1-547A
shìxián 市閑 3-691A
shìxián 試銜 11-140B
shìxián 噬賢 3-527B
shìxián 釋嫌 10-1315B
shìxián 釋銜 10-1315B
shìxiǎn 恃險 7-511B
shìxiǎn 釋險 10-1316A
shìxiàn 世縣 1-505A
shìxiàn 示現 7-829B
shìxiàn 視綫 10-335B
shìxiàn 視線 10-336A
shíxiànfǎ 時憲法 5-706B
shīxiāng 尸鄉 4-3A
shīxiāng 失鄉 2-1486B
shīxiāng 施香 6-1579B
shīxiāng 詩鄉 11-149B
shīxiǎng 濕響 6-188B
shīxiàng 師相 3-720A
shíxiǎng 時享 5-698A
shíxiǎng 時餉 5-704B
shíxiǎng 時饗 5-707B
shíxiǎng 識想 11-425B
shíxiàng 石像 7-995B
shíxiàng 食相 12-484B
shíxiàng 時相 5-698B
shíxiàng 時向 5-695A
shíxiàng 實相 3-1617A
shíxiàng 實象 3-1618A
shíxiàng 實像 3-1619A
shíxiàng 識相 11-423B
shǐxiàng 使相 1-1329B
shìxiāng 士鄉 2-1004A
shìxiāng 試香 11-138B
shìxiǎng 示饗 7-830B
shìxiǎng 試想 11-140A
shìxiàng 世相 1-498A
shìxiàng 市巷 3-688A
shìxiàng 示像 7-830A
shìxiàng 事象 1-550B
shìxiàng 事項 1-551A
shìxiàng 勢相 2-815B
shìxiàng 試象 11-139A
shìxiàng 釋像 10-1315A
shīxiàngbótù…
獅象搏兔,皆用全力
5-101B
shìxiángē 試弦歌 11-138A
shíxiānghóu 石鄉侯 7-993A
shíxiàngjùzú 十相具足
1-823A
shíxiàngjùzú 十相俱足
1-823A
shìxiāngluó 試香羅 11-138B
shīxiāngwēng 尸鄉翁 4-3A
shíxiànlì 時憲曆 5-706B
shǐxiánrènnéng 使賢任能
1-1331B
shìxiǎnruòyí 視險若夷
10-336A
shìxiǎnrúyí 視險如夷
10-335B
shìxiānsheng 世先生 1-496A
shíxiànshū 時憲書 5-706B
shíxiànshù 時憲術 5-706B
shīxiāo 鳲梟 12-1069B
shīxiǎo 失曉 2-1490B
shīxiào 失效 2-1484A
shīxiào 失笑 2-1484A
shīxiào 施效 6-1580B
shīxiào 師效 3-721A
shíxiào 時效 5-700B
shíxiào 實効 3-1616B
shíxiào 實效 3-1617B
shǐxiào 使効 1-1329A
shìxiāo 市囂 3-693B
shìxiāo 試銷 11-140B
shìxiāo 適銷 10-1167A
shìxiào 事效 1-550A
shìxiào 視效 10-334B
shìxiào 視傚 10-335A
shìxiào 試効 11-137B
shìxiàrúshāng 視下如傷
10-333A
shīxiè 施寫 6-1582A
shīxiè 詩械 11-149A
shíxié 時協 5-697A
shíxiè 石蟹 7-1003A
shìxiē 螫蝎 8-950B
shīxīn 失心 2-1478B
shīxīn 師心 3-717B
shīxīn 詩心 11-143B
shīxīn 蝨心 8-937B
shīxìn 失信 2-1482A
shíxīn 石心 7-982A
shíxīn 石薪 7-999B
shíxīn 食新 12-489A
shíxīn 時新 5-704A
shíxīn 實心 3-1613B
shíxīn 識心 11-422A
shíxìn 實信 3-1617A
shǐxīn 矢心 7-1523A
shǐxīn 豕心 10-11A
shǐxìn 使信 1-1329B
shìxīn 世心 1-495A
shìxīn 市心 3-685A
shìxīn 事心 1-546A
shìxīn 試心 11-136A
shìxīn 試新 11-140A
shìxīn 誓心 11-212B
shìxīn 適心 10-1163A
shìxìn 示信 7-829A
shìxìn 誓信 11-213B
shǐxīnbiēqì 使心彆氣
1-1326B
shǐxīnbù'èr 矢心不二
7-1523A
shíxīnchóng 食心蟲 12-481A
shīxīnfēng 失心風 2-1478B
shīxīnfēng 失心瘋 2-1478B
shīxīng 詩星 11-146B
shīxíng 失刑 2-1479A
shīxíng 失行 2-1479B
shīxíng 失形 2-1480A
shīxíng 施刑 6-1578B
shīxíng 施行 6-1578B
shīxìng 失性 2-1481B
shīxìng 詩興 11-154A
shíxīng 石星 7-987B
shíxīng 石腥 7-996A
shíxīng 時興 5-706A
shíxíng 時行 5-695A
shíxíng 時形 5-695B
shíxíng 實行 3-1615A
shíxìng 食性 12-484A
shíxìng 識性 11-423B
shǐxīng 使星 1-1329B
shǐxíng 施刑 6-1578B
shǐxíng 駛行 12-814B
shǐxìng 使性 1-1329A
shìxíng 士行 2-1001B
shìxíng 市刑 3-685B
shìxíng 示形 7-829A
shìxíng 式型 2-1583B
shìxíng 事行 1-547B
shìxíng 事形 1-547B
shìxíng 侍行 1-1313B
shìxíng 試行 11-136B
shìxíng 飾行 12-513A
shìxíng 適行 10-1163B
shìxìng 士姓 2-1002B
shìxìng 氏姓 6-1419B
shìxìng 恃性 7-511B
shìxìng 勢倖 2-815B
shìxìng 適興 10-1167B
shìxìng 適性 10-1164B
shíxìngbǎimíng 十姓百名
1-822B
shǐxìngbàngqì 使性傍氣
1-1329A
shǐxìngbàngqì 使性謗氣
1-1329A
shíxíngbìng 時行病 5-695A
shíxìngbùluò 十姓部落
1-822B
shíxíngguān 石研關 7-987B
shǐxìngguànqì 使性摜氣
1-1329A
shìxìngrènqíng 適性任情
10-1164B
shìxìngwànglǜ 適性忘慮
10-1164B
shǐxìngzi 使性子 1-1329A
shíxīnshíyì 實心實意
3-1614A
shíxīnyǎn 實心眼 3-1613B
shǐxīnyòngfù 使心用腹
1-1326B
shǐxīnyòngxìng 使心用倖
1-1326B
shìxīnyúmù 適心娛目
10-1163A
shīxīnzìyòng 師心自用
3-717B
shǐxīnzuòxìng 使心作倖
1-1326B
shīxiōng 師兄 3-717B
shīxióng 詩雄 11-150A
shíxiōng 石兄 7-982B
shíxióng 時雄 5-702B
shìxiōng 世兄 1-495A
shìxióng 士雄 2-1004A
shìxióng 世雄 1-501B
shìxióng 飾熊 12-515B
shīxiū 失修 2-1482A
shíxiū 時休 5-695A
shíxiū 時羞 5-700B
shíxiū 識羞 11-424B
shíxiù 時秀 5-696A
shíxiù 實秀 3-1615B
shìxiū 事修 1-549A
shìxiù 室宿 3-1425B
shīxū 失虛 2-1485A
shīxū 絁縟 9-791B
shīxù 失序 2-1481A
shīxù 失敘 2-1482B
shīxù 詩序 11-145A
shīxù 詩緒 11-152B
shíxù 石洫 7-988B
shíxù 時序 5-696A
shíxù 時敘 5-699A
shǐxū 史胥 3-49B
shǐxù 豕畜 10-12B
shìxū 市墟 3-691B
shìxū 事須 1-551B
shìxū 是須 5-661B
shìxū 飾虛 12-514B
shìxù 世緒 1-504A
shìxù 式序 2-1583B
shìxù 式敘 2-1583B
shìxù 事序 1-548A
shìxù 事緒 1-553A
shīxuǎn 詩選 11-153B
shíxuán 十玄 1-818A
shíxuǎn 時選 5-705B
shíxuǎn 實選 3-1620B
shǐxuān 使軒 1-1330A
shìxuān 世喧 1-501B

shìxuān 市喧 3-690B
shìxuǎn 試選 11-141A
shīxué 失學 2-1490B
shīxué 師學 3-722B
shīxué 詩學 11-154A
shīxuè 失血 2-1479B
shíxué 石穴 7-982B
shíxué 時學 5-706A
shíxué 實學 3-1620B
shíxué 識學 11-426B
shíxuě 時雪 5-701A
shǐxué 史學 3-51B
shìxué 世學 1-505A
shìxué 市學 3-692B
shìxué 侍學 1-1318A
shìxué 室學 3-1425B
shìxué 視學 10-336A
shìxué 釋學 10-1316A
shìxuè 嗜血 3-455B
shīxūn 詩勳 11-154A
shīxùn 師訓 3-721A
shíxún 十旬 1-820A
shíxún 時巡 5-695A
shíxùn 時徇 5-699A
shíxùn 時訓 5-700A
shìxūn 世勳 1-505A
shìxún 試旬 11-136B
shíxūzhōng 石虛中 7-991B
shíyá 石牙 7-981B
shíyá 石崖 7-992A
shǐyá 使牙 1-1326B
shìyá 市牙 3-684B
shíyáhuì 拾牙慧 6-565B
shīyán 失言 2-1481A
shīyán 失嚴 2-1491B
shīyán 師延 3-718B
shīyán 師言 3-718B
shīyǎn 詩眼 11-149A
shīyàn 詩醼 11-156A
shíyān 石煙 7-996A
shíyán 十言 1-822A
shíyán 石言 7-984B
shíyán 石筵 7-993B
shíyán 石巖 7-1004A
shíyán 石鹽 7-1004B
shíyán 食言 12-483A
shíyán 食鹽 12-491B
shíyǎn 石眼 7-992A
shíyǎn 石甗 7-1003B
shíyǎn 時眼 5-701A
shíyàn 石研 7-987B
shíyàn 石堰 7-993A
shíyàn 石硯 7-993B
shíyàn 石燕 7-999B
shíyàn 食雁 12-488A
shíyàn 食鴈 12-490A
shíyàn 時彥 5-699B
shíyàn 時宴 5-700B
shíyàn 實驗 3-1621B
shǐyán 矢言 7-1523B
shìyán 侍言 1-1314A
shìyán 逝言 10-847B
shìyán 飾言 12-513B
shìyán 誓言 11-213A
shìyán 釋言 10-1313A
shìyǎn 世眼 1-500B
shìyǎn 試演 11-140B
shìyàn 世喭 1-501B
shìyàn 世諺 1-505A
shìyàn 式宴 2-1583B
shìyàn 式燕 2-1584B
shìyàn 事驗 1-554B
shìyàn 侍宴 1-1316A
shìyàn 侍燕 1-1318A
shìyàn 侍讌 1-1318B
shìyàn 勢焰 2-816A
shìyàn 筮驗 8-1171A
shìyàn 試驗 11-142A
shíyán'érféi 食言而肥 12-483A
shīyǎng 失養 2-1489B
shīyǎng 師仰 3-718B
shíyáng 石羊 7-983B
shíyáng 時陽 5-702A
shíyǎng 時養 5-704B
shíyàng 時樣 5-705A
shǐyáng 使佯 1-1328B
shìyáng 飾揚 12-514B
shìyǎng 式仰 2-1583B
shìyǎng 事養 1-553A
shìyǎng 侍養 1-1317B
shìyǎng 視養 10-335B
shìyàng 示樣 7-830A
shìyàng 式樣 2-1584B
shìyàng 是樣 5-662A
shìyàng 勢樣 2-816A
shìyàng 試樣 11-140B
shǐyángjiàngláng 使羊將狼 1-1327B
shíyángjǐn 十洋錦 1-823B
shíyàngjǐn 十樣錦 1-828B
shíyàngjǐng 十樣景 1-828B
shíyángjiǔmù 十羊九牧 1-820A
shíyàngmánjiān 十樣蠻牋 1-829A
shíyángqián 食羊錢 12-482B
shíyánmù 石鹽木 7-1004B
shǐyǎnsè 使眼色 1-1330B
shìyàntián 試驗田 11-142A
shíyánzhījiào 十言之教 1-822A
shīyāo 詩妖 11-145B
shīyáo 詩謠 11-154B
shīyào 施藥 6-1582B
shíyāo 石妖 7-985A
shíyāo 食妖 12-483A
shíyáo 十堯 1-826B
shíyào 石藥 7-1002A
shíyào 時要 5-699A
shíyào 識要 11-423B
shǐyáo 使軺 1-1331A
shǐyào 使藥 1-1332A
shìyào 誓要 11-213B
shìyáo 世爻 1-494B
shìyào 世要 1-498A
shìyào 事要 1-549A
shìyào 侍藥 1-1318A
shìyào 視藥 10-336A
shìyào 勢要 2-815B
shìyào 勢耀 2-816B
shìyào 適要 10-1164B
shíyàolù 食藥鹿 12-490B
shīyé 師爺 3-722A
shīyè 失業 2-1488A
shīyè 詩業 11-151A
shíyē 食咽 12-485A
shíyè 石液 7-992B
shíyè 石葉 7-993A
shíyè 時夜 5-698A
shíyè 實業 3-1619A
shíyè 識業 11-425B
shǐyè 矢液 7-1523B
shìyě 視野 10-335A
shìyě 適野 10-1165B
shìyè 世業 1-502B
shìyè 事業 1-552A
shìyè 侍夜 1-1315A
shìyè 柿葉 4-934B
shìyè 勢業 2-816A
shìyè 試業 11-140A
shìyèdānwèi 事業單位 1-552A
shìyèjiā 事業家 1-552A
shìyěmóu 適野謀 10-1165B
shìyèxīn 事業心 1-552A
shíyèzhūmén… 十謁朱門九不開 1-829B
shīyī 施醫 6-1582B
shīyí 失宜 2-1482A
shīyí 失儀 2-1490A
shīyí 失遺 2-1490A
shīyí 師宜 3-719B
shīyí 師姨 3-720B
shīyǐ 施以 6-1578A
shīyǐ 蝨蟻 8-938A
shīyì 失意 2-1489A
shīyì 施翼 6-1582B
shīyì 師役 3-718B
shīyì 詩逸 11-149B
shīyì 詩意 11-152A
shīyì 詩義 11-152A
shīyì 溼疫 6-187B
shíyī 十一 1-804A
shíyī 什一 1-1101B
shíyī 石衣 7-983B
shíyī 時衣 5-695A
shíyī 時揖 5-702A
shíyí 拾遺 6-567A
shíyí 時宜 5-698B
shíyí 實宜 3-1616B
shíyì 十意 1-828A
shíyì 十義 1-828A
shíyì 十翼 1-830A
shíyì 食邑 12-482B
shíyì 時疫 5-699B
shíyì 時意 5-704A
shíyì 時義 5-704A
shíyì 時藝 5-707A
shíyì 時議 5-707B
shíyì 實益 3-1617B
shíyì 實意 3-1619B
shíyì 識義 11-426A
shíyì 識詣 11-426A
shíyì 識藝 11-426B
shíyì 識議 11-427A
shǐyí 史遺 3-51A
shǐyì 使役 1-1327B
shǐyì 使譯 1-1332A
shǐyì 使驛 1-1332A
shìyī 世醫 1-505B
shìyī 市醫 3-693A
shìyī 侍醫 1-1318A
shìyí 世儀 1-504B
shìyí 事宜 1-548B
shìyí 適宜 10-1164B
shìyí 釋疑 10-1315B
shìyǐ 是以 5-660A
shìyì 蒔刈 9-502B
shìyì 士議 2-1004B
shìyì 世役 1-496B
shìyì 世義 1-503B
shìyì 世裔 1-503A
shìyì 世誼 1-504B
shìyì 世議 1-506A
shìyì 市邑 3-686A
shìyì 市易 3-687A
shìyì 市義 3-691A
shìyì 示意 7-830A
shìyì 事役 1-548A
shìyì 事意 1-552B
shìyì 事義 1-552B
shìyì 侍役 1-1314A
shìyì 試邑 11-137A
shìyì 試翼 11-141B
shìyì 試藝 11-141B
shìyì 適逸 10-1165B
shìyì 適意 10-1166B
shìyì 謚議 11-387A
shìyì 釋義 10-1315B
shíyíbǔquē 拾遺補闕 6-567B
shíyī'érshuì 十一而稅 1-804B
shìyìfǎ 市易法 3-687A
shìyǐjiàorì 誓以皦日 11-212B
shīyīn 失音 2-1482B
shīyín 詩淫 11-149B
shīyín 溼銀 6-188A
shīyǐn 師尹 3-717B
shīyǐn 詩隱 11-154B
shīyìn 詩印 11-144A
shíyīn 十因 1-819A
shíyīn 石音 7-988A
shíyīn 時因 5-695A
shíyīn 時陰 5-700B
shíyīn 實音 3-1617A
shíyín 石垠 7-987B
shíyǐn 食飲 12-488B
shíyìn 石印 7-982B
shìyīn 世姻 1-499B
shìyīn 市闉 3-693A
shìyīn 事因 1-547A
shìyīn 試音 11-138B
shìyīn 適音 10-1165A

shìyǐn 掣引 6-279B
shìyǐn 仕隱 1-1127A
shìyǐn 市引 3-685A
shìyǐn 市隱 3-692B
shìyǐn 侍飲 1-1317A
shìyìn 世蔭 1-502B
shìyìn 世廕 1-503A
shìyìn 視蔭 10-335A
shìyìn 視印 10-333A
shīyíng 失迎 2-1481A
shīyíng 蝨蠅 8-938A
shīyǐng 詩穎 11-154A
shíyīng 石英 7-985A
shíyīng 石甖 7-1004A
shíyīng 時英 5-696B
shíyīng 時嚶 5-707A
shíyíng 拾螢 6-567B
shíyǐng 石影 7-999A
shǐyǐng 始影 4-336B
shǐyǐng 駛景 12-814B
shìyīng 世英 1-496B
shìyíng 筮營 8-1171A
shìyìng 適應 10-1167B
shìyìngshēng 侍應生
1-1318A
shìyìngzhèng 適應症
10-1167B
shíyǐnzhòng 食蚓仲 12-485B
shíyīqiānbǎi 十一千百
1-804B
shíyìshìshū 時異勢殊
5-701B
shíyíshìyì 時移世易
5-701B
shíyíshìyì 時移勢易
5-701B
shíyǐshòu 食蟻獸 12-491A
shìyìsī 市易司 3-687A
shíyísúyì 時移俗易 5-701B
shìyìwù 市易務 3-687A
shìyǐxiāngchéng 適以相成
10-1163B
shīyōng 尸饔 4-4A
shīyōng 詩傭 11-151B
shīyǒng 詩詠 11-150B
shīyòng 施用 6-1578A
shīyòng 師用 3-718A
shíyōng 時邕 5-701A
shíyōng 時雍 5-704A
shíyōng 時雝 5-707A
shíyōng 時廱 5-707B
shíyòng 食用 12-481B
shíyòng 時用 5-694B
shíyòng 實用 3-1614A
shíyòng 識用 11-422B
shǐyòng 使用 1-1327A
shìyōng 世庸 1-501A
shìyōng 市庸 3-689B
shìyōng 市傭 3-691A
shìyǒng 侍俑 1-1315B
shìyòng 世用 1-495A
shìyòng 事用 1-546B
shìyòng 是用 5-660B
shìyòng 試用 11-136B
shìyòng 適用 10-1163B
shǐyòngjiàzhí 使用價值
1-1327A
shǐyòngmiànjī 使用面積
1-1327A
shǐyòngquán 使用權 1-1327A
shíyòngwén 實用文 3-1614A
shìyòngzhì 市用制 3-685B
shíyòngzhǔyì 實用主義
3-1614A
shīyóu 詩郵 11-147B
shīyǒu 師友 3-717A
shīyǒu 詩友 11-143B
shīyòu 詩囿 11-146B
shíyóu 石尤 7-981A
shíyóu 石油 7-986B
shíyóu 石郵 7-990A
shíyóu 食油 12-484A
shíyóu 食肬 12-484A
shíyǒu 十友 1-815B
shíyǒu 石友 7-981A
shíyǒu 時友 5-693A
shìyōu 示優 7-830A
shìyóu 事繇 1-553B
shìyóu 事由 1-546A
shìyóu 侍遊 1-1317A
shìyóu 釋尤 10-1312B
shìyǒu 士友 2-1001A
shìyǒu 勢友 2-814B
shìyòu 釋宥 10-1314A
shíyǒubājiǔ 十有八九
1-818B
shìyǒubìzhì…
事有必至,理有固然
1-547A
shíyóufēng 石尤風 7-981A
shīyǒujìjiǔ 師友祭酒
3-717A
shīyú 施予 6-1578A
shīyú 詩餘 11-153B
shīyǔ 失語 2-1489B
shīyǔ 施與 6-1581B
shīyǔ 詩語 11-152B
shīyù 失御 2-1487A
shīyù 失馭 2-1486B
shīyù 施御 6-1581B
shīyù 詩獄 11-152B
shīyù 詩譽 11-155B
shíyú 石畬 7-994A
shíyú 食魚 12-487A
shíyú 食輿 12-490B
shíyú 時魚 5-701B
shíyǔ 時雨 5-697A
shíyǔ 時語 5-704B
shíyǔ 實語 3-1619B
shíyǔ 識宇 11-422B
shíyù 食玉 12-481B
shíyù 食欲 12-487A
shíyù 時奧 5-702B
shíyù 時育 5-698A
shíyù 時遇 5-702B
shíyù 時豫 5-705B
shíyù 時燠 5-706A
shíyù 時譽 5-707A
shíyù 識遇 11-425A
shǐyú 矢魚 7-1523B
shǐyú 豕魚 10-12B
shǐyǔ 駛雨 12-814B
shìyú 餝輿 12-499A
shìyú 侍漁 1-1317B
shìyú 室隅 3-1425B
shìyǔ 世語 1-503B
shìyǔ 市語 3-691B
shìyǔ 室宇 3-1424A
shìyǔ 試雨 11-137B
shìyǔ 飾羽 12-513A
shìyǔ 飾語 12-515B
shìyù 耆欲 8-641B
shìyù 耆慾 8-642B
shìyù 世域 1-500B
shìyù 世譽 1-506A
shìyù 市獄 3-691B
shìyù 市譽 3-693A
shìyù 市鬻 3-693B
shìyù 示諭 7-830A
shìyù 侍御 1-1316B
shìyù 拭玉 6-541B
shìyù 視遇 10-335A
shìyù 嗜欲 3-456A
shìyù 嗜慾 3-456A
shìyù 適欲 10-1165B
shìyù 諟諭 11-340B
shìyù 晜昬 5-804B
shīyuán 師垣 3-720A
shīyuán 詩源 11-152A
shīyuàn 詩苑 11-145B
shíyuán 石櫞 7-996B
shíyuǎn 識遠 11-425B
shíyuàn 石苑 7-985A
shǐyuàn 史院 3-49B
shǐyuàn 矢願 7-1524A
shǐyuàn 使院 1-1329B
shǐyuàn 始願 4-336B
shìyuān 釋冤 10-1314A
shìyuán 世緣 1-505A
shìyuán 市垣 3-688A
shìyuán 勢援 2-816A
shìyuán 飾緣 12-515B
shìyuán 適緣 10-1167A
shìyuǎn 適遠 10-1166B
shìyuàn 市怨 3-688B
shìyuàn 市掾 3-690A
shìyuàn 試院 11-138B
shìyuàn 誓願 11-214B
shìyuàn 適願 10-1167B
shìyuàn 釋怨 10-1314A
shìyuǎnbùgāo 視遠步高
10-335A
shíyùchuīguì 食玉炊桂
12-481B
shīyuē 失約 2-1483A
shīyuè 失悅 2-1484B
shīyuè 詩樂 11-153B
shíyuè 十月 1-816A
shíyuè 時月 5-693B
shǐyuè 矢躍 7-1524B
shìyuē 誓約 11-213B
shìyuè 是月 5-660A
shìyuè 嗜悅 3-456A
shìyuè 飾樂 12-515B
shíyuècháo 十月朝 1-816B
shíyuètáo 十月桃 1-816B
shíyúhú 石魚湖 7-992A
shīyún 濕雲 6-188A
shīyǔn 失損 2-1487B
shīyǔn 失抎 2-1480A
shīyǔn 失隕 2-1487B
shīyùn 詩運 11-150B
shīyùn 詩韻 11-155B
shíyún 石雲 7-993B
shíyùn 十煇 1-828A
shíyùn 時運 5-703A
shíyùn 時韻 5-707A
shìyùn 世運 1-502A
shìyùn 世韻 1-506A
shìyùn 逝運 10-848A
shīyúnzǐyuē 詩云子曰
11-143A
shìyùshī 侍御師 1-1317A
shíyútuò 拾餘唾 6-567B
shíyǔwǔfēng 十雨五風
1-822B
shìyǔxīnwéi 事與心違
1-552B
shìyǔyuànwéi 事與願違
1-552B
shíyúyùzhēng 食魚遇鯖
12-487B
shīyǔzhèng 失語症 2-1489B
shīzǎi 失載 2-1487B
shízāi 時菑 5-701A
shízǎi 時宰 5-700B
shízài 實在 3-1614B
shìzǎi 世載 1-502B
shízǎihánchuāng 十載寒窗
1-827B
shìzàirénwéi 事在人爲
1-547A
shīzǎixiàng 詩宰相 11-148A
shǐzàixiánshàng…
矢在弦上,不得不發
7-1523A
shìzàixiāoqiáng 事在蕭墻
1-547A
shīzān 蓍簪 9-496A
shízàn 時暫 5-705A
shǐzàn 史贊 3-51B
shīzāng 失贓 2-1491B
shīzàng 尸葬 4-3A
shízàng 食藏 12-490B
shìzàng 釋藏 10-1316B
shīzǎo 詩藻 11-155B
shízāo 食糟 12-490B
shízào 石竈 7-1004A
shìzǎo 嗜棗 3-456A
shìzào 視躁 10-336B
shízǎoyuē 食棗約 12-488A
shīzé 施澤 6-1582A
shízé 時澤 5-706B
shízé 實則 3-1617A
shìzé 士則 2-1002B
shìzé 世則 1-498B

shìzé 世澤 1-505A
shìzé 式則 2-1583B
shìzé 是則 5-661B
shìzé 筮擇 8-1171A
shìzēng 飾繒 12-516A
shìzéshì 是則是 5-661B
shīzhá 詩札 11-144A
shízhá 石牐 7-995B
shízhá 石閘 7-996B
shìzhá 試札 11-136B
shìzhà 飾詐 12-515A
shīzhāi 施齋 6-1582A
shīzhái 尸宅 4-1B
shīzhài 詩債 11-151B
shízhāi 十齋 1-830A
shìzhái 室宅 3-1424A
shìzhái 筮宅 8-1170B
shízhāiqī 十齋期 1-830A
shízhāirì 十齋日 1-830A
shǐzháiyú 使宅魚 1-1327B
shīzhān 失瞻 2-1491B
shīzhǎn 施展 6-1580B
shízhǎn 石盞 7-995B
shízhàn 石棧 7-993A
shízhàn 實戰 3-1620B
shǐzhān 使旃 1-1330A
shìzhān 式瞻 2-1584B
shìzhān 視瞻 10-336A
shìzhǎn 市斬 3-689A
shīzhāng 施張 6-1581A
shīzhāng 詩章 11-149A
shīzhǎng 師長 3-719A
shīzhàng 師丈 3-716A
shīzhàng 詩帳 11-149A
shízhǎng 什長 1-1102A
shízhàng 石丈 7-980B
shǐzhāng 施張 6-1581A
shǐzhǎng 使長 1-1328A
shǐzhàng 使帳 1-1330B
shìzhāng 誓章 11-214A
shìzhǎng 市長 3-686B
shìzhǎng 侍長 1-1314A
shìzhǎng 眎掌 7-1196A
shìzhàng 市丈 3-684A
shìzhàng 貰賬 10-140B
shìzhàng 釋仗 10-1313A
shīzhāngdǎoguài 失張倒怪 2-1486A
shīzhāngmàoshì 失張冒勢 2-1486A
shízhàngrén 石丈人 7-980B
shīzhāngshīzhì 失張失志 2-1486A
shīzhāngshīzhì 失張失致 2-1486A
shīzhāngshīzhì 失張失智 2-1486A
shìzhǎngsīlún 世掌絲綸 1-501B
shízhànshíshèng 十戰十勝 1-829B
shīzhāo 失著 2-1485A
shīzhāo 失着 2-1486A
shīzhāo 師昭 3-720A
shīzhào 詩兆 11-144B
shízhāo 實招 3-1616A
shízháo 實着 3-1618A
shízhǎo 石沼 7-986B
shízhào 識照 11-425B
shìzhāo 市招 3-686B
shìzhāo 式昭 2-1583B
shìzhǎo 嗜爪 3-455A
shīzhé 詩哲 11-147B
shízhé 十哲 1-824B
shízhé 時哲 5-699B
shízhě 識者 11-423A
shǐzhé 豕折 10-11B
shǐzhě 使者 1-1328A
shìzhé 軾轍 9-1242A
shìzhě 侍者 1-1314B
shìzhebù'er 試着步兒 11-139A
shīzhēn 失真 2-1483A
shīzhēn 施鍼 6-1582A
shīzhēn 師貞 3-720A
shīzhěn 施診 6-1581B
shīzhěn 濕疹 6-187B
shīzhèn 施振 6-1580A
shīzhèn 施賑 6-1582A
shīzhèn 詩陣 11-147B
shīzhèn 詩鴆 11-153B
shízhēn 石砧 7-989B
shízhēn 時珍 5-698B
shízhēn 時針 5-700A
shízhēn 識真 11-424A
shízhěn 石枕 7-985B
shìzhēn 世箴 1-504B
shìzhēn 螫針 8-950B
shìzhěn 侍枕 1-1314B
shìzhèn 市鎮 3-693A
shìzhèn 試陣 11-138B
shīzhēng 詩徵 11-153A
shīzhēng 蝨癥 8-938A
shīzhèng 失正 2-1479A
shīzhèng 失政 2-1482A
shīzhèng 施政 6-1579B
shízhēng 食征 12-484A
shízhèng 時政 5-698B
shízhèng 時症 5-700B
shízhèng 實症 3-1617B
shízhèng 實證 3-1621B
shǐzhèng 施政 6-1579B
shìzhēng 市征 3-687B
shìzhèng 市正 3-685A
shìzhèng 市政 3-688A
shìzhèng 事證 1-554B
shìzhèng 是正 5-660A
shìzhèng 試政 11-138A
shìzhèng 飾正 12-513A
shìzhèng 誓證 11-215A
shìzhèng 諟正 11-340B
shízhèngjì 時政記 5-698B
shízhèngzhǔyì 實證主義 3-1621B
shìzhěrúsī 逝者如斯 10-847B
shīzhí 尸職 4-3B
shīzhí 失職 2-1491A
shīzhí 獅猩 5-101B
shīzhǐ 失旨 2-1479B
shīzhǐ 失指 2-1482A
shīzhì 失志 2-1480A
shīzhì 失制 2-1481B
shīzhì 施置 6-1581B
shīzhì 詩帙 11-145B
shīzhì 詩秩 11-147B
shīzhì 詩致 11-147B
shízhī 石脂 7-990B
shízhī 實支 3-1613B
shízhī 識知 11-423A
shízhí 十直 1-822A
shízhí 拾摭 6-566B
shízhí 食跖 12-488A
shízhí 食職 12-490B
shízhí 食蹠 12-491A
shízhí 時直 5-696B
shízhí 時值 5-700A
shízhí 實直 3-1616A
shízhí 實值 3-1617B
shízhí 識職 11-426B
shízhǐ 十指 1-823A
shízhǐ 石趾 7-992A
shízhǐ 食指 12-484B
shízhǐ 時祉 5-698B
shízhì 石誌 7-997B
shízhì 食炙 12-484A
shízhì 時制 5-697B
shízhì 時治 5-698A
shízhì 實志 3-1615B
shízhì 實致 3-1617B
shízhì 實窒 3-1618A
shízhì 實質 3-1620B
shízhì 識致 11-424A
shǐzhí 史職 3-51B
shǐzhǐ 使指 1-1329A
shǐzhì 矢志 7-1523A
shǐzhì 豕炙 10-12A
shǐzhì 豕彘 10-12B
shǐzhì 使秩 1-1330A
shìzhī 示知 7-829A
shìzhí 世職 1-505B
shìzhí 市直 3-686B
shìzhí 事職 1-553B
shìzhí 侍直 1-1314B
shìzhí 侍執 1-1316A
shìzhí 試職 11-141B
shìzhí 適值 10-1165A
shìzhí 適職 10-1167B
shìzhǐ 世祉 1-498A
shìzhǐ 仕止 1-1126A
shìzhǐ 事指 1-549A
shìzhǐ 逝止 10-847A
shìzhǐ 試紙 11-139A
shìzhǐ 噬指 3-527A
shìzhǐ 釋旨 10-1313A
shìzhì 世治 1-497B
shìzhì 市制 3-687A
shìzhì 事制 1-548B
shìzhì 事智 1-551B
shìzhì 事質 1-553B
shìzhì 室制 3-1424B
shìzhì 舐痔 8-1085B
shìzhì 視秩 10-334B
shìzhì 勢至 2-814B
shìzhì 試秩 11-138B
shìzhì 試製 11-140A
shìzhì 飾知 12-514A
shìzhì 飾治 12-514A
shìzhì 飾智 12-514B
shìzhì 誓志 11-213A
shìzhì 適志 10-1164A
shìzhì 釋滯 10-1315B
shìzhībùjiàn… 視之不見,聽之不聞 10-333A
shǐzhìbùyáo 矢志不搖 7-1523B
shǐzhìbùyí 矢志不移 7-1523A
shǐzhìbùyú 矢志不渝 7-1523A
shízhǐcāng 十指倉 1-823A
shízhǐdòng 食指動 12-484B
shīzhīdōngyú… 失之東隅,收之桑榆 2-1478A
shīzhīháolí… 失之毫釐,差以千里 2-1478A
shīzhīháolí… 失之毫釐,差之千里 2-1478A
shīzhīháolí… 失之毫釐,謬以千里 2-1478A
shīzhījiāobì 失之交臂 2-1478A
shìzhìjīnyú 飾智矜愚 12-515A
shìzhíjīnzhì 侍執巾櫛 1-1316A
shízhǐliánxīn 十指連心 1-823A
shízhǐlòufèng 十指露縫 1-823A
shízhìmíngguī 實至名歸 3-1615A
shīzhīqiānlǐ… 失之千里,差若毫釐 2-1478A
shízhírì 十直日 1-822A
shízhīshuǐ 石脂水 7-990B
shīzhītuōjié 失支脱節 2-1478A
shìzhīyíxíng 釋知遺形 10-1313B
shízhǐyǒuchángduǎn 十指有長短 1-823A
shízhǐzi 石櫍子 7-999B
shīzhōng 失中 2-1478B
shīzhōng 失衷 2-1484A
shīzhōng 詩鐘 11-155B
shīzhòng 失重 2-1482A
shīzhòng 失衆 2-1487A
shīzhòng 師衆 3-721B
shízhōng 時中 5-693A

shízhōng 時鐘 5-707B
shízhòng 十重 1-823B
shízhòng 食重 12-485A
shízhōng 時中 5-693A
shǐzhōng 矢忠 7-1523B
shǐzhōng 始終 4-336A
shìzhōng 事衷 1-550A
shìzhōng 侍中 1-1313A
shìzhōng 室中 3-1423B
shìzhōng 飾中 12-512B
shìzhōng 飾終 12-514B
shìzhōng 適中 10-1163A
shìzhōng 適衷 10-1165B
shìzhǒng 逝踵 10-848A
shìzhǒng 釋種 10-1315B
shìzhòng 士衆 2-1004A
shìzhòng 市重 3-688A
shìzhòng 示重 7-829A
shìzhòng 示衆 7-829B
shìzhòng 恃衆 7-511B
shìzhòng 試中 11-136A
shìzhòng 誓衆 11-214A
shǐzhōngbùyú 始終不渝 4-336B
shìzhōngdiāo 侍中貂 1-1313B
shízhōnghuáng 石中黄 7-981B
shízhōnghuángzǐ 石中黄子 7-981B
shízhōngměi 石中美 7-981B
shízhōngrǔ 石鐘乳 7-1003B
shǐzhōngruòyī 始終若一 4-336B
shǐzhōngrúyī 始終如一 4-336B
shízhōngshān 石鐘山 7-1003B
shìzhōngxīn 市中心 3-685A
shīzhōngyǒuhuà 詩中有畫 11-143B
shīzhóu 詩軸 11-150A
shízhōu 十州 1-820A
shízhōu 十洲 1-823B
shízhōu 石州 7-983B
shízhòu 石甃 7-995B
shìzhōu 試周 11-137B
shìzhòu 士胄 2-1002B
shìzhòu 氏胄 6-1419B
shìzhòu 世宙 1-497B
shìzhòu 世胄 1-498B
shìzhòu 試胄 11-138A
shízhōusāndǎo 十洲三島 1-824A
shīzhū 施朱 6-1578B
shīzhú 尸逐 4-3A
shīzhú 詩竹 11-144B
shīzhǔ 失主 2-1479A
shīzhǔ 屍主 4-34A
shīzhǔ 施主 6-1578B
shīzhǔ 施屬 6-1582B
shīzhǔ 詩主 11-144B
shīzhù 尸注 4-2A
shīzhù 尸祝 4-2B
shīzhù 尸疰 4-3A
shīzhù 失箸 2-1489B
shīzhù 屍疰 4-34A
shīzhù 蝨蛀 8-937B
shízhū 石珠 7-989B
shízhū 石豬 7-998B
shízhū 食茱 12-484B
shízhú 石竹 7-983A
shízhú 石燭 7-1001B
shízhú 食竹 12-482A
shízhǔ 石主 7-982B
shízhǔ 石渚 7-992A
shízhǔ 祏主 7-843B
shízhǔ 時主 5-694B
shízhǔ 識主 11-422B
shízhù 十住 1-821B
shízhù 石柱 7-987B
shízhù 食筯 12-489A
shízhù 食箸 12-489B
shǐzhǔ 使主 1-1327A
shìzhú 世燭 1-505B
shìzhǔ 世主 1-495B
shìzhǔ 市渚 3-689B
shìzhǔ 事主 1-546B
shīzhuàn 失賺 2-1491A
shīzhuàn 詩傳 11-151B
shízhuàn 時饌 5-707B
shǐzhuǎn 使轉 1-1332A
shǐzhuàn 史傳 3-50B
shǐzhuàn 史撰 3-51A
shǐzhuàn 使傳 1-1331B
shìzhuàn 視篆 10-335B
shīzhuàng 失狀 2-1482A
shízhuāng 時妝 5-696B
shízhuāng 時粧 5-703A
shízhuāng 時裝 5-704A
shízhuàng 石撞 7-998B
shízhuàng 實狀 3-1616B
shìzhuāng 試妝 11-137A
shìzhuāng 飾妝 12-513B
shìzhuāng 飾裝 12-515A
shìzhuāng 飾糚 12-516A
shìzhuàng 事狀 1-548B
shìzhuàng 誓狀 11-213B
shízhuǎnjiǔkōng 十轉九空 1-830A
shízhuànyīkǒu 食饌一口 12-491B
shìzhùguó 世柱國 1-498A
shīzhuì 失隊 2-1486A
shīzhuì 失墜 2-1490A
shīzhūjiāobì 失諸交臂 2-1490A
shīzhǔn 詩準 11-152A
shízhūn 時屯 5-693A
shízhǔn 識準 11-426A
shìzhūn 世屯 1-494B
shìzhǔn 世準 1-503B
shìzhǔn 市准 3-689A
shīzhuó 濕濁 6-188B
shízhuō 食桌 12-485B
shízhuó 食卓 12-483B
shízhuó 識擢 11-426B
shìzhuó 視濯 10-336A
shìzhuó 試酌 11-138B
shìzhuó 飾琢 12-514B
shìzhuó 飾擢 12-516A
shízhūyú 食茱萸 12-484B
shīzi 師子 3-716A
shīzi 獅子 5-100A
shīzi 蝨子 8-937B
shīzī 師資 3-722A
shízī 石緇 7-998A
shízǐ 十子 1-814B
shízǐ 石子 7-981A
shízǐ 拾紫 6-566B
shízǐ 食子 12-479B
shízǐ 時子 5-692B
shízì 十字 1-820A
shízì 石菑 7-991B
shízì 實字 3-1615A
shízì 識字 11-422B
shǐzì 豕胾 10-12B
shìzi 式子 2-1583A
shìzi 柿子 4-934B
shìzī 世資 1-503A
shìzǐ 士子 2-1000A
shìzǐ 世子 1-494B
shìzǐ 仕子 1-1126A
shìzǐ 市子 3-684A
shìzǐ 侍子 1-1313A
shìzǐ 室子 3-1423B
shìzǐ 勢子 2-814A
shìzǐ 釋子 10-1312B
shìzì 拭眥 6-541B
shìzì 噬胾 3-527B
shízìbān 識字班 11-422B
shízìbǐng 十字餅 1-821A
shīzibótù… 獅子搏兔，亦用全力 5-100B
shīzibǔ 獅子補 5-100B
shīzichuáng 師子牀 3-716B
shīzichuáng 獅子牀 5-100B
shīzicōng 師子驄 3-716B
shīzicōng 獅子驄 5-101A
shīzidàkāikǒu 獅子大開口 5-100A
shīzidēng 獅子燈 5-101A
shízìgǎo 十字鎬 1-821A
shízìgé 十字格 1-820B
shīzigǒu 獅子狗 5-100B
shīzigǔnxiùqiú 獅子滚繡毬 5-101A
shīzigǔnxiùqiú 獅子滚繡球 5-101A
shīziguó 師子國 3-716B
shīzihǒu 師子吼 3-716B
shīzihǒu 獅子吼 5-100A
shīzihú 獅子壺 5-100B
shīzihuā 師子花 3-716B
shīzihuā 獅子花 5-100A
shīzihuì 獅子會 5-100B
shízìjià 十字架 1-820B
shìzijiāo 柿子椒 4-934B
shízìjiē 十字街 1-820B
shízìjiēkǒu 十字街口 1-820B
shízìjiētóu 十字街頭 1-820B
shìzijīn 柿子金 4-934B
shízìkǒu 十字口 1-820B
shízìkù 十字庫 1-820B
shīzilín 獅子林 5-100B
shízìlù 十字路 1-820B
shízìlùkǒu 十字路口 1-821A
shízìlùtóu 十字路頭 1-821A
shízǐmèi 十姊妹 1-822A
shīzishēnzhōngchóng 獅子身中蟲 5-100B
shīzishù 獅子朮 5-100A
shīzitóu 獅子頭 5-101A
shīziwǔ 師子舞 3-716B
shīziwǔ 獅子舞 5-101A
shízǐxùnjūn 食子徇君 12-479B
shízìzhīshū 識字知書 11-422B
shīzìzì 濕漬漬 6-188A
shīzizuò 師子座 3-716B
shīzizuò 獅子座 5-100B
shīzōng 失踪 2-1490A
shīzōng 失蹤 2-1491B
shīzōng 師蹤 3-723A
shīzōng 詩宗 11-146A
shízōng 時宗 5-698B
shìzōng 世宗 1-497B
shìzōng 事蹤 1-554A
shìzōng 釋宗 10-1313B
shízōngbù 十緵布 1-829B
shízōngbù 十總布 1-830A
shìzòu 試奏 11-138A
shīzú 失足 2-1480B
shīzǔ 師祖 3-720B
shīzǔ 詩祖 11-147A
shízū 食租 12-486A
shízū 實租 3-1617B
shízú 十足 1-821B
shízú 十族 1-826A
shízú 石鏃 7-1003A
shízú 時卒 5-698A
shízú 實足 3-1615B
shízǔ 石阻 7-985A
shízǔ 石祖 7-989A
shǐzú 矢鏃 7-1524A
shǐzú 始卒 4-335B
shǐzú 駛足 12-814B
shǐzú 駛卒 12-814B
shǐzǔ 始祖 4-335B
shìzū 市租 3-688B
shìzú 士卒 2-1002A
shìzú 士族 2-1003B
shìzú 氏族 6-1419B
shìzú 世族 1-501A
shìzú 市卒 3-687B
shìzú 室族 3-1425B
shìzú 舐足 8-1085A
shìzú 勢族 2-815B
shìzú 適足 10-1164A
shìzǔ 世祖 1-499B

shīzuān 詩纂 11-155B
shízuān 十鑽 1-830B
shízuǎn 拾纂 6-567B
shìzuì 試晬 11-139B
shìzuì 釋罪 10-1315A
shǐzuǐshǐshé 使嘴使舌 1-1332A
shīzūn 師尊 3-721B
shīzūn 釃尊 9-1450A
shìzūn 世尊 1-501B
shǐzǔniǎo 始祖鳥 4-336A
shīzuò 詩作 11-145A
shízuò 石作 7-984B
shízuò 食坐 12-483A
shízuò 時作 5-696A
shǐzuǒ 史佐 3-49A
shǐzuò 使作 1-1327B
shìzuò 世祚 1-499B
shìzuò 世胙 1-499A
shìzuò 市作 3-686B
shìzuò 侍坐 1-1314A
shìzuò 試作 11-137A
shǐzuòyǒngzhě 始作俑者 4-335B
shízūyìshuì 食租衣稅 12-486A
shìzúzhì 氏族志 6-1419B
shōngcóng 蚣蜙 8-868B
shōngxū 蚣蝑 8-868A
shǒu'ài 守隘 3-1306A
shōu'àn 收案 5-386A
shòu'ān 壽安 2-1202A
shòu'ǎo 壽媼 2-1204B
shōubá 收拔 5-384A
shǒubǎ 守把 3-1299A
shǒubāchā 手八叉 6-293A
shǒubái 守白 3-1298A
shǒubài 手拜 6-298A
shǒubān 首班 12-670A
shǒubǎn 手板 6-296B
shǒubǎn 手版 6-297A
shòubān 壽斑 2-1204B
shǒubǎndàochí 手版倒持 6-297A
shǒubāng 守邦 3-1298B
shǒubǎng 手榜 6-303A
shǒubǎng 手膀 6-303B
shòubàng 售謗 3-388B
shǒubǎngzi 手膀子 6-303B
shǒubǎnzhīyí 手板支頤 6-296B
shōubǎo 收保 5-385A
shōubào 收報 5-387B
shǒubǎo 守保 3-1302A
shòubào 獸暴 5-133A
shōubàojī 收報機 5-387B
shǒubàzi 手把子 6-295B
shōubēi 收悲 5-387B
shǒubèi 手背 6-298A
shǒubèi 守備 3-1305B
shōuběn 收本 5-382A
shǒuběn 手本 6-294B
shǒuběn 首本 12-667A
shōubì 收壁 5-391A
shǒubǐ 手筆 6-301A
shǒubì 手畢 6-298B
shǒubì 手臂 6-305A
shòubì 受幣 2-887A
shōubiān 收編 5-389B
shǒubiān 手邊 6-305B
shǒubiān 守邊 3-1309A
shǒubiǎo 手表 6-296A
shǒubiǎo 手錶 6-305A
shòubǐnánshān 壽比南山 2-1201B
shōubīng 收兵 5-383B
shǒubīng 守兵 3-1299B
shǒubīng 首兵 12-667B
shǒubǐng 手稟 6-303A
shǒubìng 守病 3-1304A
shòubīng 授兵 6-693B
shòubìng 受病 2-885A
shòubìng 瘦病 8-339B
shòubǐngyúrén 授柄於人 6-694A
shǒubó 手搏 6-302A
shòubó 瘦薄 8-340B
shǒubózi 手脖子 6-300B
shōubǔ 收捕 5-385B
shōubù 收步 5-383B
shōubù 收簿 5-391A
shǒubǔ 首捕 12-670A
shòubǔ 獸補 5-132B
shǒubùgānjìng 手不乾淨 6-294A
shǒubùshìjuàn 手不釋卷 6-294A
shǒubùshìshū 手不釋書 6-294A
shǒubùtínghuī 手不停揮 6-294A
shòubùyāzhí 壽不壓職 2-1201B
shǒubùyìngxīn 手不應心 6-294A
shōucái 收才 5-381B
shōucǎi 收采 5-384A
shōucǎi 收採 5-386B
shòucái 受材 2-882A
shòucái 壽材 2-1202A
shòucái 獸材 5-132A
shǒucáilǔ 守財鹵 3-1303B
shǒucáilǔ 守財虜 3-1303B
shǒucáinú 守財奴 3-1303B
shǒucān 首參 12-671A
shòucān 授餐 6-694B
shōucáng 收藏 5-390A
shǒucáng 守藏 3-1308B
shòucáng 受藏 2-887B
shōucángjiā 收藏家 5-390A
shōucánzhuìyì 收殘綴軼 5-387B
shǒucāo 守操 3-1307B
shǒucáo 首曹 12-670B
shòucǎo 綬草 9-907B
shǒucè 手册 6-295A
shǒucè 手策 6-301A
shǒucè 首策 12-671A
shòucè 受册 2-881B
shòuchá 受茶 2-884A
shōuchān 收襜 5-391A
shǒuchǎn 守産 3-1304B
shòuchán 受廛 2-887A
shōuchǎng 收場 5-387A
shǒucháng 手長 6-296B
shǒucháng 守常 3-1304B
shǒuchàng 首倡 12-670A
shǒuchàng 首唱 12-670B
shòuchāng 壽昌 2-1202B
shòucháng 瘦長 8-338B
shǒuchāo 手抄 6-295B
shǒuchāo 手鈔 6-301B
shòucháo 受朝 2-886A
shòucháo 受潮 2-887B
shǒuchē 手車 6-295B
shǒuchē 守車 3-1299B
shǒuchē 首車 12-667B
shǒuchén 守臣 3-1298B
shòuchén 受塵 2-887A
shòuchén 壽辰 2-1202A
shòuchén 獸臣 5-131B
shōuchéng 收成 5-383A
shǒuchéng 守成 3-1298B
shǒuchéng 守丞 3-1299A
shòuchéng 受成 2-882A
shōuchéngqìbài 收成棄敗 5-383A
shōuchǐ 收齒 5-389A
shǒuchí 守持 3-1301B
shǒuchì 手勅 6-298B
shǒuchì 手勑 6-298A
shǒuchì 手敕 6-299B
shòuchí 受持 2-884A
shǒuchōng 首衝 12-673A
shòuchǒngruòjīng 受寵若驚 2-888A
shǒuchǒu 手扭 6-295B
shǒuchǒu 手杻 6-296B
shǒuchū 首出 12-667A
shòuchū 壽樗 2-1205A
shòuchù 受絀 2-885B
shòuchù 受黜 2-887B
shǒuchuàn 手串 6-296A
shǒuchuàn 手釧 6-300A
shǒuchuàng 手刱 6-299A
shǒuchuàng 手創 6-301B
shǒuchuàng 首創 12-671A
shǒuchūn 首春 12-669A
shǒucí 守雌 3-1307A
shǒucì 手刺 6-296B
shǒucì 首次 12-667B
shòucí 受詞 2-886A
shòucí 受辭 2-888A
shòucí 壽詞 2-1204B
shǒucì 守刺 3-1300A
shǒucóng 首從 12-671A
shōucù 收簇 5-390B
shǒucuàn 首竄 12-673B
shòucuì 守倅 3-1304A
shòucuì 瘦悴 8-339B
shòucuì 瘦瘁 8-340A
shòucuì 瘦顇 8-340B
shōucún 收存 5-382B
shǒucùn 守寸 3-1297A
shōucuō 收撮 5-389A
shòucuò 受挫 2-884B
shǒudāi 守待 3-1302A
shòudài 受代 2-881B
shòudài 受紿 2-885B
shòudài 綬帶 9-907B
shòudàimǐ 綬帶米 9-907B
shòudàiniǎo 綬帶鳥 9-907B
shōudān 收單 5-387B
shǒudàn 守淡 3-1305A
shòudàn 壽旦 2-1201B
shòudàn 壽誕 2-1205A
shōudàng 收當 5-388A
shǒudāng 首璫 12-673B
shǒudāngqíchōng 首當其衝 12-672A
shǒudào 守道 3-1306A
shǒudào 首道 12-671B
shòudǎo 瘦島 8-339B
shǒudàobìngchú 手到病除 6-296B
shōudāojiǎnguà 收刀檢卦 5-381B
shǒudàonálái 手到拿來 6-296B
shǒudàoniānlái 手到拈來 6-296B
shǒudàoqínlái 手到擒來 6-296B
shōudé 收得 5-387A
shǒudé 守德 3-1307B
shōudēng 收燈 5-390A
shōudí 收糴 5-391B
shǒudí 守適 3-1307A
shǒudí 首嫡 12-673A
shǒudǐ 守邸 3-1300A
shòudí 受敵 2-887B
shòudì 狩地 5-50B
shōudiàn 收電 5-388A
shǒudiàn 手電 6-302B
shǒudiàndēng 手電燈 6-302B
shǒudiàntǒng 手電筒 6-302B
shǒudié 首絰 12-671B
shǒudìng 手定 6-297B
shǒudìng 手訂 6-298B
shǒudìng 守定 3-1301A
shǒudìng 首鋌 12-672B
shǒudǐxia 手底下 6-297A
shòudòng 受動 2-885B
shǒudū 首都 12-670A
shǒudù 守杜 3-1299B
shǒudù 守度 3-1302A
shǒudù 首度 12-669B
shòudú 授讀 6-695A
shòudù 受度 2-884A
shǒuduān 首端 12-673A
shǒuduàn 手段 6-298A
shōuduì 收兑 5-383B
shòuduì 壽對 2-1205A
shōudùn 收頓 5-388A
shòudùn 獸盾 5-132B
shōuduō 收掇 5-386B

shōuduó 收奪 5-388B
shǒu'e 手額 6-305B
shǒu'è 守惡 3-1305B
shǒu'è 首惡 12-671A
shōu'ēn 收恩 5-385B
shòu'ēn 受恩 2-884B
shòu'èr 守貳 3-1305A
shōufā 收發 5-388A
shǒufǎ 手法 6-297A
shǒufǎ 守法 3-1301A
shǒufà 首髮 12-673A
shòufá 受罰 2-887A
shòufǎ 受法 2-883B
shòufà 壽髮 2-1205A
shǒufān 守藩 3-1309A
shǒufān 守蕃 3-1307A
shǒufàn 首犯 12-667A
shōufáng 收房 5-384B
shǒufāng 守方 3-1298A
shòufāng 授方 6-693A
shōufèi 收費 5-388A
shǒufēn 手分 6-294A
shǒufēn 守分 3-1297B
shòufěn 受粉 2-885A
shǒufèn'ānchάng
守分安常 3-1297B
shōufēng 收封 5-384B
shōufēng 收風 5-385B
shǒufēng 手風 6-298A
shǒufēng 守風 3-1302A
shǒufēngqín 手風琴 6-298B
shōufú 收伏 5-383A
shōufú 收服 5-384A
shōufǔ 收拊 5-384A
shōufǔ 收撫 5-389A
shōufù 收付 5-382B
shōufù 收附 5-384A
shōufù 收復 5-387B
shōufù 收縛 5-390A
shǒufú 守服 3-1300B
shǒufú 首伏 12-667B
shǒufú 首服 12-669A
shǒufǔ 手斧 6-297A
shǒufǔ 守府 3-1301A
shǒufǔ 首府 12-669A
shǒufǔ 首輔 12-672B
shǒufù 首富 12-671B
shòufú 守符 3-1304B
shòufú 受服 2-883A
shòufú 受俘 2-884A
shòufú 受符 2-885B
shòufú 受福 2-886B
shòufú 獸伏 5-131B
shòufú 獸符 5-132B
shòufǔ 守府 3-1301A
shòufù 壽婦 2-1204B
shǒugāo 手高 6-299A
shǒugǎo 手稿 6-304A
shǒugǎo 手藁 6-305B
shǒugǎo 手鎬 6-305B
shǒugào 首告 12-667B
shòugǎo 獸藁 5-133B
shǒugāoshǒudī 手高手低
6-299A
shǒugāoyǎndī 手高眼低
6-299A
shōugē 收割 5-388A
shǒugé 手格 6-298B
shǒugēn 守根 3-1303B
shòugēng 受耕 2-884B
shǒugēngshēn 守庚申
3-1301A
shōugōng 收工 5-381B
shōugōng 收功 5-382A
shǒugōng 手工 6-293B
shǒugōng 手功 6-294B
shǒugōng 守宫 3-1302B
shǒugōng 首功 12-667A
shòugōng 壽宫 2-1203A
shòugōng 獸工 5-131B
shǒugōnghuái 守宫槐
3-1302B
shǒugōngshā 守宫砂 3-1302B
shǒugōngyè 手工業 6-293B
shǒugōngyì 手工藝 6-293B
shōugòu 收購 5-390B
shǒugǒu 守狗 3-1301A
shòugǒu 壽耇 2-1202B
shōugòuzhàn 收購站 5-390B
shōugǔ 收穀 5-389A
shǒugǔ 手鼓 6-302A
shǒugǔ 守古 3-1298A
shǒugù 手梏 6-299B
shǒugù 守固 3-1300B
shǒugù 守故 3-1301B
shòugǔ 壽骨 2-1203A
shòugǔ 瘦骨 8-339A
shòugǔ 獸罟 5-132B
shòugǔ 獸鼓 5-132B
shǒuguǎ 守寡 3-1307A
shòuguǎ 瘦寡 8-340A
shòuguāguā 瘦刮刮 8-338B
shòuguāguā 瘦括括 8-338B
shǒuguǎi 手拐 6-296B
shōuguǎn 收管 5-388B
shǒuguān 首官 12-669A
shǒuguǎn 手管 6-303B
shǒuguàn 首冠 12-669B
shòuguǎn 授館 6-694B
shòuguāng 壽光 2-1202A
shòuguāngxiānsheng
壽光先生 2-1202A
shòuguāntīng 受官廳 2-883B
shòuguāntīng 授官廳 6-693B
shǒuguī 守龜 3-1308B
shòugǔléngléng 瘦骨稜稜
8-339A
shòugǔlíngdīng 瘦骨伶仃
8-339A
shòugǔlíngdīng 瘦骨零丁
8-339A
shòugǔlínlín 瘦骨嶙嶙
8-339A
shòugǔlínxún 瘦骨嶙峋
8-339A
shōuguǒ 收果 5-384A
shōuguò 收過 5-387A
shǒuguó 守國 3-1304B
shǒuguò 首過 12-670B
shòuguó 壽國 2-1204A
shòuguǒ 瘦果 8-338B
shòuguò 受過 2-885B
shǒugǔwǔ 手鼓舞 6-302A
shòuhài 受害 2-885A
shòuhài 獸害 5-132B
shòuhài 獸駭 5-133A
shǒuhàn 手翰 6-304B
shǒuhàn 守捍 3-1303A
shòuhángniǎojì 獸迒鳥迹
5-132A
shǒuháo 手毫 6-300B
shǒuhào 手號 6-302B
shòuháo 壽毫 2-1204A
shǒuhàojūn 手號軍 6-302B
shōuhē 收呵 5-384A
shōuhé 收合 5-383A
shōuhé 收劾 5-384B
shǒuhé 守和 3-1300B
shǒuhé 首禾 12-667A
shòuhè 瘦鶴 8-340B
shǒuhēi 手黑 6-301A
shǒuhēi 守黑 3-1305B
shòuhēi 瘦黑 8-340A
shǒuhén 手痕 6-300B
shǒuhénbēi 手痕碑 6-300B
shōuhòu 收後 5-385A
shǒuhòu 守候 3-1303B
shǒuhóu 守侯 3-1302A
shòuhóu 獸侯 5-132B
shǒuhù 守護 3-1309A
shǒuhù 首户 12-666B
shòuhù 受祜 2-884A
shōuhuā 收華 5-385B
shǒuhuá 手滑 6-302A
shòuhuā 綬花 9-907B
shòuhuá 壽華 2-1203B
shòuhuà 壽畫 2-1204B
shōuhuān 收驩 5-391B
shōuhuán 收還 5-389B
shòuhuán 獸環 5-133B
shòuhuán 獸鐶 5-133B
shòuhuáng 壽皇 2-1203A
shòuhuàqì 受話器 2-886B
shōuhuí 收回 5-383A
shōuhuì 收賄 5-388A
shǒuhuǐ 首悔 12-670B
shǒuhuì 手誨 6-303B
shòuhuì 受惠 2-886A
shòuhuì 受賄 2-886B
shǒuhuīmùsòng 手揮目送
6-300B
shōuhún 收魂 5-388A
shǒuhūn 守閽 3-1308B
shòuhùnchéngkē 受諢承科
2-887B
shōuhuò 收獲 5-390A
shōuhuò 收穫 5-391A
shǒuhuò 手貨 6-300A
shǒuhuò 首禍 12-671B
shòuhuǒ 獸火 5-131B
shòuhuò 受禍 2-886A
shǒuhuóguǎ 守活寡 3-1302B
shòuhuòyuán 售貨員 3-388B
shōují 收集 5-387B
shōují 收輯 5-389B
shōují 收籍 5-391A
shōujì 收迹 5-385B
shōujì 收績 5-390B
shōujì 收計 5-385B
shōujì 收繼 5-391A
shǒují 手集 6-301B
shǒují 首級 12-670A
shǒují 首疾 12-670B
shǒujǐ 手戟 6-300B
shǒujǐ 守己 3-1297B
shǒujì 手迹 6-298B
shǒujì 手伎 6-295A
shǒujì 手技 6-295B
shǒujì 手記 6-298B
shǒujì 手跡 6-302B
shǒujì 手蹟 6-305B
shǒujì 首計 12-669B
shòujī 綬雞 9-907B
shòují 瘦瘠 8-340B
shòujǐ 瘦脊 8-339B
shòujǐ 獸脊 5-132B
shòujì 受紀 2-884B
shòujì 受計 2-884A
shòujì 受記 2-884B
shòujì 售跡 3-388B
shòujì 授記 6-694A
shòujì 壽紀 2-1203B
shòujì 獸迹 5-132B
shòujì 獸跡 5-133A
shǒujiǎ 首甲 12-667A
shǒujià 守價 3-1307B
shǒujià 首稼 12-673A
shòujiā 受家 2-885A
shòujiǎ 授甲 6-693A
shòujiǎ 壽斝 2-1204B
shōujiān 收監 5-388B
shōujiǎn 收撿 5-389B
shōujiǎn 收檢 5-390B
shōujiàn 收箭 5-389A
shǒujiǎn 手柬 6-298A
shǒujiǎn 手簡 6-305B
shǒujiǎn 首簡 12-673B
shǒujiàn 手劍 6-304A
shǒujiàn 首薦 12-673A
shòujiān 守兼 3-1304A
shòujiān 售奸 3-388B
shòujiān 售姦 3-388B
shòujiǎn 授簡 6-695A
shòujiǎn 瘦減 8-340A
shòujiàn 瘦健 8-339B
shòujiàn 獸艦 5-133B
shǒujiàng 手將 6-300B
shǒujiàng 守將 3-1305A
shòujiǎng 受獎 2-887A
shōujiāngnán 收江南 5-383A
shōujiào 收教 5-386B
shǒujiāo 手教 6-299B
shǒujiǎo 手脚 6-300A
shǒujiào 手教 6-299B
shǒujiào 守徼 3-1308A
shòujiǎo 獸角 5-132A

shòujiào 受教 2-885A
shǒujiǎogānjìng 手脚乾净 6-300A
shǒujiǎolíngsuì 手脚零碎 6-300B
shǒujiǎowúcuò 手脚無措 6-300A
shōujiē 收接 5-386B
shōujié 收結 5-388A
shōujiè 收解 5-388B
shǒujié 守節 3-1306B
shǒujié 守潔 3-1307B
shǒujiè 守介 3-1297B
shǒujiè 守界 3-1302A
shǒujiè 首届 12-669A
shòujié 受節 2-886B
shòujié 授孑 6-692B
shòujié 授節 6-694A
shòujié 獸碣 5-133A
shòujiè 受戒 2-882A
shǒujīguān 手機關 6-304B
shōujǐn 收緊 5-388B
shōujìn 收祲 5-387A
shōujìn 收禁 5-388A
shǒujīn 手巾 6-293B
shǒujǐn 手緊 6-303A
shǒujìn 守盡 3-1307A
shǒujìn 守禁 3-1306A
shòujǐn 獸錦 5-133A
shòujìn 受進 2-885B
shǒujīnbǎ 手巾把 6-293B
shǒujīng 守睛 3-1306A
shǒujīng 守經 3-1306B
shǒujīng 守精 3-1307A
shǒujǐng 手頸 6-304B
shǒujìng 守境 3-1307A
shǒujìng 守静 3-1307A
shòujīng 受經 2-886B
shòujīng 受精 2-887A
shòujīng 受驚 2-888B
shòujīng 授經 6-694B
shòujìng 瘦勁 8-338B
shòujīngjīng 瘦精精 8-340A
shòujīnjīn 瘦筋筋 8-340A
shòujīnshū 瘦金書 8-338B
shòujiǒng 受窘 2-886A
shōujiù 收救 5-386B
shǒujiù 守舊 3-1308B
shòujiǔ 壽酒 2-1203B
shǒujíyǎnkuài 手疾眼快 6-299A
shǒujīzi 手擊子 6-305A
shōujū 收駒 5-389A
shōujú 收局 5-384A
shōujǔ 收舉 5-389B
shōujù 收聚 5-388B
shōujù 收據 5-389B
shǒujù 守具 3-1300A
shòujū 獸居 5-132A
shòujù 受具 2-882B
shòujù 受窶 2-887B
shòujù 壽具 2-1202B
shǒujuàn 手卷 6-297A
shǒujuàn 手絹 6-303A
shǒujuàn 首卷 12-669A
shòujuān 獸圈 5-132B
shòujuàn 獸圈 5-132B
shōujué 收掘 5-386B
shǒujué 手訣 6-300B
shòujué 受爵 2-887B
shòujué 授爵 6-695A
shòujué 壽爵 2-1205B
shōujūn 收軍 5-385B
shōujùn 收攟 5-391B
shòujūn 獸君 5-132A
shòujùniǎosàn 獸聚鳥散 5-133A
shǒukǎi 首鎧 12-673B
shòukǎi 壽豈 2-1203B
shòukǎi 獸鎧 5-133B
shōukān 收勘 5-386B
shòukǎn 壽坎 2-1202A
shòukàn 受看 2-884A
shòukāng 壽康 2-1204A
shōukǎo 收考 5-382B
shǒukào 手銬 6-303B
shòukǎo 壽考 2-1202A
shōukē 收科 5-385A
shǒukē 首科 12-669B
shòukè 授課 6-694B
shòukè 壽客 2-1203A
shòukè 瘦客 8-339A
shǒukěn 首肯 12-669A
shōukǒu 收口 5-381B
shǒukǒu 守口 3-1297A
shòukǒu 獸口 5-131B
shǒukǒurúpíng 守口如瓶 3-1297A
shǒukǒuzhīzé 手口之澤 6-293B
shòukǔ 受苦 2-882B
shǒukuài 手快 6-296A
shòukuài 受塊 2-885B
shǒukuǎn 首款 12-671A
shòukuàng 壽壙 2-1205B
shǒukuí 首揆 12-671A
shǒukuí 首夔 12-673B
shòukuī 受虧 2-887B
shǒukùn 守困 3-1299B
shòukùnzéshì 獸困則噬 5-132A
shōukuò 收括 5-384B
shōulǎn 收攬 5-391B
shōulǎn 收纜 5-391B
shǒulè 手泐 6-296A
shòulè 壽樂 2-1205A
shōulèi 收淚 5-387A
shòulěi 受累 2-885B
shòulèi 受累 2-885B
shòulèi 壽類 2-1206A
shòulèi 獸類 5-133B
shǒuléng 首楞 12-671B
shòuléngléng 瘦棱棱 8-340A
shòuléngléng 瘦稜稜 8-340A
shōulì 收吏 5-382B
shōulì 收利 5-383B
shǒulǐ 手理 6-299B
shǒulǐ 守禮 3-1308B
shǒulì 手力 6-293A
shǒulì 手歷 6-304B
shǒulì 守吏 3-1298B
shǒulì 守隸 3-1308B
shǒulì 首戾 12-669A
shòulǐ 受理 2-885A
shòulǐ 受禮 2-888A
shòulǐ 壽禮 2-1205B
shòulì 授曆 6-694B
shòulì 授歷 6-694B
shōulián 收憐 5-389B
shōulián 收簾 5-391A
shōuliǎn 收斂 5-390B
shōuliǎn 收歛 5-390B
shōuliàn 收殮 5-390B
shòulián 壽聯 2-1205B
shòuliáng 受涼 2-885B
shōuliáo 收繚 5-391A
shóuliào 熟料 7-244B
shǒuliè 守列 3-1298B
shòuliè 狩獵 5-50B
shōulíjiūsàn 收離糾散 5-391A
shōulíjùsàn 收離聚散 5-391A
shōulǐng 收領 5-388B
shǒulíng 手靈 6-306A
shǒulíng 守靈 3-1309B
shǒulǐng 首領 12-672B
shǒulìng 手令 6-294B
shǒulìng 首令 12-667A
shòulíng 壽陵 2-1203B
shòulǐng 受領 2-887A
shòulíngdīng 瘦伶仃 8-338B
shǒulíngjiǎosuì 手零脚碎 6-302B
shòulínglíng 瘦伶伶 8-338B
shòulíngshībù 壽陵失步 2-1204A
shòulínlín 瘦嶙嶙 8-340B
shǒulìqián 手力錢 6-293B
shōuliú 收留 5-386A
shǒuliú 手鎦 6-305B
shǒuliúdàn 手榴彈 6-303A
shǒulìzī 手力資 6-293A
shōulǒng 收攏 5-391A
shǒulóng 手籠 6-306A
shòulóng 瘦龍 8-340B
shōulǔ 收虜 5-388A
shōulù 收録 5-389B
shǒulú 手爐 6-306A
shǒulú 手鑪 6-306A
shǒulǔ 守虜 3-1306A
shǒulǔ 首虜 12-671B
shǒulù 手戳 6-305B
shǒulù 手録 6-305A
shǒulù 首露 12-673B
shǒulù 首路 12-672A
shòulú 獸爐 5-133B
shòulù 受禄 2-886A
shòulù 受賂 2-886B
shòulù 受戮 2-887B
shòulù 受籙 2-888B
shǒuluàn 首亂 12-672B
shǒulǔlǜ 首虜率 12-672A
shōuluó 收羅 5-391A
shǒuluó 守邏 3-1309B
shōuluóbàgǔ 收鑼罷鼓 5-391B
shòulǜ 受律 2-884A
shōulüè 收掠 5-386B
shòumá 壽麻 2-1204A
shòumá 壽靡 2-1206A
shòumǎ 瘦馬 8-339B
shōumái 收埋 5-385B
shōumǎi 收買 5-387B
shòumài 售賣 3-388B
shǒumàn 手鏝 6-305B
shǒumángjiǎoluàn 手忙脚亂 6-295A
shǒumèi 手袂 6-298B
shòuméi 壽眉 2-1203B
shòuméi 瘦煤 8-340A
shòuméizhǎigǔ 瘦眉窄骨 8-339A
shǒumén 守門 3-1301B
shǒuméng 守盟 3-1306A
shǒuménshǐ 守門使 3-1301B
shǒuményuán 守門員 3-1301B
shòumǐ 瘦米 8-338A
shǒumiǎn 首免 12-667B
shǒumiàn 手面 6-298A
shǒumiàn 首面 12-669B
shòumiàn 壽麪 2-1205A
shòumiàn 壽麵 2-1206A
shòumiàn 獸面 5-132A
shǒumín 手民 6-295A
shòumín 受民 2-881B
shòumín 壽民 2-1201B
shǒumíng 守名 3-1299A
shǒumìng 手命 6-297A
shǒumìng 守命 3-1300B
shòumíng 受名 2-882A
shòumìng 受命 2-882B
shòumìng 授命 6-693B
shòumìng 壽命 2-1202B
shòumìngbǎo 受命寶 2-883A
shòumìngbùshòucí 受命不受辭 2-883A
shòumìngxǐ 受命璽 2-883A
shōumò 收没 5-383B
shǒumó 手摹 6-303A
shǒumó 手模 6-303A
shǒumò 手墨 6-304A
shǒumò 守墨 3-1307A
shǒumò 守默 3-1308A
shǒumò 首末 12-666B
shǒumóu 首謀 12-673A
shōumù 收募 5-387B
shǒumǔ 守母 3-1298B
shòumǔ 壽母 2-1202A
shǒumù 守牧 3-1300B
shòumù 受目 2-881A
shòumù 授木 6-693A
shòumù 壽木 2-1201A
shòumù 獸目 5-131B
shōunà 收納 5-386A

shòunà 受納 2-885A
shǒunài 守奈 3-1300A
shǒunài 守耐 3-1302A
shǒunàn 首難 12-673B
shòunàn 受難 2-888A
shòunáng 綬囊 9-907B
shǒunánniǎo 首南鳥 12-669B
shǒunáo 手撓 6-304A
shǒunǎo 首腦 12-672B
shòunéng 授能 6-694A
shǒunì 首逆 12-669B
shǒunì 首匿 12-670A
shòunián 壽年 2-1202A
shòuniǎo 綬鳥 9-907B
shōunú 收孥 5-384B
shōunú 收帑 5-384B
shòunuò 瘦懦 8-340A
shǒunüè 首虐 12-669B
shǒupà 手帕 6-297A
shǒupái 手牌 6-301B
shōupán 收盤 5-389A
shòupán 受盤 2-887A
shǒupào 手礮 6-306A
shǒupàzǐmèi 手帕姊妹
6-297A
shōupén 收盆 5-385B
shōupéng 收篷 5-389B
shǒupī 手批 6-295B
shǒupí 守陴 3-1304A
shòupiàn 受騙 2-888A
shǒupiánzúzhī 手胼足胝
6-298B
shōupiào 收票 5-386B
shòupiàoyuán 售票員 3-388B
shòupìn 受聘 2-886A
shǒupíng 手平 6-294B
shòupíng 壽屏 2-1203A
shǒupíngjiānkǒu 守瓶緘口
3-1304A
shǒupú 守璞 3-1307B
shǒupǔ 守朴 3-1298B
shǒupǔ 守樸 3-1308A
shōuqì 收訖 5-386A
shóuqī 熟漆 7-246B
shǒuqī 首七 12-666B
shǒuqī 首妻 12-669A
shǒuqǐ 手啓 6-300B
shǒuqì 手氣 6-298B
shǒuqì 守鼙 3-1309A
shǒuqì 守氣 3-1303B
shǒuqì 守器 3-1308A
shòuqī 壽期 2-1204B
shòuqì 受氣 2-884B
shòuqì 授器 6-694B
shòuqì 壽器 2-1205B
shǒuqiǎ 守卡 3-1298A
shǒuqiān 守謙 3-1308B
shòuqián 壽潛 2-1205A
shǒuqiāng 手槍 6-303A
shǒuqiánlǔ 守錢虜 3-1308A
shǒuqiánnú 守錢奴 3-1308A
shǒuqiǎo 手巧 6-294B
shòuqìbāo 受氣包 2-884B
shòuqiè 瘦怯 8-338B
shòuqièqiè 瘦怯怯 8-338B
shōuqíjuǎnsǎn 收旗捲傘
5-388B
shōuqīn 收親 5-390A
shōuqín 收禽 5-387B
shǒuqín 手勤 6-302B
shōuqīng 收清 5-387A
shǒuqìngzi 手磬子 6-304B
shǒuqīnyǎnbiàn 手親眼便
6-305A
shòuqióng 受窮 2-887B
shòuqióng 瘦筇 8-339B
shòuqióngzéniè 獸窮則齧
5-133A
shōuqiū 收秋 5-385A
shōuqiú 收求 5-383B
shǒuqiū 首丘 12-667A
shǒuqiū 首邱 12-667B
shǒuqiū 首秋 12-669B
shǒuqiú 手球 6-299B
shǒuqiú 守求 3-1299B
shòuqiū 壽丘 2-1201B
shòuqiū 壽邱 2-1202B
shòuqiú 受賕 2-886B
shòuqiú 售賕 3-388B
shōuqǔ 收取 5-384A
shōuqù 收去 5-382A
shòuqū 受屈 2-883B
shòuqū 受詘 2-886A
shòuqú 瘦臞 8-340B
shòuqú 瘦癯 8-340B
shòuqǔ 受取 2-882B
shòuqǔ 狩取 5-50B
shōuquán 收泉 5-385A
shǒuquǎn 守犬 3-1297B
shòuquán 受權 2-888A
shòuquán 授權 6-695A
shōuquè 收榷 5-388B
shǒuquē 守闕 3-1309A
shǒuquēbàocán 守缺抱殘
3-1303B
shǒuquēbàocán 守闕抱殘
3-1309A
shǒuqūyīzhǐ 首屈一指
12-669A
shòurǎo 獸擾 5-133B
shòurè 受熱 2-887A
shōurén 收人 5-381B
shòurén 狩人 5-50A
shòurén 壽人 2-1201A
shòurén 瘦人 8-338A
shòurén 獸人 5-131B
shòurèn 受任 2-882A
shòurèn 授任 6-693A
shòurénkǒushí 授人口實
6-692B
shòurényǐbǐng 授人以柄
6-692B
shòurì 壽日 2-1201B
shǒurìfēng 首日封 12-666B
shōuróng 收容 5-386A
shòuróng 瘦容 8-339B
shōuróngsuǒ 收容所 5-386A
shǒuróu 守柔 3-1302B
shōurù 收入 5-381B
shǒurǔ 守辱 3-1303B
shòurǔ 受辱 2-884B
shǒuruǎn 手軟 6-299B
shòuruò 瘦弱 8-339B
shǒusài 守塞 3-1306B
shǒusāng 守喪 3-1305B
shōusāngyú 收桑榆 5-386A
shōushā 收殺 5-386A
shōushā 收煞 5-388B
shōushān 收山 5-382A
shōushàn 收贍 5-391A
shǒushàn 手扇 6-299A
shǒushàn 守善 3-1306A
shǒushàn 首善 12-671B
shòushàn 受禪 2-887B
shòushàn 受嬗 2-887B
shòushàn 受禮 2-888A
shòushànbēi 受禪碑 2-887B
shòushānfúhǎi 壽山福海
2-1201A
shǒushàng 手上 6-293B
shòushāng 受傷 2-886B
shòushāng 壽觴 2-1206A
shòushǎng 受賞 2-887A
shòushǎng 授賞 6-694B
shòushānshí 壽山石 2-1201A
shòushānshíkè 壽山石刻
2-1201A
shòushàntái 受禪臺 2-887B
shǒushànzhīdì 首善之地
12-671B
shǒushànzhīqū 首善之區
12-671B
shōushāo 收梢 5-386B
shǒushāo 手梢 6-299B
shǒushāo 手稍 6-301A
shōushè 收攝 5-391B
shǒushè 守舍 3-1300B
shǒushè 首攝 12-673B
shòushè 受射 2-884B
shōushēn 收身 5-383B
shǒushēn 守身 3-1299B
shǒushēn 首身 12-667B
shǒushén 守神 3-1302B
shǒushèn 守慎 3-1306B
shòushēn 受身 2-882A
shòushēn 壽身 2-1202B
shòushèn 受脤 2-885B
shōushēng 收生 5-382B
shōushēng 收聲 5-390A
shǒushēng 手生 6-294B
shǒushēng 守生 3-1298A
shǒushèng 守勝 3-1305B
shòushēng 受生 2-881B
shòushēng 瘦生 8-338A
shōushēngfù 收生婦 5-382B
shōushēngpó 收生婆 5-382B
shōushēngyù 收生嫗 5-382B
shōushi 收拾 5-384B
shōushī 收屍 5-385B
shōushí 收什 5-382A
shōushǐ 收使 5-384A
shōushì 收市 5-382B
shōushì 收事 5-384A
shōushì 收拭 5-384B
shōushì 收視 5-387A
shǒushī 首施 12-669B
shǒushí 手實 6-303B
shǒushí 守時 3-1303B
shǒushí 首時 12-670A
shǒushí 首實 12-673A
shǒushì 手示 6-294B
shǒushì 手式 6-295A
shǒushì 手勢 6-302A
shǒushì 手飾 6-302B
shǒushì 守事 3-1300A
shǒushì 守室 3-1302B
shǒushì 守視 3-1305A
shǒushì 守筮 3-1306A
shǒushì 首事 12-668B
shǒushì 首飾 12-672B
shòushī 壽詩 2-1205A
shòushí 受時 2-884B
shòushí 授時 6-694A
shòushí 瘦石 8-338A
shòushì 受事 2-882B
shòushì 受室 2-884A
shòushì 受誓 2-886B
shòushì 售世 3-388B
shòushì 授室 6-694A
shòushì 壽世 2-1201B
shǒushífǎ 手實法 6-304A
shōushìfǎntīng 收視反聽
5-387A
shōushìfǎntīng 收視返聽
5-387A
shǒushìliǎngduān
首施兩端 12-669B
shǒushìlìng 手勢令 6-302A
shǒushìyǔ 手勢語 6-302B
shōushǒu 收手 5-382A
shōushòu 收受 5-384A
shòushǒu 授手 6-693A
shòushǒu 授首 6-694A
shòushòu 喽受 3-389A
shòushòu 受授 2-885A
shòushòu 授受 6-693B
shòushòu 瘦受 8-338B
shōushú 收孰 5-387A
shōushú 收熟 5-389A
shōushú 收贖 5-391B
shōushǔ 收數 5-389A
shōushù 收束 5-383B
shǒushū 手書 6-299A
shǒushū 手疏 6-302A
shǒushú 手熟 6-304A
shǒushǔ 首鼠 12-672A
shǒushù 手術 6-300A
shǒushù 守戍 3-1298B
shǒushù 守數 3-1307A
shǒushù 首術 12-671A
shòushū 受書 2-885A
shòushǔ 受暑 2-886A
shòushǔ 受署 2-886B
shòushù 壽數 2-1205A
shōushuài 收率 5-387A
shòushuǐ 壽水 2-1201B

shòushuì 獸睡 5-133A
shǒushǔliǎngduān 首鼠兩端 12-672A
shōusī 收私 5-383B
shōusì 收食 5-385A
shǒusī 守司 3-1298B
shǒusǐ 守死 3-1298B
shǒusì 守祀 3-1300A
shòusī 受私 2-882A
shòusǐ 受死 2-881B
shòusì 綬笥 9-907B
shòusì 獸兕 5-132A
shǒusōng 手鬆 6-305A
shǒusù 守素 3-1303A
shòusuàn 壽算 2-1205A
shǒusuì 守歲 3-1306A
shǒusuì 首歲 12-671B
shòusuì 受歲 2-886A
shòusuì 壽歲 2-1204B
shòusǔn 瘦損 8-340A
shōusuō 收縮 5-390B
shōusuǒ 收所 5-384A
shōusuǒ 收索 5-385B
shǒutái 首台 12-667A
shǒutái 首臺 12-672B
shòutāi 受胎 2-884A
shōutān 收攤 5-391B
shǒután 手談 6-304A
shòutàn 獸炭 5-132B
shòutáng 授堂 6-694A
shòutáng 壽堂 2-1204A
shòutáng 獸糖 5-133B
shōutángkè 收堂客 5-386B
shǒutào 手套 6-298B
shòutáo 壽桃 2-1203B
shòuténg 壽藤 2-1205B
shǒutí 手題 6-305B
shōutián 收田 5-382A
shōutiǎn 收殄 5-385A
shǒutiān 守天 3-1297B
shòutián 受田 2-881A
shòutián 狩田 5-50A
shòutián 授田 6-693A
shòutián 瘦田 8-338A
shōutiángǔ 收田鼓 5-382B
shōutiáo 收條 5-386A
shǒutiāo 守祧 3-1304A
shǒutiáo 手條 6-298B
shǒutiáozi 手條子 6-298B
shǒutíbāo 手提包 6-300B
shǒutiě 手帖 6-296B
shǒutíjīguān 手提機關 6-300B
shòutīng 受聽 2-888A
shòutǐng 獸挺 5-132A
shòutǐng 獸鋌 5-133A
shǒutíxiāng 手提箱 6-300B
shōutóu 收頭 5-389B
shǒutóu 手頭 6-304B
shòutóu 受頭 2-887B
shòutóu 壽頭 2-1205B
shòutóu 獸頭 5-133A
shǒutóubùbiàn 手頭不便 6-304B
shòutóumǎzi 壽頭碼子 2-1205B
shòutóumúzi 壽頭模子 2-1205B
shòutóushòunǎo 壽頭壽腦 2-1205B
shǒutóuzì 手頭字 6-304B
shǒutú 首途 12-670A
shǒutú 首塗 12-672B
shǒutǔ 守土 3-1297A
shǒutù 守兔 3-1301A
shòutú 受圖 2-887A
shòutǔ 受土 2-881A
shōutuì 收退 5-385B
shǒutuīchē 手推車 6-299B
shǒutuó 首陀 12-668B
shǒutuó 首陁 12-668B
shòutuō 受托 2-881B
shòutuō 受託 2-884B
shǒutuóluó 首陀羅 12-668B
shòuwǎ 獸瓦 5-131B
shōuwǎn 收挽 5-385B
shǒuwǎn 守晚 3-1304B
shǒuwàn 手擘 6-302B
shǒuwàn 手腕 6-301B
shōuwǎng 收網 5-389A
shǒuwàng 守望 3-1304B
shǒuwàng 首望 12-671A
shǒuwàngxiāngzhù 守望相助 3-1304B
shōuwéi 收維 5-389A
shōuwěi 收尾 5-384A
shǒuwēi 守危 3-1299A
shǒuwěi 手尾 6-296A
shǒuwěi 守委 3-1300B
shǒuwěi 首尾 12-668A
shǒuwèi 守位 3-1299B
shǒuwèi 守衛 3-1307B
shǒuwèi 首位 12-667B
shǒuwèi 守尉 3-1305A
shòuwèi 授位 6-693B
shǒuwěixiāngjì 首尾相繼 12-668B
shǒuwěixiānglián 首尾相連 12-668A
shǒuwěixiāngwèi 首尾相衛 12-668A
shǒuwěixiāngyìng 首尾相應 12-668B
shǒuwěixiāngyuán 首尾相援 12-668A
shǒuwěiyín 首尾吟 12-668A
shōuwèn 收問 5-387A
shǒuwén 手文 6-294A
shǒuwén 手紋 6-299B
shǒuwén 守文 3-1297B
shòuwén 壽文 2-1201B
shòuwěn 獸吻 5-132A
shòuwēng 壽翁 2-1203B
shōuwū 收汙 5-383A
shǒuwù 首務 12-670B
shòuwū 受汙 2-882A
shòuwù 獸物 5-132A
shǒuwúcùnrèn 手無寸刃 6-301A
shǒuwúcùntiě 手無寸鐵 6-301A
shǒuwúfùjīzhīlì 手無縛鷄之力 6-301A
shǒuwǔzúdǎo 手舞足蹈 6-303B
shōuxī 收息 5-386A
shōuxì 收繫 5-391A
shōuxì 收係 5-385A
shǒuxí 守習 3-1305A
shǒuxí 首席 12-670B
shǒuxǐ 守喜 3-1305A
shǒuxì 手戲 6-305A
shòuxī 受釐 2-888A
shòuxī 受息 2-884B
shòuxī 壽西 2-1202A
shòuxǐ 受洗 2-884A
shǒuxià 手下 6-293B
shǒuxià 首夏 12-670A
shǒuxiàkāogāo 首下尻高 12-666B
shǒuxiān 首先 12-667A
shǒuxiǎn 守險 3-1307B
shǒuxiàn 手綫 6-304A
shǒuxiàn 首憲 12-673B
shǒuxiàn 首縣 12-673A
shòuxiǎn 壽險 2-1205A
shòuxiàn 壽限 2-1202B
shǒuxiāndàihòu 守先待後 3-1299A
shǒuxiāng 首鄉 12-671A
shǒuxiàng 手相 6-297B
shǒuxiàng 首相 12-669B
shòuxiāng 獸香 5-132B
shòuxiáng 受降 2-883B
shòuxiǎng 受享 2-883A
shǒuxiàng 守相 3-1301B
shòuxiàng 壽相 2-1202B
shòuxiángchéng 受降城 2-883B
shòuxiāngjiāo 瘦香嬌 8-339A
shōuxiǎo 收小 5-381B
shōuxiào 收效 5-386A
shǒuxiào 守孝 3-1299B
shòuxiǎo 瘦小 8-338A
shōuxiǎode 收小的 5-381B
shǒuxiàrén 手下人 6-293B
shōuxiē 收歇 5-388A
shǒuxiě 手寫 6-304A
shǒuxiè 手械 6-299B
shǒuxiè 守械 3-1304B
shǒuxiětǐ 手寫體 6-304A
shōuxīn 收心 5-382A
shǒuxīn 手心 6-294A
shǒuxīn 守心 3-1298A
shǒuxìn 守信 3-1302A
shòuxīn 獸心 5-131B
shǒuxíng 手行 6-295A
shǒuxíng 守形 3-1299A
shǒuxìng 守行 3-1299A
shòuxīng 壽星 2-1202B
shòuxíng 受刑 2-881B
shòuxíng 受形 2-882A
shòuxíng 授刑 6-693A
shòuxíng 獸行 5-132A
shòuxìng 受姓 2-883B
shòuxìng 受性 2-883B
shòuxìng 獸性 5-132A
shòuxīnglǎo'er 壽星老兒 2-1203A
shòuxīnrénmiàn 獸心人面 5-131B
shǒuxǐpó 守喜婆 3-1305A
shǒuxiù 守宿 3-1305A
shōuxù 收敘 5-385A
shōuxù 收恤 5-385B
shōuxù 收敍 5-387A
shōuxù 收續 5-391B
shōuxù 收卹 5-384A
shǒuxū 守虛 3-1304B
shǒuxù 手續 6-306A
shǒuxù 守序 3-1300A
shǒuxù 首序 12-668A
shòuxù 壽序 2-1202B
shǒuxuán 守玄 3-1298B
shǒuxuǎn 手癬 6-306A
shǒuxuǎn 守選 3-1307B
shǒuxuǎn 首選 12-673A
shōuxuè 收血 5-383A
shǒuxué 守學 3-1308A
shòuxuē 瘦削 8-339A
shòuxué 受學 2-887B
shòuxué 壽穴 2-1201B
shòuxué 獸穴 5-131B
shòuxuě 瘦雪 8-339B
shǒuxùn 手訊 6-298B
shǒuxùn 守訓 3-1304A
shòuxùn 受訊 2-884B
shòuxùn 受訓 2-884B
shōuyā 收押 5-384A
shǒuyā 守押 3-1300A
shōuyán 收巖 5-391B
shōuyǎn 收掩 5-386B
shǒuyán 首言 12-668A
shǒuyǎn 手眼 6-299B
shǒuyǎn 首演 12-673A
shòuyān 獸烟 5-132B
shòuyán 受言 2-882B
shòuyán 壽筵 2-1204B
shòuyán 獸炎 5-132A
shòuyàn 壽宴 2-1203B
shòuyàn 壽讌 2-1206A
shòuyàn 獸餤 5-133B
shōuyǎng 收養 5-388B
shǒuyáng 首陽 12-671A
shǒuyǎng 手癢 6-305B
shòuyángbóshì 瘦羊博士 8-338A
shòuyánggōngzhǔ 壽陽公主 2-1204A
shòuyángzhuāng 壽陽妝 2-1204B
shòuyángzhuāng 壽陽粧 2-1204B
shǒuyǎntōngtiān 手眼通天 6-300A

shòuyānyān 瘦懨懨 8-340B
shòuyányán 瘦岩岩 8-338B
shòuyányán 瘦嵒嵒 8-340A
shòuyányán 瘦巖巖 8-340B
shōuyāo 收要 5-385A
shǒuyào 守要 3-1301B
shǒuyào 首要 12-669B
shòuyāo 壽夭 2-1201B
shǒuyáochē 手搖車 6-302B
shōuyè 收業 5-388A
shōuyè 收靨 5-391B
shǒuyè 守夜 3-1301A
shǒuyè 守業 3-1306A
shòuyè 受業 2-886A
shòuyè 授業 6-694A
shōuyí 收夷 5-383A
shōuyì 收刈 5-382A
shōuyì 收役 5-383B
shōuyì 收益 5-386A
shōuyì 收瘞 5-389B
shǒuyī 守一 3-1297A
shǒuyī 守壹 3-1305B
shǒuyì 手藝 6-305B
shǒuyì 守邑 3-1299B
shǒuyì 守意 3-1306B
shǒuyì 守義 3-1306B
shǒuyì 守瘞 3-1307B
shǒuyì 首義 12-672B
shǒuyì 首議 12-673B
shòuyī 授衣 6-693A
shòuyī 壽衣 2-1202A
shòuyī 獸醫 5-133B
shòuyí 受遺 2-887A
shòuyì 受益 2-885A
shòuyì 授意 6-694B
shòuyì 綬繭 9-907B
shòuyījià 授衣假 6-693B
shōuyīn 收陰 5-386A
shōuyǐn 收引 5-382A
shǒuyín 手淫 6-300B
shǒuyǐn 首引 12-666B
shǒuyìn 手印 6-295A
shǒuyìng 首映 12-669B
shòuyíng 壽塋 2-1205A
shòuyìng 瘦硬 8-340A
shǒuyínghù 守塋户 3-1306B
shǒuyǐngxì 手影戲 6-304A
shōuyīnjī 收音機 5-385B
shōuyīnjiéguǒ 收因結果 5-383A
shōuyīnzhòngguǒ 收因種果 5-383A
shǒuyìrén 手藝人 6-305B
shòuyīyuè 授衣月 6-693B
shōuyòng 收用 5-382B
shòuyong 受用 2-881B
shòuyòng 受用 2-881B
shòuyòng 售用 3-388B
shòuyòng 授用 6-693A
shōuyú 收榆 5-388A
shōuyù 收譽 5-391A
shōuyù 收鬻 5-391B
shǒuyú 守愚 3-1306A
shǒuyǔ 手語 6-303B
shǒuyǔ 守宇 3-1299A
shǒuyǔ 守圄 3-1303B
shǒuyǔ 守圉 3-1304B
shǒuyù 手諭 6-305A
shǒuyù 守御 3-1305B
shǒuyù 守禦 3-1308B
shòuyú 獸虞 5-132B
shòuyǔ 授予 6-693A
shòuyǔ 授與 6-694B
shòuyù 授玉 6-693A
shòuyù 壽域 2-1204A
shòuyù 獸欲 5-132B
shōuyuán 收緣 5-389B
shǒuyuán 首原 12-670A
shǒuyuàn 守願 3-1309A
shǒuyuàn 首掾 12-671A
shòuyuán 壽元 2-1201A
shōuyuánjiéguǒ 收圜結果 5-388A
shōuyuánjiéguǒ 收緣結果 5-389B
shǒuyuē 守約 3-1303A
shòuyuè 受月 2-881A
shòuyuè 受鉞 2-886B
shòuyuè 授鉞 6-694B
shòuyuè 壽岳 2-1202B
shǒuyuēshībó 守約施搏 3-1303A
shòuyuèxúnfāng 狩岳巡方 5-50B
shòuyùn 受孕 2-881B
shǒuzā 手剳 6-299B
shǒuzā 手扎 6-294A
shòuzāi 受災 2-882B
shòuzāi 獸災 5-132A
shǒuzǎi 守宰 3-1304A
shōuzāng 收臧 5-388B
shōuzàng 收藏 5-390A
shōuzàng 收葬 5-387B
shǒuzàng 守藏 3-1308B
shòuzàng 壽藏 2-1205B
shōuzào 收造 5-385B
shǒuzǎo 守早 3-1299A
shǒuzào 首造 12-670A
shōuzé 收擇 5-389B
shǒuzé 手澤 6-305A
shǒuzé 守則 3-1302A
shòuzé 受責 2-885A
shǒuzhá 手札 6-294B
shōuzhài 收責 5-386A
shǒuzhàn 手戰 6-304B
shǒuzhàn 守戰 3-1308A
shōuzhǎng 收長 5-384A
shōuzhǎng 收掌 5-387B
shōuzhàng 收帳 5-387A
shǒuzhāng 首章 12-671A
shǒuzhǎng 手掌 6-301A
shǒuzhǎng 首長 12-668B
shǒuzhàng 手杖 6-295B
shǒuzhàng 守障 3-1306B
shǒuzhǎng 守長 3-1300A
shòuzhàng 壽幛 2-1205A
shǒuzhǎngxīn 手掌心 6-301A
shōuzhào 收召 5-382B
shǒuzhǎo 手爪 6-294A
shǒuzhào 手詔 6-301B
shǒuzhào 手照 6-302B
shǒuzhào 手罩 6-302B
shǒuzhé 手折 6-295B
shǒuzhé 手摺 6-303A
shǒuzhé 守折 3-1299A
shǒuzhēn 守貞 3-1302A
shǒuzhēn 守真 3-1303A
shǒuzhèn 守鎮 3-1309A
shǒuzhèng 守正 3-1298A
shǒuzhèng 守政 3-1301B
shòuzhēng 壽徵 2-1205A
shòuzhèng 授正 6-693A
shòuzhèng 授政 6-694A
shǒuzhèngbù'ē 守正不阿 3-1298A
shǒuzhèngbùhuí 守正不回 3-1298A
shǒuzhèngbùnáo 守正不撓 3-1298A
shǒuzhèngbùnáo 守正不橈 3-1298A
shōuzhī 收支 5-382A
shōuzhí 收執 5-386B
shōuzhí 收摭 5-388B
shōuzhì 收治 5-384B
shōuzhì 收置 5-388B
shǒuzhí 守直 3-1300A
shǒuzhí 守職 3-1309A
shǒuzhí 首職 12-673B
shǒuzhǐ 手指 6-297B
shǒuzhǐ 手紙 6-299A
shǒuzhǐ 守止 3-1297B
shǒuzhì 手製 6-303B
shǒuzhì 守志 3-1299B
shǒuzhì 守制 3-1300B
shǒuzhì 守滯 3-1307A
shòuzhī 受知 2-882B
shòuzhí 受直 2-882B
shòuzhí 受職 2-888A
shòuzhí 授職 6-695A
shòuzhǐ 受祉 2-883B
shòuzhǐ 授指 6-694A
shòuzhǐ 壽祉 2-1202B
shòuzhì 受制 2-882B
shōuzhīsāngyú 收之桑榆 5-382A
shǒuzhítoudù'er 手指頭肚兒 6-297B
shǒuzhǐzìmǔ 手指字母 6-297B
shǒuzhōng 守中 3-1297B
shǒuzhōng 守終 3-1305A
shǒuzhǒng 守冢 3-1304A
shǒuzhòng 首種 12-672B
shòuzhōng 受終 2-885B
shòuzhōng 壽終 2-1204B
shòuzhǒng 壽冢 2-1203B
shòuzhōngzhèngqǐn 壽終正寢 2-1204B
shǒuzhóu 手軸 6-301A
shǒuzhǒu 手肘 6-296A
shòuzhóu 壽軸 2-1204B
shōuzhù 收住 5-383B
shōuzhù 收貯 5-387B
shǒuzhū 守株 3-1303A
shǒuzhú 手燭 6-305A
shǒuzhù 守助 3-1299B
shòuzhú 壽燭 2-1205B
shòuzhǔ 受主 2-881B
shǒuzhuā 手撾 6-303A
shǒuzhuàng 手狀 6-297B
shǒuzhuàng 首狀 12-669A
shòuzhuàng 瘦狀 8-338B
shǒuzhuāzi 手爪子 6-294A
shǒuzhūdàitù 守株待兔 3-1303A
shōuzhuō 收拙 5-384A
shōuzhuó 收擢 5-390A
shǒuzhuō 守拙 3-1300A
shǒuzhuō 守捉 3-1303A
shǒuzhuó 手鐲 6-306A
shōuzì 收胔 5-387B
shǒuzǐ 首子 12-666B
shǒuzì 手字 6-295B
shòuzi 瘦子 8-338A
shòuzǐ 售子 3-388B
shòuzǐ 授梓 6-694A
shòuzǐ 獸子 5-131B
shǒuzòu 手奏 6-297B
shōuzú 收族 5-387A
shǒuzú 手足 6-295B
shǒuzú 首足 12-667B
shǒuzúchóngjiǎn 手足重繭 6-296A
shǒuzuì 首罪 12-672A
shòuzuì 受罪 2-886B
shǒuzūn 守遵 3-1307B
shòuzūn 壽尊 2-1204B
shòuzūn 獸樽 5-133A
shǒuzuō 手作 6-296A
shǒuzuò 首坐 12-667B
shǒuzuò 首祚 12-670A
shǒuzuò 首座 12-670B
shòuzuò 受祚 2-884A
shòuzuò 受胙 2-884A
shǒuzúpiánzhī 手足胼胝 6-296A
shǒuzúshīcuò 手足失措 6-295B
shǒuzúwúcuò 手足無措 6-296A
shǒuzúyìchù 手足異處 6-296A
shǒuzúyìchù 首足異處 12-667B
shǒuzúzhīqíng 手足之情 6-295B
shuàbái 刷白 2-680B
shuābàn 刷扮 2-680B
shuābào 刷鑤 2-682A
shuābào 刷刨 2-680B
shuǎbǎxì 耍把戲 8-780A
shuǎbǐgǎn 耍筆桿 8-781B
shuǎchā 耍叉 8-779B
shuāchǐ 刷恥 2-681B
shuāchōng 刷充 2-680B

shuǎchù 耍處 8-781A
shuǎcì'er 耍刺兒 8-780B
shuǎdān 耍單 8-781A
shuādàng 刷蕩 2-682A
shuādàng 刷盪 2-682A
shuǎdàsǎngzi 耍大嗓子 8-779B
shuǎdàtóu 耍大頭 8-779A
shuāde 刷的 2-681A
shuāde 刷地 2-680B
shuādí 刷滌 2-682A
shuǎdiān 耍顛 8-782B
shuǎdiāo 耍刁 8-779A
shuādìng 刷定 2-681A
shuādòng 刷動 2-681B
shuāfàng 刷放 2-681A
shuǎguǎzuǐ 耍寡嘴 8-781B
shuǎgǔtou 耍骨頭 8-780B
shuǎhái'ér 耍孩兒 8-780B
shuǎhèng 耍橫 8-781B
shuǎhóu 耍猴 8-781B
shuǎhuá 耍滑 8-781B
shuǎhuà 耍話 8-781B
shuǎhuāpán 耍花盤 8-780A
shuǎhuāqiāng 耍花腔 8-780A
shuǎhuāqiāng 耍花槍 8-780A
shuǎhuāshézi 耍花舌子 8-780A
shuǎhuātán 耍花罈 8-780A
shuǎhuātou 耍花頭 8-780A
shuǎhuátóu 耍滑頭 8-781B
shuǎhuāyàng 耍花樣 8-780A
shuǎhuāzhāo 耍花招 8-780A
shuǎhuò 耍貨 8-781A
shuǎhuóbǎo 耍活寶 8-780B
shú'ài 熟艾 7-243A
shù'ài 束隘 4-782B
shù'ài 束阸 4-779A
shuāi'àn 衰闇 9-35B
shuāibái 衰白 9-29B
shuāibài 衰敗 9-32B
shuāibèi 衰憊 9-35A
shuāibì 衰敝 9-32B
shuāibì 衰弊 9-34A
shuàibǐ 率俾 2-381B
shuàibǐ 率筆 2-382B
shuāibiàn 衰變 9-35B
shuàibiàn 率變 2-385A
shuāibìn 衰鬢 9-36A
shuàibīn 率濱 2-384B
shuāibìng 衰病 9-32A
shuǎibǐtóuzi 甩筆頭子 1-1028A
shuāibó 衰薄 9-35A
shuàibó 率薄 2-384B
shuàicái 率財 2-381B
shuāicán 衰殘 9-33A
shuāicǎo 衰草 9-31A
shuàicháng 率常 2-382A
shuǎichē 甩車 1-1027B
shuāichèn 衰疢 9-31A
shuàichén 帥臣 3-706A
shuàichéng 率成 2-380A
shuāichí 衰遲 9-35A
shuāichǐ 衰齒 9-34B
shuàichū 率初 2-380B
shuàicóng 率從 2-382A
shuàicóng 帥從 3-706B
shuāicù 衰促 9-31A
shuāicuī 衰摧 9-34A
shuāicuì 衰悴 9-32B
shuāicuì 衰瘁 9-34A
shuāida 摔打 6-843B
shuàidá 率達 2-382B
shuāidài 衰怠 9-31B
shuāidāngyìzhuàng 衰當益壯 9-33B
shuàidǎo 率導 2-384A
shuàidǎo 率道 2-383A
shuàidǎo 帥導 3-707A
shuàidào 率到 2-380B
shuàidào 率道 2-383A
shuàidào 帥道 3-706B
shuāidé 衰德 9-34B
shuàidé 率德 2-384A
shuāidēng 衰燈 9-35A
shuāidì 衰遞 9-33B
shuàidiàn 帥甸 3-706B
shuāidù 衰斁 9-35A
shuāidùn 衰鈍 9-33A
shuāiduò 衰惰 9-33A
shuāiduò 衰墮 9-34B
shuàiduō 率多 2-380A
shuàiduó 率奪 2-383B
shuāi'è 衰惡 9-33A
shuài'ěr 率爾 2-383B
shuài'ěr 帥爾 3-707A
shuài'ěrcāogū 率爾操觚 2-384A
shuài'ěrrén 率爾人 2-383B
shuāifá 衰乏 9-29B
shuǎifà 甩髮 1-1028A
shuàifǎ 率法 2-381A
shuāifèi 衰廢 9-34B
shuāifèi [illegible]廢 8-349B
shuāifēng 摔風 6-843B
shuàifú 率服 2-380B
shuàifú 帥伏 3-706B
shuàifú 帥服 3-706B
shuàifǔ 帥府 3-706B
shuàigē 率割 2-383A
shuàigēng 率耕 2-381B
shuàigǔ 率古 2-379B
shuāihào 衰秏 9-31A
shuāihào 衰耗 9-31B
shuāihóng 衰紅 9-31B
shuàihuà 率化 2-379A
shuàihuái 率懷 2-385A
shuāihuáng 衰黃 9-32A
shuāijì 衰季 9-30B
shuāijiǎn 衰減 9-33A
shuāijiǎn 衰蹇 9-35B
shuāijiàn 衰漸 9-34B
shuāijiàn 衰賤 9-34B
shuàijiǎn 率儉 2-384A
shuàijiàn 率健 2-381B
shuàijiāng 率將 2-382B
shuāijiāo 踤跤 10-545B
shuāijiāo 摔交 6-843B
shuāijiāo 摔跤 6-844A
shuàijiào 率教 2-381B
shuàijiào 帥教 3-706B
shuāijiāozi 摔跤子 6-844A
shuāijié 衰孑 9-29A
shuāijié 衰節 9-33B
shuāijié 衰竭 9-34A
shuàijiē 率皆 2-381A
shuàijiù 率就 2-383A
shuàijiù 率舊 2-384B
shuāijǔ 衰沮 9-30B
shuàijǔ 率舉 2-384B
shuāijuàn 衰倦 9-31B
shuāijué 衰絕 9-33B
shuāijué 摔角 6-843B
shuǎikāi 甩開 1-1028A
shuàikǒu 率口 2-379A
shuāikū 衰枯 9-31A
shuāikùn 衰困 9-30A
shuàikǔn 帥閫 3-707A
shuāikuòpáizi 摔闊牌子 6-844A
shuàilàlà 率剌剌 2-381A
shuāilǎn 衰孄 9-35B
shuāilǎo 衰老 9-29B
shuāilǎopén 摔老盆 6-843B
shuàilè 率勒 2-382A
shuāiléi 衰羸 9-35B
shuāilèi 衰淚 9-32B
shuāilí 衰漓 9-34A
shuāilí 衰離 9-35B
shuàilǐ 率禮 2-384B
shuàilì 率厲 2-383B
shuàilì 率勵 2-384B
shuàilì 帥厲 3-707A
shuàiliǎn 率斂 2-384B
shuàiliàng 率亮 2-381B
shuāiliǎnzi 摔臉子 6-844A
shuǎiliǎnzi 甩臉子 1-1028A
shuāiliè 衰劣 9-30A
shuāilíng 衰陵 9-32A
shuāilíng 衰齡 9-35B
shuàilǐng 率領 2-384A
shuāilóng 衰癃 9-35A
shuāilòu 衰陋 9-30B
shuàilòu 率陋 2-381A
shuāiluàn 衰亂 9-34A
shuāiluò 衰落 9-33A
shuàilǚ 率履 2-384A
shuàilüè 率略 2-382A
shuāimài 衰邁 9-34B
shuǎimài 甩賣 1-1028A
shuāimǎng 衰莽 9-31B
shuaimào 衰耄 9-31B
shuàimǎyǐjì 率馬以驥 2-381B
shuāimén 衰門 9-30B
shuāimí 衰靡 9-35B
shuàimiǎn 率勉 2-381A
shuàimín 率民 2-379B
shuāimiù 衰謬 9-35B
shuāimò 衰末 9-29B
shuāimò 衰莫 9-31B
shuāimù 衰暮 9-34A
shuàimù 率募 2-382B
shuāinián 衰年 9-30A
shuāinié 衰薾 9-35A
shuāinié 衰苶 9-30A
shuāinuò 衰懦 9-35B
shuāinǚ 衰女 9-29A
shuāipào 摔炮 6-843B
shuāipéng 衰蓬 9-33B
shuāipí 衰罷 9-34B
shuāipí 衰疲 9-32A
shuàipǔ 率溥 2-383B
shuāiqī 衰妻 9-30A
shuāiqì 衰氣 9-31B
shuāiqiàn 衰嗛 9-33B
shuàiqián 率錢 2-384B
shuāiqīn 衰親 9-35A
shuàiqíng 率情 2-382A
shuàiquàn 率勸 2-384B
shuāirán 衰髯 9-34B
shuàirán 率然 2-382B
shuàirán 帥然 3-706B
shuàirèn 率任 2-380A
shuāiróng 衰榮 9-34B
shuāirǒng 衰冗 9-29B
shuāiruò 衰弱 9-32A
shuāisà 衰颯 9-34A
shuāisà 衰颯 9-34A
shuāisāng 摔喪 6-844A
shuāisè 衰色 9-30A
shuāishā 衰殺 9-31B
shuàishā 率殺 2-381B
shuāishài 衰殺 9-31B
shuàishēn 率身 2-380B
shuàishén 率神 2-381B
shuàishèng 帥乘 3-706B
shuāishì 衰世 9-29B
shuàishí 率時 2-381B
shuàishí 率實 2-384A
shuàishǐ 帥使 3-706B
shuàishì 率示 2-379B
shuàishì 率事 2-380B
shuàishì 帥示 3-706A
shuāishǒu 摔手 6-843B
shuǎishǒu 摔手 6-843B
shuǎishǒu 甩手 1-1027B
shuàishǒu 帥首 3-706B
shuàishòushírén 率獸食人 2-384B
shuāishū 衰叔 9-30A
shuāishuāi 衰衰 9-32A
shuàishuài 率率 2-382A
shuàishùn 率順 2-382B
shuàisī 率私 2-380B
shuàisī 帥司 3-706A
shuàisì 率肆 2-383A
shuāisú 衰俗 9-31A
shuàisú 率俗 2-381A
shuàisù 率素 2-381B
shuāisuǒ 衰索 9-31B
shuàitái 帥臺 3-707A
shuāitì 衰涕 9-32A
shuāitì 衰替 9-33A
shuàitiān 率天 2-379A

shuāitiáo 衰條 9-31B
shuāitǒng 衰統 9-33B
shuàitóng 率同 2-380A
shuàitǔ 率土 2-379A
shuàitǔdàjiāngjūn 率土大將軍 2-379A
shuāituí 衰隤 9-34B
shuāituí 衰頹 9-35A
shuāituí 衰穨 9-35B
shuāituì 衰退 9-31A
shuǎituō 甩脱 1-1027B
shuàituótiānyuàn 率陀天院 2-380B
shuāiwǎn 衰晚 9-32B
shuāiwáng 衰亡 9-29A
shuāiwàng 衰王 9-29A
shuāiwàng 衰旺 9-30A
shuāiwēi 衰微 9-33B
shuāiwěi 衰委 9-30B
shuāiwěi 衰萎 9-32B
shuāiwěi 衰痿 9-34A
shuāiwēng 衰翁 9-32A
shuàiwǔ 率舞 2-384A
shuàiwù 率物 2-380B
shuàiwù 率悟 2-381B
shuāixī 衰夕 9-29A
shuāixī 衰息 9-31B
shuāixǐ 衰葸 9-33A
shuàixià 率下 2-379A
shuàixiān 率先 2-380A
shuàixiān 帥先 3-706B
shuāixiàng 衰相 9-31A
shuǎixiánhuà 甩閑話 1-1028A
shuāixiē 衰歇 9-33B
shuāixiè 衰謝 9-35B
shuàixīn 率心 2-379B
shuàixíng 帥行 3-706B
shuàixìng 率幸 2-380A
shuàixìng 率性 2-381A
shuāixiǔ 衰朽 9-29B
shuǎixiùzi 甩袖子 1-1027B
shuāixù 衰緒 9-34B
shuàixún 率循 2-382B
shuāiyán 衰顏 9-35B
shuāiyě 衰野 9-32B
shuàiyě 率野 2-382A
shuàiyì 率易 2-380B
shuàiyì 率意 2-383A
shuàiyì 率義 2-383B
shuàiyì 率詣 2-383A
shuàiyì 率臆 2-384B
shuàiyì 帥意 3-707A
shuàiyǐwéicháng 率以爲常 2-379B
shuāiyōng 衰慵 9-34B
shuāiyōngtànuò 衰庸闒懦 9-32B
shuāiyōngtàróng 衰庸闒茸 9-32B
shuàiyóu 率由 2-379B
shuàiyóu 帥繇 3-707A
shuàiyóu 帥由 3-706B
shuàiyóujiùzhāng 率由舊章 2-379B
shuàiyǔ 率語 2-384A
shuàiyù 率御 2-382B
shuàiyù 率禦 2-384B
shuàiyuán 帥垣 3-706B
shuāiyuè 衰月 9-29B
shuāizǎi 衰仔 9-29B
shuàizào 率躁 2-385A
shuāizhài 衰瘵 9-35A
shuàizhǎng 帥長 3-706B
shuàizhēn 率貞 2-381A
shuàizhēn 率真 2-381B
shuāizhèng 衰正 9-29B
shuàizhèng 率正 2-379B
shuāizhǐ 衰止 9-29A
shuàizhí 率直 2-380B
shuàizhí 率職 2-384B
shuàizhí 帥職 3-707A
shuàizhì 率至 2-380A
shuàizhì 率志 2-380A
shuàizhòng 率衆 2-382B
shuāizōng 衰宗 9-30B
shuàizūn 率遵 2-384A
shuàizuò 帥座 3-706B
shuǎjiān 耍奸 8-780A
shuǎjiān 耍尖 8-779B
shuǎjiānqǔqiǎo 耍奸取巧 8-780A
shuǎjiāntóu 耍尖頭 8-779B
shuǎjiāo 耍驕 8-782B
shuǎjīnshuǎyín 耍金耍銀 8-780B
shuājuàn 刷卷 2-681A
shuākān 刷勘 2-681B
shuākuò 刷括 2-681A
shuālā 刷拉 2-681A
shuālā 刷啦 2-681B
shuālā 唰啦 3-400A
shuǎlài 耍賴 8-782A
shuǎlàipí 耍賴皮 8-782A
shuālālā 唰喇喇 3-400A
shuālālà 刷剌剌 2-681A
shuālì 刷利 2-680B
shuālì 刷俐 2-681A
shuāliàn 刷鍊 2-682A
shuāliàng 刷亮 2-681A
shuǎliǎnzi 耍臉子 8-782B
shuǎlìng 耍令 8-779B
shuāliu 刷溜 2-682A
shuāliūliū 唰溜溜 3-400A
shuǎliúmáng 耍流氓 8-781A
shuǎlóng 耍龍 8-782A
shuāmǎ 刷馬 2-681A
shuāmáo 刷毛 2-680A
shuāmáoyī 刷毛衣 2-680B
shuāmǐn 刷抿 2-681A
shuāmó 刷磨 2-682A
shuāmù 刷目 2-680B
shū'ān 舒安 8-1086A
shū'àn 書案 5-722A
shū'àn 疏闇 8-509A
shú'ān 熟諳 7-247A
shuānào 刷鬧 2-682A
shuǎnào 耍鬧 8-781B
shuǎnāozhǒng 耍孬種 8-780B
shuàncháng 踹腸 10-538B
shuānchē 拴車 6-565A
shuānfù 拴縛 6-565A
shuāng'ǎi 霜靄 11-718A
shuāng'áo 霜螯 11-715B
shuǎngbá 爽拔 2-1550B
shuāngbái 霜白 11-708B
shuāngbǎi 霜柏 11-710B
shuāngbǎifāngzhēn 雙百方針 11-851B
shuāngbān 霜斑 11-713A
shuāngbàn'ér 雙伴兒 11-852A
shuāngbāo 霜包 11-708B
shuāngbāo 霜苞 11-709B
shuāngbāotāi 雙胞胎 11-853A
shuāngbēi 霜椑 11-713A
shuāngbǐ 雙比 11-851A
shuāngbǐ 雙筆 11-855A
shuāngbì 雙璧 11-858B
shuāngbiān 雙邊 11-858A
shuāngbiānqián 雙邊錢 11-858A
shuāngbiāo 霜猋 11-713B
shuāngbiāo 霜標 11-715A
shuāngbiāo 霜飆 11-717B
shuāngbiāo 霜飈 11-717B
shuāngbiāo 雙標 11-856B
shuāngbiǎo 雙表 11-852A
shuǎngbié 爽別 2-1550A
shuāngbìn 霜髩 11-714B
shuāngbìn 霜鬢 11-718A
shuāngcǎi 霜采 11-710A
shuāngcǎi 霜彩 11-712B
shuāngcǎn 霜慘 11-714B
shuāngcāo 霜操 11-715B
shuāngcǎo 霜草 11-710A
shuāngchā 霜鍤 11-716B
shuāngchán 霜蟾 11-717A
shuāngchán 雙纏 11-858B
shuǎngchàng 爽暢 2-1552B
shuāngchén 霜辰 11-709A
shuāngchén 霜晨 11-712B
shuāngchéng 雙成 11-851B
shuāngchèng 雙秤 11-853B
shuāngchǐ 霜齒 11-715A
shuāngchóng 霜蟲 11-717A
shuāngchóng 雙重 11-853A
shuāngchóngréngé 雙重人格 11-853A
shuāngchuī 霜吹 11-709A
shuāngchúnyīn 雙唇音 11-853B
shuāngcí 孀雌 4-424A
shuāngcóng 霜叢 11-716B
shuāngcuì 霜毳 11-713B
shuǎngcuì 爽脆 2-1551B
shuāngcūn 霜村 11-709A
shuāngdǎ 雙打 11-851B
shuāngdài 霜帶 11-712A
shuāngdān 孀單 4-424A
shuāngdàn 霜旦 11-708A
shuǎngdàn 爽旦 2-1550A
shuǎngdàng 爽宕 2-1550B
shuāngdāo 霜刀 11-707B
shuāngdāo 雙刀 11-850B
shuāngdào 霜稻 11-715A
shuǎngdé 爽德 2-1552B
shuāngdí 霜鏑 11-717A
shuāngdí 霜笛 11-712B
shuāngdiān 霜顛 11-717A
shuāngdiǎn 霜典 11-709B
shuāngdiǎn 霜點 11-716B
shuāngdiàn 霜殿 11-714B
shuāngdiàn 霜電 11-714A
shuāngdiào 雙調 11-856B
shuāngdiāoxiàlǜ 霜凋夏綠 11-711B
shuāngdié 霜蝶 11-715A
shuāngdīng 雙丁 11-850B
shuāngdòng 霜凍 11-711B
shuāngduàn 霜斷 11-717A
shuāngduò 霜鵽 11-717A
shuāng'é 霜娥 11-712A
shuāng'é 雙蛾 11-855B
shuāng'é 雙鵝 11-858A
shuāng'é 孀娥 4-424A
shuāng'è 霜鍔 11-716B
shuāng'è 霜鶚 11-717A
shuāngfǎ 霜法 11-710A
shuāngfà 霜髮 11-714B
shuǎngfā 爽發 2-1552A
shuǎngfǎ 爽法 2-1550B
shuāngfāng 雙方 11-851A
shuāngfēi 霜妃 11-709A
shuāngfēi 霜霏 11-716A
shuāngfēi 雙飛 11-853A
shuāngfēiyàn 雙飛燕 11-853A
shuāngfēiyàn 雙飛鷰 11-853A
shuāngfēiyì 雙飛翼 11-853A
shuāngfēn 霜芬 11-709A
shuāngfēn 霜氛 11-709B
shuāngfēn 霜雰 11-713B
shuāngfèn 霜分 11-708A
shuāngfēng 霜風 11-710B
shuāngfēng 霜峯 11-711B
shuāngfēng 霜峰 11-711B
shuāngfēng 霜楓 11-714A
shuāngfēng 霜鋒 11-715B
shuāngfèng 雙俸 11-853B
shuāngfèng 雙鳳 11-856B
shuǎngfēng 爽風 2-1551A
shuāngfū 霜鈇 11-713B
shuāngfū 雙趺 11-854A
shuāngfú 雙符 11-854B
shuāngfú 雙幅 11-855A
shuāngfú 雙鳧 11-855B
shuāngfǔ 霜府 11-710A
shuāngfù 孀婦 4-424A
shuāngfúyīyàn 雙鳧一雁 11-855B
shuānggài 霜蓋 11-713B
shuānggān 霜柑 11-710A
shuānggān 霜竿 11-710B

shuānggān 雙柑 11-852B
shuānggàn 霜幹 11-714A
shuānggàn 霜榦 11-714B
shuānggāndǒujiǔ 雙柑斗酒 11-852B
shuānggāng 瀧岡 6-209A
shuānggǎng 雙崗 11-854B
shuānggàng 雙杠 11-852A
shuǎnggāng 爽伉 2-1550A
shuānggāngbiǎo 瀧岡表 6-209A
shuānggāo 霜高 11-711B
shuānggāo 霜皐 11-713B
shuānggǎo 霜縞 11-716A
shuānggē 霜戈 11-707B
shuānggē 霜歌 11-714B
shuānggē 雙歌 11-856A
shuānggēn 霜根 11-711A
shuānggōng 雙弓 11-850B
shuānggōu 雙勾 11-851A
shuānggōu 雙鈎 11-855A
shuānggōu 雙鉤 11-855B
shuānggū 孀姑 4-424A
shuānggū 孀孤 4-424A
shuānggǔ 霜谷 11-709A
shuānggǔ 霜骨 11-710B
shuāngguǎ 孀寡 4-424A
shuāngguàhào 雙挂號 11-852B
shuāngguān 雙關 11-858B
shuāngguǎn 霜琯 11-713A
shuāngguǎnqíxià 雙管齊下 11-856A
shuāngguī 霜閨 11-714B
shuāngguī 雙龜 11-857B
shuāngguī 孀閨 4-424A
shuāngguǐ 雙軌 11-853A
shuāngguì 霜檜 11-716B
shuāngguì 雙跪 11-855B
shuāngguìliánfāng 雙桂聯芳 11-853B
shuāngguǐzhì 雙軌制 11-853A
shuāngguǒ 霜果 11-709B
shuānghǎi 霜海 11-712A
shuānghài 霜害 11-712A
shuānghán 霜寒 11-713B
shuānghàn 霜翰 11-716A
shuāngháo 霜毫 11-712B
shuānghào 霜皜 11-715A
shuǎnghào 爽號 2-1552A
shuānghé 霜禾 11-708A
shuānghè 霜鶴 11-718A
shuǎnghé 爽和 2-1550B
shuānghén 霜痕 11-713A
shuānghóng 霜紅 11-711A
shuānghóng 霜鴻 11-716B
shuānghóng 雙紅 11-853A
shuānghóngbàitiě 雙紅拜帖 11-853B
shuānghóngmíngtiě 雙紅名帖 11-853B
shuānghòu 霜候 11-711B
shuānghú 霜鶻 11-717A
shuānghú 霜轂 11-715B
shuānghù 霜户 11-708A
shuǎnghù 爽笏 2-1551A
shuānghuā 霜花 11-709A
shuānghuā 霜華 11-711A
shuānghuán 雙環 11-857A
shuānghuán 雙鬟 11-859A
shuānghuáng 雙簧 11-857B
shuānghuángguǎn 雙簧管 11-857B
shuānghuánxuěbìn 霜鬟雪鬢 11-718A
shuānghuī 霜暉 11-714A
shuānghuī 霜輝 11-715A
shuānghuí 雙回 11-851B
shuǎnghuì 爽慧 2-1552B
shuānghuímén 雙回門 11-851B
shuǎnghuō 爽豁 2-1552B
shuǎnghuò 爽惑 2-1551B
shuāngjī 霜虀 11-718A
shuāngjǐ 霜脊 11-711B
shuāngjǐ 霜戟 11-713B
shuāngjì 霜際 11-714B
shuǎngjì 爽霽 2-1553A
shuāngjiā 霜笳 11-712B
shuāngjiǎ 霜甲 11-708A
shuāngjiān 霜菅 11-712A
shuāngjiān 霜縑 11-716B
shuāngjiān 雙尖 11-851B
shuāngjiǎn 霜儉 11-715A
shuāngjiǎn 霜簡 11-717A
shuāngjiàn 霜劍 11-715B
shuǎngjiàn 爽健 2-1551A
shuāngjiāng 霜江 11-709A
shuāngjiàng 霜降 11-710A
shuāngjiǎo 霜角 11-709A
shuāngjiǎo 雙角 11-852A
shuāngjìdào 雙季稻 11-852B
shuāngjié 霜節 11-714A
shuāngjié 霜潔 11-715B
shuāngjié 雙節 11-855B
shuāngjié 孀節 4-424A
shuǎngjié 爽節 2-1552A
shuāngjīn 霜金 11-710A
shuāngjīn 雙金 11-852B
shuāngjīng 霜莖 11-711A
shuāngjīng 雙旌 11-854B
shuāngjǐng 霜井 11-707B
shuāngjǐng 雙井 11-850B
shuāngjìng 霜浄 11-711A
shuāngjìng 霜鏡 11-717A
shuāngjǐngpài 雙井派 11-851A
shuāngjiǔ 雙九 11-850B
shuāngjiù 霜臼 11-708B
shuāngjiū 鷞鳩 12-1157B
shuǎngjiū 爽鳩 2-1552A
shuāngjū 霜居 11-710A
shuāngjū 孀居 4-423B
shuāngjú 霜菊 11-712A
shuāngjú 霜橘 11-716A
shuāngjù 雙距 11-854A
shuǎngjùn 爽俊 2-1550B
shuǎngjùn 爽儁 2-1552B
shuǎngkǎi 爽慨 2-1552A
shuǎngkǎi 爽塏 2-1552A
shuǎngkǎi 爽愷 2-1552B
shuǎngkǎi 爽闓 2-1553A
shuǎngkǎi 塽塏 2-1188B
shuāngkē 霜柯 11-710A
shuāngkōng 霜空 11-710A
shuǎngkǒu 爽口 2-1549B
shuǎngkuai 爽快 2-1550A
shuāngkuǎn 雙款 11-855A
shuānglài 霜籟 11-718A
shuǎnglài 爽籟 2-1553A
shuānglán 霜嵐 11-713B
shuǎnglǎng 爽朗 2-1551B
shuāngléng 霜棱 11-713A
shuāngléng 霜稜 11-714A
shuāngléng 雙棱 11-854A
shuānglí 霜梨 11-712B
shuānglí 孀嫠 4-424A
shuānglǐ 雙鯉 11-858A
shuānglì 霜力 11-707B
shuānglì 霜利 11-709A
shuānglì 霜栗 11-711A
shuānglì 霜厲 11-714B
shuǎnglǐ 爽理 2-1551B
shuǎnglì 爽利 2-1550A
shuǎnglì 爽俐 2-1550B
shuānglián 霜奩 11-714B
shuānglián 雙蓮 11-855A
shuāngliǎn 雙臉 11-857B
shuāngliàn 霜練 11-715B
shuǎngliàn 爽練 2-1552B
shuǎngliàng 爽亮 2-1551A
shuāngliángxié 雙梁鞋 11-854B
shuāngliào 雙料 11-853B
shuāngliè 霜列 11-708B
shuāngliè 霜烈 11-711B
shuǎngliè 爽烈 2-1551A
shuānglín 霜林 11-709B
shuānglín 霜鱗 11-718A
shuānglín 雙林 11-852A
shuānglíng 霜凌 11-711B
shuānglíng 霜翎 11-712B
shuǎnglíng 爽靈 2-1553A
shuānglóng 雙龍 11-857A
shuānglòu 霜漏 11-714B
shuānglù 霜路 11-714A
shuānglù 霜鷺 11-718A
shuānglù 雙六 11-851A
shuānglù 雙陸 11-854A
shuānglù 雙鹿 11-854B
shuānglù 雙睩 11-855B
shuānglùgǎn 霜露感 11-717B
shuānglún 霜輪 11-715A
shuāngluó 霜羅 11-717A
shuāngluó 雙螺 11-857B
shuānglúxuěhàn 霜顱雪頷 11-718A
shuānglùzhībēi 霜露之悲 11-717B
shuānglùzhībìng 霜露之病 11-717B
shuānglùzhīchén 霜露之辰 11-717B
shuānglùzhīgǎn 霜露之感 11-717B
shuānglùzhījí 霜露之疾 11-717B
shuānglùzhīsī 霜露之思 11-717B
shuānglǚ 霜縷 11-716B
shuǎngmài 爽邁 2-1552B
shuāngmáo 霜毛 11-708A
shuāngmáo 霜矛 11-708B
shuāngmáo 雙毛 11-851A
shuāngméi 霜梅 11-712A
shuāngméi 雙枚 11-852B
shuāngmén 雙門 11-852B
shuāngmiào 雙廟 11-856B
shuǎngmiào 爽繆 2-1553A
shuāngmǐn 霜旻 11-709B
shuāngmíng 霜明 11-709B
shuāngmíng 雙名 11-852A
shuǎngmíng 爽明 2-1550B
shuāngmóu 雙眸 11-854A
shuāngmù 霜木 11-707B
shuāngnán 雙南 11-852B
shuāngnánjīn 雙南金 11-852B
shuāngniǎo 霜鳥 11-712B
shuāngniè 霜梈 11-710A
shuàngniè 淙醫 5-1418B
shuāngnǚ 霜女 11-707B
shuāng'ōu 霜漚 11-714B
shuāngpā 霜葩 11-713A
shuāngpáo 霜袍 11-712A
shuāngpáo 霜匏 11-712A
shuāngpèi 霜珮 11-711A
shuāngpèi 霜轡 11-718A
shuāngpéng 霜蓬 11-713B
shuāngpí 霜鞞 11-716B
shuāngpí 霜皮 11-708B
shuāngpí 霜鼙 11-717B
shuāngpò 霜魄 11-714B
shuāngqī 霜期 11-713A
shuāngqī 雙七 11-850B
shuāngqī 雙棲 11-855A
shuāngqī 孀妻 4-423B
shuāngqí 霜畦 11-712B
shuāngqí 霜臍 11-717A
shuāngqì 霜砌 11-710B
shuāngqì 霜氣 11-711B
shuāngqì 霜磧 11-716A
shuǎngqì 爽氣 2-1551A
shuāngqīn 霜侵 11-710B
shuāngqīn 雙親 11-857A
shuāngqín 霜禽 11-713B
shuāngqīng 霜清 11-713A
shuāngqīng 雙清 11-854B
shuāngqíng 霜情 11-713A
shuāngqíng 霜晴 11-713B
shuāngqìng 霜磬 11-715B
shuāngqiū 霜秋 11-710B
shuāngqiú 鷞裘 12-1157B
shuāngqiú 鸘裘 12-1173A
shuāngquán 霜拳 11-711B

shuāngquán 雙全 11-852A
shuāngquē 雙闕 11-858A
shuāngqún 霜羣 11-714B
shuāngrán 霜髯 11-715A
shuǎngrán 爽然 2-1552A
shuǎngránruòshī 爽然若失 2-1552A
shuǎngrǎnzìshī 爽然自失 2-1552A
shuāngrèn 霜刃 11-707B
shuāngrénwǔ 雙人舞 11-850B
shuāngrì 霜日 11-707B
shuāngrì 雙日 11-851A
shuāngruí 霜蕤 11-715A
shuāngruǐ 霜蕊 11-715A
shuāngruǐ 雙蕊 11-856B
shuāngruì 霜鋭 11-715B
shuǎngsà 爽颯 2-1552B
shuāngsǎn 霜散 11-713A
shuāngsè 霜色 11-708B
shuāngshàn 雙扇 11-853B
shuǎngshāng 爽傷 2-1552A
shuāngshé 雙蛇 11-854A
shuāngshè 霜涉 11-711B
shuǎngshén 爽神 2-1551A
shuǎngshēnfěn 爽身粉 2-1550A
shuāngshēng 雙生 11-851B
shuāngshèng 雙勝 11-855A
shuāngshēngzǐ 雙生子 11-851B
shuāngshēnzi 雙身子 11-852A
shuāngshí 霜實 11-714B
shuāngshì 霜柹 11-709B
shuǎngshī 爽失 2-1550A
shuǎngshí 爽實 2-1552B
shuǎngshì 爽適 2-1552B
shuāngshōu 霜收 11-709A
shuāngshòu 雙綬 11-856B
shuāngshǔ 霜暑 11-713B
shuāngshǔ 霜署 11-714A
shuāngshù 霜樹 11-716A
shuāngshù 雙樹 11-856B
shuǎngshǔ 爽曙 2-1552B
shuāngshuāng 雙雙 11-858A
shuǎngshuǎng 爽爽 2-1551B
shuāngshuǐ 霜水 11-707B
shuāngsī 霜絲 11-713B
shuāngsī 霜颸 11-717A
shuāngsōng 霜松 11-709B
shuǎngsǒng 爽聳 2-1552B
shuāngsù 霜素 11-711A
shuāngsù 霜粟 11-713A
shuāngsuì 霜穗 11-716B
shuāngsùshuāngfēi 雙宿雙飛 11-854B
shuāngtái 霜臺 11-714B
shuāngtái 雙臺 11-856A
shuāngtái 雙檯 11-858A
shuāngtáng 霜塘 11-713B
shuāngtáng 霜糖 11-716A
shuāngtáng 雙糖 11-857A
shuāngtāo 霜濤 11-716B
shuāngtàochē 雙套車 11-853B
shuāngtàofēichē 雙套飛車 11-853B
shuǎngtè 爽忒 2-1550A
shuāngtí 霜蹄 11-716A
shuāngtí 霜蹏 11-716B
shuāngtiān 霜天 11-707B
shuāngtiāo 雙祧 11-854A
shuāngtiáo 霜條 11-711B
shuāngtiáo 霜髫 11-715A
shuāngtíng 霜廷 11-708B
shuāngtíng 霜庭 11-711A
shuāngtóng 霜桐 11-711A
shuāngtóng 雙瞳 11-857B
shuāngtóuhuā 雙頭花 11-857A
shuāngtóujùn 雙頭郡 11-857A
shuāngtù 霜兔 11-710A
shuāngtùbēi 雙兔碑 11-852B
shuāngtuò 霜柝 11-710B
shuǎngtuō 爽脱 2-1551B
shuànguōzi 汕鬲子 5-926B
shuànguōzi 涮鍋子 5-1435B
shuāngwǎ 霜瓦 11-707B
shuāngwān 雙彎 11-859A
shuāngwán 霜紈 11-711A
shuāngwán 雙丸 11-850B
shuāngwǎn 霜晚 11-712B
shuāngwēi 霜威 11-710B
shuāngwěi 雙隗 11-855A
shuǎngwèi 爽味 2-1550B
shuāngwén 霜文 11-708A
shuāngwén 雙文 11-851A
shuāngwū 霜烏 11-711B
shuāngwú 霜蕪 11-715A
shuǎngwù 爽悟 2-1551B
shuǎngwù 爽誤 2-1552B
shuāngxī 霜蹊 11-716B
shuāngxī 霜夕 11-707B
shuāngxī 霜溪 11-714A
shuāngxī 霜谿 11-716B
shuāngxī 雙夕 11-850B
shuāngxī 雙溪 11-856A
shuāngxiá 霜匣 11-709A
shuǎngxiá 爽黠 2-1553A
shuāngxiān 霜秈 11-709B
shuāngxiān 霜鮮 11-716B
shuāngxiàn 霜憲 11-716A
shuāngxiàn 霜霰 11-717A
shuāngxiǎng 雙餉 11-856B
shuāngxiǎng 雙響 11-858B
shuāngxiànháng 雙線行 11-856B
shuāngxiāo 霜綃 11-714B
shuāngxiáo 雙崤 11-854B
shuāngxiǎo 霜畠 11-715A
shuāngxiǎo 霜曉 11-716A
shuāngxiǎo 霜篠 11-716A
shuāngxiè 霜薤 11-716A
shuāngxiè 霜蟹 11-717A
shuāngxǐlínmén 雙喜臨門 11-855A
shuāngxīn 霜心 11-708A
shuāngxìn 霜信 11-710B
shuǎngxīn 爽心 2-1549B
shuǎngxìn 爽信 2-1550B
shuāngxīng 雙星 11-853A
shuāngxíng 霜硎 11-712A
shuǎngxìng 爽性 2-1550B
shuāngxíngcǎosù 霜行草宿 11-708B
shuǎngxīnhuōmù 爽心豁目 2-1549B
shuǎngxīnyuèmù 爽心悦目 2-1549B
shuāngxiù 雙繡 11-858B
shuǎngxiù 爽秀 2-1550A
shuāngxù 霜序 11-709A
shuāngxù 霜絮 11-713B
shuāngxù 霜蓄 11-714A
shuāngxuě 霜雪 11-712A
shuāngxùn 霜訊 11-711B
shuǎngxùn 爽迅 2-1550A
shuāngyā 霜鴉 11-717A
shuāngyā 雙鴉 11-856B
shuāngyā 雙鵶 11-858B
shuāngyá 霜牙 11-707B
shuāngyá 霜崖 11-712B
shuāngyān 霜烟 11-711B
shuāngyān 霜煙 11-714A
shuāngyán 霜妍 11-709B
shuāngyǎn 雙掩 11-854A
shuāngyàn 霜雁 11-713A
shuāngyàn 霜艷 11-718A
shuāngyàn 霜豔 11-718A
shuǎngyán 爽言 2-1550A
shuāngyǎngshuǐ 雙氧水 11-853B
shuāngyǎnpí 雙眼皮 11-854A
shuāngyào 雙曜 11-858A
shuāngyě 霜野 11-712B
shuāngyè 霜夜 11-710A
shuāngyè 霜液 11-713A
shuāngyè 霜葉 11-713A
shuāngyè 雙靨 11-859A
shuāngyī 霜衣 11-708B
shuāngyì 霜翼 11-716B
shuāngyì 霜議 11-717B
shuāngyì 雙譯 11-858B
shuǎngyì 爽異 2-1551B
shuǎngyì 爽逸 2-1551B
shuāngyǐn 雙引 11-851B
shuāngyǐn 雙飲 11-855A
shuāngyīng 霜英 11-709B
shuāngyíng 霜營 11-716A
shuāngyǐng 霜影 11-715A
shuāngyú 雙魚 11-854B
shuāngyù 雙玉 11-851B
shuāngyuān 雙鴛 11-857A
shuāngyuán 霜猿 11-714A
shuāngyuè 霜月 11-708A
shuǎngyuē 爽約 2-1551A
shuǎngyuè 爽越 2-1551B
shuāngyuèkān 雙月刊 11-851A
shuāngyuèxuǎn 雙月選 11-851A
shuāngyún 霜筠 11-714A
shuāngyún 霜匀 11-708A
shuāngyún 霜雲 11-713B
shuāngyúxǐ 雙魚洗 11-854B
shuāngyúyuè 雙魚鑰 11-854B
shuàngzáo 淙鑿 5-1418B
shuāngzēng 霜繒 11-717A
shuāngzhá 霜札 11-708A
shuāngzhān 霜鸇 11-718A
shuāngzhàn 霜棧 11-713A
shuāngzhàng 霜仗 11-708A
shuāngzhǎo 霜爪 11-708A
shuāngzhào 霜照 11-714A
shuāngzhēn 霜砧 11-711A
shuāngzhēn 雙針 11-853B
shuāngzhēn 雙甄 11-855A
shuāngzhèn 霜陣 11-711A
shuāngzhī 霜枝 11-709B
shuāngzhǐ 霜紙 11-712A
shuāngzhì 霜質 11-715B
shuāngzhì 霜鷙 11-718A
shuǎngzhí 爽直 2-1550B
shuǎngzhǐ 爽指 2-1550B
shuāngzhígōng 雙職工 11-857B
shuāngzhōng 霜鍾 11-716B
shuāngzhōng 霜鐘 11-717B
shuāngzhòu 雙縐 11-857A
shuāngzhū 霜朱 11-708B
shuāngzhū 雙珠 11-853B
shuāngzhú 霜竹 11-708B
shuāngzhù 雙柱 11-853A
shuāngzhuàitóu 雙拽頭 11-852B
shuāngzhuǎnmǎ 雙轉馬 11-858A
shuāngzhǔn 霜准 11-711B
shuāngzī 霜姿 11-711A
shuāngzī 霜髭 11-715B
shuāngzì 雙字 11-852A
shuāngzǐzuò 雙子座 11-850B
shuāngzuì 霜醉 11-715A
shuānì 刷膩 2-682A
shuǎniáng 耍娘 8-781A
shuānji 栓劑 4-978A
shuǎnòng 耍弄 8-780A
shuānpí 栓皮 4-978A
shuānpílì 栓皮櫟 4-978A
shuānsè 栓塞 4-978A
shuānshù 拴束 6-565A
shuāntōng 拴通 6-565A
shuānxiàn 拴綫 6-565A
shuànyángròu 涮羊肉 5-1435B
shuànyuān 腨痛 6-1349B
shuānzi 栓子 4-978A
shū'áo 叔敖 2-880B
shū'ào 疏傲 8-504B
shū'ào 樞奥 4-1260B
shuǎpáichǎng 耍排場 8-781A
shuǎpáizi 耍牌子 8-781B
shuǎpánzi 耍盤子 8-782A

shuǎpiāo 耍飄 8-782B
shuāpíng 刷平 2-680B
shuǎpínzuǐ 耍貧嘴 8-781A
shuǎpíqì 耍脾氣 8-781B
shuǎqián 耍錢 8-782A
shuǎqiāng 耍槍 8-781B
shuǎqiào 耍俏 8-780B
shuǎqiào 耍峭 8-781A
shuāqīng 刷清 2-681B
shuǎqīng 耍青 8-780B
shuǎqīngpí 耍青皮 8-780B
shuǎqù 耍趣 8-781B
shuǎquán 耍拳 8-781A
shuārán 刷然 2-681B
shuǎrén 耍人 8-779A
shuāsè 刷色 2-680B
shuǎshétou 耍舌頭 8-780A
shuāshì 刷飾 2-681B
shuǎshì 耍事 8-780B
shuǎshīzi 耍獅子 8-781B
shuǎshǒuduàn 耍手段 8-779B
shuǎshǒuwàn 耍手腕 8-779B
shuǎshǒuyì 耍手藝 8-779B
shuāshuā 刷刷 2-681A
shuāshuā 唰唰 3-400A
shuǎshuǐ 耍水 8-779B
shuāsī 刷絲 2-681B
shuǎsigǒu 耍死狗 8-779B
shuǎsīqíng 耍私情 8-780A
shuāsīyàn 刷絲硯 2-681B
shuǎtàidù 耍態度 8-781B
shuātī 刷剔 2-681B
shuātì 刷涕 2-681B
shuǎwāidiàohóu 耍歪掉猴 8-780B
shuǎwāidiàoxié 耍歪掉邪 8-780B
shuǎwán 耍玩 8-780B
shuāwěi 刷尾 2-680B
shuǎwēifēng 耍威風 8-780B
shuāwèn 刷問 2-681B
shuǎwúlài 耍無賴 8-781A
shuāxǐ 刷洗 2-681A
shuǎxì 耍戲 8-782B
shuǎxiào 耍笑 8-781A
shuāxīn 刷新 2-682A
shuǎxìngzi 耍性子 8-780B
shuǎxīnyǎn'er 耍心眼兒 8-779B
shuǎxióng 耍熊 8-781B
shuāxuǎn 刷選 2-682A
shuǎyān 耍烟 8-781A
shuǎyānjiǔ 耍煙九 8-781B
shuǎyànjiǔ 耍燕九 8-782A
shuāyìn 刷印 2-680B
shuǎyīshǒu 耍一手 8-779A
shuāyū 刷淤 2-681B
shuāyǔ 刷羽 2-680B
shuāzhào 刷照 2-681B
shuāzhǒu 刷箒 2-682A
shuāzi 刷子 2-680A
shuāzǐ 刷子 2-680A
shuāzì 刷字 2-680B
shuǎzi 耍子 8-779B
shuǎzuǐ 耍嘴 8-782A
shuǎzuǐpízi 耍嘴皮子 8-782A
shǔbá 暑魃 5-757A
shùbá 樹拔 4-1301A
shūbai 叔伯 2-879B
shūbài 疏敗 8-502A
shǔbài 署拜 8-1023A
shùbáilùnhuáng 數白論黄 5-508A
shūbān 疏班 8-500A
shūbǎn 書板 5-717B
shūbǎn 書版 5-718A
shūbàn 書辦 5-727A
shùbān 樹瘢 4-1305A
shǔbāng 屬邦 4-65A
shǔbǎng 署榜 8-1023B
shùbāng 庶邦 3-1235B
shūbāo 書包 5-716A
shūbào 叔豹 2-880B
shūbào 書報 5-723A
shūbào 疏暴 8-507A
shūbào 攄抱 6-957A
shùbǎo 戍堡 5-190A
shùbàowěi 豎豹尾 9-1347B
shūbèi 書背 5-719B
shūbèi 梳背 4-1059B
shúbèi 熟背 7-244A
shǔbèi 鼠輩 12-1410A
shùbēi 樹碑 4-1304A
shùbèi 戍備 5-190A
shùbèihánxī 束貝含犀 4-779B
shùbēilìzhuàn 樹碑立傳 4-1304A
shūběn 書本 5-715A
shǔběn 蜀本 8-1034B
shùběn 樹本 4-1300A
shūběnqì 書本氣 5-715A
shūbǐ 抒筆 6-426B
shūbǐ 疏匕 8-496A
shūbì 書幣 5-725B
shūbì 梳篦 4-1060B
shūbì 梳枇 4-1059B
shūbì 舒辟 8-1087A
shūbì 輸幣 9-1305A
shùbì 束幣 4-783B
shùbiān 戍邊 5-190B
shùbiǎo 樹表 4-1301A
shūbié 殊別 5-159B
shǔbié 屬别 4-65B
shǔbìjīgān 鼠臂蟣肝 12-1411A
shūbǐng 書稟 5-724B
shūbǐng 樞柄 4-1259B
shǔbìng 暑病 5-756B
shǔbìng 鼠病 12-1409A
shùbīng 戍兵 5-189B
shùbīng 東兵 4-779B
shùbìng 樹兵 4-1300B
shùbīngmòmǎ 束兵秣馬 4-779B
shūbó 叔伯 2-879B
shūbó 疏薄 8-508A
shùbó 數駁 5-510B
shùbó 東帛 4-780A
shùbó 庶伯 3-1236A
shùbójiābì 東帛加璧 4-780A
shùbójiācóng 東帛加琮 4-780A
shūbǔ 疏捕 8-500A
shūbù 書簿 5-728A
shūbù 疏布 8-496B
shūbù 舒布 8-1086A
shūbù 練布 9-858B
shǔbù 鼠布 12-1407A
shǔbù 鼠步 12-1407B
shǔbù 蜀布 8-1034B
shǔbù 屬部 4-67A
shùbù 疏簿 8-510A
shubùdé 輸不的 9-1302B
shūbùjiànqīn 疏不間親 8-496A
shūbùjiànqīn 疏不閒親 8-496A
shūbùjìnyán 書不盡言 5-714B
shūbùjìnyì 書不盡意 5-714B
shùbùpòzhù 疏不破注 8-496A
shǔbùshèngshǔ 數不勝數 5-507B
shūbùshìshǒu 書不釋手 5-714B
shǔbùzháo 數不着 5-507B
shūbùzhī 殊不知 5-158B
shūcái 殊才 5-158B
shūcái 疏材 8-497B
shūcái 輸財 9-1303B
shūcài 蔬菜 9-561A
shúcài 熟菜 7-245A
shǔcái 蜀才 8-1034A
shǔcǎi 蜀彩 8-1035B
shùcài 庶寀 3-1238A
shùcǎi 樹彩 4-1303A
shūcáishàngqì 疏財尚氣 8-500B
shúcǎiyī 熟綵衣 7-246B
shūcáizhàngyì 疏財仗義 8-500B
shūcáizhòngyì 疏財重義 8-500B
shūcān 蔬飱 9-561A
shūcǎn 舒慘 8-1087B
shūcāo 殊操 5-164A
shūcáo 樞曹 4-1260A
shūcǎo 書草 5-719B
shúcǎo 熟草 7-244A
shǔcáo 屬曹 4-67A
shùcáo 戍漕 5-190B
shùcǎo 疏草 8-499B
shùcǎo 東草 4-780B
shùcǎo 樹草 4-1301B
shūcè 抒廁 6-426B
shūcè 書册 5-716A
shūcè 書策 5-723B
shūcè 書筴 5-724B
shūcè 殊策 5-162A
shǔcè 數策 5-510A
shùcè 杼廁 4-887A
shúchá 孰察 4-237B
shúchá 熟察 7-246B
shǔchā 鼠楂 12-1410A
shǔchá 蜀茶 8-1034B
shùchà 樹杈 4-1300B
shùchàbà 樹杈把 4-1300B
shūchāi 書差 5-720B
shǔchái 鼠豺 12-1409A
shùchái 東柴 4-781A
shùchǎn 庶産 3-1237B
shūcháng 殊常 5-161B
shūcháng 舒長 8-1086A
shūchǎng 書場 5-723A
shūchǎng 輸場 9-1304B
shūchàng 淑暢 5-1370B
shūchàng 疏暢 8-506A
shūchàng 舒暢 8-1087B
shūchàng 攄暢 6-957A
shùcháng 庶常 3-1237B
shūchángzhúsì 練裳竹笥 9-859A
shūchāo 書抄 5-716B
shūchāo 書鈔 5-723B
shūchè 疏徹 8-507B
shǔchē 屬車 4-65B
shùchē 束車 4-779B
shūchén 樞臣 4-1259A
shūchén 輸忱 9-1303A
shūchén 疏陳 8-501A
shùchén 豎臣 9-1347B
shūchēng 殊稱 5-163B
shūchéng 書呈 5-716B
shūchéng 書城 5-719B
shūchéng 書程 5-723A
shūchéng 輸誠 9-1304B
shūchéng 攄誠 6-957A
shūchěng 攄騁 6-957B
shúchéng 熟成 7-243B
shǔchéng 屬城 4-66B
shùchéng 戍城 5-190A
shūchī 書癡 5-728B
shūchí 疏遲 8-508A
shūchí 舒遲 8-1087A
shūchí 舒遅 8-1087B
shūchǐ 書尺 5-715A
shūchǐ 梳齒 4-1060B
shūchì 疏斥 8-497A
shǔchī 暑絺 5-756B
shǔchí 鼠坻 12-1408B
shǔchǐ 黍尺 12-1378A
shùchí 束持 4-780A
shùchǐ 庶侈 3-1236B
shǔchǐxiàn 鼠齒莧 12-1410B
shūchóng 殳蟲 6-1480A
shūchóng 書蟲 5-728A
shūchǒng 殊寵 5-164B
shūchóngzi 書蟲子 5-728A
shūchóu 輸籌 9-1305B
shūchū 輸出 9-1302B
shūchú 書厨 5-723A

shūchú 書廚 5-726B
shūchú 書櫥 5-727A
shūchù 疏絀 8-503B
shūchù 疏黜 8-508B
shùchū 庶出 3-1235B
shùchú 束芻 4-781B
shùchǔ 束楚 4-783A
shùchù 秫絀 8-66A
shūchuán 書傳 5-724A
shūchuǎn 疏舛 8-497A
shǔchuān 蜀川 8-1034A
shūchuáng 書牀 5-719A
shǔchuāng 鼠瘡 12-1410B
shùchuāng 樹瘡 4-1305A
shùchuāng 樹創 4-1303B
shùchuánwéizhù 束椽爲柱 4-783A
shūchuí 輸倕 9-1304A
shǔchuī 黍炊 12-1378B
shǔchún 黍肫 12-1378B
shūcí 抒詞 6-426B
shūcí 書詞 5-723B
shūcí 書辭 5-728A
shūcí 攄詞 6-957A
shūcì 書刺 5-717B
shùcí 恕辭 7-507B
shùcí 數詞 5-510B
shùcí 樹辭 4-1306A
shūcóng 疏從 8-502B
shǔcóng 屬從 4-67B
shùcóng 樹叢 4-1305B
shūcū 疏觕 8-502B
shùcù 樹簇 4-1305B
shǔcuàn 鼠竄 12-1411A
shǔcuànfēngshì 鼠竄蜂逝 12-1411A
shǔcuàngǒudào 鼠竄狗盜 12-1411A
shǔcuānlángbēn 鼠攛狼奔 12-1411A
shǔcuànlángbēn 鼠竄狼奔 12-1411A
shūcuī 疏衰 8-501A
shùcūn'er 樹皴兒 4-1303B
shūdá 叔達 2-880B
shūdá 疏達 8-504A
shūdá 舒達 8-1087A
shúdábiān 熟鞑鞭 7-246A
shùdàgēnshēn 樹大根深 4-1299B
shūdāi 書獃 5-725A
shūdài 叔代 2-879B
shūdài 叔待 2-880A
shūdài 叔帶 2-880B
shūdài 書帶 5-722A
shūdài 書袋 5-722B
shūdài 殊代 5-159A
shūdài 殊待 5-160B
shūdài 疏怠 8-500A
shùdài 束帶 4-782A
shùdài 恕貸 7-507B
shūdàicǎo 書帶草 5-722A
shùdàijiéfà 束帶結髮 4-782A
shūdāiqì 書獃氣 5-725A
shūdāizi 書呆子 5-716B
shūdāizi 書獃子 5-725A
shūdān 書丹 5-714B
shūdàn 叔旦 2-879B
shūdàn 疏淡 8-503A
shūdàn 疏誕 8-506A
shūdàn 疏澹 8-508B
shǔdǎn 鼠膽 12-1410B
shùdàn 束擔 4-784B
shūdàng 疏宕 8-499A
shūdàng 疏蕩 8-507A
shúdàng 贖當 10-309B
shǔdǎng 鼠黨 12-1411A
shǔdǎng 蜀黨 8-1037B
shǔdǎng 屬黨 4-69B
shùdǎng 樹黨 4-1306A
shùdàng 述蕩 10-753B
shūdāo 書刀 5-714B
shūdǎo 疏導 8-508A
shūdào 疏道 8-504B
shúdǎo 熟擣 7-247A
shúdào 秫稻 8-66B
shǔdao 數叨 5-508A
shǔdāo 蜀刀 8-1033B
shǔdào 鼠盜 12-1409B
shǔdào 蜀道 8-1036A
shùdào 數道 5-510B
shùdāo 豎刀 9-1347A
shùdào 恕道 7-507B
shùdào 術道 3-983B
shùdào 樹道 4-1303B
shùdǎogēncuī 樹倒根摧 4-1302A
shǔdàogǒuqiè 鼠盜狗竊 12-1410A
shùdǎohúsūnsàn 樹倒猢猻散 4-1302A
shǔdàonán 蜀道難 8-1036B
shǔdàoyì 蜀道易 8-1036A
shùdàzhāofēng 樹大招風 4-1299B
shūde 倏地 1-1488B
shūdé 淑德 5-1371A
shùdé 樹德 4-1305A
shūděng 殊等 5-162A
shǔdeshàng 數得上 5-509B
shùdéwùzī 樹德務滋 4-1305A
shǔdezháo 數得着 5-509B
shūdī 書滴 5-725B
shūdí 疏滌 8-506A
shūdì 淑弟 5-1368B
shúdì 熟地 7-243A
shǔdì 蜀帝 8-1035A
shǔdì 屬地 4-65A
shùdí 漱滌 6-73B
shùdí 豎箋 9-1348A
shùdí 樹嫡 4-1304B
shùdí 樹敵 4-1305A
shùdì 庶弟 3-1236A
shūdiān 書顛 5-728A
shūdiǎn 書典 5-717B
shūdiǎn 殊典 5-160A
shūdiàn 書店 5-718A
shūdiàn 書殿 5-724B
shūdiàn 輸電 9-1304B
shúdiǎn 贖典 10-309A
shǔdiǎn 數典 5-509A
shǔdiàn 暑簟 5-757A
shùdiān 樹巔 4-1306A
shùdiǎn 樹點 4-1305B
shǔdiànqióngrén 蜀殿瓊人 8-1036B
shǔdiǎnwàngzǔ 數典忘祖 5-509A
shūdiào 殊調 5-164A
shùdiāo 豎刁 9-1347A
shùdiāo 豎貂 9-1348A
shǔdìhuā 蜀帝花 8-1035A
shùdǐng 樹頂 4-1302B
shǔdōngguā… 數東瓜,道茄子 5-508B
shūdǒu 樞斗 4-1259A
shǔdǒu 曙斗 5-840A
shùdǒu 杼斗 4-886B
shūdú 書牘 5-728A
shūdù 叔度 2-880A
shūdù 書蠹 5-729A
shúdù 熟肚 7-243B
shǔdū 蜀都 8-1035A
shùdū 戍督 5-190B
shùdù 數度 5-509A
shùduān 樹端 4-1304B
shǔduǎnlùncháng 數短論長 5-510A
shūdùbēi 叔度陂 2-880A
shūdùbēihú 叔度陂湖 2-880A
shǔdūhǎitáng 蜀都海棠 8-1035B
shǔdùjīcháng 鼠肚鷄腸 12-1408A
shǔdùn 鼠遁 12-1409B
shǔdùn 鼠遯 12-1410A
shùdūn 樹惇 4-1303A
shùdūn 樹敦 4-1303B
shùdūn 樹墩 4-1304B
shūduò 疏惰 8-504B
shǔduó 數度 5-509A
shúdúshēnsī 熟讀深思 7-247B
shūdútóu 書毒頭 5-719B
shū'è 淑惡 5-1369B
shū'è 疏惡 8-504A
shǔ'é 署額 8-1023B
shù'é 數額 5-511A
shū'ēn 殊恩 5-161A
shù'ēn 樹恩 4-1302A
shū'ér 倏而 1-1488B
shū'ěr 倏爾 1-1489A
shǔ'ěr 鼠耳 12-1407A
shù'ér 豎兒 9-1347B
shù'ěr 樹耳 4-1300B
shū'érbùlòu 疏而不… 8-497A
shù'érbùzuò 述而不作 10-752B
shǔ'ěrjīn 鼠耳巾 12-1407B
shūfā 抒發 6-426B
shūfā 輸發 9-1304B
shūfā 攄發 6-957A
shūfǎ 書法 5-718B
shǔfǎ 鼠法 12-1408B
shùfǎ 術法 3-983A
shùfà 束髮 4-783B
shùfà 樹髮 4-1304B
shùfàfēngbó 束髮封帛 4-784A
shùfàguān 束髮冠 4-784A
shūfān 殊藩 5-164A
shūfàn 淑範 5-1371A
shūfàn 蔬飯 9-561A
shūfàn 輸販 9-1304A
shǔfàn 黍飯 12-1379A
shūfāng 書方 5-715A
shūfāng 書坊 5-716B
shūfāng 殊方 5-158B
shūfāng 疏方 8-496B
shūfáng 書房 5-719A
shūfáng 疏防 8-497A
shūfáng 疏房 8-499A
shūfàng 紓放 9-775B
shūfàng 疏放 8-498B
shūfàng 舒放 8-1086B
shúfàng 贖放 10-309A
shùfǎng 束紡 4-782A
shùfāngtíng 漱芳亭 6-73B
shūfāngtóngzhì 殊方同致 5-158B
shùfānjiā 數番家 5-510B
shùfàxiǎoshēng 束髮小生 4-784A
shùfázuò 戍罰作 5-190B
shūfēi 淑妃 5-1368B
shūfēi 蔬菲 9-561A
shūfèi 疏廢 8-508A
shùfēi 庶妃 3-1236A
shūfēn 疏分 8-496B
shūfèn 抒憤 6-426B
shūfèn 舒憤 8-1087B
shúfèn 熟分 7-243A
shúfèn 熟糞 7-247A
shūfēng 殊風 5-160B
shūfēng 疏封 8-499A
shúfēng 熟風 7-244B
shǔfēng 曙風 5-840A
shùfēng 疏封 8-499B
shùfēng 樹蜂 4-1304A
shùféng 秫縫 8-66B
shūfu 舒服 8-1086B
shūfú 叔服 2-880A
shūfú 書符 5-722B
shūfú 殊服 5-160A
shūfú 疏服 8-498B
shūfú 舒鳧 8-1087A
shūfú 練服 9-859A
shūfú 輸服 9-1303B
shūfǔ 書府 5-718A
shūfǔ 樞府 4-1259A
shūfǔ 樞輔 4-1260B
shūfù 叔父 2-879B

shūfù 疏附 8-498A
shūfù 疏傅 8-504B
shūfù 樞副 4-1260A
shūfù 輸賦 9-1305A
shūfù 孰復 4-237B
shúfù 熟復 7-245B
shǔfú 暑伏 5-756A
shǔfú 鼠伏 12-1407B
shǔfú 數伏 5-508A
shǔfǔ 署府 8-1023A
shǔfù 鼠負 12-1408B
shǔfù 鼠婦 12-1409B
shǔfù 鼠蟜 12-1410A
shǔfù 蜀賦 8-1037A
shǔfù 屬附 4-66A
shǔfù 屬婦 4-67B
shùfū 戍夫 5-189B
shùfū 束柎 4-780B
shùfū 豎夫 9-1347B
shùfū 樹膚 4-1304B
shùfú 束伏 4-779A
shùfú 庶孚 3-1236A
shùfú 豎拂 9-1347B
shùfǔ 束脯 4-782B
shùfǔ 庶府 3-1236B
shùfù 戍副 5-190A
shùfù 戍婦 5-190A
shùfù 束腹 4-783A
shùfù 束縛 4-784B
shùfù 述附 10-752B
shùfù 庶婦 3-1238A
shǔfùjīcháng 鼠腹鷄腸 12-1410A
shǔfùwōcháng 鼠腹蝸腸 12-1410A
shùgài 樹蓋 4-1304A
shǔgàiniàn 屬概念 4-68A
shūgàn 樞幹 4-1260B
shǔgān 鼠肝 12-1407B
shùgān 樹竿 4-1301B
shùgàn 樹幹 4-1304A
shùgàn 樹榦 4-1304B
shǔgānchóngbì 鼠肝蟲臂 12-1407B
shūgāng 輸綱 9-1305A
shùgānguìshèn 鉥肝劌腎 11-1228B
shūgānlìdǎn 輸肝瀝膽 9-1303A
shūgānlìdǎn 攄肝瀝膽 6-957A
shūgānpōudǎn 輸肝剖膽 9-1303A
shūgānxiědǎn 輸肝寫膽 9-1303A
shūgǎo 書稿 5-726A
shūgǎo 書藁 5-727B
shǔgāo 黍糕 12-1379B
shùgāo 束蒿 4-782B
shùgǎo 疏稾 8-508A
shùgǎo 疏稿 8-507B
shùgāogé 束高閣 4-781B
shùgāoqiānzhàng… 樹高千丈,葉落歸根 4-1302B
shùgāozhāofēng 樹高招風 4-1302B
shūgé 書閣 5-725B
shūgé 書革 5-719B
shūgé 書格 5-721A
shūgé 書閣 5-725B
shūgé 殊隔 5-162B
shūgé 疏隔 8-505A
shǔgé 蜀閣 8-1037A
shùgē 戍歌 5-190B
shùgé 束閣 4-783B
shùgēdá 樹疙瘩 4-1301A
shùgējuǎnjiǎ 束戈卷甲 4-777B
shūgēn 書根 5-721A
shùgēn 樹根 4-1302A
shúgēng 熟耕 7-244B
shǔgēng 曙更 5-840A
shùgēntou 樹根頭 4-1302A
shūgézi 書槅子 5-725A
shūgōng 叔公 2-879B
shūgōng 書工 5-714A
shūgōng 書公 5-714B
shūgōng 殊功 5-159A
shūgōng 輸供 9-1303B
shūgòng 輸貢 9-1303B
shùgōng 束躬 4-781B
shùgōng 恕躬 7-507B
shùgōng 庶工 3-1234B
shùgōng 庶功 3-1235B
shùgōng 樹功 4-1300A
shūgōngmòshǒu 輸攻墨守 9-1303A
shǔgǒubèi 鼠狗輩 12-1408B
shūgū 叔姑 2-880A
shūgū 書估 5-716B
shūgū 輸估 9-1303A
shūgǔ 書鼓 5-724A
shūgǔ 書賈 5-724A
shúgǔ 秫穀 8-66B
shúgù 熟顧 7-247B
shǔgū 鼠姑 12-1408B
shǔgǔ 黍谷 12-1378B
shǔgǔ 曙鼓 5-840A
shùgū 庶姑 3-1237A
shùgǔ 戍鼓 5-190B
shùgǔ 束股 4-780A
shùgǔ 束骨 4-780B
shùgǔ 術鵠 3-984B
shùguà 束挂 4-780A
shùguà 樹挂 4-1301B
shūguài 殊怪 5-160A
shūguān 殊觀 5-164B
shūguān 疏觀 8-510B
shūguān 輸官 9-1303B
shūguǎn 書館 5-727A
shūguǎn 樞筦 4-1260B
shūguǎn 樞管 4-1260B
shūguàn 書觀 5-729A
shūguàn 輸灌 9-1305B
shúguàn 熟慣 7-246B
shǔguān 屬官 4-66A
shùguān 庶官 3-1236B
shùguān 樹冠 4-1301B
shùguān 隃冠 11-1079A
shùguàn 漱盥 6-73B
shūguāng 樞光 4-1259A
shūguāng 攄光 6-956B
shūguǎng 疏獷 8-509A
shǔguāng 曙光 5-840A
shùguàng 樹桄 4-1302A
shùguǎngjiùxiá 束廣就狹 4-783B
shùgǔdòng 樹榾棟 4-1304A
shūguī 殊瑰 5-162B
shūguǐ 書軌 5-719B
shūguǐ 殊軌 5-160B
shūguì 書櫃 5-727B
shūguì 書匱 5-725A
shùguī 庶龜 3-1238B
shùguì 束桂 4-781A
shùguì 豎櫃 9-1348B
shūguǒ 梳裹 4-1060B
shúguó 贖國 10-309A
shúguò 贖過 10-309B
shǔguó 蜀國 8-1035B
shǔguó 屬國 4-67A
shùguó 庶國 3-1237B
shùguó 樹國 4-1302B
shùguǒ 束裹 4-783B
shùguǒ 樹果 4-1301A
shùguǒ 樹菓 4-1302B
shǔguóxián 蜀國絃 8-1035B
shūguǒxiāng 梳裹箱 4-1060B
shǔhài 鼠駭 12-1410B
shùhái 束骸 4-784A
shùhái 樹骸 4-1305A
shùhǎi 戍海 5-190A
shùhài 豎亥 9-1347B
shūhán 書函 5-719A
shūhàn 書翰 5-727A
shǔhán 暑寒 5-756B
shǔhàn 蜀漢 8-1036B
shūháng 梳行 4-1059A
shūhǎo 姝好 4-342B
shūhǎo 淑好 5-1368B
shūhào 殊號 5-163A
shǔháo 鼠毫 12-1409B
shǔhào 鼠耗 12-1409A
shǔháobǐ 鼠毫筆 12-1409B
shūhé 舒和 8-1086A
shúhé 孰何 4-237A
shǔhé 黍禾 12-1378A
shǔhé 曙河 5-840A
shùhé 樹核 4-1302A
shùhè 裋褐 9-94A
shùhè 豎褐 9-1348A
shǔhēilùnbái 數黑論白 5-510A
shǔhēilùnhuáng 數黑論黃 5-510A
shūhěn 疏狠 8-500A
shūhéng 樞衡 4-1261A
shūhóng 疏閎 8-505A
shūhóng 攄虹 6-957A
shúhóng 熟紅 7-244B
shǔhóng 蜀紅 8-1035A
shūhòu 書後 5-720A
shūhòu 淑候 5-1369A
shǔhóu 蜀侯 8-1035A
shǔhòuxīnggū 曙後星孤 5-840A
shūhū 倏忽 1-1488B
shūhū 疏忽 8-498B
shūhū 儵忽 1-1737B
shūhū 倐忽 1-1600B
shūhù 書户 5-715A
shūhù 書摢 5-725A
shūhù 淑嫭 5-1370B
shūhù 疏户 8-496B
shūhù 樞户 4-1259A
shúhú 孰湖 4-237B
shúhǔ 朮虎 4-720B
shúhù 熟户 7-243A
shǔhǔ 鼠虎 12-1408B
shùhū 庶乎 3-1235B
shūhuā 疏華 8-500A
shūhuà 書畫 5-723B
shūhuà 淑化 5-1368A
shúhuá 熟滑 7-245B
shúhuà 孰化 4-237A
shúhuà 熟化 7-243A
shúhuà 熟話 7-246A
shǔhuá 曙華 5-840A
shūhuàchuán 書畫船 5-723B
shūhuàfǎng 書畫舫 5-723B
shūhuái 抒懷 6-426B
shūhuái 疏懷 8-510A
shūhuái 舒懷 8-1088A
shūhuái 攄懷 6-957B
shùhuái 述懷 10-753B
shūhuàmǎoyǒu 書畫卯酉 5-723B
shūhuǎn 紓緩 9-776A
shūhuǎn 疏緩 8-508A
shūhuǎn 舒緩 8-1088A
shūhuǎn 荼緩 9-422A
shúhuán 贖鍰 10-310A
shùhuàn 漱浣 6-73B
shùhuàn 漱澣 6-73B
shùhuàn 豎宦 9-1347B
shūhuāng 殊荒 5-160B
shūhuáng 疏惶 8-505A
shūhuǎng 書幌 5-724A
shūhuǎng 儵怳 1-1737B
shúhuāng 熟荒 7-244A
shǔhuáng 鼠黃 12-1409A
shǔhuángdàobái 數黃道白 5-509B
shǔhuángdàohēi 數黃道黑 5-509B
shǔhuángguā… 數黃瓜,道茄子 5-509B
shūhuī 倐翬 1-1601A
shūhuí 紓迴 9-775B
shūhuì 姝惠 4-342B
shūhuì 書會 5-724B
shūhuì 淑惠 5-1369B
shūhuì 淑慧 5-1370B
shūhuì 疏晦 8-502A
shúhuì 熟會 7-246A

shǔhuī 曙暉 5-840A
shùhuì 庶卉 3-1235A
shùhuì 庶彙 3-1238B
shùhuì 樹蕙 4-1304B
shūhùn 抒溷 6-426B
shǔhún 蜀魂 8-1036B
shūhuō 疏豁 8-509A
shūhuō 舒豁 8-1088A
shūhuò 倏霍 1-1489A
shūhuò 紓禍 9-775B
shūhuò 菽藿 9-440A
shúhuo 熟和 7-244A
shúhuó 熟和 7-244A
shúhuǒ 熟火 7-243A
shúhuò 熟貨 7-245A
shǔhuò 黍臛 12-1380A
shǔhuò 鼠禍 12-1410A
shùhuǒ 戍火 5-189B
shùhuǒ 束火 4-778B
shùhuò 庶或 3-1236B
shuǐ'àn 水岸 5-864A
shuǐbà 水壩 5-890B
shuǐbài 水敗 5-872B
shuǐbài 水排 5-872A
shuǐbào 水豹 5-869B
shuǐbàonáng 水豹囊 5-869B
shuǐbāzhèn 水八陣 5-853B
shuǐbèi 水備 5-876B
shuǐběishānrén 水北山人 5-857B
shuǐbèng 水泵 5-867A
shuǐbǐ 水筆 5-876B
shuǐbì 水碧 5-881A
shuíbiān 誰邊 11-286B
shuǐbiāo 水鏢 5-889B
shuǐbiǎo 水表 5-863A
shuǐbīn 水濱 5-888B
shuǐbìn 水髩 5-881A
shuǐbìn 水鬢 5-890B
shuǐbīng 水兵 5-862A
shuǐbǐng 水餅 5-882A
shuǐbìng 水病 5-870A
shuǐbō 水波 5-865A
shuǐbō 水缽 5-873A
shuǐbó 水伯 5-862A
shuǐbó 水鈸 5-880A
shuǐbógōng 水勃公 5-867A
shuǐbòji 水簸箕 5-889A
shuǐbù 水步 5-861B
shuǐbù 水部 5-870A
shuǐbù 水埠 5-872A
shuǐcǎi 水彩 5-873B
shuǐcài 水菜 5-872A
shuìcài 睡菜 7-1231A
shuǐcàibùjiāo 水菜不交 5-872B
shuǐcǎihuà 水彩畫 5-873B
shuǐcāng 水倉 5-869B
shuǐcāng 水蒼 5-878B
shuǐcáng 水藏 5-888A
shuǐcānghù 水蒼笏 5-879A
shuǐcāngpèi 水蒼佩 5-878B
shuǐcāngyù 水蒼玉 5-878B
shuǐcāo 水操 5-886A
shuǐcáo 水曹 5-872B
shuǐcǎo 水草 5-866B
shuǐcǎo 水屮 5-854A
shuìcǎo 睡草 7-1230B
shuǐcáoláng 水曹郎 5-872B
shuǐchà 水汊 5-860B
shuíchāi 誰差 11-286A
shuǐchǎn 水產 5-873B
shuǐchàn 水懺 5-890A
shuìchǎn 稅產 8-94A
shuìchǎng 稅場 8-94B
shuìchángmèngduō 睡長夢多 7-1230B
shuǐchǎngqián 水場錢 5-874B
shuìchāo 稅鈔 8-94B
shuǐchē 水車 5-861A
shuìchē 稅車 8-93A
shuìchē 睡車 7-1230B
shuǐchén 水沉 5-862B
shuǐchén 水沈 5-862B
shuǐchéng 水丞 5-860B
shuǐchéng 水城 5-866B
shuǐchéng 水程 5-876B
shuìchéng 說城 11-244B
shuǐchǐ 水尺 5-856B
shuǐchōng 水舂 5-872A
shuǐchōng 水衝 5-885A
shuǐchóng 水蟲 5-889A
shuǐchǒumù 水丑木 5-857A
shuǐchǔ 水處 5-872B
shuǐchù 水畜 5-870A
shuǐchuāng 水窗 5-877B
shuǐchuāng 水牕 5-885A
shuǐchuáng 水牀 5-866A
shuǐcì 水次 5-860A
shuìcí 說詞 11-247B
shuìcí 說辭 11-251A
shuǐcōng 水葱 5-875A
shuǐcūn 水村 5-861A
shuǐdábǐng 水荅餅 5-876B
shuǐdádá 水達達 5-874B
shuǐdài 水袋 5-873A
shuìdài 睡袋 7-1231A
shuìdàjiào 睡大覺 7-1230A
shuǐdān 水丹 5-855B
shuǐdàn 水旦 5-857B
shuìdān 稅單 8-94B
shuídang 誰當 11-286B
shuídāng 誰當 11-286B
shuǐdàng 水蕩 5-884A
shuìdāng 稅璫 8-95A
shuǐdào 水盜 5-873B
shuǐdào 水道 5-877A
shuǐdào 水稻 5-885A
shuìdǎo 說導 11-250A
shuǐdàoqúchéng 水到渠成 5-864A
shuǐdàoyúxíng 水到魚行 5-864A
shuǐdé 水德 5-885A
shuǐdēng 水燈 5-887B
shuǐdī 水滴 5-883A
shuǐdì 水地 5-859A
shuǐdì 水帝 5-868A
shuǐdì 水遞 5-879B
shuìdì 稅第 8-94A
shuǐdiàn 水殿 5-881A
shuǐdiàn 水電 5-879A
shuǐdiànbào 水電報 5-879A
shuǐdiànzhàn 水電站 5-879A
shuǐdiāo 水貂 5-877A
shuǐdiào 水調 5-885A
shuìdiào 稅調 8-95A
shuǐdiàogētóu 水調歌頭 5-885A
shuǐdiàozi 水吊子 5-859B
shuǐdié 水牒 5-879B
shuǐdìfū 水遞夫 5-880A
shuǐdǐlāoyuè 水底撈月 5-864B
shuǐdǐlāozhēn 水底撈針 5-864B
shuǐdǐmōyuè 水底摸月 5-864B
shuǐdǐnàguā 水底納瓜 5-864B
shuǐdìpù 水遞鋪 5-880A
shuǐdīshíchuān 水滴石穿 5-883A
shuǐdǐyú 水底魚 5-864B
shuǐdìzǐ 水帝子 5-868A
shuǐdǒu 水斗 5-856B
shuǐdǒu 水鬬 5-891A
shuǐdòu 水痘 5-877A
shuǐdòu 水竇 5-890A
shuǐduì 水碓 5-879A
shuǐdùn 水遁 5-876B
shuìdùn 睡頓 7-1231B
shuǐ'è 水惡 5-875A
shuǐ'è 水厄 5-854B
shuǐ'è 水堨 5-874B
shuì'é 稅額 8-95B
shuǐfā 水髮 5-883B
shuìfǎ 稅法 8-93B
shuǐfàn 水販 5-872B
shuǐfàn 水飯 5-877A
shuǐfāng 水方 5-855B
shuǐfāng 水芳 5-861A
shuǐfáng 水防 5-860B
shuǐfēi 水妃 5-860B
shuǐfēi 水婔 5-874B
shuǐféi 水肥 5-864B
shuǐfěi 水匪 5-868B
shuífèn 誰分 11-285B
shuǐfén 水濆 5-885B
shuǐfěn 水粉 5-870B
shuǐfèn 水分 5-855A
shuǐfèn 水份 5-859B
shuǐfèn 水糞 5-888A
shuìfēn 帨帉 3-726A
shuǐfēng 水封 5-866B
shuǐfěnhuà 水粉畫 5-870B
shuìfó 睡佛 7-1230B
shuǐfū 水夫 5-854B
shuǐfǔ 水府 5-864B
shuǐfù 水腹 5-880A
shuìfū 說夫 11-240B
shuìfú 稅服 8-93B
shuìfú 睡伏 7-1230B
shuìfù 稅負 8-94A
shuìfù 稅賦 8-95A
shuǐfúróng 水芙蓉 5-860B
shuǐfúzi 水浮子 5-871A
shuǐgài 水蓋 5-878B
shuǐgāng 水缸 5-867A
shuǐgǎng 水港 5-877B
shuǐgǎo 水稾 5-885B
shuígè 誰個 11-286A
shuǐgé 水閣 5-883B
shuǐgōng 水工 5-853B
shuǐgōng 水功 5-857A
shuǐgōng 水攻 5-860B
shuǐgōng 水宮 5-868A
shuǐgōng 水恠 5-868A
shuǐgǒng 水汞 5-860B
shuǐgǒng 水澒 5-885B
shuìgōng 睡功 7-1230A
shuǐgōngdéjú 水功德局 5-857A
shuǐgōu 水溝 5-880B
shuǐgǒu 水狗 5-864B
shuǐgǔ 水谷 5-862B
shuǐgǔ 水牯 5-867A
shuǐgǔ 水骨 5-867A
shuǐgǔ 水穀 5-883B
shuǐgǔ 水臌 5-888A
shuǐguài 水怪 5-865B
shuǐguān 水官 5-865B
shuǐguān 水關 5-890A
shuǐguān 水觀 5-891A
shuǐguǎn 水輨 5-884A
shuǐguǎn 水館 5-887A
shuǐguàn 水觀 5-891A
shuìguān 稅關 8-95B
shuǐguāng 水光 5-859B
shuǐguāngshānsè 水光山色 5-859B
shuǐguànyínpén 水礶銀盆 5-890B
shuǐguànyínpén 水罐銀盆 5-890B
shuǐgǔbìng 水蠱病 5-890B
shuǐguǐ 水鬼 5-867B
shuǐguì 水櫃 5-888B
shuǐguì 水匱 5-881B
shuǐguō 水郭 5-870A
shuǐguó 水國 5-872B
shuǐguǒ 水果 5-864A
shuìguó 睡國 7-1231A
shuǐguòdìpíshī 水過地皮濕 5-873A
shuǐguǒtáng 水果糖 5-864A
shuǐhài 水害 5-871A
shuǐhàn 水旱 5-861B
shuǐhàn 水悍 5-871A
shuíháng 誰行 11-285B
shuíhé 誰何 11-285B
shuǐhè 水鶴 5-890B
shuǐhén 水痕 5-873B
shuǐhéng 水衡 5-886B
shuǐhéngqián 水衡錢 5-887A

shuǐhéngzhī 水横枝 5-884A
shuǐhóng 水紅 5-868B
shuǐhóng 水葒 5-875B
shuǐhóng 水澒 5-875A
shuǐhóu 水喉 5-876B
shuǐhú 水狐 5-864B
shuǐhǔ 水虎 5-864A
shuǐhǔ 水滸 5-883A
shuǐhù 水户 5-856B
shuǐhù 水戽 5-866A
shuìhù 税户 8-92B
shuǐhuā 水花 5-860B
shuǐhuā 水華 5-868B
shuǐhuà 水畫 5-878A
shuǐhuàn 水患 5-873A
shuǐhuàn 水豢 5-880B
shuǐhuāng 水荒 5-866B
shuǐhuáng 水隍 5-874B
shuǐhuánhuǒguī 水還火歸 5-886B
shuǐhuì 水虺 5-867A
shuǐhuì 水會 5-880A
shuǐhúlu 水葫蘆 5-875A
shuǐhuǒ 水火 5-855B
shuǐhuǒbùbì 水火不避 5-856A
shuǐhuǒbùcí 水火不辭 5-856A
shuǐhuǒfū 水火夫 5-856A
shuǐhuǒgùn 水火棍 5-856A
shuǐhuǒkàng 水火坑 5-856A
shuǐhuǒlú 水火爐 5-856B
shuǐhuǒwújiāo 水火無交 5-856A
shuǐhuǒwúqíng 水火無情 5-856A
shuǐhuǒxiāngjì… 水火相濟,鹽梅相成 5-856A
shuìhùtóu 税户頭 8-92B
shuǐjī 水擊 5-888A
shuǐjī 水雞 5-889A
shuǐjī 水鶏 5-890A
shuǐjī 水几 5-853B
shuǐjì 水際 5-881A
shuìjí 税籍 8-95B
shuìjì 涗齊 5-1279A
shuíjiā 誰家 11-286A
shuǐjiā 水家 5-871A
shuǐjiǎn 水硷 5-881B
shuǐjiǎn 水儉 5-885A
shuǐjiān 水監 5-881B
shuǐjiàn 水楗 5-875B
shuǐjiàn 水劍 5-885A
shuǐjiàn 水箭 5-885A
shuǐjiàn 水劔 5-887A
shuǐjiàn 水檻 5-888B
shuǐjiàn 水鑑 5-890B
shuǐjiàn 水鑒 5-890B
shuìjiàn 説諫 11-250B
shuǐjiāng 水漿 5-886A
shuìjiānjià 税間架 8-94B
shuǐjiǎo 水脚 5-873B
shuǐjiǎo 水腳 5-880A
shuǐjiǎo 水餃 5-882A
shuǐjiào 水窖 5-877B
shuǐjiào 水醮 5-889A
shuìjiào 睡覺 7-1232A
shuǐjiāodì 水澆地 5-885B
shuǐjiāolián 水澆蓮 5-885B
shuíjiāzǐ 誰家子 11-286B
shuǐjiě 水解 5-880A
shuǐjiè 水界 5-867A
shuǐjīguān 水機關 5-886B
shuǐjìjì 水濟濟 5-888B
shuǐjǐn 水緊 5-881B
shuǐjìn 水禁 5-879A
shuìjīn 帨巾 3-726A
shuìjīn 税金 8-93B
shuǐjìn'éfēi 水盡鵝飛 5-883B
shuǐjīng 水晶 5-875B
shuǐjīng 水精 5-882A
shuǐjǐng 水井 5-854A
shuǐjǐng 水警 5-889A
shuǐjìng 水鏡 5-889B
shuìjǐng 税警 8-95B
shuǐjīngbāo 水晶包 5-876A
shuǐjīngchuáng 水精牀 5-882A
shuǐjīngdēnglong 水晶燈籠 5-876A
shuǐjīngdīng 水晶釘 5-876A
shuǐjīngdǐng 水晶頂 5-876A
shuǐjìng'éfēi 水浄鵝飛 5-868A
shuǐjīnggōng 水晶宫 5-876A
shuǐjīnggōng 水精宫 5-882A
shuǐjīngguān 水晶棺 5-876A
shuǐjīnghóuzi 水晶猴子 5-876A
shuǐjīngkuài 水晶膾 5-876A
shuǐjīngkuài 水晶鱠 5-876A
shuǐjīnglián 水晶簾 5-876A
shuǐjīnglián 水精簾 5-882B
shuǐjīngpán 水晶盤 5-876A
shuǐjīngpán 水精盤 5-882B
shuǐjīngqiú 水晶毬 5-876A
shuǐjīngqiú 水精毬 5-882B
shuǐjīngtǎ 水晶塔 5-876A
shuǐjīngwán 水晶丸 5-876A
shuǐjīngyán 水晶鹽 5-876A
shuǐjīngyán 水精鹽 5-882B
shuǐjīngyú 水晶魚 5-876A
shuǐjìnlǎoshǔ 水浸老鼠 5-871A
shuǐjìnshānqióng 水盡山窮 5-883B
shuǐjiǔ 水酒 5-870B
shuǐjīzéhàn… 水激則旱,矢激則遠 5-887B
shuǐjū 水居 5-866A
shuǐjú 水局 5-863A
shuìjū 税居 8-93B
shuìjú 税局 8-93B
shuìjuān 税捐 8-94A
shuìjuàn 税絹 8-94B
shuǐjūchuán 水艍船 5-881B
shuǐjūn 水君 5-863A
shuǐjūn 水軍 5-868A
shuíkān 誰堪 11-286B
shuǐkē 水窠 5-881A
shuǐkè 水客 5-868A
shuìkè 税課 8-95A
shuìkè 説客 11-245A
shuíkěn 誰肯 11-286A
shuǐkēng 水坑 5-860B
shuǐkǒng 水孔 5-857A
shuǐkǒu 水口 5-854A
shuǐkù 水庫 5-870A
shuìkù 睡褲 7-1232A
shuìkuài 税儈 8-95A
shuìkuǎn 税款 8-94B
shuíkuāng 誰匡 11-285B
shuǐkuí 水葵 5-875A
shuǐkuìlěi 水傀儡 5-873A
shuǐkūn 水裩 5-881A
shuǐkūshílàn 水枯石爛 5-866B
shuǐláishēnshǒu… 水來伸手,飯來張口 5-864A
shuǐláitǔyǎn 水來土掩 5-863B
shuìlǎnjiào 睡懶覺 7-1232A
shuǐláo 水牢 5-863A
shuǐlǎo 水潦 5-885B
shuǐlào 水潦 5-885B
shuǐlào 水澇 5-885B
shuǐlǎoshǔ 水老鼠 5-859A
shuǐlǎoshǔhuā 水老鼠花 5-859A
shuǐlàshù 水蠟樹 5-890A
shuǐlàshù 水檵樹 5-889A
shuǐléi 水雷 5-879A
shuǐlěi 水儡 5-888A
shuǐlǐ 水理 5-872A
shuǐlǐ 水禮 5-888B
shuǐlì 水力 5-853B
shuǐlì 水利 5-861B
shuǐlì 水戾 5-866A
shuǐlì 水沴 5-865A
shuǐlì 水栗 5-868B
shuǐlì 水粒 5-874A
shuǐlì 水曆 5-886B
shuìlì 帨縭 3-726A
shuìlì 税釐 8-95A
shuìlǐ 睡理 7-1231A
shuìlì 税吏 8-93A
shuǐlián 水幨 5-879B
shuǐlián 水蓮 5-878B
shuǐlián 水簾 5-889B
shuǐliàn 水湅 5-877B
shuìlián 睡蓮 7-1231B
shuìliǎn 税斂 8-95A
shuìliǎn 睡臉 7-1232A
shuǐliándòng 水簾洞 5-889B
shuǐliàng 水量 5-875B
shuìliáng 税糧 8-95A
shuíliào 誰料 11-286A
shuǐliǎo 水蓼 5-881A
shuǐliè 水埒 5-868B
shuǐlǐnàguā 水裏納瓜 5-880A
shuǐlìng 水靈 5-891A
shuǐlíng 水靈 5-891A
shuǐlìng 水令 5-858B
shuǐlìnglìng 水靈靈 5-891A
shuǐlínglíng 水凌凌 5-869B
shuǐlínlīn 水淋淋 5-874A
shuǐlǐshuǐlǐqù… 水裏水裏去,火裏火裏去 5-880A
shuǐliú 水流 5-871A
shuǐliù 水溜 5-880B
shuǐliù 水霤 5-888B
shuǐliúhuāluò 水流花落 5-871A
shuǐliúhuáng 水流黄 5-871A
shuǐliúhuáng 水硫黄 5-875B
shuǐliūliū 水溜溜 5-880B
shuǐliùliù 水溜溜 5-880B
shuǐliúshī… 水流濕,火就燥 5-871A
shuǐliúyúnsàn 水流雲散 5-871A
shuǐlóng 水龍 5-887B
shuǐlóng 水礱 5-890A
shuìlóng 睡龍 7-1232A
shuǐlóngtóu 水龍頭 5-887B
shuǐlóngyín 水龍吟 5-887B
shuǐlóu 水樓 5-884A
shuǐlòu 水漏 5-883A
shuǐlù 水陸 5-871B
shuǐlù 水路 5-879B
shuǐlùdàhuì 水陸大會 5-871B
shuǐlùdàochǎng 水陸道場 5-871B
shuǐlùlù 水渌渌 5-874A
shuǐlún 水輪 5-884A
shuíluó 誰邏 11-287A
shuǐluò 水落 5-875A
shuǐluòguīcáo 水落歸漕 5-875A
shuǐluòshíchū 水落石出 5-875A
shuǐlùtáng 水陸堂 5-871B
shuǐlùzhāi 水陸齋 5-871B
shuǐlǜ 水緑 5-883B
shuìlǜ 税率 8-94A
shuǐmǎ 水馬 5-868B
shuìmǎ 税馬 8-94A
shuǐmài 水脉 5-867B
shuǐmài 水脈 5-869B
shuǐmàndì 水漫地 5-882B
shuǐmǎnjīnshān 水滿金山 5-882B
shuǐmànjīnshān 水漫金山 5-883A
shuìmào 睡帽 7-1231A
shuǐmǎtou 水碼頭 5-884A
shuǐméi 水湄 5-877B
shuìméi 睡媒 7-1231A
shuìmèi 睡寐 7-1231A

shuímen 誰們 11-286A
shuímén 誰門 11-286A
shuǐmén 水門 5-866A
shuìmèng 睡夢 7-1231B
shuǐméntīng 水門汀 5-866A
shuǐmǐ 水米 5-860A
shuìmǐ 税米 8-93A
shuǐmiàn 水面 5-867A
shuìmián 睡眠 7-1230B
shuǐmiào 水廟 5-885B
shuǐmǐbùniányá 水米不黏牙 5-860A
shuǐmǐbùzhānyá 水米不沾牙 5-860A
shuìmíng 税名 8-93A
shuǐmíngshānxiù 水明山秀 5-864A
shuǐmìtáo 水蜜桃 5-883B
shuǐmǐwúgān 水米無干 5-860A
shuǐmǐwújiāo 水米無交 5-860A
shuǐmō 水摸 5-878B
shuǐmó 水磨 5-887A
shuǐmò 水磨 5-887A
shuǐmò 水沫 5-864B
shuǐmò 水陌 5-866A
shuǐmò 水墨 5-884B
shuìmó 睡魔 7-1232A
shuǐmógōngfū 水磨工夫 5-887A
shuǐmòhuà 水墨畫 5-884B
shuǐmóqiāng 水磨腔 5-887B
shuǐmóshí 水磨石 5-887B
shuǐmòtú 水墨圖 5-884B
shuímǒu 誰某 11-286A
shuǐmǔ 水母 5-858B
shuìmǔ 税畝 8-94A
shuìmù 税目 8-93A
shuǐmùjiàng 水木匠 5-854B
shuǐmǔmùxiā 水母目蝦 5-859A
shuǐmùqīnghuá 水木清華 5-854B
shuǐnán 水南 5-866B
shuǐnàn 水難 5-889A
shuǐnáng 水囊 5-890B
shuǐnánshānrén 水南山人 5-866B
shuǐnèn 水嫩 5-883B
shuǐní 水泥 5-865A
shuǐniǎn 水碾 5-884A
shuǐniǎn 水輾 5-888A
shuǐniǎo 水鳥 5-873B
shuǐniè 水臬 5-869A
shuǐniè 水齧 5-890A
shuǐniú 水牛 5-855A
shuínóng 誰儂 11-286B
shuǐnòu 水耨 5-886A
shuǐnǔ 水弩 5-866B
shuǐnù 水怒 5-868A
shuǐ'ōu 水鷗 5-890B
shuǐ'ōu 水漚 5-882B
shuǐpái 水牌 5-876B
shuǐpàn 水畔 5-869A
shuìpán 帨鞶 3-726A
shuǐpào 水泡 5-865A
shuǐpào 水疱 5-870A
shuìpáo 睡袍 7-1231A
shuǐpèifēngcháng 水佩風裳 5-864A
shuǐpén 水盆 5-867B
shuǐpí 水皮 5-858B
shuìpǐ 睡癖 7-1232A
shuìpiàn 説騙 11-251A
shuǐpiáo 水瓢 5-886B
shuǐpín 水蘋 5-889A
shuǐpǐn 水品 5-867A
shuǐpíng 水平 5-857A
shuǐpíng 水屏 5-868A
shuǐpíng 水瓶 5-870A
shuǐpíngmiàn 水平面 5-857B
shuǐpíngxiàn 水平綫 5-857B
shuǐpō 水泊 5-865A
shuǐpūhuā'er 水撲花兒 5-883B
shuǐqí 水祇 5-866A
shuǐqí 水旗 5-882A
shuǐqì 水汽 5-862B
shuǐqì 水氣 5-869A
shuǐqì 水器 5-886B
shuìqī 税期 8-94B
shuìqì 税契 8-93B
shuìqiǎ 税卡 8-92B
shuìqián 税錢 8-95A
shuǐqiāng 水槍 5-881B
shuǐqiáo 水橋 5-886A
shuǐqín 水芹 5-861A
shuǐqín 水禽 5-877A
shuǐqíng 水情 5-874A
shuìqīng 睡卿 7-1231B
shuǐqióngshānjìn 水窮山盡 5-885B
shuíqiū 脽丘 6-1332B
shuǐqiū 水丘 5-858A
shuǐqiú 水球 5-872A
shuǐqiūqiān 水鞦韆 5-888B
shuìqìyín 税契銀 8-93B
shuǐqū 水曲 5-859B
shuǐqū 水區 5-872B
shuǐqū 水蛆 5-873A
shuǐqú 水渠 5-874A
shuǐqǔ 水曲 5-859B
shuǐquán 水泉 5-867B
shuìquè 税榷 8-94B
shuǐqún 水裙 5-878A
shuírén 誰人 11-285A
shuǐrén 水人 5-853A
shuìrén 税人 8-92B
shuìrénchǎng 税人場 8-92B
shuǐróng 水容 5-871A
shuǐrǔ 水乳 5-864A
shuìrù 税入 8-92B
shuǐruì 水瑞 5-878A
shuǐrǔjiāoróng 水乳交融 5-864A
shuǐruò 水若 5-863B
shuǐsè 水色 5-860A
shuǐshān 水杉 5-861A
shuíshàng 脽上 6-1332B
shuǐshàng 水上 5-854A
shuǐshāo 水筲 5-879B
shuǐshàomǎ 水哨馬 5-869A
shuǐshé 水蛇 5-873A
shuǐshè 水麝 5-890A
shuìshé 睡蛇 7-1231A
shuìshè 税舍 8-93B
shuǐshén 水神 5-868A
shuìshén 睡神 7-1230B
shuíshēng 誰生 11-285B
shuìshēng 睡聲 7-1232A
shuìshēngmèngsǐ 睡生夢死 7-1230A
shuǐshèngshāncán 水剩山殘 5-876B
shuǐshēnhuǒrè 水深火熱 5-874A
shuǐshéyāo 水蛇腰 5-873A
shuíshì 誰氏 11-285B
shuǐshī 水師 5-869A
shuǐshī 水濕 5-888A
shuǐshí 水石 5-857A
shuǐshì 水市 5-858B
shuǐshì 水式 5-859A
shuǐshì 水事 5-863B
shuǐshì 水勢 5-878B
shuǐshì 水飾 5-880A
shuǐshì 水澨 5-887B
shuǐshì 水埶 5-872A
shuìshī 睡獅 7-1231B
shuìshí 税石 8-92B
shuìshì 説士 11-240A
shuǐshíqīnghuá 水石清華 5-857A
shuǐshǒu 水手 5-855A
shuìshōu 税收 8-93A
shuíshǔ 誰數 11-286B
shuǐshū 水菽 5-872A
shuǐshǔ 水鼠 5-879B
shuìshū 税輸 8-95A
shuǐshuāshí 水刷石 5-866A
shuíshuí 誰誰 11-286B
shuìshuǐ 涗水 5-1278B
shuǐshùzhì 水數制 5-884A
shuǐsī 水絲 5-878A
shuǐsì 水寺 5-859A
shuǐsì 水兕 5-861B
shuìsī 睡思 7-1230B
shuǐsōng 水松 5-863B
shuǐsòng 水宋 5-862B
shuǐsòng 水訟 5-873B
shuǐsōu 水溲 5-877B
shuǐsōubǐng 水溲餅 5-877B
shuǐsū 水蘇 5-889A
shuǐsù 水宿 5-874A
shuìsú 税俗 8-94A
shuìsù 税粟 8-94B
shuìsuàn 税算 8-94B
shuǐsùfēngcān 水宿風餐 5-874B
shuìsuì 税説 8-94B
shuǐsuōhuā 水梭花 5-872B
shuǐsùshānxíng 水宿山行 5-874B
shuǐtǎ 水塔 5-874B
shuǐtǎ 水獺 5-889B
shuìtà 睡榻 7-1231B
shuǐtái 水苔 5-863B
shuǐtài 水態 5-883B
shuìtài 睡態 7-1231B
shuǐtán 水潭 5-885B
shuìtán 説談 11-250A
shuǐtáng 水堂 5-872B
shuǐtáng 水塘 5-878B
shuǐtào 水套 5-869A
shuǐtí 水提 5-874B
shuǐtiān 水天 5-854A
shuǐtián 水田 5-857B
shuǐtiányī 水田衣 5-858A
shuǐtiānyīsè 水天一色 5-854B
shuìtiáo 説調 11-250A
shuìtiě 税帖 8-93B
shuǐtíng 水亭 5-867B
shuǐtǒng 水桶 5-872B
shuǐtǒng 水筒 5-876B
shuǐtǒng 水筩 5-879B
shuǐtóu 水頭 5-886B
shuǐtǔ 水土 5-853B
shuǐtuán 水團 5-881B
shuǐtuán 水糰 5-890A
shuǐtǔbǎochí 水土保持 5-854A
shuǐtǔliúshī 水土流失 5-854A
shuǐwā 水洼 5-868A
shuǐwā 水窪 5-883A
shuìwàifāngyuán 税外方圓 8-93A
shuìwàiqián 税外錢 8-93A
shuǐwāng 水汪 5-862B
shuǐwáng 水王 5-854A
shuǐwǎng 水網 5-883B
shuìwáng 睡王 7-1230A
shuǐwāngwāng 水汪汪 5-862B
shuǐwěi 水尾 5-863A
shuǐwèi 水位 5-862A
shuǐwèi 水味 5-864A
shuǐwèi 水磑 5-884A
shuìwèi 睡味 7-1230B
shuìwèi 説衛 11-250A
shuǐwěishài 水尾殺 5-863A
shuǐwén 水文 5-855B
shuǐwén 水紋 5-871B
shuǐwèng 水甕 5-888A
shuǐwō 水渦 5-874A
shuìwò 睡臥 7-1230B
shuǐwù 水物 5-864A
shuǐwù 水霧 5-888B
shuìwū 税屋 8-94A
shuìwù 税物 8-93B
shuìwù 税務 8-94A
shuìwù 睡兀 7-1230A
shuǐwūtā 水烏他 5-869A
shuíxī 誰昔 11-285B

shuǐxī 水西 5-859A
shuǐxī 水犀 5-878A
shuǐxī 水嬉 5-886A
shuǐxì 水系 5-862B
shuǐxì 水戲 5-888A
shuìxī 税息 8-94A
shuìxī 睡息 7-1231A
shuǐxiān 水仙 5-858A
shuǐxiān 水僊 5-881B
shuǐxiǎn 水險 5-886A
shuǐxiàn 水綫 5-883B
shuìxiān 睡仙 7-1230B
shuìxiān 睡僊 7-1231B
shuǐxiānbó 水仙伯 5-858B
shuǐxiāncāo 水仙操 5-858B
shuǐxiāng 水香 5-867B
shuǐxiāng 水鄉 5-874B
shuǐxiāng 水箱 5-885A
shuǐxiáng 水祥 5-871A
shuìxiāng 睡香 7-1230B
shuìxiāng 睡鄉 7-1231A
shuìxiǎng 税餉 8-94B
shuìxiàng 税項 8-94B
shuìxiàng 睡相 7-1230B
shuǐxiānhuā 水仙花 5-858B
shuǐxiānwáng 水仙王 5-858A
shuǐxiānzǐ 水仙子 5-858A
shuǐxiāo 水鴞 5-886B
shuǐxiè 水榭 5-881A
shuǐxiè 水瀉 5-889A
shuìxié 睡鞋 7-1231B
shuǐxièbùlòu 水泄不漏 5-865A
shuǐxiēbùtōng 水楔不通 5-879A
shuǐxièbùtōng 水泄不通 5-864B
shuǐxièbùtōng 水洩不通 5-868A
shuǐxièbùtòu 水泄不透 5-864B
shuǐxījiǎ 水犀甲 5-878A
shuǐxījūn 水犀軍 5-878A
shuǐxīn 水心 5-856B
shuǐxìn 水信 5-867B
shuíxìndào 誰信道 11-286A
shuǐxīng 水星 5-867A
shuǐxíng 水行 5-859B
shuǐxìng 水性 5-865B
shuǐxìng 水荇 5-866B
shuìxìng 睡興 7-1232A
shuìxìng 睡性 7-1230B
shuǐxìngyánghuā 水性楊花 5-865B
shuǐxīnjiàn 水心劍 5-856B
shuǐxīnǔ 水犀弩 5-878A
shuǐxīshǒu 水犀手 5-878A
shuǐxīsì 水西寺 5-859B
shuǐxiū 水羞 5-870A
shuǐxiù 水宿 5-874A
shuǐxiù 水秀 5-862A
shuǐxiù 水袖 5-871A
shuǐxiù 水銹 5-885A
shuǐxiùcái 水秀才 5-862A
shuǐxiùshānmíng 水秀山明 5-862A
shuíxún 誰尋 11-286B
shuǐxún 水潯 5-885B
shuǐyā 水鴨 5-886B
shuǐyā 水壓 5-888A
shuǐyá 水芽 5-860B
shuǐyá 水崖 5-873A
shuǐyá 水涯 5-874A
shuìyā 睡鴨 7-1232A
shuǐyā'er 水鴉兒 5-884A
shuǐyān 水烟 5-870B
shuǐyān 水煙 5-880B
shuǐyán 水研 5-867A
shuǐyǎn 水偃 5-873A
shuǐyàn 水堰 5-874B
shuǐyàn 水硯 5-875B
shuìyán 說言 11-243A
shuìyǎn 睡眼 7-1231A
shuǐyāndài 水烟袋 5-870B
shuǐyāndài 水煙袋 5-880B
shuǐyáng 水陽 5-874B
shuǐyáng 水楊 5-879A
shuǐyānguǎn 水烟管 5-870B
shuǐyānhú 水烟壺 5-870B
shuǐyānlánqiáo 水渰藍橋 5-877B
shuǐyānlǎoshǔ 水渰老鼠 5-877B
shuǐyānshī 水烟師 5-870B
shuǐyāntǒng 水烟筒 5-870B
shuǐyāo 水袄 5-866A
shuǐyǎo 水舀 5-869B
shuǐyào 水曜 5-889A
shuǐyě 水冶 5-862B
shuǐyī 水衣 5-860A
shuǐyì 水泆 5-865A
shuǐyì 水溢 5-880B
shuǐyì 水裔 5-880B
shuǐyì 水鷁 5-890B
shuǐyì 水驛 5-890B
shuìyī 睡衣 7-1230B
shuìyǐ 睡椅 7-1231A
shuìyì 税邑 8-93A
shuìyì 睡意 7-1231B
shuǐyīn 水陰 5-871B
shuǐyín 水淫 5-874A
shuǐyín 水銀 5-881B
shuǐyǐn 水引 5-856B
shuǐyǐn 水飲 5-877A
shuǐyìn 水印 5-858B
shuìyín 税銀 8-94B
shuìyǐn 說引 11-242A
shuìyìn 税印 8-93A
shuǐyǐnbǐng 水引餅 5-857A
shuǐyǐnbǐng 水引䴵 5-857A
shuǐyǐnbótuō 水引餺飥 5-857A
shuǐyíndēng 水銀燈 5-882A
shuǐyínfěn 水銀粉 5-882A
shuǐyǐng 水影 5-884B
shuìyīng 帨纓 3-726A
shuǐyíngǔ 水銀古 5-881B
shuǐyínjìn 水銀浸 5-882A
shuǐyǐnmiàn 水引麪 5-857A
shuǐyínzhù 水銀柱 5-882A
shuǐyōng 水庸 5-873B
shuǐyōng 水墉 5-881A
shuǐyǒng 水甬 5-863A
shuǐyǒng 水勇 5-868B
shuǐyóu 水游 5-877B
shuǐyóu 水遊 5-877A
shuìyòu 說誘 11-249B
shuǐyú 水盂 5-863A
shuǐyú 水魚 5-873B
shuǐyú 水虞 5-879B
shuǐyù 水玉 5-857A
shuǐyù 水域 5-872A
shuǐyù 水獄 5-882A
shuǐyù 水蜮 5-881B
shuìyú 睡餘 7-1232A
shuìyǔ 睡雨 7-1230B
shuìyǔ 睡語 7-1231B
shuìyù 税寓 8-94B
shuìyù 說諭 11-250B
shuǐyuán 水圓 5-879B
shuǐyuán 水源 5-880B
shuìyuán 税源 8-94B
shuǐyuǎnshāncháng 水遠山長 5-878B
shuǐyuǎnshānyáo 水遠山遥 5-878B
shuǐyuè 水樂 5-886A
shuǐyuè 水月 5-855B
shuǐyuèdēng 水月燈 5-855B
shuǐyuèguānyīn 水月觀音 5-855B
shuǐyuèjìnghuā 水月鏡花 5-855B
shuǐyún 水芸 5-860B
shuǐyún 水雲 5-875B
shuǐyùn 水運 5-878A
shuǐyùn 水暈 5-879B
shuǐyúnjū 水雲居 5-875B
shuǐyúnshēn 水雲身 5-875B
shuǐyùntāo'er 水運絛兒 5-878A
shuǐyúnxiāng 水雲鄉 5-875B
shuǐyúnzhōu 水雲舟 5-875B
shuǐzāi 水災 5-863A
shuǐzāi 水菑 5-872B
shuǐzàng 水藏 5-888A
shuǐzàng 水葬 5-875A
shuǐzǎo 水藻 5-889A
shuǐzé 水則 5-867A
shuǐzé 水澤 5-887B
shuìzé 税則 8-93B
shuǐzéi 水賊 5-879B
shuǐzézàizhōu… 水則載舟，水則覆舟 5-867A
shuǐzhá 水閘 5-881A
shuǐzhà 水栅 5-867A
shuǐzhāi 水齋 5-888A
shuǐzhài 水砦 5-872B
shuǐzhài 水寨 5-883A
shuìzhài 睡債 7-1231B
shuǐzhǎn 水盞 5-879B
shuǐzhàn 水站 5-870A
shuǐzhàn 水戰 5-886B
shuǐzhàng 水脹 5-877A
shuìzhāng 税章 8-94A
shuǐzhǎngchuángāo 水長船高 5-863B
shuǐzhǎngchuángāo 水漲船高 5-883A
shuǐzhěn 水枕 5-863B
shuǐzhèn 水陳 5-871B
shuǐzhèn 水陣 5-868A
shuǐzhèng 水正 5-857A
shuìzhèng 税政 8-93B
shuǐzhēngqì 水蒸氣 5-879A
shuǐzhī 水芝 5-859A
shuǐzhí 水職 5-888B
shuǐzhì 水志 5-860B
shuǐzhì 水蛭 5-876A
shuǐzhì 水質 5-885A
shuìzhì 税制 8-93B
shuǐzhìqīngzéwúyú 水至清則無魚 5-859B
shuǐzhīqìqì 水芝欹器 5-859A
shuǐzhǒng 水腫 5-880A
shuìzhǒng 税種 8-94B
shuǐzhōngchéng 水中丞 5-854B
shuǐzhōnglāoyuè 水中撈月 5-855A
shuǐzhōngzhuóyán 水中著鹽 5-854B
shuǐzhōngzhuōyuè 水中捉月 5-854B
shuǐzhū 水珠 5-868B
shuǐzhú 水竹 5-859B
shuǐzhǔ 水陼 5-871B
shuǐzhǔ 水渚 5-874A
shuǐzhù 水注 5-865A
shuǐzhuāng 水樁 5-884A
shuǐzhuàngyuán 水狀元 5-866A
shuǐzhǔn 水準 5-880B
shuìzhuó 涗酌 5-1278B
shuízǐ 誰子 11-285B
shuǐzì 水漬 5-882B
shuǐzōng 水宗 5-865B
shuǐzú 水卒 5-864B
shuǐzú 水族 5-873B
shuìzū 税租 8-94A
shuǐzuǐ 水嘴 5-886B
shuǐzuō 水作 5-862A
shuǐzuōfáng 水作坊 5-862A
shūjī 書几 5-714A
shūjī 殊績 5-164A
shūjī 樞機 4-1261A
shūjī 輸機 9-1305A
shūjī 輸積 9-1305B
shūjí 書笈 5-720A
shūjí 書籍 5-728B
shūjí 殊級 5-161A
shūjí 舒急 8-1086B
shūjí 舒疾 8-1086B
shūjí 樞極 4-1260B

shūjǐ 書脊 5-721B
shūjǐ 疏脊 8-501A
shūjǐ 舒戟 8-1087A
shūjì 叔季 2-880A
shūjì 書迹 5-720B
shūjì 書計 5-720B
shūjì 書記 5-721B
shūjì 書跡 5-724A
shūjì 殊技 5-159B
shūjì 殊際 5-163B
shūjì 殊繼 5-164B
shūjì 疏忌 8-498A
shújì 孰計 4-237A
shújì 熟計 7-244B
shǔjī 蜀雞 8-1037A
shǔjī 曙雞 5-840B
shǔjí 屬籍 4-69B
shǔjì 黍稷 12-1379B
shǔjì 署記 8-1023A
shǔjì 鼠技 12-1407B
shǔjì 鼠跡 12-1410A
shùjī 庶姬 3-1237B
shùjī 庶幾 3-1238A
shùjī 數奇 5-508B
shùjī 樹基 4-1302B
shùjī 樹雞 4-1305B
shùjí 戍籍 5-191A
shùjí 束急 4-780B
shùjí 束棘 4-782B
shùjí 術籍 3-984B
shùjǐ 恕己 7-507A
shùjì 疏記 8-500B
shùjì 束紒 4-782A
shùjì 庶績 3-1238B
shùjì 術計 3-983A
shùjì 數紀 5-509A
shùjì 數計 5-509A
shùjì 數跡 5-510B
shūjiā 書家 5-721B
shūjiā 淑嘉 5-1370B
shūjiā 輸家 9-1304A
shūjiǎ 蔬甲 9-561A
shūjià 書架 5-721A
shūjià 書價 5-726A
shújiǎ 术甲 4-720B
shǔjià 暑假 5-756B
shùjiā 術家 3-983B
shùjiā 數家 5-509B
shùjiǎ 束甲 4-778B
shùjià 樹稼 4-1305A
shūjiān 書緘 5-726B
shūjiǎn 書簡 5-728A
shūjiǎn 疏儉 8-507B
shūjiǎn 疏蹇 8-509A
shūjiǎn 疏簡 8-509B
shūjiàn 書劍 5-726B
shūjiàn 殊間 5-162B
shūjiàn 殊建 5-160A
shūjiàn 疏間 8-505A
shūjiàn 疏漸 8-506B
shūjiàn 疏賤 8-507A
shújiān 熟間 7-246A
shújiān 熟縑 7-247A
shújiān 贖縑 10-309B
shújiàn 孰諫 4-237B
shújiàn 熟諫 7-247A
shǔjiān 署牋 8-1023A
shǔjiān 蜀牋 8-1036A
shǔjiān 蜀箋 8-1036B
shǔjiàn 黍薦 12-1379B
shùjiān 束縑 4-784B
shùjiǎn 束減 4-782B
shùjiǎn 束檢 4-785A
shùjiàn 庶建 3-1236B
shùjiàn 樹建 4-1301B
shūjiāng 殊疆 5-164B
shūjiāng 輸將 9-1304A
shūjiǎng 殊獎 5-163B
shújiǎng 熟講 7-247A
shǔjiāng 蜀江 8-1034B
shǔjiāng 蜀薑 8-1037A
shùjiāng 庶姜 3-1237A
shùjiàng 戍將 5-190A
shùjiàng 澍降 6-123A
shùjiānliǎnxī 束肩斂息 4-780A
shūjiǎntúzhāng 書東圖章 5-719B
shújiǎo 熟脚 7-245A
shǔjiāo 鼠膠 12-1410B
shǔjiāo 蜀椒 8-1036A
shǔjiǎo 曙角 5-840A
shùjiāo 樹膠 4-1305A
shùjiǎo 戍角 5-189B
shùjiào 束教 4-782A
shùjiào 樹教 4-1302B
shùjiàoguǎnwén 束教管聞 4-782A
shūjié 書劫 5-716B
shūjié 殊節 5-163A
shūjié 淑節 5-1370B
shūjié 疏傑 8-504B
shūjié 疏節 8-505B
shūjié 輸竭 9-1305A
shūjiě 疏解 8-506A
shūjiè 書介 5-714B
shūjiè 疏介 8-496B
shújiē 秫稭 8-66B
shújié 熟結 7-246A
shújiě 贖解 10-309B
shǔjiē 黍稭 12-1379A
shǔjiè 蜀芥 8-1034B
shùjiē 樹揭 4-1303A
shùjié 庶劫 3-1236A
shùjié 庶桀 3-1237A
shùjié 樹結 4-1303B
shùjié 樹節 4-1304A
shùjiě 疏解 8-506A
shùjiè 束誡 4-783B
shùjiè 樹介 4-1300A
shūjífǎ 輸籍法 9-1305B
shùjīhū 庶幾乎 3-1238A
shǔjìhúzōng 鼠迹狐踪 12-1408B
shūjīn 書金 5-718A
shūjīn 疏襟 8-510A
shūjìn 疏禁 8-505B
shūjìn 樞近 4-1259A
shūjìn 樞禁 4-1260B
shūjìn 輸賮 9-1305B
shújīn 贖金 10-309A
shújǐn 熟錦 7-247A
shǔjǐn 蜀錦 8-1037A
shùjīn 束金 4-780A
shùjīn 恕矜 7-507B
shùjǐn 束錦 4-784B
shūjīng 書經 5-724B
shūjīng 樞精 4-1260B
shūjǐng 抒井 6-426A
shūjǐng 淑景 5-1370A
shūjìng 殊徑 5-161A
shūjìng 殊境 5-163B
shūjìng 淑靜 5-1370B
shújīng 熟精 7-246B
shǔjīng 蜀精 8-1036B
shǔjìng 鼠徑 12-1409A
shùjīng 戍旌 5-190A
shùjīng 樹旌 4-1303A
shùjīng 樹經 4-1304B
shùjǐng 豎井 9-1347B
shùjǐng 樹井 4-1300A
shùjìng 術徑 3-983B
shūjīngguǎn 輸精管 9-1305A
shùjīngjídécì… 樹荆棘得刺，樹桃李得蔭 4-1301B
shǔjǐnwúlíng 蜀錦吳綾 8-1037A
shǔjìqíng 黍稷情 12-1379B
shùjíshì 庶吉士 3-1235B
shūjiū 淑湫 5-1370A
shūjiù 叔舅 2-880B
shújiǔ 秫酒 8-66A
shújiù 贖救 10-309A
shǔjiǔ 黍酒 12-1379A
shǔjiǔ 鼠韭 12-1408B
shǔjiǔ 數九 5-507B
shùjiǔ 漱酒 6-73B
shùjiù 述舊 10-753B
shùjiù 庶舊 3-1238B
shǔjiǔtiān 數九天 5-507B
shūjú 書局 5-717A
shūjù 書具 5-717B
shūjù 疏屨 8-509B
shūjù 樞劇 4-1261A
shǔjú 蜀菊 8-1035B
shùjū 束拘 4-780A
shùjǔ 疏舉 8-508B
shùjù 束句 4-779B
shùjù 束苣 4-779A
shùjù 束炬 4-780A
shùjù 數據 5-511A
shūjuān 輸捐 9-1303B
shūjuǎn 舒卷 8-1086B
shūjuàn 書卷 5-718A
shūjuàn 殊眷 5-162A
shūjuàn 殊睠 5-163A
shújuàn 贖絹 10-309B
shūjuànqì 書卷氣 5-718B
shūjué 殊絶 5-162B
shūjué 疏決 8-497B
shūjué 疏絶 8-505A
shūjué 疏爵 8-508B
shūjūn 叔均 2-879B
shūjūn 淑均 5-1368B
shūjūn 樞鈞 4-1260B
shūjùn 疏雋 8-504B
shūjùn 疏俊 8-499B
shūjùn 疏浚 8-501A
shūjùn 疏儁 8-506B
shūjùn 疏濬 8-509A
shǔjùn 蜀郡 8-1035A
shǔjùn 屬郡 4-66B
shùjūn 樹君 4-1301A
shūkāi 疏闓 8-510A
shūkān 書刊 5-715A
shúkàn 熟看 7-244B
shùkāng 疏忼 8-497B
shūkē 殊科 5-160A
shūkě 書可 5-715A
shūkè 書客 5-720B
shūkè 書課 5-726B
shūkè 疏客 8-500A
shúkē 熟顆 7-247A
shúkè 熟客 7-244B
shǔkè 蜀客 8-1035A
shǔkè 數課 5-511A
shùkē 術科 3-983A
shùkē 樹柯 4-1301B
shùkē 樹科 4-1301B
shùkè 戍客 5-190A
shùkè 術客 3-983A
shūkōng 書空 5-718B
shūkōng 梳空 4-1059B
shùkōng 樹空 4-1301B
shūkōngduōduō 書空咄咄 5-718B
shùkōnghóu 豎箜篌 9-1348A
shūkōngjiàng 書空匠 5-718B
shūkǒu 書口 5-714B
shúkǒu 熟口 7-242B
shùkǒu 戍口 5-189B
shùkǒu 漱口 6-73A
shùkǒu 嗽口 3-488A
shùkòu 隃寇 11-1079A
shūkòuzi 書扣子 5-716A
shūkù 書庫 5-721B
shūkuài 書儈 5-726A
shūkuài 疏快 8-498A
shūkuān 紓寬 9-775B
shūkuǎn 輸款 9-1304B
shúkuǎn 贖款 10-309B
shūkuáng 疏狂 8-497B
shūkuàng 淑貺 5-1370A
shūkuàng 疏曠 8-509B
shūkuī 輸虧 9-1305B
shūkuí 樞揆 4-1260B
shǔkuí 蜀葵 8-1036A
shùkuí 庶揆 3-1238A
shūkǔn 輸悃 9-1304A
shūkuò 疏闊 8-509A
shūkuò 樞括 4-1259B
shǔla 數喇 5-510A
shūlài 疏籟 8-510B
shǔláibǎo 數來寶 5-508B
shūlālā 疏喇喇 8-504B

shūlàlà 疏剌剌 8-499B
shūlàlà 疏辣辣 8-506B
shūlǎn 疏孏 8-510A
shūlǎn 疏懶 8-510A
shúlàn 孰爛 4-237B
shúlàn 熟爛 7-247B
shùlán 樹蘭 4-1306A
shùlǎn 樹懶 4-1306A
shūláng 叔郎 2-880A
shūlǎng 疏朗 8-501A
shǔláng 鼠狼 12-1409A
shùlàng 束浪 4-781B
shūlǎnglǎng 疏朗朗 8-501A
shùlǎo 庶老 3-1235B
shūlè 疏勒 8-501B
shūlěi 菽藟 9-440A
shūlèi 殊類 5-164B
shūlèi 淑類 5-1371A
shǔléi 黍絫 12-1379A
shǔléi 黍累 12-1379A
shùlěi 戍壘 5-190B
shùlěi 束累 4-782A
shùlèi 庶類 3-1239A
shùlèi 樹類 4-1306A
shūlěng 疏冷 8-497B
shūlí 淑離 5-1371A
shūlǐ 書理 5-722A
shūlǐ 書禮 5-727B
shūlǐ 殊禮 5-164A
shūlǐ 梳理 4-1060A
shūlǐ 疏理 8-501B
shūlǐ 輸理 9-1304A
shūlì 姝麗 4-343A
shūlì 書吏 5-716A
shūlì 殊力 5-158B
shūlì 殊麗 5-164B
shūlì 淑麗 5-1371A
shūlì 淑儷 5-1371A
shūlì 疏利 8-497B
shūlì 疏糲 8-510B
shūlì 蔬糲 9-561B
shūlì 輸力 9-1302B
shúlì 贖例 10-309A
shǔlí 黍離 12-1379B
shǔlí 鼠梨 12-1409B
shǔlǐ 黍醴 12-1380A
shǔlǐ 署理 8-1023A
shǔlǐ 鼠李 12-1407B
shǔlì 暑吏 5-756A
shǔlì 屬吏 4-65B
shùlí 庶黎 3-1238B
shùlǐ 疏理 8-501B
shùlǐ 束理 4-782A
shùlì 束立 4-779A
shùlì 庶隸 3-1238B
shùlì 數粒 5-509B
shùlì 豎立 9-1347B
shùlì 豎笠 9-1348A
shùlì 樹立 4-1300A
shùlì 杼栗 4-887A
shūlián 疏簾 8-510A
shúliàn 熟練 7-247A
shùlián 束聯 4-784B
shūliáng 書糧 5-728A
shūliáng 疏涼 8-503A
shūliàng 殊量 5-162A
shūliàng 淑亮 5-1369A
shūliàng 疏亮 8-500A
shǔliáng 薯莨 9-563A
shùliáng 樹涼 4-1303A
shùliàng 恕亮 7-507B
shùliàng 恕諒 7-507B
shùliàng 數量 5-510A
shǔliángchóu 薯莨綢 9-563A
shùliàngcí 數量詞 5-510A
shúliàngōngrén 熟練工人
7-247A
shǔliáo 屬僚 4-68B
shǔliáo 屬寮 4-69A
shùliáo 束燎 4-784B
shùliáo 庶僚 3-1238B
shùliáo 庶寮 3-1238B
shūliè 殊列 5-159A
shùliè 束列 4-779A
shùliè 數列 5-508A
shǔlímàixiù 黍離麥秀
12-1379B
shūlín 書林 5-717A
shūlín 殊鄰 5-163B
shūlín 疏林 8-498A
shùlín 澍霖 6-123A
shùlín 豎鱗 9-1348B
shùlín 樹林 4-1301A
shūlíng 梳翎 4-1060A
shūlíng 淑靈 5-1371A
shūlìng 書令 5-715B
shūlìng 淑令 5-1368B
shūlìngshǐ 書令史 5-715B
shùlínzi 樹林子 4-1301A
shúliū 熟溜 7-246A
shùliú 束流 4-781B
shùliú 漱流 6-73B
shùliú 樹瘤 4-1305A
shùliúzhěnshí 漱流枕石
6-73B
shūlóng 梳櫳 4-1061A
shūlǒng 梳籠 4-1061A
shūlǒng 梳攏 4-1060B
shūlóu 書樓 5-725B
shūlòu 疏陋 8-499A
shūlòu 疏漏 8-506B
shūlòu 疏鏤 8-510A
shǔlòu 鼠瘻 12-1410B
shùlóu 戍樓 5-190B
shūlǔ 疏鹵 8-502A
shūlù 書錄 5-727A
shūlù 書簏 5-727B
shūlù 殊路 5-163A
shúlù 熟路 7-246A
shǔlù 蜀鹿 8-1036A
shǔlù 蜀祿 8-1036B
shùlù 述錄 10-753B
shùlù 庶戮 3-1238B
shùlù 術路 3-983B
shūluǎnguǎn 輸卵管 9-1303A
shùluè 術略 3-983B
shūlún 殊倫 5-161A
shūlùn 書論 5-726B
shūlùn 攄論 6-957A
shúlùn 孰論 4-237B
shúlùn 熟論 7-246B
shùlún 樹輪 4-1304B
shùlùn 數論 5-511A
shūluǒ 蔬蓏 9-561A
shūluò 疏落 8-504B
shúluó 熟羅 7-247B
shúluò 熟落 7-245B
shǔluó 蜀羅 8-1037B
shǔluò 蜀洛 8-1035A
shǔluò 數落 5-510A
shùluó 戍邏 5-191A
shúlùqīngchē 熟路輕車
7-246A
shúlùqīngzhé 熟路輕轍
7-246A
shūlùtónggui 殊路同歸
5-163A
shūlǜ 輸慮 9-1305A
shūlǜ 荼壘 9-422A
shúlǜ 孰慮 4-237B
shúlǜ 熟慮 7-246B
shùlǜ 述律 10-753A
shūlüě 梳掠 4-1060A
shūlüè 殊略 5-161B
shūlüè 疏略 8-502A
shūlüè 輸掠 9-1304A
shūlüè 攄畧 6-957A
shūmá 疏麻 8-503A
shúmá 熟麻 7-245A
shǔmá 蜀麻 8-1036A
shǔmǎ 蜀馬 8-1035A
shǔmà 數罵 5-511A
shùmǎ 束馬 4-780B
shùmǎ 數碼 5-510B
shūmài 菽麥 9-439B
shúmǎi 贖買 10-309B
shùmài 俞脈 1-1359A
shūmàn 疏慢 8-506B
shūmàn 舒慢 8-1087B
shūmáng 輸芒 9-1302B
shūmǎng 疏莽 8-500A
shǔmǎng 鼠莽 12-1409A
shǔmǎngcǎo 鼠莽草
12-1409A
shūmáo 疏毛 8-496B
shūmào 姝貌 4-343A
shūmào 書帽 5-723A
shūmào 淑茂 5-1368B
shūmào 淑貌 5-1370B
shùmáo 庶旄 3-1237A
shùmáo 豎毛 9-1347B
shǔmáohè 鼠毛褐 12-1406B
shùmǎxuánchē 束馬縣車
4-781A
shùmǎxuánchē 束馬懸車
4-781A
shūméi 書眉 5-720B
shūméi 舒眉 8-1086B
shūměi 姝美 4-342B
shūměi 淑美 5-1369A
shūmèi 叔妹 2-880A
shūmèi 淑媚 5-1370A
shúmèi 熟寐 7-245B
shùméi 樹莓 4-1302A
shūméilǎngmù 疏眉朗目
8-500A
shúméitiān 熟梅天 7-245A
shúméitiānqì 熟梅天氣
7-245A
shǔmén 暑門 5-756A
shǔmén 蜀門 8-1034B
shūměng 疏猛 8-503A
shūmèng 疏夢 8-505B
shùméng 庶甿 3-1236B
shùméng 庶萌 3-1237B
shúménshúlù 熟門熟路
7-244A
shūmǐ 疏米 8-497A
shūmì 疏密 8-503B
shūmì 樞祕 4-1259B
shūmì 樞密 4-1260A
shúmǐ 秫米 8-66A
shǔmǐ 黍米 12-1378B
shùmì 樹蜜 4-1304B
shūmiàn 書面 5-719B
shúmián 熟眠 7-244B
shúmiǎn 贖免 10-308B
shùmiǎn 恕免 7-507B
shúmiànkǒng 熟面孔 7-244A
shūmiànyǔ 書面語 5-719B
shūmiǎo 殊邈 5-164A
shūmiǎo 殊邈 5-164B
shūmiǎo 疏邈 8-509A
shūmiào 殊妙 5-159B
shúmiào 熟妙 7-243B
shǔmiáo 黍苗 12-1378B
shǔmiáo 鼠苗 12-1408B
shùmiáo 樹苗 4-1301A
shùmiǎo 樹杪 4-1301A
shǔmǐ'érchuī 數米而炊
5-508B
shǔmǐjiǔ 黍米酒 12-1378B
shǔmín 黍民 12-1378A
shǔmín 屬民 4-65A
shùmín 庶民 3-1235B
shūmíng 書名 5-716A
shūmíng 殊名 5-159A
shūmíng 淑明 5-1368B
shūmíng 疏明 8-498B
shūmìng 書命 5-718A
shūmìng 殊命 5-160A
shúmìng 贖命 10-309A
shǔmíng 署名 8-1022B
shǔmíng 屬名 4-65B
shùmíng 庶明 3-1236B
shùmíng 樹名 4-1300B
shùmíng 樹明 4-1301A
shùmìng 述命 10-752B
shùmìng 數命 5-509A
shūmínghào 書名號 5-716B
shūmìshǐ 樞密使 4-1260A
shūmìtàiwèi 樞密太尉
4-1260A
shūmiù 疏繆 8-509B
shūmiù 疏謬 8-509B
shūmìyuàn 樞密院 4-1260A

shūmó 書魔 5-728B
shūmó 樞謨 4-1261A
shūmò 叔末 2-879B
shūmò 疏末 8-496B
shūmò 輸墨 9-1305A
shúmò 熟末 7-243A
shǔmò 數墨 5-511A
shùmò 漱墨 6-73B
shùmò 樹末 4-1300A
shùmóu 術謀 3-984A
shūmǔ 叔母 2-879B
shūmù 書目 5-715A
shūmù 殊目 5-159A
shūmù 梳沐 4-1059B
shūmù 淑穆 5-1371A
shǔmǔ 鼠母 12-1407A
shǔmù 鼠目 12-1407A
shùmǔ 庶母 3-1235B
shùmù 數目 5-508A
shùmù 樹木 4-1300A
shǔmùcùnguāng 鼠目寸光 12-1407A
shǔmùzhāngtóu 鼠目獐頭 12-1407A
shǔmùzhāngtóu 鼠目麞頭 12-1407A
shùmùzì 數目字 5-508A
shūnà 疏內 8-496B
shūnà 輸納 9-1304A
shùn'ài 順愛 12-243B
shūnàn 紓難 9-776A
shùn'ān 順安 12-235B
shùnán 庶男 3-1236A
shūnáng 書囊 5-728B
shūnáng 練囊 9-859A
shùnáng 束囊 4-785A
shūnángwúdǐ 書囊無底 5-728B
shūnǎo 書腦 5-724B
shùnbèi 順備 12-243A
shǔnbǐ 吮筆 3-251B
shùnbǐ 順比 12-233B
shùnbǐ 順筆 12-243A
shùnbiàn 順便 12-238A
shùnbiàn 順變 12-246B
shùnbù 順步 12-236A
shùncè 順策 12-242B
shùnchā 順差 12-239B
shùnchán 順躔 12-246B
shùnchǎn 順產 12-242A
shùncháng 順常 12-241B
shùnchàng 順暢 12-244B
shùncháo 順潮 12-245B
shùnchén 順辰 12-236A
shùnchéng 順成 12-235A
shùnchéng 順承 12-237B
shùnchǐ 順齒 12-245A
shùnchuán 順船 12-242A
shǔnchuāng 吮瘡 3-251B
shùncí 順慈 12-244A
shùncí 順辭 12-246B
shùncì 順次 12-235B
shùncóng 順從 12-242A
shùndá 順答 12-242B
shùndài 順帶 12-241B
shùndài 順袋 12-242A
shùndàng 順當 12-243B
shùndāo 順刀 12-232B
shùndǎo 順導 12-245A
shùndào 順道 12-243A
shùndàozhěchāng… 順道者昌,逆德者亡 12-243A
shùndé 順德 12-245A
shùndézhěchāng… 順德者昌,逆德者亡 12-245A
shùndì 順地 12-235A
shùndì 順弟 12-236B
shùndì 順遞 12-243B
shùndiǎn 順典 12-237A
shùndòng 順動 12-241B
shùndòng 瞤動 7-1257A
shùndòng 瞬動 7-1256A
shǔnèi 數內 5-508A
shūnéng 殊能 5-161B
shúnéngshēngqiǎo 熟能生巧 7-244B
shùn'ěr 順耳 12-235A
shùnfāng 順方 12-234B
shùnfēi 順非 12-237A
shùnfēi'érzé 順非而澤 12-237A
shùnfēng 順風 12-238B
shùnfèng 順奉 12-236B
shùnfēngchěfān 順風扯帆 12-239A
shùnfēngchuīhuǒ 順風吹火 12-239A
shùnfēng'ěr 順風耳 12-238B
shùnfēngjī 順風機 12-239B
shùnfēngqí 順風旗 12-239A
shùnfēngshǐchuán 順風使船 12-239A
shùnfēngshǐduò 順風使舵 12-239A
shùnfēngshǐfān 順風使帆 12-239A
shùnfēngxíngchuán 順風行船 12-239A
shùnfēngzhāngfān 順風張帆 12-239A
shùnfēngzhuǎnduò 順風轉舵 12-239B
shùnfú 順服 12-237B
shùnfǔ 順俯 12-240B
shùnfù 順附 12-236B
shùngǎn 順感 12-243B
shùngǎnpá 順杆爬 12-236A
shùngé 順革 12-238A
shùngǔ 順古 12-234B
shùnguǐ 順軌 12-238A
shùnguòshìfēi 順過飾非 12-241B
shǔnháo 吮毫 3-251B
shùnhé 順合 12-235B
shùnhé 順和 12-237A
shùnhòu 順候 12-240B
shùnhū 瞬忽 7-1255B
shùnhuā 舜華 6-1113A
shùnhuā 蕣華 9-555A
shùnhuā 橓華 4-1317B
shùnhuá 瞬華 7-1255B
shùnhuà 順化 12-234B
shùnhuán 順桓 12-240A
shùnhuì 順會 12-243B
shūnì 疏昵 8-499B
shúní 熟泥 7-244A
shúnì 熟暱 7-246A
shūniǎn 輸輦 9-1305A
shúnián 熟年 7-243B
shúniàn 熟念 7-244A
shǔnián 鼠鮎 12-1410B
shǔnián 鼠黏 12-1410B
shǔniánzǐ 黍黏子 12-1379B
shǔniánzǐ 鼠黏子 12-1410B
shǔniǎo 蜀鳥 8-1035B
shùniǎo 庶鳥 3-1237B
shūniàoguǎn 輸尿管 9-1303B
shūniè 疏蘖 8-510A
shúniè 秫櫱 8-66B
shùniè 庶孽 3-1239A
shùniè 漱嚙 6-74A
shùniè 漱齧 6-74A
shǔnièchǎng 鼠齧腸 12-1411A
shǔnièchóngchuān 鼠齧蟲穿 12-1411A
shǔnièdùshí 鼠齧蠹蝕 12-1411A
shūníng 疏凝 8-508B
shūniǔ 樞紐 4-1260A
shùniú 豎牛 9-1347B
shùniúyāo 束牛腰 4-777B
shùnjī 順機 12-245B
shùnjí 順極 12-242B
shùnjì 順紀 12-240A
shùnjì 順寂 12-242B
shùnjì 順濟 12-246A
shǔnjiàn 楯檻 4-1186A
shùnjiān 瞬間 7-1256A
shùnjiàn 順諫 12-245B
shùnjiǎo 順脚 12-242A
shùnjiǎo 順筊 12-242B
shùnjiào 順教 12-241B
shùnjiào 順轎 12-246B
shùnjiē 順接 12-241B
shùnjié 順節 12-243B
shùnjìhóu 順濟侯 12-246A
shùnjìn 順勁 12-238A
shùnjìng 順境 12-244B
shùnjìwáng 順濟王 12-246A
shǔnjū 吮疽 3-251B
shùnjú 順局 12-236B
shùnjǔ 順矩 12-238A
shùnjǔ 順舉 12-245B
shǔnjūshìzhì 吮疽舐痔 3-251B
shùnkǎo 順考 12-235A
shùnkě 順可 12-234B
shùnkè 瞬刻 7-1255B
shùnkǒu 順口 12-232B
shùnkǒuhuà 順口話 12-232B
shùnkǒukāihé 順口開河 12-232B
shùnkǒuliū 順口溜 12-233A
shùnkuǎn 順款 12-242B
shùnlài 順賴 12-245B
shǔnlán 楯欄 4-1186B
shùnlàng 順浪 12-240B
shùnlǐ 順理 12-241A
shùnlǐ 順禮 12-246B
shùnlì 順利 12-236A
shùnlì 眴栗 7-1204A
shùnlǐchéngzhāng 順理成章 12-241A
shùnlìng 順令 12-234B
shùnliū 順溜 12-244A
shùnliú 順流 12-240B
shùnliūliū 順溜溜 12-244B
shùnliūzhǐ 順溜紙 12-244A
shùnlǒng 順攏 12-246B
shùnlù 順路 12-243B
shùnlǚ 順履 12-245B
shùnlǜ 順慮 12-245A
shùnmáo'erpūsā 順毛兒撲撒 12-234A
shùnmáomōlǘ 順毛摸驢 12-234A
shùnměi 順美 12-239B
shùnmèi 順媚 12-243A
shùnměikuāng'è 順美匡惡 12-239B
shùnmén 順門 12-237B
shùnmín 順民 12-235A
shùnmíng 順明 12-237A
shùnmìng 順命 12-237B
shǔnmò 吮墨 3-251B
shùnmò 順墨 12-245A
shùnmò 順默 12-245B
shùnmù 瞚目 7-1252B
shùnmù 瞬目 7-1255B
shùnmù 眴目 7-1204A
shùnmù 恂目 7-526B
shùnnà 順納 12-241A
shùnnǎoshùntóu 順腦順頭 12-244A
shùnnì 順逆 12-239B
shùnnǚ 順女 12-233A
shūnòng 梳弄 4-1059A
shùnpàn 瞬盼 7-1255B
shùnpōxiàlǘ 順坡下驢 12-237A
shùnqī 順期 12-242B
shùnqì 順氣 12-240A
shùnqīn 順親 12-245B
shùnqín 舜琴 6-1113A
shùnqíng 順情 12-242A
shùnqǐng 順請 12-245A
shùnqīngzhuànyuán 順傾轉圓 12-243B
shùnqìwán 順氣丸 12-240B
shǔnqǔ 吮取 3-251B
shùnqū 順趨 12-246A
shùnquán 順權 12-246B

shùnquǎn 舜犬 6-1113A
shùnrán 瞬然 7-1256A
shùnrén 順人 12-232B
shùnrèn 順刃 12-233A
shùnrényìngtiān 順人應天 12-232B
shùnrìyáonián 舜日堯年 6-1113A
shùnrìyáotiān 舜日堯天 6-1113A
shùnróng 蕣榮 9-555B
shùnshà 瞬霎 7-1256A
shùnshǎn 瞬睒 7-1256A
shùnshàn 順善 12-243A
shùnshàng 順上 12-232B
shùnsháo 舜韶 6-1113B
shùnshēn 順身 12-236A
shùnshēng 順聲 12-246A
shùnshèng 順聖 12-243B
shùnshèngzǐ 順聖紫 12-243B
shǔnshì 吮舐 3-251B
shùnshí 順時 12-240A
shùnshí 順實 12-245A
shùnshí 瞬時 7-1255B
shùnshǐ 順始 12-238A
shùnshì 順世 12-234B
shùnshì 順事 12-237A
shùnshì 順勢 12-243A
shùnshì 順適 12-244B
shùnshì 瞬視 7-1256A
shùnshì 眴視 7-1204A
shùnshí'érdòng 順時而動 12-240A
shùnshíshīyí 順時施宜 12-240A
shùnshísuísú 順時隨俗 12-240A
shùnshǒu 順手 12-234A
shùnshǒu 順守 12-235B
shùnshòu 順受 12-237B
shùnshǒuqiānyáng 順手牽羊 12-234A
shùnshú 順孰 12-242A
shùnshú 順熟 12-245A
shùnshǔ 順數 12-245A
shùnshù 順恕 12-241A
shùnshuǐ 順水 12-233B
shùnshuǐfàngchuán 順水放船 12-233B
shùnshuǐrénqíng 順水人情 12-233B
shùnshuǐshùnfēng 順水順風 12-234A
shùnshuǐtuīchuán 順水推船 12-233B
shùnshuǐtuīzhōu 順水推舟 12-233B
shùnshuǐxíngzhōu 順水行舟 12-233B
shùnshuǐyú 順水魚 12-234A
shùnshùn 順順 12-243A
shùnshùn 瞚瞚 7-1253A
shùnshùn 瞬瞚 7-1256A
shùnshùn 眴眴 7-1204A
shùnshuō 順説 12-244B
shùnsì 順祀 12-236B
shùnsì 順俟 12-238B
shùnsòng 順頌 12-244A
shùnsú 順俗 12-238B
shùnsuí 順隨 12-245A
shùnsuì 順遂 12-243A
shùnsūn 順孫 12-241A
shùntǎn 順坦 12-237A
shùnténgmōguā 順藤摸瓜 12-246A
shǔntī 楯梯 4-1186A
shùntì 順弟 12-236B
shùntì 順悌 12-240B
shùntiān 順天 12-233A
shùntiāncóngrén 順天從人 12-233A
shùntiāndéyī 順天得一 12-233A
shùntiānyìngrén 順天應人 12-233B
shùntiānyóu 順天游 12-233A
shùntiānzhěchāng… 順天者昌，逆天者亡 12-233A
shùntiānzhěcún… 順天者存，逆天者亡 12-233A
shùntīng 順聽 12-246B
shùntōng 順通 12-241A
shùntú 順塗 12-244A
shùntuī 順推 12-241B
shùntuì 順退 12-240A
shūnuò 書諾 5-726B
shūnǚ 淑女 5-1368A
shǔnüè 暑瘧 5-757A
shùnǚgàotiān 庶女告天 3-1235A
shùnǚjiàotiān 庶女叫天 3-1235A
shùnwànmōguā 順蔓摸瓜 12-244B
shùnwén 順文 12-234B
shùnwǒzhěchāng… 順我者昌，逆我者亡 12-236A
shùnwǒzhěshēng… 順我者生，逆我者死 12-236A
shùnwù 順物 12-237A
shǔnxī 吮吸 3-251A
shùnxī 瞚息 7-1252B
shùnxī 瞤息 7-1257A
shùnxī 瞬息 7-1255B
shùnxí 順習 12-242B
shùnxià 順下 12-232B
shùnxiāng 順鄉 12-242B
shùnxiáng 順祥 12-240B
shùnxiáng 順詳 12-244A
shùnxiàng 順鄉 12-242B
shùnxiàng 順向 12-235B
shùnxiào 順孝 12-236A
shùnxījiān 瞬息間 7-1256A
shùnxīn 順心 12-234B
shùnxìn 順信 12-238B
shùnxīng 順星 12-238A
shùnxíng 順行 12-235B
shùnxìng 順幸 12-237A
shùnxìng 順性 12-237B
shùnxīqiānbiàn 瞬息千變 7-1255B
shùnxiū 順修 12-238B
shùnxīwànbiàn 瞬息萬變 7-1256A
shùnxīwànzhuàng 瞬息萬狀 7-1256A
shùnxīzhījiān 瞬息之間 7-1255B
shùnxǔ 順許 12-242A
shùnxù 順序 12-236B
shùnxù 順叙 12-238B
shùnxù 順敍 12-242A
shùnxù 順緒 12-245A
shùnxù 順續 12-246B
shǔnxuān 楯軒 4-1186A
shǔnxuè 吮血 3-251A
shùnyán 舜顏 6-1113B
shùnyán 順延 12-235B
shùnyán 順言 12-236B
shùnyán 蕣顏 9-555B
shùnyǎn 順眼 12-241B
shùnyǎn 瞬眼 7-1256A
shùnyáng 順陽 12-242B
shùnyǎng 順養 12-245A
shùnyì 順易 12-237A
shùnyì 順意 12-244A
shùnyì 順義 12-244A
shùnyīn 順因 12-235B
shùnyīn 順陰 12-241A
shǔnyíng 楯楹 4-1186A
shùnyīng 舜英 6-1113A
shùnyíng 順迎 12-236B
shùnyìng 順應 12-246A
shǔnyōng 吮癰 3-251B
shǔnyōngshìzhì 吮癰舐痔 3-251B
shǔnyōngshìzhì 吮癕舐痔 3-251B
shùnyóu 順遊 12-243A
shùnyòu 順幼 12-235A
shùnyǔ 舜禹 6-1113A
shùnyǔ 順羽 12-236A
shùnyù 順育 12-237B
shùnyù 順欲 12-242A
shùnyuè 順悅 12-240B
shùnyún 鬊雲 12-749A
shùnyùn 順運 12-243A
shǔnzā 吮咂 3-251B
shùnzé 順則 12-238A
shùnzé 順澤 12-246A
shǔnzhá 吮喋 3-251B
shùnzhāi 順齋 12-246A
shùnzhàn 順占 12-234B
shùnzhǎng 順長 12-237A
shùnzhě 順褶 12-246A
shùnzhēn 順貞 12-238A
shùnzhèng 順正 12-234B
shùnzhèng 順政 12-238A
shùnzhī 順祇 12-240A
shùnzhí 舜跖 6-1113B
shùnzhí 順直 12-237A
shùnzhí 順職 12-246A
shùnzhǐ 順止 12-233B
shùnzhǐ 順旨 12-235B
shùnzhǐ 順指 12-238A
shùnzhì 順志 12-236A
shùnzhì 順制 12-237A
shùnzhì 順治 12-237B
shùnzhīzhěchāng… 順之者昌，逆之者亡 12-233A
shùnzhīzhěxīng… 順之者興，逆之者亡 12-233A
shǔnzhù 楯柱 4-1186A
shùnzhū 順硃 12-241B
shùnzhù 順助 12-236A
shùnzhù 順注 12-237B
shùnzhù 順祝 12-239B
shùnzǐ 順子 12-233A
shǔnzú 吮卒 3-251B
shùnzuǐ 順嘴 12-245B
shùnzuǐliū 順嘴溜 12-245B
shùnzūn 順遵 12-245A
shǔnzuō 吮嘬 3-251B
shuō'ǎihuà 説矮話 11-248B
shuò'àn 碩岸 7-1079A
shuōbái 説白 11-242A
shuōbáidàohēi 説白道黑 11-242A
shuōbáidàolǜ 説白道緑 11-242A
shuòbāo'er 搠包兒 6-818B
shuòběi 朔北 6-1258A
shuōběn 説本 11-242A
shuòbǐ 朔鄙 6-1259B
shuòbǐ 搠筆 6-818B
shuòbiān 朔邊 6-1259B
shuōbiǎo 説表 11-243A
shuòbiāo 朔飆 6-1260A
shuōbǐng 説餅 11-249B
shuōbīngjī 説兵機 11-242B
shuòbǐxúnjiē 搠筆巡街 6-818B
shuōbù 説部 11-246A
shuòbù 朔部 6-1259A
shuōbùchūkǒu 説不出口 11-241A
shuōbùdào 説不到 11-241A
shuōbude 説不得 11-241A
shuōbùde 説不的 11-241A
shuōbudìng 説不定 11-241A
shuōbùguò 説不過 11-241A
shuōbùguòqù 説不過去 11-241A
shuōbùjìn 説不盡 11-241B
shuōbùlái 説不來 11-241A
shuōbùliǎo 説不了 11-240B
shuōbùqí 説不齊 11-241B
shuōbùqīng 説不清 11-241B
shuōbùqù 説不去 11-241A
shuōbushàng 説不上 11-240B

shuōbushànglái 說不上來 11-241A
shuōbushàngqù 說不上去 11-241A
shuōbushàngzuǐ 說不上嘴 11-241A
shuōbùxiǎng 說不響 11-241B
shuōbùzháo 說不着 11-241B
shuòcái 碩才 7-1078A
shuòcái 碩材 7-1078B
shuòcān 數參 5-510A
shuòcānguān 朔參官 6-1259A
shuōcānqǐng 說參請 11-247A
shuòcè 朔策 6-1259B
shuòcè 碩策 7-1079A
shuōchǎng 說場 11-247B
shuōchàng 說唱 11-246B
shuōchángdàoduǎn 說長道短 11-243A
shuōchánghuàduǎn 說長話短 11-243A
shuōchánglùnduǎn 說長論短 11-243A
shuōchángshuōduǎn 說長說短 11-243A
shuōchàngwénxué 說唱文學 11-246B
shuōcháonánhuà 說朝南話 11-247B
shuōchè 說徹 11-249B
shuōchén 說陳 11-246A
shuòchén 碩臣 7-1078B
shuōchēng 說稱 11-249B
shuōchuān 說穿 11-245A
shuòchuī 朔吹 6-1258A
shuòchuí 朔垂 6-1258B
shuōcí 說詞 11-247B
shuōcí 說辭 11-251A
shuòdà 碩大 7-1078A
shuōdàhuàshǐxiǎoqián 說大話使小錢 11-240B
shuōdàkǒu 說大口 11-240B
shuòdàn 朔旦 6-1258A
shuòdǎng 朔黨 6-1260A
shuōdao 說道 11-247B
shuōdǎo 說道 11-247B
shuōdào 說道 11-247B
shuōdàocáocāo… 說到曹操，曹操就到 11-243B
shuōdàodàtiān 說到大天 11-243B
shuōdàojiā 說到家 11-243B
shuòdàwúbǐ 碩大無比 7-1078A
shuòdàwúpéng 碩大無朋 7-1078A
shuōde 說得 11-246B
shuòdé 碩德 7-1079B
shuòdé 爍德 7-312B
shuōdebǐchàngde… 說的比唱的還好聽 11-244B
shuōdeguòqù 說得過去 11-247B
shuōdelái 說得來 11-247A
shuōdelǒng 說得攏 11-247A
shuōdeqǐ 說得起 11-247A
shuōdequ 說得去 11-247A
shuōdexiǎng 說得響 11-247A
shuōdezháo 說得着 11-247A
shuōdézháo 說的着 11-244B
shuōdezuǐ 說得嘴 11-247A
shuòdiàn 朔奠 6-1259B
shuòdiàn 爍電 7-312B
shuōdìtántiān 說地談天 11-242A
shuōdōngdàoxī 說東道西 11-243A
shuōdōngtánxī 說東談西 11-243B
shuōdōngwàngxī 說東忘西 11-243A
shuōdòu 說鬪 11-251B
shuōduǎndàocháng 說短道長 11-247B
shuōduǎnlùncháng 說短論長 11-247B
shuōfā 說發 11-248A
shuōfǎ 說法 11-244B
shuòfǎ 朔法 6-1258B
shuōfàn 說泛 11-243A
shuòfāng 朔方 6-1258A
shuōfāngbiàn 說方便 11-242A
shuōfǎtái 說法臺 11-244B
shuòfēng 朔風 6-1258B
shuōfēngshuōshuǐ 說風說水 11-245A
shuōfēnshàng 說分上 11-242A
shuōfú 說服 11-244B
shuòfū 碩膚 7-1079B
shuòfǔ 碩輔 7-1079B
shuòfùgǔ 碩腹賈 7-1079B
shuògōng 碩公 7-1078A
shuōgōng'àn 說公案 11-242A
shuōgǔ 說古 11-242A
shuògǔ 朔鼓 6-1259B
shuòguǎn 朔管 6-1259B
shuòguāng 朔光 6-1258A
shuòguāng 爍光 7-312B
shuōguǎzuǐ 說寡嘴 11-249B
shuōgǔdàojīn 說古道今 11-242A
shuōgǔhuà 說古話 11-242A
shuòguǒ 蒴果 9-519A
shuòguǒ 碩果 7-1078B
shuòguǒjǐncún 碩果僅存 7-1078B
shuògǔqièjīn 鑠古切今 11-1429A
shuōgǔshū 說鼓書 11-248A
shuōgǔtánjīn 說古談今 11-242A
shuōhǎikǒu 說海口 11-246A
shuōhǎoshuōdǎi 說好說歹 11-242B
shuōhǎoxiándǎi 說好嫌歹 11-242B
shuōhé 說合 11-242B
shuōhé 說和 11-244A
shuòhé 朔河 6-1258B
shuōhuà 說化 11-241B
shuōhuà 說話 11-248B
shuòhuà 碩畫 7-1079B
shuòhuà 鑠化 11-1429A
shuōhuàdálǐ'er 說話答禮兒 11-249A
shuōhuàde 說話的 11-249A
shuōhuàkè 說話客 11-249A
shuòhuàn 搠換 6-818B
shuōhuǎng 說謊 11-250B
shuōhuángdàohēi 說黄道黑 11-246B
shuōhuàrén 說話人 11-249A
shuōhuàzhījiān 說話之間 11-249A
shuōhuàzhōngjiān 說話中間 11-249A
shuòhuì 朔晦 6-1259A
shuòhuì 碩惠 7-1079A
shuōhùnhuà 說諢話 11-250B
shuōhùnjing 說諢經 11-250B
shuòhuò 嗽獲 3-488A
shuōjì 說記 11-245B
shuòjì 碩記 7-1079A
shuōjiā 說家 11-246A
shuōjià 說價 11-249B
shuōjiākèjì 說家克計 11-246A
shuōjiàn 說劍 11-250A
shuòjiànbùxiān 數見不鮮 5-508B
shuōjiǎng 說講 11-251A
shuòjiàng 碩匠 7-1078B
shuōjiào 說教 11-246B
shuōjiē 說喈 11-247B
shuōjié 說結 11-248A
shuōjiě 說解 11-248B
shuōjiè 說戒 11-242B
shuòjīn 爍金 7-312B
shuòjīn 鑠金 11-1429A
shuòjīndiǎnyù 鑠金點玉 11-1429B
shuōjīng 說經 11-249A
shuòjīnhuǐgǔ 鑠金毀骨 11-1429A
shuòjùn 碩俊 7-1079A
shuōkāi 說開 11-247B
shuòkè 朔客 6-1258B
shuōkōng 說空 11-244B
shuōkǒu 說口 11-240B
shuòkǒu 鑠口 11-1429A
shuōkǒuzuǐ 說口嘴 11-240B
shuōkuā 說誇 11-248B
shuōkuáng 說誑 11-249B
shuōkuò 說闊 11-251A
shuōláidàoqù 說來道去 11-243B
shuōláihuàcháng 說來話長 11-243B
shuōláishuōqù 說來說去 11-243B
shuòlǎo 碩老 7-1078B
shuōlǎopóshétou 說老婆舌頭 11-242A
shuōlǐ 說理 11-246A
shuōlì 說例 11-244B
shuòlì 搠立 6-818B
shuòliàng 碩量 7-1079A
shuòliàng 爍亮 7-312B
shuòliàng 鑠亮 11-1429B
shuòlín 碩麟 7-1080A
shuōlíng 說鈴 11-248B
shuōliūlezuǐ 說溜了嘴 11-249A
shuōlǐwén 說理文 11-246A
shuōlùn 說論 11-250A
shuōluóshuōzào 說囉說皁 11-251B
shuòlǜ 碩慮 7-1079B
shuōmǎn 說滿 11-249B
shuòmào 碩茂 7-1078B
shuōméi 說媒 11-248A
shuōméihóng 說媒紅 11-248A
shuōméilāqiàn 說媒拉縴 11-248A
shuōméizhǐkě 說梅止渴 11-246B
shuòmén 朔門 6-1258B
shuōmèng 說夢 11-248A
shuōmènghuà 說夢話 11-248B
shuōmíng 說明 11-243B
shuòmíng 碩明 7-1079A
shuōmíngshū 說明書 11-244A
shuōmíngwén 說明文 11-244A
shuòmò 朔漠 6-1259B
shuòmóu 碩謀 7-1080A
shuōnǎlǐhuà 說那裏話 11-242B
shuōniàn 說念 11-244B
shuònǚ 碩女 7-1078A
shuòpéng 朔蓬 6-1259B
shuòpí 朔鼙 6-1260A
shuōpiào 說票 11-246B
shuōpò 說破 11-245B
shuōpòzuǐ 說破嘴 11-245B
shuōqǐ 說起 11-245A
shuòqí 稍騎 8-587B
shuòqí 槊棋 4-1226A
shuòqì 朔氣 6-1258B
shuōqiānshuōwàn 說千說萬 11-240B
shuōqǐcáocāo… 說起曹操，曹操就到 11-245B
shuōqǐfēngjiùshìyǔ 說起風就是雨 11-245B
shuōqīn 說親 11-250B

shuòqín 朔禽 6-1259B
shuōqīndàorè 說親道熱 11-250B
shuōqíng 說情 11-247A
shuōqīnghuà 說清話 11-247A
shuòrén 碩人 7-1077B
shuōrénjiā 說人家 11-240A
shuòrì 朔日 6-1258A
shuòrì 爍日 7-312A
shuòrú 碩儒 7-1080A
shuòsài 朔塞 6-1259B
shuōsāndàosì 說三道四 11-240A
shuōsānfēn 說三分 11-240A
shuōshá 說啥 11-246B
shuōshān 說山 11-240B
shuòshǎn 鑠閃 11-1429B
shuōshé 說舌 11-242B
shuòshēn 箾椮 8-1212B
shuòshēn 箾蔘 8-1212B
shuòshēng 碩生 7-1078A
shuòshēng 碩牲 7-1079A
shuōshénme 說什麽 11-241B
shuōshì 說事 11-243B
shuōshì 說是 11-245A
shuōshì 說誓 11-249B
shuòshī 碩師 7-1079A
shuòshí 朔食 6-1258B
shuòshì 碩士 7-1078A
shuōshíchí… 說時遲,那時快 11-245B
shuōshìdàofēi 說是道非 11-245A
shuōshìfēi 說是非 11-245A
shuòshíliújīn 爍石流金 7-312A
shuòshíliújīn 鑠石流金 11-1429A
shuōshìnòngfēi 說是弄非 11-245A
shuōshìtánfēi 說是談非 11-245A
shuōshū 說書 11-246A
shuōshù 說述 11-243A
shuòshǔ 碩鼠 7-1079B
shuòshù 朔數 6-1259B
shuōshuǎ 說耍 11-245A
shuòshǔn 嗽吮 3-488A
shuòshuò 槊槊 4-1225B
shuòshuò 獡獡 5-108A
shuòshuò 數數 5-510B
shuòshuò 碩碩 7-1079B
shuòshuò 爍爍 7-312B
shuòshuò 鑠鑠 11-1429B
shuōshūxiānshēng 說書先生 11-246A
shuòsì 數四 5-508A
shuōsǐshuōhuó 說死說活 11-242B
shuòsù 碩宿 7-1079A
shuōtán 說談 11-250A
shuōtáng 說堂 11-246B
shuōtiān 說天 11-240B
shuōtiānliáng 說天良 11-240B
shuōtiáoniànkuǎn 說條念款 11-245B
shuōtiě 說帖 11-244A
shuōtīng 說聽 11-251B
shuòtíng 朔庭 6-1258B
shuōtōng 說通 11-246A
shuōtóu 說頭 11-250A
shuòtú 朔途 6-1259A
shuòtú 朔塗 6-1259B
shuòtǔ 朔土 6-1258A
shuòwàng 朔望 6-1259A
shuòwàng 碩望 7-1079A
shuòwàngsùdé 碩望宿德 7-1079A
shuòwàngyuè 朔望月 6-1259A
shuōwěi 說委 11-244B
shuōwén 說文 11-242A
shuōwèn 說問 11-247A
shuòwèn 碩問 7-1079A
shuōxì 說戲 11-250B
shuōxià 說下 11-240B
shuòxián 碩賢 7-1079B
shuōxiándàodàn 說鹹道淡 11-251A
shuōxiàng 說項 11-247A
shuòxiǎng 碩響 7-1080A
shuōxiánhuà 說閑話 11-248A
shuōxiào 說笑 11-245B
shuōxiàohuà 說笑話 11-245B
shuōxífù'er 說媳婦兒 11-249A
shuōxù 說序 11-243A
shuòxué 碩學 7-1080A
shuòxuě 朔雪 6-1259A
shuòxuèmǎnxiù 槊血滿袖 4-1226A
shuòxūn 碩勳 7-1080A
shuōyán 說言 11-243A
shuòyán 碩言 7-1078B
shuòyǎn 搠湺 6-818B
shuòyàn 朔雁 6-1259A
shuòyàn 碩彥 7-1079A
shuòyě 朔野 6-1259A
shuōyì 說義 11-249A
shuōyì 說藝 11-251A
shuōyì 說議 11-251A
shuòyì 朔易 6-1258A
shuòyì 朔裔 6-1259B
shuòyì 碩義 7-1079B
shuōyībù'èr 說一不二 11-240A
shuòyǐn 嗽飲 3-488A
shuòyǐng 鑠穎 11-1429B
shuòyǐngqìjīn 鑠景泣金 11-1429B
shuōyīshìyī… 說一是一,說二是二 11-240A
shuòyìyuānjī 鑠懿淵積 11-1429B
shuōyǒu 說有 11-242B
shuòyǒu 朔牖 6-1259B
shuōyǔ 說語 11-249B
shuōyuē 說約 11-245A
shuòyuè 朔月 6-1258A
shuòyuè 爍爚 7-312B
shuòyùliújīn 爍玉流金 7-312A
shuòyún 朔雲 6-1259A
shuōyǔtányún 說雨談雲 11-243B
shuōzé 說則 11-245A
shuōzhēnde 說真的 11-245B
shuōzhēnfāng 說真方 11-245B
shuōzhēnfāngmàijiǎyào 說真方賣假藥 11-245B
shuōzhèng 說證 11-251A
shuòzhèng 朔政 6-1258B
shuōzhēngéde 說真格的 11-245B
shuōzhī 說知 11-244A
shuōzhì 說智 11-247B
shuòzhì 碩志 7-1078B
shuōzhòng 說中 11-241B
shuòzhuàng 碩壯 7-1078B
shuòzhuó 爍灼 7-312B
shuōzuǐ 說嘴 11-250A
shuōzuǐdǎzuǐ 說嘴打嘴 11-250B
shuōzuǐlángzhōng 說嘴郎中 11-250B
shuōzuǐlángzhōng… 說嘴郎中無好藥 11-250B
shuōzuǐshuōshé 說嘴說舌 11-250B
shuōzuò 說作 11-243A
shūpá 梳爬 4-1059B
shūpà 書帕 5-717B
shūpàběn 書帕本 5-718A
shūpàn 書判 5-717A
shūpàn 書襻 5-729A
shùpào 樹砲 4-1302A
shūpèi 淑配 5-1369A
shǔpēi 黍醅 12-1379B
shūpéngběn 書棚本 5-723A
shūpí 書皮 5-715B
shūpǐ 書癖 5-728A
shūpǐ 殊匹 5-158B
shūpì 疏闢 8-510B
shūpì 疏僻 8-507B
shúpí 熟皮 7-243A
shùpì 戍鞸 5-191A
shùpí 樹皮 4-1300B
shúpiào 贖票 10-309A
shūpǐn 書品 5-719B
shūpǐn 殊品 5-160B
shùpǐn 庶品 3-1237A
shūpíng 書評 5-723B
shūpíng 疏屏 8-500A
shūpíng 輸平 9-1302B
shùpíng 述評 10-753A
shùpíng 樹屏 4-1302A
shǔpíngshèguì 鼠憑社貴 12-1410B
shǔpínzuǐ 數貧嘴 5-509B
shūpó 叔婆 2-880B
shǔpò 蜀魄 8-1036B
shūpǔ 書圃 5-721A
shūpǔ 疏朴 8-497A
shūpǔ 疏圃 8-500B
shūpǔ 疏樸 8-508B
shūpù 書鋪 5-726A
shǔpú 鼠璞 12-1410B
shǔpǔ 鼠朴 12-1407B
shùpú 束蒲 4-783A
shùpúwéifǔ 束蒲爲脯 4-783A
shūqī 輸期 9-1304B
shūqí 叔齊 2-880B
shūqí 殊奇 5-160A
shūqí 淑旂 5-1369B
shūqí 舒齊 8-1087B
shūqǐ 書啓 5-722B
shūqǐ 梳起 4-1060A
shūqǐ 舒啟 8-1087A
shūqì 抒氣 6-426B
shūqì 書契 5-719A
shūqì 書氣 5-721A
shūqì 殊器 5-164A
shūqì 淑氣 5-1369A
shūqì 疏訖 8-500B
shūqì 疏棄 8-504B
shūqì 輸氣 9-1303B
shūqì 揄棄 6-770A
shǔqī 暑期 5-756B
shǔqī 蜀漆 8-1037A
shǔqí 數棊 5-510A
shǔqì 暑氣 5-756B
shǔqì 鼠氣 12-1409A
shùqī 庶妻 3-1236B
shùqí 戍旗 5-190B
shùqí 庶祈 3-1236B
shùqì 束棄 4-782B
shùqì 數器 5-511A
shūqiān 書簽 5-728A
shūqiān 書籤 5-729A
shūqián 輸錢 9-1305B
shūqiǎn 疏淺 8-503A
shūqiàn 書槧 5-726A
shúqiān 贖愆 10-309B
shúqián 贖錢 10-309B
shùqiān 術阡 3-983A
shúqiāng 熟腔 7-245B
shūqiǎo 輸巧 9-1302B
shūqiè 書篋 5-726A
shǔqiè 鼠竊 12-1411B
shùqiè 束篋 4-784A
shùqiè 庶妾 3-1236B
shúqiēdànzi 熟切擔子 7-242B
shúqiēdiàn 熟切店 7-242B
shǔqiègǒudào 鼠竊狗盜 12-1411B
shǔqiègǒutōu 鼠竊狗偷 12-1411B
shùqígān 豎旗杆 9-1348A
shùqǐjǐliáng 豎起脊梁 9-1347B

shūqīn 疏親 8-508B
shūqín 輸勤 9-1304B
shúqǐn 熟寢 7-246B
shǔqín 蜀琴 8-1036A
shùqín 豎琴 9-1348A
shūqīng 淑清 5-1369B
shūqíng 抒情 6-426B
shūqíng 舒情 8-1087A
shūqíng 輸情 9-1304A
shūqíng 攄情 6-957A
shùqíng 杼情 4-887A
shūqíngshī 抒情詩 6-426B
shùqīngtíng 豎蜻蜓 9-1348A
shǔqiú 鼠裘 12-1410A
shūqū 殊趨 5-164A
shūqù 殊趣 5-163B
shúqǔ 贖取 10-309A
shǔqū 鼠麴 12-1411A
shùqú 術衢 3-984B
shùqú 樹渠 4-1303A
shùqǔ 束取 4-780A
shūquàn 書券 5-718A
shǔquǎn 蜀犬 8-1034A
shǔquàn 署券 8-1023A
shǔquǎnfèirì 蜀犬吠日 8-1034A
shǔquē 署缺 8-1023A
shǔquè 鼠雀 12-1409A
shùquē 樹闕 4-1305B
shùquè 樹闕 4-1305B
shùquèmèng 樹闕夢 4-1305B
shūquēyǒujiàn 書缺有間 5-721A
shǔquèzhībèi 鼠雀之輩 12-1409B
shǔquèzhīyá 鼠雀之牙 12-1409A
shūqún 書裙 5-723B
shūqún 殊羣 5-163B
shùqún 庶羣 3-1238A
shūrán 倏然 1-1489A
shūrán 淑然 5-1370A
shūrán 儵然 1-1738A
shūrán 翛然 1-1601A
shǔrán 曙然 5-840A
shūrǎng 殊壤 5-164B
shǔráng 黍穰 12-1380A
shǔrǎng 鼠壤 12-1411A
shǔràng 數讓 5-511A
shùráo 庶饒 3-1239A
shǔrè 暑熱 5-757A
shūrén 書人 5-714A
shūrén 淑人 5-1368A
shúrén 熟人 7-242B
shúrěn 熟稔 7-246A
shǔrèn 署任 8-1022B
shùrén 戍人 5-189B
shùrén 庶人 3-1234B
shùrén 術人 3-982B
shùrén 豎人 9-1347A
shùrén 樹人 4-1299B
shùrèn 束刃 4-777B
shùrèn 束衽 4-780B
shùrèn 束袵 4-782B
shùrénfēng 庶人風 3-1234B
shǔrì 曙日 5-839B
shùrì'è 數日惡 5-508A
shūróng 殊榮 5-163B
shūróng 淑容 5-1369B
shūróng 舒榮 8-1087B
shūrǒng 疏冗 8-496B
shúróng 熟榮 7-246B
shùróng 輸榮 9-1305A
shùróng 述容 10-753A
shūrú 疏茹 8-499B
shūrǔ 菽乳 9-439B
shūrù 輸入 9-1302B
shǔrǔ 鼠乳 12-1408B
shǔrù 暑溽 5-756B
shùrú 襏襦 9-146B
shùrú 澍濡 6-123A
shùrú 豎儒 9-1348A
shúruǎn 熟軟 7-245A
shùrùn 漱潤 6-73B
shǔrùniújiǎo 鼠入牛角 12-1406A
shùrúniúyāo 束如牛腰 4-779A
shúruò 孰若 4-237A
shūsǎn 疏散 8-504A
shūsàn 疏散 8-504A
shūsàn 攄散 6-957A
shūsāng 疏喪 8-504B
shùsǎng 束顙 4-785A
shūsǎo 梳掃 4-1060A
shūsè 殊色 5-159B
shūsè 疏澁 8-508A
shǔsè 曙色 5-840A
shùsè 樹塞 4-1304B
shùsè 樹色 4-1300B
shùsèmén 樹塞門 4-1304B
shǔshà 蜀箑 8-1036B
shūshān 叔山 2-879A
shūshǎn 倏閃 1-1489A
shūshàn 書繕 5-728A
shūshàn 殊禪 5-164A
shūshàn 淑善 5-1370A
shǔshān 蜀山 8-1034A
shǔshān 屬珊 4-66A
shǔshàn 蜀扇 8-1035B
shùshǎn 瀹潤 6-218A
shùshàn 樹善 4-1303B
shūshǎng 殊賞 5-163B
shūshàng 殊尚 5-160A
shǔshāng 黍觴 12-1379B
shǔshāng 數傷 5-510B
shùshàngkāihuā 樹上開花 4-1299B
shùshàngqǐxià 束上起下 4-777B
shūsháo 疏勺 8-496A
shūshǎo 疏少 8-496A
shúshāo 贖梢 10-309A
shùshāo 樹梢 4-1302B
shūshè 書舍 5-718A
shūshè 書社 5-717A
shǔshè 署攝 8-1023B
shùshè 庶赦 3-1237B
shùshè 墅舍 2-1190A
shúshéi 孰誰 4-237B
shūshēn 倏胂 1-1489A
shūshēn 書紳 5-722B
shūshēn 淑身 5-1368B
shūshēn 輸身 9-1303A
shūshēn 儵胂 1-1738A
shūshēn 儵胂 1-1737B
shūshēn 儵胂 1-1738A
shūshén 疏神 8-500A
shūshèn 殊甚 5-160B
shūshèn 淑慎 5-1370B
shúshēn 贖身 10-308B
shùshēn 束身 4-779B
shùshēn 束紳 4-782B
shùshēn 樹身 4-1301A
shùshén 樹神 4-1302A
shùshèn 庶慎 3-1238A
shūshēng 書生 5-715B
shūshèng 書聖 5-724A
shūshèng 殊勝 5-162B
shūshèng 淑聖 5-1370B
shúshēng 贖生 10-308B
shùshēng 庶生 3-1235B
shùshēng 樹聲 4-1305B
shùshèng 述聖 10-753A
shūshēngqì 書生氣 5-715B
shūshēngzhījiàn 書生之見 5-715B
shùshēnzì'ài 束身自愛 4-780A
shùshēnzìhào 束身自好 4-779B
shùshēnzìxiū 束身自修 4-779B
shūshī 書師 5-721B
shūshī 疏失 8-496B
shūshī 輸失 9-1302B
shūshí 倏時 1-1489A
shūshí 疏食 8-499B
shūshí 蔬食 9-561A
shūshí 輸實 9-1305A
shūshí 朱提 4-737A
shūshǐ 書史 5-715B
shūshǐ 樞使 4-1259A
shūshì 叔世 2-879B
shūshì 書士 5-714B
shūshì 書市 5-716A
shūshì 書室 5-720B
shūshì 殊事 5-159B
shūshì 殊釋 5-164B
shūshì 淑士 5-1368A
shūshì 淑世 5-1368A
shūshì 舒適 8-1087B
shūshì 舒釋 8-1088B
shúshī 塾師 2-1190B
shúshí 孰食 4-237A
shúshí 熟食 7-244B
shúshí 熟識 7-247B
shúshì 孰視 4-237A
shúshì 熟事 7-243B
shúshì 熟是 7-244A
shúshì 熟視 7-245A
shǔshī 暑溼 5-756B
shǔshī 暑濕 5-757A
shǔshī 數蓍 5-510B
shǔshí 蜀石 8-1034B
shǔshí 屬實 4-68B
shǔshǐ 鼠矢 12-1407A
shǔshǐ 鼠屎 12-1408B
shǔshì 署事 8-1023A
shǔshì 鼠市 12-1407A
shǔshì 蜀士 8-1034A
shùshī 束溼 4-783A
shùshī 束濕 4-785A
shùshī 術施 3-983A
shùshí 恕實 7-507B
shùshí 漱石 6-73A
shùshǐ 束矢 4-778B
shùshì 戍士 5-189B
shùshì 述事 10-752B
shùshì 庶士 3-1234B
shùshì 庶氏 3-1235A
shùshì 術士 3-982B
shùshì 樹事 4-1301A
shùshì 樹勢 4-1303B
shùshìguān 術士冠 3-983A
shùshìguān 術氏冠 3-983A
shúshíhuī 熟石灰 7-243A
shúshíjié 熟食節 7-244B
shùshǐjūnjīn 束矢鈞金 4-779A
shúshìwúdǔ 熟視無睹 7-245A
shúshìwúdǔ 熟視無覩 7-245B
shǔshǐwūgēng 鼠屎汙羹 12-1409A
shūshíyín 朱提銀 4-737A
shùshízhěnliú 漱石枕流 6-73A
shūshǒu 書手 5-714B
shūshǒu 書首 5-720B
shūshòu 疏瘦 8-506B
shúshǒu 熟手 7-243A
shùshǒu 戍守 5-189B
shùshǒu 束手 4-777B
shùshǒu 束首 4-780B
shùshòu 庶獸 3-1239A
shùshǒudàibì 束手待斃 4-778A
shùshǒudàisǐ 束手待死 4-778A
shùshǒufùjiǎo 束手縛脚 4-778B
shùshǒujiùbì 束手就斃 4-778B
shùshǒujiùkùn 束手就困 4-778B
shùshǒujiùqín 束手就禽 4-778B
shùshǒujiùqín 束手就擒 4-778B
shùshǒujiùyì 束手就殪 4-778B
shùshǒupángguān 束手旁觀 4-778A
shùshǒushòubì 束手受斃

4-778A
shùshǒushùjiǎo 束手束脚 4-778A
shùshǒushùzú 束手束足 4-778A
shùshǒutīngmìng 束手聽命 4-778B
shùshǒuwúcè 束手無策 4-778B
shùshǒuwúcuò 束手無措 4-778A
shùshǒuwújì 束手無計 4-778A
shùshǒuwúshù 束手無術 4-778A
shùshǒuzìbì 束手自斃 4-778A
shùshǒuzuòshì 束手坐視 4-778A
shūshu 叔叔 2-879B
shūshū 几几 2-282B
shūshū 殳書 6-1480A
shūshū 姝姝 4-342B
shūshū 倏倏 1-1489A
shūshū 書疏 5-724A
shūshū 淑淑 5-1369B
shūshū 疏疏 8-505A
shūshū 舒舒 8-1087A
shūshū 篴篴 10-485A
shūshū 輸輸 9-1305A
shūshū 儵儵 1-1738A
shūshū 攄書 6-957A
shūshū 攄舒 6-957A
shūshú 書塾 5-725B
shūshǔ 疏屬 8-510B
shūshǔ 輸鼠 9-1304B
shūshù 書術 5-722B
shūshù 書數 5-726A
shūshù 殊述 5-159B
shūshù 殊數 5-163B
shūshù 疏杼 8-498B
shúshú 秫秫 8-66A
shúshú 术术 4-720B
shúshǔ 秫黍 8-66B
shúshǔ 熟暑 7-245B
shǔshū 屬疏 4-68A
shǔshú 黍秫 12-1379A
shǔshú 蜀秫 8-1035B
shǔshǔ 黍黍 12-1379A
shǔshǔ 蜀黍 8-1036A
shùshū 束書 4-781B
shùshū 庶叔 3-1236B
shùshū 樹書 4-1302B
shùshū 樹樞 4-1304B
shùshù 束束 4-779B
shùshù 庶庶 3-1237B
shùshù 術數 3-984A
shùshù 潄潄 6-73B
shùshù 數術 5-509B
shūshuài 疏率 8-503A
shūshuǎng 疏爽 8-502A
shūshúběn 書塾本 5-725B
shūshuǐ 菽水 9-439B
shūshuì 輸稅 9-1304B
shúshuǐ 熟水 7-242B
shúshuì 熟睡 7-246A
shùshuǐ 束水 4-777B
shūshuǐdānpiáo 疏水簞瓢 8-496B
shūshūlālā 疏疏拉拉 8-505A
shūshùn 倏瞬 1-1489A
shūshuō 殊説 5-163B
shūshuò 倏爍 1-1489A
shūshuò 疏數 8-507A
shūshuò 儵爍 1-1738A
shǔshuō 數説 5-510B
shùshuō 述説 10-753B
shūsī 抒思 6-426A
shūsī 殊私 5-159B
shūsī 攄思 6-957A
shūsǐ 殊死 5-159A
shūsì 書笥 5-722B
shūsì 書肆 5-724A
shúsī 熟思 7-244A
shúsǐ 贖死 10-308B
shǔsī 黍絲 12-1379A
shǔsī 鼠思 12-1408B
shùsī 恕思 7-507B
shùsī 庶司 3-1235B
shùsī 數斯 5-510A
shùsī 樹私 4-1300B
shùsì 數四 5-508A
shúsīshěnchǔ 熟思審處 7-244B
shūsǐxíng 殊死刑 5-159A
shūsōng 疏鬆 8-509B
shūsòng 輸送 9-1303B
shūsòng 攄頌 6-957A
shúsòng 熟誦 7-246B
shǔsǒu 蜀叟 8-1035A
shūsú 殊俗 5-160B
shūsú 疏俗 8-499B
shūsù 書素 5-721A
shūsù 菽粟 9-440A
shūsù 疏遬 8-506A
shūsù 蔬蔌 9-561B
shūsù 蔬藗 9-561B
shūsù 輸粟 9-1304B
shǔsù 僴倲 1-1692B
shǔsù 蜀素 8-1035A
shùsù 束素 4-780B
shǔsuàn 數算 5-510B
shùsuàn 數算 5-510B
shūsuǐ 書髓 5-728B
shúsuì 熟歲 7-246A
shǔsuì 暑歲 5-756B
shǔsuì 黍穗 12-1379B
shǔsuì 黍穟 12-1379B
shùsuì 庶襚 3-1238B
shùsuì 樹檖 4-1305A
shùsúlìhuà 樹俗立化 4-1301B
shūsūn 叔孫 2-880B
shūsǔn 蔬筍 9-561A
shùsūn 庶孫 3-1237A
shùsǔn 束筍 4-782B
shūsuǒ 疏索 8-500A
shùsuō 束縮 4-785A
shùsuǒ 戍所 5-190A
shūtái 書臺 5-724B
shūtài 舒泰 8-1086B
shǔtāi 鼠胎 12-1408B
shùtái 戍臺 5-190B
shūtān 書攤 5-728B
shūtān 舒攤 8-1088B
shūtǎn 舒坦 8-1086A
shūtàn 輸賧 9-1305A
shūtáng 書堂 5-722A
shǔtáng 黍餹 12-1379B
shūtào 書套 5-721A
shútào 熟套 7-244B
shùtāo 束絛 4-782B
shútàozi 熟套子 7 244B
shūtè 殊特 5-161A
shūtè 淑慝 5-1370B
shūtī 疏剔 8-500B
shūtí 書題 5-727B
shūtǐ 書體 5-728B
shūtì 梳剃 4-1059B
shūtì 疏逖 8-500B
shǔtǐ 曙體 5-840B
shùtí 束題 4-785A
shūtián 書田 5-715B
shútián 秫田 8-66A
shútián 孰田 4-237A
shútián 熟田 7-243A
shǔtiān 暑天 5-756A
shǔtiān 曙天 5-839B
shǔtián 黍田 12-1378A
shùtiǎn 束栝 4-781A
shūtiáo 疏條 8-500B
shùtiáo 疏條 8-500B
shùtiáo 樹條 4-1302B
shūtiě 書帖 5-717B
shūtiè 書帖 5-717B
shútiě 熟鐵 7-247B
shútiě 贖帖 10-309A
shūtíng 書亭 5-720B
shūtíng 殊廷 5-159A
shūtíng 殊庭 5-160B
shūtíng 樞廷 4-1259A
shūtíng 樞庭 4-1259B
shǔtǐng 蜀艇 8-1036A
shūtōng 疏通 8-501A
shūtóng 書童 5-723B
shūtóng 書僮 5-725A
shūtǒng 書筒 5-723B
shútóng 熟銅 7-246A
shútóng 贖銅 10-309B
shǔtóng 蜀桐 8-1035B
shùtōng 疏通 8-501B
shùtóngbáyì 樹同拔異 4-1300B
shūtōng'èryǒu 書通二酉 5-722A
shūtóngwén… 書同文,車同軌 5-716A
shūtóu 梳頭 4-1060B
shǔtōu 鼠偷 12-1409B
shùtóu 疏頭 8-508B
shùtóu 束頭 4-784B
shùtóu 樹頭 4-1305B
shǔtōugǒudào 鼠偷狗盗 12-1409B
shūtóuhézi 梳頭盒子 4-1060B
shùtóujiǔ 樹頭酒 4-1305B
shūtóumāzi 梳頭媽子 4-1060B
shūtóunízi 梳頭妮子 4-1060B
shǔtóushǔnǎo 鼠頭鼠腦 12-1410B
shūtóutànnǎo 舒頭探腦 8-1088A
shùtóuxiān 樹頭鮮 4-1305B
shūtú 殊途 5-161A
shūtú 殊塗 5-163A
shūtú 輸徒 9-1304A
shūtǔ 殊土 5-158B
shūtǔ 攄吐 6-956B
shútú 塾徒 2-1190B
shútú 贖徒 10-309A
shútǔ 熟土 7-242B
shǔtǔ 蜀土 8-1034A
shùtǔ 庶土 3-1234B
shùtuān 束湍 4-782B
shǔtún 黍豚 12-1379A
shūtuō 疏侻 8-499B
shūtuō 疏脱 8-502B
shútuō 熟脱 7-245A
shǔtuōcháng 鼠拖腸 12-1408B
shùtuóluó 戍陀羅 5-190A
shūtútóngguī 殊途同歸 5-161A
shūtútóngguī 殊塗同歸 5-163A
shūtútónghuì 殊塗同會 5-163A
shūtútóngzhì 殊塗同致 5-163A
shùwā 樹蛙 4-1303B
shūwài 疏外 8-497A
shūwán 疏玩 8-498A
shūwán 疏頑 8-505A
shūwǎn 淑婉 5-1369B
shūwǎn 輸挽 9-1303B
shūwǎn 輸輓 9-1305A
shúwán 熟玩 7-243B
shùwán 庶頑 3-1238A
shūwǎng 疏罔 8-498B
shūwǎng 疏網 8-507A
shūwàng 疏妄 8-497A
shūwàng 攄望 6-957A
shǔwáng 蜀王 8-1034A
shùwàng 庶望 3-1238A
shǔwǎngzhīlái 數往知來 5-509A
shùwázi 樹娃子 4-1302A
shūwēi 疏微 8-506A
shūwéi 書帷 5-722A
shūwéi 書幃 5-723A
shūwěi 叔鮪 2-880B
shūwěi 書尾 5-717A

shūwěi 殊偉 5-161B
shūwěi 輸委 9-1303B
shūwěi 鮇鮪 12-1220B
shūwèi 書味 5-717B
shūwèi 輸遺 9-1305A
shúwèi 熟味 7-243B
shǔwěi 署尾 8-1023A
shǔwěi 鼠尾 12-1408A
shùwēi 庶威 3-1237A
shùwēi 樹威 4-1301B
shùwěi 束尾 4-780A
shùwěi 束葦 4-782B
shùwěi 樹僞 4-1304B
shùwèi 戍衛 5-190B
shùwèi 庶位 3-1236A
shùwèi 數位 5-508B
shǔwěicǎo 鼠尾草 12-1408A
shǔwěijiào 鼠尾轎 12-1408A
shǔwěizhàng 鼠尾帳 12-1408A
shūwén 書文 5-715A
shūwén 殊文 5-158B
shūwèn 書問 5-722B
shūwèn 淑問 5-1369B
shúwén 熟聞 7-246B
shǔwén 蜀紋 8-1035B
shūwēng 叔翁 2-880B
shūwēng 殊翁 5-161A
shūwénzhìzì 梳文櫛字 4-1059A
shūwò 殊渥 5-162B
shūwò 樞幄 4-1260B
shúwò 熟卧 7-243B
shūwū 書屋 5-720B
shūwú 疏蕪 8-507A
shūwǔ 疏牾 8-502B
shūwǔ 攄武 6-957A
shūwù 書物 5-718A
shūwù 殊物 5-160A
shūwù 殊務 5-161B
shūwù 殊騖 5-164B
shūwù 樞務 4-1259B
shǔwǔ 鼠舞 12-1410A
shǔwǔ 蜀五 8-1034A
shùwū 戍屋 5-190A
shùwǔ 束伍 4-779A
shùwù 束物 4-780A
shùwù 庶物 3-1236B
shùwù 庶務 3-1237B
shùwǔlìng 束伍令 4-779A
shǔwúyá 鼠無牙 12-1409B
shūxī 殊錫 5-164A
shūxī 疏析 8-498B
shūxí 書檄 5-727B
shūxǐ 梳洗 4-1059B
shūxì 疏細 8-503B
shúxī 孰悉 4-237A
shúxī 熟悉 7-245A
shúxí 熟習 7-245B
shǔxī 鼠腊 12-1409B
shǔxī 鼠蹊 12-1410B
shǔxī 鼠溪 12-1410A
shǔxī 數息 5-509B
shǔxì 暑綌 5-756B
shùxí 庶習 3-1238A
shùxǐ 漱洗 6-73B
shùxì 束繫 4-785A
shùxì 樹隙 4-1303B
shūxiá 舒暇 8-1087A
shūxiá 樞轄 4-1261A
shūxià 叔夏 2-880B
shǔxiá 鼠黠 12-1411A
shǔxiá 曙霞 5-840A
shǔxià 暑夏 5-756A
shǔxià 屬下 4-64B
shùxiá 束狹 4-781B
shūxiān 叔先 2-879B
shūxián 淑賢 5-1370B
shūxián 疏間 8-505A
shūxián 疏閑 8-505A
shūxián 疏嫌 8-506A
shūxiǎn 疏險 8-508A
shūxiàn 叔獻 2-880B
shūxiàn 樞憲 4-1261A
shúxián 熟間 7-246A
shúxián 熟閑 7-245B
shúxián 熟嫻 7-247A
shúxián 熟嫻 7-247A
shúxiàn 熟獻 7-247B
shǔxián 署銜 8-1023B
shǔxiǎn 蜀險 8-1037A
shūxiāng 書香 5-720A
shūxiāng 書箱 5-726A
shūxiāng 殊鄉 5-162A
shūxiāng 疏香 8-499B
shūxiáng 殊祥 5-161B
shūxiáng 淑祥 5-1369B
shūxiáng 舒詳 8-1087A
shūxiàng 叔相 2-880A
shūxiàng 叔向 2-879B
shūxiàng 殊相 5-160B
shūxiàng 殊鄉 5-162A
shūxiàng 樞相 4-1259B
shǔxiāng 鼠鄉 12-1409B
shǔxiàng 屬相 4-66B
shùxiàng 數相 5-509A
shúxiàngjiāo 熟橡膠 7-246B
shǔxiàngjūnyíng 蜀相軍營 8-1035A
shūxiāngméndì 書香門第 5-720A
shūxiāngménhù 書香門户 5-720A
shūxiāngrénjiā 書香人家 5-720A
shūxiāngshìjiā 書香世家 5-720A
shǔxiánjiāng 鼠銜薑 12-1410A
shūxiǎo 輸小 9-1302B
shūxiào 殊效 5-161B
shūxiào 淑孝 5-1368B
shūxiào 舒嘯 8-1088A
shūxiào 舒歗 8-1088A
shūxiào 輸效 9-1304A
shúxiǎo 熟曉 7-247A
shūxǐchuáng 梳洗牀 4-1060A
shūxiě 抒寫 6-426B
shūxiě 書寫 5-726B
shūxiě 輸寫 9-1305A
shūxiě 攄寫 6-957B
shūxiè 書寫 5-726B
shūxiè 疏懈 8-508B
shūxiè 舒寫 8-1087B
shūxiè 舒泄 8-1086B
shūxiè 舒瀉 8-1088A
shūxiè 輸謝 9-1305B
shūxiè 輸瀉 9-1305B
shùxié 束脅 4-782A
shǔxiépáo 蜀襭袍 8-1037B
shūxīn 抒心 6-426A
shūxīn 殊心 5-158B
shūxīn 舒心 8-1086A
shūxīn 輸心 9-1302B
shūxìn 書信 5-720A
shǔxīn 屬心 4-64B
shùxīn 束心 4-778B
shùxīn 束薪 4-784B
shùxīn 恕心 7-507B
shùxīn 樹心 4-1300A
shūxīnfúyì 輸心服意 9-1302B
shūxíng 書行 5-716A
shūxíng 殊刑 5-159A
shūxíng 殊行 5-159A
shūxíng 殊形 5-159B
shūxíng 淑行 5-1368B
shūxìng 殊性 5-160A
shūxìng 淑性 5-1368B
shūxìng 疏悻 8-503B
shúxíng 贖刑 10-308B
shúxǐng 熟省 7-244A
shǔxīng 曙星 5-840A
shǔxìng 屬姓 4-66A
shǔxìng 屬性 4-66A
shùxíng 樹型 4-1301B
shùxìng 庶姓 3-1237A
shùxìng 庶幸 3-1236A
shūxíngguǐzhuàng 殊形詭狀 5-159B
shūxìnguǎn 書信館 5-720A
shùxīnguìmù 鉥心劌目 11-1228B
shùxīnguìshèn 鉥心劌腎 11-1228B
shùxīnkūxíng 鉥心刳形 11-1228B
shǔxīnlángfèi 鼠心狼肺 12-1406B
shūxiōng 倏敻 1-1738A
shùxiōng 束胸 4-781B
shùxiōng 庶兄 3-1235B
shùxiōngdì 庶兄弟 3-1235B
shūxiù 姝秀 4-342B
shūxiù 疏秀 8-497B
shúxiū 塾脩 2-1190B
shǔxiù 蜀綉 8-1036B
shùxiū 束修 4-780B
shùxiū 束脩 4-781A
shùxiū 述修 10-753A
shùxiū 述脩 10-753A
shùxiū 庶羞 3-1237A
shùxiū 庶饈 3-1238B
shǔxiùgōngtíng 黍秀宫庭 12-1378B
shùxiūyáng 束修羊 4-780B
shùxiūyáng 束脩羊 4-781B
shùxiūzìhào 束修自好 4-780B
shūxū 倏歘 1-1489A
shūxú 舒徐 8-1086B
shūxù 書序 5-717A
shūxù 書叙 5-720B
shǔxū 鼠須 12-1409B
shǔxū 鼠鬚 12-1411B
shùxù 束勗 4-782A
shùxù 述序 10-752B
shùxù 述敍 10-753A
shùxù 述敘 10-753A
shùxù 樹畜 4-1302B
shūxuán 殊懸 5-164B
shūxuǎn 殊選 5-164A
shùxuān 述宣 10-753A
shùxuān 樹萱 4-1303B
shǔxūbǐ 鼠鬚筆 12-1411B
shūxuē 書削 5-719B
shūxué 書學 5-727A
shūxuě 梳雪 4-1060A
shūxuè 輸血 9-1302B
shūxué 俶穴 1-1693A
shǔxué 鼠穴 12-1407A
shǔxuě 暑雪 5-756B
shǔxuě 黍雪 12-1379A
shùxué 術學 3-984A
shùxué 腧穴 6-1353B
shùxué 數學 5-511A
shùxué 俞穴 1-1358B
shùxuěliángzhū 束雪量珠 4-782A
shǔxuéxúnyáng 鼠穴尋羊 12-1407A
shǔxūguǎn 鼠須管 12-1409B
shūxūn 殊勳 5-164A
shūxún 梳巡 4-1059A
shūxùn 淑訓 5-1369A
shúxún 熟尋 7-245B
shùxūn 樹勳 4-1305B
shùxún 數巡 5-508B
shūyā 書押 5-717A
shūyá 叔牙 2-879A
shūyǎ 淑雅 5-1370A
shǔyā 署押 8-1023A
shǔyá 鼠牙 12-1406B
shǔyá 蜀牙 8-1034A
shùyā 樹椏 4-1303B
shùyā 樹枒 4-1301A
shùyá 束崖 4-782A
shùyá 樹牙 4-1300A
shùyá 樹芽 4-1300B
shǔyábǐ 鼠牙筆 12-1406B
shūyān 疏煙 8-506A
shūyán 姝顔 4-343A
shūyán 書筵 5-723B
shūyán 舒顔 8-1088A
shūyǎn 舒演 8-1087B
shūyǎn 輸眼 9-1304A

shūyàn 姝艷 4-343A
shūyàn 姝豔 4-343A
shūyàn 書硯 5-723A
shūyàn 舒雁 8-1087A
shūyàn 舒鴈 8-1087B
shúyán 熟研 7-244A
shúyǎn 熟衍 7-244B
shǔyān 曙煙 5-840A
shǔyán 蜀嚴 8-1037B
shǔyán 蜀鹽 8-1037B
shǔyǎn 鼠眼 12-1409B
shǔyàn 暑晏 5-756B
shùyān 戍煙 5-190B
shùyān 束煙 4-783A
shùyán 庶言 3-1236A
shùyǎn 述演 10-753B
shùyǎn 庶衍 3-1237A
shùyàn 漱嚥 6-74A
shūyánbiéyǔ 殊言別語 5-159B
shūyáng 舒揚 8-1087A
shùyǎng 樹養 4-1304B
shúyángjiǎ 熟羊胛 7-243B
shūyāo 姝妖 4-342B
shūyǎo 疏窅 8-501A
shūyào 樞要 4-1259B
shúyào 熟藥 7-247B
shúyào 贖藥 10-310A
shǔyāo 鼠妖 12-1408A
shǔyào 薯藥 9-563B
shùyāo 束腰 4-783A
shùyāo 樹腰 4-1304A
shùyáo 戍傜 5-190B
shǔyāodōu 鼠腰兜 12-1410A
shǔyáquèjiǎo 鼠牙雀角 12-1406B
shūyě 疏野 8-502A
shūyè 叔夜 2-880A
shūyè 書頁 5-719B
shūyè 書業 5-724A
shūyè 書謁 5-727A
shūyè 樞掖 4-1260A
shūyè 輸液 9-1304B
shǔyē 暑暍 5-756B
shǔyè 暑夜 5-756A
shùyè 術業 3-983B
shùyè 樹葉 4-1303A
shùyèdiàoxiàlái… 樹葉掉下來怕打破頭 4-1303B
shùyèzidiàoxiàlái… 樹葉子掉下來都怕打了頭 4-1303B
shūyī 書衣 5-716B
shūyī 練衣 9-858B
shūyí 書儀 5-726A
shūyí 淑儀 5-1371A
shūyí 疏迤 8-498B
shūyí 疏遺 8-507B
shūyì 抒意 6-426B
shūyì 倏易 1-1488B
shūyì 書役 5-716B
shūyì 書意 5-724B
shūyì 書藝 5-727B
shūyì 殊異 5-161B
shūyì 殊裔 5-163A
shūyì 殊議 5-164B
shūyì 淑艾 5-1368A
shūyì 淑懿 5-1371A
shūyì 疏佚 8-497B
shūyì 疏易 8-498B
shūyì 疏逸 8-502B
shūyì 舒翼 8-1088A
shūyì 舒繹 8-1088A
shūyì 輸役 9-1303A
shūyì 攄意 6-957A
shúyī 熟衣 7-243B
shúyì 熟繹 7-247B
shúyì 熟議 7-247B
shǔyī 暑衣 5-756A
shǔyí 黍飴 12-1379A
shǔyí 黍酏 12-1379A
shǔyì 署議 8-1023B
shǔyì 鼠疫 12-1408B
shǔyì 屬役 4-66A
shùyī 樹衣 4-1300B
shùyí 束儀 4-784A
shùyì 疏義 8-506A
shùyì 戍役 5-189B
shùyì 束意 4-783A
shùyì 術藝 3-984A
shùyì 術藝 3-984A
shùyì 豎義 9-1348A
shùyì 豎議 9-1348B
shùyì 樹異 4-1302B
shùyì 樹義 4-1304A
shùyì 樹蓺 4-1304B
shùyì 樹藝 4-1305B
shūyīn 殊音 5-161A
shūyīn 疏音 8-500A
shūyín 書淫 5-722B
shūyín 書蟫 5-727B
shūyǐn 殊隱 5-164A
shūyǐn 疏引 8-496B
shúyín 贖銀 10-309B
shǔyìn 署印 8-1022B
shǔyìn 鼠印 12-1407A
shùyīn 庶殷 3-1237A
shùyīn 樹陰 4-1302B
shùyīn 樹蔭 4-1304A
shùyǐn 疏引 8-496B
shùyǐn 庶尹 3-1235A
shūyíng 輸贏 9-1305B
shūyǐng 書影 5-726A
shūyǐng 淑景 5-1370A
shūyǐng 疏影 8-507B
shǔyǐng 曙影 5-840A
shùyǐng 束景 4-782B
shùyǐng 束影 4-784A
shùyǐng 樹影 4-1304B
shùyǐng 樹癭 4-1306A
shǔyīshǔ'èr 數一數二 5-507B
shūyōng 書傭 5-724B
shūyōng 殊庸 5-162A
shūyōng 疏庸 8-503A
shūyōng 疏慵 8-507A
shūyōng 輸庸 9-1304A
shūyòng 殊用 5-159A
shúyōng 贖庸 10-309B
shǔyòng 署用 8-1022B
shùyǒng 述詠 10-753A
shūyōu 舒憂 8-1087B
shūyóu 書郵 5-721B
shūyóu 殊尤 5-158B
shūyóu 淑尤 5-1368A
shūyǒu 書友 5-714B
shūyǒu 疏牖 8-507B
shūyòu 書囿 5-720A
shúyōu 熟耰 7-247B
shúyǒu 熟友 7-242B
shǔyōu 癙憂 8-359B
shùyóu 庶尤 3-1235A
shùyóu 庶訧 3-1237B
shùyǒu 庶有 3-1236A
shùyòu 恕宥 7-507B
shūyóuguǎn 輸油管 9-1303B
shǔyóumàixiù 黍油麥秀 12-1378B
shūyū 書迂 5-716A
shūyú 書魚 5-722B
shūyú 疏愚 8-505B
shūyú 疏虞 8-505B
shūyǔ 書語 5-725A
shūyǔ 疏語 8-506B
shūyǔ 疏窳 8-508A
shūyù 毹昱 11-778B
shūyù 書寓 5-723B
shūyù 書獄 5-725A
shūyù 殊域 5-161B
shūyù 殊遇 5-162A
shūyù 淑郁 5-1368B
shūyù 淑譽 5-1371A
shūyù 儵昱 1-1737B
shūyù 儵煜 1-1738A
shúyǔ 孰與 4-237B
shúyǔ 熟語 7-246B
shǔyú 蜀雜 8-1037A
shǔyú 屬於 4-66A
shǔyù 署預 8-1023A
shǔyù 鼠獄 12-1410A
shǔyù 薯蕷 9-563A
shǔyù 藷萸 9-605B
shǔyù 藷芋 9-605B
shùyú 庶魚 3-1237B
shùyú 漱盂 6-73B
shùyú 漱腴 6-73B
shùyǔ 述語 10-753B
shùyǔ 術語 3-984A
shùyǔ 澍雨 6-123A
shùyǔ 樹羽 4-1300B
shùyù 戍禦 5-190B
shùyù 庶玉 3-1235A
shùyù 庶域 3-1237B
shùyù 庶獄 3-1238B
shùyù 漱玉 6-73A
shūyuán 殊源 5-163A
shūyuán 淑媛 5-1370A
shūyuán 疏源 8-506A
shūyuán 樞垣 4-1259B
shūyuǎn 殊遠 5-163A
shūyuǎn 疏遠 8-505B
shūyuàn 書院 5-720B
shūyuàn 樞掾 4-1260B
shǔyuán 屬員 4-67A
shùyuán 樹援 4-1303A
shùyuàn 樹怨 4-1301B
shūyuànběn 書院本 5-721A
shùyuánlìdí 樹元立嫡 4-1300A
shūyuánsǎonì 叔援嫂溺 2-880B
shūyuè 除月 11-986B
shūyuè 殊越 5-162A
shūyuè 疏瀹 8-510B
shūyuè 疏越 8-503B
shūyuè 疏瀹 8-510B
shūyuè 疏躍 8-510B
shūyuè 儵爚 1-1738A
shǔyuè 暑月 5-756A
shǔyuè 曙月 5-839B
shùyuē 束約 4-780B
shùyùjìng'ér… 樹欲靜而風不寧 4-1303A
shùyùjìng'ér… 樹欲靜而風不停 4-1303A
shùyùjìng'ér… 樹欲靜而風不止 4-1303A
shūyún 書筠 5-724A
shūyún 書雲 5-723A
shūyún 梳雲 4-1060A
shūyùn 疏韻 8-510A
shūyùn 輸運 9-1304B
shùyùn 束緼 4-784A
shùyùn 束蘊 4-785A
shùyúndānxuě 束雲擔雪 4-782B
shùyùnhuánfù 束緼還婦 4-784A
shùyùnjǔhuǒ 束緼舉火 4-784A
shūyúnlüèyuè 梳雲掠月 4-1060A
shùyùnqǐhuǒ 束蘊乞火 4-785A
shùyùnqǐnghuǒ 束緼請火 4-784A
shùyùnqǐnghuǒ 束蘊請火 4-785A
shǔyǔqíhán 暑雨祁寒 5-756A
shùyùxī'érfēngbùtíng 樹欲息而風不停 4-1303A
shùzá 數雜 5-511A
shùzāi 樹栽 4-1302A
shùzǎi 述載 10-753A
shùzài 束載 4-782B
shùzàigāogé 束在高閣 4-779A
shùzāizāi 樹栽栽 4-1302A
shùzāizi 樹栽子 4-1302A
shùzàn 述贊 10-753B
shūzáo 疏鑿 8-510B
shūzào 殊造 5-161A
shūzào 疏躁 8-510A
shùzào 述造 10-753A

shǔzé 數責 5-509B
shùzé 霌澤 11-747A
shùzé 澍澤 6-123A
shǔzéi 鼠賊 12-1410A
shūzhá 書劄 5-725A
shūzhá 書札 5-715A
shùzhà 戍柵 5-190A
shùzhà 樹柵 4-1301B
shūzhāi 書齋 5-727B
shūzhāijù 書齋劇 5-727B
shūzhǎn 疏展 8-501A
shūzhǎn 舒展 8-1086B
shǔzhàn 蜀棧 8-1036A
shūzhāng 舒張 8-1087A
shūzhǎng 梳掌 4-1060A
shūzhǎng 樞長 4-1259A
shūzhàng 殳仗 6-1480A
shūzhàng 叔丈 2-879A
shūzhàng 書帳 5-722A
shúzhàng 贖杖 10-308B
shùzhǎng 庶長 3-1236A
shùzhǎng 澍漲 6-165A
shùzhàng 束杖 4-779B
shùzhànglǐmín 束杖理民 4-779B
shūzhàngmu 叔丈母 2-879A
shūzhàngrén 叔丈人 2-879A
shūzhāo 書招 5-717A
shūzhào 書詔 5-723B
shūzhé 殊轍 5-164B
shūzhé 淑哲 5-1369A
shúzhé 贖折 10-308B
shùzhě 術者 3-983A
shūzhēn 殊珍 5-160A
shūzhēn 淑貞 5-1369A
shūzhēn 淑真 5-1369A
shūzhēn 淑禎 5-1370B
shūzhěn 殊軫 5-162A
shūzhèn 書鎮 5-728A
shūzhèn 疏陳 8-501A
shǔzhěn 蜀軫 8-1036A
shūzhēng 輸征 9-1303B
shūzhěng 疏整 8-508B
shūzhèng 書證 5-728B
shūzhèng 殊政 5-160A
shùzhēng 庶徵 3-1238B
shùzhèng 疏証 8-504B
shùzhèng 疏證 8-510A
shùzhèng 庶正 3-1235A
shùzhèng 庶政 3-1237A
shūzhí 殊職 5-164A
shūzhí 疏直 8-498A
shūzhǐ 書旨 5-716A
shūzhǐ 殊指 5-160B
shūzhǐ 疏趾 8-502A
shūzhì 書帙 5-717B
shūzhì 書袠 5-722B
shūzhì 殊制 5-160A
shūzhì 殊致 5-161A
shūzhì 殊智 5-162A
shūzhì 殊質 5-163B
shūzhì 梳櫛 4-1060B
shūzhì 淑質 5-1371A
shūzhì 疏治 8-499A
shūzhì 疏滯 8-506B
shūzhì 疏質 8-507B
shūzhì 輸志 9-1303A
shúzhī 孰知 4-237A
shúzhī 熟知 7-244A
shúzhí 贖直 10-309A
shúzhǐ 熟紙 7-245A
shǔzhí 署職 8-1023B
shǔzhǐ 蜀紙 8-1035B
shǔzhì 署置 8-1023A
shùzhī 樹汁 4-1300B
shùzhī 樹枝 4-1301A
shùzhī 樹脂 4-1302B
shùzhí 疏直 8-498A
shùzhí 述職 10-753B
shùzhí 恕直 7-507B
shùzhí 庶職 3-1238B
shùzhí 數值 5-509B
shùzhí 樹植 4-1303B
shùzhǐ 束指 4-780B
shùzhì 束制 4-780A
shùzhì 束治 4-780A
shùzhì 束置 4-783A
shùzhì 述製 10-753A
shùzhì 術知 3-983A
shùzhì 術智 3-983B
shùzhì 樹稚 4-1304B
shùzhì 樹置 4-1304A
shùzhì 樹幟 4-1305A
shùzhīgāogé 束之高閣 4-777B
shùzhìgāogé 束置高閣 4-783A
shùzhīgāowū 束之高屋 4-777B
shūzhìtóngguī 殊致同歸 5-161A
shǔzhǐwěi 署紙尾 8-1023A
shūzhōng 疏鐘 8-510B
shūzhōng 樞中 4-1259A
shūzhōng 輸忠 9-1303B
shūzhōng 攄忠 6-957A
shūzhǒng 書種 5-725A
shūzhǒng 殊種 5-163B
shūzhòng 叔仲 2-879B
shūzhòng 殊衆 5-162B
shǔzhōng 蜀中 8-1034A
shǔzhōng 曙鐘 5-840B
shǔzhōng 數中 5-508A
shùzhǒng 樹種 4-1304B
shùzhòng 數衆 5-510B
shǔzhōngwúdàjiàng… 蜀中無大將,廖化作先鋒 8-1034B
shūzhōu 徐州 1-1403A
shūzhóu 樞軸 4-1260B
shūzhǒu 梳帚 4-1059B
shūzhǔ 疏屬 8-510B
shūzhù 淑著 5-1369B
shūzhù 疏柱 8-499B
shūzhù 輸助 9-1303A
shǔzhū 黍銖 12-1379A
shǔzhū 數珠 5-509B
shùzhū 樹株 4-1302A
shùzhú 束竹 4-779A
shùzhú 束躅 4-785A
shùzhǔ 戍主 5-189B
shùzhù 疏注 8-499A
shùzhù 疏註 8-504B
shūzhuǎn 輸轉 9-1305B
shūzhuàn 書傳 5-724A
shǔzhuàn 署篆 8-1023B
shùzhuǎn 戍轉 5-190B
shùzhuàn 述撰 10-753B
shùzhuàn 述譔 10-753B
shūzhuāng 梳妝 4-1059B
shūzhuāng 梳粧 4-1060A
shūzhuàng 書狀 5-719A
shūzhuàng 殊狀 5-160A
shúzhuàng 熟狀 7-244A
shǔzhuāng 蜀莊 8-1035B
shùzhuāng 束裝 4-783B
shùzhuāng 樹樁 4-1304B
shūzhuāngdǎbàn 梳妝打扮 4-1059B
shūzhuāngdǎbàn 梳粧打扮 4-1060A
shùzhuāngdàojīn 束裝盜金 4-783B
shūzhuānglóu 梳粧樓 4-1060B
shūzhuāngtái 梳妝臺 4-1059B
shūzhuāngxiá 梳妝匣 4-1059B
shùzhuī 術追 3-983A
shūzhuō 書桌 5-721A
shūzhuō 疏拙 8-498A
shūzhuó 殊卓 5-160A
shūzhuó 殊擢 5-164A
shùzhuó 漱濯 6-74A
shùzhuó 樹啄 4-1302B
shūzi 書子 5-714B
shūzi 梳子 4-1059A
shūzī 殊姿 5-161A
shūzī 殊滋 5-162B
shūzī 淑姿 5-1369A
shūzǐ 叔子 2-879A
shūzǐ 姝子 4-342B
shūzǐ 練子 9-858B
shūzì 書字 5-716B
shūzì 疏字 8-497A
shúzì 熟字 7-243B
shǔzǐ 黍子 12-1378A
shǔzǐ 鼠子 12-1406A
shǔzǐ 鼠梓 12-1409A
shǔzǐ 蜀子 8-1034A
shǔzì 署字 8-1022B
shǔzi 鵪子 12-1163A
shùzǐ 庶子 3-1235A
shùzǐ 豎子 9-1347A
shùzǐ 樹子 4-1299B
shùzì 數字 5-508B
shùzǐchéngmíng 豎子成名 9-1347A
shūzōng 疏宗 8-499A
shūzòng 疏縱 8-509B
shǔzòng 黍粽 12-1379B
shūzòu 書奏 5-719A
shùzòu 疏奏 8-499A
shùzòu 述奏 10-752B
shūzū 輸租 9-1304A
shūzú 殊族 5-162A
shūzú 疏族 8-503A
shūzú 輸卒 9-1303B
shūzǔ 叔祖 2-880A
shūzǔ 書祖 5-720B
shùzú 戍卒 5-190A
shùzú 庶族 3-1238A
shùzǔ 述祖 10-753A
shūzuǎn 梳纂 4-1061A
shūzuǐ 輸嘴 9-1305B
shúzuǐ 熟嘴 7-247A
shúzuì 熟醉 7-246B
shúzuì 贖罪 10-309B
shǔzuì 數罪 5-510B
shùzuì 恕罪 7-507B
shūzǔmǔ 叔祖母 2-880B
shūzūn 殊尊 5-162B
shùzūn 述遵 10-753B
shūzuǒ 書佐 5-716B
shūzuò 輸作 9-1303A
shǔzuǒ 屬佐 4-66A
shùzuò 述作 10-752B
sī'āi 廝捱 3-1272B
sī'ài 私愛 8-23B
sī'ài 嘶嗌 3-502B
sì'ài 四愛 3-595A
sì'ān 寺庵 2-1250A
sǐbā 死巴 5-148B
sìbā 四八 3-570A
sībái 私白 8-13A
sībài 司敗 3-66A
sǐbái 死白 5-149A
sǐbài 死敗 5-152A
sìbái 四白 3-575B
sìbài 四拜 3-584B
sìbǎisìbìng 四百四病 3-576B
sǐbàitúdì 死敗塗地 5-152A
sìbǎizhōu 四百州 3-576B
sībàn 私辦 8-27A
sǐbǎn 死板 5-150B
sībāng 私幫 8-27A
sībāng 廝幫 3-1273B
sìbàng 肆謗 9-249B
sībǎo 私飽 8-23B
sìbào 肆暴 9-249A
sìbào 肆虣 9-249A
sībāoxiàn 絲包綫 9-853A
sībèi 私悖 8-19A
sìbèi 四背 3-584A
sìbèi 四輩 3-598A
sībēiwēng 思悲翁 7-443B
sībēn 私奔 8-15B
sīběn 私本 8-12B
sībì 司陛 3-64A
sībì 私庇 8-15A
sībì 私幣 8-25A
sībì 私弊 8-25A
sǐbǐ 死比 5-148A
sìbǐ 四鄙 3-594B

sìbǐ 肆筆 9-248B
sìbì 四弼 3-593B
sìbì 四蔽 3-596A
sìbì 四壁 3-600A
sìbì 寺壁 2-1250A
sībiān 絲鞭 9-857B
sībiàn 私便 8-17B
sībiàn 思辨 7-445A
sībiàn 思辯 7-446A
sìbiān 四邊 3-601A
sìbiàn 伺便 1-1284A
sìbiānjìng 四邊淨 3-601A
sìbiānxíng 四邊形 3-601A
sìbiānzhídòu 司籩執豆 3-69B
sìbiǎo 四表 3-580A
sǐbiāobáichán 死標白纏 5-154A
sǐbié 死別 5-150A
sǐbiéshēnglí 死別生離 5-150A
sìbìkōng 四壁空 3-600A
sībīn 司賓 3-67B
sìbīn 泗濱 5-1085A
sībīng 私兵 8-15A
sībīng 斯冰 6-1063B
sībìng 廝併 3-1272A
sǐbìng 死併 5-150B
sǐbìng 死病 5-152A
sìbìng 四并 3-578B
sìbìng 四病 3-587A
sìbìngtáng 四并堂 3-578B
sǐbìngwúliángyī 死病無良醫 5-152A
sìbīnyǒu 泗濱友 5-1085A
sìbìxiāng 四壁廂 3-600A
sībō 廝波 3-1272B
sībō 撕剝 6-853A
sībó 絲帛 9-854A
sībó 撕搏 6-853A
sìbō 四鉢 3-595A
sìbó 司搏 3-67A
sìbó 四伯 3-579A
sībū 私逋 8-18B
sībù 私布 8-12B
sībù 私簿 8-27B
sībù 絲布 9-853A
sìbù 四布 3-574B
sìbù 四部 3-587A
sìbù 肆布 9-246A
sǐbùbù 死丕丕 5-148B
sībùchūwèi 思不出位 7-440B
sìbùjíshé 駟不及舌 12-815B
sǐbùmíngmù 死不瞑目 5-147B
sìbùniùliù 四不拗六 3-572A
sìbùshū 四部書 3-587A
sìbùxiāng 四不相 3-572A
sìbùxiàng 四不像 3-572A
sìbùyī 四布衣 3-574B
sìbùzhòng 四部衆 3-587A
sīcái 私財 8-18B
sīcái 思裁 7-443A
sìcáisānshí 四才三實 3-570B
sīcǎn 緦慘 9-942B
sìcān 四參 3-591A
sīcāng 司倉 3-65A
sīcáng 私藏 8-27A
sìcáo 寺曹 2-1250A
sìcǎo 飼草 12-533A
sìcè 司冊 3-60A
sìcéngxiāngshí 似曾相識 1-1221B
sīchá 私茶 8-17A
sīchá 思察 7-444B
sīchá 司察 3-67B
sìchá 四察 3-597A
sìchá 伺察 1-1284B
sìchá 覗察 10-338A
sìchá 肆察 9-249A
sìchà 寺剎 2-1249B
sīchāi 司差 3-64A
sīchán 斯纏 6-1064B
sīchǎn 私產 8-20B
sīchàn 私讖 8-28B
sǐchǎn 死產 5-152A
sìchān 伺覘 1-1284B
sìchán 四禪 3-599B
sìchǎn 嗣產 3-463B
sìchándìng 四禪定 3-599B
sīchāng 私娼 8-21A
sīcháng 絲腸 9-855B
sīchàng 私倡 8-19A
sìchǎng 祀場 7-837A
sìchàng 四暢 3-596B
sìchàng 肆鬯 9-247B
sìchántiān 四禪天 3-599B
sīchǎnzhìdù 私產制度 8-20B
sīcháo 私朝 8-21B
sīcháo 思潮 7-445A
sīchǎo 廝吵 3-1272A
sīchǎo 廝炒 3-1272B
sīchē 私車 8-14B
sīchē 絲車 9-853B
sīchě 撕扯 6-853A
sìchē 駟車 12-815B
sīchén 司辰 3-61A
sīchén 司晨 3-66A
sīchén 私臣 8-13B
sīchén 私辰 8-14B
sīchèn 廝稱 3-1273A
sǐchén 死臣 5-149A
sìchén 四臣 3-576B
sìchén 四辰 3-579A
sìchén 四陳 3-588B
sìchén 四塵 3-597A
sìchén 伺晨 1-1284A
sìchèn 四趁 3-591B
sìchèn 四稱 3-596B
sīchēng 私稱 8-24B
sīchéng 司成 3-61A
sīchéng 司城 3-63B
sīchéng 私誠 8-23B
sìchéng 四城 3-583B
sìchéng 寺丞 2-1249B
sìchéng 嗣承 3-463A
sìchéng 駟乘 12-816A
sìchí 四馳 3-594A
sìchǐ 肆侈 9-246B
sīchōng 私充 8-14B
sīchóng 絲蟲 9-857B
sìchōng 四衝 3-598B
sìchōngbādá 四衝八達 3-598B
sīchóngbìng 絲蟲病 9-857B
sìchōngliùdá 四衝六達 3-598B
sīchóu 私仇 8-12A
sīchóu 私讎 8-28B
sīchóu 絲綢 9-856B
sīchǒu 嘶醜 3-503A
sìchóu 四愁 3-594B
sìchóushī 四愁詩 3-595A
sīchóuzhīlù 絲綢之路 9-856B
sīchú 私廚 8-25B
sīchǔ 私褚 8-24A
sīchǔ 私處 8-20A
sīchù 私處 8-20A
sìchū 四出 3-576A
sìchù 四處 3-589B
sìchuān 泗川 5-1085A
sìchuí 四垂 3-581A
sīchūn 司春 3-63B
sīchūn 私春 8-17A
sīchūn 思春 7-442A
sīchún 思蒓 7-444A
sīchún 思蓴 7-444B
sīchún 絲蓴 9-856A
sīchúnlú 思蒓鱸 7-444A
sīchuò 廝啜 3-1272B
sìchūwénqián 四出文錢 3-576B
sīcí 司詞 3-66B
sīcí 私詞 8-22A
sīcì 私伺 8-15A
sīcì 思次 7-441A
sìcì 俟次 1-1433B
sīcōng 司聰 3-68B
sìcōng 四聰 3-600A
sìcóng 四從 3-590A
sīcòu 廝輳 3-1273B
sīcú 思且 7-441A
sīcuàn 司爨 3-69B
sīcuī 緦縗 9-942B
sīcuī 緦衰 9-942A
sìcuì 四萃 3-589A
sīcún 司存 3-60B
sīcún 思存 7-441A
sīcǔn 思忖 7-441B
sìcún 四存 3-576B
sìcùnzhū 四寸珠 3-570B
sīdǎ 廝打 3-1272A
sīdǎ 撕打 6-853A
sìdá 四達 3-591B
sìdà 四大 3-570B
sìdàbùzhōu 四大部洲 3-571A
sìdàfāmíng 四大發明 3-571A
sīdǎi 私逮 8-21A
sìdài 四代 3-575B
sìdài 四殆 3-584A
sìdài 四帶 3-589B
sìdàjiāzú 四大家族 3-571A
sìdàjiēkōng 四大皆空 3-571A
sìdàjīngāng 四大金剛 3-571A
sìdàkōng 四大空 3-571A
sīdān 私耽 8-18B
sīdān 私單 8-21B
sīdàn 司旦 3-60A
sīdǎng 私黨 8-27B
sīdàng 私當 8-23A
sǐdǎng 死黨 5-154B
sìdānjiānghú 食簞漿壺 12-491A
sīdǎo 私倒 8-19A
sīdào 私道 8-22B
sìdǎo 祀禱 7-837A
sìdào 四倒 3-587A
sìdàtiānwáng 四大天王 3-571A
sìdàyáng 四大洋 3-571A
sìdàzhōu 四大洲 3-571A
sīdé 私德 8-25B
sìdé 四德 3-598A
sìdé 嗣德 3-464A
sìděng 四等 3-592A
sǐdéqísuǒ 死得其所 5-152A
sīdí 私糴 8-28B
sīdí 私覿 8-28A
sīdǐ 私邸 8-15A
sīdì 司地 3-60B
sīdì 私地 8-13A
sīdì 私第 8-20A
sǐdí 死敵 5-154A
sǐdì 死地 5-149A
sìdí 嗣適 3-464A
sìdǐ 肆詆 9-248B
sìdì 姒娣 4-314A
sìdì 肆睇 9-248A
sīdiān 廝呫 3-1272B
sīdiǎn 司典 3-62A
sìdiǎn 祀典 7-836B
sìdiébāwǎn 四碟八碗 3-596B
sīdíguān 私覿官 8-28A
sīdíkè 司的克 3-62A
sīdǐng 司鼎 [illegible]B
sīdǐng 罳頂 8-[illegible]A
sīdǐxià 私底下 [illegible]B
sīdìxiāng 思帝鄉 7-442A
sīdǒng 司董 3-66B
sīdòng 思洞 7-442A
sīdòu 私鬭 8-29A
sǐdòu 死鬭 5-154B
sìdǒuwǔfāng 四斗五方 3-574A
sīdú 私獨 8-26B

sīdú 私牘 8-27B
sīdú 私黷 8-29A
sīdù 司蠹 3-69B
sīdù 私度 8-18A
sīdù 思度 7-442A
sìdú 四瀆 3-601A
sìdú 笥櫝 8-1128A
sìdú 肆毒 9-247A
sīduǎn 私短 8-21B
sīduǎn 思短 7-443B
sìduān 四端 3-597A
sìduàn 肆斷 9-249B
sìduì 四對 3-596B
sǐduìtou 死對頭 5-153B
sīdùn 私遁 8-22A
sīduó 司鐸 3-69A
sīduó 私度 8-18A
sīduó 思度 7-442A
sīduò 司舵 3-66A
sīduò 司柁 3-64A
sìduò 肆惰 9-248B
sìdǔqiáng 四堵牆 3-589A
sī'ē 私阿 8-15B
sì'ē 四阿 3-580A
sì'è 四惡 3-591B
sì'è 肆惡 9-248A
sī'ēn 私恩 8-18B
sì'ēn 四恩 3-586B
sī'ēnfàyuàn 絲恩髮怨 9-854B
sī'ér 廝兒 3-1272A
sǐ'ěr 死餌 5-154A
sǐ'érbùxiǔ 死而不朽 5-149A
sǐ'érhòuyǐ 死而後已 5-149B
sīfá 私罰 8-24B
sīfǎ 司法 3-62B
sīfǎ 私法 8-16B
sīfà 絲髮 9-856B
sǐfǎ 死法 5-151A
sìfá 四伐 3-577B
sìfá 肆伐 9-246A
sìfǎ 嗣法 3-463A
sìfǎ 肆法 9-246B
sīfán 私凡 8-11B
sīfán 思凡 7-440B
sīfàn 私販 8-20A
sìfān 四番 3-593A
sìfān 四藩 3-601A
sìfān 四蕃 3-597B
sìfàn 四犯 3-575B
sìfàn 四梵 3-589A
sìfàn 四飯 3-593A
sīfāng 司方 3-59B
sīfāng 私方 8-12A
sīfáng 司房 3-63A
sīfáng 私房 8-16B
sīfǎng 私訪 8-20B
sìfāng 四方 3-573B
sìfāng 嗣芳 3-462B
sìfāng 肆芳 9-246B
sìfáng 駟房 12-815B
sìfàng 四放 3-582A
sìfāngbāmiàn 四方八面 3-573B
sìfāngbù 四方步 3-573B
sìfāngguǎn 四方館 3-574A
sīfánghuà 私房話 8-17A
sìfāngzhì 四方志 3-573B
sìfàntiān 四梵天 3-589A
sīfēi 司非 3-61B
sīféi 私肥 8-16A
sīfèi 私費 8-22B
sìfēi 四妃 3-578B
sìfēi 四飛 3-585B
sīfēn 司分 3-59B
sīfēn 私分 8-12A
sīfén 絲棼 9-855A
sīfèn 私分 8-12A
sīfèn 私忿 8-16A
sīfèn 私憤 8-26A
sǐfèn 死憤 5-154A
sìfēn 四分 3-572B
sìfén 俟分 1-1433B
sìfén 俟汾 1-1433B
sìfèn 四分 3-572B
sìfèn 肆忿 9-246B
sīfēng 私封 8-17A
sīfēng 嘶風 3-502A
sīfēng 颸風 12-641A
sìfēng 四封 3-583A
sìfēng 嗣封 3-463A
sìfèng 祀奉 7-836B
sìfèng 嗣奉 3-463A
sìfēngwū 伺風烏 1-1284A
sīfēnlǚjiě 絲分縷解 9-853A
sīfēnlǚxī 絲分縷析 9-853A
sìfēnwǔliè 四分五裂 3-573A
sìfēnwǔluò 四分五落 3-573A
sìfēnwǔluò 四紛五落 3-588B
sìfēnwǔpōu 四分五剖 3-572B
sīfēnzhìbǐ 絲紛櫛比 9-854B
sīfū 私夫 8-12A
sīfū 絲柎 9-854A
sīfú 私服 8-16A
sīfú 私福 8-24A
sīfú 思服 7-441B
sīfú 緦服 9-942A
sīfǔ 私府 8-16B
sīfù 司傅 3-66B
sīfù 私附 8-15B
sīfù 私負 8-17B
sīfù 私富 8-22B
sīfù 私覆 8-27B
sīfù 思負 7-442A
sīfù 思婦 7-443A
sīfù 絲婦 9-855A
sǐfú 死服 5-151A
sìfú 四伏 3-577B
sìfú 嗣服 3-463A
sìfǔ 四府 3-582A
sìfǔ 四輔 3-596A
sìfù 四賦 3-598A
sìfù 姒婦 4-314B
sìfù 笥腹 8-1128A
sīfùbìngmǔ 思婦病母 7-443A
sìfújīn 俟伏斤 1-1433B
sìgài 駟蓋 12-816B
sīgān 斯干 6-1063A
sīgǎn 私感 8-23A
sīgǎn 廝趕 3-1273A
sīgàn 思榦 7-444B
sīgānzhīmèng 斯干之夢 6-1063B
sīgāo 斯高 6-1064A
sīgāo 絲糕 9-857A
sīgào 私告 8-14B
sìgāo 四膏 3-597A
sǐgàohuóyāng 死告活央 5-150A
sǐgé 死格 5-151B
sìgé 四格 3-586A
sìgēng 四更 3-579A
sīgēngzú 司更卒 3-61A
sīgōng 司公 3-59B
sīgōng 司宮 3-64A
sīgōng 私躬 8-19A
sīgōng 思功 7-441A
sīgōng 緦功 9-942A
sǐgōng 死公 5-148A
sìgōng 四攻 3-578B
sìgōng 兕觥 2-265B
sìgōng 兕觵 2-265B
sìgōng 嗣功 3-462B
sìgòng 祀貢 7-836B
sǐgōngfu 死工夫 5-147B
sìgōngwǔfǎ 四功五法 3-574B
sīgōngzi 司公子 3-59B
sìgōngzǐ 四公子 3-573A
sīgōu 廝勾 3-1272A
sīgòu 廝彀 3-1273A
sǐgǒu 死狗 5-151A
sīgū 私酤 8-21B
sīgǔ 私股 8-16A
sīgǔ 私穀 8-25A
sīgǔ 思古 7-441A
sīgù 思顧 7-446A
sìgū 祀姑 7-836B
sìgū 祀孤 7-836B
sìgǔ 四穀 3-597B
sìgù 四顧 3-602B
sīguā 絲瓜 9-853A
sīguài 司怪 3-62B
sīguājīn 絲瓜筋 9-853A
sīguāluò 絲瓜絡 9-853A
sīguān 司官 3-62B
sīguān 私官 8-16B
sīguǎn 司管 3-67B
sīguǎn 私館 8-26B
sīguǎn 絲管 9-856A
sìguān 食官 12-484A
sìguān 四關 3-602A
sìguàn 寺觀 2-1250A
sīguāng 絲光 9-853A
sīguāngmián 絲光棉 9-853B
sìguānlìng 食官令 12-484A
sīguàzi 絲挂子 9-854A
sǐgǔgēngròu 死骨更肉 5-151A
sīguī 思歸 7-445B
sīguǐ 司詭 3-67B
sǐguǐ 死鬼 5-151A
sìguī 四圭 3-576B
sīguīqící 思歸其雌 7-445B
sīguīyǐn 思歸引 7-445B
sīguīyuè 思歸樂 7-445B
sīguīzhānghàn 思歸張翰 7-445B
sīguó 絲國 9-854B
sīguò 司過 3-66A
sīguò 私過 8-20A
sīguò 思過 7-442B
sǐguó 死國 5-152A
sìguō 四郭 3-587A
sìguó 四國 3-589B
sìguǒ 四果 3-580B
sìguò 司過 3-66A
sīguòbàn 思過半 7-442B
sìhǎi 四海 3-587B
sìhǎichéngfēng 四海承風 3-588A
sìhǎidǐngfèi 四海鼎沸 3-588A
sìhǎijiēxiōngdì 四海皆兄弟 3-588A
sìhǎijiǔzhōu 四海九州 3-588A
sìhǎishēngpíng 四海昇平 3-588A
sìhǎitārén 四海他人 3-588A
sìhǎiwéijiā 四海爲家 3-588A
sìhǎiyījiā 四海一家 3-587B
sìhǎizhīnèi… 四海之内皆兄弟 3-588A
sīháizi 私孩子 8-18B
sīhán 司寒 3-66B
sīhán 私函 8-17A
sīhǎn 嘶喊 3-502B
sīhàn 私憾 8-27A
sìhàn 嗣翰 3-464A
sīháng 絲行 9-853B
sìháng 四行 3-577B
sīháo 絲毫 9-854B
sīháo 嘶號 3-502B
sīhào 私好 8-14B
sǐhào 死耗 5-151B
sìháo 四豪 3-597A
sìhǎo 肆好 9-246A
sìhào 四皓 3-592B
sìhàojiǔchǒu 四耗九醜 3-585B
sīhàoyuán 司號員 3-67A
sīhé 私合 8-14A
sīhé 私和 8-16A

sìhé 四合 3-578A
sìhé 四和 3-581A
sìhè 四貉 3-595A
sìhéfáng 四合房 3-578A
sīhēguó 私訶國 8-22A
sīhèn 私恨 8-18A
sīhéng 司衡 3-68B
sìhèng 肆横 9-249A
sīhētiáoguó 私訶條國 8-22A
sìhétóu 四合頭 3-578A
sìhéyuàn 四合院 3-578A
sìhézhìqīng 俟河之清 1-1433B
sīhóng 司鴻 3-69A
sīhòng 私鬨 8-27B
sìhông 四弘 3-576A
sìhóngshìyuàn 四弘誓願 3-576A
sīhóu 螔[illegible] 8-946A
sīhòu 司候 3-65A
sīhòu 私厚 8-17B
sìhòu 伺候 1-1284A
sìhòu 俟候 1-1434A
sìhòu 嗣後 3-463B
sīhū 思乎 7-441A
sīhū 絲忽 9-854A
sīhù 司户 3-59B
sìhū 四呼 3-580B
sìhū 似乎 1-1221A
sìhú 四胡 3-583B
sìhǔ 四虎 3-580B
sìhǔ 兕虎 2-265B
sìhù 四户 3-574A
sìhù 寺户 2-1249B
sīhuā 司花 3-61A
sīhuà 司化 3-59B
sīhuà 私話 8-23B
sìhuā 四花 3-578B
sìhuā 四華 3-586A
sìhuà 四化 3-572B
sīhuái 私懷 8-27B
sīhuái 思懷 7-446A
sīhuājì 司花妓 3-61A
sīhuàn 澌涣 6-124A
sìhuàn 四患 3-589B
sīhuáng 絲篁 9-857A
sīhuáng 絲簧 9-857A
sìhuāng 四荒 3-583B
sìhuáng 四黄 3-589A
sìhuáng 嗣皇 3-463B
sìhuáng 駟黄 12-816A
sìhuāngbājí 四荒八極 3-583B
sìhuánsù 四環素 3-600A
sīhuānǚ 司花女 3-61A
sīhuī 斯翬 6-1064B
sīhuí 私回 8-13B
sīhuǐ 撕毁 6-853A
sīhuì 私恚 8-18B
sīhuì 私惠 8-21B
sīhuì 私會 8-23B
sīhuì 私賄 8-23A
sīhuì 私諱 8-26B
sǐhuī 死灰 5-149B
sìhuī 嗣徽 3-464A
sìhuì 四會 3-595A
sǐhuīfùrán 死灰復然 5-149B
sǐhuīfùrán 死灰復燃 5-149B
sǐhuīgǎomù 死灰槁木 5-149B
sīhūn 司閽 3-68B
sīhùn 廝混 3-1273A
sīhùn 廝諢 3-1273B
sǐhún 死魂 5-153A
sīhuǒ 私火 8-12A
sīhuò 私貨 8-20A
sīhuò 思惑 7-443A
sǐhuó 死活 5-151B
sǐhuò 死貨 5-152A
sìhuō 四豁 3-600B
sìhuò 四禍 3-593B
sìhuò 肆禍 9-248B
sǐhútòng 死胡同 5-151A
sījī 司機 3-68A
sījī 私積 8-26A
sījī 嘶唧 3-502B
sījī 廝乩 3-1272A
sījí 司籍 3-69A
sījí 私急 8-18A
sījǐ 私己 8-12A
sījì 司計 3-64A
sījì 私忌 8-15A
sījì 私計 8-18A
sījì 私記 8-19A
sījì 私祭 8-20B
sǐjī 死肌 5-149B
sǐjí 死籍 5-154B
sǐjì 死寂 5-152A
sìjī 四畿 3-599A
sìjī 四稽 3-598A
sìjī 四機 3-599A
sìjī 四擊 3-600B
sìjī 伺機 1-1284B
sìjī 俟畿 1-1434A
sìjī 俟幾 1-1434A
sìjī 覗機 10-338A
sìjí 四極 3-591B
sìjí 四集 3-592B
sìjí 寺棘 2-1250A
sìjí 笥笈 8-1128A
sìjì 食祭 12-487B
sìjì 四忌 3-580A
sìjì 四季 3-581A
sìjì 四祭 3-590B
sìjì 祀紀 7-836B
sìjì 祀祭 7-836B
sìjì 嗣繼 3-464B
sìjì 肆迹 9-247A
sìjì 肆既 9-247A
sījiā 私家 8-19A
sījiǎ 私假 8-20A
sījià 司駕 3-68A
sìjiǎ 四甲 3-575A
sìjiǎ 兕甲 2-265B
sījiābā 斯夾巴 6-1064A
sījiān 私姦 8-18B
sījiān 私械 8-22B
sījiān 私煎 8-24A
sījiān 私艱 8-27A
sījiǎn 絲繭 9-857B
sījiǎn 絲蠒 9-857B
sījiàn 司諫 3-68B
sījiàn 私見 8-14B
sījiàn 私劍 8-25B
sǐjiàn 死間 5-152B
sǐjiàn 死諫 5-154A
sìjiān 四姦 3-585B
sìjiān 四監 3-596B
sìjiàn 食監 12-489B
sìjiàn 司間 3-67A
sìjiàn 四件 3-577B
sìjiàn 四諫 3-599B
sìjiàn 寺監 2-1250A
sìjiàn 伺間 1-1284B
sījiāng 司疆 3-69A
sījiāng 絲韁 9-858A
sǐjiàng 死將 5-152B
sìjiāng 四疆 3-602A
sījiāo 私交 8-14A
sījiāo 私佼 8-16A
sījiǎo 廝攪 3-1274A
sījiào 私教 8-19B
sījiào 嘶叫 3-502A
sǐjiāo 死交 5-150A
sǐjiǎo 死角 5-150A
sǐjiào 死教 5-152A
sìjiāo 四郊 3-582A
sìjiǎo 四角 3-579B
sìjiǎo 四脚 3-590A
sìjiào 四教 3-589A
sìjiǎocháotiān 四脚朝天 3-590A
sìjiāoduōlěi 四郊多壘 3-582A
sìjiǎohàomǎ… 四角號碼查字法 3-579B
sìjiǎojùquán 四角俱全 3-579B
sìjiǎolāchā 四脚拉叉 3-590A
sìjiǎoshé 四脚蛇 3-590A
sìjiāshī 四家詩 3-588A
sìjìdiào 四季調 3-581B
sìjìdòu 四季豆 3-581A
sījiē 司階 3-66B
sījiē 私接 8-19B
sījié 思結 7-443B
sījié 嘶竭 3-502B
sījiě 私解 8-23B
sǐjié 死結 5-153A
sǐjié 死節 5-153A
sìjié 四傑 3-592B
sìjié 四節 3-595A
sìjié 肆劫 9-246B
sìjiě 四解 3-595B
sìjiè 四界 3-584B
sìjiè 駟介 12-815B
sījīn 私金 8-16A
sījīn 絲斤 9-853A
sījìn 私禁 8-22B
sījìn 私覲 8-27B
sījìn 斯禁 6-1064A
sījìn 廝禁 3-1273A
sījìn 廝噤 3-1273B
sǐjìn 死勁 5-151A
sìjīn 四金 3-581B
sìjīn 俟斤 1-1433B
sìjīn 肆矜 9-247B
sìjìn 四近 3-579B
sìjìn 四禁 3-594A
sìjìn 肆覲 9-249B
sījīng 司旌 3-66A
sījìng 私敬 8-21B
sījìng 澌静 6-124B
sǐjǐng 死井 5-147B
sìjīng 四京 3-582A
sìjīng 四涇 3-587B
sìjǐng 四景 3-592A
sìjìng 四竟 3-590B
sìjìng 四境 3-596A
sìjīngāng 四金剛 3-581B
sījìrì 私忌日 8-15B
sìjītóu 四擊頭 3-600B
sījiù 私就 8-22A
sījiù 私廄 8-22A
sījiù 思咎 7-441B
sījiù 思舊 7-445B
sījiùqiū 思舊丘 7-445B
sìjīxīláo 食飢息勞 12-486A
sījū 私居 8-17A
sījú 司局 3-61B
sījú 私局 8-15A
sìjù 四句 3-575B
sìjù 四聚 3-596A
sìjù 肆姐 9-246B
sìjù 肆踞 9-249A
sījuàn 私眷 8-20B
sījuàn 思眷 7-443A
sījué 絲絶 9-855B
sìjué 四絶 3-593B
sìjué 兕爵 2-265B
sìjué 嗣爵 3-464A
sìjué 佁屨 1-1295B
sìjuébēi 四絕碑 3-593B
sǐjūn 死君 5-150B
sìjūn 嗣君 3-462B
sìjùn 四俊 3-585A
sìjūnzǐ 四君子 3-580A
sīkāi 撕開 6-853A
sīkǎo 私拷 8-17A
sīkǎo 思考 7-441A
sīkē 私窠 8-24A
sīkē 絲窠 9-855B
sīkě 思渴 7-443B
sīkè 私刻 8-16B
sīkè 私客 8-18A
sìkē 四科 3-584B
sīkēzi 私窠子 8-24A
sīkēzǐ 私科子 8-17B
sīkōng 司空 3-62B
sìkōng 四空 3-582A
sìkǒng 四孔 3-574A

sìkǒng 祀孔 7-836A
sīkōngjiànguàn 司空見慣 3-63A
sìkòu 司寇 3-66A
sǐkǒu 死口 5-147B
sǐkòu 死扣 5-149A
sǐkòu 死寇 5-152A
sìkǒu 肆口 9-245B
sīkòu 司寇 3-66B
sīkū 私窟 8-24A
sīkù 司庫 3-65B
sìkǔ 四苦 3-580A
sìkù 四庫 3-587A
sīkuài 司會 3-67B
sīkuài 思膾 7-445B
sīkuǎn 私款 8-21A
sīkuàng 私貺 8-21B
sīkuàng 絲纊 9-857B
sìkuī 伺窺 1-1284B
sìkuí 四夔 3-602A
sìkuì 食餽 12-490B
sìkuì 四潰 3-598B
sīkǔn 司閫 3-68A
sìkùshū 四庫書 3-587A
sīlā 嘶啦 3-502B
sīlài 廝賴 3-1273B
sīláixiànqù 絲來線去 9-854A
sīlālā 嘶啦啦 3-502B
sīlàn 斯濫 6-1064B
sīlàn 廝濫 3-1273B
sìlǎn 肆覽 9-250A
sīláng 廝琅 3-1272B
sìláng 四廊 3-590B
sīlángláng 斯琅琅 6-1064A
sīlángláng 廝琅琅 3-1272B
sīláo 篦簩 8-1212B
sīláo 私勞 8-22B
sīláo 思牢 7-441B
sīláo 思勞 7-443B
sǐláo 死牢 5-150B
sìlǎo 四老 3-576B
sīléi 思儡 7-445B
sīlěi 私累 8-20A
sīlèi 絲淚 9-855A
sìlèi 四類 3-601B
sìlèi 似類 1-1221B
sìlèi 肆類 9-249B
sìléng 四棱 3-591B
sìléng 四楞 3-594B
sìléngjiǎn 四棱簡 3-591B
sìléngjiàn 四楞鐧 3-594B
sīlí 絲氂 9-856B
sīlǐ 司李 3-61A
sīlǐ 司里 3-61A
sīlǐ 司理 3-65B
sīlǐ 私理 8-19B
sīlǐ 思理 7-442B
sīlì 司吏 3-60B
sīlì 司曆 3-68A
sīlì 司歷 3-68A
sīlì 司隸 3-68B
sīlì 私力 8-11B
sīlì 私立 8-13A
sīlì 私利 8-15A
sīlì 私歷 8-26A
sīlì 私隸 8-27A
sīlì 思力 7-440B
sīlì 廝隸 3-1273B
sīlì 颸厲 12-641A
sǐlì 死力 5-147A
sǐlì 死利 5-150A
sìlí 四離 3-601A
sìlì 駟驪 12-816B
sìlǐ 食禮 12-490B
sìlǐ 四禮 3-600B
sìlǐ 祀禮 7-837A
sìlì 四立 3-576A
sìlì 嗣立 3-462B
sìlì 嗣曆 3-464A
sìlì 肆力 9-245B
sìlì 肆戾 9-246B
sìlì 肆詈 9-248A
sīlián 私廉 8-23B
sīliǎn 私斂 8-27A
sīliàn 思戀 7-446A
sìliándān 四聯單 3-600A
sīliáng 思量 7-443B
sīliàng 思量 7-443B
sìliǎnghóngròu 四兩紅肉 3-580A
sīliáo 私寮 8-26A
sīliǎo 私了 8-11B
sīliào 絲料 9-854B
sìliào 飼料 12-533A
sīliè 撕裂 6-853A
sìliè 四列 3-576B
sìlìfá 俟力伐 1-1433B
sīlǐn 私廩 8-26B
sìlín 四鄰 3-597A
sìlín 四臨 3-600B
sìlín 嗣臨 3-464A
sìlín 肆鱗 9-250A
sīlíng 思陵 7-442B
sīlíng 絲苓 9-854A
sīlìng 司令 3-60A
sìlíng 四靈 3-602B
sīlìngbù 司令部 3-60A
sīlìngtǎ 司令塔 3-60A
sīlìngyuán 司令員 3-60A
sǐlínjìn 死淋浸 5-152A
sǐlínqīn 死臨侵 5-154B
sǐlǐqiúshēng 死裏求生 5-153B
sìlísìjué 四離四絕 3-601A
sǐlǐtáoshēng 死裏逃生 5-153B
sīliū 嘶溜 3-513B
sīliú 廝留 3-1272B
sīliǔ 絲柳 9-854A
sìliú 肆流 9-247B
sìliú 駟騮 12-816B
sìliù 四六 3-573A
sìliùfēng 四六風 3-573B
sīliūliū 絲溜溜 9-855B
sìliùpiánlì 四六駢儷 3-573B
sìliùtǐ 四六體 3-573B
sìliùwén 四六文 3-573B
sīlìzhāng 司隸章 3-68B
sīlóng 絲籠 9-858A
sìlòu 伺漏 1-1284B
sīlú 司爐 3-69A
sīlú 思鱸 7-446A
sīlǔ 撕擄 6-853A
sīlù 司祿 3-66B
sīlù 司錄 3-68B
sīlù 私賂 8-23A
sīlù 私路 8-23A
sīlù 思路 7-444A
sīlù 絲路 9-855B
sǐlù 死祿 5-152B
sǐlù 死僇 5-153B
sǐlù 死路 5-153A
sìlù 四路 3-594B
sīluàn 私亂 8-23B
sǐluàn 死亂 5-153B
sīlúchún 思鱸蒓 7-446A
sīlúkuài 思鱸膾 7-446A
sīlún 司倫 3-65A
sīlún 絲綸 9-856A
sīlùn 私論 8-25B
sìlún 四輪 3-597B
sìlùn 四論 3-598B
sīlúnbù 絲綸簿 9-856B
sīlúngé 絲綸閣 9-856B
sìlùnzōng 四論宗 3-598B
sīluō 撕捋 6-853A
sīluó 鐁鑼 11-1427A
sīluó 斯羅 6-1064B
sīluó 絲羅 9-857B
sīluó 絲蘿 9-858A
sīluó 廝羅 3-1273B
sīluó 廝鑼 3-1274A
sīluó 撕羅 6-853B
sīluó 蕬蘿 9-561B
sīluó 鐁鑼 11-1390B
sīluǒ 撕攞 6-853B
sīluò 絲絡 9-855B
sīluò 廝落 3-1273A
sìluó 四羅 3-601B
sīlǚ 絲屨 9-857A
sīlǚ 絲縷 9-857A
sīlǜ 司律 3-64A
sīlǜ 私慮 8-25A
sīlǜ 思慮 7-445A
sǐlǘ 死驢 5-154B
sìlǚ 四履 3-598B
sīlüè 私掠 8-19B
sīlüè 思略 7-442B
sìlüè 肆掠 9-247B
sìlüè 肆略 9-248A
sìlǚlíng 俟呂陵 1-1433B
sìlǜwǔlùn 四律五論 3-585A
sīmá 絲麻 9-855A
sīmá 緦麻 9-942B
sīmǎ 司馬 3-64A
sìmǎ 食馬 12-485B
sìmǎ 四馬 3-585B
sìmǎ 駟馬 12-815B
sìmà 肆罵 9-249B
sìmǎbùzhuī 駟馬不追 12-815B
sīmǎchēnghǎo 司馬稱好 3-65A
sìmǎcuántí 四馬攢蹄 3-586A
sīmáfú 緦麻服 9-942B
sìmǎgāochē 駟馬高車 12-816A
sìmǎgāogài 駟馬高蓋 12-816A
sìmǎgāomén 駟馬高門 12-816A
sīmài 私賣 8-25A
sīmài 絲脉 9-854B
sīmǎmén 司馬門 3-64B
sìmǎmén 駟馬門 12-816A
sìmǎmòzhuī 駟馬莫追 12-816A
sīmán 私謾 8-27B
sìmàn 肆慢 9-249A
sìmǎnánzhuī 駟馬難追 12-816A
sīmǎniúzhītàn 司馬牛之嘆 3-64B
sīmáo 絲茅 9-854A
sīmào 私冒 8-17B
sīmǎqīngshān 司馬青衫 3-64B
sīmásāng 緦麻喪 9-942B
sīmǎshù 司馬樹 3-65A
sìmǎxuānchē 駟馬軒車 12-816A
sìmǎyǎngmò 駟馬仰秣 12-815B
sǐmǎyī 死馬醫 5-151B
sīmǎzhāozhīxīn 司馬昭之心 3-64B
sīmǎzhōng 司馬中 3-64B
sīmǎzhú 司馬竹 3-64B
sìměi 四美 3-585B
sìměi 嗣媺 3-464A
sǐméidèngyǎn 死眉瞪眼 5-151B
sīmén 私門 8-17A
sìmén 相門 4-913B
sìmén 四門 3-582B
sìménbóshì 四門博士 3-582B
sìméndìzǐ 四門弟子 3-582B
sìméndǒulǐ 四門斗里 3-582B
sīméng 司盟 3-67A
sīméng 私盟 8-23A
sìméng 司盟 3-67A
sìmèng 四孟 3-583A
sìménguǎn 四門館 3-582B
sīménshēng 私門生 8-17A
sìménxué 四門學 3-582B
sīménzi 私門子 8-17A
sīmí 斯彌 6-1064B
sìmì 四密 3-591A
sīmián 絲綿 9-856A
sīmiàn 私面 8-17B
sìmián 四眠 3-586B

sìmiàn 四面 3-584A
sìmiànbāfāng 四面八方 3-584A
sìmiànbēi 四面碑 3-584A
sìmiànchǔgē 四面楚歌 3-584A
sìmiànchūjī 四面出擊 3-584A
sìmiànshòudí 四面受敵 3-584A
sīmiào 私廟 8-25B
sìmiào 四廟 3-598B
sìmiào 寺廟 2-1250A
sīmiè 澌滅 6-124A
sǐmiè 死滅 5-153B
sīmín 司民 3-60B
sīmín 斯民 6-1063B
sīmín 絲緡 9-856B
sīmín 絲緍 9-857A
sīmǐn 澌泯 6-124A
sìmín 四民 3-576A
sīmíng 司明 3-62A
sīmíng 私名 8-14A
sīmíng 嘶鳴 3-502B
sīmìng 司命 3-62A
sǐmìng 死命 5-150B
sìmíng 四明 3-580B
sìmíng 四冥 3-588B
sìmíng 四溟 3-595B
sìmìng 四命 3-581B
sìmìng 祀命 7-836B
sìmìng 俟命 1-1433B
sìmíngkuángjiàn 四明狂監 3-580B
sìmíngkuángkè 四明狂客 3-580B
sìmíngnáncí 四明南詞 3-580B
sìmínzhītiān 四民之天 3-576A
sīmō 思摸 7-443B
sīmó 思摩 7-445A
sīmó 思謨 7-445B
sīmò 絲抹 9-854A
sīmò 絲末 9-853A
sǐmò 死没 5-150A
sìmò 四末 3-574A
sìmò 飼秣 12-533A
sīmódàyàng 斯模大樣 6-1064A
sǐmòduī 死没堆 5-150A
sǐmòténg 死没騰 5-150A
sīmóu 思謀 7-445A
sīmù 司牧 3-62A
sīmù 私慕 8-24B
sīmù 思慕 7-444B
sǐmù 死目 5-148B
sìmǔ 食母 12-482A
sìmǔ 嗣母 3-462B
sìmǔ 駟牡 12-815B
sìmù 四目 3-575A
sìmù 肆目 9-246A
sìmù 肆募 9-248A
sǐmúhuóyàng 死模活樣 5-153B
sīmǔwùfāngdǐng 司母戊方鼎 3-60B
sīnà 私納 8-19B
sīnán 司南 3-63B
sǐnàn 死難 5-154B
sìnán 四難 3-601B
sìnán 嗣男 3-462B
sīnánchē 司南車 3-63B
sīnáng 私囊 8-28B
sīnào 廝鬧 3-1273A
sīnì 私昵 8-17B
sīnì 私溺 8-24A
sīnì 私暱 8-24B
sīnì 私曬 8-25B
sìnì 四逆 3-585B
sìnì 四睨 3-594B
sìnì 肆逆 9-247A
sīniàn 私念 8-16A
sīniàn 思念 7-441B
sīniàng 私釀 8-28B
sīniǎo 思鳥 7-442B
sìniǎo 四鳥 3-590A
sìnìng 四佞 3-579A
sīnóng 司農 3-67A
sīnóngyǎngwū 司農仰屋 3-67B
sīnòu 廝耨 3-1273B
sīnú 私奴 8-13A
sìnú 俟奴 1-1433B
sìnǔ 四弩 3-583A
sìnù 肆怒 9-247A
sìnuè 嗣虐 3-463B
sīnǚ 思女 7-440B
sìnüè 肆虐 9-247A
sì'ōu 肆毆 9-249A
sìpái 巳牌 4-72B
sìpàn 四畔 3-586B
sìpáng 四旁 3-587B
sīpáo 司庖 3-62B
sìpéi 四裴 3-596B
sìpèi 四配 3-586A
sīpèilìng 司配令 3-65A
sīpēn 嘶歕 3-502B
sīpì 私僻 8-25B
sìpì 四辟 3-596A
sìpì 四闢 3-602B
sīpián 緦緶 9-942B
sīpiào 撕票 6-853A
sìpiāo 肆剽 9-248B
sǐpílàiliǎn 死皮賴臉 5-149A
sìpíng 四平 3-574B
sìpíngbāwěn 四平八穩 3-575A
sìpǐnyuè 四品樂 3-584B
sīpītóu 私鈚頭 8-22A
sǐpò 死霸 5-154B
sǐpò 死魄 5-153B
sīpòliǎn 撕破臉 6-853A
sīpū 廝撲 3-1273B
sīpú 廝僕 3-1273A
sìpùzháodì 四脯着地 3-590A
sìpùzizháodì 四鋪子着地 3-598B
sīqī 私戚 8-20A
sīqí 思齊 7-444B
sīqǐ 私起 8-18B
sīqǐ 思企 7-441A
sīqì 司契 3-63A
sīqì 私器 8-26A
sǐqī 死期 5-152B
sǐqí 死棋 5-152B
sǐqì 死契 5-151A
sǐqì 死氣 5-151B
sìqī 四七 3-569B
sìqī 四戚 3-589B
sìqī 四慼 3-597B
sìqí 駟騏 12-816B
sìqǐ 四起 3-586A
sìqì 四氣 3-586B
sìqì 四器 3-599A
sìqì 肆器 9-249B
sīqiān 思僉 7-444B
sīqiān 思愆 7-444A
sīqián 私錢 8-26B
sīqiǎn 私譴 8-28A
sīqiánxiǎnghòu 思前想後 7-442A
sīqiǎo 司巧 3-60A
sìqǐbābài 四起八拜 3-586A
sǐqǐbáilài 死乞白賴 5-147B
sǐqǐbǎilài 死乞百賴 5-147B
sǐqìchénchén 死氣沉沉 5-151B
sǐqídùlǐyǒuxiānzhāo 死棋肚裏有仙著 5-152B
sīqiè 私篋 8-25B
sīqiè 私竊 8-28B
sìqiè 笥篋 8-1128A
sǐqiěbùxiǔ 死且不朽 5-148B
sīqīn 私親 8-27A
sīqīn 思親 7-445A
sīqīn 廝侵 3-1272B
sīqīn 緦親 9-942B
sīqín 絲禽 9-855A
sīqǐn 司寢 3-67B
sìqín 肆勤 9-248B
sìqǐn 寺寢 2-1250A
sīqíng 私情 8-21A
sīqíng 思情 7-443A
sīqǐng 私請 8-25B
sìqīng 四清 3-591A
sìqīng 四輕 3-596B
sìqīng 寺卿 2-1250A
sìqíng 肆情 9-248A
sìqīngliùhuó 四清六活 3-591A
sīqíngmìyǔ 私情密語 8-21A
sìqióng 四窮 3-598B
sìqīrújiāo 似漆如膠 1-1221B
sīqiū 思秋 7-442A
sīqiú 私求 8-14B
sǐqiú 死囚 5-148B
sìqiū 四秋 3-584B
sǐqiúbáilài 死求白賴 5-150A
sǐqiúbǎilài 死求百賴 5-150A
sǐqiúláo 死囚牢 5-148B
sìqíyùshǐ 四其御史 3-580A
sīqū 私曲 8-13B
sīqú 絲絇 9-855A
sīqǔ 私取 8-15B
sīqù 廝覷 3-1273B
sìqū 祀麴 7-837A
sìqú 四衢 3-602B
sīquán 私全 8-14A
sīquàn 私券 8-16B
sǐquán 死權 5-154B
sīquē 司闕 3-69A
sìquè 飼雀 12-533A
sǐqùhuólái 死去活來 5-148B
sīrǎn 絲染 9-854B
sìrán 肆然 9-248B
sìràng 嗣讓 3-464B
sīráo 私橈 8-26A
sìrǎo 四擾 3-600B
sìrǎo 肆擾 9-249B
sīrén 司人 3-59A
sīrén 私人 8-11B
sīrén 斯人 6-1063A
sīrén 絲人 9-852B
sǐrén 死人 5-147A
sìrén 食人 12-479A
sìrén 四人 3-570A
sìrén 汜人 5-936B
sìrén 嗣人 3-462A
sìrén 肆人 9-245B
sìrèn 肆任 9-246A
sìrénbāng 四人幫 3-570A
sìrénjié 四人傑 3-570A
sīrénshù 思人樹 7-440A
sìréntiān 四人天 3-570A
sīróng 私榮 8-25A
sīróng 絲絨 9-855A
sīròu 絲肉 9-853B
sìrú 似如 1-1221A
sìrǔ 四乳 3-581B
sīrùdào 私入道 8-11B
sīrùn 私潤 8-26A
sìruò 似若 1-1221A
sìrùtóu 四入頭 3-570A
sīrúyongquán 思如湧泉 7-441B
sìsài 四塞 3-596A
sìsāilú 四腮鱸 3-595A
sìsān 四三 3-570A
sìsàn 四散 3-591B
sīsāng 私喪 8-21B
sīsāng 緦喪 9-942B
sǐsāng 死喪 5-152B
sìsāo 肆騷 9-249B
sīsè 司嗇 3-67A
sīsè 私塞 8-24A
sīsè 嘶澀 3-503A

sǐsè 死色 5-150A
sìsè 四塞 3-596A
sīshā 廝殺 3-1272B
sīshà 嘶嗄 3-502B
sǐshā 死殺 5-151B
sīshài 廝殺 3-1272B
sīshàn 私善 8-22A
sìshàn 四膳 3-599B
sīshāng 司商 3-66A
sīshāng 私商 8-20B
sīshǎng 私賞 8-25B
sǐshāng 死傷 5-153B
sìshàng 四上 3-571A
sìshàng 泗上 5-1084B
sìshànpíng 四扇屏 3-588A
sìshānwǔyuè 四山五嶽 3-571A
sìshāo 四梢 3-589A
sìshāo 四稍 3-592A
sìshào 四少 3-572B
sìshào 嗣紹 3-463B
sīshè 私舍 8-16A
sīshè 廝舍 3-1272A
sìshē 肆奢 9-248A
sìshè 四射 3-587A
sìshè 四攝 3-602A
sìshè 寺舍 2-1249B
sìshè 祀舍 7-836B
sìshè 祀社 7-836A
sìshè 肆赦 9-247B
sīshègōngtáng 私設公堂 8-20B
sīshēn 私身 8-15A
sīshén 私神 8-18B
sǐshén 死神 5-151B
sìshēn 四深 3-591A
sìshén 四神 3-585B
sìshèn 司慎 3-67B
sǐshēnfèn 死身分 5-150A
sīshēng 司聲 3-68B
sīshēng 嘶聲 3-503A
sīshéng 司繩 3-69A
sīshéng 絲繩 9-857B
sīshèng 私乘 8-18B
sǐshēng 死生 5-148B
sǐshēng 死聲 5-154A
sìshēng 四生 3-575A
sìshēng 四聲 3-600A
sìshēng 祀牲 7-836B
sìshěng 寺省 2-1249B
sìshěng 肆眚 9-247B
sìshèng 四聖 3-594A
sìshèng 嗣聖 3-463B
sìshèngdì 四聖諦 3-594A
sīshēnghuó 私生活 8-13A
sǐshēnghuóqì 死聲活氣 5-154B
sǐshēngjiāo 死生交 5-148B
sǐshēngtáoqì 死聲咷氣 5-154B
sǐshēngtáoqì 死聲淘氣 5-154B
sīshēngzǐ 私生子 8-13A
sìshénwén 四神紋 3-585B
sìshěwǔrù 四捨五入 3-589A
sīshǐ 司史 3-60A
sīshǐ 私史 8-12B
sīshì 司市 3-60A
sīshì 司事 3-61B
sīshì 私士 8-11B
sīshì 私市 8-13A
sīshì 私事 8-15B
sīshì 私侍 8-16A
sīshì 私室 8-18A
sīshì 私視 8-21A
sīshì 私嗜 8-23A
sīshì 私試 8-23B
sīshì 私誓 8-24B
sīshì 私謚 8-26B
sīshì 私諡 8-27B
sīshì 思士 7-440B
sīshì 思事 7-441B
sīshì 斯世 6-1063B
sīshì 絲事 9-854A
sǐshī 死屍 5-151B
sǐshì 死士 5-147B
sǐshì 死市 5-149A
sǐshì 死事 5-150B
sìshī 四失 3-575A
sìshī 四施 3-585A
sìshī 四詩 3-595B
sìshī 肆師 9-247B
sìshí 巳時 4-72B
sìshí 四食 3-585A
sìshí 四時 3-586A
sìshí 四實 3-597B
sìshí 泗石 5-1085A
sìshí 俟時 1-1434A
sìshí 飼食 12-533A
sìshǐ 四史 3-575A
sìshǐ 四始 3-583A
sìshì 食士 12-479B
sìshì 四士 3-570A
sìshì 四世 3-574B
sìshì 四試 3-595B
sìshì 嗣世 3-462B
sìshì 嗣事 3-463A
sìshì 肆螫 9-249B
sìshíbājié 四時八節 3-586B
sìshícài 四時菜 3-586B
sīshìcāo 思士操 7-440B
sìshì'érfēi 似是而非 1-1221A
sìshìguǎn 磃氏館 7-1090A
sīshìguānchóu 私事官讎 8-15B
sìshíjié 四時節 3-586B
sìshìsāngōng 四世三公 3-574B
sìshíshí 四食時 3-585A
sìshíwǔ 四時舞 3-586B
sìshìxué 四氏學 3-573A
sìshízhīqì 四時之氣 3-586B
sìshízhǔ 四時主 3-586B
sīshǒu 司守 3-61A
sīshǒu 廝守 3-1272A
sīshòu 私授 8-19B
sǐshǒu 死手 5-148A
sǐshǒu 死守 5-150A
sìshǒu 四守 3-578B
sìshǒu 嗣守 3-462B
sìshǒu 肆手 9-245B
sìshòu 四獸 3-601B
sīshū 司書 3-65B
sīshū 私書 8-19B
sīshū 私殊 8-18B
sīshū 私淑 8-20B
sīshú 私塾 8-25A
sīshú 私贖 8-28B
sīshǔ 私署 8-23A
sīshǔ 私屬 8-28A
sīshù 私術 8-20A
sīshù 私樹 8-26A
sīshù 廝豎 3-1273B
sǐshù 死數 5-154A
sìshū 四叔 3-580B
sìshū 四書 3-588B
sìshū 四輸 3-599A
sìshǔ 寺署 2-1250A
sìshù 四術 3-590A
sìshù 嗣述 3-463A
sīshū'ài 私淑艾 8-20B
sìshuāngbābài 四雙八拜 3-601A
sīshūdìzǐ 私淑弟子 8-21A
sǐshuǐ 死水 5-148A
sìshuǐqiánfū 泗水潛夫 5-1085A
sìshuǐtíng 泗水亭 5-1085A
sīshuō 私說 8-25A
sīshuō 廝說 3-1273A
sìshūwén 四書文 3-588B
sìshūyuàn 四書院 3-588B
sīsī 偲偲 1-1550A
sīsī 愢愢 7-659A
sīsī 私私 8-15A
sīsī 絲絲 9-855B
sīsī 禗禗 7-949A
sīsī 嘶嘶 3-502B
sīsī 澌澌 6-124B
sīsī 緦緦 9-942B
sīsī 颸颸 12-641A
sǐsǐ 死死 5-149B
sìsī 四司 3-576A
sìsì 俟俟 1-1434A
sìsì 俟嗣 1-1434A
sìsì 肆祀 9-246B
sìsì 肆肆 9-248B
sìsīliùjú 四司六局 3-576A
sīsīmìmì 絲絲密密 9-855B
sīsīrùkòu 絲絲入扣 9-855B
sīsīwénwén 斯斯文文 6-1064A
sīsù 絲粟 9-855A
sīsuān 嘶酸 3-502B
sīsuàn 思算 7-444B
sǐsuí 死綏 5-153B
sìsuì 嗣歲 3-463B
sìsūn 嗣孫 3-463B
sīsuǒ 思索 7-442A
sǐsuǒ 死所 5-150B
sītāi 私胎 8-17B
sītái 虒臺 8-810B
sītái 廝臺 3-1273A
sītáisījìng 斯擡斯敬 6-1064B
sītáisījìng 廝擡廝敬 3-1273B
sītán 思覃 7-443B
sìtán 祀壇 7-837A
sìtán 肆談 9-249A
sītǎng 私帑 8-17A
sìtáng 四唐 3-587A
sìtáng 祀堂 7-836B
sītāo 絲縧 9-857A
sītáo 私逃 8-17B
sītáo 榹桃 4-1213B
sǐtàtà 死沓沓 5-150B
sītè 私慝 8-24B
sǐtì 死悌 5-152A
sìtì 四睇 3-592A
sìtǐ 四體 3-602B
sìtǐ 嗣體 3-464B
sìtǐ 肆體 9-250A
sìtì 泗洟 5-1085A
sìtì 泗涕 5-1085A
sītiān 司天 3-59A
sītián 司田 3-60A
sītián 私田 8-12B
sītián 私填 8-22B
sìtiān 四天 3-571B
sìtiān 祀天 7-836A
sìtián 四田 3-575A
sìtián 祀田 7-836A
sītiānjiàn 司天監 3-59A
sītiāntái 司天臺 3-59A
sìtiānwáng 四天王 3-572A
sītiāo 私祧 8-19B
sītiáo 絲條 9-854B
sītiào 私糶 8-29A
sìtiào 四眺 3-589B
sìtǐbǎihái 四體百骸 3-602B
sītiē 私貼 8-21B
sìtiě 駟鐵 12-816B
sìtiě 駟驖 12-816B
sìtiěyùshǐ 四鐵御史 3-602A
sītīng 私聽 8-28B
sītíng 私庭 8-18A
sītǐng 廝挺 3-1272B
sìtíngbādàng 四亭八當 3-585A
sìtíngbādàng 四停八當 3-590A
sītōng 私通 8-19B
sītóng 私童 8-22A
sītóng 私僮 8-24B
sītóng 絲桐 9-854B
sītòng 私痛 8-22A
sìtōng 四通 3-588B
sìtōng 肆通 9-247B
sìtóng 四同 3-577A
sìtǒng 四統 3-594A

sìtǒng 嗣統 3-463B
sìtōngbādá 四通八達 3-588B
sītóngshǐ 私童史 8-22A
sìtōngwǔdá 四通五達 3-588B
sìtóu 肆頭 9-249A
sītú 司徒 3-65A
sītú 私徒 8-19A
sītú 私圖 8-24B
sītú 廝徒 3-1272B
sītǔ 私土 8-11B
sītǔ 思土 7-440B
sìtú 四塗 3-595B
sìtǔ 祀土 7-836A
sìtuī 四推 3-589A
sìtuíshān 四隤山 3-597B
sītūn 私吞 8-14B
sītuó 私橐 8-24B
sītuó 私槖 8-26A
sītuósīdòu 廝迿廝逗 3-1272A
sìwài 四外 3-576A
sīwáng 思王 7-440B
sīwáng 澌亡 6-124A
sīwǎng 絲網 9-856A
sīwàng 私望 8-20B
sīwàng 思望 7-443A
sǐwáng 死亡 5-147B
sìwáng 四王 3-571B
sìwáng 嗣王 3-462B
sìwàng 四望 3-590B
sìwàng 伺望 1-1284B
sìwàng 俟望 1-1434A
sìwàng 肆望 9-248A
sìwàngchē 四望車 3-591A
sǐwánglǜ 死亡率 5-147B
sǐwángxiàn 死亡綫 5-147B
sìwāwénhuà 寺洼文化 2-1250A
sīwēi 司危 3-61A
sīwēi 私威 8-17B
sīwēi 私微 8-23B
sīwēi 絲微 9-855B
sīwéi 私爲 8-22A
sīwéi 私違 8-22B
sīwéi 思惟 7-443A
sīwéi 思維 7-445A
sīwěi 思緯 7-445A
sīwěi 廝猥 3-1273A
sīwèi 司味 3-62A
sīwèi 司衛 3-68A
sīwèi 思味 7-441B
sìwēi 四危 3-578B
sìwēi 四隈 3-591A
sìwei 肆威 9-247A
sìwéi 四圍 3-592A
sìwéi 四維 3-597B
sìwèi 四位 3-579A
sìwèi 四衛 3-598B
sìwèi 嗣位 3-462B
sìwèiguǒ 四味果 3-580B
sìwèimù 四味木 3-580B
sīwéishù 思惟樹 7-443A
sìwēiyí 四威儀 3-584A
sīwén 司文 3-59B
sīwén 私文 8-12A
sīwén 斯文 6-1063B
sīwèn 私問 8-21A
sīwèn 緦免 9-942A
sǐwèn 死問 5-152B
sìwēng 四翁 3-587A
sīwénláng 司文郎 3-59B
sīwénrén 斯文人 6-1063B
sīwénsǎodì 斯文掃地 6-1063B
sīwō 絲窩 9-856A
sīwǒ 私我 8-14B
sīwò 司握 3-66B
sīwōzi 私窩子 8-24A
sīwǔ 司武 3-61B
sīwù 司物 3-62A
sīwù 司務 3-65B
sīwù 私務 8-19B
sīwù 思悟 7-442B
sìwū 四屋 3-585B
sìwǔ 嗣武 3-463A
sìwǔ 肆侮 9-247A
sìwù 四惡 3-591B
sìwù 四勿 3-573A
sìwù 四物 3-581A
sìwù 四務 3-588B
sìwù 祀物 7-836B
sìwújìdàn 肆無忌憚 9-248A
sìwúliàngxīn 四無量心 3-592A
sīwúxié 思無邪 7-443B
sǐwúzàngshēnzhīdì 死無葬身之地 5-152B
sīwùzhǎng 司務長 3-65B
sīxí 私習 8-21A
sīxǐ 斯喜 6-1064A
sīxǐ 絲枲 9-854B
sīxì 私繫 8-27B
sīxì 私隙 8-22B
sīxì 廝繫 3-1273B
sìxí 孠息 4-231A
sìxī 嗣息 3-463B
sìxí 嗣襲 3-464B
sìxì 伺隙 1-1284B
sìxì 駟隙 12-816B
sīxià 私下 8-11B
sīxià 廝下 3-1272A
sìxiá 四遐 3-593B
sìxiá 四轄 3-600B
sìxià 四下 3-570B
sìxià 肆夏 9-247B
sìxiádǎoxì 伺瑕導隙 1-1284B
sìxiádǐxì 伺瑕抵隙 1-1284B
sīxiàlǐ 私下裏 8-11B
sìxiàlǐ 四下裏 3-570B
sīxiān 思仙 7-441A
sīxián 私閒 8-22B
sīxián 私嫌 8-24B
sīxián 絲弦 9-854A
sīxián 絲絃 9-855A
sīxián 撕撏 6-853A
sīxiàn 私羨 8-22A
sīxiàn 絲綫 9-856A
sīxiàn 絲線 9-857A
sǐxiàn 死限 5-151A
sìxiān 兕先 2-265B
sìxián 四弦 3-582B
sìxián 四閑 3-593B
sìxiǎn 四險 3-599A
sìxiǎn 四顯 3-602B
sìxiǎn 肆險 9-249A
sīxiāng 司香 3-64A
sīxiāng 斯箱 6-1064A
sīxiǎng 思想 7-444A
sīxiàng 私向 8-14A
sǐxiàng 死相 5-151A
sìxiāng 四相 3-583B
sìxiāng 四鄉 3-591A
sìxiāng 四廂 3-593A
sìxiáng 四祥 3-588B
sìxiǎng 食饗 12-491B
sìxiǎng 食饟 12-492A
sìxiǎng 祀享 7-836B
sìxiǎng 嗣響 3-464A
sìxiǎng 肆享 9-246B
sìxiàng 四相 3-583B
sìxiàng 四鄉 3-591A
sìxiàng 四嚮 3-600B
sìxiàng 四向 3-577B
sìxiàng 四象 3-590B
sìxiānggé 四香閣 3-584B
sīxiāngshòushòu 私相授受 8-17B
sīxiǎngxìng 思想性 7-444A
sìxiāngyuègē 四廂樂歌 3-593A
sìxiánqǔ 四弦曲 3-582B
sìxiānshēng 四先生 3-577A
sīxiányuàn 思賢苑 7-445A
sìxiānzhuō 四仙桌 3-575B
sīxiāo 私梟 8-20A
sīxiào 嘶嘯 3-503A
sǐxiào 死孝 5-150A
sìxiào 四校 3-586A
sīxié 私邪 8-13B
sīxié 絲鞋 9-857A
sīxiè 私褻 8-27B
sīxiè 私謝 8-27B
sīxiéhuānhǎo 私諧歡好 8-26B
sīxīfàjiě 絲析髮解 9-854A
sīxīn 私心 8-12A
sīxīn 思心 7-440B
sǐxīn 死心 5-148A
sǐxìn 死信 5 151A
sìxīn 肆心 9-245B
sìxìn 伺釁 1-1284B
sìxìn 伺釁 1-1284B
sǐxīndādì 死心搭地 5-148A
sīxīng 司星 3-64A
sīxíng 司刑 3-60B
sīxíng 私刑 8-13A
sīxíng 私行 8-14A
sīxǐng 思省 7-442A
sīxìng 私幸 8-15B
sīxìng 私倖 8-19A
sǐxíng 死刑 5-149A
sìxīng 四星 3-584B
sìxīng 嗣興 3-464A
sìxíng 四行 3-577B
sìxíng 肆刑 9-246A
sìxíng 肆行 9-246A
sìxìng 四姓 3-582B
sìxíngwújì 肆行無忌 9-246A
sìxìngxiǎohóu 四姓小侯 3-583A
sīxīnhuà 私心話 8-12B
sǐxīnluòdì 死心落地 5-148A
sǐxīntādì 死心塌地 5-148B
sǐxīntàdì 死心踏地 5-148B
sīxīnwàngniàn 私心妄念 8-12B
sǐxīnyǎn 死心眼 5-148A
sīxīnzániàn 私心雜念 8-12B
sīxīnzìyòng 私心自用 8-12B
sìxiōng 四凶 3-572B
sìxiōng 四兇 3-578B
sìxiōng 肆凶 9-245B
sīxiōngdì 私兄弟 8-12B
sīxiù 絲繡 9-857B
sìxiū 四休 3-577B
sìxiūjūshì 四休居士 3-577B
sīxū 斯須 6-1064A
sīxù 私畜 8-19A
sīxù 私壻 8-21B
sīxù 私蓄 8-22B
sīxù 思緒 7-444B
sīxù 絲絮 9-855A
sìxū 四虛 3-589B
sìxǔ 似許 1-1221B
sìxù 四序 3-579B
sìxù 似續 1-1221B
sìxù 嗣續 3-464B
sīxuān 私諼 8-26B
sīxuán 思玄 7-441A
sìxuán 四縣 3-599A
sìxuǎn 四選 3-599A
sīxué 私學 8-26A
sǐxuè 死血 5-149B
sìxué 四學 3-599B
sīxuéguǎn 私學館 8-26B
sìxuéshì 四學士 3-599B
sīxuétáng 私學堂 8-26B
sīxūn 司勳 3-68A
sīxún 私巡 8-14B
sīxún 思尋 7-443B
sīxùn 司訓 3-65B
sīxùn 私徇 8-17B
sīxùn 私狥 8-18A
sǐxùn 死殉 5-151B
sìxùn 嗣訓 3-463B
sīyā 私押 8-15B
sīyá 私伢 8-13B

sīyá 私衙 8-23B
sīyǎ 嘶啞 3-502B
sìyámén 四衙門 3-595A
sīyán 司言 3-61B
sīyán 私言 8-15A
sīyán 私鹽 8-28B
sīyán 思言 7-441B
sīyán 斯顏 6-1064B
sīyán 絲言 9-853B
sīyán 嘶鹽 3-503A
sīyàn 私宴 8-19B
sīyàn 私燕 8-26A
sìyán 四言 3-579B
sìyán 四筵 3-592B
sìyán 四檐 3-600B
sìyán 四簷 3-601B
sìyán 肆言 9-246B
sìyán 肆筵 9-248B
sìyánbājù 四言八句 3-579B
sīyánbāo 私鹽包 8-28B
sīyāng 斯鞅 6-1064A
sīyǎng 私養 8-25A
sīyǎng 斯養 6-1064B
sīyǎng 廝養 3-1273A
sìyāng 四殃 3-584A
sìyǎng 食養 12-489B
sìyǎng 飼養 12-533B
sǐyànghuóqì 死樣活氣
5-154A
sīyǎngqián 私養錢 8-25A
sìyánshī 四言詩 3-579B
sīyánsīcù 私鹽私醋 8-28B
sīyāntái 思煙臺 7-444B
sīyǎo 廝咬 3-1272B
sǐyāo 死夭 5-148A
sìyào 四要 3-584A
sīyázǐ 私牙子 8-12A
sìyázicháoshàng
四牙子朝上 3-572B
sīyè 司夜 3-62B
sīyè 司業 3-67A
sīyè 私業 8-23A
sīyè 私謁 8-26B
sīyè 嘶喝 3-502B
sǐyè 死業 5-153A
sìyě 四野 3-589B
sìyě 肆野 9-248A
sìyè 四業 3-594B
sìyè 嗣業 3-464A
sìyè 肆業 9-248B
sīyī 私衣 8-14A
sīyī 絲衣 9-853B
sīyí 司儀 3-68A
sīyí 思疑 7-444B
sīyì 私邑 8-14B
sīyì 私易 8-16A
sīyì 私意 8-23B
sīyì 私義 8-24A
sīyì 私瘞 8-26A
sīyì 私誼 8-25B
sīyì 私臆 8-27A
sīyì 私議 8-28A
sīyì 思逸 7-443A
sīyì 思意 7-444A
sīyì 思義 7-444B
sīyì 思憶 7-445B
sīyì 思繹 7-446A
sīyì 思議 7-446A
sīyì 斯役 6-1064A
sīyì 廝役 3-1272B
sǐyì 死義 5-153B
sǐyì 死譯 5-154B
sìyī 食醫 12-491A
sìyí 四夷 3-577A
sìyí 四儀 3-598A
sìyí 祀儀 7-837A
sìyí 泗沂 5-1085A
sìyì 四益 3-587B
sìyì 四義 3-595B
sìyì 四裔 3-595B
sìyì 四藝 3-601A
sìyì 肆意 9-248B
sìyì 肆義 9-249A
sìyì 肆瘞 9-249A
sìyì 肆議 9-250A
sìyíguǎn 四夷館 3-577A
sìyìguǎn 四譯館 3-602A
sīyīn 私姻 8-18B
sīyǐn 私隱 8-27A
sīyìn 私印 8-13A
sìyīn 嗣音 3-463B
sìyín 四垠 3-583B
sìyín 肆淫 9-248A
sìyǐn 食飲 12-488B
sìyǐn 四飲 3-593A
sìyǐn 四隱 3-600A
sìyìn 四印 3-575B
sìyìn 嗣胤 3-463B
sīyíng 私營 8-27A
sǐyìng 死硬 5-152B
sìyīng 四英 3-580A
sìyīng 嗣膺 3-464A
sìyíng 四營 3-599B
sìyíng 四瀛 3-602A
sìyǐng 駟景 12-816A
sìyìng 司應 3-69A
sìyìng 伺應 1-1284B
sìyìng 肆應 9-249B
sǐyìngpài 死硬派 5-152B
sīyōng 絲鏞 9-857B
sīyōng 廝傭 3-1273A
sīyǒng 私勇 8-18B
sīyǒng 思永 7-441A
sīyǒng 思詠 7-443B
sīyòng 司用 3-60A
sīyòng 私用 8-13A
sìyōng 四鄘 3-595B
sìyōng 四墉 3-596A
sìyǒng 祀禜 7-837A
sīyōu 私憂 8-25A
sīyōu 思憂 7-445A
sīyǒu 私有 8-13B
sǐyǒu 死友 5-148A
sìyóu 四游 3-593B
sìyóu 四遊 3-593B
sìyǒu 四友 3-572A
sìyòu 肆宥 9-247A
sīyǒuguānniàn 私有觀念
8-13B
sìyǒurúwú 似有如無
1-1221A
sǐyǒuyúgū 死有餘辜 5-149A
sǐyǒuyúlù 死有餘僇 5-149A
sǐyǒuyúzé 死有餘責 5-149A
sǐyǒuyúzhū 死有餘誅
5-149A
sǐyǒuyúzuì 死有餘罪
5-149A
sīyǒuzhì 私有制 8-13B
sīyǒuzhìdù 私有制度 8-13B
sīyǒuzhǔ 私有主 8-13B
sīyú 司輿 3-69A
sīyú 斯榆 6-1064A
sīyú 斯褕 6-1064A
sīyú 廝輿 3-1273B
sīyǔ 私語 8-24B
sīyǔ 絲雨 9-854A
sīyù 司獄 3-67B
sīyù 私欲 8-20A
sīyù 私寓 8-22B
sīyù 私慾 8-25B
sīyù 私譽 8-28A
sīyù 私鬻 8-28B
sīyù 思域 7-442B
sǐyù 死獄 5-154A
sìyú 四隅 3-591A
sìyǔ 四宇 3-578B
sìyǔ 寺宇 2-1249B
sìyǔ 肆宇 9-246A
sìyù 四奧 3-593A
sìyù 四域 3-589A
sìyù 四隩 3-597B
sìyù 嗣育 3-463A
sìyù 肆欲 9-248A
sīyuán 司原 3-65A
sīyuán 司員 3-65A
sīyuán 私援 8-21A
sīyuán 思元 7-440B
sīyuǎn 思遠 7-444A
sīyuàn 私怨 8-18A
sīyuàn 私願 8-27B
sīyuàn 思怨 7-442A
sīyuàn 思願 7-445B
sìyuán 四元 3-572A
sìyuán 四垣 3-583B
sìyuán 四援 3-591B
sìyuán 駟騵 12-816B
sìyuǎn 四遠 3-594A
sìyuàn 四院 3-585B
sìyuàn 寺院 2-1250A
sǐyuānjia 死冤家 5-152A
sīyuē 私約 8-18B
sīyuè 私悅 8-19A
sīyuè 私越 8-21A
sīyuè 思越 7-443A
sīyuè 絲籰 9-858A
sìyuè 四岳 3-581B
sìyuè 四嶽 3-600B
sìyuè 肆閱 9-249A
sìyuèbā 四月八 3-573A
sìyuèfàn 四月梵 3-573A
sǐyúfēimìng 死於非命
5-151A
sīyùn 私醞 8-26A
sīyùn 思韻 7-445B
sīyùn 嘶韻 3-503A
sìyùn 四運 3-593B
sìyùn 四韻 3-601B
sìyùnshī 四韻詩 3-601B
sìzā 四匝 3-574B
sīzǎi 司載 3-67A
sīzǎi 私宰 8-19B
sīzài 私載 8-22B
sìzài 四載 3-594A
sīzāng 私贓 8-28A
sīzào 司造 3-65A
sīzào 私造 8-18B
sīzào 嘶噪 3-503A
sīzào 嘶譟 3-503A
sīzào 廝皂 3-1272A
sìzào 祀竈 7-837A
sìzàorì 祀竈日 7-837A
sǐzé 死責 5-152A
sìzé 四則 3-584B
sīzéi 私賊 8-23A
sǐzéi 死賊 5-153A
sīzēng 私增 8-25A
sīzēng 私憎 8-26A
sìzhà 伺詐 1-1284B
sìzhà 肆詐 9-248B
sīzhāi 思齊 7-444B
sīzhái 私宅 8-14B
sīzhài 私責 8-19B
sīzhài 私債 8-23A
sìzhái 肆宅 9-246A
sīzhàn 私占 8-12B
sīzhàn 絲棧 9-855A
sīzhàn 嘶戰 3-503A
sǐzhàn 死戰 5-154A
sìzhàn 四戰 3-599B
sīzhāng 私章 8-20B
sīzhǎng 司掌 3-66B
sīzhàng 司帳 3-66A
sīzhàng 私仗 8-13A
sǐzhàng 死仗 5-149A
sìzhǎng 肆長 9-246B
sīzhào 私照 8-23A
sìzhào 四兆 3-578A
sìzhào 四照 3-594B
sìzhàohuā 四照花 3-594B
sīzhēn 司箴 3-68A
sìzhēn 四真 3-586A
sìzhěn 四診 3-593A
sìzhèn 四鎮 3-601A
sīzhēng 司鉦 3-67B
sīzhèng 司正 3-60A
sīzhèng 司政 3-63B
sīzhèng 私政 8-17A
sīzhèng 思政 7-442A
sǐzhēng 死争 5-149B
sǐzhèng 死政 5-151A
sǐzhèng 死症 5-151B
sìzhēng 四征 3-581B
sìzhèng 四正 3-574A
sìzhèngsìjī 四正四奇
3-574A

sīzhī 私支 8-12A
sīzhí 司直 3-61B
sīzhí 司職 3-69A
sīzhí 私殖 8-21B
sīzhǐ 褫祉 7-950B
sīzhì 私知 8-16A
sīzhì 私志 8-14B
sīzhì 私制 8-16A
sīzhì 私秩 8-19A
sīzhì 私智 8-22A
sīzhì 私置 8-23A
sīzhì 私製 8-24B
sīzhì 思遲 7-444B
sīzhì 思至 7-441A
sīzhì 思治 7-441B
sīzhì 思致 7-442B
sǐzhí 死直 5-150B
sǐzhì 死志 5-150A
sìzhī 四支 3-572A
sìzhī 四枝 3-580A
sìzhī 四知 3-581A
sìzhī 四肢 3-581B
sìzhī 四胑 3-585A
sìzhí 四職 3-601A
sìzhí 肆直 9-246B
sìzhì 四至 3-577A
sìzhì 四致 3-586A
sìzhì 肆志 9-246A
sìzhìbādào 四至八到 3-577A
sìzhìbādào 四至八道 3-577A
sìzhībǎihái 四肢百骸 3-581B
sìzhībǎitǐ 四肢百體 3-581B
sìzhígōngcáo 四值功曹 3-587A
sìzhīguòxì 駟之過隙 12-815B
sìzhīguòxì 駟之過隟 12-815B
sìzhījīn 四知金 3-581A
sīzhílì 司職吏 3-69A
sīzhīpǐn 絲織品 9-857B
sìzhīrì 四之日 3-571B
sīzhōng 司中 3-59A
sīzhōng 私衷 8-19A
sīzhōng 斯螽 6-1064B
sīzhōng 蜇螽 8-912B
sīzhòng 私重 8-17B
sīzhòng 思仲 7-441A
sǐzhōng 死終 5-152B
sìzhōng 兕中 2-265B
sìzhǒng 四種 3-596B
sìzhòng 四仲 3-577B
sìzhòng 四衆 3-593A
sǐzhōngqiúhuó 死中求活 5-148A
sǐzhōngqiúshēng 死中求生 5-148A
sìzhōu 四周 3-581B
sìzhōu 四洲 3-585B
sìzhòu 四酎 3-586A
sìzhōuhéshang 泗州和尚 5-1085A
sìzhōutǎ 泗州塔 5-1085A
sìzhōuwéi 四周圍 3-581B
sìzhōuwéi 四週圍 3-590A
sìzhōuxì 泗州戲 5-1085A
sìzhōuzāo 四週遭 3-590B
sīzhú 篪竹 8-1212B
sīzhú 私燭 8-27B
sīzhú 絲竹 9-853B
sīzhǔ 私煮 8-21A
sīzhù 司祝 3-64A
sīzhù 私注 8-16B
sīzhù 私著 8-19B
sīzhù 私貯 8-21B
sìzhū 四銖 3-596B
sìzhū 泗洙 5-1085A
sìzhǔ 寺主 2-1249B
sìzhǔ 嗣主 3-462B
sìzhù 四注 3-582A
sìzhù 四柱 3-583B
sīzhuàn 私傳 8-23B
sīzhuàn 私撰 8-25A
sīzhuàn 嘶囀 3-503A
sīzhuāng 絲莊 9-854B
sǐzhūgénéngzǒu… 死諸葛能走生仲達 5-154A
sǐzhūgéxiàzǒu… 死諸葛嚇走生仲達 5-154A
sīzhúguǎnxián 絲竹筦弦 9-853B
sīzhúguǎnxián 絲竹管弦 9-853B
sīzhúhuì 絲竹會 9-853B
sīzhuī 絲錐 9-857A
sīzhuó 思酌 7-442B
sīzhùqián 私鑄錢 8-28B
sìzhūqián 四銖錢 3-596B
sīzhúzhōngnián 絲竹中年 9-853B
sīzī 私齎 8-28A
sīzī 私資 8-23B
sīzǐ 私子 8-12A
sīzǐ 絲子 9-852B
sīzì 私自 8-13B
sǐzǐ 死子 5-147B
sǐzì 死胔 5-152B
sìzǐ 肆眥 9-248B
sìzǐ 食子 12-479B
sìzǐ 四子 3-571B
sìzǐ 嗣子 3-462A
sìzì 肆恣 9-247B
sīzǐgōng 思子宮 7-440B
sìzǐshū 四子書 3-571B
sīzǐtái 思子臺 7-440B
sīzǐwàn 思子蔓 7-440B
sīzōng 思綜 7-445A
sìzōng 嗣宗 3-463A
sìzòng 四從 3-590A
sìzòng 肆縱 9-249B
sīzōngxiànjiān 私豵獻豜 8-27B
sīzú 私卒 8-16B
sīzú 私族 8-20B
sìzú 四足 3-579A
sīzuàn 司鑽 3-69B
sìzuǎn 嗣纂 3-464A
sīzuì 私罪 8-23A
sǐzuì 死罪 5-153A
sǐzuì 死辠 5-153B
sìzuì 四罪 3-594B
sìzuì 竢罪 8-393A
sīzújūnzǐ 私卒君子 8-16B
sīzūn 私尊 8-22B
sīzuò 私坐 8-15A
sìzuǒ 四左 3-574B
sìzuǒ 四佐 3-579A
sìzuò 四坐 3-579B
sìzuò 四座 3-587A
sǒngbá 竦拔 8-387B
sǒngbá 聳拔 8-699B
sōngbǎi 松柏 4-871B
sōngbǎi 松栢 4-872B
sòngbài 誦唄 11-256B
sōngbǎihánméng 松柏寒盟 4-871B
sōngbǎihòudiāo 松柏後凋 4-871B
sōngbǎizhīkè 松柏之客 4-871B
sōngbǎizhīmào 松柏之茂 4-871B
sōngbǎizhīsài 松柏之塞 4-871B
sōngbǎizhīzhì 松柏之志 4-871B
sòngbǎn 宋版 3-1339B
sōngbǎng 鬆綁 12-746A
sōngbāo 松苞 4-870B
sōngbāo 鬆包 12-745A
sòngbào 送報 10-811A
sòngbàotuījīn 送抱推襟 10-808A
sòngběn 宋本 3-1339B
sǒngbì 聳蹕 8-701B
sōngbiàn 松變 4-877B
sǒngbiàn 悚抃 7-538A
sǒngbiàn 竦抃 8-387B
sòngbiàn 訟辯 11-79B
sōngbiāo 松標 4-876A
sōngbiāo 松颷 4-876B
sōngbiāo 松飆 4-877A
sōngbiāo 松飈 4-877B
sòngbié 送別 10-807B
sòngbìn 送殯 10-814A
sòngbō 送撥 10-812B
sòngbó 訟駁 11-79B
sōngbōbō 鬆波波 12-745A
sōngbù 松布 4-869A
sòngcáipānmiàn 宋才潘面 3-1338B
sòngcáo 訟曹 11-78B
sōngcén 嵩岑 3-859B
sòngchá 送茶 10-809A
sōngchāi 松釵 4-874A
sòngchāi 送差 10-809B
sōngchàng 鬆暢 12-746A
sòngchǎng 送場 10-811A
sòngchángsòngduǎn 送長送短 10-808A
sòngcháo 宋朝 3-1340A
sòngcháo 送潮 10-812B
sòngchē 送車 10-807B
sǒngchéng 聳誠 8-701A
sòngchéng 送誠 10-812A
sōngchí 鬆弛 12-745A
sǒngchì 竦眙 8-387B
sòngchí 誦持 11-256B
sòngchì 誦斥 11-256A
sōngchóng 嵩崇 3-860A
sǒngchōng 慫忡 7-799B
sǒngchū 聳出 8-699A
sòngchuán 送傳 10-812A
sōngchuāng 松窗 4-874B
sōngchuáng 松牀 4-871A
sōngchuī 松吹 4-870B
sōngchūn 松椿 4-874B
sòngchūn 送春 10-809A
sōngcì 松刺 4-870B
sòngcí 宋瓷 3-1340A
sòngcí 宋詞 3-1340A
sòngcí 宋磁 3-1340B
sòngcí 訟辭 11-79B
sòngcí 頌詞 12-272A
sòngcí 頌辭 12-273A
sòngcóng 送從 10-810B
sōngcuì 鬆脆 12-745B
sǒngcuì 漎萃 6-92B
sǒngcuì 傱萃 1-1643A
sǒngcuì 聳翠 8-701A
sōngdà 鬆大 12-744B
sǒngdá 悚怛 7-538A
sòngdá 送達 10-811A
sōngdài 嵩岱 3-859B
sǒngdài 悚戴 7-539B
sòngdǎi 訟逮 11-78B
sōngdào 松道 4-874B
sòngdǎo 頌禱 12-273A
sòngdé 頌德 12-272B
sòngdé 誦德 11-257B
sòngdébēi 頌德碑 12-272B
sòngdégēgōng 頌德歌功 12-272B
sōngdēng 松燈 4-876B
sōngdèng 松磴 4-876B
sòngdēng 送燈 10-813B
sòngdēngtái 送燈臺 10-813B
sòngdì 訟地 11-77B
sōngdiàn 松殿 4-875B
sòngdiàn 送電 10-811B
sòngdié 訟牒 11-79A
sòngdié 訟諜 11-79B
sòngdìng 送定 10-808B
sōngdòng 松棟 4-874A
sōngdòng 鬆動 12-745B
sǒngdòng 悚動 7-538B
sǒngdòng 竦動 8-388A
sǒngdòng 聳動 8-700A
sǒngdòngtīngwén 聳動聽聞 8-700B

sōngdòngyúnyǒu 松棟雲牖 4-874A
sòngdòu 訟鬥 11-78A
sōngdú 松櫝 4-877A
sòngdú 訟牘 11-79B
sòngdú 誦讀 11-257B
sòngdù 宋杜 3-1339B
sòngduān 訟端 11-79A
sòngduàn 送斷 10-814A
sòngdǔdǔ 誦篤篤 11-257B
sòngduó 訟奪 11-79A
sōng'ē 松阿 4-870B
sōng'ér 䳬兒 12-1089A
sōng'ěr 松耳 4-869B
sǒng'ěr 竦耳 8-387A
sǒng'ěr 聳耳 8-699A
sōng'ěrshí 松耳石 4-869B
sōng'ěrshí 松爾石 4-875B
sōngfá 鬆乏 12-745A
sòngfǎ 誦法 11-256B
sōngfàn 鬆泛 12-745A
sòngfàn 送飯 10-811A
sòngfànde 送飯的 10-811B
sōngfáng 松房 4-871A
sōngfáng 松肪 4-871A
sōngfàng 鬆放 12-745A
sòngfāng 宋方 3-1339A
sòngfáng 送房 10-808B
sōngfángjiǔ 松肪酒 4-871A
sōngfēi 松扉 4-874B
sōngfēi 娀妃 4-337A
sōngfèi 松柹 4-870B
sǒngfēi 駷飛 12-842B
sòngfèi 訟費 11-79A
sōngfěn 松粉 4-873A
sōngfēng 松風 4-871B
sòngfēng 送風 10-809B
sòngfěng 誦諷 11-257B
sōngfēngcāo 松風操 4-872A
sōngfēng'ěr 松風耳 4-872A
sòngfēngjī 送風機 10-809B
sōngfēngqǔ 松風曲 4-872A
sōngfēngshí 松風石 4-872A
sōngfēngshuǐyuè 松風水月 4-872A
sōngfēngtíng 松風亭 4-872A
sòngfó 送佛 10-807B
sòngfósòngdàoxītiān 送佛送到西天 10-807B
sōngfú 松凫 4-875A
sǒngfú 竦服 8-387B
sǒngfú 聳服 8-699B
sòngfū 訟夫 11-77B
sòngfǔ 訟府 11-78A
sōnggài 松蓋 4-874B
sǒnggàn 聳幹 8-701A
sōnggāo 松羔 4-872B
sōnggāo 松膏 4-875B
sōnggāo 崧高 3-829A
sōnggāo 嵩高 3-860A
sōnggé 松格 4-872B
sònggē 頌歌 12-272A
sònggé 訟閣 11-79A
sōnggēn 松根 4-872B
sōnggēnshí 松根石 4-872B
sōnggōng 松公 4-868B
sònggōng 誦功 11-256A
sōnggǒu 松狗 4-871A
sōnggòu 嵩構 3-860A
sònggōu 送鈎 10-811A
sōnggǔ 松骨 4-871B
sònggù 送故 10-809A
sōngguān 松關 4-877A
sōnggǔ'ān 松谷庵 4-870B
sǒngguān 聳觀 8-702A
sǒngguàn 聳觀 8-702A
sòngguān 送官 10-808B
sòngguān 送關 10-814A
sòngguān 誦觀 11-258A
sōngguāng 松光 4-869B
sòngguǎngpíng 宋廣平 3-1340B
sònggǔfēijīn 頌古非今 12-271B
sòngguǐ 送鬼 10-809A
sòngguǐ 訟鬼 11-78A
sòngguīnǚ 送閨女 10-812B
sònggùn 訟棍 11-78B
sōngguǒ 松果 4-871A
sòngguō 送鍋 10-813A
sòngguò 訟過 11-78B
sònggùyíngxīn 送故迎新 10-809A
sǒnghài 悚駭 7-539A
sǒnghài 竦駭 8-388B
sǒnghàn 悚汗 7-538A
sònghányī 送寒衣 10-811B
sōnghāo 松蒿 4-874B
sònghào 誦號 11-257A
sōnghé 鬆和 12-745A
sōnghè 松壑 4-876B
sōnghè 松鶴 4-877B
sǒnghé 聳翮 8-701B
sǒnghè 聳壑 8-701B
sǒnghè'ángxiāo 聳壑昂霄 8-701B
sǒnghèlíngxiāo 聳壑凌霄 8-701B
sōnghéng 嵩衡 3-860B
sònghèng 送橫 10-812B
sōnghòu 嵩厚 3-859B
sōnghòu 鬆厚 12-745A
sōnghū 嵩呼 3-859B
sōnghǔ 松虎 4-870B
sōnghuā 松花 4-870A
sōnghuā 松華 4-872B
sōnghuá 鬆滑 12-746A
sōnghuà 嵩華 3-860A
sōnghuà 鬆話 12-746A
sònghuā 送花 10-807B
sōnghuābǐng 松花餅 4-870A
sōnghuācǎidàn 松花彩蛋 4-870A
sōnghuādàn 松花蛋 4-870A
sōnghuāfěn 松花粉 4-870A
sōnghuāhuáng 松花黄 4-870A
sònghuái 送懷 10-814A
sōnghuājiān 松花牋 4-870A
sōnghuājiān 松花箋 4-870A
sōnghuājiǔ 松花酒 4-870A
sōnghuālǜ 松花綠 4-870A
sōnghuǎn 鬆緩 12-746B
sònghuán 送還 10-813A
sōnghuáng 松黄 4-873B
sōnghuáng 松篁 4-876A
sōnghuáng 松簧 4-876B
sǒnghuáng 悚皇 7-538B
sǒnghuáng 悚惶 7-539A
sōnghuángbǐng 松黄餅 4-873B
sōnghuángjiǔ 松黄酒 4-873B
sònghuàqì 送話器 10-812A
sōnghuāsè 松花色 4-870A
sònghuàwúyě 宋畫吴冶 3-1340A
sōnghuāzhǐ 松花紙 4-870A
sǒnghúnháimù 竦魂駭目 8-388A
sōnghuó 鬆活 12-745B
sōnghuǒ 松火 4-869A
sōnghuò 嵩霍 3-860A
sǒnghuò 聳惑 8-700B
sònghuòshàngmén 送貨上門 10-810B
sōngjī 松鷄 4-877B
sōngjì 嵩箕 3-860A
sǒngjī 聳激 8-701B
sòngjì 誦記 11-257A
sōngjiā 松檟 4-876B
sōngjià 松架 4-872B
sòngjià 送嫁 10-812B
sòngjià 送駕 10-813A
sōngjiǎn 娀簡 4-337A
sōngjiàn 松檻 4-876B
sǒngjiān 竦肩 8-387B
sǒngjiān 聳肩 8-699B
sǒngjiàn 竦健 8-387B
sǒngjiàn 竦劍 8-388A
sòngjiǎn 送檢 10-813B
sòngjiàn 送餞 10-813A
sòngjiàn 訟件 11-77B
sòngjiàn 訟見 11-77B
sòngjiàn 誦諫 11-257B
sōngjiāng 松江 4-869B
sōngjiāng 松漿 4-876A
sòngjiǎng 誦講 11-257B
sōngjiānglú 松江鱸 4-869B
sōngjiānglú 淞江鱸 5-1347B
sōngjiānglúyú 松江鱸魚 4-869B
sōngjiāngpài 松江派 4-869B
sōngjiāngyín 松江銀 4-869B
sǒngjiānqūbèi 聳肩曲背 8-699B
sōngjiāo 松膠 4-876A
sòngjiāo 送交 10-807A
sòngjiāo 頌椒 12-272A
sòngjiǎo 送脚 10-810B
sòngjiāxiāng 宋家香 3-1340A
sōngjié 松節 4-875A
sōngjiě 鬆解 12-746A
sǒngjié 竦桀 8-388A
sǒngjié 竦傑 8-388A
sòngjié 送節 10-812A
sòngjié 頌偈 12-271B
sòngjiè 送解 10-812A
sōngjiéyóu 松節油 4-875A
sōngjīn 松津 4-872A
sōngjǐn 鬆緊 12-746A
sōngjìn 鬆勁 12-745A
sòngjǐn 宋錦 3-1340B
sòngjìn 送贐 10-814A
sōngjǐndài 鬆緊帶 12-746A
sōngjīng 嵩京 3-859B
sōngjìng 松徑 4-872B
sǒngjīng 慫兢 7-693B
sǒngjìng 悚敬 7-539A
sǒngjìng 竦敬 8-388A
sòngjìng 送敬 10-811A
sòngjīnlǔxuē 宋斤魯削 3-1339A
sōngjiōng 松扃 4-872B
sòngjiū 送究 10-807B
sòngjiǔ 送酒 10-810A
sòngjiǔ 頌酒 12-271B
sòngjiùyíngxīn 送舊迎新 10-813B
sōngjú 松菊 4-873B
sōngjù 松炬 4-871A
sǒngjú 聳跼 8-701A
sǒngjù 慫懼 7-799B
sǒngjù 悚愳 7-539A
sǒngjù 悚懼 7-539B
sǒngjù 竦懼 8-388B
sǒngjù 聳懼 8-702A
sòngjuàntóu 送卷頭 10-808B
sōngjué 松桷 4-873B
sòngjué 送訣 10-810B
sòngjuéjiànfǔ 送爵薦脯 10-813B
sōngjùn 嵩峻 3-860A
sǒngjùn 竦竣 8-388A
sǒngjùn 聳峻 8-700A
sòngjūn 送君 10-807B
sòngjūnqiānlǐ… 送君千里，終須一別 10-808A
sòngjūnqiānlǐ… 送君千里，終有一別 10-808A
sòngjūnqiānlǐ… 送君千里終須別 10-808A
sōngjúyuán 松菊緣 4-873B
sōngjúzhǔrén 松菊主人 4-873B
sōngkāi 鬆開 12-746A
sǒngkǎi 悚慨 7-539A
sòngkāifǔ 宋開府 3-1340B
sōngkān 松龕 4-877B
sòngkān 送勘 10-810A
sòngkǎo 送攷 10-807A
sòngkǎo 送考 10-807A
sòngkè 宋刻 3-1339B

sōngkǒu 鬆口 12-744B
sòngkū 送哭 10-809B
sōngkuài 鬆快 12-745A
sōngkuǎkuǎ 鬆垮垮 12-745A
sōngkuān 鬆寬 12-746B
sòngkuǎn 送欵 10-810B
sòngkuǎn 送款 10-810B
sǒngkuì 悚愧 7-539A
sòngkuí 訟魁 11-79A
sòngkuì 送饋 10-814A
sònglà 宋臈 3-1341A
sònglà 送臘 10-814A
sōnglài 松籟 4-877B
sònglǎn 誦覽 11-257B
sōngláo 松醪 4-877A
sònglǎo 送老 10-806B
sōngláochūn 松醪春 4-877A
sōnglèi 松淚 4-874A
sǒnglěi 竦壘 8-388B
sōnglì 松笠 4-874A
sōnglì 松粒 4-874A
sǒnglì 悚立 7-538A
sǒnglì 悚栗 7-538B
sǒnglì 悚慄 7-539A
sǒnglì 悚厲 7-539A
sǒnglì 竦立 8-387A
sǒnglì 聳立 8-699A
sònglí 送離 10-814A
sònglǐ 送禮 10-813B
sònglǐ 訟理 11-78A
sònglì 送吏 10-807A
sòngliàn 送殮 10-813B
sōngliáng 松梁 4-874A
sōngliáo 松寮 4-876A
sōngliè 松鬣 4-877B
sòngliè 誦烈 11-256B
sōnglíng 松陵 4-873A
sònglíng 訟鈴 11-79A
sònglíng 訟靈 11-79B
sònglíng 頌靈 12-273A
sònglìng 送令 10-806B
sōngliū 鬆溜 12-746A
sōnglǒng 松籠 4-877B
sōnglǒng 松壠 4-877A
sōnglú 松爐 4-877A
sōnglú 松鱸 4-878A
sònglú 宋盧 3-1340B
sònglǔ 頌魯 12-272B
sònglù 送路 10-812A
sònglù 訟鹿 11-78B
sōngluán 嵩巒 3-860B
sǒnglùn 竦論 8-388B
sònglùn 頌論 12-272B
sōngluó 松羅 4-877A
sōngluó 松蘿 4-877B
sōngluò 嵩洛 3-859B
sōngluò 鬆落 12-746A
sòngluò 送落 10-811A
sōngluógòngyǐ 松蘿共倚 4-877B
sōnglǜ 松綠 4-876A
sōngmàn 鬆慢 12-746B
sōngmàn 鬆慢 12-750B
sōngmáng 嵩邙 3-859B
sōngmáo 松毛 4-868B
sōngmào 松茂 4-870B
sōngmáochóng 松毛蟲 4-868B
sōngmàozhúbāo 松茂竹苞 4-870B
sōngméi 松煤 4-875B
sōngměi 鬆美 12-745B
sǒngmèi 聳昧 8-699B
sòngméi 送梅 10-810A
sòngměi 頌美 12-271B
sòngměi 誦美 11-256B
sōngméiwán 松梅丸 4-873B
sòngméiyǔ 送梅雨 10-810A
sōngmén 松門 4-871A
sōngméng 鬆鬔 12-746B
sòngméng 訟氓 11-78A
sòngménzhuàng 送門狀 10-808B
sōngmì 松蜜 4-875B
sōngmíng 松明 4-871A
sōngmíng 松銘 4-875B
sōngmíng 嵩溟 3-860A
sòngmìng 送命 10-808B
sōngmínghuǒ 松明火 4-871A
sōngmínghuǒbǎ 松明火把 4-871A
sōngmíngjù 松明炬 4-871A
sōngmò 松墨 4-876A
sòngmò 送末 10-806B
sǒngmù 竦慕 8-388A
sǒngmù 聳目 8-699A
sǒngmù 聳慕 8-701A
sòngmù 送目 10-806B
sòngnà 送納 10-810A
sōngnì 鬆膩 12-746B
sòngnì 送逆 10-809B
sòngnián 送年 10-807A
sòngniàn 誦念 11-256B
sòngniáng 送娘 10-810A
sòngniánpán 送年盤 10-807A
sōngniǎo 松蔦 4-875B
sōngniú 嵩牛 3-859B
sòngnuǎn 送餪 10-813B
sòngnuǎntōuhán 送暖偷寒 10-812A
sòngnuǎntōuhán 送煖偷寒 10-812B
sòngnuǎnwēihán 送煖偎寒 10-812B
sǒngnù 悚恧 7-538B
sǒngnù 竦恧 8-387B
sòngnǚ 宋女 3-1339A
sòngnǚ 送女 10-806A
sòngnǚkè 送女客 10-806A
sòngpán 送盤 10-812B
sǒngpèi 竦轡 8-388B
sòngpèi 送配 10-809B
sòngpèi 誦佩 11-256B
sōngpén 松盆 4-871B
sōngpéng 松棚 4-874A
sōngpéngpéng 鬆蓬蓬 12-746A
sōngpí 松皮 4-869A
sòngpiào 送票 10-810B
sōngpífǔ 松皮脯 4-869B
sòngpìn 送聘 10-811B
sòngpíng 頌平 12-271B
sōngpíxuǎn 松皮癬 4-869B
sōngpù 松瀑 4-877A
sòngpù 送鋪 10-812B
sōngqì 松契 4-871A
sōngqì 松氣 4-872B
sōngqì 鬆氣 12-745B
sǒngqǐ 悚跂 7-538B
sǒngqǐ 悚企 7-538A
sǒngqǐ 竦企 8-387B
sǒngqǐ 聳企 8-699B
sòngqí 頌祇 12-271B
sòngqì 送氣 10-809B
sōngqiān 松阡 4-869A
sòngqiān 送僉 10-812A
sòngqiǎn 送遣 10-812A
sòngqiàn 宋槧 3-1340B
sōngqiáng 松墻 4-876A
sòngqiáng 宋牆 3-1341A
sòngqiánxū 宋潛虛 3-1340B
sōngqiáo 松嶠 4-876A
sōngqiáo 松喬 4-874A
sǒngqiào 竦峭 8-387B
sǒngqiào 竦誚 8-388B
sǒngqiào 聳峭 8-700A
sōngqiáoqiānyǐng 松喬遷景 4-874B
sōngqiáozhīshòu 松喬之壽 4-874B
sǒngqiè 悚切 7-538A
sǒngqiè 悚怯 7-538A
sǒngqiè 聳切 8-699A
sòngqīn 送親 10-813A
sòngqín 頌琴 12-272A
sǒngqìng 悚慶 7-539A
sòngqīng 宋清 3-1340A
sòngqīng 送青 10-808A
sòngqíng 送情 10-810B
sòngqìng 頌磬 12-272B
sòngqīnniángzǐ 送親娘子 10-813B
sòngqióng 送窮 10-812B
sòngqióngguǐ 送窮鬼 10-813A
sòngqióngjié 送窮節 10-813A
sōngqiū 松丘 4-869A
sōngqiū 松邱 4-870B
sōngqiū 松楸 4-875A
sōngqiū 嵩丘 3-859B
sōngqiū 嵩邱 3-859B
sōngqiú 松虬 4-870B
sōngqiú 松毬 4-874A
sōngqiú 松球 4-873A
sòngqū 訟曲 11-77B
sòngqū 訟屈 11-78A
sǒngquàn 聳勸 8-701B
sòngquè 宋猘 3-1340A
sòngquè 宋鵲 3-1341A
sòngqùyínglái 送去迎來 10-806B
sōngrán 松髯 4-876A
sǒngrán 慫然 7-799B
sǒngrán 悚然 7-539A
sǒngrán 竦然 8-388A
sǒngrán 聳然 8-700B
sōngráng 松瓤 4-877B
sōngráng 松穰 4-877B
sōngrén 松仁 4-868B
sōngrén 鬆人 12-744B
sòngrén 宋人 3-1338B
sòngrén 送人 10-806A
sòngrèn 送任 10-807A
sòngrénqíng 送人情 10-806A
sǒngréntīngwén 聳人聽聞 8-699A
sòngrì 送日 10-806B
sòngrìqī 送日期 10-806B
sòngrìzi 送日子 10-806B
sōngróng 松茸 4-871B
sǒngróng 竦戎 8-387A
sōngrǔ 嵩汝 3-859B
sòngrú 宋儒 3-1340B
sōngruǎn 鬆軟 12-745B
sōngsan 鬆散 12-745B
sōngsǎn 鬆散 12-745B
sòngsān 送三 10-806A
sōngsāng 鬆搡 12-746A
sòngsāng 送喪 10-811A
sòngsǎo 宋嫂 3-1340B
sǒngsè 聳色 8-699B
sòngsè 頌瑟 12-272A
sōngshà 松箑 4-875B
sōngshān 崧山 3-828B
sōngshān 嵩山 3-859A
sōngshàn 松扇 4-873A
sǒngshàn 聳善 8-701A
sòngshàngmén 送上門 10-806A
sōngshānsānquè 嵩山三闕 3-859A
sōngshào 嵩少 3-859A
sōngshè 松社 4-870B
sōngshè 松麝 4-877B
sǒngshè 悚慑 7-539B
sǒngshè 聳慑 8-701B
sǒngshēn 竦身 8-387B
sǒngshēn 聳身 8-699B
sǒngshēn 摠身 6-978A
sǒngshén 竦神 8-387B
sǒngshén 聳神 8-700A
sòngshén 送神 10-809B
sòngshěn 送審 10-812B
sōngshēng 松聲 4-876B
sōngshēng 嵩生 3-859B
sòngshēng 送生 10-806B
sòngshēng 送聲 10-813B
sòngshēng 訟聲 11-79B
sòngshēng 頌聲 12-272B
sōngshēngyuèjiàng 崧生嶽降 3-829A
sòngshēngzàidào 頌聲載道 12-273A
sōngshí 松石 4-869A
sōngshí 松祏 4-872B

sōngshí 松實 4-875B
sōngshì 嵩室 3-859B
sǒngshí 竦石 8-387A
sǒngshì 聳視 8-700B
sòngshī 訟師 11-78A
sòngshí 頌石 12-271B
sòngshí 誦拾 11-256B
sòngshǐ 送使 10-808A
sòngshǐ 訟矢 11-77B
sòngshì 訟事 11-78A
sòngshīpiān 送詩篇 10-812A
sōngshǒu 鬆手 12-744B
sōngshòu 松瘦 4-875B
sǒngshǒu 竦首 8-387B
sòngshǒu 送首 10-809B
sòngshǒupà 送手帕 10-806B
sōngshǔ 松鼠 4-875A
sòngshū 送書 10-810A
sòngshū 訟書 11-78A
sòngshū 訟疏 11-79A
sòngshū 誦書 11-257A
sòngshù 訟樹 11-79B
sòngshù 頌述 12-271B
sòngshù 誦述 11-256A
sōngshuǎng 鬆爽 12-745B
sǒngshuǎng 竦爽 8-388A
sōngshuǐzhīyú 松水之魚 4-868B
sòngshuō 誦說 11-257A
sòngshuò 誦數 11-257B
sōngshùpào 松樹炮 4-876B
sòngshūyàn 送書雁 10-810A
sǒngsī 竦斯 8-388A
sòngsǐ 送死 10-807A
sòngsì 送似 10-807A
sǒngsǒng 漎漎 6-92B
sǒngsǒng 愯愯 7-799B
sǒngsǒng 悚悚 7-538B
sǒngsǒng 竦竦 8-388A
sǒngsǒng 傱傱 1-1643A
sǒngsǒng 聳聳 8-701B
sǒngsǒng 㟅㟅 3-877B
sǒngsǒng 㩳㩳 6-978A
sòngsù 訟訴 11-78B
sòngsù 訟愬 11-79A
sōngsuǐ 松髓 4-877A
sōngsuì 松隧 4-876A
sòngsuì 送祟 10-810A
sòngsuì 送歲 10-811B
sòngsuǒ 訟案 11-78A
sōngtǎ 松塔 4-874A
sōngtái 松臺 4-875B
sòngtái 頌臺 12-272A
sōngtān 鬆癱 12-746B
sǒngtàn 聳歎 8-701B
sòngtàn 頌歎 12-272B
sòngtàn 誦嘆 11-257A
sōngtáng 松堂 4-873B
sòngtāng 送湯 10-811B
sòngtáng 訟堂 11-78B
sòngtáng 訟棠 11-78B
sòngtāngsòngshuǐ 送湯送水 10-811B
sōngtāo 松濤 4-876B
sōngtī 松梯 4-873B
sǒngtǐ 聳體 8-702A
sǒngtì 愯惕 7-799B
sǒngtì 悚惕 7-538B
sòngtián 訟田 11-77B
sōngtīng 松廳 4-877B
sōngtíng 松亭 4-872A
sōngtíng 松庭 4-872A
sǒngtīng 竦聽 8-388B
sǒngtīng 聳聽 8-702A
sòngtīng 訟廳 11-79B
sòngtíng 宋亭 3-1339B
sòngtíng 訟庭 11-78A
sòngtǐzì 宋體字 3-1341A
sòngtǒng 訟筩 11-79A
sōngtóurìnǎo 鬆頭日腦 12-746B
sōngtǔ 鬆土 12-744B
sǒngtū 聳突 8-700A
sōngtuān 松湍 4-874B
sōngtuō 鬆脫 12-745B
sōngwán 松丸 4-868B
sōngwǎn 松畹 4-875A
sòngwán 送丸 10-806A
sòngwán 誦玩 11-256A
sōngwǎng 松網 4-876A
sòngwáng 送亡 10-806A
sòngwǎng 送往 10-808A
sòngwǎng 訟枉 11-77B
sòngwǎngláolái 送往勞來 10-808B
sòngwǎngshìjū 送往事居 10-808B
sòngwǎngshìjū 送往視居 10-808B
sòngwǎngyínglái 送往迎來 10-808A
sǒngwèi 聳畏 8-700A
sǒngwèi 聳衛 8-701B
sòngwěi 送尾 10-808A
sòngwèi 送遺 10-812B
sòngwèi 誦味 11-256A
sōngwén 松文 4-868B
sōngwén 松紋 4-873A
sǒngwén 聳聞 8-701A
sòngwén 宋文 3-1339A
sòngwén 頌文 12-271B
sòngwèn 送問 10-810B
sōngwénkè 松紋錁 4-873A
sōngwénzhǐ 松文紙 4-869A
sōngwú 松鼯 4-877A
sōngwù 松塢 4-874B
sòngwújì 宋毋忌 3-1339A
sòngwújì 宋無忌 3-1340A
sòngwǔsǎo 宋五嫂 3-1339A
sòngwǔtái 宋武臺 3-1339B
sǒngxī 悚息 7-538B
sǒngxī 竦息 8-387B
sǒngxī 竦淅 8-388A
sòngxī 頌僖 12-272A
sòngxí 送席 10-809B
sòngxí 誦習 11-257A
sòngxǐ 送喜 10-811A
sòngxì 送戲 10-813B
sòngxì 訟繫 11-79B
sòngxì 訟鬩 11-79B
sōngxià 松下 4-868B
sòngxià 送夏 10-809B
sōngxiàchén 松下塵 4-868B
sōngxián 鬆閑 12-746A
sōngxiǎn 松筅 4-876A
sǒngxiàn 聳羨 8-701A
sòngxiān 送鮮 10-813B
sòngxián 誦弦 11-256B
sòngxián 誦絃 11-257A
sòngxiàn 送獻 10-814A
sōngxiāng 松香 4-871B
sòngxiāng 宋香 3-1339B
sòngxiàng 訟銗 11-78B
sōngxiāngshuǐ 松香水 4-871B
sōngxiǎo 松篠 4-876B
sòngxiāo 頌簫 12-273A
sòngxiào 送孝 10-807B
sōngxiè 松屑 4-873A
sōngxiè 鬆懈 12-746B
sōngxīn 松心 4-869A
sōngxīn 松薪 4-876A
sōngxīn 鬆心 12-745A
sǒngxīn 竦心 8-387A
sòngxīn 送心 10-806B
sòngxīn 送新 10-812B
sòngxìn 送信 10-809A
sōngxīng 憽惺 7-711A
sōngxīng 忪惺 7-434B
sōngxìng 松性 4-871A
sòngxíng 送行 10-807A
sòngxíng 送形 10-807B
sòngxíng 訟刑 11-77B
sōngxínghègǔ 松形鶴骨 4-870A
sǒngxiù 竦秀 8-387B
sǒngxiù 聳秀 8-699B
sòngxù 送卹 10-808A
sòngxù 送恤 10-809B
sōngxuān 松軒 4-872B
sòngxuān 送宣 10-809B
sōngxuě 松雪 4-873B
sǒngxuē 竦削 8-387B
sòngxué 宋學 3-1340B
sòngxué 訟學 11-79B
sōngxuědàorén 松雪道人 4-873B
sōngxùn 松蕈 4-876A
sòngxūn 頌塤 12-272A
sòngxùn 誦訓 11-256B
sòngyà 送迓 10-807B
sōngyān 松烟 4-873A
sōngyān 松煙 4-875B
sòngyán 訟言 11-77B
sòngyán 誦言 11-256A
sòngyǎn 送眼 10-810B
sòngyàn 宋艶 3-1341A
sòngyàn 宋豔 3-1341A
sōngyáng 嵩陽 3-860A
sòngyáng 頌揚 12-272A
sōngyángshēng 嵩陽笙 3-860A
sōngyángshūyuàn 嵩陽書院 3-860A
sòngyǎnliúméi 送眼流眉 10-810B
sōngyānmò 松煙墨 4-875B
sòngyáo 頌謠 12-273A
sōngyè 松液 4-874A
sōngyè 松葉 4-874A
sōngyèjiǔ 松葉酒 4-874A
sōngyī 松衣 4-869B
sōngyì 松湍 4-876B
sōngyì 松裔 4-875A
sǒngyī 聳揖 8-700B
sǒngyì 愯異 7-799B
sǒngyì 悚異 7-538B
sǒngyì 竦異 8-388A
sǒngyì 竦意 8-388A
sǒngyì 聳異 8-700A
sòngyì 送疫 10-809B
sòngyì 送意 10-812B
sòngyì 送詣 10-812B
sòngyì 誦肄 11-257A
sòngyì 誦憶 11-257B
sòngyì 誦繹 11-257B
sōngyīn 松音 4-872A
sōngyīn 松陰 4-873A
sōngyīn 松蔭 4-874B
sòngyín 誦吟 11-256A
sōngyǐng 松影 4-876A
sòngyíng 送迎 10-807B
sòngyíngqián 送迎錢 10-807B
sǒngyǒng 從容 3-1011A
sǒngyǒng 從恿 3-1012A
sǒngyǒng 悚踴 7-539A
sǒngyǒng 竦勇 8-387B
sǒngyǒng 竦踊 8-388B
sǒngyǒng 竦踴 8-388B
sǒngyǒng 傱勇 1-1643A
sǒngyǒng 慫悀 7-693B
sǒngyǒng 慫恿 7-693B
sǒngyǒng 慫惥 7-693B
sǒngyǒng 慫慂 7-693B
sǒngyǒng 聳恿 8-700B
sǒngyǒng 聳惥 8-700B
sǒngyǒng 聳踊 8-701A
sǒngyǒng 聳踴 8-701B
sòngyǒng 誦咏 11-256B
sòngyǒng 誦詠 11-257A
sōngyǒu 松友 4-868B
sōngyú 松腴 4-874B
sōngyǔ 松雨 4-870B
sǒngyú 從臾 3-1007B
sǒngyú 從諛 3-1014B
sǒngyú 聳臾 8-699B
sòngyú 頌諛 12-272B
sòngyǔ 送語 10-812B
sòngyǔ 頌語 12-272B
sòngyù 宋玉 3-1339A
sòngyù 訟獄 11-79A
sōngyuán 松原 4-872B
sōngyuán 鬆圓 12-746A
sōngyuàn 松院 4-872B
sòngyuān 訟冤 11-78A

sòngyuān 訟冤 11-78B
sòngyuán 訟源 11-79A
sòngyuàn 訟怨 11-78A
sòngyuánbǎo 送元寶 10-806A
sòngyùdōngqiáng 宋玉東牆 3-1339B
sōngyuè 松月 4-868B
sōngyuè 崧岳 3-829A
sōngyuè 崧嶽 3-829A
sōngyuè 嵩嶽 3-860B
sǒngyuè 悚躍 7-539B
sǒngyuè 聳躍 8-701B
sǒngyuè 竦躍 12-842B
sòngyuè 送閱 10-813A
sōngyún 松筠 4-875A
sōngyún 松雲 4-874A
sōngyùn 松韻 4-877A
sōngyúnzhījié 松筠之節 4-875A
sòngyùtián 宋玉田 3-1339B
sòngyùzhái 宋玉宅 3-1339B
sòngzàn 頌贊 12-273A
sòngzàn 頌讚 12-273A
sòngzàng 送葬 10-811A
sòngzào 送竈 10-814A
sǒngzè 悚側 7-538B
sǒngzè 悚仄 7-538A
sōngzhāi 松齋 4-876B
sǒngzhàn 悚戰 7-539B
sòngzhǎn 送盞 10-811B
sòngzhàn 送戰 10-813A
sōngzhàng 松帳 4-873B
sǒngzhé 竦讋 8-388B
sǒngzhè 悚讋 7-539B
sōngzhēn 松針 4-872B
sōngzhēn 松楨 4-875A
sōngzhēn 松鍼 4-876B
sōngzhèn 崧鎮 3-829A
sǒngzhèn 竦震 8-388B
sòngzhēng 訟争 11-77B
sòngzhèng 誦静 11-257A
sōngzhī 松汁 4-869A
sōngzhī 松脂 4-872B
sǒngzhì 悚峙 7-538B
sǒngzhì 竦峙 8-387B
sǒngzhì 聳峙 8-700A
sòngzhí 訟直 11-77B
sòngzhǐ 頌祉 12-271B
sòngzhì 誦志 11-256A
sōngzhīguàjiàn 松枝掛劍 4-870B
sōngzhīzhǔ 松枝麈 4-870B
sòngzhōng 送終 10-810B
sòngzhōng 頌鍾 12-273A
sòngzhōu 送粥 10-811B
sòngzhǒu 誦帚 11-256B
sòngzhòu 誦呪 11-256B
sòngzhòu 誦咒 11-256B
sòngzhōumǐ 送粥米 10-811B
sōngzhū 松珠 4-872B
sōngzhú 松朮 4-869A
sōngzhú 松竹 4-869B
sōngzhǔ 松麈 4-876B
sòngzhū 宋株 3-1340A
sòngzhù 頌祝 12-271B
sòngzhuǎn 送轉 10-814A
sòngzhuāng 送妝 10-808A
sòngzhuàng 訟狀 11-78A
sōngzhúméi 松竹梅 4-869B
sǒngzhuó 竦擢 8-388B
sǒngzhuó 聳擢 8-701B
sōngzǐ 松子 4-868B
sòngzi 頌子 12-271B
sòngzǐ 宋子 3-1339A
sòngzì 送字 10-807A
sòngzǐguānyīn 送子觀音 10-806A
sōngzīhóu 松滋侯 4-874B
sōngzīliǔtài 松姿柳態 4-872A
sòngzǐniángniáng 送子娘娘 10-806A
sòngzìyàngzi 送字樣子 10-807B
sōngzuǐ 鬆嘴 12-746B
sòngzuì 訟罪 11-79A
sǒngzuò 悚怍 7-538A
sōubá 搜拔 6-766A
sōubá 蒐拔 9-475B
sōubì 廋蔽 3-1252A
sōubiàn 溲便 5-1492A
sǒubīng 叟兵 2-888B
sōubó 溲勃 5-1491B
sōubó 溲浡 5-1492A
sōubó 溲渤 5-1492A
sōubǔ 搜捕 6-766B
sōubǔ 蒐補 9-476A
sōucāi 搜猜 6-767B
sōucái 搜才 6-765B
sōucǎi 搜采 6-766A
sōucǎi 搜採 6-767A
sōucǎi 蒐采 9-476A
sōucǎi 蒐採 9-476A
sōuchá 搜查 6-766B
sōuchán 鎪鑱 11-1356B
sōucháng 搜腸 6-767B
sōuchángguādù 搜腸刮肚 6-767B
sōuchángrùnwěn 搜腸潤吻 6-768A
sōuchì 搜斥 6-765B
sōuchòu 餿臭 12-570A
sōucí 廋詞 3-1252A
sōucí 廋辭 3-1252A
sōudiǎnzi 餿點子 12-570B
sǒudǒudǒu 擻抖抖 6-957B
sōu'è 溲惡 5-1492A
sōufàn 餿飯 12-570A
sōufǎng 搜訪 6-767B
sōufú 廋伏 3-1252A
sōufú 搜伏 6-766A
sōugāo 溲膏 5-1492A
sōugēntīchǐ 搜根剔齒 6-766B
sōuguā 搜刮 6-766A
sōuhuà 溲話 5-1492A
sōujī 搜緝 6-768A
sōujī 溲箕 5-1492A
sōují 搜集 6-767B
sōují 搜輯 6-768A
sōují 蒐集 9-476A
sōují 蒐輯 9-476B
sǒujī 籔箕 8-1276A
sōujiǎn 搜檢 6-768B
sōujiǎn 搜簡 6-768B
sōujiǎn 蒐簡 9-476B
sōujiǎo 搜剿 6-768A
sòujīnniǎo 嗽金鳥 3-488A
sōujiǔ 溲酒 5-1492A
sōujù 搜句 6-766A
sōujué 搜撅 6-768A
sōujué 搜刔 6-766A
sōujué 搜抉 6-766A
sōukè 鎪刻 11-1356B
sōukū 搜枯 6-766B
sōukuò 搜括 6-766B
sōukuò 蒐括 9-476A
sōulǎn 搜攬 6-768B
sōulào 搜牢 6-766A
sōuliàn 蒐練 9-476A
sōuliáo 搜寥 6-768A
sōuliè 蒐獵 9-476B
sōuliú 颼飀 12-641B
sōuliú 颼颲 12-641B
sōuliù 颼飂 12-641B
sōuliúliú 颼飀飀 12-641B
sōulòu 鎪鏤 11-1356B
sōuluó 搜羅 6-768B
sōuluó 搜邏 6-768B
sōuluó 蒐羅 9-476B
sōulüè 搜掠 6-767A
sōumán 鄋瞞 10-657B
sōumì 搜覓 6-767B
sǒumiàn 溲麪 5-1492A
sǒumiàn 溲麵 5-1492B
sōumiáo 蒐苗 9-475B
sǒumù 藪牧 9-603A
sōuná 搜拏 6-766B
sōuniào 溲溺 5-1492A
sōuniè 鎪囓 11-1356B
sǒunòu 欟檽 4-1355B
sōupóu 蒐裒 9-476A
sōuqí 搜奇 6-766A
sōuqì 溲器 5-1492A
sōuqiú 搜求 6-766A
sōurén 廋人 3-1252A
sōusāo 搜搔 6-767B
sōusāo 颼颾 12-641B
sōushān 搜山 6-765B
sōushēn 搜身 6-766A
sōushèng 蒐乘 9-476A
sǒushǐ 嗾使 3-495A
sōushòu 搜狩 6-766B
sōushòu 獀狩 5-91B
sōushòu 蒐狩 9-476A
sōushū 廋疏 3-1252A
sōushū 搜疏 6-767B
sōushù 搜漱 6-768A
sōushuā 搜刷 6-766B
sōushuā 溲刷 5-1491B
sōusōu 摉摉 6-885A
sōusōu 嗖嗖 3-432A
sōusōu 搜搜 6-767B
sōusōu 溲溲 5-1492A
sōusōu 颼颼 12-641B
sōusōu 叟叟 2-888B
sōusuān 餿酸 12-570A
sōusuǒ 廋索 3-1252A
sōusuǒ 搜索 6-767A
sōusuǒ 蒐索 9-476A
sōusuǒkūcháng 搜索枯腸 6-767A
sōusuǒshènwèi 搜索腎胃 6-767A
sōutǎo 搜討 6-767A
sōutǎo 蒐討 9-476A
sōutè 蒐慝 9-476A
sōutī 搜剔 6-767A
sōutī 搜擿 6-768B
sōutī 鎪剔 11-1356B
sōutì 搜遏 6-767A
sōutián 蒐田 9-475B
sōutián 蒐畋 9-476A
sōuwén 廋文 3-1252A
sōuxián 搜賢 6-768A
sōuxiǎn 蒐獮 9-476B
sōuxuǎn 搜選 6-768A
sōuxuè 溲血 5-1491B
sōuxún 搜尋 6-767B
sōuyáncǎigàn 搜巖采幹 6-768B
sōuyáng 搜揚 6-767B
sōuyáng 搜敭 6-767B
sōuyí 搜遺 6-768A
sōuyín 搜吟 6-766A
sōuyǐn 廋隱 3-1252A
sōuyǔ 廋語 3-1252A
sōuyuè 搜閱 6-768A
sōuyuè 蒐閱 9-476A
sòuyuè 嗽月 3-488A
sōuzé 搜擇 6-768A
sǒuzé 藪澤 9-603A
sōuzhāi 搜摘 6-768A
sōuzhāi 搜擿 6-768B
sōuzhāngzhāijù 搜章摘句 6-767B
sōuzhǔyì 餿主意 12-570A
sù'ǎi 宿靄 3-1530A
sù'ài 夙愛 3-1173B
sù'ài 宿艾 3-1519B
suān'āi 酸哀 9-1413A
suānbài 酸敗 9-1413B
suànbàn 蒜瓣 9-495A
suānbēi 酸悲 9-1414A
suānbí 酸鼻 9-1414B
suānbì 痠痺 8-329B
suānbó 酸薄 9-1415B
suànbóshì 算博士 8-1194A
suànbōzi 蒜鉢子 9-494B
suànbù 算部 8-1193B
suànbùdé 算不得 8-1192B
suànbùliǎo 算不了 8-1192B
suānbùliūdiū 酸不溜丢 9-1412A
suāncài 酸菜 9-1413B

suāncǎn 酸慘 9-1415A
suàncǎo 算草 8-1193A
suāncè 酸惻 9-1414A
suànchéng 算程 8-1194A
suànchóu 算籌 8-1195A
suānchǔ 酸楚 9-1414A
suānchuàng 酸愴 9-1414B
suàncōng 蒜葱 9-494B
suāncù 酸醋 9-1415A
suàndài 算帒 8-1192B
suàndài 算袋 8-1193B
suàndào 算道 8-1194A
suàndé 算得 8-1193B
suāndīng 酸丁 9-1411B
suàndìng 算定 8-1193A
suāndòng 痠凍 8-329B
suāndú 酸毒 9-1412B
suànfǎ 算法 8-1193A
suànfà 蒜髮 9-495A
suànfà 算髮 8-1194A
suānfēng 酸風 9-1413A
suānfǔ 酸腐 9-1415A
suànfù 算賦 8-1194A
suāngǎn 酸感 9-1414B
suāngěng 酸哽 9-1413A
suāngěng 酸耿 9-1413A
suāngěng 酸梗 9-1413B
suāngǔ 酸骨 9-1412B
suànguà 算卦 8-1192B
suànguǎn 算館 8-1195A
suànguǒ 蒜果 9-494B
suānhán 酸寒 9-1414A
suānháo 酸號 9-1414B
suànháo 蒜毫 9-494B
suānhèn 酸恨 9-1413A
suànhuà 算畫 8-1194A
suānhuái 酸懷 9-1416A
suànhuáng 蒜黄 9-494B
suānhuángjī 酸黄虀 9-1413B
suānjī 酸箕 9-1414B
suānjī 酸雞 9-1416A
suānjī 酸虀 9-1416A
suānjī 酸齏 9-1416A
suānjí 酸急 9-1413A
suànjì 蒜虀 9-495A
suànjì 算計 8-1193A
suànjì 選紀 10-1242A
suànjiā 算家 8-1193B
suànjiān 算間 8-1194A
suànjiān 算閒 8-1194A
suānjiāng 酸漿 9-1415A
suānjiāngcǎo 酸漿草 9-1415B
suànjié 算結 8-1194A
suànjì'er 算計兒 8-1193B
suānjījī 酸擠擠 9-1415B
suànjìnzīzhū 算盡錙銖 8-1194A
suānkè 酸刻 9-1412B
suànkē 蒜顆 9-495A
suànkè 算刻 8-1193A
suànkè 算課 8-1194B
suànkǒu 算口 8-1192A
suānkǔ 酸苦 9-1412B
suānkù 酸酷 9-1414B
suānkuǎn 酸款 9-1413B
suānlái 酸倈 9-1413A
suànlái 算來 8-1192B
suānlàlà 酸辣辣 9-1415A
suānlǎn 酸懶 9-1416A
suànlào 蒜酪 9-494B
suānlàtāng 酸辣湯 9-1415A
suànlè 選扐 10-1239A
suānlèi 酸淚 9-1413B
suānlěng 酸冷 9-1412B
suānlí 酸醨 9-1415B
suànlì 算曆 8-1195A
suànlì 算歷 8-1195A
suànliáng 筭量 8-1116A
suànliǎo 算了 8-1192A
suānliūliū 酸溜溜 9-1414B
suànlù 算祿 8-1194A
suànlù 算錄 8-1195A
suànlüè 算略 8-1193B
suānmá 酸麻 9-1413B
suānméi 酸梅 9-1413B
suānméikǔliǎn 酸眉苦臉 9-1413A
suānméitāng 酸梅湯 9-1413B
suànmiáo 蒜苗 9-494B
suànmín 算緡 8-1194B
suānmíng 酸鳴 9-1414B
suànmìng 算命 8-1193A
suànmínqián 算緡錢 8-1194B
suānmǔ 酸母 9-1412A
suānnǎizi 酸奶子 9-1412A
suànnáng 算囊 8-1195A
suànnǎoshǔ 蒜腦藷 9-494B
suānní 狻猊 5-65B
suānní 狻麑 5-65B
suànní 蒜泥 9-494B
suānniúnǎi 酸牛奶 9-1412A
suànpán 算盤 8-1194B
suànpánzhū 算盤珠 8-1194B
suānqī 酸凄 9-1413B
suānqì 酸氣 9-1413A
suànqì 蒜氣 9-494B
suànqì 算器 8-1195A
suānqiān 酸慳 9-1415A
suānqiè 酸切 9-1412A
suànqǐlái 算起來 8-1193B
suànqǐng 算請 8-1194B
suānqǔ 酸曲 9-1412A
suānrán 酸然 9-1414A
suànrén 算人 8-1192A
suānróu 酸柔 9-1413A
suānrú 酸儒 9-1415B
suānruǎn 酸軟 9-1413B
suānsè 酸澀 9-1415B
suānshāng 酸傷 9-1414B
suànshāng 算商 8-1194A
suànshātuánkōng 算沙摶空 8-1192B
suānshēn 酸呻 9-1412B
suānshēng 酸聲 9-1415B
suānshì 酸士 9-1411B
suànshì 算事 8-1192B
suànshì 算是 8-1193A
suānshìyán 酸式鹽 9-1412A
suànshòu 算壽 8-1194A
suànshǔ 算數 8-1194B
suànshù 算術 8-1193B
suànshù 算數 8-1194B
suānshuāng 酸霜 9-1415B
suānshuǐ 酸水 9-1412A
suānsī 酸嘶 9-1415A
suānsú 酸俗 9-1413A
suāntài 酸態 9-1415A
suàntái 蒜台 9-494B
suàntái 蒜苔 9-494B
suàntái 蒜薹 9-495A
suānténg 痠疼 8-329B
suānténg 酸疼 9-1413A
suāntì 酸涕 9-1413B
suāntián 酸甜 9-1413B
suāntiánkǔlà 酸甜苦辣 9-1413B
suàntiáo 蒜條 9-494B
suàntiáojīn 蒜條金 9-494B
suāntǒng 酸桶 9-1413B
suāntòng 痠痛 8-329B
suāntòng 酸痛 9-1414A
suàntóu 蒜頭 9-495A
suānwén 酸文 9-1412A
suānwénjiǎcù 酸文假醋 9-1412A
suànwúyícè 算無遺策 8-1194A
suānxián 酸鹹 9-1415B
suānxián 酸鹹 9-1416A
suānxiàn 酸餡 9-1415B
suānxiàn 酸豏 9-1415B
suānxiàn 酸饊 9-1415B
suānxiánkǔlà 酸鹹苦辣 9-1416A
suānxiànqì 酸餡氣 9-1415B
suànxiǎo 算小 8-1192A
suānxiè 酸屑 9-1413B
suānxīn 酸心 9-1412A
suānxīn 酸辛 9-1412B
suānxìng 酸性 9-1412B
suānxuē 酸削 9-1412B
suànxué 算學 8-1195A
suànyā 蒜押 9-494B
suānyàn 酸釅 9-1416A
suānyē 酸噎 9-1415A
suānyín 酸吟 9-1412B
suànyín 算銀 8-1194A
suànyìng 算應 8-1195A
suànyīsuàn'èr 選一選二 10-1238B
suānyòu 酸狖 9-1412B
suānyū 酸迂 9-1412A
suānyú 酸與 9-1414B
suānyǔ 酸雨 9-1412B
suānzǎo 酸棗 9-1414A
suànzé 算擇 8-1195A
suānzhāi 酸齋 9-1415B
suānzhàng 酸杖 9-1412A
suànzhàng 算帳 8-1193B
suānzhě 酸赭 9-1415A
suānzhōng 酸衷 9-1413A
suānzhòng 酸重 9-1412B
suānzǐ 酸子 9-1411B
suànzǐ 蒜子 9-494B
suànzǐ 算子 8-1192B
suānzǐqì 酸子氣 9-1412A
suànzǒngzhàng 算總賬 8-1195A
suànzuò 算作 8-1192B
sūbái 蘇白 9-619B
sùbái 素白 9-732B
sùbái 訴白 11-109B
sùbái 肅白 9-253A
sùbài 宿敗 3-1524B
sùbài 肅拜 9-254A
sùbài 肅搩 9-258A
sùbàng 速謗 10-884B
sùbǎo 素飽 9-741A
sùbǎo 宿飽 3-1527A
sùbào 素抱 9-734A
sùbào 宿抱 3-1520B
sùbàoshén 速報神 10-883B
sùbàosī 速報司 10-883B
súbèi 俗輩 1-1408B
súběn 俗本 1-1404B
sùběn 夙本 3-1172A
sùběn 泝本 5-1086B
sùběn 宿本 3-1519B
súbǐ 俗筆 1-1407B
súbǐ 俗鄙 1-1407B
sùbì 素壁 9-744A
sùbì 素璧 9-745A
sùbì 宿弊 3-1527B
sùbiàn 速便 10-882B
sùbiàn 訴辨 11-111A
sùbiàn 訴辯 11-111A
sūbiǎo 蘇裱 9-621B
súbiǎo 俗表 1-1405A
sùbiāo 素標 9-742B
sùbiāo 素飈 9-744B
sùbiāo 素飇 9-746A
sùbīn 速賓 10-884A
sùbīn 速賔 10-884A
sùbìn 素鬢 9-746A
sùbīng 素冰 9-733A
sùbīng 宿兵 3-1520A
sùbǐng 夙秉 3-1172B
sùbǐng 夙稟 3-1174A
sùbǐng 宿秉 3-1521A
sùbìng 宿病 3-1524A
sùbō 素波 9-734B
sùbō 遡波 10-1146A
sùbó 宿泊 3-1521B
sūbóyě 窣勃野 8-453B
sùbū 宿逋 3-1523B
sùbù 肅布 9-253A
sùbù 肅步 9-253B
súbùkěnài 俗不可耐 1-1404A
súbùkěyī 俗不可醫 1-1404A
sùbùxiāngnéng 素不相能 9-731A
sùbùxiāngshí 素不相識 9-731A
súcái 俗材 1-1405A

sùcái 素材 9-733B
sùcǎi 素采 9-734B
sùcǎi 素彩 9-738B
sùcài 素菜 9-738A
sùcān 素飡 9-738B
sùcān 素餐 9-743B
sùcān 素驂 9-745B
sùcáng 宿藏 3-1529A
sùcānshīwèi 素餐尸位 9-743B
súcāo 俗操 1-1409A
sùcǎo 宿草 3-1522A
sùcè 泝測 5-1087A
sùchá 素茶 9-735A
sùchán 素蟾 9-745A
sùchǎn 素滻 9-742B
sùchāng 宿娼 3-1525A
sùcháng 素常 9-738B
sùcháng 素裳 9-741B
sùchǎng 宿場 3-1525B
sùchàng 肅倡 9-254B
sùchàng 肅唱 9-255A
sùchángdàoduǎn 訴長道短 11-110A
sùchē 素車 9-733B
sùchēbáimǎ 素車白馬 9-733B
súchén 俗塵 1-1408A
sùchén 素臣 9-732B
sùchén 素塵 9-742A
sùchén 宿陳 3-1524B
sùchén 訴陳 11-110B
sùchén 肅陳 9-254B
sùchèn 宿疹 3-1524A
súchēng 俗稱 1-1408A
sùchéng 夙成 3-1172A
sùchéng 夙誠 3-1174A
sùchéng 素誠 9-741B
sùchéng 速成 10-881B
sùchéng 宿酲 3-1527B
sùchéng 訴呈 11-110A
sùchéng 肅成 9-253A
sùchéng 肅呈 9-253B
sùchéng 肅澄 9-257B
sùchéngbān 速成班 10-881B
sùchéngguànxiǔ 粟陳貫朽 9-211A
sùchéngxiàng 素丞相 9-733A
sùchǐ 宿恥 3-1523A
sùchǐ 宿齒 3-1528A
sùchōng 宿舂 3-1524B
sùchóu 夙仇 3-1171B
sùchóu 夙讎 3-1174B
sùchóu 素仇 9-731B
sùchóu 素幬 9-744B
sùchóu 速讎 10-884B
sùchóu 宿讎 3-1530A
sùchóu 宿讐 3-1530A
sùchú 宿雛 3-1529B
sùchǔ 宿楚 3-1526B
sùchǔ 宿儲 3-1529B
sùchù 㩋矗 6-932A
sùchù 宿處 3-1524B
sùchù 肅黜 9-258A
sùchù 橚矗 4-1350A
súchuán 俗傳 1-1407B
sùchuán 宿傳 3-1527A
sùchuáng 素牀 9-735A
sùchún 肅純 9-254B
sùcí 素瓷 9-737A
sùcí 素甆 9-741B
sùcí 素辭 9-745B
sùcí 訴詞 11-111A
sùcí 訴辭 11-111A
sùcǐ 肅此 9-253A
sūcuì 酥脆 9-1401A
sùcuì 素毳 9-740A
sùcuò 粟錯 9-211B
sūdá 蘇打 9-619A
sùdá 夙達 3-1173B
sùdá 速達 10-883B
sùdá 宿達 3-1525B
sùdài 素帶 9-738A
sùdài 嗉袋 3-454A
sūdān 蘇耽 9-620B
sùdàn 素淡 9-739A
sùdàn 肅澹 9-258A
sùdào 宿盜 3-1526A
sùdào 宿道 3-1526A
sùdé 夙德 3-1174A
sùdé 素德 9-743A
sùdé 宿德 3-1528A
sūdēng 酥燈 9-1401B
sūdī 蘇隄 9-621B
sūdī 蘇堤 9-621B
súdì 俗諦 1-1409A
sùdì 素地 9-732B
sùdì 宿地 3-1519B
súdiào 俗調 1-1408B
sùdiāo 夙凋 3-1173A
sùdié 訴牒 11-111A
sùdìng 素定 9-735A
sùdìng 宿定 3-1521B
sùdòu 速鬭 10-885A
sūdǔ 窣堵 8-453B
súdú 俗讀 1-1409B
sùdū 肅督 9-256A
sùdú 素牘 9-745B
sùdú 速獨 10-884B
sùdú 宿讀 3-1530A
sùdù 速度 10-882B
sùdù 宿蠹 3-1530A
sùduān 素端 9-742A
sùduàn 速斷 10-884B
sùduānjìngwěi 泝端竟委 5-1087B
sūdǔbō 窣堵波 8-453B
sùdùhuábīng 速度滑冰 10-882B
sùduì 素隊 9-739B
sùduì 素對 9-741B
sùduì 肅隊 9-255B
sùduì 肅對 9-257A
sùdùn 宿頓 3-1526B
sūdǔpō 窣堵坡 8-453B
sūdǔxiāng 窣堵香 8-453B
sū'é 蘇俄 9-620B
sú'è 俗惡 1-1407A
sù'ē 宿痾 3-1526A
sù'é 素娥 9-737B
sù'é 素蛾 9-741A
sù'è 素堊 9-738A
sù'è 宿惡 3-1525B
sù'è 肅遏 9-255B
sù'ēn 宿恩 3-1523B
sū'èr 蘇二 9-618B
sú'ěr 俗耳 1-1404B
sù'ěr 謖爾 11-373B
sùfá 泝栰 5-1087A
sùfǎ 訴法 11-110A
sùfà 素髮 9-742B
sùfān 素旛 9-743A
sùfǎn 肅反 9-253A
sùfàn 素飯 9-740A
sùfàn 粟飯 9-211A
sūfāng 蘇方 9-619A
sūfāng 蘇枋 9-620A
sùfàng 素放 9-734B
súfēi 俗靡 1-1409B
súfēn 俗氛 1-1405B
súfēn 俗紛 1-1407A
sùfēn 肅紛 9-254B
sùfèn 夙分 3-1171B
sùfèn 素分 9-731B
sùfèn 宿分 3-1519A
sùfèn 宿忿 3-1521B
sùfèn 宿憤 3-1528B
sùfēnchá 素分茶 9-731B
sùfēng 素封 9-735A
sùfēng 素風 9-736A
sùfēng 肅風 9-254A
sùfēng 遡風 10-1146B
sùfèng 肅奉 9-253B
sūfù 蘇復 9-621B
súfū 俗夫 1-1404A
súfù 俗父 1-1404A
súfù 俗阜 1-1405B
sùfū 速夫 10-881A
sùfū 礵砆 7-1115B
sùfú 素服 9-734B
sùfú 素幅 9-740A
sùfú 速福 10-884A
sùfú 宿服 3-1521B
sùfú 宿福 3-1527A
sùfú 訴幅 11-111A
sùfú 肅服 9-253B
sùfù 夙負 3-1173A
sùfù 宿負 3-1522A
sùfù 宿賦 3-1528A
sùfù 肅覆 9-258A
sùgài 素概 9-740B
sùgǎo 素縞 9-744A
sùgào 訴告 11-110A
sùgào 愬告 7-672A
súgē 俗歌 1-1408A
súgé 俗格 1-1406A
sùgě 素舸 9-738B
sùgēn 夙根 3-1173A
sùgēn 宿根 3-1523B
sùgěng 素綆 9-741B
sūgōng 蘇功 9-619A
sùgōng 素功 9-732A
sùgōng 宿工 3-1518B
sùgōng 肅恭 9-254A
sūgōngdī 蘇公堤 9-619A
sūgōnglì 蘇公笠 9-619A
sùgòu 夙搆 3-1173B
sùgòu 夙構 3-1174A
sùgòu 素構 9-741B
sùgòu 宿垢 3-1522A
sùgòu 宿搆 3-1526A
sùgòu 宿構 3-1527B
súgǔ 俗骨 1-1406A
sùgū 夙孤 3-1173A
sùgū 速辜 10-883B
sùgǔ 宿穀 3-1528A
sùgù 素故 9-735A
sùgù 宿痼 3-1527A
sùgù 宿顧 3-1530A
sùguān 素官 9-735A
sùguān 素冠 9-736B
sùguǎn 素管 9-742A
sùguǎn 素館 9-744A
sùguāng 素光 9-732B
sūguǐ 蘇鬼 9-620B
sùguī 素規 9-738A
sùguì 宿貴 3-1525B
sūhǎiháncháo 蘇海韓潮 9-621A
sùhán 肅函 9-253B
sùhàn 宿憾 3-1529A
sūháng 蘇杭 9-620A
súhào 俗好 1-1405A
sùháo 素毫 9-738B
sùháo 宿豪 3-1527B
sùhǎo 夙好 3-1172A
sùhǎo 宿好 3-1520A
sùhào 夙好 3-1172A
sùhào 宿好 3-1520A
sūhé 蘇合 9-619B
sūhé 蘇何 9-620A
sùhé 素和 9-734B
sùhé 肅和 9-253B
sùhè 素褐 9-742B
sùhèn 宿恨 3-1522B
sūhéxiāng 蘇合香 9-619B
sùhóngguànxiǔ 粟紅貫朽 9-211A
sùhóu 素侯 9-736A
sūhuā 酥花 9-1400B
súhuà 俗化 1-1404A
súhuà 俗話 1-1407B
sùhuā 素花 9-733B
sùhuā 素華 9-737A
sùhuá 素華 9-737A
sùhuá 速滑 10-883B
sùhuá 宿猾 3-1526A
sùhuà 速化 10-881B
sùhuái 夙懷 3-1174B
sùhuái 素懷 9-745B
sùhuái 宿懷 3-1529B
sùhuàn 素宦 9-736B
sùhuàn 速患 10-883A
sùhuàn 宿患 3-1524B
sūhuáng 蘇黃 9-621A
sùhuī 素揮 9-739B

sùhuī 素暉 9-741A
sùhuī 素輝 9-742B
sùhuí 泝回 5-1086B
sùhuí 泝洄 5-1087A
sùhuí 泝迴 5-1086B
sùhuí 遡洄 10-1146B
sùhuí 遡迴 10-1146B
sùhuǐ 訴毀 11-111A
sùhuì 夙慧 3-1174A
sùhuì 宿會 3-1527A
sùhuì 宿慧 3-1527B
sūhuó 甦活 7-1521A
sūhuó 穌活 8-150B
sūhuó 蘇活 9-620B
sùhuǒ 宿火 3-1519A
sùhuò 速[illegible] 10-883B
sùhuò 速禍 10-883B
sùhuò 宿惑 3-1525B
sùhuò 宿禍 3-1526A
sùhuǒtuǐ 素火腿 9-732A
suì'āi 遂哀 10-1090B
suí'ān 綏安 9-873B
suí'àn 隋岸 11-1057B
suì'àn 邃岸 10-1282B
suì'ào 邃奥 10-1283A
suíbān 隨班 11-1107B
suíbàn 隨伴 11-1105A
suíbāngchàngyǐng
隨幫唱影 11-1110B
suībāo 尿胞 4-13A
suíbāo 隨包 11-1104A
suìbǎo 燧堡 7-265A
suìbào 歲報 5-358B
suībāozhǒngzi 尿胞種子 4-13A
suíbèi 隨輩 11-1110A
suíbǐ 隨筆 11-1109A
suìbì 歲幣 5-360A
suìbì 碎碧 7-1062B
suìbì 碎璧 7-1063B
suíbiān 綏邊 9-874B
suíbiàn 隋卞 11-1057B
suíbiàn 隨便 11-1106B
suìbiàn 遂便 10-1090B
suìbiǎo 晬表 7-1234A
suǐbǐng 髓餅 12-410B
suíbō 隨波 11-1106A
suìbó 遂伯 10-1090A
suìbó 邃博 10-1283A
suíbōzhúchén 隨波逐塵 11-1106A
suíbōzhúlàng 隨波逐浪 11-1106A
suíbōzhúliú 隨波逐流 11-1106A
suíbù 隨步 11-1104B
suìbù 碎步 7-1061B
suìbù 繐布 9-1016A
suìbùwǒyǔ 歲不我與 5-355A
suìcái 遂材 10-1089B
suìcáo 歲漕 5-360A
suìchā 歲差 5-357A
suìchá 誶詧 11-319A
suícháng 隨常 11-1108A
suíchàng 隨倡 11-1108A
suíchàng 隨唱 11-1108A
suìcháng 繐裳 9-1016B
suìcháo 歲朝 5-358B
suíchē 隨車 11-1104B
suìchē 繀車 9-982B
suìchēchóng 碎車蟲 7-1061B
suíchēgānyǔ 隨車甘雨 11-1104B
suíchēn 隋琛 11-1058A
suíchèn 隨趁 11-1108B
suíchèn 隨趂 11-1108B
suìchéng 遂成 10-1089B
suíchēruì 隨車瑞 11-1104B
suíchēxiàyǔ 隨車夏雨 11-1104B
suíchēyǔ 隨車雨 11-1104B
suíchēzhìyǔ 隨車致雨 11-1104B
suìchōng 邃沖 10-1282B
suìchónglíngchǔ 碎蟲零杵 7-1063B
suíchóu 隨仇 11-1103A
suíchù 隨處 11-1108A
suìchū 遂初 10-1090A
suìchū 歲出 5-355B
suìchū 邃初 10-1282B
suìchú 歲除 5-357A
suícì 隨次 11-1104B
suìcí 碎辭 7-1063B
suícóng 隨從 11-1108B
suìcuī 歲衰 5-358A
suìcuī 碎催 7-1062B
suìcuī 繐衰 9-1016A
suìdá 遂達 10-1091A
suìdàfū 遂大夫 10-1089B
suídǎi 隨逮 11-1108B
suìdài 歲代 5-355B
suìdài 穗帶 8-152A
suídàliú 隨大流 11-1103A
suídàliù 隨大溜 11-1103A
suìdān 歲殫 5-360B
suìdàn 歲旦 5-355A
suìdànjiǔ 歲旦酒 5-355B
suídǎo 綏導 9-874B
suìdào 歲道 5-358B
suìdào 隧道 11-1113A
suìdé 遂德 10-1091B
suìdé 歲德 5-360A
suìdēng 歲登 5-359A
suídī 隋堤 11-1058A
suídī 隨堤 11-1108B
suídì 隨地 11-1104A
suìdī 碎滴 7-1063A
suìdiàn 邃殿 10-1283B
suìdiào 歲調 5-360B
suídié 隨牒 11-1109B
suídīliǔ 隋堤柳 11-1058A
suídīng 隨丁 11-1102B
suídìng 綏定 9-873B
suídìsuíshí 隨地隨時 11-1104A
suìdòng 隧洞 11-1113A
suìduò 碎剁 7-1062A
suì'è 祟惡 7-842B
suì'è 歲惡 5-358B
suì'ěr 遂爾 10-1091B
suìfán 碎煩 7-1062B
suífāng 隨方 11-1103B
suìfāng 碎芳 7-1061B
suìfáng 邃房 10-1282B
suífāngjiùyuán 隨方就圓 11-1103B
suífāngzhúyuán 隨方逐圓 11-1103B
suìfēi 遂非 10-1090A
suìféi 穗肥 8-152A
suìfèi 歲費 5-359A
suìfēiwénguò 遂非文過 10-1090B
suífèn 隨分 11-1103A
suìfèn 遂忿 10-1090B
suífēng 隨封 11-1106B
suífēng 隨風 11-1107A
suífèng 隨奉 11-1105A
suìfēng 歲豐 5-360B
suìfēng 隧風 11-1112B
suìfèng 歲俸 5-358A
suífēngdǎoduò 隨風倒舵 11-1107A
suífēngduò 隨風柁 11-1107A
suífēngzhuǎnduò 隨風轉舵 11-1107A
suífēngzhúlàng 隨風逐浪 11-1107A
suífènzi 隨份子 11-1104B
suīfù 睢復 11-849B
suífú 綏服 9-873B
suífǔ 綏撫 9-874B
suífù 隨駙 11-1110A
suìfú 遂服 10-1090B
suìfú 禭服 9-139A
suígǎn 隨感 11-1109B
suígāojiùdī 隨高就低 11-1108A
suígāozhúdī 隨高逐低 11-1108A
suìgē 遂歌 10-1091B
suìgé 邃閣 10-1283B
suìgēlíngchí 碎割凌遲 7-1062B
suígōng 隋宫 11-1057B
suìgōng 遂功 10-1089B
suìgōng 歲功 5-355A
suìgòng 歲貢 5-357A
suìgòngshēng 歲貢生 5-357B
suìgòu 誶詬 11-318B
suīgù 睢故 11-849B
suǐgǔ 髓骨 12-410B
suìgǔ 遂古 10-1089B
suìgǔ 邃古 10-1282A
suìgǔ 邃谷 10-1282B
suìguǎlíngchí 碎剮凌遲 7-1062A
suíguǎn 隨管 11-1110A
suìguān 遂官 10-1090B
suìguǎn 邃館 10-1283B
suìguāng 歲光 5-355B
suìgǔfěnshēn 碎骨粉身 7-1062A
suìgǔfěnshī 碎骨粉尸 7-1062A
suìguō 碎聒 7-1062B
suìguò 遂過 10-1091A
suìguò 碎過 7-1062B
suǐhǎi 髓海 12-410B
suìhán 歲寒 5-359A
suíháng 隨行 11-1104B
suíhángjiùshì 隨行就市 11-1104B
suíhángzhúduì 隨行逐隊 11-1104B
suìhánsānyǒu 歲寒三友 5-359A
suìhánsōngbǎi 歲寒松柏 5-359A
suìhánxīn 歲寒心 5-359A
suíhé 隋和 11-1057B
suíhé 綏和 9-873B
suíhé 隨和 11-1105B
suíhè 隨和 11-1105B
suíhédǎtāng 隨河打淌 11-1106A
suìhóng 碎紅 7-1062A
suíhòu 隨後 11-1107A
suìhòu 歲候 5-358A
suìhòu 誶候 11-318B
suíhóuzhīzhū 隨侯之珠 11-1106B
suíhù 隨扈 11-1108B
suìhù 隧户 11-1112B
suíhuà 隨化 11-1103A
suìhuā 碎花 7-1061B
suìhuá 歲華 5-357B
suìhuà 碎話 7-1062B
suíhuái 綏懷 9-875A
suìhuái 遂懷 10-1091B
suíhuàn 隨宦 11-1107A
suíhuàn 隨换 11-1107B
suìhuāng 歲荒 5-356B
suìhuáng 遂皇 10-1090B
suìhuáng 燧皇 7-264B
suìhuì 歲會 5-359B
suíhúlúdǎtāng
隨葫蘆打湯 11-1109A
suìhuǒ 歲火 5-355A
suìhuǒ 燧火 7-264B
suìhuò 遂禍 10-1091A
suìjì 挼祭 6-620B
suíjì 隋祭 11-1058A
suíjī 隨機 11-1110A
suíjí 綏集 9-874A
suíjí 綏輯 9-874B
suíjí 隨即 11-1105A
suíjì 綏祭 9-873B
suíjì 隨計 11-1107A
suìjí 遂即 10-1090A
suìjì 歲紀 5-357A
suìjì 歲計 5-357A
suìjì 邃寂 10-1283A
suíjià 隨駕 11-1110A
suìjià 歲駕 5-360B

suíjiāliǔ 隋家柳 11-1058A
suíjiān 隨肩 11-1106B
suìjiǎn 歲儉 5-360A
suìjiǎn 碎翦 7-1063A
suìjiàn 歲見 5-356A
suìjiàn 歲薦 5-360B
suìjiàng 遂匠 10-1089B
suíjiǎo 隨脚 11-1108B
suìjiāo 遂郊 10-1090B
suìjiào 碎教 7-1062A
suíjiē 綏接 9-873B
suìjié 遂節 10-1091B
suìjié 歲節 5-359B
suìjīn 歲金 5-356B
suìjīn 碎金 7-1061B
suìjǐn 碎錦 7-1063A
suìjìn 遂進 10-1091A
suíjìng 綏靖 9-874A
suíjìng 綏靜 9-874B
suìjǐng 歲景 5-358B
suìjìng 歲竟 5-358A
suìjìng 燧鏡 7-265A
suíjìnzhúbiàn 隨近逐便
11-1105A
suìjiǔ 嗺酒 3-493A
suìjiǔ 歲酒 5-358A
suíjīyìngbiàn 隨機應變
11-1110A
suíjīzhúgǒu 隨雞逐狗
11-1110B
suíjù 綏聚 9-874B
suìjù 碎劇 7-1063A
suìjù 碎據 7-1063A
suìjù 繐屨 9-1016B
suìjūn 歲君 5-356A
suìjùn 邃峻 10-1282B
suìkǎo 歲考 5-355B
suìkè 歲課 5-360A
suīkǒng 雖恐 11-849B
suíkǒu 隨口 11-1103A
suìkǒu 歲口 5-354B
suìkǒu 隧口 11-1112B
suìkuài 歲會 5-359B
suìlà 歲臘 5-360B
suílái 綏徠 9-873B
suílán 隨嵐 11-1109A
suílán 隨藍 11-1110B
suìlán 歲闌 5-360B
suìláo 歲醪 5-360B
suìlěi 碎累 7-1062A
suílǐ 綏理 9-873B
suílì 隨例 11-1105B
suìlǐ 襚禮 9-139A
suìlǐ 邃理 10-1282B
suìlì 遂利 10-1089B
suìlì 歲曆 5-360B
suìlì 歲歷 5-360B
suìlì 邃麗 10-1283B
suìliǎn 襚斂 9-139A
suìliáng 遂良 10-1090A
suìliè 碎裂 7-1062B
suìliè 隧埒 11-1113A
suìlín 燧林 7-264B
suìlín 邃林 10-1282B
suíliú 隨流 11-1108A
suìliú 邃流 10-1283B
suíliù'er 隨溜兒 11-1109B
suílóng 隨龍 11-1110B
suílù 隨陸 11-1108A
suìlù 遂路 10-1091B
suìlù 歲賂 5-359B
suìlù 歲路 5-359B
suìlù 隧路 11-1113A
suìlù 邃路 10-1283B
suíluán 隨鸞 11-1111A
suìluán 碎欒 7-1063B
suìluàn 碎亂 7-1062B
suìluó 樣羅 4-1319B
suìlǜ 歲律 5-357A
suílúbǎmǎ 隨驢把馬
11-1111A
suìlüè 邃略 10-1282B
suīmǎ 雖馬 11-849B
suìmà 誶罵 11-318B
suìmǎn 歲滿 5-360A
suìmào 遂茂 10-1090A
suìmào 邃茂 10-1282B
suìmào 邃袤 10-1283A
suīméi 浽溦 5-1253B
suìměi 邃美 10-1282B
suīmǐ 滾濔 6-30A
suīmǐ 霍靡 11-777A
suìmí 碎糜 7-1063B
suìmǐ 碎米 7-1061B
suìmì 碎密 7-1062B
suìmì 邃密 10-1283A
suìmiàn'àngbèi 晬面盎背
7-1234A
suìmiǎo 歲杪 5-356A
suìmiǎo 邃邈 10-1283B
suìmíbùwù 遂迷不寤
10-1091A
suīmǐmǐ 霍靡靡 11-777A
suímìng 隨命 11-1106A
suìmíng 歲名 5-356A
suímínhù 隨民户 11-1104A
suìmíwàngfǎn 遂迷忘反
10-1091A
suìmò 歲末 5-355A
suìmù 歲暮 5-359B
suìmù 晬穆 7-1234B
suìmù 燧木 7-264B
suìmù 邃幕 10-1283A
suìmù 邃穆 10-1283B
suìmù 繐幕 9-1016B
suínà 綏納 9-873B
suìnǎi 遂乃 10-1089A
suǐnǎo 髓腦 12-410B
suìnéng 遂能 10-1091A
suìnì 邃匿 10-1282B
suìnián 歲年 5-355B
suíniánzhàng 隨年杖
11-1104A
suíníng 綏寧 9-874B
suìnǚ 碎女 7-1061A
suīpāo 尿脬 4-13A
suīpāo 尿泡 4-13A
suīpāozhǒngzi 尿泡種子
4-13A
suìpì 邃僻 10-1283B
suìpiàn 碎片 7-1061A
suìpìn 歲聘 5-359B
suìpò 歲破 5-357B
suípú 隨璞 11-1110A
suìqì 歲氣 5-358A
suìqì 碎器 7-1063A
suìqì 邃炁 10-1282B
suìqiè 邃竊 10-1283B
suìqīng 邃清 10-1283A
suìqíng 遂情 10-1091A
suìqíng 邃情 10-1283A
suìqióng 碎瓊 7-1063B
suìqióngluànyù 碎瓊亂玉
7-1063B
suìqū 邃曲 10-1282A
suíquàn 綏勸 9-874B
suìquē 碎缺 7-1062A
suīrán 雖然 11-849B
suírén 隨人 11-1102B
suírèn 隨任 11-1104A
suìrén 遂人 10-1089A
suìrén 燧人 7-264B
suìrěn 歲稔 5-359B
suírénfǔyǎng 隨人俯仰
11-1102B
suìrénshì 燧人氏 7-264B
suírénzuòjì 隨人作計
11-1102B
suìrì 歲日 5-355A
suìróng 晬容 7-1234A
suìrǔ 碎乳 7-1062A
suìrǔ 誶辱 11-318B
suìrù 歲入 5-354B
suìsè 燧色 7-264B
suìshǎng 遂賞 10-1091B
suíshāntáo 綏山桃 9-873B
suíshēn 隨身 11-1105A
suìshēn 邃深 10-1283A
suíshēndēng 隨身燈
11-1105A
suìshēnfěngǔ 碎身粉骨
7-1061B
suíshéng 綏繩 9-875A
suìshēng 遂生 10-1089B
suíshēngfèiyǐng 隨聲吠影
11-1110B
suíshēngfùhè 隨聲附和
11-1110B
suíshēngqūhè 隨聲趨和
11-1110B
suíshēngshìfēi 隨聲是非
11-1110B
suìshēnmíqū 碎身糜軀
7-1061B
suíshēnyīfu 隨身衣服
11-1105A
suīshǐ 雖使 11-849B
suīshì 雖是 11-849B
suíshí 隨時 11-1107B
suíshì 隨事 11-1105B
suíshì 隨侍 11-1105B
suíshì 隨勢 11-1109B
suìshī 遂失 10-1089B
suìshī 遂師 10-1091A
suìshí 遂石 10-1089B
suìshí 歲時 5-357B
suìshí 歲蝕 5-359B
suìshì 遂事 10-1090A
suìshì 歲市 5-355B
suìshì 歲事 5-356A
suìshì 歲試 5-359B
suìshì 碎事 7-1061B
suìshì 邃世 10-1282A
suìshì 邃室 10-1282B
suíshìchénfú 隨世沈浮
11-1104A
suíshíshīyí 隨時施宜
11-1107B
suíshísuídì 隨時隨地
11-1107B
suìshīwànduàn 碎尸萬段
7-1061A
suìshīwànduàn 碎屍萬段
7-1062A
suíshízhìyí 隨時制宜
11-1107B
suíshǒu 隨手 11-1103A
suìshōu 歲收 5-356A
suìshǒu 歲首 5-357A
suìshǒu 碎首 7-1062A
suíshǒubù 隨手簿 11-1103A
suìshǒumíqū 碎首糜軀
7-1062A
suìshǒumíqū 碎首縻軀
7-1062A
suìshū 祟書 7-842B
suìshū 歲輸 5-360B
suìshú 歲孰 5-358A
suìshú 歲熟 5-360B
suìshù 術數 3-984A
suìshù 歲數 5-360A
suìshuāng 碎霜 7-1063B
suíshùn 隨順 11-1109A
suīshuō 雖説 11-849B
suísì 隨兕 11-1104B
suìsì 歲祀 5-356A
suìsǒu 邃藪 10-1283B
suísú 隨俗 11-1106B
suísúchénfú 隨俗沈浮
11-1106B
suísúfúchén 隨俗浮沈
11-1106B
suīsuī 衰衰 9-32A
suīsuī 夊夊 3-1195A
suīsuī 蓑蓑 9-514B
suísuí 綏綏 9-874A
suìsuì 術術 3-983B
suìsuì 遂遂 10-1091A
suìsuì 碎碎 7-1062B
suìsuì 穟穟 8-152B
suìsuǒ 碎瑣 7-1062B
suìsuǒ 碎璅 7-1063A
suìtà 邃闒 10-1283B
suìtán 遂惔 10-1091A
suìtàn 隧炭 11-1112B
suìtiān 晬天 7-1234A

suítóng 隨同 11-1104A
suìtóngjìng 燧銅鏡 7-265A
suìtóu 穗頭 8-152A
suìwá 碎娃 7-1062A
suìwáng 遂亡 10-1089A
suìwǎng 遂往 10-1090B
suìwǎng 歲罔 5-356B
suìwǎtuíyuán 碎瓦穨垣 7-1061A
suíwèi 綏慰 9-874B
suìwēi 遂威 10-1090B
suìwéi 繐帷 9-1016B
suìwéi 繐幃 9-1016B
suìwěi 遂僞 10-1091B
suìwèi 歲遺 5-360A
suíwénshìyì 隨文釋義 11-1103B
suíwénxīyì 隨文析義 11-1103B
suìwū 邃屋 10-1282B
suìwù 歲物 5-356B
suìwù 碎務 7-1062A
suíwùfùxíng 隨物賦形 11-1105B
suíwùyìngjī 隨物應機 11-1105B
suíxǐ 隨喜 11-1109A
suìxī 歲夕 5-355A
suìxì 碎細 7-1062B
suìxián 遂賢 10-1091B
suìxiǎn 邃險 10-1283B
suìxiàn 歲羨 5-359B
suìxiàng 燧象 7-264B
suíxiāngrùsú 隨鄉入俗 11-1108B
suíxiāngrùxiāng 隨鄉入鄉 11-1108B
suìxiǎo 碎小 7-1061A
suìxiǎo 邃曉 10-1283B
suíxié 隨邪 11-1104A
suíxié 隨斜 11-1108B
suīxìn 隋釁 11-1058A
suíxīn 隨心 11-1103B
suìxīn 遂心 10-1089A
suíxíng 隨行 11-1104B
suíxìng 隨興 11-1110B
suìxīng 歲星 5-356B
suìxíng 遂行 10-1089B
suìxìng 遂性 10-1090B
suíxìngshìfèn 隨性適分 11-1106A
suìxīnkuàiyì 遂心快意 10-1089A
suìxīnlièdǎn 碎心裂膽 7-1061A
suìxīnmǎnyì 遂心滿意 10-1089A
suìxīnrúyì 遂心如意 10-1089A
suíxīnsuǒyù 隨心所欲 11-1103B
suìxīnyìngshǒu 遂心應手 10-1089A
suìxióng 歲雄 5-358B
suíxù 隨序 11-1105A
suìxǔ 遂許 10-1091A
suìxù 歲序 5-356A
suìxuān 誶諠 11-319A
suìxuǎn 穗選 8-152A
suìxué 邃學 10-1283B
suíyá 隨牙 11-1103A
suíyá 隨衙 11-1109B
suìyǎ 邃雅 10-1283A
suìyán 睟顔 7-1234B
suìyán 邃延 10-1282A
suìyán 邃嚴 10-1283B
suìyàn 歲晏 5-358A
suíyáng 隨陽 11-1108B
suíyǎng 綏養 9-874B
suìyáng 歲陽 5-358B
suìyǎng 邃養 10-1283B
suīyángqǔ 睢陽曲 7-1233A
suíyángyàn 隨陽雁 11-1108B
suìyě 邃野 10-1282B
suìyè 遂夜 10-1090B
suìyè 歲夜 5-356B
suìyè 邃業 10-1283B
suíyí 隨夷 11-1104A
suíyí 隨宜 11-1106A
suíyí 隨疑 11-1110A
suíyì 綏億 9-874B
suíyì 隨意 11-1109B
suìyī 襚衣 9-139A
suìyí 遂疑 10-1091B
suìyǐ 碎蟻 7-1063B
suìyì 遂意 10-1091B
suìyì 碎役 7-1061B
suìyì 碎義 7-1062B
suìyì 誶讛 11-319A
suìyì 邃義 10-1283B
suíyìn 隨蔭 11-1109B
suìyīn 歲陰 5-358A
suìyín 碎銀 7-1063A
suìyǐn 遂隱 10-1091B
suíyíng 隨迎 11-1105A
suìyòng 歲用 5-355B
suìyōu 邃幽 10-1282B
suíyù 綏御 9-874A
suíyù 綏馭 9-874A
suíyù 綏禦 9-874B
suíyù 隨遇 11-1109A
suìyǔ 誶語 11-318B
suìyǔ 邃宇 10-1282A
suìyù 遂欲 10-1091A
suìyù 歲飫 5-358B
suìyù 碎玉 7-1061A
suīyuán 睢園 7-1233B
suīyuàn 睢苑 7-1233A
suíyuán 隋圜 11-1058A
suíyuán 綏爰 9-873B
suíyuán 隨員 11-1108A
suíyuán 隨園 11-1109B
suíyuán 隨緣 11-1110A
suíyuǎn 綏遠 9-874A
suíyuàn 隋苑 11-1057B
suìyuán 邃原 10-1282B
suìyuǎn 邃遠 10-1283A
suìyuàn 遂願 10-1091B
suíyuánjiùfāng 隨圓就方 11-1109B
suìyuè 歲月 5-355A
suìyuè 歲籥 5-360B
suìyuè 碎月 7-1061A
suíyù'ér'ān 隨寓而安 11-1109B
suíyù'ér'ān 隨遇而安 11-1109A
suìyuèrúliú 歲月如流 5-355A
suìyùlíngjī 碎玉零璣 7-1061A
suìyùn 歲運 5-359A
suìyùqímù 歲聿其莫 5-356A
suíyùsuí'ān 隨寓隨安 11-1109B
suìyùyúnmù 歲聿云暮 5-356A
suìzá 碎雜 7-1063B
suízài 隨在 11-1104A
suìzàilóngshé 歲在龍虵 5-355B
suìzàilóngshé 歲在龍蛇 5-355B
suízàng 隨葬 11-1109A
suīzé 雖則 11-849B
suìzhān 歲占 5-355A
suìzhǎng 遂長 10-1090A
suìzhàng 歲仗 5-355B
suìzhàng 繐帳 9-1016B
suízhào 隨照 11-1109B
suìzhāo 歲朝 5-358B
suìzhāotú 歲朝圖 5-358B
suízhé 隨摺 11-1110A
suìzhé 粹折 9-231B
suìzhé 碎折 7-1061B
suìzhé 碎磔 7-1063A
suízhēn 隋珍 11-1057B
suìzhèng 隧正 11-1112B
suìzhéqún 碎摺裙 7-1063A
suízhí 隨直 11-1105A
suìzhí 歲殖 5-358B
suìzhí 碎職 7-1063B
suìzhǐ 邃旨 10-1282A
suìzhì 遂志 10-1089B
suìzhì 歲制 5-356B
suìzhì 隧誌 11-1113A
suízhǒng 隨踵 11-1110A
suìzhōng 歲終 5-358B
suìzhōu 歲周 5-356B
suìzhōu 歲週 5-358A
suìzhǒudéchú 誶帚德耡 11-318B
suízhū 隋珠 11-1057B
suízhū 隨珠 11-1107B
suízhú 隨逐 11-1107B
suízhǔ 隨屬 11-1110B
suìzhū 歲豬 5-360A
suìzhú 邃竹 10-1282A
suìzhuāng 碎粧 7-1062B
suízhūhébì 隋珠和璧 11-1058A
suízhūhébì 隨珠和璧 11-1107B
suízhūhéyù 隋珠和玉 11-1058A
suízhūjīngbì 隋珠荆璧 11-1058A
suízhūjīngyù 隨珠荆玉 11-1107B
suìzhuó 誶諑 11-318B
suízhūtánquè 隋珠彈雀 11-1058A
suízhūtánquè 隨珠彈雀 11-1107B
suìzi 穗子 8-152A
suìzī 遂滋 10-1091A
suìzì 遂字 10-1089B
suìzū 歲租 5-358A
suìzuǐ 碎嘴 7-1063A
suìzuì 遂罪 10-1091B
suìzuǐsuìshé 碎嘴碎舌 7-1063A
suìzuǐzi 碎嘴子 7-1063A
suízuò 隨坐 11-1105A
sújī 俗機 1-1409A
sújì 俗忌 1-1405A
sújì 俗計 1-1406A
sùjī 素肌 9-733A
sùjī 素積 9-743B
sùjī 素績 9-744B
sùjī 素几 9-730B
sùjī 宿積 3-1528B
sùjī 肅機 9-257B
sùjí 夙疾 3-1173A
sùjí 速即 10-882A
sùjí 速急 10-882B
sùjí 速疾 10-883A
sùjí 宿疾 3-1524A
sùjǐ 素蟣 9-745A
sùjǐ 肅給 9-256A
sùjì 素驥 9-746A
sùjì 速忌 10-882A
sùjì 速記 10-882B
sùjì 宿計 3-1522B
sújiā 俗家 1-1406B
sújià 俗駕 1-1408B
sùjiǎ 素甲 9-732B
sùjià 速駕 10-884B
sùjià 肅駕 9-257B
sújiān 俗間 1-1407B
sújiàn 俗監 1-1408A
sújiàn 俗見 1-1405A
sùjiān 素牋 9-740A
sùjiān 素箋 9-742A
sùjiān 素縑 9-744B
sùjiān 宿奸 3-1520A
sùjiān 宿姦 3-1522B
sùjiān 宿姧 3-1522B
sùjiān 肅箋 9-257B
sùjiǎn 素儉 9-743A
sùjiǎn 素檢 9-744B
sùjiǎn 素簡 9-745A
sùjiǎn 肅柬 9-254A
sùjiàn 夙見 3-1172A
sùjiàn 素賤 9-742B
sùjiàn 速件 10-881B

sùjiàn 宿見 3-1520A
sújiǎng 俗講 1-1409A
sùjiāng 肅將 9-255B
sùjiǎng 素講 9-744B
sùjiàng 素將 9-739B
sùjiàng 宿將 3-1525A
sújiào 俗教 1-1407A
sùjiāo 素交 9-733A
sùjiāo 宿狡 3-1522B
sújiě 俗解 1-1407B
sújiè 俗界 1-1406A
sùjié 素結 9-740B
sùjié 素節 9-741A
sùjié 速捷 10-883A
sùjié 肅截 9-257A
sùjiè 宿戒 3-1520A
sùjiè 肅戒 9-253B
sújīn 俗襟 1-1409B
sùjīn 素襟 9-745A
sùjīn 宿襟 3-1529B
sùjīn 粟金 9-211A
sùjìn 肅謹 9-258A
sùjìn 肅進 9-255A
sūjǐng 蘇井 9-618B
sùjìng 窣静 8-453B
sùjīng 素精 9-742B
sùjīng 肅菁 9-254B
sùjǐng 素景 9-740A
sùjǐng 肅景 9-255B
sùjìng 素净 9-734B
sùjìng 素净 9-736B
sùjìng 素静 9-741B
sùjìng 訴競 11-111A
sùjìng 肅敬 9-255B
sùjìng 肅靖 9-256B
sùjìng 肅静 9-257A
sùjǐnzhǔ 素錦褚 9-744A
sūjiǔ 酥酒 9-1401A
sùjiǔ 宿酒 3-1524A
sùjiǔ 訴酒 11-110B
sùjiǔ 茜酒 9-411B
sùjiù 夙就 3-1173B
sùjiù 夙舊 3-1174B
sùjiù 素舊 9-744B
sùjiù 速咎 10-882A
sùjiù 速就 10-883B
sùjiù 宿疚 3-1521B
sùjiù 宿舊 3-1529B
sūjù 蘇劇 9-622A
sújù 俗句 1-1404B
sùjū 宿居 3-1521B
sùjù 素屨 9-744B
sùjuàn 素卷 9-734B
sùjuàn 素絹 9-741B
sùjuàn 宿眷 3-1525A
sùjué 速决 10-881B
sùjué 速決 10-881B
sùjuézhàn 速决戰 10-881B
sùjūn 肅軍 9-254A
sūkē 窣磕 8-454A
súkè 俗客 1-1406A
sùkē 宿痾 3-1524A
sùké 素殼 9-739B
sùkè 素客 9-736B
sùkè 速刻 10-882A
sùkè 速客 10-882B
sùkè 宿客 3-1522B
sùkè 肅客 9-254A
sùkòng 訴控 11-110B
sùkòu 速寇 10-883A
sùkòu 宿寇 3-1525A
sùkǒumàrén 素口罵人 9-730B
sūkū 蘇枯 9-620B
sùkǔ 訴苦 11-110A
sùkǔ 愬苦 7-672A
sùkuài 速快 10-882A
súkǔn 俗閫 1-1408B
sùkuò 肅括 9-253B
sūlā 蘇拉 9-620A
sùlái 素來 9-734A
súlàn 俗濫 1-1409A
sùlàng 素浪 9-737B
sùlàng 宿浪 3-1524A
sūláo 酥醪 9-1401B
sūlào 酥酪 9-1401B
sùlǎo 宿老 3-1519B
sùlè 肅泐 9-253B
súlěi 俗累 1-1407A
sùlěi 速累 10-883A
sūlǐ 蘇李 9-619B
súlí 俗漓 1-1407B
súlǐ 俗俚 1-1406A
súlǐ 俗理 1-1407A
súlǐ 俗禮 1-1409B
súlì 俗吏 1-1404B
súlì 俗例 1-1405B
sùlǐ 素里 9-733B
sùlǐ 素鯉 9-745A
sùlǐ 訴理 11-110B
sùlì 速戾 10-882A
sùlì 宿吏 3-1519B
sùlì 粟粒 9-211A
sùlì 粟慄 9-211B
sùlì 肅立 9-253A
sùlì 肅慄 9-256B
sùlì 肅厲 9-257A
sùlì 肅勵 9-257B
sùlián 素簾 9-745B
sùliàn 素練 9-743B
sùliào 塑料 2-1175B
súliè 俗劣 1-1404B
sùliè 訴列 11-110A
sùliè 肅烈 9-254B
sùlín 素鱗 9-746A
sùlíng 夙齡 3-1174B
sùlíng 素靈 9-746A
sùlíng 楝綾 4-1035A
sùlǐng 素領 9-742A
sùlǐsuǒ 訴理所 11-110B
sūlǐtǐ 蘇李體 9-619B
súliú 俗流 1-1406B
sùliú 泝流 5-1087A
sùliú 素流 9-737B
sùliú 宿留 3-1523B
sùliú 宿瘤 3-1528B
sùliú 遡流 10-1146B
sùliúcúyuán 遡流徂源 10-1146B
sùliúqióngyuán 泝流窮源 5-1087A
sùliúqióngyuán 遡流窮源 10-1146B
sùliúqiúyuán 遡流求源 10-1146B
sùliúzhuīyuán 泝流追源 5-1087A
súlǒng 俗籠 1-1409B
súlòu 俗陋 1-1405B
sùlú 宿盧 3-1529B
sùlù 宿露 3-1530A
sùlù 宿鷺 3-1530A
sùlùlù 速碌碌 10-883B
súlùn 俗論 1-1408B
sùlùn 素論 9-743A
sùluó 素羅 9-745B
sùluò 訴落 11-111A
sùluò 簌落 8-1236B
sùlùsàlā 速祿颯拉 10-883B
súlǚ 俗侶 1-1405B
súlǜ 俗慮 1-1408B
sùlǚ 素履 9-743A
sùlǜ 素律 9-736A
sùlǜ 速率 10-883A
sùlǜ 宿慮 3-1528A
sūmá 酥麻 9-1401A
sūmá 蘇麻 9-621B
sūmá 蘇麻 9-1346B
súmà 俗罵 1-1409A
sùmài 宿麥 3-1524B
sùmài 肅邁 9-257B
sùmàn 素幔 9-742A
sùmáng 速忙 10-881B
sùmǎng 素蟒 9-743B
sùmǎng 宿莽 3-1523A
sùmáo 素旄 9-737A
sùmáo 茜茅 9-411B
sùmào 素貌 9-742A
sùmào 肅懋 9-258A
sūméi 蘇梅 9-621A
súmèi 俗媚 1-1407B
sùméi 宿眉 3-1522B
sùméi 粟眉 9-211A
sùmèipíngshēng 素昧平生 9-735B
sùmèishēngpíng 素昧生平 9-735B
sūmén 蘇門 9-620A
sùmén 素門 9-735A
sùměng 宿懵 3-1529B
sūménliùjūnzǐ 蘇門六君子 9-620A
sūménsìxuéshì 蘇門四學士 9-620A
sūménsìyǒu 蘇門四友 9-620A
sūménsìzǐ 蘇門四子 9-620A
sūménxiào 蘇門嘯 9-620B
sūmǐ 蘇米 9-619B
sūmì 酥蜜 9-1401B
sùmǐ 粟米 9-211A
sùmiàn 素面 9-735B
sùmiàncháotiān 素面朝天 9-735B
sùmiáo 素描 9-738A
sùmiè 素幭 9-744B
sùmǐn 夙敏 3-1173B
súmíng 俗名 1-1405A
sùmíng 宿名 3-1520A
sùmìng 夙命 3-1172B
sùmìng 宿命 3-1521A
sùmìnglùn 宿命論 3-1521B
súmò 俗末 1-1404B
sùmò 素沫 9-734B
sùmò 宿墨 3-1528A
sùmòshuǐ 速末水 10-881B
sùmóu 宿謀 3-1529A
sūmózhē 蘇摩遮 9-622A
sūmòzhē 蘇莫遮 9-620B
sūmù 蘇木 9-618B
súmù 俗目 1-1404B
sùmù 夙慕 3-1174A
sùmù 素木 9-731A
sùmù 肅睦 9-256B
sùmù 肅穆 9-257B
sùmùchuáng 素木牀 9-731A
sūmùzhē 蘇幕遮 9-621B
sūmùzhē 蘇幙遮 9-621B
sùnài 素奈 9-734A
sùnài 素柰 9-735A
sùnàn 素難 9-745A
sùnáng 嗉囊 3-454A
sūn'áo 孫敖 4-235A
sǔnbài 損敗 6-802A
sǔnbì 損敝 6-802A
sǔnbiān 筍鞭 8-1158B
sǔnbiǎn 損貶 6-802A
sǔnbīngzhéjiàng 損兵折將 6-801A
sǔnbō 損剥 6-801B
sǔnbó 損薄 6-802B
sūncān 飧餐 12-495B
sūncáo 孫曹 4-235B
sǔnchè 損徹 6-802B
sǔnchè 損撤 6-802B
sǔnchéng 筍城 8-1158A
sǔnchú 損除 6-801A
sǔnchù 損絀 6-802A
sūnchǔlóu 孫楚樓 4-236A
sūndàshèng 孫大聖 4-233B
sǔndé 損德 6-802B
sūndēngxiào 孫登嘯 4-235B
sǔndì 筍蒂 8-1158B
sǔnduǎn 損短 6-802A
sǔnduì 損兑 6-801A
sǔnduó 損奪 6-802B
sūn'ér 孫兒 4-234B
sǔn'érquán 筍兒拳 8-1158A
sǔnfèi 損費 6-802A
sūnfù 孫婦 4-235B
sǔnfú 損服 6-801A
sǔnfǔ 筍脯 8-1158A
sǔngān 筍乾 8-1158A
sǔngǎn 筍笴 8-1158A
sǔngōngféisī 損公肥私 6-800B

sūngòngfèng 孫供奉 4-234B
sǔnguā 筍瓜 8-1157B
sǔnhài 損害 6-801B
sǔnhào 損耗 6-801A
sūnhóng 孫弘 4-234A
sūnhóuzi 孫猴子 4-235B
sǔnhuái 損懷 6-803A
sǔnhuài 損壞 6-802B
sǔnhuǐ 損毀 6-802A
sǔnhuì 損惠 6-802A
sǔnhuì 損穢 6-802B
sùní 素蜺 9-741B
sùní 素霓 9-743B
sùnì 宿膩 3-1529A
súniàn 俗念 1-1405B
sùniàn 夙念 3-1172B
sùniàn 宿念 3-1521B
sūniáng 蘇娘 9-621A
sùniǎo 宿鳥 3-1524B
sùniè 夙孽 3-1174B
sùniè 宿孽 3-1529B
sǔnjī 隼擊 11-793A
sǔnjī 筍屐 8-1158A
sǔnjí 損瘠 6-802B
sǔnjiān 筍尖 8-1157B
sǔnjiǎn 損減 6-802A
sǔnjíchéntíng 隼集陳庭 11-793A
sǔnjǐlìrén 損己利人 6-800B
sūnjīn 孫金 4-234B
sūnjìngbìhù 孫敬閉户 4-235B
sǔnjù 簨簴 8-1213B
sǔnjù 筍虡 8-1158B
sǔnjù 筍簴 8-1158B
sǔnjù 簨虡 8-1260A
sǔnjù 簨簴 8-1260A
sǔnjù 簨簾 8-1260A
sǔnjué 筍蕨 8-1158B
sūnkāngyìngxuě 孫康映雪 4-235B
sǔnkū 筍枯 8-1158A
sūnláng 孫郎 4-235A
sǔnlǐ 筍里 8-1158A
sūnliú 孫劉 4-236A
sūnluò 孫絡 4-235B
sǔnluó 筍籮 8-1158B
sǔnmài 損脈 6-801B
sǔnmǎo 摔卯 6-803A
sǔnmǎo 榫卯 4-1213B
sūnměi 蓀美 9-529A
sūnnān 孫囝 4-234A
sǔnnián 損年 6-800B
sǔnnuò 愻愞 7-744B
sūnnǚ 孫女 4-234A
sūnnǚxù 孫女婿 4-234A
sūnpáng 孫龐 4-236A
sǔnpèi 隼旆 11-793A
sǔnpí 筍皮 8-1157B
sǔnpú 筍蒲 8-1158B
sǔnqí 隼旗 11-793A
sǔnqì 損氣 6-801B
sǔnqì 損棄 6-802A
sūnqiān 飧牽 12-495B
sūnqián 飧錢 12-495B
sǔnquē 損缺 6-801B
sǔnquē 損闕 6-802B
sūnráo 蓀橈 9-529A
sǔnrén 損人 6-800A
sǔnrénféijǐ 損人肥己 6-800A
sǔnrénhàijǐ 損人害己 6-800A
sǔnrénlìjǐ 損人利己 6-800A
sǔnrényìjǐ 損人益己 6-800A
sǔnrǔ 損辱 6-801A
sùnsǎ 潠灑 6-150B
sūnshān 孫山 4-233B
sǔnshàn 損膳 6-802B
sǔnshāng 損傷 6-802A
sǔnshàngyìxià 損上益下 6-800B
sūnshàonǎinai 孫少奶奶 4-234A
sūnshàoye 孫少爺 4-234A
sǔnshén 損神 6-801A
sǔnshēng 損生 6-800B
sǔnshěng 損省 6-801A
sǔnshī 損失 6-800B
sǔnshí 筍石 8-1157B
sǔnshòu 損壽 6-802B
sǔnshòu 損瘦 6-802B
sūnshū 孫叔 4-234B
sǔnsī 損思 6-801A
sūnsūn 孫孫 4-235A
sǔntiáo 筍條 8-1158A
sǔntou 榫頭 4-1213B
sǔntóu 筍頭 8-1158B
sǔntuò 筍籜 8-1158B
sùnù 宿怒 3-1523A
sùnuò 夙諾 3-1174A
sùnuò 宿諾 3-1528A
sùnǚ 素女 9-730B
sǔnwěibō 隼尾波 11-793A
sūnwú 孫吳 4-234B
sǔnwū 損污 6-800B
sūnwùkōng 孫悟空 4-235A
sūnxī 孫息 4-235A
sūnxiè 飧泄 12-495B
sūnxiè 飧瀉 12-495B
sǔnxié 筍鞋 8-1158B
sūnxífù 孫息婦 4-235A
sūnxífù 孫媳婦 4-236A
sǔnxīn 損心 6-800B
sūnxíngzhě 孫行者 4-234B
sūnxǔ 孫許 4-235B
sūnxù 孫壻 4-235B
sǔnyǎn 榫眼 4-1213B
sūnyáng 孫陽 4-235B
sǔnyè 筍業 8-1158B
sǔnyè 簨業 8-1260A
sǔnyī 筍衣 8-1158A
sǔnyì 損抑 6-801A
sǔnyì 損挹 6-801A
sǔnyì 損益 6-801B
sǔnyīn 損陰 6-802A
sūnyōng 飧饔 12-496A
sūnyóu 孫郵 4-235A
sǔnyǒu 損友 6-800B
sǔnyú 隼旟 11-793A
sǔnyuàn 損怨 6-801A
sūnzēng 孫曾 4-235B
sǔnzhāng 隼張 11-793A
sǔnzhé 損折 6-800B
sǔnzhèng 損證 6-803A
sūnzhī 孫枝 4-234B
sǔnzhì 隼質 11-793A
sǔnzhīyòusǔn 損之又損 6-800B
sūnzhōu 飧粥 12-495B
sǔnzhóu 簨軸 8-1260A
sūnzhú 孫竹 4-234B
sūnzǐ 孫子 4-234A
suōbǎi 唆擺 3-371B
suōbǎn 縮板 9-1010A
suōbǎn 縮版 9-1010A
suǒbān 索瘢 9-750B
suōběn 縮本 9-1009B
suōbí 縮鼻 9-1011A
suǒbǐ 瑣鄙 4-616B
suǒbì 鎖閉 11-1368B
suōbiān 縮編 9-1011B
suǒbiàn 索辨 9-751A
suōbiāo 梭標 4-1071B
suōbiāo 梭鏢 4-1071B
suōbiāo 犧杓 6-291A
suǒbǐng 索餅 9-750B
suǒbǐng 索絣 9-751A
suǒbǐng 鎖柄 11-1367B
suǒbíshù 鎖鼻術 11-1369A
suōbō 唆撥 3-371B
suǒbó 瑣薄 4-617B
suōbù 梭布 4-1071A
suǒbū 索逋 9-749A
suǒbù 所部 7-353A
suǒcái 瑣才 4-614B
suǒcái 瑣材 4-615A
suǒcáng 鎖藏 11-1369B
suōcǎo 莎草 9-423B
suōcǎo 蓑草 9-514A
suōchàng 縮鬯 9-1010B
suǒcháng 所長 7-352B
suōchèn 睃趁 7-1224A
suǒchén 瑣陳 4-616A
suōchéng 衰城 9-31A
suǒchí 所持 7-353A
suǒchí 瑣墀 4-617B
suǒchí 鎖匙 11-1368A
suǒchóng 瑣蟲 4-618A
suǒchū 所出 7-351A
suǒchú 所除 7-353A
suǒchǔ 索處 9-749A
suǒchù 所處 7-353A
suǒchuāng 瑣窗 4-616B
suǒchuāng 瑣牕 4-617B
suǒchuāng 鎖窗 11-1369A
suǒchuānghán 鎖窗寒 11-1369A
suǒcí 瑣辭 4-618A
suòcí 些辭 5-352A
suǒcóng 所從 7-353B
suōcuàn 縮竄 9-1012A
suǒcún 所存 7-351B
suǒcuǒ 瑣脞 4-616A
suōdābā 莎搭八 9-423B
suǒdài 鎖黛 11-1369B
suǒdāngwúdí 所當無敵 7-353B
suǒdào 索道 9-750A
suǒdé 所得 7-353A
suǒdéshuì 所得稅 7-353A
suōdì 縮地 9-1009B
suǒdì 瑣第 4-616A
suōdìbǔtiān 縮地補天 9-1009B
suōdìjīng 縮地經 9-1009B
suōdìshù 縮地術 9-1009B
suōdòng 梭動 4-1071A
suōdòu 踳脰 10-546B
suōdòu 獻豆 5-139A
suǒdòujī 索鬪雞 9-751B
suōdú 唆毒 3-371B
suōdù 梭肚 4-1071A
suǒdú 瑣瀆 4-618A
suǒdù 鎖肚 11-1367B
suōduǎn 縮短 9-1011A
suǒdūn 鎖墩 11-1369A
suǒdùn 鎖頓 11-1369A
suǒduó 韄韇 12-211A
suō'é 傞俄 1-1561B
suō'è 縮頞 9-1011B
suòyǔ 些語 5-352A
suōfā 梭發 4-1071B
suōfàn 唆犯 3-371A
suǒfàn 索飯 9-749B
suǒfàng 索放 9-748A
suǒfèibùzī 所費不貲 7-353B
suǒfěn 索粉 9-749A
suǒfēng 鎖封 11-1367B
suǒfèngqiúluán 鎖鳳囚鸞 11-1369A
suōfú 梭服 4-1071A
suōfú 梭幅 4-1071B
suōfú 梭福 4-1071B
suōfú 縮伏 9-1010A
suōfù 梭腹 4-1071B
suōfù 縮腹 9-1011A
suǒfú 瑣伏 4-614B
suǒfú 瑣服 4-615B
suǒfú 鎖袱 11-1368B
suǒfù 索婦 9-749A
suǒfù 瑣附 4-615B
suǒfù 鎖縛 11-1369B
suǒfúbǎn 鎖伏板 11-1367B
suǒgé 索葛 9-749A
suǒgòuchuībān 索垢吹瘢 9-748A
suǒgòuxúncī 索垢尋疵 9-748A
suǒgǔ 鎖骨 11-1367B
suǒgù 瑣故 4-615B
suǒgù 鎖錮 11-1369A

suǒguǎn 鎖管 11-1369A
suǒgǔguānyīn 鎖骨觀音 11-1367B
suǒguī 所歸 7-354B
suōguò 梭過 4-1071A
suǒguō 瑣聒 4-616A
suǒguó 鎖國 11-1368A
suǒhē 索訶 9-749B
suǒhé 索合 9-747B
suǒhè 所荷 7-353A
suǒhēshìjiè 索訶世界 9-749B
suōhǒng 唆哄 3-371B
suǒhòu 所後 7-353A
suōhú 梭胡 4-1071A
suǒhuà 所化 7-350A
suǒhuà 瑣話 4-617A
suǒhuái 所懷 7-355A
suǒhuān 所歡 7-355A
suǒhuán 鎖環 11-1369B
suǒhuáng 鎖簧 11-1369B
suǒhuáng 鎖鐄 11-1369B
suōhuí 縮回 9-1010A
suǒhuì 索賄 9-750A
suǒhuì 瑣慧 4-617B
suōjī 唆激 3-371B
suōjī 梭緝 4-1071B
suōjī 羧基 9-190B
suōjì 縮祭 9-1010B
suōjì 縮跡 9-1011A
suǒjí 所及 7-349B
suǒjí 所急 7-353A
suǒjì 瑣記 4-615B
suōjiǎ 縮甲 9-1009B
suǒjiǎ 瑣甲 4-614B
suǒjiǎ 鎖甲 11-1367A
suǒjià 索價 9-750B
suōjiǎn 縮減 9-1010B
suōjiǎn 縮減 9-1011A
suōjiàn 睃見 7-1224A
suǒjiàn 所見 7-352A
suǒjiàn 瑣賤 4-617B
suǒjiàn 鎖諫 11-1369A
suǒjiāng 鎖韁 11-1370A
suǒjiànlüètóng 所見略同 7-352A
suǒjiànsuǒwén 所見所聞 7-352A
suōjiào 唆教 3-371B
suǒjié 瑣拮 4-615B
suǒjié 瑣結 4-616B
suǒjié 鎖桔 11-1368A
suǒjiě 索解 9-750B
suǒjiěrén 索解人 9-750B
suǒjìn 瑣近 4-615A
suǒjìn 鎖禁 11-1369A
suōjǐng 縮頸 9-1012A
suōjǐngbiān 縮頸鯿 9-1012A
suǒjiōng 鎖扃 11-1367B
suōjiǔ 縮酒 9-1010B
suōjiǔ 獻酒 5-140B
suǒjiǔ 索酒 9-749A
suǒjū 所居 7-352B
suǒjū 索居 9-748A
suǒjū 瑣居 4-615B
suǒjù 索句 9-747B
suǒjué 索絶 9-750A
suōkàn 睃看 7-1224A
suǒkào 鎖靠 11-1369A
suǒkào 鎖鐐 11-1370A
suǒkè 索客 9-748B
suǒkōng 索空 9-748A
suǒkǒng 鎖孔 11-1367A
suǒkǒu 鎖口 11-1367A
suōlā 睃拉 7-1224A
suǒlài 索賴 9-751A
suǒláng 索郎 9-748A
suǒlángláng 索郎郎 9-748A
suǒlángláng 索琅琅 9-749A
suǒlèi 瑣類 4-618A
suōlì 莎笠 9-423B
suōlì 蓑笠 9-514A
suōlì 簑笠 8-1234A
suōlì 縮栗 9-1010B
suōlì 縮慄 9-1011A
suǒlǐ 瑣里 4-615A
suǒlì 瑣吏 4-614B
suǒlì 瑣隸 4-617B
suǒlián 瑣連 4-615B
suǒlián 鎖連 11-1368A
suǒliàn 鎖鍊 11-1369B
suǒliàn 鎖鏈 11-1369B
suǒliáng 鎖梁 11-1368B
suǒliào 鎖鐐 11-1369B
suǒliè 瑣劣 4-614B
suōlìng 唆令 3-371A
suōlíng 榬柃 4-1211B
suǒlòu 瑣陋 4-615B
suǒlú 索盧 9-751A
suǒlǔ 索虜 9-750A
suǒlù 瑣碌 4-616B
suǒlùlù 索碌碌 9-750A
suǒlún 索倫 9-749A
suōluó 娑羅 4-364B
suōluó 桫欏 4-1064A
suǒluò 索落 9-749A
suōluóhuā 娑羅花 4-365A
suōluólín 娑羅林 4-365A
suōluólǒng 娑羅籠 4-365A
suōluómián 娑羅綿 4-365A
suōluóshuāngshù 娑羅雙樹 4-365A
suǒlǚ 瑣旅 4-615B
suǒlǚ 瑣縷 4-618A
suōlüèyǔ 縮略語 9-1010B
suǒméigēn 鎖眉根 11-1367B
suǒmén 瑣門 4-615B
suǒmǐ 索米 9-747B
suǒmì 索祕 9-748B
suǒmiàn 索麪 9-750B
suǒmiàn 索麵 9-751B
suǒmiǎo 瑣眇 4-615B
suǒmìng 索命 9-747B
suōmó 沙劘 5-962B
suǒmò 索莫 9-748B
suǒmò 索寞 9-750B
suǒmò 索漠 9-750B
suǒmò 瑣末 4-614B
suǒnà 嗩吶 3-461B
suǒnà 瑣吶 4-615A
suǒnà 鎖哪 11-1367B
suǒnà 鎖吶 11-1367B
suǒnán 所難 7-354B
suōnáng 縮囊 9-1012A
suǒnánzhī 鎖南枝 11-1367B
suōnì 縮匿 9-1010A
suǒnǐ 所擬 7-354B
suǒniú 索牛 9-747A
suǒniǔ 鎖紐 11-1368A
suǒniǔ 鎖鈕 11-1368B
suōnòng 唆弄 3-371A
suǒnǔ 瑣弩 4-615B
suǒnuò 瑣喏 4-616A
suǒnuò 瑣懦 4-616A
suōnù 縮恧 9-1010B
suōnù 縮朒 9-1010B
suōnù 縮衄 9-1010B
suǒ'ǒu 索偶 9-749A
suōpán 娑盤 4-364B
suǒpéi 索賠 9-750B
suōpí 鮻魮 12-1237B
suōpó 娑婆 4-364B
suōpóhē 娑婆訶 4-364B
suōpóshìjiè 娑婆世界 4-364B
suōqì 縮氣 9-1010B
suǒqī 所期 7-353B
suōqiāng 梭槍 4-1071B
suǒqiáng 索强 9-750A
suǒqiángrú 索强如 9-750A
suǒqiángsì 索强似 9-750A
suǒqiáo 索橋 9-750B
suǒqiè 瑣結 4-616A
suǒqīn 所親 7-354B
suǒqīn 所欽 7-353B
suǒqiú 索求 9-747B
suǒqǔ 索取 9-747B
suōquán 縮蹉 9-1011B
suǒquán 所詮 7-354A
suǒquán 鎖銓 11-1369A
suōquè 縮却 9-1010A
suǒqún 索羣 9-749A
suōrán 縮然 9-1011A
suǒrán 索然 9-749B
suǒrǎn 所染 7-353A
suǒránguǎwèi 索然寡味 9-749B
suǒránwúwèi 索然無味 9-749B
suǒrén 霍人 11-704A
suǒrèn 瑣任 4-614B
suǒrú 所如 7-352A
suōsān 髿鬖 12-744A
suǒsǎn 瑣散 4-616A
suōsè 縮瑟 9-1011A
suǒsè 索瑟 9-750A
suǒsè 瑣嗇 4-616B
suǒshā 瑣沙 4-615A
suǒshàn 所善 7-353B
suǒshāng 所傷 7-354A
suōshé 縮舌 9-1010A
suōshēn 縮身 9-1010A
suǒshēng 所生 7-350B
suōshǐ 唆使 3-371B
suǒshí 所識 7-355A
suǒshì 所事 7-352B
suǒshì 所是 7-353A
suǒshì 所適 7-354A
suǒshì 索是 9-748B
suǒshì 瑣士 4-614B
suǒshì 瑣事 4-615B
suǒshì 鎖士 11-1367A
suǒshì 鎖事 11-1367B
suǒshì 鎖試 11-1369A
suōshǒu 縮手 9-1009B
suǒshǒu 索手 9-747A
suǒshòu 瑣瘦 4-617B
suōshǒujuǎnshé 縮首卷舌 9-1010A
suōshǒusuōjiǎo 縮手縮脚 9-1009B
suǒshǔ 所屬 7-355A
suǒshù 鎖樹 11-1369A
suōshuǐ 縮水 9-1009B
suōshuō 唆説 3-371B
suǒshuō 所説 7-354A
suǒshuō 瑣説 4-617B
suǒsī 所司 7-351A
suǒsī 所思 7-353A
suōsòng 唆訟 3-371B
suǒsù 鎖宿 11-1368B
suōsuān 羧酸 9-190B
suǒsuàn 所算 7-354A
suōsuí 莎隨 9-423B
suǒsuì 瑣碎 4-616B
suǒsuì 鎖碎 11-1369A
suōsuō 蹜蹜 10-546B
suōsuō 娑娑 4-364B
suōsuō 傞傞 1-1561B
suōsuō 梭梭 4-1071A
suōsuō 嗦嗦 3-460B
suōsuō 縮縮 9-1012A
suōsuō 髿髿 12-744A
suǒsuǒ 颾颾 12-642A
suǒsuǒ 所所 7-352B
suǒsuǒ 索索 9-748B
suǒsuǒ 瑣瑣 4-617A
suǒsuǒ 鎖索 11-1368A
suǒsuǒ 鎖鎖 11-1369B
suòsuò 些些 5-351B
suǒsuǒlùlù 瑣瑣碌碌 4-617A
suōsuōnièniè 縮縮躡躡 9-1012A
suǒsuǒpútáo 瑣瑣葡萄 4-617A
suǒsuǒpútáo 瑣瑣蒲桃 4-617A
suǒsuǒqīqī 瑣瑣戚戚 4-617A
suǒtà 瑣闥 4-618A
suǒtà 鎖闥 11-1369B
suōtǎbā 莎塔八 9-423B
suǒtáo 索綯 9-750B
suǒtǐ 所體 7-355A
suǒtiān 所天 7-349B

suōtiānmōdì 梭天摸地 4-1071A
suōtiáo 唆調 3-371B
suǒtiě 索鐵 9-751B
suǒtīng 鎖廳 11-1370A
suǒtīng 鎖廰 11-1370A
suǒtǐng'er 鎖梃兒 11-1368A
suǒtīngjǔrén 鎖廳舉人 11-1370A
suǒtīngshì 鎖廳試 11-1370A
suōtóu 縮頭 9-1011B
suǒtóu 索頭 9-751A
suōtóubiān 縮頭鯿 9-1011B
suōtóuguī 縮頭龜 9-1011B
suǒtóulǔ 索頭虜 9-751A
suōtóusuōjǐng 縮頭縮頸 9-1011B
suōtóusuōnǎo 縮頭縮腦 9-1011B
suōtú 縮圖 9-1011A
suǒtú 所圖 7-354A
suōtuì 縮退 9-1010A
suōtuō 娑拖 4-364B
suǒtuóbā 鎖陀八 11-1367B
suōwàng 睃望 7-1224A
suǒwàng 所望 7-353B
suǒwàng 索望 9-749A
suǒwēi 索微 9-750B
suǒwēi 瑣微 4-616B
suǒwéi 所爲 7-353B
suǒwéi 瑣幃 4-616A
suǒwéi 瑣闈 4-618A
suǒwéi 鎖闈 11-1369B
suǒwěi 索葦 9-749B
suǒwěi 瑣尾 4-615A
suǒwěi 瑣猥 4-616A
suǒwěi 鎖尾 11-1367B
suǒwèi 所爲 7-353B
suǒwèi 所謂 7-354B
suǒwén 所聞 7-354A
suǒwén 瑣聞 4-617B
suōwēng 衰翁 9-32A
suōwēng 蓑翁 9-514A
suǒwù 瑣務 4-616A
suōwūchēngzhēn 縮屋稱貞 9-1010A
suōxī 縮錫 9-1012A
suǒxī 瑣醯 4-617B
suǒxì 瑣細 4-616A
suǒxì 鎖繫 11-1369B
suǒxì 鎖細 11-1368B
suōxiá 梭霞 4-1071B
suōxiàng 縮項 9-1010B
suōxiàng 犧象 6-291B
suǒxiǎng 索饗 9-751B
suǒxiàng 所向 7-351B
suōxiàngbiān 縮項鯿 9-1011A
suǒxiàngjiēmǐ 所向皆靡 7-352A
suǒxiàngkèjié 所向克捷 7-351B
suǒxiàngpīmǐ 所向披靡 7-352A
suǒxiàngwúdí 所向無敵 7-352A
suǒxiàngwúqián 所向無前 7-352A
suōxiàngyú 縮項魚 9-1011A
suōxiǎo 縮小 9-1009A
suǒxiào 索笑 9-749A
suōxiě 縮寫 9-1011B
suǒxiè 索謝 9-751B
suǒxiè 瑣屑 4-615B
suǒxiè 鎖屑 11-1368A
suǒxīn 所心 7-350A
suǒxīn 瑣心 4-614B
suǒxíng 瑣行 4-615A
suǒxìng 索興 9-751A
suǒxìng 索性 9-748A
suǒxū 鎖須 11-1368B
suǒxū 鎖鑐 11-1370A
suǒxū 鎖鬚 11-1370A
suǒxù 瑣絮 4-616B
suōxún 梭巡 4-1071A
suǒxún 索尋 9-750A
suōyáláizuǐ 傞牙倈嘴 1-1561B
suǒyán 瑣言 4-615A
suǒyàn 所驗 7-355A
suǒyàn 瑣艷 4-618A
suǒyāng 所央 7-350B
suǒyáng 鎖陽 11-1368B
suǒyángtái 鎖陽臺 11-1368B
suǒyào 索要 9-748A
suōyè 梭葉 4-1071A
suǒyè 所業 7-353B
suōyī 莎衣 9-423A
suōyī 蓑衣 9-514A
suōyī 簑衣 8-1234A
suǒyí 所宜 7-352B
suǒyí 所遺 7-354A
suǒyí 鎖頤 11-1369A
suǒyǐ 所已 7-349B
suǒyǐ 所以 7-350A
suǒyì 所易 7-352B
suōyījiékǒu 縮衣節口 9-1010A
suōyījiéshí 縮衣節食 9-1010A
suōyín 縮銀 9-1011B
suōyìn 縮印 9-1009B
suǒyǐn 索引 9-747B
suǒyǐn 索隱 9-751A
suǒyìn 瑣印 4-614B
suǒyìn 鎖印 11-1367A
suōyǐng 縮影 9-1011B
suǒyìng 鎖應 11-1369B
suǒyǐnxíngguài 索隱行怪 9-751A
suōyīqún 簑衣裙 8-1234A
suǒyǐrán 所以然 7-350A
suōyīsèshí 縮衣嗇食 9-1010A
suǒyòng 所用 7-350B
suǒyòng 索用 9-747B
suōyòu 唆誘 3-371B
suǒyóu 所由 7-350B
suǒyǒu 所有 7-351A
suǒyóuguān 所由官 7-350B
suǒyǒupǐn 所有品 7-351B
suǒyǒuquán 所有權 7-351B
suǒyǒuzhì 所有制 7-351B
suōyú 梭魚 4-1071A
suōyǔ 沙羽 5-952B
suōyǔ 縮語 9-1011B
suōyǔ 犧羽 6-291A
suǒyú 鎖魚 11-1368A
suǒyǔ 所與 7-353B
suǒyǔ 瑣語 4-617A
suǒyuán 所緣 7-354A
suǒyuán 瑣垣 4-615B
suǒyuàn 所願 7-354B
suǒyuàn 鎖怨 11-1367B
suǒyuàn 鎖院 11-1367B
suǒyuányuán 所緣緣 7-354A
suǒyuē 索約 9-748B
suǒyuè 鎖鑰 11-1370A
suǒyùn 瑣運 4-616B
suǒzá 瑣雜 4-618A
suǒzài 所在 7-351A
suǒzàidì 所在地 7-351A
suōzhà 唆詐 3-371B
suǒzhà 索詐 9-749B
suǒzhàn 索戰 9-751A
suòzhāng 些章 5-351B
suōzhī 梭織 4-1071B
suǒzhī 所之 7-349B
suǒzhī 所知 7-352B
suǒzhī 索知 9-747B
suǒzhí 所職 7-354B
suǒzhǐ 所止 7-350A
suǒzhì 所至 7-351B
suǒzhì 所致 7-353A
suǒzhì 瑣秩 4-615B
suǒzhì 瑣智 4-616A
suǒzhì 瑣質 4-617B
suǒzhīzhàng 所知障 7-352B
suōzhù 梭杼 4-1071A
suǒzhǔ 所主 7-350B
suōzhuó 縮酌 9-1010B
suōzi 梭子 4-1070B
suǒzi 索子 9-747A
suǒzi 鎖子 11-1367A
suǒzī 瑣姿 4-615B
suǒzǐ 所子 7-349B
suǒzì 所自 7-351B
suǒzicuòjiǎ 鎖子錯甲 11-1367A
suǒzigǔ 鎖子骨 11-1367A
suǒzijiǎ 鎖子甲 11-1367A
suǒzikǎi 鎖子鎧 11-1367A
suōzixiè 梭子蟹 4-1070B
suǒzizhàng 鎖子帳 11-1367A
suōzǔ 縮組 9-1010A
suǒzú 瑣卒 4-615B
suǒzú 瑣族 4-616A
suōzuǐ 唆嘴 3-371B
suōzūn 犧尊 6-291B
suōzūn 犧樽 6-292B
suōzūn 犧罇 6-292B
suōzūn 犧鐏 6-292B
suōzūn 獻尊 5-141B
suǒzuòsuǒwéi 所作所爲 7-352A
sùpáo 素袍 9-737B
sùpèi 素旆 9-737A
sùpí 素紕 9-738A
sùpǐn 素品 9-735B
sùpíng 素屏 9-736B
sùpíngfēng 素屏風 9-736B
sùpíngjī 素馮几 9-740A
sùpò 素魄 9-742A
sùpú 遬濮 10-1153A
sùpú 楝樸 4-1258B
sùpǔ 素朴 9-732B
sùpǔ 素樸 9-743B
sūqì 蘇氣 9-621A
súqì 俗氣 1-1406B
sùqī 夙期 3-1173B
sùqī 素期 9-739B
sùqī 宿棲 3-1525B
sùqí 素祇 9-735A
sùqí 素旗 9-742A
sùqí 素騏 9-744B
sùqí 宿耆 3-1523A
sùqí 肅齊 9-257B
sùqǐ 肅啓 9-255A
sùqì 夙契 3-1173A
sùqì 素契 9-735A
sùqì 素氣 9-737A
sùqì 素器 9-743B
sùqì 宿契 3-1521B
sùqì 肅氣 9-254B
sūqiān 酥僉 9-1401B
sūqiān 酥簽 9-1401B
sùqiān 宿愆 3-1527A
sùqián 素錢 9-744B
sùqián 肅虔 9-254B
sùqín 素琴 9-739B
sùqín 宿禽 3-1526A
sùqín 宿勤 3-1526B
sùqín 肅勤 9-256A
sūqīng 蘇卿 9-621A
súqíng 俗情 1-1407A
sùqīng 肅清 9-255A
sùqíng 素情 9-739A
sùqíng 宿情 3-1525A
sùqióng 訴窮 11-111A
sùqiū 素秋 9-735B
sùqiú 素虬 9-733B
sùqiú 素虯 9-734B
sùqiú 宿囚 3-1519B
sùqiǔ 宿糗 3-1529A
sūqū 蘇區 9-621A
súqǔ 俗曲 1-1404B
sùqū 訴屈 11-110A
sùquán 訴權 11-111A
sùrán 泝然 5-1087A
sùrán 肅然 9-255B
sùrán 謖然 11-373B
sùràng 肅讓 9-258B
sùránqǐjìng 肅然起敬 9-256A
sùránshēngjìng 肅然生敬 9-256A

súrén 俗人 1-1403B
sùrén 素人 9-730B
sùrén 訴人 11-109B
sùrèn 素刃 9-731A
sùrì 夙日 3-1171B
sùrì 素日 9-731B
sūróng 酥融 9-1401B
súrǒng 俗冗 1-1404A
sùróng 素榮 9-742B
sùróng 宿容 3-1524A
sùróng 肅容 9-254B
sùròu 宿肉 3-1520A
sùróudìng 宿柔鋌 3-1523A
sūrǔ 酥乳 9-1401A
súrú 俗儒 1-1409A
sùrú 夙儒 3-1174B
sùrú 宿儒 3-1528B
sùrú 肅如 9-253B
sūruǎn 酥軟 9-1401A
sūruǎn 蘇軟 9-621A
sùruí 素蕤 9-742B
sùruǐ 素蘂 9-745A
sùruì 速鋭 10-884A
sūrùn 酥潤 9-1401B
sūsà 窣颯 8-453B
sùsè 素色 9-733A
sùsēn 肅森 9-255B
súsēng 俗僧 1-1408A
sùshā 夙沙 3-1172A
sùshā 素沙 9-734A
sùshā 素紗 9-738A
sùshā 肅殺 9-254B
sùshāmì 縮砂密 9-1010A
sùshàn 素扇 9-737B
sùshàn 素膳 9-744A
sùshàn 宿善 3-1526A
sùshàn 宿膳 3-1529A
súshàng 俗尚 1-1405B
sùshāng 素商 9-739A
sùshāng 速傷 10-884A
sùshǎng 素賞 9-742B
sùshàng 夙尚 3-1172B
sùshàng 素尚 9-734A
sùshàng 宿尚 3-1521A
sùshé 素蛇 9-738B
sùshè 泝涉 5-1087A
sùshè 宿舍 3-1521A
sùshè 宿設 3-1525A
sùshēn 素身 9-734A
sùshèn 肅脤 9-254B
sùshèn 肅慎 9-256B
sūshēng 甦生 7-1521A
sūshēng 蘇生 9-619A
súshēng 俗聲 1-1409A
súshèng 俗聖 1-1407B
sùshēng 夙生 3-1172A
sùshēng 宿生 3-1519B
sùshèng 速勝 10-883B
sùshènzhīshǐ 肅慎之矢 9-256B
sūshì 蘇世 9-619A
súshī 俗師 1-1406B
súshì 俗士 1-1403B
súshì 俗世 1-1404B
súshì 俗事 1-1405A
sùshī 宿師 3-1523B
sùshí 素石 9-732A
sùshí 素食 9-736A
sùshí 宿食 3-1522A
sùshì 夙世 3-1171B
sùshì 素士 9-730B
sùshì 素事 9-734A
sùshì 素室 9-736B
sùshì 宿士 3-1519A
sùshì 宿世 3-1519B
sùshì 訴事 11-110A
sùshídiàn 速食店 10-882B
sùshífān 素十番 9-730B
sùshíjǐn 素十錦 9-730B
sùshímiàn 速食麵 10-882B
sùshìyuānjiā 夙世冤家 3-1171B
sùshìyuānyè 夙世冤業 3-1172A
súshǒu 俗手 1-1404A
sùshǒu 素手 9-731B
sùshǒu 素守 9-733A
sūshū 穌舒 8-151A
súshū 俗書 1-1406B
sùshū 素書 9-737B
sùshū 素舒 9-740A
sùshū 肅疎 9-256A
sùshú 速熟 10-884A
sùshù 泝述 5-1086B
sùshù 訴述 11-110A
sùshuài 潚率 6-179A
sùshuāng 肅霜 9-258A
sùshuāng 肅爽 9-255A
sùshuāng 驌騻 12-913A
sùshuāng 驌驦 12-913A
sùshuāng 鷫霜 12-1169B
sùshuāng 鷫鷞 12-1169B
sùshuāng 鷫鸘 12-1169B
sùshuǎng 肅爽 9-255A
sùshuǎng 橚爽 4-1350A
sùshuāngpáo 鷫鸘袍 12-1170A
sùshuāngqiú 鷫鸘裘 12-1170A
sùshuǐ 涑水 5-1195A
sùshuǐ 素水 9-731B
sùshuǐcānfēng 宿水湌風 3-1519A
sùshuǐcānfēng 宿水餐風 3-1519A
sùshuǐcānfēng 宿水飧風 3-1519A
sùshuǐwēng 涑水翁 5-1195A
sùshuǐxíngzhōu 泝水行舟 5-1086B
súshuō 俗説 1-1408A
sùshuō 訴説 11-111A
sùshuò 潚箾 6-932A
sùshuò 潚箾 6-179B
súsī 俗思 1-1406A
sùsī 素絲 9-740B
sùsī 粟斯 9-211A
sùsīgāoyáng 素絲羔羊 9-740B
sùsīliángmǎ 素絲良馬 9-740B
sūsōng 酥鬆 9-1401B
sùsòng 速訟 10-883A
sùsòng 宿訟 3-1524B
sùsòng 訴訟 11-110B
sùsòng 愬訟 7-672A
sùsòngfèi 訴訟費 11-110B
sūsū 窣窣 8-453B
sūsū 蘇甦 9-621B
sūsū 蘇蘇 9-622A
sùsù 夙素 3-1173A
sùsù 泝泝 5-1086B
sùsù 泝溯 5-1087B
sùsù 泝遡 5-1087B
sùsù 速速 10-882B
sùsù 宿素 3-1523A
sùsù 宿宿 3-1525A
sùsù 肅肅 9-256B
sùsù 蔌蔌 9-534B
sùsù 餗餗 10-1382A
sùsù 趚趚 9-1132A
sùsù 潚潚 6-179B
sùsù 橚橚 4-1350A
sùsù 簌簌 8-1236B
sùsù 謖謖 11-373B
sùsù 驌驌 12-913A
sùsù 颵颵 12-652B
sùsuàn 速算 10-884A
sùsuì 宿歲 3-1526B
sùsūn 素飧 9-740A
sùsūn 素飱 9-741A
sùsuō 肅縮 9-258A
sùsuǒ 宿所 3-1521A
sūtái 蘇臺 9-621B
sútài 俗態 1-1408B
sútán 俗談 1-1408B
sùtān 泝灘 5-1087B
sùtán 速檀 10-884B
sùtán 宿壇 3-1528B
sūtāng 酥湯 9-1401B
sūtáng 酥糖 9-1401B
sùtànlǎn 素呾纜 9-734B
sútào 俗套 1-1406A
sùtè 粟特 9-211A
sútǐ 俗體 1-1409B
sùtí 素題 9-744B
sùtǐ 素體 9-746A
sùtiǎn 速殄 10-882A
sùtiánwēng 宿田翁 3-1519B
sùtiě 速帖 10-882A
sùtiědāo 宿鐵刀 3-1530A
sùtīng 素聽 9-746A
sùtīng 肅聽 9-258B
sútǐzì 俗體字 1-1409B
sùtōng 泝通 5-1087A
sùtóu 宿頭 3-1528B
sūtú 蘇塗 9-621B
sútú 俗徒 1-1406B
sùtú 速途 10-882B
sùtǔ 宿土 3-1519A
sùtǔ 粟土 9-210B
sùtuān 素湍 9-740B
sùtuì 素退 9-736B
sūtuó 酥酡 9-1401B
sùwán 素紈 9-737A
sùwàn 素腕 9-740A
súwǎng 俗網 1-1408B
sùwáng 素王 9-731A
sùwǎng 訴枉 11-110A
sùwàng 夙望 3-1173B
sùwàng 素望 9-739A
sùwàng 宿望 3-1525A
sùwēi 素威 9-735B
sùwēi 宿威 3-1522A
sùwéi 素帷 9-738B
sùwèi 素位 9-734A
sùwèi 宿衛 3-1528A
sùwèi 宿衞 3-1528B
sùwén 夙聞 3-1174A
sùwén 素文 9-731B
sùwén 素聞 9-742B
sùwén 宿聞 3-1527B
sùwén 粟文 9-210B
sùwén 訴聞 11-111A
sùwèn 宿問 3-1525A
súwénxué 俗文學 1-1404A
sùwò 宿卧 3-1520B
sūwù 衄勿 2-533A
súwù 俗物 1-1405B
súwù 俗務 1-1407A
sùwū 素烏 9-737A
sùwū 宿屋 3-1522B
sùwù 夙悟 3-1173A
sùwù 宿物 3-1521A
sùwù 宿霧 3-1529B
sùwù 肅物 9-253B
sūwǔjié 蘇武節 9-620A
sūxī 甦息 7-1521A
sūxī 穌息 8-150B
sūxī 蘇息 9-621A
súxí 俗習 1-1407A
sùxī 夙夕 3-1171B
sùxī 夙昔 3-1172B
sùxī 素昔 9-734A
sùxī 宿夕 3-1519A
sùxī 宿昔 3-1520B
sùxī 宿息 3-1523B
sùxí 夙習 3-1173B
sùxí 素習 9-739B
sùxí 宿習 3-1525A
sùxǐ 速喜 10-883A
sùxì 宿繫 3-1529B
sùxì 宿隙 3-1526A
sùxiá 宿瑕 3-1526A
sūxiān 蘇仙 9-619A
sùxián 素弦 9-735A
sùxián 素絃 9-739B
sùxián 宿嫌 3-1527A
sùxián 宿賢 3-1528A
sùxiàn 素霰 9-745B
sùxiāng 速香 10-882A
sùxiāng 肅香 9-254A
sùxiàng 素相 9-735B
sùxiàng 塑像 2-1175B
sūxiāngōng 蘇仙公 9-619B
sūxiǎo 蘇小 9-618B

sùxiāo 夙宵 3-1173A
sùxiāo 速銷 10-884A
sùxiào 速効 10-882A
sùxiào 速效 10-883A
sùxiàoféiliào 速效肥料 10-883A
sūxiǎomèi 蘇小妹 9-618B
sūxiǎoxiǎo 蘇小小 9-618B
súxiàwénzì 俗下文字 1-1403B
sūxiè 酥懈 9-1401B
sùxiē 宿歇 3-1526B
sùxiě 速寫 10-884A
sùxiè 肅謝 9-258A
sùxiěhuà 速寫畫 10-884A
sùxiětú 速寫圖 10-884A
sùxījiāo 宿昔交 3-1520B
sūxīn 蘇辛 9-620A
súxīn 俗心 1-1404B
sùxīn 夙心 3-1171B
sùxīn 素心 9-732A
sùxīn 素馨 9-745B
sùxīn 宿心 3-1519A
sùxīn 肅心 9-253A
sùxìn 素信 9-736A
sùxìn 宿釁 3-1530A
sūxīng 蘇興 9-622A
sūxǐng 甦省 7-1521A
sūxǐng 甦醒 7-1521A
sūxǐng 蘇省 9-620B
sūxǐng 蘇醒 9-622A
súxìng 俗姓 1-1406A
sùxīng 夙興 3-1174A
sùxíng 素行 9-732B
sùxǐng 肅省 9-254A
sùxìng 素姓 9-735A
sùxìng 素性 9-734B
sùxīngmèidàn 夙興昧旦 3-1174B
sùxīngyèchǔ 夙興夜處 3-1174A
sùxīngyèmèi 夙興夜寐 3-1174A
sùxīnlán 素心蘭 9-732A
sùxīnrén 素心人 9-732A
sūxiōng 酥胷 9-1401A
sūxiōng 酥胸 9-1401A
sūxiù 蘇綉 9-621B
sùxiū 素修 9-736A
sùxiū 素脩 9-737A
sùxiū 訴休 11-110A
sùxiū 肅修 9-254A
sùxiǔ 速朽 10-881B
sùxiù 宿秀 3-1520A
sùxū 宿胥 3-1522B
sùxù 素畜 9-737B
sùxù 素蓄 9-740B
sùxù 素鱮 9-746A
súxuān 俗喧 1-1407B
sùxuān 素軒 9-737A
súxué 俗學 1-1409A
sùxué 素學 9-744A
sùxué 宿學 3-1528B
sùxuě 素雪 9-738B
sùxuě 宿雪 3-1524B
sùxuě 訴雪 11-110B
sùyǎ 素雅 9-739B
sùyà 肅迓 9-253B
súyán 俗言 1-1405A
súyǎn 俗眼 1-1407A
súyàn 俗諺 1-1409A
súyàn 俗艷 1-1409B
sùyān 素烟 9-737B
sùyān 素煙 9-741B
sùyān 宿煙 3-1527A
sùyán 泝沿 5-1086B
sùyán 泝沿 5-1086B
sùyán 素顏 9-745A
sùyán 速嚴 10-884B
sùyán 訴言 11-110A
sùyán 肅嚴 9-258B
sùyàn 素艷 9-746A
sùyàn 宿彥 3-1522B
sùyàn 肅晏 9-254B
sùyāng 宿殃 3-1522A
sùyǎng 素養 9-742B
sùyàng 宿恙 3-1524A
sùyāo 素腰 9-741A
súyě 俗野 1-1407A
sùyè 夙夜 3-1172B
sùyè 夙業 3-1173B
sùyè 素液 9-739A
sùyè 素葉 9-739B
sùyè 素業 9-741A
sùyè 素謁 9-744A
sùyè 宿夜 3-1521B
sùyè 宿業 3-1526B
sùyè 肅謁 9-257B
sùyèbùxiè 夙夜不解 3-1172B
sùyèfěixiè 夙夜匪解 3-1172B
sùyèfěixiè 夙夜匪懈 3-1172B
sùyèránnuò 宿夜然諾 3-1521B
súyī 俗醫 1-1409B
súyí 俗疑 1-1408A
súyí 俗儀 1-1408B
súyì 俗意 1-1407B
súyì 俗議 1-1409B
sùyī 素一 9-730B
sùyī 素衣 9-733A
sùyī 肅衣 9-253A
sùyī 肅壹 9-255B
sùyī 肅揖 9-255B
sùyì 素蟻 9-745A
sùyì 夙意 3-1174A
sùyì 夙誼 3-1174A
sùyì 素意 9-741B
sùyì 素肄 9-741A
sùyì 速易 10-882A
sùyì 宿意 3-1527A
sùyì 宿義 3-1527A
sùyì 肅艾 9-253A
sùyībáimǎ 素衣白馬 9-733A
sùyīn 夙因 3-1172A
sùyīn 素音 9-736B
sùyīn 宿因 3-1520A
sùyǐn 素隱 9-744A
sùyīng 素英 9-734A
sùyīng 肅膺 9-258A
sùyíng 宿營 3-1529A
sùyǐng 素影 9-743A
sùyìnjī 速印機 10-881B
sùyǐnxíngguài 素隱行怪 9-744A
sùyōng 肅廱 9-257B
sùyōng 肅邕 9-254B
sùyōng 肅雍 9-256B
sùyōng 肅雝 9-258B
sūyóu 酥油 9-1401A
súyòu 俗囿 1-1406A
sùyōu 速憂 10-884A
sùyōu 宿憂 3-1528A
sùyóu 泝游 5-1087A
sùyóu 素油 9-734B
sùyóu 速尤 10-881B
sùyóu 遡游 10-1146B
sùyóu 遡遊 10-1146B
sùyǒu 素友 9-731B
sūyóucǎo 酥油草 9-1401A
sūyóuchá 酥油茶 9-1401A
sūyǔ 酥雨 9-1401A
súyǔ 俗語 1-1408A
súyù 俗譽 1-1409B
sùyú 素魚 9-738B
sùyú 鱐魚 12-1268A
sùyǔ 素羽 9-733A
sùyǔ 宿羽 3-1520A
sùyǔ 宿雨 3-1521A
sùyǔ 宿語 3-1527B
sùyǔ 訴語 11-111A
sùyù 素域 9-738A
sùyù 素譽 9-745B
sùyù 速獄 10-884A
sùyù 宿寓 3-1526A
sùyù 宿遇 3-1525B
sùyù 宿獄 3-1527B
sūyuán 蘇援 9-621B
súyuán 俗緣 1-1408B
súyuàn 俗院 1-1406A
sùyuān 宿冤 3-1524A
sùyuān 訴冤 11-110B
sùyuān 訴寃 11-111A
sùyuān 愬冤 7-672A
sùyuán 夙緣 3-1174A
sùyuán 泝源 5-1087B
sùyuán 宿緣 3-1528B
sùyuàn 夙怨 3-1173A
sùyuàn 夙願 3-1174B
sùyuàn 素願 9-745A
sùyuàn 速怨 10-882B
sùyuàn 宿怨 3-1522B
sùyuàn 宿願 3-1529B
sùyuàn 訴怨 11-110B
sùyuàn 訴願 11-111A
sùyuánqióngliú 遡源窮流 10-1146B
sùyǔcānfēng 宿雨餐風 3-1521A
súyuè 俗樂 1-1408B
sùyuē 素約 9-736B
sùyuē 宿約 3-1523A
sùyuè 素月 9-731B
sūyún 窣雲 8-453B
súyùn 俗韻 1-1409B
sùyún 宿雲 3-1525B
sùyǔn 夙隕 3-1173B
sùyǔn 夙殞 3-1174A
sùyùn 素蘊 9-744B
sùyùn 素韻 9-745B
sùzāi 速災 10-882A
sùzàn 速蹔 10-884B
sùzāng 宿贓 3-1530A
sùzàng 宿藏 3-1529A
sùzǎo 速藻 10-884B
sùzào 塑造 2-1175B
sùzé 素幘 9-742A
sùzé 宿澤 3-1529A
sùzéi 夙賊 3-1173B
sùzéi 宿賊 3-1526B
sùzhá 素劄 9-742A
sùzhá 素札 9-732A
sùzhāi 素齋 9-744B
sùzhāi 宿齋 3-1529B
sùzhài 宿責 3-1524B
sùzhài 宿債 3-1526B
sùzhàn 速戰 10-884B
sùzhàn 宿站 3-1524A
sūzhāng 蘇張 9-621B
sùzhāng 素章 9-739A
sùzhàng 素帳 9-738B
sùzhàng 宿障 3-1527A
sùzhànsùjué 速戰速决 10-884B
sùzhāo 素朝 9-739B
sùzhé 宿哲 3-1523A
sùzhēn 傸侲 1-1733A
sùzhěn 素疹 9-737A
sùzhèn 肅振 9-254A
sùzhèn 肅震 9-257B
sùzhěng 肅整 9-257B
sùzhèng 宿症 3-1524A
sùzhèng 肅正 9-253A
sùzhī 夙知 3-1172B
sùzhī 素支 9-731A
sùzhī 素芝 9-732B
sùzhī 素枝 9-734A
sùzhī 素知 9-734B
sùzhī 宿知 3-1521A
sùzhī 肅祗 9-254A
sùzhí 宿直 3-1520B
sùzhí 宿值 3-1523B
sùzhǐ 素指 9-735A
sùzhǐ 宿止 3-1519A
sùzhì 夙知 3-1172B
sùzhì 夙志 3-1172A
sùzhì 夙智 3-1173B
sùzhì 素志 9-733B
sùzhì 素雉 9-741A
sùzhì 素質 9-743A
sùzhì 宿志 3-1520A
sùzhì 宿治 3-1521B
sùzhì 宿滯 3-1527B
sùzhì 粟秩 9-211A

sùzhì 肅志 9-253B
sùzhì 肅治 9-253B
sūzhōng 蘇鐘 9-622A
súzhòng 俗衆 1-1407B
sùzhōng 素衷 9-737A
sūzhōngláng 蘇中郎 9-619A
sùzhōngqíng 訴衷情 11-110B
súzhōngrén 俗中人 1-1404A
sūzhōumǎzi 蘇州碼子 9-619B
súzhǔ 俗主 1-1404B
sùzhū 素珠 9-737A
sùzhū 速誅 10-884A
sùzhū 宿豬 3-1528A
sùzhū 樕蠡 4-1258B
sùzhū 嫰蠡 5-102B
sùzhǔ 宿主 3-1519B
sùzhù 素著 9-738A
sùzhù 宿著 3-1524B
súzhuàn 俗饌 1-1409B
sùzhuàn 素篆 9-743A
sùzhuàn 素饌 9-745B
sùzhuàn 宿篆 3-1528A
súzhuāng 俗裝 1-1408A
súzhuàng 俗狀 1-1405B
sùzhuāng 素妝 9-734A
sùzhuāng 素粧 9-740A
sùzhuāng 速裝 10-884A
sùzhuāng 宿妝 3-1520B
sùzhuāng 宿粧 3-1526A
sùzhuāng 肅莊 9-254B
sùzhuàng 訴狀 11-110A
sùzhuāngyīn 宿粧殷 3-1526A
sùzhuī 泝追 5-1086B
sùzhuō 速拙 10-882A
sūzǐ 蘇子 9-618B
súzǐ 俗子 1-1404A
súzì 俗字 1-1405A
sùzi 素子 9-730B
sùzi 嗉子 3-454A
sùzi 膆子 6-1359B
sùzú 素足 9-733B
sùzú 素族 9-739A
sùzǔ 素俎 9-736A
sùzǔ 素組 9-739B
sùzuì 速罪 10-883B
sùzuì 宿罪 3-1526B
sùzuì 宿醉 3-1528A
sūzuò 蘇坐 9-619B
sùzuò 肅坐 9-253B

T

tà'ǎi 沓藹 5-941B
tā'àn 塌岸 2-1173A
tàbái 踏白 10-500B
tàbǎicǎo 踏百草 10-501A
tàbáijūn 踏白軍 10-500B
tàbǎn 榻板 4-1213A
tàbǎn 踏板 10-502A
tābāsì 塌八四 2-1172B
tàbēi 沓杯 5-941A
tàběn 搨本 6-799A
tàběn 榻本 4-1212B
tàběn 拓本 6-440A
tàbì 踏壁 10-507B
tàbì 踏臂 10-508A
tābiāo 塌膘 2-1173B
tàbó 黮伯 12-1370B
tàbó 踏博 10-505A
tàbó 黵伯 6-159A
tàbù 榻布 4-1213A
tàbù 踏布 10-500B
tàbù 踏步 10-501B
tàbùchuáng 踏步床 10-501B
tǎbùnáng 塔布囊 2-1145A
tàcàiyuán 踏菜園 10-504A
tàcān 踏湌 10-505A
tàcān 踏飧 10-505A
tàcáng 搨藏 6-799B
tàchá 踏査 10-503A
tàchá 踏察 10-506A
tācháng 他腸 1-1156B
tācháng 它腸 3-1290B
tàchǎng 踏場 10-505A
tàcháo 沓潮 5-941B
tàcháo 踏潮 10-507A
tāchē 塌車 2-1172B
tàchē 榻車 4-1213A
tàchē 踏車 10-501B
tàchénchuán 踏沉船 10-502A
tāchēng 他稱 1-1156B
tāchì 塌翅 2-1173A
tàchī 撻笞 6-852B
tàchì 蹋鶒 10-527B
tàchì 搨翅 6-799B
tàchì 蹋翅 10-527B
tàchìjīn 蹋鶒巾 10-527B
tāchū 他出 1-1155B
tāchù 他處 1-1156B
tàchū 沓出 5-941A
tàchǔ 撻楚 6-852B
tàchuán 踏船 10-504B
tàchuáng 榻床 4-1213A
tàchuáng 榻牀 4-1213A
tàchuáng 踏床 10-502A
tàchuáng 踏牀 10-502B
tàchuángbǎn 踏牀板 10-502B
tàchūn 踏春 10-502B
tàcù 踏踧 10-506B
tàcù 踏蹙 10-508A
tàcù 踏蹴 10-508A
tàcuàn 踏爨 10-508B
tàcuì 踏翠 10-506B
tādà 他大 1-1155A
tǎdā 咀噠 3-259B
tǎdá 咀達 3-259B
tǎdǎn 獺膽 5-144A
tàdào 踏道 10-505B
tàdēng 毾㲪 6-1016B
tàdēng 毾毲 6-1015A
tàdēng 踏燈 10-507B
tàdēng 踏蹬 10-508A
tàdēng 毾㲪 6-1014B
tàdèng 榻凳 4-1213A
tàdèng 踏凳 10-506B
tàdèng 踏鐙 10-508B
tàdì 踏地 10-501A
tàdì 踏踶 10-507A
tàdì 踏蹄 10-507A
tàdiàn 踏墊 10-506A
tǎdiào 塔吊 2-1145A
tādiē 他爹 1-1156A
tàdié 踏蹀 10-507A
tàdìqián 搨地錢 6-799A
tàdìsōng 踏地菘 10-501A
tàdòng 踏凍 10-503B
tādòngcí 他動詞 1-1156B
tàdǒu 踏斗 10-500B
tāduān 他端 1-1156B
tàduì 踏碓 10-505B
tǎdūn 塔墩 2-1145B
tàdùn 踏頓 10-505B
tàdùn 蹋頓 10-527B
tàdùn 闒頓 12-145B
tàduò 涾沲 5-1382A
tā'è 塌頞 2-1173B
tà'ěr 嗒爾 3-407B
tà'ěr 闒爾 12-170B
tǎ'ěrsì 塔爾寺 2-1145B
tāfǎ 它法 3-1290B
tàfá 撻伐 6-852A
tàfá 撻罰 6-852B
tāfāng 他方 1-1155B
tāfāng 塌方 2-1172B
tāfāng 塌坊 2-1172B
tāfáng 塌房 2-1173A
tàfāng 踏芳 10-501B
tàfǎng 踏訪 10-505A
tàfēi 闒非 12-145B
tàfēng 沓風 5-941B
tàfú 踏伏 10-501A
tǎfūchóu 塔夫綢 2-1145A
tǎgān 獺肝 5-144A
tàgān 踏竿 10-503A
tàgàng 踏杠 10-501B
tàgāngbùdǒu 踏罡布斗 10-503B
tàgāngbùdǒu 踏罡步斗 10-503B
tàgāngfùlǐng 遝岡複嶺 10-1138B
tàgānglǐdǒu 踏罡禮斗 10-503B
tàgāoqiāo 踏高橇 10-503B
tàgāoqiāo 踏高蹻 10-504A
tàgē 踏歌 10-506A
tàgēcí 踏歌詞 10-506A
tàgēng 嚃羹 3-526B
tàgōng 拓工 6-439B
tàgǒuwěi 踏狗尾 10-502B
tāgù 他故 1-1156A
tāgù 它故 3-1290B
tàgǔ 踏鼓 10-505B
tàguì 沓匱 5-941B
tàgǔnmù 踏滾木 10-506A
tàgùxícháng 踏故習常 10-502B
tǎhè 獺褐 5-144A
tàhé 沓合 5-941A
tàhóng 踏紅 10-503A
tàhù 踏戽 10-502B
tàhuā 踏花 10-501B
tàhuà 搨畫 6-799B
tàhuái 踏槐 10-505B
tàhuáihuā 踏槐花 10-505B
tàhuáihuáng 踏槐黄 10-505B
tàhuāng 踏荒 10-502B
tàhǔchē 踏虎車 10-502A
tàhǔchē 闒虎車 12-172B
tǎhuī 塔灰 2-1145A
tàhùnmù 踏混木 10-505A
tāhuǒ 塌火 2-1172B
tái'ài 擡愛 6-934A
tài'ài 儓儗 1-1710A
tái'ān 台安 3-80B
tāi'ǎo 胎夭 6-1241B
tàibái 太白 2-1465B
tàibáixīng 太白星 2-1465B
táibān 苔斑 9-359B
tàibàn 太半 2-1466A
tàibàn 泰半 5-1028A
tāibàng 胎蚌 6-1242B
tāibāo 胎胞 6-1242A
táibǎo 臺堡 8-799A
tàibǎo 太保 2-1468B
táibèi 駘背 12-831A
táibèi 台背 3-80B
táibèi 鮐背 12-1218B
táibì 台弼 3-81B
táibīng 臺兵 8-797B
tàibǐng 𠚏𠚏 2-159A
tàibǐng 𪊆𪊆 10-1320B
tàibó 大伯 2-1343A
tàibó 太博 2-1473A
táibù 檯布 4-1350A
tàibǔ 大卜 2-1322A
tàibǔ 太卜 2-1462A
táicài 苔菜 9-359B
tàicāng 大倉 2-1364A
tàicāng 太倉 2-1470A
tàicāngtímǐ 太倉稊米 2-1470A
tàicāngyīsù 太倉一粟 2-1470A
táicè 擡策 6-934A
táicén 苔岑 9-359A
tàicháng 大常 2-1369B
tàicháng 太常 2-1471A
tàichángqī 太常妻 2-1471A
tàichángyǎyuè 太常雅樂 2-1471A
táichén 台臣 3-80A
táichén 臺臣 8-797B
tàichén 泰辰 5-1028B
tàichén 態臣 7-672B
táichéng 臺城 8-798A
táichèng 擡秤 6-933B
táichì 臺勅 8-798B
tàichǐ 太侈 2-1467B
tàichǐ 汰侈 5-948A
tàichǐ 泰侈 5-1029A
tàichì 汰斥 5-948A
tàichōng 太沖 2-1466B
tàichū 大初 2-1344B
tàichū 太初 2-1466B
tàichū 泰初 5-1028B
tàichú 汰除 5-948A
tàichù 汰黜 5-948B
tàichūlì 太初曆 2-1467A
táicí 臺詞 8-799A
táicóng 台從 3-81A
tàicòu 太蔟 2-1474B
tàicòu 太族 2-1471B
tàicòu 泰蔟 5-1030B
tàicù 大蔟 2-1387A
tàicù 太簇 2-1475B
tàidài 泰岱 5-1029A
tàidàxiōng 太大兄 2-1462A
táidēng 檯燈 4-1350A
táidēng 簹簦 8-1272B
tàidì 太弟 2-1466B
tàidì 太帝 2-1469A
tàidì 泰帝 5-1029B
tàidiān 大顛 2-1399B
tāidiào 奤調 2-1553A
táidié 擡迭 6-933B
táidié 擡揲 6-933B
táidié 擡疊 6-935A
táidǐng 台鼎 3-81B
tàidìng 泰定 5-1029A
tāidòng 胎動 6-1242B
tàidōng 泰東 5-1028B
tàidōngxi 泰東西 5-1029A
táidǒu 台斗 3-80A
tàidǒu 泰斗 5-1028A
tàidòu 泰豆 5-1028B
tāidú 胎毒 6-1242A
tàidù 態度 7-672B
táiduān 台端 3-82A
táiduān 臺端 8-799A
tài'ē 大阿 2-1345A
tài'ē 太阿 2-1467A
tài'ē 泰阿 5-1028B
tài'ēdàochí 太阿倒持 2-1467A
tāi'ér 胎兒 6-1242A
tāifà 胎髮 6-1243A
táifà 苔髮 9-359B
táifāng 臺坊 8-797B
táifēi 邰妃 10-609A

tàifēi 太妃 2-1466B
tàifén 大汾 2-1344A
táifēng 邰封 10-609A
táifēng 颱風 12-639A
tàifēng 大風 2-1357B
tàifēng 泰風 5-1029B
tàiféng 泰逢 5-1030A
táifú 台符 3-81A
táifú 臺符 8-798B
táifǔ 台甫 3-80B
táifǔ 台輔 3-81B
táifǔ 苔脯 9-359B
táifǔ 臺府 8-798A
táifù 台傅 3-81B
tàifǔ 太府 2-1467B
tàifù 大傅 2-1377A
tàifù 太父 2-1463B
tàifù 太傅 2-1473B
tàifūren 太夫人 2-1463A
táigāng 臺綱 8-799B
táigàng 擡槓 6-934A
táigàng 擡扛 6-933B
táigāo 擡高 6-933B
táigé 臺格 8-798B
táigé 臺閣 8-799A
táigé 擡閣 6-934A
tàigēng 大羹 2-1400B
tàigēng 太羹 2-1475B
tàigēng 泰羹 5-1031A
tàigēngxuánjiǔ 大羹玄酒 2-1400B
táigétǐ 臺閣體 8-799B
tàigōng 大公 2-1328B
tàigōng 大宮 2-1359A
tàigōng 太公 2-1463B
tàigōng 太宮 2-1469A
tàigōngdiàoyú… 太公釣魚，願者上鈎 2-1463B
tàigōngquán 太公泉 2-1463B
tàigōngrén 太恭人 2-1469B
tàigōngwàng 太公望 2-1463B
tāigǔ 胎骨 6-1242A
táigū 臺估 8-797B
táigū 擡估 6-933B
tàigǔ 大古 2-1330B
tàigǔ 太古 2-1464A
tàigǔ 泰古 5-1028A
táiguān 臺官 8-798A
táiguǎn 臺館 8-799B
táiguàn 臺觀 8-800A
tàiguān 大官 2-1351A
tàiguān 太官 2-1468A
tàiguāncōng 大官葱 2-1351B
tàiguāncōng 太官葱 2-1468A
táiguāng 台光 3-80A
tàiguī 泰龜 5-1031A
táigǔn 台衮 3-81A
tàiguò 太過 2-1471B
tāihái 胎孩 6-1242A
táihái 台孩 3-81A
táihàn 台翰 3-82A
tàiháng 大行 2-1338A
tàihángbājìng 太行八陘 2-1466A
tàihángshān 太行山 2-1466B
tàihānshēng 太憨生 2-1475A
tàihào 大昊 2-1347B
tàihào 大皞 2-1391B
tàihào 大皡 2-1397B
tàihào 大顥 2-1401B
tàihào 太昊 2-1467A
tàihào 太浩 2-1470A
tàihào 太皓 2-1473B
tàihào 太皞 2-1475A
tàihào 太皡 2-1475B
tàihào 泰昊 5-1029A
táihé 擡盒 6-933B
tàihé 大和 2-1348B
tàihé 太和 2-1467B
tàihé 太龢 2-1476A
tàihé 泰和 5-1029A
tàihé 泰河 5-1029A
tàihédiàn 太和殿 2-1467B
táihén 苔痕 9-359B
táihéng 台衡 3-82A
tàihétāng 大和湯 2-1348B
tàihétāng 太和湯 2-1467B
tàihétāng 泰和湯 5-1029A
tàihóng 泰鴻 5-1031A
táihòu 台候 3-81A
tàihòu 太后 2-1466A
tàihú 大狐 2-1350A
tàihú 太湖 2-1474A
tàihuá 太華 2-1469B
tàihuà 泰華 5-1029B
táihuái 台槐 3-81B
táihuàn 臺宦 8-798B
táihuáng 鮐黄 12-1219A
tàihuáng 大皇 2-1356B
tàihuáng 太皇 2-1468B
tàihuáng 泰皇 5-1029B
tàihuángtàihòu 太皇太后 2-1468B
tāihuì 胎誨 6-1243A
tāihuì 胎諱 6-1243A
táihuì 台諱 3-82A
tàihújīng 太湖精 2-1474A
tàihúshí 太湖石 2-1474A
tāijì 胎藉 6-1243A
tāijì 胎記 6-1242B
táijī 臺基 8-798B
táijí 駘藉 12-831B
táijí 台吉 3-80A
táijí 跆籍 10-456B
táijí 跆藉 10-456B
táijí 臺吉 8-797A
tàijī 大姬 2-1367A
tàijí 大極 2-1375A
tàijí 太極 2-1473A
tàijí 泰極 5-1030A
tàijì 汰迹 5-948A
tāijiā 台家 3-81A
tāijiǎ 胎甲 6-1241B
táijiā 臺家 8-798B
táijià 台駕 3-82A
táijià 擡價 6-934A
táijià 擡駕 6-934A
tàijiǎ 太甲 2-1465A
tāijiān 胎肩 6-1242A
táijiǎn 苔牋 9-359B
táijiǎn 臺檢 8-800A
táijiàn 台鑑 3-82A
táijiàn 台鑒 3-82A
táijiàn 臺諫 8-799B
tàijiǎn 汰揀 5-948B
tàijiǎn 汰減 5-948B
tàijiàn 太監 2-1474B
táijiǎng 擡獎 6-934A
tàijiāng 大姜 2-1358B
tāijiào 胎教 6-1242B
tāijiào 台教 3-81A
tàijiāo 泰交 5-1028B
táijiàozi 擡轎子 6-935A
táijiē 台階 3-81B
táijiē 苔階 9-359B
táijiē 臺階 8-799A
táijiè 駘藉 12-831B
táijiè 臺芥 9-587B
tàijiē 太階 2-1472A
tàijiē 泰階 5-1030A
táijiēpíng 台階平 3-81B
tàijígōng 太極宮 2-1473B
táijǐn 苔錦 9-360A
táijìn 臺禁 8-799A
táijìng 擡敬 6-933B
tàijíquán 太極拳 2-1473B
tàijítú 太極圖 2-1473B
tāijù 胎具 6-1242A
táiju 擡舉 6-934B
tàijué 汰絶 5-948B
táijūn 臺軍 8-798B
tàijūn 大君 2-1345A
tàijūn 太君 2-1467A
tàikāng 大康 2-1371B
tàikāng 太康 2-1471B
tàikāngtǐ 太康體 2-1471B
táikē 擡頦 6-934A
táikèn 擡裉 6-934A
tàikōng 大空 2-1351B
tàikōng 太空 2-1468A
táikuài 擡快 6-933B
táikuāng 擡筐 6-934A
tàikuángshēng 太狂生 2-1466B
tàikuò 太廓 2-1474B
táiláng 臺郎 8-798A
tàiláo 大牢 2-1344B
tàiláo 太牢 2-1466B
tàiláogōng 太牢公 2-1466B
tàilǎoshī 太老師 2-1466A
tàilǎoye 太老爺 2-1466A
táilì 臺吏 8-797B
táilì 臺笠 8-798B
táilì 臺隸 8-800A
táilì 檯曆 4-1350A
táilì 簹笠 8-1272B
tàilì 泰厲 5-1030B
táiliáng 擡糧 6-935A
tàilièliúliáng 汰劣留良 5-948A
táilìng 臺令 8-797A
tàilíng 大陵 2-1366B
tàilíng 泰陵 5-1030A
tāilìsù 胎裏素 6-1242B
tàiliú 汰流 5-948A
tàiliú 汰留 5-948A
tāiluǎn 胎卵 6-1242A
tàilǚ 泰吕 5-1028B
tàimángshēng 太忙生 2-1466B
tāimáo 胎毛 6-1241B
tàimào 態貌 7-673A
táiméi 苔梅 9-359B
táiméi 炱煤 7-57B
táimén 台門 3-80B
táimén 臺門 8-798A
táiméng 簹萌 8-1219A
tàiméng 大蒙 2-1381B
tàiméng 太蒙 2-1474A
tàimí 泰靡 5-1031A
tàimiào 大廟 2-1392A
tàimiào 太廟 2-1475A
táimìng 台命 3-80B
táimìng 臺命 8-797B
tàimíng 太冥 2-1470B
tāimó 胎膜 6-1243A
tàimò 太漠 2-1474B
tàimǔ 太母 2-1466A
tàiniáng 泰娘 5-1030A
tàiniáng 泰孃 5-1031A
tàiníng 泰寧 5-1031A
tàinìng 太寧 2-1474B
tàinóng 態濃 7-673A
táinú 駘駑 12-831B
tàinüè 汰虐 5-948A
tāipán 胎盤 6-1243A
táipán 臺盤 8-799B
táipán 擡盤 6-934A
táipán 檯盤 4-1350A
táipào 擡炮 6-933B
táipí 鮐皮 12-1218B
tàipǐ 泰否 5-1028B
tàipín 太嬪 2-1475B
táipíng 台屏 3-80B
táipíng 臺評 8-799A
tàipíng 大平 2-1331A
tàipíng 太平 2-1464A
tàipíng 泰平 5-1028A
tàipíngcè 太平策 2-1465A
tàipíngchē 太平車 2-1464B
tàipíngdǎo 太平島 2-1464B
tàipíngdào 太平道 2-1465A
tàipíngfǔ 太平斧 2-1464B
tàipínggēcí 太平歌詞 2-1465A
tàipínggǔ 太平鼓 2-1465A
tàipínghuā 太平花 2-1464A
tàipíngjiān 太平間 2-1465A
tàipínglìng 太平令 2-1464A
tàipínglóngtóu 太平龍頭 2-1465A
tàipíngmén 太平門 2-1464B
tàipíngquán 太平拳 2-1464B
tàipíngquè 太平雀 2-1464B
tàipíngshèngshì 太平盛世

2-1464B
tàipíngshuǐgāng 太平水缸 2-1464A
tàipíngtī 太平梯 2-1464B
tàipíngtiānguó 太平天国 2-1464A
tàipíngtiānzǐ 太平天子 2-1464A
tàipíngwēngwēng 太平翁翁 2-1464B
tàipíngwúxiàng 太平無象 2-1465A
tàipíngyáng 太平洋 2-1464B
tàipíngyǐn 太平引 2-1464A
tàipó 太婆 2-1472A
táipú 臺僕 8-799A
tàipú 大僕 2-1388B
tàipú 太僕 2-1474B
tàipú 太璞 2-1475A
tàipǔ 大朴 2-1335B
tàipǔ 大樸 2-1393B
tàipǔ 太朴 2-1466A
tàipǔ 太樸 2-1475A
tāiqì 胎氣 6-1242B
táiqì 邰棄 10-609A
tàiqì 汰棄 5-948B
táiqián 苔錢 9-360A
táiqiāng 擡鎗 6-934B
táiqiǎnshǐ 臺遣使 8-799A
tāiqín 胎禽 6-1242B
tàiqǐn 太寢 2-1475A
tàiqīng 太清 2-1471B
tàiqīng 泰清 5-1030A
tàiqīngchǎng 太清氅 2-1472A
tàiqīnggōng 太清宮 2-1471B
tàiqīnglóu 太清樓 2-1472A
tàiqìnwēng 太親翁 2-1475B
táiqiú 檯球 4-1350A
tàiqiūdào 太丘道 2-1465B
tàiquè 大慤 2-1396B
tàirán 汰然 5-948B
tàirán 泰然 5-1030A
tàiránchǔzhī 泰然處之 5-1030B
tàiránzìruò 泰然自若 5-1030B
táirèn 台任 3-80B
tàirén 大人 2-1322B
táiróng 苔茸 9-359A
tàiróng 大容 2-1366A
tàiróng 太容 2-1470B
tàiróng 泰容 5-1030A
tāisāng 台桑 3-81A
tàisè 態色 7-672B
tàishā 太煞 2-1474B
tàishā 汰沙 5-948A
tàishān 大山 2-1325A
tàishān 太山 2-1462B
tàishān 泰山 5-1027A
tàishānběidǒu 太山北斗 2-1463A
tàishānběidǒu 泰山北斗 5-1027B
tàishānfǔjūn 泰山府君 5-1027B
táishàng 臺尚 8-797B
tàishàng 大上 2-1324A
tàishàng 太上 2-1462A
tàishàng 泰上 5-1027A
tàishànghuáng 太上皇 2-1462B
tàishànghuángdì 太上皇帝 2-1462B
tàishànghuánghòu 太上皇后 2-1462B
tàishànglǎojūn 太上老君 2-1462B
tàishàngtiānhuáng 太上天皇 2-1462B
tàishàngxuányuán… 太上玄元皇帝 2-1462B
tàishānjūn 太山君 2-1463A
tàishānpánshí 泰山磐石 5-1027B
tàishānqítuí 泰山其頹 5-1027B
tàishānshígǎndāng 太山石敢當 2-1463A
tàishānshígǎndāng 泰山石敢當 5-1027B
tàishānshíkè 泰山石刻 5-1027A
tàishāntóushàngdòngtǔ 泰山頭上動土 5-1028A
tàishāntuí 泰山頹 5-1028A
tàishānyāluǎn 泰山壓卵 5-1028A
tàishānyín 泰山吟 5-1027B
tàishè 大社 2-1344B
tàishè 太社 2-1467A
tàishè 泰社 5-1028B
tàishèn 太甚 2-1468B
tàishèn 泰甚 5-1029B
tāishēng 胎生 6-1241B
táishěng 臺省 8-798A
tāishí 胎食 6-1242A
táishǐ 能始 6-1269B
táishǐ 臺使 8-797B
táishì 台室 3-80B
tàishī 大師 2-1364A
tàishī 太師 2-1469B
tàishǐ 大史 2-1331B
tàishǐ 大始 2-1352B
tàishǐ 太史 2-1465A
tàishǐ 太始 2-1468A
tàishǐ 泰始 5-1029A
tàishì 大士 2-1323B
tàishì 大室 2-1359A
tàishì 太室 2-1469A
tàishì 泰士 5-1027A
tàishì 泰室 5-1029B
tàishì 泰筮 5-1030B
tàishì 泰適 5-1030B
tàishì 態勢 7-673A
tàishīchuāng 太師窗 2-1470A
tàishīgé 太師槅 2-1470A
tàishǐgōng 太史公 2-1465B
tàishǐjiǎn 太史簡 2-1465B
tàishījiàozi 太師轎子 2-1470A
tàishǐlì 泰始曆 5-1029A
tàishìquè 太室闕 2-1469A
tàishǐshì 太史氏 2-1465B
tàishǐxuě 太始雪 2-1468A
tàishīyǐ 太師椅 2-1470A
tàishízi 汰石子 5-948A
táishǒu 擡手 6-933A
tàishǒu 太守 2-1466B
tàishòushēng 太瘦生 2-1474B
tàishuǐ 泰水 5-1028A
táisī 台司 3-80A
táisī 臺司 8-797A
tàisì 大姒 2-1345B
tàisì 太姒 2-1467A
táisǒu 鮐叟 12-1219A
tàisù 太素 2-1469A
tàisù 泰素 5-1029B
tàisuì 大歲 2-1382B
tàisuì 太歲 2-1474A
tàisuìtóushàngdòngtǔ 太歲頭上動土 2-1474A
tàisūn 太孫 2-1470B
táisuǒ 臺所 8-797B
táitái 台臺 3-81B
táitái 臺駘 8-799B
táitái 臺台 8-797A
tàitai 太太 2-1463B
tàitái 泰臺 5-1030B
tàitán 太壇 2-1475A
tàitán 泰壇 5-1031A
tàitáo 汰淘 5-948B
tàitì 泰逖 5-1029B
táitiē 擡貼 6-933B
táitiē 擡帖 6-933B
táitíng 台庭 3-80B
táitíng 擡亭 6-933B
táitóng 儓佟 1-1710A
tàitōng 泰通 5-1030A
táitóu 擡頭 6-934B
táitóuwén 擡頭紋 6-934B
táituó 駘它 12-830B
táituó 駘佗 12-830B
táituó 駘駞 12-831A
táiwǎng 苔網 9-359B
tàiwáng 大王 2-1326A
tàiwáng 太王 2-1463A
tāiwèi 胎位 6-1242A
táiwèi 台位 3-80B
tàiwēi 大微 2-1384A
tàiwēi 太微 2-1474B
tàiwèi 太尉 2-1472A
tàiwèizú 太尉足 2-1472A
táiwén 鮐文 12-1218B
tàiwēng 大翁 2-1364B
tàiwēng 太翁 2-1470A
tàiwú 太無 2-1473B
tàiwǔ 泰武 5-1028B
tāixī 胎息 6-1242B
tāixí 胎襲 6-1243A
táixí 台席 3-81A
táixí 臺檄 8-800A
tàixī 大息 2-1363B
tàixī 太息 2-1469B
tàixī 太溪 2-1474B
tàixī 太谿 2-1475B
tàixī 汰淅 5-948A
tàixī 泰西 5-1028A
tāixiā 胎鰕 6-1243A
táixiá 臺轄 8-800A
táixià 臺下 8-797A
tàixiá 太霞 2-1475B
tāixiān 胎仙 6-1241B
táixiǎn 苔蘚 9-360A
táixián 台銜 3-82A
táixiàn 臺憲 8-799B
táixiàng 台相 3-80B
tàixiānsheng 太先生 2-1466A
tàixiāo 太宵 2-1470B
tàixiāo 太霄 2-1475A
táixiě 擡寫 6-934A
táixiè 壆榭 2-1174A
táixiè 臺榭 8-799A
táixiè 臺謝 8-800A
tāixìng 胎性 6-1242A
táixīng 台星 3-80B
táixiǔ 炱朽 7-57B
táixiù 台宿 3-81A
táixù 苔絮 9-359B
tàixū 大虛 2-1369A
tàixū 太虛 2-1471A
táixuàn 台鉉 3-81B
tàixuán 太玄 2-1466A
tàixuán 泰玄 5-1028A
tàixuǎn 汰選 5-948B
tàixué 大學 2-1395A
tàixué 太學 2-1475A
tàixuéshēng 大學生 2-1395A
tàixuéshēng 太學生 2-1475B
tàixuétǐ 太學體 2-1475B
táiyán 台顏 3-82A
táiyán 台嚴 3-82A
táiyán 鮐顏 12-1219A
táiyǎn 擡眼 6-933B
tāiyǎng 胎養 6-1243A
tàiyáng 太陽 2-1472A
tàiyángcǎo 太陽草 2-1472B
tàiyángdēng 太陽燈 2-1473A
tàiyángdiànchí 太陽電池 2-1473A
tàiyángdì'er 太陽地兒 2-1472B
tàiyánggāo 太陽膏 2-1473A
tàiyánggāo 太陽糕 2-1473A
tāiyǎnggǔ 胎養穀 6-1243A
tàiyánghēizǐ 太陽黑子 2-1473A
tàiyángjiǎo 太陽角 2-1472B
tàiyánglì 太陽曆 2-1473A
tàiyánglú 太陽爐 2-1473A
tàiyángmào 太陽帽 2-1473A
tàiyángnéng 太陽能 2-1473A
tàiyángnián 太陽年 2-1472B
tàiyángrì 太陽日 2-1472B

tàiyángshè 太陽社 2-1472B
tàiyángshí 太陽時 2-1473A
tàiyángxì 太陽系 2-1472B
tàiyángxué 太陽穴 2-1472B
tàiyé 太爺 2-1473B
tàiyè 太液 2-1472A
tàiyè 泰液 5-1030A
tāiyī 胎衣 6-1242A
táiyī 苔衣 9-359A
tàiyī 大一 2-1321B
tàiyī 大醫 2-1398A
tàiyī 太一 2-1461B
tàiyī 太醫 2-1475B
tàiyī 泰一 5-1026B
tàiyī 泰壹 5-1030A
tàiyí 太儀 2-1475A
tàiyǐ 太乙 2-1462A
tàiyǐ 泰乙 5-1027A
tàiyì 太易 2-1467B
tàiyì 太睪 2-1475B
tàiyīgōng 太一宫 2-1462A
tàiyǐgōng 太乙宫 2-1462A
tàiyījiā 太一家 2-1462A
tàiyīliánzhōu 太一蓮舟 2-1462A
tàiyǐlú 太乙爐 2-1462A
táiyīn 苔茵 9-359A
tàiyīn 大陰 2-1367A
tàiyīn 太音 2-1469A
tàiyīn 太陰 2-1470B
tàiyīncǎo 太陰草 2-1471A
tàiyīnjīng 太陰精 2-1471A
tàiyīnlì 太陰曆 2-1471A
tàiyīnliànxíng 太陰鍊形 2-1471A
tàiyírén 太宜人 2-1468A
tàiyīshù 太一數 2-1462A
tàiyītán 太一壇 2-1462A
tàiyǐtán 太乙壇 2-1462A
táiyìyú 鮐鰑魚 12-1219A
tàiyīyúliáng 太一餘糧 2-1462A
tàiyǐzhōu 太乙舟 2-1462A
tāiyù 胎育 6-1242A
táiyú 擡舁 6-933B
táiyú 擡擤 6-933B
táiyù 台馭 3-81B
táiyù 臺獄 8-799A
tàiyǔ 大予 2-1329B
tàiyǔ 泰宇 5-1028B
tāiyuán 胎元 6-1241B
tàiyuān 太淵 2-1474A
tàiyuán 太元 2-1463A
tàiyuán 太原 2-1469B
tàiyuán 泰元 5-1028A
tàiyuǎn 泰遠 5-1030B
tāiyuè 台岳 3-80B
tāiyuè 台嶽 3-82A
táiyuè 台岳 3-80B
tàiyuè 大樂 2-1393A
tàiyuè 大岳 2-1348B
tàiyuè 大嶽 2-1397A
tàiyuè 太樂 2-1475A
tàiyuè 太岳 2-1467B
tàiyuè 泰嶽 5-1031A
tàiyuèshān 泰岳山 5-1029A
tāiyùn 胎孕 6-1241B
táiyūn 苔暈 9-359B
tàiyùn 泰運 5-1030B
táizá 臺雜 8-800A
táizǎi 台宰 3-81A
táizǎi 臺宰 8-798B
tàizǎi 大宰 2-1366A
tàizǎi 太宰 2-1470B
tàizǎojì 大早計 2-1336B
tàizǎojì 太早計 2-1466A
táizé 苔幘 9-359B
tàizé 汰擇 5-948B
tàizhà 態詐 7-673A
táizhǎn 臺琖 8-799A
táizhǎn 臺盞 8-799A
táizhàn 臺站 8-798B
táizhǎng 臺長 8-797B
tàizhāng 大章 2-1371B
tàizhāng 太章 2-1471B
táizhào 台照 3-81B
tàizhāo 太昭 2-1468B
tàizhāo 泰昭 5-1029B
tàizhé 大折 2-1340A
tàizhé 泰折 5-1028B
tàizhēn 太真 2-1469B
tàizhēn 泰真 5-1029B
táizhǐ 台旨 3-80B
táizhǐ 苔紙 9-359B
táizhì 臺制 8-797B
táizhì 臺秩 8-798B
táizhì 鮐稚 12-1219A
tàizhì 泰治 5-1029A
tàizhì 泰畤 5-1030A
táizhōng 臺中 8-797A
táizhōng 檯鐘 4-1350A
tàizhǔ 大主 2-1333A
tàizhǔ 太主 2-1466A
tàizhù 大祝 2-1359B
tàizhù 太祝 2-1469A
tàizhù 泰祝 5-1029B
tàizhuàng 能狀 1-1611B
tàizhuàng 態狀 7-672B
tāizi 胎子 6-1241B
tāizi 胎字 6-1242A
táizi 檯子 4-1350A
táizī 臺資 8-799A
tàizi 奋子 2-1553A
tàizǐ 大子 2-1325B
tàizǐ 太子 2-1463A
tàizǐxiānmǎ 太子洗馬 2-1463A
tāizōng 台宗 3-80B
tàizōng 大宗 2-1351A
tàizōng 太宗 2-1468A
tàizǔ 大祖 2-1359B
tàizǔ 太祖 2-1469A
tàizǔ 泰祖 5-1029B
tàizūn 大尊 2-1378A
tàizūn 太尊 2-1473B
tàizūn 泰尊 5-1030B
táizuò 台坐 3-80B
táizuò 台座 3-81A
tājǐ 他己 1-1155A
tàjì 獺祭 5-144A
tàjī 撻擊 6-852B
tàjī 踏緝 10-507A
tàjí 逻集 10-1138B
tàjí 踏籍 10-508B
tàjí 踏藉 10-507B
tājiā 他家 1-1156A
tājià 塌架 2-1173A
tàjià 撻架 6-852A
tàjiān 澾瀸 6-124A
tàjiān 踏肩 10-502B
tàjiàn 撻賤 6-852B
tàjiàn 踏踐 10-506A
tàjiàng 搨匠 6-799B
tàjiǎngchuán 踏槳船 10-507A
tàjiǎo 踏脚 10-504B
tàjiǎobǎn 踏脚板 10-504B
tàjiǎodèng 踏脚凳 10-504B
tàjiǎoqián 踏脚鉗 10-504B
tàjiǎoshí 踏脚石 10-504B
tàjichē 闒戟車 12-145B
tājiè 它界 3-1290B
tàjié 踏節 10-506A
tàji'er 遢伎兒 10-1135A
tǎjíkèzú 塔吉克族 2-1145A
tàjìng 撻脛 6-852B
tǎjìyú 獺祭魚 5-144A
tājú 塌橘 2-1173B
tàjū 踏踘 10-507A
tàjū 踏鞠 10-507B
tàjū 闒鞠 12-145B
tàjū 蹋鞠 10-574A
tàjú 榻橘 4-1213A
tàjú 踏局 10-502A
tàkān 踏勘 10-504A
tàkàn 踏看 10-503A
tākēcài 塌棵菜 2-1173A
tàkē'er 踏科兒 10-503A
tàkōng 踏空 10-502B
tāla 塌拉 2-1172B
tālā 趿拉 10-431A
tālā 遢邋 10-1135A
tàlā 踏拉 10-502A
tālàbǎn 趿拉板 10-431A
tàlái 沓來 5-941A
tàláiqúnzhì 沓來麕至 5-941A
tàláizhǒngzhì 沓來踵至 5-941A
tàlàng 沓浪 5-941B
tàlàng 踏浪 10-504A
tàlàng'ér 踏浪兒 10-504A
tàléi 踏雷 10-505B
tàlí 踏犁 10-505A
tāliǎ 他倆 1-1156A
tàlǐcǎi 踏裏彩 10-506A
tǎlǐmùpéndì 塔里木盆地 2-1145A
tǎlín 塔林 2-1145A
tǎlíng 塔鈴 2-1145B
tàlóngwěi 踏龍尾 10-507B
tàlù 撻戮 6-852B
tàlù 踏路 10-506A
tàlúdùjiāng 踏蘆渡江 10-508A
tàlún 踏輪 10-506B
tāluòbá 他駱拔 1-1157A
tālǚ 趿履 10-431A
tāmā 他媽 1-1156B
tāmāde 他媽的 1-1156B
tāmāma 他媽媽 1-1156B
tǎmán 鰨鰻 12-1246A
tàmào 沓冒 5-941B
tāměi 他每 1-1155B
tāmen 她們 4-293B
tāmen 它們 3-1290B
tāmén 他們 1-1156A
tāmén 它門 3-1290B
tāmèn 他懣 1-1157A
tàmén 踏門 10-502B
tàmén 闒門 12-170B
tàměngzi 踏猛子 10-505A
tāmenliǎ 他們倆 1-1156A
tàmiàn 踏麵 10-508B
tǎmiào 塔廟 2-1145B
tāmíng 它名 3-1290B
tàmíng 踏鳴 10-506A
tàmò 沓墨 5-941B
tàmò 撻末 6-852A
tàmò 拓墨 6-441A
tān'ái 貪騃 10-111A
tān'ài 貪愛 10-109B
tán'ài 覃愛 8-764B
tàn'ài 歎愛 6-1471A
tán'ào 覃奧 8-764B
tán'ào 潭奧 6-127B
tānbà 貪霸 10-112A
tǎnbái 坦白 2-1073B
tánbǎn 檀板 4-1347B
tānbào 貪暴 10-110B
tánbāo 彈包 4-152B
tànbào 探報 6-721A
tānbēi 貪杯 10-105A
tānbēi 貪盃 10-106A
tānbèi 貪悖 10-107B
tánbèi 覃被 8-764B
tànbēi 歎悲 6-1471A
tānběn 攤本 6-981A
tànběn 探本 6-717B
tānbǐ 貪鄙 10-109B
tānbì 貪愎 10-109A
tǎnbì 袒庇 9-49A
tǎnbì 袒臂 9-50A
tànbǐ 炭筆 7-51A
tānbiǎn 貪惼 10-109A
tānbiǎn 貪褊 10-110A
tánbiàn 談辨 11-324A
tánbiàn 談辯 11-325A
tǎnbiǎn 袒褊 9-49B
tǎnbìhuīquán 袒臂揮拳 9-50A
tánbīn 談賓 11-323A
tānbīng 貪兵 10-104B
tánbīng 彈冰 4-152B
tánbīng 談兵 11-320A
tánbǐng 談柄 11-321A

tánbǐng 譚柄 11-418B
tánbìng 痰病 8-335A
tànbīng 炭冰 7-50B
tànbīng 探兵 6-718A
tànbìng 探病 6-720A
tánbō 彈剥 4-154A
tánbó 彈駁 4-155B
tánbó 彈駮 4-156A
tánbó 談駁 11-323A
tǎnbó 袒膊 9-49B
tǎnbù 坦步 2-1073B
tǎnbù 毯布 6-1014A
tànbǔ 探捕 6-719B
tànbù 賧布 10-278A
tánbùróngkǒu 談不容口 11-319B
tāncái 貪財 10-107A
tàncǎi 探采 6-718B
tāncáihàosè 貪財好色 10-107A
tāncán 貪殘 10-108B
táncān 彈参 4-154B
táncáo 檀槽 4-1349A
tàncáo 探槽 6-722A
tàncè 探測 6-721A
tàncè 探策 6-721A
tànchá 探查 6-719A
tànchá 探察 6-722A
tànchà 嘆詫 3-484B
tānchán 貪讒 10-112B
tānchán 貪饞 10-112B
tánchán 談禪 11-324A
tānchǎng 攤場 6-981B
tānchǎng 攤塲 6-981B
tánchǎng 壇場 2-1227A
tánchàng 彈唱 4-154B
tánchàng 覃鬯 8-764A
tàncháng 探腸 6-721B
tànchǎng 炭場 7-51A
tànchàng 歎悵 6-1470B
táncháo 談嘲 11-323B
tánchē 檀車 4-1347B
tānchēn 貪嗔 10-109B
tānchēn 貪瞋 10-110B
tānchēnchī 貪瞋癡 10-110B
tānchéng 貪程 10-108B
tánchēng 談稱 11-323A
tānchī 貪癡 10-111B
tānchǐ 貪侈 10-105B
tánchǐ 談恥 11-321A
tánchí 撢持 6-858B
tānchīlǎnzuò 貪吃懶做 10-104A
tànchìwán 探赤丸 6-717B
tánchōu 彈搊 4-155A
tànchōu 探抽 6-718A
tànchóu 探籌 6-723A
tànchóutóugōu 探籌投鉤 6-723A
tánchù 彈黜 4-156A
tànchuǎi 探揣 6-721A
tānchuán 灘船 6-219A
tánchuǎn 痰喘 8-335A
tánchuáng 檀牀 4-1348A
tǎnchuáng 坦牀 2-1074A
tánchún 彈脣 4-154A
tánchún 檀脣 4-1348B
tànchūn 探春 6-719A
tànchūnjiǎn 探春繭 6-719A
táncí 彈詞 4-154B
táncí 談詞 11-322B
táncí 談辭 11-324B
táncì 談次 11-320A
tàncí 嘆詞 3-484B
tàncí 歎詞 6-1471A
tàncí 歎辭 6-1471B
tàncì 探刺 6-718B
tàncì 探伺 6-718A
táncóng 談叢 11-324B
tàncóng 賧賨 10-278A
tāncū 貪麤 10-112B
táncuì 醰粹 9-1442A
táncuó 彈痤 4-155A
tàncuō 探撮 6-722A
tāndàn 攤蛋 6-981B
tāndàng 攤擋 6-982A
tāndàng 攤檔 6-982B
tǎndàng 坦蕩 2-1074B
tǎndàng 袒蕩 9-49B
tāndǎo 癱倒 8-370B
tāndào 貪盜 10-108B
tándào 談道 11-322B
tàndào 歎悼 6-1470B
tándào'er 談道兒 11-322B
tāndé 貪得 10-107B
tándelai 談得來 11-322A
tāndéwúyàn 貪得無厭 10-107B
tāndǐ 攤底 6-981A
tándǐ 彈抵 4-153A
tándǐ 彈詆 4-154B
tándì 檀的 4-1348A
tāndiǎn 攤點 6-982B
tándiǎn 檀點 4-1349A
tándiàn 壇坫 2-1226B
tàndīng 探丁 6-717A
tāndú 貪毒 10-106A
tāndú 貪黷 10-112B
tāndǔ 攤賭 6-982A
tāndù 貪妒 10-106A
tāndù 貪蠹 10-112A
tàndǔ 探覩 6-722A
tánduān 談端 11-323A
tánduàn 彈斷 4-156B
tànduān 探端 6-722A
tánduì 彈兑 4-152B
tánduì 談對 11-323A
tāndūn 嘽敦 3-508A
tānduó 貪奪 10-110A
tānduò 貪惰 10-109A
tānduò 貪墮 10-110B
tánduò 潭沲 6-127B
tánduo 潭陁 6-127A
tánduo 潭沱 6-127B
tānduōjiáobùlàn 貪多嚼不爛 10-104A
tānduōwùdé 貪多務得 10-104A
tān'è 貪惡 10-108A
tàn'è 歎愕 6-1471A
tán'ēn 覃恩 8-764A
tànfá 賧罰 10-278A
tānfān 攤番 6-982A
tānfàn 攤販 6-981B
tānfàn 攤飯 6-982A
tānfāng 坍方 2-1058B
tānfàng 貪放 10-105B
tánfǎng 談訪 11-322B
tànfáng 探房 6-719A
tànfǎng 探訪 6-720B
tānfèi 癱廢 8-370B
tánfēi 談霏 11-324A
tánfēiyùxiè 談霏玉屑 11-324A
tánfén 惔焚 7-605A
tánfěn 檀粉 4-1348B
tànfèn 歎憤 6-1471B
tānfēng 癱風 8-370B
tánfēng 談風 11-321A
tánfēng 談鋒 11-323B
tànfèng 歎鳳 6-1471B
tánfēngyuè 談風月 11-321A
tànfó 嘆佛 3-483B
tànfó 賧佛 10-278A
tānfū 貪夫 10-103A
tánfū 覃敷 8-764B
tánfǔ 潭府 6-127A
tánfǔ 檀府 4-1348A
tǎnfú 袒服 9-49A
tǎnfù 坦腹 2-1074B
tǎnfù 袒縛 9-49B
tànfú 探符 6-720B
tànfú 嘆伏 3-483A
tànfú 嘆服 3-483B
tànfú 歎伏 6-1470A
tànfú 歎服 6-1470A
tànfǔ 探撫 6-722A
tànfù 炭婦 7-50B
tānfūxùncái 貪夫徇財 10-103A
tānfūxùncái 貪夫狥財 10-103A
tānfūxùnlì 貪夫狥利 10-103A
tānfūxùnlì 貪夫殉利 10-103A
táng'āi 搪挨 6-817A
táng'àn 堂案 2-1123B
táng'àn 塘岸 2-1175A
tàngānyǐngcǎo 探竿影草 6-719B
tāng'ǎo 湯媪 5-1462A
táng'ào 堂坳 2-1121B
táng'ào 堂奥 2-1124B
táng'ào 塘坳 2-1175A
tángbá 棠茇 4-1110A
tángbà 塘壩 2-1175B
tǎngbǎ 钂鈀 11-1441B
tǎngbái 淌白 5-1372B
tǎngbǎnchuán 淌板船 5-1372B
tángbǎng 堂榜 2-1125B
tāngbàntǐ 湯半體 5-1460A
tángbào 堂報 2-1124B
tángbào 塘報 2-1175A
tāngbāodù 湯包肚 5-1460A
tāngbàodǔ 湯爆肚 5-1463B
tángbēi 唐陂 3-367B
tángbì 唐碧 3-368B
tángbì 堂陛 2-1123A
tángbì 螳臂 8-953B
tǎngbì 攩㧙 6-989A
tángbiǎn 堂扁 2-1123A
tángbìdāngchē 螳臂當車 8-953B
tángbìdǎngchē 螳臂擋車 8-953B
tángbìdāngzhé 螳臂當轍 8-953B
tángbì'èzhé 螳臂扼轍 8-953B
tāngbǐng 湯餅 5-1462B
tāngbǐng 湯麩 5-1463B
tāngbǐnghuì 湯餅會 5-1462B
tāngbǐngjú 湯餅局 5-1462B
tāngbǐngyán 湯餅筵 5-1462B
tángbó 踼踣 10-518A
tángbó 踼䟸 10-518A
tǎngbó 帑帛 3-704B
tángbóhǔ 唐伯虎 3-367B
tángbōhuìméngbēi 唐蕃會盟碑 3-369A
tángbù 堂布 2-1120B
tángbù 堂簿 2-1126B
tángbù 搪布 6-816B
tǎngbù 帑簿 3-705A
tángcān 堂参 2-1124B
tángcān 堂餐 2-1126A
tǎngchā 钂叉 11-1441B
tángchāi 堂差 2-1122B
tángchán 餹纏 12-574A
tángchàng 堂唱 2-1124B
tángchāngguàn 唐昌觀 3-367B
tángchāngpú 唐菖蒲 3-368A
tángchēng 搪撑 6-817A
tāngchí 湯池 5-1460B
tāngchí 湯匙 5-1461B
tángchí 塘池 2-1175A
tāngchítiěchéng 湯池鐵城 5-1460B
tāngchú 湯廚 5-1463A
tángchú 堂除 2-1123A
tángchú 堂廚 2-1125B
tǎngchǔ 帑儲 3-705A
tángchuán 䑽船 9-10B
tángchuáng 鏜床 11-1378B
tángcí 搪瓷 6-817A
tāngdā 鏜鎝 11-1378B
tāngdā 鏜鞳 11-1378B
tāngdá 鞺韃 12-213A
tángdài 塘埭 2-1175A
tǎngdàng 儻蕩 1-1743B
tǎngdàng 儻募 1-1743A
tāngdǎosānglín 湯禱桑林 5-1463B

tāngdì 趟地 9-1145A
tángdì 唐棣 3-368B
tángdì 棠棣 4-1110B
tāngdiǎn 湯點 5-1463B
tāngdiàn 湯殿 5-1462B
tángdìbēi 棠棣碑 4-1111A
tángdiē 踼跌 10-518A
tángdié 堂牒 2-1125A
tāngdǐng 湯鼎 5-1461B
tángdīngshuì 塘丁稅 2-1174B
tàngdǒu 燙斗 7-277A
tǎngdú 帑櫝 3-705A
tángduàn 堂斷 2-1126B
tángduì 堂對 2-1125B
tāngē 灘哥 6-219A
tángē 彈歌 4-155B
táng'é 堂額 2-1126B
tǎngē 但割 1-1240A
tǎngē 袒割 9-49A
tàngē 探戈 6-717A
táng'érhuángzhī 堂而皇之 2-1121A
tàngfà 燙髮 7-277B
tāngfàn 湯飯 5-1462A
tángfàn 堂飯 2-1125A
tāngfāng 湯方 5-1460A
tángfáng 堂防 2-1121A
tángfáng 堂房 2-1122A
tángféi 塘肥 2-1175A
tángfén 塘墳 2-1175A
tāngfēng 湯風 5-1461A
tāngfēng 揰風 6-849B
tángfēng 唐風 3-367B
tángfēng 堂封 2-1122A
tàngfēng 湯風 5-1461A
tángfú 堂幅 2-1124B
tángfú 棠芾 4-1110A
tángfǔ 堂斧 2-1122A
tángfǔ 螳斧 8-952B
tǎngfǔ 帑府 3-704B
tāngfūrén 湯夫人 5-1459B
tánggàn 棠榦 4-1111A
tánggé 堂閣 2-1125B
tánggè 堂个 2-1120B
tánggōng 唐弓 3-367A
tánggòng 唐貢 3-368A
tánggòu 堂搆 2-1125A
tánggòu 堂構 2-1125B
tánggǔ 堂鼓 2-1125A
tángguā 糖瓜 9-235A
tāngguàn 湯罐 5-1463B
tángguān 堂官 2-1122A
tángguān 堂倌 2-1123B
tǎngguì 躺櫃 10-711B
tāngguō 湯鍋 5-1463A
tángguǒ 糖果 9-235B
tánggǔtè 唐古忒 3-367A
tánggǔtè 唐古特 3-367A
tànghán 湯寒 5-1462A
tánghào 堂號 2-1125A
tánghòu 堂候 2-1123B
tánghòuguān 堂候官 2-1123B
tānghú 湯壺 5-1461B
tánghù 堂户 2-1120B
tánghù 棠户 4-1110A
tánghuā 唐花 3-367B
tánghuā 堂花 2-1121B
tánghuā 棠華 4-1110B
tánghuán 唐環 3-369A
tánghuáng 唐皇 3-367B
tánghuáng 堂皇 2-1122A
tánghuáng 堂隍 2-1124B
tánghuáng 餹餭 12-574A
tānghuāng 曭晄 7-1269B
tǎnghuǎng 儻恍 1-1743A
tànghuǎng 爣慌 7-801B
tànghuǎng 爣悦 7-801B
tànghuǎng 爣恍 7-801B
tánghuángfùlì 堂皇富麗 2-1122B
tánghuángguānmiǎn 堂皇冠冕 2-1122B
tánghuī 煻灰 7-216A
tánghuì 堂會 2-1125A
tánghúlu 糖葫蘆 9-235B
tānghuǒ 湯火 5-1460A
tānghuò 湯鑊 5-1463B
tánghuǒ 塘火 2-1175A
tǎnghuò 倘或 1-1496B
tǎnghuò 儻或 1-1742B
tànghuǒ 湯火 5-1460A
tǎnghuòjiān 倘或間 1-1496B
tāngjī 羰基 9-191B
tāngjì 湯劑 5-1463B
tángjī 堂基 2-1123B
tángjī 搪擊 6-817A
tāngjiā 閶鉿 12-124B
tāngjiā 蹚家 10-542B
tángjiā 唐家 3-368A
tángjiā 溏浹 6-34A
tàngjiǎn 燙剪 7-277B
tāngjiàng 蹚將 10-542B
tāngjiǎo 湯脚 5-1461B
tángjiào 唐窖 3-368B
tángjiāochéngzhèng 棠郊成政 4-1110B
tángjiē 堂階 2-1124B
tángjīn 唐巾 3-367A
tǎngjīn 帑金 3-704B
tàngjīn 燙金 7-277A
tāngjǐng 湯井 5-1459B
tángjīng 糖精 9-235B
tángjiù 堂舅 2-1125A
tángjǔ 唐舉 3-369A
tángjù 搪拒 6-816B
tángjù 螳拒 8-952B
tángjuān 唐捐 3-368A
tángjuàn 堂眷 2-1124B
tángkè 堂客 2-1123A
tángkǒng 鏜孔 11-1378B
tángkǒu 堂口 2-1120B
tǎngkù 帑庫 3-704B
tǎngkuài 帑廥 3-705A
tǎnglái 倘來 1-1496B
tànglái 儻來 1-1743A
tàngláiwù 儻來物 1-1743A
tángláng 螳蜋 8-953A
tángláng 螳螂 8-953A
tǎnglǎng 儻朗 1-1743A
tǎnglǎng 儻閬 1-1743B
tǎnglǎng 曭朗 5-852B
tǎnglǎng 爣朗 7-322A
tǎnglǎng 爣閬 7-322A
tánglángbǔchán… 螳螂捕蟬,黄雀在後 8-953A
tánglángfènbì 螳蜋奮臂 8-953A
tánglánghuángquè 螳螂黄雀 8-953B
tánglángjùzhé 螳螂拒轍 8-953A
tánglángzhīwèi 螳蜋之衛 8-953A
tánglángzǐ 螳螂子 8-953A
tánglǎo 堂老 2-1121A
tánglí 棠梨 4-1110B
tánglí 棠棃 4-1111A
tánglì 堂吏 2-1121A
tánglián 堂廉 2-1125B
tánglián 堂聯 2-1126A
tánglián 堂簾 2-1126B
tánglígōng 棠梨宫 4-1110B
tángliguǎn 棠棃館 4-1111A
tǎnglǐn 帑廩 3-705A
tánglínjìntiè 唐臨晉帖 3-369A
tánglǔ 棠櫓 4-1111B
tánglún 螳輪 8-953B
tǎnglùn 儻論 1-1743B
tāngluó 湯羅 5-1463B
tāngluó 鏜鑼 11-1379A
tàngmǎ 趟馬 9-1145B
tǎngmǎng 黨莽 12-1367B
tǎngmǎng 孃嶙 3-884B
tǎngmǎng 儻莽 1-1743A
tǎngmǎng 儻漭 1-1743B
tǎngmǎng 曭莽 5-852B
tǎngmǎng 曭漭 5-852B
tángmào 唐帽 3-368B
tángmì 堂密 2-1124B
tāngmiàn 湯麪 5-1463A
tǎngmiǎn 曭眄 7-1269A
tāngmíng 湯茗 5-1461A
tángmíng 堂名 2-1121A
tángmínghuáng 唐明皇 3-367B
tāngmù 湯沐 5-1460B
tángmùfǎng 棠木舫 4-1110A
tāngmùyì 湯沐邑 5-1460B
tángnáng 螳蠰 8-953B
tángní 唐猊 3-368A
tángní 塘泥 2-1175A
tángní 猭猊 5-102A
tángnián 唐年 3-367A
tángniàn 塘埝 2-1175A
tángniàobìng 糖尿病 9-235B
tángniú 犆牛 6-288B
tángnù 螳怒 8-953A
tāngōng 貪功 10-103A
tāngōng 灘工 6-219A
tángōng 彈弓 4-152A
tángōng 談功 11-319B
tángōng 檀弓 4-1347A
tángōngcè 檀公策 4-1347A
tángōngpīlì 痰宫劈歷 8-335A
tāngōngqǐxìn 貪功起釁 10-103A
tángōngròu 檀公肉 4-1347A
tāngòu 貪垢 10-106A
tāngòu 貪構 10-109B
tángòu 談詬 11-322B
tàngōu 探鉤 6-721B
tángpà 唐帕 3-367B
tǎngpá 耥耙 8-597A
tǎngpái 淌牌 5-1372B
tāngpán 湯盤 5-1463A
tāngpiáo 湯瓢 5-1463A
tāngpìn 湯聘 5-1462A
tāngpíng 湯瓶 5-1461A
tāngpó 湯婆 5-1461B
tángpō 溏濼 6-34A
tángpǔ 唐圃 3-368A
tāngqì 湯器 5-1463A
tángqián 堂前 2-1122B
tǎngqián 帑錢 3-705A
tǎngqiáo 躺橋 10-711B
tángqiúzǐ 棠杬子 4-1110A
tángqiúzǐ 棠梂子 4-1110B
tāngquán 湯泉 5-1461A
tāngqùsānmiàn 湯去三面 5-1460A
tángqútòngkū 唐衢痛哭 3-369A
tǎngrán 倘然 1-1497A
tǎngrán 儻然 1-1743A
tàngrán 儻然 1-1743B
tàngrè 燙熱 7-277B
tángrén 唐人 3-366B
tángrén 糖人 9-235A
tángrénjiē 唐人街 3-366B
tǎngrú 倘如 1-1496B
tǎngruò 倘若 1-1496B
tǎngruò 儻若 1-1742B
tángsāi 唐塞 3-368B
tāngsǎn 湯散 5-1461B
tángsāncǎi 唐三彩 3-366B
tángsàng 唐喪 3-368B
tángsānzàng 唐三藏 3-367A
tángsè 搪塞 6-817A
tángsēng 唐僧 3-369A
tángsēngqǔjīng 唐僧取經 3-369A
tángshān 唐山 3-367A
tángshàng 堂上 2-1120A
tàngshāng 燙傷 7-277B
tángshàngguān 堂上官 2-1120B
tángshàngqǔ 塘上曲 2-1174B
tángshàngxíng 塘上行 2-1175A
tāngshāohuǒrè 湯燒火熱 5-1463B
tāngshè 湯社 5-1461A

tāngshè 帑舍 3-704B
tāngshēn 湯參 5-1461B
tāngshēn 湯葠 5-1463A
tāngshén 湯神 5-1461A
tángshēng 堂生 2-1121A
tángshí 堂食 2-1122B
tángshí 糖食 9-235B
tángshì 堂戺 2-1121B
tángshì 堂事 2-1121B
tángshì 堂室 2-1123A
tángshì 堂試 2-1125A
tǎngshī 躺屍 10-711B
tǎngshí 帑實 3-705A
tǎngshǐ 倘使 1-1496B
tǎngshǐ 儻使 1-1743A
tǎngshì 矘視 7-1269B
tàngshǒu 燙手 7-277A
tángshū 唐書 3-368A
tángshǔ 唐鼠 3-368B
tángshǔ 堂屬 2-1126B
tángshù 棠樹 4-1111A
tángshuāng 糖霜 9-235B
tángshuāng 餹霜 12-574A
tāngshuǐ 湯水 5-1459B
tāngshuǐ 蹚水 10-542B
tángshùzhèng 棠樹政
4-1111A
tángsī 堂司 2-1121A
tángsì 唐肆 3-368B
tángsòng 棠頌 4-1111A
tángsòngbādàjiā
唐宋八大家 3-367B
tāngsūn 湯孫 5-1461A
tāngtǎ 闛闒 12-152B
tāngtà 鞺鞜 11-1419A
tāngtà 闛阘 12-173A
tāngtà 蹚踏 10-542B
tāngtà 鞺鞈 12-213A
tāngtà 鞺鞳 12-213A
tāngtà 鞺韃 12-213A
tāngtà 鞺鞳 12-213A
tāngtà 闛鞳 12-152B
tángtà 闛鞈 12-152B
tāngtàn 湯炭 5-1461A
tángtán 堂壇 2-1126A
tāngtāng 嘡嘡 3-491B
tāngtāng 鏜鏜 11-1378B
tángtáng 唐唐 3-368A
tángtáng 堂堂 2-1124A
tángtáng 棠棠 4-1111A
tǎngtǎng 儻儻 1-1743B
tǎngtǎng 爣爣 7-322A
tàngtàng 湯湯 5-1462A
tàngtàng'er 湯湯兒 5-1462A
tángtángyībiǎo 堂堂一表
2-1124A
tángtángzhèngzhèng
堂堂正正 2-1124A
tángtī 唐梯 3-368A
tángtī 唐銻 3-369A
tángtí 餳銻 12-569A
tángtí 鎕銻 11-1373B
tángtǐ 唐體 3-369A
tángtiáo 螗蜩 8-948A
tángtiě 堂帖 2-1121B
tángtiě 棠銕 4-1111A
tángtiězi 堂帖子 2-1122A
tāngtóu 湯頭 5-1463A
tángtóu 堂頭 2-1126A
tāngtóugējué 湯頭歌訣
5-1463A
tángtóuhéshang 堂頭和尚
2-1126A
tángtóushǒuzuò 堂頭首座
2-1126A
tángtū 唐突 3-368A
tángtū 搪突 6-816B
tángtū 搪揬 6-817A
tángtū 樘突 4-1272A
tángtú 堂涂 2-1123B
tángtú 堂途 2-1123B
tángtú 堂塗 2-1125B
tāngtuán 湯團 5-1462B
tāngtuán 湯糰 5-1463B
tāngtǔmǎ 蹚土馬 10-542B
tāngtǔniú 趟土牛 9-1145A
tāngǔ 貪賈 10-109A
tángǔ 彈骨 4-153B
tángǔ 談古 11-319B
tánguài 歎怪 6-1470A
tānguān 貪官 10-105B
tānguǎn 攤館 6-982B
tánguān 彈冠 4-153B
tànguān 探官 6-719A
tànguānjiǎn 探官繭 6-719A
tánguānjiéshòu 彈冠結綬
4-154A
tānguānwūlì 貪官污吏
10-105B
tánguānxiāngqìng
彈冠相慶 4-154A
tánguānzhènjīn 彈冠振衿
4-154A
tánguānzhènyī 彈冠振衣
4-154A
tànguānzhǐ 嘆觀止 3-485A
tánguòqíshí 談過其實
11-322A
tāngwǎng 湯網 5-1462B
tāngwēi 鏜威 11-1378B
tángwēi 堂威 2-1122A
tángwēi 煻煨 7-216A
tàngwèi 湯熨 5-1463A
tángwén 唐文 3-367A
tángwēng 堂翁 2-1123B
tāngwǔ 湯武 5-1461A
tángwū 堂屋 2-1123A
tángwǔ 堂廡 2-1126B
tángwǔ 堂廡 2-1125B
tǎngwū 帑屋 3-704B
tángxī 唐溪 3-368B
tángxī 堂息 2-1123B
tángxī 堂谿 2-1126A
tángxī 棠溪 4-1111A
tángxī 棠谿 4-1111A
tángxī 糖稀 9-235B
tángxì 堂戲 2-1126A
tángxià 堂下 2-1120A
tǎngxiàn 黨見 12-1366B
tǎngxiàng 帑項 3-704B
tángxiè 溏泄 6-34A
tángxiè 溏洩 6-34A
tángxiè 溏瀉 6-34A
tángxiè 糖蟹 9-235B
tāngxíng 湯刑 5-1460A
tángxiōngdì 堂兄弟 2-1120B
tángxǔ 唐許 3-368A
tángxù 堂序 2-1121B
tángxuān 堂萱 2-1124B
tángxuǎn 堂選 2-1126A
tāngxuě 湯雪 5-1461B
tángxùn 塘汛 2-1175A
tángyán 堂筵 2-1124B
tángyán 堂檐 2-1126A
tángyán 堂顏 2-1126B
tángyán 堂簷 2-1126B
tángyàn 堂燕 2-1126A
tángyàn 塘堰 2-1175A
tǎngyán 儻言 1-1742B
tǎngyáng 儻佯 1-1743A
tàngyáng 湯羊 5-1460A
tǎngyǎnmǒlèi 淌眼抹淚
5-1372B
tāngyào 湯藥 5-1463B
tángyáo 唐窑 3-368A
tángyáo 唐堯 3-368A
tāngyè 湯液 5-1461B
tāngyí 湯䤈 5-1461B
tāngyì 湯邑 5-1460B
tángyī 糖衣 9-235A
tángyí 唐夷 3-367A
tángyí 堂姨 2-1123B
tángyí 螗蛦 8-948A
tángyì 堂役 2-1121B
tángyì 堂邑 2-1121B
tángyì 蓎藙 9-516B
tǎngyǐ 躺椅 10-711B
tāngyǐn 湯引 5-1460A
tángyīn 唐音 3-367B
tángyīn 唐殷 3-368A
tángyīn 堂音 2-1122B
tángyīn 棠陰 4-1110B
tángyīn 膛音 6-1372A
tángyìn 堂印 2-1121A
tǎngyín 帑銀 3-704B
tángyīpàodàn 糖衣炮彈
9-235B
tángyǒng 堂勇 2-1123B
tāngyù 湯玉 5-1460A
tāngyù 湯浴 5-1461A
tángyú 唐虞 3-368B
tángyǔ 堂宇 2-1121A
tángyù 堂喬 2-1125A
tǎngyǔ 帑庾 3-704B
tāngyǔ 湯禹 5-1461A
tāngyuán 湯元 5-1459B
tāngyuán 湯圓 5-1462B
tángyuán 唐園 3-368B
tàngyìn 燙印 7-277A
tángzāihuángzāi 堂哉皇哉
2-1122A
tǎngzàng 帑藏 3-705A
tǎngzàng 帑臧 3-704B
tángzèng 堂贈 2-1126B
tángzhá 堂劄 2-1125B
tāngzhǎn 湯盞 5-1462B
tángzhǎng 堂長 2-1121B
tángzhèng 棠政 4-1110B
tāngzhī 湯汁 5-1460A
tángzhǐ 糖紙 9-235B
tǎngzhí 攩蹠 6-989A
tángzhōng 唐中 3-367A
tāngzhōu 湯粥 5-1462A
tángzhóu 堂軸 2-1124B
tāngzhǔ 湯主 5-1460A
tàngzhū 湯豬 5-1461B
tàngzhǔ 趟主 9-1145A
tángzhuàn 堂饌 2-1126B
tángzhuāng 唐裝 3-368B
tángzhuàng 搪撞 6-817A
tángzhùlánshān 棠苧襴衫
4-1110B
tángzi 堂子 2-1120B
tángzǐ 唐子 3-367A
tàngzi 趟子 9-1145A
tángzú 堂族 2-1124B
tángzú 塘卒 2-1175A
tángzūn 堂尊 2-1125A
tǎnhǎi 醓醢 9-1436A
tànhài 嘆駭 3-484B
tànhài 歎駭 6-1471B
tànhǎidēng 探海燈 6-720A
tānhàn 貪悍 10-107B
tànhàn 嘆憾 3-484B
tànhàn 歎憾 6-1471B
tánháo 彈毫 4-154B
tānhè 貪壑 10-111A
tánhé 彈劾 4-153A
tánhé 痰核 8-335A
tánhé 痰盒 8-335A
tánhè 潭壑 6-128A
tánhè 檀褐 4-1349A
tānhēi 貪黑 10-108B
tànhēibái 探黑白 6-721A
tànhēiwán 探黑丸 6-721A
tānhěn 貪很 10-106B
tānhěn 貪狠 10-106B
tánhén 檀痕 4-1348B
tànhèn 嘆恨 3-483B
tànhèn 歎恨 6-1470A
tānhèng 貪橫 10-110A.
tánhéróngyì 談何容易
11-320A
tànhòu 探候 6-720A
tānhù 灘户 6-219A
tánhù 壇户 2-1226B
tǎnhù 袒護 9-50A
tànhǔ 探虎 6-718B
tānhuā 貪花 10-104B
tānhuá 貪滑 10-108B
tānhuá 貪猾 10-108B
tánhuā 曇花 5-838A
tánhuà 談話 11-322B
tànhuā 探花 6-717B
tànhuà 炭化 7-50B
tànhuà 炭畫 7-51A

tánhuāgōng 彈花弓 4-152B
tǎnhuái 坦懷 2-1075A
tànhuāláng 探花郎 6-718A
tānhuān 貪歡 10-111B
tānhuān 貪驩 10-112B
tānhuán 攤還 6-982B
tānhuǎn 癱緩 8-370B
tānhuàn 癱瘓 8-370B
tánhuán 檀桓 4-1348B
tànhuán 探環 6-722B
tānhuāng 貪荒 10-106A
tānhuāng 貪慌 10-108B
tānhuáng 攤簧 6-982B
tānhuáng 灘黃 6-219A
tānhuáng 灘簧 6-219B
tánhuáng 彈簧 4-156B
tánhuáng 彈鐄 4-156B
tānhuángcài 攤黃菜 6-981B
tānhuāngmáng 貪慌忙 10-109A
tànhuángquǎn 嘆黃犬 3-484A
tànhuāshǐ 探花使 6-717B
tànhuāyán 探花筵 6-718A
tànhuāyàn 探花宴 6-718A
tánhuāyīxiàn 曇花一現 5-838A
tānhuì 貪賄 10-109B
tānhuì 貪穢 10-111B
tánhuì 覃惠 8-764B
tánhuì 檀慧 4-1349A
tànhuǐ 嘆悔 3-484A
tànhuì 探會 6-721B
tānhuìwúyì 貪賄無藝 10-109B
tànhǔkǒu 探虎口 6-718B
tānhuò 貪貨 10-107B
tānhuò 貪禍 10-109A
tánhuǒ 痰火 8-334B
tànhuǒ 炭火 7-50B
tànhuǒ 探火 6-717B
tànhuǒ 探夥 6-722A
tánhuǒsī 痰火司 8-334B
tánhǔsèbiàn 談虎色變 11-320B
tànhǔxué 探虎穴 6-718B
tānián 他年 1-1155B
tānián 它年 3-1290A
tāniáng 他娘 1-1156B
tāniángde 他娘的 1-1156B
tàniǎo 沓嬲 5-941B
tàniè 踏籋 10-508B
tàniè 踏躡 10-508B
tānjì 貪忌 10-105A
tānjì 貪覬 10-111A
tánjī 彈激 4-156A
tánjī 彈擊 4-156A
tánjī 潭積 6-127B
tánjī 談機 11-324A
tánjī 談雞 11-324B
tánjī 檀雞 4-1349B
tánjí 覃及 8-764A
tànjì 炭墼 7-51A
tànjī 撢稽 6-858B
tànjí 探急 6-719B
tānjiā 攤家 6-981B
tánjiá 彈鋏 4-155B
tánjià 談價 11-323B
tánjià 談稼 11-323B
tànjiā 探家 6-720A
tànjiā 歎嘉 6-1471A
tānjiàn 貪賤 10-110B
tánjiān 檀箋 4-1349A
tánjiān 譚箋 11-418B
tánjiàn 彈劍 4-156A
tánjiàn 潭澗 6-127B
tánjiàn 談劍 11-323B
tánjiàn 談薦 11-324A
tǎnjiān 袒肩 9-49A
tànjiān 探監 6-721B
tànjiǎn 探撿 6-722A
tànjiǎn 探檢 6-722B
tànjiǎn 撢簡 6-858B
tānjiāng 坍江 2-1058B
tānjiàng 貪將 10-108A
tánjiǎng 談講 11-324B
tànjiǎng 嘆獎 3-484B
tānjiǎo 貪狡 10-106B
tánjiāo 談交 11-320A
tánjié 彈詰 4-155A
tànjiē 嘆嗟 3-484B
tànjiē 歎嗟 6-1471A
tànjiè 探借 6-720A
tánjīn 彈金 4-153A
tánjīn 談津 11-321A
tánjìn 彈禁 4-155A
tànjīn 炭金 7-50B
tānjìng 貪競 10-111B
tánjīng 覃精 8-764B
tánjīng 談經 11-323A
tánjǐng 潭井 6-127A
tánjìng 潭鏡 6-128A
tánjìng 壇靖 2-1227B
tànjīng 炭精 7-51A
tànjǐng 探警 6-723A
tànjìng 炭敬 7-51A
tànjīngbàng 炭精棒 7-51A
tànjīngdēng 炭精燈 7-51A
tánjīngūliǎng 彈觔估兩 4-153B
tànjīngzhǐ 炭精紙 7-51A
tānjiǔ 貪酒 10-107A
tánjiū 彈糾 4-152B
tánjiū 彈糾 4-153B
tànjiū 探究 6-718A
tànjiū 探鬮 6-723B
tānjīzi 攤雞子 6-982B
tānjù 貪聚 10-109B
tánjū 彈疽 4-154A
tánjǔ 彈舉 4-156A
tánjù 談劇 11-323B
tànjū 炭疽 7-50B
tánjuǎn 壇卷 2-1227A
tánjué 痰厥 8-335A
tánjué 談噱 11-324A
tànjué 探抉 6-717B
tànjué 歎絶 6-1471A
tánjūn 覃均 8-764A
tánjūn 檀君 4-1347B
tānkāi 攤開 6-982A
tǎnkāi 袒開 9-49A
tànkǎi 歎慨 6-1471A
tánkān 檀龕 4-1349B
tánkǎn 壇坎 2-1226B
tànkàn 探看 6-719B
tānkē 貪苛 10-105A
tānkè 貪刻 10-105B
tánkè 談客 11-321A
tǎnkè 坦克 2-1073B
tǎnkèbīng 坦克兵 2-1073B
tǎnkèchē 坦克車 2-1073B
tǎnkèchéngyuán 坦克乘員 2-1073B
tànkēng 炭坑 7-50B
tǎnkèshǒu 坦克手 2-1073B
tánkōng 談空 11-320B
tánkōng 譚空 11-418B
tánkōngshuōhuàn 談空説幻 11-321A
tánkōngshuōyǒu 談空説有 11-321A
tánkōngshuōzuǐ 彈空説嘴 4-153A
tànkōngxuē 探空靴 6-719A
tānkǒu 貪口 10-102B
tānkòu 貪扣 10-103B
tānkòu 攤扣 6-981A
tánkǒu 檀口 4-1347A
tànkǒu'érchū 探口而出 6-717A
tānkǒufù 貪口腹 10-102B
tānkù 貪酷 10-110A
tǎnkū 袒哭 9-49A
tànkū 歎哭 6-1470B
tànkù 炭庫 7-50B
tānkuài 貪獪 10-111A
tánkuǎn 談款 11-322A
tànkuàng 探礦 6-723A
tànkuì 嘆喟 3-484A
tànkuì 歎喟 6-1471A
tǎnkuò 袒括 9-49A
tānlài 貪賴 10-110B
tánlái 檀來 4-1347B
tánlài 潭瀨 6-128A
tānlán 貪婪 10-107B
tānlán 貪惏 10-108A
tānlǎn 貪懶 10-111B
tānlàn 貪濫 10-111A
tānláng 貪狼 10-107A
tānlàng 攤踉 6-981B
tánláng 檀郎 4-1348A
tānlángfēng 貪狼風 10-107A
tánlángxiènǚ 檀郎謝女 4-1348A
tānlàntàlán 貪濫蹹婪 10-111A
tānlánwúyàn 貪婪無厭 10-107B
tānlánwúyàn 貪惏無饜 10-108A
tánlào 談嘮 11-323B
tànlǎojiēbēi 歎老嗟卑 6-1470A
tānlè 貪樂 10-110B
tánlèi 彈淚 4-154B
tānlì 貪力 10-102B
tānlì 貪吏 10-103B
tānlì 貪利 10-104B
tānlì 貪戾 10-105B
tánlǐ 談理 11-322A
tánlì 彈力 4-151B
tànlí 探驪 6-723B
tànlì 探歷 6-722B
tānliàn 貪戀 10-112A
tánliǎn 檀臉 4-1349A
tánliào 談料 11-321B
tànlídézhū 探驪得珠 6-723B
tānliè 貪劣 10-104A
tānlín 貪遴 10-110B
tānlìn 貪吝 10-105A
tānlìn 貪悋 10-106B
tānlìn 貪恪 10-107B
tánlín 檀林 4-1347B
tānlíng 貪凌 10-107A
tānlíng 貪陵 10-107B
tānliú 貪流 10-107A
tànliú 探流 6-720A
tànlízhū 探驪珠 6-723B
tánlǒng 曇籠 5-838A
tànlónghàn 探龍頷 6-722B
tānlòu 貪陋 10-106A
tànlǒuzi 炭簍子 7-51A
tānlù 貪祿 10-109A
tānlù 貪賂 10-109B
tānlù 貪路 10-109B
tánlù 彈路 4-155A
tǎnlù 坦露 2-1075A
tǎnlù 袒露 9-50A
tànlú 炭爐 7-51A
tánluán 檀欒 4-1349B
tánlún 檀輪 4-1349A
tánlùn 彈論 4-156A
tánlùn 談論 11-323B
tánlùn 譚論 11-418B
tánlùnfēngshēng 談論風生 11-323B
tǎnluǒ 袒裸 9-49B
tànmǎ 探馬 6-719B
tànmǎchì 探馬赤 6-719B
tànmǎchìjūn 探馬赤軍 6-719B
tānmǎn 貪滿 10-110A
tānmàn 貪慢 10-110A
tǎnmán 坦謾 2-1075A
tànmàn 湠漫 5-1477B
tānmáo 貪耄 10-106B
tānmào 貪冒 10-106A
tānmào 貪媢 10-109A
tānmèi 貪昧 10-106A
tànméi 探梅 6-720A
tànměi 嘆美 3-483B
tànměi 歎美 6-1470A
tānmí 貪迷 10-106B
tánmí 痰迷 8-334B
tánmì 檀密 4-1348B
tánmiào 談妙 11-320B

tánmiào 壇廟 2-1227B
tānmín 貪民 10-103B
tànmǐn 歎憫 6-1471B
tānmíng 貪名 10-104A
tānmìng 貪命 10-105B
tánmíng 談名 11-320A
tànmíng 探明 6-718B
tānmiù 貪繆 10-111B
tánmíxīnqiào 痰迷心竅 8-334B
tānmò 貪没 10-105A
tānmò 貪墨 10-110B
tánmó 曇摩 5-838B
tánmó 曇無 5-838B
tánmò 彈墨 4-155B
tánmò 痰沫 8-334B
tánmòlíng 彈墨綾 4-155B
tānmóu 貪謀 10-111A
tānmù 貪慕 10-109B
tànmù 探目 6-717B
tànmù 歎慕 6-1471B
tánmùxuē 檀木靴 4-1347A
tánnà 檀那 4-1347B
tánnà 檀郍 4-1347B
tānnáng 貪囊 10-112A
tànnáng 探囊 6-723A
tànnángqūqiè 探囊胠篋 6-723B
tànnángqǔwù 探囊取物 6-723B
tānnì 貪溺 10-109B
tānniàn 貪念 10-105B
tánnián 談年 11-320A
tánniáng 談娘 11-322A
tánniè 彈鑷 4-156B
tānnìng 貪佞 10-104B
tánnóng 醰醲 9-1442A
tánnú 檀奴 4-1347B
tānnuō 貪懦 10-111B
tānnuò 貪愞 10-109A
tānnüè 貪虐 10-106A
tānóng 他儂 1-1157A
tānpái 攤牌 6-982A
tānpài 攤派 6-981A
tánpāi 彈拍 4-153A
tánpái 談俳 11-321B
tánpàn 談判 11-320B
tānpèi 攤配 6-981A
tánpèi 覃霈 8-764B
tànpèi 嘆佩 3-483B
tānpén 攤盆 6-981A
tànpén 炭盆 7-50B
tánpēng 彈抨 4-152B
tánpéngyǒu 談朋友 11-320B
tánpǐ 痰癖 8-335B
tánpíng 覃平 8-764A
tánpíng 談評 11-322B
tǎnpíng 坦平 2-1073B
tānpò 攤破 6-981B
tānpū 攤舖 6-982A
tānpú 攤蒱 6-982A
tǎnpǔ 坦樸 2-1075A
tānqì 灘磧 6-219B
tánqí 彈基 4-154B
tánqí 彈棋 4-154B
tánqí 彈碁 4-155A
tánqǐ 談綺 11-323B
tánqì 痰氣 8-335A
tǎnqì 坦氣 2-1074A
tànqí 探奇 6-718B
tànqí 探騎 6-722B
tànqí 歎奇 6-1470A
tànqǐ 歎企 6-1470A
tànqì 嘆氣 3-483B
tànqì 歎氣 6-1470B
tānqiān 貪慳 10-110A
tānqián 攤錢 6-982B
tánqiān 覃遷 8-764B
tánqiàn 簟縴 8-1266A
tànqián 倓錢 1-1519B
tànqián 賧錢 10-278A
tānqiáng 貪彊 10-111A
tānqiǎo 貪巧 10-103A
tànqiǎo 歎愀 6-1471A
tānqiè 貪怯 10-105B
tānqiè 貪竊 10-112A
tānqīn 貪侵 10-106B
tànqīn 探親 6-722B
tānqīng 貪青 10-105A
tānqíng 貪情 10-108A
tánqìng 覃慶 8-764B
tánqíngshuō'ài 談情説愛 11-322A
tānqiú 貪求 10-104B
tānqiú 貪賕 10-110A
tánqiū 潭湫 6-127B
tǎnqiú 袒裘 9-49A
tànqiú 探求 6-718A
tānqiúwúyàn 貪求無猒 10-104B
tānqiúwúyǐ 貪求無已 10-104B
tánqū 彈曲 4-152B
tànqǔ 探取 6-718A
tānquán 貪泉 10-106B
tānquán 貪權 10-112A
tánquè 彈爵 4-156B
tánquè 彈雀 4-154B
tānrǎn 貪染 10-106B
tánrán 倓然 1-1519B
tǎnrán 坦然 2-1074A
tánrǎng 曇穰 5-838B
tǎnránzìruò 坦然自若 2-1074B
tānrén 貪人 10-102B
tānrěn 貪忍 10-105A
tānrèn 攤認 6-982A
tànrén 探人 6-717A
tànrén 撣人 6-858B
tānróng 貪茸 10-106A
tānróng 貪榮 10-110A
tánróng 談容 11-321B
tánróngniáng 談容娘 11-321B
tǎnròu 袒肉 9-48B
tānruǎn 擹軟 6-871B
tānruǎn 痑軟 8-315B
tānruǎn 攤軟 6-981B
tānruǎn 癱軟 8-370B
tánruǐ 檀蘂 4-1349B
tānrùn 貪潤 10-110B
tánruòxuánhé 談若懸河 11-320B
tánsāi 檀腮 4-1349A
tànsàn 僋俕 1-1643B
tànsāng 探喪 6-721A
tānsè 貪色 10-104A
tānsè 貪嗇 10-109A
tánsēng 談僧 11-323A
tānshā 貪殺 10-107A
tānshàn 貪擅 10-110B
tánshàn 壇墠 2-1227B
tánshàn 撣掞 6-858B
tánshǎng 談賞 11-323B
tànshāng 歎傷 6-1471A
tànshǎng 探賞 6-722A
tànshǎng 嘆賞 3-484B
tànshǎng 歎賞 6-1471B
tǎnshàngtèxià 忐上忑下 7-402B
tánshānkè 壇山刻 2-1226A
tánshānkèshí 壇山刻石 2-1226A
tānshē 貪奢 10-107B
tánshé 彈舌 4-152B
tánshé 談舌 11-320A
tánshě 檀捨 4-1348B
tánshè 彈射 4-154A
tánshè 壇社 2-1226B
tànshēn 探伸 6-718A
tānshēng 貪生 10-103B
tānshēng 貪聲 10-111A
tānshēng 灘聲 6-219B
tànshèng 探勝 6-721A
tānshēngpàsǐ 貪生怕死 10-103B
tānshēngwèisǐ 貪生畏死 10-103B
tānshēngwùsǐ 貪生惡死 10-103B
tānshēngzhúsè 貪聲逐色 10-111A
tānshí 貪食 10-106B
tānshì 貪仕 10-103B
tānshì 貪勢 10-109A
tānshì 貪嗜 10-109B
tánshī 檀施 4-1348B
tánshì 彈事 4-153A
tánshì 談士 11-319A
tánshì 壇事 2-1227A
tànshí 探拾 6-719A
tànshǐ 探使 6-718B
tànshì 炭室 7-50B
tànshì 探事 6-718B
tànshì 探視 6-720B
tànshì 歎逝 6-1470B
tànshǒu 探手 6-717B
tānshǒutānjiǎo 攤手攤脚 6-981A
tānshū 攤書 6-981B
tānshù 貪豎 10-110A
tánshū 談書 11-321B
tánshù 談述 11-320B
tānshuǎ 貪耍 10-106A
tǎnshuài 坦率 2-1074A
tānshū'àobǎichéng 攤書傲百城 6-981B
tānshuǐ 貪水 10-103A
tānshuì 癱睡 8-370B
tànshuǐ 探水 6-717A
tànshuì 賧税 10-278A
tànshuǐgān 探水竿 6-717B
tánshuō 談説 11-323A
tánshuō 譚説 11-418B
tānshūyōngbǎichéng 攤書擁百城 6-981B
tānsī 貪私 10-104B
tānsì 貪肆 10-109A
tánsī 彈絲 4-155A
tánsī 覃思 8-764A
tánsī 潭思 6-127B
tánsī 譚思 11-418B
tànsī 歎思 6-1470A
tànsòng 嘆誦 3-484B
tànsòng 歎誦 6-1471B
tánsǒu 談藪 11-324B
tānsú 貪俗 10-106B
tánsù 彈肅 4-155B
tánsù 談訴 11-322B
tánsuàn 彈算 4-155B
tánsuí 彈隨 4-155B
tǎnsuì 坦遂 2-1074B
tānsǔn 攤損 6-982A
tánsǔn 潭筍 6-127B
tānsuǒ 貪索 10-107A
tànsuǒ 探索 6-719B
tānsuōxīng 坍縮星 2-1058B
tāntā 坍塌 2-1058B
tāntà 貪沓 10-105B
tāntái 坍臺 2-1058B
tántái 澹臺 6-177A
tāntān 痑痑 8-315B
tāntān 嘽嘽 3-508A
tāntān 灘潬 6-219B
tāntān 驒驒 12-898B
tántán 沈沈 5-998A
tántán 覃覃 8-764B
tántán 憛憛 7-735A
tántán 潭潭 6-127B
tántán 談談 11-323B
tántán 曇曇 5-838B
tántán 譚譚 11-419A
tántán 醰醰 9-1442A
tántán 趯趯 9-1153B
tántán 炎炎 7-43A
tǎntǎn 儃儃 1-1697A
tǎntǎn 檀檀 4-1349A
tǎntǎn 坦坦 2-1073B
tántáng 壇堂 2-1227A
tàntāng 探湯 6-721A
tàntāngdǎohuǒ 探湯蹈火 6-721A
tāntāo 貪叨 10-103B
tāntāo 貪饕 10-112A
tàntǎo 探討 6-720A
tāntè 貪慝 10-109B

tăntè 忐忑 7-402B
tăntèbù'ān 忐忑不安 7-402B
tăntèbùdìng 忐忑不定 7-402B
tàntī 探擿 6-722B
tàntí 探題 6-723A
tàntì 歎涕 6-1470B
tāntiān 貪天 10-102B
tántiān 談天 11-319A
tàntián 炭田 7-50B
tāntiāngōng 貪天功 10-103A
tántiānlùndì 談天論地 11-319B
tántiānshuōdì 談天說地 11-319B
tántiānshuōdì 譚天說地 11-418B
tāntiānzhīgōng 貪天之功 10-102B
tántiáo 談啁 11-322A
tántiào 彈跳 4-155A
tàntiáo 探條 6-720A
tāntiè 貪饕 10-111B
tántiě 潭帖 6-127A
tàntīng 探聽 6-723A
tántóng 檀桐 4-1348B
tántǒng 痰桶 8-335A
tāntóu 攤頭 6-982A
tāntóu 灘頭 6-219B
tántóu 談頭 11-324A
tàntóu 探投 6-717B
tàntóu 探頭 6-722A
tàntóusuōnǎo 探頭縮腦 6-722B
tàntóutànnǎo 探頭探腦 6-722B
tāntú 貪圖 10-110A
tāntú 灘塗 6-219A
tántú 憛悇 7-735A
tántǔ 談吐 11-320A
tántǔ 譚吐 11-418B
tǎntú 坦途 2-1074A
tǎntú 坦塗 2-1074B
tántǔfēngshēng 談吐風生 11-320A
tántuǐ 潭腿 6-127B
tántuǐ 譚腿 11-418B
tāntūn 嘽啍 3-508A
tántuō 潭拖 6-127A
tántǔshēngfēng 談吐生風 11-320A
tànǔ 踏弩 10-502B
tànuò 闒懦 12-145B
tānwán 貪玩 10-105A
tānwán 貪頑 10-109A
tánwán 彈丸 4-151B
tànwán 探丸 6-717A
tànwán 探玩 6-718A
tànwǎn 嘆惋 3-484B
tànwǎn 歎惋 6-1470B
tānwǎng 貪枉 10-105A
tānwǎng 貪罔 10-105B
tānwàng 貪妄 10-104A
tánwāng 彈枉 4-153A
tànwàng 探望 6-720B
tànwánjièkè 探丸借客 6-717A
tánwántuōshǒu 彈丸脫手 4-151B
tānwěi 貪猥 10-108B
tānwèi 貪位 10-104B
tánwēi 談微 11-322B
tánwéi 彈違 4-155A
tánwéi 檀維 4-1349A
tánwěi 彈緯 4-156A
tánwěi 壇壝 2-1227B
tánwèi 談慰 11-324A
tánwèi 壇位 2-1226B
tànwēi 探微 6 721B
tànwéiguānzhǐ 嘆爲觀止 3-484A
tànwéiguānzhǐ 歎爲觀止 6-1471A
tānwèimùlù 貪位慕祿 10-105A
tānwěiwúyàn 貪猥無厭 10-108B
tánwén 彈文 4-152A
tánwěn 談吻 11-320A
tǎnwèn 祖免 9-48B
tànwèn 探問 6-720B
tǎnwènqīn 祖免親 9-48B
tánwò 醰渥 9-1442A
tānwū 貪汙 10-104A
tānwū 貪污 10-104B
tānwū 貪汚 10-104A
tānwū 貪洿 10-106B
tánwú 談無 11-322A
tánwù 談晤 11-322A
tànwū 歎嗚 6-1471A
tànwù 賧物 10-278A
tānwūfǔhuà 貪污腐化 10-104B
tānwūlángjí 貪汙狼藉 10-104A
tānxī 貪惜 10-108A
tānxì 攤戲 6-982B
tánxī 談犀 11-322B
tánxī 檀溪 4-1349A
tánxí 談席 11-321B
tánxí 壇席 2-1227A
tánxì 談戲 11-324B
tǎnxī 襢裼 9-144B
tǎnxī 祖裼 9-49B
tànxī 嘆息 3-483B
tànxī 嘆惜 3-484A
tànxī 嘆嘻 3-484B
tànxī 歎息 6-1470B
tànxī 歎惜 6-1470B
tànxī 歎嘻 6-1471A
tànxì 探細 6-721A
tānxiá 貪黠 10-111B
tānxiān 貪憸 10-111A
tānxián 貪賢 10-110A
tānxiǎn 貪險 10-110B
tánxián 彈弦 4-153B
tánxián 痰涎 8-335A
tánxiàn 談羨 11-323A
tǎnxiǎn 祖跣 9-49A
tànxiǎn 探險 6-722A
tànxiàn 嘆羨 3-484B
tànxiàn 歎羨 6-1471A
tānxiǎng 灘響 6-219B
tānxiàng 貪相 10-106A
tánxiāng 檀香 4-1348A
tànxiǎng 嘆想 3-484B
tánxiānglú 檀香爐 4-1348A
tánxiāngméi 檀香梅 4-1348A
tánxiāngshàn 檀香扇 4-1348A
tánxiántiān 談閑天 11-322B
tānxiǎo 貪小 10-102B
tánxiào 談关 11-320A
tánxiào 談笑 11-321A
tánxiào 談嘯 11-324A
tánxiào 譚笑 11-418B
tǎnxiào 坦笑 2-1074A
tànxiào 嘆笑 3-483B
tánxiàofēnghóu 談笑封侯 11-321B
tánxiàofēngshēng 談笑風生 11-321B
tānxiǎoshīdà 貪小失大 10-102B
tánxiàozìrú 談笑自如 11-321A
tánxiàozìruò 談笑自若 11-321B
tānxié 貪邪 10-103B
tánxié 談諧 11-324A
tánxiè 談屑 11-321B
tǎnxīluǒchéng 祖裼裸裎 9-49B
tānxīn 貪心 10-103A
tánxīn 覃心 8-764A
tánxīn 談心 11-319B
tánxīn 檀心 4-1347A
tánxìn 檀信 4-1348A
tànxīn 炭薪 7-51A
tànxìn 探信 6-719B
tānxīnbùzú 貪心不足 10-103A
tānxìng 貪幸 10-105A
tánxìng 談星 11-321A
tánxìng 彈性 4-153A
tánxìng 談興 11-324A
tánxìng 檀杏 4-1347B
tánxiù 檀袖 4-1348B
tánxū 覃訏 8-764A
tánxū 談虛 11-322A
tánxù 談敘 11-321A
tánxù 談敍 11-322A
tánxù 談緒 11-323B
tànxū 歎吁 6-1470A
tánxuán 談玄 11-319B
tánxuánshuōmiào 談玄說妙 11-319B
tánxuè 談謔 11-324A
tànxún 探尋 6-721B
tànxún 探詢 6-721B
tànxùn 探訊 6-720A
tányā 彈壓 4-156A
tànyà 歎訝 6-1470B
tányān 檀煙 4-1349A
tányán 覃研 8-764A
tányán 談言 11-320B
tányán 談筵 11-322B
tányǎn 談演 11-323A
tányàn 談宴 11-321B
tányàn 談燕 11-324A
tányàn 談讌 11-325A
tányàn 譚讌 11-419A
tànyán 探研 6-719A
tānyáng 灘羊 6-219A
tányáng 談揚 11-322A
tányáng 曇陽 5-838A
tànyáng 歎揚 6-1471A
tànyǎng 嘆仰 3-483A
tànyǎng 歎仰 6-1470A
tányánwēizhòng 談言微中 11-320B
tányánwēizhòng 譚言微中 11-418B
tànyè 探業 6-721B
tányì 彈議 4-156B
tányì 談義 11-323A
tányì 談藝 11-324B
tányì 談議 11-325A
tányì 譚藝 11-419A
tǎnyí 坦夷 2-1073B
tǎnyí 坦迤 2-1074A
tǎnyì 坦易 2-1074A
tànyì 探意 6-721B
tànyì 探繹 6-723A
tànyì 嘆異 3-484B
tànyì 歎邑 6-1470A
tànyì 歎悒 6-1470B
tànyì 歎挹 6-1470A
tànyì 歎異 6-1470B
tányìfēngshēng 談議風生 11-325A
tānyín 貪婬 10-108A
tānyín 貪淫 10-108A
tānyǐn 貪飲 10-108B
tányín 戡崟 1-574B
tányǐn 痰飲 8-335A
tányìn 檀印 4-1347A
tányīng 檀英 4-1347B
tányíng 談瀛 11-324B
tānyōng 貪庸 10-108A
tānyòng 貪饔 10-111A
tányǒng 談詠 11-322B
tǎnyǒng 祖踊 9-49B
tànyǒng 歎詠 6-1471A
tányōu 談優 11-324B
tǎnyòu 祖右 9-48B
tànyōu 探幽 6-719B
tànyōusuǒyǐn 探幽索隱 6-719B
tányōuwùliè 談優務劣 11-324B
tānyú 貪漁 10-110A
tānyú 貪諛 10-110B
tānyù 貪欲 10-107B
tānyù 貪慾 10-110B

tányú 痰盂 8-334B
tányú 檀輿 4-1349A
tányǔ 談語 11-323A
tányǔ 壇宇 2-1226B
tányù 談譽 11-324B
tányù 壇域 2-1227A
tányù 壇諭 2-1227B
tǎnyú 蹦魚 10-557B
tànyú 探魚 6-720B
tànyù 探獄 6-722A
tànyù 歎譽 6-1471B
tányuān 潭淵 6-127B
tànyuán 探元 6-717A
tànyuán 探源 6-721B
tànyuàn 歎怨 6-1470A
tányuánshuōtōng 談圓說通 11-322B
tányuè 潭瀹 6-128A
tányuè 檀越 4-1348B
tányūn 檀暈 4-1349A
tānyùwúyàn 貪欲無厭 10-108A
tānyùwúyì 貪慾無藝 10-110B
tànzàn 歎贊 6-1471B
tānzāng 貪贓 10-112A
tānzānghuàifǎ 貪贓壞法 10-112B
tānzāngwǎngfǎ 貪贓枉法 10-112A
tānzào 貪躁 10-111B
tánzé 彈責 4-154A
tǎnzé 袒幘 9-49B
tànzé 探賾 6-722B
tànzé 撢擇 6-858B
tànzégōushēn 探賾鉤深 6-723A
tànzésuǒyǐn 探賾索隱 6-723A
tànzésuǒyǐn 撢嘖索隱 6-858B
tānzhà 貪詐 10-108B
tànzhà 嘆蜡 3-484B
tànzhà 嘆吒 3-483A
tànzhà 嘆咤 3-483B
tànzhà 歎吒 6-1470A
tànzhà 歎咤 6-1470A
tánzhái 壇宅 2-1226B
tānzhàn 貪占 10-103B
tánzhǎn 壇琖 2-1227A
tánzhāng 彈章 4-154B
tánzhào 壇兆 2-1226B
tànzhǎo 探找 6-717B
tànzhǎo 探爪 6-717B
tànzhào 探照 6-721B
tànzhàodēng 探照燈 6-721B
tánzhè 檀柘 4-1348A
tǎnzhé 袒謫 9-50A
tànzhēn 探真 6-719B
tànzhēn 探偵 6-720B
tānzhēng 貪争 10-104A
tānzhēng 攤徵 6-982A
tánzhèng 彈正 4-152B
tánzhèng 痰症 8-335A
tánzhèng 談證 11-324B
tānzhì 貪忮 10-105A
tānzhì 貪憤 10-111B
tānzhì 貪鷙 10-112A
tánzhǐ 彈指 4-153B
tánzhì 彈治 4-153A
tánzhì 覃志 8-764A
tánzhì 壇時 2-1227A
tǎnzhí 坦直 2-1074A
tǎnzhì 坦摯 2-1074B
tànzhī 探支 6-717A
tànzhī 探知 6-718B
tànzhǐ 炭紙 7-50B
tānzhòng 貪重 10-106B
tánzhòng 談中 11-319B
tǎnzhōng 坦衷 2-1074A
tànzhòng 嘆重 3-483B
tánzhóu 檀軸 4-1349A
tānzhǔ 貪主 10-103B
tánzhú 潭竹 6-127A
tánzhǔ 潭渚 6-127B
tánzhǔ 談麈 11-324A
tánzhǔ 檀主 4-1347A
tánzhù 談助 11-320A
tánzhù 檀注 4-1348A
tánzhù 檀炷 4-1348B
tánzhù 譚助 11-418B
tànzhū 探珠 6-719B
tànzhuā 炭檛 7-51A
tánzhuǎn 覃轉 8-764B
tánzhuàn 檀篆 4-1349A
tànzhuàn 探撰 6-722A
tánzhuāng 檀妝 4-1347B
tānzhuó 貪著 10-107B
tānzhuó 貪着 10-108A
tānzhuó 貪濁 10-111A
tānzi 攤子 6-981A
tānzi 癱子 8-370A
tānzǐ 灘子 6-219A
tānzì 貪恣 10-107A
tánzi 罈子 8-1081B
tánzī 談資 11-322B
tánzī 談訾 11-322B
tánzǐ 彈子 4-152A
tánzǐ 檀子 4-1347A
tǎnzi 毯子 6-1014A
tànzi 探子 6-717A
tànzī 歎咨 6-1470A
tānzòng 貪縱 10-111B
tánzōng 談宗 11-320B
tànzōng 探綜 6-722A
tánzòu 彈奏 4-153B
tànzú 探卒 6-719A
tànzuǎn 探纂 6-722B
tānzuǐ 貪嘴 10-111A
tánzuò 彈坐 4-152B
tǎnzuǒ 袒左 9-48B
táo'áo 陶遨 11-1046A
táobá 桃拔 4-983A
táobái 陶白 11-1041A
táobài 逃敗 10-798B
táobǎn 桃板 4-983B
táobǎn 桃版 4-983B
táobǎn 陶板 11-1042B
táobǎn 陶版 11-1042B
táobàn 淘伴 5-1401B
táobàn 蜪伴 8-920B
tàobǎn 套板 2-1542B
tàobǎn 套版 2-1542B
táobàng 桃棓 4-985B
tǎobǎo 討保 11-32A
tǎobào 討暴 11-36A
tàobāo 套包 2-1542B
táobēi 逃杯 10-797A
táobèi 逃背 10-797B
tǎobèi 討悖 11-33A
tàobēi 套杯 2-1542B
táobèn 逃奔 10-797A
táobèn 跳奔 10-465B
tǎoběn 討本 11-30B
táobèng 逃迸 10-797B
tāobǐ 韜筆 12-687A
tāobì 韜碧 12-687B
tāobì 饕詖 12-585B
táobǐ 逃比 10-796A
táobì 逃避 10-800A
tāobiàn 絛辮 1-1601B
tǎobiànyi 討便宜 11-32A
tāobīng 饕兵 12-585A
táobīng 逃兵 10-796B
tāobō 濤波 6-180A
tāobō 濤頭 6-180A
táobō 桃波 4-983B
táobū 逃逋 10-798A
táobù 桃部 4-984B
tǎobǔ 討捕 11-32B
tāocǎi 韜采 12-686B
tǎocái 討裁 11-34A
tǎocǎi 討彩 11-33B
tàocái 套裁 2-1543A
tǎocǎitóu 討采頭 11-31B
tāocán 饕殘 12-585B
tāocáng 弢藏 4-113A
tāocáng 韜藏 12-688A
táocáng 逃藏 10-800A
tāocè 叨廁 3-76A
tǎocè 討測 11-34B
tǎochāi 討差 11-32B
táochán 逃禪 10-800A
táochàng 陶暢 11-1047A
tǎochāo 討抄 11-31A
táochē 陶車 11-1042A
tàochē 套車 2-1542B
tāochén 叨塵 3-76A
tāochén 韜塵 12-687B
táochén 逃臣 10-796B
táochén 陶陳 11-1044B
tāochéng 叨承 3-75B
táochéng 陶成 11-1041B
tǎochī 討吃 11-30B
tǎochī 討喫 11-34A
tǎochīguǐ 討吃鬼 11-30B
tǎochīgùn 討吃棍 11-31A
tāochóng 絛蟲 1-1601B
táochóng 桃蟲 4-987A
táochǒng 逃寵 10-800B
tāochóngbìng 絛蟲病 1-1601B
tǎochóu 討讎 11-37B
tǎochóu 討讐 11-37B
tǎochú 討除 11-32B
táochuī 淘炊 5-1401B
táochūn 陶春 11-1043A
tǎochūn 討春 11-32A
tāocí 韜詞 12-687B
táocí 逃辭 10-800B
tǎocù 討蹙 11-37A
tǎocù 討蹴 11-37A
táocuàn 逃竄 10-800A
táocuì 陶淬 11-1045B
tǎocuō 討撮 11-36A
tāodá 叏達 2-870B
tāodá 挑達 6-570B
tǎodǎ 討打 11-30A
tǎodǎchī 討打喫 11-30A
táodān 桃丹 4-979A
táodàn 陶誕 11-1046B
tāodàng 滔蕩 6-22B
táodàng 淘蕩 5-1402B
tǎodàng 討蕩 11-36A
tāodào 掏道 6-697A
táodāo 陶刀 11-1040A
tāodāozǒujǐ 挑刀走戟 6-568B
táodèngfēidiē 淘澄飛跌 5-1402B
tāodì 叨第 3-75B
táodiàn 逃佃 10-796B
táodiàn 桃簟 4-987A
tǎodiàn 討店 11-31B
tàodiào 套調 2-1543B
táodīng 逃丁 10-795B
tǎodìng 討定 11-31B
táodū 桃都 4-984A
táodù 桃蠹 4-987A
táodùn 逃遁 10-799A
táodùn 逃頓 10-799B
táodùn 逃遯 10-799B
táodùn 陶頓 11-1046B
táoduó 鞀鐸 12-191B
táoduǒ 逃躲 10-799B
tǎoduó 討度 11-32B
táodūshān 桃都山 4-984A
tāo'è 饕惡 12-585B
táo'é 淘鵝 5-1403A
táo'è 逃惡 10-798B
táo'è 桃萼 4-985B
táo'è 蜪蚅 8-920B
tǎo'èjiǎnbào 討惡翦暴 11-34A
tāo'ěr 慆耳 7-680A
táo'ěr 鞉耳 12-194A
tǎo'èr 討貳 11-33B
tāofà 韜髮 12-687B
tǎofá 討伐 11-31A
tǎofá 討罰 11-35B
táofǎn 逃反 10-796A
táofǎn 逃返 10-797A
táofàn 逃犯 10-796A
táofàn 陶範 11-1047A
tǎofàn 討飯 11-34B
tǎofànbàng 討飯棒 11-34B

táofāng 陶瓬 11-1042B
táofǎng 陶瓬 11-1044B
tàofáng 套房 2-1542B
tǎofànpēi 討飯胚 11-34B
tāofēng 滔風 6-22A
tāoféng 饕逢 12-585B
tāofēngnüèxuě 饕風虐雪 12-585B
tǎofènshàng 討分上 11-30A
tǎofēnxiǎo 討分曉 11-30A
táofǒu 陶缶 11-1042A
tāofú 韜伏 12-686B
tāofú 韜符 12-687A
táofú 逃伏 10-796B
táofú 桃符 4-985A
táofú 陶桴 11-1045A
táofù 逃富 10-799A
tǎofú 討服 11-31B
tǎofù 討負 11-32B
táofúbǎn 桃符板 4-985A
táogǎo 疾痛 8-285B
tāogē 韜戈 12-685B
tāogé 韜閣 12-687B
táogē 桃戈 4-979A
táogé 陶葛 11-1045B
tāogējuǎnjiǎ 韜戈卷甲 12-685B
táogēn 桃根 4-984A
táogěng 桃梗 4-984B
tàogēng 套耕 2-1543A
tǎogēngfàn 討羹飯 11-37A
táogēntáoyè 桃根桃葉 4-984A
tāogēyǎnwǔ 韜戈偃武 12-685B
tāogōng 弢弓 4-113A
tāogōng 韜弓 12-685B
táogōng 陶工 11-1040A
táogōng 陶公 11-1040B
tǎogōng 討功 11-30A
tàogòng 套供 2-1542B
táogōngjīngshǐ 桃弓荆矢 4-978B
táogōngshèyā 桃弓射鴨 4-978B
táogōngwěijǐ 桃弓葦戟 4-978B
táogōngwěishǐ 桃弓葦矢 4-978B
tāogōu 絛鉤 1-1601A
tàogòu 套購 2-1543B
táogǔ 鞉鼓 12-194B
táogǔ 鼗鼓 12-1398B
táoguāi 逃乖 10-797A
táoguǎi 逃拐 10-797A
tǎoguāi 討乖 11-31B
táoguān 逃官 10-797A
táoguǎn 陶管 11-1047A
táoguàn 洮盥 5-1173A
táoguàn 桃觀 4-987A
táoguàn 陶貫 11-1045B
tǎoguān 討關 11-37A
tāoguāng 叨光 3-75A
tāoguāng 弢光 4-113A
tāoguāng 韜光 12-686A
táoguǎng 陶廣 11-1047A
tāoguānghuìjì 韜光晦迹 12-686A
tāoguānghuìjì 韜光晦跡 12-686A
tāoguāngliǎncǎi 韜光斂彩 12-686A
tāoguāngliǎnjì 韜光斂跡 12-686A
tāoguāngmièjì 韜光滅跡 12-686A
tāoguāngsìfèn 韜光俟奮 12-686A
tāoguāngyǎnghuì 韜光養晦 12-686A
tāoguāngyǐnhuì 韜光隱晦 12-686A
tāoguāngyǐnjì 韜光隱跡 12-686A
tāoguāngyònghuì 韜光用晦 12-686A
tāoguāngyùnyù 韜光韞玉 12-686B
táoguī 逃歸 10-800A
táogǔjǐng 淘古井 5-1401A
tāoguò 謟過 11-383B
táohái 桃孩 4-984A
táohài 跳駭 10-469A
tǎohǎi 討海 11-33A
tāohán 韜含 12-686B
tāohán 韜涵 12-687A
tāohàn 韜翰 12-688A
táoháo 逃號 10-799B
tǎohǎo 討好 11-31A
tāohé 滔涸 6-22A
tāohé 韜合 12-686B
tāohè 絛褐 1-1601A
tāohè 縚褐 9-969A
táohé 洮河 5-1172B
táohé 逃河 10-797A
táohé 桃核 4-984A
táohé 陶和 11-1042B
táohé 淘河 5-1401B
tǎohé 討核 11-32B
tǎohé 討覈 11-37A
táohébēi 桃核杯 4-984A
táohélǜshí 洮河綠石 5-1173A
tǎohēqiàn 討呵欠 11-31B
táohéshàn 桃核扇 4-984A
táohóng 桃紅 4-984A
táohóng 陶泓 11-1043A
táohóngliǔlǜ 桃紅柳綠 4-984A
táohóngzhuāng 桃紅粧 4-984A
táohū 咷嘑 3-332B
táohú 桃弧 4-983B
táohù 逃户 10-796A
táohù 陶瓠 11-1045A
táohuā 桃花 4-979B
táohuā 桃華 4-984A
táohuà 陶化 11-1040B
tǎohuà 討話 11-35A
tàohuà 套話 2-1543A
táohuābómìng 桃花薄命 4-982A
táohuāchūnshuǐ 桃花春水 4-980B
táohuācù 桃花醋 4-981B
táohuādòng 桃花洞 4-980B
táohuāfàn 桃花飯 4-981A
táohuāfěn 桃花粉 4-981A
táohuāfūrén 桃花夫人 4-980A
táohuāguǐshuǐ 桃花癸水 4-980B
táohuái 桃槐 4-985B
táohuài 淘壞 5-1403A
táohuājiānzhǐ 桃花箋紙 4-981B
táohuājú 桃花菊 4-981A
táohuālàng 桃花浪 4-981A
táohuāliǎn 桃花臉 4-982A
táohuāliú 桃花流 4-981A
táohuāmǎ 桃花馬 4-981A
táohuāmǐ 桃花米 4-980B
táohuāmiàn 桃花面 4-980B
táohuāmìng 桃花命 4-980B
tāohuàn 掏喚 6-697A
tāohuàn 掏换 6-697A
táohuán 跳還 10-469A
tǎohuān 討歡 11-37B
tǎohuán 討還 11-36B
tǎohuàn 討换 11-32B
táohuāng 逃荒 10-797B
táohuāniánmìng 桃花年命 4-980A
táohuāpiǎo 桃花縹 4-982A
táohuāqiàncù 桃花茜醋 4-980B
táohuāquán 桃花泉 4-980B
táohuārénmiàn 桃花人面 4-980A
táohuāsè 桃花色 4-980A
táohuāshàn 桃花扇 4-981A
táohuāshí 桃花石 4-980A
táohuāshòu 桃花綬 4-981B
táohuāshuǐ 桃花水 4-980A
táohuāshuǐ 桃華水 4-984A
táohuātàiyáng 桃花太陽 4-980A
táohuātán 桃花潭 4-981B
táohuāwù 桃花塢 4-981B
táohuāxīng 桃花星 4-980B
táohuāxuě 桃花雪 4-981A
táohuāxún 桃花潯 4-981B
táohuāxùn 桃花汛 4-980B
táohuāyán 桃花巖 4-982A
táohuāyán 桃花鹽 4-982A
táohuāyǎn 桃花眼 4-981A
táohuāyǔ 桃花雨 4-980B
táohuāyuán 桃花源 4-981B
táohuāyùn 桃花運 4-981B
táohuāzhǐ 桃花紙 4-981A
táohuāzhōu 桃花粥 4-981B
táohuāzhuāng 桃花妝 4-980B
táohuāzhuāng 桃花粧 4-981B
tāohuī 韜輝 12-688A
tāohuì 叨穢 3-76B
tāohuì 韜晦 12-686B
táohuì 洮頮 5-1173A
táohuì 洮靧 5-1173A
táohuì 洮沬 5-1172B
táohuì 逃匯 10-799B
táohuì 逃會 10-799B
táohuì 逃潰 10-800A
tàohuì 套滙 2-1543A
tāohuìdàishí 韜晦待時 12-687A
tāohuìqícái 韜晦奇才 12-687A
tǎohuítóu 討迴頭 11-32A
tāohuìzhījì 韜晦之計 12-687A
táohújíshǐ 桃弧棘矢 4-983B
táohūn 逃婚 10-798B
tāohuǒ 掏火 6-697A
táohuò 逃禍 10-799A
tāohuǒpá 掏火耙 6-697A
tāojí 韜戢 12-687A
tāojì 弢迹 4-113A
tāojì 韜跡 12-687B
táojí 桃棘 4-985B
táojí 桃楫 4-985B
táojí 跳疾 10-467A
tǎojí 討擊 11-36B
tǎojí 討集 11-34B
táojiā 陶家 11-1044B
táojià 逃嫁 10-799B
tǎojià 討價 11-36A
tǎojiàhuánjià 討價還價 11-36A
táojiājú 陶家菊 11-1044B
táojiāliǔ 陶家柳 11-1044B
tāojiàn 叨踐 3-76A
táojiān 逃姦 10-797B
táojiān 逃監 10-799B
tǎojiān 討姦 11-32B
tǎojiàn 討僭 11-35B
tǎojiàn 討賤 11-36A
tàojiān 套間 2-1543A
táojiāng 桃漿 4-986B
táojiǎng 陶獎 11-1047A
táojiàng 陶匠 11-1041B
táojiānglǐdài 桃僵李代 4-986B
tāojiào 叨教 3-75B
táojiāo 桃膠 4-986B
táojiǎo 綯絞 9-910A
tǎojiǎo 討筊 11-34A
tǎojiào 討教 11-33B
tāojiè 韜藉 12-688A
táojié 逃劫 10-796B
táojīn 陶巾 11-1040B
táojīn 陶津 11-1043B
táojīn 淘金 5-1401B
tāojīng 韜精 12-687B
táojǐng 淘井 5-1401A
táojìng 桃徑 4-984B

táojìng 陶逕 11-1044A
tàojìnhū 套近乎 2-1542B
táojīnniáng 桃金娘 4-983B
táojíshǐ 桃棘矢 4-985B
táojiǔ 逃酒 10-798A
tǎojiū 討究 11-31B
tǎojiǔqián 討酒錢 11-33A
tāojìyǐnzhì 韜迹隱智
12-686B
tāojù 叨據 3-76A
tāojù 饕據 12-585B
táojú 陶菊 11-1045A
tǎojù 討據 11-36B
tāojué 韜譎 12-688B
táojué 逃絶 10-799A
táojué 逃爵 10-800A
táojué 桃橛 4-987A
táojué 淘掘 5-1402A
táojué 裪褔 9-109A
tǎojué 討絶 11-34B
tǎojuédān 討絶單 11-34B
táojūn 逃軍 10-797B
táojūn 陶均 11-1042A
táojūn 陶鈞 11-1045B
táojùn 淘浚 5-1402A
táojūshì 陶居士 11-1043A
táokāi 陶開 11-1046A
tǎokāidiǎn 討開點 11-34B
táokāng 桃康 4-985A
táokǎnzhīpì 陶侃之僻
11-1042B
táokǎnzhīyì 陶侃之意
11-1042B
táokōng 淘空 5-1401B
tǎokǒu 討口 11-30A
tāokǒuchánshé 饕口饞舌
12-585A
tǎokǒuyá 討口牙 11-30A
tǎokǒuzǐ 討口子 11-30A
tàokù 套褲 2-1543B
tǎokuì 討愧 11-34B
tàokuò 套括 2-1542B
tāolài 叨賴 3-76A
tāolài 濤瀨 6-180A
táolái 桃萊 4-984B
tǎolái 討來 11-31B
táoláilǐdá 桃來李答
4-983B
táoláinánwù 桃萊難悟
4-984B
tāolán 濤瀾 6-180B
tāolǎn 叨攬 3-76B
tāolàn 叨濫 3-76A
tāolàn 慆濫 7-680A
tāolǎng 滔朗 6-22A
táolàng 桃浪 4-984B
táoláo 鞉牢 12-194A
táolè 陶樂 11-1047B
tǎolèi 討類 11-37A
tǎolèizhīyuán 討類知原
11-37A
tǎolěngfànchī 討冷飯吃
11-31A
tāolì 韜力 12-685B
tāolì 饕戾 12-585A
táolí 陶籬 11-1048B
táolí 騊騠 12-834A
táolǐ 桃李 4-982A
tǎolǐ 討理 11-33A
tǎolì 討力 11-29B
tàolǐ 套禮 2-1543B
tāoliǎn 弢斂 4-113A
tāoliǎn 韜斂 12-688A
táoliǎn 桃臉 4-987A
táoliàn 陶煉 11-1046B
táoliàn 陶練 11-1047B
táoliàn 陶鍊 11-1048A
tǎoliǎn 討臉 11-37A
tǎoliàn 討練 11-36B
táolǐbiàntiānxià
桃李遍天下 4-982B
táolǐbùyán…
桃李不言,下自成蹊
4-982B
táolǐbùyán…
桃李不言,下自成行
4-982B
táolǐchéngxī 桃李成蹊
4-982B
táolǐchūnfēng 桃李春風
4-982B
táoliè 桃茢 4-983B
tǎoliè 討獵 11-37A
táolǐjié 桃李節 4-982B
táolǐjīngshén 桃李精神
4-983A
táolìlǐ 陶桌里 11-1046B
táolǐmǎntiānxià
桃李滿天下 4-983A
táolǐménqiáng 桃李門牆
4-982B
tāolín 韜鱗 12-688B
táolín 桃林 4-983A
tāolǐng 叨領 3-76A
táolìng 陶令 11-1041A
táolìngjīn 陶令巾 11-1041A
táolìngjú 陶令菊 11-1041A
táolìngqín 陶令琴 11-1041A
táolìngshú 陶令秫 11-1041A
táolìngzhái 陶令宅
11-1041A
táolìngzhū 陶令株 11-1041A
táolǐnián 桃李年 4-982B
táolǐrén 桃李人 4-982A
táolǐsè 桃李色 4-982B
tāoliú 韜旒 12-687B
táoliǔ 陶柳 11-1043A
tǎoliúsùyuán 討流泝源
11-33A
táoliǔténg 桃柳藤 4-984A
táolǐwúyán…
桃李無言,下自成蹊
4-982B
táolǐxī 桃李蹊 4-983A
táolǐyuán 桃李源 4-983A
táolǐyuè 桃李月 4-982B
táolǐzhēngyán 桃李争妍
4-982B
táolǐzhījiào 桃李之教
4-982A
táolǐzhīkuì 桃李之饋
4-982B
tāolóng 濤瀧 6-180A
tāolǒng 絛籠 1-1601B
táolòu 逃漏 10-800A
tāolù 掏淥 6-697A
tāolù 掏摝 6-697B
tāolù 掏漉 6-697B
táolǔ 淘虜 5-1402B
táolù 逃祿 10-799A
táolù 逃路 10-799B
táolù 陶碌 11-1046B
táolù 淘淥 5-1402A
táolù 淘碌 5-1402B
táolù 淘漉 5-1402B
tǎolǔ 討虜 11-34B
tǎolǔ 討擄 11-36B
tǎolù 討戮 11-36B
táoluàn 逃亂 10-799B
tǎoluàn 討亂 11-35A
táolún 陶輪 11-1047A
tǎolùn 討論 11-36A
táoluó 淘籮 5-1403A
tāolüè 韜略 12-687A
tǎomà 討罵 11-36B
tāomàn 慆慢 7-680A
tāomàn 滔漫 6-22B
tāomǎng 滔漭 6-22A
tāomào 叨冒 3-75B
táomǎo 桃卯 4-979B
tāomèi 叨昧 3-75B
tāomèi 檮昧 4-1350B
tǎoméiliǎn 討没臉 11-31B
tǎoméiliǎnmiàn 討没臉面
11-31B
tǎoméiqù 討没趣 11-31A
tǎoméiyìsī 討没意思
11-31A
táomén 逃門 10-797A
táomén 桃門 4-983B
tāomì 韜祕 12-686B
táomǐ 淘米 5-1401A
tǎomǐ 討米 11-31A
tāomiǎn 饕湎 12-585B
táomiǎn 逃免 10-797A
tǎomiànpí 討面皮 11-32A
tāomiǎo 韜邈 12-688A
tǎomiè 討滅 11-35B
tāomíng 叨名 3-75A
táomíng 逃名 10-796B
táomìng 逃命 10-797A
tǎomìng 討命 11-31B
tāomō 掏摸 6-697A
tāomō 搯摸 6-811B
tāomó 搯摩 6-811B
tāomò 韜默 12-688A
táomō 淘摸 5-1402B
táomò 逃墨 10-800A
táomǔ 陶母 11-1041B
táomù 陶沐 11-1042A
táomǔyāobīn 陶母邀賓
11-1041B
táonàn 逃難 10-800B
tǎonào 討鬧 11-35B
tāonì 韜匿 12-686B
táoní 陶泥 11-1043A
táonì 逃匿 10-798A
táonì 跳匿 10-466B
tǎonì 討逆 11-32B
tǎonián 討年 11-31A
tàonòng 套弄 2-1542B
táonú 桃奴 4-979B
tāonüè 饕虐 12-585B
táonüè 逃瘧 10-800A
táo'ǒu 桃偶 4-985A
táopái 逃牌 10-799A
táopàn 逃叛 10-797B
táopáo 陶匏 11-1045A
táopǎo 逃跑 10-799A
tāopéi 叨陪 3-75B
táopén 淘盆 5-1402A
tāopī 搯擗 6-811B
táopī 陶坯 11-1042B
táopí 鞉鞞 12-194B
táopí 鼗鼙 12-1398B
táopì 陶甓 11-1048A
táopiàn 桃片 4-979A
tǎopiányi 討便宜 11-32A
táopiào 逃票 10-798A
tǎopíng 討平 11-30B
tǎopò 討破 11-32B
tǎopū 討撲 11-36A
tāoqí 韜奇 12-686B
tāoqí 韜旗 12-687B
táoqì 陶氣 11-1044A
táoqì 陶器 11-1047B
táoqì 啕氣 3-390A
táoqì 淘氣 5-1402A
tǎoqǐ 討乞 11-30A
tǎoqì 討氣 11-33A
táoqià 陶洽 11-1043B
tāoqián 弢鈐 4-113A
tāoqián 韜鈐 12-687A
tāoqián 韜潛 12-688A
tāoqián 韜軡 12-687B
táoqián 逃潛 10-800A
tǎoqián 討錢 11-36B
tǎoqiǎo 討巧 11-30A
tǎoqiào 討俏 11-32A
tāoqiè 叨竊 3-76B
tāoqiè 饕竊 12-586A
tǎoqìjué 討氣絶 11-33A
táoqín 逃秦 10-798A
táoqín 陶琴 11-1045B
tǎoqīn 討親 11-36B
tǎoqín 討禽 11-34B
tǎoqín 討擒 11-36A
tāoqíng 叨情 3-76A
tāoqíng 韜情 12-687A
táoqíng 陶情 11-1045B
tǎoqíng 討情 11-33B
táoqíngshìxìng 陶情適性
11-1045B
táoqiū 陶丘 11-1041A
tǎoqiū 討秋 11-32A
tǎoqiú 討求 11-31A

táoqù 跳去 10-464B
tǎoqǔ 討取 11-31B
tǎoqù 討趣 11-36A
tàoqǔ 套曲 2-1542B
táoquān 桃圈 4-984B
táoquǎn 蜪犬 8-920B
tàoquān 套圈 2-1543A
táoquè 桃雀 4-984B
tǎoquē 討缺 11-33A
táorán 陶然 11-1046A
táorǎn 陶染 11-1043B
táoráng 桃穰 4-987A
táoràng 逃讓 10-800B
táoránting 陶然亭 11-1046A
tāorǎo 叨擾 3-76B
tǎoráo 討饒 11-37A
tǎorǎo 討擾 11-37A
tǎoráotóu 討饒頭 11-37A
táorén 逃人 10-795B
táorén 桃人 4-978B
táorén 桃仁 4-979A
táorén 陶人 11-1040A
tǎorén 討人 11-29B
tǎorénxián 討人嫌 11-29B
tǎorényàn 討人厭 11-29B
tǎorěyàn 討惹厭 11-34A
tāoróng 叨榮 3-76A
tāoróng 絛絨 1-1601A
tāoróng 韜戎 12-686A
táoróng 陶溶 11-1046B
táoróng 陶熔 11-1047A
táoróng 陶融 11-1047B
táoróng 陶鎔 11-1048A
táoróng 淘融 5-1402B
tǎoróng 討戎 11-30B
tāorǔ 叨辱 3-75B
táoruǎn 陶阮 11-1042A
táoruì 桃蕊 4-986B
táosāi 桃腮 4-986A
táosài 桃塞 4-986B
táosāifěnliǎn 桃腮粉臉 4-986A
táosāiliǔyǎn 桃腮柳眼 4-986A
táosàn 逃散 10-798B
táosānlǐsì 桃三李四 4-978B
tǎosāo 討臊 11-37A
táosè 桃色 4-979B
tàosè 套色 2-1542B
táosèxīnwén 桃色新聞 4-979B
tāoshā 挑痧 6-571A
táoshā 淘沙 5-1401B
tǎoshā 討殺 11-33A
táoshādéjīn 淘沙得金 5-1401B
tāoshàn 滔贍 6-22B
táoshān 逃山 10-795B
táoshān 陶埏 11-1043A
táoshǎn 逃閃 10-798A
tǎoshān 討刪 11-31A
táoshāng 逃傷 10-799B
tǎoshǎng 討賞 11-36A
táoshāqǔjīn 淘沙取金 5-1401B
tāoshé 韜舌 12-686B
tǎoshè 討攝 11-37B
táoshēn 逃身 10-797A
táoshēn 跳身 10-465B
táoshén 桃神 4-984A
táoshén 陶神 11-1043B
táoshén 淘神 5-1402A
táoshěn 桃瀋 4-987A
tāoshéng 絛繩 1-1601B
tāoshéng 縚繩 9-969A
tāoshěng 韜眚 12-686B
táoshēng 逃生 10-796A
táoshēng 桃笙 4-984B
tǎoshēng 討生 11-30B
tǎoshèng 討勝 11-34B
táoshēngdòuqì 淘聲鬥氣 5-1402B
tǎoshēnghuó 討生活 11-30B
tāoshēngnìjì 韜聲匿跡 12-688A
táoshēngzi 逃生子 10-796A
tāoshénhuìjì 韜神晦迹 12-686B
tāoshì 韜世 12-686A
táoshī 陶師 11-1044A
táoshí 逃石 10-796A
táoshí 逃時 10-798A
táoshí 桃實 4-986B
táoshì 逃世 10-796A
táoshì 逃逝 10-798A
táoshì 逃釋 10-800B
táoshì 陶世 11-1041A
tǎoshì 討示 11-30A
tǎoshì 討試 11-35A
tàoshì 套式 2-1542B
táoshìsuō 陶氏梭 11-1040B
tǎoshìxúnfēi 討是尋非 11-32A
tāoshòu 叨受 3-75B
táoshǒu 逃首 10-797B
táoshòu 桃綬 4-986B
tāoshù 韜樹 12-688A
táoshū 桃殳 4-979A
táoshū 陶淑 11-1045A
táoshú 逃塾 10-800A
táoshú 陶秫 11-1044A
táoshǔ 䄻黍 8-73B
táoshǔ 逃暑 10-799A
táoshǔ 陶暑 11-1045B
tàoshù 套數 2-1543B
táoshuǐ 桃水 4-979A
táoshuǐ 淘水 5-1401A
táoshuì 逃稅 10-799A
tāoshuǐbà 挑水壩 6-569A
tǎoshùn 討順 11-34A
tǎoshùnfēng 討順風 11-34A
táoshuò 陶鑠 11-1048B
tǎoshuō 討說 11-35B
táoshǔyǐn 逃暑飲 10-799A
tāosī 絛絲 1-1601A
táosǐ 逃死 10-796B
tǎosǐ 討死 11-30B
tǎosòng 討誦 11-35B
táosǒu 逃藪 10-800A
táosǒu 陶叟 11-1043A
tǎosōu 討蒐 11-34A
táosú 逃俗 10-797B
táosuì 陶遂 11-1046A
tǎosuí 討綏 11-35B
táosùn 淘潠 5-1402B
tāosuǒ 絛索 1-1601A
táosuǒ 淘索 5-1402A
tǎosuǒ 討索 11-32B
tàosuǒ 套索 2-1543A
tāotà 叨沓 3-75B
tāotà 饕沓 12-585A
tāotà 挑撻 6-571A
tāotà 挑闥 6-572B
táotài 陶汰 11-1042A
táotài 淘汰 5-1401B
táotàisài 淘汰賽 5-1401B
tāotān 叨貪 3-75B
tāotān 饕貪 12-585B
tāotàn 掏炭 6-697A
tǎotàn 討探 11-33B
táotāng 桃湯 4-985B
táotáng 陶唐 11-1044A
táotánggē 陶唐歌 11-1044A
táotángshì 陶唐氏 11-1044A
tāotāo 慆慆 7-680A
tāotāo 滔滔 6-22A
tāotāo 濤濤 6-180A
tāotáo 叨咷 3-75B
táotáo 洮洮 5-1173A
táotáo 逃逃 10-797B
táotáo 陶陶 11-1044B
táotáo 淘淘 5-1402A
táotáo 醄醄 9-1418B
tàotào 套套 2-1543A
tāotāobùduàn 滔滔不斷 6-22B
tāotāobùjié 滔滔不竭 6-22B
tāotāobùjué 滔滔不絕 6-22B
tāotāogǔgǔ 滔滔汩汩 6-22B
tāotāogǔngǔn 滔滔滾滾 6-22B
tāoténg 滔騰 6-23A
tāoténg 韜縢 12-688A
táotǐ 陶體 11-1048B
tǎotì 討替 11-34A
tāotiān 滔天 6-22A
tāotiǎn 叨忝 3-75A
tāotiǎn 叨餂 3-76A
tāotiǎn 饕殄 12-585A
táotián 逃田 10-796A
tāotiǎo 滔窕 6-22A
tǎotiáo 討笤 11-33B
tǎotìdài 討替代 11-34A
tāotiē 叨貼 3-76A
tāotiè 叨餮 3-76A
tāotiè 饕餮 12-585B
tǎotìshēn 討替身 11-34A
tǎotóu 討頭 11-36B
tàotóu 套頭 2-1543B
tàotóu 套頭 2-1543B
tàotóuguǒnǎo 套頭裹腦 2-1543B
tāotǔ 滔土 6-22A
táotū 逃突 10-797B
táotú 陶駼 11-1048A
táotú 騊駼 12-858A
táotǔ 陶土 11-1040A
tāotuō 絛脫 1-1601A
táotuō 逃脫 10-798B
táotuō 跳脫 10-467B
tà'ǒu 踏藕 10-508A
táowǎ 陶瓦 11-1040B
táowǎn 陶宛 11-1043A
táowáng 逃亡 10-795B
tǎowáng 討亡 11-30A
tāowèi 叨位 3-75A
táowéi 陶韋 11-1043B
táowèi 陶衛 11-1047B
táowén 陶文 11-1040B
tǎowèn 討問 11-33B
tàowén 套文 2-1542A
tàowèn 套問 2-1543A
táowū 逃屋 10-797B
táowū 陶兀 11-1040A
táowǔ 逃伍 10-796B
táowǔ 鼗武 12-1398B
táowù 陶物 11-1042B
táowù 淘物 5-1401B
táowù 檮杌 4-1350B
tāoxí 韜襲 12-688B
táoxī 桃蹊 4-987A
táoxī 桃溪 4-986B
táoxí 逃席 10-798A
táoxǐ 逃徙 10-798B
táoxǐ 陶洗 11-1043B
táoxǐ 淘洗 5-1402A
tǎoxī 討析 11-31B
tǎoxí 討習 11-33B
tǎoxí 討檄 11-36B
tǎoxí 討襲 11-37B
tǎoxǐ 討喜 11-34A
tàoxí 套習 2-1543A
tàoxí 套襲 2-1544A
tāoxiá 韜瑕 12-687B
tāoxiá 韜霞 12-688A
tāoxián 韜弦 12-686B
tāoxiàn 絛線 1-1601A
tāoxiàn 縚線 9-969A
táoxiàn 逃限 10-797B
tǎoxián 討閑 11-34B
tǎoxián 討嫌 11-35B
táoxiáng 逃降 10-797A
táoxiàng 逃相 10-797B
táoxiàng 陶相 11-1043A
tǎoxiáng 討詳 11-35A
táoxiāo 桃梟 4-985A
táoxiào 咷笑 3-332B
tǎoxiāo 討囂 11-37B
tǎoxiǎo 討小 11-29B
tǎoxiào 討笑 11-33A
táoxiě 陶寫 11-1047B
táoxiè 陶洩 11-1043A
táoxiè 陶謝 11-1048A

táoxiè 淘寫 5-1402B
táoxiè 淘瀉 5-1403A
tàoxié 套鞋 2-1543B
tǎoxǐhuan 討喜歡 11-34A
táoxīliǔmò 桃蹊柳陌 4-987A
táoxīliǔqū 桃蹊柳曲 4-987A
táoxīn 桃心 4-979A
táoxīn 陶心 11-1041A
táoxīn 陶欣 11-1042B
tǎoxìn 討信 11-32B
táoxíng 逃刑 10-796B
táoxíng 逃行 10-796B
táoxíng 逃形 10-796B
táoxìng 陶性 11-1043A
tāoxíngmièyǐng 韜形滅影 12-686B
táoxìngsāi 桃杏腮 4-982A
tāoxiù 韜袖 12-686B
tàoxiù 套袖 2-1543A
táoxiūxìngràng 桃羞杏讓 4-984B
tāoxǔ 韜諝 12-688A
tāoxù 韜蓄 12-687B
táoxū 逃虛 10-798B
táoxū 陶墟 11-1047A
táoxū 淘虛 5-1402A
táoxù 陶煦 11-1046B
tàoxù 套敘 2-1542B
tāoxuàn 絛鏇 1-1601B
táoxuàn 淘渲 5-1402B
táoxué 逃學 10-800A
táoxué 陶穴 11-1041B
táoxuéshì 陶學士 11-1047B
táoxùn 桃汛 4-979B
tǎoxún 討尋 11-34B
tāoyá 韜牙 12-685B
tāoyān 韜湮 12-687B
táoyàn 洮研 5-1173A
táoyàn 洮硯 5-1173A
táoyàn 陶硯 11-1045B
tǎoyán 討研 11-32A
tǎoyǎn 討掩 11-33B
tǎoyàn 討厭 11-35B
tàoyán 套言 2-1542B
tāoyǎng 韜養 12-687B
tāoyàng 滔瀁 6-22B
táoyáng 逃楊 10-799A
táoyáng 逃颺 10-800A
táoyǎng 陶養 11-1047A
táoyāo 桃夭 4-979A
táoyāo 桃媄 4-984B
táoyáo 逃堯 10-798B
tǎoyào 討要 11-32A
tāoyāobāo 掏腰包 6-697B
tāoyàohánguāng 韜曜含光 12-688B
táoyāoliǔmèi 桃夭柳媚 4-979A
táoyāolǐyàn 桃夭李艷 4-979A
táoyāoxīnfù 桃夭新婦 4-979A
táoyāozhīhuà 桃夭之化 4-979A
táoyě 陶冶 11-1042A
táoyè 桃葉 4-985A
táoyèdù 桃葉渡 4-985A
táoyègē 桃葉歌 4-985B
tǎoyěhuǒ 討野火 11-33B
táoyèjì 桃葉妓 4-985A
táoyènǚ 桃葉女 4-985A
tāoyì 韜軼 12-687A
táoyī 陶衣 11-1042A
táoyī 陶猗 11-1045A
táoyí 逃移 10-798B
táoyí 陶怡 11-1043A
táoyì 逃佚 10-797A
táoyì 逃逸 10-798B
táoyì 桃杙 4-982A
táoyì 陶易 11-1042B
tǎoyì 討繹 11-37A
tǎoyì 討議 11-37B
tāoyín 慆淫 7-680A
tāoyín 韜吟 12-686B
tāoyín 饕淫 12-585B
tāoyǐn 韜隱 12-688A
táoyīn 餇陰 12-564B
táoyīn 陶陰 11-1044B
táoyīn 鞉音 12-194A
táoyǐn 逃隱 10-800A
táoyǐn 陶隱 11-1048A
táoyìn 桃印 4-979B
tǎoyìn 討印 11-30B
tàoyìn 套印 2-1542A
tàoyìnběn 套印本 2-1542A
tāoyīng 叨膺 3-76A
tāoyīng 搯膺 6-812A
tāoyīng 絛纓 1-1488B
tāoyǐng 韜穎 12-688A
tāoyìng 韜映 12-686B
táoyīng 陶嬰 11-1048A
táoyíng 陶瑩 11-1047B
táoyīshù 陶猗術 11-1045A
táoyǒng 陶俑 11-1043A
tàoyòng 套用 2-1542A
tǎoyōu 討幽 11-32A
tāoyú 韜瑜 12-687B
táoyú 陶漁 11-1047A
táoyǔ 桃雨 4-983B
táoyù 逃獄 10-799B
táoyù 陶育 11-1042B
táoyù 陶鬱 11-1048B
tǎoyǔ 討羽 11-31A
tàoyǔ 套語 2-1543B
táoyuán 桃原 4-984B
táoyuán 桃園 4-985B
táoyuán 桃源 4-986A
táoyuǎn 陶遠 11-1046B
tǎoyuán 討原 11-32B
tǎoyuán 討源 11-35B
táoyuándòng 桃源洞 4-986A
táoyuánjiéyì 桃園結義 4-985B
táoyuánkè 桃源客 4-986A
táoyuánlù 桃源路 4-986A
táoyuánrén 桃園人 4-985B
táoyuánrén 桃源人 4-986A
táoyuántú 桃源圖 4-986B
táoyuánxiǎng 桃源想 4-986A
táoyuánzhībài 桃園之拜 4-985B
tāoyuē 韜約 12-686B
tāoyuè 叨越 3-76A
tāoyuè 韜籥 12-688B
táoyuè 逃越 10-798B
táoyuè 桃月 4-979A
tǎoyuè 討閱 11-36B
tāoyún 韜雲 12-687A
tāoyùn 韜蘊 12-688A
tāoyùn 韜韞 12-688B
táoyùn 陶運 11-1046A
táoyùn 陶縕 11-1047B
táozào 陶竈 11-1048A
táozé 逃責 10-798A
tǎozé 討責 11-33B
tǎozé 討賾 11-37A
tǎozéi 討賊 11-35A
táozhài 逃責 10-798A
táozhài 逃債 10-799B
tǎozhāi 討摘 11-35B
tǎozhài 討債 11-35A
tǎozhàiguǐ 討債鬼 11-35A
tǎozhàikuài 討債塊 11-35A
táozhàitái 逃責臺 10-798A
táozhàitái 逃債臺 10-799B
táozhàn 桃綻 4-986B
táozhàn 淘戰 5-1402B
tǎozhàn 討戰 11-36B
tāozhǎng 叨長 3-75B
táozhǎng 陶長 11-1042B
táozhàng 桃杖 4-982A
tǎozhàng 討帳 11-33B
tǎozhàng 討賬 11-36A
tāozhào 韜照 12-687B
tǎozhào 討召 11-30B
tǎozhé 討謫 11-37B
tāozhēn 韜真 12-686B
táozhēn 陶真 11-1043B
táozhēn 陶甄 11-1046B
táozhēn 淘真 5-1402A
táozhēng 陶蒸 11-1046B
táozhèng 陶正 11-1041A
tǎozhēng 討征 11-31B
tǎozhèng 討正 11-30A
tǎozhēnxiàn 討針線 11-33A
tāozhì 叨慣 3-76B
tāozhì 弢袠 4-113A
táozhī 桃枝 4-983A
táozhí 陶埴 11-1045A
táozhí 陶植 11-1045B
tǎozhì 討治 11-31B
táozhīdiàn 桃枝簟 4-983B
táozhīyāoyāo 逃之夭夭 10-795B
táozhīyāoyāo 桃之夭夭 4-978B
táozhīzhàng 桃枝杖 4-983A
táozhīzhú 桃支竹 4-979A
táozhīzhú 桃枝竹 4-983A
tàozhòng 套種 2-1543B
tàozhōngrén 套中人 2-1542A
tāozhǔ 絛屬 1-1488B
táozhū 桃諸 4-986B
táozhū 陶朱 11-1041B
táozhú 桃竹 4-979B
táozhù 陶鑄 11-1048B
tǎozhū 討誅 11-35A
tǎozhú 討逐 11-32B
tàozhuāng 套裝 2-1543A
táozhúdiàn 桃竹簟 4-979B
táozhūgōng 陶朱公 11-1041B
tāozhuó 搯擢 6-812A
táozhuó 淘濯 5-1403A
táozhūwēng 陶朱翁 11-1042A
táozhūzhú 桃朱术 4-979B
tāozi 絛子 1-1601A
táozi 桃子 4-979A
táozǐ 陶子 11-1040B
tàozi 套子 2-1542A
táozǒu 逃走 10-796B
táozǒu 跳走 10-465B
táozū 桃菹 4-984B
táozú 逃卒 10-797A
tǎozū 討租 11-33A
táozuì 逃罪 10-799B
táozuì 陶醉 11-1047A
tǎozuì 討罪 11-35A
tàozuò 套作 2-1542B
tàpāizi 踏拍子 10-502A
tàpēi 踏坏 10-501B
tǎpí 獺皮 5-144A
tàpiàn 拓片 6-439B
tǎpíguān 獺皮冠 5-144A
tǎpó 塔婆 2-1145A
tàpòcǎoxiéwúmìchù… 踏破草鞋無覓處，得來全不費工夫 10-503A
tàpòtiěxié 踏破鐵鞋 10-503A
tàpòtiěxiéwúmìchù… 踏破鐵鞋無覓處，得來全不費功夫 10-503A
tàpòtiěxiéwúmìchù… 踏破鐵鞋無覓處，算來全不費工夫 10-503B
tāqí 他岐 1-1155B
tāqí 它岐 3-1290B
tàqì 踏磧 10-507A
tàqiāo 踏橇 10-507A
tàqiāo 踏蹺 10-508A
tàqiāo 踏蹻 10-508A
tàqiáo 踏轎 10-508B
tàqiào 踏撬 10-506B
tàqīng 踏青 10-502A
tàqiúxì 踏毬戲 10-504A
tàqǔ 踏曲 10-501A
tārán 塌然 2-1173A
tārán 嗒然 3-510A
tǎrán 塔然 2-1145B

tàrán 嗒然 3-407B
tàrán 榻然 4-1213A
tàrán 闒然 12-173A
tārén 他人 1-1155A
tārén 它人 3-1290A
tārì 他日 1-1155A
tārì 它日 3-1290A
tārǒng 塌冗 2-1172B
tàróng 闒茸 12-145B
tàróng 傝茸 1-1601B
tàróng 闒茸 12-173A
tàrǒng 闒㲝 12-173A
tàrǒng 毾㲪 6-1015A
tàrǒng 闒冗 12-145A
tàrǒng 闒宂 12-145A
tàrǒng 闒㲝 12-145B
tàrǒng 傝㲝 1-1601B
tàrǒng 闒宂 12-172B
tàrǒng 蓦宂 9-503A
tàróngniáng 踏容娘 10-504A
tàróu 踏蹂 10-507B
tàrǔ 撻辱 6-852A
tāsā 塌撒 2-1173A
tāsà 塌颯 2-1173A
tàsà 沓颯 5-941B
tàsà 䶀㹺 9-657A
tàsà 毾㲪 6-1015A
tàsà 闒飁 12-145B
tàsà 傝㑶 1-1601B
tāsǎn 獭伞 5-144A
tāsǎn 獭繖 5-144B
tāsàng 嗒喪 3-510A
tàsàng 嗒喪 3-407A
tāshā 他殺 1-1156A
tàshā 撻煞 6-852B
tàshā 踏莎 10-503A
tāshān 他山 1-1155A
tàshǎng 踏賞 10-506B
tāshānzhīshí 他山之石 1-1155A
tàshāxíng 踏莎行 10-503A
tàshé 沓舌 5-941B
tāshéi 他誰 1-1157A
tāshēng 他生 1-1155B
tàshéng 踏繩 10-508B
tāshi 塌實 2-1173A
tāshī 溻濕 6-13B
tāshí 他時 1-1156A
tāshí 它時 3-1290B
tāshí 踏實 10-506B
tāshí 踏實 10-506B
tāshì 他室 1-1156A
tāshì 他適 1-1157A
tàshí 踏石 10-500B
tàshì 撻市 6-852A
tàshíqiú 踏石球 10-500B
tàshǒu 拓手 6-439B
tàshòuchē 踏獸車 10-508B
tàshuǐ 踏水 10-500A
tàshūshǒu 搨書手 6-799B
tāsuǐ 獭髓 5-144B
tàsǔn 踏損 10-505B
tāsuǒ 它所 3-1290B
tàsuǒ 踏索 10-503A
tàsuǒ 緆索 9-969A
tātā 塌趿 2-1173A
tātā 塌塌 2-1173A
tàtā 踏趿 10-503B
tàtā 闒鞁 12-145B
tàtà 嗒嗒 3-383B
tàtà 沓沓 5-941A
tàtà 漯漯 6-91A
tàtà 狧狧 5-45A
tàtà 誻誻 11-282B
tàtà 踏躂 10-508A
tàtà 踏踏 10-507A
tàtà 闒闒 12-173A
tǎtǎ'ěrzú 塔塔爾族 2-1145B
tàtàgē 踏踏歌 10-507A
tātái 塌臺 2-1173A
tǎtái 塔臺 2-1145B
tàtàmǎ'er 踏踏瑪兒 10-507A
tǎtǎmǐ 塔塔米 2-1145B
tàtàmī 榻榻眯 4-1213A
tàtān 沓貪 5-941B
tàtán 踏壇 10-507A
tàtángchē 踏塘車 10-505B
tàtī 踏踢 10-507A
tàtiánqì 踏田器 10-500B
tàtōng 撻通 6-852B
tǎtóu 塔頭 2-1145B
tātú 他途 1-1156A
tàtuí 踏積 10-508B
tàtuō 沓拖 5-941A
tàwěi 沓猥 5-941B
tàwěi 撻尾 6-852A
tàwèi 榻位 4-1213A
tàwǔ 踏舞 10-506A
tàwǔhuā 踏五花 10-500A
tǎxī 鰨鰤 12-1253A
tàxí 踏襲 10-508B
tàxǐ 踏屣 10-506B
tāxiàn 塌陷 2-1173A
tāxiāng 他鄉 1-1156B
tāxiāng 塌香 2-1173A
tàxiǎo 踏曉 10-507A
tāxié 趿鞋 10-431A
tāxīn 他心 1-1155B
tāxīn 它心 3-1290A
tāxīn 塌心 2-1172B
tàxīn 踏心 10-500B
tàxíng 踏行 10-501A
tāxīntōng 他心通 1-1155B
tàxuě 踏雪 10-504A
tàxuěmǎ 踏雪馬 10-504A
tàxuěxúnméi 踏雪尋梅 10-504A
tàxùn 撻訊 6-852B
tàyān 嗒焉 3-407A
tàyān 荅焉 9-384B
tàyán 踏筵 10-505A
tàyǎn 蹋衍 10-527B
tàyàn 踏驗 10-508B
tàyáo 踏謠 10-507B
tàyào 踏袎 10-504A
tàyáoniáng 踏搖娘 10-505B
tàyáoniáng 踏謡娘 10-507B
tāyì 他意 1-1156B
tàyì 搨翼 6-799B
tàyì 蹋翼 10-527B
tàyīn 濕陰 6-187B
tàyìn 拓印 6-440A
tàyíng 踏營 10-507B
tàyìng 踏硬 10-505A
tàyǐnggǔ 踏影蠱 10-506B
tàyóu 踏遊 10-505A
tàyǔ 踏雨 10-502A
tàyǔ 踏語 10-506A
tǎyuàn 塔院 2-1145A
tàyuán 踏圓 10-506A
tàyuè 踏月 10-500B
tàyún 踏雲 10-505A
tàyúzéi 踏揄賊 8-1088B
tàzā 遝匝 10-1138B
tàzá 沓雜 5-941B
tàzāi 踏災 10-502A
tàzé 撻責 6-852B
tàzhāng 踏張 10-505A
tàzhàng 沓障 5-941B
tàzhàng 沓嶂 5-941B
tāzhí 塌直 2-1173A
tāzhì 他志 1-1155B
tàzhí 榻直 4-1213A
tàzhì 沓至 5-941A
tāzhōng 塌中 2-1172B
tàzhǒng 踏踵 10-507A
tàzhú 踏逐 10-503B
tǎzhuǎ 獭爪 5-144A
tàzhūchē 踏猪車 10-505A
tàzhūchē 闒豬車 12-173A
tàzhúmǎ 踏竹馬 10-501A
tàzi 搨子 6-799A
tàzi 榻子 4-1212B
tàzǐ 踏子 10-500A
tāzuǐ 塌嘴 2-1173B
tǎzuò 塔座 2-1145A
tàzuò 闒坐 12-145B
tèbá 特拔 6-262B
tèbài 特拜 6-263B
tèběn 特本 6-261A
tèbǐ 特筆 6-265B
tèbiǎo 特表 6-262A
tèbié 特別 6-262A
tèbǐng 特秉 6-262B
tèbǐng 特稟 6-266B
tècāo 特操 6-267A
tèchǎn 特產 6-265A
tècháng 特長 6-262A
tèchéng 特誠 6-266A
tèchì 特勑 6-264B
tèchì 特敕 6-264B
tèchū 特出 6-261B
tèchú 特除 6-263B
tèchuàng 特創 6-265B
tèchúbài 特除拜 6-263B
tèchúmíng 特除名 6-263B
tècǐ 特此 6-261B
tècì 特賜 6-266B
tèdá 特達 6-265A
tèdàhào 特大號 6-260B
tèdài 特貸 6-265B
tèdàng 特當 6-266A
tède 特地 6-261B
tèdé 特得 6-265A
tèděng 特等 6-265B
tèdǐ 特底 6-262B
tèdì 特的 6-262B
tèdì 特地 6-261B
tèdiǎn 特典 6-262B
tèdiǎn 特點 6-267B
tèdìng 特定 6-263A
tè'ēn 特恩 6-264A
tègōng 特工 6-260B
tègǔ 特古 6-261A
tègǔ 特骨 6-263A
tègù 特故 6-263A
tèhào 特號 6-266A
tèhuìguānshuì 特惠關稅 6-265B
tèjí 特輯 6-267A
tèjì 特技 6-262A
tèjiā 特加 6-261B
tèjià 特價 6-266B
tèjiān 特肩 6-263A
tèjiǎn 特簡 6-267B
tèjiàn 特見 6-262A
tèjiàng 特將 6-265A
tèjìn 特進 6-265A
tèjìshèyǐng 特技攝影 6-262A
tèjué 特絕 6-266A
tèkān 特刊 6-261A
tèkē 特科 6-263B
tèlái 特來 6-262B
tèlángdāng 特郎當 6-263A
tèlè 特勒 6-264B
tèléngléng 忒楞楞 7-402A
tèléngléngténg 忒楞楞騰 7-402A
tèlí 貣離 10-170B
tèlǐ 慝禮 7-670B
tèlì 特立 6-261A
tèlì 特例 6-262B
tèlìdúxíng 特立獨行 6-261A
tèmiǎn 特免 6-262A
tèmiào 特廟 6-267A
tèmìng 特命 6-262B
tènǎizǐ 特乃子 6-260B
téng'ài 疼愛 8-306B
téngbá 騰拔 6-1410A
téngbǎng 騰榜 6-1413B
téngbàng 騰謗 6-1415A
téngbāo 騰褒 6-1414B
téngbēi 藤杯 9-605A
téngbēn 騰奔 6-1410A
téngbiàn 騰辨 6-1414B
téngbō 騰波 6-1410B
téngbō 騰播 6-1413B
téngbó 騰薄 6-1414B
téngbù 騰布 6-1409B
téngbù 騰步 6-1410A
téngchái 騰豺 6-1411B
téngchán 藤纏 9-605B

téngchāo 謄抄 6-1397A
téngchāo 騰超 6-1412A
téngchí 騰馳 6-1413A
téngchǐ 騰尺 6-1409B
téngchōng 騰衝 6-1414B
téngchuō 騰踔 6-1414A
téngchuō 騰逴 6-1412A
téngcí 騰辭 6-1415B
téngcòu 騰湊 6-1413A
téngcù 騰簇 6-1415A
téngcù 騰蹙 6-1415A
téngcuī 騰摧 6-1413A
téngdá 騰達 6-1412B
téngdáfēihuáng 騰達飛黄 6-1412B
téngdàng 騰盪 6-1415A
téngdǎo 騰倒 6-1411A
téngde 騰的 6-1410B
téngde 騰地 6-1409B
téngdiào 騰掉 6-1412A
téngdié 滕牒 6-1382B
téngdié 騰牒 6-1413A
téngdié 騰蹀 6-1414B
téngdùn 騰頓 6-1413A
téng'è 騰遻 6-1412B
téngfā 謄發 6-1397A
téngfān 騰翻 6-1415A
téngfēi 騰飛 6-1411A
téngfèi 騰沸 6-1410B
téngfèn 騰奮 6-1414B
ténggào 騰告 6-1410A
ténggé 滕閣 6-1373A
ténggé 騰格 6-1411A
ténggēn 騰根 6-1411A
ténggōngjiāchéng 滕公佳城 6-1372B
ténggū 騰觚 6-1413A
ténggù 疼顧 8-307A
téngguāng 騰光 6-1409B
téngguì 騰貴 6-1412B
ténghǎi 騰海 6-1411B
ténghé 騰翮 6-1414B
ténghēi 騰黑 6-1412B
ténghū 騰呼 6-1410B
ténghǔ 騰虎 6-1410B
ténghuà 謄畫 6-1397A
ténghuà 騰化 6-1409B
ténghuān 騰懽 6-1416A
ténghuān 騰歡 6-1416A
ténghuán 騰還 6-1414B
ténghuáng 謄黄 6-1397A
ténghuáng 藤黄 9-605A
ténghuáng 騰黄 6-1412A
ténghuàshù 騰化術 6-1409B
ténghuī 騰輝 6-1414A
téngjī 騰激 6-1414B
téngjī 騰擊 6-1415A
téngjī 騰羈 6-1416B
téngjì 騰跡 6-1413A
téngjiá 騰頰 6-1414B
téngjià 騰駕 6-1414B
téngjiǎn 騰簡 6-1415A
téngjiàn 騰踐 6-1414A
téngjiàn 騰薦 6-1414B
téngjiàng 騰降 6-1410B
téngjiáo 騰矯 6-1415A
téngjiāoqǐfèng 騰蛟起鳳 6-1412B
téngjiǎozhǐ 藤角紙 9-605A
téngjié 騰捷 6-1411B
téngjié 騰節 6-1413A
téngjiè 騰籍 6-1415B
téngjiè 騰藉 6-1415A
téngjīng 騰晶 6-1412B
téngjīng 騰精 6-1413B
téngjū 騰駒 6-1413B
téngjǔ 騰舉 6-1414B
téngjù 騰距 6-1412A
téngjué 騰蹶 6-1415B
téngkōng 騰空 6-1410B
téngkòng 騰空 6-1410B
téngkǒu 滕口 6-1372B
téngkǒu 騰口 6-1409B
téngkuà 騰跨 6-1413A
téngláo 騰勞 6-1413A
ténglì 騰厲 6-1413B
ténglì 騰躒 6-1416B
ténglíng 騰淩 6-1411B
ténglíng 騰陵 6-1411B
téngliù 滕六 6-1372B
ténglóng 騰龍 6-1414B
ténglù 謄録 6-1397B
ténglùguān 謄録官 6-1397B
ténglún 藤輪 9-605B
téngluó 藤蘿 9-605B
ténglùshēng 謄録生 6-1397B
ténglùshūshǒu 謄録書手 6-1397B
ténglùsuǒ 謄録所 6-1397B
ténglùyuàn 謄録院 6-1397B
ténglǚ 滕履 6-1382B
téngmǎ 騰馬 6-1411A
téngmào 騰茂 6-1410A
téngmíng 騰名 6-1410A
téngmò 騰驀 6-1415B
téngná 騰拏 6-1411A
téngnáng 滕囊 6-1382B
téngniè 騰躡 6-1416B
téngnuó 騰那 6-1410A
téngnuó 騰挪 6-1411A
téngpái 藤牌 9-605A
téngpū 騰撲 6-1413B
téngqí 騰騎 6-1415A
téngqǐ 騰起 6-1411A
téngqiān 騰遷 6-1414A
téngqiān 騰騫 6-1416A
téngqīng 謄清 6-1397A
téngqīng 騰清 6-1412A
téngqīng 騰傾 6-1413A
téngqiú 騰虬 6-1410A
téngqū 騰趨 6-1414B
téngrè 疼熱 8-306B
téngróu 騰糅 6-1414B
téngshān 騰跚 6-1412B
téngshǎn 騰閃 6-1411B
téngshàn 謄繕 6-1397B
téngshàng 騰上 6-1409B
téngshé 螣蛇 6-1382A
téngshé 騰虵 6-1411A
téngshé 騰蛇 6-1412A
téngshè 騰射 6-1411B
téngshēn 騰身 6-1410A
téngshēng 騰聲 6-1415A
téngshēngfēishí 騰聲飛實 6-1415A
téngshí 騰實 6-1413B
téngshì 滕室 6-1373A
téngshì 騰噬 6-1414B
téngshíbēi 藤實杯 9-605A
téngshū 滕書 6-1382B
téngshū 騰書 6-1411B
téngshuāngbái 騰霜白 6-1415A
téngshuāngcōng 騰霜驄 6-1415A
téngshuǐ 騰水 6-1409B
téngshuō 騰説 6-1413B
téngtà 謄搨 6-1397A
téngtà 騰沓 6-1410B
téngtà 騰踏 6-1414A
téngtà 騰蹋 6-1415A
téngtàn 遯睒 10-1246A
téngtàn 遯睒 10-1246A
tēngtēng 鼟鼟 12-1399B
tēngtēng 騰騰 6-1415B
tēngtēnglièliè 騰騰烈烈 6-1416A
téngténgrèrè 疼疼熱熱 8-306B
tēngtēngwūwū 騰騰兀兀 6-1416A
téngtiào 騰趠 6-1413B
téngtiào 騰糶 6-1416B
téngtòng 疼痛 8-306B
téngtū 騰突 6-1411A
téngtúzhènggū 滕屠鄭酤 6-1373A
téngwánggé 滕王閣 6-1372B
téngwén 騰文 6-1409B
téngwén 騰聞 6-1413B
téngwù 騰騖 6-1415B
téngxī 疼惜 8-306B
téngxī 騰希 6-1410A
téngxī 騰嬉 6-1414B
téngxiān 騰佡 6-1409B
téngxiān 騰掀 6-1412A
téngxiān 騰騫 6-1416B
téngxiǎn 騰跣 6-1413A
téngxiāng 騰驤 6-1416B
téngxiáng 騰翔 6-1413A
téngxiāo 騰霄 6-1414A
téngxiào 騰笑 6-1411A
téngxiě 謄寫 6-1397A
téngxiěbǎn 謄寫版 6-1397B
téngxiěgāngbǎn 謄寫鋼版 6-1397B
téngxiěqì 謄寫器 6-1397B
téngxiěyìnshuā 謄寫印刷 6-1397B
téngxiū 騰羞 6-1411B
téngxiù 騰秀 6-1410A
téngxuān 騰軒 6-1411A
téngxuēzhēngzhǎng 滕薛争長 6-1373A
téngyán 騰言 6-1410A
téngyànfēimáng 騰燄飛芒 6-1414B
téngyáng 騰揚 6-1412A
téngyáng 騰颺 6-1415B
téngyǎng 疼痒 8-306B
téngyí 騰夷 6-1409B
téngyí 騰移 6-1412A
téngyì 騰倚 6-1411A
téngyì 騰逸 6-1412A
téngyì 騰溢 6-1413A
téngyīng 騰英 6-1410A
téngyǒng 騰涌 6-1411B
téngyǒng 騰湧 6-1413A
téngyǒng 騰踊 6-1413B
téngyǒng 騰踴 6-1414B
téngyù 騰譽 6-1415B
téngyù 騰鬱 6-1416B
téngyuán 騰猨 6-1412B
téngyuán 騰猿 6-1413A
téngyuǎn 騰遠 6-1413A
téngyuè 騰越 6-1412A
téngyuè 騰躍 6-1416A
téngyún 騰雲 6-1412B
téngyúnjiàwù 騰雲駕霧 6-1412B
téngzào 謄造 6-1397A
téngzào 騰譟 6-1416A
téngzhāng 騰章 6-1412A
téngzhēn 謄真 6-1397A
téngzhèng 謄正 6-1397A
téngzhì 騰躑 6-1416A
téngzhǐ 藤紙 9-605A
téngzhì 騰擲 6-1414B
téngzhú 騰逐 6-1411A
téngzhù 騰翥 6-1413B
téngzhuāng 騰裝 6-1413A
téngzhuó 騰灼 6-1410A
téngzi 藤子 9-605A
téngzòng 騰縱 6-1415A
téngzòu 騰奏 6-1410B
tèniú 特牛 6-261A
tèpài 特派 6-263B
tèpàiyuán 特派員 6-263B
tèqí 特奇 6-262B
tèqǐ 特起 6-264A
tèqiān 特遷 6-267A
tèqiǎn 特遣 6-266A
tèqín 特勤 6-266A
tèqìng 特磬 6-267A
tèqū 特區 6-264B
tèquán 特權 6-267B
tèqún 特羣 6-266B
tèrán 特然 6-266A
tèrén 慝人 7-670B
tèrén 職人 8-708B
tèrèn 特任 6-261B
tèsè 特色 6-262A
tèshā 忒殺 7-402A
tèshā 忒煞 7-402A
tèshā 忒𢱢 7-402A
tèshā 特殺 6-264A

tèshā 特煞 6-266A
tèshè 特赦 6-264B
tèshèn 特甚 6-263A
tèshēng 特生 6-261A
tèshēng 特牲 6-263B
tèshēng 犆牲 6-278A
tèshèng 特勝 6-265B
tèshí 特識 6-267B
tèshǐ 特使 6-262B
tèshì 特士 6-260B
tèshòu 特授 6-264B
tèshū 特書 6-264B
tèshū 特殊 6-264A
tèshū 特樞 6-266B
tèshūhuà 特殊化 6-264A
tèshūjiàoyù 特殊教育 6-264A
tèsì 特祀 6-262A
tèsǒng 特聳 6-267B
tètè 忒忒 7-402A
tètè 特特 6-264A
tètètǎntǎn 忑忑忐忐 7-402A
tètèwèiwèi 特特爲爲 6-264A
tèwéi 特爲 6-265B
tèwěi 慝僞 7-670B
tèwèi 特爲 6-265B
tèwu 特務 6-264B
tèwū 特兀 6-261A
tèxián 特嫌 6-266B
tèxiào 特效 6-264A
tèxiàoyào 特效藥 6-264B
tèxiě 特寫 6-267A
tèxiějìngtóu 特寫鏡頭 6-267A
tèxíng 匿行 1-969B
tèxìng 特性 6-262B
tèxiù 特秀 6-262A
tèxǔ 特許 6-265A
tèxuán 特縣 6-267A
tèxuán 犆縣 6-278A
tèxuǎn 特選 6-267A
tèxùn 特訊 6-264A
tèyāo 特邀 6-267B
tèyī 特揖 6-265A
tèyì 特異 6-264B
tèyì 特意 6-266B
tèyìgōngnéng 特異功能 6-265A
tèyín 特銀 6-266B
tèyīng 特膺 6-267B
tèyìzhì 特異質 6-265A
tèyǒu 特有 6-261B
tèyòu 特宥 6-263B
tèyuē 特約 6-263B
tèzàn 特贊 6-267B
tèzhào 特詔 6-266A
tèzhēng 特徵 6-266B
tèzhī 特支 6-261A
tèzhī 特知 6-262B
tèzhǐ 特旨 6-261B
tèzhì 特至 6-261B
tèzhì 特制 6-262B
tèzhì 特質 6-266B
tèzhǒng 特種 6-266B
tèzhuǎn 特轉 6-267B
tèzhuó 特卓 6-262B
tèzòu 特奏 6-263A
tèzòumíng 特奏名 6-263A
tèzuò 慝作 7-670B
tí'àn 提案 6-744B
tiān'ài 天愛 2-1442A
tián'ài 填隘 2-1170A
tiān'àn 添案 5-1340A
tián'ān 恬安 7-521A
tiān'ānmén 天安門 2-1415B
tiān'ānménguǎngchǎng 天安門廣場 2-1415B
tiānbá 天拔 2-1419A
tiánbā 田巴 7-1271B
tiǎnbài 殄敗 5-157A
tiānbàn 天半 2-1411B
tiánbǎng 填榜 2-1171A
tiánbàng 田塝 7-1278B
tiānbāo 天苞 2-1419A
tiānbǎo 天保 2-1425A
tiānbǎo 天寶 2-1453A
tiānbào 天報 2-1436B
tiánbào 填報 2-1169B
tiānbǎojiǔrú 天保九如 2-1425A
tiānbǎojūn 天寶君 2-1453A
tiánbāshēng 田巴生 7-1271B
tiānbēi 天杯 2-1419A
tiánbēi 田陂 7-1273B
tiánbèi 田背 7-1275A
tiánbèi 田備 7-1278B
tiānbēngdìchè 天崩地坼 2-1434A
tiānbēngdìjiě 天崩地解 2-1434B
tiānbēngdìliè 天崩地裂 2-1434B
tiānbēngdìtā 天崩地塌 2-1434B
tiānbēngdìtān 天崩地坍 2-1434A
tiānbēngdìxiàn 天崩地陷 2-1434B
tiánběnmìng 田本命 7-1271B
tiānbǐ 天筆 2-1438A
tiānbì 天陛 2-1427B
tiānbì 天畢 2-1429B
tiānbì 天辟 2-1442B
tiānbì 天碧 2-1443A
tiānbì 天罼 2-1446B
tiānbì 天壁 2-1449B
tiānbì 天蹕 2-1449B
tiǎnbì 殄斃 5-157B
tiānbiān 天邊 2-1450B
tiānbiàn 天變 2-1454A
tiánbiǎn 填褊 2-1171A
tiānbiāo 天標 2-1446A
tiānbiǎo 天表 2-1418B
tiánbiǎo 田表 7-1273B
tiānbīng 天兵 2-1417A
tiānbǐng 天秉 2-1420A
tiānbǐng 天柄 2-1424A
tiānbǐng 天禀 2-1442B
tiānbǐng 天稟 2-1442B
tiánbīng 田兵 7-1273A
tiánbīng 甜冰 7-977B
tiānbīngtiānjiàng 天兵天將 2-1417A
tiānbō 天波 2-1422A
tiánbō 鈿波 11-1231B
tiánbō 恬波 7-521B
tiánbó 恬泊 7-521B
tiānbǔ 添補 5-1340B
tiānbù 天步 2-1416B
tiānbù 天部 2-1432A
tiānbù 天篰 2-1448B
tiánbǔ 填補 2-1170A
tiánbùlì 田部吏 7-1277A
tiánbùsī 甜不絲 7-977A
tiánbùwéiguài 恬不爲怪 7-521A
tiánbùwéiyì 恬不爲意 7-521A
tiánbùzhīchǐ 恬不知恥 7-521A
tiánbùzhīchǐ 恬不知耻 7-521A
tiánbùzhīguài 恬不知怪 7-520B
tiánbùzhīkuì 恬不知愧 7-521A
tiánbùzhīxiū 恬不知羞 7-521A
tiāncái 天才 2-1405A
tiāncái 天材 2-1416B
tiāncái 天財 2-1429B
tiáncái 田財 7-1276B
tiáncǎi 田采 7-1274B
tiáncài 恭菜 9-429A
tiáncán 田蠶 7-1282A
tiǎncán 覥慙 12-391B
tiāncāng 天倉 2-1431A
tiāncāng 添倉 5-1340A
tiáncāng 填倉 2-1169B
tiáncāngrì 填倉日 2-1169B
tiāncáo 天曹 2-1433B
tiáncáo 田曹 7-1277B
tiāncè 天策 2-1438A
tiáncè 田册 7-1272A
tiāncèfǔ 天策府 2-1438A
tiāncèshàngjiàng 天策上將 2-1438A
tiānchá 天槎 2-1441A
tiānchàdìyuǎn 天差地遠 2-1426B
tiānchāi 添差 5-1340A
tiánchāi 鈿釵 11-1231B
tiánchāi 甜差 7-978A
tiānchán 天欃 2-1453A
tiānchǎn 天產 2-1435B
tiánchán 鈿蟬 11-1232A
tiánchǎn 田產 7-1278A
tiānchāng 天閶 2-1449A
tiāncháng 天常 2-1434A
tiáncháng 田場 7-1278A
tiánchàng 田暘 7-1279B
tiánchàng 恬暢 7-522B
tiānchángdìjiǔ 天長地久 2-1418B
tiānchángguàn 天長觀 2-1419A
tiānchángjié 天長節 2-1418B
tiānchángrìjiǔ 天長日久 2-1418B
tiāncháo 天朝 2-1437A
tiānchē 天車 2-1416B
tiánchē 田車 7-1272B
tiānchēn 天琛 2-1436B
tiánchén 輷敐 9-1280B
tiānchéng 天成 2-1413A
tiānchéng 添乘 5-1340A
tiānchèng 天秤 2-1430A
tiánchéng 田塍 7-1279B
tiánchéng 田畻 7-1279B
tiānchéngdìpíng 天成地平 2-1413B
tiānchí 天池 2-1415A
tiānchí 天墀 2-1445B
tiánchí 填池 2-1168A
tiánchí 闐池 12-144B
tiānchǐwǔ 天尺五 2-1409B
tiānchīxīng 天吃星 2-1413B
tiānchōng 天衝 2-1446B
tiānchǒng 天寵 2-1452A
tiánchōng 恬沖 7-521A
tiánchōng 填充 2-1168A
tiānchóu 天讎 2-1453B
tiánchóu 田疇 7-1281B
tiánchóu 田畼 7-1279B
tiānchóudìcǎn 天愁地慘 2-1441B
tiānchú 天除 2-1427B
tiānchú 天厨 2-1437B
tiānchú 天廚 2-1446B
tiánchù 田畜 7-1277A
tiǎnchú 殄除 5-157A
tiānchuān 天穿 2-1427A
tiānchuán 添傳 5-1340B
tiānchuāng 天窗 2-1439B
tiānchuāng 天牕 2-1442A
tiānchuāng 天牕 2-1446B
tiānchuāng 天瘡 2-1447A
tiānchuāng 天窻 2-1445A
tiānchuí 天垂 2-1419B
tiānchuí 天陲 2-1432B
tiānchuí 天鎚 2-1450A
tiánchún 田脣 7-1276A
tiāncí 天慈 2-1442B
tiāncì 天賜 2-1446A
tiáncí 填詞 2-1170A
tiāncōng 天聰 2-1449B
tiāncóngrényuàn 天從人願 2-1435A
tiáncòu 填湊 2-1170A
tiáncòu 闐湊 12-145A
tiāncù 天蹴 2-1451B
tiāncuì 天粹 2-1444B
tiāncuì 添倅 5-1340A

tiáncuì 恬脆 7-522A
tiǎncuì 殄悴 5-157A
tiǎncuì 殄瘁 5-157A
tiǎncuì 殄顇 5-157B
tiǎncuì 淟悴 5-1380B
tiāncùjiāyóu 添醋加油 5-1341A
tiāndá 添答 5-1340B
tiāndà 天大 2-1406A
tiándài 鈿黛 11-1232A
tiándài 恬怠 7-521B
tiāndǎléipī 天打雷劈 2-1409B
tiāndǎn 天亶 2-1442B
tiándān 田單 7-1278A
tiándàn 恬淡 7-522A
tiándàn 恬憺 7-523A
tiándàn 恬澹 7-523A
tiándàn 恬惔 7-522A
tiándàn 甜淡 7-978B
tiàndǎn 瑱紞 4-614A
tiándàng 田盪 7-1281A
tiándàng 恬蕩 7-523A
tiándànwúwéi 恬淡無爲 7-522A
tiāndào 天道 2-1439A
tiándào 田稻 7-1280A
tiándào 闐道 12-144B
tiāndàohàohuán 天道好還 2-1439A
tiāndàonìnglùn 天道寧論 2-1439B
tiāndàowúqīn 天道無親 2-1439B
tiāndé 天得 2-1434B
tiāndé 天德 2-1446B
tiāndēng 天燈 2-1449A
tiāndí 天敵 2-1447A
tiāndì 天地 2-1412B
tiāndì 天帝 2-1426B
tiāndì 天墜 2-1445A
tiāndì 天墬 2-1450B
tiándì 田地 7-1272A
tiándiǎn 田典 7-1273B
tiándiàn 田佃 7-1273A
tiāndìchángjiǔ 天地長久 2-1412B
tiāndìgēn 天地根 2-1412B
tiāndìhuì 天地會 2-1412B
tiāndìjūnqīnshī 天地君親師 2-1412B
tiāndìliángxīn 天地良心 2-1412B
tiāndìmǔ 天地母 2-1412B
tiāndīng 天丁 2-1404A
tiāndīng 添丁 5-1339A
tiāndǐng 天頂 2-1433A
tiāndìng 天定 2-1422A
tiándīng 田丁 7-1270A
tiāndìpōupàn 天地剖判 2-1412B
tiāndìtóu 天地頭 2-1413A
tiāndǐxia 天底下 2-1421B
tiāndìzhé 天地折 2-1412B
tiāndìzhǔ 天地主 2-1412B
tiāndìzhūlù 天地誅戮 2-1413A
tiāndìzhūmiè 天地誅滅 2-1413A
tiāndìzhuō 天地桌 2-1412B
tiāndòng 天動 2-1434B
tiándòng 田垌 7-1275A
tiándòu 田竇 7-1282A
tiāndū 天都 2-1428B
tiāndū 天督 2-1441A
tiāndū 添都 5-1340A
tiāndú 天毒 2-1423B
tiāndǔ 天篤 2-1448B
tiāndù 天度 2-1426A
tiānduān 天端 2-1444B
tiānduì 天對 2-1444A
tiāndūmǎ 添都馬 5-1340A
tiǎndùn 殄沌 5-157A
tiānduó 天奪 2-1443B
tiānduó 天鐸 2-1453A
tiánduǒ 鈿朵 11-1231A
tiánduò 恬惰 7-522B
tiānduóqípò 天奪其魄 2-1444A
tiānduózhīnián 天奪之年 2-1443B
tiānduózhīpò 天奪之魄 2-1443B
tiān'ē 天阿 2-1418A
tiān'é 天蛾 2-1441B
tiān'é 天鵝 2-1450B
tián'é 田額 7-1281B
tiān'ēn 天恩 2-1429B
tiān'ěr 天耳 2-1413A
tián'ér 恬而 7-521A
tiān'éróng 天鵝絨 2-1450B
tiān'ěrtōng 天耳通 2-1413A
tiānfá 天罰 2-1444A
tiānfǎ 天法 2-1421B
tiánfā 填發 2-1170A
tiánfǎ 田法 7-1274B
tiánfǎ 田灋 7-1282A
tiánfán 闐繁 12-145A
tiánfàn 田畈 7-1275B
tiānfāndìfù 天翻地覆 2-1451A
tiānfāng 天方 2-1409A
tiānfáng 添房 5-1339B
tiānfàng 天放 2-1421B
tiánfāng 田方 7-1271A
tiánfāng 填方 2-1168A
tiánfáng 填房 2-1169A
tiānfāngguó 天方國 2-1409A
tiānfāngjiào 天方教 2-1409A
tiānfāngyètán 天方夜譚 2-1409A
tiánfāngzèng 田方贈 7-1271B
tiānfēi 天妃 2-1416A
tiānfēi 天飛 2-1428A
tiānfēi 天扉 2-1440A
tiǎnfèi 殄廢 5-157A
tiānfén 添墳 5-1341A
tiānfèn 天分 2-1408B
tiánfén 填墳 2-1171A
tiānfēng 天風 2-1425B
tiānfēng 天鋒 2-1446B
tiānfú 天浮 2-1432A
tiānfú 天符 2-1434B
tiānfú 天福 2-1442B
tiānfǔ 天府 2-1421A
tiānfù 天父 2-1408B
tiānfù 天賦 2-1446A
tiānfù 天覆 2-1450B
tiānfù 添附 5-1339B
tiánfū 田夫 7-1270B
tiánfú 田服 7-1274B
tiánfú 田茀 7-1273B
tiánfǔ 田父 7-1271A
tiánfù 田父 7-1271A
tiánfù 田婦 7-1278A
tiánfù 田賦 7-1280A
tiánfú 填服 2-1168B
tiānfùdìzài 天覆地載 2-1450B
tiánfǔkězuòshā 田父可坐殺 7-1271A
tiánfūyělǎo 田夫野老 7-1270B
tiánfǔyělǎo 田父野老 7-1271A
tiánfūyěsǒu 田夫野叟 7-1270B
tiánfǔyěsǒu 田父野叟 7-1271A
tiánfǔzhīgōng 田父之功 7-1271A
tiānfǔzhīguó 天府之國 2-1421A
tiánfǔzhīhuò 田父之獲 7-1271A
tí'àng 緹盎 9-938A
tiāngāi 天垓 2-1423B
tiāngǎi 添改 5-1339A
tiāngài 天蓋 2-1441A
tiāngān 天干 2-1405A
tiángān 甜甘 7-977A
tiāngāng 天罡 2-1429B
tiāngāng 天綱 2-1445A
tiángǎng 田甿 7-1275B
tiángāo 田皐 7-1278B
tiāngāodìhòu 天高地厚 2-1431B
tiāngāodìxià 天高地下 2-1431B
tiāngāohuángdìyuǎn 天高皇帝遠 2-1431B
tiāngāotīngbēi 天高聽卑 2-1431B
tiāngāotīngxià 天高聽下 2-1431B
tiāngē 天戈 2-1408A
tiāngé 天格 2-1429A
tiāngé 天閣 2-1445A
tiāngé 添革 5-1339B
tiángē 田歌 7-1279B
tiángé 填格 2-1169A
tiāngēn 天根 2-1429A
tiángēng 田更 7-1272B
tiángěng 田埂 7-1276A
tiāngèyīfāng 天各一方 2-1414B
tiāngōng 天工 2-1405A
tiāngōng 天弓 2-1406B
tiāngōng 天公 2-1408B
tiāngōng 天功 2-1409B
tiāngōng 天宮 2-1427A
tiángōng 田公 7-1271A
tiángōng 田功 7-1271B
tiángōng 田宮 7-1275B
tiángōng 填宮 2-1169A
tiāngōngdìdào 天公地道 2-1408B
tiāngōngréndài 天工人代 2-1405A
tiāngōngxù 天公絮 2-1408B
tiāngōngyùxì 天公玉戲 2-1408B
tiāngōngzhǔ 天公主 2-1408B
tiāngōu 天溝 2-1442B
tiāngǒu 天狗 2-1421A
tiāngòu 天構 2-1443B
tiángōuhè 填溝壑 2-1170B
tiángōuhè 寘溝壑 3-1577A
tiāngǔ 天骨 2-1424B
tiāngǔ 天鼓 2-1441A
tiāngù 天固 2-1419B
tiángǔ 田鼓 7-1278B
tiángǔ 田穀 7-1280A
tiángǔ 填骨 2-1169A
tiǎngǔ 淟汩 5-1380A
tiánguā 甜瓜 7-977A
tiánguǎ 填寡 2-1171A
tiānguài 天怪 2-1422A
tiānguān 天官 2-1422A
tiānguān 天冠 2-1427A
tiānguān 天關 2-1452A
tiánguān 田官 7-1274B
tiǎnguān 忝官 7-430B
tiānguāncìfú 天官賜福 2-1422B
tiānguāndìjù 天冠地屨 2-1427A
tiānguāng 天光 2-1413B
tiānguī 天閨 2-1445A
tiānguī 天龜 2-1450A
tiānguǐ 天癸 2-1428A
tiānguǐ 天軌 2-1424A
tiānguǐ 天鬼 2-1425B
tiānguǐ 天晷 2-1437B
tiānguì 天貴 2-1437B
tiānguó 天國 2-1434A
tiānhǎi 天海 2-1432A
tiānhài 天害 2-1432A
tiánhǎi 滇海 6-6B
tiánhǎi 填海 2-1169B
tiānhán 天函 2-1423A
tiānhàn 天旱 2-1416B
tiānhàn 天漢 2-1444B

tiānhàn 天翰 2-1448A
tiǎnhàn 靦汗 12-391B
tiānháng 天杭 2-1419A
tiānhào 天號 2-1441B
tiānhé 天合 2-1414B
tiānhé 天和 2-1420A
tiānhé 天河 2-1421B
tiánhé 田禾 7-1272A
tiánhé 恬和 7-521B
tiánhé 填河 2-1168B
tiánhè 填壑 2-1172A
tiánhègǔ 寘壑谷 3-1577A
tiānhēi 天黑 2-1437B
tiānhéng 天横 2-1446A
tiānhéng 天衡 2-1448B
tiánhéngdǎo 田横島 7-1280A
tiánhéngkè 田横客 7-1280A
tiánhóng 填紅 2-1169A
tiānhòu 天后 2-1414A
tiǎnhòu 腆厚 6-1331B
tiānhú 天弧 2-1423A
tiānhú 天狐 2-1421A
tiánhū 恬忽 7-521B
tiánhú 田胡 7-1275A
tiánhù 田户 7-1271B
tiánhù 填户 2-1168A
tiānhuā 天花 2-1416A
tiānhuā 天華 2-1428B
tiānhuà 天話 2-1442A
tiánhuā 鈿花 11-1231A
tiánhuà 填畫 2-1170A
tiānhuābǎn 天花板 2-1416A
tiánhuà'er 甜話兒 7-978B
tiānhuái 天懷 2-1452A
tiānhuāluànzhuì 天花亂墜 2-1416A
tiānhuāluànzhuì 天華亂墜 2-1428B
tiānhuàn 天宦 2-1426B
tiānhuàn 天患 2-1434A
tiānhuàn 添换 5-1340A
tiánhuán 填還 2-1171B
tiǎnhuàn 痶瘓 8-331B
tiānhuāng 天荒 2-1423B
tiānhuáng 天皇 2-1425A
tiānhuáng 天潢 2-1444B
tiānhuáng 天簧 2-1449B
tiánhuáng 田黄 7-1277B
tiānhuāngdìlǎo 天荒地老 2-1423B
tiānhuángguìzhòu 天潢貴胄 2-1444B
tiānhuí 天迴 2-1424B
tiānhuì 天惠 2-1437A
tiānhuì 天慧 2-1445B
tiānhuì 天繪 2-1452A
tiánhuī 填豗 2-1170B
tiánhuì 填諱 2-1171B
tiānhūn 天閽 2-1449A
tiānhūndì'àn 天昏地暗 2-1420B
tiānhūndìhēi 天昏地黑 2-1420B
tiānhuǒ 天火 2-1409A
tiānhuǒ 添火 5-1339A
tiānhuò 天禍 2-1440A
tiānhuò 添禍 5-1340B
tiánhuò 田貨 7-1277B
tiánhuò 田獲 7-1280B
tiánhuò 恬豁 7-523A
tiánhuò 甜和 7-978A
tiānjī 天姬 2-1432B
tiānjī 天基 2-1433B
tiānjī 天機 2-1448A
tiānjī 天雞 2-1451A
tiānjī 天饑 2-1452B
tiānjí 天疾 2-1431B
tiānjí 天棘 2-1437B
tiānjí 天極 2-1437A
tiānjí 天殛 2-1437B
tiānjǐ 添給 5-1340B
tiānjì 天忌 2-1418A
tiānjì 天紀 2-1428A
tiānjì 天際 2-1443A
tiānjì 天驥 2-1454A
tiánjī 田基 7-1277B
tiánjī 田積 7-1280A
tiánjī 田雞 7-1281A
tiánjī 填積 2-1171B
tiánjí 田籍 7-1282A
tiánjì 田祭 7-1277B
tiánjì 恬寂 7-522A
tiānjiā 天家 2-1432B
tiānjiā 添加 5-1339A
tiānjiǎ 天假 2-1434B
tiánjiā 田家 7-1277A
tiánjià 田假 7-1277B
tiánjià 田稼 7-1280B
tiánjiāfù 田家婦 7-1277A
tiānjiǎjīng 天甲經 2-1410B
tiánjiālè 田家樂 7-1277A
tiānjiān 天監 2-1443B
tiánjiān 田間 7-1278B
tiánjiān 田閒 7-1278B
tiánjiǎn 恬簡 7-523A
tiǎnjiān 殄殲 5-157B
tiánjiānfù 田間婦 7-1278B
tiānjiāng 天江 2-1415A
tiānjiāng 天漿 2-1447A
tiānjiǎng 天獎 2-1445A
tiānjiàng 天匠 2-1413A
tiānjiàng 天將 2-1436B
tiānjiāo 天郊 2-1421B
tiānjiāo 天驕 2-1453B
tiānjiǎo 天角 2-1417B
tiānjiào 天教 2-1433A
tiánjiǎo 田脚 7-1277B
tiānjiǎqínián 天假其年 2-1434B
tiánjiāwēng 田家翁 7-1277A
tiānjiǎzhīnián 天假之年 2-1434B
tiánjiāzǐ 田家子 7-1277A
tiānjībùkěxièlòu 天機不可泄漏 2-1448A
tiānjībùkěxièlù 天機不可泄露 2-1448A
tiānjiē 天階 2-1436B
tiānjiē 天堦 2-1436B
tiānjiē 天街 2-1438A
tiānjié 天節 2-1441B
tiānjiě 天解 2-1442A
tiānjiè 天戒 2-1416A
tiānjiè 天屆 2-1423A
tiānjiè 天界 2-1424B
tiānjiè 天誡 2-1444A
tiánjiē 填街 2-1169B
tiánjié 田結 7-1278B
tiánjiè 田界 7-1275B
tiánjiēsāixiàng 填街塞巷 2-1169B
tiānjīhú 天鷄壺 2-1453A
tiānjīn 天津 2-1426B
tianjın 天矜 2-1428A
tiānjīng 天京 2-1421A
tiānjīng 天經 2-1443A
tiānjǐng 天井 2-1407A
tiānjǐng 天景 2-1437B
tiānjìng 天鏡 2-1451B
tiánjīng 田荆 7-1275A
tiánjǐng 田井 7-1270B
tiánjǐng 田阱 7-1272B
tiánjìng 田徑 7-1276B
tiánjìng 田逕 7-1276B
tiánjìng 恬靖 7-522B
tiánjìng 恬静 7-522B
tiánjìng 甜净 7-978A
tiánjìng 甜淨 7-978A
tiánjìng 甜静 7-978B
tiānjīngdìjí 天荆地棘 2-1423B
tiānjīngdìwěi 天經地緯 2-1443A
tiānjīngdìyì 天經地義 2-1443A
tiānjǐngguān 天井關 2-1407A
tiánjìngsài 田徑賽 7-1276B
tiānjīngshípò 天驚石破 2-1453B
tiánjìngyùndòng 田徑運動 7-1276B
tiánjīnjīn 甜津津 7-978A
tiānjīnkuàibǎn 天津快板 2-1426B
tiānjīnqiáo 天津橋 2-1426B
tiānjìntóu 天盡頭 2-1445A
tiānjiōng 天扃 2-1427A
tiánjīpào 田雞砲 7-1281A
tiánjīpào 田雞礮 7-1281A
tiānjiǔ 天九 2-1404B
tiānjiǔ 天灸 2-1417B
tiānjiǔ 天酒 2-1432A
tiānjiǔ 添酒 5-1340A
tiānjiù 天咎 2-1421A
tiānjiù 天廐 2-1438B
tiánjiǔ 恬酒 7-522A
tiánjiǔ 甜酒 7-978A
tiānjiǔpái 天九牌 2-1405A
tiānjìzhēnrén 天際真人 2-1443A
tiānjū 天居 2-1423A
tiānjù 天聚 2-1443B
tiánjù 佃具 1-1242B
tiánjù 田具 7-1273B
tiánjù 填具 2-1168B
tiǎnjù 靦懼 12-392A
tiānjuàn 天眷 2-1435B
tiānjuàn 天睠 2-1441B
tiánjuān 田捐 7-1276A
tiānjuàn 忝眷 7-430B
tiānjué 天爵 2-1450A
tiǎnjué 殄絶 5-157A
tiánjù'er 甜句兒 7-977B
tiānjūn 天君 2-1418A
tiānjūn 天均 2-1416A
tiānjūn 天軍 2-1427A
tiānjūn 天鈞 2-1438A
tiánjùn 田畯 7-1278A
tiánjùnyělǎo 田畯野老 7-1278A
tiānkāi 天開 2-1440A
tiānkāidìpì 天開地闢 2-1440B
tiānkāiyǎn 天開眼 2-1440B
tiánkǎn 田坎 7-1272B
tiánkē 田科 7-1275B
tiánkè 田客 7-1275B
tiánkè 田課 7-1280B
tiānkèhán 天可汗 2-1410A
tiānkěliánjiàn 天可憐見 2-1410A
tiánkēng 田阬 7-1272B
tiánkēngmǎngǔ 填阬滿谷 2-1168B
tiánkēngshí 田坑石 7-1272B
tiānkōng 天空 2-1422B
tiánkòng 填空 2-1169A
tiānkōnghǎikuò 天空海闊 2-1422B
tiānkǒu 天口 2-1406A
tiánkǒu'er 甜口兒 7-977A
tiānkù 天庫 2-1431B
tiánkuài 田澮 7-1281A
tiānkuàng 天貺 2-1437B
tiánkuàng 恬曠 7-523A
tiǎnkuàng 腆貺 10-265B
tiānkuàngjié 天貺節 2-1437B
tiǎnkuì 腆愧 6-1331B
tiǎnkuì 靦愧 12-391B
tiānkǔn 天閫 2-1447A
tiānlà 天臘 2-1451B
tiānlài 天籟 2-1453B
tiánlái 田萊 7-1277B
tiānláidà 天來大 2-1419B
tiānlàigé 天籟閣 2-1453B
tiānlán 天藍 2-1449B
tiánlán 恬瀾 7-523B
tiānláng 天狼 2-1431A
tiánláng 田郎 7-1275A
tiānlǎngqìqīng 天朗氣清 2-1432B
tiānlángxīng 天狼星 2-1431A
tiānláo 天牢 2-1418A

tiānlǎo 天老 2-1412A
tiānlǎodìhuāng 天老地荒 2-1412A
tiānlǎo'er 天老兒 2-1412A
tiānlǎoye 天老爺 2-1412A
tiānlè 天樂 2-1447B
tiánlè 恬樂 7-523A
tiānlěi 天誄 2-1442A
tiǎnlèi 忝累 7-430B
tiánléng 田稜 7-1279A
tiānlí 天離 2-1451A
tiānlǐ 天理 2-1433A
tiānlǐ 天醴 2-1452B
tiānlì 天力 2-1405A
tiānlì 天吏 2-1413A
tiānlì 天曆 2-1448A
tiānlì 天歷 2-1448A
tiānlì 添力 5-1339A
tiánlǐ 田里 7-1272B
tiánlián 田連 7-1276A
tiānliáng 天良 2-1418A
tiānliáng 天梁 2-1436A
tiānliàng 天亮 2-1425B
tiánliánqiānmò 田連仟伯 7-1276A
tiánliánqiānmò 田連阡陌 7-1276A
tiánliào 填料 2-1169B
tiánliè 田獵 7-1281A
tiánliè 畋獵 7-1316A
tiánliè 填列 2-1168A
tiānlǐjiào 天理教 2-1433A
tiānlín 天臨 2-1449B
tiānlín 天麟 2-1454A
tiánlǐn 田廩 7-1280B
tiānlíng 天靈 2-1454A
tiānlíng 天靆 2-1454A
tiānlínggài 天靈蓋 2-1454A
tiānlóng 天龍 2-1448B
tiánlǒng 田隴 7-1281B
tiánlǒng 田壟 7-1281B
tiǎnlǒng 銛攏 11-1266B
tiānlóngbābù 天龍八部 2-1448B
tiānlòu 天漏 2-1444B
tiánlòu 田漏 7-1280A
tiānlù 天廳 2-1454A
tiānlù 天鹿 2-1435A
tiānlù 天祿 2-1440A
tiānlù 天路 2-1441B
tiānlù 天戮 2-1447B
tiānlù 天錄 2-1448B
tiānlù 天籙 2-1453B
tiānlù 黇鹿 12-1014A
tiánlú 田盧 7-1280B
tiánlú 田廬 7-1281B
tiánlù 田祿 7-1278B
tiánlù 田路 7-1279A
tiánlù 甜露 7-979B
tiánlù 填路 2-1170B
tiǎnlù 殄戮 5-157A
tiānlùbìxié 天祿辟邪 2-1440A
tiānlùdàfū 天祿大夫 2-1440A
tiānlùgé 天祿閣 2-1440A
tiānlún 天倫 2-1430B
tiānlún 天論 2-1446B
tiānlùn 天論 2-1446B
tiānlúnzhīlè 天倫之樂 2-1430B
tiānluó 天羅 2-1451B
tiánluó 田螺 7-1281A
tiānluódìwǎng 天羅地網 2-1451B
tiānlǜ 天律 2-1425B
tiánlǘ 田閭 7-1280A
tiánlǜ 田律 7-1275B
tiānmá 天麻 2-1435A
tiānmǎ 天馬 2-1428A
tiánmǎ 田馬 7-1276A
tiánmǎ 畋馬 7-1316A
tiánmǎn 填滿 2-1171A
tiánmáng 田忙 7-1272B
tiānmào 天貌 2-1444A
tiánmáo 田毛 7-1271A
tiánmáo 田茅 7-1273B
tiǎnmào 忝冒 7-430B
tiǎnmào 腆冒 6-1331B
tiǎnmào 靦冒 12-391B
tiǎnmào 靦貌 12-391B
tiānmǎxíngkōng 天馬行空 2-1428B
tiánméi 甜梅 7-978B
tiánměi 恬美 7-521B
tiánměi 甜美 7-978A
tiānmén 天門 2-1422B
tiánmén 填門 2-1169A
tiánmén 闐門 12-144B
tiānménbāyì 天門八翼 2-1423A
tiānméndōng 天門冬 2-1423A
tiānméng 天氓 2-1421B
tiánméng 田甿 7-1273B
tiǎnméng 靦瞢 12-391B
tiānmì 添覓 5-1340B
tiánmì 恬謐 7-523A
tiánmì 甜蜜 7-979A
tiǎnmí 殄靡 5-157B
tiánmiàn 滇沔 6-6B
tiánmiàn 田面 7-1275A
tiǎnmiǎn 淟涊 5-1380B
tiǎnmiǎn 腆腼 6-1331B
tiǎnmiàn 靦面 12-391B
tiānmiǎo 天杪 2-1419A
tiānmiào 天廟 2-1447A
tiánmiáo 田苗 7-1273B
tiánmiè 寘滅 8-457A
tiǎnmiè 殄滅 5-157A
tiánmímí 甜迷迷 7-978A
tiánmìmì 甜蜜蜜 7-979A
tiānmín 天民 2-1411B
tiánmǐn 恬敏 7-522A
tiānmíng 天明 2-1419B
tiānmìng 天命 2-1420B
tiánmìng 填命 2-1168B
tiānmó 天膜 2-1444A
tiānmó 天魔 2-1452B
tiānmò 天末 2-1409B
tiānmò 天墨 2-1446B
tiánmò 田陌 7-1275A
tiánmò 恬漠 7-522B
tiánmò 恬默 7-523A
tiǎnmò 倎墨 7-597B
tiǎnmò 殄没 5-157A
tiǎnmò 腆嘿 6-1331B
tiǎnmò 腆默 6-1331B
tiānmówàidào 天魔外道 2-1453A
tiānmówǔ 天魔舞 2-1453A
tiānmǔ 天姥 2-1427B
tiānmù 天牧 2-1420A
tiānmù 天幕 2-1441A
tiánmǔ 田畝 7-1276B
tiánmù 田牧 7-1274A
tiánmù 恬穆 7-523A
tiānmùshān 天目山 2-1410B
tiánnà 填納 2-1169B
tiānnán 天男 2-1417A
tiānnán 天南 2-1423B
tiānnàn 天難 2-1451B
tiǎnnǎn 靦赧 12-391B
tiānnándìběi 天南地北 2-1423B
tiānnánhǎiběi 天南海北 2-1424A
tiānní 天倪 2-1430B
tiānnián 天年 2-1413B
tiǎnniǎn 淟涊 5-1380B
tiānniánbùcè 天年不測 2-1414A
tiānniánbùqí 天年不齊 2-1414A
tiānniánbùsuí 天年不遂 2-1414A
tiánniáng 甜娘 7-978B
tiánniǎo 鷏鳥 12-1136B
tiǎnníng 典凝 2-118B
tiānníngjié 天寧節 2-1445A
tiánnìnì 甜膩膩 7-979B
tiānniú 天牛 2-1408A
tiánniú 田牛 7-1271A
tiánnóng 田農 7-1279A
tiǎnnòng 蚕弄 8-865B
tiǎnnòng 餂弄 12-535B
tiānnù 天怒 2-1427B
tiánnú 田奴 7-1272A
tiānnùrényuàn 天怒人怨 2-1427B
tiānnǚ 天女 2-1407A
tiānnǚsànhuā 天女散花 2-1407A
tiānpā 天葩 2-1437A
tiānpán 天盤 2-1446B
tiānpàn 天畔 2-1429B
tiánpàn 田畔 7-1276B
tiānpáo 天庖 2-1421B
tiánpáo 田袍 7-1277A
tiānpèi 天旆 2-1426B
tiánpéi 填賠 2-1171A
tiānpén 添盆 5-1339B
tiānpéng 天棚 2-1437A
tiānpéng 天蓬 2-1441A
tiánpián 填駢 2-1171B
tiánpián 闐駢 12-145A
tiānpiáo 天瓢 2-1448A
tiānpìn 天牝 2-1414A
tiánpǐn 甜品 7-978A
tiānpíng 天平 2-1410A
tiánpíng 田坪 7-1273B
tiánpíng 田憑 7-1280B
tiǎnpíng 殄平 5-156B
tiānpíngdìchéng 天平地成 2-1410A
tiānpíngshān 天平山 2-1410A
tiánpō 田坡 7-1273B
tiánpóluó 田婆羅 7-1278A
tiānpú 天璞 2-1447B
tiánpú 田僕 7-1279B
tiánpú 填仆 2-1168A
tiánpǔ 田圃 7-1276B
tiānqī 天期 2-1437A
tiānqí 天齊 2-1444B
tiānqǐ 天啓 2-1436A
tiānqì 天泣 2-1421B
tiānqì 天氣 2-1430A
tiānqì 天器 2-1448B
tiánqī 填漆 2-1171A
tiánqí 田圻 7-1272B
tiánqí 田齊 7-1279B
tiánqì 佃器 1-1242B
tiánqì 田契 7-1275A
tiánqì 田器 7-1280B
tiánqì 填砌 2-1169A
tiānqiǎn 天譴 2-1452B
tiānqiàn 天塹 2-1443B
tiānqiàn 天壍 2-1450A
tiānqiāng 天槍 2-1443B
tiānqiánzì 添前字 5-1340A
tiānqiáo 天橋 2-1448A
tiānqiǎo 天巧 2-1409B
tiānqiào 天竅 2-1451A
tiánqiáo 填橋 2-1171B
tiánqiào 甜俏 7-978A
tiǎnqiǎo 銛巧 11-1266A
tiǎnqiè 忝竊 7-431A
tiǎnqiè 拱竊 6-667A
tiānqīn 天親 2-1448B
tiānqīng 天青 2-1418B
tiānqīng 天清 2-1436A
tiānqíng 天情 2-1436A
tiānqíng 天黥 2-1452B
tiānqìng 天慶 2-1447A
tiānqìng 天磬 2-1448A
tiánqīng 田青 7-1273B
tiānqīngrìbái 天清日白 2-1436A
tiānqióng 天穹 2-1422B
tiānqìtú 天氣圖 2-1430A
tiānqiū 天秋 2-1425A
tiānqiú 天囚 2-1410B
tiānqiú 天球 2-1432B
tiānqiúyí 天球儀 2-1433A
tiānqíwáng 天齊王 2-1444B
tiānqìyùbào 天氣預報

2-1430A
tiānqū 天區 2-1433B
tiānqú 天衢 2-1454A
tiānqù 天趣 2-1445B
tiānquán 天全 2-1414B
tiānquán 天泉 2-1425B
tiānquán 天權 2-1453A
tiánquǎn 田犬 7-1270B
tiánquǎn 畋犬 7-1315B
tiánquàn 田券 7-1274B
tiānquē 天闕 2-1451A
tiānrán 天然 2-1438B
tiánrán 恬然 7-522A
tiánrán 填然 2-1170A
tiánrán 寘然 8-457A
tiánrán 闐然 12-144B
tiǎnrán 忝然 7-430B
tiǎnrán 淟然 5-1380B
tiǎnrán 腆然 6-1331B
tiǎnrán 覥然 10-339A
tiǎnrán 靦然 12-391B
tiānrándòu 天然痘 2-1438B
tiānrǎng 天壤 2-1452A
tiánrǎng 田壤 7-1281B
tiánràng 恬讓 7-523B
tiānrǎngwángláng
天壤王郎 2-1452B
tiānrǎngzhībié 天壤之别
2-1452B
tiānránqì 天然氣 2-1438B
tiánránzìzú 恬然自足
7-522B
tiānrén 天人 2-1404A
tiánrén 田人 7-1270B
tiánrèn 填牣 2-1168B
tiānréncè 天人策 2-1404B
tiānréngǎnyìng 天人感應
2-1404B
tiānrénhéyī 天人合一
2-1404B
tiānrénjì 天人際 2-1404B
tiānrénsāncè 天人三策
2-1404B
tiānrénshī 天人師 2-1404B
tiānrénzhīfēn 天人之分
2-1404B
tiānrénzhījì 天人之際
2-1404B
tiānrì 天日 2-1408A
tiānróng 天容 2-1432A
tiánrú 恬如 7-521A
tiánrú 甛醹 7-979B
tiánrú 甜醹 7-979B
tiánrú 填如 2-1168B
tiánrù 田入 7-1270B
tiǎnrǔ 忝辱 7-430B
tiǎnrù 捵入 6-667A
tiánruǎn 甜軟 7-978B
tiānruì 天瑞 2-1440B
tiānruì 天睿 2-1444A
tiǎnruì 銛銳 11-1266B
tiánrùn 甜潤 7-979A
tiánsāi 填塞 2-1170B
tiánsāi 鎮塞 11-1364A
tiánsài 田賽 7-1281A
tiánsāng 田桑 7-1277A
tiānsè 天色 2-1414B
tiánsè 田穡 7-1281A
tiánsè 闐塞 12-145A
tiánsèfū 田嗇夫 7-1278B
tiānshā 天殺 2-1431A
tiānshāde 天殺的 2-1431A
tiānshān 天山 2-1406B
tiānshǎn 天閃 2-1432B
tiánshàn 田扇 7-1277A
tiānshàng 天上 2-1406A
tiǎnshāng 殄傷 5-157A
tiānshàngqílín 天上麒麟
2-1406A
tiānshàngrénjiān
天上人間 2-1406A
tiānshé 天蛇 2-1434A
tiānshè 天社 2-1418A
tiānshè 天赦 2-1433A
tiānshè 添設 5-1340B
tiánshè 田舍 7-1274A
tiánshè 田社 7-1273A
tiánshè'ér 田舍兒 7-1274B
tiánshègōng 田舍公 7-1274A
tiánshèhàn 田舍漢 7-1274B
tiánshèláng 田舍郎 7-1274B
tiānshēn 天紳 2-1436B
tiānshén 天神 2-1427A
tiánshén 田神 7-1276A
tiānshēng 天生 2-1410B
tiānshēng 天聲 2-1449B
tiānshěng 天眚 2-1429B
tiánshēng 田生 7-1271B
tiǎnshèng 腆盛 6-1331B
tiānshēngdìshè 天生地設
2-1411A
tiānshēngtiānhuà
天生天化 2-1411A
tiānshēngxiān 天生僊
2-1411A
tiānshēngzǐ 天生子 2-1411A
tiánshèniáng 田舍娘
7-1274B
tiānshēnjié 天申節 2-1410B
tiánshènú 田舍奴 7-1274A
tiánshèrén 田舍人 7-1274A
tiánshèwēng 田舍翁 7-1274B
tiánshèzǐ 田舍子 7-1274A
tiānshi 天施 2-1426B
tiānshī 天師 2-1430B
tiānshí 天時 2-1429B
tiānshí 天識 2-1451B
tiānshǐ 天豕 2-1416B
tiānshǐ 天使 2-1420A
tiānshì 天士 2-1405A
tiānshì 天市 2-1411B
tiānshì 天式 2-1412A
tiānshì 天事 2-1419A
tiānshì 天室 2-1427A
tiánshī 田師 7-1276B
tiánshí 顛實 12-349A
tiánshí 田時 7-1276B
tiánshí 畋食 7-1315B
tiánshí 甜食 7-978A
tiánshí 填實 2-1171A
tiánshǐ 田矢 7-1271B
tiánshǐ 田豕 7-1272B
tiánshì 田市 7-1272A
tiánshì 田事 7-1273B
tiánshì 恬適 7-522B
tiǎnshì 殄世 5-156B
tiānshī'ài 天師艾 2-1431A
tiānshīdào 天師道 2-1431A
tiānshīfú 天師符 2-1431A
tiānshǐyīn 天矢陰 2-1411A
tiānshòu 天授 2-1433A
tiānshòu 天壽 2-1443B
tiānshòu 添壽 5-1340B
tiánshōu 田收 7-1272B
tiánshǒu 田首 7-1275B
tiánshòu 田狩 7-1275B
tiánshòu 畋狩 7-1316A
tiānshòudìshè 天授地設
2-1433B
tiānshòujié 天壽節 2-1443B
tiānshū 天書 2-1432B
tiānshū 天樞 2-1446A
tiānshǔ 天鼠 2-1442A
tiānshǔ 天屬 2-1453A
tiānshù 天術 2-1434B
tiānshù 天數 2-1446A
tiánshū 田輸 7-1280B
tiánshū 填書 2-1169B
tiánshú 田熟 7-1280B
tiánshǔ 田鼠 7-1279B
tiánshù 田戍 7-1272B
tiánshù 田墅 7-1279B
tiánshuǐ 甜水 7-977A
tiánshuì 田稅 7-1278A
tiánshuì 甜睡 7-978B
tiānshuǐbì 天水碧 2-1408A
tiānsī 天思 2-1424B
tiānsī 天絲 2-1440B
tiānsì 天食 2-1425B
tiānsì 天駟 2-1445B
tiánsǐ 填死 2-1168A
tiǎnsī 忝私 7-430B
tiánsīsī 甜絲絲 7-978B
tiánsòng 田訟 7-1278A
tiánsǒu 田叟 7-1275B
tiānsù 天素 2-1428A
tiánsū 田蘇 7-1281B
tiánsú 甜俗 7-978A
tiánsù 恬素 7-521B
tiánsù 填嗉 2-1170B
tiānsuàn 天筭 2-1441B
tiānsuàn 天算 2-1444A
tiánsuānkǔlà 甜酸苦辣
7-978B
tiānsuí 天隨 2-1445A
tiānsuì 天邃 2-1450A
tiānsuírényuàn 天隨人願
2-1445A
tiānsuízǐ 天隨子 2-1445A
tiānsùmǎjiāo 天粟馬角
2-1437B
tiānsūn 天孫 2-1432B
tiānsǔn 天損 2-1441A
tiānsuō 天梭 2-1433B
tiāntādìxiàn 天塌地陷
2-1440B
tiāntāi 天台 2-1411B
tiāntái 天臺 2-1443A
tiántài 恬泰 7-521B
tiāntāinǚ 天台女 2-1412A
tiāntāishān 天台山 2-1411B
tiāntāizōng 天台宗 2-1412A
tiāntān 舚䑙 8-1085B
tiāntán 天壇 2-1447B
tiántán 恬倓 7-521B
tiǎntàn 舔舕 8-1088B
tiàntàn 蚺蜒 8-876A
tiàntàn 舑舕 8-1085B
tiāntáng 天堂 2-1433B
tiántǎng 田躺 7-1280B
tiāntāo 天弢 2-1423A
tiāntǎo 天討 2-1431A
tiāntī 天梯 2-1433B
tiāntī 添梯 5-1340B
tiāntǐ 天體 2-1453B
tiántì 填替 2-1169B
tiāntiān 天天 2-1407B
tiāntián 天田 2-1410B
tiāntiàn 舚舑 8-1088B
tiántián 輷輷 9-1281A
tiántián 嗔嗔 3-459A
tiántián 滇滇 6-6B
tiántián 顛顛 12-351A
tiántián 甸甸 7-1303A
tiántián 軥軥 9-1280B
tiántián 田田 7-1271B
tiántián 沺沺 5-1072B
tiántián 湉湉 5-1517A
tiántián 填填 2-1170A
tiántián 寘寘 8-457A
tiántián 闐闐 12-145A
tiàntiàn 舑舑 8-1085B
tiàntiàn 栝栝 4-1073A
tiāntiáo 天條 2-1430B
tiántiē 填帖 2-1168B
tiāntīng 天聽 2-1453B
tiāntíng 天廷 2-1414A
tiāntíng 天庭 2-1426A
tiāntǐng 天挺 2-1423B
tiāntǒng 天統 2-1440B
tiántóng 田僮 7-1279B
tiāntóngsì 天童寺 2-1439A
tiāntóu 天頭 2-1448A
tiántóu 鈿頭 11-1232A
tiántóu 田頭 7-1280B
tiántóu 甜頭 7-979A
tiāntū 天突 2-1427A
tiántǔ 田土 7-1270B
tiǎntuǎn 町疃 7-1302B
tiǎntuǎn 町畽 7-1302B
tiántuì 恬退 7-521B
tiānwài 天外 2-1411A
tiānwǎn 天宛 2-1422B
tiānwáng 天亡 2-1406B
tiānwáng 天王 2-1407B
tiānwǎng 天網 2-1445B

tiānwàng 天望 2-1435B
tiānwǎnghuīhuī 天網恢恢 2-1445B
tiānwǎnghuīhuī··· 天網恢恢，疏而不漏 2-1445B
tiānwánglǎozi 天王老子 2-1407B
tiānwángtáng 天王堂 2-1407B
tiānwángxīng 天王星 2-1407B
tiānwēi 天威 2-1424A
tiānwéi 天維 2-1445B
tiānwéi 天闈 2-1450A
tiānwèi 天位 2-1417B
tiānwèi 天味 2-1419B
tiánwěi 填委 2-1168B
tiánwěi 闐委 12-144B
tiānwén 天文 2-1408B
tiānwèn 天問 2-1436B
tiānwéndānwèi 天文單位 2-1409A
tiánwénfàn 田文飯 7-1271A
tiānwēng 天翁 2-1431A
tiánwēng 田翁 7-1276B
tiānwénguǎn 天文館 2-1409A
tiánwēngyělǎo 田翁野老 7-1276B
tiānwénshēng 天文生 2-1409A
tiānwénshùzi 天文數字 2-1409A
tiānwéntái 天文臺 2-1409A
tiānwénwàngyuǎnjìng 天文望遠鏡 2-1409A
tiānwénxué 天文學 2-1409A
tiānwényuàn 天文院 2-1409A
tiānwénzhōng 天文鐘 2-1409A
tiánwō 鈿窩 11-1232A
tiánwò 恬臥 7-521B
tiánwòwò 甜沃沃 7-977B
tiānwú 天吳 2-1416B
tiānwù 天物 2-1420A
tiánwū 填汙 2-1168A
tiánwù 甜物 7-978A
tiǎnwū 忝污 7-430B
tiānwú'èrrì 天無二日 2-1437B
tiānwújuérénzhīlù 天無絕人之路 2-1438A
tiānxī 天錫 2-1448B
tiānxǐ 天喜 2-1436B
tiānxǐ 天璽 2-1451B
tiānxì 天郄 2-1420B
tiānxì 天隙 2-1442B
tiánxī 恬熙 7-522B
tiánxī 恬嬉 7-523A
tiánxì 田餼 7-1281A
tiǎnxī 殄息 5-157A
tiǎnxī 殄熄 5-157A
tiǎnxí 銛襲 11-1266B
tiǎnxǐ 腆洗 6-1331B
tiānxiā 天蝦 2-1446A
tiānxià 天下 2-1405A
tiānxiàdàluàn 天下大亂 2-1405B
tiānxiàdìyīguān 天下第一關 2-1405B
tiānxiàjí 天下脊 2-1405B
tiānxiàmòdí 天下莫敵 2-1405B
tiānxiàmǔ 天下母 2-1405B
tiānxiān 天仙 2-1411A
tiānxián 天閑 2-1440B
tiānxiǎn 天險 2-1447A
tiānxiǎn 天嶮 2-1448B
tiānxiǎn 天顯 2-1453B
tiānxiàn 天陷 2-1432B
tiānxiàn 天綫 2-1445A
tiānxiàn 天憲 2-1449A
tiānxiàn 添線 5-1341A
tiánxiàn 填限 2-1169A
tiánxiàn 填陷 2-1169B
tiánxiàn 填餡 2-1171B
tiǎnxiǎn ⿰𧾷典跣 10-499B
tiānxiāng 天香 2-1425A
tiānxiāng 添箱 5-1341A
tiānxiáng 天祥 2-1432A
tiānxiàng 天相 2-1424A
tiānxiàng 天象 2-1435A
tiánxiāng 甜香 7-978A
tiánxiāng 甜鄉 7-978B
tiānxiāngguósè 天香國色 2-1425A
tiānxiānguǒ 天仙果 2-1411A
tiānxiàngyí 天象儀 2-1435A
tiánxiāngyī 田相衣 7-1275A
tiānxiānpèi 天仙配 2-1411A
tiānxiānzǐ 天仙子 2-1411A
tiānxiāo 天霄 2-1446A
tiānxiào 天笑 2-1430B
tiānxiǎode 天曉得 2-1448A
tiānxiàshì 天下士 2-1405B
tiānxiàtàipíng 天下太平 2-1405B
tiānxiàwéigōng 天下爲公 2-1406A
tiānxiàwúdí 天下無敵 2-1405B
tiānxiàwúnánshì··· 天下無難事，只怕有心人 2-1406A
tiānxiàwúshuāng 天下無雙 2-1406A
tiānxiàwūyā··· 天下烏鴉一般黑 2-1405B
tiānxiàxīngwáng··· 天下興亡，匹夫有責 2-1406A
tiānxiàyījiā 天下一家 2-1405B
tiānxiè 天械 2-1433B
tiánxiě 填寫 2-1171A
tiánxiè 填謝 2-1172A
tiánxiéjìngwà 甜鞋淨襪 7-979A
tiānxīn 天心 2-1409B
tiánxīn 甜心 7-977A
tiānxīng 天星 2-1424B
tiānxíng 天刑 2-1412A
tiānxíng 天行 2-1414A
tiānxíng 天形 2-1416A
tiānxìng 天幸 2-1419A
tiānxìng 天性 2-1422A
tiǎnxìng 忝幸 7-430B
tiānxíngbìng 天行病 2-1414B
tiānxíngshíqì 天行時氣 2-1414A
tiānxíngzhènghòu 天行症候 2-1414B
tiānxíngzhènghòu 天行證候 2-1414B
tiānxiōng 天兄 2-1410B
tiānxióng 天雄 2-1437B
tiānxiū 天休 2-1414A
tiānxiū 天庥 2-1426A
tiānxū 天墟 2-1443A
tiānxù 天序 2-1417B
tiānxù 天敘 2-1425B
tiānxù 天緒 2-1445A
tiánxū 恬虛 7-522A
tiánxù 田洫 7-1275B
tiánxù 田畜 7-1277A
tiānxuàn 天旋 2-1435B
tiǎnxuàn ⿰目面眩 7-1235A
tiānxuándìgé 天懸地隔 2-1452B
tiānxuándìzhuàn 天旋地轉 2-1435B
tiǎnxuànyào ⿰目面眩藥 7-1235A
tiānxuē 添削 5-1339B
tiánxuě 甜雪 7-978B
tiānxún 天潯 2-1447A
tiānyá 天涯 2-1436A
tiányā 填鴨 2-1171B
tiányǎ 恬雅 7-522A
tiānyábǐlín 天涯比鄰 2-1436A
tiānyádìjiǎo 天涯地角 2-1436A
tiānyáhǎijiǎo 天涯海角 2-1436A
tiānyān 天閹 2-1449A
tiānyán 天顏 2-1451A
tiānyǎn 天眼 2-1434A
tiānyǎn 天演 2-1444B
tiānyàn 天厭 2-1443B
tiányán 甜言 7-977B
tiányàn 填咽 2-1169A
tiǎnyán 倎顏 7-597B
tiǎnyán 忝顏 7-430B
tiǎnyán 腆顏 6-1331B
tiǎnyán 覥顏 10-339A
tiǎnyán 靦顏 12-392A
tiānyāng 天殃 2-1424B
tiānyáng 天羊 2-1415A
tiānyáng 天陽 2-1436B
tiānyǎng 天養 2-1444B
tiányáng 田垟 7-1275A
tiányáng 田洋 7-1275B
tiányǎng 恬養 7-523A
tiǎnyǎng 腆養 6-1331B
tiānyǎnkāi 天眼開 2-1434A
tiányánměiyǔ 甜言美語 7-977B
tiányánmèiyǔ 甜言媚語 7-977B
tiányánmìyǔ 甜言蜜語 7-977B
tiányánróushé 恬言柔舌 7-521A
tiányánruǎnyǔ 甜言軟語 7-977B
tiǎnyánshìchóu 靦顏事仇 12-392A
tiānyǎntōng 天眼通 2-1434A
tiānyánzhuócù 添鹽着醋 5-1341A
tiānyāo 天夭 2-1408B
tiānyāo 天妖 2-1418A
tiānyāo 天祅 2-1422B
tiānyáodìdòng 天搖地動 2-1441A
tiányāshì 填鴨式 2-1171B
tiānyé 天爺 2-1438B
tiānyě 天野 2-1434A
tiānyè 天業 2-1441A
tiányē 填噎 2-1171A
tiányē 闐噎 12-145A
tiányě 田墅 7-1279B
tiányě 田埜 7-1277B
tiányě 田野 7-1277B
tiányě 田壄 7-1280B
tiányè 嗔咽 3-458B
tiányè 田業 7-1279A
tiányè 闐咽 12-144B
tiányèjú 甜葉菊 7-978B
tiānyī 天一 2-1404A
tiānyī 天衣 2-1414B
tiānyī 天揖 2-1436B
tiānyī 天醫 2-1450B
tiānyí 天宜 2-1422A
tiānyí 天儀 2-1446B
tiānyí 天彝 2-1449B
tiānyí 天彞 2-1451A
tiānyǐ 天乙 2-1404A
tiānyì 天邑 2-1417A
tiānyì 天逸 2-1435A
tiānyì 天意 2-1442B
tiányī 田衣 7-1272B
tiányí 恬夷 7-521A
tiányì 甸役 7-1303A
tiányì 田弋 7-1270B
tiányì 田役 7-1273A
tiányì 田邑 7-1273A
tiányì 恬逸 7-522A
tiányì 畋弋 7-1315B
tiányì 填溢 2-1170B
tiányì 闐溢 12-145A
tiǎnyí 殄夷 5-157A
tiǎnyì 殄殪 5-157B
tiānyīgé 天一閣 2-1404A
tiānyīn 天姻 2-1427B

tiānyīn 天陰 2-1432B
tiānyīn 天闉 2-1450A
tiānyín 天垠 2-1423B
tiānyǐn 天隱 2-1449B
tiānyìn 天胤 2-1425B
tiānyìn 天廕 2-1442B
tiányǐn 填引 2-1168A
tiānyīng 天英 2-1419A
tiānyíng 天營 2-1449A
tiānyìng 天應 2-1450A
tiányīng 鈿瓔 11-1232B
tiányīng 填膺 2-1172A
tiányíng 填盈 2-1169A
tiānyīwúfèng 天衣無縫 2-1415A
tiányōng 闐擁 12-145A
tiányǒng 填湧 2-1170A
tiānyōu 天憂 2-1446A
tiānyóu 天游 2-1439B
tiānyóu 天遊 2-1439A
tiānyòu 天佑 2-1417A
tiānyòu 天祐 2-1427A
tiányóu 田游 7-1278B
tiányóu 田遊 7-1278B
tiányóu 畋游 7-1316A
tiányóu 畋遊 7-1316A
tiānyǒu 㮇栖 4-1073A
tiānyǒubùcèfēngyún 天有不測風雲 2-1413A
tiānyóuchìxīn 添油熾薪 5-1339B
tiānyóujiācù 添油加醋 5-1339B
tiānyòuqízhōng 天誘其衷 2-1444A
tiányóuzi 田油子 7-1274B
tiānyú 天隅 2-1436B
tiānyǔ 天宇 2-1415A
tiānyǔ 天雨 2-1419B
tiānyǔ 天庾 2-1435A
tiānyǔ 天語 2-1444A
tiānyǔ 天寓 2-1439B
tiānyù 天獄 2-1444A
tiānyù 天鸒 2-1453B
tiányū 填淤 2-1169B
tiányú 佃漁 1-1242B
tiányú 田漁 7-1280A
tiányú 恬娛 7-522A
tiányú 恬愉 7-522B
tiányú 畋敘 7-1316A
tiányú 畋漁 7-1316A
tiányù 恬裕 7-522B
tiányù 填閼 2-1171B
tiānyú 忝踰 7-430B
tiānyuān 天淵 2-1439B
tiānyuán 天元 2-1407B
tiānyuán 天緣 2-1447B
tiānyuàn 天苑 2-1419A
tiānyuàn 天怨 2-1425B
tiānyuàn 天媛 2-1440B
tiányuán 田原 7-1276A
tiányuán 田園 7-1279A
tiányuānduì 甜寃對 7-978B
tiányuánshī 田園詩 7-1279A
tiānyuānzhībié 天淵之别 2-1439B
tiānyuè 天樂 2-1447B
tiānyuè 天鑰 2-1454A
tiānyuè 天鉞 2-1442A
tiānyuè 天籥 2-1453B
tiányuè 田月 7-1271A
tiānyuè 忝越 7-430B
tiānyún 天雲 2-1437B
tiānyùn 天運 2-1439B
tiānyùn 天韻 2-1452A
tiānyǔrénguī 天與人歸 2-1441B
tiānyǔsù 天雨粟 2-1419B
tiánzā 填扎 2-1168A
tiānzāi 天災 2-1418B
tiānzāi 天栽 2-1428B
tiānzāi 天菑 2-1433B
tiānzǎi 天宰 2-1432A
tiānzài 天縡 2-1449B
tiánzǎi 田仔 7-1272A
tiānzāidìbiàn 天災地變 2-1418B
tiānzāidìyāo 天災地妖 2-1418B
tiānzāirénhuò 天災人禍 2-1418B
tiānzàn 天贊 2-1451B
tiānzàng 天藏 2-1449B
tiānzàng 天葬 2-1437A
tiānzǎo 天藻 2-1451B
tiānzào 天造 2-1430A
tiānzào 天竈 2-1453A
tiánzào 填造 2-1169B
tiānzàocǎomèi 天造草昧 2-1430A
tiānzàodìshè 天造地設 2-1430A
tiānzé 天則 2-1424B
tiānzé 天擇 2-1447B
tiānzé 天澤 2-1449A
tiánzé 田則 7-1275B
tiánzé 田澤 7-1281A
tiánzé 填笮 2-1169B
tiānzéi 天賊 2-1441B
tiānzēng 添增 5-1341A
tiǎnzèng 腆贈 6-1331B
tiānzhāi 天齋 2-1450A
tiánzhái 田宅 7-1272B
tiánzhài 填債 2-1170B
tiānzhǎn 添展 5-1340B
tiānzhāng 天章 2-1435B
tiānzhàng 天仗 2-1411A
tiānzhānggé 天章閣 2-1435B
tiānzhào 天詔 2-1438B
tiánzhě 田者 7-1273B
tiānzhēn 天珍 2-1423B
tiānzhēn 天真 2-1429A
tiānzhèn 天陳 2-1432B
tiānzhèn 天陣 2-1427B
tiānzhēng 天征 2-1420B
tiānzhēng 天正 2-1409B
tiānzhèng 天政 2-1423B
tiánzhèng 田正 7-1271B
tiānzhèngjié 天正節 2-1409B
tiānzhēnlànmàn 天真爛漫 2-1429A
tiānzhēnlànmàn 天真爛熳 2-1429A
tiānzhī 天枝 2-1419A
tiānzhí 天植 2-1437A
tiānzhí 天職 2-1450A
tiānzhǐ 天旨 2-1414B
tiānzhǐ 天祉 2-1422B
tiānzhǐ 天咫 2-1427B
tiānzhì 天至 2-1413B
tiānzhì 天志 2-1416A
tiānzhì 天秩 2-1430A
tiānzhì 天袠 2-1435A
tiānzhì 天智 2-1438A
tiānzhì 天質 2-1446B
tiānzhì 天袟 2-1434B
tiānzhì 添置 5-1340B
tiánzhí 田殖 7-1278A
tiánzhí 田墌 7-1279B
tiánzhì 田制 7-1273B
tiánzhì 田秩 7-1276B
tiánzhì 田彘 7-1278B
tiánzhì 田稺 7-1280B
tiánzhì 田穉 7-1281A
tiánzhì 填置 2-1170B
tiǎnzhí 忝職 7-430B
tiānzhīdao 天知道 2-1419B
tiānzhījiāozǐ 天之驕子 2-1406B
tiānzhījiāyè 添枝加葉 5-1339B
tiānzhījiēyè 添枝接葉 5-1339B
tiānzhīlùmín 天之僇民 2-1406B
tiānzhīlùmín 天之戮民 2-1406B
tiānzhītiān 天之天 2-1406B
tiānzhīzēngyè 添枝增葉 5-1339B
tiānzhōng 天中 2-1408A
tiānzhōng 天衷 2-1431B
tiānzhōng 天鍾 2-1450A
tiānzhōng 天鐘 2-1452B
tiánzhōng 田中 7-1270B
tiánzhòng 田種 7-1279B
tiānzhōngjié 天中節 2-1408A
tiánzhōngnǚ 田中女 7-1270B
tiānzhōngtiān 天中天 2-1408A
tiānzhōngzhīshān 天中之山 2-1408A
tiānzhōngzhīyuè 天中之岳 2-1408A
tiānzhǒu 天帚 2-1423A
tiānzhū 天誅 2-1442A
tiānzhú 天竹 2-1414A
tiānzhú 天竺 2-1420A
tiānzhú 天燭 2-1450A
tiānzhǔ 天主 2-1411B
tiānzhǔ 天矚 2-1454B
tiānzhù 天助 2-1417A
tiānzhù 天柱 2-1424A
tiānzhù 添註 5-1340B
tiánzhú 田燭 7-1281A
tiánzhǔ 田主 7-1272A
tiánzhuàn 填篆 2-1171A
tiānzhuāng 天莊 2-1429A
tiānzhuāng 添妝 5-1339B
tiānzhuāng 添粧 5-1340B
tiánzhuāng 田莊 7-1276A
tiānzhuānjiāwǎ 添磚加瓦 5-1341A
tiānzhūdìmiè 天誅地滅 2-1442A
tiānzhǔguó 天主國 2-1411B
tiānzhuì 殄墜 5-157A
tiānzhǔjiào 天主教 2-1411B
tiānzhuō 天拙 2-1419A
tiānzhuó 天茁 2-1419A
tiǎnzhuó 淟濁 5-1380B
tiānzhǔtáng 天主堂 2-1411B
tiánzhǔzi 田主子 7-1272A
tiānzī 天姿 2-1426A
tiānzī 天資 2-1442B
tiānzī 天憒 2-1449A
tiānzǐ 天子 2-1406B
tiánzī 田貲 7-1279A
tiánzǐ 田子 7-1270B
tiānzìdìyīhào 天字第一號 2-1415B
tiānzǐfēi 天子妃 2-1406B
tiānzīguósè 天姿國色 2-1426B
tiānzǐménshēng 天子門生 2-1406B
tiánzìmí 填字謎 2-1168B
tiānzǐmó 天子魔 2-1407A
tiānzǐqì 天子氣 2-1407A
tiānzìyīhào 天字一號 2-1415B
tiánzīzī 甜滋滋 7-978B
tiānzōng 天宗 2-1422A
tiānzòng 天從 2-1435A
tiānzòng 天縱 2-1450A
tiánzǒng 填總 2-1172A
tiánzōu 田騶 7-1281B
tiānzú 天足 2-1417A
tiānzú 天族 2-1435B
tiānzǔ 天阻 2-1418A
tiánzū 田租 7-1276B
tiánzú 田卒 7-1274B
tiánzǔ 田祖 7-1276A
tiānzuì 天醉 2-1446A
tiánzuǐmìshé 甜嘴蜜舌 7-979B
tiānzūn 天尊 2-1439A
tiānzuò 天作 2-1417A
tiānzuò 天祚 2-1427B
tiānzuò 天座 2-1431B
tiánzuò 佃作 1-1242B
tiánzuò 田作 7-1273A
tiǎnzuò 靦怍 12-391B
tiānzuònìè…

天作孽，猶可違，自作孽，不可逭 2-1417B
tiānzuòniè… 天作孽，猶可違，自作孽，不可活 2-1417B
tiānzuòzhīhé 天作之合 2-1417B
tiáo'ài 調譺 11-313B
tiáo'àn 調按 11-302B
tiáo'àn 條案 1-1484B
tiáobǎ 筲把 8-1132B
tiáobái 調白 11-298B
tiáobái 條白 1-1480B
tiáobǎi 調擺 11-312B
tiàobái 跳白 10-465A
tiàobáiguǒ 跳白果 10-465A
tiàobáisuǒ 跳白索 10-465A
tiàobǎisuǒ 跳百索 10-465A
tiáobǎixì 調百戲 11-299B
tiáobǎixì 調百戲 11-299B
tiàobān 跳班 10-466B
tiàobǎn 跳板 10-465B
tiàobǎn 跳版 10-465B
tiàobāng 跳幫 10-469B
tiāobāo 挑包 6-569A
tiàobàolǎo 跳鮑老 10-469B
tiáobǎxì 調把戲 11-300B
tiāobēng 祧祊 7-915A
tiàobèng 跳迸 10-466A
tiàobèng 跳蹦 10-470A
tiāobǐ 桃匕 4-978B
tiáobǐ 條比 1-1480A
tiáobì 調詖 11-308A
tiáobiān 條鞭 1-1488A
tiáobiàn 條辨 1-1488A
tiáobiàn 條辯 1-1488B
tiáobiàn 髫辮 12-738B
tiàobiān 跳邊 10-470A
tiáobiānfǎ 條鞭法 1-1488A
tiáobié 條別 1-1481A
tiāobīng 挑兵 6-569B
tiáobīng 調兵 11-300B
tiáobīng 條冰 1-1481A
tiǎobìntóu 挑鬢頭 6-572B
tiāobó 佻薄 1-1340B
tiáobō 調撥 11-310A
tiáobō 條播 1-1487B
tiáobó 條駁 1-1487A
tiǎobō 挑撥 6-571B
tiàobō 跳波 10-466A
tiàobó 跳博 10-467B
tiàobó 跳踄 10-468A
tiǎobōlíjiàn 挑撥離間 6-571B
tiāobǔ 挑補 6-571A
tiáobǔ 調補 11-308A
tiǎobǔ 挑補 6-571A
tiàobùzhá 跳布札 10-465A
tiǎocài 挑菜 6-570A
tiǎocàijié 挑菜節 6-570B
tiàocáishén 跳財神 10-466B
tiāocáng 祧藏 7-915A
tiàocáo 挑槽 6-571B
tiàocáo 跳槽 10-468B
tiǎocè 朓側 6-1247B
tiáochá 調茶 11-302B
tiáochán 蜩蟬 8-920A
tiáochàn 調懺 11-313A
tiáochǎng 條袒 1-1483A
tiáochàng 調暢 11-309B
tiáochàng 條鬯 1-1484A
tiáochàng 條暢 1-1487A
tiàochǎng 跳場 10-467B
tiǎocháwòcì 挑茶斡刺 6-570A
tiáochén 條陳 1-1484B
tiáochèn 髫齔 12-738B
tiáochèn 髫齓 12-738B
tiáochèn 齠齔 12-1452B
tiáochèn 齠齓 12-1452B
tiáochéng 條呈 1-1481A
tiáochí 調匙 11-306A
tiáochǐ 髫齒 12-738B
tiáochǐ 齠齒 12-1452B
tiǎochì 挑飭 6-571A
tiàochóng 跳蟲 10-470A
tiáochū 髫初 12-738A
tiáochǔ 調處 11-305B
tiáochǔ 條處 1-1485A
tiàochū 跳出 10-465A
tiáochún 調脣 11-305B
tiáochúnnòngshé 調脣弄舌 11-304A
tiáochúnnòngshé 調脣弄舌 11-305B
tiāocì 挑刺 6-569B
tiáocí 調詞 11-308A
tiáocí 調辭 11-313A
tiáocì 調刺 11-301B
tiáocì 條次 1-1481A
tiáocì 條刺 1-1482B
tiáocíjiàsòng 調詞架訟 11-308A
tiàocù 跳蹙 10-470A
tiāocuō 挑撮 6-571A
tiáodá 調達 11-307A
tiáodá 條荅 1-1486A
tiáodá 條達 1-1486A
tiàodā 跳搭 10-467B
tiàodàhuā 跳大花 10-464A
tiāodàliáng 挑大梁 6-569A
tiāodān 挑擔 6-571B
tiáodàn 調啖 11-306A
tiàodàn 跳彈 10-469A
tiāodàng 佻宕 1-1340A
tiāodàng 佻蕩 1-1340B
tiàodàng 跳蕩 10-468B
tiàodàng 跳盪 10-469B
tiāodànzi 挑擔子 6-572A
tiàodāo 跳刀 10-464A
tiàodàohuánghé… 跳到黃河也洗不清 10-465B
tiàodàshén 跳大神 10-464A
tiáodé 調得 11-306B
tiāodélánlǐ… 挑得籃裏便是菜 6-570B
tiáodèng 條凳 1-1487B
tiǎodēng 挑燈 6-572A
tiàodēng 跳蹬 10-470B
tiàodèng 跳磴 10-469B
tiáodí 調笛 11-306A
tiáodì 遒遰 10-952B
tiáodì 苕遞 9-358B
tiáodì 蓨遞 9-454B
tiáodì 岧嵽 3-812B
tiáodì 迢递 10-767B
tiáodì 迢遆 10-767B
tiáodì 迢遞 10-767B
tiáodì 迢遰 10-768A
tiáodì 條遞 1-1486B
tiǎodí 挑敵 6-571B
tiáodié 掤揲 6-697A
tiáodié 調疊 11-313B
tiáodié 條牒 1-1486B
tiáodié 齠耋 12-1452B
tiáodǐng 調鼎 11-307A
tiáodìng 條定 1-1482B
tiáodǐngshǒu 調鼎手 11-307A
tiǎodòng 挑動 6-570B
tiàodòng 跳動 10-467A
tiáodòu 調逗 11-304A
tiáodòu 調鬬 11-314A
tiǎodòu 挑逗 6-570A
tiǎodòu 挑鬬 6-572B
tiáodù 調度 11-303A
tiàodú 跳讀 10-470B
tiáoduān 條端 1-1487B
tiáoduàn 迢斷 10-768A
tiáoduàn 條段 1-1483A
tiàoduān 跳端 10-468B
tiáoduì 條對 1-1487A
tiáoduìzǐ 調隊子 11-306B
tiáoduǒ 髫鬌 12-738B
tiáo'ér 調胹 11-304B
tiáo'ér 髫兒 12-738B
tiǎo'ěr 挑耳 6-569A
tiào'èrshén 跳二神 10-464A
tiáo'ertáng 條兒糖 1-1482B
tiáofā 調發 11-308B
tiáofǎ 調法 11-302A
tiáofǎ 條法 1-1482B
tiáofà 髫髮 12-738B
tiáofà 齠髮 12-1452B
tiǎofā 挑發 6-571A
tiáofàn 調犯 11-299A
tiáofàn 調泛 11-301A
tiáofàn 調販 11-306A
tiáofàn 蜩范 8-919B
tiǎofàn 挑泛 6-569B
tiàofángzi 跳房子 10-466A
tiáofèi 蜩沸 8-919B
tiāoféijiǎnshòu 挑肥揀瘦 6-569B
tiáofēn 條分 1-1480A
tiáofěn 調粉 11-305A
tiáofēng 調風 11-303A
tiáofēng 條風 1-1483A
tiáofēng 條峯 1-1483B
tiàofēng 跳風 10-466A
tiáofēngbiànsú 調風變俗 11-303A
tiáofēngnòngyuè 調風弄月 11-303A
tiáofēngtiēguài 調風貼怪 11-303A
tiáofēngyuè 調風月 11-303A
tiáofēnjiéjiě 條分節解 1-1480A
tiáofēnlǚxī 條分縷析 1-1480A
tiāofū 挑夫 6-569A
tiāofú 佻浮 1-1340A
tiáofú 調伏 11-300A
tiáofú 調服 11-302A
tiáofú 調幅 11-307B
tiáofú 條幅 1-1486A
tiáofǔ 調撫 11-310A
tiàofú 跳浮 10-467A
tiáogàn 條幹 1-1486B
tiáogàn 條榦 1-1487A
tiáogāng 條綱 1-1487B
tiàogāo 跳高 10-466B
tiáogé 條格 1-1483B
tiáogé 絛革 1-1691A
tiǎogē 嬥歌 4-422A
tiàogē 跳歌 10-468A
tiáogēng 調羹 11-313A
tiáogēng 蜩羹 8-920B
tiáogēngdǐng 調羹鼎 11-313B
tiáogōng 調弓 11-298A
tiàogōng 跳攻 10-465B
tiáogǔ 調鵠 11-313A
tiáogǔ 條谷 1-1481B
tiáoguàn 條貫 1-1485B
tiáoguàn 髫冠 12-738B
tiáoguàn 髫丱 12-738A
tiáoguàn 齠丱 12-1452B
tiáoguànbùfēn 條貫部分 1-1485B
tiáoguāng 調光 11-299B
tiāoguǐ 佻詭 1-1340B
tiáoguī 條規 1-1485A
tiáoguǐ 調鬼 11-303A
tiáoguì 條櫃 1-1488A
tiàoguǐ 跳鬼 10-466A
tiàoguì 跳蹶 10-470A
tiáohàn 調翰 11-311A
tiàoháng 跳行 10-465A
tiàoháo 跳號 10-468A
tiáohé 調合 11-300A
tiáohé 調和 11-301B
tiáohé 調盉 11-304B
tiáohé 條翮 1-1487B
tiáohè 調鶴 11-313B
tiàohé 跳河 10-466A
tiáohédǐngnài 調和鼎鼐 11-302A
tiāohèng 佻横 1-1340B
tiáohéyīnyáng 調和陰陽 11-302A
tiáohǒng 調哄 11-302B
tiáohóu 調喉 11-307A

tiáohóu 條侯 1-1483A
tiáohóushé 調喉舌 11-307A
tiáohù 調護 11-313B
tiáohuá 調滑 11-308A
tiáohuá 苕華 9-358B
tiáohuà 調化 11-298B
tiáohuà 調畫 11-308A
tiáohuà 條華 1-1483B
tiáohuà 條畫 1-1486B
tiǎohuā 挑花 6-569B
tiàohuā 跳花 10-465B
tiáohuáng 調簧 11-312B
tiàohuángpǔ 跳黄浦 10-467A
tiáohuì 條彙 1-1487A
tiáohuì 條會 1-1486B
tiáohuīchāo 調灰抄 11-299B
tiàohuīlǘ 跳灰驢 10-465A
tiáohuò 銚慴 11-1270B
tiǎohuò 窕貨 8-444A
tiàohǔshén 跳虎神 10-465B
tiāojí 佻急 1-1340A
tiáojī 調譏 11-313A
tiáojī 條几 1-1479B
tiáojī 笤箕 8-1132B
tiáojī 髫羈 12-739A
tiáojí 調疾 11-305A
tiáojí 調輯 11-311A
tiáojí 條集 1-1486A
tiáojí 條籍 1-1488A
tiáojì 調劑 11-312A
tiáojì 調濟 11-312B
tiáojì 調齊 11-309B
tiáojì 條記 1-1484A
tiáojì 髫髻 12-738B
tiǎojī 挑激 6-572A
tiàojī 跳機 10-469A
tiàojī 跳激 10-469B
tiàojí 跳級 10-466B
tiáojiǎ 蜩甲 8-919B
tiàojiāguān 跳加官 10-465A
tiāojiǎn 挑揀 6-570B
tiāojiǎn 挑檢 6-572A
tiáojiān 調姦 11-303B
tiáojiān 條菅 1-1485A
tiáojiǎn 調蹇 11-312B
tiáojiǎn 條檢 1-1488A
tiáojiàn 條件 1-1480B
tiàojiàn 跳劍 10-469A
tiáojiàncìjī 條件刺激 1-1481A
tiáojiànfǎnshè 條件反射 1-1481A
tiǎojiāng 跳疆 10-470B
tiāojiǎo 佻姣 1-1340A
tiāojiǎo 佻狡 1-1340A
tiāojiǎo 挑脚 6-570B
tiáojiǎo 調角 11-301A
tiáojiào 調教 11-305B
tiáojiào 條教 1-1485A
tiàojiǎo 跳脚 10-467A
tiāojiǎohàn 挑腳漢 6-571A
tiàojiǎowǔ 跳脚舞 10-467A
tiāojié 佻捷 1-1340A
tiáojiē 調揭 11-307A
tiáojiē 條揭 1-1485B
tiáojié 調節 11-309A
tiáojié 條詰 1-1486B
tiáojiě 調解 11-309A
tiáojiězhīpī 條解支劈 1-1486B
tiàojīmó 跳雞模 10-470A
tiáojìn 條進 1-1485A
tiáojìn 條禁 1-1486B
tiāojīng 挑精 6-571A
tiáojīng 調經 11-309A
tiàojǐng 跳井 10-464B
tiāojīngjiǎnféi 挑精揀肥 6-571A
tiàojìnhuánghé… 跳進黄河也洗不清 10-467A
tiáojiù 調救 11-305B
tiáojiǔdǐng 調九鼎 11-298A
tiáojǔ 條舉 1-1488A
tiáojù 條具 1-1482A
tiáojù 條據 1-1487B
tiāojué 挑抉 6-569B
tiáojué 條決 1-1481B
tiáojūn 調均 11-300B
tiǎojùn 挑浚 6-570A
tiǎojùn 挑濬 6-572A
tiáokǎn 調侃 11-302A
tiáokē 條柯 1-1482B
tiáokē 條科 1-1483A
tiàokōng 跳空 10-466A
tiáokǒu 調口 11-298A
tiáokuǎn 條款 1-1485B
tiàolǎma 跳喇嘛 10-468A
tiàolán 跳欄 10-470B
tiàolǎn 眺覽 7-1203B
tiàolǎn 頫覽 12-291A
tiáoláng 蜩蜋 8-920A
tiàolàng 跳浪 10-467A
tiáolè 鋚勒 11-1301A
tiāolì 挑力 6-568B
tiáolí 笤籬 8-1132B
tiáolǐ 調理 11-305A
tiáolǐ 條理 1-1485A
tiáolì 調利 11-300B
tiáolì 調曆 11-311A
tiáolì 條例 1-1482A
tiáoliàn 調練 11-310B
tiáoliàn 調鍊 11-312B
tiáoliáng 調良 11-301A
tiáoliáng 蜩梁 8-919B
tiàoliáng 跳梁 10-467B
tiàoliáng 跳踉 10-468B
tiáoliángwěnfàn 調良穩泛 11-301A
tiàoliángxiǎochǒu 跳梁小丑 10-467B
tiáoliáo 蜩蟟 8-920B
tiáoliào 調料 11-305A
tiáoliè 條列 1-1480B
tiàolín 跳鱗 10-470B
tiáolíng 髫齡 12-738B
tiáolíng 齠齡 12-1453A
tiáolíng 鰷鯪 12-469B
tiáolǐng 條領 1-1487B
tiáolìng 條令 1-1480B
tiǎolìng 挑凌 6-570A
tiàolípiànmǎ 跳籬騙馬 10-471A
tiáolìsī 條例司 1-1482B
tiáoliú 條流 1-1484A
tiáolǐyīnyáng 調理陰陽 11-305B
tiàolóngmén 跳龍門 10-469B
tiáolù 調露 11-313B
tiàoluán 跳巒 10-470B
tiàoluò 跳落 10-467B
tiáolǚ 條縷 1-1488A
tiáolǜ 調律 11-303A
tiáolǜ 調率 11-306B
tiáolǜ 條律 1-1483A
tiáomǎ 調馬 11-304A
tiàomǎ 跳馬 10-466B
tiáomàn 條蔓 1-1487A
tiàomáoshān 跳茅山 10-465B
tiàomāozi 跳猫子 10-467B
tiāomǎtou 挑碼頭 6-571B
tiáoméi 調梅 11-305B
tiáoméi 條枚 1-1481B
tiáoměi 調美 11-303B
tiáomèi 調媚 11-308A
tiàoménxiàn 跳門限 10-466A
tiáomì 調密 11-306B
tiáomián 蜩蝒 8-920A
tiāomiào 祧廟 7-915A
tiáomiáo 條苗 1-1481B
tiáomiǎo 迢渺 10-767B
tiáomiǎo 迢邈 10-768A
tiáomíliángshuǐ 調糜量水 11-312B
tiáomín 調民 11-299A
tiáomìng 條命 1-1482B
tiǎomíng 挑明 6-569B
tiǎomíng 窕名 8-444A
tiāomiù 佻謬 1-1340B
tiàomò 跳沫 10-466A
tiáomònòngbǐ 調墨弄筆 11-310A
tiáomù 條目 1-1480A
tiáonán 髫男 12-738A
tiáonáo 調猱 11-308A
tiáonáo 調撓 11-310A
tiáonáoniàngdàn 調猱釀旦 11-308A
tiáonián 調年 11-299B
tiáonián 髫年 12-738A
tiáonián 齠年 12-1452B
tiǎoniǎo 窱褭 8-457B
tiáoniè 條枿 1-1486A
tiáoniè 條蘖 1-1488A
tiāonìng 佻佞 1-1340A
tiáonòng 調弄 11-300A
tiǎonòng 挑弄 6-569B
tiàonóng 跳膿 10-469B
tiáonǚ 髫女 12-738A
tiǎonù 朓朒 6-1247B
tiáo'ōu 調謳 11-313A
tiáopái 調排 11-305B
tiáopài 條派 1-1483A
tiáopàn 調判 11-301A
tiáopèi 調配 11-304A
tiáopén 條盆 1-1483A
tiàopēn 跳噴 10-469A
tiáopēng 調烹 11-306B
tiáopí 調皮 11-299A
tiáopí 調脾 11-307B
tiāopí 佻皮 1-1339B
tiǎopí 挑皮 6-569A
tiáopiàn 調騙 11-313A
tiāopiāo 佻剽 1-1340B
tiǎopiě 誂撆 11-187A
tiáopíguǐ 調皮鬼 11-299B
tiáopíhuà 調皮話 11-299B
tiàopíjīn 跳皮筋 10-465A
tiáopín 調頻 11-311A
tiáopǐn 調品 11-303A
tiáopǐn 條品 1-1482B
tiáopíng 調平 11-298B
tiáopínguǎngbō 調頻廣播 11-311B
tiáopínshōuyīnjī 調頻收音機 11-311A
tiàopū 跳撲 10-468B
tiàopǔ 跳蹼 10-470A
tiáoqī 調欺 11-307A
tiáoqí 條祈 1-1482B
tiáoqǐ 齠綺 12-1452B
tiáoqì 調氣 11-304A
tiáoqì 調器 11-311B
tiàoqí 跳棋 10-467B
tiāoqiān 祧遷 7-915A
tiàoqiángmòquān 跳牆驀圈 10-470A
tiāoqiǎo 佻巧 1-1339B
tiáoqiáo 儵鮇 1-1732A
tiáoqiào 調誚 11-309B
tiàoqiáo 跳趫 10-470A
tiāoqiè 佻竊 1-1340B
tiàoqǐlái 跳起來 10-466B
tiáoqín 調琴 11-306B
tiáoqín 條芩 1-1481A
tiāoqīng 佻輕 1-1340B
tiāoqīng 恌輕 7-526A
tiáoqíng 調情 11-306B
tiáoqìng 調磬 11-312A
tiǎoqíng 挑情 6-570B
tiāoqǔ 挑取 6-569B
tiáoqǔ 調曲 11-299B
tiǎoqǔ 挑取 6-569B
tiàoqū 跳驅 10-470B
tiáoquán 調拳 11-305A
tiāoquē 挑缺 6-570A
tiáoqún 條裙 1-1486B
tiāorán 佻然 1-1340B
tiáoráo 苕蕘 9-358B
tiáoráo 鰩䲝 12-469B
tiáorén 調人 11-297B
tiáorèn 調飪 11-307B
tiáorì 齠日 12-1452B
tiáoróng 調融 11-311A
tiáoróng 苕榮 9-358B
tiáoróng 條戎 1-1480B

tiáoróng 條絨 1-1486B
tiáoróng 齠容 12-1452B
tiáoróu 調柔 11-304A
tiáorú 髫孺 12-738B
tiáorù 條褥 1-1487B
tiáorùn 調潤 11-310B
tiāoruò 佻弱 1-1340A
tiáorùyèguàn 條入葉貫 1-1479B
tiǎosàn 挑散 6-571A
tiàosǎn 跳傘 10-468A
tiǎosānbōsì 挑三撥四 6-568B
tiāosāng 條桑 1-1484B
tiáosānhuòsì 調三惑四 11-298A
tiǎosānhuōsì 挑三豁四 6-568B
tiǎosānjiǎnsì 挑三揀四 6-568B
tiǎosānjiǎnsì 挑三檢四 6-568B
tiàosǎntǎ 跳傘塔 10-468A
tiáosānwōsì 調三窩四 11-298A
tiáosānwòsì 調三斡四 11-298A
tiǎosānxiánsì 挑三嫌四 6-568B
tiáosè 調瑟 11-308B
tiáosèbǎn 調色板 11-300A
tiáosēn 條森 1-1486A
tiáoshān 條山 1-1479B
tiáoshàn 調膳 11-311B
tiáoshàn 調饍 11-313B
tiǎoshān 挑山 6-569A
tiáoshàng 條上 1-1479B
tiáoshé 調舌 11-299B
tiáoshè 調攝 11-313B
tiáoshēn 調身 11-301A
tiáoshěn 調審 11-310B
tiàoshén 跳神 10-466A
tiáoshénchàngqíng 調神暢情 11-303B
tiáoshēnfēizú 佻身飛鏃 1-1340A
tiáoshēng 調笙 11-306A
tiáoshēng 調聲 11-312A
tiàoshēng 跳升 10-464B
tiàoshéng 跳繩 10-470B
tiáoshēngxiélǜ 調聲叶律 11-312A
tiáoshénòngchún 調舌弄脣 11-300A
tiāoshī 祧師 7-915A
tiǎoshì 挑試 6-571A
tiáoshī 條施 1-1483A
tiáoshī 條師 1-1484A
tiáoshī 鰷鰤 12-1254B
tiáoshí 調食 11-303A
tiáoshí 條石 1-1480A
tiáoshí 髫時 12-738B
tiáoshì 稠適 8-104A
tiáoshì 調試 11-309A
tiáoshì 調適 11-309B
tiáoshì 條氏 1-1480A
tiáoshì 條式 1-1480B
tiàoshī 跳虱 10-466A
tiàoshí 跳石 10-464B
tiáoshū 調疎 11-308A
tiáoshū 調疏 11-308A
tiáoshū 條書 1-1484B
tiáoshū 條疏 1-1486B
tiáoshú 調熟 11-310B
tiáoshù 條述 1-1482A
tiáoshù 條數 1-1487B
tiàoshǔ 跳鼠 10-468A
tiāoshuài 佻率 1-1340A
tiáoshuǐ 苕水 9-358B
tiàoshuǐ 跳水 10-464B
tiáoshuìcānjūn 調睡參軍 11-308B
tiàoshuǐchí 跳水池 10-464B
tiáoshùn 調順 11-307B
tiáoshuō 調説 11-309B
tiáosī 調絲 11-308B
tiáosīpǐnzhú 調絲品竹 11-308B
tiáosuì 調誶 11-310B
tiáosuì 髫歲 12-738B
tiáosuì 齠歲 12-1452B
tiǎosuì 窕邃 8-444A
tiáosuō 調唆 11-304A
tiǎosuō 挑唆 6-570A
tiàosuǒ 跳索 10-466B
tiāotà 佻健 1-1340A
tiāotà 佻達 1-1340A
tiāotà 佻撻 1-1340B
tiáotǎ 條鰨 1-1488B
tiàotǎ 跳塔 10-467B
tiàotà 跳達 10-467B
tiàotà 跳躂 10-470A
tiàotà 跳撻 10-468B
tiàotà 跳蹋 10-469B
tiàotái 跳臺 10-468A
tiàotǎlúnzhá 跳塔輪鍘 10-467B
tiáotáng 蜩螗 8-920A
tiáotáng 蜩螳 8-920A
tiáotáng'er 條糖兒 1-1488A
tiáotángfèigēng 蜩螗沸羹 8-920A
tiàoténg 跳騰 10-470B
tiāotī 挑剔 6-570A
tiāotī 挑踢 6-571B
tiáotí 岧崹 3-812B
tiǎotī 挑剔 6-570A
tiǎotī 挑踢 6-571B
tiǎotī 挑擿 6-570B
tiáotián 條田 1-1480B
tiàotiān 跳天 10-464B
tiàotiāndēng 跳天燈 10-464B
tiàotiānjuēdì 跳天撅地 10-464B
tiàotiānsuōdì 跳天唆地 10-464B
tiàotiānsuǒdì 跳天索地 10-464B
tiáotiáo 調調 11-310B
tiáotiáo 苕苕 9-358B
tiáotiáo 佻佻 1-1340A
tiáotiáo 岧岧 3-812B
tiáotiáo 迢迢 10-767A
tiáotiáo 條條 1-1483B
tiáotiáo 鰷鰷 1-1732A
tiǎotiǎo 挑撓 6-571A
tiǎotiǎo 窕窕 8-444A
tiǎotiǎo 嬥嬥 4-422A
tiáotiáokuāngkuāng 條條框框 1-1483B
tiàotiàowǔwǔ 跳跳舞舞 10-468A
tiàotiàozuānzuān 跳跳鑽鑽 10-468A
tiáotiē 調貼 11-307A
tiáotiě 調帖 11-301B
tiáotíng 調亭 11-303A
tiáotíng 調停 11-306A
tiáotíng 苕亭 9-358B
tiáotíng 岧亭 3-812B
tiáotíng 岧葶 3-812B
tiàotīng 眺聽 7-1203B
tiàotǐng 跳艇 10-469B
tiáotíngliǎngyòng 調停兩用 11-306B
tiáotōng 調通 11-305A
tiáotōng 條通 1-1484B
tiáotōng 髫童 12-738B
tiāotóu 挑頭 6-572A
tiáotóugāo 條頭糕 1-1488A
tiàotū 跳突 10-466B
tiàotù 跳兔 10-465B
tiáotuì 蜩蜕 8-920A
tiāotuō 佻侻 1-1340A
tiāotuō 佻脱 1-1340A
tiáotuō 條脱 1-1485A
tiàotuō 跳脱 10-467A
tiàotuózi 跳駝子 10-468B
tiǎowā 挑挖 6-569B
tiǎowā 挑空 6-569A
tiáowāi 調歪 11-302B
tiǎowān 挑剜 6-570A
tiàowán 跳丸 10-464A
tiàowàng 眺望 7-1203B
tiáowéi 調維 11-310A
tiáowèi 調味 11-301B
tiáowèi 調胃 11-303A
tiáowèi 調衛 11-310B
tiáowēn 調温 11-308A
tiáowén 條文 1-1480A
tiáowén 條紋 1-1484B
tiáowén 條聞 1-1487B
tiáowò 調沃 11-301A
tiáowò 調斡 11-309A
tiàowǔ 跳舞 10-468B
tiáoxī 調息 11-304B
tiáoxī 苕溪 9-358B
tiáoxī 條枏 1-1482A
tiáoxī 條析 1-1482A
tiáoxī 條悉 1-1485A
tiáoxī 條晰 1-1486A
tiáoxí 調習 11-306B
tiáoxì 調戲 11-312A
tiáoxì 條繫 1-1488A
tiàoxī 跳嬉 10-469A
tiàoxì 跳戲 10-469B
tiāoxiá 佻狎 1-1340A
tiǎoxiá 挑狎 6-569B
tiàoxiàhuánghé… 跳下黄河洗不清 10-464A
tiāoxiǎn 佻險 1-1340B
tiáoxián 調絃 11-306B
tiáoxiàn 條憲 1-1488A
tiáoxiàn 蜩蜆 8-920A
tiáoxiāng 條香 1-1483A
tiàoxiāng 跳箱 10-469A
tiáoxiánlǐwànmín 調弦理萬民 11-302B
tiáoxiǎo 髫小 12-738A
tiáoxiào 調笑 11-304B
tiàoxiāo 跳踃 10-468A
tiàoxiāo 跳蕭 10-469A
tiáoxiàolìng 調笑令 11-304B
tiáoxié 調協 11-301B
tiáoxié 調勰 11-310B
tiáoxié 調諧 11-311B
tiáoxié 條脅 1-1484B
tiáoxiě 條寫 1-1487B
tiáoxiè 調燮 11-312B
tiàoxié 跳鞋 10-468B
tiáoxīn 調心 11-298B
tiǎoxīn 挑心 6-569A
tiǎoxìn 挑衅 6-570B
tiǎoxìn 挑釁 6-572B
tiáoxíng 調行 11-300A
tiáoxiù 條秀 1-1481B
tiáoxiù 髫秀 12-738A
tiáoxiūyèguàn 條脩葉貫 1-1484A
tiāoxù 祧緒 7-915A
tiāoxù 祧續 7-915A
tiáoxù 調序 11-301A
tiáoxù 條序 1-1481B
tiáoxù 條緒 1-1487B
tiāoxuān 佻儇 1-1340B
tiǎoxuǎn 挑選 6-571B
tiǎoxuān 窕儇 8-444A
tiáoxué 蜩鷽 8-920B
tiáoxuè 調謔 11-311B
tiáoxuè 啁謔 3-390A
tiǎoxuè 挑謔 6-572A
tiáoxún 條循 1-1486A
tiáoxùn 調馴 11-308B
tiáoxùn 調訓 11-305A
tiáoxūxiāo 調虚囂 11-305B
tiǎoyá 挑牙 6-569A
tiǎoyáchóng 挑牙蟲 6-569A
tiāoyǎn 挑眼 6-570B
tiáoyán 調鹽 11-313B
tiáoyǎn 蜩鼴 8-920B
tiǎoyán 窕言 8-444A
tiǎoyǎn 挑眼 6-570B
tiáoyáng 調陽 11-306B
tiáoyǎng 調養 11-309B

tiáoyǎnsè 調眼色 11-306A
tiáoyáo 苕嶢 9-359A
tiáoyáo 岧嶢 3-812B
tiáoyáo 岧嶤 3-812B
tiáoyáo 迢遙 10-767B
tiáoyáo 迢嶢 10-768A
tiáoyào 調藥 11-312B
tiǎoyǎo 窕窈 8-444A
tiǎoyǎo 窱窅 8-457A
tiǎoyào 挑藥 6-572A
tiāoyāotiāoliù 挑么挑六 6-569A
tiáoyè 條葉 1-1486A
tiāoyì 佻易 1-1340A
tiāoyì 恌易 7-526A
tiáoyī 調一 11-297B
tiáoyī 調壹 11-307A
tiáoyī 條衣 1-1481A
tiáoyí 調夷 11-299B
tiáoyì 調議 11-313B
tiáoyì 條肄 1-1486B
tiáoyì 條議 1-1488A
tiáoyì 蜩翼 8-920A
tiàoyì 姚佚 4-343B
tiàoyì 姚易 4-343B
tiáoyīn 調音 11-303B
tiáoyīn 調陰 11-305A
tiáoyǐn 調引 11-298B
tiáoyìn 條印 1-1480B
tiǎoyǐn 挑引 6-569A
tiàoyīn 跳音 10-466A
tiàoyín 跳銀 10-468B
tiáoyīng 調鷹 11-313B
tiáoyíng 調營 11-312A
tiáoyǐng 苕穎 9-359A
tiáoyīnyáng 調陰陽 11-305A
tiāoyǒng 佻勇 1-1340A
tiáoyóng 鰷鱅 1-1600B
tiáoyóng 鯈鱅 8-902B
tiáoyòu 髫幼 12-738A
tiáoyú 調竽 11-303A
tiáoyú 調娛 11-305A
tiáoyú 鰷魚 1-1738A
tiáoyǔ 調羽 11-300A
tiáoyù 調御 11-307B
tiáoyù 調豫 11-310B
tiáoyù 調諭 11-312A
tiáoyuán 調元 11-298A
tiáoyuǎn 迢遠 10-767B
tiàoyuǎn 跳遠 10-468A
tiáoyuánshǒu 調元手 11-298A
tiáoyuánzhì 調元制 11-298B
tiáoyuē 條約 1-1483A
tiáoyuè 調悅 11-305A
tiáoyuè 迢越 10-767B
tiǎoyuè 誂越 11-187A
tiàoyuè 跳趯 10-470B
tiàoyuè 跳月 10-464B
tiàoyuè 跳越 10-467B
tiàoyuè 跳躍 10-470B
tiàoyuèqì 跳躍器 10-470B
tiáoyún 調勻 11-298B
tiáoyùnwēng 調運翁 11-308A
tiáoyùzhàngfū 調御丈夫 11-307B
tiáoyùzhú 調玉燭 11-298B
tiáozāi 條載 1-1486B
tiāozào 佻躁 1-1340B
tiāozào 恌躁 7-526A
tiàozǎo 跳蚤 10-466B
tiàozào 跳躁 10-470B
tiàozàowáng 跳竈王 10-470B
tiáozé 調責 11-305B
tiáozhá 苕霅 9-359A
tiáozhá 蜩蚻 8-919B
tiǎozhàn 挑戰 6-572A
tiǎozhàn 跳戰 10-469A
tiàozhān 眺瞻 7-1203B
tiáozhāng 條章 1-1485B
tiáozhǎng 條長 1-1481B
tiáozhào 條詔 1-1486B
tiǎozhāo 挑招 6-569B
tiáozhēng 調箏 11-307B
tiáozhěng 調整 11-311A
tiáozhèng 調正 11-298B
tiáozhèng 條正 1-1480A
tiáozhī 條支 1-1480A
tiáozhī 條枝 1-1481B
tiáozhí 岧直 3-812B
tiáozhí 條直 1-1481B
tiáozhí 條職 1-1488A
tiáozhǐ 條旨 1-1481A
tiáozhǐ 條指 1-1482B
tiáozhì 調治 11-302A
tiáozhì 調製 11-309B
tiáozhì 條制 1-1482A
tiáozhì 條治 1-1482B
tiáozhì 條秩 1-1483B
tiáozhì 髫稚 12-738B
tiáozhì 髫穉 12-738B
tiáozhì 齠穉 12-1453A
tiǎozhī 挑織 6-572B
tiǎozhì 挑治 6-569B
tiàozhì 跳躑 10-470B
tiàozhì 跳擲 10-469B
tiáozhīdàjué 條枝大爵 1-1481B
tiáozhīnòngfěn 調脂弄粉 11-304B
tiàozhǐrì 跳指日 10-466A
tiáozhōng 調中 11-298B
tiáozhōng 調鍾 11-312B
tiàozhōngkuí 跳鍾馗 10-469B
tiáozhǒu 苕帚 9-358B
tiáozhǒu 條帚 1-1482B
tiáozhǒu 笤帚 8-1132B
tiáozhǒu 笤箒 8-1132B
tiáozhǒuxīng 笤帚星 8-1132B
tiāozhǔ 祧主 7-914B
tiáozhú 調燭 11-312B
tiàozhū 跳珠 10-466B
tiàozhú 跳躅 10-470B
tiàozhǔ 眺矚 7-1203B
tiàozhù 眺注 7-1203B
tiáozhuàn 調摶 11-309A
tiáozhuāng 調粧 11-308A
tiáozhuàng 條狀 1-1482B
tiáozhūfùfěn 調朱傅粉 11-299B
tiǎozhuì 挑綴 6-571A
tiàozhuī 跳追 10-466A
tiáozhūnòngfěn 調朱弄粉 11-299B
tiáozhuō 條卓 1-1482A
tiáozhuō 條桌 1-1483B
tiāozi 挑子 6-569A
tiáozi 條子 1-1479B
tiáozī 調資 11-309A
tiāozìyǎn 挑字眼 6-569A
tiáozōng 條綜 1-1487B
tiáozòu 調奏 11-302B
tiáozòu 條奏 1-1482B
tiáozú 調足 11-300B
tiāozuǐ 挑嘴 6-572A
tiáozuǐ 調嘴 11-311B
tiáozuǐnòngshé 調嘴弄舌 11-311B
tiáozuǐtiáoshé 調嘴調舌 11-311B
tiáozuǐxuéshé 調嘴學舌 11-311B
tíbá 提拔 6-742B
tíbá 題跋 12-329B
tíbài 稊稗 8-96A
tíbài 荑稗 9-365A
tǐbài 體拜 12-415B
tíbāng 提邦 6-742A
tíbǎng 蹄膀 10-522B
tíbǎng 題榜 12-331A
tíbǎng 題膀 12-331A
tíbāo 提包 6-742A
tíbào 提抱 6-743A
tíběn 題本 12-325B
tībì 梯陛 4-1062B
tíbǐ 提比 6-741B
tíbǐ 提筆 6-745B
tíbǐ 稊秕 8-95B
tíbǐ 題比 12-325B
tíbǐ 題筆 12-329B
tíbì 題壁 12-332A
tìbiàn 擿辨 6-940B
tíbiǎn 題扁 12-328B
tǐbiàn 體變 12-422A
tībiāo 梯飇 4-1064A
tíbiǎo 題表 12-327B
tǐbiǎo 體表 12-413B
tíbīng 提兵 6-742B
tībō 剔撥 2-703B
tíbō 提撥 6-747A
tíbó 蹄踣 10-522B
tíbǔ 提補 6-745B
tíbǔ 題捕 12-328B
tíbǔ 題補 12-330A
tícái 題材 12-327A
tǐcái 體裁 12-417B
tīcākācā 踢嚓咯嚓 10-499A
tícān 提參 6-745A
tícān 題參 12-329A
tícān 題叅 12-330B
tǐcāo 體操 12-421A
tǐcè 體測 12-418B
tícén 蹄涔 10-522A
tícén 蹄跈 10-522B
tǐchá 體查 12-415A
tǐchá 體察 12-420A
tíchàng 啼唱 3-436B
tíchàng 提倡 6-744A
tíchàng 提唱 6-745A
tìchèn 擿讖 6-940B
tǐchén 體沉 12-413B
tīchéng 梯城 4-1062B
tíchéng 提成 6-742A
tìchéng 狄成 5-26A
tìchéng 逖成 10-914A
tīchǐjiān 剔齒櫼 2-703B
tīchǐxiān 剔齒纖 2-703B
tīchōng 梯衝 4-1063B
tīchōutūchuāi 剔抽禿揣 2-703A
tīchōutūshuā 剔抽禿刷 2-702B
tīchú 剔除 2-703A
tīchuàn 踢串 10-497B
tīcì 梯次 4-1062A
tící 提詞 6-745B
tící 題詞 12-330A
tící 題辭 12-332B
tǐcí 體詞 12-418B
tícòu 題湊 12-330A
tícòu 題奏 12-327B
tīdá 踢達 10-498B
tīdǎ 踢打 10-497A
tìdá 棣達 4-1134A
tìdá 悌達 7-551A
tìdài 貣貸 10-89A
tìdài 替代 5-755A
tídān 提單 6-745B
tìdǎng 擿擋 6-940B
tīdàng 踢蕩 10-498B
tǐdāng 體當 12-419A
tǐdàng 體當 12-419A
tìdāng 替當 5-755B
tìdàng 倜蕩 1-1511A
tīdàngdàng 踢蕩蕩 10-498B
tīdào 梯道 4-1063A
tídāo 提刀 6-741B
tídào 蹄道 10-522B
tǐdào 體道 12-418B
tìdāo 剃刀 2-698B
tídāonòngfǔ 提刀弄斧 6-741B
tǐdàsījīng 體大思精 12-412A
tǐdé 體德 12-421A
tīdēng 剔燈 2-703B
tīdēng 梯登 4-1063B
tīdēng 踢登 10-498B
tīdēng 踢蹬 10-499A
tīdèng 梯橙 4-1063B
tīdèng 梯磴 4-1063B
tídēng 提燈 6-748A
tídì 提地 6-742A
tídì 題地 12-326B

tǐdí 體敵 12-421A
tìdì 弟弟 2-101A
tídiǎn 提點 6-748A
tídiào 提調 6-747A
tǐdiào 體調 12-421A
tǐdìng 體定 12-415A
tídōu 提兜 6-745A
tídū 提督 6-746A
tǐdù 體度 12-416A
tìdù 剃度 2-699A
tìdù 薙度 9-564A
tìdù 鬀度 12-744A
tǐduàn 體段 12-415B
tīduì 梯隊 4-1063A
tídùn 提頓 6-746A
tíduó 提掇 6-744B
tǐduó 體度 12-416A
tí'é 題額 12-332A
tiě'àn 鐵案 11-1408B
tiě'ànrúshān 鐵案如山 11-1408B
tiěbǎi 鐵擺 11-1416A
tiěbǎn 鐵板 11-1404B
tiěbǎndìngdīng 鐵板釘釘 11-1404B
tiěbǎng 鐵榜 11-1412B
tiěbǎng 鐵膀 11-1413A
tiěbàng 鐵棒 11-1410B
tiěbàng 鐵棓 11-1410B
tiěbǎngēhóu 鐵板歌喉 11-1404B
tiěbàngmóchéngzhēn 鐵棒磨成針 11-1410B
tiěbǎntóngpá 鐵板銅琶 11-1405A
tiěbǎntóngxián 鐵板銅絃 11-1404B
tiěbǎnyīkuài 鐵板一塊 11-1404B
tiěbǎnzhùjiǎo 鐵板註脚 11-1404B
tiēběn 貼本 10-142A
tiěbǐ 鐵筆 11-1411A
tiěbì 鐵壁 11-1415A
tiěbì 鐵臂 11-1415B
tiēbiān 貼邊 10-146B
tiěbiān 鐵鞭 11-1416A
tiěbiāo 鐵標 11-1413B
tiěbiāo 鐵鏢 11-1416B
tiěbīng 鐵兵 11-1403B
tiěbǐng 鐵餅 11-1413A
tiěbìtóngqiáng 鐵壁銅牆 11-1415B
tiěbìtóngshān 鐵壁銅山 11-1415A
tiěbìwúsī 鐵筆無私 11-1411A
tiěbō 鐵鉢 11-1412B
tiěbō 鐵撥 11-1413B
tiěbó 鐵駁 11-1412B
tiēbǔ 貼補 10-145A
tiěbù 鐵布 11-1402A
tiěbùdé 鐵不得 11-1400B
tiěbùshān 鐵布衫 11-1402A
tiěcándòu 鐵蠶豆 11-1417A
tiěcè 鐵册 11-1402B
tiěcèjūn 鐵册軍 11-1402B
tiěchā 鐵叉 11-1400B
tiěchà 鐵剎 11-1405A
tiēchán 跕躔 10-443A
tiěchǎng 鐵廠 11-1414A
tiěchángshíxīn 鐵腸石心 11-1412B
tiěchánshuò 鐵纏矟 11-1417A
tiēchāo 貼鈔 10-145A
tiěchē 鐵車 11-1403B
tiēchèn 貼襯 10-146B
tiēchéng 貼承 10-143B
tiěchéng 鐵城 11-1406A
tiěchì 帖敕 3-702A
tiěchǐ 鐵尺 11-1401B
tiěchì 鐵翅 11-1408A
tiěchǐlòuzòu 鐵齒鏤棲 11-1414A
tiěchǐpá 鐵齒杷 11-1414B
tiēchū 貼出 10-142A
tiěchuán 鐵舩 11-1408A
tiěchuán 鐵船 11-1409B
tiěchuāng 鐵窗 11-1411B
tiěchuáng 鐵床 11-1404A
tiěchuáng 鐵牀 11-1406A
tiěchǔmóchéngzhēn 鐵杵磨成針 11-1404B
tiěchuòtóngpá 鐵綽銅琶 11-1413B
tiēcí 怗辭 7-475A
tiěcōng 鐵驄 11-1416B
tiěcuò 鐵錯 11-1415A
tiědā 鐵搭 11-1410A
tiědā 鐵鎝 11-1415B
tiědǎ 鐵打 11-1401B
tiēdàn 貼旦 10-142A
tiědǎn 鐵膽 11-1415B
tiědào 鐵道 11-1411B
tiědàobīng 鐵道兵 11-1411B
tiědātiědā 鐵搭鐵搭 11-1410A
tiědátiědá 鐵達鐵達 11-1410A
tiědǎxīncháng 鐵打心腸 11-1401B
tiēdì 貼地 10-142A
tiědí 鐵笛 11-1409A
tiēdiǎn 貼典 10-143A
tiēdiào 貼調 10-146A
tiědìng 鐵矴 11-1403B
tiědìng 鐵定 11-1405B
tiědǒuzi 鐵斗子 11-1401A
tiēduàn 貼斷 10-146B
tiēduì 貼兑 10-143A
tiě'é 鐵蛾 11-1412B
tiē'ěr 貼耳 10-142A
tiē'ěr 帖耳 3-700B
tiěfā 帖發 3-702A
tiěfá 鐵伐 11-1402B
tiěfàn 鐵範 11-1414A
tiēfāng 貼方 10-141B
tiēfáng 貼防 10-142B
tiěfāngān 鐵番竿 11-1411A
tiěfántǔ 鐵礬土 11-1416B
tiěfànwǎn 鐵飯碗 11-1411A
tiēfèi 貼費 10-145A
tiěfèng 鐵鳳 11-1413A
tiēfū 貼夫 10-141B
tiēfú 貼伏 10-142B
tiēfú 貼服 10-143B
tiěfú 帖伏 3-701A
tiēfú 帖服 3-701A
tiěfú 鐵弗 11-1402B
tiěfù 饕富 12-569A
tiěfútú 鐵浮屠 11-1408A
tiěfútú 鐵浮圖 11-1408A
tiēgǎi 貼改 10-143A
tiěgān 鐵杆 11-1403A
tiěgān 鐵桿 11-1409A
tiěgàng 鐵杠 11-1403A
tiěgānpú 鐵杆蒲 11-1403A
tiěgānyùshǐ 鐵肝御史 11-1403B
tiēgébì 貼隔壁 10-145A
tiěgēng 鐵絚 11-1411B
tiěgēng 鐵縆 11-1411B
tiěgěng 鐵綆 11-1412B
tiēgěnghǎitáng 貼梗海棠 10-144B
tiěgōngjī 鐵公雞 11-1401A
tiěgōuqiāng 鐵鈎鎗 11-1411A
tiěgōusuǒ 鐵鈎鎖 11-1411A
tiěgōusuǒ 鐵鉤鎖 11-1412B
tiěgū 鐵箍 11-1413A
tiěgǔ 鐵骨 11-1407A
tiěgǔ 鐵鼓 11-1412A
tiēguà 貼掛 10-144B
tiěguāchuí 鐵瓜鎚 11-1402A
tiēguài 貼怪 10-143B
tiěguǎilǐ 鐵拐李 11-1404A
tiěguān 鐵官 11-1405B
tiěguān 鐵冠 11-1407A
tiěguān 鐵關 11-1416B
tiěguǎn 鐵管 11-1413A
tiěguānqián 鐵官錢 11-1405B
tiěguānyīn 鐵觀音 11-1417A
tiěguǐ 鐵軌 11-1406B
tiěguì 鐵櫃 11-1416A
tiěguōjīnchéng 鐵郭金城 11-1408A
tiěhàn 鐵漢 11-1413B
tiēhé 貼合 10-142B
tiēhé 貼河 10-143B
tiěhēi 鐵黑 11-1410B
tiēhēijīn 貼黑金 10-145A
tiēhù 貼户 10-141B
tiēhuā 貼花 10-142B
tiēhuà 貼畫 10-145A
tiěhuā 鐵花 11-1403A
tiěhuà 鐵畫 11-1411B
tiēhuàn 貼換 10-144A
tiěhuán 鐵環 11-1415B
tiēhuáng 貼黄 10-144B
tiěhuáng 帖黄 3-701B
tiěhuàntóu 鐵喚頭 11-1408A
tiěhuàyíngōu 鐵畫銀鈎 11-1411B
tiěhuàyíngōu 鐵畫銀鉤 11-1411B
tiěhuī 鐵灰 11-1402B
tiěhuó 鐵活 11-1407A
tiěhuǒlún 鐵火輪 11-1401A
tiējī 貼雞 10-146B
tiējǐ 貼己 10-141A
tiějiǎ 鐵甲 11-1402A
tiějiǎbīnglún 鐵甲兵輪 11-1402A
tiějiǎchē 鐵甲車 11-1402A
tiějiǎjiàn 鐵甲艦 11-1402A
tiějiǎjīngē 鐵甲金戈 11-1402A
tiějiān 鐵肩 11-1405B
tiějiāngjūnbǎmén 鐵將軍把門 11-1410A
tiējiāo 貼脚 10-144B
tiějiāo 鐵蕉 11-1413B
tiějiǎo 鐵角 11-1403B
tiějiǎo 鐵脚 11-1409B
tiějiǎo 鐵腳 11-1412B
tiějiǎobǎn 鐵脚板 11-1409B
tiějiǎoguǐjì 鐵脚詭寄 11-1409B
tiějiǎolí 鐵脚梨 11-1409B
tiějiǎomù'é 鐵脚木鵝 11-1409B
tiějiébiān 鐵節鞭 11-1412B
tiějièchǐ 鐵界尺 11-1407A
tiějiègū 鐵界箍 11-1407A
tiējiéyín 貼截銀 10-145B
tiějílí 鐵蒺藜 11-1412A
tiějílígǔduǒ 鐵蒺藜骨朵 11-1412A
tiējīn 貼金 10-143B
tiējìn 貼近 10-143A
tiějīn 鐵筋 11-1411A
tiějǐn 鐵緊 11-1413A
tiējīng 貼經 10-145B
tiējìng 貼浄 10-144A
tiějīng 鐵精 11-1413A
tiějīng 帖經 3-702A
tiějìng 鐵脛 11-1409B
tiējiù 貼就 10-145A
tiějú 鐵局 11-1404A
tiějué 鐵橛 11-1414B
tiějūn 鐵君 11-1404A
tiějūn 鐵軍 11-1407B
tiējūnhù 貼軍户 10-144A
tiēkào 貼靠 10-145B
tiěkǒu 鐵口 11-1400A
tiēkù 貼庫 10-144A
tiěkuàng 鐵礦 11-1416A
tiěkuàng 鐵鑛 11-1417A
tiěkuò 帖括 3-701A
tiěkuòpài 帖括派 3-701B
tiělǎn 鐵懶 11-1416B
tiěláo 鐵牢 11-1404A
tiělè 鐵勒 11-1409A

tiěléi 鐵雷 11-1412A
tiěléi 鐵縲 11-1415B
tiēlǐ 貼理 10-144B
tiēlǐ 貼裏 10-145B
tiēlì 貼力 10-141A
tiēlì 貼利 10-142B
tiēlì 貼例 10-143A
tiělì 帖例 3-701A
tiělí 鐵離 11-1416A
tiělí 鐵驪 11-1417A
tiělì 鐵立 11-1402B
tiělì 鐵利 11-1403B
tiělì 鐵例 11-1405A
tiēliǎn 貼臉 10-146A
tiēliàn 貼戀 10-146B
tiělián 鐵簾 11-1416B
tiěliàn 鐵鏈 11-1416A
tiěliǎngdāng 鐵裲襠 11-1412B
tiěliànjiábàng 鐵鏈夾棒 11-1416A
tiěliánqián 鐵連錢 11-1408A
tiěliǎoshì 鐵了事 11-1400A
tiělìmù 鐵力木 11-1400A
tiēlín 貼鄰 10-145B
tiělín 鐵林 11-1404B
tiēlíng 貼零 10-145A
tiělíng 鐵菱 11-1409A
tiělǐng 鐵嶺 11-1415B
tiělíngjiǎo 鐵菱角 11-1409A
tiěliú 鐵流 11-1408A
tiělǐwēn 鐵里温 11-1403B
tiělóng 鐵籠 11-1417A
tiělú 鐵爐 11-1416B
tiělù 鐵鹿 11-1410A
tiělù 鐵路 11-1412B
tiělún 鐵輪 11-1414A
tiělúnbō 鐵輪撥 11-1414A
tiēluò 貼落 10-144B
tiěluò 鐵洛 11-1407A
tiěluò 鐵落 11-1410A
tiēlǜ 貼律 10-143B
tiēmá 貼麻 10-144B
tiěmǎ 怗馬 7-474B
tiěmǎ 鐵馬 11-1407B
tiěmǎjīngē 鐵馬金戈 11-1407B
tiěmāo 鐵猫 11-1409B
tiěmāo 鐵貓 11-1414A
tiěmáo 鐵茅 11-1404B
tiěmàoziwáng 鐵帽子王 11-1410B
tiěmén 鐵門 11-1405B
tiěmènchē 鐵悶車 11-1411B
tiěménxiàn 鐵門限 11-1405B
tiěménxiànbǐ 鐵門限筆 11-1405B
tiěmènzichē 鐵悶子車 11-1411B
tiēmǐ 貼米 10-142B
tiěmiàn 鐵面 11-1406B
tiěmiànqiāngyá 鐵面鎗牙 11-1407A
tiěmiànwúsī 鐵面無私 11-1406B
tiěmiànyùshǐ 鐵面御史 11-1406B
tiēmò 貼墨 10-145B
tiěmò 帖墨 3-702A
tiěmòshēng 鐵驀生 11-1416B
tiěmǔ 蛈母 8-876A
tiěmǔ 鐵牡 11-1403B
tiěmù 鐵木 11-1400B
tiěmù 鐵墓 11-1412A
tiěmù 鐵幕 11-1412A
tiēnà 貼納 10-144A
tiěnà 鐵捺 11-1408B
tiěniǎo 鐵鳥 11-1409B
tiěniú 鐵牛 11-1400B
tī'ēntī 梯恩梯 4-1062B
tiěpá 鐵扒 11-1401B
tiěpá 鐵爬 11-1405A
tiěpá 鐵耙 11-1407B
tiěpái 鐵牌 11-1411A
tiěpào 鐵砲 11-1408A
tiēpéi 貼賠 10-145B
tiēpèi 貼配 10-144A
tiěpí 鐵皮 11-1402B
tiěpiàn 鐵片 11-1401A
tiěpiàndàgǔ 鐵片大鼓 11-1401A
tiēpíng 貼平 10-142A
tiēpǔ 貼譜 10-146B
tiēpù 貼鋪 10-146A
tiēqí 帖騎 3-702A
tiěqí 鐵騎 11-1416A
tiěqì 鐵契 11-1406A
tiēqián 貼錢 10-146A
tiěqiān 鐵釬 11-1409B
tiěqiān 鐵簽 11-1416A
tiěqián 鐵錢 11-1415A
tiěqiàn 鐵塹 11-1412B
tiēqiánhuò 貼錢貨 10-146A
tiēqiǎo 貼巧 10-142A
tiěqiáo 鐵橋 11-1414B
tiēqiè 貼切 10-141B
tiēqiè 餮切 12-569A
tiěqí'er 鐵騎兒 11-1416A
tiēqīn 貼親 10-146A
tiěqìn 鐵顩 11-1417A
tiěqīng 鐵青 11-1404A
tiěqìng 鐵磬 11-1414B
tiěqìshídài 鐵器時代 11-1415A
tiěquán 鐵拳 11-1408A
tiěquàn 鐵券 11-1405A
tiěquàndānshū 鐵券丹書 11-1405B
tiěquànwén 鐵券文 11-1405A
tí'ěr 提耳 6-742A
tǐ'èr 體二 12-412A
tǐ'èr 體貳 12-417B
tiērán 怗然 7-474B
tiērán 貼然 10-145A
tiērǎn 貼染 10-143B
tiěrén 鐵人 11-1399B
tiěrèn 鐵刃 11-1400B
tiēróng 貼絨 10-145A
tiēròu 貼肉 10-142A
tiērùn 貼潤 10-146A
tiěrúyì 鐵如意 11-1403A
tiěsàozhou 鐵掃帚 11-1408B
tiěsàozhou 鐵掃箒 11-1409A
tiěsè 鐵色 11-1403A
tiěshā 鐵砂 11-1406B
tiěshā 鐵紗 11-1408B
tiěshāmào 鐵紗帽 11-1408B
tiēshàn 貼膳 10-146A
tiěshān 鐵山 11-1400A
tiěshān 鐵杉 11-1403B
tiěshàngōngzhǔ 鐵扇公主 11-1408B
tiěshānsuì 鐵山碎 11-1400A
tiěshāzhǎng 鐵沙掌 11-1404A
tiěshāzhǎng 鐵砂掌 11-1406B
tiēshè 貼射 10-144A
tiěshé 鐵舌 11-1402B
tiěshé 鐵蛇 11-1409A
tiēshēn 貼身 10-142B
tiěshéng 鐵繩 11-1416B
tiěshēngshēng 鐵生生 11-1402A
tiēshēnzi 貼身子 10-143A
tiēshí 貼實 10-145B
tiěshí 鐵什 11-1400B
tiěshí 鐵石 11-1401B
tiěshí 鐵實 11-1413B
tiěshì 鐵市 11-1402B
tiěshì 鐵室 11-1407A
tiěshì 鐵誓 11-1412B
tiěshì 帖試 3-702A
tiěshícháng 鐵石腸 11-1402A
tiěshírén 鐵石人 11-1401B
tiěshíxīn 鐵石心 11-1401B
tiěshíxīncháng 鐵石心腸 11-1401B
tiěshíxīngān 鐵石心肝 11-1401B
tiěshízì 鐵十字 11-1399B
tiēshū 貼書 10-144A
tiěshū 鐵殳 11-1401A
tiěshū 帖書 3-701B
tiěshù 鐵樹 11-1414B
tiěshuā 鐵刷 11-1406A
tiěshuā 鐵㕞 11-1406A
tiěshùhuākāi 鐵樹花開 11-1414B
tiēshuǐ 貼水 10-141B
tiěshuǐ 鐵水 11-1400B
tiěshùkāihuā 鐵樹開花 11-1414B
tiěshùkāihuā 鐵樹開華 11-1414B
tiēshuō 貼説 10-145B
tiēsī 貼司 10-142A
tiěsī 鐵絲 11-1412A
tiěsīchuáng 鐵絲床 11-1412A
tiěsīchuáng 鐵絲牀 11-1412A
tiěsījiàn 鐵絲箭 11-1412A
tiěsīméng 鐵絲艨 11-1412A
tiěsīwǎng 鐵絲網 11-1412A
tiēsòng 貼送 10-143B
tiěsuànpán 鐵算盤 11-1413A
tiěsuànzǐ 鐵算子 11-1413A
tiěsuǒ 鐵索 11-1407B
tiěsuǒqiáo 鐵索橋 11-1407B
tiěsuǒyíngōu 鐵鎖銀鉤 11-1416A
tiětǎ 鐵塔 11-1410A
tiētài 帖泰 3-701B
tiětai 鐵胎 11-1407A
tiětāigōng 鐵胎弓 11-1407A
tiětàn 鐵炭 11-1407A
tiětāng 蛈蝪 8-876A
tiětànzi 鐵探子 11-1408B
tiētí 貼題 10-146B
tiētǐ 貼體 10-146B
tiětí 鐵蹄 11-1415A
tiětǐ 鐵體 11-1417A
tiētiē 怗怗 7-474B
tiētiē 貼貼 10-145A
tiětiē 帖帖 3-701A
tiētiēsǒngsǒng 怗怗竦竦 7-474B
tiětǒng 鐵桶 11-1409A
tiětǒngjiāngshān 鐵桶江山 11-1409A
tiětóu 帖頭 3-702A
tiětuǒ 貼妥 10-143A
tiětuǒ 帖妥 3-701A
tiěwán 鐵丸 11-1400B
tiěwàn 鐵腕 11-1411B
tiěwǎng 鐵網 11-1413B
tiěwéi 鐵圍 11-1410B
tiěwéichéng 鐵圍城 11-1411A
tiěwéishān 鐵圍山 11-1411A
tiěwén 帖文 3-700B
tiěwěn 鐵穩 11-1416A
tiěwèng 鐵瓮 11-1405A
tiěwèng 鐵甕 11-1415B
tiěwèngchéng 鐵甕城 11-1415B
tiěwòdān 鐵卧單 11-1405A
tiěwū 鐵屋 11-1407B
tiēxī 怗息 7-474B
tiēxī 貼息 10-144A
tiěxī 帖息 3-701B
tiēxí 貼席 10-144A
tiěxí 帖席 3-701B
tiěxǐ 跕屣 10-442B
tiěxǐ 跕蹝 10-443A
tiěxǐ 跕躧 10-443A
tiěxī 鐵犀 11-1411B
tiěxī 鐵錫 11-1415A
tiěxiá 鐵峽 11-1408A
tiēxiàn 貼現 10-144B
tiěxiān 鐵銑 11-1413A
tiěxiān 鐵仙 11-1402A

tiěxiān 鐵掀 11-1408B
tiěxiān 鐵鍁 11-1415A
tiěxiān 鐵薛 11-1416B
tiěxiàn 鐵限 11-1406A
tiěxiàn 鐵線 11-1414A
tiěxiǎngbǎn 鐵響板 11-1416B
tiěxiànjué 鐵錢蕨 11-1413B
tiěxiànlián 鐵線蓮 11-1414A
tiěxiànmiáo 鐵綫描 11-1414A
tiěxiànmiáo 鐵線描 11-1414A
tiěxiànshé 鐵錢蛇 11-1413B
tiēxié 帖脅 3-701B
tiēxiě 貼寫 10-146A
tiēxiè 貼燮 10-146A
tiéxiè 鞊韘 12-190A
tiěxié 鐵脅 11-1408B
tiěxié 鐵脇 11-1408A
tiěxiě 帖寫 3-702A
tiěxiétàpò 鐵鞋踏破 11-1413B
tiěxièxiè 鐵屑屑 11-1408B
tiēxīn 貼心 10-142A
tiěxīn 鐵心 11-1401A
tiěxīncháng 鐵心腸 11-1401B
tiěxīng 鐵腥 11-1412B
tiěxīnmùcháng 鐵心木腸 11-1401A
tiěxīnshícháng 鐵心石腸 11-1401A
tiěxiù 鐵銹 11-1414A
tiěxiù 鐵鏽 11-1416B
tiěxuè 鐵血 11-1403A
tièxué 帖學 3-702A
tiěyàn 鐵研 11-1406B
tiěyàn 鐵硯 11-1410B
tiěyànchuān 鐵硯穿 11-1410B
tiěyànmóchuān 鐵硯磨穿 11-1410B
tiěyào 鐵鷂 11-1417A
tiěyàoshā 鐵藥沙 11-1416A
tiěyàozǐ 鐵鷂子 11-1417A
tiěyátǐ 鐵崖體 11-1409A
tiěyě 鐵冶 11-1404A
tiěyè 鐵葉 11-1410A
tiěyèchē 鐵葉車 11-1410A
tiěyèzi 鐵頁子 11-1406B
tiēyì 貼役 10-143A
tiēyì 貼意 10-145B
tiěyī 鐵衣 11-1403A
tiěyì 鐵杙 11-1403B
tiěyì 鐵翼 11-1415B
tiěyīláng 鐵衣郎 11-1403A
tiěyìn 鐵窨 11-1413B
tiěyīng 鐵英 11-1404B
tiěyīng 鐵鷹 11-1417A
tiěyìng 鐵硬 11-1410B
tiēyòng 貼用 10-142A
tiēyūn 貼暈 10-145A
tiēyùn 貼運 10-145A
tiěyùtónglóng 鐵獄銅籠 11-1413A
tiězé 鐵則 11-1407A
tiēzèng 貼贈 10-146B
tiězhā 鐵查 11-1406A
tiězhǎng 鐵掌 11-1410B
tiězhàng 鐵杖 11-1403A
tiězhàngfū 鐵丈夫 11-1400A
tiězhé 鐵轍 11-1416A
tiēzhēng 貼徵 10-146A
tiēzhèng 貼正 10-142A
tiězhèng 鐵證 11-1416B
tiězhèngrúshān 鐵證如山 11-1416B
tiězhēngzhēng 鐵掙掙 11-1406A
tiězhēngzhēng 鐵錚錚 11-1413A
tiēzhí 貼職 10-146A
tiēzhí 帖職 3-702A
tiězhì 鐵豸 11-1403B
tiězhì 鐵擿 11-1415B
tiězhōngzhēngzhēng 鐵中錚錚 11-1400B
tiězhóu 鐵軸 11-1410B
tiězhǒu 鐵帚 11-1406A
tiēzhù 貼助 10-142B
tiězhū 鐵朱 11-1402B
tiězhù 鐵柱 11-1406A
tiězhuā 鐵撾 11-1412B
tiězhuā 鐵檛 11-1414A
tiēzhuàng 貼狀 10-143B
tiězhuǎzi 鐵爪子 11-1401A
tiězhùgōng 鐵柱宮 11-1406B
tiēzi 貼子 10-141B
tiēzǐ 貼子 10-141B
tiězi 帖子 3-700B
tiězì 鐵字 11-1403A
tiězì 帖字 3-701A
tiēzicí 貼子詞 10-141B
tiězicí 帖子詞 3-700B
tiězuǐ 鐵嘴 11-1414B
tiězuǐgāngyá 鐵嘴鋼牙 11-1415A
tīfā 剔發 2-703A
tīfā 擿發 6-940B
tǐfǎ 提法 6-743A
tǐfá 體罰 12-419B
tǐfǎ 體法 12-414B
tìfā 摘發 6-842B
tìfà 剃髮 2-699A
tìfà 薙髮 9-564B
tìfà 鬀髮 12-744A
tìfà 鬄髮 12-747A
tìfàgōng 鬀髮工 12-744A
tìfàlìng 剃髮令 2-699A
tǐfàn 體範 12-420B
tǐfǎng 體訪 12-417B
tífánniǎo 題凡鳥 12-325B
tīféi 梯肥 4-1062B
tīfēijiǎo 踢飛脚 10-497B
tǐfèn 體分 12-413A
tífēng 提封 6-743A
tífēng 題封 12-328A
tífēng 鵜峯 12-1116A
tífèng 題鳳 12-331A
tīfú 擿伏 6-940A
tīfù 梯附 4-1062B
tífú 提拂 6-743A
tífú 提福 6-746B
tífú 題拂 12-327B
tífù 題復 12-329B
tífù 題覆 12-332A
tǐfū 體膚 12-420B
tǐfú 體伏 12-413B
tǐfù 體覆 12-421B
tìfú 惕伏 7-596B
tìfú 摘伏 6-841B
tìfù 摘覆 6-843A
tìgài 貣丐 10-89A
tígàn 提幹 6-746A
tǐgàn 體幹 12-419A
tígāng 提綱 6-746B
tígāngjǔlǐng 提綱舉領 6-747A
tígāngqièlǐng 提綱挈領 6-747A
tígāngzhènlǐng 提綱振領 6-747A
tīgāo 鷉膏 12-1137A
tígāo 提高 6-744B
tígāo 題糕 12-332A
tígāo 題餻 12-332A
tǐgé 體格 12-416B
tígòng 提供 6-743A
tìgōng 剃工 2-698B
tìgōng 替工 5-754B
tìgōng 薙工 9-564A
tígòu 緹瞉 9-938A
tīgǔ 剔股 2-703A
tígǔ 提鼓 6-746A
tígǔ 蹄轂 10-523A
tǐgǔ 軆骨 10-713B
tǐgǔ 體骨 12-415B
tīguān 睇觀 7-1223B
tíguān 鯷冠 12-1246B
tīguàng 梯桄 4-1062B
tīguāngtóu 剃光頭 2-698B
tíguī 鷉鳺 12-1160B
tíguī 鵜鳺 12-1116A
tíguì 鷉鴂 12-1160B
tíguì 鶗鴂 12-1131B
tìguī 替歸 5-755B
tìguǐ 倜詭 1-1511A
tǐguīhuàyuán 體規畫圓 12-417A
tǐguó 體國 12-417A
tǐguójīngyě 體國經野 12-417A
tìgǔréndānyōu 替古人耽憂 5-755A
tìgǔréndānyōu 替古人擔憂 5-755A
tíhái 提孩 6-743B
tǐhǎi 鯷海 12-1246B
tǐhái 體骸 12-420B
tìhàn 惕汗 7-596B
tīháng 梯杭 4-1062B
tīháng 梯航 4-1063A
tíháng 提行 6-742B
tíháng 蹄迒 10-522A
tíhàng 蹄跡 10-522B
tíhànzhù 題漢柱 12-331A
tíháo 諦號 11-353B
tíháo 啼號 3-436B
tíháo 嗁號 3-467B
tíhào 題號 12-330B
tìháo 惕號 7-597A
tīhé 梯河 4-1062B
tíhé 提盒 6-745A
tíhé 題和 12-327B
tíhén 啼痕 3-436B
tíhéng 提珩 6-744A
tíhéng 提衡 6-748A
tīhóng 剔紅 2-703A
tíhóng 題紅 12-328B
tíhóngyè 題紅葉 12-328B
tíhōu 提齁 6-748B
tǐhòu 體候 12-416B
tíhū 啼呼 3-436A
tíhū 啼謼 3-437A
tíhū 嗁呼 3-467A
tíhū 嗁嘑 3-467B
tíhú 鍗鶘 12-516B
tíhú 鍉鶘 12-569A
tíhú 提壺 6-745B
tíhú 醍醐 9-1430A
tíhú 鵜胡 12-1116A
tíhú 鵜鶘 12-1116B
tíhú 鍗鶘 12-561B
tīhuá 銻華 11-1308A
tīhuā 提花 6-742B
tíhuā 題花 12-327A
tíhuà 題畫 12-330A
tǐhuà 體化 12-413A
tìhuài 替壞 5-755B
tíhuàn 啼喚 3-436B
tìhuàn 替換 5-755A
tíhúbǐng 鍗鶘餅 12-561B
tíhúguàndǐng 醍醐灌頂 9-1430A
tíhuì 緹麾 9-938B
tíhuì 題諱 12-331B
tǐhuì 體會 12-419B
tīhúlínjiān 踢斛淋尖 10-498A
tíhúlú 提胡蘆 6-743B
tíhúlú 提壺蘆 6-745B
tíhūn 提婚 6-745A
tíhún 啼魂 3-436B
tīhuò 梯禍 4-1063A
tījí 梯級 4-1062B
tījǐ 梯己 4-1061B
tǐjǐ 體己 12-412B
tíjī 啼饑 3-437A
tíjī 提緝 6-747B
tíjǐ 綈几 9-875A
tíjí 提及 6-741B
tíjì 提騎 6-748B
tíjì 緹厮 9-938B
tíjì 緹齊 9-938B

tíjì 題記 12-329A
tǐjī 體積 12-421B
tǐjí 體極 12-418A
tǐjì 醍齊 9-1430A
tìjǐ 替己 5-754B
tìjì 鬄髻 12-744A
tíjià 提價 6-747A
tíjiàn 踢鞬 10-499A
tíjiān 題肩 12-327B
tíjiān 題緘 12-331B
tíjiàn 提劍 6-747A
tíjiàn 題劍 12-331A
tíjiàn 題劒 12-331B
tǐjiǎn 體檢 12-421B
tǐjiàn 體薦 12-421A
tìjiǎn 剃剪 2-699A
tījiàn'er 踢鍵兒 10-499A
tījiānfāfú 擿姦發伏
6-940A
tíjiǎng 提獎 6-746B
tíjiànsānxún 蹄間三尋
10-522B
tíjiànsānxún 蹄閒三尋
10-522B
tījiànzi 踢鞬子 10-499A
tījiànzi 踢毽子 10-498B
tījiànzi 踢毽子 10-499A
tījiǎo 踢脚 10-498A
tījiào 梯嶠 4-1063B
tījiào 梯轎 4-1064A
tíjiǎo 蹄角 10-522A
tíjiào 啼叫 3-436A
tíjiào 提教 6-744B
tíjiào 緹校 9-938A
tìjiǎo 殢嬌 5-176B
tījiǎobànshǒu 踢脚絆手
10-498A
tījiē 梯接 4-1063A
tījiē 梯階 4-1063A
tíjiē 提揭 6-745B
tíjié 題結 12-330B
tíjiě 題解 12-330B
tíjiè 提解 6-746A
tǐjié 體節 12-419B
tǐjiě 體解 12-419B
tíjīháohán 啼饑號寒
3-437A
tījǐhuà 梯己話 4-1062A
tǐjǐhuà 體己話 12-412B
tíjīn 蹄筋 10-522B
tíjīn 題襟 12-332A
tíjìn 題進 12-329A
tījìng 梯徑 4-1063A
tījìng 梯逕 4-1062B
tíjīng 題旌 12-329A
tíjǐng 提警 6-748B
tíjìng 蹄踁 10-522B
tìjìng 惕兢 7-597A
tìjīng 惕驚 7-597B
tíjìnsāyě 提勁撒野 6-743B
tījǐqián 梯己錢 4-1062A
tǐjǐqián 體己錢 12-412B
tījǐrén 梯己人 4-1062A
tǐjǐrén 體己人 12-412B
tìjǐrén 悌己人 7-551A
tíjiū 提究 6-742B
tǐjiū 體究 12-413B
tìjiǔ 殢酒 5-176B
tījǔ 擿舉 6-940B
tíjǔ 提舉 6-747B
tíjù 題句 12-326A
tǐjú 體局 12-413B
tījū 趯鞠 9-1155A
tìjù 惕懼 7-597B
tíjuān 題捐 12-328B
tījué 剔抉 2-702B
tījué 擿抉 6-940A
tījué 擿觖 6-940B
tíjué 蝭蛙 8-928A
tíjué 題鴂 12-331B
tíjué 鶗鴂 12-1131B
tíjué 鶗鴃 12-1131B
tìjué 摘抉 6-842A
tíjuédiāohuì 鶗鴂彫卉
12-1131B
tǐkān 體勘 12-417A
tǐkàn 體看 12-415B
tíkè 題刻 12-327B
tīkōng 梯空 4-1062B
tīkōng 踢空 10-497B
tíkòng 提空 6-743A
tíkòng 提控 6-744B
tíkū 啼哭 3-436B
tíkū 荑枯 9-365A
tíkuǎn 題欵 12-329A
tíkuǎn 題款 12-329B
tíkūlángjūn 啼哭郎君
3-436B
tíkuò 題括 12-328A
tílán 提籃 6-748B
tíláo 提牢 6-742B
tǐlèi 體類 12-421B
tìlèi 涕淚 5-1279B
tílǐ 提理 6-744B
tǐlǐ 體理 12-417A
tǐlì 體力 12-412A
tǐlì 體例 12-414B
tìlì 惕栗 7-596B
tìlì 惕慄 7-597A
tìlì 惕厲 7-597A
tìlì 惕勵 7-597A
tìlì 替力 5-754B
tíliàn 提煉 6-746A
tǐliàn 體練 12-421A
tìlián 涕漣 5-1280A
tīliáng 梯梁 4-1063A
tīliàng 剔亮 2-703A
tíliáng 提梁 6-745A
tíliáng 鵜梁 12-1116A
tǐliáng 體量 12-418A
tǐliàng 體亮 12-416A
tǐliàng 體量 12-418A
tǐliàng 體諒 12-421A
tīliángtūluán 踢良禿欒
10-497B
tíliáo 蝭蟧 8-928A
tíliáo 蝭蟟 8-928A
tǐliáo 體療 12-421B
tǐliào 體料 12-416B
tìlìgāng 替戾岡 5-755A
tǐlìláodòng 體力勞動
12-412A
tīlín 梯林 4-1062B
tílíng 提鈴 6-746A
tílǐng 提領 6-746B
tìlíng 涕泠 5-1279A
tìlíng 涕零 5-1279B
tìlíng 替陵 5-755B
tìlìng 替另 5-755A
tílínghēhào 提鈴喝號
6-746A
tīlǐtàlā 踢裏踏拉 10-498B
tīlǐtuōluò 踢裏拖落
10-498B
tíliú 提留 6-744A
tìliú 殢留 5-176B
tīliútūlǔ 剔留禿魯 2-703A
tīliútūluán 剔留禿圞
2-703A
tìlòu 替漏 5-755B
tīlù 梯路 4-1063B
tílú 提爐 6-748B
tílǔ 提擄 6-747B
tīluán 梯欒 4-1064A
tīluàn 梯亂 4-1063B
tílún 蹄輪 10-522B
tìluò 剃落 2-699A
tǐlǚ 體履 12-421A
tǐlǜ 體律 12-416A
tìlǜ 惕慮 7-597A
tǐlüè 體略 12-417A
tímàn 提慢 6-746A
tímàn 緹幔 9-938B
tímàn 緹縵 9-938B
tǐmào 體皃 12-413B
tǐmào 體貌 12-420A
tīméi 梯媒 4-1063A
tímǐ 稊米 8-95B
tímiǎn 題免 12-327A
tímiàn 題面 12-328A
tǐmiàn 體面 12-414A
tǐmiàn 體靣 12-415B
tìmiàn 剃面 2-698B
tìmiè 薙滅 9-564B
tímíng 啼明 3-436A
tímíng 啼鳴 3-436B
tímíng 提名 6-742B
tímíng 題名 12-326B
tímìng 提命 6-743A
tímíngdàoxìng 提名道姓
6-742B
tímíngdàoxìng 題名道姓
12-326B
tímínghuì 題名會 12-326B
tímíngjī 啼明雞 3-436A
tímínglù 題名録 12-327A
tímíngxiānghuì 題名鄉會
12-326B
tīmòbǐ 踢墨筆 10-499A
tīmù 睇目 7-1223A
tīmù 剔目 2-702B
tīmù 踢木 10-497A
tímù 緹幕 9-938A
tímù 題目 12-325B
tìmù 悌睦 7-551B
tìmù 逖慕 10-914A
tǐmùwénzì 體目文字
12-413A
tímùzhèngmíng 題目正名
12-326A
tíngbà 停罷 1-1560B
tǐngbá 挺拔 6-560B
tíngbǎi 停擺 1-1561A
tíngbǎn 停板 1-1558A
tíngbǎn 停版 1-1558A
tíngbàn 停辦 1-1561A
tǐngbǎn 艇板 9-9A
tǐngbàng 梃棒 4-976B
tíngbēi 停杯 1-1557B
tíngbǐ 停筆 1-1559B
tíngbì 亭壁 2-366B
tíngbì 停閉 1-1559A
tīngbiàn 聽便 8-715A
tíngbiān 停鞭 1-1561A
tíngbiàn 廷辨 2-897B
tíngbiàn 廷辯 2-897B
tíngbiàn 庭辯 3-1229B
tíngbiǎo 停表 1-1557B
tīngbìjiǎo 聽壁脚 8-717B
tīngbīng 聽冰 8-713B
tíngbìng 蜓蛢 8-932B
tíngbó 亭伯 2-364B
tíngbó 停泊 1-1558A
tíngbó 停舶 1-1559A
tǐngbózihuà 挺脖子話
6-561B
tíngbǔ 筳卜 8-1150A
tíngbù 停步 1-1557B
tīngcǎi 聽采 8-714B
tíngcǎi 亭彩 2-366A
tíngcān 廷参 2-896B
tíngcān 庭参 3-1228B
tíngcáng 停藏 1-1561A
tǐngcāo 挺操 6-561B
tíngcè 廷策 2-897A
tíngcè 霆策 11-690A
tíngcén 渟涔 5-1495A
tīngchá 聽察 8-717A
tīngchāi 聽差 8-715A
tīngchán 聽讒 8-718A
tíngchǎn 停産 1-1559A
tíngcháng 亭場 2-366A
tīngcháo 聽朝 8-716A
tīngcháojī 聽朝雞 8-716A
tíngchē 停車 1-1557B
tīngchén 聽沉 8-714A
tíngchén 迋臣 10-730A
tíngchén 廷臣 2-896A
tíngchéng 渟澂 5-1495B
tíngchéng 渟澄 5-1495B
tǐngchǒu 梃杻 4-976B
tíngchú 廷除 2-896A
tíngchú 庭除 3-1228B
tíngchù 停滀 1-1560A
tíngchù 渟滀 5-1495B
tǐngchū 挺出 6-560A

tǐngchù 挺觸 6-562A
tíngchuán 亭傳 2-366A
tíngchuán 筳篅 8-1150A
tíngchuán 霆船 11-690A
tīngchuāng 聽窗 8-716B
tíngchuáng 停床 1-1557B
tǐngchuáng 挺床 6-560B
tíngchuò 停輟 1-1560B
tíngchuò 停綴 1-1560B
tīngcì 聽伺 8-714A
tīngcóng 聽從 8-716A
tīngdài 鞓帶 12-196B
tíngdài 停待 1-1558B
tǐngdài 挺帶 6-561A
tíngdàng 亭當 2-366A
tíngdàng 停當 1-1559B
tíngdàng 停儅 1-1560B
tīngdé 聽德 8-717A
tīngdèng 桯凳 4-1039A
tǐngdí 挺敵 6-561B
tíngdiàn 停電 1-1559B
tíngdiàn 霆電 11-690A
tīngdiào 聽調 8-717A
tǐngdòng 挺挏 6-560B
tǐngdòng 挺動 6-561A
tǐngdòng [足廷]動 10-463A
tíngdòu 停逗 1-1558B
tíngdú 亭毒 2-365A
tíngdú 停毒 1-1558A
tīngduàn 聽斷 8-718A
tíngduàn 停斷 1-1561A
tíngduì 廷對 2-897A
tíngdùn 停頓 1-1559B
tǐng'è 挺崿 6-561B
tíng'ěr 聤耳 8-683B
tīng'érbùwén 聽而不聞 8-713B
tǐng'érzǒuxiǎn 挺而走險 6-560A
tǐng'érzǒuxiǎn 鋌而走險 11-1265B
tīngfáng 聽房 8-715A
tīngfáng 廳房 3-1289B
tíngfàng 停放 1-1558A
tíngfèi 停廢 1-1560B
tīngfén 汀濆 5-904A
tíngfēn 停分 1-1557A
tíngfèn 霆奮 11-690B
tīngfēngtīngshuǐ 聽風聽水 8-715A
tíngfù 亭父 2-364A
tíngfù 停付 1-1557A
tǐnggǎn 挺秆 6-560B
tínggāo 亭皋 2-365B
tínggāo 亭臯 2-365B
tínggāo 亭皐 2-366A
tínggāo 庭皋 3-1228B
tínggāo 庭臯 3-1229A
tínggāo 渟膏 5-1495B
tínggào 庭誥 3-1229A
tínggē 停擱 1-1561A
tínggé 亭閣 2-366B
tínggé 庭閣 3-1229A
tínggé 停閣 1-1560B
tínggōng 停工 1-1556B
tīnggǔ 聽鼓 8-716B
tǐngguā 挺刮 6-560B
tǐngguā 挺括 6-560B
tíngguǎn 亭館 2-366B
tǐngguàn 挺冠 6-561A
tíngguī 廷珪 2-896A
tíngguǐ 停晷 1-1559B
tíngguīmò 廷珪墨 2-896A
tínghài 霆駭 11-690B
tínghán 停涵 1-1559A
tínghán 渟涵 5-1495A
tíngháng 停航 1-1558B
tīnghóng 鞓紅 12-196B
tínghóng 渟泓 5-1495A
tīnghòu 聽候 8-715B
tínghóu 亭侯 2-365A
tínghòu 亭候 2-365B
tínghòu 亭堠 2-366A
tínghù 亭户 2-364A
tínghù 庭户 3-1228A
tīnghuà 聽話 8-716B
tínghuā 楟花 4-1193A
tīnghuàn 聽喚 8-715B
tínghuǎn 停緩 1-1560B
tǐnghuǎn 挺緩 6-561B
tīnghuàtīngshēng… 聽話聽聲,鑼鼓聽音 8-716B
tínghuí 渟洄 5-1495A
tínghuǐ 廷毀 2-897A
tínghuì 庭會 3-1229A
tínghuǒ 停火 1-1557A
tínghuǒ 停伙 1-1557A
tíngjī 停積 1-1561A
tíngjī 霆激 11-690B
tíngjī 霆擊 11-690B
tíngjí 廷詰 2-897A
tíngjì 廷寄 2-896B
tǐngjī 梃擊 4-976B
tǐngjǐ 脡脊 6-1245A
tǐngjì 脡祭 6-1245A
tīngjiā 汀葭 5-904A
tíngjià 停駕 1-1560B
tīngjiàn 聽見 8-714A
tíngjiān 庭堅 3-1228B
tíngjiàn 廷見 2-896A
tíngjiàn 亭檻 2-366B
tīngjiànfēngjiùshìyǔ 聽見風就是雨 8-714A
tīngjiǎng 聽講 8-718A
tīngjiào 聽教 8-715B
tíngjiǎo 庭角 3-1228A
tíngjiào 亭徼 2-366B
tǐngjiào 挺覺 6-561B
tíngjiē 庭階 3-1228B
tíngjié 停節 1-1560A
tíngjiě 停解 1-1560A
tǐngjié 挺傑 6-561B
tǐngjié 挺節 6-561B
tǐngjiě 挺解 6-561B
tíngjìn 停浸 1-1558B
tǐngjìn 挺進 6-561A
tíngjīng 停睛 1-1560A
tíngjīpíng 停機坪 1-1560B
tíngjiù 停柩 1-1558A
tíngjū 廷鞠 2-897B
tíngjū 廷鞫 2-897B
tíngjū 亭居 2-365A
tíngjū 停居 1-1558A
tíngjú 亭菊 2-365B
tíngjù 庭炬 3-1228A
tǐngjǔ 挺舉 6-561B
tīngjué 聽決 8-714A
tīngjué 聽覺 8-718A
tíngjué 亭決 2-364B
tíngjué 庭決 3-1228A
tíngjué 停絶 1-1559B
tīngkān 聽勘 8-716A
tíngkān 停刊 1-1557A
tíngkào 停靠 1-1560B
tíngkē 庭柯 3-1228B
tíngkè 停刻 1-1558A
tíngkè 停課 1-1560B
tíngkǒng 廷孔 2-895B
tíngkuí 廷魁 2-897A
tíngkǔn 庭壼 3-1229A
tīnglǎn 聽覽 8-718A
tínglǎo 停潦 1-1560A
tínglǎo 渟潦 5-1495A
tíngléi 霆雷 11-690A
tīnglì 聽力 8-713A
tínglǐ 廷理 2-896B
tínglì 廷吏 2-896A
tínglì 亭立 2-364B
tínglì 亭吏 2-364B
tínglì 亭歷 2-366B
tínglì 停立 1-1557A
tínglì 葶藶 9-480A
tǐnglì 挺力 6-559B
tǐnglì 挺立 6-560A
tíngliáo 庭燎 3-1229B
tīnglíchábì 聽籬察壁 8-718A
tīnglíng 聽聆 8-715B
tīnglǐng [罒丁][罒令] 8-1016A
tínglíng 停靈 1-1561A
tíngliú 停留 1-1558B
tíngliúzhǎngzhì 停留長智 1-1558B
tǐnglù 鋌鹿 11-1265B
tíngluàn 霆亂 11-690B
tínglùn 廷論 2-897A
tínglùn 庭論 3-1229A
tíngluò 亭落 2-366A
tíngluò 庭落 3-1229A
tíngluò 停落 1-1559A
tǐnglùzǒuxiǎn 挺鹿走險 6-561A
tǐnglùzǒuxiǎn 鋌鹿走險 11-1265B
tīnglǚ 聽履 8-717B
tínglǚ 庭旅 3-1228B
tínglǚ 停履 1-1560B
tǐngmào 挺茂 6-560B
tíngmián 停眠 1-1558B
tíngmiǎn 停免 1-1557B
tíngmiào 庭廟 3-1229A
tíngmín 亭民 2-364B
tīngmìng 聽命 8-714B
tíngmù 蜓蚞 8-890B
tīngnà 聽納 8-715B
tíngnài 楟㮈 4-1193A
tíngnài 楟柰 4-1193A
tíngnàn 停難 1-1561A
tíngnào 渟淖 5-1495A
tīngnéng 聽能 8-715B
tíngní 霆霓 11-690B
tíngnì 廷逆 2-896A
tíngniángé 停年格 1-1557A
tíngníng 停凝 1-1561A
tíngnuó 停那 1-1557B
tīngpíng 聽憑 8-717B
tíngpīng 婷娉 4-390B
tíngpíng 廷平 2-895B
tíngpíng 廷評 2-897A
tíngpǔ 庭圃 3-1228B
tíngqì 庭砌 3-1228B
tǐngqí 町畦 7-1302A
tīngqiánggēn 聽墻根 8-717B
tǐngqiè 挺切 6-559B
tíngqǐn 停寢 1-1560A
tíngqīqǔqī 停妻娶妻 1-1558A
tīngqíyán'érguānqíxíng 聽其言而觀其行 8-714B
tíngqīzàiqǔ 停妻再娶 1-1558A
tīngqízìbiàn 聽其自便 8-714A
tīngqízìrán 聽其自然 8-714A
tīngqǔ 聽取 8-714B
tíngqū 庭趨 3-1229B
tīngquè 聽鵲 8-718A
tíngquē 庭闕 3-1229B
tǐngquè 挺確 6-561B
tíngrán 亭然 2-366A
tǐngrán 挺然 6-561B
tīngrèn 聽任 8-713B
tíngrèn 亭刃 2-364A
tǐngrèn 梃刃 4-976B
tīngrénchuānbí 聽人穿鼻 8-713A
tíngrǔ 廷辱 2-896A
tǐngruàn 町[田需] 7-1302B
tíngsài 亭塞 2-366A
tíngsāng 停喪 1-1559A
tīngshā 汀沙 5-904A
tíngshè 亭舍 2-365A
tǐngshēn 挺身 6-560A
tǐngshēn'érchū 挺身而出 6-560B
tīngshēng 聽聲 8-717B
tíngshěng 停省 1-1558A
tǐngshēng 挺生 6-560A
tīngshénjīng 聽神經 8-715B
tīngshī 聽失 8-713B
tīngshì 聽事 8-714B
tīngshì 聽視 8-716A
tīngshì 聽勢 8-716B
tīngshì 廳事 3-1289B

tíngshí 庭實 3-1229A
tíngshí 停食 1-1558B
tíngshí 桲食 4-1193A
tíngshǐ 廷史 2-895B
tíngshì 廷試 2-897A
tíngshì 庭氏 3-1228A
tíngshì 停市 1-1557A
tǐngshī 挺尸 6-559B
tǐngshī 挺屍 6-561A
tīngshòu 聽受 8-714B
tíngshǒu 停手 1-1557A
tíngshòu 廷授 2-896B
tíngshòu 庭獸 3-1229B
tīngshū 聽書 8-715B
tíngshū 廷疏 2-897A
tíngshù 亭戍 2-364B
tíngshuǐ 停水 1-1556B
tíngshuì 廷説 2-897A
tīngshuǐxiǎng 聽水響
8-713B
tīngshùn 聽順 8-716B
tīngshuō 聽説 8-717A
tīngshuò 聽朔 8-715B
tīngshuōtīngdào 聽説聽道
8-717A
tíngsī 停私 1-1557B
tíngsì 亭寺 2-364B
tīngsòng 聽訟 8-716A
tíngsuān 停倰 1-1558B
tíngsuān 停酸 1-1560A
tīngsuí 聽隨 8-717A
tíngsuì 亭隊 2-366A
tíngsuì 亭隧 2-366B
tíngsuì 亭燧 2-366B
tǐngsuì 挺穟 6-561B
tíngtā 停塌 1-1559B
tíngtáilóugé 亭臺樓閣
2-366A
tīngtáng 廳堂 3-1289B
tíngtáng 庭唐 3-1228B
tǐngtè 挺特 6-561A
tíngténg 停騰 1-1561A
tíngténg 停藤 1-1561A
tīngtiān'ānmìng
聽天安命 8-713B
tīngtiānrènmìng 聽天任命
8-713B
tīngtiānwěimìng 聽天委命
8-713B
tīngtiānyóumìng 聽天由命
8-713A
tíngtíng 亭亭 2-365A
tíngtíng 亭渟 2-366A
tíngtíng 停停 1-1558B
tíngtíng 婷婷 4-390B
tíngtíng 渟渟 5-1495B
tǐngtǐng 侹侹 1-1338B
tǐngtǐng 挺挺 6-560B
tǐngtǐng 頲頲 12-290A
tíngtíngdàngdàng
亭亭當當 2-365B
tíngtíngdàngdàng
停停當當 1-1559A
tíngtíngkuǎnkuǎn
亭亭款款 2-365B
tíngtíngniǎoniǎo
亭亭裊裊 2-365B
tíngtíngniǎoniǎo
婷婷嫋嫋 4-390B
tǐngtǐngrán 脡脡然 6-1245A
tíngtíngtuōtuō 停停脱脱
1-1559A
tíngtíngxiùxiù 亭亭秀秀
2-365B
tíngtíngyùlì 亭亭玉立
2-365B
tíngtíngzhílì 亭亭植立
2-365B
tīngtǒng 聽筒 8-716B
tíngtóng 亭童 2-366A
tíngtóng 亭曈 2-366B
tíngtóng 停僮 1-1560A
tīngtóu 廳頭 3-1289B
tíngtóu 停頭 1-1560B
tíngtuī 廷推 2-896B
tíngtuō 停脱 1-1559A
tíngtuǒ 停妥 1-1557B
tǐngtuō 挺脱 6-561A
tíngwàn 庭萬 3-1229A
tīngwàng 聽望 8-716A
tíngwēi 霆威 11-690A
tíngwéi 庭幃 3-1229A
tíngwéi 庭闈 3-1229B
tíngwèi 廷尉 2-896B
tīngwēijuéyí 聽微決疑
8-716B
tíngwèipíng 廷尉平 2-896B
tíngwèipíng 廷尉評 2-896B
tīngwén 聽聞 8-717A
tíngwěn 停穩 1-1561A
tíngwèn 庭問 3-1228B
tīngwū 廳屋 3-1289B
tíngwū 渟洿 5-1495A
tíngwú 庭蕪 3-1229A
tíngwǔ 亭午 2-364A
tíngwǔ 庭午 3-1227B
tíngwǔ 庭廡 3-1229A
tíngwǔ 停午 1-1556B
tíngwù 停務 1-1558B
tīngxí 聽習 8-716A
tīngxì 聽戲 8-717B
tíngxī 停息 1-1558B
tíngxī 霆曦 11-690B
tǐngxī 町畽 7-1302B
tīngxiàn 汀綫 5-904A
tíngxián 停閒 1-1559B
tǐngxiǎn 挺險 6-561B
tǐngxiǎn 鋌險 11-1266A
tīngxiě 聽寫 8-717B
tíngxiē 停歇 1-1560A
tíngxiè 亭榭 2-366B
tīngxìn 聽信 8-715A
tíngxīn 停薪 1-1560B
tīngxíng 聽行 8-713B
tíngxíng 停刑 1-1557A
tǐngxíng 挺刑 6-560A
tíngxīnzhùkǔ 停辛佇苦
1-1557B
tíngxīnzhùkǔ 停辛貯苦
1-1557B
tǐngxiōngtūdù 挺胸凸肚
6-561A
tíngxiū 停休 1-1557A
tǐngxiù 挺秀 6-560A
tīngxǔ 聽許 8-716A
tíngxù 停蓄 1-1559B
tíngxù 渟蓄 5-1495B
tīngxuǎn 聽選 8-717B
tíngxuān 亭軒 2-365B
tíngxuān 庭軒 3-1228B
tíngxuǎn 廷選 2-897B
tíngxué 停學 1-1561A
tíngxùn 廷訊 2-896B
tíngxùn 庭訓 3-1228B
tǐngyā 挺押 6-560B
tǐngyá 町崖 7-1302A
tīngyán 聽言 8-714A
tíngyáo 停軺 1-1559A
tǐngyāozi 挺腰子 6-561B
tíngyè 庭謁 3-1229B
tíngyè 停業 1-1559B
tíngyì 廷議 2-897B
tíngyì 亭驛 2-366B
tíngyì 庭議 3-1229B
tíngyì 蜓翼 8-890B
tǐngyì 挺逸 6-561A
tīngyín 聽淫 8-716A
tíngyīn 停陰 1-1558B
tíngyǐn 停飲 1-1559B
tīngyíng 艼熒 9-270A
tīngyíng 聽熒 8-717A
tīngyíng 聽瑩 8-717B
tīngyíng 聽營 8-717B
tíngyíng 渟濴 5-1495B
tíngyíng 渟瀯 5-1495B
tíngyíng 渟瀅 5-1495B
tíngyǐng 亭景 2-366A
tíngyǐng 停景 1-1559B
tǐngyìng 挺硬 6-561B
tīngyíng 汀濴 5-904A
tīngyíng 濎濴 6-138A
tìngyíng 濎濙 6-138A
tìngyíng 濎瀅 6-138B
tìngyìng 汀瀅 5-904A
tīngyòng 聽用 8-713B
tíngyōng 停壅 1-1561A
tíngyóu 亭郵 2-365B
tíngyòu 庭右 3-1228A
tīngyǔ 廳宇 3-1289B
tīngyù 聽獄 8-717A
tīngyù 聽閾 8-717B
tíngyū 停迂 1-1557A
tíngyǔ 亭宇 2-364B
tíngyǔ 庭宇 3-1228A
tíngyù 亭育 2-365A
tíngyù 亭毓 2-366B
tíngyù 庭玉 3-1228A
tíngyù 庭閾 3-1229B
tíngyù 停育 1-1558A
tíngyuān 渟淵 5-1495B
tíngyuán 庭園 3-1229A
tíngyuàn 廷掾 2-896B
tíngyuàn 亭院 2-365B
tíngyuàn 庭院 3-1228B
tīngyǔn 聽允 8-713B
tíngyún 亭勻 2-364A
tíngyún 停勻 1-1557A
tíngyún 停雲 1-1559A
tíngyúnluòyuè 停雲落月
1-1559A
tíngzào 亭竈 2-366B
tíngzhàn 停戰 1-1561A
tíngzhǎng 亭長 2-364B
tíngzhǎng 庭長 3-1228A
tíngzhàng 廷杖 2-896A
tíngzhàng 亭鄣 2-366A
tíngzhàng 亭障 2-366A
tíngzhàng 庭障 3-1229A
tíngzhàng 停障 1-1560A
tǐngzhàng 挺杖 6-560A
tíngzhé 廷折 2-896A
tīngzhēn 聽真 8-715B
tīngzhěn 聽診 8-716B
tíngzhěn 莛枕 2-1557B
tíngzhěn 停軫 1-1559A
tíngzhèn 霆震 11-690B
tīngzhèng 聽政 8-715A
tíngzhēng 庭争 3-1228A
tíngzhèng 廷争 2-896A
tíngzhèng 廷諍 2-897A
tǐngzhēng 挺争 6-560A
tǐngzhèng 挺正 6-559B
tīngzhěnqì 聽診器 8-716B
tīngzhí 聽直 8-714B
tīngzhì 聽治 8-715A
tíngzhí 停直 1-1557B
tíngzhí 停職 1-1561A
tíngzhǐ 停止 1-1556B
tíngzhì 廷質 2-897A
tíngzhì 亭置 2-366A
tíngzhì 停滯 1-1560A
tǐngzhí 挺直 6-560B
tǐngzhí 挺執 6-561A
tǐngzhì 挺質 6-561B
tīngzhīrènzhī 聽之任之
8-713A
tīngzhòng 聽重 8-715A
tīngzhòng 聽衆 8-716B
tīngzhōu 汀洲 5-904A
tīngzhǔ 汀渚 5-904A
tíngzhū 停豬 1-1561A
tíngzhū 渟豬 5-1495B
tíngzhǔ 亭主 2-364B
tíngzhǔ 停屬 1-1561A
tíngzhù 停佇 1-1557B
tíngzhù 停住 1-1557B
tíngzhù 停著 1-1558B
tíngzhù 停駐 1-1560B
tíngzhuān 筳篿 8-1150A
tíngzhuàn 停傳 1-1560A
tǐngzhuān 挺専 6-561A
tīngzhuāng 聽裝 8-717A
tǐngzhuàng 挺撞 6-561B
tǐngzhuó 挺卓 6-560B
tǐngzhuó 挺擢 6-561B
tīngzǐ 廳子 3-1289B

tíngzi 亭子 2-364A
tíngzǐ 亭子 2-364A
tǐngzi 挺子 6-559B
tǐngzi 梃子 4-976B
tǐngzi 艇子 9-9A
tīngzǐdū 廳子都 3-1289B
tíngzijiān 亭子間 2-364A
tīngzǐjūn 廳子軍 3-1289B
tíngzòng 停蹤 1-1561A
tíngzǒu 挺走 6-560A
tíngzǒu 鋌走 11-1265B
tíngzú 亭卒 2-365A
tīngzuì 聽罪 8-716B
tíngzuǒ 亭佐 2-364B
tíniàn 提念 6-743A
tíniàn 題念 12-327B
tǐniàn 體念 12-414B
tīniǎo 剔嬲 2-703B
tǐnìng 體佞 12-413B
tīnòng 踢弄 10-497B
tīnòng 趯弄 9-1154B
tí'ǒu 提偶 6-745A
típái 題牌 12-329B
típài 題派 12-328B
tīpàn 睇盼 7-1223A
tīpāng 涕滂 5-1280A
típáo 綈袍 9-875B
tīpēn 啼噴 3-369B
tīpēn 涕噴 5-1280A
tīpēn 嚏噴 3-534A
tǐpéngzhàng 體膨脹 12-421B
tǐpǐn 題品 12-328A
tīpíng 踢瓶 10-498A
típíng 題評 12-330A
tīpíqiú 踢皮球 10-497A
típò 提破 6-744A
típò 題破 12-328B
tǐpò 體魄 12-419B
tīpò 摘破 6-842A
tíqí 緹騎 9-938B
tíqǐ 提起 6-744A
tíqǐ 緹綺 9-938B
tíqì 啼泣 3-436A
tǐqì 體氣 12-416B
tǐqì 體器 12-421B
tìqì 涕泣 5-1279A
tíqiān 題簽 12-332B
tíqiān 題籤 12-332B
tíqiàn 綈槧 9-875B
tǐqián 體乾 12-417A
tīqiáng 梯牆 4-1064A
tíqiāng 蹄羌 10-522A
tǐqiāng 體腔 12-418B
tīqiāngnòngbàng 踢槍弄棒 10-498B
tīqiáo 梯橋 4-1063B
tíqiáo 題橋 12-331B
tíqiào 蹄嗷 10-523A
tíqiào 蹄躈 10-523A
tíqiáozhì 題橋志 12-331B
tíqiáozhù 題橋柱 12-331B
tíqiè 提挈 6-743B
tīqìhuà 梯氣話 4-1063A
tīqìjiǔ 梯氣酒 4-1063A
tíqīn 提親 6-748A
tíqīn 題親 12-331B
tíqín 提琴 6-745A
tǐqīn 體親 12-421B
tīqìng 踢磬 10-499A
tíqǐng 題請 12-331A
tíqìqián 稊氣錢 8-95B
tīqìqiú 踢氣毬 10-497B
tīqìqiú 踢氣球 10-497B
tīqiú 踢毬 10-498A
tīqiú 踢球 10-498A
tīqiú 趯毬 9-1154B
tīqǔ 梯取 4-1062B
tíqǔ 提取 6-743A
tǐqū 體軀 12-421B
tǐqǔ 體取 12-414A
tǐqù 體趣 12-420B
tíquán 罤筌 8-1022A
tíquán 蹄筌 10-522B
tíquē 題缺 12-329A
tírǎn 題染 12-328B
tìrán 倜然 1-1511A
tìrán 惕然 7-597A
tìrán 趯然 9-1154B
tìrǎn 薙染 9-564A
tǐrén 體仁 12-413B
tǐrèn 體認 12-420A
tìrén 替人 5-754B
tīróng 梯榮 4-1063B
tírǔ 醍乳 9-1429B
tīruǎn 摘阮 6-842A
tīsāng 榡桑 4-967A
tǐsè 體色 12-413B
tīshān 梯山 4-1061B
tíshàn 題扇 12-329A
tǐshàng 體上 12-412B
tìshāng 惕傷 7-597A
tīshānhánghǎi 梯山航海 4-1061B
tīshānjiàhè 梯山架壑 4-1061B
tíshànqiáo 題扇橋 12-329A
tīshānzhàngǔ 梯山棧谷 4-1061B
tíshè 提攝 6-748B
tìshè 惕慑 7-597B
tíshén 提神 6-743B
tíshěn 提審 6-747B
tǐshěn 體審 12-421A
tìshēn 替身 5-755A
tíshēng 提升 6-741B
tíshēng 題陞 12-328B
tīshí 梯石 4-1062A
tíshī 題詩 12-330B
tíshí 蹄石 10-522A
tíshì 提示 6-742A
tíshì 緹室 9-938A
tǐshī 體虱 12-415A
tǐshí 體實 12-420B
tǐshí 體識 12-421B
tǐshì 體式 12-413A
tǐshì 體勢 12-419A
tǐshì 體執 12-417A
tíshìguàn 蹄氏觀 10-522A
tíshǒu 荑手 9-365A
tíshòu 題授 12-329A
tìshǒu 替手 5-754B
tīshōutūshuā 踢收禿刷 10-497B
tīshù 剔豎 2-703B
tīshù 踢豎 10-498B
tīshù 踢豎 10-498B
tíshū 蹄書 10-522A
tíshū 題書 12-329A
tíshū 題疏 12-330A
tíshǔ 題署 12-330B
tíshuài 緹帥 9-938A
tǐshùn 體順 12-418B
tìshùn 悌順 7-551B
tíshuō 提説 6-746B
tíshuō 題説 12-331A
tìsì 涕泗 5-1279A
tìsǐguǐ 替死鬼 5-755A
tìsìpāngduó 涕泗滂沲 5-1279A
tìsìpāngtuó 涕泗滂沱 5-1279A
tǐsù 體素 12-416B
tǐsù 體肅 12-419B
tīsuǒ 摘索 6-842A
tītà 踢蹋 10-499A
tītà 踢踏 10-499A
tītà 踢蹋 10-499A
títǎ 題塔 12-329B
títà 蹄踏 10-522B
tītái 梯苔 4-1062B
títái 提臺 6-746B
tǐtài 體態 12-420B
tǐtán 體壇 12-421A
tǐtàn 體探 12-417A
tìtáng 倜踼 1-1511A
tìtǎng 俶倘 1-1478A
tìtǎng 俶儻 1-1478B
tìtǎng 倜儻 1-1511B
tìtǎngbùjī 倜儻不羈 1-1511B
tìtǎngbùqún 倜儻不羣 1-1511B
tīteng 踢騰 10-499A
tīténg 剔騰 2-703B
títí 媞媞 4-386B
títí 提提 6-745B
títí 折折 6-377B
tìtì 狄狄 5-26A
tìtì 髢髢 12-730A
tìtì 適適 10-1167A
tìtì 洟涕 5-1141A
tìtì 倜倜 1-1511A
tìtì 涕洟 5-1279B
tìtì 涕涕 5-1279B
tìtì 愁愁 7-536A
tìtì 惕惕 7-596B
tìtì 逷逷 10-953B
tìtì 籊籊 8-1275B
tìtì 趯趯 9-1155A
tìtì 躍躍 10-566A
tītiān 梯天 4-1062A
tītián 梯田 4-1062A
títián 稊田 8-95B
tǐtiān 體天 12-412B
títiānkūdì 啼天哭地 3-436A
tītiānnòngjǐng 踢天弄井 10-497A
tìtiānxíngdào 替天行道 5-754B
tītiāo 剔挑 2-703A
tītiào 踢跳 10-498B
tītibànbàn 踢踢絆絆 10-499A
tǐtiē 體貼 12-418A
tǐtiē 體帖 12-414A
tǐtiērùmiào 體貼入妙 12-418A
tǐtiērùwēi 體貼入微 12-418B
tìtīng 逖聽 10-914A
tìtīngxiáshì 逖聽遐視 10-914A
tìtīngyuǎnwén 逷聽遠聞 10-953B
tītipèngpèng 踢踢碰碰 10-499A
tītītàtà 剔剔撻撻 2-703A
tǐtǒng 體統 12-419A
tìtōng 棣通 4-1134A
tītóu 梯頭 4-1063B
tītòu 剔透 2-703A
tītòu 踢透 10-498A
títóu 提頭 6-747B
títóu 題頭 12-331B
tìtóu 剃頭 2-699A
tìtóu 替頭 5-755B
tìtóu 鬀頭 12-744A
tītòulínglóng 剔透玲瓏 2-703A
tìtóutiāozi…
剃頭挑子一頭熱 2-699A
tītū 剔禿 2-702B
tītū 踢禿 10-497B
tītǔ 梯土 4-1061B
tītuánluán 剔團圞 2-703B
tītuánluán 踢團圞 10-498B
tītuányuán 剔團圓 2-703B
tītuǐ 踢腿 10-498B
títuǐ 蹄腿 10-522B
tītuō 踢脱 10-498A
tìtuò 涕涶 5-1279B
tìtuò 涕唾 5-1279B
tītūtū 踢禿禿 10-497B
tíwā 蹄窪 10-522B
tíwán 綈紈 9-875B
tíwán 緹紈 9-938A
tǐwàng 體望 12-417B
tíwéi 緹帷 9-938A
tíwěi 蹄尾 10-522A
tíwèi 題位 12-327A
tǐwèi 體味 12-414A
tìwéi 替違 5-755B
tíwèn 提問 6-745A
tǐwēn 體温 12-418B
tǐwèn 體問 12-417B

tìwén 逖聞 10-914A
tǐwēnbiǎo 體温表 12-418B
tíwèng 提甕 6-748B
tǐwēnjì 體温計 12-418B
tíwò 提握 6-745B
tǐwù 體物 12-414B
tǐwù 體悟 12-417A
tǐwúwánfū 體無完膚 12-418B
tǐwúwánpí 體無完皮 12-418B
tǐwùyuánqíng 體物緣情 12-414B
tīxī 剔犀 2-703A
tīxī 梯希 4-1062B
tíxī 厗奚 1-926A
tíxī 惿[illegible] 7-656A
tíxī 提撕 6-747A
tíxí 緹褶 9-938B
tíxí 緹襲 9-939A
tǐxī 體悉 12-417B
tǐxī 體惜 12-417B
tǐxì 體系 12-413B
tìxī 涕欷 5-1279B
tìxī 惕息 7-596B
tīxiá 梯霞 4-1063B
tíxiá 提轄 6-748A
tīxiān 梯仙 4-1062A
tǐxiàn 體現 12-417A
tǐxiàn 體憲 12-421B
tíxiāng 綈緗 9-875B
tíxiāng 緹緗 9-938B
tíxiàng 提象 6-745A
tǐxiàng 體相 12-415A
tǐxiàng 體象 12-417B
tìxiǎng 惕想 7-597A
tíxiànkōu 提線摳 6-747B
tíxiāo 題銷 12-331A
tíxiàojiēfēi 啼笑皆非 3-436B
tīxiázhǐyú 摘瑕指瑜 6-842B
tíxié 提携 6-746A
tíxié 提攜 6-748B
tíxiě 題寫 12-331A
tìxiè 替解 5-755B
tìxiè 替懈 5-755B
tīxiēliāofēng 剔蝎撩蜂 2-703B
tǐxīn 體心 12-413A
tǐxìn 體信 12-416A
tìxīn 惕心 7-596B
tíxīndiàodǎn 提心弔膽 6-742A
tíxīndiàodǎn 提心吊膽 6-742A
tīxíng 梯形 4-1062B
tíxǐng 提省 6-743B
tíxǐng 提醒 6-747B
tíxǐng 題醒 12-331B
tǐxíng 體行 12-413B
tǐxíng 體形 12-413B
tǐxíng 體型 12-415A
tǐxìng 軆性 10-713B
tǐxìng 體性 12-415A
tíxīnzàikǒu 提心在口 6-742A
tīxiōng 踢胸 10-498A
tíxiū 提休 6-742B
tíxiù 綈繡 9-875B
tíxiù 緹繡 9-939A
tíxù 題序 12-327A
tíxù 題叙 12-328A
tǐxù 體卹 12-414B
tǐxù 體恤 12-416B
tǐxuán 體玄 12-413A
tǐxuǎn 體癬 12-421B
tíxué 提學 6-747B
tíxuè 啼血 3-436A
tìxuē 剃削 2-699A
tìxuè 涕血 5-1279A
tīxuěwūzhuī 踢雪烏騅 10-498A
tíxùn 提訊 6-744B
tǐxùn 體遜 12-419B
tìxùqì 替續器 5-755B
tǐxùrùwēi 體恤入微 12-416B
tīyá 梯崖 4-1062B
tíyá 題芽 12-327A
tīyǎn 梯巘 4-1064A
tíyǎn 啼眼 3-436B
tǐyàn 體驗 12-421B
tǐyàng 體樣 12-420B
tíyào 提要 6-743B
tíyào 題要 12-328A
tǐyào 體要 12-415A
tīyásōng 剔牙松 2-702B
tīyázhàng 剔牙杖 2-702B
tíyē 提掖 6-744B
tíyè 啼咽 3-436A
tíyè 提腋 6-745B
tíyè 題葉 12-329B
tíyī 綈衣 9-875B
tíyī 緹衣 9-937B
tíyī 題衣 12-327A
tíyí 徲[illegible] 3-1093B
tíyí 徲[illegible] 3-1093B
tíyì 提議 6-748B
tíyì 題意 12-330B
tíyì 鵜翼 12-1116B
tíyì 鯷譯 12-1246B
tǐyì 體意 12-419B
tǐyì 體議 12-421B
tìyí 替夷 5-755A
tìyí 替移 5-755B
tìyì 倜傷 1-1511A
tíyǐn 提引 6-742A
tíyǐn 題引 12-325B
tǐyìn 體胤 12-416A
tìyín 涕淫 5-1279B
tìyǐn 惕隱 7-597A
tíyíng 緹縈 9-938B
tíyíng 鯷瀛 12-1246B
tìyínyín 涕淫淫 5-1279B
tíyǒng 題咏 12-327B
tíyǒng 題詠 12-330A
tǐyòng 體用 12-413A
tíyóu 緹油 9-938A
tìyǒu 悌友 7-551A
tīyǔ 擿語 6-940B
tíyú 題輿 12-332A
tíyù 提育 6-743A
tíyù 提毓 6-746B
tǐyǔ 體語 12-420A
tǐyù 體育 12-414B
tìyǔ 殢雨 5-176B
tīyuán 踢圓 10-498B
tíyuán 題緣 12-331B
tǐyuán 體元 12-412B
tìyuǎn 逖遠 10-914A
tìyuǎn 逷遠 10-953B
tǐyuánbiǎozhèng 體元表正 12-412B
tǐyuánjūzhèng 體元居正 12-413A
tǐyuánlìjí 體元立極 12-412B
tǐyùchǎng 體育場 12-414B
tíyuè 是月 5-660A
tíyuè 提月 6-742A
tíyuè 緹籥 9-939A
tǐyùguǎn 體育館 12-414B
tǐyùn 體韵 12-419B
tǐyùn 體韻 12-421B
tìyǔn 涕霣 5-1280A
tìyúnyóuyǔ 殢雲尤雨 5-176B
tīyúrùshèng 梯愚入聖 4-1063B
tìyǔyóuyún 殢雨尤雲 5-176B
tǐyùyùndòng 體育運動 12-414B
tízàn 題贊 12-332A
tízēng 綈繒 9-875B
tízēng 緹繒 9-939A
tìzēng 替僧 5-755B
tīzhàn 梯棧 4-1063A
tìzhǎng 弟長 2-101A
tǐzhàngxìshù 體脹系數 12-418B
tízhǎo 蹄蚤 10-522B
tízhèn 提振 6-744A
tízhèn 提鎮 6-748B
tǐzhèng 體正 12-413A
tīzhì 梯陟 4-1062B
tīzhì 踢陟 10-497B
tízhǐ 題旨 12-326B
tízhǐ 題紙 12-329A
tízhì 綈帙 9-875B
tízhì 綈袠 9-875B
tízhì 緹帙 9-938A
tízhì 題識 12-332B
tízhì 題誌 12-331B
tǐzhī 體知 12-414B
tǐzhì 軆[illegible] 10-713B
tǐzhì 體制 12-414A
tǐzhì 體致 12-416B
tǐzhì 體製 12-419B
tǐzhì 體質 12-420B
tízhǒng 蹄踵 10-523A
tǐzhòng 體重 12-415B
tízhū 啼珠 3-436B
tízhǔ 題主 12-326B
tízhù 題注 12-327B
tízhù 題柱 12-328A
tízhuāng 啼妝 3-436A
tízhuāng 啼粧 3-436B
tízhuāng 啼糚 3-437A
tízhuāng 嗁糚 3-467B
tízhuàng 緹幢 9-938B
tǐzhuàng 體狀 12-415A
tīzhuānghuò 剔莊貨 2-703A
tízhùkè 題柱客 12-328A
tízhǔn 題准 12-329A
tízhùzhì 題柱志 12-328A
tīzi 梯子 4-1062A
tízi 蹄子 10-521B
tízǐ 緹紫 9-938A
tízì 題字 12-327A
tǐzi 體子 12-412B
tǐzī 體資 12-419B
tìzi 屜子 4-53B
tízòu 題奏 12-327B
tízú 蹄足 10-522A
tìzuì 替罪 5-755B
tìzuìyáng 替罪羊 5-755B
tōng'ài 通愛 10-942A
tóng'ái 童騃 8-392A
tòng'ài 痛愛 8-327B
tōng'ān 通諳 10-946B
tóng'àn 同案 3-115A
tóng'ānsī 銅氨絲 11-1256A
tōngbā 通巴 10-924A
tōngbái 通白 10-924B
tóngbǎigōng 桐柏宮 4-974A
tōngbān 通班 10-933A
tōngbàn 通辦 10-946B
tóngbān 同班 3-113B
tóngbān 同般 3-114B
tóngbǎn 銅板 11-1254B
tóngbǎn 銅版 11-1254B
tóngbàn 同伴 3-109A
tōngbǎng 通榜 10-943A
tōngbǎng 通牓 10-943B
tóngbāng 同邦 3-106A
tóngbǎng 同榜 3-122A
tóngbǎnhuà 銅版畫 11-1254B
tóngbǎnzhǐ 銅版紙 11-1254B
tōngbǎo 通寶 10-949A
tōngbào 通報 10-939B
tóngbāo 同胞 3-112B
tóngbāo 銅煲 11-1258B
tóngbāogòngqì 同胞共氣 3-112B
tōngbèi 通被 10-935B
tóngbèi 同輩 3-123A
tóngbèi 銅貝 11-1254A
tōngbèiquán 通背拳 10-930A
tōngběn 通本 10-924B
tōngbǐ 通比 10-923A
tōngbì 通幣 10-944A
tōngbì 通弊 10-944A
tōngbì 通蔽 10-943A
tōngbì 通壁 10-946B

tōngbì 通臂 10-947B
tóngbì 同狴 3-114B
tóngbì 彤陛 3-1121A
tóngbì 銅陛 11-1255B
tóngbì 銅璧 11-1262B
tòngbì 痛痹 8-328A
tōngbiàn 通便 10-930B
tōngbiàn 通辨 10-946B
tōngbiàn 通辯 10-949B
tōngbiàn 通變 10-950A
tóngbiàn 童便 8-391A
tòngbiān 痛砭 8-325A
tòngbiǎn 痛貶 8-326A
tōngbiàndáquán 通變達權 10-950A
tōngbiāo 通標 10-944B
tóngbiǎo 銅表 11-1254A
tōngbīn 通賓 10-944A
tōngbǐng 通稟 10-942B
tōngbìng 通病 10-934B
tóngbīng 銅兵 11-1254A
tóngbìng 同病 3-114B
tóngbīngfú 銅兵符 11-1254A
tóngbìngxiānglián 同病相憐 3-114B
tōngbìquán 通臂拳 10-947B
tóngbìxiāngjì 同敝相濟 3-117A
tóngbǐyàn 同筆研 3-119A
tóngbǐyàn 同筆硯 3-119A
tōngbìyuán 通臂猿 10-947B
tōngbízi 通鼻子 10-943B
tōngbō 通波 10-929A
tōngbó 通帛 10-929A
tōngbó 通博 10-939A
tóngbō 同波 3-110B
tóngbó 銅拔 11-1254B
tóngbó 銅鈸 11-1259A
tóngbù 同步 3-108B
tóngbù 同部 3-115A
tóngbù 桐布 4-973B
tóngbù 僮部 1-1681B
tóngbù 橦布 4-1318A
tǒngbù 筒布 8-1149A
tòngbùyùshēng 痛不欲生 8-322B
tōngcái 通才 10-922A
tōngcái 通材 10-926B
tōngcái 通財 10-933B
tōngcái 通裁 10-939A
tóngcái 同財 3-113B
tóngcǎi 同寀 3-117B
tōngcáidáshí 通材達識 10-926B
tōngcáiliànshí 通才練識 10-922A
tōngcáishuòxué 通才碩學 10-922A
tōngcān 通參 10-938B
tóngcān 同參 3-117B
tōngcāng 通艙 10-946B
tóngcáng 同藏 3-125B
tǒngcāng 統艙 9-849B
tōngcáo 通曹 10-936A
tōngcáo 通漕 10-944A
tōngcǎo 通草 10-930A
tōngcǎo 蓪草 9-533A
tóngcāo 同操 3-124A
tóngcáo 艟艚 9-9A
tōngcǎohuā 通草花 10-930A
tóngcè 同廁 3-115B
tòngcè 痛惻 8-327A
tóngcén 同岑 3-108B
tòngcháchá 痛察察 8-328A
tóngchái 同儕 3-124B
tōngchán 通廛 10-945A
tōngchán 通鄽 10-947A
tóngchān 彤幨 3-1121B
tóngchān 彤襜 3-1121B
tóngchán 銅蟾 11-1262B
tóngchǎn 同產 3-116B
tóngchǎndì 同產弟 3-117A
tōngcháng 通長 10-927B
tōngcháng 通常 10-936A
tōngcháng 通腸 10-942A
tōngchàng 通暢 10-943A
tóngcháng 同常 3-116A
tóngcháng 童腸 8-392A
tǒngcháng 侗長 1-1336B
tòngcháng 痛腸 8-327B
tōngchángmǐ 通腸米 10-942A
tóngchǎnzǐ 同產子 3-117A
tōngcháo 通巢 10-938B
tōngcháo 通潮 10-945B
tóngchāo 銅鈔 11-1258A
tóngcháo 同朝 3-118B
tōngchē 通車 10-926B
tōngchě 通扯 10-926B
tōngchè 通徹 10-944B
tōngchè 通澈 10-945B
tóngchē 同車 3-108A
tóngchē 彤車 3-1121A
tǒngchē 筒車 8-1149A
tōngchén 通陳 10-935B
tōngchén 通晨 10-936A
tóngchén 同塵 3-122B
tóngchèn 童齔 8-392B
tōngchēng 通稱 10-943B
tōngchéng 通成 10-925B
tōngchéng 通呈 10-927A
tōngchéng 通誠 10-942B
tóngchēng 同稱 3-122A
tǒngchēng 統稱 9-849A
tǒngchéng 統承 9-848A
tòngchéng 痛懲 8-329A
tóngchéngpài 桐城派 4-974A
tóngchéngtiěbì 銅城鐵壁 11-1255A
tóngchénhéwū 同塵合汙 3-122B
tōngchī 通喫 10-939B
tōngchí 通池 10-926B
tōngchí 通馳 10-940B
tōngchì 通赤 10-926B
tōngchì 通飭 10-940A
tóngchī 銅螭 11-1261A
tóngchí 彤墀 3-1121B
tóngchí 銅池 11-1253B
tóngchí 銅墀 11-1260A
tóngchǐ 同齒 3-123A
tóngchǐ 童齒 8-392A
tóngchǐ 銅尺 11-1253A
tòngchì 痛叱 8-323B
tòngchì 痛斥 8-323B
tōngchóu 通酬 10-941A
tōngchóu 通籌 10-949A
tóngchóu 同仇 3-102B
tóngchóu 同裯 3-121B
tóngchóu 同儔 3-124B
tóngchóu 同疇 3-126A
tóngchóu 同讎 3-127A
tóngchóu 銅籌 11-1263A
tóngchòu 銅臭 11-1256A
tǒngchóu 統籌 9-849B
tóngchóudíkǎi 同仇敵概 3-102B
tóngchóudíkài 同仇敵愾 3-102B
tǒngchóujiāngù 統籌兼顧 9-850A
tóngchū 同出 3-106A
tóngchǔ 同處 3-115B
tòngchǔ 痛楚 8-327B
tòngchù 痛處 8-326A
tōngchuān 通川 10-922A
tōngchuán 通傳 10-941B
tóngchuāng 同窓 3-117B
tóngchuāng 同窗 3-119B
tóngchuáng 同牀 3-111B
tóngchuáng 彤幢 3-1121B
tòngchuāng 痛創 8-326B
tóngchuánggèmèng 同床各夢 3-109A
tóngchuánggòngzhěn 同床共枕 3-109A
tóngchuángyìmèng 同牀異夢 3-111B
tóngchuánhémìng 同船合命 3-116B
tóngchuí 銅錘 11-1261A
tóngchuíbùxiǔ 同垂不朽 3-109B
tóngchuíhuāliǎn 銅錘花臉 11-1261A
tóngchúntiěshé 銅脣鐵舌 11-1256A
tōngchuò 通綽 10-944A
tóngchūshēn 同出身 3-106A
tōngcí 通詞 10-940A
tōngcí 通辭 10-948A
tōngcì 通刺 10-928A
tóngcí 同辭 3-126A
tōngcū 通粗 10-937B
tōngcū 通麤 10-950B
tóngcuàn 同爨 3-127A
tóngcuàn 桐爨 4-975A
tóngcuàn 銅爨 11-1263A
tōngcuì 通倅 10-934A
tōngdá 通達 10-939A
tòngdá 痛怛 8-324B
tòngdá 慟怛 7-711A
tòngdǎ 痛打 8-323B
tōngdài 通帶 10-936A
tóngdài 銅黛 11-1262A
tǒngdài 統帶 9-848B
tōngdàn 通旦 10-924B
tóngdān 彤丹 3-1120B
tóngdǎng 同黨 3-126B
tóngdàng 銅蕩 11-1260A
tōngdǎo 通導 10-945A
tóngdào 同道 3-119A
tòngdào 痛悼 8-326A
tòngdào 慟悼 7-711A
tóngdǎtiězhù 銅打鐵鑄 11-1253A
tōngdé 通德 10-944B
tóngdé 同德 3-123A
tōngdémén 通德門 10-944B
tóngděng 同等 3-118B
tóngděngxuélì 同等學力 3-119A
tóngdétóngxīn 同德同心 3-123B
tóngdéxiélì 同德協力 3-123B
tóngdéyīxīn 同德一心 3-123B
tōngdí 通敵 10-945A
tōngdì 通遞 10-942A
tóngdī 銅堤 11-1257B
tóngdī 銅鍉 11-1262A
tóngdī 銅鞮 11-1262A
tóngdí 銅狄 11-1254A
tóngdì 同地 3-106A
tóngdì 同蔕 3-122A
tòngdǐ 痛詆 8-326B
tōngdiǎn 通典 10-928B
tōngdiàn 通電 10-941A
tóngdiān 童顛 8-392B
tóngdiǎn 銅點 11-1262A
tóngdiàn 彤殿 3-1121A
tóngdiàn 銅靛 11-1260B
tǒngdiàn 筒簟 8-1149B
tōngdiào 通弔 10-924A
tōngdiào 通調 10-945A
tóngdiào 同調 3-123B
tóngdiào 銅吊 11-1253B
tǒngdiào 筒釣 8-1149B
tōngdié 通牒 10-942A
tóngdié 童耋 8-391B
tóngdié 銅疊 11-1263A
tóngdìng 同定 3-110B
tòngdìng 痛定 8-324B
tòngdìngsī 痛定思 8-325A
tòngdìngsītòng 痛定思痛 8-325A
tòngdíqiánfēi 痛滌前非 8-328A
tóngdīqū 銅鞮曲 11-1262B
tǒngdǐtuō 桶底脱 4-1070B
tōngdòng 通洞 10-932A
tōngdòng 通迵 10-930B
tōngdòng 通動 10-936B
tóngdōu 銅兜 11-1257A
tóngdǒu 銅斗 11-1252B
tóngdǒu 銅料 11-1254B

tóngdǒu’erjiāhuó
銅斗兒家活 11-1252B
tóngdǒu’erjiāji
銅斗兒家計 11-1253A
tóngdǒu’erjiāmén
銅斗兒家門 11-1252B
tóngdǒu’erjiāsī
銅斗兒家私 11-1252B
tóngdǒu’erjiāyuán
銅斗兒家緣 11-1253A
tōngdū 通都 10-933A
tōngdú 通瀆 10-947B
tōngdú 通讀 10-950A
tóngdú 銅毒 11-1255A
tòngdú 痛毒 8-325A
tòngduàn 痛斷 8-328B
tōngdūdàbù 通都大埠
10-933A
tōngdūdàyì 通都大邑
10-933A
tóngduì 同隊 3-117B
tōngdūjùyì 通都巨邑
10-933A
tóng’è 同惡 3-118A
tóng’ègòngjì 同惡共濟
3-118A
tóng’ēnshēng 同恩生
3-114A
tóng’ér 童兒 8-390B
tóng’ér 僮兒 1-1681A
tóng’èxiāngdǎng
同惡相黨 3-118B
tóng’èxiāngjì 同惡相濟
3-118A
tóng’èxiāngqiú 同惡相求
3-118A
tōngfǎ 通法 10-929A
tòngfǎ 痛法 8-324B
tōngfān 通番 10-940A
tōngfàn 通範 10-944B
tóngfān 童幡 8-392A
tóngfàn 同犯 3-105B
tǒngfàn 筒飯 8-1149B
tōngfāng 通方 10-923B
tōngfáng 通房 10-929B
tōngfàng 通放 10-929A
tóngfāng 同方 3-103A
tóngfáng 同房 3-111A
tōngfěi 通匪 10-933A
tōngfēn 通分 10-923B
tòngfèn 痛憤 8-328B
tōngfēng 通封 10-929B
tōngfēng 通風 10-931B
tóngfēng 同風 3-112B
tóngfēng 桐封 4-974A
tóngfèng 桐鳳 4-975A
tóngfèng 銅鳳 11-1259B
tòngfēng 痛風 8-325A
tōngfēngbàoxìn 通風報信
10-931B
tōngfēngbàoxùn 通風報訊
10-931B
tōngfēngjī 通風機 10-931B
tōngfēngtǎoxìn 通風討信
10-931B
tóngfū 僮夫 1-1681A
tóngfú 同符 3-116B
tóngfú 同福 3-121B
tóngfú 銅符 11-1257A
tóngfǔ 同甫 3-108B
tóngfǔ 同父 3-103A
tóngfù 同父 3-103A
tóngfù 童阜 8-390B
tóngfù 僮婦 1-1681B
tǒngfǔ 統府 9-848A
tóngfúhéqì 同符合契
3-116B
tóngfúlì 銅符吏 11-1257A
tōnggāi 通晐 10-933B
tònggǎiqiánfēi 痛改前非
8-324B
tōnggǎn 通感 10-941A
tónggān 同甘 3-105B
tónggǎn 同感 3-120A
tónggàn 僮幹 1-1681B
tònggǎn 痛感 8-327B
tónggāngòngkǔ 同甘共苦
3-105B
tónggānkǔ 同甘苦 3-105B
tōnggào 通告 10-927A
tōnggào 通誥 10-944A
tónggāo 桐膏 4-975A
tōnggè 通箇 10-943B
tónggē 童歌 8-392A
tònggē 痛割 8-327A
tónggēn 同根 3-113B
tónggēng 同庚 3-110B
tónggěng 銅梗 11-1256B
tōnggòng 通共 10-925B
tōnggòng 通貢 10-933A
tónggōng 同工 3-101B
tónggōng 同功 3-105A
tónggōng 彤弓 3-1120B
tónggōng 彤宮 3-1121A
tónggōng 桐宮 4-974A
tónggōng 童工 8-389A
tónggòng 同共 3-106A
tǒnggòng 統共 9-847B
tónggōngjiǎn 同功繭 3-105B
tónggōngjiǎn 同宮繭 3-113B
tónggōngmián 同功綿 3-105B
tónggōngtóngchóu
同工同酬 3-101B
tónggōngyìqǔ 同工異曲
3-101B
tōnggōngyìshì 通工易事
10-922A
tōnggōngyìshì 通功易事
10-924A
tónggōngyītǐ 同功一體
3-105A
tōnggòngyǒuwú 通共有無
10-925B
tōnggōu 通溝 10-942B
tónggōu 銅溝 11-1259A
tǒnggòu 統購 9-849B
tǒnggōuzi 桶勾子 4-1070A
tōnggǔ 通古 10-924A
tōnggǔ 通谷 10-927A
tōnggǔ 通詁 10-940A
tōnggǔ 通鼓 10-940B
tōnggǔ 通賈 10-941A
tónggǔ 童羖 8-391A
tónggǔ 銅鼓 11-1258A
tònggǔ 痛骨 8-325A
tóngguā 銅瓜 11-1253B
tōngguān 恫瘝 7-520A
tōngguān 恫鰥 7-520B
tōngguān 恫矜 7-520A
tōngguān 通官 10-929B
tōngguān 通關 10-948B
tōngguān 通觀 10-950B
tōngguān 痌瘝 8-314B
tōngguān 痌瘝 8-314B
tōngguǎn 通管 10-943B
tōngguàn 通貫 10-938B
tóngguān 同官 3-111A
tóngguān 同棺 3-118B
tóngguān 桐棺 4-975A
tóngguān 童冠 8-391A
tóngguān 童觀 8-392B
tóngguān 銅官 11-1255A
tóngguān 銅關 11-1262B
tóngguān 潼關 6-145A
tóngguǎn 同館 3-124B
tóngguǎn 彤管 3-1121A
tóngguàn 同貫 3-117B
tóngguàn 童丱 8-390A
tǒngguān 統觀 9-850A
tǒngguàn 統貫 9-848B
tòngguān 痛瘝 8-328B
tōngguāng 通光 10-925B
tóngguāng 同光 3-106B
tōngguāngdiàn 通光殿
10-925B
tóngguāngtǐ 同光體 3-106B
tōngguānjié 通關節 10-948B
tōngguānsǎn 通關散 10-948B
tōngguānshǒu 通關手
10-948B
tōngguānténg 通關藤
10-948B
tòngguànxīnlǚ 痛貫心膂
8-326B
tōngguānyītǐ 痌瘝一體
8-314B
tóngguǎnyuè 銅管樂
11-1259A
tóngguǎnyuèduì 銅管樂隊
11-1259A
tōngguānzàibào 痌瘝在抱
8-314B
tōngguānzàibào 痌瘝在抱
8-314B
tōnggǔbójīn 通古博今
10-924A
tónggǔchāi 銅鼓釵 11-1258B
tōnggǔdábiàn 通古達變
10-924B
tōngguī 通規 10-936A
tōngguǐ 通軌 10-930A
tōngguì 通貴 10-939B
tóngguī 同規 3-115B
tóngguī 同歸 3-125B
tóngguī 桐圭 4-973B
tóngguī 桐珪 4-974A
tóngguǐ 同軌 3-112A
tóngguǐ 同晷 3-118B
tóngguǐ 銅匭 11-1256A
tǒngguì 筒桂 8-1149A
tóngguīshūtú 同歸殊途
3-125B
tóngguīshūtú 同歸殊塗
3-125B
tóngguīyújìn 同歸於盡
3-125B
tōngguó 通國 10-936B
tōngguò 通過 10-936B
tóngguō 銅郭 11-1256A
tóngguó 同國 3-116A
tōnggǔsī 通古斯 10-924A
tōnghǎi 通海 10-934B
tónghái 童孩 8-391A
tōnghán 通函 10-929B
tōnghàn 通汗 10-926A
tónghán 潼函 6-145A
tónghàn 同閈 3-117B
tōngháng 通航 10-934A
tóngháng 同行 3-107B
tóngháng 童行 8-390A
tōnghǎo 通好 10-926B
tōnghào 通號 10-941B
tónghāo 同蒿 3-119B
tónghāo 茼蒿 9-378A
tónghǎo 同好 3-108A
tónghào 同好 3-108A
tónghào 同號 3-120B
tōnghé 通合 10-926A
tōnghé 通和 10-928B
tōnghé 通核 10-933A
tónghé 同合 3-107B
tónghé 同和 3-110A
tónghé 銅河 11-1255A
tónghé 銅荷 11-1256A
tónghé 重禾 10-375B
tónghè 同賀 3-119B
tónghè 啁喝 3-327A
tónghè 啁嚇 3-327A
tǒnghé 統和 9-847B
tònghèn 痛恨 8-325A
tònghèn 慟恨 7-711A
tōnghēng 通亨 10-927B
tōnghōng 通轟 10-949B
tònghóng 通紅 10-932B
tōnghóu 通侯 10-931B
tōnghòu 通厚 10-930A
tōnghòu 通候 10-934A
tónghú 彤弧 3-1121A
tónghú 彤壺 3-1121A
tónghú 銅壺 11-1257B
tónghǔ 銅虎 11-1254B
tónghù 銅户 11-1253A
tōnghuā 通花 10-926B
tōnghuà 通化 10-923B
tōnghuà 通話 10-942B
tónghuā 桐花 4-973B

tónghuā 桐華 4-974A
tónghuā 銅花 11-1254A
tónghuā 銅華 11-1256A
tónghuā 橦花 4-1318A
tónghuā 橦華 4-1318A
tónghuà 同化 3-102B
tónghuà 童話 8-392A
tónghuà 潼華 6-145A
tónghuābù 桐華布 4-974A
tónghuāfèng 桐花鳳 4-973B
tōnghuái 通懷 10-948B
tónghuái 同懷 3-126A
tònghuái 慟懷 7-711A
tōnghuān 通歡 10-949B
tōnghuán 通闤 10-949B
tōnghuàn 通宦 10-932B
tōnghuàn 通喚 10-933B
tōnghuàn 通患 10-936B
tónghuān 同歡 3-126B
tónghuán 銅環 11-1261B
tónghuán 銅鐶 11-1263A
tǒnghuán 筒環 8-1149B
tōnghuáng 通黄 10-936A
tónghuáng 銅簧 11-1262A
tónghuāyān 桐花烟 4-973B
tónghuāyān 桐華烟 4-974B
tónghuàzhèngcè 同化政策 3-102B
tónghuàzuòyòng 同化作用 3-102B
tónghúdīlòu 銅壺滴漏 11-1257B
tónghǔfú 銅虎符 11-1254B
tōnghuǐ 恫悔 7-520A
tōnghuì 通會 10-942A
tōnghuì 通滙 10-942B
tōnghuì 通賄 10-941B
tōnghuì 通慧 10-944A
tónghuī 同灰 3-106A
tónghuì 同會 3-121A
tǒnghuì 統會 9-849A
tònghuǐ 痛悔 8-325B
tònghuǐ 痛毀 8-327B
tònghuǐqiánfēi 痛悔前非 8-326A
tónghúmén 銅壺門 11-1257B
tōnghūn 通昏 10-929A
tōnghūn 通婚 10-938B
tónghūn 童昏 8-390B
tónghūn 童婚 8-391B
tónghūn 僮昏 1-1681A
tónghún 銅渾 11-1258A
tónghúnyí 銅渾儀 11-1258A
tōnghuō 通豁 10-947A
tōnghuó 通越 10-939A
tōnghuò 通貨 10-936B
tōnghuò 通惑 10-939B
tónghuó 銅活 11-1255B
tónghuǒ 同火 3-103B
tónghuǒ 同伙 3-107A
tónghuǒ 同夥 3-122A
tǒnghuò 統貨 9-848B
tōnghuòjǐnsuō 通貨緊縮 10-936B
tōnghuòpéngzhàng 通貨膨脹 10-937A
tónghuózì 銅活字 11-1255B
tónghūxī 同呼吸 3-109B
tōngjī 通緝 10-945B
tōngjī 通幾 10-940B
tōngjí 通急 10-931B
tōngjí 通籍 10-949A
tōngjí 通藉 10-946B
tōngjì 通計 10-931B
tōngjì 通劑 10-946B
tōngjì 通濟 10-947A
tóngjī 同羈 3-127A
tóngjī 同覊 3-127A
tóngjī 彤几 3-1120B
tóngjī 童雞 8-392B
tóngjī 童羈 8-392B
tóngjí 同級 3-113B
tóngjí 同疾 3-115A
tóngjí 同極 3-118B
tóngjí 同籍 3-126B
tóngjì 同計 3-112B
tóngjì 同濟 3-125B
tóngjì 銅記 11-1256A
tóngjì 銅齊 11-1259B
tǒngjī 統楫 9-849A
tǒngjì 統紀 9-848B
tǒngjì 統計 9-848A
tòngjī 痛擊 8-328B
tòngjí 痛疾 8-325B
tòngjí 痛嫉 8-328A
tōngjiā 通家 10-935A
tōngjiǎ 通叚 10-932B
tōngjiǎ 通假 10-937A
tóngjiǎ 同甲 3-105B
tóngjiǎ 銅甲 11-1253A
tòngjiá 痛戞 8-326B
tóngjiǎhuì 同甲會 3-105B
tōngjiān 通奸 10-926B
tōngjiān 通姦 10-932B
tōngjiān 通間 10-940B
tōngjiān 通箋 10-943B
tōngjiān 通緘 10-945B
tōngjiǎn 通檢 10-947A
tōngjiǎn 通簡 10-947B
tōngjiàn 通見 10-927A
tōngjiàn 通健 10-934A
tōngjiàn 通鑒 10-950A
tǒngjiàn 筒箭 8-1149B
tòngjiān 痛殲 8-329B
tōngjiǎng 通講 10-947A
tóngjiāng 桐江 4-973B
tóngjiǎng 同獎 3-122B
tóngjiàng 銅匠 11-1253B
tòngjiānsùgòu 痛湔宿垢 8-327A
tōngjiǎntuīpái 通檢推排 10-947A
tōngjiāo 通交 10-926A
tōngjiǎo 通脚 10-937A
tóngjiāo 同交 3-107B
tóngjiāo 銅焦 11-1258A
tóngjiāo 銅鐎 11-1263A
tóngjiǎo 童角 8-390B
tóngjiǎo 銅角 11-1254A
tòngjiǎo 痛脚 8-326A
tòngjiǎo 痛矯 8-328B
tòngjiǎoqióngzhuī 痛勦窮追 8-328A
tóngjiāotiězhù 銅澆鐵鑄 11-1260B
tóngjiǎozi 銅角子 11-1254A
tōngjiǎzì 通假字 10-937A
tōngjiē 通接 10-936A
tōngjiē 通階 10-938B
tōngjiē 通街 10-940A
tōngjié 通結 10-940B
tōngjié 通節 10-941B
tōngjiě 通解 10-942A
tōngjiè 通介 10-923B
tōngjiè 通借 10-934A
tóngjiē 銅街 11-1258A
tóngjié 同捷 3-115B
tóngjié 同節 3-121A
tóngjiè 銅界 11-1255B
tōngjièzì 通借字 10-934A
tōngjīlìng 通緝令 10-945B
tōngjīn 通今 10-923B
tōngjīn 通津 10-932A
tōngjìn 通進 10-937A
tōngjìn 通禁 10-941A
tóngjīn 銅斤 11-1252B
tóngjīn 銅金 11-1254B
tóngjìn 同盡 3-122B
tóngjìn 同進 3-116A
tóngjìn 銅禁 11-1258B
tōngjīnbógǔ 通今博古 10-923B
tōngjīndágǔ 通今達古 10-923B
tōngjīng 通睛 10-941A
tōngjīng 通經 10-943A
tōngjīng 通精 10-944A
tóngjīng 同經 3-122A
tóngjīng 彤精 3-1121B
tóngjīng 銅精 11-1259B
tóngjīng 銅鯨 11-1262B
tóngjīng 瞳睛 7-1256B
tóngjǐng 同井 3-102A
tóngjǐng 銅井 11-1252A
tóngjìng 銅竟 11-1257A
tóngjìng 銅鏡 11-1262B
tòngjīng 痛經 8-328A
tòngjǐng 痛警 8-328B
tōngjīngmén 通荆門 10-930A
tóngjìnshìchūshēn 同進士出身 3-116B
tóngjīntiěgǔ 銅筋鐵骨 11-1258A
tóngjīntiělèi 銅觔鐵肋 11-1255B
tóngjīntiělèi 銅筋鐵肋 11-1258A
tōngjìshúchóu 通計熟籌 10-932A
tōngjiū 通究 10-927B
tōngjiù 通咎 10-929A
tōngjiù 通舊 10-946B
tǒngjiǔ 筩酒 8-1185A
tòngjiù 痛疚 8-324B
tǒngjìxué 統計學 9-848A
tōngjǔ 通矩 10-930B
tóngjū 同居 3-111B
tóngjǔ 同舉 3-124A
tóngjuàn 童卷 8-390B
tōngjué 通決 10-927B
tōngjué 通訣 10-937B
tóngjué 銅爵 11-1262A
tòngjué 痛決 8-324A
tòngjué 痛絶 8-327A
tòngjué 痛覺 8-329B
tòngjué 慟絶 7-711A
tóngjuéjì 銅爵妓 11-1262A
tóngjuélóu 銅爵樓 11-1262A
tóngjuétái 銅爵臺 11-1262A
tōngjùn 通浚 10-935A
tōngjùn 通儁 10-943B
tóngjūn 桐君 4-973B
tǒngjūn 統軍 9-848A
tōngkài 同愾 3-121B
tóngkǎn 同坎 3-108A
tōngkǎo 通考 10-925B
tóngkǎo 同考 3-106A
tǒngkǎo 統考 9-847B
tóngkǎoshìguān 同考試官 3-106A
tōngkě 通可 10-924B
tōngkè 通客 10-932B
tóngkē 同科 3-112A
tóngkē 童科 8-391A
tóngkē 銅柯 11-1255A
tóngkè 僮客 1-1681A
tóngkè 銅刻 11-1255A
tóngkēng 銅阬 11-1253B
tóngkēng 銅坑 11-1254A
tōngkèsī 通課司 10-945A
tóngkézi 銅殼子 11-1257B
tóngkǒng 瞳孔 7-1256B
tōngkǒu 通口 10-922A
tōngkòu 通寇 10-938A
tóngkòu 銅扣 11-1253B
tǒngkǒu 統口 9-847A
tòngkǒu 痛口 8-322B
tóngkū 童枯 8-390B
tǒngkù 筒褲 8-1149B
tòngkū 痛哭 8-325B
tòngkū 慟哭 7-711A
tòngkǔ 痛苦 8-324B
tòngkù 痛酷 8-328A
tōngkuài 通快 10-927B
tòngkuài 痛快 8-324A
tòngkuàilínlí 痛快淋漓 8-324A
tōngkuān 通寬 10-944A
tōngkuǎn 通欵 10-937B
tōngkuǎn 通款 10-938B
tōngkuàng 通曠 10-947B
tōngkuí 通逵 10-936A
tōngkuí 通馗 10-937B
tóngkuí 同揆 3-118A
tóngkuì 銅匱 11-1259A
tòngkuì 痛愧 8-327A

tòngkūliútì 痛哭流涕 8-325B
tōngkuò 通括 10-930A
tōngkuò 通闊 10-947B
tǒngkuò 統括 9-848A
tóngláiyù 同來育 3-109B
tōnglán 通欄 10-949B
tōnglǎn 通覽 10-949B
tōnglàn 通濫 10-947A
tónglán 銅藍 11-1262A
tōngláng 通廊 10-937B
tōnglǎng 通朗 10-935B
tóngláng 童郎 8-391B
tóngláng 童稂 8-391B
tóngláo 同牢 3-109A
tónglè 同樂 3-123B
tónglèhuì 同樂會 3-124A
tōnglèi 通類 10-948A
tóngléi 桐雷 4-975A
tónglèi 同類 3-126A
tǒnglèi 統類 9-849B
tónglèixiāngcóng 同類相從 3-126A
tónglèixiāngdù 同類相妒 3-126A
tónglèixiāngqiú 同類相求 3-126A
tōnglǐ 通理 10-935B
tōnglǐ 通禮 10-947A
tōnglì 通力 10-921B
tōnglì 通利 10-927A
tōnglì 通例 10-929A
tōnglì 通厲 10-943A
tōnglì 通曆 10-946A
tōnglì 通歷 10-946A
tónglǐ 同里 3-108B
tónglì 同力 3-101B
tónglì 同利 3-108B
tónglì 同例 3-110A
tónglì 童隸 8-392A
tónglì 童隷 8-392A
tónglì 僮隸 1-1681B
tǒnglǐ 統理 9-848B
tōnglián 通連 10-933B
tōnglián 通聯 10-946B
tōngliàn 通練 10-945B
tóngliàn 銅鍊 11-1262A
tōngliáng 通糧 10-947B
tōngliàng 通亮 10-932A
tóngliáng 童粱 8-392A
tóngliáng 銅梁 11-1257B
tóngliàng 同量 3-118B
tóngliáo 同僚 3-122A
tóngliáo 同寮 3-123B
tōngliè 通烈 10-933B
tóngliè 同列 3-106A
tōnglìhézuò 通力合作 10-922A
tōnglín 通隣 10-944A
tǒnglín 統臨 9-849B
tōnglíng 通靈 10-950B
tōnglǐng 通領 10-943B
tōnglìng 通令 10-924B
tónglíng 同齡 3-126B
tónglíng 銅陵 11-1256A
tǒnglǐng 統領 9-849A
tōnglíngcǎo 通靈草 10-950B
tōnglíngtái 通靈臺 10-950B
tónglìniǎo 同力鳥 3-101B
tōngliú 通流 10-935A
tóngliú 同流 3-115A
tóngliúhéwū 同流合汙 3-115A
tóngliúhéwū 同流合污 3-115A
tónglìxiāngsǐ 同利相死 3-108B
tónglìxiéqì 同力協契 3-101B
tōnglóng 通朧 10-949A
tōnglóng 通朧 10-949A
tōnglǒng 通籠 10-950A
tónglóng 銅龍 11-1261B
tónglóng 曈曨 5-839A
tónglóng 曈曨 5-839A
tónglóng 朣朧 6-1380A
tónglóngguǎn 銅龍館 11-1261B
tónglónglóu 銅龍樓 11-1261B
tónglóngmén 銅龍門 11-1261B
tónglóu 銅樓 11-1260A
tónglòu 彤鏤 3-1121B
tónglòu 銅漏 11-1259B
tǒnglóuzi 捅樓子 6-627A
tǒnglòuzi 捅漏子 6-627A
tōnglǔ 通虜 10-941A
tōnglù 通賂 10-941B
tōnglù 通路 10-941B
tónglú 彤盧 3-1121B
tónglù 同路 3-120B
tónglù 同録 3-124B
tónglù 穜稑 8-152A
tōngluàn 通亂 10-942A
tóngluán 彤鑾 3-1121B
tōnglùjiǔ 通路酒 10-941B
tōnglún 通輪 10-944B
tōnglùn 通論 10-945A
tónglún 同倫 3-114A
tónglún 同論 3-123B
tónglún 銅輪 11-1260A
tónglùn 同論 3-123B
tǒnglún 筒輪 8-1149B
tǒnglùn 統論 9-849B
tóngluó 同羅 3-126A
tóngluó 銅蠡 11-1263A
tóngluó 銅鑼 11-1263A
tónglùrén 同路人 3-120B
tōnglùzi 通路子 10-941B
tōnglǚ 通旅 10-934B
tōnglǜ 通律 10-931B
tōnglǜ 通率 10-937B
tónglǚ 同侶 3-110A
tónglǚ 同旅 3-115A
tónglǜ 同律 3-112B
tónglǜ 銅律 11-1255B
tónglǜ 銅綠 11-1259B
tóngmǎ 桐馬 4-974A
tóngmǎ 童馬 8-391A
tóngmǎ 銅馬 11-1255B
tòngmà 痛罵 8-328B
tóngmǎcí 銅馬祠 11-1256A
tóngmǎdì 銅馬帝 11-1256A
tóngmǎfǎ 銅馬法 11-1255B
tǒngmǎfēngwō 捅馬蜂窩 6-821A
tǒngmǎfēngwō 捅馬蜂窩 6-627A
tóngmài 同脈 3-114B
tóngmǎjūn 銅馬軍 11-1256A
tōngmàn 通幔 10-943B
tóngmàn 銅鏝 11-1262B
tǒngmàn 統鏝 9-849B
tóngmáo 童鬏 8-392A
tóngmào 同貌 3-122B
tóngmào 桐帽 4-975A
tóngmào 銅帽 11-1257B
tóngmào 銅瑁 11-1258A
tóngmào 重耄 10-385A
tōngméi 通眉 10-932B
tōngměi 通美 10-932A
tóngmèi 童昧 8-390B
tóngměixiāngdù 同美相妒 3-113A
tōngmén 通門 10-929B
tóngmén 同門 3-111A
tóngmén 銅門 11-1255A
tōngmèng 通夢 10-941A
tóngméng 同盟 3-120A
tóngméng 童蒙 8-391B
tóngméng 僮矇 1-1682A
tóngméng 僮蒙 1-1681B
tóngméng 曈曚 5-839A
tóngméng 朣朦 6-1380A
tóngméng 氃氋 6-1017A
tóngméng 瞳矇 7-1256B
tóngméng 重蒙 10-392A
tóngmèng 同夢 3-119B
tóngméngguó 同盟國 3-120B
tóngméngjūn 同盟軍 3-120B
tóngménlù 同門録 3-111A
tóngménshēng 同門生 3-111A
tóngményǒu 同門友 3-111A
tǒngmǐ 筒米 8-1149A
tóngmiàn 銅面 11-1255A
tóngmiànjù 銅面具 11-1255A
tóngmiào 童妙 8-390B
tōngmǐn 通敏 10-936B
tòngmǐn 痛愍 8-328A
tōngmíng 通名 10-926A
tōngmíng 通明 10-928A
tóngmíng 同名 3-107B
tóngmìng 同命 3-110B
tōngmíngdiàn 通明殿 10-928B
tōngmíngmá 通明麻 10-928B
tōngmíngtiān 通明天 10-928A
tóngmíngxiāngzhào 同明相照 3-109B
tōngmò 通陌 10-929B
tóngmò 銅陌 11-1255A
tóngmò 銅墨 11-1260A
tóngmògān 銅磨笴 11-1261B
tōngmóu 通謀 10-946B
tóngmóu 同謀 3-124B
tōngmù 通目 10-924B
tōngmù 通穆 10-946A
tóngmǔ 同母 3-106A
tóngmǔ 銅模 11-1259A
tóngmù 同幕 3-119B
tóngmù 童木 8-389B
tóngmù 童牧 8-390B
tóngmù 僮牧 1-1681A
tóngmùbù 桐木布 4-973B
tóngmùrén 桐木人 4-973A
tóngmùyú 桐木魚 4-973B
tóngnán 童男 8-390A
tóngnán 僮男 1-1681A
tóngnàn 同難 3-125B
tōngnánchèběi 通南徹北 10-930A
tóngnánnǚ 童男女 8-390A
tóngnántóngnǚ 童男童女 8-390A
tòngnáo 痛撓 8-328A
tòngnǎo 痛惱 8-327A
tóngnèi 同內 3-102A
tǒngnèi 統內 9-847B
tōngnì 通逆 10-932A
tóngní 銅猊 11-1257A
tóngnì 同逆 3-113A
tōngnián 通年 10-925B
tóngnián 同年 3-106B
tóngnián 童年 8-390A
tóngniǎn 同輦 3-122B
tóngniǎn 彤輦 3-1121B
tóngniǎn 銅輦 11-1259B
tòngniàn 痛念 8-324B
tóngniánchǐlù 同年齒録 3-107A
tóngnián'érjiào 同年而校 3-107A
tóngnián'éryǔ 同年而語 3-107A
tóngniánhuì 同年會 3-107A
tóngniánlù 同年録 3-107A
tóngniánmèi 同年妹 3-107A
tóngniánsǎo 同年嫂 3-107A
tóngniánshēng 同年生 3-106B
tóngniányǔ 同年語 3-107A
tōngniǔ 通紐 10-935B
tóngniú 童牛 8-390A
tóngniǔ 同紐 3-115B
tóngniújiǎomǎ 童牛角馬 8-390A
tóngnú 童奴 8-390A
tóngnú 僮奴 1-1681A
tōngnuó 通挪 10-930A
tóngnuò 同諾 3-123B
tóngnǚ 童女 8-389B
tóngnǚ 僮女 1-1681A
tòng'ōu 痛毆 8-328B

tóng'ǒurén 桐偶人 4-974B
tóngpái 銅牌 11-1258A
tōngpán 通盤 10-945A
tōngpàn 通判 10-927B
tóngpán 同盤 3-123B
tóngpán 銅槃 11-1259B
tóngpán 銅盤 11-1260B
tóngpàn 同判 3-109A
tǒngpán 桶盤 4-1070B
tóngpán'érshí 同盤而食 3-123B
tóngpánliánzǐ 銅盤奩子 11-1260B
tóngpánzhòngròu 銅盤重肉 11-1260B
tóngpáo 同袍 3-115A
tóngpào 銅泡 11-1255A
tóngpátiěbǎn 銅琶鐵板 11-1257B
tōngpéi 通賠 10-944B
tóngpèi 同轡 3-127A
tóngpéng 同朋 3-110B
tóngpénmào 銅盆帽 11-1255B
tóngpéntiězhǒu 銅盆鐵帚 11-1255B
tōngpí 通皮 10-925A
tōngpí 通脾 10-940A
tōngpǐ 通否 10-927A
tōngpǐ 通圮 10-925B
tóngpiàn 銅片 11-1252B
tōngpiào 通票 10-936A
tōngpǐn 通品 10-930B
tōngpìn 通聘 10-940B
tóngpǐn 同品 3-112A
tōngpíng 通平 10-924B
tòngpò 痛迫 8-324B
tōngpǔ 通譜 10-948A
tōngpù 通鋪 10-945A
tóngpū 銅鋪 11-1260B
tóngpú 童僕 8-392A
tóngpú 僮僕 1-1681B
tóngpù 同鋪 3-123B
tóngpù 銅舖 11-1260B
tōngqǐ 通起 10-933A
tōngqǐ 通啓 10-938A
tōngqì 通氣 10-933B
tóngqī 同栖 3-113B
tóngqī 同期 3-118B
tóngqī 同棲 3-118B
tóngqí 同齊 3-122B
tóngqí 童騎 8-392B
tóngqì 同契 3-112A
tóngqì 同氣 3-114A
tóngqì 同器 3-124A
tòngqì 慟泣 7-711A
tōngqià 通洽 10-932A
tōngqiān 通牽 10-937B
tōngqiān 通簽 10-948A
tōngqián 通虔 10-933B
tóngqiān 銅簽 11-1262B
tóngqiān 銅籤 11-1263A
tóngqián 同前 3-113A
tóngqián 銅錢 11-1261A
tóngqiàn 銅塹 11-1259A
tōngqiánchèhòu 通前徹後 10-932A
tōngqiánchèhòu 通前澈後 10-932A
tóngqiáng 銅牆 11-1262A
tóngqiāng 銅鏹 11-1263A
tóngqiángtiěbì 銅墻鐵壁 11-1260B
tóngqiángtiěbì 銅牆鐵壁 11-1262A
tōngqiánzhìhòu 通前至後 10-932A
tōngqiào 通竅 10-947B
tòngqiào 痛誚 8-328A
tōngqiè 痌切 8-314B
tóngqiè 童妾 8-390B
tòngqiè 痛切 8-322B
tòngqiè 慟切 7-711A
tóngqìliánzhī 同氣連枝 3-114A
tōngqīn 通親 10-946B
tōngqín 通勤 10-941A
tóngqīn 同衾 3-114B
tóngqǐn 同寢 3-122B
tòngqīn 痛親 8-328B
tōngqínchē 通勤車 10-941A
tōngqíng 通情 10-938A
tóngqīng 銅青 11-1254A
tóngqíng 同情 3-117A
tóngqìng 同慶 3-123B
tōngqíngdálǐ 通情達理 10-938A
tōngqióng 通窮 10-945B
tóngqìshídài 銅器時代 11-1261A
tōngqiú 通賕 10-943A
tóngqiú 同裘 3-120A
tóngqìxiāngqiú 同氣相求 3-114A
tōngqú 通渠 10-937B
tōngqú 通衢 10-950B
tōngqù 通趣 10-944B
tóngqú 蝺渠 12-1090A
tóngqù 同趣 3-123A
tóngqù 童趣 8-392A
tōngquán 通權 10-949B
tóngquán 銅權 11-1263A
tóngquǎn 狪犬 5-45A
tōngquáncǎo 通泉草 10-931B
tōngquándábiàn 通權達變 10-949B
tōngquándálǐ 通權達理 10-949B
tōngqúdàyì 通衢大邑 10-950B
tōngquè 通確 10-944B
tóngquē 銅闕 11-1262B
tóngquè 銅雀 11-1256B
tóngquèfēnxiāng 銅雀分香 11-1256B
tóngquèjì 銅雀妓 11-1256B
tóngquètái 銅雀臺 11-1256B
tóngquèwǎ 銅雀瓦 11-1256B
tóngquèyàn 銅雀硯 11-1256B
tōngqúguǎngmò 通衢廣陌 10-950B
tōngqún 通裙 10-940B
tóngqún 同羣 3-121B
tǒngqún 桶裙 4-1070B
tǒngqún 筒裙 8-1149B
tōngrán 通然 10-940A
tóngrán 同然 3-119A
tóngrán 僮然 1-1681B
tóngrǎng 同壤 3-126B
tóngrányīcí 同然一辭 3-119A
tòngrè 痛熱 8-328A
tōngrén 通人 10-921B
tōngrèn 通任 10-926A
tóngrén 同人 3-101B
tóngrén 同仁 3-102B
tóngrén 桐人 4-973A
tóngrén 銅人 11-1251B
tóngrén 瞳人 7-1256A
tóngrén 瞳仁 7-1256B
tōngrì 通日 10-923A
tóngrì 同日 3-102A
tóngrì'érdào 同日而道 3-102A
tóngrì'érlùn 同日而論 3-102A
tóngrì'éryán 同日而言 3-102A
tóngrì'éryǔ 同日而語 3-102A
tóngrìyǔ 同日語 3-102A
tōngróng 通容 10-935A
tōngróng 通融 10-945B
tóngróng 童容 8-391A
tǒngróng 統戎 9-847B
tōngrú 通儒 10-946A
tōngrù 通縟 10-946B
tóngrú 童孺 8-392B
tóngrǔ 桐乳 4-974A
tòngrǔ 痛辱 8-325B
tōngrúdáshí 通儒達識 10-946A
tōngrúdáshì 通儒達士 10-946A
tòngrùgǔsuǐ 痛入骨髓 8-322B
tōngrùn 通潤 10-945B
tóngruò 童弱 8-391B
tōngrúshuòxué 通儒碩學 10-946B
tòngrùxīnpí 痛入心脾 8-322B
tōngrúyuàn 通儒院 10-946A
tǒngsǎ 筩灑 8-1185A
tōngsāng 通喪 10-939B
tóngsǎngzi 銅嗓子 11-1258B
tóngsānpǐn 同三品 3-101B
tōngsè 通塞 10-943A
tòngshā 痛殺 8-325B
tōngshàn 通贍 10-948B
tóngshān 童山 8-389A
tóngshān 銅山 11-1251B
tōngshāng 通商 10-937B
tōngshāng 痌傷 8-314B
tóngshāng 銅商 11-1257B
tóngshǎng 同賞 3-123A
tóngshàng 同上 3-102A
tòngshāng 痛傷 8-327B
tōngshàngchèxià 通上徹下 10-922A
tóngshānjīnxué 銅山金穴 11-1252A
tóngshāntiěbì 銅山鉄壁 11-1252A
tóngshāntiěbì 銅山鐵壁 11-1252A
tóngshānxībēng… 銅山西崩,洛鐘東應 11-1251B
tōngshāo 通梢 10-936A
tòngshāshā 痛殺殺 8-325B
tòngshāshā 痛煞煞 8-328A
tōngshè 通涉 10-934B
tōngshè 通攝 10-949B
tóngshě 同舍 3-110A
tóngshè 同舍 3-110A
tóngshè 同社 3-109B
tǒngshè 統攝 9-850A
tóngshèláng 同舍郎 3-110A
tōngshēn 通身 10-927A
tōngshēn 通深 10-938A
tōngshén 通神 10-932B
tóngshēn 童身 8-390B
tóngshēn 銅身 11-1254A
tóngshén 瞳神 7-1256B
tōngshèng 通聖 10-940B
tóngshēng 同升 3-102B
tóngshēng 同生 3-105B
tóngshēng 同聲 3-125A
tóngshēng 童生 8-390A
tóngshēng 童聲 8-392A
tóngshēng 銅升 11-1252B
tóngshēng 銅聲 11-1261B
tóngshěng 銅省 11-1255A
tòngshéng 痛繩 8-329B
tóngshēnggòngqì 同聲共氣 3-125A
tóngshēnggòngsǐ 同生共死 3-105B
tòngshēngshēng 痛生生 8-323B
tóngshēngsī 銅生斯 11-1253A
tóngshēngtóngqì 同聲同氣 3-125A
tóngshēngxiǎngqì 銅聲響器 11-1261B
tóngshēngxiāngqiú 同聲相求 3-125A
tóngshēngxiāngyìng 同聲相應 3-125A
tóngshēngyīcí 同聲一辭 3-125A
tòngshēnwùjué 痛深惡絶 8-326A
tóngshèshēng 同舍生 3-110A

tōngshí 通石 10-924B
tōngshí 通時 10-933B
tōngshí 通識 10-948A
tōngshǐ 通史 10-924B
tōngshǐ 通使 10-928B
tōngshì 通士 10-922A
tōngshì 通市 10-925A
tōngshì 通式 10-925B
tōngshì 通事 10-928A
tōngshì 通室 10-932B
tōngshì 通視 10-938A
tōngshì 通試 10-942A
tōngshì 通釋 10-949A
tóngshī 同師 3-114A
tóngshí 同食 3-112B
tóngshí 同時 3-113B
tóngshí 同實 3-122B
tóngshí 銅石 11-1253A
tóngshǐ 彤史 3-1120B
tóngshǐ 彤矢 3-1120B
tóngshǐ 僮史 1-1681A
tóngshǐ 僮使 1-1681A
tóngshǐ 銅史 11-1253A
tóngshì 同耆 3-113B
tóngshì 同事 3-109B
tóngshì 同室 3-113A
tóngshì 童試 8-392A
tòngshǐ 痛史 8-323B
tóngshìcāogē 同室操戈 3-113A
tōngshídábiàn 通時達變 10-933B
tōngshídáwù 通時達務 10-933B
tōngshìguān 通事官 10-928A
tōngshíhébiàn 通時合變 10-933B
tōngshìshèrén 通事舍人 10-928A
tōngshǒu 通守 10-926B
tóngshǒu 童首 8-391A
tóngshòu 銅獸 11-1262B
tǒngshǒu 統手 9-847B
tóngshòufú 銅獸符 11-1262B
tōngshǒuzhìwěi 通首至尾 10-932A
tōngshū 通書 10-935B
tōngshū 通疎 10-940B
tōngshū 通疏 10-940B
tōngshū 通踈 10-943B
tōngshú 通熟 10-945A
tōngshǔ 通署 10-941B
tōngshǔ 通曙 10-947A
tōngshǔ 通數 10-944B
tōngshù 通恕 10-935B
tōngshù 通術 10-937A
tōngshù 通數 10-944B
tóngshū 同叔 3-109B
tóngshǔ 同屬 3-126B
tóngshǔ 彤署 3-1121A
tóngshù 童豎 8-392A
tóngshù 僮豎 1-1681B
tǒngshǔ 統屬 9-850A
tōngshuài 通率 10-937B
tǒngshuài 統率 9-848B
tǒngshuài 統帥 9-848A
tōngshuǎng 通爽 10-936A
tōngshūdálǐ 通書達禮 10-935B
tōngshuǐ 通水 10-923A
tōngshùn 通順 10-939B
tōngshuō 通說 10-944A
tōngsī 通司 10-925A
tōngsī 通私 10-927A
tōngsì 通祀 10-927B
tóngsī 桐絲 4-975A
tóngsī 銅絲 11-1258A
tǒngsì 統嗣 9-849A
tōngsìjiǎo'er 通廝脚兒 10-945A
tóngsìkāi 銅四開 11-1253A
tóngsōng 銅松 11-1254B
tóngsòng 僮訟 1-1681B
tóngsǒu 童叟 8-391A
tóngsǒuwúqī 童叟無欺 8-391A
tōngsú 通俗 10-931A
tōngsù 通訴 10-940A
tóngsú 同俗 3-112A
tóngsù 同宿 3-117B
tōngsuàn 通筭 10-941B
tōngsuàn 通算 10-943B
tòngsuān 痛酸 8-328A
tōngsúdúwù 通俗讀物 10-931A
tóngsuì 同歲 3-120A
tóngsuìshēng 同歲生 3-120A
tóngsūn 桐孫 4-974B
tóngsūn 童孫 8-391B
tōngsuō 通梭 10-936A
tōngsuǒ 通索 10-933B
tōngsúwénxué 通俗文學 10-931A
tóngtà 同榻 3-122A
tōngtài 通太 10-923A
tōngtài 通泰 10-932B
tóngtái 銅臺 11-1259A
tóngtàisì 同泰寺 3-113B
tóngtáiwǎ 銅臺瓦 11-1259A
tōngtán 通談 10-945A
tòngtán 痛談 8-328B
tòngtàn 痛歎 8-328B
tōngtǎng 通儻 10-950A
tóngtáng 同堂 3-115B
tóngtángxiōngdì 同堂兄弟 3-116A
tōngtào 通套 10-933B
tōngtáo 慟咷 7-711A
tōngtǐ 通體 10-950A
tōngtì 通替 10-938B
tóngtí 同蹄 3-124A
tóngtǐ 同體 3-126B
tǒngtǐ 統體 9-850A
tōngtiān 通天 10-922B
tóngtiān 同天 3-102A
tóngtián 銅鈿 11-1259A
tǒngtiān 統天 9-847A
tōngtiānbǎodài 通天寶帶 10-923A
tōngtiānchèdì 通天徹地 10-923A
tōngtiāndádì 通天達地 10-922B
tōngtiānfú 通天服 10-922B
tōngtiānguān 通天冠 10-922B
tōngtiānhú 通天狐 10-922B
tóngtiānjié 同天節 3-102A
tōngtiānláo 通天牢 10-922B
tǒngtiānlì 統天曆 9-847A
tōngtiānméi 通天眉 10-922B
tōngtiānsǔn 通天筍 10-922B
tōngtiāntǎ 通天塔 10-922B
tōngtiāntái 通天臺 10-923A
tōngtiānxī 通天犀 10-923A
tōngtiānyùdài 通天御帶 10-923A
tōngtiānzhǔzhàng 通天拄杖 10-922B
tōngtiáo 通條 10-934A
tóngtiáogòngguàn 同條共貫 3-114A
tōngtìguān 通替棺 10-938B
tóngtíng 同亭 3-112B
tóngtíng 彤廷 3-1121A
tóngtíng 彤庭 3-1121A
tōngtōng 通通 10-935B
tōngtóng 通同 10-925B
tōngtǒng 通統 10-940B
tóngtóng 蟲蟲 8-966B
tóngtóng 狪狪 10-24A
tóngtóng 燑燑 7-262B
tóngtóng 彤彤 3-1121A
tóngtóng 狪狪 5-45A
tóngtóng 烔烔 7-60B
tóngtóng 眮眮 7-1203A
tóngtóng 童童 8-391B
tóngtóng 僮僮 1-1681B
tóngtóng 潼潼 6-145A
tóngtóng 曈曈 5-839A
tóngtóng 朣朣 6-1380A
tǒngtōng 統通 9-848B
tǒngtǒng 侗侗 1-1336B
tǒngtǒng 統統 9-849A
tòngtòng 痛痛 8-327A
tòngtòngkuàikuài 痛痛快快 8-327A
tòngtòngqièqiè 痛痛切切 8-327A
tōngtóngyīqì 通同一氣 10-925B
tōngtòu 通透 10-934A
tóngtóu 銅頭 11-1260B
tóngtóuliùbì 銅頭六臂 11-1261A
tóngtóutiěbì 銅頭鐵臂 11-1261A
tóngtóutiě'é 銅頭鐵額 11-1261A
tōngtú 通途 10-934B
tōngtú 通塗 10-943A
tóngtū 童禿 8-390B
tóngtú 同塗 3-121B
tóngtǔ 童土 8-389A
tōngtuī 通推 10-936A
tōngtuǐ 通腿 10-942A
tōngtuō 通侻 10-931A
tōngtuō 通脫 10-937A
tōngtuǒ 通妥 10-927B
tóngtuó 銅駝 11-1259B
tóngtuó 銅駞 11-1259B
tóngtuócǎomǎng 銅駝草莽 11-1260A
tóngtuójiē 銅駝街 11-1260A
tóngtuójīngjí 銅駝荊棘 11-1260A
tóngtuómò 銅駝陌 11-1260A
tōngtuōmù 通脫木 10-937A
tóngtuóshì 銅駝市 11-1259B
tóngtuóxiàng 銅駝巷 11-1260A
tóngwá 僮娃 1-1681A
tóngwǎ 甋瓦 5-290A
tǒngwǎ 筒瓦 8-1149A
tǒngwǎ 筩瓦 8-1184B
tōngwǎn 通晚 10-936B
tóngwán 童頑 8-391B
tóngwán 銅丸 11-1252A
tòngwǎn 痛惋 8-326A
tóngwāndòu 銅豌豆 11-1260A
tōngwàng 通望 10-937B
tōngwēi 通微 10-942A
tóngwéi 彤幃 3-1121A
tóngwéi 彤闈 3-1121B
tóngwéi 銅圍 11-1257B
tóngwèi 同位 3-108B
tóngwèisù 同位素 3-109A
tóngwéitiěmǎ 銅圍鐵馬 11-1257B
tōngwén 通文 10-923B
tōngwèn 通問 10-938B
tóngwén 同文 3-103A
tōngwéndálǐ 通文達理 10-923B
tōngwéndálǐ 通文達禮 10-923B
tōngwéndáyì 通文達藝 10-923B
tóngwěng 潼滃 6-145A
tóngwéngòngguī 同文共規 3-103A
tóngwéngòngguǐ 同文共軌 3-103A
tóngwénguǎn 同文館 3-103A
tóngwénsì 同文寺 3-103A
tōngwéntiáowǔ 通文調武 10-923B
tōngwū 通屋 10-932B
tōngwù 通物 10-928B
tōngwù 通悟 10-935A
tóngwū 同屋 3-113B
tóngwū 童烏 8-391A
tóngwū 銅烏 11-1256A
tóngwǔ 同伍 3-107A
tòngwù 痛惡 8-326B

tòngwūchǒudǐ 痛誣醜詆 8-328A
tōngwúgòngyǒu 通無共有 10-939B
tóngwùxiāngxù 同惡相恤 3-118A
tóngwùxiāngzhù 同惡相助 3-118A
tōngxī 通夕 10-922A
tōngxī 通昔 10-927B
tōngxī 通析 10-928A
tōngxī 通悉 10-937A
tōngxī 通犀 10-940B
tōngxí 通習 10-938B
tōngxì 通舄 10-939B
tóngxī 童奚 8-391A
tóngxí 同席 3-114B
tóngxǐ 同喜 3-118A
tóngxǐ 銅洗 11-1255B
tǒngxì 統系 9-847B
tòngxī 痛惜 8-326A
tōngxiá 通狎 10-929A
tōngxiá 通俠 10-931A
tōngxiá 通轄 10-947A
tōngxiá 通黠 10-947B
tōngxiá 統轄 9-849B
tōngxiān 通仙 10-924B
tōngxiān 通僊 10-943B
tōngxián 通銜 10-943B
tōngxián 通賢 10-944B
tōngxiǎn 通幰 10-948A
tōngxiǎn 通顯 10-950A
tōngxiàn 通綫 10-944A
tóngxiān 銅仙 11-1253A
tóngxiàn 同縣 3-124A
tóngxiàn 銅綫 11-1259B
tōngxiǎnchàngjī 通險暢機 10-945B
tōngxiǎnchē 通幰車 10-948A
tōngxiáng 通詳 10-942B
tóngxiāng 同鄉 3-117B
tóngxiāng 桐鄉 4-974B
tóngxiǎng 同響 3-126B
tóngxiàng 銅象 11-1257A
tóngxiàng 銅像 11-1258B
tóngxiānghuì 同鄉會 3-118A
tōngxiāngmù 通香木 10-930B
tōngxiāo 通宵 10-935A
tōngxiāo 通曉 10-946A
tǒngxiāo 統銷 9-849B
tōngxiāochèdàn 通宵徹旦 10-935A
tōngxiāochèyè 通宵徹夜 10-935A
tōngxiāochèzhòu 通宵徹晝 10-935A
tōngxiāodádàn 通宵達旦 10-935A
tōngxīdài 通犀帶 10-940B
tōngxiè 通泄 10-929A
tōngxiè 通洩 10-932A
tōngxiè 通謝 10-947A
tōngxiè 通瀉 10-947B
tóngxiè 銅蟹 12-1221A
tōngxīn 恫心 7-519B
tōngxīn 通心 10-924A
tōngxīn 痌心 8-314B
tōngxìn 通信 10-931A
tóngxīn 同心 3-103B
tóngxīn 童心 8-390A
tòngxīn 痛心 8-323A
tòngxīnbánǎo 痛心拔腦 8-323A
tóngxīnbēi 同心杯 3-104B
tóngxīnbìlì 同心畢力 3-104B
tōngxìnbīng 通信兵 10-931A
tóngxīnbìnglì 同心并力 3-104A
tòngxīnbìngshǒu 痛心病首 8-323A
tóngxīnchángmìnglǚ 同心長命縷 3-104B
tóngxīndài 同心帶 3-104B
tóngxīndíkài 同心敵愾 3-105A
tóngxīnduànjīn 同心斷金 3-105A
tōngxīnfāngshèng 同心方勝 3-103B
tōngxīnfěn 通心粉 10-924A
tōngxíng 通行 10-926A
tōngxìng 通性 10-929B
tóngxīng 童星 8-391A
tóngxīng 銅腥 11-1259A
tóngxíng 同行 3-107B
tóngxíng 同形 3-108A
tóngxìng 同姓 3-111B
tóngxìng 同性 3-110B
tōngxíngběn 通行本 10-926A
tōngxìngē 通信鴿 10-931A
tóngxìngliàn 同性戀 3-110B
tōngxíngmǎpái 通行馬牌 10-926A
tóngxīngòngdǎn 同心共膽 3-104A
tóngxīngòngjì 同心共濟 3-104A
tōngxíngzhèng 通行證 10-926A
tóngxīnhédǎn 同心合膽 3-104A
tóngxīnhédé 同心合德 3-104A
tóngxīnhélì 同心合力 3-104A
tóngxīnhéyì 同心合意 3-104A
tóngxīnjié 同心結 3-104B
tóngxīnjiélì 同心竭力 3-105A
tōngxīnjǐn 通心錦 10-924A
tōngxīnjíshǒu 痌心疾首 8-314B
tòngxīnjíshǒu 痛心疾首 8-323B
tóngxīnjù 同心苣 3-104B
tòngxīnjuéqì 痛心絶氣 8-323B
tóngxīnkòu 同心扣 3-104A
tóngxīnkuài 同心膾 3-105A
tóngxīnlián 同心蓮 3-105A
tóngxīnlùlì 同心僇力 3-105A
tóngxīnlùlì 同心戮力 3-105A
tóngxīnlǚ 同心縷 3-105A
tóngxīnniǎo 同心鳥 3-104B
tóngxīn'ǒu 同心藕 3-105A
tòngxīnqiègǔ 痛心切骨 8-323A
tòngxīnrùgǔ 痛心入骨 8-323A
tóngxīnrúyì 同心如意 3-104B
tòngxīnshāngyì 痛心傷臆 8-323B
tōngxìnshè 通信社 10-931A
tóngxīntiědǎn 銅心鐵膽 11-1253A
tóngxīntóngdé 同心同德 3-104A
tōngxìnwèixīng 通信衛星 10-931A
tóngxīnxiédé 同心協德 3-104B
tóngxīnxiéjì 同心協濟 3-104B
tóngxīnxiélì 同心協力 3-104B
tóngxīnxiélì 同心叶力 3-104A
tóngxīnyīdé 同心一德 3-103B
tóngxīnyīlì 同心一力 3-103B
tóngxīnyīyì 同心一意 3-103B
tōngxìnyuán 通信員 10-931A
tóngxīnyuán 同心圓 3-105A
tōngxiǔ 通宿 10-938A
tōngxiù 通秀 10-927A
tōngxiù 通袖 10-935B
tóngxiū 同休 3-107A
tóngxiǔ 同宿 3-117B
tóngxiù 同秀 3-108B
tóngxiù 銅繡 11-1263A
tóngxiūděngqī 同休等戚 3-107A
tóngxiūgòngqī 同休共戚 3-107A
tǒngxiùkǎi 筒袖鎧 8-1149B
tóngxù 同恤 3-113A
tǒngxù 統緒 9-849A
tōngxuán 通玄 10-925A
tōngxuǎn 通選 10-945B
tóngxuán 同縣 3-124A
tōngxuánzhēnjīng 通玄真經 10-925A
tōngxuánzhēnrén 通玄真人 10-925A
tōngxué 通穴 10-925A
tōngxué 通學 10-946A
tōngxuè 通血 10-926A
tōngxuē 同靴 3-119B
tóngxué 同穴 3-105B
tóngxué 同學 3-124A
tóngxué 銅穴 11-1253B
tóngxuédì 同學弟 3-124B
tóngxuéjiū 同學究 3-124B
tóngxuéjiūchūshēn 同學究出身 3-124B
tóngxuélù 同學録 3-124B
tōngxuéshēng 通學生 10-946A
tōngxùn 通訊 10-934B
tōngxùn 通訓 10-934B
tóngxùn 同訓 3-114B
tōngxùnlù 通訊録 10-934B
tōngxùnshè 通訊社 10-934B
tōngxùnwǎng 通訊網 10-934B
tōngxùnyuán 通訊員 10-934B
tōngyǎ 通雅 10-939B
tóngyā 銅鴨 11-1261A
tóngyá 童牙 8-389B
tóngyá 銅牙 11-1252B
tǒngyā 統押 9-847B
tóngyálì 銅牙利 11-1252B
tōngyān 通淹 10-937B
tōngyán 通言 10-927B
tōngyǎn 通演 10-944A
tōngyàn 通驗 10-950A
tóngyán 童顔 8-392B
tóngyàn 同硯 3-118B
tóngyàn 銅研 11-1255A
tóngyàn 銅硯 11-1257B
tōngyáng 通洋 10-932A
tóngyáng 童羊 8-390A
tóngyǎng 童養 8-392A
tóngyàng 同様 3-123A
tòngyǎng 痛痒 8-326A
tòngyǎng 痛癢 8-329A
tóngyǎngxí 童養媳 8-392A
tòngyǎngxiāngguān 痛癢相關 8-329A
tóngyǎngxífù 童養媳婦 8-392A
tóngyánhèfà 童顔鶴髮 8-392B
tóngyánsǎo 桐嚴嫂 4-975A
tóngyánǔ 銅牙弩 11-1252B
tóngyànxí 同硯席 3-118B
tōngyào 通要 10-930A
tóngyáo 童謡 8-392B
tóngyáo 僮謡 1-1681B
tōngyè 通叶 10-924B
tōngyè 通夜 10-929A
tōngyè 通業 10-941A
tōngyè 通謁 10-946B
tóngyě 銅冶 11-1254A
tóngyè 同業 3-120A
tóngyè 銅葉 11-1257B
tǒngyè 統業 9-849A
tòngyè 痛咽 8-325A
tóngyèfēngdì 桐葉封弟

4-974B
tóngyèxì 桐葉戲 4-975A
tóngyèxiāngchóu 同業相仇 3-120A
tòngyèyè 痛咽咽 8-325A
tóngyèzhīfēng 桐葉之封 4-974B
tóngyèzhīxìn 桐葉之信 4-974B
tōngyī 通一 10-921B
tōngyí 通移 10-936B
tōngyí 通施 10-932A
tōngyì 通邑 10-927A
tōngyì 通易 10-928B
tōngyì 通意 10-942B
tōngyì 通義 10-942B
tōngyì 通誼 10-945A
tōngyì 通藝 10-947B
tōngyì 通譯 10-949A
tōngyì 通議 10-949A
tōngyì 通驛 10-950A
tóngyī 同一 3-101A
tóngyí 佟夷 1-1276B
tóngyí 哃疑 3-327A
tóngyí 銅儀 11-1260B
tóngyì 同役 3-109A
tóngyì 同邑 3-108B
tóngyì 同異 3-116A
tóngyì 同意 3-121A
tóngyì 同義 3-121A
tóngyì 同議 3-126B
tóngyì 僮役 1-1681A
tǒngyī 統一 9-847A
tǒngyī 統壹 9-849A
tóngyìcí 同義詞 3-121A
tōngyìdàdū 通邑大都 10-927A
tóngyīlǜ 同一律 3-101A
tōngyīn 通姻 10-932B
tōngyīn 通音 10-932A
tōngyīn 通堙 10-939A
tōngyín 通淫 10-938A
tōngyǐn 通隱 10-946B
tōngyìn 通印 10-925A
tóngyīn 同音 3-112B
tóngyīn 桐音 4-974A
tóngyīn 銅音 11-1255B
tóngyín 同寅 3-117A
tóngyìn 銅印 11-1253B
tòngyǐn 痛飲 8-326B
tóngyìnchí 銅印池 11-1253B
tóngyīncí 同音詞 3-113A
tōngyíng 通瑩 10-945A
tóngyīngònglǜ 同音共律 3-113A
tōngyǐnguān 通引官 10-924A
tōngyīngzǐyú 通應子魚 10-947A
tòngyǐnhuánglóng 痛飲黃龍 8-326B
tóngyínxiégōng 同寅協恭 3-117A
tōngyìnzǐyú 通印子魚 10-925A
tǒngyītǐ 統一體 9-847A
tóngyīxìng 同一性 3-101A
tóngyìyǔ 同意語 3-121A
tóngyìyǔ 同義語 3-121A
tǒngyīzhànxiàn 統一戰綫 9-847A
tóngyìzì 同義字 3-121A
tōngyòng 通用 10-925A
tōngyòngzì 通用字 10-925A
tōngyōu 恫憂 7-520A
tōngyōu 通幽 10-930B
tōngyóu 通郵 10-933B
tóngyōu 同憂 3-123A
tóngyóu 同游 3-119A
tóngyóu 同遊 3-119A
tóngyóu 桐油 4-974A
tóngyòu 童幼 8-390A
tōngyōubóshì 通幽博士 10-930B
tōngyōudònglíng 通幽洞靈 10-930B
tōngyōudòngmíng 通幽洞冥 10-930B
tōngyōudòngwēi 通幽洞微 10-930B
tōngyōudòngwēi 通幽動微 10-930B
tōngyōugònghuàn 通憂共患 10-944B
tóngyōuxiāngjiù 同憂相救 3-123A
tōngyū 通瘀 10-942B
tōngyǔ 通語 10-943B
tōngyù 通域 10-936A
tōngyù 通馭 10-939A
tōngyù 通諭 10-946B
tóngyú 同輿 3-125B
tóngyú 同轝 3-126B
tóngyú 彤魚 3-1121A
tóngyú 桐魚 4-974B
tóngyú 銅魚 11-1257A
tóngyǔ 同與 3-121A
tóngyǔ 同語 3-122B
tóngyǔ 銅羽 11-1253B
tóngyù 同域 3-115B
tóngyù 同欲 3-116B
tóngyù 僮御 1-1681B
tǒngyù 統御 9-849A
tǒngyù 統馭 9-848B
tōngyuān 通淵 10-940B
tōngyuán 通圓 10-941B
tōngyuán 通源 10-942B
tōngyuǎn 通遠 10-940B
tōngyuàn 恫怨 7-520A
tōngyuàn 通願 10-948A
tóngyuán 同垣 3-112A
tóngyuán 同源 3-121B
tóngyuán 銅元 11-1252A
tóngyuán 銅圓 11-1258B
tòngyuàn 痛怨 8-325A
tóngyuáncí 同源詞 3-121B
tóngyuángòngliú 同源共流 3-121B
tǒngyuánlì 統元曆 9-847A
tōngyuánshíwēi 通元識微 10-923A
tóngyuányìliú 同源異流 3-121B
tóngyuányìpài 同源異派 3-121B
tóngyuánzì 同源字 3-121B
tōngyuē 通約 10-932B
tóngyuē 僮約 1-1681B
tóngyuèchǐ 銅龠尺 11-1262A
tóngyuèduì 銅樂隊 11-1260B
tóngyúfú 銅魚符 11-1257A
tòngyúgǔsuǐ 痛於骨髓 8-324B
tōngyǔn 通允 10-924A
tōngyùn 通運 10-940B
tōngyùn 通韵 10-942B
tōngyùn 通韻 10-948A
tóngyún 同雲 3-118B
tóngyún 彤雲 3-1121A
tóngyúshǐ 銅魚使 11-1257A
tóngzài 同載 3-119B
tóngzàng 同藏 3-125B
tōngzāngguòfù 通贓過付 10-949B
tōngzé 通則 10-930A
tóngzé 同澤 3-125A
tòngzé 痛責 8-326A
tōngzéi 通賊 10-941B
tòngzēng 痛憎 8-328B
tóngzhái 銅宅 11-1253B
tóngzhǎn 銅盞 11-1258B
tǒngzhàn 統戰 9-849B
tōngzhāng 通章 10-937B
tōngzhǎng 通掌 10-939B
tóngzhāng 銅章 11-1257A
tóngzhàng 桐杖 4-973B
tòngzhàng 痛杖 8-324A
tóngzhānglì 銅章吏 11-1257A
tóngzhàngzǐ 銅仗子 11-1253A
tōngzhào 通照 10-941B
tóngzhào 銅照 11-1258B
tōngzhé 通轍 10-947B
tóngzhé 同轍 3-126A
tóngzhēn 同斟 3-119B
tóngzhēn 童貞 8-390B
tóngzhēn 童真 8-391A
tóngzhěn 同枕 3-109B
tōngzhēnlíng 通真達靈 10-933A
tōngzhèng 通正 10-924A
tōngzhèng 通政 10-929B
tōngzhèngsī 通政司 10-929B
tōngzhī 通知 10-928B
tōngzhí 通職 10-947B
tōngzhǐ 通紙 10-935B
tōngzhì 通志 10-926B
tōngzhì 通制 10-928B
tōngzhì 通治 10-929A
tōngzhì 通智 10-939B
tōngzhì 通質 10-944B
tóngzhī 同知 3-109B
tóngzhī 銅汁 11-1253B
tóngzhī 銅芝 11-1253B
tóngzhí 同直 3-109B
tóngzhí 同職 3-125B
tóngzhǐ 同指 3-112A
tóngzhǐ 僮指 1-1681A
tóngzhì 同知 3-109B
tóngzhì 同志 3-108A
tóngzhì 同治 3-110B
tóngzhì 同致 3-113B
tóngzhì 同質 3-123A
tóngzhì 童稚 8-391B
tóngzhì 童穉 8-392B
tóngzhì 銅炙 11-1255A
tǒngzhì 筒炙 8-1149A
tǒngzhì 統制 9-847B
tǒngzhì 統治 9-848A
tòngzhì 痛治 8-324B
tóngzhīgài 彤芝蓋 3-1120B
tóngzhìgē 同志哥 3-108A
tǒngzhìjiējí 統治階級 9-848A
tōngzhīshū 通知書 10-928B
tōngzhōng 通中 10-923A
tóngzhǒng 同種 3-122A
tǒngzhōng 筩中 8-1185A
tǒngzhōngbù 筒中布 8-1149A
tōngzhōngzhěn 通中枕 10-923A
tōngzhōu 通舟 10-926A
tóngzhōugòngjì 同舟共濟 3-107B
tóngzhōugòngmìng 同舟共命 3-107B
tóngzhōuyùfēng 同舟遇風 3-107B
tōngzhú 通燭 10-950B
tōngzhǔ 通屬 10-949B
tōngzhù 通注 10-929A
tóngzhū 彤珠 3-1121A
tóngzhú 桐竹 4-973B
tóngzhú 銅竹 11-1253B
tóngzhù 銅柱 11-1255A
tǒngzhú 筒竹 8-1149A
tōngzhuǎn 通轉 10-947B
tóngzhuān 銅甎 11-1260A
tóngzhuàn 銅篆 11-1260B
tōngzhuāng 通莊 10-933A
tōngzhuàng 通壯 10-927B
tōngzhuàng 通狀 10-929B
tóngzhuāng 童裝 8-392A
tǒngzhúbù 筒竹布 8-1149A
tóngzhúlǜ 銅竹律 11-1253B
tōngzhǔn 通準 10-943A
tóngzhùrén 同住人 3-108B
tóngzhùtiějiāo 銅鑄鐵澆 11-1263A
tōngzī 通資 10-942B
tōngzǐ 通子 10-922A
tōngzì 通字 10-926B
tóngzī 同咨 3-112B
tóngzǐ 桐子 4-973A
tóngzǐ 桐梓 4-974B
tóngzǐ 童子 8-389A

tóngzǐ 僮子 1-1681A
tóngzǐ 銅子 11-1252A
tóngzǐ 曈子 7-1256B
tóngzì 同字 3-107B
tóngzì 銅字 11-1253B
tǒngzi 桶子 4-1070A
tǒngzi 筒子 8-1148B
tǒngzi 統子 9-847A
tòngzìchuāngyì 痛自創艾 8-323B
tǒngzihuā 桶子花 4-1070A
tóngzǐjī 童子鷄 8-389B
tǒngzijīndǒu 筒子斤斗 8-1149A
tóngzǐjūn 童子軍 8-389B
tóngzǐkē 童子科 8-389B
tóngzǐláng 童子郎 8-389B
tóngzǐláo 童子痨 8-389B
tǒngzimào 桶子帽 4-1070A
tǒngzipí 筒子皮 8-1149A
tóngzǐshì 童子試 8-389B
tóngzǐtuán 童子團 8-389B
tōngzōng 通綜 10-944A
tóngzōng 同宗 3-110B
tǒngzǒng 統總 9-849B
tǒngzòng 筒糉 8-1149B
tōngzòu 通奏 10-929B
tōngzōu 彤騶 3-1121B
tōngzú 通族 10-937B
tóngzú 同族 3-116B
tóngzuǐ 銅觜 11-1258B
tóngzuì 同罪 3-120B
tóngzuì 同醉 3-123A
tòngzuì 痛醉 8-328B
tòngzuì 慟醉 7-711A
tōngzūn 通尊 10-940A
tóngzuò 同坐 3-109A
tòngzuò 痛坐 8-324A
tōu'ān 偷安 1-1552B
tōu'ān 媮安 4-389A
tóu'àn 投案 6-403B
tóubǎ'er 頭把兒 12-300A
tóubài 投拜 6-402B
tóubáiwū 頭白烏 12-299A
tóubān 頭班 12-303B
tóubǎn 投版 6-402A
tóubǎnxīnwén 頭版新聞 12-301B
tōubǎo 偷飽 7-666B
tóubào 投報 6-404B
tóubào 頭報 12-305B
tòubèi 透背 10-909B
tóubèn 投奔 6-401B
tóubèn 投逩 6-404A
tóubèng 投蹦 3-815B
tóubǐ 投筆 6-405A
tóubì 投畀 6-401B
tóubì 頭髲 12-308B
tóubiān 投鞭 6-408B
tóubiān 頭編 12-309A
tóubiān 頭邊 12-310A
tóubiānduànliú 投鞭斷流 6-408B
tóubiāo 投標 6-407A
tóubìcháihǔ 投畀豺虎 6-402A
tóubǐcóngróng 投筆從戎 6-405A
tòubìkōng 透碧空 10-911A
tóubìn 頭鬢 12-310B
tóubìn 頭鬓 12-310B
tóubīng 投兵 6-401A
tòubìxiāo 透碧霄 10-911A
tōubó 偷薄 1-1555A
tōubó 媮薄 4-389B
tóubō 頭撥 12-308B
tóubózi 頭膊子 12-308A
tóubù 投步 6-400B
tóucǎi 頭彩 12-305A
tóucán 頭蠶 12-310B
tóucāng 頭艙 12-309B
tóucè 投策 6-405A
tóuchá 頭茶 12-302A
tóuchá 頭楂 12-306B
tóuchán 投讒 6-409B
tóuchǎn 投産 6-404A
tóuchǎng 頭場 12-305B
tóucháoxià 頭朝下 12-305B
tòuchè 透徹 10-911A
tòuchè 透澈 10-911B
tóuchéng 投誠 6-406B
tōuchí 偷弛 1-1552B
tóuchōng 投充 6-400B
tóuchóu 頭籌 12-310B
tóuchù 頭畜 12-304A
tòuchuàn 透串 10-909A
tóuchuí 投箠 6-406B
tōuchūnlǐ 偷春體 1-1553A
tóuchūtóumò 頭出頭没 12-299A
tóucí 投詞 6-405A
tóucǐ 緰此 9-944A
tóucì 投刺 6-401B
tǒucōng 黈聰 12-1014A
tóucù 頭醋 12-308B
tóucuàn 投竄 6-409A
tóucuī 投崔 3-815B
tōucún 偷存 1-1552A
tóucùn 頭寸 12-297A
tóucuò 投厝 6-403B
tóudā 頭搭 12-305B
tóudá 頭答 12-306A
tóudá 頭達 12-305B
tóudà 頭大 12-297A
tòudá 透達 10-911A
tōudào 偷盗 1-1554A
tóudào 投到 6-401B
tóudào 頭到 12-301A
tóudé 投得 6-404A
tóuděng 頭等 12-305B
tóudí 投敵 6-407B
tóudí 頭敵 12-309A
tóudǐ 頭底 12-301B
tóudǐ 頭抵 12-301A
tóudì 投地 6-400A
tóudì 投遞 6-406A
tóudì 頭地 12-299B
tòudǐ 透底 10-909B
tòudì 透遞 10-911A
tóudiàn 投店 6-402A
tóudiào 投釣 6-404A
tòudiāo 透雕 10-911B
tóudié 投牒 6-406A
tóudǐng 頭頂 12-304B
tòudǐng 透頂 10-910B
tóudǐngtóu 頭頂頭 12-304B
tóudǐngxīn 頭頂心 12-304B
tōudù 偷渡 1-1554A
tóudù 頭肚 12-300A
tòudù 透渡 10-911A
tóuduàn 頭段 12-302B
tóuduànwù 頭段物 12-302B
tóuduì 頭對 12-308A
tōuduò 偷惰 1-1554A
tōuduò 偷墮 1-1554B
tōuduò 媮惰 4-389B
tōuduò 媮墮 4-389B
tōuduò 媮嫷 4-389B
tóu'é 頭額 12-310A
tóu'é 頭鵝 12-310A
tòu'éluó 透額羅 10-911B
tōu'ér 偷兒 1-1553A
tōu'ěr 偷耳 1-1552A
tóu'er 骰兒 12-405A
tóu'er 頭兒 12-301A
tóu'ěr 頭耳 12-299B
tóu'ernǎo'er 頭兒腦兒 12-301B
tóu'éyàn 頭鵝宴 12-310A
tóu'éyàn 頭鶯燕 12-310A
tóufà 頭髮 12-308B
tóufāng 頭方 12-298B
tóufáng 頭房 12-302A
tóufàng 投放 6-402A
tóufàyóu 頭髮油 12-308B
tóufēibíyǐn 頭飛鼻飲 12-303B
tóufèn 投分 6-399B
tōufēng 偷風 1-1553B
tōufēng 媮風 4-389B
tóufēng 頭風 12-303A
tòufēng 透風 10-910A
tóufú 投紱 6-404B
tóufú 頭伏 12-299B
tóufǔ 投斧 6-402A
tóufù 投附 6-401A
tóufù 投赴 6-402B
tóugài 頭蓋 12-306B
tóugàigǔ 頭蓋骨 12-306B
tóugān 投竿 6-403A
tóugāng 頭綱 12-308B
tóugāo 頭高 12-304A
tóugāo 頭篙 12-309B
tóugǎo 投稿 6-407A
tóugào 投告 6-401A
tóugāozhǐhuǒ 投膏止火 6-406B
tóugē 投戈 6-399A
tóugé 投閣 6-407A
tóugējiǎngyì 投戈講蓺 6-399A
tóugējiǎngyì 投戈講藝 6-399A
tóugēng 頭羹 12-310A
tóugōng 投工 6-398B
tóugōng 頭工 12-297A
tóugōng 頭功 12-298B
tóugòng 投供 6-402A
tōugōngjiǎnliào 偷工減料 1-1552A
tóugōngpái 頭功牌 12-298B
tōugǒu 偷苟 1-1553A
tóugōu 投鉤 6-406A
tóugòu 頭垢 12-302A
tóugū 頭箍 12-308A
tóugǔ 頭骨 12-302B
tóugǔ 頭轂 12-308B
tòugǔ 透骨 10-910A
tóuguā 投瓜 6-400A
tōuguāi 偷乖 1-1553A
tóuguān 投冠 6-403A
tóuguǎn 頭管 12-308A
tōuguāng 偷光 1-1552A
tòuguāngjiàn 透光鑑 10-909A
tòugǔcǎo 透骨草 10-910A
tóuguī 投歸 6-409A
tóuguǐ 投匭 6-404A
tòugǔjīn 透骨金 10-910A
tóuguǒ 投果 6-401B
tōuhàn 偷漢 1-1554B
tóuháng 投行 6-400A
tōuhánsòngnuǎn 偷寒送暖 1-1554A
tōuhànzi 偷漢子 1-1554B
tóuhào 頭號 12-307A
tōuhé 偷合 1-1552B
tóuhé 投合 6-400B
tóuhé 投劾 6-402A
tòuhé 透河 10-909B
tóuhébēnjǐng 投河奔井 6-402B
tōuhégǒucóng 媮合苟從 4-389A
tōuhégǒuróng 偷合苟容 1-1552B
tōuhégǒuróng 媮合苟容 4-389A
tóuhēi 頭黑 12-305B
tòuhéjǐng 透河井 10-909B
tōuhéqǔróng 偷合取容 1-1552B
tóuhū 頭忽 12-301B
tóuhū 頭聰 12-306B
tóuhú 投壺 6-404B
tóuhù 投笏 6-403B
tóuhuà 投化 6-399B
tóuhuán 投環 6-408A
tóuhuán 投繯 6-409A
tóuhuāng 投荒 6-402B
tóuhúdiànxiào 投壺電笑 6-405A
tóuhuí 頭回 12-299B
tóuhuí 頭迴 12-302B
tóuhūn 頭婚 12-305B
tóuhūnmùxuàn 頭昏目眩

12-301B
tóuhūnmùyūn 頭昏目暈 12-301B
tóuhūnnǎomèn 頭昏腦悶 12-301B
tóuhūnnǎoxuàn 頭昏腦眩 12-301B
tóuhūnnǎozhàng 頭昏腦脹 12-301B
tóuhūnyǎn'àn 頭昏眼暗 12-301B
tóuhūnyǎnhuā 頭昏眼花 12-301B
tōuhuó 偷活 1-1553B
tóujī 投機 6-407B
tóujī 投幾 6-405B
tóujī 頭雞 12-310A
tóují 投殛 6-405A
tóují 投藉 6-408A
tóujì 投迹 6-403A
tóujì 投寄 6-404A
tóujì 投跡 6-405B
tóujì 頭髻 12-309A
tóujiā 頭家 12-304B
tóujiá 頭頰 12-309B
tóujiǎ 頭甲 12-299A
tóujiān 投艱 6-408A
tóujiàn 投間 6-405B
tóujiàn 投閒 6-405B
tóujiàndǐxì 投間抵隙 6-405B
tóujiāniáng 頭家娘 12-304B
tòujiànmén 透劍門 10-911B
tóujiāo 投膠 6-407B
tóujiǎo 頭角 12-300A
tóujiāo'élàn 頭焦額爛 12-306A
tóujiǎozhēngróng 頭角崢嶸 12-300B
tōujībùzhuó… 偷雞不着,反折一把米 1-1555B
tóujīdǎobǎ 投機倒把 6-407B
tōujīdàogǒu 偷雞盜狗 1-1555B
tóujiè 投解 6-406B
tōujīmōgǒu 偷雞摸狗 1-1555B
tōujīn 偷金 1-1553A
tóujīn 投金 6-402A
tóujīn 頭巾 12-297B
tōujīng 偷睛 1-1554B
tóujǐng 頭頸 12-309B
tòujǐng 透井 10-908B
tòujìng 透鏡 10-911B
tóujǐngxiàshí 投井下石 6-399A
tóujǐngxiàshí 投阱下石 6-400B
tóujīnjiè 頭巾戒 12-297B
tóujīnlài 投金瀨 6-402A
tóujīnqì 頭巾氣 12-297B
tóujīqǔqiǎo 投機取巧 6-407B
tóujiǔ 投酒 6-403B
tōujū 婾居 4-389A
tóujú 骰局 12-405A
tóujūn 投軍 6-403A
tóukǎo 投考 6-400A
tóukào 投靠 6-407A
tōukè 偷刻 1-1553A
tōukòng 偷空 1-1553A
tòukōng 透空 10-909B
tóukǒu 頭口 12-297B
tōukuài 偷快 1-1552B
tóukuài 頭會 12-307A
tòukuài 透快 10-909A
tóukuàijīfù 頭會箕賦 12-307A
tóukuàijīliǎn 頭會箕斂 12-307A
tóukuǎn 投款 6-404B
tóukuǎn 頭欵 12-305A
tǒukuàng 鈄纊 12-1014B
tóukuī 頭盔 12-305A
tóukuì 投匱 6-406B
tóulà 頭蠟 12-310B
tōulǎn 偷懶 1-1555B
tōulǎn 愉㦨 7-666B
tóulán 投籃 6-409A
tóuláo 投醪 6-408B
tóulǎo 投老 6-400A
tóulǎo 頭佬 12-301A
tōulè 偷樂 1-1555A
tōulè 婾樂 4-389B
tóuli 頭裏 12-308A
tòulì 透力 10-908B
tóuliǎn 頭臉 12-310A
tòuliàng 透亮 10-910A
tōuliánghuànzhù 偷梁換柱 1-1554A
tōulín 偷霖 1-1555A
tóulín 投林 6-401A
tóulǐng 頭領 12-308A
tòulíng'er 透靈兒 10-912A
tóulirén 頭裏人 12-308A
tóulóng 頭龍 12-309B
tōulòu 偷漏 1-1554B
tòulòu 透漏 10-911A
tōulù 偷祿 1-1554B
tóulú 頭盧 12-309B
tóulú 頭顱 12-310B
tóulù 頭路 12-307A
tòulù 透露 10-912A
tóuluǎn 投卵 6-401A
tóuluǎnjīshí 投卵擊石 6-401A
tóulún 投綸 6-407A
tóuluó 頭鑼 12-311A
tóulúxiāng 頭爐香 12-310B
tóulǜ 頭綠 12-308B
tóumǎ 頭馬 12-303B
tóumàn 頭曼 12-305A
tōumào 婾冒 4-389A
tóumáo 頭毛 12-298B
tóumèi 投袂 6-403A
tōumèiqǔróng 偷媚取容 1-1554B
tóumén 頭門 12-302A
tóumí 頭迷 12-303A
tōumiǎn 偷免 1-1552B
tóumián 頭眠 12-304A
tóumiàn 頭面 12-302A
tóumiànlǐzú 頭面禮足 12-302B
tóumiànrénwù 頭面人物 12-302B
tóumíng 投名 6-400B
tóumíng 投明 6-401B
tóumíng 頭名 12-300A
tóumíng 頭明 12-301A
tóumìng 投命 6-402A
tòumíng 透明 10-909A
tòumíngdù 透明度 10-909B
tòumíngjiāo 透明膠 10-909B
tòumíngtǐ 透明體 10-909B
tōumò 婾末 4-389A
tóumóu 頭牟 12-300A
tóumù 投暮 6-406B
tóumù 頭目 12-298B
tóumùbàoqióng 投木報瓊 6-399A
tóumùrén 頭目人 12-299A
tóunán 頭難 12-310A
tóunǎo 頭腦 12-307B
tóunǎojiǔ 投腦酒 6-406A
tóunǎojiǔ 頭腦酒 12-307B
tóunǎotāng 頭腦湯 12-308A
tōuněi 婾餒 4-389B
tōunèn 偷嫩 1-1555A
tóuní 投蜺 6-406B
tóuní 投霓 6-408A
tóunián 頭年 12-299B
tōunìng 婾佞 4-389A
tóupà 頭帕 12-301A
tóupái 頭牌 12-306A
tóupài 頭派 12-303B
tóupáihuò 頭排貨 12-304B
tóupán 骰盤 12-405A
tóupán 頭盤 12-309A
tóupào 頭炮 12-303B
tóupén 骰盆 12-405A
tóupí 頭皮 12-299A
tóupǐ 頭匹 12-298A
tóupǐ 頭疋 12-299A
tòupì 透闢 10-912A
tóupiào 投票 6-404A
tóupǐn 頭品 12-302B
tòupíngjī 透平機 10-909A
tōupó 偷婆 1-1554A
tóupòxuèchū 頭破血出 12-303B
tóupòxuèlín 頭破血淋 12-303B
tóupòxuèliú 頭破血流 12-303B
tōuqī 偷期 1-1554A
tóuqī 投棲 6-405A
tóuqī 投漆 6-407A
tóuqī 頭七 12-296B
tóuqī 頭妻 12-301A
tóuqí 投旗 6-407A
tóuqǐ 頭起 12-303B
tóuqì 投契 6-402B
tóuqì 投棄 6-405A
tóuqì 頭訖 12-304A
tòuqì 透氣 10-910A
tóuqiǎ 頭卡 12-298B
tóuqià 投洽 6-403A
tōuqiǎn 偷淺 1-1554A
tóuqiān 投籤 6-409B
tóuqián 投錢 6-408A
tóuqián 骰錢 12-405A
tóuqián 頭前 12-303A
tóuqián 頭錢 12-309B
tóuqiāng 投槍 6-406B
tòuqiāng 透腔 10-911A
tōuqiǎo 偷巧 1-1552A
tōuqiè 偷竊 1-1555B
tòuqiè 透切 10-908B
tóuqīn 投親 6-408A
tōuqīng 偷青 1-1552B
tōuqíng 偷情 1-1554A
tòuqíng 透情 10-910B
tóuqióng 投瓊 6-408B
tóuqísuǒhào 投其所好 6-401A
tóuqiū 頭秋 12-302B
tóuqiú 頭球 12-304B
tōuqǔ 偷曲 1-1552B
tóuqū 投軀 6-409A
tóuquán 頭拳 12-304A
tòurèliáofǎ 透熱療法 10-911A
tōurén 偷人 1-1552A
tōurěn 偷忍 1-1552B
tóurén 頭人 12-296B
tóurènjiēxū 投刃皆虛 6-399A
tōuróng 偷榮 1-1554B
tōuróng 婾容 4-389B
tóuróng 頭容 12-304B
tōurú 偷懦 1-1555B
tōurú 偷儒 1-1555A
tóusǎng 頭顙 12-310B
tóusānjiǎonánti 頭三脚難踢 12-296B
tóushā 頭紗 12-304B
tóushāncuànhǎi 投山竄海 6-399A
tóushǎng 頭晌 12-304A
tóushàng 頭上 12-297A
tòushāng 透墒 10-911A
tóushàng'āntóu 頭上安頭 12-297B
tóushàngmòxià 頭上末下 12-297A
tóushàngzhuótóu 頭上著頭 12-297B
tóushāo 頭梢 12-304B
tóushāo 頭稍 12-305B
tóushào 頭哨 12-304A
tóushāozìlǐng 頭稍自領 12-305A
tóushāozìlǐng 頭稍自領

12-305B
tóushè 投射 6-403B
tòushè 透射 10-910A
tóushēn 投身 6-401A
tōushēng 偷生 1-1552A
tōushēng 偷聲 1-1555A
tōushēng 媮生 4-389A
tóushēng 投生 6-399B
tóushēng 頭生 12-299A
tóushēng 頭牲 12-302B
tóushéng 頭繩 12-310B
tóushēng'er 頭生兒 12-299A
tōushēngxìqì 偷聲細氣 1-1555B
tóushēnzhǐ 投身紙 6-401A
tōushí 偷食 1-1553B
tōushí 鍮石 11-1357B
tóushī 投師 6-403B
tóushī 頭蝨 12-309A
tóushí 投石 6-399B
tóushí 投食 6-403A
tóushí 頭食 12-303A
tóushì 投視 6-404B
tóushì 頭市 12-299A
tóushì 頭勢 12-306B
tóushì 頭飾 12-307B
tòushì 透示 10-909A
tòushì 透視 10-910B
tóushíbájù 投石拔距 6-399B
tóushíchāojù 投石超距 6-399B
tòushìsuōyǐng 透視縮影 10-911A
tòushìtú 透視圖 10-911A
tóushíwènlù 投石問路 6-399B
tóushíxiàjǐng 投石下井 6-399B
tóushǒu 投首 6-403A
tóushǒu 頭首 12-303A
tóushòu 投售 6-404A
tóushū 投書 6-403B
tóushǔ 投鼠 6-406A
tòushú 透熟 10-911B
tòushuǎng 透爽 10-910B
tōushuì 偷稅 1-1554A
tóushuǐ 頭水 12-298A
tòushuǐ 透水 10-909A
tòushuì 透稅 10-911A
tóushuǐchuán 頭水船 12-298A
tóushǔjìqì 投鼠忌器 6-406A
tóushùn 投順 6-405A
tóushùqíng 頭庶剠 12-305A
tóushǔzhījì 投鼠之忌 6-406A
tōusì 偷肆 1-1554B
tóusǐ 投死 6-400A
tōusú 偷俗 1-1553B
tóusù 投宿 6-404B
tóusù 投訴 6-405A
tòusuǐ 透髓 10-912A
tóusuō 投梭 6-404A
tòusuǒ 透索 10-910A
tóusuōzhéchǐ 投梭折齒 6-404A
tóusuōzhījù 投梭之拒 6-404A
tóutà 頭踏 12-308B
tóutāi 投胎 6-403B
tóutāi 頭胎 12-303A
tóutāng 頭湯 12-306B
tòutáng 透糖 10-911B
tóutāngmiàn 頭湯麵 12-306B
tōutáo 偷桃 1-1553B
tóutào 頭套 12-304A
tóutáobàolǐ 投桃報李 6-403B
tóutáozhībào 投桃之報 6-403B
tóuténg 頭疼 12-304A
tóuténgnǎorè 頭疼腦熱 12-304A
tóutí 頭蹄 12-309B
tóutí 頭題 12-310A
tóutǐ 投體 6-409A
tòutǐ 透體 10-912A
tóutiān 頭天 12-298A
tōutiānhuànrì 偷天換日 1-1552A
tóutiāo 頭挑 12-302A
tóutiáo 頭條 12-304A
tóutīng 頭廳 12-311A
tóutīngxiàng 頭廳相 12-311A
tóutíngxiàng 頭庭相 12-303A
tōutóng 鍮銅 11-1357B
tóutóng 頭童 12-306B
tóutòng 頭痛 12-306A
tóutóngchǐhuō 頭童齒豁 12-306B
tóutòng'érè 頭痛額热 12-306B
tóutòngjiǔtóu… 頭痛灸頭，脚痛灸脚 12-306A
tóutòngnǎorè 頭痛腦熱 12-306B
tóutòngyītóu… 頭痛醫頭，脚痛醫脚 12-306B
tóutòngzhìtóu… 頭痛治頭，足痛治足 12-306B
tōutōu 偷偷 1-1553B
tóutou 頭頭 12-309A
tòutóu 透頭 10-911B
tōutōumōmō 偷偷摸摸 1-1553B
tóutóunǎonǎo 頭頭腦腦 12-309A
tóutóushìdào 頭頭是道 12-309A
tōutuō 偷託 1-1553B
tóutuō 投托 6-400A
tóutuō 投託 6-403B
tóutuó 頭陀 12-301A
tóutuó 頭陁 12-300B
tòutuō 透脱 10-910B
tóutuóbēi 頭陀碑 12-301A
tóutuóxíng 頭陀行 12-301A
tóuwǎn 投晚 6-404A
tóuwěi 頭尾 12-300B
tóuwén 投文 6-399B
tóuwēng 頭翁 12-304A
tóuwénpái 投文牌 6-399B
tóuwǔ 頭午 12-298A
tòuwù 透悟 10-910B
tòuwùdiànguāng 透物電光 10-909B
tōuxī 偷息 1-1553B
tōuxī 媮息 4-389B
tōuxí 偷襲 1-1555B
tóuxí 投檄 6-408B
tóuxì 投隙 6-405B
tòuxī 透息 10-910A
tòuxī 透晰 10-911A
tóuxiá 投狹 6-403B
tóuxiá 投轄 6-408B
tóuxià 投下 6-398B
tóuxià 頭下 12-297A
tōuxián 偷閑 1-1554B
tōuxián 媮閒 4-389B
tóuxiān 頭先 12-299B
tóuxián 投閒 6-405B
tóuxián 投閑 6-405B
tóuxián 頭銜 12-308A
tóuxiǎn 投險 6-407B
tóuxiàn 投獻 6-409A
tòuxiàn 透現 10-910B
tōuxiánduǒjìng 偷閑躲静 1-1554B
tōuxiāng 偷香 1-1553A
tóuxiāng 投香 6-402B
tóuxiāng 頭香 12-302B
tóuxiáng 投降 6-402B
tóuxiàng 頭項 12-305B
tóuxiàng 頭像 12-307A
tōuxiāngqièyù 偷香竊玉 1-1553B
tóuxiāngyóu 頭香油 12-302B
tóuxiánzhìsǎn 投閒置散 6-405B
tóuxiánzhìsǎn 投閑置散 6-405B
tóuxiāo 投曉 6-408A
tóuxiào 投効 6-402A
tóuxiào 投效 6-403B
tòuxiǎo 透曉 10-911B
tóuxìdǐxì 投隙抵巇 6-405B
tóuxìdǐxià 投隙抵罅 6-405B
tòuxiè 透泄 10-909B
tóuxīn 投心 6-399B
tóuxìn 頭囟 12-299B
tóuxìn 頭信 12-303A
tòuxīn 透心 10-909A
tòuxìn 透信 10-910A
tōuxìng 偷幸 1-1552B
tōuxìng 媮幸 4-389A
tóuxíng 頭行 12-299B
tóuxíngrén 頭行人 12-299B
tòuxīnliáng 透心涼 10-909A
tóuxū 頭須 12-309A
tóuxū 頭鬚 12-310B
tóuxù 頭緒 12-308A
tóuxuǎn 頭癬 12-310B
tóuxuànmùhūn 頭眩目昏 12-304A
tōuyán 愉綖 7-666B
tōuyǎn 偷眼 1-1553B
tóuyǎn 頭眼 12-305A
tòuyǎn'er 透眼兒 10-910B
tóuyāng 投央 6-399B
tóuyáng 頭羊 12-300A
tóuyǎngsāogēn 頭痒搔跟 12-305A
tóuyè 投謁 6-408A
tóuyè 頭葉 12-305B
tòuyè 透夜 10-909B
tóuyī 投醫 6-409A
tóuyī 頭衣 12-300A
tóuyì 投義 6-406B
tóuyì 投裔 6-406B
tóuyì 頭嗌 12-307A
tóuyì 頭役 12-300A
tǒuyì 黈益 12-1014A
tōuyíng 偷營 1-1555A
tóuyíng 投營 6-408A
tóuyíng 頭營 12-310A
tóuyǐng 投影 6-407A
tóuyǐng 頭影 12-308B
tòuyìng 透映 10-910A
tòuyǐngzhuī 透穎錐 10-911B
tóuyīwú'èr 頭一無二 12-296B
tóuyōng 頭壅 12-310A
tóuyóu 頭繇 12-310A
tóuyóu 頭由 12-299A
tóuyóu 頭油 12-302A
tōuyóu'er 偷油兒 1-1553A
tōuyǔ 偷窳 1-1555A
tōuyǔ 媮窳 4-389B
tóuyú 頭魚 12-305A
tóuyù 頭玉 12-298B
tòuyǔ 透雨 10-909A
tóuyuān 投淵 6-405B
tóuyuán 投緣 6-407B
tòuyuǎn 透遠 10-911A
tòuyuè 透越 10-911A
tóuyūn 頭暈 12-306B
tóuyǔn 投殞 6-406B
tóuyūnmùxuàn 頭暈目眩 12-307A
tóuyúyàn 頭魚宴 12-305A
tóuzān 投簪 6-409A
tōuzéi 偷賊 1-1554B
tóuzèng 投贈 6-409A
tóuzhāi 投齋 6-408B
tōuzhǎng 偷長 1-1552B
tóuzhào 頭罩 12-307A
tóuzhèn 頭陣 12-303B
tóuzhèng 頭正 12-298B

tóuzhí 頭脂 12-306A
tóuzhǐ 投止 6-399B
tóuzhì 投至 6-400A
tóuzhì 投擲 6-408A
tóuzhì 投擿 6-408A
tóuzhì 投贄 6-408B
tóuzhì 頭至 12-299B
tòuzhī 透支 10-908B
tòuzhì 透擲 10-911B
tóuzhíshàng 頭直上 12-301A
tòuzhīyín 透支銀 10-908B
tóuzhòng 頭重 12-302B
tóuzhòngjiǎoqīng
頭重脚輕 12-302B
tóuzhǔ 頭主 12-299A
tóuzhù 投杼 6-401A
tóuzhù 投注 6-402B
tóuzhuān 投磚 6-407B
tóuzhuàn 投傳 6-405B
tóuzhuàng 投狀 6-402B
tòuzhuàng'er 透撞兒
10-911A
tóuzhuànghuāxù 頭狀花序
12-302A
tóuzi 投子 6-399A
tóuzi 骰子 12-404B
tóuzi 頭子 12-297B
tóuzī 投資 6-406B
tóuzī 緰帣 9-944A
tóuzǐ 頭子 12-297B
tòuzi 透子 10-908B
tòuzì 透字 10-909A
tóuzigé 骰子格 12-405A
tóuzilìng 骰子令 12-405A
tóuziqián 頭子錢 12-298A
tóuzixuǎn 骰子選 12-405A
tóuzixuǎngé 骰子選格
12-405A
tòuzǒu 透走 10-909A
tóuzú 投足 6-400B
tóuzú 頭足 12-300A
tōuzuǐ 偷嘴 1-1555A
tóuzúyìchù 頭足異處
12-300A
tóuzúyìsuǒ 頭足異所
12-300A
tóuzúyuàn 頭足願 12-300A
tú'àn 屠岸 4-51A
tú'àn 圖案 3-667A
tuán'àn 團案 3-662A
tuánbài 團拜 3-661B
tuānbào 湍瀑 5-1477B
tuánbāo 團苞 3-661B
tuánbǎo 團保 3-662A
tuánbǐ 專比 2-1270B
tuánbiǎn 團扁 3-662A
tuánbiāo 團標 3-664A
tuānbō 湍波 5-1477A
tuánbō 團剥 3-662B
tuáncái 剸裁 2-736B
tuánchá 團茶 3-661B
tuánchéng 團城 3-661B
tuàncí 彖辭 3-1657B
tuàndìng 彖定 3-1657A
tuánduàn 剸斷 2-736B
tuánduò 團墮 3-664A
tuánfán 剸繁 2-736B
tuánfàn 摶飯 6-829A
tuánfáng 團防 3-661A
tuánfángjú 團防局 3-661A
tuánfánjuéjù 剸繁決劇
2-736B
tuánfánzhìjù 剸繁治劇
2-736B
tuánfēi 摶飛 6-828B
tuánfěn 團粉 3-662A
tuánfēng 摶風 6-828B
tuánfèng 團鳳 3-664A
tuānfú 湍洑 5-1477A
tuánfú 摶扶 6-828A
tǔ'àng 土盎 2-989B
tuángē 剸割 2-736B
tuánguā 敦瓜 5-493A
tuánguó 摶國 6-828B
tuānhàn 湍悍 5-1477A
tuánháng 團行 3-661A
tuánhóng 團紅 3-662A
tuánhuā 團花 3-661B
tuánhuán 摶垸 6-828B
tuánhuàn 摶換 6-828B
tuánhuáng 團黄 3-662B
tuānhuí 湍回 5-1477A
tuánhuǒ 團伙 3-661A
tuānjī 湍激 5-1477B
tuānjí 湍急 5-1477A
tuánjí 團集 3-663A
tuánjiāo 團焦 3-663A
tuánjiāo 團蕉 3-664A
tuánjié 剸刦 2-736A
tuánjié 剸節 2-736B
tuánjié 團結 3-663A
tuánjié 摶結 6-829A
tuánjū 專居 2-1273B
tuánjù 剸劇 2-736B
tuánjù 團聚 3-663B
tuánjù 摶聚 6-829A
tuánjù 摶據 6-829A
tuānjué 湍決 5-1477A
tuánkējǐn 團窠錦 3-663B
tuánkōng 摶空 6-828A
tuánkòng 摶控 6-828B
tuánkōngbǔyǐng 摶空捕影
6-828A
tuānkuài 湍駃 5-1477A
tuānlài 湍瀨 5-1477B
tuánlǐ 剸理 2-736B
tuánlì 摶力 6-827B
tuánlián 摶廉 6-829A
tuánliàn 團練 3-664A
tuánliàng 團量 3-662B
tuānliú 湍流 5-1477A
tuānlóng 湍瀧 5-1477B
tuánlóng 團龍 3-664B
tuánlú 摶鑪 6-829A
tuánluán 團圝 3-664B
tuánluán 團攣 3-665A
tuánluán 團欒 3-665A
tuánluán 團圞 3-665A
tuánmáo 團茅 3-661B
tuánmào 團貌 3-664A
tuánmí 摶謎 6-829A
tuānmíng 湍鳴 5-1477A
tuánní 摶泥 6-828A
tuánnì 團搦 3-663A
tuánnián 團年 3-661A
tuánnòng 團弄 3-661A
tuánnòng 摶弄 6-828A
tuānnù 湍怒 5-1477A
tuánnuò 團掿 3-662B
tuánpái 團牌 3-663A
tuānpēn 湍濆 5-1477B
tuánpéng 摶鵬 6-829A
tuánpiáo 團瓢 3-664A
tuánpǔ 團蒲 3-663A
tuánqí 團臍 3-664B
tuánquān 團圈 3-662B
tuánrán 敦然 5-496A
tuánrén 摶人 6-827B
tuánshā 團紗 3-662B
tuánshā 摶沙 6-828A
tuánshājiáolà 摶沙嚼蠟
6-828A
tuánshān 團衫 3-661B
tuánshàn 團扇 3-662A
tuánshàngē 團扇歌 3-662B
tuánshāzuòfàn 摶沙作飯
6-828A
tuánshēng 專生 2-1271A
tuānshǐ 湍駛 5-1477B
tuánshí 摶食 6-828B
tuánshū 團書 3-662B
tuánshǔ 摶黍 6-828B
tuānshuǐ 湍水 5-1477A
tuánsī 團司 3-661A
tuánsū 團酥 3-662B
tuāntāo 湍濤 5-1477B
tuántǐ 團體 3-664B
tuántǐcāo 團體操 3-664B
tuántóu 團頭 3-664A
tuántóujùmiàn 團頭聚面
3-664A
tuántóutuánnǎo 團頭團腦
3-664A
tuántǔ 摶土 6-828A
tuántuán 敦敦 5-496A
tuántuán 團團 3-663B
tuántuán 慱慱 7-705A
tuántuán 摶摶 6-829A
tuántuán 漙漙 6-70A
tuántuán 專專 2-1275B
tuántuánzhuàn 團團轉
3-663B
tuántǔzuòrén 摶土作人
6-828A
tuánwán 揣丸 6-760B
tuánwán 摶丸 6-828A
tuánwán 嫥捖 4-401B
tuánxī 剸犀 2-736B
tuànxì 彖繫 3-1657A
tuānxiǎn 湍險 5-1477B
tuánxiāng 團香 3-662A
tuánxiāngnòngfěn
摶香弄粉 6-828B
tuánxiāngnòngyù 團香弄玉
3-662A
tuánxiāngshàn 團香扇
3-662A
tuánxuē 剸削 2-724B
tuánxuěsànxuěcí
團雪散雪辭 3-662B
tuányǎn 剸剡 2-736B
tuányàn 團宴 3-662A
tuányáo 摶摇 6-829A
tuányáo 鏄銚 11-1376A
tuányī 專一 2-1270B
tuányì 摶翼 6-829A
tuànyī 税衣 8-93A
tuányīn 團音 3-662A
tuányíng 團營 3-664B
tuányǐng 摶影 6-829A
tuányǒng 團勇 3-662A
tuányú 團魚 3-662B
tuányú 鱄魚 12-1268B
tuányuán 團員 3-662A
tuányuán 團圓 3-663A
tuányuán 團緣 3-664A
tuányuánbǐng 團圓餅 3-663B
tuányuánjié 團圓節 3-663B
tuányuē 慱約 7-704B
tuányuè 摶躍 6-829A
tuányúnduì 團雲隊 3-662B
tuánzhí 摶埴 6-828B
tuánzhì 剸治 2-736A
tuánzhì 摶治 6-828A
tuānzhǔ 湍渚 5-1477A
tuánzhuàn 團轉 3-664B
tuànzhuàn 彖傳 3-1657A
tuánzi 團子 3-661A
tuánzi 糰子 9-243A
tuánzǒng 團總 3-664B
tuánzuò 團坐 3-661B
tū'āo 凸凹 2-471A
tǔbā 土巴 2-982A
tǔbāgēng 土巴庚 2-982A
túbái 荼白 9-421B
túbái 塗白 2-1177A
tǔbái 土白 2-982B
tǔbái 吐白 3-84B
tǔbáifèng 吐白鳳 3-84B
tǔbālǎo 土巴佬 2-982A
tǔbālǎo 土芭佬 2-985A
tūbǎn 凸版 2-471B
túbǎn 圖板 3-666B
túbǎn 圖版 3-666B
túbàn 徒伴 3-973A
tǔbāng 土邦 2-983A
tǔbāng 土幫 2-997B
tǔbāngtǔchéngqiáng…
土幫土成牆，
窮幫窮成王 2-997B
túbǎo 屠保 4-51B
túbǎo 圖堡 3-667B
túbào 圖報 3-667B
tǔbāo 土包 2-982B
tǔbǎo 土堡 2-993B
tǔbào 土豹 2-990A

tūbǎogài 禿寶蓋 8-5A
tǔbāozi 土包子 2-982B
tǔbàwáng 土霸王 2-998B
tūbēi 凸杯 2-471A
tūbèi 突誖 8-431A
túbèi 徒輩 3-975B
tǔbēng 土崩 2-991B
tǔbēngwǎjiě 土崩瓦解 2-991B
tǔbēngyúlàn 土崩魚爛 2-992A
tūbǐ 禿筆 8-4B
túbì 途斃 10-913A
tǔbǐ 土筆 2-993B
tūbiàn 突弁 8-429A
tūbiàn 突變 8-431B
túbiǎo 圖表 3-666B
tǔbiē 土鱉 2-999A
tǔbiē 土鼈 2-999A
tūbīng 突兵 8-429B
túbīng 徒兵 3-973A
tǔbīng 土兵 2-985B
túbō 屠剝 4-52A
túbó 徒搏 3-975A
túbó 屠伯 4-51A
túbó 屠博 4-52A
túbó 屠膊 4-52B
tǔbō 土蕃 2-996A
tǔbō 吐番 3-88A
tǔbō 吐蕃 3-89A
tǔbó 土伯 2-985B
tǔbōshǔ 土撥鼠 2-996A
túbótè 圖白忒 3-666A
túbótè 圖伯特 3-666B
tǔbótè 土伯特 2-985B
túbù 徒步 3-973A
túbù 悇悑 7-549A
túbù 圖簿 3-669A
tǔbū 吐餔 3-89A
tǔbǔ 吐哺 3-86B
tǔbù 土布 2-982B
tǔbù 土步 2-985B
tǔbù 吐陼 3-86A
tǔbǔchuòxǐ 吐哺輟洗 3-86B
túbùshíyí 塗不拾遺 2-1177A
tǔbǔwòfà 吐哺握髮 3-86B
tǔbǔzhuōfà 吐哺捉髮 3-86B
túcáihàimìng 圖財害命 3-667A
túcán 屠殘 4-52B
tǔcán 土蠶 2-999A
tùcè 兔冊 2-274A
tǔcéng 土層 2-996B
tǔchá 土茶 2-988A
tǔchǎn 土產 2-992B
túchǎng 屠場 4-52A
tǔchāng 土娼 2-993A
tǔcháng 土場 2-993A
túchē 塗車 2-1177B
tǔchē 土車 2-985A
tūchén 禿臣 8-4A
túchèn 圖讖 3-669B
túchéng 徒裎 3-975A
túchéng 途程 10-912B
túchéng 屠城 4-51B
túchéng 腯成 6-1353B
tǔchēng 土鐺 2-998B
tǔchéng 土城 2-988A
tǔchéng 土塍 2-994B
tǔchéng 吐誠 3-88B
tùchēyīn 吐車茵 3-85A
tūchí 突馳 8-431A
tūchōng 突衝 8-431A
tǔchóng 土蟲 2-998A
tǔchòng 土銃 2-995B
tūchū 凸出 2-471A
tūchū 突出 8-429A
túchú 塗芻 2-1178B
túchǔ 徒處 3-974B
tǔchǔ 土處 2-991B
tǔchù 土畜 2-990B
tùchǔ 兔楮 2-275B
tūchuāng 禿瘡 8-5A
tùchún 兔脣 2-275A
túcì 途次 10-912B
túcì 塗次 2-1177A
tǔcí 土瓷 2-990B
tǔcí 吐詞 3-88A
tǔcí 吐辭 3-89B
túcóng 徒從 3-974B
túcuàn 塗竄 2-1179B
túcuì 瘏悴 8-330A
tǔcuì 吐翠 3-88B
túcún 圖存 3-666A
tǔcuò 土銼 2-996B
túdān 徒單 3-974B
túdān 塗殫 2-1179A
tūdàng 突盪 8-431B
túdǎng 徒黨 3-976A
tǔdǎnqīngxīn 吐膽傾心 3-89B
tūdào 突盜 8-431A
túdāo 屠刀 4-50A
túdào 涂道 5-1236A
tūde 突地 8-429A
túdé 圖德 3-668B
tǔdé 土德 2-996A
tūdì 禿的 8-4A
tūdì 突地 8-429A
túdì 徒弟 3-973B
túdì 塗地 2-1177A
tǔdì 土地 2-983B
tǔdì 土帝 2-989A
túdiǎn 圖典 3-666B
tūdiǎo 禿屌 8-4B
túdiào 屠釣 4-52A
tǔdiào 土調 2-996B
tǔdìcí 土地祠 2-984A
túdié 圖牒 3-668A
túdié 圖諜 3-669A
tǔdìgǎigé 土地改革 2-983B
tǔdìgémìng 土地革命 2-983B
tǔdìgōnggōng 土地公公 2-983B
tūdìhǒu 突地吼 8-429A
tǔdìmiào 土地廟 2-984A
tūdīng 禿丁 8-3B
tūdǐng 禿頂 8-4B
túdīng 圖釘 3-667A
tǔdìngpíng 土定瓶 2-987A
tǔdìpúsà 土地菩薩 2-984A
tǔdìrùgǔ 土地入股 2-983B
tǔdìshén 土地神 2-984A
tǔdìshuì 土地稅 2-984A
tǔdìtáng 土地堂 2-984A
tǔdìyé 土地爺 2-984A
tǔdìzhèng 土地證 2-984A
tǔdòu 土豆 2-985B
túdú 荼毒 9-421B
túdú 屠毒 4-51B
túdú 塗毒 2-1178A
túdú 瘏毒 8-330A
tǔduàn 土斷 2-998A
tǔdùn 土遁 2-993B
túduó 圖度 3-666B
túdúshēnglíng 荼毒生靈 9-421B
túdúshēngmín 荼毒生民 9-421B
tú'è 徒咢 3-974A
tū'ér 禿兒 8-4A
tū'ěr 突爾 8-431A
tú'ér 屠兒 4-51A
tú'ěr 徒爾 3-975B
tù'erbùchīkēbiāncǎo 兔兒不喫窠邊草 2-274B
tǔ'ěrhùtè 土爾扈特 2-995A
tǔ'ěrqíjī 土耳其雞 2-984A
tù'eryé 兔兒爺 2-274B
tūfā 突發 8-431A
tūfà 禿髮 8-4B
túfǎ 圖法 3-666B
tǔfā 吐發 3-88A
tǔfǎ 土法 2-987A
tǔfǎ 吐法 3-85B
túfàn 屠販 4-52A
tǔfān 土番 2-993B
tǔfán 土礬 2-998B
tǔfàn 土販 2-991B
tǔfàn 土範 2-996A
tǔfànchéngfēng 吐飯成蜂 3-87B
tǔfànfēngxiáng 吐飯蜂翔 3-88A
túfāng 屠坊 4-50B
tǔfāng 土方 2-982A
tǔfáng 土房 2-987B
tǔfàng 吐放 3-85B
tùfáng 兔房 2-274B
tǔfānggōngchéng 土方工程 2-982A
tūfēi 突飛 8-430A
túféi 腯肥 6-1353B
tǔféi 土肥 2-986B
tǔfěi 土匪 2-989B
tūfēiměngjìn 突飛猛進 8-430A
tǔfén 土蕡 2-998A
tǔfèn 土糞 2-997B
tǔfēng 土封 2-988A
tǔfēng 土風 2-989A
tǔfēng 土蜂 2-994B
tǔfēng 土蠭 2-999A
tǔfèng 吐鳳 3-88B
tǔfěnzi 土粉子 2-990B
tǔfǒu 土缶 2-984B
túfū 徒夫 3-972A
túfū 涂夫 5-1236A
túfū 屠夫 4-50A
túfǔ 徒父 3-972B
túfǔ 鉳斧 11-1248B
túfù 徒附 3-973B
túfù 徒負 3-974A
túfù 屠覆 4-53A
túfù 塗附 2-1177B
tǔfú 土桴 2-991B
tǔfú 土符 2-992A
tǔfǔ 土釜 2-990A
tǔfù 土父 2-981B
tǔfù 土阜 2-986B
tǔfù 土婦 2-993A
tǔfù 吐敷 3-89A
tǔfúlíng 土茯苓 2-988A
túfùxūmíng 徒負虛名 3-974A
tǔfùyú 土附魚 2-985B
túgǎi 塗改 2-1177B
tǔgǎi 土改 2-985B
tūgàn 禿骭 8-4B
túgān 塗柑 2-1178A
tǔgāndǎn 吐肝膽 3-85A
túgāng 徒杠 3-973A
tǔgāng 土岡 2-986B
tǔgāng 土崗 2-991B
tǔgāng 吐剛 3-87A
tǔgāngrúróu 吐剛茹柔 3-87A
tǔgānlùdǎn 吐肝露膽 3-85A
tǔgāo 土膏 2-995B
túgē 徒歌 3-975B
túgē 屠割 4-52B
túgē 塗歌 2-1179A
túgè 屠各 4-50B
tǔgē 土歌 2-995A
túgēlǐbiàn 塗歌里抃 2-1179A
túgēlǐyǒng 塗歌里詠 2-1179A
tǔgěng 土梗 2-991B
túgēxiàngwǔ 塗歌巷舞 2-1179A
túgēyìsòng 塗歌邑誦 2-1179A
túgōng 徒工 3-972A
túgōng 屠工 4-50A
túgōng 圖工 3-665B
túgōng 圖功 3-666A
tǔgōng 土工 2-980A
tǔgōng 土公 2-981B
tǔgōng 土功 2-982A
tǔgòng 土貢 2-989B
tǔgòng 吐供 3-85B

tùgōng 兔宮 2-274B
túgǒu 屠狗 4-51A
túgòu 塗覯 2-1179B
tǔgǒu 土狗 2-986B
tùgōu 兔鈎 2-275A
tǔgǒuzi 土狗子 2-987A
túgū 屠沽 4-51A
túgū 屠酤 4-52A
tǔgǔ 土古 2-982A
tǔgǔ 土骨 2-988B
tǔgǔ 土鼓 2-994A
tǔgǔ 土皷 2-995A
tǔgǔ 土穀 2-996A
tùgǔ 兔罟 2-275A
tǔguā 土瓜 2-982B
tǔguài 土怪 2-987A
tūguǎn 禿管 8-4B
tūguàn 突貫 8-430B
túguān 徒官 3-973B
túguǎn 圖館 3-668B
tǔguān 土官 2-987B
tùguǎn 兔管 2-276A
tǔgǔcí 土穀祠 2-996A
tǔgǔduī 土骨堆 2-988B
túgū'ér 屠沽兒 4-51A
túgū'ér 屠酤兒 4-52B
túguī 塗歸 2-1179B
túguī 塗龜 2-1179B
túguǐ 涂軌 5-1236A
túguǐ 途軌 10-912B
túguǐ 塗軌 2-1178A
tǔguī 土圭 2-983A
tǔguǐ 土簋 2-997B
tǔguì 土檜 2-997B
tǔgùn 土棍 2-993A
tǔgùnàxīn 吐故納新 3-85B
tūguò 突過 8-430A
túguó 屠馘 4-53A
túguó 圖國 3-667B
tǔguó 土國 2-991B
tǔgǔshé 土骨蛇 2-988B
túhǎi 屠醢 4-53A
túhài 圖害 3-667A
tùhàn 兔翰 2-276A
tǔháng 土行 2-984B
tūháo 禿毫 8-4B
tǔháo 土豪 2-995B
tùháo 兔毫 2-275A
tǔháolièshēn 土豪劣紳 2-995B
tūhé 突何 8-429B
túhé 徒何 3-973A
túhé 徒河 3-973B
túhé 屠何 4-51A
tǔhè 吐賀 3-88A
tùhè 兔褐 2-276A
tūhēi 突黑 8-430B
tùhóng 吐紅 3-86A
túhòu 徒候 3-974A
tǔhòu 土候 2-990A
tǔhòu 土堠 2-993A
tūhū 突忽 8-429B
túhù 屠户 4-50B
tǔhú 吐鶻 3-90A
tǔhù 土户 2-982A
tǔhú 吐壺 3-87B
tùhú 兔鶻 2-276B
túhuà 圖畫 3-667B
tǔhuā 土花 2-985A
tǔhuā 吐花 3-85A
tǔhuā 吐華 3-86B
tǔhuà 土化 2-981B
tǔhuà 土話 2-994B
tùhuá 兔華 2-275A
tūhuài 突壞 8-431B
tǔhuán 土圜 2-997A
tǔhuáng 土黃 2-991A
tǔhuáng 土蝗 2-996A
tùhuáng 兔黃 2-275A
tǔhuángdì 土皇帝 2-988B
tǔhuángshang 土皇上 2-988B
túhuàwénzì 圖畫文字 3-668A
túhuí 圖回 3-666A
túhuì 圖績 3-669A
túhuì 圖繪 3-669A
tǔhuī 土灰 2-984B
tǔhuī 吐輝 3-89A
tǔhuī 土虺 2-988A
tùhuī 兔灰 2-274A
tùhuī 兔輝 2-276A
tǔhuǐshé 土虺蛇 2-988A
tǔhūluó 吐呼羅 3-85B
tǔhún 吐渾 3-88A
tǔhùnhùn 土混混 2-992B
túhuǒ 荼火 9-421B
tǔhuǒ 吐火 3-84A
tǔhuò 土貨 2-992A
tǔhuǒluó 吐火羅 3-84A
tǔhuǒluóyǔ 吐火羅語 3-84A
tuī'ái 推捱 6-676A
tuī'ài 推愛 6-678B
tuī'àn 推按 6-673B
tuī'àn 推案 6-675B
tuí'àn 頹岸 12-315B
tuì'ān 退安 10-837B
tuībá 推拔 6-672A
tuìbà 退罷 10-844A
tuíbài 頹敗 12-317A
tuíbài 穨敗 8-160B
tuìbài 退敗 10-842A
tuībān 推扳 6-671B
tuībān 推班 6-674B
tuībǎn 推板 6-672B
tuìbān 退班 10-841A
tuìbǎn 退版 10-838B
tuìbǎo 退保 10-839B
tuībēi 推杯 6-672B
tuíbèi 頹憊 12-319A
tuìběi 退北 10-836A
tuībèitú 推背圖 6-673B
tuīběn 推本 6-670B
tuíbèn 頹坌 12-315B
tuǐbēng 腿絣 6-1355B
tuǐbēng 腿綳 6-1356A
tuībì 推避 6-681B
tuíbì 頹敝 12-317A
tuíbì 頹弊 12-318B
tuìbǐ 退筆 10-843A
tuìbì 退壁 10-845A
tuìbì 退避 10-845A
tuībiàn 推變 6-683B
tuìbiàn 蜕變 8-910A
tuìbiāo 退膘 10-844B
tuìbiǎo 退表 10-838B
tuībīng 推兵 6-672A
tuìbīng 退兵 10-838A
tuìbìsānshè 退避三舍 10-845A
tuìbǐzhǒng 退筆冢 10-843A
tuìbǐzhǒng 退筆塚 10-843A
tuībō 推剥 6-675B
tuībó 推薄 6-681B
tuíbō 頹波 12-315B
tuíbō 頹剥 12-316B
tuībōzhùlán 推波助瀾 6-673A
tuībǔ 推補 6-678A
tuībù 推步 6-671B
tuìbù 退步 10-837B
tuìcái 退材 10-837B
tuìcái 退財 10-841A
tuícán 頹殘 12-317B
tuìcáng 退藏 10-845B
tuìcángyúmì 退藏於密 10-845B
tuìcáo 退槽 10-844A
tuīcè 推測 6-678A
tuīcè 推策 6-677B
tuīcè 推筴 6-678B
tuīchá 推察 6-680A
tuīchǎn 推闡 6-683A
tuìchán 蜕蟬 8-910A
tuīchàng 推唱 6-676B
tuìchǎng 退場 10-842B
tuìcháo 退朝 10-842B
tuìcháo 退潮 10-844B
tuíchè 頹坼 12-315B
tuīchénchūxīn 推陳出新 6-675B
tuīchēng 推稱 6-679B
tuīchéng 推誠 6-678B
tuīchéngbùgōng 推誠布公 6-679A
tuīchéngzhìfù 推誠置腹 6-679A
tuīchénzhìxīn 推陳致新 6-675B
tuīchí 推遲 6-681B
tuīchì 推斥 6-670B
tuīchì 推赤 6-671B
tuíchí 頹弛 12-315A
tuíchí 穨弛 8-160B
tuíchǐ 頹褫 12-319A
tuìchì 退斥 10-836A
tuīchóng 推崇 6-676B
tuīchǔ 推處 6-676B
tuìchū 退出 10-836B
tuìchǔ 退處 10-842A
tuìchù 退絀 10-842B
tuìchù 退黜 10-845B
tuīcí 推辭 6-683A
tuīcì 推次 6-671B
tuīcì 推佽 6-673A
tuìcí 退辭 10-846A
tuícuì 隤瘁 11-1111B
tuícuì 頹瘁 12-318A
tuícuò 頹挫 12-316A
tuīdài 推戴 6-682A
tuǐdài 腿帶 6-1355B
tuídàn 頹淡 12-317A
tuìdàn 退淡 10-842B
tuìdàn 褪淡 9-120A
tuīdàng 推宕 6-673B
tuīdàng 推蕩 6-680A
tuīdàng 推盪 6-682B
tuídàng 頹宕 12-315B
tuǐdāng 腿襠 6-1356A
tuīdǎo 推倒 6-675A
tuídǎo 頹倒 12-316B
tuídǎo 蹪蹈 10-551B
tuīdí 推敵 6-681A
tuìdí 退敵 10-844B
tuídiàn 頹墊 12-318B
tuìdiàn 退佃 10-838A
tuìdiàn 退殿 10-843B
tuídié 頹疊 12-320A
tuīdìng 推定 6-673A
tuídǐng 頹頂 12-316B
tuìdīng 退丁 10-835B
tuīdòng 推動 6-676B
tuīdōngzhǔxī 推東主西 6-672B
tuìdù 退度 10-840A
tuīduàn 推斷 6-683A
tuīdùn 推頓 6-678B
tuídùn 頹頓 12-318A
tuìdùn 退遁 10-843A
tuìdùn 退遯 10-844A
tuīduó 推度 6-674B
tuīduó 推敓 6-677A
tuíduò 隤墮 11-1111B
tuíduò 頹惰 12-318A
tuíduò 頹墮 12-318B
tuìduǒ 退躲 10-843B
tuìduò 退惰 10-843A
tuìduò 退墮 10-844A
tuīduǒzi 推垛子 6-673B
tuǐdùzi 腿肚子 6-1355B
tuī'ēn 推恩 6-675A
tuí'ěr 穨爾 8-161A
tuīfá 推伐 6-671A
tuífá 頹乏 12-315A
tuífǎ 穨法 8-160B
tuífà 頹髮 12-319A
tuīfān 推翻 6-682B
tuīfāng 推方 6-670A
tuīfǎng 推訪 6-677A
tuífàng 頹放 12-315B
tuìfàng 退放 10-839A
tuífèi 頹廢 12-319A
tuífèi 穨廢 8-161A
tuìfēi 退飛 10-840B
tuìfēi 退蜚 10-844A
tuìfèi 退廢 10-844B
tuīfèn 推分 6-670A

tuīfēng 推風 6-674A
tuīfēng 推鋒 6-680B
tuīfèng 推奉 6-672A
tuífēng 頹風 12-316A
tuìfēngláng 退鋒郎 10-844B
tuīfú 推伏 6-671A
tuīfú 推服 6-673A
tuīfù 推覆 6-682B
tuìfú 稅服 8-93B
tuìfú 退伏 10-837A
tuìfú 毻服 6-1008A
tuìfù 退負 10-840A
tuìfùhuījīn 退傅揮金 10-843A
tuìgài 退概 10-843B
tuǐgān 腿杆 6-1355B
tuígāng 頹綱 12-318B
tuīgānjiùshī 推乾就濕 6-676B
tuìgǎo 退稿 10-844A
tuīgē 推戈 6-670A
tuīgē 推割 6-678A
tuīgé 推革 6-673B
tuìgēng 退畊 10-839B
tuìgēng 退耕 10-841A
tuīgōng 推功 6-670B
tuìgōng 退工 10-835B
tuìgōng 退公 10-836A
tuīgōu 推溝 6-679A
tuīgǔ 推轂 6-682A
tuīgù 推故 6-673B
tuǐgǔ 腿股 6-1355B
tuìgǔ 退谷 10-838B
tuìgǔ 退股 10-839A
tuìgǔ 蜕骨 8-909B
tuìgù 退故 10-839A
tuìguān 退官 10-839A
tuìguān 退關 10-846A
tuīguǎng 推廣 6-679B
tuíguāng 頹光 12-315A
tuìguāngqī 退光漆 10-836B
tuìguī 退歸 10-846A
tuìguǐ 退鬼 10-839B
tuìguò 退過 10-842A
tuìgùzīxīn 蜕故孳新 8-909B
tuìhái 蜕骸 8-909B
tuíhàn 魋悍 12-472B
tuīhé 推劾 6-673A
tuīhé 推覈 6-683A
tuìhóng 退紅 10-840B
tuìhòu 退厚 10-839B
tuìhòu 退後 10-839B
tuíhuà 頹化 12-314B
tuǐhuā 腿花 6-1355B
tuìhuà 退化 10-835B
tuìhuà 蜕化 8-909A
tuìhuà 脫化 6-1295B
tuìhuàbiànzhì 蜕化變質 8-909B
tuīhuái 推懷 6-683A
tuíhuài 頹壞 12-319B
tuíhuài 積壞 8-161A
tuīhuàn 推換 6-674B
tuíhuán 頹鬟 12-320A
tuíhuán 積鬟 8-161A
tuìhuán 退還 10-844B
tuìhuàn 退換 10-841A
tuíhuāng 頹荒 12-316A
tuíhuāng 頹慌 12-317B
tuíhuī 頹隳 12-318B
tuíhuī 頹隳 12-319A
tuíhuǐ 頹毀 12-318A
tuíhuǐ 積毀 8-161A
tuìhuí 退回 10-836B
tuìhuǐ 退悔 10-841B
tuìhuì 駾喙 12-846B
tuìhūn 退婚 10-842B
tuìhún 退渾 10-843A
tuìhuǒ 退火 10-836A
tuìhuǒ 退伙 10-837A
tuìhuò 退貨 10-842A
tuījī 推激 6-681B
tuījí 推極 6-677B
tuījí 推詰 6-678B
tuījǐ 推擠 6-682A
tuījì 推迹 6-674B
tuījì 推計 6-674B
tuījì 推寄 6-677B
tuíjī 頹基 12-316B
tuíjí 瘖疾 8-357B
tuìjì 退迹 10-840B
tuìjì 退跡 10-843B
tuìjì 蜕跡 8-909B
tuìjiā 退家 10-842A
tuìjià 退價 10-844A
tuījiǎn 推檢 6-682A
tuījiàn 推見 6-672A
tuījiàn 推薦 6-681A
tuíjiān 頹肩 12-315B
tuìjiǎn 退減 10-842B
tuìjiǎn 退減 10-843A
tuìjiǎn 退翦 10-844B
tuījiǎng 推獎 6-680A
tuījiào 推較 6-678B
tuījiào 推校 6-675A
tuíjiào 頹教 12-316B
tuǐjiǎo 腿脚 6-1355B
tuījié 推結 6-678A
tuījiě 推解 6-678B
tuījiè 推借 6-675A
tuījiè 推藉 6-682A
tuíjié 頹節 12-318A
tuíjié 廲結 2-1581B
tuìjiě 蜕解 8-909B
tuījǐjírén 推己及人 6-670A
tuījǐjíwù 推己及物 6-670A
tuījīn 推襟 6-682B
tuījìn 推盡 6-680A
tuījìn 推進 6-677A
tuījìng 推敬 6-677B
tuíjǐng 頹景 12-317B
tuíjìng 頹競 12-319B
tuìjīng 退驚 10-846B
tuìjìng 退靜 10-844A
tuījīnsòngbào 推襟送抱 6-683A
tuījiū 推究 6-672A
tuījiū 推糾 6-673B
tuījiù 推咎 6-673A
tuījū 推鞠 6-682A
tuījū 推鞫 6-682B
tuījǔ 推舉 6-681B
tuījù 推拒 6-671B
tuìjū 退居 10-839A
tuìjuàn 退倦 10-841B
tuíjué 頹絕 12-318A
tuìjūn 退軍 10-840B
tuīkāitiānchuāng… 推開天窗說亮話 6-678A
tuīkān 推勘 6-676B
tuīkǎo 推考 6-671A
tuīkē 推科 6-674A
tuìkè 退課 10-844B
tuīkǒu 推口 6-669B
tuǐkuà 腿胯 6-1355B
tuìkuǎn 退款 10-842B
tuíkuī 頹虧 12-319A
tuíkuī 積虧 8-161A
tuìkuì 退憒 10-844B
tuìkuì 退潰 10-844B
tuīkuò 推廓 6-679A
tuīkūzhéfǔ 推枯折腐 6-673B
tuílán 頹瀾 12-319B
tuílàn 頹濫 12-319A
tuílàn 頹爛 12-320A
tuílàng 頹浪 12-316B
tuílǎo 頹老 12-315A
tuìlǎo 退老 10-836B
tuílǎozi 頹老子 12-315A
tuīlèi 推類 6-683A
tuílěi 頹累 12-317A
tuīlǐ 推理 6-675B
tuīlì 推立 6-671A
tuīlì 推曆 6-681B
tuīlì 推歷 6-681B
tuìliáng 退涼 10-841B
tuīliè 推列 6-671A
tuíliè 頹裂 12-317B
tuíliè 積裂 8-161A
tuílíng 頹零 12-318A
tuílíng 頹齡 12-319B
tuílíng 積陵 8-160B
tuílíng 積齡 8-161A
tuīlìràngzǎo 推梨讓棗 6-676B
tuíliú 頹流 12-316B
tuìliú 蜕留 8-909B
tuílǒng 頹隴 12-319B
tuílóngshàn 癩癃疝 8-368B
tuīlóngzhuāngyǎ 推聾妝啞 6-683B
tuīlóngzuòyǎ 推聾作啞 6-683B
tuílòu 頹陋 12-315B
tuílòu 頹漏 12-318B
tuìlù 退路 10-843B
tuīlùn 推論 6-680B
tuílún 頹淪 12-317A
tuīlúnpěnggǔ 推輪捧轂 6-680A
tuíluò 頹落 12-317A
tuìluò 退落 10-842B
tuìluò 褪落 9-120A
tuìlǜ 退率 10-842B
tuìlǚjìnlǚ 退旅進旅 10-841B
tuǐmǎ 腿碼 6-1355B
tuímáng 頹氓 12-315B
tuìmáo 退毛 10-835B
tuìmǎo 退卯 10-836B
tuīměi 推美 6-674B
tuíméng 頹甍 12-318B
tuímí 弟靡 2-88B
tuímí 弟靡 2-101B
tuímí 頹靡 12-319B
tuīmiǎn 推免 6-672A
tuìmiǎn 退免 10-838B
tuīmíng 推明 6-672B
tuīmìng 推命 6-673A
tuímìng 頹命 12-315B
tuìmíng 退名 10-837A
tuīmó 推摩 6-681A
tuīmó 推磨 6-681B
tuīmò 推磨 6-681B
tuímò 頹没 12-315B
tuìmó 退磨 10-845A
tuìmò 退默 10-845A
tuīmù 推目 6-670B
tuīmù 推慕 6-679A
tuímù 頹暮 12-318B
tuìmù 退暮 10-844A
tuīná 推拏 6-674B
tuīná 推拿 6-675B
tuínà 隤納 11-1111B
tuínào 頹鬧 12-319A
tuìnáo 退撓 10-844A
tuìnì 退匿 10-841A
tuínián 頹年 12-315A
tuínián 積年 8-160B
tuīniè 推躡 6-683B
tuìnuó 退那 10-837B
tuìnuò 退懦 10-846A
tuìnǜ 退恧 10-841A
tuìnǜ 退衄 10-841B
tuìnǜ 退衂 10-839B
tuīpái 推排 6-676A
tuīpán 推盤 6-680B
tuìpéi 退賠 10-844A
tuípǐ 隤圮 11-1111B
tuípǐ 頹圮 12-315A
tuìpí 退皮 10-836B
tuìpí 蜕皮 8-909B
tuìpiào 退票 10-842A
tuìpìn 退聘 10-843B
tuípò 頹魄 12-318B
tuìpō 退坡 10-838B
tuíqì 頹泣 12-315B
tuíqì 頹氣 12-316B
tuìqì 退氣 10-841B
tuìqì 退棄 10-843A
tuīqiān 推遷 6-680A
tuīqiān 推謙 6-682B
tuíqiān 頹遷 12-319A

tuíqiàn 頹塹 12-318B
tuìqiān 退謙 10-845B
tuìqián 退潛 10-844B
tuìqiǎn 退遣 10-843B
tuīqiāng 推搶 6-678A
tuīqiǎng 推搶 6-678A
tuíqiáng 頹墻 12-319A
tuìqiánsuōhòu 退前縮後 10-840B
tuīqiāo 推敲 6-679B
tuíqiǎo 頹巧 12-315A
tuìqiào 蜕殼 8-909B
tuìqiè 退怯 10-839A
tuíqīn 頹侵 12-316A
tuíqǐn 頹寢 12-318B
tuìqīn 退親 10-845A
tuìqíng 推情 6-677A
tuìqīng 退青 10-838B
tuīqióng 推窮 6-681A
tuīqiú 推囚 6-670B
tuīqiú 推求 6-671B
tuìqū 退屈 10-839A
tuìqù 退去 10-836A
tuīquè 推却 6-671B
tuīquè 推卻 6-674A
tuíquē 隤缺 11-1111B
tuíquē 頹缺 12-316B
tuíquē 穨闕 8-161A
tuìquè 退却 10-837B
tuìquè 退卻 10-840A
tuǐqūliánzi 腿曲褳子 6-1355B
tuírán 隤然 11-1111B
tuírán 頹然 12-317B
tuírán 穨然 8-161A
tuìrán 退然 10-843A
tuīràng 推讓 6-683B
tuìràng 退讓 10-846B
tuìrè 退熱 10-844A
tuīrèn 推刃 6-670A
tuīrèn 推任 6-671A
tuírén 頹人 12-314B
tuìrén 退人 10-835B
tuìrèn 退任 10-837A
tuírú 頹如 12-315A
tuìrú 退茹 10-839B
tuíruán 頹壖 12-319A
tuìruò 退弱 10-842A
tuísàn 頹散 12-317A
tuìsàn 退散 10-842B
tuīsǎng 推搡 6-678B
tuísàng 頹喪 12-317B
tuísàng 穨喪 8-161A
tuìsāng 稅喪 8-94B
tuìsānshè 退三舍 10-835B
tuīsāntuīsì 推三推四 6-669B
tuīsānzǔsì 推三阻四 6-669B
tuísè 頹塞 12-318B
tuìsè 褪色 9-120A
tuìshǎi 退色 10-837A
tuīshàn 推嬗 6-682A
tuíshān 頹山 12-314B
tuíshàn 癩疝 8-368B
tuíshàn 癀疝 8-357B
tuìshàn 蜕嬗 8-910A
tuīshǎng 推賞 6-680B
tuīshàng 推尚 6-672B
tuíshāng 頹傷 12-318A
tuìshāo 退梢 10-842A
tuìshāo 退艄 10-843B
tuìshāo 退燒 10-845A
tuìshè 退舍 10-838B
tuìshè 退慴 10-846B
tuìshēn 退身 10-838A
tuīshēng 推陞 6-674B
tuīshéng 推繩 6-683A
tuìshēng 退生 10-836A
tuīshī 推施 6-674B
tuīshí 推食 6-674A
tuīshì 推士 6-669B
tuīshì 推事 6-672B
tuíshì 頹勢 12-318A
tuǐshì 腿事 6-1355B
tuìshī 退師 10-841B
tuìshí 退食 10-840A
tuìshì 退士 10-835B
tuìshì 退仕 10-836A
tuìshícóngróng 退食從容 10-840A
tuīshíjiěyī 推食解衣 6-674A
tuìshíwēiyí 退食委蛇 10-840A
tuìshízìgōng 退食自公 10-840A
tuīshōu 推收 6-671B
tuīshǒu 推手 6-670A
tuīshòu 推授 6-676A
tuìshǒu 退守 10-837A
tuīshǔ 推數 6-680B
tuīshù 推述 6-672B
tuīshù 推恕 6-675B
tuīshù 推數 6-680B
tuìshù 退恕 10-842A
tuíshuāi 頹衰 12-316B
tuìshuǐ 退水 10-835B
tuìshuì 退稅 10-843A
tuīshuō 推説 6-679B
tuísī 頹思 12-316A
tuìsī 退私 10-838A
tuìsī 退思 10-839B
tuīsòng 推頌 6-678B
tuìsòng 退送 10-840B
tuīsù 推溯 6-679A
tuísú 頹俗 12-316A
tuìsù 退素 10-841A
tuīsuàn 推算 6-679B
tuìsǔn 退損 10-843B
tuīsuǒ 推索 6-675A
tuísuō 頹唆 12-316B
tuísuǒ 頹索 12-316A
tuìsuō 退縮 10-846A
tuítā 頹塌 12-318A
tuítà 頹沓 12-315B
tuítà 頹踏 12-319A
tuítà 頹闒 12-319B
tuítà 穨闒 8-161A
tuītán 推彈 6-681A
tuítàn 頹歎 12-319A
tuìtān 退灘 10-846B
tuītáng 推搪 6-678A
tuítáng 頹唐 12-316B
tuítáng 頹溏 12-318B
tuítáng 穨唐 8-160B
tuìtáng 退堂 10-842A
tuìtáng 退膛 10-844B
tuītánpúyuǎn 推潭僕遠 6-681A
tuītǎo 推討 6-675B
tuǐtào 腿套 6-1355B
tuītǐ 推體 6-683A
tuítì 頹替 12-317A
tuítì 穨替 8-161A
tuítiān 頹天 12-314B
tuìtián 退田 10-836A
tuītiānqiāngdì 推天搶地 6-670A
tuītiáo 推調 6-681A
tuǐtǐng 腿挺 6-1355B
tuìtīng 退聽 10-846B
tuìtīng 退廳 10-846B
tuìtíng 退庭 10-840B
tuītóu 推頭 6-681B
tuītǔ 推吐 6-671A
tuītuī 推推 6-676A
tuītuī 焞焞 7-94B
tuītuí 推頹 6-681B
tuítuí 僓僓 1-1671A
tuìtuì 脫脫 6-1299B
tuītuīsǎngsǎng 推推搡搡 6-676A
tuìtún 退屯 10-835B
tuītuō 推托 6-671A
tuītuō 推託 6-675B
tuītuō 推脫 6-677A
tuítuó 弟佗 2-88B
tuítuó 弟佗 2-100B
tuítuó 頹沲 12-315B
tuítuó 頹沱 12-315B
tuìtuō 退托 10-836B
tuìtuō 退託 10-841B
tuìtuō 蜕脫 8-909B
tuīwǎn 推挽 6-675A
tuīwǎn 推輓 6-679A
tuǐwān 腿彎 6-1356A
tuǐwān 腿灣 6-1356A
tuǐwàn 腿腕 6-1355B
tuīwáng 推亡 6-669B
tuīwánggùcún 推亡固存 6-669B
tuǐwāzi 腿窪子 6-1355B
tuīwěi 推委 6-672B
tuīwěi 推諉 6-680B
tuíwěi 頹萎 12-317A
tuìwěi 退萎 10-842A
tuìwěi 蜕委 8-909B
tuìwèi 退位 10-838A
tuìwèi 退味 10-838B
tuīwèn 推問 6-677B
tuíwěn 頹紊 12-316B
tuìwēng 退翁 10-841B
tuíwú 頹蕪 12-319A
tuìwǔ 退伍 10-837A
tuīxī 推析 6-672B
tuīxǐ 推徙 6-677A
tuíxī 頹息 12-316B
tuíxī 魋翕 12-472B
tuíxí 頹習 12-317A
tuìxī 退息 10-841B
tuìxī 退犀 10-843B
tuìxí 退席 10-841B
tuìxǐ 退葸 10-842B
tuīxià 推下 6-669B
tuīxiān 推先 6-671A
tuīxián 推賢 6-680A
tuīxiǎn 推顯 6-683B
tuīxiàn 推見 6-672A
tuīxiàn 推陷 6-675B
tuíxiàn 隤陷 11-1111B
tuíxiàn 蹪陷 10-551B
tuìxián 退閒 10-843B
tuìxián 退閑 10-843B
tuīxiáng 推詳 6-679A
tuīxiǎng 推想 6-678B
tuíxiáng 隤祥 11-1111B
tuíxiǎng 頹想 12-318A
tuíxiǎng 頹響 12-319B
tuíxiǎng 穨響 8-161A
tuíxiàng 頹鄉 12-319B
tuìxiāng 退香 10-839B
tuìxiàng 退相 10-839B
tuīxiánràngnéng 推賢讓能 6-680A
tuīxiāo 推銷 6-680B
tuìxiào 退校 10-841A
tuīxiè 推卸 6-673B
tuīxiè 推謝 6-682A
tuìxiè 退謝 10-845B
tuīxīn 推心 6-670A
tuīxìn 推信 6-674A
tuìxīn 退心 10-836A
tuīxíng 推行 6-671B
tuíxíng 頹形 12-315A
tuìxíng 退行 10-837A
tuìxíng 蜕形 8-909B
tuìxǐng 退省 10-839B
tuīxīnzhìfù 推心致腹 6-670B
tuīxīnzhìfù 推心置腹 6-670B
tuīxióng 推雄 6-677B
tuíxiǔ 頹朽 12-315A
tuìxiū 退休 10-837A
tuìxiū 退修 10-839B
tuīxǔ 推許 6-677A
tuīxuǎn 推選 6-681A
tuīxuě 推雪 6-676B
tuìxué 退學 10-845A
tuīxún 推尋 6-678A
tuīxùn 推訊 6-675B
tuīxùn 推遜 6-679A
tuìxún 退尋 10-843B
tuìxùn 退遜 10-844A
tuīyā 推壓 6-682A

tuíyā 頹壓 12-319A
tuìyā 退押 10-838B
tuìyá 退衙 10-843B
tuīyán 推延 6-671A
tuīyán 推言 6-672A
tuīyǎn 推衍 6-674A
tuīyǎn 推演 6-680A
tuīyàn 推驗 6-683B
tuíyán 頹顏 12-319B
tuíyán 頹巖 12-320A
tuíyán 魋顏 12-472B
tuíyán 穨顏 8-161A
tuìyán 退言 10-838B
tuìyǎn 退偃 10-842A
tuìyǎn 蜕演 8-909B
tuīyáng 推揚 6-677B
tuīyǎng 推仰 6-671A
tuíyáng 頹陽 12-317A
tuíyè 頹業 12-318A
tuīyī 推衣 6-671B
tuīyí 推迻 6-674B
tuīyí 推移 6-676B
tuīyì 推挹 6-674B
tuīyì 推繹 6-683A
tuīyì 推驛 6-683B
tuíyǐ 頹倚 12-316B
tuíyì 頹意 12-318B
tuìyī 蜕衣 8-909B
tuìyì 退役 10-838B
tuìyì 退抑 10-837B
tuìyì 退鷁 10-846B
tuìyībù 退一步 10-835B
tuīyín 推寅 6-677A
tuīyǐn 推引 6-670B
tuìyǐn 退隱 10-845A
tuíyǐng 頹影 12-319A
tuìyīng 退嬰 10-845B
tuìyīng 退攖 10-846A
tuīyōng 推擁 6-681A
tuīyòng 推用 6-671A
tuíyōng 頹墉 12-318B
tuíyōu 頹幽 12-316A
tuìyǒuhòuyán 退有後言 10-836B
tuīyǔ 推與 6-678B
tuīyù 推育 6-673A
tuīyù 推遇 6-677B
tuīyù 推譽 6-683A
tuíyù 頹玉 12-315A
tuìyú 退魚 10-842B
tuīyuán 推原 6-675A
tuīyuán 推援 6-677B
tuíyuān 頹淵 12-317B
tuíyuán 頹垣 12-315B
tuíyuán 穨垣 8-160B
tuíyuàn 頹怨 12-316A
tuìyuǎn 退遠 10-843B
tuìyuàn 退院 10-840B
tuíyuánbàibì 頹垣敗壁 12-316A
tuíyuánbàijǐng 頹垣敗井 12-316A
tuíyuánduànqiàn 頹垣斷塹 12-316A
tuíyuánfèijǐng 頹垣廢井 12-316A
tuíyuánfèizhǐ 頹垣廢址 12-316A
tuìyuē 退約 10-841A
tuīyǔn 推允 6-670B
tuīyǔn 推隕 6-678A
tuíyún 頹雲 12-317B
tuíyún 穨雲 8-161A
tuíyùn 頹運 12-318A
tuìyùn 退運 10-843B
tuíyúnkuàiyǔ 穨雲駃雨 8-161A
tuīzàn 推贊 6-683A
tuìzāng 退贓 10-846B
tuīzào 推造 6-675A
tuīzàojūshī 推燥居濕 6-682B
tuīzé 推擇 6-681A
tuīzhái 推宅 6-671B
tuìzhāi 退齋 10-845B
tuìzhài 退責 10-842A
tuìzhàng 退帳 10-842A
tuízhào 隤照 11-1111B
tuízhé 頹折 12-315A
tuìzhèn 退陣 10-840B
tuīzhěng 推整 6-681B
tuīzhèng 推政 6-673B
tuìzhēng 退征 10-838B
tuīzhī 推知 6-672B
tuīzhì 推治 6-673A
tuīzhì 推致 6-675A
tuízhǐ 隤祉 11-1111B
tuízhǐ 頹址 12-315A
tuízhì 隤陁 11-1111A
tuízhì 頹陁 12-315A
tuízhì 頹志 12-315A
tuízhì 穨陁 8-160B
tuìzhí 退直 10-838B
tuìzhí 退值 10-841B
tuìzhí 退職 10-846A
tuìzhì 退志 10-837B
tuìzhì 退智 10-842B
tuìzhì 蜕質 8-909B
tuīzhòng 推重 6-674A
tuīzhú 推逐 6-675A
tuīzhú 推築 6-681B
tuīzhuǎn 推轉 6-682B
tuìzhuǎn 退轉 10-846A
tuízhuì 隤墜 11-1111B
tuízhuì 頹墜 12-318B
tuīzhuó 推擢 6-682A
tuìzhuó 蜕濯 8-910A
tuīzi 推子 6-670A
tuǐzi 腿子 6-1355A
tuízòng 頹縱 12-319B
tuìzǒu 退走 10-837B
tuīzǔ 推阻 6-672A
tuìzū 退租 10-841B
tuìzú 退卒 10-839A
tuīzūn 推尊 6-678A
tuìzuò 退座 10-841B
tūjī 突擊 8-431B
tújī 腯雞 6-1353B
tújí 荼棘 9-422A
tújí 圖籍 3-669A
tújí 徒驥 3-976A
tújì 涂蹟 5-1236A
tújì 涂塈 5-1236A
tújì 荼薺 9-422A
tújì 塗塈 2-1178B
tújì 圖計 3-666B
tújì 圖記 3-667A
tǔjī 土基 2-991A
tǔjī 土墼 2-997A
tǔjí 土籍 2-998B
tǔjì 土妓 2-985B
tūjià 突駕 8-431A
tújiā 屠家 4-51B
tújiǎ 徒甲 3-972B
tújiǎn 屠剪 4-52A
tújiàn 徒踐 3-975B
tújiàn 圖鑑 3-669B
tùjiān 菟肩 9-447A
tùjiǎn 兔簡 2-276B
tūjiàng 突將 8-430B
tǔjiāng 土漿 2-996B
tǔjiāng 土壃 2-996B
tǔjiāng 土彊 2-997B
tǔjiāng 土疆 2-998A
tújiǎo 屠勦 4-52B
tújiǎo 屠剿 4-53A
tǔjiào 土窖 2-994A
tùjiǎo 兔角 2-274B
tùjiǎoniúyì 兔角牛翼 2-274B
tǔjiǎoshé 土脚蛇 2-992A
tūjiǎoxī 秃角犀 8-4A
tǔjiāyǔ 土家語 2-991A
tǔjiāzú 土家族 2-990B
tūjīduì 突擊隊 8-431B
tūjié 秃楬 8-4B
tūjié 秃節 8-4B
tújiě 屠解 4-52B
tújiě 圖解 3-668A
tǔjiē 土階 2-992B
tǔjiē 土堦 2-993A
tǔjiè 土芥 2-985A
tǔjiēmáocí 土階茅茨 2-993A
tǔjiēmáowū 土階茅屋 2-993A
tūjīn 秃巾 8-4A
tūjīn 秃襟 8-5A
tūjìn 突進 8-430A
tújǐn 荼錦 9-422A
tǔjìn 土禁 2-994A
tūjìng 凸鏡 2-471B
tūjìng 突鏡 8-431B
tújīng 圖經 3-668A
tújǐng 圖景 3-667B
tújìng 途徑 10-912B
tújìng 途逕 10-912B
tújìng 塗徑 2-1178B
tújìng 塗逕 2-1178B
tújìng 嵞徑 3-859A
tǔjīng 土精 2-995B
tǔjìng 土淨 2-989A
tǔjìng 土境 2-995A
tùjìng 兔徑 2-275A
tǔjǐnjī 吐錦雞 3-89B
tūjiù 秃鶖 8-5A
tújiǔ 酴酒 9-1410B
tǔjiǔ 土酒 2-990B
tǔjīwǎgǒu 土雞瓦狗 2-998A
tǔjīwǎquǎn 土雞瓦犬 2-998A
tújū 徒居 3-973B
tǔjū 土居 2-987B
tùjū 兔罝 2-275A
tújuàn 圖卷 3-666B
tūjué 突厥 8-430B
tújué 屠絶 4-52B
tǔjué 吐決 3-85B
tǔjūn 土均 2-985A
tǔjūn 土軍 2-989A
tǔkǎn 土坎 2-985A
tǔkàng 土匟 2-984B
tǔkàng 土炕 2-987A
tǔkàng 土坑 2-985A
tùkè 兔客 2-274B
tǔkēlā 土坷垃 2-986A
tǔkēng 土坑 2-985A
tǔkōng 土空 2-987B
túkǒu 瘏口 8-329B
tǔkǒu 土口 2-980B
tǔkǒu 吐口 3-84A
tǔkòu 土寇 2-992B
túkǒuxiāoyīn 瘏口嘵音 8-330A
túkū 屠刳 4-51A
túkǔ 荼苦 9-421B
túkù 荼酷 9-422A
tǔkù 土庫 2-990B
tùkū 兔窟 2-276A
túkuài 屠儈 4-53A
túkuài 屠膾 4-53A
túkuài 屠鱠 4-53B
tǔkuài 土會 2-994B
tǔkuài 土塊 2-993A
tǔkuǎn 吐欵 3-87B
tǔkuǎn 吐款 3-87B
tǔkūchūn 土窟春 2-994B
túkuī 屠刲 4-51A
túkuì 屠潰 4-53A
tùkuí 兔葵 2-275A
tùkuí 菟葵 9-447A
tùkuíyànmài 兔葵燕麥 2-275B
tǔlābājī 土拉八幾 2-986A
túlài 圖賴 3-668B
túlàn 屠爛 4-53B
tǔlàng 土閬 2-996B
túláo 徒勞 3-975A
túlǎo 塗潦 2-1179A
tǔláo 土牢 2-985B
tǔlǎo'er 土老兒 2-983A
tǔlǎoféi 土老肥 2-983B
tūlí 突黎 8-431A
tūlǐ 秃里 8-4A
tūlì 怢慄 7-480B
tūlì 突立 8-429A

túlǐ 圖理 3-667B
túlì 徒隸 3-975B
túlì 圖利 3-666A
túlì 圖例 3-666B
tǔlǐ 土禮 2-997B
tǔlì 土力 2-980A
tǔlì 土利 2-985B
tǔlì 土栗 2-989B
tǔlì 吐瀝 3-89B
tǔliàn 土練 2-996B
túliǎo 荼蓼 9-422A
túliào 塗料 2-1178B
túliè 屠裂 4-52B
tǔliè 土劣 2-984B
tùliè 兔鬣 2-276B
túlín 塗林 2-1177B
túlǐn 塗廩 2-1179A
tǔlìqīng 土瀝青 2-998A
tǔlitǔqì 土裏土氣 2-994B
túliú 徒流 3-974B
túliú 屠劉 4-53A
tǔliū 土溜 2-994B
tǔliú 土熘 2-994A
tǔliù 吐溜 3-88B
tǔliúzi 土流子 2-990B
túlóng 屠龍 4-53A
tǔlóng 土龍 2-997A
tǔlǒng 土籠 2-999A
tǔlóngchúgǒu 土龍芻狗 2-997A
tǔlóngmùhóu 土龍沐猴 2-997A
tǔlóu 土螻 2-997B
tǔlóu 吐嘍 3-88B
tūlú 禿顱 8-5A
tūlù 凸露 2-471B
tūlù 禿露 8-5A
túlǔ 徒虜 3-975A
túlù 途路 10-913A
túlù 屠僇 4-52B
túlù 屠戮 4-53A
túlù 塗路 2-1178B
túlù 圖録 3-668B
túlù 圖籙 3-669B
tǔlǔ 吐嚕 3-89B
tǔlù 吐露 3-90A
tùlú 兔盧 2-276B
tūluán 突欒 8-431B
tǔluǎn 土卵 2-985B
tǔluán'er 土團兒 2-999A
tūlǔmá 禿魯麻 8-5A
tūlún 凸輪 2-471B
tǔlùn 吐論 3-89A
tùlún 兔輪 2-276A
tūluò 禿落 8-4B
túluǒ 徒倮 3-974A
tūlǘ 禿驢 8-5B
tūlǜ 突律 8-430B
túlǚ 徒侶 3-973B
túlǚ 徒旅 3-974A
tǔlǜ 吐緑 3-89A
tùlǚ 兔縷 2-276B
túmǎ 徒馬 3-974A
tùmà 吐罵 3-89A
tǔmài 土脉 2-989A
tǔmài 土脈 2-990A
tǔmáibànjié 土埋半截 2-989B
tūmǎn 禿滿 8-4B
tǔmán 土蠻 2-999A
tǔmǎn 土滿 2-996A
tǔmántou 土饅頭 2-998A
tūmào 突冒 8-429B
tǔmáo 土毛 2-981B
tǔmáo 土茅 2-986A
tùmáo 兔毛 2-274A
tùmáodàbó 兔毛大伯 2-274A
tǔmǎzi 土碼子 2-996A
tǔméisù 土霉素 2-996A
tūmén 突門 8-429B
túmén 屠門 4-51A
túmén 土門 2-987B
tǔmèn 吐懣 3-89B
túméndàjiáo 屠門大嚼 4-51B
túménjiáo 屠門嚼 4-51B
túmí 荼蘼 9-422A
túmí 荼蘪 9-422A
túmí 酴醾 9-1410B
túmí 酴醿 9-1410B
túmí 酴醵 9-1411A
túmí 酴蘪 9-1410B
túmǐ 酴米 9-1410B
túmiàn 塗面 2-1178A
tūmiànjìng 凸面鏡 2-471B
túmiè 屠滅 4-52B
túmíjiǔ 酴醾酒 9-1410B
túmíjiǔ 酴醿酒 9-1410B
túmíjiǔ 酴醵酒 9-1411A
tǔmín 土民 2-983A
tūmíng 突明 8-429B
tūmó 突磨 8-431A
túmǒ 塗抹 2-1177B
túmò 途陌 10-912B
túmò 塗陌 2-1178A
tǔmò 吐沫 3-85B
tùmò 吐沫 3-85B
túmóu 圖謀 3-669A
túmóubùguǐ 圖謀不軌 3-669A
tūmù 突目 8-429A
túmǔ 屠母 4-50B
túmù 屠牧 4-51A
túmù 圖墓 3-668A
tǔmú 土模 2-995A
tǔmù 土木 2-980B
tǔmù 土目 2-982B
tùmù 兔目 2-274A
tǔmùbā 土木八 2-981A
tǔmùbǎo 土木堡 2-981A
tǔmùgōngchéng 土木工程 2-981A
tǔmùjiàn 土木監 2-981A
tǔmùshēn 土木身 2-981A
tǔmùxínghái 土木形骸 2-981A
tǔmùzhībiàn 土木之變 2-981A
tǔmùzhīhuò 土木之禍 2-981A
tǔmùzhīnàn 土木之難 2-981A
tǔnà 吐納 3-87B
tūn'āi 吞哀 3-196A
túnán 圖南 3-666B
tǔnán 土難 2-998A
túnáng 圖囊 3-669B
tǔnáng 土囊 2-998B
túnányì 圖南翼 3-666B
tūnbào 吞暴 3-197A
túnbǎo 屯保 1-486A
túnbǎo 屯堡 1-486B
tūnbēi 吞悲 3-196B
túnbèi 屯備 1-486B
tūnbǐ 吞筆 3-196B
túnbì 屯壁 1-488A
túnbiàn 屯弁 1-484B
tūnbìng 吞并 3-195B
tūnbìng 吞併 3-196A
túnbīng 屯兵 1-485B
tūnbō 吞剥 3-196A
túnbó 屯泊 1-485B
túnbó 豚胉 10-14A
túnbó 豚拍 10-14A
túnbù 屯部 1-486B
túncāng 屯倉 1-486A
túnchángcǎo 豚腸草 10-14B
túnchē 軘車 9-1226A
tūnchī 吞吃 3-195A
túncì 屯次 1-485A
túncuì 屯萃 1-486B
túndá 屯達 1-486B
tūndāoguācháng 吞刀刮腸 3-195A
tūndāotǔhuǒ 吞刀吐火 3-195A
tūndí 吞敵 3-197A
túndǐ 屯邸 1-485B
túndīng 屯丁 1-484A
túndú 豚犢 10-14B
túndú 豘犢 5-25A
tūnduó 吞奪 3-197A
tún'ér 豚兒 10-14A
tún'ěr 豚耳 10-14A
tún'ěrcǎo 豘耳草 5-25A
túnfáng 屯防 1-485A
tūnfèng 吞鳳 3-197A
túnfēng 屯封 1-486A
tūnfēngyǐnyǔ 吞風飲雨 3-196A
túnfū 屯夫 1-484A
tūnfúxījǐng 吞符翕景 3-196B
túngēng 屯耕 1-486A
tūngōu 吞鈎 3-196B
tūngōu 吞鉤 3-196B
túnguān 屯官 1-486A
tūnháng 吞航 3-196A
túnhé 屯合 1-485A
tūnhèn 吞恨 3-196A
túnhòu 屯候 1-486A
túnhù 囤户 3-624A
túní 塗泥 2-1178A
tǔní 土泥 2-987A
tǔnì 吐逆 3-86A
tùniè 兔齧 2-276B
túniú 屠牛 4-50A
tǔniú 土牛 2-981B
tǔniúmùmǎ 土牛木馬 2-981B
túniútǎn 屠牛坦 4-50B
túniútǔ 屠牛吐 4-50A
túnjī 囤積 3-624A
túnjī 屯積 1-488A
túnjí 屯集 1-486B
túnjí 屯籍 1-488B
túnjì 屯騎 1-488A
túnjiān 豚肩 10-14A
túnjiān 臀尖 6-1398A
tūnjiànjì 吞劍伎 3-197A
tūnjiáo 吞嚼 3-198A
túnjié 屯結 1-487A
túnjiě 豚解 10-14B
túnjiēsāixiàng 屯街塞巷 1-487A
túnjījūqí 囤積居奇 3-624A
túnjījūqí 屯積居奇 1-488A
tūnjǐng 吞景 3-196B
túnjiǔ 豚酒 10-14A
tūnjiǔdǐng 吞九鼎 3-195A
tūnjǔ 吞咀 3-196A
tūnjù 吞據 3-197A
túnjū 屯居 1-486A
túnjù 屯聚 1-487B
túnjù 屯踞 1-487B
túnjù 屯據 1-488A
túnjūn 屯軍 1-486A
túnkěn 屯墾 1-488A
tūnláisēng 涒來僧 5-1193B
túnláo 豚醪 10-14B
túnlěi 屯壘 1-488B
túnlì 屯利 1-485B
túnliáng 屯糧 1-488B
tūnliáo 憨獠 7-726B
túnliè 屯列 1-485A
túnliú 屯留 1-486A
túnliūzi 屯溜子 1-487A
tūnlōu 吞摟 3-197A
túnluò 屯落 1-486B
tùnluò 褪落 9-120A
túnmáobùbiàn 屯毛不辨 1-484B
tūnmiè 吞滅 3-197A
tūnmò 吞没 3-195B
tūnmò 吞墨 3-197A
tūnnà 吞納 3-196B
túnnào 豚臑 10-14B
tūnniǎo 吞鳥 3-196B
tūnniè 吞囓 3-198A
tūnniè 吞齧 3-198A
tūnniú 吞牛 3-195A
túnnóng 屯農 1-487A
túnpèi 豚佩 10-14A
tūnqì 吞氣 3-196A
túnqí 臀鰭 6-1398A
túnquǎn 豚犬 10-13B
túnquǎn 豘犬 5-25A

túnsāi 屯塞 1-487B
tūnsè 黗色 12-1014B
túnsè 豘塞 5-25A
túnshān 豚柵 10-14A
tūnshé 吞舌 3-195B
tūnshēng 吞聲 3-197B
tūnshēngrěnlèi 吞聲忍淚 3-197B
tūnshēngrěnqì 吞聲忍氣 3-197B
tūnshēngyǐnhèn 吞聲飲恨 3-197B
tūnshēngyǐnqì 吞聲飲泣 3-197B
tūnshēngyǐnqì 吞聲飲氣 3-197B
tūnshí 吞食 3-196A
tūnshí 吞蝕 3-197A
tūnshì 吞噬 3-197A
túnshī 屯師 1-486A
túnshōu 屯收 1-485A
túnshǒu 屯守 1-485A
túnshǔ 豚鼠 10-14B
túnshù 純束 9-753B
túnshù 屯戍 1-485A
túnsù 屯宿 1-486B
tūntān 涒漢 5-1286B
tūntān 涒灘 5-1287A
tūntàn 吞炭 3-196A
tūntàn 涒歎 5-1286B
tūntànqīshēn 吞炭漆身 3-196A
tùntào'er 褪套兒 9-120A
túntè 屯慝 1-487B
túntí 豚蹄 10-14B
túntí 豚蹏 10-14B
túntián 屯田 1-484B
túntiánkè 屯田客 1-484B
tūntǔ 吞吐 3-195A
tūntūn 暾暾 3-511B
tūntūn 啍啍 3-391A
tūntūn 焞焞 7-94B
tūntūn 暾暾 5-839A
túntún 庉庉 3-1209B
túntún 沌沌 5-949A
túntún 屯屯 1-484B
túntún 忳忳 7-432A
tǔntǔn 錪錪 11-1325A
túntúngǔngǔn 沌沌渾渾 5-949A
tūntūntǔtǔ 吞吞吐吐 3-195B
tūnú 秃奴 8-4A
tūnù 突怒 8-430A
túnú 徒奴 3-972B
túnú 徒孥 3-974A
túnwěi 豚尾 10-14A
túnwèi 屯衛 1-487B
túnwù 屯塢 1-487A
túnxī 屯夕 1-484A
tūnxiàng 吞象 3-196B
túnxiào 屯嘯 1-488A
túnxié 豚脅 10-14A
túnxíng 屯行 1-485A
túnxué 屯學 1-488A
túnyá 屯衙 1-487A
tūnyàn 吞咽 3-196A
tūnyàn 吞嚥 3-198A
tūnyányànlǐ 吞言咽理 3-195B
tūnyáo 吞爻 3-195A
tūnyào 焞燿 7-94B
túnyè 屯咽 1-486A
túnyíng 屯營 1-488A
túnyóu 臀疣 6-1398A
tūnyú 蜳蝺 8-974A
túnyú 豚魚 10-14A
túnyú 豘魚 5-25A
túnyù 屯禦 1-488B
túnyún 屯雲 1-486B
tūnyúntǔwù 吞雲吐霧 3-196B
tūnzāng 吞臟 3-198A
túnzhā 屯紮 1-486A
túnzhā 屯紥 1-486B
túnzhā 屯扎 1-484A
túnzhá 屯劄 1-487B
túnzhá 屯札 1-484B
túnzhài 屯砦 1-486B
tūnzhān 吞氈 3-197B
tūnzhàn 吞佔 3-195B
túnzhǎng 敦長 5-493B
túnzhǎng 屯長 1-485B
túnzhàng 臀杖 6-1398A
túnzhèng 屯正 1-484B
túnzhèng 屯政 1-486A
tūnzhì 吞蛭 3-196B
tūnzhǐbàoquǎn 吞紙抱犬 3-196B
túnzhòng 屯種 1-487B
tūnzhōu 吞舟 3-195B
túnzhǒu 豚肘 10-14A
tūnzhōulòuwǎng 吞舟漏網 3-195B
tūnzhōushìlòu 吞舟是漏 3-195B
tūnzhōuzhīyú 吞舟之魚 3-195B
túnzhù 屯住 1-485B
túnzhù 屯駐 1-487B
túnzhuāng 屯莊 1-486A
túnzi 屯子 1-484A
túnzi 豚子 10-13B
tūnzòng 吞縱 3-197B
túnzū 屯租 1-486A
tuō'ài 託愛 11-45A
tuō'ān 稅鞍 8-94B
tuǒ'ān 妥安 4-308B
tuōbá 托跋 6-348A
tuōbǎ 拖把 6-464A
tuōbǎ 脫靶 6-1300B
tuóbá 鼧鼥 12-1413A
tuòbá 拓拔 6-440A
tuòbá 拓跋 6-440B
tuōbái 脫白 6-1295B
tuōbài 脫敗 6-1299A
tuōbáiguàlǜ 脫白掛綠 6-1296A
tuōbān 脫班 6-1298B
tuóbēi 馱背 12-797A
tuóbèi 佗背 1-1283B
tuóbèi 跎背 10-454B
tuóbèi 馱背 12-797A
tuóbèi 駝背 12-822B
tuòbèi 唾背 3-384B
tuóbèichóng 駝背蟲 12-823A
tuōbǐ 託筆 11-44A
tuōbì 托庇 6-347A
tuōbì 託庇 11-41B
tuōbì 託避 11-46A
tuōbì 託芘 11-41A
tuóbǐ 橐筆 4-1307B
tuōbiàn 託便 11-42B
tuǒbiàn 妥便 4-309A
tuòbiān 拓邊 6-441A
tuōbiǎo 托裱 6-348B
tuōbiǎo 託褾 11-46A
tuōbǐng 脫柄 6-1297B
tuōbìng 托病 6-348A
tuōbìng 託病 11-43B
tuōbō 托缽 6-348A
tuōbō 托鉢 6-348B
tuōbō 託鉢 11-45A
tuōbō 脫剝 6-1299A
tuōbó 脫膊 6-1301A
tuōbōzájù 脫剝雜劇 6-1299A
tuōbù 拖步 6-464B
tuōbùliǎo 脫不了 6-1295A
tuōcái 託財 11-43A
tuōcān 稅驂 8-95B
tuōcān 說驂 11-251A
tuōcān 脫驂 6-1303B
tuócānyuánshǐ 鼉参黿史 12-1405B
tuōchā 托叉 6-346B
tuóchá 沱茶 5-1102A
tuōchán 拖纏 6-466B
tuōchǎn 託產 11-43B
tuōchǎn 脫產 6-1299B
tuōcháng 拖腸 6-466A
tuōchángshǔ 拖腸鼠 6-466A
tuōchē 拖車 6-464A
tuōchě 拖扯 6-464A
tuóchē 乾車 9-1241A
tuóchē 駝車 12-822B
tuōchēng 託稱 11-45A
tuōchéng 託承 11-42A
tuōchèng 脫秤 6-1297B
tuóchéng 佗城 1-1283B
tuōchénghòuchē 託乘後車 11-43B
tuòchí 拓弛 6-440A
tuòchí 跅弛 10-448A
tuòchí 跅弛 10-448A
tuòchí 跅跐 10-448B
tuòchí 跅跑 10-448B
tuòchì 唾斥 3-384B
tuòchíbùjī 跅弛不羈 10-448A
tuòchíbùjī 跅弛不羈 10-448B
tuòchíbùjī 跅跐不羈 10-448B
tuòchíbùjī 跅跐不羈 10-448B
tuòchíbùjī 跅跑不羈 10-448B
tuōchǒng 託寵 11-46A
tuǒchóu 妥籌 4-309B
tuōchū 脫出 6-1296A
tuōchú 脫除 6-1298B
tuōchǔ 託處 11-43B
tuóchù 馱畜 12-797B
tuōchuán 拖船 6-466A
tuōchuáng 拖牀 6-465A
tuōchún 脫唇 6-1298B
tuōcí 托詞 6-348A
tuōcí 托辭 6-349A
tuōcí 託詞 11-44B
tuōcí 託辭 11-46A
tuōcuàn 脫竄 6-1303A
tuócuì 駝毳 12-823B
tuócuō 跎蹉 10-454B
tuōdà 托大 6-346B
tuōdà 託大 11-40A
tuōdà 脫大 6-1294B
tuòdà 拓大 6-439B
tuōdài 拖帶 6-465B
tuōdǎn 托膽 6-349A
tuōdǎng 脫黨 6-1303B
tuōdàng 拖宕 6-465A
tuōdàng 脫檔 6-1302B
tuǒdàng 妥當 4-309A
tuódào 馱道 12-797B
tuōdāojì 拖刀計 6-463B
tuōde 托地 6-347A
tuōdǐ 托底 6-347B
tuōdì 託地 11-40B
tuòdì 拓地 6-440A
tuōdiāo 脫貂 6-1300A
tuòdìchéngwén 唾地成文 3-384B
tuōdìdǎn 拖地膽 6-464A
tuōdìjǐn 拖地錦 6-464A
tuòdìng 拓定 6-440A
tuōdǒu 托斗 6-346B
tuōdòu 拖逗 6-465B
tuōdòu 拖鬭 6-466B
tuódòu 迱逗 10-765B
tuódòu 馳逗 12-816B
tuódòu 迤逗 10-760B
tuōdù 脫度 6-1298A
tuòdū 拓都 6-440B
tuóduì 駝隊 12-823B
tuōduó 託鐸 11-46A
tuóduò 駝垛 12-822B
tuóduò 駝馱 12-824A
tuō'ěr 脫珥 6-1298B
tuō'ěr 脫爾 6-1301A
tuò'ěr 唾耳 3-384B
tuō'érsuǒ 托兒所 6-347B
tuōfǎ 託法 11-42A
tuōfà 拖髮 6-466B
tuōfà 脫髮 6-1301B
tuōfà 佗髮 1-1283B

tuōfán 脱凡 6-1295A
tuōfán 脱樊 6-1301B
tuōfāng 佗方 1-1283A
tuōfàng 脱放 6-1297A
tuófèi 槖蜚 4-1307B
tuōfèifǔ 託肺腑 11-42A
tuōfèifù 託肺附 11-42A
tuōfén 託墳 11-45B
tuōfèn 託分 11-40A
tuòfěn 籜粉 8-1276B
tuōfěng 托諷 6-349A
tuōfěng 託風 11-43A
tuōfěng 託諷 11-45B
tuōfèng 脱縫 6-1302B
tuófēng 駝峯 12-823A
tuófēng 駝峰 12-823A
tuōfèngpānlóng 託鳳攀龍 11-45A
tuófēngyú 鼉風魚 12-1405B
tuófènlóngchóu 鼉憤龍愁 12-1405B
tuōfú 稅服 8-93B
tuōfú 托福 6-348B
tuōfú 託伏 11-40B
tuōfú 託福 11-45A
tuōfù 托付 6-347A
tuōfù 托附 6-347B
tuōfù 託付 11-40B
tuōfù 託附 11-41B
tuōfù 託咐 11-41B
tuōfù 脱輹 6-1302A
tuófù 佗負 1-1283B
tuófù 馱負 12-797B
tuófù 駝負 12-823A
tuófù 槖負 4-1307A
tuǒfú 媠服 4-386B
tuòfù 拓復 6-441A
tuǒgàn 妥幹 4-309A
tuōgāng 脱肛 6-1296B
tuōgǎo 脱稿 6-1301B
tuōgǎo 脱藁 6-1302B
tuōgēn 托根 6-348A
tuōgēn 託根 11-43A
tuōgēn 脱根 6-1298B
tuógēng 鱓更 12-1260A
tuógēng 駝羹 12-824B
tuógēng 鼉更 12-1405B
tuōgōng 託躬 11-43B
tuōgōngbàosī 託公報私 11-40A
tuōgōngxíngsī 託公行私 11-40A
tuōgōu 拖鉤 6-466A
tuōgōu 脱鈎 6-1300A
tuōgōu 脱韝 6-1303A
tuōgōu 脱鞲 6-1303B
tuógōu 駝鈎 12-823B
tuōgǒupí 拖狗皮 6-465A
tuōgū 托孤 6-347B
tuōgū 託孤 11-42A
tuōgǔ 脱骨 6-1297B
tuōgù 托故 6-347B
tuōgù 託故 11-42B
tuōgù 佗故 1-1283B
tuógǔ 駝鼓 12-823B
tuógǔ 鼉鼓 12-1405B
tuógǔ 鼉皷 12-1405B
tuōguà 拖掛 6-465B
tuōguān 脱冠 6-1298B
tuōguǎn 托管 6-348B
tuōguàn 脱貫 6-1299B
tuòguān 籜冠 8-1276B
tuōguāng 脱光 6-1296A
tuōgǔhuàntāi 脱骨换胎 6-1297B
tuōguī 脱歸 6-1303A
tuōguǐ 脱軌 6-1297B
tuōgūjìmìng 託孤寄命 11-42A
tuōguó 託國 11-43B
tuōhàn 託翰 11-45B
tuóhàn 跎漢 10-454B
tuōhànjīng 拖漢精 6-466A
tuōhǎo 託好 11-41A
tuōhào 託號 11-45A
tuōhè 脱褐 6-1301B
tuóhé 駝毼 12-824A
tuóhè 駝褐 12-824A
tuóhè 駝鶴 12-824B
tuóhóng 酡紅 9-1402A
tuōhòu 託後 11-42B
tuóhǒu 鼉吼 12-1405B
tuōhòutuǐ 拖後腿 6-465B
tuōhù 脱户 6-1295B
tuóhù 馱户 12-797A
tuòhú 唾壺 3-385A
tuōhuá 脱滑 6-1300B
tuōhuà 托化 6-346B
tuōhuà 託化 11-40A
tuōhuái 託懷 11-46A
tuōhuàn 脱换 6-1298B
tuòhuāng 拓荒 6-440B
tuòhújīquē 唾壺擊缺 3-385A
tuōhūn 托葷 6-348A
tuōhuó 托活 6-347B
tuōhuó 脱活 6-1298B
tuōhuò 脱或 6-1297A
tuōhuò 脱貨 6-1299B
tuōhuò 脱禍 6-1300B
tuòhúqiāoquē 唾壺敲缺 3-385A
tuōjī 脱羈 6-1304A
tuōjí 托疾 6-348A
tuōjí 託疾 11-43B
tuōjí 脱籍 6-1303B
tuōjì 托迹 6-347B
tuōjì 托跡 6-348B
tuōjì 託迹 11-43A
tuōjì 託寄 11-44A
tuōjì 託跡 11-45A
tuōjì 託驥 11-46B
tuōjì 脱迹 6-1298A
tuōjì 脱跡 6-1301A
tuójī 駝雞 12-824A
tuójī 駝鷄 12-824B
tuójī 鼉磯 12-1406A
tuójí 槖戢 4-1307B
tuòjī 柝擊 4-919B
tuòjí 柝汲 4-919B
tuòjì 拓跡 6-441A
tuōjiā 託家 11-43B
tuōjiā 脱枷 6-1297B
tuōjiǎ 稅甲 8-93A
tuōjiǎ 脱甲 6-1295B
tuōjià 稅駕 8-95A
tuójiā 馱家 12-797B
tuójià 馱架 12-797B
tuójià 馱價 12-798A
tuójià 駝價 12-824A
tuōjiān 脱尖 6-1296A
tuōjiān 脱肩 6-1297B
tuōjiān 脱監 6-1301A
tuōjiǎn 脱簡 6-1302B
tuōjiàn 説劍 11-250A
tuōjiàn 説劒 11-250B
tuōjiàn 脱劍 6-1302A
tuójiān 駝肩 12-822B
tuójiān 槖奸 4-1307A
tuójiāng 鮀江 12-1218A
tuōjiāngzhīmǎ 脱繮之馬 6-1303B
tuōjiāo 託交 11-41A
tuōjiāo 脱膠 6-1302A
tuōjiǎo 脱角 6-1296B
tuōjiǎo 脱脚 6-1299B
tuójiǎo 馱脚 12-797B
tuójiào 馱轎 12-798A
tuójiào 駝轎 12-824A
tuójiǎshùbīng 槖甲束兵 4-1307A
tuōjié 脱節 6-1301A
tuōjiě 脱解 6-1301A
tuōjiè 稅介 8-92B
tuōjiè 託戒 11-41A
tuōjiè 脱骱 6-1301A
tuòjié 拓羯 6-441A
tuòjiè 拓界 6-440B
tuōjiéniú 脱節牛 6-1301A
tuōjīn 脱巾 6-1295A
tuójīn 槖金 4-1307A
tuòjīn 唾津 3-385A
tuòjǐng 唾井 3-384A
tuòjìng 拓境 6-441A
tuòjìng 柝境 4-919B
tuōjīnwěizǐ 拖金委紫 6-465A
tuōjiù 托舊 6-349A
tuōjiù 託咎 11-42A
tuōjiù 脱臼 6-1296A
tuōjìzhīyíng 託驥之蠅 11-46B
tuoju 托居 6-347B
tuōjū 託居 11-42A
tuōjù 稅屨 8-95A
tuōjù 脱距 6-1299B
tuòjū 柝居 4-919B
tuōjuān 脱捐 6-1298B
tuōkāi 托開 6-348B
tuòkāi 拓開 6-441A
tuōkào 托靠 6-349A
tuōkōng 脱空 6-1297A
tuōkòngzi 拖空子 6-465A
tuōkǒu 託口 11-40A
tuōkǒu 脱口 6-1294B
tuōkǒuchéngzhāng 脱口成章 6-1295A
tuōkǒu'érchū 脱口而出 6-1295A
tuōkù 脱袴 6-1299B
tuókū 鼉窟 12-1405B
tuōkuǎ 拖垮 6-465A
tuòkuān 拓寬 6-441A
tuōlā 拖拉 6-464B
tuōlái 脱來 6-1297A
tuōlài 托賴 6-349A
tuōlài 託賴 11-45B
tuōlājī 拖拉機 6-464B
tuōlǎn 托懶 6-349A
tuōlǎn 脱懶 6-1303A
tuōláodòng 拖牢洞 6-464B
tuōlǎoshi 托老實 6-347A
tuōlěi 拖累 6-466A
tuōlěi 脱累 6-1299A
tuōlí 脱離 6-1303A
tuōlǐ 托裏 6-348B
tuōlǐ 託理 11-43B
tuōlì 託麗 11-46A
tuōlì 脱粒 6-1299B
tuólǐ 駝李 12-822B
tuòlǐ 拓裏 6-441A
tuóliáng 馱梁 12-797B
tuóliáng 鼉梁 12-1405B
tuōlíng 託靈 11-46B
tuōlǐng 托領 6-348B
tuólíng 馱鈴 12-798A
tuólíng 駝鈴 12-824A
tuǒlíng 妥靈 4-309B
tuōlǒng 脱籠 6-1303B
tuólóng 鼉龍 12-1406A
tuòlóng 籜龍 8-1276B
tuòlóngyī 籜龍衣 8-1276B
tuōlòu 侻陋 1-1424A
tuōlòu 脱漏 6-1301B
tuólǒu 馱簍 12-798A
tuōlú 托盧 6-349A
tuōlù 拖露 6-466B
tuólù 駝鹿 12-823A
tuōluán 稅鑾 8-95B
tuōluàn 脱亂 6-1301A
tuōlún 拖輪 6-466B
tuōluó 託邏 11-46A
tuōluò 托落 6-348A
tuōluò 脱落 6-1300A
tuóluó 陀螺 11-956B
tuóluó 陀羅 11-957A
tuóluó 馱騾 12-798A
tuóluò 駝駱 12-824A
tuòluó 拓邏 6-441B
tuòluò 拓落 6-440B
tuòluò 拓犖 6-441A
tuòluò 跅落 10-448B
tuóluóbiāo 陀羅驃 11-957A
tuóluójīngbèi 陀羅經被 11-957A
tuóluóní 陀羅尼 11-957A

tuóluóní 陁羅尼 11-947A
tuóluónímén 陁羅尼門 11-957A
tuóluóníqin 陀羅尼衾 11-957A
tuóluónízhuàng 陀羅尼幢 11-957A
tuōlǜ 託慮 11-45B
tuólǚ 橐侶 4-1307A
tuōlüè 脫略 6-1299A
tuōmá 脫麻 6-1299B
tuōmǎ 拖馬 6-465B
tuómǎ 馱馬 12-797B
tuómǎ 駝馬 12-823A
tuòmà 唾罵 3-385B
tuómán 訑謾 11-65A
tuómán 詑謾 11-117A
tuómǎn 陀滿 11-956B
tuōmáng 脫盲 6-1297A
tuōmáo 脫毛 6-1295B
tuōmǎo 脫卯 6-1296A
tuōmào 託貿 11-44A
tuōmào 脫帽 6-1300A
tuómáo 駝毛 12-822B
tuōmázhuāibù 拖麻拽布 6-466A
tuōmèi 託寐 11-44B
tuōmèn 脫悶 6-1300B
tuōméng 託蒙 11-44B
tuōmèng 托夢 6-348B
tuōmèng 託夢 11-44B
tuōmiǎn 稅冕 8-94A
tuōmiǎn 脫免 6-1296B
tuòmiàn 唾面 3-384B
tuòmiànzìgān 唾面自乾 3-384B
tuōmíng 托名 6-347A
tuōmíng 託名 11-40B
tuōmìng 托命 6-347B
tuōmìng 託命 11-42A
tuōmìng 脫命 6-1297A
tuómíng 鼉鳴 12-1405B
tuómíngbiēyìng 鼉鳴鼈應 12-1405B
tuōmiù 脫繆 6-1302B
tuōmiù 脫謬 6-1303A
tuōmó 拖磨 6-466B
tuōmò 托墨 6-349A
tuòmò 唾沫 3-384B
tuòmòxīng 唾沫星 3-384B
tuōmù 託慕 11-45A
tuōnàn 脫難 6-1303A
tuōnáng 脫囊 6-1303B
tuónáng 駝囊 12-824B
tuónáng 橐囊 4-1308A
tuōnián 侂年 1-1283B
tuóniǎo 鴕鳥 12-1081A
tuóniǎo 馱鳥 12-797B
tuóniǎo 駝鳥 12-823A
tuóniǎo 鮀鳥 12-1088B
tuóniǎozhèngcè 鮀鳥政策 12-1088B
tuōnídàishuǐ 拖泥帶水 6-465A
tuǒníng 妥寧 4-309B
tuóniǔ 駝鈕 12-823B
tuō'ǒu 托偶 6-348A
tuōpá 拖杷 6-464B
tuōpán 托盤 6-349A
tuōpáotuìwèi 脫袍退位 6-1299A
tuōpèi 稅轡 8-95B
tuōpèi 託配 11-43A
tuōpī 脫坯 6-1296B
tuòpì 拓闢 6-441A
tuōpiàn 脫騙 6-1303A
tuōpí'érguǒjì 脫皮兒裹劑 6-1296A
tuōpō 脫坡 6-1297A
tuópǔ 鮀浦 12-1218A
tuōqī 脫期 6-1300A
tuōqì 托契 6-347B
tuōqì 託契 11-42B
tuōqì 脫弃 6-1296B
tuōqì 脫氣 6-1298B
tuōqì 脫棄 6-1300B
tuóqí 馱騎 12-798A
tuóqí 駝騎 12-824B
tuòqì 唾棄 3-385B
tuǒqià 妥洽 4-309A
tuōqiàn 拖欠 6-463B
tuōqiàn 脫塹 6-1301B
tuōqiāng 托腔 6-348A
tuōqiāng 拖腔 6-466A
tuōqiāngluòbǎn 脫腔落板 6-1300B
tuōqiǎo 託巧 11-40A
tuōqiàojīnchán 脫殼金蟬 6-1299B
tuǒqiè 妥切 4-308B
tuōqīn 拖親 6-466B
tuōqīng 脫清 6-1299B
tuōqíng 托情 6-348A
tuōqíng 託情 11-43B
tuòqīng 拓清 6-440B
tuōqīngyūzǐ 拖青紆紫 6-464B
tuóqiú 駝裘 12-823B
tuōqū 託軀 11-46A
tuōqù 脫去 6-1295B
tuóqū 駝曲 12-822B
tuòqǔ 唾取 3-384B
tuóquán 橐泉 4-1307A
tuóquángōng 橐泉宮 4-1307A
tuōquè 脫却 6-1296B
tuǒquè 妥確 4-309B
tuōrán 說然 11-247B
tuōrán 脫然 6-1300B
tuórán 酡然 9-1402A
tuōrén 託人 11-39B
tuōrén 侂人 1-1283A
tuōrèn 託任 11-40B
tuǒrén 妥人 4-308B
tuōrénluòshuǐ 拖人落水 6-463B
tuōrénqíng 托人情 6-346B
tuōrénxiàshuǐ 拖人下水 6-463B
tuōrì 侂日 1-1283A
tuōróng 脫榮 6-1301B
tuóróng 馱毧 12-797B
tuóróng 駝茸 12-822B
tuóróng 駝毬 12-823A
tuóróng 駝絨 12-823B
tuóróng 駝毦 12-823B
tuòróng 唾絨 3-385B
tuòrǔ 唾辱 3-385A
tuōruò 脫若 6-1297A
tuóruò 沱若 5-1102A
tuōsǎ 脫洒 6-1298A
tuōsǎ 脫灑 6-1303B
tuōsāi 托腮 6-348B
tuōsè 託色 11-41A
tuōsè 脫色 6-1296A
tuōsè 脫澀 6-1302B
tuósè 駝色 12-822B
tuōshā 脫煞 6-1301A
tuǒshàn 妥善 4-309A
tuòshān 唾涎 3-385A
tuōshǎng 託賞 11-45B
tuóshāng 坨商 2-1092A
tuōshāo 脫稍 6-1300A
tuōshè 託舍 11-42A
tuōshēn 托身 6-347A
tuōshēn 拖紳 6-466A
tuōshēn 託身 11-41A
tuōshēn 脫身 6-1296B
tuōshén 託神 11-43A
tuǒshèn 妥慎 4-309B
tuōshēng 托生 6-346B
tuōshēng 侂生 1-1347B
tuōshēng 託生 11-40B
tuōshēng 脫生 6-1295B
tuōshēng 侂生 1-1283B
tuōshèng 託乘 11-43A
tuóshēng 鼉聲 12-1406A
tuōshēngtuōqì 脫聲脫氣 6-1302B
tuōshī 侻失 1-1424A
tuōshī 脫尸 6-1295A
tuōshí 托實 6-349A
tuōshí 託食 11-43A
tuōshí 託實 11-45B
tuōshí 侂時 1-1283B
tuōshǐ 托始 6-347B
tuōshǐ 託始 11-42B
tuōshǐ 脫使 6-1297A
tuōshì 託世 11-40B
tuōshì 託事 11-41B
tuōshì 託勢 11-44B
tuǒshī 妥尸 4-308B
tuǒshí 妥實 4-309B
tuǒshì 綏視 9-874A
tuǒshì 妥視 4-309A
tuòshì 拓世 6-440A
tuòshì 唾視 3-385A
tuōshǒu 脫手 6-1295A
tuōshòu 脫售 6-1299B
tuǒshǒu 妥首 4-309A
tuòshǒu 唾手 3-384A
tuòshǒukědé 唾手可得 3-384A
tuòshǒukěqǔ 唾手可取 3-384A
tuōshǒutánwán 脫手彈丸 6-1295B
tuǒshǒutiē'ěr 妥首帖耳 4-309A
tuōshū 託書 11-43B
tuōshú 托熟 6-349A
tuōshú 託熟 11-45B
tuōshuǐ 脫水 6-1295A
tuóshuǐgùn 馱水棍 12-797A
tuōshùn 侻順 1-1424A
tuōshuō 託說 11-45B
tuōshuò 脫稍 6-1300B
tuōsī 託思 11-42B
tuōsǐ 託死 11-40B
tuōsì 脫似 6-1296A
tuósì 沱汜 5-1102A
tuósì 橐笥 4-1307B
tuósòng 馱送 12-797B
tuōsú 脫俗 6-1297B
tuōsù 托宿 6-348A
tuōsù 託宿 11-44A
tuōsù 脫素 6-1298B
tuōsù 脫粟 6-1300A
tuósū 酡酥 9-1402A
tuósū 駝酥 12-823B
tuǒsuí 妥綏 4-309B
tuòsǔn 籜筍 8-1276B
tuōtà 拖沓 6-464B
tuōtà 拖蹋 6-466B
tuōtāi 託胎 11-43A
tuōtāi 脫胎 6-1297B
tuōtāichóng 托胎蟲 6-347B
tuōtāihuàngǔ 脫胎換骨 6-1298A
tuōtāiqīqì 脫胎漆器 6-1298A
tuótǎn 駝毯 12-823B
tuōtáng 拖堂 6-466A
tuōtáo 說咷 11-245A
tuōtáo 託逃 11-42B
tuōtáo 脫逃 6-1297B
tuōtào 脫套 6-1298B
tuōtàohuàntào 脫套換套 6-1298B
tuōtáoyīng'ér 脫桃嬰兒 6-1298B
tuōtǎtiānwáng 托塔天王 6-348A
tuōtǐ 托體 6-349B
tuōtǐ 託體 11-46A
tuōtǐ 脫體 6-1303B
tuótí 駝蹄 12-824A
tuòtì 唾洟 3-384B
tuòtì 唾涕 3-385A
tuōtiān 託天 11-40A
tuōtiānlòuwǎng 脫天漏網 6-1295A
tuōtiānsǎodì 拖天掃地 6-463B
tuǒtiē 妥怗 4-309A
tuǒtiē 妥貼 4-309A

tuǒtiē 妥帖 4-309A
tuǒtiěqí'er 說鐵騎兒 11-251A
tuótíjī 駝蹄雞 12-824A
tuótíjī 駝蹄鷄 12-824A
tuótíjī 駝蹏雞 12-824A
tuótóu 陀頭 11-956B
tuōtóutuōnǎo 脱頭脱腦 6-1302A
tuōtù 脱兔 6-1297A
tuótǔ 橐土 4-1307A
tuòtǔ 拓土 6-439B
tuòtǔ 唾吐 3-384B
tuōtuō 托托 6-347A
tuōtuó 託陀 11-41B
tuōtuó 馲駝 12-798A
tuōtuó 馲駞 12-798A
tuōtuó 驝駝 12-915B
tuōtuó 驝駞 12-915B
tuótuó 佗佗 1-1283B
tuótuó 馱馱 12-797B
tuótuó 駝橐 12-824A
tuótuó 橐駞 4-1307B
tuótuó 橐橐 4-1307B
tuótuó 迤迤 10-760B
tuǒtuǒ 綏綏 9-874B
tuǒtuǒ 妥妥 4-308B
tuǒtuǒ 媠媠 4-386B
tuòtuò 柝柝 4-919B
tuótuójiàng 駝鼉將 12-824B
tuótuójíjí 他他籍籍 1-1155B
tuótuójíjí 他他藉藉 1-1155B
tuótuójíjí 它它藉藉 3-1290A
tuōtuōqīqī 拖拖棲棲 6-464B
tuótuózhījì 橐駝之技 4-1307B
tǔ'ǒu 土偶 2-992A
tǔ'ǒuméngjīn 土偶蒙金 2-992A
tǔ'ǒurén 土偶人 2-992A
tǔ'ǒurén 土耦人 2-996A
tǔ'oǔrén 土禺人 2-988A
tuōwà 脱襪 6-1303A
tuōwǎn 脱輓 6-1301A
tuōwàn 脱腕 6-1300B
tuōwáng 脱亡 6-1295A
tuōwǎng 拖網 6-466B
tuōwǎng 脱網 6-1301B
tuōwěi 託僞 11-45A
tuōwěi 脱尾 6-1296B
tuōwèi 脱位 6-1296B
tuówéi 鼉圍 8-1009A
tuǒwěi 妥尾 4-308B
tuōwěiba 拖尾巴 6-464B
tuōwén 脱文 6-1295B
tuówēng 駝翁 12-823A
tuōwù 託物 11-41B
tuōwù 脱誤 6-1301A
tuówú 橐吾 4-1307A
tuōwùchényù 託物陳喻 11-41B
tuōwùgǎnhuái 託物感懷 11-41B
tuōwùliánlèi 託物連類 11-41B
tuōwùyǐnlèi 託物引類 11-41B
tuōwùyùgǎn 託物寓感 11-41B
tuōwùyùxìng 託物寓興 11-41B
tuōxī 託息 11-43B
tuōxǐ 脱屣 6-1301B
tuōxǐ 脱蹝 6-1302B
tuōxǐ 脱躧 6-1304A
tuōxì 脱舄 6-1300A
tuōxì 脱隙 6-1300B
tuōxián 拖涎 6-465B
tuōxiǎn 脱險 6-1302A
tuóxiān 鼉仙 12-1405A
tuòxián 唾涎 3-385A
tuòxiàn 唾腺 3-385B
tuōxiāng 佗鄉 1-1283B
tuōxiǎng 託想 11-44B
tuōxiāo 脱銷 6-1302A
tuōxiào 脱孝 6-1296B
tuòxiāo 拓銷 6-441A
tuōxié 拖鞋 6-466B
tuōxiè 脱卸 6-1297B
tuōxiè 脱械 6-1299A
tuǒxié 妥協 4-308B
tuōxīn 托心 6-346B
tuōxīn 託心 11-40A
tuōxìn 託信 11-42B
tuōxíng 託形 11-41A
tuōxíng 脱形 6-1296B
tuōxìng 托興 6-349A
tuōxìng 託興 11-45B
tuōxìng 託性 11-42A
tuōxīntōng 佗心通 1-1283A
tuōxiùqiú 拖綉毬 6-466A
tuōxiùqiú 拖繡毬 6-466B
tuòxù 拓緒 6-441A
tuōxuǎn 脱選 6-1302A
tuōxuē 脱靴 6-1300B
tuōxuē 脱韡 6-1303A
tuōxuè 脱血 6-1296A
tuōyán 托言 6-347A
tuōyán 拖延 6-464A
tuōyán 託言 11-41A
tuóyán 酡顏 9-1402A
tuōyáng 脱陽 6-1299B
tuōyǎng 託養 11-45B
tuóyáng 駝羊 12-822B
tuóyao 駝腰 12-824A
tuōyè 拖曳 6-464A
tuōyè 託業 11-45A
tuōyè 脱葉 6-1300A
tuòyè 唾液 3-385A
tuòyèxiàn 唾液腺 3-385A
tuōyī 税衣 8-93A
tuōyī 託依 11-42A
tuōyī 脱衣 6-1296A
tuōyí 脱遺 6-1301B
tuōyí 脱頤 6-1302A
tuōyì 托意 6-348B
tuōyì 託意 11-45A
tuōyì 託翼 11-46A
tuōyì 脱易 6-1297A
tuōyì 脱逸 6-1299B
tuōyīn 托音 6-347B
tuōyīn 託姻 11-43A
tuōyīn 託音 11-43A
tuōyīn 託陰 11-43B
tuōyìn 托蔭 6-348B
tuōyìn 託蔭 11-44B
tuóyín 鼉吟 12-1405B
tuōyíng 脱營 6-1302B
tuōyǐng 託景 11-44A
tuōyǐng 脱穎 6-1302A
tuōyǐng'érchū 脱穎而出 6-1302B
tuōyǐngnángzhuī 脱穎囊錐 6-1302B
tuōyōu 託幽 11-42B
tuǒyòu 妥侑 4-309A
tuōyóupíng 拖油瓶 6-465A
tuōyǔ 脱羽 6-1296B
tuōyù 拖玉 6-464A
tuōyù 託喻 11-44A
tuōyù 託寓 11-44B
tuōyù 託諭 11-45B
tuōyù 脱獄 6-1301A
tuòyú 唾盂 3-384B
tuòyú 唾餘 3-385B
tuòyǔ 拓宇 6-440A
tuòyù 唾玉 3-384A
tuōyuán 託援 11-44A
tuóyuán 駝員 12-823A
tuǒyuán 橢圓 4-1283A
tuǒyuán 橢圜 4-1283A
tuóyuè 橐爚 4-1308A
tuóyuè 橐籥 4-1308A
tuòyuě 唾噦 3-385B
tuōyúkōngyán 託于空言 11-39B
tuōyùn 托運 6-348A
tuóyùn 馱運 12-797B
tuóyùn 駝運 12-823B
tuōzài 説載 11-248A
tuōzài 託載 11-44B
tuózǎi 橐載 4-1307B
tuózài 馱載 12-797B
tuózài 駝載 12-823B
tuōzān 脱簪 6-1302B
tuōzān'ěr 脱簪珥 6-1302B
tuōzàng 託葬 11-44A
tuòzào 拓造 6-440B
tuōzèng 脱贈 6-1303A
tuózhān 橐饘 4-1308A
tuòzhǎn 拓展 6-440B
tuōzhàng 棁杖 4-1061A
tuòzhāng 拓張 6-440B
tuòzhǎng 唾掌 3-385B
tuōzhēn 脱真 6-1298B
tuōzhèng 託正 11-40A
tuōzhèng 託政 11-42B
tuōzhī 脱脂 6-1299A
tuōzhí 託植 11-44A
tuōzhǐ 託旨 11-40B
tuōzhǐ 託紙 11-43B
tuōzhì 託志 11-41A
tuōzhì 託質 11-45B
tuōzhì 佗志 1-1283B
tuózhī 駝脂 12-823A
tuòzhí 拓殖 6-440B
tuòzhì 籜質 8-1276B
tuōzhīkōngyán 託之空言 11-40A
tuōzhīmián 脱脂棉 6-1299A
tuōzhōng 託終 11-44A
tuōzhòng 託重 11-42B
tuózhōngzhuāng 橐中裝 4-1307A
tuōzhuāi 拖拽 6-465B
tuōzhuàn 託傳 11-45A
tuōzhuàn 脱賺 6-1302B
tuózhuāng 橐裝 4-1307B
tuōzhūkōngyán 託諸空言 11-45B
tuōzi 托子 6-346B
tuōzī 脱緇 6-1301B
tuōzǐ 拖紫 6-466A
tuōzì 脱字 6-1296B
tuózi 坨子 2-1991B
tuózi 跎子 10-454B
tuózi 駝子 12-822A
tuózǐ 砣子 7-1024B
tuōzōng 託踪 11-45B
tuōzòng 託蹤 11-46A
tuōzǒu 脱走 6-1296B
tuōzú 托足 6-347A
tuōzú 託足 11-41A
tuōzú 脱卒 6-1297A
tuōzuì 託醉 11-45B
tuōzuò 託坐 11-41A
tuózuò 鼉作 12-1405B
tǔpā 吐葩 3-87B
tǔpào 土炮 2-989A
tǔpào 土砲 2-989B
túpèi 徒配 3-974A
túpí 荼毗 9-422A
túpì 屠齫 4-53B
tǔpī 土坯 2-986A
túpiàn 圖片 3-666A
tǔpíng 土平 2-982B
tūpò 突破 8-430A
túpò 屠破 4-51B
tùpò 兔魄 2-276A
túpǔ 圖譜 3-669A
tūqí 突騎 8-431B
tūqǐ 凸起 2-471B
tūqǐ 突起 8-430A
túqí 屠耆 4-51B
tǔqí 土祇 2-987B
tǔqí 土亓 2-982A
tǔqí 吐奇 3-85B
tǔqì 土氣 2-989B
tǔqì 吐氣 3-87A
tùqì 吐棄 3-88A
tūqián 突黔 8-431A
tǔqiāng 土腔 2-994A

tǔqiāng 土槍 2-995A
tùqiáo 堍橋 2-1129B
tùqǐfújǔ 兔起鳧舉 2-274B
tùqǐhúluò 兔起鶻落 2-274B
túqīng 酴清 9-1410B
tǔqīngmùxiāng 土青木香 2-986A
túqióng 途窮 10-913A
túqióng 圖窮 3-668B
túqióngbǐshǒuxiàn 圖窮匕首見 3-668B
túqióngbǐxiàn 圖窮匕見 3-668B
túqióngrìmù 途窮日暮 10-913A
tūqiū 禿秋 8-4B
tūqiū 禿鶖 8-5A
tūqiū 鵚鶖 12-1115B
túqiú 徒囚 3-972B
túqiú 菟裘 9-447B
tùqiū 兔丘 2-274A
túqíwáng 屠耆王 4-51B
tùqǐwūchén 兔起烏沉 2-274B
tǔqìyángméi 吐氣揚眉 3-87A
túqǔ 徒取 3-973B
túqǔ 踕踽 10-483B
tǔqū 土蛆 2-991B
túquán 圖全 3-666A
tǔquǎn 土犬 2-981A
tùquē 兔缺 2-275A
tùquē 兔闕 2-276B
tùquēwūchén 兔缺烏沈 2-275A
tūqún 禿裙 8-4B
tūrán 突然 8-430B
túrán 徒然 3-974B
tǔrǎng 土壤 2-998A
tǔrǎngxìliú 土壤細流 2-998B
tǔrǎngxué 土壤學 2-998B
tūránxíjī 突然襲擊 8-430B
tūrén 禿人 8-3B
túrén 徒人 3-972A
túrén 途人 10-912B
túrén 屠人 4-50A
túrén 塗人 2-1176B
túrèn 圖任 3-666A
tǔrén 土人 2-980A
túròu 屠肉 4-50B
tǔròu 土肉 2-984B
tǔrú 吐茹 3-86A
tǔruì 吐瑞 3-88A
tūrúqílái 突如其來 8-429A
tùsānkū 兔三窟 2-273B
tǔsēng 土僧 2-995A
túshā 屠殺 4-51B
tūshān 禿山 8-4A
túshān 塗山 2-1177A
túshān 嵞山 3-858B
tǔshān 土山 2-980B
tǔshāntóuguǒyì 土山頭果毅 2-980B
túshè 徒涉 3-974A
túshè 徒設 3-974B
tǔshé 吐舌 3-84B
tǔshè 土舍 2-986B
tǔshè 土社 2-985B
tǔshēn 土紳 2-993A
tǔshén 土神 2-989B
tūshèng 崜嵊 3-862B
túshēng 徒生 3-972B
tǔshēngtǔzhǎng 土生土長 2-982B
tūshì 禿士 8-4A
túshī 徒師 3-974A
túshī 徒詩 3-975A
túshí 徒食 3-974A
túshǐ 圖史 3-666A
túshì 徒士 3-972A
túshì 途飾 10-913A
túshì 屠市 4-50B
túshì 屠弑 4-52B
túshì 屠噬 4-53A
túshì 塗飾 2-1178B
túshì 圖式 3-666A
tǔshī 土師 2-990A
tǔshí 土實 2-996A
tǔshí 吐食 3-86A
tǔshí 吐實 3-88B
tǔshì 土市 2-983A
tǔshì 土事 2-986A
tǔshì 土室 2-989A
tǔshífāng 土石方 2-982B
tǔshíwòfà 吐食握髮 3-86A
tǔshìzǐ 土市子 2-983A
túshǒu 徒手 3-972A
túshǒu 徒首 3-974A
túshǒu 荼首 9-422A
tǔshòujī 吐綬雞 3-89A
tǔshòuniǎo 吐綬鳥 3-88B
tūshù 禿樹 8-5A
túshū 圖書 3-667A
túshǔ 徒屬 3-976A
túshǔ 稌黍 8-89B
túshù 徒庶 3-974B
túshù 涂數 5-1236A
túshù 途術 10-912B
tūshuā 禿刷 8-4A
túshūfǔ 圖書府 3-667B
túshūguǎn 圖書館 3-667B
túshuǐ 徒水 3-972A
túshuǐ 途水 10-912B
túshuō 徒說 3-975B
túshuō 途說 10-913A
túshuō 圖說 3-668A
tǔshuò 吐漱 3-88B
tǔshǔsuíjīnhǔ 土鼠隨金虎 2-994B
tūsi 禿廝 8-5A
túsi 屠肆 4-52B
tǔsī 土司 2-983A
tǔsī 土思 2-988B
tùsī 兔絲 2-275B
tùsī 菟絲 9-447B
tùsǐgǒupēng 兔死狗烹 2-274A
tùsǐhúbēi 兔死狐悲 2-274A
tùsǐquǎnjī 兔死犬饑 2-274A
tùsīyànmài 兔絲燕麥 2-275B
tùsīzǐ 兔絲子 2-275B
tǔsīzìfù 吐絲自縛 3-88A
tūsù 禿速 8-4B
tūsù 禿蔌 8-4B
túsū 屠甦 1-936B
túsū 屠酥 4-52B
túsū 屠蘇 4-53A
túsū 塗蘇 2-1179B
túsū 塗蘇 2-1179B
túsū 廜蘇 3-1270A
túsū 酴酥 9-1410B
túsū 酴蘇 9-1410B
túsù 稌粟 8-89B
tǔsū 土酥 2-993B
tǔsú 土俗 2-988B
tǔsù 土塑 2-994B
tǔsuì 吐穗 3-89B
túsūjiǔ 屠蘇酒 4-53B
túsǔn 塗筍 2-1178B
tǔsǔn 土筍 2-993B
tútán 悇憛 7-549A
tútǎn 徒袒 3-974B
tútàn 荼炭 9-422A
tútàn 塗炭 2-1178A
tǔtán 土談 2-996B
tǔtán 吐談 3-89A
tǔtàn 土炭 2-988B
tǔtáng 土塘 2-994A
tútáo 騟騊 12-845B
tǔtèchǎn 土特產 2-990A
túténg 圖騰 3-669B
tūtī 突梯 8-430A
tútī 屠剔 4-51B
tǔtián 土田 2-982B
tǔtiě 吐鐵 3-90A
tūtīhuájī 突梯滑稽 8-430A
tútīng 塗聽 2-1179B
tūtóu 禿頭 8-5A
tǔtou 土頭 2-997A
tùtóu 兔頭 2-276A
tūtòujìng 凸透鏡 2-471B
tūtóutūnǎo 禿頭禿腦 8-5A
tūtóutūnǎo 突頭突腦 8-431A
tǔtóutǔnǎo 土頭土腦 2-997A
tùtóuzhāngnǎo 兔頭麞腦 2-276B
tūtū 凸凸 2-471A
tūtū 突禿 8-429B
tūtū 突突 8-429B
tútú 塗塗 2-1179A
tútú 腯腯 6-1353B
tútú 鵌鷋 12-1115B
tǔtū 吐突 3-86A
tǔtú 土塗 2-994B
tǔtú 吐圖 3-88B
tǔtuán 土團 2-995A
tǔtuì 吐退 3-86A
tūtūmǒmǒ 突突抹抹 8-429B
tǔtūn 吐吞 3-85A
tǔtún 土豚 2-992B
tǔtún 土豘 2-985B
tūtūnāngnāng 突突囔囔 8-430A
tūtūnángnáng 凸凸囊囊 2-471A
tūtūnóngnóng 突突噥噥 8-430A
tùtuō 兔脱 2-275A
tútuōkōngyán 徒托空言 3-972B
tútuōkōngyán 徒託空言 3-974A
tútúshìdào 途途是道 10-912B
tūwāilà 禿歪剌 8-4A
tǔwán 土頑 2-994A
tǔwàn 吐萬 3-87B
túwáng 圖王 3-665B
tǔwàng 土王 2-980B
tūwéi 突圍 8-430B
tūwěi 禿尾 8-4A
túwéi 徒維 3-975B
túwéi 屠維 4-52B
túwéi 圖惟 3-667B
túwéi 圖維 3-668B
túwěi 腯偉 6-1353B
túwěi 圖緯 3-668B
túwèi 徒衛 3-975B
tǔwèi 土味 2-986B
tǔwéizi 土圍子 2-993B
túwén 圖文 3-666A
túwěn 屠刎 4-50B
tǔwēn 土温 2-994A
tǔwén 吐文 3-84A
tūwēng 禿翁 8-4B
tǔwénniǎo 吐蚊鳥 3-87A
tǔwò 吐握 3-87B
tūwū 突兀 8-428B
tūwù 突屼 8-429A
tūwù 崪屼 3-857B
tūwù 突杌 8-429B
túwū 塗汙 2-1177A
túwū 塗污 2-1177B
túwù 屠杌 4-51A
tǔwū 土屋 2-989B
tǔwù 土物 2-986B
tūxí 突襲 8-431B
tūxì 突隙 8-431A
túxī 徒裼 3-975B
túxì 徒繫 3-976A
tǔxī 吐吸 3-84B
tǔxī 吐翕 3-88A
tǔxī 吐噏 3-89A
tǔxì 土戲 2-997B
tùxī 兔奚 2-275A
tǔxià 吐下 3-84A
tūxiǎn 凸顯 2-471B
tūxiǎn 突險 8-431A
tūxiàn 凸現 2-471B
tūxiàn 突現 8-430A
túxiǎn 徒跣 3-975A

túxiàn 屠陷 4-52A
tùxiān 兔纖 2-276B
túxiàng 涂巷 5-1236A
túxiàng 塗巷 2-1178A
túxiàng 圖象 3-667B
túxiàng 圖像 3-668A
tǔxiāo 土梟 2-992A
tǔxiāo 土硝 2-993B
túxiě 圖寫 3-668B
tǔxiè 吐泄 3-85B
tǔxiè 吐瀉 3-89B
túxíng 徒刑 3-972B
túxíng 徒行 3-972B
túxíng 圖形 3-666A
tǔxīng 土星 2-988A
tǔxíng 土刑 2-983A
tǔxíng 土行 2-984B
tǔxíng 土形 2-985A
tǔxíng 土型 2-988A
tǔxíng 土硎 2-991B
tǔxíng 土鉶 2-995B
tǔxìng 土杏 2-985A
tǔxìng 土姓 2-987B
tǔxìng 土性 2-987A
tǔxīngqì 土腥氣 2-994B
tǔxíngsūn 土行孫 2-984B
tǔxīngwèi 土腥味 2-994B
tǔxīntǔdǎn 吐心吐膽 3-84B
tǔxiù 土宿 2-992B
tǔxù 土蓄 2-994A
tǔxù 吐絮 3-88A
tǔxuàn 吐絢 3-88A
tǔxuàn 吐眩 3-87A
tǔxuè 吐血 3-84B
tǔxùn 土訓 2-990B
túyā 塗鴉 2-1179A
tǔyā 土鴨 2-997A
tǔyá 吐芽 3-85A
tūyān 突煙 8-431A
túyán 徒言 3-973B
túyán 屠顏 4-53A
tǔyān 土烟 2-990B
tǔyán 吐言 3-85B
tǔyǎn 土眼 2-991B
tǔyàn 土隁 2-992B
tǔyàn 土堰 2-993A
tǔyàn 吐焰 3-88A
tǔyàn 吐燄 3-89B
tǔyàn 吐爓 3-90A
tǔyàn 吐豔 3-90A
túyáng 屠羊 4-50B
túyàng 圖樣 3-668B
túyángyuè 屠羊說 4-50B
tǔyáo 土窰 2-996B
tǔyǎo 吐咬 3-86A
tǔyào 土曜 2-998A
tǔyào 土藥 2-997B
tǔyào 吐曜 3-89B
tǔyào 吐耀 3-90A
tùyào 吐藥 3-89B
tùyào 兔藥 2-276B
túyáorìmù 途遥日暮 10-913A
tǔyáozi 土窰子 2-996B
tǔyè 土業 2-994A
tūyì 突異 8-430A
tūyì 突軼 8-430B
túyǐ 塗乙 2-1176B
túyǐ 圖乙 3-665B
túyì 徒役 3-973A
túyì 圖議 3-669B
tǔyī 土揖 2-993A
tǔyí 土宜 2-987A
tǔyí 土儀 2-996A
tǔyīn 土音 2-989A
tǔyīn 吐音 3-86A
tùyīn 吐茵 3-85B
tūyǐng 秃穎 8-5A
tǔyīng 土英 2-986A
tǔyíng 土營 2-997A
tùyǐng 兔影 2-276A
tùyǐng 兔穎 2-276B
túyōng 徒庸 3-974B
tǔyǒng 土俑 2-988B
túyōngxūmíng 徒擁虛名 3-975B
tūyǒu 秃友 8-4A
túyǒu 徒友 3-972A
túyǒuqímíng 徒有其名 3-972B
túyǒuxūmíng 徒有虛名 3-972B
tūyǔ 突羽 8-429B
túyú 徒輿 3-975B
túyǔ 徒與 3-975A
túyǔ 徒語 3-975B
túyù 徒御 3-974B
túyù 徒馭 3-974B
tǔyú 吐盂 3-85B
tǔyǔ 土宇 2-984B
tǔyǔ 土雨 2-986B
tǔyǔ 土語 2-995B
tǔyù 土芋 2-984A
tǔyù 土域 2-991A
tǔyuán 土元 2-980B
tùyuán 兔園 2-275B
tùyuàn 兔苑 2-274B
tùyuàn 菟苑 9-447A
tùyuáncè 兔園册 2-275B
tūyuè 突越 8-430B
tǔyuē 土約 2-989B
tùyuè 兔月 2-274A
tǔyùhún 吐谷渾 3-85A
túyǔn 屠殞 4-52B
tǔyūn 吐暈 3-88B
tǔyùn 土運 2-994A
tǔzáféi 土雜肥 2-998A
túzǎi 屠宰 4-52A
túzǎi 圖載 3-668A
túzǎichǎng 屠宰場 4-52A
tùzǎizi 兔崽子 2-275B
túzàn 圖贊 3-669A
túzàn 圖讚 3-669B
tǔzàng 土藏 2-997B
tǔzàng 土葬 2-993A
tǔzào 土造 2-990A
tǔzào 土竈 2-998B
túzé 塗澤 2-1179A
tǔzéi 土賊 2-994A
tūzhàn 突戰 8-431A
túzhǎn 屠斬 4-52A
tǔzhàn 土棧 2-993A
tǔzhàn 吐綻 3-89A
túzhāng 圖章 3-667B
túzhǎng 徒長 3-973B
túzhàng 圖障 3-668A
tǔzhǎng 土長 2-986A
tǔzhǎnggēnshēng 土長根生 2-986A
túzhé 徒讁 3-975B
túzhé 涂轍 5-1236A
túzhé 途轍 10-913A
túzhé 塗轍 2-1179B
túzhě 屠者 4-51A
tǔzhē 土蟄 2-997B
túzhèng 徒政 3-974B
tǔzhèng 土正 2-982A
tǔzhèngcè 土政策 2-988A
túzhǐ 圖紙 3-667B
túzhì 圖識 3-669A
túzhì 圖志 3-666A
túzhì 圖治 3-666B
túzhì 圖誌 3-668A
tǔzhī 土芝 2-984A
tǔzhǐ 土紙 2-991A
tǔzhì 土稚 2-994B
tǔzhì 土製 2-995A
tǔzhì 土質 2-996A
túzhīmǒfěn 塗脂抹粉 2-1178B
tǔzhīzhū 土蜘蛛 2-995A
túzhòng 徒衆 3-974B
túzhòng 途衆 10-913A
tǔzhōng 土中 2-981A
tǔzhōng 土螽 2-997B
tǔzhǒng 土種 2-995A
tǔzhòng 土重 2-988B
tǔzhōngrén 土中人 2-981B
tǔzhōngzhái 土中宅 2-981B
túzhóu 圖軸 3-667B
tǔzhōu 土周 2-986B
túzhū 屠誅 4-52B
tǔzhū 土朱 2-984B
tǔzhū 土硃 2-991B
tǔzhū 吐珠 3-86B
tǔzhǔ 土主 2-983A
tǔzhǔ 吐屬 3-90A
tǔzhù 土著 2-991A
tǔzhù 土箸 2-995A
tùzhú 兔竹 2-274A
tūzhuàng 突撞 8-431A
tǔzhuānjiā 土專家 2-991B
túzhūn 途迍 10-912B
tǔzhuō 吐捉 3-86B
tūzhuōzhuō 秃黜黜 8-4B
tǔzhūyúzé…
吐珠於澤，誰能不含 3-86B
tūzi 秃子 8-4A
túzi 圖子 3-665B
túzǐ 屠子 4-50A
tǔzì 吐字 3-85A
tùzi 兔子 2-274A
tùzibùchī…
兔子不吃窩邊草 2-274A
túzǐtúsūn 徒子徒孫 3-972A
tùziwěiba…
兔子尾巴長不了 2-274A
túzòu 徒奏 3-974A
tùzǒuhúluò 兔走鶻落 2-274B
tùzǒuwūfēi 兔走烏飛 2-274A
túzú 徒卒 3-973B
tǔzú 土族 2-992B
túzuì 徒罪 3-975A
túzuǒ 屠佐 4-51A
túzuò 徒作 3-973A
túzuò 徒坐 3-973B
tǔzuò 土作 2-985B
túzuōbùguǐ 圖作不軌 3-666B
tǔzúyǔ 土族語 2-992B

W

wǎ'àn 瓦案 5-284B
wǎ'àng 瓦盎 5-284A
wā'ào 窊坳 8-440B
wā'ào 窪坳 8-456B
wǎbiān 瓦甂 5-286A
wābìnyī 鼃蠙衣 12-1402A
wǎbō 瓦鉢 5-285B
wābǔ 挖補 6-588B
wǎbǔ 瓦卜 5-282A
wàcái 襪材 9-144B
wàcái 韤材 12-215A
wácǎo 娃草 4-337B
wācén 洼涔 5-1130A
wǎchá'er 瓦碴兒 5-286A
wáchái 娃婿 4-337B
wǎchēng 瓦鐺 5-287B
wāchí 窪池 8-456B
wāchí 汙池 5-911A
wàchuán 襪船 9-145A
wāchuì 蛙吹 8-886B
wāchuì 鼃吹 12-1401B
wǎdà 瓦大 5-282A
wàdài 襪帶 9-145A
wādān 挖單 6-588A
wādàn 窪窞 8-456B
wǎdāng 瓦當 5-285B
wǎdāngwén 瓦當文 5-285B
wǎdāo 瓦刀 5-282A
wǎdēng 瓦燈 5-286B
wǎdèng 瓦鐙 5-287A
wādì 窪地 8-456B
wādiàn 挖墊 6-588B
wǎdiàn 瓦殿 5-286A
wǎdiào 瓦銚 5-286A
wǎdǐng 瓦鼎 5-285A
wādōngqiáng…
挖東墻補西墻 6-588A
wǎdòu 瓦豆 5-283A
wǎdòu 瓦竇 5-287A
wādú 窊黷 8-440B
wǎduì 瓦敦 5-285A
wā'é 媧娥 4-371B
wā'ěr 挖耳 6-588A
wá'er 娃兒 4-337B
wā'ěrdàngzhāo 挖耳當招
6-588A
wāfāng 挖方 6-588A
wāfèi 蛙吠 8-886B
wǎfèng 瓦縫 5-286B
wǎfǒu 瓦缶 5-282B
wǎfǔ 瓦釜 5-284A
wǎfǔléimíng 瓦釜雷鳴
5-284A
wǎgāng 瓦缸 5-283B
wāgē 蛙歌 8-887A
wāgōng 汙宮 5-912A
wǎgōng 瓦工 5-282A
wǎgōu 瓦溝 5-285B
wǎgǒu 瓦狗 5-283B
wāgǔ 蛙鼓 8-887A
wāgǔ 蛙皷 8-887A
wǎgǔ 瓦鼓 5-285A
wǎguān 瓦棺 5-284B
wǎguàn 瓦罐 5-287B
wǎguànbùlíjǐngkǒupò
瓦罐不離井口破 5-287B
wǎguànbùlíjǐngshàngpò
瓦罐不離井上破 5-287B
wāguō 蛙蟈 8-887B
wāhá 蛙蛤 8-887A
wāhá 蛙蝦 8-887A
wǎhé 瓦合 5-283A
wǎhéng 瓦桁 5-284A
wāhòu 媧后 4-371B
wàhū 嗢呼 3-415B
wāhuā 挖花 6-588A
wǎhuā 瓦花 5-283A
wāhuān 蛙讙 8-887B
wāhuáng 媧皇 4-371B
wài'àn 外按 3-1157A
wāibǎibu 歪擺佈 5-353B
wàibān 外班 3-1158B
wàibàn 外辦 3-1167B
wàibāng 外邦 3-1151A
wāibèi 歪憊 5-353B
wàibèi 外備 3-1162B
wàibēn 外奔 3-1155A
wàibì 外幣 3-1165B
wàibì 外嬖 3-1167B
wāibiàn 歪變 5-354A
wàibiān 外編 3-1166B
wàibiān 外邊 3-1168B
wāibiǎnfǎ 竵匾法 8-402B
wàibiǎo 外表 3-1154B
wāibiē 歪憋 5-353B
wàibīn 外賓 3-1166A
wàibīng 外兵 3-1153B
wàibǔ 外補 3-1163B
wàibù 外部 3-1159A
wàibù 外埠 3-1160A
wāibùhénglèng 歪不橫楞
5-352B
wāibùlèng 歪不楞 5-352B
wàibùliánxì 外部聯係
3-1159A
wàibùmáodùn 外部矛盾
3-1159A
wāicái 歪才 5-352B
wàicái 外才 3-1149B
wàicái 外材 3-1153B
wàicái 外財 3-1159A
wàichāishēngyi 外拆生意
3-1154B
wāichán 歪纏 5-353B
wàicháng 外場 3-1161B
wàichǎng 外廠 3-1166B
wàichǎng 外氅 3-1167A
wàichǎngmiàn 外場面
3-1161B
wàichángrén 外場人 3-1161B
wàichāo 外鈔 3-1163A
wàicháo 外朝 3-1162A
wàicháoguān 外朝官 3-1162A
wàichén 外臣 3-1151B
wàichén 外塵 3-1165B
wàichéng 外成 3-1151B
wàichéng 外城 3-1157A
wàichéngdá 外呈答 3-1153B
wāichōng 歪充 5-352B
wàichǒng 外寵 3-1169A
wàichū 外出 3-1151A
wàichú 外除 3-1158B
wàichú 外廚 3-1166B
wàicí 外辭 3-1169A
wàicǐ 外此 3-1152A
wāicí'er 歪詞兒 5-353B
wàidàfù 外大父 3-1149B
wàidāi 外待 3-1158A
wàidài 外帶 3-1160A
wàidān 外丹 3-1150A
wàidǎng 外黨 3-1169B
wāidào 歪道 5-353B
wàidào 外道 3-1163A
wāidǎzhèngzháo 歪打正着
5-352B
wàidí 外敵 3-1166B
wàidǐ 外邸 3-1154A
wàidì 外地 3-1151B
wàidì 外弟 3-1154A
wàidì 外第 3-1160B
wàidiǎn 外典 3-1155A
wàidiàn 外甸 3-1154A
wàidiàn 外電 3-1164A
wàidiào 外調 3-1166B
wàidòngcí 外動詞 3-1160B
wàidòngzì 外動字 3-1160B
wài'ěr 外耳 3-1151B
wàifān 外番 3-1163A
wàifān 外藩 3-1168B
wàifān 外蕃 3-1166A
wàifāng 外方 3-1150A
wàifàng 外放 3-1156A
wàifāngnèiyuán 外方内員
3-1150A
wàifāngrén 外方人 3-1150A
wàifēng 歪風 5-353A
wāifēngxiéqì 歪風邪氣
5-353A
wàifēnmì 外分泌 3-1150A
wàifū 外敷 3-1166A
wàifú 外服 3-1156A
wàifǔ 外府 3-1156A
wàifù 外父 3-1150A
wàifù 外婦 3-1161B
wàifù 外傅 3-1162B
wàigǎn 外感 3-1163B
wàigǎng 外港 3-1163B
wàigǎnnèishāng 外感内傷
3-1164A
wàigōng 外工 3-1149B
wàigōng 外公 3-1150A
wàigōng 外功 3-1150B
wàigōnggōng 外公公
3-1150A
wàigū 外姑 3-1157A
wàigǔ 外骨 3-1157B
wàiguà 外卦 3-1154B
wàiguà 外褂 3-1165A
wàiguān 外官 3-1156B
wàiguān 外關 3-1169A
wàiguān 外觀 3-1169B
wàiguǎn 外館 3-1167B
wàiguàn 外觀 3-1169B
wàiguō 外郭 3-1159A
wàiguó 外國 3-1160B
wàiguǒ 外槨 3-1165A
wàiguóyǔ 外國語 3-1160B
wàihǎi 外海 3-1159A
wàiháng 外行 3-1152B
wāihánghuò 歪行貨 5-352B
wāihǎo 歪好 5-352B
wàiháo 外壕 3-1168A
wàihào 外號 3-1164A
wàihé 外和 3-1155B
wàihélǐyìng 外合裏應
3-1152B
wàihòu 外候 3-1159A
wàihòurì 外後日 3-1158A
wàihù 外户 3-1150A
wāihuà 歪話 5-353B
wàihuà 外化 3-1150A
wàihuà 外話 3-1164B
wàihuàn 外患 3-1160B
wàihuāng 外荒 3-1157A
wàihuì 外匯 3-1164A
wàihūn 外昏 3-1156A
wàihūn 外婚 3-1161B
wāihuò 歪貨 5-353A
wàihuò 外貨 3-1160B
wàihuò 外禍 3-1163B
wàihùzǐ 外户子 3-1150B
wàijī 外饑 3-1167A
wàijī 外積 3-1167A
wàijí 外集 3-1162B
wàijí 外籍 3-1169B
wàijì 外祭 3-1161A
wàijiā 外加 3-1151A
wàijiā 外家 3-1159B
wàijiān 外姦 3-1158B
wàijiān 外間 3-1163B
wàijiān 外監 3-1165B
wàijiān 外艱 3-1168A
wàijiàn 外間 3-1163B
wàijiàn 外監 3-1165B
wàijiāng 外江 3-1153A
wàijiǎng 外獎 3-1166A
wàijiānghuà 外江話 3-1153A
wàijiānglǎo 外江老 3-1153A
wàijiānglǎo 外江佬 3-1153A
wàijiāngrén 外江人 3-1153A
wàijiǎnnèimíng 外簡内明
3-1168B
wàijiāo 外交 3-1152B
wàijiào 外教 3-1160A
wàijiāquán 外家拳 3-1159B
wàijiè 外界 3-1157B
wàijiēyuán 外接圓 3-1160A
wàijǐng 外景 3-1162B

wàijǐng 外警 3-1168B
wàijìng 外境 3-1165A
wàijìshēng 外寄生 3-1161B
wàijiù 外廄 3-1163A
wàijiù 外舅 3-1164B
wàijǔ 外舉 3-1167A
wàijuàn 外眷 3-1161A
wàijūn 外軍 3-1158A
wàijùn 外郡 3-1158B
wàikē 外科 3-1157B
wàiké 外殼 3-1162A
wàikè 外客 3-1158A
wàikòu 外寇 3-1161B
wàikù 外庫 3-1159A
wàikuài 外快 3-1154A
wàikuān 外寬 3-1165B
wàikuānnèijì 外寬內忌
3-1166A
wàikuānnèimíng 外寬內明
3-1166A
wàikuānnèishēn 外寬內深
3-1166A
wàikǔn 外閫 3-1166B
wāilā [扌歪]拉 6-740A
wāilá 歪剌 5-352B
wāilà 歪辣 5-353B
wāilāgǔ [扌歪]拉骨 6-740A
wāilāgǔ [扌歪]剌骨 6-740A
wāilágū 歪剌姑 5-353A
wāilágǔ 歪剌骨 5-353A
wāilàgǔ 歪辣骨 5-353B
wāiláhuò 歪剌貨 5-353A
wàiláicí 外來詞 3-1155A
wàiláihù 外來户 3-1155A
wāiláikǒu [犭歪]猍口 5-85B
wàiláiyǔ 外來語 3-1155A
wàiláng 外郎 3-1156B
wàilǎng 外朗 3-1159B
wàilěi 外累 3-1160B
wàilèi 外類 3-1169A
wāilǐ 歪理 5-353A
wàilì 外力 3-1149A
wàilì 外吏 3-1151B
wàilì 外利 3-1153B
wàilì 外隸 3-1168A
wàilián 外簾 3-1169A
wàiliánguān 外簾官 3-1169A
wàiliáo 外僚 3-1165B
wàilìnèirěn 外厲內荏
3-1165B
wàiliú 外流 3-1159A
wàilù 外禄 3-1163B
wàilù 外路 3-1164A
wàilùn 外論 3-1166B
wàiluóchéng 外羅城 3-1169A
wàiluóyuàn 外羅院 3-1169A
wàilùrén 外路人 3-1164A
wàilǘ 外閭 3-1166A
wàimài 外賣 3-1166A
wàimào 外貌 3-1165B
wàimèi 外妹 3-1156B
wàimén 外門 3-1156B
wàimiàn 外面 3-1157A
wàimíng 外名 3-1152B
wàimìng 外命 3-1155B
wàimìngfū 外命夫 3-1155B
wàimìngfù 外命婦 3-1156A
wàimǔ 外母 3-1151A
wàimù 外牧 3-1155A
wàimù 外慕 3-1165A
wàinàn 外難 3-1168B
wàinèi 外內 3-1149B
wàiníng 外寧 3-1166A
wàinǚ 外女 3-1149B
wāipài 歪派 5-353A
wàipàn 外畔 3-1159A
wàipiān 外篇 3-1166B
wāipiě 歪撇 5-353B
wàipíng 外屏 3-1158B
wàipó 外婆 3-1161A
wàipójiā 外婆家 3-1161A
wàipú 外僕 3-1165B
wàiqī 外妻 3-1155A
wàiqī 外戚 3-1160A
wàiqiān 外遷 3-1166B
wàiqián 外錢 3-1167B
wàiqiáng 外彊 3-1167B
wàiqiángzhōnggān
外彊中乾 3-1168A
wàiqiángzhōnggān
外强中乾 3-1163B
wàiqiángzhōngjí 外强中瘠
3-1163B
wàiqiáo 外僑 3-1165B
wàiqiǎonèijí 外巧內嫉
3-1150B
wàiqīn 外親 3-1167B
wàiqín 外勤 3-1163B
wàiqǐn 外寢 3-1166A
wàiqīng 外傾 3-1164B
wàiqíng 外情 3-1161A
wāiqīniǔbā 歪七扭八
5-352A
wāiqīshùbā 歪八竪八
5-352A
wàiqiú 外求 3-1153B
wāiqū 歪曲 5-352B
wāiqū 夭屈 2-1459A
wāiqǔ 歪曲 5-352B
wàiqū 外區 3-1160A
wàiquán 外權 3-1169B
wàirǎng 外壤 3-1169B
wāirén 歪人 5-352A
wàirén 外人 3-1149A
wàirèn 外任 3-1152A
wàirì 外日 3-1149B
wàirú 外儒 3-1167B
wàisāng 外喪 3-1162A
wàisānguān 外三關 3-1149A
wàisè 外色 3-1152B
wàishàn 外禪 3-1167B
wàishāng 外商 3-1161A
wàishāng 外傷 3-1164B
wàishè 外舍 3-1155B
wàishēn 外身 3-1154A
wàishén 外神 3-1158B
wàishèn 外腎 3-1162A
wàishēng 外生 3-1150B
wàishēng 外甥 3-1162B
wàishēng 外聲 3-1168A
wàishěng 外省 3-1157B
wàishēngnǚ 外生女 3-1151A
wàishēngnǚ 外甥女 3-1162B
wāishī 歪詩 5-353B
wàishī 外施 3-1158A
wàishǐ 外史 3-1150B
wàishǐ 外使 3-1155B
wàishì 外氏 3-1150A
wàishì 外市 3-1151A
wàishì 外事 3-1154B
wàishì 外室 3-1158A
wàishì 外視 3-1161B
wàishì 外飾 3-1164B
wàishǒu 外手 3-1150A
wàishū 外書 3-1159B
wàishǔ 外屬 3-1169B
wàishuǐ 外水 3-1149B
wàishùn 外順 3-1162B
wàishuō 外說 3-1165B
wàishuò 外鑠 3-1169B
wàisī 外私 3-1153B
wàisì 外祀 3-1154A
wāisīchán 歪廝纏 5-353B
wāisǐchán 歪死纏 5-352B
wàisìlù 外四路 3-1150B
wàisuì 外祟 3-1160A
wàisūn 外孫 3-1159B
wàisūnjījiù 外孫虀臼
3-1160A
wàisūnnǚ 外孫女 3-1159B
wàisuō 外縮 3-1168A
wàitāi 外胎 3-1158A
wàitái 外臺 3-1165A
wàitáng 外堂 3-1160A
wàitào 外套 3-1158B
wàitǐ 外體 3-1169B
wàitíng 外廷 3-1152A
wàitíng 外庭 3-1158A
wāitípōjiǎo 歪蹄潑脚
5-353B
wàitou 外頭 3-1167A
wàitourén 外頭人 3-1167A
wàiwài 外外 3-1151A
wāiwāidādā 歪歪搭搭
5-353A
wāiwāidǎodǎo 歪歪倒倒
5-353A
wàiwàijiějie 外外姐姐
3-1151A
wāiwāiliēliē 歪歪趔趔
5-353A
wāiwāiniǔniǔ 歪歪扭扭
5-353A
wāiwāixiéxié 歪歪斜斜
5-353A
wàiwángfù 外王父 3-1149B
wàiwángmǔ 外王母 3-1149B
wàiwéi 外圍 3-1162B
wàiwěi 外委 3-1155B
wàiwěi 外壝 3-1168A
wàiwén 外文 3-1150A
wàiwēng 外翁 3-1159A
wàiwū 外屋 3-1158B
wàiwǔ 外侮 3-1157B
wàiwù 外物 3-1155A
wàiwù 外務 3-1160A
wàiwù 外騖 3-1169A
wāiwùjiàn 歪物件 5-352B
wàixǐ 外徙 3-1160B
wàixiàn 外見 3-1153B
wàixiàn 外綫 3-1166A
wàixiāng 外鄉 3-1161B
wàixiāng 外廂 3-1163A
wàixiàng 外相 3-1157A
wàixiàng 外向 3-1152B
wàixiàng 外象 3-1161A
wàixiàng 外像 3-1164B
wàixiāo 外銷 3-1166B
wāixié 咼斜 3-262B
wāixié 歪斜 5-353B
wāixié 喎斜 3-383B
wāixié 夭邪 2-1458B
wāixié 夭斜 2-1460A
wàixié 外邪 3-1152A
wàixīn 外心 3-1150B
wàixìn 外釁 3-1170A
wàixíng 外刑 3-1151B
wàixíng 外形 3-1153A
wàixìng 外姓 3-1157A
wàixìng 外幸 3-1154B
wāixīnxiéyì 歪心邪意
5-352B
wàixiōng 外兄 3-1150B
wàixiōngdì 外兄弟 3-1150B
wàixiù 外秀 3-1153B
wàixué 外學 3-1167A
wàiyán 外羨 3-1165A
wàiyán 外延 3-1152A
wàiyán 外言 3-1154A
wàiyàn 外焰 3-1163B
wàiyáng 外洋 3-1158A
wàiyáng 外揚 3-1162A
wàiyāng'er 外秧兒 3-1159A
wàiyáo 外徭 3-1164B
wàiyáo 外繇 3-1168A
wàiyé 外爺 3-1163A
wàiyě 外野 3-1160A
wāiyì 歪意 5-353B
wàiyī 外衣 3-1152B
wàiyí 外夷 3-1152A
wàiyí 外彝 3-1168B
wàiyì 外役 3-1154A
wàiyì 外意 3-1165A
wàiyì 外溢 3-1165A
wàiyì 外裔 3-1165A
wàiyì 外翼 3-1168A
wàiyì 外議 3-1169B
wàiyīn 外因 3-1152A
wàiyīn 外姻 3-1158B
wàiyín 外淫 3-1161A
wàiyíng 外營 3-1167B
wàiyíng 外瀛 3-1169A
wàiyìng 外應 3-1168A
wàiyōng 外庸 3-1161A
wàiyōng 外癰 3-1169B
wàiyòng 外用 3-1151A

wàiyōu 外憂 3-1166B
wàiyóu 外郵 3-1159A
wàiyòu 外誘 3-1165B
wàiyú 外虞 3-1164A
wàiyǔ 外宇 3-1153A
wàiyǔ 外寓 3-1163B
wàiyǔ 外寓 3-1163B
wàiyù 外域 3-1160A
wàiyù 外欲 3-1161A
wàiyù 外遇 3-1162A
wàiyù 外慾 3-1166B
wàiyuán 外援 3-1162A
wàiyuán 外緣 3-1167A
wàiyuánnèifāng 外圓内方 3-1164A
wàizài 外在 3-1151B
wàizēngzǔ 外曾祖 3-1163B
wàizhái 外宅 3-1153A
wàizhài 外債 3-1164A
wàizhào 外照 3-1164A
wàizhào 外罩 3-1164A
wàizhǎo'er 外找兒 3-1153B
wàizhé 外謫 3-1168B
wàizhě 外者 3-1154B
wàizhèn 外鎮 3-1168B
wàizhèng 外政 3-1157A
wàizhèng 外證 3-1169A
wàizhí 外職 3-1168A
wàizhì 外制 3-1155A
wàizhì 外治 3-1156A
wàizhì 外痔 3-1161A
wàizhì 外質 3-1166B
wàizhòng 外重 3-1157B
wàizhōu 外州 3-1152B
wàizhòu 外籀 3-1169A
wàizhǔ 外主 3-1151A
wàizhuǎn 外轉 3-1168B
wàizhuàn 外傳 3-1164A
wàizi 歲子 3-853A
wàizī 外資 3-1164B
wàizǐ 外子 3-1149B
wàizì 外眥 3-1160A
wàizōng 外宗 3-1156B
wàizú 外族 3-1161A
wàizǔ 外祖 3-1158A
wàizǔfù 外祖父 3-1158A
wàizǔmǔ 外祖母 3-1158A
wàizuò 外作 3-1153B
wǎjī 瓦雞 5-287A
wǎjǐ 瓦脊 5-284B
wǎjiàng 瓦匠 5-282B
wājiǎo 蛙角 8-886B
wājiào 挖窖 6-588A
wǎjiě 瓦解 5-285B
wàjié 袜羯 9-168A
wǎjiěbīngpàn 瓦解冰泮 5-285B
wǎjiěbīngxiāo 瓦解冰消 5-285B
wǎjiěbīngxiāo 瓦解冰銷 5-285B
wàjiézǐ 韈劫子 12-215A
wājìng 窪鏡 8-457A
wājǐngxǐ 蛙井喜 8-886B
wājué 挖掘 6-588A
wàjué 嗢噱 3-415B
wākǎn 窊坎 8-440B
wākǎn 蛙坎 8-886B
wākǎn 窪坎 8-456B
wākēng 凹坑 2-472A
wākōngxīnsi 挖空心思 6-588A
wǎkōu 瓦摳 5-286A
wākǔ 挖苦 6-588A
wàkù 襪袴 9-145A
wàkù 韈袴 12-215A
wālā 瓦剌 5-283B
wālāguó 瓦剌國 5-283B
wālán 瓦藍 5-286B
wālāwālā 哇啦哇啦 3-316B
wālāwālā 哇喇哇喇 3-316B
wǎléi 瓦礨 5-287A
wǎléng 瓦楞 5-285A
wǎléngmào 瓦楞帽 5-285A
wǎléngzi 瓦楞子 5-285A
wālǐ 哇俚 3-316B
wǎlǐ 瓦里 5-283A
wǎlì 瓦鬲 5-284A
wǎlì 瓦礫 5-287A
wǎliáng 瓦粮 5-285B
wǎliáng 瓦糧 5-287A
wāliáo 窐寥 8-442B
wǎliè 瓦裂 5-285A
wǎlín 瓦鱗 5-287B
wǎlíng 瓦伶 5-283A
wǎliù 瓦溜 5-285B
wālīwālā 哇哩哇啦 3-316B
wālóng 鮭蠪 12-1219B
wālóng 窊隆 8-440B
wālóng 窪隆 8-456B
wǎlóng 瓦瓏 5-287A
wǎlǒng 瓦隴 5-287A
wǎlǒng 瓦壟 5-287A
wǎlǒng 瓦壠 5-287A
wǎlǒngbān 瓦壠班 5-287A
wǎlǒngchéng 瓦籠城 5-287B
wǎlú 瓦爐 5-287A
wàluó 韈羅 12-215A
wǎmàn 瓦墁 5-286A
wāmáshèngfù 蛙蟆勝負 8-887A
wǎme'er 邷麽兒 10-596B
wāměng 蛙黽 8-887A
wāměng 鼃黽 12-1402A
wāmiè 汙滅 5-913A
wāmíng 蛙鳴 8-887A
wāmíngchánzào 蛙鳴蟬噪 8-887A
wāmíngchījiào 蛙鳴鴟叫 8-887A
wāmínggǒufèi 蛙鳴狗吠 8-887A
wāmíngyǐnjiào 蛙鳴蚓叫 8-887A
wànà 膃肭 6-1347A
wànà 媪妠 4-377B
wán'ái 頑騃 12-257B
wán'ài 玩愛 4-529A
wǎn'ǎi 晚靄 5-748B
wán'ān 完安 3-1333B
wán'àn 完案 3-1335A
wán'àn 頑闇 12-258A
wǎn'ān 晚安 5-744A
wàn'ān 萬安 9-464A
wānào 蛙鬧 8-887A
wán'ào 頑傲 12-255A
wànàqí 膃肭臍 6-1347A
wànàshòu 膃肭獸 6-1347A
wánbáishānmín 完白山民 3-1333A
wánbáishānrén 完白山人 3-1333A
wánbàn 完辦 3-1337B
wànbān 萬般 9-466A
wǎnbàn'er 晚伴兒 5-744B
wànbāng 萬邦 9-463A
wǎnbàntiān'er 晚半天兒 5-743B
wánbào 翫鮑 9-668B
wǎnbào 晚報 5-746A
wànbǎo 萬寶 9-470A
wànbǎo 萬寶 9-470A
wánbǎxì 頑把戲 12-253A
wánbèi 完備 3-1336A
wánbèi 頑悖 12-254B
wánbèi 頑憊 12-257B
wǎnbēi 琬碑 4-598B
wǎnbèi 晚輩 5-748A
wānbēn 彎犇 4-162B
wánbēn 頑犇 12-255A
wánběn 完本 3-1333A
wánbì 頑鄙 12-256A
wánbì 刓敝 2-609A
wánbì 刓弊 2-609B
wánbì 完畢 3-1335A
wánbì 完璧 3-1338A
wánbì 抏敝 6-358A
wánbì 抏弊 6-358B
wánbì 抏獘 6-358B
wánbì 頑愎 12-256A
wánbì 頑痺 12-256B
wánbì 頑弊 12-257A
wánbì 頑碧 12-256B
wánbì 頑蔽 12-256B
wǎnbǐ 宛比 3-1400B
wànbiànbùlíqízōng 萬變不離其宗 9-470A
wánbiāo 頑飈 12-258B
wànbiǎo 腕錶 6-1340A
wánbìguīzhào 完璧歸趙 3-1338A
wánbīng 玩兵 4-527A
wánbīng 翫兵 9-668A
wánbīngdúwǔ 玩兵黷武 4-527A
wānbó 灣泊 6-224A
wánbō 汍波 5-933B
wánbó 頑薄 12-257B
wānbǔ 剜補 2-713B
wánbū 完逋 3-1335A
wánbǔ 完補 3-1336B
wǎnbū 晚晡 5-745B
wǎnbù 晚步 5-744A
wànbùdéyǐ 萬不得已 9-461A
wànbùshīyī 萬不失一 9-461A
wáncái 頑才 12-251B
wáncǎi 完采 3-1334B
wǎncān 晚餐 5-748A
wǎncán 晚蠶 5-748B
wǎncáo 輓漕 9-1281B
wǎncè 惋惻 7-605B
wǎnchá 晚茶 5-744B
wánchán 頑讒 12-258B
wǎnchán 婉嬋 4-379B
wǎnchán 婉蟬 4-380A
wáncháng 玩常 4-528B
wǎnchàng 宛暢 3-1402B
wǎnchàng 惋悵 7-605B
wǎncháo 晚朝 5-746A
wǎnchē 晚車 5-744A
wǎnchè 輓掣 9-1281B
wánchén 玩臣 4-526B
wánchéng 完成 3-1333A
wǎnchéng 晚成 5-744A
wánchī 頑癡 12-258B
wánchí 刓弛 2-609A
wánchí 玩弛 4-526B
wánchìbái 丸赤白 1-676A
wánchōng 完充 3-1333B
wánchóu 頑愁 12-256B
wǎnchū 晚出 5-743B
wànchuàn 腕釧 6-1340A
wǎnchuàng 惋愴 7-606A
wǎnchuì 晚吹 5-744B
wǎnchūn 晚春 5-744B
wǎnchún 盌脣 7-1422A
wànchūn 萬春 9-465B
wáncí 玩辭 4-530A
wǎncí 挽詞 6-624B
wǎncí 挽辭 6-625A
wǎncí 婉詞 4-379A
wǎncí 婉辭 4-380A
wǎncí 輓詞 9-1281B
wǎncí 輓辭 9-1282A
wāncìtiǎochá 剜刺挑茶 2-713B
wáncuán 岏巑 3-801B
wǎncuàn 晚爨 5-748B
wáncuì 完粹 3-1337A
wǎncuì 晚翠 5-747B
wǎncuò 綰錯 9-913B
wàncùtígāo 腕促蹄高 6-1340A
wǎndá 晚達 5-746A
wǎndá 惋怛 7-605B
wándài 玩怠 4-528B
wǎndài 晚代 5-743B
wǎndài 輓代 9-1281A
wāndàn 彎彈 4-162B
wándān 丸丹 1-676A
wándān 玩耽 4-528B
wándàn 完蛋 3-1335B
wǎndàn 宛亶 3-1402B
wǎndàn 宛澶 3-1403A
wǎndào 晚稻 5-748A

wǎndào 輓道 9-1281B
wándé 完德 3-1337B
wǎndēng 晚登 5-746B
wándǐ 完坻 3-1335B
wándí 玩敵 4-530A
wándí 頑敵 12-257A
wándì 完地 3-1333A
wǎndì 踠地 10-513A
wǎndiǎn 晚點 5-748B
wǎndiāo 晚彫 5-745B
wǎndòu 豌豆 9-1348B
wǎndōu 莞篼 8-1207A
wǎndòumiáo 豌豆苗 9-1348B
wǎndòuyè 豌豆葉 9-1348B
wándú 刓瀆 2-609B
wándú 玩讀 4-530A
wándú 玩黷 4-530A
wándù 刓蠹 2-609B
wǎndǔ 宛篤 3-1403A
wǎndǔ 婉篤 4-379B
wǎndù 晚渡 5-746B
wǎnduàn 魭斷 12-1205A
wànduān 萬耑 9-465B
wànduān 萬端 9-469A
wànduàn 輐斷 9-1282A
wándùn 刓鈍 2-609A
wándùn 頑鈍 12-255A
wándùn 頑頓 12-256A
wánduò 頑惰 12-255B
wān'é 彎蛾 4-162B
wán'è 頑惡 12-255A
wǎn'è 惋愕 7-605B
wàn'è 萬惡 9-467A
wán'er 玩兒 4-527B
wǎn'ěr 宛爾 3-1402B
wǎn'ěr 莞爾 9-424A
wǎn'ěr 莧爾 9-417B
wānfà 捥髮 6-716A
wánfǎ 玩法 4-528A
wǎnfà 晚髮 5-748A
wǎnfà 綰髮 9-913B
wànfǎ 腕法 6-1340A
wànfǎ 萬法 9-465A
wánfàn 完飯 3-1336A
wǎnfān 晚帆 5-744A
wǎnfàn 晚飯 5-746B
wànfāng 萬方 9-461B
wánfāngwéiyuán 刓方爲圓 2-608B
wánfěi 頑匪 12-254A
wǎnfèn 惋憤 7-606A
wànfēn 萬分 9-461A
wánfēng 丸封 1-676A
wánfěng 玩諷 4-530A
wànfēnyī 萬分一 9-461B
wànfēnzhīyī 萬分之一 9-461B
wánfū 完膚 3-1337A
wánfū 頑夫 12-251B
wánfú 完郛 3-1334B
wánfú 完福 3-1337A
wánfú 玩服 4-527B
wánfú 頑福 12-256B
wánfú 翫服 9-668A
wánfǔ 頑腐 12-257A
wánfù 完富 3-1336B
wánfù 完復 3-1336A
wǎnfū 輓夫 9-1281A
wǎnfú 踠伏 10-513A
wǎnfǔ 脘脯 6-1174B
wǎnfù 晚父 5-743B
wǎnfù 輓負 9-1281A
wànfū 萬夫 9-461A
wànfú 萬福 9-468A
wànfūbùdāng 萬夫不當 9-461A
wànfūbùdāngzhīyǒng 萬夫不當之勇 9-461A
wánfùyínmǔ 頑父嚚母 12-252A
wāngǎi 剜改 2-713B
wǎngài 晚蓋 5-746B
wāng'àn 尫闇 2-1574A
wángǎn 丸擀 1-676B
wángǎn 丸捍 1-676A
wángàn 亡犴 2-294B
wǎngānhóu 晚甘侯 5-743B
wángǎo 完稿 3-1337A
wángbā 亡八 2-294A
wángbā 王八 4-453B
wángbà 王霸 4-470B
wángbà 王伯 4-458A
wàngbā 忘八 7-403A
wàngbābā 望巴巴 6-1285B
wángbadàn 王八蛋 4-453B
wángbādàn 亡八蛋 2-294A
wàngbādàn 忘八旦 7-403A
wàngbādàn 忘八蛋 7-403A
wángbāgāozi 王八羔子 4-453B
wàngbāgāozi 忘八羔子 7-403A
wángbái 王白 4-456A
wàngbài 望拜 6-1287B
wàngbáishǔkòng 望白署空 6-1285B
wángbān 王班 4-462B
wàngbǎn 望板 6-1286B
wàngbǎn 望版 6-1287A
wǎngbàng 枉謗 4-797A
wángbào 王豹 4-463B
wǎngbāo 罔褒 8-1019A
wǎngbào 枉暴 4-796B
wángbāzǎizi 王八崽子 4-454A
wángbēn 亡奔 2-295B
wàngběn 忘本 7-403A
wāngbì 尫弊 2-1574A
wángbǐ 王筆 4-466A
wángbì 亡敝 2-298A
wǎngbǐ 枉筆 4-795B
wǎngbì 罔辟 8-1019A
wǎngbì 網辟 9-894B
wàngbiǎo 望表 6-1286B
wàngbiǎozhīlǐ 望表知裏 6-1286B
wángbīn 王賓 4-469A
wángbīng 王兵 4-458A
wángbǐng 王柄 4-461A
wángbǐng 王枋 4-459A
wāngbō 汪波 5-942B
wángbó 王伯 4-458A
wángbóqí 王伯齊 4-458A
wángbū 亡逋 2-296B
wǎngbǔ 網捕 9-893B
wǎngbù 枉步 4-794A
wángbùliúxíng 王不留行 4-454B
wángbùxuánkuǐ 亡不旋跬 2-294A
wángbùxuánzhǒng 亡不旋踵 2-294A
wǎngcái 枉才 4-793A
wāngcán 尫殘 2-1574A
wàngcān 忘湌 7-405A
wàngcān 忘餐 7-406A
wàngcān 望参 6-1290B
wángcàndēnglóu 王粲登樓 4-467A
wàngcānfèiqǐn 忘餐廢寢 7-406A
wàngcānguān 望參官 6-1290B
wǎngcǎo 菵草 9-442B
wǎngcè 枉策 4-795B
wàngchá 望察 6-1292B
wāngchán 尫孱 2-1574A
wángcháng 王常 4-464B
wǎngcháng 往常 3-938A
wǎngchàng 罔悵 8-1018B
wǎngchángjiān 往常間 3-938A
wǎngchángshí 往常時 3-938A
wángcháo 王朝 4-465B
wǎngcháo 往朝 3-938A
wàngcháo 望潮 6-1293A
wángchē 王車 4-458A
wǎngchē 罔車 8-1017B
wǎngchē 網車 9-893B
wāngchèn 尫疢 2-1573B
wángchén 亡臣 2-294B
wángchén 王臣 4-457A
wàngchén 望臣 6-1285B
wàngchén 望塵 6-1292A
wàngchénbàifú 望塵拜伏 6-1292A
wàngchénbēnběi 望塵奔北 6-1292A
wàngchénbēnkuì 望塵奔潰 6-1292A
wàngchénbùjí 望塵不及 6-1292A
wàngchén'érbài 望塵而拜 6-1292A
wángchéng 王城 4-460B
wángchéng 王程 4-466A
wǎngchéng 往程 3-938A
wǎngchéng 網城 9-893B
wàngchēng 妄稱 4-279B
wàngchénmǐjí 望塵靡及 6-1292B
wàngchénmòjí 望塵莫及 6-1292A
wàngchénpiàoshēng 望塵僄聲 6-1292B
wàngchénzhuījì 望塵追跡 6-1292A
wǎngchǐ 枉尺 4-793A
wàngchǐ 忘齒 7-405B
wàngchì 旺熾 5-584A
wàngchǐjiāo 忘齒交 7-405B
wǎngchǐzhíxún 枉尺直尋 4-793A
wǎngchóng 網蟲 9-894B
wángchú 王芻 4-463B
wángchǔ 王儲 4-470A
wǎngchū 往初 3-936B
wǎngchuān 輞川 9-1287B
wàngchuānqiūshuǐ 望穿秋水 6-1288B
wǎngchuāntú 輞川圖 9-1287B
wángchūn 王春 4-460B
wàngchuòfèizhěn 忘啜廢枕 7-405A
wǎngcí 往辭 3-939A
wǎngcì 枉刺 4-794B
wàngcí 望祠 6-1288B
wángcuàn 亡竄 2-299B
wāngcuì 尫悴 2-1573B
wǎngcuò 枉錯 4-796B
wǎngcuò 罔措 8-1018B
wángdàfù 王大父 4-454A
wǎngdài 往代 3-936A
wǎngdài 罔殆 8-1018A
wǎngdài 網袋 9-894A
wàngdàn 妄誕 4-279B
wángdǎng 亡黨 2-299B
wángdào 王道 4-466B
wǎngdào 枉道 4-795B
wǎngdào 罔道 8-1019A
wàngdào 望道 6-1291A
wǎngdàoshìrén 枉道事人 4-795B
wángdàozhě 王道者 4-466B
wángdé 王德 4-469A
wángdǐ 王邸 4-458B
wángdì 亡地 2-294B
wàngdì 旺地 5-583B
wàngdì 望地 6-1285B
wàngdì 望帝 6-1288B
wángdiǎn 王典 4-459B
wángdiàn 王甸 4-458B
wǎngdiǎn 網點 9-894B
wǎngdié 往牒 3-938B
wàngdìlì 忘帝力 7-404B
wángdǐng 王鼎 4-466A
wàngdǐng 望頂 6-1289B
wàngdòng 妄動 4-279A
wǎngdōu 網兜 9-894A
wángdū 王都 4-462B
wángdù 王度 4-462A
wǎngdú 往牘 3-939A
wǎngdú 罔瀆 8-1019A
wàngdǔ 望睹 6-1291B
wàngduàn 忘斷 7-406A

wàngduàn 望斷 6-1293B
wàngduànbáiyún 望斷白雲 6-1293B
wāngdùn 尪頓 2-1574A
wǎngduó 枉奪 4-796B
wǎngē 挽歌 6-624B
wǎngē 輓歌 9-1281B
wǎng'è 枉遏 4-795B
wǎngēláng 挽歌郎 6-625A
wàng'ēnbèiyì 忘恩背義 7-404B
wàng'ēnfùyì 忘恩負義 7-404B
wángěng 頑梗 12-254B
wángěngbùhuà 頑梗不化 12-255A
wàng'ēnshīyì 忘恩失義 7-404B
wáng'ěr 王爾 4-468B
wàng'érquèbù 望而却步 6-1285B
wàng'érshēngwèi 望而生畏 6-1285B
wángfǎ 王法 4-460A
wǎngfǎ 枉法 4-794B
wǎngfǎ 罔法 8-1018A
wàngfá 望閥 6-1292B
wángfàn 王範 4-469A
wǎngfān 枉帆 4-794A
wǎngfǎn 往反 3-935B
wǎngfǎn 往返 3-936B
wàngfǎn 忘反 7-403A
wǎngfǎng 枉訪 4-795A
wángfēi 王妃 4-457B
wǎngfèi 枉費 4-795B
wǎngfèi 罔費 8-1019A
wǎngfèichúnshé 枉費唇舌 4-796A
wǎngfèigōngfu 枉費工夫 4-796A
wǎngfèixīnjī 枉費心機 4-796A
wǎngfèixīnjì 枉費心計 4-796A
wǎngfèixīnlì 枉費心力 4-796A
wǎngfèixīnsi 枉費心思 4-796A
wàngfēn 望氛 6-1286B
wángfēng 王封 4-460B
wángfēng 王風 4-462A
wàngfēng 望風 6-1287B
wàngfēngbǔyǐng 望風捕影 6-1288A
wàngfēngchéngzhǐ 望風承旨 6-1288A
wàngfēng'érdùn 望風而遁 6-1288A
wàngfēng'érmǐ 望風而靡 6-1288A
wàngfēng'értáo 望風而逃 6-1288A
wàngfēngpīmǐ 望風披靡 6-1288A
wàngfēngxīxīn 望峯息心 6-1289A
wàngfēngxīzhǐ 望風希旨 6-1288A
wàngfēngxīzhǐ 望風希指 6-1288A
wángfú 王鳧 4-467B
wángfǔ 王鈇 4-466B
wángfǔ 王府 4-459B
wángfǔ 王輔 4-468B
wángfù 王父 4-455A
wángfù 王蚥 4-463A
wángfù 王傅 4-466A
wángfù 王萯 4-465B
wángfù 王賦 4-469A
wǎngfū 往夫 3-935B
wǎngfú 枉伏 4-794A
wǎngfú 罔伏 8-1017B
wǎngfù 往復 3-938A
wàngfú 忘服 7-404B
wàngfūgē 望夫歌 6-1285A
wàngfùhòu 望婦堠 6-1290B
wàngfūshān 望夫山 6-1284B
wàngfūshí 望夫石 6-1284B
wàngfūyún 望夫雲 6-1285A
wānggà 尪尬 2-1573B
wànggān 望竿 6-1287B
wánggāng 王綱 4-469A
wǎnggào 往誥 3-938B
wánggě 王葛 4-465B
wánggōng 王弓 4-454A
wánggōng 王公 4-455A
wánggōng 王功 4-455B
wánggōng 王宮 4-462A
wánggōng 王躬 4-463B
wánggòng 王貢 4-462B
wánggōngchǎng 王恭氅 4-463A
wánggōngdàrén 王公大人 4-455B
wánggōngliǔ 王恭柳 4-463A
wánggū 王姑 4-460B
wánggù 亡故 2-296A
wǎnggū 網罛 9-893B
wǎnggǔ 往古 3-935B
wǎnggǔ 罔罟 8-1018A
wǎnggǔ 網罟 9-893B
wǎnggù 枉顧 4-797A
wángguā 王瓜 4-456A
wángguān 王官 4-460A
wángguān 王冠 4-462B
wángguānbó 王官伯 4-460A
wānggǔbù 汪古部 5-942A
wángguī 亡歸 2-299B
wángguǐ 王軌 4-461A
wǎngguǐ 往軌 3-937A
wàngguī 忘歸 7-406A
wàngguīcǎo 忘歸草 7-406A
wǎnggǔláijīn 往古來今 3-935B
wángguó 亡國 2-297A
wángguó 王國 4-465A
wángguò 亡過 2-297B
wàngguó 望國 6-1289B
wángguódàfū 亡國大夫 2-297A
wángguólǔ 亡國虜 2-297B
wángguómièzhǒng 亡國滅種 2-297B
wángguónú 亡國奴 2-297B
wángguózhìqì 亡國之器 2-297B
wángguózhīshè 亡國之社 2-297A
wángguózhīshēng 亡國之聲 2-297B
wángguózhīyīn 亡國之音 2-297B
wànggǔyáojí 望古遥集 6-1285B
wǎnghài 枉害 4-795A
wànghǎicháo 望海潮 6-1289A
wànghǎitái 望海臺 6-1289A
wànghǎituó 望海嶋 6-1289A
wānghán 汪涵 5-943A
wànghànyuè 望漢月 6-1292B
wánghào 王號 4-467B
wǎnghào 往號 3-938B
wánghé 王何 4-458A
wánghè 王赫 4-468B
wǎnghèng 枉橫 4-796B
wànghéng 望衡 6-1293B
wànghéngduìyǔ 望衡對宇 6-1293B
wànghóngtíng 望䜤亭 6-1291B
wánghóu 王侯 4-461B
wánghòu 王后 4-457B
wǎnghòu 往後 3-937B
wànghòu 往後 3-937B
wànghòu 望後 6-1287B
wànghòu 望候 6-1289A
wánghóulà 王侯臘 4-461B
wánghòulúqián 王後盧前 4-461B
wánghóusūn 王侯孫 4-461B
wánghù 亡户 2-294A
wǎnghù 網户 9-893B
wànghū 忘忽 7-404B
wánghuà 亡化 2-294A
wánghuà 王化 4-455A
wǎnghuà 往化 3-935B
wǎnghuái 往懷 3-939A
wànghuái 忘懷 7-406A
wǎnghuán 往還 3-938B
wānghuáng 汪湟 5-943A
wānghuàng 汪洸 5-942B
wǎnghuàng 瀇滉 6-190A
wānghuì 汪穢 5-943B
wānghuì 汪濊 5-943A
wánghuǐ 王虺 4-461A
wánghuì 王會 4-468A
wánghuì 王彗 4-468B
wǎnghuí 往回 3-936A
wǎnghuí 往迴 3-937B
wǎnghuì 往誨 3-938B
wánghuìtú 王會圖 4-468A
wànghúlóu 望湖樓 6-1291A
wánghún 亡魂 2-298B
wànghūn 忘昏 7-404B
wànghún 忘魂 7-405B
wánghúnsàngdǎn 亡魂喪膽 2-298B
wánghúnshīpò 亡魂失魄 2-298B
wǎnghuò 罔惑 8-1019A
wǎnghuò 惘惑 7-597B
wànghuò 望獲 6-1293B
wànghuǒlóu 望火樓 6-1285A
wànghuǒmǎ 望火馬 6-1285A
wànghūqíxíng 忘乎其形 7-403A
wànghūsuǒyǐ 忘乎所以 7-403A
wànghútái 望鵠臺 6-1293B
wāngjí 尪瘠 2-1574A
wángjī 亡機 2-299A
wángjī 王姬 4-464B
wángjī 王基 4-464B
wángjī 王畿 4-469B
wángjī 王機 4-469B
wángjí 王棘 4-465B
wángjí 王極 4-465B
wángjì 王跡 4-467B
wǎngjí 罔極 8-1018B
wǎngjì 往迹 3-937B
wǎngjì 往蹟 3-939A
wǎngjì 枉記 4-795A
wǎngjì 罔既 8-1018A
wàngjī 忘機 7-405B
wàngjǐ 忘己 7-403A
wàngjì 忘記 7-405A
wàngjì 忘跡 7-405B
wàngjì 旺季 5-583B
wàngjì 望祭 6-1290A
wángjiā 王家 4-463B
wángjià 王駕 4-469B
wǎngjià 枉駕 4-796B
wángjiāgǒu 忘家狗 7-405A
wángjiān 王蔄 4-470B
wǎngjiǎn 往蹇 3-938B
wǎngjiàn 往鑑 3-939A
wǎngjiàn 往鑒 3-939A
wàngjiàn 妄見 4-278A
wàngjiàn 旺健 5-584A
wàngjiàn 望見 6-1286A
wángjiǎnbàigōng 王儉拜公 4-469A
wángjiàng 王漿 4-469B
wángjiàng 亡將 2-298A
wàngjiàng 妄匠 4-278A
wàngjiānglóu 望江樓 6-1286A
wàngjiāngnán 望江南 6-1286A
wǎngjiǎnláilián 往蹇來連 3-938B
wángjiǎnzhìtián 王翦置田 4-469B
wángjiào 王教 4-464B
wǎngjiào 往教 3-937B
wǎngjiào 枉教 4-795A

wǎngjiáoguòjī 枉矯過激 4-797A
wángjiāpǐ 王家癖 4-464A
wángjiāquǎn 亡家犬 2-297A
wángjǐdémáo 亡戟得矛 2-298A
wángjié 王節 4-467B
wǎngjié 往劫 3-936B
wǎngjié 枉結 4-796A
wángjìn 王覲 4-470B
wǎngjīn 網巾 9-893B
wǎngjìn 枉禁 4-796A
wǎngjìn 網禁 9-894B
wàngjǐn 望緊 6-1291B
wàngjìn 妄進 4-279A
wángjīng 亡荊 2-296A
wángjīng 王京 4-459B
wángjīng 王旌 4-465A
wángjìng 王境 4-468B
wǎngjìng 枉徑 4-794B
wàngjìng 妄境 4-279B
wángjīnggōngtǐ 王荊公體 4-461A
wángjìpǐ 王濟癖 4-470B
wángjiū 王鳩 4-468A
wángjiǔ 亡酒 2-297A
wǎngjiù 往舊 3-938B
wàngjīwèng 忘機甕 7-406A
wǎngjǐzhèngrén 枉己正人 4-793A
wángjì 王迹 4-462A
wángjū 王居 4-460B
wángjū 王雎 4-467B
wángjū 王鴡 4-469B
wǎngjū 罔罝 8-1018A
wǎngjù 往句 3-936A
wǎngjù 網具 9-893B
wàngjū 望苴 6-1286B
wàngjǔ 望沮 6-1287A
wàngjuàn 忘倦 7-404B
wángjué 亡絕 2-298B
wǎngjué 枉絕 4-796A
wǎngjué 罔覺 8-1019A
wàngjué 望絕 6-1291B
wángjūn 亡君 2-295B
wángjūn 亡軍 2-296B
wángjūn 王軍 4-462B
wàngjùn 望郡 6-1288B
wángjūshì 王居士 4-460B
wángkài 王愾 4-468B
wǎngkāi 網開 9-894A
wǎngkāisānmiàn 網開三面 9-894A
wǎngkāiyīmiàn 網開一面 9-894A
wǎngkān 枉勘 4-795A
wàngkàn 望看 6-1287B
wángkǎo 亡考 2-294B
wángkǎo 王考 4-456B
wǎngkè 枉刻 4-794B
wāngkēng 汪坑 5-942A
wàngkōng 望空 6-1287A
wàngkòng 望空 6-1287A
wàngkōngzhuōyǐng 望空捉影 6-1287A
wángkǒu 亡口 2-294A
wǎngkǒu 枉口 4-793A
wǎngkǒu 輞口 9-1287B
wàngkǒu 妄口 4-277B
wǎngkǒubáshé 枉口拔舌 4-793A
wàngkǒubāshé 妄口巴舌 4-277B
wàngkǒubáshé 妄口拔舌 4-277B
wǎngkǒujiáoshé 枉口嚼舌 4-793A
wǎngkǒukuángshé 枉口誑舌 4-793A
wǎngkǔ 枉苦 4-794A
wǎngkù 枉酷 4-796A
wángkuí 王魁 4-467B
wángkuífùguìyīng 王魁負桂英 4-467B
wǎnglái 迋來 10-954A
wǎnglái 往來 3-937A
wǎnglái 往徠 3-938A
wǎngláitǐ 往來體 3-937A
wǎnglán 網籃 9-895A
wǎnglàn 枉濫 4-797A
wānglàng 汪浪 5-943A
wǎngláng 罔宦 8-1018B
wǎnglàng 罔浪 8-1018B
wàngláng 望郎 6-1287A
wàngláng 望浪 6-1289B
wānglǎo 尪老 2-1573B
wánglǎo 王老 4-457A
wǎngláo 枉勞 4-795B
wàngláo 忘勞 7-405A
wāngléi 尪羸 2-1574A
wǎnglěi 枉累 4-795A
wǎngléng 網梭 9-894A
wánglǐ 王李 4-457B
wánglǐ 王禮 4-470B
wánglì 王吏 4-457A
wǎnglì 往例 3-937A
wǎnglì 往莅 3-937B
wǎnglì 枉戾 4-794B
wǎnglì 罔利 8-1017B
wànglǐ 望禮 6-1293B
wánglián 王連 4-463A
wángliáng 王良 4-458B
wángliáng 王梁 4-465B
wǎngliǎng 方良 6-1558A
wǎngliǎng 网蛃 8-1016A
wǎngliǎng 罔閬 8-1019A
wǎngliǎng 罔兩 8-1017B
wǎngliǎng 蝄蜽 8-916A
wǎngliǎng 魍魎 12-470B
wángliáo 王僚 4-468B
wángliáo 王寮 4-469B
wàngliáo 望寮 6-1293A
wàngliáo 望燎 6-1293B
wāngliè 尪劣 2-1573B
wángliè 王烈 4-463A
wǎngliè 往烈 3-937B
wànglín 望鄰 6-1292B
wánglíng 亡靈 2-299B
wánglíng 王靈 4-471A
wánglíngguān 王靈官 4-471A
wánglíngzhuàng 王陵戇 4-464A
wángliú 王留 4-463B
wángliú 王劉 4-469B
wǎngliú 枉流 4-795A
wānglòu 尪陋 2-1573B
wànglóu 望樓 6-1292B
wǎnglòutūnzhōu 網漏吞舟 9-894B
wánglǔ 亡虜 2-298B
wánglù 亡鹿 2-298A
wánglù 王祿 4-466B
wánglù 王路 4-467B
wánglù 王輅 4-467A
wǎnglù 往路 3-938B
wǎnglù 枉路 4-796A
wǎnglù 枉戮 4-796B
wǎnglù 菵露 9-442B
wànglǔ 望櫓 6-1293B
wànglù 望路 6-1291B
wǎngluè 往略 3-938A
wánglún 王綸 4-469A
wǎngluó 網羅 9-894B
wǎngluò 網絡 9-894A
wánglùshì 王錄事 4-470A
wánglùsìmén 王路四門 4-467B
wánglùtáng 王路堂 4-467B
wánglǚ 王旅 4-463B
wànglǚ 望履 6-1293A
wánglüè 王略 4-464B
wángmǎ 亡馬 2-296B
wángmǎ 王馬 4-462B
wāngmáng 汪芒 5-942A
wāngmáng 汪茫 5-942B
wǎngmào 罔冒 8-1018A
wǎngmào 誷冒 11-282B
wàngmào 旺茂 5-583B
wángméi 王枚 4-459A
wángmèi 王媚 4-467A
wǎngmèi 魍魅 12-470A
wàngméi 望梅 6-1289B
wàngmèi 忘昧 7-404B
wàngméigélǎo 望梅閣老 6-1289B
wàngméihuā 望梅花 6-1289B
wàngméizhǐkě 望梅止渴 6-1289B
wángmén 王門 4-460A
wángmèng 王孟 4-460B
wàngménguǎ 望門寡 6-1287A
wàngméntóuzhǐ 望門投止 6-1287A
wǎngmǐ 菵米 9-442B
wǎngmì 罔沕 8-1017B
wàngmì 旺密 5-584A
wángmiàn 王面 4-461A
wángmiè 亡滅 2-299A
wángmín 亡民 2-294B
wángmǐn 亡泯 2-296A
wǎngmín 罔民 8-1017B
wángmíng 王明 4-459A
wángmìng 亡命 2-295B
wángmìng 亾命 1-1070B
wángmìng 王命 4-459B
wàngmíng 忘名 7-403B
wàngmìng 忘命 7-404A
wángmíngjūn 王明君 4-459A
wángmìngkè 亡命客 2-296A
wángmìngzhītú 亡命之徒 2-296A
wǎngmiù 枉謬 4-797A
wángmò 亡没 2-295B
wángmò 亡歿 2-295B
wǎngmó 網膜 9-894B
wǎngmò 枉歿 4-794B
wǎngmò 罔莫 8-1018A
wǎngmò 網墨 9-894B
wǎngmòjiáoshéng 枉墨矯繩 4-796B
wángmǔ 王母 4-456B
wǎngmù 枉木 4-793A
wǎngmù 枉沐 4-794A
wǎngmù 網目 9-893B
wàngmù 望慕 6-1291B
wángmǔniángniáng 王母娘娘 4-456B
wángmǔshǐzhě 王母使者 4-456B
wángmǔtáo 王母桃 4-456B
wàngnánzǐ 妄男子 4-278A
wǎngnáo 枉撓 4-796B
wǎngnáo 枉橈 4-796B
wángnèi 王內 4-455A
wángní 王倪 4-463A
wángnì 亡匿 2-296B
wǎngnián 往年 3-936A
wǎngniàn 罔念 8-1018A
wàngnián 忘年 7-403A
wàngniàn 妄念 4-278B
wàngniàn 忘念 7-404B
wàngniánjiāo 忘年交 7-403B
wǎngníng 往甯 3-938A
wángnítàn 王尼歎 4-456B
wāngnú 尪駑 2-1574A
wāngnuò 尪懦 2-1574A
wángnǚ 王女 4-454B
wāngōng 關弓 12-155A
wāngōng 貫弓 10-126A
wāngōng 彎弓 4-162A
wāngōng 彎躬 4-162B
wángōng 完工 3-1332B
wángōng 完功 3-1333A
wǎngōng 皖公 8-273B
wǎngōng 輓弓 9-1281A
wāngōngpánmǎ 關弓盤馬 12-155A
wǎngōngshān 皖公山 8-273B
wāngōngyǐnyǔ 彎弓飲羽 4-162A
wángpái 王牌 4-466B
wángpàn 亡叛 2-296B
wángpàn 亡畔 2-296B
wǎngpèi 枉轡 4-797A
wǎngpèixuébù 枉轡學步

4-797A
wángpéngruì 王蓬芮 4-467A
wǎngpì 枉辟 4-796A
wǎngpiān 往篇 3-938B
wàngpiāomài 忘漂麥 7-405B
wángpò 亡破 2-296B
wángpú 王菩 4-464B
wángqí 王圻 4-457B
wángqí 妄其 4-278B
wángqì 王氣 4-463A
wǎngqí 枉騎 4-797A
wàngqí 望祈 6-1287A
wàngqǐ 望乞 6-1284B
wàngqì 旺氣 5-584A
wàngqì 望氣 6-1289A
wǎngqián 往前 3-937B
wàngqián 往前 3-937B
wàngqián 望前 6-1288B
wángqiáo 王喬 4-466A
wángqiáo 王僑 4-468B
wángqiáojù 王喬屨 4-466A
wángqiáolǚ 王喬履 4-466A
wángqiáoxì 王喬舄 4-466A
wāngqiè 尪怯 2-1573B
wàngqíjiānxiàng 望其肩項 6-1286B
wàngqímén 望齊門 6-1292B
wángqīn 亡親 2-299B
wángqīn 王親 4-470A
wángqín 亡琴 2-298A
wàngqǐnfèishí 忘寢廢食 7-405B
wǎngqíng 枉情 4-795A
wàngqíng 忘情 7-405A
wàngqíngfùyì 忘情負義 7-405A
wángqīnggàichē 王青蓋車 4-458B
wángqínsānhù 亡秦三户 2-296B
wàngqísuǒyǐ 忘其所以 7-404A
wǎngqiú 網球 9-894A
wàngqiū 望秋 6-1287B
wángqiú 王囚 4-456A
wàngqiú 妄求 4-278A
wàngqiūxiānlíng 望秋先零 6-1287B
wāngqīwèiguó 汪踦衛國 5-943A
wāngqíwèiguó 汪錡衛國 5-943A
wàngqíxiàngbèi 望其項背 6-1286B
wángqū 亡軀 2-299B
wángqù 亡去 2-294A
wǎngqū 枉曲 4-793B
wǎngqū 枉屈 4-794B
wǎngqū 罔屈 8-1018A
wàngqǔ 妄取 4-278B
wángquán 王權 4-470B
wàngquán 忘筌 7-405A
wángquē 亡缺 2-296B
wángquē 亡闕 2-299B
wángquē 王闕 4-470B
wǎngquē 罔闕 8-1019A
wǎngquè 枉却 4-794A
wàngquē 望闕 6-1293B
wàngquè 忘却 7-403B
wǎngqūzhícòu 枉曲直湊 4-794A
wāngrán 汪然 5-943A
wǎngrán 枉然 4-795B
wǎngrán 罔然 8-1019A
wǎngrán 惘然 7-597B
wǎngránruòshī 惘然若失 7-598A
wángrén 亡人 2-293B
wángrén 王人 4-453B
wǎngrén 往人 3-935B
wǎngrén 枉人 4-793A
wǎngrén 罔人 8-1017A
wǎngrèn 往任 3-936A
wàngrén 妄人 4-277B
wàngrén 望人 6-1284B
wángrénpái 亡人牌 2-293B
wángrì 亡日 2-294A
wǎngrì 往日 3-935B
wàngrì 望日 6-1285A
wāngróu 尪柔 2-1573B
wángruǎn 王阮 4-457B
wángruì 王瑞 4-467A
wāngruò 尪弱 2-1573B
wángsàn 亡散 2-298A
wàngsè 望色 6-1285B
wǎngshā 枉殺 4-795A
wàngshā 妄殺 4-278B
wàngshài 王殺 4-463B
wàngshān 望山 6-1284A
wǎngshāng 枉傷 4-796A
wǎngshàng 枉上 4-793A
wǎngshàng 罔上 8-1017B
wàngshānpǎosǐmǎ 望山跑死馬 6-1284B
wángshānrén 王山人 4-454A
wàngshānzǒudǎomǎ 望山走倒馬 6-1284A
wángshé 王蛇 4-464B
wángshè 王舍 4-459B
wángshè 王社 4-458B
wángshèchéng 王舍城 4-459B
wángshēn 亡身 2-295B
wàngshēn 忘身 7-404A
wàngshén 忘神 7-404B
wǎngshēng 往生 3-936A
wǎngshēng 罔生 8-1017B
wàngshèng 旺盛 5-584A
wàngshēngshěsǐ 忘生捨死 7-403A
wángshēngwà 王生韈 4-456A
wǎngshēngzhòu 往生咒 3-936A
wāngshì 汪氏 5-942A
wángshī 亡失 2-294B
wángshī 王師 4-463B
wángshǐ 王使 4-459B
wángshì 亡室 2-296B
wángshì 亡逝 2-296B
wángshì 王士 4-454A
wángshì 王市 4-456A
wángshì 王事 4-459A
wángshì 王室 4-462A
wǎngshī 網師 9-894A
wǎngshí 往時 3-937B
wǎngshí 枉實 4-796B
wǎngshǐ 枉矢 4-793B
wǎngshì 迋事 10-953B
wǎngshì 往世 3-935B
wǎngshì 往事 3-936B
wǎngshì 往逝 3-937B
wàngshī 妄施 4-278B
wàngshí 王時 4-463A
wàngshí 望實 6-1292B
wàngshì 盲眂 7-1134A
wàngshì 忘世 7-403A
wàngshì 望士 6-1284A
wàngshì 望視 6-1290A
wǎngshǐruògōng 枉矢弱弓 4-793B
wángshìtiè 王氏帖 4-455B
wángshǐyízú 亡矢遺鏃 2-294B
wángshìzǐ 王氏子 4-455B
wángshìzǐ 王世子 4-455B
wángshū 亡書 2-297A
wángshū 王書 4-464A
wǎngshù 往述 3-936B
wǎngshù 往術 3-938A
wǎngshù 往數 3-938B
wàngshū 望舒 6-1291A
wàngshù 王術 4-465A
wàngshūcǎo 望舒草 6-1291A
wàngshūhé 望舒荷 6-1291A
wángshuǐ 王水 4-455A
wángshuì 王稅 4-466A
wǎngshuǐ 輞水 9-1288A
wǎngshuō 枉説 4-796B
wàngshuō 妄説 4-279B
wāngsì 汪肆 5-943A
wángsǐ 亡死 2-294B
wángsì 王嗣 4-467B
wǎngsǐ 枉死 4-793B
wǎngsǐ 罔死 8-1017B
wàngsī 忘私 7-404A
wàngsǐ 妄死 4-278A
wàngsì 望祀 6-1286A
wǎngsǐchéng 枉死城 4-793B
wǎngsǐchóuchéng 枉死愁城 4-793B
wǎngsǐguǐ 枉死鬼 4-793B
wǎngsǐluóchéng 枉死羅城 4-793B
wǎngsòng 枉訟 4-795A
wángsǒuyuánchē 王叟轅車 4-461B
wǎngsù 往素 3-937B
wǎngsù 枉訴 4-795B
wángsuì 王歲 4-467A
wángsuì 王隧 4-469A
wǎngsuì 往歲 3-938A
wàngsuì 望歲 6-1291B
wángsūn 王孫 4-464A
wángsūn 蚟孫 8-865A
wángsūncǎo 王孫草 4-464B
wángsūngōngzǐ 王孫公子 4-464A
wángsuǒ 王所 4-459B
wángtái 王臺 4-468B
wàngtái 望臺 6-1291B
wángtàibǎojiāfǎ 王太保家法 4-455A
wángtán 王壇 4-469B
wǎngtān 罔貪 8-1018B
wàngtán 妄談 4-280A
wàngtánhuòfú 妄談禍福 4-280A
wángtáo 亡逃 2-296A
wángtǐ 王體 4-471A
wǎngtǐ 往體 3-939A
wǎngtì 罔替 8-1018B
wàngtí 忘蹄 7-406A
wángtián 王田 4-455B
wǎngtiān 往天 3-935B
wàngtiānpén 望天盆 6-1284B
wàngtiāntián 望天田 6-1284B
wángtiáo 王條 4-463A
wàngtiào 旺跳 5-584A
wángtiěqiāng 王鐵槍 4-471A
wángtiěqiāng 王鐵鎗 4-471A
wángtíng 王廷 4-457A
wángtíng 王庭 4-462A
wàngtīng 妄聽 4-280A
wángtǒng 王統 4-467A
wàngtǒng 望筩 6-1291B
wàngtou 望頭 6-1293A
wángtú 亡徒 2-297A
wángtú 王途 4-463B
wángtú 王塗 4-468B
wángtǔ 王土 4-454A
wǎngtú 輞圖 9-1288A
wàngtú 妄圖 4-279B
wángtuō 亡脱 2-297B
wǎngtūxǐxīn 枉突徙薪 4-794B
wángǔ 丸鼓 1-676A
wángǔ 頑瞽 12-258A
wángù 完固 3-1334B
wángù 頑固 12-253A
wángù 頑錮 12-257B
wǎngǔ 挽轂 6-625A
wǎngǔ 晚穀 5-748A
wǎngǔ 綰轂 9-913B
wàngǔ 腕骨 6-1340A
wàngǔ 萬古 9-462A
wànguān 萬官 9-465B
wànguàn 萬貫 9-467A
wánguǎng 頑獷 12-258A
wǎnguāng 晚光 5-744A
wángùbùhuà 頑固不化 12-253B
wàngǔchángchūn 萬古長春 9-462B
wàngǔchángqīng 萬古長青

9-462B
wǎnguī 琬圭 4-598A
wàngǔliúfāng 萬古流芳 9-462B
wàngǔliúfāng 萬古留芳 9-462B
wǎnguǒ 晚果 5-744B
wànguó 萬國 9-466B
wànguǒ 卍果 1-768A
wàngǔqiānqiū 萬古千秋 9-462B
wángùxícháng 玩故習常 4-528A
wàngwài 望外 6-1285B
wāngwán 尪頑 2-1574A
wāngwāng 尪尪 2-1573B
wāngwāng 汪汪 5-942A
wāngwāng 眐眐 7-1223B
wāngwáng 汪罔 5-942B
wǎngwáng 往亡 3-935B
wǎngwǎng 皇皇 8-260A
wǎngwǎng 逛逛 10-954A
wǎngwǎng 往往 3-937A
wǎngwǎng 罔罔 8-1018A
wǎngwǎng 惘惘 7-597B
wǎngwǎng 晍晍 5-767A
wàngwàng 晍晍 5-767A
wàngwàng 望望 6-1290A
wǎngwǎngláilái 往往來來 3-937A
wángwéi 王維 4-469A
wángwěi 王鮪 4-470A
wángwèi 王位 4-458A
wángwèi 王魏 4-470A
wàngwéi 妄爲 4-279A
wàngwèi 妄尉 4-279A
wàngwèi 忘味 7-404A
wàngwèi 望慰 6-1293A
wǎngwěn 枉紊 4-795A
wǎngwèn 枉問 4-795B
wàngwénshēngxùn 望文生訓 6-1285A
wàngwénshēngyì 望文生義 6-1285A
wàngwénwènqiè 望聞問切 6-1292B
wàngwǒ 忘我 7-403B
wángwū 王屋 4-462B
wángwù 王務 4-464B
wǎngwū 枉誣 4-796B
wǎngwù 枉物 4-794B
wǎngwù 枉誤 4-796B
wàngwū'érshí 望屋而食 6-1289A
wǎngwùnánxiāo 枉物難消 4-794B
wàngwūtái 望烏臺 6-1289A
wàngwūyǐshí 望屋以食 6-1289A
wǎngxī 往昔 3-936B
wǎngxì 枉繫 4-797A
wàngxī 望夕 6-1284B
wángxià 王夏 4-463A
wàngxiàcíhuáng 妄下雌黃 4-277B
wāngxiān 尪纖 2-1574A
wángxián 王閑 4-466B
wángxiàn 王憲 4-470A
wǎngxián 往賢 3-938B
wǎngxiǎn 輞幰 9-1288A
wǎngxiàn 枉陷 4-795A
wǎngxiàn 枉憲 4-797A
wàngxiān 忘先 7-403B
wāngxiáng 汪翔 5-943A
wángxiàng 王相 4-461A
wǎngxiàng 罔象 8-1018B
wǎngxiàng 罔像 8-1019A
wǎngxiàng 蛧像 8-915B
wàngxiāng 望鄉 6-1290B
wàngxiǎng 妄想 4-279A
wàngxiǎng 忘想 7-405B
wàngxiǎng 望想 6-1291B
wàngxiàng 王相 4-461A
wàngxiàng 旺相 5-583B
wàngxiāngduī 望鄉堆 6-1290B
wàngxiāngguǎn 望鄉館 6-1290B
wàngxiāngtái 望鄉臺 6-1290B
wángxiànlìng 王縣令 4-469B
wǎngxiào 罔效 8-1018A
wàngxiāo 旺銷 5-584A
wángxiǎo'èrguònián 王小二過年 4-454A
wángxiè 王謝 4-470A
wǎngxié 枉邪 4-793B
wǎngxiè 往謝 3-938B
wángxìn 亡釁 2-300A
wàngxīn 妄心 4-278A
wǎngxíng 往行 3-936A
wàngxìng 忘性 7-404B
wàngxīng 王星 4-461A
wàngxíng 妄行 4-278A
wàngxíng 忘形 7-403B
wàngxìng 旺興 5-584A
wàngxìng 望杏 6-1286A
wàngxìng 望姓 6-1287A
wàngxìng 望幸 6-1286B
wàngxíngjiāo 忘形交 7-403B
wàngxíngpéng 忘形朋 7-403B
wángxiū 王休 4-457A
wàngxiū 王休 4-457A
wàngxiùxīxīn 望岫息心 6-1286B
wángxǔ 王許 4-465A
wǎngxuān 網軒 9-893B
wǎngxuàn 往旋 3 938A
wàngxuán 望懸 6-1293B
wángxúyīngliú 王徐應劉 4-463B
wàngyǎ 望雅 6-1291A
wángyāfén 王壓墳 4-470A
wángyán 亡言 2-295B
wángyán 王延 4-457B
wángyán 王言 4-458B
wǎngyán 往言 3-936B
wǎngyán 枉言 4-794A
wǎngyǎn 網眼 9-894A
wǎngyàn 往彥 3-937B
wàngyán 妄言 4-278B
wàngyán 忘言 7-404A
wàngyán 忘顔 7-406A
wàngyán 望言 6-1286A
wàngyǎn 望衍 6-1287B
wàngyǎn 望眼 6-1289B
wàngyǎnbābā 望眼巴巴 6-1289B
wàngyǎnchuān 望眼穿 6-1289B
wāngyáng 汪洋 5-942B
wāngyàng 汪漾 5-943A
wángyáng 亡羊 2-294B
wángyáng 亡陽 2-298A
wángyáng 王揚 4-465B
wángyáng 王楊 4-467A
wǎngyāng 罔泱 8-1018A
wǎngyáng 瀇洋 6-190A
wǎngyǎng 罔養 8-1019A
wǎngyǎng 瀇瀁 6-190A
wàngyáng 盲洋 7-1134A
wàngyáng 望羊 6-1285B
wàngyáng 望佯 6-1287A
wàngyáng 望洋 6-1288B
wàngyáng 望陽 6-1290B
wàngyǎng 望養 6-1292B
wángyángbǔláo 亡羊補牢 2-295A
wāngyángdàhǎi 汪洋大海 5-943A
wángyángdào 王陽道 4-465B
wàngyáng'értàn 望洋而嘆 6-1288B
wàngyáng'értàn 望洋而歎 6-1288B
wángyángjīn 王陽金 4-465B
wángyánglù 亡羊路 2-295A
wángyánglúluò 王楊盧駱 4-467A
wángyángshù 王陽術 4-465B
wàngyángxīngtàn 望洋興嘆 6-1288B
wàngyǎnjiāngchuān 望眼將穿 6-1289B
wàngyánjiāo 忘言交 7-404A
wàngyánwàngtīng 妄言妄聽 4-278B
wàngyǎnyùchuān 望眼欲穿 6-1289B
wángyáo 王珧 4-462B
wángyáo 王繇 4-468A
wàngyāo 妄妖 4-278B
wángye 王爺 4-466B
wángyè 王業 4-467A
wǎngyè 往業 3-938B
wàngyè 望夜 6-1287A
wángyì 亡佚 2-295A
wángyì 亡逸 2-297B
wángyì 王役 4-458B
wángyì 王義 4-468A
wǎngyǐ 罔已 8-1017B
wǎngyì 枉抑 4-794A
wàngyí 望夷 6-1285B
wàngyì 妄異 4-279A
wàngyì 妄意 4-279B
wàngyì 忘翼 7-406A
wàngyì 望意 6-1291B
wàngyì 望瘞 6-1293A
wángyífǔshíshílè 王夷甫識石勒 4-457A
wángyīn 王音 4-462A
wàngyǐngchuǎiqíng 望影揣情 6-1293A
wàngyōng 妄庸 4-279A
wǎngyòngxīnjī 枉用心機 4-793B
wángyóu 王猶 4-466B
wángyóu 王猷 4-468A
wángyǒu 亡友 2-294A
wángyǒu 王友 4-455A
wǎngyóu 往由 3-935B
wàngyōu 忘憂 7-405B
wàngyóu 望游 6-1291A
wàngyōucǎo 忘憂草 7-405B
wàngyōuwù 忘憂物 7-405B
wángyóuzhào 王猷棹 4-468B
wāngyǔ 尪傴 2-1574A
wángyú 王餘 4-469A
wángyú 王輿 4-470A
wángyǔ 王宇 4-457B
wángyǔ 王庾 4-465A
wángyù 王御 4-466B
wǎngyù 枉語 4-796B
wǎngyù 枉欲 4-795A
wǎngyù 網罭 9-894B
wàngyú 王隅 4-465B
wàngyú 妄予 4-278A
wàngyú 望魚 6-1290A
wàngyǔ 妄語 4-279B
wàngyù 望譽 6-1293B
wàngyuàn 望苑 6-1286B
wángyuánhuòmù 亡猿禍木 2-298B
wàngyuǎnjìng 望遠鏡 6-1291B
wàngyuǎnxíng 望遠行 6-1291B
wángyuánzāimù 亡猿災木 2-298B
wàngyuè 妄説 4-279B
wàngyuè 旺月 5-583B
wàngyuè 望月 6-1285A
wǎngyújù 網漁具 9-894B
wàngyún 望雲 6-1290B
wàngyúntíng 望雲亭 6-1291A
wàngyúnzhuī 望雲騅 6-1291A
wángzǎi 王宰 4-464A
wángzài 王載 4-467A
wǎngzǎi 往載 3-938A
wángzàizhǎngshàng 王在掌上 4-457A
wángzān 亡簪 2-299B
wángzàn 王讚 4-471A

wǎngzào 往造 3-937B
wángzé 王澤 4-470A
wǎngzé 往則 3-937A
wǎngzéi 枉賊 4-796A
wāngzhài 尪瘵 2-1574A
wángzhān 王氈 4-470B
wángzhān 王饘 4-471A
wángzhāng 王章 4-465A
wángzhàng 王杖 4-457B
wángzhǎng 王長 4-458B
wǎngzhǎngbáidà 枉長白大 4-794A
wǎngzhào 枉棹 4-795B
wángzhāojūn 王昭君 4-461A
wángzhě 王者 4-459A
wǎngzhé 往哲 3-937B
wǎngzhé 往轍 3-939A
wǎngzhé 枉轍 4-797A
wǎngzhě 往者 3-936B
wàngzhé 妄折 4-278A
wàngzhě 王者 4-459A
wàngzhèn 望鎮 6-1293B
wángzhēng 亡徵 2-299A
wángzhēng 王蒸 4-467A
wángzhēng 王正 4-455B
wángzhèng 亡政 2-296A
wángzhèng 王政 4-460B
wángzhēngyuè 王正月 4-455B
wángzhěxiāng 王者香 4-459A
wángzhí 王職 4-470B
wángzhǐ 王旨 4-457B
wángzhì 王志 4-457B
wángzhì 王制 4-459B
wǎngzhí 枉直 4-794A
wǎngzhǐ 往止 3-935B
wǎngzhì 往至 3-936A
wǎngzhì 往志 3-936B
wǎngzhì 枉志 4-794A
wǎngzhì 枉滯 4-796B
wàngzhí 妄執 4-279A
wàngzhì 望秩 6-1289A
wángzhìlànkē 王質爛柯 4-469A
wǎngzhísuíxíng 枉直隨形 4-794B
wǎngzhīsuǒcuò 罔知所措 8-1018A
wǎngzhítóngguàn 枉直同貫 4-794A
wàngzhōng 望中 6-1285A
wàngzhòng 望重 6-1287B
wàngzhòu 望冑 6-1287A
wángzhū 亡珠 2-296B
wángzhū 王誅 4-468A
wángzhǔ 亡主 2-294B
wángzhǔ 王主 4-456A
wǎngzhū 枉誅 4-796A
wǎngzhǔ 枉渚 4-795A
wǎngzhǔ 罔主 8-1017B
wàngzhū 妄誅 4-279A
wàngzhū 望諸 6-1293A
wàngzhù 望柱 6-1287A
wàngzhuān 望甎 6-1293A
wángzhuāng 王莊 4-463A
wǎngzhuàng 枉狀 4-794B
wàngzhuàng 旺壯 5-583B
wǎngzhǔhuántīng 往渚還汀 3-938A
wǎngzhuì 網墜 9-894B
wàngzhūjūn 望諸君 6-1293A
wǎngzhuó 往躅 3-939A
wángzī 王資 4-468A
wángzǐ 亡子 2-294A
wángzǐ 王子 4-454A
wǎngzì 枉自 4-794B
wàngzi 望子 6-1284B
wángzǐbiǎo 王子表 4-454A
wàngzǐchénglóng 望子成龍 6-1284B
wàngzìfěibó 妄自菲薄 4-278A
wángzǐháng 王子航 4-454A
wángzǐjìn 王子晉 4-454A
wángzìlǐ 王字鯉 4-457B
wángzǐqiáo 王子喬 4-454B
wángzǐqiáo 王子僑 4-454B
wàngzìzūndà 妄自尊大 4-278A
wǎngzòng 枉縱 4-797A
wàngzōng 望宗 6-1287A
wángzǒu 亡走 2-295A
wāngzú 尪卒 2-1573B
wángzú 亡卒 2-296A
wángzú 王卒 4-460A
wángzú 王族 4-465A
wàngzú 望族 6-1290A
wángzūnchìyù 王尊叱馭 4-466B
wángzūnyù 王尊馭 4-466B
wángzuǒ 王佐 4-458A
wàngzuò 妄作 4-278A
wángzuǒcái 王佐才 4-458A
wǎnhài 惋駭 7-606A
wánhàn 頑悍 12-254B
wǎnhán 晚寒 5-746B
wǎnhàn 晚莟 5-745A
wánhǎo 完好 3-1333B
wánhào 玩好 4-526B
wánhào 翫好 9-668A
wǎnhé 晚禾 5-743B
wǎnhé 婉和 4-378A
wǎnhé 綰合 9-913B
wánhěn 頑很 12-254A
wánhěn 頑狠 12-254A
wǎnhèn 惋恨 7-605B
wánhèng 頑横 12-257A
wànhèqiānyuè 萬壑千巖 9-469B
wǎnhóng 宛虹 3-1401B
wǎnhóng 晚紅 5-745A
wánhòu 頑厚 12-253B
wānhú 關弧 12-160B
wānhú 彎弧 4-162A
wánhū 玩忽 4-527B
wánhū 頑忽 12-253B
wánhù 完護 3-1338B
wánhù 頑户 12-252A
wánhù 頑扈 12-255A
wǎnhú 嫛胡 4-333B
wànhú 萬斛 9-466B
wànhù 萬户 9-461B
wànhù 萬笏 9-466A
wánhuá 頑猾 12-255B
wánhuá 翫華 9-668A
wánhuà 玩話 4-529A
wánhuà 頑話 12-256B
wǎnhuā 椀花 4-1132A
wǎnhuà 婉畫 4-379A
wànhuà 萬化 9-461A
wānhuán 彎環 4-162B
wānhuán 灣澴 6-224B
wānhuán 灣環 6-224B
wànhuātǒng 萬花筒 9-464A
wànhùhóu 萬户侯 9-462A
wānhuí 灣迴 6-224A
wǎnhuī 晚暉 5-747A
wǎnhuí 挽回 6-623B
wǎnhuí 輓回 9-1281A
wǎnhuì 晚會 5-747A
wǎnhuì 婉晦 4-378B
wǎnhuì 婉慧 4-379B
wǎnhuì 綰會 9-913B
wànhuì 萬喙 9-467B
wànhuì 萬彙 9-468A
wánhūn 完婚 3-1335B
wánhūn 頑昏 12-253B
wǎnhūn 晚婚 5-746A
wánhuó 完活 3-1335A
wànhuò 萬或 9-464B
wánhuǒzìfén 玩火自焚 4-526A
wànhùqiānmén 萬户千門 9-461B
wānián 挖年 6-588A
wàniè 襪涅 9-144B
wánjí 完集 3-1336A
wánjí 完輯 3-1337B
wánjǐ 完給 3-1336B
wánjì 丸劑 1-676B
wánjì 丸髻 1-676B
wánjì 完計 3-1334B
wǎnjī 菀箕 8-1207A
wǎnjì 晚霽 5-748B
wǎnjì 綰髻 9-913B
wǎnjì 綰結 9-913B
wǎnjì 踠迹 10-513B
wǎnjì 踠跡 10-513B
wànjī 萬機 9-469B
wànjī 萬幾 9-467B
wánjiā 完浹 3-1335A
wánjiā 頑家 12-254B
wǎnjiǎ 晚甲 5-743B
wǎnjià 晚嫁 5-747B
wǎnjià 晚稼 5-748A
wǎnjià 晚駕 5-748A
wànjiāchūn 萬家春 9-466A
wànjiādēnghuǒ 萬家燈火 9-466B
wánjiān 完堅 3-1335B
wánjiān 玩姦 4-528B
wánjiàn 丸劍 1-676B
wánjiàn 完健 3-1335A
wánjiàn 頑健 12-254B
wǎnjiān 晚間 5-746B
wànjiàncuánxīn 萬箭攢心 9-469A
wánjiǎo 頑狡 12-254A
wǎnjiǎo 挽角 6-624A
wǎnjiǎo'er 綰角兒 9-913B
wánjié 刓碣 2-609A
wánjié 完結 3-1336B
wánjié 完節 3-1336B
wánjié 完潔 3-1337B
wánjié 完絜 3-1336A
wǎnjiē 晚接 5-745B
wǎnjié 晚節 5-747A
wǎnjié 惋結 7-606A
wǎnjié 綰結 9-913B
wànjié 萬劫 9-464A
wànjié 萬刼 9-464B
wànjiébùfù 萬劫不復 9-464A
wànjiébùfù 萬刼不復 9-464B
wǎnjiébùzhōng 晚節不終 5-747A
wǎnjiéxiāng 晚節香 5-747A
wánjīn 頑金 12-253B
wǎnjìn 晚近 5-744B
wǎnjìn 晚進 5-745B
wǎnjìn 婉妗 4-378A
wǎnjìn 輓近 9-1281A
wànjīn 萬金 9-465A
wánjìng 完勁 3-1334B
wánjìng 完鏡 3-1338B
wánjìng 翫境 9-668B
wǎnjìng 晚粳 5-747A
wǎnjǐng 晚景 5-746A
wǎnjìng 晚境 5-747B
wǎnjìng 婉靜 4-379B
wànjǐng 萬井 9-460B
wǎnjǐngmáo 宛景矛 3-1402A
wànjīnyóu 萬金油 9-465A
wánjiù 完就 3-1336B
wánjiù 頑舊 12-257B
wǎnjiù 挽救 6-624A
wǎnjiù 晚就 5-746B
wànjīzhǔ 萬機主 9-469B
wánjú 完局 3-1334A
wánjù 完具 3-1334B
wánjù 完聚 3-1337A
wánjù 玩具 4-527A
wánjù 頑具 12-253A
wǎnjú 踠局 10-513B
wǎnjù 晚炬 5-744B
wánjuān 完捐 3-1335A
wánjuàn 完卷 3-1334B
wánjūn 頑軍 12-254A
wánjùn 完竣 3-1336B
wànjūn 萬鈞 9-467B
wánkài 忨愒 7-431A
wánkài 玩愒 4-529A
wánkài 翫愒 9-668B
wǎnkǎi 惋慨 7-606A

wánkàng 頑抗 12-253A
wánkè 刓刻 2-609A
wǎnkè 晚課 5-748A
wánkōng 頑空 12-253B
wánkòu 玩寇 4-528B
wánkòu 翫寇 9-668A
wànkǒuyīcí 萬口一詞 9-460B
wànkǒuyīcí 萬口一辭 9-460B
wánkù 紈袴 9-724B
wánkù 紈絝 9-724B
wánkù 紈褲 9-725A
wánkuài 完塊 3-1336A
wánkuài 頑塊 12-255A
wǎnkuàibiān 晚快邊 5-744B
wǎnkuǎn 宛欵 3-1402A
wǎnkuǎn 宛款 3-1402A
wánkuàng 頑礦 12-258B
wánkuàng 頑鑛 12-258B
wǎnkuánglán 挽狂瀾 6-624A
wánkùgāoliáng 紈袴膏粱 9-724B
wánkùn 刓困 2-609A
wànkǔqiānxīn 萬苦千辛 9-464B
wánkùzǐdì 紈袴子弟 9-724B
wǎnlái 晚來 5-744B
wǎnlài 晚籟 5-748B
wǎnlài 涴瀨 5-1419A
wànlài 萬籟 9-470A
wànlàijùjì 萬籟俱寂 9-470A
wánlán 丸蘭 1-676B
wánlán 汍瀾 5-933B
wánlán 汍蘭 5-933B
wánlán 芄蘭 9-275A
wànlán 腕闌 6-1340A
wǎnláng 挽郎 6-624A
wánláo 完牢 3-1334A
wǎnlǎogōng 晚老公 5-744A
wǎnlǎozi 晚老子 5-744A
wánlè 刓泐 2-609A
wánlè 玩樂 4-530A
wánlěi 完壘 3-1338A
wǎnlèi 宛類 3-1404A
wànlèi 萬類 9-469B
wánlǐ 完理 3-1335B
wánlì 丸粒 1-676A
wánlì 完利 3-1334A
wánlì 完麗 3-1338B
wǎnlì 宛麗 3-1404A
wǎnlì 婉麗 4-380A
wànlì 腕力 6-1339B
wǎnlián 挽聯 6-625A
wǎnlián 輓聯 9-1282A
wǎnliàn 婉戀 4-380B
wánliáng 完糧 3-1338A
wánliánnuòlì 頑廉懦立 12-256B
wánliǎo 完了 3-1332B
wànlǐchángchéng 萬里長城 9-464A
wànlǐchángzhēng 萬里長征 9-464A
wánliè 頑劣 12-253A
wǎnliè 挽裂 6-624B
wànlǐhóu 萬里侯 9-464B
wānlín 圝潾 3-670A
wǎnlìn 輓賃 9-1281B
wǎnlǐnázhēngbǐng 碗裏拿蒸餅 7-1065B
wánlìng 玩令 4-526B
wànlíng 萬靈 9-470A
wànlǐpéngchéng 萬里鵬程 9-464B
wànlǐqiáo 萬里橋 9-464B
wànlǐtiáotiáo 萬里迢迢 9-464B
wǎnliú 挽留 6-624A
wǎnliú 輓留 9-1281A
wǎnliù 挽溜 6-624B
wànliú 萬流 9-466A
wánlóng 頑聾 12-258B
wánlòu 頑陋 12-253B
wǎnlōu 挽摟 6-624B
wǎnlòu 晚漏 5-747B
wānlù 彎路 4-162B
wánlǔ 頑鹵 12-255A
wánlǔ 頑魯 12-257A
wǎnlù 挽鹿 6-624B
wǎnlù 挽路 6-624B
wǎnlù 晚路 5-747A
wǎnlù 輓輅 9-1281B
wánluǎn 丸卵 1-676A
wánluǎn 完卵 3-1334A
wǎnluán 㝴孌 1-1520A
wǎnluán 婉戀 4-380B
wǎnluán 婉孌 4-380A
wǎnluǎn 婉嫋 4-379B
wǎnlùchē 挽鹿車 6-624B
wǎnlǔmáo 宛魯矛 3-1403A
wǎnluó 晚邏 5-748B
wánlǚ 完履 3-1337B
wànlǜ 萬慮 9-469A
wànlǚqiānsī 萬縷千絲 9-469B
wánmá 頑麻 12-255A
wànmǎbēnténg 萬馬奔騰 9-465B
wǎnmài 晚麥 5-745B
wánmǎn 完滿 3-1337A
wǎnmǎn 挽滿 6-625A
wǎnmàn 宛曼 3-1402A
wǎnmàn 婉曼 4-378B
wánmào 頑冒 12-254A
wǎnmào 晚耄 5-745A
wànmǎqíyīn 萬馬齊喑 9-465B
wànmǎqíyīn 萬馬齊瘖 9-466A
wánměi 完美 3-1334B
wánmèi 頑昧 12-254A
wǎnměi 婉美 4-378A
wǎnmèi 娩媚 4-363B
wǎnmèi 宛媚 3-1402B
wǎnmèi 婉媚 4-379A
wǎnmèn 惋懣 7-606A
wánméng 頑蒙 12-256A
wánmí 頑迷 12-254A
wánmì 完密 3-1335B
wǎnmǐ 晚米 5-744A
wánmiǎn 完免 3-1334A
wǎnmiào 宛妙 3-1401A
wǎnmiào 婉妙 4-378A
wánmín 頑民 12-252A
wànmín 萬民 9-462B
wánmíng 完名 3-1333B
wánmíng 頑冥 12-254B
wánmíng 頑瞑 12-257A
wánmìng 玩命 4-527B
wǎnmíng 椀茗 4-1132A
wánmíngquánjié 完名全節 3-1333B
wànmínpáisǎn 萬民牌傘 9-463A
wànmínsǎn 萬民傘 9-463A
wánmiù 刓繆 2-609B
wánmiù 頑謬 12-258A
wǎnmiù 晚謬 5-748B
wánmó 捖摩 6-626A
wánmò 丸墨 1-676B
wánmò 頑墨 12-257A
wǎnmò 晚末 5-743B
wǎnmǔ 晚母 5-743B
wǎnmù 晚莫 5-745A
wǎnmù 晚暮 5-747B
wǎnmù 菀牧 9-453A
wànmùkuíkuí 萬目睽睽 9-462B
wánnà 完納 3-1335A
wǎnnà 綰納 9-913B
wànnán 萬難 9-469B
wǎnnèinázhēngbǐng 碗內拿蒸餅 7-1065B
wànnéng 萬能 9-466B
wánní 丸泥 1-676A
wǎnní 碗泥 7-1065B
wǎnnián 晚年 5-744A
wànnián 萬年 9-463A
wǎnniáng 晚娘 5-745B
wànniánjídì 萬年吉地 9-463B
wànniànjùhuī 萬念俱灰 9-465A
wànniánlì 萬年曆 9-463B
wànniánqīng 萬年青 9-463B
wànniánwújiāng 萬年無疆 9-463B
wànniánzhī 萬年枝 9-463B
wǎnnìng 婉佞 4-378A
wánniú 紈牛 9-724A
wànniǔyú 万紐于 1-335B
wánnòng 玩弄 4-526B
wánnòng 翫弄 9-668A
wánnú 頑奴 12-252B
wánnú 頑駑 12-257A
wǎnnù 惋怒 7-605B
wánnuò 頑懦 12-258A
wǎnnuó 婉娜 4-378A
wánnüè 頑虐 12-254A
wánnüè 翫謔 9-668B
wán'ǒu 玩偶 4-528B
wánpái 玩牌 4-529A
wǎnpài 皖派 8-273B
wánpèi 完配 3-1335A
wǎnpèi 踠轡 10-513B
wánpí 玩皮 4-526B
wánpí 頑皮 12-252B
wánpí 骫骳 12-404B
wánpí 骫臾 12-404A
wánpǐ 頑癖 12-258A
wǎnpí 宛脾 3-1402A
wánpiān 完篇 3-1337B
wánpiào 玩票 4-528B
wánpílàigǔ 頑皮賴骨 12-252B
wánpílàiròu 頑皮賴肉 12-252B
wànpǐn 萬品 9-465B
wánpízéigǔ 頑皮賊骨 12-252B
wǎnpó 晚婆 5-745B
wǎnpò 晚魄 5-747B
wǎnpópo 晚婆婆 5-746A
wānpǔ 灣浦 6-224A
wánpú 完璞 3-1337B
wánpú 頑僕 12-257A
wánpú 頑璞 12-257B
wánpǔ 頑朴 12-253A
wánpǔ 頑樸 12-257B
wānqí 彎碕 4-162B
wānqí 灣碕 6-224A
wánqǐ 紈綺 9-724B
wánqì 完葺 3-1336A
wánqì 玩愒 4-530A
wánqì 玩器 4-530A
wǎnqī 晚期 5-746A
wǎnqì 晚氣 5-745A
wǎnqì 晚愒 5-748A
wǎnqì 晚憩 5-748A
wǎnqì 椀器 4-1132A
wánqià 䯈骼 12-404B
wánqiān 完簽 3-1338B
wánqián 頑錢 12-257B
wǎnqiān 挽牽 6-624B
wànqiān 萬千 9-460B
wànqiānchājià 萬籤插架 9-470A
wánqiáng 完彊 3-1338A
wánqiáng 頑强 12-256A
wǎnqiáng 挽强 6-624B
wánqiǎo 玩巧 4-526A
wànqiào 萬竅 9-469B
wǎnqiè 婉切 4-377B
wǎnqiè 婉愜 4-379A
wǎnqiè 惋切 7-605B
wánqīn 完親 3-1337B
wánqīng 翫輕 9-668B
wǎnqíng 晚晴 5-746A
wǎnqìng 晚磬 5-748A
wànqǐng 萬頃 9-466B
wǎnqiū 宛丘 3-1400B
wǎnqiū 晚秋 5-745A
wánqǐzǐdì 紈綺子弟 9-724B
wānqū 彎曲 4-162A

wānqū 灣曲 6-224A
wánqū 頑軀 12-258A
wánqǔ 完娶 3-1335B
wānqū 宛曲 3-1400B
wǎnqū 婉曲 4-377B
wǎnqú 宛渠 3-1402A
wānquán 蹲跧 10-576B
wānquán 蜿蜷 8-921B
wānquán 彎跧 4-162B
wānquán 彎拴 4-162B
wánquán 完全 3-1333A
wǎnquán 踠跧 10-513B
wànquán 萬全 9-463B
wǎnquānquān 挽圈圈 6-624B
wánquánxiǎoxué 完全小學 3-1333B
wánquē 刓缺 2-609A
wánquē 刓闕 2-609B
wānrán 灣然 6-224A
wánrán 完然 3-1336A
wánrán 頑然 12-255B
wǎnrán 宛然 3-1402B
wǎnrán 莞然 9-424A
wǎnrán 婉然 4-379A
wānrào 蜿繞 8-921B
wǎnrè 晚熱 5-748A
wánrén 完人 3-1332B
wánrén 頑人 12-251B
wǎnrèn 輓任 9-1281A
wànréndí 萬人敵 9-460B
wànrénkēng 萬人坑 9-460B
wànrénkōngxiàng 萬人空巷 9-460B
wǎnrì 晚日 5-743A
wánrìkàishí 玩日愒時 4-526A
wánrìkàiyuè 翫日愒月 9-667B
wánrǒng 頑宂 12-252A
wǎnróng 晚榮 5-747B
wǎnróng 婉容 4-378B
wánròu 頑肉 12-253A
wǎnróu 婉柔 4-378A
wānròubǔchuāng 剜肉補瘡 2-713B
wānròuchéngchuāng 剜肉成瘡 2-713A
wānròushēngchuāng 剜肉生瘡 2-713A
wānròuyīchuāng 剜肉醫瘡 2-713B
wānròuzuòchuāng 剜肉做瘡 2-713B
wǎnrú 宛如 3-1400B
wǎnrù 宛縟 3-1403A
wǎnrù 晚入 5-743A
wǎnrù 婉縟 4-379B
wánruì 完鋭 3-1337B
wánruò 刓弱 2-609A
wǎnruò 宛若 3-1401A
wǎnruò 婉弱 4-378B
wǎnsā 晚些 5-744B
wánsǎn 丸散 1-676A
wǎnsāng 輓喪 9-1281B
wánsǎngāodān 丸散膏丹 1-676A
wánsè 玩色 4-526B
wánsè 頑嗇 12-256A
wánsè 頑澁 12-257A
wǎnsè 晚色 5-744A
wǎnshā 晚殺 5-745A
wǎnshàn 蜿蟬 8-921B
wánshān 岏山 3-801B
wánshān 頑山 12-251B
wánshàn 完善 3-1336B
wánshàn 完繕 3-1338A
wánshàn 紈扇 9-724B
wǎnshān 皖山 8-273B
wǎnshàn 蜿蟺 8-921B
wǎnshàn 蜿蟮 8-921B
wǎnshàn 宛蟺 3-1404A
wǎnshàn 宛潬 3-1403A
wǎnshàn 晚膳 5-748B
wǎnshàn 婉蟬 4-380A
wǎnshàn 婉僤 4-379B
wánshǎng 玩賞 4-529B
wánshǎng 翫賞 9-668B
wǎnshang 晚上 5-743A
wǎnshāng 惋傷 7-606A
wǎnshǎng 晚晌 5-745A
wánshé 蚖虵 8-866A
wánshé 蚖蛇 8-866A
wǎnshé 宛舌 3-1400B
wǎnshè 綰攝 9-914A
wánshēn 完身 3-1334A
wánshén 玩神 4-528A
wánshèng 完盛 3-1335B
wǎnshēng 晚生 5-743B
wànshēng 萬生 9-462B
wànshèng 萬乘 9-466A
wànshēngyuán 萬牲園 9-465B
wánshí 完實 3-1337A
wánshí 頑石 12-252A
wánshì 刓飾 2-609A
wánshì 完士 3-1332B
wánshì 完事 3-1334A
wánshì 完飾 3-1337A
wánshì 玩世 4-526A
wánshì 玩視 4-528B
wánshì 玩飾 4-529A
wánshì 玩適 4-529B
wánshì 頑士 12-251B
wánshì 翫世 9-667B
wǎnshī 挽詩 6-624B
wǎnshī 惋失 7-605B
wǎnshī 輓詩 9-1281B
wǎnshí 晚食 5-745A
wǎnshí 晚實 5-747B
wǎnshì 挽士 6-623B
wǎnshì 晚世 5-743B
wǎnshì 晚市 5-743B
wǎnshì 輓世 9-1281A
wànshí 萬石 9-462B
wànshì 萬世 9-462A
wànshì 萬事 9-464B
wánshìbùgōng 玩世不恭 4-526B
wànshìdàjí 萬事大吉 9-465A
wánshídiǎntóu 頑石點頭 12-252A
wànshìjùbèi… 萬事俱備,只欠東風 9-465A
wànshíjūn 萬石君 9-462B
wánshíkàirì 玩時愒日 4-528B
wǎnshìshēng 晚侍生 5-744B
wánshítānrì 玩時貪日 4-528B
wànshìtōng 萬事通 9-465A
wànshìwújiāng 萬世無疆 9-462A
wànshìyīshí 萬世一時 9-462A
wánshóu 完熟 3-1337B
wánshǒu 完守 3-1333B
wánshǒu 翫守 9-668A
wǎnshǒu 宛首 3-1401B
wǎnshǒu 綰手 9-913B
wànshòu 萬壽 9-468B
wǎnshǒu'er 挽手兒 6-623B
wànshòujié 萬壽節 9-468B
wànshòushān 萬壽山 9-468B
wànshòushèngjié 萬壽聖節 9-468B
wànshòuwújiāng 萬壽無疆 9-468B
wánshū 完書 3-1335A
wánshū 頑疎 12-256A
wánshū 頑疏 12-256A
wánshù 頑豎 12-257A
wǎnshū 婉淑 4-379A
wǎnshū 輓輸 9-1281B
wǎnshú 晚熟 5-748A
wǎnshù 綰束 9-913B
wànshū 萬殊 9-466A
wànshū 萬樞 9-469A
wánshuǎ 玩耍 4-528A
wánshuǎ 頑耍 12-253B
wánshuì 完稅 3-1336A
wànshuǐqiānshān 萬水千山 9-461A
wǎnshùn 宛順 3-1402A
wǎnshùn 婉順 4-379A
wánsī 玩思 4-528A
wánsī 頑颸 12-258A
wǎnsī 晚颸 5-748B
wǎnsì 宛似 3-1400B
wànsǐ 萬死 9-463A
wànsǐyīshēng 萬死一生 9-463A
wánsòng 玩誦 4-529B
wǎnsōng 晚菘 5-745B
wǎnsòng 輓送 9-1281A
wánsōu 刓鎪 2-609B
wánsú 玩俗 4-528A
wánsú 頑俗 12-254A
wánsù 紈素 9-724B
wánsù 頑素 12-254A
wǎnsù 輓粟 9-1281B
wānsuān 灣酸 6-224A
wǎnsuì 晚歲 5-746B
wǎnsuì 盌遂 7-1422A
wànsuì 萬歲 9-467B
wánsuìkàirì 玩歲愒日 4-529A
wánsuìkàishí 玩歲愒時 4-529A
wánsuìkàiyuè 玩歲愒月 4-529A
wánsuìkàiyuè 翫歲愒月 9-668B
wànsuìyé 萬歲爺 9-468A
wǎnsūn 晚飧 5-746B
wǎnsǔn 晚筍 5-746A
wánsuō 玩縮 4-530A
wánsuǒ 玩索 4-528B
wánsuǒ 翫索 9-668A
wǎntài 宛態 3-1403A
wántān 頑貪 12-255A
wǎntàn 惋嘆 7-606A
wǎntàn 惋歎 7-606A
wǎntáng 晚唐 5-745B
wǎntáng 晚堂 5-745B
wǎntángtǐ 晚唐體 5-745B
wántī 刓剔 2-609A
wántí 頑提 12-255A
wǎntí 踠蹄 10-513B
wǎntián 晚田 5-743B
wāntiāo 剜挑 2-713B
wántiě 頑鐵 12-258B
wántóng 頑童 12-255B
wántóng 頑銅 12-257A
wǎntóng 宛童 3-1402B
wǎntóng 挽僮 6-625A
wāntóu 灣頭 6-224A
wàntóu 腕頭 6-1340A
wántú 頑徒 12-254B
wǎntú 晚途 5-745A
wǎntú 晚塗 5-747B
wántuán 刓團 2-609A
wántuán 杬團 4-797B
wǎntuī 挽推 6-624A
wǎntuī 輓推 9-1281A
wántuō 刓脱 2-609A
wántuǒ 完妥 3-1334A
wǎntuō 挽託 6-624A
wǎntuō 盌脱 7-1422A
wǎntuō 椀脱 4-1132A
wǎntuō 碗脱 7-1065B
wǎntuō 腕脱 6-1340A
wānù 蛙怒 8-886B
wānwān 剜剜 2-713B
wānwān 腕腕 7-1234B
wānwān 蜿蜿 8-921B
wānwān 彎彎 4-162B
wānwān 灣灣 6-224B
wánwán 丸丸 1-675B
wánwán 汍汍 5-933B
wánwán 完完 3-1334A
wánwán 岏岏 3-801B
wánwán 玩完 4-527A
wánwán 頑玩 12-253A
wánwán 頑頑 12-256A

wánwán 翫翫 9-668B
wǎnwǎn 宛宛 3-1401B
wǎnwǎn 挽挽 6-624A
wǎnwǎn 晚晚 5-745B
wǎnwǎn 婉娩 4-378B
wǎnwǎn 婉晚 4-379A
wǎnwǎn 婉婉 4-379A
wǎnwǎn 惋惋 7-605B
wǎnwǎn 畹晚 5-781A
wǎnwǎn 畹畹 5-781A
wǎnwǎn 踠踠 10-513B
wànwàn 萬萬 9-467A
wānwānniǔniǔ 彎彎扭扭 4-163A
wānwānyíyí 蜿蜿虵虵 8-921B
wánwēi 玩威 4-528A
wánwéi 頑違 12-256A
wánwèi 玩味 4-527A
wánwèi 翫味 9-668A
wǎnwěi 宛委 3-1401A
wǎnwěi 婉委 4-378A
wǎnwěi 踠尾 10-513B
wànwēi 萬微 9-468A
wǎnwěishān 宛委山 3-1401A
wánwén 翫聞 9-668B
wǎnwò 綰握 9-913B
wánwǔ 玩侮 4-528A
wánwù 玩物 4-527A
wánwù 玩悞 4-528B
wánwù 玩誤 4-529B
wánwù 翫物 9-668A
wǎnwù 晚悟 5-745B
wǎnwù 晚寤 5-747B
wànwú 萬無 9-467B
wànwǔ 萬舞 9-468B
wànwù 萬物 9-465A
wánwùsàngzhì 玩物喪志 4-527B
wànwúyīshī 萬無一失 9-467B
wánxī 完惜 3-1335B
wánxí 玩習 4-528B
wánxí 翫習 9-668B
wánxì 玩戲 4-530A
wánxì 頑戲 12-257B
wǎnxī 晚夕 5-743A
wǎnxī 晚西 5-744A
wǎnxī 惋惜 7-605B
wánxiá 玩狎 4-527B
wánxiá 頑黠 12-258A
wánxià 完罅 3-1338A
wǎnxiá 晚霞 5-748B
wǎnxià 晚夏 5-745A
wánxiáduǎnjú 頑狹短局 12-254B
wánxiān 頑仙 12-252A
wánxiān 頑僊 12-257A
wánxián 頑涎 12-254A
wǎnxiāng 晚香 5-744B
wǎnxiǎng 晚餉 5-747B
wǎnxiàng 琬象 4-598A
wànxiāng 萬箱 9-469A
wànxiàng 萬象 9-466B
wànxiànggēngxīn 萬象更新 9-466B
wànxiàngsēnluó 萬象森羅 9-466B
wǎnxiāngyù 晚香玉 5-744B
wánxiāo 頑嚻 12-258B
wánxiǎo 完小 3-1333A
wánxiào 玩笑 4-528B
wánxiào 頑笑 12-254A
wǎnxiāo 宛肖 3-1401A
wǎnxiào 晚笑 5-745A
wánxiè 玩泄 4-528A
wǎnxiē 晚歇 5-747A
wǎnxié 婉諧 4-379B
wánxīn 玩心 4-526A
wánxīn 頑心 12-252A
wánxíng 完行 3-1333A
wǎnxìng 晚興 5-748A
wànxíng 萬形 9-464A
wànxìng 萬姓 9-465B
wànxìng 萬幸 9-464B
wánxiōng 頑凶 12-252A
wánxiōng 頑兇 12-253A
wánxióng 丸熊 1-676B
wánxióng 完雄 3-1336A
wǎnxiù 挽袖 6-624A
wǎnxiù 婉秀 4-377B
wánxū 頑虛 12-255A
wǎnxū 挽須 6-624B
wǎnxū 挽鬚 6-625A
wánxuǎn 頑癬 12-258B
wànxuǎnqián 萬選錢 9-469A
wánxuè 玩謔 4-530A
wǎnxué 晚學 5-748A
wǎnxuésheng 晚學生 5-748B
wànxún 萬尋 9-467B
wànxùqiāntóu 萬緒千頭 9-469A
wǎnyá 晚衙 5-747A
wānyán 蜿蜒 8-921B
wānyán 蜿蜒 8-921A
wānyǎn 蜿蝘 8-921B
wányán 完顏 3-1338A
wányán 玩延 4-526B
wányán 頑顏 12-258B
wányàn 頑餤 12-257B
wányàn 頑艷 12-258B
wányàn 頑豔 12-258B
wǎnyán 宛延 3-1400B
wǎnyán 宛蜒 3-1402A
wǎnyán 婉言 4-378A
wǎnyǎn 宛演 3-1403A
wǎnyǎn 涴演 5-1419A
wǎnyǎn 琬琰 4-598A
wǎnyàn 晚豔 5-748B
wànyán 蟃蜒 8-954B
wányáng 頑陽 12-255A
wǎnyáng 晚陽 5-746A
wànyáng 萬羊 9-463B
wànyánshū 萬言書 9-464B
wányào 丸藥 1-676B
wǎnyáo 碗窑 7-1065B
wányàogāodān 丸藥膏丹 1-676B
wānyāopěngfù 彎腰捧腹 4-162B
wǎnyē 挽掖 6-624A
wǎnyé 晚爺 5-746A
wǎnyě 婉冶 4-378A
wǎnyè 晚夜 5-744B
wǎnyè 晚葉 5-746A
wǎnyè 惋咽 7-605B
wǎnyè 琬液 4-598A
wànyè 萬葉 9-467A
wānyí 蜿虵 8-921A
wányì 完裔 3-1337A
wányì 玩易 4-527A
wányì 玩意 4-529A
wányì 玩藝 4-530A
wányì 玩繹 4-530A
wányì 頑意 12-256B
wǎnyí 婉儀 4-379B
wǎnyì 晚詣 5-747A
wǎnyì 婉奕 4-378A
wǎnyì 婉嫕 4-379B
wǎnyì 婉瘱 4-379B
wǎnyì 惋悒 7-605B
wǎnyì 菀抑 9-453A
wànyī 萬一 9-460A
wányì'er 玩意兒 4-529B
wányì'er 玩藝兒 4-530A
wányīn 完姻 3-1335A
wányín 頑嚚 12-258A
wányǐn 刓隱 2-609B
wányìn 刓印 2-609A
wǎnyīn 晚陰 5-745B
wǎnyǐn 宛引 3-1400B
wǎnyǐn 挽引 6-623B
wányǐng 玩影 4-530A
wányìng 頑硬 12-255A
wǎnyīng 晚英 5-744B
wànyìnglíngyào 萬應靈藥 9-469B
wányìzhàng 玩意賬 4-529B
wányǒng 玩詠 4-529A
wányōu 玩幽 4-528A
wányóu 頑游 12-255B
wànyǒu 萬有 9-463A
wānyù 灣澳 6-224A
wányú 頑愚 12-256B
wǎnyú 婉愉 4-379A
wǎnyù 晚遇 5-746A
wànyǔ 萬宇 9-463B
wànyǔ 萬庾 9-467A
wànyǔ 萬寓 9-467B
wànyù 萬玉 9-462A
wányuàn 完願 3-1338B
wànyuán 萬原 9-466A
wànyuán 萬緣 9-469A
wányuè 玩月 4-526A
wányuè 翫月 9-667B
wányuè 翫悅 9-668A
wányuè 翫閱 9-668B
wǎnyuē 宛約 3-1401B
wǎnyuē 婉約 4-378A
wǎnyuē 綰約 9-913B
wǎnyuè 晚月 5-743B
wǎnyuè 婉悅 4-378B
wǎnyǔfùrén 菀窳婦人 9-453B
wányún 頑雲 12-255A
wǎnyùn 晚運 5-746B
wǎnyùn 輓運 9-1281B
wànyǔqiānyán 萬語千言 9-469A
wánzāi 翫栽 9-668A
wánzáo 刓鑿 2-609B
wánzào 頑燥 12-258A
wǎnzào 晚造 5-745A
wǎnzé 娩澤 4-364A
wánzéi 頑賊 12-256A
wánzhā 頑查 12-253B
wánzhān 玩占 4-526B
wǎnzhǎn 碗盞 7-1065B
wánzhàng 完帳 3-1335B
wǎnzhāng 挽章 6-624B
wǎnzhāng 輓章 9-1281A
wǎnzhàng 挽幛 6-625A
wànzhàng 萬丈 9-460B
wánzhào 完趙 3-1337A
wǎnzhào 晚照 5-747A
wǎnzhé 宛折 3-1401A
wǎnzhé 婉折 4-377B
wánzhèn 完陣 3-1335A
wǎnzhēn 晚砧 5-745B
wánzhěng 完整 3-1337B
wánzhèng 頑症 12-254B
wǎnzhèng 挽正 6-623B
wánzhì 完治 3-1334B
wánzhì 玩志 4-527A
wánzhì 玩治 4-528A
wánzhì 紈質 9-724B
wánzhì 頑滯 12-257A
wánzhì 頑質 12-257A
wǎnzhǐ 踠趾 10-513B
wǎnzhì 晚志 5-744A
wǎnzhì 晚智 5-746A
wànzhǐ 萬指 9-465B
wànzhì 萬雉 9-468A
wánzhòng 頑重 12-254A
wǎnzhōng 晚鐘 5-748B
wànzhōng 萬鍾 9-469B
wànzhòng 萬衆 9-467B
wànzhòngyīxīn 萬衆一心 9-467B
wǎnzhōuzú 挽舟卒 6-624A
wǎnzhū 椀珠 4-1132A
wǎnzhù 盌注 7-1422A
wānzhuān 蜿蟤 8-921B
wānzhuǎn 蜿轉 8-921B
wánzhuān 頑磚 12-257B
wánzhuàn 丸轉 1-676B
wǎnzhuān 夗專 3-1170A
wǎnzhuǎn 宛轉 3-1403A
wǎnzhuǎn 挽轉 6-625A
wǎnzhuǎn 婉轉 4-379B
wánzhuàng 完壯 3-1334A
wànzhuàng 萬狀 9-465B
wǎnzhuǎnshéng 宛轉繩 3-1403B
wǎnzhūjì 椀珠伎 4-1132A
wánzhuō 頑拙 12-253A

wánzhuó 刓琢 2-609A
wǎnzhuō 挽捉 6-624A
wǎnzhuó 菀濁 9-453B
wānzi 帵子 3-748B
wānzi 彎子 4-162A
wánzǐ 丸子 1-676A
wǎnzi 盌子 7-1422A
wǎnzi 箢子 8-1207A
wànzi 腕子 6-1339B
wànzì 卍字 1-768A
wànzìdǐngtóujīn
萬字頂頭巾 9-463B
wànzìjīn 卍字巾 1-768A
wànzǐqiānhóng 萬紫千紅
9-467A
wànzìtóujīn 萬字頭巾
9-463B
wānzú 彎卒 4-162A
wánzū 完租 3-1335A
wánzú 完足 3-1333B
wǎnzú 宛足 3-1401A
wǎnzú 挽卒 6-624A
wǎnzú 踠足 10-513A
wǎnzǔ 綰組 9-913B
wànzú 腕足 6-1339B
wànzú 萬族 9-467A
wánzūn 頑尊 12-255B
wánzuò 頑坐 12-253A
wā'ōu 哇齵 3-386A
wā'ǒu 哇嘔 3-386A
wǎ'ōu 瓦甌 5-286A
wǎpán 瓦爿 5-282B
wǎpán 瓦盤 5-286A
wǎpén 瓦盆 5-283B
wǎpéngǔ 瓦盆鼓 5-284A
wǎpì 瓦甓 5-286B
wǎpiàn 瓦片 5-282B
wǎpíng 瓦瓶 5-284B
wǎpíng 瓦缾 5-285A
wāpínyī 蛙蠙衣 8-887B
wāpóu 汙抔 5-911A
wǎqì 瓦器 5-286B
wāqián 挖潛 6-588B
wāqiángjiǎo 挖牆脚 6-588B
wǎqìbàngpán 瓦器蚌盤
5-286B
wǎqíng 瓦檠 5-286A
wǎquān 瓦圈 5-284B
wǎquán 瓦全 5-282B
wǎquè 瓦雀 5-284B
wàquè 襪雀 9-145A
wārán 窪然 8-456B
wārén 蛙人 8-886B
wǎrén 瓦人 5-282A
wāròubǔchuāng 挖肉補瘡
6-588A
wǎsàn 瓦散 5-284B
wǎshàngshuāng 瓦上霜
5-282A
wǎshè 瓦舍 5-283B
wāshén 蛙神 8-886B
wāshēng 蛙聲 8-887A
wāshēng 鼃聲 12-1402A
wāshí 媧石 4-371B
wāshì 蛙市 8-886B
wǎshī 瓦師 5-284A
wǎshí 瓦石 5-282B
wǎshì 瓦市 5-282B
wǎshì 瓦室 5-284A
wàshílán 嗢石蘭 3-415B
wǎshòu 瓦獸 5-287A
wǎshù 瓦術 5-284B
wāshuǐ 洼水 5-1130A
wǎsī 瓦斯 5-284B
wǎsī 瓦絲 5-285A
wǎsì 瓦肆 5-285A
wǎsōng 瓦松 5-283A
wǎsuì 瓦碎 5-285A
wǎtái 瓦苔 5-283A
wàtào 襪套 9-144B
wǎtè 瓦特 5-284A
wātiān 媧天 4-371B
wātián 窪田 8-456B
wǎtíngxiān 瓦亭僊 5-284A
wǎtǒng 瓦筒 5-285A
wàtǒng 襪桶 9-144B
wàtǒng 襪筒 9-145A
wàtǒng 襪統 9-145A
wǎtòngzi 瓦衕子 5-285A
wàtóukù 襪頭袴 9-145A
wǎtóuyàn 瓦頭硯 5-286A
wātū 窐突 8-442B
wātū 窊凸 8-440B
wàtú 膃腯 6-1347A
wāwā 窊窊 3-1230A
wāwā 哇哇 3-316B
wáwa 娃娃 4-337B
wáwá 哇哇 3-316B
wàwà 嗢嗢 3-415B
wāwāi 溛瀤 6-39B
wǎwǎn 瓦盌 5-284B
wǎwǎn 瓦椀 5-284B
wáwaqì 娃娃氣 4-337B
wáwashēng 娃娃生 4-337B
wáwayú 娃娃魚 4-337B
wǎwèng 瓦甕 5-286B
wǎwū 瓦屋 5-284A
wǎwǔ 瓦甒 5-286B
wǎwūzi 瓦屋子 5-284A
wàxì 韈繫 12-215A
wàxì 韈係 12-215A
wāxià 窊下 8-440B
wāxià 窪下 8-456B
wāxiàn 窪陷 8-456B
wǎxiǎn 瓦蘚 5-287A
wàxiàn 襪綫 9-145A
wàxiàn 襪線 9-145A
wāxiāng 挖鑲 6-588B
wāxiào 哇笑 3-316B
wāxīn 挖心 6-588A
wāxuǎn 空選 8-406B
wāyà 窊亞 8-440B
wǎyán 瓦檐 5-286B
wǎyàn 瓦研 5-283B
wǎyàn 瓦硯 5-284B
wàyàn 嗢咽 3-415B
wāyāo 哇咬 3-316B
wāyāo 鼃咬 12-1401B
wǎyáo 瓦窑 5-284B
wǎyáo 瓦窰 5-286A
wāyāobāo 挖腰包 6-588B
wǎyī 瓦衣 5-283A
wǎyí 瓦匜 5-282B
wàyì 嗢咿 3-415B
wāyín 哇淫 3-316B
wāyǐn 蛙蚓 8-886B
wǎyìng 瓦罌 5-287A
wǎyǐng 瓦影 5-286A
wǎyǐngguīyú 瓦影龜魚
5-286A
wāyīnrùnwèi 鼃音閏位
12-1401B
wāyǒng 蛙泳 8-886B
wǎyú 瓦圩 5-282B
wàyù 嗢飫 3-415B
wàyuě 嗢噦 3-415B
wāyún 挖雲 6-588A
wāyùn 空運 8-406A
wǎzèng 瓦甑 5-286B
wǎzhā 瓦查 5-283B
wǎzhān 瓦占 5-282B
wǎzhǎn 瓦盞 5-285B
wǎzhāniàonì 瓦查尿溺
5-283B
wǎzhǎo 瓦沼 5-283B
wǎzhào 瓦兆 5-283A
wǎzhěn 瓦枕 5-283B
wāzhì 蛙蛭 8-886B
wǎzhī 瓦卮 5-283A
wǎzhí 瓦埴 5-284B
wāzhòu 窊皺 8-440B
wǎzhòu 瓦甃 5-285B
wāzhū 汙瀦 5-915A
wāzhǔ 蛙渚 8-886B
wǎzhù 瓦注 5-283B
wǎzhù 瓦投 5-284A
wǎzhù 瓦鉒 5-285B
wǎzhuān 瓦塼 5-286A
wǎzhuān 瓦磚 5-286B
wāzi 窪子 8-456B
wázi 娃子 4-337B
wǎzǐ 瓦子 5-282A
wàzi 襪子 9-144B
wàzi 韈子 12-215A
wāzú 佤族 1-1191B
wāzūn 窊樽 8-440B
wāzūn 窪尊 8-456B
wāzūn 窪樽 8-457A
wāzūn 汙尊 5-912B
wāzūn 汙罇 5-914B
wǎzūn 瓦尊 5-285A
wǎzūn 瓦樽 5-286A
wāzūnpóuyǐn 汙尊抔飲
5-913A
wāzūnpóuyǐn 汙樽抔飲
5-914A
wāzūnpóuyǐn 汙罇抔飲
5-914B
wěi'ā 唯阿 3-387A
wēi'ài 危隘 2-525A
wēi'ài 威愛 5-223A
wēi'ài 隈礙 11-1078A
wēi'ài 微曖 3-1061B
wèi'ài 畏愛 7-1313A
wéi'ài 違碍 10-1116B
wéi'ài 違礙 10-1118A
wěi'ài 猥欸 5-88B
wèi'ái 胃癌 6-1233A
wèi'ài 未艾 4-685B
wèi'ài 畏愛 7-1313A
wèi'àifāngxīng 未艾方興
4-685B
wéi'àn 嵬岸 3-855A
wěi'àn 偉岸 1-1585A
wèi'ān 尉安 2-1279A
wèi'ān 慰安 7-700A
wèi'ān 遺安 10-1193A
wēi'áng 巍昂 3-875A
wēi'áng 巍卬 3-875A
wéi'áng 嵬昂 3-855A
wéi'ào 違拗 10-1113B
wéi'ào 違傲 10-1116A
wéi'ào 違慠 10-1117A
wěi'áo 蔿敖 9-555A
wěi'ào 猥奧 5-89A
wēibá 危拔 2-522A
wěibā 尾巴 4-14A
wēibài 危敗 2-524A
wěibài 闒敗 12-173A
wěibài 萎敗 9-443B
wēibān 微班 3-1056A
wèibǎn 位版 1-1279B
wēibāng 危邦 2-521A
wēibàng 偎傍 1-1549B
wèibànshūmài 未辨菽麥
4-692A
wēibǎo 威寶 5-225B
wēibào 威暴 5-224A
wēibào 偎抱 1-1549A
wēibào 微報 3-1058A
wéibào 違暴 10-1117A
wěibǎo 瑋寶 4-613A
wěibào 偉抱 1-1584B
wěibāzhǔyì 尾巴主义 4-14A
wéibèi 違背 10-1114A
wéibèi 違倍 10-1115A
wéibèi 違悖 10-1115A
wěibèi 委備 4-329A
wěibèi 委骳 4-331A
wěibèi 骫骳 12-404A
wèibēi 魏碑 12-472A
wèibèi 畏備 7-1312B
wèibēiyángāo 位卑言高
1-1279B
wěiběn 僞本 1-1675B
wēibī 危偪 2-524A
wēibī 危逼 2-525A
wēibī 威逼 5-222B
wēibī 隈逼 11-1078A
wēibī 畏偪 7-1312B
wēibī 畏逼 7-1312B
wēibǐ 微鄙 3-1058B
wēibì 危壁 2-527A
wēibì 危斃 2-527A
wéibǐ 爲比 6-1108B
wéibì 違避 10-1117B

wěibǐ 猥鄙 5-89A
wěibì 委畀 4-325B
wěibì 委辟 4-330B
wěibì 委幣 4-331A
wěibì 委弊 4-331A
wěibì 痿痹 8-332B
wěibì 痿痺 8-333A
wěibì 痿躄 8-333A
wěibì 僞幣 1-1678B
wěibì 僞蔽 1-1678A
wèibī 畏逼 7-1312B
wèibì 未必 4-686B
wèibì 畏避 7-1314A
wèibì 衛蔽 3-1096B
wèibì 衛蹕 3-1096B
wēibiàn 微辨 3-1061A
wēibiàn 微辯 3-1062A
wéibiān 韋編 12-676B
wéibiǎn 違貶 10-1115B
wéibiàn 韋弁 12-675A
wéibiàn 違變 10-1118A
wěibiàn 僞辯 1-1679A
wèibiàn 未便 4-689A
wéibiānsānjué 韋編三絶 12-676B
wéibié 爲別 6-1109A
wéibié 違別 10-1112B
wèibīn 渭濱 5-1476B
wēibǐng 威柄 5-220B
wěibìng 偎並 1-1549B
wéibīng 違兵 10-1113A
wěibīng 委冰 4-325A
wěibìng 痿病 8-332B
wèibīng 衛兵 3-1095A
wèibǐng 蔚炳 9-543A
wèibǐng 魏丙 12-471A
wèibǐng 遺秉 10-1197A
wèibìrán 未必然 4-686B
wēibō 微波 3-1054B
wēibó 微薄 3-1060B
wéibó 帷箔 3-748A
wéibó 帷薄 3-748A
wéibó 圍脖 3-651B
wéibó 幃箔 3-752B
wéibó 幃薄 3-752B
wéibó 闈箔 12-141A
wěibó 委泊 4-326B
wěibó 偉博 1-1585B
wěibó 猥薄 5-89B
wěibó 葦箔 9-492B
wěibó 葦薄 9-493A
wěibó 瑋博 4-612B
wěibó 僞薄 1-1678B
wéibóbùxiū 帷箔不修 3-748A
wéibóbùxiū 帷薄不修 3-748A
wéibóbùxiū 幃箔不修 3-752B
wéibóbùxiū 幃薄不修 3-752B
wèibósāomén 魏勃掃門 12-471B
wēibǔ 微捕 3-1056A
wēibù 危怖 2-522B
wēibù 微步 3-1053A
wéibǔ 違卜 10-1111B
wéibù 韋布 12-675A
wèibǔ 未卜 4-684B
wèibù 畏怖 7-1311B
wèibù 衛布 3-1094B
wèibù 遺布 10-1189B
wéibùjiāo 韋布交 12-675A
wèibǔxiānzhī 未卜先知 4-685A
wēibùzúdào 微不足道 3-1051A
wēicái 威裁 5-222B
wēicái 微才 3-1050B
weicái 微材 3-1053A
wéicái 違才 10-1111B
wéicái 違材 10-1112B
wěicái 偉才 1-1584A
wèicái 委財 4-327B
wěicán 僞蠶 1-1679A
wěicàn 猥孱 5-89A
wèicán 魏蠶 12-472B
wēicáng 隈藏 11-1078A
wěicáng 委藏 4-332A
wèicǎo 魏草 12-471B
wēicè 危側 2-524A
wēicè 微策 3-1058A
wěicè 委策 4-329A
wěicè 猥廁 5-89A
wēicén 危岑 2-521B
wēicén 巍岑 3-875A
wèicéng 未曾 4-691A
wēichá 微察 3-1060A
wéichāi 闈差 12-141A
wēichǎn 威燀 5-225A
wēichànchàn 巍顫顫 3-876A
wéicháng 韋裳 12-676B
wéicháng 帷裳 3-748A
wéicháng 幃裳 3-752B
wéicháng 違常 10-1115B
wéichǎng 圍場 3-651B
wěicháng 偉長 1-1584B
wèicháng 未常 4-690A
wèicháng 未嘗 4-691B
wēicháo 危巢 2-524B
wěicháo 僞朝 1-1677B
wěicháohóu 猥朝侯 5-88B
wēicháqiūháo 微察秋毫 3-1060A
wéichē 帷車 3-746A
wěichē 葦車 9-492A
wěichē 緯車 9-955A
wèichē 轊車 9-1314A
wēichén 微臣 3-1052A
wēichén 微忱 3-1053B
wēichén 微塵 3-1060A
wēichén 煨塵 7-198A
wéichén 惟塵 7-600B
wéichén 爲臣 6-1109A
wěichén 僞臣 1-1676A
wěichèn 緯讖 9-956A
wèichén 味塵 3-252B
wèichèn 未齓 4-692A
wēichéng 危城 2-522B
wēichéng 微誠 3-1059A
wéichéng 惟城 7-600A
wéichéng 圍城 3-651A
wéichéng 違程 10-1116A
wéichéng 維城 9-897A
wěichéng 委成 4-323B
wěichéng 委誠 4-330B
wèichéng 尉承 2-1279A
wèichéng 渭城 5-1476A
wéichéngdǎyuán 圍城打援 3-651A
wèichéngguàn 未成冠 4-687A
wèichéngrén 未成人 4-687A
wèichéngsandié 渭城三疊 5-1476B
wèichéngyīkuì 未成一簣 4-687A
wèichēwěizhào 魏車委照 12-471A
wēichí 威遲 5-224B
wēichí 逶遲 10-977B
wēichí 逶遲 10-977B
wēichí 逶遲 10-977B
wěichí 委遲 4-331B
wēichí 倭遲 1-1508A
wéichí 維持 9-896B
wèichī 蜼螭 8-918B
wèichǐ 未齒 4-692A
wéichíhuì 維持會 9-897A
wēichóng 巍崇 3-875B
wēichù 威黜 5-225A
wéichū 維初 9-896B
wēichuán 危椽 2-525A
wéichuǎn 違舛 10-1112B
wèichuān 渭川 5-1476A
wèichuán 磑船 7-1089B
wéichuáng 帷牀 3-746A
wèichuānqiānmǔ 渭川千畝 5-1476A
wēichuí 威垂 5-220A
wēichuò 危惙 2-524B
wēicī 微疵 3-1057B
wēicí 危詞 2-525A
wēicí 危辭 2-527B
wēicí 微詞 3-1058A
wēicí 微辭 3-1062A
wéicì 幃次 3-752A
wěicí 委辭 4-332B
wěicí 偉詞 1-1585B
wěicí 偉辭 1-1586B
wěicí 僞辭 1-1678B
wěicǐ 猥佌 5-88A
wèicí 謂詞 11-343B
wèicǐ 爲此 6-1109A
wèicì 位次 1-1279A
wèicì 衛賜 3-1096B
wèicì 遺賜 10-1218B
wēicóng 危悰 2-524B
wéicóng 爲從 6-1111A
wéicóng 違從 10-1115B
wěicóng 委從 4-328B
wěicóng 委縱 4-332B
wěicóng 僞從 1-1677B
wèicóng 未從 4-690A
wèicóng 衛從 3-1096A
wèicóngqūquè 爲叢驅雀 6-1113A
wēicù 危蹙 2-527A
wēicuī 威摧 5-223B
wēicuì 危脆 2-523B
wéicuī 嵬崔 3-855B
wěicuī 猥催 5-89A
wěicuī 猥獕 5-89B
wèicuī 畏隹 7-1311A
wěicuì 萎悴 9-443B
wěicuì 痿瘁 8-333A
wèicún 慰存 7-700A
wéicuò 違錯 10-1117B
wéicuò 維錯 9-898B
wēidá 微達 3-1058A
wěidà 尾大 4-13B
wěidà 偉大 1-1584A
wěidà 猥大 5-87B
wèidà 遺大 10-1187B
wěidàbùdiào 尾大不掉 4-13B
wēidài 危殆 2-523A
wéidài 韋帶 12-676A
wéidài 違代 10-1112A
wéidài 違殆 10-1114A
wěidài 葦帶 9-492B
wěidài 僞怠 1-1677A
wèidài 未逮 4-690A
wéidàliáng 惟大梁 7-599B
wēidān 微單 3-1058A
wēidàn 威憺 5-225A
wèidǎn 胃疸 6-1232B
wèidàn 畏憚 7-1313B
wěidànándiào 尾大難掉 4-13B
wéidānbēi 韋丹碑 12-674B
wéidāng 韋當 12-676B
wéidāng 爲當 6-1112A
wěidǎng 僞黨 1-1679A
wěidǎng 魏黨 12-472A
wēidào 危道 2-525A
wēidào 微道 3-1058A
wéidǎo 爲道 6-1111B
wéidào 爲道 6-1111B
wéidào 違道 10-1116A
wěidào 僞道 1-1677B
wèidào 味道 3-252B
wèidào 衛道 3-1096A
wèidāobìjiàn 畏刀避箭 7-1310B
wèidàoshì 衛道士 3-1096A
wèidàtóujiān 遺大投艱 10-1187B
wèidáyījiàn 未達一間 4-690B
wēidé 威德 5-224B
wéidé 違德 10-1117A
wěidé 偉德 1-1586A
wěidé 韙德 12-683A
wéidébùzhōng 爲德不終 6-1112B

wéidébùzú 爲德不卒 6-1112B
wēidēng 微燈 3-1061A
wēidèng 危隥 2-526A
wēidèng 危磴 2-527A
wéidēng 桅燈 4-987B
wéidēngqièjiàn 帷燈篋劍 3-748B
wéidēngxiájiàn 帷燈匣劍 3-748A
wēidì 危地 2-521A
wēidì 危第 2-524A
wēidì 危睇 2-525A
wēidì 微的 3-1054A
wēidì 微睇 3-1058A
wéidì 圩堤 2-1006A
wéidì 違敵 10-1117B
wéidǐ 爲底 6-1110A
wéidì 圍地 3-651A
wéidì 爲地 6-1109A
wěidì 委的 4-326A
wěidì 委地 4-323B
wěidì 猥地 5-87B
wèidì 魏堤 12-471B
wèidǐ 爲底 6-1110A
wèidì 未第 4-690A
wèidì 位地 1-1279A
wēidiān 危顛 2-527A
wēidiān 危巔 2-527B
wēidiǎn 微點 3-1061B
wēidiàn 危阽 2-522A
wēidiàn 微玷 3-1055A
wéidiàn 帷殿 3-747B
wēidiāo 微雕 3-1061A
wèidiào 慰弔 7-700A
wēidié 危堞 2-524B
wěidìjīngtiān 緯地經天 9-955A
wéidīng 圩丁 2-1005B
wéidǐng 帷鼎 3-747A
wěidìng 僞定 1-1676B
wèidǐng 衛鼎 3-1096A
wèidǐng 錯鼎 11-1375B
wèidìngzhītiān 未定之天 4-689A
wèidírúhǔ 畏敵如虎 7-1313B
wēidōng 偎冬 1-1549A
wēidòng 危動 2-524A
wēidǒu 威斗 5-219A
wēidòu 械竇 4-1164A
wéidǒu 維斗 9-896A
wēidú 危獨 2-527A
wēidú 微獨 3-1061A
wēidǔ 危篤 2-526B
wéidú 唯獨 3-388A
wéidú 惟獨 7-601A
wéidù 韋杜 12-675B
wéidù 違度 10-1114B
wěidǔ 委篤 4-332A
wěidù 偉度 1-1585A
wěidù 緯度 9-955A
wèidú 餧毒 12-563B
wèidú 轊櫝 9-1314A
wēiduàn 威斷 5-225A
wěiduān 委端 4-331A
wěiduān 僞端 1-1678B
wèiduì 衛隊 3-1096A
wěidùn 委頓 4-330A
wěidùn 萎頓 9-443B
wēiduò 危墮 2-526A
wéiduó 惟度 7-600B
wéiduó 違奪 10-1117A
wéiduò 違惰 10-1116A
wěiduō 猥多 5-88A
wěiduò 委惰 4-329B
wěiduò 猥惰 5-89A
wēi'ē 微痾 3-1058A
wēi'é 危峨 2-523B
wēi'é 微哦 3-1056A
wēi'é 巍峨 3-875A
wēi'é 巍峩 3-875B
wēi'è 危厄 2-520B
wēi'è 危戹 2-521A
wéi'é 嵬峨 3-855A
wéi'é 嵬峩 3-855B
wéi'ě 嵬騀 3-856A
wéi'è 嵬崿 3-855B
wéi'è 嵬蕚 3-855B
wěi'é 隗俄 11-1078B
wěi'è 韡萼 12-685A
wéi'èbùquān 爲惡不悛 6-1111B
wēi'ēn 威恩 5-221B
wéi'ěr 爲爾 6-1112B
wéi'èr 違貳 10-1115B
wěi'ér 偉而 1-1584B
wēifá 威罰 5-223B
wēifǎ 危法 2-522B
wēifǎ 威法 5-220B
wēifǎ 微法 3-1054B
wéifá 違伐 10-1112B
wéifǎ 爲法 6-1110A
wéifǎ 違法 10-1113B
wěifā 猥發 5-89A
wěifá 篳筏 8-1218B
wěifǎ 委法 4-326B
wěifǎ 骫法 12-404A
wèifǎ 畏法 7-1311B
wèifǎ 熨法 7-231A
wēifǎlā 微法拉 3-1054B
wéifǎluànjì 違法亂紀 10-1114A
wēifán 煨燔 7-198A
wēifǎn 危反 2-520B
wéifān 韋藩 12-677A
wéifān 惟藩 7-601A
wéifān 維藩 9-898B
wéifǎn 違反 10-1111B
wéifǎn 違返 10-1113A
wéifàn 圍範 3-652A
wéifàn 違犯 10-1112A
wěifán 猥凡 5-87B
wěifán 猥煩 5-89A
wěifàn 尾犯 4-14A
wēifāng 微芳 3-1053A
wéifáng 危房 2-522B
wéifāng 違方 10-1112A
wéifáng 圩防 2-1006A
wéifáng 帷房 3-746A
wěifāng 僞方 1-1675B
wèifāng 未妨 4-688A
wéifǎzìbì 爲法自弊 6-1110A
wéifēi 違非 10-1113B
wéifèi 違費 10-1116B
wéifèi 違廢 10-1117B
wěifěi 亹斐 2-388B
wěifèi 委廢 4-331B
wěifèi 痿廢 8-333A
wèifēi 未非 4-688B
wèifēi 蜚飛 8-959B
wèifēi 魏妃 12-471A
wéifēizuòdǎi 爲非作歹 6-1109B
wéifēizuò'è 爲非作惡 6-1109B
wēifēn 微分 3-1051A
wēifèn 微分 3-1051A
wěifèn 委分 4-323A
wèifèn 位分 1-1279A
wèifèn 蝟奮 8-930A
wēifēng 危峰 2-523B
wēifēng 威風 5-221A
wēifēng 微風 3-1055B
wēifěng 微諷 3-1061A
wēifèng 威鳳 5-223B
wēifèng 微俸 3-1056B
wěifèng 僞鳳 1-1678A
wèifēng 胃風 6-1232B
wèifēng 蝟鋒 8-930A
wèifèng 衛奉 3-1095B
wēifēngbāmiàn 威風八面 5-221A
wēifēnglǐnlǐn 威風凛凛 5-221A
wēifēngsǎodì 威風掃地 5-221A
wèifēngtángfǔ 蝟鋒螗斧 8-930A
wèifēngxiānyǔ 未風先雨 4-689B
wēifèngyīyǔ 威鳳一羽 5-223B
wèifénxǐxīn 未焚徙薪 4-690B
wēifú 威服 5-220A
wēifú 威福 5-223A
wēifú 微服 3-1054B
wēifù 危覆 2-527A
wēifù 威附 5-219B
wéifú 違咈 10-1113B
wéifú 違拂 10-1113A
wéifù 唯復 3-388A
wéifù 爲復 6-1111B
wéifù 違負 10-1114B
wěifū 僞夫 1-1675B
wěifú 委伏 4-324B
wěifú 委服 4-326B
wěifú 偉服 1-1585A
wěifú 僞服 1-1676B
wěifù 委付 4-323A
wěifù 猥複 5-89B
wèifú 未孚 4-687B
wèifú 畏伏 7-1311A
wèifú 畏服 7-1311B
wèifú 衛服 3-1095B
wèifú 衛符 3-1096A
wěifǔ 委府 4-326B
wèifǔ 畏俯 7-1312A
wèifǔ 胃脯 6-1232B
wèifǔ 慰拊 7-700A
wèifǔ 慰撫 7-701A
wèifǔ 衛輔 3-1096B
wèifǔ 遺脯 10-1207A
wèifù 未傅 4-690B
wèifù 畏附 7-1311A
wèifù 蝟附 8-929B
wéifùbùrén 爲富不仁 6-1112A
wèifūrén 衛夫人 3-1094B
wèifūrén 魏夫人 12-471A
wēigài 微槩 3-1059B
wéigài 帷蓋 3-747B
wéigài 幃蓋 3-752B
wēigān 危竿 2-523A
wēigǎn 微感 3-1058B
wéigān 桅杆 4-987A
wéigān 桅竿 4-987A
wéigān 桅桿 4-987B
wéigān 違干 10-1111B
wéigǎn 違扞 10-1112B
wěigàn 偉幹 1-1585B
wēigānbìshī 煨乾避濕 7-198A
wēigānjiùshī 偎乾就濕 1-1549B
wēigānjiùshī 煨乾就濕 7-198A
wéigǎo 韋縞 12-677A
wěigāo 尾櫜 4-15A
wēigē 微歌 3-1059B
wēigē 薇歌 9-565A
wēigé 危閣 2-526A
wéigé 韋革 12-675B
wéigé 違格 10-1114B
wéigé 違隔 10-1116B
wéigěng 圩埂 2-1006A
wèigēng 遺羹 10-1225B
wēigōng 危弓 2-520B
wēigōng 微功 3-1051B
wēigōng 微攻 3-1052B
wēigōng 微躬 3-1056B
wéigōng 帷宮 3-746B
wéigōng 圍攻 3-651A
wéigōng 壝宮 2-1238A
wèigōngsǎo 魏公掃 12-471A
wèigōngzhuānglián 魏宮妝奩 12-471B
wèigōngzǐ 魏公子 12-471A
wēigòu 危構 2-525B
wēigòu 威詬 5-223A
wéigōu 韋韝 12-677A
wēigū 威姑 5-220B
wēigǔ 微骨 3-1055B
wēigǔ 微罟 3-1056A

wēigù 微故 3-1055A
wéigǔ 韋轂 12-677A
wéigǔ 帷轂 3-748B
wéigǔ 惟谷 7-600A
wéigǔ 維谷 9-896B
wěigǔ 尾骨 4-14B
wèigù 衛顧 3-1097A
wēiguài 魏怪 3-875A
wēiguān 危冠 2-523A
wēiguān 微官 3-1054B
wēiguān 微觀 3-1062B
wēiguān 巍冠 3-875A
wēiguǎn 微管 3-1059B
wēiguàn 煨罐 7-198A
wěiguān 偉觀 1-1586B
wěiguan 猥官 5-88A
wěiguān 葦莞 9-492A
wěiguǎn 煒管 7-202B
wèiguān 尉官 2-1279A
wèiguàn 未冠 4-689B
wèiguàn 魏觀 12-472A
wēiguāng 威光 5-219A
wéiguǎnshù 維管束 9-897B
wèiguàntí 未冠題 4-689B
wēiguī 倭傀 1-1507B
wéiguǐ 違詭 10-1117A
wěiguī 偉瑰 1-1585B
wěiguī 瑋瓌 4-613A
wéiguǐwéiyù 爲鬼爲蜮 6-1110B
wēiguó 危國 2-524A
wēiguó 微國 3-1057A
wēiguò 微過 3-1057A
wéiguó 爲國 6-1111A
wéiguǒ 圍裹 3-652A
wěiguó 委國 4-328B
wěiguó 僞國 1-1677B
wěiguó 蔿國 9-555A
wěiguò 委過 4-328B
wěiguò 諉過 11-283A
wèiguǒ 未果 4-688B
wèiguóshānchuān 魏國山川 12-471B
wèiguóshānhé 魏國山河 12-471B
wēihài 危害 2-524A
wēihài 危駭 2-526B
wēihài 威駭 5-224B
wéihài 爲害 6-1111A
wéihài 違害 10-1115A
wèihài 畏害 7-1312A
wéihàijiùlì 違害就利 10-1115A
wēihán 微寒 3-1058B
wéihán 違寒 10-1116A
wéihàn 惟翰 7-601A
wéihàn 維翰 9-898B
wěihàn 偉悍 1-1585B
wēiháng 微行 3-1052A
wěiháng 葦航 9-492B
wēihào 微號 3-1058B
wèihào 位號 1-1280A
wèihào 謂號 11-343B
wéihǎochéngqiàn 爲好成歉 6-1109A
wēihé 微和 3-1054A
wēihè 威赫 5-223B
wēihè 威嚇 5-225A
wéihé 爲何 6-1109A
wéihé 違和 10-1113B
wéihè 韋褐 12-676B
wéihè 爲荷 6-1110B
wěihé 委和 4-325B
wěihè 委褐 4-331A
wèihé 爲何 6-1109A
wèihé 未合 4-687A
wèihé 蝟合 8-929B
wèihé 濊貉 6-161A
wèihé 謂何 11-343B
wèihè 衛鶴 3-1097A
wēihèhè 威赫赫 5-223B
wéihèn 違恨 10-1114B
wēihéng 微行 3-1052A
wèihóng 魏紅 12-471B
wēihóngyǐcuì 偎紅倚翠 1-1549B
wěihòu 緯候 9-955A
wèihòu 尉候 2-1279B
wèihòushēng 畏後生 7-1312A
wēihū 微忽 3-1054B
wēihú 威弧 5-220B
wéihù 圩户 2-1005B
wéihù 韋護 12-677A
wéihù 帷户 3-746A
wéihù 圍護 3-652B
wéihù 維護 9-899A
wéihù 萑扈 9-536A
wěihú 尾狐 4-14B
wèihū 謂呼 11-343B
wèihǔ 衛虎 3-1095B
wèihù 渭濩 5-1476B
wèihù 衛護 3-1097A
wèihù 魏瓠 12-471B
wēihuà 威化 5-219A
wēihuà 微畫 3-1058B
wěihuā 尾花 4-14A
wěihuā 委花 4-325A
wěihuá 韡華 12-684B
wěihuà 委化 4-322B
wěihuà 僞化 1-1675B
wěihuà 緯繣 9-956A
wèihuā 魏花 12-471A
wèihuà 衛畫 3-1096A
wēihuái 崴褢 3-853B
wēihuái 威懷 5-225B
wěihuái 委懷 4-332B
wèihuái 畏懷 7-1314B
wēihuàn 危患 2-524A
wēihuàn 微宦 3-1055B
wēihuàn 巍奐 3-875A
wēihuàn 巍煥 3-875B
wéihuān 違歡 10-1118A
wéihuàn 違患 10-1115B
wěihuàn 亹煥 2-388B
wèihuàn 位宦 1-1279B
wéihuāng 帷荒 3-746A
wéihuǎng 帷幌 3-747B
wéihuǎng 幃幌 3-752B
wěihuáng 委黃 4-328A
wěihuáng 萎黃 9-443A
wěihuáng 痿黃 8-332B
wěihuáng 韡煌 12-685A
wèihuáng 未皇 4-689B
wèihuáng 未遑 4-691A
wèihuáng 煟煌 7-198B
wèihǔfùyì 爲虎傅翼 6-1109B
wèihǔgēròu 餵虎割肉 12-569B
wēihuì 威惠 5-222B
wéihuí 嵬磈 3-856A
wěihuī 委灰 4-323B
wěihuī 韡煒 12-685A
wěihuì 委會 4-330B
wèihuì 蔚薈 9-543B
wèihuì 慰誨 7-701A
wéihuǐfúcuī 爲虺弗摧 6-1110B
wěihùn 諉混 11-283A
wèihūn 慰瞖 7-701A
wèihūnfū 未婚夫 4-690A
wèihūnqī 未婚妻 4-690B
wēihuǒ 煨火 7-197B
wēihuò 危豁 2-527A
wēihuò 危禍 2-525A
wēihuò 威禍 5-222B
wēihuò 薇藿 9-565A
wéihuò 違惑 10-1116A
wěihuò 僞惑 1-1677B
wèihuò 未或 4-688A
wèihuò 衛霍 3-1096B
wēihūqíwēi 微乎其微 3-1051B
wèihǔtiānyì 爲虎添翼 6-1109B
wèihǔzuòchāng 爲虎作倀 6-1109B
wēijī 危機 2-526B
wēijī 危幾 2-525A
wēijī 微迹 3-1055B
wēijī 微機 3-1060B
wēijī 微譏 3-1062A
wēijí 危革 2-523A
wēijí 危及 2-520B
wēijí 危岌 2-521A
wēijí 危亟 2-522B
wēijí 危急 2-523A
wēijí 危棘 2-525A
wēijí 微疾 3-1057A
wēijì 危季 2-522B
wēijì 危寄 2-524B
wēijì 危跡 2-525B
wēijì 危髻 2-526B
wēijì 威績 5-225A
wēijì 威霽 5-225B
wēijì 微計 3-1055B
wēijì 椳際 4-1177B
wéijī 圍擊 3-652A
wéijí 嵬岌 3-855A
wéijí 維楫 9-897B
wéijí 維檝 9-898B
wéijí 闈棘 12-141A
wéijì 違忌 10-1113A
wéijì 違紀 10-1114B
wěijī 尾箕 4-14B
wěijī 委笄 4-328A
wěijì 偉績 1-1586A
wěijì 偉蹟 1-1586A
wěijī 猥積 5-89B
wěijì 僞迹 1-1677A
wěijì 僞跡 1-1677B
wěijí 猥集 5-88B
wěijí 猥籍 5-90A
wěijí 痿疾 8-332B
wěijí 葦戟 9-492B
wěijì 尾騎 4-15A
wěijì 委寄 4-328B
wěijì 委跡 4-330A
wěijì 猥計 5-88B
wěijī 委積 4-332A
wèijī 未笄 4-689B
wèijī 未朞 4-690B
wèijī 未期 4-690B
wèijī 衛畿 3-1096B
wèijí 未及 4-685A
wèijí 未極 4-690B
wèijí 畏疾 7-1312A
wèijí 畏戢 7-1312B
wèijí 猬集 5-90B
wèijí 慰輯 7-701B
wèijí 蝟集 8-929B
wèijí 衛籍 3-1097A
wèijǐ 未幾 4-691B
wèijì 未際 4-691B
wèijì 未濟 4-692A
wèijì 畏忌 7-1311A
wēijiā 隈伽 11-1077B
wéijiǎ 帷甲 3-746A
wèijiā 未家 4-689B
wèijiā 魏家 12-471B
wēijiān 微姦 3-1055B
wēijiǎn 危蹇 2-527A
wēijiàn 危檻 2-527A
wēijiàn 微漸 3-1060A
wēijiàn 微賤 3-1060B
wēijiàn 微踐 3-1060B
wēijiàn 微諫 3-1061A
wéijiān 圍殲 3-652B
wéijiān 爲間 6-1112A
wéijiān 維艱 9-898B
wéijiàn 爲間 6-1112A
wéijiàn 違間 10-1116A
wéijiàn 違諫 10-1117B
wěijiàn 偉鑒 1-1586B
wěijiàn 猥賤 5-89B
wèijiàn 未間 4-691A
wèijiàn 味諫 3-253A
wèijiàn 尉薦 2-1279B
wèijiàn 慰薦 7-701A
wèijiàndé 未見得 4-687B
wèijiǎnshū 畏簡書 7-1314B
wèijiāntóudà 遺艱投大 10-1222B
wēijiào 威教 5-222A
wéijiáo 違矯 10-1117B

wéijiāo 圍剿 3-652A
wéijiào 違教 10-1115B
wěijiāo 葦茭 9-492A
wèijiāpǐn 魏家品 12-471B
wēijícúnwáng 危急存亡 2-523A
wēijié 危岊 2-522A
wēijié 威劫 5-219B
wēijié 微節 3-1058B
wēijiè 微介 3-1051A
wéijié 違節 10-1116B
wéijié 維結 9-897B
wěijié 委結 4-329B
wěijié 偉節 1-1586A
wěijiě 諉解 11-283A
wěijiè 痏疥 8-311B
wèijiē 位階 1-1279B
wèijié 委結 4-329B
wèijié 慰結 7-701A
wèijiě 尉解 2-1279B
wèijiě 慰解 7-701A
wèijiè 畏戒 7-1311A
wèijiè 尉藉 2-1279B
wèijiè 慰藉 7-701B
wèijiéyǐjù 蜎結蟻聚 8-930A
wěijīfēnggōng 偉績豐功 1-1586A
wēijīn 微津 3-1055B
wēijīn 巍巾 3-875A
wēijìn 威禁 5-223A
wēijìn 煨燼 7-198A
wéijīn 韋金 12-675B
wéijīn 圍巾 3-650B
wéijǐn 唯謹 3-388A
wéijǐn 惟謹 7-601A
wéijìn 違禁 10-1116B
wěijīn 洧津 5-1138B
wěijìn 委贄 4-332A
wěijìn 委贐 4-333A
wèijīn 遺金 10-1197A
wèijǐn 畏謹 7-1314B
wēijìng 危旌 2-524B
wēijìng 微莖 3-1056A
wēijìng 危徑 2-523B
wēijìng 危逕 2-523B
wēijìng 危境 2-525B
wēijìng 威敬 5-222B
wēijìng 微徑 3-1056B
wéijīng 韋經 12-676B
wéijīng 違經 10-1117A
wěijīng 僞經 1-1678A
wěijīng 緯經 9-955B
wèijīng 味精 3-252B
wèijīng 畏驚 7-1315A
wèijìng 渭涇 5-1476B
wèijǐng 畏景 7-1312B
wèijìng 畏敬 7-1312B
wěijīngqīng 僞荆卿 1-1676B
wéijīngwéiyī 惟精惟一 7-600B
wèijìngzhīzhì 未竟之志 4-690A
wěijīnqián 僞金錢 1-1676B
wēijiǒng 危窘 2-525A
wèijírénchén 位極人臣 1-1279B
wēijīsìfú 危機四伏 2-526B
wéijiǔ 爲久 6-1108A
wéijiù 惟舊 7-601A
wéijiù 違舊 10-1117B
wěijiū 委究 4-325B
wěijiǔ 猥酒 5-88B
wěijiù 委咎 4-326B
wèijiù 畏咎 7-1311B
wēijú 危局 2-522A
wēijù 危劇 2-526A
wēijù 危懼 2-527B
wéijù 違拒 10-1112B
wéijù 違距 10-1115B
wěijú 猥局 5-88A
wěijú 僞局 1-1676B
wěijǔ 偉舉 1-1586A
wěijù 尾句 4-14A
wèijǔ 畏沮 7-1311B
wěijù 委聚 4-330B
wèijù 畏懼 7-1314B
wēijuān 微涓 3-1057A
wěijuān 委捐 4-327B
wèijuàn 遺絹 10-1215A
wēijué 危絕 2-525A
wēijué 薇蕨 9-565A
wéijué 嵬崛 3-855B
wéijué 嵬崫 3-855B
wěijué 委決 4-325B
wěijué 委絕 4-329B
wěijué 偉絕 1-1585B
wěijué 萎絕 9-443B
wěijué 痿厥 8-332B
wěijué 痿蹶 8-333A
wěijué 痿蹷 8-333A
wèijué 味覺 3-253A
wèijuéfàn 未決犯 4-687A
wēijùn 危峻 2-523B
wēijùn 巍峻 3-875B
wěijūn 僞軍 1-1677A
wěijùn 偉峻 1-1585A
wěijūnzǐ 尾君子 4-14A
wěijūnzǐ 僞君子 1-1676B
wèijùyāng 未遽央 4-692A
wèijùyāng 未渠央 4-690A
wèijùyǐ 未渠已 4-690A
wěikān 委勘 4-328A
wéikāng 韋康 12-676A
wéikàng 違抗 10-1112B
wěikāng 猥閌 5-89A
wēikē 危柯 2-523A
wēikē 危科 2-523A
wēikē 微痾 3-1056B
wēikē 巍科 3-875A
wèikē 魏科 12-471B
wéikē 違科 10-1114A
wěikē 碨砢 7-1082A
wěikè 僞客 1-1677A
wèikě 未可 4-685B
wèikěhòufēi 未可厚非 4-686A
wèikějiécǎo 魏顆結草 12-472A
wéikěn 圍墾 3-652A
wèikětóngrì'éryǔ 未可同日而語 4-686A
wēikōng 危空 2-522B
wéikǒng 惟恐 7-600B
wěikǒng 僞孔 1-1675B
wèikǒng 畏恐 7-1312A
wěikǒngzhuàn 僞孔傳 1-1675B
wēikòu 微扣 3-1052A
wěikǒu 諉口 11-283A
wèikǒu 味口 3-252A
wèikǒu 胃口 6-1232B
wéikǒuqǐxiū 惟口起羞 7-599B
wèikǒushènshì 畏口慎事 7-1310B
wéikǒushí 維口食 9-896A
wēikǔ 危苦 2-522A
wēikù 威酷 5-223B
wéikù 韋袴 12-676A
wéikù 韋絝 12-676A
wěikū 萎枯 9-443A
wéikuāng 維匡 9-896A
wéikuàng 違曠 10-1118A
wèikuāng 畏匡 7-1311A
wèikuàng 味况 3-252B
wēikuí 崴魁 3-853B
wěikuǐ 硊磈 7-1056A
wèikuì 遺餽 10-1222B
wèikuìyáng 胃潰瘍 6-1233A
wēikùn 危困 2-521B
wéikǔn 闈閫 12-141A
wéikùn 圍困 3-651A
wěikùn 委困 4-325A
wēikuò 巍廓 3-875B
wéikuò 違闊 10-1117B
wěilài 委賴 4-332A
wèilái 未來 4-688A
wèilài 遺賚 10-1218A
wèiláipài 未來派 4-688B
wèiláishēn 未來身 4-688B
wèiláishēng 未來生 4-688B
wèiláizhǔyì 未來主義 4-688B
wēilán 危欄 2-527B
wēilán 微瀾 3-1062A
wéilàn 違濫 10-1117B
wěilàn 猥濫 5-90A
wèilán 蔚藍 9-543B
wèilǎn 味覽 3-253A
wēilǎng 危朗 2-524A
wēiláo 微勞 3-1058B
wèiláo 尉勞 2-1279B
wèiláo 慰勞 7-701A
wèiláo 遺勞 10-1211A
wèilǎoxiānshuāi 未老先衰 4-686B
wèilātè 衛拉特 3-1095B
wéilè 爲樂 6-1112B
wèile 爲了 6-1108A
wēiléi 危羸 2-527B
wēiléi 嵔螺 3-854A
wēilěi 㙔壘 2-1150B
wēilěi 渨灅 5-1476A
wēilěi 微累 3-1057A
wēilěi 畏壘 7-1314B
wēilěi 嵔壘 3-854B
wēilěi 嵔𡾰 3-854B
wěiléi 委羸 4-332B
wěiléi 崣螺 3-835B
wěiléi 嵔螺 3-854B
wěiléi 嵔纍 3-854B
wěilěi 峞畾 3-814A
wěilěi 嵬畾 3-856A
wěilěi 嵬畾 3-856A
wěilěi 嵬磊 3-856A
wěilěi 碨礧 7-1081B
wěilěi 碨磊 7-1081B
wěilěi 碨磥 7-1081B
wěilěi 碨壘 7-1081B
wěilěi 嵔𡾰 3-854B
wěilěi 嵔壘 3-854B
wèilěi 味蕾 3-252B
wēiléng 威棱 5-222B
wēiléng 威稜 5-223A
wēilí 巍䣉 3-875B
wēilǐ 威禮 5-225A
wēilǐ 逶邐 10-978A
wēilǐ 微理 3-1057A
wēilì 危立 2-521A
wēilì 危栗 2-523B
wēilì 危慄 2-525B
wēilì 危厲 2-525B
wēilì 威力 5-219A
wēilì 威栗 5-221B
wēilì 威厲 5-223B
wēilì 逶麗 10-978A
wēilì 微力 3-1050B
wēilì 微利 3-1053A
wēilì 巍麗 3-875B
wēilì 委麗 4-332B
wéilí 違離 10-1118A
wéilǐ 爲理 6-1111A
wéilǐ 違理 10-1115A
wéilǐ 違禮 10-1117B
wéilì 嵬麗 3-856A
wéilì 爲力 6-1108A
wéilì 違例 10-1113B
wéilì 違戾 10-1114A
wěilí 委離 4-332B
wěilì 委吏 4-323B
wěilì 偉力 1-1584A
wěilì 偉麗 1-1586A
wěilì 骫麗 12-404B
wěilì 瑋麗 4-613A
wěilì 僞戾 1-1676B
wèilǐ 遺鯉 10-1224A
wèilì 委利 4-325A
wèilì 畏慄 7-1313B
wèilì 慰勵 7-701B
wèilì 蜎立 8-929B
wèilì 蜎栗 8-929B
wēilián 偎憐 1-1549B
wéilián 幃簾 3-752B
wéiliàn 違戀 10-1118A
wěilián 尾聯 4-15A

wěilián 僞廉 1-1678A
wěiliàn 委練 4-332A
wēiliáng 危梁 2-524B
wéiliáng 惟良 7-600A
wěiliàng 偉量 1-1585B
wèiliǎng 魏兩 12-471B
wèiliǎo 未了 4-685A
wèiliǎogōng'àn 未了公案
4-685A
wèiliǎoyīn 未了因 4-685A
wèiliǎoyuán 未了緣 4-685A
wēiliè 威烈 5-221B
wēiliè 微劣 3-1052A
wéiliè 圍獵 3-652B
wěiliè 尾鬣 4-15A
wěiliè 委劣 4-323B
wěiliè 偉烈 1-1585A
wěiliè 猥劣 5-87B
wěiliè 壝埒 2-1238A
wěiliè 蜼列 8-929B
wéilìfùmíng 違利赴名
10-1113A
wéilǐlùn 唯理論 3-387B
wēilín 威臨 5-225A
wēilǐn 危懍 2-527A
wèilǐn 畏凛 7-1313B
wēilíng 威凌 5-221B
wēilíng 威陵 5-222A
wēilíng 威靈 5-225B
wēilǐng 危嶺 2-527A
wēilìng 威令 5-219A
wéilìng 違令 10-1112A
wēilǐnlǐn 威凛凛 5-224B
wéilìshìmìng 惟利是命
7-599B
wéilìshìqiú 唯利是求
3-386B
wéilìshìqiú 惟利是求
7-599B
wéilìshìqū 惟利是趨
7-600A
wéilìshìshì 唯利是視
3-386B
wéilìshìshì 惟力是視
7-599B
wéilìshìshì 惟利是視
7-599B
wéilìshìtú 唯利是圖
3-387A
wéilìshìtú 惟利是圖
7-599B
wēiliù 危溜 2-525B
wěiliǔ 韋柳 12-675B
wèiliú 慰留 7-700B
wèiliú 遺流 10-1205A
wéilǒng 圍攏 3-652B
wèilóng 畏龍 7-1314A
wēilǒng'er 偎隴兒 1-1550A
wēilóu 危樓 2-526A
wēilòu 微陋 3-1055A
wéilóu 維婁 9-897B
wěilòu 委陋 4-327A
wěilòu 猥陋 5-88A
wěilòu 瘘瘻 8-333A
wēilù 危露 2-527B
wēilù 危路 2-525B
wēilù 威戮 5-224B
wēilù 微露 3-1062A
wēilù 微祿 3-1058B
wèilù 畏路 7-1313A
wèilù 遺賂 10-1212B
wēiluán 危巒 2-527B
wēiluàn 危亂 2-525B
wéiluàn 爲亂 6-1112A
wéiluàn 違亂 10-1116B
wēilún 微綸 3-1060A
wēilùn 危論 2-526A
wēilùn 微論 3-1060B
wéilún 維綸 9-898A
wěilùn 偉論 1-1586A
wěilùn 僞論 1-1678B
wèilún 磑輪 7-1089B
wéiluò 圍落 3-651B
wéiluó 嵬巋 3-814A
wěiluò 萎落 9-443B
wèiluó 罻羅 8-1045A
wēilǜ 危慮 2-526A
wéilǜ 違律 10-1114B
wěilǘ 尾閭 4-14B
wěilǘ 委閭 4-331A
wěilǘ 浘潤 5-1290B
wèilǜ 尉律 2-1279A
wēilüè 威略 5-222A
wěilüè 偉略 1-1585B
wěilüè 緯略 9-955B
wèilǜxué 尉律學 2-1279B
wēimài 微脈 3-1056B
wéimàn 帷幔 3-748A
wéimàn 幃幔 3-752B
wéimàn 違慢 10-1117A
wěimǎn 僞滿 1-1678B
wěimàn 猥嫚 5-89B
wēimáng 微芒 3-1052A
wēimáng 微茫 3-1055A
wéimǎo 違卯 10-1112A
wéimào 帷冒 3-746B
wéimào 帷帽 3-747A
wéimào 幃帽 3-752A
wěimào 委皃 4-325B
wěimào 委貌 4-331A
wěimào 偉茂 1-1584B
wěimào 偉貌 1-1586A
wěimào 偉懋 1-1586A
wěimào 猥冒 5-88A
wěimào 僞冒 1-1677A
wěimào 僞貌 1-1678A
wěimào 緯帽 9-955B
wèimáo 蝟毛 8-929B
wèimào 位貌 1-1280A
wèimào 尉茂 2-1279A
wēimèi 微昧 3-1055A
wěiměi 偉美 1-1585A
wèimèi 未沫 4-689A
wéiměizhǔyì 唯美主義
3-387B
wēimén 微門 3-1055A
wéimén 帷門 3-746A
wéimén 闈門 12-140B
wěimèn 猥懣 5-90A
wēiméng 微濛 3-1061A
wēiměng 威猛 5-222A
wéiméng 違盟 10-1116B
wěiméng 猥蒙 5-89A
wèiméng 未萌 4-690A
wēimí 逶靡 10-978A
wēimì 微密 3-1057B
wěimí 骫靡 12-404B
wěimǐ 委靡 4-332B
wěimǐ 萎靡 9-444A
wěimì 委密 4-328B
wěimiàn 委面 4-327A
wèimiǎn 未免 4-687B
wèimiǎn 慰勉 7-700A
wēimiǎo 微眇 3-1055A
wēimiǎo 微渺 3-1058B
wēimiào 微妙 3-1053B
wěimiào 偉妙 1-1584B
wéimiàowéixiào 唯妙唯肖
3-387A
wéimiàowéixiào 惟妙惟肖
7-600A
wéimiàowéixiào 維妙維肖
9-896B
wěimǐbùzhèn 委靡不振
4-332B
wěimǐbùzhèn 萎靡不振
9-444A
wēimiè 微滅 3-1059B
wēimiè 微蔑 3-1059B
wéimiè 違滅 10-1117A
wēimín 危民 2-521A
wěimín 僞民 1-1676A
wèimǐn 慰愍 7-701A
wēimíng 危明 2-522B
wēimíng 威名 5-219B
wēimíng 威明 5-220A
wēimíng 微名 3-1052B
wēimíng 微明 3-1054A
wēimíng 微冥 3-1057A
wēimìng 威命 5-220A
wēimìng 微命 3-1054B
wéimìng 惟命 7-600A
wéimìng 爲命 6-1110A
wéimìng 違命 10-1113B
wěimíng 僞名 1-1676A
wěimìng 委命 4-326A
wěimìng 僞命 1-1676B
wèimíng 未名 4-687A
wèimíng 畏明 7-1311A
wéimìnghóu 違命侯
10-1113B
wèimíngqiúyī 未明求衣
4-688B
wèimíngshè 未名社 4-687A
wéimìngshìcóng 唯命是從
3-387A
wéimìngshìcóng 惟命是從
7-600A
wéimìngshìtīng 唯命是聽
3-387B
wéimìngshìtīng 惟命是聽
7-600A
wèimínqǐngmìng 爲民請命
6-1108B
wéimiù 違謬 10-1118A
wēimò 微没 3-1053B
wēimò 微末 3-1051B
wēimò 微莫 3-1056A
wēimò 微漠 3-1059A
wéimó 維摩 9-898A
wéimò 闈墨 12-141A
wěimò 尾末 4-14A
wěimò 貒貊 10-1344B
wèimò 未沫 4-689A
wèimò 磑磨 7-1089B
wèimò 濊貊 6-161A
wéimóbìng 維摩病 9-898A
wéimójí 維摩疾 9-898B
wéimójí 維摩詰 9-898B
wēimóu 威謀 5-224B
wēimóu 微謀 3-1061A
wéimózhàngshì 維摩丈室
9-898A
wēimù 微穆 3-1061A
wéimù 帷幕 3-747B
wéimù 帷幙 3-747B
wéimù 圍木 3-650B
wéimù 幃幕 3-752B
wéimù 幃幙 3-752B
wěimù 偉木 1-1584B
wèimù 畏慕 7-1313B
wèimù 衛幕 3-1096B
wéimùbùxiū 帷幕不修
3-747B
wéimùhóng'ěr 嵬目鴻耳
3-855A
wéinà 維那 9-896A
wèinà 尉納 2-1279B
wèinà 慰納 7-700B
wēinán 微難 3-1062A
wēinàn 危難 2-527A
wēinàn 微難 3-1062A
wéinán 爲難 6-1113A
wéinàn 爲難 6-1113A
wéinàn 違難 10-1118A
wèinán 畏難 7-1314B
wèinàn 畏難 7-1314B
wèináng 胃囊 6-1233A
wèinángǒu'ān 畏難苟安
7-1314B
wěinánzi 偉男子 1-1584B
wēináo 危撓 2-526A
wēináo 微撓 3-1060A
wéináo 違撓 10-1117A
wēinǎomào 危腦帽 2-525B
wéinàsī 維納斯 9-897B
wěiněi 萎腇 9-443B
wěiněi 萎餒 9-443B
wěiněi 腲腇 6-1348B
wēinéng 威能 5-222A
wèinéngmiǎnsú 未能免俗
4-689B
wēinì 微逆 3-1055B
wéinì 嵬嶷 3-856A
wéinì 違逆 10-1114B
wéinì 違匿 10-1114B

wěinì 委昵 4-327A
wěinì 猥昵 5-88A
wèinì 畏匿 7-1312A
wéinián 違年 10-1112B
wéiniàn 惟念 7-600A
wěiniǎn 萎蔫 9-443B
wèiniǎn 磑碾 7-1089B
wéiniáng 韋娘 12-676A
wěiniàng 猥釀 5-90A
wèiniáng 衛娘 3-1096A
wēiniè 危臬 2-523B
wēiniè 危臲 2-526B
wēiniè 危隉 2-524B
wēiniè 微孽 3-1062A
wěinié 嵬茶 3-855A
wěinié 萎薾 9-444A
wěinié 萎茶 9-443A
wěinié 萎苶 9-443A
wéiníng 惟寧 7-600B
wéiniú 犩牛 6-292B
wèiniú 磑牛 7-1089B
wēinóng 偎儂 1-1549B
wéinóng 違農 10-1116B
wěinóngxuè 腲膿血 6-1348B
wēinù 威怒 5-221B
wěinúgōng 萎奴公 9-443A
wēinuó 蝼娜 8-918A
wěinuò 唯喏 3-387B
wěinuò 唯諾 3-388A
wěinuò 猥懦 5-90A
wèinuò 畏懦 7-1314A
wèinuò 畏偄 7-1312B
wèinuò 畏愞 7-1313A
wéinuómù 惟那木 7-599B
wēinüè 威虐 5-220B
wèi'ǒu 未偶 4-690A
wěipài 委派 4-327B
wèipái 未牌 4-691A
wēipán 巍蟠 3-875B
wéipàn 違叛 10-1114B
wéipàn 違畔 10-1115A
wěipán 洧盤 5-1138B
wěipàn 委叛 4-327B
wéipáo 韋袍 12-676A
wēipèi 危旆 2-523B
wěipèi 委佩 4-326A
wěipèi 委珮 4-327B
wèipēng 㥜怦 7-659A
wēipì 威辟 5-223B
wěipí 痿疲 8-332B
wěipì 猥僻 5-89B
wèipì 慰譬 7-701B
wěipǐn 猥品 5-88A
wéipíng 韋平 12-675A
wéipíng 帷屏 3-746B
wéipíng 惟屏 7-600B
wéipíng 圍屏 3-651A
wéipíng 幃屏 3-752A
wèipíng 㥜憑 7-659A
wèipíng 未平 4-686A
wēipò 危迫 2-522B
wēipò 威迫 5-220A
wèipò 畏迫 7-1311B
wèipò 畏迫 7-1311A
wēipū 危仆 2-520B
wēiqì 危砌 2-523A
wēiqì 危氣 2-523B
wéiqī 爲期 6-1111B
wéiqī 違期 10-1116A
wéiqí 唯其 3-387A
wéiqí 惟其 7-600A
wéiqí 圍棊 3-651B
wéiqí 圍棋 3-651B
wéiqí 圍碁 3-651B
wéiqì 爲氣 6-1111A
wéiqì 違棄 10-1116A
wěiqí 偉奇 1-1585A
wěiqí 瑋奇 4-612B
wěiqì 委棄 4-329A
wěiqì 偉氣 1-1585B
wěiqì 偉器 1-1586A
wěiqì 瑋器 4-613A
wěiqì 諉棄 11-283A
wèiqī 未期 4-690B
wèiqí 蔚跂 9-543A
wèiqǐ 蔚起 9-543A
wèiqǐ 蜎起 8-929B
wèiqì 畏棄 7-1313A
wèiqì 胃氣 6-1232B
wèiqì 蔚氣 9-543A
wèiqì 衛氣 3-1096A
wēiqiǎn 危淺 2-524B
wēiqiǎn 微淺 3-1057B
wēiqiǎn 微譴 3-1062A
wéiqián 僞錢 1-1678B
wéiqiàn 帷輤 3-748A
wéiqiàn 圍壍 3-652A
wéiqiàn 幃輤 3-752B
wéiqiàn 違欠 10-1111B
wěiqiàn 尾欠 4-13B
wěiqiàn 葦輤 9-492B
wēiqiáng 危檣 2-527A
wēiqiáng 威彊 5-225A
wēiqiáng 威强 5-222B
wéiqiáng 圩牆 2-1006A
wéiqiáng 桅檣 4-987B
wéiqiáng 帷墻 3-748A
wéiqiáng 帷牆 3-748B
wéiqiáng 圍牆 3-652A
wěiqiāng 尾腔 4-14B
wěiqiáng 壝牆 2-1238B
wèiqiáng 魏彊 12-472A
wéiqiánglíngruò 違强陵弱 10-1116B
wēiqiáo 危嶠 2-526A
wēiqiáo 危橋 2-526B
wēiqiǎo 危巧 2-521A
wēiqiǎo 微巧 3-1051B
wēiqiào 危峭 2-523B
wēiqiào 巍峭 3-875A
wěiqiǎo 僞巧 1-1675B
wèiqiáo 渭橋 5-1476B
wēiqiè 威怯 5-220B
wēiqiè 微妾 3-1054B
wéiqiè 韋篋 12-676B
wěiqiè 委篋 4-331B
wèiqiè 未愜 4-691A
wèiqiè 畏怯 7-1311B
wèiqǐjīlián 蜎起鷄連 8-929B
wēiqīkàofù 偎妻靠婦 1-1549B
wēiqín 微芹 3-1052B
wēiqín 微禽 3-1058A
wéiqīn 違親 10-1117B
wěiqín 委禽 4-329A
wèiqīn 畏欽 7-1313A
wēiqīng 危傾 2-525B
wēiqíng 微情 3-1057B
wēiqìng 微罄 3-1060B
wéiqíng 爲情 6-1111B
wěiqíng 僞情 1-1677B
wèiqíngliáoshèngwú 慰情聊勝無 7-700B
wēiqióng 危窮 2-526B
wèiqìtòng 胃氣痛 6-1232B
wéiqiú 爲裘 6-1112A
wěiqiú 委裘 4-329B
wéiqiúwéijī 爲裘爲箕 6-1112A
wēiqū 危軀 2-527A
wēiqū 隈曲 11-1077B
wēiqū 微曲 3-1052A
wēiqū 微軀 3-1061B
wēiqù 微趣 3-1060A
wéiqū 韋曲 12-675A
wěiqū 委曲 4-323B
wěiqū 委屈 4-326B
wěiqū 猥曲 5-88A
wěiqū 骫曲 12-404A
wěiqù 委去 4-323A
wèiqū 畏區 7-1312A
wèiqū 渭曲 5-1476A
wèiqú 衛蘧 3-1096B
wēiquán 威權 5-225B
wēiquán 微權 3-1062A
wěiquán 委權 4-332B
wèiquàn 慰勸 7-701B
wēiquē 微缺 3-1056A
wēiquē 微闕 3-1061B
wéiquē 違闕 10-1118A
wèiquē 衛闕 3-1096B
wèiquē 魏闕 12-472A
wèiquè 畏卻 7-1312A
wèiquèwúzhī 魏鵲無枝 12-472A
wèiquēxīn 魏闕心 12-472A
wéiqún 圍裙 3-651B
wěiqūqiúquán 委曲求全 4-324B
wēirán 危然 2-525A
wēirán 巍然 3-875B
wéirán 唯然 3-388A
wéirán 嵬然 3-855B
wéirán 爲然 6-1111B
wěirán 唯然 3-388A
wěirán 委然 4-329A
wěirán 偉然 1-1585B
wěirán 葦然 9-492B
wèirán 未然 4-691A
wèirán 煟然 7-198B
wèirán 蔚然 9-543A
wèiránchéngfēng 蔚然成風 9-543A
wēirǎng 威攘 5-225B
wēiràng 威讓 5-226A
wěiràng 僞讓 1-1679A
wēiráo 危橈 2-526B
wéiráo 違遶 10-1117A
wéirǎo 圍遶 3-652A
wéirǎo 圍繞 3-652B
wēirè 煨熱 7-198A
wéirén 韋人 12-674B
wéirén 爲人 6-1107B
wěirén 偉人 1-1584A
wěirén 猥人 5-87B
wěirén 僞人 1-1675B
wěirèn 委任 4-324B
wěirèn 骫任 12-404A
wèirén 遺人 10-1187A
wèirèn 位任 1-1279A
wěirénbùwàngqǐ 痿人不忘起 8-332A
wéirénhòu 爲人後 6-1108A
wěirènzhuàng 委任狀 4-324B
wèirénzuòjià 爲人作嫁 6-1108A
wèirì 畏日 7-1310B
wéirìbùzú 惟日不足 7-599B
wéirìwéisuì 惟日爲歲 7-599B
wēiróng 威容 5-222A
wēiróng 威榮 5-223B
wéiróng 爲容 6-1111A
wěiróng 沇溶 5-1026A
wěirǒng 猥茸 5-88A
wěirǒng 猥冗 5-87B
wěirǒng 猥宂 5-87B
wèiróng 爲容 6-1111A
wéiróu 韋柔 12-676A
wēirú 威如 5-219B
wēirǔ 危辱 2-523B
wěirú 偉如 1-1584B
wěirú 猥儒 5-90A
wěirú 韡如 12-684B
wěirǔ 猥辱 5-88B
wěirù 猥縟 5-90A
wèirú 未如 4-687B
wèirú 謂如 11-343B
wèirù 未入 4-685A
wēiruán 隈壖 11-1078A
wēiruí 威蕤 5-224A
wēiruí 隈緌 11-1078A
wēiruí 葳蕤 9-458A
wēiruí 葳甤 9-458A
wéiruì 潙汭 6-144B
wěiruí 委蕤 4-331B
wěiruí 萎蕤 9-443B
wèirújiáolà 味如嚼蠟 3-252B
wēirúlěiluǎn 危如累卵 2-521B
wèirùliú 未入流 4-685A
wēiruò 危弱 2-524A
wēiruò 微弱 3-1057A
wéiruò 韋弱 12-676A

wěiruò 萎弱 9-443A
wěiruò 猥弱 5-88B
wěiruò 痿弱 8-332B
wèiruò 未若 4-688A
wēiruòzhāolù 危若朝露 2-522B
wéisāng 惟桑 7-600B
wéisāng 維桑 9-897A
wěisè 委塞 4-330B
wèisè 畏瑟 7-1313A
wèisè 畏澀 7-1314A
wēishā 威殺 5-221B
wēishā 微殺 3-1056B
wěishā 緯紗 9-955B
wěishà 尾煞 4-14B
wéishān 爲山 6-1108A
wéishàn 爲善 6-1111B
wěishān 隗山 11-1078B
wěishàn 僞善 1-1677B
wèishǎn 畏閃 7-1312A
wèishàn 遺扇 10-1205A
wēishǎng 威賞 5-224A
wēishàng 微尚 3-1054A
wèishǎng 味賞 3-252B
wèishàngròu 机上肉 4-745A
wéishānjiǔrèn… 爲山九仞,功虧一簣 6-1108A
wéishānzhǐkuì 爲山止簣 6-1108A
wéishànzuìlè 爲善最樂 6-1111B
wēishǎo 微少 3-1051A
wéishāo 維梢 9-897B
wéishāo 維稍 9-897B
wěishāo 尾梢 4-14B
wēishè 威慴 5-224A
wēishè 威懾 5-225B
wēishè 威攝 5-225B
wéishě 違捨 10-1115B
wěishě 委舍 4-326A
wèishè 畏慴 7-1313B
wèishè 畏懾 7-1314B
wèishè 衛攝 3-1097A
wéishéhuàzú 爲蛇畫足 6-1111A
wēishēn 危身 2-521B
wēishēn 微身 3-1053A
wēishén 威神 5-221B
wēishěn 微哂 3-1055B
wéishēn 爲身 6-1109B
wěishēn 委身 4-325A
wèishēn 未申 4-686A
wèishén 爲甚 6-1110A
wèishèn 畏慎 7-1313B
wēishēng 威聲 5-225A
wēishēng 微生 3-1051B
wēishēng 微聲 3-1061A
wēishěng 微眚 3-1056A
wēishěng 薇省 9-565A
wēishèng 威勝 5-222B
wéishēng 爲生 6-1108B
wéishéng 維繩 9-899A
wěishēng 尾生 4-14A
wěishēng 尾聲 4-15A
wěishèng 猥盛 5-88B
wèishēng 衛生 3-1094B
wèishēngdài 衛生帶 3-1095A
wèishēngjiān 衛生間 3-1095A
wèishēngkù 衛生褲 3-1095A
wèishēngqiú 衛生球 3-1095A
wèishēngshèbèi 衛生設備 3-1095A
wéishēngsù 維生素 9-896A
wèishēngwán 衛生丸 3-1094B
wēishēngwù 微生物 3-1051B
wèishēngyī 衛生衣 3-1094B
wèishengyuán 衛生員 3-1094B
wèishēngzhǐ 衛生紙 3-1095A
wèishénme 爲甚麽 6-1110B
wèishénme 爲什麽 6-1108B
wéishétiānzú 爲蛇添足 6-1111A
wēishī 危失 2-521A
wēishī 威施 5-221B
wēishí 危石 2-521A
wēishí 危時 2-523B
wēishí 微時 3-1056A
wēishǐ 危矢 2-521A
wēishì 危事 2-522B
wēishì 危視 2-524B
wēishì 威勢 5-223A
wēishì 逶逝 10-977B
wēishì 微事 3-1054A
wēishì 微視 3-1057B
wéishī 違失 10-1112A
wéishí 唯識 3-388A
wéishí 爲時 6-1110B
wéishí 違時 10-1114B
wéishí 維時 9-897A
wéishì 幃室 3-752A
wéishì 爲市 6-1108B
wéishì 爲事 6-1109B
wéishì 爲是 6-1110B
wéishì 違世 10-1112A
wéishì 違式 10-1112A
wéishì 違事 10-1113B
wěishī 僞師 1-1677A
wěishí 委實 4-331A
wěishí 偉識 1-1586B
wěishǐ 委使 4-326A
wěishǐ 隗始 11-1078B
wěishǐ 僞史 1-1676A
wěishì 磈氏 7-1082A
wěishì 委世 4-323A
wěishì 委是 4-327A
wěishì 委釋 4-332B
wěishì 偉士 1-1584A
wěishì 偉世 1-1584B
wěishì 偉仕 1-1584B
wěishì 猥士 5-87B
wěishì 僞飾 1-1677B
wěishì 緯世 9-954B
wěishì 諉飾 11-283A
wèishī 遺施 10-1201B
wèishí 未石 4-686A
wèishí 未時 4-689B
wèishǐ 未始 4-689A
wèishǐ 尉史 2-1279A
wèishǐ 遺使 10-1197A
wèishì 爲是 6-1110B
wèishì 位勢 1-1280A
wèishì 畏事 7-1311A
wèishì 尉氏 2-1279A
wèishì 慰視 7-700B
wèishì 慰釋 7-701B
wèishì 衛士 3-1094A
wèishì 衛侍 3-1095B
wèishì 魏氏 12-471A
wéishìguāisú 違世乖俗 10-1112A
wèishíjīng 魏石經 12-471A
wéishíjuésú 違時絶俗 10-1115A
wéishìjuésú 違世絶俗 10-1112A
wéishìxué 韋氏學 12-674B
wéishìyìsú 違世異俗 10-1112A
wēishǒu 偎守 1-1549A
wéishǒu 圍守 3-651A
wéishǒu 爲首 6-1110B
wéishòu 爲壽 6-1112B
wèishǒu 衛守 3-1095A
wèishǒu 遺守 10-1192B
wèishòu 未售 4-690A
wèishòu 畏獸 7-1314B
wèishǒuwèiwěi 畏首畏尾 7-1312A
wēishù 危術 2-524B
wéishǔ 違署 10-1116B
wéishù 爲數 6-1112B
wěishū 僞書 1-1677B
wěishū 緯書 9-955A
wěishǔ 委黍 4-329A
wěishǔ 委署 4-330A
wěishǔ 骫屬 12-404B
wěishǔ 蝼蟓 8-918A
wěishù 尾數 4-15A
wěishù 瑋術 4-612B
wěishù 緯術 9-955B
wèishū 爲書 6-1111A
wèishū 委輸 4-332A
wèishū 未殊 4-689B
wèishū 遺書 10-1205B
wèishǔ 蝟鼠 8-930A
wèishù 軎術 9-1225A
wèishù 衛戍 3-1095A
wěishuāi 猥衰 5-88B
wěishuāi 猥猿 5-89A
wēishuāng 微霜 3-1061B
wéishuǎng 違爽 10-1115B
wěishuǐ 洧水 5-1138B
wèishuǐ 衛水 3-1094B
wéishùn 違順 10-1116A
wěishùn 委順 4-329A
wēishuō 微説 3-1060A
wěishuō 僞説 1-1678A
wěishuō 緯説 9-955B
wēisī 危思 2-523A
wēisī 危絲 2-525A
wēisī 微澌 3-1060B
wēisǐ 危死 2-521A
wēisī 微司 3-1052A
wēisì 微伺 3-1053A
wéisī 惟思 7-600B
wéisì 韋笥 12-676A
wéisì 葦笥 9-492B
wèisì 餧食 12-563B
wèisì 餧飼 12-563B
wèisì 餵飼 12-569B
wèisīgé 魏司格 12-471A
wèisǐtānshēng 畏死貪生 7-1311A
wēisǒng 危悚 2-524A
wēisǒng 危聳 2-527A
wēisǒng 巍聳 3-875B
wéisōng 維嵩 9-897B
wèisǒng 畏悚 7-1312A
wèisòng 衛送 3-1095B
wèisòng 遺送 10-1202A
wéisǒu 潙叟 6-144B
wēisù 威肅 5-223B
wēisù 微素 3-1056A
wéisú 違俗 10-1114A
wéisù 韋素 12-676A
wěisú 猥俗 5-88A
wěisú 僞俗 1-1677A
wěisú 緯俗 9-955A
wèisù 未素 4-689B
wèisù 味素 3-252B
wèisù 畏肅 7-1313B
wēisuí 威綏 5-223B
wēisuí 逶隨 10-977B
wēisuí 微隨 3-1060A
wēisuí 委遹 4-331A
wēisuì 逶邃 10-978A
wéisuí 圍隨 3-652A
wěisuí 尾隨 4-15A
wěisuí 委隨 4-331A
wěisuǐ 萎靃 9-444A
wěisuì 委碎 4-330A
wěisuì 猥碎 5-89A
wèisuí 慰綏 7-701A
wèisuì 未遂 4-691A
wěisǔn 痿損 8-332B
wěisǔn 僞笋 1-1677A
wēisuǒ 偎瑣 1-1549B
wēisuǒ 微瑣 3-1059B
wéisuǒ 桅索 4-987B
wéisuǒ 嵬瑣 3-855B
wěisuō 萎縮 9-444A
wěisuō 猥縮 5-90A
wěisuǒ 尾瑣 4-14B
wěisuǒ 委瑣 4-330B
wěisuǒ 委貟 4-327B
wěisuǒ 委璅 4-331B
wěisuǒ 萎瑣 9-443B
wěisuǒ 猥瑣 5-89A
wěisuǒ 猥瑣 5-89B
wěisuǒ 猥璅 5-89B
wěisuǒ 葦索 9-492B
wèisuō 畏縮 7-1314A

wèisuō 蝟縮 8-930A
wèisuǒ 衛所 3-1095B
wèisuǒ 衛索 3-1096A
wèisuōbùqián 畏縮不前 7-1314A
wéisuǒyùwéi 唯所欲爲 3-387A
wéisuǒyùwéi 惟所欲爲 7-600A
wéisuǒyùwéi 爲所欲爲 6-1110A
wéità 韋沓 12-675B
wéità 帷闥 3-748B
wéità 幃闥 3-752B
wéità 闈闥 12-141A
wēitái 危臺 2-525B
wěitái 隗臺 11-1079A
wěitài 瑋態 4-612B
wěitài 僞態 1-1678B
wèitái 魏臺 12-472A
wéitāmìng 維他命 9-896A
wēitàn 煨炭 7-198A
wěitán 偉談 1-1586A
wěitán 猥談 5-89B
wěitán 壝壇 2-1238A
wéitáng 帷堂 3-746B
wěitáo 葦桃 9-492A
wèitārénzuò… 爲他人作嫁衣裳 6-1108B
wèitārénzuò… 爲他人做嫁衣裳 6-1108B
wēitè 微特 3-1056B
wěitè 偉特 1-1585B
wēitì 危涕 2-523B
wéití 維鵜 9-898B
wěitǐ 僞體 1-1679A
wèitì 畏惕 7-1312B
wēitiān 危天 2-520B
wéitiān 違天 10-1111B
wéitián 圩田 2-1005B
wéitián 圍田 3-650B
wěitián 委填 4-329B
wèitiān'àimín 畏天愛民 7-1310B
wéitiānbèilǐ 違天悖理 10-1111B
wéitiānbèirén 違天悖人 10-1111B
wéitiānhàilǐ 違天害理 10-1111B
wèitiānmǐnrén 畏天憫人 7-1310B
wéitiānnìlǐ 違天逆理 10-1111B
wèitiānxùmín 畏天恤民 7-1310B
wèitiānzhīmìng 畏天知命 7-1310B
wéitiáo 違條 10-1115A
wěitiáo 葦苕 9-492A
wéitiáofànfǎ 違條犯法 10-1115A
wéitiáowǔfǎ 違條舞法 10-1115A

wèitiē 熨帖 7-231A
wēitíng 危亭 2-523A
wěitíng 僞廷 1-1676A
wěitíng 僞庭 1-1677A
wéitǒng 違統 10-1116B
wèitóngjiáolà 味同嚼蠟 3-252B
wéitóu 爲頭 6-1112B
wéitòu 圍透 3-651B
wěitōu 僞婾 1-1677B
wèitóuwèiwěi 畏頭畏尾 7-1314A
wēitú 危途 2-523B
wēitú 危塗 2-525B
wěitú 僞塗 1-1678A
wěitú 緯途 9-955A
wěitú 緯圖 9-955B
wèitú 畏途 7-1312A
wèitú 畏塗 7-1313A
wěituǐ 腲腿 6-1348B
wěituì 委蜕 4-330A
wēituó 逶陀 10-977A
wēituó 微酡 3-1058A
wēituó 委佗 4-325A
wēituǒ 逶嫷 10-977B
wěituǒ 倭妥 1-1507B
wéituó 韋陀 12-675B
wéituó 韋馱 12-676B
wěituō 委托 4-323B
wěituō 委託 4-328A
wěituō 僞托 1-1676A
wěituō 僞託 1-1677A
wěituō 諉託 11-283A
wèituó 尉他 2-1279A
wèituó 尉佗 2-1279A
wéituótiān 韋馱天 12-676B
wěiwài 洧外 5-1138B
wèiwàiwèi 味外味 3-252B
wēiwǎn 微婉 3-1057B
wéiwán 違玩 10-1113A
wéiwǎn 維挽 9-897A
wěiwǎn 委宛 4-326B
wěiwǎn 委婉 4-328B
wèiwǎn 胃脘 6-1232B
wēiwáng 危亡 2-520B
wēiwáng 危王 2-520B
wēiwǎng 威網 5-224A
wēiwàng 威望 5-222A
wéiwǎng 圍網 3-652A
wéiwǎng 違枉 10-1113B
wéiwǎng 維綱 9-898A
wéiwàng 違妄 10-1112B
wěiwàng 偉望 1-1585B
wěiwàng 僞妄 1-1676A
wèiwáng 未亡 4-685A
wèiwàng 位望 1-1279B
wèiwángchí 魏王池 12-470B
wèiwángdàhù 魏王大瓠 12-470B
wèiwángdī 魏王堤 12-470B
wèiwánghù 魏王瓠 12-471A
wèiwángnián 未亡年 4-685B
wèiwángrén 未亡人 4-685B
wēiwēi 危危 2-521B

wēiwēi 威威 5-220B
wēiwēi 逶逶 10-977B
wēiwēi 微微 3-1059A
wēiwēi 巍巍 3-875B
wēiwēi 委委 4-326A
wēiwēi 魏魏 12-472A
wēiwéi 崴嵬 3-853B
wēiwéi 委維 4-331A
wēiwèi 威畏 5-220B
wēiwèi 隈蔚 11-1078A
wéiwēi 嵬巍 3-856A
wéiwéi 隗隗 3-863B
wéiwéi 帷幃 3-747B
wéiwéi 嵬嵬 3-855B
wéiwèi 維衛 9-898A
wěiwēi 嵔巍 3-814A
wěiwěi 韡韡 9-191B
wěiwěi 磈硊 7-1082A
wěiwěi 崴磈 3-853B
wěiwěi 唯唯 3-387B
wěiwěi 惟惟 7-600B
wěiwěi 尾尾 4-14B
wěiwěi 委委 4-326A
wěiwěi 娓娓 4-367A
wěiwěi 浘浘 5-1290B
wěiwěi 暐暐 5-809A
wěiwěi 暐韡 5-809B
wěiwěi 瀢瀢 6-202A
wěiwěi 韡韡 12-685A
wěiwěi 亹亹 2-388B
wěiwěi 韡韡 12-211A
wěiwěi 嵔廆 3-854A
wěiwěi 韡韡 12-210B
wèiwēi 畏微 7-1313A
wèiwèi 畏畏 7-1311B
wèiwēi 遺危 10-1192B
wèiwéi 胃維 6-1233A
wèiwéi 謂爲 11-343B
wèiwěi 未委 4-689A
wèiwèi 煟煟 7-198B
wèiwèi 憒憒 7-763A
wèiwèi 遺遺 10-1218B
wěiwěibùjuàn 娓娓不倦 4-367A
wèiwéibùkě 未爲不可 4-691A
wèiwéidàguān 蔚爲大觀 9-543A
wēiwēidàngdàng 巍巍蕩蕩 3-875B
wěiwěidòngtīng 娓娓動聽 4-367A
wěiwěifǒufǒu 唯唯否否 3-387B
wéiwéihèhè 嵬嵬赫赫 3-855B
wèiwēihuáidé 畏威懷德 7-1311B
wēiwēijīngyī 危微精一 2-525B
wéiwèijiùzhào 圍魏救趙 3-652A
wéiwéikuìkuì 襛襛潰潰 9-138A

wěiwěiléiléi 痿痿羸羸 8-333A
wěiwěilěilěi 磈磈碨碨 7-1082A
wēiwēiliǎoliǎo 微微了了 3-1059A
wěiwěimùmù 亹亹穆穆 2-389B
wěiwěinuònuò 唯唯諾諾 3-387B
wěiwěishuāishuāi 萎萎衰衰 9-443A
wèiwèisuōsuō 畏畏縮縮 7-1311B
wēiwēituótuó 委委蛇蛇 4-326A
wēiwēituótuó 委委佗佗 4-326A
wēiwén 微文 3-1051A
wēiwén 微聞 3-1060A
wéiwén 維文 9-896A
wèiwèn 慰問 7-700B
wèiwèn 遺問 10-1208B
wēiwénshēndǐ 微文深詆 3-1051B
wèiwénshǒujīn 魏文手巾 12-471A
wēiwō 浽涹 5-1476A
wēiwō 微渦 3-1057B
wéiwò 帷幄 3-747A
wéiwò 幃幄 3-752A
wéiwǒ 爲我 6-1109A
wéiwǒdúzūn 唯我獨尊 3-386B
wéiwǒdúzūn 惟我獨尊 7-599B
wéiwòjìnchén 帷幄近臣 3-747B
wéiwǒlùn 唯我論 3-386B
wěiwōzi 委窩子 4-330B
wēiwú 薇蕪 9-565A
wēiwǔ 威武 5-219B
wēiwǔ 威侮 5-221A
wēiwù 威物 5-220A
wēiwù 微物 3-1054A
wéiwǔ 爲伍 6-1109A
wéiwǔ 違忤 10-1113A
wéiwǔ 違迕 10-1112B
wéiwǔ 違啎 10-1115B
wéiwù 違悞 10-1115A
wéiwù 違誤 10-1117A
wěiwú 鮪鯃 12-1220A
wěiwǔ 委武 4-325B
wěiwù 僞物 1-1676B
wěiwù 諉誤 11-283A
wèiwù 畏惡 7-1312B
wéiwùbiànzhèngfǎ 唯物辯證法 3-387A
wēiwǔbùqū 威武不屈 5-220A
wéiwúdúzūn 唯吾獨尊 3-386B
wéiwú'ěrwén 維吾爾文 9-896A
wéiwú'ěryǔ 維吾爾語

9-896B
wéiwú'ěrzú 維吾爾族 9-896B
wěiwǔjīngwén 緯武經文 9-955A
wéiwùlùn 唯物論 3-387A
wēiwúlǘ 微母閭 3-1052A
wéiwùshǐguān 唯物史觀 3-387A
wéiwùzhǔyì 唯物主義 3-387A
wēixī 危膝 2-526A
wēixī 危巇 2-527B
wēixī 微析 3-1054A
wēixī 微息 3-1056B
wēixì 微細 3-1058A
wēixì 微隙 3-1058B
wéixī 惟兮 7-599B
wéixī 維兮 9-896A
wéixí 帷席 3-746B
wéixì 韋舄 12-676A
wéixì 維繫 9-898B
wéixì 維係 9-897A
wěixī 委悉 4-328B
wěixí 猥襲 5-90A
wěixí 葦席 9-492B
wěixí 䈴席 8-1218B
wěixì 委細 4-328B
wěixì 猥細 5-88B
wèixī 畏犧 7-1314B
wèixǐ 畏葸 7-1312B
wèixǐ 慰喜 7-700B
wēixiá 危狹 2-523B
wēixiá 微瑕 3-1058B
wéixià 爲下 6-1108A
wěixià 猥下 5-87B
wèixiá 未暇 4-691B
wèixià 位下 1-1279A
wēixiān 微鮮 3-1061B
wēixiān 微纖 3-1062B
wēixián 危弦 2-522B
wēixián 危絃 2-524B
wēixián 微嫌 3-1059B
wēixiǎn 危險 2-526B
wēixiǎn 危嶮 2-526B
wēixiǎn 微鮮 3-1061B
wēixiǎn 微顯 3-1062B
wéixián 韋弦 12-675B
wéixián 韋絃 12-676A
wéixiàn 違限 10-1114A
wéixiàn 違憲 10-1117B
wěixián 尾銜 4-14B
wěixiǎn 猥險 5-89B
wěixiàn 緯綫 9-955B
wèixiàn 畏羨 7-1313A
wēixiǎnchǎnyōu 微顯闡幽 3-1062B
wēixiāng 危鄉 2-524B
wēixiāng 威香 5-220B
wēixiáng 微詳 3-1059A
wēixiàng 微象 3-1057A
wěixiàng 委巷 4-327A
wěixiàng 萎圈 9-443B
wěixiàng 猥巷 5-88A
wěixiàng 緯象 9-955B
wèixiáng 未詳 4-691B
wèixiǎng 遺餉 10-1216A
wèixiǎng 遺饗 10-1226B
wèixiàng 魏象 12-471B
wéixiāngfùsú 違鄉負俗 10-1115B
wēixiāo 微宵 3-1057A
wēixiāo 微綃 3-1059B
wēixiāo 微霄 3-1060B
wēixiǎo 微小 3-1050B
wēixiào 微笑 3-1056B
wéixiào 惟肖 7-599B
wěixiāo 葦綃 9-492B
wěixiāo 葦簫 9-493A
wěixiāo 痿痟 8-332B
wěixiāo 緯蕭 9-956A
wěixiǎo 猥小 5-87B
wèixiāo 未消 4-689B
wěixiāogōng 隗囂宮 11-1079A
wěixiāoní 隗囂泥 11-1079A
wèixǐbùqián 畏葸不前 7-1312B
wēixié 危邪 2-521A
wēixié 威挾 5-221B
wēixié 威脅 5-222A
wēixié 威懾 5-223A
wēixié 微邪 3-1052A
wèixié 畏脅 7-1312A
wēixiè 危榭 2-525B
wēixiè 威屑 5-222A
wēixiè 威械 5-222A
wēixiè 偎褻 1-1549B
wēixiè 微謝 3-1061B
wěixiè 委卸 4-327A
wěixiè 委褻 4-332B
wěixiè 委謝 4-332B
wěixiè 萎謝 9-444A
wěixiè 猥屑 5-88B
wěixiè 猥褻 5-90A
wěixiè 諉卸 11-283A
wěixiè 諉謝 11-283B
wèixiè 尉廨 2-1279B
wēixīn 危心 2-521A
wēixìn 威信 5-221A
wéixīn 唯心 3-386B
wéixīn 惟新 7-600B
wéixīn 爲薪 6-1112B
wéixīn 違心 10-1112A
wéixīn 維新 9-897B
wéixìn 違信 10-1114A
wěixīn 委心 4-323A
wěixīn 僞心 1-1675B
wěixìn 委信 4-327B
wěixīn 委心 4-323A
wèixìn 遺信 10-1200A
wēixíng 危行 2-521B
wēixíng 威刑 5-219A
wēixíng 威行 5-219B
wēixíng 威形 5-219B
wēixíng 微行 3-1052A
wēixíng 微型 3-1055A
wéixīng 維星 9-897A
wéixíng 爲行 6-1109A
wéixìng 圍姓 3-651A
wéixìng 爲性 6-1110A
wéixìng 闈姓 12-140B
wěixīng 緯星 9-955A
wěixíng 委形 4-325A
wěixíng 偉行 1-1584B
wěixíng 僞行 1-1676A
wèixìng 煟興 7-198B
wèixīng 蝟興 8-930A
wèixīng 衛星 3-1095B
wèixíng 未形 4-687B
wèixíng 位行 1-1279A
wèixǐng 未省 4-689A
wèixǐng 慰省 7-700A
wēixíngsùwù 威刑肅物 5-219A
wèixíngzhīhuàn 未形之患 4-687B
wéixīnlùn 唯心論 3-386B
wéixīnshǐguān 唯心史觀 3-386B
wéixīnyùndòng 維新運動 9-897B
wéixīnzhèngfǔ 維新政府 9-897B
wéixīnzhǔyì 唯心主義 3-386B
wēixióng 威雄 5-222B
wēixiòng 危敻 2-525B
wéixióng 維熊 9-898A
wēixiù 危岫 2-522B
wéixiū 維修 9-897A
wěixiù 偉秀 1-1584B
wēixú 微徐 3-1056B
wēixù 微煦 3-1058B
wéixù 韋絮 12-676A
wéixù 違序 10-1113A
wěixù 猥壻 5-88B
wèixū 慰姁 7-700A
wèixū 蝟鬚 8-930A
wèixǔ 爲許 6-1111B
wèixù 位序 1-1279B
wèixù 媦壻 4-387B
wèixù 慰卹 7-700A
wèixù 慰恤 7-700A
wēixuán 危懸 2-527B
wéixuān 帷軒 3-746B
wéixuān 違喧 10-1116A
wēixuē 危削 2-523A
wēixué 微學 3-1061A
wéixué 爲學 6-1113A
wěixué 僞學 1-1678B
wēixuèguǎn 微血管 3-1052A
wēixūn 微醺 3-1062A
wèixùn 畏徇 7-1311B
wēiyā 威壓 5-225A
wēiyā 威厭 5-223B
wēiyá 危崖 2-524A
wéiyá 嵬崖 3-855B
wěiyā 碨䃁 7-1081A
wèiyá 未牙 4-685B
wèiyá 未芽 4-687B
wēiyán 危言 2-521B
wēiyán 危岩 2-522B
wēiyán 危巖 2-527B
wēiyán 威嚴 5-225A
wēiyán 微言 3-1053A
wēiyàn 威焰 5-222B
wēiyàn 威燄 5-224B
wēiyàn 微驗 3-1062A
wéiyán 爲言 6-1109B
wéiyán 違延 10-1112B
wéiyán 違言 10-1113A
wěiyán 委延 4-324B
wěiyán 僞言 1-1676A
wěiyán 諉延 11-283A
wěiyàn 委咽 4-327A
wěiyàn 偉彥 1-1585A
wèiyán 爲言 6-1109B
wèiyán 胃炎 6-1232B
wèiyán 謂言 11-343B
wèiyán 讆言 11-461B
wèiyán 躛言 10-567B
wèiyǎn 喂眼 3-417A
wèiyǎn 慰眼 7-700B
wèiyàn 慰唁 7-700A
wèiyàn 慰喭 7-701A
wēiyándàyì 微言大義 3-1053B
wēiyándàyì 微言大誼 3-1053B
wēiyáng 微陽 3-1057B
wēiyàng 微恙 3-1057A
wéiyáng 維揚 9-897B
wéiyǎng 違養 10-1117A
wéiyǎng 溈仰 6-144B
wěiyāng 碨抰 7-1081A
wěiyāng 碨泱 7-1081A
wěiyāng 碨柍 7-1081A
wěiyáng 痿陽 8-332B
wěiyǎng 委仰 4-325A
wèiyāng 未央 4-686A
wèiyáng 渭陽 5-1476B
wèiyǎng 喂養 3-417B
wèiyǎng 衛養 3-1096B
wèiyǎng 餧養 12-564A
wēiyángāolùn 危言高論 2-522A
wèiyāngdiàn 未央殿 4-686B
wèiyānggōng 未央宮 4-686B
wéiyǎngzōng 溈仰宗 6-144B
wēiyánhélùn 危言覈論 2-522A
wéiyǎnhòng'ěr 峗眼澒耳 3-855A
wéiyǎnhòng'ěr 嵬眼澒耳 3-855B
wēiyánnì'ěr 危言逆耳 2-522A
wēiyánsǒnglùn 危言竦論 2-522A
wēiyánsǒngtīng 危言聳聽 2-522A
wēiyánzhèngsè 危言正色 2-522A
wēiyǎo 微杳 3-1054A
wēiyào 威要 5-220B

wēiyào 微要 3-1055A
wéiyāo 圍腰 3-651B
wěiyào 委要 4-327A
wèiyáo 魏姚 12-471B
wēiyè 危葉 2-524B
wēiyè 危業 2-526B
wéiyè 嵬業 3-856A
wěiyè 尾頁 4-14B
wěiyè 委葉 4-329A
wěiyè 偉業 1-1585B
wěiyè 偉曄 1-1586A
wěiyè 暐曄 5-809A
wěiyè 暐燁 5-809B
wěiyè 瑋燁 4-612B
wěiyè 韡曄 12-685A
wěiyè 韡曅 12-685A
wěiyè 韡爗 12-685A
wèiyè 位業 1-1280A
wèiyè 胃液 6-1233A
wēiyī 偎依 1-1549B
wēiyí 危疑 2-525B
wēiyí 威夷 5-219A
wēiyí 威儀 5-224A
wēiyí 逶虵 10-977B
wēiyí 逶蛇 10-977B
wēiyí 逶迱 10-977B
wēiyí 逶夷 10-977A
wēiyí 逶迤 10-977A
wēiyí 逶移 10-977B
wēiyí 逶地 10-977A
wēiyí 隇陝 11-1058A
wēiyí 委佗 4-323A
wēiyí 委虵 4-327A
wēiyí 委蛇 4-328A
wēiyí 委它 4-323B
wēiyí 委佗 4-325A
wēiyí 委迤 4-326A
wēiyí 委移 4-328B
wēiyí 委蛇 4-328A
wēiyí 螇蛇 8-918A
wēiyí 螇虵 8-918A
wēiyí 倭夷 1-1507B
wēiyí 踒虵 10-509B
wēiyí 猗移 5-75B
wēiyǐ 偎倚 1-1549B
wēiyǐ 隈倚 11-1078A
wēiyì 微意 3-1059A
wēiyì 巍奕 3-875A
wēiyī 韋衣 12-675A
wéiyī 唯一 3-386B
wéiyī 惟一 7-599A
wéiyí 帷扆 3-746B
wéiyì 帷帟 3-746B
wéiyì 幃帟 3-752A
wéiyì 爲意 6-1112B
wéiyì 違异 10-1112B
wéiyì 違抑 10-1112B
wéiyì 違異 10-1115B
wéiyì 違意 10-1117A
wéiyì 違義 10-1117A
wéiyì 闈藝 12-141A
wěiyī 委衣 4-325A
wěiyí 崣嵾 3-835B
wěiyì 委異 4-328A
wěiyì 委意 4-330B
wěiyì 委翳 4-332B
wěiyì 偉異 1-1585B
wěiyì 偉議 1-1586B
wěiyì 猥役 5-88A
wěiyì 瑋異 4-612B
wěiyì 瑋藝 4-613A
wěiyì 痿易 8-332B
wěiyì 僞易 1-1676B
wěiyì 僞意 1-1678A
wěiyì 僞議 1-1679A
wèiyī 未一 4-684B
wèiyī 未壹 4-690B
wèiyí 蝟彝 8-918B
wèiyí 位移 1-1279B
wèiyí 遺蛇 10-1206B
wèiyí 遺迤 10-1197A
wèiyí 遺遺 10-1218B
wèiyǐ 未已 4-685B
wèiyì 未易 4-688B
wèiyì 畏義 7-1313A
wèiyì 衛翼 3-1096B
wèiyìcái 未易才 4-688B
wēiyīn 威音 5-221B
wēiyīn 微音 3-1055B
wēiyīn 微陰 3-1057A
wēiyín 微吟 3-1053A
wēiyǐn 微隱 3-1061A
wēiyìn 微胤 3-1055B
wèiyīn 爲因 6-1109A
wèiyīn 未因 4-687A
wèiyǐn 慰引 7-700A
wèiyǐn 熨引 7-230B
wéiyìnchán 溈印禪 6-144B
wēiyìng 隈映 11-1078A
wěiyìng 暐映 5-809A
wèiyīng 未應 4-692A
wèiyìng 蔚映 9-543A
wèiyǐngbìjì 畏影避迹 7-1313B
wèiyǐng'érzǒu 畏影而走 7-1313B
wēiyīnqì 微音器 3-1055B
wēiyīnwángfó 威音王佛 5-221A
wēiyíshī 威儀師 5-224B
wēiyítuìshí 逶迤退食 10-977B
wēiyōng 危擁 2-526B
wēiyōng 偎擁 1-1549B
wěiyōng 猥慵 5-89B
wěiyòng 委用 4-323B
wēiyōngduòlǎn 偎慵墮懶 1-1549B
wēiyōu 危憂 2-526A
wēiyóu 威猷 5-223A
wéiyōu 違憂 10-1117A
wéiyǒu 惟有 7-599B
wèiyóu 未由 4-686A
wèiyǒu 未有 4-687A
wèiyǒu 畏友 7-1310B
wèiyòu 慰誘 7-701A
wēiyū 威紆 5-221B
wēiyū 逶迂 10-977A
wēiyū 逶紆 10-977B
wēiyú 隈嵎 11-1078A
wēiyú 微與 3-1058B
wēiyǔ 危語 2-526A
wēiyǔ 微禹 3-1055B
wēiyǔ 微語 3-1059B
wēiyù 威裕 5-222B
wēiyù 威獄 5-223B
wēiyù 威譽 5-225B
wēiyù 隈隩 11-1078A
wēiyù 煨芋 7-197B
wéiyú 爲魚 6-1111A
wéiyǔ 維語 9-898A
wéiyù 違裕 10-1116A
wéiyù 違豫 10-1117B
wéiyù 違諭 10-1117B
wéiyù 維御 9-897B
wéiyù 闈閾 12-141A
wěiyū 委紆 4-327B
wěiyú 葦輿 9-493A
wěiyù 委遇 4-329A
wěiyù 委鬱 4-333A
wěiyù 偉譽 1-1586B
wèiyú 罻魚 8-457A
wèiyú 位于 1-1279A
wèiyú 尉魚 2-1279B
wèiyú 衛魚 3-1096A
wèiyǔ 委予 4-323A
wèiyǔ 畏語 7-1313B
wèiyǔ 謂語 11-343B
wèiyǔ 躛語 10-567B
wèiyǔ 遺語 10-1216A
wèiyù 未遇 4-690B
wèiyù 位遇 1-1279B
wèiyù 味欲 3-252B
wèiyù 慰喻 7-700B
wèiyù 慰諭 7-701B
wèiyù 衛玉 3-1094B
wèiyù 謂諭 11-343B
wēiyuán 微垣 3-1055A
wēiyuán 微員 3-1056A
wēiyuán 薇垣 9-565A
wēiyuǎn 微遠 3-1058B
wéiyuán 惟垣 7-600A
wéiyuán 圍圓 3-651B
wéiyuán 維垣 9-897A
wéiyuǎn 違遠 10-1116B
wéiyuàn 圩垸 2-1006A
wéiyuàn 違怨 10-1114B
wěiyuān 洧淵 5-1138B
wěiyuán 委員 4-327B
wěiyuǎn 委遠 4-329B
wèiyuán 未元 4-685B
wěiyuánhuì 委員會 4-327B
wèiyuānqūyú… 爲淵毆魚,爲叢毆爵 6-1112A
wèiyuānqūyú… 爲淵毆魚,爲叢毆雀 6-1112A
wèiyuānqūyú 爲淵驅魚 6-1112A
wèiyuānqūyú… 爲淵驅魚,爲叢驅雀 6-1112A
wèiyǔchóumóu 未雨綢繆 4-688A
wēiyuē 威約 5-221B
wēiyuē 微約 3-1056A
wēiyuè 微月 3-1051A
wéiyuē 違約 10-1114B
wéiyuè 爲樂 6-1112B
wéiyuè 違越 10-1116A
wěiyuē 委約 4-327B
wěiyuē 萎約 9-443A
wěiyuè 葦籥 9-493A
wèiyuē 畏約 7-1312A
wèiyuè 尉悅 2-1279B
wèiyuè 慰悅 7-700B
wèiyuè 衛樂 3-1096B
wēiyúlěiluǎn 危於累卵 2-522B
wēiyùn 微蘊 3-1061B
wěiyùn 委運 4-329B
wèiyún 委雲 4-329A
wēiyúnzǐtàiqīng 微雲滓太清 3-1058A
wěizá 猥雜 5-90A
wēizāi 危菑 2-524A
wèizāi 遺災 10-1195B
wèizāi 遺灾 10-1195A
wēizàidànxī 危在旦夕 2-521A
wèizàng 衛藏 3-1096B
wēizào 烓竈 7-58A
wěizào 僞造 1-1677A
wēizé 威澤 5-225A
wēizé 微澤 3-1061A
wēizé 微賾 3-1061B
wěizé 諉責 11-283A
wèizéi 遺賊 10-1212B
wēizēng 微矰 3-1061B
wèizèng 遺贈 10-1225A
wēizhà 威詐 5-222B
wéizhà 爲詐 6-1111B
wěizhá 委札 4-323A
wěizhà 僞詐 1-1677B
wèizhá 遺札 10-1189B
wèizhà 爲詐 6-1111B
wēizhàn 危棧 2-524B
wéizhàn 闈戰 12-141A
wēizhāng 巍張 3-875B
wéizhāng 違章 10-1115B
wéizhǎng 圩長 2-1006A
wéizhàng 帷帳 3-747A
wéizhàng 帷障 3-747B
wéizhàng 幃帳 3-752A
wěizhàng 委仗 4-323A
wěizhàng 委杖 4-325A
wěizhàng 葦杖 9-492A
wèizhāng 蝟張 8-929B
wèizhàng 衛仗 3-1095A
wěizhàngfū 偉丈夫 1-1584A
wēizhào 微兆 3-1052B
wěizhào 偉兆 1-1584B
wèizhào 未兆 4-687A
wěizhàobǎn 隗炤版 11-1078B
wēizhé 危轍 2-527B

wēizhé 威折 5-219B
wēizhé 威讋 5-225B
wēizhé 逶折 10-977A
wěizhé 委折 4-325A
wěizhé 萎折 9-443A
wěizhé 萎哲 9-443A
wèizhe 爲着 6-1111B
wèizhé 畏讋 7-1315A
wěizhěbùwàngqǐ
痿者不忘起 8-332B
wēizhēn 葳蕤 9-458A
wēizhěn 危診 2-525A
wēizhèn 威振 5-221B
wēizhèn 威震 5-224A
wēizhèn 微陣 3-1055B
wéizhēn 惟真 7-600B
wéizhēn 爲真 6-1110B
wěizhēn 僞真 1-1677A
wèizhèn 畏震 7-1313B
wèizhèn 遺賑 10-1215B
wēizhèng 危證 2-527B
wéizhèng 爲政 6-1110A
wéizhèng 違正 10-1112A
wěizhèng 委政 4-327A
wěizhèng 僞證 1-1679A
wèizhèng 魏鄭 12-472A
wèizhēngxī 魏征西 12-471B
wéizhèngzhīgōng 惟正之供
7-599B
wēizhī 隈枝 11-1077B
wēizhī 葨芝 9-471B
wēizhī 微知 3-1054A
wēizhǐ 微旨 3-1052B
wēizhǐ 微恉 3-1055B
wēizhǐ 微指 3-1055A
wēizhì 危槷 2-526A
wēizhì 危滯 2-526A
wēizhì 威制 5-220A
wēizhì 微職 3-1061B
wēizhì 微至 3-1052A
wēizhì 微志 3-1052B
wēizhì 微秩 3-1056B
wēizhì 微質 3-1060B
wēizhì 煨炙 7-198A
wēizhì 巍峙 3-875A
wéizhī 韋脂 12-676A
wéizhí 違執 10-1115B
wéizhí 維縶 9-898B
wéizhǐ 爲止 6-1108B
wéizhǐ 違指 10-1114A
wéizhì 違志 10-1112B
wéizhì 違制 10-1113B
wéizhì 違滯 10-1117A
wéizhì 違質 10-1117A
wéizhì 維制 9-896B
wěizhī 委知 4-325B
wěizhí 委職 4-332B
wěizhì 委至 4-323B
wěizhì 委制 4-325B
wěizhì 委致 4-327B
wěizhì 委摯 4-331B
wěizhì 委質 4-331B
wěizhì 委贄 4-332B
wěizhì 偉志 1-1584B
wěizhì 偉質 1-1586A
wěizhì 瑋製 4-612B
wèizhǐ 遺紙 10-1206A
wèizhì 委滯 4-331A
wèizhì 位秩 1-1279B
wèizhì 位置 1-1280A
wéizhīdì 爲之地 6-1108B
wèizhīrúhǔ 畏之如虎
7-1310B
wèizhīshù 未知數 4-689A
wèizhīsù 味之素 3-252A
wèizhīwànyī 未知萬一
4-689A
wēizhōng 微衷 3-1056B
wēizhǒng 微尰 3-1058A
wēizhǒng 微種 3-1059B
wēizhòng 危重 2-523A
wēizhòng 威重 5-220B
wéizhōng 違中 10-1111B
wéizhōng 違衷 10-1115A
wéizhòng 違衆 10-1116A
wěizhòng 委重 4-327A
wěizhòng 偉重 1-1585A
wěizhòng 猥衆 5-88B
wēizhònglìngxíng
威重令行 5-221A
wéizhōu 維舟 9-896A
wěizhǔ 危主 2-521A
wēizhù 危柱 2-523A
wěizhū 委珠 4-327B
wěizhú 韡燭 12-211A
wěizhǔ 委屬 4-333A
wěizhǔ 委囑 4-333A
wěizhǔ 諉屬 11-283B
wěizhù 委注 4-326B
wèizhū 魏珠 12-471B
wèizhǔ 位主 1-1279A
wèizhù 位宁 1-1279A
wèizhù 位著 1-1279B
wèizhù 衛助 3-1095A
wěizhuàn 僞傳 1-1677B
wěizhuàn 僞撰 1-1678B
wēizhuàng 威壯 5-219B
wěizhuāng 委裝 4-330B
wěizhuāng 僞裝 1-1678A
wěizhuàng 偉壯 1-1584B
wěizhuàng 偉狀 1-1585A
wěizhūhóu 猥諸侯 5-89B
wēizhuì 危惴 2-525A
wēizhuì 危墜 2-526A
wěizhuì 尾綴 4-15A
wěizhuì 委墜 4-331A
wěizhuì 委綴 4-331B
wěizhuì 諉諈 11-283B
wēizhuó 微繳 3-1062A
wéizhuō 圍桌 3-651B
wěizhuō 猥拙 5-88A
wèizhuó 遺酌 10-1203A
wèizhuójīngqīng 渭濁涇清
5-1476B
wēizǐ 微子 3-1050B
wéizi 圩子 2-1005B
wéizi 帷子 3-746A
wéizi 圍子 3-650B
wéizì 帷笫 3-746B
wěizi 尾子 4-13B
wěizi 葦子 9-492A
wěizì 羵羵 9-191B
wěizì 僞字 1-1676A
wěizì 羧羵 9-190B
wèizi 位子 1-1279A
wèizǐ 衛子 3-1094A
wèizǐ 魏紫 12-471B
wèizì 未字 4-687A
wēizǐcāo 微子操 3-1051A
wèizǐxiá 衛子瑕 3-1094A
wèizǐyáohuáng 魏紫姚黄
12-472A
wěizōng 尾鬃 4-15A
wěizòng 委縱 4-332B
wēizú 危足 2-521B
wēizú 微族 3-1057B
wéizú 維族 9-897B
wéizǔ 違阻 10-1113A
wèizú 未足 4-687B
wèizú 衛足 3-1095A
wèizú 衛卒 3-1095B
wěizuì 嵔崋 3-814A
wěizuì 委罪 4-330A
wěizuì 諉罪 11-283A
wèizuì 未晬 4-690B
wèizuì 畏罪 7-1313A
wéizuǐ'er 圍嘴兒 3-652A
wèizúkuí 衛足葵 3-1095A
wēizūn 威尊 5-222B
wēizuò 危坐 2-521B
wéizuò 帷座 3-746B
wéizuò 爲作 6-1109A
wěizuó 葦筰 9-492B
wěizuò 僞作 1-1676A
wèizúqīngzhòng 未足輕重
4-687B
wēn'ǎi 温藹 5-1473B
wēn'ài 温愛 5-1472A
wén'àn 文按 6-1526A
wén'àn 文案 6-1530B
wèn'ān 問安 12-30B
wèn'àn 問案 12-32A
wén'ànkǒngmù 文案孔目
6-1531A
wèn'ānshìqǐn 問安視寢
12-30B
wèn'ānshìshàn 問安視膳
12-30B
wēnbāchā 温八叉 5-1464A
wénbái 文白 6-1516B
wénbǎi 文柏 6-1526A
wénbàn 文扮 6-1519A
wénbǎng 文榜 6-1539A
wēnbǎo 温飽 5-1472A
wénbǎo 文葆 6-1535A
wénbǎo 文褓 6-1540A
wénbào 文豹 6-1530A
wénbào 文報 6-1535A
wénbàojú 文報局 6-1535A
wēnbāyín 温八吟 5-1464B
wēnbèi 温被 5-1469B
wénbèi 文貝 6-1519A
wénbèi 文背 6-1526B
wénbèi 文備 6-1536A
wénběn 文本 6-1516A
wēnbì 緼韠 9-942A
wénbǐ 文筆 6-1536A
wénbì 文陛 6-1528B
wénbì 文敝 6-1534B
wénbì 文弊 6-1540A
wénbiàn 文辨 6-1544A
wénbiàn 文辯 6-1547A
wěnbiàn 穩便 8-158B
wènbiàn 問辨 12-34B
wénbiāo 文標 6-1540B
wénbiǎo 文表 6-1521A
wěnbié 吻别 3-234A
wénbǐjiàng 文筆匠 6-1536A
wēnbìng 温病 5-1469A
wēnbìng 瘟病 8-337A
wénbǐng 文柄 6-1526A
wènbìng 問病 12-32A
wēnbò 榅桲 4-1176B
wénbó 文伯 6-1519A
wénbó 文薄 6-1542B
wēnbǔ 温補 5-1471B
wénbù 文布 6-1516B
wénbù 文部 6-1530B
wénbù 文簿 6-1545B
wěnbù 穩步 8-158A
wènbǔ 問卜 12-30A
wénbùduìtí 文不對題
6-1514B
wénbùjiādiǎn 文不加點
6-1514B
wéncái 文才 6-1514A
wéncǎi 文采 6-1523B
wéncǎi 文彩 6-1533A
wéncǎi 文綵 6-1540B
wéncǎifēngliú 文采風流
6-1523B
wēncǎo 薀草 9-559B
wéncáo 文曹 6-1532A
wěncāoshèngquàn 穩操勝券
8-160A
wěncāozuǒquàn 穩操左券
8-160A
wēncè 温惻 5-1471A
wéncè 文册 6-1516B
wéncè 文策 6-1536A
wèncè 問策 12-32B
wēnchā 温差 5-1468A
wénchá 文察 6-1540A
wènchá 問察 12-34A
wènchāi 璺拆 4-654B
wěnchǎn 穩産 8-159A
wènchán 問禪 12-35A
wénchāng 文昌 6-1521B
wénchǎng 文場 6-1535A
wénchāngchándǒu 文昌纏斗
6-1522A
wénchāngdì 文昌帝 6-1522A
wénchāngdìjūn 文昌帝君
6-1522A
wénchāngjūn 文昌君
6-1522A

wénchāngshěng 文昌省 6-1522A
wénchāngtái 文昌臺 6-1522A
wènchángwènduǎn 問長問短 12-30B
wénchāngyú 文昌魚 6-1522A
wénchāogōng 文抄公 6-1519A
wēnchē 温車 5-1465B
wēnchē 轀車 9-1300B
wénchē 文車 6-1519A
wénchè 聞徹 12-107A
wénchén 文臣 6-1517A
wěnchèn 穩稱 8-160A
wēnchéng 温誠 5-1472A
wénchéng 文成 6-1517A
wénchénglǚ 文成履 6-1517A
wénchī 文螭 6-1543A
wénchī 文癡 6-1546A
wénchí 文墀 6-1540B
wěnchī 吻螭 3-234A
wènchǐ 問齒 12-34A
wěnchīsānzhù 穩吃三注 8-158A
wénchíwǔwán 文弛武玩 6-1518B
wénchóng 蚊蟲 8-870B
wénchǒngruòjīng 聞寵若驚 12-107B
wénchóu 蚊裯 8-870A
wénchóu 蚊幬 8-870B
wénchǒu 文丑 6-1515B
wénchú 蚊廚 8-870B
wénchuán 蚊船 8-870A
wēnchuáng 温床 5-1466A
wēnchuáng 温牀 5-1467A
wénchuāng 文窗 6-1536B
wěnchuāng 吻創 3-234A
wēnchún 温純 5-1469B
wēnchún 温淳 5-1470A
wēnchún 温醇 5-1472B
wěnchún 吻唇 3-234A
wēncí 温詞 5-1471A
wēncí 温慈 5-1472A
wēncí 温辭 5-1473B
wéncí 文詞 6-1536B
wéncí 文辭 6-1546A
wéncì 文刺 6-1521B
wéncóng 文從 6-1533A
wéncóngzìshùn 文從字順 6-1533A
wēncuì 温粹 5-1472B
wéncuī 文榱 6-1539A
wēncún 温存 5-1465A
wéncuò 文錯 6-1543B
wéndá 聞達 12-106B
wèndá 聞達 12-106B
wèndá 問答 12-32B
wēndài 温帶 5-1469B
wēndàn 温淡 5-1470A
wéndàn 文旦 6-1516B
wéndàn 文蛋 6-1535A
wéndāng 文璫 6-1544A
wěndàng 穩當 8-159B
wèndāng 問當 12-33A
wéndào 文倒 6-1530A
wéndào 文道 6-1536B
wéndào 聞道 12-106B
wěndào 穩到 8-158B
wèndào 問道 12-32B
wèndàoyúmáng 問道于盲 12-32B
wèndàoyúmáng 問道於盲 12-32B
wěndǎwěn 穩打穩 8-158A
wěndǎwěnzā 穩打穩扎 8-158A
wēndé 温德 5-1472B
wéndé 文德 6-1541B
wéndé 聞得 12-106A
wéndébān 文德班 6-1541B
wéndédiàn 文德殿 6-1541B
wéndí 聞笛 12-106A
wéndì 文的 6-1523B
wéndiǎn 文典 6-1523A
wéndiàn 文電 6-1537B
wéndiàn 文簟 6-1545A
wéndiào 文調 6-1542A
wéndié 文牒 6-1538A
wèndié 免絰 2-268B
wéndǐng 文鼎 6-1535B
wéndìng 文定 6-1525A
wěndìng 穩定 8-158B
wèndǐng 問鼎 12-32B
wéndíwǔnì 文覿武匿 6-1547A
wéndòng 文楝 6-1535A
wéndōngwǔxī 文東武西 6-1521A
wéndòu 文門 6-1528B
wěndòu 刎脰 2-616B
wēndù 温度 5-1467B
wéndú 文牘 6-1545B
wěndù 紊斁 9-773B
wènduān 問端 12-34A
wènduàn 問斷 12-35A
wēndùbiǎo 温度表 5-1468A
wěndǔdǔ 穩篤篤 8-160A
wènduì 問對 12-33B
wēndùjì 温度計 5-1468A
wéndúzhǔyì 文牘主義 6-1546A
wén'é 文蛾 6-1538A
wén'è 文惡 6-1535A
wēn'ér 温腝 5-1472A
wén'érshēngwèi 聞而生畏 12-104B
wénfá 文閥 6-1540A
wénfǎ 文法 6-1524B
wènfā 問發 12-33A
wènfǎ 問法 12-31A
wénfǎlì 文法吏 6-1524B
wénfān 文旛 6-1545A
wénfàn 文販 6-1532A
wěnfán 紊煩 9-773B
wēnfáng 温房 5-1466B
wénfáng 文房 6-1525A
wénfáng 文魴 6-1541B
wénfǎng 文舫 6-1530A
wénfángsìbǎo 文房四寶 6-1525B
wénfángsìhóu 文房四侯 6-1525B
wénfángsìshì 文房四士 6-1525A
wénfángsìwù 文房四物 6-1525B
wénfángsìyì 文房四藝 6-1525B
wénfǎxué 文法學 6-1524B
wēnfén 温汾 5-1466A
wénfèn 文糞 6-1544B
wěnfēn 紊紛 9-773A
wēnfēng 温風 5-1467B
wénfēng 文風 6-1528A
wénfēng 文瘋 6-1539B
wénfēng 文鋒 6-1541B
wénfēng 聞風 12-105B
wénfēngbùdòng 文風不動 6-1528A
wénfēngbùdòng 紋風不動 9-772B
wénfēng'érdòng 聞風而動 12-105B
wénfēng'érqǐ 聞風而起 12-105B
wénfēng'értáo 聞風而逃 12-105B
wénfēng'érxīng 聞風而興 12-105B
wénfēng'érzhì 聞風而至 12-105B
wénfēngpòdǎn 聞風破膽 12-105B
wénfēngsàngdǎn 聞風喪膽 12-105B
wénfēngxiǎngyìng 聞風響應 12-106A
wénfēngyuǎndùn 聞風遠遁 12-106A
wénfēngyuǎnyáng 聞風遠揚 12-106A
wēnfú 緼韍 9-941B
wēnfú 韞韍 12-683B
wēnfù 温富 5-1471B
wēnfù 温馥 5-1473B
wénfú 文服 6-1524A
wénfú 文符 6-1532B
wénfǔ 文府 6-1524A
wénfù 文賦 6-1540B
wénfù 蚊負 8-869B
wènfú 免服 2-267A
wènfù 聞婦 12-106B
wéngài 文丐 6-1514B
wéngài 霚蓋 11-667B
wěng'ài 蓊藹 9-510A
wěng'ài 塕薆 2-1174A
wěng'ài 蓊薆 9-510A
wěng'ài 暡曖 5-819B
wéngān 文竿 6-1527B
wéngàn 文幹 6-1537A
wèng'àng 甕盎 5-297B
wèng'àng 甕瓮 5-297B
wēngānqīng 温泔清 5-1466B
wēng'ǎo 翁媼 9-644B
wéngǎo 文稿 6-1541A
wéngào 文告 6-1519A
wéngào 文誥 6-1539B
wèngào 問箸 12-33B
wěngběng 塕埲 2-1173B
wěngběng 蓊菶 9-509B
wěngbí 嗡鼻 3-468B
wèngbí 甕鼻 5-298A
wèngbí 齆鼻 12-1424A
wěngbítou 嗡鼻頭 3-468B
wèngbítou 甕鼻頭 5-298A
wèngbítóu 齆鼻頭 12-1424A
wěngbíyīn 嗡鼻音 3-468B
wēngbó 翁伯 9-644A
wēngbó 翁博 9-644B
wěngbó 滃勃 6-27A
wěngbó 滃浡 6-27A
wěngbó 滃渤 6-27A
wěngbó 蓊勃 9-509B
wěngbó 蓊渤 9-509B
wěngbó 蓊葧 9-509B
wèngcài 蕹菜 9-572A
wèngcài 甕菜 5-297B
wèngchéng 甕城 5-297B
wèngchǒu 醜醜 10-694B
wèngchòu 齆臭 12-1424A
wéngé 文格 6-1529A
wéngé 文蛤 6-1535B
wéngé 文槅 6-1539A
wèngé 問革 12-31B
wēngfǔ 翁甫 9-644A
wènggēng 甕羹 5-298B
wēnggū 翁姑 9-644A
wěnghuì 蓊薈 9-510A
wěnghuì 蓊薉 9-510A
wěnghuì 蓊穢 9-510A
wēngjī 翁雞 9-644B
wèngjī 甕鷄 5-298B
wèngjī 甕虀 5-298B
wèngjī 甕齏 5-298B
wèngjiān 甕間 5-297B
wèngjiàn 甕鑑 5-298B
wèngjiānlìbù 甕間吏部 5-297B
wèngjìnbēigān 甕盡杯乾 5-298A
wèngjīng 甕精 5-298A
wěngkē 蓊匌 9-509B
wènglǐxījī 甕裏醯雞 5-297B
wēngmā 翁媽 9-644B
wěngmào 蓊茂 9-509B
wèngmén 甕門 5-297B
wěngméng 蓊濛 9-510A
wěngméng 暡矇 5-819B
wèngmián 甕眠 5-297B
wēngmǔ 翁母 9-644A
wēngōng 温宮 5-1468B
wēngōng 温恭 5-1469A
wēngōng 猛公 10-42A
wéngōng 文工 6-1514A

wéngōngduì 文工隊 6-1514A
wéngōnghóng 文公紅 6-1515A
wéngōngpà 文公帕 6-1515A
wéngōngtuán 文工團 6-1514A
wèngpēi 甕醅 5-298A
wèngqì 甕器 5-298B
wěngrán 塕然 2-1173B
wěngrán 滃然 6-27A
wèngrén 甕人 5-297A
wěngróng 滃溶 6-27A
wěngróng 蓊茸 9-509B
wèngshēngwèngqì 甕聲甕氣 5-298B
wèngsuàn 甕算 5-297B
wèngtiān 甕天 5-297A
wèngtiānlíhǎi 甕天蠡海 5-297A
wèngtīng 甕聽 5-298B
wèngtóu 甕頭 5-298A
wèngtóuchūn 甕頭春 5-298A
wèngtóulù 甕頭醁 5-298B
wèngtóuqīng 甕頭清 5-298A
wèngtóuxiāng 甕頭香 5-298A
wēngǔ 温谷 5-1465B
wēngù 温故 5-1467A
wēngù 温顧 5-1474A
wéngǔ 文骨 6-1527B
wěngù 穩固 8-158B
wēnguā 温瓜 5-1465A
wènguà 問卦 12-31A
wénguān 文官 6-1525A
wènguān 問官 12-31A
wènguāndáhuā 問官答花 12-31A
wénguāng 文光 6-1517A
wénguāngguǒ 文光果 6-1517A
wénguānguǒ 文官果 6-1525A
wénguānhuā 文官花 6-1525A
wēnguǐ 瘟鬼 8-337A
wénguǐ 文軌 6-1526A
wènguī 問龜 12-35A
wéngǔn 文袞 6-1533B
wénguò 文過 6-1532B
wénguòqíshí 文過其實 6-1532B
wénguòshìfēi 文過飾非 6-1532B
wénguòsuìfēi 文過遂非 6-1532B
wénguòzéxǐ 聞過則喜 12-106A
wēngùzhīxīn 温故知新 5-1467A
wèngwǎ 甕瓦 5-297A
wěngwèi 蓊蔚 9-510A
wēngwēng 翁翁 9-644B
wēngwēng 嗡嗡 3-468A
wěngwěng 翁翁 9-644B
wěngwěng 滃滃 6-27A
wěngwěng 蓊蓊 9-510A
wěngwěngdàndàn 滃滃澹澹 6-27A
wēngwēngyíngyíng 嗡嗡營營 3-468B
wěngwěngyìyì 滃滃翳翳 6-27A
wèngxià 甕下 5-297A
wēngxié 翁鞋 9-644B
wēngxié 鞥鞋 12-212B
wēngxù 翁壻 9-644B
wēngxù 翁婿 9-644B
wēngxuē 鞥靴 12-212B
wěngyāng 滃泱 6-27A
wěngyì 蓊翳 9-510A
wěngyì 蓊藹 9-510A
wèngyì 甕溢 5-297B
wēngyíng 嗡營 3-468B
wèngyīng 甕罌 5-298B
wèngyīng 罋罌 8-1079B
wèngyǒu 甕牖 5-298A
wèngyǒu 罋牖 8-1079B
wèngyǒusāngshū 甕牖桑樞 5-298A
wèngyǒushéngshū 甕牖繩樞 5-298A
wēngyù 翁嫗 9-644B
wěngyù 滃鬱 6-27A
wěngyù 蓊欝 9-510A
wěngyù 蓊鬱 9-510A
wēngzhǎng 翁長 9-644A
wēngzhòng 翁仲 9-644A
wèngzhōngzhībiē 甕中之鼈 5-297A
wèngzhōngzhuōbiē 甕中捉鼈 5-297A
wēngzhǔ 翁主 9-644A
wēngzi 嗡子 3-468A
wèngzi 甕子 5-297A
wēngzōng 螉蜙 8-946B
wěngzōng 蓊摠 3-859A
wénhǎi 文海 6-1530B
wēnhán 温寒 5-1471B
wénhàn 文翰 6-1542B
wěnhàn 吻翰 3-234A
wènhánwènnuǎn 問寒問暖 12-33A
wēnhǎo 温好 5-1465B
wénháo 文豪 6-1539B
wénháo 蚊毫 8-870A
wénhào 文號 6-1537B
wènhǎo 問好 12-30B
wènhào 問號 12-33A
wēnhé 温和 5-1466B
wénhé 文劾 6-1524A
wénhé 文翮 6-1543A
wěnhé 吻合 3-233B
wěnhé 脗合 6-1282B
wēnhén 温痕 5-1471A
wénhéng 文衡 6-1543B
wénhóng 文虹 6-1527A
wēnhòu 温厚 5-1467A
wènhòu 問候 12-32A
wēnhù 温户 5-1465A
wénhú 文鵠 6-1545A
wénhú 文狐 6-1524A
wénhú 文縠 6-1542B
wénhú 紋縠 9-773A
wénhǔ 文虎 6-1521B
wēnhuá 温滑 5-1471A
wénhuá 文華 6-1529A
wénhuá 霦華 11-667B
wénhuà 文化 6-1515A
wénhuà 文畫 6-1537A
wénhuà 文話 6-1538B
wénhuà 聞化 12-104B
wènhuà 問話 12-33B
wénhuàcānzàn 文化參贊 6-1515A
wénhuádiàn 文華殿 6-1529A
wénhuàgōng 文化宫 6-1515A
wénhuàguǎn 文化館 6-1515A
wénhuàmǎibàn 文化買辦 6-1515A
wénhuáng 文皇 6-1527B
wénhuǎng 文幌 6-1538A
wénhuǎng 蚊幌 8-870A
wénhuàrén 文化人 6-1515A
wénhuàshēnghuó 文化生活 6-1515A
wénhuàyíchǎn 文化遺産 6-1515A
wēnhuì 温惠 5-1470B
wénhuī 文輝 6-1540B
wénhuī 文徽 6-1544B
wénhuì 文惠 6-1535B
wénhuì 文會 6-1538A
wénhuì 文繢 6-1545A
wénhuì 文繪 6-1546A
wénhuì 聞慧 12-107A
wènhuì 問諱 12-34B
wénhuìgé 文匯閣 6-1537B
wēnhuǒ 温火 5-1464B
wēnhuò 温蠖 5-1473B
wénhuǒ 文火 6-1515B
wénhuò 文禍 6-1537A
wénhǔzhāng 文虎章 6-1521B
wēnjí 温疾 5-1469A
wēnjǐ 温給 5-1471B
wēnjì 温霽 5-1474A
wénjī 文雞 6-1545A
wénjī 文几 6-1514A
wénjī 聞雞 12-107A
wénjí 文集 6-1536A
wénjí 文籍 6-1546B
wénjì 文迹 6-1528A
wénjì 文計 6-1528A
wénjì 文記 6-1530A
wénjì 文罽 6-1544B
wěnjí 穩疾 8-159A
wěnjì 穩記 8-159A
wènjí 問疾 12-32A
wénjiā 文家 6-1530B
wénjiǎ 文甲 6-1516B
wénjià 文價 6-1541A
wěnjiā 穩浹 8-159A
wènjiā 聞家 12-106A
wēnjiājìng 温家鏡 5-1469B
wénjiǎn 文簡 6-1545A
wénjiàn 文件 6-1517B
wénjiàn 文劍 6-1541B
wénjiàn 聞見 12-105A
wénjiàn 聞健 12-106A
wénjiàn 聞徤 12-106A
wěnjiàn 穩健 8-159A
wènjiàn 問諫 12-34B
wénjiāng 文江 6-1518A
wénjiàng 文匠 6-1517A
wēnjiāngjūn 瘟將軍 8-337B
wénjiǎngōng 文剪公 6-1534B
wénjiāngxuéhǎi 文江學海 6-1518A
wénjiānjì'è 文姦濟惡 6-1528B
wènjiānyóu 問縑遊 12-35A
wénjiāo 文澆 6-1542A
wénjiǎo 蚊脚 8-870A
wénjiào 文教 6-1531B
wénjiào 聞教 12-106A
wěnjiǎo 吻角 3-234A
wěnjiǎo 穩脚 8-159A
wènjiǎo 問絞 12-33A
wénjiǎoshū 蚊脚書 8-870A
wēnjié 温潔 5-1473A
wénjiē 文階 6-1535A
wénjié 文傑 6-1536A
wénjié 蚊睫 8-870A
wénjiě 文解 6-1538A
wénjiè 文界 6-1527A
wènjiē 問接 12-32A
wènjié 問結 12-33A
wēnjǐn 温謹 5-1473B
wénjǐn 文錦 6-1544A
wénjìn 文禁 6-1537A
wěnjìn 吻噤 3-234A
wènjīn 問津 12-31B
wènjìn 問禁 12-33A
wēnjīng 鰛鯨 12-1247A
wēnjìng 温静 5-1472A
wénjīng 文莖 6-1529A
wénjīng 文旌 6-1534B
wénjǐng 文景 6-1535B
wénjìng 文境 6-1539A
wénjìng 文静 6-1539A
wěnjǐng 刎頸 2-616B
wènjīng 問荆 12-31B
wènjīng 問經 12-33B
wénjīngé 文津閣 6-1528A
wěnjǐngjiāo 刎頸交 2-616B
wénjīngwǔlüè 文經武略 6-1539A
wénjīngwǔwěi 文經武緯 6-1539A
wénjīqǐwǔ 聞雞起舞 12-107B
wénjīrén 聞雞人 12-107B
wēnjiǔ 温韭 5-1467A
wénjiǔ 文酒 6-1530B
wénjīwǔ 聞雞舞 12-107B
wénjíxiānshēng 文籍先生 6-1546B
wēnjū 温居 5-1466B
wénjù 文句 6-1516B
wénjù 文具 6-1521B

wénjù 蚊聚 8-870A
wēnjuàn 温卷 5-1466B
wénjuàn 文卷 6-1524A
wènjuàn 問絹 12-33B
wēnjūn 瘟君 8-337A
wénjūn 文君 6-1520A
wènjūn 問軍 12-32A
wénjūnjiǔ 文君酒 6-1520A
wénjūnlú 文君壚 6-1520A
wénjūnxīnguǎ 文君新寡 6-1520A
wénjūnzǎoguǎ 文君早寡 6-1520A
wénkāng 文康 6-1533B
wénkǎo 文考 6-1517A
wěnkào 穩靠 8-160A
wēnkè 温課 5-1472B
wénkē 文科 6-1527B
wénkè 文刻 6-1524A
wénkè 文客 6-1528B
wénkè 文課 6-1542A
wènkè 問課 12-34A
wènkěn 問肯 12-31A
wénkù 文庫 6-1530B
wénkuài 文儈 6-1541A
wénkuǎn 文款 6-1535A
wénkuí 文魁 6-1538A
wénkǔn 文閫 6-1542A
wénlán 文瀾 6-1547A
wénláng 文郎 6-1525A
wénlàng 紋浪 9-772B
wénlángé 文瀾閣 6-1547A
wénlánwǔxī 文婪武嬉 6-1532A
wènláo 問勞 12-33A
wénléi 蚊雷 8-870A
wénléi 聞雷 12-106B
wěnlèi 抆淚 6-410B
wēnlí 温驪 5-1474A
wēnlǐ 温李 5-1465B
wēnlǐ 温理 5-1469B
wēnlì 温沴 5-1466B
wēnlì 温栗 5-1469A
wēnlì 温厲 5-1472A
wēnlì 温癘 5-1473B
wēnlì 温麗 5-1473B
wénlí 文狸 6-1530A
wénlí 文貍 6-1539B
wénlǐ 文理 6-1531B
wénlǐ 文禮 6-1544B
wénlǐ 文鯉 6-1545A
wénlǐ 紋理 9-772B
wénlì 文吏 6-1517A
wénlì 文例 6-1523B
wénlì 文曆 6-1543A
wénlì 文歷 6-1543A
wénlì 文麗 6-1545B
wénlì 蚊力 8-868B
wěnlì 穩利 8-158A
wěnlì 穩麗 8-160A
wènlǐ 問理 12-32A
wènlǐ 問禮 12-35A
wénlián 文奩 6-1539A
wénlián 文聯 6-1544A
wénliàn 文練 6-1542B
wēnliáng 温良 5-1466A
wēnliáng 温凉 5-1470A
wēnliáng 輼涼 9-1300B
wēnliáng 輼輬 9-1301A
wénliáng 文梁 6-1534B
wēnliángchē 輼凉車 9-1300B
wēnliángchē 輼涼車 9-1300B
wēnliángchē 輼輬車 9-1301A
wēnliánggōngjiǎnràng 温良恭儉讓 5-1466A
wēnliángyùjiǎ 温涼玉斝 5-1470A
wēnliángyùzhǎn 温涼玉盞 5-1470A
wénliáo 文僚 6-1539B
wénliè 文烈 6-1529A
wěnliè 紊裂 9-773A
wénlín 文林 6-1521A
wénlín 文鱗 6-1547B
wénlín 聞貉 12-107B
wénlíng 文綾 6-1540A
wénlìng 文令 6-1516B
wénlìng 聞令 12-104B
wénlínguǒ 文林果 6-1521A
wénlínláng 文林郎 6-1521A
wénliú 文流 6-1530B
wěnliú 吻流 3-234A
wènliǔpínghuā 問柳評花 12-31B
wènliǔxúnhuā 問柳尋花 12-31B
wénlóu 文樓 6-1540B
wēnlú 温廬 5-1473B
wēnlù 輼輅 9-1300B
wénlù 文陸 6-1531B
wénlù 文鹿 6-1533B
wénlù 文路 6-1537B
wénlù 紋路 9-773A
wénluán 文鸞 6-1547B
wěnluàn 紊亂 9-773A
wēnlún 温綸 5-1472B
wénlùn 文論 6-1542A
wēnluò 温洛 5-1468A
wénluó 文螺 6-1544B
wēnlǜ 温律 5-1467B
wénlǚ 文履 6-1542A
wénlǜ 文律 6-1527B
wénmǎ 文馬 6-1528B
wènmá 免麻 2-268A
wénmài 文脉 6-1528A
wénmài 文脈 6-1530A
wénmáng 文盲 6-1524A
wénmáng 文氓 6-1524A
wěnmǎng 吻莽 3-234A
wēnmào 温茂 5-1466A
wēnmào 温帽 5-1470B
wénmáo 文旄 6-1530B
wénmào 文貌 6-1539B
wēnměi 温美 5-1468A
wénméi 蚊眉 8-869B
wénméng 閩虻 12-108B
wénméng 文虻 6-1527A
wénméng 文盟 6-1537B
wénméng 蚊虻 8-869A
wénméng 蚊蝱 8-870B
wénméng 蚊寍 8-869B
wènméng 問盟 12-33A
wénméngfùshān 蚊虻負山 8-869A
wénméngguò'ěr 蚊寍過耳 8-869B
wěnmì 穩密 8-159B
wénmiǎn 文冕 6-1532A
wénmiàn 文面 6-1526B
wénmiào 文廟 6-1542A
wēnmǐn 温敏 5-1469B
wénmǐn 文敏 6-1532B
wēnmíng 温明 5-1466B
wénmíng 文名 6-1518A
wénmíng 文明 6-1522A
wénmíng 聞名 12-104B
wénmìng 文命 6-1523B
wénmìng 聞命 12-105A
wènmíng 聞名 12-105A
wènmíng 問名 12-30B
wénmíngbùrú… 聞名不如見面 12-105A
wènmíngcái 問名財 12-30B
wénmíngcí 文明詞 6-1522B
wénmínggùn 文明棍 6-1522B
wénmíngjiǎo 文明脚 6-1522B
wénmíngjiéhūn 文明結婚 6-1522B
wénmíngsàngdǎn 聞名喪膽 12-105A
wénmíngshēngchǎn 文明生產 6-1522B
wénmíngxì 文明戲 6-1522B
wēnmò 殟歿 5-175A
wénmó 文謨 6-1544B
wénmó 文魔 6-1546B
wénmò 文墨 6-1540B
wénmò 蚊蟆 8-870B
wénmòrén 文墨人 6-1541A
wénmòzhí 文墨職 6-1541A
wénmǔ 文母 6-1516B
wénmǔ 文畝 6-1530A
wénmǔ 蚊母 8-869A
wénmù 文木 6-1514B
wénmù 紋木 9-772B
wènmù 問目 12-30A
wénmǔcǎo 蚊母草 8-869A
wénmǔmù 蚊母木 8-869A
wénmǔniǎo 蚊母鳥 8-869A
wénmǔshù 蚊母樹 8-869A
wènnàn 問難 12-35A
wēnnàshā 温那沙 5-1465B
wēnnì 温膩 5-1473A
wènnǐ 問擬 12-35A
wēnniàn 温念 5-1466B
wénniǎo 文鳥 6-1533A
wénniè 文囓 6-1547B
wènníng 問寧 12-34A
wènniú 問牛 12-30A
wēnnuǎn 温暖 5-1471B
wēnnuǎn 温煖 5-1472A
wēnnuǎn 温煗 5-1472A
wěnnuǎn 穩暖 8-160A
wēnnún 温黁 5-1474A
wēnnvè 温瘧 5-1472B
wénpài 文派 6-1528A
wěnpāi 穩拍 8-158B
wěnpāipāi 穩拍拍 8-158B
wénpèi 文旆 6-1528A
wénpèi 文旆 6-1530B
wénpí 文槐 6-1539A
wénpí 文皮 6-1516B
wénpí 文魮 6-1541B
wénpǐ 文痞 6-1536B
wénpǐn 文品 6-1527A
wènpìn 問聘 12-33A
wénpíng 文憑 6-1544A
wénpíng 紋枰 9-772B
wěnpíng 穩平 8-158A
wěnpīpī 穩丕丕 8-158A
wěnpó 穩婆 8-159A
wēnpǔ 温朴 5-1465A
wénpǔ 文朴 6-1517A
wénpǔ 文圃 6-1529B
wénpǔ 文譜 6-1546A
wēnqì 温氣 5-1469A
wēnqì 瘟氣 8-337A
wénqí 文齊 6-1540A
wénqǐ 文綺 6-1540A
wénqì 文契 6-1525B
wénqì 文砌 6-1526B
wénqì 文氣 6-1530A
wěnqì 紊棄 9-773A
wěnqì 脗契 6-1282B
wénqián 文錢 6-1543B
wènqián 搵錢 6-756B
wènqiǎn 問遣 12-33A
wénqiǎo 文巧 6-1516A
wěnqiè 穩切 8-158A
wěnqiè 穩愜 8-159B
wénqífúbùqí 文齊福不齊 6-1540A
wénqījiǔhuì 文期酒會 6-1535A
wénqín 文禽 6-1536A
wénqín 紋禽 9-772B
wènqīn 問親 12-34B
wènqǐn 問寢 12-34A
wēnqíng 温情 5-1470A
wēnqìng 温凊 5-1469A
wénqíng 文情 6-1534B
wěnqíng 穩情 8-159B
wěnqǐng 穩請 8-160A
wēnqìngdìngxǐng 温凊定省 5-1469A
wēnqíngmìyì 温情密意 5-1470B
wēnqíngmìyì 温情蜜意 5-1470B
wēnqíngmòmò 温情脉脉 5-1470A
wěnqíngqǔ 穩情取 8-159B
wēnqīnshànzhěn 温衾扇枕 5-1469A
wènqǐnshìshàn 問寢視膳 12-34A

wénqióng 文窮 6-1542A
wénqiū 文楸 6-1537A
wénqiū 紋楸 9-773A
wénqiú 文裘 6-1537B
wénqǔ 文曲 6-1517B
wènqǔ 問取 12-31A
wēnquán 溫泉 5-1467B
wénquàn 文券 6-1524A
wénqǔxīng 文曲星 6-1517B
wēnrán 溫然 5-1470B
wěnrán 脗然 6-1283A
wènrǎn 搵染 6-756B
wēnrè 溫熱 5-1472B
wēnrén 溫仁 5-1464B
wénrén 文人 6-1513B
wénrén 聞人 12-104B
wènrén 聞人 12-104B
wénrénhuà 文人化 6-1513B
wénrénhuà 文人畫 6-1513B
wénrénmòkè 文人墨客 6-1513B
wénrénmòshì 文人墨士 6-1513B
wénrénwúxíng 文人無行 6-1513B
wénrénxiāngqīng 文人相輕 6-1513B
wénrénxuéshì 文人學士 6-1513B
wēnróu 溫柔 5-1468B
wēnróudūnhòu 溫柔敦厚 5-1468B
wēnróujìng 溫柔境 5-1468B
wēnróuxiāng 溫柔鄉 5-1468B
wēnrú 溫濡 5-1473B
wénrú 文儒 6-1543B
wénrù 文縟 6-1544A
wěnrú 吻儒 3-234B
wēnruǎn 溫煗 5-1467A
wēnruǎn 溫軟 5-1469B
wénruì 閺蚋 12-108B
wénruì 文瑞 6-1537A
wénruì 蚊蚋 8-869B
wénruì 蚊蜹 8-870A
wénruìlóu 文瑞樓 6-1537A
wēnrùn 溫潤 5-1473A
wénruò 文弱 6-1531A
wénruòshūshēng 文弱書生 6-1531B
wénrúqírén 文如其人 6-1518B
wénrúshì 聞如是 12-105A
wěnrútàishān 穩如泰山 8-158A
wēnsè 溫色 5-1465A
wénsè 文塞 6-1539A
wēnshàn 溫扇 5-1469B
wénshān 文山 6-1514A
wénshàn 聞善 12-106B
wěnshàn 穩善 8-159B
wènshàn 問膳 12-34B
wènshàng 汶上 5-992B
wénshānhuìhǎi 文山會海 6-1514A
wénsháo 聞韶 12-107A
wénshé 文蛇 6-1532B
wénshè 文社 6-1519B
wénshè 文攝 6-1547A
wěnshé 吻舌 3-233B
wēnshēn 溫深 5-1470A
wēnshén 瘟神 8-337A
wēnshèn 溫慎 5-1472A
wénshēn 文身 6-1519B
wénshēn 文深 6-1534B
wénshèn 文蜃 6-1537B
wěnshēn 穩身 8-158A
wěnshěn 穩審 8-160A
wěnshèn 穩慎 8-160A
wènshěn 問審 12-34B
wénshēnduànfà 文身斷髮 6-1519B
wénshēng 文聲 6-1544A
wénshēng 聞聲 12-107A
wénshèng 文勝 6-1536B
wénshèng 文聖 6-1537A
wènshēng 聞聲 12-107A
wēnshēngjuéjū 溫生絕裾 5-1465A
wénshēngméisǐ 聞生没死 12-104B
wénshēngxiāngsī 聞聲相思 12-107A
wénshēnjiǎnfà 文身剪髮 6-1519B
wénshēnjiǎnfà 文身翦髮 6-1519B
wénshēnwǎngmì 文深網密 6-1534B
wēnshényé 瘟神爺 8-337A
wénshēnzhīzhù 文深之柱 6-1534B
wènshèqiútián 問舍求田 12-31A
wēnshī 溫溼 5-1472A
wēnshí 溫石 5-1465A
wēnshí 溫食 5-1467B
wēnshí 溫實 5-1472B
wēnshì 溫室 5-1468A
wēnshì 溫適 5-1472B
wénshī 文師 6-1530A
wénshí 文什 6-1515A
wénshí 文石 6-1516A
wénshí 文實 6-1540A
wénshí 聞識 12-107B
wénshǐ 文史 6-1516B
wénshǐ 文始 6-1525B
wénshì 文飭 6-1536B
wénshì 文士 6-1514A
wénshì 文世 6-1516A
wénshì 文示 6-1516A
wénshì 文事 6-1521A
wénshì 文勢 6-1537A
wénshì 文飾 6-1538A
wénshì 紋飾 9-773A
wénshì 蚊市 8-869A
wěnshí 穩實 8-160A
wěnshì 抆拭 6-410B
wěnshì 抆飾 6-410B
wènshí 揾食 6-756B
wènshì 聞士 12-104B
wènshì 問世 12-30A
wènshì 問事 12-31A
wénshíbì 文石陛 6-1516B
wènshídàobǎi 問十道百 12-29B
wènshìlián 問事簾 12-31A
wēnshìshù 溫室樹 5-1468A
wènshìzhàng 問事杖 12-31A
wénshǒu 蚊首 8-869B
wénshòu 文綬 6-1540B
wénshòu 文獸 6-1545B
wěnshòu 吻獸 3-234B
wěnshòu 穩受 8-158B
wēnshū 溫書 5-1469B
wēnshū 溫淑 5-1470A
wēnshū 溫舒 5-1470B
wēnshú 溫熟 5-1472B
wēnshǔ 溫暑 5-1470B
wēnshù 溫樹 5-1473A
wénshū 文姝 6-1528B
wénshū 文書 6-1531A
wénshū 文殊 6-1529B
wénshū 文疏 6-1537A
wénshǔ 文鼠 6-1538A
wénshù 文術 6-1533A
wénshù 蚊樹 8-870B
wěnshú 穩熟 8-160A
wènshù 問數 12-34A
wénshuài 文帥 6-1527B
wénshūfáng 文書房 6-1531A
wēnshuǐ 溫水 5-1464B
wènshuǐbīn 問水濱 12-30A
wēnshùn 溫順 5-1470B
wěnshǔn 吻吮 3-234A
wěnshùn 穩順 8-159B
wénshuō 聞說 12-107A
wénshūyáo 文書爻 6-1531A
wénsī 文思 6-1527A
wénsī 紋絲 9-772B
wénsì 文駟 6-1540B
wénsībùdòng 文絲不動 6-1537A
wénsībùdòng 紋絲不動 9-772B
wénsīfùshān 蚊思負山 8-869A
wénsīméidòng 紋絲没動 9-773A
wénsìqírén 文似其人 6-1517B
wénsīyuàn 文思院 6-1527A
wēnsōng 溫菘 5-1469B
wénsòng 文頌 6-1538A
wénsòng 聞誦 12-107A
wénsōu 文艘 6-1541B
wénsōudīngjiǎ 文搜丁甲 6-1535A
wēnsù 溫宿 5-1470B
wénsú 文俗 6-1527B
wènsú 問俗 12-31B
wénsuàn 文算 6-1539B
wénsùgé 文溯閣 6-1539A
wěnsuì 紊碎 9-773A
wènsuì 問遂 12-32B
wénsūn 文孫 6-1531B
wènsūn 聞孫 12-106A
wénsuō 文梭 6-1532A
wènsuǒ 問索 12-32A
wénsuǒbùwén 聞所不聞 12-105A
wénsuǒwèiwén 聞所未聞 12-105B
wéntái 文苔 6-1521A
wéntān 文攤 6-1547A
wéntán 文談 6-1542A
wéntán 文壇 6-1542B
wéntàn 文探 6-1532A
wèntǎn 免袒 2-267B
wēntāng 溫湯 5-1471A
wéntáng 文堂 6-1532A
wēntáo 溫陶 5-1469B
wéntāowǔlüè 文韜武略 6-1546A
wéntǐ 文體 6-1547A
wèntí 問題 12-35A
wèntiān 問天 12-30A
wèntiānmǎiguà 問天買卦 12-30A
wéntiánwǔxī 文恬武嬉 6-1528A
wéntiě 文帖 6-1523A
wěntiē 穩貼 8-159B
wěntiē 穩帖 8-158B
wéntīng 聞聽 12-107B
wèntīng 問聽 12-35A
wéntōng 文通 6-1531B
wéntóng 文童 6-1536B
wéntǒng 文統 6-1537A
wéntōngcánjǐn 文通殘錦 6-1531B
wèntóu 問頭 12-34B
wēntóuwēnnǎo 瘟頭瘟腦 8-337B
wèntú 問徒 12-32A
wèntú 問途 12-32A
wèntú 問塗 12-33B
wēntūn 溫燉 5-1473A
wēntūn 溫吞 5-1465B
wēntūn 溫暾 5-1473A
wēntún 溫屯 5-1464B
wēntūnshuǐ 溫吞水 5-1465B
wěntuǒ 穩妥 8-158B
wēnwǎn 溫婉 5-1470B
wénwán 文玩 6-1520A
wénwǎng 文罔 6-1523A
wénwǎng 文網 6-1540A
wénwàng 文望 6-1534B
wènwàng 聞望 12-106A
wènwàng 問望 12-32B
wénwángcāo 文王操 6-1514B
wénwángkè 文王課 6-1514B
wēnwéi 溫韋 5-1468B
wēnwěi 溫偉 5-1470A
wēnwèi 溫慰 5-1473A
wénwéi 文闈 6-1544B
wénwèi 文衛 6-1541B

wènwèi 問慰 12-34B
wènwèi 問遺 12-34A
wènwèitiè 問慰帖 12-34B
wēnwēn 温温 5-1471A
wēnwén 温文 5-1464B
wénwén 文文 6-1515B
wénwén 聞聞 12-107A
wénwèn 聞問 12-106A
wěnwěn 忞忞 7-430A
wènwèn 聞問 12-106B
wěnwěn'ān'ān 穩穩安安 8-160B
wěnwěnchénchén 穩穩沉沉 8-160B
wěnwěndàngdàng 穩穩當當 8-160B
wēnwén'ěryǎ 温文爾雅 5-1464B
wénwēng 文翁 6-1530A
wěnwěnjìngjìng 穩穩靜靜 8-160B
wénwénmòmò 文文莫莫 6-1515B
wénwénmòmò 文文墨墨 6-1515B
wēnwēnrán 温温然 5-1471A
wēnwénrúyǎ 温文儒雅 5-1464B
wěnwěntuǒtuǒ 穩穩妥妥 8-160B
wénwényùyù 彣彣彧彧 3-1122A
wěnwěnzāzā 穩穩扎扎 8-160B
wénwú 文無 6-1536A
wénwǔ 文武 6-1520A
wénwǔ 文舞 6-1539A
wénwù 文物 6-1523A
wénwǔbān 文武班 6-1520B
wénwǔcái 文武才 6-1520B
wénwǔchāishì 文武差事 6-1520B
wénwúdiǎnyì 文無點易 6-1536A
wénwúhài 文毋害 6-1516A
wénwúhài 文無害 6-1536A
wénwǔhuǒ 文武火 6-1520B
wénwújiādiǎn 文無加點 6-1536A
wénwǔquáncái 文武全才 6-1520B
wénwùshēngmíng 文物聲明 6-1523A
wénwǔshì 文武士 6-1520B
wénwǔshuāngquán 文武雙全 6-1521A
wénwǔzhīdào 文武之道 6-1520B
wēnxī 温犀 5-1471B
wēnxí 温席 5-1469A
wēnxí 温習 5-1470B
wénxī 文犀 6-1537A
wénxī 文犧 6-1546B
wénxí 文席 6-1530B
wénxí 文檄 6-1544B
wénxì 文繫 6-1545B
wénxì 文戲 6-1544B
wénxiá 文匣 6-1519A
wěnxià 穩下 8-157B
wénxiàn 文憲 6-1544A
wénxiàn 文獻 6-1546B
wēnxiāng 温香 5-1467B
wénxiāng 文襄 6-1544B
wénxiāng 蚊香 8-869B
wénxiáng 文降 6-1525B
wénxiáng 文庠 6-1528A
wénxiǎng 蚊響 8-870B
wénxiàng 文象 6-1533A
wēnxiāngqú 温香渠 5-1467B
wēnxiāngyànyù 温香艷玉 5-1467B
wēnxiāngyànyù 温香豔玉 5-1467B
wénxiànzhījiā 文獻之家 6-1546B
wénxiāo 文簫 6-1545B
wěnxiáo 紊淆 9-773A
wénxié 文邪 6-1517A
wénxiè 文榭 6-1539A
wěnxié 穩協 8-158B
wēnxīn 温馨 5-1473B
wēnxìn 温信 5-1467B
wénxīn 文心 6-1515B
wénxìn 聞信 12-105B
wènxīn 問心 12-30A
wènxìn 問信 12-31B
wénxīng 文星 6-1526B
wénxíng 文行 6-1517B
wénxíng 文形 6-1519A
wénxìng 文杏 6-1519A
wénxìng 文性 6-1524B
wènxǐng 問省 12-31B
wénxīnggāozhào 文星高照 6-1526B
wènxíngguān 問刑官 12-30B
wènxīnwúkuì 問心無愧 12-30A
wénxióng 文雄 6-1535B
wēnxíshànzhěn 温席扇枕 5-1469A
wēnxiù 温秀 5-1465B
wénxiù 文宿 6-1535A
wénxiù 文秀 6-1519A
wénxiù 文繡 6-1546A
wénxiūwǔyǎn 文修武偃 6-1527B
wénxiùyuàn 文繡院 6-1546B
wénxǐyàn 聞喜宴 12-106B
wēnxù 温卹 5-1466B
wēnxù 温恤 5-1468A
wēnxù 温煦 5-1472A
wénxù 文序 6-1519B
wénxù 文緒 6-1540A
wěnxù 紊緒 9-773B
wènxù 問恤 12-31B
wénxuān 文宣 6-1528B
wénxuān 文軒 6-1529A
wénxuǎn 文選 6-1542A
wénxuǎnlàn… 文選爛，秀才半 6-1542B
wénxuǎnlóu 文選樓 6-1542A
wénxuǎnxiàng 文選巷 6-1542A
wénxuǎnxué 文選學 6-1542B
wénxué 文學 6-1543A
wěnxuè 抆血 6-410A
wènxué 問學 12-34B
wénxuéjiā 文學家 6-1543B
wénxuéshǐ 文學史 6-1543B
wénxuéyǔyán 文學語言 6-1543B
wēnxún 温恂 5-1468A
wēnxún 温尋 5-1471B
wēnxùn 温馴 5-1471B
wēnxùn 温巽 5-1471B
wénxūn 文勛 6-1535B
wénxùn 聞訊 12-106A
wènxún 問詢 12-33B
wènxùn 問訊 12-32A
wēnxùxū 温序鬚 5-1466A
wénxùzǐ 文叙子 6-1528A
wénxùzǐ 文溆子 6-1536B
wénxùzǐ 文漵子 6-1540A
wēnyǎ 温疋 5-1465A
wēnyǎ 温雅 5-1470B
wényǎ 文雅 6-1535B
wēnyán 温言 5-1466A
wēnyán 温顔 5-1473B
wényān 蚊烟 8-869B
wényān 蚊煙 8-870A
wényán 文言 6-1519B
wényàn 文彦 6-1528A
wényàn 文焰 6-1536B
wényàn 文燕 6-1542B
wényàn 文讌 6-1547B
wényàn 文驗 6-1547B
wényàn 文艷 6-1547B
wényàn 文豔 6-1547B
wényàng 聞様 12-107A
wènyángchuān 汶陽川 5-993A
wènyángtián 汶陽田 5-993A
wènyángtiánfǎn 汶陽田反 5-993A
wènyángzhīmǎ 問羊知馬 12-30B
wényánwén 文言文 6-1519B
wényānxiāng 蚊烟香 8-869B
wěnyànyàn 穩堰堰 8-159B
wényāo 文妖 6-1520A
wényāo 文訞 6-1533B
wényáo 文瑶 6-1539A
wényáo 文鰩 6-1547A
wényào 文曜 6-1545A
wényào 文耀 6-1546B
wēnyè 温液 5-1470A
wényě 文野 6-1532A
wényè 文業 6-1537B
wènyè 問業 12-33A
wényēfèishí 聞噎廢食 12-107A
wēnyì 温毅 5-1472B
wēnyì 温繹 5-1473B
wēnyì 瘟疫 8-337A
wényī 文衣 6-1518A
wényī 文漪 6-1540A
wényí 文移 6-1532B
wényí 文儀 6-1541A
wényǐ 蚊蟻 8-870B
wényì 文異 6-1532A
wényì 文意 6-1538B
wényì 文義 6-1538B
wényì 文蓺 6-1539A
wényì 文誼 6-1542A
wényì 文藝 6-1544B
wényì 文繹 6-1546A
wényì 文鷁 6-1547A
wényì 蚊翼 8-870B
wényì 聞義 12-107A
wènyí 問疑 12-34A
wènyīdáshí 問一答十 12-29B
wényìjiā 文藝家 6-1545A
wényīn 文茵 6-1526A
wényīn 文鞇 6-1540B
wényín 紋銀 9-773A
wényín 蚊吟 8-869A
wényǐn 文引 6-1515B
wényìn 文廕 6-1538B
wēnyíng 温瑩 5-1472B
wényīng 文英 6-1521A
wényíng 蚊蠅 8-870B
wényìpīpíng 文藝批評 6-1545A
wényìxué 文藝學 6-1545A
wényǐzǎidào 文以載道 6-1516A
wényīzhī'èr 聞一知二 12-104A
wényīzhīshí 聞一知十 12-104A
wényǒng 文詠 6-1536B
wényǒu 文友 6-1514B
wényòu 文囿 6-1527A
wényóutái 文游臺 6-1536B
wēnyú 温禺 5-1467A
wēnyú 温瑜 5-1471B
wēnyǔ 温語 5-1472B
wēnyù 温奥 5-1470B
wēnyù 温玉 5-1465A
wēnyù 温郁 5-1466A
wēnyù 温裕 5-1471B
wēnyù 温飫 5-1470B
wēnyù 温燠 5-1473A
wēnyù 温諭 5-1473A
wēnyù [illegible] 5-781B
wényú 文娛 6-1531B
wényú 文魚 6-1533A
wényú 文輿 6-1544B
wényǔ 文語 6-1539B
wényù 文獄 6-1539B
wényù 文譽 6-1546B
wényù 聞譽 12-107B
wènyǔ 問語 12-34A
wènyù 聞譽 12-107B
wēnyuàn 温愿 5-1472A

wényuān 文鴛 6-1544A
wényuān 文鵷 6-1546A
wényuán 文員 6-1529B
wényuán 文園 6-1537B
wényuán 文緣 6-1542B
wényuàn 文苑 6-1521A
wényuánbìng 文園病 6-1537B
wényuánbìngkě 文園病渴 6-1537B
wényuāncǎifèng 文鵷彩鳳 6-1546A
wényuángé 文淵閣 6-1536B
wényuángé 文源閣 6-1538B
wēnyuángǔ 温源谷 5-1472A
wényuánkě 文園渴 6-1537B
wényuánkěbìng 文園渴病 6-1538A
wényuánxiāokě 文園消渴 6-1537B
wényuánzhìfāng 文圓質方 6-1538A
wényuē 文約 6-1528B
wényuè 文樂 6-1542B
wényuè 文籥 6-1547B
wěnyuē 穩約 8-159A
wènyuè 問閲 12-34B
wényùn 文運 6-1537A
wěnyùn 穩韵 8-160A
wényùshù 文玉樹 6-1516A
wēnzǎo 薀藻 9-560A
wēnzǎo 蘊藻 9-613A
wénzǎo 文藻 6-1545B
wénzǎo 聞早 12-104B
wěnzāwěndǎ 穩扎穩打 8-157B
wénzé 文則 6-1526B
wénzé 文責 6-1531B
wénzēng 文繒 6-1545A
wénzhá 文劄 6-1539B
wénzhá 文扎 6-1514B
wénzhá 文札 6-1516A
wénzhài 文債 6-1538A
wénzhàn 文戰 6-1543A
wěnzhǎn 穩展 8-159A
wènzhǎn 問斬 12-32A
wénzhāng 文章 6-1533B
wénzhāng 文彰 6-1539B
wénzhāng 彣彰 3-1122A
wénzhāng 紋章 9-772B
wénzhàng 文丈 6-1514A
wénzhàng 文帳 6-1532B
wénzhàng 蚊帳 8-869B
wénzhāngbó 文章伯 6-1534A
wénzhāngcǎo 文章草 6-1534A
wénzhāng'èrbǎinián 文章二百年 6-1534A
wénzhāngguó 文章國 6-1534A
wénzhānghǎi 文章海 6-1534A
wénzhānghuò 文章貨 6-1534A
wénzhāngjiā 文章家 6-1534A
wénzhāngjīngjì 文章經濟 6-1534B
wénzhāngjùgōng 文章巨公 6-1534A
wénzhāngjùgōng 文章鉅公 6-1534B
wénzhāngshāndǒu 文章山斗 6-1534A
wénzhāngshù 文章樹 6-1534B
wénzhāngsìyǒu 文章四友 6-1534A
wénzhāngsùlǎo 文章宿老 6-1534B
wénzhāngzēngmìng 文章憎命 6-1534B
wénzhāngzōnggōng 文章宗工 6-1534A
wénzhāngzōngjiàng 文章宗匠 6-1534A
wēnzhào 温詔 5-1471A
wénzhāo 文昭 6-1526B
wénzhāowǔmù 文昭武穆 6-1526B
wēnzhěn 瘟疹 8-337A
wénzhěn 文軫 6-1535B
wénzhěn 聞診 12-106B
wénzhèn 文陣 6-1528B
wénzhèn 文鎮 6-1545A
wénzhèn 蚊陣 8-869B
wénzhèng 文政 6-1526A
wénzhèng 文證 6-1546A
wènzhèng 問正 12-30A
wènzhèng 問政 12-31B
wēnzhěnshànxí 温枕扇席 5-1466A
wēnzhí 温直 5-1466A
wēnzhǐ 温旨 5-1465A
wénzhī 文織 6-1545A
wénzhī 聞知 12-105A
wénzhí 文職 6-1544B
wénzhǐ 文旨 6-1518A
wénzhì 文制 6-1523A
wénzhì 文治 6-1524B
wénzhì 文致 6-1529B
wénzhì 文製 6-1539B
wénzhì 文質 6-1541A
wènzhī 問知 12-31A
wénzhìbīnbīn 文質彬彬 6-1541A
wénzhìbīnbīn 文質斌斌 6-1541B
wénzhìsāntǒng 文質三統 6-1541A
wénzhìwǔlì 文治武力 6-1524B
wēnzhōng 温中 5-1464B
wēnzhòng 温重 5-1467B
wénzhǒng 文冢 6-1531A
wénzhǒng 文種 6-1539B
wěnzhòng 穩重 8-158B
wénzhōnghǔ 文中虎 6-1514B
wēnzhòu 温酎 5-1469A
wénzhōu 文舟 6-1518A
wénzhōu 文譸 6-1544B
wénzhōu 文縐 6-1544A
wénzhóu 文軸 6-1535A
wénzhǒu 文帚 6-1525B
wēnzhōuluàntán 温州亂彈 5-1465B
wēnzhōuzájù 温州雜劇 5-1465B
wénzhōuzhōu 文譸譸 6-1544B
wénzhōuzhōu 文縐縐 6-1544A
wénzhòuzhòu 文僽僽 6-1536A
wénzhòuzhòu 文驟驟 6-1547B
wénzhú 文竹 6-1517B
wénzhú 文燭 6-1544B
wénzhǔ 蚊廛 8-870B
wěnzhù 穩住 8-158A
wénzhuān 文磚 6-1543A
wénzhuàng 文狀 6-1525B
wènzhuàng 問狀 12-31B
wénzhuì 文綴 6-1540B
wènzhuì 問墜 12-34A
wěnzhùjià 穩住架 8-158A
wēnzhǔránxī 温渚然犀 5-1470A
wěnzhùshén'er 穩住神兒 8-158A
wènzhūshuǐbīn 問諸水濱 12-34A
wēnzhūtóu 猵豬頭 10-42A
wénzhùyán 文祝延 6-1528B
wénzi 蚊子 8-868B
wénzī 文資 6-1538B
wénzǐ 文梓 6-1532A
wénzì 文字 6-1518A
wěnzǐ 穩子 8-157B
wènzì 問字 12-30B
wénzìchán 文字禪 6-1518B
wénzichuán 蚊子船 8-868B
wénzìgǎigé 文字改革 6-1518B
wénzìjiāo 文字交 6-1518B
wénzimù 蚊子木 8-868B
wénzìpǐ 文字癖 6-1518B
wénzishù 蚊子樹 8-869A
wénzǐtóngshēng 文子同升 6-1514B
wénzǐwénsūn 文子文孫 6-1514B
wénzìxué 文字學 6-1518B
wénzìyǐn 文字飲 6-1518B
wénzìyù 文字獄 6-1518B
wénzìyuán 文字緣 6-1518B
wénzōng 文宗 6-1524B
wénzōnggé 文宗閣 6-1525A
wénzōngxuéfǔ 文宗學府 6-1525A
wénzòu 文奏 6-1526A
wénzòu 聞奏 12-105B
wēnzú 温足 5-1465B
wénzǔ 文祖 6-1528B
wénzǔ 文組 6-1535A
wěnzú 穩足 8-158A
wènzuì 問罪 12-33B
wènzuì 問辠 12-33B
wènzuìshī 問罪師 12-33B
wènzuìzhīshī 問罪之師 12-33B
wěnzuòdiàoyúchuán 穩坐釣魚船 8-158A
wěnzuòdiàoyútái 穩坐釣魚臺 8-158B
wōbàn 窩伴 8-451B
wǒbèi 我輩 5-213A
wòbēi 卧碑 8-725A
wōbì 踒躄 10-509B
wōbiè 窩彆 8-452B
wòbié 握别 6-780A
wòbīng 卧冰 8-722B
wòbǐng 握柄 6-780B
wòbìng 卧病 8-724A
wòbīngqiúlǐ 卧冰求鯉 8-722B
wōbó 窩脖 8-451B
wòbù'ānxí 卧不安席 8-722A
wòbù'ānzhěn 卧不安枕 8-722A
wòcǎi 渥采 5-1527A
wòcǎi 渥彩 5-1527B
wòcán 卧蠶 8-726A
wōcáng 窩藏 8-452B
wǒcáo 我曹 5-212B
wōchāng 窩娼 8-451B
wōcháo 窩巢 8-452A
wòchē 卧車 8-722B
wōchóng 蝸蟲 8-917B
wòchǒng 渥寵 5-1528A
wòchóu 沃疇 5-974B
wòchǔ 卧處 8-724A
wòchù 卧處 8-724A
wòchuáng 卧床 8-723A
wòchuáng 卧牀 8-723B
wòchuī 卧吹 8-722B
wòchuò 握踚 6-782A
wòchuò 握娖 6-780B
wòchuò 握齱 6-782A
wòchuò 齷齪 12-1457B
wòchuò 齷齱 12-1458A
wòchuòrè 齷齪熱 12-1458A
wòcì 幄次 3-751B
wòcì 斡刺 7-341A
wōcù 喔促 3-452B
wòcù 偓促 1-1583B
wòcuō 擭撮 6-907A
wòdān 卧單 8-724B
wòdān 渥丹 5-1527A
wòdàn 卧蛋 8-724B
wòdàng 沃蕩 5-974A
wōdāo 倭刀 1-1507A
wōdāo 窩刀 8-450B
wōdào 窩盜 8-452A
wòdǎo 卧倒 8-724A
wòdāowén 握刀紋 6-779B
wōde 窩的 8-451B
wòdǐ 卧底 8-723B

wòdì 擭地 6-907A
wòdì 沃地 5-973A
wòdì 偓遞 6-781A
wōdiàn 踒墊 10-509B
wòdiàn 幄殿 3-751B
wōdiē 踒跌 10-509B
wōdiē 踠跌 10-513B
wòdōng 卧冬 8-722B
wōdǒu 蝸斗 8-916B
wōdǔ 窩賭 8-452B
wōduàn 倭緞 1-1508A
wōdùn 窩頓 8-452A
wǒduò 鬌墮 12-747A
wǒduò 倭墮 1-1508A
wǒduò 婑墮 4-372A
wǒduò 婑媠 4-371B
wǒduò 婑嫷 4-372A
wǒduò 鬖鬌 12-747A
wǒduǒjì 倭鬌髻 1-1508A
wǒduòjì 咼墮髻 3-262B
wǒduòjì 倭墮髻 1-1508A
wò'ē 卧痾 8-724B
wò'ēn 渥恩 5-1527B
wō'ér 猧兒 5-78A
wō'erbócuì 窩兒薄脆 8-451B
wò'ěrduǒ 斡耳朵 7-341A
wò'ěrduǒ 斡耳朶 7-341A
wòfà 握髮 6-781B
wòfàdiàn 握髮殿 6-781B
wòfān 卧番 8-724B
wòfān 卧翻 8-726A
wōfáng 蝸房 8-916B
wòfáng 卧房 8-723B
wòfàtùbǔ 握髮吐哺 6-781B
wòfàtùcān 握髮吐飧 6-781B
wōfěi 窩匪 8-451B
wōfēng 窩風 8-451B
wòfēngbǔyǐng 握風捕影 6-780B
wòfósì 卧佛寺 8-723A
wòfú 卧伏 8-722B
wòfú 握符 6-780B
wǒfùzǐdài 我負子戴 5-212B
wǒfǔzipèi 我黼子佩 5-213A
wōgōng 窩工 8-450B
wōgōng 窩弓 8-450B
wǒgōng 我躬 5-212B
wògǔ 卧骨 8-723B
wògǔ 卧鼓 8-724B
wògù 握固 6-780A
wōguā 倭瓜 1-1507B
wōguā 窩瓜 8-451A
wòguā 卧瓜 8-722B
wòguǎn 握管 6-781A
wòguàn 沃盥 5-974B
wòguàn 沃灌 5-974B
wòguǐ 卧軌 8-723B
wōguó 倭國 1-1507B
wòguǒ'er 卧果兒 8-723A
wòhǎi 卧海 8-724A
wǒháng 我行 5-212A
wòhé 握河 6-780A
wōhén 蝸痕 8-917A
wòhòu 渥厚 5-1527A
wōhù 窩户 8-451A
wòhǔ 卧虎 8-723B
wòhù 卧護 8-726A
wōhuǎn 蝸睆 8-917A
wǒhuán 鬖鬟 12-747A
wòhuàn 渥涣 5-1527B
wòhuì 渥惠 5-1527B
wōhuǒ 窩火 8-451A
wōhuǒbiēqì 窩火憋氣 8-451A
wōjí 窩集 8-452A
wōjì 蝸迹 8-917A
wōjì 蝸跡 8-917A
wǒjì 鬌髻 12-747A
wòjī 握機 6-781B
wòjī 握奇 6-780A
wòjí 沃堉 5-974A
wòjí 沃瘠 5-974A
wòjí 卧疾 8-724A
wòjí 渥集 5-1527B
wōjiā 窩家 8-451B
wǒjiā 我家 5-212B
wòjiǎ 卧甲 8-722B
wǒjiàn 我見 5-212A
wòjiàng 渥絳 5-1527B
wǒjiànyóulián 我見猶憐 5-212A
wōjiǎo 蝸角 8-916B
wòjiāo 沃焦 5-973B
wòjiāo 沃燋 5-974B
wòjiāo 握椒 6-781A
wōjiǎodòuzhēng 蝸角鬭争 8-916B
wōjiǎowénjié 蝸角蚊睫 8-916B
wōjiǎoxūmíng 蝸角虚名 8-916B
wōjiǎozhīzhēng 蝸角之争 8-916B
wòjié 握節 6-781A
wòjìng 握鏡 6-782A
wōjū 蝸居 8-916B
wōjù 萵苣 9-442B
wōjù 窩聚 8-452B
wòjù 卧具 8-723A
wòjuàn 渥眷 5-1527B
wòjūn 握君 6-780A
wōké 蝸殼 8-917A
wōkéjū 蝸殼居 8-917A
wòkōnghóu 卧箜篌 8-725A
wōkòu 倭寇 1-1507B
wòkuì 沃饋 5-974B
wōlài 渦瀨 5-1382B
wòlán 握蘭 6-782A
wǒláng 我郎 5-212A
wòlào 卧酪 8-725A
wòlè 斡勒 7-341B
wòlèi 沃酹 5-974A
wòlǐ 卧理 8-724A
wōliàng 蝸量 8-917A
wòliǎngshǒuhàn 握兩手汗 6-780A
wōlǐduǒ 窩里朵 8-451A
wōlie 噶咧 3-531B
wōlǐfān 窩裏翻 8-452A
wòlín 沃霖 5-974B
wòlíngshézhīzhū 握靈蛇之珠 6-782A
wōlǐpào 窩裏炮 8-452A
wōliú 窩留 8-451B
wòliú 沃流 5-973B
wòliú 渥流 5-1527B
wòliú 斡流 7-341B
wòlóng 卧龍 8-725B
wòlónggǎng 卧龍崗 8-725B
wòlòu 沃漏 5-974A
wōlú 蝸廬 8-917B
wòlù 卧鹿 8-724B
wōlǔduǒ 窩魯朵 8-452B
wòlǔduǒ 斡魯朶 7-341B
wōluó 倭螺 1-1508A
wōluó 蝸螺 8-917B
wòluò 瓁洛 4-634B
wǒmàn 我慢 5-212B
wòmàn 涴漫 5-1419A
wǒměi 我每 5-212A
wòměi 沃美 5-973B
wǒmen 我們 5-212B
wòmiǎn 渥眄 5-1527A
wòmìng 握命 6-780A
wōmíngyínglì 蝸名蠅利 8-916B
wòmù 幄幕 3-751B
wòmù 握沐 6-780A
wòmù 屋幕 4-35B
wòmùtùcān 握沐吐飧 6-780A
wōnáng 窩囊 8-453A
wōnángfèi 窩囊肺 8-453A
wōnángfèi 窩囊廢 8-453A
wōnángqì 窩囊氣 8-453A
wōnángxiàng 窩囊相 8-453A
wònànhé 斡難河 7-342A
wònèi 卧内 8-722A
wǒnī 我妮 5-212B
wǒnì 我伲 5-212A
wōniáng 倭娘 1-1507B
wōniè 喔躡 3-453A
wōniú 蝸牛 8-916A
wòniúchéng 卧牛城 8-722B
wōniúguó 蝸牛國 8-916A
wōniúlú 蝸牛廬 8-916A
wōniúshè 蝸牛舍 8-916A
wǒnóng 我儂 5-213A
wōnóngbāo 窩膿包 8-453A
wōnú 倭奴 1-1507B
wōnǔ 窩弩 8-451B
wǒnuó 婐娜 4-371B
wǒnuǒ 婐姬 4-370A
wōpán 渦盤 5-1382B
wōpán 窩盤 8-452B
wòpèi 渥沛 5-1527A
wōpéng 窩棚 8-452A
wōpù 窩鋪 8-452B
wōpù 窩舖 8-452B
wòpù 卧鋪 8-725A
wōqì 窩氣 8-451B
wòqǐ 卧起 8-724A
wòqì 斡棄 7-341B
wòqià 渥洽 5-1527B
wòqiān 握鉛 6-781A
wòqiān 斡遷 7-341B
wòqiàn 握槧 6-781B
wòqiānbàoqiàn 握鉛抱槧 6-781A
wōquán 蝸跧 8-917A
wòquán 沃泉 5-973A
wòquán 偓佺 1-1583B
wòquán 握拳 6-780B
wòquántòuzhǎng 握拳透掌 6-780B
wòquántòuzhǎo 握拳透爪 6-780B
wòrán 沃然 5-974A
wòrán 渥然 5-1527B
wòrǎn 涴染 5-1419A
wōráng 窩穰 8-453A
wòrǎng 沃壤 5-974B
wòráo 沃饒 5-974B
wōrén 倭人 1-1507A
wōrén 踒人 10-509B
wǒrén 我人 5-211B
wòrì 沃日 5-973A
wòrù 卧蓐 8-725A
wòrùn 沃潤 5-974A
wòrùn 渥潤 5-1528A
wòruò 沃若 5-973A
wòrùxiānglú 卧褥香爐 8-725B
wòsǎ 沃灑 5-974B
wōshǎn 踒閃 10-509B
wōshàn 倭扇 1-1507B
wǒshān 我山 5-211B
wòshānzhěnkuài 卧苫枕塊 8-723A
wōshè 蝸舍 8-916B
wòshé 握蛇 6-780B
wòshè 卧射 8-724A
wǒshēn 我身 5-212A
wǒshēng 我生 5-211B
wòshèng 渥盛 5-1527B
wòshéqíhǔ 握蛇騎虎 6-780B
wōshì 蝸室 8-917A
wǒshī 我師 5-212B
wòshí 沃實 5-974A
wòshì 卧室 8-723B
wòshì 渥飾 5-1527B
wǒshīqín 我師禽 5-212B
wòshìtángchuáng 卧式鏜牀 8-722B
wòshǒu 握手 6-779B
wòshǒu 握守 6-780A
wòshǒuyánhuān 握手言歡 6-780A
wōshū 蝸書 8-917A
wòshū 握樞 6-781B
wòshuǐjīng 渥水精 5-1527A
wòshuǐjū 渥水駒 5-1527A
wòshuò 握槊 6-781B
wǒsī 我私 5-212A
wōsītáng 窩絲糖 8-452A

wòsù 握粟 6-781A
wòsuàn 握算 6-781A
wòsùchūbǔ 握粟出卜 6-781A
wòsùhuáiqiān 握素懷鉛 6-780B
wǒsuǒ 我所 5-212A
wòsùpīhuáng 握素披黄 6-780B
wòtà 卧榻 8-725A
wòtànliútāng 握炭流湯 6-780B
wōtáo 窩逃 8-451B
wòtàqǐrónghānshuì 卧榻豈容酣睡 8-725A
wòtàzhīcè 卧榻之側 8-725A
wòtàzhīcè… 卧榻之側，豈容酣睡 8-725A
wòtàzhīcè… 卧榻之側，豈容鼾睡 8-725A
wòtàzhīpáng… 卧榻之旁，豈容他人鼾睡 8-725A
wòtàzhīxià… 卧榻之下，豈容他人酣睡 8-725A
wòtí 踠蹏 10-513B
wòtián 沃田 5-973A
wōtiāo 窩挑 8-451B
wōtiáo 蝸鬈 8-917B
wōtíngzhǔrén 窩停主人 8-451B
wōtóu 窩頭 8-452B
wòtou 沃頭 5-974A
wòtú 握圖 6-781A
wòtǔ 沃土 5-972B
wòtù 卧兔 8-723B
wōtún 窩囤 8-451A
wōtuó'er 窩坨兒 8-451B
wōtuōyín 窩脱銀 8-451B
wòwā 渥洼 5-1527A
wòwā 渥窪 5-1527B
wǒwǎn 婐婉 4-370A
wòwéi 斡維 7-341B
wòwèi 卧位 8-723A
wòwèi 渥味 5-1527A
wōwō 鍋鍋 12-563B
wōwō 喔喔 3-452B
wōwō 窩窩 8-452A
wòwò 嗌嗌 3-469A
wòwò 擭擭 6-907A
wòwò 沃沃 5-973A
wòwò 幄卧 3-751B
wòwò 渥沃 5-1527A
wōwō'āo'āo 窩窩凹凹 8-452A
wōwōbiébié 窩窩蹩蹩 8-452B
wōwōbiěbiě 窩窩癟癟 8-452B
wōwōbièbiè 窩窩彆彆 8-452A
wōwōnìnì 窩窩膩膩 8-452B
wōwōtóu 窩窩頭 8-452A
wōwōxié 窩窩鞋 8-452A
wòwùnáyún 握霧拏雲 6-782A
wòxí 幄席 3-751B
wòxǐ 沃洗 5-973B
wōxián 蝸涎 8-917A
wōxiàn 窩綫 8-452B
wǒxiàng 我相 5-212B
wōxīn 窩心 8-451A
wòxīn 沃心 5-973A
wòxīnchángdǎn 卧薪嘗膽 8-725B
wòxíng 渥刑 5-1527A
wǒxíngwǒsù 我行我素 5-212A
wōxīnjiǎo 窩心脚 8-451A
wōxīnjiǔ 窩心酒 8-451A
wòxū 渥須 5-1527B
wòxù 沃續 5-974B
wōxuán 渦旋 5-1382A
wōxuán 渦漩 5-1382B
wòxuán 斡旋 7-341B
wòxuě 沃雪 5-973B
wòxuě 卧雪 8-724A
wōyán 蝸蜒 8-917A
wòyán 沃言 5-973A
wòyǎn 沃衍 5-973A
wòyào 握要 6-780B
wòyào 渥耀 5-1528A
wòyě 沃埜 5-973B
wòyě 沃野 5-973B
wòyě 沃壄 5-974A
wōyī 喔咿 3-452B
wōyí 倭夷 1-1507B
wǒyí 我儀 5-213A
wòyī 卧揖 8-724B
wòyǐ 卧椅 8-724B
wòyì 幄帟 3-751B
wōyǐn 窩隱 8-452B
wòyǐn 蝸蚓 8-917A
wòyīn 幄茵 3-751B
wòyín 沃淫 5-973B
wòyǐn 卧隱 8-725B
wòyíng 沃瀛 5-974B
wòyíng 斡縈 7-341B
wòyóu 卧游 8-724B
wōyù 窩玉 8-451A
wòyú 沃腴 5-974A
wòyú 卧魚 8-724B
wōyuán 窩圓 8-452A
wòyúhuáijǐn 握瑜懷瑾 6-781A
wòyún 卧雲 8-724B
wòyùn 斡運 7-341B
wòyúnnáwù 握雲拿霧 6-781A
wòyǔxiéyún 握雨攜雲 6-780A
wǒzán 我咱 5-212B
wōzāng 窩臟 8-453A
wòzàng 斡葬 7-341B
wòzé 渥澤 5-1528A
wòzé 齷齰 12-1457B
wōzhǎi 蝸窄 8-917A
wōzhàn 蝸戰 8-917B
wǒzhàng 我丈 5-211B
wòzhàng 幄帳 3-751B
wōzhé 踒折 10-509B
wòzhé 踠折 10-513A
wòzhé 卧轍 8-726A
wòzhě 渥赭 5-1527B
wòzhèn 卧鎮 8-725B
wōzhēng 蝸争 8-916B
wǒzhí 我執 5-212B
wòzhì 卧治 8-723B
wòzhì 渥摯 5-1528A
wòzhōng 握中 6-779B
wòzhōu 沃州 5-973A
wòzhōu 沃洲 5-973B
wōzhǔ 窩主 8-451A
wòzhū 沃豬 5-974B
wòzhū 渥朱 5-1527A
wòzhù 碳築 7-1053A
wōzhuàn 蝸篆 8-917B
wòzhuàn 握篆 6-781B
wòzhuàn 斡轉 7-342A
wòzhuì 沃醊 5-974A
wòzhǔn 斡准 7-341A
wòzhuó 沃濯 5-974B
wòzhuó 齷濁 12-1457B
wōzi 窩子 8-451A
wōzǐ 猧子 5-78B
wōzi 倭子 1-1507A
wōzi 猧子 5-78A
wǒzì 我自 5-211B
wōzibān 窩子班 8-451A
wōzibìng 窩子病 8-451A
wòzú 踠足 10-513B
wǒzuìyùmián 我醉欲眠 5-213A
wòzuò 幄坐 3-751B
wū'ài 烏愛 7-74A
wū'ài 嗚呃 3-466A
wú'ài 吾愛 3-202A
wú'ài 無礙 7-160A
wǔ'ài 五愛 1-383B
wù'ài 霧靄 11-729A
wú'àidàhuì 無碍大會 7-142A
wú'àidàhuì 無导大會 7-116B
wú'àidàochǎng 無礙道場 7-160A
wú'àifǎhuì 無碍法會 7-142A
wú'àihuì 無碍會 7-142A
wú'àihuì 無礙會 7-160A
wū'àn 烏暗 7-73B
wū'àn 窏洝 8-444A
wǔ'àn 五案 1-374A
wù'àn 梧岸 4-1035B
wù'àn 兀岸 2-1571A
wú'ānwáng 吴安王 3-189A
wù'ànyúnshēn 霧暗雲深 11-727B
wū'ǎo 巫媪 2-973A
wū'ào 汙坳 5-911A
wū'ào 汙驁 5-915A
wǔ'ào 侮傲 1-1402B
wù'ào 兀傲 2-1571B
wù'ào 兀奡 2-1571B
wúbá 無胈 7-124B
wúbà 無霸 7-161B
wǔbà 五霸 1-393A
wǔbà 五伯 1-358A
wúbābì 無巴壁 7-102B
wúbābì 無笆壁 7-127A
wúbābì 無把臂 7-112B
wūbái 烏白 7-66A
wūbǎi 烏柏 7-69A
wǔbái 五白 1-350A
wǔbǎi 五百 1-351B
wǔbǎi 伍百 1-1177A
wǔbǎi 伍伯 1-1177A
wùbài 勿拜 2-172B
wǔbǎiluóhàn 五百羅漢 1-352A
wūbáimǎjiǎo 烏白馬角 7-66A
wǔbǎiniánqián 五百年前 1-352A
wǔbǎitān 五百灘 1-352A
wūbàng 烏榜 7-74B
wūbàng 誣謗 11-219B
wúbàng 吴榜 3-192B
wǔbāng 五邦 1-350B
wūbǎo 烏寳 7-77B
wūbào 汙暴 5-913B
wúbào 無僔 7-157B
wǔbǎo 五保 1-368A
wǔbào 五暴 1-387A
wùbào 霧豹 11-726B
wùbào 鶩暴 12-866A
wǔbǎohù 五保户 1-368A
wúbāotán 無褒彈 7-152B
wǔbàzhǎng 五伯長 1-358B
wǔbǎzi 武把子 5-341A
wūbēi 汙卑 5-911A
wūbēi 烏椑 7-71B
wūbèi 誣悖 11-217B
wúbēi 無陂 7-115A
wúbèi 吾輩 3-202A
wúbèi 無悖 7-129A
wúbèi 無輩 7-150A
wǔbèi 武備 5-345B
wúbēijì 無碑記 7-142A
wúbèiwúcè 無背無側 7-123B
wúběn 無本 7-103B
wǔběn 武賁 5-345B
wǔběn 五本 1-349A
wùběn 務本 8-586B
wùběn 誤本 11-228A
wūbǐ 屋比 4-35A
wūbì 汙庳 5-912B
wūbì 屋壁 4-36B
wūbì 鄔壁 10-673A
wūbì 誣蔽 11-219A
wúbǐ 亡比 2-294A
wúbǐ 無比 7-101A
wúbǐ 無俾 7-127B
wúbì 毋必 7-815B

wúbì 吳濞 3-194A
wúbì 無陂 7-115A
wúbì 無必 7-106B
wúbì 無壁 7-155B
wǔbì 五辟 1-384A
wǔbì 舞弊 3-1194A
wùbǐ 誤筆 11-229A
wùbì 塢壁 2-1174A
wùbì 務必 8-586B
wúbiān 無邊 7-159A
wúbiàn 無辨 7-155B
wúbiàn 無辯 7-162A
wǔbiàn 武弁 5-340A
wǔbiàn 武抃 5-341A
wǔbiàn 舞忭 3-1192B
wǔbiàn 舞抃 3-1192A
wùbiàn 物變 6-257A
wúbiānfēngyuè 無邊風月 7-159A
wúbiānwújì 無邊無際 7-159A
wúbiānwúyán 無邊無沿 7-159A
wúbiānwúyín 無邊無垠 7-159A
wǔbiànxíng 五徧行 1-380A
wǔbiāo 五彪 1-375A
wùbiǎo 物表 6-251B
wúbiǎoxuěwángzhāng 無表雪王章 7-115A
wúbǐdiàn 無比店 7-101A
wùbié 晤别 5-732B
wúbǐhù 無比户 7-101A
wūbìn 烏鬢 7-77B
wùbìn 霧髩 11-728A
wùbìn 霧鬢 11-729A
wùbìnfēnghuán 霧鬢風鬟 11-729A
wǔbīng 五兵 1-358A
wǔbǐng 五秉 1-362B
wǔbǐng 武柄 5-342B
wǔbīngpèi 五兵佩 1-358A
wǔbīngshàngshū 五兵尚書 1-358A
wúbìngshēnyín 無病呻吟 7-128A
wúbìngyīshēnqīng 無病一身輕 7-128A
wǔbǐnòngwén 舞筆弄文 3-1193B
wùbìnyúnhuán 霧髩雲鬟 11-728A
wùbìnyúnhuán 霧鬢雲鬟 11-729A
wǔbǐqiū 五比丘 1-346A
wūbó 烏駁 7-75B
wúbō 無波 7-121A
wúbō 無撥 7-149B
wǔbó 蕪駁 9-549B
wǔbó 五伯 1-358A
wǔbó 五博 1-377B
wǔbó 伍伯 1-1177A
wǔbó 侮薄 1-1402B
wùbó 物帛 6-252A
wùbó 霧泊 11-726A
wùbó 霧勃 11-726A
wùbó 霧渤 11-727A
wùbó 霧駁 11-728A
wúbōsì 吳撥四 3-193A
wūbǔ 烏哺 7-70A
wūbù 巫步 2-971B
wúbǔ 無補 7-140A
wúbù 無不 7-100B
wǔbǔ 五卜 1-343B
wǔbù 五布 1-349B
wǔbù 五怖 1-364A
wǔbù 五部 1-373A
wǔbù 伍部 1-1178A
wǔbù 武步 5-341A
wǔbù 武部 5-344A
wǔbùchéngshī 五步成詩 1-357B
wúbùdá 無不達 7-100B
wùbùhòu 戊部候 5-183A
wǔbùqǔ 五不取 1-346A
wǔbùqǔ 五不娶 1-346A
wùbùqùshàn 惡不去善 7-554A
wǔbùshànzuò 武不善作 5-339B
wūbùzhàng 烏布帳 7-66A
wǔbùzhōu 五部洲 1-373B
wúcāi 無猜 7-133A
wúcài 吳蔡 3-192B
wǔcái 五才 1-344A
wǔcái 五材 1-356B
wǔcái 五裁 1-378A
wǔcái 武才 5-339A
wǔcái 武材 5-341A
wǔcǎi 五采 1-363A
wǔcǎi 五彩 1-376A
wǔcǎi 五綵 1-386B
wǔcài 五菜 1-375A
wùcǎi 物采 6-252B
wǔcǎibīnfēn 五彩繽紛 1-376A
wǔcǎiqí 五彩旗 1-376A
wǔcǎiqí 五綵旗 1-386B
wúcàitǐ 吳蔡體 3-192B
wǔcǎixì 五綵戲 1-386B
wǔcǎiyi 五綵衣 1-386B
wūcàn 於粲 6-1575B
wúcán 吳蠶 3-194B
wúcán 無慚 7-148A
wúcán 無慙 7-149B
wǔcān 午餐 2-920B
wǔcān 伍参 1-1178A
wǔcán 五殘 1-378B
wúcáng 無藏 7-157A
wǔcāng 五倉 1-372B
wǔcāng 五蒼 1-382B
wùcǎnyúnchóu 霧慘雲愁 11-728A
wūcáo 烏曹 7-71A
wúcāo 無操 7-153B
wúcáo 吾曹 3-201B
wǔcāo 舞操 3-1194A
wǔcáo 五曹 1-375A
wǔcǎo 舞草 3-1192B
wūcè 嗚惻 3-466B
wúcè 無策 7-137B
wúcè 無筴 7-143A
wùcén 霧岑 11-726A
wúcéng 無曾 7-139A
wǔchá 午茶 2-919A
wùchā 誤差 11-228B
wúchái 吾儕 3-202A
wūchán 烏蟾 7-77B
wūchán 誣讒 11-220A
wūchǎn 誣諂 11-219A
wǔchán 五禪 1-390A
wùchán 悟禪 7-541A
wùchǎn 物産 6-254B
wūcháng 烏腸 7-74A
wúchāng 吳閶 3-193B
wúcháng 无常 4-656B
wúcháng 無常 7-131A
wúcháng 無腸 7-144A
wúcháng 無償 7-157B
wǔchāng 五猖 1-376A
wǔcháng 五長 1-360A
wǔcháng 五常 1-375B
wǔchǎng 武場 5-345B
wùcháng 霧裳 11-728A
wùchǎng 誤場 11-229A
wùchǎng 霧敞 11-727A
wǔchāngchūnliǔ 武昌春柳 5-341B
wúchánggōngzǐ 無腸公子 7-144A
wǔchāngguānliǔ 武昌官柳 5-341B
wǔchānghuì 五猖會 1-376A
wǔchāngliǔ 武昌柳 5-341B
wǔchāngshèngzhú 武昌剩竹 5-342A
wǔchāngyú 武昌魚 5-341B
wúchángzhōng 無常鍾 7-131B
wúchángzhōng 無常鐘 7-131B
wúchǎnjiējí 無産階級 7-133B
wǔchányú 五單于 1-379B
wúchǎnzhě 無産者 7-133B
wǔcháo 午朝 2-920A
wǔcháo 午潮 2-920B
wǔcháo 伍潮 1-1178A
wǔcháomén 午朝門 2-920A
wǔchē 五車 1-357A
wǔchē 武車 5-341A
wùchè 悟徹 7-540B
wùchè 悟澈 7-540B
wǔchēfùsì 五車腹笥 1-357A
wúchén 無塵 7-147A
wǔchén 五臣 1-351B
wǔchén 五辰 1-357B
wǔchén 五塵 1-385B
wǔchén 午塵 2-920B
wǔchén 武臣 5-340B
wūchéng 烏程 7-72B
wúchēng 無稱 7-146A
wúchéng 無成 7-108A
wúchéng 蕪城 9-549A
wǔchēng 武稱 5-347A
wǔchéng 五丞 1-355B
wǔchéng 五承 1-365A
wǔchéng 五城 1-366A
wǔchéng 五乘 1-372B
wǔchéng 武成 5-340B
wùchéng 務成 8-587A
wǔchéngbīngmǎ 五城兵馬 1-366A
wǔchéngjī 武城雞 5-342A
wūchéngjiǔ 烏程酒 7-72B
wǔchéngqín 武城禽 5-342A
wǔchéngshí'èrlóu 五城十二樓 1-366A
wǔchéngwáng 武成王 5-340B
wǔchéngxián 武城弦 5-342A
wǔchéngzǎi 武城宰 5-342A
wúchéngzǐ 無成子 7-108A
wúchényī 無塵衣 7-147A
wùchényúnmíng 霧沈雲暝 11-726A
wúchénzǐ 無塵子 7-147A
wǔchēshū 五車書 1-357A
wūchí 汙池 5-911A
wūchí 洿池 5-1140A
wūchǐ 洿恥 5-1140A
wūchì 汙斥 5-910B
wūchì 烏翅 7-69B
wúchǐ 無恥 7-126A
wúchǐ 無耻 7-126A
wǔchí 舞池 3-1192A
wǔchǐ 五尺 1-348A
wùchì 勿齒 2-172B
wùchì 兀赤 2-1570B
wǔchǐshùzǐ 五尺豎子 1-348B
wǔchǐtóngzǐ 五尺童子 1-348B
wǔchǐzhīgū 五尺之孤 1-348B
wǔchǐzhītóng 五尺之童 1-348B
wǔchǐzhītóng 五尺之僮 1-348B
wǔchōng 武衝 5-347B
wǔchóng 五蟲 1-392A
wùchǒng 誤寵 11-230A
wúchóu 吾儔 3-202A
wúchóu 無仇 7-101B
wúchóu 無愁 7-143A
wúchóu 無儔 7-155A
wúchǒu 無醜 7-154B
wǔchǒu 五醜 1-389A
wǔchǒu 武丑 5-339B
wúchóulèi 無疇類 7-160A
wúchóutiānzǐ 無愁天子 7-143A
wūchú 屋除 4-35B
wúchū 無出 7-106B
wúchǔ 吳楚 3-191B
wúchǔ 無儲 7-157B
wúchǔ 無處 7-131A

wúchù 無處 7-131A
wǔchū 五出 1-350B
wǔchū 午初 2-919A
wǔchù 五畜 1-373B
wǔchù 忤觸 7-433A
wùchū 杌樗 4-773B
wùchù 誤觸 11-230A
wúchuán 無傳 7-143B
wúchuǎn 無舛 7-109B
wǔchuán 五傳 1-383B
wùchuán 誤傳 11-229A
wǔchuándìzǐ 五傳弟子 1-383B
wùchuáng 杌牀 4-773A
wúchuīhuǒ 無炊火 7-120B
wúchún 吳蓴 3-192A
wǔchún 五純 1-374B
wúchuò 齬齪 12-1455B
wúchūqíyòu 無出其右 7-106B
wǔchǔshì 五處士 1-375A
wúchūtóu 無出頭 7-107A
wūcí 誣詞 11-218A
wūcí 誣辭 11-219B
wúcī 無疵 7-133A
wúcí 無辭 7-160A
wúcí 蕪詞 9-549A
wúcì 無次 7-111A
wúcì 無賜 7-150B
wǔcī 五疵 1-376B
wǔcí 五詞 1-380B
wǔcí 五辭 1-392B
wǔcínòngzhá 舞詞弄札 3-1193B
wūcōng 烏驄 7-77B
wúcóng 亡從 2-297B
wúcóng 無從 7-132B
wúcóng 無悰 7-134B
wúcóngzhìhuì 無從置喙 7-132B
wúcòu 無湊 7-133A
wūcuàn 烏爨 7-78A
wūcuànnòng 烏爨弄 7-78A
wǔcuī 五縗 1-390A
wùcuì 霧萃 11-726B
wúcúnjì 無存濟 7-108A
wǔcùnzi 五寸子 1-344A
wúcuò 亡厝 2-296B
wúcuò 無措 7-130A
wǔcuò 午錯 2-920B
wùcuò 誤錯 11-229B
wǔdá 五達 1-377B
wǔdá 午達 2-920A
wǔdá 武達 5-345B
wǔdǎ 武打 5-339B
wǔdà 五大 1-344A
wúdàbúdà 無大不大 7-99A
wǔdádào 五達道 1-378A
wǔdàfū 五大夫 1-344A
wǔdàfūchéng 五大夫城 1-344A
wúdàhuángdì 吳大皇帝 3-187A
wūdāi 誣逮 11-218A
wūdài 誣紿 11-218A
wúdài 無逮 7-135A
wúdài 無貸 7-137B
wǔdài 五代 1-349B
wùdài 誤紿 11-229A
wúdàidāngfēng 吳帶當風 3-191A
wǔdàishǐ 五代史 1-350A
wūdàn 誣誕 11-218B
wúdàn 無甔 7-157B
wúdàn 無憚 7-152B
wǔdān 武擔 5-348A
wǔdàn 五旦 1-349B
wǔdàn 五石 1-349A
wǔdàn 武旦 5-340A
wùdàn 惡憚 7-560B
wúdāng 吾當 3-202A
wúdāng 無當 7-142B
wúdǎng 吾黨 3-202B
wúdǎng 無黨 7-161A
wúdàng 無當 7-142B
wǔdāngshān 武當山 5-346A
wúdǎngwúpiān 無黨無偏 7-161A
wūdànhù 烏蜑户 7-72B
wǔdànhù 五石瓠 1-349A
wúdànshí 無儋石 7-151B
wúdànshí 無甔石 7-157B
wūdāo 杇刀 4-747A
wūdāo 杅刀 4-746B
wūdào 汙道 5-913A
wūdào 誣道 11-218B
wúdāo 吳刀 3-187A
wúdāo 吳舠 3-189B
wúdào 亡道 2-298B
wúdào 吾道 3-202A
wúdào 無道 7-139A
wǔdǎo 舞蹈 3-1194A
wǔdào 五道 1-380B
wǔdào 午道 2-920A
wǔdào 迕道 10-730A
wùdào 物道 6-255A
wùdào 悟道 7-540B
wúdàodǎi 無道歹 7-139A
wúdàodōng 吾道東 3-202A
wúdǎoduàn 無倒斷 7-127A
wǔdàojiāngjūn 五道將軍 1-380B
wǔdàoshén 五道神 1-380B
wǔdàsāncū 五大三粗 1-344A
wúdàwúxiǎo 無大無小 7-99A
wùdǎwùzhuàng 誤打誤撞 11-228A
wǔdàyáng 五大洋 1-344B
wǔdàyùndòng 五大運動 1-344B
wǔdàzhōu 五大洲 1-344B
wūdé 汙德 5-913B
wúdé 無得 7-132B
wúdé 無德 7-151B
wǔde 伍的 1-1177B
wǔdé 五德 1-387B
wǔdé 武德 5-347B
wùde 兀得 2-1571B
wùde 兀的 2-1571A
wùde 兀底 2-1571A
wúdé'érchēng 無德而稱 7-151B
wúděng 亡等 2-298B
wúděng 吾等 3-202A
wúděng 無等 7-137B
wúdèng 吳鄧 3-192B
wǔděng 五等 1-379B
wùdèng 杌凳 4-773B
wǔděngjué 五等爵 1-379B
wúděngshuāng 無等雙 7-137B
wǔdéwǔ 武德舞 5-347B
wǔdézhōngshǐ 五德終始 1-388A
wūdǐ 誣詆 11-218A
wúdī 無隄 7-135A
wúdí 無敵 7-152B
wúdí 無適 7-147B
wúdǐ 無底 7-120B
wúdì 吳地 3-188B
wúdì 無地 7-107A
wúdì 無蔕 7-145B
wǔdí 五狄 1-358B
wǔdì 五地 1-351B
wǔdì 五帝 1-369A
wūdiǎn 汙點 5-914A
wūdiàn 誣玷 11-217A
wúdiān 無顛 7-160A
wúdiǎn 無點 7-157B
wúdiàn 吳殿 3-192A
wúdiàn 無玷 7-122B
wǔdiǎn 五典 1-362A
wǔdiàn 廡殿 3-1279A
wùdiǎn 誤點 11-229B
wúdiāndǎo 無顛倒 7-160A
wǔdiǎnsānfén 五典三墳 1-362A
wǔdiànshì 武殿試 5-346B
wúdiānwúdǎo 無顛無倒 7-160A
wúdiào 吳調 3-193A
wúdiào 無弔 7-102B
wǔdiào 五調 1-388B
wǔdìchē 五帝車 1-369B
wúdǐdòng 無底洞 7-120B
wúdǐdòu 無底竇 7-120B
wúdiē 無跌 7-137A
wùdié 霧疊 11-729A
wūdiēní 烏爹泥 7-70A
wūdiéní 烏叠泥 7-74A
wúdìfàngshǐ 無的放矢 7-117B
wúdǐhè 無底壑 7-120B
wúdǐkáng 無抵扛 7-115A
wúdìkěróng 無地可容 7-107A
wùdǐlǜ 兀底律 2-1571A
wūdǐng 屋頂 4-35B
wǔdīng 五丁 1-343A
wǔdīng 武丁 5-338B
wǔdǐng 五頂 1-374B
wǔdǐng 五鼎 1-379A
wūdǐnghuāyuán 屋頂花園 4-35B
wúdìngjù 無定據 7-121B
wǔdǐngpēng 五鼎亨 1-379B
wǔdǐngpēng 五鼎烹 1-379B
wǔdǐngshí 五鼎食 1-379B
wǔdǐngwànzhōng 五鼎萬鐘 1-379B
wǔdǐngzhī 五鼎芝 1-379B
wúdìngzhǔn 無定準 7-121B
wúdìngzhuó 無定着 7-121B
wúdīngzì 無丁字 7-98A
wùdìnú 兀地奴 2-1570B
wúdìqǐlóutáixiànggōng 無地起樓臺相公 7-107B
wúdíshǒu 無敵手 7-152B
wúdítiānxià 無敵天下 7-152B
wúdíwúmù 無適無莫 7-147B
wúdíyútiānxià 無敵於天下 7-152B
wúdǐzàng 無底藏 7-120B
wúdìzhīyú 無隄之輿 7-135A
wúdìzìchǔ 無地自處 7-107B
wúdìzìcuò 無地自厝 7-107A
wúdìzìróng 無地自容 7-107B
wǔdìzuò 五帝坐 1-369B
wǔdòng 五動 1-376A
wǔdòng 舞動 3-1193A
wūdòngdòng 烏洞洞 7-69B
wúdòngjuéxiè 無洞掘蟹 7-125B
wǔdōngliùxià 五冬六夏 1-350A
wúdōnglìxià 無冬歷夏 7-106A
wúdòngwéidà 無動爲大 7-132A
wúdōngwúxià 無冬無夏 7-106A
wúdòngyúzhōng 無動於中 7-132A
wúdòngyúzhōng 無動於衷 7-132A
wūdòu 烏豆 7-68A
wǔdǒu 五斗 1-347B
wǔdòu 五酘 1-375A
wǔdǒujiěchéng 五斗解酲 1-348A
wǔdòuliánzhū 五竇聯珠 1-392B
wǔdǒulù 五斗祿 1-348A
wǔdǒumǐ 五斗米 1-348A
wǔdǒumǐdào 五斗米道 1-348A
wǔdǒumǐshī 五斗米師 1-348A
wǔdǒusù 五斗粟 1-348A
wǔdǒuxiānsheng 五斗先生 1-348A
wǔdǒuzǐ 五斗子 1-348A
wūdú 汙毒 5-911B
wūdú 汙瀆 5-915A

wūdú 洿瀆 5-1140B
wūdú 烏毒 7-69A
wúdū 吴都 3-190B
wúdù 毋度 7-816A
wúdù 無度 7-125A
wǔdū 五都 1-371A
wǔdú 五毒 1-365B
wǔdú 侮黷 1-1403A
wǔdù 五度 1-369A
wǔdù 五蠹 1-393B
wúduān 無端 7-147A
wúduàn 無斷 7-159B
wǔduān 五端 1-386A
wǔduàn 武斷 5-349A
wùduān 物端 6-255B
wùduàn 誤斷 11-230A
wúduānduān 無端端 7-147B
wǔduǎnshēncái 五短身材 1-379B
wǔdúbǐng 五毒餅 1-365B
wúdúbùzhàngfū 無毒不丈夫 7-122B
wǔdúcǎo 五毒草 1-365B
wúduī 無追 7-124B
wúduì 無對 7-145B
wùduì 悟對 7-540B
wùduì 晤對 5-732B
wùduì 鋈錞 11-1308B
wūdūn 烏踆 7-74B
wúdùn 無頓 7-142A
wǔdǔn 午盹 2-919A
wǔdùn 五盾 1-368B
wǔdùn 五遁 1-380A
wūdūntùzǒu 烏踆兔走 7-74B
wúduō 毋多 7-815B
wúduō 無多 7-110B
wǔduó 侮奪 1-1402B
wùduó 誤奪 11-229B
wúduōshí 無多時 7-110B
wǔduǒyún 五朵雲 1-353B
wúduōzǐ 無多子 7-110B
wúdúyǒu'ǒu 無獨有偶 7-155A
wū'é 巫娥 2-972B
wú'é 吴娥 3-190B
wú'è 無惡 7-135B
wǔ'è 五惡 1-378A
wǔ'è 五戹 1-346A
wù'é 誤譌 11-230A
wù'è 惡惡 7-558B
wú'èbùwéi 無惡不爲 7-135B
wú'èbùzào 無惡不造 7-135B
wú'èbùzuò 無惡不作 7-135B
wù'ēn 誤恩 11-228B
wǔ'èqū 五惡趣 1-378A
wū'ér 巫兒 2-972A
wú'ér 吴兒 3-189B
wú'ěr 無耳 7-107B
wú'èr 無二 7-98A
wú'èr 無貳 7-135B
wǔ'ěr 五餌 1-385B
wù'ěr 兀爾 2-1571B
wú'èrjià 無二賈 7-98A
wú'èrjià 無二價 7-98A
wú'èrlǜ 無貳慮 7-135B
wú'èrniáng 吴二娘 3-186B
wú'èrniángqǔ 吴二娘曲 3-187A
wú'èrnuò 無二諾 7-98A
wúfǎ 無法 7-121A
wǔfá 五罰 1-385A
wǔfǎ 五法 1-364A
wǔfǎ 侮法 1-1402B
wǔfǎ 舞法 3-1192B
wùfā 悟發 7-540B
wùfǎ 務法 8-587A
wūfàn 烏飯 7-72B
wúfán 無煩 7-144B
wǔfān 五幡 1-387B
wǔfǎn 五反 1-346B
wǔfàn 五范 1-360B
wǔfàn 午梵 2-919B
wǔfàn 午飯 2-920A
wǔfàn 忤犯 7-432B
wǔfàn 迕犯 10-730A
wùfàn 物範 6-256A
wùfàn 誤犯 11-228A
wúfāng 无方 4-656A
wúfāng 無方 7-102A
wúfāng 無妨 7-115A
wǔfāng 五方 1-347B
wǔfāng 五坊 1-356A
wǔfáng 五房 1-365A
wùfāng 戊方 5-183A
wùfāng 物方 6-250A
wǔfāngchuáng 五方幢 1-347B
wǔfàngjiā 五放家 1-364A
wǔfāngqí 五方旗 1-347B
wǔfāngsè 五方色 1-347B
wǔfāngshīziwǔ 五方獅子舞 1-347B
wǔfāngxiǎo'ér 五坊小兒 1-356A
wǔfāngzáchù 五方雜處 1-347B
wǔfāngzácuò 五方雜厝 1-347B
wúfāngzhīmín 無方之民 7-102A
wúfǎwútiān 無法無天 7-121A
wúfēi 無非 7-116B
wúfěi 無非 7-116B
wúfèi 蕪廢 9-549B
wūfēitùzǒu 烏飛兔走 7-69B
wúfēn 吴分 3-188A
wúfēn 無分 7-101B
wúfèn 無分 7-101B
wǔfēn 五分 1-347A
wùfēn 霧氛 11-726A
wùfēn 霧雰 11-727A
wūfēng 巫風 2-972A
wūfēng 巫峯 2-972B
wúfēng 吴封 3-190A
wúfēng 無封 7-122B
wúfēng 無風 7-124B
wúfèng 無縫 7-156A
wǔfēng 五風 1-368B
wǔfēng 五峰 1-372A
wǔfēng 武風 5-343A
wǔfēng 武鋒 5-349B
wǔfèng 五鳳 1-385B
wǔfèng 舞鳳 3-1193B
wúfēngbùqǐlàng 無風不起浪 7-124B
wǔfèngchéng 五鳳城 1-385B
wúfēngdúyáocǎo 無風獨摇草 7-125A
wǔfèngfēilóng 舞鳳飛龍 3-1194A
wúfènggāngguǎn 無縫鋼管 7-156A
wǔfènglóu 五鳳樓 1-385B
wúfēngqǐlàng 無風起浪 7-125A
wúfēngshēnglàng 無風生浪 7-125A
wǔfēngshíyǔ 五風十雨 1-369A
wúfèngtǎ 無縫塔 7-156A
wúfèngtiānyī 無縫天衣 7-156A
wǔfēngxiānsheng 五峰先生 1-372A
wúfēngyángbō 無風揚波 7-125A
wúfèngzhīmíng 梧鳳之鳴 4-1036B
wúfēngzuòlàng 無風作浪 7-125A
wǔfēnqián 五分錢 1-347A
wǔfēnzhōngrèdù 五分鐘熱度 1-347A
wùfó 悟佛 7-540A
wúfóchùchēngzūn 無佛處稱尊 7-114B
wūfú 誣伏 11-216A
wūfú 誣服 11-217A
wūfǔ 烏府 7-68B
wūfù 烏腹 7-74A
wúfú 亡弗 2-294B
wúfú 吴服 3-189B
wúfú 無拂 7-115B
wúfú 無服 7-120A
wúfǔ 无輔 4-657A
wúfù 無父 7-101B
wúfù 無復 7-137B
wúfù 無縛 7-156A
wǔfū 武夫 5-339A
wǔfū 珷玞 4-585B
wǔfū 碔砆 7-1054A
wǔfú 五服 1-363A
wǔfú 五浮 1-373B
wǔfú 五福 1-384A
wǔfú 五鳧 1-383B
wǔfú 伍符 1-1178A
wǔfú 武符 5-344B
wǔfǔ 五府 1-363B
wǔfǔ 五釜 1-372B
wǔfù 五父 1-347A
wùfù 物阜 6-252A
wùfù 務附 8-587A
wǔfúbǐng 五福餅 1-384A
wùfǔchóngshēng 物腐蟲生 6-255B
wǔfūhùnyù 碔砆混玉 7-1054A
wúfūjiā 無夫家 7-100A
wùfùmín'ān 物阜民安 6-252A
wùfùmínkāng 物阜民康 6-252B
wúfùtǐ 吴富體 3-191B
wúfùwújūn 無父無君 7-101B
wúfúzhīsāng 無服之喪 7-120B
wúfúzhīshāng 無服之殤 7-120B
wūgài 屋蓋 4-35B
wǔgài 五蓋 1-382B
wǔgàizi 捂蓋子 6-598A
wúgān 吴干 3-187A
wúgān 無干 7-99A
wúgān 無忓 7-111B
wúgǎn 無敢 7-135A
wúgǎn 無感 7-142A
wúgàn 無幹 7-142A
wǔgān 舞干 3-1191B
wǔgàn 武幹 5-346A
wǔgàn 武榦 5-347A
wūgāng 鎢鋼 11-1371A
wúgāng 吴剛 3-190B
wǔgàng 侮戇 1-1403A
wǔgāngchē 武剛車 5-343B
wúgānjìng 無干淨 7-99A
wúgānjìng 無乾淨 7-131A
wūgāo 烏膏 7-75A
wūgào 誣告 11-216B
wúgào 无告 4-656B
wúgào 無告 7-113B
wǔgào 五誥 1-385B
wúgē 吴戈 3-187B
wúgē 吴歌 3-192B
wúgè 無個 7-127A
wúgè 無箇 7-146A
wǔgē 午割 2-920A
wǔgé 五塥 1-382A
wùgē 晤歌 5-732B
wùgé 物格 6-253B
wùgé 霧閣 11-728A
wúgēn 無根 7-126B
wúgēn 蕪根 9-549A
wǔgēn 五根 1-371B
wúgēng 吴羹 3-194A
wúgěng 吴耿 3-190B
wúgěng 蕪梗 9-549A
wǔgēng 五更 1-357A
wǔgēng 舞絙 3-1193B
wǔgēng 僛絙 1-1716B
wǔgēngdiào 五更調 1-357A
wǔgēngjī 五更鷄 1-357B
wǔgēngtiān 五更天 1-357A

wǔgēngtóu 五更頭 1-357A
wúgēnshuǐ 無根水 7-126B
wúgēnwúdì 無根無蒂 7-126B
wúgēnyuèjiāo 吳根越角 3-190B
wúgēnzhīmù… 無根之木,無源之水 7-126B
wúgèshì 無个事 7-99B
wúgèshì 無箇事 7-146B
wùgéyúnchuāng 霧閣雲窗 11-728A
wūgōng 圬工 2-1006A
wūgōng 洿宮 5-1140A
wūgōng 烏弓 7-65B
wúgōng 吳公 3-188A
wúgōng 吳宮 3-190A
wúgōng 吾公 3-201A
wúgōng 梧宮 4-1035B
wúgōng 無功 7-103B
wúgōng 蜈蚣 8-899B
wǔgōng 五公 1-347A
wǔgōng 五恭 1-371B
wǔgōng 武工 5-339A
wǔgōng 武功 5-339B
wǔgōng 武宮 5-343A
wǔgòng 五供 1-363A
wǔgòng 午供 2-919A
wùgōng 誤工 11-228A
wùgòng 物貢 6-253B
wúgōngchuán 蜈蚣船 8-899B
wǔgōngduì 武工隊 5-339A
wǔgòng'er 五供兒 1-363A
wúgōng'érlù 無功而祿 7-103B
wǔgōngjué 武功爵 5-340A
wúgōngshòulù 無功受祿 7-103B
wúgōngtái 吳公臺 3-188A
wǔgōngtǐ 武功體 5-340A
wúgōngxiāng 無功鄉 7-103B
wúgōngyàn 吳宮燕 3-190A
wǔgòngyǎng 五供養 1-363A
wūgōu 汙溝 5-913A
wūgòu 汙垢 5-911B
wūgòu 誣搆 11-218B
wūgòu 誣遘 11-218B
wūgòu 誣構 11-219A
wúgōu 毋句 7-815B
wúgōu 吳鉤 3-191B
wúgōu 吳鈎 3-191B
wúgòu 無垢 7-122B
wǔgōu 五溝 1-383B
wǔgǒu 五狗 1-363B
wúgòuyī 無垢衣 7-122B
wūgǔ 巫鼓 2-973A
wūgǔ 巫蠱 2-973A
wúgū 亡辜 2-298A
wúgū 無姑 7-122A
wúgū 無辜 7-136A
wúgǔ 無骨 7-124A
wúgù 毋固 7-815B
wúgù 無故 7-122B
wǔgǔ 五古 1-349A
wǔgǔ 五羖 1-373B
wǔgǔ 五鼓 1-382A
wǔgǔ 五穀 1-386B
wùgū 物估 6-251B
wùgǔ 鶩鼓 12-866A
wùgù 物故 6-253A
wūguài 誣怪 11-217A
wúguāi 無乖 7-117B
wúguài 無怪 7-121A
wùguài 物怪 6-252B
wúguàihū 無怪乎 7-121A
wūguān 汙官 5-911B
wūguàn 烏罐 7-77B
wúguān 吳關 3-194A
wúguān 吳觀 3-194B
wúguān 無官 7-121B
wúguān 無關 7-160B
wúguǎn 吳館 3-193B
wúguǎn 無管 7-146B
wúguàn 無貫 7-135A
wǔguān 五官 1-364B
wǔguān 五關 1-392B
wǔguān 武官 5-342A
wǔguān 武冠 5-343A
wǔguān 武關 5-349A
wǔguǎn 五管 1-385A
wǔguǎn 五館 1-389A
wǔguǎn 武館 5-348B
wǔguǎn 舞館 3-1194A
wǔguàn 午貫 2-919B
wùguān 物官 6-252B
wùguān 物觀 6-257A
wúguāndàjú 無關大局 7-160B
wúguāndàtǐ 無關大體 7-160B
wūguāng 烏光 7-66B
wúguāng 吳光 3-188B
wǔguāng 五光 1-352A
wùguāng 務光 8-587A
wùguāng 霧光 11-725B
wúguāngjiàn 吳光劍 3-188B
wǔguāngshísè 五光十色 1-352A
wúguānhóngzhǐ 無關宏旨 7-161A
wǔguānjiàng 五官將 1-365A
wúguānjǐnyào 無關緊要 7-161A
wǔguānláng 五官郎 1-365A
wúguāntòngyǎng 無關痛癢 7-161A
wúguānyīshēnqīng 無官一身輕 7-121B
wǔguānyuàn 五官掾 1-365A
wùguānyúndòng 霧關雲洞 11-728B
wúguānyùshǐtái 無官御史臺 7-121B
wúguàwú'ài 無掛無礙 7-130A
wúguàwú'ài 無罣無礙 7-132A
wúgūbìng 無辜病 7-136B
wǔgǔbùfēn 五穀不分 1-386B
wǔgǔchóng 五穀蟲 1-386B
wǔgǔdàfū 五羖大夫 1-373B
wúgǔdēng 無骨燈 7-124A
wǔgǔfēngdēng 五穀豐登 1-386B
wǔgǔfēngshú 五穀豐熟 1-386B
wúgūgān 無辜疳 7-136A
wūguī 烏龜 7-76B
wūguǐ 巫鬼 2-972A
wūguǐ 烏鬼 7-69A
wūguǐ 誣詭 11-218B
wúguī 無歸 7-159B
wúguǐ 無軌 7-123A
wǔguǐ 五鬼 1-368B
wǔguì 五桂 1-371B
wùguǐ 物軌 6-253A
wùguǐ 物鬼 6-253A
wúguǐdiànchē 無軌電車 7-123A
wūguiké 烏龜殼 7-76B
wǔguǐshù 五鬼術 1-368B
wùguīyuánzhǔ 物歸原主 6-256B
wūgǔjī 烏骨雞 7-69A
wǔgǔjīng 五穀精 1-386B
wǔgǔnáng 五穀囊 1-386B
wúgūniǎo 無辜鳥 7-136B
wúguǒ 無裹 7-146B
wúguò 無過 7-132A
wǔguǒ 五果 1-361B
wǔguò 五過 1-376A
wùguó 誤國 11-229A
wǔguóchéng 五國城 1-376A
wúguòchóng 無過蟲 7-132A
wúguògǔ 無過蠱 7-132A
wúguòshì 無過是 7-132A
wùguóyāngmín 誤國殃民 11-229A
wǔgǔpí 五羖皮 1-373B
wúgùshēnyín 無故呻吟 7-123A
wūgǔzhīhuò 巫蠱之禍 2-973A
wúgǔzì 無骨字 7-124A
wūhài 誣害 11-217B
wúhài 毋害 7-816A
wúhài 無害 7-129A
wǔhài 侮害 1-1402B
wùhǎi 霧海 11-726B
wúhàidūlì 無害都吏 7-129A
wúhàilì 無害吏 7-129A
wūhàn 渥汗 5-1527A
wúhàn 無感 7-142A
wúhàn 無憾 7-155B
wǔhàn 武悍 5-344A
wùhán 惡寒 7-559A
wūháng 烏行 7-67A
wúháng 無航 7-128A
wúháng 無行 7-109A
wǔháng 武行 5-340B
wǔhángbāzuō 五行八作 1-352B
wǔhángbìngxià 五行並下 1-353A
wǔhángjùxià 五行俱下 1-353A
wūháo 烏嗥 7-73B
wūháo 烏嘷 7-75A
wūháo 烏號 7-73B
wúhào 無耗 7-126A
wǔhào 五皓 1-379B
wǔhào 五號 1-383A
wúhǎoshān 吳好山 3-189A
wūhē 誣呵 11-216B
wūhé 烏禾 7-66A
wūhé 烏合 7-67A
wūhé 誣劾 11-217A
wūhè 汙壑 5-914A
wūhè 於赫 6-1575B
wúhé 亡何 2-295A
wúhé 毋何 7-815B
wúhé 無何 7-113B
wúhè 無褐 7-148B
wǔhé 五和 1-362B
wǔhé 五河 1-364A
wùhé 物和 6-252A
wùhé 寤合 3-1603B
wùhé 霧合 11-726A
wùhè 霧壑 11-728B
wūhēi 汙黑 5-912B
wūhēi 烏黑 7-72A
wūhēihēi 烏黑黑 7-72A
wúhéjìng 無何境 7-114A
wūhén 汙痕 5-912B
wǔhèn 忤恨 7-432B
wūhéng 巫恆 2-972A
wúhéng 無恆 7-126A
wǔhéng 五橫 1-386B
wúhéxiāng 無何鄉 7-114A
wúhéyǒu 无何有 4-656B
wúhéyǒu 無何有 7-114A
wúhéyǒuxiāng 無何有鄉 7-114A
wúhéyǒuzhīxiāng 無何有之鄉 7-114A
wūhézhīzhòng 烏合之衆 7-67A
wúhóng 吳鴻 3-194A
wúhòu 無厚 7-123A
wúhòu 無後 7-124B
wǔhóu 五侯 1-368A
wǔhóu 伍侯 1-1177B
wǔhóu 武侯 5-342B
wǔhòu 午後 2-919B
wùhòu 塢候 2-1174A
wùhòu 物候 6-253B
wǔhóucí 武侯祠 5-342B
wǔhóudì 五侯第 1-368A
wǔhóujiǔbó 五侯九伯 1-368A
wǔhóulàzhú 五侯蠟燭 1-368B
wǔhóuqīguì 五侯七貴 1-368A
wúhòuwéidà 無後爲大 7-124B

wǔhóuyín 武侯吟 5-342B
wǔhóuzhēng 五侯鯖 1-368A
wūhū 惡乎 7-554B
wūhū 惡虖 7-558A
wūhū 烏乎 7-66A
wūhū 烏呼 7-68B
wūhū 烏虖 7-71A
wūhū 烏嘑 7-74B
wūhū 烏戲 7-76B
wūhū 嗚乎 3-466A
wūhū 嗚呼 3-466A
wūhū 嗚虖 3-466B
wūhū 歍歑 6-1468A
wūhū 於乎 6-1574A
wūhū 於呼 6-1574B
wūhū 於虖 6-1575B
wūhū 於嘑 6-1576A
wūhū 於戲 6-1576A
wūhǔ 烏滸 7-75A
wǔhū 侮忽 1-1402A
wǔhú 五胡 1-366B
wǔhú 五湖 1-381A
wǔhǔ 五虎 1-361A
wùhú 物斛 6-254B
wùhú 霧縠 11-728B
wūhuā 洿譁 5-1140B
wúhuā 無華 7-126A
wúhuá 無華 7-126A
wúhuá 無譁 7-157B
wúhuà 吳畫 3-191B
wǔhuā 五花 1-356A
wǔhuá 五華 1-371A
wǔhuà 武化 5-339B
wùhuá 物華 6-253B
wùhuá 鶩華 12-865B
wùhuà 物化 6-250A
wǔhuābāmén 五花八門 1-356A
wǔhuācōng 五花驄 1-356B
wǔhuācuànnòng 五花爨弄 1-356B
wǔhuādàbǎng 五花大綁 1-356A
wǔhuādùdié 五花度牒 1-356B
wǔhuāgào 五花誥 1-356B
wǔhuāguǎn 五花館 1-356B
wǔhuāguāngào 五花官誥 1-356B
wúhuāguǒ 無花果 7-112B
wūhuài 汙壞 5-915A
wùhuái 寤懷 3-1604B
wúhuáishì 無懷氏 7-160B
wūhū'āizāi 嗚呼哀哉 3-466A
wūhū'āizāi 嗚嘑哀哉 3-467A
wūhū'āizāi 於乎哀哉 6-1574A
wūhū'āizāi 於呼哀哉 6-1574B
wǔhuāmǎ 五花馬 1-356B
wūhuán 烏桓 7-69B
wúhuàn 無患 7-131B
wùhuán 霧鬟 11-729A
wūhuáng 於皇 6-1575A
wúhuāng 無荒 7-122B
wúhuāng 蕪荒 9-549A
wǔhuáng 五黄 1-375A
wǔhuáng 五潢 1-386A
wǔhuáng 武皇 5-343A
wǔhuāngliùyuè 五荒六月 1-366B
wǔhuángliùyuè 五黄六月 1-375A
wúhuànmù 無患木 7-131B
wùhuànxīngyí 物换星移 6-253B
wúhuànzǐ 無患子 7-131B
wǔhuāpànshì 五花判事 1-356A
wǔhuāròu 五花肉 1-356A
wǔhuāshàimǎ 五花殺馬 1-356B
wùhuátiānbǎo 物華天寶 6-253B
wǔhuāyí 五花儀 1-356B
wúhūbùkě 無乎不可 7-105B
wǔhúfúlòu 五壺浮漏 1-378A
wūhuǐ 汙毀 5-913A
wūhuǐ 誣毀 11-218B
wūhuì 汙薉 5-914A
wūhuì 汙穢 5-914B
wūhuì 汙濊 5-914A
wūhuì 洿穢 5-1140B
wūhuì 洿沬 5-1140A
wūhuì 烏喙 7-72A
wūhuì 誣穢 11-219B
wúhuí 吳回 3-188B
wúhuì 吳會 3-192A
wúhuì 無慧 7-149B
wúhuì 無諱 7-155A
wúhuì 無穢 7-159A
wúhuì 蕪薈 9-549B
wúhuì 蕪薉 9-549B
wúhuì 蕪穢 9-550A
wúhuì 蕪濊 9-549B
wǔhuī 五暉 1-383A
wǔhuī 五麾 1-388B
wǔhuì 五會 1-383B
wǔhuì 武會 5-346A
wùhuǐ 悟悔 7-540A
wùhuì 物彙 6-255B
wùhuì 悟慧 7-540B
wùhuì 晤會 5-732B
wùhuì 誤會 11-229B
wùhuì 霧會 11-727B
wúhuíhuá 無回豁 7-108B
wúhuījiǔ 無灰酒 7-108A
wúhuīmù 無灰木 7-108A
wǔhuìshì 武會試 5-346A
wǔhǔjiàng 五虎將 1-361A
wǔhūn 五葷 1-378A
wūhuò 汙惑 5-912B
wūhuò 烏獲 7-76A
wūhuò 誣惑 11-218A
wúhuǒ 無火 7-102A
wúhuò 毋或 7-815B
wúhuò 無或 7-115B
wǔhuǒ 五火 1-347B
wǔhuǒ 午火 2-918B
wǔhuǒ 武火 5-339B
wùhuò 物貨 6-254A
wùhuò 物惑 6-255A
wùhuò 誤惑 11-229A
wǔhúshíliùguó 五胡十六國 1-366B
wǔhùsī 五户絲 1-348A
wǔhúsìhǎi 五湖四海 1-381B
wǔhúxīn 五湖心 1-381A
wūhūyīxī 嗚呼噫嘻 3-466B
wūjī 屋基 4-35B
wūjī 烏雞 7-77A
wūjī 烏几 7-65B
wūjí 屋極 4-35B
wūjí 烏集 7-72B
wūjǐ 屋脊 4-35B
wūjǐ 誣己 11-216A
wūjì 汙迹 5-911B
wūjì 汙跡 5-913A
wújī 吳姬 3-190B
wújī 無迹 7-125B
wújī 無稽 7-151A
wújī 無機 7-153B
wújī 無跡 7-143A
wújí 亡極 2-298B
wújí 無及 7-100A
wújí 無極 7-136B
wújí 無楫 7-142A
wújí 無籍 7-161A
wújí 無藉 7-156B
wújǐ 亡幾 2-298B
wújǐ 無己 7-100A
wújǐ 無幾 7-141B
wújì 毋幾 7-816A
wújì 無幾 7-141B
wújì 無忌 7-115A
wújì 無既 7-126A
wújì 無記 7-128A
wújì 無寄 7-134B
wújì 無際 7-145A
wújì 無暨 7-149B
wújì 無冀 7-154B
wújì 無濟 7-158A
wújì 鼯技 12-1413B
wǔjī 五瘤 1-393B
wǔjī 五齊 1-386A
wǔjī 舞鷄 3-1194B
wǔjí 五疾 1-373A
wǔjí 五極 1-378A
wǔjí 五籍 1-392B
wǔjí 伍籍 1-1178A
wǔjì 五技 1-355B
wǔjì 五季 1-362B
wǔjì 五紀 1-370B
wǔjì 五際 1-384A
wǔjì 五齊 1-386A
wǔjì 五醑 1-393A
wǔjì 午季 2-919A
wǔjì 午際 2-920B
wǔjì 武妓 5-341B
wǔjì 武技 5-341A
wǔjì 舞妓 3-1192B
wùjí 勿吉 2-172A
wùjí 霧集 11-727A
wùjǐ 戊己 5-183A
wùjì 惡忌 7-555B
wùjì 物迹 6-253A
wùjì 物忌 6-251B
wùjì 物際 6-255B
wùjì 悟寂 7-540B
wùjì 誤計 11-228B
wūjià 屋架 4-35B
wújiā 吾家 3-201B
wújiā 無加 7-107A
wújiā 無家 7-129A
wújiǎ 吴甲 3-188B
wújiǎ 梧榎 4-1036B
wújiǎ 梧檟 4-1036B
wújiǎ 無假 7-132B
wújià 無價 7-151B
wǔjiā 五加 1-350B
wǔjiā 五家 1-373B
wǔjiā 五茄 1-360B
wǔjiǎ 五甲 1-349B
wǔjià 五稼 1-387B
wùjià 物價 6-256A
wújiàbǎo 無價寶 7-151B
wújiākěbēn 無家可奔 7-129B
wújiākěguī 無家可歸 7-129B
wújiālóngwén 吾家龍文 3-201B
wūjiān 烏犍 7-72A
wūjiàn 汙賤 5-913B
wūjiàn 汙濺 5-915A
wújiān 吴箋 3-192B
wújiǎn 無檢 7-157A
wújiàn 吴劍 3-193A
wújiàn 無間 7-140A
wújiàn 無楗 7-136B
wújiàn 無閒 7-140B
wújiàn 無漸 7-148A
wǔjiān 五姦 1-370B
wǔjiān 午間 2-920A
wǔjiàn 五間 1-381B
wǔjiàn 五閒 1-381B
wǔjiàn 五劍 1-388A
wǔjiàn 五箭 1-387B
wǔjiàn 五諫 1-389A
wǔjiàn 武監 5-347A
wǔjiàn 武健 5-343B
wùjiǎn 勿翦 2-172B
wùjiàn 物件 6-251A
wùjiàn 晤見 5-732B
wújiānbùcuī 無堅不摧 7-131A
wújiānbùxiàn 無堅不陷 7-131A
wújiàndìyù 無間地獄 7-140B
wújiàndōngxià 無間冬夏 7-140B
wūjiāng 烏江 7-67B
wújiāng 亡將 2-298A

wújiāng 无疆 4-657A
wújiāng 毋將 7-816A
wújiāng 吴江 3-189A
wújiāng 無彊 7-155B
wújiāng 無疆 7-161A
wújiāng 無將 7-135A
wǔjiāng 五饗 1-393A
wǔjiāng 五漿 1-388B
wǔjiǎng 午講 2-921A
wǔjiàng 五將 1-377B
wǔjiàng 武將 5-345B
wǔjiǎngsìměi 五講四美 1-391A
wǔjiǎngsìměi… 五講四美三熱愛 1-391B
wújiāngzhīxiū 無疆之休 7-161A
wūjiānjià 屋間架 4-35B
wújiànkěchéng 無間可乘 7-140B
wújiànkěsì 無間可伺 7-140B
wújiànyù 無間獄 7-140B
wūjiāo 誣矯 11-219B
wújiāo 無驕 7-162A
wújiào 無窖 7-139B
wǔjiāo 五交 1-355A
wǔjiāo 五郊 1-364A
wǔjiào 五教 1-374B
wǔjiào 午覺 2-921A
wǔjiào 武教 5-344B
wǔjiǎo 焐脚 7-80A
wūjiāobāgōng 烏焦巴弓 7-72B
wūjiǎodài 烏角帶 7-68A
wújiàohuàn 無叫喚 7-105A
wūjiǎojīn 烏角巾 7-68A
wújiāolèi 無噍類 7-151A
wǔjiǎoliùzhāng 五角六張 1-359A
wújiǎolóng 無角龍 7-114B
wùjiǎoshǔ 騖角黍 12-1136A
wújiǎoxiè 無脚蟹 7-132B
wǔjiāpí 五加皮 1-350B
wújiāqiānlǐjū 吾家千里駒 3-201B
wújiāqílín 吾家麒麟 3-201B
wǔjiāqīzōng 五家七宗 1-374A
wújiāwúshì 無家無室 7-129B
wújiāxiānshēng 吾家先生 3-201B
wǔjiāyàng 武家樣 5-344A
wújiàzhībǎo 無價之寶 7-151B
wǔjiāzǐ 武家子 5-344A
wùjíbìfǎn 物極必反 6-254B
wùjíbìfǎn 物極必返 6-255A
wūjié 誣訐 11-217B
wújiē 無階 7-135A
wújié 亡節 2-298B
wújié 無節 7-143A
wújiě 無解 7-144A
wújiè 無介 7-101B
wújiè 無藉 7-156B
wǔjiē 武階 5-345B
wǔjié 五桀 1-373A
wǔjié 五節 1-383A
wǔjié 午節 2-920A
wǔjié 武節 5-346A
wǔjiè 五戒 1-355B
wǔjiè 五誡 1-385B
wǔjiè 武界 5-342B
wǔjiè 武誡 5-347B
wùjié 悟捷 7-540A
wùjié 霧節 11-727B
wùjiě 悟解 7-540B
wùjiě 誤解 11-229B
wùjiě 霧解 11-727B
wùjiéyānchóu 霧結烟愁 11-727B
wújiézhú 無節竹 7-143B
wújīféiliào 無機肥料 7-154A
wújǐhé 無幾何 7-141B
wújīhuàxué 無機化學 7-154A
wùjíjiāngfǎn 物極將返 6-255A
wújìjiǔ 吴祭酒 3-191A
wújìkěnài 無計可奈 7-125A
wújìkěqiú 無迹可求 7-125B
wújìkěshī 無計可施 7-125A
wújìkěxún 無迹可尋 7-125B
wújìkěxún 無際可尋 7-145A
wújìliàng 無計量 7-125A
wǔjīliùshòu 五積六受 1-389A
wǔjǐliùshòu 五脊六獸 1-373A
wújìmín 無繼民 7-161B
wújìmíngtóupiào 無記名投票 7-128A
wūjīn 烏巾 7-65B
wūjīn 烏金 7-68B
wújīn 無津 7-126A
wújǐn 吴錦 3-193B
wújìn 無盡 7-149A
wújìn 無禁 7-142A
wǔjīn 五金 1-363A
wǔjīn 五津 1-370A
wǔjīn 武巾 5-339A
wǔjìn 廡金 3-1279A
wǔjìn 五禁 1-382B
wǔjìn 武進 5-344B
wújìnàihé 無計奈何 7-125A
wújìncái 無盡財 7-149A
wújìncáng 無盡藏 7-149A
wújìndēng 無盡燈 7-149A
wújīng 吴京 3-189B
wújīng 無經 7-145B
wújīng 蕪菁 9-549A
wújìng 無竟 7-133B
wújìng 無競 7-161B
wǔjīng 五京 1-363B
wǔjīng 五莖 1-371B
wǔjīng 五旌 1-376B
wǔjīng 五經 1-384A
wǔjīng 五精 1-386A
wǔjīng 武經 5-347A
wǔjìng 五浄 1-369B
wùjǐng 物景 6-255A
wùjìng 物競 6-257A
wùjìng 悟境 7-540B
wǔjīngbóshì 五經博士 1-384B
wǔjīngchú 五經厨 1-384B
wújīngdācǎi 無精嗒彩 7-148A
wújīngdǎcǎi 無精打采 7-147B
wújīngdǎcǎi 無精打彩 7-147B
wǔjìngdé 五浄德 1-369B
wújìng'érlái 無脛而來 7-133A
wújìng'érxíng 無脛而行 7-133A
wújìng'érzhì 無脛而至 7-132B
wújìng'érzǒu 無脛而走 7-133A
wǔjīngjiā 五經家 1-384B
wǔjīngjièyuán 五經解元 1-384B
wǔjīngkù 五經庫 1-384B
wǔjīngkuí 五經魁 1-384B
wǔjīngkuíshǒu 五經魁首 1-384B
wǔjīngsǎodì 五經掃地 1-384B
wǔjīngshè 五精舍 1-386A
wǔjīngshī 五經師 1-384B
wǔjīngsì 五經笥 1-384B
wùjìngtiānzé 物競天擇 6-257A
wùjìnqíyòng 物盡其用 6-255B
wǔjìnshì 武進士 5-345A
wǔjìnshǒu 五斤手 1-346B
wūjīntà 烏金搨 7-68B
wújìnwúqióng 無盡無窮 7-149A
wújìnwúxiū 無盡無休 7-149A
wújìnzàng 無盡藏 7-149A
wūjīnzhǐ 烏金紙 7-68B
wùjiōng 霧扃 11-726B
wújírén 無籍人 7-161B
wǔjìshǔ 五技鼠 1-355B
wújìsuǒnài 無計所奈 7-125A
wūjiǔ 烏韭 7-69A
wūjiù 烏臼 7-66B
wūjiù 烏柏 7-69B
wūjiù 烏舅 7-74A
wújiǔ 無酒 7-129A
wújiù 无咎 4-656B
wújiù 無咎 7-120B
wújiù 無救 7-131A
wújiù 無舊 7-157A
wǔjiū 五鳩 1-383B
wǔjiǔ 午酒 2-919B
wǔjiù 五就 1-380B
wùjiù 兀鷲 2-1571B
wújiùwúxīn 無舊無新 7-157A
wújiùwúyù 無咎無譽 7-120B
wùjǐxiàowèi 戊己校尉 5-183A
wújìyè 無記業 7-128A
wùjíyúnhé 霧集雲合 11-727A
wújìyúshì 無濟于事 7-158A
wújìyúshì 無濟於事 7-158A
wújízài 無藉在 7-157A
wùjízéfǎn 物極則反 6-255A
wùjǐzhī 戊己芝 5-183A
wūjízhījiāo 烏集之交 7-72B
wújīzhītán 無稽之談 7-151A
wújízhītú 無籍之徒 7-161B
wújízhītú 無藉之徒 7-157A
wújīzhīyán 無稽之言 7-151A
wūjízhīzhòng 烏集之衆 7-72B
wújǐzhuīdòngwù 無脊椎動物 7-128A
wūjù 洿沮 5-1140A
wújū 毋車 7-815B
wújū 鯃鮈 12-1234B
wújū 鯃鮈 12-1234B
wújù 無據 7-153B
wǔjú 五局 1-360A
wǔjú 舞局 3-1192B
wǔjǔ 武舉 5-348B
wǔjù 五劇 1-387A
wǔjù 迕拒 10-730A
wǔjù 武具 5-341B
wǔjù 武劇 5-347B
wǔjù 侮劇 1-1402B
wǔjù 舞劇 3-1194A
wùjù 霧聚 11-728A
wújuān 無涓 7-129A
wújuàn 吴絹 3-192A
wújuàn 無倦 7-127B
wújuàn 無勸 7-128B
wújué 無絶 7-141A
wújué 無覺 7-161B
wújué 蕪絶 9-549B
wǔjué 五絶 1-381B
wǔjué 五爵 1-391A
wùjué 悟覺 7-541A
wùjué 寤覺 3-1604B
wùjuéjīn 誤攫金 11-230A
wǔjuéwǔrèn 武爵武任 5-348B
wūjūn 汙君 5-911A
wújùn 無駿 7-156A
wǔjūn 五君 1-360A
wǔjūn 五均 1-356A
wǔjūn 五軍 1-370A

wǔjūn 武軍 5-343A
wǔjùn 五儁 1-385A
wújūntǐ 吳均體 3-189A
wújùnxīngláng 吳郡星郎 3-190A
wǔjǔrén 武舉人 5-348B
wújūwú'ài 無拘無礙 7-115B
wújūwúfù 無拘無縛 7-115A
wújūwúshù 無拘無束 7-115A
wùkǎi 物愷 6-255B
wúkān 無堪 7-135B
wǔkǎo 五考 1-351A
wǔkǎo 武考 5-340B
wūkē 烏匼 7-68B
wūkè 屋課 4-36B
wúkē 吾科 3-201B
wúkē 無柯 7-123A
wúkě 無可 7-103B
wúkè 無課 7-152A
wǔkē 武科 5-342B
wǔkè 午刻 2-919A
wǔkè 武克 5-341A
wǔkè 武剋 5-342B
wúkěbǐlún 無可比倫 7-104A
wúkěbǐnǐ 無可比擬 7-104A
wúkěbǐxiàng 無可比象 7-104A
wúkěbùkě 無可不可 7-104A
wúkěfēiyì 無可非議 7-104A
wúkěhòufēi 無可厚非 7-104A
wúkěhuìyán 無可諱言 7-104B
wúkějiùyào 無可救藥 7-104B
wúkěmíngzhuàng 無可名狀 7-104A
wūkèn 誣掯 11-217B
wúkěnài 無可奈 7-104A
wúkěnàihé 亡可奈何 2-294B
wúkěnàihé 無可奈何 7-104A
wúkěnàihé 無可柰何 7-104A
wúkěnàihéhuāluòqù 無可奈何花落去 7-104A
wúkěnuó 無可那 7-104A
wúkěrúhé 無可如何 7-104A
wúkěwúbùkě 無可無不可 7-104B
wúkězhìbiàn 無可置辯 7-104B
wúkězhìhuì 無可置喙 7-104B
wúkězhìyí 無可置疑 7-104B
wūkòng 誣控 11-217B
wùkōng 悟空 7-540A
wúkǒngbùrù 無空不入 7-121B
wúkǒngbùrù 無孔不入 7-102B
wúkǒngbùzuān 無孔不鑽 7-103A
wúkǒu 吳口 3-187A
wūkǒuhéngmiè 汙口橫蠛 5-910B
wúkǒupáo 無口匏 7-99B
wúkǒushīlìng 無口詩令 7-99B
wǔkǒutōngshāng 五口通商 1-344B
wúkǔ 無苦 7-115B
wǔkǔ 五苦 1-360B
wǔkù 五庫 1-373A
wǔkù 五袴 1-377A
wǔkù 五絝 1-381B
wǔkù 五褲 1-388B
wǔkù 武庫 5-344A
wūkuā 誣誇 11-218B
wúkuài 吳會 3-192A
wúkuǎn 無款 7-135B
wúkuàng 無況 7-121A
wúkuàng 無壙 7-156A
wúkuàng 無曠 7-158B
wúkuàng 蕪曠 9-550A
wǔkùgē 五袴歌 1-377A
wúkuì 無虧 7-157A
wúkuí 吳魁 3-191B
wúkuì 無媿 7-141A
wúkuì 無愧 7-139B
wúkuì 無匱 7-145B
wǔkuí 五魁 1-383B
wúkuìcí 無愧辭 7-139B
wúkuìsè 無媿色 7-141A
wúkuìsè 無愧色 7-139B
wǔkuò 五括 1-366A
wùkuò 霧廓 11-727B
wǔkù'ōu 五袴謳 1-377B
wǔkùshǒu 五袴手 1-377A
wǔkùyáo 五袴謡 1-377A
wǔkùyǒng 五袴詠 1-377A
wūlā 烏拉 7-68A
wúlà 鼯臘 12-1414A
wǔlà 五臘 1-392B
wùlā 烏拉 7-68A
wùlā 靰鞡 12-185A
wùlà 兀剌 2-1571A
wùlācǎo 烏拉草 7-68A
wùlācǎo 靰鞡草 12-185A
wùlàcǎo 烏臘草 7-77B
wūlàchì 烏剌赤 7-69A
wùlàchì 兀剌赤 2-1571A
wūlái 汙萊 5-912A
wūlái 洿萊 5-1140A
wūlài 誣賴 11-219A
wúlái 無來 7-116B
wúlài 亡賴 2-299A
wúlài 無賴 7-154A
wúlàihàn 無賴漢 7-154A
wūlàishù 烏賴樹 7-75B
wúlàizéi 無賴賊 7-154A
wúlàizǐ 亡賴子 2-299B
wúlàizǐ 無賴子 7-154A
wūlán 烏藍 7-76A
wūlán 烏闌 7-76B
wūlán 誣讕 11-220A
wūlǎn 烏欖 7-77B
wūlàn 汙濫 5-914B
wūlàn 誣濫 11-219B
wúlán 吳藍 3-194A
wùlán 霧嵐 11-727A
wūláng 烏狼 7-70A
wǔláng 五郎 1-365A
wūlǎo 汙潦 5-913B
wūlǎo 烏老 7-66B
wūlào 汙潦 5-913B
wúláo 無勞 7-139B
wǔláo 五牢 1-360A
wǔláo 五勞 1-381A
wǔláo 武牢 5-341A
wǔlǎo 五老 1-351A
wǔlǎo 伍老 1-1177A
wǔlǎobǎng 五老榜 1-351A
wǔlǎofēng 五老峰 1-351A
wǔlǎohuì 五老會 1-351A
wǔláoqīshāng 五勞七傷 1-381A
wúlè 無樂 7-153A
wǔlè 五樂 1-388B
wúlegēndì 無了根蒂 7-98B
wūlěi 烏樏 7-75A
wūlěi 烏壘 7-77A
wūlěi 汙累 5-912B
wúléi 蕪累 9-549A
wúlěi 無壘 7-159A
wúlěi 無累 7-131B
wúlèi 毋類 7-816B
wúlèi 無類 7-160B
wúlèi 無纇 7-162A
wúlèi 蕪纇 9-550A
wǔléi 五雷 1-382B
wǔlěi 忤累 7-433A
wùlěi 物累 6-254A
wùlèi 物類 6-256B
wǔléifǎ 五雷法 1-382B
wǔléitiānxīnzhèngfǎ 五雷天心正法 1-382B
wǔlèizázhǒng 五類雜種 1-392B
wǔléizhèngfǎ 五雷正法 1-382B
wùlènglèng 兀楞楞 2-1571B
wǔléngzǐ 五棱子 1-378A
wūlǐ 屋裏 4-36A
wūlì 汙吏 5-910B
wúlǐ 無里 7-113A
wúlǐ 無俚 7-124A
wúlǐ 無理 7-130A
wúlǐ 無禮 7-158A
wúlǐ 蕪俚 9-549A
wúlì 無力 7-98B
wǔlǐ 五禮 1-391B
wǔlì 五力 1-343B
wǔlì 五吏 1-351B
wǔlì 五利 1-357B
wǔlì 五例 1-363A
wǔlì 五隸 1-390B
wǔlì 武力 5-339A
wǔlì 武吏 5-340B
wǔlì 武厲 5-347A
wǔlì 嫵麗 4-409B
wùlǐ 物理 6-254A
wùlǐ 悟理 7-540A
wùlì 兀立 2-1570B
wùlì 屼立 3-799B
wùlì 物力 6-249B
wùlì 騖利 12-865B
wúliǎn 無臉 7-157B
wúliàn 吳練 3-193A
wūliàng 烏亮 7-69B
wúliáng 吳梁 3-191A
wúliáng 無良 7-114B
wúliáng 無梁 7-134A
wúliǎng 無兩 7-116A
wúliàng 無量 7-136B
wǔliáng 五涼 1-373A
wǔliǎng 五兩 1-360B
wǔliǎng 五緉 1-386A
wǔliàng 五量 1-379A
wùliáng 兀良 2-1570B
wǔliǎngbǎng 武兩榜 5-341B
wǔliángcíhuàxiàng 武梁祠畫像 5-345A
wǔliàngdiàn 五量店 1-379A
wúliángdǒu 無梁斗 7-134A
wúliàngdǒu 無量斗 7-136B
wúliàngfó 無量佛 7-137A
wǔliángguān 五梁冠 1-377A
wǔliánghé 五粱禾 1-384A
wúliàngjié 無量劫 7-137A
wúliàngjǐng 無量井 7-136B
wúliàngshòu 無量壽 7-137A
wúliàngshòufó 無量壽佛 7-137A
wúliàngshù 無量數 7-137A
wúliàngtǎ 無量塔 7-137A
wúliángtǒng 無梁桶 7-134A
wúliàngxīn 無量心 7-136B
wùliányúnmù 霧簾雲幕 11-728B
wǔliǎnzǐ 五斂子 1-391A
wúliáo 亡聊 2-297A
wúliáo 亡憀 2-299A
wúliáo 亾聊 1-1070B
wúliáo 吾僚 3-202A
wúliáo 無聊 7-130B
wúliáo 無寥 7-148B
wúliáo 無憀 7-148B
wúliǎo 無了 7-98B
wúliào 無廖 7-147A
wùliào 物料 6-254A
wúliáolài 無聊賴 7-130B
wúliáolài 無寥賴 7-148B
wúliáolài 無憀賴 7-148B
wúliǎowúxiū 無了無休 7-98B
wūlǐbāzāo 烏裏八糟 7-74A
wūlǐde 屋裏的 4-36A
wūliè 汙劣 5-910B
wúliè 無列 7-108A
wǔliè 五裂 1-378B
wǔliè 伍列 1-1177A
wǔliè 武烈 5-343B
wùliè 霧鬣 11-729B
wǔlìfēng 五粒風 1-377A
wūlǐjiā 屋裏家 4-36A

wùlǐkànhuā 霧裏看花 11-727B
wūlímǎ 烏驪馬 7-78A
wūlín 烏林 7-68A
wúlín 無鄰 7-148A
wúlìn 無遴 7-152B
wǔlín 忤鱗 7-433A
wǔlín 武林 5-341B
wūlíng 烏菱 7-71A
wūlíng 捘零 6-340B
wúlíng 吳綾 3-193A
wúlíng 無靈 7-162B
wúlìng 無令 7-105B
wǔlíng 五陵 1-374A
wǔlíng 五靈 1-393B
wǔlíng 午靈 2-921A
wǔlǐng 五領 1-385B
wǔlǐng 五嶺 1-390B
wùlíng 物靈 6-257A
wǔlíngchūn 武陵川 5-344A
wǔlíng'ér 五陵兒 1-374A
wǔlíng'èrluò 五零二落 1-382B
wǔlíngháoqì 五陵豪氣 1-374B
wǔlíngkè 武陵客 5-344A
wǔlíngmán 武陵蠻 5-344B
wǔlíngniánshào 五陵年少 1-374A
wǔlíngqì 五陵氣 1-374B
wǔlíngshén 五靈神 1-393B
wǔlíngsìsàn 五零四散 1-382B
wǔlíngtān 武陵灘 5-344B
wǔlíngxī 武陵溪 5-344B
wǔlíngyīngshào 五陵英少 1-374A
wǔlíngyuán 五陵原 1-374A
wǔlíngyuán 武陵源 5-344A
wùlínyúnzhǎo 霧鱗雲爪 11-729A
wúlǐqǔnào 無理取鬧 7-130A
wúlǐrě 無禮喏 7-158A
wūlǐrén 屋裏人 4-36A
wǔlìsōng 五粒松 1-377A
wūliǔ 烏柳 7-69A
wūliù 屋溜 4-36A
wūliù 屋霤 4-37A
wǔliú 五流 1-373B
wǔliǔ 五柳 1-366B
wūliūliū 烏溜溜 7-74A
wǔliùliùqī 五六六七 1-347B
wǔliǔxiānsheng 五柳先生 1-366B
wǔliǔxīn 五柳心 1-366B
wūlǐwālā 嗚哩哇啦 3-466B
wǔlǐwù 五里霧 1-357B
wūlīwūlā 嗚哩嗚喇 3-466B
wùlíxiāngguì 物離鄉貴 6-256B
wúlìzhuīzhīdì 無立錐之地 7-106B
wūlóng 汙隆 5-912B
wūlóng 洿隆 5-1140A
wūlóng 烏龍 7-76A
wǔlóng 五龍 1-389B
wūlóngchá 烏龍茶 7-76A
wǔlóngchē 五龍車 1-389B
wūlóngwěi 烏龍尾 7-76A
wūlòu 屋漏 4-36A
wúlòu 無漏 7-148A
wǔlóu 五樓 1-387A
wǔlòu 五漏 1-386A
wǔlòu 午漏 2-920B
wùlǒu 兀婁 2-1571B
wúlòuguǒ 無漏果 7-148A
wūlòuhén 屋漏痕 4-36B
wúlóutíng 蕪蔞亭 9-549B
wūlòuyǔ 屋漏雨 4-36B
wúlòuzhàng 無漏帳 7-148A
wúlóuzhōu 蕪蔞粥 9-549B
wúlòuzi 無漏子 7-148A
wūlū 嗚嚕 3-467A
wūlú 屋廬 4-37A
wūlú 鴮鸕 12-1254B
wūlù 誣禄 11-218B
wúlú 吾廬 3-202B
wúlù 無禄 7-140A
wúlù 無僇 7-144A
wǔlú 五纑 1-393B
wǔlù 五鹿 1-376B
wǔlù 五路 1-383A
wǔlù 五輅 1-382B
wǔlù 武露 5-349A
wǔlù 武録 5-348A
wùlú 物盧 6-256A
wùlù 兀硉 2-1571B
wùlù 矹硉 7-1005B
wùlù 霧露 11-729A
wūluàn 汙亂 5-913A
wūluàn 誣亂 11-218B
wùluàn 誤亂 11-229B
wùluàn 霧亂 11-727B
wūlúbān 烏盧班 7-75B
wūlún 烏輪 7-75A
wúlún 吾倫 3-201B
wúlún 無倫 7-127B
wúlùn 亡論 2-299A
wúlùn 毋論 7-816B
wúlùn 無論 7-152A
wǔlún 五倫 1-372B
wǔlún 五輪 1-387A
wǔlún 舞輪 3-1194A
wùlùn 勿論 2-172B
wùlùn 物論 6-256A
wǔlúnbāguāng… 五輪八光左右兩點神水 1-387A
wǔlúnbāguāng… 五輪八光左右兩點瞳人 1-387A
wúlùnrúhé 無論如何 7-152B
wúluó 吳羅 3-194A
wǔluó 武羅 5-349A
wǔluò 武落 5-345B
wūluòmǎ 鄔落馬 10-673A
wūlùtū 烏漉禿 7-75A
wúlǚ 無侶 7-117B
wúlǜ 亡慮 2-299A
wúlǜ 無慮 7-150A
wǔlǚ 五旅 1-373A
wǔlǚ 武旅 5-344A
wǔlǜ 五律 1-368B
wǔlǜ 五慮 1-387A
wùlǚ 霧縷 11-728B
wùlǜ 勿慮 2-172B
wùlǜ 屼嵂 3-799B
wǔlüè 武略 5-344B
wúlǜwúsī 無慮無思 7-150B
wúlǜwúyōu 無慮無憂 7-150B
wūmá 烏麻 7-71B
wūmǎ 巫馬 2-972A
wǔmǎ 五馬 1-370B
wǔmǎ 舞馬 3-1192B
wǔmà 侮罵 1-1402B
wùmǎ 物馬 6-253B
wǔmǎdù 五馬渡 1-371A
wǔmǎdùjiāng 五馬渡江 1-371A
wǔmǎfēnshī 五馬分屍 1-371A
wǔmǎfújiāng 五馬浮江 1-371A
wǔmǎguì 五馬貴 1-371A
wūmài 烏麥 7-71A
wǔmài 五脈 1-372B
wūmán 烏蠻 7-77B
wūmán 誣謾 11-219B
wūmàn 圬墁 2-1006A
wūmàn 圬鏝 2-1006B
wūmàn 汙僈 5-913A
wūmàn 汙墁 5-913A
wūmàn 汙慢 5-913B
wūmàn 汙漫 5-913B
wūmàn 汙鏝 5-915A
wūmàn 杇槾 4-747A
wūmàn 杇墁 4-747A
wūmàn 杇鏝 4-747A
wūmàn 洿慢 5-1140B
wūmàn 誣慢 11-219A
wūmàn 誣漫 11-219A
wúmàn 蕪漫 9-549B
wúmàn 蕪蔓 9-549B
wǔmǎn 武滿 5-347B
wǔmàn 忤嫚 7-433A
wǔmàn 忤慢 7-433A
wǔmàn 侮嫚 1-1402B
wǔmàn 侮慢 1-1402B
wǔmàn 侮謾 1-1403A
wūmánguǐ 烏蠻鬼 7-77B
wūmánjì 烏蠻髻 7-78A
wūmào 烏帽 7-72A
wūmào 誣冒 11-217A
wúmào 無貌 7-146B
wùmào 物貌 6-255B
wúmáodàchóng 無毛大蟲 7-101B
wūmàohóngqún 烏帽紅裙 7-72A
wūméi 烏梅 7-71A
wúméi 吳梅 3-191A
wúméi 無媒 7-141A
wúmèi 無寐 7-139B
wúmèi 蕪昧 9-549A
wǔméi 嫵眉 4-409A
wǔměi 五美 1-369B
wǔmèi 武媚 5-346A
wǔmèi 嫵媚 4-409A
wùmèi 物鬽 6-255A
wùmèi 物魅 6-255B
wùmèi 寤寐 3-1604A
wùmèi 寤寐 8-481A
wūmèicǎo 烏昧草 7-69A
wùměijiàlián 物美價廉 6-253B
wūméiméi 烏霉霉 7-75A
wúmen 吾們 3-201B
wúmén 吳門 3-189B
wúmén 無門 7-121B
wúmèn 无悶 4-656B
wúmèn 無悶 7-140B
wǔmén 五門 1-365A
wǔmén 午門 2-919A
wùmén 悟門 7-540A
wūméng 烏蒙 7-73A
wúméng 吳蒙 3-191B
wǔměng 武猛 5-345A
wùmèng 寤夢 3-1604A
wúménpài 吳門派 3-189B
wǔménsìguānxiāng 五門四關廂 1-365A
wúménxià 無門下 7-121B
wúménzú 吳門卒 3-189B
wūmí 捘彌 6-340B
wūmí 捘罙 6-340B
wūmiàn 汙面 5-911B
wúmián 吳棉 3-191A
wúmián 吳綿 3-193A
wúmián 吳緜 3-193A
wǔmiǎn 五冕 1-375B
wùmiàn 晤面 5-732B
wúmiànbǐng 無麵餅 7-161A
wúmiànbótuō 無麪餺飥 7-150A
wúmiànbótuō 無麪飫飥 7-150A
wúmiànmùjiàn… 無面目見江東父老 7-123B
wúmiǎnzhīwáng 無冕之王 7-131B
wǔmiào 五廟 1-388B
wǔmiào 武廟 5-348A
wùmiǎo 霧眇 11-726B
wūmiè 汙蔑 5-913A
wūmiè 汙衊 5-915A
wūmiè 誣滅 11-218B
wūmiè 誣衊 11-220A
wúmiè 蕪滅 9-549B
wǔmiè 侮蔑 1-1402B
wǔmiè 侮衊 1-1403A
wùmiè 霧滅 11-727B
wūmín 誣民 11-216A
wǔmín 五民 1-350A
wǔmǐn 武敏 5-344B

wùmǐn 悟敏 7-540B
wūmíng 汙名 5-911A
wúmíng 无名 4-656A
wúmíng 無名 7-109B
wúmíng 無明 7-117A
wúmìng 無命 7-120A
wǔmíng 五明 1-361B
wǔmìng 五命 1-363A
wùmíng 物名 6-251A
wùmíng 悟明 7-540A
wùmíng 騖名 12-865B
wùmìng 物命 6-252B
wúmíngbái 無名白 7-110A
wǔmínggōng 五明宮 1-361B
wúmínghuǒ 無名火 7-110A
wúmínghuǒ 無明火 7-117A
wúmínghuǒqì 無名火氣 7-110A
wǔmíngjì 五明驥 1-362A
wúmíngjiētiě 無名揭帖 7-110B
wǔmíngmǎ 五明馬 1-361B
wǔmíngnáng 五明囊 1-362A
wúmíngqián 無名錢 7-110B
wǔmíngshàn 五明扇 1-361B
wúmíngshì 無名氏 7-110A
wúmíngwúyè 無明無夜 7-117A
wúmíngxiǎobèi 無名小輩 7-110A
wúmíngxiǎozú 無名小卒 7-109B
wúmíngyè 無明夜 7-117A
wúmíngyè 無明業 7-117A
wúmíngyèhuǒ 無明業火 7-117A
wúmíngyì 無名異 7-110B
wúmíngyìn 無名印 7-110A
wúmíngyīngxióng 無名英雄 7-110A
wúmíngzhǐ 無名指 7-110B
wúmíngzhīpú 無名之璞 7-110A
wúmíngzhīpǔ 無名之樸 7-110A
wúmíngzhīshī 無名之師 7-110A
wúmíngzhǒngdú 無名腫毒 7-110B
wúmíngzǐ 無名子 7-110A
wúmíngzū 無名租 7-110B
wūmiù 誣謬 11-219B
wúmiù 蕪謬 9-550A
wùmiù 誤繆 11-229B
wùmiù 誤謬 11-229B
wúmǐzhīchuī 無米之炊 7-111B
wúmò 無墨 7-151A
wúmò 蕪没 9-548B
wǔmò 舞末 3-1192A
wùmò 騖没 12-1136A
wúmòshuǐ 無墨水 7-151A
wūmóu 誣謀 11-219B
wúmóu 無謀 7-155A
wūmù 烏木 7-65B
wūmù 於穆 6-1576A
wúmǔ 無母 7-107A
wúmǔ 無姆 7-129B
wúmù 無莫 7-126A
wúmù 無目 7-104B
wǔmù 五木 1-345B
wǔmù 五椝 1-384A
wùmǔ 物母 6-250B
wùmù 沕穆 5-977B
wùmù 物穆 6-256B
wùmù 霧幕 11-727B
wùmù 霧幙 11-727B
wùmù 昒穆 7-1190A
wǔmùxiāng 五木香 1-345B
wūná 誣拿 11-217B
wúnà 無内 7-101A
wùná 誤拿 11-228B
wùnà 兀那 2-1570B
wúnàhā 無那哈 7-112A
wúnǎi 毋乃 7-815A
wúnǎi 無乃 7-99A
wúnǎi 無迺 7-123A
wúnài 亡奈 2-295B
wúnài 毋柰 7-816A
wúnài 無奈 7-116A
wúnài 無柰 7-123A
wúnàihé 無奈何 7-116B
wúnán 無難 7-159B
wúnàn 無難 7-159B
wǔnán 五南 1-366B
wǔnán 五難 1-392A
wǔnán'èrnǚ 五男二女 1-357B
wūnāng 嗚囔 3-467A
wūnào 汙淖 5-912B
wúnáo 無撓 7-149B
wúnáo 鼯猱 12-1413B
wǔnáo 舞鐃 3-1194A
wūnàqiú 烏納裘 7-70B
wúnèi 無内 7-101A
wǔnèi 五内 1-346B
wūnéng 誣能 11-217B
wúnéng 無能 7-129B
wúnéngwéi 無能爲 7-130A
wúnéngwéilì 無能爲力 7-130A
wúnéngwéiyì 無能爲役 7-130A
wūní 汙泥 5-911A
wūní 洿泥 5-1140A
wūní 歍尼 6-1468A
wūní 捼泥 6-340B
wūnì 汙泥 5-911A
wūnì 汙膩 5-914A
wūnì 烏膩 7-76A
wúní 無泥 7-121A
wúní 無倪 7-127A
wǔnì 五逆 1-369B
wǔnì 忤逆 7-432B
wǔnì 迕逆 10-730A
wǔnì 牾逆 6-268B
wùnì 逜逆 10-885A
wúnián 無年 7-108B
wúniàn 無念 7-120A
wūniáng 烏娘 7-70B
wúniáng 吴娘 3-190B
wúniángqǔ 吴娘曲 3-190B
wúniǎnzhǐ 無撚指 7-149B
wūniǎo 烏鳥 7-71B
wǔniǎohuā 五鳥花 1-376A
wūniǎosīqíng 烏鳥私情 7-71B
wūniē 誣揑 11-218A
wùniè 剭臲 8-1340A
wùniè 兀臬 2-1571B
wùniè 兀臲 2-1571B
wùniè 阢隉 11-910A
wùniè 屼嵲 3-799B
wùniè 杌棿 4-773B
wùniè 杌隉 4-773A
wùniè 杌臲 4-773B
wùniè 杌楻 4-773B
wùniè 甈鷍 2-1575A
wùniè 甈臲 2-1575A
wūnièbáizāo 烏涅白糟 7-70A
wūnìng 汙佞 5-911A
wūnìng 洿濘 5-1140B
wúníng 毋寧 7-816B
wúníng 無寧 7-148B
wúníng 無甯 7-139B
wùnìng 勿寧 2-172B
wúniú 吴牛 3-188A
wúniú 無牛 7-101A
wúniǔ 無狃 7-114B
wǔniú 五牛 1-346B
wúniúchuǎn 吴牛喘 3-188A
wúniúchuǎnyuè 吴牛喘月 3-188A
wǔniúqí 五牛旗 1-346B
wùniǔyú 勿忸于 2-172A
wúniúzhuōliǎo… 無牛捉了馬耕田 7-101B
wūnízhuóshuǐ 汙泥濁水 5-911B
wǔnìzuì 五逆罪 1-369B
wúnóng 吴儂 3-193A
wúnóng 吾儂 3-202A
wúnóng 唔噥 3-356A
wǔnóng 五膿 1-391A
wǔnóng 伍濃 1-1178A
wǔnòng 五弄 1-355B
wǔnòng 伍弄 1-1177A
wǔnòng 侮弄 1-1401B
wǔnòng 舞弄 3-1192A
wùnóng 務農 8-587A
wúnóngjiāoyǔ 吴儂嬌語 3-193A
wúnóngruǎnyǔ 吴儂軟語 3-193A
wǔnòngwénmò 舞弄文墨 3-1192A
wǔnú 五奴 1-350B
wǔnú 忤奴 7-432B
wǔnù 武怒 5-343A
wúnuó 無那 7-112A
wūnǚ 巫女 2-971B
wǔnǚ 舞女 3-1191B
wǔnǚ 儛女 1-1716B
wùnǚ 婺女 4-393A
wǔnüè 五虐 1-367A
wū'ōu 烏藴 7-74B
wū'ōu 於謳 6-1576A
wú'ǒu 無偶 7-132B
wúpài 吴派 3-190B
wǔpái 五排 1-374B
wǔpái 午牌 2-920A
wūpān 誣扳 11-216B
wūpān 誣攀 11-219B
wǔpàn 舞判 3-1192B
wúpánbùshí 無般不識 7-128A
wúpáng 無旁 7-128B
wúpáo 吴庖 3-189B
wǔpào 午炮 2-919B
wúpèi 無轡 7-162A
wùpèi 霧沛 11-726A
wùpèi 霧霈 11-728A
wùpēn 霧噴 11-728A
wūpéng 巫彭 2-972B
wūpéng 烏篷 7-76A
wúpéng 無朋 7-120A
wūpéngchuán 烏篷船 7-76A
wūpí 烏皮 7-66B
wūpì 汙僻 5-913B
wúpǐ 吾匹 3-201A
wúpǐ 無匹 7-100B
wúpǐ 無疋 7-106B
wúpì 無裨 7-145A
wúpì 無媲 7-145A
wǔpí 武貔 5-348B
wùpì 痦辟 3-1604A
wúpiān 無偏 7-132B
wúpiānwúdǎng 無偏無黨 7-132B
wúpiānwúpō 無偏無陂 7-132B
wúpiānwúpō 無偏無頗 7-132B
wúpiānwúyǐ 無偏無倚 7-132B
wúpiǎo 吴醥 3-194A
wǔpiāo 五剽 1-382B
wūpíjǐ 烏皮几 7-66B
wǔpǐn 五品 1-367B
wùpǐn 物品 6-253A
wúpíng 無憑 7-155A
wúpíngbùbēi… 無平不陂，無往不復 7-104B
wúpíngbùpō 無平不頗 7-104B
wúpíngjù 無憑據 7-155A
wúpíngzhǔn 無憑准 7-155A
wǔpǐnsūn 五品孫 1-367B
wūpó 巫婆 2-972B
wúpō 無頗 7-149B
wǔpò 武魄 5-347B
wūqī 烏漆 7-75A
wūqī 誣欺 11-218A
wúqī 無期 7-135B

wúqí 亡其 2-295B
wúqí 忘其 7-404A
wúqí 無蘄 7-160A
wúqǐ 無起 7-126A
wúqǐ 無脊 7-140A
wǔqī 五七 1-343A
wǔqí 五圻 1-356A
wǔqí 五旗 1-386A
wǔqí 五綦 1-385A
wǔqí 武騎 5-348B
wǔqǐ 五起 1-371A
wǔqì 五炁 1-361A
wǔqì 五氣 1-372A
wǔqì 五器 1-389A
wǔqì 忤氣 7-433A
wǔqì 武氣 5-343B
wǔqì 武器 5-348A
wùqī 務期 8-587A
wùqí 鶩奇 12-865B
wùqì 物氣 6-253B
wùqì 物器 6-256A
wùqì 鋈器 11-1308B
wùqì 霧氣 11-726B
wùqià 霧洽 11-726B
wūqiān 烏遷 7-75A
wúqiān 無愆 7-144A
wúqiān 無僭 7-151B
wúqiān 無騫 7-161B
wúqián 亡前 2-296B
wúqián 吳錢 3-193B
wúqián 無前 7-125B
wúqiǎn 蕪淺 9-549A
wǔqián 午前 2-919B
wùqiān 瘖遷 3-1604B
wúqiāndàiwàn 無千待萬 7-99B
wúqiáng 無彊 7-155B
wǔqiǎngliùduó 五搶六奪 1-382A
wǔqiānwén 五千文 1-345A
wúqiānwúguà 無牽無挂 7-133B
wúqiānwúwàn 無千無萬 7-99B
wǔqiānyán 五千言 1-345A
wǔqiáo 五嶠 1-387B
wǔqiáo 午橋 2-920B
wǔqiào 侮誚 1-1402B
wúqiǎobùchénghuà 無巧不成話 7-103B
wúqiǎobùchéngshū 無巧不成書 7-103A
wǔqiáoquánshí 午橋泉石 2-920B
wǔqiáozhuāng 午橋莊 2-920B
wúqiāozūn 無骹尊 7-151A
wūqībāzāo 汙七八糟 5-910A
wūqībāzāo 烏七八糟 7-65B
wúqībié 無期别 7-136A
wúqíbùyǒu 無奇不有 7-116B
wúqìcái 無棄材 7-139A
wǔqìcháoyuán 五炁朝元 1-361A
wǔqìcháoyuán 五氣朝元 1-372B
wúqìfèn 無氣分 7-127A
wúqílúnbǐ 無其倫比 7-115B
wúqǐmín 無啓民 7-134B
wūqīmòhēi 烏漆墨黑 7-75A
wūqīn 誣侵 11-217A
wúqīn 無親 7-155B
wǔqín 五禽 1-380A
wǔqǐn 午寢 2-920B
wúqínài 無其奈 7-115B
wúqínàihé 無其奈何 7-115B
wūqīng 烏青 7-68A
wūqíng 誣情 11-218A
wúqíng 亡情 2-298A
wúqíng 無情 7-134A
wǔqíng 五情 1-377A
wǔqíng 忤情 7-433A
wùqing 物情 6-254B
wúqíngshǎomiàn 無情少面 7-134B
wúqíngshǒu 無情手 7-134B
wúqīngtóu 無清頭 7-134A
wúqíngwúcǎi 無情無彩 7-134B
wúqíngwúxù 無情無緒 7-134B
wúqíngwúyì 無情無義 7-134B
wǔqīnliùjuàn 五親六眷 1-389B
wúqīnwúgù 無親無故 7-155B
wǔqínxī 五禽嬉 1-380A
wǔqínxì 五禽戲 1-380A
wǔqínyán 五禽言 1-380A
wúqióng 亡窮 2-299A
wúqióng 无窮 4-657A
wúqióng 毋窮 7-816B
wúqióng 無窮 7-152B
wúqióng 鼯窮 12-1413B
wǔqióng 五窮 1-388B
wúqióngdà 無窮大 7-153A
wúqióngmén 無窮門 7-153A
wúqióngwújìn 無窮無盡 7-153A
wúqióngxiǎo 無窮小 7-153A
wúqītúxíng 無期徒刑 7-136A
wūqiú 烏蝤 7-68B
wūqiú 烏裘 7-73A
wúqiū 梧楸 4-1036A
wúqiú 無仇 7-101B
wùqiū 梧丘 4-1035B
wùqiú 蟧蛷 8-950A
wùqiūzhīhún 梧丘之魂 4-1035B
wùqiūzhīhún 梧邱之魂 4-1035B
wùqiūzhīshǒu 梧丘之首 4-1035B
wúqiūzǐ 吾丘子 3-201A
wúqìxiē 無氣歇 7-127A
wùqǐyúnyǒng 霧起雲湧 11-726B
wūqú 汙渠 5-912B
wúqū 吳趨 3-193B
wúqǔ 無取 7-115B
wǔqū 五趣 1-386B
wǔqū 武曲 5-340B
wǔqú 五衢 1-393B
wǔqǔ 五曲 1-352A
wǔqǔ 武曲 5-340B
wǔqǔ 舞曲 3-1192A
wùqū 物曲 6-251A
wùqū 騖趨 12-866A
wúquán 無全 7-109B
wúquán 無權 7-161B
wǔquán 五權 1-393A
wúquáncì 無銓次 7-146B
wúquánniú 無全牛 7-109B
wúquánwúyǒng 無拳無勇 7-128B
wūquè 烏鵲 7-77A
wūquè 於鵲 6-1576A
wǔquè 五觳 1-390A
wǔquè 五雀 1-375B
wùquè 誤却 11-228B
wūquègē 烏鵲歌 7-77A
wǔquèliùyàn 五雀六燕 1-375B
wūquèqiáo 烏鵲橋 7-77A
wúqún 無羣 7-145A
wǔqúngēshàn 舞裙歌扇 3-1193B
wúqūqǔ 吳趨曲 3-193B
wǔqūxīng 武曲星 5-340B
wūrǎn 汙染 5-911B
wūrǎn 洿染 5-1140A
wūrǎn 誣染 11-217A
wúrán 無然 7-138B
wúrǎn 無染 7-125B
wǔrán 膴然 6-1379B
wǔrán 憮然 7-738A
wùrán 勿然 2-172B
wùrán 瘖然 3-1604A
wǔrǎng 五壤 1-392B
wǔràng 五讓 1-394A
wùránjiān 誤然間 11-229A
wúrǎo 無擾 7-158B
wǔrǎo 五擾 1-391B
wúrè 無熱 7-149B
wūrén 圬人 2-1006A
wūrén 杇人 4-747A
wúrén 吳人 3-187A
wúrén 吾人 3-200B
wúrén 無人 7-98A
wúrèn 無任 7-109A
wǔrén 仵人 1-1195A
wǔrén 伍人 1-1177A
wǔrén 武人 5-338B
wǔrén 侮人 1-1401B
wǔrén 儛人 1-1716B
wǔrèn 五刃 1-345A
wǔrèn 五任 1-352B
wùrén 誤人 11-228A
wùrèn 物任 6-251A
wúrénbùshíyuèjìng 吳人不識越境 3-187A
wǔrénmù 五人墓 1-343B
wúrénqū 無人區 7-98B
wúrèntú 無任徒 7-109A
wúrénwènjīn 無人問津 7-98B
wúrénzhīdì 無人之地 7-98B
wúrénzhījìng 無人之境 7-98B
wúrènzhīlù 無任之祿 7-109A
wǔrénzhǒng 五人冢 1-343B
wǔrénzhǒng 五人塚 1-343B
wúrì 無日 7-101A
wǔrì 五日 1-346A
wǔrì 午日 2-918B
wùrì 惡日 7-554A
wùrì 兀日 2-1570B
wǔrìjīngzhào 五日京兆 1-346B
wǔrìsāngōng 午日三公 2-918B
wǔrìxiānrén 午日仙人 2-918B
wǔrìzǐ 五日子 1-346B
wúróng 毋容 7-816A
wúróng 無戎 7-107A
wúróng 無容 7-129B
wǔróng 五戎 1-351A
wǔróng 五茸 1-366A
wǔróng 五榮 1-386A
wúróngshēnzhīdì 無容身之地 7-129B
wúróngzhuìyán 無容贅言 7-129B
wūrǔ 汙辱 5-912A
wūrǔ 洿辱 5-1140A
wūrǔ 誣辱 11-217A
wúrú 亡如 2-295A
wúrú 无如 4-656A
wúrú 無如 7-112A
wúrú 無襦 7-160B
wúrǔ 無辱 7-126B
wǔrǔ 迕辱 10-730A
wǔrǔ 侮辱 1-1402B
wùrú 物如 6-251B
wùrù 悟入 7-540A
wūruì 烏瑞 7-73A
wǔruì 五瑞 1-382A
wǔruì 武銳 5-347B
wúrúnàihé 無如奈何 7-112B
wúrúzhīhé 無如之何 7-112A
wúrúzhīnài 無如之奈 7-112B
wūsǎ 烏撒 7-75A
wúsài 無賽 7-158A
wùsāi 霧塞 11-727B
wǔsān 五三 1-343B
wùsàn 霧散 11-727A
wúsānsī 無三思 7-99A
wùsànyúnpī 霧散雲披 11-727A
wúsè 無色 7-110B
wǔsè 五色 1-353B
wǔsè 忤色 7-432B
wǔsè 武色 5-340B

wùsè 物色 6-251A
wùsè 務穡 8-587B
wǔsèbàng 五色棒 1-354A
wǔsèbǐ 五色筆 1-354B
wǔsèbīnfēn 五色繽紛 1-355A
wǔsècháng 五色腸 1-354B
wǔsèguā 五色瓜 1-353B
wǔsèguàqián 五色掛錢 1-354A
wǔsèháo 五色毫 1-354A
wǔsèhuāzǐ 五色花子 1-354A
wúsèjiè 無色界 7-111A
wúsèjiètiān 無色界天 7-111A
wǔsèlùlí 五色陸離 1-354A
wǔsèlǚ 五色縷 1-355A
wùsēng 霧鬙 11-729A
wǔsèní 五色泥 1-354A
wǔsèqí 五色旗 1-354B
wǔsèqì 五色氣 1-354A
wǔsèquè 五色雀 1-354A
wǔsèshí 五色石 1-353B
wǔsèshū 五色書 1-354A
wǔsèshuǐtuán 五色水團 1-353B
wǔsètǔ 五色土 1-353B
wǔsèwúzhǔ 五色無主 1-354B
wǔsèxiàn 五色線 1-355A
wǔsèyī 五色衣 1-354A
wǔsèyú 五色魚 1-354A
wǔsèyǔ 五色羽 1-354A
wǔsèyún 五色雲 1-354B
wǔsèyúnqì 五色雲氣 1-354B
wǔsèzhào 五色詔 1-354B
wǔsèzhěnbìng 五色診病 1-354B
wūshā 汙殺 5-912A
wūshā 烏紗 7-70B
wūshā 誣殺 11-217B
wūshā 鎢砂 11-1371A
wúshà 無啥 7-131B
wǔshā 五沙 1-360A
wǔshā 五殺 1-372B
wùshā 惡殺 7-558A
wùshā 誤殺 11-228B
wūshājì 烏紗髻 7-70B
wūshājīn 烏紗巾 7-70B
wūshāmào 烏紗帽 7-70B
wūshān 巫山 2-971A
wūshān 屋山 4-35A
wūshàn 誣訕 11-217B
wūshàn 誣善 11-218B
wúshān 吳山 3-187B
wǔshān 五山 1-344B
wǔshàn 五善 1-380B
wǔshàn 午膳 2-921A
wǔshàn 舞扇 3-1193A
wùshàn 惡訕 7-558A
wūshāng 汙傷 5-913A
wūshàng 汙上 5-910B
wūshàng 誣上 11-216A
wúshāng 無傷 7-143B
wúshàng 無上 7-99A
wúshàng 無尚 7-116B
wǔshāng 武傷 5-346A
wǔshāng 舞商 3-1193A
wǔshàng 五尚 1-361B
wǔshàng 午上 2-918B
wùshāng 晤商 5-732B
wùshāng 誤傷 11-229B
wùshǎng 悟賞 7-540B
wùshàng 惡上 7-553B
wúshàngchéng 無上乘 7-99B
wúshàngdào 無上道 7-99B
wúshāngdàtǐ 無傷大體 7-144A
wúshāngdàyǎ 無傷大雅 7-144A
wǔshāngēshàn 舞衫歌扇 3-1192B
wúshàngfǎ 無上法 7-99B
wúshàngjiāngjūn 無上將軍 7-99B
wúshàngpútí 無上菩提 7-99B
wùshāngqílèi 物傷其類 6-255A
wūshàngwū 屋上烏 4-35A
wūshānshénnǚ 巫山神女 2-971B
wūshānshí'èrfēng 巫山十二峯 2-971B
wūshāntóu 屋山頭 4-35A
wūshānyīduànyún 巫山一段雲 2-971B
wūshānyúnyǔ 巫山雲雨 2-971B
wūshào 嗚哨 3-466B
wǔsháo 舞勺 3-1191B
wūshāoshé 烏梢蛇 7-71A
wūshāqià 烏紗帢 7-70B
wūshè 屋舍 4-35A
wúshé 無舌 7-108B
wúshè 無涉 7-129A
wúshè 無赦 7-130B
wǔshé 五蛇 1-375B
wǔshè 五射 1-372B
wǔshè 武射 5-343B
wùshéi 兀誰 2-1571B
wūshén 巫神 2-972A
wúshēn 無身 7-114B
wúshén 無神 7-126A
wǔshén 五神 1-370A
wǔshén 武神 5-343A
wùshēn 誤身 11-228B
wùshén 騖神 12-865B
wūshēng 烏笙 7-71B
wúshēng 吳生 3-188B
wúshēng 吳聲 3-193B
wúshēng 吾生 3-201A
wúshēng 無升 7-101B
wúshēng 無生 7-105A
wúshēng 無聲 7-156A
wúshēng 鼯鼪 12-1414A
wúshěng 无眚 4-656B
wǔshēng 五生 1-349B
wǔshēng 五牲 1-367B
wǔshēng 五聲 1-390A
wǔshēng 武生 5-340A
wǔshēng 武聲 5-348B
wǔshěng 五省 1-367A
wǔshèng 膴盛 6-1379B
wǔshèng 五勝 1-380B
wǔshèng 五聖 1-382A
wǔshèng 伍乘 1-1178A
wǔshèng 武聖 5-346A
wùshēng 惡生 7-554B
wùshēng 物牲 6-253A
wùshēng 痦生 3-1603B
wúshēngdì 無生地 7-105A
wúshēngfǎ 無生法 7-105B
wúshēngguǒ 無生果 7-105A
wúshēnghǔ 無聲虎 7-156B
wúshēnghuà 無生話 7-105B
wúshēnghuà 無聲畫 7-156B
wúshēngjìng 無生境 7-105B
wúshēnglǐ 無生理 7-105B
wǔshēngpén 五生盆 1-349B
wúshēngpiān 無生篇 7-105B
wúshēngpiàn 無聲片 7-156A
wúshēngqín 無聲琴 7-156B
wúshēngrěn 無生忍 7-105A
wúshēngshī 無聲詩 7-156B
wúshēngtǐ 吳生體 3-188B
wúshēngwúsè 無聲無色 7-156B
wúshēngwúxī 無聲無息 7-156B
wúshēngwúxiù 無聲無臭 7-156B
wúshēngxì 無聲戲 7-156B
wúshēngxiāng 無生鄉 7-105B
wǔshēngyuán 武生員 5-340A
wúshēngyuè 無聲樂 7-156B
wúshēngzhīdì 無生之諦 7-105A
wúshēngzhīxué 無生之學 7-105A
wùshēnlù 戊申錄 5-183A
wúshénlùn 無神論 7-126A
wǔshēnsānlìng 五申三令 1-349B
wǔshéntōng 五神通 1-370B
wūshī 巫師 2-972B
wūshī 烏師 7-70A
wūshǐ 汙史 5-910B
wūshǐ 巫史 2-971B
wūshì 汙世 5-910B
wūshì 屋室 4-35A
wūshì 烏柹 7-68A
wūshì 誣事 11-216B
wūshì 誣飾 11-218B
wúshī 無失 7-105B
wúshí 亡實 2-299A
wúshí 亡識 2-299B
wúshí 吳石 3-188A
wúshí 無時 7-126B
wúshí 無實 7-148B
wúshǐ 無始 7-122A
wúshì 毋事 7-815B
wúshì 吳市 3-188B
wúshì 無識 7-160A
wúshì 無世 7-103B
wúshì 無事 7-115B
wúshì 無室 7-126A
wúshì 無視 7-134B
wúshì 無勢 7-141B
wúshì 無適 7-147B
wǔshī 五尸 1-345A
wǔshī 武師 5-343B
wǔshī 舞師 3-1192B
wǔshí 五石 1-349A
wǔshí 五時 1-372A
wǔshí 五識 1-392B
wǔshí 午時 2-919B
wǔshí 伍什 1-1177A
wǔshí 忤時 7-433A
wǔshí 侮食 1-1402A
wǔshí 碔石 7-1054A
wǔshǐ 五使 1-363A
wǔshǐ 五始 1-365B
wǔshì 膴仕 6-1379B
wǔshì 五氏 1-347B
wǔshì 五世 1-349A
wǔshì 五示 1-348B
wǔshì 五事 1-360B
wǔshì 五室 1-370A
wǔshì 五是 1-367A
wǔshì 五勢 1-382A
wǔshì 午市 2-918B
wǔshì 忤視 7-433A
wǔshì 迕視 10-730A
wǔshì 武士 5-339A
wǔshì 武事 5-341B
wǔshì 武試 5-346A
wùshī 物師 6-254A
wùshī 務施 8-587A
wùshī 誤失 11-228A
wùshí 物什 6-250A
wùshí 物識 6-256B
wùshí 務時 8-587A
wùshí 務實 8-587A
wùshǐ 物始 6-253A
wùshǐ 騖駛 12-866A
wùshì 物事 6-252A
wùshì 物勢 6-255A
wùshì 誤事 11-228B
wùshì 霧市 11-725B
wùshìbīngróng 霧釋冰融 11-728B
wúshìbùdēng… 無事不登三寶殿 7-116A
wúshībùkě 無施不可 7-125B
wúshībùxiào 無施不效 7-125B
wǔshíbùxiàobǎibù 五十步笑百步 1-343A
wǔshíchá 午時茶 2-919B
wǔshíchē 五時車 1-372A
wúshìchǔ 無事處 7-116A
wúshìchù 無是處 7-123B
wúshìchuīxiāo 吳市吹簫 3-188B
wǔshìdào 武士道 5-339A
wúshìfēi 無是非 7-123B

wǔshífùchē 五時副車 1-372A
wúshìgōng 亡是公 2-296A
wúshìgōng 無是公 7-123B
wúshìhěn 無事哏 7-116A
wúshìhěn 無事狠 7-116A
wǔshíjī 五時雞 1-372A
wǔshíjié 五時節 1-372A
wùshījūxià 惡濕居下 7-561B
wǔshíliùyì 五石六鷁 1-349A
wúshìmǎ 無士馬 7-99A
wúshìmáng 無事忙 7-116A
wǔshìqíchāng 五世其昌 1-349A
wùshìrénfēi 物是人非 6-253A
wǔshísǎn 五石散 1-349A
wǔshísāncān 五十三參 1-343A
wúshìshēngfēi 無事生非 7-116A
wúshìshēngshì 無事生事 7-116A
wúshìsǒu 亡是叟 2-296A
wǔshítóng 五石銅 1-349B
wúshíwúkè 無時無刻 7-127A
wǔshíxián 五十弦 1-343A
wǔshíyī 五時衣 1-372A
wúshìyǐn 吳市隱 3-188B
wúshìzhīxiāo 吳市之簫 3-188B
wúshízi 無石子 7-104B
wúshízǐ 無食子 7-124B
wúshīzìtōng 無師自通 7-127B
wūshǒu 誣首 11-217A
wūshòu 屋獸 4-37A
wúshǒu 無首 7-125B
wǔshǒu 武守 5-340B
wǔshǒu 侮手 1-1401B
wǔshǒu 舞手 3-1191B
wǔshòu 五獸 1-392B
wǔshòu 舞獸 3-1194A
wùshǒu 兀首 2-1571A
wūshǒugòumiàn 汙手垢面 5-910B
wǔshǒuwǔjiǎo 侮手侮脚 1-1401B
wūshǔ 屋鼠 4-36A
wūshǔ 烏署 7-73B
wūshù 巫術 2-972B
wúshū 吳姝 3-190B
wúshū 無殊 7-126B
wúshǔ 吳蜀 3-191B
wúshǔ 吾屬 3-202B
wúshǔ 鼯鼠 12-1413B
wúshù 無述 7-115B
wúshù 無術 7-132B
wúshù 無數 7-150B
wǔshū 五叔 1-361A
wǔshū 儛書 1-1716B
wǔshú 五孰 1-376B
wǔshú 五熟 1-388B
wǔshǔ 五蜀 1-383A
wǔshǔ 五屬 1-393A
wǔshǔ 午暑 2-920A
wǔshù 五數 1-387B
wǔshù 五杰 1-366B
wǔshù 武術 5-345A
wùshū 誤書 11-228B
wùshū 霧舒 11-727A
wùshù 勿述 2-172A
wùshù 霧術 11-727A
wǔshuāi 五衰 1-373A
wúshuāng 吳霜 3-194A
wúshuāng 無雙 7-159A
wúshuāngqī 無霜期 7-157A
wúshuāngshù 無雙樹 7-159A
wúshuāngtíng 無雙亭 7-159A
wǔshǔdàfū 五屬大夫 1-393A
wǔshúfǔ 五熟釜 1-388B
wūshuì 屋稅 4-35B
wǔshuǐ 五水 1-346B
wǔshuì 午睡 2-920A
wùshuǐ 霧水 11-725B
wǔshuǐmán 五水蠻 1-346B
wúshuíyǔguī 吾誰與歸 3-202A
wúshǔjì 鼯鼠技 12-1413B
wūshuō 誣説 11-219A
wūshuò 於鑠 6-1576A
wúshuò 無朔 7-128B
wúshǔwǔjì 梧鼠五技 4-1036A
wúshùwújū 無束無拘 7-113A
wúshǔzhījì 梧鼠之技 4-1036A
wūsī 烏私 7-68A
wūsī 烏絲 7-73A
wūsī 鎢絲 11-1371A
wūsì 烏寺 7-66B
wúsī 吳絲 3-191B
wúsī 無私 7-113B
wúsǐ 無死 7-108A
wúsì 無似 7-109A
wúsì 無嗣 7-143A
wǔsī 五司 1-350A
wǔsī 五絲 1-382A
wǔsì 五祀 1-360A
wùsī 寤思 3-1604A
wùsī 霧絲 11-727B
wūsīdēng 鎢絲燈 11-1371A
wūsīháng 烏絲行 7-73A
wūsīlán 烏絲闌 7-73A
wūsīlán 烏絲欄 7-73A
wúsīwúlǜ 無思無慮 7-124A
wúsīyǒubì 無私有弊 7-113B
wúsīyǒuxiàn 無絲有線 7-141A
wúsīyǒuyì 無私有意 7-113B
wūsīzàng 烏斯藏 7-71B
wúsīzhīguāng 無私之光 7-113B
wūsòng 誣訟 11-218A
wǔsōng 五松 1-360B
wǔsōng 武松 5-341B
wùsōng 霧淞 11-745A
wùsōng 霿淞 11-725B
wùsōng 霧淞 11-727A
wūsú 汙俗 5-911B
wūsù 屋粟 4-35B
wūsù 誣訴 11-218A
wūsù 誣愬 11-219A
wúsù 無素 7-126A
wǔsù 五粟 1-378A
wùsú 物俗 6-253A
wùsù 寤宿 3-1604A
wúsuān 吳酸 3-192B
wúsuàn 無筭 7-143A
wúsuàn 無算 7-146A
wǔsuàn 武算 5-347A
wúsuànjué 無筭爵 7-143A
wúsuànjué 無算爵 7-146A
wúsuànshù 無算數 7-146A
wúsuànyuè 無筭樂 7-143A
wúsuànyuè 無算樂 7-146A
wúsuì 無歲 7-142A
wǔsuì 午歲 2-920A
wǔsuì 侮誶 1-1402B
wúsuìshì 無遂事 7-139A
wūsūn 烏孫 7-70A
wūsǔn 汙損 5-913A
wúsǔn 無損 7-141B
wūsūngōngzhǔ 烏孫公主 7-70B
wúsuǒ 無所 7-118A
wùsuǒ 霧鎖 11-728B
wúsuǒbùbāo 無所不包 7-118A
wúsuǒbùbèi 無所不備 7-118B
wúsuǒbùjí 無所不及 7-118A
wúsuǒbùjìnqíjí 無所不盡其極 7-119A
wúsuǒbùkě 無所不可 7-118A
wúsuǒbùnéng 無所不能 7-118B
wúsuǒbùróng 無所不容 7-118B
wúsuǒbùtōng 無所不通 7-118B
wúsuǒbùwéi 無所不爲 7-118B
wúsuǒbùxiǎo 無所不曉 7-119A
wúsuǒbùyòngqíjí 無所不用其極 7-118A
wúsuǒbùyǒu 無所不有 7-118A
wúsuǒbùzài 無所不在 7-118A
wúsuǒbùzhī 無所不知 7-118B
wúsuǒbùzhì 無所不至 7-118B
wúsuǒbùzuò 無所不作 7-118B
wúsuǒcuòshǒu 無所措手 7-119B
wúsuǒcuòshǒuzú 無所措手足 7-119B
wúsuǒcuòshǒuzú 無所錯手足 7-119B
wúsuǒgùdàn 無所顧憚 7-120A
wúsuǒgùjì 無所顧忌 7-120A
wúsuǒhuíbì 無所回避 7-119A
wúsuǒjìdàn 無所忌憚 7-119A
wúsuǒjìhuì 無所忌諱 7-119A
wúsuǒkěfǒu 無所可否 7-119A
wúsuǒróngxīn 無所容心 7-119B
wúsuǒshìcóng 無所適從 7-119B
wúsuǒshīqíjì 無所施其伎 7-119B
wúsuǒshīqíjì 無所施其技 7-119B
wúsuǒshìshì 無所事事 7-119A
wúsuǒwèi 無所謂 7-120A
wúsuǒwèidàn 無所畏憚 7-119B
wúsuǒwèijì 無所畏忌 7-119B
wúsuǒwèijù 無所畏懼 7-119B
wùsuǒyānmí 霧鎖烟迷 11-728B
wúsuǒyīguī 無所依歸 7-119B
wúsuǒyòngxīn 無所用心 7-119A
wúsuǒyòngzhī 無所用之 7-119A
wùsuǒyúnmái 霧鎖雲埋 11-728B
wúsuǒzhòngqīng 無所重輕 7-119B
wúsuǒzhù 無所住 7-119A
wúsuǒzuòwéi 無所作爲 7-119A
wǔsùyè 武宿夜 5-345A
wútā 無他 7-105B
wūtái 烏臺 7-74A
wútái 吳臺 3-192A
wútái 梧臺 4-1036A
wútái 峿臺 3-816A
wǔtái 五臺 1-384B
wǔtái 武臺 5-347A
wǔtái 舞臺 3-1193B
wǔtài 五泰 1-370B
wǔtài 五態 1-386A
wùtài 物態 6-256A
wútàibó 吳大伯 3-187A
wútàibó 吳太伯 3-187B
wūtáijiù'àn 烏臺舊案 7-74B

wūtáikè 烏臺客 7-74A
wǔtáishān 五臺山 1-384B
wūtáishǐjūn 烏臺使君 7-74A
wūtān 烏貪 7-71B
wùtán 晤談 5-732B
wùtàn 晤歎 5-732B
wùtàn 寤歎 3-1604B
wùtáng 鶩溏 12-1136A
wútè 無忒 7-113A
wútè 無慝 7-145B
wūténg 烏藤 7-76B
wūtí 烏啼 7-72A
wútí 無題 7-158B
wútí 蕪荑 9-549A
wútǐ 吳體 3-194B
wútǐ 無體 7-162A
wútì 無替 7-135B
wǔtí 五題 1-391B
wǔtǐ 五體 1-393A
wùtǐ 物體 6-257A
wútiān 无天 4-656A
wútiān 無天 7-100A
wútiǎn 無忝 7-115A
wútiǎn 無腆 7-138B
wǔtiān 五天 1-345B
wǔtiān 午天 2-918B
wǔtiān 舞天 3-1191B
wútiānhé 無添和 7-134A
wútiǎnhé 無忝和 7-115A
wūtiānhēidì 烏天黑地 7-65B
wútiānshì 無天事 7-100A
wútiānwúrì 無天無日 7-100A
wútiānyúshàng… 無天於上，無地於下 7-100A
wūtiánzhǐ 烏田紙 7-66A
wǔtiānzhú 五天竺 1-345B
wútiáo 無條 7-127A
wútīng 無聽 7-162A
wútíng 吳亭 3-190A
wǔtīng 五聽 1-393A
wǔtīng 舞廳 3-1194B
wǔtíng 五亭 1-369A
wùtīng 物聽 6-257A
wútǐngqí 無町畦 7-113A
wútíshī 無題詩 7-158B
wǔtǐtóuchéng 五體投誠 1-393B
wǔtǐtóudì 五體投地 1-393A
wūtíyǐn 烏啼引 7-72A
wūtóng 烏銅 7-74B
wútōng 無通 7-129B
wútóng 梧桐 4-1035B
wútǒng 無統 7-141A
wǔtōng 五通 1-374B
wǔtóng 武童 5-345B
wútóngduànjiǎo 梧桐斷角 4-1036A
wútóngjiǎo 梧桐角 4-1036A
wútóngmù 梧桐木 4-1036A
wǔtōngshén 五通神 1-374B
wǔtóngshēng 武童生 5-345B
wútóngwěi 梧桐尾 4-1036A
wútóngyīyèluò 梧桐一葉落 4-1036A
wūtóu 屋頭 4-36B
wūtóu 烏頭 7-75B
wútóu 無頭 7-154B
wǔtóu 舞頭 3-1194A
wùtóu 務頭 8-587B
wútóu'ànzi 無頭案子 7-154B
wūtóubái 烏頭白 7-75B
wūtóubáimǎshēngjiǎo 烏頭白馬生角 7-75B
wútóubǎng 無頭榜 7-154B
wútóuchǔwěi 吳頭楚尾 3-193B
wǔtóudùn 武頭楯 5-348A
wútóugōng'àn 無頭公案 7-154B
wútóuguǐ 無頭鬼 7-154B
wútóuhuò 無頭禍 7-154B
wūtóumǎjiǎo 烏頭馬角 7-75B
wútóumiàn 無頭面 7-154B
wùtóushī 悟頭詩 7-540B
wūtóuwǎng 烏頭網 7-75B
wǔtóuwǔnǎo 忤頭忤腦 7-433A
wútóuwúwěi 無頭無尾 7-154B
wūtóuyūn 烏頭暈 7-75B
wūtū 兀禿 2-1570B
wūtú 汙塗 5-913A
wūtú 洿塗 5-1140B
wūtú 烏菟 7-71A
wūtú 烏䖘 7-76A
wūtú 於檡 6-1576A
wūtú 於菟 6-1575B
wūtú 於䖘 6-1576A
wūtú 於魖 6-1576A
wūtù 烏兔 7-68B
wūtù 烏菟 7-71A
wútú 吾徒 3-201B
wútú 無徒 7-127B
wútǔ 吾土 3-200B
wǔtú 五涂 1-373B
wǔtú 五塗 1-383B
wǔtú 五圖 1-385A
wǔtǔ 五土 1-343B
wùtū 兀突 2-1571B
wùtū 屼峍 3-799B
wùtū 屼突 3-799B
wùtú 物圖 6-255B
wùtú 霧圖 11-728A
wùtǔ 物土 6-250A
wùtù 霧吐 11-726A
wǔtuī 五推 1-374B
wùtún 霧屯 11-725B
wútuō 無它 7-106B
wútuō 無佗 7-114B
wǔtuó 五紽 1-377B
wùtuō 誤脱 11-229A
wùtuó 亞駝 1-544A
wùtuó 亞馳 1-544A
wùtuò 霧唾 11-726B
wūtuōbāng 烏托邦 7-66B
wūtuōguǐguà 誣託詭挂 11-217B
wùtūtū 兀突突 2-1571B
wūwā 汙窪 5-913B
wúwá 吳娃 3-190A
wúwài 無外 7-106A
wùwài 物外 6-250B
wùwài 務外 8-586B
wùwài 鶩外 12-1136A
wúwàijiāo 無外交 7-106A
wùwàijiāo 物外交 6-250B
wùwàirén 物外人 6-250B
wùwàisīmǎ 物外司馬 6-250B
wūwán 烏丸 7-65B
wǔwán 侮玩 1-1402A
wǔwán 侮翫 1-1402B
wúwàndàqiān 無萬大千 7-136A
wúwánfū 無完膚 7-114B
wūwāng 巫尪 2-971B
wūwǎng 誣枉 11-216B
wūwǎng 誣罔 11-216B
wūwǎng 誣誷 11-219A
wūwàng 誣妄 11-216B
wúwáng 吳王 3-187B
wúwǎng 蝥網 8-938B
wúwǎng 無往 7-117B
wúwàng 无妄 4-656A
wúwàng 毋望 7-816A
wúwàng 無妄 7-111A
wúwàng 無望 7-133B
wǔwáng 五王 1-345A
wǔwáng 侮亡 1-1401B
wǔwǎng 忤往 7-432B
wùwǎng 勿罔 2-172B
wùwǎng 霧網 11-728A
wùwàng 物望 6-254B
wùwàng 鶩望 12-866A
wúwǎngbùfù 无往不復 4-656B
wúwǎngbùfù 無往不復 7-118A
wúwǎngbùkè 無往不克 7-118A
wúwǎngbùshèng 無往不勝 7-118A
wúwángkuàiyú 吳王膾餘 3-187B
wùwàngwǒ 勿忘我 2-172A
wúwàngyōu 無妄憂 7-111B
wǔwángzhàng 五王帳 1-345B
wúwàngzhīyōu 無妄之憂 7-111B
wúwàngzhīzāi 无妄之災 4-656A
wúwàngzhīzāi 無妄之災 7-111B
wúwàngzhīzāi 無妄之灾 7-111B
wúwànqiān 無萬千 7-136A
wúwànshù 無萬數 7-136A
wúwáyuèyàn 吳娃越豔 3-190B
wūwěi 汙僞 5-913B
wūwěi 誣僞 11-219A
wúwēi 無威 7-123A
wúwéi 亡爲 2-298B
wúwéi 无爲 4-656B
wúwéi 毋違 7-816A
wúwéi 無爲 7-138A
wúwéi 無違 7-141A
wúwěi 無委 7-117B
wúwèi 亡謂 2-299B
wúwèi 无位 4-656B
wúwèi 無爲 7-138A
wúwèi 無位 7-114A
wúwèi 無味 7-116B
wúwèi 無畏 7-123B
wúwèi 無謂 7-155A
wǔwēi 武威 5-342B
wǔwéi 忤違 7-433A
wǔwéi 武帷 5-344B
wǔwéi 武闈 5-348B
wǔwěi 五緯 1-388B
wǔwěi 五韙 1-391B
wǔwěi 武尾 5-341B
wǔwèi 五位 1-358B
wǔwèi 五味 1-361B
wǔwèi 五衛 1-388A
wǔwèi 武蝟 5-347A
wǔwèi 武衛 5-347B
wùwěi 霧委 11-726A
wǔwèibǎifǎ 五位百法 1-358B
wúwēibùzhì 無微不至 7-144A
wúwéi'érchéng 無爲而成 7-138B
wúwéi'érzhì 無爲而治 7-138B
wúwéifǎ 無爲法 7-138B
wúwéihuà 無爲化 7-138B
wǔwēijiàng 五威將 1-366B
wǔwēijiàngjūn 五威將軍 1-367A
wǔwēijiàngshuài 五威將帥 1-366B
wǔwèipíng 五位缾 1-358B
wǔwèishén 五味神 1-361B
wúwèishī 無畏施 7-124A
wúwéitiānxiàxiān 無爲天下先 7-138B
wúwéiwèi 無爲謂 7-138B
wúwéizhīzhì 無爲之治 7-138A
wúwéizǐ 無爲子 7-138B
wǔwèizǐ 五味子 1-361B
wúwéizìchéng 無爲自成 7-138B
wúwéizìhuà 無爲自化 7-138B
wūwēn 烏殟 7-73B
wūwén 汙聞 5-913B
wūwén 烏文 7-66A
wúwén 無文 7-101B

wúwén 無聞 7-149A
wúwèn 無問 7-134B
wǔwén 侮文 1-1401B
wǔwén 舞文 3-1191B
wǔwèn 五汶 1-360A
wùwén 誤文 11-228A
wùwén 霧文 11-725B
wùwén 霧紋 11-726B
wùwěng 霧滃 11-727B
wūwénmù 烏文木 7-66A
wǔwénnòngfǎ 舞文弄法 3-1191B
wǔwénnòngmò 舞文弄墨 3-1192A
wǔwénqiǎodǐ 舞文巧詆 3-1191B
wǔwēnshén 五瘟神 1-386A
wǔwēnshǐ 五瘟使 1-385B
wǔwénshìzhì 舞文飾智 3-1192A
wǔwénwánfǎ 舞文玩法 3-1192A
wúwǒ 毋我 7-815B
wúwǒ 無我 7-113B
wǔwò 五沃 1-360A
wùwǒ 物我 6-251B
wùwǒ 誤我 11-228B
wùwò 霧幄 11-727A
wūwū 屋烏 4-35B
wūwū 烏烏 7-70A
wūwū 嗚嗚 3-466B
wūwū 誣汙 11-216B
wūwū 誣污 11-216B
wūwū 誣洿 11-217A
wūwǔ 屋廡 4-36B
wūwù 誣誤 11-219A
wúwú 無無 7-137A
wúwú 蕪蕪 9-549B
wúwú 齬齬 12-1455B
wúwǔ 無伍 7-108B
wúwǔ 無忤 7-114B
wúwù 無惡 7-135B
wǔwǔ 膴膴 6-1379B
wǔwǔ 五五 1-346A
wǔwǔ 午午 2-918B
wǔwǔ 武舞 5-347A
wǔwù 五惡 1-378A
wǔwù 五戊 1-349B
wǔwù 五屼 1-352B
wǔwù 五物 1-362B
wǔwù 五矹 1-361A
wǔwù 忤物 7-432B
wǔwù 迕物 10-730A
wǔwù 侮物 1-1402A
wùwù 沕沕 5-977B
wùwù 兀兀 2-1570A
wùwù 勿勿 2-171B
wùwù 屼屼 3-799B
wùwù 杌杌 4-773A
wùwù 物物 6-252A
wùwù 物務 6-254A
wùwù 矹矹 7-1005A
wùwù 悟物 7-540A
wùwù 騖騖 12-866A
wùwù 仡仡 1-1153B
wùwùjiāohuàn 物物交換 6-252A
wūwūtáotáo 嗚嗚啕啕 3-467A
wùwùtáotáo 兀兀陶陶 2-1570A
wùwùtáotáo 兀兀淘淘 2-1570A
wùwùtēngtēng 兀兀騰騰 2-1570A
wūwūtuī'ài 屋烏推愛 4-35B
wūwūwǔ 烏烏武 7-70A
wùwùwù 勿勿勿 2-172A
wūwūyèyè 嗚嗚咽咽 3-467A
wūwūzhī'ài 屋烏之愛 4-35B
wǔwǔzhuǎzhuǎ 舞舞爪爪 3-1193B
wūxī 烏犀 7-73A
wūxī 於熙 6-1576A
wūxì 巫覡 2-973A
wūxì 誣繫 11-219B
wúxī 浯溪 5-1195A
wúxī 無析 7-115B
wúxī 無息 7-127B
wúxì 無隙 7-141A
wúxì 無戲 7-157A
wǔxī 五溪 1-383B
wǔxí 五席 1-373A
wǔxí 舞席 3-1192B
wǔxì 五細 1-377B
wǔxì 武戲 5-348B
wūxiá 巫峽 2-972A
wūxià 汙下 5-910A
wūxià 洿下 5-1140A
wúxiá 無暇 7-142B
wúxiá 無瑕 7-141B
wúxià 吳下 3-187A
wúxià 無下 7-99A
wǔxiá 武俠 5-342B
wǔxiá 侮狎 1-1402A
wǔxià 五夏 1-371B
wǔxià 舞夏 3-1192B
wúxià'āméng 吳下阿蒙 3-187A
wūxiàgàiwū 屋下蓋屋 4-34B
wūxiàjiàwū 屋下架屋 4-34B
wūxián 巫咸 2-972A
wūxián 誣賢 11-219A
wūxiàn 誣陷 11-217B
wúxiān 無先 7-108B
wúxián 無嫌 7-145A
wúxiàn 無限 7-122A
wǔxián 五弦 1-365A
wǔxián 五絃 1-377B
wǔxián 五賢 1-387A
wǔxiàn 五壏 1-390A
wǔxiàn 五縣 1-389A
wǔxiàn 五獻 1-392B
wùxián 惡嫌 7-560A
wùxiǎn 鋈銑 11-1308B
wúxiàndà 無限大 7-122A
wúxiàndiàn 無綫電 7-149B
wúxiàndiànchuánzhēn 無綫電傳真 7-149B
wúxiàndiànhuà 無綫電話 7-149B
wūxiàng 烏巷 7-69A
wúxiǎng 無想 7-142A
wúxiǎng 無響 7-161B
wúxiàng 無相 7-123A
wúxiàng 無嚮 7-158B
wúxiàng 無象 7-133A
wúxiàng 無像 7-144A
wǔxiāng 五香 1-367B
wǔxiāng 午香 2-919B
wǔxiǎng 午餉 2-920B
wǔxiàng 五相 1-366B
wǔxiàng 伍相 1-1177B
wǔxiàng 武象 5-345A
wǔxiàng 舞象 3-1193A
wùxiǎng 寤想 3-1604A
wùxiàng 物象 6-254A
wùxiàng 物像 6-255B
wúxiānghuǒqíng 無香火情 7-124A
wúxiàngmiào 吳相廟 3-190A
wǔxiǎngōng 五顯公 1-393B
wǔxiāngshì 武鄉試 5-345B
wúxiàngwúzuò 無相無作 7-123A
wǔxiāngyǐn 五香飲 1-368A
wǔxiǎnlíngguān 五顯靈官 1-393B
wǔxiànpǔ 五綫譜 1-386A
wúxiánqín 無絃琴 7-135A
wǔxiánqín 五弦琴 1-365A
wūxiánròu 烏銜肉 7-74B
wúxiànxiǎo 無限小 7-122A
wǔxiǎnyī 五銑衣 1-385B
wúxiānzhǔ 吳先主 3-189A
wúxiāo 吳綃 3-192A
wúxiāo 䇷簫 8-1171A
wúxiào 無効 7-120B
wúxiào 無效 7-128B
wǔxiāo 午歊 2-920B
wǔxiǎo 五曉 1-389A
wǔxiào 五孝 1-355B
wǔxiào 五校 1-371B
wǔxiào 午校 2-919B
wǔxiào 武校 5-343B
wǔxiào 侮笑 1-1402A
wùxiāo 霧綃 11-728A
wúxiāoshuō 無消說 7-129A
wùxiāoyānhú 霧綃煙縠 11-728A
wúxiǎoyè 無曉夜 7-154B
wùxiāoyúnhú 霧綃雲縠 11-728A
wǔxiáxiǎoshuō 武俠小說 5-342B
wúxiàzhùchù 無下箸處 7-99A
wūxiàzuòwū 屋下作屋 4-34B
wúxībǐ 浯溪筆 5-1195B
wǔxīdí 武溪笛 5-346B
wūxié 汙邪 5-910B
wūxié 洿邪 5-1140A
wūxié 誣脅 11-217B
wūxiè 汙褻 5-914B
wúxiē 無些 7-116B
wúxié 無邪 7-108A
wúxiě 無寫 7-152B
wúxiè 無謝 7-158A
wǔxiè 五泄 1-364A
wǔxiè 五洩 1-369B
wùxié 兀斜 2-1571B
wúxiécài 無鮭菜 7-157B
wǔxiègētái 舞榭歌臺 3-1193B
wúxièkějī 無懈可擊 7-155B
wúxìkěchéng 無隙可乘 7-141A
wūxīn 烏薪 7-75B
wúxīn 無心 7-102A
wúxìn 無信 7-124B
wǔxīn 五心 1-348A
wǔxīn 五辛 1-359B
wùxīn 物心 6-250A
wùxīn 悟心 7-540A
wùxīn 騖新 12-866A
wùxīn 鶩新 12-1136A
wǔxīncài 五辛菜 1-359B
wúxīncǎo 無心草 7-102B
wūxíng 汙行 5-910B
wūxíng 洿行 5-1140A
wūxíng 誣行 11-216A
wúxīng 吳興 3-193B
wúxíng 亡形 2-295A
wúxíng 無刑 7-107A
wúxíng 無行 7-109A
wúxíng 無形 7-112B
wúxìng 無性 7-121A
wǔxīng 五星 1-367A
wǔxíng 五刑 1-350B
wǔxíng 五行 1-352B
wǔxíng 五形 1-355B
wǔxíng 武刑 5-340A
wǔxìng 五姓 1-365A
wǔxìng 五性 1-364A
wǔxìng 五倖 1-372B
wùxìng 悟性 7-540A
wùxíng 物形 6-251B
wùxíng 騖行 12-865B
wùxíng 鶩行 12-1136A
wùxìng 物性 6-252B
wúxīngchèng 無星秤 7-123B
wǔxíngdàbù 五行大布 1-352B
wǔxìngfān 五姓蕃 1-365B
wǔxīnghóngqí 五星紅旗 1-367A
wǔxíngjiā 五行家 1-353A
wǔxīngjù 五星聚 1-367B
wǔxīngliánzhū 五星連珠 1-367A
wǔxīngliánzhū 五星聯珠 1-367B
wǔxīngsān 五星三 1-367A
wǔxíngshēngkè 五行生尅

1-353A
wǔxíngshēngshèng 五行生勝 1-353A
wǔxíngsìzhù 五行四柱 1-352B
wúxīngtǐ 吴興體 3-193B
wǔxíngwǔ 五行舞 1-353A
wúxíngwúyǐng 無形無影 7-112B
wǔxíngxiāngkè 五行相尅 1-353A
wǔxíngxiāngshēng 五行相生 1-353A
wǔxíngxiāngshèng 五行相勝 1-353A
wùxīngyúnyǒng 霧興雲涌 11-728B
wǔxíngzhèn 五行陣 1-353A
wúxíngzhǐ 無行止 7-109B
wúxíngzhīzhōng 無形之中 7-112B
wúxíngzhīzuì 無形之罪 7-112B
wúxíngzhōng 無形中 7-112B
wúxīnháo 無心毫 7-102B
wǔxīnliùyì 五心六意 1-348A
wǔxīnpán 五辛盤 1-359B
wúxīnsànzhuō 無心散卓 7-102B
wúxīnxiǎng 無心想 7-102B
wúxīnyún 無心雲 7-102B
wúxīnzhì 無心炙 7-102B
wúxiōng 吾兄 3-201A
wùxióng 物雄 6-255A
wúxiōngdàosǎo 無兄盜嫂 7-105A
wǔxīshēn 武溪深 5-346B
wúxīshí 浯溪石 5-1195B
wúxiù 吴岫 3-189B
wǔxiū 午休 2-919A
wǔxiǔ 五宿 1-377A
wǔxiù 五臭 1-372B
wǔxiù 五宿 1-377A
wǔxiù 五秀 1-357B
wǔxiù 武秀 5-341A
wùxiù 霧袖 11-726B
wǔxiùcai 武秀才 5-341A
wúxiūsēng 無羞僧 7-128B
wúxiūwài 無休外 7-108B
wúxiūwúliǎo 無休無了 7-108B
wùxīwéiguì 物稀爲貴 6-255A
wúxìyán 無戲言 7-157A
wūxū 歍歔 6-1468A
wūxǔ 惡許 7-558B
wúxū 毋須 7-816A
wúxū 毋需 7-816B
wúxū 無須 7-137B
wúxū 無需 7-145B
wúxū 無鬚 7-162A
wúxǔ 吾許 3-202A
wúxù 無緒 7-149B
wǔxū 五虚 1-375A
wǔxū 伍胥 1-1177B
wùxū 務虚 8-587A
wùxū 務須 8-587A
wùxù 物序 6-251B
wùxù 晤敍 5-732B
wùxù 鋈續 11-1308B
wúxuān 無諠 7-136A
wúxuān 無諼 7-155A
wúxuān 無選 7-153A
wúxuàn 無眩 7-127A
wǔxuàn 伍旋 1-1178A
wǔxuàn 舞旋 3-1193A
wǔxūcháo 伍胥潮 1-1177B
wūxuē 烏靴 7-73A
wūxuē 烏鞾 7-77A
wúxué 無學 7-154B
wǔxuē 舞靴 3-1193B
wǔxuē 舞鞾 3-1194A
wǔxué 五學 1-389A
wǔxué 武學 5-348A
wǔxuè 侮謔 1-1402B
wùxué 婺學 4-393A
wùxuě 霧雪 11-726B
wǔxūn 五熏 1-385A
wǔxùn 武訓 5-343B
wùxùn 物殉 6-253B
wǔxúnbǔ 武巡捕 5-341A
wǔxūtāo 伍胥濤 1-1177B
wúxūzhīhuò 無鬚之禍 7-162A
wūyā 烏鴉 7-75A
wūyā 烏鵶 7-77A
wūyà 鳴軋 3-466A
wúyá 亡厓 2-295B
wúyá 無厓 7-116A
wúyá 無崖 7-132A
wúyá 無涯 7-134A
wǔyá 五牙 1-346A
wǔyá 午衙 2-920B
wǔyǎ 五雅 1-379A
wūyān 烏烟 7-70A
wūyān 烏焉 7-70B
wūyān 烏煙 7-74A
wūyán 汙言 5-911A
wūyán 屋檐 4-36B
wūyán 屋簷 4-37A
wūyán 誣言 11-216B
wūyǎn 汙眼 5-912B
wūyàn 烏饜 7-76A
wūyàn 誣黶 11-220A
wúyān 無烟 7-128B
wúyān 無煙 7-144B
wúyān 無厭 7-145B
wúyán 毋鹽 7-816B
wúyán 吴鹽 3-194B
wúyán 無顏 7-159B
wúyán 無鹽 7-162B
wúyǎn 無衍 7-124B
wúyàn 亡厭 2-299A
wúyàn 吴燕 3-193B
wúyàn 無懕 7-158B
wúyàn 無猒 7-137A
wúyàn 無厭 7-145B
wúyàn 無饜 7-162B
wúyàn 無驗 7-162A
wǔyān 五煙 1-383B
wǔyān 憮俺 7-738A
wǔyán 五言 1-359A
wǔyán 五鹽 1-393B
wǔyán 舞筵 3-1193B
wǔyǎn 五衍 1-368B
wǔyǎn 五眼 1-375B
wǔyǎn 武偃 5-344B
wùyán 兀顏 2-1571B
wùyán 悟言 7-540A
wùyán 晤言 5-732B
wùyán 寤言 3-1603B
wùyǎn 誤衍 11-228B
wùyǎn 霧眼 11-726B
wǔyánchángchéng 五言長城 1-359A
wǔyánchánglǜ 五言長律 1-359A
wǔyánchéng 五言城 1-359A
wūyānchéngmǎ 烏焉成馬 7-70B
wǔyǎn'er 捂眼兒 6-598A
wūyáng 巫陽 2-972B
wūyáng 烏羊 7-67B
wūyáng 烏陽 7-71B
wúyāng 無央 7-105A
wúyáng 吴羊 3-189A
wúyàng 亡恙 2-297A
wúyàng 無恙 7-128B
wǔyáng 五羊 1-355A
wǔyáng 五洋 1-369B
wǔyáng 五陽 1-377B
wǔyáng 武陽 5-345B
wùyáng 鶩揚 12-866A
wúyāngāng 無烟鋼 7-128B
wǔyángchéng 五羊城 1-355A
wǔyángpí 五羊皮 1-355A
wǔyángǔ 五言古 1-359A
wǔyángǔshī 五言古詩 1-359A
wúyángyuè 無羊月 7-111B
wǔyángzáhuò 五洋雜貨 1-369B
wúyānhuǒyào 無烟火藥 7-128B
wūyǎnjī 烏眼雞 7-71A
wǔyǎnjī 五眼雞 1-375B
wūyánjiǎo 烏鹽角 7-77B
wǔyánjīnchéng 五言金城 1-359A
wǔyánjué 五言絶 1-359B
wǔyánjuéjù 五言絶句 1-359B
wǔyánliùsè 五顏六色 1-392A
wúyánluòsè 無顏落色 7-159B
wǔyánlǜ 五言律 1-359A
wǔyánlǜshī 五言律詩 1-359A
wúyānméi 無烟煤 7-128B
wúyánnǚ 無鹽女 7-162B
wǔyánpáilǜ 五言排律 1-359B
wúyánqià 無顏帢 7-159B
wúyǎnrén 無眼人 7-131B
wúyánsè 無顏色 7-159B
wǔyánshī 五言詩 1-359B
wǔyánshìtiě 五言試帖 1-359B
wǔyánsìjù 五言四句 1-359A
wūyānzhàngqì 烏烟瘴氣 7-70A
wūyānzhàngqì 烏煙瘴氣 7-74A
wúyánzhīguān 無顏之冠 7-159B
wúyánzǐ 無鹽子 7-162B
wúyànzú 無厭足 7-145B
wūyáo 誣謡 11-219B
wūyào 烏藥 7-76B
wúyáo 吴謡 3-194A
wúyáo 無繇 7-157B
wǔyào 五曜 1-392A
wǔyào 五藥 1-391B
wùyāo 物妖 6-251B
wùyǎo 霧杳 11-726A
wùyào 勿藥 2-172B
wūyāyā 烏壓壓 7-76B
wūyāyā 嗚呀呀 3-466A
wūyāzuǐ 烏鴉嘴 7-75A
wūyē 嗚噎 3-467A
wūyè 烏咽 7-69A
wūyè 嗚咽 3-466B
wúyě 吴冶 3-189A
wúyè 無葉 7-136A
wúyè 無業 7-142B
wǔyē 五噎 1-387A
wǔyě 五野 1-375B
wǔyè 五夜 1-363B
wǔyè 五液 1-377A
wǔyè 五葉 1-378A
wǔyè 午夜 2-919A
wǔyè 武業 5-346A
wùyě 霧野 11-726B
wùyè 戊夜 5-183A
wùyè 物業 6-255A
wūyètí 烏夜啼 7-68B
wúyètíshī 梧葉題詩 4-1036A
wǔyèyuánxiāo 五夜元宵 1-363B
wǔyèzhōng 午夜鐘 2-919A
wūyī 巫醫 2-973A
wūyī 烏衣 7-67A
wūyī 嗚咿 3-466B
wūyǐ 烏蟻 7-77B
wūyì 屋翼 4-36B
wūyì 烏弋 7-65B
wūyì 嗚邑 3-466A
wūyì 嗚唈 3-466B
wūyì 嗚悒 3-466B
wūyì 歍唈 6-1468A
wūyì 歍悒 6-1468A
wūyì 於邑 6-1574A
wūyì 於悒 6-1575A

wúyī 吾伊 3-201A
wúyī 唔伊 3-356A
wúyī 無衣 7-111A
wúyí 無夷 7-108A
wúyí 無疑 7-146B
wúyí 無儀 7-151B
wúyí 無遺 7-150B
wúyǐ 亡已 2-294A
wúyǐ 亡以 2-294A
wúyǐ 毋已 7-815A
wúyǐ 無已 7-100A
wúyǐ 無以 7-103A
wúyì 亡藝 2-299B
wúyì 毋意 7-816A
wúyì 無射 7-127B
wúyì 無亦 7-111A
wúyì 無易 7-117A
wúyì 無益 7-128B
wúyì 無異 7-131B
wúyì 無逸 7-133A
wúyì 無意 7-144B
wúyì 無義 7-144B
wúyì 無斁 7-157B
wúyì 無翼 7-158A
wúyì 無藝 7-158B
wúyì 無擇 7-153B
wúyì 蕪翳 9-550A
wǔyī 五噫 1-389A
wǔyí 五儀 1-387B
wǔyí 武移 5-344B
wǔyì 五易 1-362A
wǔyì 五義 1-383B
wǔyì 忤意 7-433A
wǔyì 迕意 10-730A
wǔyì 武義 5-346B
wǔyì 武毅 5-348A
wǔyì 武誼 5-348A
wǔyì 武翼 5-348B
wǔyì 武藝 5-349A
wǔyì 武議 5-349A
wǔyì 侮易 1-1402A
wǔyì 舞佾 3-1192B
wùyī 霧衣 11-726A
wùyí 物宜 6-252B
wùyí 寤移 3-1604A
wùyí 誤詒 11-229A
wùyǐ 勿已 2-171B
wùyì 惡斁 7-561A
wùyì 物役 6-251B
wùyì 物意 6-255B
wùyì 物議 6-257A
wùyì 誤譯 11-230A
wùyì 霧翳 11-728B
wúyībùbèi 無一不備 7-98A
wúyībùzhī 無一不知 7-98A
wúyìcǎo 無義草 7-144B
wúyì'érfēi 毋翼而飛 7-816B
wúyì'érfēi 無翼而飛 7-158A
wúyǐfùjiā 無以復加 7-103A
wǔyīgē 五噫歌 1-389A
wūyīguó 烏衣國 7-67B
wúyǐjiā 無以加 7-103A
wúyíjiǔ 無彝酒 7-159B
wǔyíjūn 武夷君 5-340B
wúyīkě 無一可 7-98A
wúyílèi 無遺類 7-151A
wùyǐlèijù 物以類聚 6-250B
wúyìlǜ 無射律 7-127B
wūyīméndì 烏衣門第 7-67B
wūyīn 巫音 2-972A
wūyín 烏銀 7-74B
wūyīn 歍欽 6-1468A
wūyín 誣淫 11-218A
wūyǐn 屋引 4-35A
wūyǐn 誣引 11-216A
wúyīn 吳音 3-190A
wúyīn 吳闉 3-194A
wúyīn 無因 7-108B
wúyīn 蕪音 9-549A
wúyín 亡垠 2-296A
wúyín 吳吟 3-189A
wúyín 無垠 7-122B
wúyín 無淫 7-134A
wúyǐn 無隱 7-155B
wǔyīn 五音 1-369A
wǔyīn 五陰 1-374B
wǔyīn 五廕 1-383B
wǔyīn 午陰 2-919B
wǔyīn 舞裀 3-1193A
wǔyǐn 五引 1-348B
wǔyǐn 五蘊 1-392A
wǔyìn 五印 1-350A
wǔyìn 武蔭 5-346A
wǔyìn 武廕 5-346A
wùyīn 物音 6-253A
wùyǐn 物隱 6-256B
wùyǐn 霧隱 11-728B
wúyīnbáigù 無因白故 7-108B
wǔyìndù 五印度 1-350A
wǔyīn'ér 五音兒 1-369A
wūyīng 汙膺 5-914B
wúyíng 無營 7-155B
wǔyīng 五英 1-360B
wǔyīng 五韺 1-391B
wǔyíng 五營 1-389B
wǔyíng 午楹 2-920A
wǔyǐng 午影 2-920B
wǔyīngdiàn 武英殿 5-341B
wúyǐngláochéng 無影牢城 7-150B
wúyǐngwúxíng 無影無形 7-150B
wúyǐngwúzōng 無影無踪 7-150B
wúyǐngwúzōng 無影無蹤 7-150B
wǔyīnshì 五音士 1-369A
wùyīnsúfù 物殷俗阜 6-254A
wǔyīnxì 五音戲 1-369A
wǔyìnzì 五印字 1-350A
wùyǐqúnfēn 物以羣分 6-250B
wúyǐsèzé 無以塞責 7-103A
wúyīshí 無一時 7-98A
wúyíshí 無移時 7-132A
wúyǐwéi 無以爲 7-103A
wúyìwúchuǎn 毋瘱毋喘 7-816B
wúyīwúkào 無依無靠 7-117B
wúyǐwúkào 無倚無靠 7-127A
wūyīxiàng 烏衣巷 7-67B
wùyǐxīwéiguì 物以希爲貴 6-250A
wùyǐxīwéiguì 物以稀爲貴 6-250A
wúyīzhīfù 無衣之賦 7-111A
wūyīzhīyóu 烏衣之游 7-67B
wūyīzhīyóu 烏衣之遊 7-67A
wūyīzhūláng 烏衣諸郎 7-67B
wūyīzǐdì 烏衣子弟 7-67B
wúyōng 毋庸 7-816A
wúyōng 無庸 7-133B
wúyōng 無壅 7-155B
wúyǒng 吳詠 3-191B
wúyòng 無用 7-106A
wǔyǒng 武勇 5-343B
wǔyǒng 舞詠 3-1193B
wǔyòng 武用 5-340A
wùyōng 勿庸 2-172B
wùyòng 勿用 2-172A
wùyòng 物用 6-250B
wúyōnghuìyán 無庸諱言 7-133B
wúyòngwǔzhīdì 無用武之地 7-106A
wùyǒngyúnzhēng 霧涌雲蒸 11-726B
wùyǒngyúnzhēng 霧湧雲蒸 11-727B
wūyóu 烏油 7-69A
wūyǒu 烏有 7-66B
wúyōu 無憂 7-149B
wúyóu 无尤 4-656A
wúyóu 無尤 7-100B
wúyóu 無由 7-105A
wúyóu 無郵 7-127A
wúyǒu 亡有 2-294B
wúyǒu 無友 7-100B
wúyǒu 無有 7-107B
wúyòu 鼯鼬 12-1413B
wǔyóu 五猶 1-380B
wǔyóu 武猷 5-346B
wǔyǒu 五有 1-352A
wǔyǒu 五酉 1-357B
wùyǒu 勿有 2-172A
wùyòu 物誘 6-255B
wúyōubùzhú 無幽不燭 7-124A
wúyōuchéng 無憂城 7-150A
wúyōudòng 無憂洞 7-150A
wúyǒulúnbǐ 無有倫比 7-107B
wúyōulǚ 無憂履 7-150A
wúyōushàn 無憂扇 7-150A
wúyōushù 無憂樹 7-150A
wúyōuwáng 無憂王 7-150A
wúyōuwúlǜ 無憂無慮 7-150A
wúyǒuxiāng 無有鄉 7-107B
wūyǒuxiānsheng 烏有先生 7-66B
wūyóuyóu 烏油油 7-69A
wūyú 烏魚 7-71B
wūyú 誣諛 11-219A
wūyǔ 屋宇 4-35A
wūyù 巫嫗 2-973A
wūyù 烏芋 7-66B
wūyù 烏鋊 7-76A
wūyù 鴮鋊 11-1371A
wúyú 蟱蝺 8-970A
wúyú 吳愉 3-191B
wúyú 吳歈 3-191B
wúyú 無渝 7-139B
wúyú 無隅 7-135A
wúyú 無虞 7-142B
wúyú 無餘 7-152A
wúyǔ 吳語 3-192B
wúyǔ 浯嶼 5-1195B
wúyǔ 無與 7-143B
wúyǔ 無語 7-146B
wúyù 无譽 4-657A
wúyù 無與 7-143B
wúyù 無遇 7-137A
wúyù 無預 7-145A
wúyù 無譽 7-161B
wǔyú 舞雩 3-1193A
wǔyǔ 舞羽 3-1192A
wǔyù 五玉 1-348B
wǔyù 五欲 1-376A
wǔyù 五御 1-380A
wǔyù 五馭 1-377B
wùyǔ 晤語 5-732B
wùyǔ 寤語 3-1604A
wùyǔ 霧雨 11-726A
wùyù 物欲 6-254A
wùyù 物譽 6-256B
wūyuān 烏鳶 7-74B
wūyuán 烏員 7-70A
wūyuán 烏圓 7-74A
wúyuán 無原 7-126B
wúyuán 無員 7-127A
wúyuán 無源 7-144B
wúyuán 無緣 7-153A
wúyuǎn 無遠 7-141B
wúyuàn 吳苑 3-189A
wúyuàn 無緣 7-153A
wǔyuán 五元 1-345B
wǔyuán 五原 1-371B
wǔyuán 武元 5-339B
wǔyuán 武員 5-343B
wǔyuàn 五院 1-370B
wǔyuàn 忤怨 7-432B
wúyuǎnbùjiè 無遠不屆 7-141B
wúyuǎnfújiè 無遠弗屆 7-141B
wúyuánwúgù 無緣無故 7-153B
wǔyuànzhì 五院制 1-370B
wúyuánzhīshuǐ… 無源之水，無本之木 7-144B

wúyǔbǐlún 無與比倫 7-143B
wūyuè 汙黦 5-915A
wúyuè 吳岳 3-189B
wúyuè 吳粵 3-191A
wúyuè 吳越 3-191A
wúyuè 吳嶽 3-194A
wúyuè 無樂 7-153A
wúyuè 無軏 7-126B
wǔyuè 五樂 1-388B
wǔyuè 五岳 1-362B
wǔyuè 五嶽 1-390B
wǔyuè 午月 2-918B
wǔyuè 武樂 5-348A
wǔyuè 舞悅 3-1193A
wǔyuè 舞躍 3-1194B
wùyuè 惡月 7-554A
wùyuè 悟悅 7-540A
wǔyuèjié 五月節 1-347B
wúyuèqǔ 吳越曲 3-191A
wúyuètóngzhōu 吳越同舟 3-191A
wǔyuètú 五嶽圖 1-391A
wǔyuèxiān'er 五月先兒 1-347B
wǔyuèzhàngrén 五岳丈人 1-362B
wǔyuèzhēnxíngtú 五嶽真形圖 1-391A
wǔyuèzǐ 五月子 1-347A
wúyǔjiàn 無羽箭 7-112B
wūyùjué 烏玉玦 7-66A
wúyúkuài 吳餘鱠 3-193A
wúyǔlúnbǐ 無與倫比 7-143B
wūyún 巫雲 2-973A
wūyún 烏雲 7-71B
wúyùn 無慍 7-139B
wúyùn 無韻 7-160A
wǔyún 五雲 1-378B
wǔyùn 五均 1-356A
wǔyùn 五運 1-381B
wǔyùn 五蘊 1-391B
wǔyùn 武運 5-345B
wùyùn 物運 6-255A
wǔyúnchē 五雲車 1-378B
wǔyúnchéng 五雲城 1-379A
wūyúnchǔyǔ 巫雲楚雨 2-973A
wǔyúnháo 五雲毫 1-379A
wǔyúnjiāng 五雲漿 1-379A
wǔyùnliùqì 五運六氣 1-381B
wǔyúnlóu 五雲樓 1-379A
wǔyúnpàn 五雲判 1-378B
wǔyúnqiú 五雲裘 1-379A
wǔyúntǐ 五雲體 1-379A
wǔyúnxī 五雲谿 1-379A
wǔyúnxiāng 五雲鄉 1-379A
wúyùnzhì 無運智 7-140A
wǔyúnzì 五雲字 1-378B
wúyǔwéibǐ 無與爲比 7-143B
wūzā 嗚咂 3-466A
wūzá 汙雜 5-914B
wūzá 烏雜 7-77A
wúzá 蕪雜 9-550A
wúzādiàn 無扎墊 7-100A
wūzāi 誣栽 11-217A
wúzǎi 無宰 7-129B
wúzài 無在 7-107B
wūzāng 汙髒 5-915A
wǔzàng 五藏 1-390A
wǔzàng 五臧 1-385A
wǔzàng 五臟 1-393A
wǔzàngliùfǔ 五藏六府 1-390B
wǔzàngliùfǔ 五臟六腑 1-393A
wǔzàngshén 五藏神 1-390B
wǔzàngshén 五臟神 1-393A
wūzāo 汙糟 5-914B
wūzāo 烏糟 7-76B
wūzáo 誣鑿 11-220A
wúzào 無造 7-127A
wúzào 無躁 7-161A
wǔzáo 五鑿 1-394A
wúzàobái 無皂白 7-114B
wǔzázǔ 五雜組 1-392A
wūzé 汙澤 5-914A
wūzé 洿澤 5-1140B
wūzé 烏幘 7-74B
wūzé 烏鰂 7-77B
wūzé 鴮鸅 12-1089B
wúzé 無擇 7-153B
wúzé 無澤 7-155B
wǔzé 五則 1-367A
wùzé 物則 6-253A
wūzéi 汙賊 5-913A
wūzéi 烏賊 7-73B
wūzéi 鰞鰂 12-1254B
wǔzéi 五賊 1-382B
wūzéiqì 烏賊契 7-73B
wūzémò 烏鰂墨 7-77B
wūzèn 誣譖 11-219B
wūzhà 誣詐 11-218A
wúzhá 吳札 3-188A
wūzhái 屋宅 4-35A
wǔzhāi 午齋 2-921A
wúzhān 無氈 7-158A
wúzhàn 無戰 7-154B
wùzhàn 惡戰 7-561A
wūzhàng 烏杖 7-67B
wúzhāng 無章 7-133B
wúzhàng 吾仗 3-201A
wǔzhāng 五章 1-376B
wǔzhǎng 五長 1-360A
wǔzhǎng 伍長 1-1177B
wǔzhàng 五丈 1-344B
wǔzhàng 武帳 5-344B
wùzhàng 霧帳 11-727A
wùzhàng 霧障 11-727B
wùzhàng 霧幛 11-728A
wùzhàng 霧瘴 11-728B
wǔzhàngqí 五丈旗 1-344B
wǔzhàngyuán 五丈原 1-344B
wūzhào 烏照 7-73B
wúzhào 吳趙 3-192A
wǔzhāo 武昭 5-342B
wǔzhāo 儛招 1-1716B
wǔzhào 五兆 1-353B
wùzhào 霧罩 11-727B
wùzhào 霧櫂 11-728B
wùzhào 騖棹 12-866A
wǔzhǎojīnlóng 五爪金龍 1-346B
wūzhě 圬者 2-1006A
wúzhē 無遮 7-146B
wúzhé 無轍 7-160A
wǔzhé 侮折 1-1402A
wùzhě 兀者 2-1570B
wúzhēdàhuì 無遮大會 7-146B
wúzhēhuì 無遮會 7-147A
wūzhēn 汙真 5-912A
wúzhèn 無朕 7-128A
wúzhèn 無眹 7-131B
wǔzhěn 五診 1-380B
wǔzhěn 午枕 2-919A
wǔzhèn 五陳 1-374B
wǔzhèn 五陣 1-370B
wǔzhèn 五鎮 1-392A
wǔzhèn 武震 5-347B
wūzhēng 誣爭 11-216B
wūzhèng 誣證 11-220A
wúzhēng 無徵 7-152A
wúzhèng 無正 7-103B
wúzhèng 無政 7-122B
wǔzhēng 五徵 1-388A
wǔzhèng 五正 1-348B
wǔzhèng 五政 1-366A
wǔzhèng 午正 2-918B
wǔzhèng 武政 5-342B
wùzhèng 物證 6-256B
wùzhèng 務正 8-586B
wùzhèng 誤證 11-230A
wúzhēngbùxìn 無徵不信 7-152A
wūzhènhuā 烏朕花 7-70A
wúzhēnnányǐnxiàn 無針難引線 7-128A
wúzhēzhāi 無遮齋 7-147A
wūzhí 誣執 11-217B
wūzhí 誣摭 11-218B
wūzhǐ 誣指 11-217A
wūzhì 誣治 11-217A
wúzhī 無知 7-117A
wúzhí 無直 7-115B
wúzhí 無執 7-130B
wúzhí 無職 7-158B
wúzhì 吳質 3-193A
wúzhì 無識 7-160A
wúzhì 無至 7-108B
wúzhì 無治 7-121A
wúzhì 無智 7-137B
wúzhì 無寘 7-145A
wúzhì 無滯 7-148A
wúzhì 無質 7-151B
wǔzhī 五芝 1-351B
wǔzhī 五知 1-362B
wǔzhí 五殖 1-378B
wǔzhí 武直 5-341B
wǔzhí 武職 5-348B
wǔzhǐ 五指 1-366A
wǔzhǐ 迕指 10-730A
wǔzhì 五至 1-352A
wǔzhì 五時 1-375B
wǔzhì 五痔 1-376B
wǔzhì 五雉 1-383A
wǔzhì 武志 5-341A
wǔzhī 舞知 3-1192B
wǔzhì 舞智 3-1193A
wùzhí 物直 6-252A
wùzhí 物值 6-253B
wùzhí 誤植 11-229A
wùzhì 物質 6-256A
wùzhì 騖置 12-866A
wùzhì 騖置 12-1136A
wùzhíchǒuzhèng 惡直醜正 7-555B
wūzhīqí 巫支祁 2-971B
wūzhīqí 巫支祈 2-971B
wúzhīqí 無之祈 7-100A
wúzhīqí 無支祁 7-100B
wúzhīqí 無支奇 7-100B
wúzhīqí 無支祈 7-100B
wǔzhǐshān 五指山 1-366A
wúzhīwàngzuò 無知妄作 7-117B
wùzhìwénmíng 物質文明 6-256A
wùzhìzéfǎn 物至則反 6-250B
wúzhìzhuīdì 無置錐地 7-143A
wúzhìzhuīzhīdì 無置錐之地 7-143A
wūzhǒng 汙種 5-913A
wúzhōng 吳中 3-187B
wúzhōng 無終 7-135A
wúzhǒng 無種 7-146A
wǔzhōng 五中 1-346B
wǔzhōng 五衷 1-373A
wǔzhōng 五鍾 1-391A
wǔzhōng 五鐘 1-392B
wǔzhǒng 五種 1-385A
wǔzhòng 五衆 1-379B
wùzhǒng 物種 6-255B
wǔzhōngkuí 舞鍾馗 3-1194A
wúzhōngshēngyǒu 無中生有 7-101A
wúzhōngsìjié 吳中四傑 3-188A
wúzhōngsìshì 吳中四士 3-188A
wǔzhōu 五州 1-355A
wǔzhōu 五洲 1-370A
wǔzhòu 五繇 1-391A
wùzhōu 誤盩 11-229B
wùzhòu 騖驟 12-866A
wǔzhōusìhǎi 五洲四海 1-370A
wúzhòuwúyè 無晝無夜 7-134B
wūzhū 汙瀦 5-913B
wūzhū 汙豬 5-915A
wūzhū 屋誅 4-36A
wūzhū 烏珠 7-69B
wūzhú 烏蠋 7-77A

wūzhù 巫祝 2-972A
wúzhū 無諸 7-152A
wúzhǔ 無主 7-106A
wúzhù 無住 7-114A
wǔzhū 五朱 1-352B
wǔzhū 五株 1-371B
wǔzhū 五銖 1-385A
wùzhú 騖逐 12-866A
wùzhǔ 物主 6-250B
wùzhǔ 悟主 7-540A
wúzhuàn 無傳 7-143B
wǔzhuǎn 午轉 2-921A
wǔzhuàn 五傳 1-383B
wǔzhuàn 午饌 2-921A
wúzhuāng 无莊 4-656B
wúzhuāng 吴粧 3-191B
wúzhuāng 吴裝 3-192A
wúzhuàng 亡狀 2-296A
wúzhuàng 無狀 7-121B
wǔzhuāng 武裝 5-346B
wǔzhuàng 五弜 1-355B
wǔzhuàng 伍壯 1-1177B
wùzhuàng 物狀 6-252B
wǔzhuāngbùduì 武裝部隊 5-347A
wǔzhuāngdài 武裝帶 5-347A
wǔzhuānggōngzuòduì 武裝工作隊 5-347A
wǔzhuānglìliang 武裝力量 5-346B
wǔzhuàngyuan 武狀元 5-342A
wúzhuàngzi 無狀子 7-122A
wǔzhuǎzhāngyá 舞爪張牙 3-1191B
wǔzhūfú 五銖服 1-385A
wúzhǔhòu 無主後 7-106B
wǔzhūhóu 五諸侯 1-388A
wūzhuī 烏騅 7-76B
wǔzhuì 舞綴 3-1194A
wúzhǔn 無准 7-128A
wúzhǔn 無準 7-144B
wúzhǔnnǐ 無準擬 7-145A
wūzhuó 汙濁 5-914A
wūzhuó 洿濁 5-1140B
wūzhuó 烏噣 7-76A
wūzhuó 烏啄 7-71A
wúzhuó 無著 7-130B
wúzhuó 無着 7-134A
wǔzhuó 五濁 1-389B
wǔzhuó'èshì 五濁惡世 1-390A
wúzhuóyóujiàn 無着郵件 7-134A
wǔzhūqián 五銖錢 1-385A
wúzhūtái 無諸臺 7-152A
wǔzhūyī 五銖衣 1-385A
wūzi 屋子 4-35A
wūzī 汙漬 5-913B
wúzī 唔吱 3-356A
wúzī 無貲 7-142B
wúzī 無資 7-144B
wúzī 無訾 7-142B
wúzǐ 吴子 3-187B
wúzǐ 吾子 3-200B
wúzǐ 梧子 4-1035B
wúzī 無訾 7-142B
wǔzǐ 五子 1-345A
wǔzì 五字 1-355A
wǔzì 五牸 1-372B
wùzi 兀子 2-1570A
wùzi 杌子 4-773A
wùzi 痦子 8-317B
wùzī 物資 6-255B
wùzì 兀自 2-1570B
wùzì 誤字 11-228A
wúzìbēi 無字碑 7-111B
wǔzìchéng 五字城 1-355B
wǔzǐdēngkē 五子登科 1-345A
wùzǐduózhū 惡紫奪朱 7-559A
wúzì'erkōngpíng 無字兒空瓶 7-111B
wúzìjù 無字句 7-111B
wǔzìjù 五字句 1-355A
wǔzǐqí 五子棋 1-345A
wǔzìshī 五字詩 1-355B
wǔzǐtāo 伍子濤 1-1177A
wúzìwù 無字悟 7-111B
wúzixiē 無子些 7-100A
wúzōng 吾宗 3-201B
wúzōng 無踪 7-150B
wúzōng 無蹤 7-159A
wúzòng 亡從 2-297B
wǔzōng 五宗 1-364B
wùzōng 物宗 6-252B
wùzōng 悟宗 7-540A
wǔzǒngguī 五總龜 1-391B
wúzōngwúyǐng 無踪無影 7-150B
wūzòu 誣奏 11-217A
wúzú 亡足 2-295A
wúzú 無足 7-113A
wúzǔ 吾祖 3-201B
wǔzú 五族 1-376B
wǔzú 武卒 5-342A
wǔzǔ 五俎 1-368B
wǔzǔ 五祖 1-370A
wùzú 惡卒 7-556B
wùzú 兀卒 2-1571A
wùzǔ 物祖 6-253B
wúzúdào 無足道 7-113A
wúzúguàchǐyá 無足挂齒牙 7-113A
wūzuì 誣罪 11-218B
wúzuì 無罪 7-143A
wúzuì 無辠 7-144A
wǔzuì 五罪 1-383A
wùzuìqiǎngjiǔ 惡醉强酒 7-560B
wūzuō 嗚嘬 3-467A
wúzuò 無作 7-114A
wǔzuǒ 五佐 1-358A
wǔzuò 五作 1-358A
wǔzuò 五柞 1-366B
wǔzuò 仵作 1-1195A
wǔzuò 忤作 7-432B
wùzuò 兀坐 2-1570B
wùzuòfēiwéi 誤作非爲 11-228B
wǔzuògōng 五柞宮 1-366B
wǔzuòxuéshì 仵作學士 1-1195B
wúzúqīngzhòng 無足輕重 7-113B
wǔzǔqīzhēn 五祖七真 1-370A
wúzúzhòngqīng 無足重輕 7-113A

X

xiá'ài 狎愛 5-31A
xiá'ài 狹隘 5-53B
xiá'ài 狹阨 5-52B
xiá'ài 陜隘 11-1057A
xià'ài 下愛 1-327B
xià'ānjū 夏安居 3-1201A
xiá'ào 遐奥 10-1107A
xiá'ào 黠傲 12-1363B
xiá'ào 黠驁 12-1364A
xiābā 瞎巴 7-1245A
xiàba 下巴 1-311A
xiàbā 下吧 1-314B
xiābābā 瞎吧吧 7-1245B
xiābāi 瞎掰 7-1246A
xiàbǎi 下擺 1-332A
xiàbài 下拜 1-317B
xiàbakē 下巴頦 1-311A
xiábǎn 柙板 4-910B
xiábǎn 遐坂 10-1103B
xiàbān 下班 1-319A
xiàbān 下般 1-320B
xiàbàn 夏半 3-1200B
xiābāng 瞎榜 7-1246A
xiábāng 遐邦 10-1103A
xiàbànjié 下半截 1-312A
xiàbànqí 下半旗 1-312A
xiàbànshǎng 下半晌 1-312A
xiàbànshì 下半世 1-312A
xiàbàntiān 下半天 1-312A
xiàbǎnwán 下坂丸 1-314A
xiàbànyè 下半夜 1-312A
xiàbǎnzǒuwán 下坂走丸 1-314A
xiábào 遐抱 10-1104A
xiàbǎo 下保 1-318A
xiábēi 霞杯 11-720A
xiábēi 霞盃 11-720B
xiábèi 遐被 10-1105B
xiàbèi 下輩 1-330A
xiàbèizi 下輩子 1-330A
xiàběn 下本 1-311B
xiábēng 霞綳 11-722B
xiàběnqian 下本錢 1-311B
xiábī 狎逼 5-30B
xiábǐ 狎比 5-29B
xiábǐ 峽岬 3-816B
xiábì 瑕壁 4-612A
xiábì 霞壁 11-723A
xiàbǐ 下比 1-310A
xiàbǐ 下筆 1-326A
xiàbì 下賁 1-324B
xiàbì 下幣 1-329B
xiābiān 瞎編 7-1246B
xiábiān 霞編 11-722B
xiàbiān 下邊 1-332B
xiábiāo 遐標 10-1108B
xiábiāo 霞標 11-722B
xiábiǎo 遐表 10-1104A
xiábiǎo 霞表 11-719B
xiàbǐchéngpiān 下筆成篇 1-326A
xiàbǐchéngzhāng 下筆成章 1-326A
xiábīn 遐賓 10-1108B
xiābīng 蝦兵 8-935A
xiábìng 瑕病 4-611A
xiābīngxièjiàng 蝦兵蟹將 8-935A
xiábó 狎博 5-30B
xiábó 狹薄 5-54A
xiábó 陜薄 11-1057A
xiábó 㲚駁 9-1185B
xiábó 霞駁 11-722A
xiábó 霞駮 11-722B
xiàbō 夏播 3-1204A
xiábù 遐布 10-1103A
xiábù 遐步 10-1103B
xiábù 霞布 11-719A
xiàbū 下晡 1-322B
xiàbū 下餔 1-330B
xiàbù 下部 1-320B
xiàbù 夏布 3-1200B
xiàbùlái 下不來 1-310A
xiàbùliǎotái 下不了臺 1-310A
xiàbùqù 下不去 1-310A
xiàbùwéilì 下不爲例 1-310A
xiábùyǎnyú 瑕不掩瑜 4-610B
xiábùyǎnyú 瑕不揜瑜 4-610B
xiācài 蝦菜 8-935A
xiācài 鰕菜 12-1251A
xiácǎi 霞采 11-720A
xiácǎi 霞彩 11-721A
xiàcái 下才 1-309A
xiàcái 下材 1-314A
xiàcǎi 下采 1-316A
xiàcǎi 夏采 3-1201B
xiàcài 下蔡 1-328B
xiàcáilǐ 下財禮 1-320A
xiácǎishā 霞彩紗 11-721A
xiácàn 霞粲 11-722A
xiàcān 下餐 1-331A
xiàcán 夏蠶 3-1205B
xiácāng 遐蒼 10-1107B
xiàcāo 下操 1-331A
xiácè 遐册 10-1103A
xiácè 遐策 10-1106B
xiàcè 下策 1-326A
xiàcéng 下層 1-330B
xiàcéngshèhuì 下層社會 1-330B
xiāchá 鰕槎 12-1251A
xiáchà 霞剎 11-720A
xiàchá 下茶 1-317A
xiàchādìng 下插定 1-325A
xiáchǎn 遐闡 10-1110B
xiáchāng 遐昌 10-1104A
xiácháng 俠腸 1-1370A
xiácháng 狹長 5-52B
xiácháng 袷嘗 7-914B
xiácháng 遐長 10-1104A
xiáchǎng 遐敞 10-1106B
xiáchǎng 霞敞 11-721B
xiáchàng 遐暢 10-1108A
xiáchàng 遐暘 10-1108A
xiàcháng 下裳 1-328B
xiàchǎng 下場 1-324B
xiàchǎngmén 下場門 1-324B
xiàchǎngshī 下場詩 1-325A
xiàchǎngtou 下場頭 1-325A
xiáchāo 遐超 10-1106B
xiāchǎobārǎng 瞎吵八嚷 7-1245B
xiāchě 瞎扯 7-1245A
xiáchè 谺拆 10-1319B
xiáchē 霞車 11-719B
xiàchē 下車 1-314A
xiāchědàn 瞎扯蛋 7-1245A
xiáchēn 遐琛 10-1106B
xiàchén 下臣 1-312B
xiàchén 下忱 1-315A
xiàchén 下陳 1-321B
xiàchén 下塵 1-329A
xiáchéng 霞城 11-720A
xiàchéng 嗄程 3-461A
xiàchéng 下乘 1-320A
xiàchéng 下程 1-325B
xiàchéng 夏成 3-1200B
xiàchēqìzuì 下車泣罪 1-314A
xiàchēyīshǐ 下車伊始 1-314A
xiàchēzhīshǐ 下車之始 1-314A
xiáchí 夾持 2-1503B
xiáchì 霞赤 11-719B
xiáchōng 遐冲 10-1103B
xiáchōng 遐衝 10-1108B
xiàchōng 下舂 1-322A
xiàchóng 夏蟲 3-1205A
xiàchóngyí 夏蟲疑 3-1205A
xiàchóngyíbīng 夏蟲疑冰 3-1205A
xiàchóngyǔbīng 夏蟲語冰 3-1205A
xiáchóu 遐愁 10-1107B
xiáchǔ 狎處 5-30B
xiàchú 下廚 1-330B
xiàchú 夏鋤 3-1204B
xiàchù 下處 1-322A
xiāchuǎn 呀喘 3-207A
xiáchuān 霞川 11-719A
xiáchuán 遐傳 10-1107B
xiàchuàn 下串 1-314B
xiāchuǎng 瞎闖 7-1246B
xiáchuāng 霞窗 11-721B
xiáchuāng 霞牕 11-722B
xiáchuáng 柙牀 4-1036B
xiáchuáng 匣床 1-967B
xiáchuáng 匣牀 1-968A
xiáchuáng 柙牀 4-910B
xiáchuáng 轄床 9-1312B
xiáchuáng 霞牀 11-720A
xiāchuī 瞎吹 7-1245B
xiàchuí 下垂 1-316A
xiàchuò 呷啜 3-260B
xiácī 瑕玼 4-611A
xiácī 瑕疵 4-611A
xiácì 俠刺 1-1369B
xiàcí 下辭 1-332B
xiàcì 下次 1-313B
xiàcìhái'er 下次孩兒 1-313B
xiàcìrénděng 下次人等 1-313B
xiàcìxiǎode 下次小的 1-313B
xiácóng 狎從 5-30B
xiácòu 狹湊 5-53B
xiácù 狹促 5-53A
xiácù 陜促 11-1057A
xiácù 遐促 10-1105A
xiācùjiéshuài 呷醋節帥 3-260B
xiàcún 下存 1-312B
xiácuò 霞錯 11-723A
xiàdá 唬答 3-378B
xiàdá 下達 1-325A
xiàdàfū 下大夫 1-309A
xiádài 遐代 10-1103A
xiádài 霞帶 11-721A
xiádàn 霞旦 11-719A
xiàdàn 下蛋 1-324A
xiàdāntián 下丹田 1-310B
xiádǎo 遐蹈 10-1109B
xiádào 狎道 5-30B
xiádào 黠盜 12-1364A
xiàdào 下道 1-326B
xiàde 下得 1-323A
xiàde 下的 1-316A
xiàdé 下德 1-330B
xiádēng 遐登 10-1107A
xiàděng 下等 1-325B/1-326A
xiādēnghēihuǒ 瞎燈黑火 7-1246B
xiādēngmièhuǒ 瞎燈滅火 7-1246B
xiàděngrén 下等人 1-326A
xiàdequ 下得去 1-323A
xiàdeshǒu 下得手 1-323A
xiàdeshǒu 下的手 1-316A
xiádí 猳狄 3-1047A
xiádí 狎敵 5-31A
xiádí 遐狄 10-1104A
xiádí 鶷鸐 12-1142B
xiádì 祫禘 7-914B
xiádì 遐睇 10-1106B
xiàdí 夏狄 3-1201A
xiàdí 夏翟 3-1204A
xiàdì 下地 1-312B
xiàdì 下第 1-323A
xiádiǎn 瑕點 4-612A
xiádiàn 遐甸 10-1104A
xiádiàn 瑕玷 4-610B
xiàdiǎn 夏典 3-1201A

xiàdiàn 下店 1-316A
xiàdiàn 下墊 1-328A
xiàdiàn 夏簟 3-1205A
xiàdiào 下調 1-330B
xiàdiàozi 下釣子 1-323A
xiádié 浹渫 5-1196B
xiádié 霞氎 11-724A
xiàdǐng 下鼎 1-325B
xiàdǐng 夏鼎 3-1203B
xiàdìng 下定 1-316B
xiàdìng 下椗 1-325B
xiàdìng 下碇 1-327A
xiàdǐngshāngyí 夏鼎商彝 3-1203B
xiàdìngshuì 下碇稅 1-327A
xiàdòng 罅洞 8-1078B
xiādǒu 蝦斗 8-934B
xiádú 匣櫝 1-968B
xiádù 遐度 10-1105A
xiádù 瑕蠹 4-612A
xiàdū 下都 1-319B
xiàdú 下黷 1-333B
xiàduān 下端 1-329A
xiàduàn 下斷 1-332B
xiàduànyǔ 下斷語 1-332B
xiádùn 遐遁 10-1107A
xiádùn 遐遯 10-1108A
xiá'è 瑕惡 4-611B
xià'è 下顎 1-332B
xiá'er 匣兒 1-967B
xiá'ér 黠兒 12-1363A
xiá'ěr 徦爾 3-1047A
xiá'ěr 遐迩 10-1104B
xiá'ěr 遐爾 10-1108A
xiá'ěr 遐邇 10-1109A
xiá'ěryītǐ 遐邇一體 10-1109B
xiá'ěrzhùwén 遐邇著聞 10-1109B
xià'èrzǐ 夏二子 3-1200A
xiáfǎ 狎法 5-30A
xiàfā 罅發 8-1079A
xiàfà 下髮 1-329B
xiáfān 遐藩 10-1109B
xiàfān 下番 1-326B
xiàfān 下藩 1-332A
xiàfān 下簮 1-329B
xiàfán 下凡 1-309B
xiàfàn 嗄飯 3-461A
xiàfàn 嗄飰 3-461A
xiàfàn 下飯 1-326B
xiáfāng 遐方 10-1102B
xiàfāng 下方 1-310B
xiàfáng 下房 1-316B
xiàfǎng 下訪 1-323B
xiàfàng 下放 1-316A
xiáfāngjuérǎng 遐方絕壤 10-1103A
xiáfāngjuéyù 遐方絕域 10-1102B
xiáfēi 霞飛 11-720B
xiáfēi 霞扉 11-721B
xiáfèi 匣費 1-968A
xiáfēn 霞雰 11-721B
xiáfèn 遐憤 10-1109A
xiáfēng 遐風 10-1105A
xiáfēng 霞峯 11-721A
xiàfēng 下風 1-318A
xiàfèng 罅縫 8-1079A
xiàfēngbáo 下風雹 1-318A
xiáfú 遐服 10-1104B
xiáfú 遐福 10-1107B
xiáfú 霞服 11-720A
xiáfù 陿腹 11-1057A
xiàfú 下伏 1-313A
xiàfú 下服 1-316A
xiàfú 夏服 3-1201B
xiāgāng 瞎缸 7-1245B
xiàgǎo 夏槁 3-1204A
xiāgé 蝦蛤 8-935B
xiágé 遐隔 10-1107A
xiágé 瑕蛤 4-611B
xiágé 霞閣 11-722B
xiàgé 夏葛 3-1203A
xiágèn 遐亙 10-1103A
xiàgēn 下根 1-319B
xiàgēng 夏耕 3-1202A
xiāgōng 蝦公 8-934B
xiāgōng 鰕公 12-1250B
xiágōng 霞宮 11-720B
xiágōng 霞觥 11-722A
xiàgōng 下工 1-308B
xiàgōng 下宮 1-318B
xiàgōng 夏宮 3-1202A
xiàgōngfu 下工夫 1-308B
xiàgōngfu 下功夫 1-311A
xiāgōngzi 蝦弓子 8-934A
xiāgǒu 鰕狗 12-1251A
xiágǒu 遐耇 10-1104B
xiágòu 瑕垢 4-611A
xiàgōulì 下句麗 1-312A
xiāgū 蝦姑 8-935A
xiāgū 鰕姑 12-1251A
xiágǔ 俠骨 1-1370A
xiágǔ 峽谷 3-816B
xiágǔ 遐古 10-1103A
xiágǔ 霞骨 11-720B
xiágù 遐顧 10-1110B
xiàgǔ 下古 1-311B
xiàgù 下顧 1-333A
xiáguài 遐怪 10-1104B
xiáguān 遐觀 10-1110B
xiáguān 霞冠 11-720B
xiáguǎn 轄管 9-1313A
xiáguǎn 霞館 11-723A
xiáguàn 霞觀 11-724A
xiàguān 下官 1-316B
xiàguān 下關 1-333A
xiàguān 夏官 3-1201B
xiàguǎn 下管 1-328B
xiáguāng 霞光 11-719A
xiáguǎng 遐廣 10-1108A
xiàguānzhèng 夏官正 3-1201B
xiàguānzi 下關子 1-333A
xiāgūgū 瞎咕咕 7-1245B
xiāguǐ 蝦鬼 8-935A
xiáguǐ 遐軌 10-1104B
xiáguǐ 暇晷 5-808B
xiáguǐ 黠鬼 12-1363B
xiáguǐ 黠詭 12-1364A
xiáguì 柙匱 4-910B
xiàguǐ 夏癸 3-1202A
xiāguǐ'er 瞎鬼兒 7-1245B
xiàgǔn 夏鮌 3-1204B
xiáguó 遐國 10-1106A
xiáguò 瑕過 4-611A
xiàguó 下國 1-322B
xiāhài 鰕駭 12-1251A
xiàhǎi 下海 1-320B
xiàhǎi 夏海 3-1202B
xiàhài 唬駭 3-378B
xiāhān 蝦酣 8-935B
xiáhàn 黠悍 12-1363B
xiàhàn 下頷 1-331B
xiāhàntiàoqú 瞎漢跳渠 7-1246B
xiāhé 呀閤 3-207B
xiāhè 呀赫 3-207A
xiāhè 呀嚇 3-207A
xiàhé 下頜 1-330B
xiàhè 唬嚇 3-378B
xiàhēi 下黑 1-325B
xiáhén 瑕痕 4-611B
xiàhéng 下橫 1-329B
xiàhéng 下衡 1-331B
xiāhóng 蝦虹 8-935A
xiáhóng 霞虹 11-720B
xiàhóu 夏侯 3-1202A
xiàhòu 夏后 3-1200B
xiàhóujìyī 夏侯妓衣 3-1202A
xiàhòukāi 夏后開 3-1201A
xiàhòuniǎo 夏候鳥 3-1202B
xiàhòuqǐ 夏后啓 3-1201A
xiàhòushì 夏后氏 3-1200B
xiāhǔ 蝦虎 8-935A
xiáhú 嘏啪 3-452B
xiáhú 黠狐 12-1363B
xiáhú 黠胡 12-1363B
xiàhū 嚇呼 3-533B
xiàhú 下湖 1-326B
xiàhǔ 唬虎 3-378B
xiàhǔ 嚇唬 3-533B
xiàhù 下户 1-311A
xiāhuà 瞎話 7-1246A
xiáhuā 霞花 11-719B
xiáhuá 黠猾 12-1363B
xiàhuà 下話 1-327B
xiàhuái 下懷 1-332B/1-333A
xiáhuàn 霞煥 11-721A
xiàhuàn 下浣 1-321B
xiàhuàn 下澣 1-331B
xiáhuāng 遐荒 10-1104B
xiáhuáng 暇遑 5-808B
xiàhuáng 夏璜 3-1204A
xiàhuánggōng 夏黃公 3-1203A
xiāhuāngxièluàn 蝦荒蟹亂 8-935A
xiáhǔfánxióng 柙虎樊熊 4-910B
xiáhuī 霞輝 11-722B
xiáhuì 瑕穢 4-612A
xiáhuì 黠惠 12-1363B
xiáhuì 黠慧 12-1364A
xiàhuí 下回 1-313A
xiàhuífēnjiě 下回分解 1-313A
xiāhùn 瞎混 7-1246A
xiāhúnào 瞎胡鬧 7-1245B
xiàhúntái 嚇魂臺 3-534A
xiāhuō 呀豁 3-207A
xiāhuǒ 瞎火 7-1245A
xiáhuǒ 韖火 9-1185B
xiàhuǒ 下火 1-311A
xiāhuǒbīng 瞎火兵 7-1245A
xiāhǔyú 鰕虎魚 12-1251A
xī'ài 惜愛 7-591A
xī'ài 羲愛 9-193A
xǐ'ài 喜愛 3-405A
xiájì 遐饑 10-1109A
xiájì 瑕勣 4-611B
xiájí 狹瘠 5-54A
xiájí 遐籍 10-1110B
xiájí 霞集 11-721B
xiájì 狎妓 5-29B
xiájì 祫祭 7-914B
xiájì 遐迹 10-1105A
xiájì 遐紀 10-1105B
xiájì 遐跡 10-1107B
xiájì 遐暨 10-1108B
xiájì 遐濟 10-1109B
xiájì 霞際 11-722A
xiàjì 夏雞 3-1205A
xiàjí 下級 1-319A
xiàjì 下濟 1-332A
xiàjì 下計 1-318A
xiàjì 下記 1-320B
xiàjì 下祭 1-323B
xiàjì 下劑 1-331B
xiàjì 下齊 1-329A
xiájiá 轄戛 9-1313A
xiàjiā 下家 1-321B
xiàjiā 夏家 3-1202B
xiàjiǎ 下甲 1-312A
xiàjiǎ 夏甲 3-1200B
xiàjià 下架 1-319A
xiàjià 下嫁 1-328A
xiájiān 霞箋 11-722A
xiájiàn 匣劍 1-968A
xiájiàn 匣劒 1-968B
xiájiàn 遐漸 10-1108A
xiájiàn 霞檻 11-723B
xiájiàn 黠健 12-1363B
xiàjiàn 下賤 1-330A
xiàjiàn 夏箭 3-1204A
xiājiàng 蝦醬 8-936B
xiājiàng 鰕醬 12-1251A
xiájiāng 峽江 3-816B
xiájiāng 遐疆 10-1110A
xiájiāng 霞漿 11-722B
xiàjiāng 下江 1-313B
xiàjiàng 下降 1-317A
xiàjiāngbīng 下江兵 1-313B
xiàjiāngchéng 夏江城

3-1201A
xiájiànwéidēng 匣劍帷燈 1-968A
xiájiáo 遐矯 10-1109B
xiájiǎo 遐徼 10-1109A
xiájiǎo 霞脚 11-721A
xiájiǎo 霞腳 11-722A
xiájiǎo 霞矯 11-723A
xiàjiāo 下交 1-313A
xiàjiāo 下焦 1-326A
xiàjiǎo 下脚 1-323B
xiàjiǎo 下腳 1-327B
xiàjiǎohuò 下脚貨 1-323B
xiàjiǎoliào 下脚料 1-323B
xiájiásī 黠戛斯 12-1363B
xiájié 俠節 1-1370A
xiájié 遐劫 10-1103B
xiájié 黠桀 12-1363B
xiájié 黠捷 12-1363B
xiájiè 遐界 10-1105A
xiàjié 下節 1-327A/1-327B
xiàjié 下截 1-328A
xiàjié 夏桀 3-1202B
xiàjié 夏節 3-1203B
xiàjiè 下界 1-317B
xiájīn 遐襟 10-1110A
xiájīn 霞巾 11-719A
xiájīn 霞襟 11-723B
xiájǐn 霞錦 11-723A
xiájìn 狎近 5-29B
xiájìn 遐賮 10-1109A
xiàjìn 下勁 1-317B
xiàjìn 嚇噤 3-534A
xiájǐng 遐景 10-1106B
xiájǐng 暇景 5-808B
xiájǐng 霞景 11-721B
xiájìng 狎競 5-31B
xiájìng 狹徑 5-53A
xiájìng 轄境 9-1313A
xiájìng 霞徑 11-721A
xiàjǐng 夏景 3-1203A
xiàjìng 下浄 1-318B
xiájiǒng 遐坰 10-1104A
xiájiǒng 遐迥 10-1104B
xiájiǔ 遐久 10-1102B
xiájiù 瑕咎 4-610B
xiàjiū 下究 1-315A
xiàjiǔ 下九 1-308A
xiàjiǔ 下酒 1-320B
xiājiūjiū 瞎啾啾 7-1246A
xiàjiǔliú 下九流 1-308B
xiàjiǔwù 下酒物 1-320B
xiájū 霞裾 11-722A
xiájǔ 遐舉 10-1109A
xiájǔ 霞舉 11-723A
xiàjú 夏橘 3-1204B
xiájuàn 遐睠 10-1107B
xiájué 遐絶 10-1107A
xiàjūn 下軍 1-318B
xiákāi 霞開 11-721B
xiákǎi 遐慨 10-1107A
xiákàn 遐瞰 10-1109B
xiàkàn 下瞰 1-331A
xiàkāng 夏康 3-1203A
xiàkǎo 下考 1-312A
xiákè 狎客 5-30A
xiákè 俠客 1-1370A
xiákè 暇刻 5-808A
xiàkē 下頦 1-330B
xiàkè 下客 1-318B
xiàkè 下課 1-330B
xiàkè 夏課 3-1204B
xiàkèzi 下嗑子 1-327A
xiākōng 呀空 3-207A
xiākǒu 呀口 3-206B
xiákǒu 峽口 3-816A
xiàkǒu 下口 1-309B
xiákuài 黠獪 12-1364A
xiàkuǎn 下款 1-324B
xiákuàng 遐曠 10-1110A
xiákuàng 暇曠 5-809A
xiākuí 蝦魁 8-935B
xiākuí 鰕魁 12-1251A
xiákuī 遐窺 10-1109A
xiákuì 匣匱 1-968A
xiákuò 遐闊 10-1109B
xiàlà 夏臘 3-1205A
xiálài 遐籟 10-1110B
xiàlái 下來 1-315B
xiàlài 下瀨 1-332B
xiàlàichuán 下瀨船 1-332B
xiāláilái 瞎來來 7-1245B
xiálǎn 遐覽 10-1110B
xiálàn 霞爛 11-723B
xiālàng 瞎浪 7-1245B
xiálǎng 遐朗 10-1105B
xiàláo 下牢 1-315A
xiàlǎo 夏潦 3-1204B
xiàlào 夏澇 3-1204B
xiàlàshǒu 下辣手 1-329A
xiàlè 假樂 1-1582A
xiálěi 瑕累 4-611A
xiálèi 瑕纇 4-612A
xiálì 遐厲 10-1108A
xiálì 遐歷 10-1109A
xiálì 瑕礫 4-612A
xiálì 黠吏 12-1363A
xiàlǐ 下里 1-314A
xiàlǐ 下俚 1-318A
xiàlǐ 下裏 1-327B
xiàlǐ 下禮 1-332A
xiàlǐ 夏李 3-1201A
xiàlǐ 夏禮 3-1205A
xiàlì 下力 1-308B
xiàlì 下吏 1-312B
xiàlì 下利 1-314B
xiàlì 下痢 1-326B
xiàlì 夏曆 3-1204B
xiālián 鰕簾 12-1251B
xiálián 霞連 11-720B
xiáliǎn 霞臉 11-723B
xiáliàn 狎練 5-31A
xiáliàn 遐戀 10-1110B
xiàlián 下聯 1-332A
xiàliáng 夏糧 3-1205A
xiāliáo 瞎聊 7-1245B
xiáliǎo 黠了 12-1363A
xiàliáo 下僚 1-329A
xiàliáo 下寮 1-330B
xiàliáo 下療 1-332A
xiàlǐbārén 下里巴人 1-314A
xiāliè 蝦鬣 8-937A
xiáliè 狎獵 5-31B
xiáliè 狎躐 5-31B
xiáliè 狎鬣 5-31B
xiáliè 俠烈 1-1370A
xiáliè 狹劣 5-52B
xiáliè 遐烈 10-1105B
xiàliè 下列 1-312B
xiàliè 下劣 1-313A
xiáliè 罅裂 8-1078B
xiálǐlóngyín 匣裏龍吟 1-968A
xiálín 遐鄰 10-1108A
xiálìn 狹吝 5-52B
xiàlín 下臨 1-332A
xiálíng 遐齡 10-1110A
xiálǐng 霞嶺 11-723A
xiàlìng 夏令 3-1200B
xiàlíngshàngtì 下陵上替 1-321B
xiàlìngyíng 夏令營 3-1200B
xiàliú 下流 1-321A
xiàliúshèhuì 下流社會 1-321A
xiàliūtóu 下溜頭 1-328A
xiàliútóu 下流頭 1-321B
xiālóng 鰕籠 12-1251B
xiálóng 匣龍 1-968A
xiálóu 霞樓 11-722B
xiálòu 狹陋 5-52B
xiálòu 陿陋 11-1056B
xiálòu 遐陋 10-1104B
xiàlòu 下漏 1-329B
xiàlòu 罅漏 8-1079A
xiàlòu 鏬漏 11-1378B
xiālù 瞎路 7-1246A
xiálú 狹廬 5-54A
xiálǔ 黠虜 12-1364A
xiálù 峽路 3-816B
xiálù 狹路 5-53B
xiálù 硤路 7-1050B
xiálù 遐祿 10-1107A
xiálù 遐路 10-1107B
xiálù 霞路 11-722A
xiàlù 下祿 1-326B
xiàlù 下路 1-327A
xiàlúdōngshàn 夏爐冬扇 3-1205B
xiàluò 下落 1-325A
xiálùxiāngféng 狹路相逢 5-53B
xiālǘ 瞎驢 7-1246B
xiálǚ 霞履 11-722B
xiálǚ 霞縷 11-723B
xiàlǚ 下旅 1-320B
xiálüè 遐略 10-1106A
xiālǚshēng 瞎屢生 7-1246B
xiāmá 鰕鰢 12-1251B
xiāmá 鰕蟆 12-1251A
xiámǎ 黠馬 12-1363B
xiàmǎ 下馬 1-319A
xiàmǎbēi 下馬碑 1-319B
xiàmǎfàn 下馬飯 1-319B
xiàmǎfāng 下馬坊 1-319A
xiàmǎféngfù 下馬馮婦 1-319B
xiàmǎguānhuā 下馬觀花 1-319B
xiámài 遐邁 10-1108B
xiàmǎkànhuā 下馬看花 1-319B
xiāmǎlínchí 瞎馬臨池 7-1245B
xiámàn 狎慢 5-31A
xiàmàn 夏縵 3-1205A
xiāmáng 瞎忙 7-1245A
xiàmáng 下忙 1-313B
xiāmāopèngsǐhàozi 瞎猫碰死耗子 7-1246B
xiàmǎpái 下馬牌 1-319B
xiàmǎwēi 下馬威 1-319B
xiàmǎxí 下馬席 1-319B
xiáměi 遐寐 10-1107A
xiáměi 遐魅 10-1108A
xiáměi 霞袂 11-720B
xiámén 峽門 3-816B
xiámén 霞門 11-720A
xiàmén 下門 1-317A
xiāmēng 瞎蒙 7-1246A
xiáméng 遐甿 10-1104A
xiáméng 遐眠 10-1105B
xiàméng 夏盟 3-1203B
xiáméng 葭萌 9-491B
xiāmǐ 蝦米 8-934B
xiāmǐ 鰕米 12-1250B
xiámì 狎密 5-30B
xiámì 霞冪 11-721B
xiámiǎn 遐緬 10-1109A
xiàmian 下面 1-317A
xiámiáo 遐苗 10-1104A
xiámiǎo 假藐 3-1047A
xiámiǎo 遐邈 10-1109B
xiàmiáo 夏苗 3-1201A
xiámín 黠民 12-1363A
xiàmín 下民 1-312A
xiámíng 假冥 3-1047A
xiámíng 遐明 10-1104A
xiámíng 霞明 11-720A
xiámíngyùyìng 霞明玉映 11-720A
xiàmòchē 下磨車 1-331B
xiāmù 蝦目 8-934B
xiámù 遐慕 10-1108A
xiàmù 下沐 1-315A
xí'ān 習安 9-646A
xiān'āi 纖埃 9-1059A
xiānǎi 瞎奶 7-1245A
xián'āi 銜哀 3-1066A
xiǎn'ài 險隘 11-1116B
xiǎn'ài 嶮隘 3-870A
xiǎn'ài 嶮阨 3-869B
xiǎn'ài 嶮阸 3-869B
xiànǎi 下奶 1-312A
xiàn'ài 見愛 10-319A

xiàn'ài 限礙 11-976A
xiàn'ài 羨愛 9-183B
xiǎn'àizi 顯騃子 12-376A
xián'ān 閒安 12-77B
xiànán 夏南 3-1201B
xiǎn'áng 顯昂 12-371A
xián'āngōng 咸安宮 5-216B
xián'āngōngguānxué
咸安宮官學 5-216B
xiān'ǎo 先媼 2-244A
xiānào 晊鬧 7-1246B
xián'ào 閒奧 12-86B
xiǎn'ào 險傲 11-1116A
xiǎn'ào 險奧 11-1116B
xiǎnbá 險拔 11-1115A
xiǎnbá 顯拔 12-370B
xiànbá 見跋 10-318A
xiānbái 鮮白 12-1224B
xiānbái 纖白 9-1057B
xiānbai 仙唄 1-1145B
xiǎnbái 顯白 12-369A
xiǎnbǎi 顯擺 12-376B
xiànbài 陷敗 11-1050B
xiānbān 仙班 1-1145A
xiánbàn 閒伴 12-78B
xiǎnbǎn 險坂 11-1114B
xiànbǎn'er 綫板兒 9-886B
xiànbàng 限棒 11-975A
xiānbāo 鮮苞 12-1226A
xiánbào 啣報 3-428A
xiǎnbào 險暴 11-1117A
xiǎnbào 嶮暴 3-870A
xiǎnbào 顯報 12-373B
xiǎnbào 顯暴 12-375A
xiànbǎo 獻寶 5-143B
xiànbào 現報 4-580B
xiānbēi 鮮卑 12-1226A
xiānbèi 先輩 2-246A
xiánbēi 啣杯 3-428A
xiánbēi 啣盃 3-428A
xiánbēi 銜杯 3-1065A
xiánbēi 銜盃 3-1066A
xiánbēi 銜栖 3-1067A
xiánbēi 銜悲 3-1067A
xiánbēi 銜碑 3-1067B
xiánbèi 賢輩 10-243B
xiānbēinú 鮮卑奴 12-1226A
xiānbēishān 鮮卑山
12-1226A
xiānběn 先本 2-238A
xiǎnbēn 顯賁 12-373B
xiànběn 陷本 11-1049B
xiānbènghuótiào 鮮蹦活跳
12-1230A
xiānbǐ 仙筆 1-1148A
xiānbǐ 先妣 2-240A
xiānbì 仙婢 1-1147B
xiānbì 仙蹕 1-1151B
xiānbì 憸愎 7-763A
xiānbì 諓詖 11-449B
xiánbǐ 嫌鄙 4-398A
xiánbǐ 賢妣 10-239B
xiánbì 銜璧 3-1069A
xiánbì 賢辟 10-243A
xiǎnbī 險逼 11-1116A
xiǎnbǐ 顯比 12-369A
xiǎnbǐ 顯妣 12-370B
xiǎnbì 險陂 11-1115A
xiǎnbì 險詖 11-1116B
xiànbǐ 縣鄙 9-967B
xiànbì 見敝 10-317B
xiànbì 限蔽 11-975B
xiànbì 憲辟 7-730A
xiānbiān 先鞭 2-247B
xiānbiǎn 鮮扁 12-1227A
xiānbiāo 仙標 1-1150A
xiānbiāo 鮮飈 12-1230A
xiānbiāo 鮮飆 12-1230B
xiānbiāo 鮮飇 12-1230B
xiānbiāo 鮮颷 12-1230B
xiǎnbiǎo 顯表 12-370B
xiānbīng 銛兵 11-1266A
xiánbìng 癇病 8-359A
xiànbīng 見兵 10-314B
xiànbīng 憲兵 7-727B
xiànbìng 敉病 5-439B
xiánbīngtǔbáo 銜冰吐雹
3-1065A
xiànbīngwán 陷冰丸
11-1049B
xiànbìngzhì 腺病質 6-1353A
xiānbō 掀播 6-685A
xiānbó 仙伯 1-1142A
xiānbó 憸薄 7-763A
xiānbó 纖薄 9-1061B
xiānbǒ 杴簸 4-878A
xiānbǒ 掀簸 6-685A
xiánbō 撏剝 6-892A
xiánbó 閒博 12-85B
xiánbó 賢伯 10-238B
xiǎnbō 跣剝 10-462B
xiǎnbó 鮮薄 12-1229B
xiǎnbó 險薄 11-1117B
xiǎnbó 嶮薄 3-870A
xiǎnbó 蘚駁 9-626B
xiànbó 縣伯 9-965A
xiānbù 仙步 1-1142A
xiānbù 仙部 1-1146A
xiánbǔ 銜哺 3-1066B
xiánbǔ 撏補 6-892A
xiánbù 閒步 12-78A
xiǎnbù 跣步 10-462B
xiǎnbù 險不 11-1113B
xiànbù 憲部 7-729A
xiánbùchī 涎不癡 5-1167B
xiánbùdá 涎不答 5-1167B
xiānbuxiān 先不先 2-237A
xiāncái 仙才 1-1140A
xiāncái 仙材 1-1142A
xiāncǎi 鮮彩 12-1227B
xiāncài 仙菜 1-1147A
xiáncāi 嫌猜 4-397B
xiáncái 賢才 10-237A
xiáncái 賢材 10-238B
xiáncài 鹹菜 12-1029A
xiàncái 見財 10-316B
xiàncai 羨財 9-183B
xiàncái 綫材 9-886A
xiàncái 憲裁 7-729B
xiàncài 莧菜 9-417B
xiāncán 先蠶 2-248B
xiāncàn 鮮燦 12-1230A
xiāncántán 先蠶壇 2-248B
xiāncáo 仙曹 1-1147A
xiāncǎo 仙草 1-1143B
xiāncǎo 纖草 9-1058B
xiáncāo 賢操 10-244A
xiáncáo 閒曹 12-84A
xiáncǎo 鹹草 12-1029A
xiàncáo 憲曹 7-729A
xiàncǎo 餡草 12-564B
xiáncáolěngjú 閒曹冷局
12-84A
xiāncè 先策 2-243B
xiáncè 銜策 3-1067A
xiǎncè 險側 11-1116A
xiàncè 獻策 5-141B
xiāncén 仙岑 1-1142A
xiānchá 仙槎 1-1148B
xiānchá 鐵察 12-394A
xiànchá 獻茶 5-140A
xiánchálàngjiǔ 閒茶浪酒
12-81B
xiānchán 仙蟾 1-1152A
xiánchán 涎纏 5-1168A
xiánchán 銜蟬 3-1069A
xiànchǎn 獻諂 5-142B
xiānchāng 仙倡 1-1146A
xiāncháng 纖長 9-1058B
xiānchǎng 仙氅 1-1151A
xiānchàng 先倡 2-242B
xiānchàng 先唱 2-243A
xiáncháng 閒常 12-84A
xiánchǎng 閒敞 12-86B
xiánchàng 閒暢 12-89B
xiǎnchāng 顯昌 12-370B
xiǎnchǎng 獮場 5-128B
xiǎnchǎng 顯敞 12-373B
xiàncháng 見長 10-314B
xiànchǎng 現場 4-580B
xiánchángdàoduǎn
嫌長道短 4-397A
xiànchǎnghuì 現場會 4-580B
xiánchánnú 銜蟬奴 3-1069A
xiāncháo 先朝 2-243B
xiáncháo 鹹潮 12-1029B
xiǎncháo 顯朝 12-373B
xiànchāo 現鈔 4-581A
xiānchē 鮮車 12-1225B
xiánchě 閒扯 12-77B
xiánchě 撏扯 6-891B
xiánchě 撏撦 6-892A
xiǎnchē 幰車 3-766A
xiànchē 陷車 11-1049B
xiànchē 綫車 9-886A
xiànchē 憲車 7-727B
xiānchējiànmǎ 鮮車健馬
12-1225B
xiānchén 仙塵 1-1150A
xiānchén 先臣 2-239A
xiānchén 纖塵 9-1061A
xiánchén 賢臣 10-238A
xiànchēn 獻琛 5-141A
xiànchén 憲臣 7-727B
xiànchén 獻臣 5-139A
xiānchéng 鮮澂 12-1229B
xiānchéng 鮮澄 12-1229B
xiánchēng 銜稱 3-1067B
xiánchēng 賢稱 10-243B
xiǎnchēng 顯稱 12-375A
xiànchéng 見成 10-313B
xiànchéng 陷城 11-1050A
xiànchéng 現成 4-579A
xiànchéng 縣丞 9-964B
xiànchéng 縣城 9-966A
xiànchéng 獻呈 5-139B
xiànchéngfàn 現成飯 4-579B
xiànchénghuà 現成話 4-579B
xiānchēnùmǎ 鮮車怒馬
12-1225B
xiānchī 纖絺 9-1061A
xiánchí 咸池 5-216B
xiánchí 銜持 3-1065B
xiánchí 鹹池 12-1028B
xiánchǐ 鹹豉 12-1029A
xiánchì 銜敕 3-1067A
xiánchì 癇痓 8-359A
xiánchì 癇瘛 8-359A
xiánchì 癇瘈 8-359A
xiànchǐ 見齒 10-320B
xiānchóng 仙蟲 1-1152A
xiǎnchóng 顯崇 12-372B
xiǎnchǒng 顯寵 12-377A
xiānchóu 仙儔 1-1151B
xiānchóu 先疇 2-248A
xiánchóu 閒愁 12-89A
xiǎnchǒu 險醜 11-1117B
xiànchóu 獻酬 5-142A
xiànchóu 獻醻 5-143B
xiànchǒu 現醜 4-581A
xiànchǒu 獻醜 5-143A
xiànchōukuǐlěi 綫抽傀儡
9-886A
xiānchú 仙廚 1-1150B
xiānchú 銛鉏 11-1266A
xiānchǔ 鮮楚 12-1228B
xiánchǔ 閒處 12-84A
xiánchù 閒處 12-84A
xiǎnchū 顯出 12-369B
xiǎnchù 顯處 12-372B
xiǎnchù 顯黜 12-376A
xiànchǔ 獻楚 5-142A
xiānchuān 纖穿 9-1059A
xiánchuàn 閒串 12-78A
xiānchuī 先炊 2-241A
xiánchuī 弦吹 4-111A
xiánchuī 絃吹 9-796B
xiánchuí 銜箠 3-1068A
xiānchūn 仙椿 1-1148B
xiānchūn 先春 2-241A
xiànchūn 綫春 9-886B
xiànchūn 獻春 5-140A
xiánchuò 閒綽 12-90B
xiǎnchùshìyuè 顯處視月
12-372B
xiāncí 先慈 2-245B

xiāncí 祆祠 7-837B
xiāncì 先次 2-239B
xiáncí 弦詞 4-111B
xiáncí 絃詞 9-796B
xiáncí 銜辭 3-1069A
xiáncí 賢祠 10-241A
xiàncí 獻詞 5-141B
xiàncì 限次 11-974B
xiáncóng 賢從 10-241B
xiǎncòu 險湊 11-1116B
xiāncuì 鮮脆 12-1227B
xiāncuì 鮮翠 12-1229A
xiāncuì 纖毳 9-1060A
xiáncuì 閒粹 12-90A
xiǎncuì 險脆 11-1115B
xiàncún 見存 10-313A
xiáncuó 醎鹺 9-1429B
xiáncuó 鹹鹺 12-1029B
xiāndá 先達 2-243B
xiāndá 銛達 11-1266A
xiándá 閒達 12-85B
xiándá 賢達 10-242A
xiǎndá 顯達 12-373B
xiǎndà 顯大 12-368B
xiàndǎbùshē 現打不賒 4-578B
xiāndàfū 先大夫 2-236B
xiàndàfū 縣大夫 9-963B
xiāndài 先代 2-238B
xiándài 銜戴 3-1068B
xiàndài 限帶 11-975A
xiàndài 現代 4-579A
xiàndàihuà 現代化 4-579A
xiàndàixì 現代戲 4-579A
xiāndān 仙丹 1-1141A
xiāndān 暹耽 10-1186A
xiāndàn 仙誕 1-1149B
xiándǎn 銜膽 3-1068B
xiándàn 閒淡 12-85A
xiándàn 閒誕 12-89A
xiándàn 閒澹 12-92A
xiándàn 鹹淡 12-1029A
xiǎndàn 險誕 11-1117A
xiàndān 限單 11-975A
xiándàng 閒蕩 12-90B
xiāndǎo 仙島 1-1146A
xiāndǎo 先導 2-246B
xiāndào 先道 2-244A
xiāndào 仙道 1-1148B
xiāndào 先道 2-244A
xiāndào 秈稻 8-29A
xiāndào 籼稻 9-198A
xiándāo 銜刀 3-1064B
xiǎndào 顯盜 12-373A
xiǎndào 顯道 12-374A
xiàndào 綫道 9-887A
xiàndào 縣道 9-967A
xiǎndàoshén 險道神 11-1116B
xiǎndàoshén 顯道神 12-374A
xiǎndàoshénjiàng 險道神將 11-1116B
xiándǎyá 閒打牙 12-76B
xiàndàyáng 現大洋 4-578A
xiāndé 先德 2-246B
xiánde 閒的 12-80B
xiándé 咸陟 5-217A
xiándé 賢德 10-243B
xiǎndé 鮮德 12-1229A
xiǎndé 顯得 12-373A
xiǎndé 顯德 12-375B
xiàndé 見德 10-320B
xiándéfūrén 賢德夫人 10-244A
xiāndēng 先登 2-244A
xiándēng 銜燈 3-1068B
xiándèng 涎瞪 5-1168A
xiándèngdèng 涎鄧鄧 5-1168A
xiándèngdèng 涎瞪瞪 5-1168A
xiāndī 鮮滴 12-1228B
xiāndì 先帝 2-241B
xiándī 涎滴 5-1168A
xiándì 閒地 12-77A
xiándì 賢弟 10-238B
xiǎndì 顯地 12-369B
xiàndí 陷敵 11-1051A
xiàndì 見地 10-313A
xiāndiǎn 仙典 1-1142B
xiāndiǎn 先典 2-240B
xiàndiǎn 憲典 7-728A
xiàndiàn 礀磹 7-1122B
xiándiānshào 閒咭哨 12-84B
xiándiāolà 閒雕剌 12-92A
xiāndié 仙蝶 1-1150B
xiāndié 仙諜 1-1151B
xiàndié 限牒 11-975A
xiándìng 閒定 12-81A
xiàndìng 限定 11-974B
xiāndòng 仙洞 1-1144B
xiāndòng 先動 2-243B
xiāndòng 掀動 6-684B
xiándōng 賢東 10-239B
xiándòu 賢豆 10-238B
xiǎndǒu 蜆斗 8-900A
xiāndū 仙都 1-1145B
xiāndú 憸毒 7-762B
xiāndù 纖蠹 9-1063A
xiándū 閒都 12-82B
xiándū 嫺都 4-414B
xiándú 閒獨 12-92A
xiándù 賢度 10-240B
xiǎndú 險毒 11-1115B
xiǎndú 嶮毒 3-869B
xiǎndù 險妒 11-1115A
xiàndú 憲牘 7-730B
xiàndù 限度 11-974B
xiàndù 憲度 7-728B
xiānduān 先端 2-245B
xiǎnduàn 險段 11-1115B
xiànduān 見端 10-319B
xiànduǎn 見短 10-318A
xiànduàn 限斷 11-975B
xiànduàn 憲斷 7-730B
xiànduànfēngzhēng 綫斷風箏 9-888A
xiānduànhòuwén 先斷後聞 2-248A
xiāndūguàn 仙都觀 1-1145B
xiànduì 陷隊 11-1050B
xiànduì 陷懟 11-1051B
xiānduò 纖惰 9-1060B
xiānduò 纖墮 9-1061A
xiànduò 陷墮 11-1051A
xiāndǔwéikuài 先睹爲快 2-244B
xiāndǔwéikuài 先覩爲快 2-246A
xiān'ē 孅阿 4-424B
xiān'ē 纖阿 9-1058A
xiān'é 仙娥 1-1146B
xiān'è 銛鍔 11-1266B
xiān'è 纖惡 9-1060A
xián'è 銜軛 3-1067A
xiān'é 巘峨 3-870A
xiǎn'è 險惡 11-1116A
xiǎn'è 險戹 11-1114A
xiǎn'è 險阨 11-1114B
xiǎn'è 險扼 11-1114B
xiǎn'è 險隘 11-1115A
xiàn'é 限額 11-975B
xiān'éhé 仙娥河 1-1146B
xián'ēn 銜恩 3-1066B
xiàn'ēn 憲恩 7-728B
xiān'er 先兒 2-241A
xiān'ér 仙輀 1-1149A
xiān'ér 孅兒 4-424B
xiān'ér 纖兒 9-1058B
xián'ěr 弦餌 4-112B
xián'èr 嫌貳 4-397B
xiàn'er 綫兒 9-886B
xiàn'erbǐng 餡兒餅 12-564B
xiàn'érjīn 現而今 4-579A
xiǎn'éryìjiàn 顯而易見 12-369B
xiān'ézhuāng 仙娥妝 1-1146B
xiānfā 先發 2-244A
xiānfā 掀發 6-685A
xiānfā 鮮發 12-1228B
xiānfǎ 仙法 1-1143A
xiānfà 纖髮 9-1061B
xiánfà 銜髮 3-1068A
xiǎnfā 顯發 12-374A
xiǎnfá 鮮乏 12-1224B
xiǎnfá 顯罰 12-375A
xiànfá 憲罰 7-730A
xiànfǎ 憲法 7-728A
xiànfǎ 縣法 9-965B
xiànfǎ 縣灋 9-968B
xiānfān 仙旛 1-1152A
xiānfān 掀番 6-684B
xiānfān 掀翻 6-685A
xiānfán 仙凡 1-1140A
xiānfán 鮮繁 12-1230A
xiānfàn 仙梵 1-1147A
xiánfān 賢藩 10-244B
xiánfàn 閒飯 12-87A
xiánfàn 閒飰 12-87A
xiánfàn 賢範 10-243B
xiànfǎn 現反 4-578B
xiànfàn 憲範 7-730A
xiānfāng 仙方 1-1141A
xiānfāng 鮮方 12-1224B
xiānfāng 鮮芳 12-1225B
xiánfáng 閒房 12-81A
xiánfàng 閒放 12-81A
xiànfāng 見方 10-312B
xiànfāng 憲方 7-727B
xiànfáng 憲防 7-727B
xiànfǎng 憲訪 7-729A
xiānfāzhìrén 先發制人 2-244A
xiānfēi 仙妃 1-1142A
xiānfēi 鶱飛 12-1142B
xiānféi 鮮肥 12-1226B
xiánfēi 閒非 12-80A
xiánfēi 賢妃 10-238A
xiánféi 咸腓 5-217B
xiánfèi 閒廢 12-91A
xiànfèi 獻費 5-141B
xiānfēilǚ 仙飛履 1-1145A
xiánfēixiánshì 閒非閒是 12-80B
xiānfēn 先芬 2-239B
xiānfēn 鮮芬 12-1225B
xiānfèn 仙分 1-1140B
xiánfèn 咁憤 3-428B
xiánfèn 銜忿 3-1065B
xiánfèn 銜憤 3-1068A
xiànfèn 縣分 9-964A
xiànfèn 縣份 9-964B
xiānfēng 仙風 1-1144A
xiānfēng 先風 2-241B
xiānfēng 先鋒 2-246B
xiānfēng 銛鋒 11-1266B
xiānfēng 鮮風 12-1226B
xiānfèng 仙鳳 1-1150A
xiánfēng 獮㺟 5-85B
xiánfēng 銜鋒 3-1068A
xiánfèng 銜奉 3-1065A
xiánfèng 銜鳳 3-1068A
xiǎnfēng 險峰 11-1115B
xiànfēng 限封 11-974B
xiànfēng 陷鋒 11-1051A
xiànfèng 獻奉 5-139B
xiánfēngdànyǔ 鹹風蛋雨 12-1029A
xiānfēngdàogé 仙風道格 1-1144A
xiānfēngdàogǔ 仙風道骨 1-1144A
xiānfēngdàoqì 仙風道氣 1-1144A
xiānfēngsì 仙峰寺 1-1145B
xiānfó 仙佛 1-1142A
xiānfū 仙夫 1-1140B
xiānfū 先夫 2-237A
xiānfū 憸夫 7-762B
xiānfū 鮮膚 12-1229A
xiānfū 纖夫 9-1057A
xiānfū 纖趺 9-1059B
xiānfú 仙鳧 1-1149A
xiānfú 鮮服 12-1226B
xiānfǔ 仙府 1-1143A

xiānfǔ 憸腐 7-763A
xiānfù 先父 2-237B
xiānfù 鮮馥 12-1230A
xiánfū 賢夫 10-237B
xiánfú 諴孚 11-336A
xiánfǔ 賢府 10-240A
xiánfǔ 賢輔 10-243A
xiánfù 銜負 3-1066A
xiánfù 賢婦 10-242A
xiǎnfū 跣跗 10-462B
xiǎnfū 險膚 11-1117A
xiǎnfú 險服 11-1115A
xiǎnfú 險浮 11-1116A
xiǎnfú 顯服 12-371A
xiǎnfǔ 顯父 12-369A
xiǎnfù 跣附 10-462B
xiǎnfù 顯附 12-370B
xiànfú 見伏 10-313B
xiànfú 綫符 9-887A
xiànfú 縣符 9-967A
xiànfú 獻俘 5-140A
xiànfǔ 憲府 7-728A
xiànfù 餡父 12-1242B
xiànfù 陷覆 11-1051B
xiànfù 羨賦 9-183B
xiànfù 獻賦 5-142B
xiánfúgōng 咸福宮 5-218A
xiānfǔjūn 先府君 2-241A
xiànfùmǔ 縣父母 9-963B
xiānfūzǐ 先夫子 2-237A
xī'àng 谿盎 10-1321B
xiāng'ǎi 香靄 12-441B
xiāng'ài 相愛 7-1158B
xiáng'āi 祥哀 7-916B
xiáng'āi 翔埃 9-655B
xiàng'ài 橡艾 4-1279A
xiāng'ān 相安 7-1141A
xiāng'àn 香案 12-430B
xiángān 銜竿 3-1066A
xiáng'ān 詳諳 11-208A
xiángǎn 咸感 5-217B
xiángǎn 銜感 3-1067B
xiáng'àn 詳案 11-205A
xiǎngān 險竿 11-1115B
xiāngāng 銛鋼 11-1266B
xiàngāng 憲綱 7-730A
xiāng'ànlì 香案吏 12-430B
xiāng'ānwúshì 相安無事 7-1141A
xiāng'ānxiāngshòu 相安相受 7-1141A
xiāngāo 鮮膏 12-1228B
xiāngǎo 鮮縞 12-1230A
xiāngǎo 鮮犒 12-1229B
xiāngǎo 纖縞 9-1061B
xiáng'áo 翔翱 9-656A
xiángào 銜告 3-1065A
xiàngāo 獻羔 5-140B
xiāngba 鄉巴 10-660B
xiāngbà 鄉霸 10-672A
xiāngbà 鄉壩 10-672A
xiángbá 詳跋 11-206A
xiāngbài 相拜 7-1148A
xiàngbái 象白 10-16B
xiāngbáiqí 廂白旗 3-1250B
xiāngbalǎo 鄉巴佬 10-661A
xiāngbǎn 鄉版 10-663B
xiāngbàn 相半 7-1139B
xiāngbàn 相伴 7-1143A
xiāngbàn 襄辦 9-129A
xiǎngbǎn 響板 12-663A
xiǎngbǎn 響版 12-663A
xiàngbǎn 相板 7-1144A
xiàngbǎn 象板 10-17B
xiàngbǎn 象版 10-18A
xiāngbāng 相幇 7-1154B
xiāngbāng 相幫 7-1162B
xiāngbāng 鄉邦 10-661A
xiāngbǎng 鄉榜 10-669B
xiangbàng 相傍 7-1155B
xiāngbàng 相謗 7-1163B
xiàngbāng 相邦 7-1139B
xiāngbāo 香包 12-425B
xiāngbāo 香苞 12-427A
xiāngbǎo 相保 7-1148A
xiāngbǎo 鄉保 10-664B
xiāngbào 相報 7-1155A
xiángbào 翔抱 9-655A
xiángbào 詳報 11-206A
xiǎngbào 響報 12-664A
xiǎngbào 饗報 12-576A
xiāngbàtóu 鄉壩頭 10-672B
xiāngbèi 相背 7-1147A
xiāngbèi 相倍 7-1150A
xiāngbèi 相悖 7-1150B
xiāngbèi 香被 12-431A
xiángběi 降北 11-965A
xiángbèi 詳備 11-206A
xiàngbèi 鄉背 10-664A
xiàngbèi 嚮背 3-537B
xiàngbèi 向背 3-139A
xiàngbèi 項背 12-230A
xiàngbèixiāngwàng 項背相望 12-230B
xiāngbī 相偪 7-1152B
xiāngbī 相逼 7-1155A
xiāngbǐ 相比 7-1137B
xiāngbǐ 鄉鄙 10-668B
xiāngbì 相敝 7-1153B
xiāngbì 相獘 7-1161B
xiāngbì 相斃 7-1163B
xiāngbì 香幣 12-436A
xiángbì 翔庳 9-655B
xiǎngbí 響鼻 12-664B
xiǎngbì 想必 7-607A
xiàngbǐ 象比 10-16A
xiàngbǐ 象筆 10-20A
xiàngbì 鄉壁 10-671B
xiàngbì 向壁 3-140B
xiàngbì 象篦 10-22B
xiāngbiān 鑲邊 11-1432B
xiángbiān 祥編 7-917B
xiángbiàn 降變 11-972B
xiángbiàn 祥變 7-918A
xiángbiàn 詳辨 11-208A
xiǎngbiān 餉邊 12-537A
xiǎngbiàn 響抃 12-663A
xiāngbiǎo 香表 12-427A
xiángbiāo 祥飇 7-918A
xiángbiāo 祥颷 7-918A
xiángbiǎo 降表 11-966A
xiǎngbiào 鯗鰾 12-1231B
xiàngbiāo 象鑣 10-23B
xiàngbiǎo 相表 7-1143B
xiàngbiǎo 象表 10-17B
xiàngbiǎolǐ 相表裏 7-1144A
xiāngbié 相别 7-1142B
xiāngbiè 相别 7-1142B
xiàngbiézhuī 項别騅 12-230A
xiāngbīn 相賓 7-1160B
xiāngbīn 香檳 12-439A
xiāngbīn 鄉賓 10-670A
xiāngbīng 鄉兵 10-663A
xiāngbīng 廂兵 3-1250B
xiāngbǐng 香餅 12-435B
xiāngbìng 相並 7-1145B
xiāngbǐng 相柄 7-1146B
xiāngbīnjiǔ 香檳酒 12-439A
xiàngbìxūgòu 向壁虛構 3-140B
xiàngbìxūzào 鄉壁虛造 10-671B
xiàngbìxūzào 嚮壁虛造 3-538B
xiàngbìxūzào 向壁虛造 3-140B
xiāngbō 香波 12-428A
xiāngbó 相搏 7-1157A
xiāngbó 相薄 7-1161B
xiāngbó 香帛 12-427B
xiángbó 翔博 9-655B
xiángbó 詳博 11-206A
xiángbó 詳駁 11-207A
xiàngbó 巷伯 4-77A
xiāngbōxiānzǐ 湘波仙子 5-1448B
xiāngbózhòng 相伯仲 7-1143A
xiāngbù 香埠 12-431A
xiāngbù 鄉部 10-666A
xiángbù 降部 11-968A
xiángbù 翔步 9-655A
xiǎngbǔ 響卜 12-663A
xiàngbù 相步 7-1142B
xiāngcāi 相猜 7-1153A
xiāngcài 香菜 12-431A
xiāngcān 相參 7-1154B
xiāngcān 相叅 7-1157A
xiángcān 詳參 11-206A
xiàngcān 象驂 10-23B
xiāngcáo 香槽 12-436B
xiāngcǎo 香草 12-428A
xiǎngcáo 餉漕 12-537A
xiāngcǎoměirén 香草美人 12-428A
xiāngcǎoquán 香草醛 12-428A
xiāngcè 相廁 7-1156B
xiāngcēn 相參 7-1154B
xiāngcén 香岑 12-426B
xiāngchā 相差 7-1148B
xiāngchá 相察 7-1160B
xiāngchá 香茶 12-428B
xiángchá 詳察 11-207A
xiāngchámùxibǐng 香茶木樨餅 12-428B
xiāngchān 相攙 7-1165A
xiāngchán 香蟬 12-439B
xiāngchán 香纏 12-441A
xiāngcháng 香腸 12-434B
xiāngcháng 鄉場 10-667B
xiāngchǎng 鄉場 10-667B
xiángchàng 詳暢 11-207A
xiǎngcháng 享嘗 2-356A
xiàngcháng 向常 3-139B
xiāngcháo 相朝 7-1155A
xiāngcháo 香巢 12-432B
xiāngchǎo 相吵 7-1142B
xiǎngchāo 響鈔 12-664B
xiǎngchāojīngyín 響鈔精銀 12-664B
xiāngchē 香車 12-426B
xiángchē 祥車 7-915B
xiàngchē 象車 10-17A
xiāngchēbǎomǎ 香車寶馬 12-426B
xiāngchén 香塵 12-435B
xiāngchèn 相趁 7-1154B
xiāngchèn 相稱 7-1160A
xiāngchèn 相襯 7-1165B
xiàngchén 相臣 7-1140A
xiàngchén 鄉晨 10-666B
xiàngchén 嚮晨 3-538A
xiàngchén 向晨 3-139B
xiāngchēng 相稱 7-1160A
xiāngchéng 相成 7-1140A
xiāngchéng 相承 7-1146A
xiāngchéng 相乘 7-1149B
xiāngchéng 香城 12-428A
xiāngchéng 香橙 12-437B
xiāngchéng 鄉城 10-664A
xiāngchéng 鄉程 10-668A
xiángchéng 降城 11-966B
xiàngchéng 項城 12-230A
xiǎngchèyúnbiǎo 響徹雲表 12-665A
xiǎngchèyúnjì 響徹雲際 12-665A
xiǎngchèyúnxiāo 響徹雲霄 12-665A
xiāngchí 相持 7-1146B
xiāngchí 香池 12-426A
xiāngchí 香匙 12-431B
xiāngchǐ 相齒 7-1161A
xiāngchǐ 襄尺 9-128B
xiāngchǐ 鑲齒 11-1432B
xiàngchǐ 象尺 10-16A
xiàngchǐ 象齒 10-21B
xiāngchíbùxià 相持不下 7-1146B
xiàngchǐfénshēn 象齒焚身 10-21B
xiǎngchóng 蠁蟲 8-960B
xiāngchōu 香篘 12-438A
xiāngchóu 相仇 7-1137B

xiāngchóu 相酬 7-1157B
xiāngchóu 相儔 7-1162A
xiāngchóu 相疇 7-1164B
xiāngchóu 相讎 7-1166A
xiāngchóu 鄉愁 10-669A
xiāngchòu 香臭 12-430A
xiǎngchóu 餉酬 12-536B
xiàngchóu 象籌 10-23B
xiāngchū 相出 7-1139B
xiāngchú 香厨 12-433A
xiāngchú 香廚 12-437A
xiāngchǔ 相處 7-1151B
xiāngchǔ 香杵 12-427A
xiāngchǔ 香楮 12-432B
xiángchǔ 詳處 11-205A
xiàngchǔ 相杵 7-1144A
xiāngchuān 湘川 5-1447B
xiāngchuán 相傳 7-1158A
xiāngchuàn 香串 12-426B
xiǎngchuān 想穿 7-607B
xiàngchuán 相船 7-1153A
xiàngchuáng 象床 10-17A
xiàngchuáng 象牀 10-18A
xiāngchuī 香吹 12-426B
xiāngchūn 香椿 12-434A
xiāngchún 香蓴 12-435A
xiāngcí 鄉祠 10-665A
xiāngcì 相次 7-1141A
xiāngcì 相佽 7-1145A
xiǎngcí 享祠 2-355A
xiǎngcí 饗辭 12-577A
xiǎngcì 享賜 2-356A
xiǎngcì 饗賜 12-576B
xiàngcí 象辭 10-23B
xiāngcōng 香葱 12-432B
xiāngcóng 相從 7-1153A
xiàngcóng 鄉從 10-667A
xiāngcòu 相湊 7-1156B
xiāngcuì 香翠 12-436A
xiāngcūn 鄉邨 10-661B
xiāngcūn 鄉村 10-662B
xiāngcūn 廂村 3-1250B
xiāngcún 相存 7-1140A
xiāngcuò 相錯 7-1162A
xiāngcùxiāngzā 相促相桚 7-1148A
xiāngdá 鄉達 10-667B
xiāngdǎ 相打 7-1138B
xiǎngdá 響答 12-664A
xiǎngdà 享大 2-354A
xiāngdài 相待 7-1148A
xiāngdài 相紿 7-1156A
xiāngdài 香袋 12-432A
xiāngdàifu 鄉大夫 10-660A
xiāngdàirúbīn 相待如賓 7-1148B
xiángdān 詳殫 11-208A
xiángdàn 祥禫 7-917B
xiàngdǎn 象膽 10-23A
xiāngdāng 相當 7-1157B
xiāngdǎng 鄉黨 10-672A
xiāngdǎng 鄉鄺 10-665B
xiāngdàng 相當 7-1157B
xiāngdàng 相蕩 7-1161A
xiāngdàng 相盪 7-1164A
xiángdàng 詳當 11-206B
xiàngdǎng 巷黨 4-77B
xiǎngdāngdāng 響鐺鐺 12-665B
xiǎngdāngdāng 響噹噹 12-665A
xiǎngdāngdāng 響璫璫 12-665A
xiǎngdāngrán 想當然 7-608A
xiāngdǎo 相導 7-1161B
xiāngdǎo 香島 12-430A
xiāngdào 香稻 12-436B
xiángdào 詳到 11-204A
xiǎngdào 享道 2-355B
xiǎngdào 餉道 12-536B
xiàngdǎo 相導 7-1161B
xiàngdǎo 相道 7-1156B
xiàngdǎo 鄉導 10-670B
xiàngdǎo 鄉道 10-668A
xiàngdǎo 嚮導 3-538B
xiàngdǎo 嚮道 3-538A
xiàngdǎo 向導 3-140B
xiàngdào 相道 7-1156B
xiàngdào 鄉道 10-668A
xiàngdào 嚮道 3-538A
xiàngdào 巷道 4-77B
xiàngdào 象道 10-20B
xiàngdǎochù 嚮導處 3-538B
xiǎngdáyǐngsuí 響答影隨 12-664A
xiāngdé 相得 7-1152B
xiǎngdé 饗德 12-576B
xiàngdé 象德 10-22A
xiāngdēng 香燈 12-438A
xiāngdēng 香蹬 12-440A
xiāngdēng 香鐙 12-440B
xiāngděng 相等 7-1155B
xiāngdèng 香橙 12-437B
xiāngdéwújiàn 相得無間 7-1153A
xiāngdéyìzhāng 相得益章 7-1153A
xiāngdéyìzhāng 相得益彰 7-1153A
xiāngdí 相敵 7-1161B
xiāngdǐ 相抵 7-1144A
xiāngdǐ 箱底 8-1208B
xiāngdì 相踶 7-1162A
xiāngdì 香地 12-425B
xiāngdì 鄉地 10-661B
xiāngdì 鄉弟 10-664A
xiángdì 詳的 11-204B
xiángdì 詳諦 11-208A
xiǎngdì 饗帝 12-576A
xiǎngdì 饗禘 12-576B
xiàngdì 象鞮 10-23A
xiàngdí 相敵 7-1161B
xiàngdí 向笛 3-139B
xiàngdǐ 象邸 10-17A
xiàngdì 相地 7-1139B
xiàngdì 象帝 10-18B
xiāngdiǎn 襄點 9-129A
xiāngdiàn 香殿 12-435A
xiāngdiàn 香鈿 12-434B
xiāngdiàn 湘簟 5-1449A
xiāngdiàn 箱墊 8-1208B
xiángdiǎn 詳典 11-204A
xiǎngdiàn 享奠 2-355B
xiǎngdiàn 享殿 2-355B
xiǎngdiàn 饗奠 12-576A
xiǎngdiàn 饗殿 12-576B
xiàngdiàn 象簟 10-23A
xiāngdiāo 香貂 12-433A
xiāngdiào 相弔 7-1138B
xiāngdiào 相吊 7-1140A
xiāngdiào 鄉調 10-670B
xiàngdiāo 鵂鶥 12-1158A
xiāngdié 鄉耋 10-667B
xiāngdié 緗牒 9-930B
xiàngdìjiā 相地家 7-1140A
xiāngdīng 鄉丁 10-659B
xiángdìng 詳定 11-204B
xiǎngdǐng 享鼎 2-355B
xiángdìngguān 詳定官 11-204B
xiāngdǒng 鄉董 10-667B
xiāngdòng 相動 7-1152A
xiāngdòng 香洞 12-429A
xiǎngdòng 響動 12-664A
xiāngdōngyīmù 湘東一目 5-1448A
xiàngdǒu 象斗 10-16A
xiàngdǒu 像斗 1-1654B
xiàngdǒu 橡斗 4-1279A
xiāngdū 鄉都 10-665B
xiāngdǔ 香肚 12-426B
xiāngdù 鄉蠹 10-672B
xiǎngdú 響黷 12-665B
xiàngdù 相度 7-1148B
xiàngdù 象度 10-18A
xiángduàn 詳斷 11-208B
xiāngduì 相對 7-1159B
xiàngduì 象隊 10-19B
xiāngduìxīntíng 相對新亭 7-1159B
xiángduó 詳度 11-205A
xiángduó 詳奪 11-207A
xiǎngduó 想度 7-607B
xiàngduó 相度 7-1148B
xiāngē 纖歌 9-1061A
xiāngé 仙格 1-1145B
xiāngé 仙閣 1-1150A
xiāng'é 香蛾 12-434A
xiāng'é 湘娥 5-1448B
xiāngě 仙舸 1-1147A
xiāng'è 相厄 7-1137B
xiāng'è 相戹 7-1139B
xiángē 弦歌 4-112A
xiángē 絃歌 9-796B
xiángē 賢歌 10-243B
xiángé 蝛蛤 8-927B
xiángé 賢閤 10-243B
xiángé 賢閣 10-243B
xiàngē 獻歌 5-142B
xiàngé 限隔 11-975A
xiāngēng 先庚 2-241A
xiāng'ěr 香餌 12-435B
xiàng'er 像兒 1-1655A
xiàng'ěr 鄉邇 10-671B
xiàng'ěr 嚮邇 3-538B
xiàng'ěr 象珥 10-19A
xiāng'erlǐchéngzhī 箱兒裏盛只 8-1208B
xiǎng'èxíngyún 響遏行雲 12-664A
xiángēzǎi 弦歌宰 4-112A
xiángēzhòu 閒疙皺 12-81A
xiāngfā 相發 7-1157A
xiāngfá 相伐 7-1140B
xiǎngfǎ 想法 7-607B
xiàngfá 相閥 7-1160B
xiàngfǎ 相法 7-1145B
xiàngfǎ 象法 10-18A
xiàngfǎ 像法 1-1655A
xiàngfākǒuzòng 項發口縱 12-231A
xiāngfán 相煩 7-1159A
xiāngfán 香礬 12-440B
xiāngfǎn 相反 7-1138A
xiāngfǎn 相返 7-1143A
xiāngfàn 相犯 7-1139B
xiāngfàn 相飯 7-1156A
xiāngfàn 香飯 12-433A
xiángfān 降幡 11-971A
xiángfān 降旛 11-972B
xiǎngfàn 餉飯 12-536B
xiāngfāng 相方 7-1138B
xiāngfāng 香芳 12-426B
xiāngfáng 相妨 7-1143B
xiāngfáng 香房 12-428A
xiāngfáng 鄉防 10-662B
xiāngfáng 廂房 3-1250B
xiāngfǎng 相仿 7-1140B
xiāngfǎng 相彷 7-1143A
xiāngfǎng 相放 7-1145B
xiǎngfāng 想方 7-607A
xiǎngfáng 嚮房 3-537B
xiàngfāng 相方 7-1138B
xiàngfāng 鄉方 10-660B
xiàngfāng 嚮方 3-537A
xiàngfāng 向方 3-137B
xiàngfáng 象房 10-18A
xiǎngfāngshèfǎ 想方設法 7-607A
xiāngfǎngxiāngxiào 相倣相效 7-1150A
xiàngfànjīnggēng 橡飯菁羹 4-1279B
xiāngfǎnxiāngchéng 相反相成 7-1138A
xiāngfēi 香妃 12-426A
xiāngfēi 湘妃 5-1447B
xiāngfěi 香榧 12-435A
xiángfēi 翔飛 9-655A
xiàngfēi 向非 3-138B
xiāngfēigǔsè 湘妃鼓瑟 5-1448A
xiāngfēimiào 湘妃廟 5-1448A
xiāngfēimù 湘妃墓 5-1448A
xiāngfēiyǐ 湘妃椅 5-1448A

xiāngfēizhú 湘妃竹 5-1448A
xiāngfēn 相紛 7-1151A
xiāngfēn 香芬 12-426B
xiāngfēn 香氛 12-427B
xiāngfén 鄉粉 10-663B
xiāngfěn 香粉 12-430A
xiāngfèn 相分 7-1138A
xiāngfèn 香分 12-424A
xiángfēn 祥氛 7-916A
xiāngfén 響墳 12-664B
xiàngfèn 相分 7-1138A
xiāngfēng 香風 12-428B
xiāngfēng 鄉風 10-664B
xiāngféng 相逢 7-1150A
xiángfēng 祥風 7-916A
xiángfēng 翔風 9-655A
xiángfēng 洋風 5-1184A
xiángfèng 祥鳳 7-917B
xiángfèng 翔鳳 9-656A
xiàngfēng 相風 7-1148B
xiàngfēng 鄉風 10-664B
xiàngfēng 嚮風 3-538A
xiàngfēng 向風 3-139B
xiāngféngħènwǎn 相逢恨晚
7-1150B
xiàngfēngshǐfān 相風使帆
7-1148B
xiángfēngshíyǔ 祥風時雨
7-916B
xiàngfēngtóngwū 相風銅烏
7-1148B
xiāngfū 鄉夫 10-660B
xiāngfú 相孚 7-1143B
xiāngfú 相扶 7-1142A
xiāngfú 相符 7-1152A
xiāngfú 鄉服 10-664A
xiāngfǔ 相輔 7-1159A
xiāngfǔ 香輔 12-435B
xiāngfǔ 薌脯 9-544B
xiāngfù 相附 7-1143B
xiāngfù 相副 7-1151B
xiāngfù 香阜 12-427B
xiāngfù 香馥 12-439B
xiāngfù 鄉賦 10-670A
xiángfú 降伏 11-965B
xiángfú 降服 11-966A
xiángfú 降俘 11-967A
xiángfú 祥符 7-917A
xiángfù 降附 11-965B
xiángfù 詳覆 11-208B
xiǎngfú 享福 2-355B
xiǎngfú 饗福 12-576B
xiǎngfù 嚮赴 3-537B
xiǎngfù 響附 12-663A
xiǎngfù 響赴 12-663B
xiàngfú 嚮服 3-537B
xiàngfú 向服 3-139A
xiàngfú 橡服 9-135B
xiàngfǔ 相府 7-1145B
xiàngfǔ 相輔 7-1159A
xiàngfù 相父 7-1138A
xiàngfù 嚮附 3-537A
xiàngfù 象服 10-18A
xiāngfùfù 香馥馥 12-439B
xiāngfūlián 想夫憐 7-607A
xiāngfūrén 湘夫人 5-1447B
xiāngfǔxiāngchéng
相輔相成 7-1159B
xiāngfùzǐ 香附子 12-427A
xiānggài 香蓋 12-433B
xiánggāi 詳該 11-206B
xiānggān 相干 7-1136B
xiānggān 相奸 7-1141B
xiānggān 香甘 12-425B
xiānggān 香乾 12-431A
xiānggǎn 相感 7-1157B
xiānggān 餉乾 12-536B
xiānggàng 箱槓 8-1208B
xiānggǎngchē 香港車
12-432B
xiānggǎngzhǐ 香港紙
12-432B
xiānggānmó 相竿摩 7-1148A
xiānggāo 香膏 12-435B
xiánggǎo 祥縞 7-917B
xiǎnggào 饗告 12-576A
xiānggē 鄉歌 10-669B
xiānggé 香閣 12-436A
xiānggé 香蛤 12-433A
xiānggé 香裓 12-433B
xiānggé 香閣 12-436A
xiánggé 詳革 11-204B
xiànggē 巷歌 4-77B
xiànggé 像閣 1-1656A
xiānggēn 相跟 7-1158A
xiānggēn'er 香根兒 12-429B
xiànggēngniǎoyún
象耕鳥耘 10-18B
xiānggōng 香弓 12-423B
xiānggōng 香公 12-424A
xiānggōng 鄉公 10-660B
xiānggōng 廂公 3-1250B
xiānggōng 箱工 8-1208B
xiānggòng 相共 7-1140A
xiānggòng 香供 12-427B
xiānggòng 鄉貢 10-665A
xiànggōng 相工 7-1136B
xiànggōng 相公 7-1138A
xiànggōng 象恭 10-19A
xiànggōng 象龔 10-23B
xiànggōngcuó 相公鹺
7-1138B
xiànggōngtángzi 相公堂子
7-1138B
xiànggōngzhú 相公竹
7-1138B
xiānggōu 香鉤 12-433A
xiānggōu 香篝 12-438A
xiānggū 香菇 12-431A
xiānggū 香菰 12-431A
xiānggū 鄉姑 10-664A
xiānggǔ 香轂 12-438B
xiānggǔ 香骨 12-428B
xiānggù 相顧 7-1165B
xiānggù 鄉故 10-664A
xiánggǔ 降骨 11-966B
xiánggǔ 祥嘏 7-917B
xiǎnggū 饗孤 12-576A
xiànggū 象觚 10-20A
xiànggū 像姑 1-1655A
xiànggǔ 象轂 10-21B
xiāngguā 香瓜 12-425B
xiǎngguā'er 響瓜兒 12-663A
xiāngguāi 相乖 7-1145A
xiāngguān 纕冠 9-1063B
xiāngguān 相關 7-1164B
xiāngguān 香官 12-428A
xiāngguān 鄉官 10-664A
xiāngguān 鄉閔 10-670A
xiāngguān 鄉關 10-672A
xiāngguān 鄉闌 10-672A
xiāngguān 廂官 3-1250B
xiāngguǎn 湘管 5-1449A
xiāngguàn 鄉貫 10-667B
xiángguān 詳觀 11-209A
xiángguàn 詳貫 11-206A
xiàngguān 相觀 7-1166A
xiàngguǎn 象管 10-21A
xiángguāng 祥光 7-915B
xiāngguāzi 鄉瓜子 10-661A
xiāngguī 相規 7-1151B
xiāngguī 香閨 12-436A
xiāngguī 香龜 12-439A
xiāngguì 香桂 12-429B
xiāngguì 鄉貴 10-667B
xiāngguì 箱櫃 8-1209A
xiángguì 翔貴 9-655B
xiàngguī 象龜 10-23A
xiāngguīmínyuē 鄉規民約
10-666B
xiāngguīxiùgé 香閨繡閣
12-436A
xiānggǔn 相衮 7-1150B
xiānggǔn 鄉衮 10-666A
xiānggǔn 鑲滾 11-1432A
xiánggǔn 詳袞 11-205B
xiāngguó 香國 12-431B
xiāngguó 鄉國 10-667A
xiāngguò 相過 7-1152A
xiǎngguó 享國 2-355A
xiǎngguó 嚮國 3-538A
xiǎngguó 饗國 12-576A
xiàngguó 相國 7-1152A
xiàngguǒ 象果 10-17B
xiàngguǒ 橡果 4-1279B
xiàngguósì 相國寺 7-1152A
xiàngguózhuāng 相國莊
7-1152A
xiānggùshīsè 相顧失色
7-1165B
xiānghǎi 相醢 7-1163A
xiānghǎi 香海 12-430B
xiǎnghài 響駭 12-665A
xiānghái'eryíng 香孩兒營
12-429B
xiānghàn 湘漢 5-1449A
xiānghāo 香蒿 12-433B
xiāngháo 鄉豪 10-669B
xiānghǎo 相好 7-1141B
xiànghǎo 相好 7-1141B
xiānghé 相合 7-1140B
xiānghé 相和 7-1145A
xiānghé 香合 12-426A
xiānghé 香盒 12-432B
xiānghé 鄉合 10-662A
xiānghé 薌合 9-544B
xiānghé 緗荷 9-930A
xiānghè 相和 7-1145A
xiánghé 祥禾 7-915B
xiánghé 祥和 7-916A
xiánghé 祥河 7-916A
xiánghé 詳和 11-204A
xiánghé 詳核 11-205A
xiánghé 詳覈 11-208B
xiǎnghé 響合 12-663A
xiǎnghè 鯗鶴 12-1231B
xiǎnghè 響和 12-663A
xiǎnghè 饗賀 12-576B
xiànghè 鄉和 10-663B
xiánghéchuòshuǐ 祥河輟水
7-916A
xiānghégē 相和歌 7-1145A
xiānghéng 相衡 7-1162A
xiànghéng 鄉衡 10-671A
xiānghérì 相合日 7-1140B
xiānghétáo 緗核桃 9-930A
xiǎnghèyǐngcóng 響和景從
12-663A
xiānghóng 香紅 12-429B
xiānghóng 鄉黌 10-672B
xiánghóng 庠黌 3-1230B
xiánghóng 翔鴻 9-656A
xiānghóngqí 廂紅旗 3-1251A
xiānghóu 鄉侯 10-664B
xiānghòu 相厚 7-1146B
xiānghòu 相後 7-1148B
xiānghòu 相候 7-1150A
xiànghòu 向後 3-139A
xiānghù 相互 7-1137B
xiānghù 相護 7-1165A
xiānghù 鄉户 10-660B
xiánghù 降户 11-964B
xiǎnghū 鑾胷 8-960B
xiànghú 象弧 10-18A
xiànghù 象笏 10-19A
xiānghuā 香花 12-426A
xiānghuā 香華 12-429B
xiānghuā 緗花 9-930A
xiānghuā 鑲花 11-1432A
xiánghuā 祥華 7-916B
xiánghuá 翔華 9-655B
xiánghuá 詳華 11-205A
xiānghuà 鄉化 10-660B
xiànghuà 嚮化 3-537A
xiànghuà 向化 3-137B
xiànghuà 象化 10-16A
xiànghuà 像話 1-1655B
xiānghuāgòngyǎng
香花供養 12-426A
xiānghuān 相懽 7-1165A
xiānghuān 相歡 7-1165A
xiānghuàn 相喚 7-1149B
xiānghuàn 鄉宦 10-665A
xiánghuǎn 詳緩 11-208A
xiǎnghuán 響環 12-665B
xiànghuán 象環 10-22B

xiànghuáng 象黄 10-19A
xiānghuángqí 廂黄旗 3-1251A
xiānghuāyán 香花巖 12-426A
xiānghuī 相徽 7-1163B
xiānghuī 香灰 12-425B
xiānghuì 相會 7-1158B
xiānghuì 香會 12-434B
xiānghuì 香蕙 12-436A
xiānghuì 鄉會 10-669A
xiánghuī 祥暉 7-917A
xiánghuī 祥輝 7-917B
xiánghuí 翔回 9-654B
xiǎnghuì 享會 2-355B
xiǎnghuì 饗會 12-576B
xiànghuì 嚮晦 3-538A
xiànghuì 象喙 10-20A
xiānghuìshì 鄉會試 10-669A
xiǎnghúlú 響胡蘆 12-663B
xiǎnghúlú 響葫蘆 12-664A
xiānghún 相渾 7-1156B
xiānghún 相混 7-1153B
xiānghún 香魂 12-433B
xiānghún 鄉魂 10-668B
xiānghùn 相溷 7-1159A
xiānghuǒ 香火 12-424A
xiánghuǒ 祥火 7-915B
xiǎnghuō 響豁 12-665B
xiǎnghuò 鮝貨 12-1231A
xiànghuǒ 向火 3-137B
xiānghuǒcí 香火祠 12-425A
xiānghuǒdàorén 香火道人 12-425A
xiānghuǒdì 香火地 12-424B
xiānghuǒqián 香火錢 12-425A
xiànghuǒqǐ'ér 向火乞兒 3-137B
xiānghuǒqíng 香火情 12-425A
xiānghuǒshè 香火社 12-425A
xiānghuǒtáng 香火堂 12-425A
xiānghuǒtián 香火田 12-424B
xiānghuǒxiōngdì 香火兄弟 12-424B
xiānghuǒxiùcái 香火秀才 12-425A
xiānghuǒyīnyuán 香火因緣 12-424B
xiānghuǒyuán 香火緣 12-425A
xiānghuǒyuàn 香火院 12-425A
xiānghuǒzǐmèi 香火姊妹 12-425A
xiāngjī 相迹 7-1148B
xiāngjī 相擊 7-1163A
xiāngjī 相譏 7-1164B
xiāngjī 香積 12-437B
xiāngjī 香几 12-423A
xiāngjī 鄉基 10-666B
xiāngjí 相及 7-1137A
xiāngjí 相疾 7-1150B
xiāngjí 相極 7-1155A
xiāngjí 相輯 7-1162A
xiāngjí 相藉 7-1163A
xiāngjí 鄉籍 10-672A
xiāngjí 箱笈 8-1208B
xiāngjì 相際 7-1159A
xiāngjì 相濟 7-1164B
xiāngjì 相繼 7-1165A
xiāngjì 香罽 12-438B
xiángjí 降集 11-969B
xiángjí 翔集 9-655B
xiángjì 祥祭 7-917A
xiángjì 詳計 11-204B
xiángjì 詳濟 11-208B
xiǎngjí 響集 12-664A
xiǎngjǐ 餉給 12-536B
xiǎngjì 享祭 2-355B
xiàngjī 相基 7-1151B
xiàngjī 相機 7-1162A
xiàngjī 相幾 7-1157A
xiàngjì 巷祭 4-77B
xiàngjì 象寄 10-19B
xiàngjì 項髻 12-231A
xiàngjì 像季 1-1655A
xiāngjiā 鄉家 10-666B
xiāngjiá 相戛 7-1151B
xiāngjiá 相戞 7-1155A
xiāngjiǎ 相假 7-1152B
xiāngjià 香架 12-429B
xiāngjià 香駕 12-437A
xiángjiá 祥莢 7-916B
xiàngjiā 相家 7-1150B
xiàngjiā 像夾 1-1655A
xiàngjiǎ 相甲 7-1139A
xiàngjiǎ 象甲 10-16A
xiàngjià 象駕 10-22A
xiāngjiān 相兼 7-1150B
xiāngjiān 相堅 7-1151B
xiāngjiān 相煎 7-1158B
xiāngjiān 香尖 12-425B
xiāngjiān 香韉 12-441B
xiāngjiān 鄉間 10-668B
xiāngjiān 緗縑 9-930B
xiāngjiǎn 香繭 12-439A
xiāngjiǎn 緗簡 9-931A
xiāngjiàn 相間 7-1156B
xiāngjiàn 相見 7-1142B
xiāngjiàn 鄉間 10-668B
xiāngjiàn 鄉賤 10-670A
xiāngjiàn 鄉薦 10-670B
xiángjiǎn 詳檢 11-208B
xiǎngjiàn 享薦 2-356A
xiǎngjiàn 想見 7-607B
xiǎngjiàn 響箭 12-664B
xiǎngjiàn 饗薦 12-576B
xiàngjiǎn 象簡 10-23A
xiàngjiàn 象劍 10-22A
xiàngjiàn 象薦 10-22B
xiāngjiāng 相將 7-1154A
xiāngjiāng 香江 12-426A
xiāngjiāng 香漿 12-437A
xiāngjiāng 湘江 5-1447B
xiāngjiānggé 香姜閣 12-429A
xiāngjiāngzhú 湘江竹 5-1447B
xiāngjiānhéjí 相煎何急 7-1158B
xiāngjiànhènwǎn 相見恨晚 7-1142B
xiāngjiāo 相交 7-1140B
xiāngjiāo 香膠 12-437A
xiāngjiāo 香蕉 12-436B
xiāngjiāo 箱交 8-1208B
xiāngjiào 相叫 7-1139A
xiāngjiào 相校 7-1149B
xiángjiāo 詳交 11-203B
xiángjiào 詳較 11-206B
xiángjiào 詳校 11-205A
xiàngjiāo 橡膠 4-1279B
xiàngjiǎo 相角 7-1143B
xiàngjiào 象教 10-19A
xiàngjiào 象轎 10-23B
xiàngjiào 像教 1-1655B
xiàngjiāocǎo 橡膠草 4-1279B
xiàngjiǎogǔ 象脚鼓 10-19B
xiāngjiāopíngguǒ 香蕉蘋果 12-436B
xiāngjiāopù 香椒鋪 12-432B
xiàngjiāoshù 橡膠樹 4-1280A
xiāngjiāoshuǐ 香蕉水 12-436B
xiàngjiǎotóu 相脚頭 7-1153A
xiāngjìchú 香積廚 12-438A
xiāngjiē 相接 7-1151A
xiāngjiē 香街 12-433A
xiāngjié 相結 7-1157A
xiāngjié 香節 12-434A
xiāngjié 香潔 12-437A
xiāngjié 鄉捷 10-666B
xiāngjié 緗節 9-930B
xiāngjiè 相藉 7-1163A
xiāngjiè 香界 12-428B
xiángjié 降節 11-970B
xiángjiě 詳解 11-206B
xiāngjìfàn 香積飯 12-437B
xiāngjīn 相矜 7-1149A
xiāngjīn 香金 12-427B
xiāngjīn 鑲金 11-1432A
xiāngjìn 相盡 7-1160B
xiāngjìn 相近 7-1143A
xiāngjìn 相進 7-1152B
xiāngjìn 香燼 12-439B
xiángjīn 祥金 7-916A
xiángjǐn 詳謹 11-208B
xiángjìn 祥祲 7-917A
xiángjìn 詳盡 11-207A
xiǎngjìn 享覲 2-356A
xiàngjīn 項巾 12-229B
xiàngjìn 鄉進 10-667A
xiǎngjīnbáiyín 響金白銀 12-663B
xiāngjīng 相經 7-1159A
xiāngjīng 香秔 12-428B
xiāngjīng 香粳 12-434B
xiāngjīng 香精 12-435B
xiāngjǐng 鄉井 10-660B
xiāngjìng 相競 7-1165A
xiāngjìng 香浄 12-429A
xiāngjìng 香徑 12-430A
xiāngjìng 香逕 12-429B
xiángjǐng 祥景 7-917A
xiángjìng 詳敬 11-206A
xiángjìng 詳静 11-206B
xiàngjǐng 項頸 12-231B
xiāngjīngbóyǒu 相驚伯有 7-1166A
xiāngjìngrúbīn 相敬如賓 7-1155A
xiāngjìnshì 鄉進士 10-667A
xiāngjìsì 香積寺 12-437B
xiāngjiū 相糾 7-1146A
xiāngjiū 相摎 7-1159A
xiāngjiū 相樛 7-1161A
xiāngjiū 相繆 7-1164A
xiāngjiǔ 香酒 12-430B
xiāngjiù 相救 7-1151B
xiāngjiù 相就 7-1156A
xiāngjiù 鄉舊 10-671B
xiángjiū 詳究 11-204A
xiàngjīxíngshì 相機行事 7-1162A
xiàngjìyìdī 象寄譯鞮 10-19B
xiāngjū 鄉居 10-664A
xiāngjú 香橘 12-437B
xiāngjǔ 鄉舉 10-671A
xiāngjǔ 箱筥 8-1208B
xiāngjù 相距 7-1152A
xiāngjù 相聚 7-1159A
xiāngjù 鄉聚 10-669A
xiāngjù 湘劇 5-1449A
xiāngjù 薌劇 9-544B
xiàngjú 象局 10-17B
xiāngjuān 相捐 7-1149A
xiāngjuàn 鄉眷 10-667A
xiāngjué 相角 7-1143B
xiāngjué 相絶 7-1157A
xiángjué 詳決 11-203B
xiāngjǔlǐxuǎn 鄉舉里選 10-671A
xiāngjūn 香軍 12-429A
xiāngjūn 鄉君 10-663B
xiāngjūn 廂軍 3-1251A
xiāngjūn 湘君 5-1448A
xiāngjūn 湘軍 5-1448B
xiāngjùn 香菌 12-431A
xiāngjùn 鄉郡 10-665A
xiángjūn 庠均 3-1230B
xiǎngjūn 餉軍 12-536B
xiàngjūn 相君 7-1143B
xiàngjūn 象軍 10-18B
xiāngjūnzhú 湘君竹 5-1448A
xiángkāi 詳開 11-206B
xiǎngkāi 想開 7-608A
xiāngkàn 相看 7-1147B
xiángkàn 詳看 11-204B
xiàngkàn 相看 7-1148A

xiāngkàng 相抗 7-1142A
xiángkǎo 詳考 11-203B
xiāngkē 鄉科 10-664B
xiāngkè 相克 7-1142A
xiāngkè 香客 12-429A
xiāngkè 鄉客 10-665A
xiǎngkē 餉榼 12-536B
xiǎngkè 享客 2-355A
xiǎngkè 餉客 12-536B
xiàngkè 象刻 10-18A
xiángkěn 詳肯 11-204A
xiángkěn 詳懇 11-208B
xiāngkèxiāngjì 相剋相濟 7-1146B
xiāngkǒu 香口 12-423B
xiángkǒu 降口 11-964B
xiángkòu 詳扣 11-203B
xiǎngkòu 響寇 12-664A
xiàngkǒu 向口 3-137A
xiàngkǒu 巷口 4-77A
xiàngkǒu 象口 10-15B
xiāngkū 香窟 12-435A
xiāngkù 香庫 12-430A
xiàngkū 巷哭 4-77A
xiāngkuā 相夸 7-1140A
xiángkuài 翔旝 9-656A
xiángkuǎn 降款 11-969A
xiǎngkuǎn 餉款 12-536B
xiāngkuàng 相況 7-1145B
xiāngkuī 相窺 7-1162B
xiāngkuí 相暌 7-1158A
xiángkuī 詳窺 11-208A
xiǎngkuì 餉餽 12-537A
xiǎngkuì 餉饋 12-537B
xiǎngkuì 饗饋 12-577B
xiángkuò 詳括 11-204B
xiānglà 香蠟 12-441A
xiǎnglà 鯗腊 12-1231B
xiǎnglái 想來 7-607B
xiǎnglài 饗賚 12-576B
xiànglái 鄉來 10-663B
xiànglái 嚮來 3-537B
xiànglái 向來 3-138B
xiànglái 曏來 5-832B
xiǎngláixiǎngqù 想來想去 7-607B
xiānglán 香籃 12-440B
xiánglǎn 祥覽 7-918A
xiánglǎn 詳覽 11-209A
xiànglán 相藍 7-1163A
xiànglán 相籃 7-1165A
xiànglán 向闌 3-141A
xiānglǎng 香朗 12-431A
xiǎngláng 響廊 12-664A
xiǎnglǎng 響朗 12-663B
xiàngláng 象郎 10-18A
xiàngláng 象廊 10-19B
xiānglánqí 廂藍旗 3-1251A
xiānglánsù 香蘭素 12-440B
xiānglǎo 香醪 12-439B
xiānglǎo 鄉老 10-661B
xiánglǎo 庠老 3-1230A
xiǎngláo 享勞 2-355B
xiǎngláo 餉勞 12-536B
xiǎngláo 饗勞 12-576B
xiǎnglǎo 響老 12-663A
xiānglǎo'ér 鄉老兒 10-661B
xiānglǎoshū 鄉老書 10-661B
xiǎnglè 享樂 2-356A
xiāngléi 湘纍 5-1449A
xiāngléi 湘累 5-1448B
xiānglèi 相類 7-1164B
xiānglèi 鄉淚 10-667A
xiànglèi 象類 10-23B
xiànglèi 像類 1-1656A
xiānglí 相離 7-1164A
xiānglí 香狸 12-430A
xiānglí 香貍 12-435B
xiānglí 湘灕 5-1449A
xiānglǐ 相里 7-1142B
xiānglǐ 鄉里 10-662B
xiānglǐ 鄉俚 10-664B
xiānglǐ 鄉禮 10-671B
xiānglǐ 襄理 9-128B
xiānglǐ 襄禮 9-129A
xiānglì 相戾 7-1146A
xiānglì 相厲 7-1159B
xiānglì 相麗 7-1164B
xiānglì 相儷 7-1165B
xiānglì 香荔 12-428B
xiānglì 香粒 12-432B
xiānglì 鄉吏 10-661B
xiānglì 鄉厲 10-669B
xiānglì 廂吏 3-1250B
xiánglǐ 詳理 11-205A
xiánglì 祥曆 7-917B
xiánglì 詳麗 11-208B
xiǎnglǐ 享禮 2-356A
xiǎnglǐ 饗禮 12-577A
xiǎnglǐ 饗醴 12-577A
xiǎnglì 享利 2-354B
xiànglǐ 相里 7-1142B
xiànglǐ 相禮 7-1164A
xiànglǐ 向裏 3-140A
xiànglǐ 項里 12-230A
xiànglì 相吏 7-1140A
xiànglì 向例 3-139A
xiànglì 巷吏 4-77A
xiànglì 橡栗 4-1279B
xiānglián 相連 7-1149B
xiānglián 相憐 7-1161B
xiānglián 香蓮 12-433B
xiānglián 香奩 12-435B
xiānglián 香匳 12-436B
xiānglián 湘簾 5-1449A
xiānglián 箱奩 8-1208B
xiānglián 箱簾 8-1209A
xiānglián 緗奩 9-930B
xiānglián 緗匳 9-930B
xiāngliàn 相戀 7-1166A
xiángliàn 祥練 7-917B
xiángliàn 詳練 11-207B
xiànglián 象奩 10-21A
xiàngliàn 項鏈 12-231B
xiānglián'ài 相連愛 7-1149B
xiānglián'ài 相憐愛 7-1161B
xiāngliàng 香亮 12-429A
xiángliàng 詳亮 11-205A
xiǎngliáng 餉糧 12-537A
xiǎngliàng 響亮 12-663B
xiǎngliàng 響喨 12-664A
xiāngliángrén 鄉良人 10-663A
xiāngliántǐ 香奩體 12-435B
xiāngliáo 相繚 7-1164B
xiāngliǎo 香蓼 12-435A
xiāngliào 相料 7-1150B
xiāngliào 香料 12-430B
xiángliào 詳料 11-205A
xiǎngliào 想料 7-607B
xiāngliàomiàn 香料麵 12-430B
xiànglìbèiyì 鄉利倍義 10-663A
xiāngliè 相埒 7-1149A
xiāngliè 香洌 12-427B
xiānglǐfūqī 鄉里夫妻 10-662B
xiānglín 相臨 7-1163A
xiānglín 香林 12-427A
xiānglín 鄉鄰 10-669B
xiānglín 鄉隣 10-670A
xiánglín 祥麟 7-918A
xiánglín 翔驎 9-656B
xiānglínbājié 香林八節 12-427A
xiānglíng 相淩 7-1150B
xiānglíng 相陵 7-1151A
xiānglíng 湘靈 5-1449A
xiānglíng 襄陵 9-128B
xiānglìng 香令 12-425B
xiánglíng 祥靈 7-918A
xiànglǐng 項領 12-231A
xiànglìng 嚮令 3-537A
xiànglìng 向令 3-138A
xiànglǐngchéng 項領成 12-231A
xiānglíngfēizǐ 湘陵妃子 5-1448B
xiānglínggǔsè 湘靈鼓瑟 5-1449B
xiǎnglínglíng 響泠泠 12-663A
xiánglínmǎ 翔麟馬 9-656B
xiánglínzǐ 翔麟紫 9-656B
xiāngliú 相留 7-1150B
xiāngliú 湘流 5-1448B
xiāngliǔ 相柳 7-1146B
xiángliú 祥流 7-916B
xiàngliù 象六 10-16A
xiānglǐyàgǔ 鄉裏迓鼓 10-669A
xiānglóng 香籠 12-441A
xiānglóng 箱籠 8-1209A
xiánglóng 降龍 11-971B
xiànglóng 象龍 10-22B
xiánglóngbō 降龍鉢 11-971B
xiánglóngfúhǔ 降龍伏虎 11-971B
xiānglóu 香樓 12-436B
xiānglóu 鄉樓 10-670A
xiànglóu 降婁 11-968B
xiānglú 香爐 12-440B
xiānglú 香鑪 12-441B
xiānglù 香露 12-441A
xiānglù 鄉路 10-668B
xiānglù 箱簏 8-1209A
xiánglǔ 降虜 11-970A
xiánglù 降路 11-970A
xiánglù 詳録 11-208A
xiànglù 相祿 7-1156B
xiànglù 象路 10-20B
xiànglù 象輅 10-20B
xiànglù 巷路 3-853A
xiāngluán 香欒 12-441A
xiāngluàn 相亂 7-1158B
xiángluán 祥鸞 7-918A
xiángluán 翔鸞 9-656B
xiángluánwǔfèng 翔鸞舞鳳 9-656B
xiángluánzhùfèng 翔鸞翥鳳 9-656B
xiānglúfēng 香爐峯 12-440B
xiānglúfēng 香爐峰 12-440B
xiānglúfēng 香鑪峯 12-441B
xiānglújiǎo 香爐角 12-440B
xiānglún 相倫 7-1150A
xiānglún 香輪 12-436B
xiānglùn 鄉論 10-670B
xiánglún 祥輪 7-917B
xiánglùn 詳論 11-207B
xiànglún 相輪 7-1161A
xiānglúnbǎoqí 香輪寶騎 12-436B
xiāngluó 香螺 12-438B
xiāngluó 香羅 12-440A
xiāngluó 湘羅 5-1449A
xiāngluò 鄉落 10-667B
xiāngluómù 香羅木 12-440A
xiāngluópà 香羅帕 12-440A
xiāngluózhī 香螺卮 12-438B
xiānglǘ 鄉閭 10-670A
xiānglǚ 香侶 12-427B
xiānglǚ 香縷 12-439A
xiānglù 緗緑 9-930B
xiánglǜ 詳慮 11-207B
xiánglüè 詳略 11-205B
xiāngmà 相罵 7-1162A
xiǎngmǎ 響馬 12-663B
xiàngmá 相麻 7-1153B
xiàngmǎ 相馬 7-1149A
xiàngmǎ 象馬 10-19A
xiāngmàbǎng 相罵榜 7-1162A
xiāngmái 香埋 12-429B
xiāngmài 相賣 7-1161A
xiāngmàn 香蔓 12-435A
xiāngmāo 香貓 12-437A
xiāngmáo 香茅 12-427A
xiāngmáo 香髳 12-435A
xiāngmào 相貿 7-1156A
xiàngmào 相貌 7-1160A
xiàngmào 象貌 10-21A

xiàngmào 像貌 1-1656A
xiàngmàotángtáng 相貌堂堂 7-1160A
xiǎngmǎzéi 響馬賊 3-538A
xiāngméi 香煤 12-434B
xiāngméi 緗梅 9-930B
xiāngměi 相浼 7-1150B
xiāngměiniáng 香美娘 12-429A
xiāngmén 香門 12-428A
xiángmén 庠門 3-1230B
xiàngmén 相門 7-1146A
xiàngménchūxiàng 相門出相 7-1146A
xiāngméng 相蒙 7-1157A
xiāngmèng 香夢 12-433B
xiāngmèng 鄉夢 10-668B
xiángmèng 詳夢 11-206B
xiàngmèng 象夢 10-20B
xiàngménsǎsǎo 相門灑埽 7-1146A
xiàngménxiàngzhǒng 相門相種 7-1146A
xiàngményǒuxiàng 相門有相 7-1146A
xiāngmí 相靡 7-1164B
xiāngmì 相覓 7-1153A
xiāngmì 相覔 7-1151B
xiāngmì 湘汨 5-1448A
xiángmì 詳密 11-205B
xiǎngmǐ 餉米 12-536A
xiàngmǐ 象弭 10-18B
xiāngmián 香綿 12-436A
xiāngmiàn 相面 7-1147A
xiāngmiàn 鄉面 10-664A
xiàngmiǎn 象冕 10-19A
xiàngmiàn 相面 7-1147A
xiàngmiànxiānshēng 相面先生 7-1147A
xiǎngmiào 饗廟 12-576B
xiāngmín 鄉民 10-661A
xiángmín 降民 11-965A
xiángmǐn 詳敏 11-205B
xiāngmíng 香名 12-426A
xiāngmíng 香茗 12-428B
xiāngmìng 相命 7-1145A
xiángmíng 祥蓂 7-917A
xiángmíng 祥鳴 7-918A
xiángmíng 詳明 11-204A
xiǎngmíng 享名 2-354B
xiàngmíng 嚮明 3-537B
xiàngmíng 向明 3-138B
xiàngmíng 像銘 1-1656A
xiāngmó 相靡 7-1164B
xiāngmó 相摩 7-1161B
xiāngmó 相磨 7-1162B
xiāngmò 香末 12-425B
xiāngmò 香墨 12-436B
xiāngmò 鄉末 10-661A
xiāngmò 鄉陌 10-664A
xiángmó 降魔 11-972B
xiàngmò 巷陌 4-77A
xiángmóchǔ 降魔杵 11-972B
xiángmógùn 降魔棍 11-972B
xiāngmóu 相牟 7-1142A
xiāngmóu 相侔 7-1145A
xiāngmóu 相謀 7-1162B
xiàngmóu 象鍪 10-23A
xiàngmóxiàngyàng 像模像樣 1-1655B
xiāngmù 相慕 7-1159A
xiāngmù 香木 12-423B
xiǎngmù 想慕 7-608B
xiǎngmù 餉幕 12-536B
xiǎngmù 響慕 12-664B
xiǎngmù 闔幙 12-153A
xiāngmù 相墓 7-1157A
xiàngmù 鄉慕 10-669A
xiàngmù 嚮慕 3-538B
xiàngmù 嚮暮 3-538B
xiàngmù 向慕 3-140A
xiàngmù 向暮 3-140B
xiàngmù 項目 12-230A
xiàngmùgōng 相墓工 7-1157A
xiàngmùshù 相墓術 7-1157A
xiángnà 降納 11-968A
xiàngnà 鄉納 10-666B
xiāngnán 香楠 12-434A
xiāngnán 鄉男 10-662B
xiāngnàn 相難 7-1164B
xiāngnáng 香囊 12-441A
xiāngnáng 箱囊 8-1209A
xiāngnáng 緗囊 9-931A
xiāngnánmù 香楠木 12-434A
xiāngnéng 相能 7-1151A
xiāngní 香泥 12-427B
xiāngní 香猊 12-432B
xiāngnì 相昵 7-1147A
xiāngnì 香膩 12-438A
xiángnǐ 詳擬 11-208B
xiàngní 象尼 10-16B
xiāngnián 鄉年 10-662A
xiāngniǎn 香輦 12-436A
xiāngniàn 鄉念 10-664A
xiǎngnián 享年 2-354B
xiǎngnián 饗年 12-575B
xiǎngniàn 想念 7-607B
xiàngnián 向年 3-138A
xiàngniǎn 象輦 10-21B
xiǎngniǎnzǐ 響捻子 12-664A
xiāngniǎo 相鵬 7-1163A
xiángniǎo 翔鳥 9-655B
xiàngniǎo 相鳥 7-1152B
xiāngniú 箱牛 8-1208B
xiǎngniú 享牛 2-354B
xiāngnóng 鄉農 10-668B
xiàngnú 象奴 10-16B
xiāngnuó 鄉儺 10-672A
xiāngnuò 香糯 12-440B
xiāngnǚcí 湘女祠 5-1447B
xiāngnǚmiào 湘女廟 5-1447B
xiāngnǚpèifū 相女配夫 7-1137A
xiāngōng 仙公 1-1140B
xiāngōng 仙宮 1-1144B
xiāngōng 先公 2-237B
xiāngōng 先功 2-237B
xiāngōng 纖弓 9-1057A
xiángōng 閒宮 12-82A
xiángōng 賢功 10-237B
xiángǒng 閒拱 12-81B
xiǎngōng 險工 11-1113B
xiǎngōng 顯功 12-369A
xiàngōng 縣公 9-964A
xiàngōng 獻功 5-138A
xiàngòng 獻供 5-139B
xiángōngfū 閒工夫 12-75A
xiàngōngzhǔ 縣公主 9-964A
xiāngōu 銛鉤 11-1266A
xiāngōu 銛鉤 11-1266A
xiāngōu 纖鉤 9-1060B
xiāng'ǒu 相偶 7-1152B
xiāng'ǒu 相耦 7-1161A
xiāngòu 仙構 1-1149B
xiāngòu 先構 2-245B
xiāngòu 纖垢 9-1058B
xiàngòu 陷搆 11-1050B
xiàngpái 象牌 10-20A
xiāngpán 香柈 12-428B
xiāngpán 香盤 12-437A
xiángpàn 降叛 11-967A
xiàngpán 向盤 3-140B
xiāngpēi 香醅 12-436B
xiāngpèi 相配 7-1149B
xiāngpèi 鑲配 11-1432A
xiāngpèidài 香佩帶 12-427B
xiāngpén 香盆 12-428B
xiāngpéng 相朋 7-1145A
xiàngpéng 象棚 10-20A
xiāngpēnpēn 香噴噴 12-436B
xiāngpǐ 相匹 7-1137B
xiāngpǐ 香癖 12-439B
xiāngpì 鄉僻 10-670A
xiàngpí 橡皮 4-1279A
xiāngpiān 相偏 7-1152B
xiāngpiàn 香片 12-424A
xiàngpiàn 相片 7-1137B
xiàngpiàn 像片 1-1654B
xiāngpiāo 緗縹 9-930B
xiàngpídīngzi 橡皮釘子 4-1279A
xiàngpífá 橡皮筏 4-1279A
xiàngpígāo 橡皮膏 4-1279B
xiàngpíjīn 橡皮筋 4-1279B
xiǎngpìn 享聘 2-355B
xiàngpǐn 相品 7-1147B
xiāngpíng 香屏 12-429B
xiāngpíng 鄉評 10-668A
xiāngpíng 湘平 5-1447B
xiángpíng 詳平 11-203B
xiángpíng 詳評 11-206B
xiàngpíng 向平 3-138A
xiàngpíngyuàn 向平願 3-138A
xiàngpíngzhīyuàn 向平之願 3-138A
xiàngpíní 橡皮泥 4-1279A
xiàngpíquān 橡皮圈 4-1279A
xiàngpíshù 橡皮樹 4-1279B
xiàngpítǐng 橡皮艇 4-1279B
xiàngpítúzhāng 橡皮圖章 4-1279B
xiàngpíxiàn 橡皮綫 4-1279B
xiāngpízhǐ 香皮紙 12-425B
xiāngpó 香婆 12-432B
xiàngpó 相婆 7-1153B
xiāngpū 相撲 7-1161A
xiāngpú 香蒲 12-434A
xiāngpǔ 鄉譜 10-672A
xiāngpù 香舖 12-437A
xiāngpù 鯗鋪 12-1231B
xiàngpǔ 相圃 7-1149B
xiàngpǔ 項浦 12-230B
xiāngpūpū 香撲撲 12-436A
xiāngpūrén 相撲人 7-1161A
xiāngpūrén 相樸人 7-1161B
xiāngpūshǒu 相撲手 7-1161A
xiāngqī 相戚 7-1151B
xiāngqī 相期 7-1155A
xiāngqī 相欺 7-1155A
xiāngqī 鄉戚 10-666B
xiāngqí 香萁 12-431A
xiāngqí 香騎 12-439A
xiāngqí 鄉耆 10-665B
xiāngqí 薌萁 9-544B
xiāngqǐ 緗綺 9-930B
xiāngqì 相契 7-1146A
xiāngqì 香砌 12-428B
xiāngqì 香氣 12-429B
xiāngqì 鄉氣 10-666A
xiāngqì 鄉器 10-671A
xiángqí 降旗 11-971A
xiángqǐ 翔起 9-655A
xiángqì 祥氣 7-916B
xiǎngqí 享祈 2-355A
xiǎngqì 響器 12-665A
xiàngqí 嚮蘄 3-539A
xiàngqí 象棊 10-20A
xiàngqí 象棋 10-20A
xiàngqì 巷泣 4-77A
xiàngqì 象器 10-22B
xiángqià 翔洽 9-655A
xiángqià 詳洽 11-205A
xiāngqián 香錢 12-438A
xiāngqián 箱錢 8-1209A
xiāngqiàn 相嵌 7-1155B
xiāngqiàn 香蒨 12-433B
xiāngqiàn 廂嵌 3-1251A
xiāngqiàn 鑲嵌 11-1432A
xiángqiān 翔騫 9-656A
xiángqiān 詳籤 11-209A
xiàngqián 向前 3-139B
xiàngqiǎn 向遣 3-140A
xiāngqiáng 相彊 7-1162B
xiāngqiǎng 相强 7-1156B
xiāngqiào 相誚 7-1160B
xiāngqiào 香俏 12-428B
xiǎngqiào 餉鞘 12-537A
xiāngqiè 相挈 7-1149A
xiāngqiè 香篋 12-436B
xiāngqiè 箱篋 8-1208B
xiángqiè 詳切 11-203A
xiāngqiēxiāngcuō 相切相磋 7-1137B
xiāngqīn 相親 7-1162B

xiāngqīn 鄉親 10-671B
xiāngqín 香芹 12-426A
xiángqín 祥琴 7-917A
xiángqín 祥禽 7-917A
xiángqín 翔禽 9-655B
xiāngqín 蚼蚙 8-891B
xiàngqīn 相親 7-1162B
xiāngqīng 相傾 7-1158B
xiāngqīng 相輕 7-1159B
xiāngqíng 鄉情 10-667A
xiāngqíng 箱擎 8-1209A
xiāngqǐng 鄉請 10-670B
xiángqíng 詳情 11-205B
xiángqǐng 詳請 11-207B
xiángqìng 祥慶 7-917B
xiǎngqíng 響晴 12-664A
xiángqíngduólǐ 詳情度理
11-205B
xiǎngqīngfú 享清福 2-355B
xiāngqīnlǐdào 鄉親里道
10-671B
xiāngqióng 香藭 12-439A
xiāngqiú 相求 7-1142B
xiāngqiú 香虯 12-427A
xiāngqiú 香毬 12-431B
xiángqiú 詳求 11-203B
xiàngqiū 鄉丘 10-661A
xiāngqū 相趨 7-1163A
xiāngqū 相驅 7-1165A
xiāngqū 香麴 12-440A
xiāngqū 鄉曲 10-661B
xiāngqù 相去 7-1138B
xiāngqù 相覷 7-1164A
xiángqū 翔趨 9-656A
xiángqū 詳曲 11-203B
xiàngqù 向去 3-138A
xiāngquán 相權 7-1165B
xiāngquán 香泉 12-428B
xiāngquán 香荃 12-428A
xiāngquán 鄉權 10-672A
xiāngquàn 相勸 7-1164B
xiǎngquán 響泉 12-663B
xiàngquān 項圈 12-230B
xiàngquán 象泉 10-18A
xiāngquánbù 香荃布 12-428B
xiángquè 詳確 11-207A
xiàngquē 象闕 10-23B
xiāngqún 湘裙 5-1448B
xiāngrán 相然 7-1156A
xiángrán 翔然 9-655B
xiāngrǎng 相嚷 7-1165A
xiāngrǎng 鄉壤 10-672A
xiāngràng 相讓 7-1166A
xiāngráo 相饒 7-1165A
xiāngrǎo 相擾 7-1164A
xiāngrén 舡人 9-2B
xiāngrén 鄉人 10-659B
xiāngrèn 相刃 7-1137A
xiāngrèn 相認 7-1160B
xiāngrèn 鄉任 10-662A
xiángrén 降人 11-964B
xiǎngrén 餉人 12-536A
xiàngrén 相人 7-1136A
xiàngrén 巷人 4-77A
xiàngrén 象人 10-15B
xiāngréng 相仍 7-1137B
xiāngrén'ǒu 相人偶
7-1136B
xiāngrěnwèiguó 相忍爲國
7-1143B
xiángrì 祥日 7-915B
xiǎngrì 饗日 12-575B
xiàngrì 嚮日 3-537A
xiàngrì 向日 3-137A
xiàngrì 曏日 5-832B
xiàngrìgǎnmèng 項日感夢
12-229B
xiàngrìkuí 向日葵 3-137B
xiāngróng 相容 7-1150B
xiāngróng 香茸 12-428A
xiāngróng 香絨 12-433B
xiāngróng 鄉榮 10-670A
xiàngróng 向榮 3-140B
xiāngróu 香葇 12-432B
xiángròu 祥肉 7-915B
xiāngrú 相如 7-1141B
xiāngrú 香薷 12-438B
xiāngrǔ 香乳 12-427B
xiāngrù 相入 7-1136B
xiāngrù 緗縟 9-930B
xiángrù 詳縟 11-208A
xiāngrúcǎo 相如草 7-1141B
xiǎngrùfēifēi 想入非非
7-607A
xiàngrúhuòchuò 橡茹藿歠
4-1279B
xiāngruí 緗蕤 9-930B
xiāngruǐ 香蕊 12-436B
xiāngruǐ 香蘂 12-440A
xiángruì 祥瑞 7-917A
xiāngrúkě 相如渴 7-1141B
xiāngrúmò 相濡沫 7-1164A
xiángrùn 詳潤 11-207B
xiāngruò 相若 7-1144A
xiàngruò 向若 3-138B
xiàngruò'értàn 向若而歎
3-138B
xiāngrútái 相如臺 7-1141B
xiāngrúxí 相如檄 7-1141B
xiāngrúxiāngxǔ 相濡相呴
7-1164A
xiāngrúyǐmò 相濡以沫
7-1163B
xiāngrúyǐn 香薷飲 12-438B
xiāngrúyǐzé 相濡以澤
7-1163B
xiāngsāi 香腮 12-434B
xiángsāng 祥桑 7-916B
xiángsānggǔ 祥桑穀 7-916B
xiāngsè 香色 12-426A
xiāngsè 湘瑟 5-1448B
xiāngsèfū 鄉嗇夫 10-668B
xiāngshā 相殺 7-1150A
xiāngshā 香剎 12-427B
xiāngshā 香莎 12-429B
xiàngshā 像煞 1-1655B
xiāngshān 香山 12-423B
xiāngshān 鄉山 10-660B
xiāngshān 湘山 5-1447A
xiāngshàn 相禪 7-1162B
xiāngshàn 相善 7-1156B
xiāngshàn 相嬗 7-1162B
xiāngshàn 香扇 12-431A
xiāngshàn 鄉訕 10-666A
xiángshàn 祥鱣 7-918A
xiángshàn 詳贍 11-208B
xiāngshān'ào 香山嶴
12-423B
xiāngshāncí 湘山祠 5-1447B
xiāngshāng 相商 7-1153B
xiāngshāng 相傷 7-1158B
xiāngshàng 相上 7-1137A
xiāngshàng 相尚 7-1144B
xiǎngshàng 享上 2-354B
xiàngshàng 向上 3-137A
xiàngshàngyīlù 向上一路
3-137A
xiāngshānjūshì 香山居士
12-423B
xiǎngshānshān 響珊珊
12-663B
xiāngshānshè 香山社
12-423B
xiàngshānshūyuàn
象山書院 10-15B
xiāngshānsì 香山寺 12-423B
xiàngshānxuépài 象山學派
10-15B
xiāngshāo 鄉稍 10-667B
xiàngshàyǒujièshì
像煞有介事 1-1655B
xiāngshē 香椵 12-437B
xiāngshè 相涉 7-1150B
xiāngshè 香社 12-427A
xiāngshè 香麝 12-441A
xiāngshè 鄉社 10-663A
xiāngshè 鄉射 10-666A
xiǎngshè 饗射 12-576A
xiàngshé 象蛇 10-19A
xiàngshè 象設 10-19B
xiàngshè 像設 1-1655B
xiāngshēn 鄉紳 10-667B
xiāngshén 湘神 5-1448B
xiángshěn 詳審 11-207B
xiángshèn 詳慎 11-206B
xiāngshēng 相生 7-1139A
xiāngshèng 相勝 7-1156A
xiángshēng 庠生 3-1230A
xiángshěng 祥眚 7-916B
xiǎngshēng 餉生 12-536A
xiǎngshēng 響聲 12-665B
xiàngshēng 相聲 7-1163A
xiàngshēng 象生 10-16B
xiàngshēng 象聲 10-22B
xiàngshēng 像生 1-1654B
xiàngshēng 像聲 1-1656A
xiàngshēngbèishí
向聲背實 3-140B
xiàngshēngcí 象聲詞 10-22B
xiàngshēng'er 像生兒
1-1655A
xiāngshēngxiāngchéng
相生相成 7-1139A
xiāngshēngxiāngkè
相生相克 7-1139A
xiāngshēngxiāngkè
相生相尅 7-1139A
xiāngshènshèn 香滲滲
12-436A
xiāngshī 相師 7-1150A
xiāngshī 鄉師 10-666A
xiāngshí 相識 7-1164B
xiāngshǐ 相矢 7-1139A
xiāngshǐ 鄉使 10-663B
xiāngshì 相事 7-1144B
xiāngshì 相是 7-1147A
xiāngshì 相視 7-1154A
xiāngshì 相簭 7-1164A
xiāngshì 香市 12-425B
xiāngshì 香室 12-429A
xiāngshì 鄉士 10-660A
xiāngshì 鄉試 10-669A
xiāngshì 襄事 9-128B
xiángshī 翔師 9-655B
xiángshí 祥石 7-915B
xiángshí 翔實 9-656A
xiángshí 詳實 11-207A
xiángshǐ 降使 11-966A
xiángshì 庠士 3-1230A
xiángshì 祥事 7-916A
xiángshì 詳視 11-205B
xiángshì 詳試 11-206B
xiǎngshí 享食 2-355A
xiǎngshí 餉食 12-536B
xiǎngshí 響石 12-663A
xiǎngshì 享世 2-354B
xiǎngshì 享事 2-354B
xiǎngshì 餉事 12-536A
xiǎngshì 饗士 12-575B
xiàngshī 相師 7-1150A
xiàngshí 相時 7-1149B
xiàngshí 鄉時 10-665B
xiàngshí 嚮時 3-538A
xiàngshí 向時 3-139B
xiàngshí 橡實 4-1279B
xiàngshǐ 相矢 7-1139A
xiàngshǐ 鄉使 10-663B
xiàngshǐ 嚮使 3-537B
xiàngshǐ 向使 3-139A
xiàngshǐ 曏使 5-832B
xiàngshì 相士 7-1136B
xiàngshì 相事 7-1144B
xiàngshì 相室 7-1149A
xiàngshì 相視 7-1154A
xiàngshì 向事 3-138B
xiàngshì 巷市 4-77A
xiàngshì 象事 10-17B
xiàngshì 象飾 10-20B
xiàngshì 項氏 12-230A
xiàngshì 橡餝 9-135B
xiàngshì 橡飾 9-135B
xiàngshíduólì 相時度力
7-1149B
xiàngshí'érdòng
相時而動 7-1149B
xiāngshījiāobì 相失交臂

7-1139A
xiāngshìmònì 相視莫逆 7-1154A
xiāngshìnián 鄉試年 10-669A
xiāngshìshīsè 相視失色 7-1154A
xiāngshōu 鄉收 10-662A
xiāngshǒu 相首 7-1148B
xiāngshǒu 驤首 12-919B
xiāngshòu 相受 7-1145A
xiāngshòu 相授 7-1151A
xiāngshòu 香獸 12-440A
xiángshǒu 降首 11-967A
xiángshǒu 翔手 9-654B
xiǎngshòu 享受 2-355A
xiǎngshòu 享壽 2-355B
xiàngshòu 象壽 10-21A
xiángshǒu'ér 降手兒 11-964B
xiāngshū 鄉書 10-666B
xiāngshú 相孰 7-1153B
xiāngshú 相熟 7-1161B
xiāngshú 鄉塾 10-669B
xiāngshǔ 香黍 12-433A
xiāngshǔ 香署 12-434A
xiāngshǔ 香鼠 12-434A
xiāngshǔ 鄉屬 10-672A
xiāngshù 香樹 12-437A
xiāngshù 鄉樹 10-669B
xiāngshù 鄉術 10-667A
xiāngshù 鄉墅 10-669B
xiāngshù 鄉樹 10-671A
xiángshū 降書 11-968A
xiángshū 祥淑 7-917A
xiángshú 庠塾 3-1230B
xiángshú 詳熟 11-207B
xiángshù 祥樹 7-917B
xiángshù 詳恕 11-205A
xiàngshū 相書 7-1150B
xiàngshǔ 相鼠 7-1158A
xiàngshǔ 相屬 7-1165B
xiàngshǔ 向曙 3-140B
xiàngshù 相術 7-1152B
xiàngshù 巷術 4-77B
xiàngshù 象數 10-21B
xiāngshuài 相率 7-1153B
xiāngshuài 相帥 7-1148A
xiāngshuài 鄉帥 10-664B
xiāngshuàichéngfēng 相帥成風 7-1148A
xiángshuāng 蹌躞 9-1346B
xiángshuāng 踤蹝 10-472B
xiāngshuǐ 香水 12-423B
xiāngshuǐ 湘水 5-1447B
xiāngshuǐháng 香水行 12-424A
xiāngshuǐhùntáng 香水混堂 12-424A
xiāngshuǐhuǒ 相水火 7-1137B
xiāngshuǐlán 香水蘭 12-424A
xiāngshuǐlí 香水梨 12-424A
xiāngshuǐqián 香水錢 12-424A
xiāngshuǐxī 香水溪 12-424A
xiángshùn 降順 11-969B
xiángshùn 祥順 7-917A
xiàngshùn 鄉順 3-538A
xiàngshùn 向順 3-140A
xiángshuō 詳說 11-207A
xiàngshuō 相說 7-1160B
xiàngshuō 巷說 4-77B
xiàngshuō 象說 10-21A
xiàngshuò 象箾 10-21B
xiāngshūshǒu 鄉書手 10-666B
xiāngsī 相思 7-1147A
xiāngsī 香絲 12-433B
xiāngsī 鄉司 10-661A
xiāngsī 鄉思 10-664B
xiāngsǐ 相死 7-1140B
xiāngsì 相司 7-1139B
xiāngsì 相似 7-1140B
xiāngsì 鄉寺 10-661B
xiāngsì 鄉祀 10-663A
xiāngsì 箱笥 8-1208B
xiángsī 詳思 11-204B
xiǎngsī 想思 7-607B
xiǎngsī 餉司 12-536A
xiǎngsì 享祀 2-354B
xiǎngsì 享嗣 2-355B
xiǎngsì 想似 7-607A
xiǎngsì 饗食 12-576A
xiǎngsì 饗祀 12-576A
xiàngsì 象似 10-17A
xiàngsì 像似 1-1655A
xiāngsībìng 相思病 7-1147B
xiāngsīcǎo 相思草 7-1147B
xiāngsīmù 相思木 7-1147B
xiāngsīqǔ 相思曲 7-1147B
xiāngsīshù 相思樹 7-1147B
xiāngsīyè 相思業 7-1147B
xiāngsīzhài 相思債 7-1147B
xiāngsīzǐ 相思子 7-1147B
xiāngsū 香酥 12-432B
xiāngsú 鄉俗 10-664B
xiāngsù 緗素 9-930A
xiāngsuí 相隋 7-1154A
xiāngsuí 相隨 7-1160B
xiāngsuì 香穗 12-438B
xiāngsuì 鄉遂 10-668A
xiángsuí 降綏 11-970B
xiángsuì 祥襚 7-917B
xiàngsuì 象燧 10-22B
xiàngsuō 項縮 12-231B
xiǎngtà 響搨 12-664B
xiǎngtà 響榻 12-664B
xiǎngtà 響拓 12-663A
xiàngtǎ 像塔 1-1655B
xiàngtà 嚮搨 3-538A
xiàngtà 象榻 10-21A
xiāngtái 香臺 12-435A
xiángtài 祥泰 7-916B
xiàngtāi 像胎 1-1655A
xiàngtái 相臺 7-1159A
xiàngtài 相態 7-1161A
xiàngtài 象態 10-21A
xiàngtài 像態 1-1656A
xiāngtán 香壇 12-437A
xiāngtán 香檀 12-438B
xiāngtán 鄉談 10-670B
xiāngtàn 相探 7-1151A
xiāngtàn 香炭 12-428B
xiángtán 詳談 11-207B
xiāngtāng 香湯 12-433B
xiāngtáng 香堂 12-431B
xiǎngtáng 享堂 2-355A
xiǎngtáng 饗糖 12-576B
xiǎngtángshīzi 響糖獅子 12-665A
xiāngtáo 香桃 12-429B
xiāngtáo 緗桃 9-930A
xiángtǎo 詳討 11-205A
xiāngtáogǔ 香桃骨 12-429B
xiāngténg 驤騰 12-919B
xiàngtǐ 相體 7-1166A
xiàngtì 象揥 10-19B
xiāngtián 香甜 12-432A
xiāngtián 鄉田 10-661A
xiángtiān 翔天 9-654B
xiángtián 翔畋 9-655A
xiǎngtián 餉田 12-536A
xiàngtiān 相天 7-1137A
xiǎngtiāo 享祧 2-355A
xiǎngtiào 享覜 2-355B
xiāngtíbìnglùn 相提並論 7-1154B
xiàngtǐcáiyī 相體裁衣 7-1166A
xiāngtiě 緗帖 9-930A
xiǎngtiě 響鐵 12-665B
xiāngtí'érlùn 相提而論 7-1154B
xiàngtíhuā 象蹄花 10-22B
xiāngtíng 相停 7-1152B
xiāngtíng 香亭 12-429A
xiāngtíng 鄉亭 10-664B
xiāngtǐng 相挺 7-1146B
xiǎngtíng 享亭 2-355A
xiǎngtīng 鮞廳 8-1076B
xiāngtōng 相通 7-1151A
xiāngtóng 相同 7-1140A
xiāngtóng 香童 12-433B
xiāngtǒng 香筒 12-433A
xiǎngtóng 響銅 12-664B
xiàngtǒng 鉅筩 11-1267A
xiàngtǒng 鮞筒 8-1076B
xiàngtǒng 鮞筩 8-1076B
xiāngtǒng'er 香桶兒 12-431A
xiǎngtóngmùxié 鑲銅木鞋 11-1432A
xiāngtóu 相投 7-1142A
xiāngtóu 香頭 12-437B
xiāngtóu 鄉頭 10-671A
xiāngtóu 欀頭 4-1369B
xiǎngtou 想頭 7-608B
xiǎngtóu 響頭 12-665A
xiàngtóu 項頭 12-231B
xiāngtú 相圖 7-1160A
xiāngtú 香荼 12-429B
xiāngtú 香稌 12-433A
xiāngtú 鄉途 10-666A
xiāngtú 緗圖 9-930B
xiāngtǔ 香土 12-423A
xiāngtǔ 鄉土 10-659B
xiángtú 祥圖 7-917B
xiàngtú 向塗 3-140A
xiāngtuán 鄉團 10-669B
xiāngtuī 相推 7-1151A
xiāngtún 鄉屯 10-660B
xiángtuǒ 詳妥 11-203B
xiàngtuó 后橐 3-142A
xiàngtuó 項橐 12-231B
xiāngtuō'er 香脱兒 12-432A
xiāngtǔwénxué 鄉土文學 10-660A
xiāngtǔzhì 鄉土志 10-660A
xiāngū 仙姑 1-1143A
xiāngū 先姑 2-241A
xiāngǔ 仙骨 1-1143B
xiāngǔ 先古 2-238A
xiāngù 先故 2-241A
xiángǔ 閒谷 12-78B
xiǎngù 險固 11-1115A
xiǎngù 顯故 12-371A
xiàngǔ 見穀 10-320A
xiǎnguài 險怪 11-1115A
xiānguān 仙官 1-1143A
xiānguān 鮮冠 12-1227A
xiānguǎn 仙館 1-1151B
xiānguàn 仙觀 1-1152B
xiánguān 閒官 12-81A
xiánguān 賢關 10-244B
xiánguǎn 閒管 12-89B
xiánguǎn 閒館 12-92A
xiánguǎn 弦筦 4-112A
xiánguǎn 弦管 4-112A
xiánguǎn 絃筦 9-796B
xiánguǎn 絃管 9-797A
xiǎnguān 顯官 12-371A
xiànguān 憲官 7-728B
xiànguān 縣官 9-965B
xiànguǎn 限管 11-975B
xiānguāng 鮮光 12-1224B
xiánguàng 閒逛 12-83A
xiǎnguāng 顯光 12-369B
xiānguī 仙閨 1-1150A
xiānguī 纖珪 9-1059A
xiānguǐ 先軌 2-241A
xiānguǐ 纖詭 9-1061A
xiānguì 仙桂 1-1145B
xiānguī 鮮規 12-1227B
xiǎnguǐ 顯軌 12-371A
xiǎnguì 顯貴 12-373B
xiànguī 憲規 7-729A
xiānguó 暹國 10-1186A
xiānguǒ 仙果 1-1142B
xiānguǒ 鮮果 12-1226A
xiānguò 纖過 9-1059B
xiánguō 閒聒 12-86A
xiǎnguò 顯過 12-372B
xiànguó 獻馘 5-143A
xiànguǒ 獻果 5-139B

xiánguōqī 閒聒七 12-86A
xiánguǒyī 次裹衣 5-977B
xiāngwài 相外 7-1139B
xiàngwài 向外 3-138A
xiàngwài 象外 10-16B
xiāngwán 香紈 12-429B
xiāngwǎn 香椀 12-432B
xiāngwàn 相萬 7-1155A
xiángwán 詳玩 11-204A
xiángwǎn 詳婉 11-206A
xiǎngwǎn 餉輓 12-536B
xiàngwǎn 嚮晚 3-538A
xiàngwǎn 向晚 3-139B
xiāngwàng 相王 7-1137A
xiāngwàng 相忘 7-1143B
xiāngwàng 相望 7-1153B
xiāngwàng 鄉望 10-667A
xiǎngwàng 想望 7-608A
xiàngwáng 相王 7-1137A
xiàngwáng 象王 10-16A
xiàngwáng 項王 12-229B
xiàngwǎng 鄉往 10-663B
xiàngwǎng 嚮往 3-537B
xiàngwǎng 向往 3-139A
xiàngwǎng 象网 10-17A
xiàngwǎng 象罔 10-17B
xiàngwàng 相望 7-1153B
xiàngwàng 嚮望 3-538A
xiǎngwàngfēngcǎi
想望丰采 7-608A
xiǎngwàngfēngcǎi
想望風采 7-608A
xiǎngwàngfēnggài
想望風槩 7-608A
xiāngwànglín 相忘鱗
7-1143B
xiāngwángmèng 襄王夢
9-128A
xiāngwàngxínghái
相忘形骸 7-1143B
xiāngwéi 相爲 7-1155B
xiāngwéi 相違 7-1157A
xiāngwéi 相維 7-1161A
xiāngwéi 香幃 12-433A
xiāngwéi 鄉闈 10-671B
xiāngwěi 相尾 7-1143B
xiāngwèi 相謂 7-1162B
xiāngwèi 香味 12-427A
xiāngwèi 香尉 12-432B
xiāngwèi 鄉味 10-663B
xiángwěi 詳委 11-204A
xiángwèi 詳味 11-204A
xiǎngwèi 享味 2-355A
xiǎngwèi 想味 7-607B
xiǎngwèi 餉遺 12-537A
xiàngwéi 象爲 10-20A
xiàngwěi 象緯 10-22B
xiàngwèi 相位 7-1143A
xiàngwèi 象魏 10-23A
xiāngwéibiǎolǐ 相爲表裏
7-1156A
xiāngwéimìng 相爲命
7-1156A
xiāngwèipái 香位牌 12-426B
xiǎngwěishé 響尾蛇 12-663A
xiāngwén 相聞 7-1160B
xiāngwén 湘文 5-1447B
xiāngwèn 相問 7-1154A
xiāngwèn 鄉問 10-667B
xiángwén 降文 11-964B
xiángwén 詳文 11-203A
xiángwěn 詳穩 11-208B
xiángwèn 詳問 11-205B
xiǎngwén 想聞 7-608B
xiāngwēng 鄉翁 10-666A
xiāngwò 香幄 12-433A
xiàngwō 項窩 12-231A
xiāngwú 湘吴 5-1448A
xiāngwǔ 相迕 7-1142B
xiāngwǔ 鄉伍 10-662A
xiāngwù 相惡 7-1155A
xiāngwù 相晤 7-1151B
xiāngwù 香物 12-427B
xiāngwù 香霧 12-439B
xiāngwù 鄉物 10-663B
xiángwǔ 翔舞 9-656A
xiángwǔ 翔儛 9-656A
xiángwù 祥物 7-916A
xiǎngwǔ 餉午 12-536A
xiǎngwù 餉物 12-536A
xiàngwū 相烏 7-1150A
xiàngwǔ 向午 3-137B
xiàngwǔ 象武 10-17B
xiàngwǔ 象舞 10-21A
xiàngwù 向物 3-138B
xiàngwù 象物 10-17B
xiàngwútíng 向吴亭 3-138A
xiāngxī 相希 7-1143A
xiāngxī 香溪 12-435A
xiāngxí 相習 7-1154A
xiāngxí 相襲 7-1166A
xiāngxì 相係 7-1148A
xiāngxì 緗舄 9-930B
xiángxī 降奚 11-968A
xiángxī 翔嬉 9-656A
xiángxī 詳析 11-204A
xiángxī 詳悉 11-205B
xiángxī 詳晰 11-206A
xiángxí 祥習 7-917A
xiángxì 詳細 11-206A
xiǎngxī 響屖 12-664B
xiàngxī 向夕 3-137A
xiàngxī 象犀 10-20B
xiàngxī 象犧 10-23B
xiāngxǐ 相璽 7-1164B
xiàngxì 象繫 10-23B
xiàngxì 象戲 10-23A
xiāngxia 鄉下 10-660A
xiāngxiá 相狎 7-1145B
xiāngxiá 香霞 12-438B
xiāngxià 相下 7-1137A
xiāngxià 相嚇 7-1163A
xiángxià 降下 11-964B
xiàngxià 向下 3-137A
xiàngxià 項下 12-229B
xiāngxialǎo 鄉下老 10-660A
xiāngxialǎo 鄉下佬 10-660A
xiāngxiān 相先 7-1140B
xiāngxián 相銜 7-1160A
xiāngxián 香涎 12-429A
xiāngxián 鄉賢 10-670A
xiāngxián 湘弦 5-1448B
xiāngxián 湘絃 5-1448B
xiāngxiàn 香綫 12-436A
xiāngxiàn 鄉縣 10-671A
xiángxián 詳閑 11-206B
xiángxiàn 詳憲 11-208A
xiǎngxiān 享先 2-354B
xiǎngxiàn 餉獻 12-537A
xiàngxián 象賢 10-21B
xiāngxianǎoké 鄉下腦殼
10-660A
xiāngxiáncí 鄉賢祠 10-670A
xiāngxiāndá 鄉先達 10-662A
xiāngxiáng 相翔 7-1156B
xiāngxiàng 相嚮 7-1164A
xiāngxiàng 相向 7-1140B
xiāngxiàng 相像 7-1158B
xiāngxiàng 香衖 12-433A
xiāngxiàng 香象 12-432A
xiāngxiàng 鄉相 10-664A
xiángxiáng 翔翔 9-655B
xiǎngxiàng 想象 7-607B
xiǎngxiàng 想像 7-608A
xiǎngxiàng 餉項 12-536B
xiǎngxiàng 響象 12-664A
xiǎngxiàng 響像 12-664B
xiǎngxiàng 饗象 12-576A
xiāngxiàngdùhé 香象渡河
12-432A
xiāngxiàngjuéliú
香象絶流 12-432B
xiǎngxiànglì 想象力 7-608A
xiāngxiāngpài 湘鄉派
5-1448B
xiāngxiānsheng 鄉先生
10-662A
xiāngxiào 相肖 7-1142B
xiāngxiào 相効 7-1145B
xiāngxiào 鄉校 10-665B
xiángxiào 庠校 3-1230B
xiángxiào 庠斅 3-1230B
xiǎngxiào 響效 12-663B
xiàngxiǎo 向曉 3-140B
xiàngxiào 象肖 10-17A
xiàngxiào 象效 10-19A
xiāngxiāoyùjiǎn 香消玉減
12-430B
xiāngxiāoyùsuì 香消玉碎
12-430B
xiāngxiāoyùsǔn 香消玉損
12-430B
xiāngxiāoyùyǔn 香消玉殞
12-430B
xiāngxiaqì 鄉下氣 10-660A
xiāngxiarén 鄉下人 10-660A
xiāngxíchéngfēng
相習成風 7-1154B
xiāngxíchéngsú 相習成俗
7-1154B
xiāngxié 相偕 7-1152B
xiāngxié 相携 7-1157A
xiāngxié 相攜 7-1165A
xiāngxiè 香灺 12-426B
xiāngxiè 香屑 12-431A
xiāngxiè 香榭 12-435A
xiǎngxiè 響屧 12-665A
xiàngxié 象鞋 10-21B
xiǎngxièláng 響屧廊
12-665A
xiàngxífù 相媳婦 7-1159A
xiāngxīn 香心 12-425A
xiāngxīn 香薪 12-437A
xiāngxīn 鄉心 10-660B
xiāngxìn 相信 7-1148A
xiāngxìn 鄉信 10-664B
xiàngxīn 向心 3-137B
xiàngxīnchènyì 像心稱意
1-1654B
xiāngxíng 相刑 7-1139B
xiāngxíng 相形 7-1142A
xiāngxíng 鄉刑 10-661A
xiāngxíng 鄉行 10-662A
xiángxīng 祥星 7-916A
xiángxíng 祥刑 7-915B
xiángxíng 詳刑 11-203B
xiángxǐng 詳省 11-204B
xiàngxīng 相星 7-1147A
xiàngxíng 相行 7-1140B
xiàngxíng 相形 7-1142A
xiàngxíng 象刑 10-16B
xiàngxíng 象形 10-17A
xiàngxíng 像形 1-1655A
xiángxīngbàidǒu 詳星拜斗
11-204B
xiàngxíngduómíng
像形奪名 1-1655A
xiāngxíngjiànchù
相形見絀 7-1142A
xiāngxíngjiànzhuō
相形見拙 7-1142A
xiángxíngsì 詳刑寺 11-203B
xiàngxíngwénzì 象形文字
10-17A
xiàngxīnlì 向心力 3-137B
xiàngxīnrúyì 像心如意
1-1654B
xiàngxīnshìyì 像心適意
1-1654B
xiàngxīnxiàngyì 像心像意
1-1654B
xiāngxiōng 鄉兄 10-661A
xiāngxīquán 香溪泉 12-435A
xiāngxiū 香羞 12-430A
xiāngxiù 香臭 12-430A
xiāngxiù 香岫 12-427A
xiāngxiù 湘繡 5-1449A
xiāngxū 相嘔 7-1160A
xiāngxū 相胥 7-1149A
xiāngxū 相須 7-1155B
xiāngxū 相需 7-1159B
xiāngxū 鄉胥 10-665A
xiāngxǔ 相許 7-1153A
xiāngxù 相序 7-1143B
xiāngxù 相勗 7-1151B
xiāngxù 相續 7-1166A

xiángxú 祥除 7-916B
xiángxù 庠序 3-1230B
xiángxù 祥序 7-916A
xiǎngxǔ 餉稰 12-537A
xiàngxū 相胥 7-1149A
xiàngxū 象胥 10-18B
xiāngxuān 相宣 7-1148B
xiāngxuán 相縣 7-1162A
xiāngxuán 相懸 7-1165A
xiāngxuán 廂懸 3-1251A
xiāngxuǎn 鄉選 10-670B
xiángxuǎn 詳選 11-207B
xiàngxuān 象軒 10-19A
xiàngxuán 象玄 10-16B
xiāngxué 鄉學 10-671A
xiāngxuě 香雪 12-431B
xiāngxuè 相謔 7-1162B
xiángxué 庠學 3-1230B
xiàngxué 鄉學 10-671A
xiàngxué 嚮學 3-538B
xiàngxué 向學 3-140B
xiāngxuěhǎi 香雪海 12-431B
xiāngxǔmò 相呴沫 7-1155B
xiāngxún 相尋 7-1156B
xiāngxún 廂巡 3-1250B
xiāngxùn 相迿 7-1148B
xiāngxùn 相遜 7-1159A
xiāngxùn 香蕈 12-436A
xiángxún 詳尋 11-206B
xiángxún 詳詢 11-206B
xiángxùn 詳訊 11-205A
xiāngxūnxūn 香薰薰 12-438B
xiāngxūwéimìng 相須爲命
7-1155B
xiāngxūxiāngjì 相呴相濟
7-1144B
xiāngxǔyǐmò 相煦以沫
7-1155B
xiāngxūyǐshī 相呴以濕
7-1144B
xiāngyā 香鴨 12-437B
xiāngyá 鑲牙 11-1432A
xiāngyà 相迓 7-1142B
xiāngyà 相亞 7-1144A
xiāngyà 相軋 7-1144B
xiángyǎ 詳雅 11-206A
xiàngyá 象牙 10-16A
xiāngyān 香烟 12-430B
xiāngyān 香煙 12-434B
xiāngyán 相沿 7-1145B
xiāngyán 香嚴 12-440A
xiāngyán 香鹽 12-441B
xiāngyǎn 相掩 7-1151A
xiāngyàn 相猒 7-1155A
xiāngyàn 香焰 12-433B
xiāngyàn 香餤 12-438A
xiāngyàn 香燕 12-437A
xiāngyàn 香艷 12-441B
xiāngyàn 香豔 12-441B
xiāngyàn 鄉宴 10-666B
xiāngyàn 湘燕 5-1449A
xiángyān 祥煙 7-917B
xiángyán 祥炎 7-916A
xiángyán 詳延 11-203B
xiángyán 詳姸 11-204A
xiángyán 詳言 11-203B
xiángyàn 詳讞 11-209A
xiǎngyán 嚮言 3-537A
xiǎngyàn 享宴 2-355A
xiǎngyàn 享燕 2-356A
xiǎngyàn 享讌 2-356A
xiǎngyàn 餉宴 12-536B
xiǎngyàn 饗宴 12-576A
xiǎngyàn 饗燕 12-576B
xiàngyán 巷言 4-77A
xiàngyán 象筵 10-20A
xiàngyàn 相驗 7-1166A
xiāngyándì 香巖地 12-441A
xiāngyāng 相央 7-1139A
xiāngyáng 相羊 7-1141A
xiāngyáng 相佯 7-1145A
xiāngyáng 相徉 7-1148B
xiāngyáng 襄羊 9-128B
xiāngyáng 儴佯 3-1110A
xiāngyǎng 鄉養 10-669B
xiángyáng 翔羊 9-655A
xiángyáng 翔佯 9-655A
xiángyáng 翔徉 9-655A
xiángyáng 翔陽 9-655B
xiǎngyáng 響洋 12-663B
xiǎngyáng 響楊 12-664B
xiàngyáng 向陽 3-139B
xiàngyǎng 鄉仰 10-662A
xiàngyǎng 嚮仰 3-537A
xiàngyàng 像樣 1-1656A
xiāngyàngjiédù 襄樣節度
9-129A
xiāngyángpào 襄陽礮 9-128B
xiāngyāo 相要 7-1146B
xiāngyào 香藥 12-439A
xiángyāo 祥妖 7-916A
xiángyào 詳要 11-204B
xiāngyàocuìméi 香藥脆梅
12-439A
xiāngyàojú 香藥局 12-439A
xiàngyápái 象牙牌 10-16A
xiàngyázhītǎ 象牙之塔
10-16A
xiāngyě 鄉野 10-666B
xiāngyě 襄野 9-128B
xiāngyè 香液 12-432B
xiāngyè 香葉 12-432B
xiāngyè 鄉謁 10-671B
xiāngyè 緗葉 9-930B
xiǎngyè 餉饁 12-537A
xiàngyé 相爺 7-1155B
xiàngyě 巷野 4-77B
xiàngyè 相業 7-1157B
xiāngyī 相一 7-1136A
xiāngyī 相依 7-1145A
xiāngyī 相揖 7-1154B
xiāngyī 相挹 7-1149A
xiāngyī 緗衣 9-930A
xiāngyí 相宜 7-1145B
xiāngyí 相疑 7-1160A
xiāngyí 鄉移 10-667A
xiāngyǐ 香扆 12-431A
xiāngyǐ 香蟻 12-440A
xiāngyì 相异 7-1141B
xiāngyì 相異 7-1151B
xiāngyì 相憶 7-1162B
xiāngyì 相翼 7-1164A
xiāngyì 香浥 12-430B
xiāngyì 鄉邑 10-663A
xiāngyì 鄉義 10-669A
xiāngyì 鄉誼 10-670B
xiāngyì 鄉議 10-672A
xiángyī 詳一 11-203A
xiángyì 祥異 7-916B
xiángyì 翔逸 9-655B
xiángyì 翔翼 9-656A
xiángyì 詳議 11-209A
xiǎngyí 亨儀 2-348B
xiǎngyí 享儀 2-356A
xiǎngyì 想憶 7-608B
xiǎngyì 餉饐 12-537B
xiǎngyì 餉億 12-537A
xiǎngyì 響逸 12-664A
xiàngyī 象衣 10-17A
xiàngyí 相儀 7-1161B
xiàngyì 鄉意 10-669A
xiàngyì 嚮意 3-538A
xiàngyì 向意 3-140A
xiàngyì 向義 3-140A
xiàngyì 巷議 4-77B
xiàngyì 象意 10-21A
xiàngyì 象譯 10-23B
xiàngyì 像意 1-1655B
xiàngyìjiētán 巷議街談
4-77B
xiāngyīn 相因 7-1140A
xiāngyīn 香茵 12-428A
xiāngyīn 香陰 12-432B
xiāngyīn 鄉音 10-665A
xiāngyǐn 鄉飲 10-668A
xiāngyìn 相印 7-1139B
xiāngyìn 香印 12-425B
xiángyǐn 詳隱 11-208A
xiǎngyīn 響音 12-663B
xiǎngyín 餉銀 12-537A
xiǎngyǐn 饗飲 12-576A
xiàngyìn 閧闉 12-108A
xiàngyìn 相印 7-1139B
xiāngyǐnbīn 鄉飲賓 10-668A
xiāngyǐndàbīn 鄉飲大賓
10-668A
xiàngyìnfǎ 相印法 7-1139B
xiāngyīng 相應 7-1163B
xiāngyīng 相攖 7-1165A
xiāngyīng 香英 12-427A
xiāngyīng 香嬰 12-438B
xiāngyīng 香瓔 12-441B
xiāngyīng 香纓 12-441A
xiāngyíng 相盈 7-1149A
xiāngyíng 相贏 7-1165A
xiāngyìng 相應 7-1163B
xiāngyìng 相映 7-1147A
xiángyīng 祥英 7-916A
xiángyīng 祥霙 7-917B
xiángyìng 祥應 7-918A
xiǎngyǐng 響景 12-664A
xiǎngyìng 響應 7-1110A
xiǎngyìng 嚮應 3-538B
xiǎngyìng 響應 12-665B
xiāngyǐnjiǔ 鄉歙酒 10-670B
xiāngyǐnjiǔ 鄉飲酒 10-668A
xiāngyǐnjiǔlǐ 鄉飲酒禮
10-668A
xiāngyīnxiāngshēng
相因相生 7-1140B
xiāngyīwéimìng 相依爲命
7-1145A
xiāngyízi 香胰子 12-430A
xiāngyōng 鄉傭 10-669A
xiāngyǒng 鄉勇 10-665A
xiāngyǒng 湘勇 5-1448B
xiāngyòng 相用 7-1139B
xiángyǒng 翔泳 9-655A
xiángyǒng 翔湧 9-656A
xiángyǒng 翔踊 9-656A
xiángyǒng 翔踴 9-656A
xiǎngyòng 享用 2-354B
xiàngyǒng 巷詠 4-77B
xiàngyòng 鄉用 10-661A
xiàngyòng 嚮用 3-537A
xiàngyòng 向用 3-138A
xiāngyōu 相優 7-1163B
xiāngyóu 相繇 7-1163B
xiāngyóu 相尤 7-1137B
xiāngyóu 相猶 7-1156A
xiāngyóu 香油 12-427B
xiāngyóu 鄉郵 10-665B
xiāngyǒu 相友 7-1137A
xiāngyǒu 鄉友 10-660B
xiāngyòu 相佑 7-1142B
xiángyòu 祥祐 7-916B
xiǎngyǒu 享有 2-354B
xiǎngyòu 享右 2-354B
xiǎngyòu 享祐 2-355A
xiàngyōu 相攸 7-1142B
xiàngyóu 相猷 7-1159A
xiàngyóu 象繇 10-23A
xiāngyóuguǒzi 香油餜子
12-427B
xiāngyóuqián 香油錢
12-427B
xiāngyóuyuán 鄉郵員
10-665B
xiāngyú 相於 7-1145B
xiāngyú 相娛 7-1151A
xiāngyú 香魚 12-432A
xiāngyú 香輿 12-439A
xiāngyú 鄉隅 10-667B
xiāngyú 鄉愚 10-668B
xiāngyú 湘魚 5-1448B
xiāngyǔ 相與 7-1158A
xiāngyǔ 相語 7-1160A
xiāngyǔ 鄉語 10-669B
xiāngyǔ 湘語 5-1449A
xiāngyù 相遇 7-1155B
xiāngyù 香玉 12-425A
xiāngyù 鄉域 10-666B
xiángyǔ 詳語 11-207A
xiǎngyú 鮝魚 12-1231B
xiǎngyù 享御 2-355B
xiǎngyù 享礜 2-356A

xiǎngyù 響玉 12-663A
xiāngyú 鄉隅 10-667B
xiàngyú 向隅 3-140A
xiàngyú 象輿 10-23A
xiàngyù 相御 7-1155B
xiàngyù 象域 10-19A
xiàngyù 象喩 10-20A
xiàngyù 象馭 10-19B
xiāngyuān 湘淵 5-1448B
xiāngyuán 相援 7-1154B
xiāngyuán 香園 12-434A
xiāngyuán 香圓 12-434A
xiāngyuán 香櫞 12-440A
xiāngyuán 鄉元 10-660B
xiāngyuán 鄉原 10-665B
xiāngyuán 鄉園 10-668B
xiāngyuán 湘沅 5-1448A
xiāngyuǎn 相遠 7-1157A
xiāngyuàn 相怨 7-1148B
xiāngyuàn 香願 12-440A
xiāngyuàn 鄉原 10-665B
xiāngyuàn 鄉愿 10-669B
xiàngyuàn 象院 10-18B
xiāngyuǎntíng 香遠亭 12-433B
xiàngyǔduī 項羽堆 12-230A
xiāngyuē 相約 7-1149A
xiāngyuē 鄉約 10-665A
xiāngyuè 相説 7-1160B
xiāngyuè 相悦 7-1150B
xiāngyuè 相越 7-1154B
xiāngyuè 鄉樂 10-670B
xiāngyuè 湘月 5-1447B
xiángyuē 詳約 11-205A
xiángyuè 詳閲 11-207B
xiàngyuē 象約 10-18B
xiàngyuè 象樂 10-22B
xiāngyuēzhǎng 鄉約長 10-665A
xiāngyún 香芸 12-426A
xiāngyún 香雲 12-433A
xiāngyún 湘筠 5-1449A
xiāngyún 湘芸 5-1448A
xiāngyùn 香韵 12-434B
xiāngyùn 香韻 12-440B
xiángyún 祥雲 7-917A
xiángyǔn 詳允 11-203A
xiǎngyùn 餉運 12-536B
xiǎngyùn 餉餫 12-537A
xiàngyùn 像運 1-1655B
xiāngyúnhèchǎng 湘雲鶴氅 5-1448B
xiāngyúnshā 香雲紗 12-433A
xiāngyǔyīkǒu 相與一口 7-1158A
xiàngyǔyín 項羽吟 12-230A
xiāngzá 相雜 7-1164A
xiángzǎi 詳載 11-206B
xiàngzài 象載 10-20B
xiāngzàn 襄贊 9-129A
xiàngzàn 像贊 1-1656A
xiāngzàng 鄉葬 10-667B
xiāngzāo 香糟 12-439A
xiāngzào 香皂 12-426B
xiàngzǎo 向早 3-138A
xiāngzé 香澤 12-438A
xiāngzé 薌澤 9-544B
xiāngzé 緗幘 9-930B
xiángzé 詳擇 11-208A
xiàngzé 象則 10-18A
xiāngzéi 相賊 7-1158A
xiāngzēng 相憎 7-1161B
xiāngzēng 香繒 12-439B
xiāngzhài 鄉債 10-669A
xiángzhāi 祥齋 7-918A
xiàngzhái 相宅 7-1141A
xiángzhān 祥占 7-915B
xiǎngzhǎn 饗餞 12-665A
xiàngzhàn 巷戰 4-77B
xiangzhang 香樟 12-436B
xiāngzhāng 香麞 12-441A
xiāngzhǎng 相長 7-1144A
xiāngzhǎng 鄉長 10-663B
xiāngzhǎng 廂長 3-1250B
xiāngzhàng 相仗 7-1139A
xiāngzhàng 相杖 7-1142B
xiāngzhàng 香杖 12-426B
xiāngzhàng 香帳 12-431B
xiāngzhàng 鄉丈 10-660A
xiāngzhàng 鄉杖 10-662B
xiāngzhàng 鄉帳 10-667A
xiāngzhàng 鄉賬 10-670A
xiángzhàng 降帳 11-968B
xiǎngzhāng 餉章 12-536B
xiàngzhāng 像章 1-1655B
xiāngzhāngzi 香獐子 12-435B
xiāngzhāo 相招 7-1144A
xiángzhào 祥兆 7-915B
xiángzhào 詳照 11-206B
xiǎngzhāo 饗昭 12-576A
xiàngzhào 象兆 10-17A
xiāngzhé 鄉喆 10-667B
xiángzhé 翔折 9-655A
xiǎngzhe 想着 7-608A
xiàngzhe 向着 3-139B
xiàngzhě 相者 7-1144A
xiàngzhě 嚮者 3-537A
xiàngzhě 向者 3-138A
xiāngzhěn 相枕 7-1144A
xiāngzhèn 香陣 12-429B
xiāngzhèn 鄉鎮 10-672A
xiángzhēn 祥禎 7-917B
xiǎngzhēn 饗臻 12-665A
xiǎngzhèn 響振 12-663B
xiǎngzhèn 響震 12-664B
xiàngzhěn 項枕 12-230A
xiàngzhèn 象瑱 10-21A
xiàngzhèn 象陣 10-18B
xiāngzhēng 相争 7-1140B
xiāngzhēng 相蒸 7-1157B
xiāngzhèng 相諍 7-1158B
xiāngzhèng 鄉正 10-661A
xiángzhěng 詳整 11-208A
xiángzhèng 祥正 7-915B
xiángzhèng 詳正 11-203A
xiǎngzhēng 享烝 2-355A
xiàngzhēng 象徵 10-22A
xiàngzhèng 象正 10-16A
xiàngzhēngpài 象徵派 10-22A
xiàngzhēngzhǔyì 象徵主义 10-22A
xiāngzhī 相支 7-1137A
xiāngzhī 相知 7-1144B
xiāngzhī 香芝 12-425B
xiāngzhī 香枝 12-427A
xiāngzhī 香脂 12-430A
xiāngzhī 緗枝 9-930A
xiāngzhí 相直 7-1144A
xiāngzhí 相值 7-1150A
xiāngzhí 鄉姪 10-665A
xiāngzhǐ 香紙 12-431A
xiāngzhì 相制 7-1144B
xiāngzhì 相窒 7-1154A
xiāngzhì 相質 7-1161B
xiāngzhì 緗帙 9-930A
xiángzhī 祥芝 7-915B
xiángzhǐ 祥祉 7-916A
xiángzhì 降幟 11-971A
xiángzhì 詳緻 11-208B
xiàngzhí 巷職 4-77B
xiàngzhí 項跖 12-231A
xiàngzhì 象制 10-17B
xiàngzhì 象智 10-20A
xiàngzhì 象櫛 10-22B
xiàngzhì 象觶 10-23B
xiāngzhīhènwǎn 相知恨晚 7-1144B
xiāngzhōng 鄉中 10-660B
xiāngzhōng 襄鐘 9-129A
xiāngzhǒng 相踵 7-1162A
xiāngzhòng 相重 7-1148A
xiángzhōng 詳中 11-203A
xiángzhòng 詳重 11-204B
xiàngzhōng 向中 3-137B
xiàngzhòng 相中 7-1137B
xiāngzhōu 相周 7-1145B
xiāngzhōu 相賙 7-1161A
xiāngzhōu 香粥 12-433B
xiāngzhóu 緗軸 9-930B
xiángzhòu 翔驟 9-656B
xiǎngzhǒu 享帚 2-355A
xiǎngzhǒuzìzhēn 享帚自珍 2-355A
xiāngzhū 香珠 12-429B
xiāngzhú 香燭 12-439A
xiāngzhú 湘竹 5-1447B
xiāngzhǔ 相屬 7-1165B
xiāngzhù 相助 7-1142B
xiāngzhù 香炷 12-429A
xiāngzhù 襄助 9-128B
xiángzhù 翔翥 9-656A
xiángzhù 詳注 11-204B
xiángzhù 詳註 11-206B
xiǎngzhǔ 想屬 7-608B
xiàngzhū 項珠 12-230B
xiàngzhǔ 嚮矚 3-539A
xiàngzhǔ 象主 10-16B
xiàngzhǔ 像主 1-1655A
xiàngzhù 嚮注 3-537B
xiàngzhù 象楮 10-21B
xiàngzhù 象筯 10-20B
xiàngzhù 象箸 10-21A
xiàngzhù 象櫡 10-23A
xiāngzhuàn 香傳 12-434A
xiāngzhuàn 香篆 12-436B
xiāngzhuàn 鄉饌 10-672A
xiàngzhuàn 象傳 10-20B
xiāngzhuāng 相莊 7-1149A
xiāngzhuāng 鄉莊 10-665B
xiāngzhuàng 相狀 7-1146A
xiāngzhuàng 鄉壯 10-663B
xiàngzhuàng 嚮壯 3-537A
xiāngzhuāngrúbīn 相莊如賓 7-1149B
xiàngzhuāngwǔjiàn 項莊舞劍 12-230B
xiàngzhuāngwǔjiàn… 項莊舞劍,意在沛公 12-230B
xiàngzhuāngwǔjiàn… 項莊舞劍,志在沛公 12-230B
xiàngzhuāngzhījiàn… 項莊之劍,志在沛公 12-230B
xiàngzhuì 項墜 12-231A
xiāngzhǔn 相準 7-1159A
xiángzhǔn 詳準 11-206B
xiàngzhǔn 相準 7-1159A
xiāngzhuó 相著 7-1151B
xiāngzhuó 相着 7-1153B
xiángzhuó 詳酌 11-205A
xiàngzhuó 向著 3-139B
xiāngzhuóshū 相斫書 7-1146B
xiāngzi 廂子 3-1250B
xiāngzi 箱子 8-1208B
xiāngzī 相資 7-1158B
xiāngzī 相訾 7-1157B
xiāngzī 香資 12-434B
xiāngzī 香輜 12-436B
xiāngzǐ 鄉梓 10-666B
xiāngzì 香字 12-426A
xiǎngzì 響字 12-663A
xiàngzi 巷子 4-77A
xiàngzi 橡子 4-1279A
xiàngzì 相字 7-1141A
xiàngzimiàn 橡子麵 4-1279A
xiāngzōng 香騣 12-439B
xiàngzōng 相宗 7-1145B
xiángzǒu 翔走 9-655A
xiángzòu 詳奏 11-204B
xiāngzú 鄉族 10-667A
xiāngzǔ 香祖 12-429A
xiàngzú 巷族 4-77B
xiàngzǔ 象俎 10-18A
xiǎngzuǐ 嚮嘴 3-538B
xiāngzūn 鄉尊 10-668A
xiàngzūn 象尊 10-20A
xiāngzuó 相捽 7-1151A
xiāngzuǒ 相左 7-1139A
xiāngzuǒ 鄉佐 10-663A
xiāngzuò 相坐 7-1143A
xiāngzuò 香座 12-430A
xiǎngzuò 享祚 2-355A

xiǎngzuò 饗祚 12-576A
xiàngzuò 像座 1-1655B
xiǎnhài 險害 11-1116A
xiànhài 陷害 11-1050A
xiānhàn 仙翰 1-1151A
xiānhàn 先漢 2-246A
xiánhàn 閒漢 12-90A
xiǎnhàn 險悍 11-1116A
xiǎnhàn 險捍 11-1115B
xiānháng 仙航 1-1146A
xiànháng 陷行 11-1049B
xiānháo 仙毫 1-1147A
xiānháo 纖毫 9-1059B
xiānháo 纖豪 9-1061A
xiānhǎo 鮮好 12-1225A
xiānhào 鮮顥 12-1230B
xiánháo 賢豪 10-243B
xiánhǎo 嫌好 4-397A
xiánhǎo 賢好 10-238B
xiǎnhào 鮮耗 12-1227A
xiǎnhào 顯號 12-374A
xiànhǎo 獻好 5-139A
xiānháobùshuǎng 纖毫不爽 9-1059B
xiánhǎodào'è 嫌好道惡 4-397A
xiánhǎodàoqiàn 嫌好道歉 4-397A
xiānhàohòuqìng 先號後慶 2-245A
xiānháohòuxiào 先號後笑 2-244B
xiānháowúfàn 纖毫無犯 9-1059B
xiānháowúshuǎng 纖毫無爽 9-1060A
xiānhé 仙翮 1-1151A
xiānhé 先河 2-241A
xiānhé 纖翮 9-1061B
xiānhè 仙鶴 1-1152B
xiánhé 閒和 12-80B
xiánhé 咸和 5-217A
xiánhè 銜荷 3-1066B
xiǎnhè 顯赫 12-374B
xiànhé 限閡 11-975B
xiānhècǎo 仙鶴草 1-1152B
xiānhéhòuhǎi 先河後海 2-241A
xiánhēi 咸黑 5-217B
xiánhèn 啣恨 3-428A
xiánhèn 嫌恨 4-397A
xiánhèn 銜恨 3-1066A
xiǎnhěn 險狠 11-1115B
xiǎnhěn 嶮很 3-870A
xiānhōng 掀轟 6-685A
xiānhóng 鮮紅 12-1227A
xiānhóng 纖洪 9-1059A
xiānhòu 先后 2-239A
xiānhòu 先後 2-241B
xiánhóu 賢侯 10-240B
xiánhòu 賢厚 10-240A
xiànhóu 縣侯 9-966A
xiānhú 仙狐 1-1142B
xiānhú 先縠 2-247A
xiánhū 嫌乎 4-397A
xiánhú 弦弧 4-111A
xiánhǔ 嫌唬 4-397B
xiánhù 咸頀 5-218A
xiánhù 咸濩 5-218A
xiànhù 見户 10-312B
xiānhuā 鮮花 12-1225A
xiānhuá 仙華 1-1145B
xiānhuá 憸滑 7-763A
xiānhuá 憸猾 7-763A
xiānhuá 鮮華 12-1227A
xiānhuá 鮮滑 12-1228B
xiānhuá 纖華 9-1059A
xiānhuà 仙化 1-1140B
xiānhuà 先化 2-237B
xiánhuā 閒花 12-77B
xiánhuá 閒華 12-82B
xiánhuá 咸華 5-217A
xiánhuá 涎滑 5-1168A
xiánhuà 閒話 12-89A
xiǎnhuá 險猾 11-1116B
xiǎnhuà 顯化 12-369A
xiànhuā 獻花 5-139A
xiànhuà 現化 4-578B
xiànhuà 綫畫 9-887A
xiānhuāhòuguǒ 先花後果 2-239B
xiānhuán 仙環 1-1151B
xiánhuān 銜歡 3-1069A
xiánhuán 啣環 3-428B
xiánhuán 銜環 3-1068B
xiánhuǎn 閒緩 12-91B
xiǎnhuàn 顯宦 12-371B
xiǎnhuàn 顯患 12-372B
xiǎnhuàn 顯煥 12-373A
xiǎnhuàn 灦煥 6-224B
xiànhuán 綖環 9-824A
xiànhuǎn 晛睆 7-1222A
xiānhuáng 先皇 2-241B
xiānhuáng 鮮黃 12-1227B
xiánhuāng 閒荒 12-81B
xiánhuánjiēcǎo 銜環結草 3-1068B
xiánhuánjiécǎo 啣環結草 3-428B
xiànhuánqián 綖環錢 9-824A
xiánhuánquè 銜環雀 3-1068B
xiánhuāpèishí 銜華佩實 3-1066B
xiánhuāyěcǎo 閒花埜草 12-77B
xiánhuāyěcǎo 閒花野草 12-77B
xiǎnhuāzhíwù 顯花植物 12-370A
xiānhuī 掀豗 6-684B
xiānhuī 鮮煇 12-1228B
xiānhuī 鮮輝 12-1229A
xiānhuī 纖輝 9-1061B
xiānhuí 先回 2-239A
xiānhuì 仙卉 1-1141A
xiānhuì 鮮卉 12-1224B
xiánhuī 弦輝 4-112B
xiánhuī 弦徽 4-112B
xiánhuī 絃徽 9-797A
xiánhuǐ 銜悔 3-1066B
xiánhuì 弦晦 4-111B
xiánhuì 涎濊 5-1168A
xiánhuì 賢惠 10-242A
xiánhuì 賢會 10-243A
xiánhuì 賢慧 10-243B
xiǎnhuì 險穢 11-1118A
xiǎnhuì 顯晦 12-372B
xiànhuǐ 陷毀 11-1051A
xiǎnhún 顯魂 12-374A
xiǎnhùn 險諢 11-1117B
xiānhuó 鮮活 12-1227A
xiānhuǒ 鮮火 12-1224B
xiānhuò 鮮貨 12-1227B
xiánhuò 嫌惑 4-397B
xiánhuò 賢獲 10-244A
xiǎnhuō 顯豁 12-376B
xiànhuò 見貨 10-317B
xiànhuò 現貨 4-580B
xiānhuóhuó 鮮活活 12-1227A
xiánì 狎妮 5-30A
xiánì 狎昵 5-30A
xiánì 狎溺 5-31A
xiánì 狎暱 5-31A
xiánián 遐年 10-1103B
xiániàn 遐念 10-1104B
xiànián 下年 1-313A
xiàniàng 下釀 1-333B
xiàniè 夏蘖 3-1205B
xiáníng 遐凝 10-1109A
xiānjī 仙迹 1-1144A
xiānjī 仙姬 1-1146B
xiānjī 仙機 1-1151A
xiānjī 仙几 1-1140A
xiānjī 先機 2-247A
xiānjī 先幾 2-244A
xiānjí 仙籍 1-1152A
xiānjì 仙伎 1-1141B
xiānjì 仙妓 1-1142A
xiānjì 仙髻 1-1151A
xiānjì 仙驥 1-1153A
xiānjì 鮮霽 12-1230B
xiánjī 銜羈 3-1069B
xiánjī 鹹虀 12-1029B
xiánjí 閒疾 12-83A
xiánjí 閒集 12-86B
xiánjí 弦急 4-111A
xiánjí 銜級 3-1066A
xiánjí 銜戢 3-1067A
xiánjí 賢級 10-241A
xiánjí 癎疾 8-359A
xiánjì 閒寂 12-85B
xiánjì 嫌忌 4-397A
xiánjì 嫌惎 4-397B
xiǎnjí 險棘 11-1116A
xiǎnjí 顯級 12-372A
xiǎnjì 蜆笿 8-900A
xiǎnjì 險忌 11-1114B
xiǎnjì 顯迹 12-371B
xiǎnjì 顯跡 12-374A
xiànjī 陷機 11-1051A
xiànjī 陷擊 11-1051B
xiànjī 綫雞 9-887B
xiànjí 限級 11-975A
xiànjí 限極 11-975A
xiànjí 憲極 7-729B
xiànjí 憲籍 7-730B
xiànjì 限忌 11-974B
xiànjì 限劑 11-975B
xiànjì 限齊 11-975B
xiànjì 憲紀 7-728B
xiànjì 獻技 5-139A
xiànjì 獻計 5-140A
xiànjì 獻祭 5-141A
xiānjiā 仙家 1-1146A
xiānjià 仙駕 1-1150B
xiánjiā 閒家 12-83B
xiánjiā 銜葭 3-1067A
xiánjiā 賢家 10-241B
xiǎnjiā 顯加 12-369B
xiǎnjiā 顯家 12-372A
xiǎnjià 顯價 12-375B
xiànjiā 縣家 9-966B
xiànjià 憲駕 7-730B
xiānjiājiǔ 仙家酒 1-1146B
xiānjiān 憸姦 7-763A
xiānjiǎn 纖儉 9-1061B
xiānjiàn 先見 2-239B
xiānjiàn 鮮健 12-1227A
xiānjiàn 鮮徤 12-1227B
xiānjiàn 纖健 9-1059B
xiánjiān 銜肩 3-1065B
xiánjiān 銜艱 3-1068B
xiánjiǎn 閒簡 12-93A
xiánjiǎn 閑檢 12-70B
xiánjiǎn 銜檢 3-1068B
xiánjiàn 弦箭 4-112B
xiánjiàn 閑間 12-70A
xiánjiàn 嫌間 4-397B
xiánjiàn 嫌閒 4-397B
xiánjiàn 銜箭 3-1068A
xiǎnjiān 險艱 11-1117B
xiǎnjiān 險囏 11-1118A
xiǎnjiān 嶮艱 3-870A
xiǎnjiàn 顯見 12-370A
xiǎnjiàn 顯薦 12-375B
xiǎnjiàn 顯諫 12-376A
xiànjiān 陷堅 11-1050B
xiànjiǎn 憲簡 7-730B
xiànjiàn 陷諫 11-1051A
xiànjiàn 憲件 7-727B
xiànjiàn 獻見 5-139B
xiānjiàng 仙將 1-1147B
xiànjiàng 陷將 11-1050B
xiānjiànzhīmíng 先見之明 2-240A
xiānjiāo 纖姣 9-1059A
xiānjiǎo 掀攪 6-685A
xiānjiǎo 憸狡 7-763A
xiānjiào 仙教 1-1146B
xiānjiào 仙嶠 1-1150B
xiānjiào 祆教 7-837B
xiánjiāo 閒焦 12-86B
xiánjiāo 弦膠 4-112B
xiánjiāo 賢交 10-238A
xiǎnjiǎo 跣脚 10-462B
xiǎnjiǎo 險徼 11-1117B

xiǎnjiào 顯教 12-372A
xiǎnjiào 顯轎 12-376B
xiànjiǎo 綫脚 9-887A
xiānjiē 仙階 1-1147B
xiānjiē 掀揭 6-684B
xiānjié 鮮潔 12-1229B
xiānjié 鮮絜 12-1228A
xiānjiè 仙界 1-1143B
xiānjiè 先戒 2-239B
xiānjiè 孅介 4-424A
xiānjiè 纖介 9-1057A
xiānjiè 纖芥 9-1058A
xiánjiē 咸皆 5-217A
xiánjiē 銜接 3-1066B
xiánjiē 銜揭 3-1067A
xiánjié 閒捷 12-83B
xiánjié 閒潔 12-91A
xiánjié 閒絜 12-85B
xiánjié 弦節 4-112A
xiánjié 啣結 3-428A
xiánjié 閑節 12-70B
xiánjié 銜結 3-1067B
xiánjié 賢劫 10-238B
xiánjié 賢桀 10-241B
xiánjié 賢傑 10-242A
xiánjié 賢節 10-243A
xiánjiě 閒解 12-89A
xiǎnjié 顯結 12-374A
xiǎnjiè 嶮介 3-869B
xiànjié 限節 11-975A
xiànjié 憲節 7-729B
xiànjié 獻捷 5-141A
xiànjiè 限界 11-974B
xiánjiēshì 閒街市 12-86B
xiānjièwúshuǎng 纖芥無爽 9-1058A
xiānjīn 仙津 1-1144B
xiānjǐn 鮮緊 12-1228B
xiānjìn 仙禁 1-1148B
xiānjìn 先進 2-243B
xiánjìn 蛝蜼 8-927B
xiǎnjīn 險巾 11-1113B
xiǎnjìn 顯進 12-373A
xiànjīn 見今 10-312B
xiànjīn 見金 10-315A
xiànjīn 現今 4-578B
xiànjīn 現金 4-580A
xiànjīn 獻金 5-140A
xiànjìn 見禁 10-318B
xiànjìn 限盡 11-975B
xiànjìn 限禁 11-975A
xiànjìn 憲禁 7-729B
xiànjìn 獻進 5-141A
xiānjīng 仙京 1-1142B
xiānjīng 仙旌 1-1147A
xiānjīng 仙經 1-1149B
xiānjīng 鮮晶 12-1228A
xiānjīng 纖經 9-1061A
xiānjǐng 仙井 1-1140B
xiānjìng 仙境 1-1149B
xiānjìng 鮮凈 12-1226B
xiānjìng 鮮凈 12-1227A
xiánjīng 咸京 5-217A
xiánjīng 咸莖 5-217A
xiánjìng 閒徑 12-83A
xiánjìng 閒逕 12-82B
xiánjìng 閒靖 12-89B
xiánjìng 閒静 12-89B
xiánjìng 嫻静 4-415A
xiánjìng 癇痙 8-359A
xiǎnjìng 險勁 11-1115B
xiǎnjìng 顯鏡 12-377A
xiànjǐng 陷井 11-1049A
xiànjǐng 陷阱 11-1049B
xiànjǐng 陷穽 11-1050A
xiànjìng 現境 4-581A
xiànjìng 僩静 1-1686B
xiānjǐngjiān 仙井監 1-1140B
xiánjìnjìn 鹹浸浸 12-1029A
xiǎnjiǒng 險迥 11-1115A
xiànjiōng 陷扃 11-1050A
xiànjíshuōfǎ 現疾説法 4-580B
xiānjiǔ 先酒 2-243A
xiānjiù 先舅 2-245A
xiānjiù 先舊 2-247B
xiánjiǔ 銜酒 3-1066B
xiánjiù 閑厩 12-70A
xiánjiù 閑廄 12-70A
xiánjiù 銜疚 3-1065B
xiánjiù 賢舊 10-244A
xiànjiū 獻鳩 5-142A
xiànjiǔ 獻酒 5-140B
xiánjiùshǐ 閑廄使 12-70A
xiānjū 仙居 1-1143A
xiānjū 仙裾 1-1149B
xiānjù 纖巨 9-1057A
xiánjū 閒居 12-81B
xiánjū 閑駒 12-70B
xiánjú 閒局 12-79B
xiánjù 閒劇 12-90B
xiánjù 慊懼 7-682A
xiánjù 銜窶 3-1068A
xiánjù 銜聚 3-1067B
xiǎnjǔ 顯舉 12-376A
xiǎnjù 險句 11-1114A
xiǎnjù 顯劇 12-375A
xiànjú 限局 11-974B
xiànjú 現局 4-580A
xiànjǔ 憲矩 7-728B
xiānjuàn 仙眷 1-1147B
xiànjuàn 憲眷 7-729B
xiānjué 仙訣 1-1147A
xiānjué 先决 2-239B
xiānjué 先覺 2-248A
xiánjué 啣蹶 3-428B
xiánjué 銜橛 3-1068A
xiánjué 銜橜 3-1068A
xiánjué 癇厥 8-359A
xiǎnjué 險譎 11-1118A
xiǎnjué 嶮絶 3-870A
xiǎnjué 顯爵 12-376B
xiànjué 限絶 11-975A
xiànjué 獻爵 5-143A
xiánjuézhībiàn 銜橜之變 3-1068A
xiánjuézhīyú 銜橛之虞 3-1068A
xiánjuézhīyú 銜橜之虞 3-1068A
xiānjūn 先君 2-240A
xiánjūn 賢君 10-239A
xiánjùn 賢寯 10-243B
xiánjùn 賢雋 10-242B
xiánjùn 賢俊 10-240B
xiánjùn 賢儁 10-243B
xiǎnjùn 險峻 11-1115B
xiǎnjùn 嶮峻 3-870A
xiànjūn 縣君 9-965A
xiānjūnzǐ 先君子 2-240A
xiānjūshù 仙居术 1-1143A
xiánjùshǔ 銜窶數 3-1068B
xiànkǎi 獻凱 5-141B
xiānkān 仙龕 1-1152B
xiànkǎn 陷坎 11-1049B
xiánkàng 賢抗 10-238B
xiānkǎo 先考 2-239A
xiānkǎo 鮮薧 12-1229B
xiǎnkǎo 顯考 12-369B
xiànkǎo 憲考 7-727B
xiànkǎo 縣考 9-964B
xiānkē 纖苛 9-1058B
xiānkè 仙客 1-1144B
xiānkè 纖刻 9-1058B
xiánkē 賢科 10-240B
xiánkě 閒可 12-76B
xiánkě 賢可 10-237B
xiánkè 閒客 12-82A
xiánkè 閒嗑 12-88B
xiǎnké 蜆殼 8-900A
xiǎnkè 險刻 11-1115A
xiǎnkè 顯客 12-371B
xiànkě 獻可 5-138B
xiànkè 陷刻 11-1050A
xiànkè 現刻 4-580A
xiānkèlái 仙客來 1-1145A
xiànkēng 陷坑 11-1049B
xiànkětìfǒu 獻可替否 5-138B
xiánkēyá 閒磕牙 12-90B
xiánkèyá 閒嗑牙 12-88B
xiánkòng 閒空 12-81A
xiánkǒu 閒口 12-75B
xiánkǒu 誠口 11-336A
xiànkǒu 見口 10-312A
xiánkǒudiànbèi 銜口墊背 3-1064B
xiánkǒulùnxiánhuà 閒口論閒話 12-75B
xiánkǒunòngxiánshé 閒口弄閒舌 12-75B
xiánkǒushuōxiánhuà 閒口説閒話 12-75B
xiānkū 仙窟 1-1149B
xiānkū 纖枯 9-1058B
xiánkǔ 鹹苦 12-1029A
xiánkù 銜酷 3-1067B
xiánkuā 賢姱 10-241A
xiānkuài 鮮膾 12-1230A
xiānkuài 鮮鱠 12-1231A
xiánkuài 銜塊 3-1067A
xiánkuài 賢快 10-239A
xiǎnkuài 險獪 11-1117B
xiànkuài 現快 4-580A
xiànkuǎn 現款 4-580B
xiànkuǎn 獻款 5-141A
xiānkuàng 纖纊 9-1062B
xiánkuàng 閒曠 12-93A
xiǎnkuàng 顯曠 12-376B
xiànkuàng 現況 4-580A
xiànkuì 獻饋 5-143B
xiánkūn 賢昆 10-239B
xiánkǔn 賢閫 10-244A
xiánkuò 弦筈 4-111B
xiánkuò 絃栝 9-796B
xiǎnkuò 嶮闊 3-870B
xiānlái 先來 2-240B
xiānlài 仙籟 1-1152B
xiánlái 閒來 12-80A
xiānláihòudào 先來後到 2-240B
xiānláng 仙郎 1-1143A
xiānlǎng 鮮朗 12-1227B
xiánláng 賢郎 10-240A
xiǎnláng 銑鋃 11-1265A
xiānláo 仙醪 1-1151B
xiānlǎo 先老 2-239A
xiánláo 賢勞 10-242B
xiánlào 閒嘮 12-90B
xiànlàozi 綫絡子 9-887A
xiánlātán 閒拉談 12-80A
xiánlè 銜勒 3-1066B
xiánlè 銜樂 3-1068A
xiānlěi 鮮磊 12-1229A
xiānlèi 仙類 1-1152A
xiánlèi 銜淚 3-1067A
xiànlěi 陷累 11-1050B
xiánlěng 閒冷 12-79B
xiānlí 孅犁 4-424B
xiānlí 襳褵 9-152A
xiānlí 纖離 9-1062A
xiānlí 纖驪 9-1063A
xiānlǐ 仙里 1-1142A
xiānlǐ 纖理 9-1059B
xiānlì 銛利 11-1205B
xiānlì 仙吏 1-1141B
xiānlì 先例 2-240B
xiānlì 銛利 11-1266A
xiānlì 憸利 7-762B
xiānlì 鮮麗 12-1230A
xiānlì 纖隸 9-1062A
xiānlì 纖麗 9-1062A
xiánlì 閒吏 12-77A
xiánlì 閒麗 12-93B
xiánlì 涎利 5-1167B
xiánlì 嫺麗 4-415A
xiánlì 賢力 10-237A
xiánlì 賢吏 10-238A
xiǎnlì 灑瀝 6-222A
xiǎnlì 鮮儷 12-1230B
xiǎnlì 險戾 11-1115A
xiǎnlì 險麗 11-1118A
xiǎnlì 險盭 11-1118A
xiǎnlì 顯立 12-369B
xiǎnlì 顯戾 12-371A

xiǎnlì 顯麗 12-376B
xiànlǐ 獻禮 5-143A
xiànlì 見力 10-312A
xiànlì 羨利 9-183A
xiànlì 縣吏 9-964B
xiánlián 銜聯 3-1068B
xiánliǎn 涎臉 5-1168A
xiánliàn 閒練 12-91B
xiānliáng 鮮涼 12-1227B
xiānliàng 鮮亮 12-1226B
xiánliáng 閒良 12-79B
xiánliáng 賢良 10-239A
xiánliàng 閒靚 12-90B
xiánliàng 賢亮 10-240B
xiǎnliàng 顯亮 12-371B
xiànliáng 見糧 10-322A
xiànliáng 現量 4-580B
xiànliàng 限量 11-975A
xiànliàng 憲量 7-729B
xiánliángfāngzhèng 賢良方正 10-239A
xiánliángguān 閒良官 12-79B
xiánliángguān 閒涼官 12-83A
xiǎnliánguǎchǐ 鮮廉寡耻 12-1228B
xiánliángwénxué 賢良文學 10-239A
xiánliǎnxiánpí 涎臉涎皮 5-1168A
xiánliǎnxíngyǎn 涎臉餳眼 5-1168A
xiánliáo 閒聊 12-84A
xiánliáo 賢僚 10-243B
xiánliǎo 閒了 12-75A
xiǎnliáo 顯僚 12-375A
xiánliàozuǐ 閒料嘴 12-83A
xiānliè 先烈 2-242B
xiānliè 纖列 9-1058A
xiǎnliè 顯列 12-369B
xiǎnliè 顯烈 12-372A
xiànliè 限列 11-974A
xiànliè 陷裂 11-1050B
xiānlǐhòubīng 先禮後兵 2-247B
xiánlǐhuì 閒理會 12-83B
xiānlín 鮮鱗 12-1230B
xiānlín 纖鱗 9-1062B
xiānlìn 纖悋 9-1059A
xiánlín 銜鱗 3-1069B
xiānlíng 仙靈 1-1152B
xiānlíng 先零 2-244B
xiānlíng 先靈 2-248B
xiānlíng 鮮靈 12-1230B
xiānlìng 仙令 1-1141B
xiānlìng 先令 2-238B
xiānlìng 鮮令 12-1224B
xiánlíng 賢靈 10-244B
xiánlìng 銜令 3-1064B
xiánlìng 賢令 10-237B
xiǎnlíng 顯陵 12-372A
xiǎnlíng 顯靈 12-377A
xiǎnlìng 顯令 12-369B
xiànlíng 獻陵 5-140B
xiànlìng 限令 11-974A
xiànlìng 憲令 7-727B
xiànlìng 縣令 9-964A
xiānlínglíng 鮮伶伶 12-1225B
xiānlínglíng 鮮凌凌 12-1227B
xiānlíngpí 仙靈毗 1-1153A
xiānlíngpí 仙靈脾 1-1153A
xiānlìngshū 先令書 2-238B
xiǎnlínlín 險臨臨 11-1117B
xiānlǐpángēn 仙李蟠根 1-1142A
xiānliú 仙流 1-1146A
xiānliǔ 纖柳 9-1058B
xiánliú 銜瘤 3-1068A
xiánliú 賢流 10-241B
xiánliù 閒蹓 12-92B
xiànliù 綫溜 9-887B
xiánliūliū 鹹溜溜 12-1029B
xiānlóng 先龍 2-247A
xiānlǒng 先隴 2-248A
xiānlǒng 先壟 2-248A
xiānlǒng 先壠 2-248A
xiānlóu 仙樓 1-1150B
xiānlòu 仙漏 1-1150A
xiānlú 仙鱸 1-1152B
xiānlù 仙露 1-1152B
xiānlù 仙路 1-1149A
xiānlù 仙籙 1-1152B
xiānlù 先路 2-245A
xiānlù 先輅 2-244B
xiánlú 銜蘆 3-1069A
xiánlú 銜艫 3-1069B
xiánlǔ 鹹鹵 12-1029A
xiánlù 閒祿 12-87A
xiánlù 賢路 10-243A
xiǎnlù 跣露 10-462B
xiǎnlù 險陸 11-1116A
xiǎnlù 顯露 12-377A
xiǎnlù 顯祿 12-374A
xiǎnlù 顯僇 12-374B
xiǎnlù 顯戮 12-375B
xiǎnlù 顯録 12-376A
xiànlù 莧陸 9-417B
xiànlù 現露 4-581B
xiànlù 綫路 9-887A
xiǎnluàn 險亂 11-1116B
xiānlùmíngzhū 仙露明珠 1-1152B
xiānlún 纖綸 9-1061B
xiānlùn 先論 2-246B
xiānlùn 纖論 9-1061B
xiǎnlùn 顯論 12-375B
xiānluó 仙羅 1-1152A
xiānluó 暹羅 10-1186A
xiānluó 纖羅 9-1062A
xiānluó 纖蘿 9-1062B
xiánluò 咸洛 5-217A
xiànluò 陷落 11-1050B
xiànlùzi 現路子 4-581A
xiānlǘ 仙閭 1-1150A
xiānlǚ 仙侶 1-1142B
xiānlǜ 鮮緑 12-1229A
xiánlǚ 涎縷 5-1168A
xiánlǚ 銜呂 3-1064B
xiànlǚ 綫縷 9-887B
xiànlǚ 獻履 5-143A
xiànlǜ 憲律 7-728B
xiānlǚgōng 仙呂宮 1-1141B
xiǎnmǎ 洗馬 5-1154A
xiānmǎ 先馬 2-242A
xiànmá 綫麻 9-887A
xiànmǎ 縣馬 9-966B
xiánmài 閒邁 12-90B
xiànmǎkēng 陷馬坑 11-1050A
xiánmán 賢瞞 10-244A
xiánmàn 閒慢 12-90A
xiánmàn 涎漫 5-1168A
xiànmàn 羨漫 9-183B
xiānmáng 銛鋩 11-1266A
xiānmáng 纖芒 9-1057B
xiānmáo 仙茅 1-1142B
xiānmáo 鮮毛 12-1224B
xiānmáo 纖毛 9-1057A
xiānmào 仙貌 1-1150A
xiānmào 鮮茂 12-1225B
xiánmáo 撏毛 6-891B
xiánmáo 賢髦 10-243A
xiānmáochóng 纖毛蟲 9-1057A
xiánmáodǎobìn 撏毛搗鬢 6-891B
xiānmǎzǒu 先馬走 2-242A
xiānměi 鮮美 12-1226B
xiānmèi 仙袂 1-1145A
xiānmèi 鮮媚 12-1228B
xiānmèi 纖媚 9-1060B
xiánméi 啣枚 3-428A
xiánméi 銜枚 3-1065A
xiánměi 閒美 12-82A
xiánměi 賢每 10-238B
xiánmèi 閒媚 12-88A
xiánmèi 賢妹 10-240A
xiǎnměi 顯美 12-371B
xiǎnmèi 蜆妹 8-900A
xiǎnmèi 顯媚 12-374A
xiànmèi 獻媚 5-141B
xiánméidèngyǎn 涎眉鄧眼 5-1167B
xiānméiliàngyǎn 鮮眉亮眼 12-1227A
xiānmén 仙門 1-1143A
xiánmén 閒門 12-81A
xiánmén 賢門 10-240A
xiànmén 縣門 9-966A
xiánmèng 銜夢 3-1067B
xiànmèng 見夢 10-318B
xiànmèng 獻夢 5-142A
xiānmí 纖靡 9-1062B
xiānmǐ 秈米 8-29A
xiānmǐ 籼米 9-198A
xiānmì 纖密 9-1060A
xiánmí 閒靡 12-93B
xiánmǐ 嫺靡 4-415A
xiǎnmì 顯密 12-373B
xiànmǐ 見米 10-314A
xiànmǐ 限米 11-974B
xiánmiánchěxù 撏綿扯絮 6-892A
xiānmiào 祆廟 7-837B
xiānmiào 纖妙 9-1058B
xiānmiào 纖紗 9-1059A
xiánmiào 賢妙 10-239B
xiānmiàohuǒ 祆廟火 7-837B
xiànmiè 陷滅 11-1051A
xiānmín 先民 2-238B
xiánmín 閒民 12-77A
xiánmín 賢民 10-238A
xiánmín 諴民 11-336A
xiánmǐn 閒敏 12-84B
xiānmín 鮮民 12-1224B
xiǎnmín 顯民 12-369B
xiànmín 見緡 10-321A
xiànmín 現緡 4-581A
xiànmín 綫民 9-886A
xiànmín 獻民 5-138B
xiānmíng 先銘 2-245B
xiānmíng 先鳴 2-245B
xiānmíng 鮮明 12-1226A
xiánmíng 閒明 12-80B
xiánmíng 嫌名 4-397A
xiánmíng 銜名 3-1064B
xiánmíng 賢名 10-238A
xiánmíng 賢明 10-239B
xiánmìng 銜命 3-1065B
xiǎnmíng 顯名 12-370A
xiǎnmíng 顯明 12-370B
xiǎnmìng 顯命 12-371A
xiànmìng 憲命 7-728A
xiānmó 銛磨 11-1266B
xiānmò 纖末 9-1057B
xiánmō 瞯摸 7-1257B
xiánmó 賢謨 10-244A
xiánmò 閒默 12-91B
xiánmò 咸墨 5-218A
xiánmò 涎沫 5-1167B
xiǎnmò 顯没 12-370B
xiǎnmò 顯默 12-375B
xiànmò 限末 11-974A
xiànmò 陷没 11-1049B
xiànmò 陷歿 11-1050A
xiànmò 憲墨 7-730A
xiānmóu 纖謀 9-1061B
xiǎnmóu 顯謀 12-376A
xiànmóu 獻謀 5-143A
xiánmóyá 閒磨牙 12-92A
xiānmǔ 先母 2-239A
xiānmù 仙木 1-1140B
xiānmù 先牧 2-240B
xiánmù 閒暮 12-89B
xiánmù 弦木 4-110B
xiánmù 銜木 3-1064B
xiánmù 嫺穆 4-415A
xiánmù 賢牧 10-240A
xiǎnmù 蜆木 8-900A
xiànmù 羨慕 9-183B
xiánmǔliángqī 賢母良妻 10-238A
xiánmùniǎo 銜木鳥 3-1064B

xiànnàchén 獻納臣 5-141A
xiànnàhán 獻納函 5-141A
xiánnán 嫌難 4-398A
xiǎnnán 險難 11-1118A
xiǎnnán 嶮難 3-870B
xiànnán 限難 11-976A
xiànnán 縣男 9-965A
xiānnánhòuhuò 先難後獲 2-248A
xiánnánnǚ 閒男女 12-78A
xiānnáo 纖撓 9-1061B
xiànnáo 陷撓 11-1051A
xiànnàshǐ 獻納使 5-141A
xiànnàsī 獻納司 5-141A
xiànnàyuàn 獻納院 5-141A
xiànnè 獻納 5-140B
xiánnèi 賢内 10-237B
xiànnèi 限内 11-974A
xiànnèi 縣内 9-963B
xiánnèizhù 賢内助 10-237B
xiānnèn 鮮嫩 12-1229A
xiánnéng 賢能 10-241B
xiànnéng 獻能 5-140B
xiánnì 涎睨 5-1168A
xiánnì 銜匿 3-1066B
xiànní 綫呢 9-886B
xiànnì 陷逆 11-1050A
xiànnì 陷溺 11-1051A
xiānnián 先年 2-239A
xiànnián 限年 11-974A
xiànnián 現年 4-579B
xiánniǎo 閒裊 12-89A
xiánniǎo 咸鳥 5-217A
xiánniè 啣囓 3-428B
xiánniè 銜齧 3-1069A
xiānníng 纖凝 9-1061B
xiānnìng 憸佞 7-762B
xiānnìng 纖佞 9-1058A
xiánníng 閒寧 12-90A
xiǎnnìng 險佞 11-1114B
xiānnóng 先農 2-245A
xiānnóng 鮮濃 12-1229B
xiānnóng 鮮穠 12-1230A
xiānnóng 鮮醲 12-1230A
xiānnóng 纖穠 9-1062A
xiǎnnòng 顯弄 12-370A
xiànnòng 現弄 4-579B
xiānnóngtán 先農壇 2-245A
xiānnú 仙奴 1-1141B
xiánnù 銜怒 3-1066A
xiǎnnǔ 㦗弩 3-766A
xiānnuò 纖懦 9-1062A
xiānnǚ 仙女 1-1140B
xiánnǚ 賢女 10-237A
xiǎnnüè 險虐 11-1115B
xiānnǚmiào 仙女廟 1-1140B
xiánòng 狎弄 5-29B
xiànóng 下農 1-327A
xiànóngfū 下農夫 1-327A
xián'ǒu 賢耦 10-243B
xián'ōuyělù 閒鷗野鷺 12-94A
xiānpā 仙葩 1-1147B
xiánpà 嫌怕 4-397A
xiánpái 銜牌 3-1067B
xiǎnpái 顯排 12-372A
xiànpái 憲牌 7-729B
xiánpán'er 閒盤兒 12-91A
xiánpáo 弦匏 4-111B
xiánpáo 絃匏 9-796B
xiānpèi 先配 2-242B
xiánpèi 啣佩 3-428A
xiánpèi 銜佩 3-1065B
xiánpèi 銜珮 3-1066B
xiánpèi 銜轡 3-1069B
xiánpèi 賢配 10-241A
xiánpéng 賢朋 10-240A
xiánpǐ 賢匹 10-237B
xiánpì 閒僻 12-91A
xiǎnpǐ 顯否 12-370A
xiǎnpì 險辟 11-1117A
xiǎnpì 險僻 11-1117A
xiànpī 憲批 7-727B
xiānpiān 仙篇 1-1150B
xiánpiān 閒篇 12-90B
xiánpiàn 銜片 3-1064B
xiànpiào 憲票 7-729A
xiànpiē 現撇 4-581A
xiànpī'er 綫披兒 9-886B
xiánpílàiliǎn 涎皮賴臉 5-1167B
xiānpǐn 仙品 1-1143B
xiánpín'àifù 嫌貧愛富 4-397B
xiánpíng 閒平 12-76B
xiánpíng 咸平 5-216B
xiánpíxiánliǎn 涎皮涎臉 5-1167B
xiànpīzi 綫坯子 9-886A
xiānpò 纖魄 9-1061A
xiǎnpǒ 險叵 11-1114A
xiǎnpò 險魄 11-1117A
xiànpò 陷破 11-1050A
xiānpǔ 仙圃 1-1145B
xiānpǔ 仙譜 1-1152A
xiànpú 獻璞 5-143A
xiànpù 獻曝 5-143B
xiānqī 仙期 1-1147B
xiānqī 先期 2-243B
xiānqǐ 鮮綺 12-1229A
xiānqǐ 纖綺 9-1061A
xiānqì 仙契 1-1143B
xiānqì 仙氣 1-1146A
xiānqì 鮮氣 12-1227A
xiánqī 銜悽 3-1067A
xiánqì 閒氣 12-83A
xiánqì 嫌棄 4-397B
xiánqì 銜泣 3-1065B
xiánqì 賢契 10-240A
xiǎnqì 顯器 12-375B
xiànqī 限期 11-975A
xiànqí 獻旗 5-142B
xiānqián 先前 2-242A
xiānqiǎn 先遣 2-245A
xiánqián 閒錢 12-92A
xiánqián 銜箝 3-1067B
xiǎnqiǎn 鮮淺 12-1228A
xiǎnqiǎn 顯淺 12-373A
xiànqián 見前 10-316B
xiànqián 見錢 10-321A
xiànqián 限錢 11-975B
xiànqián 現前 4-580A
xiànqián 現錢 4-581B
xiànqián 羨錢 9-184A
xiànqiǎn 獻淺 5-141A
xiánqiánbǔzhàolí 閒錢補笊籬 12-92A
xiánqiánbǔzhuālì 閒錢補抓篱 12-92A
xiànqiánfǎ 限錢法 11-975B
xiánqiáng 閑强 12-70B
xiánqiáng 賢疆 10-244B
xiánqiáng 賢强 10-242B
xiànqiāng 見鏹 10-322B
xiànqiánguānzǐ 見錢關子 10-321B
xiǎnqiānsuì 顯千歲 12-368B
xiānqiáo 仙橋 1-1151A
xiānqiǎo 憸巧 7-762B
xiānqiǎo 纖巧 9-1057B
xiánqiáo 閒瞧 12-92B
xiánqiǎo 賢巧 10-237B
xiǎnqiǎo 險巧 11-1114A
xiǎnqiào 險峭 11-1115B
xiǎnqiào 嶮峭 3-870A
xiānqiè 仙妾 1-1143A
xiānqiè 先妾 2-241A
xiǎnqiè 顯切 12-369A
xiànqiè 綫篋 9-887B
xiánqīliángmǔ 賢妻良母 10-239B
xiānqīn 先親 2-247A
xiānqín 仙禽 1-1148A
xiānqín 先秦 2-242B
xiānqín 鮮禽 12-1228A
xiānqǐn 仙寢 1-1150A
xiánqīn 賢親 10-244B
xiánqín 弦琴 4-111B
xiánqín 咸秦 5-217A
xiǎnqīn 顯親 12-376A
xiànqín 攽琴 5-439B
xiànqín 痃琴 8-314B
xiànqín 憲廑 7-730A
xiànqín 獻芹 5-139A
xiànqín 獻勤 5-141B
xiānqīng 仙卿 1-1146A
xiānqīng 先卿 2-243A
xiānqíng 先情 2-243B
xiānqǐng 先請 2-246B
xiānqìng 仙磬 1-1151A
xiánqīng 閒清 12-85A
xiánqīng 賢卿 10-241B
xiánqíng 閒情 12-85A
xiǎnqīng 險傾 11-1116B
xiǎnqíng 險情 11-1116A
xiǎnqíng 顯情 12-373B
xiǎnqìng 顯慶 12-375B
xiànqíng 見情 10-318A
xiánqíngbiézhì 閒情別致 12-85A
xiǎnqìnglù 顯慶輅 12-375B
xiánqíngyìqù 閒情逸趣 12-85A
xiánqíngyìzhì 閒情逸志 12-85A
xiánqíngyìzhì 閒情逸致 12-85A
xiānqīnhòubùgǎi 先親後不改 2-247A
xiǎnqīnyángmíng 顯親揚名 12-376A
xiānqiú 仙毬 1-1147A
xiánqiū 咸丘 5-216B
xiànqiú 獻囚 5-138B
xiānqū 先毆 2-246A
xiānqū 先驅 2-248A
xiānqū 先歐 2-246A
xiānqū 纖曲 9-1058A
xiānqǔ 仙曲 1-1141B
xiānqù 仙去 1-1141A
xiánqù 閒趣 12-90B
xiǎnqū 險曲 11-1114A
xiànqǔ 獻曲 5-139A
xiánquán 鹹泉 12-1029A
xiǎnquǎn 洗犬 5-1151B
xiànquān 綫圈 9-887A
xiānquánluǒxiù 掀拳裸袖 6-684B
xiānquē 仙闕 1-1152A
xiānquè 仙雀 1-1147A
xiǎnquè 險確 11-1117A
xiānqūlóuyǐ 先驅螻蟻 2-248B
xiānrán 掀然 6-684B
xiānrán 掀髯 6-685A
xiánrán 瞯然 7-1257B
xiánrán 嗛呥 3-470A
xiǎnrán 洒然 5-1138A
xiǎnrán 洗然 5-1155B
xiǎnrán 顯然 12-374A
xiànrán 憪然 7-743B
xiànrán 僩然 1-1686B
xiánrǎng 閒壤 12-94A
xiánrǎng 鹹壤 12-1029B
xiānráo 仙橈 1-1151A
xiānrén 仙人 1-1138A
xiānrén 先人 2-236A
xiānrén 憸人 7-762A
xiānrén 憸壬 7-762B
xiānrén 纖人 9-1056B
xiánrén 閒人 12-75A
xiánrén 賢人 10-236B
xiánrén 賢仁 10-237B
xiánrèn 弦刃 4-110B
xiǎnrén 險人 11-1113B
xiǎnrén 顯人 12-368B
xiǎnrèn 顯任 12-370A
xiànrén 縣人 9-963B
xiànrèn 見任 10-313B
xiànrèn 陷刃 11-1049A
xiānrénbiān 仙人鞭 1-1139B
xiānrénbóshì 仙人博士 1-1139A
xiānréndàn 仙人擔 1-1139B
xiānréndòng 仙人洞 1-1138B
xiānréngài 仙人蓋 1-1139B

xiānrénguān 仙人關 1-1139B
xiānrénguàn 仙人觀 1-1139B
xiānrénguì 仙人桂 1-1139A
xiānrénhòujǐ 先人後己 2-236A
xiānrénhuā 仙人花 1-1138B
xiānrénjiǔ 仙人酒 1-1139A
xiánrénjiǔ 賢人酒 10-237A
xiānrénlù 仙人籙 1-1139B
xiānrénqiáo 仙人橋 1-1139B
xiānrénqīqì 仙人敧器 1-1139A
xiānrénqiú 仙人球 1-1139A
xiānrénquán 仙人拳 1-1139A
xiānréntāo 仙人絛 1-1139B
xiānréntāo 仙人縚 1-1139B
xiānréntáo 仙人桃 1-1139A
xiānréntiào 仙人跳 1-1139B
xiānrénxìng 仙人杏 1-1138B
xiānrényī 仙人衣 1-1138B
xiānrénzāidòu 仙人栽豆 1-1139A
xiānrénzǎo 仙人棗 1-1139A
xiānrénzhāidòu 仙人摘豆 1-1139B
xiānrénzhǎng 仙人掌 1-1139A
xiānrénzhàng 仙人杖 1-1138B
xiānrénzhǎngchá 仙人掌茶 1-1139B
xiānrénzhù 仙人柱 1-1138B
xiānrì 先日 2-237B
xiánrì 閒日 12-76A
xiānróng 先容 2-243A
xiānróng 鮮榮 12-1228B
xiānróng 纖茸 9-1058B
xiānrǒng 纖冗 9-1057B
xiánrǒng 閒冗 12-76A
xiánrǒng 閒宂 12-77A
xiǎnróng 顯榮 12-375A
xiǎnróng 顯融 12-375B
xiānróu 憸柔 7-763A
xiānróu 鮮柔 12-1227A
xiānróu 纖柔 9-1059A
xiánròuzhuāng 鹹肉莊 12-1028B
xiānrú 先儒 2-247A
xiānrù 鮮縟 12-1230A
xiānrù 纖縟 9-1061B
xiǎnrú 洒如 5-1137A
xiànrǔ 陷辱 11-1050A
xiànrù 陷入 11-1049A
xiānruǎn 纖軟 9-1059B
xiánruǎn 賢阮 10-238A
xiānruì 銛鋭 11-1266B
xiànruì 陷鋭 11-1051A
xiànruì 獻瑞 5-141B
xiànrújīn 見如今 10-314A
xiànrújīn 現如今 4-579B
xiānrùn 鮮潤 12-1229B
xiánrùn 閒潤 12-91A
xiānrùnrùn 鮮潤潤 12-1229B
xiānruò 孅弱 4-424B
xiānruò 纖弱 9-1059B
xiánruò 咸若 5-216B
xiānrùwéizhǔ 先入爲主 2-236B
xiànsà 現薩 4-581A
xiǎnsài 險塞 11-1117A
xiǎnsài 嶮塞 3-870A
xiànsài 限塞 11-975B
xiánsǎn 閒散 12-86A
xiānsè 先嗇 2-244B
xiānsè 鮮色 12-1225A
xiānsè 孅嗇 4-424B
xiānsè 纖嗇 9-1060B
xiánsè 鹹澀 12-1029B
xiǎnsè 銑塞 11-1265A
xiǎnsè 險塞 11-1117A
xiǎnsè 險澁 11-1117B
xiǎnsè 險澀 11-1118A
xiǎnsè 嶮澁 3-870A
xiǎnsè 嶮澀 3-870A
xiǎnsè 顯色 12-370A
xiànsè 僩瑟 1-1686B
xiānshā 鮮殺 12-1227A
xiànshā 獻殺 5-140B
xiānshài 纖殺 9-1059B
xiānshān 仙山 1-1140A
xiānshǎn 仙閃 1-1146B
xiánshàn 賢善 10-242B
xiǎnshàn 顯善 12-374A
xiànshān 峴山 3-819B
xiànshàn 獻善 5-141B
xiànshānbēi 峴山碑 3-819B
xiānshǎng 先賞 2-246B
xiánshāng 啣觴 3-428B
xiánshāng 銜觴 3-1069A
xiǎnshǎng 顯賞 12-375A
xiànshāng 獻觴 5-143B
xiànshàng 獻上 5-138A
xiánshàngjiàn 弦上箭 4-110B
xiànshānlèi 峴山淚 3-819B
xiānshānlóugé 仙山樓閣 1-1140A
xiǎnshānlùshuǐ 顯山露水 12-368B
xiānshānqiónggé 仙山瓊閣 1-1140A
xiānsháo 仙韶 1-1150A
xiánsháo 咸韶 5-218A
xiǎnshǎo 鮮少 12-1224B
xiǎnshǎo 尠少 2-1662B
xiānsháoqǔ 仙韶曲 1-1150A
xiānsháoyuàn 仙韶院 1-1150A
xiánshātiánhǎi 銜沙填海 3-1065A
xiānshè 掀射 6-684B
xiǎnshè 顯設 12-373A
xiānshēn 纖身 9-1058A
xiānshén 先神 2-242A
xiānshén 祆神 7-837B
xiánshēn 閒身 12-78B
xiánshěn 閒審 12-91A
xiánshěn 銜哂 3-1066A
xiǎnshēn 顯身 12-370B
xiànshēn 陷身 11-1049B
xiànshēn 現身 4-579B
xiànshēn 獻身 5-139B
xiànshén 獻神 5-140A
xiānshēng 仙昇 1-1142B
xiānshēng 先生 2-238A
xiānshēng 先聲 2-247B
xiānshěng 仙省 1-1143B
xiānshèng 仙聖 1-1148B
xiānshèng 先勝 2-244A
xiānshèng 先聖 2-244B
xiānshèng 鮮盛 12-1227B
xiánshēng 賢甥 10-242A
xiánshēng 賢聲 10-244A
xiánshèng 賢勝 10-242B
xiánshèng 賢聖 10-242B
xiǎnshèng 顯盛 12-372B
xiǎnshèng 顯聖 12-374A
xiànshēng 敒聲 5-439B
xiànshēng 現生 4-579A
xiānshēngduórén 先聲奪人 2-247B
xiānshēnghòushí 先聲後實 2-247B
xiánshēnguìtǐ 賢身貴體 10-238B
xiānshèngwáng 先聖王 2-244B
xiānshèngxiānshī 先聖先師 2-244B
xiànshēngzǐ 獻生子 5-138B
xiānshénmiào 祆神廟 7-837B
xiānshénqí 先神祇 2-242A
xiànshēnshuōfǎ 現身説法 4-580A
xiánshényěguǐ 閒神野鬼 12-82A
xiānshī 仙師 1-1146A
xiānshī 仙詩 1-1149A
xiānshī 先施 2-241B
xiānshī 先師 2-242B
xiānshī 纖施 9-1059A
xiānshí 先時 2-242B
xiānshí 先識 2-248A
xiānshí 鮮食 12-1226B
xiānshǐ 仙史 1-1141A
xiānshǐ 仙使 1-1142B
xiānshì 仙士 1-1140A
xiānshì 仙室 1-1144B
xiānshì 仙逝 1-1145B
xiānshì 仙釋 1-1152B
xiānshì 先士 2-236B
xiānshì 先世 2-238A
xiānshì 先事 2-240A
xiānshì 先是 2-241B
xiānshì 先逝 2-242B
xiānshì 憸士 7-762B
xiānshì 鮮飾 12-1228B
xiánshī 弦詩 4-112A
xiánshī 絃師 9-796B
xiánshí 閒食 12-82A
xiánshí 閒時 12-82B
xiánshí 銜石 3-1064B
xiánshí 賢識 10-244B
xiánshí 鹹食 9-1429B
xiánshǐ 弦矢 4-111A
xiánshǐ 絃矢 9-796A
xiánshǐ 銜使 3-1065B
xiánshì 閒事 12-80A
xiánshì 閒適 12-90A
xiánshì 嫺適 4-415A
xiánshì 賢士 10-237A
xiánshì 賢室 10-241A
xiǎnshí 鮮食 12-1226B
xiǎnshì 險士 11-1113B
xiǎnshì 險世 11-1114A
xiǎnshì 險螫 11-1117B
xiǎnshì 顯士 12-368B
xiǎnshì 顯仕 12-369A
xiǎnshì 顯示 12-369A
xiǎnshì 顯飾 12-374B
xiǎnshì 顯謚 12-376A
xiànshī 陷失 11-1049B
xiànshī 陷師 11-1050A
xiànshī 憲師 7-729A
xiànshī 縣師 9-966B
xiànshī 獻尸 5-138A
xiànshī 獻詩 5-142A
xiànshí 見實 10-320A
xiànshí 現時 4-580B
xiànshí 現實 4-581A
xiànshǐ 獻豕 5-139A
xiànshì 見世 10-312B
xiànshì 見示 10-312B
xiànshì 限式 11-974A
xiànshì 現世 4-578B
xiànshì 現示 4-578B
xiànshì 現事 4-580A
xiànshì 現勢 4-581A
xiànshì 憲式 7-727B
xiànshì 縣士 9-963B
xiànshì 縣市 9-964B
xiànshì 縣試 9-968A
xiànshíbào 現時報 4-580B
xiànshìbāo 獻世包 5-138B
xiànshìbǎo 現世寶 4-579A
xiànshìbǎo 獻世寶 5-138B
xiànshìbào 見世報 10-313A
xiànshìbào 現世報 4-578B
xiānshīmiào 先師廟 2-243A
xiánshíniǎo 銜石鳥 3-1064B
xiànshìshēngmiáo 見世生苗 10-312B
xiànshìshēngmiáo 現世生苗 4-578B
xiánshítiánhǎi 銜石填海 3-1064B
xiànshìxiànbào 現世現報 4-578B
xiánshìxiánfēi 閒是閒非 12-81B
xiànshízhǔyì 現實主義 4-581A
xiānshǒu 仙手 1-1140B
xiānshǒu 仙首 1-1144B
xiānshǒu 先手 2-237B
xiānshǒu 纖手 9-1057A

xiānshòu 仙獸 1-1152A
xiánshǒu 賢守 10-238A
xiánshǒu 賢首 10-241A
xiǎnshǒu 險手 11-1114A
xiǎnshòu 獮狩 5-128B
xiǎnshòu 顯授 12-372A
xiànshǒu 峴首 3-820A
xiànshòu 獻壽 5-142B
xiànshǒubēi 峴首碑 3-820A
xiánshǒushān 賢首山 10-241A
xiánshǒuzōng 賢首宗 10-241A
xiānshū 仙姝 1-1145A
xiānshū 仙書 1-1146B
xiānshū 纖疎 9-1060B
xiānshū 纖疏 9-1060B
xiānshǔ 僊鼠 1-1739B
xiānshǔ 仙署 1-1149A
xiānshǔ 仙鼠 1-1149A
xiānshǔ 仙屬 1-1152B
xiānshù 仙術 1-1147A
xiánshū 閒書 12-83B
xiánshū 閒淑 12-85A
xiánshū 閒疏 12-87B
xiánshū 閒舒 12-86B
xiánshū 嫺淑 4-414B
xiánshū 賢叔 10-239B
xiánshū 賢書 10-241B
xiánshū 賢淑 10-242A
xiánshú 嫺熟 4-415A
xiánshù 賢述 10-239B
xiǎnshù 銑樹 11-1265A
xiǎnshù 險束 11-1114B
xiànshū 憲書 7-729A
xiànshū 獻書 5-140B
xiànshú 獻熟 5-143A
xiànshǔ 憲署 7-729B
xiànshǔ 憲屬 7-730B
xiànshǔ 縣署 9-968A
xiànshù 見數 10-320B
xiànshù 憲術 7-729A
xiánshuǎ 閒耍 12-81B
xiànshuài 縣帥 9-966B
xiānshuǎng 鮮爽 12-1227B
xiánshuāng 銜霜 3-1068B
xiānshuǐ 鮮水 12-1224B
xiánshuǐ 涎水 5-1167B
xiánshuǐ 鹹水 12-1028B
xiànshuǐ 涀水 5-1211A
xiānshuǐhǎi 鮮水海 12-1224B
xiánshuǐhú 鹹水湖 12-1028B
xiánshuǐmèi 鹹水妹 12-1028B
xiánshuō 閒說 12-90A
xiánshuò 弦朔 4-111B
xiǎnshuō 顯說 12-375A
xiànshuō 獻說 5-142B
xiānshūyúnzhuàn 仙書雲篆 1-1146B
xiānsǐ 先死 2-239A
xiānsì 先祀 2-240A
xiānsì 先嗣 2-245A
xiánsī 銜思 3-1066A
xiánsì 閒肆 12-88A
xiánsì 賢嗣 10-243A
xiànsī 憲司 7-727B
xiánsīsī 鹹絲絲 12-1029B
xiànsǐxiànbào 現死現報 4-579A
xiánsòng 弦誦 4-112B
xiánsòng 絃誦 9-797A
xiǎnsòng 顯訟 12-373A
xiānsǒu 仙藪 1-1151B
xiānsú 纖俗 9-1059A
xiānsù 秈粟 8-29A
xiānsù 鮮素 12-1227A
xiānsù 纖粟 9-1060A
xiánsù 閒素 12-82B
xiánsù 閒粟 12-86A
xiánsù 銜訴 3-1067B
xiǎnsú 險俗 11-1115B
xiánsuān 醎酸 9-1429B
xiánsuān 鹹酸 12-1029B
xiànsùbàopǔ 見素抱朴 10-316B
xiànsùbàopǔ 見素抱樸 10-316B
xiānsuì 纖碎 9-1060B
xiánsuì 閒歲 12-88B
xiánsuì 閒邃 12-92B
xiànsuì 獻歲 5-142A
xiànsuìzi 綫穗子 9-887B
xiānsǔn 纖筍 9-1060A
xiánsūn 賢孫 10-241B
xiānsuǒ 纖瑣 9-1061A
xiánsuǒ 閒所 12-80B
xiánsuǒ 弦索 4-111B
xiánsuǒ 絃索 9-796B
xiánsuǒ 銜索 3-1066B
xiánsuǒ 銜璅 3-1068A
xiànsuǒ 綫索 9-886B
xiāntà 仙闥 1-1152B
xiāntái 仙臺 1-1149B
xiántái 賢臺 10-243A
xiántài 閒泰 12-82B
xiàntái 憲臺 7-730A
xiàntái 獻臺 5-142B
xiàntái 趪覢 9-1155A
xiàntàijūn 縣太君 9-963B
xiāntáimìfǔ 仙臺秘府 1-1149B
xiàntàiyé 縣太爺 9-963B
xiántàlàng 閒撻浪 12-90B
xiāntán 仙壇 1-1151A
xiántán 閒談 12-91A
xiántán 閒譚 12-93B
xiǎntān 險灘 11-1118A
xiǎntán 顯彈 12-375B
xiǎntǎn 險坦 11-1115A
xiàntǎn 綫毯 9-887A
xiántáng 咸唐 5-217A
xiàntáng 綫膛 9-887B
xiāntánjì 仙壇記 1-1151A
xiāntáo 仙桃 1-1145B
xiántáo 弦鞉 4-112B
xiántáo 弦鼗 4-112B
xiántáoqì 閒咷氣 12-81B
xiántáoqì 閒淘氣 12-85A
xiǎntè 險特 11-1115B
xiǎntè 嶮特 3-870A
xiānténg 掀騰 6-685A
xiānténg 騫騰 12-1143A
xiāntī 仙梯 1-1147A
xiántí 銜啼 3-1067A
xiántǐ 銜體 3-1069B
xiántì 銜涕 3-1066B
xiǎntì 獮薙 5-128B
xiàntǐ 獻體 5-143B
xiàntì 綫綈 9-887B
xiàntì 獻替 5-141A
xiāntiān 先天 2-237A
xiāntiān 掀天 6-684A
xiāntián 鮮甜 12-1227B
xiántiān 閒天 12-75B
xiántián 閒田 12-76B
xiǎntián 獮田 5-128A
xiǎntiǎn 鮮淟 12-1228A
xiǎntiǎn 鮮腆 12-1228A
xiàntiān 憲天 7-727B
xiàntián 限田 11-974A
xiàntián 羨田 9-183A
xiāntiānbùzú 先天不足 2-237A
xiāntiāndòngdì 掀天動地 6-684B
xiāntiānjiēdì 掀天揭地 6-684B
xiāntiānwòdì 掀天斡地 6-684B
xiāntiānxìngmiǎnyì 先天性免疫 2-237A
xiāntiāo 纖佻 9-1058B
xiāntiáo 先條 2-242B
xiāntiáo 纖條 9-1059A
xiántiǎo 閒窕 12-85B
xiǎntiào 跣跳 10-462B
xiàntiáo 綫條 9-887A
xiántīdēng 閒踢蹬 12-90B
xiántiě 銜鐵 3-1069A
xiǎntiě 銑鐵 11-1265A
xiàntiě 縣帖 9-965B
xiàntiě'er 綫帖兒 9-886B
xiàntìkěfǒu 獻替可否 5-141A
xiāntíng 仙庭 1-1144A
xiántíng 閒庭 12-82A
xiàntīng 憲聽 7-730B
xiàntíng 縣廷 9-964B
xiàntíng 縣亭 9-966B
xiàntíng 縣庭 9-966B
xiāntōng 先通 2-243A
xiāntóng 仙童 1-1148A
xiāntóng 仙僮 1-1150A
xiántóng 咸同 5-216B
xiántóng 絃桐 9-796B
xiántòng 啣痛 3-428A
xiántòng 銜痛 3-1067B
xiàntóng 縣僮 9-968A
xiāntóngxiānnǚ 仙童仙女 1-1148A
xiāntóu 先頭 2-247A
xiántóu 銜頭 3-1068A
xiàntóu 綫頭 9-887B
xiàntóujiǎo 見頭角 10-321A
xiántú 銜圖 3-1067B
xiántǔ 閒土 12-75B
xiántǔ 銜土 3-1064B
xiántù 涎吐 5-1167B
xiǎntū 顯突 12-371B
xiǎntú 顯涂 12-372A
xiàntú 見徒 10-317A
xiàntǔ 獻土 5-138A
xiàntuán 綫團 9-887B
xiāntuì 仙蛻 1-1149A
xiántuì 閒退 12-82A
xiāntuó 仙陀 1-1142A
xiántuò 涎唾 5-1167B
xiǎntuō 跣脫 10-462B
xiàntuō 陷脫 11-1050B
xiánú 俠奴 1-1369B
xiānǚ 蝦女 8-934B
xiánǚ 俠女 1-1369B
xiànǚ 下女 1-309B
xiānwá 仙娃 1-1145A
xiánwàiyīn 絃外音 9-796A
xiánwàiyíyīn 絃外遺音 9-796A
xiánwàiyǒuyīn 弦外有音 4-111A
xiánwàizhīxiǎng 絃外之響 9-796A
xiánwàizhīyì 絃外之意 9-796A
xiánwàizhīyīn 弦外之音 4-111A
xiánwàizhīyīn 絃外之音 9-796A
xiānwān 纖彎 9-1062B
xiānwán 鮮完 12-1225B
xiānwán 纖完 9-1058A
xiānwǎn 纖婉 9-1060A
xiánwán 閒玩 12-79B
xiánwán 閒翫 12-91A
xiánwǎn 閒婉 12-85B
xiánwǎn 嫺婉 4-414B
xiànwān 睍睆 7-1222B
xiānwáng 先王 2-236B
xiānwǎng 纖網 9-1061A
xiánwáng 賢王 10-237A
xiánwàng 閒望 12-84B
xiánwàng 弦望 4-111B
xiánwàng 賢望 10-242A
xiǎnwáng 顯王 12-369A
xiǎnwǎng 幰網 3-766B
xiǎnwàng 險妄 11-1114B
xiànwáng 見王 10-312A
xiànwáng 縣王 9-963B
xiànwǎng 憲網 7-730A
xiánwánzi 鹹丸子 12-1028B
xiānwēi 纖微 9-1060B
xiānwéi 纖維 9-1061A
xiānwèi 仙尉 1-1147B
xiānwèi 仙衛 1-1150B
xiānwèi 鮮味 12-1226A

xiánwēi 嫌微 4-398A
xiánwēi 銜威 3-1066A
xiánwéi 弦韋 4-111A
xiánwěi 閒頠 12-91A
xiánwěi 啣尾 3-428A
xiánwěi 銜尾 3-1065A
xiánwèi 閒位 12-78B
xiánwèi 銜位 3-1065A
xiánwèi 鹹味 12-1029A
xiǎnwēi 險危 11-1114A
xiǎnwēi 顯微 12-374B
xiǎnwèi 險畏 11-1115B
xiǎnwèi 顯位 12-370B
xiànwéi 陷圍 11-1050B
xiànwěi 憲委 7-728A
xiànwěi 縣委 9-965B
xiànwèi 縣尉 9-967A
xiànwèi 獻遺 5-142B
xiānwéibǎn 纖維板 9-1061B
xiǎnwēichǎnyōu 顯微闡幽 12-374B
xiǎnwēijìng 顯微鏡 12-374B
xiānwéisù 纖維素 9-1061B
xiānwēiwēi 鮮葳葳 12-1228A
xiānwéizuòwù 纖維作物 9-1061B
xiānwēn 鮮溫 12-1228A
xiānwén 鮮文 12-1224B
xiánwén 閒文 12-76A
xiánwèn 閒問 12-85B
xiǎnwén 險文 11-1114A
xiǎnwén 顯文 12-369A
xiǎnwén 顯聞 12-375A
xiǎnwèn 顯問 12-373B
xiànwén 陷文 11-1049A
xiānwēng 仙翁 1-1146A
xiānwǔ 掀舞 6-685A
xiānwǔ 鶱舞 12-1143A
xiānwù 仙霧 1-1152A
xiānwù 先務 2-243A
xiánwǔ 賢武 10-239B
xiánwǔ 賢廡 10-244A
xiánwù 閒物 12-80B
xiánwù 嫌惡 4-397B
xiǎnwū 險汙 11-1114B
xiǎnwǔ 顯武 12-370B
xiànwū 憲烏 7-729A
xiànwù 陷誤 11-1051A
xiánwǔdēngsān 咸五登三 5-216B
xiánwúxūfā 弦無虛發 4-111B
xiānxī 纖悉 9-1059B
xiānxí 仙席 1-1146A
xiānxí 莶席 9-349A
xiānxǐ 鮮腊 12-1228A
xiānxì 先系 2-240A
xiānxì 纖細 9-1060A
xiānxì 纖隙 9-1060B
xiānxì 纖綌 9-1061A
xiánxī 閒息 12-83A
xiánxī 賢息 10-241A
xiánxí 閒習 12-85B
xiánxí 嫺習 4-415A
xiánxì 閒細 12-85B
xiánxì 嫌郤 4-397B
xiánxì 嫌隙 4-397B
xiánxì 嫌隟 4-398A
xiánxì 銜隙 3-1067B
xiánxì 鹹舄 12-1029B
xiánxì 鹹潟 12-1029B
xiǎnxī 洒淅 5-1137B
xiǎnxī 灑淅 6-221A
xiǎnxī 鮮希 12-1225B
xiǎnxī 險巇 11-1118A
xiǎnxī 險戲 11-1117B
xiǎnxī 嶮巇 3-870B
xiǎnxī 嶮巇 3-870B
xiànxī 羨息 9-183B
xiànxí 憲檄 7-730B
xiānxiā 㰦呀 6-1458A
xiānxiá 仙俠 1-1144A
xiānxiá 仙霞 1-1151B
xiānxiá 纖瑕 9-1060B
xiánxiā 鹹呀 12-1457A
xiánxiá 閒暇 12-88B
xiánxià 咸夏 5-217A
xiǎnxiá 險狹 11-1116A
xiǎnxiá 險陿 11-1116A
xiànxiā 綫蝦 9-887B
xiànxiá 陷假 11-1050B
xiànxiá 陷瑕 11-1050B
xiànxià 現下 4-578A
xiānxiáguān 仙霞關 1-1151B
xiānxiálǐng 仙霞嶺 1-1151B
xiānxiàmǐ'erxiānchīfàn 先下米兒先喫飯 2-236B
xiānxiān 仙仙 1-1141A
xiānxiān 掀掀 6-684B
xiānxiān 韱韱 12-394A
xiānxiān 鮮鮮 12-1230A
xiānxiān 孅孅 4-424B
xiānxiān 攕攕 6-954A
xiānxiān 攕攕 6-964B
xiānxiān 鶱鶱 12-1143A
xiānxiān 躚躚 10-566B
xiānxiān 纖纖 9-1062B
xiānxián 先賢 2-246A
xiānxiǎn 憸險 7-763A
xiānxiǎn 憸嶮 7-763A
xiānxiàn 先見 2-239B
xiánxián 肩肩 6-1187B
xiánxián 閒閒 12-87B
xiánxián 嗛嗛 3-470A
xiánxián 銜弦 3-1065B
xiánxián 礥礥 7-1119B
xiánxiǎn 賢顯 10-244B
xiǎnxián 顯賢 12-375A
xiǎnxiǎn 洒洒 5-1137A
xiǎnxiǎn 灑灑 6-222A
xiǎnxiǎn 洗洗 5-1154A
xiǎnxiǎn 毨毨 6-1008A
xiǎnxiǎn 尠尠 2-1662B
xiǎnxiǎn 幰幰 3-766B
xiǎnxiǎn 顯顯 12-377A
xiǎnxiǎn 憲憲 7-730B
xiǎnxiàn 銑鋧 11-1265A
xiǎnxiàn 顯見 12-370A
xiǎnxiàn 顯現 12-372A
xiànxián 憲銜 7-730A
xiànxiǎn 限險 11-975B
xiànxiàn 俔俔 1-1385B
xiànxiàn 晛晛 7-1222A
xiànxiàn 憲憲 7-730B
xiànxiàn 獻羨 5-142B
xiánxiándèngdèng 涎涎鄧鄧 5-1167B
xiánxiándèngdèng 涎涎瞪瞪 5-1167B
xiānxiāng 仙鄉 1-1147B
xiānxiāng 鮮香 12-1226B
xiānxiàng 仙相 1-1143B
xiánxiáng 閒詳 12-89A
xiánxiàng 賢相 10-240A
xiǎnxiàng 險象 11-1116A
xiǎnxiàng 顯相 12-371A
xiǎnxiàng 顯象 12-373A
xiànxiāng 綫香 9-886B
xiànxiǎng 獻享 5-140A
xiànxiǎng 獻饗 5-143B
xiànxiàng 見象 10-316A
xiànxiàng 現象 4-580B
xiànxiàng 憲象 7-729A
xiǎnxiàngguǎn 顯像管 12-374B
xiǎnxiǎnxiāoxiāo 灑灑瀟瀟 6-222A
xiànxiānyīn 獻仙音 5-138B
xiánxiányìsè 賢賢易色 10-243B
xiǎnxiǎnyìyì 顯顯翼翼 12-377A
xiānxiǎo 纖小 9-1057A
xiánxiāo 閒宵 12-83B
xiánxiǎo 閒曉 12-91B
xiánxiào 賢孝 10-238B
xiǎnxiào 顯效 12-372A
xiànxiào 獻笑 5-140A
xiānxiàohòuháo 先笑後號 2-242B
xiānxiǎorénhòujūnzǐ 先小人後君子 2-236B
xiánxiāoxiāo 閒消消 12-83A
xiānxiàshǒuwéiqiáng 先下手爲强 2-236B
xiànxìbāo 腺細胞 6-1353A
xiānxié 憸邪 7-762B
xiānxié 纖邪 9-1058A
xiānxiè 纖屑 9-1059B
xiánxié 閑邪 12-70A
xiánxié 銜協 3-1065B
xiánxiě 閒寫 12-91A
xiánxiè 銜紲 3-1067A
xiánxiè 鹹解 12-1029B
xiǎnxiē 獫歇 5-127B
xiǎnxiē 獫猲 5-127B
xiànxié 綫鞋 9-887B
xiànxiě 憲寫 7-730B
xiànxiě 獻血 5-139A
xiánxiécúnchéng 閑邪存誠 12-70A
xiǎnxiē'er 嶮些兒 3-869B
xiānxīn 仙心 1-1141A
xiānxīn 鮮新 12-1228B
xiānxīn 纖新 9-1061A
xiánxīn 閒心 12-76B
xiánxīn 絃心 9-796A
xiánxīn 閑心 12-70A
xiánxīn 銜辛 3-1065A
xiánxīn 銜薪 3-1068A
xiánxìn 嫌舋 4-398A
xiánxìn 嫌釁 4-398A
xiǎnxīn 險心 11-1114A
xiǎnxìn 險舋 11-1118A
xiǎnxìn 險釁 11-1118A
xiànxīn 獻新 5-142A
xiānxíng 先行 2-239A
xiānxíng 纖形 9-1058A
xiānxǐng 先醒 2-247A
xiānxǐng 鮮醒 12-1229B
xiánxīng 賢星 10-240B
xiánxīng 醎腥 9-1429B
xiánxīng 鹹腥 12-1029B
xiánxíng 閒行 12-77B
xiánxíng 賢行 10-238A
xiǎnxíng 跣行 10-462B
xiǎnxíng 顯行 12-370A
xiǎnxìng 險幸 11-1115B
xiǎnxìng 顯姓 12-371A
xiǎnxìng 顯幸 12-370B
xiànxíng 見行 10-313B
xiànxíng 見形 10-314A
xiànxíng 陷刑 11-1049B
xiànxíng 現行 4-579B
xiànxíng 綫形 9-886A
xiànxíng 憲行 7-727B
xiànxíng 獻行 5-139A
xiànxíngdòngwù 綫形動物 9-886A
xiànxíngfǎ 現行法 4-579B
xiànxíngfàn 現行犯 4-579B
xiānxíngguān 先行官 2-239B
xiànxìngguīhuà 綫性規劃 9-886B
xiānxínghòuwén 先行後聞 2-239B
xiǎnxìngyángmíng 顯姓揚名 12-371A
xiānxiōng 先兄 2-238A
xiǎnxiòng 險夐 11-1117A
xiānxiù 纖秀 9-1058A
xiánxiū 閒休 12-77A
xiǎnxiū 顯休 12-369B
xiānxū 嚂噓 3-534B
xiānxū 纖須 9-1060A
xiānxù 先緒 2-246A
xiánxū 銜鬚 3-1069A
xiánxù 閒緒 12-90A
xiánxù 銜恤 3-1066A
xiànxū 縣胥 9-966B
xiānxuān 仙萱 1-1147B
xiánxuàn 癇眩 8-359A
xiǎnxuǎn 顯選 12-375B
xiānxuē 纖削 9-1059A
xiānxué 仙穴 1-1141B
xiānxuè 鮮血 12-1225A

xiǎnxué 顯學 12-376A
xiànxuē 綫韡 9-888A
xiànxué 憲學 7-730B
xiànxué 縣學 9-968A
xiànxuě 霰雪 11-730A
xiànxuéshēng 縣學生 9-968B
xiānxūn 先勳 2-247A
xiánxùn 銜訓 3-1066B
xiānyá 馦牙 6-1458A
xiānyá 仙芽 1-1142A
xiányǎ 閒雅 12-86B
xiányǎ 嫺雅 4-415A
xiányǎ 賢雅 10-242A
xiànyǎ 僩雅 1-1686B
xiányādàn 鹹鴨蛋 12-1029B
xiányákē 閒牙磕 12-76A
xiányāluǎn 鹹鴨卵 12-1029B
xiānyán 先嚴 2-248A
xiānyán 憸言 7-762B
xiānyán 鮮妍 12-1225B
xiānyán 纖妍 9-1058A
xiānyǎn 鮮眼 12-1227B
xiānyàn 仙豔 1-1153A
xiānyàn 掀焰 6-684B
xiānyàn 鮮晏 12-1227A
xiānyàn 鮮艷 12-1230B
xiānyàn 鮮豔 12-1231A
xiānyàn 纖艷 9-1063A
xiānyàn 纖豔 9-1063A
xiányān 銜煙 3-1067B
xiányán 閒言 12-79A
xiányán 賢言 10-238B
xiányán 鹹鹽 12-1029B
xiányàn 閒宴 12-83B
xiányàn 閒晏 12-83A
xiányàn 閒燕 12-91B
xiányàn 閒豔 12-94A
xiányàn 嫌厭 4-398A
xiányàn 賢彥 10-240B
xiǎnyán 鮮言 12-1225B
xiǎnyán 險言 11-1114B
xiǎnyán 顯言 12-370B
xiǎnyán 顯嚴 12-376B
xiǎnyǎn 嶮巘 3-870B
xiǎnyǎn 顯眼 12-372B
xiǎnyàn 顯驗 12-377A
xiǎnyàn 顯艷 12-377B
xiànyán 憲言 7-728A
xiànyán 獻言 5-139B
xiànyǎn 現眼 4-580B
xiànyàn 現驗 4-581B
xiányándànyǔ 閒言淡語 12-79A
xiānyànduómù 鮮艷奪目 12-1230B
xiānyáng 掀揚 6-684B
xiānyáng 鮮陽 12-1228A
xiányáng 咸陽 5-217B
xiányáng 鹹羊 12-1300B
xiǎnyāng 韅鞅 12-215A
xiǎnyáng 顯陽 12-373B
xiǎnyáng 顯揚 12-373B
xiànyáng 現洋 4-580A
xiányánggōng 咸陽宮 5-217B
xiányánghuǒ 咸陽火 5-217B
xiányángqiáo 咸陽橋 5-217B
xiányánlěngyǔ 閒言冷語 12-79A
xiānyànlùn 先驗論 2-248B
xiányánpōyǔ 閒言潑語 12-79A
xiányánsuìyǔ 閒言碎語 12-79A
xiányánxiányǔ 閒言閒語 12-79A
xiányánxiányǔ 涎言涎語 5-1167B
xiānyànyàn 鮮艷艷 12-1231A
xiányányǔ 閒言語 12-79A
xiányánzhàngyǔ 閒言長語 12-79A
xiányánzhuìyǔ 閒言贅語 12-79B
xiānyāo 纖腰 9-1060B
xiānyāo 纖腎 9-1060B
xiānyáo 鮮肴 12-1226B
xiānyào 仙要 1-1143B
xiānyào 仙藥 1-1151B
xiānyào 鮮曜 12-1230A
xiānyào 鮮燿 12-1230A
xiānyào 鮮耀 12-1230A
xiányāo 絃幺 9-796A
xiányāo 嫺妖 4-414B
xiányáo 閒謠 12-92B
xiányào 銜曜 3-1069A
xiányào 銜耀 3-1069A
xiǎnyáo 銑珧 11-1265A
xiǎnyào 險要 11-1115B
xiǎnyào 嶮要 3-870A
xiǎnyào 顯要 12-371A
xiǎnyào 顯曜 12-376B
xiǎnyào 顯耀 12-377A
xiányāoyāo 閒夭夭 12-76A
xiányāoyāo 閒邀邀 12-91B
xiányáoyáo 閒搖搖 12-88A
xiányáoyáo 閒遙遙 12-89A
xiānyē 仙掖 1-1146B
xiānyě 鮮冶 12-1225B
xiānyě 纖冶 9-1058A
xiānyè 仙液 1-1147B
xiānyè 先業 2-244B
xiányě 閒冶 12-79B
xiányě 閒野 12-84B
xiányè 閒夜 12-80B
xiányè 閒業 12-88B
xiányè 賢業 10-243A
xiǎnyě 險野 11-1116A
xiǎnyè 險謁 11-1117B
xiànyè 現業 4-581A
xiānyèqiōngjiāng 仙液瓊漿 1-1147B
xiānyī 先醫 2-247B
xiānyī 鮮衣 12-1225A
xiānyí 仙儀 1-1150B
xiānyì 先意 2-245A
xiānyì 鮮異 12-1227B
xiānyì 鮮逸 12-1228A
xiānyì 鮮意 12-1228B
xiānyì 纖翳 9-1062A
xiányī 次衣 5-977B
xiányí 嫌疑 4-398A
xiányì 閒邑 12-78A
xiányì 閒逸 12-84B
xiányì 賢逸 10-242A
xiányì 賢義 10-243A
xiányì 賢裔 10-243A
xiányì 賢誼 10-244A
xiányì 賢懿 10-244B
xiǎnyī 跣揖 10-462B
xiǎnyī 險衣 11-1114A
xiǎnyī 幰衣 3-766A
xiǎnyí 險夷 11-1114A
xiǎnyí 嶮夷 3-869B
xiǎnyì 嶮巇 3-870A
xiǎnyì 險易 11-1115A
xiǎnyì 險詣 11-1117A
xiǎnyì 獮艾 5-128A
xiǎnyì 顯異 12-372B
xiǎnyì 顯意 12-374B
xiǎnyì 顯義 12-374B
xiǎnyì 顯懿 12-377A
xiànyí 獻疑 5-142B
xiànyí 獻儀 5-142B
xiànyì 見異 10-317B
xiànyì 見意 10-319A
xiànyì 限役 11-974B
xiànyì 現役 4-580A
xiànyì 羨溢 9-183B
xiànyì 憲役 7-728A
xiànyì 憲意 7-729B
xiànyì 憲藝 7-730B
xiànyì 縣役 9-965A
xiànyì 縣邑 9-965A
xiànyì 獻藝 5-143B
xiànyì 獻議 5-143B
xiānyìchéngyán 先意承顏 2-245B
xiānyìchéngzhǐ 先意承旨 2-245B
xiānyìchéngzhǐ 先意承指 2-245B
xiānyìchéngzhì 先意承志 2-245B
xiányífàn 嫌疑犯 4-398A
xiānyīliángmǎ 鮮衣良馬 12-1225A
xiānyīměishí 鮮衣美食 12-1225A
xiānyīn 仙音 1-1144A
xiānyǐn 仙隱 1-1151B
xiānyǐn 先引 2-237B
xiānyǐn 纖隱 9-1061B
xiányīn 弦音 4-111A
xiányín 閒吟 12-78A
xiányìn 賢胤 10-240B
xiǎnyǐn 韅靷 12-215A
xiǎnyǐn 顯隱 12-376A
xiànyín 見銀 10-319B
xiànyín 現銀 4-581A
xiànyǐn 縣尹 9-964A
xiànyǐn 獻飲 5-141B
xiānyīng 鮮英 12-1226A
xiānyíng 先塋 2-245B
xiānyíng 鮮瑩 12-1229A
xiānyǐng 先景 2-243B
xiānyǐng 銛穎 11-1266B
xiānyǐng 纖影 9-1061B
xiányīng 咸英 5-217A
xiányīng 咸韺 5-218A
xiányīng 賢英 10-239B
xiányǐng 弦影 4-112B
xiǎnyǐng 顯影 12-375B
xiǎnyìng 顯應 12-376B
xiànyíng 羨盈 9-183B
xiànyíng 羨贏 9-184A
xiànyǐng 見影 10-320B
xiànyìng 現影 4-581A
xiányínkè 閒吟客 12-78A
xiànyīnqín 獻殷勤 5-140B
xiānyīnùmǎ 鮮衣怒馬 12-1225A
xiānyīnyuàn 仙音院 1-1144B
xiānyīnzhú 仙音燭 1-1144B
xiànyínzi 現銀子 4-581A
xiānyīxiōngfú 鮮衣凶服 12-1225A
xiānyìxīzhǐ 先意希旨 2-245A
xiānyǒng 掀涌 6-684B
xiānyǒng 掀湧 6-684B
xiányǒng 銜勇 3-1066A
xiányǒng 賢勇 10-241A
xiǎnyōng 顯庸 12-373A
xiǎnyòng 顯用 12-369B
xiānyóu 仙遊 1-1148A
xiānyóu 先游 2-244A
xiānyóu 先猷 2-245B
xiānyǒu 先友 2-237A
xiányōu 閒憂 12-90B
xiányóu 閒遊 12-87A
xiányǒu 賢友 10-237B
xiǎnyóu 顯猷 12-374B
xiǎnyòu 顯佑 12-370A
xiànyòu 獻侑 5-140A
xiānyōuhòulè 先憂後樂 2-246A
xiānyóusì 仙遊寺 1-1148A
xiānyóután 仙遊潭 1-1148B
xiányōuyōu 閒悠悠 12-84B
xiānyú 仙輿 1-1151B
xiānyú 憸諛 7-763A
xiānyú 鮮于 12-1224A
xiānyú 鮮魚 12-1228A
xiānyú 鮮腴 12-1228A
xiānyú 鮮虞 12-1228B
xiānyǔ 仙宇 1-1142A
xiānyǔ 仙羽 1-1142A
xiānyǔ 鮮羽 12-1225A
xiānyù 仙域 1-1146B
xiānyù 仙馭 1-1147B
xiānyù 仙籞 1-1152B
xiānyù 先域 2-243A
xiānyù 纖玉 9-1057B
xiányú 閒餘 12-91A
xiányǔ 閒語 12-90A
xiányǔ 銜羽 3-1065A

xiányù 閒裕 12-87A
xiányù 閒豫 12-91A
xiányù 銜玉 3-1064B
xiǎnyú 險諛 11-1117B
xiǎnyǔ 險語 11-1117A
xiǎnyù 顯譽 12-377A
xiànyú 陷於 11-1050A
xiànyú 羨魚 9-183B
xiànyú 羨餘 9-184A
xiànyú 獻諛 5-142B
xiànyǔ 羨語 9-183B
xiànyù 限域 11-975A
xiànyù 限閾 11-975B
xiànyù 憲諭 7-730B
xiànyù 獻玉 5-138A
xiànyù 獻御 5-141B
xiānyuán 仙園 1-1149A
xiānyuán 仙源 1-1149B
xiānyuán 仙緣 1-1150B
xiānyuán 仙媛 1-1148B
xiānyuǎn 先遠 2-244A
xiānyuàn 仙苑 1-1142B
xiānyuàn 仙院 1-1145A
xiányuān 啣寃 3-535A
xiányuān 咸淵 5-217B
xiányuān 銜冤 3-1066B
xiányuān 銜寃 3-1067A
xiányuán 閒員 12-83A
xiányuán 閒園 12-88B
xiányuán 蚿螈 8-878A
xiányuán 賢媛 10-242B
xiányuǎn 閒遠 12-88A
xiányuàn 嫌怨 4-397A
xiányuàn 銜怨 3-1066A
xiǎnyuǎn 險遠 11-1116B
xiǎnyuǎn 嶮遠 3-870A
xiànyuán 見員 10-317A
xiànyuàn 憲掾 7-729B
xiányuānfùqū 啣寃負屈 3-428A
xiányuánzi 鹹杬子 12-1029A
xiānyuē 纖約 9-1059A
xiānyuè 仙樂 1-1150B
xiānyuè 仙嶽 1-1151B
xiānyuè 纖月 9-1057B
xiányuè 閒月 12-76A
xiányuè 弦樂 4-112B
xiányuè 弦月 4-111A
xiànyuē 限約 11-974B
xiányuèqì 弦樂器 4-112B
xiányuēyuē 閒約約 12-82B
xiányùmòzhū 涎玉沫珠 5-1167B
xiānyún 鮮雲 12-1228A
xiānyún 纖雲 9-1060A
xiānyùn 仙醞 1-1151A
xiānyùn 仙韻 1-1152A
xiányún 閒雲 12-86A
xiányún 咸雲 5-217B
xiányùn 嫌韻 4-398A
xiányùn 賢運 10-242B
xiányùn 賢緼 10-244A
xiányùn 賢蘊 10-244B
xiǎnyǔn 獫狁 5-127B
xiǎnyǔn 玁狁 5-145B
xiǎnyǔn 顯允 12-369A
xiǎnyùn 險韻 11-1118A
xiànyùn 限韻 11-976A
xiányúngūhè 閒雲孤鶴 12-86A
xiányúnyěhè 閒雲野鶴 12-86B
xiányǔwéixīn 咸與惟新 5-217B
xiányǔwéixīn 咸與維新 5-217B
xiánzá 閒雜 12-93A
xiánzǎi 賢宰 10-241B
xiánzài 閒在 12-77A
xiànzǎi 縣宰 9-967A
xiànzài 見在 10-313A
xiànzài 現在 4-579A
xiànzàifó 見在佛 10-313A
xiànzàishēn 見在身 10-313A
xiānzǎo 仙棗 1-1147B
xiānzǎo 仙藻 1-1152A
xiānzǎo 鮮藻 12-1230A
xiānzào 仙造 1-1146A
xiānzào 仙竈 1-1152B
xiánzào 閒燥 12-92B
xiǎnzào 險躁 11-1118A
xiǎnzaò 嶮躁 3-870B
xiānzé 先澤 2-247A
xiānzé 鮮澤 12-1230A
xiānzé 纖賾 9-1062A
xiānzè 纖側 9-1059B
xiānzè 纖仄 9-1057A
xiánzé 嫌責 4-397B
xiǎnzé 銑澤 11-1265A
xiǎnzè 險仄 11-1114A
xiǎnzè 嶮崱 3-870A
xiànzé 憲則 7-728B
xiǎnzéi 險賊 11-1116B
xiánzēng 嫌憎 4-398A
xiǎnzèng 顯贈 12-376B
xiánzéyá 閒嘖牙 12-89B
xiánzhǎ 鹹鮓 8-927B
xiǎnzhà 險詐 11-1116B
xiǎnzhà 嶮詐 3-870A
xiànzhà 陷詐 11-1050B
xiānzhái 仙宅 1-1142A
xiǎnzhǎi 險窄 11-1116A
xiānzhāizhāi 鮮摘摘 12-1228B
xiǎnzhàn 險棧 11-1116A
xiǎnzhàn 險戰 11-1117B
xiānzhǎng 仙長 1-1142B
xiānzhǎng 仙掌 1-1148A
xiānzhǎng 纖掌 9-1060A
xiānzhàng 仙仗 1-1141A
xiānzhàng 仙障 1-1149B
xiánzhāng 閒章 12-84B
xiánzhǎng 賢長 10-239B
xiánzhàng 閒帳 12-84B
xiánzhàng 閒賬 12-90B
xiǎnzhāng 顯章 12-373A
xiǎnzhāng 顯彰 12-375A
xiànzhāng 憲章 7-729A
xiànzhǎng 憲長 7-728A
xiànzhǎng 縣長 9-965B
xiánzhāngchějù 撏章撦句 6-892A
xiānzhǎnhòuzòu 先斬後奏 2-243A
xiānzhào 先兆 2-239B
xiǎnzhāo 顯昭 12-371B
xiānzhé 先哲 2-242A
xiānzhé 先喆 2-243B
xiānzhě 仙者 1-1142B
xiánzhé 賢哲 10-241B
xiánzhé 賢喆 10-242A
xiǎnzhé 險折 11-1114B
xiānzhēn 仙真 1-1145B
xiānzhèn 仙鎮 1-1152A
xiánzhěn 絃軫 9-796B
xiànzhēn 獻斟 5-141B
xiànzhèn 陷陳 11-1050A
xiànzhèn 陷陣 11-1050A
xiānzhěng 鮮整 12-1229B
xiānzhèng 先正 2-237B
xiānzhèng 先政 2-241A
xiānzhèng 先鄭 2-245B
xiānzhèng 祆正 7-837A
xiánzhěng 閒整 12-91B
xiánzhèng 閒正 12-76B
xiánzhèng 賢正 10-237B
xiánzhèng 癇證 8-359A
xiǎnzhēng 險徵 11-1117A
xiǎnzhèng 險症 11-1116A
xiǎnzhèng 顯正 12-369A
xiǎnzhèng 顯諍 12-374B
xiǎnzhèng 顯證 12-377A
xiànzhèng 憲政 7-728B
xiànzhèng 縣正 9-964A
xiánzhēngqì 閒争氣 12-77B
xiànzhèngtáng 縣正堂 9-964A
xiānzhī 仙芝 1-1141B
xiānzhī 先知 2-240B
xiānzhī 鮮支 12-1224A
xiānzhī 鮮枝 12-1226A
xiānzhí 先職 2-247B
xiānzhǐ 纖旨 9-1058A
xiānzhǐ 纖指 9-1058B
xiānzhì 仙秩 1-1146A
xiānzhì 先志 2-239B
xiānzhì 先置 2-245A
xiānzhì 憸忮 7-762B
xiānzhì 纖質 9-1061B
xiánzhī 銜巵 3-1065A
xiánzhī 銜知 3-1065B
xiánzhī 鹹汁 12-1028B
xiánzhí 閒職 12-93A
xiánzhí 弦直 4-111A
xiánzhí 撏摭 6-892A
xiánzhí 賢侄 10-240A
xiánzhí 賢姪 10-241A
xiánzhǐ 閒止 12-76A
xiánzhǐ 銜指 3-1066A
xiánzhì 閒置 12-88B
xiánzhì 閒滯 12-90A
xiánzhì 咸秩 5-217A
xiánzhì 銜志 3-1065A
xiánzhì 銜炙 3-1065B
xiánzhì 撏治 6-891B
xiánzhì 賢知 10-239B
xiánzhì 賢智 10-242A
xiánzhì 賢質 10-243B
xiǎnzhí 顯職 12-376B
xiǎnzhǐ 顯旨 12-370A
xiǎnzhì 險忮 11-1114B
xiǎnzhì 險峙 11-1115B
xiǎnzhì 險鷙 11-1118A
xiǎnzhì 顯志 12-370A
xiǎnzhì 顯陟 12-372A
xiǎnzhì 顯秩 12-372A
xiànzhí 限直 11-974B
xiànzhí 限職 11-975B
xiànzhí 現職 4-581B
xiànzhí 憲職 7-730B
xiànzhǐ 限止 11-974A
xiànzhì 見志 10-314A
xiànzhì 限制 11-974B
xiànzhì 陷滯 11-1051A
xiànzhì 憲制 7-728A
xiànzhì 憲治 7-728B
xiànzhì 憲秩 7-729A
xiànzhì 縣志 9-964B
xiànzhì 縣治 9-965B
xiānzhījūn 先知君 2-240B
xiànzhīshì 縣知事 9-965B
xiānzhīxiānjué 先知先覺 2-240B
xiānzhōng 仙鐘 1-1152B
xiānzhǒng 仙種 1-1149B
xiánzhǒng 銜踵 3-1068B
xiánzhòng 賢仲 10-238A
xiánzhòng 賢重 10-240B
xiǎnzhòng 顯重 12-371B
xiànzhōngbùdǎ 現鐘不打 4-581B
xiànzhōngfúdǎ 現鐘弗打 4-581B
xiānzhōu 仙州 1-1141B
xiānzhōu 仙舟 1-1141B
xiānzhōu 仙洲 1-1144B
xiánzhòu 賢冑 10-240B
xiǎnzhǒu 筅箒 8-1149B
xiǎnzhòu 鮮冑 12-1226B
xiànzhòu 綫縐 9-887B
xiānzhǔ 仙主 1-1141B
xiānzhǔ 先主 2-238B
xiānzhǔ 祆主 7-837B
xiānzhù 騫翥 12-1143A
xiánzhū 銜珠 3-1066B
xiánzhú 銜燭 3-1069A
xiánzhǔ 賢主 10-238A
xiánzhù 閒住 12-78B
xiánzhù 弦柱 4-111A
xiánzhù 賢助 10-238B
xiǎnzhū 顯誅 12-374B
xiǎnzhù 顯著 12-372B
xiǎnzhù 顯箸 12-375A
xiànzhǔ 縣主 9-964B
xiànzhǔ 獻主 5-138B
xiànzhù 獻祝 5-140A

xiānzhuàn 仙傳 1-1149A
xiānzhuàn 仙饌 1-1152B
xiánzhuàn 賢傳 10-243A
xiānzhuāng 鮮妝 12-1225B
xiānzhuāng 鮮粧 12-1228A
xiānzhuàng 仙幢 1-1150B
xiānzhuàng 鮮壯 12-1225B
xiǎnzhuāng 險妝 11-1114B
xiǎnzhuàng 顯狀 12-371A
xiànzhuāng 綫裝 9-887B
xiànzhuàng 現狀 4-580A
xiànzhuàng 獻狀 5-139B
xiànzhuāngshū 綫裝書 9-887B
xiānzhuāngxuànfú 鮮裝袨服 12-1228B
xiānzhuī 銛錐 11-1266B
xiánzhuì 賢贅 10-244A
xiánzhúlín 賢竹林 10-238A
xiǎnzhūn 險屯 11-1114A
xiǎnzhūn 險迍 11-1114B
xiànzhǔn 憲准 7-729A
xiānzhuó 先著 2-243A
xiānzhuó 掀擢 6-685A
xiānzhuó 鮮灼 12-1225B
xiānzhuó 鮮晫 12-1228A
xiānzhuó 纖繳 9-1062B
xiánzhuó 咸擢 5-218A
xiǎnzhuó 顯擢 12-376A
xiānzī 仙姿 1-1144A
xiānzī 仙滋 1-1148B
xiānzī 先貲 2-244B
xiānzī 先資 2-245A
xiānzǐ 仙子 1-1140A
xiānzǐ 先子 2-236B
xiānzǐ 憸子 7-762B
xiānzǐ 鮮紫 12-1228A
xiānzǐ 纖子 9-1057A
xiānzì 先自 2-239A
xiánzi 絃子 9-796A
xiánzǐ 閒子 12-75B
xiánzǐ 弦子 4-110B
xiánzǐ 賢子 10-237A
xiánzǐ 賢姊 10-239B
xiǎnzi 蜆子 8-899B
xiǎnzǐ 彡姐 3-1112A
xiǎnzǐ 跣子 10-462B
xiànzi 綫子 9-886A
xiànzi 餡子 12-564B
xiànzi 霰子 11-730A
xiànzī 限資 11-975B
xiànzī 限訾 11-975A
xiànzǐ 縣子 9-963B
xiānzīyìmào 仙姿佚貌 1-1144A
xiānzīyùzhì 仙姿玉質 1-1144A
xiānzōng 仙宗 1-1143A
xiānzōng 仙蹤 1-1152A
xiǎnzòng 險縱 11-1118A
xiǎnzòng 嶮縱 3-870B
xiānzōu 仙騶 1-1152A
xiānzòu 仙奏 1-1143B
xiǎnzǒu 跣走 10-462B
xiànzōu 陷陬 11-1051A
xiānzú 纖足 9-1058A
xiānzǔ 先祖 2-242A
xiánzū 鹹菹 12-1029A
xiánzū 鹹葅 12-1029B
xiǎnzú 跣足 10-462B
xiǎnzú 顯族 12-373A
xiǎnzǔ 險阻 11-1114B
xiǎnzǔ 嶮岨 3-869B
xiǎnzǔ 嶮阻 3-869B
xiǎnzǔ 顯祖 12-371B
xiànzú 見卒 10-315A
xiànzú 羨卒 9-183A
xiànzǔ 憲祖 7-728B
xiānzuì 纖罪 9-1060B
xiānzūn 仙樽 1-1151A
xiánzūn 賢尊 10-242B
xiǎnzūn 顯尊 12-374A
xiànzūn 縣尊 9-967A
xiánzuǒ 賢佐 10-238B
xiánzuò 閒坐 12-78B
xiànzuǒ 縣佐 9-965A
xiànzuò 憲坐 7-728A
xiànzuò 獻酢 5-141B
xiǎnzǔróngzōng 顯祖榮宗 12-372A
xiǎnzǔyángmíng 顯祖揚名 12-371B
xiǎnzǔyángzōng 顯祖揚宗 12-371B
xī'áo 嬉敖 4-407B
xī'áo 嬉遨 4-408A
xiǎo'āgē 小阿哥 2-1603A
xiāo'āi 嚻埃 3-560A
xiāo'ài 蕭艾 9-579B
xiào'ài 孝愛 4-200B
xiào'āi'āi 笑藹藹 8-1114B
xiāo'àn 消黯 5-1209B
xiāo'àn 銷黯 11-1298B
xiǎo'ān 曉諳 5-835B
xiǎo'àn 小按 2-1610B
xiāo'áo 梟鷔 4-1055A
xiào'áo 嘯嗷 3-532B
xiào'ào 笑敖 8-1110B
xiào'ào 笑傲 8-1112A
xiào'ào 嘯傲 3-532B
xiào'àofēngyuè 笑傲風月 8-1112A
xiǎo'áoshān 小鰲山 2-1645B
xiǎobà 小伯 2-1602A
xiǎobái 小白 2-1594B
xiǎobái 皛白 8-274A
xiǎobái 曉白 5-833A
xiǎobài 小敗 2-1620A
xiǎobáichánghóng 小白長紅 2-1595A
xiǎobǎihuò 小百貨 2-1597A
xiǎobáiliǎn 小白臉 2-1595A
xiǎobǎishe 小擺設 2-1643A
xiǎobǎixìng 小百姓 2-1597A
xiǎobājiàn 小八件 2-1587A
xiāobàn 霄半 11-697B
xiáobǎn 崤坂 3-837B
xiǎobān 小班 2-1615A
xiǎobǎn 小板 2-1604A
xiǎobǎn 小版 2-1606A
xiǎobàn 小半 2-1596A
xiāobàng 嚻謗 3-561B
xiǎobāng 小邦 2-1596A
xiǎobànzhàng 小半仗 2-1596A
xiāobào 虓暴 8-811A
xiāobào 嚻暴 3-561A
xiāobào 驍暴 12-883B
xiǎobào 小報 2-1624B
xiàobào 效報 5-441B
xiǎobǎobei 小寶貝 2-1645B
xiǎobāochē 小包車 2-1595B
xiǎobàogào 小報告 2-1624B
xiǎobǎxì 小把戲 2-1600A
xiāobèi 消憊 5-1208B
xiāobèi 梟悖 4-1053A
xiáobēi 崤陂 3-837B
xiǎobèi 小貝 2-1601A
xiǎobèi 小輩 2-1637A
xiǎoběn 小本 2-1593B
xiǎoběnjīngjì 小本經紀 2-1593B
xiāobǐ 嚻鄙 3-561A
xiǎobǐ 小比 2-1590A
xiǎobǐ 小筆 2-1626B
xiǎobì 小毖 2-1611A
xiǎobì 小婢 2-1624A
xiǎobì 小辟 2-1633B
xiāobiàn 消變 5-1209B
xiāobiàn 梟弁 4-1052A
xiǎobiān 小編 2-1639B
xiǎobiàn 小便 2-1611B
xiǎobiàn 小辨 2-1641A
xiǎobiàn 小辮 2-1645A
xiǎobiàn 小辯 2-1645B
xiàobiàn 笑抃 8-1109A
xiǎobiànzi 小辮子 2-1645A
xiǎobié 小別 2-1601B
xiǎobiěsān 小癟三 2-1645A
xiàobǐhéqīng 笑比河清 8-1109A
xiǎobīn 小賓 2-1635B
xiāobīng 消兵 5-1201B
xiāobīng 銷兵 11-1294A
xiāobīng 驍兵 12-882A
xiǎobīng 小兵 2-1601B
xiàobǐng 笑柄 8-1110A
xiàobǐng 笑枋 8-1109B
xiǎobìzi 小婢子 2-1624A
xiāobó 梟薄 4-1054B
xiāobó 嚻薄 3-561B
xiǎobó 小伯 2-1602A
xiǎobó 小膊 2-1634B
xiàobó 孝帛 4-198B
xiǎobū 曉晡 5-834B
xiǎobǔ 小補 2-1629A
xiǎobù 小布 2-1594A
xiǎobù 小步 2-1601A
xiǎobù 小部 2-1617A
xiāobùde 消不得 5-1200A
xiāobùde 消不的 5-1200A
xiǎobùde 曉不得 5-833A
xiǎobudiǎn 小不點 2-1590A
xiàobùkězhī 笑不可支 8-1109A
xiǎobùmǎ 小步馬 2-1601A
xiǎobùpíng 小不平 2-1590A
xiǎobùqǐ 小不起 2-1590A
xiǎobùshān 小布衫 2-1594A
xiāocái 梟才 4-1051B
xiǎocái 小才 2-1587A
xiǎocái 小材 2-1600B
xiǎocái 謏才 11-344A
xiǎocái 謏材 11-344B
xiǎocài 小菜 2-1619B
xiǎocàifàn 小菜飯 2-1620A
xiǎocān 小參 2-1624A
xiǎocān 小餐 2-1640A
xiǎocān 小殘 2-1630A
xiāocān 篠驂 8-1231B
xiǎocán 小蠶 2-1646A
xiàocàn 笑粲 8-1112A
xiāocáng 消藏 5-1209A
xiāocáo 蕭曹 9-581B
xiāocáo 嚻嘈 3-561A
xiǎocáo 小槽 2-1636B
xiǎocǎo 小草 2-1610B
xiǎocè 小策 2-1626B
xiǎocèzi 小冊子 2-1595B
xiǎochā 小差 2-1613A
xiǎochá 小茶 2-1611A
xiǎochá 小察 2-1636A
xiǎochá 曉察 5-835B
xiǎochà 小差 2-1613A
xiāochāi 消差 5-1202B
xiāochāi 銷差 11-1295A
xiǎochāi 小差 2-1613A
xiǎochài 小差 2-1613A
xiāochāiyú 蕭拆魚 9-580A
xiāochán 嚻讒 3-562B
xiǎochán 小蟾 2-1644B
xiǎochán 曉蟾 5-836A
xiǎochǎn 小產 2-1623A
xiāocháng 枵腸 4-911A
xiāochǎng 消場 5-1205B
xiāochǎng 銷場 11-1296A
xiǎocháng 小腸 2-1632A
xiǎochàng 小唱 2-1620B
xiǎochàng 曉鬯 5-834A
xiǎochàng 曉唱 5-834B
xiǎochàng 曉暢 5-835A
xiàochǎng 笑場 8-1111B
xiāochángjiǔ 消腸酒 5-1207B
xiāochángjiǔ 消脹酒 5-1206A
xiāochángjiǔ 銷腸酒 11-1297A
xiǎochángqì 小腸氣 2-1632A
xiǎochángshànqì 小腸疝氣 2-1632A
xiǎochányú 小單于 2-1626A
xiǎochāo 小抄 2-1600A
xiǎochāo 小鈔 2-1627A

xiǎocháo 小巢 2-1624B
xiǎocháo 小朝 2-1625A
xiǎocháo 小潮 2-1639A
xiǎocháotíng 小朝廷 2-1625A
xiāochē 銷車 11-1294A
xiāochē 蕭車 9-580A
xiǎochē 小車 2-1601A
xiàochěchě 笑扯扯 8-1109A
xiāochén 宵晨 3-1483A
xiāochén 消沉 5-1201B
xiāochén 消沈 5-1201B
xiāochén 歊塵 6-1468B
xiāochén 銷沉 11-1294A
xiāochén 霄宸 11-697B
xiāochén 蕭辰 9-580A
xiāochén 蕭晨 9-581B
xiāochén 囂塵 3-561A
xiǎochén 小臣 2-1597A
xiàochēn 笑嗔 8-1112A
xiāochéng 宵程 3-1483A
xiāochéng 消承 5-1202B
xiǎochéng 小成 2-1597B
xiǎochéng 小乘 2-1616B
xiǎochéng 小程 2-1626B
xiàochēng 孝稱 4-201B
xiàochéng 孝誠 4-200B
xiàochéng 效程 5-441B
xiàochéng 效誠 5-442A
xiǎochéngdàjiè 小懲大誡 2-1644B
xiàochéngxiàobài 俏成俏敗 1-1383A
xiǎochéngzǐ 小程子 2-1626B
xiāochī 梟鴟 4-1054B
xiāochī 魈魑 12-469B
xiǎochī 小吃 2-1598A
xiǎochī 小喫 2-1625B
xiǎochí 小遲 2-1639A
xiàochī 笑嗤 8-1112A
xiàochǐ 笑恥 8-1111A
xiàochǐ 笑耻 8-1110B
xiǎochǒng 小寵 2-1645A
xiǎochóngyáng 小重陽 2-1611B
xiāochóu 消愁 5-1207A
xiǎochóu 曉籌 5-836A
xiǎochǒu 小丑 2-1592B
xiǎochǒu 小醜 2-1639B
xiàochóu 嘯儔 3-533A
xiǎochǒutiàoliáng 小醜跳梁 2-1639B
xiāochú 消除 5-1203A
xiāochú 梟除 4-1052B
xiāochú 銷除 11-1295A
xiāochǔ 梟處 4-1053A
xiāochǔ 綃楮 9-871A
xiǎochū 小出 2-1596A
xiǎochú 小除 2-1614A
xiǎochú 小雛 2-1644B
xiāochuǎn 哮喘 3-352B
xiáochuǎn 淆舛 5-1388B
xiáochuǎn 殽舛 6-1494A
xiāochuáng 宵床 3-1482A
xiāochuáng 宵牀 3-1482B
xiǎochuáng 小牀 2-1609A
xiǎochuànlú 小傳臚 2-1631B
xiàochùcángdāo 笑處藏刀 8-1111B
xiāochuī 簫吹 8-1269B
xiǎochuí 小垂 2-1605A
xiǎochuíshǒu 小垂手 2-1605A
xiǎochūn 小春 2-1610A
xiǎochùshēng 小畜生 2-1617A
xiǎochúxī 小除夕 2-1614A
xiǎocī 小疵 2-1623A
xiǎocí 小祠 2-1614A
xiǎocí 小詞 2-1627B
xiǎocí 小辭 2-1644B
xiǎocì 小次 2-1599A
xiàocí 孝慈 4-201A
xiàocì 笑次 8-1109A
xiàocì 笑刺 8-1109B
xiǎocōng 小葱 2-1625A
xiǎocōngming 小聰明 2-1642A
xiāocuī 銷摧 11-1297A
xiāocuì 蕭悴 9-582A
xiàocuì 嘯萃 3-532B
xiǎodá 曉答 5-834B
xiǎodá 曉達 5-834B
xiǎodǎ 小打 2-1592B
xiǎodà 小大 2-1587A
xiàodá 效答 5-441B
xiǎodǎban 小打扮 2-1593A
xiǎodàgē 小大哥 2-1587B
xiǎodài 小戴 2-1641B
xiǎodàilǐ 小戴禮 2-1642A
xiǎodàjiě 小大姐 2-1587B
xiāodān 消單 5-1206A
xiāodān 消癉 5-1209A
xiāodàn 蕭澹 9-583B
xiǎodǎn 小膽 2-1642B
xiǎodàn 小旦 2-1594A
xiǎodàn 小石 2-1594A
xiāodàng 消蕩 5-1208A
xiāodàng 銷蕩 11-1297B
xiāodàng 銷盪 11-1298A
xiāodàng 囂蕩 3-561A
xiáodàng 淆蕩 5-1388B
xiǎodāng 小璫 2-1641B
xiǎodàng 篠簜 8-1231A
xiàodāng 效當 5-442A
xiǎodāngjiā 小當家 2-1630B
xiāodǎo 消倒 5-1203B
xiāodǎo 消導 5-1208B
xiǎodǎo 小倒 2-1616B
xiǎodào 小道 2-1628A
xiàodào 孝道 4-200A
xiàodào 笑悼 8-1111B
xiǎodāohuì 小刀會 2-1587A
xiǎodàoxiāoxi 小道消息 2-1628B
xiǎodàrén 小大人 2-1587B
xiǎodàye 小大爺 2-1587B
xiāodé 消得 5-1205A
xiāodé 消的 5-1202A
xiǎode 小的 2-1606A
xiǎode 曉的 5-833B
xiǎodé 小德 2-1638A
xiǎodé 曉得 5-834B
xiàodé 孝德 4-201B
xiàodé 效德 5-442A
xiǎodēngkē 小登科 2-1629B
xiāodí 簫笛 8-1269B
xiǎodǐ 峭底 3-837B
xiǎodǐ 小底 2-1607A
xiǎodǐ 曉底 5-834A
xiǎodì 小弟 2-1602B
xiàodì 孝弟 4-198A
xiàodì 效地 5-440B
xiǎodiǎn 小點 2-1642A
xiǎodiàn 小簟 2-1643B
xiàodiàn 笑電 8-1112A
xiǎodiànzhí 小殿直 2-1633A
xiāodiào 霄霱 11-698A
xiǎodiāo 小貂 2-1627A
xiǎodiào 小調 2-1638B
xiǎodié 嘵喋 3-496A
xiāodīng 銷釘 11-1295B
xiǎodìng 小定 2-1608A
xiāodìsì 蕭帝寺 9-580B
xiāodòng 囂動 3-560B
xiǎodōng 小東 2-1604A
xiǎodòng 小動 2-1621B
xiǎodòng 曉洞 5-834A
xiǎodōngrén 小東人 2-1604A
xiǎodòngzuò 小動作 2-1621B
xiǎodǒu 小斗 2-1591B
xiǎodòu 小豆 2-1601A
xiāodú 消毒 5-1202B
xiāodú 囂黷 3-562B
xiāodú 囂讟 3-562B
xiǎodū 小都 2-1615A
xiǎodù 小杜 2-1600A
xiǎodù 小肚 2-1602A
xiàoduān 笑端 8-1113A
xiǎoduì 小隊 2-1624A
xiàoduì 校隊 4-1003A
xiǎoduìzi 小隊子 2-1624A
xiǎodùjīcháng 小肚雞腸 2-1602A
xiǎodùlǜ 小杜律 2-1600B
xiāodùn 宵遁 3-1483A
xiāodùn 宵遯 3-1483B
xiāodùn 銷鈍 11-1296A
xiāoduò 銷墮 11-1297B
xiǎodùzi 小肚子 2-1602A
xiāo'è 梟惡 4-1053B
xiāo'è 霄堮 11-698A
xiáo'é 淆訛 5-1388B
xiáo'é 淆譌 5-1389A
xiáo'é 譊訛 11-296B
xiáo'é 譊譌 11-296B
xiáo'è 峭陒 3-837B
xiǎo'ē 小痾 2-1628A
xiǎo'é 小娥 2-1619A
xiǎo'é 小蛾 2-1631A
xiǎo'é 小額 2-1644A
xiǎo'è 小惡 2-1625A
xiào'é 詨訛 11-199A
xiào'è 笑啞 8-1111B
xiào'è'è 笑啞啞 8-1111B
xiǎo'ēnxiǎohuì 小恩小惠 2-1616A
xiāo'ér 髇兒 12-409B
xiāo'ěr 囂爾 3-561A
xiǎo'ér 小兒 2-1605B
xiǎo'èr 小二 2-1586A
xiǎo'ěrduo 小耳朵 2-1597A
xiǎo'èrgē 小二哥 2-1586A
xiǎo'érkē 小兒科 2-1606A
xiǎo'érláng 小兒郎 2-1606A
xiǎo'érmábìzhèng 小兒麻痹症 2-1606A
xiǎo'érnǚ 小兒女 2-1606A
xiǎo'érquán 小而全 2-1597B
xiǎo'érwáng 小兒王 2-1606A
xiāofá 消乏 5-1200B
xiāofá 銷乏 11-1293B
xiǎofǎ 小法 2-1607B
xiǎofà 曉髮 5-835B
xiàofǎ 效法 5-441A
xiàofǎ 傚法 1-1606B
xiāofán 歊煩 6-1468B
xiāofán 霄凡 11-697A
xiāofán 囂煩 3-561A
xiāofán 囂繁 3-561B
xiāofán 囂袢 3-560A
xiāofàn 梟販 4-1053A
xiǎofān 小番 2-1626B
xiǎofàn 小范 2-1604A
xiǎofàn 小販 2-1620B
xiǎofàn 小飯 2-1627A
xiǎofàn 小飰 2-1627B
xiǎofàn 皛飯 8-274B
xiǎofàn 曉梵 5-834B
xiāofáng 消防 5-1201A
xiāofáng 霄房 11-697B
xiāofàng 蕭放 9-580B
xiǎofāng 小方 2-1591B
xiǎofáng 小房 2-1608B
xiǎofǎng 小紡 2-1619B
xiàofǎng 效仿 5-440B
xiàofǎng 效放 5-441A
xiàofǎng 傚倣 1-1606B
xiǎofāngmài 小方脈 2-1591B
xiǎofángzi 小房子 2-1609A
xiǎofànlǎozi 小范老子 2-1604A
xiǎofànzi 小販子 2-1620B
xiǎofānzǐxiánhàn 小番子閒漢 2-1626B
xiāofěi 宵匪 3-1482B
xiāofěi 梟匪 4-1052B
xiāofèi 消費 5-1206B
xiāofèi 消廢 5-1208B
xiǎofèi 小費 2-1629A
xiāofèipǐn 消費品 5-1206B
xiāofēn 宵分 3-1481B
xiāofēn 歊氛 6-1468B

xiāofēn 銷氛 11-1294B
xiāofēn 囂氛 3-559B
xiāofēn 囂紛 3-560B
xiǎofěn 小粉 2-1617A
xiǎofèn 小分 2-1591A
xiǎofēnduì 小分隊 2-1591A
xiāofēng 宵烽 3-1483A
xiāofēng 梟風 4-1052B
xiāofēng 霄峯 11-697B
xiāofēng 囂風 3-560A
xiǎoféng 小馮 2-1628A
xiǎofèng 小鳳 2-1634B
xiàofēng 校風 4-1001B
xiàofēng 嘯風 3-532B
xiǎofēngcányuè 曉風殘月 5-834A
xiǎoféngjūn 小馮君 2-1628A
xiǎofèngtuán 小鳳團 2-1635A
xiàofēngzǐ 嘯風子 3-532B
xiāofú 消伏 5-1201A
xiāofú 梟鵩 4-1055A
xiāofú 銷伏 11-1293B
xiāofú 鴞鷵 12-1080B
xiāofú 囂浮 3-560A
xiāofǔ 綃黼 9-871A
xiāofǔ 蕭斧 9-580A
xiāofù 枵腹 4-911A
xiāofù 消復 5-1206A
xiāofù 銷附 11-1294A
xiāofù 銷復 11-1296A
xiǎofū 小夫 2-1589B
xiǎofú 小服 2-1607A
xiǎofú 小幅 2-1626A
xiǎofù 小父 2-1590B
xiǎofù 小阜 2-1606B
xiǎofù 小婦 2-1624A
xiǎofù 小復 2-1627A
xiǎofù 小腹 2-1632A
xiǎofù 小賦 2-1637B
xiàofū 孝夫 4-197B
xiàofú 孝服 4-198B
xiàofù 孝婦 4-199B
xiàofù 嘯父 3-531B
xiāofùcónggōng 枵腹從公 4-911B
xiǎofǔpī 小斧劈 2-1606B
xiǎofūrén 小夫人 2-1589B
xiǎofùrén 小婦人 2-1624A
xiāofùzhōngzhāo 枵腹終朝 4-911B
xiǎogā 小嘎 2-1634A
xiàogāgā 笑呷呷 8-1109B
xiāogǎi 銷改 11-1294A
xiāogài 霄蓋 11-698A
xiāogǎn 驍敢 12-883A
xiāogàn 宵旰 3-1482A
xiāogàn 霄旰 11-697B
xiāogàn 簫幹 8-1269B
xiǎogàn 小幹 2-1630A
xiàogǎn 孝感 4-200B
xiǎogāngpào 小鋼炮 2-1641A
xiǎogànwǔ 小幹仵 2-1630A
xiāogāo 銷膏 11-1297B
xiǎogào 曉告 5-833B
xiǎogāzi 小嘎子 2-1634A
xiāogé 霄閣 11-698B
xiǎogē 小哥 2-1615B
xiǎogē 小歌 2-1634A
xiàogē 嘯歌 3-533A
xiàogē 歗歌 6-1475A
xiǎogēcí 小歌詞 2-1634A
xiǎogélán 小葛蘭 2-1630A
xiǎogénánguó 小唄喃國 2-1620B
xiāogēng 梟羹 4-1055A
xiǎogéshi 小格式 2-1615A
xiàogēxìwǔ 笑歌戲舞 8-1113A
xiǎogēzi 小哥子 2-1615B
xiāogōng 消功 5-1201A
xiāogōng 綃宮 9-870B
xiǎogōng 小工 2-1587A
xiǎogōng 小弓 2-1588A
xiǎogōng 小功 2-1593A
xiǎogōng 小恭 2-1615A
xiǎogōng 小紅 2-1614B
xiǎogǒng 小拱 2-1610B
xiǎogǒng 小共 2-1597A
xiǎogōng 小共 2-1597A
xiàogōng 孝恭 4-199A
xiàogōng 效功 5-440B
xiàogōng 校工 4-1000A
xiǎogōngguǎn 小公館 2-1591A
xiǎogōngwùyuán 小公務員 2-1591A
xiāogōu 梢溝 4-1038B
xiāogòu 囂垢 3-559B
xiāogǔ 枵骨 4-911A
xiāogǔ 銷骨 11-1295A
xiāogǔ 簫鼓 8-1269B
xiáogǔ 崤谷 3-837B
xiǎogū 小姑 2-1609B
xiǎogū 小孤 2-1609B
xiǎogū 小菰 2-1634B
xiǎogǔ 小鼓 2-1629B
xiǎogǔ 曉鼓 5-835A
xiǎogù 小故 2-1611A
xiǎoguǎ 小寡 2-1636A
xiǎoguà 小褂 2-1633A
xiǎoguāi 小乖 2-1605A
xiǎoguāiguāi 小乖乖 2-1605A
xiāoguān 蕭關 9-584A
xiāoguǎn 簫管 8-1269B
xiǎoguān 小官 2-1608A
xiǎoguān 小冠 2-1613B
xiàoguān 效官 5-441A
xiàoguān 校官 4-1001B
xiāoguāng 霄光 11-697B
xiāoguāng 蕭光 9-580A
xiāoguǎng 撨獷 6-880A
xiāoguǎng 驍獷 12-884A
xiǎoguāng 皛光 8-274B
xiǎoguāng 曉光 5-833A
xiǎoguǎngbō 小廣播 2-1635B
xiāoguāngkěxué 霄光可學 11-697B
xiǎoguānrén 小官人 2-1608B
xiāoguǎnzhú 簫管竹 8-1269B
xiǎoguānzǐxià 小冠子夏 2-1613B
xiǎoguàqiān 小掛千 2-1619B
xiǎogūcuō 小孤撮 2-1609B
xiāoguǐ 魈鬼 12-469B
xiǎoguǐ 小鬼 2-1612B
xiàoguī 校規 4-1002B
xiāoguīcáosuí 蕭規曹隨 9-581B
xiǎoguǐtóu 小鬼頭 2-1612B
xiāogùn 梟棍 4-1053B
xiǎogūniang 小姑娘 2-1609B
xiǎoguō 曉聒 3-496A
xiāoguō 囂聒 3-560B
xiāoguō 驍彍 12-884A
xiāoguǒ 驍果 12-882B
xiǎoguó 小國 2-1621A
xiǎoguó 小虢 2-1638A
xiǎoguò 小過 2-1621A
xiǎoguóguǎmín 小國寡民 2-1621A
xiǎoguòhuó 小過活 2-1621B
xiǎoguòjié'er 小過節兒 2-1621B
xiǎoguòmén 小過門 2-1621A
xiǎoguònián 小過年 2-1621A
xiǎoguzi 小姑子 2-1609B
xiǎogūzǐ 小姑子 2-1609B
xiàohāhā 笑哈哈 8-1110B
xiǎohái 小孩 2-1614A
xiǎohǎi 小海 2-1617B
xiàohǎi 笑海 8-1111A
xiǎohǎichàng 小海唱 2-1617B
xiàohāihāi 笑咍咍 8-1110A
xiàoháihái 笑咳咳 8-1110B
xiǎohǎi'ōu 小海甌 2-1617B
xiǎoháizi 小孩子 2-1614A
xiāohǎn 唬嘁 8-811A
xiāohǎn 虓闞 8-811A
xiāohǎn 哮嘲 3-352B
xiāohǎn 哮闞 3-352B
xiāohàn 梟悍 4-1053A
xiāohàn 憢悍 7-731A
xiāohàn 霄漢 11-698A
xiāohàn 霄翰 11-698B
xiāohàn 囂悍 3-560A
xiāohàn 驍悍 12-883A
xiāohàn 哮悍 3-352B
xiāohàn 獟悍 5-106B
xiāohàn 獟騂 5-106B
xiáohán 崤函 3-837B
xiáohán 崤崡 3-837B
xiǎohán 小寒 2-1628B
xiàohàn 笑領 8-1114A
xiǎohángzi 小行子 2-1599A
xiāohánhuì 消寒會 5-1206A
xiǎohánshí 小寒食 2-1628B
xiāohántú 消寒圖 5-1206A
xiāoháo 囂號 3-561A
xiāohào 消耗 5-1203A
xiāohào 銷耗 11-1295B
xiāohào 銷號 11-1296B
xiāohào 蕭耗 9-580B
xiǎoháo 小毫 2-1622B
xiǎoháo 小豪 2-1635B
xiǎohào 小耗 2-1615A
xiǎohào 小號 2-1630B
xiàohǎo 效好 5-440B
xiāohàozhàn 消耗戰 5-1203A
xiāohé 消涸 5-1205B
xiǎohé 小貉 2-1632A
xiǎohé 曉河 5-834A
xiàohé 孝和 4-198B
xiàohé 嘯合 3-532A
xiàohēhē 笑呵呵 8-1109B
xiāohélǜ 蕭何律 9-580A
xiàohén 笑痕 8-1111B
xiāohóng 霄鴻 11-698B
xiāohǒng 囂閧 3-561B
xiǎohóng 小紅 2-1614B
xiàohòng 笑閧 8-1113B
xiàohòng 笑鬨 8-1114A
xiāohǒu 哮吼 3-352A
xiāohòu 鴞鷇 12-1080B
xiǎohóu 小侯 2-1612A
xiàohǒu 嘯吼 3-532A
xiǎohóu'er 小猴兒 2-1627B
xiǎohòushēng 小後生 2-1612B
xiǎohóuzi 小猴子 2-1627B
xiāohū 唬呼 8-811A
xiāohū 梟呼 4-1052A
xiāohū 嘵呼 3-496A
xiāohū 囂呼 3-559B
xiāohū 哮呼 3-352B
xiāohú 梟狐 4-1052A
xiāohú 綃縠 9-871A
xiāohú 驍壺 12-883A
xiāohǔ 唬虎 8-810B
xiǎohú 小斛 2-1622A
xiǎohú 小壺 2-1624B
xiǎohù 小户 2-1591B
xiàohū 嘯呼 3-532A
xiāohuā 消花 5-1201B
xiāohuā 囂譁 3-561B
xiāohuá 梟猾 4-1054A
xiāohuá 囂華 3-560A
xiāohuá 驍猾 12-883B
xiāohuà 宵話 3-1483B
xiāohuà 消化 5-1200B
xiāohuà 銷化 11-1293B
xiǎohuà 小話 2-1632B
xiàohuā 校花 4-1000B
xiàohuā 笑譁 8-1114B
xiàohuà 肖化 6-1173A
xiàohua 笑話 8-1112B
xiāohuài 消壞 5-1209A
xiǎohuāliǎn 小花臉 2-1600A
xiǎohuāmiàn 小花面 2-1600A
xiāohuān 唬讙 8-811B
xiāohuàn 宵喚 3-1482B
xiāohuàn 消渙 5-1204B
xiāohuàn 消患 5-1205A
xiāohuàn 梟轘 4-1055A

xiāohuàn 銷患 11-1295B
xiǎohuán 小還 2-1640A
xiǎohuán 小環 2-1641B
xiǎohuán 小鬟 2-1645B
xiǎohuàn 小患 2-1621A
xiàohuàn 笑喚 8-1111A
xiāohuáng 銷黃 11-1295B
xiāohuǎng 綃幌 9-871A
xiǎohuángmén 小黃門 2-1619B
xiǎohuángxiāng 小黃香 2-1619B
xiǎohuángyú 小黃魚 2-1619B
xiàohuàqítán 笑話奇談 8-1112B
xiāohuàxìtǒng 消化系統 5-1200B
xiǎohuāyàng 小花樣 2-1600A
xiǎohuázi 小划子 2-1597B
xiāohuī 宵暉 3-1483B
xiāohuī 消隳 5-1209A
xiāohuī 銷隳 11-1298A
xiāohuī 霄暉 11-698A
xiāohuǐ 消毀 5-1207B
xiāohuǐ 銷毀 11-1297A
xiāohuì 宵晦 3-1483A
xiāohuì 宵會 3-1483B
xiāohuì 嚣會 3-561A
xiāohuì 嚣穢 3-561B
xiǎohuì 小惠 2-1625B
xiǎohuì 小會 2-1632A
xiǎohuì 小慧 2-1636A
xiǎohuì 小諱 2-1641B
xiǎohuì 曉晦 5-834B
xiǎohuì 曉惠 5-834B
xiǎohuì 曉會 5-835A
xiǎohuì 曉慧 5-835B
xiàohuī 校徽 4-1005A
xiàohuǐ 笑毀 8-1112A
xiàohuì 嘯會 3-532B
xiǎohuìtóng 小會同 2-1632A
xiǎohuíxiāng 小茴香 2-1610B
xiǎohuìzǐ 小會子 2-1632A
xiǎohūléi 小忽雷 2-1607A
xiāohún 消魂 5-1207A
xiāohún 銷魂 11-1296B
xiáohùn 淆混 5-1388B
xiáohùn 淆溷 5-1388B
xiáohùn 殽混 6-1494B
xiǎohūn 曉昏 5-833B
xiāohúndàngpò 銷魂蕩魄 11-1296B
xiāohúnduópò 銷魂奪魄 11-1296B
xiǎohúnjiā 小渾家 2-1628B
xiāohúnqiáo 銷魂橋 11-1296B
xiāohuō 庨豁 3-1231A
xiāohuō 消豁 5-1209A
xiāohuō 虓豁 8-811A
xiāohuō 寥豁 8-444B
xiāohuō 銷豁 11-1298A
xiāohuō 蕭豁 9-584A
xiāohuō 崤豁 3-815B
xiāohuò 梟獲 4-1054B
xiáohuò 淆惑 5-1388B
xiǎohuǒ 小火 2-1591B
xiǎohuǒ 小伙 2-1598B
xiǎohuǒ 小夥 2-1634A
xiǎohuò 小貨 2-1621B
xiǎohuò 小獲 2-1641A
xiǎohuò 曉惑 5-834B
xiàohuò 效獲 5-442A
xiǎohuǒlún 小火輪 2-1591B
xiǎohuǒzhě 小火者 2-1591B
xiǎohuǒzi 小伙子 2-1598B
xiǎohuǒzi 小夥子 2-1634A
xiǎohúsūn 小猢猻 2-1627B
xiǎohútáo 小胡桃 2-1611A
xiǎohútiān 小壺天 2-1625A
xiǎohútòng 小胡同 2-1611A
xiǎohútòng 小衚衕 2-1638A
xiǎohúzi 小鬍子 2-1644A
xiāojī 蟰磯 8-957B
xiāojí 消疾 5-1204B
xiāojí 消極 5-1205B
xiāojí 消瘠 5-1208B
xiāojí 痟疾 8-320A
xiāojí 銷瘠 11-1297B
xiāojí 霄極 11-698A
xiāojì 宵濟 3-1484A
xiāojì 梟騎 4-1055A
xiāojì 蕭寂 9-582A
xiǎojī 小姬 2-1619A
xiǎojī 小饑 2-1645A
xiǎojī 曉雞 5-836A
xiǎojí 小亟 2-1609B
xiǎojí 小極 2-1625B
xiǎojí 小集 2-1626B
xiǎojí 小楫 2-1630A
xiǎojí 小檝 2-1639B
xiǎojǐ 小己 2-1588B
xiǎojì 小季 2-1605A
xiǎojì 小紀 2-1614B
xiǎojì 小計 2-1613A
xiǎojì 小薊 2-1639B
xiàojī 謞激 11-384B
xiàojí 效級 5-441A
xiàojí 笑疾 8-1111A
xiàojǐ 孝己 4-196B
xiàojǐ 效己 5-440A
xiàojì 效績 5-442B
xiàojì 效伎 5-440B
xiàojì 效技 5-440B
xiāojiā 簫笳 8-1269B
xiāojiǎ 銷甲 11-1293B
xiāojià 銷假 11-1296A
xiāojià 霄駕 11-698B
xiǎojiā 小佳 2-1605A
xiǎojiā 小家 2-1617B
xiǎojiǎ 小甲 2-1594A
xiǎojià 小駕 2-1639A
xiàojiā 孝家 4-199A
xiàojià 孝假 4-199B
xiàojià 效駕 5-442A
xiǎojiābàiqì 小家敗氣 2-1618A
xiǎojiābìyù 小家碧玉 2-1618A
xiǎojiāhuo 小家伙 2-1618A
xiǎojiāhuo 小傢伙 2-1627A
xiàojiājiā 笑加加 8-1109A
xiǎojiājú 小家局 2-1618A
xiǎojiāmén 小家門 2-1618A
xiāojiān 宵熸 3-1484A
xiāojiǎn 消減 5-1206A
xiāojiǎn 梟剪 4-1053B
xiāojiǎn 梟翦 4-1054B
xiāojiǎn 銷減 11-1296A
xiāojiàn 梟健 4-1053A
xiāojiàn 髇箭 12-409B
xiāojiàn 驍健 12-882B
xiǎojiǎn 小減 2-1628B
xiǎojiǎn 小檢 2-1642A
xiǎojiǎn 小蹇 2-1643A
xiǎojiǎn 小簡 2-1643B
xiǎojiàn 小間 2-1629A
xiǎojiàn 小見 2-1601B
xiǎojiàn 小建 2-1609A
xiǎojiàn 小閒 2-1629A
xiǎojiàn 小賤 2-1637B
xiǎojiàn 小諫 2-1641A
xiǎojiàn 曉箭 5-835B
xiǎojiàn 曉諫 5-835B
xiǎojiàn 諓見 11-344B
xiāojiàng 虓將 8-811A
xiāojiàng 梟將 4-1053B
xiāojiàng 驍將 12-883A
xiǎojiǎng 小講 2-1642B
xiǎojiàng 小將 2-1623B
xiǎojiànrén 小賤人 2-1637B
xiāojiǎo 消繳 5-1209B
xiāojiǎo 銷繳 11-1298B
xiāojiǎo 嚣湫 3-560B
xiāojiào 消釂 5-1209B
xiāojiào 嚣叫 3-559B
xiǎojiǎo 小脚 2-1622A
xiǎojiǎo 皛皎 8-274B
xiǎojiǎo 曉角 5-833B
xiǎojiào 小教 2-1619B
xiǎojiào 小轎 2-1644B
xiǎojiào 小覺 2-1645A
xiàojiào 嘯叫 3-531B
xiǎojiàochē 小轎車 2-1644B
xiǎojiǎochuán 小脚船 2-1622A
xiǎojiāohuì 小交會 2-1599A
xiǎojiǎonǚrén 小脚女人 2-1622A
xiǎojiǎozi 小脚子 2-1622A
xiǎojiāpài 小家派 2-1618A
xiǎojiāpó 小家婆 2-1618A
xiǎojiāqì 小家氣 2-1618A
xiǎojiāshù 小家數 2-1618A
xiǎojiātíng 小家庭 2-1618A
xiǎojiāxiàng 小家相 2-1618A
xiǎojiāzi 小家子 2-1617B
xiǎojiāzǐ 小家子 2-1617B
xiǎojiāziqì 小家子氣 2-1617B
xiǎojiāzixiàng 小家子相 2-1617B
xiǎojiāziyàng 小家子樣 2-1618A
xiǎojīdǎn 小雞膽 2-1644A
xiāojié 梟桀 4-1053A
xiāojié 梟捷 4-1053A
xiāojié 梟傑 4-1054A
xiāojié 驍桀 12-882B
xiāojié 驍捷 12-883A
xiāojié 驍傑 12-883B
xiāojié 驍掜 12-883A
xiāojiě 消解 5-1207B
xiāojiě 銷解 11-1297A
xiǎojiē 小節 2-1631A
xiǎojié 小劫 2-1600A
xiǎojié 小桀 2-1617A
xiǎojié 小結 2-1629B
xiǎojié 小節 2-1631A
xiǎojié 小潔 2-1639A
xiǎojiě 小姐 2-1610A
xiǎojiě 小解 2-1632B
xiǎojiě 曉解 5-835A
xiǎojiè 小价 2-1598B
xiǎojiè 小解 2-1632B
xiǎojiè 小介 2-1590B
xiàojié 孝節 4-200B
xiàojié 效捷 5-441B
xiàojié 效節 5-442A
xiàojié 嘯結 3-532B
xiǎojiémù 小節目 2-1631A
xiǎojiéyè 小節夜 2-1631B
xiāojīn 宵禁 3-1483B
xiāojīn 綃巾 9-870B
xiāojīn 銷金 11-1294B
xiāojǐn 宵錦 3-1484A
xiāojìn 宵祲 3-1483A
xiāojìn 消盡 5-1208A
xiáojìn 絞紟 9-845B
xiǎojīn 小襟 2-1644A
xiǎojǐn 小謹 2-1644A
xiǎojìn 小盡 2-1636A
xiàojǐn 孝謹 4-201B
xiāojīng 梟鯨 4-1055A
xiāojǐng 宵警 3-1484A
xiāojǐng 梟景 4-1054A
xiāojǐng 霄景 11-698A
xiāojìng 梟獍 4-1054B
xiāojìng 梟鏡 4-1055A
xiāojìng 嚣競 3-562A
xiāojìng 驍勁 12-882B
xiǎojīng 小經 2-1633B
xiǎojǐng 小景 2-1626A
xiǎojǐng 小頸 2-1640A
xiǎojìng 小净 2-1607B
xiǎojìng 曉鏡 5-836A
xiàojìng 孝敬 4-199B
xiǎojīngguān 小京官 2-1607A
xiǎojīngjì 小經紀 2-1633B
xiāojīnguō 銷金鍋 11-1294B
xiǎojīngyán 小經筵 2-1633B
xiǎojīnkù 小金庫 2-1606B
xiāojīnwō 銷金窩 11-1294B

xiāojīnzhàng 宵金帳 3-1482B
xiāojīnzhàng 銷金帳 11-1294B
xiāojīnzhǐ 銷金紙 11-1294B
xiǎojìsì 小祭祀 2-1622B
xiǎojítuán 小集团 2-1627A
xiāojiǔ 消酒 5-1204B
xiǎojiǔ 小酒 2-1617B
xiǎojiù 小就 2-1628A
xiǎojiù 小舅 2-1631B
xiǎojiǔjiǔ 小九九 2-1587A
xiàojiǔwō 笑酒窩 8-1111A
xiǎojiùzi 小舅子 2-1631B
xiāojíxiūcí 消極修辭 5-1205B
xiǎojīzi 小雞子 2-1644A
xiāojú 簫局 8-1269B
xiāojǔ 消沮 5-1202B
xiāojǔ 銷沮 11-1294B
xiāojù 銷距 11-1295B
xiǎojū 小拘 2-1603B
xiǎojǔ 小矩 2-1611B
xiǎojù 小句 2-1595B
xiǎojù 小聚 2-1634A
xiǎojù 小屨 2-1643A
xiàojù 哨聚 3-359A
xiàojù 笑具 8-1109B
xiàojù 笑劇 8-1113B
xiàojù 嘯聚 3-533A
xiǎojuàn 小卷 2-1607B
xiǎojuàn 小倦 2-1616B
xiǎojuàn 小絹 2-1634A
xiàojuàn 孝絹 4-201A
xiāojué 消絕 5-1206B
xiāojué 消屈 5-1202B
xiāojué 梟決 4-1052A
xiǎojué 小覺 2-1645A
xiàojué 孝決 4-198B
xiàojué 笑噱 8-1114A
xiāojùn 驍雋 12-883B
xiǎojūn 小君 2-1603A
xiǎojūn 小軍 2-1613B
xiàojūn 笑菌 8-1111B
xiǎojūngǔ 小軍鼓 2-1613B
xiǎojūnjī 小軍機 2-1613B
xiǎojūnlǚ 小軍旅 2-1613B
xiāojùnqíndí 梟俊禽敵 4-1052B
xiǎokāi 小開 2-1629A
xiǎokǎi 小楷 2-1630A
xiǎokǎi 小鎧 2-1644A
xiàokǎi 孝愷 4-201A
xiǎokāimén 小開門 2-1629A
xiǎokàn 小看 2-1611B
xiàokān 校刊 4-1000A
xiǎokāng 小康 2-1622B
xiǎokāngxíngxiāofèi 小康型消費 2-1622B
xiǎokǎo 小考 2-1596B
xiāokě 消渴 5-1206A
xiāokě 痟渴 8-320A
xiāokě 痟瘍 8-320A
xiāokě 銷渴 11-1296B
xiāokè 梟剋 4-1052A
xiāokè 銷刻 11-1294B
xiāokè 霄客 11-697B
xiǎokē 小苛 2-1604A
xiǎokě 小可 2-1593B
xiǎokè 小刻 2-1607B
xiǎokè 小客 2-1613B
xiàokē 笑科 8-1110B
xiàokè 孝恪 4-199A
xiàokè 笑課 8-1113B
xiǎokěde 小可的 2-1593B
xiǎokēkē 小顆顆 2-1642A
xiǎokěkě 小可可 2-1593B
xiǎokěrú 小可如 2-1593B
xiāokǒng 簫孔 8-1269A
xiǎokǒu 小口 2-1588A
xiàokǒu 笑口 8-1109A
xiāokū 焇殆 7-80A
xiǎokǔ 小苦 2-1603B
xiǎokuǎn 小款 2-1624B
xiàokuǎn 效款 5-441B
xiāokuàng 銷曠 11-1298A
xiǎokuàng 皛曠 8-274B
xiāokuì 宵潰 3-1483B
xiāokuì 消潰 5-1208B
xiǎokuī 小虧 2-1642A
xiāolài 簫籟 8-1269B
xiǎolái 小來 2-1604B
xiǎolái 曉來 5-833B
xiǎolài 曉籟 5-836A
xiāolàn 消爛 5-1209B
xiāolàn 銷爛 11-1298B
xiāoláng 梟狼 4-1053A
xiāoláng 蕭郎 9-580B
xiǎoláng 小郎 2-1608B
xiǎolángjūn 小郎君 2-1608B
xiǎolángzi 小郎子 2-1608B
xiǎolánníjiàozi 小藍呢轎子 2-1642A
xiāoláo 梟窂 4-1052B
xiǎoláo 小牢 2-1602B
xiǎolǎo 小老 2-1596B
xiàoláo 效勞 5-441B
xiǎolǎobǎn 小老板 2-1596B
xiǎolǎohǔ 小老虎 2-1596B
xiǎolǎomǔ 小老母 2-1596B
xiǎolǎopo 小老婆 2-1596B
xiǎolǎotóu 小老頭 2-1597A
xiǎolǎoye 小老爺 2-1597A
xiǎoláozi 小牢子 2-1602B
xiāolè 銷泐 11-1294A
xiàolè 笑樂 8-1114A
xiāoléi 枵羸 4-911B
xiǎolěi 小累 2-1620B
xiàoléi 笑雷 8-1112A
xiāolèi 宵類 3-1484A
xiàolèyuànběn 笑樂院本 8-1114A
xiāolí 消梨 5-1205A
xiāolì 熇厲 7-215B
xiǎolí 篠籬 8-1231B
xiǎolǐ 小李 2-1600B
xiǎolǐ 小禮 2-1643A
xiǎolì 小力 2-1587A
xiǎolì 小立 2-1596A
xiǎolì 小吏 2-1597A
xiǎolì 小利 2-1601B
xiǎolì 小戾 2-1608B
xiǎolì 小曆 2-1639B
xiǎolì 小隸 2-1642A
xiàolǐ 孝理 4-199B
xiàolì 效力 5-440A
xiàolì 效戾 5-441A
xiàolì 校曆 4-1005A
xiāoliǎn 消斂 5-1209A
xiāoliàn 宵練 3-1483B
xiāoliàn 消煉 5-1207B
xiāoliàn 消鍊 5-1209A
xiāoliàn 綃練 9-871A
xiāoliàn 銷煉 11-1297A
xiāoliàn 銷鍊 11-1298A
xiāoliàn 霄練 11-698B
xiǎolián 小廉 2-1632B
xiǎolián 小憐 2-1639A
xiǎoliǎn 小斂 2-1642B
xiǎoliàn 小殮 2-1642A
xiàolián 孝廉 4-200B
xiàolián 孝簾 4-201B
xiàoliǎn 笑臉 8-1114B
xiàolǐ'àncángdāo 笑裏暗藏刀 8-1112B
xiàoliánchuán 孝廉船 4-201A
xiàoliánfāngzhèng 孝廉方正 4-201A
xiāoliáng 蕭涼 9-581A
xiāoliáng 蕭梁 9-582A
xiǎoliáng 小涼 2-1623A
xiǎoliáng 小量 2-1626A
xiǎoliǎng 小兩 2-1604A
xiǎoliàng 小亮 2-1613A
xiǎoliàng 小量 2-1626A
xiǎoliàng 小諒 2-1638B
xiǎoliǎngkǒu 小兩口 2-1604B
xiǎoliánqūjǐn 小廉曲謹 2-1633A
xiāoliáo 庨窌 3-1231A
xiāoliáo 寥寥 8-444B
xiāoliáo 蕭寥 9-583B
xiāoliáo 蕭僇 9-583B
xiāoliáo 蕭膋 9-583A
xiāoliáo 嶢嵺 3-815B
xiǎoliǎo 曉了 5-832B
xiǎoliào 小料 2-1617A
xiàoliào 笑料 8-1111A
xiàolǐcángdāo 笑裏藏刀 8-1112B
xiàolǐdāo 笑裏刀 8-1112B
xiǎolǐdù 小李杜 2-1600B
xiāoliè 梟裂 4-1053B
xiāoliè 驍烈 12-882B
xiáoliè 殽列 6-1494A
xiàoliè 孝烈 4-199A
xiàoliěliě 笑咧咧 8-1110A
xiāolíhuā 消梨花 5-1205A
xiāolíhuā 消黎花 5-1208A
xiǎolǐjiāngjūn 小李將軍 2-1601A
xiǎolín 小鱗 2-1646A
xiǎolìn 小吝 2-1602B
xiàolín 笑林 8-1109B
xiāolíng 嚻凌 3-560A
xiāolíng 嚻陵 3-560A
xiāolǐng 霄嶺 11-698B
xiāolìng 梟令 4-1052A
xiáolíng 崤陵 3-837B
xiǎolíng 曉泠 5-834A
xiǎolíng 曉靈 5-836A
xiǎolǐng 曉領 5-835A
xiǎolìng 小令 2-1595A
xiàolíng 孝陵 4-199A
xiàolíng 效靈 5-442B
xiàolǐng 笑領 8-1113A
xiāoliú 消流 5-1204B
xiāoliú 銷流 11-1295B
xiāoliù 磽磟 7-1046A
xiǎoliú 小留 2-1617A
xiǎoliǔ 小綹 2-1636A
xiàoliú 笑留 8-1111A
xiǎoliùrén 小六壬 2-1591B
xiǎoliùzi 小溜子 2-1633A
xiǎoliùzi 小鎦子 2-1644A
xiǎolóng 小龍 2-1641B
xiǎolóngtuán 小龍團 2-1641B
xiāolòu 宵漏 3-1483B
xiāolòu 銷漏 11-1297B
xiǎolòu 小陋 2-1609A
xiǎolòu 曉漏 5-835A
xiǎolóuluó 小婁羅 2-1620B
xiǎolóuluó 小嘍囉 2-1634B
xiǎolóuluó 小樓羅 2-1636B
xiāolú 梟盧 4-1054B
xiāolù 消路 5-1207A
xiāolù 銷路 11-1297A
xiāolù 霄露 11-698B
xiāolù 霄路 11-698A
xiǎolù 小陸 2-1619A
xiǎolù 小録 2-1641A
xiàolù 笑僇 8-1112A
xiàolù 笑戮 8-1114A
xiāoluán 梟鸞 4-1055A
xiāoluàn 梟亂 4-1054A
xiāoluàn 嚻亂 3-561A
xiáoluàn 淆亂 5-1388B
xiáoluàn 殽亂 6-1494B
xiàoluàn 嘯亂 3-533A
xiǎolù'er 小鹿兒 2-1623A
xiǎolù'erxīntóu… 小鹿兒心頭撞 2-1623A
xiǎolújiàng 小爐匠 2-1645A
xiāolún 消淪 5-1205B
xiǎolùn 曉論 3-496B
xiāolùn 嚻論 3-561A
xiǎolún 小輪 2-1637A
xiǎolùn 小論 2-1638B
xiāoluò 消落 5-1205B
xiāoluò 銷落 11-1296A
xiǎoluó 小鑼 2-1646A
xiǎoluóbo 小蘿蔔 2-1645B
xiǎolùzhījiàn 篠簬之箭

8-1231A
xiāolǚ 簫侶 8-1269B
xiāolǜ 銷率 11-1296A
xiāolǜ 蕭律 9-580B
xiǎolǚ 小吕 2-1598A
xiǎolǜ 小律 2-1612B
xiǎolǜ 小緑 2-1636A
xiàolǚ 孝履 4-201B
xiàolǚ 嘯侶 3-532A
xiàolǜ 效率 5-441B
xiǎolüè 小掠 2-1619B
xiàolǚmìngchóu 嘯侶命儔 3-532A
xiǎolǜshī 小律詩 2-1612B
xiǎomā 小媽 2-1633B
xiǎomǎ 小馬 2-1615A
xiàomà 笑駡 8-1114A
xiàomàcóngrǔ 笑駡從汝 8-1114A
xiǎomài 小麥 2-1620A
xiǎomài 小賣 2-1636B
xiǎomàibù 小賣部 2-1636B
xiǎomǎimai 小買賣 2-1626A
xiāomàn 蕭曼 9-582A
xiǎomán 小蠻 2-1646A
xiǎomǎn 小滿 2-1635B
xiǎományāo 小蠻腰 2-1646A
xiàomànzi 孝幔子 4-201B
xiǎomào 小帽 2-1626A
xiàomào 肖貌 6-1173B
xiàomào 笑貌 8-1113A
xiǎomáogōng 小毛公 2-1590B
xiǎomāoxióng 小貓熊 2-1638A
xiāoméi 驍媒 12-883B
xiāomèi 宵昧 3-1482B
xiāomèi 宵寐 3-1483A
xiāomèi 魈魅 12-469B
xiǎoméi 小眉 2-1614A
xiǎoméi 小梅 2-1620A
xiǎomèi 小妹 2-1609B
xiàomèi 效媚 5-442A
xiǎoméihuā 小梅花 2-1620A
xiǎomèizi 小妹子 2-1609B
xiāomēn 消悶 5-1206B
xiāomén 霄門 11-697B
xiàomén 孝門 4-199A
xiāoměng 梟猛 4-1053B
xiāoměng 驍猛 12-883A
xiǎomèng 曉夢 5-835A
xiǎoménshēng 小門生 2-1609A
xiǎoménxià 小門下 2-1609A
xiǎoménxiǎohù 小門小户 2-1609A
xiāomí 宵迷 3-1482B
xiāomí 消彌 5-1209A
xiāomí 消糜 5-1209A
xiāomí 消靡 5-1209A
xiāomí 消弭 5-1203A
xiāomí 銷靡 11-1298B
xiāomǐ 銷弭 11-1295A
xiǎomǐ 小米 2-1599B
xiáomiǎn 崤黽 3-837B
xiáomiǎn 崤澠 3-838A
xiǎomián 小眠 2-1616A
xiàomiàn 笑面 8-1110A
xiàomiànhǔ 笑面虎 8-1110A
xiàomiànyèchā 笑面夜叉 8-1110A
xiāomiǎo 消渺 5-1206A
xiǎomiǎo 皛淼 8-274B
xiǎomiào 小廟 2-1639A
xiàomiǎo [illegible]淼 6-202A
xiāomiè 消滅 5-1207B
xiāomiè 梟滅 4-1054A
xiāomiè 銷滅 11-1297A
xiàomīhǔ 笑眯虎 8-1111B
xiàomíhú 笑迷糊 8-1110B
xiàomíhǔ 笑迷虎 8-1110B
xiǎomǐjiābùqiāng 小米加步槍 2-1599B
xiàomīmī 笑咪咪 8-1110B
xiàomīmī 笑眯眯 8-1111B
xiàomímí 笑迷迷 8-1110B
xiàomímí 笑彌彌 8-1114B
xiāomín 宵民 3-1481B
xiāomǐn 消泯 5-1202B
xiǎomín 小民 2-1596A
xiǎomín 小旻 2-1604B
xiāomíng 宵明 3-1482B
xiāomíng 梟名 4-1052A
xiāomíng 梟鳴 4-1054B
xiāomíng 霄明 11-697B
xiāomíng 霄冥 11-697B
xiāomíng 鴞鳴 12-1080A
xiāomíng 驍名 12-882A
xiǎomíng 小名 2-1599A
xiǎomíng 小明 2-1604B
xiǎomíng 小瞑 2-1637B
xiǎomíng 曉明 5-833B
xiǎomìng 小命 2-1606B
xiàomìng 效命 5-441A
xiàomìng 嘯命 3-532A
xiāomíngcǎo 宵明草 3-1482B
xiāomíngcǎo 銷明草 11-1294A
xiǎomíngjiā 小名家 2-1599A
xiāomíngshǔbào 鴞鳴鼠暴 12-1080A
xiāomó 消摩 5-1208A
xiāomó 消磨 5-1208B
xiāomó 銷磨 11-1297B
xiāomò 消没 5-1201B
xiǎomò 小末 2-1592B
xiǎomònī 小末尼 2-1592B
xiàomóu 效謀 5-442B
xiāomù 綃幕 9-871A
xiǎomù 小木 2-1589B
xiǎomù 小目 2-1594A
xiàomù 孝幕 4-200B
xiàomù 孝睦 4-200B
xiàomù 孝慕 4-201A
xiàomù 效慕 5-442A
xiàomù 傚慕 1-1606B
xiàomúxiàoyàng 笑模笑樣 8-1113A
xiàomúyōuyōu 笑模悠悠 8-1113A
xiǎomuzhǐ 小拇指 2-1603B
xiàomúzī'er 笑模滋兒 8-1113A
xiāonà 消納 5-1204B
xiàonà 笑納 8-1111B
xiǎonǎinai 小奶奶 2-1596A
xiǎonǎinai 小妳妳 2-1610A
xiāonàn 銷難 11-1298B
xiǎonān 小囡 2-1598A
xiǎonán 小男 2-1601B
xiàonán 孝男 4-198A
xiǎonánfùnǚ 小男婦女 2-1601B
xiǎonánqiáng 小南强 2-1611A
xiāonáo 嘵呶 3-496A
xiāonáo 囂呶 3-559B
xiāonáo 囂譊 3-562A
xiāonào 囂鬧 3-561A
xiǎonǎo 小腦 2-1632B
xiàonǎo [illegible][illegible] 6-159A
xiàonào 笑鬧 8-1113B
xiāonáogē 簫鐃歌 8-1269B
xiǎonéng 謏能 11-344B
xiàonéng 效能 5-441B
xiāonì 消匿 5-1203A
xiāonì 銷匿 11-1295B
xiǎoní 小尼 2-1596A
xiǎonián 小年 2-1598A
xiǎoniǎn 小輦 2-1636A
xiāoniáng 蕭娘 9-581B
xiǎoniáng 小娘 2-1619A
xiǎoniàng 小釀 2-1646A
xiǎoniángzi 小娘子 2-1619A
xiǎoniánqīng 小年輕 2-1598B
xiǎoniánxià 小年下 2-1598B
xiǎoniányè 小年夜 2-1598B
xiāoniǎo 梟鳥 4-1053A
xiàoniǎo 孝鳥 4-199B
xiāoniǎoshēngyì 鴞鳥生翼 12-1080A
xiǎoniǎoyīrén 小鳥依人 2-1621B
xiǎoniè 小孽 2-1644A
xiāoníng 消凝 5-1208B
xiāoníng 銷凝 11-1297B
xiǎonìng 小佞 2-1602A
xiǎonīzi 小妮子 2-1610A
xiàonòng 笑弄 8-1109A
xiāonù 虓怒 8-811A
xiǎonú 小奴 2-1596A
xiàonúdài 效駑駘 5-442A
xiāonuò 銷懦 11-1298A
xiāonuò 銷愞 11-1296B
xiàonuò 嘯諾 3-533A
xiǎonǚ 小女 2-1589A
xiàonǚ 孝女 4-197A
xiāopà 綃帕 9-870B
xiǎopáchóng 小爬蟲 2-1606B
xiǎopāi 小拍 2-1603B
xiǎopái 小牌 2-1626B
xiǎopài 小派 2-1613B
xiǎopāibǎn 小拍板 2-1603B
xiāopán 宵盤 3-1483B
xiāopàn 消泮 5-1202B
xiāopáo 哮咆 3-352B
xiǎopǎo 小跑 2-1626A
xiǎopātóu 小扒頭 2-1593A
xiǎopèi 小旆 2-1617A
xiàopéng 孝棚 4-200A
xiǎopénglái 小蓬萊 2-1630A
xiǎopéngyǒu 小朋友 2-1607A
xiǎopī 小披 2-1603B
xiǎopì 曉譬 5-836A
xiǎopiān 小偏 2-1621B
xiǎopiān 小篇 2-1638A
xiǎopiányi 小便宜 2-1612A
xiǎopiányì 小便意 2-1612A
xiāopiāo 飇飃 12-653A
xiāopiào 銷票 11-1295B
xiǎopiào 小票 2-1620A
xiǎopīlòu 小紕漏 2-1619B
xiǎopǐn 小品 2-1611B
xiǎopìn 小聘 2-1630A
xiàopín 效矉 5-442B
xiàopín 效顰 5-442B
xiàopín 笑嬪 8-1114B
xiàopín 笑嚬 8-1114B
xiàopín 笑顰 8-1115A
xiàopín 斅顰 5-525B
xiāopíng 消平 5-1201A
xiāopíng 蕭屏 9-580B
xiǎopíngjīn 小平津 2-1594A
xiǎopíngqián 小平錢 2-1594A
xiǎopǐnwén 小品文 2-1611B
xiàopínxuébù 效顰學步 5-442B
xiāopò 宵魄 3-1483B
xiāopò 消破 5-1203B
xiǎopō 小坡 2-1603B
xiǎopó 小婆 2-1623B
xiǎopò 曉魄 5-835A
xiāopòjìng 梟破鏡 4-1052B
xiǎopóniáng 小婆娘 2-1623B
xiǎopózi 小婆子 2-1623B
xiāopū 消仆 5-1200A
xiāopǔ 簫譜 8-1269B
xiāoqí 梟棊 4-1053B
xiāoqí 梟棋 4-1053B
xiāoqí 蕭齊 9-583A
xiāoqí 驍碁 12-883B
xiāoqí 驍騎 12-884A
xiāoqǐ 綃綺 9-871A
xiāoqì 消氣 5-1203B
xiāoqì 消棄 5-1206A
xiāoqì 銷弃 11-1294A
xiāoqì 銷棄 11-1297A
xiāoqì 霄氣 11-697B
xiāoqì 驍氣 12-882B
xiǎoqī 小妻 2-1604B
xiǎoqí 小畦 2-1620B
xiǎoqí 小亓 2-1592B
xiǎoqǐ 小起 2-1615A
xiǎoqì 小氣 2-1616A
xiǎoqì 小愒 2-1628B

xiǎoqì 小憩 2-1638A
xiǎoqì 小器 2-1640A
xiǎoqì 小憇 2-1640A
xiǎoqì 曉氣 5-834A
xiàoqī 孝妻 4-198B
xiàoqí 校旗 4-1004A
xiàoqì 孝器 4-201B
xiàoqì 笑氣 8-1111A
xiǎoqià 曉洽 5-834A
xiàoqià 笑恰 8-1110B
xiāoqiān 銷籤 11-1298B
xiāoqiǎn 消遣 5-1207A
xiāoqiǎn 銷遣 11-1297A
xiǎoqiān 小遷 2-1637A
xiǎoqián 小錢 2-1641A
xiǎoqiǎn 小譴 2-1645A
xiàoqiān 效牽 5-441B
xiāoqiáng 蕭牆 9-584A
xiāoqiáng 驍强 12-883B
xiǎoqiánguì 小錢櫃 2-1641A
xiāoqiǎnpǐn 消遣品 5-1207A
xiǎoqiānshìjiè 小千世界 2-1588A
xiǎoqiántí 小前提 2-1613A
xiāoqiáo 肖翹 6-1173B
xiǎoqiáo 小喬 2-1626B
xiǎoqiáo 小橋 2-1639B
xiǎoqiáo 小瞧 2-1642A
xiǎoqiǎo 小巧 2-1593A
xiǎoqiào 小峭 2-1616A
xiàoqiào 笑誚 8-1113A
xiǎoqiàobù 小俏步 2-1612A
xiǎoqiǎolínglóng 小巧玲瓏 2-1593A
xiǎoqiè 小妾 2-1607B
xiǎoqiè 小竊 2-1645B
xiǎoqìhòu 小氣候 2-1616B
xiāoqín 梟禽 4-1054A
xiáoqīn 絞衾 9-845B
xiáoqīn 崤嶔 3-837B
xiǎoqǐn 小寢 2-1636A
xiàoqīn 孝親 4-201B
xiàoqín 效芹 5-440B
xiāoqíng 宵檠 3-1483B
xiāoqíng 虓勍 8-811A
xiāoqíng 驍勍 12-883A
xiǎoqīng 小青 2-1603B
xiǎoqīng 小清 2-1623A
xiǎoqīng 皛清 8-274B
xiǎoqíng 小情 2-1623B
xiàoqíng 孝情 4-199B
xiàoqíng 效情 5-441B
xiàoqìng 校慶 4-1004B
xiǎoqīngmíng 小清明 2-1623A
xiǎoqīngnián 小青年 2-1603B
xiàoqīngyíncuì 笑青吟翠 8-1109B
xiǎoqínjūn 小秦君 2-1615A
xiǎoqīnqīn 小親親 2-1641A
xiāoqiū 蕭丘 9-580A
xiǎoqiū 小秋 2-1611B
xiǎoqiú 小球 2-1619B
xiǎoqiūshōu 小秋收 2-1611B
xiāoqíyíng 驍騎營 12-884A
xiǎoqìzuō 小器作 2-1640A
xiāoqū 銷屈 11-1295A
xiāoqú 霄衢 11-698B
xiāoqǔ 消取 5-1202A
xiāoqǔ 銷取 11-1294A
xiāoqù 消去 5-1201A
xiǎoqū 小曲 2-1598A
xiǎoqū 小屈 2-1609A
xiǎoqū 小麯 2-1642A
xiǎoqǔ 小曲 2-1598A
xiǎoqù 小覷 2-1643A
xiǎoquán 小泉 2-1612A
xiǎoquán 小銓 2-1634B
xiǎoquǎn 小犬 2-1590A
xiǎoquàn 曉勸 5-836A
xiàoquán 涍泉 5-1194A
xiàoquǎnmǎlì 效犬馬力 5-440A
xiǎoquānzi 小圈子 2-1621A
xiǎoqūdàshēn 小屈大申 2-1609A
xiāoquè 消却 5-1201B
xiāoquè 消卻 5-1202B
xiǎoquē 小缺 2-1616A
xiǎoquè 小却 2-1600A
xiǎoquè 小卻 2-1612B
xiǎoquè 小闋 2-1643A
xiāoqún 梟羣 4-1054A
xiàoqún 孝裙 4-200B
xiǎoqūnxún 小逡巡 2-1619A
xiāorán 熇然 7-312B
xiāorán 削然 2-694B
xiāorán 枵然 4-911A
xiāorán 虓然 8-811A
xiāorán 翛然 1-1601A
xiāorán 歊然 6-1468B
xiāorán 蕭然 9-582A
xiāorán 瀟然 6-205B
xiāorán 囂然 3-560B
xiáorán 殽然 6-1494B
xiǎorán 曉然 5-834B
xiāoráng 消禳 5-1209B
xiāorǎng 宵壤 3-1484A
xiāorǎng 霄壤 11-698B
xiǎoràng 小讓 2-1646A
xiāorǎo 囂擾 3-561B
xiǎoráo 小橈 2-1639B
xiāorè 歊熱 6-1468B
xiǎorèhūn 小熱昏 2-1636B
xiāorén 宵人 3-1481B
xiāorén 囂人 3-559B
xiāorèn 消任 5-1201A
xiǎorén 小人 2-1586A
xiǎorén 曉人 5-832B
xiǎorèn 小任 2-1598B
xiàorén 效仁 5-440A
xiǎorénguó 小人國 2-1586B
xiǎorénjia 小人家 2-1586B
xiǎorénrú 小人儒 2-1586B
xiǎorénshū 小人書 2-1586B
xiǎorénwù 小人物 2-1586B
xiāorì 消日 5-1200A
xiāorì 銷日 11-1293B
xiǎorì 曉日 5-833A
xiǎorìjiǎo 小日脚 2-1590B
xiǎorìyuè 小日月 2-1590B
xiǎoriyuèzhuāngjia 小日月莊稼 2-1590B
xiǎorìzhōng 小日中 2-1590A
xiǎorìzi 小日子 2-1590A
xiāoróng 消溶 5-1207B
xiāoróng 消融 5-1208B
xiāoróng 消鎔 5-1209A
xiāoróng 銷溶 11-1297A
xiāoróng 銷熔 11-1297B
xiāoróng 銷融 11-1297B
xiāoróng 銷鎔 11-1298A
xiǎoróng 小戎 2-1596B
xiǎorǒng 小宂 2-1596A
xiàoróng 笑容 8-1111A
xiàoróngkějū 笑容可掬 8-1111A
xiàoróngróng 笑溶溶 8-1113A
xiàoróngróng 笑融融 8-1114A
xiāorú 枵如 4-910B
xiāorú 翛如 1-1600B
xiāorù 歊溽 6-1468B
xiǎorú 小儒 2-1640B
xiǎorú 小襦 2-1645A
xiǎorù 小蓐 2-1630A
xiāoruǎn 銷耎 11-1295A
xiǎoruǎn 小阮 2-1599B
xiǎoruǎn'er 小軟兒 2-1620A
xiāoruì 梟鋭 4-1054B
xiāoruì 驍鋭 12-883B
xiǎoruǐ 小蕊 2-1636B
xiàoruì 效瑞 5-442A
xiāoruò 銷弱 11-1295B
xiǎoruò 小弱 2-1618B
xiāosā 消撒 5-1208A
xiāosǎ 消洒 5-1202B
xiāosǎ 蕭洒 9-580B
xiāosǎ 蕭灑 9-584A
xiāosǎ 瀟洒 6-205A
xiāosǎ 瀟灑 6-205A
xiāosà 翛颯 1-1601A
xiāosà 踃颭 10-484B
xiāosà 蕭颯 9-583A
xiāosà 瀟颯 6-205B
xiáosài 崤塞 3-837B
xiāosǎn 梟散 4-1053B
xiāosǎn 蕭散 9-582A
xiāosǎn 瀟散 6-205B
xiāosàn 消散 5-1205B
xiāosàn 銷散 11-1296A
xiāosàn 蕭散 9-582A
xiàosàn 笑散 8-1112A
xiǎosāng 小喪 2-1625A
xiǎosǎng 小嗓 2-1631A
xiāosāo 蕭騷 9-584A
xiāosāo 瀟颾 6-205B
xiāosè 颾颾 12-652B
xiāosè 憢嗇 7-731A
xiāosè 蕭槭 9-583B
xiāosè 蕭瑟 9-583A
xiāosè 瀟瑟 6-205B
xiǎosè 小色 2-1599A
xiǎosè 曉色 5-833B
xiāosēn 櫹槮 4-1350A
xiāosēn 舉参 6-733A
xiāosēn 蕭森 9-582A
xiāosēn 蕭槮 9-583B
xiāosēn 瀟森 6-205B
xiāosēn 櫹槮 4-1358A
xiǎosēng 小僧 2-1634B
xiāoshā 消殺 5-1204A
xiāoshā 消煞 5-1207B
xiāoshā 銷殺 11-1295B
xiāoshā 蕭殺 9-581A
xiāoshā 蕭煞 9-583A
xiàoshā 效殺 5-441A
xiāoshǎi 梟色 4-1052A
xiǎoshāmí 小沙彌 2-1602B
xiáoshān 崤山 3-837B
xiǎoshān 小山 2-1588A
xiǎoshān 小衫 2-1609A
xiǎoshàn 小善 2-1628A
xiàoshān 笑姍 8-1110A
xiàoshàn 笑訕 8-1111A
xiāoshàng 霄上 11-697A
xiǎoshāng 小商 2-1623A
xiǎoshāngpǐn 小商品 2-1623A
xiǎoshāngrén 小商人 2-1623A
xiǎoshǎngwǔ 小晌午 2-1616A
xiǎoshānméi 小山眉 2-1588A
xiāoshāo 蕭梢 9-581B
xiāoshāo 蠨蛸 8-998A
xiāosháo 箾韶 8-1212B
xiāosháo 簫韶 8-1269B
xiàoshāo 滹捎 6-208B
xiàoshāo 梟湘 6-159A
xiāoshé 消折 5-1201A
xiāoshé 嘵舌 3-496A
xiāoshè 蕭摵 9-583A
xiǎoshé 曉舌 5-833A
xiǎoshè 小舍 2-1606B
xiǎoshè 小社 2-1603A
xiǎoshè 小赦 2-1619B
xiàoshè 校舍 4-1001A
xiāoshéguǐguài 梟蛇鬼怪 4-1053A
xiāoshēn 莦槮 9-459A
xiāoshēn 莦蔘 9-459A
xiāoshēn 蕭蔘 9-583A
xiǎoshēn 小身 2-1602A
xiǎoshěn 小嬸 2-1644A
xiàoshén 肖神 6-1173A
xiàoshěn 笑哂 8-1110A
xiāoshēng 消聲 5-1209A
xiāoshēng 銷聲 11-1298A
xiāoshēng 囂聲 3-561B
xiǎoshēng 小升 2-1590B
xiǎoshēng 小生 2-1594B
xiǎoshēng 小牲 2-1611B
xiǎoshēng 曉聲 5-835B

xiǎoshěng 小眚 2-1616A
xiǎoshèng 小聖 2-1629B
xiàoshèng 效勝 5-441B
xiāoshēngbìyǐng 銷聲避影 11-1298A
xiǎoshēngchǎn 小生產 2-1594B
xiāoshēngliǎnjì 銷聲斂跡 11-1298A
xiāoshēngmièjì 消聲滅迹 5-1209A
xiāoshēngnìjì 消聲匿迹 5-1209A
xiāoshēngnìjì 銷聲匿迹 11-1298A
xiāoshēngnìjì 銷聲匿跡 11-1298A
xiāoshēngnìyǐng 消聲匿影 5-1209A
xiāoshēngnìyǐng 銷聲匿影 11-1298A
xiǎoshēngrì 小生日 2-1594B
xiǎoshēngyè 小生業 2-1594B
xiǎoshēngyi 小生意 2-1594B
xiāoshēngyínyǔ 猇聲狺語 5-76B
xiāoshénliúzhì 銷神流志 11-1295A
xiǎoshěnniáng 小嬸娘 2-1644A
xiǎoshěnzi 小嬸子 2-1644A
xiǎoshèrén 小舍人 2-1606B
xiāoshī 消失 5-1201A
xiāoshī 銷失 11-1293B
xiāoshí 消石 5-1201A
xiāoshí 消食 5-1202B
xiāoshí 消蝕 5-1208A
xiāoshí 硝石 7-1051A
xiāoshí 銷蝕 11-1297B
xiāoshǐ 蕭史 9-580A
xiāoshǐ 簫史 8-1269A
xiāoshǐ 髇矢 12-409B
xiāoshì 消逝 5-1203A
xiāoshì 消釋 5-1209B
xiāoshì 消澤 5-1208B
xiāoshì 虓士 8-810B
xiāoshì 梟示 4-1052A
xiāoshì 銷釋 11-1298B
xiāoshì 蕭氏 9-579B
xiāoshì 囂世 3-559B
xiāoshì 哮噬 3-352B
xiǎoshī 小師 2-1616B
xiǎoshī 小詩 2-1632B
xiǎoshí 小食 2-1613A
xiǎoshí 小時 2-1615B
xiǎoshí 小識 2-1645A
xiǎoshí 曉識 5-836A
xiǎoshǐ 小史 2-1594A
xiǎoshǐ 小使 2-1605B
xiǎoshì 小市 2-1595B
xiǎoshì 小視 2-1623B
xiǎoshì 小試 2-1632B
xiǎoshì 曉世 5-833A
xiǎoshì 曉市 5-833A
xiǎoshì 曉示 5-833A
xiǎoshì 曉事 5-833B
xiàoshí 效實 5-442A
xiàoshì 效試 5-442A
xiàoshì 校室 4-1001B
xiǎoshǐchē 小使車 2-1605B
xiǎoshǐchén 小使臣 2-1605B
xiǎoshìfēngmáng 小試鋒芒 2-1632B
xiǎoshíhòu 小時候 2-1616A
xiāoshíhuī 消石灰 5-1201A
xiǎoshìjiàn 小事件 2-1604A
xiǎoshíjié 小時節 2-1616A
xiāoshìlánggù 梟視狼顧 4-1053B
xiǎoshíliǎoliǎo 小時了了 2-1615B
xiǎoshìmín 小市民 2-1595B
xiǎoshǐzhě 小使者 2-1605B
xiāoshǒu 梟首 4-1052B
xiāoshǒu 痟首 8-320A
xiāoshòu 消受 5-1202A
xiāoshòu 消售 5-1205A
xiāoshòu 消瘦 5-1208A
xiāoshòu 痟瘦 8-320A
xiāoshòu 銷售 11-1296A
xiāoshòu 銷瘦 11-1297B
xiǎoshòu 小瘦 2-1635B
xiàoshǒu 效首 5-441A
xiǎoshòudàzǒu 小受大走 2-1607A
xiǎoshǒu'er 小手兒 2-1590B
xiǎoshǒugōngyè 小手工業 2-1590B
xiāoshǒushìzhòng 梟首示衆 4-1052B
xiǎoshǒuxiǎojiǎo 小手小脚 2-1590B
xiāoshū 消疎 5-1206B
xiāoshū 消疏 5-1206B
xiāoshū 蕭疎 9-582B
xiāoshū 蕭疏 9-582B
xiāoshū 瀟疎 6-205B
xiāoshū 囂書 3-560A
xiāoshú 硝熟 7-1051A
xiāoshǔ 熇暑 7-215B
xiāoshǔ 消暑 5-1206A
xiāoshǔ 銷暑 11-1296A
xiāoshù 囂庶 3-560B
xiǎoshū 小叔 2-1604B
xiǎoshū 小書 2-1618B
xiǎoshú 小熟 2-1638B
xiǎoshú 曉熟 5-835B
xiǎoshǔ 小暑 2-1626A
xiǎoshù 小術 2-1621B
xiǎoshù 小數 2-1637B
xiǎoshù 小豎 2-1637A
xiǎoshù 曉戍 5-833A
xiǎoshù 曉術 5-834B
xiàoshū 笑書 8-1111B
xiàoshù 嘯術 3-532B
xiāoshuāi 消衰 5-1204B
xiāoshuài 虓帥 8-811A
xiāoshuài 梟帥 4-1052B
xiāoshuài 驍率 12-883A
xiāoshuài 驍帥 12-882B
xiāoshuǎng 蕭爽 9-581B
xiāoshuǎng 瀟爽 6-205B
xiǎoshuāngbāo 小雙包 2-1643B
xiàoshuǎtóuhuí 笑耍頭回 8-1110A
xiǎoshùdiǎn 小數點 2-1637B
xiǎoshuǐ 小水 2-1590B
xiǎoshuì 小睡 2-1630B
xiàoshùn 孝順 4-200A
xiàoshùn 效順 5-441B
xiāoshuò 消爍 5-1209A
xiāoshuò 消鑠 5-1209B
xiāoshuò 銷爍 11-1298B
xiāoshuò 銷鑠 11-1298B
xiǎoshuō 小説 2-1635A
xiǎoshuō 曉説 5-835A
xiǎoshuō 謏説 11-344B
xiǎoshuò 小數 2-1637B
xiǎoshuōjiā 小説家 2-1635B
xiǎoshūzi 小叔子 2-1604B
xiāosī 消澌 5-1208B
xiāosī 梟私 4-1052A
xiāosī 銷澌 11-1297B
xiāosì 蕭寺 9-580A
xiǎosī 小司 2-1596A
xiǎosī 小廝 2-1638B
xiǎosǐ 小死 2-1597B
xiǎosì 小祀 2-1603A
xiǎosì 小竢 2-1628A
xiǎosì 小肆 2-1629B
xiǎosì 小駟 2-1636A
xiàosī 孝思 4-199A
xiàosǐ 效死 5-440B
xiàosǐ 斅死 5-525B
xiàosì 孝祀 4-198B
xiàosì 肖似 6-1173A
xiǎosīkōng 小司空 2-1596A
xiǎosīkòu 小司寇 2-1596A
xiǎosīmǎ 小司馬 2-1596A
xiǎosīpū 小廝撲 2-1639A
xiàosǐshūzhōng 效死輸忠 5-440B
xiǎosītú 小司徒 2-1596A
xiàosǐwùqù 效死勿去 5-440B
xiāosòng 囂訟 3-560B
xiǎosòng 小宋 2-1602B
xiǎosòng 小訟 2-1622B
xiǎosòng 小誦 2-1635B
xiāosōu 蕭颼 9-584A
xiǎosōu 小溲 2-1628B
xiāosú 囂俗 3-560A
xiāosù 宵夙 3-1482A
xiāosù 宵宿 3-1483A
xiāosù 綃素 9-870B
xiǎosū 小蘇 2-1644B
xiǎosú 曉俗 5-834A
xiāosuàn 消算 5-1207B
xiāosuàn 銷算 11-1297A
xiǎosuàn 小蒜 2-1630A
xiǎosuànpan 小算盤 2-1634B
xiǎosūdá 小蘇打 2-1644B
xiǎosuí 小綏 2-1634A
xiǎosuì 小歲 2-1630A
xiǎosuì 小碎 2-1630A
xiǎosuìhè 小歲賀 2-1630B
xiāosǔn 消損 5-1207A
xiāosǔn 銷損 11-1296B
xiǎosǔn 小損 2-1629B
xiàosūn 孝孫 4-199A
xiàosǔn 孝笋 4-199A
xiàosǔn 孝筍 4-200A
xiāosuō 消縮 5-1209A
xiāosuō 銷縮 11-1298A
xiāosuǒ 消索 5-1203A
xiāosuǒ 銷索 11-1295B
xiāosuǒ 蕭索 9-580B
xiǎosuǒ 小瑣 2-1634A
xiàosuō 笑睃 8-1112A
xiāotǎ 蟂獺 8-957B
xiǎotà 小榻 2-1634A
xiāotái 簫臺 8-1269B
xiǎotài 小泰 2-1615A
xiàotái 嘯臺 3-533A
xiàotài 笑態 8-1113B
xiǎotàitai 小太太 2-1590A
xiǎotán 小談 2-1638B
xiàotán 笑談 8-1113B
xiàotàn 笑嘆 8-1113A
xiàotàn 笑歎 8-1113B
xiàotàn 嘯歎 3-533A
xiàotáng 孝堂 4-199B
xiǎotángmíng 小堂名 2-1620A
xiāotáo 梟桃 4-1052B
xiāotáo 哮咷 3-352B
xiǎotáo 小桃 2-1615A
xiǎotáoqì'er 小淘氣兒 2-1623A
xiāotè 消慝 5-1207B
xiāotè 銷慝 11-1297A
xiāoténg 囂騰 3-562A
xiāoténg 驍騰 12-884A
xiǎotí 小題 2-1643B
xiǎotǐ 小體 2-1645B
xiàotí 肖題 6-1173B
xiàotì 孝弟 4-198A
xiàotì 孝悌 4-199A
xiāotián 宵田 3-1481B
xiāotián 囂闐 3-561B
xiāotiǎn 消殄 5-1202B
xiāotiǎn 梟殄 4-1052A
xiāotiǎn 銷殄 11-1295A
xiǎotiān 小天 2-1589B
xiǎotiān 曉天 5-833A
xiǎotiǎn 小腆 2-1627B
xiàotiān 嘯天 3-531B
xiǎotiāndì 小天地 2-1589B
xiǎotiānshǐ 小天使 2-1589B
xiāotiāo 撓挑 6-850B
xiāotiáo 消條 5-1203B
xiāotiáo 蕭條 9-581A
xiāotiáo 瀟條 6-205A
xiàotiǎo 睄窕 7-1222A
xiàotiáo 笑調 8-1113B

xiǎotiáobiān 小條鞭 2-1616B
xiǎotídàzuò 小題大作 2-1643B
xiǎotídàzuò 小題大做 2-1643B
xiǎotiě 小帖 2-1605A
xiāotíguǐxiào 鴞啼鬼嘯 12-1080A
xiàotìlìtián 孝弟力田 4-198A
xiàotìlìtián 孝悌力田 4-199A
xiāotīng 嚻聽 3-562B
xiāotíng 消停 5-1205A
xiāotíng 猇亭 5-76B
xiāotíng 銷停 11-1296A
xiǎotīng 小聽 2-1645B
xiǎotíng 小庭 2-1613A
xiǎotíng 小停 2-1621B
xiǎotǐng 小挺 2-1610B
xiǎotíqín 小提琴 2-1624B
xiǎotízi 小蹄子 2-1640A
xiáotóng 崤潼 3-837B
xiǎotōng 小通 2-1619A
xiǎotóng 小童 2-1628A
xiǎotóng 小僮 2-1634B
xiàotóng 孝童 4-200A
xiāotóu 綃頭 9-871A
xiǎotōu 小偷 2-1621B
xiǎotóu 小頭 2-1639B
xiāotú 梟徒 4-1053A
xiāotú 霄塗 11-698A
xiāotú 嚻塗 3-561A
xiāotú 驍徒 12-882B
xiǎotǔ 小土 2-1587A
xiǎotuán 小團 2-1634A
xiǎotuánlóng 小團龍 2-1634B
xiāotuí 消頹 5-1208B
xiāotuì 消退 5-1203A
xiāotuì 消褪 5-1208A
xiǎotuǐ 小腿 2-1632B
xiǎotūn 曉暾 5-835B
xiāotuò 宵柝 3-1482B
xiàotuōyí 笑脱頤 8-1111B
xiá'ōu 狎鷗 5-31B
xiǎowā 小汙 2-1599B
xiǎowá 小娃 2-1614B
xiāowài 嚻外 3-559B
xiàowàifǔdǎoyuán 校外輔導員 4-1000B
xiāowán 綃紈 9-870B
xiāowán 銷刓 11-1293B
xiǎowán 小頑 2-1629B
xiǎowán'ernào 小玩兒鬧 2-1603A
xiāowáng 消亡 5-1200A
xiāowáng 銷亡 11-1293A
xiāowáng 鴞王 12-1080A
xiāowàng 嚻妄 3-559B
xiǎowáng 小王 2-1589A
xiàowáng 孝王 4-197B
xiǎowǎngdàlái 小往大來 2-1606B
xiǎowǎngdàzhí 小枉大直 2-1604A
xiǎowángzǐ 小王子 2-1589B
xiǎowányì 小玩意 2-1603A
xiǎowányì 小玩藝 2-1603B
xiǎowányì 小頑意 2-1629B
xiāowēi 銷微 11-1297A
xiāowěi 消委 5-1202A
xiāowěi 銷委 11-1294B
xiāowèi 驍衛 12-883B
xiǎowēi 小微 2-1631B
xiǎowéi 小圍 2-1626B
xiǎowěi 曉緯 5-835B
xiǎowèi 小味 2-1604B
xiǎowèi 曉慰 5-835B
xiàowéi 孝幃 4-200A
xiàowēiwēi 笑微微 8-1112B
xiāowén 嚻聞 3-561A
xiáowěn 淆紊 5-1388B
xiǎowén 小文 2-1591A
xiǎowén 謏聞 11-344B
xiǎowèn 謏問 11-344B
xiàowén 笑紋 8-1111B
xiǎowǒ 小我 2-1601B
xiàowō 笑渦 8-1111B
xiàowō 笑窩 8-1113A
xiāowǔ 虓武 8-810B
xiāowǔ 驍武 12-882A
xiāowù 歊霧 6-1469A
xiāowù 嚻務 3-560A
xiǎowū 小汙 2-1599B
xiǎowū 小巫 2-1600B
xiǎowū 篠屋 8-1231A
xiǎowǔ 小舞 2-1634B
xiǎowù 小物 2-1605A
xiǎowù 小務 2-1619B
xiǎowù 曉悟 5-834A
xiǎowù 曉寤 5-835B
xiàowū 孝烏 4-199A
xiàowǔ 笑侮 8-1110B
xiàowù 肖物 6-1173A
xiàowù 效物 5-441A
xiàowù 校務 4-1002B
xiǎowūjiàndàwū 小巫見大巫 2-1600B
xiǎowǔjīn 小五金 2-1589B
xiǎowúshēng 小吴生 2-1601A
xiāoxī 宵夕 3-1481B
xiāoxī 消息 5-1203B
xiāoxī 銷息 11-1295B
xiāoxǐ 銷洗 11-1295A
xiǎoxī 小奚 2-1617A
xiǎoxī 小息 2-1616B
xiǎoxī 小悉 2-1622A
xiǎoxī 小傒 2-1626B
xiǎoxī 小觽 2-1646A
xiǎoxī 曉夕 5-832B
xiǎoxī 曉析 5-833B
xiǎoxí 曉習 5-834B
xiǎoxì 小戲 2-1642A
xiàoxī 孝熙 4-201A
xiàoxǐ 效璽 5-442B
xiàoxì 笑戲 8-1114A
xiāoxiā 哮呷 3-352B
xiāoxiá 梟黠 4-1055A
xiāoxiá 霄霞 11-698B
xiāoxiá 驍黠 12-884A
xiāoxià 消夏 5-1203B
xiāoxià 銷夏 11-1295B
xiǎoxiá 小狹 2-1617A
xiǎoxiá 謏狹 11-344B
xiàoxiā 笑呀 8-1109B
xiǎoxiádàchī 小黠大癡 2-1643B
xiǎoxiàhóu 小夏侯 2-1615B
xiāoxián 消閒 5-1206B
xiāoxián 消閑 5-1206B
xiāoxián 梟瞯 4-1055A
xiāoxián 蕭閒 9-582B
xiāoxián 蕭閑 9-582B
xiāoxiǎn 虓險 8-811A
xiāoxiǎn 嚻險 3-561A
xiāoxiàn 霄見 11-697B
xiǎoxiān 小鮮 2-1642B
xiǎoxián 小閒 2-1629A
xiǎoxián 小弦 2-1609A
xiǎoxián 小絃 2-1624B
xiǎoxián 小閑 2-1629A
xiǎoxián 小嫌 2-1633B
xiǎoxiàn 小峴 2-1616A
xiàoxiān 笑嗎 8-1113A
xiǎoxiànchūn 小峴春 2-1616A
xiāoxiāng 瀟湘 6-205B
xiāoxiáng 消詳 5-1207B
xiāoxiǎng 鴞響 12-1080B
xiāoxiàng 蕭相 9-580B
xiǎoxiáng 小祥 2-1618B
xiǎoxiàng 小相 2-1611A
xiǎoxiàng 小象 2-1622A
xiǎoxiàng 小項 2-1624B
xiǎoxiàng 小像 2-1631B
xiàoxiáng 效祥 5-441A
xiàoxiǎng 孝享 4-198B
xiàoxiǎng 孝饗 4-201B
xiàoxiàng 肖象 6-1173A
xiàoxiàng 肖像 6-1173A
xiàoxiàng 傚象 1-1606B
xiàoxiànghuà 肖像畫 6-1173B
xiǎoxiānshēng 小先生 2-1598B
xiāoxiāo 敲敲 5-502A
xiāoxiāo 哨哨 3-358B
xiāoxiāo 搜搜 6-767B
xiāoxiāo 枵枵 4-911A
xiāoxiāo 消消 5-1204B
xiāoxiāo 梟梟 4-1053A
xiāoxiāo 梟鴞 4-1054B
xiāoxiāo 翛翛 1-1600B
xiāoxiāo 嘐嘐 3-496A
xiāoxiāo 歊歊 6-1468B
xiāoxiāo 嘵嘵 3-496B
xiāoxiāo 蕭蕭 9-583B
xiāoxiāo 瀟瀟 6-205B
xiāoxiāo 嚻嚻 3-562A
xiāoxiāo 驍驍 12-884A
xiāoxiāo 哮唬 3-352B
xiāoxiāo 哮嘵 3-352B
xiāoxiāo 飀飀 12-642B
xiāoxiǎo 宵小 3-1481B
xiāoxiào 梟笑 4-1052B
xiāoxiào 嘵哮 3-496A
xiǎoxiǎo 小小 2-1587B
xiǎoxiǎo 皛皛 8-274B
xiǎoxiào 小校 2-1615A
xiàoxiāo 嗃嗃 3-468B
xiàoxiào 笑効 8-1110A
xiàoxiào 笑笑 8-1111A
xiàoxiào 詨詨 11-199A
xiàoxiào 滈滈 6-202A
xiǎoxiǎobùyán 小小不言 2-1588A
xiāoxiāosèsè 飀飀颼颼 12-653A
xiāoxiāotíngtíng 消消停停 5-1204B
xiāoxiāotíngtíng 逍逍停停 10-893B
xiāoxiāoxiánxián 消消閒閒 5-1204B
xiāoxiàwān 銷夏灣 11-1295B
xiǎoxiázhuāng 曉霞妝 5-835B
xiāoxiē 消歇 5-1207A
xiāoxiē 銷歇 11-1296B
xiāoxiè 消泄 5-1202B
xiāoxiè 蕭屑 9-581B
xiǎoxié 小鞋 2-1636B
xiǎoxiě 小寫 2-1639A
xiǎoxiè 小謝 2-1642B
xiǎoxífù 小媳婦 2-1633B
xiǎoxífùzi 小媳婦子 2-1633B
xiāoxīn 梟心 4-1051B
xiāoxìn 歊焮 6-1468B
xiāoxìn 銷釁 11-1299A
xiǎoxīn 小心 2-1592A
xiǎoxìn 小信 2-1612A
xiǎoxìn 曉信 5-834A
xiàoxīn 孝心 4-197B
xiàoxīn 笑忻 8-1109B
xiāoxīng 宵興 3-1483B
xiāoxīng 梟星 4-1052A
xiāoxíng 宵行 3-1481B
xiāoxíng 宵形 3-1482A
xiāoxíng 銷行 11-1293B
xiǎoxīng 小星 2-1611A
xiǎoxíng 小刑 2-1596B
xiǎoxíng 小行 2-1598B
xiǎoxíng 小型 2-1610B
xiǎoxíng 曉行 5-833A
xiǎoxìng 小姓 2-1610A
xiàoxíng 孝行 4-197B
xiàoxíng 肖形 6-1173A
xiàoxìng 孝性 4-198B
xiǎoxìng'er 小性兒 2-1608A
xiǎoxìnggé 小性格 2-1608A
xiǎoxíngnián 小行年 2-1599A

xiǎoxíngyèsù 曉行夜宿 5-833A
xiǎoxíngyèzhù 曉行夜住 5-833A
xiǎoxìngzi 小性子 2-1608A
xiāoxīnhèmào 梟心鶴貌 4-1051B
xiāoxīnjiàntài 簫心劍態 8-1269A
xiǎoxīnjǐnshèn 小心謹慎 2-1592A
xiāoxīnlìshé 鴞心鸝舌 12-1080A
xiǎoxīnú 小奚奴 2-1617A
xiǎoxīnxiǎoyǎn 小心小眼 2-1592A
xiàoxīnxīn 笑欣欣 8-1110A
xiǎoxīnyǎn 小心眼 2-1592A
xiǎoxīnyìyì 小心翼翼 2-1592A
xiāoxiōng 梟兇 4-1052A
xiāoxióng 消熊 5-1208A
xiāoxióng 虓雄 8-811A
xiāoxióng 梟雄 4-1053B
xiāoxióng 驍雄 12-883A
xiǎoxiōng 小凶 2-1591A
xiǎoxiōng 小兄 2-1594B
xiǎoxiōngdi 小兄弟 2-1594B
xiǎoxióngmāo 小熊貓 2-1636A
xiāoxiǔ 枵朽 4-910B
xiāoxiǔ 銷朽 11-1293B
xiāoxiù 霄岫 11-697B
xiǎoxiū 小休 2-1598B
xiǎoxiū 小修 2-1612A
xiǎoxiù 小秀 2-1601B
xiǎoxiù 小袖 2-1618B
xiàoxīxī 笑嘻嘻 8-1113B
xiàoxīxī 笑嬉嬉 8-1114A
xiàoxǐxǐ 笑喜喜 8-1111B
xiāoxīyíngchōng 消息盈沖 5-1204A
xiāoxīyíngxū 消息盈虛 5-1204A
xiāoxū 枵虛 4-911A
xiāoxū 歊歔 6-1468B
xiāoxū 囂虛 3-560B
xiǎoxū 小胥 2-1614A
xiǎoxū 小須 2-1627A
xiǎoxǔ 小許 2-1622B
xiǎoxù 小序 2-1602B
xiǎoxù 小畜 2-1617A
xiǎoxù 小敍 2-1622A
xiǎoxù 小壻 2-1625A
xiǎoxù 小婿 2-1629B
xiǎoxù 謏訹 11-344B
xiàoxù 校序 4-1000B
xiāoxuān 囂喧 3-560B
xiāoxuān 囂諠 3-561B
xiāoxuán 梟縣 4-1054B
xiāoxuán 梟懸 4-1055A
xiǎoxuān 小喧 2-1630B
xiǎoxuǎn 小選 2-1639A
xiāoxuē 消削 5-1202B
xiǎoxué 小學 2-1640B
xiǎoxué 謏學 11-344B
xiǎoxuě 小雪 2-1620A
xiàoxué 校學 4-1005A
xiàoxuè 笑謔 8-1114A
xiǎoxuéshēng 小學生 2-1640B
xiǎoxuétáng 小學堂 2-1640B
xiàoxuéxiāngzhǎng 斅學相長 5-525B
xiǎoxuézǐ 小學子 2-1640B
xiǎoxǔgōng 小許公 2-1622B
xiǎoxùn 小汛 2-1599B
xiàoxùn 校訓 4-1002A
xiāoyā 銷厭 11-1297A
xiāoyá 霄崖 11-697B
xiāoyǎ 宵雅 3-1483A
xiǎoyā 小丫 2-1588A
xiǎoyā 小押 2-1603B
xiǎoyá 小伢 2-1598B
xiǎoyá 小犽 2-1601A
xiǎoyǎ 小雅 2-1625B
xiǎoyà 小砑 2-1611A
xiǎoyādiàn 小押店 2-1603B
xiāoyān 宵煙 3-1483B
xiāoyān 消淹 5-1205B
xiāoyān 硝烟 7-1051A
xiāoyán 囂言 3-559B
xiāoyǎn 銷偃 11-1296A
xiāoyàn 宵宴 3-1483A
xiāoyàn 宵燕 3-1483B
xiǎoyán 小言 2-1602A
xiǎoyán 小顏 2-1644A
xiǎoyán 小鹽 2-1646A
xiǎoyán 謏言 11-344B
xiǎoyǎn 小衍 2-1612B
xiǎoyǎn 小眼 2-1620B
xiǎoyàn 小宴 2-1618A
xiǎoyàn 小晏 2-1616A
xiǎoyàn 小豔 2-1646A
xiàoyán 笑妍 8-1109B
xiàoyán 笑言 8-1109B
xiàoyán 笑顏 8-1114B
xiàoyán 笑鹽 8-1114B
xiàoyàn 效驗 5-442B
xiǎoyǎnbáopí 小眼薄皮 2-1620B
xiǎoyánèi 小衙內 2-1631B
xiāoyáng 梟羊 4-1052A
xiāoyáng 梟陽 4-1053B
xiāoyáng 梟楊 4-1054A
xiāoyáng 歊陽 6-1468B
xiāoyǎng 痟癢 8-320A
xiǎoyáng 小洋 2-1613B
xiǎoyáng 小陽 2-1623B
xiǎoyáng 曉陽 5-834B
xiǎoyàng 小樣 2-1636B
xiàoyǎng 孝養 4-201B
xiǎoyángchūn 小陽春 2-1623B
xiàoyángēxí 笑筵歌席 8-1112A
xiǎoyàngyún 小樣雲 2-1637A
xiāoyánpiàn 消炎片 5-1202A
xiǎoyàntǎ 小雁塔 2-1625B
xiāoyáo 驌騷 12-915A
xiāoyáo 消搖 5-1207A
xiāoyáo 消遥 5-1207B
xiāoyáo 逍搖 10-893B
xiāoyáo 逍遥 10-893B
xiǎoyāo 小幺 2-1589A
xiǎoyāo 小妖 2-1603A
xiǎoyāo 小要 2-1611A
xiǎoyáo 小徭 2-1631B
xiǎoyǎo 小咬 2-1611B
xiǎoyǎo 皛渼 8-274B
xiǎoyào 皛耀 8-274B
xiāoyáofǎwài 逍遥法外 10-894B
xiāoyáofú 逍遥服 10-894B
xiāoyáogōng 逍遥公 10-894A
xiāoyáoguǎn 逍遥館 10-895A
xiāoyáojīn 逍遥巾 10-893B
xiāoyáojīn 逍遥津 10-894B
xiāoyáolè 逍遥樂 10-895A
xiāoyáolóu 逍遥樓 10-895A
xiāoyáoniǎn 逍遥輦 10-894B
xiāoyáosǎn 逍遥傘 10-894B
xiāoyáoshìwài 逍遥事外 10-894A
xiāoyáotái 逍遥臺 10-894B
xiāoyáowùwài 逍遥物外 10-894A
xiāoyáoyǐ 逍遥椅 10-894B
xiǎoyáoyì 小徭役 2-1632A
xiāoyáoyóu 逍遥遊 10-894B
xiāoyáoyuán 逍遥園 10-894B
xiāoyáozǐ 逍遥子 10-894A
xiāoyáozìdé 逍遥自得 10-894A
xiāoyáozìyú 逍遥自娱 10-894A
xiāoyáozìzài 逍遥自在 10-894A
xiāoyáozuò 逍遥座 10-894B
xiǎoyázi 小牙子 2-1590A
xiāoyě 銷冶 11-1294A
xiāoyè 宵夜 3-1482B
xiāoyè 消夜 5-1202A
xiāoyè 消液 5-1205B
xiǎoyé 小爺 2-1627A
xiǎoyè 小業 2-1630B
xiǎoyè 小靨 2-1646A
xiǎoyè 曉夜 5-834A
xiàoyè 效業 5-442A
xiàoyè 笑靨 8-1114B
xiàoyè 嘯葉 3-532B
xiǎoyèbān 小夜班 2-1607A
xiàoyè'er 笑靨兒 8-1114B
xiāoyèguǒ 消夜果 5-1202A
xiàoyèjīn 笑靨金 8-1114B
xiǎoyèmó 小業魔 2-1630B
xiǎoyèqǔ 小夜曲 2-1607A
xiǎoyéshū 小爺叔 2-1627A
xiāoyètú 消夜圖 5-1202A
xiǎoyèyuān 小業寃 2-1630B
xiǎoyèzhǒng 小業種 2-1630B
xiǎoyèzhǔ 小業主 2-1630B
xiāoyī 宵衣 3-1482A
xiāoyí 消夷 5-1201A
xiāoyí 梟夷 4-1052A
xiāoyí 銷遺 11-1297B
xiāoyì 宵逸 3-1483A
xiāoyì 宵熠 3-1483B
xiāoyì 驍毅 12-883B
xiāoyì 驍藝 12-884A
xiáoyì 殽異 6-1494B
xiǎoyī 小一 2-1586A
xiǎoyī 小衣 2-1599A
xiǎoyí 小姨 2-1614B
xiǎoyí 小儀 2-1638A
xiǎoyí 小遺 2-1638A
xiǎoyǐ 小乙 2-1586A
xiǎoyì 小役 2-1602A
xiǎoyì 小異 2-1620B
xiǎoyì 小意 2-1633A
xiǎoyì 小翼 2-1643A
xiǎoyì 小藝 2-1643A
xiǎoyì 小鷁 2-1645B
xiàoyī 孝衣 4-197B
xiàoyī 校醫 4-1005A
xiàoyì 孝義 4-201A
xiàoyì 效益 5-441A
xiàoyì 效義 5-442A
xiàoyì 校役 4-1000B
xiàoyì 笑意 8-1112B
xiǎoyìdàtóng 小異大同 2-1620B
xiāoyīgànshí 宵衣旰食 3-1482A
xiàoyǐhū 笑矣乎 8-1109B
xiǎoyījīn 小衣襟 2-1599A
xiāoyīn 梟音 4-1052B
xiāoyīn 鴞音 12-1080A
xiāoyīn 囂音 3-560A
xiāoyín 銷銀 11-1297B
xiāoyín 簫吟 8-1269B
xiāoyǐn 消隱 5-1208B
xiāoyìn 銷印 11-1293B
xiǎoyǐn 小尹 2-1592B
xiǎoyǐn 小引 2-1592B
xiǎoyǐn 小飲 2-1627B
xiǎoyǐn 小隱 2-1641B
xiàoyīn 笑音 8-1110B
xiàoyín 嘯吟 3-532A
xiàoyǐn 嘯引 3-531B
xiǎoyǐng 小影 2-1637B
xiàoyǐng 笑影 8-1113B
xiàoyìng 效應 5-442B
xiàoyíngyíng 笑盈盈 8-1110B
xiǎoyíniáng 小姨娘 2-1614B
xiāoyīntúkǒu 嘵音瘏口 3-496A
xiàoyínyín 笑吟吟 8-1109B
xiàoyīshang 孝衣裳 4-198A
xiǎoyìsi 小意思 2-1633A
xiǎoyízi 小姨子 2-1614B
xiǎoyīzi'er 小衣子兒 2-1599A
xiāoyǒng 虓勇 8-811A
xiāoyǒng 梟勇 4-1052B

xiāoyǒng 獢勇 5-108A
xiāoyǒng 驍勇 12-882B
xiāoyòng 銷用 11-1293B
xiǎoyǒng 小勇 2-1614B
xiǎoyòng 小用 2-1595A
xiàoyǒng 嘯咏 3-532A
xiàoyǒng 嘯詠 3-532B
xiàoyǒng 歗咏 6-1475A
xiàoyòng 效用 5-440B
xiāoyōu 消憂 5-1208A
xiāoyóu 驍游 12-883B
xiǎoyōu 小優 2-1642B
xiǎoyǒu 小友 2-1590A
xiǎoyǒu 小有 2-1597A
xiǎoyòu 小幼 2-1596A
xiàoyóu 效尤 5-440A
xiàoyóu 效郵 5-441A
xiàoyóu 傚尤 1-1606B
xiàoyǒu 孝友 4-197B
xiàoyǒu 校友 4-1000A
xiàoyòu 嘯狖 3-532A
xiǎoyǒucái 小有才 2-1597B
xiǎoyǒuchǎnzhě 小有產者
2-1597B
xiǎoyǒudòng 小有洞 2-1597B
xiǎoyòu'ér 小侑兒 2-1605B
xiāoyóugōng 宵遊宮 3-1483A
xiǎoyǒuqīngxū…
小有清虛之天 2-1597B
xiǎoyóushén 小遊神 2-1628A
xiǎoyǒutiān 小有天 2-1597B
xiāoyōuyào 銷憂藥 11-1297B
xiàoyōuyōu 笑悠悠 8-1111B
xiāoyú 宵餘 3-1483B
xiāoyǔ 宵雨 3-1482B
xiāoyǔ 霄宇 11-697B
xiāoyù 消禦 5-1209A
xiāoyù 銷鬱 11-1299A
xiāoyù 蕭玉 9-579B
xiǎoyú 小餘 2-1638B
xiǎoyú 小輿 2-1642B
xiǎoyǔ 小庾 2-1622B
xiǎoyǔ 小語 2-1635A
xiǎoyǔ 曉語 5-835A
xiǎoyù 小玉 2-1592B
xiǎoyù 小愈 2-1632A
xiǎoyù 曉喻 5-834B
xiǎoyù 曉諭 5-835B
xiàoyú 效愚 5-442A
xiàoyǔ 笑語 8-1113A
xiāoyuān 梟鳶 4-1054A
xiāoyuān 霄淵 11-698A
xiāoyuán 霄元 11-697A
xiāoyuǎn 蕭遠 9-583A
xiāoyuàn 囂怨 3-560A
xiǎoyuàn 小院 2-1614B
xiàoyuán 校員 4-1002A
xiàoyuán 校園 4-1003B
xiǎoyuānjia 小寃家 2-1623B
xiàoyǔbiànhuì 笑與抃會
8-1112A
xiǎoyùchí 小尉遲 2-1623B
xiāoyúchuíhuà 宵魚垂化
3-1483A
xiāoyúchuíhuà 霄魚垂化
11-697B
xiāoyuè 宵月 3-1481B
xiāoyuè 消越 5-1205B
xiāoyuè 霄月 11-697B
xiǎoyuè 小樂 2-1639A
xiǎoyuè 小說 2-1635A
xiǎoyuè 小月 2-1591A
xiǎoyuè 曉月 5-833A
xiàoyuè 笑悅 8-1111A
xiǎoyuèfǔ 小樂府 2-1639B
xiǎoyuèzhī 小月氏 2-1591A
xiāoyūn 宵暈 3-1483B
xiāoyún 歊雲 6-1468B
xiāoyǔn 消隕 5-1206B
xiāoyǔn 銷殞 11-1297A
xiāoyǔn 銷實 11-1298A
xiǎoyùn 小運 2-1629A
xiǎoyùn 小韻 2-1645A
xiǎoyùn 曉暈 5-835A
xiǎoyùn 曉韻 5-836A
xiàoyūn 笑暈 8-1112A
xiāoyúndànyǔ 硝雲彈雨
7-1051A
xiàoyúnlǚ 嘯雲侶 3-532B
xiàoyǔzhǐhuī 笑語指麾
8-1113A
xiāozá 囂襍 3-561B
xiāozá 囂雜 3-561B
xiáozá 淆雜 5-1388B
xiáozá 殽雜 6-1494B
xiāozāi 消災 5-1201B
xiāozài 宵載 3-1483B
xiǎozāi 小哉 2-1610B
xiǎozǎi 小宰 2-1618A
xiǎozǎixiàng 小宰相
2-1618B
xiǎozǎiyáng 小宰羊 2-1618B
xiǎozǎizi 小崽子 2-1626A
xiāozāng 銷臟 11-1299A
xiǎozàng 小藏 2-1642A
xiāozǎo 枵棗 4-911A
xiāozào 囂譟 3-562A
xiǎozào 小竈 2-1645B
xiàozào 謞譟 11-384B
xiāozé 曉咋 3-496A
xiáozé 殽賾 6-1494B
xiāozéi 梟賊 4-1054A
xiāozhāi 蕭齋 9-584A
xiǎozhāi 小摘 2-1634A
xiǎozhái 小宅 2-1599B
xiāozhǎn 梟斬 4-1053A
xiāozhāng 枵張 4-911A
xiāozhāng 梟張 4-1053B
xiāozhāng 蕭張 9-582A
xiāozhāng 鴞張 12-1080A
xiāozhāng 囂張 3-560B
xiāozhǎng 消長 5-1201B
xiāozhǎng 消漲 5-1208A
xiāozhàng 消帳 5-1205A
xiāozhàng 綃帳 9-870B
xiāozhàng 歊瘴 6-1469A
xiāozhàng 銷帳 11-1296A
xiǎozhāng 小張 2-1623B
xiǎozhàng 小杖 2-1600B
xiǎozhàng 小帳 2-1621A
xiǎozhàng 小賬 2-1637B
xiàozhǎng 校長 4-1001A
xiǎozhàngfū 小丈夫 2-1587B
xiāozhào 銷照 11-1296B
xiǎozhào 小棹 2-1625A
xiǎozhào 小照 2-1630B
xiǎozhào 小櫂 2-1643A
xiàozhào 嘯召 3-532A
xiāozhé 梟磔 4-1054B
xiāozhé 銷折 11-1294A
xiǎozhé 小謫 2-1644A
xiǎozhēn 小真 2-1615A
xiǎozhèn 小陣 2-1614A
xiǎozhèn 小鎮 2-1643B
xiàozhēn 效貞 5-441A
xiāozhēng 熇蒸 7-215B
xiāozhēng 宵征 3-1482B
xiāozhēng 歊烝 6-1468B
xiāozhēng 歊蒸 6-1468B
xiāozhēng 霄崢 11-697B
xiāozhēng 囂爭 3-559B
xiāozhèng 消症 5-1204B
xiǎozhèng 小正 2-1593A
xiàozhēng 孝烝 4-199A
xiǎozhěngfēng 小整風
2-1639B
xiāozhéyú 蕭折魚 9-580A
xiāozhí 宵直 3-1482A
xiāozhì 梟雉 4-1054B
xiāozhì 霄峙 11-697B
xiāozhì 鴞炙 12-1080A
xiāozhì 驍騺 12-884A
xiǎozhī 小支 2-1590A
xiǎozhī 小枝 2-1604A
xiǎozhī 小知 2-1605A
xiǎozhī 曉知 5-833B
xiǎozhí 小侄 2-1605B
xiǎozhí 小姪 2-1614B
xiǎozhǐ 小指 2-1610B
xiǎozhǐ 曉止 5-833A
xiǎozhǐ 曉旨 5-833B
xiǎozhì 小知 2-1605A
xiǎozhì 小至 2-1597B
xiǎozhì 小治 2-1608A
xiǎozhì 小智 2-1626B
xiàozhí 效職 5-442B
xiàozhǐ 效祉 5-441A
xiàozhǐ 校址 4-1000B
xiàozhǐ 嘯指 3-532A
xiàozhì 孝治 4-198B
xiàozhì 效志 5-440B
xiǎozhítou 小指頭 2-1610B
xiàozhīyǐbí 笑之以鼻
8-1109A
xiāozhōng 宵中 3-1481B
xiāozhōng 消中 5-1200A
xiǎozhōng 小忠 2-1604B
xiǎozhōng 小鍾 2-1642B
xiǎozhōng 曉鐘 5-836A
xiǎozhǒng 小種 2-1634B
xiǎozhòng 小衆 2-1627A
xiàozhōng 效忠 5-441A
xiàozhōngdāo 笑中刀
8-1109A
xiàozhōngyǒudāo 笑中有刀
8-1109A
xiǎozhóu 小軸 2-1625B
xiǎozhóulǐ 小妯娌 2-1610A
xiāozhū 蕭朱 9-580A
xiāozhú 宵燭 3-1484A
xiāozhù 銷注 11-1294B
xiǎozhú 小築 2-1640A
xiǎozhǔ 小主 2-1595B
xiǎozhǔ 小拄 2-1603B
xiǎozhù 小住 2-1602A
xiǎozhù 小注 2-1607B
xiǎozhù 小炷 2-1613B
xiǎozhù 小註 2-1627B
xiǎozhù 小駐 2-1636A
xiàozhú 孝竹 4-197B
xiǎozhuàn 小傳 2-1631B
xiǎozhuàn 小篆 2-1638A
xiāozhuàng 驍壯 12-882A
xiǎozhuāng 小妝 2-1603A
xiǎozhuāng 小粧 2-1628A
xiǎozhuāng 曉妝 5-833B
xiǎozhuāng 曉粧 5-835A
xiāozhuó 簫勺 8-1269A
xiāozhuó 囂濁 3-561B
xiǎozhuó 小彴 2-1599A
xiǎozhuó 小酌 2-1615B
xiàozhúyánkāi 笑逐顏開
8-1111A
xiāozi 硝子 7-1051A
xiāozi 銷子 11-1293A
xiāozǐ 鴞子 12-1080A
xiāozǐ 囂滓 3-561A
xiǎozǐ 小仔 2-1595A
xiǎozǐ 小子 2-1588B
xiǎozǐ 小姊 2-1603A
xiǎozì 小字 2-1599B
xiǎozì 曉字 5-833B
xiàozī 笑資 8-1112B
xiàozǐ 孝子 4-196B
xiàozǐ 肖子 6-1173A
xiàozǐ'àirì 孝子愛日
4-197A
xiǎozìbèi 小字輩 2-1599B
xiǎozìběn 小字本 2-1599B
xiǎozīchǎnjiējí
小資產階級 2-1633A
xiàozǐcísūn 孝子慈孫
4-197A
xiàozǐshùnsūn 孝子順孫
4-197A
xiàozǐxiánsūn 孝子賢孫
4-197A
xiǎozōng 小宗 2-1608A
xiǎozòu 曉奏 5-834A
xiāozú 梟族 4-1053B
xiāozú 驍卒 12-882B
xiāozǔ 消阻 5-1201B
xiǎozū 小租 2-1616B
xiǎozú 小足 2-1601B
xiǎozú 小卒 2-1607A
xiǎozú 小族 2-1623A

xiǎozǔ 小祖 2-1614A
xiǎozǔ 小組 2-1624B
xiàozú 效足 5-440B
xiǎozuì 小罪 2-1631A
xiǎozuò 小坐 2-1602A
xiàozuò 效作 5-441A
xiǎozǔzōng 小祖宗 2-1614A
xiāpǎo 瞎跑 7-1246A
xiāpào 瞎炮 7-1245B
xiápào 匣炮 1-968A
xiápèi 遐轡 10-1110B
xiápèi 霞佩 11-720A
xiápèi 霞帔 11-720A
xiápèi 霞旆 11-721A
xiápèi 霞珮 11-720B
xiāpí 蝦皮 8-934B
xiápī 霞披 11-719B
xiápì 遐僻 10-1108B
xiápiān 遐篇 10-1108B
xiápiàn 霞片 11-719A
xiápiāo 遐漂 10-1108A
xiàpín 下貧 1-323B
xiàpǐn 下品 1-317B
xiàpìn 下聘 1-327A
xiàpíng 下平 1-311B
xiápò 狹迫 5-52B
xiàpō 下坡 1-315A
xiàpōbùgǎn…
下坡不趕,次後難逢
1-315A
xiàpōlù 下坡路 1-315A
xiápū 霞鋪 11-722B
xiàpǔ 夏浦 3-1202B
xiáqī 遐期 10-1106B
xiáqī 遐棲 10-1106B
xiáqí 遐圻 10-1103B
xiáqǐ 遐跂 10-1106A
xiáqǐ 霞起 11-720B
xiáqǐ 霞綺 11-722B
xiáqì 俠氣 1-1370A
xiáqì 遐棄 10-1107A
xiáqì 瑕棄 4-611B
xiáqì 霞氣 11-721A
xiàqī 下妻 1-315B
xiàqí 下棋 1-325B
xiàqí 下臍 1-332B
xiàqí 夏畦 3-1203A
xiàqǐ 夏啓 3-1203A
xiàqì 下氣 1-320A
xiàqì 夏氣 3-1202B
xiáqià 狎帢 5-30A
xiáqià 狎恰 5-30A
xiāqiān 谺諴 10-1319B
xiáqiān 霞騫 11-723B
xiáqián 遐潛 10-1108B
xiáqiǎn 狹淺 5-53A
xiàqiān 下遷 1-329B
xiàqiàn 下欠 1-310B
xiáqiāng 匣槍 1-968A
xiáqiāng 黠羌 12-1363A
xiáqiáng 黠彊 12-1364A
xiáqiǎo 黠巧 12-1363A
xiáqiào 瑕竅 4-612A
xiàqiào 下竅 1-332B
xiàqiāojué 下鍬撅 1-332A
xiàqiāojué 下鍬钁 1-332A
xiàqiāojué 下鍬钁 1-332A
xiàqiáoqiāngǔ 下喬遷谷
1-325B
xiàqiáorùyōu 下喬入幽
1-325B
xiāqīdābā 瞎七搭八
7-1244B
xiàqiè 下妾 1-316A
xiáqīn 霞衾 11-721A
xiàqīn 下親 1-331B
xiáqíng 俠情 1-1370A
xiáqíng 遐情 10-1106A
xiáqìng 遐慶 10-1108B
xiàqīng 夏卿 3-1202B
xiàqíng 下情 1-324A
xiàqìng 夏清 3-1202B
xiāqīngcí 蝦青瓷 8-935A
xiàqīnghóu 夏清侯 3-1203A
xiàqíngpéigào 下情陪告
1-324A
xiàqíngshàngdá 下情上達
1-324A
xiāqīxiābā 瞎七瞎八
7-1244B
xiàqìyísè 下氣怡色 1-320A
xiàqìyíshēng 下氣怡聲
1-320A
xiāqú 蝦朐 8-935A
xiāqú 鰕朐 12-1251A
xiáqū 遐區 10-1106A
xiáqū 轄區 9-1313A
xiáqū 霞區 11-721A
xiàqū 下趣 1-329B
xiàqù 下去 1-311A
xiáquàn 押券 6-459B
xiàquán 下泉 1-318A
xiáquē 瑕缺 4-611A
xiàquē 罅缺 8-1078B
xiáqúnyuèpèi 霞裙月帔
11-721B
xiārán 谺然 10-1319B
xiārán 呀然 3-207A
xiǎrán 閜然 12-73A
xiárǎng 遐壤 10-1110A
xiàrǎng 下壤 1-333A
xiárǎo 狎擾 5-31B
xiárào 霞繞 11-723B
xiārén 蝦仁 8-934B
xiárén 霞人 11-719A
xiárén 黠人 12-1363A
xiàrén 下人 1-308A
xiárì 暇日 5-808A
xiàrì 夏日 3-1200A
xiàrìkěwèi 夏日可畏
3-1200A
xiáróng 遐戎 10-1103A
xiāróudānshù 蝦蝚丹樹
8-935B
xiárú 俠儒 1-1370B
xiárú 霞襦 11-723B
xiāruò 谺若 10-1319B
xiàruò 下若 1-315A
xiàruò 下箬 1-328B
xiárùyúnyīn 霞縟雲絪
11-723A
xiásāi 霞腮 11-722A
xiāsānhuàsì 瞎三話四
7-1244B
xiàsānlàn 下三爛 1-308B
xiàsānliú 下三流 1-308B
xiàsào 下埽 1-322A
xiásè 霞色 11-719B
xiàsè 下色 1-313A
xiásēn 遐森 10-1106B
xiàshā 唬殺 3-378B
xiàshā 誸殺 11-276B
xiàshā 嚇殺 3-533B
xiàshā 嚇煞 3-534A
xiàshà 誸煞 11-276B
xiāshàn 鰕䱇 12-1251A
xiàshān 下山 1-309B
xiàshàn 下訕 1-320B
xiáshāng 霞觴 11-723B
xiáshǎng 狎賞 5-31A
xiáshàng 匣上 1-967B
xiáshàng 遐尚 10-1104A
xiàshāng 下殤 1-330A
xiàshǎng 下晌 1-320A
xiàshàng 下上 1-309A/1-309B
xiáshào 俠少 1-1369B
xiàshāo 下梢 1-322A
xiàshāo 下稍 1-325B
xiàshāotóu 下梢頭 1-322A
xiàshārénxiāng 嚇殺人香
3-533B
xiāshé 蝦蛇 8-935A
xiàshè 下舍 1-316A
xiàshè 下射 1-320A
xiàshè 夏社 3-1201A
xiāshéguī 呷蛇龜 3-260B
xiáshēn 遐深 10-1106A
xiàshēn 下身 1-314B
xiàshén 下神 1-318B
xiāshéndǎoguǐ 瞎神搗鬼
7-1245B
xiāshēng 瞎生 7-1245A
xiāshēng 蝦生 8-934B
xiáshēng 遐升 10-1102B
xiáshēng 遐聲 10-1109A
xiáshěng 瑕眚 4-611A
xiàshēng 下生 1-312A
xiàshēng 下牲 1-317B
xiàshēng 下聲 1-332A
xiàshēng 夏聲 3-1205A
xiàshèng 下乘 1-320A
xiàshèng 下剩 1-325B
xiàshēnghuó 下生活 1-312A
xiáshí 暇食 5-808B
xiáshí 暇時 5-808B
xiáshí 霞石 11-719A
xiáshì 狎世 5-29B
xiáshì 狎視 5-30B
xiáshì 俠士 1-1369B
xiáshì 遐士 10-1102B
xiáshì 遐世 10-1103A
xiáshì 遐逝 10-1105B
xiáshì 遐視 10-1106A
xiáshì 遐適 10-1108A
xiáshì 暇適 5-808B
xiàshī 下溼 1-327B
xiàshí 下石 1-311B
xiàshí 下食 1-318A
xiàshí 下時 1-320A
xiàshí 夏時 3-1202A/1202B
xiàshì 下士 1-309A
xiàshì 下世 1-311B
xiàshì 下市 1-312A
xiàshì 下室 1-318B
xiàshì 下視 1-324A
xiàshì 夏氏 3-1200B
xiàshì 夏室 3-1202A
xiáshǒu 霞首 11-720B
xiáshòu 狎獸 5-31B
xiáshòu 遐壽 10-1108A
xiáshòu 霞綬 11-722B
xiàshōu 夏收 3-1201A
xiàshǒu 下手 1-310B
xiàshǒu 下首 1-318B
xiàshǒu 夏首 3-1202A
xiàshòu 下壽 1-328A
xiàshǒushū 下手書 1-310B
xiáshū 狎書 5-30B
xiáshū 霞姝 11-720B
xiáshū 霞疏 11-721B
xiáshū 霞舒 11-721B
xiáshú 狎熟 5-31A
xiáshǔ 霞曙 11-723A
xiáshǔ 黠鼠 12-1364A
xiáshù 俠術 1-1370A
xiáshù 狹束 5-52B
xiàshū 下書 1-321B
xiàshū 夏書 3-1202B
xiàshū 夏輸 3-1204B
xiàshú 下孰 1-323B
xiàshú 夏孰 3-1203A
xiàshú 夏熟 3-1204B
xiàshǔ 下屬 1-333A
xiàshù 夏數 3-1204A
xiàshuāng 夏霜 3-1205A
xiàshuǐ 下水 1-310A
xiàshuì 夏稅 3-1203B
xiàshuǐchuán 下水船 1-310B
xiàshuǐdào 下水道 1-310B
xiāshuō 瞎說 7-1246A
xiàshuō 下說 1-329A
xiāshuōbādào 瞎說八道
7-1246A
xiāshuōbáidào 瞎說白道
7-1246B
xiāshuōluàndào 瞎說亂道
7-1246B
xiásī 俠思 1-1369B
xiásī 遐思 10-1105A
xiásī 轄司 9-1312B
xiásì 袷祀 7-914B
xiásì 遐嗣 10-1107B
xiásì 遐禩 10-1109A
xiásì 霞肆 11-721B
xiàsǐ 下死 1-312B
xiàsǐ 誸死 11-276B

xiàsì 下駟 1-329B
xiàsǐjìn 下死勁 1-312B
xiàsǐshǒu 下死手 1-312B
xiásītiānxiǎng 霞思天想 11-720B
xiásīyúnxiǎng 霞思雲想 11-720B
xiásǒng 霞聳 11-723A
xiásōu 遐搜 10-1106B
xiásū 遐蘇 10-1110A
xiású 狎俗 5-30A
xiású 遐俗 10-1105A
xiásù 遐泝 10-1104A
xiásù 霞宿 11-721B
xiàsù 下宿 1-324A
xiásuàn 遐筭 10-1107B
xiásuàn 遐算 10-1108A
xiàsuì 下遺 1-330A
xiàsuì 下遂 1-326B
xiàsuì 下隧 1-329B
xiàsùntián 下潠田 1-330B
xiàtā 下榻 1-328B
xiàtái 下台 1-312A
xiàtái 下臺 1-328A
xiàtái 夏臺 3-1203B
xiátán 遐覃 10-1106B
xiátáng 霞堂 11-721A
xiàtáng 下堂 1-322A
xiātáotáo 瞎淘淘 7-1246A
xiátè 瑕慝 4-611B
xiáténg 霞騰 11-723B
xiátī 霞梯 11-721A
xiátì 遐逖 10-1105B
xiátì 瑕璃 4-612A
xiàtǐ 下體 1-333A/1-333B
xiàtì 下替 1-324B
xiátiǎn 瑕殄 4-611A
xiàtiān 夏天 3-1200A
xiàtián 下田 1-311B/1-312A
xiātiānmángdì 瞎天盲地 7-1245A
xiátiào 遐眺 10-1106A
xiàtiáo 夏條 3-1202B
xiàtiě 下帖 1-315B
xiátì'er 匣屜兒 1-968A
xiátíng 遐庭 10-1105A
xiàtīng 下聽 1-333A
xiàtíng 下停 1-323A
xiàtíng 夏庭 3-1202A
xiátōng 遐通 10-1106A
xiátǒng 遐統 10-1107A
xiátǒng 轄統 9-1313A
xiàtóng 下同 1-313A
xiátóu 瑕頭 4-612A
xiátóu 霞頭 11-722B
xiàtóu 下頭 1-331A
xiātóubēi 蝦頭杯 8-935B
xiātóubēi 蝦頭盃 8-935B
xiātóuzi 瞎頭子 7-1246B
xiátú 狎徒 5-30B
xiàtǔ 下土 1-308B/1-309A
xiàtuō 下脱 1-323B
xiàwá 夏娃 3-1202A
xiáwài 遐外 10-1103A
xiáwài 霞外 11-719A
xiáwán 狎玩 5-30A
xiáwán 狎翫 5-31A
xiàwǎn 下晚 1-322B
xiāwáng 蝦王 8-934B
xiáwàng 遐望 10-1106A
xiàwǎng 夏網 3-1204A
xiáwèi 狎猥 5-30B
xiáwèi 霞蔚 11-722A
xiǎwěi 閜寪 12-98B
xiàwéi 下帷 1-323A
xiàwéi 下幃 1-325B
xiàwěi 下痿 1-327B
xiàwèi 下位 1-314B
xiáwèiyúnzhēng 霞蔚雲蒸 11-722A
xiáwén 霞文 11-719A
xiáwèn 瑕璺 4-612A
xiàwén 下文 1-310B
xiàwèn 下問 1-324A
xiáwǔ 狎侮 5-30A
xiáwǔ 俠甒 1-1370B
xiáwǔ 遐武 10-1104A
xiáwù 遐騖 10-1110A
xiáwù 遐鶩 10-1110B
xiáwù 霞鶩 11-723B
xiàwū 下屋 1-319A
xiàwū 夏屋 3-1202A
xiàwǔ 下午 1-310B
xiàwǔ 下武 1-315A
xiàwǔ 夏五 3-1200A
xiàwǔguōgōng 夏五郭公 3-1200A
xiàwǔqí 下五旗 1-310A
xiáxī 狎息 5-30A
xiáxī 遐晞 10-1106B
xiáxī 暇息 5-808B
xiáxí 狎習 5-30B
xiáxì 狎戲 5-31A
xiáxì 暇隙 5-808B
xiáxì 暇隟 5-808B
xiáxì 瑕隙 4-611B
xiáxì 霞絶 11-721B
xiàxí 下席 1-320B
xiàxì 下細 1-324B
xiàxì 罅隙 8-1078B
xiàxì 罅隙 11-1378B
xiāxiā 呷呷 3-260B
xiāxiā 颬颬 12-637A
xiāxiā 呀呷 3-207A
xiāxiā 呀呀 3-206B
xiáxiá 黠黠 12-1454A
xiáxiá 啞啞 3-452B
xiáxiá 狎黠 5-31B
xiáxiá 碬碬 7-1093B
xiáxià 轄下 9-1312B
xiàxià 下下 1-309A
xiàxià 謕嚇 11-276B
xiāxiǎn 鰕蜆 12-1251A
xiáxiān 遐騫 10-1110B
xiáxiān 霞鮮 11-723B
xiáxián 暇閒 5-808B
xiáxiǎn 遐險 10-1109A
xiàxián 下弦 1-317A
xiàxián 下賢 1-330A
xiàxiàn 下限 1-317A
xiàxiàn 下縣 1-331A
xiáxiāng 狹鄉 5-53A
xiáxiǎng 祫享 7-914B
xiáxiǎng 遐想 10-1107B
xiáxiǎng 霞想 11-721B
xiáxiàng 狹巷 5-53A
xiàxiāng 下鄉 1-324B
xiàxiáng 下庠 1-318A
xiàxiǎng 下餉 1-329A
xiāxiāo 呀虓 3-207A
xiáxiāo 遐霄 10-1108B
xiáxiāo 霞綃 11-722A
xiáxiāo 霞霄 11-722B
xiáxiǎo 狹小 5-52A
xiáxiǎo 陿小 11-1056B
xiáxiǎo 黠小 12-1363A
xiáxiào 狎笑 5-30A
xiáxiāowùhú 霞綃霧縠 11-722A
xiàxiàrén 下下人 1-309A
xiàxiàxìxì 下下細細 1-309A
xiáxié 狎邪 5-29B
xiáxié 俠邪 1-1369B
xiáxié 狹邪 5-52B
xiáxié 狹斜 5-53A
xiáxié 霞纈 11-723B
xiáxiè 狎媟 5-31A
xiáxiè 狎褻 5-31A
xiàxiè 下泄 1-316B
xiāxièyǎn 蝦蟹眼 8-936B
xiáxiéyóu 狎邪遊 5-29B
xiáxiéyóu 狹邪遊 5-52B
xiáxiéyóu 狹斜遊 5-53A
xiáxiézǐ 狹邪子 5-52B
xiáxiézǐ 狹斜子 5-53A
xiáxīn 遐心 10-1103A
xiáxìn 狎信 5-30A
xiáxìn 瑕釁 4-612A
xiáxìn 瑕舋 4-612A
xiàxīn 下心 1-311A
xiàxīn 下辛 1-315A
xiáxíng 俠行 1-1369B
xiáxìng 狎興 5-31A
xiàxíng 下行 1-313A
xiàxìngzi 下性子 1-316B
xiáxīnzhèng 狹心症 5-52A
xiáxiòng 遐敻 10-1108A
xiáxiū 遐修 10-1105A
xiáxiū 遐脩 10-1105B
xiáxiù 霞岫 11-720A
xiáxiù 霞袖 11-721A
xiāxū 蝦須 8-935B
xiāxū 蝦鬚 8-937A
xiāxū 鰕鬢 12-1251A
xiāxū 鰕鬚 12-1251B
xiáxū 黠胥 12-1363B
xiáxù 遐緒 10-1108B
xiáxuān 遐宣 10-1105A
xiáxué 狹學 5-54A
xiáxuè 霞血 11-719B
xiàxué 下學 1-331A
xiàxué 罅穴 8-1078B
xiàxuě 夏雪 3-1203A
xiàxuéshàngdá 下學上達 1-331B
xiāxūlián 蝦鬚簾 8-937A
xiāxūlián 鰕鬚簾 12-1251B
xiāxùn 蝦蕈 8-935B
xiáxùn 遐訓 10-1105B
xiàxún 下旬 1-313A
xiàxùn 夏汛 3-1201A
xiāxūzhuó 蝦鬚鐲 8-937A
xiáxüè 狎謔 5-31A
xiáyà 鶷鸛 12-1142B
xiāyǎn 蝦眼 8-935A
xiáyán 假言 1-1576A
xiáyán 狎筵 5-30B
xiáyán 遐延 10-1103B
xiáyǎn 霞巘 11-723B
xiáyàn 狎宴 5-30B
xiáyàn 狎讌 5-31B
xiáyàn 霞焰 11-721B
xiáyàn 霞燄 11-723A
xiàyán 下筵 1-326A
xiàyàn 下咽 1-317B
xiàyàn 夏諺 3-1204B
xiáyáng 遐揚 10-1106B
xiáyǎng 遐仰 10-1103B
xiàyāng 下秧 1-320A
xiàyáng 夏羊 3-1201A
xiàyáng 夏陽 3-1203A
xiàyǎnkàn 下眼看 1-322B
xiàyǎnqù 下眼覷 1-322B
xiàyānzhě 下焉者 1-322A
xiāyāo 蝦腰 8-935B
xiáyāo 遐夭 10-1102B
xiáyáo 遐遥 10-1107B
xiàyāo 下腰 1-327B
xiàyào 下藥 1-332A
xiáyè 遐葉 10-1106B
xiáyè 霞液 11-721B
xiàyě 下野 1-322B
xiàyè 下夜 1-316A
xiāyí 蝦夷 8-934B
xiāyí 蝦蛦 8-935B
xiáyī 霞衣 11-719B
xiáyí 遐夷 10-1103A
xiáyí 遐遺 10-1108B
xiáyì 狎異 5-30B
xiáyì 俠義 1-1370B
xiáyì 狹義 5-53B
xiáyì 遐異 10-1106A
xiáyì 遐裔 10-1107B
xiáyì 遐懿 10-1110B
xiáyì 暇佚 5-808A
xiáyì 暇逸 5-808B
xiáyì 瑕翳 4-612A
xiáyì 轄邑 9-1312B
xiàyī 下衣 1-313B
xiàyì 下役 1-314B
xiàyì 下邑 1-314B
xiàyì 下意 1-327B
xiàyì 下議 1-333A
xiàyīgōuzi 下一鉤子 1-308A
xiáyīn 遐音 10-1105A

xiáyǐn 狎飲 5-30B
xiàyìn 匣印 1-967B
xiàyīn 下姻 1-319A
xiàyīn 下陰 1-321B
xiáyīng 瑕英 4-610B
xiáyīng 霞英 11-719B
xiáyīng 霞纓 11-723B
xiáyǐng 霞影 11-722B
xiáyìng 霞暎 11-721B
xiàyìshí 下意識 1-327B
xiáyǒng 遐永 10-1103A
xiáyōu 遐幽 10-1105A
xiáyōu 遐悠 10-1106A
xiáyóu 狎游 5-30B
xiáyóu 狎遊 5-30B
xiáyóu 遐游 10-1107A
xiáyóu 遐遊 10-1107A
xiáyóu 瑕尤 4-610B
xiàyóu 下游 1-326B
xiáyǒuyúnpéng 霞友雲朋 11-719A
xiāyú 蝦魚 8-935B
xiāyú 鰕魚 12-1251A
xiáyú 暇餘 5-808B
xiáyú 瑕瑜 4-611B
xiáyú 霞腴 11-721B
xiáyú 霞旟 11-723B
xiáyǔ 狎語 5-31A
xiáyǔ 遐宇 10-1103B
xiáyù 遐域 10-1106A
xiáyù 暇裕 5-808B
xiáyù 暇豫 5-809A
xiáyù 暇譽 5-809A
xiàyú 下愚 1-327A
xiàyú 下餘 1-330B
xiàyú 夏雩 3-1203A
xiàyǔ 下語 1-329A
xiàyù 下獄 1-329A
xiàyù 夏育 3-1201B
xiáyuǎn 遐遠 10-1107A
xiàyuán 下元 1-309B
xiàyuàn 下苑 1-315A
xiàyuàn 下院 1-319A
xiáyuè 遐嶽 10-1109B
xiáyuè 霞月 11-719A
xiàyuè 下鑰 1-333B
xiàyuè 夏月 3-1200A
xiàyuè 夏礿 3-1201A
xiàyuè 夏禴 3-1205B
xiàyuè 夏籥 3-1205B
xiáyúhùjiàn 瑕瑜互見 4-611B
xiáyūn 霞暈 11-722A
xiáyún 峽雲 3-816B
xiáyùn 狹韻 5-54A
xiàyún 夏耘 3-1202A
xiáyǔsì 霞嶼寺 11-723A
xiàyǔyùrén 夏雨雨人 3-1201A
xiázǎi 遐載 10-1107A
xiàzài 夏載 3-1203B
xiázǎng 黠駔 12-1364A
xiàzàng 下葬 1-325A
xiázé 狹迮 5-52B
xiázè 狹仄 5-52A
xiàzé 下澤 1-331B
xiàzè 下稷 1-330A
xiàzè 下昃 1-315B
xiàzéchē 下澤車 1-331B
xiázēng 霞繒 11-723B
xiāzhá 鰂鰈 12-1214A
xiāzhà 鰕鮓 12-1251A
xiázhá 鞨鞢 9-544B
xiázhá 鞨鞢 9-544B
xiázhá 鞨韘 12-190A
xiázhāi 瑕摘 4-611B
xiázhāi 瑕擿 4-612A
xiázhǎi 狹窄 5-53A
xiàzhài 下寨 1-329B
xiázhān 遐瞻 10-1110A
xiāzhāng 呀張 3-207A
xiāzhàng 瞎帳 7-1245B
xiāzhàng 瞎賬 7-1246B
xiázhāng 霞張 11-721B
xiázhāng 霞章 11-721A
xiázhàng 遐障 10-1108A
xiázhàng 霞帳 11-721A
xiàzhàng 下帳 1-323A
xiázhāo 霞朝 11-721B
xiázhào 遐照 10-1107B
xiázhào 霞炤 11-720B
xiàzhāo 下着 1-323B
xiázhé 瑕適 4-611B
xiázhé 瑕謫 4-612A
xiázhé 瑕讁 4-612A
xiázhèn 遐振 10-1105B
xiàzhèn 下鎮 1-332B
xiázhēng 袷烝 7-914B
xiázhēng 遐征 10-1104B
xiázhēng 遐徵 10-1108B
xiázhēng 霞蒸 11-721B
xiàzhēng 夏徵 3-1204B
xiàzhēng 夏正 3-1200B
xiàzhèng 下政 1-317A
xiàzhèng 夏政 3-1201B
xiázhènyúncóng 霞振雲從 11-720B
xiázhǐ 峽紙 3-816B
xiázhǐ 遐旨 10-1103B
xiázhǐ 遐祉 10-1104B
xiázhì 狎至 5-29B
xiázhì 遐志 10-1103B
xiázhì 遐制 10-1104B
xiázhì 遐陟 10-1105B
xiázhì 遐致 10-1105B
xiázhì 轄制 9-1313A
xiázhì 轄治 9-1313A
xiázhì 霞志 11-719B
xiázhì 黠智 12-1363B
xiàzhī 下肢 1-316A
xiàzhí 下直 1-315B
xiàzhǐ 下趾 1-322B
xiàzhì 下袟 1-319A
xiàzhì 下秩 1-320A
xiàzhì 夏至 3-1200B
xiázhìxùntóng 狎雉馴童 5-31A
xiázhōng 狹中 5-52A
xiázhōng 遐終 10-1106B
xiàzhōng 下中 1-310A
xiàzhōng 下忠 1-315B
xiàzhōng 夏中 3-1200A
xiàzhǒng 下種 1-328B
xiàzhòng 夏種 3-1204A
xiàzhōngnóng 下中農 1-310A
xiāzhōu 瞎謅 7-1246B
xiázhōu 霞舟 11-719B
xiázhòu 遐胄 10-1104B
xiàzhòu 下晝 1-324A
xiázhōupìrǎng 遐州僻壤 10-1103B
xiāzhù 蝦助 8-935A
xiázhú 遐燭 10-1109B
xiázhǔ 狎主 5-29B
xiázhǔ 遐矚 10-1110B
xiàzhǔ 下屬 1-333A
xiàzhǔ 下矚 1-333B
xiàzhù 下注 1-316B
xiàzhù 下筯 1-327A
xiàzhù 下箸 1-328B
xiāzhuā 瞎抓 7-1245B
xiázhuàn 遐篆 10-1108B
xiàzhuàn 夏篆 3-1204A
xiāzhuàng 瞎撞 7-1246B
xiázhuāng 霞莊 11-720B
xiàzhuāng 下裝 1-328A
xiàzhuàng 下狀 1-317A
xiàzhuì 下墜 1-329B
xiàzhuì 下縋 1-331A
xiázhuó 霞酌 11-720B
xiāzi 瞎子 7-1244B
xiāzǐ 蝦子 8-934A
xiázi 匣子 1-967B
xiázǐ 瑕眥 4-611B
xiázǐ 瑕滓 4-611B
xiàzi 下子 1-309B
xiàzī 下齊 1-329A
xiàzī 下資 1-327B
xiàzǐ 夏子 3-1200A
xiāziduànbiǎn 瞎子斷匾 7-1245A
xiāzimōxiàng 瞎子摸象 7-1245A
xiāzimōyú 瞎子摸魚 7-1244B
xiázipào 匣子炮 1-967B
xiáziqiāng 匣子槍 1-967B
xiázīyuèyùn 霞姿月韻 11-720B
xiázōng 遐踪 10-1108B
xiázōng 遐蹤 10-1110A
xiázòng 霞蹤 11-723B
xiàzōng 夏宗 3-1201B
xiázōu 遐陬 10-1106A
xiàzǒu 下走 1-313B
xiázú 黠卒 12-1363B
xiázǔ 遐阻 10-1104A
xiàzú 下卒 1-316A
xiàzuì 下罪 1-327A
xiàzūn 下尊 1-326B
xiázuò 狹坐 5-52B
xiázuò 陜坐 11-1056B
xiázuò 遐祚 10-1105B
xiàzuo 下作 1-314B
xiàzuò 下坐 1-315A
xībá 襲拔 9-148B
xǐbá 洗拔 5-1153A
xībái 皙白 5-758B
xībài 夕拜 3-1146B
xǐbái 洗白 5-1152A
xībālàn 稀巴爛 8-90A
xībān 西班 8-746A
xībǎn 息版 7-502B
xìbān 戲班 5-254B
xìbàn 繫絆 9-1026B
xìbàn 系絆 9-695B
xìbānyī 戲斑衣 5-255B
xìbānzi 戲班子 5-254B
xíbāo 席包 3-724A
xǐbào 喜報 3-404B
xìbāo 細胞 9-783B
xìbǎo 禊寶 7-942A
xǐbǎozhuāng 洗寶裝 5-1157A
xìbàozi 戲報子 5-255B
xīběi 西北 8-740A
xībèi 悉備 7-535B
xībēn 息賁 7-504A
xīběn 稀本 8-90A
xìběn 戲本 5-252B
xībēng 犀伻 6-283B
xībǐ 欸鄙 6-1441A
xībǐ 西鄙 8-749B
xībì 夕幣 3-1147B
xībì 息幣 7-504A
xībì 晞避 5-742B
xībì 犀蔽 6-285A
xībì 犀璧 6-285B
xībì 犧幣 6-292B
xībì 蠵鼊 8-1009A
xībì 滊濞 6-142B
xíbǐ 檄筆 4-1338B
xíbì 習弊 9-649A
xǐbì 洗畢 5-1154B
xǐbì 徙蹕 3-987B
xìbǐ 戲筆 5-255B
xìbì 繫臂 9-1027B
xìbì 係臂 1-1414A
xìbì 細婢 9-785A
xìbì 隙壁 11-1092B
xìbì 屓奰 4-49A
xìbì 屓贔 4-49A
xībiān 西邊 8-752B
xībiān 谿邊 10-1322A
xībiǎn 稀扁 8-90B
xībiàn 析辯 4-860A
xībiàn 翕變 9-654B
xǐbiān 徙邊 3-987B
xǐbiàn 喜抃 3-402B
xībiànguǐcí 析辨詭詞 4-860A
xībiànguǐcí 析辯詭辭 4-860A
xībiāo 蓎鱇 9-561A
xībiǎo 犀表 6-283B
xìbiǎo 繫表 9-1025A
xībié 析別 4-858A
xībié 惜別 7-590B

xībīn 西賓 8-751A
xíbīn 席賓 3-725B
xībīng 夕冰 3-1146B
xībīng 息兵 7-502A
xībīng 犀兵 6-283B
xībīng 熙冰 7-221A
xībǐng 犀柄 6-283B
xíbīng 習兵 9-646A
xībīng 灑兵 6-220B
xǐbīng 洗兵 5-1152B
xǐbīng 喜兵 3-402B
xìbīng 戲兵 5-253B
xǐbīngmùmǎ 洗兵牧馬 5-1153A
xībǐngzhǔwěi 犀柄麈尾 6-283B
xìbìshā 繫臂紗 9-1027B
xībó 西伯 8-741B
xībó 西亳 8-746B
xībó 西僰 8-750B
xībó 稀薄 8-91B
xībó 錫箔 11-1324B
xíbó 濕薄 6-188B
xǐbō 洗剝 5-1154B
xǐbō 徙播 3-987A
xìbó 戲薄 5-257B
xībóchāng 西伯昌 8-742A
xībógài 膝脖蓋 6-1368A
xìbóshū 繫帛書 9-1025B
xībózú 錫伯族 11-1323B
xībǔ 西捕 8-746A
xībù 犀布 6-282B
xībù 膝步 6-1368A
xǐbǔ 洗補 5-1155B
xǐbǔ 徙卜 3-985B
xǐbù 屣步 4-54B
xǐbù 躧步 10-575A
xìbù 細布 9-781B
xìbù 細部 9-784A
xǐbùkěn 喜不肯 3-402A
xìbùróngfà 細不容髮 9-781A
xībùxiānggān 稀不相干 8-90A
xíbùxiánuǎn 席不暇暖 3-723B
xíbùxiánuǎn 席不暇煖 3-724A
xǐbùzìshèng 喜不自勝 3-402A
xīcā 唏嚓 3-493B
xīcài 西菜 8-747B
xìcǎi 戲彩 5-255A
xìcǎi 戲綵 5-256B
xìcài 細菜 9-784B
xìcǎiyúqīn 戲彩娛親 5-255A
xīcān 西餐 8-751B
xīcán 西蠶 8-753A
xícáng 襲藏 9-150A
xīcáo 西曹 8-747B
xícǎo 席草 3-724B
xìcǎo 細草 9-783A
xǐcè 璽册 4-654A
xǐcè 璽策 4-654B
xìcén 細岑 9-782A
xīcèng 蹊蹭 10-531B
xīchà 希姹 3-697A
xīchà 希差 3-697A
xīchà 希詫 3-697B
xīchà 稀詫 8-91B
xíchá 習察 9-649A
xīchái 溪柴 6-23B
xīchán 西蟾 8-752B
xīchǎn 析產 4-859A
xìchánсǎo 郤蟬草 10-628A
xīchǎng 西廠 8-751B
xícháng 習常 9-648A
xícháng 襲常 9-149A
xìchāng 戲倡 5-255A
xìchǎng 戲場 5-255B
xǐchángdíwèi 洗腸滌胃 5-1156A
xíchángzhuìsuǒ 襲常綴瑣 9-149A
xīcháo 汐潮 5-933B
xīcháo 西朝 8-749A
xīcháo 熙朝 7-221B
xìcháo 戲嘲 5-256B
xìcháo 戲謿 5-257B
xīcháoruìpǐn 熙朝瑞品 7-221B
xīchē 奚車 2-1544B
xīchē 犀車 6-283A
xīchē 曦車 5-850B
xīchè 鱜鯠 10-1392B
xìchē 戲車 5-253B
xīchén 鱜辰 10-1392B
xíchèn 襲稱 9-149B
xǐchén 洗塵 5-1156A
xìchén 隙塵 11-1092A
xìchén 戲塵 5-256A
xīchéng 西成 8-740B
xīchéng 析酲 4-859B
xīchéng 犧盛 6-291B
xíchéng 襲承 9-148B
xǐchéng 洗城 5-1153B
xīchénqì 吸塵器 3-183B
xǐchēyǔ 洗車雨 5-1152B
xīchí 遲遲 10-1146B
xīchí 西池 8-741B
xīchí 西遲 8-751B
xīchí 犀遲 4-49B
xīchì 奚翅 2-1545A
xīchì 奚啻 2-1545B
xīchì 谿鴗 10-1322A
xīchì 鸂鶒 12-1169A
xīchì 鸂鷘 12-1169B
xīchì 鸂鸂 12-1169B
xīchì 鸂鴂 12-1169A
xīchì 鸂鶆 12-1169A
xīchì 鸂鶒 12-1169B
xīchì 鸂鷞 12-1169A
xīchì 鸂鴗 12-1169A
xíchí 習池 9-646A
xìchì 繫笞 9-1026A
xìchī 綌絺 9-873A
xìchí 禊池 7-941B
xìchì 絺熾 9-1179B
xīchíjīnmǔ 西池金母 8-741B
xīchìmiàn 鸂鶒面 12-1169B
xīchìmù 鸂鶒木 12-1169A
xīchìmù 鸂鷘木 12-1169B
xīchìshí 鸂鷘石 12-1169B
xīchìshí 鸂鶆石 12-1169A
xīchìzhī 鸂鶆卮 12-1169A
xīchōng 夕舂 3-1146B
xīchōng 谿舂 10-1321B
xīchǒng 希寵 3-698B
xíchǒng 席寵 3-725B
xǐchōngchōng 喜冲冲 3-402A
xǐchóng'ér 喜蟲兒 3-406A
xīchóu 西疇 8-752B
xīchóu 稀稠 8-91B
xìchóu 隙讐 11-1093A
xīchú 息除 7-502B
xīchǔ 西楚 8-749B
xīchǔ 西儲 8-752A
xīchù 奚搐 2-1545B
xǐchú 洗除 5-1154A
xǐchú 洗廚 5-1156A
xǐchǔ 徙處 3-986B
xìchú 禊除 7-941B
xīchuān 吸川 3-181B
xīchuǎn 息喘 7-504A
xíchuán 習傳 9-648B
xíchuán 襲傳 9-149B
xìchuān 禊川 7-941B
xìchuán 繫船 9-1026A
xǐchuáng 銑床 11-1265A
xīchuāngjiǎnzhú 西窗翦燭 8-749B
xīchǔbàwáng 西楚霸王 8-749B
xīchúdōngdàng 西除東蕩 8-745B
xìchū'er 戲出兒 5-252B
xīchuí 西垂 8-742B
xīchuí 西陲 8-747B
xīchuí 犀槌 6-285A
xīchuí 犀椎 6-284B
xìchuīxìdǎ 細吹細打 9-782A
xīchūn 惜春 7-590B
xīchūn 熙春 7-221A
xīchūn 嬉春 4-407B
xīchún 溪漘 6-24A
xīchūnniǎo 惜春鳥 7-590B
xīchūnyùshǐ 惜春御史 7-590B
xīchuò 窸綽 8-481A
xǐchūwàngwài 喜出望外 3-402A
xīcí 析辭 4-860A
xīcí 息詞 7-504A
xīcì 錫賜 11-1324B
xící 習辭 9-650A
xícì 席次 3-724A
xícì 襲次 9-148A
xícì 襲刺 9-148B
xǐcì 徙次 3-986A
xìcí 係詞 1-1413A
xìcí 禊祠 7-941B
xìcí 戲詞 5-255B
xícóng 襲從 9-149A
xǐcóngtiānjiàng 喜從天降 3-404B
xīcù 醯醋 9-1444A
xīcuàn 析爨 4-860A
xīcuī 錫衰 11-1324A
xīcūn 西村 8-741B
xīcùnyīn 惜寸陰 7-590A
xīdá 悉達 7-535B
xìdàbùjuān 細大不捐 9-781A
xìdàbùyú 細大不踰 9-781A
xīdáduō 悉達多 7-535B
xīdǎi 吸逮 3-183A
xīdài 希代 3-695B
xīdài 犀帶 6-284B
xīdài 稀代 8-90A
xídǎi 襲逮 9-149B
xǐdài 洗貸 5-1155A
xìdài 戲怠 5-254B
xīdàishībǔ 犀帶獅補 6-284B
xīdàn 稀淡 8-90B
xīdàn 熙旦 7-221A
xǐdàn 喜蛋 3-404B
xǐdàn 喜彈 3-406A
xìdān 戲單 5-255B
xìdàn 細旦 9-781B
xīdàng 析蕩 4-859B
xīdàng 嬉宕 4-407B
xǐdàng 洗蕩 5-1156A
xǐdàng 洗盪 5-1157A
xìdàng 戲蕩 5-256B
xīdàngluó 錫盪鑼 11-1325A
xīdǎo 犀導 6-285B
xīdào 翎翿 9-656B
xīdào 蹊道 10-531A
xīdào 西道 8-749A
xídǎo 習導 9-649B
xídǎo 襲蹈 9-150A
xídào 席道 3-725A
xǐdāo 銑刀 11-1265A
xǐdào 徙道 3-987A
xìdào 係道 1-1413A
xīdátuó 悉達陀 7-535B
xìdàwúyí 細大無遺 9-781A
xǐdé 喜得 3-404B
xìdé 戲德 5-257A
xīdèng 蹊磴 10-531A
xìdèng 盻瞪 7-1188B
xīdēngrán 犀燈然 6-285B
xīdǐ 西邸 8-742A
xīdì 西帝 8-744B
xīdì 膝地 6-1367B
xīdí 樧糴 4-1338B
xídì 席地 3-724A
xǐdí 洗滌 5-1156A
xìdī 細滴 9-786A
xìdǐ 細底 9-783B
xìdì 郤地 10-628A
xīdiǎn 西點 8-752A

xīdiàn 犀簟 6-285B
xìdiǎn 細點 9-786B
xīdiǎnxīn 膝點心 6-1368B
xīdiào 息調 7-504B
xìdié 繫諜 9-1027A
xídìmùtiān 席地幕天 3-724A
xīdìng 西定 8-743B
xīdìng 翕定 9-652B
xídìng 習定 9-647A
xídìng 檄定 4-1338B
xīdǐngguīwén 犀頂龜文 6-284A
xīdìsòng 西第頌 8-748B
xīdiūhúdū 希颩胡都 3-697B
xīdiūhútū 奚丢胡突 2-1544A
xīdōng 西東 8-742B
xīdòng 翕動 9-653A
xīdòng 溪峒 6-23B
xīdòng 溪洞 6-23B
xīdòng 噏動 3-511A
xīdòng 歙動 6-1474A
xīdòng 谿峒 10-1321B
xīdū 西都 8-746A
xīdú 腊毒 6-1310A
xīdú 吸毒 3-182B
xīdú 奚毒 2-1545A
xīdú 溪毒 6-23B
xídú 習讀 9-650A
xídǔ 習覩 9-649B
xǐdū 徙都 3-986B
xìdú 戲瀆 5-257B
xìdù 隙蠹 11-1093A
xíduān 席端 3-725B
xǐdūdū 喜都都 3-403B
xīduì 溪碓 6-24A
xīduì 谿碓 10-1321B
xīdùn 犀楯 6-285A
xíduó 襲奪 9-149B
xīdúshí 吸毒石 3-182B
xī'é 羲娥 9-192B
xié'ài 協愛 1-882A
xiē'ān 歇鞍 6-1461A
xiē'àn 歇案 6-1460A
xiè'ān 卸鞍 2-540A
xiè'āndūn 謝安墩 11-376B
xiè'ānjī 謝安屐 11-376B
xiè'ānqí 謝安棋 11-376B
xiè'ānyín 謝安吟 11-376B
xiè'áo 蟹螯 8-983A
xiébá 鞋拔 12-192A
xiébá 擕拔 6-976B
xiěbái 寫白 3-1624B
xiēbān 歇班 6-1459B
xièbàn 紲絆 9-776B
xièbàn 褻絆 9-126B
xiébāng 鞋幫 12-193A
xiébànqiān 斜半籤 7-336A
xiébào 擕抱 6-976B
xièbào 謝豹 11-378B
xièbào 謝鮑 11-381B
xièbàohuā 謝豹花 11-378B
xièbàosǔn 謝豹筍 11-378B
xièbàoxiā 謝豹蝦 11-378B
xiébēi 鞋杯 12-192A
xiébēi 鞋盃 12-192B
xiébèi 邪悖 10-592A
xiébèi 擕背 6-977A
xièbēi 偞卑 1-1517B
xièbēi 蟹杯 8-982A
xièbēi 僁卑 1-1525A
xiěběn 寫本 3-1624A
xiébī 脅逼 6-1265B
xiébǐ 協比 1-879B
xiébǐ 諧比 11-336A
xiébì 邪詖 10-590A
xiébì 邪嬖 10-594B
xièbǐ 懈筆 7-764A
xièbǐ 謝筆 11-380A
xièbì 謝躄 11-382A
xiébiàn 諧辨 11-339A
xiébiàn 諧辯 11-339B
xièbiàn 瀉辯 6-204B
xièbiǎo 謝表 11-377A
xièbié 謝別 11-377A
xièbìluó 蟹螕鑼 8-983A
xiébìng 邪病 10-592A
xièbìng 謝病 11-378B
xièbīnkè 謝賓客 11-381A
xiēbó 歇泊 6-1459A
xiēbó 歇薄 6-1461B
xiébó 邪薄 10-594B
xiébó 擕薄 6-978A
xiébó 纈帛 9-1047A
xièbō 屑播 4-49A
xiébù 擕步 6-976B
xièbù 謝步 11-376B
xiébùdízhèng 邪不敵正 10-588B
xiébùfànzhèng 邪不犯正 10-588B
xiébùfázhèng 邪不伐正 10-588B
xiébùgānzhèng 邪不干正 10-588B
xièbùmǐn 謝不敏 11-375A
xiébùshèngzhèng 邪不勝正 10-588B
xiébùzhānxí 脅不沾席 6-1264A
xiécái 邪財 10-591B
xiécǎi 擷采 6-954B
xiécài 鮭菜 12-1219B
xiècán 謝慙 11-381A
xiécáng 挾藏 6-606B
xiécǎo 纈草 9-1047A
xiècǎo 謝草 11-377B
xiécè 協策 1-881B
xiécè 挾册 6-605A
xiécè 挾策 6-606A
xiécè 挾筴 6-606B
xiéchá 斜碴 7-338A
xiéchà'er 斜岔兒 7-336B
xiéchán 邪讒 10-595B
xiéchǎn 邪諂 10-594B
xiéchǎn 邪讇 10-595B
xiéchǎn 脅諂 6-1266A
xiēchǎng 歇場 6-1460B
xiéchàng 協暢 1-882A
xiéchàng 諧鬯 11-337B
xiéchàng 諧暢 11-338A
xiéchàng 叶暢 3-17B
xiéchè 擕掣 6-977B
xièchē 卸車 2-540A
xiéchén 邪臣 10-589A
xiéchén 協晨 1-881B
xiéchén 諧臣 11-336B
xièchén 褻臣 9-126A
xièchén 謝忱 11-377A
xiéchēng 諧稱 11-338A
xiéchéng 邪城 10-590B
xiěchéng 寫誠 3-1626B
xièchéng 謝承 11-377B
xièchényuán 謝塵緣 11-381A
xiēchǐ 楔齒 4-1145B
xiéchǐ 邪癡 10-595A
xiéchí 挾持 6-605B
xiéchí 脅持 6-1265A
xiéchí 擕弛 6-976B
xiéchí 擕持 6-976B
xiéchǐ 邪侈 10-590A
xiéchǐ 挾尺 6-605A
xiéchì 挾赤 6-605A
xièchí 解弛 10-1365B
xièchí 解池 10-1365B
xièchí 懈弛 7-763B
xièchí 懈弰 7-764A
xièchí 謝池 11-376A
xièchǐ 齘齒 12-1451A
xièchícǎo 謝池草 11-376A
xièchíchūn 謝池春 11-376A
xièchíchūnmàn 謝池春慢 11-376A
xièchǒng 褻寵 9-127B
xiéchǒu 邪醜 10-594B
xiēchǔ 歇處 6-1460B
xiēchù 歇處 6-1460B
xièchú 卸除 2-540A
xièchú 謝除 11-378A
xiéchuān 斜川 7-336A
xièchuán 解傳 10-1375A
xiēchún 蝎唇 8-929A
xiécí 邪詞 10-593A
xiécí 邪辭 10-595A
xiécí 諧辭 11-339B
xiécì 斜刺 7-336B
xiècí 媟詞 4-385B
xiècí 謝詞 11-380B
xiècí 謝辭 11-382A
xiècìhuā 謝賜花 11-381B
xiécìlǐ 斜刺裏 7-336B
xiécóng 協從 1-881B
xiécóng 脅從 6-1265B
xiécóng 諧從 11-337B
xiècōng 謝悰 11-380A
xiécóngfàn 脅從犯 6-1265B
xiécuì 擷萃 6-954B
xiécuì 擷翠 6-955A
xiédài 挾帶 6-606A
xiédài 鞋帶 12-192B
xiédài 擕帶 6-977A
xièdài 解怠 10-1370A
xièdài 解殆 10-1369A
xièdài 懈怠 7-764A
xiédàn 邪誕 10-593B
xiédǎng 邪黨 10-595A
xiédǎng 協黨 1-883A
xiédàng 邪蕩 10-594A
xiédàng 邪盪 10-595A
xiédàng 諧當 11-338A
xiédào 邪道 10-593A
xiédào 衺道 9-28A
xièdé 謝德 11-381B
xiédēng 斜燈 7-338B
xiédǐ 鞋底 12-192A
xiédì 邪地 10-589A
xiédì 邪睇 10-593A
xiédì 斜睇 7-337B
xièdǐ 泄底 5-1050A
xièdì 謝弟 11-377A
xiēdiàn 歇店 6-1459A
xièdiàn 謝奠 11-380B
xièdiào 謝弔 11-375B
xiédǐbǎn 鞋底板 12-192B
xiédiē 跌跌 10-484B
xiédié 閒閱 12-103B
xiédié 桔柣 4-961A
xièdié 躍蹀 10-547A
xièdié 躞蹀 10-570A
xiédìhángkōng 頡地頏空 12-289A
xiēdǐng 歇頂 6-1460B
xiédìng 協定 1-880B
xiědìng 寫定 3-1625B
xièdǐng 卸頂 2-540A
xièdǐng 謝頂 11-379B
xièdìng 燮定 2-891A
xiědìngběn 寫定本 3-1625B
xiédǐxiàchāchái 脅底下插柴 6-1264B
xiédǐyú 鞋底魚 12-192B
xièdòu 械鬥 4-1027B
xièdòu 械鬭 4-1028A
xiédù 邪蠹 10-595B
xiédù 斜度 7-337A
xiédù 諧度 11-337A
xièdú 泄瀆 5-1051B
xièdú 媟嬻 4-386A
xièdú 媟瀆 4-386A
xièdú 媟黷 4-386A
xièdú 渫瀆 5-1445A
xièdú 渫黷 5-1445A
xièdú 褻瀆 9-127A
xièdú 褻黷 9-127B
xièdù 瀉肚 6-204A
xiéduān 邪端 10-594A
xièduǎn 謝短 11-380A
xièduàn 蟹椴 8-983A
xièduàn 蟹斷 8-983A
xièduàn 蟹簖 8-983B
xiédùbiāo 斜度標 7-337A
xiédùn 邪遁 10-593A
xiédùn 脅盾 6-1265A
xiéduō 邪哆 10-591A
xiéduó 脅奪 6-1265B

xiéduǒ 斜嚲 7-338B
xièduò 解惰 10-1374A
xièduò 解墮 10-1377A
xièduò 解隋 10-1372B
xièduò 懈惰 7-764A
xièduò 懈墮 7-764B
xièduò 懈憧 7-764B
xié'è 邪惡 10-592B
xié'è 衺惡 9-28A
xiè'é 謝娥 11-379B
xiè'è 渫惡 5-1445A
xiè'è 蟹厄 8-981B
xiè'ēn 謝恩 11-378B
xiē'er 些兒 5-351B
xié'èr 懏貳 7-799B
xié'èr 攜貳 6-977B
xiē'erzi 些兒子 5-351B
xiēfá 歇乏 6-1458B
xiéfǎ 邪法 10-590B
xiěfǎ 寫法 3-1625A
xièfá 械筏 4-1027B
xièfá 燮伐 2-891A
xiéfàn 鮭飯 12-1219B
xièfān 卸帆 2-540A
xiéfāng 擷芳 6-954B
xiéfàng 邪放 10-590B
xiěfǎng 寫倣 3-1626A
xiěfǎng 寫放 3-1625A
xiéfěn 鞋粉 12-192B
xiéfèn 挾忿 6-605B
xiěfèn 寫憤 3-1627B
xièfěn 蟹粉 8-982B
xièfèn 泄憤 5-1051A
xièfèn 洩忿 5-1142A
xièfèn 洩憤 5-1142B
xiéfēng 邪風 10-591A
xiéfēng 邪鋒 10-594B
xiéfēng 協風 1-881A
xiéfēng 斜封 7-336B
xièfēng 泄風 5-1050B
xiéfēngguān 斜封官 7-336B
xiéfēngxìyǔ 斜風細雨 7-337A
xiēfú 歇伏 6-1459A
xiéfú 邪幅 10-593A
xiéfú 協服 1-880B
xiéfú 脅服 6-1264B
xiéfú 斜幅 7-338A
xiéfú 攜扶 6-976B
xiéfú 叶符 3-17B
xiéfǔ 協輔 1-882A
xiéfǔ 挾輔 6-606B
xiéfù 協附 1-880B
xiéfù 脅附 6-1264A
xiéfù 諧附 11-336B
xiéfù 攜負 6-977A
xiěfù 寫副 3-1626A
xièfú 褻服 9-126B
xièfù 謝傅 11-380B
xièfù 謝賦 11-381A
xièfùdūn 謝傅墩 11-380B
xièfùqí 謝傅棋 11-380B
xiègào 謝告 11-377A
xiēgè 些個 5-351B
xiēgè 些箇 5-352A
xiègē 薤歌 9-562B
xiégēn 鞋跟 12-193A
xiégèn 邪亘 10-589A
xiēgōng 歇工 6-1458B
xiégōng 協恭 1-881B
xiěgōng 寫工 3-1624A
xiègōng 謝公 11-375A
xiègōngcáo 謝功曹 11-375B
xiègōngdūn 謝公墩 11-375B
xiègōngfúbìng 謝公扶病 11-375A
xiègōngjī 謝公屐 11-375B
xiègōngjiān 謝公牋 11-375B
xiègōnglǐng 謝公嶺 11-375B
xiègōnglóu 謝公樓 11-375B
xiègōngqìshù 謝公乞墅 11-375A
xiègōngtíng 謝公亭 11-375A
xiégōngwàqiǎn 鞋弓襪淺 12-192A
xiégōngwàxiǎo 鞋弓襪小 12-192A
xiēgōngxì 歇工戲 6-1458B
xiègōngxiāng 謝公鄉 11-375B
xiégōu 絜鉤 9-801A
xiègōu 蟹篝 8-983A
xiègòu 解垢 10-1368B
xiègòu 解搆 10-1374B
xiègòu 解遘 10-1374B
xiègòu 解構 10-1376A
xiègòu 解后 10-1365A
xiègòu 薢茩 9-566B
xiègòu 邂遘 10-1266B
xiègòu 邂覯 10-1266B
xiégǔ 脅骨 6-1265A
xiěgù 寫僱 3-1627A
xiègǔ 解骨 10-1369A
xiègǔ 屑骨 4-48A
xiègǔ 嶰谷 3-870B
xiègǔ 懈骨 7-764A
xiègù 械梏 4-1027B
xiéguài 邪怪 10-590B
xiéguài 諧怪 11-337A
xiěguān 寫官 3-1625B
xièguān 觟冠 10-1359A
xièguān 獬冠 5-128A
xièguān 謝官 11-377B
xièguǎn 嶰管 3-871A
xiéguāng 叶光 3-17A
xiéguāng 汁光 5-903B
xiéguāngjì 協光紀 1-880A
xiéguāngjì 叶光紀 3-17A
xiéguāngjì 汁光紀 5-903B
xièguǎnqínlóu 謝館秦樓 11-381B
xiéguī 協規 1-881B
xiéguǐ 邪鬼 10-591A
xiéguǐ 邪詭 10-593B
xièguō 謝郭 11-378B
xièguǒ 解果 10-1367A
xièguǒ 蟹果 12-393B
xièguǒ 蟹倮 12-393B
xièguò 卸過 2-540A
xièguò 謝過 11-379B
xiéhàn 斜漢 7-338A
xiéháng 頡晅 12-289B
xiéháng 頡杭 12-289A
xiéháng 頡頏 12-289B
xiéháng 斜行 7-336A
xièhàng 瀣沆 6-208A
xiéhánghéngzhèn 斜行橫陣 7-336B
xiéhángzì 斜行字 7-336B
xiéhāo 邪蒿 10-593B
xiéhǎo 諧好 11-336B
xiēhé 歇和 6-1459A
xiéhé 協合 1-880A
xiéhé 協和 1-880B
xiéhé 脅和 6-1264B
xiéhé 諧合 11-336B
xiéhé 諧和 11-337A
xiéhé 諧龢 11-339B
xiéhé 叶和 3-17A
xiéhè 叶和 3-17A
xièhé 燮和 2-891A
xièhè 嶰壑 3-871A
xièhè 謝荷 11-378A
xièhè 謝賀 11-380B
xiéhěn 頡佷 12-289A
xièhèn 泄恨 5-1050B
xièhèn 洩恨 5-1142B
xièhéng 泄橫 5-1051A
xiéhóng 斜紅 7-337A
xièhóng 泄洪 5-1050B
xiēhòu 歇後 6-1459B
xiéhòu 叶候 3-17B
xièhóu 屑侯 4-48A
xièhòu 迦逅 10-766A
xièhòu 解逅 10-1369A
xièhòu 邂逅 10-1266A
xièhòu 謝後 11-378A
xièhòu 謝候 11-378B
xièhòubù'ǒu 邂逅不偶 10-1266B
xiēhòumíyǔ 歇後迷語 6-1459B
xiēhòutǐ 歇後體 6-1459B
xièhòuxiāngféng 邂逅相逢 10-1266B
xièhòuxiāngyù 邂逅相遇 10-1266B
xiēhòuyǔ 歇後語 6-1459B
xiēhǔ 歇虎 6-1459A
xiēhǔ 蝎虎 8-929A
xiéhú 攜壺 6-977B
xiéhǔ 邪虎 10-590A
xiéhǔ 脅唬 6-1265B
xièhū 懈忽 7-764B
xièhù 蟹户 8-981B
xièhù 蟹簄 8-983A
xiéhuā 擷華 6-954B
xiéhuā 纈花 9-1047A
xiéhuá 頡滑 12-289B
xiéhuá 邪猾 10-593A
xiéhuà 諧畫 11-338A
xièhuā 謝花 11-376B
xièhuà 懈話 7-764B
xiěhuái 寫懷 3-1628A
xièhuái 屑懷 4-49A
xiéhuān 諧歡 11-339B
xiéhuàn 諧煥 11-337B
xièhuàn 懈涣 7-764A
xiēhuáng 歇艎 6-1461A
xièhuáng 蟹黄 8-982B
xièhuángshuǐ 蟹黄水 8-982B
xièhúdié 謝胡蝶 11-377B
xièhúdié 謝蝴蝶 11-381B
xiéhuī 斜暉 7-338A
xiéhuī 斜輝 7-338A
xiéhuī 諧詼 11-338A
xiéhuì 邪穢 10-595A
xiéhuì 協會 1-882A
xiéhuì 諧會 11-338A
xiéhùn 諧諢 11-339A
xièhùn 褻諢 9-127A
xiéhuǒ 邪火 10-588B
xiéhuò 邪貨 10-592A
xiéhuò 邪惑 10-593A
xièhuǒ 瀉火 6-204B
xièhuǒ 蟹火 8-981B
xièhuò 卸貨 2-540A
xiéjī 攜屐 6-977A
xiéjí 邪疾 10-592A
xiéjí 偕極 1-539A
xiéjí 諧緝 11-339A
xiéjí 諧輯 11-339A
xiéjí 叶吉 3-17A
xiéjǐ 諧給 11-338A
xiéjì 邪計 10-591A
xiéjì 協計 1-881A
xiéjì 協濟 1-882B
xiéjì 諧際 11-338A
xièjī 洩機 5-1142B
xièjī 械機 4-1028A
xièjī 紲羈 9-776B
xièjī 謝屐 11-379B
xièjí 謝吉 11-376A
xièjí 謝疾 11-378B
xièjì 泄劑 5-1051B
xièjì 謝妓 11-377A
xiējiā 歇家 6-1460A
xiéjiá 邪戛 10-592A
xiéjiá 邪戞 10-593A
xiéjià 絜駕 9-801B
xiéjià 諧賈 11-338A
xiéjià 諧價 11-338B
xiějiā 寫家 3-1626A
xièjiā 謝家 11-379A
xièjiābǎoshù 謝家寶樹 11-379B
xièjiachí 謝家池 11-379A
xièjiāhuójì 謝家活計 11-379A
xièjiālóu 謝家樓 11-379B
xiējiān 歇肩 6-1459B
xiējiàn 歇間 6-1461A
xiéjiān 胁肩 6-1281A
xiéjiān 挾奸 6-605A
xiéjiān 挾姦 6-605B
xiéjiān 脅肩 6-1264B

xiéjiān 鞋尖 12-192A
xiéjiàn 邪見 10-589B
xiějiàn 寫鑑 3-1628A
xièjiān 卸肩 2-540A
xièjiān 謝牋 11-380B
xièjiǎn 謝柬 11-377B
xièjiàn 械檻 4-1028A
xièjiàn 謝監 11-381A
xièjiàn 謝見 11-377A
xièjiàn 謝薦 11-381B
xiéjiānchǎnxiào 脅肩諂笑 6-1265A
xiéjiāndīméi 脅肩低眉 6-1264B
xiéjiāndīshǒu 脅肩低首 6-1264B
xiéjiāng 攜將 6-977B
xiéjiàng 鞋匠 12-192A
xièjiāng 謝將 11-380A
xièjiānǐxuě 謝家擬雪 11-379B
xiéjiānlěizú 脅肩絫足 6-1264B
xiéjiānlěizú 脅肩累足 6-1264B
xiéjiànwǎng 邪見網 10-589B
xiéjiànzhuàng 邪見幢 10-589B
xiējiāo 歇驕 6-1461B
xiējiǎo 歇脚 6-1460B
xiējiǎo 歇腳 6-1461A
xiéjiāo 邪交 10-589B
xiéjiǎo 斜角 7-336B
xiéjiǎo 鞋脚 12-192B
xiéjiào 邪教 10-592A
xièjiǎo 卸脚 2-540A
xièjiǎo 蟹脚 8-983A
xiéjiǎoqián 鞋脚錢 12-192B
xiéjiǎoshǒu 鞋脚手 12-192B
xiéjiǎoyǔ 斜脚雨 7-337B
xiéjiǎozhǐ 斜角紙 7-336B
xièjiǎqián 卸甲錢 2-539B
xièjiāqīngxù 謝家輕絮 11-379A
xièjiāshù 謝家樹 11-379B
xièjiāxìng 謝家興 11-379B
xièjiāxiōngdì 謝家兄弟 11-379A
xièjiāyǒngxuě 謝家詠雪 11-379A
xiéjiē 攜接 6-977A
xiéjié 脅劫 6-1264A
xiéjié 諧捷 11-337B
xiéjié 諧結 11-338A
xiéjiě 協解 1-882A
xiéjiě 攜解 6-977B
xiéjiè 協解 1-882A
xiéjiè 斜界 7-337A
xièjié 械節 4-1027B
xièjié 謝節 11-381A
xièjiè 械解 4-1027B
xièjiéshū 洩節樞 5-1142B
xiējìn 楔進 4-1145B
xiějìn 歇勁 6-1459B
xiéjīn 頡斤 12-289A
xiéjīn 邪巾 10-588A
xiéjīn 邪津 10-591A
xièjīn 謝金 11-377B
xièjìn 泄勁 5-1050B
xièjìn 媟近 4-385B
xièjìn 懈勁 7-764A
xièjìn 褻近 9-126A
xiéjǐng 斜井 7-336A
xiéjǐng 斜景 7-338A
xiéjìng 邪徑 10-591B
xiéjìng 邪逕 10-591B
xiéjìng 斜徑 7-337A
xiéjìng 斜逕 7-337A
xiějīng 寫經 3-1627A
xiějǐng 寫景 3-1626A
xiějìng 寫境 3-1627A
xièjǐng 械頸 4-1028A
xièjìng 謝敬 11-380A
xiějīnghuàn'é 寫經換鵝 3-1627A
xièjiǔ 謝酒 11-378B
xièjiù 謝咎 11-377B
xièjiù 謝舅 11-381A
xiéjǔ 絜矩 9-801A
xiéjǔ 攜沮 6-976B
xiéjù 協句 1-880A
xiéjù 脅懼 6-1266A
xiéjù 諧句 11-336B
xiéjù 諧劇 11-338B
xiějù 寫具 3-1625A
xiějù 寫據 3-1627B
xièjǔ 解沮 10-1368B
xièjǔ 懈沮 7-764A
xièjù 械具 4-1027B
xièjuàn 解倦 10-1370B
xièjuàn 懈倦 7-764A
xiējué 歇絕 6-1461A
xiéjué 邪絕 10-593A
xiéjué 邪譎 10-595A
xiéjué 諧決 11-336B
xiéjué 攜角 6-976B
xièjué 謝絕 11-380B
xiéjūn 脅君 6-1264A
xièjùxué 械具學 4-1027B
xiékàng 頡亢 12-289A
xièkāng 謝康 11-379B
xièkānglè 謝康樂 11-379B
xièkānglètǐ 謝康樂體 11-380A
xièkào 謝犒 11-381A
xiékē 斜柯 7-337A
xièkè 謝客 11-378A
xièkè 蟹堁 8-982B
xièkěn 謝肯 11-377A
xiékǒng 脅恐 6-1265A
xièkòng 寫鞚 3-1627B
xiékǒu 鞋口 12-192A
xièkǒu 泄口 5-1050A
xiékū 邪哭 10-591B
xiékuǎn 諧款 11-337B
xiékuàng 夾纊 2-1507A
xiékuàng 挾纊 6-606B
xièkuāng 蟹匡 8-981B
xièkuāng 蟹筐 8-983A
xiékuī 斜窺 7-338B
xiékuí 協揆 1-881B
xièkǔn 謝悃 11-379A
xiélàgǔ 邪剌骨 10-590B
xiélán 鞋籃 12-193A
xièlàn 褻濫 9-127A
xièláng 屧廊 4-54A
xièláng 謝郎 11-377B
xièlàng 蟹浪 8-982B
xièlángzhuómào 謝郎著帽 11-377B
xièlányànguì 謝蘭燕桂 11-382A
xiélǎo 偕老 1-1539A
xiélǎo 諧老 11-336B
xièlǎo 謝老 11-376A
xiélè 諧樂 11-339A
xiēlèhǔzi 蝎勒虎子 8-929A
xiélěi 邪累 10-592A
xiélèi 脅肋 6-1264A
xièlèi 灺淚 7-32A
xièlèi 屑淚 4-48B
xièlèi 瀉淚 6-204A
xiéléng 斜楞 7-338A
xiēlì 歇力 6-1458B
xiélí 攜離 6-978A
xiélǐ 協理 1-881B
xiélì 頡利 12-289A
xiélì 邪吏 10-589A
xiélì 邪戾 10-590B
xiélì 邪沴 10-590B
xiélì 協力 1-879A
xiélì 諧麗 11-339B
xiélì 諧儷 11-339B
xiélì 叶力 3-17A
xiělì 寫立 3-1624B
xièlǐ 燮理 2-891A
xièlǐ 謝禮 11-382A
xièlì 泄利 5-1050A
xièlì 泄痢 5-1051A
xièlì 瀉痢 6-204A
xiéliǎn 脅斂 6-1266A
xiéliǎn 斜斂 7-338B
xiéliǎn 鞋臉 12-193A
xièlián 謝連 11-378B
xièlián 蟹簾 8-983A
xièliàn 謝練 11-381B
xiēliáng 歇凉 6-1460A
xiēliáng 歇涼 6-1460B
xiéliǎng 鞋輛 12-193A
xiéliàng 協亮 1-881A
xiélìfā 頡利發 12-289A
xiélín 邪臨 10-594B
xiélín 纈林 9-1047A
xiélǐn 鮭稟 12-1219B
xièlín 屑臨 4-49A
xièlínchuān 謝臨川 11-381B
xiélíng 脅凌 6-1265A
xiélíng 脅陵 6-1265B
xiélǐng 邪領 10-594A
xiélǐng 協領 1-882A
xiélìng 挾令 6-605A
xiélìng 絜令 9-800B
xiélìtóngxīn 協力同心 1-879B
xiéliū 斜溜 7-338A
xièliú 謝劉 11-381B
xièliù 瀉溜 6-204B
xiēlǐxiēsōng 歇裏歇鬆 6-1461A
xièlóu 謝樓 11-381A
xièlóu 蟹螻 8-983A
xièlòu 泄漏 5-1051A
xièlòu 泄露 5-1051B
xièlòu 洩漏 5-1142B
xièlòu 洩露 5-1142B
xiélù 邪路 10-593B
xiělù 寫録 3-1627B
xiělù 寫錄 3-1628A
xièlǔ 瀉鹵 6-204A
xièlù 薤露 9-562B
xièlù 褻露 9-127B
xièlù 韰露 12-394B
xiéluàn 邪亂 10-593B
xiélùhuò 邪路貨 10-593B
xiélùn 邪論 10-594B
xiēluò 歇落 6-1460B
xiéluò 攜落 6-977B
xièluó 蟹螺 8-983A
xièluò 謝落 11-380A
xièluóshān 謝羅山 11-382A
xiélǜ 協律 1-881A
xiélǜ 諧律 11-337A
xiélǜ 叶律 3-17B
xièlǜ 嶰律 3-871A
xiélüè 脅略 6-1265B
xiēmǎ 歇馬 6-1459B
xiēmǎbēi 歇馬杯 6-1460A
xiémàn 邪慢 10-594A
xiémàn 諧慢 11-338B
xiémàn 諧漫 11-338B
xièmàn 解嫚 10-1377A
xièmàn 解慢 10-1377A
xièmàn 泄慢 5-1051A
xièmàn 媟嫚 4-385B
xièmàn 媟慢 4-385B
xièmàn 懈慢 7-764B
xièmàn 褻嫚 9-127A
xièmàn 褻慢 9-127A
xièmàn 藝慢 9-625B
xiémào 斜袤 7-337B
xiémào 擷芼 6-954B
xiěmào 寫貌 3-1627A
xiémǎtáiguó 邪馬臺國 10-591B
xiéměi 諧美 11-337A
xiéměi 邪媚 10-593A
xiéměi 邪魅 10-594A
xiéměi 諧媚 11-338A
xièméi 謝媒 11-380B
xièméichá 謝媒茶 11-380B
xièméihóng 謝媒紅 11-380B
xièméiqián 謝媒錢 11-380B
xiémén 邪門 10-590B
xiémén 斜門 7-336B
xiéméng 邪萌 10-592A
xiéménwāidào 邪門歪道

10-590B
xiémí 邪靡 10-595A
xiémí 諧靡 11-339B
xiémì 諧密 11-337B
xièmì 泄密 5-1051A
xièmì 洩密 5-1142B
xiémiàn 斜面 7-337A
xiémiàn 鞋面 12-192B
xiémiào 協妙 1-880B
xiémiào 諧妙 11-336B
xiěmiào 寫妙 3-1625A
xiēmiè 歇滅 6-1461A
xiémiē 斜乜 7-336A
xiémín 邪民 10-589A
xiémǐn 諧敏 11-337B
xiémiù 諧謬 11-339B
xiémó 邪謨 10-595A
xiémó 邪魔 10-595A
xièmò 屑没 4-48A
xièmò 謝殁 11-377A
xiémóguàidào 邪魔怪道 10-595B
xiémóu 邪謀 10-594B
xiémóu 協謀 1-882B
xiémóu 叶謀 3-17B
xiémówāidào 邪魔歪道 10-595B
xiémówàidào 邪魔外道 10-595B
xiémówàisuì 邪魔外祟 10-595B
xiémù 邪木 10-588B
xiémù 協睦 1-882A
xiémù 協穆 1-882B
xiémù 挾暮 6-606B
xiémù 諧穆 11-339A
xiěmù 寫目 3-1624A
xièmù 瞸目 7-1235A
xièmù 謝幕 11-380B
xièmù 蟹目 8-981B
xiēmùpào 楔木炮 4-1145B
xī'ēn 希恩 3-697A
xiènáng 瀉囊 6-204B
xiénáo 邪撓 10-594A
xiénáo 挾撓 6-606B
xiénì 邪逆 10-591A
xiénì 邪睨 10-593B
xiénì 邪暱 10-594A
xiénì 斜睨 7-338A
xiènì 褻昵 9-126B
xiéniàn 邪念 10-590A
xiěniàn 寫念 3-1625A
xiēniáng 些娘 5-351B
xièniáng 謝娘 11-379B
xiěniǎo 寫鳥 3-1626A
xièniào 泄溺 5-1051A
xiéniè 邪孽 10-595A
xiéniè 邪孼 10-595A
xiénìng 邪佞 10-589B
xiénìng 協寧 1-882B
xiénú 諧奴 11-336B
xiènú 蟹奴 8-981B
xiènù 泄怒 5-1051A
xiènǚ 謝女 11-374B
xiénüè 邪虐 10-591A
xiènüè 褻謔 9-127A
xiènǚjiěwéi 謝女解圍 11-374B
xié'ǒu 偕偶 1-1539A
xié'ǒu 諧偶 11-337B
xié'ǒu 諧耦 11-338B
xiēpāi 歇拍 6-1459A
xiépái 諧俳 11-337B
xiépài 邪派 10-591A
xiépán 鞋爿 12-192A
xiépàn 協判 1-880B
xiépàn 鞋襻 12-193A
xiépàn 擷泮 6-976B
xiépàn 擷叛 6-977A
xiépàn 擷畔 6-977A
xièpén 瀉盆 6-204A
xièpéng 蟹棚 8-983A
xiépí 邪皮 10-589A
xiépí 鞋皮 12-192A
xiépì 邪辟 10-594A
xiépì 邪僻 10-594A
xiépì 衺僻 9-28B
xiépiàn 鞋片 12-192A
xiépiē 斜瞥 7-338B
xièpǐn 謝品 11-377B
xièpíng 寫瓶 3-1626A
xièpíng 瀉瓶 6-204A
xiépízi 邪皮子 10-589A
xiépō 斜坡 7-336B
xiépò 脅迫 6-1264B
xièpócài 謝婆菜 11-380A
xiēpǔ 歇浦 6-1460A
xiépú 擷僕 6-977B
xièpǔ 蟹浦 8-982B
xiēqì 歇氣 6-1460A
xiēqì 歇憩 6-1461B
xiéqī 斜攲 7-337B
xiéqī 斜敧 7-337B
xiéqī 斜欹 7-337B
xiéqī 諧妻 11-336B
xiéqí 叶齊 3-17B
xiéqì 邪炁 10-590A
xiéqì 邪氣 10-591B
xiéqì 協契 1-880B
xiéqì 協氣 1-881B
xiéqì 斜氣 7-337A
xiéqì 諧契 11-337A
xiéqì 叶契 3-17A
xiéqì 叶氣 3-17B
xièqí 蟹臍 8-983A
xièqǐ 謝啟 11-380A
xièqì 泄氣 5-1051A
xièqì 洩氣 5-1142B
xièqì 屑泣 4-48A
xièqì 械器 4-1028A
xièqì 褻器 9-127A
xièqì 瀣氣 6-208B
xièqì 褻器 9-625B
xiéqià 協洽 1-881A
xiéqià 叶洽 3-17B
xiéqià 汁洽 5-903B
xiēqián 歇前 6-1459B
xiéqiān 脅遷 6-1266A
xiéqiān 斜簽 7-338B
xièqián 廨錢 3-1285A
xièqián 謝錢 11-381B
xièqián 蟹鉗 8-983A
xièqiǎn 謝遣 11-381A
xiéqiāng 頡羌 12-289A
xiéqiǎo 邪巧 10-588B
xiéqiè 諧愜 11-338A
xiéqiè 擷挈 6-977A
xiéqīn 擷衾 6-977A
xiéqín 邪禽 10-593A
xiéqín 擷芹 6-954B
xièqīn 謝親 11-381B
xiéqīng 邪傾 10-593B
xiéqīng 斜傾 7-338A
xiéqíng 邪情 10-592B
xiéqíng 協情 1-881B
xiéqìng 協慶 1-882B
xiěqíng 寫情 3-1626A
xièqīng 蟹青 8-982A
xièqíng 謝情 11-380A
xièqīnjiǔ 謝親酒 11-381B
xiéqiú 脅求 6-1264A
xièqiū 謝丘 11-376A
xièqiū 謝邱 11-377A
xièqiú 褻裘 9-127A
xièqiūniáng 謝秋娘 11-377B
xiéqū 邪曲 10-589A
xiéqū 脅詘 6-1265B
xiéqū 脅驅 6-1266A
xiéqǔ 脅取 6-1264A
xiéqǔ 擷取 6-954B
xiéqǔ 擷取 6-976B
xiéqù 協趣 1-882B
xiéqù 諧趣 11-338B
xiéquán 脅權 6-1266A
xièquán 蟹泉 8-982A
xiéquè 邪却 10-589B
xièquē 謝闕 11-382A
xièquè 謝却 11-376B
xī'ér 奚而 2-1544A
xī'ér 奚兒 2-1545A
xī'ěr 西洱 8-745A
xī'ěr 闟耳 12-172B
xǐ'ér 洗兒 5-1153A
xǐ'ěr 枲耳 4-945B
xǐ'ěr 洗耳 5-1152A
xǐ'ěr 葈耳 9-493A
xì'ér 細兒 9-782B
xiěrǎn 寫染 3-1625B
xí'érbùchá 習而不察 9-646A
xiērè 歇熱 6-1461A
xiérén 邪人 10-588A
xiérèn 協任 1-880A
xiérèn 擷認 6-978A
xièrén 褻人 9-126A
xièrèn 卸任 2-540A
xī'èrgān 淅二泔 5-1346B
xǐ'ěrgōngtīng 洗耳恭聽 5-1152B
xǐ'ěrgǒngtīng 洗耳拱聽 5-1152B
xǐ'érhuì 洗兒會 5-1153B
xiérì 協日 1-879B
xiérì 斜日 7-336A
xièrǒng 渫溶 5-1445A
xiéróu 諧柔 11-337A
xǐ'érqián 洗兒錢 5-1153B
xiérǔ 脅辱 6-1265A
xièrú 屑如 4-48A
xièrùn 寫潤 3-1627B
xièrùn 瀉潤 6-204B
xiéruò 脅弱 6-1265B
xǐ'ěrwēng 洗耳翁 5-1152B
xièsà 糏粲 9-238B
xiésǎn 邪散 10-592B
xiésàn 擷散 6-977B
xièsè 屑瑟 4-48B
xiéshān 邪山 10-588A
xiéshān 挾山 6-604B
xiéshān 鞋山 12-192A
xiéshàn 鮭膳 12-1219B
xiéshàn 邪膳 10-594B
xiéshàn 鞋扇 12-192B
xièshān 謝山 11-374B
xiéshānchāohǎi 挾山超海 6-605A
xiēshǎng 歇晌 6-1460A
xiéshāng 協商 1-881B
xiéshǎng 諧賞 11-338B
xièshǎng 謝賞 11-381A
xiēshǎo 些少 5-351B
xiéshè 斜射 7-337A
xièshè 解舍 10-1368A
xièshè 廨舍 3-1285A
xièshè 蟹舍 8-982A
xiēshēn 歇身 6-1459A
xiéshén 邪神 10-591A
xiěshén 寫神 3-1625B
xiéshēng 邪聲 10-594B
xiéshēng 諧聲 11-339A
xiéshēng 鮭聲 12-1504B
xiěshēng 寫生 3-1624A
xièshēng 謝生 11-376A
xiěshēnghuà 寫生畫 3-1624B
xiéshēngzhījí 偕生之疾 1-1539A
xiēshí 些時 5-351B
xiēshì 蝎螫 8-929A
xiéshī 邪師 10-591B
xiéshí 協時 1-881B
xiéshǐ 絜矢 9-800B
xiéshì 邪世 10-589A
xiéshì 邪視 10-592B
xiéshì 協事 1-880B
xiéshì 挾恃 6-605B
xiéshì 挾揓 6-606A
xiéshì 挾勢 6-606A
xiéshì 脅士 6-1264A
xiéshì 偕世 1-1539A
xiéshì 偕適 1-1539A
xiéshì 斜視 7-337B
xiéshì 諧適 11-338B
xiěshí 寫實 3-1627A
xièshí 謝石 11-376A
xièshí 謝時 11-378B
xièshì 褻視 9-126B

xièshì 謝世 11-375B
xièshì 謝事 11-377A
xièshì 謝室 11-378A
xiěshípài 寫實派 3-1627A
xiéshìyǎn 斜視眼 7-337B
xiěshízhǔyì 寫實主義 3-1627A
xiēshǒu 歇手 6-1458B
xiéshǒu 攜手 6-976A
xiěshǒu 寫手 3-1624A
xièshǒu 謝守 11-376B
xiéshǒuqǔ 攜手曲 6-976B
xiéshū 鮭蔬 12-1219B
xiéshū 邪書 10-592A
xiéshū 挾書 6-605B
xiéshū 諧淑 11-337B
xiéshú 諧熟 11-339A
xiéshù 邪術 10-592A
xiěshū 寫書 3-1626A
xiěshū 寫疏 3-1626B
xiěshù 寫述 3-1625A
xièshū 薤書 9-562B
xièshǔ 解署 10-1375A
xièshǔ 廨署 3-1285A
xièshǔ 謝暑 11-380A
xièshù 解數 10-1377B
xièshù 械數 4-1027B
xièshù 謝墅 11-381A
xiéshuā 鞋刷 12-192B
xiéshuài 攜率 6-977A
xiéshuǎng 攜爽 6-977A
xiéshūlìng 挾書令 6-606A
xiéshūlǜ 挾書律 6-606A
xiéshùn 協順 1-881B
xiěshùnzhū'ér 寫順朱兒 3-1626A
xiéshuō 邪說 10-594A
xiéshuō 脅說 6-1266A
xiéshuō 諧說 11-338B
xiésī 邪思 10-591A
xiésī 挾私 6-605A
xiésī 挾斯 6-606A
xiěsī 寫思 3-1625B
xiěsì 寫似 3-1624B
xièsī 謝私 11-377A
xiēsīdǐlǐ 歇斯底里 6-1460B
xiēsīdǐlǐyà 歇斯的里亞 6-1460B
xiēsītèlǐ 歇斯特里 6-1460B
xiésīwǎngshàng 協私罔上 1-880A
xièsòng 械送 4-1027B
xiēsù 歇宿 6-1460B
xiésú 邪俗 10-591A
xiésú 諧俗 11-337A
xièsū 屑窣 4-49A
xièsū 偞窣 1-1643B
xiēsuì 楔檖 4-1145B
xiésuì 邪祟 10-592A
xiésuì 邪隧 10-594A
xiésuì 諧遂 11-337B
xiésuō 斜睃 7-337B
xiésuō 斜縮 7-338B
xièsuǒ 械索 4-1027B
xiětà 寫搨 3-1626B
xiētái 歇臺 6-1461A
xiétāi 邪胎 10-591A
xiétái 協臺 1-882A
xiétài 協泰 1-881B
xiétài 叶泰 3-17B
xiètàifù 謝太傅 11-375A
xiétán 諧談 11-339A
xiétào 鞋套 12-192B
xiétè 邪慝 10-594A
xiétè 衺慝 9-28B
xiètè 懈忒 7-764A
xiétí 攜提 6-977B
xiètǐ 謝體 11-382A
xiètì 泄涕 5-1051A
xiètì 屑涕 4-48A
xiètiān 謝天 11-375A
xiètián 廨田 3-1285A
xiètiāndì 謝天地 11-375A
xiètiānxièdì 謝天謝地 11-375A
xiétiānzǐyǐlìng… 挾天子以令天下 6-605A
xiétiānzǐyǐlìng… 挾天子以令諸侯 6-605A
xiétiáo 協調 1-882B
xiétiáo 諧調 11-338B
xiétiāo 斜挑 7-337A
xiétiào 邪眺 10-592A
xiètiáo 燮調 2-891A
xiètiàolóu 謝朓樓 11-378B
xiètiě 謝帖 11-377A
xiétiěshí 熁鐵石 7-218B
xiétīng 鞋鞓 12-193A
xiètíng 解亭 10-1369A
xiètíng 謝亭 11-378A
xiètíng 謝庭 11-378A
xiètínglányù 謝庭蘭玉 11-378A
xiétóng 協同 1-880A
xiétóng 偕同 1-1539A
xiétǒng 協統 1-881B
xiétóu 鞋頭 12-193A
xiètóu 卸頭 2-540B
xiétóuwāinǎo 斜頭歪腦 7-338A
xiétú 邪徒 10-591B
xiétú 邪途 10-591B
xiètǔ 謝土 11-374B
xiètǔ 瀉土 6-204A
xiētuǐ 歇腿 6-1461A
xiéwà 鞋襪 12-193A
xiéwà 鞋韤 12-193A
xiéwāi 斜歪 7-337A
xiēwǎn 歇晚 6-1460B
xiéwán 攜翫 6-978A
xiéwǎn 諧婉 11-337B
xièwán 褻玩 9-126B
xièwán 褻翫 9-127A
xiéwǎng 邪枉 10-590A
xiéwǎng 邪網 10-594A
xiéwàng 邪妄 10-589B
xiěwàng 寫望 3-1626A
xièwǎng 蟹網 8-983A
xiēwēi 些微 5-352A
xiēwēi 歇微 6-1461A
xiéwéi 邪嵬 10-593A
xiéwěi 邪僞 10-594A
xiéwèi 邪味 10-590A
xièwéi 謝圍 11-380A
xièwěi 謝委 11-377B
xièwèi 褻味 9-126B
xièwèi 謝遺 11-381B
xiéwén 斜紋 7-337A
xiéwén 諧文 11-336B
xiéwén 纈文 9-1047A
xiéwén 纈紋 9-1047A
xiéwěn 諧穩 11-339B
xièwén 蟹文 8-981B
xiéwénbù 斜紋布 7-337B
xiéwō 脅窩 6-1265B
xiēwǔ 歇午 6-1458B
xiéwū 邪汙 10-589B
xiéwū 脅汙 6-1264A
xiéwǔ 頡啎 12-289B
xiéwù 邪物 10-590A
xiéwù 諧晤 11-337B
xiěwù 寫物 3-1625A
xièwū 媟汙 4-385B
xièwū 褻汙 9-126A
xièwū 褻污 9-126A
xièwǔ 褻侮 9-126B
xièwù 燮務 2-891A
xiēxī 歇息 6-1460A
xiéxī 邪蹊 10-595A
xiéxī 脅息 6-1265A
xiéxī 斜曦 7-338B
xiéxī 諧熙 11-338A
xiéxī 諧嬉 11-339A
xiéxī 諧嬰 11-338A
xiéxí 邪席 10-592A
xiéxì 諧戲 11-339B
xiéxì 攜隙 6-977B
xièxī 解息 10-1371A
xièxī 洩溪 5-1142B
xièxī 嶰谿 3-871A
xièxī 懈息 7-764A
xièxí 卸席 2-540A
xièxí 械槢 4-1027B
xièxǐ 屟屣 4-54A
xièxì 屑細 4-48B
xièxì 械繫 4-1028A
xièxì 械係 4-1027B
xièxì [illegible]呬 12-1423B
xiēxià 歇夏 6-1460A
xiéxiā 嗋呷 3-472A
xièxiá 媟狎 4-385B
xièxiá 褻狎 9-126B
xièxià 泄下 5-1050A
xiéxián 邪涎 10-591A
xiéxián 挾嫌 6-606B
xiéxiǎn 邪險 10-594B
xièxiān 謝仙 11-376A
xièxiān 謝僊 11-381A
xiéxiáng 脅降 6-1265A
xiéxiǎng 協餉 1-882A
xiéxiàng 協相 1-881A
xiéxiàng 斜巷 7-337A
xiěxiàng 寫像 3-1626B
xiēxiāo 猲獢 5-86B
xiēxiǎo 些小 5-351A
xiéxiào 諧笑 11-337B
xiěxiào 寫効 3-1625A
xièxiào 媟笑 4-385B
xièxiào 謝孝 11-376B
xiēxiē 些些 5-351B
xiēxiē 歇歇 6-1461A
xiēxiē 㱔㱔 3-1184B
xiéxié 湝湝 5-1455A
xiéxié 協諧 1-882B
xiéxié 偕偕 1-1539A
xiéxié 愶愶 7-682B
xiéxié 諧協 11-336B
xiéxié 諧諧 11-339A
xiéxié 纈纈 9-1047B
xiéxié 汁協 5-903B
xiéxiè 諧媟 11-338A
xièxie 謝謝 11-382A
xièxié 燮諧 2-891A
xièxié 瀉邪 6-204A
xièxiè 騤騤 12-922A
xièxiè 寫泄 3-1625A
xièxiè 泄寫 5-1051A
xièxiè 泄瀉 5-1051B
xièxiè 屑屑 4-48B
xièxiè 媟褻 4-386A
xièxiè 偞屑 1-1643A
xièxiè 燮燮 2-891A
xièxiè 韘韄 12-202B
xièxiè 齘齘 12-1451A
xiēxiēshìshì 蝎蝎螫螫 8-929A
xièxièsuǒsuǒ 屑屑索索 4-48B
xiēxiēzhézhé 蝎蝎蜇蜇 8-929A
xiēxīn 歇心 6-1459A
xiéxīn 邪心 10-588B
xiéxīn 協心 1-879B
xiéxīn 攜心 6-976B
xiéxīn 叶心 3-17A
xiěxīn 寫心 3-1624A
xièxīn 屑心 4-48A
xiéxìnácū 挾細拿粗 6-606A
xièxīn'ēn 謝新恩 11-381A
xiéxíng 邪行 10-589A
xiéxíng 偕行 1-1539A
xiéxíng 攜行 6-976B
xiéxìng 邪幸 10-590A
xiéxìng 邪性 10-590B
xiěxíng 寫形 3-1624B
xièxíng 褻刑 9-126A
xièxíng 蟹行 8-982A
xièxìng 褻幸 9-126B
xiēxínggōngshì 楔形攻勢 4-1145B
xiěxínghuà 寫形畫 3-1624B
xièxíngshū 蟹行書 8-982A
xièxíngwén 蟹行文 8-982A
xiēxíngwénzì 楔形文字

4-1145B
xièxíngwénzì 蟹行文字 8-982A
xièxíngzì 蟹行字 8-982A
xièxíngzì 蟹形字 8-982A
xiéxīnlùlì 協心戮力 1-879B
xiéxīntónglì 協心同力 1-879B
xiēxīpái 歇息牌 6-1460A
xiéxiū 鮭羞 12-1219B
xiéxiù 擷秀 6-954B
xièxiū 解休 10-1365A
xiēxū 瞖嘘 3-488B
xiēxū 些須 5-351B
xiēxū 些需 5-352A
xiēxū 歇欻 6-1460B
xiexǔ 些許 5-351B
xiéxǔ 諧許 11-337B
xiéxù 協序 1-880B
xièxū 蟹胥 8-982A
xièxū 蟹蝑 8-983A
xiéxuàn 鞋楦 12-193A
xièxuān 泄宣 5-1050B
xièxuān 洩宣 5-1142B
xièxuānchéng 謝宣城 11-378A
xièxuánwén 謝玄文 11-376A
xiēxuè 楔轂 4-1145B
xiéxué 邪學 10-594B
xiéxué 諧噱 11-339A
xiéxué 諧謔 11-339B
xiéxuè 諧謔 11-339A
xièxuě 謝雪 11-379B
xiéxūn 斜曛 7-338B
xiéyǎ 諧雅 11-337B
xiēyǎn 歇眼 6-1460B
xiéyān 斜崦 7-337B
xiéyán 邪言 10-589B
xiéyán 諧言 11-336B
xiéyǎn 斜掩 7-337B
xiéyǎn 斜眼 7-337B
xiéyǎn 斜罨 7-338A
xiéyǎn 纈眼 9-1047A
xiéyàn 斜雁 7-337B
xiéyàn 諧諺 11-339A
xièyán 解鹽 10-1381B
xièyán 噧言 3-503A
xièyán 謝筵 11-380A
xièyǎn 蟹眼 8-982B
xiēyǎng 歇養 6-1461A
xiéyáng 斜陽 7-337B
xiéyǎng 挾養 6-606B
xiéyǎng 攜養 6-978A
xièyāng 謝殃 11-377B
xièyáng 鮭陽 10-1359A
xièyǎntāng 蟹眼湯 8-982B
xiéyāo 擷腰 6-954B
xiěyào 寫曜 3-1627B
xièyào 泄藥 5-1051B
xièyào 瀉藥 6-204B
xiēyè 歇夜 6-1459A
xiēyè 歇業 6-1461A
xièyè 謝謁 11-381B
xiéyī 協一 1-879A
xiéyī 挾依 6-605B
xiéyī 脅衣 6-1264A
xiéyí 邪施 10-591A
xiéyí 諧宜 11-337A
xiéyì 邪佚 10-589B
xiéyì 邪疫 10-591A
xiéyì 邪意 10-593B
xiéyì 邪議 10-595A
xiéyì 協意 1-882A
xiéyì 協義 1-882A
xiéyì 協翼 1-882B
xiéyì 協議 1-883A
xiéyì 挾義 6-606B
xiéyì 諧易 11-337A
xiéyì 叶意 3-17B
xiéyì 叶詣 3-17B
xiěyí 寫移 3-1626A
xiěyì 寫意 3-1626B
xièyī 褻衣 9-126A
xièyī 謝醫 11-382A
xièyí 謝儀 11-381B
xièyì 解佅 10-1367B
xièyì 寫意 3-1626B
xièyì 屑役 4-48A
xièyì 屑意 4-48B
xièyì 懈意 7-764B
xièyì 謝役 11-377A
xièyì 謝意 11-381A
xièyì 謝臆 11-382A
xiěyìhuà 寫意畫 3-1627A
xiéyīlián 纈衣簾 9-1047A
xiēyīn 歇蔭 6-1461A
xiéyīn 邪音 10-591A
xiéyīn 協音 1-881A
xiéyīn 諧因 11-336B
xiéyīn 諧音 11-337A
xiéyín 攜媚 6-977B
xiéyín 邪婬 10-592B
xiéyín 邪淫 10-592B
xiéyǐn 偕隱 1-1539A
xiéyǐn 諧隱 11-339A
xiéyǐn 諧讔 11-339B
xiéyìn 斜印 7-336A
xiéyīng 擷英 6-954B
xiéyíng 邪贏 10-595B
xiéyíng 斜縈 7-338B
xiéyǐng 斜景 7-338A
xiéyǐng 斜影 7-338A
xiéyìng 協應 1-882B
xiéyìng 諧應 11-339B
xiěyǐng 寫影 3-1627B
xièyìng 寫映 3-1625B
xièyǐng 寫影 3-1627B
xiéyòng 協用 1-880A
xièyòng 泄用 5-1050A
xièyòng 械用 4-1027B
xiéyōu 諧優 11-339B
xiéyóu 邪遊 10-593A
xiéyōu 鞋油 12-192B
xiéyòu 脅誘 6-1266A
xiěyōu 寫憂 3-1627B
xièyǒu 燮友 2-891A
xiéyòufúlǎo 攜幼扶老 6-976B
xièyóuqiáo 謝遊橋 11-380B
xiéyú 邪諛 10-594B
xiéyú 諧諛 11-338B
xiéyǔ 諧語 11-338A
xiéyù 邪欲 10-592A
xiéyù 諧遇 11-337B
xièyǔ 媟語 4-385B
xièyǔ 渫雨 5-1445A
xièyǔ 廨宇 3-1285A
xièyǔ 澥宇 6-178A
xièyǔ 褻語 9-127A
xièyǔ 謝雨 11-377A
xièyù 泄欲 5-1051A
xièyù 屑玉 4-48A
xièyù 暬御 5-820B
xièyù 褻御 9-127A
xièyù 謝玉 11-375B
xiéyuàn 挾怨 6-605B
xièyuān 泄冤 5-1051A
xièyuàn 洩怨 5-1142B
xièyuàn 謝掾 11-380A
xiéyuē 協約 1-881A
xiéyuè 斜月 7-336A
xiéyuè 諧樂 11-339A
xièyuè 屑越 4-48B
xièyuè 褻越 9-126B
xièyuè 謝瀟 11-382A
xièyuè 瀉月 6-204A
xiéyù'er 斜玉兒 7-336A
xiéyūn 纈暈 9-1047B
xiéyǔn 諧允 11-336B
xiéyùn 協韻 1-882B
xiéyùn 諧韻 11-339B
xiéyùn 叶韵 3-17B
xiéyùn 叶韻 3-17B
xiěyùn 寫韻 3-1627B
xièyún 洩雲 5-1142B
xièyún 渫雲 5-1445A
xièyǔn 謝允 11-375B
xièyǔnlǐ 謝允禮 11-375B
xiěyùntíng 寫韻亭 3-1628A
xiéyúnwòyǔ 攜雲握雨 6-977B
xiěyùnxuān 寫韻軒 3-1628A
xiéyùpáng 斜玉旁 7-336A
xiézāi 邪菑 10-593A
xiězǎi 寫載 3-1626B
xiézàn 協贊 1-882B
xiézàn 協讚 1-883A
xiézàn 挾贊 6-606B
xiézàn 叶贊 3-17B
xièzàn 燮贊 2-891A
xiézào 邪造 10-591B
xiézào 邪燥 10-595A
xièzào 謝竈 11-382A
xiézé 擷擇 6-955A
xiézè 斜仄 7-336A
xièzé 卸責 2-540A
xièzé 謝責 11-379B
xiézhāi 擷摘 6-954B
xièzhái 謝宅 11-376B
xiézhān 斜瞻 7-338B
xièzhàn 械戰 4-1028A
xiēzhàng 歇帳 6-1460B
xiézhǎng 鞋掌 12-192B
xiézhàng 邪障 10-594A
xiézhàng 邪幛 10-594A
xièzhāng 謝章 11-380A
xiézhào 斜照 7-338A
xièzhào 寫照 3-1626B
xièzhǎo 蟹爪 8-981B
xiēzhē 蠍蠍 9-1340B
xiézhé 邪轍 10-595A
xiézhēn 鮭珍 12-1219A
xiézhèn 諧振 11-337B
xiězhēn 寫真 3-1625B
xièzhěn 謝枕 11-377A
xiězhēnbǎn 寫真版 3-1625B
xiézhěng 攜拯 6-977A
xiézhèng 邪正 10-588B
xiézhèng 邪政 10-590B
xiézhèng 協正 1-879B
xièzhèng 謝政 11-377B
xièzhèng 瀉證 6-204B
xiězhēnjìng 寫真鏡 3-1626A
xiězhēnqì 寫真器 3-1626A
xiězhēnshī 寫真師 3-1625B
xiězhēntú 寫真圖 3-1626A
xiězhēnxiàng 寫真像 3-1625B
xiēzhī 歇枝 6-1459A
xiézhī 脅肢 6-1264B
xiézhī 絜知 9-801A
xiézhí 邪執 10-592A
xiézhí 脅職 6-1266A
xiézhǐ 邪指 10-590B
xiézhǐ 纈芷 9-1047A
xiézhì 邪志 10-589B
xiézhì 協治 1-880B
xiézhì 挾制 6-605A
xiézhì 脅制 6-1264B
xiězhǐ 寫紙 3-1626A
xiězhì 寫志 3-1624B
xièzhí 卸職 2-540B
xièzhí 謝職 11-382A
xièzhǐ 謝紙 11-379B
xièzhì 獬豸 10-1344B
xièzhì 鮭觶 10-1359A
xièzhì 解蛭 10-1375A
xièzhì 解豸 10-1366B
xièzhì 解廌 10-1375B
xièzhì 械致 4-1027B
xièzhì 獬豸 5-127B
xièzhì 獬廌 5-128A
xièzhì 謝秩 11-378B
xièzhìguān 解廌冠 10-1375B
xièzhìguān 獬豸冠 5-128A
xiēzhōng 歇中 6-1458B
xiézhōng 協中 1-879B
xiézhōng 叶中 3-17A
xiézhǔ 邪主 10-589A
xiézhù 協助 1-880A
xiězhú 寫築 3-1627B
xièzhú 嶰竹 3-870B
xièzhù 寫注 3-1625A
xièzhù 寫著 3-1626A
xièzhù 泄注 5-1050B

xièzhù 瀉注 6-204A
xiézhuàibǎ'er 鞋拽靶兒 12-192B
xiézhuàn 邪傳 10-593B
xièzhuàn 卸篆 2-540A
xièzhuàn 褻饌 9-127B
xiězhuàng 寫狀 3-1625B
xièzhuāng 卸妝 2-540A
xièzhuāng 卸裝 2-540A
xièzhuāng 謝粧 11-380B
xièzhuō 謝拙 11-377A
xiēzi 楔子 4-1145B
xiēzi 蝎子 8-928B
xiēzǐ 些仔 5-351B
xiēzǐ 些子 5-351A
xiēzǐ 㱿子 3-1184B
xiézi 鞋子 12-192A
xiézǐ 邪子 10-588B
xiězì 寫字 3-1624B
xièzi 屑子 4-48A
xièzi 榍子 4-1237A
xièzǐ 蟹子 8-981B
xiēzi'er 些子兒 5-351A
xiézǐjì 擷子紒 6-954B
xiézǐjì 擷子髻 6-954B
xiézǐjì 纈子髻 9-1047A
xiězìjiān 寫字間 3-1624B
xiēzǐjǐng 些子景 5-351A
xiēzimā 蝎子媽 8-929A
xièzìrán 謝自然 11-376A
xiēzishǐ…蝎子屎，毒一份 8-929A
xiězìtái 寫字檯 3-1624B
xiézōng 邪宗 10-590B
xiézòng 鞋蹤 12-193A
xiézòu 協奏 1-880B
xiézòu 諧奏 11-337A
xiézòuqǔ 協奏曲 1-881A
xiēzú 歇足 6-1459A
xiézú 邪足 10-589B
xiézǔ 邪阻 10-590A
xièzuì 謝罪 11-381A
xièzūn 褻尊 9-127A
xiézūnzhě 脅尊者 6-1265B
xiēzuò 歇坐 6-1459A
xiézuǒ 協佐 1-880B
xiézuǒ 叶佐 3-17A
xiézuò 協作 1-880B
xiézuò 偕作 1-1539A
xiězuò 寫作 3-1624B
xīfá 析伐 4-858A
xīfà 晞髮 5-742B
xífá 襲伐 9-148A
xǐfā 洗發 5-1155B
xǐfá 洗伐 5-1152B
xìfǎ 戲法 5-254A
xīfān 西番 8-749A
xīfān 西藩 8-752B
xīfān 西蕃 8-751A
xīfàn 稀飯 8-91A
xífān 席帆 3-724A
xífándǎogù 襲凡蹈故 9-148A
xīfāng 西方 8-739B
xīfǎng 襲倣 9-149A
xǐfǎng 躧訪 10-575A
xǐfàng 徙放 3-986B
xìfáng 戲房 5-254A
xīfāngjìngguó 西方净國 8-739B
xīfāngjìngtǔ 西方净土 8-739B
xīfāngshèngrén 西方聖人 8-739B
xīfāngshìjiè 西方世界 8-739B
xīfēi 夕霏 3-1147B
xīfēi 翕飛 9-653A
xīfēi 錫飛 11-1324A
xīfēi 席扉 3-725A
xǐfèi 徙廢 3-987A
xífēichéngshì 習非成是 9-646B
xífēichéngsú 習非成俗 9-646B
xífēishèngshì 習非勝是 9-646B
xīfēn 析分 4-857B
xīfēn 犀分 6-282B
xīfēng 夕烽 3-1146B
xīfēng 西封 8-744A
xīfēng 西風 8-744B
xīfēng 吸風 3-182B
xīfēng 希風 3-696B
xīfēng 晞風 5-742A
xīfēng 錫封 11-1324B
xīfèng 犀鳳 6-285A
xīfēng 席豐 3-725B
xīfēng 習風 9-647A
xífēng 襲封 9-148B
xǐfēng 璽封 4-654A
xìfēng 繫風 9-1025B
xìfēng 係風 1-1412B
xìfēng 細風 9-783B
xìfēng 隙風 11-1092A
xìfèng 隙縫 11-1092B
xìfēngbǔyǐng 繫風捕景 9-1025B
xìfēngbǔyǐng 繫風捕影 9-1025B
xìfēngbǔyǐng 係風捕景 1-1413A
xìfēngbǔyǐng 係風捕影 1-1413A
xǐfēngkǒu 喜峯口 3-403B
xífēnglǚhòu 席豐履厚 3-725B
xǐfēngmùyǔ 纚風沐雨 9-1064A
xīfēngyǐnlù 吸風飲露 3-182B
xīfēnyīn 惜分陰 7-590A
xīfǒu 西缶 8-740B
xīfóye 西佛爺 8-742A
xīfū 息夫 7-501B
xīfú 釐福 10-422B
xīfú 西服 8-743A
xīfú 惜福 7-591A
xīfú 翕伏 9-652B
xīfú 翕服 9-652B
xīfú 錫服 11-1324A
xīfú 錫福 11-1324B
xīfǔ 西府 8-743A
xīfù 吸附 3-182A
xīfù 希附 3-696B
xīfù 息婦 7-503B
xīfù 熙阜 7-221A
xīfù 谿父 10-1321A
xīfù 犧賦 6-292B
xífú 習服 9-646B
xífù 習復 9-648B
xífù 媳婦 4-394B
xǐfú 洗拂 5-1153A
xǐfú 洗祓 5-1154A
xǐfú 喜服 3-403A
xǐfú 璽符 4-654A
xǐfú 璽紱 4-654A
xǐfú 璽韍 4-654B
xìfū 細夫 9-781A
xìfú 舄鳧 8-1290A
xìfú 禊祓 7-941B
xìfù 繫縛 9-1027A
xìfù 係縛 1-1414A
xìfù 戲婦 5-255B
xífù'er 媳婦兒 4-395A
xīfǔhǎitáng 西府海棠 8-743B
xīfùjiāozhī 鼷腹鷦枝 12-1415A
xīfūrén 錫夫人 11-1323B
xífùzi 媳婦子 4-395A
xīgǎi 夕改 3-1146B
xīgài 㓞蓋 2-546B
xīgài 膝蓋 6-1368A
xígài 席蓋 3-725A
xǐgǎi 洗改 5-1153A
xǐgài 洗溉 5-1155B
xìgài 細概 9-785A
xīgàigǔ 膝蓋骨 6-1368A
xīgānguìdǎn 析肝劌膽 4-858A
xīgānlìkǔn 析肝瀝悃 4-858A
xīgāntǔdǎn 析肝吐膽 4-858A
xīgāo 狶膏 5-57A
xīgāo 豨膏 10-25B
xígāo 隰皋 11-1118B
xígǎo 席槀 3-725A
xígǎo 席藁 3-725B
xígǎo 蓆藁 9-516A
xǐgào 璽誥 4-654B
xǐgāoqiāo 躧高蹻 10-575A
xǐgāoráo 躧高橈 10-575A
xīgé 希革 3-696B
xīgé 犀革 6-283B
xǐgē 喜歌 3-405B
xǐgé 洗革 5-1154A
xīgēng 析耕 4-858B
xīgōng 西宮 8-745B
xīgōng 犀弓 6-282B
xīgòng 錫貢 11-1324A
xígōng 習工 9-645B
xǐgōng 喜功 3-402A
xǐgōng 銑工 11-1265A
xìgōng 郤公 10-627B
xìgōng 細紅 9-783B
xīgǒu 傒狗 1-1604A
xīgǒu 溪狗 6-23B
xīgòu 希覯 3-698A
xīgòu 稀覯 8-91B
xīgǒu 奚苟 2-1540A
xīgòu 隽詬 11-835A
xǐgòu 徙構 3-987A
xīgòu 謑詢 11-384A
xīgòu 謑詬 11-384A
xīgòu 奚詬 2-1540A
xìgǒudāngxìjǐng 繫狗當繫頸 9-1025B
xǐgòuqiúbān 洗垢求瘢 5-1153B
xǐgòuqiúxiá 洗垢求瑕 5-1153B
xǐgòusuǒbān 洗垢索瘢 5-1154A
xīgǔ 夕鼓 3-1147B
xīgǔ 希古 3-695B
xīgǔ 息轂 7-504A
xīgǔ 犀骨 6-284A
xīgǔ 睎古 7-1223A
xīgǔ 溪谷 6-23A
xīgǔ 谿谷 10-1321B
xígù 習故 9-647A
xǐgù 徙錮 3-987B
xìgù 細故 9-783A
xīguā 西瓜 8-740A
xīguǎ 希寡 3-698A
xīguǎi 膝拐 6-1368A
xīguān 西官 8-744A
xīguān 西關 8-752B
xīguān 奚官 2-1545A
xīguǎn 西館 8-752A
xīguǎn 犀管 6-285A
xíguàn 習貫 9-648A
xíguàn 習慣 9-649A
xǐguān 徙官 3-986B
xǐguàn 洗盥 5-1156B
xǐguàn 徙貫 3-986B
xìguǎn 細管 9-786A
xìguǎn 禊館 7-942A
xìguǎn 戲館 5-257B
xíguànchéngzìrán 習慣成自然 9-649A
xíguànfǎ 習慣法 9-649A
xīguāng 西光 8-740B
xīguāng 希光 3-695B
xīguāng 娭光 4-367B
xīguāng 晞光 5-742A
xīguāng 犀光 6-283A
xīguāng 溪光 6-23A
xīguāng 熙光 7-221A
xīguāng 曦光 5-850B
xīguǎng 西廣 8-750B
xìguāng 隙光 11-1091B
xíguànruòzìrán 習貫若自然 9-648B

xíguànruòzìrán 習慣若自然 9-649A
xíguànshìlì 習慣勢力 9-649A
xíguànzìrán 習慣自然 9-649A
xīgǔ'érchuī 析骨而炊 4-858B
xīguī 西歸 8-752B
xīguī 西龜 8-752A
xīguī 析圭 4-857B
xīguī 析珪 4-858B
xīguī 錫圭 11-1323B
xīguī 錫珪 11-1324A
xīguī 蠵龜 8-1009A
xìguì 郤桂 10-628A
xīguīdānjué 析圭儋爵 4-858A
xīguīdānjué 析圭擔爵 4-858A
xīguīfēnzǔ 析圭分組 4-858A
xīguīpànyě 析珪判野 4-859A
xīguīzuòtǔ 析珪胙土 4-859A
xīguō 西郭 8-746B
xīguó 西國 8-748A
xīguó 西虢 8-751A
xīguó 奚國 2-1545A
xīguó 熙國 7-221B
xīguó 膝膕 6-1368B
xǐguǒ 喜果 3-403A
xìguò 細過 9-784B
xǐgǔzàng 洗骨葬 5-1154A
xīhā 吸哈 3-182B
xīhǎi 西海 8-747A
xīhǎi 醯醢 9-1444A
xíhài 襲害 9-149A
xīháiyǐcuàn 析骸以爨 4-859B
xīháiyìzǐ 析骸易子 4-859B
xīhán 犀函 6-283B
xīhǎn 希罕 3-696A
xīhǎn 希罕 3-696B
xīhǎn 稀罕 8-90B
xīhàn 西漢 8-750B
xìhàn 隙憾 11-1092B
xīhànfūrén 西漢夫人 8-750B
xíhánzhàng 席函丈 3-724B
xīhào 西鎬 8-752B
xīhào 西皓 8-749A
xīhào 西皞 8-751A
xīhào 西顥 8-753A
xīhào 息秏 7-502B
xīhào 息耗 7-503A
xīhào 熙皞 7-222B
xīhào 熙皥 7-222B
xīhào 錫號 11-1324B
xíhào 習好 9-646A
xíhào 蓆號 9-516A
xǐhào 喜好 3-402B
xīháolíshīqiānlǐ 惜毫釐失千里 7-590B
xīháopōulí 析毫剖釐 4-859A
xīháopōumáng 析毫剖芒 4-859A
xīhé 西河 8-743B
xīhé 希合 3-696A
xīhé 晞和 5-742A
xīhé 翕合 9-652B
xīhé 溪河 6-23B
xīhé 熙和 7-221A
xīhé 嬉和 4-407B
xīhé 熹合 7-282A
xīhé 羲和 9-192A
xīhé 曦和 5-850B
xīhé 犧和 6-291A
xīhé 訢合 11-76A
xīhè 蹊壑 10-531B
xīhè 翕赫 9-654A
xīhè 溪壑 6-24A
xīhè 谿壑 10-1322A
xīhè 曦赫 5-850B
xíhé 襲荷 9-149A
xǐhé 洗覈 5-1157A
xǐhè 喜賀 3-405A
xìhé 繫劾 9-1025B
xìhè 艴赫 9-1179B
xīhédàgǔ 西河大鼓 8-743B
xīhèn 惜恨 7-590B
xìhěn 鬩很 12-727A
xìhěn 閱很 12-125A
xīhéxiānrén 西河仙人 8-743B
xīhóng 熙鴻 7-222B
xìhóng 艴紅 9-1179B
xìhóng 戲鴻 5-257B
xīhóngshì 西紅柿 8-745B
xìhóngtángtiè 戲鴻堂帖 5-257B
xīhōu 鼷齁 12-1422B
xīhóu 翕侯 9-652B
xīhóu 翖侯 9-652A
xīhòu 西候 8-746B
xīhòu 徯后 3-1063A
xíhóu 襲侯 9-148B
xìhóu 細侯 9-783B
xīhū 吸呼 3-182B
xīhū 翕忽 9-652B
xīhū 翕曶 9-652B
xīhū 噏忽 3-511A
xīhú 西胡 8-744A
xīhú 西湖 8-749A
xīhú 醯壺 9-1444A
xīhǔ 溪滸 6-24A
xīhù 兮冱 2-24A
xīhù 析戶 4-857B
xīhù 惜護 7-591A
xíhù 蓆戶 9-515B
xìhú 郤縠 10-628A
xìhù 細戶 9-781B
xìhù 屓護 4-49A
xīhuā 熙華 7-221B
xīhuā 歙砉 6-1474A
xīhuá 西華 8-746A
xīhuà 西化 8-739B
xīhuà 噏化 3-511A
xǐhuā 枲華 4-945B
xìhuà 細話 9-785B
xìhuà 戲話 5-256A
xīhuágébèi 西華葛被 8-746B
xīhuágépèi 西華葛帔 8-746A
xīhuái 膝踝 6-1368B
xìhuái 繫懷 9-1027B
xìhuài 隙壞 11-1093A
xīhuán 錫環 11-1325A
xǐhuan 喜懽 3-406A
xǐhuan 喜歡 3-406A
xǐhuàn 洗換 5-1154A
xǐhuàn 洗浣 5-1154B
xǐhuàn 洗澣 5-1156B
xǐhuàn 璽喚 4-654A
xìhuàn 戲幻 5-252B
xīhuāng 西荒 8-744A
xīhuáng 悽惶 7-593A
xīhuáng 悽遑 7-593A
xīhuáng 棲皇 4-1093B
xīhuáng 棲惶 4-1095A
xīhuáng 棲遑 4-1095A
xīhuáng 西皇 8-744B
xīhuáng 羲皇 9-192B
xīhuáng 羲黃 9-192B
xīhuáng 犧皇 6-291B
xìhuáng 戲皇 5-254A
xìhuāng 隙荒 11-1092A
xīhuángshàngrén 羲皇上人 9-192B
xīhuāsī 吸華絲 3-183A
xīhúchǔshì 西湖處士 8-749B
xīhuī 夕暉 3-1147B
xīhuī 西暉 8-750A
xīhuī 西輝 8-751A
xīhuī 晞暉 5-742B
xīhuì 息喙 7-504A
xǐhuì 洗頮 5-1156B
xìhuì 隙會 11-1092A
xīhúlàn 稀糊爛 8-91B
xīhún 鼷鼲 12-1415B
xīhuō 稀豁 8-91B
xīhuō 谿豁 10-1322A
xīhuǒ 犀火 6-282B
xīhuò 稀貨 8-90B
xīhuò 翕霍 9-654A
xīhuò 徯獲 3-1063B
xìhuó 細活 9-783B
xìhuǒ 細火 9-781B
xìhuò 繫獲 9-1027A
xìhuò 係獲 1-1414A
xījī 息機 7-504B
xījī 淅箕 5-1347A
xījī 熙緝 7-222B
xījī 醯雞 9-1444A
xījí 嚮霰 3-539B
xījí 西極 8-749A
xījí 吸集 3-183A
xījí 翕集 9-653A
xījí 嬉集 4-408A
xījí 歙集 6-1474A
xījí 谿極 10-1321B
xījǐ 闟戟 12-173A
xījì 西紀 8-745B
xījì 希冀 3-698A
xījì 希覬 3-698B
xījì 希驥 3-699A
xījì 希驥 3-699A
xījì 晞冀 5-742B
xījì 晞覬 5-742B
xījì 稀穊 8-91B
xíjī 席箕 3-725A
xíjī 襲擊 9-150A
xíjí 習吉 9-646A
xíjí 襲吉 9-148A
xíjì 襲迹 9-148B
xíjì 襲跡 9-149B
xǐjì 纚笄 9-1064B
xǐjì 躧緝 10-575B
xìjì 係羈 1-1414A
xìjī 隙積 11-1092B
xìjí 繫籍 9-1027B
xìjì 禊祭 7-942A
xījiā 犧猳 6-291B
xījiá 西夾 8-741B
xījiǎ 奚假 2-1545A
xījiǎ 息甲 7-502A
xījiǎ 悉甲 7-535A
xījiǎ 犀甲 6-283A
xījià 西嫁 8-750A
xījià 西駕 8-751B
xījià 息駕 7-504B
xījià 晞價 5-742B
xíjiā 習家 9-647B
xǐjiā 徙家 3-986B
xǐjiǎ 洗甲 5-1152A
xìjiā 系家 9-695A
xíjiāchí 習家池 9-647B
xījiān 蹊間 10-531A
xījiān 息肩 7-502B
xījiān 翕肩 9-652B
xījiān 歙肩 6-1474A
xījiǎn 犀檢 6-285B
xījiǎn 稀簡 8-92A
xījiàn 蹊踐 10-531A
xījiàn 希間 3-697B
xījiàn 稀間 8-91A
xījiàn 溪澗 6-24A
xījiàn 錫監 11-1324B
xījiàn 谿澗 10-1322A
xíjiàn 席薦 3-725B
xíjiàn 習見 9-646A
xíjiàn 蓆薦 9-516A
xǐjiān 洗湔 5-1155B
xǐjiàn 璽劍 4-654B
xìjiǎn 舄鹹 8-1290B
xìjiǎn 細檢 9-786B
xìjiàn 隙間 11-1092A
xìjiàn 閱間 12-125A
xījiàn'ài 郗鑒愛 10-627B
xījiāndōngdié 西鶼東鰈 8-753A
xījiāng 西江 8-741A

xījiāng 西疆 8-753A
xījiàng 醯醬 9-1444A
xījiāng 洗漿 5-1156B
xījiàng 洗糨 5-1157A
xījiāngyuè 西江月 8-741A
xījiānú 郗家奴 10-627B
xījiāo 西膠 8-751B
xījiāo 息交 7-502A
xījiǎo 息脚 7-503B
xījiǎo 犀角 6-283B
xījiǎo 谿徼 10-1322A
xījiào 西教 8-747B
xíjiào 習教 9-648A
xǐjiào 喜轎 3-406A
xījiǎodài 犀角帶 6-283B
xījiāolíqīn 析交離親 4-858A
xǐjiǎoshàngchuán 洗脚上船 5-1155A
xījiǎpán 兮甲盤 2-24A
xījiātíngshù 郗家庭樹 10-627B
xījīcǎo 息雞草 7-504B
xījiē 西階 8-748B
xījiē 析階 4-859A
xījiē 奚結 2-1545B
xījiē 悉皆 7-535A
xījiē 嘻嗟 3-500B
xījiě 析解 4-859A
xījiě 晞解 5-742B
xījiě 觿解 10-1392B
xījiè 息借 7-503A
xíjié 襲節 9-149B
xíjiè 席藉 3-725B
xǐjiē 洗街 5-1155A
xǐjié 洗劫 5-1152B
xǐjié 洗結 5-1155B
xǐjié 璽節 4-654B
xìjié 細節 9-785B
xìjié 禊節 7-942A
xījīn 西金 8-742B
xījīn 息金 7-502B
xījǐn 西錦 8-752A
xījìn 希進 3-697A
xījìn 膝進 6-1368A
xíjìn 習近 9-646B
xìjǐn 細謹 9-786B
xìjìn 係進 1-1413A
xījīng 西京 8-743A
xījīng 西荊 8-744A
xījīng 西經 8-750A
xījīng 羲經 9-193A
xījīng 犧經 6-292A
xījǐng 夕景 3-1147A
xījǐng 西景 8-749A
xījǐng 息警 7-504B
xījǐng 晞景 5-742B
xījǐng 曦景 5-850B
xījìng 蹊徑 10-531A
xījìng 蹊逕 10-531A
xījìng 希靜 3-698A
xījìng 傒徑 3-1063A
xījìng 溪徑 6-23B
xījìng 膝脛 6-1368A
xījìng 谿徑 10-1321B
xījìng 谿逕 10-1321B
xíjìng 習靖 9-648B
xíjìng 習靜 9-648B
xǐjīng 枲莖 4-945B
xǐjìng 洗鏡 5-1157A
xìjǐng 繫頸 9-1027A
xìjǐng 係頸 1-1413B
xìjǐng 隙景 11-1092A
xǐjǐngjiùlù 洗頸就戮 5-1156B
xījīngpōuwēi 析精剖微 4-859B
xìjǐngqiānyáng 繫頸牽羊 9-1027A
xījīngqīzú 西京七族 8-743A
xǐjīnjīn 喜津津 3-403A
xījìnnánchēn 西贐南琛 8-753A
xíjiōng 隰坰 11-1118B
xījiǔ 昔酒 5-586A
xíjiū 席糾 3-724B
xǐjiǔ 喜酒 3-404A
xìjiǔ 戲酒 5-255A
xījīwán 息肌丸 7-502A
xījīwèng 醯雞瓮 9-1444A
xījīwèng 醯雞甕 9-1444A
xījū 析居 4-858B
xījù 吸聚 3-183B
xījù 析句 4-857B
xījù 奚詎 2-1545A
xījù 奚距 2-1545B
xījù 奚遽 2-1546A
xījù 翕聚 9-654A
xījù 錫劇 11-1324B
xíjù 席具 3-724A
xíjù 襲踞 9-150A
xíjù 襲據 9-150A
xǐjū 徙居 3-986B
xǐjǔ 徙舉 3-987B
xǐjù 洗句 5-1152A
xǐjù 喜劇 3-405B
xǐjù 喜懼 3-406B
xìjū 隙駒 11-1092B
xìjù 戲具 5-253B
xìjù 戲劇 5-256B
xíjuǎn 席卷 3-724A
xíjuǎn 席捲 3-724B
xījué 稀絶 8-91A
xījué 錫爵 11-1325A
xījué 巇絶 3-874B
xíjué 襲爵 9-150A
xǐjué 喜噱 3-406A
xījūn 犀軍 6-284A
xījùn 巇峻 3-874B
xìjūn 細君 9-782A
xìjūn 細菌 9-784B
xìjūn 細鈞 9-785A
xìjùxìng 戲劇性 5-256B
xìkāi 隙開 11-1092A
xìkǎi 細楷 9-785A
xíkǎn 習坎 9-646A
xǐkàn 躧看 10-575A
xìkān 繫勘 9-1026A
xìkǎo 繫考 9-1025A
xīkē 膝髁 6-1368B
xīkè 晞堁 5-742B
xīkè 犀刻 6-283B
xīkè 稀客 8-90B
xīkè 溪刻 6-23B
xīkè 溪客 6-23B
xīkè 谿刻 10-1321B
xíkē 謑髁 11-384A
xíkè 習課 9-649B
xìkē 細苛 9-782B
xìkè 戲客 5-254B
xìkè 餼客 12-573B
xīkèhàoyì 惜客好義 7-590B
xīkōng 稀空 8-90B
xīkǒng 惜恐 7-590B
xìkǒng 隙空 11-1092A
xìkǒng 隙孔 11-1091B
xīkǒu 西口 8-738B
xīkù 膝褲 6-1368B
xíkù 褶褲 9-136B
xīkuà 犀胯 6-284A
xīkuài 晞塊 5-742B
xǐkuài 喜快 3-402B
xīkuǎn 昔款 5-586A
xìkuǎn 隙窾 11-1092B
xīkuàng 稀曠 8-92A
xǐkuàng 矖曠 7-1269A
xīkuí 西奎 8-744A
xìkuì 餼饋 12-574A
xīkūn 西坤 8-742A
xīkūn 西崑 8-748A
xīkūntǐ 西崑體 8-748B
xīkuò 希濶 3-698B
xīkuò 希闊 3-698B
xīkuò 稀闊 8-91B
xīlā 稀拉 8-90B
xīlà 錫鑞 11-1325A
xīlái 昔來 5-585B
xīlài 溪瀨 6-24B
xīlài 錫賚 11-1324B
xìlài 餼賚 12-573B
xīláirǎngwǎng 熙來攘往 7-221A
xìláiyī 戲萊衣 5-255A
xīlàlà 稀剌剌 8-90B
xīlán 夕嵐 3-1147B
xīlán 溪嵐 6-24A
xīlán 膝襴 6-1368B
xīlàn 稀爛 8-92A
xīlàn 熹爛 7-282A
xìlǎn 繫纜 9-1027B
xīláng 夕郎 3-1146B
xīlǎng 稀朗 8-90B
xìlàng 細浪 9-784A
xīlānghuālāng 西啷花啷 8-748A
xīláo 西牢 8-742A
xīláo 犧牢 6-291A
xīlǎo 西老 8-740B
xīlǎo 悉老 7-535A
xìláo 餼牢 12-573B
xìláo 餼醪 12-573B
xìlǎo 細佬 9-782B
xīlǎoliánpín 惜老憐貧 7-590A
xīlè 西樂 8-751B
xīlè 嬉樂 4-408A
xílè 習勒 9-648A
xǐlè 喜樂 3-406A
xìlè 戲樂 5-257A
xīlèi 析類 4-860A
xīlèi 晰類 5-758B
xīlèi 錫類 11-1325A
xìléi 繫縲 9-1027B
xìléi 係縲 1-1414A
xìléi 係纍 1-1414A
xìléi 係絫 1-1413A
xìléi 係累 1-1413A
xìlěi 繫累 9-1026A
xìlèi 繫纍 9-1027B
xīlí 析離 4-860A
xīlí 奚蠡 2-1546A
xīlǐ 西禮 8-752B
xīlǐ 析理 4-859A
xīlǐ 晰理 5-758B
xīlì 夕厲 3-1147B
xīlì 西曆 8-751B
xīlì 西歷 8-751B
xīlì 吸力 3-181B
xīlì 吸利 3-182A
xīlì 奚隸 2-1546A
xīlì 息力 7-501B
xīlì 息利 7-502A
xīlì 悉力 7-535A
xīlì 惜力 7-590A
xīlì 淅嚦 5-1347B
xīlì 淅瀝 5-1347B
xīlì 犀利 6-283A
xīlì 觿礪 10-1392B
xílǐ 習禮 9-650A
xǐlǐ 洗禮 5-1157A
xìlǐ 細禮 9-786B
xìlǐ 餼醴 12-573B
xìlì 繫戾 9-1025B
xìlì 細麗 9-787A
xìlì 絶艻 9-1179B
xīliǎn 翕斂 9-654A
xíliàn 習練 9-649B
xǐliàn 灑練 6-222A
xǐliàn 洗煉 5-1156A
xǐliàn 洗練 5-1156B
xǐliàn 洗鍊 5-1157A
xìlián 繫連 9-1026A
xìliàn 繫戀 9-1027B
xìliàn 繫攣 9-1027B
xìliàn 係戀 1-1414A
xìliáng 細糧 9-786B
xīliángyuè 西涼樂 8-748B
xīliǎo 爔燎 7-214B
xīlidǎhòng 希里打哄 3-696A
xīliè 析裂 4-859A
xìliè 系列 9-695A
xìlièhuà 系列化 9-695A
xīlièliè 淅冽冽 5-1347A
xīlǐguāngdāng 稀里光當

8-90A
xīlihuālā 唏哩嘩啦 3-363B
xīlihuālā 稀里花拉 8-90A
xīlihuālā 稀里嘩啦 8-90A
xīlihūlā 吸里忽刺 3-182A
xīlihūlū 稀里呼嚕 8-90A
xīlihuōlā 吸力豁剌 3-181B
xīlihútú 稀里糊塗 8-90A
xīlīlī 吸哩哩 3-183A
xīlìlì 吸力力 3-181B
xīlimǎhu 稀里馬虎 8-90A
xīlín 西林 8-742B
xīlín 西鄰 8-750B
xīlìn 惜吝 7-590B
xīlǐn 既廩 4-659A
xīlǐn 氣稟 6-1034B
xīlǐn 餼稟 12-573B
xīlǐn 餼廩 12-573B
xīlìn 系吝 9-695A
xīlíng 西泠 8-743B
xīlíng 西陵 8-747A
xīlíng 西零 8-749B
xīlíng 西靈 8-753A
xīlíng 狶苓 5-57A
xīlíng 稀齡 8-92A
xīlíng 豨苓 10-25B
xīlíngbājiā 西泠八家
8-743B
xìlíngjiělíng 繫鈴解鈴
9-1026B
xīlínglíng 昔零零 5-586A
xīlínglíng 淅零零 5-1347A
xīlínglíng 稀零零 8-91A
xīlìnglìng 淅另另 5-1346B
xīlíngpài 西泠派 8-743B
xīlíngqiáo 西陵橋 8-747B
xīlíngshízǐ 西泠十子
8-743B
xīlíngxiá 西陵峽 8-747B
xīlíngxīliú 淅零淅留
5-1347A
xīlíngyìnshè 西泠印社
8-743B
xīlínlín 吸淋淋 3-183A
xīlínqiáo 西林橋 8-742B
xīlínyù 西鄰玉 8-750B
xīliū 吸溜 3-183B
xīliū 嘻溜 3-500B
xīliú 西劉 8-751B
xīliú 吸留 3-183A
xīliú 吸嚠 3-183B
xīliú 息留 7-503B
xīliú 溪流 6-24A
xīliū 西霤 8-752B
xíliú 習流 9-647B
xǐliū 喜溜 3-405A
xìliú 繫留 9-1026A
xìliú 細流 9-784A
xìliú 禊流 7-941B
xìliǔ 細柳 9-783A
xīliúhélā 希留合剌 3-697A
xīliūhuālā 唏嚠嘩喇
3-363B
xīliúhūlā 吸留忽剌 3-183A
xīliúhūlā 希留乎剌 3-697A
xīliújíliǎo 希留急了
3-697A
xīliūliū 稀溜溜 8-91B
xīliūliū 喜溜溜 3-405A
xìliǔquān 細柳圈 9-783A
xīliūshūlā 吸溜疎剌
3-183B
xīliūxīliè 淅溜淅冽
5-1347A
xīliúxīlíng 昔留昔零
5-585B
xīliūxīliū 吸溜吸溜
3-183B
xìliǔyíng 細柳營 9-783A
xīlǐyáshé 嘻里牙蛇 3-500A
xīlóng 熙隆 7-221B
xīlǒng 翕攏 9-654A
xīlòu 夕漏 3-1147B
xīlóu 戲樓 5-256B
xīlǔ 犀櫓 6-285B
xīlù 蹊路 10-531A
xīlù 西陸 8-747A
xīlù 吸露 3-183B
xīlù 晞露 5-742B
xīlù 溪路 6-24A
xīlù 蟋蟀 8-946B
xīlù 谿路 10-1321B
xǐlù 洗路 5-1156A
xìlǔ 繫虜 9-1026B
xìlǔ 舄鹵 8-1290A
xìlǔ 係虜 1-1413A
xìlǔ 潟鹵 6-141B
xìlǔ 潟滷 6-141B
xìlù 系録 9-695B
xìlù 係路 1-1413B
xìlù 細路 9-785B
xìlù 隙路 11-1092A
xìlù 餼賂 12-573B
xīluán 膝攣 6-1368B
xīluàn 稀亂 8-91B
xíluàn 習亂 9-648B
xīlún 夕輪 3-1147B
xīlún 羲輪 9-193A
xīlún 曦輪 5-850B
xìlùn 細論 9-786B
xìlùn 戲論 5-257A
xīluò 奚落 2-1545B
xīluò 傒落 1-1604A
xīluò 稀落 8-91A
xīluò 徯落 3-1063B
xǐluó 洗羅 5-1157A
xǐluò 謑落 11-384A
xìluò 繫絡 9-1026B
xīluòguǐróng 西落鬼戎
8-749A
xīlúyùjiá 犀顱玉頰 6-285B
xīlǚ 西旅 8-747A
xīlǚ 綌紵 9-1006A
xīlǜ 析律 4-858B
xīlǜ 息慮 7-504A
xīlǚ 襲履 9-150A
xǐlǚ 屣履 4-54B
xǐlǚ 縰履 9-1000B
xǐlǚ 躧履 10-575A
xǐlǜ 洗慮 5-1156A
xìlǚ 舄履 8-1290A
xìlǚ 細縷 9-786B
xìlǜ 細緑 9-786A
xīlǜ 熻爈 7-215A
xīlüè 襲掠 9-149A
xǐlüè 洗掠 5-1154B
xīlǜ'èrduān 析律貳端
4-858B
xílǚfēnghòu 席履豐厚
3-725B
xīlǜwǔwén 析律舞文 4-858B
xīmá 錫麻 11-1324B
xīmǎ 息馬 7-503A
xǐmá 枲麻 4-945B
xǐmǎ 躧馬 10-575A
xìmǎ 繫馬 9-1025B
xìmǎ 細馬 9-783B
xìmǎ 戲馬 5-254B
xìmǎ 戲碼 5-256B
xīmài 息脈 7-503B
xǐmài 喜脈 3-404A
xìmǎmáilún 繫馬埋輪
9-1026A
xīmán 溪蠻 6-24B
xímàn 習慢 9-649A
xìmàn 戲嫚 5-256B
xìmàn 戲慢 5-256B
xīmántou 膝饅頭 6-1368B
xīmáo 西毛 8-739B
xīmáo 溪毛 6-23A
xīmáo 谿毛 10-1321A
xīmào 熙茂 7-221A
xímào 席帽 3-725A
xīmào 襲冒 9-148B
xìmáo 細毛 9-781B
xīmáobiànfà 晰毛辨髮
5-758B
xímàolíshēn 席帽離身
3-725A
xìmǎtái 戲馬臺 5-254B
xìmǎyǐ 戲螞蟻 5-257B
xīméi 醯梅 9-1444A
xǐméi 洗梅 5-1154B
xǐméi 洗煤 5-1156A
xìméi 細眉 9-783B
xīméinánliǎn 西眉南臉
8-745B
xǐméishuāmù 洗眉刷目
5-1154A
xīmèixiāoxīng 夕寐宵興
3-1147B
xǐméixiàoyǎn 喜眉笑眼
3-403B
xīmén 西門 8-744A
xímén 席門 3-724B
xīméng 溪甿 6-23B
xǐmèng 喜夢 3-405A
xìméng 細氓 9-783A
xìméngméng 細濛濛 9-786B
xíménpéngxiàng 席門蓬巷
3-724B
xíménqióngxiàng 席門窮巷
3-724B
xīmí 稀糜 8-91B
xīmí 嬉靡 4-408B
xīmǐ 淅米 5-1346B
xīmì 菥蓂 9-436A
xīmì 稀密 8-91A
xǐmí 徙靡 3-987B
xìmí 繫迷 9-1025B
xìmí 繫彌 9-1027B
xìmí 繫縻 9-1027A
xìmí 係縻 1-1414A
xìmí 戲迷 5-254A
xìmì 細密 9-784B
xìmì 綌冪 9-873A
xīmiǎn 希冕 3-697A
xímiàn 席面 3-724B
xǐmiàn 洗面 5-1154A
xìmiàn 戲面 5-254A
xǐmiàntāng 洗面湯 5-1154A
xīmiè 息滅 7-504A
xīmiè 晞滅 5-742B
xīmiè 稀滅 8-91B
xīmiè 熄滅 7-215A
xímiè'er 席篾兒 9-516A
xīmín 息民 7-502A
xīmǐn 惜閔 7-591A
xǐmín 洗民 5-1152A
xǐmín 徙民 3-986A
xìmín 細民 9-781B
xīmíng 西冥 8-747A
xīmíng 西溟 8-750A
xīmíng 惜名 7-590B
xīmíng 熙明 7-221A
xīmìng 錫命 11-1324A
xǐmíng 喜名 3-402A
xìmíng 繫名 9-1025A
xìmìng 繫命 9-1025B
xīmó 西膜 8-750B
xīmò 奚墨 2-1545B
xìmò 隙末 11-1091B
xìmò 戲墨 5-256B
xīmòfǎ 惜墨法 7-591A
xīmòrújīn 惜墨如金 7-591A
xīmòzhǐ 吸墨紙 3-183B
xīmǔ 西姥 8-745B
xīmǔ 西母 8-740B
xīmù 夕暮 3-1147B
xīmù 希慕 3-698A
xīmù 析木 4-857B
xīmù 晞沐 5-742A
xīmù 熙穆 7-222B
xímù 席幕 3-725A
xǐmǔ 喜母 3-402A
xǐmù 洗目 5-1152A
xǐmù 洗沐 5-1153A
xǐmù 徙木 3-985B
xǐmù 矖目 7-1269A
xìmù 細目 9-781B
xìmù 戲目 5-252B
xīmùjīn 析木津 4-857B
xīnà 吸納 3-183A
xīn'āi 新哀 6-1072A
xīn'ài 心愛 7-388A
xīn'ài 新愛 6-1077A

xīn'ài 歆愛 6-1462B
xìn'ài 信愛 1-1422A
xīnán 西南 8-744A
xīnán 息男 7-502A
xīn'àn 新按 6-1071A
xìnàn 隙難 11-1093A
xīnáng 奚囊 2-1546A
xīnáng 傒囊 1-1604B
xīn'ānlǐdé 心安理得 7-375A
xīn'ānpài 新安派 6-1068B
xīnányí 西南夷 8-744A
xīnào 嬉鬧 4-408A
xīnbá 新拔 6-1069B
xīnbái 鋅白 11-1305A
xīnbān 新班 6-1073A
xīnbǎn 心版 7-377B
xīnbǎn 新板 6-1069B
xīnbǎn 鋅板 11-1305A
xīnbǎn 鋅版 11-1305A
xīnbǎnběn 新版本 6-1070A
xīnbàngfùfēi 心謗腹非 7-393A
xīnbāo 心包 7-372B
xīnbào 心抱 7-376B
xīnbēi 欣悲 6-1439B
xīnbèi 心背 7-379A
xīnbèibái 鋅鋇白 11-1305A
xīnběn 心本 7-372A
xīnbèn 心坌 7-376A
xīnbèn 心悸 7-384A
xìnbǐ 信筆 1-1421B
xìnbì 信必 1-1417A
xìnbì 釁弊 2-761A
xīnbiān 新編 6-1079B
xīnbiàn 心辯 7-394B
xīnbiàn 忻抃 7-433B
xīnbiàn 欣忭 6-1438B
xīnbiàn 欣抃 6-1438B
xīnbiàn 新變 6-1082B
xīnbié 心別 7-376A
xīnbiè 心別 7-376A
xīnbìn 新鬢 6-1082B
xīnbīng 心冰 7-374B
xīnbīng 心兵 7-376A
xīnbīng 新兵 6-1069A
xīnbìng 心病 7-382A
xìnbǐtúyā 信筆塗鴉 1-1421B
xīnbō 心波 7-378B
xīnbó 心搏 7-387A
xìnbù 信布 1-1416B
xìnbù 信步 1-1418A
xìnbùjí 信不及 1-1416A
xīnbùliǎngyòng 心不兩用 7-371A
xīnbùyìngkǒu 心不應口 7-371A
xīnbùyóuyì 心不由意 7-370B
xīnbùzàiyān 心不在焉 7-371A
xīncái 心裁 7-384B
xīncái 新裁 6-1075B
xīncǎi 薪采 9-570B
xīncǎi 薪採 9-571A
xīncàn 薪粲 9-571A
xīncáo 心曹 7-383A
xīncáo 心嘈 7-390A
xīnchá 新茶 6-1071A
xīnchái 薪柴 9-570B
xìnchāi 信差 1-1419B
xīnchán 新蟬 6-1081B
xīnchán 新蟾 6-1081B
xīnchán 新躔 6-1082B
xīncháng 心腸 7-388A
xīncháng 歆嘗 6-1463A
xīnchàng 忻暢 7-433B
xīnchàng 欣暢 6-1440A
xīnchàng 新唱 6-1074B
xìnchàng 釁鬯 2-760B
xīnchángfàduǎn 心長髮短 7-376B
xīnchánggěngduǎn 心長綆短 7-376B
xīnchángzhēng 新長征 6-1069B
xīncháo 心潮 7-392A
xīncháo 新潮 6-1079B
xìncháo 信潮 1-1423A
xīnchē 廞車 3-1279A
xīnchēn 心嗔 7-387A
xīnchén 心塵 7-390B
xīnchén 新臣 6-1068A
xīnchén 新陳 6-1074A
xìnchén 信臣 1-1417A
xīnchéndàixiè 新陳代謝 6-1074A
xīnchéng 心成 7-373B
xīnchéng 心城 7-379A
xīnchéng 心程 7-385B
xīnchèng 心秤 7-381B
xìnchéng 信誠 1-1422B
xīnchíshénwǎng 心馳神往 7-387A
xīnchíwèiquè 心馳魏闕 7-387A
xīnchǒng 新寵 6-1082A
xìnchóng 信崇 1-1420B
xīnchōu 新篘 6-1080A
xīnchóu 新愁 6-1076B
xīnchóu 新疇 6-1081B
xìnchóu 釁讐 2-761B
xīnchóujiùhèn 新仇舊恨 6-1066B
xīnchóujiùhèn 新愁舊恨 6-1076B
xīnchú 新除 6-1072B
xīnchú 薪芻 9-571A
xīnchǔ 心楚 7-387A
xīnchǔ 辛楚 11-480A
xīnchǔ 新楚 6-1076B
xīnchuán 心傳 7-387B
xīnchuán 薪傳 9-571A
xīnchuāng 新創 6-1076A
xīnchuàng 新創 6-1076A
xīnchuī 新炊 6-1070A
xīnchuí 心倕 7-381B
xīnchūměng'er 新出猛兒 6-1068A
xīnchūn 新春 6-1071A
xīncí 心慈 7-389A
xīncí 新詞 6-1076A
xìncì 信次 1-1418A
xīncímiànruǎn 心慈面軟 7-389A
xīncíshǒuruǎn 心慈手軟 7-389A
xìncóng 信從 1-1421A
xīncū 心粗 7-384A
xīncuàn 薪爨 9-571B
xīncùcù 新簇簇 6-1080B
xīncuì 新脆 6-1073B
xīncuì 新翠 6-1078B
xīncūn 新村 6-1068B
xīncúnmùxiǎng 心存目想 7-373A
xīncūqìfú 心粗氣浮 7-384A
xīndá 欣怛 6-1439A
xīndǎi 心歹 7-371A
xīndài 忻戴 7-434A
xīndài 欣戴 6-1440B
xīndài 訢載 11-76B
xìndài 信待 1-1419B
xìndài 信袋 1-1420B
xìndài 信貸 1-1421B
xīndàlù 新大陸 6-1066A
xīndǎn 心膽 7-393A
xīndǎn 薪膽 9-571B
xīndàn 昕旦 5-594B
xìndàn 信誕 1-1422B
xìndàn 信憚 1-1423A
xīndǎng 新黨 6-1082A
xīndàng 心蕩 7-391B
xīndàngshénmí 心蕩神迷 7-391B
xīndàngshényáo 心蕩神搖 7-391B
xīndàngshényí 心蕩神怡 7-391B
xīndǎnjùliè 心膽俱裂 7-393A
xīndǎnjùsuì 心膽俱碎 7-393A
xīndǎo 忻蹈 7-434A
xìndào 通道 10-940A
xìndào 信道 1-1421B
xīndàoshénzhī 心到神知 7-377A
xìndáyǎ 信達雅 1-1421A
xīndé 心得 7-383B
xīndé 心德 7-392A
xīndé 欣德 6-1440A
xīndé 馨德 12-443B
xìndeguò 信得過 1-1420B
xìndejí 信得及 1-1420B
xīndēng 心燈 7-392B
xīndēng 新登 6-1076A
xīndǐ 心底 7-378A
xīndì 心地 7-372B
xīndì 新第 6-1074B
xìndǐ 信底 1-1419A
xìndì 信地 1-1417A
xīndiǎn 新典 6-1070A
xīndiàntú 心電圖 7-387A
xīndiào 新調 6-1079A
xìndié 信牒 1-1422A
xīndīng 新丁 6-1065B
xīndìng 心定 7-378B
xìndìng 信定 1-1419A
xīndìngyáo 新定窑 6-1070B
xīndīyìjǔ 心低意沮 7-376A
xīndòng 心動 7-383B
xīndòng 欣動 6-1439B
xīndòng 歆動 6-1462B
xīndòng 噷動 3-530A
xīndòu 心鬭 7-395A
xīndú 心毒 7-379A
xīndú 辛毒 11-479B
xīndù 心度 7-380B
xīndù 新度 6-1072A
xìndū 信都 1-1420A
xīnduàn 心斷 7-393B
xìnduān 釁端 2-761A
xúnduǎnjiàn 尋短見 2-1292A
xīnduō 心多 7-374B
xīn'é 新蛾 6-1076B
xìn'è 釁惡 2-760B
xīnèi 西内 8-739B
xīnèn 稀嫩 8-91B
xīn'ěr 心耳 7-373A
xìn'er 信兒 1-1418B
xìn'éryǒuzhēng 信而有徵 1-1417B
xìn'éryǒuzhèng 信而有證 1-1417B
xīnfǎ 心法 7-378A
xīnfǎ 新法 6-1070B
xīnfān 新翻 6-1081B
xīnfán 心煩 7-389B
xìnfān 信幡 1-1423A
xìnfān 信旛 1-1423B
xīnfáng 心房 7-378B
xīnfáng 新房 6-1071A
xìnfǎng 信訪 1-1421A
xīnfánlǜluàn 心煩慮亂 7-389B
xīnfányìluàn 心煩意亂 7-389B
xīnfányìrǒng 心煩意冗 7-389B
xīnfāyúxíng 新發於硎 6-1076A
xīnfēi 心扉 7-386B
xīnfèi 心肺 7-377B
xīnfèi 廞廢 3-1279B
xīnfēixiàngyì 心非巷議 7-377A
xīnfěn 鋅粉 11-1305A
xīnfèn 心忿 7-377B
xīnfēng 心風 7-380A
xīnfēng 新風 6-1072A
xīnfēng 新豐 6-1081B
xīnfèng 辛俸 11-479B
xīnfèng 薪俸 9-570B
xìnfēng 信封 1-1419A

xìnfēng 信風 1-1419B
xìnfèng 信奉 1-1418A
xīnfēngkè 新豐客 6-1081B
xīnfó 心佛 7-376A
xīnfú 心伏 7-374A
xīnfú 心服 7-378A
xīnfú 欣服 6-1439A
xīnfú 新服 6-1070A
xīnfǔ 心府 7-378A
xīnfǔ 心腑 7-385B
xīnfù 心腹 7-388A
xīnfù 欣附 6-1438B
xīnfù 新附 6-1069A
xīnfù 新婦 6-1075A
xìnfú 信伏 1-1417B
xìnfú 信服 1-1418B
xìnfú 信符 1-1420B
xìnfú 信覓 1-1422A
xīnfùdàhuàn 心腹大患 7-388B
xīnfúkǒufú 心服口服 7-378A
xīnfúqìcū 心浮氣粗 7-382B
xīnfúqìshèng 心浮氣盛 7-382B
xīnfúshǒukěn 心服首肯 7-378A
xīnfùzhībìng 心腹之病 7-388B
xīnfùzhīhuàn 心腹之患 7-388B
xīnfùzhījí 心腹之疾 7-388B
xīnfùzhījiāo 心腹之交 7-388B
xīnfùzhīyōu 心腹之憂 7-388B
xīnfùzhònghuàn 心腹重患 7-388B
xīnfùzhú 新婦竹 6-1075B
xìng'ài 幸愛 2-1091A
xìng'ài 性愛 7-479B
xīngān 心肝 7-376A
xīngǎn 心感 7-387A
xīngǎn 欣感 6-1439B
xíng'ān 行安 3-894B
xíng'ān 行菴 3-907A
xíng'àn 刑案 2-606A
xíng'àn 行岸 3-898A
xīngānqíngyuàn 心甘情願 7-372A
xīngāo 心高 7-382A
xīngāoqì'ào 心高氣傲 7-382A
xǐngbái 省白 7-1172A
xǐngbài 省拜 7-1174A
xíngbǎilǐzhě… 行百里者半於九十 3-892B
xīngbān 星班 5-674B
xīngbàn 興辦 2-170A
xíngbān 行頒 3-915B
xíngbàn 行伴 3-896A
xīngbāng 興邦 2-165A
xíngbēi 行杯 3-897A
xíngbēi 行桮 3-901A
xíngbèi 行貝 3-895B
xíngbèi 行備 3-911B
xīngbēn 星奔 5-672B
xíngběn 行本 3-891A
xīngbì 星蹕 5-679B
xíngbǐ 行筆 3-911B
xíngbì 刑辟 2-607A
xíngbì 行痺 3-916A
xìngbì 幸嬖 2-1991B
xìngbì 倖嬖 1-1446B
xīngbiàn 星變 5-680B
xíngbiān 行邊 3-923A
xíngbiǎn 刑貶 2-606A
xíngbiàn 行便 3-902A
xíngbiàn 形便 3-1115A
xíngbiàn 形變 3-1120A
xīngbiāo 星杓 5-672A
xíngbiāo 行鑣 3-924B
xíngbiǎo 形表 3-1114A
xìngbié 性別 7-477B
xīngbìn 星鬢 5-680B
xíngbīn 行賓 3-917B
xīngbīng 興兵 2-165B
xíngbīng 行兵 3-895B
xíngbīng 形兵 3-1114A
xíngbǐng 餳餅 12-569A
xíngbǐng 刑柄 2-605A
xìngbǐng 性稟 7-480A
xìngbìng 性病 7-478B
xīngbīngdòngzhòng 興兵動衆 2-165B
xíngbìngguǐ 行病鬼 3-905B
xīngbō 星波 5-673A
xīngbō 興波 2-166B
xíngbō 行鉢 3-915B
xíngbō 滎波 6-1A
xíngbō 滎播 6-1A
xíngbó 行薄 3-920B
xīngbǔ 星卜 5-670B
xīngbù 星布 5-671A
xīngbù 星步 5-672A
xíngbǔ 行捕 3-904B
xíngbù 刑部 2-605B
xíngbù 行布 3-891A
xíngbù 行步 3-895B
xíngbù 行部 3-906A
xíngbùcóngjìng 行不從徑 3-889A
xíngbùde 行不得 3-889A
xǐngbùde 省不的 7-1171A
xíngbùdegēge 行不得哥哥 3-889A
xíngbùdeyěgēge 行不得也哥哥 3-889A
xíngbùdòng 行不動 3-889A
xíngbù'èrguò 行不貳過 3-889A
xíngbùfùyán 行不副言 3-889A
xíngbùgèngmíng… 行不更名,坐不改姓 3-889A
xíngbùgǒuhé 行不苟合 3-889A
xīngbǔjiā 星卜家 5-670B
xíngbùlǚwēi 行不履危 3-889B
xíngbùqù 行不去 3-888B
xíngbùshàngdàfū 刑不上大夫 2-603A
xíngbùtōng 行不通 3-889A
xíngbùyóujìng 行不由徑 3-888B
xíngbùyúfāng 行不踰方 3-889B
xīngcǎi 星彩 5-676A
xíngcái 行財 3-904B
xíngcài 行菜 3-907A
xǐngcǎi 省采 7-1173A
xìngcài 荇菜 9-411B
xíngcān 行參 3-910A
xíngcán 刑殘 2-606B
xíngcán 形殘 3-1117A
xíngcáng 行藏 3-922A
xīngcáo 星曹 5-675B
xíngcāo 行操 3-920B
xíngcáo 刑曹 2-606A
xíngcǎo 行草 3-900B
xìngcǎo 幸草 2-1089B
xíngcè 行策 3-911B
xīngchá 星槎 5-677B
xíngchá 刑察 2-607B
xíngchá 行茶 3-900B
xíngchá 行楂 3-913B
xǐngchá 省察 7-1178A
xìngchá 幸察 2-1091A
xīngchāi 星拆 5-672B
xīngchán 星纏 5-680A
xīngchán 星躔 5-680B
xíngchān 行幨 3-921A
xíngchān 行襜 3-923B
xíngchán 行襌 3-921B
xíngchán 行纏 3-924B
xíngchán 行躔 3-924B
xíngchǎn 行產 3-909A
xīngchāng 興昌 2-166A
xíngchǎng 刑場 2-606B
xìngchǎng 性場 7-479B
xìngchàng 幸倡 2-1090A
xīngcháo 興朝 2-168A
xíngchāo 行鈔 3-911B
xíngcháo 行朝 3-910A
xīngchē 星車 5-672A
xíngchē 刑車 2-604A
xíngchē 行車 3-895B
xīngchén 星辰 5-672A
xīngchén 星陳 5-675B
xīngchèn 星讖 5-680B
xíngchén 刑臣 2-603B
xíngchén 行塵 3-917B
xìngchén 幸臣 2-1088B
xìngchén 倖臣 1-1445B
xīngchēng 騂頳 12-846B
xíngchéng 行成 3-892B
xíngchéng 行城 3-900B
xíngchéng 行程 3-911A
xíngchéng 行塍 3-915B
xíngchéng 形成 3-1113B
xíngchéng 鉶程 11-1292B
xìngchéng 幸承 2-1089B
xíngchéngyúsī 行成於思 3-892B
xīngchénjiàn 星辰劍 5-672A
xīngchí 星池 5-672A
xīngchí 星馳 5-677B
xíngchí 行持 3-900A
xīngchídiànchè 星馳電掣 5-677B
xīngchídiànfā 星馳電發 5-677B
xīngchóng 星蟲 5-679B
xíngchōng 刑衝 2-607B
xíngchóng 行蟲 3-923A
xìngchōngchōng 興沖沖 2-166A
xīngchóu 星稠 5-678A
xīngchòu 腥臭 6-1347B
xíngchóu 行酬 3-914A
xíngchóu 行籌 3-924A
xīngchǔ 星處 5-675B
xíngchú 行厨 3-910B
xíngchú 行廚 3-919A
xíngchù 行處 3-907A
xíngchuān 行川 3-888A
xíngchuán 行船 3-908B
xíngchuáng 行牀 3-900A
xīngchún 猩脣 5-86A
xīngchún 猩脣 5-86A
xíngchūn 行春 3-900A
xīngcí 興詞 2-168B
xīngcí 興辭 2-170B
xīngcì 星次 5-672A
xíngcí 行祠 3-904A
xíngcí 行詞 3-912A
xíngcì 行次 3-894A
xíngcì 行刺 3-897B
xíngcì 行賜 3-918B
xǐngcì 省眥 7-1177A
xíngcóng 行從 3-908B
xìngcóng 幸從 2-1090A
xìngcōngcōng 興匆匆 2-165A
xìngcōngcōng 興忽忽 2-166B
xíngcuàn 行篡 3-921A
xīngcuì 腥翠 6-1348A
xìngcūn 杏村 4-775A
xìngcún 幸存 2-1088B
xīngcuò 星錯 5-679A
xíngcuò 刑厝 2-605B
xíngcuò 刑措 2-606A
xíngcuò 刑錯 2-608A
xìngcuò 幸措 2-1090A
xǐngdá 省答 7-1176A
xìngdà 性大 7-477A
xīngdài 星帶 5-675B
xīngdài 興代 2-165A
xíngdài 行待 3-902A
xíngdài 行殆 3-901A
xìngdài 幸待 2-1089B
xìngdān 杏丹 4-774A
xíngdāng 行當 3-914A

xìngdāng 幸當 2-1090B
xíngdānyǐngzhī 形單影隻 3-1117A
xīngdào 星道 5-677A
xīngdào 興道 2-168B
xíngdào 行盜 3-912B
xíngdào 行道 3-912B
xìngdǎo 興道 2-168B
xìngdào 性道 7-479B
xíngdàoshù 行道樹 3-912B
xīngdé 腥德 6-1348A
xīngdé 興德 2-169B
xíngdé 刑德 2-607B
xíngdé 行德 3-918B
xǐngde 省得 7-1175B
xǐngde 省的 7-1173A
xìngdé 幸得 2-1090A
xīngdēng 星燈 5-679B
xīngděng 星等 5-677A
xíngdēng 行燈 3-921B
xíngdì 行地 3-892A
xìngdì 姓第 4-321B
xìngdì 性地 7-477B
xīngdiǎn 星點 5-679B
xíngdiǎn 刑典 2-604A
xíngdiǎn 行典 3-898A
xíngdiàn 行店 3-899A
xíngdiàn 行殿 3-916B
xíngdiào 行弔 3-890B
xíngdié 行堞 3-910A
xíngdié 行牒 3-915A
xíngdǐng 刑鼎 2-606B
xíngdìng 行定 3-899B
xīngdīngtóu 星丁頭 5-670B
xíngdòng 行動 3-908A
xìngdòng 悻動 7-589B
xíngdòngxiē 行動些 3-908A
xīngdǒu 星斗 5-671A
xīngdòu 星鬬 5-680B
xìngdòu 性竇 7-480B
xìngdòu 倖竇 1-1446B
xìngdǒudǒu 興抖抖 2-165B
xīngdū 星都 5-674B
xīngdú 騂犢 12-846B
xīngdù 星度 5-674A
xíngdū 行都 3-904B
xíngdú 行毒 3-900A
xíngdù 行度 3-902B
xǐngdú 省讀 7-1179B
xìngdù 性度 7-478B
xíngduǎn 行短 3-911A
xíngduàn 刑斷 2-608B
xìngduǎn 幸短 2-1090B
xíngduì 行碓 3-914A
xīngdùn 星遁 5-677A
xíngdùn 行頓 3-914A
xíngdùn 行遯 3-917B
xǐngduó 省度 7-1174B
xìngduō 幸多 2-1089A
xīngé 新格 6-1073A
xīng'é 星娥 5-675B
xīng'è 星惡 5-676B
xīng'è 鯹惡 12-1247A
xíng'é 形訛 3-1117A
xíng'é 娙娥 4-359A
xíng'è 刑厄 2-603B
xìngē 信鴿 1-1423B
xìng'è 性惡 7-479B
xīngēn 心根 7-381A
xíng'ēn 行恩 3-905A
xìng'ēn 倖恩 1-1446A
xīng'er 星兒 5-672B
xìng'er 性兒 7-477B
xìng'ér 幸而 2-1089A
xíng'érshàng 形而上 3-1113A
xíng'érshàngxué 形而上學 3-1113A
xíng'érxià 形而下 3-1113A
xíng'érxiàxué 形而下學 3-1113A
xīng'ézàoshàn 興訛造訕 2-168A
xīngfā 星發 5-677B
xīngfā 興發 2-168B
xīngfà 星髮 5-678B
xíngfá 刑罰 2-607A
xíngfá 行罰 3-917A
xíngfǎ 刑法 2-604B
xíngfǎ 行法 3-899A
xíngfǎ 形法 3-1114B
xǐngfā 省發 7-1176B
xìngfā 性發 7-479B
xíngfǎdiǎn 刑法典 2-604B
xīngfān 星翻 5-680A
xīngfán 星繁 5-679B
xīngfàn 星飯 5-677A
xīngfàn 興販 2-167B
xíngfān 行帆 3-893A
xíngfàn 刑範 2-607B
xíngfàn 行販 3-907B
xíngfàn 行飯 3-912A
xíngfàn 型範 2-1093A
xíngfāng 形方 3-1113A
xíngfāng 型坊 2-1093A
xíngfáng 刑妨 2-604A
xíngfáng 刑房 2-604B
xíngfáng 行妨 3-896B
xíngfáng 行房 3-900A
xǐngfāng 省方 7-1171B
xǐngfàng 省放 7-1173B
xíngfāngbiàn 行方便 3-890B
xíngfāngshì 形方氏 3-1113A
xíngfǎzhì 刑法志 2-604B
xīngfēi 星妃 5-672A
xīngfēi 星飛 5-674B
xīngfèi 星沸 5-673A
xīngfèi 猩狒 5-85B
xīngfèi 興廢 2-169B
xíngfēi 行飛 3-904A
xíngfèi 形廢 3-1119B
xīngfèijìjué 興廢繼絕 2-169B
xīngfēiyúnsàn 星飛雲散 5-674B
xīngfēn 星分 5-671A
xīngfēn 腥氛 6-1347B
xīngfèn 星分 5-671A
xīngfèn 興奮 2-169B
xíngfēn 行分 3-890A
xǐngfén 省墳 7-1178A
xìngfèn 性分 7-477B
xīngfēng 腥風 6-1347B
xīngfèng 星鳳 5-678A
xíngfēng 行風 3-902A
xíngfěng 行諷 3-902A
xǐngfēng 省風 7-1174B
xīngfēngxiányǔ 腥風醎雨 6-1347B
xīngfēngxuèyǔ 腥風血雨 6-1347B
xīngfēngzuòlàng 興風作浪 2-166B
xīngfènjì 興奮劑 2-169B
xīngfū 星敷 5-678B
xīngfú 星符 5-676A
xīngfú 興福 2-169A
xīngfǔ 腥腐 6-1347B
xīngfǔ 興輔 2-169A
xīngfù 星赴 5-673B
xīngfù 興富 2-168B
xīngfù 興復 2-168A
xíngfū 行夫 3-888B
xíngfú 行服 3-898B
xíngfú 行紼 3-910A
xíngfú 形服 3-1114B
xíngfǔ 行府 3-899A
xíngfù 行復 3-911B
xìngfū 倖夫 1-1445B
xìngfú 幸福 2-1091A
xìngfǔ 杏脯 4-775B
xìngfúyuàn 幸福院 2-1091A
xīnggài 星蓋 5-677B
xínggài 行丐 3-888B
xínggài 行匄 3-891B
xínggài 行蓋 3-913B
xǐnggǎi 省改 7-1172B
xínggàn 形幹 3-1118A
xìnggǎn 性感 7-479B
xīnggāng 星缸 5-674A
xīnggāng 星綱 5-678B
xīnggāng 騂剛 12-846A
xīnggāng 騂犅 12-846A
xínggàng 行槓 3-917A
xínggāngbùqì 行罡布氣 3-905A
xīnggāo 腥膏 6-1347B
xínggāo 行高 3-905B
xìnggāo 杏膏 4-776A
xìnggāo 性高 7-478B
xīnggāocǎiliè 興高采烈 2-167B
xìnggāocǎiliè 興高彩烈 2-167B
xīnggé 興革 2-166B
xínggē 行歌 3-917A
xìnggé 性格 7-478B
xínggèfāngbiàn 行個方便 3-905A
xìnggēn 性根 7-478B
xínggēng 鉶羹 11-1249A
xǐnggēng 省耕 7-1174B
xínggéshìjìn 形格勢禁 3-1115B
xīnggōng 星工 5-670B
xīnggōng 星宮 5-674A
xīnggōng 興工 2-164B
xīnggōng 興功 2-165A
xīnggōng 騂弓 12-845B
xīnggǒng 星拱 5-673B
xínggōng 行功 3-890B
xínggōng 行宮 3-903A
xǐnggōng 省功 7-1171B
xǐnggōng 省躬 7-1175A
xìnggōng 倖功 1-1445B
xínggū 行酤 3-910B
xínggǔ 行古 3-891A
xínggǔ 行鼓 3-913B
xínggǔ 行賈 3-914A
xǐnggù 省顧 7-1179B
xìnggù 幸顧 2-1991B
xíngguà 行褂 3-916B
xíngguài 行怪 3-899B
xīngguān 星官 5-673A
xīngguān 星冠 5-674A
xīngguān 星關 5-680A
xīngguǎn 星琯 5-676B
xīngguǎn 星管 5-678A
xíngguān 刑官 2-604B
xíngguān 行官 3-899B
xíngguān 行關 3-924A
xíngguǎn 行館 3-921B
xíngguàn 滎灌 6-1A
xǐngguān 省觀 7-1180A
xīngguāng 星光 5-671B
xíngguāng 行光 3-892B
xīngguāngzàishuǐ 星光在水 5-671B
xīngguī 星歸 5-679B
xīngguǐ 星晷 5-677A
xìngguǐ 幸詭 2-1091A
xíngguǐlù 行鬼路 3-902A
xíngguǐtóu 行鬼頭 3-902A
xīngguó 興國 2-167B
xíngguó 行國 3-907B
xíngguǒ 行果 3-898A
xǐngguò 省過 7-1175B
xíngguògōng 行過宮 3-907B
xínggūyǐngguǎ 形孤影寡 3-1115A
xínggūyǐngzhī 形孤影隻 3-1115A
xínggǔzhìjīn 行古志今 3-891A
xīnghǎi 星海 5-675A
xínghái 形骸 3-1119A
xínghài 刑害 2-606A
xìnghǎi 性海 7-478B
xīnghàn 星漢 5-678B
xīnghànshā 星漢砂 5-678B
xīnghànshénshā 星漢神砂 5-678B
xínghào 行號 3-914B
xínghǎo 行好 3-894B
xínghào 型號 2-1093A
xìnghǎo 幸好 2-1089A

xìnghào 姓號 4-322A
xíngháowòqì 行號臥泣 3-914B
xíngháoxiàngkū 行號巷哭 3-914B
xīnghé 星河 5-673A
xínghé 行河 3-899B
xínghé 婞何 4-359A
xīnghéchá 星河槎 5-673A
xīnghēi 騂黑 12-846A
xìnghěn 婞佷 4-368A
xínghéqūtóng 行合趨同 3-893B
xīnghóng 星虹 5-674A
xīnghóng 猩紅 5-85B
xīnghóng 騂紅 12-846A
xínghóng 鋞鋐 11-1292B
xìnghóng 杏紅 4-775A
xīnghóngrè 猩紅熱 5-86A
xínghòu 行厚 3-901A
xínghòu 形候 3-1116A
xǐnghòu 省候 7-1175A
xīnghú 星弧 5-673B
xínghú 行壺 3-910A
xīnghuā 星花 5-672A
xīnghuá 星華 5-674B
xīnghuà 興化 2-164B
xìnghuāchāngyè 杏花菖葉 4-774B
xìnghuāchūnyǔ 杏花春雨 4-774B
xìnghuācūn 杏花村 4-774B
xìnghuāfēng 杏花風 4-774B
xīnghuái 興懷 2-170B
xīnghuài 興壞 2-170B
xìnghuái 性懷 7-480B
xīnghuán 星環 5-679B
xínghuàn 刑轘 2-608B
xínghuǎndài 錫緩帶 12-569A
xīnghuáng 星潢 5-678B
xìnghuáng 杏黃 4-775A
xìnghuángqí 杏黃旗 4-775B
xìnghuángsān 杏黃繖 4-775B
xìnghuātán 杏花壇 4-775A
xìnghuātiān 杏花天 4-774B
xìnghuāyān 杏花煙 4-775A
xìnghuāyǔ 杏花雨 4-774B
xìnghuāzhuāng 杏花莊 4-774B
xīnghuī 星暉 5-678A
xīnghuí 星回 5-671B
xīnghuí 星迴 5-674A
xīnghuǐ 興毀 2-168B
xīnghuì 腥穢 6-1348B
xínghuī 行暉 3-914B
xínghuī 行麾 3-919B
xínghuì 行會 3-915B
xínghuì 行賄 3-914B
xínghuì 形穢 3-1120A
xǐnghuì 省會 7-1177A
xīnghuì 興會 2-168B
xìnghuì 幸會 2-1090B
xīnghuíjié 星回節 5-671B
xìnghuìlínlí 興會淋漓 2-169A
xǐnghūn 省昏 7-1173A
xīnghuǒ 星火 5-671A
xīnghuò 星獲 5-679B
xínghuǒ 行火 3-890B
xínghuò 刑禍 2-607A
xínghuò 行貨 3-908A
xǐnghuò 醒豁 9-1432A
xìnghuǒ 性火 7-477B
xīnghuǒliáoyuán 星火燎原 5-671A
xīnghuòpū 星貨鋪 5-676A
xīnghuòpū 星貨舖 5-676A
xínghùshì 行扈氏 3-909B
xīngjì 興積 2-169B
xīngjì 星紀 5-674B
xīngjì 星際 5-678A
xíngjì 行迹 3-902B
xíngjí 行汲 3-894B
xíngjī 行幾 3-913A
xíngjì 行跡 3-915A
xíngjì 行蹟 3-923A
xíngjì 形迹 3-1115A
xíngjì 形跡 3-1118A
xíngjì 形蹟 3-1120A
xíngjí 行疾 3-905B
xíngjǐ 行己 3-888A
xíngjì 刑迹 2-605A
xíngjì 行紀 3-904B
xíngjì 行計 3-902A
xíngjì 行記 3-905B
xíngjì 形際 3-1118A
xǐngjí 省疾 7-1175A
xǐngjǐ 省己 7-1171A
xǐngjì 省記 7-1175A
xìngjī 幸姬 2-1090A
xìngjī 性雞 7-480A
xìngjí 性急 7-478A
xīngjì 興寄 2-168A
xìngjì 幸冀 2-1091A
xìngjì 幸覬 2-1991B
xīngjiā 星家 5-675A
xīngjiā 興家 2-167B
xīngjià 星駕 5-679A
xíngjiā 刑家 2-606A
xíngjiā 行枷 3-901A
xíngjiā 形家 3-1116A
xǐngjiā 省家 7-1175A
xìngjiā 倖家 1-1446A
xīngjiājié 星家節 5-675B
xīngjiān 騂繭 12-846B
xīngjiàn 星劍 5-679A
xīngjiàn 星箭 5-678B
xīngjiàn 興建 2-166B
xíngjiān 行奸 3-894B
xíngjiān 行姦 3-904A
xíngjiǎn 刑翦 2-608A
xíngjiǎn 刑蹇 2-608A
xíngjiǎn 行檢 3-922A
xíngjiǎn 行簡 3-923A
xíngjiǎn 形檢 3-1120A
xíngjiàn 行間 3-912B
xíngjiàn 行健 3-905A
xíngjiàn 行踐 3-918B
xǐngjiàn 省見 7-1172B
xǐngjiàn 省鑒 7-1179B
xìngjiān 杏牋 4-775B
xíngjiāng 行將 3-909B
xìngjiāng 杏漿 4-776B
xíngjiāngjiùmù 行將就木 3-909B
xíngjiānmàiqiào 行奸賣俏 3-894B
xīngjiǎo 騂角 12-846A
xíngjiǎo 行脚 3-908B
xíngjiào 刑教 2-606A
xíngjiào 行徼 3-921A
xíngjiào 行教 3-907A
xíngjiào 形教 3-1116B
xǐngjiào 省校 7-1174B
xǐngjiào 醒覺 9-1432B
xìngjiāo 性交 7-477B
xìngjiào 幸教 2-1090A
xíngjiǎosēng 行脚僧 3-909A
xīngjiàosì 興教寺 2-167B
xíngjiǎotóutuósēng 行脚頭陀僧 3-909A
xīngjiē 星街 5-677A
xīngjiē 興嗟 2-168A
xíngjiē 行街 3-911B
xíngjiē 形接 3-1116B
xíngjié 刑劫 2-603B
xíngjié 行劫 3-894B
xíngjié 行刼 3-897A
xíngjié 行潔 3-919B
xíngjié 行絜 3-910A
xíngjiě 行解 3-915B
xíngjiě 形解 3-1118A
xíngjiè 行介 3-890A
xǐngjiè 省戒 7-1172B
xìngjié 婞訐 4-368A
xìngjiě 性解 7-479B
xíngjiéshìjìn 形劫勢禁 3-1114A
xíngjījūsòng 行齎居送 3-924A
xíngjìkěyí 形迹可疑 3-1115B
xìngjíkǒukuài 性急口快 7-478A
xīngjīn 星津 5-674A
xíngjīn 行巾 3-887B
xíngjīn 行金 3-898B
xíngjìn 刑禁 2-607A
xíngjìn 行進 3-908B
xíngjìn 行殣 3-918A
xǐngjìn 省覲 7-1179A
xìngjǐn 性緊 7-480A
xìngjìn 幸近 2-1089A
xìngjìn 幸進 2-1090A
xìngjìn 倖進 1-1446B
xīngjīng 星精 5-678B
xíngjīng 行旌 3-909A
xíngjīng 行經 3-916B
xíngjīng 行精 3-917B
xíngjǐng 刑警 2-608B
xíngjǐng 行景 3-911A
xíngjǐng 行警 3-923B
xíngjǐng 邢景 10-587A
xíngjǐng 形景 3-1117A
xíngjìng 行徑 3-905B
xíngjìng 行逕 3-904B
xíngjīngshèngzhì 刑經聖制 2-607A
xíngjìnshìgé 形禁勢格 3-1118A
xíngjiǔ 行酒 3-906A
xǐngjiū 省究 7-1172B
xǐngjiǔ 醒酒 9-1431B
xìngjiǔ 杏酒 4-775A
xǐngjiǔbīng 醒酒冰 9-1431B
xǐngjiǔchí 醒酒池 9-1431B
xǐngjiǔhuā 醒酒花 9-1431B
xǐngjiǔshí 醒酒石 9-1431B
xǐngjiǔtāng 醒酒湯 9-1431B
xīngjū 星居 5-673B
xīngjū 興居 2-166B
xīngjū 騂駒 12-846A
xīngjǔ 興舉 2-170A
xīngjù 星聚 5-678B
xíngjū 行拘 3-896B
xíngjū 行裾 3-916B
xíngjú 形局 3-1114A
xíngjǔ 行舉 3-921A
xíngjù 刑具 2-604A
xíngjù 行具 3-898A
xíngjuàn 行卷 3-899A
xīngjué 星爝 5-680A
xíngjué 行爵 3-922A
xǐngjué 省決 7-1172B
xǐngjué 省覺 7-1179B
xíngjūn 刑均 2-603B
xíngjūn 行軍 3-903A/903B
xíngjūnchuáng 行軍床 3-903B
xíngjūnguō 行軍鍋 3-903B
xíngjūnsīmǎ 行軍司馬 3-903B
xíngjūnzào 行軍竈 3-903B
xíngkāi 行開 3-912B
xíngkǎi 行楷 3-913B
xǐngkǎi 省瞶 7-1178A
xīngkān 星龕 5-680B
xíngkān 行勘 3-907A
xíngkàn 行看 3-901B
xíngkànzǐ 行看子 3-901B
xíngkǎo 刑拷 2-605A
xíngkē 刑科 2-605A
xíngkě 行可 3-891A
xíngkè 刑剋 2-605B
xíngkè 行客 3-903A
xǐngkě 省可 7-1171B
xǐngkè 省克 7-1172B
xìngkě 幸可 2-1088B
xīngkōng 星空 5-673A
xìngkōng 性空 7-478A
xìngkǒng 倖孔 1-1445B
xíngkū 行哭 3-905A
xíngkǔ 行苦 3-897A
xíngkuàng 形況 3-1114B
xǐngkuáng 醒狂 9-1431B
xìngkuàng 興況 2-166B

xìngkuī 幸虧 2-1991B
xǐngkuìzhènlóng 醒聵震聾 9-1432B
xǐngkùn 醒困 9-1431B
xǐngkuò 省括 7-1174A
xínglái 行來 3-898A
xìnglái 幸來 2-1089B
xìnglài 幸賴 2-1091A
xíngláiyī 行來衣 3-898A
xīnglán 星闌 5-679B
xǐnglǎn 省覽 7-1179B
xìnglán 興闌 2-170A
xìnglàn 倖濫 1-1446B
xīngláng 星郎 5-673B
xīngláng 星狼 5-675A
xíngláng 行郎 3-899B
xíngláng 行廊 3-909A
xīnglào 騂酪 12-846A
xínglǎo 行潦 3-919B
xìnglǎo 幸老 2-1088B
xìnglào 杏酪 4-776A
xínglè 行樂 3-920A
xínglěi 形累 3-1116B
xínglèi 形類 3-1120A
xìnglèi 性類 7-480A
xínglètú 行樂圖 3-920A
xīnglí 星離 5-680A
xīnglì 星曆 5-679A
xīnglì 興立 2-165A
xínglǐ 刑理 2-606A
xínglǐ 行李 3-895A
xínglǐ 行理 3-907A
xínglǐ 行禮 3-922B
xínglì 刑吏 2-603B
xínglì 刑例 2-604B
xínglì 刑隸 2-608A
xínglì 行立 3-891B
xínglì 行吏 3-892A
xínglì 行利 3-895B
xínglì 行笠 3-908A
xínglì 行歷 3-921A
xínglì 行隸 3-922A
xǐnglǐ 省理 7-1175B
xìnglí 杏籬 4-777A
xìnglǐ 性理 7-479A
xīnglián 星連 5-674B
xīnglián 興廉 2-169A
xínglián 行奩 3-917A
xǐngliǎn 省斂 7-1179A
xìnglián 杏帘 4-775A
xìngliǎn 杏臉 4-776B
xíngliáng 行糧 3-923B
xǐngliàng 醒亮 9-1431B
xìngliáng 杏梁 4-775B
xìngliàng 婞亮 4-368A
xìngliángyàn 杏梁燕 4-775B
xìngliǎntáosāi 杏臉桃腮 4-776B
xīngliè 星列 5-671B
xíngliè 行獵 3-923A
xíngliè 形埒 3-1115B
xíngliè 形畤 3-1117A
xínglǐfáng 刑禮房 2-608A
xínglǐfáng 行李房 3-895A
xínglǐjuǎn 行李卷 3-895A
xìnglín 杏林 4-775A
xìnglín 幸臨 2-1991B
xìnglínchūnyàn 杏林春燕 4-775A
xìnglíndéyì 杏林得意 4-775A
xínglìng 行令 3-891A
xìnglíng 性齡 7-480B
xìnglíng 性靈 7-480B
xìnglíngshuō 性靈說 7-480B
xīngliú 星流 5-675A
xīngliú 騂騮 12-846B
xíngliú 行留 3-905B
xīngliúdiànjī 星流電擊 5-675A
xīngliútíngjī 星流霆擊 5-675A
xìnglǐxué 性理學 7-479A
xīnglíyuèhuì 星離月會 5-680A
xīnglíyǔsàn 星離雨散 5-680A
xīnglóng 興隆 2-168A
xínglóng 行籠 3-924B
xīnglóu 星樓 5-678A
xīnglóu 腥螻 6-1348A
xínglóu 行樓 3-918A
xínglòu 行漏 3-917B
xínglòuchē 行漏車 3-917B
xínglòuyú 行漏輿 3-917B
xīnglù 星露 5-680A
xínglú 行爐 3-924A
xínglú 行鱸 3-924B
xínglǔ 行鹵 3-907A
xínglù 刑僇 2-607A
xínglù 刑戮 2-608A
xínglù 行露 3-924A
xínglù 行賂 3-914B
xínglù 行路 3-914B
xínglù 行戮 3-920A
xǐnglù 省録 7-1178B
xìnglù 倖祿 1-1446B
xīngluàn 星亂 5-678A
xíngluán 形臠 3-1120B
xínglüè 行略 3-907B
xínglún 行輪 3-918A
xínglùn 刑論 2-608A
xínglùn 行論 3-919B
xínglùnán 行路難 3-915A
xīngluò 星絡 5-677B
xīngluò 星落 5-677A
xīngluóqíbù 星羅棊布 5-680A
xīngluóqíbù 星羅棋布 5-680A
xīngluóqíbù 星羅碁布 5-680A
xīngluóyúnbù 星羅雲布 5-680A
xínglùrén 行路人 3-915A
xínglùzǐ 行路子 3-915A
xīnglǜ 星律 5-674A
xínglǚ 行侶 3-898B
xínglǚ 行旅 3-906A
xínglǚ 行履 3-919B/920A
xínglǜ 刑律 2-605A
xínglǜ 行律 3-902A
xínglǜ 行繂 3-922B
xìnglǚ 性履 7-480A
xíngmǎ 刑馬 2-605A
xíngmǎ 行馬 3-904B
xīngmài 星邁 5-678B
xíngmài 行脈 3-905B
xíngmài 行邁 3-918A
xǐngmài 省脉 7-1174B
xíngmǎn 刑滿 2-607B
xīngmáng 星芒 5-671B
xīngmáo 星旄 5-675A
xīngmáo 騂毛 12-846A
xīngmáo 騂旄 12-846A
xíngmào 形貌 3-1118B
xíngmào 形額 3-1119B
xīngmáochóng 星毛蟲 5-671A
xíngméi 行媒 3-913A
xíngmèi 行袂 3-903B
xíngmèi 行媚 3-913A
xìngméi 杏梅 4-775B
xìngmèi 幸媚 2-1090B
xīngmén 星門 5-673B
xīngmén 興門 2-166B
xíngmén 行門 3-900A
xìngmén 倖門 1-1446A
xīngméng 星甍 5-678A
xīngméng 興甿 2-166B
xìngméng 幸蒙 2-1090B
xíngmí 行迷 3-902B
xíngmí 行縻 3-922B
xíngmì 餳蜜 12-569A
xíngmì 行祕 3-903B
xìngmiǎn 幸免 2-1089A
xìngmiǎn 幸勉 2-1089B
xìngmiǎn 倖免 1-1446A
xíngmiánlìdǔn 行眠立盹 3-905A
xíngmiào 行廟 3-919B
xīngmièjìjué 興滅繼絶 2-169A
xíngmín 刑民 2-603B
xǐngmín 省民 7-1172A
xìngmín 幸民 2-1088B
xīngmíng 興名 2-165B
xīngmìng 星命 5-673A
xíngmíng 刑名 2-603B
xíngmíng 行名 3-893B
xíngmíng 形名 3-1113B
xíngmìng 刑命 2-604B
xíngmìng 形命 3-1114B
xìngmíng 姓名 4-321B
xìngmíng 倖名 1-1446A
xìngmíng 涬溟 5-1343B
xìngmìng 性命 7-477B
xíngmíngcāntóng 形名参同 3-1113B
xìngmìngguāntiān 性命關天 7-478A
xìngmìngjiāoguān 性命交關 7-478A
xíngmíngshīye 刑名師爺 2-603B
xīngmìngzhīxué 星命之學 5-673A
xíngmìshū 行祕書 3-903B
xíngmó 形摹 3-1118A
xīngmóu 星眸 5-675B
xīngmǔ 騂牡 12-846A
xīngmù 興慕 2-169A
xíngmú 形模 3-1118A
xíngmù 行木 3-888B
xíngmù 行幕 3-913B
xíngmù 行暮 3-917A
xǐngmù 省墓 7-1176B
xǐngmù 醒木 9-1431A
xǐngmù 醒目 9-1431A
xǐngnà 省納 7-1175A
xíngnáng 行囊 3-924B
xíngnèi 行内 3-889B
xīngnéng 興能 2-167B
xíngnéng 行能 3-907A
xìngnéng 性能 7-479A
xīngnì 腥膩 6-1348A
xíngní 行泥 3-899B
xíngnì 行逆 3-903A
xìngnì 幸昵 2-1089B
xíngnián 行年 3-893A
xǐngniàn 省念 7-1173A
xìngnìng 幸佞 2-1089A
xìngnìng 倖佞 1-1446A
xíngniú 刑牛 2-603B
xíngnuó 行儺 3-924A
xíngnǚ 行女 3-888B
xīngōng 新功 6-1067A
xīngōng 新宮 6-1072B
xīngōng 薪工 9-570A
xīngòu 心垢 7-379A
xìng'ǒu 幸偶 2-1090A
xíngpái 行牌 3-911B
xíngpán 行盤 3-919A
xíngpáng 形旁 3-1116A
xīngpáo 猩袍 5-86A
xíngpáo 行庖 3-899A
xíngpáo 行炰 3-902A
xīngpēn 星噴 5-678B
xíngpì 行辟 3-916B
xíngpì 行僻 3-918B
xǐngpí 醒脾 9-1432A
xìngpì 性僻 7-480A
xíngpiān 刑篇 2-607B
xíngpiàn 行騙 3-923B
xíngpiào 行剽 3-914A
xíngpìn 行聘 3-913B
xīngpíng 星平 5-671B
xīngpíng 興平 2-165A
xíngpó 行婆 3-909B
xíngpò 形魄 3-1118B
xīngpú 興仆 2-164B
xíngpú 行僕 3-917A
xíngpǔ 行譜 3-924A
xīngqi 腥氣 6-1347B
xīngqī 星期 5-676B
xīngqí 星旗 5-678A

xīngqí 星騎 5-679B
xīngqí 騂鬐 12-846B
xīngqǐ 興起 2-166B
xīngqǐ 興啓 2-168A
xīngqì 星氣 5-674B
xīngqì 興葺 2-168A
xíngqī 刑期 2-606B
xíngqī 行期 3-910A
xíngqí 行棋 3-910B
xíngqí 行騎 3-922B
xíngqǐ 行乞 3-887B
xíngqì 刑器 2-608A
xíngqì 行炁 3-898A
xíngqì 行氣 3-905A
xíngqì 行器 3-921A
xíngqì 形氣 3-1116A
xíngqì 形器 3-1119B
xǐngqì 省氣 7-1174B
xìngqì 幸氣 2-1090A
xìngqì 性氣 7-478B
xíngqiān 刑籤 2-608B
xíngqiān 行阡 3-892A
xíngqián 行前 3-902B
xíngqián 行錢 3-921A
xíngqiǎn 刑譴 2-608B
xíngqiǎn 行遣 3-915A
xǐngqiān 省愆 7-1177A
xǐngqiān 省諐 7-1178A
xíngqiāng 行腔 3-912A
xíngqiǎng 行搶 3-913B
xǐngqiānjū 省愆居 7-1177A
xīngqiáo 星橋 5-679A
xīngqiào 腥竅 6-1348B
xíngqiǎo 行巧 3-890B
xíngqiě 行且 3-891A
xíngqiè 行篋 3-918B
xíngqiè 行竊 3-924B
xìngqiè 誶切 11-273A
xìngqiè 幸愜 2-1090B
xìngqiè 悻切 7-589B
xīngqǐn 興寢 2-169A
xíngqín 行禽 3-911B
xǐngqīn 省親 7-1178B
xīngqìng 興慶 2-169B
xíngqīng 刑清 2-606B
xíngqīng 行清 3-909A
xíngqíng 刑黥 2-608B
xíngqíng 行情 3-909B
xíngqìng 行慶 3-919B
xìngqīng 倖卿 1-1446A
xìngqíng 興情 2-168A
xìngqíng 性情 7-479A
xìngqíngzhōngrén 性情中人 7-479B
xīngqínshù 星禽術 5-677A
xīngqiú 星毬 5-675B
xīngqiú 星球 5-675B
xíngqiú 行求 3-895B
xíngqiú 行賕 3-917A
xíngqīwúxíng 刑期無刑 2-606B
xīngqū 星驅 5-680A
xíngqū 形軀 3-1120A
xíngqǔ 行取 3-897A
xìngqū 倖曲 1-1446A
xìngqù 興趣 2-169A
xìngqù 性趣 7-480A
xíngquán 行全 3-893B
xíngquán 行權 3-924A
xīngquē 星闕 5-680A
xíngquē 行闕 3-923B
xǐngrán 省然 7-1176B
xìngrán 幸然 2-1090B
xíngrén 刑人 2-603A
xíngrén 行人 3-887A
xíngrèn 行刃 3-888B
xìngrén 杏仁 4-774A
xìngrén 幸人 2-1088B
xìngrén 倖人 1-1445B
xíngréndào 行人道 3-887B
xíngrénqíng 行人情 3-887B
xíngrì 行日 3-889B
xīngróng 興戎 2-165A
xíngróng 行容 3-906B
xíngróng 形容 3-1116A
xíngróngcí 形容詞 3-1116B
xíngrǔ 刑辱 2-605B
xìngrǔ 幸辱 2-1090A
xìngrújiáolà 興如嚼蠟 2-165B
xíngruògǒuzhì 行若狗彘 3-897A
xìngsāi 杏腮 4-776A
xìngsāitáojiá 杏腮桃頰 4-776A
xìngsāitáoliǎn 杏腮桃臉 4-776A
xīngsàn 星散 5-677A
xíngsǎn 行散 3-910A
xíngsàn 行散 3-910A
xíngsāng 行喪 3-910B
xìngsānpǐnshuō 性三品說 7-477A
xīngsāo 猩臊 9-191A
xīngsāo 猩臊 9-191A
xīngsāo 腥臊 6-1348A
xīngsāoshānxiāng 腥臊羶香 6-1348A
xīngsè 猩色 5-85B
xīngsè 餳澀 12-569B
xíngsè 行色 3-894A
xíngsè 形色 3-1113B
xíngsècōngcōng 行色匆匆 3-894A
xíngsècōngcōng 行色忽忽 3-894A
xíngsècōngcōng 行色悤悤 3-894A
xīngshā 星沙 5-672B
xíngshā 刑殺 2-605B
xīngshān 羶羶 9-191A
xīngshān 腥羶 6-1348A
xīngshān 腥羴 6-1348B
xīngshān 腥羶 6-1348B
xīngshàn 興繕 2-170B
xíngshān 行山 3-887B
xíngshān 行羶 3-924A
xíngshàn 行扇 3-906B
xíngshàn 行善 3-912A
xìngshàn 性善 7-479B
xīngshǎng 興賞 2-169B
xíngshāng 刑傷 2-607A
xíngshāng 行商 3-909A
xíngshāng 行觴 3-923A
xíngshǎng 刑賞 2-607B
xíngshǎng 行賞 3-918B
xíngshàng 形上 3-1112B
xìngshāng 杏殤 4-776A
xìngshǎng 幸賞 2-1091A
xìngshàng 性尚 7-477B
xīngshānzhīzú 猩羶之族 9-191A
xīngshě 興舍 2-166B
xíngshè 行舍 3-898B
xìngshè 幸舍 2-1089B
xíngshēn 行身 3-896A
xíngshén 刑神 2-605A
xíngshén 行神 3-903B
xíngshén 形神 3-1115B
xǐngshěn 省審 7-1178B
xǐngshèn 省慎 7-1177B
xìngshēn 杏參 4-775B
xìngshèn 幸甚 2-1089B
xīngshēng 腥生 6-1347B
xīngshēng 興生 2-165A
xīngshēng 騂牲 12-846A
xīngshèng 興盛 2-167B
xíngshēng 刑牲 2-605A
xíngshēng 形生 3-1113A
xíngshēng 形聲 3-1119B
xíngshěng 行省 3-901A
xíngshèng 形勝 3-1117A
xǐngshēng 省牲 7-1174A
xìngshēng 幸生 2-1088B
xǐngshēnkèjǐ 省身克己 7-1172B
xīngshī 星施 5-674A
xīngshī 興師 2-167A
xīngshí 星石 5-671A
xīngshí 興時 2-167A
xīngshǐ 星使 5-672B
xīngshì 星士 5-670B
xīngshì 星事 5-672B
xīngshì 星勢 5-677B
xīngshì 興事 2-166A
xīngshì 鯹市 12-1247A
xíngshī 行尸 3-888A
xíngshī 行失 3-891A
xíngshī 行屍 3-904A
xíngshī 行施 3-902B
xíngshī 行師 3-905A
xíngshí 行食 3-902A
xíngshí 行時 3-904B
xíngshí 行寔 3-912B
xíngshí 行實 3-917B
xíngshǐ 刑史 2-603B
xíngshǐ 行使 3-898B
xíngshǐ 行駛 3-918A
xíngshì 刑事 2-604A
xíngshì 刑室 2-605A
xíngshì 行世 3-891A
xíngshì 行市 3-891B
xíngshì 行事 3-897B
xíngshì 行室 3-903A
xíngshì 行視 3-909B
xíngshì 形式 3-1113A
xíngshì 形勢 3-1117B
xíngshì 形埶 3-1116B
xíngshì 型式 2-1093A
xǐngshí 省識 7-1179B
xǐngshì 省事 7-1172B
xǐngshì 省侍 7-1173A
xǐngshì 省視 7-1176A
xìngshí 性識 7-480A
xìngshì 姓氏 4-321B
xìngshì 幸事 2-1089B
xìngshì 幸是 2-1089B
xìngshì 倖侍 1-1446A
xíngshì'ànjiàn 刑事案件 2-604A
xīngshīdòngzhòng 興師動衆 2-167A
xíngshīdòngzhòng 行師動衆 3-905B
xíngshìfàn 刑事犯 2-604A
xíngshìfǎtíng 刑事法庭 2-604A
xíngshìguān 行事官 3-897B
xíngshìhù 形勢户 3-1118A
xíngshìjǐngchá 刑事警察 2-604A
xíngshìjǔlì 行事舉例 3-897B
xíngshìluóji 形式邏輯 3-1113A
xíngshìshěnpàntíng 刑事審判庭 2-604A
xíngshìsùsòngfǎ 刑事訴訟法 2-604A
xíngshìzérèn 刑事責任 2-604A
xíngshìzhǔyì 形式主義 3-1113A
xíngshīzǒugǔ 行尸走骨 3-888A
xíngshīzǒuròu 行尸走肉 3-888A
xíngshīzǒuròu 行屍走肉 3-904A
xíngshòu 行狩 3-902A
xíngshòu 形壽 3-1118A
xìngshòu 倖授 1-1446A
xīngshū 星書 5-675B
xīngshù 星術 5-676A
xīngshù 星數 5-678B
xīngshù 興樹 2-169B
xíngshū 刑書 2-606A
xíngshū 行書 3-906B
xíngshū 行殊 3-904B
xíngshū 邢疏 10-587A
xíngshǔ 行署 3-915A
xíngshù 行戍 3-892B
xíngshù 行述 3-897A
xíngshù 行術 3-908B
xíngshù 形數 3-1118B
xìngshù 性術 7-479A

xīngshuāi 興衰 2-167B
xǐngshuài 省率 7-1176A
xīngshuāng 星霜 5-679B
xíngshuǎng 行爽 3-907A
xíngshuānglǐ 行雙禮 3-923A
xíngshūchú 行書廚 3-906B
xíngshuǐ 行水 3-889B/890A
xíngshuǐ 滎水 6-1A
xíngshuì 行稅 3-911B
xíngshuì 行說 3-917B
xǐngshuǐ 醒水 9-1431A
xǐngshuì 省睡 7-1177A
xǐngshuì 醒睡 9-1432A
xíngshuō 行說 3-917B
xíngshūsèshòu 形輸色授 3-1119B
xìngshùtán 杏樹壇 4-776B
xīngsī 興思 2-166B
xīngsì 騂駟 12-846A
xíngsī 行私 3-895B
xíngsì 行笥 3-908A
xíngsì 行肆 3-913A
xíngsì 形似 3-1113B
xìngsī 幸私 2-1089A
xíngsīzuòchóu 行思坐籌 3-901B
xíngsīzuòxiǎng 行思坐想 3-901A
xīngsōng 惺憁 7-658B
xīngsōng 惺忪 7-658A
xīngsōng 惺懅 7-658B
xīngsōng 惺鬆 7-658B
xīngsōng 惺惚 7-658B
xīngsòng 興訟 2-168A
xíngsòng 刑訟 2-606B
xǐngsōng 醒鬆 9-1432A
xìngsōng 杏松 4-775A
xīngsù 星速 5-674B
xīngsù 星宿 5-676A
xíngsù 行速 3-904B
xíngsù 形素 3-1115B
xǐngsū 醒甦 9-1432A
xǐngsú 省俗 7-1174B
xǐngsù 醒素 9-1431B
xīngsuàn 星筭 5-678A
xīngsuàn 星算 5-678A
xíngsuàn 形筭 3-1118A
xīngsuì 星歲 5-677B
xīngsuì 星燧 5-679B
xíngsuǒ 刑所 2-604B
xíngsuǒ 行所 3-898B
xìngsuǒ 性索 7-478B
xíngtà 行踏 3-918B
xīngtái 星臺 5-678A
xíngtái 行臺 3-917A
xíngtài 行態 3-918A
xíngtài 形態 3-1118B
xīngtán 星壇 5-679A
xīngtàn 興歎 2-169A
xìngtán 杏壇 4-776B
xíngtáng 餳糖 12-569A
xíngtáng 行唐 3-905B
xìngtāng 杏湯 4-775B
xìngtáng 杏餳 4-776B
xíngtáo 餳桃 12-569A
xíngtè 行貣 3-904B
xǐngtè 省慝 7-1177B
xīngténg 興騰 2-170B
xíngténg 行幐 3-915B
xíngténg 行縢 3-921B
xīngtì 興替 2-168A
xíngtí 行提 3-910A
xíngtǐ 形體 3-1120A
xìngtǐ 性體 7-480B
xíngtiān 刑天 2-603A
xíngtiān 行天 3-888B
xíngtiān 形天 3-1112B
xíngtián 行田 3-891A
xíngtiǎn 刑殄 2-605A
xìngtiān 性天 7-477A
xìngtián 杏田 4-774A
xīngtiáoqí 星條旗 5-675A
xīngtíng 蝩蜓 8-928B
xíngtīng 刑廳 2-608B
xíngtíng 刑庭 2-605A
xǐngtīng 省聽 7-1179B
xìngtīng 幸聽 2-1991B
xíngtōng 行通 3-907A
xíngtóng 行童 3-912A
xíngtóng 行僮 3-917A
xíngtǒng 刑統 2-607A
xìngtóng 幸童 2-1090B
xíngtóngnéng'ǒu 行同能偶 3-893A
xīngtou 興頭 2-169B
xíngtou 行頭 3-920B
xìngtou 興頭 2-169B
xǐngtóucǎo 省頭草 7-1178B
xìngtouhuà 興頭話 2-169B
xǐngtóuxiāng 省頭香 7-1178B
xīngtú 星圖 5-678A
xīngtǔ 星土 5-670B
xíngtú 刑徒 2-605B
xíngtú 行徒 3-905B
xíngtú 行塗 3-916B
xíngtú 形圖 3-1118A
xìngtú 倖塗 1-1446B
xīngtuán 星團 5-678A
xíngtuì 行退 3-904A
xíngtún 行屯 3-889B
xíngtuó 行橐 3-917A
xíngtuó 行橐 3-920B
xìngtuō 興託 2-167A
xìngtuō 倖脫 1-1446B
xíngtúzhuān 刑徒磚 2-605B
xīngǔ 心骨 7-379B
xīngǔ 新穀 6-1078B
xīngù 新故 6-1071B
xīngù 歆固 6-1462B
xìngǔ 囟骨 3-620A
xìngǔ 信鼓 1-1422A
xìngǔ 舋鼓 8-1305B
xìngǔ 釁鼓 2-760B
xìngù 釁故 2-760A
xīnguǎ 新寡 6-1078A
xīnguān 心關 7-394B
xīnguān 新官 6-1070B
xīnguān 新關 6-1082A
xīnguǎn 新館 6-1080B
xīnguàn 新貫 6-1075B
xìnguān 信官 1-1419A
xìnguǎn 信管 1-1422B
xīnguànbáirì 心貫白日 7-384B
xīnguāng 心光 7-373B
xīnguāng 新光 6-1068A
xīnguǎngtǐpán 心廣體胖 7-390B
xīnguǎngtǐpàng 心廣體胖 7-390B
xīnguānrén 新官人 6-1070B
xīnguānrén 新倌人 6-1073B
xīnguānshàngrèn… 新官上任三把火 6-1070B
xīngùdàixiè 新故代謝 6-1071B
xīnguī 新規 6-1074A
xīnguǐ 辛癸 11-479B
xīnguǐ 新鬼 6-1071B
xīnguì 新桂 6-1073A
xīnguì 新貴 6-1075B
xīnguì 薪桂 9-570B
xìnguī 釁龜 2-761B
xīnguìmǐzhū 薪桂米珠 9-570B
xīngūmǎtǒng… 新箍馬桶三日香 6-1077B
xīnguniang 新姑娘 6-1071A
xīnguó 新國 6-1074B
xìnguò 釁過 2-760B
xīngūye 新姑爺 6-1071A
xīngūyìqiè 心孤意怯 7-379A
xīngwǎn 星晚 5-675B
xīngwáng 星亡 5-670B
xīngwáng 興亡 2-164B
xīngwáng 興王 2-164B
xīngwàng 興旺 2-166A
xíngwǎng 刑網 2-607B
xíngwàng 形望 3-1117A
xìngwàng 姓望 4-322A
xìngwàng 幸望 2-1090A
xīngwángjìjué 興亡繼絕 2-164B
xīngwéi 星闈 5-679B
xīngwéi 興爲 2-168B
xīngwěi 星緯 5-679A
xīngwèi 星位 5-672B
xíngwēi 刑威 2-605A
xíngwēi 行危 3-893B
xíngwēi 行微 3-915B
xíngwéi 行圍 3-911A
xíngwéi 行爲 3-911B/912A
xíngwéi 行違 3-913A
xíngwéi 行僞 3-917A
xíngwěi 行葦 3-910B
xíngwěi 行僞 3-917A
xíngwèi 行衛 3-921A
xìngwèi 興味 2-166A
xìngwèi 幸位 2-1089A
xìngwèi 倖位 1-1446A
xīngwēijìjué 興微繼絕 2-168B
xīngwěishù 星緯術 5-679A
xīngwén 星文 5-671A
xīngwén 腥聞 6-1348A
xīngwén 興文 2-165A
xíngwēn 行瘟 3-917B
xíngwén 行文 3-890A
xíngwèn 行問 3-909B
xǐngwèn 省問 7-1176A
xīngwēng 星翁 5-675A
xíngwénshū 行文書 3-890B
xīngwényǎnwǔ 興文匽武 2-165A
xíngwō 行窩 3-916B
xíngwò 行幄 3-911A
xīngwū 腥汙 6-1347B
xīngwǔ 興舞 2-169A
xīngwù 惺悟 7-658A
xíngwū 刑剭 2-606B
xíngwū 行巫 3-895A
xíngwū 行屋 3-904A
xíngwǔ 刑仵 2-603B
xíngwù 行務 3-907A
xíngwù 形物 3-1114B
xǐngwù 省物 7-1173A
xǐngwù 省悟 7-1175A
xǐngwù 醒悟 9-1431B
xǐngwù 醒寤 9-1432A
xīngwúmièzī 興無滅資 2-168A
xīngxī 騂犧 12-846B
xīngxì 星系 5-672B
xíngxī 行息 3-905A
xíngxī 行錫 3-921B
xíngxī 行曦 3-924A
xíngxí 刑席 2-605B
xíngxí 行習 3-910A
xíngxǐ 行璽 3-923B
xíngxì 行戲 3-922A
xìngxí 性習 7-479B
xìngxǐ 幸喜 2-1090A
xìngxì 姓系 4-321B
xíngxià 行下 3-887B
xíngxià 形下 3-1112B
xǐngxiá 醒黠 9-1432B
xíngxiáhàoyì 行俠好義 3-902A
xīngxiān 腥鮮 6-1348B
xīngxián 興賢 2-169B
xīngxián 鯹鹹 12-1247A
xíngxiān 行鮮 3-922A
xíngxiǎn 行跣 3-914B
xíngxiǎn 行險 3-920A
xíngxiǎn 行幰 3-923B
xíngxiàn 刑憲 2-608A
xíngxiàn 行縣 3-921A
xíngxiàn 形見 3-1114A
xíngxiàn 陘峴 11-982A
xīngxiàng 星相 5-673B
xīngxiàng 星象 5-676A
xīngxiàng 興象 2-167B
xíngxiāng 行香 3-901B
xíngxiāng 行箱 3-918B

xíngxiǎng 行餉 3-917B
xíngxiǎng 形想 3-1118A
xíngxiǎng 形嚮 3-1120A
xíngxiàng 刑象 2-606B
xíngxiàng 行像 3-915A
xíngxiàng 形相 3-1115A
xíngxiàng 形象 3-1116B
xíngxiàng 形像 3-1118A
xǐngxiǎng 省想 7-1176B
xǐngxiàng 省相 7-1174A
xìngxiàng 性相 7-478A
xīngxiàngjiā 星相家 5-673B
xíngxiāngzǐ 行香子 3-901B
xíngxiǎnjiǎoxìng
行險徼幸 3-920A
xíngxiǎnjiǎoxìng
行險徼倖 3-920A
xíngxiǎnjiǎoxìng
行嶮僥倖 3-921A
xíngxiāo 餳簫 12-569B
xíngxiāo 行銷 3-919A
xíngxiāo 形銷 3-1119B
xíngxiào 行孝 3-894B
xíngxiāogǔlì 形銷骨立
3-1119B
xíngxiè 刑械 2-606A
xíngxiè 形謝 3-1120A
xīngxīn 興心 2-165A
xīngxīn 星鐔 5-680A
xíngxīn 行心 3-890B
xíngxìn 行信 3-902A
xǐngxīn 省心 7-1171B
xǐngxīn 醒心 9-1431A
xìngxīn 幸心 2-1088B
xìngxīn 性心 7-477B
xìngxīn 倖心 1-1445B
xīngxing 星星 5-673B
xīngxīng 狌狌 5-31B
xīngxīng 惺惺 7-658A
xīngxīng 猩猩 5-86A
xīngxīng 觲觲 10-1383B
xīngxīng 騂騂 12-846B
xīngxíng 星行 5-671B
xīngxíng 興行 2-165B
xíngxīng 刑星 2-605A
xíngxīng 行星 3-901A
xíngxíng 行刑 3-892A
xíngxíng 行行 3-893A
xíngxìng 行幸 3-897A
xíngxìng 形性 3-1114B
xǐngxíng 省行 7-1172A
xǐngxǐng 省省 7-1174A
xǐngxǐng 醒醒 9-1432A
xìngxíng 性行 7-477B
xìngxìng 倖幸 1-1446A
xìngxìng 婞婞 4-368A
xìngxìng 悻悻 7-589B
xīngxingcǎo 猩猩草 5-86B
xīngxīngchún 猩猩脣 5-86B
xīngxīngdiǎndiǎn
星星點點 5-674A
xīngxíngdiànzhēng
星行電征 5-671B
xīngxīng'èrshíyī
惺惺二十一 7-658A
xíngxínghǎo 行行好 3-893B
xīngxīngjī 猩猩屐 5-86B
xīngxīngluòluò 星星落落
5-674A
xīngxīngmù 猩猩木 5-86A
xīngxīngnú 惺惺奴 7-658A
xīngxīngsè 猩猩色 5-86A
xíngxíngsèsè 形形色色
3-1114A
xìngxìngtoutou 興興頭頭
2-170A
xīngxīngxiāngxī 惺惺相惜
7-658B
xīngxingxīxīngxing
惺惺惜惺惺 7-658B
xīngxīngxuè 猩猩血 5-86A
xīngxīngzuòtài 惺惺作態
7-658B
xǐngxīnzhàng 醒心杖
9-1431A
xíngxiōng 行凶 3-890A
xíngxiōng 行兇 3-893B
xīngxiū 興修 2-166B
xīngxiù 星宿 5-676A
xíngxiū 行休 3-893A
xíngxiū 行修 3-902A
xíngxiū 行脩 3-905A
xǐngxiū 省修 7-1174B
xīngxiùcài 星宿菜 5-676B
xīngxiùchuān 星宿川 5-676B
xīngxiùhǎi 星宿海 5-676B
xīngxiùtán 星宿壇 5-676B
xīngxǔ 興許 2-167B
xīngxù 星序 5-672B
xíngxū 刑胥 2-605A
xíngxū 形虛 3-1116B
xíngxǔ 行許 3-909A
xǐngxù 省恤 7-1174B
xìngxǔ 幸許 2-1090A
xìngxù 興緒 2-169A
xīngxuān 星軒 5-674B
xíngxuān 行軒 3-904B
xīngxué 星學 5-679A
xīngxué 興學 2-170A
xīngxuè 猩血 5-85B
xīngxuè 腥血 6-1347B
xíngxué 行學 3-921A
xíngxué 形學 3-1119B
xìngxué 幸學 2-1991B
xíngxún 行巡 3-894B
xíngxún 行尋 3-912B
xíngxùn 刑訊 2-605B
xíngxùn 形訓 3-1116A
xǐngxún 省循 7-1176B
xíngyā 行押 3-896B
xíngyá 行衙 3-915B
xīngyán 星言 5-672B
xīngyán 星筵 5-677A
xīngyán 興言 2-165B
xīngyán 騂顏 12-846B
xīngyǎn 星眼 5-675B
xíngyān 刑奄 2-604A
xíngyān 行煙 3-916A
xíngyán 行言 3-896B
xíngyán 行鹽 3-924B
xíngyán 形言 3-1114A
xíngyán 形顏 3-1120A
xíngyán 形鹽 3-1120A
xíngyǎn 餳眼 12-569A
xíngyǎn 峫嵃 3-813A
xíngyàn 刑讞 2-608B
xǐngyǎn 醒眼 9-1432A
xìngyǎn 杏眼 4-775B
xìngyàn 幸宴 2-1090A
xīngyáo 星軺 5-677A
xīngyáo 興徭 2-168B
xíngyāo 形夭 3-1112B
xíngyáo 行謠 3-922B
xíngyào 行藥 3-922B
xíngyào 形要 3-1115A
xǐngyào 醒藥 9-1432B
xìngyào 幸樂 2-1091A
xīngyāozuòguài 興妖作怪
2-166A
xīngyāozuòluàn 興妖作亂
2-166A
xīngyè 星夜 5-673A
xīngyè 星液 5-676A
xīngyè 星曆 5-680B
xīngyè 興業 2-168B
xíngyè 行夜 3-899A
xíngyè 行業 3-914A
xǐngyè 省謁 7-1178B
xìngyè 杏曆 4-776B
xìngyè 幸謁 2-1991B
xìngyè'ān 杏葉鞍 4-775B
xìngyècǎo 杏葉草 4-775B
xìngyèjiān 杏葉韉 4-775B
xìngyèshāshēn 杏葉沙參
4-775B
xìngyèshēn 杏葉蔆 4-775B
xīngyì 興易 2-166A
xīngyì 興義 2-169A
xíngyī 行衣 3-894A
xíngyī 行揖 3-910A
xíngyī 行醫 3-923A
xíngyí 行移 3-907B
xíngyí 邢姨 10-587A
xíngyí 形宜 3-1114B
xíngyí 形儀 3-1119A
xíngyì 行役 3-896A
xíngyì 行意 3-916A
xíngyì 行義 3-916A
xíngyì 行詣 3-915B/916A
xíngyì 行誼 3-919A
xíngyì 行藝 3-922B
xíngyì 行鷁 3-924A
xíngyì 形役 3-1114A
xíngyì 形意 3-1118A
xǐngyì 省憶 7-1178B
xǐngyì 省議 7-1179B
xìngyì 性義 7-480A
xīngyídǒuzhuǎn 星移斗轉
5-676A
xīngyílòuzhuǎn 星移漏轉
5-676A
xíngyīn 行陰 3-906B
xíngyín 行吟 3-895B
xíngyín 行唫 3-907B
xíngyǐn 邢尹 10-587A
xīngyíng 星營 5-679B
xíngyíng 行營 3-921B
xíngyǐng 形景 3-1117A
xíngyǐng 形影 3-1118B
xíngyǐngbùlí 形影不離
3-1118B
xíngyǐngxiāngdiào
形影相弔 3-1119A
xíngyǐngxiāngduì
形影相對 3-1119A
xíngyǐngxiāngfù 形影相附
3-1119A
xíngyǐngxiāngsuí
形影相隨 3-1119A
xíngyǐngxiāngyī 形影相依
3-1119A
xíngyǐngzìdiào 形影自弔
3-1119A
xíngyǐngzìshǒu 形影自守
3-1119A
xíngyǐnzhēng 邢尹爭
10-587A
xīngyíwùhuàn 星移物換
5-676A
xíngyìzhīnán 行易知難
3-898A
xīngyǒng 興詠 2-168B
xíngyōng 行傭 3-915B
xíngyǒng 行詠 3-912A
xíngyòng 行用 3-891B
xíngyòng 形用 3-1113A
xīngyóu 星郵 5-674B
xīngyǒu 星牖 5-679A
xíngyóu 行游 3-912B
xíngyóu 行遊 3-912A
xíngyǒu 形有 3-1113A
xǐngyōu 省憂 7-1178A
xìngyóu 杏油 4-775A
xìngyǒu 幸有 2-1088B
xíngyǒuyúlì 行有餘力
3-892B
xīngyú 星榆 5-677B
xīngyú 星輿 5-679B
xīngyú 腥魚 6-1347B
xīngyǔ 星宇 5-672A
xīngyǔ 星雨 5-672B
xīngyǔ 興雨 2-166A
xīngyù 興喻 2-168A
xíngyú 刑于 2-603A
xíngyú 刑於 2-604B
xíngyú 刑餘 2-607B
xíngyú 形虞 3-1118A
xíngyǔ 行雨 3-898A
xíngyǔ 行與 3-915A
xíngyǔ 形語 3-1118B
xíngyù 刑獄 2-607B
xíngyù 行寓 3-912B
xǐngyù 省諭 7-1178B
xìngyǔ 杏雨 4-775A
xìngyù 興喻 2-168A
xìngyù 興論 2-170A

xìngyù 幸御 2-1090B
xìngyù 性欲 7-479A
xīngyuān 星淵 5-677A
xīngyuán 星垣 5-673B
xīngyuàn 星苑 5-672B
xìngyuàn 興怨 2-166B
xíngyuán 行垣 3-900B
xíngyuán 行轅 3-922A
xíngyuán 形援 3-1117A
xíngyuǎn 行遠 3-913A
xíngyuàn 行願 3-923B
xìngyuán 杏園 4-776A
xìngyuàn 杏苑 4-775A
xìngyuàn 幸願 2-1991B
xìngyuánfāng 杏園芳 4-776A
xìngyuánkè 杏園客 4-776A
xìngyuánlù 杏園路 4-776A
xíngyuǎnshēnggāo 行遠升高 3-913A
xìngyuányàn 杏園宴 4-776A
xíngyuānyùshǐzhě 行冤獄使者 3-906B
xíngyuǎnzì'ěr 行遠自邇 3-913B
xīngyuè 興躍 2-170B
xíngyuè 行樂 3-920A
xíngyuè 行月 3-890A
xíngyuè 行刖 3-893B
xǐngyuè 省閱 7-1178B
xīngyún 星雲 5-677A
xīngyǔn 星隕 5-677B
xīngyùn 興運 2-168B
xíngyún 行雲 3-910B
xíngyùn 行孕 3-892A
xíngyùn 行運 3-912B
xìngyùn 幸運 2-1090B
xìngyùn 性韻 7-480A
xìngyùn'ér 幸運兒 2-1090B
xíngyúnliúshuǐ 行雲流水 3-911A
xíngyúzhīhuà 刑于之化 2-603A
xíngzài 行在 3-892A
xíngzài 形載 3-1117B
xìngzāi 幸災 2-1089A
xìngzāilèhuò 幸災樂禍 2-1089B
xìngzāilèhuò 倖災樂禍 1-1446A
xíngzàisuǒ 行在所 3-892A
xíngzàng 形藏 3-1119B
xīngzào 興造 2-167A
xíngzāo 餳糟 12-569B
xíngzào 行竈 3-924A
xíngzé 刑責 2-606A
xíngzé 形則 3-1115A
xíngzé 滎澤 6-1A
xíngzhà 行詐 3-912A
xíngzhāi 行齋 3-922B
xīngzhān 星占 5-671B
xíngzhān 行旃 3-906A
xíngzhàn 行棧 3-910B
xǐngzhàn 醒綻 9-1432A
xīngzhǎng 興長 2-166A
xíngzhāng 刑章 2-606B
xíngzhàng 刑杖 2-603B
xíngzhàng 行鄣 3-916A
xíngzhàng 行仗 3-891A
xíngzhàng 行杖 3-895A
xíngzhàng 行帳 3-907B
xíngzhàng 行障 3-916B
xíngzhào 行召 3-892A
xíngzhào 行旐 3-912A
xíngzhào 形兆 3-1113B
xīngzhě 星者 5-672B
xíngzhé 刑謫 2-608A
xíngzhé 刑讁 2-608B
xíngzhě 刑者 2-604A
xíngzhě 行者 3-896B
xíngzhēn 刑偵 2-606A
xíngzhēn 行斟 3-913B
xíngzhēn 行鍼 3-922A
xíngzhèn 行陳 3-906B
xìngzhēn 性真 7-478B
xíngzhēnbùxiàn 行針步線 3-905B
xíngzhēnduì 刑偵隊 2-606B
xíngzhèng 刑政 2-604B
xíngzhèng 行政 3-900B
xíngzhèng 形證 3-1120A
xíngzhēnguǎn 行珍館 3-900A
xíngzhěrànglù 行者讓路 3-896B
xīngzhí 興殖 2-168A
xīngzhǐ 興止 2-164B
xīngzhì 興致 2-167A
xíngzhī 餳枝 12-569A
xíngzhī 行知 3-898B
xíngzhí 刑職 2-608A
xíngzhí 形植 3-1117A
xíngzhǐ 行止 3-889B
xíngzhǐ 行趾 3-907B
xíngzhì 刑制 2-604B
xíngzhì 行至 3-892B
xíngzhì 行志 3-894B
xíngzhì 行制 3-898B
xíngzhì 行治 3-899B
xíngzhì 行炙 3-898B
xíngzhì 形識 3-1120A
xíngzhì 形制 3-1114A
xíngzhì 形製 3-1118B
xíngzhì 形質 3-1119A
xǐngzhì 省治 7-1173B
xìngzhí 婞直 4-367B
xìngzhí 悻直 7-589B
xìngzhì 興致 2-167A
xìngzhì 性智 7-479B
xìngzhì 性質 7-480A
xìngzhì 倖致 1-1446A
xìngzhìbóbó 興致勃勃 2-167A
xìngzhìlínlí 興致淋漓 2-167A
xíngzhīyǐngdān 形隻影單 3-1116A
xíngzhīyǒuxiào 行之有效 3-888A
xíngzhǒng 刑種 2-607B
xǐngzhòng 省衆 7-1176B
xìngzhòng 性重 7-478A
xīngzhōu 星周 5-673A
xīngzhōu 星洲 5-674A
xíngzhōu 餳粥 12-569A
xíngzhōu 行舟 3-893B
xíngzhōu 行輈 3-914A
xìngzhōu 杏粥 4-776A
xīngzhū 星珠 5-674B
xīngzhū 星銖 5-678A
xīngzhū 猩朱 5-85B
xīngzhú 星燭 5-679B
xīngzhú 興築 2-170A
xīngzhǔ 星主 5-671B
xīngzhǔ 星渚 5-676A
xīngzhǔ 星屬 5-680A
xīngzhǔ 興主 2-165A
xíngzhū 刑誅 2-607A
xíngzhū 行朱 3-893A
xíngzhū 行誅 3-915B
xíngzhǔ 行主 3-891B
xíngzhù 行住 3-896A
xíngzhuàn 行篆 3-918B
xīngzhuāng 星樁 5-678B
xíngzhuāng 行裝 3-916B
xíngzhuàng 刑狀 2-604B
xíngzhuàng 行狀 3-900A
xíngzhuàng 形狀 3-1114B
xìngzhuāng 杏裝 4-776A
xìngzhuàng 性狀 7-478A
xīngzhuó 星斲 5-678B
xíngzhuó 刑灼 2-604A
xǐngzhuó 省着 7-1176A
xíngzhùzuòwò 行住坐卧 3-896A
xīngzi 星子 5-670B
xíngzī 行資 3-916A
xíngzī 行輜 3-918A
xíngzǐ 行子 3-888A
xìngzi 杏子 4-774A
xìngzī 性資 7-480A
xìngzǐ 性子 7-477A
xìngzì 姓字 4-321B
xìngzì 幸自 2-1089A
xìngziyǎn 杏子眼 4-774A
xìngzīzī 幸孜孜 2-1089A
xīngzōng 星宗 5-673A
xíngzōng 行踪 3-918B
xíngzōng 行蹤 3-923A
xíngzōng 形踪 3-1119A
xìngzōng 性宗 7-478A
xíngzōu 行騶 3-924A
xíngzǒu 行走 3-894B
xīngzǔ 星俎 5-674A
xìngzú 姓族 4-321B
xíngzuì 刑罪 2-607A
xíngzuì 行罪 3-915A
xǐngzuìcǎo 醒醉草 9-1432A
xīngzuò 星座 5-675A
xīngzuò 興作 2-165B
xíngzuò 刑坐 2-604A
xíngzuò 行作 3-896A
xíngzuò 行坐 3-896A
xīnhǎi 心海 7-382B
xīnhàigémìng 辛亥革命 11-479A
xīnhán 心寒 7-386A
xīnhán 新寒 6-1076A
xīnhàn 新翰 6-1079B
xīnhàn 新馯 6-1080B
xìnhán 信函 1-1419A
xīnhándǎnluò 心寒膽落 7-386B
xīnhándǎnzhàn 心寒膽戰 7-386B
xīnhǎo 新好 6-1068B
xīnhào 心號 7-387B
xīnhāo 豣蒿 5-10B
xìnhào 信耗 1-1419B
xìnhào 信號 1-1422A
xìnhàodàn 信號彈 1-1422A
xìnhàodēng 信號燈 1-1422A
xìnhàoqí 信號旗 1-1422A
xìnhàoqiāng 信號槍 1-1422A
xīnhè 噷喝 3-530A
xīnhén 新痕 6-1075A
xīnhěn 心佷 7-377B
xīnhěn 心很 7-379B
xīnhěn 心狠 7-380A
xīnhèn 新恨 6-1072A
xīnhěnshǒudú 心狠手毒 7-380A
xīnhěnshǒulà 心狠手辣 7-380A
xīnhóng 心紅 7-381A
xìnhóng 信鴻 1-1423B
xìnhóng 焮紅 7-93A
xīnhóu 心喉 7-385B
xìnhòu 信厚 1-1419A
xīnhuā 心花 7-375B
xīnhuà 心化 7-371B
xīnhuà 心畫 7-386B
xīnhuà 新化 6-1066B
xīnhuái 心懷 7-394A
xīnhuáiguǐtāi 心懷鬼胎 7-394A
xīnhuáipǒcè 心懷叵測 7-394A
xīnhuān 忻懽 7-434A
xīnhuān 欣懽 6-1440B
xīnhuān 欣歡 6-1440B
xīnhuān 欣驩 6-1440B
xīnhuān 新歡 6-1082A
xīnhuàn 心幻 7-372A
xīnhuāng 心慌 7-386A
xīnhuáng 心皇 7-379B
xīnhuáng 新篁 6-1079A
xīnhuāngliáoluàn 心慌撩亂 7-386A
xīnhuāngyìjí 心慌意急 7-386A
xīnhuāngyìluàn 心慌意亂 7-386A
xīnhuānùfā 心花怒發 7-376A
xīnhuānùfàng 心花怒放 7-375B
xīnhuī 心灰 7-373B

xīnhuī 新灰 6-1068A
xīnhuì 心會 7-388A
xìnhuì 信滙 1-1422B
xìnhuì 釁會 2-761A
xìnhuì 釁穢 2-761B
xīnhuīyìbài 心灰意敗 7-373B
xīnhuīyìlǎn 心灰意懶 7-373B
xīnhuīyìlěng 心灰意冷 7-373B
xīnhuíyìzhuǎn 心回意轉 7-374A
xīnhūn 新昏 6-1072B
xīnhūn 新婚 6-1075A
xīnhún 心魂 7-386B
xīnhūnyàn'ěr 新昏宴爾 6-1070A
xīnhūnyàn'ěr 新婚燕爾 6-1075A
xīnhuó 心活 7-380B
xīnhuǒ 心火 7-371B
xīnhuǒ 新火 6-1067A
xīnhuǒ 薪火 9-570B
xìnhuò 信貨 1-1420B
xìnhuò 釁禍 2-760B
xīnǐ 希儗 3-698A
xīnǐ 希擬 3-698A
xīnì 襲逆 9-149A
xǐnǐ 洗泥 5-1153B
xìnì 細膩 9-786B
xīnián 希年 3-695B
xīnián 昔年 5-585B
xīnián 稀年 8-90A
xīnián 錫年 11-1323B
xīnián 犧年 6-291A
xīnián 鱚年 10-1392B
xìniàn 繫念 9-1025B
xìniàn 係念 1-1412B
xǐniáng 喜娘 3-404B
xìniáng 細娘 9-784A
xìniǎo 細鳥 9-784B
xìniǎo 戲鷚 5-257B
xìniǎoniǎo 細裊裊 9-785B
xīniú 蹊牛 10-530B
xīniú 犀牛 6-282B
xīniú 犧牛 6-291A
xíniǔ 習狃 9-646B
xīniúhèzhōu 西牛賀洲 8-739B
xīniúhuòzhōu 西牛貨洲 8-739B
xīniúwàngyuè 犀牛望月 6-282B
xīnjī 心機 7-392A
xīnjī 心韃 7-394B
xīnjī 心幾 7-386B
xīnjī 心跡 7-387B
xīnjī 新機 6-1079B
xīnjī 新羈 6-1082B
xīnjí 心急 7-380A
xīnjí 心疾 7-382A
xīnjí 新吉 6-1068A
xīnjí 新極 6-1075B
xīnjǐ 薪給 9-571A
xīnjì 心迹 7-380B
xīnjì 心計 7-380A
xīnjì 心寄 7-384B
xīnjì 心悸 7-384B
xīnjì 心際 7-389B
xīnjì 新髻 6-1079B
xīnjì 新霽 6-1082B
xìnjì 璺迹 8-1305B
xīnjiā 欣嘉 6-1440A
xīnjiā 新家 6-1073B
xīnjiān 心尖 7-373B
xīnjiān 辛艱 11-480B
xīnjiān 新尖 6-1068A
xīnjiǎn 心繭 7-393A
xīnjiàn 歆鑒 6-1463A
xìnjiān 信箋 1-1422B
xìnjiǎn 信簡 1-1423B
xìnjiàn 信件 1-1417B
xìnjiàn 信箭 1-1423A
xīnjiāng 新疆 6-1082A
xīnjiàng 心匠 7-373A
xīnjiàng 新將 6-1075A
xīnjiàniáng 新嫁娘 6-1077B
xīnjiānzi 心尖子 7-373B
xīnjiāo 心交 7-374B
xīnjiāo 心焦 7-385B
xīnjiāo 新交 6-1068B
xīnjiào 新教 6-1074A
xīnjiào 新醮 6-1081B
xìnjiāo 信交 1-1418A
xìnjiǎo 信脚 1-1421A
xīnjiāohuǒliáo 心焦火燎 7-385B
xīnjiāorúfén 心焦如焚 7-385B
xīnjiǎotòng 心絞痛 7-386B
xīnjié 心結 7-386B
xīnjié 新節 6-1076B
xīnjié 新潔 6-1079A
xīnjiě 心解 7-389A
xīnjiè 心戒 7-375B
xīnjiè 心界 7-379B
xìnjié 信節 1-1422A
xìnjié 釁潔 2-761A
xìnjiě 信解 1-1422B
xīnjíhuǒliǎo 心急火燎 7-380A
xīnjìlù 新紀録 6-1072B
xīnjīn 心襟 7-393B
xīnjīn 薪金 9-570B
xīnjīn 薪津 9-570B
xīnjìn 心勁 7-379A
xīnjìn 新近 6-1069A
xīnjìn 新進 6-1074B
xīnjìn 新禁 6-1076B
xīnjìn 薪盡 9-571A
xìnjǐn 信謹 1-1423B
xīnjīng 心旌 7-384A
xīnjīng 心經 7-389B
xīnjīng 心精 7-390B
xīnjǐng 心景 7-385B
xīnjǐng 新警 6-1081B
xīnjìng 心浄 7-378A
xīnjìng 心境 7-390A
xīnjìng 心静 7-389B
xīnjìng 心鏡 7-393B
xīnjìng 心競 7-394B
xīnjìng 新靚 6-1078B
xìnjìng 信敬 1-1421A
xīnjīngdǎnchàn 心驚膽顫 7-395A
xīnjīngdǎnhán 心驚膽寒 7-394B
xīnjīngdǎnliè 心驚膽裂 7-394B
xīnjīngdǎnluò 心驚膽落 7-394B
xīnjīngdǎnzhàn 心驚膽戰 7-394B
xīnjīngròutiào 心驚肉跳 7-394B
xīnjīngròuzhàn 心驚肉戰 7-394B
xīnjìnhuǒchuán 薪盡火傳 9-571A
xīnjìnhuǒmiè 薪盡火滅 9-571A
xīnjīnzhì 薪金制 9-570B
xīnjírúfén 心急如焚 7-380A
xìnjítúnyú 信及豚魚 1-1415B
xīnjiù 心疚 7-378A
xìnjiù 釁咎 2-760A
xìnjiù 釁厩 2-760B
xīnjìyuán 新紀元 6-1072B
xīnjū 新居 6-1071A
xīnjù 欣懼 6-1440B
xīnjù 新句 6-1067B
xīnjù 新劇 6-1078B
xìnjú 信局 1-1418A
xìnjù 信具 1-1418A
xìnjù 信據 1-1423A
xīnjué 心訣 7-384A
xīnjué 新絶 6-1076B
xīnjué 新覺 6-1082A
xīnjūn 心君 7-376B
xīnjūn 新君 6-1069A
xīnjūn 新軍 6-1072B
xìnjūn 信君 1-1418A
xīnkāi 心開 7-386B
xīnkǎi 欣慨 6-1439B
xīnkāimáocè…
新開茅厠三日香 6-1076A
xīnkāimùmíng 心開目明 7-386B
xúnkāixīn 尋開心 2-1292A
xīnkǎn 心坎 7-375B
xìnkǎo 信考 1-1417A
xīnkē 新科 6-1071B
xīnkě 欣可 6-1438B
xīnkè 辛刻 11-479B
xīnkè 新課 6-1079A
xīnkěn 心肯 7-377A
xīnkēng 新坑 6-1068B
xīnkōng 心空 7-378B
xīnkǒng 心孔 7-372A
xīnkǒu 心口 7-370B
xìnkǒu 信口 1-1415B
xīnkǒubùyī 心口不一 7-370B
xìnkǒucíhuáng 信口雌黄 1-1415B
xìnkǒukāihe 信口開呵 1-1415B
xìnkǒukāihe 信口開喝 1-1415B
xìnkǒukāihé 信口開合 1-1415B
xìnkǒukāihé 信口開河 1-1415B
xīnkǒurúyī 心口如一 7-370B
xīnkǒuxiāngyìng 心口相應 7-370B
xīnkǔ 辛苦 11-479A
xīnkuài 欣快 6-1438B
xīnkuài 歆快 6-1462B
xīnkuān 心寬 7-391A
xīnkuǎn 心款 7-384B
xīnkuǎn 新款 6-1075B
xīnkuàng 新壙 6-1080B
xīnkuàngshénfēi 心曠神飛 7-393B
xīnkuàngshéntián 心曠神恬 7-393B
xīnkuàngshényí 心曠神怡 7-393B
xīnkuàngshényú 心曠神愉 7-393B
xīnkuāntǐpán 心寬體胖 7-391A
xīnkuī 心虧 7-393A
xīnkuì 欣媿 6-1439B
xīnkùn 心困 7-376A
xīnlà 辛辣 11-480A
xīnlái 新來 6-1069B
xīnlài 欣賴 6-1440B
xìnlài 信賴 1-1423A
xīnláizhàdào 新來乍到 6-1069B
xīnlǎn 心懶 7-394A
xīnláng 新郎 6-1070B
xīnlánggōng 新郎公 6-1070B
xīnlángguān 新郎官 6-1070B
xīnlángguān 新郎倌 6-1071A
xīnlángjūn 新郎君 6-1070B
xīnláo 辛勞 11-479B
xīnláo 新醪 6-1081A
xīnlǎo 薪橑 9-571B
xīnláorìzhuō 心勞日拙 7-386A
xīnláoyìrǎng 心勞意攘 7-386A
xīnláoyìrǒng 心勞意冗 7-386A
xīnlàshǒuhěn 心辣手狠 7-390B
xīnlè 忻樂 7-434A
xīnlè 欣樂 6-1440B
xīnléi 新雷 6-1076B

xìnlěi 釁累 2-760B
xīnlǐ 心理 7-382B
xīnlǐ 心裏 7-389A
xīnlǐ 新里 6-1069A
xīnlì 心力 7-370A
xīnlì 新立 6-1067B
xīnlì 新粒 6-1075A
xīnlì 新曆 6-1079B
xīnlì 新麗 6-1081B
xìnlì 信力 1-1415A
xīnlián 心蓮 7-387A
xīnliàn 欣戀 6-1440B
xīnliáng 辛涼 11-479B
xīnliáng 新涼 6-1075A
xīnliàng 心量 7-385B
xīnliáo 新僚 6-1077B
xīnliáo 新寮 6-1079B
xīnliào 薪燎 9-571B
xìnliaǒ 信了 1-1415A
xīnliè 辛洌 11-479B
xīnliè 馨烈 12-443B
xīnlìjiāocuì 心力交瘁 7-370A
xīnlín 新林 6-1069B
xīnlíng 心靈 7-395A
xīnlǐng 心領 7-390A
xìnlíng 信陵 1-1420B
xìnlíngjūn 信陵君 1-1420B
xīnlǐngshénhuì 心領神會 7-390A
xīnlǐngshénwù 心領神悟 7-390A
xīnlíngshǒuqiǎo 心靈手巧 7-395A
xīnlíngxìngqiǎo 心靈性巧 7-395A
xīnlǐngyìhuì 心領意會 7-390B
xīnlìshuāijié 心力衰竭 7-370A
xīnliú 新流 6-1073B
xīnliù 新溜 6-1077B
xīnlǐxué 心理學 7-382B
xīnlòng 新哢 6-1073A
xìnlóng 信籠 1-1424A
xīnlù 心路 7-387B
xīnluànrúmá 心亂如麻 7-388A
xīnlǚ 心呂 7-374A
xīnlǚ 心膂 7-390B
xīnlǚ 新旅 6-1073B
xīnlǜ 心律 7-379B
xīnlǜ 心慮 7-391B
xīnlǜ 新律 6-1071B
xīnlǜ 新綠 6-1078B
xīnlüè 心略 7-383B
xīnmǎ 心馬 7-381A
xīnmǎ 廞馬 3-1279B
xìnmǎ 信馬 1-1420A
xīnmài 心脉 7-380A
xīnmài 心脈 7-381B
xīnmài 新麥 6-1074A
xīnmàn 心慢 7-391A
xīnmáng 心忙 7-374B
xīnmǎng 新莽 6-1073A
xīnmángyìjí 心忙意急 7-374B
xīnmángyìluàn 心忙意亂 7-374B
xīnmǎnyìdé 心滿意得 7-391A
xīnmǎnyìzú 心滿意足 7-391A
xīnmǎnyuànzú 心滿願足 7-391A
xìnmǎyóujiāng 信馬由繮 1-1420A
xīnměi 新美 6-1072A
xīnměi 歆美 6-1462B
xīnmén 新門 6-1071A
xìnmén 脖門 6-1367B
xìnmén 囟門 3-620A
xìnmén 顖門 12-290B
xīnméng 心盟 7-387B
xìnménzǎi 顖門仔 12-290B
xīnmǐ 新米 6-1068B
xīnmì 心密 7-384B
xìnmiàn 信面 1-1419A
xìnmiàn 舋面 8-1305B
xìnmiàntūntàn 釁面呑炭 2-760A
xīnmiáo 心苗 7-376B
xīnmiáo 新苗 6-1069B
xīnmiào 新妙 6-1069B
xīnmín 新民 6-1067B
xīnmíng 新茗 6-1071B
xīnmìng 新命 6-1070A
xìnmìng 信命 1-1418B
xīnmíngcí 新名詞 6-1068B
xīnmíngyǎnliàng 心明眼亮 7-377A
xīnmínzhǔzhǔyì 新民主主義 6-1068A
xīnmínzhǔzhǔyìgémìng 新民主主義革命 6-1068A
xīnmóshǒuzhuī 心摹手追 7-390A
xīnmǔ 新牡 6-1069A
xīnmù 心目 7-372A
xīnmù 忻慕 7-433B
xīnmù 欣慕 6-1440A
xīnmù 新沐 6-1069A
xīnmù 歆慕 6-1463A
xìnmù 信慕 1-1422B
xìnmù 釁沐 2-760A
xīnmùshǒuzhuī 心慕手追 7-390A
xìnnà 信納 1-1420B
xìnnán 釁難 2-761B
xìnnàn 舋難 8-1305B
xìnnèi 信內 1-1416A
xīnnéngyuán 新能源 6-1074A
xìnnì 釁逆 2-760A
xīnnián 新年 6-1068A
xīnniàn 心念 7-377B
xìnniàn 信念 1-1418B
xīnniáng 新娘 6-1074A
xīnniàng 新釀 6-1082B
xīnniángzi 新娘子 6-1074A
xīnniánxīnsuì 新年新歲 6-1068B
xìnniǎo 信鳥 1-1421A
xìnniè 釁孽 2-761B
xīnníng 心凝 7-392B
xīnníngxíngshì 心凝形釋 7-392B
xīnnóng 新儂 6-1079A
xīnnòng 新弄 6-1068B
xīnnuò 心諾 7-392A
xīnnǚ 新屻 6-1071B
xìnnǚ 信女 1-1415B
xīnóng 羲農 9-193A
xīnóng 犧農 6-292A
xīnòng 西弄 8-741B
xīnòng 嬉弄 4-407A
xìnòng 戲弄 5-253A
xìnòngcānjūn 戲弄參軍 5-253A
xìn'ōu 信鷗 1-1424A
xīnpài 新派 6-1072A
xìnpái 信牌 1-1421B
xīnpán 辛盤 11-480B
xìnpào 信礮 1-1424A
xīnpēi 新醅 6-1078B
xīnpèi 心旆 7-380B
xīnpí 心皮 7-372B
xīnpí 心脾 7-385B
xīnpiān 新篇 6-1079A
xìnpiàn 信片 1-1416B
xīnpiānzhāng 新篇章 6-1079A
xìnpí'er 信皮兒 1-1417A
xīnpíng 心平 7-372A
xīnpíng 新蓱 6-1075B
xìnpíng 信憑 1-1423B
xīnpíngqìdìng 心平氣定 7-372A
xīnpíngqìhé 心平氣和 7-372A
xīnpíngzhuāngjiùjiǔ 新瓶裝舊酒 6-1073B
xīnpò 心魄 7-390A
xīnpò 新魄 6-1077B
xīnqī 心期 7-385A
xīnqī 忻戚 7-433B
xīnqī 欣戚 6-1439B
xīnqī 欣慼 6-1440A
xīnqí 新奇 6-1070A
xīnqǐ 欣企 6-1438B
xīnqì 心契 7-379A
xīnqì 心氣 7-381A
xīnqì 新氣 6-1073A
xìnqī 信欺 1-1421A
xìnqí 信旗 1-1423A
xìnqì 信器 1-1423B
xīnqiān 新阡 6-1068A
xìnqiān 釁愆 2-761A
xīnqiāng 新腔 6-1076A
xīnqiáo 忻翹 7-434A
xīnqiáo 薪樵 9-571B
xīnqiǎo 新巧 6-1067A
xīnqiào 心竅 7-393B
xīnqiáoyìqiè 心喬意怯 7-385B
xīnqiǎozuǐguāi 心巧嘴乖 7-372A
xīnqiè 心趄 7-384B
xīnqiè 心切 7-371A
xīnqiè 心怯 7-378B
xīnqiè 辛切 11-478B
xīnqiè 新切 6-1066A
xīnqīn 新親 6-1080B
xīnqín 心琴 7-384B
xīnqín 辛勤 11-480A
xìnqín 信禽 1-1421B
xīnqīng 心傾 7-388A
xīnqīng 新清 6-1075A
xīnqíng 心情 7-384A
xīnqíng 新晴 6-1075B
xīnqìng 忻慶 7-434A
xīnqìng 欣慶 6-1440A
xìnqíng 釁情 2-760B
xīnqiū 新秋 6-1071B
xīnqū 心曲 7-374A
xīnqū 新區 6-1074A
xīnqū 新麴 6-1081B
xīnqù 心趣 7-391A
xīnquán 心泉 7-379B
xīnquàn 欣勸 6-1440B
xìnquè 信慤 1-1423A
xīnrán 忻然 7-433B
xīnrán 欣然 6-1439B
xīnrán 訢然 11-76B
xīnrán 歆然 6-1462B
xīnrán 炘然 7-37A
xìnrán 信然 1-1421B
xìnráng 信瓤 1-1424A
xìnràng 信讓 1-1424A
xīnránzìdé 欣然自得 6-1439B
xīnráo 薪蕘 9-571A
xīnrè 心熱 7-391A
xīnrén 新人 6-1065B
xīnrèn 新任 6-1068B
xìnrén 信人 1-1415A
xìnrèn 信任 1-1417B
xìnrèn'àn 信任案 1-1417B
xìnrěn'èying 釁稔惡盈 2-760B
xīnrénguǐjiǎ 辛壬癸甲 11-478B
xìnréntiáo… 信人調,丟了瓢 1-1415A
xīnrénxīnshì 新人新事 6-1065B
xīnrì 新日 6-1066A
xīnróng 欣榮 6-1440A
xīnróng 新茸 6-1071A
xīnróng 新容 6-1073B
xīnróng 新榮 6-1078A
xīnróng 馨榮 12-443B
xīnróu 新柔 6-1072B
xìnrǔ 釁辱 2-760A
xīnruǎn 心軟 7-382B
xīnrúdāocuò 心如刀剉

7-375A
xīnrúdāogē 心如刀割 7-375A
xīnrúdāojiǎo 心如刀絞 7-375A
xīnrúdāojiǎo 心如刀攪 7-375A
xīnrúdāojù 心如刀鋸 7-375A
xīnrúgǎomù 心如槁木 7-375A
xīnrúgǔjǐng 心如古井 7-375A
xīnrúhánhuī 心如寒灰 7-375A
xīnruì 新銳 6-1079A
xìnruì 信瑞 1-1422A
xīnrújīnshí 心如金石 7-375A
xīnruò 心若 7-376B
xīnruòsǐhuī 心若死灰 7-376B
xīnrúsǐhuī 心如死灰 7-375A
xīnrútiěshí 心如鐵石 7-375A
xīnrúzhǐshuǐ 心如止水 7-375A
xīnsǎn 心散 7-385A
xīnsāng 心喪 7-385A
xīnsānmínzhǔyì 新三民主義 6-1065B
xīnsè 新色 6-1068B
xīnsè 廞塞 3-1279B
xīnshàn 馨膳 12-443B
xīnshāng 心傷 7-388A
xīnshāng 辛傷 11-480A
xīnshāng 新商 6-1075A
xīnshǎng 心賞 7-391B
xīnshǎng 欣賞 6-1440A
xīnshàng 心上 7-370A
xīnshàng 心尚 7-377A
xīnshàng 新尚 6-1070A
xìnshǎng 信賞 1-1423A
xìnshàng 信尚 1-1418A
xìnshǎngbìfá 信賞必罰 1-1423A
xìnshǎngqián 信賞錢 1-1423A
xīnshàngrén 心上人 7-370B
xīnshàngxīnxià 心上心下 7-370B
xīnshāo 新梢 6-1074A
xīnshē 新畬 6-1076A
xīnshè 新社 6-1069A
xìnshè 釁社 2-760A
xīnshén 心神 7-380B
xīnshěn 新矧 6-1071B
xìnshèn 信慎 1-1422B
xīnshénbùdìng 心神不定 7-380B
xīnshénbùníng 心神不寧 7-380B
xīnshēng 心聲 7-392B
xīnshēng 新升 6-1066A
xīnshēng 新生 6-1067B
xīnshēng 新聲 6-1080B
xīnshèng 心盛 7-383A
xīnshèng 新聖 6-1076B
xìnshěng 釁眚 2-760B
xīnshēngdài 新生代 6-1067B
xīnshēngjiè 新生界 6-1067B
xīnshénhuǎnghū 心神恍惚 7-380B
xīnshī 心師 7-381B
xīnshī 新詩 6-1077A
xīnshí 心實 7-391A
xīnshí 心識 7-394A
xīnshí 新識 6-1082A
xīnshì 心事 7-377A
xīnshì 心誓 7-389B
xīnshì 忻適 7-434A
xīnshì 辛螫 11-480B
xīnshì 新士 6-1066A
xīnshì 新式 6-1068A
xīnshì 新室 6-1072A
xīnshì 廞飾 3-1279B
xìnshī 釁尸 2-760A
xìnshí 信石 1-1416B
xìnshí 信實 1-1423A
xìnshí 信識 1-1423B
xìnshǐ 信史 1-1416B
xìnshǐ 信矢 1-1416B
xìnshǐ 信使 1-1418B
xìnshì 信士 1-1415A
xìnshì 信恃 1-1419B
xìnshì 信誓 1-1422B
xīnshídài 新時代 6-1073A
xìnshìdàndàn 信誓旦旦 1-1422B
xīnshìjiè 新世界 6-1067A
xīnshíqìshídài 新石器时代 6-1067B
xīnshǒu 新手 6-1066A
xīnshòu 辛受 11-479B
xìnshǒu 信手 1-1416A
xìnshǒu 信守 1-1418A
xìnshǒu 釁首 2-760A
xìnshòu 信受 1-1418B
xìnshǒuniānlái 信手拈來 1-1416A
xīnshǒuxiāngwàng 心手相忘 7-371A
xīnshǒuxiāngyìng 心手相應 7-371B
xīnshū 新書 6-1073B
xīnshú 新熟 6-1079A
xīnshù 心術 7-383B
xīnshù 心數 7-391B
xīnshù 心樹 7-392A
xīnshù 新術 6-1074B
xìnshū 信書 1-1420B
xìnshù 信數 1-1423A
xīnshùbùduān 心術不端 7-383B
xīnshùbùzhèng 心術不正 7-383B
xīnshuǐ 心水 7-371A
xīnshuǐ 新水 6-1066A
xīnshuǐ 薪水 9-570A
xìnshuǐ 信水 1-1416A
xīnshuǐlìng 新水令 6-1066A
xīnshùn 心順 7-385B
xìnshùn 信順 1-1421B
xīnshuō 新說 6-1078A
xīnshuò 新朔 6-1073B
xīnsī 心思 7-379B
xīnsī 新絲 6-1076B
xīnsǐ 心死 7-373B
xīnsì 馨祀 12-443A
xínsǐ 尋死 2-1289A
xīnsìjūn 新四軍 6-1067B
xīnsǒng 忻悚 7-433B
xīnsǒng 欣悚 6-1439A
xīnsòng 欣頌 6-1439B
xīnsòng 新訟 6-1074B
xīnsū 薪蘇 9-571B
xīnsù 心素 7-381A
xīnsù 心愫 7-389B
xìnsù 信宿 1-1421A
xīnsuān 心酸 7-390A
xīnsuān 辛酸 11-480A
xīnsuàn 心算 7-390A
xīnsuǐ 心髓 7-394B
xīnsuì 心碎 7-387A
xīnsuì 新歲 6-1076B
xīnsuǒ 心所 7-377B
xīntái 心臺 7-389B
xīntái 新臺 6-1077B
xīntàn 欣歎 6-1440A
xīntàn 歆歎 6-1463A
xīntàn 薪炭 9-570B
xīntáng 心堂 7-383A
xīntáo 新桃 6-1073A
xìntào 信套 1-1420A
xīntè 新特 6-1073A
xīnténg 心疼 7-382A
xīnténg 焮疼 7-93A
xīntí 新題 6-1081B
xīntǐ 心體 7-395A
xīntiān 新天 6-1066A
xīntián 心田 7-372B
xīntián 心甜 7-383B
xīntián 新田 6-1067B
xīntiāndì 新天地 6-1066A
xìntiāngōng 信天公 1-1415B
xìntiānshuòdì 焮天鑠地 7-93A
xìntiānwēng 信天翁 1-1416A
xìntiānyóu 信天游 1-1416A
xìntiānyuán 信天緣 1-1416A
xīntiáo 新條 6-1073B
xīntiào 心跳 7-387B
xìntiáo 信條 1-1420A
xīntiě 心鐵 7-394B
xīntíng 昕庭 5-594B
xīntíng 新亭 6-1072A
xìntīng 信聽 1-1424A
xīntíngduìqì 新亭對泣 6-1072A
xīntínglèi 新亭淚 6-1072A
xīntíngqì 新亭泣 6-1072A
xīntǐshī 新體詩 6-1082B
xīntòng 心痛 7-386A
xìntǒng 信筒 1-1421A
xìntòng 焮痛 7-93A
xīntóu 心頭 7-392A
xīntóulùzhuàng 心頭鹿撞 7-392B
xīntóuròu 心頭肉 7-392A
xīntóuzhuànglù 心頭撞鹿 7-392B
xīntú 心涂 7-382B
xīntǔ 心土 7-370A
xìntú 信徒 1-1420A
xìntuō 信托 1-1417A
xīnú 奚奴 2-1544A
xīnú 傒奴 1-1604A
xīnú 錫奴 11-1323B
xīnǔ 犀弩 4-49B
xīnǔ 犀弩 6-283B
xīnǔ 溪弩 6-23B
xīnù 息怒 7-502B
xǐnuò 葸懦 9-471B
xǐnùwúcháng 喜怒無常 3-403B
xīnǚ 奚女 2-1544A
xīnǚ 息女 7-501B
xínǚ 覡女 10-338B
xīnwáng 心王 7-370B
xīnwǎng 心往 7-377B
xīnwàng 忻望 7-433B
xìnwàng 信望 1-1421A
xīnwǎngshénchí 心往神馳 7-377B
xīnwéi 心違 7-386B
xīnwèi 忻慰 7-434A
xīnwèi 欣慰 6-1440A
xìnwěi 信委 1-1418B
xīnwén 新文 6-1066B
xīnwén 新聞 6-1078A
xīnwěn 心穩 7-393B
xìnwèn 信問 1-1421A
xīnwéngōngbào 新聞公報 6-1078A
xīnwénguǎn 新聞館 6-1078B
xìnwénhǎnmàn 璺聞罕漫 8-1305B
xìnwénhǎnmàn 釁聞罕漫 2-761A
xīnwénhuà 新文化 6-1066B
xīnwénhuàyùndòng 新文化運動 6-1066B
xīnwénjìzhě 新聞記者 6-1078A
xīnwénpiān 新聞篇 6-1078B
xīnwénrénwù 新聞人物 6-1078A
xīnwénshè 新聞社 6-1078A
xīnwénxué 新文學 6-1067A
xīnwényì 新文藝 6-1067A
xīnwénzhǐ 新聞紙 6-1078B
xīnwénzì 新文字 6-1067A
xīnwō 心窩 7-389B
xīnwò 新渥 6-1076A
xīnwú 新吾 6-1068B

xīnwǔ 忻舞 7-434A
xīnwù 新物 6-1070A
xìnwù 信物 1-1418B
xīnwú'èryòng 心無二用 7-385B
xīnxī 心息 7-381B
xīnxī 心犀 7-386B
xīnxī 昕夕 5-594B
xīnxī 新息 6-1073B
xīnxī 新曦 6-1082A
xīnxī 歆唏 6-1462B
xīnxí 新習 6-1075B
xīnxǐ 欣喜 6-1439B
xīnxǐ 新禧 6-1080B
xīnxì 心繫 7-393B
xīnxì 心細 7-384B
xìnxī 信息 1-1420A
xìnxǐ 信璽 1-1423B
xìnxì 焮艷 7-93A
xìnxì 釁隟 8-1305B
xìnxì 釁隙 2-760B
xìnxì 釁隟 2-761A
xìnxì 釁鬩 2-761B
xīnxià 心下 7-370A
xìnxià 釁罅 8-1305B
xīnxian 新鮮 6-1080B
xīnxiān 心忺 7-376A
xīnxián 心弦 7-379A
xīnxián 心銜 7-390A
xīnxián 新閑 6-1076A
xīnxián 新銜 6-1077B
xīnxiàn 忻羡 7-433B
xīnxiàn 欣羡 6-1439B
xīnxiàn 歆羡 6-1462B
xīnxiānbèi 新先輩 6-1068B
xīnxiāng 心香 7-379B
xīnxiāng 馨香 12-443A
xīnxiáng 心降 7-379A
xīnxiǎng 心想 7-387A
xīnxiǎng 歆享 6-1462B
xīnxiǎng 歆饗 6-1463A
xīnxiǎng 薪餉 9-571A
xīnxiàng 心相 7-379A
xīnxiàng 心象 7-384A
xīnxiàng 歆向 6-1462A
xìnxiāng 信香 1-1419A
xìnxiāng 信箱 1-1423A
xìnxiàng 信鄉 1-1421A
xìnxiàng 信嚮 1-1423B
xìnxiàng 信響 1-1423B
xìnxiàng 信向 1-1417B
xīnxiāngdǎozhù 馨香禱祝 12-443B
xīnxiāngwǎngzhī 心鄉往之 7-384B
xīnxiàngwǎngzhī 心向往之 7-374B
xīnxianjìn'er 新鮮勁兒 6-1081A
xīnxianxuèyè 新鮮血液 6-1081A
xīnxiāo 昕宵 5-594B
xīnxiào 欣笑 6-1439A
xìnxiào 信効 1-1419A
xìnxiào 信效 1-1420A
xīnxié 心邪 7-373B
xīnxié 心脅 7-382B
xīnxié 心斜 7-384A
xīnxífù 新媳婦 6-1077B
xìnxīlùn 信息論 1-1420A
xīnxīn 心心 7-371B
xīnxīn 忻忻 7-433B
xīnxīn 辛心 11-478B
xīnxīn 昕昕 5-594B
xīnxīn 欣忻 6-1438B
xīnxīn 欣欣 6-1439A
xīnxīn 訢訢 11-76A
xīnxīn 新新 6-1077A
xīnxīn 歆歆 6-1462B
xīnxīn 歆馨 6-1463A
xīnxīn 炘炘 7-37A
xǐnxǐn 噺噺 3-530A
xǐnxǐn 伈伈 1-1215B
xìnxīn 信心 1-1416B
xìnxìn 信信 1-1419B
xìnxìn 憖憖 7-721A
xīnxīng 心星 7-379A
xīnxīng 新星 6-1071B
xīnxīng 新興 6-1080A
xīnxíng 心行 7-374B
xīnxíng 心形 7-375A
xīnxíng 新型 6-1071A
xīnxíng 新硎 6-1074B
xīnxìng 心興 7-392B
xīnxìng 心性 7-378B
xīnxìng 忻幸 7-433B
xīnxìng 欣幸 6-1438B
xīnxìng 新興 6-1080A
xìnxīng 信星 1-1419A
xìnxíng 信行 1-1418A
xìnxìng 信幸 1-1418A
xīnxíngchūshì 新硎初試 6-1074B
xīnxìngzhīxué 心性之學 7-378B
xīnxīnniànniàn 心心念念 7-371B
xīnxīnrán 欣欣然 6-1439A
xīnxīnxiàngróng 欣欣向榮 6-1439A
xīnxīnxiāngyìn 心心相印 7-371B
xīnxīnxīxī 欣欣熙熙 6-1439A
xīnxīnzìdé 欣欣自得 6-1439A
xīnxiōng 心胸 7-381B
xīnxióngwànfū 心雄萬夫 7-385B
xīnxìrúfà 心細如髮 7-384B
xīnxǐruòkuáng 欣喜若狂 6-1439B
xīnxiū 心休 7-374A
xīnxiù 心宿 7-384B
xīnxiù 新秀 6-1069A
xīnxiù 歆嗅 6-1462B
xīnxìyúfà 心細於髮 7-484B
xīnxū 心虛 7-383A
xīnxǔ 心許 7-384A
xīnxù 心緒 7-391A
xīnxù 新婿 6-1076A
xīnxué 心學 7-392B
xīnxué 新學 6-1080A
xīnxuě 新雪 6-1074B
xīnxuè 心血 7-374A
xīnxuéjiā 新學家 6-1080B
xīnxuèláicháo 心血來潮 7-374A
xīnxùrúmá 心緒如麻 7-391A
xīnyá 心芽 7-375B
xīnyámén 新衙門 6-1077A
xīnyān 新煙 6-1077B
xīnyán 心顏 7-393B
xīnyǎn 心眼 7-383A
xīnyàn 心豔 7-395A
xīnyàn 忻艷 7-434A
xīnyàn 欣厭 6-1440A
xīnyàn 欣豔 6-1441A
xīnyàn 新燕 6-1079B
xīnyàn 新豔 6-1082B
xīnyàn 歆艷 6-1463A
xīnyàn 歆豔 6-1463A
xìnyán 信言 1-1418A
xìnyàn 信驗 1-1424A
xìnyàn 信讞 1-1424A
xīnyāng 新秧 6-1073B
xīnyáng 辛陽 11-479B
xīnyáng 新陽 6-1075A
xīnyǎng 心癢 7-394A
xīnyǎng 欣仰 6-1438B
xīnyàng 心恙 7-382B
xīnyàng 新樣 6-1078B
xìnyǎng 信仰 1-1417B
xīnyàng'erde 新樣兒的 6-1078B
xīnyáo 新謠 6-1081A
xīnyào 心要 7-379A
xīnyào 心藥 7-393A
xīnyào 新藥 6-1081A
xīnyè 昕謁 5-594B
xīnyí 心儀 7-392A
xīnyí 辛夷 11-478B
xīnyí 欣怡 6-1439A
xīnyí 新夷 6-1068A
xīnyì 心唈 7-381A
xīnyì 心意 7-389A
xīnyì 心義 7-389A
xīnyì 心億 7-392A
xīnyì 心臆 7-393A
xīnyì 忻懌 7-434A
xīnyì 辛勩 11-480A
xīnyì 欣懌 6-1440B
xīnyì 新異 6-1074B
xīnyì 新意 6-1077A
xīnyì 新義 6-1077A
xīnyì 新譯 6-1082A
xīnyì 馨逸 12-443B
xìnyī 信衣 1-1418A
xìnyì 信意 1-1422B
xìnyì 信義 1-1422B
xīnyíchē 辛夷車 11-479A
xīnyīn 心音 7-380B
xīnyīn 新音 6-1072A
xīnyīn 新陰 6-1074A
xīnyín 歆淫 6-1462B
xīnyǐn 辛尹 11-478B
xīnyìn 心印 7-372B
xìnyīn 信音 1-1419B
xìnyìn 信印 1-1417A
xīnyīng 新英 6-1069B
xīnyīng 新鶯 6-1082B
xīnyīng 新鷹 6-1082B
xīnyǐng 心影 7-391B
xīnyǐng 新穎 6-1080B
xīnyìng 心硬 7-385A
xīnyìqiúxīn 新益求新 6-1073B
xīnyìrìxiū 心逸日休 7-384A
xīnyíshénkuàng 心怡神曠 7-378B
xīnyíwù 辛夷塢 11-479A
xīnyōng 心慵 7-391A
xīnyǒng 新咏 6-1070A
xīnyǒng 新勇 6-1072B
xīnyǒng 新詠 6-1076A
xīnyòng 心用 7-372B
xìnyǒng 釁勇 2-760A
xìnyòng 信用 1-1417A
xìnyònghézuòshè 信用合作社 1-1417A
xìnyòngshè 信用社 1-1417A
xīnyōngyìlǎn 心慵意懶 7-391A
xīnyóu 新猷 6-1077A
xīnyóu 薪楢 9-571A
xīnyǒu 心友 7-371A
xīnyǒu 薪槱 9-571B
xìnyǒu 信友 1-1416A
xīnyǒulíngxīyīdiǎntōng 心有靈犀一點通 7-373A
xīnyǒuyú'érlìbùzú 心有餘而力不足 7-373A
xīnyǒuyújì 心有餘悸 7-373A
xīnyū 廞淤 3-1279B
xīnyú 忻愉 7-433B
xīnyú 欣愉 6-1439B
xīnyǔ 心與 7-387B
xīnyǔ 新雨 6-1069B
xīnyǔ 新語 6-1078A
xīnyù 忻豫 7-434A
xīnyù 欣豫 6-1440B
xìnyù 信遇 1-1421A
xìnyù 信譽 1-1423B
xìnyù 釁浴 2-760B
xīnyuán 心員 7-381A
xīnyuán 心源 7-389B
xīnyuán 心猿 7-388B
xīnyuán 辛垣 11-479B
xīnyuán 新元 6-1066A
xīnyuán 新垣 6-1071A
xīnyuǎn 心遠 7-387A
xīnyuàn 心願 7-393B
xīnyuàn 欣願 6-1440B
xīnyuányìmǎ 心猿意馬

7-388B
xīnyuè 心月 7-371B
xīnyuè 忻悦 7-433B
xīnyuè 忻躍 7-434A
xīnyuè 欣説 6-1440A
xīnyuè 欣悦 6-1439A
xīnyuè 欣躍 6-1440B
xīnyuè 新樂 6-1079B
xīnyuè 新月 6-1066B
xìnyuē 信約 1-1419B
xìnyuè 信悦 1-1420B
xìnyuè 信越 1-1421A
xīnyuèchéngfú 心悦誠服 7-382B
xīnyuèfǔ 新樂府 6-1079B
xīnyuèshényí 心悦神怡 7-382B
xīnyún 新筠 6-1076B
xīnyǔn 心允 7-372A
xīnyùn 新醖 6-1079B
xīnyǔndǎnluò 心殞膽落 7-390A
xīnyǔndǎnpò 心殞膽破 7-390A
xīnzàiwèiquè 心在魏闕 7-373A
xīnzàn 欣讚 6-1440B
xīnzàng 心臟 7-394B
xīnzào 心造 7-381B
xīnzào 新造 6-1073A
xìnzhá 信札 1-1416B
xīnzhāi 心齋 7-393A
xīnzhǎi 心窄 7-382B
xīnzhàn 心戰 7-392B
xìnzhàng 信仗 1-1416B
xìnzhàng 信杖 1-1418A
xīnzhānwèiquè 心瞻魏闕 7-393B
xīnzhǎnzhǎn 新嶄嶄 6-1077B
xīnzhāo 心招 7-376B
xīnzhào 心照 7-387B
xìnzhào 釁兆 2-760A
xīnzhàobùxuān 心照不宣 7-387B
xīnzhàoqíngjiāo 心照情交 7-387B
xīnzhàoshénjiāo 心照神交 7-387B
xīnzhé 心折 7-375B
xīnzhèn 心陣 7-381A
xìnzhēn 信真 1-1420A
xīnzhēng 新正 6-1067A
xīnzhēng 薪蒸 9-571A
xīnzhěng 新整 6-1079B
xīnzhèng 心正 7-372A
xīnzhèng 心證 7-394A
xīnzhèng 新政 6-1071A
xīnzhī 心知 7-377B
xīnzhī 新知 6-1070A
xīnzhí 新職 6-1081A
xīnzhǐ 新址 6-1068B
xīnzhǐ 歆止 6-1462A
xīnzhì 心知 7-377B
xīnzhì 心志 7-375B
xīnzhì 心制 7-377B
xīnzhì 心治 7-378B
xīnzhì 心智 7-385B
xīnzhì 心質 7-392A
xīnzhì 新制 6-1070A
xīnzhì 新雉 6-1076B
xīnzhì 新製 6-1077B
xìnzhī 信知 1-1418B
xìnzhǐ 信紙 1-1420B
xīnzhībǐgēng 心織筆耕 7-393B
xīnzhíkǒukuài 心直口快 7-377A
xīnzhízuǐkuài 心直嘴快 7-377A
xīnzhōng 心忪 7-376A
xīnzhōng 心中 7-371A
xīnzhòng 心重 7-379B
xìnzhōng 釁鍾 2-761A
xìnzhōng 釁鐘 2-761B
xìnzhǒng 焮腫 7-93A
xìnzhòng 信重 1-1419A
xīnzhōngyǒushù 心中有數 7-371A
xīnzhòu 心咒 7-377B
xīnzhū 心珠 7-381A
xīnzhú 新築 6-1080A
xìnzhǔ 釁主 2-760A
xīnzhuān 心專 7-382B
xīnzhuāng 新妝 6-1069A
xīnzhuāng 新粧 6-1076A
xīnzhuāng 新裝 6-1077B
xīnzhuōkǒubèn 心拙口夯 7-376B
xīnzi 心子 7-370B
xīnzī 辛貲 11-480A
xīnzī 薪資 9-571A
xīnzì 心字 7-374B
xìnzi 芯子 9-315B
xìnzi 信子 1-1415B
xìnzi 顖子 12-290B
xīnzǐmèi 新姊妹 6-1069B
xīnzìxiāng 心字香 7-374B
xīnzōng 心宗 7-378B
xìnzú 信足 1-1418A
xīnzuì 心醉 7-391B
xìnzuǐ 信嘴 1-1423B
xīnzuìhúnmí 心醉魂迷 7-391B
xīnzuìshénmí 心醉神迷 7-391B
xīnzuò 新作 6-1069A
xiōng’ǎi 匈溘 2-188A
xiōng’àn 凶闇 2-470A
xiōng’ào 凶驁 2-470B
xióng’ào 雄奥 11-815A
xióng’ào 雄驁 11-818B
xióngbá 雄拔 11-811A
xióngbà 雄霸 11-818B
xióngbà 雄伯 11-810B
xiōngbài 凶拜 2-465A
xiōngbài 凶敗 2-466B
xióngbái 雄白 11-809B
xióngbái 熊白 7-225B
xiōngbào 凶暴 2-469A
xiōngbào 凶虣 2-469B
xiōngbào 兇暴 2-251A
xiōngbào 胸抱 6-1252A
xióngbāo 熊包 7-225B
xióngbào 熊豹 7-226B
xiòngbào 詗報 11-104B
xiōngbèi 凶悖 2-466A
xiōngbèi 兇悖 2-250A
xiōngbèi 胸背 6-1252A
xióngbèi 熊背 7-226A
xiōngbì 凶愎 2-467B
xiōngbì 凶詖 2-467B
xiōngbì 胸痹 6-1253A
xióngbǐ 雄筆 11-815A
xiōngbiàn 凶辯 2-470B
xiōngbiàn 凶變 2-470B
xióngbiān 雄邊 11-818A
xióngbiàn 雄辯 11-818B
xióngbiànshè 雄辯社 11-818B
xiōngbiāo 凶飆 2-470B
xióngbiāo 雄標 11-817A
xiòngbié 敻别 3-1206A
xiōngbīng 凶兵 2-463B
xióngbīng 雄兵 11-810B
xiōngbó 凶勃 2-465A
xiōngbó 胸膊 6-1253A
xióngbó 雄伯 11-810B
xióngbó 雄博 11-815A
xiōngbù 洶怖 5-1173B
xióngbù 雄步 11-810A
xiōngcāi 凶猜 2-466B
xióngcāi 雄猜 11-814A
xióngcái 雄才 11-809A
xióngcái 雄材 11-810A
xióngcáidàlüè 雄才大略 11-809A
xióngcáidàlüè 雄材大略 11-810A
xiōngcán 凶殘 2-467B
xiōngcán 兇殘 2-250B
xiōngcǎn 凶慘 2-468B
xiōngcǎn 兇慘 2-251A
xiōngcáng 胸藏 6-1253A
xióngcāng 雄蒼 11-816A
xiōngchá 胸察 6-1253A
xiòngchá 詗察 11-104B
xiòngchá 詗察 11-230A
xióngcháng 雄常 11-814A
xióngchàngcíhè 雄唱雌和 11-814A
xióngchē 熊車 7-225B
xiōngchèn 凶讖 2-471A
xióngchén 雄臣 11-810A
xióngchéng 雄城 11-811B
xiōngchǐ 凶侈 2-464A
xiōngchì 凶熾 2-469B
xióngchī 熊螭 7-227B
xióngchǐ 雄侈 11-811A
xiōngchǒu 凶醜 2-469B
xiōngchǒu 兇醜 2-251A
xióngchù 雄處 11-814A
xiōngcì 胸次 6-1251B
xióngcí 雄詞 11-815B
xióngcí 雄雌 11-816B
xióngcí 雄辭 11-818B
xiòngcì 詗刺 11-104A
xiòngcì 詗伺 11-104A
xiōngcuī 凶衰 2-466A
xiōngdā 胸褡 6-1253A
xióngdà 雄大 11-809A
xiōngdài 胸帶 6-1252A
xiōngdǎn 胸膽 6-1253B
xióngdǎn 雄膽 11-817B
xióngdǎn 熊膽 7-228A
xióngdàn 雄誕 11-816A
xiōngdǎng 凶黨 2-470B
xióngdàng 雄宕 11-811B
xiōngdao 凶刀 2-462B
xiōngdé 凶德 2-469A
xiōngdì 凶地 2-463A
xiōngdì 兄弟 2-222B
xiòngdié 詗諜 11-104B
xiōngdìxìqiáng 兄弟鬩牆 2-223A
xiōngdìyíyí 兄弟怡怡 2-223A
xiōngdòng 洶動 5-1174A
xiōngdòng 訩動 11-76B
xiōngdú 凶毒 2-464B
xiōngdú 兇毒 2-249B
xiōngdù 凶度 2-465B
xiōngdù 凶蠹 2-470B
xiōngdù 胸度 6-1252A
xióngdū 雄都 11-812B
xiōngduǎn 凶短 2-467B
xióngduàn 雄斷 11-818A
xiōngduǎnzhé 凶短折 2-467B
xiōngduōjíshǎo 兇多吉少 2-249A
xiōng’é 凶訛 2-466B
xiōng’è 凶惡 2-467A
xiōng’è 凶阨 2-463B
xiōng’è 凶餓 2-469B
xiōng’è 兇惡 2-250B
xiōng’è 洶惡 5-1174A
xióng’ér 雄兒 11-811A
xióng’ěr 熊耳 7-225B
xióng’ěrbēi 熊耳杯 7-225B
xióng’ěrbīng 熊耳兵 7-225B
xiōngfá 凶罰 2-468B
xióngfà 雄髮 11-817A
xiōngfàn 兇犯 2-249A
xióngfān 雄藩 11-818A
xióngfān 熊幡 7-227B
xióngfān 熊轓 7-228A
xióngfán 雄繁 11-817B
xióngfán 熊膰 7-228A
xióngfán 熊蹯 7-228A
xióngfán 熊蹞 7-228B
xiōngfàng 凶放 2-464B
xióngfāng 雄方 11-809B
xióngfáng 熊肪 7-226A
xióngfàng 雄放 11-811B
xiōngfèi 凶費 2-468A
xióngfēi 雄飛 11-812B

xióngfēi 熊飛 7-226B
xiōngféidìshòu 兄肥弟瘦 2-223A
xiōngfēn 凶氛 2-464A
xióngfēn 雄分 11-809A
xióngfèn 雄奮 11-817B
xiōngfēng 凶鋒 2-469A
xiōngfēng 凶豐 2-470A
xiōngfēng 兇風 2-249B
xióngfēng 雄風 11-812A
xióngfēng 熊蜂 7-227A
xiōngfú 凶服 2-464A
xiōngfǔ 胸府 6-1252A
xiōngfù 凶訃 2-465B
xiōngfù 胸腹 6-1252B
xióngfū 雄夫 11-809A
xióngfú 雄服 11-811B
xióngfù 雄父 11-809A
xióngfù 雄富 11-815B
xiōnggān 胸肝 6-1252A
xiónggǎn 雄敢 11-814B
xiónggāng 雄剛 11-813A
xiónggāo 雄高 11-813B
xiōnggé 胸鬲 6-1252A
xiōnggé 胸膈 6-1253A
xiònggé 敻隔 3-1206A
xiónggěng 雄耿 11-812B
xiōnggōng 凶功 2-463A
xiōnggōng 兄公 2-222A
xiōnggǔ 胸骨 6-1252A
xiónggǔ 雄古 11-809B
xiónggù 雄固 11-811A
xiònggǔ 敻古 3-1205B
xiōngguài 凶怪 2-464B
xióngguān 雄關 11-818B
xióngguān 雄觀 11-819A
xióngguǎn 熊館 7-227B
xióngguàn 雄觀 11-819A
xiōngguāng 兇光 2-249A
xiōngguǎng 凶獷 2-470A
xiōngguǎng 兇獷 2-251B
xiōngguī 凶歸 2-470A
xiōngguǐ 凶宄 2-463A
xiōngguǐ 凶軌 2-465A
xiōngguǐ 凶詭 2-468B
xióngguī 雄規 11-813B
xióngguǐ 雄鬼 11-812A
xióngguǐ 雄詭 11-816A
xióngguì 雄貴 11-815A
xiōngguǒ 凶果 2-464A
xióngguó 雄國 11-814A
xióngguǒ 雄果 11-811A
xiōnghài 凶害 2-466B
xiōnghài 恟駭 7-527A
xiōnghàn 凶旱 2-463B
xiōnghàn 凶悍 2-466A
xiōnghàn 兇悍 2-250A
xiōnghàn 殈悍 5-155A
xiónghàn 雄悍 11-813B
xiōngháo 凶豪 2-468B
xiōnghào 凶耗 2-466A
xióngháo 雄豪 11-816B
xiōnghè 洶赫 5-1174B
xiōnghěn 凶很 2-465B
xiōnghěn 兇狠 2-249B
xiōnghéng 匈横 2-188A
xiōnghèng 凶横 2-469A
xiōnghèng 兇横 2-251A
xiónghèng 雄横 11-817A
xiōnghěnhěn 兇狠狠 2-249B
xiōnghènhèn 兇恨恨 2-250A
xiónghóng 雄紅 11-812B
xiónghóng 雄虹 11-812A
xiōnghòu 凶候 2-466A
xiónghóu 熊侯 7-226A
xiónghòu 雄厚 11-811B
xiònghòu 詗候 11-104A
xiónghú 雄狐 11-811B
xiónghǔ 雄虓 11-814A
xiónghǔ 熊虎 7-226A
xiōnghuá 凶猾 2-467B
xiōnghuá 兇猾 2-250B
xiónghuá 雄華 11-812B
xiōnghuái 胸懷 6-1254A
xiōnghuàn 凶患 2-466B
xiónghuán 熊環 7-228A
xiōnghuāng 凶荒 2-465A
xiōnghuáng 洶惶 5-1174A
xiónghuáng 雄黄 11-813B
xiónghuángjiǔ 雄黄酒 11-813B
xiōnghuí 凶回 2-463A
xiōnghuì 凶諱 2-469B
xiōnghuì 凶穢 2-470A
xiónghuī 雄恢 11-812B
xiónghuǐ 雄虺 11-812A
xiónghuǐ 熊虺 7-226A
xiónghújiàn 雄鵠箭 11-818B
xiónghǔjiàng 熊虎將 7-226A
xiōnghūn 凶昏 2-464B
xiōnghún 魎魂 12-472B
xiónghún 雄渾 11-815B
xiōnghuò 凶禍 2-467B
xiónghǔshì 熊虎士 7-226A
xiōngjī 凶飢 2-466A
xiōngjī 凶饑 2-470B
xiōngjí 凶急 2-465B
xiōngjí 洶急 5-1173B
xiōngjì 凶迹 2-465B
xiōngjì 凶祭 2-466B
xióngjǐ 雄戟 11-815A
xiōngjiān 凶姦 2-466A
xiōngjiān 凶殲 2-470B
xiōngjiǎn 凶儉 2-469A
xiōngjiàn 凶僭 2-468B
xióngjiàn 雄健 11-813A
xióngjiàn 雄劍 11-817A
xióngjiàn 雄劒 11-817B
xióngjiàn 雄鑑 11-819A
xióngjiàng 雄將 11-814B
xiōngjiāo 凶驕 2-470B
xiōngjiāo 兇驕 2-251B
xiōngjiǎo 凶狡 2-465B
xiōngjiǎo 兇狡 2-249B
xióngjiǎo 雄狡 11-812A
xiōngjié 凶桀 2-466A
xióngjié 雄杰 11-811A
xióngjié 雄桀 11-813B
xióngjié 雄捷 11-813B
xióngjié 雄傑 11-815A
xióngjié 雄節 11-816A
xiōngjīn 凶矜 2-466A
xiōngjīn 胸衿 6-1252A
xiōngjīn 胸襟 6-1253B
xiōngjǐn 凶饉 2-470A
xiōngjìn 凶祲 2-467A
xióngjǐn 雄緊 11-816A
xiōngjìng 胸境 6-1253A
xióngjīng 雄精 11-817A
xióngjīng 熊經 7-227A
xióngjìng 雄勁 11-812A
xióngjīngchīgù 熊經鴟顧 7-227B
xióngjīngniǎoshēn 熊經鳥申 7-227A
xióngjīngniǎoshēn 熊經鳥伸 7-227A
xióngjīngniǎoyè 熊經鳥曳 7-227A
xióngjīngniǎoyǐn 熊經鳥引 7-227A
xiōngjiǔ 兇酒 2-250A
xiōngjiù 凶咎 2-464B
xiōngjiù 凶疚 2-464B
xióngjiū 雄鳩 11-816A
xióngjiūjiū 雄糾糾 11-811B
xióngjiūjiū 雄赳赳 11-811B
xióngjīyèmíng 雄雞夜鳴 11-818A
xióngjīzìduànwěi 雄雞自斷尾 11-818A
xiōngjù 凶具 2-464A
xiōngjù 凶懼 2-470B
xiōngjù 兇懼 2-251B
xiōngjù 匈懼 2-188A
xiōngjù 恟懼 7-434A
xiōngjù 恟懼 7-527A
xiōngjù 洶懼 5-1174B
xiōngjù 訩懼 11-77A
xióngjù 雄句 11-809B
xióngjù 雄岠 11-810A
xióngjù 雄劇 11-817A
xióngjù 雄踞 11-817A
xióngjù 雄據 11-817B
xióngjué 雄決 11-810B
xiòngjué 敻絶 3-1206A
xióngjùhǔzhì 熊據虎跱 7-227B
xióngjūn 雄軍 11-812B
xióngjūn 熊軍 7-226B
xióngjùn 雄雋 11-815A
xióngjùn 雄俊 11-812A
xióngjùn 雄郡 11-812B
xióngjùn 雄峻 11-813A
xióngjùn 雄儁 11-816B
xióngjùn 雄駿 11-817B
xiōngkǎn 胸坎 6-1252A
xiōngkē 匈磕 2-188A
xiōngkǒu 胸口 6-1251A
xiōngkòu 凶寇 2-467A
xiōngkù 凶酷 2-468B
xióngkuā 雄夸 11-810A
xióngkuā 雄誇 11-816A
xióngkuà 雄跨 11-816A
xióngkuài 雄快 11-810B
xiōngkuáng 凶狂 2-463B
xiōngkuáng 兇狂 2-249B
xióngkuàng 雄曠 11-818A
xiōngkuí 兇魁 2-250B
xiōngkuì 洶潰 5-1174B
xióngkuí 雄魁 11-816A
xiōngkùn 凶困 2-463B
xiōngkuò 胸廓 6-1252B
xióngkuò 雄闊 11-818A
xióngláng 熊狼 7-226B
xiōnglèi 凶類 2-470B
xiōngléi 雄雷 11-816A
xiōngléng 雄稜 11-816A
xiōnglǐ 凶禮 2-470A
xiōnglì 凶力 2-462B
xiōnglì 凶戾 2-464B
xiōnglì 凶厲 2-468B
xiōnglì 兇戾 2-249B
xiónglì 雄厲 11-816B
xiónglì 雄麗 11-818A
xióngliáng 雄梁 11-814B
xióngliáo 熊僚 7-227B
xiòngliáo 敻寥 3-1206B
xiónglìè 雄劣 11-810A
xiónglìè 雄烈 11-813A
xiōnglítǔqiū 凶犂土丘 2-467B
xiōngluàn 凶亂 2-468A
xiōngluó 胸羅 6-1254A
xiòngluó 詗邏 11-104B
xiónglüè 雄略 11-814A
xióngmài 雄邁 11-817A
xiōngmán 兇蠻 2-251B
xiōngmǎn 胸滿 6-1253A
xiōngmàn 凶嫚 2-469A
xiōngmàn 凶慢 2-468B
xiōngmáng 洶茫 5-1173B
xióngmáng 雄芒 11-809B
xióngmáng 雄鋩 11-816B
xióngmǎng 雄莽 11-812B
xióngmāo 熊貓 7-227B
xiōngmèi 凶昧 2-465A
xióngměi 雄美 11-812B
xiōngmén 凶門 2-464B
xiōngměng 兇猛 2-250A
xiōngměng 洶猛 5-1174A
xiōngmèng 凶夢 2-468A
xióngměng 雄猛 11-814B
xióngmèng 熊夢 7-227A
xiōngmín 凶民 2-463A
xiōngmǐn 凶閔 2-468A
xiōngmíng 凶名 2-463B
xiōngmìng 凶命 2-464A
xióngmíng 雄名 11-810A
xiòngmíng 敻明 3-1206A
xiōngmó 胸膜 6-1253A
xióngmó 雄謨 11-818A
xiōngmóu 凶謀 2-469B
xiōngmóu 兇謀 2-251A
xióngmóu 雄謀 11-817B
xiōngmóyán 胸膜炎 6-1253A

xióngmù 雄目 11-809B
xióngmǔjiàn 雄牡箭 11-810A
xióngná 雄拏 11-813B
xiōngnàn 凶難 2-470A
xiōngnáo 哅呶 3-233A
xiōngnáo 洶呶 5-1173B
xiōngnì 凶逆 2-465B
xiōngnì 兇逆 2-249B
xiōngnián 凶年 2-463A
xiōngniánjīsuì 凶年饑歲 2-463A
xiōngniè 凶孽 2-470A
xiōngniè 兇孽 2-251B
xiōngnú 匈奴 2-188A
xiōngnù 凶怒 2-466A
xiōngnù 洶怒 5-1173B
xiōngnüè 凶虐 2-465A
xiōngnüè 兇虐 2-249B
xiōngnüè 殈瘧 5-155A
xiōng'ōu 兇毆 2-251A
xióngpán 雄盤 11-817B
xióngpí 熊貔 7-228A
xióngpí 熊羆 7-228A
xióngpiān 雄篇 11-817A
xiōngpiào 凶慓 2-468B
xiōngpìn 凶牝 2-463A
xiōngpō 凶潑 2-469B
xiòngpò 詗破 11-104A
xiōngpú 胸脯 6-1252A
xiōngqì 凶氣 2-466A
xiōngqì 凶器 2-469B
xiōngqì 兇氣 2-250A
xiōngqì 兇器 2-251A
xiōngqì 殈氣 5-155A
xióngqí 雄奇 11-811A
xióngqí 熊旂 7-226B
xióngqí 熊旗 7-227B
xióngqí 熊騎 7-228A
xióngqǐ 雄起 11-812B
xiōngqiān 凶慊 2-468B
xiōngqiàn 凶歉 2-468B
xiōngqiāng 胸腔 6-1252B
xiōngqiáng 凶强 2-468A
xiōngqiáng 兇强 2-250B
xiōngqiáng 胸牆 6-1253B
xióngqiáng 雄彊 11-817B
xióngqiáng 雄强 11-815B
xiōngqíng 胸情 6-1252A
xióngqíng 雄情 11-814B
xiōngqióng 芎藭 9-280B
xiōngqú 凶渠 2-466B
xiōngqú 兇渠 2-250B
xióngqú 熊渠 7-226B
xiōngquán 凶權 2-470B
xióngquán 雄權 11-818B
xióngqúzǐ 熊渠子 7-226B
xiōngrán 洶然 5-1174A
xiòngrán 敻然 3-1206A
xiōngráng 凶穰 2-470B
xiōngrǎo 洶擾 5-1174B
xiōngrén 凶人 2-462B
xiōngrén 兇人 2-248B
xiōngrěn 凶忍 2-464A
xiōngrěn 匈忍 2-188A
xiōngrèn 兇刃 2-249A
xióngrén 雄人 11-809A
xiòngrén 詗人 11-104A
xiōngrì 兇日 2-249A
xiōngróng 洶溶 5-1174B
xióngrú 雄儒 11-817B
xiōngruì 凶銳 2-469B
xiōngsāng 凶喪 2-467B
xiōngsǎo 兄嫂 2-223A
xiōngshā 兇殺 2-250A
xiōngshà 凶煞 2-468A
xiōngshà 兇煞 2-250B
xiōngshā'àn 兇殺案 2-250A
xióngshàn 雄擅 11-817B
xióngshàn 雄贍 11-818B
xiòngshān 詗扇 11-104A
xiōngshàshà 兇煞煞 2-250B
xiōngshē 凶奢 2-466B
xióngshé 熊蛇 7-226B
xiōngshēn 凶身 2-463B
xiōngshēn 兇身 2-249B
xiōngshén 凶神 2-465B
xióngshēn 雄深 11-814B
xiōngshén'èshà 凶神惡煞 2-465B
xiōngshén'èshà 兇神惡煞 2-250A
xiōngshēng 凶聲 2-470A
xiōngshēng 兇聲 2-251A
xióngshēng 雄聲 11-817B
xióngshèng 雄盛 11-813B
xióngshèng 雄勝 11-815A
xióngshēnyǎjiàn 雄深雅健 11-814B
xiōngshì 凶事 2-464A
xiōngshì 凶飾 2-468A
xióngshī 雄師 11-813A
xióngshī 雄詩 11-816A
xióngshǐ 雄駛 11-817A
xióngshì 雄士 11-809A
xióngshì 雄視 11-814B
xióngshì 雄勢 11-815B
xióngshì 熊軾 7-227A
xiòngshì 詗事 11-104A
xióngshìfān 熊軾轓 7-227A
xiōngshǒu 凶手 2-462B
xiōngshǒu 兇手 2-249A
xiōngshǒu 兇首 2-249B
xióngshǒufān 熊首轓 7-226B
xiōngshū 凶疎 2-468A
xiōngshū 凶疏 2-468A
xiōngshù 凶豎 2-469A
xiōngshù 兇豎 2-251A
xióngshuài 雄率 11-814B
xióngshuǎng 雄爽 11-813B
xiōngshuǐ 凶水 2-462B
xiōngsǐ 兇死 2-249A
xiōngsì 凶嗣 2-468A
xiōngsì 凶肆 2-468A
xióngsì 雄肆 11-815B
xiōngsīzhuàng 胸廝撞 6-1253A
xióngsuàn 雄算 11-816B
xiōngsuì 凶歲 2-468A
xiōngsuì 兇歲 2-250B
xiōngtái 兄台 2-222B
xiōngtān 凶貪 2-466B
xióngtán 雄談 11-817B
xiòngtàn 詗探 11-104A
xiōngtáng 胸膛 6-1253A
xióngtáo 雄陶 11-813B
xióngtāobàolüè 熊韜豹略 7-228A
xiōngtè 凶忒 2-463B
xiōngtè 凶慝 2-468B
xiōngtè 兇慝 2-250B
xióngtè 雄特 11-813A
xiōngtì 恟惕 7-434A
xiōngtú 凶徒 2-466A
xiōngtú 凶屠 2-467A
xiōngtú 凶圖 2-468B
xiōngtú 兇徒 2-250A
xiōngtǔ 凶土 2-462B
xióngtú 雄圖 11-816B
xióngtūn 雄吞 11-810A
xióngtuò 雄拓 11-811A
xiōngwán 凶頑 2-468A
xiōngwán 兇頑 2-250B
xióngwán 雄完 11-810B
xióngwán 熊丸 7-225B
xiōngwàng 凶妄 2-463B
xióngwàng 雄王 11-809A
xióngwàng 雄望 11-814B
xiōngwēi 凶危 2-463B
xiōngwēi 凶威 2-465A
xiōngwēi 兇威 2-249B
xiōngwěi 凶僞 2-468B
xióngwēi 雄威 11-811B
xióngwēi 雄巍 11-818B
xióngwēi 熊威 7-226A
xióngwěi 雄偉 11-814A
xióngwèi 雄蔚 11-816A
xiōngwén 凶聞 2-469A
xiōngwèn 凶問 2-467A
xióngwén 雄文 11-809B
xiòngwèn 詗問 11-104B
xióngwéndàshǒu 雄文大手 11-809B
xiōngwù 凶物 2-464A
xióngwǔ 雄武 11-810B
xióngwǔ 熊武 7-226A
xiōngwúchéngfǔ 胸無城府 6-1252B
xiōngwúchéngzhú 胸無成竹 6-1252B
xiōngwúdiǎnmò 胸無點墨 6-1252B
xiōngwúsùwù 胸無宿物 6-1252B
xiōngxí 凶席 2-466A
xióngxī 熊腊 7-226B
xióngxí 熊席 7-226B
xióngxì 熊戲 7-228A
xiōngxiá 凶俠 2-465A
xiōngxiá 凶黠 2-470A
xiōngxià 詾嚇 11-77A
xióngxiá 雄黠 11-818A
xiōngxiān 凶憸 2-470A
xiōngxiǎn 凶險 2-469B
xiōngxiǎn 凶嶮 2-469B
xiōngxiǎn 兇險 2-251A
xióngxiǎn 雄險 11-817B
xiōngxiáng 凶祥 2-466B
xiōngxiàng 兇相 2-249B
xióngxiàng 雄向 11-810A
xiōngxiàngbìlù 兇相畢露 2-249B
xiōngxiāo 凶囂 2-470B
xióngxiāo 雄驍 11-819A
xióngxiāzi 熊瞎子 7-227B
xiōngxié 凶邪 2-463A
xiōngxié 兇邪 2-249A
xiōngxié 胸脅 6-1252A
xiōngxié 胸脇 6-1252A
xiōngxīn 凶心 2-463A
xiōngxīn 胸心 6-1251B
xiōngxìn 凶信 2-465A
xióngxīn 雄心 11-809B
xióngxīn 雄新 11-816A
xióngxīnbàodǎn 熊心豹膽 7-225B
xiōngxīng 凶星 2-465A
xiōngxíng 凶行 2-463A
xióngxīnzhuàngzhì 雄心壯志 11-809B
xiōngxiōng 凶凶 2-462B
xiōngxiōng 兄兄 2-222A
xiōngxiōng 兇兇 2-249A
xiōngxiōng 匈匈 2-188A
xiōngxiōng 恟恟 7-434A
xiōngxiōng 哅哅 3-333A
xiōngxiōng 忷忷 7-527A
xiōngxiōng 洶洶 5-1173B
xiōngxiōng 詾詾 11-76B
xióngxióng 雄雄 11-815A
xióngxióng 熊熊 7-227B
xiòngxiòng 敻敻 3-1206B
xiōngxiōngmángmáng 洶洶茫茫 5-1173B
xióngxióngpòpò 雄雄魄魄 11-815A
xiōngxiōngquánquán 洶洶拳拳 5-1173B
xióngxiù 雄秀 11-810B
xiōngxū 凶墟 2-468B
xiōngxū 洶欻 5-1174B
xiōngxù 兇酗 2-250A
xióngxuān 熊軒 7-226B
xiōngxuě 胸雪 6-1252A
xióngxuē 雄削 11-812A
xiōngxùn 兇訊 2-250A
xiōngyán 凶言 2-463B
xiōngyàn 凶焰 2-467B
xiōngyàn 凶燄 2-469B
xiōngyàn 凶驗 2-470B
xiōngyàn 兇焰 2-250B
xióngyán 熊巖 7-228B
xióngyàn 雄豔 11-819A
xiōngyāng 凶殃 2-465A
xióngyàng 熊樣 7-227B
xiōngyāo 凶夭 2-462B
xiōngyāo 凶妖 2-464A

xiōngyāo 凶祅 2-464B
xióngyāohǔbèi 熊腰虎背 7-227A
xiōngyè 胸腋 6-1252B
xiōngyī 胸衣 6-1252A
xiōngyí 凶儀 2-469A
xiōngyì 匈臆 2-188A
xiōngyì 胸臆 6-1253B
xióngyī 熊衣 7-225B
xióngyì 雄異 11-814A
xióngyì 雄逸 11-814A
xióngyì 雄毅 11-817B
xiòngyì 敻異 3-1206A
xiōngyīn 凶音 2-465B
xiōngyín 凶淫 2-467A
xiōngyín 凶嚚 2-470A
xiōngyīng 胸膺 6-1253B
xióngyīng 雄英 11-811A
xiōngyǒng 凶勇 2-466A
xiōngyǒng 兇勇 2-250A
xiōngyǒng 洶涌 5-1173B
xiōngyǒng 洶湧 5-1174A
xióngyǒng 雄勇 11-812B
xiōngyǒngpēngpài 洶涌彭湃 5-1174A
xiōngyǒngpēngpài 洶涌澎湃 5-1174A
xiōngyǒngpēngpài 洶湧澎湃 5-1174A
xiōngyǒngpéngpài 洶涌淜湃 5-1174A
xiōngyǒuchéngfǔ 胸有城府 6-1251B
xiōngyǒuchénglüè 胸有成略 6-1251B
xiōngyǒuchéngsuàn 胸有成算 6-1251B
xiōngyǒuchéngzhú 胸有成竹 6-1251B
xiōngyǒuqiūhè 胸有邱壑 6-1251B
xiōngyǒuxuánjìng 胸有懸鏡 6-1251B
xiōngyú 凶愚 2-468A
xiōngyù 凶獄 2-468B
xiōngyù 凶慾 2-469B
xiōngyù 凶譽 2-470B
xióngyú 熊魚 7-226B
xióngyù 雄鬱 11-819A
xióngyù 熊昱 7-226A
xiòngyū 敻迂 3-1206A
xióngyuǎn 雄遠 11-815B
xiòngyuǎn 敻遠 3-1206A
xiōngzāi 凶災 2-464A
xióngzǎng 雄駔 11-817A
xióngzǎo 雄藻 11-818A
xiōngzéi 凶賊 2-468A
xiōngzhá 凶札 2-463A
xiōngzhà 凶咤 2-465A
xióngzhà 雄詐 11-815B
xiōngzhái 凶宅 2-463B
xiōngzhái 兇宅 2-249B
xióngzhān 熊占 7-225B
xióngzhàn 雄占 11-809B
xiōngzhāng 胸章 6-1252A
xiōngzhǎng 兄長 2-223A
xióngzhāng 雄張 11-814B
xióngzhāng 雄章 11-814B
xióngzhǎng 雄長 11-811A
xióngzhǎng 熊掌 7-226B
xiōngzhào 兇兆 2-249A
xiōngzhé 凶折 2-463B
xióngzhé 雄哲 11-812B
xióngzhě 雄赭 11-817A
xiōngzhēn 胸針 6-1252A
xióngzhèn 雄振 11-812B
xióngzhèn 雄鎮 11-818A
xiòngzhēn 詗偵 11-104A
xióngzhēng 雄爭 11-810A
xióngzhēng 熊烝 7-226B
xióngzhí 雄直 11-811A
xióngzhí 雄職 11-818A
xióngzhǐ 雄趾 11-814A
xióngzhì 雄志 11-810A
xióngzhì 雄峙 11-812A
xióngzhì 雄鷙 11-819A
xiòngzhī 詗知 11-104A
xiōngzhōng 凶終 2-467A
xiōngzhōng 胸中 6-1251A
xióngzhòng 雄重 11-812A
xiōngzhōngbǎiwànbīng 胸中百萬兵 6-1251A
xiōngzhōngjiǎbīng 胸中甲兵 6-1251A
xiōngzhōngshíwànbīng 胸中十萬兵 6-1251A
xiōngzhōngshūwànjuàn 胸中書萬卷 6-1251B
xiōngzhōngwànjuàn 胸中萬卷 6-1251B
xiōngzhōngwànjuǎnshū 胸中萬卷書 6-1251B
xiōngzhōngwúshù 胸中無數 6-1251B
xiōngzhōngxìmò 凶終隙末 2-467A
xióngzhōu 雄州 11-810A
xióngzhū 雄朱 11-810A
xióngzhú 雄竹 11-810A
xióngzhǔ 雄主 11-809B
xióngzhuàng 碓壯 11-835A
xióngzhuàng 雄壯 11-810B
xiōngzhuī 胸椎 6-1252B
xiōngzhūn 凶屯 2-462B
xióngzhuō 雄倬 11-813A
xióngzhuó 雄卓 11-811A
xiōngzì 凶恣 2-466A
xióngzī 雄姿 11-812A
xióngzǐ 雄子 11-809A
xióngzǐguó 熊子國 7-225B
xióngzīyīngfā 雄姿英發 11-812B
xiōngzòng 凶縱 2-470A
xióngzōng 雄宗 11-811B
xiōngzú 凶卒 2-464B
xiōngzú 凶族 2-466B
xióngzú 熊足 7-226A
xiòngzǔ 敻阻 3-1206A
xióngzūn 雄尊 11-815B
xī'ōu 西歐 8-751A
xī'ōu 西甌 8-751A
xípái 檄牌 4-1338B
xǐpái 洗牌 5-1155A
xīpán 吸盤 3-183B
xīpán 犀盤 6-285A
xīpàn 溪畔 6-23B
xǐpán 躧盤 10-575A
xìpàn 戲判 5-253B
xǐpáo 枲袍 4-945B
xǐpào 洗礮 5-1157A
xìpáo 繫匏 9-1026A
xīpèi 西旆 8-744B
xīpèi 曦轡 5-851A
xīpí 西皮 8-740A
xīpí 犀比 6-282B
xīpí 犀皮 6-283A
xīpí 犀毗 6-284A
xīpì 西辟 8-750A
xīpì 吸嚊 3-183B
xīpì 稀僻 8-91B
xīpì 翕闢 9-654B
xǐpì 洗渒 5-1155A
xīpiān 西偏 8-748B
xīpián 翕駢 9-654A
xīpǐn 錫品 11-1324A
xīpíndōngxiào 西顰東效 8-753A
xìpínènròu 細皮嫩肉 9-782A
xīpíng 熙平 7-221A
xìpíng 戲評 5-255B
xīpíngshíjīng 熹平石經 7-282A
xīpíxiánliǎn 嘻皮涎臉 3-499B
xīpíxiàoliǎn 嘻皮笑臉 3-499B
xīpíxiàoliǎn 嬉皮笑臉 4-407A
xīpò 稀破 8-90B
xípò 襲破 9-149A
xìpò 細魄 9-786A
xīpú 犀僕 6-285A
xìpǔ 系譜 9-695B
xīqī 西漆 8-751A
xīqí 巇崎 3-874B
xīqí 西岐 8-741B
xīqí 希奇 3-696B
xīqí 奚其 2-1544B
xīqí 稀奇 8-90B
xīqí 巇崎 3-874B
xīqǐ 西乞 8-738B
xīqǐ 希企 3-696A
xīqì 西氣 8-746B
xīqì 吸氣 3-183A
xīqì 息氣 7-503A
xīqì 惜氣 7-590B
xíqì 習氣 9-647B
xíqì 襲氣 9-149A
xǐqī 喜期 3-404B
xǐqǐ 喜起 3-403B
xǐqì 喜氣 3-403B
xǐqì 躧棄 10-575A
xīqiǎ 谿卡 10-1321B
xīqià 熙洽 7-221B
xíqià 習洽 9-647A
xǐqià 喜恰 3-403A
xǐqià 喜洽 3-403A
xīqiān 西遷 8-751A
xīqiān 稀遷 8-91B
xīqián 西乾 8-747B
xīqián 西錢 8-752A
xīqián 息錢 7-504B
xīqián 犀錢 6-285B
xīqián 膝前 6-1368A
xīqián 錫錢 11-1325A
xǐqiān 徙遷 3-987A
xǐqián 洗錢 5-1156B
xǐqián 喜錢 3-406A
xìqiān 餼牽 12-573B
xīqiāng 西羌 8-742A
xīqiáng 西墻 8-751B
xīqiáng 西牆 8-752B
xìqiáng 鬩墻 12-727A
xìqiáng 鬩牆 12-727A
xìqiáng 鬩牆 12-125A
xìqiángsuìzhǒu 鬩牆誶帚 12-727A
xīqiānqiān 惜千千 7-590A
xǐqiānyīng 喜遷鶯 3-405B
xǐqiāo 躧蹺 10-575B
xìqiǎo 細巧 9-781B
xìqiào 隙竅 11-1093A
xǐqiè 喜愜 3-405A
xīqígǔguài 希奇古怪 3-696B
xīqígǔguài 稀奇古怪 8-90B
xìqìluó 隙棄羅 11-1092A
xīqín 西秦 8-745B
xīqín 奚琴 2-1545A
xīqǐn 西寢 8-751A
xíqīn 習親 9-650A
xíqīn 襲侵 9-148B
xìqīn 繫親 9-1027A
xìqín 戲禽 5-255B
xīqīng 西清 8-748B
xīqīng 西傾 8-750A
xīqǐng 息頃 7-503B
xǐqìng 喜慶 3-405B
xìqíng 繫情 9-1026B
xìqíng 細情 9-784B
xīqíngbǔyì 息黥補劓 7-505A
xīqínqiāng 西秦腔 8-746A
xīqiú 裼裘 9-107B
xīqiú 希求 3-696A
xíqiú 襲裘 9-149B
xìqiú 繫囚 9-1025A
xǐqìyángyáng 喜氣洋洋 3-404A
xīqū 蹊嶇 10-531A
xīqū 嵠嶇 3-858B
xīqū 螇蛆 8-946A
xīqú 犀渠 6-284B
xīqǔ 西曲 8-740B
xīqǔ 吸取 3-182B

xíqǔ 襲取 9-148B
xìqū 隙趨 11-1092B
xìqǔ 戲曲 5-252B
xìqù 細趣 9-786A
xīquán 犧牷 6-291B
xīquē 稀缺 8-90B
xǐquè 喜鵲 3-406A
xìquē 隙缺 11-1092A
xīqǔgē 西曲歌 8-740B
xīqútuóní 西瞿陀尼 8-752B
xīrán 吸然 3-183B
xīrán 俙然 1-1403A
xīrán 淅然 5-1347A
xīrán 犀燃 6-285B
xīrán 翕然 9-653B
xīrán 歙然 6-1474A
xīrán 闟然 12-173A
xīrán 襲然 9-149B
xīrǎn 習染 9-647B
xìrán 愾然 7-679B
xìrán 咥然 3-320A
xìrán 艴然 9-1179B
xìrán 虩然 8-850B
xìrán 蠹然 8-1361B
xīrǎng 西壤 8-753A
xīrǎng 息壤 7-505A
xīrǎng 熙攘 7-222B
xīrǎng 錫壤 11-1325A
xìràng 細讓 9-787A
xīrǎnghūnóng 希壤忽濃
3-699A
xīránzhúzhào 犀燃燭照
6-285B
xírǎo 襲擾 9-150A
xīrén 腊人 6-1309B
xīrén 西人 8-738A
xīrén 昔人 5-585A
xīrén 息人 7-501B
xīrén 晳人 5-758B
xīrén 晢人 8-274A
xīrén 錫人 11-1323B
xīrén 犧人 6-291A
xírén 襲人 9-148A
xírěn 習稔 9-648B
xǐrén 喜人 3-402A
xǐrèn 徙任 3-986A
xìrén 細人 9-780B
xīrì 夕日 3-1146A
xīrì 昔日 5-585A
xīrì 息日 7-501B
xīrì 晞日 5-742A
xìrì 隙日 11-1091B
xìrì 禊日 7-941B
xīróng 西戎 8-740B
xīróng 西榮 8-750B
xīróng 希榮 3-698A
xīróng 奚容 2-1545A
xíróng 習戎 9-646A
xíróng 習容 9-647B
xǐróng 徙戎 3-986A
xǐróng 喜容 3-404A
xǐróngjú 喜容菊 3-404A
xǐróngróng 喜溶溶 3-405B
xīróu 熙柔 7-221B
xīròu 腊肉 6-1310A
xīròu 息肉 7-502A
xīròu 瘜肉 8-347A
xīrú 西儒 8-752A
xīrú 奚如 2-1544B
xīrú 翕如 9-652B
xīrù 西嗕 8-749B
xírù 席蓐 3-725A
xírù 席褥 3-725B
xǐrú 洗如 5-1152B
xìrǔ 細乳 9-782B
xìrǔ 戲辱 5-254B
xīruǎn 稀軟 8-90B
xǐruǎn 葸耎 9-471B
xìruǎn 細軟 9-784B
xìruǎn 細輭 9-786B
xìrùháománg 細人毫芒
9-781A
xīruì 犀銳 6-285A
xīruò 奚若 2-1544B
xìruò 細弱 9-784A
xíruòzìrán 習若自然
9-646B
xīsǎ 析洒 4-858B
xīsà 淅颯 5-1347B
xīsài 西塞 8-750A
xīsǎn 稀散 8-91A
xīsàn 翕散 9-653A
xǐsān 洗三 5-1151A
xǐsàn 徙散 3-987A
xīsànyuánsù 稀散元素
8-91A
xīsè 淅瑟 5-1347A
xīsè 羲瑟 9-193A
xǐsè 喜色 3-402A
xìsè 戲色 5-253A
xīsēng 西僧 8-750B
xíshā 襲殺 9-149A
xǐshā 洗殺 5-1154B
xìshā 細莎 9-783B
xìshā 戲殺 5-255A
xīshài 西曬 8-753A
xīshài 晞曬 5-743A
xīshān 西山 8-738B
xíshān 席苫 3-724A
xíshàn 習善 9-648B
xǐshàn 洗汕 5-1152B
xìshān 熂山 7-214B
xìshān 戲衫 5-254A
xīshān'èfū 西山餓夫
8-738B
xīshānfū 西山夫 8-738B
xīshāng 西商 8-748B
xīshāng 惜傷 7-591A
xīshàng 西上 8-738A
xíshàng 席上 3-723B
xíshàng 習尚 9-646B
xǐshàng 喜尚 3-403A
xìshāng 蠹傷 8-1361B
xǐshàngméishāo 喜上眉梢
3-402A
xíshàngzhēn 席上珍 3-723B
xīshānshuǎng 西山爽 8-738B
xīshānyào 西山藥 8-738B
xǐshànyuǎnzuì 徙善遠罪
3-987A
xīsháo 棲杓 4-1056A
xīshǎo 希少 3-695A
xīshǎo 稀少 8-90A
xìshāo 餼稍 12-573B
xīshāqúndǎo 西沙羣島
8-742A
xīshé 錫蛇 11-1324B
xīshè 汐社 5-933B
xīshè 西舍 8-742B
xīshè 西社 8-742A
xīshè 吸攝 3-183B
xīshè 錫社 11-1323B
xǐshě 喜舍 3-403A
xǐshě 喜捨 3-404B
xǐshè 徙舍 3-986A
xīshēn 西申 8-740A
xīshén 狶神 10-25B
xīshèn 息慎 7-504A
xǐshén 喜神 3-403B
xǐshèn 葸慎 9-471B
xìshēncè 郤詵策 10-628A
xìshēndānguì 郤詵丹桂
10-628A
xìshēndì 郤詵第 10-628A
xǐshénfāng 喜神方 3-403B
xīshēng 夕牲 3-1146B
xīshēng 希聲 3-698B
xīshēng 惜生 7-590A
xīshēng 溪聲 6-24A
xīshēng 犧牲 6-291A
xīshēng 鼷鼪 12-1415A
xīshěng 西省 8-744B
xīshěng 稀省 8-90B
xīshèng 希聖 3-697B
xīshèng 晞聖 5-742B
xīshèng 熙盛 7-221B
xíshèng 席勝 3-725A
xǐshēng 喜聲 3-406A
xǐshéng 枲繩 4-945B
xǐshéng 躧繩 10-575B
xìshēngāodì 郤詵高第
10-628A
xìshēnguì 郤詵桂 10-628A
xǐshénké 喜神殼 3-403B
xìshēnróng 郤詵榮 10-628A
xìshēnshù 郤詵樹 10-628A
xìshēnzhī 郤詵枝 10-628A
xíshétiáowěn 習舌調吻
9-646A
xīshī 西施 8-744B
xīshī 西師 8-746B
xīshī 息師 7-503B
xīshī 稀濕 8-91B
xīshí 吸食 3-182B
xīshí 昔時 5-585B
xīshí 錫石 11-1323B
xīshí 谿石 10-1321A
xīshì 螫事 10-421A
xīshì 夕市 3-1146A
xīshì 夕室 3-1146B
xīshì 西士 8-738A
xīshì 西氏 8-739B
xīshì 西市 8-740A
xīshì 西式 8-740B
xīshì 西室 8-745B
xīshì 希世 3-695A
xīshì 昔士 5-585A
xīshì 肸飾 6-1179A
xīshì 奚適 2-1545B
xīshì 息事 7-502B
xīshì 惜誓 7-591A
xīshì 稀世 8-90A
xīshì 稀釋 8-92A
xīshì 熙事 7-221B
xíshí 習識 9-650A
xíshì 席勢 3-725A
xíshì 習士 9-645B
xíshì 習事 9-646B
xíshì 襲事 9-148B
xǐshí 枲實 4-945B
xǐshí 洗石 5-1152A
xǐshì 徙市 3-986A
xǐshì 喜士 3-402A
xǐshì 喜事 3-402B
xǐshì 憘事 7-734B
xǐshì 憙事 7-720A
xǐshì 壐室 4-654A
xìshí 餼食 12-573B
xìshǐ 郤始 10-628A
xìshì 繫世 9-1025A
xìshì 係是 1-1412B
xìshì 細士 9-781A
xìshì 細事 9-782B
xìshì 禊事 7-941B
xìshì 戲適 5-256B
xīshīdòng 西施洞 8-745A
xìshífān 細十番 9-780B
xīshìníngrén 息事寧人
7-502B
xīshīpěngxīn 西施捧心
8-745A
xīshìqín 犧氏琴 6-291A
xīshīrǔ 西施乳 8-745A
xīshīshān 西施山 8-745A
xīshīshé 西施舌 8-745A
xīshōu 吸收 3-182A
xīshǒu 狶首 5-57A
xīshǒu 犀首 6-284A
xīshǒu 豨首 10-25B
xīshòu 西狩 8-744B
xīshòu 惜售 7-590B
xīshòu 翕受 9-652B
xíshǒu 檄手 4-1338B
xǐshǒu 洗手 5-1151B
xǐshòu 壐綬 4-654B
xǐshǒufènggōng 洗手奉公
5-1151B
xǐshǒufèngzhí 洗手奉職
5-1151B
xǐshǒuhuā 洗手花 5-1151B
xīshōujì 吸收劑 3-182A
xǐshǒuxiè 洗手蟹 5-1151B
xǐshōuxīhé 喜收希和
3-402B
xīshū 西樞 8-751A
xīshū 犀梳 6-284A

xīshū 稀疎 8-91A
xīshū 稀疏 8-91A
xīshū 羲舒 9-192B
xīshū 曦舒 5-850B
xīshú 西塾 8-750B
xīshǔ 西蜀 8-750A
xīshǔ 奚鼠 2-1545B
xīshǔ 悉數 7-535B
xīshǔ 鼷鼠 12-1415A
xīshù 悉數 7-535B
xíshū 檄書 4-1338B
xíshú 習熟 9-649B
xǐshū 璽書 4-654A
xǐshù 洗漱 5-1156A
xǐshù 洗潄 5-1156A
xìshū 繫書 9-1026A
xìshū 細書 9-784A
xìshǔ 係屬 1-1414A
xìshǔ 細數 9-786A
xìshù 澗沭 6-217B
xìshù 繫束 9-1025A
xìshù 系述 9-695A
xìshù 係數 1-1413B
xìshù 細術 9-784B
xìshù 細數 9-786A
xìshù 戲術 5-255A
xīshuǎ 嬉耍 4-407B
xǐshuā 洗刷 5-1153B
xìshuǎ 戲耍 5-254A
xīshuài 悉率 7-535B
xīshuài 蟋蟀 8-957B
xīshuàibìfù 悉帥敝賦 7-535A
xīshuàicǎo 蟋蟀草 8-957B
xīshuàixiànggōng 蟋蟀相公 8-957B
xǐshuàn 洗涮 5-1155A
xīshuǎng 西爽 8-748A
xīshuǐ 希水 3-695A
xīshuǐ 溪水 6-23A
xīshuǐ 瀡水 12-1169A
xíshuǐ 習水 9-645B
xǐshuǐ 躧水 10-574B
xìshuǐ 戲水 5-252B
xìshuǐchángliú 細水長流 9-781A
xīshǔn 吸吮 3-182A
xìshuō 細說 9-786A
xìshuō 戲說 5-256A
xīshǔyǐnhé 鼷鼠飲河 12-1415A
xīsī 奚斯 2-1545B
xīsǐ 夕死 3-1146B
xīsǐ 惜死 7-590A
xīsì 西汜 8-741A
xīsì 奚似 2-1544B
xīsì 犀兕 6-283A
xìsī 細絲 9-785A
xìsì 係嗣 1-1413B
xìsì 隙駟 11-1092B
xīsōng 希鬆 3-698B
xīsōng 稀鬆 8-91B
xīsòng 息訟 7-503B
xīsòng 熄訟 7-215A
xísòng 習誦 9-649A
xìsòng 鬩訟 12-727A
xīsū 析窣 4-859A
xīsū 悉窣 7-535B
xīsū 傒蘇 3-1063B
xīsū 窸窣 8-480B
xīsū 嘻嗱 3-493B
xísú 習俗 9-647A
xǐsū 洗蘇 5-1157A
xìsuān 細酸 9-786A
xīsuí 蹊隧 10-531B
xīsuì 蹊遂 10-531A
xīsuì 蹊隧 10-531A
xīsuì 昔歲 5-586A
xīsuì 息燧 7-504B
xīsuì 稀碎 8-91A
xīsuì 徯隧 3-1063B
xīsuì 鱚歲 10-1392B
xǐsuǐ 洗髓 5-1157B
xìsuì 係璲 1-1413B
xìsuì 細碎 9-785A
xīsūn 溪蓀 6-24A
xìsūn 系孫 9-695A
xīsuō 嘻嗦 3-493B
xīsuǒ 悉索 7-535B
xīsuǒ 犀鎖 6-285B
xìsuǒ 係瑣 1-1413B
xìsuǒ 細瑣 9-786A
xīsuǒbìfù 悉索敝賦 7-535B
xīsuǒbófù 悉索薄賦 7-535B
xísúyírén 習俗移人 9-647A
xísúyíxìng 習俗移性 9-647A
xītā 翕趿 9-653A
xǐtà 躧踏 10-575A
xītái 西臺 8-750A
xītái 夛臺 8-425B
xītái 誒詒 11-258A
xītài 熙泰 7-221B
xítài 習態 9-649B
xǐtài 洗汰 5-1153A
xìtái 戲臺 5-256A
xītàihòu 西太后 8-739B
xītáitòngkū 西台痛哭 8-740B
xītáitòngkū 西臺痛哭 8-750B
xìtáizi 戲臺子 5-256A
xītān 谿灘 10-1322A
xītán 悉曇 7-536A
xītán 悉檀 7-536A
xītán 膝談 6-1368B
xītǎn 膝袒 6-1368A
xītàn 唏歎 3-364A
xītàn 嘻歎 3-500B
xītàn 熹炭 7-282A
xìtán 禊潭 7-942A
xìtán 戲談 5-257A
xìtàn 愾嘆 7-679B
xìtàn 愾歎 7-679B
xītáng 西堂 8-748A
xītáng 溪堂 6-24A
xītáng 羲唐 9-192B
xǐtáng 喜糖 3-406A
xìtáng 禊堂 7-942A
xìtáng 稧堂 8-107A
xītāngguǎshuǐ 稀湯寡水 8-91A
xītáo 蹊桃 10-531A
xítào 習套 9-647B
xǐtáo 洗淘 5-1155A
xīténg 惜疼 7-590B
xīténg 溪藤 6-24B
xītí 赫蹏 9-1182A
xītì 夕惕 3-1147A
xītì 析惕 4-859A
xítí 習題 9-650A
xítì 襲替 9-149B
xǐtī 洗剔 5-1154B
xìtí 赫蹄 9-1182A
xìtí 係蹄 1-1413B
xìtí 鬩蹏 12-727A
xītiān 西天 8-739A
xītiān 希天 3-695A
xītiān 熙天 7-221A
xītián 腊田 6-1309B
xītián 蹊田 10-530B
xītián 熙恬 7-221B
xǐtiǎn 洗腆 5-1155B
xītiánduóniú 蹊田奪牛 10-530B
xītiānhādì 嘻天哈地 3-499B
xītiáo 息調 7-504B
xìtiāo 細挑 9-783A
xìtiáo 細條 9-783B
xìtiáo 戲調 5-257A
xìtiáo 戲啁 5-255A
xìtídiào 戲提調 5-255B
xītiē 犀帖 6-283B
xǐtiě 喜帖 3-403A
xìtiě 禊帖 7-941B
xītiěshí 吸鐵石 3-183B
xìtiěshí 戲鐵石 5-257B
xītíng 息停 7-503B
xītíng 溪亭 6-23B
xītíng 羲庭 9-192B
xītíng 犧庭 6-291B
xìtíng 戲亭 5-254A
xītìruòlì 夕惕若厲 3-1147A
xītìzhāoqián 夕惕朝乾 3-1147A
xītóng 奚童 2-1545B
xītóng 奚僮 2-1545B
xìtǒng 系統 9-695B
xìtǒng 係統 1-1413A
xītóu 西頭 8-751B
xītóu 溪頭 6-24A
xītóu 膝頭 6-1368B
xītóu 谿頭 10-1322A
xítóu 席頭 3-725B
xǐtóu 洗頭 5-1156B
xìtóu 戲頭 5-257B
xītū 豨突 10-25B
xītú 西屠 8-748B
xītú 希圖 3-698A
xītú 息徒 7-503B
xītú 犧腯 6-292A
xītǔ 西土 8-738A
xītǔ 息土 7-501B
xītǔ 晞土 5-742A
xītǔ 錫土 11-1323B
xītù 夕兔 3-1146B
xītuí 西隤 8-751A
xītuí 西頹 8-751B
xītuì 息退 7-502B
xītūn 夕暾 3-1147B
xǐtuō 洗脫 5-1155A
xǐtuō 屣脫 4-54B
xìtuō 繫託 9-1026A
xītǔyuánsù 稀土元素 8-90A
xiū'āi 修哀 1-1375A
xiù'ài 秀艾 8-6B
xiǔ'àn 朽闇 4-726A
xiǔ'àn 朽暗 4-725A
xiūbà 休罷 1-1175A
xiùbá 秀拔 8-7B
xiùbà 秀霸 8-10B
xiǔbài 朽敗 4-725A
xiùbài 臭敗 8-1339B
xiūbǎn 脩坂 1-1491B
xiūbàn 修辦 1-1381A
xiùbān 鏽斑 11-1421A
xiūbǎo 休寶 1-1176B
xiùbǎo 繡葆 9-1038A
xiùbǎo 繡褓 9-1038B
xiūbèi 修備 1-1377A
xiūbèi 脩備 1-1494A
xiǔbèi 滫糒 6-17B
xiūběn 修本 1-1372A
xiūbì 庥庇 3-1230A
xiūbì 脩臂 1-1495B
xiūbì 鬆壁 12-742B
xiǔbǐ 朽筆 4-725A
xiǔbì 朽敝 4-725A
xiǔbì 朽弊 4-725B
xiùbì 秀壁 8-10B
xiūbiān 羞籩 9-167B
xiūbiǎo 修表 1-1373B
xiùbiāo 袖標 9-51A
xiūbiē 羞鼈 9-167B
xiūbīng 休兵 1-1171A
xiūbīng 修兵 1-1373A
xiūbǐng 修稟 1-1378B
xiǔbìng 朽病 4-724B
xiùbìng 鏽病 11-1421A
xiūbō 修波 1-1374A
xiūbō 鬆鉢 12-742A
xiūbó 羞薄 9-167B
xiūbó 脩薄 1-1495B
xiūbó 鬆帛 12-742A
xiǔbó 朽薄 4-725B
xiùbó 秀膊 8-9B
xiūbǔ 修補 1-1378A
xiūbǔ 脩補 1-1494A
xiùbǔ 繡補 9-1038A
xiūbùdǎ 羞不打 9-166A
xiūcǎi 脩采 1-1492A
xiūcǎi 鬆采 12-742A
xiǔcái 朽才 4-723B
xiǔcái 朽材 4-724A

xiùcái 秀才 8-6A
xiùcái 秀材 8-7A
xiùcǎi 鏽彩 11-1421A
xiùcáicūn 秀才村 8-6A
xiùcáirénqíng 秀才人情 8-6A
xiùcáirénqíng… 秀才人情紙半張 8-6A
xiùcáishuǎ 秀才耍 8-6A
xiùcáizàofǎn… 秀才造反，三年不成 8-6A
xiūcán 羞慚 9-167A
xiūcán 羞慙 9-167A
xiǔcán 朽殘 4-725A
xiùcǎo 秀草 8-7B
xiùchá 繡茶 9-1038A
xiūchán 修禪 1-1381A
xiùchǎn 秀産 8-9A
xiūcháng 脩長 1-1491B
xiūchàng 休暢 1-1175A
xiūchàng 修暢 1-1379B
xiùcháng 繡腸 9-1038B
xiùcháng 繡裳 9-1038B
xiùchè 秀徹 8-10A
xiùchè 秀澈 8-10A
xiūchén 休辰 1-1170B
xiǔchén 朽陳 4-724B
xiūchéng 休成 1-1170A
xiūchéng 修誠 1-1378B
xiùchéng 袖呈 9-50B
xiūchí 修持 1-1374B
xiūchí 脩持 1-1492B
xiūchǐ 羞耻 9-166B
xiūchì 修勑 1-1375B
xiūchì 修勅 1-1375A
xiūchì 修飭 1-1377B
xiūchì 脩敕 1-1493B
xiūchì 脩飭 1-1494A
xiūchóng 脩崇 1-1493B
xiūchǒng 休寵 1-1176B
xiūchǒu 羞醜 9-167B
xiūchú 修除 1-1375A
xiūchú 脩除 1-1492B
xiùchū 秀出 8-6B
xiùchuáng 繡床 9-1037B
xiùchuáng 繡牀 9-1038A
xiùchūbānháng 秀出班行 8-6B
xiùchuí 袖鎚 9-51B
xiùchuí 袖椎 9-51A
xiūcí 修詞 1-1377B
xiūcí 修辭 1-1382A
xiūcí 脩祠 1-1492B
xiūcí 脩辭 1-1496A
xiūcì 修刺 1-1373B
xiūcì 脩刺 1-1492A
xiùcì 袖刺 9-50B
xiùcì 繡刺 9-1037B
xiūcígé 修辭格 1-1382A
xiūcílìchéng 修辭立誠 1-1382A
xiūcílìchéng 脩辭立誠 1-1496A
xiūcíxué 修辭學 1-1382A
xiūcù 脩促 1-1492B
xiǔcuì 朽瘁 4-725A
xiǔcuì 朽顇 4-725B
xiùcuì 秀粹 8-9B
xiūcuò 饈錯 12-574A
xiùcuò 繡錯 9-1039A
xiūdá 修達 1-1377A
xiùdá 秀達 8-9A
xiùdà 秀大 8-6A
xiūdādā 羞答答 9-167A
xiūdài 休代 1-1170A
xiūdài 休殆 1-1172A
xiūdàn 休旦 1-1169B
xiūdàng 脩蕩 1-1495A
xiūdào 修道 1-1377B
xiūdào 脩道 1-1494A
xiūdàoyuàn 修道院 1-1378A
xiūdé 休得 1-1174A
xiūdé 休德 1-1175A
xiūdé 修德 1-1380A
xiūdé 脩德 1-1495B
xiùdé 秀德 8-10A
xiǔdí 滫滌 6-17B
xiūdiǎn 休典 1-1171B
xiūdiào 修弔 1-1372A
xiūdǐng 羞鼎 9-167A
xiūdìng 修訂 1-1375A
xiūdìng 脩定 1-1492B
xiùdǐng 秀頂 8-8B
xiūdìngsìtǎ 修定寺塔 1-1374B
xiūdòu 羞豆 9-166B
xiǔdù 朽蠹 4-726A
xiùdù 宿度 3-1522B
xiūduǎn 修短 1-1377A
xiūduǎn 脩短 1-1494A
xiǔduàn 朽斷 4-726A
xiǔdùn 朽鈍 4-725A
xiūduō 修多 1-1373A
xiūduò 休惰 1-1174A
xiūduōluó 修多羅 1-1373A
xiū'é 修蛾 1-1378A
xiū'é 羞蛾 9-167A
xiū'è 髹堊 12-742A
xiù'è 秀萼 8-9A
xiù'è 秀粤 8-9A
xiū'ěr 修邇 1-1381B
xiù'ěr 秀耳 8-7A
xiù'ěr 齅餌 12-1424A
xiù'érbùshí 秀而不實 8-7A
xiūfǎ 修法 1-1374A
xiūfà 髹髮 12-742B
xiùfā 秀發 8-9B
xiūfán 羞燔 9-167B
xiūfàn 餈飯 12-535B
xiūfàn 休範 1-1175A
xiùfáng 繡房 9-1037B
xiūfèi 休廢 1-1175B
xiūfèi 修廢 1-1380A
xiūfèn 羞憤 9-167A
xiūfēng 休風 1-1172A
xiūfèng 修奉 1-1373B
xiūfèng 脩奉 1-1491B
xiùfēng 秀峯 8-8A
xiùfēng 袖蜂 9-51A
xiùfēng 袖鋒 9-51B
xiùfó 繡佛 9-1037B
xiūfú 休符 1-1173B
xiūfú 休福 1-1174B
xiūfú 修服 1-1374A
xiūfú 修福 1-1379A
xiūfú 羞服 9-166B
xiūfǔ 修脯 1-1376B
xiūfǔ 修輔 1-1379A
xiūfǔ 脩脯 1-1493B
xiūfù 修復 1-1377A
xiūfù 脩復 1-1494A
xiūfù 脩賦 1-1495A
xiǔfǔ 朽腐 4-725B
xiùfū 秀孚 8-7A
xiùfú 繡服 9-1037B
xiùfǔ 繡斧 9-1037B
xiùfǔ 繡腑 9-1038A
xiūgǎi 修改 1-1373B
xiūgǎi 脩改 1-1491B
xiūgài 修蓋 1-1378A
xiùgǎn 齅感 12-1424A
xiūgào 休告 1-1171A
xiūgé 休革 1-1172A
xiūgé 脩革 1-1492B
xiūgé 脩隔 1-1494B
xiǔgé 朽革 4-724B
xiǔgé 朽骼 4-725B
xiùgé 秀格 8-8A
xiùgé 繡閣 9-1038B
xiǔgēdùnjiǎ 朽戈鈍甲 4-724A
xiūgèn 修亘 1-1372B
xiūgēng 休耕 1-1172A
xiūgěng 修綆 1-1379A
xiǔgěng 朽綆 4-725B
xiūgōng 休功 1-1169B
xiūgōng 髹工 12-741B
xiūgòng 修供 1-1374A
xiūgòng 修貢 1-1375A
xiūgòng 脩貢 1-1493A
xiùgōng 繡工 9-1036B
xiūgōngqián 脩宫錢 1-1492B
xiūgòu 修構 1-1379A
xiūgǔ 修古 1-1372A
xiūgǔ 脩古 1-1491A
xiūgǔ 脩股 1-1492A
xiǔgǔ 朽骨 4-724B
xiùgǔ 秀骨 8-7B
xiūguā 修刮 1-1374A
xiùguā 繡瓜 9-1036B
xiūguān 休官 1-1171B
xiūguān 修官 1-1374B
xiǔguān 朽關 4-726A
xiǔguàn 朽貫 4-725A
xiùguān 袖觀 9-51B
xiùguǎn 袖管 9-51A
xiūguāng 休光 1-1170A
xiūguǎng 修廣 1-1379B
xiūguǎng 脩廣 1-1495A
xiǔguànqián 朽貫錢 4-725A
xiǔgǔchóngròu 朽骨重肉 4-724B
xiūguī 休歸 1-1176A
xiùguī 繡閨 9-1038B
xiūhán 修函 1-1374B
xiūhǎn 脩罕 1-1491B
xiūhàn 羞汗 9-166A
xiūháo 修毫 1-1376B
xiūhǎo 修好 1-1373A
xiūhǎo 脩好 1-1491B
xiùhǎo 秀好 8-7A
xiūhé 休和 1-1171B
xiūhé 修和 1-1374A
xiùhè 岫壑 3-807B
xiūhèn 羞恨 9-166B
xiūhóng 羞紅 9-166B
xiūhù 修嫮 1-1380A
xiūhù 脩扈 1-1493B
xiūhù 脩嫮 1-1495A
xiùhǔ 繡虎 9-1037B
xiùhù 繡户 9-1036B
xiūhuà 髹畫 12-742A
xiǔhuá 滫滑 6-17B
xiǔhuà 朽化 4-724A
xiùhuā 秀華 8-8A
xiùhuā 繡花 9-1037A
xiùhuà 繡畫 9-1038B
xiūhuābìyuè 羞花閉月 9-166B
xiǔhuài 朽壞 4-726A
xiūhuàn 休浣 1-1173A
xiūhuàn 休澣 1-1176A
xiūhuàn 修换 1-1375B
xiūhuáng 修篁 1-1380A
xiùhuǎng 岫幌 3-807B
xiùhuāzhěntou 繡花枕頭 9-1037B
xiūhuì 休會 1-1174B
xiǔhuì 朽穢 4-726A
xiùhuì 秀惠 8-9A
xiùhuì 秀慧 8-10A
xiùhuó 秀活 8-8A
xiūhuǒshān 休火山 1-1169B
xiūjī 修緝 1-1380B
xiūjī 修激 1-1381A
xiūjī 修積 1-1381A
xiūjī 髹几 12-741B
xiūjí 修輯 1-1380B
xiūjǐ 修己 1-1371B
xiūjǐ 脩己 1-1491A
xiǔjǐ 朽脊 4-724B
xiūjiā 休嘉 1-1175A
xiūjiā 修家 1-1375B
xiūjià 休假 1-1173B
xiūjià 休駕 1-1175B
xiùjiǎ 秀甲 8-6B
xiūjiǎn 休簡 1-1176A
xiūjiǎn 修剪 1-1376B
xiūjiǎn 修檢 1-1381A
xiūjiǎn 脩蹇 1-1495B
xiūjiàn 修建 1-1374B
xiūjiàn 脩箭 1-1495A
xiùjiǎn 秀簡 8-10B
xiùjiàn 袖箭 9-51A

xiǔjiāng 滫漿 6-17B
xiūjiǎo 修脚 1-1376B
xiūjiào 修醮 1-1381B
xiūjiào 脩教 1-1493A
xiǔjíbùdiāo 朽棘不彫 4-725A
xiūjié 修潔 1-1380A
xiūjié 脩潔 1-1495B
xiūjié 脩絜 1-1493B
xiùjié 秀桀 8-8B
xiùjié 秀傑 8-9A
xiùjié 秀潔 8-10A
xiūjīn 修今 1-1371B
xiūjīn 修金 1-1374A
xiūjīn 修襟 1-1381B
xiūjīn 脩金 1-1492A
xiūjǐn 修謹 1-1381B
xiūjǐn 脩謹 1-1496A
xiūjìn 修近 1-1373A
xiūjìn 修禁 1-1378A
xiūjīn 鵂金 12-1423B
xiūjǐng 休景 1-1174A
xiūjìng 修敬 1-1377A
xiūjìng 脩敬 1-1493B
xiùjǐng 秀頸 8-10A
xiùjìng 秀勁 8-7B
xiùjīnrùtuó 袖金入橐 9-50B
xiūjiōng 脩坰 1-1492A
xiūjiǒng 脩迥 1-1492A
xiūjiǔ 脩久 1-1490B
xiūjiù 休咎 1-1171B
xiùjiǔ 嗅酒 3-469A
xiūjiùlìfèi 修舊利廢 1-1381A
xiūjū 休居 1-1172A
xiūjǔ 修舉 1-1381A
xiūjù 修具 1-1374A
xiùjū 岫居 3-807B
xiùjǔ 秀舉 8-10A
xiùjù 秀句 8-6B
xiūjué 休決 1-1171A
xiūjué 休絶 1-1174B
xiūjué 脩爵 1-1495B
xiǔjué 朽絶 4-725A
xiùjué 秀絶 8-9B
xiùjué 繡䘿 9-1038B
xiùjué 繡䠇 9-1038B
xiùjué 繡䯿 9-1039A
xiùjué 嗅覺 3-465A
xiūjùn 修峻 1-1375B
xiūjùn 修浚 1-1375B
xiūjùn 修濬 1-1381B
xiūjùn 脩濬 1-1495B
xiùjùn 秀雋 8-9B
xiùjùn 秀俊 8-7B
xiùjùn 秀峻 8-8A
xiūkān 休刊 1-1169B
xiūkè 休克 1-1170B
xiǔké 朽殼 4-725A
xiùkè 秀刻 8-7B
xiùkěcān 秀可餐 8-6B
xiūkěn 脩墾 1-1495B
xiūkǒu 羞口 9-166A
xiùkǒu 袖口 9-50A
xiùkǒu 繡口 9-1036B
xiūkǒuxiūjiǎo 羞口羞脚 9-166A
xiūkuā 休姱 1-1172A
xiūkuā 脩姱 1-1493A
xiūkuǎn 修款 1-1377A
xiùkuàng 秀曠 8-10B
xiūkuì 羞愧 9-167A
xiūkūn 脩鯤 1-1496A
xiūkuò 修濶 1-1381B
xiūlái 修來 1-1373B
xiǔlàn 朽爛 4-726A
xiùlǎng 秀朗 8-8B
xiūlǎo 休老 1-1170A
xiǔláo 朽勞 4-725A
xiǔlǎo 朽老 4-724A
xiùléi 秀羸 8-10B
xiūlí 休離 1-1176A
xiūlǐ 修理 1-1376A
xiūlǐ 修禮 1-1381B
xiūlǐ 脩理 1-1493A
xiūlǐ 脩禮 1-1495B
xiūlì 休利 1-1171A
xiūlì 休曆 1-1175B
xiūlì 修立 1-1372A
xiūlì 修利 1-1373A
xiūlì 修厲 1-1379B
xiūlì 修勵 1-1381A
xiūlì 修麗 1-1381B
xiūlì 脩立 1-1491A
xiūlì 脩麗 1-1496A
xiùlì 秀立 8-6B
xiùlì 秀麗 8-10B
xiūlián 修廉 1-1378B
xiūliàn 修煉 1-1378B
xiūliàn 修練 1-1380A
xiūliàn 修鍊 1-1381B
xiūliáng 休粮 1-1174B
xiūliáng 休糧 1-1176A
xiūliáng 脩梁 1-1493B
xiùliáng 秀良 8-7A
xiùlǐchūn 袖裏春 9-51A
xiūliè 休烈 1-1172B
xiūliè 修列 1-1372B
xiǔliè 朽劣 4-724A
xiǔliè 朽裂 4-725A
xiūlín 修鱗 1-1382B
xiūlíng 修齡 1-1382A
xiūlíng 脩齡 1-1496A
xiūlǐng 脩領 1-1495A
xiūlìng 休令 1-1170A
xiūlìng 脩令 1-1491A
xiùlǐng 秀嶺 8-10B
xiùlǐng 繡嶺 9-1039A
xiùlìng 秀令 8-6B
xiùlǐnggōng 繡嶺宮 9-1039A
xiūlínyǎngzhǎo 修鱗養爪 1-1382B
xiùlǐqiánkūn 袖裏乾坤 9-51A
xiūliú 鵂留 12-1090B
xiūliú 鵂鶹 12-1090B
xiùliū 秀溜 8-9B
xiùliù 琇霤 3-979A
xiùlǐxiùqì 秀里秀氣 8-7A
xiùlǐxuánjī 袖裏玄機 9-51A
xiūlōng 休隆 1-1174A
xiūlóng 庥隆 3-1230A
xiùlóng 袖籠 9-51B
xiūlù 羞戮 9-167B
xiūlù 脩路 1-1494B
xiùlú 袖爐 9-51B
xiùlú 袖鑪 9-51B
xiūluó 修羅 1-1381B
xiūluó 脩羅 1-1496A
xiǔluò 朽落 4-725A
xiūluóchǎng 修羅場 1-1382A
xiūlǘshì 脩閭氏 1-1495A
xiūmǎ 休馬 1-1172B
xiǔmài 朽邁 4-725B
xiùmài 秀麥 8-8B
xiùmài 秀邁 8-10A
xiūmàn 修曼 1-1376B
xiùmàn 秀曼 8-8B
xiūmào 修茂 1-1373B
xiūmào 脩茂 1-1492A
xiǔmào 朽貌 4-725B
xiùmáo 秀毛 8-6B
xiùmáo 秀髦 8-9B
xiùmào 秀茂 8-7B
xiūméi 修眉 1-1375A
xiūméi 脩眉 1-1492B
xiūměi 休美 1-1172A
xiūměi 脩美 1-1492B
xiùméi 秀眉 8-8A
xiùměi 秀美 8-8A
xiùmèi 秀媚 8-9B
xiūmén 修門 1-1374B
xiūmén 脩門 1-1492B
xiūmián 休眠 1-1172B
xiūmiàn 修面 1-1375A
xiūmiànjiànrén 羞面見人 9-166B
xiùmiào 秀妙 8-7B
xiǔmiè 朽滅 4-725A
xiūmín 休民 1-1170A
xiūmǐn 修敏 1-1376B
xiǔmín 朽緡 4-725B
xiùmín 秀民 8-6B
xiùmǐn 秀敏 8-8B
xiùmíncè 秀民册 8-6B
xiūmíng 休名 1-1170B
xiūmíng 休明 1-1171A
xiūmíng 修名 1-1372B
xiūmíng 修明 1-1374A
xiūmíng 羞明 9-166B
xiūmíng 脩名 1-1491B
xiūmíng 脩明 1-1492A
xiūmìng 休命 1-1171B
xiūmìng 庥命 3-1230A
xiǔmò 朽墨 4-725B
xiùmò 繡陌 9-1038A
xiūmóu 休謀 1-1176A
xiūmóu 修眸 1-1376A
xiūmù 休沐 1-1171A
xiūmù 修睦 1-1378A
xiūmù 脩睦 1-1494B
xiūmù 髹沐 12-742A
xiǔmù 朽木 4-723B
xiùmù 秀木 8-6B
xiùmù 袖幕 9-51A
xiǔmùbùdiāo 朽木不雕 4-724A
xiǔmùbùkědiāo 朽木不可雕 4-724A
xiǔmùfènqiáng 朽木糞牆 4-724A
xiǔmùfèntǔ 朽木糞土 4-724A
xiǔmùnándiāo 朽木難彫 4-724A
xiǔmùshēnghuā 朽木生花 4-724A
xiǔmùsǐhuī 朽木死灰 4-724A
xiūnǎn 羞赧 9-167A
xiùnáng 繡囊 9-1039A
xiūnǎochéngnù 羞惱成怒 9-167A
xiūnéng 修能 1-1376A
xiūnéng 脩能 1-1493A
xiǔniè 朽枿 4-724B
xiūníng 休寧 1-1175A
xiūniú 休牛 1-1169B
xiūniúguīmǎ 休牛歸馬 1-1169B
xiūniúsànmǎ 休牛散馬 1-1169B
xiūnǚ 修女 1-1371B
xiūnǜ 羞恧 9-166B
xiùnǚ 秀女 8-6A
xiùnǚ 繡女 9-1036B
xiūpái 髹牌 12-742A
xiūpàn 休盼 1-1172A
xiūpáo 羞炰 9-166B
xiūpèi 修配 1-1375B
xiūpén 髹盆 12-742A
xiūpǐ 休否 1-1170B
xiūpì 修闢 1-1382B
xiùpī 袖被 9-50B
xiūpìn 修聘 1-1378A
xiūpíng 休平 1-1169B
xiūpíng 脩平 1-1491A
xiūqī 休妻 1-1171A
xiūqī 休戚 1-1173B
xiūqī 休期 1-1174A
xiūqī 休慼 1-1175A
xiūqī 髹漆 12-742A
xiūqí 脩齊 1-1495A
xiūqǐ 修起 1-1375A
xiūqì 休氣 1-1172B
xiūqì 休棄 1-1174B
xiūqì 休憩 1-1175B
xiūqì 修氣 1-1375B
xiūqì 修葺 1-1377A
xiūqì 咻氣 3-329A
xiūqì 脩葺 1-1493B
xiūqì 髹器 12-742B
xiùqí 秀奇 8-7B
xiùqí 秀騏 8-10B

xiùqì 秀氣 8-8A
xiūqià 休洽 1-1172A
xiūqiǎn 休遣 1-1174B
xiūqiáobǔlù 修橋補路 1-1380B
xiūqiè 羞怯 9-166B
xiùqín 袖琴 9-51A
xiūqìng 休慶 1-1175B
xiūqiú 休囚 1-1169B
xiùqiú 繡毬 9-1038A
xiūqīxiāngguān 休戚相關 1-1173B
xiūqīyǔgòng 休戚與共 1-1173B
xiūqízhìpíng 修齊治平 1-1379B
xiūqú 修衢 1-1382B
xiùqū 袖袪 9-50B
xiūquán 修全 1-1372B
xiùquǎnzhěnzhōng 袖犬枕鐘 9-50A
xiūrán 修然 1-1377B
xiūrán 脩然 1-1494A
xiūrǎn 修染 1-1375A
xiǔrǎn 朽染 4-724B
xiùrán 鏽然 11-1421A
xiūráng 修禳 1-1382B
xiūrǎng 修攘 1-1382A
xiǔrǎng 朽壤 4-726A
xiùrǎng 繡壤 9-1039A
xiūrén 羞人 9-166A
xiūrén 脩仁 1-1491A
xiǔrén 朽人 4-723B
xiùrén 秀人 8-5B
xiūréndādā 羞人荅荅 9-166A
xiūrì 休日 1-1169B
xiūróng 休容 1-1173A
xiūróng 修容 1-1375B
xiūrǔ 羞辱 9-166B
xiùrú 秀儒 8-10B
xiūruí 修緌 1-1380A
xiūrùn 修潤 1-1380B
xiùrùn 秀潤 8-10A
xiǔruò 朽弱 4-724B
xiùruò 秀弱 8-8B
xiǔsàn 朽散 4-725A
xiūsào 羞臊 9-167B
xiūsè 修塞 1-1379A
xiūsè 羞澀 9-167B
xiūsè 羞澀 9-167B
xiùsè 秀色 8-7A
xiùsè 鏽澁 11-1421A
xiùsè 鏽澀 11-1421A
xiùsèkāncān 秀色堪餐 8-7A
xiùsèkěcān 秀色可餐 8-7A
xiūsēn 脩森 1-1494A
xiūshàn 修善 1-1377B
xiūshàn 修繕 1-1381B
xiūshàn 羞膳 9-167B
xiūshàn 脩善 1-1494A
xiūshàn 脩繕 1-1496A
xiūshàn 饈膳 12-574A
xiūshàng 修尚 1-1374A
xiūshàng 脩上 1-1490B
xiūshàng 脩尚 1-1492A
xiùshàng 秀上 8-6A
xiūshàngrén 休上人 1-1169A
xiūshānjī 羞山雞 9-166A
xiūshào 修紹 1-1377A
xiūshé 修蚍 1-1375A
xiūshé 修蛇 1-1376B
xiūshé 脩蛇 1-1493B
xiūshè 休舍 1-1171B
xiūshè 修攝 1-1382B
xiūshè 脩設 1-1493B
xiùshé 繡舌 9-1036B
xiūshēn 修身 1-1373A
xiūshēn 脩身 1-1491B
xiushèn 修慎 1-1379A
xiūshèn 脩慎 1-1495A
xiūshēng 休聲 1-1176A
xiūshēng 修生 1-1372A
xiūshēng 修聲 1-1381A
xiùshēngxiùqì 秀聲秀氣 8-10B
xiūshēnjiéxíng 脩身潔行 1-1491B
xiūshí 休時 1-1172B
xiūshí 脩實 1-1495A
xiūshǐ 修史 1-1372A
xiūshǐ 脩史 1-1491A
xiūshì 休士 1-1169A
xiūshì 休市 1-1170A
xiūshì 修士 1-1371B
xiūshì 修事 1-1373B
xiūshì 修飾 1-1378B
xiūshì 脩士 1-1490B
xiūshì 脩飾 1-1494B
xiūshì 髹飾 12-742A
xiūshì 髹餙 12-742B
xiǔshí 滫食 6-17B
xiùshí 秀實 8-9B
xiùshí 鏽蝕 11-1421A
xiùshí 嗅石 3-465A
xiùshǐ 繡使 9-1037B
xiùshì 秀士 8-6A
xiùshì 秀世 8-6B
xiùshì 繡市 9-1036B
xiūshìbiānfú 修飾邊幅 1-1378B
xiūshòu 修壽 1-1379A
xiùshǒu 袖手 9-50B
xiùshǒuchōng'ěr 袖手充耳 9-50B
xiùshǒupángguān 袖手旁觀 9-50B
xiūshǒuxiūjiǎo 羞手羞脚 9-166A
xiūshū 休書 1-1173A
xiūshū 修書 1-1376A
xiūshù 修述 1-1373B
xiūshù 脩述 1-1492A
xiūshù 脩術 1-1493B
xiǔshù 朽樹 4-725B
xiǔshuāi 朽衰 4-724B
xiùshuǎng 秀爽 8-8B
xiùshuǐ 銹水 11-1301A
xiùshuǐtuán 繡水團 9-1036B
xiūshuò 修碩 1-1379B
xiūsì 修祀 1-1373A
xiùsī 繡絲 9-1038B
xiūsǒng 修竦 1-1377B
xiūsǒng 修聳 1-1381B
xiùsǒng 秀聳 8-10B
xiǔsǒu 糔溲 9-234A
xiūsuǐ 修瀡 1-1382B
xiǔsuǐ 滫瀡 6-17B
xiǔsuǐ 滫髓 6-17B
xiǔsuǐ 滫滫 6-17B
xiǔsuǐ 滫滫 5-1492B
xiùsuì 秀穗 8-10B
xiūsuō 羞縮 9-167B
xiǔsuǒ 朽索 4-724B
xiùtà 繡闥 9-1039A
xiūtài 休泰 1-1172A
xiūtài 修態 1-1380A
xiūtài 脩態 1-1495A
xiǔtái 朽駘 4-725B
xiūtǎn 羞袒 9-167A
xiǔtàn 朽炭 4-724B
xiūtè 脩慝 1-1495A
xiùtè 秀特 8-8A
xiūtī 修剔 1-1375B
xiǔtiáofǔsuǒ 朽條腐索 4-724B
xiūtíng 休停 1-1173B
xiūtǐng 修脡 1-1375B
xiūtǐng 脩脡 1-1493A
xiùtǐng 秀挺 8-7B
xiūtōng 修通 1-1376A
xiūtóng 脩同 1-1491A
xiūtóng 髹彤 12-742A
xiūtǒng 髹筒 12-742A
xiùtǒng 袖筒 9-51A
xiùtóu 袖頭 9-51B
xiūtú 修途 1-1375B
xiūtú 修塗 1-1379A
xiūtú 脩塗 1-1495A
xiūtú 髹塗 12-742A
xiūtuì 休退 1-1172A
xiūwài 休外 1-1170A
xiùwàihuìzhōng 秀外惠中 8-6B
xiùwàihuìzhōng 秀外慧中 8-6B
xiūwán 修完 1-1373A
xiūwán 脩完 1-1491B
xiùwán 繡丸 9-1036B
xiùwǎn 秀婉 8-9A
xiūwēi 脩威 1-1492B
xiūwéi 修爲 1-1377B
xiūwěi 修偉 1-1376B
xiūwěi 脩偉 1-1493B
xiūwèi 羞味 9-166B
xiūwèi 羞畏 9-166B
xiǔwěi 朽葦 4-725A
xiùwěi 秀偉 8-8B
xiùwèi 臭味 8-1339A
xiùwèi 秀蔚 8-9B
xiùwèixiāngtóu 臭味相投 8-1339A
xiūwén 修文 1-1371B
xiūwén 脩文 1-1491A
xiūwèn 休問 1-1174A
xiūwèn 修問 1-1376B
xiūwèn 脩問 1-1493B
xiùwén 繡文 9-1036B
xiùwén 嗅聞 3-465A
xiūwénláng 修文郎 1-1371B
xiūwényǎnwǔ 修文偃武 1-1371B
xiūwū 羞汙 9-166A
xiūwǔ 修武 1-1373B
xiūwù 休務 1-1173B
xiūwù 羞惡 9-167A
xiǔwù 朽物 4-724B
xiùwù 秀悟 8-8B
xiùwù 秀晤 8-8B
xiūxī 休息 1-1172B
xiūxī 修晳 1-1378A
xiūxí 修習 1-1376B
xiūxí 脩習 1-1493B
xiūxì 修郄 1-1374A
xiūxì 修郤 1-1375A
xiūxì 修隙 1-1378A
xiūxì 修禊 1-1379A
xiūxì 脩禊 1-1495A
xiūxiá 休暇 1-1174B
xiūxiá 羞椴 9-167B
xiūxiá 髹匣 12-741B
xiūxià 休下 1-1169A
xiūxià 休夏 1-1172B
xiūxià 脩下 1-1490B
xiǔxià 朽下 4-723B
xiūxiān 修仙 1-1372A
xiūxiān 修先 1-1372B
xiūxiān 修纖 1-1382B
xiūxiān 脩纖 1-1496A
xiūxián 休閒 1-1174B
xiūxián 休閑 1-1174A
xiūxiǎn 休顯 1-1176B
xiūxiàn 羞獻 9-167B
xiūxiándì 休閑地 1-1174B
xiūxiáng 休祥 1-1173A
xiūxiǎng 休享 1-1171B
xiūxiǎng 休想 1-1174B
xiūxiāng 艉香 12-1424A
xiùxiàng 秀項 8-9A
xiùxiàng 繡像 9-1038B
xiūxiāo 鵂梟 12-1090B
xiūxiào 修孝 1-1373A
xiùxiào 秀孝 8-7A
xiūxiē 休歇 1-1174B
xiǔxiè 朽謝 4-725B
xiūxuēlì 瘀瘧痢 8-315A
xiūxīn 修心 1-1371B
xiūxíng 休行 1-1170B
xiūxíng 修刑 1-1372B
xiūxíng 修行 1-1372B
xiūxíng 脩行 1-1491A
xiūxǐng 修省 1-1375A
xiūxǐng 脩省 1-1492B
xiūxìng 修性 1-1374B
xiùxiōng 繡胸 9-1038A
xiūxiū 休休 1-1170A

xiūxiū 修修 1-1375A
xiūxiū 咻咻 3-329A
xiūxiū 烋烋 7-65A
xiūxiū 脩脩 1-1493A
xiūxiudādā 羞羞答答 9-166B
xiūxiūsǎn 休休散 1-1170B
xiūxiūtíng 休休亭 1-1170B
xiùxiùxiáxiá 嗅嗅暇暇 3-469A
xiūxiūyǒuróng 休休有容 1-1170B
xiūxīzì 休息字 1-1173A
xiūxù 修序 1-1373A
xiùxuǎn 秀選 8-10A
xiūxué 休學 1-1175B
xiūxué 修學 1-1381A
xiūxué 脩學 1-1495B
xiùxuē 秀削 8-7B
xiūxūn 休勳 1-1176A
xiūyǎ 修雅 1-1377A
xiùyǎ 秀雅 8-9A
xiūyán 休延 1-1170B
xiūyán 修言 1-1373A
xiūyán 羞顏 9-167B
xiūyán 脩延 1-1491A
xiūyǎn 休偃 1-1173B
xiūyàn 休宴 1-1173A
xiūyàn 髹研 12-742A
xiùyán 秀顏 8-10B
xiùyán 繡筵 9-1038A
xiùyàn 秀彥 8-7B
xiùyàn 秀艷 8-11A
xiūyáng 休揚 1-1174A
xiūyǎng 休養 1-1175A
xiūyǎng 修養 1-1379B
xiūyǎngshēngxī 休養生息 1-1175A
xiūyǎngsuǒ 休養所 1-1175A
xiūyáo 饈餚 12-574A
xiūyè 休業 1-1174B
xiūyè 修夜 1-1374A
xiūyè 修業 1-1378A
xiūyè 修謁 1-1381A
xiūyè 脩夜 1-1492A
xiūyè 脩業 1-1494B
xiūyè 脩謁 1-1495B
xiùyě 秀野 8-8B
xiùyè 秀業 8-9B
xiùyè 秀靨 8-10B
xiūyí 修儀 1-1380A
xiūyí 脩儀 1-1495A
xiūyǐ 休已 1-1169B
xiūyì 休逸 1-1174A
xiūyì 休懿 1-1176B
xiūyì 修意 1-1378B
xiūyì 修義 1-1378B
xiūyì 修肄 1-1378B
xiūyì 修藝 1-1381B
xiùyī 繡衣 9-1037A
xiùyí 秀嶷 8-10B
xiùyì 秀異 8-8B
xiùyì 秀逸 8-9A
xiùyīlì 繡衣吏 9-1037A
xiūyìn 庥蔭 3-1230A
xiūyíng 修營 1-1381A
xiūyíng 脩營 1-1495B
xiūyǐng 脩景 1-1494A
xiūyìng 休應 1-1176A
xiūyìng 庥映 3-1230A
xiùyīng 秀英 8-7B
xiùyíng 琇瑩 4-581B
xiùyǐng 秀穎 8-10B
xiùyìng 秀映 8-7B
xiùyīshǐzhě 繡衣使者 9-1037A
xiùyīyùshǐ 繡衣御史 9-1037A
xiùyīzhífǎ 繡衣執法 9-1037A
xiùyīzhízhǐ 繡衣直指 9-1037A
xiūyǒng 修甬 1-1373B
xiūyǒng 脩永 1-1491A
xiǔyōng 朽癰 4-726A
xiūyòu 休祐 1-1172A
xiūyú 脩魚 1-1493B
xiūyù 休裕 1-1174A
xiūyù 休豫 1-1175B
xiūyù 休譽 1-1176B
xiūyù 修譽 1-1382A
xiūyù 鱻鬻 12-653B
xiǔyǔ 朽窳 4-725B
xiùyú 秀腴 8-9B
xiùyǔ 秀語 8-9B
xiùyǔ 繡羽 9-1037A
xiūyuán 修原 1-1375B
xiūyuǎn 脩遠 1-1494B
xiūyuàn 修怨 1-1375A
xiùyuán 秀媛 8-9B
xiūyuè 修月 1-1371B
xiūyuè 羞月 9-166A
xiùyuè 秀越 8-9A
xiūyūn 羞暈 9-167A
xiūyún 修筠 1-1378B
xiūyún 脩筠 1-1494B
xiūyùn 休運 1-1174A
xiùyún 秀筠 8-9B
xiūyǔwéiwǔ 羞與爲伍 9-167A
xiūzǎo 脩藻 1-1496A
xiūzào 修造 1-1375B
xiùzào 秀造 8-8B
xiūzé 休澤 1-1176A
xiūzēng 修增 1-1380A
xiūzhá 修札 1-1372A
xiūzhāi 修齋 1-1381B
xiūzhàn 休戰 1-1175B
xiǔzhàn 朽棧 4-725A
xiǔzhàng 朽杖 4-724A
xiùzhāng 袖章 9-51A
xiūzhào 休兆 1-1170B
xiǔzhé 朽折 4-724B
xiùzhé 袖摺 9-51A
xiūzhēn 休禎 1-1174B
xiūzhēn 修真 1-1375B
xiūzhēn 脩真 1-1493A
xiūzhěn 修軫 1-1377A
xiùzhēn 袖珍 9-50B
xiùzhēnběn 袖珍本 9-50B
xiūzhēng 休徵 1-1175B
xiūzhěng 休整 1-1175B
xiūzhěng 修整 1-1380B
xiūzhěng 脩整 1-1495B
xiūzhèng 休證 1-1176B
xiūzhèng 修正 1-1372A
xiūzhèng 修政 1-1375A
xiūzhèng 修證 1-1382A
xiūzhèng 脩正 1-1491A
xiūzhèng 脩政 1-1492B
xiùzhěng 秀整 8-10A
xiūzhèngzhǔyì 修正主義 1-1372A
xiūzhēnyǎngxìng 修真養性 1-1375B
xiūzhí 修直 1-1373B
xiūzhí 修執 1-1376A
xiūzhí 修職 1-1381B
xiūzhí 脩職 1-1496A
xiūzhǐ 休止 1-1169B
xiūzhǐ 休祉 1-1171B
xiūzhì 休致 1-1172B
xiūzhì 修忮 1-1373A
xiūzhì 修治 1-1374A
xiūzhì 修櫛 1-1381A
xiūzhì 修贄 1-1381B
xiūzhì 脩志 1-1491B
xiūzhì 脩治 1-1492A
xiǔzhì 朽質 4-725B
xiùzhì 秀峙 8-7B
xiùzhì 秀質 8-10A
xiùzhōnghuīquán 袖中揮拳 9-50B
xiùzhóu 袖軸 9-51A
xiūzhū 髹朱 12-741B
xiūzhú 修竹 1-1372B
xiūzhú 脩竹 1-1491A
xiūzhǔ 脩煮 1-1493B
xiūzhù 修築 1-1381A
xiūzhù 髹箸 12-742A
xiǔzhū 朽株 4-724B
xiùzhú 秀竹 8-7A
xiūzhuā 脩檛 1-1495A
xiūzhuàn 修撰 1-1380A
xiūzhuàn 修饌 1-1382A
xiūzhuàn 脩撰 1-1495A
xiūzhuàn 饈饌 12-574B
xiǔzhuāng 朽樁 4-725B
xiǔzhúgāozhōu 朽竹篙舟 4-724A
xiǔzhūkūmù 朽株枯木 4-724B
xiūzhuó 修斲 1-1380A
xiǔzhuó 滫濯 6-17B
xiùzhuó 秀擢 8-10B
xiǔzì 朽胔 4-725A
xiùzi 袖子 9-50A
xiùzǐ 繡梓 9-1038A
xiūzōng 修綜 1-1380A
xiǔzōng 朽樅 4-726A
xiūzú 休足 1-1171A
xiūzú 休卒 1-1171B
xiūzǔ 修阻 1-1373B
xiūzuǎn 修纂 1-1382A
xiūzuò 休坐 1-1171A
xiūzuò 休祚 1-1172A
xiūzuò 修作 1-1373A
xiūzuò 羞怍 9-166B
xiūzuò 脩作 1-1491B
xiùzuò 繡作 9-1037B
xīwā 西洼 8-745A
xīwā 羲媧 9-192B
xīwā 犧媧 6-291B
xīwá 細娃 9-783B
xīwān 溪灣 6-24B
xīwān 膝彎 6-1368B
xīwǎn 惜惋 7-591A
xíwán 習玩 9-646B
xíwán 襲玩 9-148B
xíwán 襲頑 9-149B
xǐwán 洗玩 5-1153A
xìwán 細玩 9-782B
xìwán 戲玩 5-253B
xīwáng 西王 8-739A
xīwàng 希望 3-697A
xīwàng 息望 7-503B
xīwàng 睎望 5-742A
xīwàng 俙望 1-1604A
xīwàng 睎望 7-1223A
xīwàng 徯望 3-1063B
xìwàng 繫望 9-1026B
xìwàng 系望 9-695B
xìwàng 係望 1-1413A
xīwángmǔ 西王母 8-739A
xīwēi 希微 3-697B
xīwēi 析微 4-859A
xīwēi 晞微 5-742B
xīwēi 稀微 8-91B
xīwēi 熹微 7-282A
xīwēi 曦微 5-850B
xīwéi 犀圍 6-284B
xíwèi 席位 3-724A
xíwèi 襲位 9-148B
xǐwěi 徙尾 3-986A
xǐwèi 洗胃 5-1154A
xǐwèi 洗渭 5-1155B
xǐwèi 喜慰 3-406A
xìwēi 細微 9-785B
xìwěi 細猥 9-785A
xīwēicháyì 析微察異 4-859A
xíwéigùcháng 習爲故常 9-648B
xīwén 西文 8-739B
xīwén 犀紋 6-284A
xīwén 羲文 9-192A
xīwěn 息穩 7-504B
xíwén 習聞 9-649A
xíwén 檄文 4-1338B
xìwén 戲文 5-252B
xīwèng 醯甕 9-1444A
xǐwénlèjiàn 喜聞樂見 3-405B
xìwénzǐdì 戲文子弟 5-252B
xīwú 西吳 8-741B
xīwú 奚吾 2-1544B
xīwǔ 錫儛 11-1325A

xíwū 席屋 3-724B
xíwǔ 習武 9-646B
xǐwǔ 喜舞 3-405B
xìwū 隙屋 11-1092A
xìwǔ 戲侮 5-254A
xìwǔ 戲侮 5-253B
xìwǔ 鬩侮 12-726B
xìwù 細物 9-782B
xìwù 細務 9-784B
xìwǔqín 戲五禽 5-252B
xīxī 噏噏 3-534B
xīxī 猎猎 5-73A
xīxī 悽悽 7-592B
xīxī 棲棲 4-1094B
xīxī 吚吚 3-184A
xīxī 西夕 8-738B
xīxī 西西 8-740B
xīxī 吸吸 3-182A
xīxī 扸扸 6-374B
xīxī 昔昔 5-585B
xīxī 析析 4-858B
xīxī 肸肸 6-1179A
xīxī 奚奚 2-1545A
xīxī 娭娭 4-367B
xīxī 息息 7-503A
xīxī 悉悉 7-535B
xīxī 惜惜 7-591A
xīxī 淅淅 5-1347A
xīxī 欷欷 9-1178B
xīxī 晰晰 5-758B
xīxī 晢晢 5-758B
xīxī 稀稀 8-91A
xīxī 翕翕 9-653B
xīxī 晳晳 8-274A
xīxī 熙熙 7-222A
xīxī 嘻嘻 3-500B
xīxī 嘻嚱 3-500B
xīxī 噏噏 3-511B
xīxī 嬉嬉 4-408A
xīxī 歙歙 6-1474B
xīxī 錫錫 11-1325A
xīxī 譆譆 11-410B
xīxī 喜喜 3-404B
xīxī 潝潝 6-142B
xīxī 戲戲 5-257B
xīxī 噾噾 3-495B
xīxī 噻噻 3-493B
xīxī 謑謑 11-421A
xīxí 裼襲 9-107B
xīxí 西席 8-746B
xīxí 吸習 3-183A
xīxí 昔席 5-585B
xīxí 翕習 9-653A
xīxí 噏習 3-511A
xīxí 膝席 6-1368A
xīxí 歙習 6-1474A
xīxì 唏嚱 3-364A
xīxì 娭戲 4-367B
xīxì 翕赩 9-653B
xīxì 嘻戲 3-500B
xīxì 嬉戲 4-408A
xīxì 歙赩 6-1474B
xīxì 熻赩 7-259B
xīxì 巇隙 3-874B
xíxí 瘤瘤 8-355A
xíxí 習習 9-648A
xíxí 襲襲 9-150A
xíxí 鰼鰼 12-1247B
xǐxǐ 葸葸 9-471B
xǐxǐ 漇漇 6-92B
xǐxǐ 蓰蓰 9-538A
xǐxǐ 憘憘 7-734B
xǐxǐ 諰諰 11-344A
xǐxǐ 縰縰 9-1000B
xǐxǐ 纚縰 9-1064B
xǐxǐ 纚纚 9-1064B
xǐxǐ 躧屣 10-575A
xǐxǐ 躧跐 10-575B
xǐxǐ 躧躧 10-575B
xǐxì 徙繫 3-987B
xǐxì 躧舄 10-575A
xìxī 愾息 7-679B
xìxī 愾惜 7-679B
xìxī 隙巇 11-1093A
xìxī 赩翕 9-1179B
xìxī 戲嬉 5-257A
xìxí 瘤瘤 8-355A
xìxì 嚱嚱 3-559A
xìxì 咥咥 3-320A
xìxì 盻盻 7-1188B
xìxì 款款 6-1441A
xìxì 細細 9-785A
xìxì 赩赩 9-1179B
xìxì 覤覤 10-339A
xìxì 黖黖 12-1345B
xìxì 虩虩 8-851A
xìxì 㰨㰨 3-554A
xīxiā 吸呷 3-182B
xīxiā 翕呷 9-652B
xīxiā 噏呷 3-511A
xīxiá 吸霞 3-183B
xīxià 西夏 8-746B
xīxià 膝下 6-1367B
xíxiá 習狎 9-647A
xíxià 濕下 6-187A
xíxià 席下 3-723B
xìxiá 細瑕 9-785A
xìxiá 細黠 9-786B
xìxiá 戲狎 5-253B
xìxià 隙罅 11-1092B
xīxī'á'á 嘻嘻嗄嗄
3-500B
xīxiān 希仙 3-695B
xīxiān 莃莶 9-422B
xīxiān 豨莶 10-26A
xīxián 希賢 3-698A
xīxiǎn 淅灑 5-1347B
xīxiǎn 巇嶮 3-874B
xīxiàn 羲獻 9-193A
xīxiàn 錫羨 11-1324B
xíxián 習閑 9-648B
xìxián 繫銜 9-1026B
xìxián 隙嫌 11-1092A
xìxiàn 餼獻 12-573B
xīxiāng 西鄉 8-748B
xīxiǎng 希想 3-697B
xīxiǎng 肸蠁 6-1179B
xīxiǎng 肸蠁 6-1179A
xīxiǎng 息響 7-505A
xīxiǎng 息饗 7-505A
xīxiǎng 翕響 9-654A
xīxiǎng 錫饗 11-1325A
xīxiàng 西鄉 8-748B
xīxiàng 西嚮 8-752B
xīxiàng 希向 3-696A
xīxiàng 犀象 6-284B
xíxiāng 習鄉 9-648B
xǐxiàng 洗象 5-1155A
xǐxiàng 喜像 3-405B
xìxiāng 戲箱 5-257A
xìxiǎng 細響 9-787A
xìxiàng 繫象 9-1026A
xǐxiāngféng 喜相逢 3-403A
xīxiàngguǎn 犀象管 6-284B
xǐxiànyúsè 喜見於色
3-402B
xīxiào 西笑 8-746B
xīxiào 熙笑 7-221B
xīxiào 誒笑 11-258A
xīxiào 嘻笑 3-500A
xīxiào 嬉笑 4-407B
xīxiào 喜笑 3-404B
xǐxiào 喜笑 3-404A
xìxiǎo 細小 9-781A
xìxiào 戲笑 5-254B
xīxiàonùmà 嘻笑怒罵
3-500A
xīxiàonùmà 嬉笑怒罵
4-407B
xīxiàonùmà…
嬉笑怒罵，皆成文章
4-407B
xǐxiàoyánkāi 喜笑顏開
3-404A
xìxiázi 戲匣子 5-253B
xīxīběifēng 吸西北風
3-181B
xīxīchūchū 譆譆出出
11-410B
xīxiē 希歇 3-697B
xīxiē 息歇 7-504A
xīxié 翕協 9-652B
xīxié 嬉諧 4-408A
xīxiè 釐謝 10-423B
xīxiè 棲屑 4-1094A
xīxiè 析謝 4-860A
xīxiè 嬉懈 4-408A
xīxiè 嬉褻 4-408A
xǐxiè 洗寫 5-1156B
xìxiè 繫械 9-1026A
xìxiè 係絏 1-1413A
xìxiè 係緤 1-1413B
xìxiè 戲媟 5-255B
xìxiè 戲褻 5-257B
xīxīhāhā 嘻嘻哈哈 3-500B
xīxīhāhā 唏唏哈哈 3-363B
xīxīhǎn'er 希希罕兒
3-696A
xīxīhēhē 嘻嘻呵呵 3-500B
xīxīhuánghuáng 悽悽惶惶
7-592B
xīxīlālā 稀稀拉拉 8-91A
xīxīlìlì 淅淅瀝瀝 5-1347A
xīxīlínglíng 淅淅零零
5-1347A
xīxīliūliū 吸吸溜溜
3-182A
xīxīluòluò 稀稀落落 8-91A
xīxīmòmò 棲棲默默 4-1095A
xīxīn 希心 3-695A
xīxīn 析薪 4-859B
xīxīn 息心 7-501B
xīxīn 悉心 7-535A
xīxīn 翕心 9-652B
xīxīn 谿心 10-1321A
xíxīn 習心 9-645B
xǐxīn 洒心 5-1137A
xǐxīn 洗心 5-1151B
xǐxīn 徙薪 3-987A
xǐxìn 喜信 3-403A
xìxīn 繫心 9-1025A
xìxīn 係心 1-1412B
xìxīn 細心 9-781B
xìxīn 細辛 9-782A
xǐxīndílǜ 洗心滌慮
5-1152A
xīxīng 西興 8-752A
xīxīng 稀星 8-90B
xīxíng 郄行 10-675A
xīxíng 膝行 6-1367B
xīxìng 希姓 3-696B
xīxìng 希幸 3-696B
xīxìng 奚幸 2-1544B
xīxìng 奚倖 2-1545A
xīxìng 傒倖 1-1604A
xīxìng 徯倖 3-1063A
xíxīng 襲興 9-150A
xíxíng 習行 9-646B
xíxìng 習性 9-647A
xǐxìng 喜幸 3-402B
xìxíng 細行 9-782A
xǐxīngémiàn 洗心革面
5-1151B
xǐxīngēngshǐ 灑心更始
6-220B
xīxíngpúfú 膝行匍伏
6-1368A
xīxíngpúfú 膝行蒲伏
6-1368A
xǐxíngyúsè 喜形於色
3-402B
xǐxīnhuímiàn 洗心回面
5-1151B
xǐxīnjīng 洗心經 5-1152A
xīxīnkè 息心客 7-502A
xǐxīnqūtū 徙薪曲突 3-987A
xǐxīntáng 洗心糖 5-1152A
xīxīntǔgù 吸新吐故 3-183B
xǐxīnyàngù 喜新厭故
3-405A
xǐxīnyànjiù 喜新厭舊
3-405A
xíxīnzhěnkuài 席薪枕塊
3-725B
xīxīrán 嬉嬉然 4-408A
xīxīrāngrāng 嘻嘻嚷嚷

3-500B
xīxīrǎngrǎng 熙熙壤壤 7-222A
xīxīrǎngrǎng 熙熙攘攘 7-222A
xīxīsàsà 淅淅颯颯 5-1347A
xīxīsuǒsuǒ 淅淅索索 5-1347A
xīxiū 息休 7-502A
xīxiù 夕秀 3-1146B
xíxiū 襲庥 9-149A
xīxīxiāngguān 息息相關 7-503A
xīxīxiāngtōng 息息相通 7-503A
xīxīxùxù 嘻嘻旭旭 3-500B
xīxīyán 昔昔鹽 5-585B
xīxīyán 淅淅鹽 5-1347A
xīxīzǐzǐ 潝潝訿訿 6-142B
xīxū 吸欻 3-183B
xīxū 希旴 3-696B
xīxū 唏嘘 3-363B/364A
xīxū 悕𢡄 7-549A
xīxū 欷歔 6-1442A
xīxū 欷吁 6-1442A
xīxū 翕欻 9-654A
xīxū 嘻吁 3-500A
xīxǔ 奊㕦 7-80B
xīxù 西序 8-742A
xīxù 熙續 7-222B
xǐxù 洗敘 5-1155A
xìxù 禊序 7-941B
xīxuān 犀軒 6-284A
xīxuān 羲軒 9-192B
xīxuān 曦軒 5-850B
xīxué 西學 8-752A
xīxué 鼷穴 12-1415A
xīxuè 嬉謔 4-408A
xíxué 習學 9-649B
xǐxuē 洗削 5-1154A
xǐxuě 洗雪 5-1154B
xǐxuě 喜雪 3-404B
xìxué 郤穴 10-627B
xìxué 隙穴 11-1091B
xìxuè 戲謔 5-257B
xīxuèguǐ 吸血鬼 3-182A
xìxuézhīkuī 隙穴之窺 11-1091B
xīxūn 夕曛 3-1148A
xǐxùn 喜訊 3-404A
xìxūn 隙曛 11-1093A
xīyān 夕煙 3-1147B
xīyān 西崦 8-748A
xīyān 析煙 4-859A
xīyán 希言 3-696A
xīyán 希顏 3-698B
xīyán 析言 4-858B
xīyán 息言 7-502A
xīyán 熙顏 7-222B
xīyǎn 息偃 7-503B
xīyǎn 膝眼 6-1368A
xīyàn 西諺 8-752A
xīyàn 昔彥 5-585B
xīyàn 息宴 7-503B
xīyàn 犀焰 6-285A
xīyàn 翕焱 9-653B
xīyàn 熙焰 7-222A
xīyàn 錫硯 11-1324B
xīyàn 錫燕 11-1324B
xíyán 襲沿 9-148B
xǐyán 喜筵 3-405A
xǐyǎn 洗眼 5-1154B
xǐyàn 喜宴 3-404A
xìyán 戲言 5-253B
xìyǎn 戲眼 5-255A
xìyàn 禊宴 7-941B
xíyānbùchá 習焉不察 9-647B
xíyānbùjué 習焉不覺 9-648A
xíyānfúchá 習焉弗察 9-648A
xīyāng 息鞅 7-504A
xīyáng 夕陽 3-1147A
xīyáng 西洋 8-745A
xīyáng 西陽 8-748B
xīyáng 晞陽 5-742B
xīyáng 熙陽 7-221B
xīyáng 羲陽 9-192B
xīyáng 犧羊 6-291A
xīyáng 戲陽 5-255A
xīyǎng 奚養 2-1545B
xīyǎng 息養 7-504A
xīyǎng 徯仰 3-1063A
xīyǎng 豯養 10-1343A
xíyáng 習颺 9-650A
xíyǎng 習養 9-649A
xìyáng 餼羊 12-573A
xìyǎng 係仰 1-1412B
xīyángchōng 夕陽舂 3-1147A
xīyánghuà 西洋畫 8-745A
xīyángjǐng 西洋景 8-745A
xīyángjìng 西洋鏡 8-745A
xīyánglóu 夕陽樓 3-1147A
xīyǎngsāobèi 膝癢搔背 6-1368B
xīyángshēn 西洋參 8-745A
xīyángtíng 夕陽亭 3-1147A
xǐyángyáng 喜洋洋 3-403A
xǐyángyáng 喜揚揚 3-404B
xīyánpòlǜ 析言破律 4-858B
xīyáo 西窯 8-751B
xīyáo 羲爻 9-192A
xīyào 蹊要 10-531A
xīyào 西藥 8-752B
xīyào 晞曜 5-742B
xīyào 熙曜 7-222B
xīyào 羲曜 9-193A
xīyào 曦曜 5-851A
xìyāo 繫腰 9-1026B
xìyāo 細腰 9-785B
xìyāo 細要 9-783B
xìyāo 細𦝫 9-785A
xìyāogōng 細腰宮 9-785B
xìyāogǔ 細腰鼓 9-785B
xìyázi 細伢子 9-782A
xīyē 西掖 8-747B
xīyé 昔邪 5-585A
xīyé 昔耶 5-585B
xíyè 習業 9-648B
xǐyè 徙業 3-987A
xíyěchénggōng 襲冶承弓 9-148B
xīyèguó 西夜國 8-743A
xīyī 裼衣 9-107A
xīyī 西醫 8-752B
xīyī 希衣 3-696A
xīyí 西夷 8-740B
xīyí 希夷 3-695B
xīyí 析疑 4-859B
xīyí 熙怡 7-221A
xīyí 熙恞 7-221B
xīyí 嬉怡 4-407B
xīyì 西邑 8-741B
xīyì 西裔 8-750A
xīyì 希意 3-697B
xīyì 析義 4-859A
xīyì 析翳 4-860A
xīyì 息悒 7-503B
xīyì 息意 7-504A
xīyì 悉意 7-535B
xīyì 翕熠 9-654A
xīyì 翕翼 9-654A
xīyì 翕繹 9-654A
xīyì 熙乂 7-221A
xīyì 蜥易 8-912B
xīyì 蜥蜴 8-912B
xīyì 羲易 9-192A
xíyī 襲衣 9-148A
xíyī 褶衣 9-136B
xíyí 習儀 9-649B
xíyí 檄移 4-1338B
xíyì 習肄 9-648B
xíyì 習藝 9-650A
xǐyí 洗匜 5-1152A
xǐyí 徙移 3-986B
xǐyí 徙迤 3-986A
xǐyǐ 徙倚 3-986B
xǐyì 徙意 3-987A
xǐyì 徙義 3-987A
xǐyì 喜意 3-405A
xǐyì 喜懌 3-406A
xìyī 戲衣 5-253A
xìyí 細姨 9-783B
xìyì 繫意 9-1026B
xìyì 舃奕 8-1290A
xìyì 係意 1-1413B
xìyì 細意 9-786A
xìyì 赩奕 9-1179B
xìyì 戲弈 5-254A
xíyǐchéngxìng 習以成性 9-645B
xǐyījī 洗衣機 5-1152B
xíyījiānshí 襲衣兼食 9-148A
xīyíkuāngmiù 析疑匡謬 4-859B
xīyīn 夕陰 3-1146B
xīyīn 西音 8-744B
xīyīn 希音 3-696B
xīyīn 息陰 7-503B
xīyīn 惜陰 7-590B
xīyīn 傒音 1-1604A
xīyǐn 西引 8-740A
xīyǐn 吸引 3-181B
xīyǐn 吸飲 3-183A
xīyǐn 錫引 11-1323B
xīyìn 息胤 7-502B
xīyìn 息亂 7-502B
xīyìn 錫胤 11-1324A
xíyīn 襲因 9-148A
xíyǐn 習隱 9-650A
xíyìn 襲蔭 9-149B
xíyìn 襲廕 9-149B
xǐyìn 洗印 5-1152A
xìyǐn 係引 1-1412B
xìyǐn 禊飲 7-942A
xìyǐn 稧飲 8-107A
xīyīng 夕英 3-1146B
xīyíng 希迎 3-696A
xīyǐng 夕影 3-1147B
xīyǐng 息景 7-504A
xīyǐng 息影 7-504B
xīyǐng 晞景 5-742B
xīyǐng 惜景 7-591A
xīyǐng 熙景 7-222A
xīyǐng 羲景 9-192B
xīyìng 翕應 9-654A
xíyītóují 檄醫頭疾 4-1338B
xíyǐwéicháng 習以爲常 9-645B
xīyìzhái 西益宅 8-747A
xīyōng 西墉 8-750B
xīyōng 西雝 8-752B
xīyōng 西廱 8-753A
xīyōng 熙雍 7-222A
xíyòng 習用 9-645B
xíyòng 襲用 9-148A
xǐyōng 徙癰 3-987B
xǐyǒng 喜踊 3-405B
xīyóu 熙遊 7-222A
xīyóu 嬉游 4-408A
xīyóu 嬉遊 4-408A
xīyǒu 希有 3-695B
xīyǒu 稀有 8-90A
xīyǒu 溪友 6-23A
xīyòu 錫祐 11-1324A
xīyòu 鼷鼬 12-1415A
xǐyóu 喜游 3-405A
xǐyòu 洗宥 5-1154A
xìyóu 禊游 7-942A
xìyóu 禊遊 7-942A
xìyóu 戲游 5-255B
xìyóu 戲遊 5-255B
xīyǒujīnshǔ 稀有金屬 8-90A
xīyǒuniǎo 希有鳥 3-695B
xīyǒuyuánsù 稀有元素 8-90A
xīyú 西虞 8-749B
xīyú 娭娛 4-367B
xīyú 嬉娛 4-407B
xīyú 熹娛 7-282A
xīyú 錫予 11-1323B
xīyǔ 西宇 8-741B

xīyǔ 西圉 8-748A
xīyǔ 析羽 4-858A
xīyǔ 傒語 1-1604B
xīyǔ 錫與 11-1324B
xīyù 西域 8-747B
xīyù 息譽 7-505A
xīyù 惜玉 7-590A
xīyù 淅玉 5-1346B
xīyù 犀玉 6-282B
xīyù 溪蜮 6-24A
xīyù 熙育 7-221A
xīyù 熻煜 7-259B
xīyù 羲御 9-192B
xīyù 羲馭 9-192B
xīyù 曦馭 5-850B
xīyǔ 檄羽 4-1338B
xǐyǔ 喜雨 3-403A
xǐyù 洗浴 5-1154B
xǐyù 徙御 3-987A
xǐyù 喜譽 3-406A
xìyú 細娛 9-784A
xìyú 戲渝 5-255B
xìyú 戲娛 5-255A
xìyǔ 細雨 9-782B
xìyǔ 細語 9-786A
xìyǔ 隙宇 11-1092A
xìyǔ 戲語 5-256A
xìyù 繫獄 9-1027A
xìyù 戲豫 5-257A
xīyuān 西宛 8-744A
xīyuán 西垣 8-744A
xīyuán 西園 8-750A
xīyuàn 西苑 8-742A
xīyuàn 析愿 4-859B
xíyuán 習緣 9-649B
xǐyuān 洗寃 5-1155A
xǐyuàn 喜願 3-406A
xìyuán 繫援 9-1026B
xìyuán 戲園 5-255B
xìyuàn 戲院 5-254B
xìyuánzi 戲園子 5-256A
xīyuè 夕月 3-1146A
xīyuè 西樂 8-751B
xīyuè 西岳 8-742B
xīyuè 西嶽 8-752A
xīyuè 嬉樂 4-408A
xīyuè 曦月 5-850B
xǐyuè 徙月 3-986A
xǐyuè 喜説 3-405B
xǐyuè 喜悦 3-404A
xǐyuè 喜躍 3-406B
xìyuè 細樂 9-786B
xìyuè 隙月 11-1091B
xǐyuèbiànwǔ 喜躍抃舞 3-406B
xìyǔhéfēng 細雨和風 9-782B
xīyùliánxiāng 惜玉憐香 7-590A
xīyùn 鼇運 10-422B
xīyùn 熙運 7-222A
xǐyùn 璽運 4-654B
xīyǔshéxíng 膝語蛇行 6-1368B
xíyǔtǐchéng 習與體成 9-648B
xíyǔxìngchéng 習與性成 9-648B
xízá 襲雜 9-150A
xīzǎi 西崽 8-749A
xīzǎi 西仔 8-740A
xīzǎi 犧宰 6-291B
xīzài 熙載 7-222A
xìzǎi 細崽 9-785A
xīzān 犀簪 6-285B
xīzāo 稀糟 8-91B
xǐzǎo 洗澡 5-1156B
xīzè 西昃 8-741B
xǐzé 洗澤 5-1156B
xìzé 細則 9-783B
xīzhá 犀札 6-282B
xīzhà 希吒 3-695B
xīzhà 希咤 3-696B
xīzhāi 西齋 8-752A
xīzhài 息債 7-504A
xǐzhái 徙宅 3-986A
xìzhài 戲責 5-255A
xǐzháiwàngqī 徙宅忘妻 3-986A
xízhàn 習戰 9-649B
xǐzhǎn 洗盞 5-1155B
xǐzhǎn 洗醆 5-1156A
xìzhān 細旃 9-784A
xìzhàn 戲戰 5-257B
xīzhāng 翕張 9-653A
xīzhàng 犀杖 6-283A
xīzhàng 錫杖 11-1323B
xǐzhàng 洗帳 5-1155A
xǐzhàng 喜幛 3-405B
xìzhàng 細仗 9-781B
xīzhào 夕照 3-1147B
xīzhào 西照 8-750A
xīzhào 犀照 6-285A
xǐzhào 喜兆 3-402A
xǐzhào 璽詔 4-654B
xìzhāo 戲招 5-253B
xìzhǎo 繫爪 9-1024B
xìzhào 戲照 5-255B
xīzhàoniúzhǔ 犀照牛渚 6-285A
xīzhé 蹊轍 10-531B
xīzhé 西哲 8-746A
xīzhě 昔者 5-585B
xīzhēn 西真 8-746B
xīzhēn 稀珍 8-90B
xīzhěn 蹊畛 10-531A
xīzhèn 翕振 9-653A
xízhēn 席珍 3-724B
xízhèn 習陳 9-647B
xīzhēng 熙蒸 7-222A
xīzhèng 熙政 7-221B
xìzhèng 細政 9-783A
xìzhēnmìlǚ 細針密縷 9-784A
xìzhēnmìxiàn 細針密綫 9-784A
xīzhēnshí 吸針石 3-183A
xìzhézi 戲折子 5-253B
xīzhī 析支 4-857B
xīzhī 析枝 4-858B
xīzhí 奚直 2-1544B
xīzhǐ 希旨 3-696A
xīzhǐ 希指 3-696B
xīzhǐ 息止 7-501B
xīzhǐ 溪沚 6-23A
xīzhǐ 錫紙 11-1324A
xīzhì 西畤 8-748A
xīzhì 息窒 7-503B
xīzhì 犀櫛 6-285B
xīzhì 傒志 3-1063A
xīzhì 鵗雉 12-1115B
xízhī 習知 9-646B
xízhí 襲職 9-150A
xǐzhì 洗志 5-1152B
xǐzhì 徙治 3-986B
xǐzhì 徙置 3-987A
xǐzhì 喜志 3-402B
xìzhī 郤枝 10-628A
xìzhí 繫縶 9-1027A
xìzhǐ 繫趾 9-1026A
xìzhì 繫治 9-1025B
xìzhì 繫滯 9-1027A
xìzhì 細致 9-783B
xìzhì 細緻 9-786B
xìzhīmòjié 細枝末節 9-782B
xīzhǐshīzhǎng 惜指失掌 7-590B
xīzhōng 析中 4-857B
xīzhǒng 皙種 5-759A
xīzhòng 奚仲 2-1544B
xìzhǒng 繫踵 9-1027A
xìzhǒng 系踵 9-695B
xìzhǒng 係踵 1-1413B
xìzhōngjū 隙中駒 11-1091B
xīzhōu 西州 8-740B
xīzhōu 西周 8-743A
xīzhōu 西洲 8-745B
xīzhōu 狶洲 5-57A
xīzhōu 犀舟 6-283A
xīzhóu 犀軸 6-284B
xīzhòu 犀軸 6-285A
xǐzhǒu 洗帚 5-1153B
xìzhōu 繫舟 9-1025A
xìzhǒu 繫肘 9-1025A
xìzhòu 系胄 9-695A
xīzhōulèi 西州淚 8-741A
xīzhōulù 西州路 8-741A
xīzhōumén 西州門 8-741A
xīzhōuqǔ 西洲曲 8-745B
xīzhōutóngzhù 溪州銅柱 6-23A
xīzhū 悉諸 7-536A
xīzhū 犀株 6-284A
xīzhú 西竺 8-742B
xīzhǔ 犀麈 6-285B
xīzhù 析箸 4-859B
xīzhù 犀筯 6-285A
xīzhù 昭著 5-688A
xǐzhū 喜蛛 3-404B
xǐzhú 洗竹 5-1152B
xǐzhú 徙逐 3-986B
xìzhǔ 繫屬 9-1027B
xìzhǔ 係屬 1-1414A
xīzhuāng 西裝 8-750A
xīzhuāng 粞裝 9-9A
xǐzhuāng 枲裝 4-945B
xǐzhuāng 洗妝 5-1153A
xǐzhuāng 洗粧 5-1155B
xǐzhuāng 洗糚 5-1156B
xìzhuāng 戲裝 5-256A
xīzhūn 夕窀 8-425B
xīzhuó 溪彴 6-23A
xīzhuó 錫卓 11-1324A
xǐzhuó 洒濯 5-1138A
xǐzhuó 灑濯 6-222A
xǐzhuó 枲著 4-945B
xǐzhuó 洗濯 5-1157A
xìzhuó 繫著 9-1026A
xǐzhuómócuì 洗濯磨淬 5-1157A
xìzhuōqián 繫捉錢 9-1026A
xǐzhúyánkāi 喜逐顔開 3-403B
xīzī 噏訿 3-511B
xīzī 諗訿 11-421A
xīzǐ 西子 8-739A
xīzǐ 息子 7-501B
xīzī 翕訿 9-653B
xīzǐ 溪子 6-23A
xīzǐ 谿子 10-1321A
xīzǐ 滄訿 6-142B
xīzì 析字 4-858A
xīzì 惜字 7-590B
xízi 席子 9-515B
xízi 褶子 9-136A
xízì 習字 9-646A
xǐzi 喜子 3-402A
xǐzi 蟢子 8-961A
xìzǐ 繫子 9-1024B
xìzǐ 細子 9-781A
xìzǐ 戲子 5-252A
xìzì 細字 9-782A
xīzǐhú 西子湖 8-739A
xīzìliǎn 西字臉 8-741B
xīzǐpěngxīn 西子捧心 8-739A
xīzìrújīn 惜字如金 7-590B
xīzīzī 喜孜孜 3-402B
xǐzīzī 喜滋滋 3-405A
xǐzìzì 喜恣恣 3-404A
xīzōng 希蹤 3-698B
xīzòng 嬉縱 4-408A
xīzú 息足 7-502A
xīzú 犀卒 6-283B
xìzú 繫足 9-1025A
xìzú 系族 9-695B
xìzú 細族 9-784B
xìzǔ 繫組 9-1026B
xízūn 席尊 3-725A
xízuò 習作 9-646A
xìzuò 細作 9-782A
xìzúrén 繫足人 9-1025A
xù'āi 敍哀 5-444A
xù'ài 畜愛 7-1337A
xù'ài 蓄艾 9-517A

xū'àn 虛闇 8-833B
xuān'ài 宣隘 3-1414A
xuān'àn 軒岸 9-1217B
xuán'ān 懸安 7-774A
xuán'àn 懸案 7-777B
xuān'áng 軒昂 9-1217A
xuān'ào 軒驁 9-1224A
xuán'ào 玄奧 2-319A
xuánbá 玄拔 2-308B
xuǎnbá 選拔 10-1240B
xuānbái 宣白 3-1406B
xuánbǎi 縣佰 9-965B
xuānbàng 喧謗 3-451B
xuānbàng 諠謗 11-356A
xuánbǎng 璇榜 4-631A
xuánbǎng 璇牓 4-631A
xuánbàng 懸棒 7-779B
xuānbào 宣報 3-1413A
xuánbāo 玄包 2-305B
xuánbǎo 懸保 7-776B
xuánbào 玄豹 2-314B
xuānbēi 喧卑 3-450A
xuānbèi 宣備 3-1413B
xuánbèi 〻貝 4-427A
xuánbèi 玄貝 2-306B
xuánbèi 旋背 6-1609B
xuǎnběn 選本 10-1239A
xuānbǐ 宣筆 3-1413A
xuānbì 軒陛 9-1218B
xuānbì 軒璧 9-1224A
xuánbǐ 懸筆 7-780A
xuánbì 玄璧 2-325A
xuánbì 旋辟 6-1611B
xuánbì 旋避 6-1612A
xuánbì 懸璧 7-783A
xuǎnbì 選辟 10-1244A
xuànbì 鉉辟 11-1248A
xuānbiàn 宣辨 3-1416B
xuánbiǎn 懸窆 7-776B
xuánbiàn 旋便 6-1609B
xuánbiàn 璇弁 4-630A
xuánbiàn 懸便 7-776B
xuǎnbiān 選編 10-1244B
xuánbiāo 還飆 10-1262A
xuánbiāo 還颮 10-1262B
xuánbiāo 玄標 2-322A
xuànbìchéngzhū 眩碧成朱 7-1199B
xuánbié 懸別 7-774B
xuánbìn 玄鬢 2-326A
xuānbīnduózhǔ 喧賓奪主 3-451A
xuánbīng 玄冰 2-306A
xuánbīng 懸冰 7-774A
xuánbīng 懸兵 7-774B
xuánbǐng 璇柄 4-630B
xuǎnbīng 選兵 10-1240A
xuǎnbīngmòmǎ 選兵秣馬 10-1240A
xuánbīngshùmǎ 懸兵束馬 7-774B
xuānbō 宣播 3-1415B
xuānbō 喧播 3-451A
xuānbō 諠播 11-355B
xuānbó 翾薄 5-112B
xuānbó 喧悖 3-450B
xuānbó 喧勃 3-450A
xuānbó 儇薄 1-1692B
xuānbó 嬛薄 4-415B
xuānbō 軒簸 9-1224A
xuánbō 玄波 2-309B
xuánbō 旋波 6-1609B
xuánbó 縣薄 9-968A
xuánbó 玄泊 2-309B
xuánbó 懸薄 7-782A
xuǎnbō 選撥 10-1244A
xuǎnbó 癬駁 8-369B
xuànbó 炫博 7-56A
xuànbó 衒博 3-1016B
xuānbózǐ 儇薄子 1-1692B
xuānbù 宣布 3-1406A
xuánbù 旋步 6-1609A
xuánbù 懸布 7-773B
xuánbù 懸步 7-774B
xuǎnbǔ 選補 10-1243B
xuǎnbù 選布 10-1239A
xuǎnbù 選部 10-1242B
xuǎnbù 選簿 10-1245B
xuànbù 眩怖 7-1198B
xuāncái 儇才 1-1692A
xuáncāi 懸猜 7-779A
xuáncǎi 玄采 2-309A
xuáncǎi 旋采 6-1609B
xuǎncái 選才 10-1238B
xuǎncái 選材 10-1239B
xuàncái 衒才 3-1016A
xuàncǎi 炫彩 7-56A
xuàncǎi 絢采 9-827B
xuáncāng 玄蒼 2-320A
xuāncǎo 萱草 9-490A
xuāncǎo 諠草 11-355A
xuāncǎo 諼草 11-346B
xuáncǎo 玄草 2-310B
xuáncǎo 旋草 6-1609B
xuǎncáo 選曹 10-1242B
xuǎncǎo 選草 10-1241B
xuāncè 軒側 9-1219B
xuāncè 軒厠 9-1219A
xuáncè 玄策 2-318B
xuáncè 懸測 7-780A
xuáncè 懸策 7-780A
xuāncéng 軒層 9-1222A
xuānchá 宣茶 3-1409B
xuànchà 衒詫 3-1017A
xuānchāi 宣差 3-1410A
xuǎnchāi 選差 10-1241B
xuānchán 諠嚵 11-356A
xuánchán 玄蟬 2-324B
xuānchǎng 軒裳 9-1221B
xuānchǎng 軒敞 9-1219B
xuānchǎng 軒廠 9-1221B
xuānchǎng 軒廠 9-1222A
xuānchàng 宣鬯 3-1411A
xuānchàng 宣暢 3-1415A
xuānchàng 宣暘 3-1415A
xuáncháng 玄裳 2-321A
xuánchǎng 玄場 2-318A
xuánchàng 玄鬯 2-314B
xuǎnchǎng 選場 10-1244A
xuǎnchǎng 選場 10-1243A
xuánchángcǎo 懸腸草 7-781A
xuánchángguàdù 懸腸掛肚 7-781A
xuānchāo 懸超 7-779B
xuáncháo 懸巢 7-779B
xuānchē 軒車 9-1217A
xuánchē 縣車 9-964B
xuánchē 旋車 6-1609A
xuánchē 懸車 7-774A
xuǎnchē 選車 10-1240A
xuānchén 宣陳 3-1411B
xuánchén 懸沉 7-774B
xuānchēng 宣稱 3-1415A
xuānchéng 宣承 3-1409B
xuānchéng 軒城 9-1217B
xuánchēng 玄赬 2-323A
xuánchéng 玄成 2-305B
xuánchēshùmǎ 懸車束馬 7-774B
xuánchēzhīnián 懸車之年 7-774A
xuánchēzhīsuì 懸車之歲 7-774B
xuānchí 軒墀 9-1221B
xuānchì 宣勑 3-1411A
xuānchì 宣勅 3-1410A
xuānchì 宣敕 3-1412A
xuānchì 宣錫 3-1416B
xuánchí 玄螭 2-323B
xuánchí 玄池 2-306B
xuánchí 玄墀 2-322A
xuánchí 璇墀 4-631A
xuànchì 眩眵 7-1199A
xuànchì 衒齒 3-1017A
xuánchóng 玄蟲 2-324B
xuánchóng 旋蟲 6-1612B
xuānchū 宣出 3-1406B
xuānchú 軒除 9-1218B
xuánchú 璇除 4-630B
xuánchǔ 懸處 7-778A
xuǎnchú 選除 10-1242A
xuánchuāi 懸揣 7-779B
xuānchuán 宣傳 3-1414A
xuānchuán 喧傳 3-451A
xuānchuǎn 蠉蝡 8-979A
xuánchuān 玄川 2-303A
xuānchuándàn 宣傳彈 3-1414B
xuānchuánduì 宣傳隊 3-1414B
xuānchuāng 軒窓 9-1219B
xuānchuāng 軒窗 9-1220A
xuānchuāng 軒牕 9-1222A
xuānchuāng 軒窻 9-1222B
xuánchuáng 懸床 7-774B
xuānchuánhuà 宣傳畫 3-1414B
xuānchuánpǐn 宣傳品 3-1414B
xuánchuí 縣垂 9-965B
xuánchuí 玄垂 2-309A
xuánchuí 懸垂 7-774B
xuānchūn 軒輴 9-1222B
xuánchún 縣鶉 9-968B
xuánchún 懸鶉 7-783A
xuánchúnbǎijié 懸鶉百結 7-783B
xuāncí 宣慈 3-1414B
xuāncí 諠詞 11-355A
xuāncì 宣賜 3-1415B
xuǎncí 選詞 10-1243B
xuàncí 炫辭 7-56B
xuàncí 衒辭 3-1017A
xuáncílěngyǔ 玄辭冷語 2-325A
xuáncóng 懸淙 7-779A
xuāncù 懁促 7-762A
xuāncuì 軒毳 9-1220A
xuāndá 宣答 3-1413A
xuāndá 宣達 3-1413A
xuāndá 軒達 9-1219B
xuándá 玄達 2-318A
xuàndá 衒達 3-1016B
xuándài 懸帶 7-778A
xuándān 玄丹 2-304A
xuándǎn 玄紞 2-315B
xuándǎn 懸膽 7-782B
xuándàn 玄淡 2-317B
xuándàn 玄窞 2-320B
xuándàn 玄澹 2-324A
xuándàn 懸石 7-773A
xuándànchéngshū 懸石程書 7-773B
xuāndǎo 宣導 3-1416A
xuāndǎo 宣道 3-1413B
xuāndào 宣道 3-1413B
xuándāo 懸刀 7-772B
xuándào 玄道 2-319A
xuándāomèng 懸刀夢 7-772B
xuāndé 宣德 3-1415B
xuándé 玄德 2-322B
xuǎndé 選德 10-1244B
xuāndéláng 宣德郎 3-1415B
xuāndélú 宣德爐 3-1415B
xuāndémén 宣德門 3-1415B
xuándèng 懸磴 7-782B
xuǎndēng 選登 10-1243B
xuándēngjiécǎi 懸燈結彩 7-782B
xuándéxuánshī 旋得旋失 6-1610B
xuāndéyáo 宣德窰 3-1415B
xuāndǐ 宣底 3-1409A
xuāndì 軒帝 9-1218A
xuándǐ 玄砥 2-313B
xuándì 玄的 2-306B
xuándì 玄帝 2-311B
xuǎndǐ 選底 10-1241A
xuāndiàn 軒殿 9-1221A
xuándiào 懸弔 7-773A
xuándiào 懸調 7-781B
xuǎndiào 選調 10-1244B
xuàndiào 眩掉 7-1199A
xuǎndié 選牒 10-1243B
xuāndǐng 軒鼎 9-1220A
xuándǐng 璇鼎 4-631A

xuándìng 玄定 2-310A
xuándìng 懸定 7-775A
xuàndìng 選定 10-1241A
xuāndìtóng 軒帝銅 9-1218A
xuāndòng 諠動 11-355A
xuāndòng 蜎動 8-900B
xuándōng 玄冬 2-305B
xuándòng 旋動 6-1610B
xuándòng 懸棟 7-780A
xuāndòu 諠鬪 11-356B
xuándǒu 玄斗 2-313B
xuāndú 宣讀 3-1418A
xuāndú 喧黷 3-452A
xuándū 玄都 2-313A
xuándǔ 玄覩 2-322A
xuándù 縣度 9-966B
xuándù 玄度 2-311B
xuánduān 玄端 2-321A
xuánduàn 縣斷 9-968B
xuánduàn 懸斷 7-783A
xuǎnduàn 選段 10-1241B
xuándūguàn 玄都觀 2-313A
xuānduì 宣對 3-1415A
xuándùn 玄遯 2-321A
xuàndùn 眩頓 7-1199A
xuānduó 宣奪 3-1414B
xuánduó 懸度 7-776B
xuǎnduó 選度 10-1241B
xuànduó 眩奪 7-1199B
xuándūtán 玄都壇 2-313A
xuān'è 儇惡 1-1692B
xuán'é 懸額 7-783A
xuán'è 璇萼 4-630B
xuán'è 璇蕚 4-631A
xuān'ēn 宣恩 3-1411A
xuán'ér 旋而 6-1609A
xuānfā 宣發 3-1414A
xuānfà 宣髮 3-1415A
xuánfá 縣乏 9-964A
xuánfá 懸乏 7-773A
xuánfǎ 縣法 9-965B
xuánfǎ 懸法 7-775A
xuánfà 玄髮 2-321B
xuǎnfǎ 選法 10-1241A
xuànfá 炫伐 7-55B
xuānfān 軒帆 9-1216B
xuānfān 翾翻 9-693A
xuānfán 喧煩 3-451A
xuānfán 喧繁 3-451B
xuānfán 諠煩 11-355B
xuānfán 諠繁 11-356A
xuánfǎn 旋反 6-1609A
xuánfǎn 旋返 6-1609B
xuānfáng 宣防 3-1407A
xuānfáng 宣房 3-1409B
xuānfáng 軒房 9-1217B
xuánfāng 玄方 2-304B
xuánfáng 玄房 2-310A
xuànfáng 渲房 5-1517B
xuānfēi 軒扉 9-1220A
xuānfēi 翾飛 9-693A
xuānfēi 蜎飛 8-900A
xuānfēi 蜎蜚 8-900B
xuānfèi 喧沸 3-450A
xuánfēi 玄扉 2-319B
xuánfēi 懸飛 7-777A
xuánfèi 玄廢 2-323A
xuǎnfèi 選費 10-1243B
xuānfēichǔndòng 蜎飛蠢動 8-900B
xuānfēirúdòng 蠉飛蠕動 8-979A
xuānfēirúdòng 蠉飛蝡動 8-979A
xuānfēirúdòng 蜎飛蠕動 8-900A
xuānfēirúdòng 蜎飛蝡動 8-900A
xuānfēn 喧紛 3-450B
xuānfèn 軒奮 9-1222B
xuānfèn 喧忿 3-450A
xuánfēn 玄紛 2-315B
xuānfēng 宣封 3-1409B
xuānfēng 宣風 3-1410A
xuānfēng 暄風 5-804B
xuānfēng 翾風 9-693A
xuánfēng 還風 10-1254B
xuánfēng 縣封 9-966A
xuánfēng 縣熢 9-968A
xuánfēng 玄封 2-310B
xuánfēng 玄風 2-311A
xuánfēng 玄蜂 2-320A
xuánfēng 玄灃 2-326A
xuánfēng 懸封 7-776A
xuánfēng 懸峯 7-777A
xuánfèng 玄鳳 2-320B
xuǎnfēng 選鋒 10-1244B
xuànfēng 飈風 12-650A
xuànfēng 旋風 6-1609B
xuànfēngbǐ 旋風筆 6-1610A
xuànfēngcèzi 旋風册子 6-1610A
xuánfēngchuí 懸風槌 7-776B
xuànfēngjiǎo 旋風脚 6-1610A
xuànfēngyè 旋風葉 6-1610A
xuànfēngzhuāng 旋風裝 6-1610A
xuǎnfóchǎng 選佛場 10-1240A
xuānfū 宣敷 3-1415B
xuānfú 猥浮 5-112B
xuānfú 軒服 9-1217B
xuānfú 儇浮 1-1692B
xuānfú 諠浮 11-355A
xuānfú 諼浮 11-346B
xuānfǔ 宣撫 3-1415B
xuānfù 宣父 3-1405B
xuānfù 宣付 3-1406A
xuánfū 玄夫 2-303B
xuánfú 玄服 2-309B
xuánfú 玄符 2-317A
xuánfú 漩洑 6-103A
xuánfú 漩澓 6-103A
xuánfú 懸浮 7-777B
xuánfú 懸符 7-778B
xuánfǔ 玄府 2-309B
xuánfǔ 懸釜 7-777B
xuánfù 旋復 6-1611A
xuánfù 懸附 7-774B
xuǎnfù 選付 10-1239A
xuànfú 炫服 7-55B
xuànfú 袨服 9-54B
xuànfú 衒服 3-1016B
xuánfùhuā 旋覆花 6-1612B
xuānfǔshǐ 宣撫使 3-1415B
xuāngài 軒蓋 9-1220B
xuángài 玄蓋 2-319B
xuángài 璇蓋 4-631A
xuāngàn 宣幹 3-1414A
xuāngàn 軒幹 9-1220B
xuángǎn 玄感 2-320A
xuángàn 玄紺 2-318A
xuángàn 玄骭 2-318B
xuángāng 玄綱 2-321B
xuāngào 宣告 3-1407A
xuángē 玄戈 2-304A
xuángé 縣隔 9-967B
xuángé 玄蛤 2-318B
xuángé 懸格 7-777A
xuángé 懸隔 7-780A
xuángé 懸閡 7-781B
xuǎngé 選格 10-1242A
xuángēn 玄根 2-313B
xuángèn 懸亙 7-773B
xuángēng 懸絙 7-780B
xuángěng 懸耿 7-777A
xuǎngēshìwǔ 選歌試舞 10-1244A
xuāngōng 軒宮 9-1218A
xuángōng 玄工 2-303A
xuángōng 玄功 2-304B
xuángōng 玄宮 2-312A
xuángōng 旋宮 6-1610A
xuángōng 璇宮 4-630B
xuángǒng 玄澒 2-323A
xuángòng 懸供 7-774B
xuǎngōng 選宮 10-1242A
xuǎngòng 選貢 10-1242A
xuàngōng 鏇工 11-1387B
xuāngòu 諠詬 11-355B
xuángōu 懸鈎 7-780A
xuángòu 縣購 9-968B
xuángòu 懸購 7-782B
xuǎngòu 選購 10-1245B
xuángǔ 縣鼓 9-967B
xuángǔ 玄古 2-304B
xuángǔ 玄谷 2-307A
xuángǔ 玄股 2-309B
xuángǔ 懸鼓 7-780B
xuángǔ 懸皷 7-781A
xuángǔ 懸鵠 7-783A
xuǎngù 選雇 10-1243B
xuàngū 衒沽 3-1016B
xuàngǔ 衒賈 3-1017A
xuánguà 懸挂 7-776A
xuánguà 懸掛 7-778A
xuānguǎn 軒館 9-1222B
xuánguān 還觀 10-1262B
xuánguān 玄官 2-310A
xuánguān 玄冠 2-312A
xuánguān 玄關 2-325A
xuánguān 旋觀 6-1612B
xuánguǎn 玄館 2-323B
xuǎnguān 選官 10-1241A
xuānguāng 宣光 3-1406B
xuānguāng 軒光 9-1216B
xuānguǎng 宣廣 3-1415A
xuánguāng 玄光 2-306A
xuánguāng 懸光 7-773B
xuánguāngxìng 旋光性 6-1609A
xuǎnguāntú 選官圖 10-1241A
xuángǔdàichuí 懸鼓待椎 7-780B
xuānguǐ 軒軌 9-1217B
xuánguī 還歸 10-1262A
xuánguī 亻龜 4-427A
xuánguī 玄圭 2-305B
xuánguī 玄珪 2-312B
xuánguī 玄規 2-316A
xuánguī 玄龜 2-324A
xuánguī 旋歸 6-1612B
xuánguī 旋龜 6-1612A
xuánguī 璇瑰 4-631A
xuánguī 璇閨 4-631A
xuánguī 懸規 7-778A
xuánguīxìyú 懸龜繫魚 7-782B
xuángǔn 玄衮 2-314B
xuángǔn 玄裷 2-321A
xuānguō 喧聒 3-450B
xuānguō 諠聒 11-355A
xuánguó 懸國 7-778B
xuànguō 旋鍋 6-1612A
xuànguō'er 鏇鍋兒 11-1387B
xuānhài 諠駭 11-355B
xuánhǎi 玄海 2-315A
xuānhán 暄寒 5-805A
xuānháo 宣毫 3-1412A
xuānhǎo 儇好 1-1692A
xuānhǎo 嬛好 4-415B
xuānhào 軒昊 9-1217A
xuānhào 軒皞 9-1223B
xuánháo 玄毫 2-317B
xuánhào 玄昊 2-309A
xuānhé 宣和 3-1408B
xuānhé 暄和 5-804B
xuānhè 軒鶴 9-1224B
xuānhè 喧赫 3-451A
xuānhè 煊赫 7-201A
xuānhè 諠赫 11-355B
xuánhé 懸合 7-773B
xuánhé 懸河 7-775A
xuánhè 亻鶴 4-427A
xuánhè 玄鶴 2-325B
xuǎnhè 烜赫 7-60B
xuànhè 炫赫 7-56A
xuānhédiàn 宣和殿 3-1408B
xuānhèguànhóu 軒鶴冠猴 9-1224B
xuānhèng 諠橫 11-355B
xuánhéng 縣衡 9-968B
xuánhéng 旋衡 6-1612A
xuánhéng 璇衡 4-632A
xuánhéng 懸衡 7-782A

xuānhétǐ 宣和體 3-1408B
xuánhéxièhuǒ 懸河瀉火 7-775A
xuánhéxièshuǐ 懸河瀉水 7-775A
xuánhézhùhuǒ 懸河注火 7-775A
xuánhézhùshuǐ 懸河注水 7-775A
xuānhōng 軒轟 9-1224B
xuānhōng 喧轟 3-452A
xuānhóng 宣弘 3-1406B
xuānhóng 暄紅 5-805A
xuānhòng 喧哄 3-450A
xuānhòng 喧鬨 3-451A
xuānhòng 諠鬨 11-355B
xuánhóng 玄紘 2-315B
xuànhóng 炫紅 7-56A
xuānhòu 軒后 9-1217A
xuánhóu 懸侯 7-776B
xuānhū 喧呼 3-450A
xuānhū 諠呼 11-355A
xuānhù 軒户 9-1216B
xuánhu 玄乎 2-305A
xuánhu 懸乎 7-773B
xuánhú 縣壺 9-967A
xuánhú 玄鵠 2-324B
xuánhú 玄狐 2-309B
xuánhú 旋胡 6-1609B
xuánhú 懸弧 7-775B
xuánhú 懸壺 7-779B
xuánhù 玄笏 2-314B
xuánhù 玄扈 2-318A
xuánhù 懸户 7-773A
xuánhù 懸瓠 7-778A
xuànhǔ 贙虎 10-310A
xuānhuā 宣華 3-1410B
xuānhuā 諠譁 11-356A
xuānhuá 喧滑 3-451A
xuānhuá 喧嘩 3-451A
xuānhuá 喧譁 3-451B
xuānhuà 宣化 3-1405B
xuánhuā 玄花 2-306B
xuánhuā 玄華 2-313A
xuánhuā 旋花 6-1609A
xuánhuā 璇花 4-630A
xuánhuá 玄華 2-313A
xuánhuà 玄化 2-304A
xuānhuàchéngliú 宣化承流 3-1405B
xuānhuāchūnshù 萱花椿樹 9-490A
xuānhuāfǔ 宣花斧 3-1407A
xuānhuān 諠讙 11-356A
xuānhuán 諠寰 11-356A
xuānhuàn 宣喚 3-1411A
xuánhuán 旋還 6-1612A
xuánhuán 旋環 6-1612A
xuánhuàn 玄幻 2-304B
xuànhuàn 眴煥 7-1204A
xuànhuàn 絢煥 9-828A
xuānhuáng 軒皇 9-1217B
xuānhuáng 軒黄 9-1219A
xuānhuàng 軒幌 9-1221A
xuānhuàng 軒榥 9-1221B
xuánhuáng 玄皇 2-311A
xuánhuáng 玄黄 2-316A
xuánhuáng 玄璜 2-321B
xuánhuǎng 玄謊 2-324A
xuànhuáng 炫煌 7-56A
xuànhuáng 炫熿 7-56B
xuànhuǎng 炫晃 7-56A
xuànhuǎng 炫熀 7-56B
xuànhuǎng 眩晃 7-1199A
xuánhuánsùcān 懸狟素飡 7-776B
xuánhúchén 懸弧辰 7-776A
xuánhúdàikū 懸壺代哭 7-779B
xuánhùfēng 玄瓠蜂 2-316B
xuānhuī 宣徽 3-1416B
xuānhuī 軒恢 9-1218A
xuānhuī 喧豗 3-450B
xuānhuī 諠豗 11-355A
xuānhuì 儇慧 5-112B
xuānhuì 宣惠 3-1413A
xuānhuì 儇慧 1-1692B
xuánhuī 玄暉 2-320A
xuánhuí 淀洄 5-1218A
xuánhuí 旋回 6-1609A
xuánhuí 旋迴 6-1609B
xuánhuí 漩洄 6-103A
xuànhuì 絢繢 9-828A
xuānhuīyuàn 宣徽院 3-1417A
xuánhún 玄渾 2-319A
xuánhùn 旋溷 6-1611A
xuǎnhūn 選昏 10-1241A
xuánhùn 玄混 2-317B
xuānhuō 軒豁 9-1223B
xuánhuǒ 懸火 7-773A
xuànhuò 炫惑 7-56A
xuànhuò 衒惑 3-1016B
xuánhúshèshǐ 懸弧射矢 7-776A
xuánhúsuǒ 玄胡索 2-310B
xuānjí 儇急 7-762A
xuānjí 宣輯 3-1416B
xuānjí 儇給 5-112B
xuānjǐ 諠己 11-354B
xuānjì 宣績 3-1417A
xuānjì 暄霽 5-805B
xuánjī 縣鷄 9-968B
xuánjī 玄機 2-323A
xuánjī 旋機 6-1611B
xuánjī 旋璣 6-1611B
xuánjī 璇機 4-632A
xuánjī 璇璣 4-631B
xuánjí 還即 10-1252A
xuánjí 玄及 2-303A
xuánjí 玄極 2-318A
xuánjí 玄籍 2-325B
xuánjí 旋即 6-1609B
xuánjí 璇極 4-630B
xuánjì 玄記 2-314B
xuánjì 玄寂 2-317B
xuánjì 玄稷 2-322B
xuánjì 玄髻 2-323A
xuánjì 旋濟 6-1612A
xuánjì 懸記 7-777B
xuánjì 懸寄 7-779B
xuǎnjí 選集 10-1243A
xuǎnjí 選輯 10-1245A
xuǎnjí 選籍 10-1245B
xuànjí 眩疾 7-1199A
xuànjì 衒技 3-1016B
xuānjià 軒駕 9-1222A
xuánjiǎ 玄甲 2-305A
xuánjià 旋駕 6-1611B
xuǎnjiā 選家 10-1242B
xuànjià 衒嫁 3-1017A
xuānjiān 軒間 9-1220A
xuānjiàn 軒檻 9-1224A
xuānjiàn 軒鑑 9-1224B
xuānjiàn 軒鑰 9-1224B
xuánjiān 玄閒 2-319B
xuánjiǎn 懸翦 7-782A
xuánjiàn 玄鑑 2-325B
xuánjiàn 玄鑒 2-325B
xuánjiàn 懸見 7-774B
xuánjiàn 懸劍 7-781B
xuǎnjiān 選閒 10-1243B
xuǎnjiǎn 選揀 10-1243A
xuǎnjiàn 選建 10-1241B
xuānjiǎng 宣講 3-1417A
xuánjiāng 玄漿 2-323A
xuánjiǎng 玄講 2-324A
xuànjiàng 鏇匠 11-1387B
xuānjiāo 宣驕 3-1417B
xuānjiāo 軒驕 9-1224B
xuānjiāo 儇狡 5-112B
xuānjiǎo 儇狡 1-1692B
xuānjiào 宣教 3-1412A
xuánjiāo 玄郊 2-309B
xuánjiāo 玄蛟 2-318B
xuánjiào 玄校 2-313B
xuánjiào 玄徼 2-323B
xuánjiào 玄教 2-316A
xuānjiàoshī 宣教師 3-1412A
xuānjiē 軒階 9-1219B
xuānjiē 軒揭 9-1219B
xuānjié 儇捷 5-112B
xuānjié 宣捷 3-1411B
xuānjié 宣節 3-1414A
xuānjié 軒頡 9-1221B
xuānjié 儇捷 1-1692B
xuánjiē 璇階 4-630B
xuánjié 玄刧 2-308B
xuánjié 懸結 7-780B
xuánjié 懸節 7-781A
xuánjiě 縣解 9-968A
xuánjiě 玄解 2-320B
xuánjiě 懸解 7-781A
xuǎnjiè 選解 10-1243B
xuǎnjiè 癬疥 8-369A
xuánjièqīng 玄介卿 2-304A
xuānjìn 軒禁 9-1220B
xuánjīn 玄金 2-309A
xuánjīn 玄津 2-312A
xuánjīn 懸金 7-774B
xuánjìn 玄勁 2-310B
xuánjìn 旋進 6-1610B
xuánjìn 懸進 7-778B
xuǎnjīn 選金 10-1241A
xuànjīn 炫金 7-55B
xuànjìn 衒進 3-1016B
xuānjǐng 軒景 9-1220A
xuānjìng 軒鏡 9-1224A
xuānjìng 喧競 3-451B
xuānjìng 諠競 11-356A
xuánjīng 縣旌 9-967A
xuánjīng 縣旍 9-967A
xuánjīng 玄經 2-321A
xuánjīng 玄精 2-321B
xuánjīng 懸旌 7-779A
xuánjīng 懸旍 7-779A
xuánjǐng 玄景 2-318B
xuánjìng 玄淨 2-311B
xuánjìng 玄靖 2-320B
xuánjìng 玄靜 2-321A
xuánjìng 玄鏡 2-325A
xuánjìng 懸鏡 7-783A
xuànjīng 眩精 7-1199B
xuánjīngshí 玄精石 2-321B
xuánjiōng 玄扃 2-312A
xuánjīquántú 璇璣全圖 4-632A
xuánjītú 璇璣圖 4-632A
xuānjiū 宣究 3-1407B
xuānjiū 喧啾 3-450B
xuánjiǔ 乑酒 4-427A
xuánjiǔ 縣久 9-963B
xuánjiǔ 玄酒 2-314B
xuánjīyùhéng 璇機玉衡 4-632A
xuánjīyùhéng 璇璣玉衡 4-631B
xuǎnjìzhēnggē 選妓徵歌 10-1240A
xuānjū 軒居 9-1217B
xuānjǔ 軒舉 9-1222B
xuānjù 軒鉅 9-1220A
xuánjū 玄駒 2-322A
xuánjū 懸居 7-775B
xuánjù 還屨 10-1261B
xuánjù 玄秬 2-311A
xuǎnjǔ 選舉 10-1245A
xuǎnjù 選具 10-1240B
xuānjuàn 宣卷 3-1409A
xuánjuān 璇娟 4-630B
xuánjuǎn 旋捲 6-1610B
xuānjué 軒較 9-1221A
xuánjué 縣絶 9-967B
xuánjué 懸決 7-774B
xuánjué 懸絶 7-780B
xuánjūguó 玄駒國 2-322A
xuānjùn 軒峻 9-1218B
xuánjūn 縣軍 9-966B
xuánjūn 旋軍 6-1610A
xuánjūn 懸軍 7-777A
xuǎnjūn 選君 10-1240A
xuǎnjǔquán 選舉權 10-1245A
xuānkài 軒輆 9-1224A
xuánkǎi 玄鎧 2-324B
xuǎnkān 選刊 10-1239A
xuānkǎo 宣考 3-1406B
xuǎnkǎo 選考 10-1239B

xuānkē 宣科 3-1410A
xuānkē 軒轄 9-1223B
xuánkē 玄科 2-311A
xuánkē 懸科 7-776B
xuǎnkē 選科 10-1241B
xuānkèduózhǔ 諠客奪主 11-355A
xuānkēlà 軒跎刺 9-1218B
xuánkōng 縣空 9-966A
xuánkōng 玄空 2-310A
xuánkōng 懸空 7-775B
xuánkōngsì 懸空寺 7-775B
xuánkǒu 懸口 7-772B
xuānkù 軒礐 9-1224A
xuánkū 懸枯 7-776A
xuānkuàng 軒曠 9-1224A
xuánkuàng 伭貺 1-1280A
xuánkuàng 玄貺 2-318B
xuánkuàng 玄曠 2-324B
xuānkuì 諠憒 11-355B
xuánkǔn 玄閫 2-323A
xuánkuò 懸闊 7-783A
xuánkūyú 懸枯魚 7-776A
xuánlài 懸瀨 7-783B
xuánláiréng 玄來礽 2-309A
xuānlàn 煊爛 7-201A
xuānlàn 煊爤 7-201A
xuánlán 禐襴 9-135B
xuánlǎn 玄覽 2-325B
xuànlàn 絢爛 9-828A
xuánlán'er 旋闌兒 6-1612A
xuānláng 軒郎 9-1217B
xuānláng 軒廊 9-1219B
xuānlǎng 宣朗 3-1411B
xuānlǎng 軒朗 9-1219A
xuánlǎng 玄朗 2-315A
xuǎnláng 選郎 10-1241B
xuānláo 宣勞 3-1413B
xuānlè 宣勒 3-1412A
xuānlǐ 軒禮 9-1223B
xuānlì 獧利 5-112B
xuānlì 宣力 3-1405A
xuānlì 儇利 1-1692A
xuānlì 儇麗 1-1692B
xuánlí 縣藜 9-968B
xuánlí 玄黎 2-322B
xuánlí 懸黎 7-781B
xuánlí 懸瓈 7-783A
xuánlǐ 玄理 2-316A
xuánlǐ 玄醴 2-325A
xuánlǐ 玄鱧 2-326A
xuánlǐ 旋里 6-1609A
xuánlì 玄厲 2-321A
xuánlì 玄麗 2-325A
xuánlì 玄蠣 2-325B
xuǎnlǐ 選理 10-1242B
xuǎnlì 選吏 10-1239B
xuǎnlì 選例 10-1241A
xuànlì 炫麗 7-56B
xuànlì 眩栗 7-1198B
xuànlì 絢麗 9-828A
xuánlián 縣聯 9-968B
xuánlián 懸連 7-777A
xuánlián 懸簾 7-783A
xuǎnliàn 選練 10-1244B
xuànliàn 絢練 9-828A
xuānliáng 軒輬 9-1222A
xuānliáng 暄涼 5-805A
xuánliáng 縣梁 9-967A
xuánliáng 懸梁 7-779A
xuǎnliáng 選良 10-1240A
xuánliángcìgǔ 懸梁刺股 7-779B
xuānliáo 宣燎 3-1416B
xuánliǎo 玄了 2-303A
xuánliào 懸料 7-777B
xuānliè 宣烈 3-1411A
xuānliè 烜烈 7-60A
xuānlín 軒轔 9-1224A
xuánlín 玄林 2-308B
xuānlíng 軒軨 9-1219B
xuānlíng 軒櫺 9-1224B
xuānlìng 宣令 3-1406B
xuánlíng 玄靈 2-326A
xuánlǐng 玄領 2-321A
xuánlǐng 玄嶺 2-324A
xuánlǐng 懸領 7-781B
xuánlìng 縣令 9-964A
xuánlìng 懸令 7-773B
xuānliú 宣流 3-1411A
xuānliù 軒溜 9-1221A
xuánliú 玄流 2-315A
xuánliú 旋流 6-1610B
xuánliú 漩流 6-103A
xuánliú 懸流 7-777B
xuánliù 玄溜 2-320B
xuánliù 懸溜 7-781A
xuǎnliú 選流 10-1242B
xuǎnliú 選留 10-1242A
xuànliú 泫流 5-1100B
xuānlóng 軒龍 9-1222B
xuānlòu 宣漏 3-1415A
xuǎnlóu 選樓 10-1244A
xuānlú 宣爐 3-1417B
xuānlú 宣鑪 3-1418A
xuānlù 宣露 3-1417B
xuānlù 軒露 9-1224B
xuānlù 軒輅 9-1221A
xuānlù 軒籙 9-1224B
xuánlú 玄廬 2-325A
xuánlù 玄露 2-325B
xuánlù 玄鹿 2-317B
xuánlù 玄路 2-320A
xuánlù 玄輅 2-320A
xuánlù 玄籙 2-325B
xuánlù 懸禄 7-780A
xuǎnlù 選録 10-1245A
xuànlù 泫露 5-1100B
xuànlù 炫露 7-56B
xuànlù 衒露 3-1017A
xuānluàn 諠亂 11-355B
xuánluán 玄鸞 2-326A
xuánluán 旋鑾 6-1612B
xuànluàn 眩亂 7-1199B
xuánlùn 玄論 2-322B
xuánlùn 懸論 7-781B
xuǎnlūn 選掄 10-1242B
xuǎnlún 選論 10-1244B
xuánluó 旋蠡 6-1612B
xuánluó 旋螺 6-1612A
xuánlǜ 玄律 2-311A
xuánlǜ 玄慮 2-322B
xuánlǜ 旋律 6-1609B
xuánlǜ 懸慮 7-781B
xuánlǚxì 懸履舄 7-782A
xuānmá 宣麻 3-1412A
xuānmǎ 軒馬 9-1218B
xuānmà 諠罵 11-355B
xuánmá 懸麻 7-779A
xuánmǎ 旋馬 6-1610A
xuánmài 玄邁 2-322A
xuánmài 旋麥 6-1610B
xuánmài 旋邁 6-1611B
xuànmài 衒賣 3-1017A
xuànmàn 絢縵 9-828A
xuánmáo 玄旄 2-314B
xuánmáo 旋毛 6-1608B
xuànmào 眩冒 7-1198B
xuànmào 眩眊 7-1198B
xuànmào 眩瞀 7-1199B
xuànmào 眩䁅 7-1199B
xuànmào 眴瞀 7-1204A
xuànmào 衒冒 3-1016B
xuánmáochóng 旋毛蟲 6-1608B
xuánmáochóngbìng 旋毛蟲病 6-1608B
xuánmáyǔ 懸麻雨 7-779A
xuānméi 軒眉 9-1218B
xuānměi 宣美 3-1410A
xuānměi 暄美 5-805A
xuānmèi 儇媚 1-1692B
xuánméi 縣楣 9-967B
xuánméi 玄眉 2-312B
xuǎnměi 選美 10-1241B
xuànměi 炫美 7-55B
xuànměi 衒美 3-1016B
xuànměi 絢美 9-827B
xuānmén 軒門 9-1217B
xuánmén 縣門 9-966A
xuánmén 玄門 2-310A
xuánmén 旋門 6-1609B
xuánmén 懸門 7-775B
xuànmén 券門 2-648B
xuānméng 軒甍 9-1221B
xuánménjuémù 懸門抉目 7-775B
xuánmì 玄祕 2-312A
xuánmì 玄秘 2-314A
xuānmián 嬛緜 4-415B
xuānmiǎn 軒冕 9-1219A
xuánmiǎn 玄冕 2-317A
xuánmiàn 玄涽 2-319A
xuànmián 眩眠 7-1199A
xuànmiàn 眩涽 7-1199A
xuānmiǎo 軒邈 9-1223B
xuánmiǎo 玄眇 2-310B
xuánmiǎo 玄邈 2-324A
xuánmiǎo 懸邈 7-782B
xuánmiào 玄妙 2-307A
xuánmiàoguàn 玄妙觀 2-307B
xuánmiàoyùnǚ 玄妙玉女 2-307B
xuànmiè 眩滅 7-1199B
xuǎnmín 選民 10-1239B
xuànmǐn 眩泯 7-1198B
xuānmíng 宣名 3-1407A
xuānmíng 宣明 3-1408A
xuānmíng 暄明 5-804B
xuānmìng 宣命 3-1408B
xuánmíng 糸冥 4-427A
xuánmíng 伭冥 1-1280A
xuánmíng 玄名 2-306A
xuánmíng 玄明 2-309A
xuánmíng 玄冥 2-315A
xuánmíng 懸名 7-774A
xuánmìng 縣命 9-965B
xuánmìng 懸命 7-775A
xuǎnmíng 選名 10-1239B
xuǎnmìng 選命 10-1241A
xuànmíng 炫名 7-55B
xuánmíngfěn 玄明粉 2-309A
xuánmínggāo 玄明膏 2-309A
xuānmíngwáng 宣明王 3-1408B
xuǎnmínzhèng 選民證 10-1239B
xuánmìtǎbēi 玄祕塔碑 2-312B
xuánmó 玄謨 2-324A
xuánmò 伭默 1-1280A
xuánmò 玄嘿 2-322B
xuánmò 玄没 2-307A
xuánmò 玄嚜 2-324B
xuánmò 玄漠 2-320B
xuánmò 玄默 2-323B
xuánmò 旋沫 6-1609B
xuànmò 縼纆 9-1008B
xuánmóu 玄謀 2-323B
xuánmóu 懸牟 7-774A
xuánmóu 懸眸 7-778A
xuānmù 宣募 3-1413A
xuānmù 儇目 1-1692A
xuánmú 玄獏 2-320B
xuánmǔ 玄牡 2-307A
xuánmù 還目 10-1250B
xuánmù 玄木 2-303B
xuánmù 玄幕 2-319B
xuánmù 玄幙 2-320A
xuánmù 玄穆 2-323B
xuánmù 旋目 6-1609A
xuánmù 懸目 7-773B
xuánmù 懸慕 7-781A
xuǎnmù 選目 10-1239A
xuǎnmù 選募 10-1243A
xuànmù 泫目 5-1100B
xuànmù 炫目 7-55B
xuànmù 眩目 7-1198B
xuànmùjīngxīn 眩目驚心 7-1198B
xuánmùquè 旋木雀 6-1608B
xuánnà 懸納 7-778A
xuǎnnà 選納 10-1242B
xuānnáo 喧呶 3-450A
xuānnáo 喧譊 3-451B
xuānnáo 諠呶 11-355A

xuānnáo 諠詉 11-355A
xuānnáo 諠譊 11-356A
xuānnào 喧鬧 3-451A
xuānnào 諠鬧 11-355B
xuànnéng 衒能 3-1016B
xuānní 宣尼 3-1406B
xuánnǐ 懸擬 7-782B
xuánniàn 玄念 2-309A
xuánniàn 懸念 7-775A
xuànniàng 楦釀 4-1195B
xuánniǎo 玄鳥 2-317A
xuánniǎoshì 玄鳥氏 2-317B
xuānnìng 嬛佞 4-415B
xuánníng 玄凝 2-324A
xuánnìng 還濘 10-1261A
xuánniǔ 玄紐 2-316A
xuánnòng 旋弄 6-1609A
xuànnòng 炫弄 7-55B
xuānnù 軒怒 9-1218B
xuánnù 懸怒 7-777A
xuānnuǎn 暄暖 5-805A
xuǎnnuò 選懦 10-1245B
xuǎnnuò 選愞 10-1243B
xuánnǚ 玄女 2-303A
xuànnǚ 衒女 3-1016A
xuánnǚfú 玄女符 2-303A
xuán'ōu 旋漚 6-1611B
xuānpái 宣排 3-1411B
xuānpái 宣牌 3-1413B
xuǎnpài 選派 10-1242A
xuànpái 楦排 4-1195A
xuānpán 宣盤 3-1416A
xuānpàn 宣判 3-1407B
xuánpán 旋槃 6-1611B
xuánpáo 懸匏 7-778A
xuānpèi 軒轡 9-1224B
xuánpèi 縣旆 9-966B
xuánpèi 旋旆 6-1610A
xuánpèi 旋旆 6-1610B
xuánpèi 旋轡 6-1612B
xuánpèi 懸旆 7-776B
xuánpèi 懸旆 7-777B
xuǎnpèi 選配 10-1242A
xuànpèi 鞙珮 12-196B
xuánpéng 旋蓬 6-1611A
xuānpì 軒闢 9-1224B
xuánpiáo 懸瓢 7-782A
xuǎnpiào 選票 10-1243A
xuánpìn 玄牝 2-306A
xuǎnpìn 選聘 10-1243B
xuānpíng 宣平 3-1406A
xuānpíng 軒屏 9-1218A
xuānpíng 軒軿 9-1221A
xuānpíngmén 宣平門 3-1406A
xuánpǔ 𢆯圃 4-427A
xuánpǔ 縣圃 9-966B
xuánpǔ 玄朴 2-305B
xuánpǔ 玄圃 2-313B
xuánpǔ 玄樸 2-323A
xuánpǔ 懸圃 7-777A
xuánpù 懸瀑 7-783A
xuànpū 眩仆 7-1198B
xuánpǔjīyù 玄圃積玉 2-314A
xuánpǔtái 玄圃臺 2-314A
xuánpǔyuán 玄圃園 2-314A
xuānqī 暄萋 5-805A
xuānqí 軒岐 9-1217A
xuānqí 軒旗 9-1221B
xuānqí 軒騎 9-1223B
xuānqì 宣氣 3-1411A
xuānqì 軒砌 9-1217B
xuānqì 暄氣 5-805A
xuánqí 玄諆 2-322B
xuánqí 玄祇 2-310A
xuánqí 玄旂 2-314B
xuánqí 玄旗 2-321A
xuánqí 縣跂 9-967A
xuánqǐ 懸企 7-773B
xuánqì 玄契 2-310A
xuánqì 玄氣 2-314A
xuǎnqī 選期 10-1243A
xuànqí 炫奇 7-55B
xuànqí 眩奇 7-1198B
xuànqí 衒奇 3-1016B
xuànqì 泫泣 5-1100B
xuānqià 宣洽 3-1410A
xuānqiǎn 儇淺 1-1692B
xuánqián 玄乾 2-316B
xuánqián 懸錢 7-782B
xuánqiàn 懸欠 7-773A
xuánqiánzhuǎnkūn 旋乾轉坤 6-1610B
xuānqiǎo 獧巧 5-112B
xuānqiǎo 儇巧 1-1692A
xuánqiáo 懸橋 7-782A
xuánqiào 玄竅 2-324B
xuànqiǎo 炫巧 7-55A
xuànqiǎo 衒巧 3-1016A
xuànqiào 衒俏 3-1016B
xuànqiǎodòuyán 炫巧鬬妍 7-55A
xuànqíhuì 炫奇會 7-55B
xuānqíjiā 軒岐家 9-1217A
xuànqílín 楦麒麟 4-1195B
xuānqīn 萱親 9-490A
xuánqín 玄禽 2-319A
xuánqín 懸琴 7-779B
xuānqīng 翾輕 9-693A
xuānqíng 宣情 3-1412B
xuānqǐng 宣請 3-1416A
xuánqīng 玄青 2-308B
xuánqīng 玄卿 2-314B
xuánqīng 玄清 2-317B
xuánqíng 懸情 7-779B
xuánqìng 縣磬 9-968A
xuánqìng 縣罄 9-968B
xuánqìng 懸磬 7-782A
xuánqìng 懸罄 7-782B
xuǎnqǐng 選頃 10-1243A
xuánqīngdàdì 玄卿大帝 2-314B
xuánqīnghuìlǐ 玄清卉醴 2-317B
xuánqióng 玄穹 2-310A
xuánqióng 璇穹 4-630A
xuānqiū 軒丘 9-1216B
xuānqiū 諠湫 11-355A
xuānqiú 軒裘 9-1220B
xuánqiū 玄丘 2-305A
xuǎnqiú 選求 10-1240A
xuánqiūxiàowèi 玄丘校尉 2-305A
xuānqú 軒渠 9-1219B
xuānqǔ 宣曲 3-1407A
xuānqǔ 宣取 3-1408A
xuánqū 玄區 2-316B
xuánqū 旋曲 6-1609A
xuánqú 玄蚼 2-317A
xuǎnqū 選區 10-1243A
xuǎnqǔ 選取 10-1240B
xuānquàn 宣勸 3-1417B
xuánquán 縣泉 9-966A
xuánquán 玄泉 2-311A
xuánquán 玄詮 2-320B
xuánquán 旋泉 6-1609B
xuánquán 懸泉 7-776B
xuánquán 懸權 7-783B
xuánquàn 懸券 7-775A
xuǎnquán 選權 10-1245B
xuānquánluǒbì 揎拳裸臂 6-775B
xuānquánluǒshǒu 揎拳裸手 6-775B
xuānquánluōxiù 揎拳捋袖 6-775B
xuānquánluǒxiù 揎拳裸袖 6-775B
xuānquánluǒxiù 揎拳攞袖 6-776A
xuānquánlǔxiù 揎拳擄袖 6-776A
xuānquánwǔxiù 揎拳舞袖 6-775B
xuánquē 懸缺 7-777A
xuánquè 玄闕 2-324B
xuānqǔgōng 宣曲宮 3-1407A
xuānrán 軒然 9-1220A
xuānrán 喧然 3-450B
xuānrán 諠然 11-355A
xuánrán 懸然 7-780A
xuǎnrán 烜然 7-60A
xuànrán 泫然 5-1100B
xuànrán 炫然 7-56A
xuànrǎn 渲染 5-1517B
xuānrándàbō 軒然大波 9-1220A
xuānrǎng 喧嚷 3-451B
xuānràng 諠讓 11-356A
xuánrǎng 玄壤 2-325A
xuānrǎo 喧擾 3-451B
xuānrǎo 諠擾 11-356A
xuánrǎo 旋遶 6-1611B
xuánrǎo 旋繞 6-1612B
xuánrào 懸繞 7-783A
xuānrè 喧熱 3-451A
xuānrè 暄熱 5-805A
xuānrén 鋗人 11-1301A
xuánrén 玄人 2-303A
xuǎnrén 選人 10-1238B
xuǎnrèn 選任 10-1239B
xuánrì 旋日 6-1608B
xuǎnrì 烜日 7-60A
xuǎnrì 選日 10-1238B
xuǎnrì 撰日 6-893A
xuànróng 衒容 3-1016B
xuānrú 蠉蠕 8-979A
xuānrú 蜎蠕 8-900B
xuánrǔ 懸乳 7-775A
xuǎnrú 選蠕 10-1245B
xuǎnruǎn 選耎 10-1241B
xuǎnruǎn 選軟 10-1242B
xuǎnruǎn 選蝡 10-1244B
xuǎnruǎn 選輭 10-1245A
xuànruò 泫若 5-1100B
xuánsāi 旋塞 6-1611A
xuánsài 玄塞 2-320B
xuānsǎn 宣散 3-1413A
xuánsào 旋掃 6-1610B
xuǎnsāo 選騷 10-1245B
xuánsè 玄色 2-306A
xuànsè 炫色 7-55B
xuǎnsèzhēnggē 選色徵歌 10-1239B
xuánshān 玄山 2-303A
xuánshān 懸山 7-772B
xuánshǎng 縣賞 9-968A
xuánshǎng 玄賞 2-322B
xuánshǎng 懸賞 7-781B
xuǎnshàng 選尚 10-1240B
xuānshè 宣赦 3-1412A
xuánshé 玄蛇 2-317A
xuánshè 玄舍 2-309A
xuánshè 玄社 2-307A
xuánshēn 玄參 2-318A
xuánshén 玄神 2-312A
xuǎnshèn 選甚 10-1241B
xuānshēng 蠉生 8-979A
xuānshèng 宣聖 3-1414A
xuānshèng 軒乘 9-1219A
xuánshèng 玄勝 2-319A
xuánshèng 玄聖 2-319B
xuǎnshēng 選聲 10-1245A
xuǎnshèng 選勝 10-1243B
xuánshēngxuánmiè 旋生旋滅 6-1609A
xuānshǐ 宣使 3-1408B
xuānshì 宣示 3-1405B
xuānshì 宣室 3-1410B
xuānshì 宣視 3-1412B
xuānshì 宣誓 3-1414B
xuānshì 軒世 9-1216B
xuānshì 軒室 9-1218A
xuānshì 軒飾 9-1221A
xuānshì 軒餝 9-1222A
xuānshì 軒時 9-1221A
xuānshì 萱室 9-490A
xuānshì 蘐室 9-623A
xuánshī 縣師 9-966B
xuánshī 玄師 2-314A
xuánshī 旋師 6-1610B
xuánshī 懸虱 7-776A
xuánshī 懸師 7-777A
xuánshí 𢆯石 4-427A
xuánshí 玄石 2-305A

xuánshí 玄識 2-325A
xuánshí 旋時 6-1610B
xuánshí 懸石 7-773A
xuánshí 懸識 7-783A
xuánshǐ 懸矢 7-773B
xuánshì 玄市 2-305B
xuánshì 玄事 2-309A
xuánshì 玄室 2-312A
xuánshì 旋式 6-1609A
xuánshì 旋室 6-1610A
xuánshì 璇室 4-630B
xuánshì 懸示 7-773A
xuǎnshī 選詩 10-1244A
xuǎnshì 選士 10-1238B
xuǎnshì 選事 10-1240B
xuǎnshì 選侍 10-1240B
xuǎnshì 選試 10-1244A
xuànshǐ 衒史 3-1016A
xuànshì 炫示 7-55A
xuànshì 炫視 7-56A
xuànshì 炫飾 7-56A
xuànshì 衒士 3-1016A
xuànshì 衒飾 3-1017A
xuánshíchéngshū 懸石程書 7-773B
xuànshìhuòtīng 眩視惑聽 7-1199A
xuānshòu 宣授 3-1411B
xuánshǒu 縣首 9-966B
xuánshǒu 玄首 2-311B
xuánshǒu 旋手 6-1608B
xuánshǒu 懸手 7-773A
xuánshǒu 懸守 7-774A
xuánshǒu 懸首 7-776B
xuǎnshōu 選收 10-1239B
xuǎnshǒu 選手 10-1238B
xuǎnshǒu 選首 10-1242A
xuǎnshòu 選授 10-1242B
xuánshǒuwúquè 懸首吳闕 7-776B
xuānshū 暖姝 5-794A
xuānshū 宣疏 3-1414A
xuānshù 宣述 3-1408A
xuánshū 玄書 2-315B
xuánshū 玄疏 2-319B
xuánshū 玄樞 2-322A
xuánshū 璇樞 4-631B
xuánshū 懸書 7-778A
xuánshū 懸殊 7-777A
xuánshú 懸熟 7-782A
xuánshù 玄術 2-317B
xuánshù 璇樹 4-632A
xuǎnshū 選書 10-1242B
xuǎnshuā 選刷 10-1241B
xuánshuāi 懸衰 7-777B
xuānshuǎng 軒爽 9-1219A
xuánshuāng 玄霜 2-324A
xuánshuǐ 縣水 9-963B
xuánshuǐ 玄水 2-304A
xuánshuǐ 懸水 7-773A
xuánshuì 懸帨 7-777A
xuánshuǐshí 玄水石 2-304A
xuānshuō 宣説 3-1415A
xuánshuò 玄朔 2-314B
xuánsī 玄思 2-310B
xuánsī 懸思 7-776A
xuánsī 懸絲 7-780B
xuánsì 縣耜 9-967A
xuánsì 玄寺 2-305B
xuánsì 玄肆 2-319B
xuánsì 玄駟 2-322A
xuánsì 懸耜 7-778A
xuǎnsī 選司 10-1239B
xuànsī 鉉司 11-1248A
xuànsī 鞙絲 12-196B
xuānsǒng 軒聳 9-1223B
xuānsòng 喧訟 3-450B
xuānsòng 諠訟 11-355A
xuǎnsòng 選送 10-1242A
xuānsū 萱蘇 9-490A
xuānsù 喧訴 3-450B
xuānsù 諠訴 11-355A
xuánsú 玄俗 2-311A
xuánsù 玄素 2-312B
xuánsù 玄肅 2-321A
xuánsù 玄礵 2-324B
xuánsù 懸素 7-777A
xuànsú 眩俗 5-683A
xuànsú 衒俗 3-1016B
xuànsù 絢素 9-827B
xuánsuàn 玄筭 2-320A
xuánsuàn 懸算 7-781B
xuānsuì 軒邃 9-1223B
xuānsūn 軒孫 9-1219A
xuánsūn 玄孫 2-315B
xuānsuǒ 宣索 3-1410B
xuānsuǒ 宣鎖 3-1417A
xuánsùxiānshēng 玄素先生 2-312B
xuāntà 軒闥 9-1224A
xuāntà 諠沓 11-355A
xuāntà 諠誻 11-355B
xuántà 懸榻 7-781A
xuāntái 軒臺 9-1221A
xuántāi 玄胎 2-311A
xuántái 玄臺 2-321A
xuántái 璇臺 4-631A
xuǎntài 選汰 10-1240A
xuàntái 鉉台 11-1248A
xuántáigǔ 旋臺骨 6-1611B
xuāntán 宣壇 3-1416B
xuántán 玄談 2-322B
xuántán 玄壇 2-323A
xuántán 玄譚 2-325A
xuántán 懸談 7-781B
xuántàn 懸炭 7-776A
xuàntàn 泫歎 5-1100B
xuāntáng 軒唐 9-1219A
xuāntáng 軒堂 9-1219A
xuāntáng 萱堂 9-490A
xuántáng 忩堂 4-427A
xuántáng 玄堂 2-317A
xuántánpú 玄壇菩 2-323A
xuāntáo 宣陶 3-1411B
xuántāo 懸濤 7-783A
xuántáojiànduó 懸鞀建鐸 7-781A
xuāntè 軒特 9-1219A
xuānténg 宣騰 3-1417B
xuānténg 軒騰 9-1224A
xuānténg 喧騰 3-451B
xuānténg 諠騰 11-356A
xuánténg 懸騰 7-783B
xuànténg 渲騰 5-1517B
xuántí 玄蹄 2-323B
xuántí 璇題 4-632A
xuǎntí 選題 10-1245B
xuǎntǐ 選體 10-1245B
xuāntiān 昕天 5-594B
xuāntiān 軒天 9-1216B
xuāntiān 喧天 3-450A
xuāntián 喧嗔 3-451A
xuāntián 喧填 3-451A
xuāntián 喧闐 3-451B
xuāntián 諠闐 11-356A
xuántiān 玄天 2-303B
xuántiān 懸天 7-773A
xuántiānshàngdì 玄天上帝 2-303B
xuāntiāo 獧佻 5-112B
xuāntiāo 儇佻 1-1692A
xuāntiáo 宣調 3-1416A
xuāntiào 儇佻 1-1692A
xuántiáo 玄髫 2-321B
xuántiáo 玄齠 2-325B
xuāntiě 宣帖 3-1408B
xuāntíng 軒庭 9-1218A
xuántíng 玄亭 2-311B
xuántíng 璇庭 4-630B
xuāntíngkǒu 軒亭口 9-1218A
xuāntōng 宣通 3-1411B
xuāntóng 軒銅 9-1221B
xuántōng 玄通 2-315B
xuántóng 玄同 2-306A
xuántóng 懸同 7-773B
xuāntóu 宣頭 3-1416B
xuāntóu 諠頭 11-355B
xuántóu 懸頭 7-782A
xuàntou 楦頭 4-1195B
xuàntóu 揎頭 6-776A
xuántóucìgǔ 懸頭刺股 7-782A
xuāntú 軒圖 9-1221B
xuāntǔ 宣吐 3-1406B
xuántú 玄圖 2-321A
xuántú 玄菟 2-316B
xuántú 璇圖 4-631A
xuántú 懸途 7-777B
xuántǔ 玄土 2-303A
xuántù 玄兔 2-309B
xuǎntú 選徒 10-1242A
xuántuān 懸湍 7-780A
xuāntuǐ 宣腿 3-1414B
xuǎntuī 選推 10-1242B
xuànwài 衒外 3-1016B
xuánwán 還玩 10-1252A
xuánwàn 懸腕 7-780A
xuánwáng 玄王 2-303B
xuánwǎng 縣網 9-968A
xuánwàng 懸望 7-779A
xuǎnwàng 選望 10-1243A
xuànwǎng 炫罔 7-55B
xuānwànrǎngbì 揎腕攘臂 6-776A
xuānwēi 宣威 3-1410A
xuānwéi 萱幃 9-490A
xuānwéi 萱闈 9-490A
xuānwěi 軒偉 9-1219B
xuānwěi 軒緯 9-1222A
xuānwèi 宣尉 3-1412B
xuānwèi 宣慰 3-1416A
xuánwēi 玄微 2-320A
xuánwēi 懸危 7-773B
xuánwéi 玄闈 2-324B
xuánwèi 還味 10-1252B
xuánwèi 玄味 2-309A
xuǎnwěi 選委 10-1240B
xuānwèishǐ 宣慰使 3-1416B
xuānwèisī 宣尉司 3-1412B
xuānwèisī 宣慰司 3-1416A
xuánwèizhú 還味竹 10-1252B
xuānwèn 宣問 3-1412B
xuánwén 玄文 2-304A
xuánwén 漩紋 6-103A
xuǎnwén 選文 10-1239A
xuànwén 絢文 9-827B
xuánwō 旋渦 6-1611A
xuánwō 旋窩 6-1611B
xuánwō 蜁蝸 8-902B
xuánwō 漩渦 6-103A
xuánwò 旋斡 6-1611B
xuánwōxīngxì 旋渦星系 6-1611A
xuānwǔ 宣武 3-1407B
xuānwǔ 軒廡 9-1222A
xuānwù 嵯嵍 3-857B
xuánwū 玄烏 2-314A
xuánwǔ 玄武 2-307B
xuánwǔ 旋舞 6-1611B
xuánwù 玄悟 2-315A
xuánwù 懸悟 7-777B
xuǎnwǔ 選舞 10-1244A
xuánwǔchán 玄武蟬 2-308B
xuánwǔhú 玄武湖 2-308A
xuánwǔmén 玄武門 2-308A
xuánwǔqí 玄武旗 2-308B
xuánwǔqián 玄武錢 2-308B
xuánwǔquè 玄武闕 2-308B
xuánwǔsīmǎ 玄武司馬 2-308A
xuǎnwǔzhēnggē 選舞徵歌 10-1244A
xuānxī 軒羲 9-1222B
xuānxī 軒犧 9-1224A
xuānxí 暄席 5-805A
xuánxī 玄夕 2-310A
xuánxī 玄錫 2-321B
xuánxí 褫褶 9-135B
xuánxí 玄席 2-314B
xuánxì 懸繫 7-783A
xuánxì 懸舄 7-780A
xuǎnxī 咺唏 3-319A
xuànxí 鉉席 11-1248A
xuānxiá 獧黠 5-113A
xuānxiá 儇狎 1-1692A
xuānxià 宣下 3-1405B

xuánxià 玄夏 2-313B
xuānxiān 軒騫 9-1224B
xuánxiān 玄仙 2-305A
xuánxiǎn 懸險 7-782A
xuǎnxiān 選仙 10-1239A
xuǎnxián 選賢 10-1244A
xuānxiáng 翾翔 9-693A
xuānxiǎng 喧響 3-451B
xuánxiāng 玄香 2-311A
xuánxiāng 玄鄉 2-318A
xuánxiǎng 玄想 2-320A
xuánxiǎng 懸想 7-780B
xuánxiàng 還鄉 10-1257B
xuánxiàng 縣象 9-967A
xuánxiàng 玄象 2-317B
xuánxiàng 懸象 7-779A
xuánxiāngtàishǒu
玄香太守 2-311A
xuǎnxiánjǔnéng 選賢擧能
10-1244B
xuǎnxiánrènnéng 選賢任能
10-1244A
xuǎnxiāntú 選仙圖 10-1239A
xuǎnxiányǔnéng 選賢與能
10-1244A
xuānxiāo 軒囂 9-1224B
xuānxiāo 喧囂 3-452A
xuānxiāo 諠䜛 11-356A
xuānxiāo 諠囂 11-356A
xuānxiào 喧笑 3-450B
xuánxiāo 玄枵 2-310B
xuánxiāo 玄宵 2-315A
xuánxiāo 玄霄 2-322A
xuán'xiāo 玄嚻 2-325B
xuánxiāo 璇霄 4-631B
xuánxiāo 懸梟 7-778B
xuánxiāodānquè 璇霄丹闕
4-631B
xuánxiāodāntái 璇霄丹臺
4-631B
xuānxié 宣協 3-1408A
xuānxiě 宣寫 3-1416A
xuānxiè 宣泄 3-1409A
xuānxiè 宣洩 3-1410A
xuānxiè 宣榭 3-1414B
xuānxiè 宣謝 3-1417A
xuānxiè 軒榭 9-1221B
xuánxiè 懸瀉 7-783A
xuānxīn 暄新 5-805A
xuánxīn 玄心 2-304B
xuánxīn 懸心 7-773A
xuánxīndiàodǎn 懸心吊膽
7-773A
xuānxíng 宣行 3-1407A
xuānxǐng 宣省 3-1410A
xuánxīng 縣興 9-968A
xuánxīng 璇星 4-630B
xuánxíng 旋行 6-1609A
xuānxiòng 儇詗 1-1692B
xuánxióng 玄熊 2-321B
xuānxiù 軒秀 9-1217A
xuánxiū 玄休 2-306A
xuánxiū 玄脩 2-314A
xuánxiù 玄宿 2-318A
xuǎnxiū 選修 10-1241B
xuānxū 軒頊 9-1220A
xuānxù 宣序 3-1407B
xuānxù 軒序 9-1217A
xuǎnxù 暄煦 5-805A
xuánxū 玄虛 2-316B
xuánxū 懸虛 7-778A
xuánxù 玄序 2-307A
xuánxù 玄緒 2-321B
xuǎnxù 選序 10-1240A
xuǎnxù 選叙 10-1241B
xuànxǔ 眩詡 7-1199B
xuānxuān 暖暖 5-795A
xuānxuān 宣宣 3-1410B
xuānxuān 軒軒 9-1218B
xuānxuān 喧喧 3-450B
xuānxuān 儇儇 1-1692B
xuānxuān 嬛嬛 4-415B
xuānxuān 諠諠 11-355B
xuānxuān 諼諼 11-346B
xuānxuān 翾翾 9-693A
xuānxuān 譞譞 11-448B
xuānxuán 軒縣 9-1222B
xuānxuán 軒懸 9-1224A
xuánxuān 玄軒 2-313B
xuánxuán 縣縣 9-968A
xuánxuán 玄玄 2-305B
xuánxuán 懸懸 7-783B
xuánxuán 暶暶 7-1251B
xuánxuàn 旋旋 6-1610B
xuánxuàn 旋眩 6-1610B
xuànxuàn 矎矎 7-1267A
xuànxuàn 旋旋 6-1611A
xuànxuàn 泫泫 5-1100B
xuànxuàn 炫炫 7-55B
xuànxuàn 眩眩 7-1199A
xuànxuàn 琄琄 4-581B
xuànxuàn 眴眴 7-1204A
xuànxuàn 鞙鞙 12-196B
xuánxuánsūn 玄玄孫 2-305B
xuǎnxùchuāng 選婿窗
10-1243B
xuānxuè 矎眓 7-1267A
xuánxué 玄學 2-323B
xuǎnxué 選學 10-1245A
xuànxué 炫學 7-56B
xuànxué 衒學 3-1017A
xuānxún 宣旬 3-1407A
xuānxùn 宣訓 3-1411A
xuánxùn 玄纁 2-325B
xuánxùn 玄訓 2-314B
xuānyā 宣押 3-1408A
xuányá 懸厓 7-774B
xuányá 懸崖 7-778B
xuányǎ 玄雅 2-318B
xuányájuébì 懸崖絕壁
7-778B
xuányálèmǎ 懸崖勒馬
7-778B
xuānyán 宣言 3-1407B
xuānyán 軒簷 9-1224A
xuānyán 喧妍 3-450A
xuānyán 暄妍 5-804B
xuānyán 諠言 11-355A
xuānyán 諼言 11-346B
xuānyǎn 宣演 3-1415A
xuānyàn 宣宴 3-1411B
xuányán 玄言 2-307A
xuányán 懸巖 7-783B
xuányǎn 懸眼 7-778A
xuányàn 玄宴 2-315A
xuányàn 玄晏 2-313B
xuányàn 玄讌 2-326A
xuányàn 玄鷰 2-326A
xuǎnyán 選言 10-1240A
xuǎnyàn 選艷 10-1246A
xuǎnyàn 選豔 10-1246A
xuànyán 眩顏 7-1200A
xuànyán 絢言 9-827B
xuànyǎn 眩眼 7-1199A
xuānyáng 宣揚 3-1412B
xuānyáng 宣颺 3-1417B
xuānyǎng 宣養 3-1415A
xuányǎng 懸仰 7-773B
xuǎnyáng 選揚 10-1243A
xuányángjīgǔ 懸羊擊鼓
7-774A
xuányángtóumàigǒuròu
懸羊頭賣狗肉 7-774A
xuányánshī 玄言詩 2-307A
xuānyáo 宣窯 3-1416A
xuānyáo 宣窰 3-1416A
xuānyáo 軒堯 9-1219B
xuānyáo 軒軺 9-1219B
xuānyào 宣曜 3-1417A
xuānyào 暄曜 5-707B
xuānyào 軒曜 9-1224A
xuānyào 軒燿 9-1224A
xuānyào 軒耀 9-1224A
xuányǎo 玄杳 2-308B
xuányào 玄要 2-310B
xuányào 玄燿 2-324B
xuányào 旋藥 6-1612A
xuányào 璇曜 4-632A
xuányào 璇耀 4-632A
xuǎnyào 烜燿 7-60B
xuǎnyào 烜耀 7-60B
xuànyào 玄耀 2-325B
xuànyào 昡曜 5-683A
xuànyào 炫曜 7-56B
xuànyào 炫燿 7-56B
xuànyào 炫耀 7-56B
xuànyào 眩曜 7-1200A
xuànyào 眩燿 7-1200A
xuànyào 眩曜 7-1200A
xuànyào 眩耀 7-1200A
xuànyào 衒曜 3-1017A
xuànyào 衒燿 3-1017A
xuànyào 衒耀 3-1017A
xuànyào 絢曜 9-828A
xuànyào 絢耀 9-828A
xuányáqiàobì 懸崕峭壁
7-778B
xuányáqiàobì 懸崖峭壁
7-778B
xuányásāshǒu 懸崖撒手
7-778B
xuányázhuǎnshí 懸崖轉石
7-778B
xuānyè 軒掖 9-1219A
xuānyè 宣夜 3-1409A
xuányè 玄夜 2-309B
xuànyě 炫冶 7-55B
xuānyī 宣醫 3-1417A
xuānyì 宣翼 3-1417A
xuānyì 宣譯 3-1417B
xuānyì 軒異 9-1219B
xuānyì 軒毅 9-1222A
xuānyì 諠議 11-356A
xuányī 玄一 2-303A
xuányī 玄衣 2-306B
xuányí 玄夷 2-306A
xuányí 玄儀 2-322B
xuányǐ 玄乙 2-303A
xuányǐ 璇扆 4-630B
xuányì 縣異 9-967A
xuányì 玄弋 2-303A
xuányì 玄意 2-320B
xuányì 玄義 2-320B
xuányì 玄黓 2-322B
xuányì 懸悒 7-777B
xuányì 懸異 7-778A
xuǎnyì 烜奕 7-60A
xuǎnyì 選譯 10-1245B
xuànyí 眩移 7-1199A
xuànyí 眩疑 7-1199B
xuànyì 炫异 7-55B
xuànyì 炫異 7-56A
xuànyì 衒異 3-1016B
xuányīdūyóu 玄衣督郵
2-306B
xuānyìláng 宣議郎 3-1417B
xuānyín 宣婬 3-1412B
xuānyín 宣淫 3-1412B
xuānyǐn 宣引 3-1405B
xuānyǐn 宣飲 3-1413B
xuānyǐn 諠引 11-354B
xuányīn 玄音 2-311B
xuányīn 玄陰 2-315B
xuányǐn 懸引 7-773A
xuányǐn 懸飲 7-780A
xuányìn 玄蔭 2-320A
xuǎnyǐn 選引 10-1239A
xuǎnyìn 選印 10-1239B
xuānyíng 軒楹 9-1220B
xuányīng 玄英 2-308B
xuányīng 玄膺 2-324A
xuányǐng 玄景 2-318B
xuányǐng 懸景 7-780A
xuányìng 玄應 2-324A
xuányìng 懸應 7-782B
xuànyìzhēngqí 炫異争奇
7-56A
xuānyōng 諠擁 11-355B
xuányōng 懸雍 7-781A
xuányōng 懸癰 7-783B
xuányǒng 懸湧 7-780A
xuǎnyòng 選用 10-1239A
xuānyóu 宣猶 3-1413B
xuānyóu 宣遊 3-1413B
xuānyóu 宣猷 3-1414B
xuānyóu 軒輶 9-1222B

xuānyǒu 軒牖 9-1222A
xuányóu 縣疣 9-966B
xuányóu 玄猷 2-320B
xuányóu 懸疣 7-776B
xuányǒu 玄友 2-304A
xuányòu 玄囿 2-311A
xuǎnyōu 選優 10-1245B
xuányóufùzhuì 懸疣附贅 7-776B
xuānyú 宣于 3-1405B
xuānyú 軒于 9-1216B
xuānyú 軒虞 9-1221A
xuānyú 諠愉 11-355A
xuānyǔ 軒宇 9-1217A
xuānyǔ 軒寓 9-1220A
xuānyù 鋗玉 11-1301A
xuānyù 宣諭 3-1416B
xuānyù 宣鬱 3-1418A
xuānyù 軒芋 9-1216B
xuānyù 軒馭 9-1219B
xuānyù 喧燠 5-805B
xuānyù 瑄玉 4-610A
xuānyù 萱芋 9-499A
xuānyù 諠諭 11-355B
xuányú 縣輿 9-968B
xuányú 玄魚 2-317B
xuányú 懸魚 7-778B
xuányú 懸輿 7-782B
xuányǔ 縣宇 9-964B
xuányǔ 縣寓 9-967B
xuányǔ 玄宇 2-306B
xuányǔ 玄羽 2-306B
xuányǔ 玄語 2-321A
xuányǔ 懸寓 7-780A
xuányù 玄玉 2-304B
xuányù 玄域 2-316A
xuányù 璇玉 4-630A
xuǎnyù 選育 10-1241A
xuànyù 炫鬻 7-56B
xuànyù 眩鬻 7-1200A
xuànyù 衒玉 3-1016A
xuànyù 衒鬻 3-1017B
xuānyuán 宣源 3-1414B
xuānyuán 軒轅 9-1222B
xuányuān 玄淵 2-319A
xuányuān 旋淵 6-1611A
xuányuān 璇淵 4-631A
xuányuán 玄元 2-303B
xuányuán 玄蚖 2-313B
xuányuán 玄猨 2-319A
xuányuán 玄猿 2-320B
xuányuán 玄蝯 2-322B
xuányuán 玄螈 2-323B
xuányuán 玄黿 2-324A
xuányuán 旋圓 6-1611A
xuányuán 璇源 4-631A
xuányuǎn 縣遠 9-967B
xuányuǎn 玄遠 2-319B
xuányuǎn 懸遠 7-780B
xuányuándàfū 玄元大夫 2-303B
xuānyuándǐng 軒轅鼎 9-1223A
xuányuángōng 玄元宮 2-303B
xuānyuánguó 軒轅國 9-1223A
xuányuánhuángdì 玄元皇帝 2-303B
xuānyuánjiǎo 軒轅角 9-1223A
xuānyuánjìng 軒轅鏡 9-1223B
xuānyuánqián 軒轅錢 9-1223B
xuānyuánqiū 軒轅丘 9-1223A
xuányuánshèngzǔ 玄元聖祖 2-303B
xuānyuánshì 軒轅氏 9-1223A
xuānyuántái 軒轅臺 9-1223B
xuānyuánxīng 軒轅星 9-1223A
xuānyuánzhīshān 軒轅之山 9-1223A
xuānyuè 軒越 9-1219B
xuányuè 玄月 2-304A
xuányuè 玄岳 2-309A
xuányuè 玄鉞 2-320B
xuányuè 璇籥 4-632A
xuányuè 懸籥 7-783B
xuǎnyuè 烜爚 7-60B
xuǎnyuè 選閱 10-1244B
xuànyùgǔshí 炫玉賈石 7-55A
xuànyùgǔshí 衒玉賈石 3-1016A
xuányùjiāng 玄玉漿 2-304B
xuányūn 旋暈 6-1611A
xuányún 玄雲 2-318A
xuányùn 玄運 2-319A
xuányùn 玄薀 2-322A
xuányùn 玄韻 2-325A
xuányùn 旋運 6-1611A
xuǎnyùn 撰韻 6-894B
xuànyún 泫沄 5-1100B
xuànyún 炫沄 7-55B
xuànyún 眩眃 7-1198B
xuànyùn 眩暈 7-1199A
xuányúngē 玄雲歌 2-318B
xuànyùqiúshòu 衒玉求售 3-1016A
xuānyùshǐ 宣諭使 3-1416B
xuànyùzìshòu 衒玉自售 3-1016A
xuānzá 喧雜 3-451B
xuānzá 諠雜 11-356A
xuānzàn 宣贊 3-1417B
xuānzàn 宣讚 3-1418A
xuánzàn 玄瓚 2-326A
xuānzàng 宣葬 3-1413A
xuánzàng 旋葬 6-1611A
xuānzànshèrén 宣贊舍人 3-1417B
xuānzào 喧噪 3-451A
xuānzào 諠譟 11-356A
xuánzǎo 玄藻 2-325A
xuánzào 玄造 2-314A
xuǎnzào 選造 10-1242A
xuánzé 玄澤 2-324A
xuánzé 玄賾 2-324B
xuǎnzé 選擇 10-1244B
xuānzhà 儇詐 1-1692B
xuánzhǎ 旋鮓 6-1612A
xuánzhái 玄宅 2-306B
xuánzhài 懸責 7-778A
xuānzhǎn 宣展 3-1411B
xuānzhàn 宣戰 3-1416B
xuānzhāng 宣章 3-1412B
xuánzhàng 玄仗 2-305A
xuánzhàng 懸帳 7-778B
xuānzhāo 宣招 3-1408A
xuānzhāo 宣昭 3-1410A
xuānzhào 宣召 3-1406B
xuānzhào 宣詔 3-1413B
xuánzhào 玄照 2-320A
xuánzhào 懸照 7-781A
xuǎnzhāo 選招 10-1240B
xuānzhé 宣哲 3-1410B
xuánzhé 玄哲 2-313A
xuánzhé 旋折 6-1609A
xuānzhēn 宣臻 3-1416B
xuānzhèn 宣振 3-1410B
xuánzhēn 玄貞 2-310B
xuánzhēn 玄真 2-313A
xuánzhēn 玄針 2-314B
xuánzhēn 懸針 7-777B
xuánzhěn 玄軫 2-318A
xuánzhěn 旋軫 6-1611A
xuànzhēn 眩真 7-1199A
xuānzhēng 喧争 3-450A
xuānzhèng 宣政 3-1409B
xuānzhèng 諠諍 11-355B
xuǎnzhèng 選政 10-1241B
xuānzhèngmén 宣政門 3-1409B
xuánzhēnzhuàn 縣針篆 9-966B
xuánzhēnzǐ 玄真子 2-313A
xuānzhǐ 宣旨 3-1407A
xuānzhǐ 宣紙 3-1411B
xuānzhì 宣制 3-1408B
xuānzhì 軒輊 9-1224B
xuānzhì 軒峙 9-1217B
xuānzhì 軒輊 9-1220B
xuānzhì 軒摯 9-1221B
xuánzhī 玄芝 2-305B
xuánzhī 懸知 7-774B
xuánzhǐ 玄旨 2-306A
xuánzhǐ 玄阯 2-306B
xuánzhǐ 玄沚 2-307A
xuánzhǐ 玄祉 2-310A
xuánzhǐ 玄指 2-310B
xuánzhǐ 玄趾 2-317A
xuánzhǐ 旋止 6-1608B
xuánzhǐ 懸指 7-776A
xuánzhì 玄致 2-313B
xuánzhì 玄畤 2-317A
xuánzhì 玄製 2-321A
xuánzhì 玄質 2-322B
xuánzhì 懸遲 7-782A
xuǎnzhí 選職 10-1245B
xuǎnzhǐ 選址 10-1239B
xuǎnzhì 選置 10-1243B
xuǎnzhì 選製 10-1244A
xuànzhì 絢質 9-828A
xuānzhìxì 軒輊戲 9-1221A
xuánzhīyòuxuán 玄之又玄 2-303A
xuānzhǒng 宣腫 3-1414B
xuánzhǒng 還踵 10-1260B
xuánzhǒng 旋踵 6-1611B
xuǎnzhǒng 選種 10-1244A
xuǎnzhòng 選衆 10-1243A
xuānzhōnghè 軒中鶴 9-1216B
xuánzhōngzǐ 玄中子 2-304A
xuānzhōu 軒輈 9-1222A
xuánzhōu 玄洲 2-311B
xuánzhǒu 懸肘 7-774B
xuánzhòu 玄胄 2-310B
xuánzhòu 玄酎 2-313B
xuánzhòu 懸胄 7-776A
xuǎnzhōu 烜洲 7-60A
xuànzhòugǎoyè 炫晝縞夜 7-56A
xuānzhū 軒朱 9-1216B
xuānzhǔ 軒主 9-1216B
xuānzhǔ 軒矚 9-1224B
xuānzhù 宣助 3-1407A
xuānzhù 宣著 3-1412A
xuānzhù 軒宁 9-1216B
xuānzhù 軒翥 9-1221B
xuānzhù 翾翥 9-693A
xuánzhū 玄珠 2-312B
xuánzhū 璇珠 4-630B
xuánzhū 懸珠 7-777A
xuánzhú 玄燭 2-324B
xuánzhǔ 玄渚 2-317B
xuánzhǔ 旋屬 6-1612B
xuánzhù 玄著 2-316A
xuánzhù 玄箸 2-321A
xuánzhù 懸注 7-775A
xuǎnzhù 選住 10-1240A
xuǎnzhù 選注 10-1241A
xuánzhuǎn 旋轉 6-1612A
xuánzhuàn 縣傳 9-968A
xuànzhuàn 炫轉 7-56B
xuànzhuàn 眩轉 7-1199B
xuànzhuàn 眴轉 7-1204A
xuànzhuāng 炫妝 7-55B
xuànzhuāng 炫裝 7-56A
xuánzhuì 懸綴 7-781B
xuánzhuì 懸縋 7-782A
xuánzhǔn 玄准 2-314B
xuānzhuó 喧濁 5-805B
xuānzhuó 諠濁 11-356A
xuǎnzhuō 烜卓 7-60A
xuǎnzhuó 選擢 10-1245B
xuānzi 軒子 9-1216B
xuānzǐ 獧子 5-112B
xuānzǐ 儇子 1-1692A
xuānzi 褑子 9-135B
xuánzī 玄滋 2-319A
xuánzǐ 玄子 2-303A
xuánzǐ 旋子 6-1608B
xuànzi 旋子 6-1608B
xuànzi 楦子 4-1195A

xuànzi 鏇子 11-1387B
xuánzōng 𢆯宗 4-427A
xuánzōng 玄宗 2-309B
xuānzǒu 翾走 9-693A
xuánzǒu 旋走 6-1609B
xuánzū 懸租 7-777A
xuánzú 旋足 6-1609B
xuánzǔ 玄祖 2-312A
xuǎnzú 選卒 10-1241A
xuánzuì 懸罪 7-781A
xuánzūn 玄尊 2-319A
xuánzūn 玄樽 2-323A
xuānzuò 宣坐 3-1407B
xuánzuò 懸坐 7-774B
xuànzuò 旋做 6-1610B
xù'ǎo 絮襖 9-852A
xùbá 序跋 3-1212A
xūbái 虛白 8-818A
xùbān 序班 3-1211B
xùbǎn 續版 9-1048A
xūbàng 虛謗 8-833A
xūbào 虛報 8-825B
xùbào 敍報 5-444A
xūbèi 虛憊 8-832A
xùbēi 敍悲 5-444A
xūbǐ 虛鄙 8-828A
xūbì 虛弊 8-830A
xūbì 虛碧 8-829A
xūbì 須畀 12-251A
xǔbǐ 許鄙 11-71A
xùbiān 續編 9-1049A
xùbié 序別 3-1211B
xùbié 敍別 5-443B
xūbìn 鬚鬢 12-754B
xūbìn 鬚鬂 12-755A
xūbìn 鬚鬢 12-755A
xùbīn 序賓 3-1212A
xùbìng 恤病 7-524A
xūbó 虛泊 8-821A
xūbó 虛薄 8-831B
xùbó 絮帛 9-851B
xūbǔ 須卜 12-247B
xūbù 圩埠 2-1006A
xūbù 須不 12-247B
xúbù 徐步 3-980A
xūbùshì 須不是 12-247B
xùcái 畜財 7-1336B
xùcái 敍才 5-443B
xùcài 蓄菜 9-517B
xūcān 須參 12-249B
xùcáng 畜藏 7-1337B
xùcáng 蓄藏 9-518B
xūcè 訏策 11-28B
xūchán 虛孱 8-827A
xūchǎn 胥產 6-1239B
xūchǎn 虛讇 8-835A
xùchǎn 畜產 7-1337A
xūcháng 圩場 2-1006A
xūcháng 墟場 2-1189A
xūchǎng 虛敞 8-825B
xūchàng 虛暢 8-829A
xǔcháng 許長 11-70A
xùcháng 序常 3-1212A
xùcháng 敍常 5-444A
xùcháng 續長 9-1048A
xūchè 虛徹 8-831A
xūchè 虛澈 8-831A
xūchén 虛陳 8-824A
xúchén 徐陳 3-980B
xūchēng 虛稱 8-829B
xūchéng 胥成 6-1238B
xūchéng 虛城 8-821B
xùchéng 序成 3-1211A
xùchéng 緒成 9-876B
xùchéng 續成 9-1047B
xūchì 盱眙 7-1132A
xùchǐ 序齒 3-1212A
xùchǐ 敍齒 5-444B
xūchōng 虛冲 8-819B
xūchǒng 虛寵 8-834A
xǔchù 許處 11-70B
xǔchù 詡畜 11-210B
xùchǔ 蓄儲 9-518B
xūchuā 砉欻 7-1006A
xūchuán 虛傳 8-828A
xūcí 虛詞 8-826B
xūcí 虛辭 8-834A
xūcì 須次 12-248A
xūcì 需次 11-689B
xùcì 序次 3-1211A
xùcì 敍次 5-443B
xùcì 緒次 9-876B
xùcún 緒存 9-876B
xūcuò 虛錯 8-832A
xūdá 須達 12-249B
xǔdà 許大 11-69A
xūdáduō 須達多 12-249B
xūdài 胥戴 6-1240A
xūdài 須待 12-249B
xūdài 鬚帶 12-754B
xūdān 虛單 8-826A
xūdàn 虛淡 8-825A
xūdàn 虛誕 8-828B
xūdàn 虛澹 8-832A
xùdàn 旭旦 5-578B
xūdāng 須當 12-250A
xūdàng 虛蕩 8-830B
xūdào 虛道 8-827A
xùdao 絮叨 9-851A
xùdào 畜道 7-1337A
xùdāodāo 絮叨叨 9-851A
xūdé 須得 12-249B
xùdé 畜德 7-1337B
xūdí 虛的 8-821A
xūdǐ 鬚柢 12-754A
xūdì 魆的 12-467B
xūdì 魆地 12-467B
xùdì 序第 3-1212A
xùdiǎn 卹典 2-533A
xùdiǎn 恤典 7-524A
xùdiànchí 蓄電池 9-518A
xùdiāo 續貂 9-1048B
xūdìjiān 魆地間 12-467B
xūdìlǐ 魆地裏 12-467B
xùdìng 序定 3-1211B
xǔdīngmǎo 許丁卯 11-68B
xūdù 胥蠹 6-1240B
xūdù 虛度 8-822A
xúdù 徐杜 3-980A
xùduān 序端 3-1212A
xùduǎn 續短 9-1048B
xùduàn 續斷 9-1049A
xūdùn 虛頓 8-827B
xǔduō 許多 11-69B
xùduó 卹度 2-533A
xū'é 虛額 8-833B
xū'è 鬚萼 12-754B
xué'àn 學案 4-247A
xuě'àn 雪案 11-626B
xuě'àn 雪暗 11-628B
xuè'àn 血案 8-1345B
xuě'ànyíngchuāng 雪案螢窗 11-626B
xuě'ànyíngdēng 雪案螢燈 11-626B
xuébà 學霸 4-251B
xuěbái 雪白 11-621B
xuèbàiqìsuǒ 血敗氣索 8-1345B
xuēbǎn 靴板 12-186B
xuébàn 學伴 4-243B
xuèbān 血斑 8-1346B
xuěbàng 雪謗 11-631B
xuēbáo 削薄 2-695A
xuébào 澩瀑 6-186B
xuébào 學報 4-248B
xuěbào 雪豹 11-626A
xuěbào 雪暴 11-630A
xuèbāo 血胞 8-1343B
xuēbèi 削背 2-693B
xuěběixiāngnán 雪北香南 11-621B
xuèběn 血本 8-1341A
xuěbēng 雪崩 11-627A
xuèbēng 血崩 8-1345B
xuēbí 靴鼻 12-187B
xuēbǐ 削筆 2-694B
xuēbì 削壁 2-695A
xuébí 穴鼻 8-406A
xuébì 穴壁 8-406A
xuēbiàn 薛卞 9-564B
xuěbīng 雪冰 11-622A
xuěbìnshuānghuán 雪鬢霜鬟 11-632B
xuěbìnshuāngmáo 雪鬢霜毛 11-632B
xuēbō 削剝 2-694A
xuēbó 削薄 2-695A
xuébó 學博 4-248B
xuēbǔ 削哺 2-694A
xuébù 學步 4-243B
xuébù 學部 4-247A
xuèbùguījīng 血不歸經 8-1340B
xuébùhándān 學步邯鄲 4-243B
xuěcǎi 雪彩 11-627A
xuěcán 雪蠶 11-632B
xuécáng 穴藏 8-406A
xuēcǎo 削草 2-693B
xuécáo 學曹 4-247B
xuěcāobīngxīn 雪操冰心 11-630B
xuēcǎochúgēn 削草除根 2-693B
xuéchāi 學差 4-246A
xuēchán 削劖 2-695B
xuéchán 學禪 4-251A
xuěchán 雪鑱 11-632B
xuèchǎn 血產 8-1346A
xuēcháng 削長 2-693A
xuěchǎng 雪氅 11-630B
xuěchàng 雪唱 11-627A
xuèchǎng 血場 8-1346B
xuécháo 穴巢 8-405B
xuécháo 學潮 4-250B
xuècháo 血潮 8-1348A
xuècháo 謔嘲 11-340A
xuěchē 雪車 11-623A
xuèchén 血忱 8-1342B
xuēchéng 靴城 12-186B
xuéchéng 學程 4-248B
xuèchéng 血誠 8-1347A
xuēchì 削斥 2-692B
xuěchǐ 雪恥 11-625B
xuěchǐ 雪耻 11-625B
xuèchí 血池 8-1342A
xuèchì 血赤 8-1342A
xuěchóu 雪仇 11-621A
xuěchóu 雪讎 11-632B
xuěchǒu 雪醜 11-630B
xuèchóu 血仇 8-1341A
xuèchóu 血讎 8-1349A
xuēchú 削除 2-693B
xuēchù 削絀 2-694B
xuēchù 削黜 2-695A
xuéchǔ 穴處 8-405B
xuěchú 雪除 11-625B
xuěchǔ 雪楮 11-627B
xuéchuāng 穴窗 8-405B
xuěchuāng 雪窗 11-628A
xuěchuáng 雪牀 11-624A
xuěchuāngyínghuǒ 雪窗螢火 11-628A
xuěchuāngyíngjī 雪窗螢几 11-628A
xuěcì 雪刺 11-623B
xuècí 謔詞 11-340A
xuècí 謔辭 11-340A
xuēcōng 削葱 2-694B
xuécuàn 穴竄 8-406A
xuěcuì 雪毳 11-628A
xuědān 雪丹 11-621B
xuēdāo 削刀 2-692B
xuēdāo 靴刀 12-186A
xuédào 穴道 8-405B
xuédào 學道 4-249A
xuēdāoshìsǐ 靴刀誓死 12-186A
xuéděng 學等 4-248B
xuědēng 雪燈 11-631A
xuēdí 削滌 2-694B
xuédì 穴地 8-405A
xuédì 學地 4-243A
xuědí 雪滌 11-629A
xuèdì 血地 8-1341A

xuědiǎn 雪點 11-631B
xuèdiǎn 血點 8-1348B
xuědiào 雪調 11-630A
xuèdiào 謔調 11-340A
xuèdīdī 血滴滴 8-1347B
xuědié 雪牒 11-629A
xuědié 雪氎 11-632B
xuēdìng 削定 2-693A
xuédìng 學定 4-245A
xuědǐng 雪頂 11-626B
xuédǒng 學董 4-248B
xuědòng 雪洞 11-625A
xuědòu 雪竇 11-632A
xuēdú 削牘 2-695B
xuēduō 削剟 2-694A
xuēduó 削奪 2-694B
xuěduǒ 雪朵 11-622A
xuěduǒ 雪朶 11-622B
xué'é 學額 4-251A
xuě'è 雪萼 11-627B
xué'ér 學而 4-243A
xué'ér 學兒 4-245A
xuě'ér 雪兒 11-623B
xuēfà 削髮 2-694B
xuéfá 學閥 4-250A
xuéfǎ 學法 4-245A
xuēfān 削藩 2-695B
xuěfān 雪帆 11-622A
xuěfán 雪煩 11-629A
xuéfáng 學房 4-245B
xuèfáng 血防 8-1342A
xuēfàpīzī 削髮披緇 2-694B
xuēfèi 削柹 2-693A
xuēfèi 削肺 2-693A
xuéfèi 學費 4-249A
xuěfēn 雪雰 11-627B
xuěfěn 雪粉 11-626A
xuěfèn 雪憤 11-630A
xuèfèn 血分 8-1341A
xuēféng 削縫 2-695A
xuéfēng 學風 4-246A
xuéfèng 學俸 4-246B
xuěfēng 雪風 11-625A
xuěfēng 雪峰 11-625B
xuèfēngròuyǔ 血風肉雨 8-1343B
xuéfēnzhì 學分制 4-242A
xuéfó 學佛 4-243B
xuēfú 靴服 12-186B
xuéfǔ 學府 4-245A
xuěfū 雪膚 11-630A
xuěfù 雪復 11-628A
xuèfú 血蝠 8-1348A
xuéfùwǔchē 學富五車 4-249A
xuēgǎi 削改 2-693A
xuēgǎo 削稿 2-695A
xuēgǎo 削藁 2-695B
xuěgāo 雪糕 11-630B
xuègāo 血膏 8-1347B
xuégē 學割 4-249A
xuégé 穴骼 8-406A
xuěgé 雪格 11-625B
xuègěng 血羹 8-1348B
xuēgōng 靴工 12-186A
xuégōng 學宮 4-246A
xuěgōng 雪宮 11-625A
xuègōu 血溝 8-1347B
xuégǔ 學古 4-242A
xuěgū 雪姑 11-624B
xuègū 血姑 8-1343A
xuēguā 削瓜 2-692B
xuéguā 䓝刮 8-524B
xuèguà 血卦 8-1342B
xuéguān 學官 4-245A
xuéguǎn 穴管 8-406A
xuéguǎn 學舘 4-250B
xuéguǎn 學館 4-250B
xuèguǎn 血管 8-1347B
xuěguāng 雪光 11-622A
xuèguāng 血光 8-1341A
xuèguāngzāi 血光災 8-1341B
xuèguāngzhīzāi 血光之災 8-1341A
xuéguī 學規 4-247B
xuěguì 雪桂 11-625B
xuégùn 學棍 4-248B
xuēguó 削國 2-694A
xuèguó 血國 8-1345B
xuèguōbā 血鍋巴 8-1348A
xuèguósānqiān 血國三千 8-1345B
xuéhǎi 學海 4-247A
xuěhǎi 雪海 11-626A
xuèhái 血孩 8-1344A
xuèhǎi 血海 8-1344B
xuèhǎishēnchóu 血海深仇 8-1345A
xuèhǎishīshān 血海屍山 8-1345A
xuèhǎiyuānchóu 血海寃仇 8-1345A
xuěhámā 雪蝦蟆 11-630A
xuèhàn 血汗 8-1342A
xuēháng 靴行 12-186B
xuéhǎo 學好 4-243B
xuěhè 雪鶴 11-632A
xuěhèn 雪恨 11-625A
xuèhén 血痕 8-1346A
xuéhóng 鱜魟 12-1232A
xuéhóng 鱜鮏 12-1232A
xuěhóng 雪鴻 11-631B
xuěhóngzhǐzhǎo 雪鴻指爪 11-631B
xuēhòugēn 靴後跟 12-186B
xuēhù 靴笏 12-186B
xuěhuā 雪花 11-622B
xuěhuā 雪華 11-625B
xuèhuā 血花 8-1342A
xuèhuá 血華 8-1344A
xuěhuābīntiě 雪花鑌鐵 11-623A
xuěhuācōng 雪花驄 11-623A
xuěhuāfěn 雪花粉 11-623A
xuěhuāgāo 雪花膏 11-623A
xuéhuàn 學宦 4-246A
xuěhuāyín 雪花銀 11-623A
xuèhúhú 血糊糊 8-1348A
xuéhuì 學會 4-249B
xuěhuī 雪輝 11-630A
xuèhǔlínglā 血唬零喇 8-1345B
xuèhūlínlà 血忽淋剌 8-1342B
xuèhúlínlà 血胡淋剌 8-1343A
xuèhúlínlà 血糊淋剌 8-1348A
xuèhúliúlā 血糊流拉 8-1348A
xuěhuó 雪活 11-625A
xuèhuò 泧瀖 5-1065B
xuèhútóng 血胡同 8-1343A
xuèhútóng 血湖洞 8-1346B
xuèhútóng 血衚衕 8-1348A
xuējí 削籍 2-695B
xuējì 削迹 2-693B
xuējì 削跡 2-694B
xuéjí 學級 4-246B
xuéjí 學籍 4-251B
xuějī 雪肌 11-622A
xuějī 雪雞 11-632A
xuějí 雪脊 11-626A
xuějì 雪薺 11-631A
xuèjí 血疾 8-1344B
xuèjì 血迹 8-1343B
xuèjì 血忌 8-1342B
xuèjì 血祭 8-1346A
xuèjì 血跡 8-1347A
xuéjià 學稼 4-250A
xuějiā 雪痂 11-626A
xuějiā 雪茄 11-623B
xuējiān 削肩 2-693A
xuējiǎn 削減 2-694B
xuējiǎn 削簡 2-695B
xuējiǎn 靴簡 12-187B
xuéjiān 學監 4-249B
xuéjiàn 穴見 8-405A
xuéjiàn 學劍 4-250A
xuějiǎn 雪減 11-628A
xuějiǎn 雪繭 11-631B
xuějiàn 雪澗 11-630A
xuějiàn 雪磵 11-631A
xuējiàng 靴匠 12-186B
xuějiànxiū 雪見羞 11-623A
xuējiǎo 靴脚 12-187A
xuějiào 雪窖 11-628A
xuějiàobīngtiān 雪窖冰天 11-628A
xuējiē 削階 2-694A
xuéjiě 學解 4-249B
xuéjiè 學界 4-245B
xuějié 雪節 11-628B
xuějiè 雪界 11-624B
xuèjié 泱捷 5-1021B
xuèjié 泱揵 5-1021B
xuèjié 血竭 8-1347B
xuèjiéránkū 血竭髯枯 8-1347B
xuèjīn 血津 8-1344A
xuèjìn 血浸 8-1345A
xuéjǐng 穴井 8-405A
xuějīng 雪精 11-629B
xuějǐng 雪景 11-627B
xuèjīng 血經 8-1347B
xuéjiū 學究 4-244A
xuéjiū 學鳩 4-249B
xuéjiū 鷽鳩 12-1165A
xuějiǔ 雪酒 11-626A
xuèjiǔ 血酒 8-1344B
xuējù 削鐻 2-695B
xuéjū 穴居 8-405A
xuějù 雪句 11-621B
xuèjù 謔劇 11-340A
xuējué 削絶 2-694B
xuējué 削爵 2-695A
xuéjūyěchǔ 穴居野處 8-405A
xuékǎn 穴埳 8-405B
xuēkè 削刻 2-693A
xuékē 學科 4-245B
xuěkè 雪客 11-625A
xuèkěn 血懇 8-1348B
xuěkēng 雪坑 11-622B
xuèkēng 血坑 8-1342A
xuékèqián 學課錢 4-250B
xuékōng 學空 4-245A
xuēkǒu 削口 2-692B
xuèkǒu 血口 8-1340B
xuèkǒupēnrén 血口噴人 8-1340B
xuēkù 韡袴 12-685A
xuēkù 靴袴 12-187A
xuèkū 血枯 8-1343A
xuèkù 血庫 8-1344B
xuèkuài 血塊 8-1346B
xuékuàng 學貺 4-248B
xuèkuī 血虧 8-1348B
xuèkuī 昳睳 7-1191A
xuélǎn 學覽 4-251B
xuělǎng 雪朗 11-626B
xuělàng 雪浪 11-626B
xuèlàng 血浪 8-1345A
xuèlàng 謔浪 11-340A
xuělàngjiān 雪浪箋 11-626B
xuělàngshí 雪浪石 11-626B
xuèlàngxiào'áo 謔浪笑敖 11-340A
xuèlàngxiào'ào 謔浪笑傲 11-340A
xuélǎoyúnián 學老於年 4-243A
xuèlèi 血淚 8-1346A
xuěléng 雪稜 11-628B
xuēlì 削立 2-692B
xuélǐ 學理 4-247B
xuélì 學力 4-241B
xuélì 學曆 4-250B
xuélì 學歷 4-250B
xuělí 雪梨 11-627A
xuělǐ 雪理 11-626B
xuělì 雪粒 11-627B
xuèlì 血力 8-1340B
xuēliǎn 削斂 2-695A
xuělián 雪蓮 11-628B
xuělián 雪練 11-630B

xuèliǎn 血臉 8-1348B
xuéliáng 學糧 4-251A
xuěliàng 雪亮 11-625A
xuěliánhuā 雪蓮花 11-628B
xuěliánzhǐ 雪連紙 11-625B
xuèliáo 泬寥 5-1102A
xuèliáo 泬漻 5-1102A
xuèliáo 泬潦 5-1102A
xuèliáo 血膋 8-1347B
xuèliào 血料 8-1344B
xuělǐhóng 雪裏蕻 11-629A
xuělǐhóng 雪裏紅 11-629A
xuèlìlì 血瀝瀝 8-1348B
xuélín 學林 4-244B
xuélǐn 學廩 4-250B
xuělín 雪鱗 11-632B
xuélíng 學齡 4-251A
xuělíng 雪瓴 11-624B
xuělíng 雪凌 11-626A
xuělíng 雪翎 11-627A
xuělǐng 雪嶺 11-631A
xuělǐngbáiniú 雪嶺白牛 11-631B
xuèlínlín 血淋淋 8-1346A
xuělǐqīng 雪裏青 11-629A
xuělǐsòngtàn 雪裏送炭 11-629A
xuělǐtàn 雪裏炭 11-629A
xuéliú 颵飀 12-637A
xuéliú 穴流 8-405B
xuéliú 學流 4-247A
xuěliǔ 雪柳 11-624B
xuěliù 雪溜 11-629B
xuèliù 泱溜 5-1023B
xuèliúchénghé 血流成河 8-1345A
xuèliúchéngqú 血流成渠 8-1345A
xuèliúpiāochǔ 血流漂杵 8-1345A
xuèliúpiāolǔ 血流漂鹵 8-1345A
xuèliúrúzhù 血流如注 8-1345A
xuělǒng 雪壟 11-632A
xuélú 學廬 4-251A
xuélù 學録 4-250B
xuělú 雪廬 11-632A
xuělǔ 雪滷 11-629B
xuělù 雪鷺 11-632B
xuèlù 血路 8-1347A
xuèlùlù 血淥淥 8-1346B
xuèlùlù 血碌碌 8-1347A
xuèlún 血輪 8-1347B
xuēluò 削落 2-694B
xuéluǒ 穴倮 8-405A
xuěluóhàn 雪羅漢 11-632A
xuēlǚ 靴履 12-187B
xuélǚ 學侶 4-244B
xuělǚ 幯縷 3-757A
xuělǚ 雪履 11-630B
xuělǚ 雪縷 11-631B
xuèlǚ 血縷 8-1348B
xuèmǎ 血馬 8-1344A
xuémài 學脈 4-247A
xuèmài 血脉 8-1343B
xuèmài 血脈 8-1344B
xuěmàn 雪漫 11-629B
xuěmáng 雪盲 11-624A
xuémáo 穴矛 8-405A
xuěmáo 雪毛 11-621A
xuěmào 雪帽 11-628A
xuěmào 雪貌 11-629B
xuèmáo 血毛 8-1341A
xuěméi 雪梅 11-626B
xuémén 穴門 8-405A
xuémén 學門 4-245B
xuèméng 血盟 8-1347A
xuéménliàohù 踅門瞭户 10-484A
xuéménxuéhù 踅門踅户 10-484A
xuémì 穴蜜 8-406A
xuēmiǎn 削免 2-693A
xuěmiǎn 雪免 11-623B
xuémiào 學廟 4-250B
xuēmiè 削滅 2-694B
xuémín 學民 4-243A
xuémíng 學名 4-243B
xuěmíng 雪茗 11-624B
xuēmǒ 削抹 2-693A
xuēmò 削墨 2-694B
xuémō 踅摸 10-484A
xuémò 踅磨 10-484A
xuěmò 雪末 11-621B
xuěmòzǐ 雪末籽 11-621B
xuěmù 雪幕 11-628B
xuēmùwéilì 削木爲吏 2-692B
xuěnèn 雪嫩 11-629B
xuění 雪泥 11-624A
xuèní 血泥 8-1342B
xuénián 學年 4-243A
xuéniánlùnwén 學年論文 4-243A
xuèniǎo 謔嬲 11-340A
xuèniào 血尿 8-1342B
xuěníhóngjì 雪泥鴻跡 11-624A
xuěníhóngzhǎo 雪泥鴻爪 11-624A
xuènòng 謔弄 11-339B
xuènù 血怒 8-1344A
xuěnǚ 雪女 11-621A
xuēnüè 削虐 2-693B
xuě'ǒu 雪藕 11-631B
xuēpà 靴帕 12-186B
xuépài 學派 4-246A
xuēpáo 靴袍 12-187A
xuèpào 血泡 8-1342B
xuèpén 血盆 8-1343A
xuèpénchí 血盆池 8-1343B
xuèpénjīng 血盆經 8-1343B
xuēpí 靴皮 12-186B
xuěpiàn 雪片 11-621A
xuépín 學嚬 4-251A
xuēpíng 削平 2-692B
xuěpò 雪魄 11-629B
xuèpō 血泊 8-1342B
xuépǔ 學圃 4-246B
xuěpǔ 雪浦 11-626A
xuēqí 靴鞠 12-187A
xuéqī 學期 4-248B
xuěqì 雪泣 11-624A
xuěqì 雪氣 11-625B
xuèqí 血旗 8-1347B
xuèqì 血泣 8-1342B
xuèqì 血氣 8-1344A
xuèqì 吷氣 3-249B
xuéqián 學錢 4-250B
xuéqiǎncáishū 學淺才疏 4-248A
xuéqiáng 穴牆 8-406A
xuéqiánjiàoyù 學前教育 4-246A
xuéqiánqī 學前期 4-246A
xuéqiào 穴竅 8-406A
xuěqiào 雪橇 11-630B
xuèqìfānggāng 血氣方剛 8-1344B
xuèqìfāngshèng 血氣方盛 8-1344B
xuèqìfāngzhuàng 血氣方壯 8-1344B
xuèqīn 血親 8-1348A
xuèqīn 謔親 11-340A
xuēqīng 削青 2-693A
xuěqīng 雪青 11-623B
xuěqíng 雪晴 11-627B
xuěqiú 雪虯 11-623B
xuěqiú 雪毬 11-627A
xuèqiú 血球 8-1345B
xuèqìzhīyǒng 血氣之勇 8-1344A
xuéqū 學區 4-247B
xuéqǔ 學取 4-244B
xuéqù 穴覷 8-406A
xuěqū 雪蛆 11-627A
xuèqū 血軀 8-1348B
xuēquàn 削券 2-693A
xuéqún 穴羣 8-405B
xuèrán 辥然 11-499A
xuèrán 瞲然 7-1258B
xuèrán 吷然 3-249B
xuérén 穴人 8-404B
xuérén 學人 4-241B
xuěrén 雪人 11-620B
xuěrèn 雪刃 11-621A
xuèrèn 血刃 8-1340B
xuèròu 血肉 8-1341B
xuèròuhéngfēi 血肉横飛 8-1341B
xuèròuxiānglián 血肉相連 8-1341B
xuèròuxiānglián 血肉相聯 8-1341B
xuérǔ 穴乳 8-405A
xuěrǔ 雪乳 11-624A
xuèrú 血茹 8-1343A
xuēruò 削弱 2-694A
xuèruò 泬若 5-1102A
xuěsān 雪糁 11-631B
xuēsè 削色 2-693A
xuěsè 雪色 11-622A
xuèsè 血色 8-1341B
xuésēng 學僧 4-250A
xuēshān 靴衫 12-186B
xuēshàn 靴扇 12-187A
xuěshān 雪山 11-620B
xuèshānbēng 血山崩 8-1340B
xuěshāndàshì 雪山大士 11-620B
xuéshàng 學尚 4-244B
xuěshàngjiāshuāng 雪上加霜 11-620B
xuěshāntóngzǐ 雪山童子 11-620B
xuéshé 學舌 4-243A
xuéshè 學舍 4-245A
xuéshè 學涉 4-247A
xuèshēn 血身 8-1342A
xuésheng 學生 4-242B
xuéshēng 學生 4-242B
xuéshěng 學省 4-245B
xuěshēng 雪聲 11-631A
xuèshēng 血牲 8-1343A
xuéshengqiāng 學生腔 4-242B
xuéshēngyi 學生意 4-242B
xuéshēngzhuāng 學生裝 4-242B
xuéshengzǐ 學生子 4-242B
xuéshī 穴師 8-405B
xuéshī 學師 4-246B
xuéshí 學時 4-246B
xuéshí 學識 4-251A
xuéshǐ 學使 4-244B
xuéshì 學士 4-241B
xuéshì 學世 4-242A
xuéshì 學仕 4-243A
xuéshì 學市 4-243A
xuéshì 學事 4-244B
xuéshì 學室 4-246A
xuěshī 雪詩 11-629A
xuěshì 雪釋 11-632A
xuèshí 血食 8-1343A
xuéshìgēng 學士羹 4-242A
xuèshīlíng 血屍靈 8-1344A
xuéshìshūhù 穴室樞户 8-405A
xuěshīzixiànghuǒ 雪獅子向火 11-629A
xuēshòu 削瘦 2-694B
xuéshǒu 學守 4-243B
xuéshǒuxuéjiǎo 踅手踅脚 10-484A
xuēshū 削書 2-694A
xuéshū 學書 4-247B
xuéshú 學塾 4-250A
xuéshù 學述 4-244B
xuéshù 學術 4-247B
xuèshū 血叔 8-1342B
xuèshū 血書 8-1345B
xuèshū 血疏 8-1346B
xuèshǔ 血屬 8-1348B
xuěshuāng 雪霜 11-631A

xuěshuāngzī 雪霜姿 11-631A
xuěshuǎngzi 雪爽子 11-626B
xuéshūcáiqiǎn 學疏才淺 4-249A
xuěshuǐ 雪水 11-621A
xuèshuǐ 血水 8-1341A
xuéshuō 學説 4-250A
xuéshūxuéjiàn 學書學劍 4-247B
xuěsī 雪絲 11-628B
xuèsī 血絲 8-1346B
xuèsì 血祀 8-1342B
xuèsì 血嗣 8-1347A
xuésòng 學誦 4-250A
xuěsōng 雪松 11-623B
xuěsù 雪素 11-625B
xuèsuàngēng 血蒜羹 8-1346B
xuēsuì 削燧 2-695A
xuěsuǐ 雪髓 11-632A
xuèsuǐ 血髓 8-1348B
xuēsǔn 削損 2-694B
xuěsǔn 雪筍 11-628A
xuěsuō 雪蓑 11-628B
xuèsuǒ 嚯索 3-542A
xuétái 學臺 4-249B
xuětái 雪臺 11-629B
xuětāiméigǔ 雪胎梅骨 11-625A
xuétàn 踅探 10-484A
xuětān 雪灘 11-632B
xuětán 雪潭 11-630A
xuétáng 學堂 4-247B
xuětāng 雪湯 11-628A
xuětáng 雪堂 11-627A
xuětāo 雪濤 11-631B
xuětáo 雪桃 11-625B
xuētāojiān 薛濤牋 9-564B
xuētāojiān 薛濤箋 9-564B
xuētáojiān 薛陶牋 9-564B
xuěténg 雪藤 11-632A
xuētī 削剔 2-694A
xuětì 雪涕 11-626A
xuétián 學田 4-242B
xuětiānyíngxí 雪天螢席 11-621A
xuětiáo 雪條 11-625B
xuētiě 削鐵 2-695B
xuētiěrúní 削鐵如泥 2-695B
xuētiěwúshēng 削鐵無聲 2-695B
xuétíng 學庭 4-246A
xuētǒng 靴桶 12-187A
xuētǒng 靴筒 12-187A
xuētǒng 靴統 12-187A
xuētǒng 靴筩 12-187A
xuétóng 學童 4-249A
xuétóng 學僮 4-249B
xuètǒng 血統 8-1346B
xuētóu 削頭 2-695A
xuétóu 噱頭 3-520A
xuétú 學徒 4-246B
xuétǔ 穴土 8-404B
xuětù 雪兔 11-624A
xuétúgōng 學徒工 4-247A
xuétuō 穴託 8-405B
xuéwán 學玩 4-244A
xuēwáng 削亡 2-692B
xuéwèi 穴位 8-405A
xuéwèi 穴胃 8-405A
xuéwèi 學位 4-243B
xuēwén 靴文 12-186B
xuēwén 靴紋 12-187A
xuéwén 學文 4-242A
xuéwèn 學問 4-248A
xuèwěn 血吻 8-1342A
xuéwènsībiàn 學問思辨 4-248A
xuēwénzhòumiàn 靴紋縐面 12-187A
xuěwō 雪窩 11-629B
xuéwū 學屋 4-246A
xuéwǔ 學伍 4-243A
xuéwù 學務 4-247B
xuéwù 學霧 4-251A
xuěwū 雪屋 11-625A
xuèwū 血污 8-1342A
xuèwūchí 血污池 8-1342A
xuéxí 學習 4-248A
xuéxì 穴隙 8-405B
xuéxì 學系 4-244A
xuéxì 學戲 4-251A
xuěxī 雪溪 11-629A
xuèxǐ 血洗 8-1343B
xuèxì 血系 8-1342A
xuèxì 謔戲 11-340A
xuéxiān 學仙 4-243A
xuéxiān 學僊 4-249B
xuéxián 學銜 4-250A
xuéxiàn 學憲 4-251A
xuěxián 雪絃 11-627B
xuěxiàn 雪綫 11-629B
xuěxiàn 雪霰 11-632A
xuěxiāng 雪香 11-624B
xuěxiāng 雪鄉 11-627B
xuèxiáng 血祥 8-1345B
xuěxiāngshàn 雪香扇 11-624B
xuéxiàngshēng 學像生 4-249B
xuéxiāngtán 學鄉談 4-248B
xuēxiāo 削消 2-694A
xuēxiǎo 削小 2-692B
xuéxiào 學校 4-246B
xuéxiào 學斅 4-251B
xuéxiào 學敩 4-251B
xuěxiǎo 雪篠 11-630B
xuèxiào 謔笑 11-340A
xuèxiǎobǎn 血小板 8-1340B
xuèxīchóng 血吸蟲 8-1341B
xuèxīn 血心 8-1341A
xuēxíng 削刑 2-693A
xuēxìng 削行 2-693A
xuéxíng 學行 4-243B
xuěxìng 雪興 11-630B
xuěxìng 雪杏 11-623A
xuèxīng 血星 8-1343A
xuèxīng 血腥 8-1347A
xuèxíng 血型 8-1343A
xuèxìng 血性 8-1342B
xuéxiōng 穴匈 8-405A
xuéxiōng 穴胸 8-405B
xuéxiōng 學兄 4-242B
xuēxiōngdì 靴兄弟 12-186B
xuéxiù 穴岫 8-405A
xuěxiù 雪岫 11-623B
xuěxù 雪絮 11-628B
xuèxū 血虛 8-1345B
xuēxuē 削削 2-693B
xuéxué 學學 4-250B
xuèxuè 吪吪 3-217B
xuèxuè 狘狘 9-645A
xuèxuè 謔謔 11-340A
xuéxuémómó 踅踅磨磨 10-484A
xuēyá 削崖 2-694A
xuěyā 雪壓 11-631A
xuěyá 雪芽 11-622B
xuèyā 血壓 8-1348B
xuéyán 穴嵒 8-405B
xuěyān 雪烟 11-626A
xuěyán 雪巖 11-632B
xuěyǎn 雪眼 11-627A
xuěyàn 雪豔 11-632B
xuèyān 血殷 8-1344B
xuèyàn 血艷 8-1349A
xuéyǎng 學養 4-250A
xuéyàng 學樣 4-250A
xuēyào 靴靿 12-187B
xuéyǎo 穴窅 8-405B
xuēyāozi 靴腰子 12-187A
xuēyē 靴掖 12-187A
xuēyè 靴頁 12-186B
xuéyě 穴野 8-405B
xuéyè 學業 4-249A
xuěyě 雪野 11-627A
xuěyè 雪葉 11-627B
xuèyè 血液 8-1346A
xuěyèfǎngpǔ 雪夜訪普 11-624A
xuēyèlái 薛夜來 9-564B
xuéyǐ 穴蟻 8-406A
xuéyì 學義 4-249B
xuéyì 學蓺 4-249B
xuéyì 學藝 4-251A
xuěyī 雪衣 11-622A
xuěyǐ 雪蟻 11-632A
xuěyì 雪意 11-629A
xuèyī 血衣 8-1342A
xuèyì 泬易 5-1020A
xuěyǐn 雪隱 11-631A
xuèyìn 血蔭 8-1346B
xuèyìn 血印 8-1341A
xuèyìn 血胤 8-1343B
xuèyìn 血癊 8-1347B
xuěyīng 雪英 11-623B
xuěyīng 雪霙 11-630B
xuěyíng 雪瑩 11-630A
xuěyǐng 雪影 11-630A
xuěyīniáng 雪衣娘 11-622B
xuěyīnǚ 雪衣女 11-622B
xuēyōng 靴雍 12-187A
xuèyǒng 血勇 8-1344A
xuéyǒu 穴牖 8-406A
xuéyǒu 學友 4-242A
xuéyòu 學囿 4-245B
xuéyǔ 學語 4-250A
xuéyù 學諭 4-250B
xuěyú 雪魚 11-627B
xuěyǔ 雪羽 11-622B
xuěyù 雪獄 11-629B
xuèyú 血餘 8-1348A
xuèyǔ 泬羽 5-1019A
xuèyǔ 血雨 8-1342B
xuéyuán 穴垣 8-405A
xuéyuán 學員 4-246B
xuéyuán 學園 4-249A
xuéyuàn 學苑 4-244B
xuéyuàn 學院 4-246A
xuěyuán 雪原 11-625B
xuěyuán 雪園 11-628B
xuěyuàn 雪怨 11-625A
xuèyuán 血緣 8-1348A
xuēyuē 削約 2-694A
xuēyuè 薛越 9-564B
xuēyuè 辥越 11-498B
xuěyuè 雪月 11-621B
xuěyuèfēnghuā 雪月風花 11-621B
xuěyún 雪雲 11-627B
xuèyùn 血暈 8-1347A
xuèyùnzhuāng 血暈粧 8-1347A
xuèyǔxīngfēng 血雨腥風 8-1342B
xuězàn 雪贊 11-632A
xuězàn 雪讚 11-632B
xuèzāng 血臟 8-1348B
xuézào 穴竈 8-406A
xuèzào 泬躁 5-1025A
xuézé 學則 4-245B
xuézhái 穴宅 8-405A
xuèzhài 血債 8-1347A
xuèzhàn 血戰 8-1348A
xuēzhàng 削杖 2-693A
xuézhǎng 學長 4-244A
xuèzhàng 血賬 8-1348A
xuězhāo 雪朝 11-627B
xuězhào 雪照 11-628B
xuězhàofēngnián 雪兆豐年 11-622A
xuézhé 踅摺 10-484A
xuézhě 踅褶 10-484A
xuézhě 學者 4-244A
xuézhēn 學真 4-246B
xuězhèn 雪陣 11-625B
xuezhèng 削正 2-692B
xuēzhèng 削政 2-693B
xuézhèng 學正 4-242A
xuézhèng 學政 4-245B
xuězhèng 雪正 11-621B
xuèzhēng 泬征 5-1020A
xuēzhí 削職 2-695A
xuēzhì 削秩 2-694A
xuézhí 學植 4-248B
xuézhí 學殖 4-248B

xuézhǐ 穴紙 8-405B
xuézhì 學制 4-244B
xuězhī 雪汁 11-621B
xuězhī 雪芝 11-621B
xuězhī 雪枝 11-623B
xuèzhǐ 血指 8-1343A
xuèzhǐhànyán 血指汗顏 8-1343A
xuēzhǐshìjù 削趾適屨 2-694A
xuézhǒng 穴踵 8-406A
xuězhōnghóngzhǎo 雪中鴻爪 11-621A
xuězhōngsòngtàn 雪中送炭 11-621A
xuèzhòu 泱驟 5-1025B
xuèzhòu 血胄 8-1343A
xuēzhú 薛燭 9-564B
xuézhǔ 學主 4-243A
xuězhū 雪珠 11-625B
xuězhú 雪竹 11-622A
xuězhù 雪紵 11-627B
xuézhuǎn 踅轉 10-484A
xuēzhūjuégēn 削株掘根 2-694A
xuēzǐ 靴子 12-186A
xuézi 茓子 9-356B
xuézi 踅子 10-483B
xuézǐ 學子 4-242A
xuézì 學字 4-243B
xuězǐ 雪子 11-621A
xuèzì 血眥 8-1347A
xuèzǐ 血紫 8-1346B
xuèzì 血漬 8-1347B
xuézōng 學宗 4-245A
xuèzōng 血踪 8-1348A
xuèzōng 血蹤 8-1348B
xuézū 學租 4-246B
xuězú 雪足 11-623B
xuèzú 血族 8-1346A
xuézuǐ 學嘴 4-250B
xuēzúshìlǚ 削足適履 2-693A
xūfā 虛發 8-827A
xūfá 虛乏 8-816B
xūfà 須髮 12-250A
xūfà 鬚髮 12-754B
xùfà 畜髮 7-1337B
xùfà 蓄髮 9-518A
xūfán 虛煩 8-828B
xūfàn 虛泛 8-820B
xùfán 絮煩 9-852A
xùfán 絮繁 9-852A
xūfàng 虛放 8-821A
xúfāng 徐方 3-979B
xūfèi 虛費 8-827A
xūfèi 虛廢 8-831A
xúfēi 徐妃 3-980A
xǔfēiqióng 許飛瓊 11-70B
xūfén 墟墳 2-1189B
xùfèn 序分 3-1211A
xùfèn 畜憤 7-1337B
xūfēng 虛封 8-821B
xúféng 徐馮 3-981A
xùfēng 敍封 5-444A
xùfēng 煦風 7-203A
xùfēng 緒風 9-877A
xūfēngzhòuyǔ 魆風驟雨 12-467B
xūfú 嘔苻 3-486B
xūfú 嘔符 3-487A
xūfú 嘔咐 3-486B
xūfú 虛浮 8-824A
xūfú 吁咈 3-82B
xūfù 胥附 6-1239A
xúfú 徐市 3-979B
xúfú 徐福 3-981A
xǔfù 許父 11-69A
xǔfù 許負 11-70A
xùfú 昫伏 5-681B
xùfù 敍復 5-444A
xúfúdǎo 徐福島 3-981A
xùfúduànhè 續鳧斷鶴 9-1049A
xūfúdūyú 吁咈都俞 3-82B
xùfújiéhè 續鳧截鶴 9-1049A
xúfūrén 徐夫人 3-979B
xùgǎo 序稿 3-1212B
xùgē 序歌 3-1212A
xūgēn 鬚根 12-754A
xūgōng 虛公 8-816B
xūgōng 虛恭 8-823A
xǔgōng 醑觥 9-1436B
xùgōng 恤功 7-523B
xùgōng 敍功 5-443B
xùgōng 緒功 9-876B
xūgòu 虛搆 8-827B
xūgòu 虛構 8-829A
xùgòu 敍覯 5-444B
xúgù 徐顧 3-981B
xùgū 恤孤 7-524A
xùgǔ 蓄賈 9-517B
xùgǔ 續骨 9-1048B
xùgù 卹顧 2-533B
xùgù 恤顧 7-524B
xùguā 絮刮 9-851B
xūguài 吁怪 3-83A
xūguǎn 虛舘 8-832A
xūguǎn 虛館 8-832A
xūguǎn 須管 12-250A
xúguān 徐關 3-981B
xǔguǎn 許管 11-71B
xùguān 序官 3-1211B
xùguāng 旭光 5-578B
xūguǎnjiào 須管教 12-250A
xūguǐ 虛詭 8-828B
xūguó 虛國 8-824B
xūguò 虛過 8-824B
xǔguō 許郭 11-70B
xǔguó 許國 11-70B
xùguō 絮聒 9-851B
xùguō 絮咶 9-851B
xùguō 緒咶 9-877A
xùguǒlányīn 絮果蘭因 9-851A
xūhài 吁駭 3-83B
xūhán 虛涵 8-825A
xūhàn 虛汗 8-819B
xùhān 酗酣 9-1395A
xùhán 煦涵 7-203A
xùhán 煦寒 7-203A
xùháng 續航 9-1048B
xùhánglì 續航力 9-1048B
xūhánwènnuǎn 噓寒問暖 3-491A
xūháo 吁號 3-83A
xūhào 虛秏 8-822A
xūhào 虛耗 8-822B
xūhào 虛號 8-828A
xūhào 虛顥 8-834B
xūhē 噓呵 3-490B
xūhē 吁敀 3-83A
xūhé 虛和 8-820B
xūhé 須合 12-248A
xūhè 虛喝 8-826A
xūhè 虛壑 8-832B
xūhè 虛猲 8-826B
xūhēi 魆黑 12-467B
xùhèn 畜恨 7-1336B
xūhéng 盱衡 7-1132A
xūhǒng 虛哄 8-821B
xùhóng 蓄洪 9-517B
xùhòu 續後 9-1048B
xūhū 欻忽 6-1457B
xūhū 吁呼 3-82B
xúhū 徐呼 3-980B
xūhuā 虛花 8-819B
xūhuá 虛華 8-822B
xūhuá 虛譁 8-833A
xūhuà 砉劃 7-1006A
xūhuà 虛話 8-828B
xùhuà 敍話 5-444A
xūhuái 虛懷 8-834A
xūhuáiruògǔ 虛懷若谷 8-834A
xūhuǎn 需緩 11-690A
xūhuàn 虛幻 8-817B
xúhuǎn 徐緩 3-981B
xùhuàn 咻豢 3-329A
xùhuàn 卹患 2-533A
xùhuàn 恤患 7-524A
xūhuāng 虛荒 8-821B
xūhuáng 虛皇 8-822A
xūhuǎng 虛晃 8-823A
xūhuǎng 虛幌 8-828A
xùhuāng 卹荒 2-533A
xūhuǎngyīqiāng 虛晃一槍 8-823A
xūhuǎntāo 繻緩緧 9-1039B
xúhuí 徐回 3-980A
xùhuì 旭卉 5-578A
xùhuì 畜穢 7-1338A
xùhuì 敍會 5-444A
xūhún 胥魂 6-1239B
xǔhūn 許婚 11-71A
xùhún 續魂 9-1049A
xūhuō 砉騞 7-1006B
xūhuō 虛豁 8-833A
xūhuǒ 虛火 8-817A
xūhuò 砉剨 7-1006A
xūhuò 虛禍 8-827A
xūhuò 虛霍 8-831B
xūhuò 欻霍 6-1458A
xùhuǒ 畜火 7-1335B
xùhuò 瞁矐 7-1237B
xūjí 虛極 8-825B
xūjí 欻疾 6-1458A
xūjí 墟棘 2-1189B
xūjí 墟集 2-1189B
xūjí 墟堉 2-1189B
xūjǐ 虛己 8-816A
xūjǐ 虛掎 8-824A
xūjì 虛寂 8-825B
xūjì 虛悸 8-825A
xújí 徐疾 3-980B
xǔjī 許笄 11-70B
xǔjǐ 許給 11-71A
xǔjì 醑劑 9-1436B
xùjī 畜積 7-1337B
xùjī 蓄積 9-518A
xùjī 稸積 8-128A
xùjì 旭霽 5-578B
xùjì 序績 3-1212B
xùjì 畜妓 7-1336A
xùjì 敍績 5-444B
xùjì 續繼 9-1049A
xūjiǎ 虛假 8-824B
xūjià 虛價 8-831A
xújiǎ 徐甲 3-979B
xǔjià 許嫁 11-71B
xùjiā 畜家 7-1336B
xùjiā 蓄家 9-517B
xùjiǎ 續假 9-1048B
xújiāfèi 徐家肺 3-980B
xūjiān 虛監 8-829A
xūjiǎn 虛簡 8-833B
xūjiàn 虛見 8-819B
xūjiàn 虛檻 8-833B
xǔjiàn 許劍 11-71B
xǔjiàn 許劒 11-71B
xūjiàng 須將 12-249B
xùjiàng 敍降 5-443B
xūjiāo 虛憍 8-831A
xūjiāo 虛驕 8-834B
xūjiāo 虛喬 8-826B
xūjiǎo 虛矯 8-832B
xūjiē 噓嗟 3-491A
xūjiē 于嗟 1-260A
xūjiē 吁嗟 3-83A
xūjié 虛竭 8-830A
xūjié 須捷 12-249B
xùjiē 敍階 5-444A
xùjié 慉結 7-681B
xūjīn 虛衿 8-822B
xūjīn 虛襟 8-833B
xūjīn 噓噷 3-491A
xùjīn 卹金 2-533A
xùjīn 恤金 7-524A
xùjīn 恤矜 7-524A
xùjīn 絮巾 9-851A
xùjìn 序進 3-1212A
xūjīng 虛驚 8-834B
xūjǐng 虛景 8-826A
xūjǐng 虛警 8-834A
xūjǐng 墟井 2-1188B

xūjìng 虛静 8-829A
xǔjīng 許京 11-70A
xùjīng 敘經 5-444A
xùjǐng 旭景 5-578B
xùjǐng 煦景 7-203A
xǔjīngyáng 許旌陽 11-71A
xùjīngyǎngruì 蓄精養鋭 9-518A
xǔjiǔ 許久 11-69A
xǔjiǔ 湑酒 5-1528B
xùjiǔ 酗酒 9-1395A
xùjiǔ 絮酒 9-851B
xùjiù 敘舊 5-444B
xùjiù 絮舊 9-852A
xùjiǔzhìjī 絮酒炙雞 9-851B
xūjū 虛拘 8-820B
xūjū 墟拘 2-1189A
xūjú 虛局 8-820B
xūjù 墟聚 2-1189B
xùjù 畜聚 7-1337A
xùjù 訹懼 11-95B
xùjù 蓄聚 9-518A
xūjué 虛爵 8-833A
xùjué 序爵 3-1212B
xùjué 敘爵 5-444B
xùjūn 畜君 7-1336A
xūkài 吁嘅 3-83A
xūkē 虛科 8-822A
xǔkě 許可 11-69A
xùkè 序客 3-1211B
xùkè 續刻 9-1048A
xǔkěn 許肯 11-70A
xǔkězhèng 許可證 11-69B
xūkōng 虛空 8-821A/8-821B
xūkǒu 虛口 8-816A
xūkū 嘘枯 3-490B
xūkuā 虛夸 8-818B
xūkuā 虛誇 8-828B
xūkuǎn 虛款 8-825B
xùkuǎn 敘款 5-444A
xūkuāng 虛誆 8-828B
xūkuáng 虛誑 8-829B
xūkuàng 虛曠 8-833B
xùkuáng 獝狂 5-108B
xūkūchuīshēng 嘘枯吹生 3-490B
xūkuī 虛虧 8-832B
xūkuí 胥魁 6-1239B
xūkuì 虛匱 8-829A
xūkùn 虛困 8-819B
xūkuò 虛廓 8-828B
xūkuò 虛霩 8-833B
xùkuò 敘闊 5-444B
xūlài 虛籟 8-835A
xǔlái 許來 11-70A
xùlài 卹賚 2-533B
xūláo 虛勞 8-827A
xūlǎo 虛老 8-818B
xùláo 恤勞 7-524A
xūlè 需勒 11-689B
xūléi 虛羸 8-834A
xūlěi 墟壘 2-1189B
xùlěi 序累 3-1212A
xūlǐ 嘘哩 3-490B
xūlǐ 胥里 6-1238B
xūlǐ 虛里 8-819B
xūlǐ 虛禮 8-833A
xūlǐ 墟里 2-1189A
xūlì 胥吏 6-1238B
xūlì 胥隸 6-1240A
xūlì 虛立 8-818A
xūlì 虛戾 8-821B
xūlì 虛厲 8-829A
xùlí 敘離 5-444B
xùlǐ 卹理 2-533A
xùlǐ 恤禮 7-524B
xùlǐ 敘禮 5-444B
xùlǐ 緒理 9-877A
xùlì 怵利 7-473A
xùlì 序立 3-1211A
xùlì 卹吏 2-533A
xùlì 畜力 7-1335B
xùlì 勖厲 2-799A
xùlì 勖勵 2-799A
xùlì 瞁歷 7-1237B
xùlì 芧栗 9-316A
xūliáng 虛梁 8-825A
xūliè 虛劣 8-818B
xūliè 鬚鬣 12-755A
xūliè 鬚鬛 12-755A
xùliè 序列 3-1211A
xùlíhuì 恤嫠會 7-524B
xūlíng 虛靈 8-835A
xūlíng 魖䰱 12-473A
xūliú 須留 12-249B
xúliú 徐劉 3-981B
xūlónglóng 虛籠籠 8-835A
xūlóu 盱瞜 7-1132A
xúlú 徐盧 3-981B
xùlù 序録 3-1212B
xùlù 卹録 2-533B
xùlù 恤録 7-524B
xùlù 敘録 5-444B
xùlù 蓄禄 9-517B
xūluàn 虛亂 8-828A
xūlùn 虛論 8-831A
xùlùn 序論 3-1212B
xùlùn 緒論 9-877B
xūluǒ 須蠃 12-251A
xūluò 虛落 8-825B
xūluò 墟落 2-1189A
xǔluò 許洛 11-70B
xūlǜ 須慮 12-250A
xùlǚ 絮縷 9-852A
xūlüè 鬚掠 12-754B
xūlǜlǜ 魆律律 12-467B
xùmá 續麻 9-1048B
xùmà 酗駡 9-1395A
xūmǎn 虛滿 8-830A
xūmàn 虛幔 8-829B
xūmàn 虛慢 8-830A
xūmàn 須曼 12-249B
xùmǎn 稸滿 8-128A
xūmǎng 虛莽 8-823A
xūmǎng 墟莽 2-1189A
xūmànnà 須曼那 12-249B
xūmào 虛冒 8-821B
xūmào 鬚貌 12-754B
xūméi 須眉 12-249A
xūméi 鬚眉 12-754A
xūméirújǐ 鬚眉如戟 12-754A
xūměiyǐn'è 虛美隱惡 8-822A
xūmén 胥門 6-1239A
xùmèng 敍夢 5-444A
xūmí 虛糜 8-833A
xūmí 虛縻 8-833A
xūmí 須彌 12-250B
xūmí 須糜 12-250B
xūmí 縃縻 9-956A
xūmí 鬚糜 12-755A
xūmǐ 胥靡 6-1240A
xúmí 鉏麛 11-1230B
xùmì 緒密 9-877A
xùmián 絮棉 9-851B
xùmiǎn 勖勉 2-799A
xūmíjièzǐ 須彌芥子 12-250B
xùmín 恤民 7-523B
xùmǐn 卹閔 2-533B
xūmíng 虛名 8-819A
xūmíng 虛明 8-820B
xūmíng 頊冥 12-251A
xūmìng 胥命 6-1239A
xùmìng 續命 9-1048A
xùmìngfān 續命幡 9-1048A
xùmìnglǚ 續命縷 9-1048A
xùmìngshénfān 續命神幡 9-1048A
xùmìngsī 續命絲 9-1048A
xùmìngtāng 續命湯 9-1048A
xùmìngtián 續命田 9-1048A
xūmíshān 須彌山 12-250B
xūmíshìjiè 須彌世界 12-250B
xūmiù 虛繆 8-833B
xūmiù 虛謬 8-833B
xūmízuò 須彌座 12-250B
xūmó 訏謨 11-28B
xūmò 鬚沫 12-754A
xǔmò 呴沫 3-309A
xǔmò 煦沫 7-97A
xùmò 煦沫 7-203A
xūmótí 須摩提 12-250A
xūmótí 須摩題 12-250B
xūmóu 訏謀 11-28B
xùmóu 蓄謀 9-518B
xūmǔ 胥母 6-1238B
xūmù 盱目 7-1132A
xūmù 虛墓 8-827B
xūmù 墟墓 2-1189B
xūmù 鬚目 12-754B
xùmù 序目 3-1211A
xùmù 序幕 3-1212A
xùmù 畜牧 7-1336A
xùmù 蓄牧 9-517B
xùmùchǎng 畜牧場 7-1336A
xùmùyè 畜牧業 7-1336A
xùn'āi 訊唉 11-56A
xùn'ài 訓愛 11-52A
xún'àn 巡按 10-723A
xún'àn 尋按 2-1290A
xún'àn 尋案 2-1291A
xún'àn 詢按 11-196A
xùn'ān 訊安 11-55B
xùn'àn 訊案 11-56B
xūnàng 虛儾 8-835A
xùnbá 迅拔 10-719A
xùnbàn 訊辦 11-57B
xúnbānsuǒzhàn 尋瘢索綻 2-1292B
xùnbǎo 狥飽 5-46A
xùnbǎo 訓保 11-50A
xùnbào 訊報 11-57A
xúnbēi 巡杯 10-722B
xúnbēi 巡盃 10-723A
xúnbèi 巡備 10-725A
xúnběn 循本 3-1040B
xúnbì 循陛 3-1042A
xùnbǐ 迅筆 10-720A
xùnbì 纁幣 9-1040A
xùnbì 徇庇 3-947B
xùnbì 徇蔽 3-948A
xùnbì 狥蔽 5-46A
xùnbì 訓蹕 11-50A
xùnbì 遜避 10-1148B
xúnbiān 巡邊 10-727A
xùnbiàn 汛弁 5-936A
xùnbiàn 狥弁 5-45B
xùnbiàn 訊辦 11-57B
xùnbiàn 訊辯 11-58A
xùnbiāo 迅飈 10-720B
xùnbiāo 迅飇 10-720B
xúnbīng 巡兵 10-722A
xùnbīng 汛兵 5-936A
xùnbīng 訓兵 11-49A
xúnbìsuǒxiá 尋弊索瑕 2-1292B
xúnbō 燖剝 7-277B
xùnbō 迅波 10-719A
xùnbó 纁帛 9-1039B
xùnbózhāolái 纁帛招徠 9-1039B
xúnbǔ 巡捕 10-724A
xúnbù 循步 3-1041A
xùnbǔ 訊捕 11-56A
xùnbù 迅步 10-719A
xùnbù 訊簿 11-58A
xúnbǔfáng 巡捕房 10-724A
xúncāi 尋猜 2-1291B
xúncǎi 詢采 11-196A
xúncǎi 詢採 11-196A
xùncái 徇財 3-947B
xùncái 狥財 5-45B
xùncái 殉財 5-165B
xùncái 訓裁 11-51A
xūncǎo 薰草 9-595A
xúncǎo 荀草 9-384B
xūncén 醺醋 9-1447B
xúnchá 巡查 10-723A
xúnchá 巡茶 10-723A
xúnchá 巡察 10-725B
xúnchá 紃察 9-720A

xúnchá 尋察 2-1292B
xúnchá 循察 3-1043B
xúnchá 詢查 11-196A
xúnchá 詢察 11-196B
xúnchá 軐察 9-1225B
xùnchá 徇察 3-948B
xùnchá 訊察 11-57B
xùnchán 熏禪 7-224B
xúncháng 尋常 2-1291A
xúncháng 尋嘗 2-1292B
xúncháng 循常 3-1042B
xúnchǎng 巡場 10-725A
xùncháng 熏裳 7-224B
xùncháng 纁裳 9-1040A
xùnchàng 愻暢 7-672B
xùncháo 遜朝 10-1148A
xūnchén 勳臣 2-823B
xúnchèn 尋趁 2-1292A
xúnchéng 巡城 10-723A
xúnchéng 旬呈 5-577A
xùnchéng 訓程 11-51A
xūnchí 壎篪 2-1237A
xūnchí 壎箎 2-1237A
xúnchí 循持 3-1042A
xúnchǐ 尋尺 2-1288B
xùnchí 熏池 7-223A
xùnchǐ 訊尺 11-55B
xùnchì 熏熾 7-224B
xùnchì 訓勑 11-50B
xùnchì 訓斥 11-48A
xùnchì 訓敕 11-51A
xùnchì 訓飭 11-51B
xūnchóng 薰蟲 9-596A
xúnchóu 尋仇 2-1288B
xúnchú 郇廚 10-613A
xúnchú 詢芻 11-196A
xùnchǔ 訊處 11-56B
xúnchuǎi 循揣 3-1042B
xúnchuán 巡船 10-724B
xúnchuáng 尋橦 2-1293A
xùnchuāng 訊瘡 11-57B
xúnchūn 尋春 2-1290A
xúnchuō 巡逴 10-724B
xúnchuò 巡綽 10-725B
xúnchuòguān 巡綽官 10-726A
xúnchuòmǎ 巡綽馬 10-726A
xúncì 旬次 5-577A
xúncì 循次 3-1041A
xùncí 孫詞 4-235B
xùncí 孫辭 4-236A
xùncí 訊詞 11-57A
xùncí 訓詞 11-51B
xùncí 訓辭 11-54B
xùncí 巽詞 4-78B
xùncí 巽辭 4-79B
xùncí 遜詞 10-1148A
xùncí 遜辭 10-1148B
xùncí 愻辭 7-672B
xùncì 訊刺 11-56A
xùncóng 馴從 12-799B
xùncóng 訓從 11-51A
xùncū 馴麤 12-800B
xúncuō 巡鹺 10-727B
xúndá 恂達 7-526B
xùndá 徇達 3-948A
xúndài 尋戴 2-1293A
xúndài 循帶 3-1042B
xúndǎo 循蹈 3-1044A
xúndào 巡道 10-725A
xúndào 循道 3-1043A
xùndǎo 馴導 12-800B
xùndào 馴道 12-800A
xùndǎo 訓導 11-54A
xùndào 訓道 11-52A
xùndào 徇道 3-948A
xùndào 殉道 5-165B
xùndào 訊道 11-57A
xūndé 勳德 2-824B
xùndé 馴德 12-800A
xùndé 訓德 11-53B
xùndí 馴翟 12-800A
xùndí 訓迪 11-49A
xùndì 汛地 5-936A
xùndì 徇地 3-947A
xùndì 狥地 5-45B
xùndì 巽地 4-78A
xùndì 遜弟 10-1147B
xùndiǎn 訓典 11-49A
xùndiàn 迅電 10-720A
xùndiàn 訓墊 11-53B
xùndiànliúguāng 迅電流光 10-720A
xúndiào 巡掉 10-724B
xùndié 訊牒 11-57A
xúndīng 巡丁 10-721A
xùndǐng 訊鼎 11-57A
xùndìng 訓定 11-49B
xùndòng 迅動 10-719B
xùndòu 狥鬭 5-46A
xúndū 巡督 10-725B
xúndù 循度 3-1042A
xùndū 訓督 11-52A
xùndú 訊牘 11-58A
xùndú 訓讀 11-55A
xúnduān 尋端 2-1292B
xúnduǎn 尋短 2-1292A
xùnduàn 訊斷 11-58A
xúnduì 巡對 10-725B
xùnduì 訓對 11-52B
xùndùn 孫遁 4-235B
xùndùn 遜遁 10-1148A
xùndùn 遜遯 10-1148A
xúnduó 尋度 2-1290B
xùnduó 徇鐸 3-948B
xùnduó 訊奪 11-57B
xùnèi 蓄内 9-517A
xùn'ēn 徇恩 3-947B
xún'ěr 循咡 3-1042A
xùn'ěr 熏耳 7-223A
xùn'èr 巽二 4-78A
xūnfá 勳伐 2-823B
xūnfá 勳閥 2-824B
xúnfǎ 循法 3-1041B
xùnfā 訓發 11-52A
xùnfá 徇罰 3-948A
xùnfá 訓罰 11-52B
xùnfǎ 訓法 11-49B
xùnfàn 訓範 11-53B
xúnfāng 巡方 10-721B
xúnfāng 巡坊 10-722A
xúnfāng 尋芳 2-1289B
xúnfáng 巡防 10-722A
xúnfǎng 巡訪 10-724B
xúnfǎng 尋訪 2-1291B
xúnfǎng 詢訪 11-196A
xùnfáng 汛防 5-936A
xùnfáng 汛房 5-936A
xùnfǎng 訊訪 11-56B
xúnfēi 尋非 2-1289B
xúnfēi 尋飛 2-1290B
xúnfēi 循飛 3-1042A
xúnfěi 循蜚 3-1043B
xúnfēn 循分 3-1040B
xùnfèn 迅奮 10-720B
xūnfēng 熏風 7-223B
xūnfēng 薰風 9-595A
xūnfēng 醺風 9-1447A
xúnfēng 巡風 10-723B
xùnfēng 迅風 10-719A
xùnfēng 巽風 4-78B
xúnfēnghuì 巡風會 10-723B
xúnfēngzhuōyǐng 尋風捉影 2-1290B
xūnfú 薰服 9-595A
xūnfù 勳附 2-823B
xúnfǔ 巡撫 10-726A
xúnfǔ 尋斧 2-1290A
xúnfǔ 循拊 3-1041B
xúnfǔ 循撫 3-1043B
xúnfù 巡覆 10-727A
xúnfù 循復 3-1043A
xùnfū 徇夫 3-947A
xùnfú 熏祓 7-224A
xùnfú 馴伏 12-798B
xùnfú 馴服 12-799A
xùnfú 迅澓 10-720B
xùnfú 訓服 11-49B
xùnfú 遜服 10-1147B
xùnfǔ 熏腐 7-224B
xùnfǔ 訓輔 11-52B
xùnfǔ 訓撫 11-53B
xùnfù 馴附 12-799A
xùnfù 訊覆 11-58A
xúngāi 循陔 3-1041B
xúngài 巡匄 10-721B
xūngān 曛酣 5-841B
xùngāo 熏膏 7-224B
xùngào 訓告 11-48B
xùngào 訓誥 11-53A
xūngé 勳格 2-824A
xúngē 尋戈 2-1288B
xùngé 訓革 11-50A
xúngēnbáshù 尋根拔樹 2-1290B
xúngēng 巡更 10-722A
xúngēng 巡耕 10-724A
xúngēnjiūdǐ 尋根究底 2-1290B
xúngēnwèndǐ 尋根問底 2-1290B
xúngēnwèndǐ 詢根問底 11-196A
xùngézhīyán 訓格之言 11-50B
xúngōng 巡工 10-721B
xúngōng 巡功 10-721B
xúngōng 巡宮 10-723B
xùngōng 徇公 3-947A
xùngōng 狥公 5-45B
xùngōng 訓恭 11-50B
xùngōng 巽宮 4-78B
xùngòng 訊供 11-56A
xúngōngchú 郇公廚 10-613A
xúngōngshǔdiào 尋宮數調 2-1290B
xúngōngwǔyúntǐ 郇公五雲體 10-612B
xúngōu 巡句 10-721B
xùngōu 熏篝 7-224B
xúngǔ 循古 3-1040B
xùngǔ 訓詁 11-51B
xùngù 訓故 11-50A
xūnguān 勳官 2-823B
xúnguān 巡官 10-722B
xūnguì 勳貴 2-824A
xúnguǐ 循軌 3-1042A
xùnguī 訓規 11-50B
xùnguǐ 迅晷 10-719B
xúnguīdǎojǔ 循規蹈矩 3-1042B
xùngùn 訊棍 11-57A
xùnguó 徇國 3-947B
xùnguó 狥國 5-45B
xùnguó 殉國 5-165B
xùnguó 訊馘 11-57B
xùnguó 遜國 10-1147B
xúnguóchú 郇國廚 10-613A
xùngǔxué 訓詁學 11-51B
xūnhān 醺酣 9-1447A
xùnhán 訊函 11-56A
xùnhàn 迅悍 10-719B
xúnháng 巡航 10-724A
xúnháng 循行 3-1040B
xúnhángshǔmò 尋行數墨 2-1289A
xúnhángzhúduì 尋行逐隊 2-1289A
xūnhāo 焄蒿 7-87A
xūnhāo 薰蒿 9-595B
xūnhào 勳號 2-824B
xùnhào 訊號 11-57A
xūnhè 薰赫 9-596A
xúnhé 巡覈 10-727B
xùnhé 迅翮 10-720B
xùnhè 訊劾 11-56A
xùnhè 熏赫 7-224B
xūnhēi 曛黑 5-842A
xúnhèjìngqiū 尋壑經丘 2-1293A
xùnhōng 熏烘 7-224A
xúnhù 巡護 10-727B
xùnhū 迅忽 10-719A
xùnhú 訓狐 11-49B
xùnhú 訓胡 11-50A
xùnhù 訓護 11-54B

xūnhuá 勳華 2-823B
xúnhuā 尋花 2-1289A
xùnhuà 馴化 12-798B
xùnhuà 訓化 11-48A
xùnhuà 訓話 11-52B
xúnhuāmìliǔ 尋花覓柳 2-1289A
xúnhuān 尋歡 2-1293B
xúnhuán 巡環 10-726B
xúnhuán 尋環 2-1293A
xúnhuán 循還 3-1043B
xúnhuán 循環 3-1044A
xúnhuánbù 循環簿 3-1044A
xūnhuáng 曛黄 5-841B
xūnhuáng 醺黄 9-1447A
xúnhuáng 鱘鰉 12-1264B
xùnhuāng 遜荒 10-1147B
xùnhuáng 熏黄 7-224A
xùnhuáng 纁黄 9-1039B
xúnhuánlì 循環曆 3-1044A
xúnhuánwǎngfù 循環往復 3-1044A
xúnhuánwúduān 循環無端 3-1044A
xúnhuānzuòlè 尋歡作樂 2-1293B
xúnhuāwènliǔ 尋花問柳 2-1289A
xūnhuì 曛晦 5-841B
xúnhuí 巡迴 10-723A
xúnhuí 循回 3-1040B
xúnhuí 循迴 3-1042A
xúnhuì 旬晦 5-577B
xùnhuī 馴翬 12-800B
xùnhuì 熏晦 7-224A
xùnhuì 訓誨 11-53A
xūnhuō 薰豁 9-596A
xùnhuǒ 熏火 7-223A
xūnǐ 虛擬 8-832A
xūnì 胥溺 6-1239B
xúní 鉏霓 11-1230B
xúní 鉏麑 11-1230B
xùnì 蓄逆 9-517B
xùnián 緒年 9-876B
xùniàn 蓄念 9-517B
xúniáng 徐娘 3-980B
xūniē 虛揑 8-822B
xūnjí 勳級 2-823B
xūnjí 勳籍 2-825A
xūnjì 勳績 2-825A
xūnjì 勳跡 2-824B
xúnjī 巡緝 10-726B
xúnjī 旬期 5-577B
xúnjī 尋機 2-1293A
xúnjí 詢詰 11-196B
xúnjì 尋跡 2-1292B
xúnjì 循績 3-1044B
xúnjì 燖祭 7-315B
xùnjī 迅激 10-720B
xùnjí 迅即 10-719A
xùnjí 迅急 10-719A
xùnjí 迅疾 10-719B
xùnjì 迅檝 10-720B
xùnjí 殉吉 5-165A
xùnjí 訊疾 11-56B
xùnjí 訊詰 11-57A
xùnjí 訓戢 11-51A
xùnjǐ 徇己 3-947A
xùnjì 徇齊 3-948A
xùnjì 訊記 11-56B
xùnjì 遜迹 10-1147B
xùnjì 遜季 10-1147B
xúnjiā 旬浹 5-577B
xúnjià 巡駕 10-726B
xúnjià 旬假 5-577B
xùnjiá 訊夾 11-55B
xùnjià 馴駕 12-800B
xùnjià 迅駕 10-720B
xúnjiān 郇箋 10-613A
xúnjiǎn 巡檢 10-726B
xúnjiǎn 巡簡 10-727A
xúnjiǎn 尋檢 2-1293A
xúnjiǎn 循檢 3-1044A
xúnjiàn 尋見 2-1289B
xùnjiān 訊緘 11-57B
xùnjiǎn 訊檢 11-57B
xùnjiǎn 訓儉 11-53B
xùnjiàn 訓鑒 11-55A
xùnjiǎng 訓奬 11-53B
xùnjiǎng 訓講 11-54B
xúnjiǎo 巡徼 10-726B
xùnjiāo 遜郊 10-1147B
xùnjiào 狥教 5-45B
xùnjiào 殉教 5-165B
xùnjiào 訓教 11-50B
xūnjiē 勳階 2-824A
xūnjié 獯羯 5-128B
xūnjiè 薰戒 9-594B
xúnjiē 巡街 10-725A
xúnjiē 循階 3-1042B
xúnjié 旬節 5-578A
xùnjiē 孫接 4-235A
xùnjiē 遜接 10-1147B
xùnjié 迅捷 10-719B
xùnjié 迅節 10-720A
xùnjié 徇節 3-948A
xùnjié 狥節 5-46A
xùnjié 殉節 5-165B
xùnjié 訊結 11-57A
xùnjiě 訓解 11-52B
xùnjiè 汛界 5-936A
xùnjiè 訓戒 11-48B
xùnjiè 訓誡 11-53A
xúnjǐn 恂謹 7-526B
xúnjǐn 循謹 3-1044B
xúnjìn 巡禁 10-725B
xùnjīn 噀金 3-513B
xùnjǐn 馴謹 12-800B
xùnjìn 熏浸 7-224A
xúnjǐng 巡儆 10-725B
xúnjǐng 巡警 10-727A
xúnjìng 巡靖 10-725B
xùnjīng 訓經 11-52B
xùnjǐng 馴警 12-800B
xùnjǐng 迅景 10-719B
xùnjǐng 訓井 11-48A
xùnjǐng 訓儆 11-53A
xùnjìng 馴靜 12-800A
xūnjiù 勳舊 2-825A
xúnjiū 尋究 2-1289B
xúnjiū 詢究 11-196A
xúnjiǔ 巡酒 10-724A
xùnjiū 訊究 11-56A
xùnjiǔ 噀酒 3-513B
xúnjū 詢鞫 11-197A
xúnjǔ 尋矩 2-1290A
xúnjǔ 循咀 3-1041B
xúnjù 恂懼 7-526B
xúnjù 紃屨 9-720A
xúnjù 栒虡 4-987B
xúnjù 栒簴 4-987B
xùnjū 訊鞠 11-57B
xùnjū 訊鞫 11-58A
xùnjù 訊據 11-57B
xùnjù 訓聚 11-52B
xūnjué 勳爵 2-825A
xùnjué 熏掘 7-224A
xùnjué 訊決 11-55B
xúnjūn 巡軍 10-723B
xùnjūn 狥軍 5-45B
xùnkāi 訓開 11-52A
xúnkān 旬刊 5-577A
xúnkàn 巡看 10-723B
xúnkàn 尋看 2-1290A
xùnkǎn 巽坎 4-78A
xùnkàng 遜抗 10-1147A
xúnkǎo 詢考 11-195B
xùnkǎo 訊考 11-55B
xùnkǎo 訊栲 11-56A
xúnkè 旬課 5-578A
xùnkè 訓課 11-54A
xúnkòu 詢叩 11-195B
xùnkǒu 汛口 5-936A
xùnkǒu 訊口 11-55B
xùnkuài 迅駃 10-720A
xùnkuài 迅快 10-719A
xùnkuì 遜愧 10-1148A
xùnlài 迅瀨 10-720B
xúnlán 巡攔 10-727B
xúnlǎn 循覽 3-1044B
xūnláo 勳勞 2-824B
xùnláo 熏勞 7-224A
xùnléi 迅雷 10-720A
xùnléibùjíyǎn'ěr 迅雷不及掩耳 10-720A
xùnléifēngliè 迅雷風烈 10-720A
xūnlì 勳力 2-823A
xúnlǐ 巡理 10-724B
xúnlǐ 巡禮 10-727A
xúnlǐ 尋理 2-1291A
xúnlǐ 循理 3-1042B
xúnlǐ 循禮 3-1044A
xúnlì 巡吏 10-721B
xúnlì 巡曆 10-726B
xúnlì 巡歷 10-726B
xúnlì 恂慄 7-526B
xúnlì 循吏 3-1040B
xúnlì 循例 3-1041B
xùnlì 訓釐 11-54B
xùnlǐ 訊理 11-56B
xùnlì 迅厲 10-720A
xùnlì 徇利 3-947A
xùnlì 狥利 5-45B
xùnlì 殉利 5-165A
xùnlì 訓厲 11-52B
xùnlì 訓勵 11-54A
xùnliàn 訓練 11-54A
xùnliàn 訓鍊 11-54B
xúnliáng 循良 3-1041A
xùnliáng 馴良 12-799A
xùnliànyǒusù 訓練有素 11-54A
xùnliáo 熏轑 7-225A
xūnliè 勳烈 2-824A
xúnliè 巡迾 10-723A
xùnliè 迅烈 10-719B
xúnlín 峋嶙 3-814B
xúnlíng 巡陵 10-724B
xùnlǐng 訓領 11-53A
xùnlìng 訓令 11-48B
xùnlìng 巽令 4-78A
xúnlìngshāngshén 荀令傷神 9-384B
xúnlìngxiāng 荀令香 9-384B
xùnliú 馴流 12-799B
xùnliú 迅流 10-719B
xúnliúzhúmò 尋流逐末 2-1291A
xūnlóng 薰籠 9-596A
xúnlóng 鱘龍 12-1264B
xùnlǒng 熏籠 7-225A
xūnlú 薰爐 9-596A
xūnlú 薰鑪 9-596B
xūnlǔ 獯虜 5-128B
xūnlù 薰陸 9-595B
xùnlú 熏爐 7-225A
xùnlù 熏陸 7-224A
xùnlù 馴鹿 12-799B
xùnlù 徇祿 3-948A
xùnlù 狥祿 5-46A
xùnlù 殉祿 5-165B
xùnlù 訊録 11-57B
xúnluó 巡羅 10-727B
xúnluó 巡邏 10-727B
xúnluó 尋邏 2-1293B
xúnlǚ 尋履 2-1292B
xùnlǚ 訓旅 11-50B
xùnlüè 訊掠 11-56B
xúnmá 蕁麻 9-560B
xùnmài 迅邁 10-720B
xúnmáo 燖毛 7-277B
xúnmázhěn 蕁麻疹 9-560B
xūnmèi 曛昧 5-841B
xùnměi 馴美 12-799A
xùnmèi 遜媚 10-1148A
xūnmén 勳門 2-823B
xúnméng 尋盟 2-1292B
xùnmèng 孫孟 4-235A
xùnméng 徇蒙 3-948A
xùnméng 訓蒙 11-52A
xùnměng 迅猛 10-719B
xùnméngshī 訓蒙師 11-52A
xúnménlù 尋門路 2-1290A
xúnmì 尋覓 2-1291B
xúnmì 詢覓 11-196A

xùnmiǎn 訓勉 11-50A
xúnmín 巡民 10-721B
xùnmín 訓民 11-48B
xùnmǐn 迅敏 10-719B
xùnmǐn 遜敏 10-1148A
xūnmíng 勳名 2-823B
xùnmíng 徇名 3-947A
xùnmíng 狗名 5-45B
xùnmíng 殉名 5-165A
xùnmíng 訊明 11-56A
xùnmíng 訓名 11-48B
xùnmìng 徇命 3-947B
xùnmìng 訓命 11-49B
xùnmìng 巽命 4-78B
xúnmínghéshí 循名覈實 3-1041A
xúnmíngkèshí 循名課實 3-1041A
xúnmíngzéshí 循名責實 3-1040B
xúnmō 尋摸 2-1292A
xúnmò 循嘿 3-1043B
xúnmò 循默 3-1043B
xùnmó 訓謨 11-54B
xùnmò 殉没 5-165B
xúnmóu 詢謀 11-196B
xùnmóu 孫謀 4-236A
xùnmóu 訓謀 11-54B
xúnmóuqiāntóng 詢謀僉同 11-196B
xúnmóuzìduó 詢謀諮度 11-197A
xūnmù 熏沐 7-223B
xūnmù 薰沐 9-595A
xūnmù 曛暮 5-842A
xúnmù 尋木 2-1288B
xúnmù 槫木 4-1319B
xùnmù 熏目 7-223A
xúnnà 詢納 11-196A
xùnnàn 徇難 3-948B
xùnnàn 殉難 5-165B
xúnnáo 循撓 3-1043B
xúnnào 尋鬧 2-1292B
xúnnián 旬年 5-577A
xúnniè 尋躡 2-1293B
xūnnóng 醺濃 9-1447B
xùnnóng 訓農 11-52A
xūnnuǎn 曛暖 5-842A
xùnnuò 馴懦 12-800B
xùnnuò 巽懦 4-78B
xùnnuò 巽愞 4-78B
xùnnuò 遜懦 10-1148B
xùnpàn 遜畔 10-1147B
xúnpáo 郇庖 10-613A
xùnpǎo 迅跑 10-720A
xūnpǐn 勳品 2-823B
xúnpù 巡鋪 10-726A
xùnpǔ 馴朴 12-798B
xùnpù 徇鋪 3-948B
xūnqī 勳戚 2-824A
xúnqì 尋氣 2-1291A
xùnqī 汛期 5-936A
xùnqī 徇欺 3-948A
xùnqí 訓齊 11-53B
xùnqì 訓器 11-54A
xùnqiān 遜謙 10-1148B
xúnqiáng 循牆 3-1044A
xùnqiāng 熏戧 7-224B
xúnqiānxúnmóu 詢遷詢謀 11-196B
xùnqiè 訓切 11-48A
xùnqín 馴禽 12-800A
xúnqīng 巡青 10-722A
xúnqīng 荀卿 9-384B
xúnqíng 尋情 2-1291B
xúnqíng 循情 3-1042B
xúnqǐng 詢請 11-196B
xùnqīng 遜清 10-1148A
xùnqíng 徇情 3-948A
xùnqíng 狗情 5-46A
xùnqíng 殉情 5-165B
xúnqīngzǐ 孫卿子 4-235A
xùnqínhuāng 訓禽荒 11-51A
xúnqiū 尋秋 2-1290B
xúnqiú 尋求 2-1289B
xúnqiú 詢求 11-196A
xùnqiú 訊囚 11-55B
xúnqū 巡覰 10-727A
xúnqǔ 尋取 2-1289B
xùnqū 迅趨 10-720B
xùnqū 徇軀 3-948B
xúnqūn 巡逡 10-725A
xūnrán 薰然 9-595B
xūnrán 曛然 5-842A
xūnrǎn 熏染 7-223B
xūnrǎn 薰染 9-595B
xúnrán 洵然 5-1173A
xùnràng 孫讓 4-236B
xùnràng 訊讓 11-58A
xùnràng 遜攘 10-1148B
xùnràng 遜讓 10-1148B
xúnráo 詢蕘 11-196B
xúnrǎo 循擾 3-1044B
xúnrào 巡遶 10-726A
xúnrào 巡繞 10-727A
xùnrǎo 馴擾 12-800B
xúnrén 尋人 2-1288B
xùnrén 熏人 7-223A
xùnrén 徇人 3-947A
xùnrén 狗人 5-45B
xùnrén 訓人 11-48A
xúnréng 循仍 3-1040B
xūnrì 曛日 5-841B
xúnrì 旬日 5-577A
xùnróng 訓戎 11-48B
xùnróng 遜容 10-1147B
xúnròu 燖肉 7-315A
xùnróu 馴柔 12-799A
xùnróu 巽柔 4-78B
xùnrǔ 訊辱 11-56A
xùnruǎn 巽輭 4-78B
xùnruò 馴弱 12-799B
xùnsǎo 汛掃 5-936A
xùnsè 遜色 10-1147A
xūnshān 焄羶 7-87A
xúnshàn 巡禪 10-726B
xúnshàn 循善 3-1043A
xùnshàn 馴善 12-800A
xúnshāng 巡商 10-724B
xúnshàng 循尚 3-1041B
xùnshāng 迅商 10-719B
xūnshāo 熏燒 7-224B
xúnshào 巡哨 10-724A
xùnshào 汛哨 5-936A
xúnshè 巡社 10-722A
xúnshěn 詢審 11-196B
xùnshēn 殉身 5-165A
xúnshēng 尋聲 2-1293A
xúnshēng 循聲 3-1044A
xúnshèng 尋勝 2-1292A
xúnshī 巡師 10-724A
xúnshī 尋師 2-1291A
xúnshī 尋詩 2-1292B
xúnshí 旬時 5-577B
xúnshí 恂實 7-526B
xúnshí 尋時 2-1291A
xúnshǐ 巡使 10-722B
xúnshǐ 旬始 5-577A
xúnshì 巡士 10-721B
xúnshì 巡視 10-724B
xúnshì 尋事 2-1289B
xúnshì 詢視 11-196B
xùnshī 訓師 11-50B
xùnshí 狗時 5-45B
xùnshí 訊實 11-57B
xùnshí 訓識 11-54B
xùnshǐ 迅駛 10-720B
xùnshì 徇世 3-947A
xùnshì 狗市 5-45B
xùnshì 訓士 11-48A
xùnshì 訓世 11-48A
xùnshì 訓示 11-48A
xùnshì 訓式 11-48B
xùnshì 訓事 11-49A
xùnshì 訓誓 11-52B
xùnshì 訓釋 11-54B
xùnshì 遜事 10-1147B
xúnshìkǎoyán 詢事考言 11-196A
xúnshìshēngfēi 尋事生非 2-1289B
xúnshǒu 巡守 10-722A
xúnshǒu 旬首 5-577B
xúnshǒu 尋手 2-1288B
xúnshǒu 循守 3-1041A
xúnshòu 巡狩 10-723B
xùnshǒu 汛守 5-936A
xùnshǒu 徇首 3-947B
xùnshòu 馴獸 12-800B
xùnshòu 訓授 11-50B
xúnshǔ 巡屬 10-727B
xùnshū 徇書 3-947B
xùnshú 馴熟 12-800A
xùnshù 訓束 11-48B
xùnshuài 馴率 12-799B
xùnshuài 訓率 11-51A
xúnshùn 循順 3-1042B
xùnshùn 馴順 12-799B
xùnshùn 巽順 4-78B
xùnshùn 遜順 10-1148A
xùnshùn 悉順 7-672B
xúnshuò 旬朔 5-577B
xúnshuò 熼爍 7-255A
xùnshuō 訓說 11-53A
xúnshūyuèsòng 旬輸月送 5-578A
xúnsī 巡司 10-721B
xúnsī 尋思 2-1290A
xúnsì 潯涘 6-146B
xùnsī 徇私 3-947B
xùnsī 狗私 5-45B
xùnsī 殉私 5-165A
xùnsǐ 殉死 5-165A
xùnsì 訓祀 11-49A
xúnsǐmìhuó 尋死覓活 2-1289A
xùnsīwǔbì 徇私舞弊 3-947B
xùnsīzuòbì 徇私作弊 3-947B
xúnsòng 尋誦 2-1292B
xúnsòng 循誦 3-1043B
xùnsòng 訓誦 11-53A
xúnsòngxíchuán 循誦習傳 3-1043B
xúnsōu 巡蒐 10-725A
xúnsú 尋俗 2-1290B
xúnsú 循俗 3-1042A
xùnsú 徇俗 3-947B
xùnsú 狗俗 5-45B
xùnsú 訓俗 11-50A
xùnsù 迅速 10-719B
xùnsù 訓肅 11-52B
xūnsuì 薰燧 9-596A
xúnsuì 旬歲 5-578A
xúnsuō 巡梭 10-724B
xúnsuō 巡睃 10-725A
xúnsuǒ 尋索 2-1290B
xúnsuǒ 詢索 11-196A
xúntái 巡臺 10-725B
xùntáng 訊堂 11-56B
xúntángsēng 尋唐僧 2-1291A
xūntáo 熏陶 7-224A
xūntáo 薰陶 9-595B
xúntǎo 尋討 2-1291A
xúntào 循套 3-1042A
xùntǎo 訓討 11-50B
xùnténg 熏騰 7-225A
xúntì 洵涕 5-1173A
xùntī 熏剔 7-224A
xùntǐ 遜體 10-1148B
xùntì 遜弟 10-1147B
xùntì 遜悌 10-1147B
xūntiān 薰天 9-594B
xúntiān 巡天 10-721B
xùntiān 熏天 7-223A
xùntiáo 訓條 11-50B
xùntīng 訊聽 11-58A
xùntíng 馴庭 12-799A
xùntíng 迅霆 10-720B
xúntōng 循通 3-1042A
xùntōng 徇通 3-947B
xúntóumǐ 旬頭米 5-578A
xúntóutǎonǎo 尋頭討腦 2-1293A
xùntú 訓徒 11-50B
xùntǔ 熏土 7-223A

xùntuān 迅湍 10-720A
xùntuò 噀唾 3-513B
xúntúshǒuzhé 循途守轍 3-1042B
xúntúshǒuzhé 循塗守轍 3-1043A
xùnù 畜怒 7-1336B
xùnù 蓄怒 9-517B
xūnuǎn 嘔煖 3-487B
xùnuǎn 絮暖 9-852A
xùnuǎn 煦暖 7-203A
xǔnuò 許諾 11-71B
xūnǚ 須女 12-247B
xùnüè 酗虐 9-1395A
xùnwài 徇外 3-947A
xúnwán 尋玩 2-1289B
xúnwán 循玩 3-1041B
xúnwán 循翫 3-1043B
xūnwàng 勳望 2-824A
xùnwǎng 迅往 10-719A
xūnwèi 勳衛 2-824B
xúnwēi 尋微 2-1292B
xúnwèi 巡尉 10-725A
xúnwèi 尋味 2-1289B
xùnwéi 巽維 4-78B
xùnwèi 遜位 10-1147A
xúnwēn 燖温 7-277B
xúnwén 詢聞 11-196B
xúnwèn 巡問 10-724B
xúnwèn 尋問 2-1291B
xúnwèn 詢問 11-196B
xùnwèn 訊問 11-56B
xùnwū 馴烏 12-799B
xùnwǔ 訓武 11-49A
xùnwù 迅騖 10-720B
xùnwù 徇物 3-947B
xùnwù 徇務 3-947B
xùnwù 狥物 5-45B
xùnwù 殉物 5-165B
xùnwù 訊寤 11-57B
xùnwù 訓物 11-49A
xúnxī 巡錫 10-726B
xúnxī 尋析 2-1289B
xúnxí 巡檄 10-726B
xúnxí 循習 3-1042B
xúnxí 循襲 3-1044B
xúnxǐ 燂洗 7-255A
xúnxì 尋隙 2-1292A
xūnxī 熏夕 7-223A
xùnxī 訊息 11-56B
xūnxí 熏習 7-224A
xùnxí 馴習 12-799B
xùnxí 訓習 11-51A
xúnxiá 郇瑕 10-613A
xùnxiá 馴狎 12-799A
xùnxiá 訓狎 11-49B
xùnxià 纁夏 9-1039B
xūnxián 勳賢 2-824B
xūnxián 薰弦 9-595A
xūnxiǎn 玁獫 5-128B
xúnxiāng 荀香 9-384B
xúnxiāng 尋香 2-1290A
xùnxiāng 熏香 7-223B
xùnxiáng 訊詳 11-57A
xùnxiàng 馴象 12-799B
xúnxiāngmà 尋相罵 2-1290A
xūnxiǎo 曛曉 5-841B
xūnxiào 勳效 2-824A
xúnxiāo 循簫 3-1044B
xúnxiāowènxī 尋消問息 2-1291A
xùnxié 訓諧 11-54B
xùnxiè 孫謝 4-236A
xùnxiè 汛廨 5-936B
xùnxiè 遜謝 10-1148B
xūnxīn 薰心 9-594B
xūnxīn 薰辛 9-594B
xúnxìn 尋釁 2-1293B
xùnxīn 孫心 4-234A
xūnxīn 熏心 7-223A
xūnxīn 熏辛 7-223B
xùnxīn 馴心 12-798B
xùnxīn 訓心 11-48A
xùnxīn 遜心 10-1147A
xúnxíng 巡行 10-721B
xúnxíng 循行 3-1040B
xúnxǐng 巡省 10-723A
xúnxǐng 尋省 2-1290A
xúnxǐng 循省 3-1042A
xúnxìng 巡幸 10-722B
xúnxìng 循性 3-1041B
xùnxíng 馴行 12-798B
xùnxíng 迅行 10-718B
xùnxíng 徇行 3-947A
xùnxíng 訓刑 11-48B
xùnxíng 訓型 11-49B
xùnxíng 遜行 10-1147A
xūnxiū 薰修 9-595A
xúnxiū 旬休 5-577A
xúnxiū 旬修 5-577B
xúnxiū 尋修 2-1290B
xūnxiū 熏修 7-223B
xūnxiū 熏脩 7-224A
xùnxiū 訊修 11-56A
xūnxū 薰胥 9-595B
xūnxù 曛旭 5-841B
xúnxū 旬虛 5-577B
xúnxù 尋續 2-1293B
xúnxù 循序 3-1041A
xūnxū 熏胥 7-224A
xùnxù 訓勗 11-51A
xúnxuān 旬宣 5-577B
xūnxuán 纁玄 9-1039B
xūnxué 熏穴 7-223A
xùnxué 訓學 11-54B
xūnxuè 熏血 7-223B
xùnxuè 噀血 3-513A
xúnxùjiànjìn 循序漸進 3-1041A
xūnxūn 熏熏 7-224B
xūnxūn 薰薰 9-596A
xūnxūn 曛曛 5-842A
xūnxūn 醺醺 9-1447B
xúnxún 恂恂 7-552A
xúnxún 巡巡 10-722A
xúnxún 巡循 10-725A
xúnxún 旬旬 5-577A
xúnxún 恂恂 7-526B
xúnxún 尋尋 2-1292A
xúnxún 循循 3-1043A
xúnxún 蟫蟫 8-962A
xùnxùn 梭梭 4-1071A
xùnxùn 遜遜 10-1148A
xúnxúnshànyòu 循循善誘 3-1043A
xúnxūzhīlè 詢訏之樂 11-196A
xúnyǎ 循雅 3-1042B
xùnyǎ 馴雅 12-799B
xùnyǎ 訓雅 11-51A
xūnyān 曛煙 5-842A
xúnyán 巡檐 10-727A
xúnyán 巡簷 10-727B
xúnyán 巡鹽 10-727B
xúnyán 循沿 3-1041B
xúnyǎn 巡演 10-725B
xúnyàn 旬宴 5-577B
xùnyán 訊研 11-56A
xùnyán 訓言 11-49A
xùnyán 巽言 4-78A
xùnyán 遜言 10-1147A
xùnyàn 纁雁 9-1040A
xùnyàn 纁鴈 9-1040A
xùnyàn 迅焱 10-720A
xùnyàn 訊驗 11-58A
xùnyàn 訊讞 11-58A
xúnyáng 潯陽 6-146B
xúnyǎng 詢仰 11-195B
xùnyǎng 馴養 12-800A
xùnyǎng 訓養 11-53B
xúnyángjiàn 巡洋艦 10-723B
xúnyánglóu 潯陽樓 6-146B
xúnyángsānyǐn 尋陽三隱 2-1292A
xúnyángsānyǐn 潯陽三隱 6-146B
xúnyángtián 潯陽田 6-146B
xūnyè 勳業 2-824B
xúnyè 巡夜 10-722B
xúnyè 旬液 5-577B
xùnyè 孫業 4-236A
xùnyè 殉業 5-165B
xùnyè 訓業 11-52A
xùnyè 遜業 10-1148A
xūnyì 勳勩 2-824B
xúnyī 循依 3-1041B
xúnyí 巡儀 10-726A
xúnyì 巡弋 10-721B
xúnyì 巡役 10-722A
xúnyì 尋繹 2-1293A
xúnyì 循易 3-1041B
xúnyì 詢議 11-197A
xúnyì 燖繹 7-277B
xùnyī 遜衣 10-1147A
xùnyí 訓儀 11-53B
xùnyì 熏裛 7-224B
xùnyì 迅逸 10-719B
xùnyì 迅翼 10-720B
xùnyì 徇意 3-948A
xùnyì 徇義 3-948A
xùnyì 狥意 5-46A
xùnyì 狥義 5-46A
xùnyì 殉義 5-165B
xùnyì 訓義 11-52B
xùnyì 訓肄 11-52A
xùnyì 訓誼 11-54A
xùnyì 訓翼 11-54B
xùnyì 訓繹 11-54B
xùnyì 巽抑 4-78A
xūnyǐn 醺飲 9-1447B
xūnyìn 勳蔭 2-824B
xūnyìn 勳廕 2-824B
xúnyīn 旬陰 5-577B
xúnyǐn 尋引 2-1289A
xùnyǐn 徇隱 3-948B
xùnyǐn 狥隱 5-46A
xúnyíng 巡營 10-726B
xúnyǐng 尋景 2-1292A
xūnyōng 勳庸 2-824A
xúnyǒng 巡勇 10-723B
xūnyóu 薰蕕 9-596A
xúnyōu 尋幽 2-1290A
xúnyóu 巡游 10-725A
xúnyóu 巡遊 10-725A
xúnyòu 循誘 3-1043B
xúnyòu 詢誘 11-196B
xùnyóu 訓猷 11-52B
xùnyǒu 孫友 4-234A
xùnyǒu 訓牖 11-53B
xùnyòu 訓誘 11-53A
xūnyóubùtóngqì 薰蕕不同器 9-596A
xūnyóuyìqì 薰蕕異器 9-596A
xūnyù 葷粥 9-490B
xūnyù 獯鬻 5-129A
xūnyù 獯粥 5-128B
xūnyù 薰育 9-595A
xūnyù 薰鬻 9-596B
xūnyù 薰粥 9-595B
xúnyú 旬餘 5-578A
xúnyú 鱘魚 12-1264A
xúnyú 潭隩 6-127B
xúnyù 巡禦 10-727A
xúnyù 循譽 3-1044B
xúnyú 筍輿 8-1158B
xùnyú 巽隅 4-78B
xùnyǔ 馴羽 12-799A
xùnyǔ 迅羽 10-718B
xùnyǔ 迅雨 10-719A
xùnyǔ 訊語 11-57B
xùnyǔ 訓語 11-53A
xùnyǔ 巽羽 4-78A
xùnyǔ 巽與 4-78B
xùnyǔ 噀雨 3-513B
xùnyǔ 㢲語 4-116B
xūnyù 熏鬻 7-225A
xùnyù 馴馭 12-799B
xùnyù 訊獄 11-57B
xùnyù 訓育 11-49B
xùnyù 訓喻 11-51A
xùnyù 訓御 11-51A
xùnyù 訓諭 11-54B
xúnyuǎn 巡遠 10-725B
xúnyuàn 巡院 10-723B
xùnyuān 訊寃 11-56B

xùnyuàn 遜願 10-1148B
xúnyuánshǐ 尋源使 2-1292B
xúnyuántǎoběn 尋源討本 2-1292B
xúnyúchúráo 詢于芻蕘 11-195B
xúnyuē 尋約 2-1290B
xúnyuè 巡岳 10-722B
xúnyuè 巡閱 10-726A
xúnyuè 巡嶽 10-727A
xúnyuè 旬月 5-577A
xúnyuè 旬閱 5-578A
xùnyuē 訓約 11-50A
xùnyuè 訓閱 11-54A
xúnyuèshǐ 巡閱使 10-726A
xūnyǔn 葷允 9-490B
xùnyùpēnzhū 噀玉噴珠 3-513A
xúnyúqí 珣玗琪 4-556B
xùnzàng 徇葬 3-948A
xùnzàng 殉葬 5-165B
xùnzàngpǐn 殉葬品 5-165B
xùnzáo 熏鑿 7-225A
xùnzé 訊責 11-56B
xùnzé 訓則 11-50A
xùnzé 訓責 11-50B
xùnzēng 馴增 12-800A
xúnzhǎn 巡展 10-724B
xūnzhāng 勳章 2-824A
xúnzhǎng 巡長 10-722B
xúnzhàng 巡仗 10-721B
xúnzhàng 尋丈 2-1288B
xùnzhǎng 訓長 11-49A
xùnzhàng 訊杖 11-55B
xùnzhàng 訓杖 11-48B
xúnzhāngzhāijù 尋章摘句 2-1291B
xúnzhǎo 尋找 2-1289A
xúnzhào 循照 3-1043A
xùnzhāo 纁招 9-1039B
xùnzhào 訓詔 11-51B
xùnzhé 訓謫 11-55A
xúnzhēn 尋真 2-1290B
xúnzhěn 巡診 10-725A
xúnzhèn 巡陳 10-724B
xúnzhèn 巡陣 10-723B
xùnzhèn 徇陳 3-947B
xūnzhēng 熏烝 7-224A
xūnzhēng 熏蒸 7-224B
xūnzhēng 薰蒸 9-595B
xúnzhèng 循政 3-1042A
xùnzhēng 迅征 10-719A
xùnzhěng 訓整 11-54A
xùnzhèng 訓政 11-50A
xùnzhèng 遜政 10-1147B
xūnzhēngjì 熏蒸劑 7-224B
xūnzhì 熏製 7-224B
xūnzhì 薰炙 9-595A
xúnzhī 嫥枝 4-1387B
xúnzhí 洵直 5-1173A
xúnzhí 循執 3-1042B
xúnzhí 循職 3-1044B
xúnzhǐ 巡指 10-723A
xúnzhì 巡迣 10-722B
xúnzhì 循滯 3-1043B
xúnzhì 詢質 11-196B
xùnzhí 殉職 5-165B
xùnzhí 遜職 10-1148B
xùnzhǐ 迅指 10-719A
xùnzhì 馴至 12-798B
xùnzhì 馴制 12-799A
xùnzhì 馴致 12-799A
xùnzhì 馴雉 12-800A
xùnzhì 徇智 3-948A
xùnzhì 徇質 3-948B
xùnzhì 訊治 11-56A
xùnzhì 訊質 11-57B
xùnzhì 訓治 11-49B
xùnzhì 遜志 10-1147A
xúnzhīzhāiyè 尋枝摘葉 2-1289B
xùnzhòng 迅衆 10-720A
xúnzhōngkōngwú 旬中空亡 5-577A
xúnzhòu 巡晝 10-724B
xùnzhòu 訓胄 11-50A
xúnzhú 尋竹 2-1289A
xúnzhú 尋逐 2-1291A
xúnzhǔ 尋主 2-1289A
xùnzhú 汛逐 5-936A
xùnzhù 訓注 11-49B
xùnzhù 訓註 11-51B
xúnzhuàn 循轉 3-1044B
xùnzhuàn 訓傳 11-52A
xùnzhuàng 訊狀 11-56A
xūnzhuó 薰灼 9-595A
xūnzhuó 薰椓 9-595B
xúnzhuō 巡捉 10-724A
xúnzhuō 尋捉 2-1290B
xúnzhuó 循卓 3-1041B
xùnzhuó 熏灼 7-223B
xúnzhuōzhì 尋拙志 2-1289B
xūnzǐ 薰子 9-594B
xúnzī 循資 3-1043A
xúnzī 詢咨 11-196A
xúnzǐ 孫子 4-234A
xùnzǐ 熏子 7-223B
xùnzì 熏漬 7-224B
xùnzì 馴字 12-798B
xùnzì 訓字 11-48B
xúnzīgé 循資格 3-1043A
xúnzōng 尋綜 2-1292B
xùnzòng 徇縱 3-948B
xúnzōngmìjì 尋蹤覓迹 2-1293A
xúnzǒu 循走 3-1041A
xúnzú 巡卒 10-722B
xúnzǔ 蕁俎 7-255A
xùnzú 迅足 10-719A
xùnzú 訓卒 11-49B
xūnzuì 醺醉 9-1447B
xùnzuì 訊罪 11-57A
xùnzuò 遜坐 10-1147A
xǔpān 許攀 11-72A
xūpàng 虛胖 8-822A
xǔpèi 許配 11-70B
xūpī 胥紕 6-1239B
xūpí 虛脾 8-826B
xùpiān 續篇 9-1049A
xūpiāo 虛飄 8-834A
xūpìn 虛牝 8-819A
xǔpìn 許娉 11-70B
xǔpìn 許聘 11-71A
xùpò 怵迫 7-473A
xùpò 續魄 9-1049A
xūpú 胥僕 6-1239B
xùpǔ 漵浦 6-92B
xūpútí 須菩提 12-249B
xūqī 虛欺 8-825B
xūqī 墟期 2-1189A
xūqí 胥耆 6-1239A
xūqǐ 虛綺 8-830B
xūqì 虛氣 8-823B
xūqì 虛器 8-831B/8-832A
xūqì 歔泣 6-1473B
xūqì 吁氣 3-83A
xùqì 畜妻 7-1336A
xùqí 續祁 9-1047B
xùqì 絮泣 9-851B
xùqì 絮氣 9-851B
xūqiǎn 虛淺 8-825A
xùqiān 序遷 3-1212A
xùqiān 敍遷 5-444A
xūqiángrú 須强如 12-250A
xūqiǎo 虛巧 8-817B
xūqiè 虛怯 8-821A
xùqiè 畜妾 7-1336B
xūqièqiè 虛怯怯 8-821A
xǔqīn 許親 11-71B
xùqīn 敍欽 5-444A
xūqíng 虛情 8-825A
xūqǐng 須頃 12-249B
xūqìng 虛罄 8-832B
xùqíng 敍情 5-444A
xūqíngjiǎyì 虛情假意 8-825A
xūqiú 須求 12-248A
xūqiú 需求 11-689B
xùqiú 訹囚 11-95A
xūqū 墟曲 2-1189A
xūqú 須句 12-248A
xūqú 須朐 12-249A
xúqū 徐趨 3-981B
xùqǔ 序曲 3-1211A
xùqǔ 續娶 9-1048B
xūquán 虛捲 8-824A
xūquán 需銓 11-690A
xūquàn 繻券 9-1039B
xùquàn 怵勸 7-473B
xūquē 虛缺 8-826A
xūquè 虛確 8-830B
xūrán 砉然 7-1006A
xūrán 欻然 6-1458A
xūrán 須然 12-250A
xūrán 須髯 12-250A
xūrán 須顏 12-250B
xūrán 鬚髯 12-754B
xūrán 鬚髯 12-754B
xūrán 鬚顏 12-754B
xūrán 鬚顏 12-755A
xūrán 吁然 3-83A
xǔrán 詡然 11-210B
xùrán 怵然 7-473B
xùrán 卹然 2-533B
xùrán 恤然 7-524A
xùrán 瞁然 7-1237B
xùrán 續然 9-1049A
xùrán 邮然 10-612A
xūránrújǐ 鬚髯如戟 12-754B
xūráo 虛橈 8-831B
xūrè 虛熱 8-830B
xūrén 胥人 6-1238A
xūrén 虛人 8-815B
xǔrén 許人 11-68B
xǔrèn 許認 11-71B
xùrén 畜仁 7-1335B
xūrì 圩日 2-1005B
xūrì 戌日 5-189A
xūrì 虛日 8-816B
xūrì 墟日 2-1188B
xùrì 旭日 5-578A
xùrìchūshēng 旭日初升 5-578A
xùrìdōngshēng 旭日東升 5-578A
xūróng 虛榮 8-830A
xūróng 虛融 8-831B
xúróng 徐戎 3-979B
xǔróng 許容 11-70B
xūróngxīn 虛榮心 8-830A
xūrú 歔濡 6-1473B
xūrǔ 虛辱 8-823A
xǔrú 呴濡 3-309B
xǔrú 煦濡 7-97A
xùrú 煦濡 7-203B
xūruǐ 鬚蕊 12-754B
xùruì 畜銳 7-1337B
xùruì 蓄銳 9-518A
xùrùn 煦潤 7-203B
xūruò 虛弱 8-824A
xúrúzǐ 徐孺子 3-981B
xǔsài 許賽 11-72A
xǔsànchóu 許散愁 11-71A
xùsèsháoguāng 煦色韶光 7-202B
xūshāchūxué 需沙出穴 11-689B
xūshān 胥山 6-1238B
xùshǎng 卹賞 2-533B
xūshǎo 需少 11-689B
xǔshǎo 許少 11-69A
xǔshào 許少 11-69A
xūshě 虛舍 8-821A
xūshè 虛舍 8-821A
xūshè 虛設 8-824B
xǔshēn 許身 11-70A
xùshèn 恤慎 7-524B
xūshēng 虛生 8-818A
xūshēng 虛聲 8-832B
xūshēng 鬚生 12-754A
xūshèng 虛勝 8-826B
xùshēng 壻甥 2-1165B
xūshēnglàngsǐ 虛生浪死 8-818A
xūshēngmìng 戍生命 5-189A

xūshī 胥師 6-1239A
xūshí 戌時 5-189A
xūshí 虛實 8-830A
xūshí 須時 12-249B
xūshǐ 胥史 6-1238B
xūshì 圩市 2-1006A
xūshì 盱視 7-1132A
xūshì 胥士 6-1238A
xūshì 虛士 8-815B
xūshì 虛市 8-818A
xūshì 虛室 8-822A
xūshì 虛勢 8-827B
xūshì 虛飾 8-828A
xūshì 虛諡 8-832A
xūshì 虛謚 8-833A
xushi 須是 12-249A
xūshì 墟市 2-1189A
xúshì 徐氏 3-979B
xǔshǐ 許史 11-69B
xǔshì 許市 11-69B
xǔshì 許事 11-70A
xǔshì 許是 11-70A
xùshí 序食 3-1211B
xùshí 畜食 7-1336B
xùshí 續食 9-1048B
xùshǐ 緒使 9-877A
xùshì 序事 3-1211B
xùshì 序室 3-1211B
xùshì 恤事 7-524A
xùshì 敍事 5-443B
xùshì 續世 9-1047B
xùshì 續室 9-1048B
xǔshīrúmò 呴濕濡沫 3-309B
xūshìshēngbái 虛室生白 8-822A
xùshìshī 敍事詩 5-443B
xūshòu 虛受 8-821A
xūshòu 虛授 8-824A
xùshòu 續壽 9-1049A
xūshū 胥疏 6-1239B
xūshū 虛疎 8-827A
xūshū 吁荼 3-83A
xūshù 虛數 8-830B
xūshù 墟墅 2-1189B
xùshù 序述 3-1211B
xùshù 序數 3-1212B
xùshù 卹數 2-533B
xùshù 敍述 5-443B
xùshuài 勖率 2-799A
xùshuài 勖帥 2-799A
xùshùn 序順 3-1212A
xūshuō 虛説 8-830A
xùshuō 序説 3-1212A
xùshuō 絮説 9-852A
xūsǐ 虛死 8-818B
xùsī 蓄私 9-517B
xùsī 蓄思 9-517B
xùsī 緒颸 9-877B
xùsòng 酗訟 9-1395A
xūsù 虛素 8-822B
xūsuàn 胥算 6-1239B
xūsuī 盱睢 7-1132A
xūsuì 虛歲 8-827B
xūsuì 須遂 12-250A
xùsuízǐ 續隨子 9-1049A
xūsǔn 虛損 8-827B
xūsuǒ 虛所 8-821A
xūsuǒ 須索 12-249A
xūsuǒ 需索 11-689B
xùsuō 畜縮 7-1338A
xùsuō 蓄縮 9-518B
xūtǎ 噓嗒 3-491A
xútà 徐榻 3-981A
xūtái 胥臺 6-1239B
xūtán 虛談 8-831A
xūtàn 噓歎 3-491A
xūtàn 吁嘆 3-83A
xūtàn 吁歎 3-83A
xùtán 敍談 5-444B
xùtán 絮談 9-852A
xūtáng 虛堂 8-824B
xūtángxuánjìng 虛堂懸鏡 8-824B
xūtāo 胥濤 6-1240A
xūtào 虛套 8-823A
xūtàozi 虛套子 8-823A
xūtiān 噓天 3-490B
xūtiān 墟天 2-1188B
xūtián 虛恬 8-822A
xūtiǎn 虛忝 8-820B
xǔtiān 許天 11-69A
xùtián 畜田 7-1335B
xūtíng 胥庭 6-1239A
xūtóu 虛頭 8-831B
xūtóu 需頭 11-690A
xūtóu 鬚頭 12-754B
xūtú 胥徒 6-1239B
xūtǔ 虛土 8-816A
xūtǔ 墟土 2-1188B
xǔtú 糈粽 9-234A
xùtú 畜菟 7-1336B
xùtù 蓄菟 9-517B
xūtuǐ 戌腿 5-189A
xūtuō 虛脱 8-824B
xūtuó 虛槖 8-829A
xūtuó 須陀 12-248A
xūtuóhuán 須陀洹 12-248A
xūtuóhuánguǒ 須陀洹果 12-248A
xūwán 須丸 12-247B
xúwǎn 徐婉 3-981A
xūwáng 虛亡 8-816A
xūwǎng 虛罔 8-820B
xūwàng 虛妄 8-819B
xūwǎngshíguī 虛往實歸 8-821A
xūwěi 虛僞 8-829B
xūwèi 虛位 8-820A
xùwěi 恤緯 7-524B
xùwèi 序位 3-1211B
xūwèiyǐdài 虛位以待 8-820A
xūwén 虛文 8-817A
xùwén 序文 3-1211A
xùwèn 卹問 2-533A
xūwénrùjié 虛文縟節 8-817A
xūwénrùlǐ 虛文縟禮 8-817A
xūwū 虛誣 8-829B
xūwú 虛亡 8-816A
xūwú 虛无 8-816B
xūwú 虛無 8-826A
xūwǔ 虛伍 8-819A
xúwú 徐吾 3-980A
xúwú 余吾 1-1222A
xùwù 恤物 7-524A
xùwù 煦物 7-202B
xùwùduǎnhè 續鳧短鶴 9-1049A
xūwúpiāomiāo 虛無縹緲 8-826B
xūwútiándàn 虛无恬惔 8-816B
xūwútiándàn 虛無恬淡 8-826B
xūwúzhǔyì 虛無主義 8-826B
xūxī 欻吸 6-1457B
xūxī 欻翕 6-1458A
xūxī 欻歙 6-1458A
xūxī 噓吸 3-490B
xūxī 噓唏 3-490B
xūxī 噓欷 3-491A
xūxī 噓翕 3-491A
xūxī 噓嘻 3-491A
xūxī 噓噏 3-491A
xūxī 噓歙 3-491A
xūxī 噓嚱 3-491A
xūxī 歔欷 6-1473B
xūxī 吁吸 3-82B
xūxī 吁唏 3-83A
xūxī 吁嘻 3-83A
xūxí 虛席 8-823B
xūxì 盱鬩 7-1132A
xūxì 虛隙 8-827A
xūxiá 須暇 12-250A
xūxià 虛下 8-816A
xūxià 須夏 12-249B
xǔxià 許下 11-69A
xūxián 虛閒 8-827A
xūxián 虛弦 8-821B
xūxián 虛閑 8-827A
xūxián 虛銜 8-829B
xùxián 序銜 3-1212A
xùxián 續弦 9-1048A
xùxián 續絃 9-1048B
xūxiǎng 虛想 8-827B
xūxiàng 虛象 8-824B
xūxiàng 虛像 8-828A
xūxiàng 墟巷 2-1189A
xúxiáng 徐詳 3-981A
xùxiánjiāo 續弦膠 9-1048A
xūxiāo 虛囂 8-834B
xǔxiào 詡笑 11-210B
xùxiāo 恤削 7-524A
xùxiào 敍効 5-443B
xūxiē 須些 12-248B
xūxié 胥邪 6-1238B
xūxié 虛邪 8-818B
xūxiě 虛寫 8-831A
xūxiè 虛懈 8-832A
xǔxiē 許些 11-70A
xùxiè 旭蟹 5-578B
xùxiè 蓄洩 9-517B
xūxīn 虛心 8-817A
xùxīn 敍心 5-443B
xùxìn 緒信 9-877A
xúxíng 徐行 3-980A
xùxīng 序興 3-1212B
xùxíng 恤刑 7-523B
xùxíng 緒行 9-876B
xùxìng 畜幸 7-1336A
xūxīnlěngqì 虛心冷氣 8-817B
xūxīnpíngyì 虛心平意 8-817B
xūxiū 噓咻 3-490B
xūxiù 虛宿 8-825B
xūxū 嘔嘔 3-487B
xūxū 盱盱 7-1132A
xūxū 欨欨 6-1441A
xūxū 胥胥 6-1239A
xūxū 訏訏 11-28B
xūxū 欻欻 6-1458A
xūxū 須須 12-250A
xūxū 頊頊 12-251A
xūxū 噓噓 3-491A
xūxū 魆魆 12-468A
xūxū 歔吁 6-1473B
xūxū 姁姁 4-333A
xūxū 吁噓 3-83A
xūxū 吁吁 3-82B
xūxū 炣炣 7-60B
xūxú 虛邪 8-818B
xūxú 虛徐 8-823B
xūxǔ 嘔呴 3-486B
xūxǔ 嘔煦 3-487B
xūxù 嘔煦 3-487B
xúxú 徐徐 3-980B
xǔxū 呴嘔 3-309A
xǔxū 呴噓 3-309A
xǔxū 煦噓 7-97A
xǔxū 哻哻 3-359A
xǔxǔ 休休 1-1170B
xǔxǔ 呴呴 3-309A
xǔxǔ 姁姁 4-333A
xǔxǔ 栩栩 4-1019A
xǔxǔ 許許 11-71A
xǔxǔ 湑湑 5-1528B
xǔxǔ 詡詡 11-211A
xǔxǔ 煦煦 7-97A
xǔxù 呴煦 3-309A
xǔxū 煦噓 7-203A
xǔxù 煦姁 7-203A
xǔxù 咻呴 3-329A
xùxù 淢淢 5-1140B
xùxù 旭旭 5-578B
xùxù 卹卹 2-533A
xùxù 恤恤 7-524A
xùxù 洫洫 5-1169A
xùxù 畜畜 7-1336B
xùxù 絮絮 9-851B
xùxù 煦旭 7-202B
xùxù 煦煦 7-203A
xùxù 續續 9-1049B
xūxuán 虛玄 8-818A
xūxuán 虛懸 8-834A

xùxùdádá 絮絮答答 9-852A
xùxùdāodāo 絮絮叨叨 9-851B
xūxuē 戌削 5-189A
xǔxué 許學 11-71B
xǔxué 無學 10-684A
xùxuē 卹削 2-533A
xùxuē 邮削 10-612A
xùxuè 畜血 7-1336A
xùxuè 獝狘 5-108B
xùxùguōguō 絮絮聒聒 9-852A
xùxùjiéjié 煦煦孑孑 7-203A
xūxùn 虛遜 8-828B
xǔxùn 許遜 11-71B
xǔxǔ'ōu'ōu 呴呴嘔嘔 3-309A
xǔxǔrúmò 呴呴濡沫 3-309A
xǔxǔrúshēng 栩栩如生 4-1019B
xūxūshíshí 虛虛實實 8-824A
xǔxǔxūxū 煦煦嘔嘔 7-97A
xǔxǔyuán 栩栩園 4-1019B
xǔxǔyùhuó 栩栩欲活 4-1019B
xūyān 欻焉 6-1458A
xūyān 墟烟 2-1189A
xūyán 虛言 8-820A
xūyán 虛筵 8-826B
xūyán 虛檐 8-832B
xūyán 虛簷 8-834A
xūyǎn 朐衍 6-1235B
xūyǎn 虛衍 8-822A
xūyǎn 虛掩 8-824A
xúyán 徐言 3-980B
xúyǎn 徐衍 3-980B
xúyǎn 徐偃 3-981A
xùyān 卹焉 2-533A
xùyán 序言 3-1211B
xùyán 敘言 5-443B
xùyán 訹言 11-95A
xùyán 緒言 9-876B
xúyǎnbǐ 徐偃筆 3-981A
xūyáng 藚陽 9-534B
xǔyáng 詡揚 11-210B
xùyǎng 卹養 2-533B
xùyǎng 恤養 7-524B
xùyǎng 畜養 7-1337B
xùyǎng 煦養 7-203B
xùyǎng 蓄養 9-518A
xúyǎnwáng 徐偃王 3-981A
xūyáo 須摇 12-250A
xūyào 虛曜 8-833B
xūyào 須要 12-249A
xūyào 需要 11-689B
xūyē 楈枒 4-1199A
xūyě 墟野 2-1189A
xùyè 緒業 9-877A
xūyī 虛一 8-815B
xūyī 虛壹 8-825B
xūyí 盱眙 7-1132A
xūyí 虛夷 8-818B
xūyì 欨懌 6-1441A
xūyì 胥役 6-1238B/1239A
xūyì 胥譯 6-1240A
xūyì 虛邑 8-820A
xūyì 虛意 8-828B
xūyì 需役 11-689B
xúyí 徐夷 3-980A
xùyī 絮衣 9-851A
xùyí 蓄疑 9-518A
xùyì 畜意 7-1337A
xùyì 畜義 7-1337A
xùyì 敘意 5-444A
xùyì 蓄意 9-518A
xūyǐn 虛引 8-817B
xùyīn 緒音 9-877A
xùyín 酗淫 9-1395A
xùyǐn 序引 3-1211A
xùyǐn 卹隱 2-533B
xùyǐn 恤隱 7-524B
xùyǐn 酗飲 9-1395A
xùyǐn 緒引 9-876B
xùyìn 卹蔭 2-533B
xùyìn 邮胤 10-612A
xūyíng 虛盈 8-822B
xūyǐng 虛景 8-826A
xūyǐng 虛影 8-830B
xūyìng 虛映 8-821B
xūyìnggùshì 虛應故事 8-833A
xūyōng 虛庸 8-825A
xūyòng 須用 12-248A
xūyòng 需用 11-689B
xùyǒng 畜勇 7-1336B
xùyòng 敘用 5-443B
xùyòng 酗醬 9-1395A
xūyóu 訏猷 11-28B
xūyòu 墟囿 2-1189A
xǔyóu 許繇 11-72A
xǔyóu 許由 11-69B
xǔyóujīn 許由津 11-69B
xǔyóupiáo 許由瓢 11-69B
xūyǒuqíbiǎo 虛有其表 8-818B
xūyú 嘔喁 3-487B
xūyú 嘔喻 3-487B
xūyú 欨愉 6-1441A
xūyú 胥餘 6-1239B
xūyú 訏俞 11-28B
xūyú 須臾 12-248B
xūyú 嘘嗅 3-491A
xūyú 歔歈 6-1473B
xūyú 姁媮 4-333A
xūyú 于喁 1-260A
xūyú 吁俞 3-83A
xūyǔ 胥宇 6-1238B
xūyǔ 虛語 8-829B
xūyǔ 嘘噢 3-491A
xūyù 虛譽 8-834B
xūyù 魆蜮 12-467B
xūyù 墟域 2-1189A
xúyú 徐庾 3-981A
xǔyú 呴媮 3-309A
xǔyú 呴俞 3-309A
xǔyú 呴愉 3-309A
xǔyú 呴喻 3-309A
xǔyú 煦愉 7-97A
xǔyǔ 咻噢 3-329A
xǔyǔ 許與 11-71A
xǔyǔ 煦嫗 7-97A
xǔyù 呴喻 3-242A
xǔyù 呴諭 3-309B
xǔyù 煦諭 7-97A
xùyú 煦媮 7-203A
xùyú 煦喁 7-203A
xùyú 煦愉 7-203A
xùyú 緒餘 9-877A
xùyǔ 姁嫗 4-333A
xùyǔ 昫嫗 5-681B
xùyǔ 絮語 9-852A
xùyǔ 煦嫗 7-203B
xùyù 煦育 7-202B
xùyù 蓄毓 9-518A
xūyuán 胥原 6-1239A
xūyuán 虛元 8-816B
xūyuǎn 虛遠 8-827B
xūyuàn 胥怨 6-1239A
xūyuàn 虛願 8-834A
xǔyuàn 許愿 11-71B
xǔyuàn 許願 11-72A
xùyuǎn 恤遠 7-524A
xùyuàn 畜怨 7-1336B
xùyuàn 煦願 7-203B
xùyuàn 蓄怨 9-517B
xùyuē 續約 9-1048B
xùyuè 旭月 5-578A
xūyūn 虛暈 8-828A
xūyún 需雲 11-690A
xǔyǔn 許允 11-69A
xúyǔtǐ 徐庾體 3-981A
xūyǔwēiyí 虛與委蛇 8-828A
xùzàn 序贊 3-1212B
xùzàn 序讚 3-1212B
xūzào 虛造 8-823B
xùzēng 絮繒 9-852A
xùzèng 卹贈 2-533B
xūzhà 虛詐 8-826B
xúzhái 徐宅 3-980A
xǔzhái 許宅 11-70A
xùzhāi 敘齋 5-444B
xùzhàn 序戰 3-1212B
xūzhāng 虛張 8-825B
xǔzhāng 許張 11-71A
xǔzhāng 詡張 11-210B
xùzhǎng 畜長 7-1336A
xūzhāngshēngshì 虛張聲勢 8-825B
xùzhāo 敘招 5-443B
xūzhēn 虛真 8-823A
xūzhēn 墟榛 2-1189B
xūzhēn 嫛碪 4-414A
xūzhèn 圩鎮 2-1006A
xūzhèn 墟鎮 2-1189B
xùzhěn 畜枕 7-1336A
xūzhèng 虛症 8-824A
xǔzhèng 許鄭 11-71B
xùzhēng 煦蒸 7-203A
xùzhèng 緒正 9-876B
xǔzhēnjūn 許真君 11-70B
xūzhī 須知 12-248B
xūzhī 鬚枝 12-754A
xūzhì 虛遲 8-831B
xūzhì 虛擲 8-832B
xūzhì 須至 12-248A
xūzhì 需滯 11-690A
xùzhì 序志 3-1211B
xùzhì 序秩 3-1211B
xùzhì 畜志 7-1336A
xùzhì 畜智 7-1337A
xùzhì 畜置 7-1337A
xùzhì 敘致 5-444A
xùzhì 蓄志 9-517B
xūzhīcè 須知册 12-248B
xūzhīdānzhuàng 須知單狀 12-248B
xúzhìtà 徐穉榻 3-981A
xūzhōng 虛中 8-816B
xūzhǒng 虛腫 8-828B
xǔzhōng 許中 11-69A
xǔzhòng 許重 11-70A
xùzhōng 續終 9-1048B
xùzhòng 畜種 7-1337A
xūzhōu 虛舟 8-819A
xúzhōu 徐州 3-980A
xùzhòu 緒胄 9-877A
xūzhù 胥祝 6-1239A
xūzhù 虛宁 8-818A
xūzhù 虛佇 8-820A
xūzhù 須著 12-249B
xūzhuàn 虛賺 8-832B
xùzhuàn 序傳 3-1212A
xùzhuàn 敘傳 5-444A
xúzhuāng 徐妝 3-980B
xǔzhǔn 許准 11-70B
xùzhuó 敘擢 5-444B
xūzi 鬚子 12-754A
xūzī 鬚髭 12-754B
xūzī 于兹 1-259B
xūzī 于咨 1-259A
xūzǐ 虛子 8-816B
xūzì 虛字 8-819B
xǔzì 許字 11-70A
xūzòu 須奏 12-249A
xūzuǒ 虛左 8-817B
xūzuò 虛坐 8-820A
xùzuò 敘坐 5-443B
xùzuò 續作 9-1047B

Y

yá'āi 牙欸 5-278B
yă'ài 雅愛 11-826B
yā'àn 厭案 1-943B
yá'àn 厓岸 1-919B
yá'àn 厓厈 1-919B
yá'àn 崖岸 3-829B
yá'àn 涯岸 5-1348B
yă'àn 啞暗 3-374A
yá'ǎo 牙媪 5-279A
yă'ào 雅奥 11-825B
yābā 丫鈀 1-577A
yăbā 啞巴 3-373A
yăbā 啞叭 3-373A
yăbā 啞吧 3-373B
yàbă 掗靶 6-637B
yàbà 稏䆉 8-97B
yăbāchīhuánglián
啞巴吃黃連 3-373A
yábāgǔ 牙巴骨 5-275B
yăbăi 啞擺 3-375A
yăbài 疋拜 8-494A
yăbài 雅拜 11-822B
yàbăi 掗擺 6-638A
yábáikǒuqīng 牙白口清
5-275B
yăbākuī 啞巴虧 3-373A
yăbākuī 啞叭虧 3-373A
yăbākuī 啞吧虧 3-373B
yābān 押班 6-459B
yābăn 押板 6-459A
yābăn 壓板 2-1233B
yābàn 押伴 6-459A
yábăn 牙板 5-276A
yábăn 牙版 5-276A
yăbăn 啞板 3-373B
yābăng 押榜 6-460B
yābăo 押保 6-459B
yābăo 押寶 6-461B
yābăo 壓寶 2-1236A
yābào 厭暴 1-946A
yábăo 牙保 5-277A
yăbào 雅抱 11-821B
yábì 崖壁 3-831A
yābiāojīn 押標金 6-461A
yăbìlì 啞觱栗 3-374B
yābìn 鴉鬢 12-1073B
yàbīn 訝賓 11-66B
yàbīn 御賓 3-1030B
yābīng 鴉兵 12-1071A
yābǐng 鴨餅 12-1078B
yábīng 牙兵 5-276A
yábīng 衙兵 3-1048A
yábō 牙撥 5-279B
yābù 鴨步 12-1077B
yábù 牙不 5-275A
yăbù 啞不 3-373A
yăbù 啞步 3-373B
yăbù 雅步 11-821A
yăbù 雅部 11-824A
yàbǔ 掗補 6-738B
yābù'éxíng 鴨步鵝行
12-1077B
yābùlú 押不盧 6-458B
yābùlú 押不蘆 6-458B
yábùyuē'érchì
牙不約兒赤 5-275A
yàcā 陁陊 11-984A
yăcái 雅才 11-820A
yăcái 雅材 11-821A
yăcái 雅裁 11-825A
yácān 衙參 3-1049A
yăcāo 雅操 11-829A
yāchā 枒杈 4-787A
yāchā 丫叉 1-577A
yāchā 椏杈 4-1077A
yāchā 鴉乂 12-1070B
yāchā 枒杈 4-814A
yāchá 枒槎 4-814A
yāchà 丫叉 1-577A
yāchà 丫槎 1-577A
yáchá 牙槎 5-279A
yáchá 牙楂 5-279A
yáchá 芽茶 9-284A
yăchà 婭姹 4-368A
yāchāi 押差 6-459B
yáchái 崖柴 3-830A
yāchán 鴉蟬 12-1073A
yāchăn 丫鏟 1-577B
yáchán 崖巉 3-831A
yăchán 啞禪 3-374B
yăchán 啞蟬 3-375A
yācháng 壓場 2-1234B
yăchăng 啞場 3-374A
yăchăng 雅昶 11-823B
yăchàng 雅暢 11-827B
yàcháng 軋場 9-1199B
yāchē 壓車 2-1233A
yáchē 牙車 5-276A
yàchē 軋車 9-1199A
yáchěn 牙磣 5-280A
yāchèng 壓稱 2-1235B
yáchéng 牙城 5-277A
yăchēng 雅稱 11-827B
yàchéng 迓承 10-728B
yāchǐ 壓尺 2-1233A
yáchǐ 牙齒 5-279B
yăchì 雅飭 11-825B
yáchǐzhài 牙齒債 5-279B
yáchóng 蚜蟲 8-867A
yàchóng 砑蟲 7-1012A
yáchóu 牙籌 5-281A
yàchǒu 鬣丑 12-1459B
yāchú 鴉雛 12-1073A
yāchú 鴨雛 12-1079B
yāchù 押觸 6-461B
yāchuáng 押牀 6-459B
yáchuáng 牙床 5-276A
yáchuáng 牙牀 5-276B
yáchuáng 牙幢 5-279B
yáchuí 牙搥 5-278B
yáchuí 牙槌 5-279A
yáchuí 牙椎 5-278B
yăchuī 雅吹 11-821B
yăchuì 雅吹 11-821B
yāchūn 押春 6-459B
yăchún 雅淳 11-825A
yăchún 雅醇 11-828A
yācì 壓次 2-1233A
yácí 牙磁 5-279A
yácí 崖詞 3-830B
yăcí 雅詞 11-825B
yăcí 雅辭 11-830A
yàcí 軋辭 9-1200A
yàcì 亞次 1-542B
yăcuì 雅粹 11-828A
yàcuó 鬣鬛 12-1459B
yădá 雅達 11-825A
yàdàfū 亞大夫 1-542A
yādàn 丫蛋 1-577A
yādàn 鴨蛋 12-1078B
yādàn 鴨蜑 12-1078B
yădàn 雅淡 11-825A
yădàn 雅憺 11-829B
yădàn 雅澹 11-829B
yādāng 丫襠 1-577B
yādāng 猒當 5-67A
yādāng 厭當 1-944B
yādàng 押當 6-460B
yàdāng 亞當 1-543B
yādànliăn 鴨蛋臉 12-1078B
yādànqīng 鴨蛋青 12-1078B
yādànyuán 鴨蛋圓 12-1078B
yādănzǐ 鴉膽子 12-1073A
yādànzi 壓擔子 2-1236A
yādăo 壓倒 2-1234A
yādăo 厭禱 1-946A
yādào 押纛 6-461B
yádāo 牙刀 5-275A
yádào 牙道 5-279A
yádào 牙纛 5-281B
yădào 雅道 11-826A
yàdàojī 軋道機 9-1199B
yādăoyuánbái 壓倒元白
2-1234A
yádé 牙得 5-278A
yădé 雅德 11-828A
yàděng 亞等 1-543B
yādí 厭翟 1-945B
yādì 押地 6-459A
yădí 雅笛 11-824B
yàdì 亞地 1-542B
yādiàn 押店 6-459B
yádiàn 牙簟 5-280B
yádiāo 牙雕 5-280A
yădiào 雅調 11-828B
yādié 沺渫 5-1072B
yādīng 鴨丁 12-1077A
yādǐng 壓頂 2-1234B
yàdōng 亞東 1-542B
yádù 涯度 5-1348B
yádù 衙蠹 3-1049B
yădù 雅度 11-823A
yāduàn 厭斷 1-946A
yāduì 壓隊 2-1234B
yáduì 牙隊 5-278B
yáduì 衙隊 3-1049A
yàduópáihěn 軋敓排佷
9-1199B
yā'er 鴨兒 12-1078A
yā'ér 丫兒 1-577A
yā'ér 鴉兒 12-1071B
yá'er 牙兒 5-276A
yá'ér 犽兒 5-281B
yā'erguăng 鴨兒廣 12-1078A
yā'érjūn 鴉兒軍 12-1071B
yā'erlí 鴨兒梨 12-1078A
yāfā 押發 6-460A
yāfā 押髮 6-461A
yāfā 鴉髮 12-1072B
yafàmào 壓髮帽 2-1235B
yāfān 押番 6-460A
yāfān 鴉翻 12-1073A
yāfàn 壓飯 2-1235A
yăfàn 雅範 11-828A
yàfàn 亞飯 1-543B
yăfàng 雅放 11-822A
yàfēi 亞非 1-542B
yāfēibùdàoshān
鴉飛不到山 12-1071B
yàfēilā 亞非拉 1-542B
yāfēiquèluàn 鴉飛雀亂
12-1071B
yāfēiquèluàn 鴉飛鵲亂
12-1071B
yáfěn 牙粉 5-277B
yáfèn 崖分 3-829B
yáfèn 涯分 5-1348A
yāfēng 椏楓 4-1077A
yāfèng 押縫 6-461A
yăfēng 雅風 11-823A
yăfěng 雅諷 11-829A
yāfú 壓伏 2-1233A
yāfú 壓服 2-1233B
yāfú 厭伏 1-942A
yāfù 壓覆 2-1236A
yāfù 厭覆 1-946A
yáfú 牙符 5-278A
yáfǔ 衙府 3-1048A
yăfú 雅服 11-822A
yàfú 訝服 11-66B
yàfù 亞父 1-542A
yàfù 亞傅 1-543B
yàfūyíng 亞夫營 1-542A
yàfūzhījí 亞夫之疾 1-542A
yágān 牙竿 5-277A
yágān 牙疳 5-277B
yāgàngzi 壓杠子 2-1233A
yágāo 牙膏 5-279A
yăgào 雅誥 11-827B
yágé 牙閤 5-280B
yăgē 疋歌 8-494A
yăgē 雅歌 11-827A
yăgé 雅格 11-823B
yágēn 牙根 5-277B
yàgēn'er 壓根兒 2-1234A
yāgēng 鴨羹 12-1079B
yăgētóuhú 雅歌投壺
11-827A

yāgōng 亞公 1-542B
yágōng 崖公 3-829B
yàgōng 亞公 1-542B
yágǒu 牙狗 5-276A
yágòu 牙垢 5-277A
yāgǔ 厭蠱 1-946B
yágǔ 牙鼓 5-279A
yágǔ 厓谷 1-919B
yágǔ 崖谷 3-829B
yágǔ 衙鼓 3-1049A
yǎgǔ 雅骨 11-822B
yǎgǔ 雅詁 11-825B
yǎgǔ 雅鼓 11-826A
yǎgù 雅故 11-822B
yàgū 亞姑 1-543A
yàgǔ 迓鼓 10-728B
yàgǔ 砑鼓 7-1012A
yàgǔ 掗賈 6-637B
yàgǔ 訝鼓 11-66B
yāguān 厭冠 1-943A
yáguān 牙官 5-276B
yáguān 牙關 5-280B
yáguān 衙官 3-1048A
yáguǎn 牙管 5-279A
yáguàn 涯灌 5-1349A
yǎguān 雅觀 11-830B
yāguāng 壓光 2-1233A
yàguāng 砑光 7-1011B
yàguāngmào 砑光帽 7-1011B
yáguānqūsòng 衙官屈宋 3-1048A
yāguì 押櫃 6-461A
yáguì 牙櫃 5-280B
yǎguī 雅規 11-824B
yǎguì 雅貴 11-825B
yáguō 崖郭 3-830A
yáhǎi 厓海 1-919B
yàhǎi 亞海 1-543A
yàhǎizhěn 亞海軫 1-543A
yāhàn 厭捍 1-943B
yàhàn 鵽翰 12-1459B
yáháng 牙行 5-275B
yāhào 押號 6-460B
yǎhào 雅好 11-821A
yǎhào 雅號 11-826B
yāhé 厭劾 1-943A
yáhè 崖壑 3-831A
yǎhé 雅合 11-821A
yāhēi 壓黑 2-1235A
yàhéng 迓衡 10-728B
yàhóngjiān 砑紅箋 7-1012A
yàhóngxiāo 砑紅綃 7-1011B
yǎhòu 雅厚 11-822B
yáhòuhuì 牙後慧 5-277A
yāhū 鴉忽 12-1071B
yāhú 鴉鶻 12-1073B
yāhú 鴉瑚 12-1072B
yāhǔ 呀許 3-207A
yāhǔ 鴉虎 12-1071B
yáhù 牙户 5-275B
yáhù 牙笏 5-277B
yàhū 軋忽 9-1199A
yāhuā 押花 6-459A
yāhuà 厭話 1-944B
yǎhuà 雅化 11-820B
yǎhuái 雅懷 11-830A
yàhuājī 軋花機 9-1199A
yāhuán 髽鬟 12-744A
yāhuán 丫環 1-577B
yāhuán 丫鬟 1-577B
yāhuán 丫嬛 1-577B
yāhuán 鴉鬟 12-1073B
yāhuán 雅鬟 11-830B
yāhuán 娅鬟 4-368A
yāhuán 娅嬛 4-368A
yāhuán 髩環 12-729B
yāhuán 髩鬟 12-729B
yāhuánchántì 鴉鬟蟬鬄 12-1073B
yāhuáng 押黄 6-460A
yāhuáng 鴉黄 12-1072A
yāhuáng 鴨黄 12-1078A
yāhuáng'er 鴨黄兒 12-1078A
yáhuāzi 牙花子 5-275B
yāhúguān 鴉鶻關 12-1073B
yáhuì 牙慧 5-279B
yáhuì 衙會 3-1049B
yǎhuì 雅惠 11-825A
yǎhuì 雅會 11-826B
yǎhuì 雅誨 11-827B
yāhúntún 鴨餛飩 12-1079B
yāhuò 鴨臛 12-1079B
yāhuò 鴨膗 12-1078B
yāhúshí 鴉鶻石 12-1073B
yājī 壓飢 2-1234B
yājī 壓積 2-1236A
yājì 丫髻 1-577A
yājì 鴉髻 12-1072B
yájī 牙機 5-280A
yájí 衙集 3-1049A
yájǐ 衙戟 3-1049A
yájì 牙紀 5-277B
yájì 牙祭 5-278A
yájì 崖際 3-830B
yájì 涯際 5-1349A
yǎjí 雅集 11-825B
yǎjì 雅記 11-824A
yàjì 亞迹 1-543A
yājià 押價 6-461A
yājià 壓價 2-1236A
yájiā 牙家 5-277B
yájiá 牙頰 5-280A
yájiǎ 芽甲 9-284A
yàjiā 岈岬 3-829A
yájiǎn 牙檢 5-280A
yájiǎn 牙簡 5-280B
yájiǎn 崖檢 3-831A
yájiǎn 涯檢 5-1349A
yájiàn 牙健 5-277B
yǎjiàn 雅健 11-824A
yǎjiàn 雅鑒 11-830A
yàjiān 砑箋 7-1012A
yājiāndiébèi 壓肩疊背 2-1234A
yàjiāndiébèi 掗肩疊背 6-369A
yàjiāndiébèi 亞肩疊背 1-542B
yājiàng 厭降 1-943A
yájiàng 牙將 5-278A
yájiàng 衙將 3-1049A
yàjiàng 亞將 1-543B
yājiǎo 丫角 1-577A
yājiǎo 押角 6-459A
yājiǎo 押脚 6-460A
yājiǎo 鴨脚 12-1078A
yájiǎo 牙角 5-276A
yǎjiào 雅教 11-824B
yàjiǎo 稏角 8-97B
yājiǎogēng 鴨脚羹 12-1078B
yājiǎokuí 鴨脚葵 12-1078B
yājiǎotúshū 壓腳圖書 2-1235A
yājiǎozhāng 壓腳章 2-1235A
yājiǎozǐ 鴨脚子 12-1078A
yājiè 押解 6-460B
yājiè 壓解 2-1235A
yájié 牙節 5-279A
yǎjié 雅節 11-826B
yǎjié 雅潔 11-828B
yājīn 押金 6-459A
yájīn 涯津 5-1348B
yǎjìn 啞噤 3-374B
yàjīn 砑金 7-1011B
yājīng 鴉兢 12-1072B
yājīng 壓驚 2-1236B
yājìng 壓境 2-1235B
yājìng 壓静 2-1235B
yájǐng 崖穽 3-830A
yǎjìng 啞静 3-374B
yǎjìng 雅浄 11-823B
yǎjìng 雅静 11-827A
yājiǔ 鴉九 12-1070B
yājiǔ 壓酒 2-1234B
yājiù 鴉臼 12-1071A
yājiù 鴉舅 12-1072B
yǎjiǔ 啞酒 3-373B
yǎjiù 雅舊 11-829B
yājiǔnáng 壓酒囊 2-1234B
yájù 牙距 5-278A
yǎjù 啞劇 3-374B
yǎjù 雅句 11-821A
yǎjù 雅聚 11-827A
yǎjù 雅譽 11-830A
yājuàn 壓卷 2-1233B
yǎjuàn 雅雋 11-825B
yàjuànmào 砑絹帽 7-1012A
yājūn 鴉軍 12-1071B
yájūn 牙軍 5-277A
yàjūn 亞軍 1-543A
yákǎn 崖坎 3-829B
yǎkè 雅客 11-823B
yàkè 訝客 11-66B
yákèxī 牙克西 5-276A
yākǒu 埡口 2-1110A
yákou 牙口 5-275A
yákǒu 崖口 3-829B
yǎkǒu 啞口 3-372B
yǎkǒuwúshēng 啞口無聲 3-373A
yǎkǒuwúyán 啞口無言 3-372B
yákuài 牙儈 5-279B
yākuǎn 押款 6-460A
yákuàng 牙曠 5-280B
yǎkuàng 雅況 11-822A
yǎkuàng 雅貺 11-825B
yǎkuàng 雅曠 11-829B
yàkuí 亞魁 1-543B
yáláng 牙郎 5-276B
yāláo 押牢 6-459A
yàláo 迓勞 10-728B
yàlè 軋勒 9-1199B
yālǐ 壓禮 2-1236A
yālì 丫戾 1-577A
yālì 押例 6-459A
yālì 壓力 2-1232B
yálì 牙吏 5-275B
yálì 衙吏 3-1048A
yǎlì 雅麗 11-829B
yàlì 髻鬎 12-752B
yàlì 軋轢 9-1200A
yālián 壓奩 2-1235B
yǎliàn 雅練 11-829A
yǎliàn 雅鍊 11-829B
yāliàng 壓量 2-1234B
yáliàng 涯量 5-1349A
yǎliàng 雅亮 11-823A
yǎliàng 雅量 11-825A
yǎliànggāozhì 雅量高致 11-825A
yāliángwéijiàn 壓良爲賤 2-1233B
yālìguō 壓力鍋 2-1233A
yálín 涯鄰 5-1349A
yālíng 鴉翎 12-1072A
yālǐng 押領 6-460B
yālǐng 鴉嶺 12-1073A
yálǐng 崖嶺 3-831A
yǎlíng 啞鈴 3-374A
yǎlìng 雅令 11-820B
yàlíng 砑綾 7-1012A
yālíngchāo 鴉翎鈔 12-1072A
yáliù 崖溜 3-830B
yǎliú 雅流 11-824A
yálóu 衙樓 3-1049B
yālú 鴨爐 12-1079B
yālú 鴨罏 12-1079B
yālù 丫路 1-577A
yālù 押録 6-461A
yālù 鴉路 12-1072B
yālù 鴨淥 12-1078B
yālù 鴨緑 12-1078B
yàlù 軋露 9-1200A
yāluǎn 鴨卵 12-1077B
yāluǎn 壓卵 2-1233A
yáluè 崖略 3-830A
yālùjī 壓路機 2-1235A
yālùjiāng 鴨淥江 12-1078B
yālùjiāng 鴨緑江 12-1079A
yálún 牙輪 5-279B
yǎlùn 雅論 11-828B
yàluó 砑羅 7-1012A
yàluóqún 砑羅裙 7-1012A
yàluòshān 軋犖山 9-1199B
yālùshuǐ 鴨淥水 12-1078B

yālùshuǐ 鴨綠水 12-1079A
yǎlǜ 雅律 11-823A
yǎlǜ 雅慮 11-828A
yàlǚ 亞旅 1-543A
yàlǚ 御旅 3-1027B
yálüè 厓略 1-920A
yálüè 涯略 5-1348B
yāmá 押麻 6-460A
yāmǎ 壓馬 2-1234A
yàmài 揠賣 6-638A
yāmàn 壓蔓 2-1235B
yāmáo 鴨茅 12-1078A
yāmèi 壓昧 2-1234A
yāmèi 厭媚 1-944B
yāmèi 厭魅 1-945B
yǎměi 雅美 11-823B
yǎmèi 雅媚 11-826A
yámén 牙門 5-276B
yámén 厓門 1-919B
yámén 崖門 3-830A
yámén 衙門 3-1048A
yǎmén 瘂門 8-330A
yàmén 亞門 1-542B
yáméncónggǔ…
衙門從古向南開
3-1048A
yàmèng 亞孟 1-543A
yáménguān 牙門官 5-276B
yáménqí 牙門旗 5-276B
yámì 崖蜜 3-830B
yǎmí 啞謎 3-374B
yǎmí 雅謎 11-829B
yàmiáo 揠苗 6-738B
yàmiáozhùzhǎng 揠苗助長
6-738B
yǎmíng 雅名 11-821A
yǎmìng 雅命 11-822A
yámò 崖末 3-829B
yǎmó 雅謨 11-829B
yǎmò 啞默 3-374B
yàmó 軋摩 9-1200A
yāmòquèjìng 鴉没鵲静
12-1071A
yāmòquèjìng 鴉默雀静
12-1073A
yāmòquèjìng 鴉默鵲静
12-1073A
yǎmóu 雅謀 11-829A
yāmǔ 鴨母 12-1077B
yāmù 丫木 1-577A
yámù 崖墓 3-830B
yǎmù 雅目 11-820B
yǎmù 雅慕 11-827A
yāmǔchuán 鴨母船 12-1077B
yànà 軋捺 9-1199B
yān'āi 煙埃 7-178B
yān'ǎi 煙靄 7-187A
yān'ài 煙壒 7-184B
yán'āi 炎埃 7-44A
yán'ái 延挨 2-901A
yán'ái 延捱 2-901B
yán'ǎi 炎靄 7-47B
yǎn'ǎi 菴藹 9-436B
yǎn'ài 菴薆 9-436B
yǎn'ǎi 晻靄 5-760A
yǎn'ǎi 霮靄 11-701B
yǎn'ǎi 奄藹 2-1531B
yǎn'ǎi 奄靄 2-1531B
yǎn'ǎi 掩藹 6-649B
yǎn'ǎi 揜靄 6-771A
yǎn'ǎi 黤靄 12-1364B
yǎn'ài 晻薆 5-759B
yǎn'ài 晻曖 5-759B
yǎn'ài 掩曖 6-649B
yān'àn 煙岸 7-177A
yān'àn 煙案 7-179B
yán'àn 嚴岸 3-545B
yán'àn 巖岸 3-879B
yàn'ān 宴安 3-1484B
yàn'ān 晏安 5-712A
yàn'ān 燕安 7-285B
yàn'àn 讞案 11-477A
yānànzhéchōng 厭難折衝
1-946B
yàn'ānzhèndú 宴安酖毒
3-1484B
yàn'ānzhèndú 宴安鴆毒
3-1484B
yàn'ānzhèndú 晏安酖毒
5-712A
yàn'ānzhèndú 燕安酖毒
7-285B
yàn'ānzhèndú 燕安鴆毒
7-285B
yán'áo 巖嶅 3-881B
yán'áo 巖嶅 3-881B
yán'áo 巖嶅 3-881B
yǎn'ào 衍奥 3-951A
yǎn'ào 偃傲 1-1535B
yàn'áo 燕敖 7-289A
yánbā 鹽巴 7-1479B
yánbá 炎魃 7-46A
yǎnbá 偃拔 1-1534A
yǎnbà 偃霸 1-1537A
yǎnbà 偃伯 1-1534A
yànbá 讌軷 11-463A
yǎnbābā 眼巴巴 7-1211A
yǎnbái 眼白 7-1212A
yǎnbài 掩敗 6-647A
yànbái 驗白 12-911B
yànbái 釅白 9-1450A
yǎnbáiyángyáng 眼白洋洋
7-1212A
yánbǎn 簷板 8-1265B
yánbǎn 鹽坂 7-1480A
yánbǎn 鹽板 7-1480B
yánbàn 嚴辦 3-552A
yánbāng 炎邦 7-42A
yǎnbàng 掩謗 6-649B
yánbāo 鹽包 7-1479B
yánbǎo 巖堡 3-881A
yánbào 顏鮑 12-340A
yánbào 嚴暴 3-551A
yǎnbāo 眼胞 7-1215A
yǎnbáo 匽薄 1-969A
yǎnbǎo 眼飽 7-1218B
yànbǎo 饜飽 12-588A
yànbào 讞報 11-477A
yǎnbǎodùzhōngjī
眼飽肚中飢 7-1218B
yǎnbāyǎnwàng 眼巴眼望
7-1211A
yānbēi 煙陂 7-176B
yānbēi 煙杯 7-176B
yānbèi 淹被 5-1352B
yánbèi 嚴備 3-549B
yǎnbèi 奄被 2-1531A
yànbēi 贗碑 10-292B
yànběi 硯北 7-1051B
yànběi 雁北 11-803B
yànběn 贗本 10-292A
yánbǐ 妍鄙 4-295A
yánbǐ 言筆 11-8B
yánbǐ 炎鄙 7-45B
yánbǐ 嚴比 3-543B
yánbì 檐陛 4-1346A
yánbì 嚴愎 3-549B
yánbì 嚴壁 3-552A
yánbì 巖陛 3-880A
yánbì 巖壁 3-882B
yǎnbí 掩鼻 6-648B
yǎnbǐ 弇鄙 2-1316B
yǎnbì 偃閉 1-1535B
yǎnbì 掩庇 6-645B
yǎnbì 掩閉 6-647B
yǎnbì 掩蔽 6-648A
yǎnbì 揜弊 6-771A
yǎnbì 揜蔽 6-771A
yànbǐ 雁比 11-803B
yànbǐ 厭鄙 1-944B
yànbǐ 贗筆 10-292B
yànbǐ 讞筆 11-477A
yànbì 雁幣 11-807A
yànbì 燕婢 7-291B
yànbì 燕髀 7-299A
yánbiān 沿邊 5-1091A
yánbiǎn 檐扁 4-1346A
yánbiǎn 嚴褊 3-551A
yánbiàn 研辨 7-1010B
yánbiàn 研辯 7-1011A
yǎnbiān 眼邊 7-1220B
yǎnbiàn 衍變 3-951B
yǎnbiàn 眼辨 7-1220A
yǎnbiàn 演變 6-108A
yànbiān 雁邊 11-808A
yánbiāo 炎飆 7-47A
yánbiāo 炎飈 7-47B
yánbiāo 炎颷 7-47B
yánbiāo 顏彪 12-339A
yánbiāo 嚴飆 3-553A
yánbiāo 嚴颷 3-553A
yánbiǎo 言表 11-5B
yǎnbìbù 掩蔽部 6-648B
yánbiēhù 鹽鱉户 7-1486B
yǎnbígē 掩鼻歌 6-648B
yānbìn 煙鬢 7-187A
yánbīn 嚴賓 3-551A
yánbīn 巖濱 3-882B
yánbìn 顏鬢 12-340B
yànbīn 雁賓 11-807B
yànbīn 讌賓 11-463B
yānbìng 淹病 5-1352B
yánbīng 炎兵 7-42B
yánbīng 嚴冰 3-544B
yánbīng 嚴兵 3-544B
yánbīng 簷冰 8-1265A
yǎnbīng 匽兵 1-969A
yǎnbīng 偃兵 1-1533B
yànbīng 猒兵 5-66B
yànbīng 硯冰 7-1052A
yànbīng 雁兵 11-804B
yànbīng 厭兵 1-942B
yànbǐng 喭餅 3-436A
yǎnbīngchǎng 演兵場 6-105A
yánbǐngdānqīng 言炳丹青
11-6B
yǎnbīngxiūwén 偃兵脩文
1-1533B
yánbìxìn…言必信,行必果
11-4A
yánbìyǒujù 言必有據 11-4A
yánbìyǒuwù 言必有物 11-3B
yánbìyǒuzhòng 言必有中
11-3B
yānbō 煙波 7-177B
yānbó 淹泊 5-1351B
yānbó 淹博 5-1353B
yānbó 淹薄 5-1355A
yánbō 沿波 5-1089B
yánbō 炎波 7-43A
yánbó 研博 7-1008B
yánbó 簷蔔 8-1265B
yǎnbō 偃波 1-1534B
yǎnbō 眼波 7-1214B
yǎnbō 演播 6-107B
yǎnbó 偃踣 1-1536B
yǎnbó 偃薄 1-1536B
yǎnbó 掩膊 6-648B
yànbō 豔波 9-1366A
yànbó 猒薄 5-67A
yànbó 雁帛 11-805A
yànbó 厭薄 1-946A
yànbó 讞駁 11-477A
yānbōdiàotú 煙波釣徒
7-177B
yǎnbōjiān 衍波箋 3-950A
yānbōqù 煙波趣 7-177B
yānbōrén 煙波人 7-177B
yànbórénhù 雁泊人户
11-805A
yǎnbōshū 偃波書 1-1534B
yánbōtǎoyuán 沿波討源
5-1090A
yānbōtú 煙波徒 7-177B
yānbōxìng 煙波興 7-177B
yānbōzhái 煙波宅 7-177B
yánbǔ 嚴捕 3-547A
yánbǔ 鹽捕 7-1481B
yánbù 延布 2-898B
yánbù 檐步 4-1346A
yǎnbǔ 掩捕 6-646B
yǎnbù 演步 6-105A
yànbū 晏晡 5-712B
yànbǔ 咽哺 3-327B
yánbùdáyì 言不達意 11-3A
yánbùdáyì 言不達意 11-3A

yánbù'èrjià 言不二價 11-3A
yánbǔfēnfǔ 鹽捕分府 7-1481B
yánbùgùxíng 言不顧行 11-3A
yǎnbùhuíjīng 眼不回睛 7-1210A
yǎnbùjiàn 眼不見 7-1210A
yǎnbùjiàn… 眼不見,心不煩 7-1210A
yǎnbùjiànwéijìng 眼不見爲浄 7-1210A
yǎnbùjiànwéijìng 眼不見爲净 7-1210A
yǎnbùjiāojié 眼不交睫 7-1210A
yánbújìnyì 言不盡意 11-3A
yánbùjíxíng 言不及行 11-3A
yánbùjíyì 言不及義 11-3A
yǎnbùshídīng 眼不識丁 7-1210B
yánbùyóuzhōng 言不由中 11-3A
yánbùyóuzhōng 言不由衷 11-3A
yǎnbùzhǎ 眼不眨 7-1210A
yǎnbùzhuǎnjīng 眼不轉睛 7-1210B
yǎnbùzhuóshā 眼不著砂 7-1210B
yāncǎi 淹采 5-1351A
yāncài 醃菜 9-1418A
yáncǎi 炎彩 7-44B
yáncǎi 顏采 12-338A
yáncài 鹽菜 7-1482A
yǎncài 奄蔡 2-1531B
yàncái 研材 7-1007A
yàncái 硯材 7-1052A
yàncái 豔才 9-1365B
yàncǎi 雁采 11-805A
yàncǎi 豔采 9-1366A
yáncáishòuzhí 沿才受職 5-1089A
yàncàixí 燕菜席 7-290A
yáncàiyín 鹽菜銀 7-1482A
yáncān 嚴參 3-549A
yáncǎn 嚴憯 3-551B
yǎncǎn 黤慘 12-1364B
yàncàn 晏燦 5-713A
yāncáng 淹藏 5-1355B
yāncáng 醃藏 9-1418A
yáncāng 鹽倉 7-1481B
yáncáng 鹽藏 7-1485A
yǎncáng 掩藏 6-649A
yǎncáng 揜藏 6-771A
yāncǎo 煙草 7-177B
yāncǎo 燕草 7-288A
yǎncǎo 偃草 1-1534B
yǎncǎo 演艸 6-105A
yǎncǎo 演草 6-105B
yàncáo 硯槽 7-1052B
yàncǎo 硯草 7-1052A
yàncǎo 燕草 7-288A
yǎncǎoběn 演草本 6-105B
yāncè 煙册 7-174B
yāncè 煙策 7-181A
yáncè 言策 11-8B
yáncè 鹽筴 7-1484A
yǎncè 衍策 3-951A
yǎncè 偃側 1-1535A
yàncè 匽廁 1-969A
yāncén 煙岑 7-176A
yáncén 巖岑 3-879A
yáncéng 巖層 3-882A
yánchá 研察 7-1010A
yánchá 碞槎 7-1081B
yánchá 嚴查 3-546A
yánchá 嚴察 3-551A
yǎnchà 眼叉 7-1210A
yǎnchà 眼岔 7-1213B
yànchá 驗查 12-912A
yànchá 釅茶 9-1450B
yánchāi 鹽差 7-1481B
yànchāi 雁釵 11-806B
yànchāi 燕釵 7-291A
yànchāi 驗拆 12-911B
yānchán 淹纏 5-1355B
yánchán 炎躔 7-47B
yǎnchán 眼饞 7-1221A
yǎnchàn 剡摲 2-713A
yànchán 硯蟾 7-1052B
yǎnchándùbǎo 眼饞肚飽 7-1221A
yánchāng 延昌 2-900A
yánchāng 妍倡 4-294B
yáncháng 延長 2-900A
yáncháng 鹽長 7-1480B
yánchǎng 鹽場 7-1483A
yánchàng 妍唱 4-294B
yǎnchàng 演唱 6-106A
yǎnchàng 演暢 6-107A
yànchàng 豔唱 9-1366B
yánchāo 鹽抄 7-1480A
yánchāo 鹽鈔 7-1483B
yàncháo 晏朝 5-712B
yàncháo 燕巢 7-291B
yàncháo 燕朝 7-292B
yánchāofǎ 鹽鈔法 7-1483B
yàncháofēimù 燕巢飛幕 7-292A
yàncháomùshàng 燕巢幙上 7-292A
yàncháowēimù 燕巢危幕 7-291B
yàncháowèimù 燕巢衛幕 7-292A
yàncháoyúmù 燕巢於幕 7-292A
yánchāyǔcuò 言差語錯 11-6B
yánchē 嚴車 3-544B
yánchē 鹽車 7-1480A
yànchē 驗車 12-911B
yānchén 淹沈 5-1351A
yānchén 湮沉 5-1450B
yānchén 湮沈 5-1450B
yānchén 腌陳 6-1330B
yānchén 煙塵 7-183A
yānchén 燕臣 7-285A
yánchén 炎辰 7-42B
yánchén 嚴辰 3-544B
yǎnchén 眼塵 7-1219B
yǎnchén 演陳 6-106A
yǎnchěn 眼磣 7-1220A
yànchén 雁臣 11-803B
yànchén 燕塵 7-298B
yànchén 讌臣 11-462B
yānchēng 殷檉 6-1486B
yānchéng 煙塍 7-182A
yánchēng 言稱 11-10A
yánchéng 巡城 10-723A
yánchéng 研澄 7-1010A
yánchéng 嚴城 3-546A
yánchéng 嚴程 3-549A
yánchéng 嚴懲 3-553A
yǎnchéng 演成 6-104B
yǎnchéng 演承 6-105B
yànchēng 豔稱 9-1368A
yànchéng 雁城 11-805B
yànchéng 雁程 11-807A
yánchéngbùdài 嚴懲不貸 3-553A
yǎnchēngchēng 眼撑撑 7-1219B
yānchénkè 煙塵客 7-183A
yānchí 淹遲 5-1355A
yānchì 煙斥 7-174B
yánchī 妍蚩 4-294B
yánchī 妍媸 4-295A
yánchí 延遲 2-903B
yánchí 巖坻 3-879A
yánchí 沿褫 5-1091A
yánchǐ 鹽豉 7-1482B
yánchì 言斥 11-3B
yánchì 炎熾 7-47A
yánchì 嚴勅 3-547A
yánchì 嚴飭 3-549B
yǎnchī 眼眵 7-1217A
yǎnchǐ 弇侈 2-1316B
yànchí 研池 7-1007A
yànchí 硯池 7-1052A
yànchí 雁池 11-804B
yànchǐ 雁齒 11-807B
yánchǐtāng 鹽豉湯 7-1482B
yānchōng 淹冲 5-1350B
yánchǒu 妍醜 4-295A
yànchóuyīnglǚ 燕儔鶯侶 7-298A
yánchú 羨除 9-183B
yánchǔ 嚴處 3-548B
yánchǔ 巖處 3-880B
yǎnchū 演出 6-104B
yǎnchù 衍處 3-950B
yànchū 燕出 7-285A
yànchú 燕雛 7-299B
yànchǔ 宴處 3-1485B
yànchǔ 晏處 5-712B
yànchǔ 燕處 7-290A
yànchù 燕處 7-290A
yànchù 讌處 11-462B
yánchuǎi 研揣 7-1008B
yānchuán 煙船 7-180A
yánchuán 言傳 11-9B
yánchuǎn 延喘 2-902B
yánchuǎn 言喘 11-8B
yǎnchuān 眼穿 7-1215B
yǎnchuānchángduàn 眼穿腸斷 7-1216A
yānchuāng 煙窗 7-181B
yānchuáng 煙牀 7-177B
yánchuáng 筵牀 8-1150B
yánchuàng 沿創 5-1090B
yǎnchuāng 眼瘡 7-1219B
yánchuánshēnjiào 言傳身教 11-9B
yánchùbàopú 顏歜抱璞 12-340A
yǎnchūběn 演出本 6-104B
yánchūfǎsuí 言出法隨 11-4A
yànchǔfénchāo 燕處焚巢 7-290A
yánchūhuòcóng 言出禍從 11-4A
yánchūhuòsuí 言出禍隨 11-4A
yānchuí 燕陲 7-289B
yānchūn 煙春 7-177B
yǎnchún 眼唇 7-1216B
yǎnchún 齞脣 12-1451B
yànchūntái 燕春臺 7-288A
yǎnchuō 掩踔 6-649A
yànchǔwēicháo 燕處危巢 7-290A
yāncì 淹次 5-1350B
yáncí 妍詞 4-294B
yáncí 妍辭 4-295B
yáncí 言詞 11-9A
yáncí 言辭 11-12A
yáncí 嚴詞 3-549B
yáncí 嚴慈 3-550A
yáncí 嚴辭 3-553A
yáncì 言次 11-4B
yǎncī 掩疵 6-647B
yǎncí 衍辭 3-951B
yǎncí 演詞 6-106B
yǎncí 演辭 6-107B
yǎncì 掩伺 6-645B
yǎncì 眼刺 7-1214A
yàncí 讞詞 11-477A
yàncí 豔詞 9-1367B
yàncí 豔辭 9-1369A
yàncì 燕賜 7-297A
yāncōng 煙囱 7-176A
yáncōng 嚴聰 3-552A
yǎncōng 掩聰 6-649A
yàncóng 豔叢 9-1368B
yáncóngjìnà 言從計納 11-7B
yáncóngjìtīng 言從計聽 11-7B
yáncóngjìxíng 言從計行 11-7B
yáncú 炎徂 7-42B
yáncù 延促 2-900B

yáncù 嚴促 3-546B
yáncù 鹽酢 7-1483A
yàncù 醶酢 9-1450B
yàncù 醶醋 9-1450B
yāncuàn 煙爨 7-187B
yǎncuán 掩攢 6-650A
yāncuì 淹粹 5-1354B
yāncuì 煙翠 7-183A
yǎncuì 偃悴 1-1535B
yàncuì 鰋翠 10-1392A
yāncūn 煙邨 7-175A
yāncūn 煙村 7-176A
yǎncún 儼存 1-1741A
yáncuó 鹽鹺 7-1485B
yǎncuò 眼剉 7-1215A
yǎncuò 眼挫 7-1216A
yǎncuò 眼錯 7-1220A
yǎncuò 眼蹉 7-1219A
yǎncuòbùjiàn 眼錯不見 7-1220A
yǎndà 眼大 7-1210A
yàndā 噞噠 3-567A
yāndài 煙袋 7-180A
yàndài 燕代 7-285A
yándài 延待 2-900B
yǎndài 眼袋 7-1217B
yàndài 堰埭 2-1146A
yàndài 猒代 5-66B
yàndài 厭代 1-942A
yàndài 厭怠 1-943B
yāndàiguō 煙袋鍋 7-180A
yāndàihébāo 煙袋荷包 7-180A
yāndàizhīshí 燕岱之石 7-287B
yándàizi 鹽獃子 7-1484A
yándǎn 炎燀 7-46B
yándàn 嚴憚 3-551B
yándàn 鹽蛋 7-1483A
yǎndān 眼丹 7-1211A
yǎndǎn 黶默 12-1364B
yǎndǎn 黶黮 12-1364B
yǎndǎn 黤黮 12-1373A
yǎndàn 厭旦 1-942A
yàndàn 諺誕 11-352B
yándānbìnlǜ 顏丹鬢綠 12-337B
yándānbìnlǜ 顏丹鬢緑 12-337B
yāndāng 閹璫 12-124A
yāndǎng 閹黨 12-124A
yāndǎng 奄黨 2-1531B
yándàng 延宕 2-900A
yǎndàng 偃宕 1-1534B
yàndàng 雁宕 11-805A
yàndàngshān 雁宕山 11-805B
yàndàngshān 雁蕩山 11-807B
yándǎnshuǐ 鹽膽水 7-1485A
yāndǎo 煙島 7-179A
yándào 埏道 2-1100A
yándào 羨道 9-183B
yándào 延道 2-902B
yándào 言道 11-9A
yándào 沿道 5-1090B
yándào 鹽道 7-1483B
yǎndǎo 偃倒 1-1535A
yǎndào 眼到 7-1214A
yǎndào 演道 6-106B
yàndào 驗到 12-911B
yándàopiào 鹽道票 7-1483B
yānde 淹的 5-1351A
yándé 言德 11-10B
yándé 炎德 7-46B
yǎnde 奄的 2-1530B
yāndèng 煙磴 7-185B
yándēng 延登 2-902B
yándēng 衍登 3-951A
yándèng 巖隥 3-882A
yándèng 巖磴 3-882B
yàndēng 晏燈 5-713A
yàndēng 雁燈 11-808A
yǎndèngdèng 眼瞪瞪 7-1220B
yāndǐ 燕邸 7-286B
yāndì 煙蒂 7-180B
yándī 檐滴 4-1346B
yándī 簷滴 8-1265B
yándí 延敵 2-903B
yándí 嚴敵 3-551A
yándì 言地 11-4A
yándì 炎帝 7-43B
yǎndī 眼低 7-1213B
yǎndí 演迪 6-105A
yǎndǐ 眼底 7-1214A
yǎndì 演遞 6-106B
yǎndì 厭的 1-942B
yǎndì 厭地 1-942A
yàndī 研滴 7-1010A
yàndī 硯滴 7-1052B
yàndì 焰地 7-93B
yàndì 黶娣 9-1366B
yāndiàn 燕甸 7-286B
yándiǎn 鹽典 7-1480B
yándiàn 巖電 3-881B
yándiàn 鹽店 7-1481A
yǎndiàn 奄奠 2-1531A
yǎndiàn 眼電 7-1218A
yǎndiàn 蝘蜓 8-927A
yàndiàn 唁奠 3-365A
yàndiàn 唁電 3-365B
yàndiàn 宴殿 3-1486B
yàndiàn 雁奠 11-807A
yàndiàn 燕殿 7-294B
yàndiàn 讌殿 11-463A
yǎndiàncháolóng 蝘蜓嘲龍 8-927B
yàndiànqì 驗電器 12-912B
yándiānyǔdǎo 言顛語倒 11-12A
yándiào 言調 11-11A
yǎndiāo 蝘蛁 8-927A
yǎndìbiǎomǔ 掩地表畝 6-645A
yándié 沿牒 5-1091A
yándìlǐ 延地裏 2-898B
yándīng 鹽丁 7-1479A
yándǐng 延鼎 2-902B
yándìng 言定 11-6A
yàndǐng 贋鼎 10-292B
yàndìng 驗定 12-912A
yàndìng 讞定 11-477A
yǎndīngdīng 眼盯盯 7-1213A
yāndìtóu 煙蒂頭 7-180B
yǎndǐwúrén 眼底無人 7-1214B
yǎndǐxià 眼底下 7-1214B
yāndòng 煙洞 7-178A
yándōng 嚴冬 3-544A
yándòng 言動 11-7B
yándòng 巖洞 3-880A
yǎndòng 偃動 1-1535A
yāndǒu 煙斗 7-174B
yāndòu 煙竇 7-186B
yándòu 延脰 2-902A
yándòu 巖竇 3-883A
yàndòu 宴豆 3-1484B
yàndòu 燕豆 7-286A
yāndū 燕都 7-289A
yāndú 煙毒 7-177B
yāndǔ 淹篤 5-1355B
yāndù 淹度 5-1351B
yándú 炎毒 7-43A
yándú 研讀 7-1011A
yándú 嚴毒 3-545B
yándù 嚴妬 3-545B
yándù 鹽蠹 7-1486B
yǎndú 剡牘 2-713A
yǎndú 眼毒 7-1214B
yàndú 厭毒 1-943A
yàndú 讞牘 11-477B
yánduān 言端 11-10B
yánduàn 嚴斷 3-552B
yànduàn 焰段 7-93B
yānduànhuǒjué 煙斷火絶 7-186B
yànduànyúchén 雁斷魚沈 11-808A
yánduì 延對 2-903A
yánduì 言對 11-10A
yāndūn 煙墩 7-183B
yāndùn 淹頓 5-1354A
yǎndùn 偃頓 1-1536A
yǎndùn 眼鈍 7-1218A
yàndùn 厭鈍 1-944A
yāndūnmào 煙氅帽 7-184A
yānduǒ 煙朵 7-175A
yánduó 檐鐸 4-1346B
yánduó 簷鐸 8-1266A
yánduó 櫩鐸 4-1359B
yǎnduó 掩奪 6-648B
yànduò 宴墮 3-1487A
yànduò 燕惰 7-293B
yànduò 燕婧 7-294A
yánduōbìshī 言多必失 11-4B
yánduōshāngxíng 言多傷行 11-4B
yánduōshāngxìng 言多傷幸 11-4B
yánduōshāngxìng 言多傷倖 11-4B
yánduòzi 鹽馱子 7-1484A
yàndùyīngcán 燕妒鶯慚 7-287A
yān'é 煙娥 7-179B
yān'é 煙蛾 7-182A
yān'é 燕娥 7-289B
yān'è 湮厄 5-1450A
yān'è 湮阨 5-1450B
yán'ē 巖阿 3-879A
yán'é 延俄 2-900B
yán'é 沿譌 5-1091A
yán'é 顏額 12-340A
yán'é 鹽額 7-1485B
yán'è 炎蕚 7-45A
yán'è 嚴惡 3-549A
yán'è 巖崿 3-881A
yán'è 巖噩 3-881A
yǎn'è 掩遏 6-647B
yǎn'è 巘崿 3-884B
yàn'é 雁鵝 11-808A
yàn'è 堰堨 2-1146A
yàn'è 黶蕚 9-1367A
yàn'éhǔtóu 燕額虎頭 7-299B
yánèi 衙内 3-1047B
yánèizuàn 衙内鑽 3-1047B
yán'ēn 延恩 2-901A
yān'ér 閹兒 12-123B
yān'ěr 焉耳 7-84B
yān'ěr 焉爾 7-85A
yǎn'ěr 掩耳 6-645A
yǎn'ěr 儼爾 1-1742A
yàn'er 燕兒 7-287A
yàn'ěr 宴爾 3-1486B
yàn'ěr 燕爾 7-295B
yán'érbùxìn 言而不信 11-4A
yǎn'ěrdàolíng 掩耳盜鈴 6-645A
yǎn'ěrdàozhōng 掩耳盜鍾 6-645A
yǎn'ěrdàozhōng 掩耳盜鐘 6-645A
yǎn'ermèi 眼兒媚 7-1214A
yǎn'ěrtōulíng 掩耳偷鈴 6-645A
yán'érwúwén… 言而無文,行之不遠 11-4A
yán'érwúxìn 言而無信 11-4A
yàn'ěrxīnhūn 燕爾新婚 7-295B
yán'éryǒuxìn 言而有信 11-4A
yǎn'èyángměi 掩惡揚美 6-647B
yǎn'èyángshàn 掩惡揚善 6-647B
yānfā 煙發 7-181B
yánfá 嚴罰 3-551A
yánfǎ 顏法 12-338B
yánfǎ 嚴法 3-545B
yánfǎ 鹽法 7-1481A
yánfà 顏髮 12-339B
yǎnfǎ 演法 6-105B

yànfā 黤發 9-1367B
yànfǎ 讞法 11-476B
yánfǎdào 鹽法道 7-1481A
yánfāhuòsuí 言發禍隨 11-9A
yānfān 煙帆 7-175A
yānfàn 煙犯 7-174B
yānfàn 煙販 7-180A
yánfàn 沿汎 5-1089B
yánfàn 沿泛 5-1089B
yánfàn 顏范 12-338A
yánfàn 顏範 12-339B
yánfàn 鹽販 7-1482B
yǎnfān 衍蕃 3-951B
yǎnfān 偃藩 1-1537A
yǎnfàn 演梵 6-106A
yànfán 厭煩 1-945A
yānfàng 湮放 5-1451A
yánfāng 妍芳 4-294A
yánfāng 炎方 7-42A
yánfāng 研芳 7-1007A
yánfáng 沿房 5-1090A
yánfáng 嚴防 3-544B
yánfáng 巖房 3-879B
yánfǎng 延訪 2-902A
yǎnfāng 眼方 7-1211A
yànfāng 驗方 12-911B
yànfāng 黤芳 9-1365B
yánfāngxíngbiǎo 言坊行表 11-5A
yánfāngxíngjié 言芳行潔 11-5A
yánfāngxíngyuán 言方行圓 11-3B
yānfēi 煙霏 7-184B
yānfèi 淹廢 5-1355A
yānfèi 湮廢 5-1451B
yánfēi 嚴霏 3-551B
yánfēi 巖扉 3-881B
yánfèi 言廢 11-11A
yánfèi 炎沸 7-43A
yànfēi 焱飛 7-95B
yānfēiwùjí 煙霏霧集 7-184B
yānfēixīngsàn 煙飛星散 7-178B
yānfēiyǔsàn 煙霏雨散 7-184B
yānfēn 煙氛 7-177A
yānfěn 煙粉 7-179A
yánfēn 炎氛 7-42B
yánfēn 炎雰 7-45A
yànfěn 黤粉 9-1366B
yànfèn 厭憤 1-946A
yānfēng 煙峯 7-179A
yānfēng 煙峰 7-179A
yānfēng 煙烽 7-180B
yánfēng 炎風 7-43B
yánfēng 顏風 12-338B
yánfēng 嚴風 3-546B
yánfēng 鹽風 7-1481B
yánfěng 言諷 11-11A
yǎnfēng 剡鋒 2-713A
yǎnfēng 衍封 3-950B
yǎnfēng 偃風 1-1535A
yǎnfēng 眼風 7-1215A
yànfēng 雁封 11-805B
yànfēng 雁風 11-806A
yànfēng 雁峯 11-806A
yānfú 湮伏 5-1450B
yánfú 言服 11-6A
yánfú 言紼 11-9B
yánfú 炎虙 7-44B
yánfú 閻扶 12-126B
yánfú 閻浮 12-126B
yánfù 言父 11-3A
yánfù 研復 7-1009A
yánfù 研覆 7-1011A
yánfù 嚴父 3-543B
yánfù 巖腹 3-881B
yánfù 巖窫 3-882B
yǎnfú 偃伏 1-1533B
yǎnfú 掩伏 6-645A
yǎnfú 眼福 7-1219A
yǎnfǔ 偃斧 1-1534B
yǎnfǔ 偃俛 1-1534B
yǎnfù 偃腹 1-1536A
yǎnfù 掩赴 6-646A
yǎnfù 掩覆 6-649B
yǎnfù 揜覆 6-771A
yǎnfù 蝘腹 8-927B
yǎnfù 鼴腹 12-1414B
yànfú 宴服 3-1485A
yànfú 猒伏 5-66B
yànfú 厭服 1-943A
yànfú 燕服 7-287B
yànfú 嬿服 4-422B
yànfú 讌服 11-462B
yànfú 醼服 12-587B
yànfú 黤服 9-1366A
yànfú 黤福 9-1368A
yànfǔ 燕脯 7-291A
yànfù 雁婦 11-806B
yànfù 厭副 1-943B
yànfù 驗覆 12-912B
yánfújiè 閻浮界 12-126B
yánfúshì 閻浮世 12-126B
yánfútán 閻浮檀 12-127A
yánfútí 閻浮提 12-127A
yànfúzhēng 燕蝠爭 7-297A
yāngāi 淹該 5-1354A
yàngài 燕蓋 7-294A
yángāi 埏垓 2-1100A
yángǎi 沿改 5-1089B
yǎng'ǎi 坱靄 2-1076B
yǎngài 偃蓋 1-1535B
yǎngài 掩蓋 6-647B
yǎngài 揜蓋 6-771A
yàng'ài 養艾 12-522A
yǎngàishān 偃蓋山 1-1536A
yāngān 煙杆 7-176A
yāngān 煙桿 7-180A
yángàn 嚴幹 3-550A
yǎngān 眼疳 7-1216B
yǎng'ān 養安 12-524A
yāngāng 煙缸 7-178A
yángāng 巖岡 3-879B
yángāng 鹽綱 7-1484B
yángānpí 鹽乾皮 7-1482A
yāngāo 煙皋 7-179A
yāngāo 煙臯 7-181B
yāngāo 煙膏 7-183A
yángāo 研膏 7-1009B
yángāo 顏高 12-339A
yángào 言誥 11-10B
yǎngāo 眼高 7-1216B
yǎngǎo 演稿 6-107B
yǎngào 演誥 6-107A
yàngǎo 讞稿 11-477A
yàngào 言告 11-5A
yǎngāoshǒudī 眼高手低 7-1216B
yǎngāoshǒushēng 眼高手生 7-1216B
yángāoyǔdī 言高語低 11-7A
yǎngbāchā 仰八叉 1-1208B
yǎngbāchā 仰巴叉 1-1209A
yángbāgǔ 洋八股 5-1182A
yāngbài 殃敗 5-156B
yángbái 羊白 9-154B
yángbái 揚白 6-750B
yángbài 詳敗 11-205A
yángbài 佯敗 1-1355B
yángbài 揚敗 6-753A
yángbáicài 洋白菜 5-1182B
yángbáigē 楊白歌 4-1171B
yángbáihuā 楊白花 4-1171B
yǎngbājiāo 仰巴跤 1-1209A
yāngbàn 鞅絆 12-190B
yángbān 揚班 6-752B
yángbān 楊班 4-1174B
yángbǎn 洋版 5-1183B
yángbàn 楊伴 4-1173A
yǎngbān 仰扳 1-1209B
yàngbǎn 樣板 4-1281B
yángbàn'ér 楊伴兒 4-1173A
yāngbǎng 殃榜 5-156B
yángbāng 洋邦 5-1183A
yàngbǎnxì 樣板戲 4-1281B
yángbào 陽報 11-1071A
yángbēi 羊碑 9-156B
yángbēi 陽陂 11-1066B
yángběi 佯北 1-1355A
yángbèi 佯背 1-1355B
yǎngbèi 痒背 8-316A
yǎngbèi 養備 12-529B
yǎngbèn 泱漭 5-1082B
yàngběn 樣本 4-1281B
yángbì 洋泌 5-1183B
yángbì 揚臂 6-755B
yǎngbí 印鼻 2-512A
yǎngbǐ 峽崥 3-807B
yàngbì 煬蔽 7-196B
yángbiān 揚鞭 6-755B
yángbiāo 陽飈 11-1075B
yángbiāo 揚鑣 6-756A
yángbiǎo 揚表 6-751B
yángbígōng 羊鼻公 9-157A
yángbīn 陽濱 11-1075A
yángbīn 陽瀕 11-1075A
yángbīng 洋兵 5-1183B
yángbīng 陽冰 11-1066A
yángbīng 揚兵 6-751B
yángbìng 詳病 11-205A
yángbìng 陽病 11-1070B
yǎngbīng 養兵 12-524B
yǎngbìng 養病 12-528B
yǎngbìngfāng 養病坊 12-528B
yǎngbīngqiānrì… 養兵千日,用兵一時 12-524B
yǎngbīngqiānrì… 養兵千日,用在一朝 12-524B
yǎngbìngyuàn 養病院 12-528B
yǎngbíxī 仰鼻息 1-1211A
yángbō 陽波 11-1068A
yángbō 揚波 6-751B
yángbō 揚播 6-755A
yángbó 陽伯 11-1066B
yángbǒ 揚簸 6-756A
yángbǒ 颺簸 12-641A
yàngbó 漾泊 6-103B
yángbōpí 楊剥皮 4-1175A
yángbǔ 羊卜 9-154A
yángbǔ 陽卜 11-1064A
yángbù 洋布 5-1182B
yǎngbǔ 仰哺 1-1210A
yǎngbùdà 養不大 12-521B
yǎngbùlàchā 仰不剌叉 1-1209A
yángcái 洋財 5-1185A
yángcǎi 陽彩 11-1070B
yángcài 洋菜 5-1185B
yǎngcái 養才 12-521A
yǎngcái 養材 12-524B
yǎngcái 養財 12-527B
yángcāo 洋操 5-1187B
yǎngcāo 養操 12-532A
yángcèzi 洋册子 5-1182B
yángchā 楊叉 4-1171B
yángchā 楊扠 4-1172A
yángchá 陽察 11-1073B
yángchà 陽差 11-1069A
yǎngchá 養茶 12-526B
yǎngchǎn 養產 12-529B
yángcháng 羊腸 9-156B
yángcháng 佯長 1-1355B
yángcháng 佯常 1-1355B
yángcháng 徉長 3-948B
yángcháng 徉徜 3-949A
yángcháng 揚長 6-751B
yángcháng 揚場 6-753B
yángchǎng 洋場 5-1186A
yángchàng 陽唱 11-1070B
yàngchàng 怏悵 7-476A
yángchángbǎn 羊腸阪 9-157A
yángchángbǎn 羊腸坂 9-157A
yángchángbìduǎn 揚長避短 6-751B
yángchángxiàn 羊腸綫 9-157A

yángchē 羊車 9-154B
yángchē 洋車 5-1183B
yāngchén 柍桭 4-913A
yángchēn 佯嗔 1-1355B
yángchén 陽辰 11-1066A
yángchén 揚塵 6-755A
yǎngchén 仰塵 1-1211A
yángchéndiàozi 陽塵吊子 11-1073B
yángchēng 揚稱 6-754B
yángchéng 羊城 9-155A
yángchéng 陽成 11-1065B
yángchéng 陽城 11-1068B
yǎngchéng 仰成 1-1209A
yǎngchéng 仰承 1-1209B
yǎngchéng 養成 12-523B
yǎngchéng 養乘 12-528A
yǎngchénggōng 養成工 12-523B
yángchéngxiào 陽城笑 11-1068B
yǎngchǐ 仰齒 1-1211A
yàngchí 漾馳 6-103B
yǎngchóu 養仇 12-522A
yǎngchóu 養愁 12-530B
yángchù 揚觸 6-756A
yǎngchù 癢處 8-366A
yángchuán 洋船 5-1185B
yǎngchuāng 養瘡 12-531B
yángchuānsānyè 楊穿三葉 4-1174B
yángchuī 陽吹 11-1066B
yángchūn 陽春 11-1068A
yángchūnbáixuě 陽春白雪 11-1068A
yángchūnmiàn 陽春麪 11-1068B
yángchūnyǒujiǎo 陽春有脚 11-1068B
yángcí 洋瓷 5-1185A
yángcí 洋磁 5-1187A
yángcōng 洋葱 5-1186A
yángcōngtóu 洋葱頭 5-1186A
yǎngcuì 養粹 12-531B
yángcuò 陽錯 11-1074B
yǎngdá 仰答 1-1210B
yángdǎ'ěrzhēng 佯打耳睜 1-1355A
yángdāi 佯呆 1-1355A
yǎngdài 仰戴 1-1211A
yǎngdǎn 養膽 12-532A
yāngdàng 泱蕩 5-1083A
yàngdāng 樣當 4-1282A
yāngdào 秧稻 8-70A
yángdāo 洋刀 5-1182A
yángdào 陽道 11-1071B
yǎngdǎo 養導 12-531B
yǎngdào 養道 12-530A
yángdàozhōu 陽道州 11-1072A
yángdàrén 洋大人 5-1182A
yángdé 陽德 11-1074A
yǎngdé 養德 12-531B
yángdēng 羊燈 9-157B
yángdēng 洋燈 5-1188A
yángdì 陽地 11-1065B
yǎngdí 養敵 12-531B
yǎngdì 養地 12-523B
yángdiàn 洋鈿 5-1186B
yángdiàn 陽甸 11-1066B
yángdiānfēng 羊癲風 9-157B
yángdìhuáng 洋地黄 5-1183A
yángdīng 洋釘 5-1185A
yángdōng 洋東 5-1183B
yángdòng 陽凍 11-1070A
yángdòu 洋痘 5-1186B
yāngdú 央瀆 2-1477A
yāngdú 殃毒 5-156B
yángdū 揚都 6-752B
yángdù 羊杜 9-154B
yǎngdú 仰毒 1-1209B
yàngdù 樣度 4-1281B
yángduàn 洋緞 5-1187B
yángdùn 楊楯 4-1175B
yǎngdùpí 養肚皮 12-525A
yángdùshǒujīn 羊肚手巾 9-155A
yángdǔzishǒujīn 羊肚子手巾 9-155A
yāngē 閹割 12-123B
yāngē 燕歌 7-295B
yāngé 淹閣 5-1354B
yāngé 煙閣 7-183A
yāng'è 鞅軛 12-190B
yángē 延擱 2-904B
yángē 妍歌 4-295A
yáng'ē 陽阿 11-1066B
yáng'ē 揚阿 6-751B
yáng'ē 痒痾 8-316B
yángé 迂閣 10-730B
yángé 延格 2-901A
yángé 延閣 2-903A
yángé 沿革 5-1090A
yángé 嚴閣 3-551A
yángé 嚴格 3-547A
yángé 巖閣 3-551A
yáng'é 揚娥 6-753A
yáng'é 揚蛾 6-754B
yǎngē 偃戈 1-1533A
yǎng'ē 痒痾 8-316B
yǎng'ē 養痾 12-530A
yǎngé 奄隔 2-1531B
yǎngé 偃革 1-1534B
yǎngé 掩骼 6-649A
yǎngé 眼格 7-1216A
yǎngé 鶠閣 12-1131A
yàngē 宴歌 3-1486B
yàngē 讌歌 11-463A
yàngē 豔歌 9-1368A
yàngé 硯格 7-1052A
yǎngédàogē 偃革倒戈 1-1534B
yǎngémáibiǎn 掩骼埋窆 6-649A
yǎngémáizì 掩骼埋胔 6-649A
yángēn 巖根 3-880A
yángēn 鹽根 7-1481B
yángèn 延亘 2-898B
yángèn 延亙 2-898B
yǎngēn 眼根 7-1216A
yǎng'ēn 養恩 12-527B
yángēng 嚴更 3-544B
yángēng 巖耕 3-880A
yàngēng 硯耕 7-1052A
yǎng'ér 養兒 12-525B
yǎng'ěr 養耳 12-523B
yàng'er 樣兒 4-1281B
yǎng'érdàilǎo… 養兒代老,積穀防飢 12-525B
yǎng'érdàilǎo… 養兒待老,積穀防饑 12-526A
yǎng'érfánglǎo 養兒防老 12-525B
yǎng'érfánglǎo… 養兒防老,積穀防飢 12-526A
yǎng'érfánglǎo… 養兒防老,積穀防饑 12-526A
yǎngéshàngwén 偃革尚文 1-1534B
yǎngéwéixuān 偃革爲軒 1-1534B
yāngēxíng 燕歌行 7-295B
yàngēxíng 豔歌行 9-1368A
yāngēzhàowǔ 燕歌趙舞 7-295B
yāngfá 殃罰 5-156B
yǎngfá 養乏 12-522A
yǎngfǎ 養法 12-526A
yǎngfà 養髮 12-531B
yāngfán 央煩 2-1477A
yángfān 揚帆 6-751A
yángfān 颺帆 12-640B
yángfǎn 詳反 11-203A
yángfàn 揚飯 6-754A
yǎngfān 養蕃 12-531B
yàngfàn 樣範 4-1282A
yángfāng 陽方 11-1065A
yángfāng 揚芳 6-751A
yángfáng 洋防 5-1183B
yángfáng 洋房 5-1183B
yángfēi 楊妃 4-1172B
yángfèi 揚沸 6-752A
yǎngfēi 養非 12-525A
yángfēichá 楊妃茶 4-1172B
yángfēichūnshuì 楊妃春睡 4-1172B
yángfēifěn 楊妃粉 4-1172B
yángfēigòu 楊妃垢 4-1172B
yángfēishānchá 楊妃山茶 4-1172B
yángfēiyīniǎnhóng 楊妃一捻紅 4-1172B
yángfēizuìwǔ 楊妃醉舞 4-1172B
yángfěn 洋粉 5-1185A
yǎngfèn 養分 12-522A
yǎngfèn 鞅犇 12-814A
yángfēng 陽風 11-1069A
yángfēng 楊風 4-1174A
yángfēngjiéyǎ 揚風扢雅 6-752A
yángfèngyīnwéi 陽奉陰違 11-1067A
yángfēngzāmáo 揚風扎毛 6-752A
yángfēngzhàmáo 揚風乍毛 6-752A
yángfēngzhàmào 佯風詐冒 1-1355B
yángfēngzǐ 楊風子 4-1174B
yángfú 洋服 5-1183B
yángfú 洋蚨 5-1185A
yángfú 陽浮 11-1070B
yángfú 揚枹 6-752A
yángfú 揚浮 6-753A
yángfú 揚桴 6-753A
yángfú 楊浮 4-1174B
yángfú 禓祓 7-949A
yángfù 羊傅 9-156B
yángfù 陽復 11-1071B
yǎngfú 仰服 1-1209B
yǎngfú 養福 12-531A
yǎngfǔ 仰俯 1-1210B
yǎngfǔ 仰俛 1-1210A
yǎngfǔ 養撫 12-531B
yǎngfù 養父 12-522A
yǎngfù 養父 12-522A
yángfùlái 羊負來 9-155B
yánggān 陽干 11-1064B
yánggāng 陽剛 11-1069B
yānggao 央告 2-1476B
yánggāo 羊羔 9-155B
yánggāo 洋膏 5-1187B
yánggāo 洋鎬 5-1188A
yǎnggāo 仰高 1-1210B
yǎnggāo 養高 12-528A
yǎnggào 仰告 1-1209A
yànggǎo 樣稿 4-1282A
yánggāo'erlì 羊羔兒利 9-156A
yánggāolì 羊羔利 9-155B
yánggāoměijiǔ 羊羔美酒 9-156A
yánggāoxī 羊羔息 9-156A
yānggē 秧歌 8-70A
yānggé 鞅軩 12-191A
yánggē 陽戈 11-1064B
yánggē 揚歌 6-754B
yánggēng 羊羹 9-157B
yánggōng 羊工 9-154A
yánggōng 佯攻 1-1355A
yánggōng 陽公 11-1065A
yánggōng 陽功 11-1065A
yǎnggōng 仰攻 1-1209A
yǎnggǒng 養汞 12-524A
yànggōng 煬宮 7-196B
yánggōngbēi 羊公碑 9-154A
yánggōnghè 羊公鶴 9-154A
yánggōnghuīrì 陽公麾日 11-1065A
yánggōngjì 楊公忌 4-1171B

yǎnggǒngtiáoqiān 養汞調鉛 12-524A
yánggōu 羊溝 9-157A
yánggōu 洋溝 5-1187A
yánggōu 陽溝 11-1073A
yánggōu 楊溝 4-1175B
yānggǔ 秧鼓 8-70A
yánggǔ 湯谷 5-1460B
yánggǔ 洋鼓 5-1186B
yánggǔ 陽谷 11-1066B
yánggǔ 揚汩 6-751B
yánggǔ 暘谷 5-781B
yànggū 養孤 12-526B
yángguà 陽卦 11-1067A
yángguān 羊倌 9-155B
yángguān 洋關 5-1188A
yángguān 陽官 11-1068A
yángguān 陽關 11-1075A
yángguǎn 洋館 5-1188A
yángguǎn 陽館 11-1074B
yǎngguǎn 養館 12-532A
yángguāndàdào 陽關大道 11-1075B
yángguāndào 陽關道 11-1075B
yǎngguānfǔchá 仰觀俯察 1-1211B
yángguāng 陽光 11-1065B
yángguāng 揚光 6-751A
yángguānqǔ 陽關曲 11-1075B
yángguānsāndié 陽關三疊 11-1075B
yángguānshǐ 陽關使 11-1075B
yánggǔchuí 楊骨槌 4-1174A
yāngguī 鴦龜 12-1080B
yángguǐ 洋鬼 5-1184A
yàngguǐ 養鬼 12-527A
yángguìfēi 楊貴妃 4-1175B
yángguó 陽國 11-1070B
yánghǎi 洋海 5-1185B
yánghàn 陽旱 11-1066B
yánghàn 陽焊 11-1071A
yánghàn 陽熯 11-1074A
yánghàn 暘旱 5-781B
yǎnghàn 養漢 12-531B
yànghàn 煬旱 7-196B
yángháng 洋行 5-1183A
yángháo 羊毫 9-156A
yánghào 洋號 5-1186B
yǎnghào 養浩 12-528B
yánghé 陽和 11-1067B
yánghé 揚荷 6-752B
yánghé 楊禾 4-1171B
yánghé 楊荷 4-1174B
yǎnghé 養禾 12-523A
yǎnghé 養和 12-525B
yǎnghè 仰荷 1-1210A
yànghé 煬和 7-196B
yànghèn 怏恨 7-475B
yánghéng 揚衡 6-755B
yánghěnlángtān 羊很狼貪 9-155B
yánghěnlángtān 羊狠狼貪 9-155B
yǎnghétiān 養禾天 12-523A
yánghóng 洋紅 5-1185A
yánghóu 陽侯 11-1069A
yánghóuzhībiàn 陽侯之變 11-1069A
yánghú 陽湖 11-1072A
yánghù 陽户 11-1065A
yǎnghù 養護 12-532B
yánghuā 瑒花 4-601A
yánghuā 揚花 6-751A
yánghuā 楊花 4-1172B
yánghuá 陽華 11-1069B
yánghuà 洋化 5-1182B
yánghuà 洋話 5-1186B
yánghuà 陽化 11-1064B
yánghuà 陽畫 11-1072A
yǎnghuà 氧化 6-1023B
yǎnghuà 養化 12-522A
yánghuái 洋槐 5-1186B
yánghuājiézǎo 揚蘤扢藻 6-756A
yánghuāluò 楊花落 4-1172B
yánghuāmèng 楊花夢 4-1173A
yǎnghuàn 養患 12-529A
yánghuáng 徉徨 5-50A
yánghuāshuǐxìng 楊花水性 4-1172B
yǎnghuātiān 養花天 12-524B
yánghuāxīnxìng 楊花心性 4-1172B
yánghuāyǔ 楊花雨 4-1172B
yánghuāzhěn 楊花枕 4-1172B
yánghuāzhōu 楊花粥 4-1172B
yánghuī 洋灰 5-1183A
yánghuī 陽暉 11-1072B
yánghuī 陽輝 11-1074A
yánghuī 揚揮 6-754A
yánghuī 揚暉 6-754A
yánghuī 揚煇 6-754B
yánghuī 揚輝 6-755A
yánghuī 揚徽 6-755B
yánghuí 楊回 4-1172A
yánghuì 陽卉 11-1065A
yánghuì 陽會 11-1072B
yǎnghuì 養晦 12-529A
yǎnghuìchéngshé 養虺成蛇 12-527A
yánghuíjié 陽回節 11-1066A
yǎnghuìtāoguāng 養晦韜光 12-529A
yǎnghǔliúhuàn 養虎留患 12-525A
yánghún 陽魂 11-1072B
yǎnghún 養魂 12-530A
yānghuò 殃禍 5-156B
yánghuǒ 洋火 5-1182B
yánghuǒ 揚火 6-750B
yánghuò 羊龎 9-156B
yánghuò 羊禍 9-156B
yánghuò 洋貨 5-1185B
yánghuò 洋禍 5-1186B
yǎnghuó 養活 12-527A
yǎnghuǒ 養火 12-522A
yǎnghuò 養禍 12-530A
yànghuǒ 煬火 7-196B
yǎnghǔshāngshēn 養虎傷身 12-525B
yánghǔwéikuāng 楊虎圍匡 4-1173B
yǎnghǔyíhuàn 養虎貽患 12-525A
yǎnghǔyíhuàn 養虎遺患 12-525B
yǎnghǔzìbì 養虎自斃 12-525A
yǎnghǔzìcán 養虎自殘 12-525A
yǎnghǔzìniè 養虎自齧 12-525A
yǎnghǔzìyíhuàn 養虎自遺患 12-525A
yǎnghǔzìyízāi 養虎自貽災 12-525A
yāngjí 央及 2-1476A
yāngjí 央極 2-1477A
yāngjí 殃及 5-156A
yángjí 洋籍 5-1188B
yángjí 陽疾 11-1070B
yángjí 揚疾 6-753A
yángjí 揚檝 6-755A
yángjǐ 揚己 6-750B
yángjì 陽季 11-1067B
yángjì 陽紀 11-1069B
yángjì 陽霽 11-1075B
yángjì 楊忌 4-1173A
yǎngjī 養機 12-532A
yǎngjí 養疾 12-528B
yǎngjǐ 卬給 2-512A
yǎngjǐ 仰給 1-1210B
yǎngjǐ 養給 12-530A
yǎngjǐ 養己 12-521A
yǎngjì 養濟 12-532A
yǎngjì 癢技 8-365B
yàngjí 漾檝 6-103B
yángjiā 陽嘉 11-1073A
yǎngjiā 養家 12-528B
yǎngjiā'ér 養家兒 12-529A
yǎngjiāhúkǒu 養家糊口 12-529A
yǎngjiāhuókǒu 養家活口 12-529A
yángjiājiàng 楊家將 4-1174B
yángjiālǐng 楊家嶺 4-1175A
yángjiān 陽間 11-1072B
yángjiān 陽閒 11-1072B
yángjiǎn 洋鹼 5-1187A
yángjiǎn 洋鹼 5-1188B
yángjiàn 陽健 11-1070A
yángjiàn 陽鑑 11-1076A
yángjiàn 陽鑒 11-1075B
yǎngjiān 養奸 12-524A
yǎngjiān 養姦 12-527B
yāngjiāng 鞅韁 12-191A
yāngjiāng 鴦漿 12-1080B
yángjiāng 詳僵 11-207B
yángjiāng 洋薑 5-1187B
yángjiāo 揚澆 6-755A
yángjiǎo 羊角 9-155A
yángjiǎo 陽筊 11-1071B
yángjiǎo 陽鱎 11-1076A
yángjiào 洋教 5-1185B
yángjiào 揚較 6-754A
yǎngjiāo 養交 12-524A
yǎngjiǎo 卬角 2-511B
yǎngjiǎo 養佼 12-525B
yángjiǎodēng 羊角燈 9-155A
yángjiǎofēng 羊角風 9-155A
yǎngjiārén 養家人 12-529A
yángjiǎshú 羊胛熟 9-155B
yǎngjiāyuán 養家緣 12-529A
yāngjíchíyú 殃及池魚 5-156A
yángjiē 洋街 5-1186A
yángjié 陽節 11-1072B
yángjié 揚扢 6-750B
yángjié 揚節 6-754B
yángjiè 痒疥 8-316A
yǎngjiè 仰借 1-1210B
yǎngjiè 仰藉 1-1211B
yángjiěyīndú 陽解陰毒 11-1072B
yāngjǐn 鴦錦 12-1080B
yángjīn 洋金 5-1183B
yángjīn 颺金 12-640B
yángjìn 洋勁 5-1184A
yángjìn 洋禁 5-1186B
yǎngjīn 養金 12-526A
yángjīng 詳驚 11-209A
yángjīng 陽晶 11-1071B
yángjīng 陽精 11-1073B
yángjīng 揚旌 6-753A
yángjīng 颺菁 12-640B
yángjǐng 洋井 5-1182B
yángjǐng 陽景 11-1071B
yǎngjīng 養精 12-531A
yǎngjìng 養勁 12-527A
yǎngjìng 養静 12-531A
yángjīngbāng 洋涇浜 5-1185A
yángjīnghuà 洋涇話 5-1185B
yǎngjīngxùruì 養精蓄鋭 12-531B
yāngjiù 殃咎 5-156B
yángjiǔ 羊酒 9-156A
yángjiǔ 陽九 11-1064A
yǎngjiù 養就 12-530A
yángjiǔbǎiliù 陽九百六 11-1064B
yǎngjīxiāng 養雞鄉 12-532A
yǎngjìyuàn 養濟院 12-532A
yángjǔ 揚舉 6-755B
yángjù 陽具 11-1067A
yángjué 洋鐝 5-1188B
yángjué 陽爵 11-1075A
yāngjùlìmóluó 鴦寠利摩羅 12-1080B
yángjūn 揚軍 6-752A
yǎngjūn 養軍 12-527A
yángjūnlǚ 揚軍旅 6-752A

yǎngjūnqiānrì…
養軍千日,用軍一時
12-527B
yǎngjūnqiānrì…
養軍千日,用在一朝
12-527B
yǎngjūnqiānrì…
養軍千日,用在一時
12-527A
yàngkāi 漾開 6-103B
yāngkào 央靠 2-1477A
yángkē 痒疴 8-316A
yángkè 陽刻 11-1067B
yǎngkē 養疴 12-528A
yǎngkē 癢苛 8-365B
yāngkěn 央懇 2-1477A
yángkōng 颺空 12-640B
yǎngkōng 養空 12-526B
yǎngkǒu 養口 12-521A
yǎngkòu 養寇 12-529B
yángkuǎn 洋款 5-1186A
yángkuáng 詳狂 11-203B
yángkuáng 佯狂 1-1355A
yángkuáng 徉狂 3-948B
yángkuáng 狎狂 5-50A
yāngkuì 央匱 2-1477A
yángkuì 瘍潰 8-336B
yánglà 洋蠟 5-1188B
yǎnglàcā 仰剌擦 1-1210A
yǎnglàchā 仰剌叉 1-1209B
yánglài 陽瀨 11-1075A
yǎnglài 仰賴 1-1211A
yǎnglàlà 癢剌剌 8-366A
yánglán 羊欄 9-157B
yánglāo 洋撈 5-1187B
yánglào 羊酪 9-156B
yánglào 洋落 5-1186A
yǎngláo 養勞 12-530A
yǎnglǎo 養老 12-523A
yànglǎo 養老 12-523A
yǎnglǎojīn 養老金 12-523A
yànglǎolǐ 養老禮 12-523B
yǎnglǎomǎ 養老馬 12-523B
yǎnglǎonǚ 養老女 12-523A
yànglǎoqǐyán 養老乞言
12-523A
yànglǎosòngzhōng
養老送終 12-523B
yǎnglǎotáng 養老堂 12-523B
yǎnglǎoyuàn 養老院 12-523B
yánglàzhú 洋蠟燭 5-1188B
yánglàzi 楊瘌子 4-1175B
yānglè 鞅勒 12-190B
yǎnglè 養樂 12-531B
yánglèi 陽類 11-1075A
yánglèi 颺纍 12-641A
yánglǐ 洋理 5-1185B
yánglǐ 陽禮 11-1075A
yánglì 洋曆 5-1187B
yánglì 陽歷 11-1073B
yánglì 陽曆 11-1074A
yánglì 揚厲 6-754B
yánglì 揚勵 6-755A
yánglì 揚歷 6-755A
yánglì 揚躒 6-756A
yánglì 敭歷 5-498B
yǎnglǐ 養理 12-529A
yǎnglì 養力 12-521A
yǎnglián 養廉 12-530B
yǎngliǎn 仰臉 1-1211B
yǎngliàn 養煉 12-530B
yǎngliándì 養廉地 12-530B
yǎngliányín 養廉銀 12-530B
yángliáo 陽燎 11-1074B
yǎngliáo 養療 12-532A
yǎngliào 養料 12-528B
yángliè 揚烈 6-752B
yánglín 陽林 11-1067A
yánglíng 羊玲 9-155A
yánglíng 陽陵 11-1070B
yánglíng 陽靈 11-1076A
yánglíng 揚舲 6-753A
yánglíng 揚靈 6-756B
yǎnglíng 養齡 12-532B
yánglíngdǎgǔ 揚鈴打鼓
6-754B
yánglìnggōng 楊令公
4-1171B
yánglìpūzhāng 揚厲鋪張
6-754B
yángliú 洋流 5-1185B
yángliú 楊劉 4-1176A
yángliǔ 楊柳 4-1173B
yángliù 陽六 11-1065A
yǎngliú 仰流 1-1210B
yángliǔbiān 楊柳鞭 4-1174A
yángliǔfēng 楊柳風 4-1174A
yángliǔgē 楊柳歌 4-1174A
yángliǔgōngméi 楊柳宮眉
4-1174A
yángliǔhù 楊柳户 4-1173B
yángliǔjī 楊柳姬 4-1174A
yángliǔlàng 楊柳浪 4-1174A
yángliǔlóu 楊柳樓 4-1174A
yángliǔmèng 楊柳夢 4-1174A
yángliǔmò 楊柳陌 4-1174A
yángliǔqīng 楊柳青 4-1173B
yángliǔqǔ 楊柳曲 4-1173B
yángliǔshēn 楊柳身 4-1173B
yángliútǐ 楊劉體 4-1176A
yángliǔxì 楊柳細 4-1174A
yángliǔyāo 楊柳腰 4-1174A
yángliǔzhī 楊柳枝 4-1174A
yánglóng 詳聾 11-209A
yánglóng 洋龍 5-1188A
yánglóu 洋樓 5-1187B
yānglù 殃僇 5-156B
yānglù 殃戮 5-156B
yánglú 洋爐 5-1188B
yánglú 陽爐 11-1075B
yánglú 楊櫨 4-1176A
yánglù 羊陸 9-156A
yánglù 陽陸 11-1070B
yánglù 陽禄 11-1072A
yánglù 陽路 11-1072B
yánglù 揚露 6-756A
yǎnglù 養路 12-530B
yǎngluàn 養亂 12-530B
yánglún 陽輪 11-1074A
yángluódǎogǔ 揚鑼擣鼓
6-756B
yángluòhǔkǒu 羊落虎口
9-156A
yánglǚ 陽呂 11-1066A
yánglǜ 陽律 11-1069A
yǎnglüè 養略 12-529A
yāngmǎ 秧馬 8-70A
yángmǎ 陽馬 11-1069B
yángmǎ 揚馬 6-752B
yángmǎchéng 羊馬城 9-155B
yángmài 陽脈 11-1070A
yángmàijīn 楊邁金 4-1175B
yǎngmáng 泱茫 5-1082B
yǎngmǎng 泱莽 5-1082B
yǎngmǎng 泱漭 5-1082B
yǎngmǎng 坱莽 2-1076B
yǎngmǎng 瀁漭 6-195B
yàngmǎng 漾漭 6-103B
yǎngmǎngmǎng 泱莽莽
5-1082B
yángmáo 羊毛 9-154A
yángmáochūzài…
羊毛出在羊身上 9-154A
yángmáoshān 羊毛衫 9-154A
yángmáozi 洋毛子 5-1182B
yángmǎqiáng 羊馬牆 9-155B
yángmǎyuán 羊馬垣 9-155B
yángmǎzì 洋碼字 5-1187B
yāngměi 央浼 2-1476B
yāngměi 央浼 2-1477A
yángméi 洋黴 5-1188B
yángméi 揚眉 6-752B
yángméi 楊梅 4-1175A
yángměi 揚美 6-752A
yángmèi 揚袂 6-752A
yángméichuāng 洋黴瘡
5-1188B
yángméichuāng 楊梅瘡
4-1175A
yángméishùnmù 揚眉瞬目
6-752B
yángméishùnmù 揚眉眴目
6-752B
yángméitǔqì 揚眉吐氣
6-752B
yángmén 陽門 11-1068A
yángmén 楊門 4-1173B
yàngmèn 怏悶 7-476A
yǎngméng 養蒙 12-530B
yángmí 揚麋 6-755B
yàngmǐ 様米 4-1281B
yángmiàn 洋麵 5-1188B
yángmiàn 陽面 11-1068B
yángmiàn 錫面 11-1349B
yāngmiáo 秧苗 8-70A
yǎngmiáo 養苗 12-526B
yāngmín 殃民 5-156B
yǎngmín 養民 12-523A
yángmíng 陽明 11-1067A
yángmíng 揚名 6-751A
yǎngmíng 養名 12-524A
yǎngmìng 養命 12-526A
yāngmó 鴦磨 12-1080B
yángmò 楊墨 4-1176A
yǎngmò 仰秣 1-1210A
yàngmò 煬没 7-196B
yángmú 陽模 11-1073A
yángmù 陽木 11-1064B
yǎngmǔ 養母 12-523A
yǎngmù 仰慕 1-1211A
yǎngmù 養目 12-522A
yǎngmù 養牧 12-525B
yǎngmù 養募 12-529B
yàngmú 様模 4-1282A
yàngmǔ 養母 12-523A
yángnǎi 洋奶 5-1182B
yàngnǎi 漾奶 6-103B
yǎngnǎng 泱瀼 5-1083A
yángnānnān 洋囡囡 5-1183A
yángnānnān 洋囡囡 5-1183A
yǎngnèi 養内 12-521B
yǎngniáng 養娘 12-529A
yángniǎo 陽鳥 11-1070B
yāngniè 殃孽 5-156B
yǎngniú 養牛 12-521B
yàngniú 鞅牛 12-190B
yángnú 洋奴 5-1182B
yǎngnǚ 養女 12-521B
yǎngnǚtiáofù 養女調婦
12-521B
yǎngnǚxù 養女壻 12-521B
yàngnǚzǐ 養女子 12-521B
yāngōng 燕弓 7-283B
yāngōng 燕公 7-284B
yángōng 言功 11-3B
yángōng 研攻 7-1007A
yángōng 嚴公 3-543B
yángōng 鹽工 7-1479A
yǎngōng 嚴恭 3-547A
yǎngōng 嚴龔 3-553A
yǎngōng 衍功 3-950A
yǎngōng 掩攻 6-645B
yàngōng 驗功 12-911B
yāngōnglóu 燕公樓 7-284B
yángōngtáng 鹽公堂 7-1479B
yángōngzhōu 顏公粥 12-337B
yāngǒu 閹狗 12-123B
yángōu 沿溝 5-1091A
yángōu 檐溝 4-1346A
yángōu 顏鉤 12-339B
yǎngōugōu 眼勾勾 7-1211A
yángpài 洋派 5-1184A
yǎngpájiǎozi 仰爬脚子
1-1209B
yángpán 洋盤 5-1187B
yángpàn 楊叛 4-1174B
yángpàn 楊畔 4-1174B
yǎngpān 仰攀 1-1211B
yángpàn'ér 揚叛兒 6-752A
yángpàn'ér 楊叛兒 4-1174B
yángpào 洋炮 5-1184A
yángpào 洋礮 5-1188B
yángpàopào 洋泡泡 5-1183B
yángpāzhènzǎo 揚葩振藻
6-754A
yángpèi 陽轡 11-1076A

yángpéng 洋篷 5-1187B
yángpéng 陽篷 11-1074B
yángpiàn 洋片 5-1182B
yángpiào 洋票 5-1185B
yángpífá 羊皮筏 9-154B
yàngpǐn 樣品 4-1281B
yángpíng 陽平 11-1065B
yǎngpíng 仰憑 1-1211A
yángpízhǐ 羊皮紙 9-154B
yángpō 陽坡 11-1067A
yángpó 陽婆 11-1071A
yǎngpò 養魄 12-531A
yángpù 揚暴 6-755A
yángpùzi 洋鋪子 5-1187B
yāngqí 央祈 2-1476B
yángqī 羊棲 9-156A
yángqí 羊歧 9-155A
yángqí 揚旗 6-755A
yángqí 楊岐 4-1173A
yángqì 洋氣 5-1185A
yángqì 陽砌 11-1068B
yángqì 陽氣 11-1070A
yángqì 揚氣 6-753A
yángqì 揚棄 6-754A
yǎngqǐ 仰企 1-1209A
yǎngqì 氧氣 6-1023B
yǎngqì 養氣 12-528A
yǎngqì 養器 12-532A
yàngqí 養耆 12-527B
yàngqì 煬器 7-196B
yángqián 羊黔 9-157B
yángqián 洋錢 5-1188A
yàngqián 樣錢 4-1282A
yángqiāng 羊腔 9-156B
yángqiāng 洋槍 5-1187A
yǎngqiáng 養强 12-530A
yángqiāngduì 洋槍隊 5-1187A
yángqiāo 洋鍬 5-1188A
yángqiáo 陽喬 11-1071B
yángqiáo 陽橋 11-1074A
yángqín 洋琴 5-1186A
yángqín 陽禽 11-1071B
yángqín 揚琴 6-753A
yàngqīn 養親 12-532A
yāngqǐng 央請 2-1477A
yāngqìng 央倩 2-1476B
yángqīng 揚清 6-753A
yǎngqíng 養情 12-529B
yángqīngjīzhuó 揚清激濁 6-753A
yángqīnglìsú 揚清厲俗 6-753A
yángqīngyìzhuó 揚清抑濁 6-753A
yángqǐshān 陽起山 11-1069B
yángqǐshí 陽起石 11-1069B
yāngqiú 央求 2-1476B
yángqiū 陽丘 11-1065B
yángqiū 陽秋 11-1068B
yángqiú 羊求 9-154B
yángqiú 羊裘 9-156B
yǎngqiú 養求 12-524B
yǎngqū 印曲 2-511B
yángquán 洋泉 5-1184A
yǎngquán 養全 12-523B
yángqǔdēng 洋取燈 5-1183B
yángquè 揚攉 6-755B
yángquè 揚搉 6-754A
yángquè 揚榷 6-754B
yángquèxiánhuán 楊雀銜環 4-1175A
yǎngqǔfǔshí 仰取俯拾 1-1209B
yángqún 羊裙 9-156B
yángrán 洋然 5-1186B
yǎngrán 洋然 5-1186B
yángrǎng 揚嚷 6-756A
yángrén 洋人 5-1182A
yángrén 陽人 11-1064A
yángrèn 揚刃 6-750B
yǎngrén 養人 12-521A
yǎngrén 養仁 12-522A
yǎngrénbíxī 仰人鼻息 1-1208B
yǎngrénméijié 仰人眉睫 1-1208B
yángrì 陽日 11-1064B
yàngrì 養日 12-521B
yángróng 陽榮 11-1073B
yángruí 揚蕤 6-755A
yǎngruì 養鋭 12-531B
yǎngruìxùwēi 養鋭蓄威 12-531B
yángsǎ 洋纚 5-1188B
yángsǎn 洋傘 5-1186B
yángsǎn 陽傘 11-1071B
yángsǎngzi 洋嗓子 5-1186B
yǎngsè 養色 12-524A
yàngsè 養色 12-524A
yángshā 洋紗 5-1185B
yǎngshā 養殺 12-528A
yángshān 陽山 11-1064B
yángshàn 揚善 6-754A
yángshàn 颺扇 12-640B
yǎngshān 仰山 1-1208B
yǎngshàn 養澹 12-532A
yǎngshàn 養善 12-530A
yǎngshàn 養膳 12-532A
yǎngshàn 養贍 12-532B
yángshāng 洋商 5-1186A
yǎngshāng 養傷 12-530B
yǎngshānwēng 仰山翁 1-1208B
yǎngsháowénhuà 仰韶文化 1-1211A
yángshé 羊舌 9-154B
yángshén 陽神 11-1069A
yǎngshēn 養身 12-524B
yǎngshén 養神 12-527B
yàngshén 養神 12-527B
yǎngshēnfùmǔ 養身父母 12-524B
yángshēng 陽生 11-1065B
yángshēng 陽聲 11-1074B
yángshēng 揚聲 6-755B
yángshēng 颺聲 12-641A
yǎngshēng 養生 12-522B
yǎngshēng 養甥 12-529B
yàngshēng 養生 12-522B
yángshēngbǔzǐ 陽生補子 11-1065B
yángshēnghuángquè 楊生黄雀 4-1171B
yǎngshēngjiā 養生家 12-522B
yángshēngqì 揚聲器 6-755B
yàngshēngsāngsǐ 養生喪死 12-522B
yǎngshēngshù 養生術 12-522B
yàngshēngsòngsǐ 養生送死 12-522B
yàngshēngsòngzhōng 養生送終 12-522B
yǎngshēngzhǔ 養生主 12-522B
yǎngshénzhī 養神芝 12-527B
yāngshì 抰勢 6-461B
yángshī 陽施 11-1069A
yángshī 揚師 6-753A
yángshí 陽石 11-1065A
yángshí 陽時 11-1069B
yángshǐ 羊矢 9-154B
yángshì 詳事 11-204A
yángshì 洋式 5-1183A
yángshì 陽世 11-1065A
yángshì 陽事 11-1067A
yángshì 陽室 11-1069A
yángshì 揚示 6-750B
yǎngshí 印食 2-512A
yǎngshí 仰食 1-1210A
yǎngshǐ 養使 12-525B
yǎngshì 養士 12-521A
yǎngshì 養世 12-522A
yǎngshì 養視 12-529B
yǎngshì 養勢 12-530A
yàngshì 樣式 4-1281B
yàngshì 樣勢 4-1282A
yǎngshífǔqǔ 仰拾俯取 1-1209B
yǎngshìfǔxù 仰事俯畜 1-1209B
yǎngshìfǔxù 仰事俛畜 1-1209B
yǎngshìfǔyù 仰事俯育 1-1209B
yángshìguǒ 楊氏果 4-1171B
yángshíhuī 洋石灰 5-1182B
yángshǐzǎo 羊矢棗 9-154B
yángshòu 陽壽 11-1073A
yǎngshòu 養壽 12-531A
yǎngshòumǎ 養瘦馬 12-531A
yǎngshǒushēnméi 仰首伸眉 1-1210A
yángshū 佯輸 1-1355B
yángshū 陽舒 11-1071B
yángshǔ 陽暑 11-1071A
yángshù 陽數 11-1074A
yǎngshū 養叔 12-525A
yàngshū 樣書 4-1282A
yàngshù 樣數 4-1282A
yǎngshuāi 養衰 12-528A
yángshuì 洋税 5-1186A
yǎngshuǐ 養水 12-521B
yángshuò 陽朔 11-1070B
yángshūzhàbài 佯輸詐敗 1-1356A
yāngsī 鞅斯 12-190B
yángsǐ 詳死 11-203B
yángsì 羊肆 9-156B
yángsì 陽祀 11-1066B
yǎngsī 仰思 1-1210A
yǎngsì 養食 12-527A
yǎngsì 養飼 12-530B
yǎngsīsī 痒斯斯 8-316A
yǎngsù 養素 12-527B
yángsuàn 陽算 11-1073B
yángsuì 陽遂 11-1072A
yángsuì 陽燧 11-1074B
yángsuì 楊檖 4-1176A
yángsuìzú 陽遂足 11-1072A
yángsuìzūn 陽燧樽 11-1074B
yángsūn 羊孫 9-156A
yǎngsūsū 癢酥酥 8-366A
yángtàcàiyuán 羊踏菜園 9-157A
yángtái 洋臺 5-1187A
yángtái 陽臺 11-1073A
yǎngtāi 養胎 12-527A
yángtáimèng 陽臺夢 11-1073A
yángtáinǚ 陽臺女 11-1073A
yángtàizhēn 楊太真 4-1171B
yángtán 羊曇 9-157B
yàngtàn 煬炭 7-196B
yángtáng 洋糖 5-1188A
yángtáng 陽堂 11-1070B
yǎngtáng 養堂 12-529A
yángtàngtàng 陽燙燙 11-1074B
yángtāngzhǐfèi 揚湯止沸 6-754A
yángtāngzhǐfèi 颺湯止沸 12-640B
yángtáo 陽桃 11-1069B
yángtáo 楊桃 4-1174B
yángtǐ 陽體 11-1075B
yǎngtǐ 仰體 1-1211B
yǎngtǐ 養體 12-532B
yàngtǐ 養體 12-532B
yāngtián 秧田 8-70A
yángtiān 陽天 11-1064B
yángtián 羊田 9-154B
yǎngtiān 仰天 1-1208B
yǎngtián 養恬 12-527A
yàngtián 樣田 4-1281B
yángtiě 洋鐵 5-1188B
yángtǐjīxīn 羊體嵇心 9-157B
yángtíng 敭廷 5-498B
yāngtóng 眏瞳 7-1132A
yángtóng 陽童 11-1071B
yángtóu 羊頭 9-157B
yángtóu 洋頭 5-1187B
yángtóuchē 羊頭車 9-157B

yángtóugǒuròu 羊頭狗肉 9-157B
yāngtú 鞅徒 4-321A
yángtǔ 陽土 11-1064B
yǎngtú 養徒 12-528A
yángtún 楊豚 4-1175A
yāngtuō 央托 2-1476B
yāngtuō 央託 2-1476B
yángtuō 陽託 11-1070A
yāngǔ 湮汩 5-1450B
yāngǔ 煙谷 7-176A
yāngǔ 燕谷 7-286B
yāngǔ 燕骨 7-288B
yāngù 淹痼 5-1354A
yángū 嚴姑 3-545B
yángū 鹽估 7-1480B
yángǔ 嚴古 3-544A
yángǔ 嚴鼓 3-549B
yángǔ 巖谷 3-879A
yángǔ 巖骨 3-879B
yángǔ 鹽賈 7-1484A
yángù 延顧 2-904B
yángù 嚴固 3-545B
yángù 巖固 3-879B
yǎngǔ 偃骨 1-1534B
yǎngǔ 偃鼓 1-1535B
yǎngǔ 魘蠱 12-477B
yāngù 揜顧 6-771A
yàngǔ 贗古 10-292A
yàngǔ 贗賈 10-292B
yǎnguāi 奄乖 2-1530B
yǎnguāi 眼乖 7-1214A
yānguān 閹官 12-123B
yǎnguān 奄官 2-1530B
yānguān 燕關 7-299B
yānguǎn 煙管 7-183A
yānguǎn 煙館 7-185A
yānguǎn 燕館 7-298A
yānguàn 淹貫 5-1353B
yānguàn 淹灌 5-1355B
yánguān 言官 11-6A
yánguān 言觀 11-12B
yánguān 炎官 7-43A
yánguān 嚴關 3-553A
yánguān 鹽官 7-1481A
yánguàn 沿貫 5-1090B
yǎnguān 掩關 6-649B
yǎnguān 揜關 6-771A
yànguān 雁關 11-808A
yànguān 驗官 12-912A
yànguǎn 宴館 3-1487B
yànguǎn 燕館 7-298A
yǎnguānbí… 眼觀鼻,鼻觀心 7-1221A
yānguāng 煙光 7-175A
yānguǎng 淹廣 5-1354B
yánguāng 延光 2-898B
yánguāng 炎光 7-42A
yánguǎng 延廣 2-903A
yǎnguāng 眼光 7-1212B
yànguāng 炎光 7-42B
yànguāng 焰光 7-93B
yànguāng 驗光 12-911B
yǎnguāngluòdì 眼光落地 7-1212B
yǎnguāngrúdòu 眼光如豆 7-1212B
yǎnguānliùlù… 眼觀六路,耳聽八方 7-1221A
yánguānsǎn 炎官傘 7-43A
yǎnguānsìchù… 眼觀四處,耳聽八方 7-1221A
yánguānzǎo 鹽官棗 7-1481A
yǎngǔgǔ 眼鼓鼓 7-1218A
yānguǐ 淹晷 5-1353B
yānguǐ 煙鬼 7-178A
yánguī 言歸 11-11B
yánguī 鹽規 7-1482A
yánguì 炎貴 7-45A
yánguì 巖桂 3-880A
yǎnguī 琰圭 4-597B
yànguī 晏歸 5-713A
yánguīhéhǎo 言歸和好 11-12A
yànguīliáng 燕歸梁 7-299B
yánguīyúhǎo 言歸于好 11-11B
yánguīzhèngzhuàn 言歸正傳 11-11B
yǎngùléng 偃故棱 1-1741B
yángǔliǔjīn 顏骨柳筋 12-338B
yānguō 煙鍋 7-185A
yánguó 炎國 7-44B
yánguǒ 鹽裹 7-1484B
yānguōbā 煙鍋巴 7-185A
yànguòbámáo 雁過拔毛 11-806A
yànguòliúshēng 雁過留聲 11-806B
yánguòqíshí 言過其實 11-7B
yǎnguòshìfēi 掩過飾非 6-647B
yǎnguòyángshàn 掩過揚善 6-647A
yàngùxǐxīn 厭故喜新 1-943A
yǎngwǎ 仰瓦 1-1209A
yǎngwā'erfú 仰蛙兒浮 1-1210B
yǎngwán 養完 12-525A
yāngwáng 央亡 2-1476B
yǎngwàng 印望 2-512A
yǎngwàng 仰望 1-1210B
yǎngwàng 養望 12-529B
yángwáwá 洋娃娃 5-1185A
yángwēi 揚威 6-752A
yángwēi 瘍微 8-336B
yángwéi 佯爲 1-1355B
yángwèi 羊胃 9-155A
yángwèi 陽位 11-1066B
yǎngwēi 養威 12-526B
yǎngwèi 養衛 12-532A
yǎngwēixùruì 養威蓄鋭 12-526B
yángwèiyángtóu 羊胃羊頭 9-155A
yángwēiyàowǔ 揚威曜武 6-752A
yángwēiyàowǔ 揚威耀武 6-752A
yángwén 洋文 5-1182B
yángwén 陽文 11-1065A
yángwén 揚文 6-750B
yángwèn 詳問 11-205B
yǎngwěn 駚穩 12-814A
yǎngwēnyuàn 養温院 12-530A
yángwū 陽烏 11-1070A
yángwū 暘烏 5-781B
yángwú 楊吳 4-1173A
yángwù 洋務 5-1185B
yángwù 陽物 11-1067B
yǎngwū 仰屋 1-1210A
yǎngwù 養物 12-525B
yàngwù 樣物 4-1281B
yángwúdí 楊無敵 4-1175B
yángwǔyàowēi 揚武耀威 6-751B
yángxī 陽曦 11-1075B
yángxī 楊息 4-1174B
yǎngxī 仰息 1-1210B
yǎngxī 養息 12-528A
yǎngxí 養媳 12-531A
yángxià 陽夏 11-1069B
yángxiàn 羊峴 9-155B
yángxiàn 洋羨 5-1186B
yángxiàn 洋羨 5-1187A
yángxiàn 陽羨 11-1072B
yǎngxiān 養仙 12-523A
yǎngxián 養閒 12-530A
yǎngxián 養賢 12-531B
yǎngxiàn 仰羨 1-1210B
yángxiánfēng 羊癇風 9-157B
yángxiàng 洋相 5-1183B
yǎngxiàngsuǒ 養象所 12-529B
yǎngxiàngtǐ 養相體 12-526B
yǎngxiánwù 養賢務 12-531B
yángxiāo 陽歊 11-1073B
yángxiāo 揚驍 6-756A
yángxiào 陽效 11-1070B
yángxiè 陽榭 11-1073A
yǎngxífù 養媳婦 12-531A
yāngxìn 秧信 8-70A
yángxīn 揚馨 6-756A
yǎngxīn 養心 12-522A
yǎngxīn 癢心 8-365B
yǎngxìn 養信 12-527A
yángxīnbáiliànqún 羊欣白練裙 9-155A
yángxìng 羊性 9-155A
yǎngxíng 養形 12-524A
yǎngxìng 養性 12-526B
yángxiū 揚休 6-751A
yángxiù 陽岫 11-1067B
yǎngxiū 養羞 12-528B
yángxū 陽虛 11-1073A
yángxǔ 詳許 11-205B
yángxǔ 揚詡 6-754B
yángxù 陽旭 11-1066A
yángxù 陽煦 11-1072B
yángxù 楊絮 4-1175B
yǎngxū 養虛 12-529A
yǎngxù 養恤 12-527A
yǎngxù 養畜 12-528B
yǎngxù 養蓄 12-530B
yángxuán 揚玄 6-750B
yángxué 洋學 5-1187B
yángxuétáng 洋學堂 5-1187B
yǎngxuèxuè 癢噱噱 8-366A
yángxùxuányú 羊續懸魚 9-157B
yāngyà 鞅軋 12-1214B
yángyá 陽芽 11-1066A
yángyá 陽崖 11-1070B
yǎngyà 泱軋 5-1082B
yǎngyà 坱圠 2-1076B
yǎngyà 坱軋 2-1076B
yǎngyà 軮軋 9-1236B
yángyān 洋烟 5-1185A
yángyān 洋煙 5-1187A
yángyán 佯言 1-1355B
yángyán 陽炎 11-1068A
yángyán 揚言 6-751B
yángyán 楊顏 4-1176A
yángyán 颺言 12-640B
yángyàn 陽焰 11-1072A
yángyàn 陽燄 11-1072A
yángyàn 陽雁 11-1071A
yángyàn 陽厭 11-1073B
yángyàn 陽鴈 11-1074A
yángyàn 陽燄 11-1074B
yángyàn 陽艷 11-1076A
yǎngyàn 養豔 12-533A
yāngyāng 央央 2-1476B
yāngyāng 泱泱 5-1082B
yāngyāng 秧秧 8-70A
yāngyāng 鉠鉠 11-1232B
yāngyāng 鞅鞅 12-190B
yángyáng 蛘蛘 8-899A
yángyáng 佯佯 1-1355B
yángyáng 徉徉 3-949A
yángyáng 洋洋 5-1184A
yángyáng 陽陽 11-1071A
yángyáng 揚揚 6-753B
yángyáng 暘暘 5-781B
yángyáng 颺颺 12-641A
yǎngyāng 養殃 12-527A
yǎngyāng 洋洋 5-1184B
yǎngyǎng 痒痒 8-316A
yǎngyǎng 懩懩 7-768B
yǎngyǎng 癢癢 8-366A
yǎngyàng 養養 12-531A
yàngyàng 煬煬 7-196B
yàngyàng 養養 12-531A
yàngyàng 瀁瀁 6-195B
yàngyàng 怏怏 7-475B
yàngyàng 漾漾 6-103B
yàngyàng 樣樣 4-1282A
yāngyāngbùlè 鞅鞅不樂 12-191A
yāngyāngchāchā 央央插插

2-1476B
yángyángdàguān 洋洋大觀 5-1184B
yángyángdéyì 洋洋得意 5-1184B
yángyángdéyì 揚揚得意 6-753B
yǎngyǎngjīn'er 癢癢筋兒 8-366A
yāngyāngqiāngqiāng 央央蹌蹌 2-1476B
yángyángsǎsǎ 洋洋灑灑 5-1184B
yángyángsǎsǎ 洋洋纚纚 5-1184B
yángyángzìdé 洋洋自得 5-1184B
yángyángzìdé 揚揚自得 6-753B
yángyáo 陽爻 11-1064B
yángyáo 楊榣 4-1175B
yángyào 洋藥 5-1188A
yángyào 陽曜 11-1075A
yǎngyào 仰藥 1-1211B
yàngyào 煬燿 7-196B
yǎngyé 養爺 12-529B
yǎngyè 咉咽 3-261A
yàngyè 養夜 12-526A
yángyècuàn'er 楊葉竄兒 4-1175B
yángyègōng 楊葉弓 4-1175B
yángyī 瘍醫 8-336B
yángyí 陽夷 11-1065B
yángyí 暘夷 5-781B
yángyí 瘍痍 8-336B
yángyì 洋溢 5-1187A
yángyì 揚榏 6-752A
yángyì 揚意 6-754B
yángyì 揚溢 6-754B
yángyì 颺逸 12-640B
yǎngyí 養怡 12-526B
yǎngyí 養頤 12-532A
yàngyì 怏悒 7-475B
yángyīn 陽喑 11-1071B
yángyīn 陽瘖 11-1073B
yángyīn 揚音 6-752A
yángyín 洋銀 5-1187A
yángyìng 詳應 11-208B
yǎngyíng 養贏 12-532B
yàngyǐng 漾影 6-103B
yǎngyīngyángqù 養鷹颺去 12-532B
yǎngyīnjiǔgāo 養音九臯 12-527A
yāngyíwéisī 鞅儀韋斯 12-191A
yángyīyì'èr 揚一益二 6-750B
yángyízi 洋胰子 5-1185A
yángyōng 羊雍 9-157A
yǎngyōng 養癕 12-532A
yǎngyōng 養癰 12-532B
yǎngyǒng 仰泳 1-1209B
yǎngyǒng 養勇 12-527B
yǎngyōngchénghuàn 養癰成患 12-532B
yǎngyōngyíhuàn 養癰貽患 12-532B
yǎngyōngyíhuàn 養癰遺患 12-532B
yángyóu 洋油 5-1183B
yǎngyóu 養由 12-522A
yǎngyòu 養幼 12-523A
yāngyù 鞅鬱 12-191A
yángyū 陽紆 11-1069B
yángyū 楊陓 4-1173B
yángyū 楊紆 4-1174B
yángyú 佯愚 1-1355B
yángyú 陽魚 11-1070B
yángyú 揚旗 6-756A
yángyǔ 陽羽 11-1066A
yángyù 洋芋 5-1183A
yángyù 陽豫 11-1074A
yángyù 揚譽 6-756A
yángyù 暘燠 5-781B
yǎngyǔ 養羽 12-524A
yǎngyù 泱鬱 5-1083A
yǎngyù 坱鬱 2-1077A
yǎngyù 養育 12-526A
yǎngyù 養欲 12-529B
yǎngyù 養毓 12-531A
yàngyù 怏鬱 7-476A
yángyuán 洋元 5-1182B
yángyuán 陽元 11-1064B
yǎngyuán 養原 12-527B
yǎngyuán 養源 12-530B
yángyuè 羊說 9-157A
yángyuè 陽月 11-1065A
yángyuè 陽嶽 11-1075A
yángyuè 揚粵 6-754A
yángyuè 揚越 6-753B
yángyuè 楊越 4-1175B
yángyún 陽雲 11-1071A
yángyùn 陽韵 11-1072B
yǎngzàn 仰贊 1-1211B
yǎngzāng 駚鷺 12-814A
yángzǎo 羊棗 9-156A
yángzào 暘燥 5-781B
yàngzào 煬竈 7-196B
yángzǎochāngzàn 羊棗昌歜 9-156A
yángzé 陽澤 11-1074B
yángzhái 陽宅 11-1066A
yángzháixiānshēng 陽宅先生 11-1066A
yángzhān 陽占 11-1065B
yángzhàn 洋棧 5-1186A
yǎngzhān 仰瞻 1-1211B
yāngzhǎng 鞅掌 12-190B
yǎngzhǎng 養長 12-525A
yǎngzhàng 仰仗 1-1209A
yǎngzhàng 仰杖 1-1209A
yàngzhāng 樣張 4-1282A
yángzhāo 陽朝 11-1071A
yángzhāo 陽鼂 11-1075A
yàngzhě 煬者 7-196B
yāngzhēn 秧針 8-70A
yǎngzhèn 抰振 6-461B
yángzhēn 羊斟 9-156B
yǎngzhēn 養真 12-527B
yǎngzhèn 仰鴆 1-1211A
yángzhèng 陽政 11-1068B
yǎngzhèng 養正 12-522A
yǎngzhèng 養政 12-526B
yángzhènguān 楊震關 4-1176A
yángzhēnkǒngcǎo 羊真孔草 9-155B
yángzhī 羊脂 9-155B
yángzhī 楊枝 4-1173A
yángzhǐ 洋紙 5-1185B
yángzhǐ 陽止 11-1064B
yángzhǐ 陽阯 11-1066A
yángzhì 陽識 11-1075A
yángzhì 揚擲 6-755B
yángzhì 揚觶 6-756A
yǎngzhí 養殖 12-529B
yǎngzhǐ 仰止 1-1209A
yǎngzhì 仰制 1-1209B
yǎngzhì 養知 12-525B
yǎngzhì 養志 12-524A
yǎngzhì 養治 12-526A
yǎngzhì 養智 12-529B
yǎngzhì 養稚 12-530B
yàngzhì 養志 12-524B
yàngzhì 樣制 4-1281B
yàngzhì 樣製 4-1282A
yángzhìhǔpí 羊質虎皮 9-157A
yángzhíjǐ 揚執戟 6-753A
yángzhíjǐ 楊執戟 4-1175A
yángzhījìngshuǐ 楊枝浄水 4-1173A
yángzhīqǔ 楊枝曲 4-1173A
yángzhīshuǐ 楊枝水 4-1173A
yángzhīyú 楊枝魚 4-1173A
yángzhīyù 羊脂玉 9-155B
yángzhīzhǒu 楊枝肘 4-1173A
yāngzhōng 央中 2-1476B
yǎngzhōng 養中 12-521B
yǎngzhōng 養忠 12-525B
yǎngzhòng 仰重 1-1210A
yǎngzhòng 養種 12-531A
yǎngzhòng 養衆 12-529B
yángzhōu 陽州 11-1066A
yángzhōu 楊舟 4-1172A
yángzhòu 洋縐 5-1188A
yàngzhōu 漾舟 6-103B
yángzhōubāguài 揚州八怪 6-751A
yángzhōuhè 揚州鶴 6-751A
yángzhōuhè 楊州鶴 4-1172A
yángzhōumàn 揚州慢 6-751A
yángzhōumèng 揚州夢 6-751A
yángzhōuxuépài 揚州學派 6-751A
yāngzhǔ 央屬 2-1477A
yángzhú 洋燭 5-1188A
yángzhǔ 陽主 11-1065B
yǎngzhǔ 仰屬 1-1211B
yàngzhuān 漾磚 6-103B
yángzhuāng 佯裝 1-1355B
yángzhuāng 洋莊 5-1185A
yángzhuāng 洋裝 5-1187A
yángzhuāngshū 洋裝書 5-1187A
yángzhūkū 楊朱哭 4-1172A
yángzhūlèi 楊朱淚 4-1172A
yángzhūlù 楊朱路 4-1172A
yángzhūmò 楊朱陌 4-1172A
yǎngzhuō 養拙 12-525A
yángzhūqì 楊朱泣 4-1172A
yángzhūqìqí 楊朱泣岐 4-1172A
yángzi 蛘子 8-899A
yángzi 蝆子 8-895B
yángzi 瘍子 8-336B
yángzǐ 羊子 9-154A
yángzǐ 陽子 11-1064B
yángzǐ 楊子 4-1171A
yángzì 洋字 5-1183A
yángzì 陽字 11-1066A
yǎngzǐ 養子 12-521B
yàngzi 樣子 4-1281A
yángzǐdù 楊子渡 4-1171A
yángzǐ'è 揚子鰐 6-750B
yǎngzǐfánglǎo… 養子防老,積穀防飢 12-521B
yàngzijiān 樣子間 4-1281A
yángzǐjiāng 洋子江 5-1182B
yángzǐjiāng 揚子江 6-750B
yángzǐjiāng 楊子江 4-1171A
yángzǐjīn 楊子津 4-1171A
yángzǐyuàn 楊子院 4-1171A
yǎngzīzī 癢滋滋 8-366A
yángzōng 陽宗 11-1068A
yàngzú 養卒 12-526A
yǎngzuān 仰鑽 1-1212A
yángzuì 羊羧 9-157A
yángzuì 洋罪 5-1186B
yǎngzūn 養尊 12-530A
yǎngzūnchǔyōu 養尊處優 12-530A
yángzuǒ 羊左 9-154A
yángzuǒ 楊左 4-1171B
yānhǎi 煙海 7-179B
yánhǎi 沿海 5-1090A
yánhǎi 炎海 7-44A
yánhǎi 鹽海 7-1482A
yánhǎi 鹽醢 7-1485A
yánhài 嚴害 3-548A
yànhǎi 硯海 7-1052A
yànhǎi 雁海 11-806A
yānhán 燕邯 7-286A
yānhàn 咽頷 3-328A
yānhàn 煙漢 7-183A
yánhán 嚴寒 3-549B
yánhàn 炎旱 7-42B
yánhàn 炎漢 7-46A
yánhàn 炎暵 7-46B
yánhàn 顔汗 12-338A
yánhàn 嚴悍 3-548A
yánhàn 鹽汗 7-1480A
yǎnhán 揜函 6-770B

yǎnhàn 弇汗 2-1316B
yǎnhàn 掩汗 6-645A
yànhán 唁函 3-365A
yànhán 釅寒 9-1450B
yànhàn 雁翰 11-807B
yànhàn 燕頷 7-298A
yànhàn 鷰頷 12-1160A
yānháng 咽吭 3-327A
yánháng 顏行 12-337B
yànháng 雁行 11-804A
yànhànhǔjǐng 燕頷虎頸 7-298B
yànhànhǔtóu 燕頷虎頭 7-298A
yànhànhǔxū 燕頷虎鬚 7-298B
yànhànqiúxū 燕頷虯鬚 7-298A
yànhànrúshēng 燕頷儒生 7-298B
yànhànshūshēng 燕頷書生 7-298B
yánhǎo 妍好 4-294A
yánhào 炎昊 7-42B
yánhào 炎皞 7-47A
yànhǎo 宴好 3-1484B
yànhǎo 燕好 7-285B
yànhào 宴鎬 3-1487B
yànhào 諺號 11-352B
yānhé 淹和 5-1351A
yānhé 燕盍 7-289A
yānhè 煙壑 7-186A
yánhé 妍和 4-294A
yánhé 言和 11-6A
yánhé 沿河 5-1089B
yánhé 研和 7-1007B
yánhé 研核 7-1008A
yánhé 研覈 7-1011A
yánhé 嚴覈 3-552B
yánhè 炎赫 7-45B
yánhè 炎壑 7-47A
yánhè 巖壑 3-882B
yǎnhé 魘劾 12-476B
yǎnhé 黶合 12-1376B
yànhé 宴和 3-1485A
yànhé 驗劾 12-911B
yànhé 驗覈 12-912B
yànhè 燕賀 7-294A
yànhè 讌賀 11-463A
yānhébāo 煙荷包 7-178B
yānhédàihuáng 燕駱代黄 7-299B
yànhègǔ 燕鶴骨 7-300A
yānhén 煙痕 7-180B
yānhén 殷痕 6-1484B
yànhèn 厭恨 1-943A
yánhéyìshùn 言和意順 11-6A
yānhézi 煙盒子 7-180B
yānhóng 淹弘 5-1350B
yānhóng 煙虹 7-178A
yānhóng 煙鴻 7-186A
yānhóng 嫣紅 4-401A
yānhóng 燕鴻 7-299A
yānhóng 殷紅 6-1483B
yǎnhóng 眼紅 7-1216A
yànhóng 焰紅 7-93B
yànhóng 雁鴻 11-808A
yànhóng 燕鴻 7-299A
yànhóng 鴳鴻 12-1107A
yànhóng 豔紅 9-1366B
yānhóngchàzǐ 嫣紅姹紫 4-401A
yànhōnghōng 焱烘烘 7-95B
yǎnhóngjǐngchì 眼紅頸赤 7-1216A
yānhóu 咽喉 3-327B
yānhòu 淹厚 5-1351B
yánhòu 延厚 2-900A
yánhòu 延候 2-901A
yánhòu 顏厚 12-338B
yǎnhòu 眼侯 7-1215A
yānhū 淹忽 5-1351B
yānhū 殗忽 5-167B
yānhú 煙壺 7-180B
yānhú 燕弧 7-288A
yānhù 煙户 7-174B
yánhú 炎湖 7-45A
yánhú 鹽湖 7-1483B
yánhù 鹽户 7-1479B
yǎnhū 闇忽 12-134A
yǎnhū 晻忽 5-759A
yǎnhū 晻曶 5-759A
yǎnhū 嚴乎 3-544A
yǎnhū 奄忽 2-1530B
yǎnhú 檿弧 4-1352B
yǎnhù 偃户 1-1533B
yǎnhù 掩護 6-649B
yǎnhù 揜護 6-771A
yànhù 雁户 11-803B
yànhù 燕户 7-284B
yānhuā 胭花 6-1244B
yānhuā 煙花 7-175B
yānhuā 煙華 7-178B
yānhuá 淹華 5-1352A
yānhuá 煙華 7-178B
yánhuā 簷花 8-1265A
yánhuā 鹽花 7-1480A
yánhuá 妍華 4-294B
yánhuá 顏華 12-339A
yánhuà 言話 11-9B
yǎnhuā 眼花 7-1213A
yǎnhuà 奄化 2-1530A
yǎnhuà 偃化 1-1533A
yǎnhuà 罨畫 8-1028A
yǎnhuà 演化 6-104B
yǎnhuà 魘話 12-477A
yànhuā 燕花 7-286A
yànhuā 豔花 9-1365B
yànhuà 讌話 11-463A
yānhuābù 煙花簿 7-176A
yānhuāchǎng 煙花場 7-176A
yǎnhuā'ěrrè 眼花耳熱 7-1213A
yānhuāfěndài 煙花粉黛 7-176A
yānhuāfēngyuè 煙花風月 7-175B
yānhuàhángyuàn 煙花行院 7-175B
yānhuái 淹徊 5-1351B
yǎnhuāliáoluàn 眼花撩亂 7-1213A
yǎnhuāliáoluàn 眼花繚亂 7-1213A
yǎnhuālìluàn 眼花歷亂 7-1213A
yānhuāliǔxiàng 煙花柳巷 7-175B
yānhuán 煙鬟 7-187A
yānhuǎn 淹緩 5-1355A
yānhuàn 閹宦 12-123B
yánhuān 言歡 11-12A
yánhuǎn 延緩 2-904A
yánhuàn 嚴焕 3-548B
yǎnhuàn 眼患 7-1217B
yànhuán 燕環 7-298B
yànhuàn 焰幻 7-93B
yànhuàn 厭患 1-943B
yānhuāng 淹荒 5-1351B
yānhuāng 奄荒 2-1530B
yānhuáng 淹黄 5-1352B
yānhuáng 菸黄 9-450A
yānhuáng 煙篁 7-184A
yānhuǎng 煙幌 7-182A
yánhuāng 炎荒 7-43A
yánhuāng 鹽荒 7-1481A
yánhuáng 炎皇 7-43B
yánhuáng 炎黄 7-44B
yǎnhuáng 罨黄 8-1028A
yǎnhuǎng 演幌 6-106B
yānhuānǚ 煙花女 7-175B
yānhuánwùbìn 煙鬟霧鬢 7-187A
yānhuāshì 煙花市 7-175B
yānhuāxiàng 煙花巷 7-175B
yǎnhuāxīnluàn 眼花心亂 7-1213A
yānhuāzhài 煙花債 7-176A
yānhuāzhài 煙花寨 7-176A
yānhuāzhèn 煙花陣 7-175B
yānhùcè 煙户册 7-174B
yānhuī 湮隳 5-1451B
yānhuī 煙灰 7-175A
yānhuí 淹回 5-1350B
yānhuì 淹恚 5-1352A
yānhuì 湮晦 5-1451A
yánhuī 炎暉 7-45B
yánhuī 炎輝 7-46B
yánhuí 延迴 2-900A
yánhuí 沿洄 5-1090A
yánhuì 炎卉 7-42A
yánhuì 筵會 8-1151A
yǎnhuī 畬灰 9-1402B
yǎnhuì 掩諱 6-649A
yànhuī 焰灰 7-93B
yànhuì 宴會 3-1486B
yànhuì 雁喙 11-807A
yànhuì 厭穢 1-946A
yànhuì 燕會 7-294B
yànhuì 燕誨 7-296A
yànhuì 讌會 11-463A
yànhuì 豔卉 9-1365B
yànhuìdì 焰慧地 7-94A
yànhuífēng 雁回峰 11-804A
yānhuīgāng 煙灰缸 7-175A
yānhuìguàntōng 淹會貫通 5-1354A
yānhūn 閹閽 12-124A
yánhūn 炎昏 7-42B
yǎnhūn 奄昏 2-1530B
yǎnhùn 奄混 2-1531A
yǎnhùn 偃溷 1-1536A
yǎnhùn 匽溷 1-969A
yànhùn 厭恩 1-945B
yānhuǒ 煙火 7-174A
yánhuǒ 炎火 7-42A
yánhuò 鹽貨 7-1483A
yǎnhuò 掩獲 6-649A
yànhuǒ 焰火 7-93B
yànhuò 宴貨 3-1486A
yànhuò 厭禍 1-944B
yānhuǒlínjū 煙火鄰居 7-174B
yānhuǒqì 煙火氣 7-174B
yānhuǒwù 煙火物 7-174B
yǎnhūqírán 儼乎其然 1-1741A
yānì 壓溺 2-1235A
yāniáng 鴉孃 12-1073B
yāniǎo 鴉鳥 12-1072A
yāniè 厭躡 1-946B
yániè 牙孽 5-280B
yániè 牙蘖 5-280B
yániè 芽蘖 9-284A
yāniǔ 壓紐 2-1234B
yāniǔ 壓鈕 2-1235A
yānjī 淹稽 5-1355A
yānjī 淹積 5-1355B
yānjī 燕姬 7-289B
yānjí 淹疾 5-1352B
yānjí 煙極 7-180B
yānjí 燕姞 7-289A
yānjì 淹濟 5-1355B
yānjì 淹紀 5-1352A
yānjì 淹寂 5-1353B
yānjì 煙際 7-182B
yánjī 研機 7-1010B
yánjī 研幾 7-1009A
yánjī 筵几 8-1150B
yánjī 嚴譏 3-553A
yánjī 鹽緝 7-1485A
yánjī 鹽齏 7-1485B
yánjī 鹽虀 7-1486B
yánjí 延及 2-898A
yánjí 研極 7-1009A
yánjí 研詰 7-1009A
yánjí 嚴急 3-546B
yánjí 嚴戢 3-549A
yánjí 嚴棘 3-549A
yánjí 鹽籍 7-1485B
yánjì 炎紀 7-44A
yánjì 顏霽 12-340A
yánjì 嚴忌 3-545A
yǎnjì 衍祭 3-950B
yǎnjī 掩擊 6-649A

yǎnjí 衍輯 3-951B
yǎnjí 偃戢 1-1535B
yǎnjí 掩集 6-647B
yǎnjí 眼急 7-1215B
yǎnjí 眼疾 7-1216B
yǎnjí 匽戟 1-969A
yǎnjì 揜迹 6-770B
yǎnjì 演技 6-105A
yǎnjì 演紀 6-106A
yǎnjì 黶記 12-1376B
yǎnjì 禰祭 7-967B
yànjī 厭譏 1-946B
yànjī 燕几 7-283A
yànjī 豔姬 9-1366B
yànjí 宴集 3-1486A
yànjí 厭極 1-944A
yànjí 燕集 7-292B
yànjí 讌集 11-463A
yànjí 醼集 9-1447B
yànjí 驗詰 12-912B
yànjì 宴寂 3-1486A
yànjì 晏寂 5-712B
yànjì 厭忌 1-942B
yànjì 厭祭 1-944A
yànjì 贗迹 10-292B
yànjì 贗蹟 10-293A
yānjiā 淹浹 5-1352B
yānjiā 燕佳 7-287A
yānjiā 燕笳 7-291A
yānjià 煙駕 7-184A
yánjiā 延嘉 2-903A
yánjiā 嚴家 3-548A
yánjiǎ 顏甲 12-337B
yánjiǎ 嚴假 3-548B
yánjià 嚴駕 3-551B
yánjià 鹽賈 7-1484A
yánjià 鹽價 7-1484B
yǎnjiā 掩猳 6-647B
yǎnjiǎ 偃甲 1-1533B
yànjiā 雁家 11-806A
yànjiā 燕嘉 7-295A
yànjià 宴駕 3-1487A
yànjià 晏駕 5-713A
yánjiā'èlì 嚴家餓隸 3-548A
yànjiājī 厭家雞 1-943B
yānjiājǐng 燕家景 7-289B
yānjiān 懨煎 7-767B
yānjiān 淹尖 5-1350B
yānjiān 淹煎 5-1354A
yānjiǎn 淹蹇 5-1355B
yānjiàn 淹漸 5-1354B
yānjiàn 煙劍 7-184A
yānjiàn 煙檻 7-186A
yánjiǎn 研檢 7-1010B
yánjiǎn 嚴簡 3-552B
yánjiàn 延見 2-899B
yánjiàn 延薦 2-904A
yánjiàn 言諫 11-11A
yánjiàn 鹽監 7-1484A
yǎnjiān 眼尖 7-1212B
yǎnjiǎn 偃蹇 1-1536B
yǎnjiǎn 偃簡 1-1537A
yǎnjiǎn 偃寋 1-1535B
yǎnjiān 偃僊 1-1537A
yǎnjiǎn 眼瞼 7-1220B
yǎnjiàn 剡薦 2-713A
yǎnjiàn 眼見 7-1213B
yànjiān 厭煎 1-945A
yànjiǎn 燕剪 7-291A
yànjiǎn 燕翦 7-297A
yànjiàn 宴見 3-1484B
yànjiàn 宴餞 3-1487B
yànjiàn 厭建 1-943A
yànjiàn 厭賤 1-946A
yànjiàn 燕見 7-286A
yànjiàn 燕餞 7-298A
yànjiàn 讌見 11-462B
yànjiàn 醼見 12-587B
yànjiàn 驗見 12-911B
yǎnjiànde 眼見得 7-1213B
yǎnjiànde 眼見的 7-1213B
yánjiǎndì 鹽鹼地 7-1484A
yānjiāng 煙江 7-175B
yánjiāng 巖漿 3-882A
yánjiāng 巖疆 3-883A
yánjiǎng 延獎 2-903A
yánjiǎng 言講 11-11B
yánjiǎng 研講 7-1010B
yánjiàng 鹽醬 7-1485B
yǎnjiāng 偃僵 1-1536B
yǎnjiǎng 演講 6-107B
yánjiàngjūntóu 嚴將軍頭 3-549A
yánjiàngkǒu 鹽醬口 7-1485B
yānjiàngshū 燕將書 7-291B
yǎnjiānshǒukuài 眼尖手快 7-1212B
yánjiǎntǔ 鹽鹼土 7-1484A
yǎnjiànwéishí… 眼見爲實,耳聽爲虛 7-1213B
yánjiǎnyìfēng 言簡義豐 11-11B
yánjiǎnyìgāi 言簡意該 11-11B
yánjiǎnyìgāi 言簡意賅 11-11B
yánjiǎnyìshēn 言簡意深 11-11B
yānjiāo 煙郊 7-177A
yānjiāo 煙嬌 7-184A
yānjiāo 煙膠 7-184A
yānjiǎo 燕角 7-286B
yánjiāo 巖椒 3-881A
yánjiǎo 顏角 12-338A
yánjiǎo 鹽脚 7-1483A
yánjiào 言教 11-7B
yánjiào 炎徼 7-46B
yánjiào 研校 7-1008A
yánjiào 嚴教 3-548B
yánjiào 巖徼 3-882B
yánjiào 巖嶠 3-882A
yǎnjiǎo 眼角 7-1213B
yǎnjiào 演教 6-106A
yànjiāo 豔嬌 9-1368B
yànjiáo 噍嚼 3-542A
yànjiào 驗校 12-912A
yānjiàyuègǔ 燕駕越轂 7-297B
yānjié 閹潔 12-124A
yánjiē 巡街 10-725A
yánjiē 延接 2-901B
yánjiē 沿街 5-1090B
yánjiē 檐堦 4-1346A
yánjié 延結 2-902B
yánjié 妍捷 4-294B
yánjié 妍潔 4-295A
yánjié 炎節 7-45B
yánjié 嚴節 3-550A
yánjié 嚴潔 3-551A
yánjié 嚴絜 3-549A
yánjiè 嚴介 3-543B
yǎnjié 偃節 1-1536A
yǎnjié 掩截 6-649A
yǎnjié 眼睫 7-1218B
yǎnjiè 眼界 7-1215A
yànjiē 燕接 7-290A
yànjiě 驗解 12-912B
yǎnjiémáo 眼睞毛 7-1218A
yǎnjiémáo 眼睫毛 7-1218B
yǎnjījiǎo'er 眼犄角兒 7-1218A
yānjīn 煙津 7-178B
yānjīn 燕金 7-287B
yānjìn 淹浸 5-1352B
yānjìn 淹禁 5-1354A
yānjìn 煙禁 7-182A
yānjìn 煙燼 7-186B
yánjīn 迂津 10-730A
yánjīn 延津 2-900B
yánjīn 言金 11-6A
yánjīn 鹽斤 7-1479B
yánjìn 鹽觔 7-1481B
yánjǐn 嚴緊 3-550B
yánjǐn 嚴謹 3-552B
yánjìn 嚴近 3-544B
yánjìn 嚴禁 3-550A
yánjìn 鹽禁 7-1484A
yǎnjīn 眼斤 7-1211A
yǎnjīn 眼筋 7-1218A
yǎnjìn 掩殣 6-648B
yǎnjìn 眼近 7-1213B
yǎnjìn 渰殺 5-1493B
yǎnjìn 演進 6-106A
yànjīn 燕巾 7-283A
yànjīn 噍津 3-542A
yànjǐn 雁錦 11-808A
yánjīnbǎojiàn 延津寶劍 2-900B
yānjīng 燕京 7-287B
yānjǐng 咽頸 3-328A
yānjǐng 煙景 7-181A
yānjǐng 燕警 7-299B
yānjìng 煙徑 7-179A
yánjīng 炎精 7-46A
yánjīng 研精 7-1009B
yánjīng 鹽精 7-1484B
yánjǐng 延頸 2-904A
yánjǐng 炎井 7-42A
yánjǐng 炎景 7-45A
yánjǐng 嚴警 3-552B
yánjǐng 鹽井 7-1479A
yánjǐng 鹽警 7-1485B
yánjìng 妍靜 4-295A
yánjìng 言競 11-12A
yánjìng 嚴勁 3-546A
yánjìng 嚴浄 3-546B
yánjìng 嚴敬 3-549A
yánjìng 嚴靜 3-550B
yánjìng 巖徑 3-880A
yánjìng 鹽境 7-1484A
yǎnjīng 眼睛 7-1218A
yǎnjīng 眼精 7-1219B
yǎnjīng 演經 6-107A
yǎnjìng 嚴浄 3-546B
yǎnjìng 眼境 7-1219A
yǎnjìng 眼鏡 7-1220B
yànjǐng 晏景 5-712B
yànjǐng 豔景 9-1367B
yànjìng 晏靜 5-713A
yánjīngbìzhì 研精畢智 7-1009B
yánjīngchǎnwēi 研精闡微 7-1010A
yánjīngdānlì 研精殫力 7-1010A
yánjīngdānsī 研精殫思 7-1010A
yǎnjīngfābái 眼睛發白 7-1218B
yánjīngjiélǜ 研精竭慮 7-1010A
yànjīngjīng 豔晶晶 9-1367A
yánjīngjiūwēi 研精究微 7-1009B
yánjǐngjǔzhǒng 延頸舉踵 2-904A
yánjīngliàndū 研京練都 7-1007B
yánjīngliǔgǔ 顏精柳骨 12-339B
yánjǐngqǐzhǒng 延頸跂踵 2-904A
yánjǐngqǐzhǒng 延頸企踵 2-904A
yǎnjìngshé 眼鏡蛇 7-1220B
yánjīngshí 鹽精石 7-1484B
yánjīngtánsī 研精覃思 7-1009B
yǎnjīngtiào… 眼睛跳,悔氣到 7-1218B
yǎnjīngtóu 眼睛頭 7-1218B
yánjīngzhìsī 研精致思 7-1009B
yǎnjīngzhū 眼睛珠 7-1218A
yánjīngzhùshǐ 研經鑄史 7-1009B
yǎnjīngzhūzi 眼睛珠子 7-1218A
yánjīnjiàn 延津劍 2-900B
yánjīnjiànhé 延津劍合 2-900B
yánjīnliǔgǔ 顏筋柳骨 12-339B
yānjīnmùxiù 燕金募秀

7-287B
yánjìnyìyuǎn 言近意遠 11-5A
yánjīnzhīhé 延津之合 2-900B
yánjìnzhǐyuǎn 言近旨遠 11-5A
yánjìnzhǐyuǎn 言近指遠 11-5A
yánjiōng 炎扃 7-43B
yánjiōng 嚴扃 3-546B
yánjiōng 巖坰 3-879A
yánjiōng 巖扃 3-880A
yǎnjíshǒukuài 眼急手快 7-1215B
yǎnjíshǒukuài 眼疾手快 7-1217A
yānjiǔ 淹九 5-1350A
yānjiǔ 淹久 5-1350A
yānjiǔ 煙酒 7-179B
yānjiǔ 閹九 12-123A
yánjiū 研究 7-1007B
yánjiū 揅究 6-733A
yánjiū 嚴究 3-545A
yánjiǔ 延久 2-898A
yánjiǔ 筵九 8-1150B
yánjiù 延廐 2-902B
yànjiǔ 燕九 7-283A
yànjiǔ 釅酒 9-1450B
yànjiù 厭[illegible] 1-944B
yànjiǔjié 燕九節 7-283A
yánjiǔxiè 鹽酒蟹 7-1482A
yánjīzōngwēi 研機綜微 7-1010B
yānjū 燕裾 7-294B
yānjù 煙具 7-176B
yānjù 煙聚 7-182B
yánjū 延居 2-900A
yánjū 炎駒 7-46A
yánjū 研鞠 7-1010B
yánjū 嚴居 3-545B
yánjū 嚴鞫 3-552B
yánjū 巖居 3-879B
yánjū 鹽居 7-1481A
yánjù 言句 11-3B
yánjù 嚴具 3-545A
yánjù 嚴距 3-548B
yǎnjǔ 偃榘 1-1536A
yǎnjǔ 掩沮 6-646A
yǎnjù 衍句 3-950A
yǎnjù 偃倨 1-1535A
yǎnjù 偃踞 1-1536B
yǎnjù 演劇 6-107B
yànjū 宴居 3-1485A
yànjū 晏居 5-712A
yànjū 燕居 7-287B
yànjū 讞鞠 11-477B
yànjū 讞鞫 11-477B
yànjú 讞局 11-476B
yànjǔ 豔舉 9-1368B
yànjù 宴聚 3-1486B
yànjù 宴醵 3-1487B
yànjù 讌聚 11-463A
yānjuǎn 煙捲 7-179B
yánjuān 延娟 2-901B
yánjuàn 延眷 2-902A
yǎnjuàn 掩卷 6-646A
yǎnjuàn 眼罥 7-1218B
yànjuàn 猒倦 5-66B
yànjuàn 厭倦 1-943B
yànjuàn 贗卷 10-292B
yānjùbōzhǔ 煙聚波屬 7-182B
yánjūchuānguān 巖居川觀 3-879B
yānjué 淹訣 5-1353A
yānjué 煙桷 7-180A
yánjué 言絕 11-9A
yánjué 言噱 11-11A
yǎnjué 掩絕 6-647B
yǎnjué 眼訣 7-1217B
yànjué 厭絕 1-944B
yànjué 燕爵 7-299A
yànjué 鴳爵 12-1106B
yànjué 讞決 11-476B
yànjué 豔絕 9-1367B
yánjué'ér 鹽角兒 7-1480B
yánjué'érlìng 鹽角兒令 7-1480B
yánjūn 閻君 12-126B
yánjūn 嚴君 3-545A
yánjūn 鹽軍 7-1481B
yánjùn 嚴峻 3-547B
yánjùn 巖峻 3-880A
yànjūn 驗軍 12-912A
yānjùnqiānjīn 燕駿千金 7-298B
yánjūxuéchǔ 巖居穴處 3-879B
yǎnkǎi 衍凱 3-951A
yànkǎi 燕凱 7-292B
yǎnkāiméizhǎn 眼開眉展 7-1218A
yànkāizhījǐng 晏開之警 5-713A
yánkǎn 巖坎 3-879A
yánkàn 延瞰 2-904A
yǎnkān 眼看 7-1215A
yǎnkǎn 掩坎 6-645B
yǎnkàn 眼看 7-1215A
yànkàn 宴衎 3-1485A
yànkàn 燕衎 7-288B
yànkàn 驗看 12-912A
yǎnkàndé 眼看得 7-1215A
yánkǎo 研考 7-1007A
yànkào 宴犒 3-1486B
yànkào 燕犒 7-296A
yānkè 煙客 7-178B
yānkè 燕客 7-289A
yánkē 嚴苛 3-545A
yánkē 嚴科 3-546A
yánkè 嚴刻 3-545B
yánkè 嚴客 3-546B
yánkè 巖客 3-880A
yánkè 鹽客 7-1481B
yánkè 鹽課 7-1484B
yǎnkē 眼科 7-1215A
yǎnkē 眼窠 7-1219A
yǎnkè 嚴恪 3-546B
yǎnkè 儼恪 1-1741B
yànkè 宴客 3-1485B
yànkè 燕客 7-288B
yànkè 贗刻 10-292B
yánkēng 鹽坑 7-1480A
yánkètíjǔsī 鹽課提舉司 7-1485A
yánkèyín 鹽課銀 7-1485A
yānkōng 煙空 7-177B
yánkōng 言空 11-6A
yǎnkǒng 眼孔 7-1211A
yànkōng 雁空 11-805B
yǎnkǒngdà 眼孔大 7-1211B
yǎnkǒngqiǎn 眼孔淺 7-1211B
yǎnkōngsìhǎi 眼空四海 7-1214B
yǎnkǒngxiǎo 眼孔小 7-1211B
yǎnkōngyīshì 眼空一世 7-1214B
yánkǒu 沿口 5-1089A
yánkǒu 檐口 4-1345B
yánkǒu 簷口 8-1265A
yǎnkǒu 奄口 2-1530A
yǎnkǒu 弇口 2-1316B
yǎnkǒu 掩口 6-644B
yǎnkǒu 揜口 6-770B
yànkǒu 焰口 7-93A
yǎnkǒu'érxiào 掩口而笑 6-644B
yǎnkǒuhúlú 掩口胡盧 6-644B
yànkǒujīng 焰口經 7-93B
yǎnkǒushīshēng 掩口失聲 6-644B
yánkǒutiāngōu 檐口天溝 4-1345B
yānkū 湮枯 5-1451A
yánkū 嚴枯 3-546A
yánkū 巖堀 3-880B
yánkū 巖窟 3-882A
yánkǔ 嚴苦 3-545A
yánkù 炎酷 7-45B
yánkù 嚴酷 3-550B
yánkù 鹽庫 7-1482A
yǎnkū 眼枯 7-1214B
yànkū 豔窟 9-1368A
yànkǔ 厭苦 1-942B
yānkuài 燕噲 7-298A
yánkuài 鹽快 7-1480B
yǎnkuài 眼快 7-1213B
yànkuài 厭快 1-942B
yánkuǎn 延款 2-902A
yànkuǎn 燕款 7-292A
yānkuàng 淹曠 5-1355B
yǎnkuāng 眼匡 7-1212B
yǎnkuàng 眼眶 7-1217A
yǎnkuàngzigāo 眼眶子高 7-1217A
yánkuí 顏暌 12-339B
yànkuì 燕餽 7-299A
yānkùn 淹困 5-1350B
yánkūn 炎崑 7-44B
yánkuò 研括 7-1007B
yànkǔtǔgān 咽苦吐甘 3-327A
yànkǔtǔgān 嚥苦吐甘 3-541B
yànkǔtūngān 嚥苦吞甘 3-541B
yānlà 醃臘 9-1418A
yànlà 焰蠟 7-94B
yānlàdā 煙剌答 7-178A
yánlài 嚴瀨 3-553A
yánlài 巖瀨 3-883A
yànlái 雁來 11-805A
yànlài 宴賚 3-1487A
yànlài 燕賚 7-297A
yànláihóng 雁來紅 11-805A
yànláikè 雁來客 11-805A
yánláiyǔqù 言來語去 11-6A
yānlán 煙嵐 7-181A
yānlán 燕蘭 7-299B
yánlán 言蘭 11-12A
yánlán 筵闌 8-1151A
yánlǎn 延覽 2-904B
yánlǎn 延攬 2-905A
yánlǎn 研覽 7-1011A
yǎnlàn 渰爛 5-1494A
yànlàn 炎爛 7-47B
yànlàn 鴳爛 12-1107A
yànlàn 豔爛 9-1369B
yànlànduī 鴳濫堆 12-1107A
yànlànduī 鴳爛堆 12-1107A
yānlàng 煙浪 7-179B
yánláng 顏郎 12-338B
yánláng 嚴廊 3-548B
yánláng 巖郎 3-879B
yánláng 巖廊 3-880B
yánlǎo 閻老 12-126B
yánlào 鹽酪 7-1484A
yǎnlǎo 衍潦 3-951B
yànláo 唁勞 3-365B
yànláo 宴勞 3-1486B
yànláo 燕勞 7-293B
yánlǎowáng 閻老王 12-126B
yánlǎowǔ 閻老五 12-126B
yánlè 顏樂 12-340A
yánlè 嚴勒 3-548B
yánlè 嚴樂 3-551B
yànlè 宴樂 3-1487A
yànlè 燕樂 7-297B
yànlè 讌樂 11-463B
yànlè 醼樂 9-1448A
yānlěi 煙壘 7-186B
yānlěi 燕壘 7-299B
yánlěi 延累 2-902A
yǎnlèi 掩淚 6-647B
yǎnlèi 掩類 6-649B
yǎnlèi 眼淚 7-1217B
yànlěi 燕壘 7-299B
yǎnlèixǐmiàn 眼淚洗面 7-1217B
yánlèixuánhé 言類懸河 11-12A
yánléng 巖稜 3-881B
yánlěng 炎冷 7-42B
yánlěng 嚴冷 3-544B

yànlěng 醲冷 9-1450A
yānlì 燕礫 7-299B
yánlí 炎離 7-47A
yánlí 鹽鹺 7-1485A
yánlǐ 研理 7-1008B
yánlǐ 顏李 12-338A
yánlì 延歷 2-904A
yánlì 妍麗 4-295A
yánlì 沿歷 5-1091A
yánlì 炎沴 7-43A
yánlì 炎厲 7-45B
yánlì 炎曆 7-46B
yánlì 炎癘 7-47A
yánlì 嚴栗 3-547A
yánlì 嚴厲 3-550B
yánlì 嚴麗 3-552B
yánlì 鹽吏 7-1480A
yánlì 鹽利 7-1480B
yǎnlí 眼離 7-1220B
yǎnlǐ 演禮 6-107B
yǎnlì 剡利 2-712B
yǎnlì 眼力 7-1209B
yǎnlì 齞歷 12-1451B
yànlí 厭離 1-946A
yànlǐ 宴禮 3-1487B
yànlǐ 燕禮 7-299A
yànlì 掞麗 6-713A
yànlì 贗力 10-292A
yànlì 豔麗 9-1369A
yānliàn 淹練 5-1355A
yánliàn 研煉 7-1009B
yánliàn 研練 7-1010B
yánliàn 研鍊 7-1010B
yǎnlián 眼簾 7-1220B
yǎnliǎn 弇斂 2-1317A
yǎnliǎn 掩斂 6-649B
yànliàn 厭戀 1-946B
yànliàn 灩瀲 6-225A
yànliàn 灧瀲 6-225A
yánliáng 炎凉 7-44A
yánliáng 炎涼 7-44B
yánliáng 簷梁 8-1265B
yánliáng 鹽糧 7-1485B
yánliàng 嚴兩 3-545A
yǎnliàng 眼亮 7-1215B
yánliángshìtài 炎凉世態 7-44A
yánliángshìtài 炎涼世態 7-45A
yǎnliánzhū 演連珠 6-106A
yānliǎo 煙燎 7-185B
yānliào 煙燎 7-185B
yánliǎo 延燎 2-904B
yánliǎo 炎燎 7-46B
yánliào 顏料 12-339A
yānliǎohuǒqì 煙燎火氣 7-185B
yánliè 炎烈 7-44A
yánliè 嚴冽 3-545B
yánliè 嚴烈 3-547B
yànliè 雁列 11-804A
yànliè 醲冽 9-1450B
yānlín 煙林 7-176B
yānlín 煙鱗 7-187A
yánlǐn 嚴懍 3-552A
yānlíng 鄢陵 11-1097B
yānlǐng 咽領 3-328A
yānlǐng 煙嶺 7-186A
yánlíng 迋陵 10-730A
yánlíng 迋齡 10-730B
yánlíng 延陵 2-901A
yánlíng 延齡 2-904B
yánlíng 炎靈 7-47B
yánlíng 檐鈴 4-1346A
yánlíng 嚴凌 3-548A
yánlíng 嚴陵 3-548A
yánlǐng 炎嶺 7-47A
yánlǐng 巖嶺 3-882B
yánlìng 嚴令 3-544A
yànlìng 燕令 7-285A
yànlíngdāo 雁翎刀 11-806B
yànlíngduì 雁翎隊 11-806B
yánlíngjiàn 延陵劍 2-901B
yánlíngjìzǐ 延陵季子 2-901B
yánlíngkè 延齡客 2-904B
yánlínglài 嚴陵瀨 3-548A
yànlíngzhèn 雁翎陣 11-806B
yánlíngzǐ 延陵子 2-901A
yǎnlǐróubùxiàshāzi 眼裏揉不下沙子 7-1219A
yānliú 淹流 5-1352B
yānliú 淹留 5-1352A
yānliú 奄留 2-1531A
yānliǔ 煙柳 7-178A
yánliú 延留 2-901A
yánliú 沿流 5-1090B
yánliú 炎劉 7-46B
yánliǔ 顏柳 12-338B
yánliù 檐溜 4-1346A
yánliù 檐霤 4-1346B
yánliù 簷溜 8-1265B
yánliù 簷霤 8-1265B
yánliútǎoyuán 沿流討源 5-1090B
yánlìzǒngjú 鹽鹺總局 7-1485A
yánlóng 巖櫳 3-883A
yánlóng 鹽龍 7-1485A
yānlóu 煙樓 7-183B
yánlóu 延樓 2-903B
yǎnlòu 弇陋 2-1316B
yǎnlòu 渰漏 5-1494A
yànlóu 燕樓 7-297A
yānlù 煙露 7-186B
yānlù 燕路 7-294A
yánlú 炎爐 7-47A
yánlú 炎鑪 7-47B
yánlǔ 檐魯 4-1346B
yánlǔ 鹽鹵 7-1482B
yánlǔ 鹽塷 7-1484A
yánlǔ 鹽滷 7-1484B
yánlù 埏路 2-1100A
yánlù 延露 2-904B
yánlù 延路 2-902B
yánlù 言路 11-9A
yánlù 沿路 5-1090B
yánlù 炎陸 7-44B
yánlù 炎錄 7-47B
yánlù 巖陸 3-880B
yánlù 巖路 3-881B
yánlù 巖麓 3-883A
yànlù 饜禄 12-587B
yānluán 煙巒 7-187A
yánluán 巖巒 3-883B
yánluàn 言亂 11-9B
yǎnluàn 眼亂 7-1218B
yànluǎn 燕卵 7-286B
yànluàn 厭亂 1-944B
yánlùhòu 延鷺堠 2-905A
yānlún 淹淪 5-1353B
yānlún 湮淪 5-1451A
yánlún 言綸 11-10B
yánlún 顏倫 12-339A
yánlún 顏淪 12-339A
yánlùn 言論 11-10B
yǎnlún 奄淪 2-1531A
yǎnlún 演綸 6-107A
yǎnlùn 讞論 11-477B
yánlùnfēngshēng 言論風生 11-11A
yānluó 煙螺 7-186A
yānluó 煙蘿 7-187A
yānluó 殷羅 6-1487A
yānluò 湮落 5-1451A
yánluó 閻羅 12-127A
yánluò 沿絡 5-1090B
yánluò 嚴駱 3-551B
yánluóbāolǎo 閻羅包老 12-127B
yánluódàwáng 閻羅大王 12-127A
yánluódiàn 閻羅殿 12-127B
yánluólǎozi 閻羅老子 12-127B
yànluòshātān 雁落沙灘 11-807A
yánluótiānzǐ 閻羅天子 12-127B
yánluówáng 閻羅王 12-127B
yánluóyāo 閻羅妖 12-127B
yānluózi 煙蘿子 7-187A
yánlǔshuǐ 鹽鹵水 7-1482B
yānlǚ 煙侶 7-177A
yānlǚ 煙縷 7-186A
yánlǘ 閻閭 12-127A
yánlǚ 簷梠 8-1265B
yánlǜ 研慮 7-1010A
yánlǜ 嚴律 3-546B
yánlǜ 鹽綠 7-1484B
yǎnlǚ 偃僂 1-1536A
yànlǚ 燕侶 7-287B
yǎnlüè 演略 6-106A
yànlǚyīngchóu 燕侶鶯儔 7-287B
yánmǎ 檐馬 4-1346A
yánmǎ 簷馬 8-1265B
yǎnmá 剡麻 2-712B
yānmái 淹埋 5-1352A
yānmái 湮埋 5-1451A
yānmái 煙霾 7-187A
yánmài 言脈 11-7A
yánmài 鹽脈 7-1482A
yǎnmái 掩埋 6-646B
yǎnmái 掩薶 6-649A
yànmài 燕麥 7-290A
yánmàn 延曼 2-901B
yánmàn 延漫 2-903A
yánmàn 延蔓 2-903A
yánmàn 莚蔓 9-380A
yǎnmàn 衍曼 3-950B
yǎnmàn 衍蔓 3-951A
yǎnmàn 衍蕁 3-951B
yǎnmàn 眼慢 7-1219B
yànmǎn 厭滿 1-945B
yānmǎng 煙莽 7-178B
yǎnmáng 眼芒 7-1212B
yānmào 淹茂 5-1351A
yānmào 閹茂 12-123B
yánmào 延袤 2-902A
yánmào 妍茂 4-294A
yánmào 言貌 11-10A
yánmào 顏貌 12-339B
yǎnmào 掩茂 6-646A
yǎnmào 掩冒 6-646A
yǎnmào 揜冒 6-770B
yànmáo 燕毛 7-284A
yànmào 豔茂 9-1366A
yānméi 煙煤 7-182A
yānmèi 湮昧 5-1451A
yānmèi 嫣媚 4-401B
yánméi 簷楣 8-1265B
yánméi 鹽梅 7-1482A
yánměi 妍美 4-294A
yánměi 研美 7-1008A
yánmèi 妍媚 4-294B
yǎnmèi 偃媚 1-1535B
yǎnmèi 掩袂 6-646B
yǎnmèi 魘昧 12-476B
yǎnmèi 魘寐 12-477A
yǎnmèi 魘魅 12-477A
yànméi 燕禖 7-294B
yànměi 豔美 9-1366B
yànmèi 豔媚 9-1367B
yánméixiāngchéng 鹽梅相成 7-1482B
yánméizhījì 鹽梅之寄 7-1482B
yánméizhōují 鹽梅舟楫 7-1482B
yánmén 羨門 9-183B
yánmén 巡門 10-722B
yánmén 炎門 7-43A
yǎnmén 演門 6-105B
yànmén 雁門 11-805B
yánménchíbō 沿門持鉢 5-1090A
yānméng 煙甍 7-182B
yánméng 檐甍 4-1346A
yánměng 嚴猛 3-548B
yánmèng 巖夢 3-881B
yǎnmèng 魘夢 12-477A
yǎnmèng 厭夢 1-944B
yànmèng 驗夢 12-912B
yǎnméngméng 眼濛濛

7-1220A
yànménguān 雁門關 11-805B
yānmèngzhēnglán 燕夢徵蘭 7-294A
yànménjì 雁門偈 11-805B
yànménsēng 雁門僧 11-805B
yànménshān 雁門山 11-805B
yánméntuōbō 沿門托鉢 5-1090A
yánméntuōbō 沿門託鉢 5-1090A
yánmí 姸靡 4-295B
yánmǐ 顏米 12-338A
yánmǐ 鹽米 7-1480A
yánmì 嚴祕 3-547A
yánmì 嚴密 3-548B
yǎnmī 眼瞇 7-1219A
yǎnmī 眼眯 7-1217B
yǎnmí 偃靡 1-1537A
yǎnmí 掩迷 6-646B
yǎnmí 魘迷 12-476B
yǎnmì 偃密 1-1535B
yǎnmì 掩祕 6-646B
yànmí 豔靡 9-1369A
yānmián 煙綿 7-183B
yānmián 煙緜 7-184A
yānmián 嫣綿 4-401B
yānmiǎn 湮緬 5-1451B
yánmián 延綿 2-903B
yánmiàn 言面 11-6A
yánmiàn 顏面 12-338B
yǎnmiàn 掩面 6-646A
yànmián 晏眠 5-712A
yǎnmiànqián 眼面前 7-1214B
yǎnmiànshàng 眼面上 7-1214B
yānmiáo 煙苗 7-176B
yānmiǎo 煙杪 7-176B
yánmiào 姸妙 4-294A
yánmiào 巖廟 3-882A
yānmiè 淹滅 5-1354A
yānmiè 湮滅 5-1451B
yǎnmiè 掩滅 6-648A
yānmín 煙民 7-175A
yānmín 煙旻 7-177A
yānmín 燕珉 7-288A
yānmǐn 湮泯 5-1451A
yánmín 鹽民 7-1480A
yánmǐn 顏閔 12-339B
yánmǐn 嚴敏 3-548B
yànmín 雁民 11-803B
yānmíng 淹明 5-1351A
yánmíng 言明 11-6A
yánmíng 炎冥 7-44A
yánmíng 炎溟 7-45B
yánmíng 嚴明 3-545A
yánmíng 鹽茗 7-1481A
yánmìng 嚴命 3-545B
yǎnmíng 眼明 7-1214A
yànmíng 驗明 12-911B
yànmíng 豔明 9-1366A
yǎnmíngdài 眼明袋 7-1214A
yǎnmíngnáng 眼明囊 7-1214A
yǎnmíngshǒujié 眼明手捷 7-1214A
yǎnmíngshǒukuài 眼明手快 7-1214A
yànmíngzhèngshēn 驗明正身 12-911B
yǎnmíqǔdú 揜麛取犢 6-771A
yǎnmíxīndàng 眼迷心蕩 7-1215B
yānmò 淹没 5-1350B
yānmò 淹歿 5-1351A
yānmò 湮沒 5-1450B
yānmò 湮没 5-1450B
yānmò 湮歿 5-1450B
yānmò 煙墨 7-183B
yánmó 炎摩 7-46B
yánmó 研摩 7-1010A
yánmó 研磨 7-1010B
yánmó 研礳 7-1011A
yánmó 揅摩 6-733A
yánmó 閻摩 12-127A
yánmó 鹽嫫 7-1484A
yánmò 言默 11-11A
yǎnmó 眼膜 7-1219A
yǎnmó 魘魔 12-477A
yǎnmò 奄莫 2-1531A
yǎnmò 掩没 6-645B
yǎnmò 眼脉 7-1216B
yǎnmò 渰没 5-1493B
yǎnmò 黤漠 12-1373A
yànmó 焰摩 7-94A
yànmò 宴默 3-1487B
yànmótiān 焰摩天 7-94A
yànmótiān 焰魔天 7-94B
yánmótiānzǐ 閻摩天子 12-127A
yǎnmóu 眼眸 7-1217B
yǎnmóu 演謀 6-107B
yànmóu 燕謀 7-298B
yánmówáng 閻摩王 12-127A
yānmòwúwén 湮没無聞 5-1450B
yànmòxiānpēng 雁默先烹 11-808A
yānmù 淹穆 5-1355B
yānmù 煙幕 7-181B
yánmù 延目 2-898B
yánmù 延募 2-902B
yánmù 延慕 2-903A
yǎnmù 晻莫 5-759A
yǎnmù 眼目 7-1211B
yànmù 燕幕 7-294A
yànmù 燕幙 7-294B
yànmù 豔慕 9-1368A
yǎnmùbǔquè 掩目捕雀 6-644B
yānmùdàn 煙幕彈 7-182A
yánmǔsǎomù 嚴母掃墓 3-544A
yànmùzì'ān 燕幕自安 7-294A
yánná 嚴拏 3-547A
yánná 嚴拿 3-547B
yánnà 延納 2-901B
yánnà 延捺 2-901B
yánnà 言納 11-7A
yánnà 沿納 5-1090B
yānnǎi 焉乃 7-84B
yānnǎi 焉廼 7-84B
yánnánfēng 鹽南風 7-1481A
yǎnnáng 偃囊 1-1537A
yànnányànběi 雁南燕北 11-805B
yānnánzhàoběi 燕南趙北 7-288A
yánnǎo 延腦 2-902B
yánnào 顏皃 12-338A
yǎnnǎo 眼腦 7-1219A
yànnǎo 厭惱 1-944B
yánnè 言訥 11-7B
yǎnnèidīng 眼內丁 7-1211A
yánnéng 嚴能 3-548B
yānní 煙泥 7-177B
yānní 煙霓 7-184B
yānnì 淹溺 5-1354B
yǎnnǐ 曮晲 5-852B
yǎnnì 掩匿 6-646B
yǎnnì 揜匿 6-770B
yǎnnì 渰溺 5-1494A
yànní 燕泥 7-287B
yànnì 厭膩 1-946A
yànnì 燕昵 7-288A
yànnì 燕嫟 7-295A
yànnì 燕溺 7-294B
yànnì 燕暱 7-295B
yānnián 淹年 5-1350B
yánnián 延年 2-898B
yánniàn 言念 11-6A
yǎnniàn 演念 6-105B
yànniàn 釅念 9-1450A
yànniáng 雁孃 11-808A
yánniánhuǒ 延年火 2-899A
yánniányìshòu 延年益壽 2-899A
yánniánzhàng 延年杖 2-899A
yānniǎo 煙鳥 7-180A
yánniǎo 言鳥 11-7B
yánníng 嚴凝 3-552A
yànníng 宴寧 3-1487A
yànníng 晏寧 5-713A
yànníng 燕寧 7-296B
yānnóng 煙農 7-182A
yánnóng 炎農 7-45B
yánnòng 研弄 7-1007A
yǎnnòng 媕哢 4-390A
yànnóng 硯農 7-1052B
yānnú 閹奴 12-123B
yǎnnú 儼奴 1-1741A
yànnú 雁奴 11-803B
yànnú 燕奴 7-285A
yánnuǎn 姸暖 4-295A
yánnuè 嚴虐 3-546A
yànnǚ 燕女 7-284A
yànnǚ 豔女 9-1365B
yánnüè 炎虐 7-43B
yǎnòng 雅弄 11-821A
yànpā 豔葩 9-1367A
yǎnpài 演派 6-105B
yànpái 驗牌 12-912B
yānpán 煙盤 7-184A
yánpán 鹽盤 7-1484B
yánpàn 研判 7-1007A
yǎnpànpàn 眼盼盼 7-1215A
yānpào 煙泡 7-177A
yǎnpāo 眼泡 7-1214B
yánpéi 顏坏 12-338A
yánpéi 顏坯 12-338A
yánpèi 嚴配 3-547B
yānpéng 閼逢 12-128A
yānpéng 閼蓬 12-128B
yānpéng 焉逢 7-85A
yānpéng 煙篷 7-185A
yànpéng 燕朋 7-287B
yànpéng 鴳鵬 12-1107A
yànpéng 讌朋 11-462B
yànpéng 驗棚 12-912B
yānpǐ 湮圮 5-1450B
yānpǐ 煙癖 7-186B
yánpí 姸皮 4-294A
yǎnpí 眼皮 7-1212A
yànpǐ 研癖 7-1011A
yànpì 燕辟 7-294B
yànpì 燕譬 7-300A
yánpiāo 炎漂 7-46A
yánpiáo 顏瓢 12-340A
yánpiào 鹽票 7-1482B
yànpiào 驗票 12-912A
yǎnpíbó 眼皮薄 7-1212B
yánpíbùguǒ… 姸皮不裹癡骨 4-294A
yǎnpídǐxià 眼皮底下 7-1212A
yánpiě 鹽鐅 7-1485B
yǎnpiē 眼瞥 7-1220A
yánpìn 延聘 2-902B
yànpǐn 贗品 10-292B
yànpǐn 豔品 9-1366A
yánpíng 嚴平 3-544A
yànpíng 研屏 7-1008A
yànpíng 硯屏 7-1052A
yànpíng 讞平 11-476B
yánpíngjīn 延平津 2-898B
yǎnpítiào 眼皮跳 7-1212A
yǎnpízidǐxià 眼皮子底下 7-1212A
yǎnpízigāo 眼皮子高 7-1212A
yǎnpíziqiǎn 眼皮子淺 7-1212A
yānpò 煙魄 7-183A
yánpò 言破 11-6B
yánpò 顏魄 12-339B
yànpò 豔魄 9-1368B
yānpú 煙蒲 7-182A
yānpǔ 煙浦 7-179A
yānpù 煙鋪 7-184A
yánpǔ 鹽浦 7-1482A
yánpù 鹽舖 7-1484B
yánpù 鹽曝 7-1485B
yǎnpū 偃仆 1-1533A
yǎnpū 掩撲 6-648B
yǎnpù 偃曝 1-1537A

yànpú 硯璞 7-1052B
yànpǔ 贗譜 10-293A
yānqí 焉耆 7-84B
yānqí 燕齊 7-296B
yānqì 湮棄 5-1451A
yānqì 煙氣 7-179A
yānqì 煙磧 7-184B
yánqī 延期 2-902B
yánqī 巖栖 3-880A
yánqī 巖棲 3-881A
yánqí 延跂 2-902A
yánqí 延企 2-899A
yánqì 言氣 11-6B
yánqì 炎氣 7-44A
yánqì 巖氣 3-547B
yánqì 巖器 3-551B
yǎnqí 甗錡 5-299B
yǎnqí 巘崎 3-884B
yǎnqì 奄棄 2-1531A
yǎnqì 偃憩 1-1536B
yǎnqì 掩泣 6-646A
yǎnqì 掩棄 6-647B
yǎnqì 眼氣 7-1216B
yǎnqì 軀氣 10-712A
yànqī 閻妻 12-126B
yànqī 黶妻 9-1366A
yànqì 咽氣 3-327B
yànqì 炎氣 7-44A
yànqì 雁器 11-808A
yànqì 雁磧 11-808A
yànqì 厭氣 1-943B
yànqì 厭棄 1-944B
yànqì 燕器 7-297B
yànqì 嚥氣 3-542A
yànqì 驗契 12-912A
yànqì 驗訖 12-912A
yànqì 嚥氣 3-534B
yānqià 淹洽 5-1351B
yánqià 顏帢 12-338B
yānqiān 煙籤 7-187A
yānqián 淹潛 5-1355A
yánqiān 延遷 2-903B
yánqiān 巖岍 3-879A
yánqiǎn 嚴譴 3-553A
yánqiàn 妍蒨 4-295A
yánqiàn 巖嵌 3-881A
yǎnqián 眼前 7-1215B
yǎnqiǎn 眼淺 7-1217B
yǎnqiǎn 黭淺 12-1373A
yǎnqiánchuāng 眼前瘡 7-1215B
yānqiāng 煙槍 7-182B
yánqiáng 嚴牆 3-552B
yánqiáng 巖牆 3-882B
yǎnqiánhuā 眼前花 7-1215B
yǎnqiánhuān 眼前歡 7-1215B
yǎnqiánkuī 眼前虧 7-1215B
yǎnqiánrén 眼前人 7-1215B
yǎnqiànsuōsāi 眼嵌縮顋 7-1218A
yānqiānzi 煙扦子 7-175A
yānqiáo 煙橋 7-183B
yánqiáo 炎嶠 7-46B
yánqiáo 鹽橋 7-1485A
yánqiǎo 妍巧 4-293B
yánqiǎo 言巧 11-3B
yánqiǎo 研巧 7-1007A
yánqiào 巖峭 3-547B
yànqiǎo 黶巧 9-1365B
yánqiè 嚴切 3-543B
yǎnqiè 衍篋 3-951B
yànqiè 讞篋 11-477A
yánqīgǔyǐn 巖棲谷飲 3-881A
yánqīgǔyǐn 巖棲谷隱 3-881A
yānqímíngwū 焉耆明屋 7-84B
yánqīn 閻親 12-127A
yánqīn 嚴親 3-552A
yánqín 言禽 11-8B
yǎnqín 演禽 6-106B
yǎnqǐn 偃寢 1-1536B
yànqǐn 宴寢 3-1487A
yànqǐn 晏寢 5-713A
yànqǐn 燕寢 7-296B
yànqǐn 讌寢 11-463B
yānqīng 煙清 7-180B
yánqīng 言鯖 11-12A
yánqíng 言情 11-8A
yánqíng 顏情 12-339A
yánqǐng 延請 2-903B
yánqìng 延慶 2-903B
yǎnqīng 眼青 7-1213B
yǎnqìng 衍慶 3-951B
yànqīng 宴清 3-1486A
yànqīng 晏青 5-712A
yànqīng 晏清 5-712B
yànqíng 黶情 9-1367A
yànqǐng 宴請 3-1487A
yánqìngjié 延慶節 2-903B
yǎnqīngqīng 眼清清 7-1217B
yánqīngxíngzhuó 言清行濁 11-8A
yánqióng 研窮 7-1010B
yǎnqípūgǔ 偃旗仆鼓 1-1536A
yǎnqīqī 眼淒淒 7-1216B
yánqìshuǐ 鹽汽水 7-1480B
yánqiū 炎丘 7-42A
yánqiū 嚴秋 3-546A
yánqiū 鹽坵 7-1480B
yánqiú 研求 7-1007A
yǎnqiú 眼球 7-1217A
yànqiū 宴丘 3-1484B
yànqiū 宴邱 3-1485A
yànqiū 雁湫 11-807A
yànqiū 雁丘 11-803B
yànqiú 晏裘 5-713A
yànqiú 讞囚 11-476B
yánqiūmén 延秋門 2-900B
yǎnqíwògǔ 偃旗卧鼓 1-1536A
yǎnqíxīgǔ 偃旗息鼓 1-1536A
yǎnqíxīgǔ 掩旗息鼓 6-648B
yánqīxuéchǔ 巖棲穴處 3-881A
yānqíyīqiūcíyǔ 焉耆一龜茲語 7-84B
yánqìzhèngxìng 嚴氣正性 3-547B
yānqū 淹屈 5-1351B
yánqū 炎區 7-44B
yánqū 巖曲 3-879A
yánqū 巖嶇 3-882A
yánqū 鹽區 7-1482B
yǎnqū 偃屈 1-1534B
yǎnqǔ 掩取 6-645B
yànqǔ 黶曲 9-1365B
yānquān 煙圈 7-180A
yánquán 言泉 11-6B
yánquán 言筌 11-8B
yánquán 言詮 11-9B
yánquán 鹽泉 7-1481B
yǎnquān 眼圈 7-1217B
yǎnquán 掩泉 6-646B
yǎnquán 眼泉 7-1215A
yānquē 淹闕 5-1355B
yānquē 湮缺 5-1451A
yānquè 煙闕 7-186B
yānquè 燕闕 7-299B
yánquē 巖闕 3-552B
yánquè 研却 7-1007A
yánquè 研搉 7-1009A
yánquè 擥榷 6-733A
yánquè 巖慤 3-551B
yánquè 巖確 3-551A
yánquè 鹽榷 7-1484A
yǎnquè 偃卻 1-1535A
yànquè 燕爵 7-299A
yànquè 燕雀 7-290B
yànquè 鴳雀 12-1106B
yànquè 鷃雀 12-1160A
yànquè'ānzhīhónghúzhì 燕雀安知鴻鵠志 7-290B
yànquèchǔtáng 燕雀處堂 7-291A
yànquèchǔwū 燕雀處屋 7-291A
yànquèqǐzhīdiāo'èzhì 燕雀豈知鵰鶚志 7-290B
yànquèqǐzhīdiāo'èzhì 燕鵲豈知鵰鶚志 7-299B
yànquèxiānghè 燕雀相賀 7-290B
yànquèzhījiàn 燕雀之見 7-290B
yànquèzhījū 燕雀之居 7-290B
yǎnqùméilái 眼去眉來 7-1211B
yǎnqún 掩羣 6-648A
yǎnqún 揜羣 6-771A
yánqūqián 鹽麴錢 7-1485B
yànqùyúlái 雁去魚來 11-803B
yānrán 嫣然 4-401A
yānrán 閹然 12-123B
yānrán 奄然 2-1531A
yānrán 厭然 1-944A
yānrán 燕然 7-293A
yānrǎn 淹冉 5-1350B
yánrán 巖然 3-881B
yánrǎn 顏冉 12-337B
yǎnrán 闇然 12-135B
yǎnrán 晻然 5-759B
yǎnrán 巖然 3-549B
yǎnrán 奄然 2-1531A
yǎnrán 偃然 1-1535B
yǎnrán 儼然 1-1741B
yǎnrán 黭然 12-1373A
yǎnrán 厭然 1-944B
yǎnrǎn 晻冉 5-759A
yǎnrǎn 奄冉 2-1530A
yǎnrǎn 掩冉 6-645A
yǎnrǎn 掩苒 6-646A
yànrán 宴然 3-1486A
yànrán 晏然 5-712B
yànrán 焰然 7-93B
yànrán 爓然 7-315B
yānránbǐ 燕然筆 7-293A
yānránmíng 燕然銘 7-293A
yānránshān 燕然山 7-293A
yānránshí 燕然石 7-293A
yānránsòng 燕然頌 7-293A
yānrányīxiào 嫣然一笑 4-401B
yánrè 炎熱 7-46A
yǎnrè 眼熱 7-1219B
yānrén 閹人 12-123A
yānrén 奄人 2-1530A
yánrén 鹽人 7-1479A
yánrěn 嚴忍 3-545A
yǎnrén 掩人 6-644B
yǎnrén 眼仁 7-1211A
yǎnrén'ěrmù 掩人耳目 6-644B
yánrénrénshū 言人人殊 11-2A
yānrì 淹日 5-1350A
yānrì 煙日 7-173B
yánrì 延日 2-898A
yánrì 炎日 7-42A
yǎnrì 掩日 6-644B
yànrì 晏日 5-711B
yànrì 嚥日 3-541B
yānróng 煙容 7-179B
yánróng 妍容 4-294B
yánróng 言容 11-7A
yánróng 顏容 12-339A
yánróng 巖溶 3-881B
yànróng 黶容 9-1366B
yānròu 醃肉 9-1417B
yánróu 妍柔 4-294B
yánrù 延入 2-898A
yánrù 炎溽 7-45B
yǎnrú 儼如 1-1741B
yǎnrù 掩縟 6-649A
yànrú 宴如 3-1484B
yànrú 晏如 5-712A
yǎnruǎn 眼軟 7-1217A
yānruǐ 煙蕊 7-183B
yánruì 言瑞 11-9A
yǎnruì 剡銳 2-713A
yànruǐ 黶蘂 9-1368B

yānrùn 淹潤 5-1355A
yānrùn 嫣潤 4-401B
yánruò 顏弱 12-339A
yǎnruò 偃弱 1-1535A
yǎnruò 儼若 1-1741B
yànruò 晏若 5-712A
yánruòxuánhé 言若懸河 11-5B
yǎnsā 演撒 6-107A
yǎnsā 罨靸 8-1028A
yánsài 嚴塞 3-550A
yǎnsāi 偃塞 1-1536A
yánsāi 雁塞 11-807A
yànsài 雁塞 11-807A
yānsàn 湮散 5-1451A
yánsāng 研桑 7-1008B
yǎnsāng 弇桑 9-1395A
yǎnsāng 厭桑 4-1352B
yánsānyǔsì 言三語四 11-2A
yānsè 咽塞 3-328A
yānsè 湮塞 5-1451B
yānsè 煙色 7-175B
yánsè 言色 11-4B
yánsè 顏色 12-337B
yánsè 嚴色 3-544B
yǎnsè 掩塞 6-648A
yǎnsè 眼色 7-1213A
yànsè 厭塞 1-945A
yànsè 厭色 1-942B
yànsè 黶色 9-1365B
yánsēn 妍森 4-294B
yānshā 煙沙 7-176A
yánshā 研殺 7-1008A
yǎnshā 掩殺 6-647A
yǎnshā 眼紗 7-1217A
yǎnshā 渰浸 5-1493B
yānshān 煙埏 7-179A
yānshān 弇山 2-1316B
yānshān 燕山 7-283A
yánshān 鉛山 11-1235A
yánshān 炎山 7-41B
yánshàn 妍贍 4-295B
yánshàn 嚴善 3-549B
yǎnshǎn 眼閃 7-1217A
yànshān 研山 7-1006B
yànshān 硯山 7-1051B
yànshān 雁山 11-803A
yànshàn 雁膳 11-808A
yánshāng 鹽商 7-1483A
yánshǎng 延賞 2-903B
yánshǎng 研賞 7-1010A
yánshàng 炎上 7-41B
yǎnshāng 偃商 1-1535B
yànshāng 宴觴 3-1487B
yànshāng 燕觴 7-299B
yànshāng 驗傷 12-912B
yànshǎng 宴賞 3-1487A
yànshǎng 晏賞 5-713A
yànshǎng 燕賞 7-297A
yànshǎng 讌賞 11-463B
yānshānmíng 燕山銘 7-283B
yānshānshí 燕山石 7-283B
yānshānsòng 燕山頌 7-283B
yānshāo 煙燒 7-185A
yānshào 煙哨 7-179A
yánshāo 延燒 2-904B
yǎnshāo 眼梢 7-1217A
yǎnshāo 眼稍 7-1218A
yānshè 煙舍 7-177A
yánshé 鹽蛇 7-1483A
yánshè 沿涉 5-1090A
yánshè 嚴設 3-548B
yànshè 宴射 3-1485B
yànshè 宴設 3-1486A
yànshè 燕射 7-289A
yànshè 讌設 11-462B
yànshè 黶射 9-1366B
yánshēn 延伸 2-899B
yánshēn 沿身 5-1089B
yánshēn 研深 7-1008B
yánshén 炎神 7-44A
yánshén 鹽神 7-1481B
yánshěn 研審 7-1010A
yánshěn 嚴審 3-551B
yánshèn 嚴慎 3-550A
yǎnshēn 掩身 6-645B
yǎnshén 眼神 7-1216A
yànshēn 燕申 7-285A
yànshěn 驗讅 12-912B
yánshēncùn 言身寸 11-5A
yānshēng 燕聲 7-298B
yánshēng 延生 2-898B
yánshēng 延聲 2-904B
yánshēng 妍聲 4-295A
yánshēng 言聲 11-11A
yánshēng 檐聲 4-1346B
yánshēng 顏生 12-337B
yánshēng 簷聲 8-1265B
yánshèng 嚴盛 3-548B
yǎnshēng 衍生 3-950A
yǎnshēng 衍聲 3-951B
yǎnshēng 眼生 7-1212A
yǎnshèng 魘勝 12-476B
yànshēng 黶聲 9-1368B
yànshèng 彥聖 3-1122A
yǎnshènggōng 衍聖公 3-951A
yǎnshēngjiāoyèbái 眼生蕉葉白 7-1212A
yánshénshān 顏神山 12-338B
yānshí 淹時 5-1352A
yānshí 淹識 5-1355B
yānshí 燕石 7-284B
yānshǐ 煙矢 7-174B
yānshǐ 閹使 12-123B
yānshì 淹逝 5-1352A
yānshì 煙室 7-178B
yānshì 閹侍 12-123B
yānshì 燕市 7-285A
yánshī 嚴師 3-547B
yánshí 炎石 7-42A
yánshí 研石 7-1007A
yánshí 嚴實 3-551A
yánshí 簷石 8-1265A
yánshí 巖石 3-878B
yánshǐ 言使 11-6A
yánshì 延世 2-898B
yánshì 延視 2-902A
yánshì 言事 11-5B
yánshì 言誓 11-9B
yánshì 研試 7-1009A
yánshì 嚴事 3-545A
yánshì 嚴侍 3-545B
yánshì 嚴飾 3-550A
yánshì 巖室 3-880A
yánshì 巖飾 3-881B
yǎnshī 偃師 1-1535A
yǎnshí 衍食 3-950B
yǎnshí 掩食 6-646B
yǎnshí 眼時 7-1216B
yǎnshí 眼識 7-1220B
yǎnshǐ 眼屎 7-1216A
yǎnshǐ 演史 6-104B
yǎnshì 奄逝 2-1531A
yǎnshì 掩飾 6-648A
yǎnshì 眼勢 7-1218A
yǎnshì 演示 6-104B
yǎnshì 演試 6-106B
yǎnshì 演釋 6-108A
yànshī 驗尸 12-911A
yànshī 驗屍 12-912A
yànshī 黶尸 9-1365B
yànshī 黶詩 9-1367B
yànshí 晏食 5-712A
yànshí 硯石 7-1051B
yànshí 雁實 11-807B
yànshí 燕食 7-288B
yànshí 饜食 12-587B
yànshí 驗實 12-912B
yànshí 黶什 9-1365B
yànshǐ 雁使 11-805A
yànshǐ 黶史 9-1365B
yànshì 研室 7-1008A
yànshì 彥士 3-1122A
yànshì 宴室 3-1485B
yànshì 宴適 3-1487A
yànshì 晏室 5-712A
yànshì 焰室 7-93B
yànshì 焰勢 7-94A
yànshì 厭世 1-942A
yànshì 厭事 1-942B
yànshì 燕室 7-288B
yànshì 燕飾 7-294B
yànshì 燕適 7-296B
yànshì 讌侍 11-462B
yànshì 驗事 12-911B
yànshì 驗視 12-912A
yànshì 驗試 12-912B
yànshì 讞事 11-476B
yànshì 黶飾 9-1367B
yānshìbēigē 燕市悲歌 7-285A
yánshìguān 言事官 11-5B
yànshīguān 驗尸官 12-911A
yānshìmèixíng 煙視媚行 7-180B
yānshìpīlíchún 煙士披離純 7-173B
yānshìpīlǐchún 煙士披里純 7-173A
yánshìrénfēi 言是人非 11-6B
yánshíwàngjiǔ 言十妄九 11-2A
yānshíwàngzhēn 燕石妄珍 7-285A
yǎnshíxià 眼時下 7-1216B
yànshìyúchén 雁逝魚沉 11-806A
yánshǒu 延首 2-900B
yánshǒu 妍手 4-293B
yánshǒu 沿守 5-1089B
yánshǒu 嚴守 3-544B
yánshòu 延壽 2-903A
yànshōu 驗收 12-911B
yànshǒu 贗手 10-292A
yànshòuhuánféi 燕瘦環肥 7-296B
yánshòukè 延壽客 2-903A
yánshòutáng 延壽堂 2-903A
yānshǔ 煙曙 7-186A
yānshù 煙樹 7-184B
yānshù 閹豎 12-124A
yānshù 奄豎 2-1531B
yánshū 妍姝 4-294B
yánshū 妍淑 4-294B
yánshū 言樞 11-10B
yánshū 研疎 7-1009A
yánshū 顏書 12-339A
yánshǔ 炎暑 7-45A
yánshǔ 嚴署 3-550A
yánshǔ 簷鼠 8-1265B
yánshǔ 鹽署 7-1484A
yánshù 言數 11-10B
yánshù 炎樹 7-46B
yánshù 研述 7-1007B
yánshù 閻術 12-127A
yánshù 鹽數 7-1484B
yǎnshú 眼熟 7-1219B
yǎnshǔ 偃鼠 1-1536A
yǎnshǔ 蝘鼠 8-927B
yǎnshǔ 鼴鼠 12-1414B
yǎnshù 衍數 3-951B
yǎnshù 演述 6-105A
yǎnshù 儼束 1-1741B
yǎnshù 魘術 12-476B
yànshū 雁書 11-806A
yànshū 燕紓 7-290A
yànshū 贗書 10-292B
yànshū 讞書 11-477A
yànshū 黶姝 9-1366B
yànshǔ 讞鼠 11-477A
yànshù 嚥漱 3-542A
yànshù 驗數 12-912B
yànshuāi 厭衰 1-943B
yānshuāng 穟霜 9-1184B
yānshuāng 燕霜 7-298B
yánshuāng 嚴霜 3-552A
yánshuāng 鹽霜 7-1485A
yánshuǎng 言爽 11-7B
yānshuǐ 煙水 7-173B
yánshuì 鹽稅 7-1483B
yǎnshuǐ 眼水 7-1211A
yànshuǐ 硯水 7-1051B
yànshuì 雁稅 11-807A
yánshuǐfó 鹽水佛 7-1479A

yānshuǐguó 煙水國 7-173B
yánshuǐmèi 鹽水妹 7-1479B
yānshuǐmèng 煙水夢 7-173B
yānshuǐtíng 煙水亭 7-173B
yánshùn 沿順 5-1090B
yánshùn 嚴順 3-549B
yǎnshùn 眼瞤 7-1220B
yānshuō 燕説 7-296A
yánshuō 言説 11-10B
yánshuò 炎爍 7-47A
yánshuò 炎鑠 7-47B
yǎnshuō 衍説 3-951A
yǎnshuō 演説 6-107A
yànshuō 豔説 9-1368B
yānsī 淹思 5-1351B
yānsī 煙絲 7-181B
yānsì 煙寺 7-175A
yānsì 煙肆 7-181B
yānsì 閹寺 12-123B
yānsì 奄寺 2-1530A
yānsì 燕駟 7-297A
yánsī 言絲 11-9A
yánsī 研思 7-1008A
yánsī 鹽司 7-1479B
yánsì 延祀 2-900A
yánsì 言肆 11-9A
yánsì 筵肆 8-1151A
yánsì 巖笥 3-880B
yǎnsī 酓絲 9-1395A
yǎnsī 演思 6-105B
yǎnsī 檿絲 4-1352B
yǎnsì 剡耜 2-712B
yǎnsì 衍嗣 3-951A
yǎnsì 偃肆 1-1535B
yànsī 宴私 3-1485A
yànsī 燕私 7-286A
yànsī 嬿私 4-422B
yànsī 讌私 11-462B
yànsī 豔私 9-1365B
yànsī 豔思 9-1366A
yánsīhéfèng 嚴絲合縫 3-549B
yānsōng 煙松 7-176B
yánsǒng 嚴聳 3-552A
yánsòng 炎宋 7-42B
yǎnsòng 演誦 6-107A
yànsòng 言訟 11-8A
yánsōu 研搜 7-1009A
yánsǒu 巖藪 3-882B
yǎnsōu 偃溲 1-1535B
yànsōu 匽溲 1-969A
yānsù 淹數 5-1355A
yānsù 淹速 5-1352A
yānsù 淹宿 5-1353B
yánsū 鹽酥 7-1483A
yánsù 沿泝 5-1089B
yánsù 沿溯 5-1091A
yánsù 沿遡 5-1091A
yánsù 嚴速 3-547A
yánsù 嚴肅 3-550B
yǎnsù 儼肅 1-1742A
yānsuān 焉酸 7-85A
yánsuàn 延算 2-903A
yǎnsuàn 演算 6-107A
yànsuān 厭酸 1-945A
yànsuān 釅酸 9-1450B
yànsuàn 驗算 12-912B
yānsuì 淹歲 5-1354A
yānsuì 煙穗 7-186A
yánsuī 芫荽 9-282A
yánsuī 鹽荽 7-1481B
yánsuǐ 延髓 2-904B
yánsuì 埏燧 2-1100A
yánsuì 埏隧 2-1100A
yánsuì 延祟 2-901B
yánsuì 炎燧 7-47A
yánsuì 嚴邃 3-552A
yǎnsuì 魘祟 12-476B
yànsuì 晏歲 5-713A
yànsǔn 燕筍 7-292B
yānsuō 煙簑 7-185A
yánsuǒ 研索 7-1008A
yānsuōyǔlì 煙簑雨笠 7-185A
yànsùyújiān 雁素魚箋 11-806A
yāntà 煙榻 7-182B
yántà 埏闥 2-1100A
yántà 巖闥 3-553A
yàntǎ 雁塔 11-806B
yāntái 煙炲 7-178A
yāntái 燕臺 7-295A
yāntài 煙態 7-183B
yǎntái 演臺 6-107A
yàntai 硯臺 7-1052B
yàntāi 燕胎 7-288B
yàntài 豔態 9-1368B
yāntáijù 燕臺句 7-295A
yāntàn 煙炭 7-178A
yántān 巖灘 3-553A
yántān 鹽灘 7-1486B
yántán 妍談 4-295A
yántán 言談 11-11A
yántán 研覃 7-1009A
yǎntǎn 揜菼 6-770B
yàntán 燕談 7-297A
yāntáng 煙堂 7-180A
yántáng 炎唐 7-44A
yántáng 巖堂 3-880B
yǎntáng 眼膛 7-1219B
yàntáng 堰塘 2-1146A
yàntáng 燕堂 7-290B
yántánjǔzhǐ 言談舉止 11-11A
yāntāo 煙濤 7-186A
yántǎo 研討 7-1008A
yǎntǎo 掩討 6-647A
yàntǎtímíng 雁塔題名 11-807A
yàntǎxīntí 雁塔新題 11-807A
yǎntè 衍忒 3-950A
yǎntè 衍貣 3-950B
yánténgténg 炎騰騰 7-47A
yànténgténg 焰騰騰 7-94B
yāntī 淹睇 5-1353B
yāntí 焉提 7-85A
yāntì 淹涕 5-1352B
yāntì 淹替 5-1353B
yāntì 湮替 5-1451A
yántí 言提 11-8A
yántí 顏題 12-340A
yántǐ 顏體 12-340A
yǎntǐ 掩體 6-650A
yǎntì 掩涕 6-647A
yǎntì 掩替 6-647B
yàntí 豔題 9-1368B
yàntǐ 燕體 7-300A
yàntǐ 贗體 10-293A
yàntǐ 豔體 9-1369B
yāntiǎn 湮殄 5-1451A
yántiān 炎天 7-42A
yàntiān 掞天 6-712B
yàntiān 雁天 11-803B
yàntián 研田 7-1007A
yàntián 硯田 7-1051B
yàntiàn 宴瑱 3-1486B
yāntiānbìrì 殷天蔽日 6-1482B
yāntiáo 煙條 7-179A
yántiáo 言調 11-11A
yántiáo 沿條 5-1090A
yántiào 延眺 2-901B
yǎntiào 掩跳 6-648A
yǎntiào 眼跳 7-1218B
yàntiáo 豔條 9-1366B
yǎntiào'ěrrè 眼跳耳熱 7-1218B
yāntiáolùyè 煙條露葉 7-179A
yǎntiáotiáo 眼迢迢 7-1214B
yǎntiàoxīnjīng 眼跳心驚 7-1218B
yāntiáoyǔyè 煙條雨葉 7-179A
yántiě 檐鐵 4-1346B
yántiě 簷鐵 8-1266A
yántiě 鹽鐵 7-1485B
yántiè 顏帖 12-338A
yǎntiē 偃帖 1-1534B
yàntiě 雁帖 11-805A
yántiěguān 鹽鐵官 7-1486A
yántiěshǐ 鹽鐵使 7-1486A
yántiěyìn 鹽鐵印 7-1485B
yāntīng 煙汀 7-175A
yāntíng 淹停 5-1353A
yāntǐng 煙艇 7-181B
yántíng 炎庭 7-43B
yàntíng 燕亭 7-288B
yántīngjìcóng 言聽計從 11-12B
yántīngjìxíng 言聽計行 11-12B
yántīngjìyòng 言聽計用 11-12B
yántīngmóujué 言聽謀決 11-12B
yántīngshìxíng 言聽事行 11-12A
yántīngxíngcóng 言聽行從 11-12A
yántíqí'ěr 言提其耳 11-8A
yāntōng 淹通 5-1352B
yāntōng 煙通 7-179B
yāntǒng 煙筒 7-181B
yāntǒng 煙筩 7-182A
yǎntóng 眼同 7-1212B
yǎntóng 眼瞳 7-1220A
yàntǒng 研筒 7-1009A
yāntóu 煙頭 7-184B
yántóu 檐頭 4-1346B
yǎntóu 眼頭 7-1220A
yàntóu 雁頭 11-807B
yāntóudānǎo 淹頭搭腦 5-1355B
yàntóujiān 雁頭牋 11-807B
yàntóuqing 雁頭青 11-807B
yāntū 煙突 7-178B
yāntǔ 煙土 7-173A
yántú 沿途 5-1090A
yántú 沿塗 5-1091A
yántú 炎圖 7-46A
yántú 鹽徒 7-1481B
yántǔ 言吐 11-4A
yántǔ 炎土 7-41B
yǎntǔ 掩土 6-644B
yǎntuì 演蜕 6-106B
yántún 鹽屯 7-1479A
yántuó 顏酡 12-339A
yántuó 顏酏 12-339A
yántuò 巖柝 3-546A
yǎntuō 偃託 1-1535A
yǎntuò 偃柝 1-1534B
yàntuō 贗託 10-292B
yàntuó 焱橐 7-95B
yàntuó 厭駝 1-945B
yàntuò 嚥唾 3-542A
yāntuǒtuǒ 閹妥妥 12-123B
yántuózi 鹽坨子 7-1480B
yǎntūshuā 眼禿刷 7-1213B
yānú 雅奴 11-821A
yànú 亞奴 1-542B
yánuò 衙喏 3-1049A
yānwǎ 煙瓦 7-173B
yànwǎ 研瓦 7-1006B
yànwǎ 硯瓦 7-1051B
yánwàizhīwèi 言外之味 11-3B
yánwàizhīyì 言外之意 11-3B
yānwán 淹玩 5-1351A
yānwán 淹翫 5-1355A
yānwǎn 淹晚 5-1353A
yánwǎn 蜒蜿 8-891A
yánwán 延玩 2-900A
yánwán 研玩 7-1007B
yánwán 研翫 7-1010B
yánwǎn 延宛 2-900A
yǎnwǎn 琰婉 4-597B
yànwán 宴玩 3-1485A
yànwǎn 瞜婉 7-1243B
yànwǎn 宴婉 3-1486A
yànwǎn 燕婉 7-291B
yànwǎn 嬿娩 4-422B
yànwǎn 嬿婉 4-422B

yànwǎn 讌婉 11-463A
yānwáng 湮亡 5-1450A
yānwǎng 淹枉 5-1351A
yánwáng 閻王 12-126A
yánwàng 延望 2-902A
yǎnwàng 眼望 7-1217B
yànwáng 雁王 11-803A
yánwángdiàn 閻王殿 12-126B
yánwánghǎojiàn… 閻王好見,小鬼難當 12-126A
yánwánglǎozi 閻王老子 12-126A
yānwángtái 燕王臺 7-284A
yánwángyé 閻王爺 12-126A
yánwángzhài 閻王債 12-126B
yánwángzhàng 閻王帳 12-126A
yānwēi 湮微 5-1451B
yānwēi 煙煨 7-182B
yānwēi 燕隗 7-291B
yánwēi 炎威 7-43B
yánwēi 研微 7-1009A
yánwēi 嚴威 3-546A
yánwēi 巖隈 3-881A
yánwēi 巖巍 3-883A
yánwéi 延維 2-903B
yánwéi 簷帷 8-1265B
yánwěi 炎煒 7-45B
yánwěi 嚴偉 3-548B
yánwèi 研味 7-1007B
yánwèi 嚴畏 3-546A
yǎnwěi 眼尾 7-1213B
yǎnwèi 菴蔚 9-436B
yànwěi 厭僞 1-945B
yànwěi 燕尾 7-287A
yànwèi 唁慰 3-365B
yànwèi 宴位 3-1485A
yànwèi 宴慰 3-1487A
yànwěicǎo 燕尾草 7-287A
yànwěifú 燕尾服 7-287A
yànwěipái 燕尾牌 7-287A
yànwěiqí 燕尾旗 7-287A
yànwěishān 燕尾衫 7-287A
yànwěixiāng 燕尾香 7-287A
yánwéixīnshēng 言爲心聲 11-8B
yánwén 言文 11-3B
yánwěn 妍穩 4-295B
yánwèn 延問 2-902A
yánwèn 言問 11-8A
yánwèn 研問 7-1008B
yǎnwén 衍文 3-949B
yànwēn 晏溫 5-712B
yànwēn 曣昷 5-850A
yànwén 厭聞 1-945B
yànwén 讞文 11-476B
yànwén 黶聞 9-1368B
yànwèn 驗問 12-912A
yànwēng 燕蓊 7-294A
yánwénxíngyuǎn 言文行遠 11-3B
yànwényùtīng 厭聞飫聽 1-945B
yānwō 煙窩 7-182B
yánwō 巖窩 3-882A
yánwò 巖幄 3-549A
yǎnwō 眼窩 7-1219A
yǎnwò 衍沃 3-950A
yǎnwò 偃卧 1-1534B
yànwō 燕窩 7-294B
yànwò 晏卧 5-712A
yànwōcài 燕窩菜 7-294B
yānwū 焉烏 7-85A
yānwú 湮蕪 5-1451B
yānwú 煙蕪 7-183B
yānwù 煙霧 7-186B
yānwù 煙鶩 7-186B
yánwū 顏烏 12-339A
yánwū 巖屋 3-880A
yánwú 延吳 2-899B
yánwú 檐梧 4-1346A
yánwú 巖峿 3-880A
yánwú 巖齬 3-883A
yánwǔ 妍嫵 4-295A
yánwǔ 閻伍 12-126B
yánwǔ 顏武 12-338A
yánwǔ 櫚廡 4-1359B
yánwù 延誤 2-903A
yánwù 言晤 11-7B
yánwù 沿誤 5-1091A
yánwù 炎霧 7-47A
yánwù 研務 7-1008B
yánwù 鹽物 7-1480B
yánwù 鹽務 7-1482A
yǎnwǔ 匽武 1-969A
yǎnwǔ 偃武 1-1534A
yǎnwǔ 演武 6-105A
yǎnwù 衍誤 3-951A
yànwǔ 燕舞 7-295B
yànwǔ 黶舞 9-1368A
yànwù 猒惡 5-67A
yànwù 硯務 7-1052A
yànwù 雁鶩 11-808A
yànwù 厭惡 1-944A
yànwù 厭物 1-942B
yánwúbùjìn 言無不盡 11-8B
yǎnwǔchǎng 演武場 6-105A
yǎnwǔchóngwén 偃武崇文 1-1534A
yǎnwǔdíwén 偃武覿文 1-1534A
yánwú'èrjià 言無二價 11-8B
yǎnwǔgāobīng 偃武櫜兵 1-1534A
yànwùguān 硯務官 7-1052B
yánwúlúncì 言無倫次 11-8B
yǎnwǔtīng 演武廳 6-105A
yǎnwǔxīgē 偃武息戈 1-1534A
yǎnwǔxīngwén 偃武興文 1-1534A
yǎnwǔxíngwén 偃武行文 1-1534A
yǎnwǔxiūbīng 偃武休兵 1-1534A
yǎnwǔxiūwén 偃武修文 1-1534A
yànwǔyīngē 燕舞鶯歌 7-296A
yànwǔyīngtí 燕舞鶯啼 7-295B
yǎnwūzhū 眼烏珠 7-1216B
yānxī 淹息 5-1352A
yānxī 煙溪 7-182B
yānxī 奄息 2-1531A
yānxī 燕犀 7-294A
yānxí 淹襲 5-1356A
yānxì 淹繫 5-1355B
yānxì 煙艴 7-181B
yánxī 延釐 2-904B
yánxī 延息 2-901A
yánxī 延嬉 2-904A
yánxī 炎曦 7-47A
yánxī 巖谿 3-882B
yánxī 鹽醯 7-1485B
yánxí 沿習 5-1090B
yánxí 沿襲 5-1091A
yánxí 研習 7-1008B
yánxí 筵席 8-1150B
yánxǐ 延喜 2-902B
yánxì 言戲 11-11B
yánxì 檐隙 4-1346A
yǎnxī 偃息 1-1535A
yǎnxī 掩息 6-647A
yǎnxí 衍習 3-950B
yǎnxí 掩襲 6-650A
yǎnxí 演習 6-106A
yǎnxì 演戲 6-107B
yànxī 宴娭 3-1485B
yànxī 宴息 3-1485B
yànxī 宴嬉 3-1487A
yànxī 晏息 5-712B
yànxī 燕娭 7-290A
yànxī 燕息 7-289B
yànxī 燕嬉 7-297A
yànxī 嚥息 3-542A
yànxī 讌息 11-462B
yànxī 讌嬉 11-463B
yànxí 研席 7-1008B
yànxí 宴席 3-1485B
yànxí 硯席 7-1052A
yànxí 燕席 7-289B
yànxí 讌席 11-462B
yànxǐ 燕喜 7-292A
yànxǐ 讌喜 11-463A
yànxì 宴戲 3-1487B
yànxì 燕戲 7-298B
yànxì 讌戲 11-463B
yànxì 鷰戲 12-1160A
yānxiá 煙匣 7-176A
yānxiá 煙霞 7-185B
yánxiā 巖岈 3-879A
yánxiā 巖岈 3-879A
yánxiá 妍黠 4-295A
yánxiá 炎霞 7-47A
yánxiá 巖峽 3-880A
yánxià 言下 11-2A
yánxià 炎夏 7-44A
yǎnxiā 眼瞎 7-1219B
yǎnxiá 掩瑕 6-647B
yǎnxià 眼下 7-1210A
yànxiá 硯匣 7-1052A
yànxiá 燕狎 7-287B
yànxiá 黶黠 9-1368B
yánxiàdiàn 巖下電 3-878B
yānxiádòng 煙霞洞 7-186A
yǎnxiā'ěrlóng 眼瞎耳聾 7-1219B
yānxiágù 煙霞痼 7-186A
yānxiágùjí 煙霞痼疾 7-186A
yānxiálǚ 煙霞侶 7-185B
yānxiān 殷鮮 6-1487A
yānxiàn 煙線 7-184B
yānxiàn 煙霰 7-186B
yánxiǎn 巖險 3-882A
yánxiàn 沿綫 5-1091A
yánxiàn 嚴獻 3-553A
yánxiàn 鹽羨 7-1484A
yǎnxiàn 衍羨 3-951A
yǎnxiàn 眼腺 7-1219A
yǎnxiàn 眼綫 7-1219B
yǎnxiàn 眼線 7-1219B
yànxián 晏閒 5-713A
yànxián 燕間 7-293B
yànxián 燕閒 7-293B
yànxián 燕閑 7-293B
yànxián 讌閒 11-463A
yànxiàn 黶羨 9-1367B
yànxiàn 黶羨 9-1368A
yànxiàn 曣晛 5-850A
yānxiāng 嫣香 4-401A
yānxiáng 淹翔 5-1353B
yānxiáng 淹詳 5-1354A
yānxiàng 咽項 3-327B
yánxiāng 鹽香 7-1481B
yánxiāng 鹽鄉 7-1483A
yánxiáng 妍詳 4-295A
yánxiáng 研詳 7-1009B
yánxiǎng 延想 2-902B
yánxiǎng 簷響 8-1266A
yánxiàng 言象 11-7B
yánxiàng 顏巷 12-338B
yànxiǎng 宴享 3-1485A
yànxiǎng 宴饗 3-1488A
yànxiǎng 燕享 7-287B
yànxiǎng 燕飨 7-294A
yànxiǎng 燕饗 7-300A
yànxiǎng 讌享 11-462B
yànxiǎng 讌饗 11-463B
yànxiàng 晏相 5-712A
yànxiàng 黶象 9-1367A
yǎnxiǎngxīnsī 眼想心思 7-1218A
yānxiāo 淹宵 5-1352B
yānxiāo 淹消 5-1352B
yānxiāo 煙硝 7-181A
yānxiāo 煙銷 7-184A
yānxiāo 煙霄 7-183B
yánxiāo 炎熇 7-46A
yánxiāo 炎敲 7-46A
yánxiāo 炎囂 7-47B
yánxiāo 炎歊 7-47A
yánxiāo 嚴宵 3-548A

yánxiāo 鹽梟 7-1483A
yánxiāo 鹽篠 7-1485A
yánxiào 言笑 11-6B
yǎnxiǎo 眼小 7-1210A
yǎnxiào 掩笑 6-647A
yǎnxiào 眼笑 7-1216B
yànxiāo 焰硝 7-93B
yànxiào 宴笑 3-1485B
yànxiào 燕笑 7-289A
yànxiào 讌笑 11-462B
yànxiào 豔笑 9-1366B
yánxiàobùgǒu 言笑不苟 11-7A
yānxiāohuīmiè 煙銷灰滅 7-184A
yānxiāohuǒmiè 煙消火滅 7-179B
yǎnxiàoméifēi 眼笑眉飛 7-1216B
yǎnxiàoméishū 眼笑眉舒 7-1216B
yānxiāowùsàn 煙消霧散 7-179B
yánxiàoyànyàn 言笑晏晏 11-7A
yānxiāoyúnsàn 煙消雲散 7-179B
yánxiàozìrú 言笑自如 11-7A
yánxiàozìruò 言笑自若 11-7A
yānxiápǐ 煙霞癖 7-186A
yānxiáqì 煙霞氣 7-186A
yānxiásèxiàng 煙霞色相 7-185B
yānxiáxīn 煙霞心 7-185B
yānxiáyǒu 煙霞友 7-185B
yānxiázhái 煙霞宅 7-185B
yānxiázhì 煙霞志 7-185B
yānxiè 淹懈 5-1355B
yánxiè 顏謝 12-340A
yánxiè 鹽屑 7-1482A
yǎnxié 眼纈 7-1221A
yǎnxiè 奄謝 2-1531B
yǎnxiè 掩屑 6-647A
yànxiē 晏歇 5-713A
yànxiē 厭歇 1-944B
yànxiè 燕媟 7-294A
yànxiè 燕榭 7-295B
yànxiè 燕褻 7-299A
yānxīn 淹心 5-1350B
yānxīn 煙心 7-174B
yánxīn 言心 11-3B
yánxīn 沿心 5-1089A
yánxīn 研心 7-1007A
yánxīn 巖心 3-878B
yánxīn 巖芯 3-879A
yánxīn 鹽心 7-1479B
yánxìn 言信 11-6B
yǎnxīn 掩心 6-644B
yànxīn 焰心 7-93B
yànxīn 厭心 1-942A
yànxìn 雁信 11-806A
yánxíng 言行 11-4A
yánxíng 顏形 12-338A
yánxíng 嚴刑 3-544A
yánxíng 嚴行 3-544A
yánxíng 嚴形 3-544B
yánxǐng 研省 7-1008A
yǎnxíng 衍形 3-950A
yǎnxíng 眼餳 7-1220B
yǎnxíng 演行 6-104B
yǎnxìng 演興 6-107B
yànxíng 雁行 11-804A
yànxíng 讞刑 11-476B
yànxìng 宴幸 3-1485A
yánxíngbàoyī 言行抱一 11-4B
yánxíngbù'èr 言行不貳 11-4B
yánxíngjìcóng 言行計從 11-4B
yánxíngjùnfǎ 嚴刑峻法 3-544A
yánxíngjùnzhì 嚴刑峻制 3-544A
yánxíngruòyī 言行若一 11-4B
yánxíngxiāngfú 言行相符 11-4B
yánxíngxiāngfù 言行相副 11-4B
yánxíngxiānggù 言行相顧 11-4B
yánxíngxìnguǒ 言行信果 11-4B
yánxíngyīzhì 言行一致 11-4B
yánxìnxíngguǒ 言信行果 11-6B
yànxíqǔ 宴席曲 3-1485B
yànxǐtíng 燕喜亭 7-292B
yānxiù 煙岫 7-177A
yánxiū 延休 2-899A
yánxiū 筵羞 8-1151A
yánxiù 妍秀 4-294A
yánxiù 巖岫 3-879B
yǎnxiū 偃休 1-1533B
yànxiū 燕休 7-285A
yānxǔ 燕許 7-291A
yānxù 淹卹 5-1351A
yānxù 淹恤 5-1351B
yānxù 煙絮 7-181B
yánxú 顏徐 12-339A
yánxú 嚴徐 3-547B
yánxù 延續 2-905A
yánxù 炎序 7-42B
yánxù 炎緒 7-46A
yánxù 鹽絮 7-1483B
yǎnxū 奄欻 2-1531A
yànxū 燕胥 7-289A
yànxǔ 宴醑 3-1487B
yànxù 雁序 11-804B
yànxù 燕敘 7-291A
yánxuān 言宣 11-6B
yánxuān 炎軒 7-44A
yánxuān 巖軒 3-880A
yánxuán 言旋 11-8A
yánxuǎn 延選 2-903B
yǎnxuánxuán 眼懸懸 7-1221A
yānxuě 煙雪 7-180A
yánxuē 嚴削 3-546A
yánxué 巖穴 3-878B
yánxuě 嚴雪 3-548B
yǎnxué 眼學 7-1220A
yànxuě 豔雪 9-1366B
yànxuè 燕謔 7-298B
yánxuézhīshì 巖穴之士 3-878B
yānxún 淹旬 5-1350B
yānxún 煙潯 7-184A
yánxūn 炎曛 7-47A
yánxún 研尋 7-1009A
yánxún 研詢 7-1009A
yánxùn 研訊 7-1008A
yánxùn 嚴迅 3-544B
yánxùn 嚴訊 3-548A
yánxùn 嚴訓 3-548A
yànxùn 驗訊 12-912A
yànxùn 讞訊 11-477A
yánxúndào 鹽巡道 7-1480A
yánxüè 言謔 11-11A
yānyǎ 淹雅 5-1353B
yányá 炎崖 7-44B
yányá 檐牙 4-1346A
yányá 簷牙 8-1265A
yányá 巖厓 3-879B
yányá 巖崖 3-880B
yányá 鹽牙 7-1479A
yányǎ 妍雅 4-294B
yányà 延迓 2-899A
yányà 研砑 7-1008A
yǎnyā 掩壓 6-649B
yǎnyǎ 媕雅 4-390A
yǎnyǎ 儼雅 1-1741B
yǎnyà 偃亞 1-1534A
yǎnyà 掩亞 6-645B
yànyā 贋押 10-292A
yānyān 懨懨 7-767B
yānyān 淹淹 5-1353A
yānyān 煙煙 7-182B
yānyān 懕懕 7-766B
yānyān 奄奄 2-1530B
yānyān 猒猒 5-67A
yānyān 厭焉 1-943B
yānyān 厭厭 1-945A
yānyān 殗殗 5-167B
yānyān 殷殷 6-1484A
yānyán 淹延 5-1350B
yānyán 嫣妍 4-401A
yānyán 殷妍 6-1483A
yānyǎn 煙眼 7-180A
yānyàn 煙炎 7-177A
yānyàn 煙焰 7-181B
yānyàn 煙焱 7-181B
yānyàn 煙餤 7-185A
yānyàn 煙爓 7-186B
yānyàn 煙豔 7-187B
yányān 炎煙 7-45B
yányán 虤虤 8-850B
yányán 齴齴 12-409A
yányán 啢啢 3-562B
yányán 啞啞 3-329B
yányán 延延 2-899A
yányán 妍妍 4-294A
yányán 言言 11-5A
yányán 炎炎 7-42B
yányán 研研 7-1008A
yányán 蜒蜒 8-891A
yányán 顏顏 12-340A
yányán 嚴顏 3-552B
yányán 嚴嚴 3-553A
yányán 巖巖 3-883A
yányán 巖鹽 3-883B
yányán 巘巘 3-878A
yányǎn 巖眼 3-880B
yányǎn 巖隒 3-881B
yányàn 妍豔 4-295B
yányàn 言宴 11-7A
yányàn 言燕 11-11A
yányàn 炎焰 7-45A
yányàn 研豔 7-1011A
yányàn 筵宴 8-1151A
yányàn 筵燕 8-1151A
yányàn 筵讌 8-1151A
yǎnyán 眼檐 7-1220A
yǎnyán 演延 6-104B
yǎnyán 演言 6-105A
yǎnyán 蝘蜒 8-927B
yǎnyǎn 晻晻 5-759B
yǎnyǎn 淡淡 5-1416B
yǎnyǎn 剡剡 2-712B
yǎnyǎn 嚴嚴 3-553A
yǎnyǎn 沇沇 5-1026A
yǎnyǎn 衍衍 3-950B
yǎnyǎn 偃衍 1-1535A
yǎnyǎn 偃偃 1-1535A
yǎnyǎn 掩偃 6-645A
yǎnyǎn 掩掩 6-647A
yǎnyǎn 揜眼 6-770B
yǎnyǎn 揜揜 6-771A
yǎnyǎn 渰渰 5-1494A
yǎnyǎn 琰琰 4-597B
yǎnyǎn 隒隒 11-1097A
yǎnyǎn 噞噞 3-528B
yǎnyǎn 黤黤 12-1364B
yǎnyǎn 儼儼 1-1742A
yǎnyǎn 黭黭 12-1373B
yǎnyǎn 巘巘 3-884B
yǎnyǎn 鼴鼴 12-1457B
yǎnyǎn 齞齞 12-1451A
yànyān 炎煙 7-45B
yànyán 宴言 3-1485A
yànyán 宴筵 3-1486A
yànyán 焱炎 7-95B
yànyán 諺言 11-352B
yànyán 讌言 11-462B
yànyǎn 晏衍 5-712A
yànyàn 淡淡 5-1416B
yànyàn 宴宴 3-1485B
yànyàn 晏晏 5-712A
yànyàn 啖啖 3-436A
yànyàn 焰焰 7-94A
yànyàn 焱焱 7-95B
yànyàn 焱餤 7-96A

yànyàn 厭厭 1-945A
yànyàn 燕燕 7-297B
yànyàn 鴳鴳 12-1107A
yànyàn 醼醼 9-1450B
yànyàn 灧灧 6-225A
yànyàn 讌讌 11-477B
yànyàn 豔豔 9-1369B
yǎnyǎnbǔquè 掩眼捕雀 6-647A
yānyānchánchán 淹淹纏纏 5-1353B
yānyānchénchén 淹淹沉沉 5-1353A
yǎnyǎnfǎ 掩眼法 6-647A
yānyáng 煙煬 7-182B
yányáng 言揚 11-8A
yányáng 炎陽 7-45A
yányáng 顏楊 12-339B
yányáng 巖峣 3-879B
yányǎng 延仰 2-899A
yányǎng 延養 2-903A
yǎnyáng 魘陽 12-476B
yǎnyǎng 偃仰 1-1533B
yǎnyǎng 偃佒 1-1534A
yǎnyàng 衍漾 3-951B
yǎnyàng 演瀁 6-107B
yǎnyàng 演漾 6-107A
yǎnyàng 演樣 6-107B
yǎnyàng 魘樣 12-477A
yànyáng 炎煬 7-45B
yànyáng 晏暘 5-713A
yànyáng 豔陽 9-1367A
yànyǎng 燕養 7-296B
yǎnyàngfǎ 掩樣法 6-648B
yànyángjié 豔陽節 9-1367A
yànyángnián 豔陽年 9-1367A
yànyángrì 豔陽日 9-1367A
yànyángtiān 豔陽天 9-1367A
yányángxíngjǔ 言揚行舉 11-8A
yānyānhàihài 厭厭害害 1-945B
yányánhèhè 炎炎赫赫 7-43A
yànyànhōnghōng 焰焰烘烘 7-94A
yányánlièliè 炎炎烈烈 7-43A
yānyānmènmèn 淹淹悶悶 5-1353A
yānyānqiānqiān 淹淹牽牽 5-1353A
yānyānrùnrùn 淹淹潤潤 5-1353A
yānyānwēiwēi 淹淹委委 5-1353A
yànyànyīngyīng 燕燕鶯鶯 7-297B
yānyānyīxī 淹淹一息 5-1353A
yānyānyīxī 奄奄一息 2-1530B
yànyànyúguī 燕燕于歸 7-297B
yányányǔyǔ 言言語語 11-5A
yányāo 閻妖 12-126B
yányāo 巖腰 3-881B
yányǎo 巖窈 3-880B
yányào 巖突 3-880A
yányào 巖窔 3-881A
yányào 鹽藥 7-1485B
yànyào 炎燿 7-47A
yànyào 豔曜 9-1368B
yànyào 豔耀 9-1369B
yǎnyāohuángchì 眼腰黄赤 7-1219A
yànyǎoyúchén 雁杳魚沉 11-805A
yānyě 煙野 7-180A
yānyè 煙液 7-180B
yānyè 煙葉 7-180B
yānyè 閹謁 12-124A
yányē 炎暍 7-45B
yányě 妍冶 4-294A
yányě 炎野 7-44B
yányě 巖野 3-880B
yányě 鹽冶 7-1480B
yányè 沿曳 5-1089B
yǎnyē 掩噎 6-649A
yǎnyè 偃液 1-1535B
yǎnyè 掩咽 6-646B
yànyě 豔冶 9-1365B
yànyè 雁夜 11-805A
yànyè 豔曳 9-1365B
yānyī 淹伊 5-1350B
yānyí 淹移 5-1353A
yānyì 淹抑 5-1350B
yānyì 湮佚 5-1450B
yānyì 湮軼 5-1451A
yānyì 煙曀 7-184B
yānyì 厭悘 1-945B
yānyì 厭瘱 1-946A
yányī 沿依 5-1089B
yányī 嚴壹 3-549A
yányí 顏儀 12-340A
yányǐ 巖阤 3-879A
yányì 延挹 2-900B
yányì 延益 2-901A
yányì 延貤 2-901A
yányì 言意 11-9B
yányì 言議 11-12A
yányì 炎裔 7-45B
yányì 研肄 7-1009B
yányì 閻易 12-126B
yányì 檐翼 4-1346B
yányì 嚴毅 3-551A
yányì 嚴翼 3-552B
yányì 巖邑 3-879A
yǎnyī 奄一 2-1530A
yǎnyī 眼衣 7-1213A
yǎnyí 剡移 2-712B
yǎnyí 衍夷 3-950A
yǎnyí 衍迤 3-950A
yǎnyí 戻㢊 7-369B
yǎnyí 演迤 6-105B
yǎnyì 晻翳 5-759B
yǎnyì 奄抑 2-1530B
yǎnyì 衍逸 3-950B
yǎnyì 衍溢 3-951A
yǎnyì 衍義 3-951A
yǎnyì 衍繹 3-951B
yǎnyì 偃瘞 1-1537A
yǎnyì 掩抑 6-645B
yǎnyì 掩翳 6-649A
yǎnyì 眼翳 7-1220A
yǎnyì 揜抑 6-770B
yǎnyì 渰殪 5-1494A
yǎnyì 演易 6-105A
yǎnyì 演溢 6-106B
yǎnyì 演義 6-106B
yǎnyì 演肄 6-106B
yǎnyì 演繹 6-108A
yǎnyì 演譯 6-108A
yǎnyì 魘囈 12-477B
yǎnyì 魘翳 12-1376B
yànyī 燕衣 7-285B
yànyī 讌衣 11-462B
yànyí 厭宜 1-943A
yànyí 燕詒 7-293B
yànyí 燕貽 7-292B
yànyí 讞疑 11-477A
yànyì 宴逸 3-1486A
yànyì 宴翼 3-1487B
yànyì 雁翼 11-808A
yànyì 厭易 1-942B
yànyì 厭意 1-944B
yànyì 厭斁 1-946A
yànyì 燕逸 7-291A
yànyì 燕翼 7-299A
yànyì 諺議 11-352B
yànyì 讞議 11-477B
yànyì 豔逸 9-1367A
yànyì 豔意 9-1368A
yànyì 豔裔 9-1368A
yányìcāng 鹽義倉 7-1484A
yǎnyídòu 戻㢊豆 7-369B
yǎnyìfǎ 演繹法 6-108A
yǎnyígē 戻㢊歌 7-369B
yānyǐn 淹引 5-1350B
yānyǐn 煙癮 7-186B
yānyǐn 閹尹 12-123A
yānyǐn 奄尹 2-1530A
yányīn 妍音 4-294A
yányīn 言音 11-6B
yányīn 嚴陰 3-548B
yányīn 嚴禋 3-550A
yányīn 簷陰 8-1265B
yányín 巖唫 3-880A
yányín 鹽銀 7-1484B
yányǐn 延引 2-898A
yányǐn 巖隱 3-882B
yányǐn 鹽引 7-1479B
yǎnyǐn 衍蚓 3-950B
yǎnyǐn 眼引 7-1211A
yǎnyìn 掩蔭 6-648A
yànyīn 晏陰 5-712B
yànyīn 雁音 11-806A
yànyǐn 宴飲 3-1486A
yànyǐn 雁引 11-803B
yànyǐn 燕飲 7-292B
yànyǐn 讌飲 11-463A
yànyǐn 醼飲 9-1447B
yānyǐng 煙影 7-183B
yānyǐng 鄢郢 10-675A
yānyǐng 燕郢 7-288A
yányīng 迁英 10-730A
yányīng 延英 2-900A
yányíng 延迎 2-899B
yányíng 簷楹 8-1265B
yányíng 檐楹 4-1359B
yányíng 巖楹 3-881B
yányǐng 妍影 4-295A
yǎnyíng 衍盈 3-950B
yǎnyìng 晻映 5-759A
yǎnyìng 掩映 6-646A
yǎnyìng 揜映 6-770B
yǎnyìng 罨映 8-1028A
yǎnyìng 演映 6-105B
yànyīng 燕鶯 7-300A
yányīngdiàn 延英殿 2-900A
yànyǐngfēnfēi 雁影分飛 11-807B
yányīnggé 延英閣 2-900A
yǎnyìtái 演易臺 6-105A
yǎnyìtuīlǐ 演繹推理 6-108A
yǎnyìxīnqī 眼意心期 7-1219A
yànyìyíng 雁翼營 11-808A
yānyǒng 燕詠 7-293A
yányǒng 延永 2-898B
yányǒng 言詠 11-9A
yányòng 沿用 5-1089A
yǎnyóng 喚喁 3-528B
yānyóu 淹遊 5-1353B
yānyóu 煙油 7-177A
yányōu 研幽 7-1008A
yányōu 巖幽 3-880A
yányóu 蜒蚰 8-891A
yányǒu 巖牖 3-882A
yǎnyōu 黤幽 12-1373A
yǎnyǒu 奄有 2-1530B
yànyōu 焱攸 7-95B
yànyōu 焱悠 7-95B
yànyóu 宴游 3-1486B
yànyóu 宴遊 3-1486B
yànyóu 晏遊 5-712B
yànyóu 燕游 7-293B
yànyóu 燕遊 7-293B
yànyóu 讌游 11-463A
yànyóu 讌遊 11-463A
yànyóu 豔游 9-1367B
yányóuluó 蜒蚰螺 8-891A
yányóuzài'ěr 言猶在耳 11-9A
yānyú 鰋魚 12-1235B
yānyú 煙盂 7-176B
yānyú 燕餘 7-297A
yānyǔ 煙雨 7-176B
yānyǔ 煙嶼 7-184B
yānyù 淹獄 5-1354B
yānyù 淹鬱 5-1356A
yānyù 湮鬱 5-1451B
yānyù 燕玉 7-284B
yányú 延娛 2-901B
yányú 鹽餘 7-1484B
yányǔ 延宇 2-899A

yányǔ 妍語 4-295A
yányǔ 言語 11-10A
yányǔ 炎雨 7-42B
yányǔ 檐宇 4-1346A
yányǔ 檐雨 4-1346A
yányǔ 簷宇 8-1265A
yányǔ 簷雨 8-1265B
yányǔ 櫩宇 4-1359B
yányǔ 巖雨 3-879A
yányǔ 巖嶼 3-882A
yányù 延譽 2-904B
yányù 妍鬱 4-295B
yányù 言喻 11-8B
yányù 炎馭 7-45A
yányù 炎燠 7-46B
yányù 炎鬱 7-47B
yányù 嚴諭 3-552A
yányù 嚴籞 3-553A
yǎnyú 眼盂 7-1213B
yǎnyú 揜于 6-770B
yǎnyú 罨盂 8-1028A
yǎnyǔ 眼語 7-1219A
yǎnyǔ 魘語 12-477A
yǎnyù 弇鬱 2-1317A
yǎnyù 衍裕 3-951A
yǎnyù 衍隩 3-951B
yǎnyù 掩鬱 6-650A
yǎnyù 揜鬱 6-771A
yànyú 宴娛 3-1485B
yànyú 雁魚 11-806B
yànyú 燕魚 7-291A
yànyú 燕虞 7-294A
yànyǔ 宴語 3-1486B
yànyǔ 晏語 5-713A
yànyǔ 雁宇 11-804B
yànyǔ 燕宇 7-285B
yànyǔ 燕雨 7-287A
yànyǔ 燕語 7-296A
yànyǔ 諺語 11-352B
yànyǔ 鴳羽 12-1106B
yànyǔ 贋語 10-293A
yànyǔ 讌語 11-463A
yànyǔ 醼語 9-1447B
yànyǔ 讞語 11-477A
yànyǔ 豔語 9-1368B
yànyù 瀲獄 6-222B
yànyù 宴飫 3-1486A
yànyù 猒飫 5-67A
yànyù 厭飫 1-944A
yànyù 燕豫 7-297B
yànyù 燕譽 7-299B
yànyù 饜飫 12-587B
yànyù 灩澦 6-224B
yànyù 讞獄 11-477A
yànyù 豔遇 9-1367A
yànyù 淫預 5-1397A
yànyù 淫豫 5-1398A
yānyuān 蝹淵 8-950A
yānyuǎn 淹遠 5-1354A
yānyuǎn 湮遠 5-1451A
yányuān 嚴淵 3-549B
yányuán 延緣 2-904A
yányuán 顏原 12-339A
yányuán 嚴員 3-547B
yányuǎn 延遠 2-902B
yányuǎn 嚴遠 3-549B
yányuàn 言願 11-12A
yányuàn 鹽院 7-1481B
yǎnyuán 偃轅 1-1536B
yǎnyuán 眼緣 7-1219B
yǎnyuán 演員 6-106A
yànyuán 讞員 11-477A
yànyuàn 雁苑 11-805A
yányǔdàoduàn 言語道斷
11-10B
yànyùduī 灩澦堆 6-225A
yānyuè 淹月 5-1350A
yānyuè 煙月 7-173B
yānyuè 燕越 7-292A
yányuē 言約 11-6B
yányuè 炎月 7-42A
yányuè 炎爚 7-47B
yányuè 嚴月 3-543B
yányuè 巖樾 3-882A
yǎnyuè 偃月 1-1533A
yànyuē 豔約 9-1366B
yànyuè 宴樂 3-1487A
yànyuè 燕樂 7-297B
yànyuè 讌樂 11-463B
yǎnyuèdāo 偃月刀 1-1533A
yǎnyuègōng 偃月公 1-1533A
yānyuèguǐhú 煙月鬼狐
7-174A
yànyuèhúyǒng 燕躍鵠踴
7-300A
yǎnyuèlěi 偃月壘 1-1533B
yānyuèpái 煙月牌 7-174A
yǎnyuètáng 偃月堂 1-1533A
yǎnyuēxīnqī 眼約心期
7-1216A
yǎnyuèyíng 偃月營 1-1533B
yànyuēyīngqī 燕約鶯期
7-289A
yǎnyuèzhèn 偃月陣 1-1533A
yǎnyuèzhèn 隁月陣 11-1057A
yányuēzhǐyuǎn 言約旨遠
11-6B
yānyuèzuōfāng 煙月作坊
7-173B
yànyúfēi 燕于飛 7-283A
yānyǔlóu 煙雨樓 7-176B
yānyǔlóu 煙嶼樓 7-184B
yányǔlùjué 言語路絕
11-10B
yányǔmiàotiānxià
言語妙天下 11-10B
yānyún 煙雲 7-181A
yānyún 燕雲 7-292B
yānyǔn 淹允 5-1350B
yānyùn 淹蘊 5-1355B
yányún 炎雲 7-45A
yányún 研雲 7-1009A
yányún 嚴雲 3-549A
yányùn 炎運 7-45A
yányùn 鹽運 7-1483B
yǎnyún 渰雲 5-1494A
yǎnyùn 眼暈 7-1218B
yànyùn 豔韻 9-1369A
yānyúngòngyǎng 煙雲供養
7-181A
yānyúnguòyǎn 煙雲過眼
7-181A
yányùnpàn 鹽運判 7-1483B
yányùnshǐ 鹽運使 7-1483B
yānyúnshíliùzhōu
燕雲十六州 7-292B
yányùnsī 鹽運司 7-1483B
yányùntóng 鹽運同 7-1483B
yànyǔshāng 燕羽觴 7-286A
yànyùshí 淫預石 5-1397A
yānyǔtái 煙雨臺 7-176B
yànyùtān 灩澦灘 6-225A
yányǔxīnwéi 言與心違
11-9B
yànyǔyīngshēng 燕語鶯聲
7-296A
yànyǔyīngtí 燕語鶯啼
7-296A
yǎnyǔyízhǐ 眼語頤指
7-1219A
yànzā 魘魖 12-470A
yánzāi 炎災 7-42B
yánzāi 炎灾 7-42B
yānzán 淹喒 5-1353B
yǎnzān 罨簪 8-1190B
yánzǎng 嚴駔 3-551A
yǎnzàng 眼藏 7-1220A
yānzào 煙竈 7-186B
yānzào 醃造 9-1418A
yánzáo 研鑿 7-1011A
yánzào 鹽竈 7-1486A
yǎnzào 演造 6-106A
yànzǎo 豔藻 9-1368B
yànzào 贋造 10-292B
yánzé 妍澤 4-295A
yánzé 言責 11-7A
yánzé 研賾 7-1011A
yánzé 顏澤 12-340A
yánzé 巖澤 3-882B
yánzēng 顏曾 12-339B
yànzēng 厭憎 1-946A
yǎnzhái 奄宅 2-1530B
yánzhān 巖瞻 3-883A
yánzhǎn 延展 2-901A
yánzhǎn 言展 11-7A
yǎnzhǎn 演展 6-106A
yǎnzhàn 巘巇 3-857A
yànzhàn 厭戰 1-946A
yānzhàng 煙帳 7-180A
yānzhàng 煙障 7-182B
yānzhàng 煙嶂 7-183A
yānzhàng 煙瘴 7-185A
yánzhāng 言章 11-8A
yánzhāng 巖鄣 3-881B
yánzhàng 炎瘴 7-46B
yánzhàng 巖障 3-882A
yánzhàng 巖嶂 3-882A
yánzhàng 鹽杖 7-1480A
yǎnzhāng 剡章 2-712B
yǎnzhàng 掩障 6-648A
yǎnzhàng 揜障 6-771A
yǎnzhàng 演帳 6-106A
yànzhàng 豔帳 9-1366B
yǎnzhāngshīdào 眼張失道
7-1218A
yǎnzhāngshīluò 眼張失落
7-1218A
yānzhāo 燕昭 7-288A
yānzhào 煙棹 7-180B
yānzhào 燕趙 7-295A
yánzhǎo 鹽沼 7-1481A
yánzhào 閻趙 12-127A
yánzhào 嚴召 3-544A
yǎnzhào 眼罩 7-1218B
yànzhāo 晏朝 5-712B
yànzhǎo 研沼 7-1007B
yànzhǎo 雁沼 11-805A
yānzhàofēng 燕趙風 7-295A
yānzhāoguǎn 燕昭館 7-288B
yānzhāohàomǎ 燕昭好馬
7-288B
yānzhàonǚ 燕趙女 7-295A
yānzhàorén 燕趙人 7-295A
yānzhāoshìjùn 燕昭市駿
7-288B
yānzhàoshū 燕趙姝 7-295A
yānzhāotái 燕昭臺 7-288B
yánzhě 言者 11-5B
yǎnzhé 偃折 1-1533B
yànzhé 彥哲 3-1122A
yánzhěbùzhì 言者不知
11-5B
yánzhěfúzhì 言者弗知
11-5B
yǎnzhēmáo 眼遮毛 7-1219A
yānzhēn 煙針 7-179A
yánzhěn 嚴縝 3-552A
yánzhěn 鹽枕 7-1480B
yǎnzhèn 嚴振 3-547A
yǎnzhèn 演陣 6-105B
yǎnzhèn 魘鎮 12-477A
yànzhēn 驗真 12-912A
yànzhèn 雁陣 11-806A
yānzhèng 淹正 5-1350B
yánzhēng 延徵 2-903B
yánzhēng 炎烝 7-44B
yánzhēng 炎蒸 7-45B
yánzhēng 炎癥 7-47A
yánzhěng 嚴整 3-551B
yánzhèng 炎正 7-42A
yánzhèng 嚴正 3-543B
yánzhèng 嚴鄭 3-551A
yánzhèng 鹽政 7-1481A
yǎnzhēng 眼睜 7-1217A
yǎnzhèng 眼證 7-1221A
yǎnzhèng 演證 6-108A
yǎnzhèng 儼正 1-1741A
yànzhèng 驗證 12-912B
yànzhèng 讞正 11-476B
yānzhèngyán 燕正言 7-284B
yǎnzhēngzhēng 眼怔怔
7-1214B
yǎnzhēngzhēng 眼睜睜
7-1217A
yánzhènyǐdāi 嚴陳以待
3-548B

yánzhènyǐdài 嚴陣以待 3-547A
yǎnzhēnzhēn 眼針針 7-1216B
yánzhěwúzuì… 言者無罪,聞者足戒 11-5B
yánzhězhūnzhūn… 言者諄諄,聽者藐藐 11-5B
yānzhī 緸赦 9-1184B
yānzhī 閼氏 12-128A
yānzhī 撚支 6-885A
yānzhī 撚枝 6-885B
yānzhī 橪支 4-1317B
yānzhī 胭脂 6-1244B
yānzhī 焉支 7-84B
yānzhī 煙支 7-173B
yānzhī 煙汁 7-175A
yānzhī 煙肢 7-177A
yānzhī 煙脂 7-179A
yānzhī 燕支 7-284A
yānzhī 燕脂 7-289B
yānzhì 淹滯 5-1354B
yānzhì 淹躓 5-1356A
yānzhì 閹稚 12-123B
yānzhì 奄遲 2-1531B
yānzhì 燕智 7-292B
yánzhī 鹽汁 7-1479B
yánzhí 言職 11-11B
yánzhí 顏跖 12-339B
yánzhí 嚴直 3-545A
yánzhí 鹽直 7-1480B
yánzhǐ 延祉 2-900A
yánzhǐ 言旨 11-4B
yánzhǐ 嚴旨 3-544A
yánzhǐ 巖趾 3-880B
yánzhì 延致 2-901A
yánzhì 延滯 2-903A
yánzhì 言志 11-5A
yánzhì 言制 11-6A
yánzhì 言致 11-6B
yánzhì 言智 11-8B
yánzhì 研治 7-1007B
yánzhì 嚴制 3-545B
yǎnzhī 嚴祇 3-547A
yǎnzhí 偃植 1-1535B
yǎnzhí 偃蹠 1-1537A
yǎnzhì 奄治 2-1530B
yǎnzhì 演志 6-105A
yànzhǐ 燕祉 7-287B
yànzhì 驗治 12-911B
yànzhì 讞治 11-476B
yànzhì 豔質 9-1368B
yánzhībùwén… 言之不文,行之不遠 11-2A
yánzhībùyù 言之不預 11-2A
yánzhīchénglǐ 言之成理 11-2B
yánzhīguòshèn 言之過甚 11-2B
yānzhīhǔ 胭脂虎 6-1245A
yānzhīhuā 胭脂花 6-1244B
yānzhījì 胭脂痔 6-1245A
yānzhījǐng 胭脂井 6-1244B
yānzhīlóu 燕脂樓 7-289B
yānzhīpō 燕支坡 7-284A
yānzhīpō 燕脂坡 7-289B
yānzhīshān 胭脂山 6-1244B
yánzhīshì 鹽知事 7-1480B
yánzhīwúwén… 言之無文,行而不遠 11-2B
yánzhīwúwén… 言之無文,行之不遠 11-2B
yánzhīwúwù 言之無物 11-2B
yánzhīyǒugù 言之有故 11-2B
yánzhīyǒulǐ 言之有理 11-2B
yánzhīyǒuwù 言之有物 11-2B
yánzhīzáozáo 言之鑿鑿 11-2B
yānzhīzhī 煙支支 7-173B
yánzhīzhūnzhūn… 言之諄諄,聽之藐藐 11-2B
yānzhōng 淹中 5-1350A
yánzhǒng 延踵 2-904B
yánzhǒng 炎腫 7-45B
yánzhòng 言中 11-3A
yánzhòng 言重 11-6B
yánzhòng 嚴重 3-546A
yǎnzhōng 弇中 2-1316B
yǎnzhōng 眼中 7-1210B
yǎnzhòng 儼重 1-1741B
yǎnzhōngbádīng 眼中拔釘 7-1210B
yǎnzhōngcì 眼中刺 7-1210B
yǎnzhōngdīng 眼中丁 7-1210B
yǎnzhōngdīng 眼中疔 7-1210B
yǎnzhōngdīng… 眼中疔,肉中刺 7-1210B
yǎnzhōngdīng 眼中釘 7-1210B
yǎnzhōngdīng… 眼中釘,肉中刺 7-1211A
yānzhōngguǎn 淹中舘 5-1350A
yǎnzhōngliúxuè… 眼中流血,心裏成灰 7-1211A
yǎnzhōngrén 眼中人 7-1210B
yǎnzhōngshā 眼中砂 7-1210B
yánzhōngshìyǐn 言中事隱 11-3A
yǎnzhōngwù 眼中物 7-1210B
yǎnzhōngyǒutiě 眼中有鐵 7-1210B
yǎnzhōngzhēn 眼中針 7-1210B
yānzhōu 煙舟 7-175A
yānzhōu 煙洲 7-178B
yānzhōu 弇州 2-1316B
yánzhōu 延州 2-899A
yánzhōu 炎州 7-42B
yánzhōu 炎洲 7-43B
yánzhōu 嚴周 3-545B
yánzhòu 炎晝 7-45A
yǎnzhōu 偃州 1-1533B
yànzhōu 燕舟 7-285B
yānzhū 煙珠 7-178B
yānzhú 煙竹 7-175A
yānzhǔ 煙渚 7-180B
yānzhù 淹駐 5-1354B
yánzhū 嚴誅 3-550A
yánzhú 炎燭 7-47A
yánzhú 巖築 3-882A
yánzhǔ 延屬 2-904B
yánzhù 延佇 2-899B
yánzhù 延竚 2-901A
yánzhù 延貯 2-902B
yánzhù 延駐 2-903B
yánzhù 沿注 5-1089B
yǎnzhū 偃朱 1-1533B
yǎnzhū 眼珠 7-1216A
yǎnzhù 剡注 2-712B
yǎnzhù 衍注 3-950A
yǎnzhù 掩著 6-647A
yǎnzhù 揜著 6-770B
yànzhū 匽瀦 1-969A
yànzhū 匽豬 1-969A
yànzhū 偃豬 1-1536B
yànzhū 偃瀦 1-1537A
yànzhǔ 雁渚 11-806B
yànzhù 雁柱 11-806A
yānzhuàn 煙篆 7-184A
yánzhuān 鹽磚 7-1485A
yǎnzhuǎn 偃轉 1-1537A
yǎnzhuàn 演撰 6-107B
yánzhuāng 嚴妝 3-545A
yánzhuāng 嚴莊 3-547A
yánzhuāng 嚴裝 3-550B
yánzhuàng 妍狀 4-294A
yánzhuàng 言狀 11-6A
yánzhuàng 顏狀 12-338B
yǎnzhuāng 掩妝 6-645B
yànzhuāng 豔妝 9-1366A
yànzhuāng 豔粧 9-1367B
yànzhuāng 豔裝 9-1368A
yānzhuì 湮墜 5-1451B
yánzhuī 嚴追 3-546B
yánzhuó 延灼 2-899B
yánzhuó 炎灼 7-42B
yánzhuó 炎濁 7-47A
yánzhuó 研琢 7-1008B
yǎnzhuō 眼拙 7-1213B
yànzhuó 燕酌 7-289A
yànzhuó 燕啄 7-291A
yànzhuó 燕濯 7-299A
yànzhuó 鷰濯 12-1160A
yànzhuóhuángsūn 燕啄皇孫 7-291A
yánzhǔsǔn 鹽煮笋 7-1483A
yǎnzhūzi 眼珠子 7-1216A
yānzi 煙子 7-173B
yānzī 崦嵫 3-832A
yānzī 煙姿 7-178A
yānzī 弇兹 2-1316B
yānzì 淹漬 5-1354B
yánzi 檐子 4-1345B
yánzī 妍姿 4-294A
yánzī 鹽輜 7-1484B
yánzǐ 筵笫 8-1150B
yánzǐ 顏子 12-337A
yánzǐ 嚴子 3-543B
yánzǐ 鹽子 7-1479A
yánzì 顏字 12-338A
yǎnzi 罨子 8-1190B
yǎnzi 眼子 7-1210A
yǎnzǐ 魘子 12-476B
yǎnzǐ 黶子 12-1376B
yǎnzì 衍字 3-950A
yǎnzi 眼眥 7-1217A
yànzi 燕子 7-283B
yànzī 豔姿 9-1366A
yànzǐ 雁子 11-803A
yànzǐ 釅紫 9-1450B
yànzì 雁字 11-804B
yànzì 豔字 9-1365B
yànzǐdū 雁子都 11-803A
yànzijī 燕子磯 7-283B
yànzikē 燕子窠 7-283B
yánzǐlài 嚴子瀨 3-543B
yànzilóu 燕子樓 7-283B
yánzǐmén 檐子門 4-1345B
yǎnziqián 眼子錢 7-1210A
yànzǐqiú 晏子裘 5-711B
yánzǐshēnghuó 顏子生活 12-337A
yànzǐtáng 雁子堂 11-803A
yánzǐxiàng 顏子巷 12-337A
yànzixiánshí 燕子銜食 7-283B
yànzǐyāohóng 豔紫妖紅 9-1367A
yànzǐzhǒng 硯子塚 7-1051B
yánzōng 研綜 7-1010A
yánzōng 鹽宗 7-1481A
yánzōu 炎陬 7-44B
yǎnzòu 剡奏 2-712B
yǎnzòu 演奏 6-105B
yànzòu 讞奏 11-477A
yānzǔ 淹阻 5-1351A
yánzū 鹽菹 7-1482A
yánzū 鹽葅 7-1483A
yánzú 巖足 3-879A
yánzú 巖崒 3-880B
yánzǔ 延阻 2-900A
yánzǔ 嚴祖 3-547A
yánzǔ 巖阻 3-879A
yànzú 猒足 5-66B
yànzú 雁足 11-804B
yànzú 厭足 1-942B
yànzú 饜足 12-587B
yànzǔ 燕俎 7-288B
yánzuān 研鑽 7-1011A
yánzuànliáng 鹽鑽梁 7-1486B
yànzúdēng 雁足燈 11-804B
yànzúdèng 雁足鐙 11-804B
yānzuǐ 煙嘴 7-184B

yànzújìshī 燕足繫詩 7-286A
yánzūn 嚴尊 3-549B
yānzuò 醃胙 9-1418A
yánzuò 延坐 2-899B
yánzuò 延祚 2-900B
yánzuò 炎祚 7-44A
yànzuǒ 驗左 12-911B
yànzuò 宴坐 3-1485A
yànzuò 晏坐 5-712A
yànzuò 燕坐 7-286B
yànzuò 贗作 10-292A
yànzuò 讌坐 11-462B
yànzúshū 雁足書 11-804B
yǎo'ǎi 杳藹 4-817B
yǎo'ǎi 杳靄 4-817B
yǎo'ǎi 窅藹 8-439A
yǎo'ǎi 窅靄 8-439A
yǎo'ǎi 窈藹 8-442B
yào'ài 要隘 8-760A
yáo'àn 瑤岸 4-620A
yào'àn 藥案 9-611A
yào'ào 窔奧 8-437A
yào'ào 宎奧 3-1452A
yáobá 瑤軷 4-623A
yáobǎi 搖擺 6-811A
yáobài 遙拜 10-1143B
yāobǎn 腰板 6-1342A
yáobǎn 殽阪 6-1494A
yáobǎn 搖板 6-808A
yāobāngxìn 幺幫信 4-426B
yāobāo 腰包 6-1341B
yáobǎo 搖寶 6-811B
yāobāohùkǒu 腰包戶口 6-1342A
yāobàzi 腰把子 6-1342A
yāobèi 幺貝 4-425B
yāobèi 腰背 6-1343A
yáobēi 瑤杯 4-620A
yáobēi 瑤盃 4-621A
yáobèi 瑤貝 4-619B
yàoběn 要本 8-755B
yāobì 邀辟 10-1265A
yáobǐ 搖筆 6-809A
yáobì 珧珌 4-555A
yáobì 搖騣 6-811A
yáobì 遙碧 10-1145A
yáobì 瑤陛 4-621A
yáobì 瑤幣 4-624B
yáobì 瑤碧 4-624A
yáobì 窰箄 8-476A
yàobì 要必 8-755B
yāobiàn 妖變 4-308A
yāobiàn 祅變 7-839A
yáobiān 徭編 3-1063A
yáobiān 搖鞭 6-811A
yáobiān 瑤編 4-625A
yáobiàn 爻變 1-644A
yáobiàn 窰變 8-476A
yàobiàn 要便 8-758A
yāobié 腰別 6-1342A
yāobīn 邀賓 10-1265A
yāobīn 邀賓 10-1265A
yàobīng 曜兵 5-848A
yàobīng 燿兵 7-308B
yàobīng 耀兵 9-693B
yáobō 瑤波 4-620A
yàobù 要不 8-755A
yàobùde 要不得 8-755A
yàobùde 要不的 8-755A
yàobùjià 要不價 8-755A
yǎobùkěwén 杳不可聞 4-815A
yàobùliǎo 要不了 8-755A
yàobùrán 要不然 8-755A
yāocǎi 夭采 2-1459A
yāocǎi 腰綵 6-1345A
yáocǎi 瑤彩 4-622B
yáocài 肴菜 6-1179B
yàocái 藥材 9-610A
yàocǎi 耀采 9-694A
yǎocàigēn 咬菜根 3-343B
yàocàn 耀燦 9-694B
yáocǎo 蕘草 9-514A
yáocǎo 瑤草 4-620B
yàocǎo 藥草 9-610B
yáocǎoqíhuā 瑤草奇花 4-620B
yáocǎoqíhuā 瑤草琪花 4-620B
yáocǎoqípā 瑤草琪葩 4-621A
yáocè 遙測 10-1144A
yáocè 瑤册 4-619A
yàocè 要策 8-759B
yáocén 遙岑 10-1142B
yáocén 瑤岑 4-619B
yāochá 要察 8-762A
yàochā 藥叉 9-609B
yáochāi 徭差 3-1063A
yáochāi 瑤釵 4-622B
yāochán 腰纏 6-1345B
yáochán 瑤蟾 4-626B
yàochán 燿蟬 7-308B
yàochán 耀蟬 9-694B
yáocháng 遙長 10-1142B
yāochánwànguàn 腰纏萬貫 6-1345B
yáochē 軺車 9-1241B
yáochē 搖車 6-807B
yǎochě 咬扯 3-343A
yāochèn 訞讖 11-72B
yáochén 爻辰 1-643B
yáochèn 謠讖 11-383B
yǎochén 杳沉 4-815B
yáochēng 銚鐺 11-1270B
yáochéng 遙程 10-1144A
yáochéng 瑤城 4-620B
yāochī 妖魑 4-307B
yáochí 瑤池 4-619A
yáochí 瑤墀 4-624B
yǎochǐ 齩齒 12-1454B
yáochínǚshǐ 瑤池女使 4-619B
yāochǒng 邀寵 10-1265B
yǎochóng 咬蟲 3-344A
yàochōng 要衝 8-762B
yàochú 鷂雛 12-1137B
yàochù 要處 8-759A
yáochuān 瑤川 4-618B
yáochuán 謠傳 11-383A
yáochuāng 瑤窗 4-623B
yáochuāng 瑤牕 4-625A
yáochuí 爻槌 1-643B
yáochuí 搖搥 6-809B
yáochún 搖脣 6-808B
yáochún 搖脣 6-808B
yǎochūn 咬春 3-343A
yáochúngǔhuì 搖脣鼓喙 6-808B
yáochúngǔshé 搖脣鼓舌 6-808B
yáochúngǔshé 搖脣鼓舌 6-808B
yāocí 祅辭 7-839A
yāocí 要辭 8-763A
yáocí 爻辭 1-644A
yáocí 遙祠 10-1143B
yáocí 謠詞 11-383A
yāocù 夭殂 2-1459A
yāocù 夭促 2-1459A
yǎocú 殀殂 5-155A
yāocuī 夭摧 2-1460B
yāocuì 夭顇 2-1461A
yàocuì 窔竁 8-437A
yāocuó 夭瘥 2-1460B
yáocuò 爻錯 1-644A
yáodà 遙大 10-1142A
yāodài 腰帶 6-1343B
yāodài 要帶 8-759A
yáodài 遙帶 10-1144A
yàodài 要待 8-758A
yāodàn 妖誕 4-306B
yáodàn 搖旦 6-807B
yàodān 藥單 9-611B
yāodǎng 祅黨 7-839A
yáodāng 瑤璫 4-626A
yáodàng 搖蕩 6-810A
yáodàng 遙蕩 10-1145B
yàodāng 要當 8-760B
yāodāo 腰刀 6-1341B
yāodào 祅道 7-838B
yāodào 要道 8-760A
yáodǎo 瑤島 4-622A
yàodào 要道 8-760A
yàodé 要得 8-759B
yàodé 曜德 5-848B
yàodé 燿德 7-308B
yàodé 耀德 9-694B
yāodí 腰笛 6-1343B
yāodí 腰篴 6-1345A
yāodí 要敵 8-762B
yáodī 遙堤 10-1144A
yáodí 搖狄 6-808A
yáodí 搖翟 6-810A
yáodí 揄狄 6-769B
yáodí 揄翟 6-770A
yáodì 遙睇 10-1144A
yàodì 要地 8-755B
yàodì 要諦 8-762B
yāodiàn 幺店 4-426A
yáodiàn 瑤殿 4-624A
yàodiǎn 要典 8-757A
yàodiǎn 要點 8-762B
yàodiǎn 藥典 9-610B
yàodiàn 藥店 9-610B
yàodiànlóng 藥店龍 9-610B
yāodiànzi 幺店子 4-426A
yáodiào 搖掉 6-808B
yáodiào 窰調 8-476A
yāodíbù 邀笛步 10-1264B
yāodié 腰絰 6-1344A
yāodié 要絰 8-760B
yáodié 瑤牒 4-623B
yáodié 謠諜 11-383B
yǎodié 窅眣 8-438A
yáodìlǐ 遙地裏 10-1142B
yǎodìng 咬定 3-343A
yàodǐng 藥鼎 9-611A
yǎodīngjiáotiě 咬釘嚼鐵 3-343B
yǎodìngyágēn 咬定牙根 3-343A
yǎodìngyáguān 咬定牙關 3-343A
yáodòng 搖動 6-808B
yáodòng 窰洞 8-475B
yáodǒu 瑤斗 4-618B
yàodù 要杜 8-756A
yáodú 搖毒 6-808A
yáodú 謠讟 11-383B
yáodǔ 遙睹 10-1144B
yáodù 遙度 10-1143B
yàodú 藥毒 9-610B
yāoduǎn 夭短 2-1460A
yāoduàn 腰報 6-1344A
yāoduàn 邀斷 10-1265B
yàoduān 要端 8-762A
yāodùn 腰頓 6-1344B
yáodùn 搖頓 6-809B
yāoduó 邀奪 10-1265A
yáoduó 搖奪 6-809B
yáoduó 遙度 10-1143B
yáoduó 隃度 11-1079A
yáoduǒ 瑤朵 4-619B
yāo'é 妖訛 4-306A
yāo'é 妖僞 4-307A
yāo'é 祅訛 7-838B
yāo'é 訞訛 11-72A
yāo'è 夭遏 2-1460A
yāo'è 夭閼 2-1461A
yāo'è 訞惡 11-72A
yāo'è 邀遏 10-1264B
yáo'é 瑤娥 4-622A
yáo'è 瑤萼 4-623A
yào'è 要厄 8-755A
yào'è 要扼 8-756A
yào'è 要阸 8-756B
yáo'émáoshàn 搖鵝毛扇 6-811A
yāo'ēn 徼恩 3-1098B
yāo'ēn 邀恩 10-1264A
yāo'ér 幺兒 4-425B
yāo'èr 幺二 4-425A
yáo'ěr 肴餌 6-1180A
yáo'ěr 隃邇 11-1079A

yáo'èr 榣貳 4-1216B
yáo'èr 瑤珥 4-621B
yǎo'ěr 杳爾 4-817A
yǎo'ěr 窅爾 8-438B
yào'ěr 藥餌 9-611B
yǎo'ěrduo 咬耳朵 3-342B
yào'érlùnzhī 要而論之 8-756A
yào'éryánzhī 要而言之 8-755B
yāofá 夭伐 2-1458B
yāofǎ 妖法 4-305A
yáofán 瑤璠 4-625A
yàofán 要凡 8-754B
yàofàn 要犯 8-755B
yàofàn 要飯 8-760A
yāofáng 腰房 6-1342B
yáofang 瑤芳 4-619B
yáofáng 瑤房 4-620B
yàofāng 藥方 9-610A
yàofāng 鷂坊 12-1137B
yàofáng 藥房 9-610B
yáofēi 瑤妃 4-619B
yáofēi 瑤扉 4-623B
yáofěi 瑤篚 4-625B
yàofēi 要非 8-757A
yāofēn 妖氛 4-305A
yāofēn 妖雰 4-306B
yāofēn 祅氛 7-838B
yáofēn 爻分 1-643B
yáofēn 遥芬 10-1142B
yàofěn 藥粉 9-611A
yāofēng 腰封 6-1342B
yāofèng 幺鳳 4-426B
yáofēng 堯封 2-1143A
yáofēng 搖風 6-808A
yáofēng 瑤峯 4-622A
yáofēng 瑤蜂 4-623B
yáofēng 謠風 11-383A
yáofèng 瑤鳳 4-624B
yàofēng 藥封 9-610B
yàofēng 幼風 4-430B
yāofú 徼福 3-1099A
yāofú 妖服 4-305A
yāofú 腰袱 6-1343B
yāofú 邀伏 10-1263A
yāofú 邀福 10-1265A
yāofú 要服 8-757B
yāofú 要福 8-761A
yāofù 腰腹 6-1344B
yāofù 要復 8-760A
yáofū 徭夫 3-1062B
yáofù 傜賦 1-1603B
yáofù 徭賦 3-1063A
yáofù 繇賦 9-1007B
yāogài 邀丐 10-1263A
yàogài 要概 8-760B
yāogān 腰乾 6-1343A
yāogǎn 腰桿 6-1343A
yáogǎn 遥感 10-1144B
yàogāo 藥膏 9-611B
yáogē 謠歌 11-383A
yǎogé 杳隔 4-817A
yāogōng 徼功 3-1097B
yāogōng 邀功 10-1263A
yāogōng 要功 8-755B
yāogōng 要躬 8-758B
yáogōng 瑤宮 4-621A
yáogōng 瑤觥 4-624B
yàogōng 要公 8-755A
yāogōngqiúshǎng 邀功求賞 10-1263A
yāogōngxīchǒng 邀功希寵 10-1263A
yāogǔ 妖蠱 4-308A
yāogǔ 腰骨 6-1343A
yāogǔ 腰鼓 6-1344A
yáogǔ 軺轂 9-1241B
yáogǔ 搖鼓 6-809A
yàogū 嗅呱 3-465A
yāoguài 妖怪 4-305A
yāoguài 祅怪 7-838B
yāoguài 訞怪 11-72A
yáoguān 遥觀 10-1145B
yáoguǎn 瑤管 4-624B
yáoguǎn 瑤館 4-625B
yàoguān 要官 8-757B
yáoguāng 搖光 6-807B
yáoguāng 瑤光 4-619A
yàoguāng 耀光 9-693B
yáoguāngsì 瑤光寺 4-619A
yàoguànzi 藥罐子 9-612A
yáogūdōng 搖咕咚 6-808A
yāoguī 腰龜 6-1345B
yāoguǐ 訞詭 11-72A
yáoguī 瑤瓌 4-626B
yàoguì 要歸 8-763A
yàoguì 要貴 8-759B
yāoguō 腰鍋 6-1345A
yāoguǒ 腰果 6-1342B
yàoguǒ 藥裹 9-611B
yāogǔwǔ 腰鼓舞 6-1344B
yāogǔxiōngdi 腰鼓兄弟 6-1344B
yāohài 邀害 10-1264B
yáohǎi 瑤海 4-622A
yàohài 要害 8-758B
yāohǎn 吆喊 3-184A
yáohán 殽函 6-1494A
yáohán 瑤函 4-620B
yáohán 瑤瑊 4-623A
yáohàn 搖撼 6-810A
yáohàn 遥漢 10-1145A
yǎohào 淊顥 6-36B
yàohǎo 要好 8-756A
yàohǎochéngqiàn 要好成歉 8-756A
yāohàozi 吆號子 3-184B
yāohē 幺喝 4-426A
yāohē 邀喝 10-1264B
yāohè 吆喝 3-184B
yāohè 喓喝 3-414A
yáohé 肴核 6-1179B
yáohé 肴覈 6-1180A
yǎohēi 窅黑 8-438B
yǎohēi 窈黑 8-442A
yāohèng 夭横 2-1460B
yáohéng 瑤衡 4-625B
yāohóng 夭紅 2-1459B
yāohòu 邀候 10-1264A
yāohòu 要候 8-758B
yāohū 幺呼 4-425B
yāohū 吆呼 3-184A
yāohū 邀呼 10-1263B
yāohù 夭嫭 2-1460B
yáohù 窰户 8-475B
yǎohū 杳忽 4-815B
yāohuā 腰花 6-1342A
yáohuā 姚花 4-343B
yáohuā 瑤花 4-619B
yáohuā 瑤華 4-621B
yáohuá 珧華 4-555A
yáohuà 爻畫 1-643B
yāohuān 徼歡 3-1099A
yāohuān 邀歡 10-1266A
yāohuàn 吆喚 3-184A
yāohuàn 妖幻 4-304B
yáohuán 瑤環 4-625B
yāohuāng 要荒 8-757B
yāohuáng 腰黄 6-1343A
yáohuáng 姚黄 4-344A
yáohuǎng 搖幌 6-809B
yáohuàng 搖晃 6-808B
yáohuàng 搖搌 6-809A
yàohuǎng 要謊 8-762B
yàohuǎng 曜晃 5-848B
yáohuángwèipǐn 姚黄魏品 4-344A
yáohuángwèizǐ 姚黄魏紫 4-344A
yāohuānxǐ 腰歡喜 6-1345B
yáohuāpǔ 瑤華圃 4-621B
yāohuāshíbā 幺花十八 4-425B
yáohuāyīn 瑤華音 4-621B
yáohuāzi 窰花子 8-475B
yāohuì 徼惠 3-1098B
yāohuì 妖彗 4-306A
yāohuì 邀惠 10-1264B
yāohuì 邀會 10-1265A
yáohuī 瑤徽 4-626A
yáohuì 搖會 6-809B
yáohuì 謠喙 11-383A
yàohuī 燿暉 7-308B
yàohuì 要會 8-761A
yáohùn 肴溷 6-1180A
yāohuǒ 祅火 7-838A
yāohuò 徼禍 3-1099A
yāohuò 妖惑 4-306B
yāohuò 祅惑 7-838B
yáohuò 搖惑 6-809A
yáohuò 謠惑 11-383A
yǎohuò 窅豁 8-439A
yáohūxiāngyìng 遥呼相應 10-1143A
yāojī 妖姬 4-305B
yāojī 祅姬 7-838B
yāojī 腰機 6-1345A
yāojī 邀擊 10-1265B
yāojī 要擊 8-762B
yāojī 徼覬 3-1098B
yāojí 徼極 3-1098B
yāojí 徼郄 3-1098B
yāojí 夭疾 2-1460A
yāojí 邀集 10-1264B
yāojí 要褀 8-763A
yāojì 妖忌 4-304B
yāojì 邀冀 10-1265B
yáojī 瑤姬 4-622A
yáojī 瑤璣 4-625B
yáojí 遥集 10-1144A
yáojì 遥迹 10-1143B
yáojì 遥紀 10-1143B
yáojì 遥祭 10-1144A
yǎojì 杳寂 4-816A
yàojī 要機 8-762B
yàojí 要急 8-758A
yàojí 要極 8-759B
yàojì 藥劑 9-611B
yàojì 藥齊 9-611B
yāojià 邀駕 10-1265B
yáojiǎ 瑤斝 4-623A
yáojià 軺駕 9-1241B
yàojiā 要家 8-759A
yàojiǎ 曜甲 5-848A
yàojià 要價 8-762B
yàojiàhuánjià 要價還價 8-762B
yáojiān 遥緘 10-1145B
yáojiān 瑤牋 4-623B
yáojiān 瑤箋 4-624B
yáojiān 瑤緘 4-625A
yáojiǎn 瑤檢 4-626A
yáojiǎn 瑤簡 4-626B
yáojiàn 遥見 10-1142B
yàojiàn 要件 8-756A
yàojiàn 藥箭 9-611B
yáojiāng 搖江 6-807B
yáojiāng 瑤漿 4-625A
yǎojiāngxiācù 咬薑呷醋 3-343B
yǎojiāngxiācù 齩薑呷醋 12-1454B
yāojiāo 夭嬌 2-1460B
yāojiāo 妖嬌 4-307B
yāojiāo 夭撟 2-1460B
yāojiāo 夭矯 2-1461A
yāojiāo 夭蟜 2-1461A
yāojiǎo 腰脚 6-1343B
yáojiǎo 揄絞 6-770A
yǎojiáo 咬嚼 3-344A
yǎojiáotūntǔ 咬嚼吞吐 3-344A
yàojìbànzhǒng 藥劑拌種 9-611B
yāojiē 邀接 10-1264B
yāojié 徼劫 3-1098A
yāojié 腰衱 6-1342B
yāojié 邀劫 10-1263A
yāojié 邀結 10-1264B
yāojié 邀截 10-1265A
yāojié 邀頡 10-1265A
yāojié 要劫 8-756A
yāojié 要結 8-760A
yāojié 要節 8-760B
yāojié 要截 8-761A

yáojiē 遥街 10-1144A
yáojiē 瑶階 4-622B
yáojiē 瑶堦 4-623A
yáojiē 瑶街 4-623B
yáojiě 窰姐 8-475B
yáojiè 瑶界 4-621A
yāojīn 腰巾 6-1341B
yāojīn 腰金 6-1342B
yāojìn 妖祲 4-306B
yāojìn 祅祲 7-838B
yáojīn 瑶津 4-621A
yáojǐn 瑶瑾 4-624B
yǎojīn 咬筋 3-343B
yàojīn 要津 8-758A
yàojīn 藥金 9-610B
yàojǐn 要緊 8-761A
yàojǐn 耀錦 9-694B
yàojìn 要近 8-756B
yāojīng 妖精 4-307A
yāojìng 邀競 10-1266A
yáojīng 揺旌 6-809A
yáojīng 瑶京 4-620A
yáojīng 瑶鯨 4-626B
yáojǐng 瑶井 4-618B
yáojǐng 謡警 11-383B
yáojìng 瑶鏡 4-626B
yàojīng 曜精 5-848B
yàojìng 要徑 8-758B
yāojīntuōzǐ 腰金拖紫 6-1342B
yǎojǐnyáguān 咬緊牙關 3-343B
yāojīnyīzǐ 腰金衣紫 6-1342B
yāojiù 妖咎 4-305A
yáojiǔ 肴酒 6-1179B
yáojiǔ 遥久 10-1142B
yǎojiū 窈糾 8-441A
yǎojiǔ 窈九 8-441A
yǎojiǔ 舀酒 8-1288B
yàojiǔ 藥酒 9-611A
yāojǔ 邀沮 10-1263B
yāojù 徼埶 3-1098A
yāojù 徼訒 3-1098A
yāojù 夭遽 2-1461A
yāojù 祅句 7-838A
yáojū 瑶琚 4-623A
yáojǔ 揺舉 6-810B
yáojù 瑶句 4-619A
yáojù 瑶簴 4-626B
yàojú 要局 8-756B
yàojù 要具 8-757A
yàojù 要劇 8-762A
yāojué 夭絶 2-1460B
yāojué 要絶 8-760B
yáojué 瑶爵 4-626A
yǎojué 杳絶 4-817A
yàojué 要訣 8-759B
yāojūn 邀君 10-1263B
yáokàn 遥看 10-1143B
yáokē 瑶珂 4-620B
yáokè 窰課 8-476A
yáokōng 遥空 10-1143A
yáokōng 瑶空 4-620B
yáokòng 遥控 10-1143B
yāokòu 祅寇 7-838B
yàokǒu 窰口 8-475A
yàokǒu 要口 8-754B
yāokuà 腰胯 6-1343A
yàokuài 要會 8-761A
yáokuāng 瑶筐 4-623A
yáokūn 瑶琨 4-623A
yàokūn 燿焜 7-308B
yàokūn 耀焜 9-694A
yáokuò 遥闊 10-1145B
yāolǎn 要覽 8-763B
yāolǎn 要攬 8-763B
yáolán 揺籃 6-811A
yàolán 藥欄 9-612A
yáolánqǔ 揺籃曲 6-811B
yáolǎo 堯老 2-1143A
yāolè 邀勒 10-1264B
yāolèi 腰肋 6-1342A
yāolí 要離 8-763A
yāolì 徼利 3-1098A
yāolì 夭厲 2-1460B
yāolì 夭癘 2-1461A
yāolì 夭麗 2-1461A
yāolì 妖沴 4-305A
yāolì 妖厲 4-306B
yāolì 妖麗 4-307B
yāolì 邀利 10-1263B
yāolì 邀勵 10-1265B
yáolǐ 肴醴 6-1180A
yáolǐ 遥禮 10-1145B
yáolì 徭力 3-1062B
yáolì 瑶歷 4-625B
yǎolì 窈麗 8-442B
yàolǐ 藥理 9-611A
yàolì 藥力 9-609B
yāolián 腰鎌 6-1345B
yàoliǎn 要臉 8-763A
yāoliáng 邀涼 10-1264B
yáoliáng 肴糧 6-1180A
yàoliàng 耀亮 9-694A
yàoliáo 突遼 8-437A
yàolìdàomíng 要利盜名 8-756B
yāolǐhuò 腰裏貨 6-1344B
yáolín 瑶林 4-619B
yáolíndòng 瑶琳洞 4-623A
yāolíng 徼靈 3-1099A
yāolǐng 腰領 6-1345A
yāolǐng 要領 8-761B
yáolíng 堯陵 2-1143A
yáolíng 堯齡 2-1143B
yáolǐng 遥領 10-1145A
yàolíng 曜靈 5-848B
yàolíng 燿靈 7-308B
yàolíng 耀靈 9-694B
yàolǐng 要領 8-761B
yáolínqióngshù 瑶林瓊樹 4-620A
yáolínyùshù 瑶林玉樹 4-620A
yāoliú 邀留 10-1264A
yāolǐyāoqì 妖裏妖氣 4-306B
yāolǐyìng 腰裏硬 6-1344B
yàolóng 藥籠 9-612A
yàolóngzhōngwù 藥籠中物 9-612A
yāolòu 幺陋 4-426A
yāolù 邀路 10-1265A
yāolù 要祿 8-760A
yāolù 要路 8-760B
yáolù 軺輅 9-1241B
yáolù 瑶輅 4-623B
yàolù 要路 8-760B
yàolù 要録 8-762B
yàolù 藥録 9-611B
yāoluàn 徼亂 3-1099A
yáoluàn 肴亂 6-1180A
yáoluàn 揺亂 6-809B
yàolùjīn 要路津 8-760B
yáolún 軺輪 9-1241B
yáolún 瑶輪 4-625A
yǎolùn 窅論 8-438B
yāoluó 腰鑼 6-1346A
yáoluò 揺落 6-809A
yāolǚ 腰膂 6-1345A
yāolǚ 要膂 8-762A
yáolǘ 爻閭 1-644A
yáolǜ 爻律 1-643B
yàolüè 要略 8-759A
yáomǎ 軺馬 9-1241B
yāomǎi 邀買 10-1264B
yāomài 吆賣 3-184B
yáomài 遥邁 10-1145A
yāomán 要蠻 8-763B
yǎomàn 杳漫 4-817A
yǎomàn 窅漫 8-438B
yǎománg 杳茫 4-815B
yàománg 耀芒 9-693B
yàome 要麼 8-762A
yàome 要末 8-755B
yāoměi 夭美 2-1459B
yāomèi 魅魅 12-462A
yāomèi 妖媚 4-306B
yāomèi 妖魅 4-307A
yǎomèi 杳昧 4-815B
yǎomèi 窅昧 8-438A
yǎomèi 窈昧 8-441B
yàomèi 幼昧 4-430B
yāomén 腰門 6-1342B
yāoméng 要盟 8-760B
yāomèng 妖夢 4-306B
yāomèng 祅夢 7-838B
yǎoměng 杳濛 4-817B
yāomí 妖靡 4-307B
yāomǐ 要靡 8-763A
yāomì 要覓 8-759B
yāomì 窅密 8-438B
yàomì 要密 8-759B
yáomiǎn 殽黽 6-1494B
yáomiǎn 遥緬 10-1145B
yàomián 藥棉 9-611A
yàomiànzi 要面子 8-757B
yāomiǎo 要眇 8-757B
yāomiào 妖妙 4-304B
yāomiào 要妙 8-756B
yǎomiǎo 腰眇 7-1235A
yǎomiǎo 杳眇 4-815B
yǎomiǎo 杳淼 4-817A
yǎomiǎo 杳渺 4-817A
yǎomiǎo 杳邈 4-817B
yǎomiǎo 窅眇 8-438A
yǎomiǎo 窅渺 8-438B
yǎomiǎo 窅邈 8-439A
yǎomiǎo 窈眇 8-441B
yǎomiǎo 窈渺 8-442A
yǎomiǎo 偠紗 1-1538B
yǎomiào 窈妙 8-441A
yàomiǎo 幼眇 4-430B
yàomiào 幼妙 4-430B
yāomiè 幺蔑 4-426B
yāomǐn 夭昏 2-1459A
yāomǐn 夭昬 2-1459B
yáomín 揺民 6-807B
yāomíng 徼名 3-1097B
yāomíng 邀名 10-1263A
yāomìng 夭命 2-1459A
yáomíng 堯蓂 2-1143B
yǎomíng 杳冥 4-816A
yǎomíng 杳溟 4-817A
yǎomíng 窅冥 8-438A
yǎomíng 窈冥 8-441B
yǎomíng 窈寞 8-442A
yàomíng 曜名 5-848A
yàomíng 曜明 5-848B
yàomíng 耀名 9-693B
yàomíng 耀明 9-694A
yàomìng 要命 8-757A
yāomíngshèlì 邀名射利 10-1263A
yāomó 幺麼 4-426B
yāomó 幺魔 4-427A
yāomó 幺麿 4-427A
yāomó 夭魔 2-1461A
yāomó 妖麼 4-307A
yāomó 妖魔 4-307B
yāomò 幺末 4-425B
yāomò 夭沒 2-1459A
yāomò 夭歿 2-1459A
yǎomò 杳漠 4-817A
yǎomò 杳默 4-817A
yǎomò 窅默 8-438B
yǎomò 窈寞 8-442A
yāomóguǐguài 妖魔鬼怪 4-308A
yāomóxiǎochǒu 幺麼小醜 4-426B
yāomóxiǎochǒu 幺麿小醜 4-427A
yāomù 要募 8-759B
yáomǔ 瑶母 4-619A
yáomù 遥目 10-1142B
yáomù 瑶木 4-618B
yàomù 要目 8-755B
yàomùjīngguāng 耀目晶光 9-693B
yáomǔmén 堯母門 2-1143A
yāonàn 邀難 10-1265B
yàonào 要鬧 8-762A
yáonèn 肴臑 6-1180A
yāonéng 徼能 3-1098B

yāonì 幺匿 4-426A
yāonì 祅逆 7-838B
yáonì 嶢嶷 3-864B
yāonián 夭年 2-1458B
yáonián 堯年 2-1143A
yáoniǎn 軺輦 9-1241B
yáoniǎn 遥輦 10-1145A
yáoniàn 遥念 10-1143A
yàoniǎn 藥捻 9-611A
yāoniáng 幺娘 4-426A
yǎoniáng 窅娘 8-438A
yǎoniáng 窈娘 8-441B
yáoniánshùnrì 堯年舜日 2-1143A
yàoniǎnzi 藥碾子 9-611B
yāoniǎo 幺裊 4-426A
yāoniǎo 夭鳥 2-1460A
yāoniǎo 夭裊 2-1460B
yāoniǎo 夭嬝 2-1461A
yāoniǎo 祅鳥 7-838B
yāoniǎo 腰裊 6-1344B
yāoniǎo 腰褭 6-1345A
yáoniǎo 遥裊 10-1144B
yǎoniǎo 杳裊 4-817A
yǎoniǎo 杳褭 4-817B
yǎoniǎo 窈褭 8-442B
yǎoniǎo 偠㒟 1-1538B
yǎoniǎo 偠儴 1-1538B
yǎoniǎo 嫈嫋 4-386A
yǎoniǎo 嫈嫋 4-386A
yǎoniǎo 嫈嬝 4-386A
yǎoniǎo 嫈褭 4-386A
yǎoniǎo 騕裊 12-859A
yǎoniǎo 騕褭 12-859A
yǎoniǎo 騕驤 12-859A
yǎoniǎo 騕裛 12-859A
yǎoniǎo 騕褭 12-859A
yǎoniǎo 要褭 8-762B
yāoniè 夭孽 2-1461A
yāoniè 妖孽 4-307B
yāoniè 妖孼 4-307B
yāoniè 祅孽 7-839A
yāoniè 訞孼 11-72A
yāoniè 邀躡 10-1266A
yáoniè 嶢屺 3-864A
yáoniè 嶢嵲 3-864B
yáoniè 嶢嶭 3-864B
yǎoniè 咬嚙 3-344A
yǎoniè 齩齧 12-1454B
yāonóng 夭穠 2-1461A
yàonóng 藥農 9-611B
yáonòu 銚耨 11-1270B
yáonòu 銚鎒 11-1270B
yāonuó 夭娜 2-1459B
yǎonuó 窈娜 8-441B
yāonǚ 妖女 4-304A
yáo'ōu 謡謳 11-383B
yāopái 腰牌 6-1344A
yāopàn 腰襻 6-1345B
yáopán 瑶盤 4-625A
yǎopān 咬扳 3-343A
yāopèi 腰佩 6-1342B
yáopèi 軺旆 9-1241B
yáopèi 瑶佩 4-620A
yáopèi 瑶珮 4-621B
yāopéng 腰棚 6-1344A
yāopiān 幺篇 4-426B
yáopiān 瑶篇 4-625A
yàopiàn 藥片 9-610A
yāopǐn 腰品 6-1343A
yàopǐn 藥品 9-611A
yáopíng 瑶缾 4-623A
yàopò 曜魄 5-848B
yàopò 耀魄 9-694A
yàopòbǎo 耀魄寶 9-694A
yáopǔ 瑶圃 4-621B
yàopù 藥鋪 9-611B
yāoqī 邀期 10-1264B
yāoqī 要期 8-759B
yāoqì 妖氣 4-305B
yāoqì 祅氣 7-838B
yāoqì 要契 8-757B
yáoqí 嶢崎 3-864A
yáoqǐ 遥企 10-1142B
yáoqì 瑶砌 4-621A
yáoqì 瑶器 4-625B
yáoqì 窰器 8-476A
yǎoqì 鷕氣 12-1158A
yàoqí 曜奇 5-848B
yāoqià 腰髂 6-1345B
yāoqià 腰骬 6-1345A
yāoqián 幺錢 4-426B
yáoqiān 瑶籤 4-626B
yāoqiáng 腰牆 6-1345B
yàoqiáng 要强 8-760A
yáoqiánshù 摇錢樹 6-810B
yāoqiáo 夭喬 2-1460A
yǎoqiào 窈峭 8-441B
yàoqiào 要竅 8-763A
yàoqiě 要且 8-755B
yàoqiè 要切 8-755A
yáoqín 瑶琴 4-622B
yàoqín 鷂琴 12-1137B
yáoqínàhǎn 摇旗吶喊 6-809B
yāoqǐng 邀請 10-1265B
yāoqǐng 要請 8-762B
yáoqīng 遥青 10-1142B
yáoqíng 遥情 10-1144A
yáoqíng 瑶情 4-622B
yǎoqīng 杳清 4-816A
yāoqǐngsài 邀請賽 10-1265B
yáoqióng 遥穹 10-1143A
yáoqióng 瑶瓊 4-626A
yāoqiú 徼求 3-1098A
yāoqiú 邀求 10-1263B
yāoqiú 要囚 8-755B
yāoqiú 要求 8-756A
yǎoqiū 咬秋 3-343A
yàoqiú 要囚 8-755B
yāoqū 邀屈 10-1264A
yāoqū 要屈 8-757B
yāoqǔ 徼取 3-1098A
yāoqǔ 邀取 10-1263B
yáo'qú 瑶氍 4-622B
yáoqǔ 謡曲 11-382B
yǎoqù 窅闃 8-439A
yàoqū 要屈 8-757B
yàoqǔ 約取 9-721B
yàoqù 要趣 8-762A
yáoquē 嶢闕 3-864B
yáoquè 瑶闕 4-626B
yáoquè 嶢崅 3-864A
yàoquē 要缺 8-758B
yǎoqū'er 咬蛆兒 3-343B
yǎoqún 咬羣 3-343B
yáoqūshùnbù 堯趨舜步 2-1143B
yáorán 嶢然 3-864A
yǎorán 杳然 4-816B
yǎorán 窅然 8-438B
yǎorán 窈然 8-442A
yàorǎng 要壤 8-763B
yāoráo 夭饒 2-1461A
yāoráo 夭嬈 2-1460B
yāoráo 妖饒 4-307B
yāoráo 妖嬈 4-307A
yāorào 夭繞 2-1461A
yǎoráo 窈嬈 8-442A
yǎorǎo 窈繞 8-442B
yāorén 妖人 4-304A
yáorén 徭人 3-1062B
yáorén 窰人 8-475A
yàorén 要人 8-754B
yàorèn 要任 8-756A
yǎoréngǒu'er… 咬人狗兒不露齒 3-342A
yàorì 曜日 5-848A
yāoróng 徼榮 3-1099A
yāoróng 夭容 2-1460A
yáoróng 摇溶 6-809B
yāoróu 夭柔 2-1459B
yáoróu 肴糅 6-1180A
yāorú 幺孺 4-427A
yāorú 腰襦 6-1345B
yǎorúhuánghè 杳如黄鶴 4-815A
yáoruǐ 瑶蕊 4-625A
yáoruǐ 瑶繠 4-626B
yáoruǐ 瑶蘂 4-626B
yāoruò 幺弱 4-426A
yǎoruò 杳若 4-815B
yàosài 要塞 8-761A
yāosāng 夭喪 2-1460A
yáosè 瑶色 4-619A
yáosè 瑶瑟 4-623B
yāoshā 夭殺 2-1460A
yāoshā 邀殺 10-1264A
yàoshà 窔廈 8-437A
yāoshàn 腰扇 6-1343A
yáoshān 摇扇 6-808B
yáoshān 榣山 4-1216B
yáoshān 瑶山 4-618A
yáoshàn 肴膳 6-1180A
yáoshàn 堯禪 2-1143B
yáoshàn 摇扇 6-808B
yàoshān 樂山 4-1285A
yàoshān 要删 8-756B
yàoshàn 藥膳 9-611B
yàoshān'àishuǐ 樂山愛水 4-1285A
yāoshāng 夭傷 2-1460B
yāoshāng 夭殤 2-1460B
yāoshǎng 邀賞 10-1265B
yáoshāng 瑶觴 4-626B
yāoshànghuáng 腰上黄 6-1341B
yàoshānyàoshuǐ 樂山樂水 4-1285A
yāoshāo 妖韶 4-307A
yāoshào 夭紹 2-1460A
yāoshào 要紹 8-759B
yǎoshào 偠紹 1-1538A
yāoshè 邀射 10-1264A
yāoshè 要射 8-758B
yáoshé 摇舌 6-807B
yáoshè 遥攝 10-1145B
yǎoshé 咬舌 3-342B
yāoshēn 腰身 6-1342A
yāoshén 妖神 4-305B
yāoshèn 腰腎 6-1344A
yáoshēn 遥深 10-1144A
yáoshén 窰神 8-476A
yǎoshēn 杳深 4-816A
yǎoshēn 窅深 8-438B
yǎoshēn 窈深 8-442A
yāoshěng 妖眚 4-305B
yáoshēng 瑶笙 4-622B
yáoshēnyībiàn 摇身一變 6-808A
yǎoshézi 咬舌子 3-343A
yāoshī 幺師 4-426A
yāoshí 邀時 10-1264A
yāoshí 要時 8-758B
yāoshì 夭逝 2-1459B
yāoshì 邀飾 10-1265A
yāoshì 要市 8-755B
yāoshì 要誓 8-761A
yáoshí 遥識 10-1145B
yáoshí 瑶石 4-618B
yáoshǐ 傜使 1-1603B
yáoshǐ 徭使 3-1063A
yáoshì 遥逝 10-1143B
yáoshì 遥視 10-1144A
yáoshì 瑶室 4-621A
yǎoshì 咬噬 3-344A
yàoshi 鑰匙 11-1431A
yàoshī 曜師 5-848B
yàoshī 藥師 9-611A
yàoshí 要實 8-762A
yàoshí 藥石 9-610A
yàoshì 要事 8-757A
yàoshì 要是 8-757B
yàoshì 要勢 8-760B
yāoshòu 夭壽 2-1460B
yáoshǒu 摇手 6-807A
yáoshòu 遥授 10-1143B
yǎoshǒu 咬手 3-342B
yàoshòu 藥獸 9-612A
yáoshǒuchùjìn 摇手觸禁 6-807A
yāoshū 幺叔 4-425B
yāoshù 妖術 4-306A
yāoshù 祅豎 7-838B
yāoshù 腰俞 6-1343A
yāoshù 要束 8-756B

yáoshū 肴蔬 6-1180A
yáoshū 瑤樞 4-625A
yáoshǔ 遥署 10-1144B
yáoshù 傜戍 1-1603B
yáoshù 徭戍 3-1062B
yáoshù 摇樹 6-810B
yáoshù 瑤樹 4-625B
yáoshù 繇戍 9-1007A
yàoshū 要樞 8-762A
yàoshù 要術 8-759A
yāoshuān 腰楦 6-1345B
yáoshuǐ 摇水 6-807A
yáoshuǐ 瑤水 4-618B
yáoshuǐ 淫水 5-1390A
yáoshuì 徭税 3-1063A
yàoshuǐ 樂水 4-1286A
yàoshuǐ 藥水 9-610A
yáoshùn 堯舜 2-1143B
yāoshuō 邀説 10-1265A
yāosī 幺廝 4-426B
yāosǐ 夭死 2-1458B
yáosī 遥思 10-1143A
yáosì 姚姒 4-343B
yáosī 窅思 8-445A
yàosǐyàohuó 要死要活 8-756A
yáosǒng 遥悚 10-1143B
yáosòng 姚宋 4-343B
yáosòng 遥送 10-1143B
yáosòng 謡訟 11-383A
yáosòng 謡頌 11-383A
yáosòng 謡誦 11-383A
yāosú 祆俗 7-838B
yāosù 邀速 10-1264A
yáosú 繇俗 9-1007B
yáosú 謡俗 11-382B
yáosù 肴蔌 6-1180A
yáosù 殽蔌 6-1494B
yáosù 殽餗 6-1494B
yàosù 要素 8-758A
yāosuàn 幺算 4-426B
yāosuānbèitòng 腰酸背痛 6-1344B
yāosuì 夭遂 2-1460A
yǎosuì 杳邃 4-817B
yāosuǒ 邀索 10-1264A
yāosuǒ 要索 8-758B
yáotà 瑤踏 4-625A
yáotái 瑤臺 4-624A
yáotái 窯台 8-475B
yǎotāi 麇胎 12-1288B
yáotáiqīng 瑤臺傾 4-624B
yáotáiqióngshì 瑤臺瓊室 4-624B
yáotáiyínquè 瑤臺銀闕 4-624B
yáotān 摇攤 6-811B
yáotán 瑤壇 4-625B
yáotáng 瑤堂 4-622A
yáotáng 瑤塘 4-623B
yāotáo 夭桃 2-1459B
yāotǎo 邀討 10-1264A
yāotáonónglǐ 夭桃穠李 2-1459B
yāotáonónglǐ 夭桃襛李 2-1459B
yáoténg 瑤縢 4-625B
yāotiān 徼天 3-1097B
yáotiān 堯天 2-1143A
yáotiān 遥天 10-1142B
yáotiān 瑤天 4-618B
yáotián 瑤田 4-618B
yāotiānhèdì 吆天喝地 3-184A
yáotiānshùnrì 堯天舜日 2-1143A
yāotiáo 妖調 4-307A
yáotiào 遥眺 10-1144A
yǎotiǎo 杳窕 4-816A
yǎotiǎo 杳篠 4-817A
yǎotiǎo 窅窕 8-438B
yǎotiǎo 窅篠 8-438B
yǎotiǎo 窈窕 8-442A
yǎotiǎo 窈篠 8-442A
yǎotiǎo 窵窕 8-439A
yǎotiǎo 窵篠 8-439A
yǎotiǎoniáng 窈窕娘 8-442A
yāotiě 邀帖 10-1263B
yàotiě 藥帖 9-610B
yāotīng 腰廳 6-1345B
yáotíng 瑤庭 4-621A
yǎotíng 窈停 8-442A
yāotóng 妖童 4-306B
yāotóng 妖僮 4-307A
yāotóng 邀同 10-1263A
yáotóng 遥同 10-1142B
yáotǒng 遥統 10-1144B
yáotóu 摇頭 6-810B
yǎotóu 鷂頭 12-1089A
yàotóu 藥頭 9-611B
yáotóubǎinǎo 摇頭擺腦 6-810B
yáotóubǎiwěi 摇頭擺尾 6-810B
yáotóubǎiwěi 摇頭摒尾 6-810B
yáotóuhuǎngnǎo 摇頭幌腦 6-810B
yáotóuhuàngnǎo 摇頭晃腦 6-810B
yáotóuhuàngnǎo 摇頭搖腦 6-810B
yáotóutǔpī 窰頭土坯 8-476A
yāotú 要途 8-758B
yáotú 遥途 10-1143B
yáotú 遥塗 10-1145A
yáotú 瑤圖 4-624B
yáotù 瑤兔 4-620A
yǎotū 窅突 8-438A
yǎotǔ 咬吐 3-342B
yàotú 要途 8-758B
yàotú 要塗 8-761A
yàotú 要圖 8-761B
yáotuàn 爻彖 1-643B
yāotuǐ 腰腿 6-1344B
yāotuǐgōng 腰腿功 6-1344B
yàotūn 燿焞 7-308B
yāotúnmùliù 幺豚暮鷚 4-426A
yāotuó 腰橐 6-1345A
yǎotuō 杳拖 4-815B
yā'ǒu 啞嘔 3-374B
yá'ōu 睚瞘 7-1225B
yāowā 咬哇 3-343A
yǎowā 窅窊 8-438A
yǎowā 窅窪 8-438B
yǎowǎ 咬瓦 3-342B
yàowà 靿韈 12-191B
yāowán 妖玩 4-305A
yāowǎn 邀挽 10-1264A
yáowán 摇丸 6-807A
yàowán 藥丸 9-609B
yāowáng 夭亡 2-1458B
yāowǎng 夭枉 2-1459A
yāowàng 妖妄 4-304A
yáowàng 遥望 10-1144A
yǎowáng 殀亡 5-155A
yàowáng 藥王 9-609B
yāowēi 幺微 4-426A
yāowéi 腰圍 6-1344A
yāowěi 祆僞 7-838B
yāowěi 邀僞 10-1265A
yáowěi 摇尾 6-808A
yáowèi 爻位 1-643B
yáowèi 姚魏 4-344A
yǎowēi 杳微 4-817A
yǎowěi 杳隗 4-816A
yǎowèi 窈蔚 8-442A
yàowēi 曜威 5-848B
yàowēi 耀威 9-694A
yàowèi 要位 8-756B
yàowèi 藥味 9-610A
yāowéijīn 腰圍巾 6-1344A
yáowěiqǐlián 摇尾乞憐 6-808A
yáowěitúzhōng 摇尾塗中 6-808A
yáowén 遥聞 10-1145A
yàowén 要聞 8-762A
yáowèng 瑤甕 4-626A
yáowèng 瑤罋 4-626B
yǎowénjiáozi 咬文嚼字 3-342B
yǎowénjiáozi 齩文嚼字 12-1454B
yǎowénnièzì 咬文嚙字 3-342B
yǎowénnièzì 咬文齧字 3-342B
yāowū 訞誣 11-72A
yāowù 妖物 4-305A
yáowū 摇兀 6-807A
yáowù 嶢岄 3-864A
yáowù 嶢屼 3-864A
yáowù 窰務 8-476A
yǎowú 杳無 4-816A
yàowǔ 曜武 5-848B
yàowǔ 耀武 9-693B
yàowù 要務 8-759A
yàowù 藥物 9-610B
yāowǔhèliù 吆五喝六 3-184A
yǎowúrénjì 杳無人迹 4-816A
yǎowúrénjì 杳無人跡 4-816A
yǎowúrényān 杳無人煙 4-816B
yǎowúxiāoxī 杳無消息 4-816B
yǎowúxìnxi 杳無信息 4-816B
yàowǔyángwēi 耀武揚威 9-693B
yǎowúyǐngxiǎng 杳無影響 4-816B
yǎowúyīnhào 杳無音耗 4-816B
yǎowúyīnxìn 杳無音信 4-816B
yǎowúyīnxùn 杳無音訊 4-816B
yǎowúzōngjì 杳無踪迹 4-816B
yǎowúzōngjì 杳無踪跡 4-816B
yǎowúzōngjì 杳無蹤跡 4-816B
yǎowúzōngyǐng 杳無蹤影 4-816B
yáoxī 遥夕 10-1142A
yáoxī 瑤溪 4-624A
yáoxī 瑤谿 4-626A
yáoxī 嶢嵠 3-864B
yáoxí 瑤席 4-622A
yáoxí 餚席 12-564A
yáoxì 爻繫 1-644A
yáoxiá 瑤匣 4-619B
yàoxià 窔夏 8-437A
yāoxián 幺弦 4-426A
yāoxián 幺絃 4-426A
yāoxián 妖閑 4-306B
yāoxián 妖嫺 4-307B
yāoxián 妖嫻 4-307B
yāoxiǎn 邀險 10-1265B
yáoxiǎn 瑤銑 4-624B
yáoxiàn 遥羨 10-1145A
yǎoxiàn 窈陷 8-441B
yàoxiǎn 要險 8-762B
yàoxiǎn 要顯 8-763B
yāoxiáng 妖祥 4-305B
yāoxiáng 祆祥 7-838B
yáoxiāng 瑤廂 4-623B
yáoxiāng 瑤箱 4-625A
yáoxiǎng 遥想 10-1144B
yáoxiǎng 瑤想 4-623B
yáoxiàng 爻象 1-643B
yáoxiàng 瑤象 4-622B
yàoxiàng 曜象 5-848B
yáoxiāngcǎo 遥香草 10-1143B
yáoxiānghūyìng 遥相呼應 10-1143A
yáoxiǎngqióngsī 瑤想瓊思 4-623B
yāoxiángūyùn 幺絃孤韻

4-426A
yāoxiǎo 幺小 4-425B
yáoxiāo 摇消 6-808B
yāoxié 妖邪 4-304A
yāoxié 邀挾 10-1264A
yāoxié 邀脅 10-1264B
yāoxié 要挾 8-758A
yāoxié 要脅 8-759A
yāoxiè 夭謝 2-1461A
yáoxiè 遥謝 10-1145B
yáoxiè 瑶榭 4-624B
yáoxiè 嶢榭 3-864B
yàoxiè 藥械 9-611A
yáoxīn 堯心 2-1143A
yáoxīn 摇心 6-807B
yáoxīn 遥心 10-1142B
yāoxīng 妖星 4-305B
yāoxīng 祅星 7-838B
yāoxìng 妖幸 4-305A
yāoxìng 妖倖 4-305B
yāoxìng 邀幸 10-1263B
yāoxìng 邀倖 10-1264A
yāoxìng 要幸 8-757A
yāoxìng 要倖 8-758B
yáoxīng 遥興 10-1145B
yáoxīng 瑶星 4-621A
yàoxīng 燿星 7-308B
yàoxìng 藥性 9-610B
yāoxíngguàizhuàng
妖形怪狀 4-304B
yāoxiōng 妖凶 4-304A
yāoxiōng 妖兇 4-304A
yāoxiōng 祅凶 7-838A
yáoxípòzuò 摇席破坐
6-808B
yáoxípòzuò 摇席破座
6-808B
yāoxiù 夭秀 2-1459A
yáoxiū 肴羞 6-1179B
yáoxiū 肴脩 6-1179B
yáoxiū 殽羞 6-1494A
yāoxù 夭殈 2-1460A
yáoxǔ 肴醑 6-1180A
yáoxù 遥緒 10-1145A
yáoxù 瑶序 4-619B
yàoxū 要須 8-760A
yàoxū 要需 8-761B
yáoxuān 軺軒 9-1241B
yáoxuān 瑶軒 4-621B
yáoxuán 瑶琁 4-622A
yàoxuàn 耀炫 9-694A
yāoxué 訞學 11-72A
yāoxūn 邀勳 10-1265B
yāoyà 邀迓 10-1263B
yáoyā 瑶鴨 4-625B
yáoyá 摇牙 6-807A
yáoyá 瑶崖 4-622B
yǎoyá 咬牙 3-342A
yǎoyáguān 咬牙關 3-342B
yǎoyáhènchǐ 咬牙恨齒
3-342B
yāoyán 夭妍 2-1459A
yāoyán 妖妍 4-304B
yāoyán 妖言 4-304B
yāoyán 祅言 7-838A
yāoyán 訞言 11-72A
yāoyán 邀延 10-1263A
yāoyán 要言 8-756B
yāoyǎn 腰眼 6-1343B
yāoyàn 夭艷 2-1461B
yāoyàn 夭豔 2-1461B
yāoyàn 妖艷 4-308A
yāoyàn 妖豔 4-308A
yāoyàn 邀宴 10-1264B
yáoyān 瑶煙 4-624A
yáoyān 窰烟 8-476A
yáoyán 瑶顔 4-626B
yáoyán 嶢巖 3-864B
yáoyán 謡言 11-382B
yáoyǎn 摇演 6-810A
yáoyǎn 遥衍 10-1143B
yáoyǎn 遥眼 10-1144A
yáoyǎn 瑶琰 4-623A
yáoyàn 摇豔 6-811B
yáoyàn 摇灩 6-811B
yáoyàn 遥豔 10-1145B
yáoyàn 謡諺 11-383B
yáoyàn 䚻諺 11-80A
yàoyān 藥烟 9-611A
yàoyān 藥煙 9-611B
yàoyán 要言 8-756B
yàoyán 藥言 9-610A
yàoyǎn 耀眼 9-694A
yàoyàn 耀艷 9-694B
yàoyánbùfán 要言不煩
8-756B
yāoyāng 夭殃 2-1459A
yáoyáng 摇揚 6-809A
yáoyáng 摇颺 6-811A
yáoyáng 飖颺 12-642B
yáoyǎng 遥仰 10-1142B
yáoyàng 摇漾 6-810A
yāoyánhuòzhòng 妖言惑衆
4-304B
yàoyánmiàodào 要言妙道
8-756B
yàoyǎnzhēngguāng
耀眼争光 9-694A
yāoyāo 夭夭 2-1458B
yāoyāo 妖妖 4-304B
yāoyāo 枖枖 4-856A
yāoyāo 喓喓 3-414A
yāoyāo 媄媄 4-357B
yāoyáo 夭摇 2-1460B
yāoyáo 要嫋 8-761A
yáoyāo 謡妖 11-382B
yáoyáo 陶陶 11-1045A
yáoyáo 姚姚 4-344A
yáoyáo 珧銚 4-555A
yáoyáo 堯堯 2-1143B
yáoyáo 摇摇 6-809A
yáoyáo 遥遥 10-1144B
yáoyáo 嶢嶢 3-864B
yǎoyǎo 嬈嬈 4-407A
yǎoyǎo 杳杳 4-815B
yǎoyǎo 杳窅 4-816A
yǎo'yǎo 眑眑 7-1202A
yǎoyǎo 窅窅 8-438A
yǎoyǎo 窈杳 8-441A
yǎoyǎo 窈窅 8-441B
yǎoyǎo 窈窈 8-441B
yǎoyǎo 溔溔 6-36B
yǎoyǎo 鷕鷕 12-1158A
yǎoyǎo 窗窅 8-439A
yàoyào 突要 8-437A
yàoyào 曜曜 5-848B
yàoyào 燿燿 7-308B
yàoyào 耀耀 9-694B
yáoyáobǎibǎi 摇摇擺擺
6-809B
yāoyāohèhè 吆吆喝喝
3-184A
yáoyáohuázhòu 遥遥華胄
10-1144B
yǎoyǎomíngmíng 窈窈冥冥
8-441B
yáoyáosuìsuì 陶陶遂遂
11-1045A
yáoyáowúqī 遥遥無期
10-1144B
yǎoyǎoyìyì 窅窅翳翳
8-438A
yáoyáoyùzhuì 摇摇欲墜
6-809A
yǎoyáqièchǐ 咬牙切齒
3-342B
yǎoyáxíng 咬牙餳 3-342B
yāoyě 夭冶 2-1459A
yāoyě 妖冶 4-304B
yāoyě 妖野 4-306A
yáoyě 窕冶 8-444A
yáoyě 姚冶 4-343B
yáoyě 遥冶 10-1142B
yáoyè 摇曳 6-807B
yáoyè 摇拽 6-808A
yáoyè 遥曳 10-1142B
yáoyè 遥夜 10-1143A
yáoyè 瑶葉 4-623A
yáoyè 飖拽 12-642B
yàoyè 耀夜 9-694A
yàoyè 耀曄 9-694A
yāoyì 夭疫 2-1459B
yāoyì 妖異 4-306A
yāoyì 祅異 7-838B
yáoyī 瑶衣 4-619A
yáoyǐ 摇椅 6-809A
yáoyì 肴醳 6-1180A
yáoyì 傜役 1-1603B
yáoyì 傜役 1-1603B
yáoyì 徭役 3-1062B
yáoyì 摇易 6-808A
yáoyì 摇裔 6-809B
yáoyì 遥役 10-1142B
yáoyì 遥裔 10-1145A
yáoyì 遥憶 10-1145B
yáoyì 繇役 9-1007A
yáoyì 謡議 11-383B
yǎoyì 窅翳 8-439A
yàoyí 曜儀 5-848B
yàoyì 銚弋 11-1270B
yàoyì 銚芅 11-1270B
yàoyì 要義 8-761A
yāoyín 妖淫 4-306A
yāoyǐn 要引 8-755B
yáoyīn 瑶音 4-621A
yáoyín 謡吟 11-382B
yàoyǐn 藥引 9-610A
yāoyíng 徼迎 3-1098A
yāoyíng 邀迎 10-1263B
yáoyīng 瑶英 4-619B
yáoyīng 瑶瑛 4-623A
yáoyìng 遥應 10-1145B
yǎoyìng 窅映 8-438A
yàoyīng 鷂鷹 12-1137B
yàoyǐng 燿穎 7-308B
yàoyǐng 耀穎 9-694B
yǎoyīnzāzì 咬音咂字
3-343A
yáoyǒng 謡咏 11-382B
yáoyǒng 謡詠 11-383A
yǎoyōu 窈怮 8-441A
yǎoyōu 窈悠 8-441B
yāoyóurénxīng 妖由人興
4-304A
yāoyú 腰輿 6-1345A
yāoyù 夭鬱 2-1461B
yāoyù 喓嘟 3-414A
yāoyù 邀遇 10-1264B
yāoyù 邀譽 10-1265B
yāoyù 要御 8-760A
yāoyù 要譽 8-763B
yáoyǔ 遥語 10-1145A
yáoyǔ 謡語 11-383A
yáoyù 瑶玉 4-618B
yǎoyù 杳鬱 4-817B
yǎoyù 窈鬱 8-442B
yàoyǔ 要語 8-761B
yàoyǔ 藥雨 9-610A
yàoyù 曜煜 5-848B
yāoyuàn 徼怨 3-1098A
yáoyuán 遥源 10-1145A
yáoyuán 瑶源 4-624A
yáoyuǎn 姚遠 4-344A
yáoyuǎn 遥遠 10-1144B
yǎoyuǎn 杳遠 4-817A
yàoyuán 要員 8-758B
yàoyùchuán 藥玉船 9-610A
yāoyuē 邀約 10-1264A
yāoyuē 要約 8-758A
yáoyuè 摇刖 6-807B
yáoyuè 摇悦 6-808B
yáoyuè 瑶月 4-618B
yàoyuē 要約 8-758A
yàoyuè 要月 8-755A
yǎoyǔhuā 窅窳花 8-438B
yáoyǔmáoshàn 摇羽毛扇
6-807B
yāozāi 妖災 4-305A
yāozāi 祅災 7-838A
yáozān 瑶簪 4-626A
yáozān 瑶簮 4-626B
yáozàng 餚藏 12-564A
yáozào 窰竈 8-476A
yàozào 藥皂 9-610A
yāozé 邀澤 10-1265B
yàozé 要則 8-757B

yāozéi 妖賊 4-306B
yāozéi 祆賊 7-838B
yāozhá 夭札 2-1458B
yāozhá 腰鍘 6-1345B
yáozhá 瑤札 4-618B
yāozhá 殀札 5-155A
yáozhāi 瑤齋 4-626A
yāozhǎn 腰斬 6-1343A
yāozhǎn 要斬 8-759A
yāozhàn 徼戰 3-1099A
yāozhàn 腰站 6-1343A
yáozhān 遙瞻 10-1145B
yáozhǎn 瑤琖 4-623A
yáozhǎn 瑤盞 4-623B
yáozhǎn 銚盞 11-1270B
yáozhàn 搖戰 6-810B
yǎozhǎn 咬盞 3-343B
yāozhāng 腰章 6-1343B
yāozhāng 要章 8-759B
yáozhāng 瑤章 4-622B
yáozhàng 瑤杖 4-619B
yàozhàng 要賬 8-762A
yāozhāo 要招 8-757A
yāozhào 邀召 10-1263A
yàozhāo 要著 8-759A
yāozhē 徼遮 3-1099A
yāozhē 邀遮 10-1265A
yāozhē 要遮 8-761B
yāozhé 夭折 2-1459A
yāozhé 腰折 6-1342A
yáozhěn 瑤枕 4-620A
yáozhěn 瑤軫 4-623A
yáozhèn 搖震 6-810A
yàozhěn 藥疹 9-611A
yàozhèn 要鎮 8-763A
yáozhēng 殽脅 6-1494B
yáozhēng 殽烝 6-1494B
yáozhēng 瑤箏 4-623B
yáozhēng 嶢崢 3-864A
yáozhēng 嶢嶕 3-864A
yáozhēng 餚烝 12-564A
yáozhěng 軺輂 9-1241B
yàozhèng 要政 8-757B
yàozhèng 要證 8-763A
yāozhī 祆知 7-838A
yāozhī 腰支 6-1341B
yāozhī 腰肢 6-1342B
yāozhī 要支 8-755A
yāozhī 要知 8-757A
yāozhí 要執 8-759A
yāozhì 邀致 10-1264A
yāozhì 要致 8-758B
yāozhì 要質 8-762B
yáozhī 遙知 10-1143A
yáozhī 瑤卮 4-619A
yáozhī 瑤巵 4-619B
yáozhī 瑤枝 4-620A
yáozhǐ 遙指 10-1143A
yáozhì 搖幟 6-810A
yáozhì 遙制 10-1143A
yáozhì 瑤帙 4-620A
yáozhì 瑤質 4-625A
yáozhì 鷂雉 12-1137B
yàozhī 要之 8-754B
yàozhí 要職 8-763A
yàozhǐ 要旨 8-756A
yàozhǐ 要指 8-757B
yàozhì 要秩 8-758B
yáozhǐkōngzhōng… 遙指空中雁做羹 10-1143A
yáozhīsù 搖枝粟 6-808A
yáozhōng 搖鐘 6-811B
yáozhōng 瑤鍾 4-626A
yàozhòng 要重 8-757B
yāozhōu 腰舟 6-1342A
yāozhōu 要舟 8-756A
yáozhóu 瑤軸 4-623A
yáozhòu 遙胄 10-1143A
yáozhou 瑤甃 4-620B
yāozhú 邀逐 10-1264A
yāozhù 邀助 10-1263B
yáozhū 瑤珠 4-621B
yáozhǔ 遙矚 10-1145B
yáozhù 遙祝 10-1143B
yáozhù 瑤柱 4-621A
yáozhuàn 肴饌 6-1180A
yáozhuàn 殽饌 6-1494B
yáozhuàn 軺傳 9-1241B
yáozhuàn 瑤篆 4-625A
yáozhuàn 餚饌 12-564A
yáozhuāng 搖裝 6-809B
yāozhuī 腰椎 6-1344A
yāozhǔn 邀准 10-1264A
yāozhuó 夭椓 2-1460A
yāozhuó 邀斫 10-1264A
yáozhuó 謠諑 11-383B
yāozi 腰子 6-1341B
yāozī 妖姿 4-305B
yáozi 銚子 11-1270B
yáozi 窰子 8-475B
yáozi 陶子 11-1040B
yáozì 肴胾 6-1179B
yáozì 餚胾 12-564A
yǎozi 舀子 8-1288B
yǎozì 咬字 3-343A
yàozi 瘧子 8-336A
yàozi 要子 8-754B
yàozi 鷂子 12-1137A
yàozì 要自 8-756A
yàozifānshēn 鷂子翻身 12-1137B
yàoziguǐ'er 瘧子鬼兒 8-336A
yàozihuā 瘧子花 8-336A
yàozixié 鷂子鞋 12-1137B
yǎozìyǎn 咬字眼 3-343A
yāozǔ 邀阻 10-1263B
yáozū 肴葅 6-1180A
yáozú 搖足 6-807B
yáozú 瑤族 4-622B
yáozǔ 肴俎 6-1179B
yáozǔ 瑤俎 4-621A
yǎozuǐ 咬嘴 3-343B
yàozuì 要最 8-759B
yàozuǐchī 要嘴吃 8-762B
yáozuǐdiàoshé 搖嘴掉舌 6-810B
yáozūn 瑤尊 4-623B
yáozūn 瑤樽 4-625B
yáozūn 瑤罇 4-626B
yāpài 壓派 2-1234A
yápái 牙牌 5-278B
yàpái 亞牌 1-543B
yāpáibǎo 押牌寶 6-460A
yápán 牙盤 5-280A
yápàn 崖畔 3-830A
yápàn 涯畔 5-1348B
yàpán 亞盤 1-544A
yàpán 軋盤 9-1200A
yápánshí 牙盤食 5-280A
yǎpào 啞炮 3-373B
yápèi 牙旆 5-277B
yāpí 鰛鮍 12-1238A
yàpǐ 亞匹 1-542A
yāpiàn 鴉片 12-1070B
yāpiàn 雅片 11-820B
yǎpiān 雅篇 11-828A
yāpiàngāo 鴉片膏 12-1071A
yāpiànguǎn 鴉片館 12-1071A
yāpiànguǐ 鴉片鬼 12-1070B
yāpiànní 鴉片坭 12-1070B
yāpiànqiāng 鴉片槍 12-1071A
yāpiànqiāng 雅片槍 11-820B
yāpiànyān 鴉片烟 12-1071A
yāpiào 押票 6-460A
yāpìgǔ 鴨屁股 12-1077B
yāpó 亞婆 1-543A
yāpò 壓迫 2-1233B
yápó 牙婆 5-278A
yāpù 押鋪 6-461A
yāqī 押期 6-460A
yāqì 壓契 2-1234A
yāqì 壓氣 2-1234A
yáqí 牙旗 5-279A
yáqì 牙契 5-277A
yǎqì 雅契 11-822A
yǎqì 雅氣 11-823B
yǎqì 雅器 11-829A
yàqí 訝奇 11-66B
yáqiā 齖齘 12-1450B
yáqiān 牙籤 5-281A
yáqián 牙錢 5-280A
yáqián 衙前 3-1048B
yáqiàn 崖塹 3-830B
yāqiáng 壓强 2-1235A
yáqiáng 牙檣 5-280A
yáqiānjǐnzhóu 牙籤錦軸 5-281B
yáqiānwànzhóu 牙籤萬軸 5-281B
yáqiānxīzhóu 牙籤犀軸 5-281B
yáqiányuè 衙前樂 3-1048B
yáqiānyùzhóu 牙籤玉軸 5-281B
yáqiáo 崖嶠 3-831A
yǎqiāo 啞悄 3-373B
yǎqiào 雅俏 11-822B
yǎqiào 雅誚 11-827B
yǎqiè 雅切 11-820A
yáqín 牙琴 5-278B
yǎqín 雅琴 11-825A
yāqīng 鴉青 12-1071A
yāqīng 壓青 2-1233B
yáqìng 牙綮 5-279B
yǎqíng 雅情 11-825A
yàqīng 亞卿 1-543A
yāqīngchāo 鴉青鈔 12-1071A
yāqīngchāo 鴨青鈔 12-1077B
yāqīngliàochāo 鴉青料鈔 12-1071A
yāqīngzhǐ 鴉青紙 12-1071A
yáqìqián 牙契錢 5-277A
yǎqǔ 雅曲 11-821A
yǎqù 雅趣 11-828A
yāquè 丫雀 1-577A
yāquè 鵶雀 12-1072A
yāquè 鴉鵲 12-1073B
yāquèwúshēng 鴉雀無聲 12-1072A
yāquèwúshēng 鴉鵲無聲 12-1073B
yāquèwúshēng 雅雀無聲 11-824B
yāquèwúwén 鴉雀無聞 12-1072A
yàqún 砑裙 7-1012A
yárán 崖然 3-830B
yǎrán 啞然 3-374A
yǎrán 雅然 11-825B
yàrán 軋然 9-1199B
yāráng 厭穰 1-946B
yárě 牙喏 5-278A
yár'è 崖崿 3-830B
yàrèdài 亞熱帶 1-544A
yárén 牙人 5-275A
yǎrén 雅人 11-820A
yǎrěn 啞忍 3-373B
yàrén 迓人 10-728B
yǎrénqīngzhì 雅人清致 11-820A
yǎrénshēnzhì 雅人深致 11-820A
yǎrényùnshì 雅人韻士 11-820A
yārì 厭日 1-942A
yárì 衙日 3-1047B
yāróng 鴨絨 12-1078B
yǎróng 雅容 11-824A
yǎrú 雅儒 11-829A
yǎrù 雅縟 11-829B
yǎruì 啞瑞 3-374A
yǎrùn 雅潤 11-828B
yàsài 亞賽 1-544A
yásǎo 牙嫂 5-279A
yāsè 鴉色 12-1071A
yāsè 壓塞 2-1235B
yāsè 厭塞 1-945A
yásè 牙色 5-275B
yǎsè 啞澀 3-375A
yǎsè 雅瑟 11-826A
yàsè 軋色 9-1198B
yāshā 厭殺 1-943B
yāshān 鴉山 12-1070B

yāshān 壓山 2-1233A
yáshān 厓山 1-919B
yáshān 崖山 3-829B
yǎshàn 雅贍 11-830A
yáshāng 牙商 5-278A
yǎshàng 雅尚 11-821B
yāshāo 鴨艄 12-1078B
yāshào 壓哨 2-1234A
yǎsháo 雅韶 11-828A
yǎshāshā 啞沙沙 3-373B
yāshé 鴨舌 12-1077B
yǎshè 庌舍 3-1209A
yàshēbītǎo 掗賒逼討 6-637B
yāshécǎo 鴨舌草 12-1077B
yāshémào 鴨舌帽 12-1077B
yāshēn 鴉深 12-1072A
yāshēn 壓身 2-1233A
yǎshēn 雅深 11-825A
yāshèng 壓勝 2-1235A
yāshèng 猒勝 5-67A
yāshèng 厭勝 1-944A
yáshēng 牙生 5-275B
yáshēng 牙笙 5-278A
yǎshēng 啞聲 3-374B
yǎshēng 雅聲 11-829B
yǎshèng 雅勝 11-825B
yàshèng 亞聖 1-543B
yāshèngqián 厭勝錢 1-944A
yāshǐ 鴨矢 12-1077B
yāshì 鴉室 12-1071B
yáshī 牙師 5-277B
yáshì 牙士 5-275A
yáshì 牙市 5-275B
yáshì 崖澨 3-831A
yǎshí 雅什 11-820A
yǎshí 雅實 11-828A
yǎshí 雅識 11-830A
yǎshì 雅士 11-820A
yǎshì 雅事 11-821B
yàshì 訝士 11-66B
yāshǐchòu 鴨屎臭 12-1078A
yāshìmào 鴨式帽 12-1077B
yāshǒu 壓手 2-1233A
yáshǒu 牙首 5-277A
yáshòu 牙獸 5-280B
yǎshòu 雅壽 11-827A
yāshǒubēi 壓手杯 2-1233A
yāshǔ 押署 6-460B
yáshū 牙梳 5-278A
yáshǔ 牙署 5-279A
yáshǔ 衙署 3-1049A
yáshuā 牙刷 5-276B
yàshuài 亞帥 1-543A
yāshuǐ 押水 6-458B
yáshuì 牙税 5-278B
yǎshuō 雅説 11-828A
yàshuò 軋鑠 9-1200A
yāsī 押司 6-459A
yásì 崖涘 3-830A
yásì 涯涘 5-1348B
yǎsī 啞嘶 3-374B
yǎsī 雅思 11-822B
yǎsì 雅似 11-821A
yàsì 亞似 1-542B
yāsòng 押送 6-459B
yǎsòng 雅訟 11-824B
yǎsòng 雅頌 11-826B
yǎsú 雅俗 11-823A
yǎsù 雅素 11-823B
yásuàn 牙蒜 5-279A
yǎsuàn 雅蒜 11-826A
yǎsuàn 雅算 11-827B
yǎsúgòngshǎng 雅俗共賞 11-823A
yàsuì 亞歲 1-543B
yāsuìkèzi 押歲錁子 6-460B
yāsuìpán 押歲盤 6-460B
yāsuìpán 壓歲盤 2-1235A
yāsuìqián 押歲錢 6-460B
yāsuìqián 壓歲錢 2-1235A
yāsūn 鴉孫 12-1072A
yásǔn 牙筍 5-278B
yāsuō 壓縮 2-1236A
yāsuōkōngqì 壓縮空氣 2-1236A
yàtái 亞台 1-542B
yàtàidìqū 亞太地區 1-542A
yātáixì 壓臺戲 2-1235B
yātān 押攤 6-461B
yǎtán 啞談 3-374B
yǎtán 雅談 11-828B
yátáng 牙堂 5-278A
yátáng 衙堂 3-1048B
yātáo 鴨桃 12-1078A
yáténgshì 牙疼誓 5-277B
yáténgzhòu 牙疼咒 5-277B
yǎtǐ 雅體 11-830B
yātiáo 壓條 2-1234B
yátiě 牙帖 5-276A
yátíng 衙庭 3-1048B
yātōng 鴨通 12-1078A
yātóng 丫童 1-577A
yātòng 壓痛 2-1235A
yātóu 丫頭 1-577B
yātóu 押頭 6-461A
yātóu 鴉頭 12-1073A
yātóu 鴨頭 12-1079A
yātóu 兿頭 12-729B
yátóu 衙頭 3-1049B
yātóubō 鴨頭波 12-1079A
yātóuchuán 鴨頭舡 12-1079A
yātóuchūn 鴨頭春 12-1079A
yātóulù 鴨頭緑 12-1079A
yātoupiànzi 丫頭片子 1-577B
yātóuqīng 鴨頭青 12-1079A
yātóuwà 鴉頭襪 12-1073A
yātóuwántiè 鴨頭丸帖 12-1079A
yātú 鴉塗 12-1072B
yǎtú 雅徒 11-824A
yātuǐ 壓腿 2-1235A
yátuī 牙推 5-277B
yátuī 衙推 3-1048B
yátuì 衙退 3-1048B
yàtuō 掗托 6-637B
yǎwán 雅玩 11-821B
yǎwàng 雅望 11-824B
yāwěi 押尾 6-459A
yāwěi 壓尾 2-1233B
yáwèi 牙衛 5-280A
yǎwěi 雅偉 11-824B
yàwéi 牙圍 5-278B
yǎwén 雅文 11-820B
yāwénzì 押文字 6-458B
yāwū 鴉烏 12-1072A
yǎwū 雅烏 11-824A
yǎwǔ 庌廡 3-1209A
yǎwǔ 雅舞 11-827B
yǎwǔ 雅儛 11-829A
yàwù 軋沕 9-1199A
yàwù 軋芴 9-1199A
yāxī 壓膝 2-1236A
yáxì 牙戲 5-280A
yǎxì 雅戲 11-829B
yàxī 亞悉 1-543A
yāxiá 鉀鍜 11-1309B
yàxiá 碣碬 7-1081A
yàxià 亞夏 1-543A
yāxiàn 壓綫 2-1235B
yáxián 牙弦 5-276B
yáxián 牙絃 5-278B
yáxiàn 崖限 3-830A
yáxiàn 涯限 5-1348B
yǎxián 雅嫺 11-828B
yǎxián 雅弦 11-822A
yǎxián 雅絃 11-825A
yǎxián 雅嫻 11-828B
yàxián 軋絃 9-1199B
yàxiàn 亞獻 1-544A
yāxiáncǎo 鴉銜草 12-1072B
yáxiāng 牙香 5-277A
yáxiāng 衙香 3-1048B
yǎxiàng 雅相 11-822B
yàxiàng 亞相 1-543A
yàxiāngzhī 掗相知 6-637B
yáxiào 牙校 5-277B
yáxiào 衙校 3-1048B
yǎxiāo 雅簫 11-830A
yǎxiào 啞笑 3-373B
yǎxiào 雅笑 11-823B
yáxié 崖脅 3-830A
yáxiè 涯洩 5-1348B
yàxiè 軋屧 9-1301A
yāxīn 鴨心 12-1077B
yǎxìn 雅信 11-823A
yǎxíng 雅行 11-821A
yǎxìng 雅興 11-829A
yǎxìng 雅性 11-822A
yàxíng 亞形 1-542B
yāxiū 呀咻 3-207A
yǎxiù 雅秀 11-821B
yāxū 呀吁 3-206B
yàxù 婭婿 4-368A
yáxué 崖穴 3-829B
yǎxué 雅學 11-829A
yǎxuè 雅謔 11-829A
yāxuěqiúyóu 壓雪求油 2-1234B
yǎxùn 雅馴 11-826A
yǎxùn 雅訓 11-824A
yǎxùn 雅遜 11-827A
yāyā 吖吖 3-183B
yāyā 丫丫 1-576B
yāyā 呀呀 3-206B
yāyā 孲孲 4-236B
yāyā 鴉鴉 12-1072B
yāyā 壓壓 2-1236A
yāyā 啞啞 3-374A
yāyá 押牙 6-458B
yāyá 押衙 6-460B
yāyà 鴉軋 12-1071B
yāyà 啞軋 3-373B
yáyá 牙牙 5-275A
yáyá 厓厓 1-919B
yáyá 崖崖 3-830B
yáyá 睚睚 7-1225B
yáyá 衙衙 3-1049A
yǎyǎ 雅雅 11-825A
yàyā 軋鴉 9-1200A
yàyà 叱叱 3-16B
yàyà 啢啢 3-376A
yàyà 齾齾 12-1459B
yàyà 軋軋 9-1199A
yāyāchāchā 椏椏叉叉 4-1077A
yāyāchàchà 丫丫叉叉 1-576B
yāyāhū 呀呀呼 3-206B
yāyān 鴉烟 12-1072A
yāyàn 押宴 6-460A
yāyàn 押燕 6-461A
yáyán 崖鹽 3-831A
yáyǎn 崖广 3-829B
yáyǎn 崖隒 3-830B
yáyǎn 崖巘 3-831A
yǎyán 啞言 3-373B
yǎyán 雅言 11-821B
yǎyàn 雅宴 11-824A
yǎyàn 雅燕 11-829A
yǎyàn 雅豔 11-830B
yàyàn 軋雁 9-1199B
yāyáng 壓羊 2-1233A
yǎyáng 啞羊 3-373A
yǎyángsēng 啞羊僧 3-373B
yǎyángsēng 瘂羊僧 8-330A
yáyǎngyǎng 牙癢癢 5-280B
yāyāo 壓腰 2-1235A
yāyāo 厭腰 1-944B
yǎyǎo 啞咬 3-373B
yàyāo 亞腰 1-543B
yāyāwū 呀呀嗚 3-207A
yāyāwú 呀呀唔 3-207A
yáyáwǔ 牙牙伍 5-275A
yǎyě 雅冶 11-821B
yǎyè 啞咽 3-373B
yǎyè 雅業 11-826B
yāyī 壓一 2-1232B
yǎyī 啞咿 3-373B
yāyì 壓抑 2-1233A
yāyì 厭抑 1-942B
yáyī 牙醫 5-280B
yáyì 芽肄 9-284A
yáyì 崖異 3-830B
yáyì 涯藝 5-1349A
yǎyī 啞揖 3-374A

yǎyì 衙役 3-1048A
yǎyì 雅逸 11-824B
yǎyì 雅意 11-826B
yǎyì 雅誼 11-828B
yǎyì 雅議 11-830A
yǎyì 雅懿 11-830A
yàyī 軋伊 9-1198B
yàyì 訝異 11-66B
yāyīdāo 壓衣刀 2-1233A
yāyǐn 押引 6-459A
yáyīn 牙音 5-277A
yáyín 牙齦 5-281A
yáyín 崖垠 3-830A
yáyín 崖崟 3-830B
yáyín 涯垠 5-1348B
yáyìn 牙印 5-275B
yǎyìn 啞暗 3-374A
yǎ'yin 啞瘖 3-374B
yǎyīn 雅音 11-823B
yǎyín 雅吟 11-821A
yǎyǐn 雅引 11-820B
yǎyǐn 雅飲 11-825B
yàyǐn 亞尹 1-542B
yāyīng 孲䙬 4-236B
yāyìng 厭應 1-946A
yàyíng 迓迎 10-728B
yǎyǒng 雅詠 11-825B
yǎyóu 雅游 11-826A
yǎyóu 雅遊 11-826A
yāyù 押獄 6-461A
yǎyǔ 雅語 11-827B
yǎyù 雅裕 11-826A
yàyǔ 窫窳 3-1542A
yàyǔ 猰貐 10-1341B
yàyǔ 猰窳 5-85A
yàyǔ 猰貐 5-85A
yàyǔ 猰猰 5-85A
yàyǔ 窫窳 8-455B
yáyuàn 牙院 5-277B
yǎyuǎn 雅遠 11-826A
yǎyuàn 雅怨 11-823A
yàyuán 亞元 1-542A
yāyuè 押月 6-458B
yǎyuè 疋樂 8-494A
yǎyuè 啞樂 3-374B
yǎyuè 雅樂 11-828B
yāyún 鴉雲 12-1072A
yāyùn 押運 6-460A
yāyùn 押韵 6-460B
yāyùn 押韻 6-461A
yāyùn 壓韻 2-1236A
yǎyùn 啞韻 3-375A
yǎyùn 雅韻 11-830A
yāyùnguān 押運官 6-460A
yázá 齫齰 12-378A
yāzāi 壓災 2-1233B
yǎzájù 啞雜劇 3-375A
yāzào 鴉噪 12-1073A
yázǎo 牙棗 5-278B
yāzé 壓迮 2-1233B
yǎzé 雅則 11-822B
yǎzé 雅責 11-824B
yāzhà 壓榨 2-1235B
yǎzhà 啞咤 3-373B
yázhā 齖齇 12-1450B
yázhāi 衙齋 3-1049B
yázhái 牙宅 5-275B
yázhài 崖砦 3-830A
yāzhàifūrén 押寨夫人 6-461A
yāzhàifūrén 壓寨夫人 2-1235B
yāzhàiguānrén 壓寨官人 2-1235B
yāzhǎng 鴨掌 12-1078B
yāzhàng 押帳 6-460A
yázhāng 牙章 5-278A
yázhāng 牙獐 5-279A
yázhāng 牙璋 5-279B
yázhāng 牙麞 5-281A
yázhàng 牙仗 5-275B
yázhàng 牙杖 5-276A
yázhàng 牙帳 5-278A
yázhàng 崖嶂 3-830B
yǎzhāng 雅章 11-824B
yázhǎo 牙爪 5-275A
yāzhǎobài 鴨爪稗 12-1077B
yāzhèn 鴉陣 12-1071B
yāzhèn 鴨陣 12-1078A
yāzhèn 壓陣 2-1234A
yāzhèn 壓鎮 2-1236A
yǎzhèng 疋鄭 8-494A
yǎzhèng 雅正 11-820B
yǎzhèng 雅鄭 11-828A
yàzhēng 軋箏 9-1199B
yāzhī 丫枝 1-577A
yāzhī 椏枝 4-1077A
yāzhī 壓枝 2-1233B
yāzhī 枒枝 4-814A
yāzhì 壓制 2-1233B
yázhí 牙職 5-280A
yázhí 衙職 3-1049B
yázhǐ 崖趾 3-830B
yázhì 牙治 5-276A
yázhì 牙質 5-279B
yǎzhí 雅直 11-821B
yǎzhǐ 雅旨 11-821A
yǎzhì 雅志 11-821A
yǎzhì 雅制 11-822A
yǎzhì 雅致 11-823B
yǎzhì 雅製 11-827B
yǎzhì 雅質 11-828B
yàzhǐ 砑紙 7-1012A
yàzhì 軋窒 9-1199B
yàzhǐbǎn 砑紙版 7-1012A
yāzhícǎo 鴨跖草 12-1078B
yàzhímíndì 亞殖民地 1-543B
yǎzhōng 啞鍾 3-375A
yǎzhòng 雅重 11-822B
yázhōngjūn 牙中軍 5-275A
yāzhòu 壓軸 2-1234B
yázhóu 牙軸 5-278B
yāzhòuxì 壓軸戲 2-1234B
yāzhòuzi 壓軸子 2-1234B
yāzhòuzi 壓冑子 2-1234A
yāzhù 押注 6-459B
yázhū 牙猪 5-278A
yázhū 牙豬 5-279B
yázhù 牙筯 5-279A
yǎzhú 雅躅 11-830A
yǎzhǔ 雅屬 11-830A
yàzhù 亞祝 1-543A
yāzhuān 押塼 6-460B
yāzhuān 壓塼 2-1235B
yǎzhuàn 雅篆 11-828A
yǎzhuàn 雅賺 11-829B
yāzhuāng 壓裝 2-1235B
yǎzhuāng 雅莊 11-823B
yǎzhuàng 雅壯 11-821B
yāzhuō 壓桌 2-1234A
yāzhuó 壓着 2-1234B
yàzhuó 軋茁 9-1199A
yāzi 丫子 1-576B
yāzi 鴉子 12-1070B
yāzǐ 孲犽 4-236B
yāzi 鴨子 12-1077A
yāzì 押字 6-459A
yázi 吾子 3-200B
yázi 伢子 1-1188B
yázǐ 牙子 5-275A
yázi 衙子 3-1047B
yázì 厓眥 1-920A
yázì 睚眥 7-1225B
yázì 睚眦 7-1225B
yázì 睚眦 7-1226A
yǎzi 啞子 3-373A
yāzibēi 鴨子陂 12-1077A
yǎzichīhuánglián 啞子吃黃連 3-373A
yǎzichīhuánglián 啞子喫黃連 3-373A
yǎzichīkǔguā 啞子喫苦瓜 3-373A
yázìchùsǐ 睚眦觸死 7-1225B
yàzìpái 亞字牌 1-542B
yǎzitūnhuánglián 啞子吞黃連 3-373A
yǎzituōmèng 啞子托夢 3-373A
yǎzixúnmèng 啞子尋夢 3-373A
yázìzhīfèn 睚眦之忿 7-1225B
yázìzhīnù 睚眦之怒 7-1225B
yázìzhīxì 睚眥之隙 7-1225B
yázìzhīxì 睚眦之隙 7-1225B
yázìzhīyuàn 睚眦之怨 7-1225B
yǎzizuòmèng 啞子做夢 3-373A
yǎzōng 雅宗 11-822A
yǎzòu 雅奏 11-822A
yāzū 押租 6-459B
yāzǔ 厭詛 1-944B
yàzú 迓卒 10-728B
yāzuǐ 鴉觜 12-1072B
yāzuǐbǐ 鴨嘴筆 12-1079B
yāzuǐchú 鴉觜鋤 12-1072B
yāzuǐchuán 鴨嘴船 12-1079A
yāzuǐgùn 鴨嘴棍 12-1079B
yāzuǐjīn 鴉觜金 12-1072B
yāzuǐlóng 鴨嘴龍 12-1079B
yāzuǐshòu 鴨嘴獸 12-1079B
yāzuǐtǎ 鴨嘴獺 12-1079B
yǎzuò 啞坐 3-373B
yǎzuò 雅座 11-824A
yāzuòwén 押座文 6-460A
yě'ài 野艾 10-405A
yè'ài 夜艾 2-357B
yè'ài 晻藹 7-1226A
yè'ài 晻曖 7-1226A
yě'àn 野岸 10-407B
yě'ào 野墺 10-414A
yěbà 也罷 1-767B
yèbàfúlí 拽欛扶犂 6-558B
yèbàfúlí 拽耙扶犂 6-558B
yèbái 曳白 5-579A
yèbái 業白 4-1167B
yèbái 拽白 6-558B
yèbài 謁拜 11-341A
yèbān 夜班 2-361A
yèbàn 夜半 2-357B
yèbànkè 夜半客 2-357B
yèbànyuè 夜半樂 2-357B
yěbào 野抱 10-407A
yèbào 業報 4-1169A
yēbēi 椰杯 4-1080A
yèbèiróng 業貝戎 4-1167B
yèbēn 夜奔 2-359A
yèbèn 夜奔 2-359A
yěbǐ 野鄙 10-412B
yèbì 業畢 4-1168B
yèbì 晻蔽 7-1226A
yěbiàn 野弁 10-405B
yèbīngqìjiǎ 曳兵棄甲 5-579B
yèbīngzhījì 曳兵之計 5-579B
yěbō 也波 1-767A
yěbó 野泊 10-408B
yèbó 拽帛 6-558B
yěbōgē 也波哥 1-767A
yēbù 噎蔀 3-501B
yěbù 冶步 2-412A
yěbù 野步 10-406B
yèbù 拽步 6-558B
yèbùbìhù 夜不閉户 2-357A
yèbùpīmá 拽布披麻 6-558B
yèbùshōu 夜不收 2-357A
yèbùtuōmá 拽布拖麻 6-558A
yēcài 椰菜 4-1080B
yěcái 野才 10-404A
yěcái 野材 10-406B
yěcǎi 野採 10-410B
yěcài 野菜 10-410B
yěcān 野餐 10-414B
yěcán 野蠶 10-416B
yècān 夜餐 2-362B
yècān 謁飡 11-341B
yècán 夜殘 2-361B
yěcáng 掖藏 6-702B
yěcāo 野操 10-414A
yècǎo 夜草 2-360B
yěcǎoxiánhuā 野草閒花 10-408B

yěcéng 也曾 1-767A
yěchā 野叉 10-404A
yèchā 夜叉 2-356B
yèchá 䭾茶 12-1372A
yèchāguó 夜叉國 2-356B
yèchái 曳柴 5-579B
yèchán 夜禪 2-363A
yèchǎn 業産 4-1169A
yěcháng 冶長 2-412A
yěchǎng 野場 10-411B
yěchàng 野唱 10-411A
yècháng 曳長 5-579B
yèchǎng 夜場 2-361B
yèchángmèngduǎn 夜長夢短 2-359A
yèchángmèngduō 夜長夢多 2-359A
yèchē 夜車 2-358B
yèchè 曳掣 5-580A
yèchè 業徹 4-1170A
yěchén 野臣 10-406A
yèchén 業塵 4-1170A
yèchénchén 夜沉沉 2-359A
yěchéng 野程 10-412A
yèchí 夜持 2-360B
yèchí 液池 5-1411B
yèchì 腋翅 6-1333B
yèchóu 夜籌 2-363A
yèchòu 腋臭 6-1334A
yěchǔ 野處 10-410B
yèchù 業畜 4-1168B
yěchuán 野船 10-411A
yěchuī 野吹 10-407A
yěchuī 野炊 10-408B
yěchūn 冶春 2-412B
yèchūn 夜春 2-360B
yěcì 野次 10-406B
yècí 謁辭 11-342B
yècì 業次 4-1167B
yècì 謁刺 11-341A
yèdā 嘢噠 3-534B
yèdà 夜大 2-356B
yědàng 冶蕩 2-413A
yèdàng 葉蕩 9-457A
yědào 野道 10-412A
yèdǎo 夜擣 2-363A
yèdào 業道 4-1169A
yèdàxué 夜大學 2-356B
yědé 也得 1-767A
yèdé 業德 4-1170A
yědì 野地 10-406A
yèdí 夜糴 2-363B
yèdí 擫笛 6-933A
yèdì 曳地 5-579A
yědiàn 野甸 10-407A
yědiàn 野店 10-408A
yědiàn 野奠 10-412A
yèdiàn 掖殿 6-702B
yèdiàn 謁奠 11-341B
yèdiàn 靨鈿 12-393A
yēdiāo 椰雕 4-1080B
yědiào 野調 10-414A
yědiàowúqiāng 野調無腔 10-414A
yèdié 蝒蝶 8-913A
yèdié 殗殜 5-167B
yèdìng 夜定 2-360A
yèdòng 曳動 5-580A
yědū 野都 10-409B
yědù 野渡 10-412B
yèdū 鄴都 10-694A
yěduàn 冶鍛 2-413B
yèdùniáng 夜度娘 2-360B
yě'é 野鵝 10-415B
yè'é 業峨 4-1168B
yè'é 嶪峨 3-868B
yè'é 嶪峩 3-868B
yè'ě 嶪騀 3-868B
yé'er 爺兒 6-1120A
yě'ér 也兒 1-767A
yè'er 夜兒 2-360A
yè'ér 靨兒 12-392B
yè'ěr 擫耳 6-933A
yè'erge 夜兒個 2-360A
yé'erliǎ 爺兒倆 6-1120A
yé'ermen 爺兒們 6-1120A
yèfā 夜發 2-362A
yěfàn 野飯 10-412A
yèfàn 夜飯 2-361B
yěfāng 野方 10-404B
yěfāng 野芳 10-406B
yěfǎng 野舫 10-410A
yěfàng 野放 10-408B
yéfànniánggēng 爺飯娘羹 6-1120B
yěfēi 野扉 10-412B
yèfēichán 夜飛蟬 2-361A
yěfēn 野氛 10-407B
yèfēn 夜分 2-357A
yèfén 謁墳 11-342A
yèfēng 業風 4-1168B
yèféng 掖逢 6-702A
yèféng 業縫 4-1170B
yěfū 也夫 1-766B
yěfū 野夫 10-404B
yěfú 冶服 2-412B
yěfú 野服 10-407B
yěfú 野鳧 10-413A
yěfù 野父 10-404B
yěfù 野婦 10-411B
yèfū 夜夫 2-357A
yèfú 業福 4-1169B
yèfú 拽扶 6-558B
yèfǔ 夜府 2-360A
yèfǔ 謁府 11-341A
yèfǔ 靨輔 12-393B
yèfǔ 靨酺 12-393B
yèfù 鍱腹 11-1347A
yèfù 饁婦 12-572B
yěgān 野干 10-404A
yègān 射干 2-1263B
yègān 謁干 11-340B
yègāng 曳綱 5-580B
yègǎo 曳縞 5-580B
yègào 謁告 11-341A
yēgé 噎膈 3-501B
yěgē 野歌 10-413B
yěgē 野鴿 10-415A
yěgé 冶葛 2-413A
yěgé 野葛 10-411B
yègé 曳革 5-579B
yègé 夜蛤 2-361B
yègēn 業根 4-1168B
yègēng 饁畊 12-572B
yègěng 咽哽 3-327B
yégēngniángfàn 爺羹娘飯 6-1120B
yègéxì 葉格戲 9-456B
yěgōng 冶工 2-412A
yègōng 夜工 2-356B
yègōng 鄴宮 10-693B
yègǒng 葉拱 9-456B
yègōnghàolóng 葉公好龍 9-456A
yégǔ 斜谷 7-336B
yěgǔ 野谷 10-407A
yēguān 椰冠 4-1080A
yěguǎn 野館 10-415A
yèguàn 葉貫 9-456B
yèguàn 業貫 4-1169A
yèguāng 夜光 2-357B
yèguāngbēi 夜光杯 2-358A
yèguāngbì 夜光璧 2-358A
yèguāngbiǎo 夜光錶 2-358A
yèguāngdàn 曳光彈 5-579A
yèguāngzhěn 夜光枕 2-358A
yèguāngzhī 夜光芝 2-358A
yèguāngzhū 夜光珠 2-358A
yèguànmǎn 業貫滿 4-1169A
yèguànmǎn 業罐滿 4-1170B
yěguǐ 野鬼 10-409A
yèguī 謁歸 11-342B
yèguǒ 業果 4-1168A
yèguò 謁過 11-341B
yègūshān 射姑山 2-1265B
yègútou 業骨頭 4-1168A
yèhǎi 業海 4-1168B
yèhǎifēng 業海風 4-1168B
yěháng 野航 10-410A
yèháng 夜航 2-361A
yèhángchuán 夜航船 2-361A
yěhànzi 野漢子 10-413B
yěhāo 野蒿 10-412B
yěhē 也呵 1-767A
yěhé 野禾 10-405B
yěhé 野合 10-406A
yěhè 野褐 10-413B
yěhè 野鶴 10-416A
yèhé 夜合 2-358B
yèhè 夜壑 2-363A
yèhè 爗赫 7-214A
yěhèbùgāng 野鶴步罡 10-416A
yěhègūyún 野鶴孤雲 10-416A
yēhéhuá 耶和華 8-654B
yèhéhuā 夜合花 2-358B
yèhéjī 夜何其 2-358B
yěhěn 野狠 10-409A
yēhéwǎ 耶和瓦 8-654B
yěhèxiányún 野鶴閒雲 10-416A
yèhézī 夜合資 2-358B
yěhòu 野候 10-410A
yěhòu 野堠 10-411B
yèhóu 鄴侯 10-693B
yèhòu 業厚 4-1168A
yèhòu 謁候 11-341B
yèhòuchén 謁後塵 11-341B
yèhóujià 鄴侯架 10-693B
yèhóushū 鄴侯書 10-693B
yēhú 椰胡 4-1080A
yéhū 邪呼 10-590A
yéhū 邪軤 10-593A
yéhǔ 邪虎 10-590A
yéhǔ 邪許 10-592B
yéhǔ 耶許 8-654B
yèhù 耶嚛 8-655A
yěhū 野虖 10-410B
yěhú 野狐 10-407B
yèhú 夜壺 2-361B
yèhù 夜户 2-357A
yèhù 葉護 9-457A
yèhù 業户 4-1167B
yēhuā 椰花 4-1080A
yěhuā 野花 10-406B
yěhuā 野蘤 10-416A
yěhuá 冶華 2-412B
yěhuà 野話 10-413A
yèhuà 夜話 2-362A
yèhuà 液化 5-1411B
yèhuán 謁環 11-342A
yěhuāng 野荒 10-408B
yèhuáng 靨黄 12-393A
yěhúchán 野狐禪 10-408A
yěhuì 野卉 10-405A
yèhuì 咽噦 3-328A
yèhuì 夜會 2-362A
yěhújīng 野狐精 10-408A
yěhúlǐng 野狐嶺 10-408A
yěhúluò 野狐落 10-408A
yèhūn 夜昏 2-360A
yèhún 夜魂 2-362A
yěhuǒ 野火 10-404B
yèhuǒ 業火 4-1167A
yěhúsī 野狐絲 10-408A
yěhúwàidào 野狐外道 10-407B
yěhúxián 野狐涎 10-407B
yējī 噎饑 3-501B
yējí 暍疾 5-782A
yějī 野屐 10-410A
yějī 野積 10-414B
yějī 野雞 10-415B
yějī 野鷄 10-416A
yějì 野績 10-415B
yějì 野祭 10-411A
yèjí 業疾 4-1168B
yèjí 嶪岌 3-868B
yèjí 謁急 11-341B
yèjí 謁疾 11-341B
yèjì 業績 4-1170B
yéjiā 爺家 6-1120B
yějiā 冶家 2-412B
yějiā 野茄 10-407A
yèjià 鄴架 10-693B

yèjià 謁假 11-341B
yèjià 饁稼 12-572B
yèjiābái 葉家白 9-456B
yèjiāchūn 葉家春 9-456B
yějiàn 冶監 2-413A
yějiàn 野賤 10-414A
yějiàn 野餞 10-415A
yèjiān 夜間 2-362A
yèjiǎn 曳繭 5-580B
yèjiàn 謁見 11-341A
yèjiàn 謁薦 11-342A
yējiāng 椰漿 4-1080B
yějiàng 冶匠 2-412A
yèjiāng 謁漿 11-342A
yéjiàngjié 爺降節 6-1120A
yējiào 耶教 8-654B
yèjiàzhīcáng 鄴架之藏 10-694A
yējié 餇結 12-564A
yèjié 曄睫 5-811B
yèjié 業巀 3-868B
yějīn 冶金 2-412B
yějìn 野禁 10-412B
yèjīn 葉金 9-456B
yèjìn 夜禁 2-362A
yèjìn 掖進 6-702A
yèjìn 謁禁 11-342A
yèjìn 謁覲 11-342B
yějǐng 野景 10-412A
yějìng 野徑 10-410A
yějìng 野逕 10-410A
yèjīng 夜精 2-362B
yèjīng 業經 4-1169B
yèjīng 鄴京 10-693B
yèjǐng 夜景 2-361B
yèjǐng 夜警 2-363A
yèjìng 業鏡 4-1170B
yèjìng 謁敬 11-341B
yèjīngyúqín 業精於勤 4-1170A
yějiǒng 野坰 10-407A
yějītóu 野鷄頭 10-416A
yějū 野居 10-408B
yějú 野菊 10-410B
yějù 冶句 2-412A
yèjū 曳裾 5-580A
yèjú 夜局 2-359A
yèjǔ 業舉 4-1170B
yèjù 饁具 12-572B
yèjuǎn 葉卷 9-456B
yèjué 咽絶 3-327B
yèjué 咽噱 3-328A
yèjué 夜覺 2-363A
yèjùfúchú 拽埧扶鋤 6-558B
yějūn 冶鈞 2-413A
yějūn 野筠 10-413A
yèjùnhóngjì 業峻鴻績 4-1168B
yèjūwángmén 曳裾王門 5-580A
yēké 椰殼 4-1080B
yěkě 也可 1-766B
yěkè 也克 1-766B
yěkè 野客 10-409A
yèkè 夜刻 2-360A
yèkè 夜客 2-360B
yèkè 夜課 2-362B
yèkētuán 業窠團 4-1169B
yèkōng 夜空 2-360A
yèkōng 業空 4-1168A
yèkǒu 業口 4-1167A
yèkuǎn 謁款 11-341B
yěkuàng 野壙 10-415A
yěkuàng 野曠 10-415B
yěkuí 野馗 10-411A
yěkuì 野饋 10-416A
yēkùn 暍困 5-782A
yèlá 拽剌 6-558B
yèlà 曳剌 5-579B
yèlái 夜來 2-359B
yèláixiāng 夜來香 2-359B
yèlán 夜闌 2-363A
yèláng 夜郎 2-360A
yèlángzìdà 夜郎自大 2-360A
yělǎo 野老 10-405B
yělǎo'ér 野老兒 10-406A
yělǎogōng 野老公 10-405B
yélè 耶樂 8-655A
yèlěi 業累 4-1169A
yělǐ 野里 10-406B
yělǐ 野俚 10-409A
yělì 冶麗 2-413B
yèli 夜裏 2-362A
yèlǐ 饁禮 12-572B
yèlì 業力 4-1167A
yèlì 謁戾 11-341A
yéliǎ 爺倆 6-1120A
yěliàn 冶煉 2-413A
yèliàn 曳練 5-580B
yèliànjiāofáng 曳練椒房 5-580B
yěliáo 野燎 10-415A
yèlige 夜裏個 2-362A
yělǐkěwēn 也里可温 1-766B
yēlín 椰林 4-1080A
yělín 野林 10-407A
yèlíng 謁陵 11-341B
yèlìng 業令 4-1167B
yèlóng 業龍 4-1170B
yělòu 野陋 10-408B
yèlòu 夜漏 2-362B
yělú 野廬 10-415B
yělù 野鹿 10-411A
yělù 野路 10-413A
yělù 野録 10-414B
yěluó 也囉 1-767B
yèluòguīgēn 葉落歸根 9-457A
yèluòhé 曳落河 5-580A
yělúshì 野廬氏 10-415B
yělùshī 野路詩 10-413A
yēlù 耶律 8-654B
yělǘ 野驢 10-416B
yèlǚ 曳婁 5-579B
yèlǚ 曳履 5-580B
yèlǚ 業履 4-1170A
yělüè 野掠 10-410B
yěmá 野麻 10-411A
yěmǎ 野馬 10-409B
yèmǎ 頁碼 12-216B
yěmài 野麥 10-410B
yěmán 野蠻 10-416B
yěmàn 野蔓 10-413B
yèmán 液樠 5-1411B
yèmǎn 業滿 4-1170A
yěmǎng 野莽 10-409B
yèmáng 夜盲 2-360A
yèmángyǎn 夜盲眼 2-360A
yèmángzhèng 夜盲症 2-360A
yèmànmàn 夜漫漫 2-362B
yēmào 噎媢 3-501B
yěmāo 野猫 10-411A
yěmāo 野貓 10-414A
yěmào 野毫 10-409B
yèmāozi 夜貓子 2-362B
yěmèi 蠱媚 8-1000B
yěméiyíxián 野没遺賢 10-407A
yémen 爺們 6-1120A
yèmén 掖門 6-702A
yěméng 野氓 10-408B
yěméng 野甿 10-407B
yěmí 野麋 10-415A
yèmiàn 頁面 12-216B
yěmiào 野廟 10-414A
yèmiào 謁廟 11-342A
yēmièguó 蠮螉國 8-999A
yěmín 野民 10-405B
yēmíng 噎鳴 3-501B
yèmíng 夜明 2-359B
yèmíng 夜冥 2-361B
yèmíng 夜瞑 2-362B
yèmìng 業命 4-1168A
yèmíngbiǎo 夜明錶 2-359B
yèmínglián 夜明簾 2-359B
yèmíngtái 夜明苔 2-359B
yèmíngxī 夜明犀 2-359B
yèmíngzhàng 夜明杖 2-359B
yèmíngzhěn 夜明枕 2-359B
yèmíngzhū 夜明珠 2-359B
yěmó 也麼 1-767B
yěmógē 也麼哥 1-767B
yěmògē 也末哥 1-766B
yěmóshā 也麼沙 1-767B
yěmótiān 也麼天 1-767B
yěmù 野木 10-404B
yěmù 野幕 10-412B
yèmǔ 饁畝 12-572B
yèmù 夜幕 2-362A
yěnǎ 也那 1-766B
yěnà 野衲 10-409A
yění 野泥 10-408B
yèniàn 拽簽 6-558B
yéniáng 耶孃 8-655A
yéniáng 爺娘 6-1120B
yéniáng 爺孃 6-1120B
yěniàng 野釀 10-416B
yèniàozhèng 夜尿症 2-359A
yèniè 敜齾 5-490A
yèniè 業嶭 3-868B
yěniú 野牛 10-404B
yēnóng 椰農 4-1080B
yénòng 揶弄 6-638A
yěnǚ 冶女 2-412A
yěnǚ 野女 10-404A
yē'ǒu 噎歐 3-501B
yē'ǒu 噎嘔 3-501B
yě'ǒu 野偶 10-411A
yè'ǒu 啘嘔 3-393B
yěpáo 野庖 10-408B
yèpén'er 夜盆兒 2-360B
yēpí 椰皮 4-1080A
yěpǐ 野癖 10-415B
yēpiáo 椰瓢 4-1080B
yěpó 野婆 10-411B
yèpò 夜魄 2-362B
yěpǔ 野朴 10-406A
yěpǔ 野圃 10-410A
yěpútao 野葡萄 10-411B
yěqí 野畦 10-411A
yěqì 野氣 10-410A
yèqì 咽泣 3-327B
yèqì 咽氣 3-327B
yèqì 夜氣 2-361A
yèqì 腋氣 6-1334A
yèqià 液洽 5-1411B
yèqián 業錢 4-1170B
yèqiáng 業强 4-1169B
yěqiángwēi 野薔薇 10-414B
yèqiè 咽切 3-327A
yěqín 野禽 10-412A
yèqín 夜勤 2-362A
yěqíng 野情 10-411B
yěqìng 野罄 10-415A
yèqǐng 謁請 11-342A
yěqǔ 野曲 10-406A
yěqù 野趣 10-413B
yèqū 業趣 4-1170A
yèquán 謁泉 11-341B
yèrán 燁然 7-214A
yěrǎng 野壤 10-416A
yērén 暍人 5-782A
yěrén 冶人 2-411B
yěrén 野人 10-403B
yèrén 咽人 3-327A
yèrén 業人 4-1167A
yěrénqín 野人芹 10-404A
yěrénxiànrì 野人獻日 10-404A
yěrénzòupù 野人奏曝 10-404A
yèrì 夜日 2-357A
yěróng 冶容 2-412B
yěróng 野容 10-410A
yèrú 業儒 4-1170B
yèsā 曳撒 5-580B
yèsànbīnglí 葉散冰離 9-456B
yèsāo 腋臊 6-1334A
yēsè 噎塞 3-501B
yěsè 冶色 2-412A
yěsè 野色 10-406B
yèsè 咽塞 3-328A
yèsè 夜色 2-358B
yěsēng 野僧 10-413B

yèsèzhīlín 曳瑟知林
5-580A
yěshān 冶山 2-412A
yěshàn 野膳 10-415A
yèshàn 夜膳 2-363A
yěshāng 野觴 10-415B
yèshāng 業商 4-1169A
yèshàng 業尚 4-1168A
yěshào 野燒 10-415A
yěshè 野舍 10-407B
yèshè 謁舍 11-341A
yèshēn 夜深 2-361B
yèshēn 業身 4-1168A
yěshēng 野生 10-405B
yěshēng 野牲 10-409A
yěshēng 野聲 10-415A
yěshèng 野乘 10-410A
yèshěng 掖省 6-702A
yèshèng 謁聖 11-341B
yèshéngdiào 曳繩釣 5-580B
yèshēnqū 業身軀 4-1168A
yēshí 椰實 4-1080B
yěshí 野食 10-409A
yěshí 野實 10-413B
yěshǐ 野史 10-405A
yěshǐ 野豕 10-406B
yěshì 冶士 2-412A
yěshì 冶氏 2-412A
yěshì 野士 10-404A
yěshì 野市 10-405B
yěshì 野事 10-407A
yěshì 野勢 10-412B
yèshī 業師 4-1168B
yèshí 夜食 2-360B
yèshí 夜時 2-361A
yèshí 業識 4-1170B
yèshǐ 業使 4-1168A
yèshì 夜士 2-356B
yèshì 夜市 2-357B
yèshì 夜室 2-360B
yèshì 業事 4-1168A
yèshì 靨飾 12-393A
yēshíbìng 噎食病 3-501A
yèshīhái 業屍骸 4-1168B
yěshǐtíng 野史亭 10-405A
yěshòu 野獸 10-415B
yèshòu 饁獸 12-572B
yèshòuhuācán 葉瘦花殘
9-457A
yēshǔ 暍暑 5-782A
yěshū 野蔬 10-414A
yěshǔ 野鼠 10-413A
yěshù 野戍 10-406A
yěshù 野墅 10-413B
yěshù 野豎 10-414A
yěshù 野樹 10-414B
yèshū 葉書 9-456B
yèshǔ 掖署 6-702A
yěshuài 野率 10-411A
yěshuǐ 野水 10-404B
yěshuō 野説 10-413B
yěshuò 冶鑠 2-413B
yèshuò 燁爍 7-214B
yēsǐ 暍死 5-782A
yēsǐ 饐死 12-580A
yěsī 冶思 2-412B
yěsī 野思 10-408B
yěsī 野絲 10-412B
yěsǐ 野死 10-406A
yěsì 也似 1-766B
yěsì 野寺 10-405B
yěsì 野兕 10-407A
yěsì 野祀 10-407A
yèsì 夜肆 2-362A
yěsīkòu 野司寇 10-405B
yésǐqián 爺死錢 6-1120A
yěsòng 野誦 10-413B
yésǒu 邪叟 10-591A
yěsǒu 野叟 10-409A
yēsū 耶穌 8-655A
yésū 邪蘇 10-595A
yěsù 野素 10-409B
yěsù 野宿 10-411B
yěsù 野蔌 10-413B
yěsù 野簌 10-415A
yēsūhuì 耶穌會 8-655A
yēsūjiào 耶穌教 8-655A
yěsūn 也孫 1-767A
yèsuǒ 謁索 11-341B
yètā 拽塌 6-558B
yétái 爺臺 6-1120B
yètái 夜臺 2-362B
yètái 鄴臺 10-694A
yètài 液態 5-1411B
yètáiwǎ 鄴臺瓦 10-694A
yětǎn 野菼 10-410B
yětáng 野堂 10-410B
yětáng 野棠 10-412A
yětáng 野塘 10-412B
yètāng 液湯 5-1411B
yětǐ 野體 10-416A
yètǐ 液體 5-1411B
yětián 野田 10-405A
yètiān 夜天 2-357A
yètián 饁田 12-572B
yětíng 野亭 10-409A
yětíng 野庭 10-409A
yětǐng 野艇 10-412A
yètíng 夜庭 2-360B
yètíng 掖廷 6-702A
yètíng 掖庭 6-702A
yètíng 液廷 5-1411B
yètíngyù 掖庭獄 6-702A
yětóng 野童 10-412A
yètóu 夜頭 2-362B
yětú 野涂 10-410A
yětú 野途 10-410A
yětǔ 野土 10-404A
yětù 野兔 10-407B
yětún 野屯 10-404B
yètuō 曳拕 5-579B
yètuō 謁託 11-341B
yètuò 夜柝 2-360B
yèwǎ 鄴瓦 10-693B
yěwài 野外 10-405B
yěwàigōngzuò 野外工作
10-405B
yèwǎn 夜晚 2-361B
yěwāndòu 野豌豆 10-414A
yěwàng 野望 10-411A
yèwǎng 業網 4-1170A
yēwéi 耶維 8-655A
yěwěi 野委 10-407B
yěwèi 野味 10-407A
yèwěi 曳尾 5-579B
yěwèi'er 野味兒 10-407B
yèwěiguī 曳尾龜 5-579B
yèwěinítú 曳尾泥塗 5-579B
yèwěitúzhōng 曳尾塗中
5-579B
yèwèiyāng 夜未央 2-357B
yěwén 野文 10-404B
yèwén 業文 4-1167A
yèwén 謁文 11-341A
yèwén 靨文 12-392B
yèwèn 業問 4-1169A
yèwèn 謁問 11-341B
yěwēng 蠮螉 8-998B
yěwēng 野翁 10-410A
yēwēngsài 蠮螉塞 8-999A
yēwò 噎喔 3-501A
yèwò 咽喔 3-327B
yěwū 野屋 10-409B
yěwú 野蕪 10-414A
yěwǔ 野舞 10-413B
yěwù 野物 10-407B
yěwù 野鶩 10-416A
yèwū 咽嗚 3-327B
yèwǔ 夜午 2-357A
yèwǔ 業武 4-1168A
yèwù 業務 4-1169A
yěwúyícái 野無遺才
10-412A
yěwúyíxián 野無遺賢
10-412A
yēxí 椰席 4-1080B
yéxī 邪溪 10-593B
yéxī 邪谿 10-595A
yēxī 耶溪 8-655A
yěxī 野蹊 10-415A
yèxī 夜夕 2-356B
yèxí 夜襲 2-363B
yèxí 業習 4-1169A
yèxì 葉戲 9-457A
yèxiàcái 鄴下才 10-693B
yèxiàmíng 鄴下名 10-693B
yěxián 野賢 10-414A
yěxiàn 野莧 10-409B
yěxiàn 野縣 10-414B
yèxián 曳銜 5-580A
yěxiǎng 野享 10-408A
yěxiǎng 野饗 10-416A
yèxiāng 夜香 2-360B
yèxiǎng 饁餉 12-572B
yèxiǎng 饁饟 12-572B
yèxiàng 業相 4-1168A
yèxiàngluójiē 拽巷攞街
6-558B
yèxiàngluójiē 拽巷囉街
6-558B
yèxiàngluójiē 拽巷邏街
6-558B
yěxiào 冶笑 2-412B
yěxiào 野嘯 10-414B
yèxiāo 夜宵 2-361A
yèxiāo 夜消 2-361A
yèxiào 夜校 2-361A
yèxiè 謁謝 11-342A
yēxīmíng 耶悉茗 8-654B
yěxīn 野心 10-405A
yěxīn 野薪 10-414B
yèxīn 曳心 5-579A
yèxīn 頁心 12-216A
yèxīn 業心 4-1167B
yěxīnbóbó 野心勃勃
10-405A
yěxíng 野刑 10-405B
yěxíng 野行 10-406A
yěxìng 野興 10-414B
yěxìng 野性 10-408B
yèxīng 靨星 12-393A
yèxíng 曳行 5-579A
yèxíng 夜行 2-358A
yèxíng 業行 4-1167B
yèxíngpīxiù 夜行被繡
2-358B
yèxíngrén 夜行人 2-358A
yèxíngyóunǚ 夜行游女
2-358B
yèxīngzǐ 夜星子 2-360B
yěxīnjiā 野心家 10-405A
yěxiù 冶袖 2-412B
yéxū 邪謼 10-595A
yěxū 也須 1-767A
yěxǔ 也許 1-767A
yèxù 曳緒 5-580A
yèxuǎn 謁選 11-342A
yèxuàn 曳衒 5-580A
yèxué 夜學 2-363A
yēyá 椰芽 4-1080A
yěyā 野鴨 10-414B
yèyá 腋芽 6-1333B
yěyān 野烟 10-410A
yěyān 野煙 10-413A
yěyán 野言 10-407A
yěyǎn 野眼 10-410B
yěyàn 冶豔 2-413B
yěyàn 野雁 10-411B
yěyàn 野諺 10-415A
yěyàn 野豔 10-416B
yèyán 夜嚴 2-363A
yèyán 頁岩 12-216B
yèyán 謁言 11-341A
yèyán 鷁顏 12-1372A
yèyǎn 夜眼 2-361B
yèyǎn 業眼 4-1169A
yèyàn 夜宴 2-361A
yèyàn 夜燕 2-362B
yèyàn 夜讌 2-363B
yèyàn 夜讞 2-363B
yěyáng 野羊 10-406B
yèyāng 夜央 2-357B
yěyángtiān 冶陽天 2-413A
yèyāo 夜妖 2-359A
yēyē 暍暍 5-782A
yēyē 噎噎 3-501B

yēyē 餉餉 12-564A
yéye 爺爺 6-1120B
yéyé 耶耶 8-654B
yěyé 也邪 1-766B
yěyé 也耶 1-767A
yěyě 蠱冶 8-999B
yèyè 咽咽 3-327B
yèyè 曳曳 5-579A
yèyè 液液 5-1411B
yèyè 葉葉 9-456B
yèyè 業業 4-1169B
yèyè 曄曄 5-811B
yèyè 燁燁 7-214A
yèyè 鄴鄴 3-868B
yèyè 靨靨 12-393B
yěyèchàngtiáo 冶葉倡條 2-413A
yēyēgěnggěng 噎噎哽哽 3-501B
yéyéhū 耶耶乎 8-654B
yèyèjìngjìng 業業兢兢 4-1169B
yèyèjīnjīn 業業矜矜 4-1169B
yèyèqǔ 夜夜曲 2-360A
yěyí 冶夷 2-412A
yěyí 野夷 10-406A
yěyǐ 也已 1-766A
yěyì 冶異 2-412B
yěyì 冶逸 2-412B
yěyì 野役 10-407A
yěyì 野邑 10-407A
yěyì 野逸 10-411A
yěyì 野意 10-413A
yěyì 野驛 10-416B
yèyǐ 業已 4-1167A
yèyǐ 業以 4-1167B
yèyì 燁熠 7-214B
yèyǐjìrì 夜以繼日 2-357A
yēyīn 噎喑 3-501B
yěyīn 野音 10-409A
yěyín 野吟 10-406B
yěyǐn 野飲 10-412A
yèyīn 夜陰 2-361B
yèyīn 業因 4-1167B
yèyǐn 曳引 5-579A
yěyíng 野營 10-415A
yèyīng 夜鶯 2-363A
yèyǐng 曳影 5-580B
yèyǐng 業影 4-1170A
yèyǐnjī 曳引機 5-579A
yèyǒng 夜永 2-357B
yèyòng 業用 4-1167B
yěyóu 冶由 2-412A
yěyóu 冶游 2-413A
yěyóu 冶遊 2-413A
yěyóu 野遊 10-412A
yěyòu 野囿 10-409A
yèyóushén 夜游神 2-361B
yèyóuzǐ 夜游子 2-361B
yēyú 椰揄 4-1080B
yēyú 椰榆 4-1080B
yēyù 椰玉 4-1080A
yēyù 噎欝 3-501B
yēyù 噎鬱 3-501B
yéyú 邪廠 10-594B
yéyú 邪揄 10-592B
yéyú 邪歈 10-593B
yéyú 耶禺 8-654B
yéyú 耶揄 8-654B
yéyú 挪揄 6-557B
yéyú 揶揄 6-638A
yéyú 揶揄 6-638A
yéyú 擨揄 6-936A
yéyú 擨歈 6-936A
yéyú 歋歈 6-1468B
yěyú 也歟 1-767B
yěyú 野虞 10-412B
yěyǔ 也與 1-767A
yěyǔ 野語 10-413B
yěyù 野芋 10-406A
yèyú 夜魚 2-361B
yèyú 夜漁 2-362B
yèyú 業餘 4-1170A
yèyǔ 咽語 3-328A
yèyǔ 液雨 5-1411B
yèyǔ 業宇 4-1167B
yèyǔ 謁雨 11-341A
yèyù 曄煜 5-811A
yèyù 燁煜 7-214A
yèyù 晻鬱 7-1226A
yèyuān 業冤 4-1168B
yèyuán 掖垣 6-702A
yèyuán 業緣 4-1170B
yèyuàn 鄴苑 10-693B
yěyuānyāng 野鴛鴦 10-415A
yèyǔduìchuáng 夜雨對牀 2-359A
yèyújiàoyù 業餘教育 4-1170A
yèyún 業雲 4-1169A
yěyúnxì 野雲戲 10-411B
yèyúnxiān 曳雲仙 5-580A
yèzā 拽扎 6-558A
yězāi 也哉 1-767A
yèzàn 謁讚 11-342B
yězàng 冶藏 2-413B
yězàng 野葬 10-411B
yēzǎo 椰棗 4-1080B
yězào 野竈 10-416A
yězé 也則 1-767A
yězé 野澤 10-415A
yèzhā 咽哳 3-327B
yèzhài 業債 4-1169B
yězhàn 野戰 10-414B
yèzhàn 夜戰 2-362B
yězhàng 野杖 10-406B
yèzhàng 業障 4-1169B
yèzhàng'er 業障兒 4-1169B
yězhàngrén 野丈人 10-404A
yězhànjūn 野戰軍 10-414B
yězhào 野棹 10-411B
yèzhào 夜照 2-362A
yězhě 也者 1-766B
yězhě 野赭 10-414A
yèzhě 夜者 2-359A
yèzhě 謁者 11-341A
yězhěmó 也者麼 1-767A
yězhěyě 也者也 1-766B
yězhí 野職 10-415B
yězhì 野彘 10-413B
yězhì 野彘 10-412B
yězhì 野稚 10-413A
yězhì 野雉 10-413A
yèzhí 夜直 2-359A
yězhǒng 野種 10-413B
yězhòng 野仲 10-406A
yèzhōng 夜中 2-357A
yèzhōng 鄴中 10-693B
yèzhǒng 曳踵 5-580B
yèzhǒng 業種 4-1169B
yèzhòng 業重 4-1168A
yèzhōngqīzǐ 鄴中七子 10-693B
yèzhōu 葉舟 9-456B
yēzhū 椰珠 4-1080A
yězhū 野猪 10-411A
yězhū 野豬 10-414A
yězhǔ 野渚 10-411A
yězhù 冶鑄 2-413B
yězhù 野祝 10-409B
yèzhū 夜珠 2-361A
yèzhū 夜瀦 2-363A
yèzhǔ 業主 4-1167B
yězhuàn 野饌 10-416A
yèzhuāng 夜裝 2-362B
yězhuō 野拙 10-407A
yězhuó 野彴 10-406A
yězhuó 野酌 10-409B
yēzi 椰子 4-1079B
yězī 野姿 10-409A
yèzi 頁子 12-216A
yèzi 葉子 9-456A
yèzǐ 業子 4-1167A
yèzigé 葉子格 9-456A
yēziguān 椰子冠 4-1080A
yēzijiāng 椰子漿 4-1080A
yèzipái 葉子牌 9-456A
yēzipí 椰子皮 4-1080A
yēzirāng 椰子瓤 4-1080A
yēzishēn 椰子身 4-1080A
yèzixì 葉子戲 9-456A
yèzixiāng 葉子香 9-456A
yèziyān 葉子烟 9-456A
yēziyóu 椰子油 4-1080A
yèzǒnghuì 夜總會 2-363A
yèzú 曳足 5-579A
yèzǔ 曳組 5-580A
yězūn 野尊 10-412A
yèzuò 夜作 2-359A
yèzuò 業祚 4-1168B
yèzuòyín 夜坐吟 2-359A
yí'āi 遺哀 10-1201A
yí'ài 貽愛 10-182A
yí'ài 疑礙 8-518B
yí'ài 遺愛 10-1213B
yí'ài 遺礙 10-1225A
yí'ài 頤愛 12-294B
yǐ'ài 倚愛 1-1461A
yì'ài 唈僾 3-363A
yì'ài 意愛 7-644A
yì'ài 曀曖 5-836B
yì'ài 饐餲 12-580A
yí'àibēi 遺愛碑 10-1214A
yī'àn 一案 1-71A
yī'àn 依黯 1-1354B
yī'àn 醫案 9-1439B
yí'àn 移岸 8-76B
yí'àn 疑案 8-514B
yí'àn 遺案 10-1205A
yì'ān 艾安 9-271A
yì'ān 乂安 1-626A
yì'àn 抑按 6-392B
yì'àn 議案 11-453A
yì'àn 驛岸 12-908A
yī'ānà 伊阿那 1-1217B
yí'ào 宧奧 3-1454B
yǐ'ào 叺呹 3-16B
yì'áo 逸遨 10-1007B
yì'ào 羿奡 9-642B
yì'ào 羿澆 9-642B
yì'ào 悒懊 7-546A
yíbá 夷拔 2-1497A
yībǎi 一百 1-26A
yībài 一敗 1-74B
yíbái 夷白 2-1496A
yǐbài 倚拜 1-1459A
yībǎibā 一百八 1-26A
yībǎibāpán 一百八盤 1-26B
yībǎibāshídù 一百八十度 1-26B
yǐbáidǐqīng 以白詆青 1-1086A
yībǎi'èrshíháng 一百二十行 1-26A
yībǎigè 一百個 1-26B
yībǎiliù 一百六 1-26B
yībàirúshuǐ 一敗如水 1-74B
yībàitúdì 一敗塗地 1-74B
yībàitúdì 壹敗塗地 2-1162A
yǐbáiwéihēi 以白爲黑 1-1086A
yībǎiwǔ 一百五 1-26B
yībǎiwǔrì 一百五日 1-26B
yībǎiyī 一百一 1-26A
yībǎlián 一把蓮 1-35B
yībān 一班 1-60A
yībān 一般 1-67A
yībān 一斑 1-80A
yībǎn 一板 1-43B
yībǎn 一版 1-47A
yībàn 一半 1-24B
yíbān 遺頒 10-1214A
yǐbàn 倚辦 1-1462A
yībānbān 一般般 1-67B
yībānbàndiǎn 一班半點 1-60B
yībānbàndiǎn 一斑半點 1-80A
yībàn'er 一半兒 1-24B
yībāng 一邦 1-25A
yībǎng 一榜 1-96A
yībàng 依傍 1-1352A
yíbàng 貽謗 10-182B

yíbàng 疑謗 8-518A
yǐbǎng 乙榜 1-721A
yǐbàng 倚傍 1-1460B
yǐbàng 倚旁 1-1460A
yìbāng 異邦 7-1344B
yìbǎng 翼膀 9-680A
yǐbàngménhù 倚傍門户 1-1460B
yībānguīlǜ 一般規律 1-67B
yībàngyītiáohén 一棒一條痕 1-83B
yībàngzi 一棒子 1-83B
yībānjiànshi 一般見識 1-67B
yǐbànjībèi 以半擊倍 1-1086A
yībǎnsānyǎn 一板三眼 1-43B
yībàntiān 一半天 1-24B
yībānwú'èr 一般無二 1-67B
yībànxiāng 一瓣香 1-112A
yībànxīnxiāng 一瓣心香 1-112A
yībānyàng 一般樣 1-67B
yībānyībèi 一班一輩 1-60B
yībānyījí 一班一級 1-60B
yībǎnyīyǎn 一板一眼 1-43B
yībànzi 一半子 1-24B
yībànzixīn 一瓣子心 1-112A
yībāo 衣包 9-18A
yībāo 衣胞 9-20A
yíbāo 遺苞 10-1195B
yíbǎo 遺寶 10-1226A
yíbào 移報 8-79B
yíbào 疑抱 8-513A
yìbǎo 佚飽 1-1244B
yìbǎo 驛保 12-908B
yìbào 毅豹 6-1508B
yìbào 臆抱 6-1394B
yìbào 驛報 12-909B
yībāodàibó 衣褒帶博 9-25A
yībàohuányībào 一報還一報 1-81A
yǐbàoyìbào 以暴易暴 1-1094A
yībāozàinèi 一包在内 1-24B
yībǎshǒu 一把手 1-35A
yībǎsǐná 一把死拿 1-35A
yībǎyàoshi… 一把鑰匙開一把鎖 1-35B
yībāzhǎng 一巴掌 1-20A
yībǎzhuā 一把抓 1-35A
yībǎzhuāle… 一把抓了兩頭弗露 1-35A
yībǎzi 一把子 1-35A
yībēi 一杯 1-42B
yībèi 一輩 1-101A
yībèi 衣被 9-22A
yíbēi 遺陂 10-1195B
yíbēi 遺杯 10-1196A
yíbēi 遺碑 10-1212A
yíbèi 貽貝 10-180B
yíbèi 疑背 8-514A
yíbèi 疑備 8-516A
yǐbèi 椅背 4-1091A
yìbēi 抑卑 6-392B
yìbèi 衣被 9-22A
yìbèi 異備 7-1351B
yìbèi 譯貝 11-446B
yībèi'er 一輩兒 1-101B
yībēigēng 一杯羹 1-43A
yībēigēng 一盃羹 1-56A
yībēigēng 一桮羹 1-73B
yìbèishūlún 逸輩殊倫 10-1009B
yībèizi 一輩子 1-101B
yīběn 一本 1-21B
yíbēn 遺奔 10-1196A
yíběn 遺本 10-1189B
yìbēn 逸奔 10-1004B
yìběn 佚本 1-1243B
yìběn 異本 7-1344A
yìběn 逸本 10-1003A
yìběn 譯本 11-446A
yíbèng 遺迸 10-1202A
yībèngzi 一蹦子 1-109B
yīběnhuàhúlu 依本畫葫蘆 1-1349A
yīběnwànlì 一本萬利 1-21B
yīběnzhèngjīng 一本正經 1-21B
yībǐ 一比 1-11B
yībì 一壁 1-107A
yībì 一臂 1-108B
yībì 依庇 1-1349B
yībì 依芘 1-1349B
yíbǐ 儀比 1-1700A
yíbǐ 遺筆 10-1210A
yíbì 夷陂 2-1496B
yíbì 移避 8-81A
yíbì 移蹕 8-81A
yíbì 疑蔽 8-516B
yíbì 遺幣 10-1217A
yíbì 遺弊 10-1217A
yíbì 遺壁 10-1222A
yǐbí 蟻鼻 8-986B
yǐbì 倚畀 1-1458A
yìbī 抑逼 6-394A
yìbī 憶逼 7-766A
yìbǐ 逸筆 10-1007B
yìbǐ 意筆 7-643B
yìbǐ 譯筆 11-447B
yìbì 艾畢 9-271B
yìbì 艾韠 9-272B
yìbì 意必 7-638B
yìbì 翳蔽 9-677B
yìbì 翼蔽 9-680A
yìbì 臆必 6-1394A
yībiān 一邊 1-109B
yībiàn 一變 1-115A
yíbiān 遺編 10-1220B
yíbiàn 宜便 3-1375A
yíbiàn 移變 8-81B
yíbiàn 遺便 10-1200A
yǐbiān 倚邊 1-1462A
yǐbiàn 以便 1-1090A
yìbiān 益邊 7-1424A
yìbiān 逸編 10-1010A
yìbiǎn 抑貶 6-393B
yìbiàn 浥變 5-1213A
yìbiàn 異便 7-1348A
yìbiàn 異變 7-1354B
yìbiàn 逸辯 10-1012A
yìbiàn 意變 7-646B
yìbiàn 億變 1-1699A
yìbiàn 臆辨 6-1395A
yībiāndǎo 一邊倒 1-110A
yíbiānduànjiǎn 遺編斷簡 10-1220B
yībiān'er 一邊兒 1-110A
yíbiānjuéjiǎn 遺編絶簡 10-1220B
yībiānxiānzhuó 一鞭先著 1-109A
yībiānyītiáohén 一鞭一條痕 1-109A
yíbiānzhuìjiǎn 遺編墜簡 10-1220B
yībiāo 一彪 1-74A
yībiǎo 一表 1-40B
yíbiǎo 夷表 2-1496B
yíbiǎo 姨表 4-339B
yíbiǎo 移表 8-76A
yíbiǎo 儀表 1-1701B
yíbiǎo 遺表 10-1195B
yìbiāo 逸驃 10-1011B
yìbiǎo 異表 7-1346A
yìbiǎo 意表 7-640A
yībiǎofēifán 一表非凡 1-40B
yībiǎofēisú 一表非俗 1-40B
yībiǎoréncái 一表人才 1-40B
yībiǎoréncái 一表人材 1-40B
yībiǎorénwù 一表人物 1-40B
yībiǎotángtáng 一表堂堂 1-40B
yībǐbùgǒu 一筆不苟 1-85A
yìbié 揖别 6-749A
yìbié 異别 7-1345B
yībiēqì 一憋氣 1-103B
yībiéqì 一别氣 1-37A
yībiétóu 一别頭 1-37B
yībǐgōu 一筆勾 1-85A
yībǐgōuduàn 一筆勾斷 1-85B
yībǐgōuxiāo 一筆勾消 1-85B
yībǐgōuxiāo 一筆勾銷 1-85B
yībǐhuà 一筆畫 1-85B
yībǐjìn 一筆錦 1-85B
yībíkǒngchūqì 一鼻孔出氣 1-97A
yībìlǚchuān 衣弊履穿 9-24B
yībìlǚkōng 衣敝履空 9-23A
yībǐmǒshā 一筆抹摋 1-85B
yībǐmǒshā 一筆抹殺 1-85B
yībǐmǒshā 一筆抹煞 1-85B
yíbīn 儀賓 1-1705A
yìbīn 議賓 11-455A
yībìng 一并 1-32A
yībìng 一並 1-50B
yībìng 一併 1-47A
yíbīng 移兵 8-76A
yíbīng 疑冰 8-512B
yíbīng 疑兵 8-513A
yíbīng 遺兵 10-1194B
yíbǐng 遺秉 10-1197A
yíbǐng 遺炳 10-1202A
yíbìng 移并 8-75B
yíbìng 移病 8-78A
yíbìng 疑病 8-514B
yíbìng 遺病 10-1204B
yìbīng 役兵 3-926A
yìbīng 益兵 7-1423A
yìbīng 義兵 9-176B
yìbīng 議兵 11-451B
yìbīng 醳兵 9-1446B
yìbīng 驛兵 12-907B
yìbīng 澤兵 6-166A
yìbǐng 異稟 7-1352A
yìbǐng 議柄 11-453A
yìbìng 疫病 8-287B
yìbìng 逸病 10-1006B
yìbìng 癔病 8-360A
yībìngbùqǐ 一病不起 1-69A
yībǐngdàgōng 一秉大公 1-47A
yībǐngqiánchéng 一秉虔誠 1-47A
yībǐngzhìgōng 一秉至公 1-47A
yíbíqián 蟻鼻錢 8-986B
yìbìshírì 羿斃十日 9-642B
yībǐshū 一筆書 1-85B
yībìwànqǐng 一碧萬頃 1-95A
yībìxiāng 一壁廂 1-107A
yībìzhīlì 一臂之力 1-108B
yǐbǐzhùcǐ 挹彼注此 6-617B
yǐbǐzhùzī 挹彼注兹 6-617B
yībō 一波 1-51A
yībō 一撥 1-100B
yībō 衣盋 9-21B
yībō 衣缽 9-22B
yībō 衣鉢 9-23B
yíbō 遺波 10-1198B
yíbó 遺薄 10-1221A
yǐbó 倚薄 1-1461B
yǐbó 檥泊 4-1349B
yìbō 劓剥 2-756A
yìbó 弋博 2-1582A
yìbó 翳薄 9-677B
yìbó 議駁 11-454B
yìbó 議駮 11-455B
yībōcáidòng… 一波纔動萬波隨 1-51A

yībōsānzhé 一波三折 1-51A
yībóshì 醫博士 9-1439B
yībōshuǎi 一撥甩 1-100B
yībōwànbō 一波萬波 1-51A
yībōwèipíng…
一波未平,一波又起 1-51A
yībōxiāngchuán 衣鉢相傳 9-24A
yībǔ 衣補 9-23B
yībǔ 醫卜 9-1438A
yībù 一布 1-22A
yībù 一步 1-36A
yībù 一部 1-69A
yībù 醫部 9-1439A
yíbū 遺逋 10-1203A
yíbǔ 遺補 10-1211A
yíbù 移步 8-76A
yíbù 疑怖 8-513B
yíbù 儀部 1-1703B
yǐbù 乙部 1-720B
yǐbù 蟻步 8-984B
yìbǔ 易卜 5-633A
yìbù 杙步 4-773B
yìbù 異部 7-1349B
yìbù 逸步 10-1004A
yìbù 驛步 12-907B
yībùbāgèhuǎng
一步八箇謊 1-36B
yībùbìtǐ 衣不蔽體 9-18A
yībùchóngbó 衣不重帛 9-17B
yībùchóngcǎi 衣不重采 9-17B
yībùchóngcǎi 衣不重綵 9-17B
yībùdēngtiān 一步登天 1-36B
yìbùfǎngù 義不反顧 9-175A
yìbùfǎngù 議不反顧 11-451A
yìbùgǎncí 誼不敢辭 11-325B
yìbùguò 意不過 7-638A
yíbùhuànxíng 移步換形 8-76A
yībùjiāncǎi 衣不兼采 9-18A
yībùjiāncǎi 衣不兼綵 9-18A
yībùjiědài 衣不解帶 9-18A
yībùliū 一不溜 1-11A
yībùniǔzhòng 一不扭衆 1-10B
yìbùróngcí 義不容辭 9-175A
yìbùróngcí 誼不容辭 11-325A
yībùwáncǎi 衣不完采 9-17B
yībùyèdì 衣不曳地 9-17B
yībùyì 一不意 1-11A
yībùyīgèjiǎoyìn
一步一個脚印 1-36B
yībùyīguǐ 一步一鬼 1-36B
yībùyīqū 一步一趨 1-36B
yìbùyìqū 亦步亦趨 2-326B
yībùzhēshēn 衣不遮身 9-18A
yībùzhētǐ 衣不遮體 9-18A
yībùzuò…一不作,二不休 1-10B
yībùzuò…一不做,二不休 1-11A
yīcái 一裁 1-81A
yícāi 疑猜 8-515A
yícái 遺才 10-1187B
yícái 遺材 10-1194A
yícái 遺財 10-1203B
yícǎi 儀采 1-1702B
yìcái 異才 7-1342B
yìcái 異材 7-1345B
yìcái 異財 7-1349A
yìcái 逸才 10-1002B
yìcái 逸材 10-1004A
yìcái 軼才 9-1237A
yìcái 軼材 9-1237A
yìcái 議才 11-451A
yìcǎi 衣綵 9-25A
yìcǎi 邑采 10-578B
yìcǎi 異采 7-1347A
yìcǎi 異彩 7-1350B
yìcǎi 逸采 10-1004B
yìcǎi 逸彩 10-1007A
yīcàn 一粲 1-90B
yícān 疑參 8-515B
yícán 夷殘 2-1499A
yícán 遺殘 10-1209B
yícǎn 遺憯 10-1225B
yǐcán 蟻蠶 8-987A
yìcān 逸驂 10-1012A
yícáng 遺藏 10-1222B
yìcāng 義倉 9-179A
yìcáng 瘞藏 8-346A
yìcáng 瘞臧 8-346A
yīcāo 一操 1-104A
yīcáo 伊曹 1-1219A
yīcǎo 醫草 9-1439A
yícāo 儀操 1-1705B
yícāo 遺操 10-1220B
yícáo 儀曹 1-1703B
yícǎo 遺艸 10-1193A
yícǎo 遺草 10-1199A
yìcāo 異操 7-1353B
yìcāo 逸操 10-1010A
yìcáo 議曹 11-453B
yīcǎofùmù 依艸附木 1-1349B
yīcǎofùmù 依草附木 1-1350B
yǐcǎofùmù 倚草附木 1-1458B
yīcǎoyīmù 一草一木 1-54B
yícè 儀測 1-1704A
yícè 遺冊 10-1192A
yícè 遺册 10-1190B
yícè 遺策 10-1210A
yícè 遺筞 10-1213A
yícè 遺筴 10-1213A
yìcè 億測 1-1698B
yìcè 翼側 9-679B
yìcè 臆測 6-1395A
yìcè 議策 11-454A
yīchá 一茶 1-54B
yīchá 一察 1-99B
yīchà 一剎 1-48A
yīchà 衣岔 9-18B
yíchá 遺察 10-1217B
yīchābàncuò 一差半錯 1-58B
yīchā'èrcuò 一差二錯 1-58B
yīchā'èrwù 一差二悞 1-58B
yīchā'èrwù 一差二誤 1-58B
yíchāi 遺差 10-1202A
yìchái 逸儕 10-1010B
yīchāiyǔ 一拆雨 1-42A
yīchāliǎng'é 一差兩訛 1-58B
yīchán 一廛 1-103A
yīchán 一壥 1-108B
yīchán 伊瀍 1-1220B
yīchán 伊瀍 1-1220A
yīchǎn 一剗 1-62B
yīchǎn 一剷 1-93B
yíchǎn 遺産 10-1208A
yìchán 邑廛 10-580A
yìchán 邑鄽 10-580A
yìchǎn 異産 7-1350B
yīchànà 一剎那 1-48A
yīchànàqǐng 一剎那頃 1-48A
yīcháng 一長 1-41A
yīcháng 一場 1-80B
yīcháng 依常 1-1351B
yīchǎng 一場 1-80B
yīchàng 一唱 1-74B
yícháng 迤長 10-760A
yíchǎng 夷場 2-1499A
yíchǎng 夷敞 2-1499A
yíchǎng 彝場 3-1661A
yíchàng 夷暢 2-1500A
yíchàng 怡暢 7-489A
yíchàng 遺唱 10-1207A
yíchàng 遺悵 10-1208A
yíchàng 遺暢 10-1215B
yǐcháng 蟻裳 8-986B
yìchāng 億昌 1-1698A
yìcháng 異常 7-1350A
yìchǎng 譯場 11-447B
yìchǎng 議場 11-454A
yìchàng 悒悵 7-546A
yìchàng 逸唱 10-1006B
yīchàngbǎihè 一倡百和 1-66A
yīchàngbǎihè 一唱百和 1-74B
yīchángbànduǎn 一長半短 1-41A
yīchángchuàn 一長串 1-41A
yīchángchūnmèng 一場春夢 1-80B
yīcháng'èrduǎn 一長二短 1-41A
yīchángkōng 一場空 1-80B
yīchángliù 一長溜 1-41A
yīchàngsāntàn 一倡三歎 1-66A
yīchàngsāntàn 一唱三歎 1-74B
yīchàngsāntàn 壹倡三歎 2-1162A
yīchángshǔ 易腸鼠 5-635B
yīchàngxióngjī…
一唱雄鷄天下白 1-74B
yīchángyīduǎn 一長一短 1-41A
yīchàngyīhè 一倡一和 1-66A
yīchàngyīhè 一唱一和 1-74B
yīchǎntí 一闡提 1-113A
yīchāo 一抄 1-34B
yīchāo 一超 1-80A
yīcháo 一朝 1-82B
yícháo 夷巢 2-1499A
yícháo 遺巢 10-1209A
yǐcháo 蟻巢 8-986A
yìchāo 軼超 9-1237B
yīcháotiānzǐ…
一朝天子一朝臣 1-83A
yīcháqǐng 一茶頃 1-54B
yīchē 衣車 9-18A
yíchē 儀車 1-1701B
yìchē 役車 3-926A
yìchē 驛車 12-907B
yīchēgútou…
一車骨頭半車肉 1-35B
yīchén 一塵 1-98A
yīchèn 一趁 1-80A
yíchén 移辰 8-76A
yíchén 貽塵 10-182B
yíchén 遺臣 10-1191B
yíchén 遺塵 10-1216B
yíchèn 宜稱 3-1375B
yíchèn 遺讖 10-1227A
yíchèn 遺讖 10-1227B
yǐchén 蟻忱 8-984B
yìchén 役臣 3-926A
yìchén 抑沈 6-392B
yìchén 翌晨 9-652A
yìchén 逸塵 10-1008B
yìchén 軼塵 9-1238A
yìchén 誼臣 11-325B
yìchén 議臣 11-451A
yìchén 驛塵 12-910A
yīchénbùdào 一塵不到 1-98A
yīchénbùrǎn 一塵不染 1-98B
yīchénbùzī 一塵不緇 1-98B
yìchénduànyāng 逸塵斷鞅 10-1008B
yīchéng 一成 1-27A
yīchéng 一乘 1-64B
yīchéng 一程 1-84B
yīchéng 一誠 1-93A
yīchéng 一盛 1-74A
yīchéng 依乘 1-1351A
yíchēng 遺稱 10-1215B

yíchéng 移成 8-75B
yíchéng 疑丞 8-512B
yíchéng 疑承 8-513B
yíchéng 疑城 8-514A
yíchéng 遺城 10-1199A
yìchéng 倚乘 1-1459B
yìchéng 蟻城 8-985A
yìchéng 蟻誠 8-986B
yìchēng 意稱 7-644B
yìchéng 邑丞 10-578A
yìchéng 邑城 10-578B
yìchéng 翼成 9-679A
yìchéng 議呈 11-451B
yìchéng 議程 11-454A
yìchéng 議懲 11-456B
yìchéng 驛丞 12-907B
yìchéng 驛程 12-909B
yìchéng 驛塍 12-910A
yìchěng 億逞 1-1698B
yīchéngbùbiàn 一成不變 1-27B
yīchéngbùyì 一成不易 1-27B
yíchéngjiǔ 宜城酒 3-1374B
yíchéngláo 宜成醪 3-1374A
yīchéngxiǎnxìngjiào 一乘顯性教 1-64B
yīchéngyīlǚ 一成一旅 1-27B
yīchéngzi 一程子 1-85A
yíchēnyíxǐ 宜嗔宜喜 3-1375B
yīchèwànróng 一徹萬融 1-102B
yīchī 一瓻 1-76A
yīchī 一鴟 1-106B
yīchí 依遲 1-1353B
yīchǐ 一尺 1-20A
yíchī 貽嗤 10-182A
yíchí 移持 8-77A
yíchí 疑遲 8-517B
yíchí 遺弛 10-1193A
yíchǐ 貽恥 10-181A
yíchì 遺勅 10-1203A
yíchì 遺敕 10-1206B
yìchī 益嗤 7-1423B
yìchí 逸馳 10-1008A
yìchǐ 義齒 9-181A
yìchì 溢熾 6-39A
yìchì 議斥 11-451A
yìchíchí 意遲遲 7-645B
yīchǐchuí 一尺捶 1-20A
yīchǐshuǐfānténg… 一尺水翻騰做一丈波 1-20A
yīchǐshuǐshízhàngbō 一尺水十丈波 1-20A
yīchǐsù 一尺素 1-20A
yīchǐyāo 一尺腰 1-20A
yīchǐzhīmiàn 一尺之面 1-20A
yìchóng 蟻蟲 8-987A
yìchóng 益蟲 7-1424A
yìchóng 毅蟲 6-1509A
yìchǒng 逸寵 10-1011B
yīchōngxìng'er 一冲性兒 1-32A
yīchǒngxìng'er 一寵性兒 1-112A
yīchōngxìngzi 一冲性子 1-32A
yīchóngyīyǎn 一重一掩 1-57B
yīchòngzixìng'er 一銃子性兒 1-97B
yīchóu 一籌 1-112B
yīchóu 伊儔 1-1220A
yíchōu 夷瘳 2-1501A
yíchóu 貽臭 10-181A
yíchóu 遺籌 10-1226A
yíchǒu 貽醜 10-182B
yíchǒu 遺醜 10-1221A
yíchòu 遺臭 10-1204A
yìchōu 繹紬 9-1033B
yìchǒu 億醜 1-1699A
yīchóumòzhǎn 一籌莫展 1-113A
yíchòuqiānnián 遺臭千年 10-1204A
yíchòuqiānqiū 遺臭千秋 10-1204A
yíchòuwàndài 遺臭萬代 10-1204A
yíchòuwànnián 貽臭萬年 10-181A
yíchòuwànnián 遺臭萬年 10-1204A
yíchòuwànshì 遺臭萬世 10-1204A
yíchòuwànzǎi 遺臭萬載 10-1204A
yíchòuwúqióng 遺臭無窮 10-1204B
yīchū 一出 1-23A
yīchū 一初 1-40A
yīchú 依除 1-1351A
yíchú 移廚 8-80B
yíchú 遺雛 10-1224B
yíchǔ 遺儲 10-1222B
yíchǔ 遺礎 10-1223A
yǐchǔ 倚杵 1-1458A
yìchū 易初 5-634B
yìchū 異出 7-1344B
yìchū 逸出 10-1003B
yìchū 軼出 9-1237A
yìchū 億出 1-1698A
yìchū 臆出 6-1394A
yìchú 刈除 2-591B
yìchú 益芻 7-1423A
yìchǔ 易儲 5-636A
yìchǔ 異處 7-1350A
yìchǔ 逸處 10-1006B
yìchǔ 議處 11-453B
yìchù 役畜 3-927A
yìchù 抑絀 6-393B
yìchù 抑黜 6-395A
yìchù 益處 7-1423A
yìchù 異處 7-1350A
yíchuāi 疑揣 8-515B
yìchuāi 臆揣 6-1395A
yīchuān 一川 1-8A
yīchuān 伊川 1-1216A
yīchuán 一椽 1-90A
yíchuán 移船 8-79A
yíchuán 遺傳 10-1213A
yíchuǎn 遺舛 10-1192B
yǐchuán 檥船 4-1349B
yìchuán 驛船 12-909A
yīchuánbǎnwū 一椽板屋 1-90A
yíchuánbìng 遺傳病 10-1213B
yīchuāng 一椿 1-101A
yīchuáng 一床 1-40A
yīchuáng 一牀 1-53A
yīchuàng 一剏 1-58B
yíchuáng 夷牀 2-1497B
yíchuáng 儀牀 1-1702B
yíchuàng 疑愴 8-516B
yīchuángjǐnbèi… 一牀錦被遮蓋 1-53B
yīchuángliǎnghǎo 一牀兩好 1-53B
yíchuángōngchéng 遺傳工程 10-1213B
yīchuànhóng 一串紅 1-37A
yíchuánjiù'àn 移船就岸 8-79A
yǐchuānjiǔqūzhū 蟻穿九曲珠 8-985A
yǐchuànjiǔqūzhū 蟻串九曲珠 8-984B
yīchuànlíng 一串鈴 1-37A
yīchuànlízhū 一串驪珠 1-37A
yīchuánshíshíchuánbǎi 一傳十十傳百 1-92A
yīchuānwēng 伊川翁 1-1216B
yīchuānxiānshēng 伊川先生 1-1216A
yíchuánxué 遺傳學 10-1213B
yīchuànzhū 一串珠 1-37A
yíchúchīfànhàn 移廚喫飯漢 8-80B
yīchuī 一炊 1-50B
yíchuí 貽垂 10-180B
yíchuí 遺箠 10-1216A
yīchuídìngyīn 一槌定音 1-90A
yīchuídìngyīn 一錘定音 1-106B
yīchuízimǎimài 一錘子買賣 1-106B
yīchùjífā 一觸即發 1-113A
yīchùjíkuì 一觸即潰 1-113A
yīchún 一純 1-71B
yíchūn 宜春 3-1374A
yǐchún 乙醇 1-721A
yìchún 憶蒓 7-766A
yìchún 懿純 7-797A
yìchúncài 憶蒓菜 7-766A
yìchúngēng 憶蒓羹 7-766A
yíchūngōng 宜春宮 3-1374B
yíchūnjì 宜春髻 3-1374B
yíchūnjiàn 移春檻 8-77A
yíchūnjiǔ 宜春酒 3-1374B
yíchūnlǐ 宜春里 3-1374B
yìchúnlú 憶蒓鱸 7-766A
yíchūnmiàn 宜春面 3-1374B
yíchūnxiàyuàn 宜春下苑 3-1374B
yíchūnyuàn 宜春苑 3-1374B
yíchūnyuàn 宜春院 3-1374B
yíchuò 疑齪 8-518B
yīchuōsìzhíliū 一戳四直溜 1-110B
yǐchūruìfēi 蟻出蚋飛 8-984B
yìchūwàngwài 意出望外 7-638B
yīcí 一詞 1-86B
yīcí 一辭 1-111B
yīcì 依次 1-1349B
yící 疑詞 8-516A
yící 疑辭 8-518B
yící 遺骴 10-1218B
yící 遺祠 10-1202B
yící 遺詞 10-1210B
yící 遺辭 10-1225A
yícì 移次 8-75B
yícì 遺刺 10-1196A
yǐcǐ 已此 4-71B
yǐcǐ 以此 1-1087A
yǐcì 以次 1-1087B
yìcí 異詞 7-1351B
yìcí 逸詞 10-1007B
yìcí 逸辭 10-1011B
yìcí 溢詞 6-38B
yìcí 溢辭 6-39A
yìcí 義辭 9-182B
yīcìfāngchéng 一次方程 1-32A
yǐcíhàiyì 以詞害意 1-1092B
yǐcíhàiyì 以辭害意 1-1095A
yǐcǐlèituī 以此類推 1-1087A
yīcìlèyèjiào 一賜樂業教 1-101B
yǐcíqǔrén 以辭取人 1-1095A
yīcítóngguǐ 一辭同軌 1-111B
yīcóng 一從 1-76A
yīcóng 依從 1-1352A
yícóng 儀從 1-1704A
yìcōng 宬聰 7-364B
yìcóng 翊從 9-651A
yìcóng 義從 9-179B
yìcóng 翼從 9-679B
yīcù 一簇 1-108A
yīcù 一蹙 1-109B
yīcù 一蹴 1-111A
yícù 疑錯 8-517B

yīcuán 一攢 1-114A
yīcuàn 一爨 1-115B
yìcuàn 異爨 7-1354B
yìcuàn 逸竄 10-1011A
yīcuáncuán 一攢攢 1-114A
yīcù'érchéng 一蹴而成 1-111A
yīcù'érdé 一蹴而得 1-111A
yīcù'érjiù 一蹴而就 1-111A
yícuī 疑衰 8-514B
yícuì 夷粹 2-1500B
yícuì 移倅 8-78A
yǐcuì 倚翠 1-1461B
yìcuī 抑摧 6-394B
yìcuì 屹崒 3-800A
yìcuì 屹崪 3-800A
yīcuìwēihóng 依翠偎紅 1-1353A
yǐcuìwēihóng 倚翠偎紅 1-1461B
yǐcuìzhōngjí 蟻萃螽集 8-985B
yīcùkějī 一蹴可幾 1-111A
yīcún 依存 1-1349A
yīcùn 一寸 1-5B
yícūn 遺村 10-1194A
yícún 遺存 10-1191B
yìcún 佚存 1-1244A
yìcún 翼存 9-679A
yīcùnchìxīn 一寸赤心 1-5B
yīcùndān 一寸丹 1-5B
yīcùndānxīn 一寸丹心 1-5B
yīcùnguāngyīn… 一寸光陰一寸金 1-5B
yīcùnjīn 一寸金 1-6A
yīcùnrèn 一寸葚 1-6A
yīcùnxīn 一寸心 1-5B
yīcùnyīn 一寸陰 1-6A
yīcuō 一撮 1-100B
yícuò 疑錯 8-517B
yícuò 遺錯 10-1221B
yìcuò 抑挫 6-393A
yīcuōyáchǐ 一篕牙齒 1-102A
yīdā 一搭 1-81A
yīdā 一答 1-85A
yīdá 一沓 1-46A
yīdá 一笪 1-75A
yīdá 一達 1-81A
yīdá 一打 1-20B
yīdǎ 一打 1-20B
yídá 夷達 2-1499A
yídà 遺大 10-1187B
yǐdā 椅搭 4-1091B
yǐdà 倚大 1-1457A
yīdàbǎ 一大把 1-6A
yīdàbàn 一大半 1-6A
yīdàchuàn 一大串 1-6A
yīdàduī 一大堆 1-6A
yīdàdǔn'er 一大躉兒 1-6B
yīdài 一代 1-24A
yīdài 一帶 1-73A
yīdài 衣帶 9-22A
yīdài 依戴 1-1354A
yídài 疑殆 8-514A
yídài 遺帶 10-1206B
yǐdài 倚待 1-1459A
yìdài 佚怠 1-1244A
yìdài 易代 5-633B
yìdài 奕代 2-1541A
yìdài 異代 7-1344A
yìdài 異待 7-1348A
yìdài 翊戴 9-651B
yìdài 翌戴 9-652A
yìdài 逸怠 10-1006A
yìdài 意怠 7-641B
yìdài 億代 1-1697B
yìdài 憶戴 7-766A
yìdài 翼戴 9-680B
yīdàibùrúyīdài 一代不如一代 1-24A
yīdài'er 一代兒 1-24A
yīdài'ér 一帶兒 1-73B
yīdàifēngliú 一代風流 1-24A
yīdàishū 衣帶書 9-22B
yīdàishuǐ 衣帶水 9-22B
yīdàitánzōng 一代談宗 1-24A
yīdàiwénzōng 一代文宗 1-24A
yīdàiyījiāng 衣帶一江 9-22B
yīdàizhào 衣帶詔 9-22B
yīdàjié 一大劫 1-6A
yīdāliǎngyòng 一搭兩用 1-81B
yīdàliù 一大溜 1-6A
yīdàluò 一大摞 1-6A
yīdān 衣單 9-23A
yīdàn 一旦 1-22B
yīdàn 伊旦 1-1216B
yídàn 夷淡 2-1498B
yídàn 夷澹 2-1501A
yídàn 疑憚 8-517B
yìdān 議單 11-454A
yīdǎng 一黨 1-112B
yídāng 宜當 3-1375B
yídǎng 遺黨 10-1226A
yídàng 夷蕩 2-1500B
yídàng 宜當 3-1375B
yídàng 怡蕩 7-489A
yídàng 遺蕩 10-1218A
yìdǎng 邑黨 10-580A
yìdǎng 異黨 7-1354A
yìdǎng 逸黨 10-1011B
yìdàng 泆宕 5-1085B
yìdàng 逸當 10-1008A
yìdàng 逸宕 10-1005A
yìdàng 逸蕩 10-1009B
yǐdǎngjǔguān 以黨舉官 1-1095A
yīdàntiāo 一擔挑 1-104A
yīdànwúcháng 一旦無常 1-22B
yīdànyè 一旦夜 1-22B
yīdānyīpiáo 一簞一瓢 1-109B
yīdànyīxī 一旦一夕 1-22B
yìdǎnzhōnggān 義膽忠肝 9-182B
yīdào 一到 1-45A
yīdào 一道 1-87A
yīdào 醫道 9-1440A
yídāo 儀刀 1-1700A
yídāo 遺刀 10-1187A
yídǎo 儀導 1-1705B
yídào 夷道 2-1499B
yídào 遺道 10-1211A
yídào 頤道 12-294B
yìdǎo 易道 5-635B
yìdǎo 譯導 11-448A
yìdào 譯道 11-447B
yìdào 佚道 1-1244B
yìdào 易道 5-635A
yìdào 異道 7-1351B
yìdào 逸盜 10-1007B
yìdào 逸道 10-1007B
yìdào 溢道 6-38B
yìdào 藝道 9-602A
yìdào 議道 11-454A
yìdào 驛道 12-909B
yīdàobàn 一到伴 1-45A
yīdàochù 一到處 1-45A
yīdàokāimén 揖盜開門 6-749B
yīdāoliǎngduàn 一刀兩段 1-5A
yīdāoliǎngduàn 一刀兩斷 1-5A
yīdāoqiē 一刀切 1-4B
yídǎosù 胰島素 6-1244A
yīdàoyān 一道煙 1-87B
yīdāoyīgē 一刀一割 1-4B
yīdāoyīqiāng 一刀一槍 1-4B
yīdàqián 一大錢 1-6A
yǐdàwùxì 以大惡細 1-1083B
yīdàxiē 一大些 1-6A
yīdāyīdàng 一搭一檔 1-81B
yīdáyīhé 一答一合 1-85A
yīdàzǎo 一大早 1-6A
yīdǎzhuìgūlu'er 一打墜咕碌兒 1-21A
yīdé 一得 1-75B
yīdé 一德 1-102B
yīdé 依得 1-1351B
yídé 壹德 2-1162B
yīdé 醫德 9-1440A
yídé 夷德 2-1500B
yídé 移德 8-80B
yídé 疑德 8-517B
yídé 遺德 10-1219B
yìdé 逸德 10-1009B
yìdé 意得 7-643A
yìdé 溢德 6-38B
yìdé 懿德 7-797A
yǐdébàodé 以德報德 1-1094A
yǐdébàoyuàn 以德報怨 1-1094A
yīděng 一等 1-85A
yíděng 夷等 2-1499A
yìděng 異等 7-1351A
yīděngyī 一等一 1-85A
yídéxiūliè 遺德休烈 10-1220A
yīdéyīxīn 一德一心 1-102B
yídéyúliè 遺德餘烈 10-1220A
yīdézhīgōng 一得之功 1-75B
yīdézhījiàn 一得之見 1-76A
yīdézhīyú 一得之愚 1-76A
yǐdézhuīhuò 以德追禍 1-1094A
yīdī 一滴 1-99B
yīdí 一笛 1-75A
yīdì 一地 1-25B
yīdì 一遞 1-92A
yídī 遺滴 10-1217A
yídí 夷狄 2-1496B
yídí 夷翟 2-1500B
yídí 儀狄 1-1701B
yídí 遺覿 10-1226B
yídì 迤遞 10-760B
yídì 迤遰 10-760B
yídì 姨弟 4-339B
yídì 移第 8-79A
yídì 儀的 1-1702B
yídì 遺地 10-1191B
yǐdì 乙第 1-721A
yìdí 譯覿 11-448B
yìdí 抑糴 6-395A
yìdǐ 驛邸 12-907B
yìdì 杙地 4-773B
yìdì 易地 5-634A
yìdì 異地 7-1344B
yìdì 逸地 10-1003B
yìdì 意地 7-638B
yìdì 義地 9-176A
yìdì 義帝 9-178A
yìdì 義諦 9-182A
yìdì 瘞地 8-345B
yìdì 誼諦 11-325B
yìdì 翳地 9-676B
yìdì 驛遞 12-910A
yīdiǎn 一點 1-107B
yīdiàn 一殿 1-94B
yīdiàn 伊甸 1-1217B
yídiǎn 疑點 8-518A
yídiǎn 儀典 1-1702A
yídiǎn 遺典 10-1196A
yídiǎn 彝典 3-1660A
yídiǎn 貤典 10-89A
yídiàn 貽玷 10-180B
yídiàn 遺殿 10-1215A
yìdiǎn 異典 7-1346B
yìdiǎn 逸典 10-1004B
yìdiǎn 溢典 6-37B
yìdiàn 義殿 9-180B
yìdiàn 議殿 11-454B
yìdiàn 驛店 12-908A
yīdiǎnbàndiǎn 一點半點 1-108A
yǐdiǎndàimiàn 以點帶面 1-1094B
yīdiǎndiǎn 一點點 1-108A

yīdiǎnlíngxī 一點靈犀 1-108A
yīdiǎnlùn 一點論 1-108A
yīdiǎnshuǐyīgèpào 一點水一個泡 1-108A
yīdiǎnyīdī 一點一滴 1-108A
yīdiànyuán 伊甸園 1-1217B
yǐdiànzi 椅墊子 4-1091B
yídiào 移調 8-80B
yídiào 遺調 10-1220A
yìdiào 弋釣 2-1582A
yìdiào 役調 3-927B
yìdiào 逸調 10-1009B
yìdiào 意調 7-645B
yīdiāoshuāngtù 一鵰雙兔 1-111B
yīdīchán 一滴禪 1-99B
yīdié 一疊 1-114A
yídié 移牒 8-80A
yídié 遺垤 10-1199A
yídié 遺堞 10-1209A
yídié 遺耋 10-1209A
yǐdié 倚疊 1-1462B
yǐdié 蟻垤 8-985A
yǐdié 蟻疊 8-987A
yīdiēbùzhèn 一跌不振 1-84B
yīdiélián 一疊連 1-114A
yīdiéshēng 一迭聲 1-46B
yīdiéshēng 一疊聲 1-114A
yīdíguó 一敵國 1-103A
yīdìhúná 一地胡拿 1-25B
yídìjiùjiàn 移的就箭 8-76B
yīdìlǐ 一地裏 1-25B
yīdìlǐhúná 一地裏胡拏 1-25B
yīdīng 一丁 1-3A
yīdǐng 衣頂 9-22A
yīdìng 一定 1-51B
yīdìng 一飣 1-68A
yīdìng 壹定 2-1162A
yídīng 遺丁 10-1187A
yídǐng 移鼎 8-79B
yídǐng 彝鼎 3-1661A
yǐdìng 已定 4-72A
yǐdìng 以定 1-1089B
yìdīng 役丁 3-925B
yìdīng 義丁 9-174B
yìdīng 驛丁 12-907A
yìdǐng 議鼎 11-454A
yìdìng 易定 5-634B
yìdìng 意定 7-640B
yìdìng 臆定 6-1394B
yìdìng 議定 11-452B
yīdīngbùshí 一丁不識 1-3A
yīdìngbùyì 一定不易 1-51B
yīdìngbùyí 一定不移 1-52A
yīdīngdiǎn 一丁點 1-3A
yīdìngdiǎn 一飣點 1-68A
yídǐngguīzhāng 彝鼎圭璋 3-1661A
yìdìngshū 議定書 11-452B
yīdìngzhīguī 一定之規 1-51B
yīdiū 一丟 1-30A
yīdiūdiū 一丟丟 1-30A
yīdìyīgè 一遞一個 1-92B
yīdǐyīmiàn 一底一面 1-50A
yīdòng 一動 1-75A
yídòng 移動 8-79A
yídòng 遺恫 10-1202A
yǐdòng 蟻動 8-985B
yìdòng 異動 7-1350B
yīdòngbùdòng 一動不動 1-75A
yīdòngbùrúyījìng 一動不如一静 1-75A
yídōngbǔxī 移東補西 8-76B
yídōnghuànxī 移東换西 8-76B
yídōngjiùxī 移東就西 8-76B
yīdōu 衣兜 9-22B
yídòu 疑竇 8-518B
yǐdòu 蛾鬭 8-902A
yǐdòu 蟻鬭 8-987A
yìdòu 邑鬭 10-580A
yǐdòuwōzhēng 蟻鬭蝸争 8-987B
yìdǒuyángjī 挹斗揚箕 6-617A
yīdǒuzhū 一斗珠 1-19A
yīdù 一肚 1-38B
yīdù 一度 1-58A
yídū 移都 8-77B
yídū 遺都 10-1203A
yídú 貽毒 10-180B
yídú 遺毒 10-1198B
yídú 遺牘 10-1225A
yídǔ 遺堵 10-1206A
yídù 儀度 1-1703A
yídù 遺蠹 10-1226B
yídù 遺蠧 10-1227A
yìdù 義度 9-178A
yìdū 邑都 10-579A
yìdú 異讀 7-1354B
yìdù 逸度 10-1005B
yìdù 意度 7-641B
yìdù 懿度 7-796B
yīduān 一端 1-98B
yīduǎn 一短 1-84B
yīduàn 一斷 1-110B
yíduān 疑端 8-517A
yíduān 遺端 10-1216B
yìduān 異端 7-1352B
yìduàn 抑斷 6-395A
yìduàn 意斷 7-646A
yìduàn 義斷 9-182B
yìduàn 臆斷 6-1395B
yìduàn 議斷 11-456B
yìduàn'ēnjué 義斷恩絶 9-182B
yǐduàntóuluǎn 以碫投卵 1-1093A
yìduānxiéshuō 異端邪説 7-1352B
yǐdúgōngdú 以毒攻毒 1-1089B
yìdūhù 亦都護 2-326B
yīduī 一堆 1-72A
yīduì 一對 1-96A
yǐduī 蟻堆 8-985B
yìduì 臆對 6-1395A
yīduīshēng 一堆生 1-72B
yīdūlu 一嘟嚕 1-90B
yīdùn 一頓 1-90B
yídùn 猗頓 5-76A
yídūn 夷蹲 2-1501B
yídùn 遺遯 10-1216A
yìdùn 抑頓 6-394B
yìdùn 逸遁 10-1007B
yìdùn 驛頓 12-909B
yīduō 一掇 1-73A
yīduò 一垛 1-54B
yíduò 禕隋 7-949B
yíduó 移掇 8-78B
yíduó 移奪 8-80B
yíduǒ 頤朵 12-293B
yíduǒ 頤朶 12-293B
yíduò 疑惰 8-516A
yíduò 遺墮 10-1217B
yǐduō 蟻多 8-984B
yìduó 抑奪 6-394B
yìduó 易奪 5-636A
yìduó 意度 7-641B
yìduó 意奪 7-644B
yìduó 億度 1-1698A
yìduó 憶度 7-765B
yìduó 翳奪 9-677B
yìduó 臆度 6-1394B
yìduó 議度 11-453A
yìduó 議奪 11-455A
yīduóqì 一掇氣 1-73A
yīdùpí 一肚皮 1-38B
yǐdùshéxíng 蛾度蛇行 8-901A
yīdùzi 一肚子 1-38B
yī'ē 依阿 1-1349B
yī'é 咿哦 3-244A
yī'è 一搤 1-89B
yī'è 一鶚 1-112B
yí'ē 遺屙 10-1205B
yí'è 移惡 8-79B
yí'è 遺蕚 10-1209A
yí'è 頤齶 12-295A
yǐ'è 齮扼 12-1456A
yì'é 溢額 6-39A
yì'è 抑遏 6-394A
yì'è 抑閼 6-395A
yì'è 意惡 7-643B
yì'è 溢惡 6-38A
yǐ'èbào'è 以惡報惡 1-1091B
yǐ'échuán'é 以訛傳訛 1-1091B
yí'ēn 移恩 8-78A
yí'ēn 遺恩 10-1203B
yí'ēn 貤恩 10-89B
yì'ēn 異恩 7-1349A
yí'ēnyúliè 遺恩餘烈 10-1203B
yī'ēqǔróng 依阿取容 1-1349B
yī'ěr 一爾 1-96A
yī'ěr 伊邇 1-1220A
yī'èr 一二 1-2B
yí'ěr 飴餌 12-533B
yí'ěr 遺珥 10-1202B
yí'èr 疑二 8-511B
yí'èr 疑貳 8-515B
yǐ'ér 已而 4-71A
yǐ'ěr 已爾 4-72A
yǐ'ěr 倚耳 1-1457B
yì'ér 意而 7-638B
yì'ér 義兒 9-177A
yì'ér 鷁鴯 12-1169A
yì'ěr 翼爾 9-680A
yī'érbùdǎng 一而不黨 1-27A
yǐ'erbùdāng 倚兒不當 1-1458A
yǐ'ěrdàimù 以耳代目 1-1086B
yí'ěrduòzān 遺珥墮簪 10-1202B
yī'ér'èr… 一而二,二而三 1-27A
yī'ér'èr… 一而二,二而一 1-27A
yī'èr'èryī 一二二一 1-2B
yì'érjīn 鷁鴯巾 12-1169A
yī'èrjiǔyùndòng 一二九運動 1-2B
yì'érjūn 義兒軍 9-177B
yī'èrsān 一二三 1-2B
yī'èrsānsìwǔliùqī 一二三四五六七 1-3A
yǐ'ěrwéimù 以耳爲目 1-1086B
yī'érzài… 一而再,再而三 1-27A
yí'ěrzhuìzān 遺珥墜簪 10-1202B
yī'èshū 一鶚書 1-112B
yīfā 一發 1-88A
yīfǎ 一法 1-50B
yīfà 一髮 1-100A
yīfà 黳髮 12-1375B
yífǎ 疑法 8-513B
yífǎ 儀法 1-1702B
yífǎ 儀灋 1-1706B
yífǎ 遺法 10-1198A
yífǎ 遺灋 10-1226B
yífǎ 彝法 3-1660A
yǐfǎ 倚法 1-1458A
yìfā 亦發 2-327A
yìfā 益發 7-1423B
yìfā 逸發 10-1007B
yìfā 溢發 6-38B
yìfá 佚罰 1-1244B
yìfá 逸罰 10-1008B
yìfá 軼罰 9-1238A
yìfá 議罰 11-455A

yìfǎ 役法 3-927A
yìfǎ 義法 9-177B
yìfǎ 譯法 11-446B
yìfǎ 議法 11-452A
yīfān 一帆 1-29A
yīfān 一番 1-86A
yīfān 一翻 1-110A
yīfǎn 一反 1-16B
yīfàn 一飯 1-86A
yífān 移藩 8-81A
yífàn 貽範 10-182B
yífàn 儀範 1-1705B
yífàn 遺範 10-1219B
yìfán 邑膰 10-580A
yìfàn 逸犯 10-1003B
yìfàn 軼犯 9-1237A
yìfàn 溢泛 6-37B
yìfàn 懿範 7-797A
yīfǎnchángtài 一反常態 1-16B
yīfàn'ēn 一飯恩 1-86B
yīfānfēng 一帆風 1-29A
yīfānfēngshùn 一帆風順 1-29A
yīfāng 一方 1-18A
yīfāng 一芳 1-35B
yīfāng 醫方 9-1438B
yīfáng 一房 1-52A
yīfǎng 依倣 1-1351A
yīfàng 依放 1-1350A
yífāng 貽芳 10-180B
yífāng 儀方 1-1700A
yífāng 遺芳 10-1194A
yífáng 移防 8-75B
yífáng 疑防 8-512B
yífàng 遺放 10-1197B
yìfāng 異方 7-1343B
yìfāng 義方 9-175A
yìfāng 誼方 11-325B
yìfáng 驛房 12-908B
yìfǎng 詣訪 11-197B
yìfǎng 驛舫 12-909A
yìfàng 逸放 10-1005A
yífāngmèngshì 遺芳夢室 10-1194A
yīfāngmiàn 一方面 1-19A
yīfāngmíng 醫方明 9-1438B
yīfāngshuǐtǔ… 一方水土養一方人 1-19A
yīfángyīwò 一房一卧 1-52B
yífāngyúliè 遺芳餘烈 10-1194A
yīfànqiānjīn 一飯千金 1-86A
yīfànsāntǔbǔ 一飯三吐哺 1-86A
yīfǎnshǒu 一反手 1-16B
yīfānshùnfēng 一帆順風 1-29A
yīfànwǎn 衣飯碗 9-23A
yīfǎnyīfù 一反一復 1-16B
yīfànzhīdé 一飯之德 1-86B
yīfànzhīqǐng 一飯之頃 1-86B
yīfǎpáozhì 依法炮製 1-1350A
yīfàqiānjūn 一髮千鈞 1-100A
yīfēi 一非 1-45A
yīfēi 依霏 1-1354A
yīfěi 依斐 1-1352A
yífēi 遺妃 10-1193A
yífèi 黳黷 11-777B
yìfēi 羿妃 9-642B
yìfēi 逸飛 10-1006A
yìfēi 鶂飛 12-1123A
yìféi 逸肥 10-1004B
yìfěi 逸匪 10-1006A
yìfèi 䖣費 1-781A
yìfèi 役費 3-927A
yìfèi 抑廢 6-394B
yìfèi 虪費 1-797B
yìfèi 溢沸 6-38A
yìfèi 譯費 11-447B
yīfèibǎishēng 一吠百聲 1-37A
yīfēichōngtiān 一飛沖天 1-60A
yīfēn 一分 1-17A
yīfèn 一分 1-17A
yīfèn 一份 1-30A
yīfēn 夷氛 2-1497A
yífēn 遺芬 10-1193B
yífēn 遺氛 10-1196B
yífén 遺墳 10-1218A
yífèn 疑忿 8-513B
yífèn 遺憤 10-1220B
yífèn 遺糞 10-1222B
yìfēn 異分 7-1343A
yìfèn 悒憤 7-546A
yìfèn 異分 7-1343A
yìfèn 意分 7-638A
yìfēn 溢分 6-37B
yìfèn 義分 9-175A
yìfèn 義憤 9-181B
yīfēng 一封 1-53B
yīfēng 依風 1-1350B
yífēng 移封 8-77A
yífēng 移風 8-77A
yífēng 詒風 11-133B
yífēng 貽風 10-180B
yífēng 遺風 10-1197B
yífēng 遺封 10-1199A
yífēng 遺風 10-1200A
yìfēng 貤封 10-89A
yìfèng 儀鳳 1-1705A
yìfēng 蛾封 8-901A
yìfēng 倚風 1-1459A
yìfēng 蟻封 8-985A
yìfēng 蟻蜂 8-986A
yìfēng 益封 7-1423A
yìfēng 逸峯 10-1006A
yìfēng 義風 9-178A
yìfèng 翳鳳 9-677B
yìfèng 翼奉 9-679B
yìfēngbǔqiàn 以豐補歉 1-1095A
yífēngchóngjiào 移風崇教 8-77A
yīfēngchuī 一風吹 1-58A
yífēnggǎisú 移風改俗 8-77A
yífēnggésú 移風革俗 8-77A
yífēnggǔdào 遺風古道 10-1200B
yífēngjiùsú 遺風舊俗 10-1201A
yífēngpíngsú 移風平俗 8-77A
yīfēngshū 一封書 1-54A
yīfēngtuó 一封駝 1-54A
yīfēngyáozhuàn 一封軺傳 1-54A
yìfēngyē 一逢掖 1-68B
yífēngyìchén 遺風逸塵 10-1200B
yífēngyìshàng 移風易尚 8-77A
yífēngyìsú 移風易俗 8-77A
yífēngyúcǎi 遺風餘采 10-1200B
yífēngyújiào 遺風餘教 10-1200B
yífēngyúliè 遺風餘烈 10-1200B
yífēngyúsī 遺風餘思 10-1200B
yífēngyúsú 遺風餘俗 10-1200B
yífēngyúxí 遺風餘習 10-1200B
yífēngyúxiàng 遺風餘象 10-1200B
yífēngyúyùn 遺風餘韻 10-1200B
yífēngyúzé 遺風餘澤 10-1200B
yífēngzhènsú 移風振俗 8-77A
yīfēnhángqíng… 一分行情一分貨 1-17B
yífēnshèngfù 遺芬賸馥 10-1193B
yìfèntiánxiōng 義憤填胸 9-181B
yìfèntiányīng 義憤填膺 9-181B
yīfēnwéi'èr 一分爲二 1-17B
yīfēnyīháo 一分一毫 1-17B
yífēnyúróng 遺芬餘榮 10-1193B
yīfēnzǐ 一分子 1-17B
yīfènzǐ 一分子 1-17B
yīfó 依佛 1-1349B
yīfóchūshì 一佛出世 1-38A
yīfóchūshì… 一佛出世,二佛涅槃 1-38A
yīfóchūshì… 一佛出世,二佛升天 1-38A
yīfóchūshì… 一佛出世,二佛生天 1-38A
yīfónǎ 依佛哪 1-1349B
yǐfǒu 已不 4-71A
yǐfǒu 已否 4-71B
yǐfǒu 以不 1-1084B
yǐfǒu 以否 1-1087B
yǐfǒujìkě 以不濟可 1-1084B
yīfu 衣服 9-18B
yīfū 一夫 1-9B
yīfú 一服 1-48B
yīfú 一符 1-75A
yīfú 一幅 1-84B
yīfú 衣襆 9-26A
yīfǔ 一府 1-50A
yīfù 一負 1-58A
yīfù 一副 1-73B
yīfù 伊傅 1-1219B
yīfù 依附 1-1350A
yīfù 依坿 1-1350A
yīfù 依負 1-1350B
yīfù 醫婦 9-1439B
yífu 姨夫 4-339A
yífú 夷舠 2-1496B
yífú 夷服 2-1497A
yífú 移符 8-79A
yífú 貽福 10-182A
yífú 儀服 1-1702B
yífú 遺俘 10-1200A
yífú 遺福 10-1215A
yífǔ 疑府 8-513B
yífǔ 頤輔 12-294B
yífù 鮐腹 12-1219A
yífù 夷覆 2-1501A
yífù 姨父 4-339A
yífù 移付 8-75A
yífù 移覆 8-81B
yífù 遺付 10-1190B
yífù 遺腹 10-1214A
yífù 遺覆 10-1223A
yífù 遺馥 10-1223B
yǐfū 已夫 4-71A
yǐfú 蛾伏 8-901A
yǐfú 蛾服 8-901A
yǐfú 乙弗 1-720B
yǐfú 倚伏 1-1457B
yǐfú 椅袱 4-1091B
yǐfú 蟻伏 8-984B
yǐfù 蛾附 8-901A
yǐfù 蛾傅 8-901B
yǐfù 倚附 1-1458A
yǐfù 倚負 1-1459A
yǐfù 蟻附 8-984B
yǐfù 蟻傅 8-986A
yìfū 役夫 3-925B
yìfū 逸夫 10-1002B
yìfū 義夫 9-174B
yìfū 驛夫 12-907B
yìfú 艾服 9-271B
yìfú 施服 6-1579B
yìfú 衣服 9-18B

yìfú 邑郛 10-578B
yìfú 益符 7-1423A
yìfú 異服 7-1347A
yìfú 逸伏 10-1003B
yìfú 逸福 10-1008B
yìfú 意符 7-643A
yìfú 義服 9-177B
yìfú 億福 1-1699A
yìfú 翼扶 9-679A
yìfǔ 翊輔 9-651B
yìfǔ 義府 9-177B
yìfǔ 翼輔 9-680A
yìfù 衣覆 9-26A
yìfù 亦復 2-327A
yìfù 役賦 3-927B
yìfù 益復 7-1423B
yìfù 益賦 7-1423B
yìfù 異父 7-1343A
yìfù 義父 9-175A
yìfù 義附 9-177A
yìfù 義賦 9-181A
yìfù 億負 1-1698B
yìfù 誼父 11-325B
yìfù 議覆 11-456B
yīfūchūsǐ…
一夫出死，千乘不輕
1-9B
yīfūdāngguān 一夫當關
1-9B
yīfūdāngguān…
一夫當關，萬夫莫摧
1-10A
yīfūdāngguān…
一夫當關，萬夫莫敵
1-10A
yīfūdāngguān…
一夫當關，萬夫莫開
1-10A
yífù'ér 遺腹兒 10-1214A
yǐfùfēngtún 蛾附蠭屯
8-901A
yǐfùfēngtún 蟻附蜂屯
8-985A
yīfūgǎnsǐ…
一夫敢死，千夫莫當
1-9B
yīfūhèjǐ…
一夫荷戟，千人莫當
1-9B
yífùniè 遺腹孽 10-1214A
yífùnǚ 遺腹女 10-1214A
yīfūpīnmìng…
一夫拚命，萬夫難敵
1-9B
yífuqián 姨夫錢 4-339A
yīfúshí 一伏時 1-30A
yífùsūn 遺腹孫 10-1214A
yǐfùyǎngnóng 以副養農
1-1091B
yǐfùyíngjí 蟻附蠅集
8-985A
yīfūyòng 一夫用 1-9B
yīfūzhīyǒng 一夫之勇 1-9B
yīfūzhīyòng 一夫之用 1-9B
yīfùzhòngxiū 一傅衆咻
1-85B
yífùzǐ 遺腹子 10-1214A
yīgài 一溉 1-87B
yīgài 一概 1-90A
yīgài 一槩 1-94B
yīgài 壹槩 2-1162B
yígǎi 移改 8-76A
yǐgài 倚蓋 1-1461A
yìgāi 億垓 1-1698B
yìgǎi 臆改 6-1394B
yìgài 意概 7-644A
yìgài 義概 9-180B
yīgài'érlùn 一概而論
1-90A
yīgài'érlùn 一槩而論
1-94B
yīgān 一干 1-5A
yīgān 一甘 1-21A
yīgān 一竿 1-57B
yīgǎn 一笴 1-75A
yígàn 儀幹 1-1704B
yǐgān 乙干 1-720B
yìgān 浥乾 5-1213A
yìgān 義竿 9-178A
yìgàn 逸幹 10-1008A
yìgàn 意幹 7-643B
yìgàn 議幹 11-454B
yīgān'èrjìng 一乾二净
1-73A
yìgāng 溢剛 6-38A
yīgānyīfāng 一干一方 1-5A
yīgānzi 一杆子 1-36A
yīgānzi 一竿子 1-57B
yīgānzichādàodǐ
一杆子插到底 1-36A
yīgāo 伊皋 1-1218B
yīgāo 伊臯 1-1219B
yígǎo 遺稾 10-1216B
yígǎo 遺稾 10-1220A
yígǎo 遺稿 10-1219A
yígǎo 遺藁 10-1222B
yígǎo 遺藁 10-1223A
yígào 移告 8-76A
yígào 遺告 10-1194A
yígào 遺誥 10-1216B
yìgǎo 逸稿 10-1009B
yìgǎo 譯稿 11-448A
yìgǎo 議稿 11-455A
yīgāo'èrdī 一高二低 1-68B
yìgāoréndǎndà
藝高人膽大 9-601B
yīgē 一割 1-88A
yīgé 一合 1-31B
yīgé 衣格 9-21B
yīgé 衣裓 9-23A
yīgè 一個 1-66A
yígē 夷歌 2-1500A
yígē 遺歌 10-1215B
yígé 遺隔 10-1211B
yígé 遺骼 10-1219A
yígé 彝格 3-1660B
yǐgē 倚歌 1-1461A
yǐgé 倚閣 1-1461B
yìgē 繄格 9-979B
yìgē 刈割 2-591B
yìgē 抑割 6-394A
yìgē 逸歌 10-1008B
yìgē 義戈 9-175A
yìgē 劓割 2-756A
yìgé 易革 5-635A
yìgé 逸格 10-1006A
yìgé 意格 7-641B
yìgé 詣閤 11-197B
yìgé 詣閣 11-197B
yìgé 翼鬲 9-679B
yìgé 議革 11-452B
yìgě 鷁舸 12-1139A
yīgèbàngè 一箇半箇 1-97A
yīgèbāzhang…
一個巴掌拍不響 1-66B
yǐgēchōngshǔ 以戈舂黍
1-1084B
yīgēda 一圪塔 1-25A
yīgēda 一疙瘩 1-50A
yīgèdà 一個大 1-66A
yīgēdū 一各都 1-31B
yīgēdǔ 一圪堵 1-25A
yīgēduō 一各多 1-31B
yīgēduò 一圪垛 1-25A
yīgě'er 一合兒 1-31B
yīgègǎozi 一個稿子 1-66B
yīgèjìn 一個勁 1-66B
yīgèlǎoshǔ…
一個老鼠害一鍋湯
1-66B
yīgèluóboyīgèkēng
一個蘿蔔一個坑 1-66B
yīgēn 一根 1-61B
yígēn 移根 8-78A
yìgēn 意根 7-642A
yígēng 夷庚 2-1497A
yígēng 移更 8-76A
yǐgēng 乙更 1-720B
yīgēnhóulóng…
一根喉嚨出氣 1-61B
yígēnhuànyè 移根換葉
8-78A
yígēnjiēyè 移根接葉 8-78A
yīgēnyībǎn 一根一板 1-61B
yīgèrénxiānghǎo
一個人相好 1-66A
yīgèshìyīgè 一個是一個
1-66B
yīgèxīnyǎn 一個心眼 1-66A
yīgèzi'er 一個子兒 1-66A
yīgōng 一宫 1-59A
yīgōng 一共 1-25B
yīgōng 伊公 1-1216B
yīgōng 衣工 9-17B
yīgōng 醫工 9-1438A
yīgòng 一共 1-25B
yígōng 移宫 8-77B
yígōng 遺工 10-1187A
yígōng 遺弓 10-1188A
yígōng 遺公 10-1188B
yígōng 遺功 10-1189A
yígōng 遺宫 10-1202B
yígōng 遺躬 10-1204B
yígōng 謻宫 11-404A
yìgōng 義功 9-175B
yìgōng 議功 11-451A
yìgōng 懿恭 7-796B
yìgōng 懿共 7-796B
yǐgōngbǔguò 以功補過
1-1086A
yǐgōngdàizhèn 以工代賑
1-1083B
yígōnghuànyǔ 移宫换羽
8-77B
yígōngjiàn 遺弓劍 10-1188A
yígōngjiàn 遺弓劒 10-1188A
yǐgōngmièsī 以公滅私
1-1085B
yǐgōngwéishǒu 以攻爲守
1-1087B
yǐgōngxiàojué 以宫笑角
1-1090B
yīgōu 一鈎 1-86A
yīgōu 一鉤 1-92B
yīgōu 衣篝 9-25B
yígōu 遺鉤 10-1210B
yígǒu 遺耇 10-1199A
yígòu 夷姤 2-1498A
yígòu 疑詬 8-516B
yígòu 遺搆 10-1212A
yígòu 遺構 10-1215A
yígòu 遺構 10-1209B
yìgòu 刈鉤 2-591B
yìgòu 羿彀 9-642B
yìgòu 議購 11-456A
yīgōujīn 一鉤金 1-92B
yīgǔ 一股 1-49A
yīgǔ 一鼓 1-89B
yīgǔ 伊穀 1-1220A
yīgǔ 伊瀔 1-1220B
yīgù 一顧 1-113B
yígū 遺孤 10-1198B
yígǔ 貽穀 10-182B
yígǔ 遺骨 10-1199B
yígù 夷固 2-1497A
yígù 貽禍 10-182A
yígù 疑故 8-514A
yígù 遺顧 10-1226B
yǐgù 以故 1-1090A
yìgǔ 異骨 7-1347B
yìgǔ 義穀 9-181A
yìgǔ 臆骨 6-1394B
yìgù 異故 7-1347B
yìgù 意故 7-640B
yìgù 意顧 7-646B
yìgù 義故 9-178A
yìgù 議故 11-453A
yīguā 一緺 1-100A
yīguà 一卦 1-42A
yīguà 一挂 1-54A
yíguà 遺挂 10-1199A
yíguà 遺掛 10-1206A
yìguà 易卦 5-634B
yíguài 詒怪 11-133B
yíguài 疑怪 8-513B
yīguān 衣冠 9-20A

yīguān 醫官 9-1439A
yīguǎn 一管 1-97A
yīguǎn 伊管 1-1219B
yīguàn 一貫 1-79B
yíguān 夷關 2-1501B
yíguān 杝棺 4-792A
yíguān 儀官 1-1702B
yíguān 儀觀 1-1706B
yíguān 鸃冠 12-1169A
yíguǎn 夷館 2-1501A
yíguàn 移貫 8-79B
yǐguān 蟻觀 8-987A
yìguān 邑官 10-578B
yìguān 異觀 7-1354B
yìguān 義關 9-102B
yìguān 譯官 11-446B
yìguān 議官 11-452B
yìguān 驛官 12-908A
yìguǎn 驛舘 12-910A
yìguǎn 驛館 12-910A
yìguàn 衣冠 9-20A
yīguānbànzhí 一官半職 1-52A
yīguānchǔchǔ 衣冠楚楚 9-20B
yīguàndào 一貫道 1-79B
yīguāng 一光 1-28A
yíguāng 夷光 2-1496A
yíguāng 移光 8-75B
yíguāng 遺光 10-1192A
yíguāng 頤光 12-293B
yǐguāng 蟻光 8-984B
yìguāng 逸光 10-1003B
yǐguānhòuxiào 以觀後効 1-1095B
yǐguānhòuxiào 以觀後效 1-1095B
yīguānjìchǔ 衣冠濟楚 9-21A
yīguānjǐjǐ 衣冠濟濟 9-21A
yīguānkè 衣冠客 9-20B
yǐguǎnkuībào 以管窺豹 1-1093A
yǐguǎnkuītiān 以筦窺天 1-1092B
yǐguǎnkuītiān 以管窺天 1-1093A
yìguānlìng 譯官令 11-447A
yīguānmù 衣冠墓 9-20B
yīguānnándù 衣冠南渡 9-20A
yīguānqíchǔ 衣冠齊楚 9-20B
yīguànqínshòu 衣冠禽獸 9-20B
yīguānsǎodì 衣冠掃地 9-20B
yìguǎnshēng 義管笙 9-181A
yīguānshèngshì 衣冠盛事 9-20B
yīguàntǔxiāo 衣冠土梟 9-20A
yǐguānxiéshì 倚官挾勢 1-1458B
yīguānyījí 一官一集 1-52A
yīguānyōumèng 衣冠優孟 9-20B
yǐguānzhàngshì 倚官仗勢 1-1458B
yīguānzhītǔ 一棺之土 1-83B
yīguānzhǒng 衣冠冢 9-20B
yīguānzhǒng 衣冠塚 9-20B
yīgǔbùdēng 一穀不登 1-100B
yīgǔbùshēng 一穀不升 1-100B
yǐgǔfēijīn 以古非今 1-1086A
yīguī 一規 1-72A
yīguī 一歸 1-110A
yīguī 衣圭 9-18A
yīguī 依皈 1-1350B
yīguī 依歸 1-1354A
yīguǐ 一軌 1-55A
yīguǐ 一晷 1-84A
yíguī 遺袿 10-1208B
yíguī 遺規 10-1206A
yíguǐ 夷鬼 2-1497B
yíguǐ 移晷 8-79B
yíguǐ 儀軌 1-1703A
yíguǐ 遺軌 10-1199A
yíguǐ 遺鬼 10-1200A
yíguǐ 彝軌 3-1660A
yíguǐ 彝簋 3-1661B
yìguī 意歸 7-646A
yìguǐ 疫鬼 8-287A
yìguǐ 異軌 7-1347B
yìguǐ 逸軌 10-1005A
yìguǐ 軼軌 9-1237B
yìguǐ 詣匭 11-197B
yìguǐ 縊鬼 9-973A
yìguì 劓劊 2-726A
yìguì 議貴 11-454A
yìguì 懿貴 7-797A
yīguǐtóngfēng 一軌同風 1-55B
yǐguīwéitiàn 以規爲瑱 1-1091A
yíguǐyíshén 疑鬼疑神 8-514A
yíguǐzi 夷鬼子 2-1498A
yīgǔjìn 一股勁 1-49A
yīgǔlà 一骨辣 1-57B
yīgūliù 一砧碌 1-62A
yīgūliùzi 一砧碌子 1-62A
yīgǔlǒngzǒng 一股攏總 1-49A
yīgūlu 一轂轆 1-107A
yīgūlu 一骼髏 1-105A
yīgūlū 一咕嚕 1-45B
yīgūlù 一骨碌 1-57B
yīgǔlǔ 一骨魯 1-57B
yīgǔn 一滾 1-94A
yīgǔnà 一股那 1-49A
yīgǔnǎo'er 一箍腦兒 1-97A
yīgǔnǎo'er 一古腦兒 1-21B
yīgǔnǎo'er 一股腦兒 1-49A
yīgùnzidǎsǐ 一棍子打死 1-83B
yīguō 一堝 1-72A
yīguó 醫國 9-1439B
yíguó 移國 8-78B
yíguò 移過 8-79A
yǐguō 倚郭 1-1459B
yìguō 邑郭 10-579A
yìguō 溢郭 6-38A
yìguó 邑國 10-579A
yìguó 異國 7-1350B
yīguòbùfù 一過不父 1-75A
yíguódòngzhòng 移國動衆 8-78B
yīguōmiàn 一鍋麵 1-106B
yīguǒnǎozi 一裹腦子 1-98A
yīguǒqióng 一裹窮 1-98A
yīguósāngōng 一國三公 1-74B
yīguóyīzhǎngxiě 一摑一掌血 1-95B
yīguǒyuán 一裹圓 1-98A
yīguōzhōu 一鍋粥 1-106A
yīguōzhǔ 一鍋煮 1-106A
yīgǔqì 一股氣 1-49A
yīgùqīngchéng 一顧傾城 1-114A
yǐgǔqùyì 以骨去蟻 1-1090A
yīgūshēng 一呱聲 1-45B
yǐgǔwéijiàn 以古爲鑑 1-1086A
yǐgǔwéijìng 以古爲鏡 1-1086A
yīgǔyībǎn 一鼓作氣 1-89B
yǐgǔyǐngǔ 以瞽引瞽 1-1095A
yǐgǔzhìjīn 以古制今 1-1086A
yìgūzǐ 義姑姊 9-178A
yīgǔzuòqì 一鼓一板 1-89B
yíhái 遺孩 10-1202B
yíhái 遺骸 10-1219A
yíhài 貽害 10-181A
yíhài 疑駭 8-517B
yíhài 遺害 10-1205A
yìhǎi 義海 9-179A
yìhài 邑駭 10-580A
yìhài 逸駭 10-1010A
yìhài 軼駭 9-1238A
yìhǎi'ēnshān 義海恩山 9-179A
yíhàiwúqióng 遺害無窮 10-1205A
yíhàn 遺憾 10-1222A
yíhàn 遺翰 10-1221A
yíhàn 頤頷 12-295A
yìhàn 邑閈 10-579A
yìhàn 逸翰 10-1010A
yíhánbàosūn 飴含抱孫 12-533B
yīháng 一行 1-30B
yīháng 伊行 1-1217A
yǐháng 蟻航 8-985B
yìháng 異行 7-1345A
yīhángshū 一行書 1-31A
yīhánrúcǐ 一寒如此 1-88A
yīháo 一毫 1-76B
yīháo 一豪 1-98A
yīháo 一號 1-91B
yīhào 一好 1-34A
yīhào 一號 1-91B
yíhào 夷皓 2-1499B
yíhào 儀號 1-1704B
yìháo 邑豪 10-579B
yìháo 逸毫 10-1007A
yìhǎo 意好 7-639B
yìhào 抑耗 6-393A
yìhào 邑號 10-579B
yìhào 易號 5-635B
yīháobùchā 一毫不差 1-77A
yīháobùgǒu 一毫不苟 1-77A
yīháobùrǎn 一毫不染 1-77A
yīháoqiānlǐ 一毫千里 1-77A
yīháozi 一毫子 1-77A
yīhē 一呵 1-45B
yīhé 一合 1-31B
yīhé 一何 1-37B
yīhé 一河 1-50B
yīhé 伊何 1-1217B
yīhé 壹何 2-1162A
yīhé 醫和 9-1439A
yīhè 一喝 1-84B
yīhè 一和 1-46B
yīhè 一鶴 1-113B
yīhé 衣褐 9-25A
yīhé 依荷 1-1351A
yíhé 怡和 7-488A
yíhé 移劾 8-76B
yíhé 疑閡 8-517A
yíhé 遺禾 10-1190B
yíhé 遺翮 10-1221A
yíhé 頤和 12-293B
yǐhé 蟻合 8-984B
yǐhé 齮齕 12-1456A
yìhé 亦何 2-326B
yìhé 逸翮 10-1010B
yìhé 義和 9-177A
yìhé 翼翮 9-680B
yìhé 議和 11-452A
yìhé 懿和 7-796B
yìhè 衣褐 9-25A
yìhè 奕赫 2-1541B
yìhè 弈赫 2-1317B
yìhè 義壑 9-182A
yìhè 瘞鶴 8-346B
yīhédǐzhǐ 伊何底止 1-1217B
yīhé'er 一合兒 1-31B
yīhē'érjiù 一呵而就 1-45B
yìhèhuátíng 憶鶴華亭 7-766A
yīhēi 黟黑 12-1364A
yīhēi 黳黑 12-1375B
yǐhēiwéibái 以黑爲白 1-1092A
yīhēizǎo 一黑早 1-84B
yìhèmíng 瘞鶴銘 8-346B
yīhén 一痕 1-77A
yíhén 遺痕 10-1207B

yíhèn 貽恨 10-180B
yíhèn 遺恨 10-1202A
yìhèn 億恨 1-1698B
yīhěn'èrhěn 一狠二狠 1-58A
yīhéng 一桁 1-61B
yīhéng 伊衡 1-1220A
yīhéng 衣桁 9-21A
yíhéng 儀衡 1-1706A
yǐhéng 倚衡 1-1462A
yíhènzhōngtiān 遺恨終天 10-1202A
yìhéqíngtóu 意合情投 7-639A
yìhéquán 義和拳 9-177A
yìhétuán 義和團 9-177A
yǐhéxīxīn 以荷析薪 1-1090B
yíhéyuán 頤和園 12-293B
yīhézàilí 一合再離 1-31B
yīhóng 一泓 1-51A
yīhòng 一哄 1-56B
yīhòng 一鬨 1-104A
yīhōng'érqǐ 一哄而起 1-56B
yīhōng'érsàn 一哄而散 1-56B
yīhōng'érsàn 一轟而散 1-113A
yīhòng'érsàn 一鬨而散 1-104A
yīhōng'érshàng 一哄而上 1-56B
yíhòu 移候 8-78A
yíhòu 詒後 11-133B
yíhòu 遺後 10-1200A
yǐhòu 以後 1-1090A
yìhóu 邑侯 10-578B
yìhòu 羿后 9-642B
yìhòu 異候 7-1349B
yìhòu 驛候 12-909A
yìhòu 驛堠 12-909B
yīhòuchuān 衣後穿 9-19A
yīhòushǎng 一後晌 1-58A
yīhū 一呼 1-45B
yīhū 一忽 1-49B
yīhū 噫乎 3-530A
yīhú 一壺 1-81A
yīhù 一笏 1-65A
yīhù 依怙 1-1350B
yīhù 醫護 9-1440B
yíhū 遺忽 10-1197B
yíhú 疑狐 8-513B
yíhù 移户 8-75A
yíhù 疑互 8-512A
yíhù 遺户 10-1189A
yíhù 遺笏 10-1204A
yǐhū 已乎 4-71A
yǐhù 踦户 10-489B
yìhū 佚忽 1-1244A
yìhǔ 逸虎 10-1004B
yìhǔ 翼虎 9-679B
yìhù 役户 3-926A
yìhù 邑户 10-577B
yìhù 異户 7-1343B
yìhù 翼護 9-681A
yìhù 驛户 12-907B
yīhuā 一花 1-35B
yīhuà 一化 1-16A
yīhuà 醫話 9-1440A
yíhuā 移花 8-75B
yíhuá 遺華 10-1203A
yíhuà 移化 8-75A
yíhuà 移畫 8-80A
yíhuà 遺化 10-1188B
yíhuà 遺畫 10-1211B
yíhuà 遺話 10-1214B
yíhuà 彝化 3-1660A
yìhuá 翳華 9-677A
yìhuà 翊化 9-651A
yìhuà 逸話 10-1008A
yìhuà 軼話 9-1237B
yìhuà 譯話 11-447B
yìhuà 議畫 11-454A
yīhuādúfàng 一花獨放 1-35B
yíhuáfǎnzhì 遺華反質 10-1203A
yīhuái 依懷 1-1354B
yíhuái 疑懷 8-518B
yǐhuái 蟻懷 8-987A
yìhuái 逸懷 10-1011B
yìhuái 義懷 9-182B
yíhuājiēmù 移花接木 8-76A
yīhuàkāitiān 一畫開天 1-88A
yīhuán 依還 1-1354A
yīhuǎn 醫緩 9-1440A
yīhuàn 漪渙 6-98A
yíhuàn 移换 8-77B
yíhuàn 貽患 10-181B
yíhuàn 遺患 10-1207A
yǐhuán 已還 4-72B
yǐhuán 以還 1-1094A
yìhuàn 易换 5-635A
yìhuàn 譯换 11-447A
yīhuǎng 一晃 1-63B
yīhuàng 一晃 1-63B
yíhuāng 夷荒 2-1497B
yíhuāng 遺荒 10-1199A
yíhuáng 儀皇 1-1703A
yíhuáng 儀鍠 1-1706A
yíhuáng 遺隍 10-1208B
yíhuáng 遺蝗 10-1218B
yìhuāng 逸荒 10-1005A
yíhuángchǎng 儀鍠氅 1-1706B
yíhuángfǔ 儀鍠斧 1-1706B
yīhuángliǎngshé 一簧兩舌 1-108A
yìhuángquǎn 憶黄犬 7-766A
yīhuángrén 衣黄人 9-22A
yīhuǎngyǎn 一晃眼 1-63B
yíhuǎnjiùjí 移緩就急 8-80B
yīhuányībào 一還一報 1-105A
yīhuāwǔyè 一花五葉 1-35B
yǐhuázhìhuá 以華制華 1-1090B
yīhūbǎinuò 一呼百諾 1-46A
yīhūbǎiyìng 一呼百應 1-46A
yīhǔbùhé 一虎不河 1-45A
yīhūhū 一忽忽 1-49B
yīhuī 一麾 1-103A
yīhuí 一回 1-28B
yīhuì 一會 1-92B
yíhuī 遺輝 10-1218B
yíhuī 遺徽 10-1222B
yíhuǐ 夷毀 2-1499B
yíhuǐ 痍毀 8-312A
yíhuǐ 貽悔 10-181A
yíhuǐ 遺悔 10-1205A
yíhuì 夷惠 2-1499A
yíhuì 迤匯 10-760B
yíhuì 移會 8-80A
yíhuì 疑晦 8-515A
yíhuì 疑諱 8-517B
yíhuì 遺惠 10-1209B
yíhuì 遺誨 10-1216B
yíhuì 遺穢 10-1223B
yīhuī 懿徽 7-797B
yìhuì 抑諱 6-395A
yìhuì 異卉 7-1343B
yìhuì 意會 7-644A
yìhuì 義槽 9-181A
yìhuì 曀晦 5-836B
yìhuì 翳薈 9-677B
yìhuì 翳薉 9-677B
yìhuì 翳穢 9-678A
yìhuì 藝薈 9-625B
yìhuì 議會 11-454B
yīhuīchūshǒu 一麾出守 1-103A
yīhuī'érchéng 一揮而成 1-81B
yīhuī'érjiù 一揮而就 1-81B
yīhuíjiā 一回家 1-29A
yīhuìjiā 一會家 1-92B
yīhuìjiā 一會價 1-92B
yīhuījiǔzhì 一揮九制 1-81B
yīhuíshēng… 一回生,二回熟 1-29A
yǐhuǐwéifá 以毀爲罰 1-1092B
yīhuìyīmíng 一晦一明 1-74A
yíhuìyúzé 遺惠餘澤 10-1209B
yìhuìzhì 議會制 11-454B
yīhǔkǒu 一虎口 1-45A
yīhūlā 一忽拉 1-49B
yīhūliū 一忽溜 1-49B
yīhúluhuàpiáo 依葫蘆畫瓢 1-1352A
yīhūn 一昏 1-49B
yīhùn 一混 1-78A
yíhún 怡魂 7-489A
yíhún 遺魂 10-1211B
yíhùn 遺溷 10-1215A
yìhūn 議婚 11-453B
yīhùntāngzi 一混湯子 1-78A
yíhúnwángpò 遺魂亡魄 10-1212A
yīhuǒ 一火 1-19A
yīhuǒ 一伙 1-30A
yīhuǒ 一夥 1-96A
yīhuò 一或 1-44A
yīhuò 一霍 1-105A
yīhuò 伊霍 1-1220A
yíhuō 夷豁 2-1501A
yíhuǒ 遺火 10-1188B
yíhuò 移禍 8-80A
yíhuò 貽禍 10-182A
yíhuò 疑惑 8-515B
yíhuò 遺惑 10-1209B
yíhuò 遺禍 10-1211A
yǐhuò 倚惑 1-1460B
yìhuǒ 佚火 1-1243B
yìhuò 賸化 10-287B
yìhuò 弋獲 2-1582A
yìhuò 刈穫 2-591B
yìhuò 佚獲 1-1245A
yìhuò 抑或 6-392B
yīhuǒguāng 衣火光 9-18A
yīhuòhuò 一和和 1-47A
yǐhuǒjiùhuǒ 以火救火 1-1085B
yǐhuǒqù'é 以火去蛾 1-1085B
yīhuǒsǎ 一火灑 1-19A
yíhuòwúqióng 遺禍無窮 10-1211B
yǐhuǒzhǐfèi 以火止沸 1-1085B
yīhúqiānjīn 一壺千金 1-81A
yīhūshǎn 一忽閃 1-49B
yìhūxúncháng 異乎尋常 7-1344A
yīhūzàinuò 一呼再喏 1-46A
yīhúzhīyē 一狐之掖 1-49B
yīhúzhīyè 一狐之腋 1-49B
yīhúzhū 一斛珠 1-76B
yìhúzuòxióng 衣狐坐熊 9-18B
yíìěi 貽累 10-181B
yījī 一屐 1-71A
yījī 一積 1-105A
yījī 一朞 1-82A
yījī 一期 1-82A
yījī 一奇 1-44B
yījī 伊箕 1-1219B
yījī 衣裓 9-26A
yījǐ 一己 1-8B
yījì 一迹 1-58B
yījì 一紀 1-60A
yījì 一記 1-68B
yījì 一跡 1-91B
yījì 一際 1-94B
yījì 一繼 1-113A
yījì 一齊 1-99A
yījì 醫劑 9-1440B
yījì 醫濟 9-1440B
yíjī 夷畿 2-1501A
yíjī 詒譏 11-134A
yíjī 貽譏 10-182B
yíjī 儀跡 1-1704B

yíjī 遺基 10-1206A
yíjī 遺積 10-1221A
yíjī 遺譏 10-1225B
yíjī 遺姬 10-1206A
yíjí 貤即 5-46B
yíjí 移疾 8-78A
yíjí 移籍 8-81B
yíjí 疑疾 8-514B
yíjí 儀極 1-1704A
yíjí 遺疾 10-1204B
yíjí 遺集 10-1210B
yíjí 遺籍 10-1226A
yíjí 遺藉 10-1222B
yíjǐ 遺己 10-1188A
yíjì 夷跡 2-1499B
yíjì 移記 8-78A
yíjì 疑忌 8-513A
yíjì 遺迹 10-1201A
yíjì 遺績 10-1223A
yíjì 遺紀 10-1202B
yíjì 遺計 10-1201A
yíjì 遺記 10-1204B
yíjì 遺寄 10-1208B
yíjì 遺跡 10-1212B
yíjì 遺蹟 10-1223A
yǐjī 倚几 1-1457A
yǐjí 以及 1-1084A
yǐjí 艤檝 9-11B
yǐjí 蟻集 8-986A
yǐjì 酏劑 9-1394B
yǐjì 齮齕 12-1456B
yìjī 懿績 7-797B
yìjí 疫疾 8-287B
yìjí 異疾 7-1349B
yìjí 義疾 9-179A
yìjí 詣極 11-197B
yìjí 藝極 9-602A
yìjí 譯籍 11-448B
yìjǐ 異己 7-1342B
yìjì 益稷 7-1423B
yìjì 異迹 7-1348A
yìjì 異妓 7-1346A
yìjì 異技 7-1345B
yìjì 異計 7-1348A
yìjì 逸迹 10-1005B
yìjì 逸記 10-1006B
yìjì 逸跡 10-1008A
yìjì 逸蹟 10-1011A
yìjì 逸驥 10-1012A
yìjì 意忌 7-639B
yìjì 意計 7-641B
yìjì 意寄 7-643B
yìjì 義髻 9-181B
yìjì 億忌 1-1698A
yìjì 億計 1-1698A
yìjì 憶記 7-765B
yìjì 藝妓 9-601A
yìjì 繹祭 9-1033B
yìjì 議計 11-453A
yìjì 驛驥 12-910B
yījiā 一家 1-69B
yījiā 伊家 1-1219A
yījiā 醫家 9-1439B
yījiǎ 一甲 1-22B
yījiǎ 衣甲 9-18A
yījiǎ 依假 1-1351B
yījià 衣架 9-21A
yíjiā 宜家 3-1375A
yíjiā 移家 8-78B
yíjiā 疑家 8-514B
yíjiá 頤頰 12-295A
yíjiǎ 彝斝 3-1661A
yíjià 移駕 8-80B
yíjià 椸枷 4-1193B
yíjià 椸架 4-1193B
yíjià 儀駕 1-1705B
yǐjià 檥駕 4-1349B
yìjiā 異家 7-1349B
yìjiā 譯家 11-447A
yìjiá 冀火 9-670A
yìjiǎ 益甲 7-1422B
yìjiǎ 義甲 9-175B
yìjià 逸駕 10-1010A
yìjià 軼駕 9-1238A
yìjià 溢價 6-38B
yìjià 議價 11-455A
yījiābùchéng…
一家不成,兩家現在
1-70B
yījiāchūn 一家春 1-70B
yījiàfàndài 衣架飯袋
9-21A
yījiàfànnáng 衣架飯囊
9-21A
yījiāgǔròu 一家骨肉 1-70B
yījiāhuo 一家伙 1-70B
yījiāhuò 一家貨 1-70B
yījiājuànshǔ 一家眷屬
1-70B
yījiākū 一家哭 1-70B
yījiālǎoxiǎo 一家老小
1-70B
yǐjiǎluànzhēn 以假亂真
1-1091B
yījiāmén 一家門 1-70B
yījiān 一肩 1-52A
yījiān 一間 1-88A
yījiàn 一間 1-88A
yījiàn 一箭 1-102A
yíjiān 遺姦 10-1202B
yíjiǎn 夷翦 2-1500B
yíjiǎn 夷簡 2-1501B
yíjiǎn 儀檢 1-1706A
yíjiǎn 遺簡 10-1224A
yíjiàn 迤漸 10-760B
yíjiàn 貽鑑 10-183A
yíjiàn 疑間 8-516A
yíjiàn 儀劍 1-1705B
yíjiàn 遺劍 10-1220A
yíjiàn 遺箭 10-1219B
yíjiàn 遺賤 10-1218B
yíjiàn 遺劒 10-1221B
yíjiàn 彝鑒 3-1661B
yǐjiàn 倚檻 1-1462A
yìjiǎn 易簡 5-636A
yìjiǎn 逸簡 10-1011A
yìjiàn 異見 7-1345B
yìjiàn 逸僭 10-1008B
yìjiàn 逸賤 10-1009B
yìjiàn 意見 7-639B
yìjiàn 義劍 9-181B
yìjiàn 詣見 11-197A
yìjiàn 翳諫 9-678A
yìjiàn 臆見 6-1394A
yījiàndào 一箭道 1-102A
yījiàng 醫匠 9-1438B
yíjiāng 飴漿 12-533B
yíjiāng 遺疆 10-1225B
yǐjiāng 酏漿 9-1394B
yǐjiàng 已降 4-72A
yǐjiàng 以降 1-1089B
yǐjiàng 齕降 12-1037B
yìjiāng 義漿 9-181B
yìjiāng 裛蔣 9-79B
yìjiǎng 冀奬 9-680A
yìjiàng 挹降 6-617B
yìjiàng 逸將 10-1007A
yìjiàng 意匠 7-638B
yìjiàng 譯匠 11-446A
yìjiàng 驛將 12-909A
yìjiāngnán 憶江南 7-765B
yìjiāngrénsù 義漿仁粟
9-181B
yījiāngshíbǐng 一漿十餅
1-103B
yījiānliǎngchú 一肩兩鋤
1-52A
yījiànliǎorán 一見了然
1-36B
yījiànqīngxīn 一見傾心
1-37A
yījiànrúgù 一見如故 1-36B
yījiànrújiù 一見如舊
1-36B
yījiànshàngduò 一箭上垜
1-102A
yījiànshuāngdiāo
一箭雙雕 1-102A
yījiànshuāngdiāo
一箭雙鵰 1-102A
yījiānǚbùchī…
一家女不喫兩家茶
1-70A
yījiànxǐ 一見喜 1-36B
yìjiànxiāng 意見箱 7-639B
yǐjiànxuěguì 以賤雪貴
1-1094A
yījiànzhīdì 一箭之地
1-102A
yǐjiānzhǐfán 以煎止燔
1-1093A
yījiànzhīrèn 一劍之任
1-103A
yījiànzhōngqíng 一見鍾情
1-37A
yījiāo 一交 1-32A
yījiǎo 一脚 1-76A
yījiào 一覺 1-113A
yíjiāo 移交 8-75B
yíjiāo 遺焦 10-1210B
yíjiǎo 移角 8-76A
yíjiǎo 移脚 8-79A
yíjiào 夷徼 2-1501A
yíjiào 遺教 10-1206A
yíjiào 遺噍 10-1218B
yíjiào 彝教 3-1660B
yǐjiáo 齮嚼 12-1456B
yǐjiào 椅轎 4-1091B
yìjiǎo 義角 9-176B
yìjiào 異教 7-1350A
yìjiào 翊教 9-651A
yìjiào 意教 7-642B
yìjiào 義教 9-179B
yìjiào 翼教 9-679B
yìjiào 譯校 11-447A
yījiǎobùyí 一脚不移 1-76B
yījiàochén 一窖塵 1-88A
yījiǎoguǒ 一攪果 1-115A
yījiǎojiǎo 一脚脚 1-76B
yījiǎolóu 一脚耬 1-76B
yījiǎoshòu 一角獸 1-38B
yǐjiāotóuqī 以膠投漆
1-1094A
yījiǎozhǐ 一脚指 1-76B
yǐjiāozuòmèi 倚姣作媚
1-1459B
yījiārén 一家人 1-70A
yījiārénbùshuō…
一家人不説兩家話
1-70A
yījiāshū 一家書 1-70B
yījiāwú'èr 一家無二
1-70B
yījiāyán 一家言 1-70B
yījiāyīhuǒ 一家一火 1-69B
yījiāyījì 一家一計 1-69B
yījiǎyīmíng 一甲一名
1-22B
yījiāyǔ 一家語 1-70B
yījiāzhāngjù 一家章句
1-70B
yījiāzhīcí 一家之辭 1-70A
yījiāzhīxué 一家之學
1-70A
yījiāzhīyán 一家之言
1-70A
yījiāzhīzuò 一家之作
1-70A
yījiāzǐ 一家子 1-70A
yījiàzǐ 一架子 1-60A
yǐjìdàizhàn 以計代戰
1-1090A
yǐjǐduórén 以己度人
1-1084A
yījiē 一皆 1-56A
yījiē 一接 1-72B
yījiē 一街 1-86A
yījiē 依接 1-1351B
yījiē 猗嗟 5-76A
yījiē 噫嗟 3-530B
yījié 一刼 1-35B
yījié 一截 1-95B
yījiè 一介 1-16B
yījiè 一芥 1-35B
yījiè 一借 1-65B
yījiè 依藉 1-1354A

yíjié 移節 8-80A
yíjié 疑結 8-516A
yíjié 儀節 1-1704B
yíjié 遺孑 10-1188A
yíjié 遺碣 10-1215B
yíjié 義節 9-180B
yíjiě 姨姐 4-339B
yíjiě 頤解 12-294B
yíjiè 夷屆 2-1497B
yíjiè 移解 8-80A
yíjiè 詒戒 11-133B
yíjiè 遺戒 10-1193B
yíjiè 遺芥 10-1193B
yíjiè 遺誡 10-1216A
yǐjiē 蟻接 8-985B
yǐjié 倚結 1-1460B
yǐjié 蟻結 8-986A
yǐjiè 倚藉 1-1462A
yìjié 易節 5-635B
yìjié 悒結 7-546A
yìjié 逸刼 10-1004B
yìjié 逸傑 10-1007B
yìjié 億劫 1-1698A
yìjié 議結 11-454B
yìjiě 譯解 11-447B
yìjiè 邑借 10-579A
yìjiè 意界 7-640B
yìjiè 譯介 11-446A
yìjiè 譯界 11-447A
yījiēbànjí 一階半級 1-79A
yījiēbànzhí 一階半職 1-79A
yījièbùgǒu 一介不苟 1-17A
yījièbùqǔ 一介不取 1-17A
yījiēliǎngxiàng 一街兩巷 1-86A
yījiērújiù 一接如舊 1-72B
yījièxínglǐ 一介行李 1-17A
yījièxíngrén 一介行人 1-17A
yījièzhīcái 一介之才 1-17A
yījièzhīshàn 一介之善 1-17A
yījièzhīshǐ 一介之使 1-17A
yījièzhīshì 一介之士 1-17A
yǐjífēngcuán 蟻集蜂攢 8-986A
yìjǐfènzǐ 異己分子 7-1343A
yījīliǎngbǎo 一飢兩飽 1-68A
yìjìméihuā 驛寄梅花 12-909A
yījīn 一金 1-48A
yījīn 衣巾 9-17B
yījīn 衣衿 9-21A
yījīn 衣襟 9-26A
yījìn 一勁 1-56A
yíjīn 飴津 12-533B
yíjīn 遺金 10-1197A
yíjǐn 遺錦 10-1221B
yíjìn 移進 8-79A
yíjìn 儀禁 1-1704B
yíjìn 遺祲 10-1208B
yíjìn 遺禁 10-1212A
yíjìn 遺殣 10-1218A
yíjìn 遺燼 10-1224B
yìjīn 邑金 10-578A
yìjīn 逸襟 10-1011A
yìjǐn 衣錦 9-25B
yìjìn 疫祲 8-287B
yìjìn 益進 7-1423A
yìjìn 逸勁 10-1005A
yījīng 一莖 1-61A
yījīng 一經 1-95A
yījīng 一精 1-99A
yījīng 醫經 9-1440A
yījǐng 一井 1-8B
yījìng 一徑 1-67A
yījìng 一逕 1-62B
yījìng 一竟 1-77A
yījìng 一境 1-95B
yījìng 一鏡 1-111A
yíjīng 疑經 8-516B
yíjīng 遺京 10-1197B
yíjīng 遺經 10-1215B
yíjīng 遺精 10-1217A
yíjīng 彝經 3-1661A
yíjǐng 移井 8-74B
yíjǐng 儀景 1-1704B
yíjǐng 遺景 10-1209B
yíjìng 遺境 10-1215A
yǐjīng 已經 4-72A
yìjīng 逸經 10-1008B
yìjīng 義經 9-180B
yìjīng 譯經 11-448A
yìjǐng 逸景 10-1007A
yìjǐng 義井 9-174B
yìjǐng 裔井 9-80A
yìjǐng 翳景 9-677A
yìjìng 異境 7-1352A
yìjìng 逸境 10-1008B
yìjìng 意境 7-644B
yìjìng 嫕靜 4-404A
yījīngbàngzhù 依經傍註 1-1353A
yījīngchéng 一經程 1-95A
yījǐng'er 一景兒 1-84B
yījīngjiǔsuì 一莖九穗 1-61B
yījīngjǔ 一經舉 1-95A
yījīngliùsuì 一莖六穗 1-61B
yìjīngrùnwénshǐ 譯經潤文使 11-448A
yìjīngshǐ 譯經使 11-448A
yǐjǐngxiàoyóu 以儆效尤 1-1093A
yíjīngyǎngshén 頤精養神 12-294B
yījīngyīcǎo 一莖一草 1-61B
yìjīngyuàn 譯經院 11-448A
yìjǐnhuánxiāng 衣錦還鄉 9-25B
yìjǐnjiǒngyī 衣錦褧衣 9-25B
yìjǐnrónggui 衣錦榮歸 9-25B
yìjǐnshàngjiǒng 衣錦尚絅 9-25B
yìjǐnshíròu 衣錦食肉 9-25B
yìjǐnyèxíng 衣錦夜行 9-25B
yìjǐnyèyóu 衣錦夜游 9-25B
yìjǐnzhòuxíng 衣錦晝行 9-25B
yìjǐnzhòuyóu 衣錦晝游 9-25B
yìjǐnzhòuyóu 衣錦晝遊 9-25B
yìjiǒng 衣褧 9-25A
yíjìtánxū 遺迹談虛 10-1201B
yījiū 一糾 1-53B
yījiǔ 一九 1-4B
yījiù 一就 1-87A
yījiù 伊咎 1-1218A
yījiù 伊舊 1-1220A
yījiù 依舊 1-1354A
yíjiǔ 迤久 10-760A
yíjiǔ 頤酒 12-294B
yíjiǔ 彝酒 3-1660B
yíjiù 貽咎 10-180B
yíjiù 遺疚 10-1197B
yíjiù 遺舊 10-1222B
yǐjiǔ 蟻酒 8-985B
yǐjiù 已就 4-72A
yìjiū 鷁鳩 12-1115B
yìjiū 邑糾 10-578B
yìjiǔ 義酒 9-179A
yìjiǔ 醳酒 9-1446B
yìjiù 義舊 9-182A
yìjiù 肄舊 9-250B
yìjiù 驛廐 12-909B
yìjiǔlú 憶酒壚 7-765B
yǐjiǔsānfēnzuì 倚酒三分醉 1-1460A
yījiùshǒu'er 一就手兒 1-87A
yījìyījí 一繼一及 1-113A
yījìzhīcháng 一技之長 1-34B
yǐjǐzhīxīn… 以己之心,度人之腹 1-1084A
yǐjǐzhīxīn… 以己之心,度人之心 1-1084A
yījū 一匊 1-49B
yījū 一拘 1-42A
yījū 一掬 1-72B
yījū 衣裾 9-24A
yījú 一局 1-40A
yījǔ 一舉 1-105A
yījù 一聚 1-95A
yījù 依據 1-1353B
yíjū 夷居 2-1497B
yíjū 移居 8-76B
yíjū 遺居 10-1198B
yíjǔ 移舉 8-81A
yíjǔ 疑沮 8-513B
yíjǔ 儀矩 1-1703A
yíjǔ 儀舉 1-1706A
yíjǔ 遺矩 10-1199B
yíjù 夷踞 2-1500B
yíjù 疑懼 8-518B
yíjù 遺句 10-1190B
yǐjū 蟻駒 8-986B
yǐjù 蟻聚 8-986B
yìjū 邑居 10-578B
yìjū 挹掬 6-617B
yìjū 異居 7-1347A
yìjū 逸居 10-1005A
yìjū 義居 9-177B
yìjū 譯居 11-447A
yìjú 弈局 2-1317A
yìjú 意局 7-639B
yìjú 驛局 12-908A
yìjǔ 逸舉 10-1010B
yìjǔ 義舉 9-182A
yìjù 邑聚 10-579B
yìjù 弈具 2-1317A
yìjù 異句 7-1344B
yìjù 逸句 10-1003A
yìjù 義聚 9-180B
yìjù 義據 9-181B
yījuǎn 一捲 1-72B
yíjuān 遺捐 10-1203A
yíjuān 遺鐫 10-1226A
yíjuàn 遺卷 10-1198A
yíjuàn 遺倦 10-1204A
yìjuān 挹損 6-618A
yìjuān 義捐 9-178B
yìjuān 議蠲 11-456B
yìjuàn 異眷 7-1351A
yījǔchéngmíng 一舉成名 1-105B
yíjué 蛜蚗 8-871A
yījué 一蹶 1-110B
yíjué 夷絕 2-1499B
yíjué 移掘 8-78B
yíjué 詒厥 11-134A
yíjué 貽厥 10-181B
yíjué 遺絕 10-1211B
yíjué 遺覺 10-1226A
yíjué 遺爝 10-1226B
yìjué 屹蹶 3-800B
yìjué 抑絕 6-394A
yìjué 益爵 7-1424A
yìjué 貤爵 10-89B
yìjué 逸爵 10-1011A
yìjué 溢決 6-37B
yìjué 詣絕 11-197B
yìjué 臆決 6-1394B
yìjué 繶爵 9-1036A
yìjué 議抉 11-451B
yìjué 議決 11-451B
yìjué'àn 議決案 11-451B
yījuébùxīng 一蹶不興 1-111A

yījuébùzhèn 一蹶不振 1-110B
yījuécǎo 益決草 7-1423A
yījuécíxióng 一決雌雄 1-32A
yījuēlánlǚ 衣屩藍縷 9-26A
yíjuésūnmóu 貽厥孫謀 10-181B
yǐjùfēngcuán 蟻聚蠭攢 8-986B
yǐjùfēngtún 蟻聚蜂屯 8-986B
yījùhuà 一句話 1-24B
yījǔliǎngdé 一舉兩得 1-105B
yījǔliǎngquán 一舉兩全 1-105B
yíjūn 移軍 8-77B
yíjūn 疑軍 8-514B
yíjūn 遺君 10-1195A
yíjùn 遺俊 10-1200A
yìjūn 佚君 1-1244A
yìjūn 邑君 10-578A
yìjūn 益軍 7-1423A
yìjūn 異軍 7-1348B
yìjūn 義軍 9-178A
yìjùn 乂俊 1-626B
yìjùn 逸俊 10-1005B
yìjùn 逸駿 10-1011A
yíjùnguān 鸃鵔冠 12-1169A
yìjūntèqǐ 異軍特起 7-1348B
yìjūntūqǐ 異軍突起 7-1348B
yījǔqiānlǐ 一舉千里 1-105B
yījǔsānfǎn 一舉三反 1-105B
yījǔshǒuzhīláo 一舉手之勞 1-105B
yījǔwànlǐ 一舉萬里 1-105B
yījǔyīdòng 一舉一動 1-105B
yījùzhōng 一句鐘 1-24B
yíkǎi 遺慨 10-1215A
yìkǎn 瘞坎 8-345B
yìkǎn 瘞埳 8-346A
yíkāng 儀康 1-1704A
yìkāng 艾康 9-272A
yìkāng 乂康 1-626B
yìkāng 億康 1-1698B
yìkàng 抑抗 6-392A
yīkào 衣靠 9-25A
yīkào 依靠 1-1353B
yíkǎo 夷考 2-1496A
yǐkào 倚靠 1-1461B
yǐkào 椅靠 4-1091B
yìkǎo 翼考 9-679A
yīkē 一窠 1-94A
yīkē 醫科 9-1439A
yīkè 一克 1-36A
yīkè 一刻 1-50A
yīkè 揖客 6-749A
yíkē 移窠 8-80A
yíkē 頤頦 12-295A
yíkè 移刻 8-76B
yíkè 遺刻 10-1197B
yǐkē 乙科 1-720B
yǐkē 蟻窠 8-986B
yìkě 易可 5-633B
yìkě 意可 7-638A
yìkě 議可 11-451A
yìkè 邑客 10-578B
yìkè 易課 5-636A
yìkè 異客 7-1348B
yìkè 逸客 10-1005B
yìkè 溢課 6-39A
yìkè 譯刻 11-446B
yīkèbùfán'èrzhǔ 一客不煩二主 1-59A
yīkèbùfàn'èrzhǔ 一客不犯二主 1-59A
yīkèbùfánliǎngjiā 一客不煩兩家 1-59A
yīkèfúfánliǎngzhǔ 一客弗煩兩主 1-59A
yǐkěfúmǎ 以渴服馬 1-1092B
yīkēmá 一窠麻 1-94A
yǐkēmèng 蟻窠夢 8-986B
yīkēmǐ 一顆米 1-107B
yīkèn 衣裉 9-24A
yíkěn 移墾 8-81A
yíkěn 遺懇 10-1222B
yīkèqiānjīn 一刻千金 1-50B
yīkēshùshàng… 一棵樹上吊死人 1-83B
yīkēzi 一窠子 1-94A
yīkōng 一空 1-52A
yīkǒng 一孔 1-20B
yíkǒng 移孔 8-75A
yǐkǒng 蟻孔 8-984A
yīkōngyībàng 一空依傍 1-52A
yīkǒngzhījiàn 一孔之見 1-20B
yīkǒu 一口 1-7A
yíkòu 夷寇 2-1498B
yíkòu 遺寇 10-1208B
yíkòu 遺鷇 10-1226B
yíkòu 遺𪄻 10-1226A
yǐkòu 蟻寇 8-985B
yìkōu 意彄 7-645A
yìkǒu 異口 7-1342B
yìkǒu 逸口 10-1002B
yìkǒu 溢口 6-37B
yìkǒu 驛口 12-907A
yīkǒubùnéng… 一口不能著兩匙 1-7A
yīkǒuchángzhāi 一口長齋 1-7B
yīkǒuhúchái 一口胡柴 1-7B
yīkǒujià 一口價 1-7B
yīkǒuqì 一口氣 1-7B
yìkǒutóngcí 異口同辭 7-1342B
yīkǒutóngshēng 一口同聲 1-7B
yìkǒutóngshēng 異口同聲 7-1342B
yīkǒutóngyīn 一口同音 1-7B
yìkǒutóngyīn 異口同音 7-1342B
yìkǒutóngyùn 異口同韵 7-1342B
yǐkǒuwènxīn 以口問心 1-1084A
yīkǒuxījìn… 一口吸盡西江水 1-7B
yīkǒuyǎodìng 一口咬定 1-7B
yīkǒuyīshēng 一口一聲 1-7A
yìkǒuyǐshí 易口以食 5-633B
yīkǒuzhōng 一口中 1-7B
yīkǒuzhōng 一口鐘 1-7B
yīkù 衣庫 9-21B
yíkū 遺枯 10-1199A
yīkuài 一快 1-40A
yīkuài 一塊 1-80B
yíkuài 遺塊 10-1209A
yìkuài 憶鱠 7-766A
yīkuàiduī 一塊堆 1-81A
yīkuàiròu 一塊肉 1-80B
yīkuàishítou… 一塊石頭落地 1-80B
yīkuàitǔ 一塊土 1-80B
yǐkuàixiāndǔ 以快先睹 1-1088B
yìkuǎn 議款 11-453B
yīkuāndàisōng 衣寬帶鬆 9-25A
yīkuāng 一匡 1-24B
yīkuāng 壹匡 2-1161B
yíkuàng 夷曠 2-1501A
yíkuàng 遺曠 10-1223A
yǐkuàng 蟻鉚 8-986A
yìkuāng 懿筐 7-797A
yìkuàng 意況 7-639B
yìkuàng 意況 7-640B
yīkuāngjiǔhé 一匡九合 1-24B
yīkuāngtiānxià 一匡天下 1-25A
yīkuí 一揆 1-81B
yīkuí 一夔 1-113B
yīkuí 伊夔 1-1220B
yīkuì 一壝 1-107A
yīkuì 一匱 1-96A
yīkuì 一簣 1-109B
yíkuì 貽愧 10-182A
yǐkuì 蟻潰 8-987A
yìkuí 膉膎 6-1367A
yīkuìshíqǐ 一饋十起 1-113A
yǐkuìshǔhài 蟻潰鼠駭 8-987A
yīkuíyīqì 一夔一契 1-113B
yīkuíyǐzú 一夔已足 1-113B
yīkuízú 一夔足 1-113B
yíkūn 儀坤 1-1702A
yíkǔn 移閫 8-80B
yǐkǔn 蟻悃 8-985B
yìkūn 翼坤 9-679B
yíkūndì 姨昆弟 4-339B
yīkuò 一括 1-54A
yíkuò 夷廓 2-1500A
yǐkuò 倚廓 1-1461B
yīlā 伊拉 1-1218A
yīlà 一臘 1-111B
yílà 移剌 8-77A
yīlái 一來 1-44B
yīlái 伊萊 1-1219A
yīlài 依賴 1-1353B
yílái 遺萊 10-1206B
yǐlái 已來 4-71B
yǐlái 以來 1-1088B
yǐlài 倚賴 1-1461B
yīlái'èrqù 一來二去 1-45A
yīlāliù 一拉溜 1-42A
yīlán 伊蘭 1-1220B
yīlán 猗蘭 5-76B
yīlán 漪瀾 6-98B
yīlǎn 一覽 1-113B
yǐlán 倚闌 1-1462A
yǐlán 倚欄 1-1462B
yǐlǎn 乙覽 1-721B
yìlàn 浥爛 5-1213A
yìlàn 裛爛 9-79B
yīlǎnbāoshōu 一攬包收 1-115B
yīlǎnbiǎo 一覽表 1-113B
yīláncāo 猗蘭操 5-76B
yìláng 議郎 11-452B
yīlǎnwúyú 一覽無餘 1-113B
yìlǎnxīnhuī 意懶心灰 7-646B
yīlǎnzi 一攬子 1-115B
yīlǎo 一老 1-25A
yīlào 一澇 1-103B
yíláo 彝醪 3-1661B
yílǎo 夷獠 2-1500B
yílǎo 遺老 10-1191B
yílǎo 頤老 12-293B
yìláo 佚勞 1-1244B
yìláo 逸勞 10-1007B
yìláo 勩勞 2-822A
yìláo 議勞 11-454A
yìlǎo 佚老 1-1243B
yìlǎo 邑老 10-577B
yìlǎo 逸老 10-1003B
yílǎogūchén 遺老孤臣 10-1191B
yīláojiǔyì 一勞久逸 1-87B
yǐlǎomàilǎo 以老賣老 1-1086B
yǐlǎomàilǎo 倚老賣老 1-1457B
yīlǎoyīshí 一老一實 1-25B
yīláoyǒngyì 一勞永逸 1-87B
yílè 怡樂 7-489A
yílè 遺樂 10-1220B

yìlè 佚樂 1-1245A
yìlè 抑勒 6-393B
yìlè 易樂 5-636A
yìlè 逸勒 10-1006B
yìlè 逸樂 10-1010A
yìlè 意樂 7-645B
yīlèi 一類 1-112A
yīlèi 依類 1-1354B
yílěi 遺壘 10-1223B
yílěi 遺累 10-1206B
yílèi 遺類 10-1225B
yìlěi 悒壘 7-546A
yìlèi 浥淚 5-1213A
yìlèi 異類 7-1354A
yìlèi 逸類 10-1011B
yìlèi 義類 9-182B
yìlèi 億類 1-1699A
yìlèichāoqún 軼類超羣
9-1238A
yǐlèixiāngcóng 以類相從
1-1095A
yīléng 衣稜 9-23B
yīlǐ 一理 1-72A
yīlǐ 醫理 9-1439B
yīlì 一力 1-5A
yīlì 一例 1-47A
yīlì 依麗 1-1354B
yílí 詒罹 11-134A
yílí 詒離 11-134A
yílí 遺黎 10-1219A
yílí 遺罹 10-1221A
yílí 遺黧 10-1226A
yílí 誃離 11-404A
yílǐ 迤里 10-760A
yílǐ 迤逦 10-760B
yílǐ 儀禮 1-1706B
yílǐ 遺里 10-1194A
yílǐ 遺理 10-1206A
yílǐ 遺禮 10-1223A
yílǐ 彝理 3-1660B
yílì 貽戾 10-180B
yílì 貽厲 10-182A
yílì 遺力 10-1187A
yílì 遺利 10-1194B
yílì 遺粒 10-1208B
yílì 遺厲 10-1215B
yílì 遺瀝 10-1225B
yǐlǐ 迤邐 10-761A
yǐlǐ 酏醴 9-1394B
yǐlì 乙力 1-720B
yǐlì 倚儷 1-1462B
yìlǐ 邑里 10-578A
yìlǐ 易理 5-635A
yìlǐ 逸禮 10-1011A
yìlǐ 意理 7-642B
yìlǐ 義理 9-179B
yìlǐ 詣理 11-197A
yìlǐ 誼理 11-325B
yìlǐ 議理 11-453B
yìlǐ 議禮 11-456B
yìlì 仡立 1-1153B
yìlì 仡栗 1-1153B
yìlì 屹峚 3-800A
yìlì 屹立 3-800A
yìlì 屹栗 3-800A
yìlì 佚力 1-1243B
yìlì 役力 3-925B
yìlì 役利 3-926A
yìlì 役隸 3-927B
yìlì 邑吏 10-577B
yìlì 邑厲 10-579B
yìlì 疫痢 8-287B
yìlì 疫癘 8-287B
yìlì 逸力 10-1002B
yìlì 逸利 10-1004B
yìlì 逸麗 10-1011A
yìlì 軼麗 9-1238A
yìlì 意力 7-637B
yìlì 溢利 6-37B
yìlì 義例 9-177A
yìlì 詣力 11-197A
yìlì 毅力 6-1508B
yìlì 驛吏 12-907B
yìlì 驛隸 12-910B
yīlián 一連 1-62A
yīlián 一聯 1-107A
yīlián 衣匳 9-25A
yīlián 漪漣 6-98A
yīliàn 依戀 1-1354B
yíliàn 遺戀 10-1227A
yìlián 邑憐 10-580A
yìliǎn 瘞斂 8-346A
yìliàn 肄練 9-250B
yìliàn 憶戀 7-766A
yīliánchuàn 一連串 1-62A
yīliándié 一連叠 1-62A
yīliáng 伊涼 1-1219A
yīliáng 伊涼 1-1219A
yīliǎng 一兩 1-44A
yīliǎng 一量 1-84A
yīliàng 一兩 1-44A
yīliàng 一量 1-84A
yíliáng 遺糧 10-1224B
yíliáng 彝量 3-1661A
yìliáng 易良 5-634B
yìliáng 意量 7-643B
yìliáng 義糧 9-182B
yìliáng 議量 11-454A
yìliàng 易諒 5-636A
yìliàng 翊亮 9-651A
yìliàng 逸量 10-1007A
yìliàng 意量 7-643B
yìliàng 溢量 6-38B
yìliàng 翼亮 9-679B
yīliánqì 一連氣 1-62A
yīliáo 醫療 9-1440B
yīliǎo 一了 1-4B
yīliào 衣料 9-21B
yíliáo 宜僚 3-1375B
yíliáo 宜遼 3-1376A
yíliáo 遺燎 10-1221B
yìliáo 邑僚 10-579B
yìliào 意料 7-642B
yìliào 臆料 6-1394B
yìliào 驛料 12-909A
yīliǎobǎidàng 一了百當
1-4B
yīliǎobǎiliǎo 一了百了
1-4B
yílíbì 夷離畢 2-1501B
yǐlícèhǎi 以蠡測海
1-1095A
yīliè 一列 1-27A
yíliè 遺烈 10-1203A
yìliè 弋獵 2-1582A
yìliè 義烈 9-178B
yìliè 毅烈 6-1508B
yìliè 誼烈 11-325B
yìliè 翼列 9-679A
yǐlí'ěrshǔ 以貍餌鼠
1-1093B
yǐlǐfúrén 以理服人
1-1091A
yǐlìfúrén 以力服人
1-1083A
yīliguālā 咿哩呱喇 3-244A
yílígùlǎo 遺黎故老
10-1219A
yílíjǐn 夷離堇 2-1501B
yílíjǐn 移里堇 8-76A
yǐlìlèixíng 以利累形
1-1087B
yīlìlì 一歷歷 1-105A
yīlíliǎngbà 一犁兩壩
1-85A
yīlín 一麟 1-115A
yīlín 一鱗 1-115A
yīlǐn 衣稟 9-24A
yīlǐn 衣廩 9-25B
yílín 遺燐 10-1221B
yílìn 遺悋 10-1202A
yìlín 邑鄰 10-579B
yìlín 逸驎 10-1012A
yìlín 逸麟 10-1012A
yìlín 藝林 9-601A
yìlǐn 義廩 9-182A
yìlǐn 億廩 1-1699A
yìlǐn 驛稟 12-910A
yīlínbànjiǎ 一鱗半甲
1-115A
yīlínbànzhǎo 一鱗半爪
1-115A
yīlíng 一靈 1-115A
yīlǐng 一領 1-97B
yílíng 遺靈 10-1227A
yílíng 頤靈 12-295A
yílìng 儀令 1-1700B
yílìng 遺令 10-1190B
yílìng 頤令 12-293B
yìlíng 役齡 3-927B
yìlíng 益齡 7-1424A
yìlíng 逸靄 10-1011A
yìlíng 億齡 1-1699A
yìlíng 藝齡 9-602B
yìlǐng 驛嶺 12-910B
yìlìng 役令 3-926A
yìlìng 邑令 10-577B
yīlíng'er 一零兒 1-90B
yīlíngzhēnxìng 一靈真性
1-115B
yīlínpiànjiǎ 一鱗片甲
1-115A
yīlínpiànzhǎo 一鱗片爪
1-115A
yǐlínwéihè 以鄰爲壑
1-1093B
yīlínyīzhǎo 一鱗一爪
1-115A
yǐlǐqùguān 以理去官
1-1091A
yìlìsuǒ 議曆所 11-456A
yīliū 一溜 1-93B
yīliú 一流 1-69B
yīliú 依劉 1-1353B
yīliú 漪流 6-98A
yīliú 醫流 9-1439B
yīliǔ 一綹 1-100A
yīliù 一溜 1-93B
yíliú 貽留 10-181A
yíliú 疑留 8-514B
yíliú 遺留 10-1204B
yíliǔ 移柳 4-998B
yíliù 頤霤 12-295A
yìliú 扆旒 7-364B
yìliú 抑留 6-393A
yìliú 異流 7-1349B
yìliú 溢流 6-38A
yīliùbiānguāng 一溜鞭光
1-94A
yīliùchuàn'er 一溜串兒
1-94A
yīliùfēng 一溜風 1-94A
yīliúkè 依劉客 1-1353B
yīliùléi 一溜雷 1-94A
yīliúpíngjìn 依流平進
1-1351B
yīliùshuǐ 一溜水 1-94A
yīliùwāixié 一溜歪斜
1-94A
yīliūwālā 咦嚁哇喇 3-320A
yīliùwūlà 一溜兀剌 1-94A
yīliùwūlà 一六兀剌 1-18A
yīliúwūlù 壹留兀淥
2-1162A
yīliùyān 一溜煙 1-94A
yīliùzāo 一溜遭 1-94A
yīliūzi 一溜子 1-94A
yīliwālā 咿哩哇啦 3-330A
yīliwūlā 咿嚦嗚剌 3-330B
yīliwūlú 伊哩烏盧 1-1218B
yǐlǐxiāngdài 以禮相待
1-1094B
yīlíyǔ 一犁雨 1-85A
yǐlízhìshǔ 以貍至鼠
1-1093B
yīlóng 一龍 1-106B
yīlōng 夷隆 2-1499A
yílǒng 迤隴 10-760B
yílǒng 遺壠 10-1224B
yìlóng 逸龍 10-1010B
yílóngjiā 疑龍家 8-518A
yīlóngyīshé 一龍一蛇
1-106B
yīlóngyīzhū 一龍一豬
1-106B
yīlóu 伊婁 1-1219A

yīlóu 伊樓 1-1220A
yílòu 移漏 8-80B
yílòu 儀漏 1-1705A
yílòu 遺漏 10-1217A
yǐlóu 倚樓 1-1461B
yǐlóu 蟻樓 8-986B
yǐlóu 蟻螻 8-987A
yìlóu 驛樓 12-910A
yìlòu 逸漏 10-1009A
yīlù 一路 1-91A
yīlù 衣祿 9-23B
yílǔ 遺虜 10-1212A
yílù 夷陸 2-1498B
yílù 夷路 2-1499B
yílù 夷戮 2-1501A
yílù 宜祿 3-1375A
yílù 迻録 10-801A
yílù 移録 8-81A
yílù 飴露 12-534A
yílù 遺露 10-1226B
yílù 遺路 10-1212B
yílù 遺録 10-1221B
yílù 頤輅 12-294B
yǐlú 倚廬 1-1462B
yìlú 憶鱸 7-766A
yìlù 鷁輅 12-1157B
yìlù 逸祿 10-1007B
yìlù 逸路 10-1008A
yìlù 逸録 10-1010B
yìlù 溢露 6-39A
yìlù 義路 9-180B
yìlù 鷁路 12-1123A
yìlù 鷊路 12-1139A
yìlù 驛路 12-909B
yīluán 一臠 1-115B
yíluán 儀鸞 1-1706B
yíluǎn 遺卵 10-1195A
yíluàn 貽亂 10-182A
yíluàn 疑亂 8-516B
yǐluǎn 蟻卵 8-984B
yìluán 議臠 11-456B
yìluǎn 翼卵 9-679B
yìluàn 佚亂 1-1244B
yíluándiàn 儀鸞殿 1-1707A
yǐluǎndíshí 以卵敵石 1-1088A
yǐluǎnjīshí 以卵擊石 1-1088A
yíluánsī 儀鸞司 1-1706B
yǐluǎntóushí 以卵投石 1-1088A
yīluàntúdì 一亂塗地 1-92B
yìluànxīnmáng 意亂心忙 7-644A
yīlùfēngchén 一路風塵 1-91A
yīlùfúxīng 一路福星 1-91B
yīlùhuò 一路貨 1-91B
yīlùhuòsè 一路貨色 1-91B
yīlùkū 一路哭 1-91B
yīlùlái 一路來 1-91A
yìlùméihuā 驛路梅花 12-909B
yīlún 一輪 1-101A
yīlún 漪淪 6-98A
yílún 夷倫 2-1498B
yílún 彝倫 3-1660B
yílùn 疑論 8-517B
yílùn 遺論 10-1220A
yìlún 抑淪 6-393B
yìlún 異倫 7-1349B
yìlún 逸倫 10-1006B
yìlún 軼倫 9-1237B
yìlùn 議論 11-455B
yìlùnfēncuò 議論紛錯 11-455B
yìlùnfēnfēn 議論紛紛 11-455B
yìlùnfēngfā 議論風發 11-455B
yìlùnfēngshēng 議論風生 11-455B
yìlùnfēnyún 議論紛紜 11-455B
yìlùnwén 議論文 11-455B
yìlùnyīngfā 議論英發 11-455B
yīluò 一落 1-82B
yīluò 伊洛 1-1218A
yīluò 伊雒 1-1220A
yíluò 夷落 2-1499A
yíluò 遺落 10-1209A
yìluó 弋羅 2-1582A
yìluó 驛邏 12-910B
yìluò 佚落 1-1244B
yìluò 邑落 10-579A
yìluò 繹絡 9-1033B
yìluò 驛絡 12-909B
yīluòchuánfāng 伊洛傳芳 1-1218B
yīluòqiānzhàng 一落千丈 1-82B
yíluòshìshì 遺落世事 10-1209B
yīluòsuǒ 一絡索 1-88B
yīluòsuǒ 一落索 1-82B
yīluòzhīxué 伊洛之學 1-1218B
yīlùpíng'ān 一路平安 1-91A
yīlùqīngfēng 一路風清 1-91A
yīlùrén 一路人 1-91A
yīlùshénqí 一路神祇 1-91A
yīlùshílù 衣祿食祿 9-23B
yīlùshùnfēng 一路順風 1-91B
yìlùtóngguī 異路同歸 7-1351B
yǐlùwéimǎ 以鹿爲馬 1-1091B
yìlúyú 憶鱸魚 7-766A
yīlǘ 醫閭 9-1440A
yīlǚ 伊呂 1-1217A
yīlǜ 一律 1-58A
yílǚ 遺侶 10-1197A
yílǚ 遺履 10-1220B
yílǜ 移律 8-77A
yílǜ 疑律 8-514A
yílǜ 疑慮 8-517A
yílǜ 儀律 1-1703A
yílǜ 遺慮 10-1218A
yǐlǘ 踦閭 10-490A
yǐlǘ 倚閭 1-1461A
yǐlǜ 蟻緑 8-986B
yìlǘ 邑閭 10-579B
yìlǘ 驛驢 12-910B
yìlǚ 逸侶 10-1004B
yìlǚ 義侶 9-177B
yìlǚ 義旅 9-179A
yìlǚ 澤旅 6-166B
yìlǜ 役慮 3-927B
yìlǜ 異慮 7-1353A
yìlǜ 意慮 7-645A
yílüè 遺略 10-1200B
yìlüè 抑掠 6-393A
yìlüè 異略 7-1350B
yìlüè 異畧 7-1350B
yìlüè 意略 7-643A
yìlüè 意畧 7-643A
yīlüèshù 一略數 1-74B
yīlǚyān 一縷烟 1-108B
yīmā 一抹 1-41A
yímā 姨媽 4-339B
yímǎ 儀馬 1-1703B
yǐmǎ 倚馬 1-1459B
yīmǎ 衣馬 9-21A
yìmǎ 佚馬 1-1244A
yìmǎ 逸馬 10-1006A
yìmǎ 意馬 7-641B
yìmǎ 驛馬 12-908B
yīmǎbùbèiliǎng'ān 一馬不鞁兩鞍 1-60B
yīmǎbùbèiliǎng'ān 一馬不被兩鞍 1-60B
yīmǎbùkuàshuāng'ān 一馬不跨雙鞍 1-60B
yīmǎdāngxiān 一馬當先 1-60B
yīmài 一脈 1-68A
yímài 遺脉 10-1204B
yìmái 瘞埋 8-346A
yìmái 瘞薶 8-346A
yìmái 曀霾 5-836B
yìmái 翳霾 9-678A
yìmǎi 抑買 6-394A
yìmài 逸邁 10-1009A
yìmài 軼邁 9-1238A
yìmài 意脈 7-642B
yìmài 義脈 9-179A
yìmài 義賣 9-181A
yīmàitóngqì 一脈同氣 1-68A
yīmàixiāngchéng 一脈相承 1-68A
yīmàixiāngchuán 一脈相傳 1-68A
yīmàixiāngtōng 一脈相通 1-68A
yīmàixiāngyān 一脈香煙 1-68B
yīmǎkān 依瑪堪 1-1353A
yǐmǎkědài 倚馬可待 1-1459B
yīmǎn 一滿 1-99A
yímán 夷蠻 2-1501B
yímàn 夷漫 2-1500B
yìmǎn 役滿 3-927B
yìmǎn 意滿 7-645A
yìmǎn 溢滿 6-38B
yìmàn 易慢 5-636A
yīmǎnánjiāng… 一馬難將兩鞍鞴 1-61A
yímáng 遺芒 10-1191B
yīmáo 一毛 1-15B
yīmào 一貌 1-97A
yīmào 衣貌 9-24B
yímáo 夷矛 2-1496A
yímào 移貿 8-80A
yímào 儀貌 1-1704B
yímào 遺貌 10-1216A
yìmào 佚貌 1-1245A
yìmào 意貌 7-644B
yìmào 翳茂 9-677A
yìmào 懿茂 7-796B
yīmáobùbá 一毛不拔 1-15B
yǐmàoqǔrén 以貌取人 1-1093B
yímàoqǔshén 遺貌取神 10-1216A
yīmáosānjǐ 一茅三脊 1-42B
yǐmáoxiàngmǎ 以毛相馬 1-1085A
yìmáoxuè 瘞毛血 8-345B
yīmǎpíngchuān 一馬平川 1-60B
yīmǎqīngféi 衣馬輕肥 9-21A
yīmǎxīn 一碼新 1-101A
yìmǎxīng 驛馬星 12-908B
yìmǎxīnyuán 意馬心猿 7-641B
yīmǎyī'ān 一馬一鞍 1-60B
yīméi 一眉 1-59B
yīmèi 一妹 1-53B
yīmèi 衣袂 9-21A
yíměi 遺美 10-1202A
yímèi 夷昧 2-1497B
yímèi 姨妹 4-339B
yímèi 疑昧 8-514A
yìméi 驛梅 12-909A
yìměi 溢美 6-38A
yìměi 懿美 7-796B
yìměi 懿媺 7-797A
yìmèi 黓昧 12-1341B
yìmèi 翳昧 9-677A
yīmèilǐ 一昧裏 1-56A
yīmén 一門 1-52B
yīmén 醫門 9-1439A
yímén 夷門 2-1497B
yímén 儀門 1-1702B
yímén 誃門 11-404A
yímèn 疑悶 8-516A
yǐmén 倚門 1-1458B
yìmén 役門 3-927A
yìmén 邑門 10-578B

yìmén 義門 9-177B
yìmén 詣門 11-197A
yìmén 驛門 12-908B
yìmèn 悒悶 7-546A
yīménbànghù 依門傍户 1-1350B
yǐménbànghù 倚門傍户 1-1458B
yǐménfù 倚門婦 1-1458B
yíméng 遺氓 10-1198A
yíméng 遺甿 10-1196A
yíméng 遺萌 10-1206B
yíméng 遺盟 10-1212B
yǐméng 蟻氓 8-985A
yǐmèng 蟻夢 8-986A
yìměng 毅猛 6-1509A
yìmèng 役夢 3-927B
yīmènghuáxū 一夢華胥 1-89B
yíméngzǐ 宜濛子 3-1376A
yīménkǒuzi 一門口子 1-53A
yǐménkuīhù 倚門窺户 1-1458B
yǐménmàiqiào 倚門賣俏 1-1458B
yīménmàixiào 依門賣笑 1-1350B
yǐménmàixiào 倚門賣笑 1-1458B
yīménqiānzhǐ 一門千指 1-53A
yīméntóngqì 一門同氣 1-53A
yǐménxiànxiào 倚門獻笑 1-1458B
yīménxīnsi 一門心思 1-53A
yǐménzhě 倚門者 1-1458B
yīménzi 一門子 1-53A
yīmí 一迷 1-58B
yīmí 一謎 1-106B
yīmí 猗靡 5-76A
yīmí 鷖彌 12-1157B
yīmì 一密 1-78A
yīmì 一覓 1-76A
yímí 夷靡 2-1501B
yímí 迤𡾰 10-761A
yímí 迤靡 10-760B
yímí 疑迷 8-514A
yímí 疑謎 8-517B
yímì 飴蜜 12-533B
yǐmí 陁靡 11-947B
yǐmí 乙醚 1-721A
yǐmí 倚靡 1-1462B
yǐmí 阤靡 11-911B
yǐmǐ 苡米 9-316A
yǐmǐ 旑旎 3-857A
yìmǐ 施靡 6-1582B
yìmǐ 義米 9-176A
yìmǐ 薏米 9-571B
yīmiǎn 衣冕 9-22B
yīmiàn 一面 1-55B
yímiǎn 遺免 10-1194B
yímiǎn 遺緬 10-1220B
yǐmiǎn 以免 1-1088A
yǐmiǎn 倚免 1-1458A
yìmiǎn 意眄 7-640B
yìmiàn 翳面 9-677A
yīmiànlǐ 一面理 1-56A
yīmiànrújiù 一面如舊 1-56A
yīmiànzhīcí 一面之詞 1-55B
yīmiànzhīcí 一面之辭 1-56A
yīmiànzhījiāo 一面之交 1-55B
yīmiànzhīkuǎn 一面之款 1-55B
yīmiànzhīshí 一面之識 1-56A
yīmiànzhīyǎ 一面之雅 1-55B
yīmiànzhīyuán 一面之緣 1-56A
yímiáo 遺苗 10-1195B
yímiào 儀廟 1-1705B
yímiào 遺廟 10-1220A
yímiào 遺繆 10-1223A
yìmiáo 疫苗 8-287A
yìmiào 邑廟 10-580A
yímiè 夷滅 2-1500A
yìmiè 翳滅 9-677A
yīmièxíng 一滅行 1-93B
yímín 夷民 2-1496A
yímín 宜民 3-1373B
yímín 移民 8-75A
yímín 遺民 10-1191A
yímǐn 夷泯 2-1497B
yímǐn 遺泯 10-1198B
yǐmín 蟻民 8-984B
yìmín 佚民 1-1243B
yìmín 役民 3-926A
yìmín 邑民 10-577B
yìmín 異民 7-1344B
yìmín 逸民 10-1003B
yìmín 軼民 9-1237A
yìmín 義民 9-175B
yìmín 裔民 9-80A
yìmín 議民 11-451A
yímínbìngcūn 移民并村 8-75A
yīmìng 一命 1-48A
yīmìng 壹命 2-1162A
yímíng 迻名 10-800B
yímíng 遺名 10-1192B
yímìng 遺命 10-1197A
yímìng 彝命 3-1660A
yǐmìng 蟻命 8-985A
yìmíng 易名 5-634A
yìmíng 異名 7-1345A
yìmíng 逸名 10-1003B
yìmíng 瘞銘 8-346A
yìmíng 翳暝 9-677B
yìmíng 藝名 9-601A
yìmíng 譯名 11-446A
yìmíng 議名 11-451B
yìmìng 艾命 9-271B
yìmìng 義命 9-177B
yìmìng 議命 11-452A
yīmíngbùshì 一瞑不視 1-101B
yīmìngguīxī 一命歸西 1-48B
yīmìngguīyīn 一命歸陰 1-48B
yīmíngjīngrén 一鳴驚人 1-96B
yímíngqùlì 遺名去利 10-1192B
yīmìngwūhū 一命嗚呼 1-48B
yīmìngzhīróng 一命之榮 1-48B
yīmíntóngsú 一民同俗 1-24B
yīmǐnzi 一抿子 1-42A
yímiù 疑繆 8-518A
yímiù 疑謬 8-518A
yímiù 遺謬 10-1224B
yìmiù 貤繆 10-89B
yìmiù 貤謬 10-89B
yīmó 依摹 1-1353A
yīmǒ 一抹 1-41A
yīmò 一抹 1-41A
yīmò 一陌 1-53B
yīmò 一驀 1-112A
yímó 疑磨 8-518A
yímó 遺模 10-1215B
yímò 夷貉 2-1500A
yímò 夷貊 2-1500A
yímò 遺没 10-1195A
yímò 遺墨 10-1218B
yìmò 抑没 6-392B
yìmò 抑末 6-392A
yìmò 逸陌 10-1005A
yìmò 義墨 9-181A
yìmò 裔末 9-80A
yìmò 熠没 7-231B
yìmò 殪没 5-177B
yìmò 翳没 9-677A
yīmǒdàodǐ 一抹到底 1-41B
yīmǒguāng 一抹光 1-41B
yīmōhēi 一摸黑 1-89B
yīmǒhēi 一抹黑 1-41B
yīmòtóu 一抹頭 1-41B
yímóu 夷牟 2-1496B
yímóu 詒謀 11-134A
yímóu 貽謀 10-182B
yímóu 疑謀 8-517B
yímóu 遺謀 10-1221B
yìmóu 異謀 7-1353B
yìmóu 意謀 7-645B
yìmóu 義謀 9-182A
yìmóu 議謀 11-456A
yǐmòxiāngrú 以沫相濡 1-1089A
yīmù 一目 1-22A
yīmù 一幕 1-89B
yīmù 一睦 1-90B
yīmù 一暮 1-95B
yímǔ 姨母 4-339B
yímù 夷牧 2-1497A
yímù 怡目 7-488A
yímù 怡穆 7-489A
yímù 移目 8-75A
yímù 疑幕 8-516A
yímù 儀幕 1-1704A
yímù 遺墓 10-1212A
yǐmù 蟻慕 8-986B
yìmǔ 益母 7-1423A
yìmǔ 異母 7-1344B
yìmǔ 異畝 7-1349B
yìmǔ 義母 9-176A
yìmù 邑墓 10-579B
yìmù 易墓 5-635B
yìmù 帟幕 3-707B
yìmù 挹慕 6-618A
yìmù 異木 7-1343A
yìmù 異目 7-1344A
yìmù 逸目 10-1003A
yìmù 溢目 6-37B
yìmù 議幕 11-454B
yìmù 議幙 11-454B
yīmú'èryàng 一模二樣 1-96A
yīmǔgōng 一畝宮 1-68B
yímǔguǒ 宜母果 3-1374A
yīmùliǎorán 一目了然 1-22A
yīmùliǎorán 一目瞭然 1-22A
yīmùnánzhī 一木難支 1-10B
yīmùsānwòfà 一沐三握髮 1-40A
yīmùsānzhuōfà 一沐三捉髮 1-40A
yīmùshíháng 一目十行 1-22A
yīmùshùháng 一目數行 1-22A
yīmùwǔháng 一目五行 1-22A
yīmúyīyàng 一模一樣 1-95B
yīmùzhīshì 一目之士 1-22A
yīmùzhīzhī 一木之枝 1-10B
yīná 一拏 1-60A
yīnà 一衲 1-59B
yīnà 一納 1-71B
yǐná 踦拏 10-490A
yìnà 悒納 7-546A
yīn'āi 陰埃 11-1026A
yīn'ǎi 陰靄 11-1039A
yīn'ài 姻愛 4-342A
yīn'ài 堙曖 2-1147A
yín'ài 銀艾 11-1275B
yǐn'ǎi 隱藹 11-1132A
yīn'ài 暗醷 3-435B
yǐn'ài 隱愛 11-1128B
yǐn'ài 隱曖 11-1131B
yìnǎicǎo 益嬭草 7-1424A
yīn'àn 陰闇 11-1037B
yīn'àn 陰岸 11-1023A
yīn'àn 陰暗 11-1033A
yīn'àn 陰黯 11-1038B
yín'ān 銀鞍 11-1283B
yínán 宜男 3-1374A
yínán 疑難 8-518A

yínán 遺男 10-1194A
yínàn 夷難 2-1501B
yínàn 疑難 8-518A
yín'àn 嚚闇 3-541A
yǐn'àn 引岸 4-93A
yìnán 義男 9-176B
yìn'àn 陰闇 11-1037B
yīnánbànnǚ 一男半女 1-37A
yínáncǎo 宜男草 3-1374A
yìnán'ér 義男兒 9-176B
yīnáng 衣囊 9-26B
yínáng 儀囊 1-1706B
yínánhuā 宜男花 3-1374A
yínánhuàxiàngshímù
沂南畫像石墓 5-975A
yīn'ànmiàn 陰暗面
11-1033A
yín'ànyúyú 誾誾于于
12-118B
yínánzázhèng 疑難雜症
8-518B
yīn'ào 陰奧 11-1032A
yǐnǎo 乙腦 1-721A
yǐn'ào 隱奧 11-1127B
yīnǎoménziguānsī
一腦門子官司 1-93A
yīnàtóu 一納頭 1-71B
yīnáyīgèzháo 一拿一個着
1-68A
yǐnbá 引拔 4-93A
yìnbà 印把 2-514A
yínbái 銀白 11-1275B
yínbài 吟唄 3-220A
yǐnbǎi 飲柏 12-507A
yínbáiyáng 銀白楊 11-1275B
yínbàn 寅半 3-1504A
yǐnbān 尹班 4-4B
yǐnbàn 飲伴 12-506A
yìnbǎn 印板 2-514B
yínbǎng 銀榜 11-1283A
yínbǎng 銀牓 11-1283A
yǐnbāng 引幫 4-100A
yīnbǎo 殷飽 6-1485B
yīnbào 因報 3-606A
yīnbào 陰報 11-1031A
yínbāo 銀包 11-1276A
yínbào 淫暴 5-1397B
yǐnbǎo 引保 4-94A
yǐnbào 隱豹 11-1125A
yìnbàzi 印把子 2-514A
yìnbàzi 印靶子 2-518A
yínbēi 銀杯 11-1277B
yínbēi 銀盃 11-1278B
yínbēi 銀桮 11-1280A
yínbèi 淫悖 5-1394B
yǐnbēi 引杯 4-93A
yǐnbēi 飲杯 12-506B
yǐnbèi 飲被 12-508B
yǐnbèi 隱背 11-1123B
yínbēn 淫奔 5-1392A
yìnběn 印本 2-513B
yínběnwèi 銀本位 11-1275B
yīnbì 陰敝 11-1029A
yīnbì 陰愎 11-1032B
yīnbì 陰閟 11-1033B
yīnbì 陰蔽 11-1034A
yīnbì 蔭蔽 9-530A
yínbǐ 吟筆 3-220B
yínbǐ 銀筆 11-1281A
yínbì 淫詖 5-1395B
yínbì 淫嬖 5-1398B
yínbì 銀幣 11-1283B
yínbì 銀篦 11-1284B
yǐnbǐ 引比 4-90A
yǐnbǐ 引筆 4-96B
yǐnbì 引避 4-99B
yǐnbì 引臂 4-100A
yǐnbì 隱庇 11-1122A
yǐnbì 隱閉 11-1127A
yǐnbì 隱辟 11-1120B
yǐnbì 隱弊 11-1129B
yǐnbì 隱蔽 11-1129A
yǐnbì 隱避 11-1131A
yǐnbì 隱芘 11-1121B
yìnbí 印鼻 2-518A
yìnbì 陰庇 11-1022A
yìnbì 蔭庇 9-529B
yìnbì 蔭蔽 9-530A
yìnbì 廕庇 3-1261B
yīnbiàn 因便 3-605B
yínbiān 吟鞭 3-222B
yínbiān 銀編 11-1284B
yínbiān 銀邊 11-1285B
yīnbiāo 音標 12-656A
yīnbiāo 陰颷 11-1037A
yīnbiāo 陰飆 11-1038B
yīnbiāo 陰摽 11-1034A
yīnbiǎo 姻表 4-341A
yǐnbiē 飲鼈 12-511B
yīnbīn 陰濱 11-1037B
yínbīn 寅賓 3-1505A
yīnbīng 陰兵 11-1022A
yínbǐng 銀餅 11-1283B
yǐnbīng 引兵 4-92B
yǐnbīng 飲冰 12-506A
yǐnbǐng 隱屏 11-1124A
yǐnbìng 隱病 11-1125B
yǐnbīngnèirè 飲冰內熱
12-506A
yǐnbīngrúbò 飲冰茹蘗
12-506A
yǐnbīngshíbò 飲冰食蘗
12-506A
yǐnbīngtūnbò 飲冰吞蘗
12-506A
yínbīnguǎn 寅賓館 3-1505A
yīnbō 音波 12-654A
yīnbó 姻伯 4-341A
yínbō 銀波 11-1278A
yínbó 銀箔 11-1283A
yínbó 銀薄 11-1284B
yǐnbó 飲博 12-509B
yīnbǔ 陰捕 11-1026A
yīnbù 音步 12-654A
yīnbù 陰部 11-1027A
yǐnbǔ 隱卜 11-1119B
yǐnbù 引布 4-91A
yìnbǔ 蔭補 9-530A
yìnbǔ 廕補 3-1261B
yìnbù 印布 2-514A
yǐncái 隱才 11-1120A
yìncái 印材 2-514B
yīncáishījiào 因材施教
3-604B
yīncǎn 陰慘 11-1034B
yíncán 銀蠶 11-1286A
yǐncáng 隱藏 11-1131B
yìncáng 窨藏 8-456B
yīncáo 陰曹 11-1028A
yīncǎo 殷草 6-1483B
yíncǎo 吟草 3-219B
yǐncāo 隱操 11-1130A
yìncáo 印曹 2-516B
yīncè 陰册 11-1020B
yǐncè 隱惻 11-1127B
yìncè 印策 2-517B
yīncén 陰岑 11-1021B
yíncén 崟岑 3-837A
yīnchā 音叉 12-653A
yínchá 淫察 5-1397B
yínchá 銀槎 11-1282A
yǐnchá 引茶 4-94A
yīnchái 禋柴 7-948A
yǐnchái 引柴 4-94B
yīnchán 喑蟬 3-435B
yīnchán 瘖蟬 8-343B
yínchán 銀蟬 11-1285B
yínchán 銀蟾 11-1285B
yínchán 銀纏 11-1286A
yínchán 銀纒 11-1286A
yǐnchǎn 引産 4-96A
yīnchāng 殷昌 6-1483A
yínchǎng 銀場 11-1281A
yínchàng 吟唱 3-220A
yǐnchǎng 螾場 8-959A
yǐnchàng 引唱 4-95B
yǐnchǎng 飲場 12-509A
yínchāo 銀鈔 11-1281B
yíncháo 吟嘲 3-221B
yīnchāyángcuò 陰差陽錯
11-1025B
yínchē 寅車 3-1504A
yǐnchēmàijiāng 引車賣漿
4-92A
yīnchén 因塵 3-606B
yīnchén 姻臣 4-340B
yīnchén 茵陳 9-378B
yīnchén 茵蔯 9-379A
yīnchén 音塵 12-656A
yīnchén 陰臣 11-1020B
yīnchén 陰沉 11-1022A
yīnchén 陰辰 11-1021B
yīnchén 陰沈 11-1022B
yīnchén 堙沈 2-1146B
yīnchéng 因承 3-605A
yīnchéng 音程 12-655B
yīnchéng 陰城 11-1024A
yínchēng 銀鎗 11-1285B
yínchéng 寅誠 3-1504B
yīnchénhāo 茵陳蒿 9-378B
yīnchénmù 陰沉木 11-1022B
yīnchí 闉池 12-129A
yīnchì 殷熾 6-1486B
yīnchì 陰敕 11-1028A
yínchí 淫漦 5-1397B
yínchǐ 淫侈 5-1392A
yínchǐ 銀齒 11-1284A
yǐnchī 飲吃 12-505B
yǐnchí 引持 4-93B
yǐnchǐ 引恥 4-94B
yìnchí 印池 2-514A
yìnchǐ 印齒 2-518B
yínchīmǎoliáng 寅吃卯糧
3-1504A
yínchǐtánshé 齗齒彈舌
12-1450B
yīnchíxiāng 茵墀香 9-379A
yīnchōng 殷充 6-1483A
yīnchóng 陰崇 11-1028B
yīnchóng 陰蟲 11-1037B
yínchóng 吟蟲 3-222B
yínchóng 銀蟲 11-1285B
yínchóng 蟫蟲 8-962A
yīnchǔ 陰處 11-1028A
yǐnchū 引出 4-91B
yǐnchǔ 飲儲 12-511A
yǐnchǔ 隱處 11-1126A
yǐnchù 隱處 11-1126A
yínchuán 銀船 11-1280A
yīnchuāng 陰窗 11-1032B
yīnchuáng 絪牀 9-823B
yínchuāng 吟窗 3-221A
yínchuáng 銀牀 11-1278A
yínchuáng 銀幢 11-1284A
yǐnchuáng 隱牀 11-1123A
yìnchuáng 印牀 2-515B
yīnchuī 陰吹 11-1021B
yǐnchún 飲醇 12-510A
yǐnchuò 飲啜 12-509A
yǐnchuò 飲歠 12-511B
yǐnchúshī 引雛詩 4-100B
yīncí 音詞 12-655B
yīncí 音辭 12-656B
yīncí 禋祠 7-948A
yīncǐ 因此 3-604B
yíncí 淫祠 5-1394A
yíncí 淫詞 5-1396A
yíncí 淫辭 5-1399B
yǐncī 隱疵 11-1126B
yǐncí 隱詞 11-1127B
yǐncí 隱辭 11-1132A
yìncí 胤辭 1-666B
yìncì 陰賜 11-1035A
yìncì 印次 2-514A
yíncíhuìyǔ 淫詞穢語
5-1396A
yīncǐshàng 因此上 3-604B
yíncíxièyǔ 淫詞褻語
5-1396A
yǐncóng 引從 4-95B
yīncòu 殷湊 6-1485A
yǐncuàn 隱竄 11-1132A
yǐncuì 隱瘁 11-1128B
yìncún 印存 2-514A
yīncuò 陰錯 11-1036A
yíncuò 淫錯 5-1398B

yíncuò 銀錯 11-1285A
yīncuòyángchā 陰錯陽差 11-1036A
yīndà 殷大 6-1482B
yīndài 音帶 12-655A
yíndài 淫怠 5-1394A
yíndài 淫殆 5-1393A
yíndài 銀帶 11-1280A
yǐndǎi 引逮 4-96A
yǐndài 引帶 4-95B
yǐndài 引袋 4-95B
yīndān 陰丹 11-1019B
yīndàn 陰澹 11-1037A
yíndān 淫耽 5-1394A
yǐndǎn 飲膽 12-511A
yǐndàn 飲啖 12-509A
yǐndàn 飲啗 12-509A
yǐndàn 飲噉 12-510A
yǐndàn 飲彈 12-510B
yǐndǎnchángxuè 飲膽嘗血 12-511A
yīndǎng 姻黨 4-342B
yīndǎng 姻鄗 4-341B
yíndāng 銀璫 11-1285A
yíndàng 淫蕩 5-1397B
yǐndǎng 引黨 4-101A
yīndānshìlín 陰丹士林 11-1019B
yīndào 殷道 6-1485A
yīndào 陰倒 11-1026B
yīndào 陰到 11-1023A
yīndào 陰道 11-1032A
yíndāo 銀刀 11-1275A
yíndào 淫盜 5-1396A
yíndào 淫道 5-1396A
yǐndǎo 引導 4-99A
yǐndào 引道 4-97A
yǐndào 隱悼 11-1127A
yǐndào 隱道 11-1127B
yǐndāogēbí 引刀割鼻 4-89B
yíndāojūn 銀刀軍 11-1275A
yíndàtóu 銀大頭 11-1275A
yīndé 陰德 11-1035A
yíndé 淫德 5-1398A
yǐndé 引得 4-95B
yǐndé 飲德 12-510A
yǐndé 隱德 11-1130A
yìndé 蔭德 9-530A
yīndèng 陰鄧 11-1035A
yíndēng 吟燈 3-222A
yīndì 因地 3-604A
yīndì 姻弟 4-341A
yīndì 陰地 11-1020B
yīndì 陰帝 11-1025B
yíndì 銀地 11-1276A
yǐndǐ 隱抵 11-1122B
yǐndì 引地 4-91B
yǐndì 隱地 11-1120B
yìndì 廕第 3-1261B
yīndiàn 殷奠 6-1485A
yīndiàn 陰電 11-1033A
yīndiàn 堙澱 2-1147A
yíndiàn 銀殿 11-1282B
yīndiào 音調 12-656A
yīndiào 陰調 11-1035B
yíndiāo 銀貂 11-1281B
yǐndiào 引釣 4-96A
yìndiào 廕調 3-1262A
yíndié 銀牒 11-1282A
yíndiézi 銀揲子 11-1281A
yīndǐng 茵鼎 9-378B
yīndǐng 陰鼎 11-1031B
yíndìng 銀錠 11-1285A
yíndìng 銀鋌 11-1283A
yìndìng 印釘 2-516A
yìndìng 印定 2-515A
yīndíqǔzī 因敵取資 3-607A
yīndíwéizī 因敵爲資 3-607A
yīndìzhìyí 因地制宜 3-604A
yīndōng 殷冬 6-1482B
yīndòng 陰凍 11-1026B
yǐndòng 引動 4-95B
yīndǒu 陰蚪 11-1026B
yíndǒu 銀蚪 11-1279A
yǐndòu 引逗 4-94B
yǐndòu 引鬭 4-101B
yīndū 闉闍 12-129A
yīndú 音讀 12-657A
yīndú 陰毒 11-1024A
yīndù 絪度 9-823B
yíndú 淫毒 5-1393A
yíndú 淫瀆 5-1399B
yíndú 淫黷 5-1400A
yíndù 淫蠹 5-1400A
yíndù 蟫蠹 8-962A
yǐndù 引度 4-94A
yǐndù 引渡 4-97A
yīnduǎn 陰短 11-1032A
yínduàn 吟斷 3-222B
yǐnduǎntuīcháng 引短推長 4-96B
yìndùcǎo 印度草 2-516A
yìndùchóu 印度綢 2-516A
yīnduì 姻對 4-342A
yǐnduì 引對 4-98A
yìnduì 印對 2-518A
yìndùjiào 印度教 2-516A
yìndùmá 印度麻 2-516A
yǐndùn 引遁 4-96B
yǐndùn 隱遁 11-1127B
yǐndùn 隱遯 11-1129A
yínduò 淫惰 5-1396A
yǐnduǒ 吲哚 3-249B
yǐndúshàngliú 飲犢上流 12-511B
yìndùyáng 印度洋 2-516A
yīn'ē 陰阿 11-1022B
yīn'è 陰惡 11-1031A
yīn'è 陻厄 11-1057A
yīn'è 陻阨 11-1057A
yīn'è 堙厄 2-1146B
yīn'è 堙阨 2-1146B
yīn'è 堙閼 2-1147A
yīn'è 闉厄 12-129A
yīn'è 闉扼 12-129A
yín'é 峪峨 3-803B
yín'é 吟哦 3-220A
yín'è 圻鄂 2-1039B
yín'è 圻堮 2-1039B
yín'è 沂鄂 5-975A
yín'è 垠鄂 2-1103A
yín'è 垠堮 2-1103A
yín'è 垠崿 2-1103A
yín'è 垠鍔 2-1103A
yín'è 淫惡 5-1395B
yín'è 鄞鄂 10-675A
yín'è 齗齶 12-1451A
yín'è 齦齶 12-1455A
yǐn'ē 隱阿 11-1122B
yǐn'é 引額 4-100B
yǐn'è 隱惡 11-1127A
yǐn'è 隱阨 11-1121A
yǐn'è 隱餓 11-1130A
yǐnèi 以內 1-1085A
yìnèi 易內 5-633A
yìnèi 意內 7-638A
yīnéng 一能 1-71B
yìnéng 異能 7-1350A
yìnéng 藝能 9-601B
yìnéng 議能 11-453B
yīn'ér 因而 3-604B
yín'ěr 銀耳 11-1276A
yǐn'ěr 引耳 4-91B
yǐn'érbùfā 引而不發 4-91B
yǐn'èyángshàn 隱惡揚善 11-1127A
yīnfá 殷罰 6-1486A
yīnfá 陰罰 11-1034B
yínfà 吟髮 3-221B
yínfà 銀髮 11-1283B
yǐnfā 引發 4-97A
yǐnfā 隱發 11-1128A
yìnfā 印發 2-517B
yīnfán 殷煩 6-1485B
yīnfán 殷繁 6-1487A
yínfān 銀幡 11-1284A
yínfān 銀旛 11-1285B
yǐnfàn 飲飯 12-509B
yǐnfàn 飲飰 12-509B
yǐnfàndàshī 引飯大師 4-97A
yīnfāng 陰方 11-1019B
yīnfáng 陰房 11-1024A
yínfāng 淫坊 5-1391B
yínfàng 淫放 5-1392B
yīnfēi 陰霏 11-1036A
yīnfèi 瘖痱 8-343B
yīnfèi 陻廢 11-1057A
yīnfèi 堙廢 2-1147A
yínfēi 淫非 5-1392A
yínfēi 銀緋 11-1283B
yínfěi 淫匪 5-1394A
yínfèi 狺吠 5-57A
yínfèi 淫費 5-1396A
yínfěn 銀粉 11-1279B
yǐnfēn 引分 4-90B
yǐnfèn 隱忿 11-1123A
yīnfēng 陰風 11-1025B
yínfēng 吟風 3-219B
yínfēng 淫風 5-1393B
yínfěng 吟諷 3-222A
yǐnfěng 隱諷 11-1130B
yìnfēng 蔭封 9-529B
yìnfēng 印封 2-515B
yīnfēngchuīhuǒ 因風吹火 3-605B
yǐnfēngchuīhuǒ 引風吹火 4-94A
yínfēngnòngyuè 吟風弄月 3-220A
yínfēngyǒngyuè 吟風詠月 3-220A
yīnfū 陰敷 11-1035A
yīnfú 茵伏 9-378B
yīnfú 音符 12-655A
yīnfú 陰伏 11-1021A
yīnfú 陰服 11-1023A
yīnfú 陰符 11-1028B
yīnfú 喑伏 3-435A
yīnfǔ 陰府 11-1023B
yīnfù 因附 3-604B
yīnfù 殷阜 6-1483A
yīnfù 殷負 6-1483B
yīnfù 殷富 6-1485A
yīnfù 陰負 11-1025A
yīnfù 喑付 3-434B
yīnfù 噾腹 3-536A
yínfū 淫夫 5-1390A
yínfú 淫服 5-1392B
yínfú 淫浮 5-1394A
yínfú 銀符 11-1280A
yínfù 淫婦 5-1395B
yǐnfū 隱夫 11-1120A
yǐnfú 引伏 4-92A
yǐnfú 引服 4-93A
yǐnfú 引紼 4-96A
yǐnfú 飲服 12-506B
yǐnfú 飲福 12-510A
yǐnfú 隱伏 11-1121A
yǐnfú 隱符 11-1126A
yǐnfù 引附 4-93A
yìnfú 窨服 8-456A
yìnfú 印符 2-517A
yìnfú 印紱 2-517B
yìnfú 印韍 2-518A
yìnfù 窨付 8-456A
yìnfù 窨附 8-456A
yìnfù 窨腹 8-456B
yìnfù 蔭附 9-529B
yìnfù 蔭覆 9-530B
yìnfù 廕覆 3-1262A
yǐnfúlǐ 飲福禮 12-510A
yǐnfúyàn 飲福宴 12-510A
yíng'ài 迎礙 10-751B
yìng'āi 膺挨 11-450A
yìng'ài 映曖 5-669B
yīngān 陰干 11-1018B
yīngān 陰乾 11-1027B
yíng'àn 螢案 8-948B
yìngān 廕乾 3-1261B
yīngāng 陰岡 11-1023A
yīng'àng 罌盎 8-1079B
yíngāng 銀缸 11-1278B

yíngāng 銀釭 11-1280B
yǐngǎng 引港 4-97A
yìng'áng 應昂 7-752B
yīngāo 音高 12-655A
yíngāo 銀膏 11-1283B
yíngǎo 吟稾 3-221B
yīngbá 英拔 9-340B
yíngbǎ 盈把 7-1417B
yǐngbá 穎拔 12-321B
yíngbái 瑩白 4-627B
yíngbài 迎拜 10-746B
yíngbàn 營辦 7-275B
yíngbàn 縈絆 9-975B
yìngbān 硬搬 7-1049A
yīngbàng 英鎊 9-348A
yìngbāng 硬梆 7-1048B
yìngbāng 硬幫 7-1050A
yìngbàng 硬棒 7-1049A
yìngbāngbāng 硬邦邦 7-1047B
yìngbāngbāng 硬梆梆 7-1048B
yìngbāngbāng 硬幫幫 7-1050B
yìngbàngbàng 硬棒棒 7-1049A
yíngbǎo 盈飽 7-1419A
yíngbǎo 營保 7-269B
yíngbǎo 營堡 7-272B
yíngbǎo 贏飽 6-1408A
yíngbào 盈抱 7-1418A
yíngbào 縈抱 9-974B
yíngbào 蠅豹 8-977B
yǐngbào 影抱 3-1133B
yìngbào 應報 7-756A
yíngbèi 營備 7-272B
yíngbèi 贏憊 6-1408A
yǐngbēi 瘿杯 8-369A
yīngbèigǒu 鷹背狗 12-1166B
yīngbèisè 鶯背色 12-1140B
yǐngběn 影本 3-1133A
yìngbēng 硬綳 7-1050A
yìngbēngbēng 硬綳綳 7-1050A
yìngbèngbèng 硬蹦蹦 7-1050A
yīngbì 英辟 9-346A
yíngbì 迎蹕 10-751B
yíngbì 營庇 7-268B
yíngbì 營壁 7-276A
yǐngbì 影庇 3-1133B
yǐngbì 影蔽 3-1135B
yǐngbì 影壁 3-1136A
yǐngbì 影避 3-1136A
yìngbǐ 應筆 7-756B
yìngbǐ 硬筆 7-1049A
yìngbì 應辟 7-757B
yìngbì 映蔽 5-669B
yìngbì 硬閟 7-1049B
yìngbì 硬幣 7-1049B
yìngbì 媵婢 6-1354B
yìngbì 媵嬖 6-1355A
yīngbiàn 英辯 9-348A
yīngbiàn 纓弁 9-1055A
yíngbiǎn 營窆 7-270A
yíngbiàn 營弁 7-267A
yìngbiàn 應變 7-760A
yīngbiāo 英標 9-347A
yīngbiāo 英飆 9-348A
yíngbiǎo 營表 7-268B
yíngbiǎo 瀛表 6-209B
yǐngbiǎo 景表 5-770B
yǐngbiǎo 影表 3-1133B
yíngbīn 迎賓 10-750A
yǐngbīn 穎濱 12-292A
yīngbǐng 英稟 9-346A
yīngbìng 嬰病 4-419B
yíngbīng 營兵 7-268A
yíngbǐng 盈秉 7-1418A
yìngbīng 應兵 7-752A
yìngbìng 應病 7-755A
yǐngbīnwēng 穎濱翁 12-292A
yǐngbīnyílǎo 穎濱遺老 12-292A
yīngbíyàoyǎn 鷹鼻鷂眼 12-1168A
yīngbó 英博 9-344A
yīngbó 嬰薄 4-420A
yíngbō 瀠波 6-210B
yíngbó 贏博 6-1381A
yíngbó 縈薄 9-976A
yíngbó 瀛渤 6-209B
yíngbó 瀛澥 6-210A
yíngbó 贏博 6-1408A
yīngbósè 鷹脖色 12-1167A
yíngbù 營部 7-271A
yìngbǔ 應捕 7-754A
yìngbù 應步 7-752A
yíngbùzú 盈不足 7-1417B
yíngbùzú 贏不足 6-1407A
yīngcāi 鷹猜 12-1167A
yīngcái 英才 9-339B
yīngcái 英材 9-340A
yīngcái 英裁 9-344B
yíngcái 贏財 6-1407B
yǐngcái 郢才 10-625A
yīngcāiyàndù 鶯猜燕妒 12-1141A
yíngcàn 熒燦 7-217A
yīngcāo 英操 9-347B
yíngcè 縈策 9-975B
yīngchán 嬰纏 4-420B
yíngchán 縈纏 9-976B
yíngchǎn 營產 7-272A
yīngcháng 纓裳 9-1056A
yíngcháng 盈腸 7-1419A
yíngchàng 營倡 7-271A
yǐngchàng 郢唱 10-626B
yíngchángrědù 縈腸惹肚 9-976A
yíngcháo 迎潮 10-750B
yíngcháo 營巢 7-272A
yǐngchāo 影鈔 3-1135A
yīngcháoyànlěi 鶯巢燕壘 12-1141A
yīngchē 甖車 5-299A
yíngchè 瑩徹 4-628A
yíngchè 瑩澈 4-628A
yíngchē 迎車 10-745A
yìngchè 映徹 5-669B
yíngchējiāsuì 盈車嘉穟 7-1418A
yīngchén 英塵 9-346B
yīngchén 嬰沉 4-419B
yìngchén 應陳 7-755A
yíngchén 迎晨 10-748B
yíngchén 迎塵 10-750A
yíngchén 縈塵 9-976A
yíngchèn 迎櫬 10-751B
yíngchèn 營趁 7-272A
yìngchén 媵臣 6-1354B
yìngchèn 應讖 7-760A
yìngchèn 映襯 5-669B
yīngchēng 英稱 9-346A
yīngchéng 嬰城 4-419B
yīngchéng 膺懲 6-1393B
yīngchéng 攖城 6-964B
yíngchéng 迎承 10-746A
yíngchéng 盈成 7-1417B
yǐngchéng 郢城 10-626A
yìngchēng 硬撐 7-1050A
yìngchéng 應成 7-751B
yìngchéng 應承 7-753B
yìngchéng 硬掁 7-1048B
yǐngchéngpiān 郢城篇 10-626A
yíngchēzhīyú 盈車之魚 7-1418A
yīngchǐ 英尺 9-339B
yìngchì 應敕 7-755B
yíngchōng 盈冲 7-1417B
yíngchóng 蠅蟲 8-979A
yíngchóu 營疇 7-276B
yíngchóu 縈愁 9-975B
yìngchóu 應酬 7-757A
yīngchóuyànlǚ 鶯儔燕侶 12-1142A
yīngchú 鶯雛 12-1142A
yīngchù 嬰觸 4-420B
yíngchǔ 楹礎 4-1200A
yíngchǔ 贏儲 6-1381B
yíngchǔ 營處 7-271B
yíngchǔ 贏儲 6-1408B
yíngchù 盈絀 7-1419A
yíngchù 贏絀 6-1381A
yíngchù 贏絀 6-1407B
yǐngchū 穎出 12-321A
yīngchuán 鷹船 12-1167A
yǐngchuān 潁川 12-291B
yīngchuāng 鶯窗 12-1141B
yíngchuāng 螢窗 8-948B
yíngchuàng 營創 7-272B
yíngchuāngxuě'àn 螢窗雪案 8-949A
yǐngchuānjí 潁川集 12-291B
yǐngchuānsìzhǎng 潁川四長 12-291B
yìngchùchù 硬觸觸 7-1050B
yīngchūn 鶯春 12-1140B
yīngchún 櫻唇 4-1368B
yīngchún 櫻脣 4-1368B
yīngchún 鶯唇 12-1140B
yīngchún 鶯脣 12-1141A
yíngchūn 迎春 10-746A
yíngchūnhuā 迎春花 10-746B
yìngchūnhuā 應春花 7-753B
yíngchūnhuángpàng 迎春黄胖 10-746B
yíngchūnyuè 迎春樂 10-746B
yīngcí 英詞 9-345B
yīngcí 英辭 9-348A
yíngcì 營次 7-267B
yǐngcí 郢詞 10-626B
yǐngcóng 景從 5-772B
yǐngcóng 影從 3-1135A
yìngcóng 媵從 6-1354B
yíngcòu 營腠 7-274A
yìngcù 應猝 7-756A
yìngcù 應卒 7-753A
yíngcuányǐfù 蠅攢蟻附 8-979A
yíngcuányǐjù 蠅攢蟻聚 8-979A
yíngcuì 塋竁 2-1176A
yīngcùn 英寸 9-339B
yīngcuōtíngjī 鷹撮霆擊 12-1168A
yīngdá 英達 9-344B
yìngdá 應答 7-756B
yìngdǎ'ái 硬打捱 7-1047A
yíngdài 迎待 10-746B
yíngdài 縈帶 9-975A
yǐngdài 影帶 3-1134B
yìngdài 應待 7-754A
yìngdài 映帶 5-669A
yíngdàiquánchéng 縈帶全城 9-975A
yíngdàiwéiyuán 縈帶爲垣 9-975A
yìngdǎn 硬胆 7-1048B
yīngdāng 應當 7-757A
yīngdāng 攖當 6-964B
yīngdàng 英蕩 9-347A
yīngdàng 英簜 9-348A
yíngdàng 盈蕩 7-1419B
yìngdāng 應當 7-757B
yìngdàng 應當 7-757A
yīngdǎo 纓導 9-1056A
yíngdǎo 迎導 10-750B
yíngdào 營道 7-273A
yìngdárúliú 應答如流 7-756B
yìngdárúxiǎng 應答如響 7-756B
yìngdǎzhèng 硬打掙 7-1047A
yīngde 應得 7-756A
yíngdé 贏得 6-1381A
yíngdé 贏得 6-1407B
yìngdé 應德 7-758A
yǐngdēng 影燈 3-1136A
yǐngdēngxì 影燈戲 3-1136A
yíngdēngxuěwū 螢燈雪屋 8-949A
yīngdí 鷹笛 12-1167A
yíngdí 迎敵 10-750B
yíngdì 迎睇 10-749A

yíngdì 迎遞 10-749B
yíngdì 塋地 2-1176A
yíngdì 營地 7-267A
yìngdí 應敵 7-758B
yìngdí 應適 7-758A
yīngdiàn 鷹店 12-1166B
yíngdiǎn 螢點 8-949A
yíngdiǎn 蠅點 8-979A
yíngdiàn 營奠 7-273A
yǐngdiàn 影殿 3-1135A
yìngdiǎn 應典 7-752B
yìngdiǎn 應點 7-759B
yīngdiānyànkuáng 鶯顛燕狂 12-1142A
yǐngdiào 郢調 10-627A
yǐngdiàojù 影調劇 3-1135B
yīngdīng 嬰丁 4-419A
yīngdǐng 纓頂 9-1055A
yíngdīng 蠮虰 8-998B
yíngdìng 營定 7-269B
yíngdìng 贏定 6-1407A
yíngdōng 迎冬 10-745A
yíngdòng 楹棟 4-1199B
yīngdòu 鶯脰 12-1141A
yíngdòu 迎鬭 10-751B
yīngdòuhú 鶯脰湖 12-1141A
yíngdú 籝櫝 8-1287A
yíngdù 營度 7-269B
yǐngdū 郢都 10-626B
yìngdù 應度 7-754A
yìngdù 硬度 7-1048B
yīngduàn 英斷 9-348A
yìngduì 應對 7-757B
yìngduì 映對 5-669B
yìngduìrúliú 應對如流 7-758A
yìngduìrúxiǎng 應對如響 7-758A
yīngdūn 英吨 9-340B
yíngdùn 營頓 7-273B
yīngduō 英多 9-340A
yíngduō 盈多 7-1417B
yíngduó 營度 7-269B
yíngduò 營舵 7-271B
yìngduó 映奪 5-669B
yīng'ē 嬰痾 4-420A
yīngé 因革 3-605B
yīngé 音格 12-654B
yīng'è 鷹鶚 12-1168B
yíngē 吟歌 3-221A
yíng'ē 迎阿 10-745B
yíng'è 盈惡 7-1419A
yǐng'é 影娥 3-1134B
yǐng'échí 影娥池 3-1134B
yíngēn 銀根 11-1279A
yíngēncài 銀根菜 11-1279A
yǐngēng 隱耕 11-1124B
yīng'er 鶯兒 12-1140A
yīng'ér 嬰兒 4-419B
yīng'ér 攖兒 4-254B
yīng'èr 纓毦 9-1055A
yīng'érfēng 嬰兒風 4-419B
yīng'érzǐ 嬰兒子 4-419B
yīngfā 英發 9-345B
yīngfá 罌栰 5-299A
yǐngfā 穎發 12-322A
yǐngfǎ 穎法 12-321B
yìngfā 映發 5-669A
yīngfān 膺蕃 6-1393A
yīngfàn 英範 9-347A
yíngfàn 盈汎 7-1417B
yíngfàn 營販 7-271B
yīngfāng 鷹坊 12-1166A
yīngfáng 鶯房 12-1140B
yīngfáng 鷹房 12-1166B
yíngfāng 營方 7-266A
yíngfáng 營防 7-267B
yíngfáng 營房 7-269B
yíngfángjūn 營防軍 7-267B
yīngfèi 膺肺 6-1392B
yíngfēi 營飛 7-270B
yíngféi 盈肥 7-1418A
yíngfèi 迎吠 10-745B
yíngfèi 贏費 6-1408A
yīngfēicǎozhǎng 鶯飛草長 12-1140B
yīngfēiyànwǔ 鶯飛燕舞 12-1140B
yíngfēiyǐjù 蠅飛蟻聚 8-977B
yīngfēn 應分 7-750B
yīngfěn 鶯粉 12-1140B
yìngfèn 應分 7-750B
yíngfèndiǎnyù 蠅糞點玉 8-979A
yīngfēng 英風 9-342A
yīngfēng 攖鋒 6-964B
yīngfēng 鷹風 12-1166B
yīngfèng 膺奉 6-1392B
yíngfēng 迎風 10-747A
yíngfēng 迎鋒 10-750A
yíngfēng 塋封 2-1176A
yíngféng 迎逢 10-748A
yíngfèng 迎奉 10-745B
yíngfèng 營奉 7-268B
yìngfèng 應奉 7-752A
yíngfēngbǎn 迎風板 10-747A
yíngfēngbǒ 迎風簸 10-747A
yíngfēngbǒbòji 迎風簸簸箕 10-747A
yíngfēngdàiyuè 迎風待月 10-747A
yíngfēngguǎn 迎風舘 10-747A
yíngfēngguǎn 迎風館 10-747A
yíngfēngguàn 迎風觀 10-747A
yīngfēngliàngjié 英風亮節 9-342A
yīngfǒu 罌缶 5-299A
yīngfǒu 罌缶 8-1079B
yīngfǒu 罌瓿 8-1079B
yīngfú 攖拂 6-964B
yīngfú 纓紱 9-1055B
yīngfú 纓紼 9-1055B
yīngfú 纓韍 9-1056A
yīngfǔ 英輔 9-346A
yíngfú 塋拂 4-627B
yíngfú 營拂 7-268B
yíngfú 營福 7-274A
yíngfú 蠅拂 8-977A
yíngfǔ 營府 7-269A
yíngfù 迎附 10-745B
yíngfù 迎婦 10-749A
yíngfù 迎富 10-749B
yíngfù 贏副 6-1407B
yǐngfú 景符 5-772B
yǐngfǔ 郢斧 10-626A
yǐngfù 景附 5-770B
yǐngfú 影伏 3-1133B
yǐngfù 影附 3-1133B
yǐngfù 影赴 3-1134A
yìngfú 應符 7-756A
yìngfù 應付 7-750B
yìngfù 應赴 7-753B
yìngfù 應副 7-755B
yìngfùyùrú 應付裕如 7-751A
yíngfúzi 蠅拂子 8-977A
yìngfùzìrú 應付自如 7-751A
yīnggāi 應該 7-757B
yīnggài 英概 9-345B
yīnggài 英槩 9-346A
yínggǎi 營改 7-268B
yínggài 贏蓋 6-1381A
yínggài 營丐 7-266A
yǐnggài 影瓿 3-1135A
yǐnggài 影蓋 3-1135A
yìnggān 應干 7-749B
yīnggàn 英幹 9-345B
yínggàn 營幹 7-273A
yìnggǎn 應感 7-757A
yìnggàn 硬幹 7-1049A
yīnggē 鶯哥 12-1140B
yīnggē 鶯歌 12-1141B
yīnggē 鸚哥 12-1173B
yīnggē 鸚歌 12-1173B
yínggé 迎閣 10-750A
yǐnggē 郢歌 10-626B
yǐnggé 影格 3-1134A
yìnggé 應格 7-754B
yīnggēdiéwǔ 鶯歌蝶舞 12-1141B
yīnggēhuā 鸚哥花 12-1173B
yīnggējiāo 鸚哥嬌 12-1173B
yīnggēlǜ 鶯哥綠 12-1140B
yīnggēlǜ 鸚哥綠 12-1173B
yīnggēshé 鸚哥舌 12-1173B
yīnggēyànwǔ 鶯歌燕舞 12-1141B
yīnggēyànyǔ 鶯歌燕語 12-1141B
yīnggēzuǐ 鸚哥嘴 12-1173B
yīnggòng 膺貢 6-1392B
yínggōng 營工 7-266A
yínggōng 營宮 7-270A
yǐnggōng 郢工 10-625A
yìnggōng 應工 7-749B
yìnggōng 硬弓 7-1046B
yìnggōng 硬功 7-1047A
yìnggòng 應供 7-753A
yìnggōngfū 硬功夫 7-1047A
yīnggōu 鷹韝 12-1168B
yīnggōu 鷹韝 12-1168B
yīnggòu 嬰遘 4-420A
yínggōu 營勾 7-266A
yínggōu 贏勾 6-1407A
yínggòu 營搆 7-273A
yínggòu 營構 7-274A
yīnggōubí 鷹鈎鼻 12-1167B
yīnggǒuchù 鷹狗處 12-1166A
yīnggǒuzǒngtǒng 鷹狗總統 12-1166A
yīnggǔ 英骨 9-341B
yīnggǔ 膺骨 6-1392B
yīnggǔ 鶯谷 12-1140A
yínggǔ 楹鼓 4-1199B
yínggǔ 塋骨 4-627B
yǐnggǔ 穎谷 12-291B
yìnggǔ 應鼓 7-757A
yíngguà 縈掛 9-975A
yíngguà 縈罣 9-975A
yìngguǎi 硬拐 7-1047B
yìngguǎiguǎi 硬拐拐 7-1047B
yīngguān 纓冠 9-1055A
yíngguān 營官 7-269B
yíngguǎn 瀛館 6-210A
yíngguàn 盈貫 7-1419A
yíngguàn 營灌 7-277A
yìngguān 應官 7-753A
yīngguāng 英光 9-340A
yíngguāng 熒光 7-216A
yíngguāng 螢光 8-948B
yíngguāngdēng 熒光灯 7-216B
yíngguāngpíng 熒光屏 7-216B
yíngguānrén 贏官人 6-1407A
yǐnggǔfēng 穎谷封 12-291B
yìnggǔgǔ 硬古古 7-1047A
yīngguī 英規 9-343B
yīngguī 蠳龜 8-999A
yīngguǐ 英軌 9-341B
yīngguǐ 英詭 9-346A
yìngguǐ 硬鬼 7-1048A
yīngguīyàngé 鶯閨燕閣 12-1141B
yīnggǔn 英袞 9-344A
yīngguǒ 英果 9-341A
yíngguó 營國 7-271B
yíngguó 瀛國 6-209B
yǐngguó 影國 3-1134B
yíngguōjí 迎郭伋 10-748A
yìnggǔtou 硬骨頭 7-1048A
yīnghái 嬰孩 4-419B
yīnghái 攖孩 4-254B
yínghǎi 瀛海 6-209B
yīnghàn 英悍 9-343B
yínghán 迎寒 10-749B
yínghàn 迎捍 10-747B
yínghàn 營唅 7-270B
yìnghàn 硬漢 7-1049B
yīnghàng 鶯吭 12-1140A

yìngháng 應行 7-751B
yìnghànzi 硬漢子 7-1050A
yīngháo 英豪 9-346B
yínghào 盈耗 7-1418B
yīnghé 應合 7-751B
yīnghè 膺荷 6-1393A
yínghé 迎合 10-745A
yínghé 營合 7-267B
yǐnghè 影和 3-1134A
yìnghé 應合 7-751B
yìnghé 應和 7-752B
yìnghè 應和 7-752B
yínghēi 迎黑 10-749A
yīnghóng 嚶吰 3-554A
yínghóng 瀛泓 6-210B
yìnghóng 映紅 5-669A
yīnghóu 鶯喉 12-1141A
yínghòu 迎候 10-748A
yìnghòu 應候 7-754B
yīnghú 鷹鶻 12-1168B
yīnghù 英濩 9-347B
yīnghù 鶯户 12-1140A
yīnghù 纓笏 9-1055A
yínghú 營搰 7-272A
yínghú 瀛壺 6-209B
yínghú 蠅狐 8-977B
yínghǔ 迎虎 10-746A
yínghǔ 蠅虎 8-977A
yínghù 塋户 2-1175B
yínghù 營户 7-266A
yínghù 營護 7-277A
yīnghū 膺呼 11-450A
yīnghuā 櫻花 4-1368A
yīnghuā 鶯花 12-1140A
yīnghuā 鶯華 12-1140B
yīnghuá 英華 9-342B
yīnghuà 鷹化 12-1166A
yínghuā 熒華 7-216B
yínghuá 瑩華 4-627B
yínghuá 瑩滑 4-628A
yínghuà 營畫 7-273A
yìnghuà 應化 7-750B
yìnghuà 硬化 7-1047A
yìnghuà 硬話 7-1049B
yīnghuāduì 鶯花隊 12-1140A
yīnghuāhǎi 鶯花海 12-1140A
yīnghuái 嬰懷 4-420B
yínghuái 縈懷 9-976B
yínghuān 迎歡 10-751B
yínghuán 瀛寰 6-210A
yínghuán 瀛環 6-210A
yīnghuáng 英皇 9-341B
yīnghuáng 鶯黄 12-1140B
yīnghuáng 鶯簧 12-1142A
yínghuáng 熒煌 7-217A
yínghuáng 瑩煌 4-628A
yínghuáng 蠅蝗 8-977B
yìnghuáng 硬黄 7-1048B
yīnghuāshì 鶯花市 12-1140A
yīnghuāzhài 鶯花寨
12-1140A
yīnghuāzhèn 鶯花陣
12-1140A
yīnghuī 英徽 9-348A
yīnghuī 纓徽 9-1056A
yīnghuì 英惠 9-344B
yīnghuì 英慧 9-346B
yínghuí 營回 7-267B
yínghuí 縈回 9-974B
yínghuí 縈迴 9-974B
yínghuí 瀠洄 6-195B
yínghuí 瀯洄 6-210B
yínghuí 瀯迴 6-210B
yínghuì 迎會 10-749B
yínghuì 營慧 7-275A
yínghuì 營繪 7-276B
yǐnghuì 影會 3-1135A
yǐnghuì 穎慧 12-322A
yìnghuī 映輝 5-669B
yìnghuì 應會 7-757B
yīnghún 英魂 9-345B
yínghūn 迎婚 10-749A
yínghún 熒魂 7-216B
yínghún 營魂 7-273A
yínghùnzi 營混子 7-272A
yínghuǒ 熒火 7-216A
yínghuǒ 營火 7-266A
yínghuǒ 螢火 8-948B
yínghuò 熒惑 7-216B
yínghuò 熒爩 7-217A
yínghuò 營或 7-268B
yínghuò 營惑 7-272B
yínghuò 縈惑 9-975B
yínghuò 贏獲 6-1408B
yìnghuǒ 映火 5-668B
yìnghuǒ 硬火 7-1047A
yìnghuò 硬貨 7-1049A
yínghuǒchóng 螢火蟲 8-948B
yínghuǒwǎnhuì 營火晚會
7-266A
yínghuǒzhī 螢火芝 8-948B
yīngjī 瓔璣 4-655B
yīngjī 鷹擊 12-1168A
yīngjí 嬰疾 4-420A
yīngjí 攖疾 6-964B
yíngjī 迎機 10-750B
yíngjī 迎擊 10-751A
yíngjī 盈積 7-1420A
yíngjī 營緝 7-275A
yíngjī 瀠激 6-195B
yíngjí 營疾 7-271A
yíngjí 營戢 7-272B
yíngjǐ 盈給 7-1419A
yíngjǐ 營給 7-273A
yíngjǐ 營己 7-266A
yíngjì 塋記 2-1176A
yíngjì 營伎 7-267B
yíngjì 營妓 7-268B
yíngjì 營濟 7-276A
yíngjì 縈悸 9-975B
yǐngjí 影集 3-1135A
yǐngjì 景迹 5-771B
yǐngjì 影迹 3-1134A
yǐngjì 應迹 7-754A
yìngjī 應機 7-758B
yìngjí 應急 7-754A
yìngjǐ 應給 7-757A
yìngjì 應記 7-755A
yìngjì 硬記 7-1048B
yīngjià 鷹架 12-1166B
yíngjiā 營家 7-271A
yíngjiā 贏家 6-1407B
yíngjià 迎駕 10-750B
yīngjiàmù 鷹架木 12-1166B
yīngjiàn 英見 9-340A
yīngjiàn 英鑒 9-348B
yīngjiàn 膺薦 6-1393A
yíngjiàn 迎見 10-745B
yíngjiàn 迎餞 10-751A
yíngjiàn 營建 7-269B
yíngjiàn 螢鑒 8-949A
yìngjiàn 應薦 7-758B
yíngjiāng 迎將 10-749A
yíngjiàng 營將 7-272A
yíngjiàng 營匠 7-267A
yíngjiàng 營將 7-272A
yǐngjiàng 郢匠 10-625B
yǐngjiànghuījīn 郢匠揮斤
10-626A
yǐngjiàngjīn 郢匠斤
10-626A
yíngjiānmǎiqiào 贏姦買俏
6-1381A
yíngjiānmàiqiào 迎姦賣俏
10-747B
yíngjiānmàiqiào 贏姦賣俏
6-1407B
yīngjiāo 鶯嬌 12-1142A
yīngjiào 膺教 6-1393A
yíngjiǎo 瑩角 4-627B
yíngjiǎo 營角 7-268B
yíngjiào 營校 7-270B
yìngjiào 應教 7-755A
yīngjīchángkōng 鷹擊長空
12-1168A
yīngjié 英岊 9-340B
yīngjié 英桀 9-343B
yīngjié 英傑 9-345A
yīngjiè 應届 7-753B
yíngjiē 迎接 10-748B
yíngjiē 楹階 4-1199B
yíngjié 瑩潔 4-628A
yíngjié 縈結 9-975B
yíngjiě 迎解 10-749B
yíngjiě 營解 7-274A
yǐngjiē 影接 3-1134B
yìngjiē 應接 7-755A
yìngjié 應刼 7-752B
yìngjié 應節 7-757B
yìngjiè 應届 7-753B
yìngjiēbùxiá 應接不暇
7-755B
yìngjiéhépāi 應節合拍
7-757B
yīngjīlì 嘆咭唎 3-375B
yìngjīlìduàn 應機立斷
7-758B
yīngjīmáozhì 鷹擊毛摯
12-1168A
yīngjīn 嬰衿 4-419B
yíngjīn 盈衿 7-1418B
yíngjīn 贏金 6-1407A
yíngjīn 籯金 8-1286B
yíngjìn 迎覲 10-751B
yíngjìn 營進 7-271B
yǐngjīn 郢斤 10-625B
yìngjīn 應金 7-753A
yìngjìn 硬勁 7-1048A
yīngjīng 英莖 9-343A
yīngjīng 英精 9-346B
yīngjìng 韺韹 12-660A
yíngjìng 瑩浄 4-627B
yíngjìng 瑩静 4-628A
yíngjìng 瑩鏡 4-628A
yíngjìng 營競 7-277A
yìngjǐng 應景 7-756B
yíngjīnyījīng 贏金一經
6-1407A
yǐngjìrén 景跡人 5-773B
yíngjītuófù 籯齎橐負
8-1287A
yīngjiù 嬰臼 4-419A
yīngjiù 鷹鷲 12-1168B
yíngjiù 營救 7-271B
yíngjiù 營就 7-272B
yíngjíyǐfù 蠅集蟻附
8-977B
yíngjū 盈匊 7-1418A
yíngjū 盈掬 7-1418B
yíngjù 迎拒 10-745A
yíngjù 營具 7-269A
yíngjù 營聚 7-274A
yìngjǔ 應矩 7-753B
yìngjǔ 應舉 7-758B
yìngjù 媵句 6-1354B
yīngjuàn 嬰絹 4-420A
yíngjuàn 瀛眷 6-209B
yìngjuàn 硬絹 7-1049B
yīngjué 英絶 9-345B
yíngjué 盈爵 7-1420A
yíngjué 楹桷 4-1199B
yíngjué 熒爝 7-217A
yíngjué 螢爝 8-949A
yìngjué 媵爵 6-1355A
yìngjuéjué 硬撅撅 7-1050B
yìngjuējuè 硬倔倔 7-1048B
yīngjūn 鷹軍 12-1166B
yīngjùn 英儁 9-345A
yīngjùn 英雋 9-345A
yīngjùn 英俊 9-341B
yīngjùn 英僎 9-346B
yíngjūn 營軍 7-270A
yíngjùn 營郡 7-270A
yǐngjùn 穎俊 12-321B
yìngjūn 硬軍 7-1048B
yīngkǎn 英侃 9-341B
yǐngkān 影刊 3-1133A
yìngkǎo 應考 7-751B
yíngkē 盈科 7-1418A
yíngkē 營窠 7-274A
yíngkè 迎客 10-747B
yíngkè 營克 7-267B
yǐngkè 郢客 10-626A
yǐngkè 穎客 12-291B
yìngkè 應客 7-754A
yǐngkècí 郢客詞 10-626B

yīngkēfēng 鷹窠峯 12-1168A
yǐngkèqǔ 郢客曲 10-626B
yíngkèsōng 迎客松 10-747B
yìngkǒu 應口 7-749B
yìngkǒu 硬口 7-1046B
yíngkū 營窟 7-274A
yíngkuī 盈虧 7-1420A
yíngkuī 贏虧 6-1408B
yǐnglài 影賴 3-1135B
yíngláisòngwǎng 迎來送往 10-745B
yìnglán 映藍 5-669B
yīnglǎng 英朗 9-343B
yíngláng 瀛閬 6-210A
yìnglǎng 硬朗 7-1048B
yìnglàng 硬浪 7-1048B
yíngláo 迎勞 10-749A
yīnglěi 嬰累 4-420A
yínglěi 營壘 7-276A
yínglěi 縈藟 9-976A
yínglěi 縈累 9-975A
yìngléi 硬雷 7-1049B
yīnglǐ 英里 9-340B
yīnglì 英麗 9-348A
yīnglì 膺曆 6-1393B
yínglǐ 營理 7-271B
yínglǐ 營裹 7-274A
yínglì 迎立 10-745A
yínglì 盈利 7-1418A
yínglì 營立 7-267A
yínglì 營利 7-268A
yínglì 蠅利 8-977A
yínglì 贏利 6-1407A
yǐnglì 穎利 12-321A
yǐnglì 穎栗 12-321B
yīnglián 鶯簾 12-1142A
yínglián 楹聯 4-1200A
yínglián 縈連 9-975A
yíngliǎn 迎臉 10-751B
yīngliǎng 英兩 9-341A
yíngliáng 嬴糧 6-1381B
yíngliáng 贏糧 6-1408B
yíngliáng 籯糧 8-1287A
yíngliàng 盈量 7-1419A
yīngliáo 英僚 9-346B
yīngliáo 英寮 9-347B
yíngliáo 熒燎 7-217A
yíngliáo 營療 7-276A
yīngliè 英烈 9-343A
yìngliè 硬劣 7-1047B
yīnglièwáng 英烈王 9-343A
yīnglín 央林 2-1476B
yīnglín 嬰鱗 4-420B
yīnglín 攖鱗 6-964B
yīnglín 鸚林 12-1173B
yīnglín'èshì 鷹瞵鶚視 12-1168B
yīnglíng 英靈 9-348B
yínglíng 迎靈 10-751B
yìnglìng 應令 7-751A
yīnglínhǔjué 鷹瞵虎攫 12-1168B
yīnglínhǔshì 鷹瞵虎視 12-1168A
yīngliú 英流 9-343B
yīngliú 應劉 7-758A
yíngliú 迎流 10-748A
yíngliú 嬴劉 6-1381A
yíngliú 癭瘤 8-369A
yīnglóng 鶯櫳 12-1142A
yīnglòng 鶯哢 12-1140B
yínglǒng 塋壠 2-1176A
yìnglóng 應龍 7-759A
yínglòu 嬴鏤 6-1381B
yīnglú 鷹盧 12-1168A
yīnglù 瑛琭 4-589B
yīnglù 嬰戮 4-420A
yīnglù 膺録 6-1393B
yīnglù 膺籙 6-1393B
yínglù 盈祿 7-1419A
yǐnglù 郢路 10-626B
yǐnglù 穎露 12-322B
yìnglù 應籙 7-760A
yíngluán 迎鑾 10-751B
yíngluàn 熒亂 7-217A
yíngluàn 營亂 7-274A
yīnglún 英倫 9-343B
yīnglún 嬰綸 4-420A
yínglùn 盈論 7-1420A
yīngluó 嬰羅 4-420A
yīngluó 蠳螺 8-999A
yīngluó 鸚螺 12-1174A
yīngluò 英犖 9-346B
yīngluò 瓔珞 4-655B
yīngluò 纓絡 9-1055B
yíngluò 營落 7-272A
yíngluò 贏落 6-1408A
yīngluóbēi 鸚螺盃 12-1174A
yīngluòténg 瓔珞藤 4-655B
yīngluòzǎo 纓絡棗 9-1056A
yīnglùshòutú 膺籙受圖 6-1393B
yīnglǜ 鸚緑 12-1173B
yínglǜ 營慮 7-275A
yìnglǜ 應律 7-754A
yīnglüè 英略 9-344A
yīngmǎ 鷹馬 12-1166B
yíngmǎ 營馬 7-270B
yīngmài 英邁 9-347A
yǐngmài 穎邁 12-322A
yíngmǎn 盈滿 7-1419B
yíngmàn 盈漫 7-1419B
yíngmàn 營幔 7-274B
yīngmáo 英旄 9-343B
yīngmáo 英髦 9-346A
yīngmào 英茂 9-340B
yīngmào 嬰耄 4-419B
yīngmào 纓帽 9-1055B
yíngmāo 迎猫 10-748B
yíngmāo 迎貓 10-750A
yìngmǎo 應卯 7-751A
yìngmǎo 應昴 7-753B
yíngmáoniáng 迎茅娘 10-745B
yíngméi 迎梅 10-748B
yìngméi 硬煤 7-1049B
yìngmèi 映媚 5-669A
yíngméiyǔ 迎梅雨 10-748B
yīngmén 應門 7-753A
yīngmén 膺門 6-1392B
yīngmèn 膺悶 6-1393A
yíngmén 迎門 10-746A
yíngmén 營門 7-269B
yǐngmén 郢門 10-626A
yìngmén 應門 7-753A
yìngmén 膺門 11-450A
yíngméng 蠅虻 8-977B
yíngměng 蠅黽 8-977B
yíngmèng 縈夢 9-975B
yìngménnǚ 膺門女 11-450A
yíngménqǐngdào 迎門請盜 10-746A
yīngmí 纓縻 9-1056A
yíngmì 營覓 7-272A
yíngmì 營蜜 7-275A
yǐngmí 影迷 3-1134A
yīngmiǎn 纓冕 9-1055A
yíngmiàn 迎面 10-746B
yīngmiào 英妙 9-340B
yīngmǐn 英敏 9-344A
yíngmín 營民 7-267A
yǐngmǐn 穎敏 12-321B
yīngmíng 英名 9-340A
yīngmíng 英明 9-341A
yīngmíng 嫈嫇 4-398B
yīngmíng 嬰冥 4-420A
yīngmíng 嚶鳴 3-554B
yíngmíng 瀴溟 6-214A
yíngmíng 瑩嫇 4-628A
yǐngmíng 巊冥 3-875A
yǐngmǐng 巊嵥 3-875A
yìngmíng 應名 7-751B
yìngmìng 應命 7-753A
yìngmìng 硬命 7-1047B
yìngmíngdiǎnmǎo 應名點卯 7-752A
yíngmíngwōlì 蠅名蝸利 8-977A
yīngmó 英謨 9-348A
yíngmó 瑩磨 4-628A
yǐngmó 影摹 3-1135B
yīngmóu 英謀 9-347B
yíngmóu 迎眸 10-748B
yíngmóu 營謀 7-275B
yīngmǔ 英畝 9-343B
yīngmǔ 嬰母 4-419A
yīngmǔ 鸚母 12-1173A
yīngmù 鷹目 12-1166A
yíngmù 䁝目 7-1244A
yíngmù 塋木 2-1175B
yíngmù 塋墓 2-1176A
yíngmù 瑩目 4-627B
yíngmù 營幕 7-273A
yǐngmù 䁝目 7-1244A
yǐngmù 影木 3-1133A
yǐngmù 癭木 8-369A
yìngmǔ 媵母 6-1354B
yìngmù 應募 7-756A
yìngmù 硬木 7-1047A
yíngnà 迎納 10-748B
yīngnàn 膺難 6-1393B
yìngnàn 應難 7-759B
yíngnáng 螢囊 8-949A
yīngnáo 攖撓 6-964B
yīngnáyànzhuō 鷹拿雁捉 12-1167A
yíngnèi 營内 7-266A
yīngnì 鷹睨 12-1167B
yíngnì 迎逆 10-747B
yíngnì 瑩膩 4-628A
yīngnián 英年 9-340A
yīngnián 嬰年 4-419B
yíngnián 迎年 10-745A
yíngniàn 營念 7-269A
yíngniàn 縈念 9-974B
yíngniǎnhuā 迎輦花 10-750A
yíngniánpèi 迎年佩 10-745A
yīngniǎo 嚶鳥 3-554A
yīngníng 嚶儜 3-554B
yīngníng 嚶嚀 3-554B
yīngníng 攖寧 6-964B
yīngníng 譻[illegible] 11-458B
yīngníng 鶯[illegible] 12-1142B
yīngnòng 鶯弄 12-1140A
yíngnóng 營農 7-273B
yìngnuò 應諾 7-758A
yíngnǚ 嬴女 6-1380B
yíngnǜ 盈朒 7-1418B
yíngnǜ 贏朒 6-1407B
yìngnǚ 媵女 6-1354B
yīngōng 陰功 11-1020A
yīngōng 陰宮 11-1026A
yīngǒng 陰拱 11-1024A
yíngōng 寅恭 3-1504B
yíngōng 銀工 11-1275A
yíngōng 銀宮 11-1278B
yǐngōng 尹公 4-4B
yǐngōng 引弓 4-90A
yǐngōng 隱宮 11-1124A
yìngōng 印工 2-513A
yǐngōngcháo 尹公潮 4-4B
yīngōngjiǎsī 因公假私 3-604A
yíngōngxiéxié 寅恭諧協 3-1504B
yīngōngxíngsī 因公行私 3-604A
yīngōu 陰溝 11-1033B
yīngòu 姻媾 4-342A
yíngōu 銀鈎 11-1281B
yíngōu 銀鉤 11-1282A
yíngōu 銀篝 11-1284B
yìng'ǒu 應偶 7-756A
yíngōuchàiwěi 銀鉤蠆尾 11-1282B
yǐngǒurùzhài 引狗入寨 4-93B
yíngōutiěhuà 銀鉤鐵畫 11-1282B
yíngōuyùtuò 銀鈎玉唾 11-1282B
yìngpái 硬牌 7-1049A
yīngpàn 英盼 9-341B
yíngpán 營盤 7-275A
yíngpán 縈盤 9-976A
yíngpán 縈蟠 9-976A

yíngpàn 迎判 10-745B
yīngpāng 膺滂 6-1393A
yīngpèi 纓佩 9-1055A
yīngpèi 纓珮 9-1055A
yīngpéng 鷹棚 12-1167B
yīngpéngyànyǒu 鶯朋燕友 12-1140B
yìngpèngyìng 硬碰硬 7-1049A
yīngpì 英闢 9-348A
yìngpí 應鞞 7-759B
yìngpí 應鼙 7-760A
yíngpián 贏便 6-1407A
yǐngpiàn 影片 3-1133A
yíngpiānlěidú 盈篇累牘 7-1420A
yǐngpiáo 瘦瓢 8-369A
yìngpìn 應聘 7-757A
yīngpíng 罌瓶 8-1079B
yīngpíng 罌缾 8-1080A
yíngpíng 營平 7-266B
yǐngpíng 影屏 3-1134A
yǐngpíng 影評 3-1135A
yíngpò 瑩魄 4-628A
yíngpò 營魄 7-274B
yíngpǔ 迎浦 10-748A
yīngqī 膺期 6-1393A
yīngqī 鶯期 12-1141A
yīngqí 英奇 9-341A
yīngqì 英氣 9-343A
yíngqì 迎氣 10-748A
yíngqì 營氣 7-270B
yíngqì 營葺 7-272A
yìngqì 硬氣 7-1048B
yìngqī 應期 7-756A
yìngqì 應器 7-758B
yìngqì 媵器 6-1355A
yīngqiān 鶯遷 12-1141B
yíngqiān 縈牽 9-975A
yíngqián 迎前 10-747A
yíngqián 贏錢 6-1408A
yíngqiǎn 迎遣 10-749B
yíngqiàn 營塹 7-274B
yíngqiàn 營壍 7-276A
yìngqián 應乾 7-755B
yīngqiānbǎng 鶯遷榜 12-1142A
yíngqiáng 營牆 7-276A
yìngqiāng 硬戧 7-1049B
yìngqiáng 媵嬙 6-1355A
yìngqiǎng 硬搶 7-1049A
yíngqiānlěiwàn 盈千累萬 7-1417B
yīngqiáo 英翹 9-348A
yīngqiáo 鶯喬 12-1141B
yíngqiǎo 營巧 7-266B
yìngqiáoqiáo 硬翹翹 7-1050B
yíngqībǐ 蠅棲筆 8-977B
yìngqiè 媵妾 6-1354B
yíngqīn 迎親 10-751A
yíngqín 贏秦 6-1381A
yīngqíng 纓情 9-1055A
yíngqíng 縈情 9-975A
yíngqǐng 迎請 10-750B
yīngqiú 英裘 9-345B
yíngqiū 迎秋 10-746B
yíngqiū 營丘 7-267A
yíngqiú 營求 7-267B
yìngqiú 應求 7-752A
yīngqīyànyuē 鶯期燕約 12-1141A
yíngqū 縈曲 9-974A
yíngqū 蠅蛆 8-977B
yíngqǔ 迎取 10-745B
yíngqǔ 迎娶 10-748B
yíngqǔ 贏取 6-1407A
yǐngqǔ 郢曲 10-626A
yìngqǔ 應取 7-752B
yīngquán 鷹拳 12-1167A
yīngquǎn 鷹犬 12-1165B
yīngquǎnlì 鷹犬吏 12-1166A
yìngquántōngbiàn 應權通變 7-760A
yíngquē 盈缺 7-1418B
yíngquē 贏闕 6-1408B
yǐngquē 郢闕 10-627A
yīngqùhúwàng 鷹覷鶻望 12-1168B
yíngqún 營羣 7-274A
yīngqúnyóu 纓裙遊 9-1055B
yǐngqǔwén 郢曲文 10-626A
yīngrán 嚶然 3-554B
yíngrán 熒然 7-216B
yíngrán 瑩然 4-627B
yíngrǎn 營染 7-1244A
yǐngrán 穎然 12-322A
yīngrǎo 攖擾 6-964B
yíngráo 盈饒 7-1420B
yíngrǎo 縈擾 9-976A
yíngrǎo 縈遶 9-976A
yíngrǎo 縈繞 9-976A
yíngrào 營繞 7-276B
yíngrào 瀠遶 6-210B
yíngrě 縈惹 9-975B
yìngrě 應喏 7-755B
yīngrén 英人 9-339B
yīngrén 嬰人 4-419A
yīngrén 鷹人 12-1165B
yíngrén 迎人 10-744A
yíngrèn 迎刃 10-744B
yíngrèn 盈仞 7-1417B
yǐngrén 郢人 10-624B
yǐngrèn 郢刃 10-625A
yìngrén 應人 7-749B
yìngrén 媵人 6-1354B
yíngrènbīngjiě 迎刃冰解 10-744B
yíngrèn'érjiě 迎刃而解 10-744B
yìngrèn'érjiě 應刃而解 7-750A
yíngrèn'érlǐ 迎刃而理 10-744B
yǐngrénjīnfǔ 郢人斤斧 10-625A
yǐngrénjīnzhuó 郢人斤斲 10-625A
yíngrènlìjiě 迎刃立解 10-744B
yíngrènyǐjiě 迎刃以解 10-744B
yǐngrényùnfǔ 郢人運斧 10-625A
yǐngrénzhuó'è 郢人斲堊 10-625A
yíngrì 迎日 10-744B
yìngrì 迎日 10-744B
yìngrì 映日 5-668B
yíngrìbùqì 迎日步氣 10-744B
yìngrìguǒ 映日果 5-668B
yíngrìtuīcè 迎日推策 10-744B
yíngrìtuìcè 迎日推筴 10-744B
yíngróng 盈容 7-1418B
yíngróng 瀛溶 6-209B
yìngróng 應容 7-755A
yīngrú 獿如 5-144B
yīngrú 英儒 9-347B
yīngrú 嬰孺 4-420A
yīngrú 瓔孺 4-254B
yíngrú 浧濡 5-1210B
yíngrù 贏入 6-1407A
yīngruǎn 應阮 7-752A
yíngruán 瀛壖 6-210A
yīngruí 英蕤 9-346B
yīngruí 纓緌 9-1056A
yīngruí 纓蕤 9-1056A
yīngruí 纓綏 9-1056A
yīngruì 英蕊 9-347A
yīngruì 英蘂 9-348A
yīngruì 英睿 9-346A
yīngruì 英銳 9-347A
yīngruì 英叡 9-347B
yíngruì 蠅蚋 8-977B
yìngruì 應瑞 7-757A
yíngrùn 瑩潤 4-628A
yīngruò 嬰弱 4-420A
yīngsà 英颯 9-346B
yíngsài 迎賽 10-751B
yíngsài 營塞 7-274A
yíngsāng 迎喪 10-749A
yíngsāng 營喪 7-272A
yíngsè 盈塞 7-1419B
yíngsè 螢色 8-948B
yíngsè 贏嗇 6-1408A
yìngsè 應塞 7-757B
yìngsè 硬澀 7-1050B
yíngshā 迎殺 10-748A
yíngshàn 營繕 7-276B
yíngshàn 營贍 7-276B
yìngshān 硬山 7-1046B
yíngshàng 營尚 7-269A
yǐngshàngpiān 郢上篇 10-625A
yǐngshàngqǔ 郢上曲 10-625A
yǐngshàngtián 潁上田 12-291A
yìngshānhóng 映山紅 5-668B
yíngshànsī 營繕司 7-276B
yíngshànsuǒ 營繕所 7-276B
yìngshānzǐ 映山紫 5-668B
yīngsháo 英韶 9-346B
yīngsháo 韺韶 12-660A
yīngshào 英少 9-339B
yíngshào 營哨 7-270B
yīngshé 鶯舌 12-1140A
yīngshé 鸚舌 12-1173B
yíngshè 營舍 7-269A
yǐngshè 影射 3-1134A
yìngshè 映射 5-669A
yǐngshède 影射的 3-1134B
yīngshēn 纓紳 9-1055B
yíngshēn 營身 7-268B
yíngshén 迎神 10-747B
yǐngshēn 影身 3-1133B
yǐngshén 影神 3-1134A
yìngshēn 應身 7-752A
yìngshēn 映身 5-668B
yǐngshēncǎo 影身草 3-1133B
yīngshēng 英聲 9-347B
yīngshēng 應生 7-750B
yīngshēng 嚶聲 3-554B
yīngshēng 鶯聲 12-1142A
yíngshēng 迎生 10-745A
yíngshēng 營生 7-266B
yíngshēng 蠅聲 8-978B
yǐngshēng 郢聲 10-627A
yǐngshēng 穎生 12-321A
yìngshēng 應聲 7-759A
yìngshéng 應繩 7-759B
yìngshēngchóng 應聲蟲 7-759B
yīngshēngmàoshí 英聲茂實 9-347B
yìngshēngshēng 硬生生 7-1047A
yíngshēngwāzào 蠅聲蛙噪 8-978B
yīngshēngyànyǔ 鶯聲燕語 12-1142A
yìngshēngyìngqì 硬聲硬氣 7-1050B
yíngshēngyǐnqiào 蠅聲蚓竅 8-978B
yíngshēngzi 營生子 7-267A
yíngshénsàihuì 迎神賽會 10-747B
yīngshī 鷹師 12-1167A
yīngshí 英石 9-339B
yīngshí 嬰石 4-419A
yīngshí 應時 7-754B
yīngshí 鶯時 12-1140B
yīngshì 英士 9-339B
yīngshì 英氏 9-339B
yīngshì 英世 9-339B
yīngshì 應是 7-753B
yīngshì 鷹視 12-1167A
yíngshī 迎尸 10-744B
yíngshí 迎時 10-748A
yíngshí 盈實 7-1419B
yíngshí 營食 7-269B
yíngshí 營實 7-275A
yíngshǐ 蠅矢 8-977A

yíngshì 迎侍 10-746A
yíngshì 贏氏 6-1380B
yíngshì 營士 7-266A
yíngshì 營市 7-267A
yíngshì 營事 7-268B
yíngshì 營侍 7-269A
yíngshì 營室 7-270A
yíngshì 營視 7-272A
yíngshì 營飾 7-274A
yǐngshí 郢石 10-625B
yǐngshí 穎識 12-322A
yǐngshì 郢市 10-625B
yǐngshì 影事 3-1134A
yǐngshì 影室 3-1134A
yìngshí 應時 7-754B
yìngshí 應實 7-758A
yìngshí 硬實 7-1050A
yìngshì 應世 7-750B
yìngshì 應事 7-752B
yìngshì 應試 7-757B
yìngshì 硬是 7-1048A
yìngshì 媵侍 6-1354B
yǐngshìgē 郢市歌 10-625B
yīngshìhǔbù 鷹視虎步 12-1167A
yǐngshìjīn 郢氏斤 10-625B
yīngshìlángbù 鷹視狼步 12-1167A
yīngshìlánggù 鷹視狼顧 12-1167A
yīngshǒu 嬰守 4-419B
yīngshòu 膺受 6-1392B
yīngshòu 纓綬 9-1056A
yíngshǒu 迎手 10-744B
yíngshǒu 營首 7-270A
yíngshòu 迎受 10-746A
yíngshòu 迎授 10-748B
yǐngshǒu 穎首 12-321B
yìngshǒu 應手 7-750A
yìngshǒu 硬手 7-1047A
yīngshù 膺俞 6-1392B
yīngshù 鸚樹 12-1173B
yíngshū 楹書 4-1199B
yíngshū 營書 7-271A
yíngshū 贏輸 6-1408A
yíngshǔ 營署 7-273B
yíngshù 盈數 7-1420A
yíngshù 塋樹 2-1176A
yíngshù 營樹 7-275A
yíngshù 贏數 6-1408A
yíngshù 咊漱 3-198A
yǐngshū 郢書 10-626B
yǐngshū 影書 3-1134B
yìngshū 應書 7-755A
yíngshuā 蠅刷 8-977B
yīngshuāi 纓摔 9-1056A
yíngshuǎi 蠅甩 8-977A
yíngshuài 營帥 7-269B
yīngshuǎng 英爽 9-343B
yíngshuāng 迎霜 10-751A
yíngshuāngtù 迎霜兔 10-751A
yíngshuāngyàn 迎霜宴 10-751A
yīngshùn 鷹瞬 12-1168A
yīngshūnángjiàn 籯書囊劍 8-1287A
yìngshuō 硬説 7-1049B
yìngshuòshuò 硬搠搠 7-1049A
yǐngshūyānyuè 郢書燕説 10-626B
yíngsī 營私 7-268A
yíngsī 縈思 9-974B
yíngsī 縈絲 9-975B
yíngsī 瀠澌 6-210B
yíngsì 迎祀 10-745B
yíngsì 營寺 7-267A
yíngsì 籯笥 8-1287A
yǐngsì 影似 3-1133B
yíngsìhǎi 營四海 7-266B
yíngsīwǎnglì 營私罔利 7-268A
yíngsīwǔbì 營私舞弊 7-268A
yíngsīzhídǎng 營私植黨 7-268A
yíngsīzuòbì 營私作弊 7-268A
yíngsòng 迎送 10-747A
yìngsǒu 應叟 7-753B
yīngsù 罌粟 5-299B
yīngsù 罌粟 8-1079B
yīngsù 鶯粟 12-1141A
yíngsù 迎肅 10-750A
yìngsú 應俗 7-754A
yīngsuàn 英算 9-346A
yīngsuì 纓繐 9-1056A
yīngsuì 纓綏 9-1056A
yíngsuí 迎隨 10-750A
yíngsuì 迎歲 10-749B
yíngsuíjìwěi 蠅隨驥尾 8-977B
yīngsǔn 櫻笋 4-1368B
yīngsǔn 櫻筍 4-1368B
yīngsǔn 鷹隼 12-1166B
yīngsǔn 鷹鶽 12-1168B
yíngsǔn 縈損 9-975B
yīngsǔnchú 櫻筍廚 4-1368B
yīngsǔnhuì 櫻筍會 4-1368B
yīngsǔnniánguāng 櫻笋年光 4-1368B
yīngsǔnshí 櫻筍時 4-1368B
yīngsuō 鶯梭 12-1140B
yīngsuǒ 纓索 9-1055A
yīngsuǒ 纓鎖 9-1056A
yíngsuō 盈縮 7-1420A
yíngsuō 贏縮 6-1381B
yíngsuō 贏縮 6-1408B
yíngsuǒ 營所 7-269A
yíngsuǒ 營索 7-270B
yīngsuōlánggù 鷹睃狼顧 12-1167B
yíngtà 瀠沓 6-210B
yīngtái 英台 9-340A
yíngtāi 營胎 7-269B
yíngtái 贏臺 6-1381A
yíngtái 瀛臺 6-209B
yìngtāi 硬胎 7-1048B
yíngtáinǚ 贏臺女 6-1381A
yíngtán 瀛談 6-210A
yīngtáng 膺堂 6-1393A
yīngtǎng 英儻 9-348B
yǐngtáng 影堂 3-1134B
yīngtáo 英桃 9-343A
yīngtáo 櫻桃 4-1368A
yīngtáo 鶯桃 12-1140B
yīngtáoyàn 櫻桃宴 4-1368B
yīngtè 英特 9-343A
yīngténg 鷹騰 12-1168B
yíngténg 贏幐 6-1408A
yíngténg 贏縢 6-1408B
yīngtí 嬰提 4-420A
yīngtí 鶯啼 12-1141A
yíngtián 塋田 2-1176A
yíngtián 營佃 7-268A
yíngtián 營田 7-266B
yíngtián 盈瑱 7-1419B
yìngtiān 應天 7-750A
yìngtiānchéngyùn 應天承運 7-750A
yíngtiánhù 營田户 7-266B
yìngtiānlì 應天曆 7-750A
yìngtiānsānjué 應天三絶 7-750A
yíngtiánshǐ 營田使 7-266B
yìngtiānshùnmín 應天順民 7-750A
yìngtiānshùnrén 應天順人 7-750A
yìngtiānshūyuàn 應天書院 7-750A
yìngtiáo 應條 7-754B
yíngtiè 楹帖 4-1199B
yìngtiěhàn 硬鐵漢 7-1050B
yīngtíng 膺庭 6-1392B
yīngtǐng 英挺 9-341B
yíngtīng 熒聽 7-217A
yíngtīng 瑩聽 4-628B
yíngtíng 盈廷 7-1417B
yíngtíng 盈庭 7-1418A
yíngtíng 瀠渟 6-210B
yìngtíng 瀅渟 6-203B
yìngtǐng 硬挺 7-1048A
yīngtíxù 鶯啼序 12-1141A
yīngtíyànyǔ 鶯啼燕語 12-1141A
yǐngtóng 景同 5-770A
yíngtou 營頭 7-275A
yíngtóu 迎頭 10-750B
yíngtóu 營頭 7-275A
yíngtóu 蠅頭 8-977B
yíngtóuběn 蠅頭本 8-978A
yíngtóugǎnshàng 迎頭趕上 10-751A
yíngtóuhǎo 迎頭好 10-750B
yíngtóukǎi 蠅頭楷 8-978A
yíngtóukǎishū 蠅頭楷書 8-978A
yíngtóulì 蠅頭利 8-978A
yīngtóuquènǎo 鷹頭雀腦 12-1168A
yíngtóutòngjī 迎頭痛擊 10-750B
yíngtóuwēilì 蠅頭微利 8-978A
yíngtóuwénjiǎo 蠅頭蚊脚 8-978A
yíngtóuwōjiǎo 蠅頭蝸角 8-978B
yíngtóuxiǎokǎi 蠅頭小楷 8-978A
yíngtóuxiǎolì 蠅頭小利 8-978A
yíngtóuxiǎozì 蠅頭小字 8-978A
yíngtóuxìshū 蠅頭細書 8-978A
yíngtóuxìzì 蠅頭細字 8-978A
yíngtóuzì 蠅頭字 8-978A
yīngtú 英圖 9-346A
yīngtú 膺圖 6-1393A
yíngtú 營圖 7-274B
yíngtǔ 贏土 6-1380B
yìngtú 應圖 7-758A
yíngtún 營屯 7-266A
yíngtuō 營脱 7-272A
yǐngtuō 穎脱 12-321B
yìngtuō 映托 5-668B
yǐngtuō'érchū 穎脱而出 12-322A
yǐngtuōshǒu 穎脱手 12-322A
yīngtúshòulù 膺圖受籙 6-1393A
yīngǔ 陰谷 11-1022A
yīngù 姻故 4-341A
yíngǔ 吟骨 3-219B
yíngǔ 淫蠱 5-1400A
yíngù 嚚固 3-540B
yǐngǔ 引古 4-91A
yǐngǔ 引鼓 4-97A
yīnguà 陰卦 11-1022B
yínguā 銀瓜 11-1275B
yīnguài 陰怪 11-1023B
yǐnguài 隱怪 11-1123A
yīnguān 音官 12-654A
yīnguān 陰官 11-1023B
yīnguǎn 陰管 11-1034B
yīnguàn 禋祼 7-948A
yínguān 吟觀 3-222B
yínguān 銀官 11-1278A
yínguān 銀關 11-1285B
yínguǎn 銀管 11-1283A
yínguàn 銀礶 11-1286A
yǐnguān 隱官 11-1123A
yǐnguàn 引灌 4-101A
yìnguān 蔭官 9-529B
yìnguān 印官 2-515A
yīnguāng 陰光 11-1021A
yīnguǎng 殷廣 6-1486A
yǐnguāng 飲光 12-505B
yìnguāng 陰光 11-1021A
yǐnguāngnú 引光奴 4-91B
yīnguǐ 陰鬼 11-1025A
yīnguǐ 陰晷 11-1031B

yīnguǐ 陰詭 11-1033B
yínguī 銀龜 11-1285A
yínguǐ 淫詭 5-1396B
yínguì 銀櫃 11-1285B
yǐnguī 引歸 4-100B
yīnguō 陰郭 11-1026B
yīnguó 因國 3-605B
yīnguó 殷國 6-1484B
yīnguó 陰國 11-1028B
yīnguǒ 因果 3-605A
yīnguǒ 陰果 11-1023A
yīnguò 陰過 11-1028B
yǐnguò 引過 4-95B
yǐnguò 隱過 11-1126A
yīnguǒbàoyìng 因果報應 3-605A
yīngǔqiànshān 堙谷塹山 2-1146B
yǐngǔqīqiū 飲谷棲丘 12-506A
yíngǔtàn 銀骨炭 11-1278B
yǐngǔyùjīn 引古喻今 4-91A
yǐngǔzhèngjīn 引古證今 4-91A
yīngwǎn 攖挽 6-964B
yíngwǎn 縈宛 9-974B
yīngwáng 應王 7-750A
yīngwǎng 纓網 9-1056A·
yíngwǎng 營罔 7-269A
yíngwàng 迎迋 10-745A
yíngwàng 迎望 10-748B
yíngwàng 盈望 7-1419A
yīngwēi 英威 9-341B
yīngwěi 英偉 9-344A
yīngwèi 英衛 9-347A
yíngwéi 營圍 7-272B
yíngwéi 營爲 7-272B
yíngwěi 縈委 9-974B
yíngwěi 瀠委 6-210B
yíngwèi 盈味 7-1418A
yíngwèi 營衛 7-275A
yìngwéi 應唯 7-756A
yìngwèi 映蔚 5-669B
yíngwèn 迎問 10-749A
yīngwēng 鶯翁 12-1140B
yīngwō 嚶喔 3-554A
yíngwò 盈握 7-1419A
yǐngwò 郢握 10-626B
yīngwú 嚶唔 3-554A
yīngwǔ 英武 9-340B
yīngwǔ 嬰忤 4-419B
yīngwǔ 嬰武 4-419B
yīngwǔ 鷹武 12-1166A
yīngwǔ 鸚鵡 12-1174A
yīngwǔ 鸚䳇 12-1174A
yīngwù 英物 9-341B
yīngwù 英悟 9-343B
yīngwù 英晤 9-343B
yīngwù 嬰物 4-419B
yíngwū 營屋 7-270A
yíngwǔ 熒侮 7-216B
yíngwǔ 營伍 7-267B
yíngwù 營塢 7-273A
yíngwù 營務 7-271A
yíngwù 營誤 7-274B
yíngwù 瀛隖 6-209B
yǐngwù 景騖 5-774A
yǐngwù 穎悟 12-321B
yìngwǔ 映午 5-668B
yìngwù 應物 7-752B
yìngwù 應務 7-755A
yīngwǔbēi 鸚鵡杯 12-1174B
yīngwǔbǐ 鸚鵡筆 12-1174B
yīngwǔcài 鸚鵡菜 12-1174B
yīngwǔchē 鸚鵡車 12-1174B
yīngwǔhuā 鸚䳇花 12-1174A
yīngwǔluó 鸚鵡螺 12-1175A
yīngwǔlù 鸚鵡綠 12-1174B
yīngwǔqǔ 鸚鵡曲 12-1174A
yīngwǔrè 鸚鵡熱 12-1174B
yīngwǔshé 鸚鵡舌 12-1174B
yīngwǔshí 鸚鵡石 12-1174A
yīngwǔshù 鸚鵡樹 12-1175A
yīngwǔxuéshé 鸚鵡學舌 12-1175A
yīngwǔzhǎn 鸚鵡盞 12-1174B
yīngwǔzhǎn 鸚鵡醆 12-1174B
yīngwǔzhàng 鸚鵡瘴 12-1175A
yīngwǔzhǒng 鸚鵡塚 12-1174B
yīngwǔzhōu 鸚鵡洲 12-1174B
yīngxǐ 鶯徙 12-1141A
yíngxí 迎襲 10-751B
yíngxí 楹席 4-1199B
yíngxǐ 迎喜 10-749A
yíngxì 縈繫 9-976A
yíngxì 縈係 9-974B
yǐngxī 影犀 3-1135A
yǐngxì 影戲 3-1136A
yìngxí 應襲 7-760A
yìngxí 硬席 7-1048B
yīngxiá 英俠 9-341B
yíngxià 迎夏 10-747B
yǐngxiá 穎黠 12-322A
yīngxián 英賢 9-347A
yīngxián 嫈嫺 4-369A
yíngxiān 瀛仙 6-209A
yíngxiàn 盈羨 7-1419A
yíngxiàn 營陷 7-271A
yíngxiàn 贏羨 6-1408A
yìngxián 應弦 7-753B
yìngxián 應絃 7-756A
yìngxiǎn 映顯 5-669B
yìngxiàn 應現 7-755A
yìngxiàn 映現 5-669A
yìngxián'érdǎo 應弦而倒 7-753B
yīngxiāng 纓纕 9-1056B
yíngxiāng 迎香 10-746B
yíngxiáng 迎降 10-746A
yíngxiáng 迎祥 10-748B
yíngxiǎng 縈想 9-975B
yíngxiàng 嬴項 6-1381A
yǐngxiǎng 景韻 5-774B
yǐngxiǎng 景鄉 5-773A
yǐngxiǎng 景嚮 5-774A
yǐngxiǎng 景響 5-774A
yǐngxiǎng 影響 3-1136A
yǐngxiàng 影象 3-1135A
yǐngxiàng 影像 3-1135A
yǐngxiàng 癭相 8-369A
yìngxiǎng 應響 7-759B
yìngxiàng 映像 5-669B
yíngxiānkè 迎仙客 10-745A
yíngxiāo 迎宵 10-748B
yíngxiāo 謍嗃 11-391B
yíngxiào 迎笑 10-748A
yíngxiē 盈歇 7-1419A
yíngxié 迎諧 10-751A
yíngxiè 營廨 7-275B
yíngxiè 瀛澥 6-210A
yǐngxiě 影寫 3-1135B
yìngxié 應諧 7-759A
yìngxié 映協 5-668B
yìngxiè 應謝 7-759B
yīngxīn 英心 9-339B
yīngxīn 嬰心 4-419A
yīngxīn 攖心 6-964B
yīngxìn 嬰釁 4-420B
yíngxīn 迎新 10-749B
yíngxīn 營心 7-266B
yíngxīn 縈心 9-974A
yíngxìn 營信 7-269B
yìngxīn 應心 7-750B
yīngxīng 應星 7-753B
yīngxīng 鸚猩 12-1173B
yíngxīng 營星 7-269B
yíngxǐng 迎省 10-746B
yìngxīng 應星 7-753B
yìngxíng 應形 7-752A
yìngxíng 硬行 7-1047B
yìngxìng 硬性 7-1048A
yǐngxíngbùlí 影形不離 3-1133B
yíngxīnqìjiù 迎新棄舊 10-750A
yíngxīnsònggù 迎新送故 10-749B
yíngxīnsòngjiù 迎新送舊 10-749B
yīngxīnyànzhǎo 鷹心雁爪 12-1166A
yīngxióng 英雄 9-344B
yīngxióng 瑛雄 4-589B
yīngxióngbǎng 英雄榜 9-345A
yīngxióngpǔ 英雄譜 9-345A
yīngxióngqìduǎn 英雄氣短 9-345A
yīngxióngqīrén 英雄欺人 9-345A
yīngxióngshù 英雄樹 9-345A
yīngxióngsuǒjiàn… 英雄所見略同 9-344B
yīngxióngwúyòng… 英雄無用武之地 9-345A
yīngxióngzhuàn 英雄傳 9-345A
yīngxióngzhǔyì 英雄主義 9-344B
yíngxǐshén 迎喜神 10-749A
yīngxiù 英秀 9-340B
yíngxiù 瑩琇 4-627B
yǐngxiù 穎秀 12-321A
yīngxū 應須 7-756B
yīngxú 應徐 7-754B
yīngxǔ 應許 7-756A
yíngxū 盈虛 7-1418B
yíngxū 贏虛 6-1407B
yíngxù 營卹 7-269A
yíngxù 營恤 7-270A
yíngxù 贏畜 6-1407B
yìngxǔ 應許 7-756A
yìngxù 應序 7-752A
yīngxuǎn 英選 9-347B
yīngxuǎn 膺選 6-1393A
yīngxuàn 英絢 9-345B
yíngxuán 縈旋 9-975A
yíngxuǎn 瀛選 6-210A
yíngxuán 迎旋 10-748B
yíngxuàn 熒眩 7-216B
yìngxuǎn 應選 7-758B
yíngxué 迎學 10-751A
yíngxuě 螢雪 8-948B
yǐngxuē 郢削 10-626A
yǐngxuē 影削 3-1134A
yǐngxuě 郢雪 10-626B
yìngxuě 映雪 5-669A
yìngxuědúshū 映雪讀書 5-669A
yìngxuěnángyíng 映雪囊螢 5-669A
yīngxūn 英勳 9-347B
yíngxùn 營汛 7-267B
yìngxùn 應訊 7-754B
yíngxútà 迎徐榻 10-748A
yíngyà 迎迓 10-745B
yīngyǎn 鷹眼 12-1167A
yīngyàn 英彥 9-342B
yīngyàn 英豔 9-348B
yīngyàn 鶯燕 12-1142A
yíngyán 迎延 10-745A
yíngyǎn 盈衍 7-1418A
yíngyǎn 贏衍 6-1407B
yíngyàn 盈厭 7-1419B
yíngyàn 螢燄 8-949A
yǐngyàn 穎艷 12-322B
yìngyǎn 映眼 5-669A
yìngyàn 應驗 7-760A
yīngyáng 英洋 9-342B
yīngyáng 鷹洋 12-1166B
yīngyáng 鷹揚 12-1167A
yíngyáng 迎陽 10-749A
yíngyǎng 迎養 10-750A
yíngyǎng 營養 7-274B
yǐngyáng 穎陽 12-291B
yìngyáng 硬洋 7-1048B
yíngyǎngbō 營養鉢 7-274B
yīngyángfǔ 鷹揚府 12-1167B
yīngyánghǔshì 鷹揚虎視 12-1167B
yīngyánghǔshì 鷹揚虎噬 12-1167B
yǐngyángshū 穎陽書 12-291B
yīngyángyàn 鷹揚宴

12-1167B
yíngyángzǐ 迎陽子 10-749A
yīngyáo 瑛瑤 4-589B
yīngyào 英耀 9-348A
yīngyào 鷹鷂 12-1168B
yíngyào 熒耀 7-217A
yíngyào 螢燿 8-949A
yǐngyào 穎耀 12-322B
yìngyāo 應邀 7-759A
yìngyào 映耀 5-669B
yīngyè 英業 9-346A
yīngyè 膺揲 6-1393A
yīngyè 膺擖 6-1393A
yíngyè 迎謁 10-751A
yíngyè 熒曄 7-217A
yíngyè 營業 7-273B
yíngyèshuì 營業稅 7-273B
yíngyèyuán 營業員 7-273B
yīngyī 鶯衣 12-1140A
yīngyí ⿰口英夷 3-375B
yīngyí 英嶷 9-348A
yīngyì 英乂 9-339B
yīngyì 英奕 9-342A
yīngyì 英異 9-343B
yīngyì 英逸 9-344A
yīngyì 英毅 9-347B
yīngyì 嬰意 4-420A
yīngyì 膺臆 6-1393B
yíngyī 迎揖 10-749A
yíngyì 迎意 10-750A
yíngyì 盈益 7-1418B
yíngyì 盈溢 7-1419A
yíngyì 營役 7-268B
yǐngyì 穎異 12-321B
yǐngyì 穎逸 12-322A
yìngyì 應役 7-752A
yìngyì 應誼 7-758A
yìngyì 硬譯 7-1050B
yīngyīn 英音 9-342B
yīngyín 鶯吟 12-1140A
yíngyǐn 迎引 10-745A
yǐngyìn 景印 5-770A
yǐngyìn 影印 3-1133B
yīngyīng 央央 2-1476B
yīngyīng 泱泱 5-1082B
yīngyīng 英英 9-340B
yīngyīng 嬰嬰 4-420A
yīngyīng 嚶嚶 3-554B
yīngyīng 譻譻 11-458B
yīngyīng 鶯鶯 12-1142B
yīngyíng 榮瀯 6-1A
yīngyǐng 英穎 9-347B
yíngyíng 盈盈 7-1418B
yíngyíng 熒熒 7-217A
yíngyíng 瑩瑩 4-628A
yíngyíng 贏贏 6-1381A
yíngyíng 營營 7-275B
yíngyíng 縈盈 9-974B
yíngyíng 縈縈 9-976A
yíngyíng 濙濙 6-195B
yíngyíng 謍謍 11-391B
yíngyíng 瀛瀛 6-210A
yíngyíng 瀠瀠 6-210B
yíngyíng 瀯瀯 6-210A
yíngyíng 蠅營 8-978B
yíngyíng 蠅蠅 8-979A
yíngyǐng 螢影 8-949A
yíngyìng 縈映 9-974B
yǐngyǐng 影影 3-1135B
yìngyíng 瀅熒 6-203B
yìngyíng 瀅濙 6-203B
yìngyíng 瀅濚 6-203B
yìngyíng 瀅瀠 6-203B
yìngyìng ⿰日黽⿰日黽 5-839B
yìngyìng 瀅瀅 6-203B
yǐngyǐngchuòchuò 影影綽綽 3-1135B
yíngyíngfěijǐn 營蠅斐錦 7-276B
yíngyínggǒugǒu 營營苟苟 7-276A
yíngyínggǒugǒu 蠅營狗苟 8-978B
yíngyíngshǔkuī 蠅營鼠窺 8-978B
yíngyíngsuōsuō 贏贏縮縮 6-1381A
yīngyīngyànyàn 鶯鶯燕燕 12-1142B
yíngyíngyǐfù 蠅營蟻附 8-978B
yíngyíngyǐjù 蠅營蟻聚 8-978B
yīngyīngyùlì 英英玉立 9-341A
yíngyíngzhúzhú 營營逐逐 7-276A
yīngyínyànwǔ 鶯吟燕舞 12-1140A
yīngyínyànwǔ 鶯吟燕儛 12-1140A
yīngyǒng 英勇 9-342B
yīngyǒng 鷹俑 12-1166B
yíngyōng 營壅 7-275B
yíngyǒng 營勇 7-270B
yíngyòng 營用 7-267A
yìngyòng 應用 7-751A
yìngyòngwén 應用文 7-751A
yīngyōu 嚶呦 3-554A
yīngyōu 嚶嚘 3-554B
yīngyóu 英游 9-345B
yīngyóu 英遊 9-345B
yīngyóu 英猷 9-346A
yīngyǒu 應有 7-751B
yīngyǒu 鶯友 12-1139B
yīngyóu 癭疣 8-369A
yīngyǒujìnyǒu 應有盡有 7-751B
yīngyú 瑛瑜 4-589B
yīngyǔ 鶯語 12-1141B
yīngyǔ 鸚語 12-1173B
yīngyù 嬰禦 4-420A
yīngyù 蘡薁 9-625B
yīngyù 櫻薁 4-1368B
yīngyù 鸚鵒 12-1174A
yíngyū 縈迂 9-974A
yíngyū 縈紆 9-974B
yíngyú 盈餘 7-1420A
yíngyú 贏餘 6-1381A
yíngyú 贏餘 6-1408A
yíngyǔ 楹語 4-1199B
yíngyǔ 營宇 7-267B
yíngyù 盈裕 7-1419A
yíngyù 塋域 2-1176A
yíngyù 熒郁 7-216B
yíngyù 瑩玉 4-627B
yíngyù 贏育 6-1381A
yíngyù 營域 7-271B
yíngyù 營欲 7-272A
yíngyù 營寓 7-273A
yíngyù 縈鬱 9-976B
yìngyǔ 應圉 7-755B
yìngyǔ 硬雨 7-1047B
yìngyǔ 硬語 7-1049B
yìngyù 媵御 6-1355A
yīngyuán 應緣 7-758B
yīngyuàn 英媛 9-345B
yīngyuàn 英掾 9-344B
yíngyuán 塋園 2-1176A
yíngyuán 營員 7-270B
yíngyuán 營援 7-272A
yíngyuàn 營緣 7-275A
yǐngyuán 郢爰 10-626A
yìngyuán 應援 7-756A
yìngyuán 應緣 7-758B
yìngyuǎn 應遠 7-757A
yíngyuè 盈月 7-1417B
yíngyuè 贏越 6-1381A
yíngyuè 贏越 6-1407B
yìngyuē 應約 7-754A
yīngyǔn 應允 7-750B
yīngyùn 英韻 9-348A
yīngyùn 膺運 6-1393A
yīngyùn 鶯韻 12-1142A
yíngyùn 營運 7-273A
yìngyǔn 應允 7-750B
yìngyùn 應運 7-757A
yíngyùnqián 營運錢 7-273A
yìngzǎi 應宰 7-755A
yīngzān 纓簪 9-1056A
yíngzàn 營酇 7-277A
yìngzàn 應贊 7-759B
yíngzàng 盈藏 7-1420A
yíngzàng 塋葬 2-1176A
yíngzàng 營葬 7-272A
yíngzàng 贏藏 6-1408B
yíngzào 迎竈 10-751B
yíngzào 營造 7-270B
yǐngzǎo 梬棗 4-1039B
yíngzàochǐ 營造尺 7-271A
yíngzàosī 營造司 7-271A
yíngzé 瑩澤 4-628A
yíngzè 盈昃 7-1418A
yíngzhà 營柵 7-269B
yìngzhā 硬扎 7-1047A
yíngzhāi 營齋 7-276A
yíngzhài 營柴 7-270B
yíngzhài 營砦 7-271B
yíngzhài 營債 7-274A
yíngzhài 營寨 7-274B
yìngzhài 硬寨 7-1050A
yīngzhān 鷹鸇 12-1168B
yíngzhàn 迎戰 10-751A
yǐngzhàn 影占 3-1133A
yìngzhàn 應戰 7-758B
yíngzhǎng 營長 7-268B
yíngzhàng 營帳 7-271B
yìngzhāng 硬張 7-1049A
yìngzhàng 硬仗 7-1047B
yīngzhǎo 鷹爪 12-1166A
yíngzhào 塋兆 2-1176A
yíngzhào 營兆 7-267B
yǐngzhào 影兆 3-1133B
yìngzhào 應召 7-751B
yìngzhào 應兆 7-751B
yìngzhào 應詔 7-756B
yìngzhào 映照 5-669A
yīngzhǎomáo 鷹爪毛 12-1166A
yīngzhǎoyá 鷹爪芽 12-1166A
yīngzhé 英哲 9-342B
yīngzhé 英喆 9-344A
yíngzhé 縈折 9-974B
yíngzhé 瀠折 6-210B
yǐngzhé 穎哲 12-321B
yìngzhēn 應真 7-754A
yīngzhèn 英陣 9-342B
yíngzhěn 迎枕 10-745B
yíngzhèn 營陳 7-271A
yíngzhèn 營陣 7-270A
yǐngzhèn 穎振 12-321B
yìngzhēn 應真 7-754A
yìngzhěn 應診 7-756B
yǐngzhèng 郢正 10-625B
yǐngzhèng 郢政 10-626A
yìngzhēng 應徵 7-758A
yìngzhēng 硬錚 7-1049B
yìngzhèng 硬掙 7-1048A
yìngzhèng 硬正 7-1047A
yìngzhèng 硬諍 7-1049B
yìngzhèng 硬證 7-1050B
yìngzhèngqì 硬正氣 7-1047A
yìngzhēngzhēng 硬錚錚 7-1049B
yìngzhèngzheng 硬掙掙 7-1048A
yìngzhèngzǐ 硬掙子 7-1048A
yīngzhī 鶯枝 12-1140A
yīngzhī 鸚卮 12-1173B
yīngzhǐ 英旨 9-340A
yīngzhǐ 鷹趾 12-1167A
yīngzhì 英峙 9-341B
yīngzhì 英跱 9-346A
yīngzhì 英鷙 9-348B
yīngzhì 嬰稚 4-420A
yīngzhì 鷹跱 12-1167B
yíngzhī 熒芝 7-216A
yíngzhī 營織 7-276B
yíngzhí 營植 7-272B
yíngzhí 營殖 7-272B
yíngzhí 營職 7-276A
yíngzhǐ 盈指 7-1418A
yíngzhì 迎致 10-748A
yíngzhì 迎置 10-749B
yíngzhì 營制 7-269A
yíngzhì 營治 7-269A

yíngzhì 營致 7-270B
yíngzhì 營置 7-273B
yíngzhì 營製 7-274B
yǐngzhì 郢質 10-626B
yǐngzhì 影質 3-1135B
yìngzhí 硬直 7-1047B
yìngzhì 應制 7-752B
yìngzhìlángshí 鷹摯狼食 12-1168A
yìngzhīshā 硬支殺 7-1047A
yǐngzhīxíngdān 影隻形單 3-1134A
yǐngzhīxínggū 影隻形孤 3-1134A
yīngzhōng 膺中 6-1392A
yīngzhòng 英重 9-341B
yíngzhǒng 塋塚 2-1176A
yíngzhòng 營種 7-274B
yíngzhòng 營衆 7-272B
yǐngzhōng 郢中 10-625A
yǐngzhǒng 癭腫 8-369A
yìngzhōng 應鍾 7-759B
yìngzhōng 應鐘 7-759B
yǐngzhōngbáixuě 郢中白雪 10-625A
yǐngzhōngchàng 郢中唱 10-625B
yǐngzhōngcí 郢中詞 10-625B
yǐngzhōnggē 郢中歌 10-625B
yǐngzhōngkè 郢中客 10-625A
yǐngzhōnglǜ 郢中律 10-625A
yǐngzhōngpiān 郢中篇 10-625B
yǐngzhōngqǔ 郢中曲 10-625A
yīngzhōngshù 膺中俞 6-1392B
yǐngzhōngxuě 郢中雪 10-625B
yǐngzhōngyín 郢中吟 10-625A
yǐngzhōngzhì 郢中質 10-625B
yīngzhōu 膺舟 6-1392B
yīngzhòu 英胄 9-341B
yíngzhōu 營周 7-269A
yíngzhōu 瀛州 6-209B
yíngzhōu 瀛洲 6-209B
yíngzhōuyùyǔ 瀛洲玉雨 6-209B
yīngzhū 䑏珠 10-210B
yīngzhū 櫻珠 4-1368A
yīngzhū 瓔珠 4-655B
yīngzhǔ 英主 9-340A
yíngzhú 熒燭 7-217A
yíngzhú 營築 7-275B
yíngzhú 螢燭 8-949A
yíngzhǔ 營主 7-267A
yíngzhù 楹柱 4-1199B
yíngzhù 營住 7-268A
yíngzhù 營注 7-269A
yíngzhù 營駐 7-275A
yǐngzhù 景柱 5-771A
yǐngzhù 影柱 3-1134A
yīngzhuàn 鶯囀 12-1142B
yíngzhuǎn 縈轉 9-976A
yíngzhuàn 營饌 7-276B
yǐngzhuàn 景撰 5-773B
yǐngzhuàn 景譔 5-774A
yìngzhǔn 應准 7-755A
yīngzhuó 英卓 9-341A
yīngzhuó 纓繳 9-1056A
yǐngzhuó 郢斫 10-626A
yīngzi 纓子 9-1055A
yīngzī 英姿 9-342A
yīngzī 英資 9-346A
yīngzǐ 嬰子 4-419A
yíngzi 營子 7-266A
yíngzi 蠅子 8-977A
yíngzī 贏貲 6-1408A
yǐngzi 影子 3-1133A
yīngzībóbó 英姿勃勃 9-342A
yīngzībófā 英姿勃發 9-342A
yíngzǐgū 迎紫姑 10-749A
yǐngzihuā 影子花 3-1133A
yīngzīsàshuǎng 英姿颯爽 9-342B
yǐngziyǔ 影子語 3-1133A
yīngzòng 英縱 9-348A
yíngzōng 營綜 7-275A
yǐngzōng 影踪 3-1135B
yīngzǔ 纓組 9-1055B
yíngzú 營卒 7-269A
yíngzuǎn 營纘 7-277A
yīngzuǐ 鷹觜 12-1167B
yīngzuǐ 鷹嘴 12-1168A
yīngzuì 嬰罪 4-420A
yìngzuǐ 應嘴 7-758B
yīngzuǐxiāng 鷹嘴香 12-1168A
yǐngzūn 癭尊 8-369A
yīngzuò 英作 9-340B
yíngzuǒ 營佐 7-268A
yíngzuò 營作 7-268A
yīnhài 陰害 11-1027A
yínhǎi 銀海 11-1279B
yǐnhài 隱害 11-1125B
yǐnhǎi 飲海 12-508B
yīnhán 陰寒 11-1032B
yīnhàn 音翰 12-656B
yīnhàn 陰悍 11-1027A
yínhán 銀函 11-1278A
yínhán 蟫函 8-962A
yínhàn 銀漢 11-1283B
yínhàn 嚚悍 3-540B
yínhàn 湛旱 5-1441A
yǐnhán 隱涵 11-1126B
yǐnhàn 隱憾 11-1131A
yìnhán 印函 2-515B
yínháng 銀行 11-1276B
yǐnháng 引吭 4-92B
yǐnhánggāogē 引吭高歌 4-92B
yǐnhánggōngdiàn 引行公店 4-92A
yǐnhángquán 引航權 4-94B
yīnhǎo 姻好 4-340B
yīnhào 音耗 12-654B
yínháo 吟毫 3-220B
yínháo 銀毫 11-1280B
yínhǎo 寅好 3-1504A
yínhào 銀號 11-1282A
yǐnháo 引毫 4-96A
yǐnhào 引號 4-97B
yìnhào 印號 2-518A
yīnhàoshūkōng 殷浩書空 6-1484A
yīnhé 音和 12-654A
yīnhé 陰合 11-1021B
yīnhé 陰何 11-1022A
yīnhé 陰核 11-1026A
yīnhè 陰和 11-1023A
yīnhè 陰壑 11-1037A
yínhé 銀河 11-1278A
yínhé 銀荷 11-1279A
yǐnhé 引河 4-93B
yǐnhé 飲河 12-506B
yǐnhé 飲齕 12-511A
yǐnhé 隱核 11-1125A
yǐnhé 隱覈 11-1132A
yìnhé 飲和 12-506B
yìnhé 印合 2-514A
yìnhé 印盒 2-517A
yīnhēi 陰黑 11-1032A
yǐnhémǎnfù 飲河滿腹 12-506B
yǐnhěn 陰狠 11-1025B
yǐnhèn 引恨 4-94A
yǐnhèn 飲恨 12-507B
yìnhén 印痕 2-517A
yǐnhèn'érzhōng 飲恨而終 12-507B
yǐnhèntūnshēng 飲恨吞聲 12-507B
yínhéxì 銀河系 11-1278A
yǐnhéyǎnshǔ 飲河鼹鼠 12-506B
yīnhóng 陰虹 11-1024B
yínhóng 銀紅 11-1279A
yǐnhōng 殷訇 6-1483B
yǐnhōng 隱訇 11-1124A
yǐnhóng 殷洪 6-1483B
yǐnhóng 飲虹 12-507A
yǐnhóng 隱虹 11-1123B
yǐnhóng 隱谾 11-1126A
yīnhòu 殷厚 6-1483B
yīnhòu 陰候 11-1026B
yínhǒu 吟吼 3-219A
yǐnhóu 隱侯 11-1123B
yǐnhòu 飲候 12-508A
yǐnhòu 隱厚 11-1123B
yīnhòushí 陰后石 11-1021B
yǐnhóutǐ 隱侯體 11-1123B
yīnhù 殷户 6-1482B
yīnhù 陰户 11-1020A
yínhú 銀狐 11-1278A
yǐnhū 隱忽 11-1123A
yǐnhù 引户 4-91A
yǐnhù 隱户 11-1120A
yǐnhù 隱護 11-1132A
yìnhù 蔭户 9-529B
yīnhuá 音華 12-654B
yīnhuà 陰化 11-1019A
yínhuā 銀花 11-1276B
yínhuá 淫滑 5-1396A
yínhuá 嚚猾 3-540B
yǐnhuā 引花 4-92A
yǐnhuà 隱化 11-1120A
yìnhuā 印花 2-514B
yìnhuà 印畫 2-517B
yínhuābǎng 銀花牓 11-1277A
yínhuāhuā 銀花花 11-1277A
yínhuāhuǒshù 銀花火樹 11-1277A
yínhuái 吟懷 3-222B
yǐnhuái 隱懷 11-1132A
yǐnhuán 引還 4-99B
yǐnhuán 靷環 12-189A
yǐnhuàn 隱幻 11-1120A
yǐnhuàn 隱患 11-1126A
yīnhuáng 陰黄 11-1027B
yínhuáng 闉隍 12-129A
yínhuāng 淫荒 5-1393A
yínhuāng 銀荒 11-1278B
yínhuáng 銀黄 11-1280A
yínhuáng 銀潢 11-1283B
yǐnhuáng 引黄 4-95A
yǐnhuáng 引喤 4-96B
yínhuǎnghuǎng 銀晃晃 11-1279A
yìnhuāshuì 印花税 2-514B
yínhuāyǒngliǔ 吟花詠柳 3-219A
yīnhuī 音徽 12-656B
yīnhuì 音誨 12-656A
yīnhuì 陰晦 11-1028A
yīnhuì 陰惠 11-1031B
yīnhuì 陰會 11-1033B
yīnhuì 陰穢 11-1037B
yínhuī 銀灰 11-1276A
yínhuì 婬穢 4-373A
yínhuì 淫惠 5-1395B
yínhuì 淫穢 5-1399A
yínhuì 銀會 11-1282B
yǐnhuì 飲惠 12-509B
yǐnhuì 飲會 12-509B
yǐnhuì 隱晦 11-1126A
yǐnhuì 隱諱 11-1130B
yǐnhuì 隱穢 11-1132A
yìnhuī 印灰 2-514A
yǐnhuīxǐwèi 飲灰洗胃 12-505B
yínhuìzǐ 銀會子 11-1282B
yǐnhǔjùláng 引虎拒狼 4-93A
yīnhún 陰魂 11-1032B
yīnhùn 茵溷 9-379A
yínhūn 婬昏 4-373A
yínhūn 淫昏 5-1392B
yínhūn 銀婚 11-1280B
yínhūn 嚚昏 3-540B
yínhún 吟魂 3-221A
yǐnhún 引魂 4-97A
yīnhúnfān 陰魂幡 11-1032B
yǐnhúnfān 引魂旛 4-97A

yīnhuǒ 陰火 11-1019B
yīnhuò 陰禍 11-1032B
yínhuò 淫貨 5-1395A
yínhuò 淫惑 5-1395B
yínhuò 淫禍 5-1396A
yínhuò 銀貨 11-1280A
yǐnhuǒ 引火 4-91A
yǐnhuò 飲禍 12-509B
yǐnhuǒchái 引火柴 4-91A
yīnhuòdéfú 因禍得福 3-606B
yǐnhuǒdiǎn 引火點 4-91A
yǐnhuǒshāoshēn 引火燒身 4-91A
yīnhuòwéifú 因禍爲福 3-606B
yǐnhuǒwù 引火物 4-91A
yǐnhuǒxiàn 引火綫 4-91A
yǐnhǔrùshì 引虎入室 4-93A
yǐnhǔzìwèi 引虎自衛 4-93A
yīní 伊尼 1-1216B
yīnì 婴娓 4-403B
yīnǐ 猗抳 5-75B
yīnǐ 猗狔 5-75B
yīnǐ 猗柅 5-75B
yīnì 依匿 1-1351A
yíní 遺匿 10-1203A
yíní 遺溺 10-1215A
yǐnǐ 椅柅 4-1091A
yǐnǐ 旖柅 6-1618B
yǐnǐ 旖旎 6-1618B
yǐnǐ 倚昵 1-1459A
yìnǐ 議擬 11-456A
yìnì 挹抐 6-617B
yìnì 億逆 1-1698B
yīniàn 一念 1-48B
yínián 宜年 3-1374A
yínián 移年 8-75B
yínián 疑年 8-512A
yínián 遺年 10-1192A
yínián 頤年 12-293B
yíniàn 貽念 10-180B
yíniàn 疑念 8-513A
yíniàn 遺念 10-1197B
yìnián 益年 7-1423A
yìnián 翌年 9-651B
yìnián 億年 1-1698A
yìniàn 意念 7-640B
yìniàn 憶念 7-765B
yīniánbànzǎi 一年半載 1-29B
yīniánbèishéyǎo… 一年被蛇咬,三年怕草索 1-29B
yīniánbèishéyǎo… 一年被蛇咬,三年怕井繩 1-29B
yīniánchūnjìn… 一年春盡一年春 1-29B
yīniándà… 一年大,二年小 1-29B
yīniándàotóu 一年到頭 1-29B
yíniáng 姨娘 4-339B
yíniáng 姨孃 4-340A
yìniàng 醫釀 9-678A
yīniánjǐng 一年景 1-30A
yīniánsānjié 一年三節 1-29A
yīniánsānxiù 一年三秀 1-29A
yīniánshēng 一年生 1-29B
yīniánsìjì 一年四季 1-29B
yīniányīdù 一年一度 1-29A
yīniànzhīchā 一念之差 1-48B
yīniánzhījì… 一年之計,莫如樹穀 1-29B
yīniánzhījì… 一年之計在於春 1-29B
yīniànzhīwù 一念之誤 1-48B
yíniào 詒尿 11-65A
yíniào 遺溺 10-1215A
yíniào 遺尿 10-1195A
yǐniǎo 乙鳥 1-721A
yìniǎo 益鳥 7-1423B
yìniǎo 義鳥 9-179B
yìniǎo 翳鳥 9-677A
yīniē 一捻 1-72B
yíniè 遺孽 10-1224B
yíniè 遺孼 10-1225B
yǐniè 齮齧 12-1456B
yìniè 屹嵲 3-800B
yīniēhóng 一捻紅 1-72B
yīniēniē 一捻捻 1-72B
yínièyúliè 遺孼餘烈 10-1225A
yīníjì 伊尼冀 1-1217A
yíníng 怡寧 7-489A
yìnìng 乂寧 1-626B
yìnìng 億寧 1-1699A
yīnǐngshēn 一擰身 1-107B
yǐnǐshān 旖旎山 6-1618B
yīniǔ 衣紐 9-22A
yìniú 逸牛 10-1003A
yīniúhǒudì 一牛吼地 1-14B
yīniúmíng 一牛鳴 1-14B
yīniúmíngdì 一牛鳴地 1-14B
yǐnǐxiāng 旖旎鄉 6-1618B
yīnjī 殷積 6-1486B
yīnjī 陰基 11-1027B
yīnjī 陰機 11-1035B
yīnjí 陰疾 11-1027A
yīnjí 陰極 11-1031B
yīnjí 陰籍 11-1038B
yīnjí 瘖疾 8-343A
yīnjǐ 殷給 6-1485A
yīnjì 音伎 12-653B
yīnjì 音技 12-654A
yīnjì 殷祭 6-1484B
yīnjì 陰紀 11-1026A
yīnjì 陰計 11-1025B
yīnjì 陰霽 11-1039A
yínjí 吟集 3-220B
yínjí 崟岌 3-837A
yínjì 垠際 2-1103A
yínjì 淫伎 5-1391A
yínjì 淫祭 5-1395A
yínjì 銀記 11-1279A
yǐnjí 引汲 4-92A
yǐnjī 隱機 11-1130B
yǐnjí 引疾 4-95A
yǐnjí 引籍 4-101A
yǐnjí 隱疾 11-1125B
yǐnjì 尹祭 4-4B
yǐnjì 飲妓 12-506B
yǐnjì 飲齊 12-510A
yǐnjì 隱迹 11-1124A
yǐnjì 隱忌 11-1122A
yǐnjì 隱記 11-1125B
yǐnjì 隱寄 11-1127A
yǐnjì 隱跡 11-1128A
yǐnjī 隱机 11-1120B
yǐnjī 隱几 11-1119B
yìnjí 蔭籍 9-530B
yìnjí 蔭藉 9-530A
yìnjí 印集 2-517B
yìnjì 印迹 2-516A
yìnjì 印記 2-516A
yīnjiā 姻家 4-341B
yīnjià 姻嫁 4-342A
yīnjià 陰駕 11-1035B
yínjiǎ 銀甲 11-1275B
yǐnjiā 飲家 12-508B
yīnjiān 陰奸 11-1021B
yīnjiān 陰姦 11-1026A
yīnjiān 陰間 11-1032B
yīnjiàn 因間 3-606B
yīnjiàn 因監 3-606B
yīnjiàn 音監 12-655B
yīnjiàn 殷監 6-1486A
yīnjiàn 殷見 6-1483A
yīnjiàn 殷鑒 6-1487B
yīnjiàn 陰間 11-1032B
yīnjiàn 陰澗 11-1035B
yīnjiàn 陰鑑 11-1039A
yínjiān 吟肩 3-219B
yínjiān 吟牋 3-220B
yínjiān 吟箋 3-221B
yínjiàn 寅餞 3-1505A
yínjiàn 淫賤 5-1398A
yínjiàn 銀箭 11-1284A
yǐnjiān 隱間 11-1128A
yǐnjiàn 引見 4-92A
yǐnjiàn 引薦 4-99B
yǐnjiàn 引鑑 4-101A
yǐnjiàn 飲澗 12-510A
yǐnjiàn 飲餞 12-511A
yìnjiǎn 印檢 2-518B
yìnjiàn 印鑑 2-519A
yìnjiàn 廕監 3-1261B
yīnjiànbùyuǎn 殷鑒不遠 6-1487B
yīnjiāng 陰將 11-1029A
yínjiāng 吟螿 3-222B
yínjiàng 銀匠 11-1276A
yǐnjiāng 飲江 12-506A
yǐnjiāng 飲漿 12-510B
yìnjiāng 飲江 12-506A
yìnjiànshēng 廕監生 3-1262A
yǐnjiànyí 引見胰 4-92B
yīnjiāo 姻嬌 4-342A
yīnjiāo 陰交 11-1021B
yīnjiāo 陰膠 11-1035B
yīnjiāo 禋郊 7-948A
yīnjiǎo 陰狡 11-1025B
yīnjiǎo 陰筊 11-1032A
yīnjiào 陰教 11-1027B
yínjiāo 淫驕 5-1400A
yínjiāo 嚚澆 3-541A
yínjiǎo 淫狡 5-1394A
yínjiǎo 銀角 11-1277B
yínjiào 吟叫 3-219A
yǐnjiāo 引椒 4-96B
yǐnjiào 飲醮 12-511B
yǐnjiào 隱校 11-1125A
yínjiǎosī 銀絞絲 11-1281B
yínjiǎotáozhī 銀角桃枝 11-1277B
yínjiǎozi 銀角子 11-1277B
yīnjiē 音階 12-655A
yīnjié 音節 12-655B
yīnjié 陰桀 11-1026B
yīnjié 陰節 11-1033A
yīnjié 禋潔 7-948A
yīnjié 禋絜 7-948A
yīnjiè 因藉 3-607B
yīnjiè 陰界 11-1024B
yīnjiè 裀藉 9-74B
yínjiē 寅階 3-1504B
yǐnjiē 引接 4-95A
yǐnjié 引結 4-97A
yǐnjié 引節 4-97B
yǐnjié 蚓結 8-871A
yǐnjiě 隱解 11-1128B
yǐnjiè 隱介 11-1120A
yìnjiē 喑嗟 3-435A
yìnjié 印結 2-517B
yīnjiéwénzì 音節文字 12-655B
yǐnjìmáimíng 隱跡埋名 11-1128A
yīnjìn 陰浸 11-1027A
yǐnjìn 引進 4-95B
yǐnjìn 隱進 11-1126A
yīnjīng 陰莖 11-1026A
yīnjīng 陰旌 11-1029A
yīnjīng 陰精 11-1034B
yīnjǐng 陰井 11-1019A
yīnjìng 陰徑 11-1026B
yínjìng 淫徑 5-1394A
yǐnjīng 尹京 4-4B
yǐnjīng 引經 4-97B
yǐnjǐng 引頸 4-99B
yǐnjìng 引鏡 4-100B
yǐnjìng 隱靜 11-1129A
yǐnjīngjùdiǎn 引經據典 4-98A
yǐnjīngjùgǔ 引經據古 4-98A
yīnjīngshí 陰精石 11-1034B
yìnjīngyuàn 印經院 2-518A

yǐnjìnshǐ 引進使 4-95B
yǐnjīnxiè 飲金屑 12-506B
yīnjiù 姻舊 4-342A
yínjiǔ 淫酒 5-1394A
yǐnjiǔ 引久 4-90A
yǐnjiǔ 引酒 4-95A
yǐnjiǔ 飲酒 12-508B
yǐnjiù 引咎 4-93B
yìnjiǔ 窨酒 8-456A
yǐnjiùzégōng 引咎責躬 4-93B
yǐnjiùzìzé 引咎自責 4-93B
yīnjū 陰狙 11-1023B
yīnjù 音句 12-653B
yīnjù 殷劇 6-1486B
yínjú 銀局 11-1277B
yínjù 寅懼 3-1505A
yǐnjū 引裾 4-97B
yǐnjū 隱居 11-1123A
yǐnjú 飲局 12-506A
yǐnjù 引據 4-99A
yǐnjù 飲具 12-506B
yǐnjù 隱句 11-1120B
yǐnjù 隱拒 11-1121A
yìnjǔ 印舉 2-518B
yǐnjù 隱具 11-1122B
yīnjuàn 姻眷 4-341B
yínjuàn 吟卷 3-219B
yínjuàn 銀絹 11-1282B
yīnjué 陰譎 11-1038A
yīnjué 堙絶 2-1146B
yínjué 吟嚼 3-222B
yǐnjué 引決 4-92B
yǐnjué 引訣 4-96A
yǐnjué 飲噱 12-510B
yǐnjué 隱訣 11-1126B
yǐnjué 隱絶 11-1128A
yǐnjué 隱譎 11-1132A
yīnjūn 陰君 11-1022B
yǐnjūn 引軍 4-94A
yǐnjùn 飲餕 12-510A
yǐnjūnzǐ 隱君子 11-1122A
yǐnjūqiúzhì 隱居求志 11-1123A
yínkān 銀龕 11-1286A
yínkǎn 誾侃 12-118B
yínkāng 淫康 5-1395A
yínkàng 淫亢 5-1390B
yǐnkǎo 引考 4-91B
yìnkào 飲犒 12-510A
yīnkè 陰克 11-1021B
yīnkè 陰刻 11-1023B
yínkē 銀珂 11-1278B
yínkē 銀窠 11-1282B
yínkè 吟客 3-220A
yínkè 吟課 3-221B
yínkè 寅客 3-1504B
yínkè 銀課 11-1284B
yínkè 銀錁 11-1285A
yǐnkè 引課 4-98B
yǐnkè 飲客 12-507B
yǐnkè 隱課 11-1130A
yìnkē 印窠 2-518A
yìnkě 印可 2-513B
yìnkè 飲客 12-507B
yīnkěn 殷懇 6-1487A
yínkēng 銀坑 11-1276B
yǐnkēng 廕坑 3-1261B
yīnkōng 陰空 11-1024A
yǐnkòng 引控 4-95A
yínkǒu 吟口 3-219A
yǐnkòu 引扣 4-91B
yìnkǒu 窨口 8-456A
yǐnkǒuláo 引口醪 4-90A
yínkū 銀窟 11-1282B
yínkù 銀庫 11-1279A
yīnkuǎn 陰款 11-1031A
yīnkuàng 音貺 12-655B
yīnkuàng 殷曠 6-1487A
yínkuàng 銀礦 11-1285B
yínkuàng 銀鑛 11-1286A
yīnkuī 陰䯓 11-1035A
yǐnkuò 檃括 4-1320A
yǐnkuò 檃栝 4-1320A
yǐnkuò 隱括 11-1123A
yǐnkuò 隱栝 11-1124B
yǐnkuò 隱揺 11-1124B
yǐnkuò 櫽栝 4-1353A
yīnlài 音籟 12-657A
yīnlán 陰嵐 11-1032A
yínlǎn 淫覽 5-1400A
yínlàn 淫濫 5-1399A
yīnláng 陰廊 11-1028B
yīnlǎng 陰朗 11-1027A
yīnlàng 陰浪 11-1027A
yínlàng 淫浪 5-1394B
yǐnlángjùhǔ 引狼拒虎 4-95A
yǐnlángrùshì 引狼入室 4-94B
yǐnlángzìwèi 引狼自衛 4-95A
yínlǎo 淫潦 5-1398A
yínlǎo 霪潦 11-729B
yǐnlǎo 引老 4-91B
yǐnláo 飲勞 12-509B
yìnlào 印烙 2-516B
yínlè 淫樂 5-1398A
yínlè 銀勒 11-1280A
yīnléi 陰雷 11-1033A
yīnlèi 姻類 4-342B
yīnlèi 陰類 11-1038A
yínlèi 淫淚 5-1395B
yǐnléi 殷雷 6-1485B
yǐnlèi 引類 4-100B
yǐnlèi 飲淚 12-509A
yǐnlèihūpéng 引類呼朋 4-100B
yìnlěishòuruò 印纍綬若 2-519A
yīnlěng 陰冷 11-1022A
yīnlǐ 姻里 4-341A
yīnlǐ 殷理 6-1484A
yīnlǐ 殷禮 6-1487A
yīnlǐ 陰禮 11-1037B
yīnlǐ 禋禮 7-948A
yīnlì 殷曆 6-1486B
yīnlì 陰力 11-1018B
yīnlì 陰沴 11-1023B
yīnlì 陰厲 11-1034A
yīnlì 陰曆 11-1036A
yínlì 吟力 3-219A
yínlì 淫利 5-1391B
yínlì 淫厲 5-1397A
yínlì 淫麗 5-1399B
yínlì 銀粒 11-1280B
yínlì 銀礫 11-1286A
yǐnlǐ 引禮 4-100A
yǐnlì 引力 4-90A
yǐnlì 引例 4-93A
yǐnlì 隱吏 11-1120B
yǐnlì 隱戾 11-1123A
yìnlì 印歷 2-518B
yīnlián 姻連 4-341A
yīnlián 姻聯 4-342A
yīnlián 姻嗹 4-342A
yīnliǎn 殷斂 6-1487A
yǐnlián 蚓廉 8-871A
yìnlián 印奩 2-518A
yīnliáng 陰涼 11-1027A
yīnliáng 陰凉 11-1029A
yīnliàng 音量 12-655B
yínliǎng 銀兩 11-1277B
yínliàng 寅亮 3-1504B
yínliàng 夤亮 3-1194B
yínliàng 銀亮 11-1278B
yǐnliàng 飲量 12-509B
yìnliáng 蔭涼 9-530A
yīnliáo 禋燎 7-948A
yínliáo 寅僚 3-1504B
yínliáo 淫療 5-1399A
yǐnliào 飲料 12-508B
yīnlìchéngbiàn 因利乘便 3-604B
yīnliè 陰列 11-1021A
yínliè 淫獵 5-1399A
yīnlín 殷轔 6-1487A
yīnlín 陰林 11-1022B
yīnlín 陰燐 11-1036B
yīnlín 陰霖 11-1036A
yínlín 吟鄰 3-221B
yínlín 淫霖 5-1398B
yínlín 銀鱗 11-1286A
yínlín 霪霖 11-729B
yǐnlín 隱嶙 11-1130A
yǐnlín 隱轔 11-1132A
yǐnlín 隱鱗 11-1132B
yǐnlín 巆嶙 3-871B
yǐnlín 轞轔 9-1337B
yǐnlíncángcǎi 隱鱗藏彩 11-1132B
yīnlíng 陰陵 11-1027B
yīnlíng 陰靈 11-1039A
yīnlíng 堙陵 2-1146B
yīnlǐng 陰嶺 11-1037A
yīnlìng 陰令 11-1020A
yínlíng 銀鈴 11-1282A
yǐnlǐng 引領 4-98A
yǐnlìng 飲令 12-505B
yǐnlínjiyì 隱鱗戢翼 11-1132B
yǐnlínjiyǔ 隱鱗戢羽 11-1132B
yīnliú 殷流 6-1484A
yīnliú 殷劉 6-1486B
yīnliú 陰流 11-1027A
yīnliù 陰六 11-1019B
yīnliù 陰霤 11-1037B
yínliú 淫流 5-1394B
yínliǔ 銀柳 11-1278B
yǐnliú 引流 4-95A
yǐnliú 飲流 12-508B
yìnliú 憖留 7-720B
yīnlóng 闇聾 12-137A
yīnlóng 喑聾 3-435B
yīnlóng 瘖聾 8-343B
yǐnlóngzhí 引龍直 4-99B
yínlóu 銀樓 11-1284A
yínlòu 銀漏 11-1283B
yǐnlòu 隱漏 11-1129B
yīnlòujiùguǎ 因陋就寡 3-605A
yīnlòujiùjiǎn 因陋就簡 3-605B
yīnlù 陰戮 11-1035B
yīnlù 陰麓 11-1038A
yínlú 銀爐 11-1286A
yínlú 銀鑪 11-1286B
yínlù 淫僇 5-1396B
yínlù 淫戮 5-1398A
yínlù 銀鹿 11-1280B
yǐnlù 引路 4-97B
yǐnlù 隱戮 11-1130A
yǐnlù 隱録 11-1130B
yínluàn 婬亂 4-373A
yínluàn 淫亂 5-1396B
yīnlún 堙淪 2-1146B
yínlún 沍淪 3-822B
yínlún 銀輪 11-1284A
yínlùn 吟論 3-221B
yǐnlún 隱淪 11-1126B
yīnluó 殷羅 6-1487A
yīnluó 陰蘿 11-1038B
yínluò 淫濼 5-1399B
yīnluòluò 陰落落 11-1031B
yīnlǚ 音呂 12-653B
yīnlǚ 陰呂 11-1021A
yīnlǜ 音律 12-654B
yīnlǜ 陰律 11-1025A
yīnlù 陰緑 11-1035A
yínlǚ 銀縷 11-1285B
yǐnlǜ 引慮 4-98B
yǐnlǜ 引繂 4-100B
yǐnlǜ 隱慮 11-1129B
yǐnlǜbǐfù 引律比附 4-94A
yínlüè 淫掠 5-1394B
yínlüè 淫略 5-1394B
yǐnlüè 隱略 11-1126A
yínlüè'er 銀掠兒 11-1280A
yīnmǎ 陰馬 11-1026A
yǐnmǎ 引馬 4-94B
yìnmǎ 飲馬 12-508A
yìnmǎ 印馬 2-516A
yìnmǎchángjiāng 飲馬長江 12-508A
yīnmái 陰霾 11-1038B

yīnmài 陰脈 11-1026B
yǐnmài 引邁 4-98B
yìnmǎkū 飲馬窟 12-508A
yīnmǎn 殷滿 6-1486A
yínmàn 淫曼 5-1394B
yínmàn 淫嫚 5-1397B
yínmàn 淫慢 5-1397B
yínmàn 淫漫 5-1397B
yǐnmán 隱瞞 11-1130B
yǐnmǎn 引滿 4-98B
yīnmǎo 陰卯 11-1020B
yǐnmáo 隱茅 11-1122B
yǐnmào 隱冒 11-1123B
yīnmèi 陰魅 11-1034B
yīnmèi 堙昧 2-1146B
yínmèi 嚚昧 3-540B
yǐnměi 飲美 12-507B
yǐnmèi 隱昧 11-1123B
yīnmén 陰門 11-1024A
yīnméng 陰濛 11-1037A
yínméng 吟盟 3-221A
yǐnméng 飲盟 12-509B
yǐnméng 隱盟 11-1128A
yínmí 淫迷 5-1394A
yínmí 淫靡 5-1399B
yǐnmí 隱謎 11-1130B
yǐnmí 讔謎 11-464B
yǐnmì 隱祕 11-1124A
yǐnmì 隱秘 11-1125A
yǐnmì 隱密 11-1127A
yīnmiàn 陰面 11-1024B
yínmiǎn 淫湎 5-1396A
yìnmiàn 印面 2-515B
yínmiáocài 銀苗菜 11-1277B
yīnmiè 堙滅 2-1146B
yǐnmiè 隱滅 11-1128B
yīnmín 殷民 6-1482B
yínmín 淫民 5-1390B
yínmín 銀民 11-1276A
yǐnmín 隱民 11-1120B
yǐnmín 癮民 8-368B
yǐnmǐn 隱閔 11-1128A
yǐnmǐn 隱愍 11-1129A
yǐnmǐn 隱憫 11-1130A
yīnmíng 因明 3-605A
yīnmíng 音名 12-653B
yīnmíng 陰明 11-1023A
yīnmíng 陰冥 11-1027A
yīnmíng 陰瞑 11-1034B
yīnmìng 陰命 11-1023A
yínmíng 吟鳴 3-221B
yínmíng 淫名 5-1391A
yǐnmíng 隱冥 11-1125B
yǐnmìng 引命 4-93A
yīnmínglùn 因明論 3-605A
yǐnmíngmáixìng 隱名埋姓 11-1121A
yīnmó 陰魔 11-1038B
yīnmò 闇默 12-136B
yīnmò 姻末 4-340B
yīnmò 陰漠 11-1033B
yīnmò 陻没 11-1057A
yīnmò 喑默 3-435B
yīnmò 堙没 2-1146B
yīnmò 瘖默 8-343B
yínmò 淫末 5-1390B
yǐnmò 引墨 4-98B
yǐnmò 飲默 12-510B
yǐnmò 隱嘿 11-1130A
yǐnmò 隱没 11-1122A
yǐnmò 隱默 11-1130B
yìnmó 印摹 2-518A
yīnmóu 陰謀 11-1036B
yínmóu 吟眸 3-220A
yínmóu 淫謀 5-1398B
yǐnmóu 隱謀 11-1130B
yīnmóuguǐjì 陰謀詭計 11-1036B
yīnmú 陰模 11-1034A
yīnmǔ 因母 3 604A
yīnmǔ 姻母 4-340B
yīnmǔ 殷畝 6-1484A
yīnmù 茵幕 9-379A
yīnmù 陰木 11-1019A
yínmǔ 銀母 11-1276A
yínmù 銀幕 11-1281B
yǐnmù 引目 4-91A
yǐnmù 飲木 12-504B
yǐnnà 引納 4-95A
yínnáng 銀囊 11-1286A
yǐnnáng 隱囊 11-1132B
yìnnáng 印囊 2-519A
yīnnánxiànqiǎo 因難見巧 3-607B
yínnáo 吟猱 3-220B
yīnní 陰霓 11-1036A
yīnnì 姻妮 4-341A
yīnnì 姻昵 4-341A
yīnnì 陰匿 11-1026A
yínní 銀泥 11-1278A
yínnì 淫昵 5-1393B
yínnì 淫溺 5-1397A
yǐnnì 引匿 4-94B
yǐnnì 隱匿 11-1124B
yìnní 印泥 2-515A
yínniàn 寅念 3-1504A
yǐnnián 引年 4-92A
yǐnniáng 隱娘 11-1125B
yīnniǎo 陰鳥 11-1028B
yínniǎo 吟鳥 3-220B
yǐnniǎo 引鳥 4-95B
yīnniè 殷孽 6-1487A
yīnniè 殷蘖 6-1487A
yǐnniē 隱揑 11-1127A
yīnníng 陰獰 11-1037A
yīnníngbīngjiān 陰凝冰堅 11-1036B
yīnniú 殷牛 6-1482B
yìnniǔ 印紐 2-516B
yìnniǔ 印鈕 2-517B
yǐnniújīn 飲牛津 12-505A
yínniǔsī 銀紐絲 11-1279B
yínniǔxiàn 銀紐線 11-1279B
yínnòng 吟弄 3-219A
yīnnú 瘖奴 8-343A
yínnù 淫怒 5-1394A
yīnnuò 陰懦 11-1037B
yínnǚ 淫女 5-1390A
yínnüè 淫虐 5-1393A
yǐnnüè 飲謔 12-511A
yīnòng 一弄 1-34B
yìnòng 議弄 11-451B
yīn'ǒu 陰偶 11-1028B
yín'ōu 吟謳 3-222B
yín'ōu 銀鷗 11-1286A
yínpā 銀葩 11-1281A
yīnpái 瘖俳 8-343A
yínpái 銀牌 11-1281A
yìnpái 印牌 2-517B
yínpáiguǎn 銀牌館 11-1281B
yīnpán 殷盤 6-1486B
yínpán 銀盤 11-1284A
yīnpāng 殷磅 6-1486B
yǐnpèi 引轡 4-101A
yìnpèi 印佩 2-515A
yínpén 銀盆 11-1278B
yīnpéng 陰棚 11-1031B
yínpéng 淫朋 5-1392B
yínpéngmìyǒu 淫朋密友 5-1392B
yínpéngxiáyǒu 淫朋狎友 5-1392B
yīnpǐ 陰痞 11-1032A
yīnpǐ 堙圮 2-1146B
yínpì 淫辟 5-1397A
yínpì 淫僻 5-1398A
yǐnpì 引譬 4-101A
yǐnpì 隱辟 11-1128B
yǐnpì 隱僻 11-1130A
yīnpiàn 音片 12-653B
yǐnpiàn 飲片 12-505A
yínpiào 銀票 11-1280A
yǐnpiáo 飲瓢 12-510B
yǐnpiào 引票 4-95A
yìnpiào 印票 2-516B
yīnpín 音頻 12-656B
yīnpǐn 音品 12-654A
yīnpìn 殷聘 6-1485A
yínpìn 淫牝 5-1391A
yǐnpín 飲貧 12-509A
yīnpíng 茵馮 9-378B
yīnpíng 茵憑 9-379A
yīnpíng 陰平 11-1020A
yīnpíng 絪馮 9-823B
yínpíng 銀屏 11-1279A
yínpíng 銀瓶 11-1279A
yínpíngjīnwū 銀屏金屋 11-1279A
yīnpō 陰坡 11-1022B
yīnpò 陰魄 11-1034B
yínpōluó 銀頗羅 11-1283B
yínpū 銀鋪 11-1284B
yínpǔ 銀浦 11-1279B
yínpǔ 銀樸 11-1284B
yínpù 銀鋪 11-1284B
yínpù 銀舖 11-1284A
yìnpǔ 印譜 2-518B
yīnqī 姻戚 4-341B
yīnqī 陰淒 11-1026B
yīnqī 陰期 11-1031A
yīnqí 陰祇 11-1024A
yīnqí 駰騏 12-833B
yīnqǐ 闉跂 12-129A
yīnqì 姻契 4-341A
yīnqì 音氣 12-654B
yīnqì 殷契 6-1483A
yīnqì 陰氣 11-1026B
yīnqì 陰器 11-1036A
yīnqì 陰磧 11-1035B
yínqí 崟敧 3-837A
yínqí 崟崎 3-837A
yínqì 銀桼 11-1281B
yínqì 淫氣 5-1394A
yínqì 淫器 5-1398B
yínqì 銀器 11-1284B
yǐnqī 隱戚 11-1126A
yǐnqī 隱欺 11-1127A
yǐnqǐ 引起 4-94B
yǐnqǐ 隱起 11-1124B
yǐnqì 引氣 4-94B
yǐnqì 飲泣 12-507A
yǐnqì 飲氣 12-508A
yǐnqì 飲器 12-510B
yìnqì 窨氣 8-456A
yìnqì 印契 2-515B
yīnqián 陰錢 11-1036B
yīnqián 陰潛 11-1035B
yīnqiǎn 陰譴 11-1038B
yínqián 寅虔 3-1504B
yínqián 銀錢 11-1285A
yínqiàn 銀欠 11-1275B
yǐnqiān 引牽 4-96A
yǐnqiān 引愆 4-97B
yìnqián 印錢 2-518B
yīnqiáng 音强 12-655B
yīnqiáng 殷强 6-1485A
yínqiāng 銀鎗 11-1285B
yǐnqiáng 引彊 4-100A
yǐnqiáng 引强 4-97A
yīnqiáo 陰橋 11-1035B
yīnqiǎo 陰巧 11-1020A
yīnqiào 陰竅 11-1037B
yínqiáo 銀橋 11-1284B
yínqiǎo 淫巧 5-1390B
yínqiào 銀鞘 11-1284B
yǐnqiáo 引橋 4-99B
yǐnqiào 蚓竅 8-871B
yīnqiāoqiāo 陰悄悄 11-1027A
yīnqiè 姻妾 4-341A
yīnqiè 音切 12-653B
yīnqiè 殷切 6-1482B
yínqiè 吟篋 3-221B
yǐnqiè 隱切 11-1120A
yǐnqiè 隱竊 11-1132B
yínqílěiluò 崟崎磊落 3-837A
yínqílìluò 崟崎歷落 3-837A
yīnqīn 姻親 4-342A
yīnqín 殷勤 6-1485B
yīnqín 殷懃 6-1486B
yīnqín 慇勤 7-671B
yīnqín 慇懃 7-671B
yínqīn 崟嶔 3-837A
yínqīn 淫侵 5-1393B

yǐnqīn 隱親 11-1130B
yīnqíng 陰情 11-1029A
yīnqíng 陰晴 11-1031B
yínqīng 寅清 3-1504B
yínqīng 銀青 11-1277B
yínqíng 吟情 3-220B
yǐnqíng 引擎 4-99A
yǐnqíng 隱情 11-1126B
yǐnqìng 引磬 4-99A
yìnqīng 窨清 8-456B
yìnqíng 印黥 2-519A
yǐnqīngbǐ 尹卿筆 4-4B
yǐnqínsìsè 隱琴肆瑟
11-1127A
yīnqióng 陻窮 11-1057A
yínqióng 吟筇 3-220B
yínqióng 吟蛩 3-220B
yínqióng 吟蛬 3-220B
yīnqīqī 殷七七 6-1482B
yìnqìqián 印契錢 2-515B
yīnqìtūnshēng 喑氣吞聲
3-435A
yīnqìtūnshēng 噾氣吞聲
3-536A
yǐnqìtūnshēng 飲泣吞聲
12-507A
yǐnqìtūnshēng 飲氣吞聲
12-508A
yīnqiū 陰秋 11-1025A
yīnqiú 陰虬 11-1021B
yínqiū 寅丘 3-1504A
yínqiū 寅邱 3-1504A
yínqiú 銀虬 11-1277A
yínqiú 銀虯 11-1277B
yínqiú 銀球 11-1279B
yīnqú 陰渠 11-1029A
yīnqǔ 姻娶 4-341B
yīnqǔ 音曲 12-653B
yǐnqū 隱曲 11-1120B
yǐnqū 隱詘 11-1127B
yǐnqù 引去 4-91A
yìnqǔ 印取 2-514B
yīnquán 陰泉 11-1025A
yīnquán 陰權 11-1038B
yīnquǎn 陰畎 11-1024B
yínquán 淫泉 5-1393B
yínquǎn 狺犬 5-57A
yìnquàn 印券 2-515A
yǐnquánqīngjié 飲泉清節
12-507A
yǐnquánshī 飲泉詩 12-507A
yīnquē 闉闕 12-129B
yínquē 銀闕 11-1285B
yǐnquè 引却 4-92A
yīnqūnqūn 陰逡逡 11-1027B
yīnrán 闇然 12-135B
yīnrán 殷然 6-1484B
yīnrán 愔然 7-667A
yínrán 銀髯 11-1283B
yǐnrán 听然 3-218A
yǐnrán 殷然 6-1485A
yǐnrán 引燃 4-99B
yìnrǎn 印染 2-516A
yǐnrándíguó 隱然敵國
11-1127B
yīnrǎng 陰壤 11-1038B
yīnràng 陰讓 11-1039A
yīnráo 殷饒 6-1487B
yǐnrě 引惹 4-96B
yīnrén 陰人 11-1018B
yīnrén 喑人 3-434B
yīnrèn 因任 3-604B
yīnrèn 茵飪 9-378B
yínrén 寅人 3-1503B
yínrén 淫人 5-1390A
yínrén 嚚人 3-540B
yǐnrén 引人 4-89B
yǐnrén 飲人 12-504B
yǐnrén 隱人 11-1119B
yǐnrěn 飲忍 12-506B
yǐnrěn 隱忍 11-1122B
yǐnrèn 飲刃 12-504B
yìnrén 飲人 12-504B
yìnrén 印人 2-513A
yǐnrěnbùfā 隱忍不發
11-1122B
yǐnrěnbùyán 隱忍不言
11-1122B
yīnrénchéngshì 因人成事
3-603B
yīnréng 因仍 3-604A
yǐnrénrùshèng 引人入勝
4-89B
yǐnrì 引日 4-90B
yǐnrìchéngsuì 引日成歲
4-90B
yīnróng 音容 12-655A
yīnróng 陰戎 11-1020B
yīnróngxiàomào 音容笑貌
12-655A
yīnróu 陰柔 11-1026A
yǐnróu 隱揉 11-1127A
yǐnrǒu 隱煣 11-1128B
yīnrù 茵蓐 9-379A
yīnrù 茵褥 9-379A
yīnrù 裀褥 9-74B
yīnrù 絪縟 9-823B
yīnrùn 洇潤 5-1149B
yīnrùn 殷潤 6-1486B
yīnrùn 陰潤 11-1035B
yǐnruòdíguó 隱若敵國
11-1122B
yīnsāi 陻塞 11-1057A
yīnsāng 姻喪 4-341B
yīnsè 音色 12-653B
yīnsè 陰色 11-1021B
yīnsè 堙塞 2-1147A
yīnsè 瘖澀 8-343B
yínsè 淫色 5-1391A
yínsè 銀色 11-1276B
yǐnsè 隱塞 11-1128B
yìnse 印色 2-514A
yīnsēn 陰森 11-1031B
yínsēng 吟僧 3-221B
yīnshā 陰殺 11-1026B
yínshā 淫殺 5-1394A
yínshā 銀沙 11-1277B
yínshā 銀砂 11-1278B
yīnshān 硍山 7-1077B
yīnshān 陰山 11-1018B
yīnshàn 殷膳 6-1486B
yīnshàn 殷贍 6-1487B
yīnshàn 陰善 11-1032A
yínshān 銀杉 11-1277A
yǐnshàn 祒袨 3-933B
yǐnshàn 飲扇 12-508B
yǐnshàn 飲膳 12-511A
yīnshāng 殷商 6-1484B
yínshāng 淫商 5-1395A
yínshǎng 吟賞 3-221B
yǐnshāng 引商 4-96A
yǐnshāng 引觴 4-100B
yǐnshāng 隱傷 11-1128B
yǐnshāngkèjué 引商刻角
4-96A
yǐnshāngkèyǔ 引商刻羽
4-96A
yínshāntiěbì 銀山鐵壁
11-1275A
yínshào 寅紹 3-1504B
yīnshè 殷社 6-1483A
yínshē 淫奢 5-1394B
yínshé 銀蛇 11-1280A
yínshè 吟社 3-219A
yǐnshè 飲射 12-508A
yǐnshè 隱舍 11-1123A
yǐnshè 隱射 11-1125A
yīnshēn 陰深 11-1029A
yīnshén 陰神 11-1026A
yīnshěn 陰哂 11-1024B
yínshēn 吟呻 3-219B
yínshēn 唫呻 3-389A
yǐnshēn 引申 4-91B
yǐnshēn 引伸 4-92B
yǐnshēn 引身 4-92B
yǐnshēn 隱身 11-1121B
yǐnshēn 隱深 11-1126B
yǐnshěn 引審 4-99A
yǐnshēncǎo 隱身草 11-1121B
yǐnshēnchùlèi 引申觸類
4-91B
yǐnshēnchùlèi 引伸觸類
4-92B
yǐnshēnfú 隱身符 11-1122A
yīnsheng 因聲 3-607B
yīnshēng 音聲 12-656B
yīnshēng 陰生 11-1020A
yīnshēng 陰聲 11-1037A
yīnshēng 瘖生 3-1261B
yīnshèng 殷盛 6-1484B
yínshēng 吟聲 3-222A
yínshēng 寅生 3-1504A
yínshēng 淫聲 5-1398B
yínshēng 銀笙 11-1280A
yínshèng 銀勝 11-1281B
yǐnshēng 引聲 4-100A
yǐnshēng 隱生 11-1120B
yǐnshéng 引繩 4-101A
yǐnshèng 引勝 4-97A
yìnshēng 蔭生 9-529B
yǐnshéngpáigēn 引繩排根
4-101A
yǐnshéngpīgēn 引繩批根
4-101A
yǐnshéngqíbù 引繩棋布
4-101A
yǐnshéngqièmò 引繩切墨
4-101A
yīnshēngrén 音聲人 12-656B
yīnshēngshù 音聲樹 12-656B
yīnshēngzǐ 音聲子 12-656B
yǐnshēnyì 引申義 4-91B
yīnshī 陰濕 11-1037A
yīnshí 殷實 6-1486A
yīnshí 陰石 11-1020A
yīnshí 陰食 11-1025A
yīnshí 陰時 11-1026B
yīnshí 陰識 11-1038A
yīnshí 諲實 11-333B
yīnshǐ 音使 12-654A
yīnshì 因是 3-605B
yīnshì 姻事 4-341A
yīnshì 茵軾 9-379A
yīnshì 音勢 12-655B
yīnshì 音釋 12-657A
yīnshì 殷士 6-1482B
yīnshì 殷事 6-1483A
yīnshì 陰世 11-1020A
yīnshì 陰市 11-1020B
yīnshì 陰事 11-1023A
yīnshì 陰室 11-1025B
yīnshì 瘖士 8-343A
yīnshì 闉市 12-129A
yínshī 吟詩 3-221A
yínshí 吟石 3-219A
yínshí 寅時 3-1504B
yínshì 吟士 3-219A
yínshì 淫事 5-1392A
yínshì 淫視 5-1395B
yǐnshī 隱失 11-1120B
yǐnshí 引時 4-94B
yǐnshí 飲石 12-505B
yǐnshí 飲食 12-507B
yǐnshí 隱實 11-1129B
yǐnshì 尹氏 4-4B
yǐnshì 引示 4-91A
yǐnshì 引視 4-96A
yǐnshì 引試 4-97B
yǐnshì 飲餙 12-510A
yǐnshì 隱士 11-1119B
yǐnshì 隱示 11-1120A
yǐnshì 隱室 11-1124A
yǐnshì 隱逝 11-1124B
yǐnshì 隱飾 11-1128B
yìnshi 印匙 2-517A
yìnshì 飲濕 12-511A
yìnshī 印施 2-516A
yìnshī 酳尸 9-1416A
yìnshì 蔭室 9-530A
yìnshì 蔭勢 9-530A
yìnshì 印式 2-514A
yìnshì 瘖執 3-1261B
yǐnshífāng 飲食方 12-507B
yīnshìjiān 陰世間 11-1020A
yīnshìlìdǎo 因勢利導
3-606B

yǐnshínánnǚ 飲食男女 12-507B
yǐnshíqǐjū 飲食起居 12-507B
yīnshízhìyí 因時制宜 3-605B
yīnshìzhìyí 因事制宜 3-605A
yīnshòu 陰壽 11-1034A
yínshòu 寅獸 3-1505A
yínshòu 銀綬 11-1283B
yǐnshǒu 引手 4-90B
yǐnshǒu 引首 4-94A
yǐnshǒu 隱首 11-1124A
yìnshǒu 印手 2-513B
yìnshòu 印綬 2-518A
yìnshòu 廕授 3-1261B
yǐnshǒutóuzú 引手投足 4-90B
yīnshū 音書 12-655A
yīnshǔ 姻屬 4-342B
yīnshù 殷庶 6-1484B
yīnshù 陰術 11-1028B
yīnshù 陰數 11-1035A
yínshū 淫書 5-1394B
yínshū 銀書 11-1279B
yínshǔ 銀鼠 11-1282A
yǐnshū 隱書 11-1125B
yǐnshǔ 隱鼠 11-1128A
yǐnshù 引述 4-93A
yǐnshù 引樹 4-99B
yǐnshù 隱術 11-1126A
yìnshú 蔭贖 9-530B
yìnshǔ 印署 2-518A
yìnshuā 印刷 2-515A
yìnshuājú 印刷局 2-515B
yínshuāngtàn 銀霜炭 11-1285A
yìnshuāpǐn 印刷品 2-515B
yìnshuāsuǒ 印刷所 2-515B
yìnshuātǐ 印刷體 2-515B
yìnshuāwù 印刷物 2-515B
yīnshuǐ 陰水 11-1019A
yínshuǐ 淫水 5-1390A
yínshuǐ 銀水 11-1275B
yínshuì 淫說 5-1397A
yǐnshuǐ 引水 4-90B
yǐnshuǐ 飲水 12-505A
yǐnshuì 引稅 4-96B
yǐnshuì 引睡 4-97B
yìnshuǐ 飲水 12-505A
yìnshuì 印稅 2-517B
yǐnshuǐbiànyuán 飲水辨源 12-505A
yǐnshuǐchuán 引水船 4-90B
yǐnshuǐchuòshū 飲水啜菽 12-505A
yǐnshuǐqīhéng 飲水棲衡 12-505A
yǐnshuǐquán 引水權 4-90B
yǐnshuǐqūgōng 飲水曲肱 12-505A
yǐnshuǐrùqiáng 引水入牆 4-90B
yǐnshuǐshíshū 飲水食菽 12-505A
yǐnshuǐsīyuán 飲水思源 12-505A
yǐnshuǐzhīyuán 飲水知源 12-505A
yǐnshǔn 引楯 4-97A
yǐnshǔn 飲吮 12-506A
yínshuō 淫說 5-1397A
yínshuò 淫爍 5-1399B
yīnshùwéiwū 因樹爲屋 3-607B
yīnsī 姻私 4-341A
yīnsī 陰司 11-1020B
yīnsī 陰私 11-1022A
yīnsī 陰颸 11-1037B
yīnsì 煙祀 7-176B
yīnsì 陰祀 11-1022B
yīnsì 禋祀 7-947B
yínsī 淫思 5-1393B
yínsī 銀絲 11-1281B
yínsì 淫祀 5-1391B
yínsì 淫肆 5-1396B
yǐnsī 引絲 4-97A
yǐnsī 隱私 11-1121B
yǐnsì 尹寺 4-4B
yìnsì 飲食 12-507B
yìnsì 飲飼 12-509B
yìnsì 胤嗣 1-666B
yīnsīdǎoyáng 陰司倒陽 11-1020B
yínsīgōngyì 銀絲工藝 11-1281B
yīnsǒng 陰聳 11-1037A
yīnsòng 陰訟 11-1028B
yínsòng 吟頌 3-221A
yínsòng 吟誦 3-221B
yínsòng 嚚訟 3-540B
yīnsú 瘖俗 8-343A
yīnsù 因素 3-605B
yīnsù 音素 12-654B
yīnsù 音速 12-654B
yīnsù 陰肅 11-1033B
yínsú 淫俗 5-1393B
yínsù 銀素 11-1279A
yínsù 銀粟 11-1281A
yínsuàn 銀蒜 11-1281B
yīnsuì 殷碎 6-1485B
yīnsuì 陰燧 11-1036B
yīnsuì 陰邃 11-1037B
yǐnsuì 引歲 4-97B
yīnsǔn 陰損 11-1032B
yínsǔn 銀笋 11-1279A
yínsǔn 銀筍 11-1281A
yìnsūn 胤孫 1-666B
yīnsuō 陰桫 11-1028A
yínsuō 銀梭 11-1280A
yǐnsuǒ 隱索 11-1125A
yìnsuǒ 印鎖 2-518B
yìnsuǒ 印鏁 2-518B
yīnsuōsuō 陰梭梭 11-1028A
yīnsuōsuō 陰縮縮 11-1037B
yīnsùwénzì 音素文字 12-654B
yíntà 吟榻 3-221A
yīntái 陰臺 11-1034A
yíntái 寅臺 3-1504B
yíntái 銀臺 11-1282B
yíntài 淫汰 5-1391A
yíntài 淫太 5-1390A
yíntài 淫汏 5-1391B
yíntài 淫泰 5-1394A
yìntái 印台 2-514A
yíntáimén 銀臺門 11-1283A
yíntáishěng 銀臺省 11-1283A
yíntáisī 銀臺司 11-1282B
yíntáitōngjìnsī 銀臺通進司 11-1283A
yíntán 吟壇 3-222A
yíntàn 吟嘆 3-221A
yíntàn 吟歎 3-221B
yīntáng 陰堂 11-1028A
yíntáng 吟堂 3-220A
yíntáng 銀塘 11-1281B
yǐntāng 飲湯 12-509B
yìntáng 印堂 2-517A
yīntánguǐ 陰談鬼 11-1035B
yíntāo 銀濤 11-1285A
yǐntáo 隱逃 11-1124A
yīntè 陰慝 11-1033B
yíntè 婬慝 4-373A
yíntè 淫慝 5-1397A
yǐntè 引慝 4-98A
yǐntè 隱匿 11-1124B
yǐntè 隱慝 11-1129A
yīnténg 陰藤 11-1037B
yǐnténg 引藤 4-100B
yīntí 因提 3-606A
yīntǐ 陰體 11-1039A
yīntì 堙替 2-1146B
yíntí 銀蹄 11-1284B
yǐntì 引睇 4-96B
yīntiān 禋天 7-947B
yīntián 殷填 6-1485A
yīntián 殷闐 6-1487A
yǐntián 隱田 11-1120B
yīntiáo 陰條 11-1026B
yīntiáo 瘖蜩 8-343B
yīntiào 殷眺 6-1484B
yīntiào 殷覜 6-1485B
yǐntiáo 引調 4-98B
yíntiáocài 銀條菜 11-1279A
yíntiáodéxīng 銀條德星 11-1279A
yǐntǐhuā 隱體花 11-1132B
yīntílí 因提梨 3-606A
yīntǐng 陰挺 11-1024B
yíntíng 銀庭 11-1278B
yǐntīng 隱聽 11-1132B
yīntōng 姻通 4-341B
yīntóng 殷同 6-1483A
yīntóng 陰童 11-1032A
yíntōng 淫通 5-1394B
yíntóng 嚚童 3-540B
yǐntōng 隱恫 11-1124A
yǐntòng 隱痛 11-1127B
yīntóu 因頭 3-607B
yíntōu 淫偷 5-1395A
yǐntou 癮頭 8-368B
yǐntóu 引頭 4-99B
yǐntóu 隱投 11-1121A
yìntóuqián 印頭錢 2-518B
yǐntóuzhīqì 飲頭之器 12-510B
yīntǔ 殷土 6-1482B
yīntǔ 陰土 11-1018B
yīntù 音吐 12-653B
yīntù 陰兔 11-1023B
yǐntú 飲徒 12-508B
yǐntǔ 隱土 11-1119B
yíntuán 銀團 11-1283A
yíntùfú 銀兔符 11-1278A
yíntùfú 銀菟符 11-1280A
yǐntuì 引退 4-94A
yǐntuì 隱退 11-1124A
yǐntún 引屯 4-90A
yǐntún 隱豘 11-1122A
yìntún 飲豚 12-509A
yīntuō 陰脫 11-1028B
yǐntuō 引託 4-95A
yīntuóluó 因陀囉 3-605A
yīntuóluó 因陁羅 3-604B
yínǔ 遺砮 10-1206A
yīnuò 一搦 1-89B
yínuó 移那 8-75B
yínuó 移挪 8-77A
yínuò 遺諾 10-1220A
yǐnuǒ 旖旎 6-1618B
yǐnuò 已諾 4-72A
yīnuòqiānjīn 一諾千金 1-103A
yīnuòwúcí 一諾無辭 1-103A
yínǚ 遺女 10-1188B
yìnǚ 佚女 1-1243B
yìnǚ 枻女 4-890A
yìnǚ 逸女 10-1002B
yìnǚ 義女 9-174B
yìnǚ 誼女 11-325A
yìnǚ 縊女 9-973A
yínüè 遺虐 10-1199B
yínwā 淫攨 5-1399B
yínwā 淫哇 5-1393B
yínwā 淫鼃 5-1399B
yínwān 銀灣 11-1286B
yínwán 吟玩 3-219B
yínwán 吟翫 3-222A
yínwán 銀丸 11-1275A
yínwán 嚚頑 3-540B
yǐnwǎn 引挽 4-94B
yīnwáng 陰王 11-1019A
yīnwǎng 殷網 6-1486A
yínwǎng 淫網 5-1397B
yǐnwàng 引望 4-96A
yīnwēi 陰威 11-1024B
yīnwēi 陰微 11-1033A
yīnwéi 陰維 11-1035A
yīnwěi 殷猥 6-1484B
yīnwěi 陰痿 11-1033B
yīnwèi 因爲 3-606B
yīnwèi 音位 12-654A
yīnwèi 陰蔚 11-1034A

yīnwèi 喑畏 3-435A
yīnwèi 蔭蔚 9-530A
yínwēi 淫威 5-1393A
yínwēi 淫隈 5-1395B
yínwēi 嚚威 3-540B
yínwěi 淫猥 5-1396B
yínwěi 淫僞 5-1397A
yínwèi 吟味 3-219B
yínwèi 寅畏 3-1504A
yínwèi 夤畏 3-1194B
yǐnwēi 隱微 11-1128B
yǐnwěi 隱僞 11-1129A
yìnwěi 印委 2-515A
yìnwèi 飲喂 12-509B
yīnwén 音聞 12-656A
yīnwén 陰文 11-1019B
yīnwén 陰紋 11-1027B
yīnwěn 堙紊 2-1146B
yīnwèn 音問 12-655A
yínwén 淫文 5-1390B
yǐnwén 引文 4-90B
yǐnwén 隱文 11-1120A
yǐnwèn 引問 4-96A
yìnwén 印文 2-513B
yìnwén 印紋 2-516B
yìnwén 胤文 1-666A
yīnwēng 姻翁 4-341B
yínwèng 銀甕 11-1285A
yìnwéntáowénhuà
印紋陶文化 2-516B
yīnwò 殷渥 6-1485A
yínwō 銀蝸 11-1283A
yínwò 吟卧 3-219B
yīnwū 陰屋 11-1026A
yīnwū 喑嗚 3-435A
yīnwú 堙蕪 2-1147A
yínwū 淫汙 5-1391A
yínwū 淫污 5-1391A
yínwū 淫巫 5-1391B
yínwū 淫洿 5-1394A
yínwù 淫物 5-1392A
yínwù 淫務 5-1394B
yínwù 嚚杌 3-540B
yǐnwǔ 隱武 11-1122B
yǐnwù 隱霧 11-1131B
yìnwū 蔭屋 9-530A
yìnwù 喑噁 3-435B
yìnwù 喑嗚 3-435A
yìnwù 喑啞 3-435A
yìnwù 印務 2-516B
yīnwùchìzhà 喑啞叱咤
3-435A
yìnwùchìzhà 喑噁叱咤
3-435B
yìnwùchìzhà 喑嗚叱咤
3-435B
yīnwūjíwū 因烏及屋 3-605B
yǐnwùliánlèi 引物連類
4-93A
yīnxī 音息 12-654B
yīnxī 陰溪 11-1033B
yīnxī 陰羲 11-1036B
yīnxí 因習 3-606A
yīnxí 因襲 3-607B
yīnxí 茵席 9-378B
yīnxí 茵蓆 9-379A
yīnxí 裀席 9-74B
yīnxí 絪席 9-823B
yīnxǐ 殷喜 6-1484B
yínxī 寅夕 3-1503B
yínxī 崟巇 3-837A
yínxí 吟席 3-220A
yínxì 淫戲 5-1398B
yǐnxī 隱息 11-1125A
yǐnxí 飲席 12-508B
yǐnxì 引戲 4-100A
yǐnxì 飲禊 12-509B
yǐnxì 飲戲 12-511A
yǐnxì 隱戲 11-1131B
yǐnxī 隱膝 11-1130A
yìnxī 胤息 1-666A
yìnxí 蔭襲 9-530B
yìnxí 廕襲 3-1262A
yìnxǐ 印璽 2-518B
yīnxiá 殷祫 6-1484A
yīnxiá 陰霞 11-1037A
yīnxiá 陰黠 11-1037B
yīnxià 陰夏 11-1026B
yínxiá 淫狎 5-1393A
yǐnxiá 飲霞 12-511A
yǐnxià 隱下 11-1120A
yìnxiá 印匣 2-514B
yìnxiá 慭暇 7-720B
yīnxiǎn 陰險 11-1035B
yīnxiǎn 陰蘚 11-1038B
yīnxiǎn 陰顯 11-1039A
yīnxiàn 陰霰 11-1038B
yǐnxián 引閑 4-97A
yǐnxián 引嫌 4-97B
yǐnxián 引賢 4-98B
yǐnxiǎn 隱顯 11-1132B
yǐnxiàn 引綫 4-98B
yǐnxiàn 引線 4-99A
yǐnxiàn 隱見 11-1121B
yǐnxiàn 隱現 11-1125B
yǐnxiànchuānzhēn
引綫穿針 4-98B
yǐnxiànchuānzhēn
引線穿針 4-99A
yīnxiāng 音箱 12-656A
yīnxiǎng 音響 12-657A
yīnxiǎng 禋享 7-948A
yīnxiǎng 禋饗 7-948A
yīnxiàng 音像 12-655B
yínxiǎng 吟想 3-221A
yínxiǎng 吟響 3-222B
yínxiǎng 寅想 3-1504B
yínxiàng 銀象 11-1280B
yínxiàng 銀項 11-1281A
yínxiàng 銀像 11-1282A
yǐnxiāng 飲香 12-507A
yǐnxiàng 隱相 11-1123A
yìnxiāng 印香 2-515B
yìnxiàng 印象 2-517A
yìnxiàng 印像 2-518A
yìnxiàngpài 印象派 2-517A
yínxiāngqiú 銀香球
11-1278B
yìnxiàngzhǐ 印相紙 2-515B
yǐnxiánkōu 引弦彄 4-93B
yīnxiāo 因霄 3-606B
yīnxiāo 陰消 11-1027A
yīnxiào 陰笑 11-1026B
yínxiāo 淫嚻 5-1400A
yínxiào 吟嘯 3-222A
yínxiào 吟歗 3-222B
yínxiào 唫嘯 3-389A
yǐnxiāo 隱消 11-1125B
yīnxiǎoshīdà 因小失大
3-603B
yīnxié 陰邪 11-1021A
yīnxié 陰諧 11-1036B
yīnxiè 殷契 6-1483A
yīnxiè 殷謝 6-1487A
yīnxiè 陰洩 11-1025B
yínxié 淫邪 5-1391A
yínxiě 吟寫 3-221B
yínxiè 婬媟 4-373A
yínxiè 淫媟 5-1396A
yínxiè 淫褻 5-1398B
yǐnxiè 引謝 4-100A
yīnxīn 因心 3-604A
yīnxìn 音信 12-654A
yínxīn 淫心 5-1390B
yǐnxīn 隱心 11-1120A
yǐnxìn 引信 4-94A
yìnxīn 印心 2-513B
yìnxìn 印信 2-516A
yīnxīng 陰星 11-1024B
yīnxíng 音形 12-654A
yīnxíng 音型 12-654A
yīnxíng 陰刑 11-1020B
yīnxíng 陰行 11-1021B
yīnxíng 陰形 11-1021B
yīnxìng 陰性 11-1023B
yínxíng 婬刑 4-373A
yínxíng 淫刑 5-1390B
yínxíng 淫行 5-1391A
yínxìng 吟興 3-222A
yínxìng 銀杏 11-1277A
yǐnxíng 尹邢 4-4B
yǐnxíng 隱行 11-1121A
yǐnxíng 隱形 11-1121A
yǐnxìng 飲興 12-510B
yǐnxìng 隱倖 11-1125A
yìnxíng 印行 2-514A
yǐnxīngjūshú 飲腥苴熟
12-509B
yǐnxìngmáimíng 隱姓埋名
11-1123A
yīnxīnrén 陰心人 11-1020A
yínxīntèxíng 淫心匿行
5-1390B
yǐnxīntǔgù 引新吐故 4-97B
yīnxìnyǎowú 音信杳無
12-654B
yīnxiōng 姻兄 4-340B
yínxiōng 寅兄 3-1503B
yínxiōng 淫凶 5-1390A
yínxiōng 淫兇 5-1391A
yínxiōng 嚚凶 3-540B
yīnxiōngdì 姻兄弟 4-340B
yínxiù 吟袖 3-220A
yínxiù 銀銹 11-1284B
yǐnxiù 隱秀 11-1121B
yìnxiū 蔭庥 9-530A
yìnxiū 廕庥 3-1261B
yīnxízhīchén 茵席之臣
9-378B
yīnxū 殷虛 6-1484B
yīnxū 殷墟 6-1486A
yīnxū 陰虛 11-1028A
yīnxū 陰墟 11-1034A
yīnxǔ 殷昫 6-1483B
yínxù 寅序 3-1504A
yínxù 淫酗 5-1394B
yǐnxù 引緒 4-98B
yǐnxù 引續 4-101A
yǐnxù 隱卹 11-1123A
yǐnxù 隱恤 11-1124A
yìnxù 蔭敘 9-530A
yìnxù 胤緒 1-666B
yìnxù 胤續 1-666B
yìnxù 廕序 3-1261B
yìnxù 廕敘 3-1261B
yīnxué 音學 12-656B
yīnxué 陰穴 11-1020B
yīnxuè 陰血 11-1021A
yínxué 淫學 5-1398B
yínxué 銀學 11-1285A
yǐnxué 隱學 11-1130B
yǐnxuè 飲血 12-505B
yǐnxuèbēngxīn 飲血崩心
12-505B
yǐnxuèrúmáo 飲血茹毛
12-505B
yīnxún 因循 3-606A
yīnxùn 音訊 12-655A
yīnxùn 音訓 12-655A
yīnxùn 陰訓 11-1026B
yǐnxùn 隱狥 11-1124A
yǐnxùn 隱訓 11-1125B
yīnxúnshǒujiù 因循守舊
3-606B
yīnyá 陰崖 11-1028B
yīnyǎ 陰啞 11-1028A
yīnyǎ 喑啞 3-435A
yīnyǎ 禋雅 7-948A
yīnyǎ 瘖啞 8-343A
yīnyǎ 瘖瘂 8-343B
yīnyà 姻亞 4-341A
yīnyà 姻婭 4-341B
yínyā 銀鴨 11-1284B
yínyá 垠崖 2-1103A
yínyá 銀牙 11-1275B
yínyǎ 寅雅 3-1504B
yìnyā 印押 2-514B
yìnyǎ 胤雅 1-666B
yīnyān 陰煙 11-1033B
yīnyán 陰巖 11-1039A
yīnyǎn 陰巘 11-1039A
yīnyàn 陰厭 11-1034A
yīnyàn 陰燄 11-1036B
yínyán 岑喦 3-804A
yínyán 岑巖 3-804B
yínyán 吟研 3-219B

yínyán 寅嚴 3-1505A
yínyán 崟巖 3-837A
yínyán 淫言 5-1391B
yínyán 銀筵 11-1281A
yínyǎn 淫衍 5-1393B
yínyǎn 齦齴 12-1455A
yínyàn 淫宴 5-1394B
yínyàn 淫讌 5-1400A
yínyàn 淫豔 5-1400A
yínyàn 銀雁 11-1281A
yínyàn 銀燕 11-1284B
yǐnyán 引言 4-92B
yǐnyán 引鹽 4-101B
yǐnyán 隱言 11-1122A
yǐnyán 讔言 11-464B
yǐnyǎn 隱掩 11-1126A
yǐnyǎn 螾衝 8-959A
yǐnyǎn 螾衍 8-959A
yǐnyǎn 螾蜑 8-959B
yǐnyàn 飲宴 12-508B
yǐnyàn 飲燕 12-510B
yǐnyàn 飲嚥 12-511A
yǐnyàn 飲讌 12-511B
yìnyán 印鹽 2-519A
yínyánbìxíng 淫言詖行 5-1391B
yīnyáng 陰陽 11-1029A
yínyáng 銀洋 11-1278B
yǐnyáng 引羊 4-92A
yǐnyáng 隱佯 11-1122B
yǐnyǎng 引養 4-98B
yǐnyáng 飲羊 12-506A
yìnyàng 印樣 2-518A
yīnyángbùjiāng 陰陽不將 11-1030A
yīnyángcǎnshū 陰陽慘舒 11-1031A
yīnyánggōng 陰陽工 11-1030A
yīnyángguàiqì 陰陽怪氣 11-1030B
yīnyánghuǒ 陰陽火 11-1030B
yīnyángjiā 陰陽家 11-1030B
yīnyángjiè 陰陽界 11-1030B
yīnyángjìng 陰陽鏡 11-1031A
yínyànglàqiāngtóu 銀樣蠟槍頭 11-1284A
yínyànglàqiāngtóu 銀樣鑞槍頭 11-1284A
yínyànglàqiāngtóu 銀樣鑞鎗頭 11-1284A
yīnyánglì 陰陽曆 11-1031A
yīnyángliǎn 陰陽臉 11-1031A
yīnyángrén 陰陽人 11-1030A
yīnyángshēng 陰陽生 11-1030B
yīnyángshū 陰陽書 11-1031A
yīnyángshuǐ 陰陽水 11-1030A
yīnyángsī 陰陽司 11-1030B
yīnyángxiānshēng 陰陽先生 11-1030B
yīnyángxué 陰陽學 11-1031A
yīnyángzhái 陰陽宅 11-1030B
yīnyángzhú 陰陽竹 11-1030B
yínyánxiáyǔ 淫言狎語 5-1391B
yínyánxièyǔ 淫言媟語 5-1391B
yīnyáo 音謠 12-656B
yīnyáo 陰爻 11-1019B
yīnyǎo 陰窅 11-1027A
yīnyào 殷要 6-1483B
yīnyào 喑藥 3-435B
yīnyào 瘖藥 8-343B
yínyāo 吟腰 3-221A
yínyāo 淫妖 5-1391B
yínyǎo 淫咬 5-1393B
yínyáo 吟謠 3-222B
yǐnyào 引曜 4-100B
yǐnyào 引藥 4-100B
yǐnyào 飲藥 12-511A
yǐnyào 隱要 11-1123B
yǐnyào 隱曜 11-1132A
yǐnyào 隱耀 11-1132A
yǐnyào 湛灤 5-1444A
yìnyào 印鑰 2-519A
yīnyē 喑噎 3-435B
yīnyè 陰液 11-1029A
yīnyè 喑咽 3-435A
yínyě 婬冶 4-373A
yínyě 淫冶 5-1391B
yínyě 銀冶 11-1277B
yínyè 寅夜 3-1504A
yínyè 淫液 5-1395B
yínyè 淫業 5-1396B
yínyè 夤夜 3-1194B
yínyè 銀夜 11-1278A
yínyè 銀液 11-1280B
yínyè 銀葉 11-1281A
yǐnyē 引掖 4-95A
yǐnyè 引曳 4-92A
yǐnyè 引謁 4-99B
yǐnyè 隱業 11-1128A
yìnyè 陰喝 11-1032A
yīnyēfèishí 因噎廢食 3-606B
yīnyī 因依 3-605A
yīnyī 喑噫 3-435B
yīnyí 音儀 12-656A
yīnyí 殷彝 6-1487A
yīnyí 陰儀 11-1035A
yīnyì 姻誼 4-342A
yīnyì 姻懿 4-342B
yīnyì 音意 12-655B
yīnyì 音義 12-655B
yīnyì 音譯 12-657A
yīnyì 音驛 12-657B
yīnyì 殷溢 6-1486A
yīnyì 陰邑 11-1021B
yīnyì 陰悒 11-1027A
yīnyì 陰噎 11-1036A
yīnyì 陰翳 11-1037A
yīnyì 堙翳 2-1147A
yīnyì 愔嫕 7-667B
yīnyì 愔翳 7-667B
yīnyì 禋瘞 7-948A
yīnyì 蔭翳 9-530A
yínyí 淫夷 5-1391A
yínyì 吟繹 3-222B
yínyì 婬佚 4-373A
yínyì 婬泆 4-373A
yínyì 寅誼 3-1505A
yínyì 淫失 5-1390B
yínyì 淫佚 5-1391B
yínyì 淫泆 5-1392B
yínyì 淫逸 5-1395A
yínyì 淫意 5-1396B
yínyì 淫溢 5-1396B
yínyì 淫裔 5-1396B
yínyì 淫曀 5-1398B
yínyì 湛溢 5-1442B
yǐnyí 隱頤 11-1130A
yǐnyì 引悒 4-95A
yǐnyì 引逸 4-96A
yǐnyì 引義 4-97B
yǐnyì 引翼 4-100A
yǐnyì 隱佚 11-1121B
yǐnyì 隱逸 11-1126A
yǐnyì 隱義 11-1128B
yǐnyì 隱翳 11-1131B
yǐnyī 隱依 11-1122B
yìnyí 慭遺 7-720B
yìnyì 陰翳 11-1037A
yìnyì 蔭翳 9-530B
yīnyīn 殷殷 6-1483B
yīnyīn 陰陰 11-1027B
yīnyīn 喑喑 3-435A
yīnyīn 愔愔 7-667A
yīnyīn 慇慇 7-671B
yīnyín 陰淫 11-1029A
yīnyín 陰霪 11-1038A
yīnyǐn 陰隱 11-1037A
yīnyìn 陰蔭 11-1032B
yīnyīn 淫音 5-1394A
yínyín 嚚瘖 3-541A
yínyín 岑崟 3-804A
yínyín 狺狺 5-25B
yínyín 礬礬 8-854B
yínyín 訢訢 11-76B
yínyín 言言 11-5A
yínyín 沂垠 5-975A
yínyín 吟吟 3-219A
yínyín 犾犾 5-25A
yínyín 垠垠 2-1103A
yínyín 狺狺 5-57A
yínyín 訔訔 11-39B
yínyín 崟崟 3-837A
yínyín 淫淫 5-1395A
yínyín 誾誾 12-118B
yínyín 銀銀 11-1283B
yínyín 齗齗 12-1450B
yínyín 齦齦 12-1455A
yínyìn 銀印 11-1276A
yǐnyǐn 磤磤 7-1116B
yǐnyǐn 僸僸 1-1688A
yǐnyǐn 听听 3-218A
yǐnyǐn 殷殷 6-1484A
yǐnyǐn 磤磤 7-1090A
yǐnyǐn 引飲 4-97A
yǐnyǐn 隱隱 11-1131A
yǐnyǐn 螾螾 8-959B
yǐnyǐn 轗轗 9-1337B
yìnyìn 陰陰 11-1027B
yìnyìn 慭慭 7-721A
yínyíncècè 誾誾惻惻 12-119A
yǐnyǐnchuòchuò 隱隱綽綽 11-1131A
yǐnyǐnfěngfěng 隱隱諷諷 11-1131B
yīnyíng 殷盈 6-1483B
yīnyǐng 音景 12-655B
yīnyǐng 音影 12-656A
yīnyǐng 陰景 11-1032A
yīnyǐng 陰影 11-1035A
yīnyǐng 蔭影 9-530A
yīnyìng 因應 3-607B
yīnyìng 陰映 11-1024B
yīnyìng 陰暎 11-1031B
yínyīng 銀甖 11-1285B
yínyīng 銀罌 11-1286A
yínyīng 銀鷹 11-1286B
yǐnyǐng 隱影 11-1129B
yǐnyìng 隱映 11-1123B
yǐnyìng 飲潁 12-510A
yìnyìng 陰映 11-1024B
yìnyìng 蔭映 9-530A
yìnyìng 廕映 3-1261B
yǐnyǐnhōnghōng 隱隱珁珁 11-1131A
yǐnyǐnhōnghóng 殷殷洪洪 6-1484A
yǐnyǐnhónghóng 殷殷咗咗 6-1484A
yǐnyǐnhónghóng 隱隱竑竑 11-1131A
yǐnyǐnhuánghuáng 隱隱遑遑 11-1131A
yǐnyǐnhuánhuán 隱隱桓桓 11-1131A
yǐnyǐnhúhú 隱隱糊糊 11-1131B
yínyínjìjiào 齗齗計較 12-1451A
yínyínkǎnkǎn 誾誾侃侃 12-118B
yínyínkànkàn 誾誾衎衎 12-119A
yǐnyǐnlínlín 隱隱轔轔 11-1131B
yínyìnqīngshòu 銀印青綬 11-1276A
yīnyīntiántián 殷殷闐闐 6-1484A
yīnyīntiántián 殷殷田田 6-1484A
yīnyīntúntún 殷殷屯屯 6-1484A
yínyínyìyì 淫淫奕奕 5-1395B
yínyínyìyì 淫淫裔裔 5-1395B

yīnyīnyūnyūn 氤氤氲氲 6-1023A
yínyínyǔyǔ 淫淫與與 5-1395B
yǐnyǐnzhǎnzhǎn 隱隱展展 11-1131A
yīnyīnzhěnzhěn 殷殷軫軫 6-1484A
yǐnyǐnzhěnzhěn 隱隱軫軫 11-1131A
yínyínzhìzhì 誾誾秩秩 12-119A
yīnyíyángzhàn 陰疑陽戰 11-1034B
yīnyōng 蛔蝋 8-889B
yínyǒng 吟咏 3-219B
yínyǒng 吟詠 3-220B
yínyǒng 唫詠 3-389A
yínyòng 淫用 5-1390B
yínyòng 淫畣 5-1399A
yǐnyòng 引用 4-91B
yīnyōu 殷憂 6-1486A
yīnyōu 陰幽 11-1024B
yīnyōu 陰憂 11-1035A
yīnyōu 慇憂 7-671B
yīnyóu 因由 3-604A
yīnyóu 音郵 12-654B
yīnyǒu 殷牖 6-1486B
yīnyǒu 陰牖 11-1035A
yīnyǒu 陰黝 11-1037A
yínyóu 淫遊 5-1396A
yínyǒu 寅酉 3-1504A
yǐnyōu 隱幽 11-1123B
yǐnyōu 隱憂 11-1129B
yǐnyóu 隱尤 11-1120A
yǐnyòu 引誘 4-98A
yìnyóu 印油 2-515A
yìnyòu 蔭佑 9-529B
yīnyōuyōu 陰幽幽 11-1025A
yīnyú 陰隅 11-1031A
yīnyǔ 音語 12-656A
yīnyǔ 陰雨 11-1023A
yīnyù 茵蕷 9-379A
yīnyù 音域 12-655A
yīnyù 氤鬱 6-1023B
yīnyù 陰獄 11-1034B
yīnyù 陰鬱 11-1039A
yīnyù 堙鬱 2-1147A
yīnyù 蔭鬱 9-530B
yínyú 寅諛 3-1505A
yínyú 淫隅 5-1395B
yínyú 淫魚 5-1395A
yínyú 淫愚 5-1396B
yínyú 銀盂 11-1277B
yínyú 銀魚 11-1280B
yínyú 蟫魚 8-962A
yínyǔ 淫雨 5-1392A
yínyǔ 淫窳 5-1398A
yínyǔ 霪雨 11-729B
yínyù 婬欲 4-373A
yínyù 淫欲 5-1395A
yínyù 淫遇 5-1395B
yínyù 淫慾 5-1398A
yínyù 淫鬻 5-1400A
yǐnyú 隱榆 11-1128A
yǐnyú 隱虞 11-1128A
yǐnyǔ 飲羽 12-506A
yǐnyǔ 隱語 11-1129A
yǐnyǔ 讔語 11-464B
yǐnyù 引喻 4-96B
yǐnyù 引御 4-96B
yǐnyù 引遇 4-96B
yǐnyù 引預 4-97B
yǐnyù 引諭 4-99B
yǐnyù 飲飫 12-509B
yǐnyù 飲譽 12-511B
yǐnyù 隱喻 11-1127A
yǐnyù 隱寓 11-1127B
yǐnyù 隱隩 11-1129B
yǐnyù 隱鬱 11-1133A
yìnyù 陰愈 11-1033B
yīnyuān 絪寃 9-931A
yīnyuán 因緣 3-607A
yīnyuán 姻援 4-341B
yīnyuán 姻緣 4-342A
yīnyuán 姻媛 4-341B
yīnyuán 陰源 11-1033B
yīnyuán 駰原 12-833B
yīnyuǎn 殷遠 6-1485A
yínyuán 寅緣 3-1505A
yínyuán 夤緣 3-1194B
yínyuán 銀元 11-1275B
yínyuán 銀圓 11-1282A
yǐnyuān 飲寃 12-509A
yǐnyuán 引援 4-96B
yǐnyuǎn 隱遠 11-1128A
yínyuánbǎo 銀元寶 11-1275B
yīnyuánbù 姻緣簿 4-342A
yínyuánjú 銀圓局 11-1282A
yīnyuánwéishì 因緣爲市 3-607A
yínyúdài 銀魚袋 11-1280B
yīnyuē 暗約 3-435A
yīnyuè 音樂 12-656A
yīnyuè 陰月 11-1019B
yínyuè 吟月 3-219A
yínyuè 寅月 3-1503B
yínyuè 淫樂 5-1398A
yǐnyuē 隱約 11-1124A
yǐnyuè 飲月 12-505A
yǐnyuè 隱躍 11-1132A
yìnyuē 窨約 8-456A
yǐnyuēqící 隱約其詞 11-1124B
yǐnyuēqící 隱約其辭 11-1124B
yǐnyuèyuè 隱躍躍 11-1132A
yínyúfú 銀魚符 11-1280B
yīnyūn 煙煴 7-182B
yīnyūn 壹鬱 2-1162B
yīnyūn 壹壼 2-1162A
yīnyūn 茵蒀 9-378B
yīnyūn 氤氲 6-1023A
yīnyūn 絪氲 9-823B
yīnyūn 絪縕 9-823B
yīnyǔn 陰雲 11-1031B
yīnyùn 音均 12-654A
yīnyùn 音韵 12-655B
yīnyùn 音韻 12-657A
yīnyùn 陰韻 11-1038A
yīnyūndàshǐ 氤氲大使 6-1023B
yīnyūnshǐzhě 氤氲使者 6-1023B
yīnyùnxué 音韻學 12-657A
yīnyúzhīguó 因餘之國 3-606B
yīnzá 殷雜 6-1487A
yínzá 淫雜 5-1399A
yǐnzàn 引贊 4-100B
yínzào 淫躁 5-1399B
yìnzào 隱竈 11-1132B
yìnzào 印造 2-516A
yīnzé 陰責 11-1027B
yǐnzé 飲澤 12-511A
yìnzé 蔭澤 9-530A
yīnzéi 陰賊 11-1033A
yǐnzéi 隱賊 11-1128A
yínzhà 淫詐 5-1395B
yǐnzhà 飲蜡 12-510A
yīnzhái 陰宅 11-1021B
yínzhài 吟債 3-221A
yīnzhàn 陰棧 11-1031B
yǐnzhàn 隱占 11-1120B
yīnzhàng 姻丈 4-340B
yīnzhàng 音障 12-655B
yínzhāng 銀章 11-1280B
yínzhāng 銀獐 11-1283B
yínzhāng 銀麞 11-1286A
yínzhǎng 淫長 5-1392A
yínzhàng 寅丈 3-1503B
yínzhàng 銀杖 11-1277A
yǐnzhāng 引章 4-96A
yǐnzhāng 飲章 12-509A
yǐnzhāng 隱章 11-1126B
yǐnzhǎng 尹長 4-4B
yǐnzhàng 引仗 4-91B
yǐnzhàng 引杖 4-92A
yìnzhāng 印張 2-517A
yìnzhāng 印章 2-517A
yìnzhāngxué 印章學 2-517A
yínzhào 銀詔 11-1281B
yǐnzhào 引棹 4-96B
yìnzhào 印照 2-518A
yīnzhé 陰謫 11-1037B
yínzhé 銀折 11-1276B
yīnzhěn 殷軫 6-1484B
yīnzhèn 殷賑 6-1486A
yínzhēn 銀針 11-1279A
yǐnzhēn 引針 4-94B
yǐnzhēn 引鍼 4-100A
yǐnzhěn 引枕 4-93A
yǐnzhěn 隱昣 11-1125A
yǐnzhěn 隱疹 11-1125B
yǐnzhěn 隱軫 11-1127A
yǐnzhěn 癮疹 8-368B
yǐnzhèn 飲酖 12-508B
yǐnzhèn 飲鴆 12-510B
yǐnzhèn 隱賑 11-1129A
yīnzhēng 殷正 6-1482B
yīnzhěng 殷整 6-1486B
yīnzhèng 陰政 11-1024A
yínzhēng 寅正 3-1503B
yínzhēng 淫烝 5-1394B
yínzhēng 淫蒸 5-1396B
yínzhēng 銀箏 11-1281A
yínzhēng 銀鉦 11-1282A
yínzhèng 寅正 3-1503B
yǐnzhēng 引争 4-92A
yǐnzhēng 飲烝 12-508B
yǐnzhēng 飲蒸 12-509B
yǐnzhèng 引正 4-91A
yǐnzhèng 引證 4-100B
yǐnzhèng 飲政 12-507A
yǐnzhèng 隱正 11-1120B
yìnzhèng 印正 2-513B
yìnzhèng 印政 2-515B
yìnzhèng 印證 2-518B
yīnzhěngjiǎ 殷整甲 6-1486B
yǐnzhènjiěkě 飲鴆解渴 12-510B
yǐnzhēnshíjiè 引鍼拾芥 4-100A
yǐnzhènzhǐkě 飲鴆止渴 12-510B
yínzhéyú 銀折盂 11-1276B
yīnzhī 闉支 12-129A
yīnzhí 音值 12-654B
yīnzhí 陰職 11-1037B
yīnzhǐ 音旨 12-653B
yīnzhǐ 音指 12-654A
yīnzhì 音制 12-654A
yīnzhì 音質 12-656A
yīnzhì 殷摯 6-1486A
yīnzhì 陰識 11-1038A
yīnzhì 陰至 11-1021A
yīnzhì 陰忮 11-1022B
yīnzhì 陰痔 11-1028B
yīnzhì 陰滯 11-1034B
yīnzhì 陰隲 11-1037A
yīnzhì 陰騭 11-1038A
yīnzhì 陰騺 11-1038B
yīnzhì 堙窒 2-1146B
yínzhǐ 銀紙 11-1279B
yínzhì 淫志 5-1391B
yínzhì 淫智 5-1395B
yínzhì 淫滯 5-1397B
yǐnzhǐ 引止 4-90A
yǐnzhì 引致 4-94B
yǐnzhì 飲至 12-505B
yǐnzhī 隱知 11-1122B
yǐnzhì 隱志 11-1121A
yǐnzhì 隱帙 11-1122B
yǐnzhì 隱治 11-1123A
yǐnzhì 隱滯 11-1129B
yìnzhǐ 印紙 2-516B
yìnzhì 印識 2-519A
yìnzhì 印制 2-515A
yìnzhì 印製 2-518A
yìnzhì 憖置 7-720B
yínzhǐjiǎ 銀指甲 11-1278B
yìnzhǐlìzi 印紙歷子 2-516B
yínzhīmǎoliáng 寅支卯糧 3-1503B
yīnzhìwén 陰隲文 11-1037A

yīnzhìwén 陰騭文 11-1038B
yīnzhōng 陰中 11-1019A
yīnzhòng 殷重 6-1483B
yīnzhòng 殷衆 6-1484B
yīnzhòng 陰中 11-1019A
yīnzhòng 陰重 11-1025A
yínzhòng 寅重 3-1504A
yǐnzhōng 隱衷 11-1125A
yǐnzhǒng 引種 4-98A
yǐnzhòng 引種 4-98A
yǐnzhòng 引重 4-94A
yǐnzhòng 隱重 11-1123B
yǐnzhōngbāxiān 飲中八仙 12-504B
yīnzhóu 陰軸 11-1031B
yínzhóu 吟軸 3-220B
yǐnzhòu 飲冑 12-507A
yǐnzhòu 飲酎 12-508A
yìnzhòu 胤冑 1-666A
yīnzhū 因諸 3-606B
yīnzhū 陰誅 11-1033B
yīnzhú 陰竹 11-1021A
yīnzhǔ 陰主 11-1020B
yīnzhù 陰注 11-1023B
yīnzhù 陰翥 11-1034A
yínzhū 硍硃 7-1046A
yínzhū 銀朱 11-1276A
yínzhú 銀竹 11-1276A
yǐnzhù 引注 4-93B
yìnzhū 印朱 2-514A
yǐnzhuàn 飲饌 12-511B
yìnzhuàn 印篆 2-518B
yīnzhuàng 陰狀 11-1024A
yìnzhuàng 印狀 2-515B
yīnzhuì 音綴 12-656A
yīnzhuì 堙墜 2-1147A
yǐnzhuì 飲隊 12-509A
yīnzhǔn 音準 12-655B
yínzhuó 淫濁 5-1398B
yínzhuó 淫濯 5-1399A
yǐnzhuō 隱拙 11-1122B
yǐnzhuó 引繳 4-101A
yǐnzhuó 引酌 4-94B
yǐnzhuó 引擢 4-100A
yǐnzhuó 飲酌 12-508A
yǐnzhuó 飲啄 12-509A
yīnzī 煙資 7-182A
yīnzī 音姿 12-654B
yīnzī 陰資 11-1033B
yīnzǐ 因子 3-603B
yīnzǐ 陰子 11-1019A
yīnzì 音字 12-653B
yīnzì 陰字 11-1021B
yínzi 銀子 11-1275A
yínzī 吟髭 3-222A
yínzī 銀髭 11-1284B
yínzì 淫恣 5-1394A
yínzì 銀字 11-1276B
yǐnzi 引子 4-90A
yǐnzǐ 引子 4-90A
yǐnzǐ 飲子 12-504B
yìnzi 印子 2-513A
yìnzǐ 飲子 12-504B
yìnzǐ 胤子 1-666A
yìnzǐ 廕子 3-1261B
yínzìbìlì 銀字觱栗 11-1276B
yínzì'er 銀字兒 11-1276B
yìnzifáng 印子房 2-513B
yìnzǐfēngqī 蔭子封妻 9-529B
yìnzijīn 印子金 2-513A
yìnzipù 印子鋪 2-513B
yínzìqǐ 銀字棨 11-1276B
yínziqián 銀子錢 11-1275B
yìnziqián 印子錢 2-513B
yínzìshēng 銀字笙 11-1276B
yínzǐxiānsūn 嚚子憸孫 3-540B
yìnzizhài 印子債 2-513B
yīnzōng 殷宗 6-1483A
yīnzōng 陰宗 11-1023B
yīnzōng 禋宗 7-948A
yínzòng 婬縱 4-373A
yínzòng 淫縱 5-1399A
yǐnzōng 飲宗 12-507A
yìnzōng 印踪 2-518B
yīnzòu 音奏 12-654A
yínzòu 淫奏 5-1393A
yǐnzōu 引騶 4-101A
yǐnzòu 引奏 4-93B
yīnzú 姻族 4-341B
yīnzú 殷足 6-1483A
yīnzú 陰族 11-1029A
yīnzǔ 堙阻 2-1146B
yìnzú 胤族 1-666B
yìnzǔ 印組 2-517B
yīnzuì 陰罪 11-1033A
yínzuì 吟醉 3-221B
yǐnzuì 引罪 4-97B
yīnzūn 禋樽 7-948A
yǐnzuò 隱坐 11-1122A
yī'ōu 一漚 1-99A
yī'ǒu 伊優 1-1220A
yī'ǒu 一耦 1-100A
yí'ōu 遺謳 10-1224B
yì'ōu 嗌嘔 3-469A
yī'ōuyà 伊優亞 1-1220A
yí'ouyá 狋吽牙 5-27B
yīpái 衣牌 9-23A
yīpài 一派 1-59A
yìpài 異派 7-1348B
yīpāijíhé 一拍即合 1-41B
yīpàn 一半 1-24B
yípán 夷槃 2-1500A
yípán 夷盤 2-1500B
yípàn 痍叛 8-312A
yìpàn 臆判 6-1394B
yípánchīfànhàn 移盤喫飯漢 8-80B
yīpánqí 一盤棋 1-102B
yīpánsǎnshā 一盤散沙 1-102B
yīpànxīn 一盼心 1-57A
yīpāo 一抛 1-35A
yīpāo 一泡 1-50B
yīpáo 衣袍 9-21B
yípáo 移庖 8-76B
yīpàotái 一炮台 1-58B
yīpāozi 一泡子 1-51A
yīpèi 儀轡 1-1706B
yípèi 遺佩 10-1197A
yípèi 遺珮 10-1203A
yǐpēi 蟻醅 8-987A
yìpèi 抑配 6-393A
yìpèi 逸轡 10-1012A
yīpèidōu 一轡兜 1-114B
yīpèitóu 一轡頭 1-114B
yípén 儀盆 1-1703A
yīpéng 一棚 1-83B
yīpéng 一篷 1-105A
yīpéngyān 一蓬煙 1-90A
yīpēnyixǐng 一噴一醒 1-101B
yīpí 依毗 1-1350B
yīpǐ 一匹 1-11A
yípǐ 疑否 8-512B
yǐpī 椅披 4-1091A
yǐpí 倚毗 1-1459A
yìpì 抑譬 6-395A
yìpì 懿濞 7-797B
yīpiān 一偏 1-75B
yīpiān 一篇 1-102A
yīpiàn 一片 1-15B
yípiān 遺偏 10-1207A
yípiān 遺篇 10-1219B
yìpiān 逸篇 10-1009B
yìpiān 逸翩 10-1010A
yīpiànbīngxīn 一片冰心 1-16A
yípiānduànjiǎn 遺篇斷簡 10-1219B
yǐpiāngàiquán 以偏概全 1-1091B
yīpiàngōngshāng 一片宫商 1-16A
yīpiànsǎnshā 一片散沙 1-16A
yīpiànshí 一片石 1-16A
yīpiānzhījiàn 一偏之見 1-75B
yīpiānzhīlùn 一偏之論 1-75B
yípiānzhuìkuǎn 遺篇墜款 10-1219B
yīpiáo 一瓢 1-104B
yīpiào 一票 1-74A
yīpǐchú 一匹雛 1-11B
yīpiē 一瞥 1-106B
yīpiě 一撇 1-95B
yīpiězi 一撇子 1-95B
yīpìgu 一屁股 1-40A
yīpǐjǐn 一匹錦 1-11A
yīpǐn 一品 1-57A
yípǐn 儀品 1-1703A
yípǐn 遺品 10-1199B
yípǐn 彝品 3-1660B
yìpǐn 異品 7-1347B
yìpǐn 逸品 10-1005A
yìpǐn 億品 1-1698A
yìpǐn 譯品 11-447A
yīpǐnbáishān 一品白衫 1-57B
yīpíng 一平 1-22A
yīpíng 一萍 1-73A
yīpíng 依憑 1-1354A
yípíng 夷平 2-1496A
yípíng 迤平 10-760A
yǐpíng 扆屏 7-364B
yìpíng 弈枰 2-1317A
yìpíng 翼馮 9-680A
yīpǐnguō 一品鍋 1-57B
yīpǐnhóng 一品紅 1-57B
yīpínrúxǐ 一貧如洗 1-76A
yīpínyīxiào 一嚬一笑 1-111A
yīpínyīxiào 一顰一笑 1-115B
yīpó 醫婆 9-1439B
yīpò 瑿珀 4-632B
yīpò 瑿魄 4-632B
yípó 姨婆 4-339B
yípò 夷破 2-1498B
yípò 遺魄 10-1216A
yípò 遺魄 10-1216A
yìpò 毅魄 6-1509A
yīpōtān 一潑灘 1-103B
yīpóutǔ 一抔土 1-34B
yīpǒutǔ 一培土 1-72B
yīpū 一撲 1-100B
yīpú 伊蒲 1-1219B
yīpǔ 醫譜 9-1440B
yīpù 一鋪 1-102B
yípǔ 遺樸 10-1221A
yípǔ 遺譜 10-1225B
yìpú 逸璞 10-1010A
yìpú 殪仆 5-177B
yìpǔ 弈譜 2-1317B
yìpǔ 藝圃 9-601B
yìpù 義鋪 9-181B
yìpù 驛鋪 12-910A
yìpù 驛舖 12-910A
yīpū'ānxīn 一鋪安心 1-102B
yīpúgòng 伊蒲供 1-1219B
yīpūnàxīn 一撲納心 1-100B
yīpúsài 伊蒲塞 1-1219B
yīpùshíhán 一暴十寒 1-101B
yīpùshíhán 一曝十寒 1-110B
yīpūtān 一鋪灘 1-102B
yīpūxīn 一撲心 1-100B
yīpúyán 伊蒲筵 1-1219B
yīpúzhuàn 伊蒲饌 1-1219B
yīqī 一七 1-3A
yīqī 一期 1-82A
yīqī 伊戚 1-1219A
yīqī 依棲 1-1352A
yīqí 一奇 1-44B
yīqí 一齊 1-99A
yīqí 伊祁 1-1217A
yīqí 伊祈 1-1218A
yīqí 伊耆 1-1218B
yīqí 壹齊 2-1162B
yīqí 蛜蝌 8-891B

yīqǐ 一起 1-61A
yīqì 一契 1-53B
yīqì 一氣 1-64A
yīqì 壹氣 2-1162A
yíqī 貽戚 10-181B
yíqī 遺妻 10-1196A
yíqí 夷齊 2-1500A
yíqǐ 遺啓 10-1208B
yíqì 貽棄 10-182A
yíqì 儀器 1-1706A
yíqì 遺弃 10-1195A
yíqì 遺泣 10-1198B
yíqì 遺棄 10-1211A
yíqì 遺器 10-1221A
yíqì 頤氣 12-294A
yíqì 彝器 3-1661B
yǐqī 以期 1-1091B
yìqī 悒戚 7-546A
yìqī 逸妻 10-1004B
yìqī 義妻 9-177A
yìqī 懿戚 7-797A
yìqí 抑齊 6-394B
yìqí 奕棊 2-1541B
yìqí 奕棋 2-1541B
yìqí 奕碁 2-1541B
yìqí 弈棊 2-1317A
yìqí 弈棋 2-1317B
yìqí 弈碁 2-1317B
yìqí 異奇 7-1346A
yìqí 逸騎 10-1011A
yìqí 義旗 9-181A
yìqí 驛騎 12-910B
yìqǐ 抑豈 6-393A
yìqì 佚氣 1-1244A
yìqì 疫氣 8-287A
yìqì 益氣 7-1423A
yìqì 異氣 7-1349A
yìqì 異器 7-1353B
yìqì 逸契 10-1005A
yìqì 逸氣 10-1006A
yìqì 意氣 7-642A
yìqì 溢氣 6-38A
yìqì 義氣 9-178B
yìqì 懌氣 7-762A
yīqià 衣帢 9-22B
yīqià 衣帢 9-19A
yīqià 衣帽 9-23B
yīqiān 一牽 1-77B
yīqián 一錢 1-105B
yīqián 依前 1-1350B
yíqiān 貽愆 10-182A
yíqiān 貽僭 10-182B
yíqiān 遺阡 10-1191A
yíqiān 遺愆 10-1213B
yíqiàn 遺欠 10-1188B
yǐqián 以前 1-1090A
yìqiān 易遷 5-636A
yìqiān 義阡 9-175B
yìqiān 億千 1-1697B
yìqián 亦前 2-326B
yìqián 役錢 3-927B
yìqián 邑錢 10-580A
yìqián 意錢 7-645B
yìqián 義錢 9-182A
yìqián 瘞錢 8-346A
yìqiǎn 益遣 7-1423B
yìqiánbǐhòu 意前筆後
7-641B
yīqiánbùmíng 一錢不名
1-106A
yīqiánbùzhí 一錢不值
1-106A
yīqiān'er 一簽兒 1-111A
yīqiāng 一腔 1-86B
yǐqiáng 倚强 1-1460B
yǐqiáng 倚牆 1-1462A
yìqiāng 弋腔 2-1582A
yìqiáng 驛牆 12-910B
yìqiángfúruò 抑彊扶弱
6-395A
yìqiángfúruò 抑强扶弱
6-394A
yǐqiánglíngruò 倚强凌弱
1-1460B
yīqiāngyīqí 一槍一旗
1-96A
yīqiāngyīqí 一鎗一旗
1-110A
yīqiánhàn 一錢漢 1-106A
yīqiánrúmìng 一錢如命
1-106A
yīqiānsìyì 一謙四益
1-108A
yīqiántàishǒu 一錢太守
1-106A
yíqiáo 圯橋 2-1016B
yíqiáo 儀橋 1-1706A
yíqiǎo 遺巧 10-1189A
yíqiào 詒誚 11-134A
yíqiào 貽誚 10-182A
yǐqiào 蟻竅 8-987A
yìqiáo 驛橋 12-910A
yìqiǎo 意巧 7-638A
yìqiào 逸峭 10-1006A
yīqiàobùtōng 一竅不通
1-110B
yíqiáoshū 圯橋書 2-1016B
yīqiàotōngbǎiqiàotōng
一竅通百竅通 1-110B
yīqíbànqiāng 一旗半鎗
1-98B
yīqiè 一切 1-11B
yīqiè 衣篋 9-25A
yīqiè 壹切 2-1161B
yìqiě 亦且 2-326B
yìqiě 抑且 6-392A
yìqiè 弋竊 2-1582B
yīqièfǎ 一切法 1-12A
yīqièjīng 一切經 1-12A
yīqí'èrqiāng 一旗二鎗
1-98B
yīqièwànwù 一切萬物 1-12A
yīqièyǒuqíng 一切有情
1-12A
yīqièzhì 一切智 1-12A
yīqièzhòngshēng 一切衆生
1-12A
yīqièzhǒngzhì 一切種智
1-12B
yīqièzhūfó 一切諸佛 1-12B
yìqìfēiyáng 意氣飛揚
7-642B
yìqìfēngfā 意氣風發
7-642B
yīqìhēchéng 一氣呵成
1-64A
yīqìhúnchéng 一氣渾成
1-64B
yǐqíhūnhūn…
以其昏昏,使人昭昭
1-1088B
yīqīliǎngxióng 一棲兩雄
1-83B
yīqīlìng 一七令 1-3A
yìqíméi 驛騎梅 12-910B
yīqīn 衣衾 9-21B
yīqín 一芹 1-35B
yīqín 一秦 1-60A
yíqīn 夷衾 2-1498B
yíqīn 遺衾 10-1204B
yíqīn 遺親 10-1221B
yíqín 夷禽 2-1499B
yíqín 儀秦 1-1703B
yíqín 儀禽 1-1704A
yíqín 遺勤 10-1212A
yíqǐn 移寢 8-80B
yíqǐn 遺寢 10-1217B
yìqīn 議親 11-456A
yìqīn 懿親 7-797A
yìqín 逸禽 10-1007B
yìqín 逸勤 10-1008A
yìqín 勩勤 2-822A
yìqín 議勤 11-454B
yǐqínbǔzhuō 以勤補拙
1-1092B
yìqín'é 憶秦娥 7-765B
yīqīng 一青 1-40B
yīqǐng 一頃 1-76B
yíqīng 移傾 8-80A
yíqīng 遺輕 10-1215B
yíqíng 怡情 7-488B
yíqíng 移情 8-79A
yíqìng 貽清 10-181B
yíqíng 遺情 10-1208A
yíqǐng 移頃 8-78B
yíqìng 遺慶 10-1220A
yǐqīng 倚傾 1-1461A
yìqīng 乂清 1-626B
yìqíng 抑情 6-393B
yìqíng 疫情 8-287B
yìqíng 異情 7-1351A
yìqíng 逸勍 10-1006B
yìqíng 逸情 10-1007A
yìqíng 意情 7-643B
yìqǐng 議請 11-455B
yìqìng 貤慶 10-89B
yīqīng'èrbái 一清二白
1-77B
yīqīng'èrchǔ 一清二楚
1-77B
yíqínglǐxìng 怡情理性
7-488B
yíqíngqiǎnyì 移情遣意
8-79B
yīqīngrúshuǐ 一清如水
1-78A
yíqíngyǎngxìng 怡情養性
7-488B
yíqíngyuèxìng 怡情悦性
7-488B
yīqīngzǎo 一清早 1-78A
yǐqīnwéijiě 以親爲解
1-1094B
yīqínyīhè 一琴一鶴 1-80A
yíqǐnzàihuái 遺寢載懷
10-1217B
yǐqióng 倚笻 1-1460A
yīqióng'èrbái 一窮二白
1-103B
yīqíshì 伊祁氏 1-1217A
yīqíshì 伊耆氏 1-1218B
yīqǐtóu 一起頭 1-61A
yīqiū 一丘 1-23B
yīqiū 一邱 1-37B
yīqiú 衣裘 9-23B
yíqiū 遺邱 10-1194B
yíqiū 遺坵 10-1195B
yǐqiū 蟻丘 8-984A
yìqiū 弈楸 2-1317B
yìqiú 邑囚 10-577B
yìqiú 逸虬 10-1004A
yìqiú 逸蚪 10-1004B
yīqiūhé 一丘貉 1-24A
yíqiūhuànduàn 移坵换段
8-76A
yīqiūtǔ 一丘土 1-23B
yīqiūyīhè 一丘一壑 1-23B
yīqiūzhīhé 一丘之貉 1-23B
yīqiūzhīhé 一邱之貉 1-37B
yìqìxiāngdé 意氣相得
7-642B
yìqìxiāngtóu 意氣相投
7-642B
yíqìyǎngtǐ 移氣養體 8-78A
yìqìyángyáng 意氣洋洋
7-642B
yìqìyángyáng 意氣揚揚
7-642B
yīqìyīgèsǐ 一氣一個死
1-64A
yīqíyīqiāng 一旗一槍
1-98B
yìqìyòngshì 意氣用事
7-642A
yīqízhòngchǔ 一齊衆楚
1-99A
yīqǐzi 一起子 1-61A
yīqū 一曲 1-28A
yīqū 一區 1-73B
yīqū 衣袪 9-21B
yīqū 猗嶇 11-1016B
yīqú 一絇 1-79B
yīqǔ 一曲 1-28A
yīqǔ 一取 1-41A
yíqū 頤麴 12-295A
yíqú 儀渠 1-1704A

yíqǔ 沂曲 5-975A
yíqǔ 遺曲 10-1192A
yíqǔ 遺取 10-1195B
yíqù 遺去 10-1189A
yíqù 遺趣 10-1218A
yǐqù 以去 1-1086A
yìqū 抑曲 6-392A
yìqū 抑屈 6-392B
yìqū 疫區 8-287B
yìqū 異趨 7-1354A
yìqū 意曲 7-639A
yìqū 意趨 7-646A
yìqū 議詘 11-454A
yìqú 義渠 9-180A
yìqǔ 弋取 2-1581B
yìqǔ 刈取 2-591B
yìqǔ 挹取 6-617B
yìqǔ 逸曲 10-1003B
yìqǔ 議娶 11-453B
yìqù 異趣 7-1353A
yìqù 逸去 10-1003A
yìqù 逸趣 10-1009A
yìqù 意趣 7-645A
yìqù 義趣 9-181A
yīquán 一純 1-71B
yīquán 一拳 1-69A
yíquán 遺筌 10-1210A
yíquàn 遺券 10-1198A
yǐquán 乙醛 1-721A
yǐquàn 倚勸 1-1462B
yìquán 議權 11-456B
yìquǎn 邑犬 10-577A
yìquǎn 義犬 9-175A
yìquàn 驛券 12-908A
yǐquándábiàn 以權達變
1-1095A
yīquǎnfèixíng…
一犬吠形,百犬吠聲
1-11A
yīquǎnfèixíng…
一犬吠形,羣犬吠聲
1-11A
yīquǎnfèiyǐng…
一犬吠影,百犬吠聲
1-11A
yīquánsuìhuánghè
一拳碎黃鶴 1-69B
yīquántouzáchū…
一拳頭砸出一眼井
1-69B
yīquánzhùdìng 一拳柱定
1-69A
yīqùbùfùfǎn 一去不復返
1-21A
yīquè 一闋 1-108B
yīquè 伊闕 1-1220B
yíquē 疑闕 8-518A
yíquē 遺缺 10-1203B
yíquē 遺闕 10-1224B
yíquē 遺闕 10-1224B
yíquè 遺却 10-1193B
yíquè 遺卻 10-1201A
yǐquē 乙炔 1-720B
yìquē 詣闕 11-197B
yìqùhéngshēng 逸趣橫生
10-1009A
yīqún 一群 1-94B
yīqún 衣裙 9-23B
yìqún 逸羣 10-1008B
yìqún 逸群 10-1008B
yìqún 軼羣 9-1238A
yìqún 意羣 7-644B
yìqúnjuélèi 軼羣絕類
9-1238A
yìqúnjuélún 逸羣絕倫
10-1008B
yìqǔtónggōng 異曲同工
7-1344B
yìqūyìbù 亦趨亦步 2-327A
yīrán 依然 1-1352B
yīrán 黟然 12-1364A
yīrán 黳髯 12-1375B
yírán 夷然 2-1499B
yírán 宜然 3-1375A
yírán 怡然 7-488B
yírán 頤然 12-294B
yǐrán 已然 4-72A
yǐrán 佁然 1-1295B
yìrán 釋然 10-1315A
yìrán 泄然 5-1051A
yìrán 仡然 1-1153B
yìrán 亦然 2-327A
yìrán 屹然 3-800B
yìrán 邑然 10-579B
yìrán 泆然 5-1085B
yìrán 悒然 7-546A
yìrán 義然 9-180A
yìrán 毅然 6-1509A
yìrán 熠然 7-231B
yìrán 翳然 9-677A
yìrán 翼然 9-680A
yīráng 醫禳 9-1440B
yīràng 揖讓 6-749B
yírǎng 遺壤 10-1225B
yíràng 移讓 8-81B
yǐrǎng 蟻壤 8-987A
yìrǎng 墶壤 2-1214A
yìrǎng 裔壤 9-80B
yìràng 義讓 9-182B
yīrángùwǒ 依然故我
1-1352B
yīràngyīgèkěn
一讓一個肯 1-115B
yìránjuérán 毅然決然
6-1509A
yīránrúgù 依然如故
1-1352B
yíránzìdé 怡然自得 7-489A
yírànzìruò 夷然自若
2-1499B
yíránzìruò 怡然自若
7-489A
yǐráo 倚橈 1-1461B
yírè 遺熱 10-1218A
yírè 遺爇 10-1223A
yìrè 饐熱 12-580A
yīrén 一人 1-3A
yīrén 伊人 1-1216A
yīrén 依人 1-1348B
yīrén 依仁 1-1349A
yīrén 醫人 9-1438A
yīrěn 一稔 1-92A
yīrèn 一任 1-30A
yīrèn 一恁 1-66B
yīrèn 衣衽 9-21A
yírén 夷人 2-1495B
yírén 宜人 3-1373B
yírén 移人 8-74A
yírén 疑人 8-511B
yírén 遺人 10-1187A
yírén 遺仁 10-1188B
yírèn 夷任 2-1496A
yírèn 移任 8-75B
yírèn 遺姙 10-1202B
yǐrén 苡仁 9-316A
yǐrěn 倚任 1-1457B
yìrén 役人 3-925B
yìrén 邑人 10-577A
yìrén 易人 5-633A
yìrén 異人 7-1342A
yìrén 逸人 10-1002A
yìrén 義人 9-174B
yìrén 詣人 11-197A
yìrén 藝人 9-600B
yìrén 譯人 11-446A
yìrèn 異任 7-1345A
yìrèn 意任 7-639A
yìrèn 億仞 1-1698A
yīrénbān 一人班 1-4A
yīrénbàn 一人半 1-3B
yīrénchuánxū…
一人傳虛,萬人傳實
1-4A
yīréndédào…
一人得道,雞犬飛升
1-4A
yīréndédào…
一人得道,雞犬升天
1-4A
yīréndí 一人敵 1-4A
yīrénfēishēng…
一人飛昇,仙及雞犬
1-4A
yǐrénfèiyán 以人廢言
1-1083A
yīréng 一仍 1-16A
yīréngjiùguàn 一仍舊貫
1-16B
yírénkǒushí 貽人口實
10-180A
yīrénlíxià 依人籬下
1-1348B
yǐrénlúxià 倚人廬下
1-1456B
yīrénquán 一人泉 1-4A
yīrénshànshè…
一人善射,百夫決拾
1-4A
yǐrěnwéihūn 以忍爲閽
1-1088B
yǐrénwéijiàn 以人爲鑑
1-1083A
yǐrénwéijìng 以人爲鏡
1-1083A
yīrénxiànyú…
一人向隅,滿坐不樂
1-3B
yīrényǒngzhàn 一人永占
1-3B
yīrényǒuqìng 一人有慶
1-3B
yǐrénzéguān 以人擇官
1-1083A
yīrénzhījiāo 一人之交
1-3B
yīrénzhīxià…
一人之下,萬人之上
1-3B
yīrénzuò 一人作 1-3B
yīrénzuòshì…
一人作事一人當 1-4A
yīrénzuòzuì…
一人作罪一人當 1-4A
yīrì 一日 1-12B
yírì 移日 8-74B
yìrì 異日 7-1343A
yìrì 翊日 9-651A
yìrì 翌日 9-651B
yìrì 翼日 9-679A
yīrìbìqì 一日必葺 1-14A
yīrìbùhàixiū…
一日不害羞,三日吃飽飯
1-14A
yīrìbùjià…
一日不稼,百日不食
1-14A
yīrìbùshíxiū…
一日不識羞,三日不忍餓
1-14A
yīrìbùshíxiū…
一日不識羞,十日不忍餓
1-14A
yírìbǔyè 移日卜夜 8-74B
yīrìbùzuò…
一日不作,百日不食
1-13B
yīrìbùzuò…
一日不作,一日不食
1-13B
yīrìhuān 一日歡 1-14B
yīrìjiǔqiān 一日九遷
1-13A
yǐrìjìyè 以日繼夜 1-1085A
yīrìliǎng…
一日兩,兩日三 1-14A
yīrìqiānlǐ 一日千里 1-13B
yīrìqiānzhàng 一日千丈
1-13B
yīrìsān…一日三,三日九
1-13A
yīrìsānfù 一日三復 1-13A
yīrìsānfù 一日三覆 1-13A
yīrìsānqiū 一日三秋 1-13A
yīrìsānsuì 一日三歲 1-13A
yīrìsānxǐng 一日三省
1-13A

yīrìsānyuè 一日三月 1-13A
yīrìwànjī 一日萬機 1-14A
yīrìwànjī 一日萬幾 1-14A
yīrìwànlǐ 一日萬里 1-14A
yīrìwéishī…
一日爲師,終身爲父 1-14A
yīrìwúcháng 一日無常 1-14A
yīrìyīxī 一日一夕 1-13A
yīrìyīyè 一日一夜 1-13A
yǐrìyìyuè 以日易月 1-1084B
yīrìzhīcháng 一日之長 1-13B
yīrìzhīyǎ 一日之雅 1-13B
yīrìzhīzhǎng 一日之長 1-13B
yīrìzòngdí…
一日縱敵,數世之患 1-14B
yīrìzòngdí…
一日縱敵,萬世之患 1-14B
yīróng 一戎 1-26A
yíróng 儀容 1-1703B
yíróng 遺容 10-1205A
yíróng 遺榮 10-1217A
yìróng 逸容 10-1006B
yìróng 義榮 9-181A
yǐróngqǔrén 以容取人 1-1091A
yīróngyī 一戎衣 1-26A
yīròu 一肉 1-29A
yíróu 懿柔 7-796B
yìròu 臆肉 6-1394A
yǐròudànhǔ 以肉啖虎 1-1087A
yīróuqǐshā 依柔乞煞 1-1351A
yǐròuqùyǐ 以肉去蟻 1-1087A
yǐròuqūyíng 以肉驅蠅 1-1087A
yǐròuwèihǔ 以肉餧虎 1-1087A
yīrú 一如 1-34A
yīrú 漪如 6-98A
yírú 遺儒 10-1221B
yǐrǔ 貽辱 10-181A
yìrú 逸如 10-1004A
yìrú 翳如 9-676B
yìrú 翼如 9-679A
yìrú 繹如 9-1033A
yìrù 邑入 10-577A
yìrù 詣入 11-197A
yìrúfānzhǎng 易如翻掌 5-634B
yìrúfǎnzhǎng 易如反掌 5-634A
yīruì 伊汭 1-1217B
yìruǐ 意蕊 7-645A
yìruǐ 意蕋 7-645A
yìruǐ 意蘂 7-646A
yìruì 異瑞 7-1351B
yīrújìwǎng 一如既往 1-34A
yírùn 遺潤 10-1220B
yīruò 一若 1-42B
yíruò 夷弱 2-1498B
yíruò 宜若 3-1374A
yǐruò 已若 4-71B
yìrúpòzhú 易如破竹 5-634B
yìrúshíjiè 易如拾芥 5-634A
yīrúzhījiè 衣袽之戒 9-23A
yīsā 一撒 1-100A
yīsāhuā 一撒花 1-100B
yísǎn 飴散 12-533B
yísǎn 儀繖 1-1706B
yísàn 遺散 10-1209A
yísàn 遺散 10-1221A
yìsǎn 褹襒 9-48A
yìsàn 逸散 10-1007A
yísàng 遺喪 10-1209B
yìsāng 翳桑 9-677A
yìsāo 抑搔 6-394A
yìsāo 繹騷 9-1033B
yìsāo 驛騷 12-910B
yīsǎo'érguāng 一掃而光 1-72B
yīsǎo'érkōng 一掃而空 1-72B
yísāosāfèn 遺臊撒糞 10-1222B
yīsāshǒu'er 一撒手兒 1-100B
yīsè 一色 1-31B
yísè 怡色 7-488A
yísè 頤嗇 12-294B
yǐsè 倚瑟 1-1460B
yìsè 抑塞 6-394B
yìsè 悒塞 7-546A
yìsè 異色 7-1345A
yìsè 意色 7-639A
yìsè 義色 9-176A
yìsè 毅色 6-1508B
yìsè 翳塞 9-677B
yīsèfú 一色服 1-32A
yīsēng 依僧 1-1353A
yìsēng 逸僧 10-1008B
yīsèyī 一色衣 1-31B
yīshà 一霎 1-105A
yǐshā 倚殺 1-1459B
yìshā 艾殺 9-271B
yìshā 刈殺 2-591B
yìshā 縊殺 9-973A
yīshān 衣襂 9-25B
yīshān 衣衫 9-19A
yīshān 黟山 12-1364A
yīshàn 一善 1-87A
yíshān 夷芟 2-1496B
yíshān 移山 8-74A
yíshān 貽姍 10-180B
yíshàn 移善 8-80A
yíshàn 遺善 10-1211A
yǐshàn 倚扇 1-1460A
yìshān 嶧山 3-868B
yìshàn 異善 7-1351B
yìshàn 異膳 7-1353B
yìshàn 翊善 9-651A
yìshàn 逸贍 10-1012A
yìshàn 翼善 9-680A
yīshànà 一霎那 1-105A
yíshānbáhǎi 移山拔海 8-74A
yīshānbàngshuǐ 依山傍水 1-1348B
yìshānbēi 嶧山碑 3-869A
yīshānbùcáng'èrhǔ
一山不藏二虎 1-8A
yíshāndǎohǎi 移山倒海 8-74B
yīshànfēng 一扇風 1-71A
yīsháng 衣裳 9-24B
yīshǎng 一晌 1-64A
yīshàng 一上 1-6B
yíshāng 夷傷 2-1500A
yíshāng 痍傷 8-312A
yíshāng 遺傷 10-1213B
yíshǎng 遺賞 10-1218B
yíshàng 圯上 2-1016B
yíshàng 儀尚 1-1702A
yǐshàng 以上 1-1083B
yìshāng 邑商 10-579A
yìshāng 泆湯 5-1085B
yìshǎng 邑賞 10-579B
yìshǎng 貤賞 10-89B
yìshàng 意尚 7-640A
yīshánggézi 衣裳格子 9-24B
yīshánggézi 衣裳槅子 9-24B
yíshānghuànyǔ 移商換羽 8-79A
yíshànglǎorén 圯上老人 2-1016B
yīshángménghuì 衣裳盟會 9-24B
yīshàngqīngshān…
一上青山便化身 1-6B
yīshàngshǒu 一上手 1-6B
yíshàngshū 圯上書 2-1016B
yìshànguān 翼善冠 9-680A
yīshāngyīyǒng 一觴一詠 1-110A
yīshángzhīhuì 衣裳之會 9-24B
yíshānhuíhǎi 移山迴海 8-74A
yíshānjiéhǎi 移山竭海 8-74B
yíshānkuàhǎi 移山跨海 8-74B
yīshānlánlǚ 衣衫藍縷 9-19A
yīshānlánlǚ 衣衫襤褸 9-19A
yīshǎnmíng 一閃明 1-71A
yīshǎnniàn 一閃念 1-71A
yǐshānshǔfǔ 蟻羶鼠腐 8-987A
yíshāntiánhǎi 移山填海 8-74B
yīshǎnyǎn 一閃眼 1-71A
yíshānzàohǎi 移山造海 8-74B
yíshānzhì 移山志 8-74A
yīshāo 一梢 1-73B
yísháo 儀韶 1-1705A
yíshào 遺少 10-1188B
yíshào 遺紹 10-1209A
yìshào 逸少 10-1002B
yìshào 懿邵 7-796B
yìshàobái'é 逸少白鵝 10-1002B
yìshào'é 逸少鵞 10-1002B
yīsháohuì 一勺燴 1-8A
yǐshāqùshā 以殺去殺 1-1091A
yīshàyǎn 一霎眼 1-105A
yīshè 一舍 1-47B
yīshè 一射 1-67A
yíshé 疑蛇 8-515A
yíshé 儀舌 1-1701A
yíshè 宜榭 3-1376A
yíshè 頤攝 12-295A
yìshé 蜴蛇 8-915B
yìshè 弋射 2-1582A
yìshè 邑社 10-578A
yìshè 悒慴 7-546A
yìshè 異舍 7-1347A
yìshè 義舍 9-177B
yìshè 義社 9-177A
yìshè 驛舍 12-908A
yīshéi 伊誰 1-1220A
yīshēn 一身 1-37B
yíshēn 遺身 10-1194B
yíshēn 頤身 12-293B
yíshén 怡神 7-488B
yíshén 遺神 10-1202B
yíshén 頤神 12-294A
yǐshēn 倚身 1-1458A
yǐshèn 已甚 4-72A
yìshēn 役身 3-926B
yìshēn 邑紳 10-579A
yìshēn 易身 5-634B
yìshēn 逸身 10-1004B
yìshén 役神 3-927A
yìshén 疫神 8-287A
yìshěn 譯審 11-448A
yìshěn 議審 11-455B
yíshěndàfāng 遺哂大方 10-1199B
yīshēn'ér'èrrèn
一身而二任 1-37B
yīshēng 一生 1-23A
yīshēng 伊生 1-1216B
yīshēng 醫生 9-1438B
yīshéng 一繩 1-112A
yīshèng 一乘 1-64B
yīshèng 一盛 1-74A
yíshēng 怡聲 7-489B
yíshēng 遺生 10-1189B
yíshēng 遺聲 10-1222A
yíshēng 頤生 12-293B
yíshèng 宜乘 3-1375A
yíshèng 遺剩 10-1210A
yíshèng 遺勝 10-1210B

yíshèng 遺賸 10-1222B
yìshēng 倚聲 1-1462A
yìshēng 亦聲 2-327A
yìshēng 佾生 1-1340B
yìshēng 逸聲 10-1010B
yìshēng 軼聲 9-1238A
yìshēng 意生 7-638A
yìshēng 義聲 9-182A
yìshēng 議聲 11-456A
yìshèng 邑乘 10-579A
yìshèng 易聖 5-635B
yìshèng 挹勝 6-618A
yìshèng 翊聖 9-651B
yìshèng 溢盛 6-38A
yìshèng 驛乘 12-909A
yīshēngchīzhuóbùjìn 一生喫著不盡 1-23B
yīshēngjiǔsǐ 一生九死 1-23A
yǐshēngliángdàn 以升量石 1-1085A
yīshēngrén 一生人 1-23A
yīshēngshì 一生世 1-23A
yīshēngsǐ 一生死 1-23B
yīshēngyīdài 一生一代 1-23A
yīshēngyīshì 一生一世 1-23A
yíshēngyújià 遺聲餘價 10-1222B
yíshēngzhuìxù 遺聲墜緒 10-1222A
yíshēngzǐ 遺生子 10-1190A
yíshénjiànguǐ 疑神見鬼 8-514B
yīshēnliǎngyì 一身兩役 1-37B
yīshēnshìdǎn 一身是膽 1-37B
yǐshēnshìfǎ 以身試法 1-1088A
yǐshènwéijiàn 以慎爲鍵 1-1093A
yīshēnwǔxīn 一身五心 1-37B
yǐshēnxǔguó 以身許國 1-1088A
yǐshēnxùnzhí 以身殉職 1-1088A
yíshényǎngqì 頤神養氣 12-294A
yíshényǎngshòu 頤神養壽 12-294A
yíshényǎngxìng 頤神養性 12-294A
yíshényíguǐ 疑神疑鬼 8-514B
yīshēnzuòshì… 一身做事一身當 1-38A
yǐshēnzuòzé 以身作則 1-1088A
yīshèzhīdì 一射之地 1-67A
yīshī 醫師 9-1439A
yīshí 一時 1-62B
yīshí 一實 1-99B
yīshí 衣食 9-19A
yīshí 依實 1-1353A
yīshí 壹食 2-1162A
yīshǐ 伊始 1-1218A
yīshì 一世 1-21A
yīshì 一式 1-25A
yīshì 一事 1-44A
yīshì 一是 1-56A
yīshì 一視 1-78A
yīshì 一勢 1-89B
yīshì 一適 1-98B
yīshì 衣飾 9-24A
yīshì 依恃 1-1351A
yīshì 壹是 2-1162A
yīshì 壹適 2-1162B
yīshì 醫士 9-1438B
yīshì 陭氏 11-1016B
yíshī 夷施 2-1498A
yíshī 移師 8-78A
yíshī 遺尸 10-1187B
yíshī 遺失 10-1190A
yíshī 遺屍 10-1202B
yíshī 遺詩 10-1214A
yíshí 宜時 3-1375A
yíshí 移時 8-78A
yíshí 遺石 10-1189B
yíshí 遺時 10-1203B
yíshí 遺實 10-1217B
yíshí 遺識 10-1225A
yíshǐ 遺史 10-1189B
yíshǐ 遺矢 10-1190A
yíshǐ 頤使 12-293B
yíshì 夷世 2-1496A
yíshì 夷視 2-1499A
yíshì 宜室 3-1375A
yíshì 宜適 3-1375B
yíshì 移蒔 8-80A
yíshì 移市 8-75A
yíshì 疑事 8-513A
yíshì 儀氏 1-1700A
yíshì 儀式 1-1700B
yíshì 儀飾 1-1704B
yíshì 儀適 1-1705A
yíshì 遺士 10-1187A
yíshì 遺世 10-1189A
yíshì 遺式 10-1191A
yíshì 遺事 10-1196A
yíshì 遺室 10-1202A
yíshì 遺視 10-1208B
yíshì 遺筮 10-1213A
yíshì 遺誓 10-1215A
yíshì 遺螫 10-1222A
yíshì 頤示 12-293B
yíshì 頤視 12-294B
yíshì 彝式 3-1660A
yíshì 義事 9-177A
yǐshī 蟻虱 8-985A
yǐshī 蟻蝨 8-987A
yǐshí 酏食 9-1394B
yǐshí 以時 1-1091A
yǐshí 倚石 1-1457A
yǐshì 乙士 1-720B
yǐshì 已事 4-71B
yǐshì 以是 1-1090A
yǐshì 倚市 1-1457B
yǐshì 倚事 1-1458A
yǐshì 倚恃 1-1459B
yǐshì 倚勢 1-1460B
yìshī 佚失 1-1243B
yìshī 逸失 10-1003A
yìshī 逸詩 10-1008A
yìshī 軼詩 9-1237B
yìshī 義師 9-179A
yìshī 譯師 11-447A
yìshī 譯詩 11-447B
yìshí 益食 7-1423A
yìshí 益實 7-1423B
yìshí 異時 7-1349A
yìshí 異實 7-1353A
yìshí 意識 7-646A
yìshí 詣實 11-197B
yìshí 懿識 7-797B
yìshǐ 佚史 1-1243B
yìshǐ 役使 3-926B
yìshǐ 逸史 10-1003A
yìshǐ 軼史 9-1237A
yìshǐ 譯使 11-446B
yìshǐ 驛史 12-907B
yìshǐ 驛使 12-908A
yìshì 衣飾 9-24A
yìshì 亦世 2-326B
yìshì 佚事 1-1244A
yìshì 役事 3-926B
yìshì 邑士 10-577A
yìshì 易世 5-633B
yìshì 易市 5-634A
yìshì 易室 5-635A
yìshì 易視 5-635A
yìshì 易筮 5-635B
yìshì 奕世 2-1541A
yìshì 弈世 2-1317A
yìshì 異士 7-1342B
yìshì 異氏 7-1343A
yìshì 異世 7-1343B
yìshì 異事 7-1346A
yìshì 異室 7-1348B
yìshì 異勢 7-1351B
yìshì 翌室 9-651B
yìshì 逸士 10-1002B
yìshì 逸世 10-1003A
yìshì 逸事 10-1004B
yìshì 逸勢 10-1008A
yìshì 軼士 9-1237A
yìshì 軼事 9-1237B
yìshì 意釋 7-646B
yìshì 義士 9-174B
yìshì 義事 9-177A
yìshì 義試 9-180B
yìshì 億事 1-1698A
yìshì 誼士 11-325A
yìshì 翼室 9-679B
yìshì 藝士 9-600B
yìshì 藝事 9-601A
yìshì 譯士 11-446A
yìshì 譯事 11-446B
yìshì 譯釋 11-448B
yìshì 議事 11-452A
yìshì 議室 11-453A
yìshì 議謚 11-456A
yìshì 議諡 11-456A
yìshì 懿士 7-796B
yīshíbābānbīngqì 一十八般兵器 1-3A
yīshíbābānwǔyì 一十八般武藝 1-3A
yīshíbànhuì'er 一時半會兒 1-63B
yīshíbànkè 一時半刻 1-63B
yīshíbànshà 一時半霎 1-63B
yīshíbànshǎng 一時半晌 1-63B
yíshìbású 遺世拔俗 10-1189B
yīshíbózhòng 一時伯仲 1-63B
yīshìbùzhī 一事不知 1-44A
yīshíbùzhōu 衣食不周 9-19B
yīshíbùzhōu 衣食不週 9-19B
yìshìchuānshè 羿氏舛射 9-642B
yīshǐdì 一矢地 1-23B
yíshìdúlì 遺世獨立 10-1189B
yīshífàn 衣食飯 9-20A
yīshífànwǎn 衣食飯碗 9-20A
yīshífèng 一時俸 1-63B
yīshífùmǔ 衣食父母 9-19B
yīshíhéngliú 一時橫流 1-63B
yīshíjiān 一時間 1-63B
yīshìjiè 一世界 1-21B
yíshíjié 移時節 8-78A
yīshíjǐzhōng 一石幾鍾 1-22A
yíshìjuésú 遺世絶俗 10-1189B
yīshíkè 衣食客 9-19B
yīshìlóngmén 一世龍門 1-21B
yìshǐméihuā 驛使梅花 12-908A
yǐshìmén 倚市門 1-1457B
yīshíqiānzǎi 一時千載 1-63A
yīshíquányí 一時權宜 1-63B
yìshìrìchéng 議事日程 11-452A
yíshǐrúbīng 遺矢如冰 10-1190A
yīshísānkè 一時三刻 1-63A
yīshǐshuāngchuān 一矢雙穿 1-23B
yìshìtáng 議事堂 11-452A
yīshìtóngrén 一視同仁 1-78B
yǐshítóuluǎn 以石投卵

1-1086A
yǐshítóushuǐ 以石投水
1-1086A
yíshìwànglěi 遺世忘累
10-1189A
yīshìwúchéng 一事無成
1-44A
yìshíxíngtài 意識形態
7-646B
yīshíyè 衣食業 9-20A
yīshìyī…一是一，二是二
1-56A
yīshìyìcháoshì
一世異朝市 1-21B
yìshìyíwén 軼事遺聞
9-1237B
yīshìyīyàng 一式一樣
1-25A
yíshìyuèsú 遺世越俗
10-1189B
yīshízhīquán 一時之權
1-63A
yīshìzhīxióng 一世之雄
1-21A
yīshízhīxuǎn 一時之選
1-63A
yīshìzhòng 一事中 1-44A
yīshízhùxíng 衣食住行
9-19B
yīshīzúchéng…
一失足成千古恨 1-23B
yīshǒu 一手 1-14B
yīshòu 一壽 1-95B
yīshòu 衣綬 9-25A
yíshòu 移授 8-78B
yíshòu 遺授 10-1206A
yíshòu 遺壽 10-1215A
yìshōu 邑收 10-578A
yìshōu 逸收 10-1003B
yìshǒu 役手 3-925B
yìshǒu 抑首 6-393A
yìshǒu 易手 5-633B
yìshǒu 異手 7-1343A
yìshǒu 義手 9-175A
yìshǒu 艗首 9-11A
yìshǒu 艗艄 9-11A
yìshǒu 鷁首 12-1139A
yìshòu 挹受 6-617B
yìshòu 益壽 7-1423B
yìshòu 逸獸 10-1011A
yìshòu 鷊綬 12-1136B
yīshǒubǎ 一手把 1-15B
yīshǒubāobàn 一手包辦
1-15A
yīshǒudúpāi…
一手獨拍，雖疾無聲
1-15B
yǐshǒujiā'é 以手加額
1-1085A
yīshǒujiāoqián…
一手交錢，一手交貨
1-15B
yǐshòuqíjiān 以售其奸
1-1091B
yīshǒutuōliǎngjiā
一手托兩家 1-15A
yǐshǒuwéigōng 以守爲攻
1-1087B
yīshǒuyījiǎo 一手一脚
1-15A
yīshǒuyīzú 一手一足 1-15A
yīshǒuzhētiān 一手遮天
1-15B
yīshū 醫書 9-1439B
yīshú 一屬 1-114A
yīshǔ 一曙 1-107B
yīshǔ 醫署 9-1440A
yīshù 一束 1-36A
yīshù 醫術 9-1439B
yíshū 鮧鯆 12-1222A
yíshū 夷叔 2-1497A
yíshū 迻書 10-801A
yíshū 移書 8-78B
yíshū 詒書 11-134A
yíshū 遺書 10-1205B
yíshū 遺疏 10-1211B
yíshū 遺蹠 10-1215B
yíshǔ 遺屬 10-1226B
yíshù 沂沭 5-975A
yíshù 儀數 1-1705B
yíshù 遺術 10-1207A
yíshù 彝數 3-1661A
yíshù 蛾述 8-901A
yíshù 蛾術 8-901B
yíshù 蟻術 8-985B
yìshū 佚書 1-1244B
yìshū 異書 7-1349B
yìshū 逸書 10-1006B
yìshū 義疏 9-180A
yìshū 譯書 11-447A
yìshū 議疏 11-454B
yìshū 懿淑 7-797A
yìshū 驛書 12-909A
yìshú 刈熟 2-591B
yìshú 義塾 9-181A
yìshǔ 役屬 3-927B
yìshǔ 意屬 7-646B
yìshǔ 義鼠 9-180B
yìshǔ 譯署 11-447B
yìshù 易數 5-636A
yìshù 異術 7-1350B
yìshù 異數 7-1353A
yìshù 意數 7-645B
yìshù 意樹 7-645B
yìshù 億庶 1-1698B
yìshù 藝術 9-601B
yìshù 譯述 11-446B
yìshù 驛樹 12-910A
yīshuā 一刷 1-53A
yīshuāng 一雙 1-109B
yíshuāng 遺孀 10-1226B
yíshuǎng 遺爽 10-1206B
yìshuǎng 逸爽 10-1006B
yīshuāngliǎnghǎo
一雙兩好 1-109B
yīshùbǎihuò 一樹百穫
1-104A
yīshūchē 衣書車 9-22A
yīshuǐ 伊水 1-1216B
yìshuì 一說 1-98A
yíshuǐ 匜水 1-959A
yíshuǐ 洂水 5-1034B
yìshuǐ 泄水 5-1050A
yìshuǐ 易水 5-633B
yìshuǐ 異水 7-1343A
yìshuǐ 逸水 10-1002B
yìshuǐ 意水 7-638A
yìshuì 益睡 7-1423B
yìshuǐcí 易水辭 5-633B
yīshuǐ'er 一水兒 1-14B
yìshuǐgē 易水歌 5-633B
yǐshuǐjìshuǐ 以水濟水
1-1085A
yǐshuǐjiùshuǐ 以水救水
1-1085A
yīshuǐliǎngshuǐ 一水兩水
1-14B
yǐshuǐtóushí 以水投石
1-1085A
yǐshuǐtóushuǐ 以水投水
1-1085A
yíshuǐwǔyù 沂水舞雩
5-975A
yíshuǐxiángē 沂水絃歌
5-975A
yǐshuǐxǐxuè 以水洗血
1-1085A
yìshùjiā 藝術家 9-602A
yǐshūjiànqīn 以疏間親
1-1092B
yīshùn 一順 1-85B
yīshùn 一瞬 1-107B
yīshùn 依順 1-1352A
yīshùnshuǐ 一順水 1-86A
yīshuō 一說 1-98A
yíshuō 遺說 10-1216B
yíshuò 移朔 8-78B
yìshuō 異說 7-1352B
yìshuō 軼說 9-1238A
yìshuō 意說 7-645B
yìshuō 義說 9-181A
yìshuō 臆說 6-1395A
yìshuō 議說 11-455A
yìshuò 熠爍 7-231B
yìshuò 懿爍 7-797B
yìshuò 懿鑠 7-797B
yìshùpǐn 藝術品 9-602A
yìshùtǐcāo 藝術體操
9-602A
yǐshūwéiyù 以書爲御
1-1091A
yìshùxìng 藝術性 9-602A
yǐshūyuánsǎo 以叔援嫂
1-1089A
yīsī 一絲 1-89A
yīsī 伊思 1-1218A
yīsì 一似 1-30B
yīsì 一嗣 1-92A
yīsì 衣笥 9-22B
yísī 疑思 8-514A
yísī 儀司 1-1700B
yísī 遺思 10-1199B
yísī 遺絲 10-1211B
yísǐ 遺死 10-1192A
yísì 夷俟 2-1498A
yísì 疑似 8-512B
yísì 遺寺 10-1191A
yísì 遺祀 10-1195A
yísì 遺嗣 10-1213A
yìsi 意思 7-640B
yìsī 役思 3-927A
yìsī 邑司 10-577B
yìsī 弈思 2-1317A
yìsī 逸思 10-1005B
yìsī 繹思 9-1033A
yìsī 驛司 12-907B
yìsǐ 義死 9-176A
yìsì 衣食 9-19B
yìsì 奕祀 2-1541A
yìsì 奕禩 2-1541B
yìsì 逸兕 10-1004A
yìsì 逸駟 10-1009A
yìsì 意似 7-639A
yìsì 義嗣 9-180B
yìsì 億祀 1-1698A
yīsībùgǒu 一絲不苟 1-89A
yīsībùguà 一絲不掛 1-89A
yīsǐde 一死的 1-27A
yīsǐ'er 一死兒 1-27A
yǐsīfèigōng 以私廢公
1-1088A
yǐsīhàigōng 以私害公
1-1088A
yīsīlánjiào 伊斯蘭教
1-1219A
yīsīlánjiàolì
伊斯蘭教曆 1-1219B
yīsīliǎngqì 一絲兩氣
1-89A
yīsǐshēng 一死生 1-27A
yīsíshuìzū 衣食稅租 9-19B
yīsīyīháo 一絲一毫 1-89A
yīsǐyīshēng…
一死一生，乃知交情
1-27A
yìsiyìsi 意思意思 7-641A
yīsízhùxíng 衣食住行
9-19B
yísòng 移送 8-77B
yísòng 疑訟 8-515A
yìsǒng 邑悚 10-579A
yìsòng 邑頌 10-579B
yìsòng 邑誦 10-579B
yìsòng 肄誦 9-250B
yìsòng 驛送 12-908B
yísōu 遺溲 10-1211A
yísǒu 遺叟 10-1200A
yìsǒu 逸叟 10-1005B
yīsù 一粟 1-84A
yīsù 依訴 1-1352B
yísú 遺俗 10-1200A
yìsú 異俗 7-1348A
yìsú 逸俗 10-1005B
yìsú 軼俗 9-1237B
yìsù 邑粟 10-579B
yìsù 逸速 10-1006A

yīsuàn 一算 1-97A
yīsuàn 翳算 9-1440A
yísuàn 遺筭 10-1204B
yísuàn 遺筭 10-1213A
yísuàn 遺算 10-1215B
yìsuàn 益算 7-1423B
yìsuàn 意筭 7-644A
yìsuàn 意算 7-644B
yìsuàn 臆算 6-1395A
yǐsùgū 乙速孤 1-720B
yīsuí 依隨 1-1353A
yísuì 宜歲 3-1375B
yísuì 移歲 8-80A
yísuì 遺穗 10-1222B
yísuì 遺繸 10-1222B
yìsuǐ 義髓 9-182B
yìsuì 義歲 9-180B
yīsuìsānqiān 一歲三遷 1-90B
yīsuìshǐzhǎngbǎisuìnú 一歲使長百歲奴 1-90B
yīsuìzàishè 一歲載赦 1-90B
yīsuìzàishè 一歲再赦 1-90B
yísújuéchén 遺俗絕塵 10-1200A
yísūn 貽孫 10-181A
yísūn 遺孫 10-1205B
yìsūn 裔孫 9-80B
yìsǔn 役損 3-927B
yìsǔn 抑損 6-394A
yìsǔn 益損 7-1423B
yīsuǒ 一索 1-61B
yísuǒ 遺索 10-1203A
yìsuǒ 役所 3-926B
yìsuǒ 異所 7-1346B
yīsuǒchéngnán 一索成男 1-62A
yīsuǒdénán 一索得男 1-62A
yǐsuǒxùzǔ 以索續組 1-1090B
yīsuǒzhū 一索珠 1-62A
yìsúyífēng 易俗移風 5-635A
yītà 依撻 1-1353A
yítǎ 遺塔 10-1209A
yìtà 扆闒 7-364B
yìtà 椅榻 4-1091B
yìtá 溢沓 6-38A
yìtà 泄沓 5-1050A
yītā'er 一塌兒 1-89A
yītāguāzi 一塌刮子 1-89A
yītāguāzi 一塌括仔 1-89A
yītāguāzi 一塌括子 1-89A
yītāguāzi 一榻括子 1-96A
yītāhútu 一塌胡塗 1-89A
yītāhútu 一塌糊塗 1-89A
yìtàhútu 一榻胡塗 1-96A
yítái 儀臺 1-1704B
yítái 遺臺 10-1215A
yítái 簃臺 8-1238B
yítái 誃臺 11-404A
yítái 義臺 9-180B
yítài 夷泰 2-1498A
yítài 儀態 1-1705A
yǐtái 蟻臺 8-986B
yǐtài 以太 1-1084B
yìtài 逸態 10-1009A
yìtài 軼態 9-1238A
yìtài 意態 7-645A
yītái'èrjué 一臺二絕 1-95A
yītái'èrmiào 一臺二妙 1-95A
yìtàihéngshēng 逸態橫生 10-1009A
yítàitai 姨太太 4-339A
yítàiwànfāng 儀態萬方 1-1705A
yítàiwànqiān 儀態萬千 1-1705A
yītàjiǎo'er 一踏脚兒 1-102A
yītán 一談 1-103A
yǐtán 椅檀 4-1091B
yǐtǎn 夷坦 2-1497A
yítàn 遺歎 10-1218A
yìtán 逸譚 10-1011B
yìtán 軼談 9-1238A
yìtán 藝壇 9-602A
yìtàn 邑歎 10-579B
yìtàn 億探 1-1698B
yítáng 飴糖 12-534A
yítáng 儀堂 1-1703B
yítáng 遺棠 10-1209B
yìtáng 議堂 11-453B
yǐtángdāngchē 以螳當車 1-1094B
yìtángjiǔzǐ 易堂九子 5-635A
yītàngpíng 一趟平 1-100B
yītángsǐshuǐ 一潭死水 1-103B
yǐtāngwòfèi 以湯沃沸 1-1092B
yǐtāngwòxuě 以湯沃雪 1-1092B
yǐtāngzhǐfèi 以湯止沸 1-1092B
yītánzhǐ 一彈指 1-103B
yītāo 衣絛 9-23A
yītáo 一陶 1-71A
yītáo 一淘 1-78A
yìtáo 猗陶 5-75B
yítáo 杝桃 4-792A
yìtáo 逸逃 10-1005B
yìtǎo 議討 11-453A
yǐtáodàilǐ 以桃代李 1-1090B
yītàoshǒu 一套手 1-62B
yītāqǐxìng 依他起性 1-1349A
yītāxìng 依他性 1-1349A
yítè 遺慝 10-1215A
yìtè 佚特 1-1244B
yītǐ 一體 1-114B
yītǐ 壹體 2-1162B
yītì 一替 1-80A
yítí 移提 8-79B
yítǐ 儀體 1-1706B
yítǐ 遺躰 10-1210B
yítǐ 遺體 10-1227A
yǐtī 倚梯 1-1460A
yìtí 弋綈 2-1582A
yìtí 議題 11-456B
yìtǐ 議體 11-456B
yìtì 佚逷 1-1244B
yītiān 一天 1-9A
yítiān 移天 8-74B
yítiān 儀天 1-1700A
yítián 遺田 10-1189B
yítiǎn 夷殄 2-1497B
yǐtiān 倚天 1-1457A
yìtián 刈田 2-591B
yìtián 佚田 1-1243B
yìtián 佚畋 1-1244A
yìtián 易恬 5-635A
yìtián 意田 7-638A
yìtián 義田 9-175B
yìtián 驛田 12-907B
yìtiǎn 誼殄 11-325B
yǐtiānbádì 倚天拔地 1-1457A
yītiāndàowǎn 一天到晚 1-9A
yǐtiānjiàn 倚天劍 1-1457A
yítiānshìrén 移天適人 8-74B
yǐtiānxiàwéijǐrèn 以天下爲己任 1-1084B
yītiānxīngdǒu 一天星斗 1-9A
yítiānxǐrì 移天徙日 8-74B
yītiānyīdì 一天一地 1-9A
yítiānyìrì 移天易日 8-74B
yītiáo 一條 1-65B
yìtiāo 議祧 11-453A
yìtiáo 逸條 10-1006A
yìtiào 義糶 9-183A
yītiàobāzhàng 一跳八丈 1-91A
yītiáobiān 一條邊 1-66A
yītiáobiān 一條鞭 1-65B
yītiáobiǎndan… 一條扁擔兩頭挑 1-65B
yītiáobīng 一條冰 1-65B
yītiáolóng 一條龍 1-65B
yītiáoqiāng 一條槍 1-65B
yītiáoténg'er 一條籐兒 1-66A
yītiáotuǐ 一條腿 1-65B
yītiáoxiàn'er… 一條線兒拴倆螞蚱 1-65B
yītiáoxīn 一條心 1-65B
yītiē 依貼 1-1352A
yītiě 一帖 1-46A
yítiè 遺帖 10-1196A
yītīng 一聽 1-114A
yītíng 一停 1-75B
yītǐng 一挺 1-54A
yítíng 夷庭 2-1498A
yítíng 萓葶 9-452A
yǐtīng 倚聽 1-1462B
yìtīng 邑廳 10-580A
yìtīng 驛廳 12-910B
yìtíng 邑庭 10-578B
yìtíng 驛亭 12-908B
yìtíng 驛庭 12-908B
yǐtíngkòuzhōng 以莛叩鐘 1-1089B
yǐtíngkòuzhōng 以莛扣鐘 1-1089B
yǐtíngzhuàngzhōng 以莛撞鐘 1-1089B
yǐtíngzhuàngzhōng 以筳撞鍾 1-1092A
yítǐzǐ 遺體子 10-1227A
yìtǐzì 異體字 7-1354B
yītōng 依通 1-1351B
yītóng 一同 1-28B
yītóng 壹同 2-1162A
yǐtóng 椅桐 4-1091A
yītǒng 一統 1-88B
yītǒng 壹統 2-1162A
yītòng 一通 1-71A
yítóng 儀同 1-1701A
yítǒng 貽統 10-182A
yítǒng 遺統 10-1211B
yítòng 遺痛 10-1211A
yìtōng 譯通 11-447A
yìtóng 異同 7-1344B
yìtóngfǎnzhǎng 易同反掌 5-634A
yītōnglián 一通連 1-71B
yítóngsānsī 儀同三司 1-1701A
yītǒngtiānxià 一統天下 1-88B
yītóu 一投 1-35A
yītóu 一頭 1-104A
yītóu 依投 1-1349B
yìtóu 意頭 7-645B
yītóude 一頭地 1-104B
yītóudì 一頭地 1-104B
yītòudōutòu 一透都透 1-65A
yītóu'erchén 一頭兒沉 1-104B
yītóulǚdàng 依頭縷當 1-1354A
yītóushuǐ 一頭水 1-104B
yītóushùnwěi 依頭順尾 1-1354A
yītǔ 一吐 1-28A
yītǔ 依土 1-1348B
yítú 夷塗 2-1500A
yítú 儀圖 1-1704B
yítú 遺徒 10-1204B
yítú 遺圖 10-1215B
yítǔ 遺土 10-1187A
yǐtú 蟻徒 8-985B
yìtú 役徒 3-927A
yìtú 異途 7-1349B
yìtú 異圖 7-1352A

yìtú 意圖 7-644B
yìtú 義徒 9-179A
yìtú 藝徒 9-601B
yìtǔ 邑土 10-577A
yìtǔ 異土 7-1342B
yìtǔ 裔土 9-80A
yìtǔ 瘞土 8-345B
yìtù 逸兔 10-1005A
yītuán 一團 1-96A
yítuán 疑團 8-516B
yītuánhéqì 一團和氣 1-96B
yītuánjiāo 一團嬌 1-96B
yītuánqīhēi 一團漆黑 1-96B
yītuánzāo 一團糟 1-96B
yítuī 移推 8-78B
yítuì 遺蛻 10-1212B
yìtuì 抑退 6-393A
yìtuì 挹退 6-617B
yìtuì 鷁退 12-1139A
yītuìliù'èrwǔ 一退六二五 1-59B
yǐtuìwéijìn 以退爲進 1-1090B
yītún 一屯 1-11B
yítún 移屯 8-74B
yítún 疑屯 8-512A
yītuō 依托 1-1349A
yītuō 依託 1-1351B
yītuó 一陀 1-40B
yītuó 一坨 1-42B
yītuó 一馱 1-89A
yìtuó 衣橐 9-25A
yītuǒ 一庹 1-77A
yītuò 一拓 1-41B
yītuò 一唾 1-74B
yítuō 遺託 10-1204B
yítuō 遺脱 10-1207A
yítuō 頤脱 12-294B
yǐtuō 倚托 1-1457B
yǐtuō 倚託 1-1459B
yìtuǒ 議妥 11-451B
yītuōqì 一托氣 1-25A
yītuōqì 一托炁 1-25A
yītuōqì 一脱氣 1-76B
yītuōtóu 一托頭 1-25A
yìtútóngguī 異途同歸 7-1349B
yìtútóngguī 異塗同歸 7-1352A
yītǔwéikuài 一吐爲快 1-28A
yīwā 咿哇 3-330A
yìwā 毆哾 6-1493B
yìwǎ 翼瓦 9-679A
yíwài 遺外 10-1190B
yǐwài 以外 1-1086A
yìwài 異外 7-1344B
yìwài 意外 7-638B
yīwān 一灣 1-115B
yīwǎn 一宛 1-52A
yīwǎn 一莞 1-61B
yíwán 疑玩 8-513A
yíwán 遺玩 10-1195B
yíwán 遺頑 10-1211B
yíwǎn 移挽 8-78A
yǐwán 乙烷 1-721A
yìwán 異玩 7-1346A
yìwàn 億萬 1-1698B
yīwǎnfànshí 一碗飯時 1-90B
yīwáng 一王 1-8B
yīwáng 醫王 9-1438B
yīwǎng 一往 1-47B
yīwàng 一望 1-77B
yīwàng 伊望 1-1219A
yíwáng 遺亡 10-1187B
yíwáng 遺亾 10-1187B
yíwǎng 疑網 8-517A
yíwàng 儀望 1-1704A
yíwàng 遺忘 10-1195A
yíwàng 遺望 10-1208A
yǐwǎng 已往 4-71B
yǐwǎng 以往 1-1089A
yǐwàng 倚望 1-1460A
yìwáng 刈亡 2-591B
yìwáng 逸亡 10-1002B
yìwáng 逸王 10-1002B
yìwǎng 抑枉 6-392B
yìwǎng 逸網 10-1009A
yìwǎng 意網 7-645A
yìwàng 異望 7-1351A
yìwàng 意望 7-643B
yìwàng 溢望 6-38A
yìwàng 懿望 7-797A
yīwǎngdǎjìn 一網打盡 1-99B
yīwǎng'érshēn 一往而深 1-47B
yīwàng'érzhī 一望而知 1-77B
yīwángfǎ 一王法 1-8B
yīwǎngjìnsǎo 一網盡掃 1-100A
yīwǎngqíngshēn 一往情深 1-47B
yìwángsūn 憶王孫 7-765B
yīwàngwúbiān 一望無邊 1-77B
yīwàngwújì 一望無際 1-77B
yīwǎngwúqián 一往無前 1-47B
yīwǎngzhíqián 一往直前 1-47B
yīwánní 一丸泥 1-8A
yīwànrì 一万日 1-6B
yīwǎnshuǐduānpíng 一碗水端平 1-90A
yìwànsīnián 億萬斯年 1-1698B
yīwánwǔsè 一丸五色 1-8A
yīwānzi 一灣子 1-115B
yīwāshēng 一哇聲 1-56B
yīwēi 伊威 1-1218A
yīwēi 依偎 1-1351B
yīwēi 依微 1-1353A
yīwēi 蛜蝛 8-891B
yīwéi 依韋 1-1351A
yīwéi 依違 1-1352B
yīwéi 猗違 5-76A
yīwěi 一唯 1-74B
yīwěi 一葦 1-82B
yīwěi 猗偉 5-75B
yīwèi 一味 1-45A
yīwèi 猗蔚 5-76A
yíwēi 蛇委 8-880A
yíwēi 迤逶 10-760B
yíwēi 遺威 10-1199A
yíwěi 痍痏 8-312A
yíwèi 疑畏 8-514A
yíwèi 儀位 1-1701B
yíwèi 儀衛 1-1706A
yíwèi 遺味 10-1196A
yíwèi 頤衛 12-294B
yǐwēi 倚偎 1-1460A
yǐwéi 以爲 1-1092A
yǐwéi 扆帷 7-364B
yǐwèi 以謂 1-1094B
yìwēi 抑微 6-394B
yìwěi 鷁尾 12-1123A
yìwěi 懿偉 7-797A
yìwèi 抑畏 6-393A
yìwèi 邑尉 10-579A
yìwèi 異位 7-1345B
yìwèi 異味 7-1346A
yìwèi 翊衛 9-651B
yìwèi 逸味 10-1004B
yìwèi 意味 7-640A
yìwèi 意謂 7-646A
yìwèi 義味 9-177A
yìwèi 瘞位 8-346A
yìwèi 翳蔚 9-677B
yìwèi 翼衛 9-680B
yìwèi 繹味 9-1033A
yīwèichán 一味禪 1-45B
yīwēichén 一微塵 1-92B
yǐwéihòutú 以爲後圖 1-1092A
yīwéiliǎngkě 依違兩可 1-1352B
yǐwěiluànzhēn 以僞亂真 1-1093A
yīwēilǘ 於微閭 6-1575B
yìwèishēncháng 意味深長 7-640A
yìwèizhe 意味着 7-640A
yǐwēizhīzhù 以微知著 1-1092B
yīwén 一文 1-18A
yīwèn 一問 1-78B
yíwén 移文 8-75A
yíwén 儀文 1-1700A
yíwén 遺文 10-1188B
yíwén 遺聞 10-1217B
yíwěn 遺紊 10-1205A
yíwèn 移問 8-79B
yíwèn 疑問 8-515A
yíwèn 遺聞 10-1217B
yǐwén 倚聞 1-1461A
yìwén 鷖文 12-1157B
yìwén 佚文 1-1243B
yìwén 佚聞 1-1245A
yìwén 異文 7-1343A
yìwén 異聞 7-1353A
yìwén 逸文 10-1003A
yìwén 逸聞 10-1009A
yìwén 軼聞 9-1238A
yìwén 藝文 9-600B
yìwén 譯文 11-446A
yìwén 懿文 7-796B
yìwèn 義問 9-180A
yìwèn 詣問 11-197B
yìwèn 譯問 11-447B
yīwénbànwén 一文半文 1-18A
yīwénbùmíng 一文不名 1-18A
yīwénbùzhí 一文不值 1-18A
yǐwèng 蟻甕 8-987A
yǐwénhàicí 以文害辭 1-1085B
yǐwénhuìyǒu 以文會友 1-1085B
yìwénjiàn 藝文監 9-601A
yīwénqián 一文錢 1-18A
yīwénqiánnándào… 一文錢難倒英雄漢 1-18A
yīwénqiānwù 一聞千悟 1-99B
yìwénqùshì 逸聞趣事 10-1009A
yīwénrúmìng 一文如命 1-18A
yīwènsānbùzhī 一問三不知 1-78B
yíwénsuǒshì 遺聞瑣事 10-1217B
yìwénsuǒshì 逸聞瑣事 10-1009A
yǐwénwéishī 以文爲詩 1-1085B
yīwènyáotóu… 一問搖頭三不知 1-78B
yīwènyīgèkěn 一問一個肯 1-78B
yíwényìjù 遺文逸句 10-1188B
yīwènyīlín 一問一臨 1-78B
yíwényìshì 遺聞逸事 10-1217B
yíwényìshì 遺聞軼事 10-1217B
yìwényíshì 軼聞遺事 9-1238A
yìwényìshì 逸聞軼事 10-1009A
yìwénzhì 藝文志 9-601A
yīwō 吚喔 3-244A
yīwō 咿喔 3-330B
yīwò 一握 1-81B
yīwò 咿嘔 3-330B
yǐwō 吃喔 3-17A
yìwō 嗌喔 3-469A
yīwòbùqǐ 一卧不起 1-44A
yīwōfēng 一窩風 1-94B

yīwōfēng 一窩蜂 1-94B
yīwōmá 一窩蔴 1-94B
yīwōsī 一窩絲 1-94B
yīwōzi 一窩子 1-94A
yīwū 一屋 1-59B
yīwū 依烏 1-1351B
yīwū 咿嗚 3-330B
yīwū 醫巫 9-1438B
yīwū 意烏 7-642B
yīwú 伊吾 1-1217A
yīwú 咿唔 3-244A
yīwú 咿唔 3-330A
yīwú 椅梧 4-1091A
yīwù 一物 1-46B
yīwù 衣物 9-18B
yīwù 噫嗚 3-530B
yīwù 醫務 9-1439B
yíwǔ 遺武 10-1195B
yíwù 夷務 2-1498B
yíwù 詒誤 11-134A
yíwù 貽悮 10-181A
yíwù 貽誤 10-182A
yíwù 疑惡 8-515B
yíwù 疑悮 8-514B
yíwù 疑誤 8-517A
yíwù 儀物 1-1702A
yíwù 遺物 10-1196B
yíwù 遺務 10-1206A
yíwù 遺悮 10-1205A
yíwù 遺誤 10-1216B
yǐwù 椅杌 4-1091A
yìwū 屹兀 3-800A
yìwū 杙屋 4-773B
yìwū 邑屋 10-578B
yìwū 悒於 7-545B
yìwú 意亡 7-638A
yìwǔ 佾舞 1-1341A
yìwǔ 肄武 9-250A
yìwǔ 毅武 6-1508B
yìwù 屹屼 3-800A
yìwù 役物 3-926B
yìwù 役務 3-927A
yìwù 異物 7-1346B
yìwù 異務 7-1350A
yìwù 逸騖 10-1011B
yìwù 逸騖 10-1012A
yìwù 義務 9-179B
yìwù 曀霧 5-836B
yìwūbīng 義烏兵 9-179A
yìwùbīngyìzhì 義務兵役制 9-179B
yīwùbùchéng… 一物不成,兩物見在 1-46B
yīwùbùzhī 一物不知 1-46B
yīwú'èrcǎi 衣無二綵 9-23A
yìwúfǎngù 義無反顧 9-180A
yìwùjiàoyù 義務教育 9-179B
yīwùkèyīwù 一物尅一物 1-46B
yìwùláodòng 義務勞動 9-179B
yīwúlǘ 醫無閭 9-1440A
yīwūlǘshān 醫巫閭山 9-1439A
yìwǔshēng 佾舞生 1-1341A
yīwúshìchù 一無是處 1-84B
yíwùshíxīn 遺物識心 10-1197A
yīwúsuǒnéng 一無所能 1-84B
yīwúsuǒyǒu 一無所有 1-84B
yīwúsuǒzhī 一無所知 1-84B
yíwùwàngxíng 遺物忘形 10-1196B
yīwùxiángyīwù 一物降一物 1-46B
yīwǔyīshí 一五一十 1-10B
yīwùzàiwù 一誤再誤 1-98A
yīxī 一夕 1-8A
yīxī 一昔 1-42B
yīxī 一息 1-66B
yīxī 伊昔 1-1218A
yīxī 依夕 1-1348B
yīxī 依希 1-1349B
yīxī 依俙 1-1350B
yīxī 依稀 1-1352A
yīxī 噫嘻 3-530B
yīxī 噫戲 3-531A
yīxī 噫嚱 3-531A
yīxī 譩譆 11-450A
yīxí 一席 1-68B
yīxí 一襲 1-114B
yīxí 依襲 1-1354B
yíxī 移錫 8-81A
yíxī 遺息 10-1204B
yíxī 遺惜 10-1208B
yíxī 遺犀 10-1211B
yíxí 移檄 8-81A
yíxí 遺習 10-1208B
yíxǐ 移徙 8-79A
yíxǐ 遺躧 10-1227B
yíxì 疑隙 8-516A
yíxì 疑隟 8-516B
yíxì 遺舄 10-1210A
yǐxī 乙烯 1-721A
yǐxī 倚巇 1-1462B
yǐxí 倚席 1-1459B
yǐxǐ 倚徙 1-1460A
yǐxǐ 齸甈 11-777B
yǐxì 蟻隙 8-986A
yìxī 呹肸 3-263A
yìxī 呹肹 3-263A
yìxī 義息 9-178B
yìxī 蜴蜥 8-915B
yìxí 肄習 9-250A
yìxí 議席 11-453A
yìxì 易繫 5-636B
yīxià 一下 1-5A
yīxià 一夏 1-62A
yíxià 圯下 2-1016B
yíxià 夷夏 2-1498A
yǐxià 以下 1-1083B
yìxiá 逸暇 10-1008A
yìxiá 義俠 9-178A
yìxià 意下 7-637B
yíxiàbīngfǎ 圯下兵法 2-1016B
yíxiàlǎo 圯下老 2-1016B
yīxiān 依先 1-1349A
yīxiàn 一限 1-53B
yīxiàn 一綫 1-99B
yīxiàn 一線 1-103B
yīxiàn 一獻 1-112B
yíxián 迤涎 10-760B
yíxián 疑嫌 8-516B
yíxián 遺絃 10-1209A
yíxián 遺賢 10-1218A
yíxián 頤賢 12-294B
yíxiǎn 夷險 2-1500B
yíxiǎn 彝險 3-1661A
yíxiàn 遺憲 10-1222A
yíxiàn 遺獻 10-1226A
yíxiàn 彝憲 3-1661B
yǐxiān 以先 1-1087A
yìxián 逸賢 10-1009B
yìxián 議賢 11-455A
yìxiàn 異縣 7-1353B
yìxiàn 意憲 7-646A
yìxiàn 溢羨 6-38B
yīxiāng 一廂 1-74A
yīxiāng 衣箱 9-25A
yīxiǎng 一餉 1-97B
yīxiǎng 衣饟 9-26B
yīxiàng 一向 1-30B
yīxiàng 一鄉 1-101B
yíxiāng 遺香 10-1199B
yíxiáng 遺祥 10-1205B
yíxiǎng 貽餉 10-182A
yíxiǎng 遺想 10-1212A
yíxiǎng 遺響 10-1226B
yíxiǎng 彝饗 3-1661B
yíxiàng 疑相 8-514A
yíxiàng 儀相 1-1703A
yíxiàng 儀象 1-1704A
yíxiàng 遺象 10-1207A
yíxiàng 遺像 10-1213B
yìxiāng 異香 7-1347B
yìxiāng 異鄉 7-1351A
yìxiāng 意相 7-640B
yìxiáng 邑庠 10-578B
yìxiáng 議詳 11-454B
yìxiǎng 佚響 1-1245A
yìxiǎng 逸想 10-1008A
yìxiǎng 逸響 10-1012A
yìxiǎng 意想 7-643B
yìxiǎng 憶想 7-766A
yìxiǎng 臆想 6-1395A
yìxiàng 異相 7-1347B
yìxiàng 異象 7-1350B
yìxiàng 逸象 10-1007A
yìxiàng 意嚮 7-646A
yìxiàng 意向 7-639A
yìxiàng 意象 7-643A
yìxiàng 意像 7-644A
yìxiàng 義象 9-180A
yìxiàng 義項 9-180A
yìxiàng 譯象 11-447B
yīxiāngbìnyǐng 衣香鬢影 9-19A
yìxiǎngbùdào 意想不到 7-644A
yīxiāngjìyǐng 衣香髻影 9-19A
yīxiàngmián 一向眠 1-30B
yīxiāngqíngyuàn 一相情願 1-54B
yīxiāngqíngyuàn 一廂情願 1-74A
yīxiāngrényǐng 衣香人影 9-19A
yīxiàngshì 一鬨市 1-99B
yìxiǎngtiānkāi 異想天開 7-1351B
yīxiàngwò 一向卧 1-30B
yīxiàngzǐ 一向子 1-30B
yíxiānlùhòu 貤先錄後 10-89A
yīxiánqín 一弦琴 1-53A
yīxiànsānchóu 一獻三酬 1-112B
yīxiànsānshòu 一獻三售 1-112B
yíxiántáng 儀賢堂 1-1705A
yīxiàntánhuā 一現曇華 1-72A
yīxiàntiān 一線天 1-104A
yīxiànzhīlù 一線之路 1-104A
yīxiǎo 一小 1-6B
yīxiào 依效 1-1351B
yīxiào 依傚 1-1352A
yíxiǎo 遺小 10-1187B
yíxiào 宜笑 3-1375A
yíxiào 貽笑 10-181A
yíxiào 遺笑 10-1204A
yìxiāo 溢銷 6-38B
yìxiāo 議銷 11-455A
yìxiǎo 意小 7-638A
yìxiào 義孝 9-176B
yīxiàobǎimèi 一笑百媚 1-65A
yīxiàocàn 一咲粲 1-57B
yīxiàocàn 一笑粲 1-65A
yīxiǎocuō 一小撮 1-7A
yíxiàodàfāng 貽笑大方 10-181A
yíxiàodàfāng 遺笑大方 10-1204A
yīxiǎohuì 一小會 1-6B
yīxiàoliǎoshì 一笑了事 1-65A
yīxiàoliǎozhī 一笑了之 1-65A
yīxiàoqiānjīn 一笑千金 1-65A
yīxiàoqīngchéng 一笑傾城 1-65A
yǐxiǎorénzhīxīn… 以小人之心,度君子之腹 1-1083B
yīxiāoshígàn 衣宵食旰 9-21B
yíxiàowéizhōng 移孝爲忠

8-75B
yīxiàoyīpín 一笑一顰 1-65A
yīxiàozhìzhī 一笑置之 1-65A
yíxiàozuòzhōng 移孝作忠 8-75B
yīxiàxià 一下下 1-5B
yīxiàzi 一下子 1-5B
yīxiē 一些 1-45A
yīxiē 一歇 1-91B
yíxiē 遺楔 10-1212A
yíxié 迤斜 10-760B
yíxiě 迻寫 10-801A
yíxiě 移寫 8-80B
yíxiè 遺洩 10-1202A
yíxiè 謻榭 11-404A
yǐxié 倚邪 1-1457B
yìxié 議協 11-452A
yìxiě 譯寫 11-448A
yìxiè 溢寫 6-39A
yìxiè 溢瀉 6-39A
yìxiè 驛廨 12-910B
yīxièbǎilǐ 一瀉百里 1-110B
yīxiēbànxiē 一些半些 1-45A
yīxièbùrúyīxiè 一解不如一解 1-93A
yīxièbùrúyīxiè 一蟹不如一蟹 1-111B
yīxièjī 一蟹譏 1-111B
yīxièqiānlǐ 一瀉千里 1-110A
yīxièwànlǐ 一瀉萬里 1-110B
yīxiēxiē 一歇歇 1-91B
yīxiēzǐ 一些子 1-45A
yīxìliè 一系列 1-38B
yīxīn 一心 1-19A
yīxīn 一新 1-93A
yīxīn 依心 1-1349A
yīxīn 壹心 2-1161B
yīxīn 噫歆 3-530B
yīxìn 依信 1-1350B
yíxīn 怡心 7-488A
yíxīn 移心 8-75A
yíxīn 疑心 8-512A
yíxīn 遺心 10-1189A
yíxīn 遺馨 10-1226A
yíxìn 疑釁 8-518B
yǐxìn 倚信 1-1459A
yìxīn 衣薪 9-25A
yìxīn 役心 3-926A
yìxīn 易心 5-633B
yìxīn 異心 7-1343B
yìxīn 義心 9-175A
yìxìn 義信 9-178A
yìxìn 驛信 12-908B
yíxīnbìng 疑心病 8-512A
yǐxīnchuánxīn 以心傳心 1-1085B
yīxīng 一星 1-56B
yīxīng 噫興 3-531A
yīxíng 一行 1-30B
yīxíng 一形 1-34B
yīxìng 一姓 1-53B
yíxíng 施行 6-1579A
yíxíng 飴餳 12-534A
yíxíng 疑行 8-512B
yíxíng 儀刑 1-1700B
yíxíng 儀形 1-1701A
yíxíng 儀型 1-1703A
yíxíng 遺行 10-1192A
yíxíng 遺形 10-1193A
yíxíng 遺型 10-1198B
yíxíng 義刑 9-176A
yíxíng 義行 9-176A
yíxíng 義形 9-176A
yíxìng 移幸 8-76A
yíxìng 遺性 10-1198B
yǐxíng 蟻行 8-984B
yìxíng 佚行 1-1244A
yìxíng 異行 7-1345A
yìxíng 異形 7-1345B
yìxíng 意行 7-639A
yìxíng 義行 9-176A
yìxíng 誼行 11-325B
yìxíng 翳行 9-676B
yìxíng 議刑 11-451A
yìxíng 議行 11-451A
yìxíng 懿行 7-796B
yìxíng 驛行 12-907B
yìxǐng 詣省 11-197A
yìxìng 易姓 5-634B
yìxìng 異姓 7-1347A
yìxìng 異性 7-1347A
yìxìng 逸興 10-1010B
yìxìng 逸性 10-1005A
yìxìng 意興 7-645B
yìxìng 意性 7-640B
yìxìng 裔姓 9-80A
yìxìng 億姓 1-1698A
yīxīngbàndiǎn 一星半點 1-57A
yíxíngcángzhì 遺形藏志 10-1193B
yìxìngchuánfēi 逸興遄飛 10-1010B
yìxìnghéngfēi 逸興橫飛 10-1010B
yíxìnghú 宜興壺 3-1376A
yíxínghuànbù 移形換步 8-75B
yíxīnghuàndǒu 移星換斗 8-77A
yìxíngjièshēng 譯形借聲 11-446B
yíxíngqùmào 遺形去貌 10-1193B
yǐxíngqùxíng 以刑去刑 1-1086B
yīxíngrén 一行人 1-31A
yìxíngshù 翳形術 9-677A
yíxíngwàngxìng 遺形忘性 10-1193B
yīxīngxing 一星星 1-57A
yíxìngyǎngshén 怡性養神 7-488A
yíxìngyǎngshòu 頤性養壽 12-294A
yìxíngyìshā 義刑義殺 9-176A
yìxìngyúnfēi 逸興雲飛 10-1010B
yìxíngyūsè 義形於色 9-176B
yǐxíngzhǐxíng 以刑止刑 1-1086B
yǐxíngzhìxíng 以刑致刑 1-1086B
yīxīngzhōng 一星終 1-57A
yīxíngzuòlì 一行作吏 1-31A
yīxīnrén 一心人 1-19B
yíxīnshēng'ànguǐ 疑心生闇鬼 8-512A
yíxīnshēng'ànguǐ 疑心生暗鬼 8-512A
yīxīntónggōng 一心同功 1-20A
yīxīntóngguī 一心同歸 1-20A
yīxīntóngtǐ 一心同體 1-20A
yìxīnwànkǔ 億辛萬苦 1-1698A
yǐxīnwènxīn 以心問心 1-1085B
yīxīnwú'èr 一心無二 1-20A
yīxīnwúguà'ài 一心無罣礙 1-20A
yīxīnxiàngyì 依心像意 1-1349A
yīxīnyīdé 一心一德 1-19B
yīxīnyīfù 一心一腹 1-19B
yīxīnyījì 一心一計 1-19B
yīxīnyīlì 一心一力 1-19B
yīxīnyīlù 一心一路 1-19B
yīxīnyīyì 一心一意 1-19B
yíxiōng 姨兄 4-339B
yìxiōngdì 義兄弟 9-175B
yīxīsānqiān 一夕三遷 1-8A
yīxīshàngcún 一息尚存 1-67A
yǐxìshìwén 以郄視文 1-1089A
yīxiǔ 一宿 1-78A
yíxiū 宜修 3-1375A
yíxiū 貽休 10-180A
yíxiū 貽羞 10-181A
yíxiū 遺休 10-1192A
yíxiū 遺羞 10-1205A
yìxiū 佚休 1-1244A
yíxiù 遺秀 10-1194B
yìxiū 逸休 10-1003B
yìxiù 衣繡 9-26A
yìxiù 逸秀 10-1004B
yìxiù 翼宿 9-680A
yīxiǔjué 一宿覺 1-78A
yìxiùyèxíng 衣繡夜行 9-26A
yìxiùyèyóu 衣繡夜遊 9-26A
yíxiūyúliè 遺休餘烈 10-1192A
yīxiǔzhīxíng 一宿之行 1-78A
yìxiùzhòuxíng 衣繡晝行 9-26A
yīxīxī 噫嘻巇 3-531A
yīxīxū 噫嘻吁 3-531A
yīxīyǎnyǎn 一息奄奄 1-67A
yíxǐyíchēn 宜喜宜嗔 3-1375A
yīxīyīzhāo 一夕一朝 1-8A
yīxízhīdì 一席之地 1-69A
yīxū 嚘噓 3-559A
yīxū 噫噓 3-530B
yīxǔ 一許 1-76B
yīxǔ 依許 1-1352A
yíxū 遺墟 10-1215A
yíxū 遺諝 10-1221B
yíxù 儀序 1-1701B
yíxù 遺敘 10-1207A
yíxù 遺緒 10-1217B
yíxù 彝序 3-1660A
yíxù 彝叙 3-1660B
yíxù 彝敍 3-1660B
yìxū 譯胥 11-447A
yìxū 膈肝 6-1348B
yìxǔ 亦許 2-326B
yìxǔ 逸許 10-1007A
yìxǔ 驛稰 12-910A
yìxù 意緒 7-645A
yìxù 議卹 11-452A
yìxù 議恤 11-453A
yìxù 議敍 11-453B
yíxuàn 疑玄 8-512A
yíxuàn 疑眩 8-514B
yíxuàn 遺絢 10-1211B
yǐxuán 蟻旋 8-985B
yǐxuǎn 乙選 1-721A
yìxuān 翼宣 9-679B
yìxuán 意懸 7-646B
yìxuánguāng 易玄光 5-634A
yǐxuánmò 蟻旋磨 8-985B
yìxuánxuán 意懸懸 7-646B
yīxué 醫學 9-1440A
yīxuè 一吷 1-37A
yíxué 遺學 10-1221A
yǐxué 蟻穴 8-984A
yìxuē 抑削 6-392B
yìxué 異學 7-1353B
yìxué 義學 9-182A
yìxué 詣學 11-197B
yìxué 藝學 9-602A
yìxué 譯學 11-448A
yìxué 議學 11-456A
yìxuè 瘞血 8-345B
yīxuébóshì 醫學博士 9-1440B
yǐxuéhuàidī 蟻穴壞堤 8-984B
yǐxuékuìdī 蟻穴潰堤 8-984B

yīxuétóu 一踅頭 1-95B
yǐxuèxǐxuè 以血洗血 1-1087A
yǐxuéyùyú 以學愈愚 1-1094B
yǐxuézìfēng 蟻穴自封 8-984A
yīxún 一巡 1-34A
yīxún 一尋 1-88A
yīxún 依循 1-1352B
yīxùn 揖遜 6-749B
yíxūn 遺勛 10-1209B
yíxūn 遺勳 10-1221A
yíxùn 貽訓 10-181A
yíxùn 儀訓 1-1703B
yíxùn 遺訓 10-1204B
yíxùn 彝訓 3-1660B
yìxūn 議勳 11-456A
yìxún 驛巡 12-907B
yìxùn 義訓 9-179A
yīxūnlóng 衣薰籠 9-25B
yīxúnyīgèzháo 一尋一個着 1-88A
yīxūnyīyóu 一薰一蕕 1-107B
yíxùnyúfēng 遺訓餘風 10-1204B
yīxūxī 噫吁唏 3-530B
yīxūxī 噫吁嘻 3-530B
yīxūxī 噫吁嚱 3-530B
yīxūzāi 噫吁哉 3-530B
yīyā 伊鴉 1-1220B
yīyā 咿啞 3-244A
yīyā 咿呀 3-330A
yīyā 咿啞 3-330A
yīyā 噫啞 3-530B
yīyá 一涯 1-78A
yīyà 伊軋 1-1218A
yīyà 咿軋 3-244A
yīyà 依亞 1-1350A
yīyà 咿嘎 3-330B
yīyà 咿軋 3-330A
yíyǎ 夷雅 2-1499A
yíyà 疑訝 8-515A
yíyà 儀迓 1-1701B
yìyā 抑壓 6-395A
yìyā 抑厭 6-394B
yìyá 易牙 5-633A
yìyǎ 逸雅 10-1007A
yìyà 驛迓 12-907B
yǐyáhuányá 以牙還牙 1-1084B
yīyán 一言 1-38B
yīyán 一嚴 1-111A
yīyán 伊顏 1-1220B
yīyǎn 一眼 1-74A
yíyān 夷煙 2-1500A
yíyān 遺烟 10-1205A
yíyán 夷延 2-1496A
yíyán 夷言 2-1496B
yíyán 怡顏 7-489B
yíyán 迤延 10-760A
yíyán 迻言 10-800B
yíyán 詒言 11-133B
yíyán 飴鹽 12-534B
yíyán 遺延 10-1192A
yíyán 遺妍 10-1195B
yíyán 遺言 10-1195A
yíyán 彝言 3-1660A
yíyǎn 移眼 8-78B
yíyǎn 儀衍 1-1703A
yíyàn 夷晏 2-1498B
yíyàn 詒燕 11-134A
yíyàn 貽燕 10-182B
yíyàn 疑讞 8-518B
yíyàn 遺彥 10-1201B
yíyàn 遺諺 10-1221B
yǐyán 扆筵 7-364B
yìyán 異言 7-1345B
yìyán 逸言 10-1004B
yìyán 意言 7-639B
yìyán 溢言 6-37B
yìyán 義言 9-176B
yìyán 寱言 3-1636A
yìyán 譯言 11-446B
yìyán 議言 11-451B
yìyán 議筵 11-454A
yìyán 囈言 3-558A
yìyǎn 馳衍 10-89B
yìyǎn 義眼 9-179B
yìyǎn 義演 9-181A
yìyàn 逸彥 10-1005B
yìyàn 逸豔 10-1012A
yìyàn 議讞 11-456B
yīyánbàncí 一言半辭 1-39A
yīyánbànjù 一言半句 1-39A
yīyánbànyǔ 一言半語 1-39A
yīyánchāobǎiyǔ 一言抄百語 1-39A
yīyánchāobǎizǒng 一言抄百總 1-39A
yīyáng 伊陽 1-1219A
yīyǎng 依仰 1-1349B
yīyǎng 醫養 9-1440A
yīyàng 一樣 1-101A
yīyàng 依樣 1-1353A
yíyāng 貽殃 10-180B
yíyāng 遺殃 10-1199A
yíyáng 夷羊 2-1496B
yíyáng 迤颺 10-760B
yíyáng 移楊 4-998B
yíyǎng 怡養 7-489A
yíyǎng 頤養 12-294B
yǐyáng 倚佯 1-1458A
yǐyáng 倚陽 1-1460B
yǐyáng 蟻羊 8-984B
yìyáng 抑揚 6-393B
yìyáng 洪陽 5-1085B
yìyáng 挹揚 6-617B
yìyáng 嶧陽 3-869A
yìyǎng 役養 3-927B
yìyǎng 義養 9-181A
yìyàng 悒怏 7-545B
yìyàng 異樣 7-1353A
yìyángdùncuò 抑揚頓挫 6-394A
yìyánggūtóng 嶧陽孤桐 3-869A
yīyànghuàhúlu 依樣畫葫蘆 1-1353A
yīyǎnghuàtàn 一氧化碳 1-64A
yīyànghúlu 依樣葫蘆 1-1353A
yīyángjié 一陽節 1-79A
yíyǎngjīngshén 頤養精神 12-294B
yīyángláifù 一陽來復 1-79A
yìyángqiāng 弋陽腔 2-1582A
yìyángqín 嶧陽琴 3-869A
yīyángrì 一陽日 1-79A
yǐyǎngshāngshēn 以養傷身 1-1093B
yīyángshēng 一陽生 1-79A
yíyǎngtiānnián 頤養天年 12-294B
yìyángtóng 嶧陽桐 3-869A
yīyāngyīgèkěn 一央一個肯 1-22B
yǐyángyìniú 以羊易牛 1-1087B
yǐyǎnhuányǎn… 以眼還眼,以牙還牙 1-1091A
yīyánjìchū… 一言既出,如白染皂 1-39B
yīyánjìchū… 一言既出,駟馬難追 1-39B
yīyánjiǔdǐng 一言九鼎 1-39A
yǐyánjǔrén 以言舉人 1-1088B
yīyánlàiyǔ 一言賴語 1-39B
yīyánnánjìn 一言難盡 1-39B
yīyánqiānjīn 一言千金 1-39A
yǐyánqǔrén 以言取人 1-1088A
yīyánsàngbāng 一言喪邦 1-39B
yīyánshī 一言詩 1-39B
yīyànshū 一雁書 1-84A
yīyántáng 一言堂 1-39B
yīyánwéidìng 一言爲定 1-39B
yǐyánwéihuì 以言爲諱 1-1088B
yīyánxīngbāng 一言興邦 1-39B
yìyánxūměi 溢言虛美 6-37B
yǐyánxùnwù 以言徇物 1-1088B
yīyányǐbìzhī 一言以蔽之 1-39A
yīyányǐchū… 一言已出,駟馬難追 1-39A
yīyányīxíng 一言一行 1-39A
yíyányuèsè 怡顏悦色 7-489B
yīyāo 一腰 1-93A
yīyāo 一要 1-55B
yīyāo 咿咬 3-330A
yīyào 醫藥 9-1440B
yíyáo 疑搖 8-516A
yíyào 宧突 3-1454B
yíyào 遺耀 10-1226A
yìyào 煬燿 7-92B
yìyào 役要 3-927A
yìyào 熠燿 7-231B
yīyàobóshì 醫藥博士 9-1440B
yīyè 一夜 1-49B
yīyè 一腋 1-86B
yīyè 一葉 1-82A
yíyě 遺野 10-1206B
yíyè 遺業 10-1212A
yíyè 頤靨 12-295A
yǐyè 乙夜 1-720B
yǐyè 已業 4-72A
yìyě 佚冶 1-1244A
yìyě 邑野 10-579A
yìyě 易野 5-635A
yìyè 邑業 10-579B
yìyè 奕偞 2-1541B
yìyè 奕葉 2-1541B
yìyè 弈葉 2-1317A
yìyè 弈業 2-1317B
yìyè 挹擫 6-618A
yìyè 意業 7-644A
yìyè 肄業 9-250B
yìyè 詣謁 11-197B
yìyè 藝業 9-602A
yīyèbàoqiū 一葉報秋 1-82B
yīyèbìmù… 一葉蔽目,不見泰山 1-82B
yīyēfèicān 以噎廢飡 1-1094A
yīyèfūqībǎiyè'ēn 一夜夫妻百夜恩 1-50A
yīyèhóng 一擫紅 1-107A
yǐyèjìrì 以夜繼日 1-1089A
yǐyèjìzhāo 以夜繼朝 1-1089A
yǐyèjìzhòu 以夜繼晝 1-1089A
yīyèmíshān 一葉迷山 1-82B
yīyèqiū 一葉秋 1-82B
yīyètiān 一夜天 1-49B
yǐyèxùzhòu 以夜續晝 1-1089A
yīyèzhàngmù… 一葉障目,不見泰山 1-82B
yīyēzhǐcān 一噎止餐 1-102A
yīyèzhīqiū 一葉知秋 1-82A
yīyī 一一 1-2A
yīyī 一依 1-47A
yīyī 依依 1-1350A

yīyī 咿咿 3-330A
yīyī 猗猗 5-75B
yīyī 禕禕 7-949B
yīyī 漪漪 6-98A
yīyī 噫噫 3-531A
yīyī 黟黟 12-1364B
yīyǐ 依倚 1-1351A
yīyì 一易 1-45B
yīyì 一意 1-93A
yīyì 一蓺 1-95B
yīyì 一藝 1-109A
yīyì 伊邑 1-1217B
yīyì 壹意 2-1162B
yíyī 夷一 2-1495B
yíyī 遺衣 10-1192B
yíyí 溰溰 6-15B
yíyí 訑訑 11-65A
yíyí 蛇蛇 8-882A
yíyí 台台 3-80A
yíyí 夷儀 2-1500B
yíyí 怡怡 7-488A
yíyí 狋狋 5-27B
yíyí 迤迤 10-760A
yíyí 姨姨 4-339B
yíyí 儀儀 1-1705B
yíyí 遺宜 10-1198B
yíyí 遺儀 10-1219B
yíyí 頤頤 12-295A
yíyí 彝儀 3-1661A
yíyí 鬐鬐 10-1392A
yíyì 夷易 2-1497A
yíyì 夷羿 2-1498A
yíyì 夷逸 2-1498B
yíyì 夷懌 2-1501A
yíyì 怡懌 7-489A
yíyì 迻易 10-801A
yíyì 迻譯 10-801A
yíyì 移易 8-76B
yíyì 移譯 8-81B
yíyì 詒翼 11-134A
yíyì 疑異 8-515A
yíyì 疑義 8-516B
yíyì 疑誼 8-517B
yíyì 疑議 8-518B
yíyì 儀廙 1-1705A
yíyì 遺佚 10-1194B
yíyì 遺邑 10-1194A
yíyì 遺逸 10-1207A
yíyì 遺軼 10-1209B
yíyì 遺意 10-1214B
yíyì 遺義 10-1214B
yíyì 遺裔 10-1214B
yíyì 遺藝 10-1223A
yíyì 遺議 10-1226A
yíyì 遺懿 10-1226B
yíyì 頤意 12-294B
yíyì 彝義 3-1661A
yíyì 彝議 3-1661B
yǐyí 倚移 1-1460A
yǐyǐ 齸齸 11-778A
yǐyǐ 蟻蟻 3-871A
yǐyǐ 乙乙 1-720A
yǐyǐ 已已 4-71A
yǐyǐ 已矣 4-71B
yǐyì 倚異 1-1460A
yìyì 抑噫 6-394B
yìyī 裛衣 9-79B
yìyī 翳依 9-677A
yìyí 佚遺 1-1245A
yìyí 異宜 7-1347A
yìyí 逸遺 10-1009B
yìyí 意疑 7-644B
yìyí 肄儀 9-250B
yìyí 裔夷 9-80A
yìyí 斁遺 5-519B
yìyǐ 薏苡 9-572A
yìyì 黓黓 12-1341B
yìyì 儗儗 1-1717A
yìyì 駃駃 12-816B
yìyì 施易 6-1579A
yìyì 泄泄 5-1050A
yìyì 洩洩 5-1142A
yìyì 鶂鶂 12-1131A
yìyì 厭浥 1-943B
yìyì 仡仡 1-1153A
yìyì 屹仡 3-800A
yìyì 屹屹 3-800A
yìyì 役役 3-926B
yìyì 抑抑 6-392A
yìyì 抑悒 6-393A
yìyì 邑邑 10-578A
yìyì 呭呭 3-253B
yìyì 易易 5-634B
yìyì 易意 5-635B
yìyì 易蜴 5-636A
yìyì 柃楫 4-867B
yìyì 柃詣 4-867B
yìyì 泆泆 5-1085B
yìyì 佁佁 1-1400B
yìyì 奕奕 2-1541A
yìyì 帟帟 3-707B
yìyì 弈弈 2-1317A
yìyì 悒悒 7-545B
yìyì 挹挹 6-617B
yìyì 浥浥 5-1213A
yìyì 異意 7-1352A
yìyì 異義 7-1352A
yìyì 異議 7-1354A
yìyì 翊翊 9-651A
yìyì 翌翌 9-652A
yìyì 逸易 10-1004B
yìyì 逸異 10-1006B
yìyì 逸逸 10-1007A
yìyì 逸義 10-1008B
yìyì 逸藝 10-1011A
yìyì 逸議 10-1012A
yìyì 蛡蛡 8-896A
yìyì 詍詍 11-94B
yìyì 軼義 9-1237B
yìyì 意亦 7-639B
yìyì 意義 7-644A
yìyì 意誼 7-645B
yìyì 意譯 7-646B
yìyì 溢溢 6-38B
yìyì 義役 9-176B
yìyì 義意 9-180B
yìyì 裔邑 9-80A
yìyì 裔裔 9-80B
yìyì 裛裛 9-79B
yìyì 廙廙 3-1270A
yìyì 億億 1-1699A
yìyì 熠熠 7-231B
yìyì 懌懌 7-762A
yìyì 曀曀 5-836B
yìyì 翳翳 9-678A
yìyì 翼翼 9-680B
yìyì 繹繹 9-1033B
yìyì 鶂鶂 12-1123A
yìyì 譯義 11-447B
yìyì 議意 11-454B
yìyì 醳醳 9-1446B
yìyì 懿義 7-797A
yìyì 懿懿 7-797B
yìyì 驛驛 12-910B
yìyì 灩灩 6-189B
yìyì 嚜嚜 3-535A
yìyǐbàng 薏苡謗 9-572A
yīyībùshě 依依不捨 1-1349B
yǐyìchēngzhū 以鎰稱銖 1-1095A
yǐyīchíwàn 以一持萬 1-1083A
yǐyìdàiláo 以佚待勞 1-1088A
yǐyìdàiláo 以逸待勞 1-1091B
yìyǐdàiláo 逸以待勞 10-1003A
yīyīdàishuǐ 一衣帶水 1-32A
yīyǐdàngbǎi 一以當百 1-20B
yīyǐdàngshí 一以當十 1-20B
yǐyīdāngshí 以一當十 1-1083A
yǐyìduàn'ēn 以義斷恩 1-1093A
yǐyífáyí 以夷伐夷 1-1086B
yìyìfēng 譯意風 11-447B
yǐyīfèngbǎi 以一奉百 1-1083A
yǐyìgē'ēn 以義割恩 1-1093A
yǐyígōngyí 以夷攻夷 1-1086B
yīyǐguànzhī 一以貫之 1-20B
yīyìgūxíng 一意孤行 1-93A
yīyīhángháng 一一行行 1-2B
yǐyìjīláo 以逸擊勞 1-1091B
yǐyījǐngbǎi 以一儆百 1-1083A
yǐyījǐngbǎi 以一警百 1-1083A
yǐyíjuéyí 以疑決疑 1-1093B
yìyǐméngbàng 薏苡蒙謗 9-572A
yìyǐmíngzhū 薏苡明珠 9-572A
yīyīn 一音 1-58B
yīyīn 依因 1-1349A
yīyīn 噫瘖 3-530B
yīyǐn 伊尹 1-1216B
yīyǐn 依隱 1-1354A
yīyǐn 醫隱 9-1440B
yíyīn 夷音 2-1498A
yíyīn 詒音 11-133B
yíyīn 遺音 10-1201B
yíyīn 遺陰 10-1205B
yíyín 義淫 9-180A
yíyǐn 遺飲 10-1210B
yíyǐn 遺隱 10-1222A
yíyìn 遺蔭 10-1212A
yíyìn 遺胤 10-1201A
yíyìn 遺廕 10-1214B
yìyīn 邑姻 10-578B
yìyīn 異音 7-1348A
yìyīn 曀陰 5-836B
yìyīn 翳陰 9-677A
yìyīn 譯音 11-447A
yìyīn 議姻 11-453A
yìyīn 驛音 12-908B
yìyín 佚淫 1-1244B
yìyǐn 抑引 6-392A
yìyǐn 抑隱 6-395A
yìyǐn 逸隱 10-1010B
yìyǐn 溢飲 6-38B
yīyìnchìzhà 噫喑叱咤 3-530B
yīyīng 一應 1-108A
yīyīng 衣纓 9-26B
yīyīng 呷嚶 3-244A
yīyīng 咿嚶 3-330B
yīyīng 噫嚶 3-531A
yīyǐng 伊穎 1-1220A
yīyìng 一應 1-108A
yíyīng 遺英 10-1195B
yíyīng 遺嬰 10-1222B
yíyíng 移盈 8-77B
yíyíng 移營 8-81A
yíyíng 遺塋 10-1214B
yíyíng 遺籯 10-1227B
yíyǐng 移景 8-79B
yíyǐng 移影 8-80B
yíyǐng 疑影 8-517A
yíyǐng 遺影 10-1218B
yǐyíng 倚楹 1-1461A
yìyíng 挹盈 6-617B
yìyíng 億盈 1-1698A
yìyǐng 逸影 10-1009B
yìyǐng 翳景 9-677A
yíyǐngfǎ 移景法 8-79B
yīyīngjùquán 一應俱全 1-108B
yīyíngyīhè 一迎一和 1-38B
yìyíngzhùxū 挹盈注虛 6-617B
yǐyìnìzhì 以意逆志 1-1092B
yīyǐnsānbǎibēi 一飲三百杯 1-86B

yīyīnshēng 一陰生 1-71A
yǐyǐntóuyú 以蚓投魚 1-1091A
yīyínyīyǒng 一吟一詠 1-37A
yīyǐnyīzhuó 一飲一啄 1-86B
yíyīnyúyùn 遺音餘韻 10-1201B
yíyìqiānbiàn 移易遷變 8-76B
yìyìshēncháng 意義深長 7-644B
yíyísīsī 疑疑思思 8-516B
yìyìsīsī 意意思思 7-644A
yìyìsìsì 意意似似 7-644A
yìyìtàtà 泄泄沓沓 5-1050B
yǐyìwéizhī 以意爲之 1-1092B
yǐyìwéizhǔ 以意爲主 1-1093A
yīyīwūwū 吚吚嗚嗚 3-244A
yìyìxiǎoxīn 翼翼小心 9-680B
yǐyǐxīxī 倚倚嚱嚱 1-1459B
yīyīyāyā 吚吚啞啞 3-243B
yìyìyōuyōu 泄泄悠悠 5-1050B
yìyǐzhībàng 薏苡之謗 9-572A
yìyǐzhīchán 薏苡之讒 9-572A
yīyìzhīdì 一易之地 1-45B
yǐyízhìyí 以夷制夷 1-1086B
yīyǒng 依永 1-1349A
yíyōng 遺墉 10-1215A
yíyǒng 沂詠 5-975A
yíyǒng 遺咏 10-1199B
yíyǒng 遺勇 10-1202B
yíyǒng 遺詠 10-1210B
yíyòng 移用 8-75A
yíyòng 遺用 10-1190B
yǐyōng 蟻擁 8-987A
yǐyòng 倚用 1-1457B
yìyōng 役庸 3-927A
yìyǒng 仡勇 1-1153B
yìyǒng 逸踊 10-1008B
yìyǒng 溢涌 6-38A
yìyǒng 溢湧 6-38B
yìyǒng 義勇 9-178A
yìyǒng 毅勇 6-1508B
yìyòng 役用 3-926A
yìyòng 異用 7-1344B
yìyòng 意用 7-638A
yǐyōngfēngcuán 蟻擁蜂攢 8-987A
yìyǒngjūn 義勇軍 9-178B
yīyǒngxìng 一勇性 1-60A
yīyǒngxìng 一湧性 1-88A
yīyōu 伊嚘 1-1220A
yīyōu 吚呦 3-244A
yīyōu 吚嚘 3-244A
yīyōu 咿[illegible] 3-330B
yīyōu 咿呦 3-330A
yīyōu 咿嚘 3-330B
yīyóu 揖遊 6-749B
yīyòu 一又 1-5A
yíyōu 貽憂 10-182B
yíyōu 遺憂 10-1218A
yíyóu 夷由 2-1496A
yíyóu 夷猶 2-1499B
yíyóu 彝猶 3-1661A
yìyōu 歐嚘 6-1441A
yìyóu 佚游 1-1244B
yìyóu 佚遊 1-1244B
yìyóu 邑由 10-577B
yìyóu 逸游 10-1007B
yìyóu 逸遊 10-1007B
yìyóu 溢尤 6-37B
yìyóu 驛郵 12-909A
yìyǒu 益友 7-1422B
yìyǒu 逸友 10-1002B
yìyǒu 義友 9-175A
yìyǒu 誼友 11-325B
yìyòu 逸囿 10-1005B
yīyóuyīyù 一遊一豫 1-87A
yíyǒuzúwú 移有足無 8-75B
yīyú 一隅 1-79A
yīyú 伊余 1-1217B
yīyú 衣盂 9-18B
yīyú 衣魚 9-22B
yīyú 依於 1-1350A
yīyú 猗歟 5-76A
yīyú 猗與 5-76A
yīyǔ 一羽 1-34A
yīyǔ 一雨 1-44B
yīyù 伊鬱 1-1220B
yīyù 依鬱 1-1354B
yīyù 咿噢 3-330B
yīyù 壹鬱 2-1162B
yīyù 黳玉 12-1375B
yíyú 夷魚 2-1498B
yíyú 夷愉 2-1499B
yíyú 怡愉 7-489A
yíyú 儀輿 1-1706A
yíyú 遺餘 10-1220A
yíyú 螔蝓 8-946A
yíyǔ 夷與 2-1499B
yíyǔ 儀宇 1-1701A
yíyǔ 儀羽 1-1701A
yíyǔ 遺語 10-1216A
yíyù 夷玉 2-1495B
yíyù 怡悆 7-488B
yíyù 怡裕 7-489A
yíyù 怡豫 7-489A
yíyù 移玉 8-75A
yíyù 移寓 8-80A
yíyù 移御 8-80A
yíyù 疑玉 8-512A
yíyù 疑獄 8-516B
yíyù 遺玉 10-1189A
yíyù 遺育 10-1197B
yíyù 遺御 10-1210B
yíyù 遺裕 10-1211A
yíyù 遺譽 10-1226A
yíyù 頤育 12-294A
yǐyú 轙輿 9-1335A
yǐyù 倚玉 1-1457A
yìyù 易于 5-633A
yìyù 悒紆 7-545B
yìyú 佚愉 1-1244B
yìyú 易于 5-633A
yìyú 跇踰 10-439A
yìyú 軼踰 9-1238A
yìyú 瘞魚 8-346A
yìyǔ 邑宇 10-577B
yìyǔ 易與 5-635B
yìyǔ 逸羽 10-1004A
yìyǔ 溢語 6-38B
yìyǔ 億庾 1-1698B
yìyǔ 寱語 3-1636A
yìyǔ 寱語 8-486B
yìyǔ 譯語 11-448A
yìyǔ 議語 11-455A
yìyǔ 囈語 3-558B
yìyǔ 讛語 11-475A
yìyù 失欲 2-1485B
yìyù 佚欲 1-1244B
yìyù 佚豫 1-1245A
yìyù 役御 3-927A
yìyù 抑鬱 6-395A
yìyù 悒鬱 7-546A
yìyù 挹鬱 6-618A
yìyù 浥鬱 5-1213A
yìyù 異域 7-1350A
yìyù 異遇 7-1351A
yìyù 逸踰 10-1010B
yìyù 逸域 10-1006B
yìyù 逸欲 10-1006B
yìyù 逸御 10-1007B
yìyù 逸馭 10-1007A
yìyù 逸豫 10-1010A
yìyù 意欲 7-643A
yìyù 意遇 7-643B
yìyù 意慾 7-645B
yìyù 溢欲 6-38A
yìyù 溢譽 6-39A
yìyù 熠煜 7-231B
yìyù 瘞玉 8-345B
yìyù 翳鬱 9-678A
yìyù 瀷減 6-217B
yìyù 議獄 11-455A
yìyù 驛馭 12-909B
yīyuán 一元 1-10A
yīyuán 一原 1-62A
yīyuán 一圓 1-92A
yīyuán 一緣 1-104A
yīyuán 依原 1-1351A
yīyuán 依緣 1-1353B
yīyuàn 醫院 9-1439A
yíyuán 遺垣 10-1199A
yíyuǎn 夷遠 2-1499B
yíyuǎn 遺遠 10-1212A
yíyuàn 宜願 3-1376A
yíyuàn 儀掾 1-1704A
yíyuàn 遺願 10-1225A
yíyuàn 誃院 11-404A
yǐyuán 蟻蝝 8-987A
yìyuān 義淵 9-180A
yìyuán 義園 9-180B
yìyuán 譯員 11-447A
yìyuán 議員 11-453A
yìyuán 驛垣 12-908B
yìyuǎn 抑遠 6-394B
yìyuǎn 意遠 7-643B
yìyuàn 意願 7-646A
yìyuàn 藝苑 9-601A
yìyuàn 議院 11-453A
yǐyuànbàodé 以怨報德 1-1090A
yīyuānbùliǎngjiāo 一淵不兩蛟 1-87B
yīyuándàwǔ 一元大武 1-10A
yìyuándì 疫源地 8-287B
yīyuánfùshǐ 一元復始 1-10A
yìyuánguang 易元光 5-633A
yīyuánhuà 一元化 1-10A
yīyuánlùn 一元論 1-10A
yīyuánmùgōng 一元木公 1-10A
yīyuányīhuì 一緣一會 1-104A
yíyuánzhīshǎng 移轅之賞 8-81A
yīyǔdàopò 一語道破 1-97B
yǐyùdǐquè 以玉抵鵲 1-1085B
yǐyùdǐwū 以玉抵烏 1-1085B
yīyuē 一曰 1-14B
yīyuē 依約 1-1351A
yīyuè 一月 1-17B
yíyuē 遺約 10-1202B
yíyuè 夷樂 2-1501A
yíyuè 夷説 2-1500A
yíyuè 夷越 2-1499A
yíyuè 怡説 7-489A
yíyuè 怡悦 7-488B
yíyuè 移嶽 8-81A
yíyuè 遺樂 10-1220B
yíyuè 彝樂 3-1661A
yìyuē 議約 11-453A
yìyuè 駃越 12-816B
yìyuè 蝟蝓 8-959B
yìyuè 易月 5-633B
yìyuè 逸越 10-1007A
yìyuè 軼越 9-1237B
yìyuè 熠爚 7-231B
yìyuè 劓刖 2-756A
yìyuè 懌悦 7-762A
yìyuè 翳樂 9-677B
yīyuèjiǔqiān 一月九遷 1-18A
yīyuèrì 一月日 1-18A
yìyúfǎnzhǎng 易於反掌 5-634B
yìyǔguān 譯語官 11-448A
yīyúhúdǐ 伊于胡底 1-1216A
yīyúhúdǐ 伊於胡底 1-1218A
yǐyùjìnnéng 以譽進能 1-1095A
yìyùmáixiāng 瘞玉埋香 8-345B
yīyǔn 依允 1-1349A
yīyùn 依韻 1-1354B

yíyún 疑雲 8-516A
yíyǔn 夷隕 2-1499B
yíyùn 遺孕 10-1191A
yíyùn 遺蘊 10-1223A
yíyùn 遺韻 10-1225B
yǐyún 倚雲 1-1460B
yìyún 翳雲 9-677A
yìyùn 邑菀 10-579A
yìyùn 翊運 9-651A
yìyùn 逸韻 10-1011B
yìyùn 意蘊 7-646A
yìyùn 義蘊 9-182B
yìyùn 翼運 9-680A
yìyùngāozhì 逸韻高致 10-1011B
yīyǔpòdì 一語破的 1-97B
yǐyúqūyíng 以魚歐蠅 1-1091B
yǐyúqūyíng 以魚驅蠅 1-1091B
yīyúsānfǎn 一隅三反 1-79A
yìyúshíyí 易於拾遺 5-634B
yīyǔshuāngguān 一語雙關 1-97B
yǐyùwéishǎng 以譽爲賞 1-1095A
yǐyùwēixiāng 倚玉偎香 1-1457A
yìyúyánbiǎo 溢於言表 6-38A
yìyúyánwài 溢於言外 6-38A
yīyǔyī 一與一 1-92A
yīyúzhījiàn 一隅之見 1-79A
yīyúzhīshuō 一隅之説 1-79B
yīyǔzhōngdì 一語中的 1-97B
yīyǔzhuàngdǎoqiáng 一語撞倒墻 1-97B
yīzā 一帀 1-10B
yīzá 醫嘖 9-1440B
yìzá 黖雜 12-1341B
yīzài 一再 1-25B
yīzài 壹再 2-1161B
yízāi 移栽 8-77B
yízāi 貽災 10-180B
yízǎi 遺載 10-1212A
yízài 遺在 10-1191B
yìzāi 異栽 7-1348B
yìzǎi 邑宰 10-579A
yìzǎi 億載 1-1698B
yìzǎi 譯載 11-447B
yìzǎi 驛宰 12-909A
yìzàibǐqián 意在筆前 7-638B
yìzàibǐxiān 意在筆先 7-638B
yīzàixíng 一再行 1-26A
yìzàiyánwài 意在言外 7-638B
yīzājiǎo'er 一扎脚兒 1-10B
yīzān 衣簪 9-26A
yízān 遺簪 10-1223B
yízān 遺簪 10-1223B
yìzàn 翊贊 9-651B
yìzàn 翼贊 9-680B
yìzàn 翼讚 9-681A
yízānbìjù 遺簪弊屨 10-1223B
yízānbìlǚ 遺簪弊履 10-1223B
yízānduò'ěr 遺簪墮珥 10-1223B
yízānduòlǚ 遺簪墮履 10-1224A
yīzàng 一藏 1-107B
yízāng 移贓 8-81B
yízàng 移葬 8-79B
yìzāng 義贓 9-182B
yìzàng 瘞藏 8-346A
yìzàng 瘞臧 8-346A
yìzàng 瘞葬 8-346A
yìzàng 翳藏 9-678A
yīzǎnjìn 一儹勁 1-113B
yízānjuéyīng 遺簪絶纓 10-1223B
yízānqìxì 遺簪棄舄 10-1223B
yízāntuōxì 遺簪脱舄 10-1223B
yízānzhuì'ěr 遺簪墜珥 10-1224A
yízānzhuìjù 遺簪墜屨 10-1224A
yízānzhuìlǚ 遺簪墜履 10-1224A
yízānzhuìxì 遺簪墜舄 10-1224A
yīzāo 一遭 1-96A
yīzǎo 一早 1-28A
yīzào 一造 1-64B
yízào 夷竈 2-1501B
yízào 胰皂 6-1244A
yìzǎo 逸藻 10-1011A
yìzào 意造 7-642B
yìzào 臆造 6-1394B
yīzǎoqǐ 一早起 1-28A
yīzāoqíng'èrzāolì 一僧情二僧例 1-92A
yīzàozi 一造子 1-64B
yīzé 一則 1-56B
yīzé 衣幘 9-24B
yízé 夷則 2-1497B
yízé 貽則 10-180B
yízé 貽責 10-181B
yízé 貽澤 10-182B
yízé 儀則 1-1703A
yízé 遺鼑 10-1215B
yízé 遺則 10-1199B
yízé 遺澤 10-1221B
yízé 彝則 3-1660A
yìzé 易簀 5-636A
yìzé 議則 11-453A
yīzéchéngrén… 衣則成人,水則成田 9-19A
yízéi 遺賊 10-1212B
yǐzéi 蛾賊 8-902A
yǐzéi 蟻賊 8-986A
yìzéi 逸賊 10-1008A
yǐzéliángshī 以澤量屍 1-1094B
yízèng 貽贈 10-182B
yízèng 遺贈 10-1225A
yízèng 貤贈 10-89B
yìzēng 弋矰 2-1582A
yìzēng 弋繒 2-1582A
yìzēng 瘞繒 8-346B
yìzēng 翳懀 9-677B
yīzéyī… 一則一,二則二 1-56B
yīzhā 一揸 1-81B
yīzhǎ 一拃 1-41B
yīzhà 一柞 1-55A
yízhá 遺劄 10-1216A
yízhá 遺札 10-1189B
yìzhá 逸札 10-1003A
yìzhà 溢詐 6-38B
yīzhǎbayǎn 一眨巴眼 1-57A
yīzhái 一宅 1-32A
yízhái 遺宅 10-1193A
yízhài 遺債 10-1213A
yìzhái 益宅 7-1423A
yīzhǎiba 一窄巴 1-71A
yīzhájiǎo 一札脚 1-22A
yīzhān 一沾 1-50B
yīzhǎn 一盞 1-90B
yízhàn 疑戰 8-517B
yízhàn 遺占 10-1189B
yǐzhān 乙旃 1-721A
yǐzhǎn 蟻盞 8-986A
yìzhān 囈譫 3-558B
yìzhàn 義戰 9-181B
yìzhàn 驛站 12-909A
yīzhǎncháshí 一盞茶時 1-90B
yīzhāng 一章 1-77A
yīzhāng 衣章 9-23A
yīzhǎng 一長 1-41A
yīzhǎng 一掌 1-84A
yīzhàng 依仗 1-1349A
yīzhàng 依杖 1-1349B
yízhāng 儀章 1-1704A
yízhāng 遺章 10-1208A
yízhāng 彝章 3-1660B
yízhàng 姨丈 4-339A
yízhàng 移仗 8-75A
yízhàng 移帳 8-78B
yízhàng 儀仗 1-1700B
yǐzhàng 乙帳 1-721A
yǐzhàng 倚仗 1-1457A
yǐzhàng 倚杖 1-1457B
yǐzhàng 倚障 1-1461A
yìzhāng 翼張 9-680A
yìzhāng 議章 11-453B
yìzhǎng 邑長 10-578A
yìzhǎng 譯長 11-446B
yìzhǎng 議長 11-451B
yìzhǎng 驛長 12-908A
yìzhàng 億丈 1-1697B
yìzhàng 翳障 9-677B
yízhàngduì 儀仗隊 1-1700B
yīzhànghóng 一丈紅 1-6B
yīzhǎngjīn 一掌金 1-84A
yīzhàngqīng 一丈青 1-6B
yízhàngrén 姨丈人 4-339A
yīzhàngwū 一丈烏 1-6B
yīzhàngwǔchǐ 一丈五尺 1-6B
yīzhāngyīchí 一張一弛 1-78B
yīzhǎnqí 一斬齊 1-73B
yǐzhànqùzhàn 以戰去戰 1-1094A
yǐzhànyǎngzhàn 以戰養戰 1-1094A
yīzhāo 一朝 1-82B
yīzhāo 一招 1-42A
yīzhāo 一著 1-73A
yīzhāo 一着 1-77B
yīzhào 一棹 1-83B
yīzhào 依照 1-1353A
yízhào 遺炤 10-1202A
yízhào 遺兆 10-1192B
yízhào 遺詔 10-1210B
yízhào 遺照 10-1212B
yǐzhào 倚棹 1-1460B
yǐzhào 倚櫂 1-1462A
yìzhào 役召 3-926A
yìzhào 逸照 10-1008A
yìzhào 億兆 1-1698A
yìzhào 驛召 12-907B
yīzhāobùshèn… 一着不慎全盤皆輸 1-77B
yīzhāohuáitāi… 一朝懷胎,十月分娩 1-83A
yīzhāomǎsǐ… 一朝馬死黄金盡 1-83A
yīzhāoqiānlǐ 一朝千里 1-83A
yīzhāoquánzàishǒu… 一朝權在手,便把令來行 1-83B
yízhàotú 遺照圖 10-1212B
yīzhāoxī 一朝夕 1-83A
yīzhāoxiān… 一招鮮,吃遍天 1-42A
yīzhāoyīxī 一朝一夕 1-83A
yīzhāozhīfèn 一朝之忿 1-83A
yīzhāozhīhuàn 一朝之患 1-83A
yīzháyǎn 一劄眼 1-97A
yīzhǎyǎn 一眨眼 1-57A
yīzhé 一輒 1-110B
yīzhé 衣摺 9-24B
yīzhě 一者 1-42A
yīzhě 衣褶 9-25B
yízhé 遺哲 10-1203A
yízhé 遺摺 10-1215A
yízhé 遺輒 10-1225A
yìzhé 抑折 6-392A

yìzhé 易轍 5-636B
yìzhé 意折 7-639B
yìzhé 褱牒 9-79B
yìzhé 懿哲 7-796B
yìzhě 意者 7-640A
yìzhégǎixián 易轍改絃 5-636B
yīzhěn 一枕 1-43B
yīzhèn 一陳 1-71A
yīzhèn 一陣 1-59B
yízhēn 遺珍 10-1198B
yízhēn 遺真 10-1203A
yízhēn 頤真 12-294A
yízhěn 儀軫 1-1704A
yízhèn 移鎮 8-81B
yǐzhèn 蟻陣 8-985B
yìzhěn 義診 9-180A
yìzhěn 翼軫 9-680A
yìzhèn 義賑 9-180B
yīzhēn'èrshí 一真二實 1-61A
yīzhènfēng 一陣風 1-59B
yīzhēng 一征 1-47B
yīzhèng 一怔 1-51A
yīzhèng 一正 1-21A
yízhēng 移箏 8-79B
yízhèng 疑政 8-514A
yízhèng 儀正 1-1700A
yízhèng 遺政 10-1199A
yǐzhèng 乙正 1-720B
yìzhēng 役政 3-927A
yìzhēng 義徵 9-181B
yìzhēng 讛掙 11-475A
yìzhèng 役政 3-927A
yìzhèng 疫症 8-287A
yìzhèng 異政 7-1347B
yìzhèng 逸政 10-1005A
yìzhèng 意掙 7-640B
yìzhèng 義正 9-175A
yìzhèng 義政 9-178A
yìzhèng 義證 9-182B
yìzhèng 寱掙 3-1636A
yìzhèng 議正 11-451A
yìzhèng 議政 11-452B
yìzhèng 囈怔 3-558B
yìzhèng 囈掙 3-558B
yìzhèng 囈癥 3-558B
yìzhèng 驛政 12-908B
yìzhèngcíyán 義正詞嚴 9-175A
yìzhèngjú 驛政局 12-908B
yìzhèngyābǎixié 一正壓百邪 1-21A
yīzhěnhándān 一枕邯鄲 1-43B
yīzhěnhuái'ān 一枕槐安 1-44A
yīzhěnhuángliáng 一枕黄粱 1-44A
yīzhēnjiànxiě 一針見血 1-68A
yīzhēnliúzhì 依斟流彘 1-1352B
yīzhěnnánkē 一枕南柯 1-43B
yīzhēnyīxiàn 一針一線 1-67B
yīzhéshǒu 一磔手 1-101A
yīzhéshū 一折書 1-35A
yīzhéyīmó 一折一磨 1-35A
yīzhī 一支 1-10B
yīzhī 一枝 1-43A
yīzhí 一直 1-42B
yīzhǐ 一指 1-54A
yīzhǐ 一紙 1-71B
yīzhǐ 依止 1-1348B
yīzhì 一至 1-27B
yīzhì 一秩 1-64B
yīzhì 一致 1-62B
yīzhì 一擲 1-107A
yīzhì 醫治 9-1439A
yízhī 移知 8-76B
yízhī 遺知 10-1196B
yízhí 夷直 2-1497A
yízhí 夷跖 2-1499A
yízhí 移植 8-79B
yízhí 移殖 8-79B
yízhí 遺直 10-1195B
yízhí 遺植 10-1209B
yízhǐ 儀止 1-1700A
yízhǐ 遺旨 10-1192B
yízhǐ 遺阯 10-1193A
yízhǐ 遺址 10-1193B
yízhǐ 遺祉 10-1198B
yízhǐ 遺紙 10-1206A
yízhǐ 遺趾 10-1206B
yízhǐ 頤旨 12-293B
yízhǐ 頤指 12-294A
yízhì 沂志 5-975A
yízhì 移志 8-75B
yízhì 移治 8-76B
yízhì 移置 8-80A
yízhì 疑識 8-518B
yízhì 疑志 8-512B
yízhì 疑滯 8-517A
yízhì 疑幟 8-517A
yízhì 儀制 1-1702A
yízhì 儀質 1-1705B
yízhì 遺志 10-1193B
yízhì 遺制 10-1196B
yízhì 遺帙 10-1196A
yízhì 遺智 10-1209B
yízhì 遺稚 10-1213A
yízhì 遺置 10-1209B
yízhì 遺滯 10-1217A
yízhì 遺製 10-1215B
yízhì 遺質 10-1219B
yízhì 頤志 12-293B
yízhì 彝制 3-1660A
yǐzhì 以至 1-1087A
yǐzhì 以致 1-1090B
yìzhī 意知 7-640B
yìzhī 義肢 9-177B
yìzhí 失職 2-1491B
yìzhí 易直 5-634B
yìzhí 藝植 9-602A
yìzhǐ 抑止 6-391B
yìzhǐ 意旨 7-639A
yìzhǐ 意恉 7-641B
yìzhǐ 意指 7-640B
yìzhǐ 義旨 9-176A
yìzhǐ 誼恉 11-325B
yìzhǐ 懿旨 7-796B
yìzhì 屹峙 3-800A
yìzhì 佚志 1-1244A
yìzhì 役志 3-926A
yìzhì 役智 3-927A
yìzhì 抑志 6-392A
yìzhì 抑制 6-392B
yìzhì 邑志 10-578A
yìzhì 邑制 10-578A
yìzhì 易置 5-635B
yìzhì 奕致 2-1541A
yìzhì 益知 7-1423A
yìzhì 益治 7-1423A
yìzhì 益智 7-1423B
yìzhì 異志 7-1345B
yìzhì 異制 7-1346B
yìzhì 異致 7-1348B
yìzhì 異質 7-1353B
yìzhì 逸志 10-1004A
yìzhì 逸致 10-1006A
yìzhì 軼致 9-1237B
yìzhì 意志 7-639B
yìzhì 意制 7-640B
yìzhì 意致 7-642A
yìzhì 意智 7-643B
yìzhì 意製 7-644B
yìzhì 溢志 6-37B
yìzhì 義志 9-176B
yìzhì 肄治 9-250A
yìzhì 憶識 7-766A
yìzhì 曀滯 5-836B
yìzhì 譯製 11-448A
yìzhì 議制 11-452A
yìzhì 驛致 12-909A
yìzhì 驛置 12-909B
yīzhìbǎilǜ 一致百慮 1-62B
yīzhìbǎiwàn 一擲百萬 1-107B
yīzhībànjiàn 一知半見 1-46A
yīzhībànjié 一支半節 1-10B
yīzhībànjié 一肢半節 1-48B
yīzhībànjiě 一知半解 1-46A
yǐzhíbàoyuàn 以直報怨 1-1088B
yīzhǐbìmù…
一指蔽目，不見泰山 1-54B
yīzhīcái 一枝才 1-43A
yǐzhǐcèhé 以指測河 1-1089B
yīzhǐchán 一指禪 1-54B
yīzhīchūn 一枝春 1-43A
yízhǐfēngshǐ 頤指風使 12-294A
yīzhīguì 一枝桂 1-43A
yīzhīhuā 一枝花 1-43A
yīzhǐkōngwén 一紙空文 1-72A
yīzhǐmǎ 一指馬 1-54B
yǐzhǐnáofèi 以指撓沸 1-1089B
yīzhīpiànjiě 一知片解 1-46A
yīzhīpíng 一枝瓶 1-43B
yīzhīqī 一枝棲 1-43B
yīzhǐqiānjīn 一紙千金 1-72A
yīzhìqiānjīn 一擲千金 1-107A
yīzhìqiánkūn 一擲乾坤 1-107B
yízhǐqìshǐ 頤指氣使 12-294A
yīzhīrì 一之日 1-8A
yīzhíshēng 一直聲 1-42B
yízhíshì 移執事 8-78B
yīzhǐshū 一紙書 1-72A
yīzhīténg 一枝藤 1-43B
yīzhǐtóuchán 一指頭禪 1-54B
yìzhìtú 益智圖 7-1423B
yīzhīwèishèn 一之爲甚 1-8B
yīzhīwèishèn 一之謂甚 1-8B
yīzhīxiāng 一枝香 1-43A
yízhìyǎngshén 怡志養神 7-488A
yīzhīyījié 一枝一節 1-43A
yīzhīyījié 一肢一節 1-48B
yīzhìyīluàn 一治一亂 1-51A
yīzhīyǐshèn 一之已甚 1-8A
yìzhīyóudān 易知由單 5-634B
yǐzhìyú 以至于 1-1087A
yǐzhìyú 以至於 1-1087A
yīzhìyúcǐ 一至於此 1-28A
yīzhìyúsī 一至於斯 1-28A
yīzhìzhījié 一致之節 1-62B
yìzhìzòng 益智粽 7-1423B
yīzhōng 一終 1-80A
yīzhǒng 一種 1-96B
yīzhòng 一衆 1-86A
yīzhòng 依重 1-1350B
yízhōng 移忠 8-76B
yízhōng 儀鍾 1-1706A
yízhōng 遺忠 10-1196A
yízhǒng 疑冢 8-515A
yízhǒng 疑塚 8-516A
yízhǒng 遺冢 10-1205A
yízhǒng 遺塚 10-1212A
yízhǒng 遺種 10-1215B
yízhǒng 遺踵 10-1221A
yízhǒng 彝踵 3-1661B
yízhòng 移種 8-80B
yízhòng 遺衆 10-1210B
yǐzhǒng 蟻冢 8-985B
yǐzhǒng 蟻塚 8-986A

yǐzhòng 倚重 1-1459A
yǐzhòng 蟻衆 8-986A
yìzhōng 易中 5-633A
yìzhōng 意中 7-638A
yìzhōng 義終 9-180A
yìzhōng 臆中 6-1394A
yìzhǒng 易種 5-636A
yìzhǒng 異種 7-1352A
yìzhǒng 義冢 9-179B
yìzhǒng 義塚 9-180B
yìzhòng 義衆 9-180A
yìzhòng 億中 1-1697B
yìzhòng 億衆 1-1698B
yìzhòng 臆中 6-1394A
yǐzhòngbàoguǎ 以衆暴寡 1-1092A
yízhōngjiàn 移中監 4-998B
yìzhōngqián 邑中黔 10-577B
yìzhōngrén 意中人 7-638A
yízhōngshǔguó 移中屬國 4-998B
yīzhōngtóngcháng 一中同長 1-14B
yīzhōu 一周 1-49A
yīzhōu 伊州 1-1217A
yīzhōu 伊周 1-1218A
yīzhóu 一軸 1-83B
yízhōu 夷洲 2-1498A
yízhòu 遺胄 10-1199B
yízhòu 遺甃 10-1213A
yǐzhōu 倚輈 1-1461A
yǐzhōu 檥舟 4-1349B
yìzhōu 嘽哃 3-526B
yìzhōu 逸舟 10-1003B
yìzhōu 鷁舟 12-1139A
yìzhōu 驛舟 12-907B
yìzhòu 裔胄 9-80A
yīzhōuhuí 一周回 1-49B
yīzhōuzāo 一周遭 1-49B
yīzhōuzāo 一週遭 1-76B
yīzhū 一銖 1-97B
yīzhǔ 醫囑 9-1440B
yīzhù 一注 1-51A
yīzhù 一柱 1-55A
yīzhù 一筯 1-92A
yízhū 夷誅 2-1500A
yízhū 遺珠 10-1202B
yízhū 遺誅 10-1214B
yízhú 儀躅 1-1706B
yízhú 遺燭 10-1222B
yízhú 遺躅 10-1226A
yízhú 遺築 10-1221A
yízhǔ 遺主 10-1191A
yízhǔ 遺屬 10-1226B
yízhǔ 遺囑 10-1227B
yízhù 移住 8-76A
yízhù 移注 8-76B
yízhù 儀注 1-1702B
yízhù 遺注 10-1198A
yízhù 遺祝 10-1202B
yízhù 遺著 10-1206B
yǐzhù 倚注 1-1458A
yǐzhù 倚柱 1-1459A
yǐzhù 扆宁 7-364A
yìzhū 逸珠 10-1006A
yìzhū 意珠 7-641B
yìzhú 役逐 3-927A
yìzhú 義竹 9-176A
yìzhú 懿躅 7-797B
yìzhǔ 邑主 10-577B
yìzhǔ 義主 9-175B
yìzhǔ 議主 11-451A
yìzhù 挹注 6-617B
yìzhù 逸翥 10-1008B
yìzhù 翼助 9-679B
yìzhù 譯注 11-446B
yìzhù 譯著 11-447B
yìzhù 譯註 11-447B
yīzhuǎn 一轉 1-109A
yīzhuàn 一轉 1-109A
yízhuǎn 移轉 8-81A
yízhuǎn 遺轉 10-1223A
yízhuàn 遺篆 10-1219B
yízhuàn 遺囀 10-1226B
yìzhuàn 易傳 5-635B
yìzhuàn 意撰 7-645A
yìzhuàn 臆撰 6-1395A
yìzhuàn 驛傳 12-909B
yīzhuāng 一莊 1-61B
yīzhuāng 衣裝 9-24A
yīzhuàng 一壯 1-40A
yīzhuàng 一狀 1-53B
yízhuàng 儀狀 1-1702B
yǐzhuāng 倚裝 1-1461A
yìzhuāng 義莊 9-178B
yìzhuāng 裛妝 9-79B
yìzhuàng 異狀 7-1347A
yìzhuàng 逸狀 10-1005A
yìzhuàng 意狀 7-640B
yìzhuàng 義狀 9-178A
yìzhuàng 議狀 11-452B
yīzhuāngchǔchǔ 衣妝楚楚 9-18B
yīzhuǎnniàn 一轉念 1-109A
yīzhuǎnshǒu 一轉手 1-109A
yīzhuǎnyǎn 一轉眼 1-109A
yīzhuǎnyǔ 一轉語 1-109A
yīzhùchéngtiān 一柱承天 1-55A
yīzhūchēngyì 以銖稱鎰 1-1093B
yǐzhūchéngyì 以銖程鎰 1-1093B
yīzhúgāndǎdàodǐ 一竹竿打到底 1-30A
yīzhùguàn 一柱觀 1-55A
yízhuì 儀綴 1-1705A
yízhuì 遺墜 10-1217B
yǐzhuīcānhú 以錐飡壺 1-1094B
yǐzhuīcìdì 以錐刺地 1-1094B
yīzhǔn 一準 1-93B
yīzhǔn 依準 1-1353A
yīzhùn 一准 1-69A
yízhǔn 儀準 1-1704B
yízhǔn 彝準 3-1661A
yìzhǔn 議准 11-453A
yīzhuó 一著 1-73A
yīzhuó 衣著 9-22A
yīzhuó 衣着 9-23A
yīzhuó 猗卓 5-75B
yízhuó 遺啄 10-1206B
yǐzhuó 倚著 1-1460A
yǐzhuó 倚着 1-1460B
yìzhuó 弋繳 2-1582B
yìzhuó 挹酌 6-617B
yìzhuó 逸躅 10-1012A
yízhūqìbì 遺珠棄璧 10-1203A
yīzhùqíngtiān 一柱擎天 1-55A
yǐzhūtánquè 以珠彈雀 1-1090B
yīzhùxiāng 一炷香 1-59A
yīzǐ 一紫 1-84A
yīzì 一字 1-32B
yīzì 一自 1-30A
yīzì 衣眥 9-22B
yízi 胰子 6-1244A
yízī 移咨 8-77A
yízī 遺貲 10-1212A
yízī 遺資 10-1214B
yízǐ 宜子 3-1373B
yízǐ 遺子 10-1188A
yízǐ 遺秭 10-1200A
yízì 遺字 10-1193A
yízì 遺觜 10-1209B
yǐzi 蛾子 8-900B
yǐzi 椅子 4-1091A
yǐzi 蟻子 8-984A
yǐzǐ 倚子 1-1457A
yǐzǐ 齮子 12-1037B
yìzī 易資 5-635B
yìzī 異姿 7-1348A
yìzī 逸姿 10-1005B
yìzī 軼資 9-1237B
yìzī 溢滋 6-38B
yìzǐ 邑子 10-577A
yìzǐ 義子 9-174B
yìzǐ 裔子 9-80A
yìzǐ 翼子 9-679A
yìzǐ 驛子 12-907A
yìzì 易字 5-634A
yìzì 逸字 10-1003B
yīzībànjí 一資半級 1-93B
yīzìbāobiǎn 一字褒貶 1-34A
yīzìbùgǒu 一字不苟 1-33A
yīzìbùyì 一字不易 1-33A
yīzìchángchéng 一字長城 1-33B
yīzìchángshézhèn 一字長蛇陣 1-33B
yǐzichuān 蟻子穿 8-984A
yīzǐchūjiā… 一子出家，九祖升天 1-8B
yīzǐchūjiā… 一子出家，七祖昇天 1-8B
yìzǐ'érshí 易子而食 5-633A
yīzìfēng 一字封 1-33B
yìzìguān 譯字官 11-446B
yǐzijiàng 蟻子醬 8-984A
yīzìjiānjīn 一字兼金 1-34A
yīzìjīn 一字巾 1-33A
yǐzìkù 乙字庫 1-720B
yízǐlǐ 遺子禮 10-1188A
yīzìliánchéng 一字連城 1-33B
yǐzǐluànzhū 以紫亂朱 1-1092A
yǐzimèng 蟻子夢 8-984A
yīzìqiānjīn 一字千金 1-33A
yīzìqiānqiū 一字千秋 1-33A
yīzìrùgōngmén… 一字入公門，九牛拔不出 1-33A
yīzìsānjiān 一字三縑 1-33A
yìzìshēng 譯字生 11-446B
yīzìshī 一字師 1-33B
yìzǐshí 易子食 5-633A
yīzìshū 一字書 1-34A
yīzìwáng 一字王 1-33A
yǐzǐwéizhū 以紫爲朱 1-1092A
yīzǐwùdào… 一子悟道，九族生天 1-8B
yìzǐxīhái 易子析骸 5-633A
yīzǐyāohuáng 衣紫腰黄 9-23A
yīzǐyāojīn 衣紫腰金 9-23A
yīzǐyāoyín 衣紫腰銀 9-23A
yīzìyībǎn 一字一板 1-32B
yīzǐyībàn'er 一籽一瓣兒 1-58B
yīzìyījù 一字一句 1-32B
yīzìyīzhū 一字一珠 1-32B
yǐziyú 椅子輿 4-1091A
yīzìzhèn 一字陣 1-33B
yǐzǐzhīmáo… 以子之矛，攻子之盾 1-1084A
yīzìzhíqiānjīn 一字值千金 1-33B
yìzīzī 意孜孜 7-640A
yīzōng 一宗 1-51B
yīzǒng 一總 1-108B
yízōng 夷宗 2-1497B
yízōng 遺宗 10-1198B
yízōng 遺踪 10-1218B
yízōng 遺蹤 10-1223A
yìzōng 異宗 7-1347A
yìzōng 逸蹤 10-1011A
yìzōng 義宗 9-177B
yìzǒng 鷁總 12-1157B
yìzǒng 鷖總 12-1157B
yízōu 夷陬 2-1498B
yízòu 疑奏 8-513B

yízòu 遺奏 10-1198B
yìzǒu 逸走 10-1004A
yìzòu 逸奏 10-1005A
yìzòu 議奏 11-452B
yīzǒuliǎozhī 一走了之 1-34B
yīzú 一卒 1-50A
yīzú 一族 1-77A
yīzǔ 伊阻 1-1217B
yīzǔ 依阻 1-1349B
yízú 夷族 2-1498B
yízú 遺卒 10-1197B
yízú 遺族 10-1208A
yízú 遺鏃 10-1225A
yízú 彝族 3-1661A
yízǔ 夷岨 2-1497A
yízǔ 夷阻 2-1496B
yízǔ 疑阻 8-513A
yízǔ 遺組 10-1208B
yízǔ 彝俎 3-1660B
yìzū 邑租 10-579A
yìzū 義租 9-178B
yìzú 役卒 3-926B
yìzú 邑族 10-579A
yìzú 異族 7-1351A
yìzú 逸足 10-1004A
yìzú 逸鏃 10-1011B
yìzú 義足 9-176B
yìzú 驛卒 12-908A
yìzǔ 抑阻 6-392B
yìzǔ 藝祖 9-601B
yízuì 疑罪 8-516A
yǐzuì 倚醉 1-1461B
yìzuì 議罪 11-454B
yìzuǐdí 義觜笛 9-180B
yìzuǐdí 義嘴笛 9-181B
yīzuìjiěqiānchóu 一醉解千愁 1-101A
yīzūn 一尊 1-87A
yīzūn 依遵 1-1353B
yīzūn 壹尊 2-1162A
yízūn 移樽 8-81A
yízūn 移罇 8-81B
yízūn 彝尊 3-1661A
yízūn 彝樽 3-1661B
yǐzūn 蟻尊 8-986A
yìzūn 義樽 9-181B
yízūnjiùjiào 移樽就教 8-81A
yízūnjiùjiào 移罇就教 8-81B
yīzuó 一昨 1-57A
yīzuò 一坐 1-38A
yízuò 儗怎 1-1717A
yízuò 疑怎 8-515A
yízuò 遺作 10-1194B
yízuò 遺祚 10-1202B
yǐzuò 倚坐 1-1458A
yǐzuò 扆坐 7-364B
yǐzuò 扆座 7-364B
yìzuó 抑捽 6-393A
yìzuǒ 翊佐 9-651A
yìzuǒ 翼佐 9-679B
yìzuò 役作 3-926B
yìzuò 義作 9-176B
yìzuò 譯作 11-446B
yīzuòjiējīng 一坐皆驚 1-38B
yīzuòjìnjīng 一坐盡驚 1-38B
yīzuòjìnqīng 一坐盡傾 1-38B
yīzuòyīqǐ 一坐一起 1-38A
yīzǔsānzōng 一祖三宗 1-59A
yīzūshíshuì 衣租食稅 9-21B
yīzúzhīlìng 一卒之令 1-50A
yīzúzhītián 一卒之田 1-50A
yōng'ái 庸騃 3-1250A
yōng'ǎi 壅藹 2-1229B
yōng'ài 壅礙 2-1229B
yōng'ān 庸安 3-1247A
yōng'àn 庸闇 3-1250A
yōng'àn 庸暗 3-1249A
yǒng'ān 永安 5-892B
yóng'áng 顒昂 12-333A
yóng'áng 顒卬 12-333A
yǒng'áng 踴昂 10-525A
yǒng'āngōng 永安宮 5-892B
yòngbǎn 用板 1-1023B
yōngbǎo 庸保 3-1247B
yōngbǎo 傭保 1-1657A
yōngbào 擁抱 6-928B
yǒngbǎo 永葆 5-894B
yòngbǎo 用寶 1-1027B
yōngbèi 擁被 6-929A
yòngbèi 醬貝 9-1437B
yōngbī 壅偪 2-1228B
yōngbī 擁逼 6-929B
yōngbí 擁鼻 6-930B
yōngbǐ 庸鄙 3-1249A
yōngbǐ 傭筆 1-1657B
yōngbì 庸愎 3-1248B
yōngbì 庸蔽 3-1249A
yōngbì 雍蔽 2-388A
yōngbì 壅閉 2-1228B
yōngbì 壅蔽 2-1229A
yōngbì 擁閉 6-929B
yōngbì 擁蔽 6-930B
yōngbì 雝蔽 11-898B
yǒngbì 踴躃 10-525B
yǒngbì 踴躄 10-525B
yòngbǐ 用筆 1-1026A
yǒngbiàn 踴抃 10-524B
yōngbié 擁別 6-928B
yǒngbié 永別 5-893A
yōngbīng 擁兵 6-928B
yōngbìng 擁併 6-928B
yòngbīng 用兵 1-1023B
yōngbíyín 擁鼻吟 6-930B
yōngbó 庸薄 3-1249B
yōngcái 庸才 3-1246A
yōngcái 庸材 3-1247A
yòngcái 用才 1-1022B
yōngcān 饔餐 12-587A
yòngcān 用餐 1-1027A
yòngcè 用策 1-1026A
yòngchá 用茶 1-1024B
yōngchán 慵讒 7-712A
yōngchán 慵饞 7-712A
yōngcháng 庸常 3-1248A
yǒngchāng 永昌 5-893A
yǒngcháng 永長 5-893A
yǒngchàng 咏唱 3-312A
yǒngchàng 詠唱 11-118A
yòngcháng 用長 1-1023B
yòngchǎng 用場 1-1026A
yǒngcháofēngyuè 詠嘲風月 11-118B
yōngchén 庸臣 3-1246B
yōngchèn 傭趁 1-1657B
yǒngchén 勇沈 2-793A
yòngchén 用臣 1-1023A
yōngchéng 墉城 2-1190B
yōngchéng 壅城 2-1228B
yōngchí 擁持 6-928B
yōngchǐfēnghóu 雍齒封侯 2-388A
yōngchóng 壅崇 2-1228B
yǒngchóng 勇蟲 2-794A
yǒngchū 涌出 5-1291A
yǒngchù 涌觸 5-1292A
yòngchǔ 用處 1-1025B
yòngchù 用處 1-1025B
yōngchuāng 癰瘡 8-370A
yǒngchuíbùxiǔ 永垂不朽 5-893A
yōngcì 庸次 3-1247A
yǒngcí 永辭 5-896A
yōngcù 擁簇 6-931B
yōngcuàn 雍爨 2-388B
yōngcuì 雍粹 2-388A
yǒngcún 永存 5-892B
yōngdài 庸怠 3-1247B
yōngdài 擁帶 6-929B
yōngdài 擁戴 6-931A
yóngdài 顒戴 12-333B
yǒngdài 永代 5-892A
yōngdào 擁道 6-929B
yǒngdǎo 禜禱 7-950A
yǒngdào 甬道 1-770B
yōngdé 庸德 3-1249B
yǒngdé 詠德 11-118B
yòngděng 用等 1-1026A
yōngdǐ 壅底 2-1228B
yōngdiàn 傭佃 1-1657A
yǒngdiàn 永佃 5-893A
yòngdiǎn 用典 1-1024A
yǒngdiànquán 永佃權 5-893A
yōngdié 墉堞 2-1191A
yǒngdīng 勇丁 2-792B
yòngdù 用度 1-1025A
yōngduǎn 庸短 3-1248B
yǒngduàn 勇斷 2-794A
yòngduǎn 用短 1-1026A
yōngdūn 擁蹲 6-931B
yōngdùn 庸鈍 3-1248B
yōngduò 慵惰 7-711B
yōngduò 慵墮 7-711B
yōng'è 雍遏 2-387B
yōng'è 雍閼 2-388B
yōng'è 壅遏 2-1228B
yōng'è 壅閼 2-1229B
yōng'è 擁遏 6-929B
yōng'è 擁閼 6-931A
yǒng'é 咏哦 3-312A
yōng'ěrsúmù 庸耳俗目 3-1246B
yōngfá 庸伐 3-1247A
yǒngfā 踴發 10-525A
yòngfǎ 用法 1-1024B
yōngfán 庸凡 3-1246A
yōngfàn 傭販 1-1657B
yòngfàn 用飯 1-1026A
yōngfáng 雍防 2-386A
yōngfáng 壅防 2-1228A
yǒngfèi 涌沸 5-1291A
yòngfèi 用費 1-1026B
yòngfēisuǒxué 用非所學 1-1024A
yǒngfēng 永豐 5-896A
yǒngfēngfāng 永豐坊 5-896A
yǒngfēngliǔ 永豐柳 5-896A
yōngfū 庸夫 3-1246A
yōngfū 慵夫 7-711B
yōngfū 饔夫 12-586B
yōngfú 擁扶 6-928B
yōngfǔ 庸腐 3-1249B
yōngfǔ 雍府 2-386B
yōngfǔ 雍父 2-386A
yōngfù 擁覆 6-931B
yǒngfū 勇夫 2-792B
yǒngfú 永福 5-895A
yǒngfú 涌澓 5-1292A
yōnggài 傭丐 1-1656B
yōnggài 擁蓋 6-930A
yōnggān 饔飦 12-586B
yǒnggǎn 永感 5-894B
yǒnggǎn 勇敢 2-793B
yǒnggàn 勇幹 2-794A
yōnggé 庸格 3-1247B
yōnggé 壅格 2-1228B
yōnggé 壅隔 2-1229A
yōnggé 擁格 6-929A
yōnggé 擁隔 6-929B
yǒnggē 永歌 5-895B
yǒnggē 咏歌 3-312B
yǒnggē 咏謌 3-312B
yǒnggē 詠歌 11-118A
yǒnggé 永隔 5-894B
yōnggēng 庸椇 3-1249B
yōnggēng 傭畊 1-1657A
yōnggēng 傭耕 1-1657A
yōnggōng 庸功 3-1246A
yōnggōng 傭工 1-1656B
yōnggōng 墉宮 2-1190B
yǒnggōng 勇功 2-793A
yònggōng 用工 1-1022B
yònggōng 用功 1-1023A
yònggōngfu 用工夫 1-1022B
yōnggǒu 庸狗 3-1247A
yōnggù 傭故 1-1657A
yōnggù 傭雇 1-1657B

yǒnggǔ 永古 5-892A
yǒnggù 永錮 5-896A
yōngguàn 擁灌 6-932A
yǒngguān 甬官 1-770B
yòngguǎnkuītiān 用管闚天 1-1026B
yǒngguànsānjūn 勇冠三軍 2-793A
yǒngguī 詠歸 11-118B
yǒngguì 涌貴 5-1291B
yǒngguì 踴貴 10-525A
yǒngguǒ 勇果 2-793A
yōnghài 雍害 2-387A
yǒnghài 踴駭 10-525B
yǒnghán 泳涵 5-1102B
yǒnghàn 勇悍 2-793B
yōnghé 庸何 3-1247A
yōnghé 雍和 2-386A
yōnghé 廱和 3-1289A
yōnghè 擁褐 6-930B
yōnghégōng 雍和宫 2-386B
yōnghèng 庸横 3-1249B
yǒnghéng 永恒 5-894A
yónghòu 顒候 12-333A
yōnghú 滃湖 6-45A
yōnghù 擁護 6-931B
yǒnghuà 詠畫 11-118A
yǒnghuà 蛹化 8-910B
yōnghuái 擁懷 6-931B
yǒnghuái 永懷 5-896A
yǒnghuái 咏懷 3-312B
yǒnghuái 詠懷 11-118B
yònghuái 用懷 1-1027B
yònghuāng 用荒 1-1024B
yōnghuí 庸回 3-1246B
yōnghuì 邕潰 10-582B
yōnghuì 擁彗 6-929B
yōnghuì 擁篲 6-931B
yònghuì 用晦 1-1025B
yōnghuìjiùhuǒ 擁篲救火 6-931B
yǒnghuīlǜ 永徽律 5-896A
yōnghújǐ 雍狐戟 2-386B
yōngjì 庸績 3-1250A
yōngjī 墉基 2-1191A
yōngjī 壅積 2-1229B
yōngjí 擁集 6-929B
yōngjí 擁楫 6-930A
yōngjǐ 擁擠 6-931A
yōngjì 雍既 2-387A
yōngjì 擁髻 6-930B
yǒngjī 涌激 5-1292A
yǒngjǐ 涌擠 5-1292A
yòngjì 用計 1-1025A
yōngjiàn 庸賤 3-1249B
yōngjiàn 擁劍 6-930B
yōngjiàn 擁劒 6-931A
yǒngjiàn 永監 5-895B
yǒngjiàn 永鑒 5-896B
yǒngjiàn 勇健 2-793B
yòngjiàn 用間 1-1026A
yòngjiàn 用諫 1-1027A
yōngjiǎo 庸狡 3-1247B
yǒngjiāsìlíng 永嘉四靈 5-895B
yǒngjiāxuépài 永嘉學派 5-895B
yōngjiē 喁喈 3-472B
yōngjiē 嗈喈 3-531A
yōngjiē 雝喈 11-898B
yōngjié 壅劫 2-1228A
yōngjié 擁節 6-930A
yǒngjié 永劫 5-892B
yǒngjiéchénlún 永劫沉淪 5-893A
yǒngjiéchénlún 永劫沉輪 5-893A
yōngjìn 庸近 3-1247A
yòngjīn 佣金 1-1269B
yòngjìn 用勁 1-1024B
yōngjīng 傭經 1-1657B
yōngjǐng 擁頸 6-931A
yǒngjìng 永靖 5-895B
yǒngjìng 永靚 5-895B
yòngjīng 用精 1-1026B
yǒngjīnmén 涌金門 5-1291A
yǒngjìqú 永濟渠 5-896A
yōngjiù 庸僦 3-1249A
yōngjiù 傭僦 1-1657B
yǒngjiǔ 永久 5-891B
yòngjiǔ 用九 1-1022A
yòngjiǔdǎxīngxīng 用酒打猩猩 1-1025A
yōngjū 癰疽 8-370A
yōngjǔ 壅沮 2-1228B
yōngjù 邕劇 10-582B
yōngjù 庸詎 3-1248A
yōngjù 庸遽 3-1249B
yōngjù 庸渠 3-1248A
yōngjù 擁拒 6-928B
yōngjù 擁據 6-931A
yǒngjù 涌聚 5-1292A
yǒngjù 踴距 10-525A
yǒngjù 踴屨 10-525B
yòngjù 用具 1-1024A
yōngjuàn 慵倦 7-711B
yōngjué 壅絶 2-1229A
yōngjué 擁絶 6-930A
yǒngjué 永訣 5-894A
yǒngjué 永絶 5-894B
yǒngjué 勇決 2-793A
yǒngjué 勇爵 2-794A
yǒngjué 踴絶 10-525A
yòngjué 用譎 1-1027B
yōngjūn 庸君 3-1247A
yōngjūn 壅君 2-1228A
yōngjūn 擁軍 6-929A
yòngjūn 用均 1-1023A
yòngjūn 用軍 1-1025A
yōngjūnyōukàng 擁軍優抗 6-929A
yōngjūnyōushǔ 擁軍優屬 6-929A
yǒngkǎi 永慨 5-894B
yǒngkài 永嘅 5-894B
yǒngkāng 永康 5-894A
yǒngkāngxuépài 永康學派 5-894A
yōngkě 庸可 3-1246B
yōngkè 庸客 3-1247B
yōngkè 傭客 1-1657A
yōngkuáng 雍狂 2-386A
yōngkuì 庸憒 3-1249B
yōngkùn 慵困 7-711B
yōnglái 慵來 7-711B
yònglái 用來 1-1024A
yōngláizhuāng 慵來粧 7-711B
yōnglǎn 慵懶 7-711B
yǒnglègōng 永樂宫 5-896A
yǒnglèyáo 永樂窑 5-896A
yōnglí 壅離 2-1229B
yōnglí 擁離 6-931B
yōnglì 庸隸 3-1250A
yōnglì 傭力 1-1656B
yōnglì 傭隸 1-1657B
yōnglì 擁立 6-928A
yǒnglì 勇力 2-792B
yònglì 用力 1-1022A
yònglì 用例 1-1024A
yòngliàn 用練 1-1027A
yōngliè 庸劣 3-1246B
yōngliè 擁列 6-928A
yǒngliè 勇烈 2-793B
yōnglìn 庸遴 3-1249B
yōnglìn 庸賃 3-1249A
yōnglìn 傭賃 1-1657B
yònglíng 用靈 1-1027B
yǒngliú 涌流 5-1291B
yǒngliù 涌溜 5-1291B
yòngliù 用六 1-1022B
yǒngliūliū 涌溜溜 5-1291B
yōnglòu 庸陋 3-1247A
yǒnglòu 永漏 5-895B
yōnglú 擁爐 6-931B
yōnglǔ 庸鹵 3-1248A
yōnglù 庸碌 3-1249A
yǒnglú 勇盧 2-794A
yǒnglù 永路 5-895A
yǒnglù 甬路 1-770B
yōnglüè 壅掠 2-1228B
yōnglüè 擁略 6-929B
yǒnglüè 勇略 2-793B
yǒngmài 勇邁 2-794A
yōngmáo 擁旄 6-979B
yōngmáo 擁旄 6-929A
yōngmèi 庸昧 3-1247B
yōngmén 雍門 2-386B
yōngmén 壅門 2-1228B
yǒngměng 勇猛 2-793B
yǒngměngjīngjìn 勇猛精進 2-793B
yōngménɡǔqín 雍門鼓琴 2-387A
yōngménqín 雍門琴 2-387A
yōngménwěnshǒu 雍門刎首 2-387A
yōngmián 慵眠 7-711B
yòngmiǎn 酳湎 9-1437B
yōngmiǎo 庸藐 3-1250A
yōngmín 庸民 3-1246B
yōngmín 庸岷 3-1247A
yòngmín 用民 1-1023A
yōngmíng 雝鳴 11-898B
yǒngmìng 永命 5-893B
yòngmìng 用命 1-1024B
yǒngmíngtǐ 永明體 5-893A
yōngmiù 庸繆 3-1250A
yōngmò 庸末 3-1246A
yǒngmóu 勇謀 2-794A
yōngmù 邕睦 10-582B
yōngmù 邕穆 10-582B
yōngmù 雍睦 2-387B
yōngmù 雍穆 2-388B
yōngmù 雝穆 11-898B
yōngmù 廱穆 3-1289A
yǒngmù 永慕 5-895B
yòngmù 用募 1-1026A
yōngnáng 壅囊 2-1229B
yōngnáng 癰囊 8-370A
yòngnǎo 用腦 1-1026B
yòngnéng 用能 1-1025B
yǒngnián 永年 5-892B
yǒngniàn 永念 5-893B
yǒngníng 永寧 5-895B
yōngnú 庸奴 3-1246B
yōngnú 庸駑 3-1249B
yōngnú 傭奴 1-1656B
yōngnuò 庸懦 3-1250A
yōngnuò 庸愞 3-1248B
yòngnüè 酳虐 9-1437B
yōngpàn 雍泮 2-386B
yóngpàn 顒盼 12-333A
yōngpéi 壅培 2-1228B
yōngpéi 雝培 11-898B
yōngpǐ 壅否 2-1228A
yōngpì 慵僻 7-711B
yǒngpǐ 踴擗 10-525B
yǒngpì 踴甓 10-525B
yǒngpiāo 勇剽 2-794A
yòngpǐn 用品 1-1025A
yōngpíng 雍平 2-386A
yōngpú 庸僕 3-1249A
yōngpú 傭僕 1-1657B
yōngqì 庸器 3-1249B
yóngqí 顒祈 12-333A
yóngqǐ 顒企 12-333A
yǒngqī 蛹期 8-910B
yǒngqǐ 踴跂 10-525A
yǒngqì 勇氣 2-793B
yòngqí 用奇 1-1024A
yòngqì 用器 1-1027A
yōngqián 庸錢 3-1250A
yōngqiǎn 庸淺 3-1248A
yǒngqiān 永遷 5-896A
yòngqián 佣錢 1-1269B
yòngqián 傭錢 1-1657B
yòngqián 用錢 1-1027A
yǒngqiào 蛹殼 8-910B
yōngqiè 庸怯 3-1247A
yōngqīn 擁衾 6-929A
yōngqíng 庸情 3-1248B
yòngqíng 用情 1-1025B
yōngqú 鸚鶵 12-1155A
yōngqú 雝鸜 11-899A
yōngqú 雝渠 11-898B

yōngqú 鶅鸈 12-1159A
yōngqú 鶅鶏 12-1159A
yōngqú 鶅渠 12-1159A
yōngquán 擁全 6-928B
yǒngquán 涌泉 5-1291A
yòngquán 用權 1-1027B
yòngquàn 用勸 1-1027A
yōngquè 壅却 2-1228A
yǒngráng 禜禳 7-950A
yōngrén 庸人 3-1246A
yōngrén 傭人 1-1656B
yōngrén 雍人 2-386A
yōngrén 饔人 12-586B
yǒngrén 詠仁 11-117A
yòngrén 用人 1-1022A
yōngrénzìrǎo 庸人自擾 3-1246A
yǒngrì 永日 5-891B
yōngróng 邕容 10-582B
yōngróng 雍容 2-387A
yōngróng 雍融 2-388B
yōngróng 雝容 11-898B
yōngróng 雝融 11-898B
yōngróngdàyǎ 雍容大雅 2-387B
yōngróngdiǎnyǎ 雍容典雅 2-387B
yōngróng'ěryǎ 雍容爾雅 2-387B
yōngrónghuáguì 雍容華貴 2-387B
yōngróngxiányǎ 雍容閒雅 2-387B
yōngróngyǎbù 雍容雅步 2-387B
yōngrú 庸儒 3-1250A
yǒngruì 勇鋭 2-794A
yōngruò 庸弱 3-1247B
yōngsài 雍塞 2-388A
yǒngsāngyùliǔ 詠桑寓柳 11-118A
yōngsānshàn 擁繖扇 6-931B
yōngsè 庸塞 3-1249A
yōngsè 壅塞 2-1229A
yōngsè 擁塞 6-930A
yōngshàn 擁扇 6-929A
yōngshàn 饔膳 12-587A
yǒngshàn 詠扇 11-117B
yòngshàn 用善 1-1026A
yòngshàn 用膳 1-1027A
yǒngshāng 永傷 5-895A
yōngshè 擁舍 6-928B
yōngshè 擁社 6-928B
yòngshě 用舍 1-1024A
yòngshě 用捨 1-1025B
yǒngshēn 涌身 5-1291A
yǒngshēn 踴身 10-524B
yǒngshēng 永生 5-892A
yōngshēnshàn 擁身扇 6-928B
yòngshěxíngcáng 用捨行藏 1-1025B
yōngshí 傭食 1-1657A
yōngshí 雍食 2-387A
yōngshí 鏞石 11-1382A
yōngshǐ 擁矢 6-928A
yōngshì 庸釋 3-1250B
yōngshì 傭士 1-1656B
yǒngshī 詠詩 11-118A
yǒngshǐ 永矢 5-892A
yǒngshǐ 詠史 11-117B
yǒngshì 永世 5-892A
yǒngshì 永式 5-892A
yǒngshì 永逝 5-894A
yǒngshì 勇士 2-792B
yòngshī 用尸 1-1022B
yòngshī 用師 1-1025A
yòngshì 用世 1-1023A
yòngshì 用事 1-1023B
yòngshì 用是 1-1024B
yòngshì 用勢 1-1026B
yòngshìnú 用事奴 1-1024A
yōngshóu 庸熟 3-1249B
yǒngshòu 永壽 5-895B
yōngshū 庸疎 3-1248B
yōngshū 傭書 1-1657A
yōngshū 慵疎 7-711B
yōngshū 擁書 6-929A
yōngshú 庸孰 3-1248A
yōngshǔ 庸蜀 3-1249A
yōngshù 庸豎 3-1248B
yōngshù 庸豎 3-1249B
yōngshù 雍樹 2-388B
yōngshù 擁樹 6-931A
yōngshūbǎichéng 擁書百城 6-929B
yōngshūchéng 擁書城 6-929B
yōngshuǐ 壅水 2-1228A
yōngshùn 雍順 2-387B
yōngshūnánmiàn 擁書南面 6-929B
yōngshuō 庸說 3-1249B
yōngsī 庸厮 3-1249A
yōngsì 傭肆 1-1657B
yóngsì 顒俟 12-333A
yóngsì 顒竢 12-333B
yǒngsī 永思 5-893B
yǒngsī 詠思 11-117B
yòngsī 用思 1-1024B
yòngsì 𩚬肆 9-1437B
yǒngsǒng 嵱嵷 3-860B
yǒngsòng 詠頌 11-118A
yōngsú 庸俗 3-1247B
yōngsú 傭俗 1-1657A
yōngsù 庸素 3-1247B
yōngsù 雍肅 2-388A
yǒngsuì 永歲 5-895A
yōngsūn 饔飧 12-587A
yōngsūn 饔飱 12-587A
yōngsūnbùjǐ 饔飧不給 12-587A
yōngsūnbùjǐ 饔飱不給 12-587A
yōngsūnbùjì 饔飧不濟 12-587A
yōngsūnbùjì 饔飧不繼 12-587A
yōngsūnbùjì 饔飱不繼 12-587A
yōngsuǒ 庸瑣 3-1249A
yōngtà 庸沓 3-1247A
yōngtà 庸闒 3-1250A
yōngtà 擁沓 6-928B
yǒngtǎ 踊塔 10-525A
yōngtái 雍臺 2-388A
yǒngtàn 永嘆 5-895B
yǒngtàn 永歎 5-895B
yǒngtàn 咏嘆 3-312B
yǒngtàn 咏歎 3-312B
yǒngtàn 詠嘆 11-118A
yǒngtàn 詠歎 11-118A
yǒngtàndiào 詠歎調 11-118B
yǒngtáo 詠陶 11-118A
yǒngténg 踊騰 10-525B
yǒngtí 詠題 11-118B
yōngtián 庸田 3-1246B
yōngtián 雍恬 2-387A
yòngtiānyīndì 用天因地 1-1022B
yǒngtiào 踊跳 10-525A
yòngtóu 用頭 1-1027A
yōngtú 傭徒 1-1657A
yōngtǔ 壅土 2-1228A
yōngtǔ 擁土 6-928A
yǒngtú 永圖 5-895B
yòngtú 用途 1-1025A
yǒngtuān 涌湍 5-1291B
yǒngtuì 勇退 2-793A
yōngwán 擁紈 6-929A
yōngwàng 庸妄 3-1247A
yóngwàng 喁望 3-415A
yóngwàng 顒望 12-333A
yǒngwǎng 勇往 2-793A
yǒngwàng 永望 5-894A
yǒngwǎngzhíqián 勇往直前 2-793A
yōngwéi 庸韋 3-1247B
yōngwéi 庸違 3-1248B
yōngwéi 壅圍 2-1229A
yōngwěi 庸猥 3-1248B
yōngwèi 擁衛 6-931A
yǒngwéi 永惟 5-894A
yōngwén 邕文 10-582B
yǒngwò 蛹臥 8-910B
yōngwū 墉屋 2-1190B
yōngwǔ 庸伍 3-1246B
yōngwǔ 傭伍 1-1656B
yǒngwǔ 勇武 2-793A
yǒngwù 詠物 11-117B
yòngwǔ 用武 1-1023B
yòngwù 用物 1-1024A
yòngwǔzhīdì 用武之地 1-1023B
yōngxī 廱熹 3-1270B
yōngxī 邕熙 10-582B
yōngxī 雍熙 2-388A
yōngxī 擁膝 6-930B
yōngxì 饔餼 12-587B
yǒngxī 永夕 5-891B
yōngxià 庸下 3-1246A
yōngxià 傭下 1-1656B
yòngxiàbiànyí 用夏變夷 1-1025A
yōngxián 雍閑 2-387B
yǒngxī'ān 永息庵 5-894A
yǒngxiàn 涌現 5-1291B
yǒngxiàn 踴現 10-525A
yòngxián 用賢 1-1027A
yóngxiǎng 顒想 12-333B
yǒngxiǎng 詠想 11-118A
yǒngxiàng 永巷 5-893B
yòngxiàng 用項 1-1026A
yǒngxiànggōngrén 永巷宮人 5-893B
yǒngxiāo 永宵 5-894A
yǒngxiào 永嘯 5-896A
yōngxié 庸邪 3-1246B
yōngxiě 傭寫 1-1657B
yǒngxiè 涌泄 5-1291A
yǒngxiè 涌洩 5-1291B
yòngxié 用挾 1-1025A
yǒngxīn 永新 5-895A
yòngxīn 用心 1-1022B
yǒngxīnfù 永新婦 5-895A
yǒngxǐng 詠醒 11-118B
yòngxìng 用倖 1-1025A
yǒngxīngē 永新歌 5-895A
yòngxíngshěcáng 用行舍藏 1-1023A
yòngxīnyòngyì 用心用意 1-1023A
yōngxiǔ 庸朽 3-1246B
yōngxū 庸虛 3-1248A
yǒngxù 永續 5-896B
yǒngxù 咏絮 3-312A
yǒngxù 詠絮 11-118A
yǒngxuě 詠雪 11-118A
yǒngxuè 詠謔 11-118B
yōngxūn 庸勳 3-1250A
yōngyǎ 雍雅 2-387B
yōngyǎn 擁掩 6-929B
yōngyǎn 廱偃 3-1289A
yóngyǎn 喁噞 3-415A
yǒngyán 永言 5-893A
yǒngyán 咏言 3-312A
yǒngyán 詠言 11-117B
yòngyān 用煙 1-1026B
yōngyǎng 壅養 2-1229A
yóngyǎng 顒仰 12-333A
yǒngyáo 詠謠 11-118B
yòngyào 用藥 1-1027A
yōngyē 壅噎 2-1229B
yǒngyě 踴冶 10-524B
yǒngyè 永夜 5-893B
yǒngyè 永業 5-895A
yǒngyètián 永業田 5-895A
yōngyì 庸醫 3-1250A
yōngyì 壅翳 2-1229B
yōngyì 擁抑 6-928B
yōngyì 擁溢 6-930A
yǒngyí 踴移 10-525A
yǒngyì 永逸 5-894A
yǒngyì 勇毅 2-794A
yǒngyì 涌溢 5-1291B
yǒngyì 涌裔 5-1291B
yǒngyì 踴逸 10-525A
yǒngyì 踴溢 10-525B

yòngyì 用意 1-1026B
yòngyìdàiláo 用逸待勞 1-1025B
yòngyīdāngshí 用一當十 1-1022A
yōngyīn 庸音 3-1247B
yōngyǐn 傭隱 1-1657B
yǒngyín 咏吟 3-312A
yòngyìn 用印 1-1023A
yōngyōng 噰噰 3-562B
yōngyōng 邕邕 10-582B
yōngyōng 庸庸 3-1248A
yōngyōng 嗈嗈 3-472B
yōngyōng 雍雍 2-388A
yōngyōng 滽滽 6-98B
yōngyōng 喍喍 3-531A
yōngyōng 雝雝 11-898B
yōngyōng 廱廱 3-1289A
yōngyōng 鏞鏞 12-1258A
yóngyóng 喁喁 3-415A
yóngyóng 顒顒 12-333B
yóngyóng 禺禺 7-1315B
yǒngyǒng 永永 5-892A
yóngyóng'áng'áng 顒顒昂昂 12-333B
yóngyóng'áng'áng 顒顒卬卬 12-333B
yōngyōngjiējiē 雝雝喈喈 11-899A
yōngyóu 雍游 2-387B
yōngyǒu 擁有 6-928A
yōngyòu 擁右 6-928A
yōngyòu 擁佑 6-928B
yōngyòu 擁祐 6-929A
yǒngyóu 泳游 5-1102B
yōngyū 壅淤 2-1228B
yōngyú 庸愚 3-1249A
yōngyù 雍豫 2-388A
yōngyù 壅御 2-1229A
yōngyù 壅禦 2-1229B
yōngyù 擁毓 6-930B
yōngyù 擁鬱 6-932A
yǒngyú 勇于 2-792B
yǒngyú 勇於 2-793A
yǒngyú 詠雩 11-118A
yǒngyǔ 詠語 11-118A
yòngyǔ 用語 1-1026B
yōngyuán 墉垣 2-1190B
yǒngyuǎn 永遠 5-894B
yōngyuē 擁約 6-929A
yǒngyuè 涌趯 5-1292A
yǒngyuè 涌躍 5-1292A
yǒngyuè 踴悦 10-525A
yǒngyuè 踴躍 10-525B
yǒngyuè 踴趨 10-526A
yòngyuè 用鉞 1-1026B
yǒngyuècháofēng 詠月嘲風 11-117B
yǒngyuècháohuā 詠月嘲花 11-117B
yǒngyùlè 永遇樂 5-894B
yòngyùn 用韻 1-1027B
yǒngzàn 咏贊 3-312B
yǒngzàn 詠讚 11-118B
yǒngzhái 永宅 5-892B
yòngzhàn 用戰 1-1027A
yōngzhàng 壅漲 2-1229B
yōngzhàng 擁帳 6-929B
yǒngzhǎng 涌長 5-1291A
yǒngzhǎo 詠沼 11-117B
yǒngzhē 永蟄 5-896A
yǒngzhēn 永貞 5-893B
yōngzhèng 雍正 2-386A
yōngzhèng'àimín 擁政愛民 6-929A
yōngzhǐ 庸祇 3-1247B
yōngzhí 傭直 1-1657A
yōngzhí 傭值 1-1657A
yōngzhì 邕滯 10-582B
yōngzhì 傭質 1-1657B
yōngzhì 雍畤 2-387B
yōngzhì 壅滯 2-1229A
yōngzhì 擁制 6-928B
yōngzhì 擁滯 6-930B
yōngzhì 擁擲 6-931B
yǒngzhì 永制 5-893B
yǒngzhì 咏志 3-312A
yǒngzhì 勇摯 2-794A
yǒngzhì 勇鷙 2-794A
yǒngzhì 詠志 11-117B
yòngzhì 用志 1-1023B
yòngzhì 用智 1-1026A
yǒngzhìbùwàng 永志不忘 5-892B
yōngzhǒng 癰腫 8-1071B
yōngzhǒng 壅腫 2-1229A
yōngzhǒng 擁尰 6-929B
yōngzhǒng 擁腫 6-930A
yōngzhǒng 臃腫 6-1395B
yōngzhǒng 癰腫 8-370A
yōngzhòng 庸衆 3-1248B
yōngzhòng 擁衆 6-929B
yǒngzhōng 永終 5-894B
yōngzhōngjiǎojiǎo 庸中佼佼 3-1246A
yōngzhōngjiǎojiǎo 庸中皦皦 3-1246A
yōngzhōngjiǎojiǎo 傭中佼佼 1-1656B
yōngzhòngrén 庸衆人 3-1248B
yōngzhōu 雍州 2-386A
yōngzhǒu 擁帚 6-928B
yōngzhǒu 擁箒 6-930B
yǒngzhòu 永晝 5-894B
yōngzhǔ 庸主 3-1246B
yōngzhǔ 擁主 6-928A
yǒngzhǔ 詠矚 11-118B
yǒngzhù 永住 5-893A
yōngzhuàn 擁傳 6-930A
yǒngzhuàng 勇壯 2-793A
yòngzhuàng 用壯 1-1023B
yōngzhuāngjì 慵粧髻 7-711B
yōngzǐ 饔子 12-586B
yǒngzì 詠字 11-117B
yǒngzìbāfǎ 永字八法 5-892B
yōngzǒu 傭走 1-1657A
yōngzū 庸租 3-1247B
yōngzǔ 壅阻 2-1228A
yōngzuò 庸作 3-1247A
yōngzuò 傭作 1-1657A
yóngzuò 顒坐 12-333A
yōu'āi 憂哀 7-688A
yōu'ǎi 幽藹 4-446A
yōu'ǎi 幽靄 4-447A
yōu'ài 幽曖 4-445A
yōu'ài 優愛 1-1729A
yǒu'ǎi 黝藹 12-1363A
yǒu'ài 友愛 2-855A
yòu'ài 幼艾 4-430A
yōu'àn 幽闇 4-445B
yōu'àn 幽暗 4-441B
yōu'àn 幽黯 4-447A
yōu'àn 悠闇 7-534A
yǒu'àn 黝暗 12-1362B
yǒu'àn 黝黯 12-1363A
yǒu'ànkěchá 有案可查 6-1157A
yǒu'ànkějī 有案可稽 6-1157A
yōu'ào 幽奥 4-440B
yóu'áo 由敖 7-1300A
yóu'áo 游敖 5-1504A
yóu'áo 游遨 5-1507A
yóu'áo 遊敖 10-1052A
yóu'áo 遊遨 10-1055B
yóu'ào 遊驁 10-1059B
yōubá 優拔 1-1722A
yōubǎi 悠擺 7-534A
yóubái 由白 7-1299A
yóubǎibìng 游百病 5-1500B
yóubàn 遊伴 10-1050A
yóubàng 尤謗 2-1573A
yǒubāng 友邦 2-854A
yǒubāng 有邦 6-1147A
yòubǎng 右榜 3-44A
yǒubǎnyǒuyǎn 有板有眼 6-1150B
yōubào 幽抱 4-434A
yóubāo 郵包 10-643B
yóubào 郵報 10-645A
yōubēi 憂悲 7-689B
yǒuběi 有北 6-1145B
yòubèi 幼輩 4-431B
yǒubèiwúhuàn 有備無患 6-1159B
yóuběn 由本 7-1299A
yǒubēn 黝賁 12-1362B
yǒuběnyǒuyuán 有本有原 6-1145B
yǒuběnyǒuyuán 有本有源 6-1145B
yōubì 憂偪 7-689A
yōubì 幽敝 4-439A
yōubì 幽閉 4-440A
yōubì 幽闉 4-442A
yōubì 幽碧 4-442B
yōubì 幽蔽 4-442B
yōubì 幽壁 4-445A
yóubì 由辟 7-1301A
yóubì 油壁 5-1081B
yóubì 輶蔽 9-1306B
yǒubí 有鼻 6-1162A
yǒubì 有卑 6-1151A
yǒubì 有庳 6-1158A
yǒubì 黝碧 12-1362B
yòubī 誘逼 11-234A
yòubì 右臂 3-44B
yòubì 佑庇 1-1237A
yòubì 侑幣 1-1333A
yòubì 宥弼 3-1422A
yòubì 祐庇 7-843B
yōubiàn 幽變 4-447A
yōubiàn 優便 1-1723A
yóubiàn 郵便 10-644B
yǒubiàn 有便 6-1153B
yòubiàn 誘變 11-235A
yóubiànjú 郵便局 10-644B
yóubiāo 遊鑣 10-1060A
yóubiǎo 郵表 10-644A
yóubìchē 油碧車 5-1079A
yóubìchē 油壁車 5-1081B
yóubìchē 油壁車 5-1082A
yōubié 優別 1-1721B
yòubīn 侑賓 1-1333B
yōubìng 幽并 4-433A
yōubǐng 幽禀 4-442A
yōubǐng 幽屏 4-437A
yōubìng 憂病 7-688B
yóubīng 游兵 5-1501A
yóubīng 遊兵 10-1050A
yóubǐng 油餅 5-1079B
yòubīng 誘兵 11-232B
yōubīng'ér 幽并兒 4-433A
yòubìxiāng 右壁廂 3-44B
yóubìxiāngchē 油壁香車 5-1081B
yǒubízìyǒuyǎn 有鼻子有眼 6-1162A
yōubō 優波 1-1722B
yōubó 幽薄 4-444B
yōubó 優博 1-1726A
yōubó 優薄 1-1730B
yóubó 游博 5-1505B
yóubó 遊舶 10-1053B
yóubó 遊薄 10-1057B
yóubó 輶薄 9-1306B
yòubó 祐薄 7-844A
yóubófǎnyuē 由博返約 7-1300B
yōubōluó 優鉢羅 1-1729A
yōubōtán 優鉢曇 1-1729A
yōubù 幽步 4-433B
yōubù 憂怖 7-687B
yóubǔ 油捕 5-1075B
yóubù 油布 5-1073A
yóubù 郵部 10-644B
yóubù 游步 5-1501A
yóubù 遊步 10-1050A
yòubǔ 誘捕 11-233A
yòubù 右部 3-43A
yòubù 幼布 4-430A
yóubùchǎng 遊步場 10-1050A
yóubude 由不得 7-1298B

yóubude 由不的 7-1298B
yóucái 游財 5-1504A
yóucǎi 油彩 5-1077A
yóucài 油菜 5-1076B
yǒucǎi 有采 6-1151B
yōucán 憂慚 7-690B
yōucǎn 憂慘 7-691A
yòucān 右驂 3-45A
yóucáng 油藏 5-1081B
yǒucáng 酉藏 9-1370A
yōucāo 幽操 4-444A
yōucǎo 幽草 4-435B
yóucǎo 油草 5-1075A
yōucè 幽側 4-439B
yōucè 優策 1-1726B
yóucè 遊策 10-1054B
yóuchá 油茶 5-1075A
yóuchá 游槎 5-1507B
yǒuchà 有差 6-1154A
yōuchāi 優差 1-1723A
yóuchāi 郵差 10-644B
yóuchámiàn 油茶麵 5-1075A
yōuchǎn 優產 1-1725B
yōuchāng 優倡 1-1724B
yōucháng 攸長 1-1239A
yōucháng 悠長 7-531B
yōucháng 優長 1-1722A
yōuchǎng 幽敞 4-440B
yōuchǎng 優場 1-1726A
yōuchàng 優唱 1-1725A
yóuchǎng 游場 5-1505B
yóuchàng 遊倡 10-1052B
yōuchánwèijī 憂讒畏譏 7-692A
yǒuchǎnzhě 有產者 6-1158A
yóuchāo 郵鈔 10-645B
yóucháo 由巢 7-1300B
yóuchǎopípáhé 油炒枇杷核 5-1074B
yǒucháoshì 有巢氏 6-1158B
yóuchē 郵車 10-644A
yóuchē 游車 5-1501A
yóuchē 遊車 10-1050A
yóuchē 輶車 9-1306B
yōuchén 幽沉 4-434A
yōuchén 幽沈 4-433B
yōuchèn 幽櫬 4-446B
yóuchén 游塵 5-1508B
yóuchén 遊塵 10-1056B
yóuchèn 遊趁 10-1054A
yōuchéng 幽城 4-435B
yóuchēng 油鐺 5-1082A
yóuchéng 郵程 10-645A
yóuchéng 游程 5-1506A
yóuchěng 游騁 5-1510A
yóuchěng 遊騁 10-1058A
yǒuchéng 有成 6-1147A
yǒuchéng 有程 6-1159B
yōuchǐ 憂恥 7-688A
yóuchī 遊癡 10-1059B
yóuchí 游馳 5-1507B
yóuchǐ 遊侈 10-1050B
yǒuchǐ 有恥 6-1155A
yǒuchì 黝赤 12-1362A
yòuchǐ 幼齒 4-431B
yǒuchǐqiěgé 有恥且格 6-1155A
yǒuchǐshuǐ…有尺水行尺船 6-1145A
yōuchōng 憂忡 7-687A
yōuchóng 攸崇 1-1239A
yōuchóng 優崇 1-1725A
yōuchǒng 優寵 1-1731B
yóuchóng 油蟲 5-1081B
yòuchōng 幼沖 4-430A
yòuchóngdēng 誘蟲燈 11-235A
yōuchóu 幽愁 4-441B
yōuchóu 憂愁 7-690B
yòuchóu 侑酬 1-1333A
yǒuchōuyǒucháng 有抽有長 6-1149B
yōuchú 優除 1-1723B
yōuchú 耰鋤 8-599A
yōuchù 憂怵 7-687B
yōuchù 憂怞 7-687B
yōuchù 優絀 1-1726A
yóuchǔ 游處 5-1504B
yóuchǔ 遊處 10-1053A
yóuchù 游畜 5-1504B
yǒuchǔ 有處 6-1157A
yǒuchù 有處 6-1157A
yòuchū 媠出 4-338A
yóuchuán 油船 5-1076B
yóuchuán 郵船 10-645A
yóuchuán 郵傳 10-645B
yóuchuán 游船 5-1505B
yóuchuán 遊船 10-1053B
yóuchuàn 游串 5-1501A
yóuchuàn 遊串 10-1050A
yóuchuánbù 郵傳部 10-646A
yóuchuāng 疣瘡 8-286A
yóuchūn 游春 5-1502B
yóuchūn 遊春 10-1051A
yóuchuō 郵戳 10-646B
yōucí 優詞 1-1727A
yōucí 優辭 1-1731B
yōucì 優賜 1-1730A
yóucí 油糍 5-1080A
yóucí 游詞 5-1506B
yóucí 游辭 5-1512A
yóucí 遊詞 10-1055A
yóucí 遊辭 10-1059B
yóucǐ 繇此 9-1007A
yóucì 游賜 5-1508B
yǒucí 有辭 6-1165B
yòucí 侑祠 1-1333A
yōucóng 幽悰 4-439B
yóucóng 游從 5-1505A
yóucóng 遊從 10-1053B
yóucóng 遊悰 10-1054A
yǒucōng 黝蔥 12-1362B
yōucuì 幽翠 4-443A
yōucuì 幽竄 4-445B
yōucuì 憂悴 7-689A
yōucuì 憂瘁 7-690B
yóucuì 游卒 5-1502A
yóucuì 遊倅 10-1052B
yōudā 悠搭 7-532B
yōudá 憂怛 7-687B
yōudá 優荅 1-1723A
yōudá 優答 1-1726B
yōudǎ 悠打 7-531B
yōudà 優大 1-1721A
yóudǎ 由打 7-1299A
yóudà 油大 5-1072B
yóudà 猶大 5-94A
yōudài 優待 1-1723A
yōudài 優貸 1-1726B
yóudài 郵袋 10-645A
yóudài 游岱 5-1502A
yóudài 遊岱 10-1050B
yóudài 遊怠 10-1052A
yǒudài 有待 6-1153B
yòudài 宥貸 3-1422A
yōudàiquàn 優待券 1-1723A
yōudān 幽單 4-440B
yōudàn 幽淡 4-439B
yōudàn 幽澹 4-444B
yōudàn 憂憚 7-691A
yōudàn 優旦 1-1721A
yóudān 由聃 7-1300B
yóudān 由單 7-1300B
yóudān 油單 5-1077B
yōudàng 悠蕩 7-534A
yóudàng 游宕 5-1502B
yóudàng 游蕩 5-1508B
yóudàng 遊宕 10-1051A
yóudàng 遊蕩 10-1056B
yǒudāng 有當 6-1160B
yǒudǎng 友黨 2-855A
yǒudàng 有當 6-1160B
yòudāngbiélùn 又當別論 2-852A
yóudàngbùjī 遊蕩不羇 10-1056B
yóudàngbùjī 遊蕩不羈 10-1056B
yōudào 憂悼 7-689A
yóudǎo 游道 5-1506B
yóudào 游道 5-1506B
yóudào 遊道 10-1055A
yǒudǎo 牖導 6-1051A
yǒudǎo 牖道 6-1050B
yǒudào 友道 2-854B
yǒudào 有道 6-1159B
yòudǎo 誘導 11-234B
yòudǎo 誘道 11-234A
yǒudàoshì 有道是 6-1160A
yòudàoshì 又道是 2-851B
yóudāshàn 油搭扇 5-1077A
yóudé 由得 7-1300B
yóudé 輶德 9-1306B
yǒude 有的 6-1151A
yǒudé 有得 6-1157B
yǒudé 有德 6-1163A
yòudé 宥德 3-1422A
yǒudeméide 有的沒的 6-1151B
yóudēng 油燈 5-1081B
yǒuděng 有等 6-1159B
yóudēngzhǎn 油燈盞 5-1081B
yǒudeshì 有的是 6-1151B
yōudí 幽覿 4-447A
yóudì 郵遞 10-646A
yóudì 游睇 5-1506A
yǒudí 有狄 6-1149B
yǒudǐ 有底 6-1151B
yǒudì 友弟 2-854A
yòudí 誘敵 11-234B
yòudì 右地 3-41B
yòudì 宥地 3-1421B
yōudiǎn 優點 1-1731A
yóudiàn 油殿 5-1079A
yóudiàn 郵電 10-645B
yóudiàn 游電 5-1507B
yǒudiǎn 有點 6-1165A
yóudiànjú 郵電局 10 645B
yóudiànsuǒ 郵電所 10-645B
yōudiào 優調 1-1730A
yòudiāo 右貂 3-44A
yóudié 遊蝶 10-1057A
yǒudìfàngshǐ 有的放矢 6-1151B
yóudǐng 油鼎 5-1077B
yòudíshēnrù 誘敵深入 11-234B
yóudìyuán 郵遞員 10-646A
yóudòng 游動 5-1505A
yòudòng 誘動 11-233B
yóudòngshào 游動哨 5-1505A
yóudòu 油鬬 5-1082A
yóudòu 游鬥 5-1503B
yóudòufu 油豆腐 5-1074A
yóudòushàngshū 由竇尚書 7-1301B
yōudū 幽都 4-437B
yōudú 幽獨 4-444B
yōudú 幽牘 4-446A
yōudú 幽隫 4-445B
yōudú 憂毒 7-687B
yóudú 輶瀆 9-1306B
yǒudú 黝犢 12-1363A
yōuduān 憂端 7-690B
yōuduǎn 悠短 7-533A
yóuduān 訧端 11-65B
yōudùn 幽遯 4-442B
yóudūn 油墩 5-1079B
yōuduō 優多 1-1721B
yóuduò 游惰 5-1506B
yóuduò 游墮 5-1508B
yóuduò 遊惰 10-1055A
yóuduò 遊墮 10-1056B
yòuduó 誘奪 11-234A
yǒudùpí 有肚皮 6-1149B
yōu'ē 幽痾 4-441A
yōu'é 幽哦 4-437B
yōu'è 幽厄 4-432A
yōu'è 幽鵪 4-445B
yǒu'è 黝堊 12-1362B
yōu'ēn 優恩 1-1724A
yōu'ěr 攸爾 1-1239A
yóu'ér 猶兒 5-95A
yóu'ěr 逌爾 10-893B
yòu'ér 幼兒 4-430B

yòu'ěr 右耳 3-41B
yòu'ěr 誘餌 11-234B
yóu'érxiàozhī 尤而效之 2-1572A
yòu'éryuán 幼兒園 4-430B
yòu'èwúxuān 狖軛鼯軒 5-43B
yóufá 尤罰 2-1573A
yóufá 郵罰 10-646A
yǒufā 牖發 6-1050B
yòufā 誘發 11-234A
yōufán 憂煩 7-690B
yóufān 遊藩 10-1059A
yóufàn 游販 5-1504B
yǒufán 有煩 6-1161B
yōufāng 幽芳 4-433B
yōufáng 幽房 4-435A
yōufàng 幽放 4-435A
yóufāng 游方 5-1499B
yóufāng 遊方 10-1049A
yóufāng 遊芳 10-1050A
yóufáng 由房 7-1300A
yóufáng 油坊 5-1074A
yóufáng 油房 5-1074B
yóufāng 由昉 7-1299B
yóufāng 遊舫 10-1052B
yóufāng 遊訪 10-1053B
yóufàng 游放 5-1502A
yóufàng 遊放 10-1051A
yǒufāng 有方 6-1144B
yǒufànwúyǐn 有犯無隱 6-1146B
yǒufātóutuósì 有髮頭陀寺 6-1162B
yōufèi 幽廢 4-443B
yóufēi 郵飛 10-644B
yóufèi 郵費 10-645B
yóufèi 游費 5-1507A
yóufèi 遊費 10-1055A
yòufēi 右飛 3-43A
yōufēn 幽芬 4-433B
yōufēn 幽紛 4-438B
yōufèn 幽憤 4-444A
yōufèn 憂忿 7-687A
yōufèn 憂憤 7-691A
yóufēn 游氛 5-1502A
yóufēn 遊氛 10-1050B
yóufěn 油粉 5-1076A
yǒufēn 有分 6-1144B
yǒufèn 友分 2-854A
yǒufèn 有分 6-1144B
yóufēng 油風 5-1075A
yóufēng 郵封 10-644A
yóufēng 游蜂 5-1508A
yóufēng 遊風 10-1051B
yóufēng 遊蜂 10-1056A
yóufèng 遊鳳 10-1056B
yóufēnglàngdié 遊蜂浪蝶 10-1056A
yóufēngxìdié 遊蜂戲蝶 10-1056A
yǒufēngyǒuhuà 有風有化 6-1154A
yǒufēnjiāo 有分交 6-1144B
yǒufènjiāo 有分教 6-1144B
yōufú 幽伏 4-433A
yōufú 憂服 7-687B
yōufǔ 幽府 4-435A
yōufǔ 優撫 1-1729B
yōufù 優復 1-1726B
yóufū 郵夫 10-643B
yóufū 游夫 5-1499A
yóufú 郵符 10-645A
yóufú 游服 5-1502A
yóufú 遊鳧 10-1056A
yóufù 猶父 5-94B
yǒufú 有服 6-1151B
yòufú 右符 3-43B
yòufú 祐福 7-844A
yòufú 誘伏 11-232B
yòufǔ 右府 3-42A
yòufǔ 右輔 3-44A
yòufǔ 宥府 3-1421B
yòufù 幼婦 4-431A
yòufùbēi 幼婦碑 4-431A
yòufùcí 幼婦詞 4-431A
yòufùcí 幼婦辭 4-431A
yòufúfēng 右扶風 3-41B
yǒufútóngxiǎng… 有福同享,有禍同當 6-1161B
yǒufútóngxiǎng… 有福同享,有難同當 6-1162A
yǒufùzhòngwàng 有負衆望 6-1154A
yōugǎi 優改 1-1722A
yóugài 油蓋 5-1078A
yóugài 游丐 5-1499A
yóugài 遊蓋 10-1055B
yōugǎn 幽感 4-441B
yōugǎn 憂感 7-690A
yǒugǎn 有感 6-1160B
yóugāndēngcǎojìn 油乾燈草盡 5-1076B
yóugāndēngjìn 油乾燈盡 5-1076B
yóugānhuǒjìn 油乾火盡 5-1076B
yóugǎnlǎn 油橄欖 5-1079B
yóugāo 油糕 5-1081B
yōugē 優歌 1-1729A
yōugé 攸隔 1-1239A
yōugé 幽閣 4-443A
yōugé 幽隔 4-441A
yōugé 優格 1-1724A
yóugē 遊歌 10-1056A
yóugě 游舸 5-1505A
yóugě 遊舸 10-1053B
yǒugé 有鬲 6-1155B
yòugè 右个 3-41A
yǒugēn 有根 6-1155B
yōugěng 憂耿 7-688A
yóugēng 由庚 7-1300A
yòugēng 右更 3-42A
yǒugēnyǒudǐ 有根有底 6-1155B
yǒugēnyǒumiáo 有根有苗 6-1155B
yǒugézhì 有格制 6-1155B
yǒugézhì 有格致 6-1155B
yōugōng 幽宮 4-437A
yōugòng 優貢 1-1724A
yóugōng 尤功 2-1572A
yóugòng 游貢 5-1504A
yóugòng 遊供 10-1050B
yǒugōng 友恭 2-854B
yǒugōng 有功 6-1145B
yòugōng 幼功 4-430A
yòugòng 誘供 11-232B
yōugōngwàngsī 憂公忘私 7-686A
yóugòu 尤詬 2-1573A
yóugòu 油垢 5-1075A
yóugòu 郵購 10-646A
yóugòu 游彀 5-1507B
yǒugòu 有垢 6-1152B
yōugǔ 幽谷 4-433B
yóugū 游估 5-1501B
yóugǔ 游賈 5-1507B
yóugù 遊故 10-1051A
yóugù 遊顧 10-1060A
yǒugǔ 有古 6-1145B
yǒugù 有故 6-1152B
yòugū 幼孤 4-430B
yōuguài 幽怪 4-435A
yòuguǎi 誘拐 11-232B
yōuguān 幽關 4-446B
yóuguān 游觀 5-1512B
yóuguān 遊觀 10-1060A
yóuguǎn 郵館 10-646A
yóuguǎn 游館 5-1510A
yóuguàn 游觀 5-1512B
yǒuguān 有關 6-1165B
yǒuguǎn 酉館 9-1369B
yóuguànchē 油罐車 5-1082A
yōuguāng 幽光 4-432B
yóuguāng 油光 5-1073B
yóuguāng 游光 5-1500B
yóuguāng 遊光 10-1049B
yóuguàng 游逛 5-1504B
yòuguàng 右廣 3-44A
yóuguāngguāng 油光光 5-1073B
yóuguāngjīngliàng 油光晶亮 5-1073B
yóuguāngkějiàn 油光可鑒 5-1073B
yóuguāngshuǐhuá 油光水滑 5-1073B
yóuguāngyángshēng 游光揚聲 5-1500B
yǒuguāngzhǐ 有光紙 6-1147A
yōuguī 幽閨 4-443A
yōuguǐ 幽詭 4-442A
yóuguī 由歸 7-1301B
yóuguǐ 遊晷 10-1054B
yóuguǐ 蝣晷 8-933A
yǒuguī 友規 2-854B
yǒuguǐ 有鬼 6-1153B
yǒuguǐdiànchē 有軌電車 6-1153A
yóugùn 游棍 5-1506A
yóugùn 遊棍 10-1054A
yōuguó 幽國 4-439A
yōuguó 憂國 7-688B
yóuguō 油鍋 5-1081A
yǒuguǒ 有果 6-1151A
yòuguò 宥過 3-1421B
yóuguǒ'er 油果兒 5-1074B
yóuguōnèitiānshàng… 油鍋內添上一把柴 5-1081A
yóuguōshàngmǎyǐ 油鍋上螞蟻 5-1081A
yòuguósìtǎ 祐國寺塔 7-843B
yōuguóyōumín 憂國憂民 7-688B
yǒuguòzhīwúbùjí 有過之無不及 6-1157B
yóuguǒzi 油果子 5-1074B
yǒugǔtou 有骨頭 6-1153B
yóugǔzì 由古自 7-1299A
yóugǔzì 猶古自 5-94B
yóuhǎi 油海 5-1076A
yòuhǎi 幼海 4-430B
yòuhài 誘害 11-233A
yóuhàn 油汗 5-1074A
yóuhàn 油漢 5-1079B
yóuhàn 遊漢 10-1056B
yǒuhàn 有漢 6-1162A
yòuháng 右行 3-41B
yóuhǎo 遊好 10-1050A
yóuhào 遊好 10-1050A
yǒuhǎo 友好 2-854A
yǒuhào 有昊 6-1150B
yōuhè 幽褐 4-443A
yōuhè 幽壑 4-445A
yóuhé 游合 5-1500B
yóuhé 猶和 5-95A
yǒuhé 有何 6-1149A
yòuhè 誘愒 11-234A
yóuhēi 油黑 5-1077B
yǒuhēi 黝黑 12-1362B
yǒuhémiànmù 有何面目 6-1149A
yōuhèn 幽恨 4-436B
yōuhèn 憂恨 7-688A
yōuhéng 幽衡 4-444B
yōuhéng 幽蘅 4-446A
yǒuhéng 有恒 6-1154A
yòuhéng 右横 3-44A
yōuhōng 幽薨 4-444A
yōuhóng 幽弘 4-432B
yóuhóng 遊鴻 10-1059A
yòuhǒng 誘哄 11-232B
yǒuhóngsìbái 有紅似白 6-1155A
yóuhóngtìcuì 尤紅殢翠 2-1572B
yòuhóngyòuzhuān 又紅又專 2-851B
yōuhòu 幽后 4-433A
yōuhòu 優厚 1-1723A
yóuhòu 郵候 10-644B

yóuhòu 郵堠 10-645A
yǒuhòu 有後 6-1153B
yōuhū 幽曶 4-435A
yōuhū 悠忽 7-531B
yōuhú 優弧 1-1722B
yōuhú 優狐 1-1722B
yōuhù 幽嫮 4-443A
yóuhū 繇乎 9-1007A
yóuhú 猶猢 5-95A
yóuhù 游户 5-1499B
yǒuhù 有扈 6-1158B
yǒuhù 牖户 6-1050B
yòuhù 佑護 1-1237A
yòuhù 祐護 7-844A
yóuhuā 油花 5-1074A
yóuhua 郵花 10-644A
yóuhuá 油滑 5-1078A
yóuhuá 油猾 5-1077B
yóuhuá 游滑 5-1506B
yóuhuà 油畫 5-1078A
yóuhuà 游化 5-1499B
yóuhuà 遊化 10-1048B
yòuhuà 誘化 11-232A
yóuhuābǔ 油花卜 5-1074A
yóuhuāchāqù 遊花插趣
10-1050A
yóuhuāguānggùn 游花光棍
5-1501A
yōuhuái 幽懷 4-446B
yōuhuái 憂懷 7-691B
yǒuhuái 有懷 6-1165B
yǒuhuàjícháng…
有話即長,無話即短
6-1161A
yōuhuān 幽歡 4-447A
yōuhuǎn 悠緩 7-534A
yōuhuǎn 優緩 1-1730A
yōuhuàn 憂患 7-689A
yōuhuàn 優宦 1-1723B
yóuhuán 游環 5-1510A
yóuhuàn 游宦 5-1503A
yóuhuàn 遊宦 10-1052A
yòuhuān 侑歡 1-1333B
yōuhuāng 幽荒 4-435B
yōuhuáng 幽篁 4-443B
yōuhuáng 憂皇 7-687B
yōuhuáng 憂惶 7-689B
yōuhuǎng 悠晃 7-531B
yóuhuǎng 油幌 5-1078B
yóuhuǎnghuǎng 油晃晃
5-1075B
yóuhuǎnghuǎng 油幌幌
5-1078B
yōuhuànyúshēng 憂患餘生
7-689A
yóuhuātìxuě 尤花殢雪
2-1572A
yǒuhuàzécháng…
有話則長,無話則短
6-1161A
yōuhuǐ 憂悔 7-688B
yōuhuǐ 憂毀 7-690B
yōuhuì 幽晦 4-439A
yōuhuì 幽會 4-441B
yōuhuì 幽蕙 4-443A
yōuhuì 幽穢 4-446A
yōuhuì 憂恚 7-688A
yōuhuì 優惠 1-1726B
yóuhuī 油灰 5-1073B
yóuhuī 郵徽 10-646B
yóuhuǐ 尤悔 2-1572B
yóuhuì 尤諱 2-1573A
yóuhuì 郵匯 10-645B
yǒuhuì 有諱 6-1164B
yòuhuì 誘誨 11-234B
yōuhuìdàiyù 優惠待遇
1-1726B
yǒuhuì'er 有會兒 6-1161A
yóuhuímòzhuǎn 遊回磨轉
10-1049B
yóuhuímòzhuàn 油回磨轉
5-1074A
yǒuhuìzi 有會子 6-1161A
yóuhúlú 油壺盧 5-1077A
yóuhúlú 油葫蘆 5-1077A
yōuhūn 幽昏 4-435A
yōuhūn 幽昬 4-437A
yōuhūn 幽婚 4-440A
yōuhún 幽魂 4-441A
yōuhùn 優諢 1-1730B
yóuhūn 油葷 5-1077A
yóuhún 游魂 5-1507A
yóuhún 遊魂 10-1055B
yóuhún 遊寬 10-1055B
yóuhúntāng 游魂湯 5-1507B
yōuhuò 憂惑 7-689B
yōuhuò 憂禍 7-690A
yóuhuǒ 油火 5-1073A
yóuhuò 尤禍 2-1573A
yóuhuò 油鑊 5-1082A
yóuhuò 游禍 5-1506B
yóuhuò 遊禍 10-1055A
yòuhuò 誘惑 11-233B
yòuhuò 誘獲 11-235A
yǒuhuǒchóng 有火蟲
6-1144B
yóuhuǒchóngchóng
油火蟲蟲 5-1073A
yòuhuòlì 誘惑力 11-234A
yōujī 幽機 4-444B
yōují 幽極 4-440B
yōují 憂急 7-687B
yōují 憂疾 7-688B
yōují 憂棘 7-689B
yōujǐ 優給 1-1728B
yōujì 幽迹 4-436B
yōujì 幽寂 4-440A
yōujì 幽薊 4-444B
yōujì 憂紀 7-688A
yōujì 憂寄 7-689A
yōujì 憂悸 7-689A
yóujī 油雞 5-1081B
yóujī 游屐 5-1504B
yóujī 游基 5-1504B
yóujī 游擊 5-1510A
yóujī 遊屐 10-1053A
yóujī 遊擊 10-1058A
yóují 尤嫉 2-1573A
yóují 游極 5-1506A
yóují 游集 5-1506A
yóují 游楫 5-1507B
yóují 遊極 10-1054B
yóují 遊集 10-1054B
yóujǐ 油戟 5-1077A
yóujì 郵寄 10-645A
yóujì 游迹 5-1503A
yóujì 游記 5-1504B
yóujì 游跡 5-1507B
yóujì 遊迹 10-1051B
yóujì 遊伎 10-1049B
yóujì 遊記 10-1052B
yóujì 猷績 5-85A
yǒujī 有機 6-1163B
yǒujī 有奇 6-1150B
yǒujì 友紀 2-854B
yòujī 誘激 11-235A
yòujī 誘擊 11-235A
yòují 又及 2-851B
yòují 誘集 11-234A
yòujì 誘濟 11-235A
yōujiǎ 優假 1-1725B
yóujià 遊駕 10-1057B
yǒujiā 有家 6-1156B
yòujiǎ 侑斝 1-1333A
yōujiān 幽緘 4-444A
yōujiān 幽閒 4-441A
yōujiān 憂煎 7-690B
yōujiān 憂艱 7-691B
yōujiǎn 幽蹇 4-445B
yōujiǎn 優簡 1-1731B
yōujiàn 幽閒 4-441A
yōujiàn 幽賤 4-443B
yōujiàn 幽薦 4-444B
yōujiàn 幽鍵 4-444B
yōujiàn 幽鑒 4-447A
yōujiàn 幽揵 4-439A
yōujiàn 優監 1-1729B
yōujiàn 優僭 1-1729B
yōujiàn 優諫 1-1730B
yóujiān 郵箋 10-646A
yóujiān 遊韉 10-1060A
yóujiǎn 郵檢 10-646A
yóujiǎn 郵簡 10-646B
yóujiàn 郵件 10-644A
yóujiàn 游閒 5-1507A
yóujiàn 游踐 5-1509A
yóujiàn 遊間 10-1055A
yóujiàn 遊踐 10-1057A
yǒujiān 有間 6-1160A
yǒujiān 有閒 6-1160A
yǒujiàn 有間 6-1160A
yǒujiàn 有見 6-1148B
yǒujiàn 有閒 6-1160A
yòujiān 誘奸 11-232B
yòujiān 誘姦 11-233A
yòujiǎn 侑柬 1-1333A
yǒujiānánbēn…
有家難奔,有國難投
6-1157A
yǒujiānbǎng 有肩膀 6-1152A
yōujiǎng 優獎 1-1729B
yóujiāng 游韁 5-1512A
yóujiāng 遊韁 10-1060A
yóujiǎng 遊講 10-1059A
yǒujiǎngchǔxù 有獎儲蓄
6-1162B
yǒujiǎnggōngzhài
有獎公債 6-1162B
yóujiānhuǒlà 油煎火辣
5-1079A
yóujiānhuǒliáo 油煎火燎
5-1079A
yòujiǎnzuǒtú 右翦左屠
3-44B
yōujiāo 憂焦 7-689B
yōujiào 優校 1-1724A
yóujiāo 遊鷮 10-1060A
yóujiǎo 遊脚 10-1053B
yóujiǎo 遊徼 10-1058A
yóujiào 游徼 5-1509B
yǒujiāo 友教 2-854B
yòujiào 誘教 11-233B
yóujiāohuǒliáo 油澆火燎
5-1080A
yǒujiǎoshūchú 有脚書廚
6-1157B
yǒujiàowúlèi 有教無類
6-1157A
yǒujiǎoyángchūn 有脚陽春
6-1157B
yǒujiǎoyángchūn 有腳陽春
6-1161A
yǒujiāwúyǐ 有加無已
6-1146B
yǒujiàzhèngquàn 有價證券
6-1163A
yǒujībōli 有機玻璃
6-1163B
yóujīduì 游擊隊 5-1510B
yóujīduì 遊擊隊 10-1058B
yōujiē 憂嗟 7-689B
yōujié 幽劫 4-433B
yōujié 幽結 4-441A
yōujié 幽潔 4-443B
yōujié 憂結 7-690A
yōujiè 幽介 4-432B
yōujiè 優借 1-1724B
yóujiē 游街 5-1506A
yóujiē 遊街 10-1054B
yǒujié 友結 2-855A
yǒujié 有節 6-1161A
yǒujié 有截 6-1162A
yòujiē 誘接 11-233B
yòujié 誘劫 11-232B
yòujié 誘結 11-234A
yǒujīféiliào 有機肥料
6-1163B
yǒujīhéchéng 有機合成
6-1163B
yǒujīhuàhéwù 有機化合物
6-1163B
yǒujīhuàxué 有機化學
6-1163B
yóujījūn 游擊軍 5-1510B
yǒujīkěchèng 有機可乘
6-1163B

yōujīn 幽襟 4-446A
yōujīn 憂襟 7-691B
yōujīn 優矜 1-1724A
yōujìn 幽禁 4-441B
yǒujìn 有勁 6-1153A
yǒujìn 有晉 6-1155B
yǒujìn 牖進 6-1050B
yòujìn 誘進 11-233B
yōujīng 幽經 4-442A
yōujǐng 幽景 4-440B
yōujìng 幽徑 4-438A
yōujìng 幽逕 4-437B
yōujìng 幽境 4-442B
yōujìng 幽靜 4-442B
yōujìng 幽靚 4-443A
yōujìng 幽鏡 4-446A
yóujīng 油旌 5-1077A
yóujīng 游精 5-1508B
yóujīng 游競 5-1512A
yóujīng 遊精 10-1056B
yóujǐng 油井 5-1073A
yóujìng 由徑 7-1300A
yǒujìng 友敬 2-854B
yóujìnjìn 油浸浸 5-1076B
yǒujīnliǎng 有斤兩 6-1144B
yǒujǐnméimàn 有緊没慢 6-1162A
yǒujǐnméiyào 有緊没要 6-1162A
yóujìnpípáhé 油浸枇杷核 5-1076A
yōujiōng 幽扃 4-437A
yōujiǒng 幽迥 4-434B
yōujiǒng 幽窘 4-441A
yóujīqū 游擊區 5-1510B
yǒujīrǎnliào 有機染料 6-1163B
yǒujīsuān 有機酸 6-1163B
yǒujītǐ 有機體 6-1164A
yōujiǔ 悠久 7-531B
yōujiù 幽柩 4-436A
yóujiù 游舊 5-1510A
yóujiù 遊舊 10-1058A
yǒujiū 黝糾 12-1362A
yǒujiǔ 有酒 6-1156B
yǒujiù 友舊 2-855A
yǒujiù 有舊 6-1165A
yòujiǔ 侑酒 1-1333A
yǒujiǔdǎn…有酒膽没飯膽 6-1156B
yǒujiǔdǎn…有酒膽無飯力 6-1156B
yǒujīwù 有機物 6-1163B
yǒujǐxiàzi 有幾下子 6-1160B
yóujīzhàn 游擊戰 5-1510B
yǒujīzhì 有機質 6-1163B
yōujū 幽居 4-435B
yōujū 憂居 7-687B
yōujǔ 憂沮 7-687B
yōujù 麀聚 12-1288A
yōujù 憂懼 7-691B
yōujù 優劇 1-1730A
yóujū 游居 5-1502B
yóujū 遊居 10-1051A
yóujú 油橘 5-1080A
yóujú 郵局 10-644A
yóujù 油鋸 5-1081A
yóujù 遊具 10-1050B
yóujù 遊聚 10-1056A
yóujù 遊屨 10-1059A
yǒujū 黝駒 12-1362B
yòujù 右拒 3-42A
yòujù 誘聚 11-234A
yōujuān 幽娟 4-438B
yōujuān 幽鐫 4-446B
yōujuān 優蠲 1-1732A
yōujuàn 幽雋 4-438A
yōujuàn 幽眷 4-439B
yōujuàn 優眷 1-1725B
yōujuàn 優睠 1-1729A
yóujuàn 油絹 5-1079A
yòujuǎn 誘誸 11-234A
yōujué 幽絶 4-441A
yòujué 誘譎 11-235A
yǒujuésè 有角色 6-1149B
yōujùn 幽峻 4-438A
yōujùn 幽浚 4-438A
yōujùn 幽濬 4-445A
yóujūn 游軍 5-1503B
yóujūn 遊軍 10-1052A
yóujùn 游儁 5-1511A
yǒujūn 友軍 2-854B
yòujūn 右軍 3-42B
yòujūn 幼君 4-430B
yòujūnxíqì 右軍習氣 3-42B
yōukǎi 幽塏 4-441B
yōukǎi 憂慨 7-690A
yōukǎn 幽坎 4-433A
yōukè 幽刻 4-435A
yōukè 幽客 4-437A
yōukè 優課 1-1730A
yóukē 遊珂 10-1051A
yóukě 猶可 5-94B
yóukè 游客 5-1503B
yóukè 遊客 10-1052A
yòukē 右科 3-42B
yòukē 幼科 4-430B
yòukè 右客 3-42B
yōukǒng 憂恐 7-688A
yǒukǒngchóng 有孔蟲 6-1145A
yóukǒu 油口 5-1072B
yóukǒu 游口 5-1498A
yóukòu 游寇 5-1505B
yǒukǒu 有口 6-1143B
yòukǒu 右口 3-41A
yòukǒu 誘口 11-232A
yǒukǒujiēbēi 有口皆碑 6-1143B
yǒukǒunánbiàn 有口難辯 6-1143B
yǒukǒunánfēn 有口難分 6-1143B
yǒukǒunányán 有口難言 6-1143B
yǒukǒushé 有口舌 6-1143B
yǒukǒuwúxīn 有口無心 6-1143B
yǒukǒuwúxíng 有口無行 6-1143B
yōukǔ 幽苦 4-434A
yōukǔ 憂苦 7-687A
yóukū 油枯 5-1075A
yóukǔ 尤苦 2-1572A
yōukuān 優寬 1-1729B
yóukuǎn 游款 5-1505B
yóukuǎn 遊欵 10-1053B
yóukuǎn 遊款 10-1054A
yōukuàng 幽况 4-433B
yōukuàng 幽貺 4-440B
yōukuàng 幽壙 4-445A
yōukuàng 幽曠 4-445B
yōukuàng 悠曠 7-534A
yòukuāng 誘誆 11-234A
yōukuí 憂葵 7-689B
yōukuì 憂愧 7-690A
yōukuì 憂憒 7-691A
yòukuí 右揆 3-43B
yōukǔn 幽閫 4-444A
yōukùn 幽困 4-433B
yōukùn 憂困 7-687A
yōukuò 悠闊 7-534A
yóulà 油蠟 5-1082A
yōulài 幽瀨 4-446B
yōulài 幽籟 4-447A
yōulài 優賚 1-1729B
yóulái 繇來 9-1007A
yóulái 由來 7-1299B
yǒulái 有來 6-1150B
yǒulài 有賴 6-1164A
yǒuláiwúhuí 有來無回 6-1150B
yǒuláiyǒuwǎng 有來有往 6-1150B
yōulán 幽蘭 4-446B
yōulǎn 幽懶 4-446B
yóulǎn 油纜 5-1082A
yóulǎn 游覽 5-1512A
yóulǎn 遊覽 10-1057B
yóulǎn 遊覽 10-1059B
yóuláng 游廊 5-1505B
yóuláng 遊廊 10-1052B
yóulàng 游浪 5-1504B
yóulàng 遊浪 10-1052B
yōuláo 憂勞 7-689B
yōuláo 優勞 1-1727B
yōulǎo 優老 1-1721B
yǒuláo 有勞 6-1160A
yōulè 攸樂 1-1239A
yōulè 憂樂 7-691B
yōulè 優樂 1-1730A
yóulè 游樂 5-1509B
yóulè 遊樂 10-1057B
yǒulecúnxiào… 有了存孝,不顯彥章 6-1143A
yóulěi 尤累 2-1572B
yòulěi 幼累 4-431A
yòulèi 誘類 11-235A
yǒuléngyǒujiǎo 有棱有角 6-1159A
yōulǐ 幽理 4-439A
yōulǐ 優禮 1-1731A
yōulì 幽厲 4-442B
yōulì 幽麗 4-446A
yōulì 憂慄 7-690B
yōulì 優隸 1-1731A
yóulí 游離 5-1512A
yóulǐ 由禮 7-1301B
yóulì 尤戾 2-1572B
yóulì 由歷 7-1301B
yóulì 郵吏 10-644A
yóulì 游利 5-1501A
yóulì 游歷 5-1509B
yóulì 遊歷 10-1057B
yóulì 遊麗 10-1059B
yǒulǐ 有理 6-1157A
yǒulǐ 羑里 9-164B
yǒulì 有力 6-1142B
yǒulì 有利 6-1149A
yòulì 誘力 11-232A
yòulì 誘勵 11-234B
yōulián 憂憐 7-691A
yǒulián 有連 6-1155B
yǒuliǎn 有臉 6-1165A
yōuliáng 優良 1-1722A
yōuliàng 優量 1-1726B
yóuliáng 尤良 2-1572A
yóuliáng 遊梁 10-1054A
yóuliàng 油亮 5-1075A
yǒuliǎngrì 有兩日 6-1150A
yǒuliǎngshǒu 有兩手 6-1150A
yǒuliǎngxiàzi 有兩下子 6-1150A
yōuliáo 幽寥 4-443A
yōuliáo 幽遼 4-443B
yóuliào 油料 5-1076A
yǒuliáo 槱燎 4-1270B
yóuliàozuòwù 油料作物 5-1076A
yǒulìbùxìng… 有例不興,無例不滅 6-1151A
yōuliè 幽劣 4-432B
yōuliè 優劣 1-1721B
yóuliè 游獵 5-1512A
yóuliè 遊獵 10-1059B
yòuliè 右列 3-41B
yòulǐhóng 釉裏紅 10-1311B
yóulǐhuá 油裏滑 5-1079A
yǒulìkětú 有利可圖 6-1149A
yǒulìkěyuán 有例可援 6-1151A
yōulín 幽林 4-434A
yōulín 幽鱗 4-447A
yóulín 游鱗 5-1512B
yóulín 遊鱗 10-1060A
yóulín 遊鱗 10-1060A
yōulíng 幽囹 4-434B
yōulíng 幽靈 4-447A
yōulíng 優伶 1-1722A
yóulíng 油凌 5-1076A
yóulíng 油蛉 5-1076B

yóulíng 郵鈴 10-646A
yóulíng 遊靈 10-1060A
yǒulíng 有零 6-1160B
yòulíng 幼齡 4-431B
yóulǐnshísù 遊廩食粟 10-1058A
yóulìqīng 鈾瀝青 11-1232B
yōuliú 蚰蟉 8-930A
yōuliú 幽流 4-438A
yǒuliú 颵瀏 12-639A
yǒuliú 蚴蟉 8-886A
yǒulǐzǒubiàn… 有理走遍天下 6-1157A
yōulóng 優隆 1-1726A
yōulǒng 幽隴 4-446A
yóulóng 游龍 5-1510A
yóulóng 猶龍 5-95B
yóulóng 遊龍 10-1058A
yōulòu 幽陋 4-435B
yǒulòu 有漏 6-1162A
yōulù 幽陸 4-438B
yōulù 麀鹿 12-1288A
yóulù 由鹿 7-1300B
yóulù 郵路 10-645B
yǒulù 有祿 6-1160A
yòulù 誘賂 11-234A
yóuluán 遊鑾 10-1060B
yóuluán 遊鸞 10-1060B
yóulǚlǚ 油漉漉 5-1079B
yōulún 幽淪 4-439B
yōulún 幽輪 4-443A
yóulún 油輪 5-1080A
yóulún 遊輪 10-1056B
yǒulún 有倫 6-1156B
yóuluó 游邏 5-1512B
yóuluó 遊邏 10-1060A
yóuluò 油絡 5-1078A
yǒuluò 有洛 6-1154B
yóuluòchē 油絡車 5-1078A
yōulǚ 幽履 4-444A
yōulǜ 幽律 4-436B
yōulǜ 憂慮 7-691A
yóulǚ 游履 5-1509A
yóulǚ 遊侶 10-1050B
yóulǚ 遊旅 10-1052B
yóulǚ 遊履 10-1057A
yóulǜ 油綠 5-1079B
yóulǜ 猷慮 5-85A
yǒulǚ 有吕 6-1147A
yǒulǜ 黝綠 12-1362B
yóulüè 遊掠 10-1053A
yóulüè 猷畧 5-84B
yòulüè 誘略 11-233B
yóumá 油麻 5-1077A
yóumǎ 郵馬 10-644B
yōumái 幽霾 4-447A
yóumài 油麥 5-1076B
yóumài 莜麥 9-420B
yóumài 遊邁 10-1056B
yòumǎi 誘買 11-234A
yōumàn 悠漫 7-534A
yóumàn 游慢 5-1508B
yóumàn 游漫 5-1508B
yǒumàn 有慢 6-1162A
yōumào 幽茂 4-434A
yōumào 優茂 1-1722A
yóumào 油帽 5-1077B
yóumátuán 油麻團 5-1077A
yōuměi 幽美 4-436B
yōuměi 優美 1-1723A
yōumèi 幽沫 4-435A
yōumèi 幽昧 4-436A
yōumèi 幽痗 4-440B
yóumèi 游媚 5-1507A
yòumèi 誘媚 11-234A
yǒuméiyǒuyǎn 有眉有眼 6-1154B
yōumén 幽門 4-435B
yōumèn 幽悶 4-441A
yōumèn 幽懣 4-446A
yōumèn 憂滿 7-690B
yōumèn 憂悶 7-690A
yōumèn 憂懣 7-691B
yóumén 油門 5-1075A
yóumén 游門 5-1502B
yǒumén 有門 6-1152A
yōuméng 幽蒙 4-441B
yōumèng 幽夢 4-441B
yōumèng 優孟 1-1722B
yòuméng 幼蒙 4-431A
yōumèngyīguān 優孟衣冠 1-1722B
yōumì 幽泌 4-435A
yōumì 幽祕 4-437A
yōumì 幽秘 4-438A
yōumì 幽密 4-440A
yǒumì 友密 2-854B
yòumì 宥密 3-1422A
yòumì 宥謐 3-1422B
yōumiǎn 悠緬 7-532A
yōumiǎn 悠緬 7-534A
yōumiǎn 優免 1-1722A
yóumiǎn 游眄 5-1502B
yóumiǎn 遊眄 10-1051A
yǒumiàn 黝面 12-1362A
yòumiǎn 宥免 3-1421B
yòumiàn 右面 3-42B
yōumiǎo 幽渺 4-441A
yōumiǎo 悠邈 7-534A
yōumiào 幽眇 4-436A
yōumiào 幽妙 4-434A
yóumiáo 油苗 5-1074A
yǒumiáo 有苗 6-1150A
yòumiáo 幼苗 4-430B
yōumín 幽珉 4-435B
yōumín 憂民 7-686B
yōumǐn 幽暋 4-441B
yōumǐn 憂閔 7-690A
yōumǐn 憂憫 7-691A
yōumǐn 優敏 1-1725A
yōumǐn 優閔 1-1728B
yóumín 游民 5-1500A
yóumín 遊民 10-1049B
yǒumín 友民 2-854A
yǒumín 有緡 6-1163B
yǒumín 莠民 9-418A
yǒumín 牖民 6-1050B
yōumíng 幽明 4-434B
yōumíng 幽冥 4-438B
yōumíng 幽溟 4-442A
yōumíng 幽銘 4-442B
yōumìng 優命 1-1722B
yǒumíng 有名 6-1147B
yǒumíng 有明 6-1151A
yǒumìng 有命 6-1151B
yǒumìng 莠命 9-418A
yòumìng 佑命 1-1237A
yòumìng 祐命 7-843B
yǒumíngwúshí 有名亡實 6-1148A
yǒumíngwúshí 有名無實 6-1148A
yōumiù 悠繆 7-534A
yōumiù 悠謬 7-534B
yōumò 幽没 4-433B
yōumò 幽漠 4-442A
yōumò 幽墨 4-443B
yōumò 幽默 4-444B
yóumǒ 油抹 5-1074A
yóumò 油墨 5-1080A
yóumò 游没 5-1501B
yōumù 幽暮 4-442B
yóumù 油幕 5-1078B
yóumù 油幙 5-1078B
yóumù 柚木 4-911B
yóumù 游目 5-1500A
yóumù 游牧 5-1501B
yóumù 游幕 5-1507B
yóumù 遊目 10-1049A
yóumù 遊牧 10-1050B
yóumù 遊幕 10-1055B
yǒumù 友睦 2-855A
yǒumù 友穆 2-855A
yǒumù 栯木 4-966B
yòumù 誘慕 11-234A
yóumùchē 油幙車 5-1078B
yóumùchěngguān 遊目騁觀 10-1049A
yóumùchěnghuái 游目騁懷 5-1500A
yóumùchěnghuái 遊目騁懷 10-1049A
yǒumùgòngdǔ 有目共睹 6-1146A
yǒumùgòngjiàn 有目共見 6-1145B
yǒumùgòngshǎng 有目共賞 6-1146A
yóumùshū 油木梳 5-1073A
yǒumùwúdǔ 有目無睹 6-1146A
yóunà 遊衲 10-1052A
yòunà 誘納 11-233B
yǒunǎibiànrènniáng 有奶便認娘 6-1146B
yǒunǎibiànshìniáng 有奶便是娘 6-1146B
yǒunǎijiùshìniáng 有奶就是娘 6-1146B
yōunàn 憂難 7-691B
yǒunán 有男 6-1148B
yóunáng 油囊 5-1082A
yōunáo 憂撓 7-691A
yōunǎo 憂惱 7-690A
yóuní 油泥 5-1074B
yóuní 游泥 5-1502A
yóuní 尢泥 2-1572B
yóunì 油膩 5-1081A
yǒunì 友昵 2-854A
yōuniàn 幽念 4-435A
yōuniàn 憂念 7-687A
yóuniàn 油艌 5-1079A
yǒunián 有年 6-1147A
yòunián 幼年 4-430A
yǒuniánjì 有年紀 6-1147A
yǒuniánwúyuè 有年無月 6-1147B
yóuniǎo 遊鳥 10-1053B
yóuniè 由枿 7-1300A
yóuniè 由櫱 7-1301B
yǒunǐméiwǒ… 有你没我，有我没你 6-1149A
yōunìng 優佞 1-1722A
yóuníng 由寧 7-1301A
yóunìnì 油膩膩 5-1081A
yǒuniúshǐniú… 有牛使牛，無牛使犢 6-1144A
yōunǚ 攸女 1-1238B
yōunǚ 幽女 4-432A
yóunǚ 游女 5-1498B
yóunǚ 猶女 5-94A
yóunǚ 遊女 10-1048A
yǒunǚhuáichūn 有女懷春 6-1144A
yōu'ǒu 優偶 1-1725B
yōu'ǒu 櫌耦 8-599A
yōupái 優俳 1-1724B
yòupài 右派 3-42B
yǒupáishífēn 酉牌時分 9-1369B
yōupàn 憂盼 7-687B
yóupán 油盤 5-1080A
yóupán 游盤 5-1509A
yóupán 遊槃 10-1056A
yóupán 遊盤 10-1057A
yóupàn 游泮 5-1502A
yóupàn 遊泮 10-1051A
yǒupàn'er 有盼兒 6-1153A
yǒupàntou 有盼頭 6-1153A
yōupèi 幽佩 4-435A
yóupēi 油胚 5-1075A
yóupèi 油帔 5-1074B
yóupèi 遊轡 10-1060A
yóupéng 遊朋 10-1051A
yǒupéng 友朋 2-854B
yōupǐ 幽否 4-433B
yōupì 幽辟 4-442A
yōupì 幽僻 4-443B
yóupí 油皮 5-1073B
yòupí 誘罷 11-234B
yōupiān 幽偏 4-439B
yóupiàn 郵片 10-643B
yòupiàn 誘騙 11-235A
yóupiào 郵票 10-645A

yóupǐn 郵品 10-644B
yóupìn 游牝 5-1500B
yōupíng 幽屏 4-437A
yóupíng 油軿 5-1078B
yóupíng 游軿 5-1507B
yóupíngchē 油軿車 5-1078B
yōupó 優婆 1-1725B
yōupò 憂迫 7-687A
yòupò 誘迫 11-232B
yōupósāi 優婆塞 1-1726A
yōupóyí 優婆夷 1-1726A
yōupǔ 幽樸 4-444B
yōupǔ 優普 1-1727A
yǒupǔ 有譜 6-1165B
yōuqī 幽凄 4-438A
yōuqī 幽期 4-440A
yōuqī 幽棲 4-440B
yōuqī 憂悽 7-689A
yōuqī 憂戚 7-688B
yōuqī 憂慼 7-691A
yōuqí 幽奇 4-434B
yōuqǐ 憂杞 7-687A
yōuqì 幽契 4-435B
yóuqī 油漆 5-1079B
yóuqí 尤其 2-1572A
yóuqí 郵騎 10-646B
yóuqí 游騎 5-1511A
yóuqí 游騏 5-1511A
yóuqí 遊騎 10-1059A
yóuqì 油氣 5-1076A
yóuqì 游氣 5-1504A
yóuqì 游愒 5-1506B
yóuqì 游憩 5-1509B
yóuqì 遊氣 10-1052B
yóuqì 遊憩 10-1057A
yóuqì 遊憩 10-1057B
yǒuqǐ 牖啓 6-1050B
yǒuqì 有氣 6-1156A
yòuqī 右戚 3-43B
yòuqí 誘騎 11-235A
yòuqǐ 佑啓 1-1237A
yòuqì 右契 3-42A
yòuqì 宥器 3-1422B
yōuqià 優洽 1-1723B
yǒuqià 友洽 2-854B
yōuqiān 幽阡 4-432B
yōuqiān 優遷 1-1730A
yōuqián 幽潛 4-443B
yōuqiǎn 幽譴 4-446B
yóuqiān 尤愆 2-1573A
yóuqiān 郵籤 10-646B
yóuqiān 郵籖 10-646B
yóuqiān 游千 5-1498A
yòuqiān 右牽 3-43B
yòuqiān 右遷 3-44B
yòuqiān 宥愆 3-1422A
yòuqián 幼錢 4-431B
yóuqiāng 油腔 5-1077B
yóuqiáng 游牆 5-1511A
yóuqiānghuádiào 油腔滑調 5-1077B
yǒuqiánmǎimǎ…
有錢買馬,没錢置鞍 6-1164B
yǒuqiánnéngshǐ…
有錢能使鬼推磨 6-1164B
yǒuqiánshǐde…
有錢使得鬼推磨 6-1164B
yóuqiánxiāngfèn 油錢香分 5-1081A
yǒuqiányǒushì 有錢有勢 6-1164B
yōuqiāo 幽悄 4-438A
yōuqiào 幽峭 4-437B
yóuqiào 尤誚 2-1573A
yǒuqiào 有竅 6-1165B
yòuqiǎo 誘巧 11-232A
yōuqiè 憂怯 7-687B
yóuqiě 猶且 5-94B
yòuqiě 又且 2-851B
yǒuqìfèn 有氣分 6-1156A
yǒuqífùbìyǒu…
有其父必有其子 6-1150A
yǒuqìméilì 有氣没力 6-1156A
yōuqín 幽禽 4-440B
yōuqín 憂勤 7-690A
yōuqín 憂懃 7-691B
yóuqín 游禽 5-1506A
yóuqín 遊禽 10-1054B
yòuqǐn 右寢 3-44A
yōuqīng 優輕 1-1729A
yōuqíng 幽情 4-439B
yóuqíng 遊情 10-1054A
yǒuqīng 有清 6-1158A
yǒuqíng 友情 2-854B
yǒuqíng 有情 6-1158B
yǒuqǐng 有頃 6-1157A
yǒuqǐng 有請 6-1163A
yǒuqìng 有親 6-1164B
yòuqīng 右傾 3-44A
yǒuqīngtóu 有清頭 6-1158A
yòuqínkuāngchǔ 誘秦誆楚 11-233A
yōuqióng 幽窮 4-444A
yóuqióng 遊筇 10-1053A
yǒuqióng 有窮 6-1163A
yǒuqītúxíng 有期徒刑 6-1158B
yōuqiú 幽囚 4-432B
yōuqiú 幽求 4-433B
yóuqiú 由求 7-1299B
yǒuqiū 有秋 6-1153B
yǒuqiú 蚴虯 8-886A
yǒuqiú 蚴蚪 8-886A
yǒuqiúbìyìng 有求必應 6-1148B
yóuqíwúguī 遊騎無歸 10-1059A
yǒuqìwúlì 有氣無力 6-1156A
yǒuqìwúyān 有氣無煙 6-1156A
yōuqū 幽趣 4-443A
yōuqù 幽趨 4-445A
yōuqù 幽趣 4-443A
yōuqù 幽闃 4-444A
yōuqù 幽闃 4-445B
yóuqū 由趣 7-1301A
yóuqǔ 蝤取 8-684A
yǒuqù 有趣 6-1162B
yòuqū 誘詘 11-234A
yōuquán 幽泉 4-436B
yóuquàn 郵券 10-644A
yòuquán 宥全 3-1421B
yòuquàn 右券 3-42A
yòuquàn 誘勸 11-235A
yōuquē 憂闕 7-691B
yōuquē 優缺 1-1724B
yōuquè 幽闕 4-446A
yóuquē 游闕 5-1512A
yóuqún 油裙 5-1078A
yōurán 攸然 1-1239A
yōurán 悠然 7-533A
yōurán 優然 1-1727A
yóurán 由然 7-1300B
yóurán 油然 5-1077B
yóurán 逌然 10-893B
yóurán 猶然 5-95A
yǒurán 黝然 12-1362B
yǒurǎn 有染 6-1154A
yòurán 褎然 9-110B
yōurǎng 幽壤 4-446B
yòuránguànshǒu 褎然冠首 9-110B
yòuránjūshǒu 褎然居首 9-110B
yòuránjǔshǒu 褎然舉首 9-110B
yōuránzìdé 悠然自得 7-533B
yōuráo 優饒 1-1731B
yóuráo 遊橈 10-1057B
yōurén 幽人 4-432A
yōurén 憂人 7-686A
yōurén 優人 1-1721A
yóurén 郵人 10-643B
yóurén 游人 5-1497B
yóurén 猶人 5-94A
yóurén 遊人 10-1047B
yóurèn 游刃 5-1498B
yóurèn 遊刃 10-1048A
yǒurén 友人 2-853B
yǒurén 友仁 2-854A
yǒurén 有人 6-1142B
yòurén 囿人 3-629A
yòurén 誘人 11-232A
yòurèn 右衽 3-42B
yǒurēng 有扔 6-1145B
yǒuréng 有仍 6-1144A
yǒurénjiā 有人家 6-1142B
yóurènyǒuyú 游刃有餘 5-1498B
yóurènyǒuyú 遊刃有餘 10-1048B
yóurènyúdì 游刃餘地 5-1499A
yóurènyúdì 遊刃餘地 10-1048B
yóurì 游日 5-1499A
yǒurì 有日 6-1144A
yǒurìzi 有日子 6-1144A
yōuróng 悠溶 7-533B
yōuróng 憂容 7-688B
yōuróng 優容 1-1725A
yóuróng 滺溶 5-1235A
yóuróng 游溶 5-1508A
yóuróng 遊容 10-1053A
yǒuróng 有戎 6-1147A
yǒuróng 有容 6-1157A
yōuróu 幽柔 4-437A
yōuróu 悠柔 7-531B
yōuróu 優柔 1-1723B
yōuróuguǎduàn 優柔寡斷 1-1724A
yōuróuyànyù 優柔厭飫 1-1724A
yōuróuyànyù 優柔饜飫 1-1724A
yōurǔ 幽辱 4-437B
yōurǔ 憂辱 7-688B
yōurù 優縟 1-1730B
yóurú 油如 5-1074A
yóurú 猶如 5-94B
yǒurú 有如 6-1148A
yòurú 幼孺 4-431B
yòurúchōng'ěr 褎如充耳 9-110B
yǒurújiǎorì 有如皦日 6-1148B
yōurùn 幽潤 4-444B
yōurùn 優潤 1-1730A
yóurùn 油潤 5-1080A
yóurùn 游潤 5-1509A
yǒurùn 黝潤 12-1362B
yōuruò 幽若 4-434A
yóuruò 猶若 5-95A
yóuruò 輶弱 9-1306B
yǒuruò 有若 6-1150A
yòuruò 幼弱 4-430B
yòuruòyīgè 又弱一个 2-851B
yōusàn 幽散 4-440B
yóusǎn 油傘 5-1077B
yóusǎn 油繖 5-1082A
yóusǎn 游散 5-1505B
yóusàn 游散 5-1505B
yóusàn 遊散 10-1054A
yǒusānyǒuliǎ 有三有倆 6-1143A
yōusè 幽瑟 4-441A
yōusè 幽澀 4-445A
yōusè 憂色 7-686B
yǒusè 有色 6-1148A
yòusè 幼色 4-430A
yǒusèjīnshǔ 有色金屬 6-1148A
yóusēng 游僧 5-1508A
yóusēng 遊僧 10-1056A
yǒusèrénzhǒng 有色人種 6-1148A
yǒusèyǎnjìng 有色眼鏡 6-1148A
yōushā 幽殺 4-438A
yòushā 誘殺 11-233A

yōushàn 優贍 1-1731B
yóushān 油衫 5-1074B
yǒushān 酉山 9-1369A
yǒushàn 友善 2-854B
yòushān 誘煽 11-234B
yòushàn 宥善 3-1422A
yòushàn 誘善 11-234A
yōushāng 憂傷 7-690B
yōushǎng 優賞 1-1730A
yōushàng 優尚 1-1722A
yóushāng 游商 5-1505B
yóushāng 遊商 10-1053B
yóushǎng 游賞 5-1508B
yóushǎng 遊賞 10-1057A
yóushàng 猶尚 5-95A
yǒushāng 有商 6-1158A
yòushāng 侑觴 1-1333B
yǒushāngfēnghuà 有傷風化 6-1161A
yǒushàngshāo… 有上梢没下梢 6-1143A
yǒushàngshāo… 有上稍没下稍 6-1143A
yóushānjī 遊山屐 10-1048A
yóushānmù 油黏木 5-1079A
yóushānwánjǐng 游山玩景 5-1498A
yóushānwánshuǐ 游山玩水 5-1498A
yóushānwánshuǐ 遊山玩水 10-1048A
yóushānwánshuǐ 遊山翫水 10-1048A
yóushào 游哨 5-1504A
yòushào 右哨 3-43A
yòushào 幼少 4-430A
yōushè 憂懾 7-691B
yóushě 遊舍 10-1051A
yóushè 郵舍 10-644A
yóushè 游涉 5-1504B
yóushè 游條 5-1504A
yóushè 遊涉 10-1052B
yòushè 宥赦 3-1421B
yòushè 誘射 11-233A
yōushēn 幽深 4-439B
yōushēn 優深 1-1725B
yōushèn 優慎 1-1729A
yóushēn 由身 7-1299B
yóushēn 油籸 5-1075A
yóushén 游神 5-1503B
yóushén 遊神 10-1052A
yǒushēn 有嫑 6-1164B
yǒushēn 有身 6-1149B
yǒushēn 有侁 6-1151A
yǒushēn 有娠 6-1157A
yǒushēn 有莘 6-1155A
yǒushén 有神 6-1154B
yǒushèn 有甚 6-1152B
yòushén 侑神 1-1333A
yǒushēnfèn 有身分 6-1149B
yōushēng 憂生 7-686B
yōushēng 優升 1-1721A
yōushēng 優生 1-1721A
yōushēng 優陞 1-1723B
yōushèng 幽勝 4-440B
yōushèng 優勝 1-1726B
yóushēng 游生 5-1500A
yóushēng 游聲 5-1510A
yóushēng 遊聲 10-1058A
yóushéng 油繩 5-1082A
yóushèng 由聖 7-1301A
yóushèng 遊聖 10-1055B
yǒushēng 友生 2-854A
yǒushēng 友聲 2-855A
yǒushēng 有生 6-1146A
yǒushēng 有聲 6-1164B
yǒushēng 黝牲 12-1362A
yòushěng 右省 3-42B
yǒushēngdài 有聲帶 6-1165A
yǒushēngdiànyǐng 有聲電影 6-1165A
yǒushēngdúwù 有聲讀物 6-1165A
yǒushēnghédài 有聲盒帶 6-1165A
yǒushēnghuà 有聲畫 6-1165A
yōushènglièbài 優勝劣敗 1-1727A
yǒushēnglìliang 有生力量 6-1146A
yǒushēngméiqì 有聲没氣 6-1165A
yōushèngwēimíng 憂盛危明 7-688B
yǒushēngwúqì 有聲無氣 6-1165A
yǒushēngwúshí 有聲無實 6-1165A
yōushēngxué 優生學 1-1721A
yǒushēngyǐlái 有生以來 6-1146A
yòushēngyīqín 又生一秦 2-851B
yǒushēngyǒusè 有聲有色 6-1164B
yǒushēngyúwú 有生於無 6-1146A
yǒushēngzhīnián 有生之年 6-1146A
yǒushénlùn 有神論 6-1154B
yǒushénméiqì 有神没氣 6-1154B
yōushī 優施 1-1723A
yōushí 幽石 4-432B
yōushí 憂時 7-688B
yōushí 優實 1-1729B
yōushì 幽士 4-432A
yōushì 幽事 4-434B
yōushì 幽室 4-436B
yōushì 憂世 7-686B
yōushì 優仕 1-1721B
yōushì 優勢 1-1729A
yóushí 游食 5-1503A
yóushí 遊食 10-1051B
yóushǐ 由始 7-1300A
yóushǐ 郵使 10-644A
yóushǐ 游矢 5-1500A
yóushì 繇是 9-1007B
yóushì 油飾 5-1078B
yóushì 游士 5-1498A
yóushì 游世 5-1500A
yóushì 游仕 5-1500A
yóushì 游事 5-1501B
yóushì 游視 5-1505B
yóushì 猶是 5-95A
yóushì 遊士 10-1048A
yóushì 遊世 10-1049A
yóushì 遊示 10-1049A
yóushì 遊適 10-1056B
yǒushī 有施 6-1154A
yǒushí 有時 6-1156A
yǒushí 有識 6-1165B
yǒushí 酉時 9-1369B
yǒushì 有事 6-1150A
yǒushì 有室 6-1154B
yǒushì 酉室 9-1369B
yòushī 右師 3-43A
yòushí 侑食 1-1333A
yòushǐ 右史 3-41B
yòushì 宥世 3-1421B
yòushì 宥釋 3-1422A
yǒushìfùbìyǒu… 有是父必有是子 6-1153A
yǒushíjié 有時節 6-1156A
yǒushìwúkǒng 有恃毋恐 6-1154A
yǒushìwúkǒng 有恃無恐 6-1154A
yǒushǐwúzhōng 有始無終 6-1152B
yòushìxià 右勢下 3-44A
yǒushǐyǒuzhōng 有始有終 6-1152B
yǒushǐyǒuzú 有始有卒 6-1152B
yǒushìzhīqiū 有事之秋 6-1150A
yóushǒu 由守 7-1299B
yóushǒu 游手 5-1499A
yóushǒu 遊手 10-1048B
yóushǒu 遊守 10-1050A
yǒushǒu 有守 6-1148A
yōushòu 懮受 7-772A
yǒushòu 黝瘦 12-1362B
yòushǒu 右手 3-41A
yòushǒu 右首 3-42B
yòushòu 誘受 11-232B
yóushǒuhàoxián 游手好閒 5-1499B
yóushǒuhàoxián 游手好閑 5-1499A
yóushǒuhàoxián 遊手好閒 10-1048B
yóushǒuhàoxián 遊手好閑 10-1048B
yóushǒutōuxián 遊手偷閒 10-1048B
yóushǒutōuxián 遊手偷閑 10-1048B
yǒushǒuwěi 有首尾 6-1154A
yōushū 幽菽 4-439A
yōushū 幽尗 4-432B
yōushū 優殊 1-1724A
yōushǔ 優屬 1-1731B
yóushū 郵書 10-644B
yóushǔ 遊暑 10-1054B
yóushù 遊樹 10-1057B
yǒushū 黝儵 12-1362B
yǒushù 有數 6-1162B
yòushǔ 右署 3-44A
yòushǔ 鼬鼠 12-1412B
yòushù 宥恕 3-1421B
yóushuā 油刷 5-1075A
yóushuǎ 游耍 5-1502B
yóushuǎ 遊耍 10-1051A
yòushuài 誘率 11-233B
yōushuǎng 幽爽 4-439A
yóushuǐ 油水 5-1073A
yóushuǐ 游水 5-1499A
yóushuì 游説 5-1508A
yóushuì 遊説 10-1056B
yóushuǐhuó 油水活 5-1073A
yōushuō 幽説 4-442B
yòushuō 誘説 11-234B
yōusī 幽司 4-432B
yōusī 幽思 4-436A
yōusī 憂思 7-687B
yōusǐ 幽死 4-432B
yóusī 郵司 10-644A
yóusī 游思 5-1502B
yóusī 游絲 5-1507A
yóusī 遊絲 10-1055A
yóusì 游肆 5-1507B
yóusì 遊肆 10-1055B
yǒusī 有司 6-1146B
yǒusī 有私 6-1149A
yǒusī 有思 6-1153A
yǒusì 有似 6-1147B
yóusījuàn 油絲絹 5-1078A
yóusīshū 游絲書 5-1507A
yóusīwàngxiǎng 游思妄想 5-1502B
yǒusǐwú'èr 有死無二 6-1147A
yóusīzǐyān 油絲子烟 5-1078A
yōusǒng 憂悚 7-688B
yóusōng 油鬆 5-1081B
yǒusōng 有娀 6-1154B
yǒusòng 有宋 6-1149B
yōusōu 幽搜 4-440A
yōusǒu 幽叟 4-436B
yōusǒu 幽藪 4-445B
yóusōu 遊艘 10-1057A
yōusù 幽素 4-437B
yōusù 幽愫 4-442A
yóusū 油酥 5-1077B
yóusù 油素 5-1075B
yǒusū 有蘇 6-1165B
yǒusū 槱蘇 4-1270B
yǒusù 有素 6-1155A
yòusuān 狖狻 5-134A
yōusuì 幽邃 4-445B

yóusuī 遊睢 10-1056A
yòusuì 幼碎 4-431A
yóusūn 猶孫 5-95A
yǒusǔnwúyì 有損無益
6-1160B
yóusuǒ 遊索 10-1052A
yōutà 幽闥 4-446B
yōutái 幽臺 4-442B
yóutài 尤態 2-1573A
yǒutái 有邰 6-1149B
yòutái 囿臺 3-629A
yóutàijiào 猶太教 5-94B
yōután 優曇 1-1730B
yōutàn 幽探 4-439A
yōutàn 憂嘆 7-690B
yōutàn 憂歎 7-691A
yóután 游談 5-1509A
yóután 遊談 10-1057A
yòután 侑談 1-1333B
yòutǎn 右袒 3-43A
yōutánbō 優曇鉢 1-1730B
yōutáng 幽堂 4-439A
yòutáng 右堂 3-43B
yóutánwúgēn 遊談無根
10-1057A
yōutányīxiàn 優曇一現
1-1730B
yóutáo 游桃 5-1504A
yóutǎo 遊討 10-1052B
yòutáo 釉陶 10-1311B
yòutáo 誘逃 11-233A
yóutè 游慝 5-1508A
yōutì 悠逖 7-531B
yōutì 憂惕 7-689A
yǒutǐ 有體 6-1166A
yǒutì 友弟 2-854A
yǒutì 友悌 2-854B
yōutiān 幽天 4-432A
yōutiān 憂天 7-686A
yōutián 幽田 4-432B
yōutián 優填 1-1728B
yóutián 由田 7-1299A
yóutián 油田 5-1073A
yóutián 游田 5-1500A
yóutián 游畋 5-1502B
yóutián 遊田 10-1049A
yóutián 遊畋 10-1051B
yǒutiānméirì 有天没日
6-1144A
yǒutiānméirìtou
有天没日頭 6-1144A
yǒutiānwúrì 有天無日
6-1144A
yóutiáo 油條 5-1076A
yóutiáo 游射 5-1504A
yóutiào 游眺 5-1504B
yóutiào 遊眺 10-1053A
yǒutiáobùwěn 有條不紊
6-1156A
yǒutiáoyǒulǐ 有條有理
6-1156A
yóutiě 由帖 7-1300A
yǒutílèi 有蹄類 6-1164A
yōutíng 悠停 7-532B
yóutíng 郵亭 10-644B
yóutíng 郵庭 10-644B
yóutǐng 游艇 5-1506A
yóutǐng 遊艇 10-1054B
yóutíngzuìwèi 郵亭醉尉
10-644B
yōutōng 幽通 4-438B
yōutōng 憂恫 7-688A
yōutóng 優童 1-1727A
yóutóng 油桐 5-1075B
yóutóng 游童 5-1506B
yóutóng 遊童 10-1055A
yóutǒng 郵筒 10-645B
yóutǒng 郵筩 10-645B
yǒutóng 有同 6-1147A
yòutóng 幼童 4-431A
yòutǒng 祐統 7-844A
yōutóu 優頭 1-1730B
yóutou 由頭 7-1301B
yóutóu 油頭 5-1080A
yóutóufěnmiàn 油頭粉面
5-1080B
yóutóuguānggùn 油頭光棍
5-1080B
yóutóuhuáliǎn 油頭滑臉
5-1080B
yóutóuhuámiàn 油頭滑面
5-1080B
yóutóuhuánǎo 油頭滑腦
5-1080B
yǒutóuliǎn 有頭臉 6-1164A
yǒutóuméinǎo 有頭没腦
6-1164A
yǒutóuwúnǎo 有頭無腦
6-1164A
yǒutóuwúwěi 有頭無尾
6-1164A
yǒutóuyǒuliǎn 有頭有臉
6-1164A
yǒutóuyǒunǎo 有頭有腦
6-1164A
yǒutóuyǒuwěi 有頭有尾
6-1164A
yōutú 幽途 4-438A
yōutú 幽塗 4-442A
yōutú 優徒 1-1724B
yóutǔ 游土 5-1497B
yǒutǔ 有土 6-1143A
yǒutuán 銪團 11-1250B
yǒutuǐméikùzi 有腿没褲子
6-1161A
yǒutuǐwúkùzi 有腿無褲子
6-1161A
yóutuó 油碢 5-1078B
yóutuǒ 油橢 5-1079B
yóuwǎ 油瓦 5-1073A
yōuwǎn 幽婉 4-440A
yōuwǎn 悠婉 7-532B
yóuwán 游抏 5-1501A
yóuwán 游玩 5-1501B
yóuwán 游翫 5-1509B
yóuwán 遊玩 10-1050B
yóuwán 遊翫 10-1057B
yōuwáng 幽亡 4-432A
yōuwáng 幽王 4-432A
yōuwǎng 幽枉 4-434A
yōuwàng 憂望 7-689A
yóuwǎng 遊往 10-1051A
yóuwàng 遊望 10-1054A
yǒuwáng 有亡 6-1143B
yǒuwàng 有望 6-1158A
yóuwāngwāng 油汪汪
5-1074A
yōuwēi 幽微 4-441B
yōuwēi 憂危 7-686B
yōuwéi 優爲 1-1726B
yōuwěi 幽委 4-434B
yōuwèi 幽蔚 4-442B
yōuwèi 憂畏 7-687B
yōuwèi 優慰 1-1730A
yóuwéi 尤違 2-1573A
yóuwéi 猷爲 5-84B
yóuwěi 由委 7-1300A
yǒuwěi 疣痏 8-286A
yǒuwéi 有爲 6-1159B
yǒuwèi 有爲 6-1159B
yǒuwèi 有位 6-1149A
yǒuwèi 有味 6-1150B
yǒuwèi 有謂 6-1164B
yòuwèi 誘慰 11-234B
yǒuwéifǎ 有爲法 6-1159B
yōuwén 幽文 4-432B
yōuwén 優文 1-1721A
yōuwěn 優穩 1-1731B
yóuwén 由文 7-1299A
yóuwén 游文 5-1499B
yóuwèn 由問 7-1300B
yóuwèn 遊問 10-1054A
yòuwén 右文 3-41A
yǒuwénbìlù 有聞必録
6-1162A
yóuwènglǐzhuōniányú
油瓮裏捉鮎魚 5-1074B
yòuwénshuō 右文説 3-41A
yǒuwénwúxíng 有文無行
6-1144B
yōuwò 優渥 1-1728A
yōuwò 油幄 5-1077B
yǒuwǒwúrén 有我無人
6-1149A
yōuwū 嚘嗚 3-539A
yōuwù 幽塢 4-441B
yōuwù 幽寤 4-443A
yōuwù 憂務 7-688B
yóuwū 油污 5-1074A
yóuwú 貁箬 8-1245B
yóuwú 柚梧 4-911B
yóuwù 尤惡 2-1572B
yóuwù 尤物 2-1572B
yóuwù 郵務 10-645A
yóuwù 游物 5-1502A
yóuwù 遊霧 10-1059A
yǒuwú 有亡 6-1143B
yǒuwú 有無 6-1159A
yòuwǔ 右武 3-42A
yóuwùjú 郵務局 10-645A
yǒuwúxiāngtōng 有無相通
6-1159A
yóuwùyírén 尤物移人
2-1572B
yǒuwùyǒuzé 有物有則
6-1151A
yóuwùzì 猶兀自 5-94A
yōuxī 幽蹊 4-445A
yōuxī 幽穸 4-435A
yōuxī 優傒 1-1726B
yōuxī 優錫 1-1730B
yōuxǐ 憂喜 7-689A
yōuxì 幽繫 4-446A
yōuxì 優戲 1-1731A
yóuxī 游夕 5-1498A
yóuxī 游息 5-1504A
yóuxī 游嬉 5-1509A
yóuxī 遊息 10-1052B
yóuxī 遊嬉 10-1057A
yóuxī 楢溪 4-1195A
yóuxí 游習 5-1505B
yóuxí 遊習 10-1054A
yóuxǐ 由喜 7-1300B
yóuxǐ 游徙 5-1505A
yóuxǐ 遊屣 10-1056B
yóuxì 尤隙 2-1573A
yóuxì 游戲 5-1510B
yóuxì 遊戲 10-1057A
yóuxì 遊戲 10-1058B
yǒuxǐ 有喜 6-1158B
yǒuxì 有郤 6-1154A
yǒuxì 有郄 6-1151B
yǒuxì 有隙 6-1160B
yǒuxì 有隟 6-1162A
yòuxí 右席 3-43A
yòuxí 誘襲 11-235A
yòuxǐ 誘憙 11-234B
yōuxiá 幽遐 4-441A
yōuxiá 悠暇 7-533B
yōuxiá 優暇 1-1729A
yóuxiá 游狎 5-1502A
yóuxiá 游俠 5-1502B
yóuxiá 遊俠 10-1051B
yóuxià 游夏 5-1504A
yǒuxiá 有俠 6-1153B
yǒuxià 有夏 6-1155B
yǒuxià 牖下 6-1050B
yòuxiá 右轄 3-44B
yòuxiá 誘狎 11-232B
yòuxià 誘嚇 11-235A
yōuxiān 幽僊 4-442B
yōuxiān 優先 1-1721B
yōuxián 幽間 4-441A
yōuxián 幽閑 4-441A
yōuxián 幽嫻 4-444A
yōuxián 悠間 7-533B
yōuxián 悠閑 7-533B
yōuxián 優間 1-1728B
yōuxián 優閑 1-1728B
yōuxián 優賢 1-1729B
yōuxiǎn 幽險 4-444A
yōuxiǎn 幽顯 4-447A
yōuxiǎn 憂險 7-691A
yōuxiǎn 優顯 1-1732A
yóuxiān 游仙 5-1500A
yóuxiān 遊仙 10-1049B

yóuxián 由閒 7-1301A
yóuxián 由閑 7-1301A
yóuxián 游閒 5-1507A
yóuxián 游絃 5-1505B
yóuxián 游閑 5-1507A
yóuxián 猶閒 5-95B
yóuxián 猶閑 5-95B
yóuxián 遊閒 10-1055A
yóuxián 遊絃 10-1054A
yóuxián 遊閑 10-1055A
yóuxiǎn 油幰 5-1082A
yóuxiǎn 遊幰 10-1059B
yǒuxiàn 有限 6-1152A
yòuxián 右賢 3-44A
yòuxiàn 誘陷 11-233A
yǒuxiàndiànbào 有綫電報 6-1162B
yǒuxiàndiànhuà 有綫電話 6-1162B
yōuxiāng 幽香 4-436B
yōuxiāng 幽響 4-446B
yóuxiāng 油香 5-1075A
yóuxiāng 油箱 5-1080A
yóuxiāng 郵箱 10-646A
yóuxiāng 游香 5-1502B
yóuxiāng 游鄉 5-1505B
yóuxiáng 游庠 5-1503A
yóuxiáng 游翔 5-1506B
yóuxiáng 遊庠 10-1051B
yóuxiáng 遊翔 10-1055A
yóuxiǎng 游想 5-1507B
yǒuxiàng 有相 6-1152B
yǒuxiàng 牖嚮 6-1051A
yòuxiáng 誘降 11-232B
yòuxiǎng 右饗 3-45A
yòuxiǎng 侑享 1-1332B
yòuxiǎng 侑饗 1-1333B
yòuxiǎng 祐饗 7-844A
yòuxiàng 右相 3-42A
yòuxiàngdānqīng 右相丹青 3-42B
yǒuxiàngōngsī 有限公司 6-1152B
yǒuxiàngshùn 有向順 6-1147B
yóuxiǎngtíngyún 遊響停雲 10-1059B
yǒuxiànguǎngbō 有綫廣播 6-1162B
yǒuxiàngzōng 有相宗 6-1153A
yǒuxiànhuāxù 有限花序 6-1152B
yǒuxiánjiējí 有閑階級 6-1160A
yōuxiānquán 優先權 1-1721B
yōuxiányánglì 優賢揚歷 1-1729B
yōuxiányánglì 優賢颺歷 1-1729B
yǒuxiànzhànzhēng 有限戰争 6-1152B
yóuxiānzhěn 遊仙枕 10-1049B
yōuxiāo 幽宵 4-438A
yōuxiào 優笑 1-1724B
yóuxiào 尤效 2-1572B
yǒuxiào 有效 6-1156B
yòuxiǎo 幼小 4-430A
yǒuxiàoqī 有效期 6-1156B
yǒuxiàoshèchéng 有效射程 6-1156B
yóuxìbǐmò 遊戲筆墨 10-1059A
yóuxìchénhuán 遊戲塵寰 10-1059A
yóuxié 油鞋 5-1079B
yóuxiè 輶褻 9-1306B
yǒuxiē 有些 6-1150B
yòuxié 誘脅 11-233A
yòuxié 誘脇 11-233A
yóuxíguòzuò 遊席過座 10-1052B
yóuxìhànmò 遊戲翰墨 10-1059A
yǒuxìkěchéng 有隙可乘 6-1160B
yǒuxìkěchéng 有隟可乘 6-1162A
yōuxīn 攸心 1-1239A
yōuxīn 幽心 4-432B
yōuxīn 幽欣 4-435A
yōuxīn 幽馨 4-446B
yōuxīn 憂心 7-686A
yōuxìn 憂釁 7-692A
yóuxīn 由心 7-1299A
yóuxīn 游心 5-1499B
yóuxīn 遊心 10-1049A
yǒuxīn 有心 6-1144B
yǒuxīn 槱薪 4-1270B
yǒuxìn 有信 6-1153B
yǒuxìn 有釁 6-1166A
yōuxīnchōngchōng 憂心忡忡 7-686B
yōuxīng 幽星 4-436A
yōuxíng 優行 1-1721B
yōuxìng 幽興 4-444B
yōuxìng 幽性 4-435A
yōuxìng 優幸 1-1722A
yōuxìng 優倖 1-1724B
yóuxíng 油腥 5-1078B
yóuxíng 由行 7-1299B
yóuxíng 游行 5-1500B
yóuxíng 遊刑 10-1049B
yóuxíng 遊行 10-1049B
yóuxìng 由性 7-1300A
yóuxìng 游興 5-1509B
yóuxìng 游幸 5-1501B
yóuxìng 遊興 10-1057B
yóuxìng 遊幸 10-1050B
yǒuxíng 有行 6-1147B
yǒuxíng 有形 6-1148B
yǒuxìng 有興 6-1164B
yǒuxìng 有幸 6-1150A
yǒuxìng 有性 6-1152A
yòuxíng 右行 3-41B
yòuxìng 右姓 3-42A
yōuxíngshēng 優行生 1-1721B
yǒuxìngshēngzhí 有性生殖 6-1152A
yǒuxíngsǔnhào 有形損耗 6-1148B
yǒuxìngzájiāo 有性雜交 6-1152A
yǒuxíngzhǐ 有行止 6-1147B
yóuxīnhài'ěr 游心駭耳 5-1499B
yōuxīnqiǎoqiǎo 憂心悄悄 7-686B
yǒuxīnrén 有心人 6-1145A
yōuxīnrúdǎo 憂心如擣 7-686B
yōuxīnrúfén 憂心如焚 7-686A
yǒuxīnyǒuyì 有心有意 6-1145A
yóuxīnyùmù 游心寓目 5-1499B
yōuxiòng 幽敻 4-442B
yōuxiòng 悠敻 7-534A
yǒuxióng 有熊 6-1162B
yóuxírén 郵檄人 10-646A
yóuxìrénjiān 游戲人間 5-1511A
yóuxìrénjiān 遊戲人間 10-1058B
yóuxìrénshì 遊戲人世 10-1058B
yóuxìsānmèi 游戲三昧 5-1511A
yóuxìsānmèi 遊戲三昧 10-1058B
yōuxiū 幽修 4-436B
yōuxiū 悠脩 7-531B
yōuxiù 幽秀 4-433B
yōuxiù 幽岫 4-434B
yōuxiù 優秀 1-1722A
yǒuxiù 黝銹 12-1362B
yōuxū 幽虛 4-439A
yōuxū 幽墟 4-442B
yōuxú 悠徐 7-531B
yōuxǔ 優許 1-1725B
yōuxù 幽緒 4-443A
yōuxù 憂卹 7-687A
yōuxù 憂恤 7-688A
yōuxù 憂緒 7-691A
yōuxù 優卹 1-1722B
yōuxù 優恤 1-1723B
yōuxù 優敍 1-1725B
yóuxū 遊欻 10-1058A
yóuxù 由緒 7-1301A
yǒuxū 有須 6-1159B
yǒuxù 友壻 2-854B
yòuxù 右序 3-42A
yòuxù 誘怵 11-232B
yòuxù 誘訹 11-234A
yōuxuán 幽伭 4-433B
yōuxuán 幽玄 4-432B
yóuxuān 輶軒 9-1306B
yóuxuàn 遊旋 10-1053B
yòuxuǎn 右選 3-44B
yóuxuánbǐng 油鏇餅 5-1082A
yōuxuǎnfǎ 優選法 1-1730A
yōuxué 優學 1-1730B
yōuxuè 憂謔 7-691B
yóuxuē 油靴 5-1078B
yóuxuē 油韡 5-1082A
yóuxué 游學 5-1509B
yóuxué 遊學 10-1057B
yǒuxué 友學 2-855A
yǒuxué 酉穴 9-1369B
yòuxué 右學 3-44B
yòuxué 幼學 4-431B
yǒuxuèyǒuròu 有血有肉 6-1147B
yōuxún 幽尋 4-441A
yōuxún 憂尋 7-690A
yóuxún 由巡 7-1299A
yóuxún 由旬 7-1299B
yóuxún 郵巡 10-644A
yóuxún 遊巡 10-1050A
yóuxùn 郵訊 10-644B
yòuxùn 誘訓 11-233A
yōuyá 幽崖 4-439A
yōuyá 幽涯 4-439B
yōuyǎ 幽雅 4-440B
yōuyǎ 優雅 1-1726B
yōuyà 幽軋 4-444B
yōuyà 幽軋 4-434B
yóuyá 由衙 7-1301A
yǒuyá 有涯 6-1158B
yōuyān 幽煙 4-442A
yōuyān 幽燕 4-444A
yōuyán 幽埏 4-435B
yōuyán 幽巖 4-446A
yōuyán 憂顏 7-691B
yōuyán 優言 1-1722A
yōuyàn 幽豔 4-447A
yóuyān 油烟 5-1076A
yóuyān 油煙 5-1079A
yóuyán 由延 7-1299B
yóuyán 由言 7-1299B
yóuyán 蚰蜒 8-875A
yóuyán 蚰蜑 8-875B
yóuyán 游言 5-1501B
yóuyán 猶言 5-94B
yóuyán 遊延 10-1049B
yóuyán 遊言 10-1050A
yóuyǎn 由衍 7-1300A
yóuyǎn 游衍 5-1503A
yóuyǎn 游演 5-1508B
yóuyǎn 遊衍 10-1051B
yóuyǎn 遊眼 10-1053A
yóuyàn 游宴 5-1504B
yóuyàn 游燕 5-1509B
yóuyàn 游讌 5-1512B
yóuyàn 游醼 5-1512B
yóuyàn 遊宴 10-1053A
yóuyàn 遊鴈 10-1057A
yóuyàn 遊燕 10-1057B
yóuyàn 遊讌 10-1060A
yǒuyán 有言 6-1149B
yǒuyán 莠言 9-418A
yǒuyán 黝顏 12-1363A
yǒuyǎn 有弇 6-1153B

yǒuyǎn 有眼 6-1157B
yǒuyǎn 有渰 6-1160A
yǒuyǎn 黝黤 12-1363A
yòuyàn 侑宴 1-1333A
yǒuyǎnbùshí…
有眼不識泰山 6-1157B
yóuyáncǎo 蚰蜒草 8-875B
yōuyáng 幽陽 4-440A
yōuyáng 幽揚 4-440A
yōuyáng 悠陽 7-532B
yōuyáng 悠揚 7-533A
yōuyáng 悠颺 7-534A
yōuyǎng 幽峡 4-434B
yōuyǎng 優養 1-1729B
yōuyàng 悠漾 7-534A
yóuyáng 尤楊 2-1573A
yóuyáng 游揚 5-1505B
yóuyáng 游颺 5-1511B
yóuyáng 遊揚 10-1054A
yóuyáng 遊颺 10-1059B
yóuyàng 油樣 5-1079B
yóuyàng 游漾 5-1508B
yǒuyáng 酉陽 9-1369B
yòuyāng 幼秧 4-430B
yòuyǎng 誘養 11-234B
yóuyánháo 蚰蜒壕 8-875B
yóuyánjiàngcù 油鹽醬醋
5-1082A
yǒuyǎnjīng 有眼睛 6-1157B
yóuyánlù 蚰蜒路 8-875B
yóuyānmò 油烟墨 5-1076A
yóuyānmò 油煙墨 5-1079A
yóuyánqiàn 蚰蜒塹 8-875B
yǒuyǎnwútóng 有眼無瞳
6-1157B
yǒuyǎnwúzhū 有眼無珠
6-1157B
yǒuyánzàixiān 有言在先
6-1149B
yōuyāo 幽妖 4-434A
yōuyǎo 呦鷕 3-316A
yōuyǎo 幽窅 4-438A
yōuyǎo 幽窈 4-438A
yóuyāo 游徼 5-1509B
yǒuyáo 有姚 6-1154B
yǒuyàoméijǐn 有要没緊
6-1153A
yōuyē 幽噎 4-443B
yōuyè 呦咽 3-316A
yōuyè 幽咽 4-436A
yōuyè 幽液 4-439B
yóuyě 游冶 5-1501B
yóuyě 遊冶 10-1050B
yóuyè 游業 5-1507B
yóuyè 游謁 5-1510A
yóuyè 遊曳 10-1049B
yòuyè 右掖 3-43A
yòuyè 誘掖 11-233B
yòuyèjiǎngquàn 誘掖獎勸
11-233B
yóuyěláng 游冶郎 5-1501B
yōuyī 幽噫 4-444B
yōuyī 嚘咿 3-539A
yōuyí 幽疑 4-442B
yōuyí 憂疑 7-690B
yōuyì 幽抑 4-433A
yōuyì 幽悒 4-438A
yōuyì 幽異 4-439A
yōuyì 幽逸 4-439B
yōuyì 幽意 4-442A
yōuyì 幽裔 4-442A
yōuyì 幽憶 4-444B
yōuyì 幽翳 4-445A
yōuyì 悠奕 7-531B
yōuyì 悠逸 7-532B
yōuyì 悠裔 7-533B
yōuyì 憂抑 7-687A
yōuyì 憂邑 7-687A
yōuyì 憂悒 7-688B
yōuyì 憂憶 7-691B
yōuyì 優佚 1-1722A
yōuyì 優異 1-1725A
yōuyì 優逸 1-1725B
yóuyī 油衣 5-1074A
yóuyí 尤疑 2-441A
yóuyí 由夷 7-1299A
yóuyí 由儀 7-1301A
yóuyí 游移 5-1505A
yóuyí 游疑 5-1508A
yóuyí 游儀 5-1509A
yóuyí 猶夷 5-94B
yóuyí 猶移 5-95A
yóuyí 猶疑 5-95B
yóuyí 輶儀 9-1306B
yóuyǐ 由以 7-1299A
yóuyǐ 游蟻 5-1512A
yóuyì 聱耴 8-684A
yóuyì 尤異 2-1572B
yóuyì 由義 7-1301A
yóuyì 由繹 7-1301B
yóuyì 油帟 5-1075A
yóuyì 油裔 5-1079A
yóuyì 油翼 5-1081B
yóuyì 滺泆 5-1235A
yóuyì 郵役 10-644A
yóuyì 郵驛 10-646B
yóuyì 游弋 5-1498A
yóuyì 游佚 5-1501B
yóuyì 游泆 5-1502A
yóuyì 游秇 5-1502A
yóuyì 游奕 5-1503A
yóuyì 游逸 5-1505B
yóuyì 游軼 5-1506A
yóuyì 游意 5-1508A
yóuyì 游溢 5-1508A
yóuyì 游藝 5-1511B
yóuyì 游繹 5-1512A
yóuyì 遊弋 10-1048A
yóuyì 遊佚 10-1050A
yóuyì 遊弈 10-1051B
yóuyì 遊逸 10-1053B
yóuyì 遊意 10-1056A
yóuyì 遊藝 10-1059A
yǒuyǐ 有以 6-1145B
yǒuyì 友誼 2-855A
yǒuyì 有易 6-1151A
yǒuyì 有益 6-1156B
yǒuyì 有意 6-1161A
yòuyí 右移 3-43B
yòuyì 右翼 3-44B
yòuyì 右臆 3-44B
yòuyì 祐翊 7-843B
yòuyì 誘益 11-233A
yòuyì 誘翼 11-235A
yóuyìchǎng 游藝場 5-1511B
yǒuyīdāméi…
有一搭没一搭 6-1142B
yǒuyīdéyī 有一得一
6-1142B
yǒuyīfēnrè…
有一分熱，發一分光
6-1142B
yóuyīguān 游衣冠 5-1501A
yóuyìhuì 游藝會 5-1511B
yǒuyīlìbìyǒu…
有一利必有一弊 6-1142B
yǒuyīlìjíyǒu…
有一利即有一弊 6-1142B
yōuyīn 幽陰 4-438B
yōuyǐn 幽隱 4-445A
yóuyǐn 遊引 10-1049A
yóuyǐn 遊飲 10-1054B
yóuyìn 油印 5-1073B
yǒuyīn 有因 6-1147A
yǒuyīn 有殷 6-1156B
yòuyīn 誘因 11-232B
yòuyǐn 右尹 3-41B
yòuyǐn 侑飲 1-1333A
yòuyǐn 誘引 11-232A
yōuyīng 呦嚶 3-316A
yōuyīng 嚘嚶 3-539A
yōuyìng 幽映 4-436A
yóuyīng 油罌 5-1082A
yóuyīng 遊鷹 10-1060A
yóuyìnjī 油印機 5-1073B
yǒuyìsài 友誼賽 2-855A
yóuyìshǐ 遊弈使 10-1051B
yǒuyìshí 有意識 6-1161B
yǒuyīshǒu 有一手 6-1142A
yǒuyīshuōyī…
有一說一，有二說二
6-1142B
yǒuyìsi 有意思 6-1161B
yǒuyītào 有一套 6-1142B
yǒuyīwú'èr 有一無二
6-1142B
yǒuyìwúyì 有意無意
6-1161B
yōuyōng 幽慵 4-443A
yōuyōng 幽縈 4-443B
yōuyǒng 悠永 7-531B
yóuyǒng 游泳 5-1502A
yóuyǒng 游勇 5-1503B
yóuyǒng 遊泳 10-1051A
yóuyǒng 遊勇 10-1052A
yóuyǒng 遊詠 10-1055A
yǒuyòng 有用 6-1146B
yóuyǒngchí 游泳池 5-1502A
yǒuyǒngwúmóu 有勇無謀
6-1154B
yǒuyǒngzhīfāng 有勇知方
6-1154B
yōuyōu 儵儵 1-1738A
yōuyōu 繇繇 9-1007B
yōuyōu 攸攸 1-1239A
yōuyōu 呦呦 3-315B
yōuyōu 怮怮 7-489B
yōuyōu 幽幽 4-436A
yōuyōu 幽悠 4-439B
yōuyōu 幽憂 4-443A
yōuyōu 悠悠 7-532A
yōuyōu 悠憂 7-534A
yōuyōu 悠優 7-534A
yōuyōu 滺滺 6-92B
yōuyōu 優悠 1-1725B
yōuyōu 優優 1-1731A
yōuyōu 懮懮 7-772A
yōuyōu 丝丝 4-431B
yōuyóu 攸游 1-1239A
yōuyóu 悠游 7-533B
yōuyóu 優喏 1-1730A
yōuyóu 優繇 1-1731A
yōuyóu 優游 1-1727B
yōuyóu 優猶 1-1727A
yōuyóu 優遊 1-1727A
yóuyōu 游優 5-1511A
yóuyóu 贅贅 8-684A
yóuyóu 由由 7-1299A
yóuyóu 怞怞 7-475B
yóuyóu 油油 5-1074B
yóuyóu 祓祓 3-821A
yóuyóu 滺滺 5-1235A
yóuyóu 秞秞 8-69B
yóuyóu 游游 5-1506B
yóuyóu 猶猶 5-95A
yǒuyōu 有攸 6-1149A
yǒuyǒu 黝黝 12-1362B
yòuyóu 囿游 3-629A
yòuyòu 褎褎 9-111A
yōuyóubùduàn 優游不斷
1-1728A
yōuyoudàngdàng 悠悠蕩蕩
7-532B
yōuyóuhányǒng 優游涵泳
1-1728A
yōuyouhūhū 悠悠忽忽
7-532B
yōuyōuqīqī 幽幽淒淒
4-436B
yōuyóusuìyuè 優游歲月
1-1728A
yōuyōuyángyáng 悠悠洋洋
7-532B
yōuyōuyīngyīng 呦呦嚶嚶
3-316A
yóuyóuyuányuán 沋沋湲湲
5-948B
yóuyóuyùyù 由由忬忬
7-1299A
yōuyóuzìdé 悠游自得
7-533B
yōuyouzìdé 優游自得
1-1728A
yōuyóuzìrú 優游自如
1-1728A
yōuyóuzìruò 優游自若

1-1728A
yōuyóuzìshì 優游自適 1-1728A
yōuyóuzìzài 悠游自在 7-533B
yōuyóuzìzài 優游自在 1-1728A
yōuyóuzúsuì 優游卒歲 1-1728A
yōuyóuzúsuì 優遊卒歲 1-1727A
yōuyū 憂紆 7-688A
yōuyú 幽隅 4-440A
yōuyú 幽愚 4-441B
yōuyú 憂魚 7-689A
yōuyú 憂虞 7-690A
yōuyú 優餘 1-1730A
yōuyǔ 幽圄 4-437B
yōuyǔ 優與 1-1729A
yōuyǔ 優語 1-1729B
yōuyù 幽獄 4-442B
yōuyù 幽鬱 4-447A
yōuyù 憂鬱 7-692A
yōuyù 優育 1-1722B
yōuyù 優裕 1-1728B
yōuyù 優遇 1-1726B
yōuyù 優豫 1-1730A
yóuyú 繇於 9-1007B
yóuyú 由于 7-1298B
yóuyú 由於 7-1300A
yóuyú 游虞 5-1507B
yóuyú 遊娛 10-1053A
yóuyú 遊魚 10-1053B
yóuyú 魷魚 12-1205B
yóuyǔ 游語 5-1508A
yóuyǔ 遊語 10-1056B
yóuyǔ 蝣羽 8-933A
yóuyù 冘豫 2-441A
yóuyù 由裕 7-1301A
yóuyù 由獄 7-1301A
yóuyù 由豫 7-1301B
yóuyù 游寓 5-1506B
yóuyù 游豫 5-1509A
yóuyù 猶與 5-95B
yóuyù 猶預 5-95B
yóuyù 猶豫 5-95B
yóuyù 遊寓 10-1055A
yóuyù 遊遇 10-1054B
yóuyù 遊預 10-1056A
yóuyù 遊豫 10-1057B
yóuyù 遊譽 10-1059B
yóuyù 猷裕 5-85A
yǒuyú 友于 2-853B
yǒuyú 有于 6-1143A
yǒuyú 有餘 6-1163A
yǒuyù 牖育 6-1050B
yòuyú 右魚 3-43B
yòuyǔ 右與 3-44A
yòuyù 誘喻 11-234A
yòuyù 誘諭 11-235A
yōuyuān 幽冤 4-438B
yōuyuān 憂悁 7-688B
yōuyuán 幽源 4-442A
yōuyuán 幽圜 4-444B
yōuyuǎn 攸遠 1-1239A
yōuyuǎn 幽遠 4-441B
yōuyuǎn 悠遠 7-533B
yōuyuǎn 優遠 1-1729A
yōuyuàn 幽怨 4-436B
yōuyuàn 幽院 4-437A
yōuyuàn 幽願 4-446A
yōuyuàn 憂怨 7-687B
yóuyuán 由緣 7-1301B
yóuyuán 游園 5-1507B
yóuyuán 遊園 10-1056A
yóuyuàn 尤怨 2-1572B
yǒuyuán 有緣 6-1163A
yòuyuán 右垣 3-42A
yòuyuán 右援 3-43B
yòuyuàn 幼愿 4-431B
yòuyuàn 囿苑 3-629A
yǒuyuānbàoyuān…
有冤報冤，有仇報仇 6-1157A
yóuyuánhuì 游園會 5-1507B
yǒuyuánqiānlǐ…
有緣千里來相會 6-1163B
yōuyuē 幽約 4-437A
yōuyuē 憂約 7-688A
yōuyuè 幽越 4-440A
yōuyuè 幽籥 4-447A
yōuyuè 優越 1-1726A
yóuyuè 遊躍 10-1060A
yòuyuè 蚴蜕 8-886A
yōuyuègǎn 優越感 1-1726A
yōuyǔn 優允 1-1721A
yōuyùn 幽運 4-441A
yōuyùn 幽蘊 4-445B
yōuyùn 幽韻 4-446B
yōuyùn 憂慍 7-689B
yóuyún 油雲 5-1077B
yóuyún 游雲 5-1506A
yóuyún 遊雲 10-1054B
yóuyùn 油暈 5-1078B
yóuyúntìxuě 尤雲殢雪 2-1572B
yóuyúntìyǔ 殑雲殢雨 5-155A
yóuyúntìyǔ 尤雲殢雨 2-1572B
yǒuyúshì 有虞氏 6-1160B
yóuzá 遊雜 10-1059B
yòuzǎi 右宰 3-43A
yōuzāiyóuzāi 悠哉游哉 7-531B
yōuzāiyóuzāi 優哉游哉 1-1722B
yōuzāiyóuzāi 優哉遊哉 1-1722B
yōuzàn 幽贊 4-446A
yōuzàn 幽讚 4-447A
yòuzàng 右藏 3-44B
yōuzào 嚘噪 3-539A
yóuzào 游造 5-1504A
yōuzé 幽賾 4-445B
yōuzé 憂責 7-688B
yōuzè 幽仄 4-432A
yǒuzé 酉澤 9-1369B
yǒuzé 黝澤 12-1362B
yǒuzégǎizhī…
有則改之，無則加勉 6-1153A
yǒuzēngwúyǐ 有增無已 6-1162B
yóuzhà 油榨 5-1079A
yòuzhá 誘紮 11-233A
yóuzháguǐ 油炸鬼 5-1075B
yóuzháguǒ 油炸果 5-1075B
yóuzháhuásūn 油煠猾猻 5-1079A
yóuzháhuì 油炸檜 5-1075B
yóuzháhuì 油炸燴 5-1075B
yóuzháhúsūn 油煠猢猻 5-1079A
yōuzhái 幽宅 4-433A
yóuzhákuài 油炸膾 5-1075B
yōuzhān 優旃 1-1725A
yóuzhān 游瞻 5-1511B
yóuzhǎn 油盞 5-1078B
yōuzhàng 幽障 4-442A
yóuzhàng 游長 5-1501B
yǒuzhāng 有章 6-1158A
yòuzhàng 右仗 3-41B
yǒuzhāngméizhì 有張没智 6-1158B
yóuzhānzhǐ 油氈紙 5-1081B
yōuzhào 幽兆 4-433A
yōuzhào 優詔 1-1727A
yóuzhào 游兆 5-1500B
yǒuzhāo 有朝 6-1159A
yòuzhào 誘召 11-232A
yǒuzhāoyírì 有朝一日 6-1159A
yōuzhé 幽折 4-433A
yōuzhé 幽蟄 4-445A
yōuzhé 憂讋 7-692A
yóuzhe 由着 7-1300B
yóuzhé 郵摺 10-646A
yóuzhé 遊轍 10-1059B
yǒuzhe 有着 6-1158A
yōuzhēn 幽貞 4-436A
yōuzhēn 幽真 4-437B
yōuzhěn 憂軫 7-689B
yóuzhēn 游偵 5-1505A
yóuzhēng 遊征 10-1051A
yóuzhèng 郵政 10-644A
yǒuzhèng 有正 6-1145B
yǒuzhèng 有政 6-1152B
yóuzhēngjiàowèi 油蒸校尉 5-1078B
yóuzhèngjú 郵政局 10-644B
yǒuzhēngwúzhàn 有征無戰 6-1151B
yōuzhí 幽執 4-439A
yōuzhí 幽縶 4-445A
yōuzhǐ 幽旨 4-433A
yōuzhǐ 優旨 1-1721B
yōuzhì 幽致 4-437B
yōuzhì 幽滯 4-443A
yōuzhì 優制 1-1722A
yōuzhì 優秩 1-1724B
yōuzhì 優質 1-1730A
yóuzhī 油脂 5-1076A
yóuzhī 猶之 5-94A
yóuzhǐ 油紙 5-1076B
yóuzhǐ 游趾 5-1505A
yóuzhǐ 遊止 10-1048B
yóuzhǐ 遊趾 10-1053A
yóuzhì 尤滯 2-1573A
yóuzhì 郵置 10-645B
yóuzhì 游志 5-1501A
yóuzhì 遊志 10-1050A
yóuzhì 遊陟 10-1052A
yǒuzhī 有知 6-1151A
yǒuzhí 友直 2-854A
yǒuzhí 友執 2-854B
yǒuzhì 有志 6-1148B
yǒuzhì 有豸 6-1149B
yǒuzhì 有秩 6-1156A
yǒuzhì 有致 6-1155B
yǒuzhì 黝制 12-1362A
yòuzhī 侑巵 1-1332B
yòuzhī 宥巵 3-1421B
yòuzhí 右職 3-45A
yòuzhǐ 右趾 3-43B
yòuzhì 幼志 4-430A
yòuzhì 幼稚 4-431A
yòuzhì 幼穉 4-431B
yòuzhì 釉質 10-1311B
yòuzhì 誘致 11-233A
yǒuzhìbùzài…
有志不在年高 6-1148B
yǒuzhìbùzài…
有智不在年高 6-1159A
yòuzhífǎ 右執法 3-43B
yóuzhīhū 猶之乎 5-94A
yóuzhīmèi 油脂妹 5-1076A
yóuzhǐméizi 油紙枚子 5-1076B
yóuzhīmóhú 油脂模糊 5-1076A
yóuzhǐshàn 油紙扇 5-1076B
yǒuzhītiānyè 有枝添葉 6-1150B
yǒuzhìwúshí 有志無時 6-1148B
yǒuzhīyǒuyè 有枝有葉 6-1150A
yòuzhìyuán 幼稚園 4-431B
yóuzhīzǎi 油脂仔 5-1076A
yǒuzhìzhě…有志者事竟成 6-1148B
yōuzhōng 幽衷 4-438A
yōuzhōng 優衷 1-1725A
yōuzhòng 優重 1-1723A
yóuzhōng 由中 7-1299A
yóuzhōng 由忠 7-1299B
yóuzhōng 由衷 7-1300B
yóuzhǒng 肬腫 6-1176B
yǒuzhōng 有終 6-1158B
yǒuzhōng 牖衷 6-1050B
yǒuzhǒng 有種 6-1162A
yǒuzhòng 酉仲 9-1369B
yòuzhōng 誘衷 11-233A
yǒuzhōngkuīrì 牖中窺日 6-1050B

yōuzhōu 幽州 4-433A
yōuzhōu 幽洲 4-436B
yǒuzhōu 有周 6-1151B
yōuzhú 幽躅 4-446B
yōuzhǔ 憂屬 7-692A
yōuzhǔ 憂矚 7-692A
yóuzhú 油燭 5-1081B
yóuzhú 遊燭 10-1059A
yóuzhǔ 游矚 5-1512B
yóuzhǔ 遊矚 10-1060A
yǒuzhǔ 有主 6-1146B
yǒuzhù 友助 2-854A
yǒuzhù 有住 6-1149A
yòuzhǔ 右主 3-41B
yòuzhǔ 幼主 4-430A
yòuzhù 佑助 1-1237A
yòuzhù 祐助 7-843B
yōuzhuǎn 優轉 1-1731A
yōuzhuàn 幽篆 4-443B
yóuzhuàn 郵傳 10-645B
yóuzhuàn 游轉 5-1511B
yōuzhuàng 優壯 1-1722A
yóuzhuàng 由狀 7-1300A
yóuzhuàng 油幢 5-1080A
yǒuzhuàng 有狀 6-1152A
yòuzhuàng 幼壯 4-430B
yóuzhuàngchē 油幢車 5-1080A
yōuzhuì 憂惴 7-689B
yóuzhuì 肬贅 6-1176B
yóuzhuì 疣贅 8-286A
yóuzhǔnshì 由準氏 7-1301A
yōuzhuō 幽拙 4-434A
yōuzhuó 憂灼 7-687A
yōuzhuó 優擢 1-1730B
yóuzhuó 游躅 5-1512A
yóuzhuó 游濁 5-1510A
yōuzī 幽姿 4-436B
yōuzǐ 幽子 4-432A
yōuzǐ 優子 1-1721A
yōuzì 優恣 1-1725A
yóuzi 油子 5-1073A
yóuzi 疣子 8-286A
yóuzī 郵資 10-646A
yóuzī 游貲 5-1507B
yóuzī 游資 5-1508A
yóuzī 遊資 10-1056A
yóuzǐ 由子 7-1298B
yóuzǐ 油紫 5-1077B
yóuzǐ 郵子 10-643B
yóuzǐ 游子 5-1498B
yóuzǐ 猶子 5-94A
yóuzǐ 遊子 10-1048A
yóuzì 由自 7-1299B
yóuzì 油漬 5-1079B
yóuzì 游恣 5-1504B
yóuzì 猶自 5-94B
yǒuzì 有自 6-1147B
yóuzìmáhuā 油漬麻花 5-1079B
yǒuzìpái 酉字牌 9-1369B
yóuzīquàn 郵資券 10-646A
yǒuzǐwànshìzú 有子萬事足 6-1144A
yóuzìzì 油漬漬 5-1079B
yōuzōng 幽宗 4-435A
yōuzōng 幽蹤 4-443B
yōuzòng 優縱 1-1731A
yóuzōng 游踪 5-1509A
yóuzōng 游蹤 5-1511B
yóuzōng 遊踪 10-1057A
yóuzōng 遊蹤 10-1059B
yǒuzōng 有宗 6-1152A
yòuzòng 宥縱 3-1422B
yóuzǒu 游走 5-1501A
yóuzǒu 遊走 10-1050A
yōuzú 優足 1-1721B
yōuzǔ 幽阻 4-434A
yòuzú 右族 3-43B
yóuzuǐ 油嘴 5-1080B
yóuzuì 尤最 2-1573A
yǒuzuì 有罪 6-1160B
yòuzuì 宥罪 3-1422A
yóuzuǐguādashé 油嘴呱嗒舌 5-1080B
yóuzuǐguānggùn 游嘴光棍 5-1509B
yóuzuǐhuāchún 油嘴花唇 5-1080B
yóuzuǐhuáshé 油嘴滑舌 5-1081A
yǒuzuǐméishé 有嘴没舌 6-1164A
yǒuzuǐméixīn 有嘴没心 6-1164A
yǒuzuǐwúxīn 有嘴無心 6-1164A
yóuzuǐyóushé 油嘴油舌 5-1080B
yòuzūn 侑尊 1-1333A
yòuzūn 侑樽 1-1333B
yǒuzuò 槱柞 4-1270B
yòuzuò 右座 3-43A
yòuzuò 侑坐 1-1332B
yòuzuòbiélùn 又作別論 2-851B
yòuzuòzhīqì 宥坐之器 3-1421B
yǒuzúshé 有足蛇 6-1148B
yōwèi 唷喂 3-392B
yú'āi 娛哀 4-360A
yú'āi 餘哀 12-551A
yú'ái 愚騃 7-623A
yú'ài 餘愛 12-556A
yǔ'āi 禹哀 1-665A
yǔ'ǎi 雨靄 11-619A
yù'ǎi 郁靄 10-611A
yù'ài 鬱藹 3-1144B
yù'ài 御愛 3-1029B
yǔ'àiyúnhuān 雨愛雲歡 11-616B
yú'ān 盂安 7-1415A
yú'àn 愚闇 7-623A
yú'àn 愚暗 7-621B
yú'àn 愚黯 7-623B
yǔ'àn 雨暗 11-616B
yǔ'àn 圉犴 3-629B
yù'ān 玉鞍 4-510A
yù'àn 玉岸 4-483A
yù'àn 玉案 4-494B
yù'àn 御案 3-1028A
yù'àn 獄犴 5-104A
yù'àn 獄案 5-105A
yù'àn 獄豻 5-105A
yù'àn 獄狱 5-105A
yù'àn 鬱闇 3-1144A
yuàn'āi'āi 怨哀哀 7-450A
yuān'àn 冤案 2-459B
yuán'àn 原案 1-933A
yuán'àn 援案 6-773A
yuàn'ān 願安 12-352A
yuán'āngāowò 袁安高卧 2-1106B
yuán'ānshuì 袁安睡 2-1106B
yuán'ānwò 袁安卧 2-1106B
yuān'ào 淵奧 5-1488A
yuán'ào 援奥 6-773B
yuǎn'ào 遠奧 10-1129A
yuàn'ào 怨懊 7-453A
yuánbá 援拔 6-772B
yuànbà 院壩 11-993B
yuánbái 元白 2-209B
yuánbǎi 圓柏 3-656B
yuánbáicài 圓白菜 3-655A
yuánbáitǐ 元白體 2-209B
yuānbān 鴛班 12-1084A
yuānbān 鵷班 12-1129B
yuánbǎn 元板 2-211B
yuánbǎn 元版 2-212A
yuánbǎn 原板 1-930A
yuánbǎn 原版 1-930B
yuānbàng 冤謗 2-461A
yuǎnbāng 遠邦 10-1122A
yuànbàng 怨謗 7-453A
yuānbānlùxù 鵷班鷺序 12-1129B
yuánbānshézhé 猿扳蛇折 5-98A
yuānbào 冤報 2-460A
yuānbào 冤暴 2-460B
yuānbào 淵抱 5-1485A
yuánbǎo 元寶 2-218B
yuánbào 元豹 2-214A
yuǎnbào 遠抱 10-1124B
yuánbǎochāo 元寶鈔 2-218B
yuánbǎofēng 元寶楓 2-218B
yuānbèi 淵備 5-1488A
yuānbèi 鴛被 12-1084A
yuánbèi 原被 1-933A
yuánbèi 圓備 3-658A
yuǎnbēi 遠背 10-1125B
yuǎnbèi 遠被 10-1127B
yuànbēi 怨碑 7-451B
yuànbèi 遠背 10-1125B
yuànbèi 怨背 7-449B
yuánběn 元本 2-209A
yuánběn 原本 1-928A
yuánběn 源本 6-11B
yuànběn 怨本 7-448B
yuànběn 院本 11-992A
yuānbì 淵碧 5-1489B
yuánbǐ 援筆 6-773A
yuánbì 元弼 2-216A
yuánbì 元辟 2-216A
yuánbì 援庇 6-772B
yuánbì 猿臂 5-99A
yuánbì 圜狴 3-670B
yuǎnbǐ 遠鄙 10-1130B
yuànbǐ 遠鄙 10-1130B
yuànbì 怨畀 7-453B
yuánbiān 緣邊 9-960A
yuánbiàn 員弁 3-360B
yuánbiàn 圓便 3-656B
yuánbiàn 圓變 3-660B
yuánbiàn 緣便 9-958B
yuǎnbiān 遠邊 10-1133B
yuānbiǎo 淵表 5-1485A
yuánbiāobiāo 圓彪彪 3-657B
yuánbiē 黿鼈 12-1401A
yuǎnbié 遠別 10-1124A
yuánbìguīzhào 原璧歸趙 1-935A
yuānbīng 淵冰 5-1485A
yuánbīng 援兵 6-772A
yuānbó 淵泊 5-1485B
yuānbó 淵博 5-1487B
yuánbó 原伯 1-929B
yuǎnbō 遠播 10-1131B
yuānbù 鵷步 12-1129B
yuánbù 緣簿 9-960A
yuǎnbù 遠步 10-1123B
yuànbùdé 怨不得 7-448B
yuāncái 淵才 5-1484B
yuāncǎi 鴛彩 12-1084B
yuāncǎi 鵷彩 12-1129B
yuàncāi 怨猜 7-451A
yuáncáiliào 原材料 1-929B
yuáncáizǐ 元才子 2-208A
yuáncán 原蠶 1-935B
yuáncán 蚖蠶 8-866A
yuáncán 螈蠶 8-945B
yuáncāng 圓蒼 3-658B
yuáncáo 袁曹 2-1107A
yuǎncāo 遠操 10-1132B
yuàncáo 院曹 11-993A
yuàncáo 掾曹 6-786B
yuǎncén 遠岑 10-1124A
yuánchá 原察 1-934A
yuānchāi 鴛釵 12-1084B
yuānchán 冤讒 2-461B
yuānchán 淵禪 5-1490B
yuánchán 圜廛 3-654A
yuánchán 圓蟾 3-660A
yuāncháng 淵長 5-1485A
yuáncháng 元長 2-211B
yuáncháng 原嘗 1-934A
yuáncháng 圓常 3-657B
yuánchǎng 圓場 3-658A
yuǎnchàng 遠暢 10-1131B
yuànchǎng 院場 11-993A
yuànchàng 怨唱 7-451A
yuànchàng 怨悵 7-451A
yuànchàng 怨暢 7-452B
yuánchànglóu 元暢樓 2-216B
yuánchángwú 圓常無 3-657B

yuánchāo 援剿 6-773B
yuǎnchè 遠徹 10-1132A
yuānchén 冤沉 2-458A
yuānchén 冤沈 2-458A
yuānchén 淵沉 5-1485A
yuānchén 淵沈 5-1485A
yuánchén 元臣 2-210A
yuánchén 元辰 2-210B
yuǎnchén 遠臣 10-1122B
yuǎnchén 遠辰 10-1123B
yuànchēn 怨嗔 7-452A
yuānchéng 淵澄 5-1490A
yuánchéng 員呈 3-360B
yuánchéng 員程 3-361A
yuánchéng 圓成 3-655A
yuánchéng 圓城 3-656B
yuǎnchéng 遠程 10-1129A
yuánchéngshízìxìng 圓成實自性 3-655B
yuānchī 鳶鴟 12-1043B
yuānchí 鴛池 12-1084A
yuānchí 鵷池 12-1129A
yuānchí 鵷墀 12-1130A
yuánchí 援持 6-772B
yuánchí 園池 3-653A
yuánchí 蝝蚳 8-938B
yuánchí 黿鱓 12-1400B
yuánchì 元敕 2-215A
yuànchǐ 怨耻 7-450B
yuànchì 遠斥 10-1122A
yuānchōng 淵冲 5-1484B
yuānchōng 淵沖 5-1485A
yuānchóu 冤仇 2-457B
yuānchóu 冤讎 2-461B
yuānchóu 鴛儔 12-1087B
yuánchóu 原疇 1-935B
yuánchóu 猿愁 5-98B
yuánchǒu 元醜 2-217B
yuǎnchóu 遠籌 10-1134A
yuànchóu 怨仇 7-448B
yuànchóu 怨讎 7-453B
yuānchóufènglǚ 鴛儔鳳侶 12-1087B
yuǎnchóujìnlǜ 遠愁近慮 10-1130B
yuānchú 宛雛 3-1403B
yuānchú 鴛雛 12-1087B
yuānchú 鵷雛 12-1130A
yuānchú 鵷鶵 12-1130B
yuánchū 原初 1-930A
yuánchú 原除 1-932B
yuánchǔ 元儲 2-218A
yuánchù 原處 1-933A
yuǎnchǔ 遠處 10-1127B
yuǎnchù 遠處 10-1127B
yuànchuán 願船 12-352B
yuánchuáng 緣幢 9-959B
yuǎnchuíbùxiǔ 遠垂不朽 10-1125A
yuānchún 淵純 5-1487A
yuānchún 淵淳 5-1487A
yuánchūn 元春 2-212B
yuánchún 元淳 2-215A
yuánchuō 元戳 2-218A
yuáncí 原詞 1-933B
yuáncí 原辭 1-935B
yuáncì 員次 3-360B
yuàncì 怨刺 7-449A
yuáncóng 元從 2-215A
yuǎncuàn 遠竄 10-1133B
yuāncuì 淵粹 5-1489B
yuāncuì 鵷毳 12-1129B
yuāndá 淵達 5-1487B
yuǎndá 遠達 10-1128B
yuǎndà 遠大 10-1120B
yuāndài 淵岱 5-1485B
yuāndài 淵黛 5-1490B
yuándài 原貸 1-933B
yuǎndài 遠代 10-1122A
yuǎndài 遠黛 10-1133A
yuàndài 怨黛 7-453A
yuāndān 冤單 2-460A
yuāndàn 淵澹 5-1490B
yuándàn 元旦 2-209B
yuándāng 圓璫 3-660A
yuándàng 原蕩 1-934A
yuándào 緣道 9-959A
yuándào 圜道 3-671A
yuándào 圜燾 3-671B
yuǎndǎo 遠蹈 10-1133A
yuǎndào 遠到 10-1124B
yuǎndào 遠道 10-1129B
yuǎndào 遠盜 10-1129B
yuāndàtóu 冤大頭 2-457B
yuándàtóu 袁大頭 2-1106B
yuǎndǎzhōuzāo 遠打週遭 10-1121B
yuándé 元德 2-217A
yuǎndé 遠德 10-1132A
yuàndé 媛德 4-390A
yuándēng 元燈 2-218A
yuāndǐ 鵷邸 12-1129B
yuándí 元嫡 2-217A
yuándǐ 原底 1-930B
yuándǐ 緣底 9-958A
yuándì 元弟 2-211A
yuándì 原地 1-928B
yuándì 園地 3-653A
yuándì 圓的 3-656A
yuǎndì 遠地 10-1122B
yuàndí 怨笛 7-451A
yuàndí 怨敵 7-452B
yuāndiào 淵調 5-1490A
yuándiāo 圓雕 3-660A
yuàndiào 怨調 7-452B
yuāndié 鳶跕 12-1043B
yuāndié 鴛牒 12-1084B
yuándīng 園丁 3-652B
yuándǐng 黿鼎 12-1400B
yuándǐngfāngzhǐ 圓頂方趾 3-657B
yuándǐzi 原底子 1-930B
yuāndòng 淵洞 5-1486A
yuándōng 元冬 2-209B
yuǎndōng 遠東 10-1124B
yuándònglì 原動力 1-933B
yuāndòngluánfēi 鵷動鸞飛 12-1129B
yuāndōu 冤兜 2-459B
yuāndōu 冤篼 2-461A
yuāndōu 鴛篼 12-1087B
yuāndòu 痯脰 8-320A
yuándòu 元豆 2-210B
yuǎndǒu 遠鬭 10-1134B
yuǎndōuzhuǎn 遠兜轉 10-1128A
yuāndú 身毒 10-702B
yuāndú 冤毒 2-459A
yuándū 元都 2-213B
yuándū 緣督 9-959A
yuándú 援牘 6-773B
yuándǔ 垣堵 2-1094A
yuándù 原度 1-932A
yuǎndù 遠度 10-1126A
yuàndú 怨毒 7-449B
yuàndú 怨黷 7-453B
yuàndú 怨讟 7-453B
yuánduān 元端 2-216B
yuānduì 冤對 2-460B
yuānduì 冤懟 2-461A
yuánduì 元憝 2-217B
yuánduì 元憞 2-217A
yuánduì 原對 1-934A
yuànduì 怨憝 7-453A
yuànduì 怨懟 7-453A
yuāndūn 鳶蹲 12-1043B
yuǎndùn 遠遁 10-1129A
yuǎndùn 遠遯 10-1131B
yuānduò 鳶墮 12-1043B
yuǎnduó 遠度 10-1126A
yuán'é 原額 1-935A
yuán'é 員額 3-361B
yuán'è 元惡 2-215B
yuán'è 轅軛 9-1308A
yuǎn'è 遠惡 10-1129A
yuán'èr 元二 2-207B
yuǎn'ěr 遠邇 10-1133A
yuàn'èr 怨貳 7-451A
yuánfǎ 緣法 9-958A
yuánfǎ 圜法 3-670B
yuànfǎ 愿法 7-671A
yuānfán 冤煩 2-460B
yuānfàn 淵範 5-1490A
yuánfàn 圓泛 3-655B
yuánfàn 圓飯 3-658A
yuánfàn 圓範 3-659B
yuǎnfān 遠藩 10-1133B
yuǎnfān 遠蕃 10-1132A
yuǎnfàn 遠範 10-1132A
yuānfàng 淵放 5-1485B
yuánfāng 員方 3-360A
yuánfāng 圓方 3-655A
yuánfāng 圜方 3-670A
yuánfáng 原防 1-929B
yuánfáng 圓房 3-656B
yuánfáng 緣房 9-958A
yuánfàng 原放 1-930B
yuǎnfāng 遠方 10-1121B
yuǎnfáng 遠房 10-1125B
yuǎnfàng 遠放 10-1125B
yuánfāngjìfāng 元方季方 2-209A
yuánfēi 元妃 2-210B
yuánfēi 圓扉 3-658B
yuánfēi 圜扉 3-671A
yuànfēi 怨非 7-449A
yuànfěi 怨悱 7-451A
yuànfěi 怨誹 7-452B
yuānfēiyúyuè 鳶飛魚躍 12-1043A
yuānfēn 冤氛 2-458B
yuānfèn 冤憤 2-460B
yuānfèn 悁忿 7-545A
yuánfén 圓墳 3-659A
yuánfèn 元分 2-209A
yuánfèn 緣分 9-957A
yuánfèn 緣份 9-957B
yuànfèn 怨忿 7-449A
yuànfèn 怨憤 7-452B
yuānféng 宛馮 3-1402B
yuānfèng 鴛鳳 12-1084B
yuānfèng 鵷鳳 12-1130A
yuánfēng 原封 1-931B
yuǎnfēng 遠封 10-1125B
yuánfēngbùdòng 原封不動 1-931B
yuánfēnghuò 原封貨 1-931B
yuánfēngtóu 原封頭 1-931B
yuánfēngwèidòng 原封未動 1-931B
yuānfú 冤伏 2-458A
yuānfú 淵洑 5-1486A
yuānfú 鵷扶 12-1129B
yuānfǔ 淵府 5-1485B
yuānfù 淵富 5-1488B
yuánfū 元夫 2-208B
yuánfū 園夫 3-653A
yuánfú 元服 2-212B
yuánfú 元符 2-215A
yuánfú 員幅 3-361A
yuánfú 援枹 6-772B
yuánfú 援桴 6-773A
yuánfú 圓符 3-657B
yuánfǔ 元府 2-212B
yuánfǔ 元輔 2-216B
yuánfǔ 圜府 3-670B
yuánfù 元父 2-209A
yuánfù 援附 6-772B
yuánfù 援傅 6-773B
yuánfù 圓腹 3-658B
yuánfù 猿父 5-98A
yuánfù 緣附 9-957B
yuánfù 緣傅 9-959A
yuánfù 轅縛 9-1308A
yuǎnfú 遠孚 10-1124B
yuǎnfú 遠服 10-1125A
yuǎnfù 遠負 10-1126A
yuànfǔ 怨府 7-449B
yuànfù 怨婦 7-451A
yù'àng 醟盎 4-1373A
yuángài 圓蓋 3-658B
yuángài 圜蓋 3-671A
yuǎngài 遠概 10-1130A
yuǎngài 遠槩 10-1131A
yuángān 緣竿 9-958B
yuàngān 願甘 12-352A

yuàngǎn 怨感 7-451B
yuángāng 圓鋼 3-659B
yuángānjì 緣竿伎 9-958B
yuángānxì 緣竿戲 9-958B
yuángāo 蚖膏 8-866A
yuángǎo 原稿 1-934B
yuángào 原告 1-929B
yuāngē 鵷鴿 12-1130A
yuāngé 鵷閣 12-1130A
yuàngē 怨歌 7-452A
yuāngēda 冤疙瘩 2-458B
yuángēng 黿羹 12-1401A
yuàngēxíng 怨歌行 7-452A
yuāngèyǒutóu…
冤各有頭,債各有主 2-458A
yuángōng 元功 2-209A
yuángōng 垣宮 2-1093B
yuángōng 員工 3-360A
yuángōng 袁公 2-1106B
yuángōng 園公 3-653A
yuángōng 圓功 3-655A
yuángōng 猿公 5-98A
yuángōng 猿肱 5-98A
yuángòng 原供 1-930A
yuǎngōng 遠公 10-1121B
yuàngōng 院公 11-992A
yuàngōng 愿恭 7-671A
yuǎngōngshè 遠公社 10-1121B
yuāngǔ 智谷 7-1198A
yuāngǔ 淵古 5-1484B
yuāngǔ 淵谷 5-1485A
yuángǔ 元古 2-209A
yuángǔ 元穀 2-217A
yuángù 原故 1-931B
yuángù 緣故 9-958A
yuǎngǔ 遠古 10-1122A
yuǎngǔ 遠賈 10-1130A
yuǎngù 遠顧 10-1134A
yuàngǔ 怨骨 7-449B
yuànguài 怨怪 7-449B
yuánguān 原官 1-930B
yuánguān 員官 3-360B
yuánguān 園官 3-653B
yuánguān 圜冠 3-670B
yuǎnguān 遠官 10-1125B
yuǎnguān 遠關 10-1134A
yuǎnguān 遠觀 10-1134B
yuánguānfānglǐng
圓冠方領 3-657A
yuānguǎng 淵廣 5-1489B
yuánguāng 圓光 3-655B
yuǎnguāng 遠光 10-1122B
yuánguāngwèi 圓光蔚 3-655B
yuángǔcìjīn 援古刺今 6-772A
yuānguǐ 冤鬼 2-459A
yuānguǐ 淵軌 5-1485B
yuánguī 元龜 2-218A
yuánguī 圓規 3-657B
yuánguīchén 元規塵 2-215A
yuánguǒ 緣果 9-958A
yuǎnguó 遠國 10-1128A
yuǎnguò 遠過 10-1128A
yuànguǒ 願果 12-352B
yuángǔzhèngjīn 援古證今 6-772A
yuánhá 圓蛤 3-658A
yuānhái 冤骸 2-460B
yuānhǎi 淵海 5-1486B
yuānhài 冤害 2-459A
yuánhǎi 緣海 9-958B
yuànhǎi 怨海 7-450B
yuànhǎi 願海 12-352B
yuànhài 遠害 10-1127B
yuānhán 淵含 5-1485A
yuānhán 淵涵 5-1487B
yuánhàn 垣翰 2-1094A
yuánhàn 援翰 6-773B
yuǎnhàn 遠漢 10-1131B
yuǎnhàn 遠翰 10-1132B
yuànhàn 怨憾 7-453A
yuānháng 鴛行 12-1084A
yuānháng 鵷行 12-1129A
yuǎnháng 遠航 10-1127A
yuànháng 衏衏 3-971A
yuānháo 冤號 2-460A
yuānhào 淵浩 5-1486B
yuánháo 援毫 6-773A
yuánhào 圓號 3-658B
yuánhào 圜好 3-670B
yuǎnhào 遠耗 10-1127A
yuǎnhào 遠號 10-1130B
yuánhé 原何 1-929B
yuánhé 袁紇 2-1107A
yuánhé 圓合 3-655B
yuánhé 圓和 3-656A
yuánhé 緣何 9-957B
yuánhè 猿鶴 5-99A
yuánhè 黿鼉 12-1401A
yuánhégé 元和格 2-212A
yuānhēi 淵黑 5-1488A
yuánhéjiǎo 元和脚 2-212A
yuānhèn 冤恨 2-459A
yuǎnhèn 遠恨 10-1126B
yuànhèn 怨恨 7-450A
yuānhèng 冤横 2-460B
yuánhēng 元亨 2-211A
yuánhēnglìzhēn 元亨利貞 2-211A
yuánhèshāchóng 猿鶴沙蟲 5-99A
yuánhétǐ 元和體 2-212A
yuánhèxiū 猿鶴羞 5-99A
yuānhóng 淵弘 5-1484B
yuānhóng 淵宏 5-1485A
yuānhóng 淵閎 5-1488B
yuānhóng 鴛鴻 12-1087B
yuānhóng 鵷鴻 12-1130A
yuánhóu 元侯 2-213A
yuánhóu 猿猴 5-98B
yuánhòu 元后 2-210B
yuǎnhòu 遠候 10-1127A
yuánhóuxiànguǒ 猿猴獻果 5-98B
yuānhú 鴛湖 12-1084B
yuānhú 鵷鵠 12-1130A
yuánhú 圜壺 3-671A
yuánhù 園户 3-653A
yuǎnhū 遠忽 10-1125A
yuǎnhú 遠胡 10-1125B
yuánhuā 芫華 9-282A
yuánhuā 源花 6-11B
yuánhuá 圓滑 3-658B
yuánhuà 元化 2-208B
yuánhuà 緣化 9-957A
yuǎnhuà 遠話 10-1130B
yuànhuà 院畫 11-993A
yuānhuái 冤懷 2-461A
yuǎnhuái 遠懷 10-1134A
yuǎnhuáijìnjí 遠懷近集 10-1134A
yuānhuán 淵環 5-1490B
yuǎnhuàn 遠宦 10-1126B
yuānhuáng 冤黄 2-459B
yuánhuáng 蝝蝗 8-939A
yuánhuǎng 圓謊 3-660A
yuǎnhuāng 遠荒 10-1125B
yuānhuí 淵回 5-1484B
yuānhuí 淵迴 5-1486A
yuānhuì 鴛會 12-1084B
yuánhuì 元會 2-216A
yuánhuì 緣會 9-959B
yuànhuǐ 怨悔 7-450B
yuànhuì 緣繢 9-960A
yuànhuì 怨恚 7-450B
yuànhuíhú 怨迴鶻 7-449A
yuānhún 冤魂 2-460A
yuánhún 圓混 3-658A
yuànhún 怨魂 7-451B
yuānhuǒ 淵火 5-1484B
yuānhuò 蜎蠖 8-900B
yuánhuó 原活 1-932A
yuánhuó 圓活 3-657A
yuánhuò 圜貨 3-670B
yuánhuò 黿臛 12-1401A
yuànhuò 遠禍 10-1130A
yuánhúshìyù 緣鵠飾玉 9-959B
yuānjī 鴛機 12-1085A
yuānjí 淵極 5-1487B
yuānjǐ 淵濟 5-1490B
yuānjì 淵寄 5-1487B
yuānjì 淵際 5-1489B
yuánjī 元基 2-215A
yuánjī 元機 2-217B
yuánjī 圓機 3-659B
yuánjī 緣躋 9-960A
yuánjí 元吉 2-210A
yuánjí 元極 2-215B
yuánjí 原籍 1-935B
yuánjǐ 轅戟 9-1308A
yuánjì 圓寂 3-658A
yuǎnjī 遠擊 10-1133A
yuǎnjí 遠集 10-1129A
yuǎnjì 遠迹 10-1126A
yuǎnjì 遠績 10-1133A
yuǎnjì 遠紀 10-1127A
yuǎnjì 遠計 10-1126A
yuǎnjì 遠寂 10-1128B
yuǎnjì 遠寄 10-1128B
yuǎnjì 遠跡 10-1130B
yuǎnjì 遠暨 10-1131B
yuànjī 怨譏 7-453B
yuànjí 怨疾 7-450B
yuànjí 怨嫉 7-452A
yuànjí 願檝 12-353A
yuànjì 怨忌 7-449A
yuānjiā 冤家 2-459A
yuánjiā 園家 3-653B
yuánjiǎ 元甲 2-209B
yuánjià 原價 1-934B
yuǎnjià 遠嫁 10-1131A
yuǎnjià 遠駕 10-1132A
yuànjiā 怨家 7-451A
yuànjiā 院家 11-993A
yuānjiǎcuò'àn 冤假錯案 2-459B
yuānjiāduìtou 冤家對頭 2-459B
yuānjiālùxiá 冤家路狹 2-459A
yuānjiālùzhǎi 冤家路窄 2-459A
yuānjiān 鳶肩 12-1043A
yuānjiàn 淵鑒 5-1491B
yuánjiān 元間 2-215B
yuánjiān 元閒 2-215B
yuánjiàn 元件 2-210B
yuánjiàn 元閒 2-215B
yuánjiàn 原件 1-929A
yuánjiàn 圓鑒 3-660B
yuánjiàn 緣間 9-959A
yuánjiàn 緣閒 9-959A
yuǎnjiàn 遠見 10-1123B
yuǎnjiàn 遠鑒 10-1134B
yuānjiānchaímù 鳶肩豺目 12-1043A
yuānjiàng 淵匠 5-1484B
yuánjiàng 元匠 2-210A
yuánjiàng 原降 1-930B
yuānjiāngāoxī 鳶肩羔膝 12-1043A
yuánjiāngjiǔlèi 沅江九肋 5-943B
yuānjiānhújǐng 鳶肩鵠頸 12-1043A
yuānjiānhuǒsè 鳶肩火色 12-1043A
yuánjiānjù'è 元奸巨惡 2-210B
yuǎnjiànzhuóshí 遠見卓識 10-1124A
yuānjiǎo 淵角 5-1485A
yuánjiào 元教 2-215A
yuánjiào 元醮 2-218A
yuánjiào 垣窌 2-1094A
yuánjiào 員嶠 3-361B
yuánjiào 圓教 3-657B
yuánjiào 圓嶠 3-659A
yuǎnjiāo 遠交 10-1123A
yuǎnjiāo 遠郊 10-1125A
yuǎnjiǎo 遠徼 10-1132B
yuànjiào 願醮 12-353A
yuǎnjiāojìngōng 遠交近攻

10-1123B
yuánjiātǐ 元嘉體 2-216B
yuànjiāzhàizhǔ 怨家債主 7-451A
yuānjiē 寃揭 2-459B
yuānjié 寃結 2-460A
yuánjiē 援接 6-773A
yuánjiè 緣界 9-958B
yuǎnjié 遠節 10-1130B
yuǎnjiè 遠界 10-1126A
yuànjiē 怨嗟 7-451B
yuànjié 怨結 7-451B
yuànjié 愿潔 7-671A
yuānjīn 淵襟 5-1491A
yuānjìn 淵浸 5-1486B
yuānjìn 鵷禁 12-1129B
yuánjīn 爰金 6-1104B
yuánjīn 源津 6-12A
yuánjìn 援進 6-773A
yuǎnjìn 遠箾 10-1132A
yuǎnjìn 遠近 10-1124A
yuànjǐn 愿謹 7-671B
yuǎnjìnfǎ 遠近法 10-1124B
yuānjīng 淵精 5-1489B
yuānjǐng 眢井 7-1198A
yuānjìng 淵靖 5-1489A
yuānjìng 淵靜 5-1489B
yuānjìng 淵靚 5-1489B
yuānjìng 淵鏡 5-1491A
yuánjīng 元經 2-216B
yuánjīng 元精 2-216B
yuánjīng 圓精 3-659A
yuánjìng 圓勁 3-656B
yuánjìng 圓鏡 3-660A
yuǎnjǐng 遠景 10-1129A
yuǎnjìng 遠境 10-1131A
yuǎnjìng 遠鏡 10-1134A
yuánjīngchīgù 猿經鴟顧 5-99A
yuánjīngdàduì 元鯨大憝 2-218A
yuānjǐnggǔrén 眢井瞽人 7-1198A
yuánjīngmìzhǐ 元經秘旨 2-216B
yuānjǐngwēng 眢井翁 7-1198A
yuǎnjiǒng 遠坰 10-1124B
yuánjiū 源究 6-11B
yuánjiǔ 元九 2-208A
yuánjiǔ 元酒 2-214B
yuánjiǔ 猿酒 5-98B
yuánjiù 元舅 2-216A
yuánjiù 原舊 1-935A
yuánjiù 援救 6-773A
yuánjiù 圓就 3-658B
yuǎnjiù 遠救 10-1127B
yuǎnjiù 遠舊 10-1133A
yuànjiù 怨咎 7-449A
yuànjiù 怨疚 7-449B
yuānjū 宛駒 3-1403A
yuānjù 寃聚 2-460B
yuánjū 元駒 2-217A
yuánjū 爰居 6-1104B
yuánjū 猿狙 5-98A
yuánjū 轅駒 9-1308A
yuánjū 鵷鶋 12-1135A
yuánjǔ 援舉 6-773B
yuánjù 援據 6-773B
yuǎnjǔ 遠舉 10-1132B
yuànjù 怨嫭 7-452B
yuànjù 怨句 7-448B
yuánjuàn 元雋 2-215B
yuánjuàn 原卷 1-930B
yuānjuānhuòhuò 淵涓蠖濩 5-1486B
yuánjué 圓覺 3-660A
yuánjué 猿玃 5-99A
yuánjué 緣覺 9-960A
yuǎnjué 遠絕 10-1130A
yuànjué 遠絶 10-1130A
yuánjuéchéng 緣覺乘 9-960A
yuánjūn 元君 2-211B
yuánjūn 援軍 6-773A
yuǎnjùn 遠郡 10-1126B
yuànjūn 怨軍 7-450A
yuànjūn 院君 11-992B
yuánkǎi 元凱 2-215B
yuánkǎi 元愷 2-216A
yuǎnkāi 遠開 10-1130A
yuánkǎipǐ 元凱癖 2-215B
yuànkǎo 院考 11-992A
yuānkè 淵客 5-1486A
yuánkè 原刻 1-930B
yuánkè 園客 3-653B
yuǎnkè 遠客 10-1126B
yuánkōng 圓空 3-656B
yuànkǒu 緣口 9-957A
yuānkū 眢窟 7-1198A
yuānkǔ 寃苦 2-458B
yuānkù 寃酷 2-460B
yuànkǔ 怨苦 7-449A
yuànkù 怨酷 7-452B
yuànkuǎn 愿款 7-671A
yuànkuǎn 願欵 12-352B
yuānkuàng 淵曠 5-1491A
yuǎnkuàng 遠曠 10-1133B
yuànkuàng 怨曠 7-453A
yuānkuì 棬樻 9-109B
yuánkuí 元魁 2-216A
yuánkūn 元昆 2-212A
yuánkuòhào 圓括號 3-656B
yuānkǔqián 寃苦錢 2-458B
yuánlái 元來 2-211B
yuánlái 原來 1-930A
yuánlái 緣來 9-958A
yuǎnláihéshang… 遠來和尚好看經 10-1124B
yuānlàn 寃濫 2-461A
yuánlán 源瀾 6-12B
yuánlǎn 元覽 2-219A
yuánlǎn 圓覽 3-660B
yuǎnlǎn 遠覽 10-1134A
yuānlǎng 淵朗 5-1487A
yuánláng 員郎 3-360B
yuānlào 悁勞 7-545B
yuánlǎo 元老 2-210A
yuǎnláo 遠勞 10-1129B
yuànlè 願樂 12-352B
yuánlěi 緣累 9-958B
yuánlèi 緣類 9-960A
yuānlì 寃戾 2-458B
yuánlǐ 元理 2-214B
yuánlǐ 原理 1-933A
yuánlǐ 源理 6-12B
yuánlǐ 緣理 9-958B
yuánlì 元歷 2-217B
yuánlì 爰立 6-1104B
yuánlì 援立 6-772A
yuánlì 援例 6-772B
yuánlì 園吏 3-653A
yuánlì 圓麗 3-660A
yuánlì 緣力 9-956B
yuánlì 緣例 9-958A
yuǎnlí 遠黎 10-1132A
yuǎnlí 遠離 10-1133B
yuǎnlǐ 遠理 10-1127B
yuǎnlì 遠利 10-1124A
yuànlí 怨離 7-453B
yuǎnlǐ 遠禮 10-1133A
yuànlì 遠利 10-1124A
yuànlì 怨戾 7-449B
yuànlì 怨詈 7-451B
yuànlì 院吏 11-992A
yuànlì 掾吏 6-786B
yuànlì 願力 12-352A
yuānliàng 淵量 5-1488A
yuánliáng 元良 2-211A
yuánliáng 原糧 1-935A
yuánliáng 黿梁 12-1400B
yuánliàng 元亮 2-213A
yuánliàng 原亮 1-932A
yuánliàng 原諒 1-934B
yuǎnliàng 遠量 10-1129A
yuànliàng 愿諒 7-671A
yuánliàngjǐng 元亮井 2-213A
yuánliàngshú 元亮秫 2-213A
yuánliáo 元僚 2-216B
yuánliáo 元寮 2-217B
yuánliáo 員僚 3-361A
yuánliáo 員寮 3-361B
yuánliǎo 原燎 1-935A
yuánliào 原料 1-932B
yuǎnliè 遠烈 10-1127A
yuànlǐ'ēnniú 怨李恩牛 7-449A
yuānlín 淵林 5-1485A
yuánlín 園林 3-653A
yuǎnlín 遠臨 10-1133A
yuānlìng 淵令 5-1484B
yuánlíng 元陵 2-214B
yuánlíng 原陵 1-933A
yuánlíng 原鴒 1-934B
yuánlíng 園陵 3-653B
yuánlíng 圓綾 3-659A
yuánlíng 圓靈 3-660B
yuánlǐng 員領 3-361B
yuánlǐng 圓領 3-659A
yuánlìng 園令 3-653A
yuànlǐng 緣領 9-959B
yuānliú 宛騮 3-1404A
yuānliú 淵流 5-1486B
yuánliú 原流 1-932B
yuánliú 源流 6-12A
yuánliú 圜流 3-670B
yuǎnliú 遠流 10-1127B
yuánliūliū 圓溜溜 3-658B
yuánlóng 元龍 2-217B
yuánlóng 圓籠 3-660B
yuánlóngbǎichǐlóu 元龍百尺樓 2-217B
yuánlónggāowò 元龍高卧 2-218A
yuánlóngháoqì 元龍豪氣 2-218A
yuánlónglóu 元龍樓 2-218A
yuǎnlòu 遠陋 10-1125B
yuānlú 鵷臚 12-1130B
yuānlù 鴛鷺 12-1087B
yuānlù 鵷鷺 12-1130B
yuánlú 園廬 3-654A
yuánlú 圓顱 3-660B
yuánlù 原陸 1-933A
yuánlù 原路 1-934A
yuánlù 員録 3-361B
yuánlù 源陸 6-12B
yuǎnlù 遠路 10-1130B
yuānluán 鴛鸞 12-1088A
yuānluán 鵷鸞 12-1130B
yuànluàn 怨亂 7-452A
yuānlùbān 鴛鷺班 12-1088A
yuánlúfāngzhǐ 圓顱方趾 3-660B
yuānlùháng 鴛鷺行 12-1088A
yuǎnlùméiqīngdan 遠路没輕擔 10-1130B
yuānlún 淵淪 5-1487A
yuānlún 鵷輪 12-1130A
yuānlùn 淵論 5-1490A
yuānluò 宛洛 3-1401B
yuánluó 轅贏 9-1308A
yuǎnluò 遠落 10-1129A
yuànluò 院落 11-993A
yuànluòshén 怨洛神 7-450A
yuánluóyào 圓羅曜 3-660A
yuānlùqún 鴛鷺羣 12-1088A
yuānlǚ 鴛侶 12-1084A
yuānlǚ 鵷侶 12-1129B
yuánlǜ 圜率 3-670B
yuǎnlǚ 遠旅 10-1127B
yuǎnlǜ 遠慮 10-1132A
yuǎnlüè 遠略 10-1128A
yuǎnlǜshēnmóu 遠慮深謀 10-1132A
yuānmǎ 宛馬 3-1401B
yuánmǎ 原馬 1-932B
yuánmǎ 轅馬 9-1308A
yuànmǎ 苑馬 9-353B
yuánmài 元麥 2-215A
yuǎnmài 遠邁 10-1131B
yuánmǎn 圓滿 3-659A
yuànmàn 遠慢 10-1131B
yuánmǎyì 猿馬意 5-98B
yuānmèi 淵昧 5-1485B

yuánméi 元煤 2-216A
yuánméi 原媒 1-934A
yuánméi 原煤 1-934A
yuánměi 員美 3-361A
yuánměi 圓美 3-656B
yuánmèi 圓媚 3-658A
yuānmèn 悁悶 7-545B
yuánmén 元門 2-212B
yuánmén 袁門 2-1106B
yuánmén 圓門 3-656B
yuánmén 圜門 3-670B
yuánmén 轅門 9-1307B
yuǎnmén 遠門 10-1125B
yuànmèn 怨懣 7-453B
yuánménchāo 轅門抄
9-1307B
yuánménfū 轅門鈇 9-1308A
yuānméng 鴛盟 12-1084B
yuānmèng 鴛夢 12-1084B
yuánmèng 原夢 1-934A
yuánmèng 圓夢 3-658B
yuǎnmèng 遠夢 10-1130A
yuānmì 淵祕 5-1486B
yuānmì 淵密 5-1487B
yuánmǐ 圓米 3-655B
yuánmì 圓密 3-658A
yuánmián 原棉 1-933B
yuánmiǎn 原免 1-930A
yuánmiǎn 援免 6-772A
yuānmiǎo 淵眇 5-1485B
yuānmiǎo 淵邈 5-1490B
yuānmiào 淵妙 5-1485A
yuánmiǎo 元眇 2-212B
yuánmiǎo 元邈 2-218A
yuánmiào 元妙 2-211B
yuánmiào 原廟 1-934B
yuánmiào 園廟 3-654A
yuánmiào 圓妙 3-656A
yuǎnmiào 遠廟 10-1132A
yuānmín 冤民 2-458A
yuǎnmín 遠民 10-1122A
yuànmín 愿民 7-671A
yuànmǐn 愿敏 7-671A
yuānmíng 淵明 5-1485B
yuānmíng 鳶鳴 12-1043B
yuánmíng 元明 2-212A
yuánmíng 元冥 2-214B
yuánmíng 原名 1-929A
yuánmíng 圓明 3-656A
yuánmìng 元命 2-212A
yuǎnmíng 遠名 10-1123A
yuǎnmìng 遠命 10-1125A
yuànmíng 遠名 10-1123A
yuánmíngshàngzuò
圓明上座 3-656A
yuānmíngtǐ 淵明體 5-1485B
yuánmíngyuán 圓明園
3-656A
yuānmíngzuìshí 淵明醉石
5-1485B
yuānmó 淵謨 5-1490B
yuānmó 淵謩 5-1490B
yuānmò 淵嘿 5-1489B
yuānmò 淵嚜 5-1491A
yuānmò 淵漠 5-1489A
yuānmò 淵默 5-1490A
yuánmó 元模 2-216B
yuánmò 元寞 2-216A
yuánmò 元默 2-217B
yuǎnmó 遠模 10-1131B
yuǎnmó 遠謨 10-1133A
yuānmóu 淵謀 5-1490A
yuánmóu 元謀 2-217B
yuánmóu 原謀 1-935A
yuǎnmóu 遠眸 10-1128A
yuǎnmóu 遠謀 10-1132B
yuǎnmóushēnsuàn 遠謀深算
10-1132B
yuānmóuyuǎnlüè 淵謀遠略
5-1490A
yuánmóuyuánrén 元謀猿人
2-217B
yuānmù 淵穆 5-1490A
yuánmǔ 元牡 2-210B
yuánmù 原木 1-928A
yuánmù 圓木 3-654B
yuánmù 緣木 9-957A
yuǎnmù 遠目 10-1122A
yuǎnmù 遠幕 10-1130A
yuànmù 怨慕 7-452A
yuánmùjǐngzhěn 圓木警枕
3-654B
yuánmùqiúyú 緣木求魚
9-957A
yuánmùxīyú 緣木希魚
9-957A
yuánnà 援納 6-773A
yuānnǎo 宛惱 3-1402B
yuánnáo 猿猱 5-98B
yuānnì 淵嶷 5-1490B
yuánnì 援溺 6-773B
yuǎnnì 遠昵 10-1125B
yuánnián 元年 2-210B
yuánnián 原年 1-929A
yuánniàn 原念 1-930B
yuánniàn 緣念 9-958A
yuǎnnián 遠年 10-1123A
yuǎnniàn 遠念 10-1125A
yuǎnniánjìnrì 遠年近日
10-1123A
yuǎnniánjìnsuì 遠年近歲
10-1123A
yuānniǎo 冤鳥 2-459B
yuánniǎo 元鳥 2-215A
yuànniǎo 怨鳥 7-451A
yuānniè 冤孽 2-461A
yuānnièzhài 冤孽債 2-461A
yuānnièzhènghou 冤孽症候
2-461A
yuānníng 淵凝 5-1490A
yuànnù 怨怒 7-450A
yuánnǚ 元女 2-208A
yuànnǚ 怨女 7-448A
yuànnǚ 媛女 4-390A
yuānnüè 冤虐 2-459A
yuànnǚkuàngfū 怨女曠夫
7-448A
yuān'ǒu 鴛偶 12-1084B
yuàn'ǒu 怨偶 7-451A
yuàn'ǒu 怨耦 7-452B
yuānpái 鴛排 12-1084B
yuánpái 圓排 3-657B
yuánpài 源派 6-12A
yuǎnpài 遠派 10-1126B
yuānpán 淵蟠 5-1491A
yuánpàn 元判 2-211A
yuǎnpàn 遠盼 10-1125B
yuànpàn 怨叛 7-450A
yuànpàn 怨畔 7-450B
yuànpàn 院判 11-992B
yuǎnpáo 遠庖 10-1125A
yuánpèi 元配 2-214A
yuánpèi 原配 1-932B
yuānpéng 鵷鵬 12-1130B
yuǎnpéng 遠朋 10-1125A
yuānpǐ 鴛匹 12-1084A
yuǎnpì 遠僻 10-1132A
yuānpiǎo 冤殍 2-459B
yuánpǐn 員品 3-361A
yuánpíng 垣屏 2-1094A
yuánpǐnxiūzhì 原品休致
1-932A
yuānpò 冤魄 2-460B
yuánpò 圓魄 3-659A
yuánpò 圜魄 3-671A
yuànpò 怨魄 7-452B
yuánpǔ 園圃 3-653B
yuànpǔ 愿朴 7-671A
yuànpǔ 愿樸 7-671A
yuānqǐ 鴛綺 12-1085A
yuānqǐ 鵷綺 12-1130A
yuānqì 冤氣 2-459A
yuánqī 元七 2-207B
yuánqī 元妻 2-212A
yuánqī 轅期 9-1308A
yuánqí 元耆 2-213B
yuánqí 猿騎 5-99A
yuánqí 轅騎 9-1308A
yuánqǐ 原起 1-932B
yuánqǐ 園綺 3-654A
yuánqǐ 源起 6-12A
yuánqǐ 緣起 9-958B
yuánqì 元氣 2-214A
yuánqì 原契 1-931A
yuánqì 原氣 1-932B
yuánqì 緣契 9-958A
yuánqì 緣氣 9-958B
yuǎnqī 遠戚 10-1127B
yuǎnqī 遠期 10-1129A
yuǎnqì 遠器 10-1132B
yuànqì 怨氣 7-450B
yuānqià 淵洽 5-1486A
yuānqiān 冤牽 2-459B
yuānqiān 冤愆 2-460A
yuānqián 淵潛 5-1490A
yuānqiǎn 冤譴 2-461B
yuánqián 圜錢 3-671A
yuánqiǎn 原遣 1-934A
yuánqiǎn 猿嗛 5-98B
yuánqiàn 元槧 2-217A
yuǎnqiān 遠遷 10-1132A
yuánqiānfènqiǎn 緣慳分淺
9-959B
yuánqiáng 垣墻 2-1094A
yuánqiáng 垣牆 2-1094A
yuánqiáng 圜牆 3-671B
yuànqiáng 院墻 11-993A
yuànqiáng 院牆 11-993A
yuánqiānyīmiàn 緣慳一面
9-959B
yuánqiáo 黿橋 12-1400B
yuànqìchōngtiān 怨氣衝天
7-450B
yuánqiè 園妾 3-653B
yuànqiè 怨切 7-448B
yuānqìn 冤親 2-461A
yuānqīn 鴛衾 12-1084A
yuānqín 冤禽 2-460A
yuānqín 悁勤 7-545B
yuānqǐn 鴛寢 12-1085A
yuánqìn 圓親 3-660A
yuánqín 原禽 1-933B
yuánqín 援琴 6-773A
yuánqǐn 園寢 3-654A
yuǎnqīn 遠親 10-1132B
yuǎnqìn 遠親 10-1133A
yuǎnqīnbùrújìnlín
遠親不如近鄰 10-1133A
yuānqíng 冤情 2-459B
yuānqíng 鴛情 12-1084B
yuánqīng 元青 2-211B
yuánqīng 蚖青 8-865B
yuánqīng 圓輕 3-659A
yuánqíng 原情 1-933B
yuánqíng 圓情 3-658A
yuánqíng 緣情 9-958B
yuánqìng 圓磬 3-659B
yuǎnqíng 遠情 10-1128B
yuànqíng 怨情 7-451A
yuánqīngbáisú 元輕白俗
2-216B
yuánqíngdìngguò 原情定過
1-933B
yuánqīngliújié 源清流潔
6-12B
yuánqíngtǐwù 緣情體物
9-959A
yuānqīngyùjié 淵清玉絜
5-1487A
yuānqīnxiùzhàng 鴛衾繡帳
12-1084A
yuánqióng 元穹 2-212B
yuānqiú 冤囚 2-457B
yuānqiú 淵虯 5-1485B
yuánqiū 員丘 3-360B
yuánqiū 圓丘 3-655A
yuánqiū 圜丘 3-670A
yuánqiū 圜邱 3-670B
yuǎnqiú 遠求 10-1123B
yuànqiū 怨秋 7-450A
yuánqiūcǎo 圓丘草 3-655A
yuánqiūxiàowèi 元邱校尉
2-211A
yuānqū 冤曲 2-458A
yuānqū 冤屈 2-458B
yuānqú 冤句 2-458A

yuánqū 原曲 1-929A
yuánqú 元渠 2-215A
yuánqǔ 元曲 2-210A
yuánqǔ 元娶 2-215A
yuǎnqù 遠趣 10-1131B
yuànqū 怨屈 7-449B
yuānquán 淵泉 5-1486A
yuánquān 圓圈 3-657B
yuánquán 原泉 1-932A
yuánquán 源泉 6-12A
yuánquán 源淚 6-12B
yuǎnquán 遠權 10-1134A
yuānquè 淵慤 5-1489B
yuánquē 員缺 3-361A
yuánquē 員闕 3-361B
yuánquē 圓缺 3-657A
yuánquē 圓闕 3-660A
yuánquē 圜闕 3-671B
yuànquè 原慤 1-934A
yuànquè 愿慤 7-671A
yuānrǎng 淵壤 5-1491A
yuànràng 怨讓 7-453B
yuánrào 元遶 2-217A
yuánrén 原人 1-927B
yuánrén 猿人 5-98A
yuánrèn 原任 1-929A
yuǎnrén 遠人 10-1120B
yuànrén 原人 1-927B
yuánrì 元日 2-208B
yuánrì 圓日 3-655A
yuǎnrì 遠日 10-1121A
yuánróng 元戎 2-209B
yuánróng 圓融 3-659B
yuǎnróng 遠戎 10-1122A
yuánróngqǐxíng 元戎啓行 2-210A
yuānròu 冤肉 2-458A
yuānrú 淵儒 5-1490A
yuānrǔ 冤辱 2-459A
yuǎnrǔ 遠辱 10-1127A
yuànrǔ 遠辱 10-1127A
yuànrùgǔsuǐ 怨入骨髓 7-448A
yuánruì 員鋭 3-361B
yuánrùn 員潤 3-361B
yuánrùn 圓潤 3-659B
yuānruò 宛若 3-1401A
yuǎnrúqī 遠如期 10-1123B
yuǎnsài 遠塞 10-1131A
yuánsǎn 元散 2-215B
yuānsè 冤塞 2-460B
yuānsè 淵塞 5-1489B
yuānsè 淵色 5-1484B
yuānsè 鴛色 12-1084A
yuánsè 元色 2-210B
yuánsè 原色 1-929A
yuǎnsè 遠塞 10-1131A
yuǎnsè 遠色 10-1123A
yuànsè 遠色 10-1123A
yuànsè 怨色 7-448B
yuánshā 圓紗 3-657B
yuánshān 員柵 3-360B
yuánshàn 元善 2-215B
yuánshàn 圓扇 3-657A
yuǎnshān 遠山 10-1121A
yuànshàn 怨訕 7-450B
yuǎnshāndài 遠山黛 10-1121A
yuānshāng 冤傷 2-460A
yuǎnshānméi 遠山眉 10-1121A
yuǎnshānsè 遠山色 10-1121A
yuǎnshào 遠燒 10-1133A
yuánshè 原赦 1-933A
yuánshè 園舍 3-653B
yuánshè 圓社 3-655B
yuánshè 圜舍 3-670B
yuǎnshè 遠涉 10-1127B
yuānshēn 淵深 5-1487B
yuánshen 元身 2-211A
yuánshēn 原身 1-929B
yuánshēn 轅鞞 9-1308A
yuánshén 元神 2-213B
yuánshěn 原審 1-934B
yuǎnshén 遠神 10-1126B
yuànshēn 遠身 10-1124A
yuānshěng 鴛省 12-1084A
yuānshèng 淵聖 5-1488B
yuánshēng 元聲 2-218A
yuánshēng 原生 1-928B
yuánshēng 緣生 9-957B
yuánshěng 原省 1-931B
yuánshèng 元聖 2-216A
yuànshēng 怨聲 7-453A
yuánshēnghuò 原生貨 1-928B
yuànshēngzàidào 怨聲載道 7-453A
yuānshí 淵識 5-1491A
yuānshí 鵷實 12-1130A
yuánshī 邍溼 10-1302A
yuánshí 元識 2-218B
yuánshí 員石 3-360A
yuánshí 援拾 6-772B
yuánshí 緣石 9-957A
yuánshǐ 元始 2-212B
yuánshǐ 原始 1-930B
yuánshǐ 緣始 9-958A
yuánshì 元士 2-208A
yuánshì 元室 2-213B
yuánshì 援噬 6-773B
yuánshì 援簭 6-773B
yuánshì 緣事 9-957B
yuánshì 圜室 3-670B
yuǎnshī 遠師 10-1127A
yuǎnshí 遠識 10-1134A
yuǎnshǐ 遠使 10-1125A
yuǎnshǐ 遠始 10-1125B
yuǎnshì 遠世 10-1122A
yuǎnshì 遠式 10-1122A
yuǎnshì 遠逝 10-1127A
yuǎnshì 遠視 10-1128B
yuǎnshì 遠勢 10-1130A
yuǎnshì 遠適 10-1131B
yuànshī 院師 11-993A
yuànshǐ 院使 11-992B
yuànshǐ 掾史 6-786B
yuànshì 緣飭 9-959A
yuànshì 緣飾 9-959B
yuànshì 遠世 10-1122A
yuànshì 遠勢 10-1130A
yuànshì 院試 11-993A
yuánshǐfǎnzhōng 原始反終 1-931A
yuánshǐgōngshè 原始公社 1-931A
yuánshǐjiànzhōng 原始見終 1-931A
yuánshǐshèhuì 原始社會 1-931A
yuánshǐtiānzūn 元始天尊 2-212B
yuànshīxíng 怨詩行 7-452A
yuánshǐyāozhōng 原始要終 1-931A
yuánshǐzōngjiào 原始宗教 1-931A
yuānshǒu 冤首 2-459A
yuánshǒu 元首 2-213A
yuánshǒu 員首 3-361A
yuánshǒu 援手 6-771B
yuánshǒu 圓首 3-656B
yuánshǒu 緣手 9-957A
yuánshòu 原獸 1-935B
yuǎnshǒu 遠守 10-1123B
yuǎnshòu 遠狩 10-1126A
yuǎnshòu 遠壽 10-1131A
yuánshǒufāngzú 圓首方足 3-657A
yuánshǒurén 原首人 1-932A
yuānshū 淵淑 5-1487A
yuānshù 鴛樹 12-1085A
yuánshū 元書 2-214B
yuánshū 元樞 2-217A
yuánshū 爰書 6-1105A
yuánshū 圓舒 3-658A
yuánshú 圓熟 3-659B
yuánshù 原恕 1-933A
yuánshù 員數 3-361B
yuǎnshū 遠書 10-1127B
yuǎnshū 遠輸 10-1132B
yuǎnshǔ 遠屬 10-1134B
yuǎnshù 遠戍 10-1122B
yuǎnshù 遠術 10-1128A
yuǎnshù 遠數 10-1132A
yuànshū 院姝 11-993A
yuànshū 願書 12-352B
yuànshǔ 掾屬 6-786B
yuánshuài 元帥 2-213A
yuānshuǐ 淵水 5-1484B
yuǎnshuǐbùjiùjìnhuǒ 遠水不救近火 10-1121B
yuǎnshuǐjiěbùliǎo… 遠水解不了近渴 10-1121B
yuǎnshuǐjiùbùde… 遠水救不得近火 10-1121B
yuánshuō 原説 1-934A
yuánshuò 元朔 2-214A
yuánshūzhǐ 元書紙 2-214B
yuānsī 淵思 5-1486A
yuānsǐ 冤死 2-458A
yuānsì 宛駟 3-1403A
yuánsī 元思 2-212B
yuánsī 緣私 9-957B
yuánsì 元巳 2-208A
yuánsì 元祀 2-211A
yuánsì 元嗣 2-216A
yuǎnsī 遠思 10-1126A
yuànsī 怨思 7-449B
yuànsī 願思 12-352B
yuánsīkè 元絲課 2-216A
yú'ānsīwēi 於安思危 6-1574A
yuānsòng 冤訟 2-459B
yuánsòng 援送 6-772B
yuānsǒu 冤藪 2-461A
yuānsǒu 淵數 5-1490B
yuānsǒu 淵棷 5-1487B
yuānsù 冤訴 2-460A
yuānsù 淵肅 5-1489B
yuánsù 元素 2-213B
yuánsù 原素 1-932B
yuánsù 原訴 1-933B
yuǎnsú 遠俗 10-1126A
yuǎnsuàn 遠算 10-1131B
yuǎnsùbósuǒ 遠泝博索 10-1125B
yuānsuì 淵邃 5-1490B
yuánsuī 蒝荽 9-502A
yuǎnsuì 遠歲 10-1130A
yuānsǔn 淵損 5-1488B
yuánsūn 元孫 2-214B
yuánsūn 袁孫 2-1107A
yuǎnsūn 遠孫 10-1127B
yuǎnsuǒ 遠所 10-1125A
yuāntài 淵泰 5-1486B
yuántāi 元胎 2-213A
yuántái 元台 2-209B
yuàntái 院臺 11-993A
yuāntán 淵潭 5-1490A
yuāntán 淵醰 5-1491A
yuántán 元壇 2-217B
yuántán 圓壇 3-659B
yuántán 圜壇 3-671A
yuǎntán 遠覃 10-1129A
yuàntàn 怨歎 7-452B
yuántāng 原湯 1-933B
yuántáng 轅堂 9-1308A
yuántānghuò 原湯貨 1-934A
yuàntào 院套 11-993A
yuāntè 淵特 5-1486B
yuàntè 怨慝 7-452A
yuāntī 鳶梯 12-1043B
yuāntǐ 淵體 5-1491B
yuàntǐ 院體 11-993A
yuàntì 願嚏 12-353A
yuāntián 虇闐 12-1399B
yuántiān 元天 2-208A
yuántiān 圓天 3-654B
yuántián 爰田 6-1104B
yuántián 原田 1-928B
yuántián 園田 3-653A
yuántián 轅田 9-1307B
yuǎntiān 遠天 10-1121A
yuàntián 垸田 2-1108A

yuàntiānyóurén 怨天尤人 7-448A
yuǎntiānyuǎndì 遠天遠地 10-1121A
yuàntiānyuàndì 怨天怨地 7-448B
yuántiáo 轅條 9-1308A
yuǎntiáo 遠條 10-1127A
yuǎntiào 遠眺 10-1128A
yuántíhèlì 猿啼鶴唳 5-98B
yuántíhèyuàn 猿啼鶴怨 5-98B
yuàntǐhuà 院體畫 11-993B
yuàntíjuān 怨啼鵑 7-451B
yuāntīng 淵聽 5-1491A
yuāntíng 淵停 5-1487A
yuāntíng 淵渟 5-1488A
yuǎntīng 遠聽 10-1134B
yuāntíngshānlì 淵停山立 5-1487A
yuāntíngyuèlì 淵渟嶽立 5-1488B
yuāntíngyuèzhì 淵渟岳峙 5-1488B
yuāntíngzéhuì 淵渟澤匯 5-1488B
yuàntǐpài 院體派 11-993B
yuāntōng 淵通 5-1487A
yuāntǒng 冤桶 2-459B
yuāntòng 冤痛 2-460A
yuántōng 員通 3-361A
yuántōng 圓通 3-657A
yuántǒng 元統 2-216A
yuántǒng 源統 6-12B
yuàntōng 怨恫 7-450A
yuàntòng 怨痛 7-451B
yuántōngdàshì 圓通大士 3-657A
yuántōngjì 圓通偈 3-657B
yuántōngjūshì 圓通居士 3-657B
yuāntou 冤頭 2-461A
yuántóu 原頭 1-934B
yuántóu 袁頭 2-1107A
yuántóu 園頭 3-654A
yuántóu 源頭 6-12B
yuántóu 黿頭 12-1401A
yuántóubì 袁頭幣 2-1107A
yuántóuzhǔ 黿頭渚 12-1401A
yuāntú 淵塗 5-1489B
yuántǔ 圓土 3-654B
yuántǔ 圜土 3-670A
yuǎntú 遠途 10-1127A
yuǎntú 遠圖 10-1131B
yuǎntǔ 遠土 10-1120B
yuántuán 員圖 3-361A
yuántuī 援推 6-773A
yuántuīshù 援推術 6-773A
yuántuó 蚖鱓 8-866A
yuántuó 黿鱓 12-1401A
yuántuó 黿鼉 12-1401A
yuǎntuō 遠託 10-1127A
yuāntúyuǎnsuàn 淵圖遠算 5-1489B
yuānwǎ 鴛瓦 12-1084A
yuànwāfùrén 苑窊婦人 9-353B
yuánwài 員外 3-360B
yuánwài 援外 6-772A
yuǎnwài 遠外 10-1122A
yuànwài 遠外 10-1122A
yuánwàiláng 員外郎 3-360B
yuānwán 淵翫 5-1490A
yuánwán 員园 3-360B
yuànwǎn 愿婉 7-671A
yuānwang 冤枉 2-458B
yuánwáng 元王 2-208A
yuǎnwàng 遠望 10-1128B
yuànwáng 願王 12-352A
yuànwǎng 怨枉 7-449A
yuànwàng 怨望 7-451A
yuànwàng 願望 12-352B
yuānwanglù 冤枉路 2-458B
yuānwangqián 冤枉錢 2-458B
yuànwángsūn 怨王孫 7-448A
yuānwēi 淵微 5-1488B
yuānwéi 鴛幃 12-1084B
yuānwěi 淵偉 5-1487A
yuānwěi 鳶尾 12-1043A
yuānwèi 淵胃 5-1489A
yuánwěi 元緯 2-217B
yuánwěi 原委 1-930A
yuánwěi 源委 6-11B
yuánwèi 元魏 2-218A
yuánwèi 員位 3-360B
yuǎnwèi 遠味 10-1124B
yuànwèi 願謂 12-353A
yuānwéiluóhuǎng 鴛帷羅幌 12-1084B
yuānwén 鴛文 12-1084A
yuānwén 鵷紋 12-1129B
yuánwén 原文 1-928A
yuánwěn 圓穩 3-660A
yuǎnwèn 遠聞 10-1131B
yuánwénshēngyì 緣文生義 9-957A
yuānwū 冤誣 2-460B
yuānwu 淵洿 5-1486A
yuānwǔ 冤侮 2-459A
yuánwū 垣屋 2-1093B
yuánwǔ 元武 2-211B
yuánwù 原物 1-930A
yuánwù 緣務 9-958B
yuǎnwù 遠物 10-1125A
yuànwù 怨惡 7-451B
yuánwǔqǔ 圓舞曲 3-659A
yuānxì 冤繫 2-461A
yuánxī 元夕 2-208A
yuánxī 元錫 2-217A
yuánxī 蝯息 8-938B
yuánxí 原隰 1-935A
yuánxí 緣習 9-959A
yuánxí 邍隰 10-1302A
yuánxǐ 原洗 1-932A
yuánxì 元系 2-211A
yuánxì 援繫 6-773B
yuánxì 猿戲 5-99A
yuánxì 緣隙 9-959A
yuǎnxī 遠昔 10-1124B
yuǎnxí 遠襲 10-1134B
yuǎnxǐ 遠徙 10-1128A
yuànxī 怨惜 7-451A
yuànxì 怨隙 7-451B
yuánxià 轅下 9-1307B
yuǎnxiá 遠遐 10-1130A
yuánxiàjū 轅下駒 9-1307B
yuānxiàn 冤陷 2-459B
yuānxiàn 淵獻 5-1491A
yuánxiān 原先 1-929A
yuǎnxiān 遠先 10-1123A
yuǎnxiàn 遠限 10-1125B
yuànxián 遠嫌 10-1131A
yuànxián 怨嫌 7-452A
yuánxiànbìng 原憲病 1-935A
yuānxiǎng 悁想 7-545B
yuánxiāng 沅湘 5-944A
yuánxiáng 原詳 1-934A
yuánxiàng 元相 2-212B
yuánxiàng 元象 2-215A
yuánxiàng 圓相 3-656B
yuánxiàng 圓象 3-657B
yuǎnxiāng 遠鄉 10-1128B
yuǎnxiáng 遠祥 10-1127B
yuǎnxiáng 遠翔 10-1129B
yuǎnxiǎng 遠想 10-1130A
yuǎnxiāngpái 遠鄉牌 10-1128B
yuánxiànpín 原憲貧 1-935A
yuānxiāo 鴛綃 12-1084B
yuánxiāo 元宵 2-214B
yuǎnxiào 遠効 10-1125A
yuǎnxiào 遠效 10-1127B
yuánxiāozǐ 元宵子 2-214B
yuānxiè 鴛屧 12-1085A
yuǎnxié 遠邪 10-1122B
yuānxīn 淵心 5-1484B
yuānxìn 冤釁 2-461B
yuānxìn 淵信 5-1486A
yuánxīn 元心 2-209A
yuánxīn 原心 1-928A
yuánxīn 原薪 1-934B
yuánxīn 圓心 3-655A
yuánxīn 猿心 5-98A
yuánxīn 緣心 9-957A
yuǎnxīn 遠心 10-1121B
yuǎnxìn 遠信 10-1126A
yuànxīn 遠心 10-1121B
yuànxīn 愿心 7-671A
yuànxīn 願心 12-352A
yuánxīndìngzuì 原心定罪 1-928A
yuānxíng 冤刑 2-458A
yuánxíng 元形 2-210B
yuánxíng 原刑 1-928B
yuánxíng 原形 1-929B
yuánxíng 原型 1-931B
yuánxìng 緣姓 9-958A
yuǎnxíng 遠行 10-1123A
yuǎnxíng 遠形 10-1123B
yuǎnxìng 遠興 10-1132B
yuǎnxíng 遠刑 10-1122A
yuǎnxìng 遠性 10-1125B
yuánxíngbàilù 原形敗露 1-929B
yuánxíngbìlù 原形畢露 1-929B
yuǎnxíngwújíbù 遠行無急步 10-1123A
yuánxiōng 元凶 2-209A
yuánxiōng 元兄 2-209B
yuánxiōng 元兇 2-210B
yuǎnxiōngdi 遠兄弟 10-1122A
yuǎnxiù 遠岫 10-1124B
yuánxiūcài 元脩菜 2-214A
yuǎnxiùqīng 遠秀卿 10-1124A
yuānxū 淵虛 5-1487A
yuānxù 淵稸 5-1489B
yuānxù 鴛序 12-1084A
yuānxù 鵷序 12-1129B
yuánxū 元虛 2-215A
yuánxū 園墟 3-654A
yuánxǔ 袁許 2-1107A
yuánxù 元序 2-211A
yuánxù 元緒 2-217A
yuánxù 源緒 6-12B
yuānxuán 困泫 3-624B
yuānxuán 淵玄 5-1484B
yuánxuàn 圓旋 3-658A
yuánxuàn 蝯眩 8-932B
yuānxuē 淵削 5-1485B
yuánxuě 原雪 1-933A
yuǎnxué 遠學 10-1132B
yuǎnxuè 遠血 10-1123A
yuánxūn 元勳 2-217B
yuánxún 元旬 2-210B
yuánxún 緣循 9-959A
yuánxùn 元纁 2-219A
yuǎnxùn 遠遜 10-1131A
yuānyǎ 淵雅 5-1487B
yuányā 元押 2-211B
yuānyán 冤延 2-458A
yuānyán 淵嚴 5-1491A
yuányán 緣延 9-957B
yuányǎn 圓眼 3-657B
yuányàn 援驗 6-773B
yuǎnyān 遠煙 10-1131A
yuǎnyán 遠言 10-1124B
yuǎnyǎn 遠眼 10-1128A
yuànyán 怨言 7-449A
yuànyán 願言 12-352A
yuānyāng 鴛鴦 12-1085A
yuānyāng 鵷鴹 12-1130A
yuányáng 元陽 2-215A
yuányáng 原羊 1-929B
yuányàng 元樣 2-217A
yuányàng 原樣 1-934B
yuǎnyáng 遠洋 10-1126B
yuǎnyáng 遠揚 10-1128B
yuǎnyáng 遠颺 10-1133B
yuànyáng 苑羊 9-353B
yuānyāngbǎnzi 鴛鴦板子 12-1085B
yuānyāngbèi 鴛鴦被 12-1086A

yuānyāngbǐng 鴛鴦餅 12-1087A
yuānyāngbù 鴛鴦簿 12-1087B
yuānyāngcǎo 鴛鴦草 12-1086A
yuānyāngcèjí 鴛鴦册籍 12-1085B
yuānyāngdàbǎn 鴛鴦大板 12-1085B
yuānyāngdài 鴛鴦帶 12-1086B
yuānyāngdēng 鴛鴦燈 12-1087A
yuānyāngdiàn 鴛鴦殿 12-1087A
yuānyāngdiàndài 鴛鴦鈿帶 12-1087A
yuānyāngdié 鴛鴦牒 12-1086B
yuānyāngfú 鴛鴦符 12-1086B
yuānyāngguǎi 鴛鴦拐 12-1085B
yuānyānghú 鴛鴦湖 12-1086B
yuānyānghuā 鴛鴦花 12-1085B
yuānyānghuì 鴛鴦會 12-1087A
yuānyāngjī 鴛鴦機 12-1087A
yuānyāngjiàn 鴛鴦劍 12-1087A
yuānyāngjiǎo 鴛鴦脚 12-1086B
yuānyāngjǐn 鴛鴦錦 12-1087A
yuānyāngjú 鴛鴦菊 12-1086A
yuānyāngkè 鴛鴦客 12-1086A
yuānyāngkòu 鴛鴦扣 12-1085B
yuānyānglóu 鴛鴦樓 12-1087A
yuānyānglǚ 鴛鴦侶 12-1086A
yuānyānglǚ 鴛鴦縷 12-1087B
yuānyāngmèng 鴛鴦夢 12-1086B
yuānyāng'ǒu 鴛鴦偶 12-1086B
yuānyāngpèi 鴛鴦配 12-1086A
yuānyāngpō 鴛鴦泊 12-1086A
yuānyāngpō 鴛鴦濼 12-1087B
yuānyāngpǔ 鴛鴦浦 12-1086A
yuānyāngshè 鴛鴦社 12-1085B
yuānyāngtáo 鴛鴦桃 12-1086A
yuānyāngténg 鴛鴦藤 12-1087B
yuānyāngwǎ 鴛鴦瓦 12-1085B
yuānyāngxì 鴛鴦戲 12-1087B
yuānyāngyīn 鴛鴦茵 12-1086A
yuānyāngyuànqǔ 鴛鴦怨曲 12-1086A
yuānyāngzhài 鴛鴦債 12-1086B
yuānyāngzhàn'ǎo 鴛鴦戰襖 12-1087A
yuānyāngzhàng 鴛鴦帳 12-1086B
yuānyāngzhěn 鴛鴦枕 12-1085B
yuānyāngzhèn 鴛鴦陣 12-1086A
yuānyāngzhǒng 鴛鴦塚 12-1086B
yuānyāngzì 鴛鴦字 12-1085B
yuányào 元要 2-212B
yuǎnyáo 遠遥 10-1130B
yuǎnyào 遠姚 10-1127A
yuānyē 鴛掖 12-1084B
yuānyè 宛葉 3-1402A
yuānyè 冤業 2-460A
yuányě 原野 1-933A
yuányě 原壄 1-934B
yuányè 元夜 2-212B
yuányè 緣業 9-959A
yuǎnyè 遠業 10-1130A
yuànyè 怨咽 7-449B
yuányèchóng 猿葉蟲 5-98B
yuānyì 冤抑 2-458A
yuānyì 悁邑 7-545A
yuānyì 悁悒 7-545B
yuānyì 淵意 5-1489A
yuānyì 淵義 5-1489A
yuānyì 淵詣 5-1489A
yuānyì 淵懿 5-1491A
yuányī 元一 2-207B
yuányī 垣衣 2-1093B
yuányǐ 蝝蟻 8-939A
yuányì 元黓 2-217A
yuányì 原意 1-934A
yuányì 員役 3-360B
yuányì 園邑 3-653A
yuányì 園藝 3-654A
yuányì 轅議 9-1308A
yuǎnyí 遠夷 10-1122B
yuǎnyì 遠役 10-1124B
yuǎnyì 遠異 10-1128A
yuǎnyì 遠意 10-1130B
yuǎnyì 遠裔 10-1130B
yuǎnyì 遠憶 10-1133A
yuǎnyì 遠驛 10-1134B
yuànyì 遠義 10-1131A
yuànyì 怨艾 7-448B
yuànyì 怨抑 7-448B
yuànyì 願意 12-352B
yuányīn 元因 2-210B
yuányīn 元音 2-213A
yuányīn 元陰 2-214B
yuányīn 原因 1-929A
yuányīn 圓音 3-656B
yuányīn 緣因 9-957B
yuányín 猿吟 5-98A
yuányín 緣貪 9-959B
yuányǐn 援引 6-771B
yuányǐn 猿引 5-98A
yuányǐn 猿飲 5-98B
yuǎnyīn 遠因 10-1123A
yuǎnyǐn 遠引 10-1121B
yuānyīng 淵英 5-1485A
yuānyǐng 宛郢 3-1401B
yuānyìng 淵映 5-1486A
yuányīng 元英 2-211B
yuányíng 園塋 3-653B
yuányǐng 圓景 3-658A
yuányǐng 圓影 3-659A
yuányìng 援應 6-773B
yuányìng 圓應 3-660A
yuānyǒng 淵永 5-1484B
yuānyǒng 淵涌 5-1486B
yuānyǒng 淵詠 5-1488A
yuányōng 垣墉 2-1094A
yuányòng 援用 6-772A
yuǎnyòng 遠用 10-1122A
yuānyǒngfēnglì 淵湧風厲 5-1488B
yuānyóu 冤尤 2-457B
yuānyòu 淵囿 5-1486A
yuányóu 元由 2-209B
yuányóu 元猷 2-216A
yuányóu 原繇 1-935A
yuányóu 原由 1-928B
yuányóu 原油 1-930B
yuányóu 源由 6-11B
yuányóu 緣繇 9-959B
yuányóu 緣由 9-957A
yuányòu 猨貁 10-1342A
yuányòu 原宥 1-932A
yuányòu 園囿 3-653B
yuányòu 猿狖 5-98A
yuányòu 蝯狖 8-932A
yuányòu 蝯貁 8-932B
yuǎnyōu 遠憂 10-1132A
yuǎnyóu 遠由 10-1122A
yuǎnyóu 遠游 10-1130A
yuǎnyóu 遠猶 10-1129B
yuǎnyóu 遠遊 10-1129B
yuǎnyóu 遠猷 10-1131A
yuànyóu 怨尤 7-448B
yuànyòu 苑囿 9-353B
yuànyòubīng 苑囿兵 9-353B
yuǎnyóuguān 遠游冠 10-1130A
yuǎnyóuguàn 遠遊冠 10-1129B
yuányòujiǎo 元祐脚 2-213B
yuǎnyóulǚ 遠遊履 10-1129B
yuányòutǐ 元祐體 2-213B
yuānyǒutóu… 冤有頭,債有主 2-458A
yuānyú 淵隅 5-1487B
yuānyú 淵魚 5-1487A
yuānyú 淵虞 5-1488B
yuānyú 鳶魚 12-1043B
yuānyú 鵷輿 12-1130A
yuānyǔ 鵷羽 12-1129B
yuānyù 冤獄 2-460B
yuányú 元魚 2-215A
yuányú 員輿 3-361B
yuányù 元玉 2-209A
yuǎnyú 遠踰 10-1132B
yuǎnyù 遠域 10-1127B
yuǎnyù 遠御 10-1129A
yuǎnyù 遠譽 10-1134A
yuànyǔ 院宇 11-992A
yuànyù 苑籞 9-353B
yuànyù 怨鬱 7-453B
yuànyù 願欲 12-352B
yuānyuān 嬽嬽 4-422A
yuānyuān 鼘鼘 12-1398B
yuānyuān 咽咽 3-327B
yuānyuān 悁悁 7-545A
yuānyuān 淵淵 5-1488A
yuānyuān 蜎蜎 8-900B
yuānyuān 蜵蜎 8-931A
yuānyuān 鼝鼝 12-1399B
yuānyuán 淵原 5-1486B
yuānyuán 淵源 5-1489A
yuānyuǎn 淵遠 5-1488B
yuányuān 員淵 3-361A
yuányuān 圓淵 3-658B
yuányuān 源淵 6-12B
yuányuán 元元 2-208B
yuányuán 爰爰 6-1105A
yuányuán 員員 3-361A
yuányuán 湲湲 5-1494A
yuányuán 源源 6-12B
yuányuán 緣緣 9-959B
yuányuán 謜謜 11-373A
yuányuán 轅垣 9-1308A
yuányuàn 園苑 3-653B
yuǎnyuán 遠源 10-1131A
yuǎnyuàn 遠願 10-1133B
yuànyuàn'āi'āi 怨怨哀哀 7-450A
yuányuánběnběn 元元本本 2-208B
yuányuánběnběn 原原本本 1-932B
yuányuánběnběn 源源本本 6-12B
yuányuānfāngjǐng 員淵方井 3-361A
yuányuānfāngjǐng 圓淵方井 3-658B
yuānyuānhàohào 淵淵灝灝 5-1488A
yuányuánhuángdì 元元皇帝 2-208B
yuānyuānhúnhún 淵淵渾渾 5-1488A
yuānyuānhuòfú 淵蜎蠖伏 5-1488B
yuànyuànjiāojiāo 怨怨焦焦 7-450A
yuányuǎnliúcháng 源遠流長 6-12B
yuānyuānmùmù 淵淵穆穆 5-1488A
yuányuánwěiwěi 原原委委

1-932B
yuānyuānxiāngbào
冤冤相報 2-459B
yuānyuányǒuzì 淵源有自
5-1489A
yuānyuányǒuzìlái
淵源有自來 5-1489B
yuányuánzhīmín 元元之民
2-208B
yuānyúcóngquè 淵魚叢爵
5-1487A
yuānyuè 淵岳 5-1485B
yuānyuè 淵嶽 5-1490B
yuānyuè 淵躍 5-1491A
yuānyuè 鵷鷟 12-1130B
yuányuē 元約 2-213B
yuányuè 元月 2-209A
yuányuè 元鉞 2-216A
yuányuè 元籥 2-219A
yuányuè 圓月 3-655A
yuǎnyuè 遠岳 10-1125A
yuǎnyuè 遠嶽 10-1133A
yuānyún 淵雲 5-1487B
yuányūn 圓暈 3-658B
yuányún 原畇 1-932A
yuányún 圓勻 3-655A
yuányùn 元運 2-215B
yuányùn 元韻 2-218B
yuányùn 原韻 1-935B
yuǎnyùn 遠韵 10-1130B
yuǎnyùn 遠韻 10-1134A
yuánzāi 蝝災 8-938B
yuánzāi 蝝菑 8-938B
yuánzǎi 元宰 2-214B
yuánzǎi 圓宰 3-657A
yuánzǎi 圜宰 3-670B
yuǎnzài'érsūn…
遠在兒孫近在身
10-1122B
yuǎnzàitiānbiān…
遠在天邊，近在眼前
10-1122B
yuánzájù 元雜劇 2-218A
yuánzàng 猿藏 5-99A
yuánzǎo 原早 1-929A
yuánzào 元造 2-214A
yuánzáofāngruì 圓鑿方枘
3-660B
yuánzáofāngruì 圜鑿方枘
3-671B
yuānzé 淵澤 5-1490B
yuánzé 元則 2-212B
yuánzé 元澤 2-218A
yuánzé 原則 1-931B
yuánzé 圜則 3-670B
yuànzé 怨責 7-451A
yuànzéi 怨賊 7-452A
yuānzèn 冤譖 2-461A
yuānzèng 淵綜 5-1489B
yuǎnzēng 遠曾 10-1129B
yuànzēng 怨憎 7-453A
yuānzhài 冤債 2-460A
yuánzhái 元宅 2-210B
yuánzhái 園宅 3-653A
yuànzhāi 願齋 12-353A
yuānzhàn 淵湛 5-1488A
yuǎnzhān 遠邅 10-1132B
yuānzhàng 鴛帳 12-1084B
yuánzhāng 袁張 2-1107A
yuǎnzhàng 遠帳 10-1128A
yuànzhǎng 院長 11-992B
yuānzhàngfèngwéi
鴛帳鳳幃 12-1084B
yuánzhǎngshǐ 元長史 2-211B
yuānzhǎo 淵沼 5-1485B
yuānzhǎo 鵷沼 12-1129B
yuānzhào 淵照 5-1488B
yuánzhāo 元朝 2-215B
yuánzhǎo 源沼 6-12A
yuánzhào 援照 6-773B
yuánzhé 圓折 3-655B
yuánzhé 轅轍 9-1308A
yuǎnzhé 遠謫 10-1133B
yuānzhěn 鴛枕 12-1084A
yuánzhēn 蚖珍 8-866A
yuánzhěn 圓枕 3-656A
yuánzhèn 圓陣 3-657A
yuánzhèn 圜陳 3-670B
yuǎnzhēn 遠珍 10-1125B
yuánzhēncán 蚖珍蠶 8-866A
yuánzhěng 援拯 6-772B
yuánzhèng 元正 2-209A
yuǎnzhēng 遠征 10-1125A
yuànzhèng 遠正 10-1121B
yuánzhēnzǐ 元真子 2-214A
yuānzhǐ 淵旨 5-1484B
yuānzhì 冤滯 2-460B
yuānzhì 淵致 5-1486B
yuánzhī 蚖脂 8-866A
yuánzhí 元直 2-211B
yuánzhí 原職 1-935A
yuánzhǐ 元旨 2-210B
yuánzhǐ 元祉 2-212B
yuánzhǐ 原址 1-929B
yuánzhì 元質 2-217A
yuánzhì 原質 1-934B
yuǎnzhī 遠支 10-1121A
yuǎnzhí 遠蹠 10-1133B
yuǎnzhǐ 遠旨 10-1123A
yuǎnzhǐ 遠指 10-1125B
yuǎnzhì 遠至 10-1122B
yuǎnzhì 遠志 10-1123B
yuǎnzhì 遠致 10-1127A
yuànzhì 遠志 10-1123B
yuànzhì 願治 12-352B
yuǎnzhì'ěr'ān 遠至邇安
10-1122B
yuánzhǐlílán 沅茝醴蘭
5-944A
yuánzhǐlílán 沅芷澧蘭
5-943B
yuánzhǐxiānglán 沅芷湘蘭
5-943B
yuānzhōng 淵衷 5-1486B
yuānzhòng 淵重 5-1486A
yuánzhōng 元忠 2-212A
yuánzhōng 圜鍾 3-671B
yuánzhòng 原仲 1-929A
yuǎnzhōng 遠中 10-1121A
yuǎnzhōng 遠鐘 10-1134A
yuànzhòng 愿中 7-671A
yuānzhòu 鴛甃 12-1084B
yuānzhòu 鵷甃 12-1130A
yuánzhōu 元洲 2-213B
yuánzhōu 圓周 3-656A
yuǎnzhòu 遠胄 10-1126A
yuánzhōulǜ 圓周率 3-656A
yuānzhū 宛珠 3-1401B
yuānzhú 蜎蠋 8-900B
yuānzhǔ 淵渚 5-1487A
yuānzhù 淵注 5-1485B
yuānzhù 淵箸 5-1489B
yuānzhù 鴛杼 12-1084A
yuánzhǔ 元主 2-209B
yuánzhǔ 原主 1-928B
yuánzhù 元佇 2-211A
yuánzhù 元箸 2-216B
yuánzhù 原注 1-930B
yuánzhù 原著 1-933A
yuánzhù 援助 6-772A
yuǎnzhú 遠躅 10-1134A
yuǎnzhǔ 遠矚 10-1134B
yuànzhǔ 院主 11-992A
yuánzhuǎn 圓轉 3-660A
yuánzhuǎn 圜轉 3-671B
yuánzhuàn 圓轉 3-660A
yuánzhuàn 圜轉 3-671B
yuānzhuàng 冤狀 2-458B
yuánzhuàng 原狀 1-930B
yuǎnzhuàng 遠壯 10-1124B
yuànzhuàng 願狀 12-352B
yuánzhūbǐ 圓珠筆 3-657A
yuǎnzhǔgāozhān 遠矚高瞻
10-1134B
yuánzhuī 圓錐 3-659B
yuánzhuō 圓桌 3-657A
yuǎnzhuó 遠著 10-1127B
yuánzhuōhuìyì 圓桌會議
3-657A
yuánzhuōmiàn 圓桌面
3-657A
yuánzhùtǐ 圓柱體 3-656B
yuánzi 園子 3-652B
yuánzi 圓子 3-654B
yuánzǐ 元子 2-208A
yuánzǐ 杬子 4-797B
yuánzǐ 原子 1-927B
yuánzǐ 園子 3-652B
yuánzì 元自 2-210B
yuánzì 原自 1-929A
yuànzi 垸子 2-1108A
yuànzī 怨咨 7-450A
yuànzī 怨資 7-452A
yuànzǐ 颯子 12-639B
yuànzǐ 怨訾 7-452A
yuànzǐ 院子 11-991B
yuánzǐbǐ 原子筆 1-928A
yuánzǐdàn 原子彈 1-928A
yuánzǐhé 原子核 1-928A
yuànzǐjiā 院子家 11-992A
yuánzǐnéng 原子能 1-928A
yuánzǐwǔqì 原子武器
1-928A
yuǎnzǒugāofēi 遠走高飛
10-1123B
yuánzú 援卒 6-772B
yuánzú 圓足 3-655B
yuánzǔ 元祖 2-213B
yuánzǔ 原祖 1-932A
yuǎnzú 遠足 10-1124A
yuǎnzú 遠族 10-1128B
yuǎnzǔ 遠祖 10-1126B
yuànzǔ 怨詛 7-451B
yuánzúbù 圓足布 3-655B
yuánzuì 原罪 1-934A
yuànzuì 遠罪 10-1130B
yuánzuō 圓作 3-655B
yuánzuǒ 元佐 2-211A
yuánzuò 元作 2-211A
yuánzuò 原作 1-929B
yuánzuò 圓坐 3-655B
yuánzuò 緣坐 9-957B
yuǎnzuò 遠祚 10-1126B
yuànzuǒ 掾佐 6-786B
yū'ào 迂傲 10-717A
yú'áo 愉敖 7-666A
yú'ào 隅奧 11-1077A
yú'ào 魚澳 12-1198A
yúbā 渝巴 5-1493A
yúbà 魚霸 12-1201B
yúbà 漁霸 6-98A
yùbǎ 玉靶 4-504A
yùbàbùnéng 欲罷不能
6-1443B
yūbài 菸敗 9-450A
yúbái 魚白 12-1185B
yúbài 魚唄 12-1190B
yǔbài 窳敗 8-474B
yùbǎi 玉柏 4-487A
yùbáihuāhóng 玉白花紅
4-476A
yúbǎixiáyī 瑜百瑕一
4-609B
yūbǎn 迂板 10-715B
yúbān 魚班 12-1190A
yúbān 魚斑 12-1193B
yúbǎn 吳坂 3-189A
yúbǎn 漁板 6-94A
yúbàn 逾半 10-1042A
yúbàn 餘半 12-547A
yùbǎn 玉板 4-482A
yùbǎn 玉版 4-483A
yúbāng 魚邦 12-1186A
yúbàng 魚蚌 12-1190B
yúbàng 漁榜 6-97A
yúbàng 漁㮄 6-96A
yúbàng 諛謗 11-284B
yúbàng 輿謗 9-1312A
yùbǎng 預牓 12-277B
yùbǎng 豫榜 10-41A
yùbàng 遇謗 10-1032A
yùbàng 鷸蚌 12-1163A
yùbàngxiāngchí 鷸蚌相持
12-1163A
yùbàngxiāngchí…
鷸蚌相持，漁人得利

12-1163A
yùbàngxiāngdòu 鷸蚌相鬥 12-1163A
yùbàngxiāngwēi 鷸蚌相危 12-1163A
yùbàngxiāngzhēng 鷸蚌相争 12-1163A
yùbǎnjiān 玉版箋 4-483B
yùbǎnsēng 玉板僧 4-482A
yùbǎnshī 玉板師 4-482A
yùbǎnshī 玉版師 4-483B
yùbǎnshísānháng 玉版十三行 4-483B
yùbǎnsǔn 玉版筍 4-483B
yùbǎntàiyǐchuán 玉板太乙船 4-482A
yùbǎnyú 玉版魚 4-483B
yùbǎnzhǎ 玉板鮓 4-482B
yùbǎnzhǎ 玉版鮓 4-483B
yùbǎnzhǐ 玉版紙 4-483B
yúbāo 魚胞 12-1190A
yúbǎo 餘飽 12-556A
yúbào 愚暴 7-622B
yǔbǎo 羽葆 9-639A
yǔbào 羽報 9-639A
yùbāo 玉胞 4-489B
yùbǎo 玉寶 4-522A
yùbǎo 御寶 3-1032B
yùbǎo 飫飽 12-497A
yùbǎo 馭寶 12-796B
yùbào 預報 12-276B
yùbāodù 玉胞肚 4-489B
yùbàodù 玉抱肚 4-481B
yǔbǎozhuàng 羽葆幢 9-639A
yúbēi 娛悲 4-360A
yúbēi 餘杯 12-549A
yúbēi 餘悲 12-554A
yúbèi 逾倍 10-1044A
yúbèi 逾備 10-1045A
yúbèi 餘憊 12-558B
yǔbēi 羽杯 9-637B
yǔbēi 禹碑 1-665B
yǔbèi 雨備 11-615B
yǔbèi 傴背 1-1630A
yùbēi 玉杯 4-482A
yùbēi 玉盃 4-487B
yùbēi 玉桮 4-495B
yùbèi 預備 12-276B
yùbèi 豫備 10-40B
yùbèi 禦備 7-951B
yùbèicāng 預備倉 12-277A
yùbèiduì 預備隊 12-277A
yúbēilěngzhì 餘杯冷炙 12-549A
yùbèilíng 預備鈴 12-277A
yùbèiyì 預備役 12-277A
yúbèn 愚笨 7-620B
yúbèn 愚夯 7-618B
yùbēn 育賁 6-1186B
yùbēn 御奔 3-1026A
yùběn 御本 3-1023B
yùběng 玉琫 4-499B
yūbì 迂蔽 10-717B
yúbǐ 愚鄙 7-621B
yúbì 魚婢 12-1193A
yúbì 愚庳 7-620B
yúbì 愚愎 7-621A
yúbì 愚蔽 7-622A
yúbì 餘敝 12-553B
yúbì 餘弊 12-556B
yǔbì 宇庇 3-1295A
yǔbì 雨庇 11-612B
yǔbì 瘐斃 8-333B
yǔbì 瘐斃 8-333B
yǔbì 語弊 11-225B
yǔbì 窳敝 8-474B
yùbǐ 玉匕 4-472A
yùbǐ 玉筆 4-502B
yùbǐ 御筆 3-1029A
yùbǐ 鬻筆 12-925B
yùbì 玉陛 4-490B
yùbì 玉幣 4-509B
yùbì 玉臂 4-517B
yùbì 郁閉 10-610B
yùbì 浴湢 5-1237B
yùbì 御蹕 3-1031B
yùbì 豫必 10-38B
yùbì 鬱閉 3-1142A
yùbì 鬱閟 3-1143A
yúbiān 楡鞭 4-1189A
yúbiǎn 俞扁 1-1359A
yúbiǎn 愚褊 7-622A
yúbiàn 渝變 5-1493B
yǔbiǎn 窳窆 8-474B
yǔbiàn 羽便 9-637B
yùbiān 玉編 4-513A
yùbiān 馭邊 12-796B
yùbiàn 玉變 4-524A
yùbiàn 御辯 3-1032B
yùbiàn 遇便 10-1031B
yùbiàn 遇變 10-1032B
yùbiàn 馭變 12-796B
yúbiāo 魚標 12-1197A
yúbiāo 餘猋 12-554A
yúbiǎo 腴表 6-1332A
yúbiào 魚鰾 12-1202B
yùbiāo 玉標 4-510B
yùbiāo 玉鑣 4-523B
yúbiàobái 魚鰾白 12-1202B
yùbìchāi 玉臂釵 4-517B
yùbìdàishì 譽必待試 11-448B
yúbiē 魚鱉 12-1202B
yúbiē 魚鼈 12-1204A
yǔbié 雨别 11-612B
yǔbié 語别 11-221B
yùbìlóng 玉臂龍 4-517B
yúbīn 娛賓 4-360B
yúbīn 虞賓 8-848B
yúbìn 虞殯 8-849A
yùbìn 玉鬢 4-524A
yǔbìnfēnghuán 雨鬢風鬟 11-619A
yúbīng 魚兵 12-1187A
yúbīng 揄兵 6-769B
yúbīng 餘兵 12-548B
yúbǐng 魚鞞 12-1199B
yúbǐng 魚丙 12-1185A
yúbìng 餘病 12-552B
yúbìng 輿病 9-1310B
yǔbīng 語冰 11-221B
yǔbǐng 語柄 11-223A
yǔbìng 語病 11-224A
yùbīng 玉冰 4-478A
yùbīng 御兵 3-1025A
yùbǐng 玉柄 4-487A
yùbǐnglóng 玉柄龍 4-487A
yùbīngyúnóng 寓兵於農 3-1573B
yùbíxìng 玉鼻騂 4-508B
yūbó 迂薄 10-717B
yúbō 逾波 10-1043A
yúbō 餘波 12-550A
yúbó 渝薄 5-1493B
yúbó 魚伯 12-1187A
yúbó 魚箔 12-1196B
yúbó 魚薄 12-1198A
yúbó 愚薄 7-622B
yúbó 漁伯 6-94A
yúbó 漁箔 6-97A
yǔbó 雨伯 11-612B
yǔbó 窳薄 8-475A
yùbō 玉波 4-485B
yùbō 玉撥 4-510A
yùbō 浴波 5-1237A
yùbó 菀勃 9-453A
yùbó 玉帛 4-484A
yùbó 玉箔 4-508B
yùbó 寓泊 3-1574A
yùbó 御伯 3-1025A
yùbó 鬻博 12-925B
yùbó 鬱勃 3-1140A
yùbó 鬱浡 3-1141A
yùbó 鬱埻 3-1140B
yúbóhúgōu 魚帛狐篝 12-1188B
yúbóhúshēng 魚帛狐聲 12-1188B
yūbù 迂步 10-715B
yúbǔ 魚捕 12-1190A
yúbǔ 漁捕 6-95A
yúbù 魚埠 12-1191B
yúbù 虞部 8-848A
yúbù 餘步 12-548B
yúbù 輿步 9-1309B
yǔbù 禹步 1-664B
yǔbù 傴步 1-1630A
yùbǔ 預卜 12-274A
yùbǔ 豫卜 10-38B
yùbù 玉步 4-480A
yùbù 玉簿 4-520A
yǔbùjīngrén 語不驚人 11-221A
yúbùkějí 愚不可及 7-618A
yǔbùtóujī 語不投機 11-221A
yúbùyǎnxiá 瑜不掩瑕 4-609A
yúbùyǎnxiá 瑜不揜瑕 4-609B
yùbùzhuó… 玉不琢，不成器 4-474A
yūcái 迂才 10-714B
yúcái 餘財 12-552A
yúcǎi 漁采 6-94B
yúcǎi 漁採 6-95B
yúcǎi 餘采 12-549B
yúcài 魚菜 12-1191B
yùcái 育才 6-1186A
yùcái 育材 6-1186A
yùcái 鬻財 12-925B
yùcǎi 玉采 4-484B
yùcǎi 寓綵 3-1575A
yùcǎi 鬻采 12-925B
yúcān 魚湌 12-1193A
yúcān 魚飱 12-1195A
yúcán 魚蠶 12-1203B
yúcán 餘殘 12-554A
yúcán 餘慚 12-556B
yúcán 餘慙 12-557A
yúcán 餘蠶 12-560B
yúcǎn 愉慘 7-666B
yùcān 與參 2-162A
yùcān 飫餐 12-497A
yùcān 預參 12-276B
yùcān 豫參 10-40B
yùcán 玉蠶 4-524A
yùcán 浴蠶 5-1238A
yùcàn 玉粲 4-504B
yúcāng 漁滄 6-97A
yúcáng 餘藏 12-559A
yùcāng 鬱蒼 3-1143A
yùcǎnhuāchóu 玉慘花愁 4-509B
yúcáo 愚曹 7-620B
yúcáo 虞曹 8-848A
yǔcáo 庾曹 3-1240A
yǔcǎo 雨草 11-613A
yùcáo 玉槽 4-510B
yùcáo 獄曹 5-105A
yùcǎo 玉草 4-486B
yúcè 愚策 7-621A
yúcè 腧廁 6-1049B
yùcè 玉册 4-476A
yùcè 玉策 4-502B
yùcè 玉堿 4-507B
yùcè 御策 3-1029A
yùcè 預測 12-277A
yùcè 豫測 10-41A
yùcén 玉岑 4-480A
yùcēncī 玉參差 4-499B
yúchā 隅差 11-1076B
yúchā 魚叉 12-1184A
yúchā 魚插 12-1193B
yúchā 漁叉 6-93B
yúchá 漁查 6-94B
yúchá 漁槎 6-96B
yǔchá 雨槎 11-616B
yùchā 玉鍤 4-517A
yùchá 諭查 11-345B
yùchà 玉姹 4-490B
yùchà 玉剎 4-484A
yúchāi 于差 1-259B
yúchāi 魚釵 12-1192B
yǔchāi 羽釵 9-639A
yùchāi 玉釵 4-498A

yúchán 愚孱 7-621A
yúchán 榆躔 4-1189A
yúchǎn 腴産 6-1332A
yúchǎn 漁産 6-95B
yúchǎn 諛諂 11-284A
yúchǎn 餘産 12-553B
yùchán 玉蟬 4-518A
yùchán 玉蟾 4-519B
yùchán 遇讒 10-1032B
yùchánchú 玉蟾蜍 4-520A
yǔchánfēngzhòu 雨僝風僽
11-617A
yúcháng 娛腸 4-360B
yúcháng 魚腸 12-1195B
yúcháng 逾常 10-1044A
yúchǎng 魚場 12-1193B
yúchǎng 漁場 6-96A
yúchàng 喁唱 3-415A
yúchàng 漁唱 6-95B
yǔcháng 羽裳 9-639B
yǔcháng 庾腸 3-1240A
yǔcháng 語常 11-224A
yǔchǎng 羽氅 9-641A
yùchǎng 浴場 5-1237B
yùchàng 玉鬯 4-493B
yùchàng 鬱鬯 3-1141A
yùchàng 鬱悵 3-1142A
yúchángchǐsù 魚腸尺素
12-1195B
yúchángjiàn 魚腸劍
12-1195B
yùchángōng 玉蟾宮 4-519B
yǔchángxīnzhòng 語長心重
11-222B
yúchángyànzú 魚腸雁足
12-1195B
yùchǎnqī 預産期 12-276B
yùchánxiāng 御蟬香 3-1032A
yǔchányúnzhòu 雨僝雲僽
11-617A
yúcháo 魚潮 12-1197B
yùcháo 御朝 3-1028B
yúchē 余車 1-1222A
yúchē 魚車 12-1186B
yúchē 輿車 9-1309B
yǔchē 羽車 9-637A
yùchē 玉車 4-479B
yúchén 愚臣 7-618B
yúchén 諛臣 11-283B
yúchén 餘辰 12-548B
yúchén 餘塵 12-556B
yúchèn 輿櫬 9-1312A
yǔchén 圉臣 3-630A
yǔchén 庾塵 3-1240A
yǔchèn 語讖 11-226B
yùchén 玉宸 4-494B
yùchén 玉晨 4-497A
yùchén 玉塵 4-509A
yùchén 欲塵 6-1443A
yùchén 遇臣 10-1030B
yùchén 譽臣 11-448B
yùchén 鬱沈 3-1138B
yúchéng 魚乘 12-1190B
yúchéng 愚誠 7-621B
yúchéng 餘酲 12-556B
yùchēng 玉琤 4-491A
yùchēng 譽稱 11-449A
yùchéng 玉成 4-477A
yùchéng 玉城 4-486B
yùchéng 寓乘 3-1574A
yǔchéngchí 雨成池 11-611B
yúchēngwěi 魚赬尾
12-1198A
yúchénhóngduàn 魚沉鴻斷
12-1187B
yúchényànjìng 魚沉雁靜
12-1187A
yúchényànluò 魚沉鴈落
12-1187B
yúchényànmiǎo 魚沉雁渺
12-1187A
yúchényànmiǎo 魚沉鴈渺
12-1187B
yúchényànyǎo 魚沉雁杳
12-1187A
yúchényànyǎo 魚沉鴈杳
12-1187B
yūchí 紆遲 9-701B
yúchī 愚癡 7-623A
yúchí 魚池 12-1186B
yúchí 魚坻 12-1188A
yúchí 餘蚳 12-553A
yúchǐ 逾侈 10-1042B
yúchǐ 餘齒 12-557A
yúchì 魚翅 12-1190B
yǔchì 羽翅 9-638A
yùchī 玉螭 4-516B
yùchí 尉遲 2-1279B
yùchí 玉池 4-478B
yùchí 玉墀 4-510A
yùchí 浴池 5-1236B
yùchí 獄持 5-104B
yùchí 蛸蚳 8-920B
yùchǐ 玉尺 4-475A
yùchǐ 玉豉 4-496A
yùchǐ 玉齒 4-511A
yùchì 玉勅 4-487B
yùchì 豫敕 10-40A
yùchì 諭飭 11-346A
yùchíbēi 尉遲杯 2-1279B
yǔchīqìzǔ 語吃氣阻
11-221B
yǔchǐqùjiǎo 予齒去角
1-769B
yúchǐzhàngshì 逾侈長飾
10-1043A
yūchóng 迂重 10-716A
yúchōng 愚惷 7-622A
yúchóng 魚蟲 12-1200A
yúchǒng 餘寵 12-560A
yǔchóng 羽蟲 9-641B
yùchóng 玉蟲 4-518B
yùchōngchōng 鬱忡忡
3-1138B
yúchōngrén 予沖人 1-769A
yúchōngrén 予沖人 1-769A
yùchǒngshànquán 鬻寵擅權
12-926B
yúchōngzǐ 予沖子 1-769A
yúchǒu 餘醜 12-558B
yúchòu 餘臭 12-552B
yǔchóu 庾愁 3-1240A
yùchóu 預愁 12-277B
yùchóu 預籌 12-278B
yùchóu 豫籌 10-42A
yǔchóuyānhèn 雨愁煙恨
11-616B
yúchū 逾出 10-1042A
yúchǔ 逾處 10-1044A
yúchǔ 虞褚 8-848B
yúchù 餘處 12-553A
yùchú 玉除 4-490B
yùchú 玉蜍 4-505A
yùchú 御廚 3-1030B
yùchǔ 玉杵 4-482A
yùchǔ 玉楮 4-501A
yùchǔ 玉礎 4-518A
yùchǔ 譽處 11-449A
yúchuài 餘噆 12-557B
yúchuán 魚船 12-1192B
yúchuán 漁船 6-95B
yúchuǎn 餘舛 12-548A
yúchuǎn 餘喘 12-554B
yùchuān 玉川 4-472B
yùchuán 玉船 4-498A
yùchuàn 玉釧 4-498A
yúchuáng 魚床 12-1187A
yúchuáng 魚牀 12-1189A
yúchuàng 愚憧 7-622B
yùchuāng 玉窓 4-499B
yùchuāng 玉窗 4-503B
yùchuāng 玉牕 4-512A
yùchuáng 玉牀 4-486A
yùchuáng 玉幢 4-511B
yùchuáng 御床 3-1025B
yùchuáng 御牀 3-1026B
yùchuānnú 玉川奴 4-473A
yúchuānpídù 杅穿皮蠹
4-746B
yùchuānzǐ 玉川子 4-472B
yùchuī 玉吹 4-480A
yùchǔjiù 玉杵臼 4-482A
yúchūn 魚春 12-1189B
yúchūn 逾春 10-1043A
yúchūn 愚芚 7-619A
yúchūn 餘春 12-550A
yúchún 魚脣 12-1190B
yúchǔn 愚惷 7-621A
yúchǔn 愚蠢 7-623B
yúchūnzi 魚春子 12-1189B
yǔchūyuèxié 語出月脇
11-221B
yùchūyùqí 愈出愈奇 7-631A
yúcí 腴詞 6-1332B
yúcí 腴辭 6-1332B
yúcí 瑜辭 4-609B
yúcí 諛詞 11-284A
yúcí 諛辭 11-284B
yúcí 餘辭 12-559B
yúcí 輿詞 9-1311A
yúcǐ 於此 6-1574A
yúcì 魚刺 12-1188A
yǔcí 語詞 11-224B
yǔcí 語辭 11-226A
yǔcì 予賜 1-769B
yǔcì 語次 11-221B
yùcí 寓辭 3-1575B
yùcí 獄詞 5-105B
yùcí 獄辭 5-105B
yùcì 淤賜 5-1413B
yùcì 玉刺 4-482B
yùcì 欲刺 6-1442B
yùcì 御賜 3-1030B
yùcì 遇刺 10-1031A
yùcì 飫賜 12-497A
yúcìchāozhì 逾次超秩
10-1042B
yúcìzhīrǔ 榆次之辱
4-1187A
yúcóng 輿從 9-1310B
yǔcóng 羽從 9-639A
yùcōng 玉葱 4-501A
yùcōng 玉驄 4-522B
yùcōng 虉葱 4-1373B
yùcōng 鬱葱 3-1142A
yùcóng 玉叢 4-518A
yùcóng 鬱悰 3-1142A
yùcóngcóng 鬱叢叢 3-1144B
yùcōngtiáo 玉葱條 4-501A
yǔcòuyúnjí 雨湊雲集
11-616A
yùcú 汩徂 5-964B
yùcù 鬱蹙 3-1144B
yúcuī 于摧 1-260A
yúcuì 魚翠 12-1196B
yùcuī 玉摧 4-508A
yùcuì 玉粹 4-509B
yùcuì 毓粹 7-828B
yùcuì 鬱翠 3-1143B
yúcūn 魚邨 12-1186A
yúcūn 漁村 6-94A
yúcún 餘存 12-547B
yùcún 與存 2-161A
yūcuò 紆錯 9-701B
yùcuó'é 玉嵯峨 4-502A
yūdà 迂大 10-714B
yǔdá 宇達 3-1295B
yùdá 鬱達 3-1142A
yǔdǎfēngchuī 雨打風吹
11-611B
yúdǎhuā 魚打花 12-1185A
yūdāi 迂呆 10-715B
yúdài 魚袋 12-1192A
yúdài 餘帶 12-553A
yǔdài 窳怠 8-474B
yùdài 玉軑 4-492B
yùdài 玉帶 4-496A
yùdài 玉鈦 4-498A
yùdài 欲待 6-1442B
yùdài 遇待 10-1031B
yùdài 豫怠 10-40A
yùdàibǎnzi 玉帶版子 4-496A
yùdàigēng 玉帶羹 4-496A
yùdàishēng 玉帶生 4-496A
yūdàn 迂誕 10-717A
yúdàn 魚蜑 12-1194A

yúdàn 愚誕 7-621B
yúdàn 諛誕 11-284A
yùdān 毓丹 7-828A
yùdān 諭單 11-346A
yùdàn 玉彈 4-513A
yúdǎng 餘黨 12-560A
yúdàng 魚宕 12-1189A
yúdàng 魚蕩 12-1197A
yǔdǎng 羽黨 9-642A
yùdāng 玉璫 4-516A
yùdǎng 蜮黨 8-913A
yūdǎo 籲禱 8-1287B
yūdào 迂道 10-717A
yūdào 紆道 9-701A
yúdāo 魚刀 12-1183B
yúdao 魚舠 12-1188B
yúdāo 漁刀 6-93A
yúdāo 漁舠 6-94B
yúdǎo 雩禱 11-620A
yúdǎo 諛導 11-284A
yúdào 魚道 12-1194B
yúdào 輿道 9-1311A
yǔdào 羽翿 9-642A
yǔdào 羽纛 9-642A
yùdāo 御刀 3-1022B
yùdǎo 玉導 4-512B
yùdǎo 諭導 11-346B
yùdǎo 鬱島 3-1141A
yùdào 玉道 4-503B
yùdào 御道 3-1029A
yùdào 遇到 10-1031A
yùdào 鬱悼 3-1142A
yùdǎoshāntuí 玉倒山頹 4-493A
yúdàoxiāng 魚稻鄉 12-1197A
yúdé 餘德 12-557B
yùdé 玉德 4-512A
yùdé 育德 6-1186B
yùdé 浴德 5-1238A
yùdé 欲得 6-1443A
yùdé 裕德 9-95B
yùdé 毓德 7-828B
yùdé 諭德 11-346A
yùdé 鬻德 12-926A
yúdēng 魚登 12-1194B
yúdēng 魚燈 12-1199A
yúdēng 漁燈 6-97B
yúdēng 漁鐙 6-97B
yúděng 逾等 10-1045A
yúdèng 魚鐙 12-1201B
yùdēng 玉燈 4-515B
yùdèng 玉鐙 4-522A
yùděngzǐ 玉等子 4-502B
yúdī 餘滴 12-556B
yúdí 魚笛 12-1192A
yúdí 褕翟 4-1188B
yúdí 漁笛 6-95B
yúdí 褕狄 9-117A
yúdí 褕翟 9-117A
yúdì 餘地 12-547B
yúdì 輿地 9-1309B
yǔdí 羽翟 9-640A
yǔdì 與地 2-161A
yùdī 御堤 3-1028B
yùdí 玉笛 4-497B
yùdí 遇敵 10-1032A
yùdí 禦敵 7-951B
yùdǐ 玉邸 4-480B
yùdǐ 寓邸 3-1573B
yùdì 玉帝 4-490A
yùdì 寓第 3-1574B
yùdì 飫禘 12-497A
yùdì 鬻第 12-925B
yūdiàn 淤墊 5-1413B
yūdiàn 淤澱 5-1413B
yúdiǎn 虞典 8-847A
yúdiàn 魚電 12-1195A
yǔdiǎn 雨點 11-618A
yǔdiǎn 與點 2-162B
yǔdiǎn 語典 11-222B
yǔdiàn 宇甸 3-1294B
yǔdiàn 雨簟 11-618B
yǔdiàn 禹甸 1-665A
yùdiàn 玉殿 4-507B
yùdiàn 玉鈿 4-506A
yùdiàn 玉電 4-504B
yùdiàn 玉簟 4-518B
yùdiàn 浴殿 5-1237B
yùdiàn 御殿 3-1030A
yùdiànqiū 玉簟秋 4-518B
yúdiào 魚釣 12-1192B
yúdiào 漁釣 6-95B
yǔdiào 語調 11-225B
yùdiāo 玉雕 4-515B
yùdiào 豫吊 10-38B
yúdiàotú 漁釣徒 6-95B
yúdié 魚牒 12-1197A
yùdié 玉堞 4-500A
yùdié 玉牒 4-506A
yùdié 玉蝶 4-511B
yùdié 玉疊 4-523A
yùdié 玉氎 4-524B
yùdié 獄牒 5-105B
yùdiéméi 玉蝶梅 4-511B
yúdīgēn 于氐根 1-258B
yūdìhūtiān 籲地呼天 8-1287B
yúdīng 漁丁 6-93A
yúdīng 餘丁 12-545B
yúdīng 輿丁 9-1309A
yúdǐng 圩頂 2-1006A
yúdǐng 于鼎 1-260A
yǔdǐng 頨頂 12-293A
yǔdǐng 禹鼎 1-665B
yùdǐng 玉鼎 4-502A
yùdìng 預定 12-275B
yùdìng 預訂 12-275B
yùdìng 豫定 10-39B
yǔdǐngzi 雨頂子 11-614B
yùdǐqín 玉抵禽 4-481B
yùdǐquè 玉抵鵲 4-481B
yúdìshū 輿地書 9-1309B
yúdìtú 輿地圖 9-1309B
yúdòng 魚凍 12-1191A
yúdòng 餘凍 12-552B
yǔdòng 雨凍 11-614A
yùdōng 玉蝀 4-508B
yùdōng 御冬 3-1024B
yùdòng 玉洞 4-490A
yǔdòngfēnglián 雨棟風簾 11-615B
yùdōngxī 玉東西 4-482B
yúdōu 魚兜 12-1192B
yǔdōu 傴兜 1-1630A
yùdǒu 玉斗 4-474B
yùdòu 玉豆 4-480A
yùdòu 玉竇 4-522B
yúdōuzi 魚兜子 12-1193A
yúdú 魚毒 12-1189B
yúdú 餘毒 12-550A
yúdǔ 魚肚 12-1187A
yúdù 魚肚 12-1187A
yúdù 魚蠹 12-1202B
yúdù 魚蠹 12-1203B
yúdù 逾度 10-1043B
yúdù 漁蠹 6-98A
yúdù 餘度 12-551A
yǔdú 雨毒 11-613A
yǔdú 禹瀆 1-666A
yǔdù 語度 11-223B
yùdū 玉都 4-491B
yùdú 玉櫝 4-519B
yùdú 玉牘 4-520B
yùdú 獄牘 5-105B
yùdú 鬱黷 3-1145A
yùdǔ 宛篤 3-1403A
yùdǔ 預覩 12-278A
yùdù 玉度 4-489B
yùdù 預杜 12-275A
yùdù 鬻度 12-925B
yùdù 鬻渡 12-926A
yúduǎn 愚短 7-621A
yúduàn 魚簖 12-1203B
yúduàn 漁簖 6-98A
yǔduàn 羽緞 9-640B
yùduàn 預斷 12-278B
yǔduǎnqíngcháng 語短情長 11-224B
yǔduànyúnxiāo 雨斷雲銷 11-618B
yúdùbái 魚肚白 12-1187A
yúduì 魚隊 12-1193A
yǔduì 羽隊 9-639A
yùduì 玉敦 4-503A
yūdùn 迂鈍 10-717A
yúdùn 愚鈍 7-621A
yúdùn 愚頓 7-621B
yúduó 虞度 8-847B
yúduó 漁奪 6-97A
yúduò 愚憧 7-622B
yǔduó 予奪 1-769B
yǔduó 圉奪 3-630B
yǔduó 與奪 2-162A
yǔduò 雨墮 11-617A
yǔduò 窳惰 8-475A
yǔduò 窳憧 8-475A
yùduó 預度 12-276A
yùduōluósēng 鬱多羅僧 3-1138A
yǔduóshēngshā 予奪生殺 1-769B
yū'è 淤閼 5-1413B
yú'ē 隅阿 11-1076B
yú'é 逾額 10-1046B
yú'é 餘額 12-559B
yǔ'é 語訛 11-224B
yù'é 玉娥 4-495A
yù'é 玉蛾 4-505A
yù'é 玉額 4-519B
yù'é 鬱峩 3-1141A
yù'è 遇厄 10-1030B
yù'è 鬱遏 3-1142A
yù'è 鬱閼 3-1144A
yuě'ài 噦噫 3-517B
yuè'ài 月愛 6-1136A
yuè'ài 悅愛 7-550B
yuè'àn 黦黯 12-1372A
yuèbái 月白 6-1124B
yuèbáifēngqīng 月白風清 6-1124B
yuèbàn 月半 6-1125A
yuèbào 月報 6-1134A
yuèbēi 月陂 6-1127A
yuēbì 約臂 9-724A
yuèbǐ 岳鄙 3-810A
yuèbì 月閉 6-1134A
yuèbiān 閱邊 12-121B
yuèbiāo 月藨 6-1137A
yuèbiǎo 月表 6-1127A
yuèbīng 樂冰 4-1288A
yuèbīng 閱兵 12-120A
yuèbǐng 月餅 6-1137B
yuèbō 月波 6-1128B
yuèbō 躍波 10-565A
yuèbó 岳伯 3-808B
yuèbōlóu 月波樓 6-1128B
yuèbù 樂部 4-1291A
yuèbù 月布 6-1124A
yuècǎi 月彩 6-1133B
yuècāo 閱操 12-121A
yuèchá 瀹茶 6-214A
yuèchán 月躔 6-1140B
yuèchán 爚蟬 7-316A
yuècháng 越常 9-1114A
yuècháng 越嘗 9-1115B
yuècháng 越裳 9-1115B
yuèchǎng 月場 6-1134A
yuèchàng 樂倡 4-1291A
yuèchàng 悅暢 7-550B
yuèchángshì 越裳氏 9-1115B
yuèchānyuèzuì 越攙越醉 9-1117A
yuèchē 月車 6-1126B
yuèchén 閱臣 12-120A
yuèchéng 月成 6-1125B
yuèchéng 月城 6-1129A
yuèchéng 閱城 12-120B
yuēchì 約勅 9-722B
yuēchì 約敕 9-722B
yuēchì 約飭 9-723A
yuèchí 樂池 4-1288A
yuèchí 月池 6-1126A
yuèchónglún 月重輪 6-1129B
yuèchū 月初 6-1126B
yuèchǔ 月杵 6-1127B
yuèchuān 閱川 12-119B

yuèchuǎn 瀹荈 6-214A
yuèchuāng 月窗 6-1135A
yuèchuāng 月窻 6-1138A
yuèchuáng 樂牀 4-1290A
yuēchuò 約綽 9-723B
yuèchǔzǐ 越處子 9-1114A
yuēcí 約辭 9-724A
yuècí 樂辭 4-1297A
yuècí 月雌 6-1137A
yuècí 礿祠 7-836A
yuècí 越瓷 9-1114A
yuècì 越次 9-1112A
yuècuì 月竄 6-1139B
yuèdà 月大 6-1121B
yuèdàfū 越大夫 9-1110B
yuèdān 月丹 6-1124A
yuèdàn 月旦 6-1124A
yuèdàn 岳旦 3-808A
yuèdàn 越䐱 9-1114B
yuèdànpíng 月旦評 6-1124B
yuèdào 月道 6-1135A
yuèdé 樂德 4-1296A
yuèděng 越等 9-1114B
yuēdì 約地 9-721A
yuèdī 月隄 6-1134A
yuèdī 月堤 6-1134A
yuèdǐ 月邸 6-1126B
yuèdǐ 月底 6-1128B
yuèdǐ 越砥 9-1113B
yuèdì 岳帝 3-809A
yuèdiǎn 樂典 4-1289A
yuèdiǎn 月點 6-1139B
yuèdiàn 月殿 6-1136B
yuèdiàncháng'é 月殿嫦娥 6-1136B
yuèdiào 樂調 4-1296A
yuēdié 約迭 9-721B
yuēdìng 約定 9-722A
yuèdìng 閱定 12-120B
yuēdìngsúchéng 約定俗成 9-722A
yuèdìyúnjiē 月地雲階 6-1125B
yuèdōng 粵東 9-211B
yuèdōng 越冬 9-1112A
yuèdòng 躍動 10-565B
yuèdòngmén 月洞門 6-1130B
yuèdú 躪譴 10-575B
yuèdú 岳瀆 3-810A
yuèdú 閱讀 12-121B
yuèdù 月度 6-1130A
yuèdù 越度 9-1113B
yuèduì 樂隊 4-1292B
yuēduó 約度 9-722B
yuèduǒ 月朵 6-1126B
yuè'é 月娥 6-1132B
yuè'é 月額 6-1140A
yuè'ěr 樂餌 4-1295A
yuè'ěr 月珥 6-1130B
yuè'ěr 悦耳 7-550A
yuēfǎ 約法 9-721B
yuèfā 越發 9-1114B
yuèfǎ 樂法 4-1289B
yuèfǎ 越法 9-1112B
yuēfǎbāzhāng 約法八章 9-721B
yuěfàn 噦飯 3-517A
yuèfāng 樂方 4-1286A
yuèfāng 越方 9-1111B
yuèfáng 月房 6-1128B
yuèfányíshì 越凡遺世 9-1110B
yuēfǎsānzhāng 約法三章 9-722A
yuèfēi 月妃 6-1126B
yuèfēi 躍飛 10-565A
yuèfěi 粵匪 9-212A
yuèfèi 月費 6-1135B
yuèfēimiào 岳飛廟 3-809A
yuēfēn 約分 9-721A
yuèfēn 越分 9-1111A
yuèfén 岳墳 3-810A
yuèfèn 月分 6-1123B
yuèfèn 月份 6-1126A
yuèfèn 越分 9-1111A
yuèfēng 樂風 4-1290A
yuèfěng 樂諷 4-1296B
yuèfèng 月奉 6-1127A
yuèfèng 月俸 6-1131B
yuèfènpái 月份牌 6-1126A
yuèfú 説服 11-244B
yuèfú 悦伏 7-550A
yuèfú 悦服 7-550A
yuèfú 越紼 9-1114B
yuèfǔ 樂府 4-1289B
yuèfǔ 月府 6-1128B
yuèfǔ 月斧 6-1128A
yuèfǔ 鉞斧 11-1229A
yuèfù 樂婦 4-1292B
yuèfù 岳父 3-808A
yuèfù 悦附 7-550A
yuèfúchǔyǐ 越鳧楚乙 9-1115A
yuèfǔlìng 樂府令 4-1289B
yuèfǔshī 樂府詩 4-1289B
yuèfúyuèzuì 越扶越醉 9-1112A
yuègǎi 閱改 12-120A
yuègāng 月缸 6-1129B
yuēgǎo 約稿 9-723B
yuègē 樂歌 4-1295A
yuègē 樂謌 4-1296B
yuègē 月歌 6-1137A
yuègé 月蛤 6-1134B
yuègé 越格 9-1113B
yuègě 龠合 12-1503A
yuègōng 樂工 4-1285A
yuègōng 月工 6-1121A
yuègōng 月宫 6-1130B
yuègōng 岳公 3-808A
yuègōng 越公 9-1111B
yuègōu 鑰鉤 11-1431A
yuègōu 月鉤 6-1135A
yuèguā 越瓜 9-1111B
yuèguān 樂官 4-1290A
yuèguān 月官 6-1128B
yuèguān 越官 9-1112B
yuèguǎn 月館 6-1139B
yuèguǎn 越管 9-1115B
yuèguàn 月觀 6-1140B
yuèguāng 月光 6-1125B
yuèguānghuā 月光花 6-1125B
yuèguāngmǎ 月光馬 6-1125B
yuèguāngmén 月光門 6-1125B
yuèguāngtóngzǐ 月光童子 6-1126A
yuèguāngzhǐ 月光紙 6-1125B
yuèguāngzǐ 月光子 6-1125B
yuèguī 月規 6-1133A
yuèguǐ 月軌 6-1129A
yuèguǐ 月晷 6-1134B
yuèguǐ 越軌 9-1113A
yuèguì 月桂 6-1131A
yuèguì 刖跪 2-616B
yuèguì 刖危 2-616A
yuèguìguān 月桂冠 6-1131A
yuèguīqián 月規錢 6-1133A
yuèguō 月郭 6-1132A
yuèguǒ 月果 6-1127B
yuèguò 越過 9-1114A
yuèhǎi 粵海 9-212A
yuèhān 樂酣 4-1293A
yuēhànniú 約翰牛 9-724A
yuèhào 越號 9-1115A
yuèhé 月河 6-1128B
yuèhé 悦和 7-550A
yuèhēi 月黑 6-1134B
yuèhēifēnggāo 月黑風高 6-1135A
yuèhēitiān 月黑天 6-1134B
yuèhén 月痕 6-1133B
yuèhòuxuè 月候血 6-1131B
yuèhù 樂户 4-1286A
yuèhù 月户 6-1124A
yuèhù 躍楛 10-565B
yuèhuá 月華 6-1130B
yuèhuà 岳華 3-809A
yuèhuái 説懷 11-251A
yuēhuáng 約黄 9-722B
yuèhuáng 宛黄 3-1402A
yuèhuǎng 月幌 6-1135B
yuēhuì 約會 9-723B
yuèhuì 月晦 6-1133A
yuèhuì 月諱 6-1139B
yuēhūn 約婚 9-723A
yuèhún 月魂 6-1135B
yuèhuó 月活 6-1130B
yuèhuò 越貨 9-1114A
yuèhuò 閱貨 12-120B
yuējī 約齎 9-724A
yuējǐ 約己 9-721A
yuējì 約計 9-722B
yuējì 約劑 9-724A
yuèjī 越雞 9-1116B
yuèjī 越躋 9-1117A
yuèjí 樂極 4-1292B
yuèjí 樂籍 4-1297A
yuèjí 月吉 6-1125A
yuèjí 越級 9-1113B
yuèjǐ 月給 6-1135B
yuèjì 樂妓 4-1288B
yuèjì 月忌 6-1127A
yuèjì 月季 6-1128A
yuèjì 月紀 6-1130B
yuèjì 月計 6-1130A
yuèjì 月祭 6-1133B
yuèjì 月霽 6-1140B
yuèjì 礿祭 7-836A
yuèjì 越暨 9-1116A
yuèjì 瀹祭 6-214A
yuèjiā 樂家 4-1291B
yuèjiā 岳家 3-809B
yuèjiā 越加 9-1112A
yuèjiá 月莢 6-1131A
yuèjià 月駕 6-1139A
yuèjià 閱稼 12-121A
yuèjiājí 月家疾 6-1132B
yuèjiājūn 岳家軍 3-809B
yuèjiǎmíngjūn 越甲鳴君 9-1111B
yuējiǎn 約儉 9-723B
yuējiǎn 約簡 9-724A
yuèjiān 月間 6-1135A
yuèjiǎn 閱簡 12-121B
yuèjiàn 月建 6-1128B
yuèjiàn 越箭 9-1116A
yuèjiàn 越踐 9-1116A
yuèjiàn 閱見 12-120A
yuèjiàn 閱薦 12-121A
yuējiǎng 約講 9-724A
yuèjiāng 月將 6-1134A
yuèjiāng 粵江 9-211B
yuèjiàng 岳降 3-808B
yuèjiàntiān'ēn 月健天恩 6-1131B
yuējiāo 約交 9-721A
yuèjiǎo 月角 6-1126B
yuèjiǎo 月皎 6-1133B
yuèjiǎo 月脚 6-1133B
yuèjiǎo 越角 9-1112B
yuèjiào 月校 6-1131A
yuèjiào 粵嶠 9-212A
yuèjiào 越徼 9-1116B
yuējié 約結 9-723A
yuējié 約節 9-723B
yuèjié 樂節 4-1294B
yuèjié 月節 6-1136A
yuèjiè 越界 9-1113A
yuèjīn 躍金 10-565A
yuèjìn 樂禁 4-1294B
yuèjìn 月盡 6-1138A
yuèjìn 月進 6-1133A
yuèjìn 越勁 9-1113A
yuèjìn 躍進 10-565B
yuèjīng 月經 6-1136B
yuèjīng 月精 6-1137B
yuèjǐng 月井 6-1122A
yuèjǐng 躍景 10-565B
yuèjìng 月徑 6-1131B
yuèjìng 月鏡 6-1140A
yuèjìng 越竟 9-1114A
yuèjìng 越境 9-1115B
yuèjīngbù 月經布 6-1137A
yuèjīngdài 月經帶 6-1137A
yuèjīngyī 月經衣 6-1137A

yuèjìnláiyuǎn 悅近來遠 7-550A
yuèjíqínshì 越瘠秦視 9-1116A
yuējū 約居 9-722A
yuèjú 樂局 4-1288B
yuèjú 月局 6-1127A
yuèjú 越局 9-1112B
yuèjù 樂句 4-1287A
yuèjù 樂簴 4-1297A
yuèjù 粵劇 9-212A
yuèjù 越劇 9-1116A
yuèjù 閱具 12-120A
yuèjuàn 閱卷 12-120A
yuějué 噦厥 3-517A
yuèjué 鑠絕 11-1429B
yuèjué 越角 9-1112B
yuèjué 越絕 9-1115A
yuèjué 越爵 9-1116B
yuèjūn 閱軍 12-120B
yuèjùn 岳峻 3-809A
yuèkǎi 悅愷 7-550B
yuèkān 月刊 6-1124A
yuèkàn 閱看 12-120B
yuèkāng 悅康 7-550B
yuèkǎo 月考 6-1125A
yuèkē 月窠 6-1136B
yuèkě 悅可 7-549B
yuèkè 月客 6-1130B
yuèkè 月課 6-1138B
yuèkè 岳客 3-809A
yuèkè 越客 9-1113B
yuèkěn 嚳墾 12-741B
yuèkǒu 悅口 7-549B
yuèkǒu 越口 9-1110B
yuèkǒu 籥口 8-1282B
yuèkòu 粵寇 9-212A
yuèkū 月牖 6-1138A
yuèkū 月堀 6-1133A
yuèkū 月窟 6-1136B
yuèkù 月庫 6-1132A
yuèkuài 月會 6-1136A
yuèkuī 月虧 6-1139B
yuèlái 悅來 7-550A
yuèlài 悅賴 7-551A
yuèlán 月闌 6-1139B
yuèlǎn 閱覽 12-121B
yuèlàng 月浪 6-1132A
yuèlàng 躍浪 10-565B
yuèlǎngxīngxī 月朗星稀 6-1132B
yuèláo 越牢 9-1112B
yuèlǎo 月老 6-1125A
yuèlǎozi 岳老子 3-808A
yuēlè 約勒 9-722B
yuèlè 說樂 11-249B
yuèlè 悅樂 7-551A
yuèlěi 月壘 6-1140A
yuèléng 月稜 6-1136A
yuèléngméi 月稜眉 6-1136A
yuēlǐ 約禮 9-724A
yuèlí 月離 6-1140A
yuèlí 越蠡 9-1117A
yuèlǐ 樂理 4-1291B
yuèlǐ 越理 9-1114A
yuèlǐ 越禮 9-1116B
yuèlǐ 躍鯉 10-566A
yuèlì 月利 6-1126B
yuèlì 月例 6-1127B
yuèlì 月曆 6-1139A
yuèlì 岳立 3-808A
yuèlì 閱歷 12-121A
yuèlì 躍立 10-565A
yuèlì 躍厲 10-566A
yuèlián 岳蓮 3-810A
yuēliàng 約諒 9-723B
yuèliáng 月粮 6-1136B
yuèliáng 月糧 6-1140A
yuèliáng 躍踉 10-566A
yuèliàng 月亮 6-1130A
yuèliàngmén 月亮門 6-1130A
yuēliào 約料 9-722B
yuèliào 月料 6-1132A
yuèliàoqián 月料錢 6-1132A
yuèlǐcháng'é 月裏嫦娥 6-1136B
yuèliè 越裂 9-1114B
yuèliè 越躐 9-1117A
yuèlín 躍鱗 10-566B
yuèlǐn 月稟 6-1136B
yuèlǐn 月廩 6-1139B
yuèlǐn 月廪 6-1139B
yuèlíng 月靈 6-1140B
yuèlíng 岳靈 3-810B
yuèlíng 越淩 9-1114A
yuèlìng 月令 6-1124B
yuèlínhuā 月臨花 6-1139B
yuèlínxiāng 月麟香 6-1140B
yuèlóng 躍龍 10-566A
yuèlǒng 月籠 6-1140B
yuèlú 躍爐 10-566A
yuèlù 樂錄 4-1296B
yuèlù 月露 6-1140B
yuèlù 月鷺 6-1141A
yuèlù 岳麓 3-810B
yuèlù 越錄 9-1116B
yuèluàn 爚亂 7-316A
yuèlún 月輪 6-1138A
yuèluó 越羅 9-1116B
yuèluòshēnhéng 月落參橫 6-1134B
yuèluòxīngchén 月落星沉 6-1134A
yuèluòxīngchén 月落星沈 6-1134B
yuèlùshūyuàn 岳麓書院 3-810B
yuèlùzhītǐ 月露之體 6-1140B
yuèlǜ 樂律 4-1290A
yuèlǜ 月律 6-1129B
yuēlüè 絜畧 8-1039A
yuēlüè 約略 9-723A
yuèlüè 螻略 8-976A
yuěmà 噦罵 3-517B
yuèmǎ 閱馬 12-120B
yuèmǎ 躍馬 10-565A
yuèmài 月脉 6-1130A
yuèmǎn 月滿 6-1138A
yuèmáng 樂盲 4-1289B
yuèmǎnzékuī 月滿則虧 6-1138A
yuèmào 月貌 6-1137B
yuèmàohuāróng 月貌花容 6-1137B
yuèméi 月眉 6-1130B
yuèméi 越梅 9-1114A
yuèmèi 悅媚 7-550B
yuèmén 月門 6-1129A
yuēméng 約盟 9-723B
yuèmèng 月孟 6-1129A
yuèmǐ 月米 6-1126A
yuèmiàn 月面 6-1129B
yuèmiǎo 月杪 6-1127B
yuèmiào 岳廟 3-810A
yuèmiáomiáo 月苗苗 6-1127A
yuèmíng 樂名 4-1288A
yuèmíng 月明 6-1127B
yuèmíng 月蓂 6-1135B
yuèmíng 越名 9-1112A
yuèmíng 越明 9-1112B
yuèmíng 瀹茗 6-214A
yuèmíngqiānlǐ 月明千里 6-1127B
yuèmíngxīngxī 月明星稀 6-1127B
yuēmō 約莫 9-722B
yuēmò 約摸 9-723B
yuèmò 月末 6-1124A
yuèmò 越貊 9-1115A
yuèmòshēnhéng 月没參橫 6-1126B
yuèmǔ 鑰牡 11-1431A
yuèmǔ 月母 6-1125A
yuèmǔ 岳母 3-808A
yuèmǔ 籥牡 8-1282B
yuèmù 岳牧 3-808B
yuèmù 悅目 7-549B
yuèmù 悅慕 7-550B
yuèmù 悅穆 7-551A
yuèmùshǎngxīn 悅目賞心 7-550A
yuènèi 說内 11-241B
yuěnì 噦逆 3-517A
yuèní 軏輗 9-1225A
yuènián 閱年 12-120A
yuèniǎo 越鳥 9-1114A
yuènuò 越諾 9-1116A
yuènǚ 樂女 4-1285B
yuènǚ 越女 9-1110B
yuě'ǒu 噦嘔 3-517A
yuè'ōu 粵謳 9-212A
yuè'ōu 越甌 9-1116A
yuèpèi 月帔 6-1128A
yuèpéng 樂棚 4-1292B
yuèpiào 月票 6-1133A
yuèpǐn 樂品 4-1290A
yuèpǐn 月品 6-1129B
yuèpíng 月平 6-1124A
yuèpíng 月評 6-1135A
yuèpó 月婆 6-1133B
yuèpò 月魄 6-1137B
yuèpò 月鬼 6-1137B
yuèpózi 月婆子 6-1133B
yuèpǔ 樂譜 4-1297A
yuēqī 約期 9-723A
yuēqì 約契 9-722A
yuèqí 月旗 6-1137B
yuèqí 岳祇 3-808B
yuèqí 越旗 9-1115B
yuèqí 越騎 9-1116B
yuèqì 樂器 4-1296A
yuèqì 月氣 6-1131B
yuèqì 越氣 9-1113B
yuèqì 越器 9-1116B
yuèqian 月錢 6-1139A
yuèqiān 岳阡 3-808A
yuèqián 月前 6-1130B
yuèqiáng 月牆 6-1139B
yuèqín 月琴 6-1134A
yuèqín 越秦 9-1113B
yuèqín 越禽 9-1114B
yuèqīng 樂卿 4-1291A
yuèqīng 月卿 6-1132A
yuèqíng 樂情 4-1292B
yuèqíng 說情 11-247A
yuèqíng 月黥 6-1140B
yuèqíng 悅情 7-550B
yuèqiú 月球 6-1133A
yuèqǔ 樂曲 4-1288A
yuèquān 躍圈 10-565B
yuèquàn 悅勸 7-551A
yuèquǎnfèixuě 粵犬吠雪 9-211B
yuèquè 樂闋 4-1296B
yuèquè 月闕 6-1140A
yuèquēhuācán 月缺花殘 6-1131B
yú'ér 于兒 1-259A
yú'ér 余兒 1-1222A
yú'ér 俞兒 1-1358B
yú'ěr 魚餌 12-1196B
yú'ěr 榆耳 4-1187A
yú'ěr 瑜珥 4-609B
yú'ěr 餘耳 12-547B
yǔ'ér 語兒 11-222B
yù'ér 玉兒 4-483B
yù'ér 蒳兒 9-551B
yù'ěr 玉珥 4-491A
yuèrán 躍然 10-565B
yuèrǎng 月攘 6-1140B
yuèrén 樂人 4-1284B
yuèrén 悅人 7-549B
yuèrén 越人 9-1110B
yuèrén 閱人 12-119B
yuèrénféijí 越人肥瘠 9-1110B
yú'erhuó 魚兒活 12-1188B
yuèrì 月日 6-1122B
yuèrì 閱日 12-119B
yǔ'érjīn 語兒巾 11-222B
yǔ'érlí 語兒梨 11-222B
yuèróng 樂容 4-1291B
yù'érpǐ 譽兒癖 11-448B
yú'érqí 俞兒騎 1-1359A

yǔ'értíng 語兒亭 11-222B
yuèrú 躍如 10-565A
yuēruò 曰若 5-556B
yuèruò 粵若 9-211B
yuèruò 越若 9-1112B
yú'érwǔ 俞兒舞 1-1358B
yǔ'érxiāng 語兒鄉 11-223A
yuèsāng 樂喪 4-1292B
yuèsè 樂色 4-1288A
yuèsè 月色 6-1126A
yuèsè 悅色 7-550A
yuèshān 岳山 3-808A
yuèshǎn 越睒 9-1115A
yuèshàn 月扇 6-1132B
yuèshàng 月上 6-1121B
yuèshāo 月梢 6-1133A
yuèshè 閱射 12-120B
yuēshēn 約身 9-721B
yuèshēn 躍身 10-565A
yuèshén 樂神 4-1290B
yuèshén 岳神 3-809A
yuèshěn 閱審 12-121A
yuēshěng 約省 9-722A
yuèshēng 樂生 4-1287A
yuèshēng 月生 6-1124B
yuèshēng 躍升 10-565A
yuèshèng 閱勝 12-121A
yuēshǐ 約矢 9-721A
yuēshì 約士 9-721A
yuēshì 約誓 9-723B
yuèshī 樂師 4-1291A
yuèshī 樂詩 4-1294B
yuèshī 騶濕 12-1372A
yuèshī 籥師 8-1282B
yuèshí 樂石 4-1286B
yuèshí 月石 6-1124A
yuèshí 月食 6-1129B
yuèshí 月蝕 6-1137B
yuèshí 越石 9-1111B
yuèshí 閱時 12-120B
yuèshí 閱實 12-121A
yuèshǐ 悅使 7-550A
yuèshì 月市 6-1125A
yuèshì 月事 6-1127B
yuèshì 月試 6-1136B
yuèshì 越世 9-1111B
yuèshì 閱世 12-120A
yuèshì 閱市 12-120A
yuèshì 閱事 12-120A
yuèshì 閱視 12-120B
yuèshì 閱試 12-121A
yuèshìbù 月事布 6-1127B
yuèshífù 越石父 9-1111B
yuèshìzǎo 樂氏棗 4-1286A
yuèshǒu 樂手 4-1286A
yuèshòu 岳狩 3-809A
yuèshòuqínféi 越瘦秦肥 9-1115B
yuèshòuwúféi 越瘦吳肥 9-1115B
yuēshù 約束 9-721A
yuèshū 樂書 4-1291B
yuèshū 月書 6-1132B
yuèshū 瀹疏 6-214A
yuèshù 月數 6-1138B
yuèshù 月樹 6-1139A
yuèshuāng 月雙 6-1140A
yuèshuǐ 月水 6-1123A
yuèshuǐ 閱水 12-119B
yuèshuǐ 躍水 10-565A
yuèshuò 月朔 6-1132A
yuèsī 越思 9-1113A
yuèsì 月祀 6-1127A
yuèsì 月駟 6-1138A
yuèsì 礿祀 7-836A
yuèsòng 樂頌 4-1294B
yuèsòng 說頌 11-248B
yuēsù 約素 9-722B
yuèsú 越俗 9-1113A
yuèsù 越訴 9-1114B
yuèsuí 悅隨 7-550B
yuèsuì 閱歲 12-121A
yuēsǔn 約損 9-723B
yuètái 月台 6-1125A
yuètái 月臺 6-1137A
yuètái 越臺 9-1115B
yuètáipiào 月臺票 6-1137A
yuètán 樂壇 4-1296A
yuètán 月壇 6-1139A
yuètàn 樂探 4-1291B
yuètàn 越賧 9-1116A
yuètāng 躍湯 10-566A
yuètáng 月堂 6-1133A
yuètáo 汋淘 5-927A
yuètáo 越桃 9-1113B
yuèténg 越藤 9-1116B
yuètī 躍踢 10-566A
yuètí 月題 6-1140A
yuètí 躍蹄 10-566A
yuètiān 月天 6-1122A
yuètiānzǐ 月天子 6-1122A
yuètiáo 樂調 4-1296A
yuètiào 躍跳 10-566A
yuètiě 躍鐵 10-566B
yuètíng 岳停 3-809B
yuètóng 樂童 4-1293B
yuètóu 月頭 6-1139A
yuètóuyín 月頭銀 6-1139A
yuètǔ 噦吐 3-517A
yuètù 月兔 6-1128A
yuètuán 樂團 4-1295A
yuètuán 月團 6-1137A
yuètuó 越橐 9-1116A
yuèwài 越外 9-1111B
yuèwán 悅玩 7-550A
yuèwǎn 粵宛 9-212A
yuèwàn 樂萬 4-1292B
yuèwáng 月王 6-1122A
yuèwàng 月望 6-1133B
yuèwángniǎo 越王鳥 9-1111A
yuèwángshé 越王蛇 9-1111A
yuèwángtái 粵王臺 9-211B
yuèwángtái 越王臺 9-1111A
yuèwángtóu 越王頭 9-1111A
yuèwángyuēfà 越王約髮 9-1111A
yuèwángyúsuàn 越王餘筭 9-1111A
yuèwángyúsuàn 越王餘算 9-1111A
yuèwángzhú 越王竹 9-1111A
yuèwēi 跀危 10-438B
yuèwěi 月尾 6-1127A
yuèwèi 越位 9-1112B
yuèwéihú 月圍湖 6-1135A
yuèwéitán 月圍潭 6-1135A
yuèwén 樂文 4-1286A
yuèwèn 閱問 12-120B
yuèwēng 樂翁 4-1291A
yuèwēng 岳翁 3-809A
yuèwō 月窩 6-1136B
yuèwū 越巫 9-1112A
yuèwú 越吳 9-1112A
yuèwǔ 樂舞 4-1295A
yuèwǔ 月午 6-1123B
yuèwǔ 閱武 12-120A
yuèwǔ 躍舞 10-566A
yuèwǔ 籥舞 8-1282B
yuèwù 樂物 4-1289A
yuèwǔmù 岳武穆 3-808B
yuèwǔshēng 樂舞生 4-1295A
yuèxī 月夕 6-1121B
yuèxī 月息 6-1131B
yuèxī 越溪 9-1115A
yuèxī 越豨 9-1115B
yuèxí 越席 9-1113B
yuèxí 閱習 12-120B
yuèxǐ 說喜 11-247B
yuèxǐ 說憙 11-250A
yuèxǐ 悅喜 7-550B
yuèxì 樂戲 4-1296B
yuèxì 閱戲 12-121B
yuèxiá 月峽 6-1131B
yuèxiá 月硤 6-1134B
yuèxià 月下 6-1121A
yuèxià 鉞下 11-1229A
yuèxià 樾下 4-1299A
yuèxiàbái 月下白 6-1121A
yuèxiàhuāqián 月下花前 6-1121B
yuèxiàlǎo 月下老 6-1121A
yuèxiàlǎo'ér 月下老兒 6-1121B
yuèxiàlǎorén 月下老人 6-1121A
yuèxiān 越先 9-1112A
yuèxián 月弦 6-1129A
yuēxiáng 約降 9-722A
yuèxiāng 越香 9-1113A
yuèxiāng 越鄉 9-1114A
yuèxiǎng 月享 6-1128A
yuèxiǎng 月餉 6-1137B
yuèxiàng 月相 6-1129A
yuèxiàng 越相 9-1113A
yuèxiǎo 月小 6-1121B
yuèxiào 說咲 11-245A
yuèxiào 悅笑 7-550A
yuèxiàshū 月下書 6-1121B
yuèxié 月脅 6-1132B
yuèxié 月脇 6-1132A
yuèxiè 月榭 6-1137A
yuèxiè 越泄 9-1112B
yuèxiè 越渫 9-1114B
yuèxīhuāchén 月夕花晨 6-1122A
yuèxīhuāzhāo 月夕花朝 6-1122A
yuēxìn 約信 9-722B
yuèxīn 樂心 4-1286B
yuèxīn 月薪 6-1139A
yuèxīn 悅心 7-549B
yuèxīn 悅欣 7-550A
yuèxīn 閱心 12-119B
yuèxīn 躍心 10-565A
yuèxìn 月信 6-1129B
yuèxìn 越信 9-1113A
yuèxīng 鉞星 11-1229A
yuèxíng 越行 9-1112A
yuěxīnlìxuè 噦心瀝血 3-517A
yuèxióng 月雄 6-1134B
yuèxiù 岳秀 3-808B
yuèxū 樂胥 4-1290B
yuèxù 岳壻 3-809B
yuèxuán 樂縣 4-1296A
yuèxuán 樂懸 4-1297A
yuèxuǎn 月選 6-1139A
yuèxué 樂學 4-1296B
yuèxuè 窢窩 8-437B
yuèxūn 樂勳 4-1296B
yuèxún 閱旬 12-120A
yuèyá 月牙 6-1122B
yuèyá 月芽 6-1126B
yuèyá 越芽 9-1112A
yuēyán 約言 9-721B
yuēyàn 約艷 9-724A
yuèyàn 月研 6-1129B
yuèyàn 月硯 6-1134B
yuèyàn 越燕 9-1116A
yuèyàn 越豔 9-1117A
yuèyáng 月陽 6-1134A
yuèyàng 越樣 9-1116A
yuèyángjīn 岳陽金 3-809B
yuèyánglóu 岳陽樓 3-809B
yuèyángyǔjīn 櫟陽雨金 4-1357B
yuēyāo 約要 9-722A
yuèyáo 越窰 9-1116A
yuèyào 月要 6-1129B
yuèyào 月曜 6-1140A
yuèyáquán 月牙泉 6-1122B
yuěyè 噦咽 3-517A
yuèyě 躍冶 10-565A
yuèyè 月夜 6-1128B
yuèyěsàipǎo 越野賽跑 9-1114A
yuèyí 樂儀 4-1295B
yuèyí 說夷 11-242B
yuèyí 月儀 6-1138B
yuèyì 樂藝 4-1297A
yuèyì 說懌 11-250B
yuèyì 悅意 7-550B
yuèyì 悅義 7-550B
yuèyì 悅懌 7-551A
yuèyì 越泆 9-1112B

yuèyì 越逸 9-1114A
yuèyì 越軼 9-1114B
yuèyì 越溢 9-1115A
yuèyì 越翳 9-1116B
yuèyìlùn 樂毅論 4-1296A
yuèyīn 樂音 4-1290B
yuèyīn 月陰 6-1132B
yuèyín 越吟 9-1112B
yuèyìn 樾蔭 4-1299A
yuèyíng 樂營 4-1296B
yuèyǐng 月影 6-1138B
yuèyǐng 越影 9-1116A
yuèyíngjiàng 樂營將 4-1296B
yuèyǐngtái 月影臺 6-1138B
yuèyíngzéshí 月盈則食 6-1130A
yuèyīpán 月一盤 6-1121A
yuèyìrìxīn 月異日新 6-1133A
yuèyìzǎo 樂毅棗 4-1296A
yuèyōng 月傭 6-1136A
yuèyǒng 樂詠 4-1293B
yuèyǒng 躍踊 10-566A
yuèyóu 月游 6-1135A
yuèyóu 月遊 6-1135A
yuèyǒu 月酉 6-1126B
yuèyòu 樂侑 4-1289B
yuèyú 月魚 6-1133B
yuèyú 越踰 9-1116A
yuèyú 躍魚 10-565B
yuèyǔ 樂語 4-1295A
yuèyǔ 説語 11-249B
yuèyǔ 月宇 6-1126A
yuèyǔ 月羽 6-1126B
yuèyǔ 粵語 9-212A
yuèyù 説豫 11-250A
yuèyù 説諭 11-250B
yuèyù 月域 6-1133A
yuèyù 月御 6-1135A
yuèyù 月馭 6-1134A
yuèyù 悦悆 7-550A
yuèyù 悦豫 7-550B
yuèyù 悦諭 7-551A
yuèyù 越獄 9-1115B
yuèyù 閲獄 12-121A
yuèyuán 樂員 4-1290B
yuèyuǎn 悦遠 7-550B
yuèyuǎn 越遠 9-1115A
yuèyuàn 樂苑 4-1288B
yuèyuánhuāhǎo 月圓花好 6-1136A
yuèyuè 月月 6-1123B
yuèyuè 岳岳 3-808B
yuèyuè 軏軏 9-1225A
yuèyuè 越越 9-1114B
yuèyuè 閲樂 12-121A
yuèyuè 閲月 12-119B
yuèyuè 爚爚 7-316A
yuèyuè 躍越 10-565B
yuèyuè 躍躍 10-566A
yuèyuèhóng 月月紅 6-1123B
yuèyuèlěilěi 岳岳磊磊 3-808B
yuèyuèluòluò 岳岳犖犖 3-808B
yuèyuèyùshì 躍躍欲試 10-566A
yuèyùn 月運 6-1135A
yuèyùn 月暈 6-1135B
yuèyùn 月韻 6-1140A
yuèyùnchǔrùn 月暈礎潤 6-1135B
yuèyùn'érfēng… 月暈而風,礎潤而雨 6-1135B
yuèyùnzhīfēng… 月暈知風,礎潤知雨 6-1135B
yuèzǎo 越早 9-1112A
yuèzé 悦澤 7-551A
yuèzhān 月邅 6-1139B
yuèzhàn 岳湛 3-809B
yuèzhāng 樂章 4-1292A
yuèzhāng 月章 6-1133B
yuèzhǎng 越長 9-1112B
yuèzhàng 月仗 6-1124B
yuèzhàng 月杖 6-1126B
yuèzhàng 岳丈 3-808A
yuèzhāo 月朝 6-1134B
yuèzhèn 岳鎮 3-810A
yuēzhèng 約正 9-721A
yuèzhēng 月正 6-1124A
yuèzhèng 樂正 4-1286B
yuèzhèng 樂政 4-1290A
yuèzhèng 月正 6-1124A
yuèzhèng 閲正 12-119B
yuèzhènyuāntíng 岳鎮淵渟 3-810A
yuēzhǐ 約指 9-722A
yuèzhī 月氏 6-1123B
yuèzhī 月支 6-1122B
yuèzhí 月直 6-1127A
yuèzhí 越職 9-1116B
yuèzhì 樂志 4-1288B
yuèzhì 樂制 4-1289A
yuèzhì 月制 6-1128A
yuèzhì 月櫛 6-1139B
yuèzhì 岳峙 3-809A
yuèzhì 岳跱 3-810A
yuèzhì 越志 9-1112A
yuèzhì 越雉 9-1115A
yuèzhì 閲致 12-120B
yuèzhì 躍擲 10-566A
yuèzhíniánzāi 月值年災 6-1131B
yuèzhǐshìlǚ 刖趾適屨 2-616B
yuèzhīténg 月支藤 6-1122B
yuèzhīxiāng 月支香 6-1122B
yuèzhìyuāntíng 岳峙淵渟 3-809A
yuèzhōng 月中 6-1123A
yuèzhōng 月終 6-1134A
yuèzhōng 月鐘 6-1140B
yuèzhǒng 越種 9-1115B
yuèzhōngguì 月中桂 6-1123A
yuèzhōngrén 月中人 6-1123A
yuèzhōngtù 月中兔 6-1123A
yuèzhòu 粵祝 9-212A
yuèzhú 月竹 6-1126A
yuèzhǔ 月主 6-1125A
yuèzhuāngqián 月樁錢 6-1138A
yuèzhuō 月桌 6-1131A
yuèzhuó 鸑鷟 12-1170B
yuèzhuómíngqí 鸑鷟鳴岐 12-1170B
yuèzi 籰子 8-1286B
yuèzǐ 箢子 8-1190A
yuèzǐ 月子 6-1122A
yuèzǐ 月姊 6-1127A
yuèzibìng 月子病 6-1122A
yuèzifáng 月子房 6-1122A
yuēzòng 約從 9-723A
yuèzōng 岳宗 3-808B
yuèzōu 樂鄒 4-1293B
yuèzòu 樂奏 4-1290A
yuèzū 月租 6-1131B
yuèzú 刖足 2-616B
yuèzǔ 樂祖 4-1290B
yuèzǔ 越俎 9-1113A
yuèzǔdàimóu 越俎代謀 9-1113B
yuèzǔdàipáo 越俎代庖 9-1113A
yuèzuì 刖罪 2-616B
yuèzūn 越樽 9-1116A
yuèzuòrén 月作人 6-1126B
yúfǎ 逾法 10-1043A
yúfǎ 餘法 12-549B
yǔfǎ 語法 11-223A
yùfā 愈發 7-631A
yùfǎ 獄法 5-104B
yúfān 漁帆 6-93B
yúfán 愚凡 7-617B
yúfán 璵璠 4-642A
yúfǎn 隅反 11-1076A
yúfàn 魚梵 12-1191B
yúfàn 餘犯 12-547A
yúfàn 餘飯 12-554B
yǔfán 與璠 2-162B
yǔfàn 雨傘 11-616A
yùfán 玉樊 4-511A
yúfāng 逾方 10-1042A
yúfāng 榆枋 4-1187B
yúfāng 餘芳 12-548B
yúfáng 萸房 9-444A
yúfáng 魚防 12-1186B
yúfáng 魚魴 12-1197B
yúfáng 逾防 10-1042B
yúfàng 娛放 4-360A
yùfáng 玉房 4-485B
yùfáng 預防 12-274B
yùfáng 豫防 10-39A
yùfǎng 醧舫 9-1438A
yùfāngfú 玉方符 4-474B
yùfānghú 玉方壺 4-474B
yúfāngshuǐfāng 盂方水方 7-1415A
yùfángzhēn 預防針 12-274B
yúfāngzhījiàn 榆枋之見 4-1187B
yùfántáng 玉樊堂 4-511A
yǔfǎxué 語法學 11-223A
yúfēi 于飛 1-259B
yùfēi 玉妃 4-478B
yùféi 飫肥 12-496B
yùfěi 玉棐 4-501B
yùfèi 鬱廢 3-1143B
yúfēiyuè 于飛樂 1-259B
yúfēn 餘芬 12-548B
yúfēn 餘氛 12-549B
yúfén 榆枌 4-1187B
yúfěn 魚粉 12-1191A
yúfěn 榆粉 4-1188A
yúfèn 逾分 10-1042A
yúfèn 逾份 10-1042B
yúfèn 餘分 12-546B
yúfèn 餘忿 12-549B
yúfèn 餘憤 12-558A
yùfēn 郁芬 10-610A
yùfēn 郁氛 10-610B
yùfēn 郁紛 10-610B
yùfēn 預分 12-274A
yùfěn 玉粉 4-494A
yùfèn 鬱憤 3-1143B
yúfēng 魚封 12-1189B
yúfēng 逾封 10-1043A
yúfēng 餘風 12-551A
yǔfēng 語風 11-223B
yǔfēng 語鋒 11-225B
yùfēng 玉峯 4-493A
yùfēng 玉鋒 4-512B
yùfēng 御風 3-1027A
yùfēng 馭風 12-796A
yùfēng 愈風 7-631A
yùféng 遇逢 10-1031B
yùfèng 玉鳳 4-509A
yùfèng 預奉 12-275A
yùfèngcānhè 馭鳳驂鶴 12-796B
yùfēngjīn 馭風襟 12-796A
yúfēngyàntiě 魚封雁帖 12-1189B
yúfēngyàntiě 魚封鴈帖 12-1189B
yúfēngyíwén 餘風遺文 12-551A
yùfēngzhuàng 馭風幢 12-796A
yúfènrùnqì 餘分閏氣 12-546B
yúfènrùnwèi 餘分閏位 12-546B
yùfó 玉佛 4-480A
yùfó 浴佛 5-1237A
yùfóhuì 浴佛會 5-1237A
yùfójié 浴佛節 5-1237A
yùfórì 浴佛日 5-1237A
yùfóshuǐ 浴佛水 5-1237A
yūfū 迂夫 10-714B
yūfú 紆紱 9-701A
yūfǔ 迂腐 10-717B
yūfù 汙附 5-911A
yúfū 俞柎 1-1359A

yúfū 俞跗 1-1359A
yúfū 俞拊 1-1358B
yúfū 舁夫 8-1288A
yúfū 愚夫 7-617B
yúfū 榆柎 4-1187B
yúfū 漁夫 6-93B
yúfū 餘夫 12-546A
yúfū 輿夫 9-1309B
yúfū 俞咈 1-1358B
yúfú 魚服 12-1188B
yúfú 魚浮 12-1191A
yúfú 魚符 12-1192A
yúfú 魚幅 12-1194A
yúfú 魚鳧 12-1195B
yúfú 漁桴 6-95B
yúfú 餘符 12-553A
yúfú 餘幅 12-554B
yúfú 餘福 12-556B
yúfú 輿服 9-1310A
yúfǔ 魚府 12-1189A
yúfǔ 魚釜 12-1191A
yúfǔ 魚脯 12-1192B
yúfǔ 愚父 7-618A
yúfǔ 漁父 6-93B
yúfù 盂覆 7-1415A
yúfù 俞附 1-1358B
yúfù 魚父 12-1185A
yúfù 魚阜 12-1188B
yúfù 魚腹 12-1196A
yúfù 魚賦 12-1197A
yúfù 虞祔 8-847B
yúfù 餘賦 12-557A
yúfù 餘馥 12-559A
yǔfú 羽服 9-637B
yǔfú 禹服 1-665A
yǔfú 傴伏 1-1630A
yǔfú 嫗伏 4-403A
yǔfǔ 傴拊 1-1630A
yǔfǔ 嫗拊 4-403A
yùfū 玉膚 4-511B
yùfū 喻跗 3-434A
yùfū 御夫 3-1023A
yùfū 馭夫 12-795B
yùfū 燠敷 7-259A
yùfū 鬱敷 3-1143B
yùfú 玉服 4-484B
yùfú 玉枹 4-487A
yùfú 玉桴 4-495B
yùfú 玉符 4-498A
yùfú 玉鳧 4-506A
yùfú 郁弗 10-609B
yùfú 御服 3-1026A
yùfú 禦福 7-951B
yùfú 鬱伏 3-1137B
yùfú 鬱茀 3-1139A
yùfú 鬱佛 3-1139B
yùfú 鬱拂 3-1138B
yùfú 鬱苐 3-1138B
yùfú 鬱岪 3-1139A
yùfǔ 玉府 4-485A
yùfǔ 玉斧 4-484A
yùfǔ 玉釜 4-493B
yùfǔ 御府 3-1026A
yùfǔ 豫撫 10-41B
yùfù 郁馥 10-611A
yùfù 預付 12-274B
yùfù 豫附 10-39B
yúfǔchénzèng 魚釜塵甑 12-1191A
yúfūchǔnfù 愚夫惷婦 7-617B
yùfúliáng 玉浮梁 4-494A
yúfǔqǔ 漁父曲 6-93B
yùfúróng 玉芙蓉 4-479A
yúfǔxíng 漁父行 6-93B
yùfǔxiūyuè 玉斧修月 4-484A
yúfǔyǐn 漁父引 6-93B
yúfūyúfù 愚夫愚婦 7-617B
yǔfùyúnfān 雨覆雲翻 11-618A
yūfūzǐ 迂夫子 10-714B
yǔfúzi 雨袱子 11-615A
yūgài 淤溉 5-1413A
yúgài 輿蓋 9-1311A
yǔgài 羽蓋 9-639B
yǔgài 雨蓋 11-616A
yùgài 御蓋 3-1029B
yǔgàichē 羽蓋車 9-639B
yùgài'érzhāng 欲蓋而彰 6-1443A
yùgàimízhāng 欲蓋彌彰 6-1443A
yúgān 魚竿 12-1189B
yúgān 腴甘 6-1332A
yúgān 漁竿 6-94B
yúgān 餘甘 12-547A
yúgān 輿竿 9-1310A
yúgǎn 魚杆 12-1186B
yǔgǎn 語感 11-224B
yùgǎn 預感 12-277B
yùgǎn 豫感 10-41A
yùgàn 玉幹 4-504A
yúgāng 魚矼 12-1188A
yúgāng 魚缸 12-1189B
yúgāng 榆岡 4-1187B
yúgāng 榆剛 4-1188A
yúgāng 榆罡 4-1188A
yúgǎng 漁港 6-96B
yùgāng 玉缸 4-488B
yùgāng 玉釭 4-498A
yùgāng 浴缸 5-1237A
yùgāng 鬱岡 3-1139A
yúgānkè 漁竿客 6-94B
yúgānyóu 魚肝油 12-1187A
yúgānzǐ 餘甘子 12-547A
yūgào 籲告 8-1287B
yúgāo 魚膏 12-1196B
yúgāo 榆膏 4-1188B
yǔgào 予告 1-769A
yǔgào 與告 2-161B
yùgāo 玉皋 4-493B
yùgāo 玉膏 4-509A
yùgào 預告 12-275A
yùgào 豫告 10-39B
yùgào 諭告 11-345B
yǔgāoyānnì 雨膏煙膩 11-617A
yúgē 渝歌 5-1493B
yúgē 魚歌 12-1196A
yúgē 虞哥 8-848A
yúgē 虞歌 8-848B
yúgē 漁歌 6-97A
yúgē 漁謌 6-97B
yúgē 餘割 12-555A
yúgē 餘歌 12-556B
yúgē 輿歌 9-1311A
yúgé 魚革 12-1189B
yúgé 逾格 10-1044A
yúgě 魚舸 12-1192B
yúgě 漁舸 6-95B
yǔgé 語格 11-223B
yùgē 飫歌 12-497A
yùgē 鴿歌 12-1116A
yùgē 鸞歌 12-926A
yùgé 玉格 4-492B
yùgé 鬱膈 3-1143A
yúgēn 漁根 6-95A
yùgēn 慾根 7-694A
yúgēng 魚更 12-1186B
yúgēng 魚羹 12-1201A
yúgēng 魚羨 12-1196B
yúgēng 榆羹 4-1189A
yúgěng 魚鯁 12-1200B
yúgěng 愚鯁 7-623A
yǔgēng 雨耕 11-614A
yùgēng 愈更 7-631A
yùgēng 預耕 12-276A
yúgēzǐ 漁歌子 6-97A
yúgōng 愚公 7-618A
yúgōng 餘工 12-545B
yúgōng 餘功 12-546B
yǔgōng 羽觥 9-639B
yǔgōng 雨工 11-611A
yǔgōng 禹功 1-664B
yǔgōng 庾弓 3-1239B
yùgōng 玉工 4-472A
yùgōng 玉弓 4-473A
yùgōng 玉宮 4-490B
yùgōng 玉躬 4-493B
yùgōng 玉觥 4-507A
yùgōng 寓公 3-1573A
yùgōng 鬻工 12-925A
yùgòng 御貢 3-1027B
yǔgōngchén 庾公塵 3-1239B
yúgōnggāomén 于公高門 1-258B
yúgōnggǔ 愚公谷 7-618A
yǔgōnglóu 庾公樓 3-1239B
yúgōngyíshān 愚公移山 7-618A
yúgōu 魚鉤 12-1194A
yúgōu 魚鉤 12-1195B
yúgōu 漁鉤 6-96B
yúgǒu 魚狗 12-1188B
yúgǒu 魚笱 12-1192A
yúgǒu 漁笱 6-95B
yǔgōu 予勾 1-768B
yǔgōu 予句 1-768B
yùgōu 玉鉤 4-503A
yùgōu 玉溝 4-507A
yùgōu 玉鉤 4-506B
yùgōu 御溝 3-1029B
yùgǒu 玉狗 4-485A
yùgòu 預購 12-278B
yùgōuliúyè 御溝流葉 3-1029B
yúgǒumén 魚笱門 12-1192A
yùgōuxié 玉勾斜 4-474B
yùgōuxié 玉鉤斜 4-503A
yùgōuxié 玉鉤斜 4-506B
yúgū 餘辜 12-554A
yúgǔ 禺谷 7-1315A
yúgǔ 隅谷 11-1076B
yúgǔ 魚罟 12-1190B
yúgǔ 魚鼓 12-1195A
yúgǔ 魚皷 12-1196A
yúgǔ 嵎谷 3-854A
yúgǔ 愚谷 7-619A
yúgǔ 愚鼓 7-621B
yúgǔ 愚瞽 7-623A
yúgǔ 漁罟 6-95A
yúgǔ 漁鼓 6-96B
yúgù 愚固 7-619B
yúgù 愚錮 7-622B
yǔgǔ 雨谷 11-612B
yùgū 鬱孤 4-1373A
yùgū 鬱孤 3-1140A
yùgǔ 汩淈 5-965A
yùgǔ 玉股 4-484B
yùgǔ 玉骨 4-488A
yùgǔ 御瞽 3-1031B
yùgǔ 裕蠱 9-95B
yùgǔ 禦蠱 7-951B
yùgù 遇故 10-1031A
yùguā 玉瓜 4-476A
yùguà 鬻卦 12-925B
yūguài 迂怪 10-716A
yǔguài 語怪 11-223A
yúguān 娛觀 4-361A
yúguān 隅官 11-1076B
yúguān 魚官 12-1189A
yúguān 逾官 10-1043A
yúguān 榆關 4-1189A
yúguān 虞鰥 8-849A
yúguān 輿官 9-1310A
yúguǎn 輿棺 9-1310B
yúguǎn 愚管 7-622A
yúguàn 魚貫 12-1193A
yúguàn 逾冠 10-1043B
yúguàn 逾貫 10-1044B
yúguàn 榆貫 4-1188A
yǔguān 羽冠 9-638A
yǔguān 雨官 11-613A
yǔguān 雨冠 11-613B
yùguān 玉冠 4-490B
yùguān 玉棺 4-501A
yùguān 玉關 4-521A
yùguān 獄官 5-104B
yùguān 豫觀 10-42A
yùguān 鬻官 12-925B
yùguān 鷸冠 12-1163A
yùguǎn 玉琯 4-500A
yùguǎn 玉管 4-508B
yùguǎn 玉館 4-515A
yùguǎn 寓館 3-1575A

yùguǎn 燠館 7-259A
yùguàn 玉觀 4-524A
yùguàn 寓貫 3-1574B
yùguàn 鬱祼 3-1142B
yúguāng 榆光 4-1187A
yúguāng 餘光 12-547B
yúguǎng 愚獷 7-623A
yǔguānguān 語關關 11-226B
yùguānqíng 玉關情 4-521B
yùguānrénlǎo 玉關人老 4-521A
yúguànyànbǐ 魚貫雁比 12-1193A
yúguànyànháng 魚貫雁行 12-1193A
yùgǔbīngjī 玉骨冰肌 4-488A
yúgǔdàoqíng 魚鼓道情 12-1195A
yúguī 于歸 1-260B
yúguī 逾規 10-1044A
yúguǐ 逾軌 10-1043B
yúguǐ 逾晷 10-1045A
yúguǐ 餘晷 12-554A
yúguǐ 輿鬼 9-1310A
yǔguī 予歸 1-769B
yǔguī 庾鮭 3-1240B
yùguī 玉圭 4-476B
yùguī 玉珪 4-491A
yùguī 玉閨 4-510A
yùguī 玉龜 4-517A
yùguī 獄規 5-105A
yùguǐ 御宄 3-1024B
yùguǐ 御軌 3-1026B
yùguì 玉桂 4-492B
yùguì 玉匱 4-508A
yùguì 鬻貴 12-925B
yùguījīnniè 玉圭金臬 4-476B
yùguīshān 玉龜山 4-517B
yúgǔjiǎn 魚鼓簡 12-1195A
yúgǔjiǎnbǎn 魚鼓簡板 12-1195A
yúgǔjiǎnzi 魚鼓簡子 12-1195A
yùgǔn 御袞 3-1028B
yúguó 魚國 12-1192A
yǔguó 與國 2-162A
yǔguó 語國 11-224A
yùguō 汩活 5-964B
yùguō 浴鍋 5-1238A
yùguó 馭國 12-796B
yùguǒ 玉果 4-483A
yùguǒ 御裹 3-1030A
yǔguòtiānqīng 雨過天青 11-614B
yùguózúmín 裕國足民 9-95B
yùgūtái 鬱孤臺 3-1140A
yùgùzú 裕固族 9-95A
yúhǎi 魚海 12-1191A
yúhǎi 魚醢 12-1199B
yúhài 魚亥 12-1186B
yúhài 魚駭 12-1198A
yùhǎi 玉海 4-494A
yùhǎi 欲海 6-1443A
yùhǎi 慾海 7-694A
yùhài 遇害 10-1031B
yúhǎiqiáoshān 漁海樵山 6-95A
yùhǎiqīng 玉海青 4-494A
yúhān 愚憨 7-622B
yúhán 魚函 12-1189A
yúhán 餘寒 12-555A
yúhàn 愚悍 7-620B
yúhàn 餘憾 12-558B
yǔhàn 羽翰 9-640B
yǔhàn 雨汗 11-612A
yùhán 玉函 4-486A
yùhàn 玉翰 4-514A
yùhàn 獄漢 5-105B
yùhàn 禦扞 7-951B
yùhàn 禦捍 7-951B
yùhánfāng 玉函方 4-486A
yúháng 魚行 12-1186A
yúháng 漁行 6-94A
yǔháng 宇航 3-1295B
yūháo 籲號 8-1287B
yúhào 禺號 7-1315B
yúhào 禺虢 7-1315B
yúhào 諛好 11-401A
yùháo 玉毫 4-498B
yùhào 欲好 6-1442B
yūhé 迂合 10-715A
yúhé 于何 1-259A
yúhé 於何 6-1574B
yǔhé 羽翮 9-640B
yǔhè 羽褐 9-640A
yùhé 玉禾 4-475B
yùhé 玉合 4-477B
yùhé 玉河 4-485A
yùhé 玉荷 4-492A
yùhé 芋荷 9-274A
yùhé 御河 3-1026A
yùhé 裕和 9-95B
yùhé 遇合 10-1030B
yùhé 愈合 7-631A
yùhé 豫和 10-39B
yùhè 玉鶴 4-523A
yùhè 寓鶴 3-1575B
yùhè 慾壑 7-694A
yǔhéfēiròu 羽翮飛肉 9-641A
yǔhéfēnglíng 雨翮風翎 11-617B
yūhēi 淤黑 5-1413A
yùhēi 鬱黑 3-1142A
yúhén 餘痕 12-553B
yúhèn 餘恨 12-551B
yùhén 玉痕 4-498B
yùhènántián 欲壑難填 6-1443B
yùhènántián 慾壑難填 7-694A
yúhéng 逾恆 10-1043A
yúhéng 虞衡 8-849A
yùhéng 玉衡 4-515A
yùhéng 御衡 3-1031A
yǔhènyúnchóu 雨恨雲愁 11-613B
yūhóng 迂弘 10-715A
yúhóng 魚鴻 12-1200A
yùhóng 玉虹 4-488A
yùhóngcǎo 玉紅草 4-491A
yùhóngchūn 玉紅春 4-491A
yúhòu 腴厚 6-1332A
yúhòu 虞候 8-848A
yǔhòu 雨後 11-613B
yǔhòu 雨候 11-614A
yùhóu 玉喉 4-502A
yùhòu 預後 12-275B
yùhòu 隩厚 11-1112A
yǔhòuchūnsǔn 雨後春笋 11-613B
yùhòuguangqián 裕後光前 9-95B
yūhú 紆緰 9-701B
yúhū 腴膴 6-1332B
yúhǔ 魚虎 12-1188A
yúhǔ 嵎虎 3-854A
yúhù 魚户 12-1185A
yúhù 魚笏 12-1190B
yúhù 魚扈 12-1193A
yúhù 魚滬 12-1196B
yúhù 魚簄 12-1201B
yúhù 漁户 6-93B
yúhù 漁滬 6-97A
yǔhù 雨户 11-611B
yùhū 汩淴 5-965A
yùhú 玉壺 4-500A
yùhú 浴斛 5-1237B
yùhú 寓鵠 3-1575B
yùhǔ 玉虎 4-482B
yùhù 玉户 4-475A
yùhù 玉笏 4-493A
yùhù 獄户 5-103B
yúhuā 魚花 12-1186B
yúhuā 餘花 12-548A
yúhuá 餘華 12-552A
yúhuà 魚化 12-1184B
yǔhuā 雨花 11-612A
yǔhuà 羽化 9-636B
yǔhuà 語話 11-224B
yùhuā 雨花 11-612A
yùhuā 雨華 11-614B
yùhuā 玉花 4-479A
yùhuá 玉華 4-492A
yùhuá 鬱華 3-1141A
yùhuācōng 玉花驄 4-479B
yùhuácōng 玉華驄 4-492A
yùhuágōng 玉華宮 4-492A
yūhuái 紆徊 9-700B
yúhuái 愚懷 7-623B
yúhuái 餘懷 12-560A
yùhuái 玉懷 4-521A
yùhuái 聿懷 9-244A
yùhuái 寓懷 3-1575B
yùhuái 瀀磈 6-225B
yúhuáizhījú 逾淮之橘 10-1044B
yúhuàlóng 魚化龍 12-1184B
yùhuālú 玉花鱸 4-479B
yūhuǎn 迂緩 10-717B
yūhuǎn 紆緩 9-701B
yúhuān 虞歡 8-849A
yúhuān 餘懽 12-560B
yúhuān 餘歡 12-560B
yǔhuán 宇寰 3-1295B
yùhuán 玉環 4-516A
yùhuán 玉鐶 4-523A
yùhuán 玉鬟 4-523B
yùhuàn 浴浣 5-1237B
yūhuáng 菸黄 9-450A
yúhuáng 艅艎 9-9B
yúhuáng 餘皇 12-550B
yúhuáng 餘艎 12-557B
yùhuáng 汩湟 5-965A
yùhuáng 蟜蟥 8-975A
yùhuáng 玉皇 4-488B
yùhuáng 玉璜 4-510A
yùhuáng 聿皇 9-243B
yùhuáng 聿遑 9-244A
yùhuáng 御黄 3-1028A
yùhuáng 矞皇 8-587B
yùhuáng 遹皇 10-1246A
yùhuángdàdì 玉皇大帝 4-488B
yùhuángdì 玉皇帝 4-488B
yùhuángdǐng 玉皇頂 4-488B
yùhuángshàngdì 玉皇上帝 4-488B
yǔhuāshè 雨花社 11-612A
yǔhuāshè 雨花社 11-612A
yǔhuāshí 雨花石 11-612A
yǔhuāshí 雨花石 11-612A
yǔhuātái 雨花臺 11-612A
yùhuātái 雨花臺 11-612A
yùhuáyán 玉華鹽 4-492A
yùhuāyuán 御花園 3-1025A
yùhuázōng 玉華宗 4-492A
yùhúbīng 玉壺冰 4-500A
yùhúchūn 玉壺春 4-500B
yūhuí 迂回 10-715A
yūhuí 迂迴 10-716A
yūhuí 紆回 9-700A
yūhuí 紆洄 9-701A
yūhuí 紆迴 9-700B
yūhuì 迂晦 10-716B
yúhuī 餘暉 12-555B
yúhuī 餘煇 12-556A
yúhuī 餘輝 12-557A
yúhuī 餘徽 12-559A
yúhuǐ 餘悔 12-552B
yúhuì 愚慧 7-622A
yúhuì 餘穢 12-559A
yǔhuì 窳隳 8-475A
yǔhuì 雨晦 11-614B
yǔhuì 語彙 11-225A
yùhuī 玉暉 4-504B
yùhuī 玉徽 4-517A
yùhuǐ 玉虺 4-488A
yùhuǐ 譽毀 11-449A
yùhuì 御諱 3-1031A
yùhuì 遇會 10-1031B
yùhuì 預會 12-277B
yùhuì 諭誨 11-346A
yùhuì 鬱晦 3-1141B

yùhuǐdúzhōng 玉毀櫝中 4-505B
yǔhúmóupí 與狐謀皮 2-161B
yǔhǔmóupí 與虎謀皮 2-161B
yǔhūn 雨昏 11-613A
yùhún 谷渾 10-1318B
yǔhúnyúnmèng 雨魂雲夢 11-616A
yūhuò 迂惑 10-717A
yúhuō 餘豁 12-559A
yúhuó 餘活 12-551B
yúhuǒ 魚火 12-1185A
yúhuǒ 榆火 4-1187A
yúhuǒ 漁火 6-93B
yúhuǒ 餘火 12-546B
yúhuò 鱟鑊 12-1305A
yúhuò 愚惑 7-621A
yúhuò 餘貨 12-553A
yùhuǒ 芋火 9-273B
yùhuǒ 欲火 6-1442B
yùhuǒ 慾火 7-694A
yùhuǒ 禦火 7-951B
yùhuò 育獲 6-1186B
yùhuò 遇禍 10-1031B
yùhuò 獄貨 5-105A
yùhuò 豫禍 10-41A
yùhuò 鬻貨 12-925B
yùhuójì 玉活計 4-490A
yǔhǔtiānyì 與虎添翼 2-161B
yūjī 淤積 5-1413B
yūjí 淤集 5-1413A
yūjí 瘀疾 8-334B
yújī 隅積 11-1077B
yújī 魚磯 12-1199B
yújí 逾笄 10-1044A
yújí 逾躋 10-1046B
yújī 漁磯 6-97B
yújī 餘基 12-553A
yújī 餘積 12-558B
yújī 輿機 9-1312A
yújī 輿几 9-1309A
yújí 舁疾 8-1288A
yújí 逾級 10-1043B
yújí 餘集 12-554B
yújí 輿疾 9-1310B
yújí 魚脊 12-1191A
yújì 於濟 6-1576A
yújì 雩祭 11-619B
yújì 魚際 12-1196A
yújì 逾紀 10-1043B
yújì 愚計 7-620A
yújì 虞祭 8-848A
yújì 漁季 6-94B
yújì 餘迹 12-551A
yújì 餘忌 12-548B
yújì 餘技 12-548A
yújì 餘悸 12-553B
yújì 餘跡 12-556A
yújì 餘霽 12-560B
yǔjī 禹迹 1-665A
yǔjī 禹績 1-666A
yǔjī 禹跡 1-665B
yǔjī 庾積 3-1240A
yǔjí 羽楫 9-639B
yǔjí 羽檝 9-640B
yǔjí 雨集 11-615B
yǔjì 雨季 11-613A
yǔjì 禹稷 1-665B
yǔjì 語忌 11-222B
yùjī 雨屐 11-614B
yùjī 玉肌 4-477B
yùjī 玉笄 4-493A
yùjī 玉機 4-514B
yùjī 玉璣 4-513B
yùjī 玉雞 4-519A
yùjī 玉羈 4-524B
yùjī 玉几 4-472A
yùjī 遇機 10-1032A
yùjī 愈飢 7-631A
yùjī 欝積 4-1373B
yùjī 鬱積 3-1144A
yùjí 玉笈 4-488B
yùjí 玉籍 4-522A
yùjí 寓籍 3-1575B
yùjí 御極 3-1028B
yùjí 御集 3-1029A
yùjí 遇急 10-1031B
yùjí 遇疾 10-1031B
yùjí 預及 12-274A
yùjí 瘉疾 8-341B
yùjí 燠疾 7-259A
yùjí 譽籍 11-449A
yùjì 玉季 4-483A
yùjì 玉穧 4-522B
yùjì 寓迹 3-1574A
yùjì 寓祭 3-1574B
yùjì 寓跡 3-1574B
yùjì 御妓 3-1025B
yùjì 預計 12-275B
yùjì 豫計 10-40A
yùjì 豫冀 10-41B
yùjì 諭祭 11-346A
yùjì 鬻伎 12-925A
yùjì 鬻技 12-925A
yùjì 鬱齊 3-1143A
yūjià 迂駕 10-717B
yūjià 紆駕 9-701B
yújiā 魚枷 12-1189B
yújiā 逾加 10-1042A
yújiā 榆枷 4-1187B
yújiā 瑜伽 4-609B
yújiā 漁家 6-95A
yújiá 榆筴 4-1188B
yújiá 榆莢 4-1188A
yújiǎ 魚甲 12-1185B
yújià 餘價 12-557B
yújià 輿駕 9-1311B
yǔjiā 羽嘉 9-639B
yǔjiā 禹葭 1-665B
yǔjià 羽駕 9-640B
yùjiā 愈加 7-631A
yùjiā 鬱浹 3-1141A
yùjiá 玉頰 4-515A
yùjiǎ 玉甲 4-475B
yùjiǎ 玉斝 4-495A
yùjiǎ 玉斝 4-502A
yùjià 玉架 4-490B
yùjià 御駕 3-1031A
yùjià 豫賈 10-41A
yújiā'ào 漁家傲 6-95A
yūjiǎn 迂蹇 10-718A
yūjiàn 迂見 10-715B
yújiān 魚牋 12-1194A
yújiān 魚箋 12-1196B
yújiān 魚緘 12-1198A
yújiān 愚姦 7-620A
yújiǎn 魚簡 12-1200B
yújiǎn 魚繭 12-1200A
yújiǎn 魚蠒 12-1201B
yújiǎn 逾檢 10-1046A
yújiàn 隅見 11-1076B
yújiàn 魚梈 12-1190A
yújiàn 魚劍 12-1197B
yújiàn 魚鍵 12-1198A
yújiàn 魚檻 12-1200A
yújiàn 腴健 6-1332A
yújiàn 逾僭 10-1045B
yújiàn 愚見 7-619A
yújiàn 愚賤 7-622B
yújiàn 諛見 11-401A
yǔjiān 傴肩 1-1630A
yǔjiàn 羽箭 9-640A
yùjiān 玉尖 4-477A
yùjiān 玉牋 4-503A
yùjiān 玉箋 4-508B
yùjiān 御姦 3-1027A
yùjiān 禦姦 7-951B
yùjiǎn 玉剪 4-498B
yùjiǎn 玉翦 4-512B
yùjiǎn 玉檢 4-516B
yùjiǎn 玉簡 4-518B
yùjiǎn 玉繭 4-518A
yùjiǎn 遇蹇 10-1032A
yùjiàn 玉監 4-508A
yùjiàn 玉劍 4-512B
yùjiàn 玉箭 4-511B
yùjiàn 玉檻 4-518A
yùjiàn 玉鑑 4-523A
yùjiàn 御見 3-1025A
yùjiàn 遇見 10-1031A
yùjiàn 預見 12-275A
yùjiàn 預薦 12-278A
yùjiàn 豫見 10-39A
yùjiàn 豫建 10-39B
yújiàng 魚醬 12-1200B
yùjiāng 玉姜 4-490A
yùjiāng 玉漿 4-513A
yùjiáng 衙彊 3-1049B
yùjiǎng 譽獎 11-449A
yùjiàng 御將 3-1028B
yǔjiāngjūn 庾將軍 3-1240A
yùjiānmiàn 玉尖麪 4-477A
yùjiǎnxiāngxiāo 玉減香消 4-503B
yùjiǎnxiāngxiāo 玉減香銷 4-503B
yújiānyànshū 魚牋雁書 12-1194A
yǔjiǎnyìgāi 語簡意賅 11-226A
yújiāo 隅椒 11-1077A
yújiāo 魚膠 12-1197B
yújiāo 榆椒 4-1188A
yújiāo 餘嬌 12-558A
yújiǎo 隅角 11-1076B
yújiǎo 嵎角 3-854A
yújiǎo 愚狡 7-620A
yújiǎo 餘角 12-548B
yújiào 餘教 12-553A
yújiào 餘噍 12-557B
yǔjiǎo 雨脚 11-615A
yùjiāo 玉嬌 4-513A
yùjiāo 豫交 10-39A
yùjiǎo 玉角 4-480B
yùjiǎo 玉皛 4-512A
yùjiào 喻教 3-434A
yùjiào 馭教 12-796B
yùjiào 豫教 10-40A
yùjiào 諭教 11-345B
yùjiāobàng 玉茭棒 4-487A
yùjiāobēi 玉交杯 4-478A
yùjiǎoxiāng 玉角香 4-480B
yùjiǎozǐ 玉角子 4-480B
yújiáqián 榆莢錢 4-1188A
yùjiàqīnzhēng 御駕親征 3-1031A
yǔjiáxuě 雨夾雪 11-612B
yújiáyǔ 榆莢雨 4-1188A
yùjiāyuànzǐ 獄家院子 5-105A
yùjiāzhīzuì… 欲加之罪,何患無辭 6-1442B
yùjīchuān 玉雞川 4-519A
yūjié 迂結 10-717A
yūjié 紆結 9-701A
yūjiè 迂介 10-714B
yújié 渝節 5-1493A
yújié 逾節 10-1045B
yújié 漁刦 6-94A
yújiè 魚介 12-1185A
yǔjié 羽節 9-639B
yùjiē 宛結 3-1402B
yùjiē 玉階 4-499B
yùjiē 玉堦 4-500A
yùjiē 玉街 4-503A
yùjiē 御街 3-1029A
yùjié 蔚結 9-543A
yùjié 玉節 4-505B
yùjié 玉潔 4-512B
yùjié 御節 3-1029B
yùjié 遇刦 10-1031A
yùjié 鬱結 3-1142B
yùjiě 諭解 11-346A
yùjiè 玉界 4-488A
yùjiè 欲界 6-1442B
yùjiè 預借 12-276A
yùjiè 慾界 7-694A
yùjiè 豫戒 10-39A
yùjiè 豫借 10-40A
yùjiè 豫藉 10-41B
yùjiébīngqīng 玉潔冰清 4-512B
yùjièchǐ 玉界尺 4-488A
yùjiéláng 玉節郎 4-505B

yùjiésōngzhēn 玉潔松貞 4-512B
yùjiēxíng 御街行 3-1029A
yùjīmiáo 玉雞苗 4-519A
yūjǐn 迂謹 10-718A
yújīn 于今 1-258B
yújīn 於今 6-1574A
yújīn 魚金 12-1188B
yújīn 魚津 12-1190A
yújīn 餘津 12-551B
yújǐn 榆槿 4-1188B
yújìn 逾進 10-1044B
yújìn 愚近 7-619A
yújìn 餘燼 12-559B
yǔjīn 羽巾 9-636A
yùjīn 玉津 4-490A
yùjīn 浴巾 5-1236B
yùjīn 毓金 7-828A
yùjīn 鬱金 3-1139A
yùjǐn 玉錦 4-515A
yùjìn 玉禁 4-504A
yùjìn 棜禁 4-1122A
yújīncǎo 魚津草 12-1190A
yùjīncháng 鬱金裳 3-1139B
yǔjìncírǒng 語近詞冗 11-221B
yǔjīnfēngmào 雨巾風帽 11-611A
yújīng 禺京 7-1315B
yújīng 娛精 4-360B
yújīng 虞旌 8-848A
yújīng 餘晶 12-554A
yújǐng 榆景 4-1188A
yújǐng 瑜璟 4-609B
yújǐng 餘景 12-554B
yújìng 愉靜 7-666B
yújìng 逾境 10-1045B
yǔjǐng 語穽 11-223B
yǔjìng 語境 11-225A
yùjīng 玉京 4-485A
yùjīng 玉莖 4-492A
yùjīng 玉晶 4-502A
yùjīng 玉粳 4-507A
yùjīng 玉經 4-507B
yùjīng 玉精 4-509B
yùjīng 寓精 3-1575A
yùjīng 飫經 12-497A
yùjīng 毓精 7-828B
yùjǐng 玉井 4-473B
yùjǐng 預警 12-278B
yùjǐng 繘井 9-1024A
yùjìng 玉鏡 4-520B
yùjǐnglián 玉井蓮 4-474A
yújīngniǎosàn 魚驚鳥散 12-1202B
yùjīngrén 玉京人 4-485A
yùjīngshān 玉京山 4-485A
yùjīngshén 玉精神 4-509B
yùjǐngshuǐ 玉井水 4-474A
yùjìngtái 玉鏡臺 4-520B
yǔjǐngyānyuán 雨井烟垣 11-611A
yùjīngzǐ 玉京子 4-485A
yùjīnhuáng 鬱金黄 3-1139B
yújīnniǎnbì 輿金輦璧 9-1310A
yùjīnpáo 鬱金袍 3-1139B
yùjīnqiáo 鬱金翹 3-1139B
yùjīnqún 鬱金裙 3-1139B
yùjīnsī 鬱金絲 3-1139B
yùjīntáng 鬱金堂 3-1139B
yújīnwéiliè 于今爲烈 1-258B
yùjīnwū 鬱金屋 3-1139B
yùjīnxiāng 鬱金香 3-1139A
yūjīnyèzǐ 紆金曳紫 9-700B
yùjīnyín 寓金銀 3-1573B
yùjīnyóu 鬱金油 4-1373A
yǔjìnzhǐyuǎn 語近指遠 11-221B
yújiōng 魚扃 12-1190A
yùjiōng 玉扃 4-490B
yūjiǔ 迂久 10-714B
yújiǔ 娛酒 4-360A
yújiù 魚舅 12-1195B
yǔjiū 雨鳩 11-616B
yǔjiǔ 禹韭 1-665A
yùjiǔ 玉酒 4-494A
yùjiǔ 御酒 3-1028A
yùjiù 玉臼 4-477A
yùjiù 御柩 3-1026B
yùjiù 御廄 3-1030B
yùjiù 御匱 3-1032A
yùjiù 遇救 10-1031B
yùjiǔchuán 玉酒船 4-494A
yùjiǔlǘ 郁久閭 10-609B
yùjiūzhàng 玉鳩杖 4-507A
yùjīwéifèng 鬻雞爲鳳 12-926B
yùjìwén 諭祭文 11-346A
yǔjìyúnzōng 雨跡雲踪 11-616B
yǔjìyúnzōng 雨迹雲蹤 11-613B
yǔjìyúnzōng 雨跡雲蹤 11-616B
yǔjìyúnzōng 雨蹟雲蹤 11-618B
yūjū 迂拘 10-715B
yújǔ 逾矩 10-1043B
yújù 魚具 12-1188A
yújù 漁具 6-94A
yújù 餘句 12-547A
yǔjū 雨葦 11-616A
yǔjǔ 齬齟 12-1455B
yǔjù 雨具 11-613A
yǔjù 語句 11-221B
yùjū 余且 1-1222A
yùjū 育鞠 6-1186B
yùjū 育鞫 6-1186B
yùjū 寓居 3-1574A
yùjū 豫且 10-38B
yùjū 鬻居 12-925B
yùjú 玉局 4-481A
yùjú 獄局 5-104B
yùjǔ 玉舉 4-515A
yùjǔ 鬻舉 12-926A
yùjù 玉具 4-483A
yùjù 獄具 5-104B
yùjù 豫具 10-39B
yùjù 豫劇 10-41B
yùjù 鷸聚 12-1163A
yújuǎn 魚卷 12-1189A
yújuàn 愚狷 7-620A
yújuàn 餘倦 12-552B
yújuàn 餘眷 12-553B
yújuàn 餘睠 12-555B
yùjuàn 玉媛 4-499B
yūjué 紆譎 9-702A
yújué 魚蕝 12-1197A
yújué 諛噱 11-284B
yǔjué 予決 1-769A
yǔjué 羽爵 9-641A
yǔjué 雨絶 11-616A
yùjué 汩潏 5-965B
yùjué 玉玦 4-481A
yùjué 玉訣 4-498B
yùjué 玉爵 4-517A
yùjué 預决 12-274B
yùjué 預覺 12-278B
yùjué 鬻爵 12-926A
yùjué 鬱倔 3-1141A
yùjué 鬱崫 3-1141B
yùjúguàn 玉局觀 4-481A
yùjúhuà 玉局化 4-481A
yùjùjiàn 玉具劍 4-483A
yūjùn 籲俊 8-1287B
yújùn 餘餕 12-557B
yǔjūn 羽君 9-637A
yùjūnzǐ 玉菌子 4-495B
yùjúwēng 玉局翁 4-481A
yùjúxiān 玉局仙 4-481A
yǔkāifǔ 庾開府 3-1240A
yúkàn 魚瞰 12-1198B
yùkān 玉龕 4-523B
yúkǎo 魚薧 12-1198A
yùkǎo 預考 12-274B
yūkè 迂刻 10-715B
yúkē 魚榼 12-1196A
yúkē 逾科 10-1043B
yúkè 魚課 12-1197B
yúkè 逾刻 10-1043A
yúkè 漁刻 6-94B
yúkè 漁課 6-97A
yúkè 餘課 12-557B
yǔkè 羽客 9-638A
yùkē 玉珂 4-486A
yùkē 玉科 4-488B
yùkē 玉顆 4-516B
yùkē 預科 12-275B
yùkē 豫科 10-39B
yùkè 玉刻 4-485A
yùkè 寓客 3-1574A
yūkěn 籲懇 8-1287B
yúkěn 愚懇 7-623A
yùkērén 玉珂人 4-486B
yúkòng 餘空 12-550A
yǔkōng 圄空 3-629B
yǔkōng 圉空 3-630A
yùkōng 馭空 12-796A
yúkǒu 魚口 12-1183B
yúkǒu 輿口 9-1309A
yúkòu 餘寇 12-553B
yùkǒu 鬻口 12-925A
yùkòu 御寇 3-1028B
yùkòu 禦寇 7-951B
yúkū 魚窟 12-1196A
yúkù 魚鮬 12-1200A
yǔkū 羽窟 9-639B
yǔkǔ 窳苦 8-474B
yǔkǔ 窳楛 8-474B
yùkū 菀枯 9-453A
yùkū 玉窟 4-507B
yùkù 遇酷 10-1032A
yùkù 鱊鮬 12-1265A
yúkuà 逾跨 10-1045B
yúkuài 婾快 4-389A
yúkuài 娛快 4-359B
yúkuài 魚膾 12-1199B
yúkuài 魚鱠 12-1203B
yúkuài 愉快 7-666A
yùkuài 玉膾 4-517A
yùkuài 玉鱠 4-524B
yúkuǎn 愚款 7-620B
yúkuǎn 餘款 12-554A
yùkuān 裕寬 9-95B
yūkuáng 迂狂 10-715B
yúkuáng 愚狂 7-619A
yùkuāng 玉筐 4-502A
yúkuì 魚潰 12-1197B
yúkuì 愚聵 7-623A
yúkuì 餘愧 12-555A
yùkuí 芋魁 9-274A
yùkuì 玉饋 4-522A
yùkuídòufàn 芋魁豆飯 9-274A
yùkuífàndòu 芋魁飯豆 9-274A
yúkuìniǎolí 魚潰鳥離 12-1198A
yúkuìniǎosàn 魚潰鳥散 12-1197B
yùkūlóngshā 菀枯隆殺 9-453A
yúkǔn 逾梱 10-1044A
yúkǔn 愚悃 7-620B
yǔkùn 瘐困 8-333B
yùkūnjīnyǒu 玉昆金友 4-483A
yùkūnlún 玉崑崙 4-497B
yūkuò 迂闊 10-718A
yǔkuò 羽括 9-637B
yùkūyíngxū 菀枯盈虛 9-453A
yǔkūyúncháo 雨窟雲巢 11-617A
yúlài 竽籟 8-1107B
yǔlàlà 語剌剌 11-223A
yúlán 盂蘭 7-1415A
yúlán 魚籃 12-1201B
yúlán 魚欄 12-1201B
yúlán 餘瀾 12-560A
yúlàn 渝濫 5-1493B
yúlàn 竽濫 8-1107A
yúlàn 魚爛 12-1202A
yúlàn 逾濫 10-1046A

yúlàn 愚濫 7-623A
yúlàn 餘濫 12-559A
yǔlàn 窳濫 8-475A
yùlán 玉蘭 4-521B
yùlán 玉欄 4-522B
yùlán 浴蘭 5-1238A
yùlán 籞闌 8-1282A
yùlán 鬱藍 3-1144A
yùlǎn 御覽 3-1032B
yúlàn'érwáng 魚爛而亡 12-1202A
yúláng 魚郎 12-1189A
yúláng 魚榔 12-1193B
yúláng 漁郎 6-94B
yúláng 漁榔 6-96A
yúlàng 魚浪 12-1191A
yǔláng 庾郎 3-1240A
yùláng 玉郎 4-485B
yùláng 芋郎 9-274A
yùlàng 玉浪 4-494A
yùlángjūn 芋郎君 9-274A
yúlánguānyīn 魚籃觀音 12-1201B
yúlànhéjué 魚爛河決 12-1202B
yúlánhuì 盂蘭會 7-1415B
yúlánhuì 魚籃會 12-1201B
yúlánjié 盂蘭節 7-1415B
yùlánlìngjié 浴蘭令節 5-1238A
yúlánpén 盂蘭盆 7-1415A
yùlánpiàn 玉蘭片 4-521B
yúlànqǔwáng 魚爛取亡 12-1202B
yùlántāng 浴蘭湯 5-1238A
yúlàntǔbēng 魚爛土崩 12-1202A
yúlànwǎjiě 魚爛瓦解 12-1202A
yùlányú 玉欄杅 4-522B
yúlāo 漁撈 6-97A
yúláo 魚勞 12-1194B
yúlǎo 娛老 4-359B
yúlǎo 魚潦 12-1197B
yúlǎo 愚老 7-618B
yǔlǎo 雨潦 11-617A
yǔlào 雨潦 11-617A
yǔlào 雨澇 11-617B
yùláo 獄牢 5-104A
yúlǎoyā 魚老鴉 12-1186A
yǔlǎoyānhuāng 雨老烟荒 11-611B
yúlè 娛樂 4-360B
yúlè 魚樂 12-1198A
yúlè 愉樂 7-666B
yúlè 虞樂 8-849A
yúlè 餘樂 12-558A
yùlè 玉勒 4-495A
yùlè 御勒 3-1028A
yùlè 豫樂 10-41B
yúlèchǎng 娛樂場 4-360B
yúlèhuì 娛樂會 4-360B
yúléi 魚雷 12-1195A
yúlèi 瑜纇 4-609B
yúlèi 餘淚 12-553B
yúlèi 餘類 12-560A
yǔlèi 羽類 9-642A
yǔlèi 語類 11-226B
yùléi 玉罍 4-522B
yùléi 鬱雷 3-1143A
yùlěi 玉壘 4-518A
yùlěi 鬱嵑 3-1144B
yùlèi 雨淚 11-615A
yùlèi 玉淚 4-499B
yùlèi 育類 6-1186B
yúléitǐng 魚雷艇 12-1195A
yùlèlì 玉勒吏 4-495B
yūlì 迂戾 10-716A
yúlí 魚貍 12-1196B
yúlí 魚離 12-1200B
yúlí 魚驪 12-1204A
yúlí 魚麗 12-1201A
yúlǐ 魚儷 12-1202A
yúlǐ 魚艣 12-1204A
yúlǐ 逾禮 10-1046A
yúlì 魚利 12-1186B
yúlì 逾立 10-1042A
yúlì 逾歷 10-1046A
yúlì 漁利 6-94A
yúlì 餘力 12-545B
yúlì 餘利 12-548B
yúlì 餘沴 12-549B
yúlì 餘栗 12-552A
yúlì 餘粒 12-553B
yúlì 餘曆 12-558B
yúlì 餘隸 12-559A
yúlì 餘瀝 12-560A
yúlì 餘麗 12-559B
yúlì 輿隸 9-1312A
yǔlì 雨立 11-611B
yǔlì 雨笠 11-614B
yǔlì 庾吏 3-1240A
yǔlì 語例 11-222B
yùlí 御梨 3-1028A
yùlí 鬱離 3-1144B
yùlǐ 奧李 2-1554A
yùlǐ 玉李 4-479B
yùlǐ 玉理 4-495A
yùlǐ 玉醴 4-521B
yùlǐ 郁李 10-610A
yùlǐ 棫李 4-966B
yùlǐ 御李 3-1025A
yùlǐ 遇禮 10-1032A
yùlǐ 飫礼 12-496B
yùlǐ 飫禮 12-497A
yùlǐ 鬱李 3-1138A
yùlì 玉立 4-476B
yùlì 玉粒 4-498B
yùlì 玉曆 4-514B
yùlì 玉歷 4-514B
yùlì 玉瀝 4-521A
yùlì 玉礫 4-522A
yùlì 芋栗 9-274A
yùlì 欲利 6-1442B
yùlì 御曆 3-1031A
yùlì 御歷 3-1031A
yùlì 御隸 3-1031B
yùlì 矞麗 8-588A
yùlì 裕利 9-95A
yùlì 馭吏 12-795B
yùlì 馭歷 12-796B
yùlì 獄吏 5-104A
yùlì 豫力 10-38B
yùlì 鬱栗 3-1141A
yúlián 漁簾 6-97B
yúliǎn 雩斂 11-619B
yúliǎn 瑜璉 4-609B
yǔlián 雨簾 11-618B
yùlián 玉蓮 4-504A
yùlián 玉奩 4-508A
yùlián 玉匳 4-511A
yùlián 玉簾 4-520A
yùlián 御簾 3-1032A
yùliǎn 玉臉 4-517A
yùliǎn 預斂 12-278B
yùliǎn 預歛 12-278B
yùliàn 玉瀲 4-522A
yúliáng 魚梁 12-1193A
yúliáng 魚糧 12-1200B
yúliáng 漁梁 6-95B
yúliáng 餘涼 12-553B
yúliáng 餘糧 12-559B
yúliáng 輿梁 9-1310B
yúliàng 逾量 10-1045A
yúliàng 瑜亮 4-609B
yúliàng 輿輛 9-1311B
yǔliáng 雨涼 11-615A
yǔliàng 宇量 3-1295B
yǔliàng 雨量 11-615B
yùliáng 玉梁 4-499B
yùliáng 玉粱 4-507B
yùliánggǔ 玉梁骨 4-499B
yùliángōu 玉簾鈎 4-520A
yùliángzákǔ 鬻良雜苦 12-925B
yùliánhuán 玉連環 4-492B
yǔliányúndòng 雨簾雲棟 11-618B
yúliánzi 魚簾子 12-1201A
yúliáo 漁寮 6-97A
yúliáo 餘燎 12-558B
yúliáo 輿僚 9-1311B
yùliào 預料 12-276A
yùliào 豫料 10-40A
yúliè 魚獵 12-1200B
yúliè 魚鬣 12-1204A
yúliè 愚劣 7-618B
yúliè 漁獵 6-97B
yúliè 餘烈 12-552A
yǔliè 羽獵 9-641B
yǔliè 窳劣 8-474B
yùliè 玉埒 4-491B
yùliè 玉裂 4-501B
yùliè 郁烈 10-610B
yùliè 鬻獵 12-926B
yǔlièshuāngtí 雨鬣霜蹄 11-619A
yùlìguìxīn 玉粒桂薪 4-498B
yúlín 魚鱗 12-1202B
yúlín 榆林 4-1187A
yúlǐn 餘凜 12-558A
yǔlín 羽林 9-637A
yǔlín 羽鱗 9-642A
yǔlín 語林 11-222B
yǔlǐn 庾廩 3-1240A
yùlín 玉林 4-481B
yùlín 玉麟 4-524A
yùlín 玉鱗 4-523B
yùlín 鬱林 3-1138B
yùlǐn 御廩 3-1031A
yùlínbīng 御林兵 3-1025B
yúlínbù 魚鱗簿 12-1203B
yúlíncè 魚鱗册 12-1203A
yúlíndāo 魚鱗刀 12-1203A
yúlín'ènì 魚瞵鶚睨 12-1199B
yùlínfú 玉麟符 4-524A
yúlíng 於陵 6-1575A
yúlíng 娛靈 4-361A
yúlíng 魚舲 12-1192B
yúlíng 逾齡 10-1046B
yúlíng 餘齡 12-560A
yǔlíng 羽陵 9-638B
yǔlíng 羽翎 9-639A
yǔlíng 雨鈴 11-616B
yǔlíng 雨靈 11-619A
yǔlíng 圄囹 3-629B
yǔlíng 語鈴 11-224B
yǔlǐng 庾嶺 3-1240B
yǔlìng 語令 11-221B
yùlíng 玉鈴 4-506B
yùlíng 玉靈 4-524A
yùlíng 玉櫺 4-524B
yùlíng 育齡 6-1187A
yùlíng 裕陵 9-95B
yùlǐng 玉嶺 4-517A
yùlìng 寓令 3-1573A
yùlìng 諭令 11-345B
yùlìng 鬱令 3-1137B
yùlíngé 鬱林葛 3-1138B
yùlínglóng 玉玲瓏 4-486B
yǔlíngū'ér 羽林孤兒 9-637A
yǔlíngxīngluàn 雨零星亂 11-616B
yǔlíngxīngsǎn 雨零星散 11-616B
yúlíngzǐ 於陵子 6-1575A
yúlíngzǐzhōng 於陵子終 6-1575B
yúlíngzǐzhòng 於陵子仲 6-1575B
yǔlínjūn 羽林軍 9-637B
yùlínjūn 御林軍 3-1025B
yúlínkēng 魚鱗坑 12-1203A
yúlínkū 榆林窟 4-1187B
yǔlínláng 羽林郎 9-637A
yǔlínlín 雨淋淋 11-615A
yǔlínlíng 雨淋鈴 11-615A
yǔlínlíng 雨霖鈴 11-617B
yǔlínqí 羽林騎 9-637B
yǔlínrìshài 雨淋日曬 11-615A
yúlínsài 榆林塞 4-1187A
yǔlínshì 羽林士 9-637A

yùlínshí 鬱林石 3-1138B
yúlínsōng 魚鱗松 12-1203A
yùlínsūn 鬱林孫 3-1138B
yúlíntiān 魚鱗天 12-1203A
yúlíntú 魚鱗圖 12-1203A
yúlíntúcè 魚鱗圖册 12-1203A
yúlíntújí 魚鱗圖籍 12-1203B
yùlínyáojiā 玉鱗瑶甲 4-524A
yúlínyī 魚鱗衣 12-1203A
yúlínyún 魚鱗雲 12-1203A
yúlínzátà 魚鱗褋遝 12-1203B
yúlínzátà 魚鱗雜遝 12-1203B
yúlínzáxí 魚鱗雜襲 12-1203B
yúlínzhèn 魚鱗陳 12-1203A
yǔlínzǐ 羽林子 9-637A
yūliú 籲留 8-1287B
yúliú 餘流 12-552B
yúliú 餘留 12-552B
yúliǔ 魚罶 12-1197A
yúliǔ 榆柳 4-1187B
yǔliú 羽流 9-638A
yǔliù 宇溜 3-1295B
yùliú 汩流 5-964B
yùliú 玉流 4-494A
yùliú 玉旒 4-507A
yùliǔ 菀柳 9-453A
yùliǔ 御柳 3-1026B
yùliù 玉溜 4-507B
yùliù 玉霤 4-518A
yǔlìyānsuō 雨笠烟蓑 11-614B
yǔlìyānsuō 雨笠煙蓑 11-615A
yǔlìyānsuō 雨笠煙簑 11-615A
yúlìzhèn 魚麗陳 12-1201A
yúlìzhèn 魚麗陣 12-1201A
yùlǐzi 御李子 3-1025A
yúlóng 魚龍 12-1198B
yúlóng 魚籠 12-1202B
yúlóng 愚聾 7-623B
yǔlóng 雨龍 11-618A
yǔlóng 窳隆 8-474B
yùlóng 玉龍 4-515B
yùlóng 玉櫳 4-521B
yùlóng 御龍 3-1031A
yùlōng 鬱隆 3-1142A
yùlǒng 玉籠 4-523A
yùlǒng 玉壟 4-521A
yúlóngbǎibiàn 魚龍百變 12-1198B
yúlóngbǎixì 魚龍百戲 12-1198B
yúlóngbiànhuà 魚龍變化 12-1199A
yùlóngcōng 玉瓏璁 4-521B
yùlónggāo 玉龍膏 4-515B
yúlónghùnzá 魚龍混雜 12-1199A
yúlóngjuéjì 魚龍絶技 12-1199A
yúlónglànmàn 魚龍爛漫 12-1199A
yùlóngmǎ 寓龍馬 3-1575A
yúlóngmànxiàn 魚龍曼羨 12-1199A
yúlóngmànyán 魚龍曼延 12-1199A
yúlóngmànyǎn 魚龍曼衍 12-1199A
yúlóngmànyǎn 魚龍漫衍 12-1199A
yùlóngsōng 玉瓏鬆 4-521B
yùlǒngsōng 玉籠鬆 4-523A
yúlóngxì 魚龍戲 12-1199A
yúlóngyè 魚龍夜 12-1199A
yúlóngzáxì 魚龍雜戲 12-1199A
yúlóngzhèn 魚龍陣 12-1199A
yūlòu 迂陋 10-716A
yúlóu 隅樓 11-1077B
yúlǒu 魚簍 12-1199B
yúlòu 愚陋 7-619B
yǔlóu 蝺僂 8-932A
yǔlóu 庾樓 3-1240A
yǔlòu 窳陋 8-474B
yùlóu 玉樓 4-510B
yùlóu 寓樓 3-1575A
yùlòu 玉漏 4-509B
yùlóushòuzhào 玉樓受召 4-511A
yùlóuzǐ 玉樓子 4-511A
yūlù 迂路 10-717A
yúlú 渝瀘 5-1493B
yúlǔ 魚魯 12-1197B
yúlǔ 愚鹵 7-620B
yúlǔ 愚魯 7-622B
yúlù 於陸 6-1575A
yúlù 魚露 12-1202A
yúlù 魚路 12-1195B
yúlù 餘禄 12-555A
yúlù 輿輅 9-1311A
yǔlù 雨露 11-618B
yǔlù 語録 11-226A
yùlú 玉廬 4-520B
yùlú 玉爐 4-522A
yùlú 玉鑪 4-524B
yùlú 寓廬 3-1575B
yùlú 御爐 3-1032A
yùlú 御鑪 3-1032B
yùlù 玉露 4-522B
yùlù 玉路 4-505A
yùlù 玉輅 4-504A
yùlù 玉籙 4-523A
yùlù 御路 3-1029B
yùlù 遇僇 10-1031B
yùlù 鬱嵂 3-1140A
yùlù 鬱葎 3-1142A
yúluǎn 魚卵 12-1187A
yúluàn 愚亂 7-621B
yùluán 玉巒 4-523B
yùluán 玉鸞 4-524B
yùluán 玉鑾 4-524B
yùluán 玉鸞 4-524B
yùluǎn 玉卵 4-480B
yùluàn 遇亂 10-1031B
yúlǔdìhǔ 魚魯帝虎 12-1197B
yùlùlú 玉鹿盧 4-498B
yúlún 逾輪 10-1045B
yúlún 漁輪 6-97A
yúlún 輿輪 9-1311B
yúlùn 餘論 12-557B
yúlùn 輿論 9-1311B
yǔlún 羽輪 9-640A
yǔlùn 語論 11-225B
yùlún 玉輪 4-511A
yùlùn 豫論 10-41B
yùlúnpáo 鬱輪袍 3-1143B
yúluó 魚蠃 12-1201A
yúluó 虞羅 8-849A
yúluò 隅落 11-1077A
yùluō 郁捋 10-610B
yùluó 玉螺 4-516B
yùluó 玉羅 4-520A
yùluò 玉絡 4-504A
yùluò 鬻駱 12-926A
yǔlùtǐ 語録體 11-226A
yúlǚ 虞旅 8-848A
yúlǜ 愚慮 7-622B
yúlǜ 餘律 12-551A
yúlǜ 餘慮 12-557A
yǔlǚ 傴旅 1-1551B
yǔlǚ 傴僂 1-1630B
yùlǚ 玉呂 4-477A
yùlǚ 玉履 4-513A
yùlǜ 玉律 4-489A
yùlǜ 欲慮 6-1443B
yùlǜ 預慮 12-278A
yùlǜ 爵律 4-1373A
yùlǜ 鬱櫑 3-1144B
yùlǜ 鬱壘 3-1144B
yùlǜ 鬱律 3-1140B
yùlǜ 鬱緑 3-1143B
yùlǜ 鬱嵂 3-1145A
yùlǜfú 鬱壘符 3-1144B
yùlǜshénshū 鬱壘神荼 3-1144B
yúmǎ 魚馬 12-1190A
yúmǎ 輿馬 9-1310A
yùmǎ 玉馬 4-491A
yùmǎ 寓馬 3-1574A
yùmǎ 御馬 3-1027A
yùmǎcháozhōu 玉馬朝周 4-491B
yúmài 于邁 1-260A
yúmài 魚麥 12-1192A
yúmài 逾邁 10-1045B
yúmài 餘脈 12-552B
yǔmài 語脈 11-224A
yùmǎi 預買 12-276B
yùmǎi 儥買 1-1720A
yùmài 玉脉 4-489B
yùmài 玉麥 4-495B
yùmài 儥賣 1-1720A
yùmài 鬻賣 12-926A
yùmài 粥賣 4-149B
yǔmáifēngzhàng 雨霾風障 11-618B
yúmán 魚蠻 12-1204A
yúmán 漁蠻 6-98A
yùmǎng 鬱莽 3-1141A
yúmánzi 魚蠻子 12-1204A
yúmào 愚眊 7-620A
yúmào 愚瞀 7-622A
yǔmáo 羽毛 9-636A
yǔmáo 羽旄 9-638A
yǔmáo 雨毛 11-611B
yǔmào 羽帽 9-639B
yǔmáo 譽髦 11-449A
yùmào 玉貌 4-509A
yùmào 爵冒 4-1373A
yùmào 鬱茂 3-1138B
yùmào 鬱冒 3-1140A
yǔmáofēngmǎn 羽毛豐滿 9-636B
yǔmáoqiú 羽毛球 9-636B
yǔmáoshū 羽毛書 9-636A
yǔmáowèifēng 羽毛未豐 9-636A
yùmáoyùdùn 鬻矛譽楯 12-925A
yūmèi 迂昧 10-716A
yúměi 予美 1-769A
yúměi 諛美 11-284A
yúmèi 揄袂 6-769B
yúmèi 愚昧 7-619B
yúmèi 諛媚 11-284A
yùméi 玉梅 4-495B
yùměi 譽美 11-449A
yùmèi 雨袂 11-613B
yùmèi 玉袂 4-490B
yúměirén 虞美人 8-847B
yúméiròuyǎn 愚眉肉眼 7-620A
yúmèiwúzhī 愚昧無知 7-619B
yǔmèiyúnjiāo 雨媚雲嬌 11-616A
yúmèizǐ 魚媚子 12-1194B
yúmén 雩門 11-619B
yúmén 魚門 12-1189A
yǔmén 禹門 1-665A
yǔmén 圉門 3-630B
yùmén 玉門 4-485B
yùmén 御門 3-1026B
yùmèn 鬱悶 3-1142B
yúméng 渝盟 5-1493A
yúméng 愚氓 7-619B
yúméng 愚瞢 7-622A
yúméng 愚矇 7-623A
yúméng 愚蒙 7-621B
yúméng 餘甿 12-549A
yúméng 餘萌 12-553A
yúměng 愚懵 7-623A
yúměng 餘猛 12-553A
yǔméng 雨濛 11-618A
yùméng 豫盟 10-41A
yùméng 諭蒙 11-346A
yùméng 鬱懞 3-1144A

yùménguān 玉門關 4-486A
yúmí 媮靡 4-389B
yúmí 隃糜 11-1079B
yúmí 隃麋 11-1079B
yúmí 愚迷 7-620A
yùmí 鬱瀰 3-1145A
yùmǐ 玉米 4-478A
yùmǐ 御米 3-1024B
yùmì 鬱密 3-1142A
yúmiǎn 輿冕 9-1310B
yúmiàn 榆麪 4-1188B
yúmiàn 榆麵 4-1189A
yùmiǎn 喻勉 3-434A
yùmiàn 雨面 11-613A
yùmiàn 玉面 4-487B
yùmiàncōng 玉面驄 4-488A
yùmiànhuācōng 玉面花驄 4-487B
yùmiànlí 玉面貍 4-487B
yūmiǎo 迂邈 10-718A
yúmiáo 魚苗 12-1188A
yúmiáo 餘苗 12-550A
yúmiǎo 逾邈 10-1046A
yǔmiào 宇廟 3-1295B
yùmiáo 玉苗 4-481B
yùmiáo 育苗 6-1186A
yǔmiàojuélún 語妙絶倫 11-222B
yúmiàoràoliáng 餘妙繞梁 12-549A
yǔmiàotiānxià 語妙天下 11-222B
yùmǐbàngzi 玉米棒子 4-478A
yùmiè 鬱滅 3-1143A
yùmǐhúhu 玉米糊糊 4-478A
yúmímò 渝糜墨 5-1493B
yúmín 愚民 7-618B
yúmín 瑜珉 4-609B
yúmín 漁民 6-93B
yúmín 餘民 12-547A
yǔmín 羽民 9-636B
yǔmín 窳民 8-474B
yùmín 御民 3-1024B
yùmín 裕民 9-95A
yùmín 蜮民 8-913A
yúmíng 魚鳴 12-1196B
yúmíng 愚冥 7-620B
yúmíng 餘名 12-548A
yúmíng 餘明 12-549A
yúmìng 餘命 12-549B
yǔmíng 雨暝 11-617A
yùmíng 玉茗 4-486B
yùmíng 喻名 3-434A
yùmíng 寓名 3-1573B
yùmíng 煜明 7-197B
yùmíng 鬱冥 3-1141B
yùmíng 鬱鳴 3-1143A
yùmìng 寓命 3-1574A
yúmíngdòuzhòng 榆瞑豆重 4-1188B
yǔmíngēngshǐ 與民更始 2-161A
yǔmínguó 羽民國 9-636B
yúmínzhèngcè 愚民政策 7-618B
yùmínzúguó 裕民足國 9-95A
yūmiù 迂謬 10-718A
yúmiù 愚謬 7-623A
yúmíwán 隃糜丸 11-1079B
yúmǐxiāng 魚米鄉 12-1186B
yúmǐzhīdì 魚米之地 12-1186B
yúmǐzhīxiāng 魚米之鄉 12-1186B
yūmó 迂磨 10-717B
yūmó 淤磨 5-1413B
yūmò 迂末 10-714B
yúmò 隃墨 11-1079A
yúmò 魚沫 12-1189A
yúmò 餘末 12-546B
yúmò 餘秣 12-553B
yúmò 餘墨 12-557B
yǔmó 禹謨 1-666A
yǔmó 與麽 2-162B
yǔmò 雨沫 11-613A
yǔmò 語嘿 11-225B
yǔmò 語默 11-225B
yùmò 御墨 3-1030B
yùmò 鬱没 3-1138B
yúmóu 餘謀 12-558B
yùmóu 與謀 2-162B
yùmóu 預謀 12-278A
yùmóu 豫謀 10-41B
yúmòxiǎozǐ 予末小子 1-768B
yúmù 娛目 4-359B
yúmù 隅目 11-1076B
yúmù 魚目 12-1185A
yúmù 愉目 7-666A
yúmù 榆木 4-1186B
yúmù 窬木 8-455B
yúmù 諛墓 11-284A
yúmù 餘慕 12-556B
yúmù 輿牧 9-1310A
yǔmù 雨幕 11-616B
yǔmù 雨暮 11-617A
yǔmù 圉牧 3-630A
yùmǔ 芋母 9-274A
yùmù 玉目 4-475B
yùmù 郁穆 10-611A
yùmù 浴沐 5-1237A
yùmù 寓木 3-1573A
yùmù 寓目 3-1573A
yùmù 遇目 10-1030B
yùmù 燠沐 7-259A
yùmù 譽目 11-448B
yùmù 譽墓 11-449A
yǔmùbīng 雨木冰 11-611A
yǔmùfēngcān 雨沐風餐 11-612B
yúmùgēdá 榆木圪墶 4-1186B
yúmùgēdá 榆木疙瘩 4-1186B
yúmùhùnzhēn 魚目混珍 12-1185B
yúmùhùnzhēn 魚目混珎 12-1185B
yúmùhùnzhū 魚目混珠 12-1185B
yúmùjiànzhū 魚目間珠 12-1185B
yúmùnǎodài 榆木腦袋 4-1186B
yúmùnǎoké 榆木腦殼 4-1187A
yúmùpào 榆木炮 4-1186B
yúnà 俞納 1-1359A
yùnà 玉納 4-495A
yún'ǎi 雲藹 11-664B
yún'ǎi 雲靄 11-666B
yùnǎi 芋奶 9-274A
yùnǎi 芋艿 9-273B
yùnǎi 芋妳 9-274A
yún'ān 筠庵 8-1169B
yún'ān 雲庵 11-648B
yún'ān 雲菴 11-647A
yún'ān 雲鞍 11-658B
yúnán 愚男 7-619A
yǔnán 語難 11-226A
yùn'ān 熨安 7-230B
yùnàn 遇難 10-1032A
yùnàn 預難 12-278B
yùnànchéngxiáng 遇難成祥 10-1032A
yùnànchéngxiáng 遇難呈祥 10-1032A
yūnáng 迂囊 10-718A
yùnáng 萸囊 9-444B
yún'áo 雲璈 11-655B
yún'áo 雲鼇 11-666A
yúnǎo 魚腦 12-1196A
yùnáo 鬱撓 3-1143B
yùnáo 鬱橈 3-1144A
yùnǎo 玉腦 4-507A
yùn'ào 緼奧 9-941B
yùn'ào 蘊奧 9-612B
yúnǎodòng 魚腦凍 12-1196A
yúnbái 雲白 11-636A
yǔnbài 隕敗 11-1094A
yùnbái 韻白 12-660B
yùnbǎipì 運百甓 10-1094A
yúnbān 筠斑 8-1169B
yúnbǎn 云板 2-831A
yúnbǎn 雲板 11-639B
yúnbǎn 雲版 11-641A
yúnbàn 雲半 11-636B
yúnbào 雲豹 11-645B
yùnbào 蘊抱 9-612B
yǔnbáofēishuāng 隕雹飛霜 11-1094B
yǔnbèi 允備 2-221A
yǔnbèi 隕背 11-1093B
yúnbēihǎisī 雲悲海思 11-650B
yùnběn 運本 10-1093B
yúnbì 雲陛 11-644A
yúnbì 雲碧 11-655B
yúnbì 雲壁 11-662B
yúnbì 雲篦 11-661B
yúnbì 雲蹕 11-663A
yǔnbì 隕斃 11-1095A
yǔnbì 殞斃 5-176A
yǔnbì 實庇 11-724A
yùnbǐ 運筆 10-1098B
yúnbiān 芸編 9-283A
yúnbiàn 雲變 11-666B
yùnbiàn 運弁 10-1094A
yùnbiàn 運變 10-1101B
yúnbiāo 雲標 11-658B
yúnbiǎo 雲表 11-639A
yùnbié 孕别 4-184B
yúnbìn 雲髩 11-655B
yúnbìn 雲鬢 11-666B
yùnbīng 運兵 10-1094B
yùnbǐng 運柄 10-1095B
yūnbó 馧馞 12-442A
yúnbō 雲波 11-641B
yúnbō 雲鉢 11-654B
yúnbó 雲箔 11-657A
yǔnbó 隕踣 11-1095A
yùnbō 運剝 10-1096B
yùnbó 運舶 10-1097B
yùnbó 緼襏 9-941B
yúnbù 雲布 11-636A
yúnbù 雲步 11-638B
yùnbù 運部 10-1096A
yùnbù 韻部 12-661B
yúnbùyǔrùn 雲布雨潤 11-636A
yúnbùyǔshī 雲布雨施 11-636A
yúncǎi 雲采 11-641A
yúncǎi 雲彩 11-648A
yùncái 宛財 3-1402A
yùncái 運裁 10-1098A
yúncān 雲驂 11-665B
yǔncán 蚖蠶 8-873B
yúncāng 雲鶬 11-665B
yùncáng 宛藏 3-1403A
yùncáng 蘊藏 9-613A
yùncáng 韞藏 12-684A
yúncǎo 芸草 9-282B
yǔncǎo 實草 11-724A
yùncáo 運漕 10-1099B
yúncè 雲策 11-651A
yùncè 運策 10-1098A
yùncèjuéjī 運策決機 10-1098B
yúncén 雲岑 11-638B
yúncéng 雲層 11-660A
yùncèwéiwò 運策帷幄 10-1098B
yǔnchá 允察 2-221B
yúncháng 雲裳 11-656B
yúncháo 雲巢 11-650A
yúnchāyǔchǔ 雲鍤雨杵 11-663B
yūnchē 輼車 9-1300B
yúnchē 雲車 11-638B
yùnchē 運車 10-1094A
yùnchē 暈車 5-806B
yúnchēfēngmǎ 雲車風馬 11-638B
yúnchèn 匀稱 2-174A
yǔnchèn 允稱 2-221B
yúnchéng 雲程 11-651A
yǔnchéng 允承 2-220A

yǔnchéng 允誠 2-221A
yúnchèwùjuǎn 雲徹霧卷 11-659B
yúnchī 雲螭 11-661A
yúnchí 雲池 11-638A
yúnchí 雲篪 11-661B
yúnchì 勻飭 2-173B
yùnchí 暈池 5-806B
yùnchǐ 熨齒 7-231A
yùnchóng 藴祟 9-559B
yùnchóng 蘊祟 9-612B
yúnchóu 雲愁 11-654B
yùnchóu 運籌 10-1100B
yùnchóuchūqí 運籌出奇 10-1101A
yúnchóuhǎisi 雲愁海思 11-654B
yùnchóuhuàcè 運籌畫策 10-1101B
yùnchóujiàncè 運籌建策 10-1101A
yùnchóujièzhù 運籌借箸 10-1101A
yùnchóujuécè 運籌決策 10-1101A
yùnchóujuéshèng 運籌決勝 10-1101A
yùnchóujuésuàn 運籌決算 10-1101A
yùnchóuqiānlǐ 運籌千里 10-1101A
yùnchóushècè 運籌設策 10-1101A
yùnchóuwéiwò 運籌帷幄 10-1101A
yùnchóuwéiwò 運籌幃幄 10-1101A
yùnchóuwéizhàng 運籌帷帳 10-1101A
yùnchóuxué 運籌學 10-1101B
yùnchóuyǎnmóu 運籌演謀 10-1101B
yúnchóuyǔhèn 雲愁雨恨 11-654B
yúnchóuyǔyuàn 雲愁雨怨 11-654B
yùnchóuzhìshèng 運籌制勝 10-1101A
yúnchú 芸鉏 9-283A
yúnchú 芸鋤 9-283A
yúnchú 耘除 8-592B
yúnchú 耘鉏 8-593A
yúnchú 耘鋤 8-593A
yúnchù 雲矗 11-666B
yùnchǔ 緼褚 9-941B
yùnchù 孕畜 4-184B
yúnchuān 雲川 11-633B
yùnchuán 運船 10-1097B
yùnchuán 暈船 5-807B
yúnchuāng 筠窓 8-1169B
yúnchuāng 芸窗 9-282B
yúnchuāng 芸牕 9-283A
yúnchuāng 雲窗 11-652A
yúnchuāng 雲牕 11-659B
yúnchuāng 雲窻 11-662B
yúnchuáng 筠床 8-1169B
yúnchuáng 雲床 11-638B
yúnchuáng 雲牀 11-642B
yúnchuáng 雲幢 11-659A
yúnchuāngwùgé 雲窗霧閣 11-652B
yúnchuāngwùjiàn 雲窗霧檻 11-652B
yúnchuāngxiáhù 雲窗霞户 11-652A
yúnchuāngyuèhù 雲窗月户 11-652A
yúnchuāngyuèzhàng 雲窗月帳 11-652A
yùnchǔn 韞蠢 12-684A
yùnchūncháo 暈春潮 5-807A
yúncí 雲祠 11-643B
yùncí 温辭 5-1473B
yùncì 運次 10-1094A
yúncìlínjí 雲次鱗集 11-638A
yūncōng 煴熜 7-197A
yúncōng 雲驄 11-665B
yúncóng 雲從 11-648A
yǔncóng 允從 2-220B
yúncú 雲徂 11-641A
yúncuì 雲萃 11-647A
yúncuīwùzǎn 雲催霧趲 11-654B
yúncūn 雲村 11-638A
yùncùn 運寸 10-1092B
yúndài 雲帶 11-647B
yùndài 運代 10-1093B
yúndān 雲丹 11-635B
yúndǎn 雲黕 11-661B
yúndǎn 雲膽 11-663B
yùndān 運單 10-1098A
yùndàn 暈淡 5-807B
yúndāng 篔簹 8-1230B
yúndàng 耘盪 8-593A
yǔndàng 允當 2-221A
yúndānggǔ 篔簹谷 8-1230B
yúndāngsǔn 篔簹筍 8-1230B
yúndāngtíng 篔簹亭 8-1230B
yūndǎo 暈倒 5-807A
yúndǎo 雲島 11-645B
yǔndǎo 允蹈 2-221B
yùndào 運道 10-1098B
yǔndé 允德 2-221B
yúndēng 篔簦 8-1230B
yúndèng 雲磴 11-662B
yúndī 雲滴 11-658A
yǔndí 允迪 2-220A
yùndǐ 愠羝 7-657B
yúndiàn 筠簟 8-1170A
yúndiàn 雲殿 11-655A
yǔndiān 隕顛 11-1095A
yǔndiān 殞顛 5-176A
yǔndiān 實顛 11-724B
yùndiǎn 運典 10-1094B
yúndiàngé 筠墊格 8-1169B
yúndiāo 雲雕 11-662A
yùndiào 運掉 10-1096B
yùndiào 韻調 12-662A
yùndiàozìrú 運掉自如 10-1096B
yùndié 韻牒 12-662A
yúndǐng 雲頂 11-647A
yùndīng 運丁 10-1092B
yúndòng 雲洞 11-643A
yúndòng 雲凍 11-645B
yúndòng 雲棟 11-650A
yùndòng 運動 10-1096B
yùndòngchǎng 運動場 10-1097B
yùndōngdōng 暈東東 5-806B
yùndònghuì 運動會 10-1097B
yùndòngliàng 運動量 10-1097B
yùndòngxué 運動學 10-1097B
yùndòngyuán 運動員 10-1096B
yùndòngzhàn 運動戰 10-1097B
yúndōu 雲兜 11-648B
yúndòu 雲豆 11-638B
yúndòu 雲逗 11-645A
yúndòu 雲竇 11-665B
yùndǒu 尉斗 2-1279A
yùndǒu 熨斗 7-197A
yùndǒu 運斗 10-1093B
yùndǒu 熨斗 7-230B
yùndǒujiāo 熨斗焦 7-230B
yúndòumiàn 雲豆麵 11-638B
yùndú 藴匵 9-613A
yùndú 藴櫝 9-613A
yùndú 韞匵 12-683B
yùndú 韞櫝 12-684A
yùndú 韞韣 12-684A
yùndú 韞韇 12-684A
yùndù 運度 10-1095B
yùndù 韻度 12-661B
yúnduàn 雲緞 11-660A
yúndūchì 云都赤 2-831A
yùndú'ércáng 韞匵而藏 12-683B
yùndú'ércáng 韞櫝而藏 12-684A
yúnduì 勻兑 2-173B
yúnduì 雲隊 11-650A
yúnduì 雲碓 11-654A
yùnduì 慍懟 7-658A
yúnduǒ 雲朵 11-637B
yūnè 迂訥 10-716B
yún'ē 雲阿 11-639A
yún'é 雲娥 11-646B
yún'è 雲崿 11-650B
yún'è 雲萼 11-658B
yǔnèi 寓内 3-1575B
yùnèi 域内 2-1114A
yùnèi 御内 3-1023A
yǔnéng 與能 2-162A
yún'ěr 云耳 2-830B
yún'ěr 云爾 2-831B
yún'ěr 雲耳 11-637A
yùn'ěr 暉珥 5-806A
yùn'ěr 暈珥 5-807A
yún'ěrzāi 云爾哉 2-831B
yúnfà 雲髮 11-658B
yùnfǎ 韻法 12-661A
yúnfān 雲帆 11-637A
yúnfān 雲幡 11-659A
yúnfān 雲旛 11-664B
yúnfān 雲颿 11-664B
yùnfàn 運販 10-1096B
yúnfáng 雲房 11-642A
yúnfáng 雲舫 11-641A
yúnfáng 篔房 8-1230B
yúnfǎng 雲舫 11-645B
yùnfàng 運放 10-1095A
yúnfānyǔfù 雲翻雨覆 11-664B
yúnfēi 雲飛 11-644A
yúnfēi 筠篚 8-1170A
yúnfèi 雲沸 11-641B
yùnfèi 運費 10-1098B
yúnfēiníchén 雲飛泥沉 11-644A
yúnfēiyānmiè 雲飛煙滅 11-644B
yúnfēiyǔsàn 雲飛雨散 11-644A
yūnfēn 氲氛 6-1038A
yúnfēn 紜紛 9-746A
yúnfěn 筠粉 8-1169B
yúnfěn 雲粉 11-646A
yǔnfèn 愪憤 7-658A
yùnfén 緼黂 9-942A
yúnfēng 筠風 8-1169B
yúnfēng 雲風 11-642B
yúnfēng 雲峯 11-645A
yúnfēng 雲峰 11-645A
yúnfèng 雲鳳 11-657A
yúnfū 芸夫 9-282A
yúnfū 雲膚 11-659A
yúnfú 尹孚 4-4B
yúnfú 雲浮 11-646A
yúnfú 雲符 11-648A
yúnfù 雲赴 11-642B
yǔnfú 允孚 2-219B
yǔnfú 允符 2-220B
yǔnfù 隕覆 11-1095A
yùnfū 運夫 10-1092B
yùnfū 餫夫 12-572A
yùnfù 孕婦 4-184B
yùnfù 運副 10-1096B
yùnfù 韻腹 12-662A
yùnfǔbānmén 運斧般門 10-1095A
yúngài 雲蓋 11-653A
yúngān 雲干 11-633A
yúngàn 雲幹 11-653A
yùngàn 運幹 10-1099A
yúngāng 雲綱 11-658A
yùngāng 運綱 10-1099B
yúngāngshíkū 雲岡石窟 11-640B
yúngāo 雲臯 11-651B
yúngāo 雲膏 11-657A
yúngāo 雲鼛 11-665B

yùngāo 暈高 5-807A
yúngē 雲歌 11-656B
yúngé 芸閣 9-283A
yúngé 芸閤 9-283A
yúngé 雲閣 11-658A
yùngé 韻格 12-661B
yúngēn 雲根 11-645A
yúngèn 雲亘 11-637A
yúngèn 雲亙 11-637A
yúngēng 耘耕 8-593A
yūngōng 熅恭 7-197A
yúngōng 雲宮 11-643A
yúngōng 雲觥 11-654B
yúngǒng 雲栱 11-645A
yǔngōng 允恭 2-220B
yǔngōng 允龔 2-222A
yǔngōng 隕功 11-1093A
yùngōng 均工 2-1059B
yùngōng 運功 10-1093B
yúngòu 雲搆 11-652B
yúngòu 雲構 11-656B
yúngǔ 耘鼓 8-593A
yúngǔ 雲谷 11-638B
yúngǔ 雲骨 11-642B
yǔngǔ 殞骨 5-175B
yùngǔ 運古 10-1093B
yùngǔ 韻鼓 12-662A
yùnguāishíjiān 運乖時蹇 10-1095A
yúnguān 雲官 11-641B
yúnguān 雲冠 11-643B
yúnguān 雲關 11-665A
yúnguǎn 筠管 8-1169B
yúnguǎn 員管 3-361A
yúnguǎn 芸館 9-283A
yúnguǎn 雲管 11-657A
yúnguǎn 雲館 11-661B
yúnguàn 雲觀 11-666B
yùnguān 運官 10-1095A
yúnguāng 雲光 11-637A
yùnguāng 暈光 5-806B
yúnguī 雲歸 11-664B
yùnguì 韞匱 12-683B
yúngǔn 勻滚 2-174A
yǔnguó 隕國 11-1094A
yǔnguó 隕馘 11-1095A
yúnguòtiānkōng 雲過天空 11-648A
yúnhǎi 雲海 11-646A
yùnhǎi 運海 10-1096A
yúnhǎn 雲罕 11-639A
yúnhǎn 雲罕 11-640B
yúnhàn 雲漢 11-657B
yúnhàn 雲翰 11-660A
yùnhán 蘊涵 9-612B
yúnháng 雲航 11-645B
yūnhè 氳熇 6-1038B
yúnhé 云何 2-830B
yúnhé 雲合 11-637B
yúnhé 雲和 11-641A
yúnhé 雲河 11-641B
yúnhé 雲翮 11-660B
yúnhè 雲壑 11-663A
yúnhè 雲鶴 11-665B
yǔnhé 允合 2-219B
yùnhé 運河 10-1095A
yùnhé 餫河 12-572A
yùnhé 韻合 12-661A
yùnhè 褞褐 9-112B
yùnhè 緼褐 9-941B
yùnhéng 運衡 10-1100A
yúnhéwùjí 雲合霧集 11-637B
yúnhéxiǎngyìng 雲合響應 11-637B
yúnhéyǐngcóng 雲合景從 11-637B
yúnhóng 雲鴻 11-663B
yùnhóng 暈紅 5-807A
yúnhóngdiǎncuì 勻紅點翠 2-173B
yúnhū 云乎 2-830B
yúnhú 云胡 2-831A
yúnhú 雲狐 11-641A
yúnhú 雲縠 11-660A
yúnhǔ 雲虎 11-640B
yúnhù 雲互 11-634A
yúnhù 雲户 11-635B
yùnhù 醖户 9-1430A
yúnhuā 雲花 11-638A
yúnhuá 雲華 11-644B
yúnhuà 勻畫 2-173B
yùnhuā 暈花 5-806B
yùnhuà 孕化 4-184B
yùnhuà 運化 10-1093A
yǔnhuái 允懷 2-222A
yùnhuái 韞懷 12-684A
yúnhuán 雲鬟 11-666A
yúnhuáng 筠篁 8-1169B
yúnhuáng 熉黄 7-214B
yúnhuǎng 雲幌 11-654B
yúnhuáng 芸黄 9-282B
yùnhuáng 暈黄 5-807A
yúnhuánwùbìn 雲鬟霧鬢 11-666A
yùnhūhū 暈乎乎 5-806B
yùnhūhū 暈忽忽 5-807A
yúnhuī 芸輝 9-283A
yúnhuī 雲麾 11-659B
yúnhuí 雲回 11-637A
yúnhuí 雲迴 11-642B
yúnhuì 耘穢 8-593A
yúnhuì 雲會 11-654B
yùnhuì 慍恚 7-657B
yùnhuì 運會 10-1099A
yùnhuì 韞晦 12-683B
yúnhuījiāngjūn 雲麾將軍 11-659B
yūnhūn 暈昏 5-806B
yūnhuǒ 熅火 7-197A
yúnhuo 勻和 2-173B
yúnhuǒ 雲火 11-635B
yúnhuò 耘穫 8-593A
yǔnhuò 隕穫 11-1095A
yǔnhuò 殞穫 5-176A
yùnhuǒ 温火 5-1464B
yùnhuǒ 運火 10-1093B
yúnhūzāi 云乎哉 2-830B
yūnì 迂倪 10-716B
yūnì 淤泥 5-1413A
yūnì 迂泥 10-716A
yúní 魚泥 12-1189A
yúnì 魚睨 12-1195A
yúnì 餘膩 12-558B
yǔnì 語逆 11-223B
yùnì 預擬 12-278B
yùnì 鬱尼 3-1137B
yùnì 鬱膩 3-1144A
yúnián 逾年 10-1042A
yúnián 餘年 12-548A
yúniǎn 輿輦 9-1311B
yúniàn 餘念 12-549B
yùniǎn 玉輦 4-510A
yùniǎn 御輦 3-1030B
yùniàn 欲念 6-1442B
yùniàn 慾念 7-694A
yùniàng 鬱釀 3-1145A
yúniánlìsuì 逾年歷歲 10-1042B
yúniǎo 顒鳥 12-333A
yúniǎo 魚鳥 12-1192B
yǔniǎo 語鳥 11-224A
yúniǎomù 魚鳥慕 12-1192B
yúniè 渝涅 5-1493A
yúniè 魚孽 12-1201B
yúniè 魚蘗 12-1200B
yúniè 餘枿 12-554A
yúniè 餘柟 12-550A
yúniè 餘蘗 12-559B
yǔniè 羽孽 9-642A
yúning 諛佞 11-283B
yǔníng 予寧 1-769B
yùníng 飫寧 12-497A
yúniú 魚牛 12-1184B
yú'niù 愚拗 7-619A
yùniǔ 玉紐 4-495A
yúnjī 雲機 11-660B
yúnjī 雲積 11-661B
yúnjī 雲雞 11-664B
yúnjí 雲笈 11-642B
yúnjí 雲極 11-650B
yúnjí 雲集 11-651A
yúnjì 雲紀 11-644B
yúnjì 雲際 11-655B
yúnjì 雲髻 11-660A
yúnjì 雲驥 11-667A
yǔnjí 允集 2-221A
yǔnjí 允輯 2-221B
yǔnjí 隕集 11-1094B
yùnjī 運機 10-1100A
yùnjī 運璣 10-1100A
yùnjí 蘊積 9-613A
yùnjí 温籍 5-1474A
yùnjí 温藉 5-1473A
yùnjí 運極 10-1098A
yúnjià 雲稼 11-659B
yúnjià 雲駕 11-660A
yǔnjiā 允嘉 2-221B
yùnjià 運價 10-1099B
yùnjià 韞價 12-683B
yúnjiān 雲肩 11-641B
yúnjiān 雲牋 11-651A
yúnjiān 雲間 11-652B
yúnjiān 雲箋 11-657A
yúnjiān 雲鵳 11-665B
yúnjiǎn 芸簡 9-283A
yúnjiàn 筠箭 8-1170A
yúnjiàn 雲澗 11-659B
yǔnjiān 允肩 2-220A
yúnjiāng 雲江 11-638A
yúnjiāng 雲漿 11-660A
yúnjiàng 雲將 11-649B
yǔnjiàng 賈降 11-724A
yùnjiǎnshídī 運蹇時低 10-1100A
yùnjiǎnshíguāi 運蹇時乖 10-1100A
yúnjiānshīpài 雲間詩派 11-652B
yúnjiāo 雲郊 11-641A
yúnjiǎo 雲脚 11-648B
yúnjiào 雲嶠 11-659A
yùnjiǎo 運脚 10-1097B
yùnjiǎo 運腳 10-1099A
yùnjiǎo 韻脚 12-661B
yúnjiàopiān 雲嶠篇 11-659A
yúnjiāoyǔhé 雲交雨合 11-637B
yúnjiāoyǔqiè 雲嬌雨怯 11-660A
yúnjiē 雲階 11-649B
yúnjiē 雲堦 11-650A
yúnjié 雲窠 11-654B
yǔnjié 隕節 11-1094B
yùnjié 菀結 9-453A
yùnjié 苑結 9-353B
yùnjié 怨結 7-451B
yùnjié 藴結 9-612B
yùnjiè 緼藉 9-941B
yùnjiè 薀藉 9-560A
yùnjiè 醖籍 9-1430B
yùnjiè 醖藉 9-1430B
yùnjiè 蘊籍 9-613B
yùnjiè 蘊藉 9-613A
yùnjiè 韞藉 12-683B
yúnjiēyuèdì 雲階月地 11-649B
yúnjiēyuèdì 雲堦月地 11-650A
yúnjīn 雲津 11-643A
yúnjǐn 雲錦 11-661B
yúnjìn 雲祲 11-649B
yùnjīn 運斤 10-1093A
yùnjīn 運釿 10-1098B
yùnjīnchéngfēng 運斤成風 10-1093A
yúnjìng 勻净 2-173B
yúnjìng 雲旌 11-648B
yúnjìng 雲旍 11-649A
yúnjīng 雲經 11-655B
yúnjīng 雲精 11-657B
yúnjǐng 雲景 11-650B
yúnjìng 勻靜 2-173B
yǔnjìng 允敬 2-221A
yúnjìngtiānkōng 雲净天空 11-641A

yùnjīnrúfēng 運斤如風 10-1093A
yúnjǐnshū 雲錦書 11-661B
yúnjǐnzhāng 雲錦章 11-661B
yúnjǐnzì 雲錦字 11-661B
yúnjiōng 芸扃 9-282B
yúnjiǒng 雲扃 11-643B
yùnjìpūmóu 運計鋪謀 10-1095B
yúnjiū 雲糺 11-639A
yùnjiǔ 醞酒 9-1430B
yúnjíxiǎngyìng 雲集響應 11-651B
yúnjíyǐngcóng 雲集景從 11-651B
yúnjíyǐngfù 雲集景附 11-651A
yúnjū 雲居 11-642B
yúnjū 雲裾 11-655A
yúnjǔ 雲舉 11-661B
yúnjù 雲聚 11-656A
yǔnjù 隕懼 11-1095B
yùnjù 韻句 12-661A
yǔnjuàn 允眷 2-220B
yūnjué 暈厥 5-807B
yūnjué 暈絶 5-807B
yúnjuē 雲屩 11-664B
yúnjué 雲譎 11-665A
yǔnjué 隕絶 11-1094B
yǔnjué 隕蹶 11-1095A
yǔnjué 殞絶 5-176A
yǔnjué 賈絶 11-724B
yúnjuébōguǐ 雲譎波詭 11-665A
yúnjūn 匀均 2-173A
yùnjūn 員鈞 3-361A
yùnjūn 運均 10-1094A
yùnjūn 運軍 10-1095B
yùnjūn 運鈞 10-1098B
yùnkāishítài 運開時泰 10-1098B
yúnkāiwùsàn 雲開霧散 11-652B
yúnkāiwùshì 雲開霧釋 11-652B
yǔnkǎo 抎考 6-358B
yúnkē 雲柯 11-642B
yúnkè 雲客 11-643A
yǔnkè 允恪 2-220A
yùnkè 温克 5-1465B
yǔnkěn 允肯 2-220A
yùnkǒu 運口 10-1092B
yúnkū 雲窟 11-655A
yùnkù 運庫 10-1096A
yúnkuài 雲旝 11-665A
yúnkuí 雲逵 11-647A
yǔnkuì 隕潰 11-1095A
yǔnkuì 殞潰 5-176A
yùnkuì 餫饋 12-572A
yùnkuò 孕括 4-184B
yúnlái 雲來 11-640A
yǔnlài 允賴 2-221B
yúnlán 筠籃 8-1170A
yúnlán 雲嵐 11-651A
yúnlán 雲藍 11-662B
yúnláng 筠廊 8-1169B
yúnlàng 雲浪 11-646B
yúnléi 雲雷 11-654A
yúnléi 雲罍 11-665B
yúnlěi 雲壘 11-664B
yùnlèi 韻類 12-662A
yúnléiwén 雲雷紋 11-654A
yúnlì 芸吏 9-282A
yúnlì 耘笠 8-593A
yǔnlì 允釐 2-221B
yùnlǐ 運理 10-1096B
yùnlì 運力 10-1092B
yùnlì 運曆 10-1100A
yùnlì 緼麗 9-942A
yúnlián 筠簾 8-1170A
yúnliǎn 匀臉 2-174A
yùnliàn 運煉 10-1099A
yúnliáng 雲粱 11-649A
yúnliáng 雲樑 11-658B
yǔnliàng 允亮 2-220A
yùnliáng 運糧 10-1098A
yùnliàng 運量 10-1098A
yǔnliè 殞裂 5-175B
yūnlín 涒鄰 5-1286B
yúnlín 雲林 11-639B
yúnlǐng 雲嶺 11-663A
yǔnlíng 隕零 11-1094B
yǔnlíng 賈零 11-724B
yǔnlíng 賈靈 11-724B
yǔnlìng 允令 2-219B
yùnlìng 韻令 12-661A
yúnliu 匀溜 2-173B
yùnliú 運流 10-1096B
yùnliú 韻流 12-661B
yúnlóng 筠籠 8-1170A
yúnlóng 雲龍 11-662A
yùnlóng 蘊隆 9-612B
yúnlóngfēnghǔ 雲龍風虎 11-662A
yúnlóngjiān 雲龍箋 11-662B
yúnlóngyúshuǐ 雲龍魚水 11-662B
yúnlóu 雲樓 11-658B
yúnlú 筠爐 8-1170A
yúnlú 雲艫 11-666A
yúnlù 雲露 11-665B
yúnlù 雲路 11-654A
yúnlù 雲輅 11-653B
yùnlú 熨爐 7-231A
yùnlù 運路 10-1099A
yùnlù 韞籙 12-684A
yúnluàn 云乱 2-830B
yúnlùhuǒ 雲路火 11-654B
yūnlún 奫淪 2-1564B
yūnlǔn 蝹蜦 8-928B
yúnlún 雲輪 11-658B
yǔnlún 惲惀 7-658A
yúnluó 雲羅 11-664B
yúnluó 雲蘿 11-666A
yúnluó 雲鑼 11-667A
yǔnluò 隕落 11-1094A
yǔnluò 殞落 5-175B
yúnluótiānwǎng 雲羅天網 11-665A
yúnlǚ 雲旅 11-646A
yúnlǚ 雲履 11-660A
yúnlǚ 雲縷 11-663B
yùnlǚ 緼縷 9-942A
yùnlǜ 韻律 12-661A
yùnlüè 韻略 12-661B
yúnmǎ 雲馬 11-644B
yúnmái 雲霾 11-666A
yùnmài 運邁 10-1099B
yúnmàn 雲幔 11-657A
yúnmàn 雲蔓 11-656A
yúnmáo 雲旄 11-646A
yúnmáo 雲鬟 11-655B
yúnmào 雲貌 11-657A
yúnméi 雲湄 11-652A
yúnméi 雲楣 11-653B
yùnméi 韻梅 12-661B
yùnméiyuēbìn 暈眉約鬢 5-807A
yúnmén 雲門 11-642A
yúnméng 雲甍 11-656B
yúnméng 雲瞢 11-658B
yúnmèng 雲夢 11-653A
yúnmèngxiánqíng 雲夢閑情 11-653A
yúnménzōng 雲門宗 11-642B
yūnmí 暈迷 5-807A
yúnmí 雲靡 11-665A
yúnmiǎn 雲冕 11-647B
yúnmiàn 匀面 2-173B
yúnmiáo 雲苗 11-639A
yúnmiǎo 雲杪 11-639B
yúnmiǎo 雲渺 11-652A
yǔnmiè 隕滅 11-1094B
yǔnmiè 殞滅 5-176A
yǔnmìng 隕命 11-1093B
yǔnmìng 殞命 5-175B
yùnmìng 運命 10-1095A
yúnmíwùsuǒ 雲迷霧鎖 11-643A
yúnmíwùzhào 雲迷霧罩 11-643A
yúnmó 雲膜 11-657A
yúnmó 雲摩 11-659B
yúnmò 雲末 11-636A
yúnmò 雲沫 11-641A
yúnmò 雲漠 11-655A
yǔnmò 隕没 11-1093B
yǔnmò 隕歿 11-1093B
yǔnmò 殞没 5-175B
yǔnmò 殞歿 5-175B
yǔnmóu 允謀 2-221B
yùnmóu 運謀 10-1100A
yúnmǔ 雲母 11-636B
yúnmù 雲木 11-633B
yúnmù 雲幕 11-653A
yǔnmù 允穆 2-221B
yùnmǔ 韻母 12-661A
yùnmù 暉目 5-805B
yùnmù 運目 10-1093B
yùnmù 暈目 5-806B
yùnmù 韻目 12-660B
yúnmǔchē 雲母車 11-636B
yúnmǔguān 雲母冠 11-636B
yúnmǔlín 雲母鱗 11-637A
yúnmǔniǎn 雲母輦 11-637A
yúnmǔzhàng 雲母帳 11-636B
yúnmǔzhōu 雲母舟 11-636B
yúnmǔzhōu 雲母粥 11-637A
yúnmǔzhú 雲母竹 11-636B
yúnnà 雲衲 11-643B
yǔnnà 允納 2-220B
yúnní 雲泥 11-641B
yúnní 雲倪 11-645B
yúnní 雲蜺 11-656B
yúnní 雲霓 11-661A
yúnnì 雲膩 11-662A
yúnniǎn 雲輦 11-658B
yùnnián 薀年 9-559B
yùnniǎn 運輦 10-1099B
yùnniàng 醞釀 9-1430B
yùnniàng 蘊釀 9-613B
yúnniǎo 雲鳥 11-648A
yúnniǎozhèn 雲鳥陣 11-648A
yúnnídài 雲霓待 11-661A
yúnníyìlù 雲泥異路 11-641B
yúnnízhībié 雲泥之别 11-641B
yúnnízhīchā 雲泥之差 11-641B
yùnnòng 運弄 10-1094A
yúnnòu 芸耨 9-283A
yúnnòu 耘耨 8-593A
yùnnù 愠怒 7-657B
yǔnnuò 允諾 2-221B
yúnnǚ 雲女 11-633B
yúnòng 揄弄 6-769B
yúnòng 愚弄 7-618B
yúnòng 餘弄 12-548A
yǔnóng 窳農 8-475A
yùn'ǒu 運偶 10-1097B
yúnpá 耘杷 8-593A
yúnpái 雲牌 11-651A
yùnpái 韻牌 12-662A
yúnpán 雲盤 11-659B
yùnpàn 運判 10-1094B
yùnpáng'er 暈龐兒 5-808A
yúnpáo 雲袍 11-646B
yúnpào 雲礮 11-665B
yùnpáo 褞袍 9-112A
yùnpáo 緼袍 9-941B
yúnpèi 雲帔 11-640B
yúnpèi 雲旆 11-643A
yúnpèi 雲旆 11-645B
yúnpèi 雲轡 11-666A
yúnpéng 雲棚 11-658B
yúnpéng 雲鵬 11-665A
yǔnpǐ 隕圮 11-1093B
yùnpǐ 運否 10-1094B
yùnpì 運甓 10-1100B
yúnpián 雲騈 11-660A
yúnpiàn 雲片 11-635A
yúnpiàngāo 雲片糕 11-635B
yúnpíng 雲屏 11-643B
yúnpíng 雲萍 11-647A
yúnpíng 雲軿 11-653B

yùnpíng 運平 10-1093B
yúnpínglù 雲苹録 11-647A
yǔnpū 隕仆 11-1093A
yúnqī 雲栖 11-645A
yúnqī 雲棲 11-650B
yúnqí 雲旂 11-646A
yúnqí 雲旗 11-657B
yúnqí 雲齊 11-657B
yúnqí 雲騎 11-664A
yúnqǐ 雲起 11-644B
yúnqǐ 雲綺 11-658A
yúnqì 雲氣 11-645A
yǔnqì 隕泣 11-1093B
yǔnqì 殞泣 5-175B
yǔnqì 貫氣 11-724A
yùnqī 孕期 4-185A
yùnqī 運期 10-1098A
yùnqí 運奇 10-1094B
yùnqí 韞奇 12-683B
yùnqì 運氣 10-1096A
yǔnqià 允洽 2-220A
yúnqiān 芸籤 9-283A
yúnqiān 雲騫 11-665B
yúnqiān 雲籤 11-666B
yúnqiàn 雲塹 11-656B
yùnqián 運錢 10-1100A
yúnqiáng 雲檣 11-662B
yúnqiáo 雲橋 11-660B
yúnqiáo 雲翹 11-664A
yǔnqiè 允切 2-219B
yǔnqiè 允愜 2-221A
yúnqǐlóngxiāng 雲起龍襄 11-644B
yúnqǐlóngxiāng 雲起龍驤 11-644B
yúnqíng 雲情 11-649A
yǔnqíng 允情 2-221A
yùnqíng 運情 10-1098A
yùnqìng 韻磬 12-662A
yúnqīngliǔruò 雲輕柳弱 11-656B
yúnqíngyǔyì 雲情雨意 11-649B
yúnqiū 雲丘 11-636A
yúnqiú 雲虬 11-638B
yúnqiú 雲蚪 11-640B
yúnqiú 雲裘 11-653B
yǔnqiū 隕丘 11-1093B
yùnqiū 韞丘 12-683B
yúnqǐxuěfēi 雲起雪飛 11-644B
yúnqīyǔxìn 雲期雨信 11-650A
yúnqīyǔyuē 雲期雨約 11-650A
yúnqú 雲衢 11-666B
yùnqú 運渠 10-1098A
yúnquán 雲泉 11-642B
yùnquān 暈圈 5-807A
yúnquē 雲闕 11-664B
yúnquè 雲雀 11-647B
yǔnquē 隕缺 11-1094A
yùnqún 暈裙 5-807B
yúnqūwùfù 雲趨鶩赴 11-662B
yúnrán 云然 2-831B
yǔnrán 齳然 12-1457B
yùnrǎn 暈染 5-807A
yúnrǎng 雲壤 11-665A
yǔnràng 允讓 2-222A
yúnráo 雲橈 11-660A
yúnrǎo 雲擾 11-664A
yúnrǎofúliè 雲擾幅裂 11-664A
yúnrén 芸人 9-282A
yùnrén 韗人 12-684A
yùnrén 韻人 12-660B
yúnréng 雲仍 11-635B
yúnréng 雲礽 11-638A
yúnrì 雲日 11-634A
yùnrì 暉日 5-805B
yùnrì 鳿日 12-1070A
yùnrì 運日 10-1093A
yǔnróng 允溶 2-221A
yùnróng 愠容 7-657B
yúnróngyuèmào 雲容月貌 11-646B
yùnrǔ 孕乳 4-184B
yúnruì 雲瑞 11-652B
yúnruò 云若 2-831A
yǔnruò 允若 2-219B
yǔnsàng 隕喪 11-1094B
yǔnsàng 貫喪 11-724B
yǔnsè 允塞 2-221A
yùnsè 愠色 7-657B
yúnsēng 雲僧 11-657A
yúnshā 雲沙 11-638B
yúnshā 雲砂 11-642B
yúnshà 雲廈 11-654B
yúnshān 雲山 11-633A
yúnshān 雲杉 11-638A
yúnshān 雲衫 11-642A
yúnshāncǎo 雲山草 11-633A
yúnshàng 雲上 11-633A
yùnshāng 運商 10-1097B
yùnshǎng 運賞 10-1099B
yúnshānyī 雲山衣 11-633A
yúnshānyuē 雲山約 11-633B
yúnshāo 雲梢 11-647A
yúnshāo 雲旓 11-655A
yúnshāo 雲髾 11-662B
yúnsháo 雲韶 11-657A
yúnsháobù 雲韶部 11-657B
yúnsháofǔ 雲韶府 11-657B
yúnshāogé 篔梢格 8-1169B
yúnsháoyuàn 雲韶院 11-657B
yùnshè 韻攝 12-662A
yǔnshēn 隕身 11-1093B
yǔnshēn 殞身 5-175B
yùnshén 運神 10-1095B
yúnshēng 芸生 9-282A
yúnshěng 芸省 9-282B
yǔnshēng 貫生 11-724A
yùnshèng 韻勝 12-662A
yǔnshēnmígǔ 隕身糜骨 11-1093B
yǔnshēnsuìshǒu 殞身碎首 5-175B
yúnshi 匀實 2-174A
yúnshī 雲施 11-643A
yúnshī 雲師 11-645B
yúnshí 雲石 11-636A
yúnshí 雲實 11-658A
yúnshì 云是 2-831A
yúnshì 雲室 11-643A
yǔnshī 抎失 6-358B
yǔnshī 隕失 11-1093B
yǔnshí 隕石 11-1093B
yǔnshì 隕世 11-1093A
yǔnshì 殞逝 5-175B
yùnshí 暈蝕 5-807B
yùnshǐ 運使 10-1095A
yùnshì 運世 10-1093B
yùnshì 運事 10-1094B
yùnshì 韻士 12-660B
yùnshì 韻事 12-661A
yúnshǒu 雲手 11-635A
yǔnshǒu 隕首 11-1094A
yùnshǒu 運手 10-1093A
yùnshǒu 熨手 7-230B
yùnshòu 運售 10-1097B
yúnshōuyǔsàn 雲收雨散 11-638A
yúnshū 雲書 11-646B
yúnshǔ 芸署 9-283A
yúnshǔ 雲署 11-654B
yúnshù 芸庶 9-282B
yúnshù 雲樹 11-660A
yǔnshū 允淑 2-220B
yùnshū 運輸 10-1100A
yùnshū 韻書 12-661B
yùnshù 運數 10-1099B
yúnshuǐ 雲水 11-635A
yúnshuǐkè 雲水客 11-635A
yúnshuǐkū 雲水窟 11-635A
yúnshuǐquánzhēn 雲水全真 11-635A
yúnshuǐsǎnrén 雲水散人 11-635A
yúnshuǐsēng 雲水僧 11-635A
yúnshuǐshēn 雲水身 11-635A
yúnshuǐxiāng 雲水鄉 11-635A
yúnshuǐzhāi 雲水齋 11-635A
yùnshūjī 運輸機 10-1100A
yùnshūjiàn 運輸艦 10-1100A
yùnshūliàng 運輸量 10-1100A
yǔnshùn 允順 2-221A
yǔnshuò 允鑠 2-222A
yúnshūxiájuǎn 雲舒霞卷 11-651B
yúnshūxiájuǎn 雲舒霞捲 11-651B
yùnshūxiàn 運輸綫 10-1100A
yúnshùyáogé 雲樹遥隔 11-660B
yúnshùzhīsī 雲樹之思 11-660B
yúnsī 雲司 11-636B
yúnsī 雲絲 11-652B
yúnsì 雲寺 11-637A
yúnsì 雲肆 11-653A
yǔnsì 允嗣 2-221A
yǔnsì 隕泗 11-1093B
yùnsī 運司 10-1094A
yùnsī 運思 10-1095B
yúnsōng 雲松 11-639B
yúnsǒng 雲竦 11-651B
yùnsòng 運送 10-1095B
yùnsòngjú 運送局 10-1095B
yùnsōu 運艘 10-1099B
yùnsù 韞素 12-683B
yùnsuàn 運筭 10-1099A
yùnsuàn 運算 10-1099B
yúnsuǐ 雲髓 11-665B
yǔnsuì 允遂 2-221A
yǔnsuì 殞碎 5-176A
yùnsuì 孕穗 4-185A
yúnsūn 雲孫 11-646B
yúntà 雲榻 11-656B
yúntà 雲闒 11-665B
yúntái 芸臺 9-283A
yúntái 雲臺 11-655B
yúntái 蕓薹 9-547B
yùntài 運泰 10-1096A
yúntàidù 雲態度 11-658A
yúntáigé 雲臺閣 11-656A
yúntáiguàn 雲臺觀 11-656A
yúntáizhàng 雲臺仗 11-656A
yúntáizhǔshuài 雲臺主帥 11-656A
yúntān 匀攤 2-174A
yúntán 雲潭 11-659B
yúntāng 雲湯 11-652A
yúntáng 雲堂 11-647B
yúntāo 雲濤 11-663B
yúntè 雲慝 11-655B
yúnténg 雲騰 11-665B
yúntī 篔梯 8-1169B
yúntī 雲梯 11-647A
yúntì 耘薙 8-593A
yǔntì 隕涕 11-1094A
yǔntì 殞涕 5-175B
yúntiān 雲天 11-633B
yùntián 均田 2-1060A
yúntiángǔ 耘田鼓 8-592B
yúntiānwùdì 雲天霧地 11-633B
yúntiáo 匀調 2-174A
yǔntiē 允帖 2-220A
yǔntiě 隕鐵 11-1095A
yùntiē 熨貼 7-231A
yùntiē 熨帖 7-230B
yúntīng 雲汀 11-636B
yúntíng 云亭 2-831A
yúntíng 匀亭 2-173B
yúntíng 匀停 2-173B
yúntíng 雲亭 11-642B
yúntíng 雲庭 11-643A
yúntíngshānrén 云亭山人 2-831A
yúntǒng 篔筒 8-1169B
yúntǒng 篔篬 8-1169B
yùntōng 運通 10-1096B
yùntóng 運同 10-1094A

yūntóu 暈頭 5-808A
yúntóu 雲頭 11-660B
yùntóu 韻頭 12-662A
yúntóubì 雲頭篦 11-661A
yūntóudǎnǎo 暈頭打腦 5-808A
yúntóu'er 雲頭兒 11-661A
yūntóuzhuànxiàng 暈頭轉向 5-808A
yúntóuzi 雲頭子 11-661A
yúntú 雲途 11-645B
yúntú 雲塗 11-655A
yúntú 雲圖 11-657A
yúntǔ 雲土 11-633A
yùntù 孕吐 4-184B
yúntuán 雲團 11-656B
yúntǔmèng 雲土夢 11-633A
yúntún 雲屯 11-634A
yúntúnbiāosàn 雲屯飆散 11-634A
yúntúnniǎosàn 雲屯鳥散 11-634A
yúntúnsēnlì 雲屯森立 11-634A
yúntúnwùjí 雲屯霧集 11-634A
yúntúnwùsàn 雲屯霧散 11-634A
yúntúnxíjuǎn 雲屯席卷 11-634A
yúntúnxíjuǎn 雲屯席捲 11-634A
yúntúnxīngjù 雲屯星聚 11-634A
yúntúnyǐjù 雲屯蟻聚 11-634A
yúntúnyǔjí 雲屯雨集 11-634A
yúntuǒ 勻妥 2-173A
yǔntuò 隕蘀 11-1095A
yǔntuò 隕籜 11-1095B
yúnú 愚駑 7-622B
yúnù 愚怒 7-620A
yúnù 餘怒 12-551B
yùnú 玉奴 4-476B
yùnǔ 玉弩 4-486A
yùnù 拗怒 6-532B
yùnù 欝怒 4-1373A
yùnù 鬱怒 3-1140B
yùnuǎn 燠暖 7-259A
yùnuè 寓謔 3-1575A
yúnuò 愚懦 7-623A
yùnuó 玉儺 4-523A
yùnúqièjià 鬻駑竊價 12-926A
yùnúzhuāng 玉奴粧 4-476B
yúnǚ 輿女 9-1309A
yùnǚ 玉女 4-473A
yùnǚ 御女 3-1022B
yùnǚchuāng 玉女窗 4-473B
yùnǚdǎoliànzhēn 玉女擣練碪 4-473B
yùnǚdēngtī 玉女登梯 4-473B
yùnǚfēi 玉女扉 4-473B
yùnǚfēng 玉女峯 4-473B
yùnǚpén 玉女盆 4-473B
yùnǚpīyī 玉女披衣 4-473A
yùnǚshā 玉女沙 4-473A
yùnǚtái 玉女臺 4-473B
yùnǚxǐtóupén 玉女洗頭盆 4-473B
yùnǚzhēn 玉女砧 4-473B
yúnwǎ 雲瓦 11-634A
yúnwài 雲外 11-636A
yúnwàirén 雲外人 11-636A
yūnwān 奫潫 2-1564B
yūnwān 蝹蜿 8-928B
yùnwàn 運腕 10-1098B
yúnwáng 云亡 2-830A
yúnwǎng 雲網 11-658B
yǔnwáng 隕亡 11-1093A
yǔnwáng 殞亡 5-175B
yùnwàng 韞望 12-683B
yùnwàngshíshèng 運旺時盛 10-1094B
yùnwángwéicún 運亡爲存 10-1092B
yúnwéi 云爲 2-831A
yúnwéi 雲幃 11-651A
yúnwěi 雲委 11-641A
yúnwèi 雲蔚 11-656B
yùnwéi 運帷 10-1096B
yùnwéi 運爲 10-1098B
yùnwěi 韻尾 12-661A
yùnwèi 韻味 12-661A
yúnwén 雲文 11-635B
yúnwén 雲紋 11-647A
yǔnwén 允文 2-219B
yùnwén 韻文 12-660B
yúnwěng 雲滃 11-655A
yǔnwényǔnwǔ 允文允武 2-219B
yúnwò 雲臥 11-639B
yúnwò 雲幄 11-651A
yùnwò 運握 10-1098A
yùnwò 運斡 10-1099A
yúnwū 雲屋 11-643B
yúnwǔ 雲舞 11-657A
yúnwǔ 雲儛 11-661B
yúnwù 雲雺 11-654A
yúnwù 雲塢 11-653A
yúnwù 雲物 11-640B
yúnwù 雲隖 11-652B
yúnwù 雲霧 11-664A
yúnwù 雲鶩 11-665A
yǔnwǔ 允武 2-219B
yùnwù 慍惡 7-658A
yùnwù 運物 10-1095A
yùnwù 運務 10-1096B
yúnwùchá 雲霧茶 11-664A
yúnxī 篔溪 8-1169B
yúnxī 雲溪 11-655A
yúnxī 雲谿 11-663B
yúnxí 篔席 8-1169B
yúnxí 筠席 8-1158A
yúnxì 雲舄 11-651A
yǔnxī 允翕 2-221A
yǔnxí 允襲 2-222A
yùnxī 煇鑴 7-202A
yùnxí 韞襲 12-684A
yùnxǐ 運徙 10-1097B
yùnxǐ 緼枲 9-941B
yúnxiá 雲霞 11-662B
yúnxià 雲罅 11-663A
yùnxiàn 運限 10-1095A
yúnxiāng 芸香 9-282B
yúnxiāng 雲鄉 11-650A
yúnxiāng 雲驤 11-667A
yúnxiáng 雲祥 11-646B
yúnxiáng 雲翔 11-651B
yǔnxiāng 允襄 2-221B
yùnxiǎng 運餉 10-1099B
yùnxiǎng 餫餉 12-572A
yùnxiǎng 餫饟 12-572A
yùnxiǎng 韻響 12-662A
yúnxiānggé 芸香閣 9-282B
yúnxiānglì 芸香吏 9-282B
yúnxiāngshǔ 芸香署 9-282B
yúnxiāo 雲霄 11-659A
yúnxiāo 雲簫 11-665A
yùnxiāo 運銷 10-1099B
yúnxiāowùsàn 雲消霧散 11-646A
yúnxiè 雲榭 11-656B
yǔnxié 允協 2-219B
yǔnxié 允諧 2-221B
yǔnxiè 隕謝 11-1095A
yǔnxiè 殞謝 5-176A
yùnxié 韻纈 12-662B
yúnxīn 篔心 8-1169A
yúnxīn 雲心 11-635B
yùnxīn 運心 10-1093B
yúnxìng 雲興 11-661B
yúnxíng 雲行 11-637B
yǔnxīng 隕星 11-1093B
yǔnxíng 允行 2-219B
yǔnxìng 允姓 2-220A
yùnxíng 運行 10-1094A
yúnxīngxiáwèi 雲興霞蔚 11-661B
yúnxíngyǔqià 雲行雨洽 11-637B
yúnxíngyǔshī 雲行雨施 11-637B
yúnxīnhèyǎn 雲心鶴眼 11-636A
yúnxīnshuǐxìng 雲心水性 11-636A
yúnxiù 雲岫 11-640B
yùnxiū 餫饈 12-572A
yúnxīzuìhóu 雲溪醉侯 11-655A
yǔnxū 磒虛 7-1089A
yǔnxǔ 允許 2-220B
yùnxù 運序 10-1094B
yùnxù 緼畜 9-941B
yùnxù 緼絮 9-941B
yùnxù 緼緒 9-941B
yùnxù 薀蓄 9-559B
yùnxù 蘊慉 9-613A
yùnxù 蘊蓄 9-612B
yùnxù 韞蓄 12-683B
yúnxuān 雲軒 11-645A
yúnxuán 雲玄 11-636B
yùnxuán 運旋 10-1097B
yùnxuàn 運眩 10-1096A
yùnxuàn 暈眩 5-807A
yùnxuàn 暈渲 5-807B
yúnxué 雲穴 11-636B
yúnxuě 雲雪 11-647B
yùnxué 韻學 12-662A
yúnxùn 雲迅 11-638A
yúnxùn 雲訊 11-645B
yùnxún 緼巡 9-941A
yúnyā 雲鴉 11-659A
yúnyā 雲鵶 11-664B
yúnyá 雲牙 11-633B
yúnyá 雲芽 11-638A
yúnyá 雲崖 11-648A
yúnyá 雲涯 11-649A
yúnyān 雲烟 11-646A
yúnyān 雲崦 11-648A
yúnyān 雲煙 11-655A
yúnyán 雲巖 11-666A
yúnyǎn 雲眼 11-647B
yúnyǎn 雲巘 11-666B
yúnyàn 雲雁 11-650B
yúnyàn 雲鴈 11-659A
yúnyàn 雲艷 11-666B
yùnyán 韻言 12-661A
yùnyǎn 運奄 10-1094B
yùnyǎn 熨眼 7-231A
yúnyáng 雲陽 11-649B
yúnyānguòyǎn 雲烟過眼 11-646A
yúnyānguòyǎn 雲煙過眼 11-655A
yúnyānjī 雲煙屐 11-655A
yúnyánsì 雲巖寺 11-666A
yúnyáo 雲軺 11-650B
yúnyáo 雲摇 11-652B
yúnyáo 雲謡 11-663B
yúnyě 雲野 11-647B
yúnyè 雲液 11-649A
yúnyè 雲葉 11-650A
yǔnyè 允叶 2-219B
yùnyē 宛暍 3-1402B
yùnyè 韻葉 12-662A
yúnyī 雲衣 11-638A
yúnyí 雲儀 11-659B
yúnyǐ 云已 2-830A
yúnyì 雲扆 11-646B
yúnyì 耘艾 8-592B
yúnyì 耘藝 8-593A
yúnyì 雲帟 11-643A
yúnyì 雲逸 11-648B
yúnyì 雲誼 11-659B
yúnyì 雲翳 11-662B
yúnyì 雲翼 11-663B
yǔnyí 允宜 2-220A
yǔnyì 隕意 11-1094B
yùnyī 熨衣 7-230B
yùnyí 運移 10-1096B
yùnyì 運役 10-1094B
yùnyì 運意 10-1099A

yùnyì 運裛 10-1099A
yūnyīn 氳氤 6-1038A
yúnyīn 雲陰 11-646B
yúnyìn 雲蔭 11-653A
yúnyīng 雲英 11-639A
yúnyǐng 雲景 11-650B
yúnyǐng 雲影 11-659A
yǔnyīng 允膺 2-221B
yùnyíshíyì 運移時易
10-1096B
yúnyōng 雲墉 11-656A
yùnyòng 運用 10-1093B
yúnyǒngbiāofā 雲湧飆發
11-652A
yúnyǒngfēngfēi 雲湧風飛
11-652A
yùnyòngzhīmiào…
運用之妙,存乎一心
10-1093B
yùnyòngzhīmiào…
運用之妙,在於一心
10-1094A
yùnyòngzìrú 運用自如
10-1094A
yúnyóu 雲游 11-652A
yúnyóu 雲遊 11-651B
yúnyǒu 雲牖 11-659B
yùnyǒu 韻友 12-660B
yùnyōuyōu 韻悠悠 12-661B
yúnyóuyǔtì 雲尤雨殢
11-633B
yūnyù 頵砡 12-322B
yūnyù 縕豫 9-941B
yúnyú 雲腴 11-651B
yúnyú 雲輿 11-663A
yúnyǔ 雲雨 11-639B
yúnyǔ 雲嶼 11-661B
yúnyù 云喻 2-831A
yúnyù 雲馭 11-650A
yǔnyú 允俞 2-220A
yǔnyǔ 實雨 11-724A
yùnyǔ 韻宇 12-661A
yùnyǔ 韻語 12-662A
yùnyù 孕育 4-184B
yùnyù 孕毓 4-185A
yùnyù 孕鬻 4-185A
yùnyù 運遇 10-1098A
yùnyù 韞玉 12-683A
yúnyuān 雲淵 11-652A
yúnyuán 匀圓 2-173B
yǔnyuán 允元 2-219B
yùnyuán 運員 10-1096A
yúnyǔchí 雲雨池 11-640A
yúnyuè 雲月 11-635B
yúnyuè 雲岳 11-641A
yúnyuè 雲嶽 11-663A
yǔnyuè 隕越 11-1094A
yǔnyuè 殞越 5-175B
yùnyuè 暈月 5-806B
yūnyūn 熅熅 7-197A
yūnyūn 奫奫 2-1564B
yūnyūn 蝹蝹 8-928B
yūnyūn 氳氳 6-1038B
yūnyún 奫沄 2-1564A
yúnyún 眃眃 10-210B
yúnyún 員員 3-361A
yúnyún 云云 2-830A
yúnyún 匀匀 2-173A
yúnyún 伝伝 1-1168B
yúnyún 沄沄 5-944A
yúnyún 芸芸 9-282A
yúnyún 畇畇 7-1319A
yúnyún 紜紜 9-746A
yúnyún 耘耘 8-593A
yúnyún 澐澐 6-129A
yǔnyǔn 抎抎 6-358B
yǔnyǔn 愪愪 7-658A
yùnyùn 員員 3-361A
yùnyùn 暈暈 5-807B
yùnyùn 蘊蘊 9-613A
yùnyùnchénchén 暈暈沉沉
5-807B
yùnyùnhūhū 暈暈忽忽
5-807B
yùnyùnhúhú 暈暈糊糊
5-807B
yūnyūnshǐ 氳氳使 6-1038B
yúnyúnzhòngshēng
芸芸衆生 9-282A
yúnyǔwū'é 雲雨巫娥
11-640A
yùnyùyàn 韞玉硯 12-683A
yùnzài 運載 10-1099A
yùnzàihuǒjiàn 運載火箭
10-1099A
yúnzān 雲篸 11-663A
yǔnzāng 允臧 2-221B
yúnzǎo 雲藻 11-664B
yùnzǎo 韻藻 12-662A
yùnzào 醖造 9-1430A
yúnzé 雲澤 11-662B
yúnzhāi 雲齋 11-663B
yúnzhái 雲宅 11-638A
yúnzhàn 雲棧 11-650B
yúnzhāng 雲章 11-648B
yúnzhǎng 雲掌 11-650B
yúnzhàng 雲帳 11-648A
yúnzhàng 雲障 11-655B
yúnzhàng 雲嶂 11-657A
yúnzhàng 雲瘴 11-662A
yùnzhāng 韻章 12-662A
yùnzhǎng 運掌 10-1098A
yúnzhǎo 耘爪 8-592B
yùnzhào 運照 10-1099A
yúnzhāoyǔmù 雲朝雨暮
11-650A
yúnzhé 雲轍 11-664B
yúnzhě 云者 2-831A
yǔnzhé 允哲 2-220A
yùnzhé 暈適 5-807B
yùnzhé 韗礫 12-684A
yúnzhēn 雲臻 11-661A
yúnzhěn 雲鬒 11-665A
yúnzhèn 雲陣 11-643B
yùnzhēn 運鍼 10-1100A
yǔnzhēncán 蚧珍蠶 8-873B
yúnzhēng 雲征 11-641A
yúnzhēng 雲筝 11-651A
yúnzhēng 雲蒸 11-653B
yúnzhēng 雲鉦 11-654B
yúnzhěng 匀整 2-174A
yǔnzhèng 允正 2-219B
yùnzhēng 蘊蒸 9-613A
yúnzhēnglóngbiàn
雲蒸龍變 11-653B
yúnzhēngwùjí 雲蒸霧集
11-653B
yúnzhēngxiáwèi 雲蒸霞蔚
11-653B
yúnzhī 雲芝 11-637A
yúnzhī 雲枝 11-639B
yúnzhǐ 雲紙 11-647A
yúnzhì 芸帙 9-282B
yúnzhì 耘治 8-592B
yúnzhì 雲智 11-651A
yǔnzhí 允直 2-219B
yǔnzhí 允值 2-220B
yǔnzhí 允殖 2-221A
yǔnzhí 隕職 11-1095A
yǔnzhì 隕躓 11-1095B
yùnzhī 醖織 9-1430B
yùnzhí 運職 10-1100B
yùnzhǐ 運指 10-1095B
yùnzhì 運智 10-1098A
yùnzhì 運置 10-1099A
yùnzhì 韻致 12-661B
yǔnzhíjuézhōng 允執厥中
2-220B
yúnzhīmǒfěn 匀脂抹粉
2-173B
yùnzhìpūmóu 運智鋪謀
10-1098A
yǔnzhíqízhōng 允執其中
2-220B
yúnzhǐshàn 筠紙扇 8-1169B
yúnzhōng 雲中 11-634B
yǔnzhōng 允忠 2-220A
yǔnzhōng 允衷 2-220B
yùnzhòng 孕重 4-184B
yúnzhōngbáihè 雲中白鶴
11-634B
yúnzhōnghè 雲中鶴 11-634B
yúnzhōngjūn 雲中君 11-634B
yúnzhōngtàishǒu 雲中太守
11-634B
yúnzhōngxiānhè 雲中仙鶴
11-634B
yúnzhōngxuě 雲中雪 11-634B
yúnzhōu 雲舟 11-637B
yùnzhōu 運舟 10-1094A
yùnzhōu 運周 10-1095A
yúnzhū 雲珠 11-644B
yúnzhú 筠竹 8-1169B
yúnzhú 雲竹 11-637B
yúnzhǔ 雲渚 11-649A
yúnzhǔ 雲屬 11-666A
yúnzhù 匀注 2-173B
yǔnzhù 允著 2-220B
yùnzhū 孕珠 4-184B
yùnzhǔ 韻主 12-661A
yùnzhù 運箸 10-1099A
yùnzhù 緼緒 9-941B
yúnzhuàn 雲篆 11-659B
yùnzhuǎn 運轉 10-1100B
yùnzhuàn 運轉 10-1100B
yúnzhuāng 雲莊 11-645A
yúnzhuāng 雲裝 11-655B
yúnzhuàng 雲幢 11-659A
yùnzhuàng 暈狀 5-807A
yǔnzhuì 隕隊 11-1094A
yǔnzhuì 隕隧 11-1095A
yǔnzhuì 隕墜 11-1094B
yǔnzhuì 殞墜 5-176A
yǔnzhuì 實隊 11-724B
yǔnzhuì 實隧 11-724B
yǔnzhuì 實墜 11-724B
yǔnzhǔn 允准 2-220B
yùnzhuó 緼著 9-941B
yùnzhuōshíguāi 運拙時乖
10-1094B
yùnzhuōshíjiān 運拙時艱
10-1094B
yúnzī 雲滋 11-652A
yúnzī 雲輜 11-659A
yúnzǐ 耘耔 8-592B
yúnzǐ 雲子 11-633B
yǔnzǐ 殞胔 5-176A
yùnzǐ 孕孳 4-185A
yùnzì 韻字 12-661A
yúnzú 雲族 11-648B
yùnzū 運租 10-1096A
yúnzūn 雲樽 11-660B
yǔnzuò 實祚 11-724A
yùnzuǒ 運佐 10-1094B
yùnzuò 愠怍 7-657B
yùnzuò 運祚 10-1095B
yú'ōu 歈謳 6-1462A
yú'ōu 漁謳 6-97B
yù'ōu 玉甌 4-511A
yù'ǒu 玉藕 4-518A
yù'ǒu 御耦 3-1030B
yúpái 魚牌 12-1194A
yǔpài 雨派 11-613B
yùpái 玉牌 4-503A
yúpán 娛盤 4-360B
yǔpán 雨盤 11-617A
yùpán 玉柈 4-487B
yùpán 玉盤 4-512A
yùpán 浴盤 5-1238A
yùpán 欝蟠 4-1370B
yùpán 鬱盤 3-1143B
yùpán 鬱蟠 3-1144B
yùpánlóng 玉盤龍 4-512B
yùpányú 玉盤盂 4-512B
yúpāo 魚脬 12-1192B
yǔpáo 羽袍 9-638B
yūpèi 紆轡 9-702A
yúpèi 魚佩 12-1188B
yúpèi 魚珮 12-1190A
yúpèi 瑜珮 4-609B
yúpèi 旟旆 6-1619B
yǔpèi 羽佩 9-637B
yǔpèi 羽帔 9-637B
yǔpèi 羽旆 9-637B
yǔpèi 雨旆 11-614B
yùpēi 玉醅 4-511A

yùpèi 玉佩 4-483B
yùpèi 玉旆 4-490A
yùpèi 玉旆 4-494A
yùpèi 玉珮 4-491A
yùpèi 玉轡 4-523B
yùpèi 御轡 3-1032B
yūpèijīnzǐ 紆佩金紫 9-700B
yùpèiqióngjū 玉佩瓊琚 4-484A
yùpén 浴盆 5-1237A
yǔpéng 雨蓬 11-616B
yǔpéng 雨篷 11-618A
yúpénghuà 魚鵬化 12-1201A
yūpǐ 迂癖 10-718A
yūpì 迂僻 10-717B
yúpī 魚鮍 12-1198B
yúpí 魚皮 12-1185B
yúpí 榆皮 4-1187A
yúpì 隅辟 11-1077A
yǔpī 雨披 11-612B
yǔpí 羽皮 9-636B
yùpī 御批 3-1025A
yùpǐ 遇否 10-1031A
yúpiàn 魚片 12-1184B
yùpiān 玉篇 4-511B
yùpiān 馭篇 12-796B
yùpiāntí 玉偏提 4-498A
yúpiāo 魚漂 12-1196B
yùpiào 諭票 11-345B
yúpídázi 魚皮韃子 12-1185B
yúpǐn 魚品 12-1189B
yúpíng 渝平 5-1493A
yúpíng 輿評 9-1311A
yǔpíng 雨屏 11-613B
yùpíng 玉屏 4-490B
yùpíng 玉瓶 4-494A
yùpíng 玉軿 4-504B
yùpíng 御屏 3-1027A
yùpíngfēng 玉屏風 4-490B
yùpínggézuò 御屏隔坐 3-1027A
yùpīngtíng 玉娉婷 4-495A
yúpō 魚濼 12-1200B
yúpō 漁濼 6-97B
yǔpō 雨濼 11-618B
yùpò 玉魄 4-508B
yǔpòyúnhún 雨魄雲魂 11-617A
yúpū 揄鋪 6-770A
yúpǔ 魚浦 12-1191A
yúpǔ 愚朴 7-618B
yúpǔ 愚樸 7-622B
yúpǔ 漁浦 6-95A
yǔpù 雨瀑 11-618B
yùpú 玉璞 4-513B
yùpú 御僕 3-1030A
yùpǔ 郁樸 10-610B
yùpǔ 棫樸 4-1090B
yūqì 迂氣 10-716A
yúqī 逾朞 10-1044B
yúqī 逾期 10-1044B
yúqí 玗琪 4-525B
yúqí 俞騎 1-1359A
yúqí 雩祈 11-619B
yúqí 魚臍 12-1200B
yúqí 虞旗 8-848B
yúqí 餘奇 12-549A
yúqí 輿騎 9-1312A
yúqì 魚契 12-1189B
yúqì 魚器 12-1198B
yúqì 漁器 6-97B
yúqì 餘弃 12-548B
yúqì 餘泣 12-549B
yúqì 餘氣 12-552B
yúqì 餘棄 12-554B
yǔqí 羽旗 9-640A
yǔqí 羽騎 9-641B
yǔqí 雨衹 11-613A
yǔqí 與其 2-161B
yǔqǐ 禹啓 1-665B
yǔqì 雨泣 11-613A
yǔqì 語氣 11-223B
yǔqī 與期 2-162A
yùqī 玉戚 4-496B
yùqī 玉鏚 4-520B
yùqī 御妻 3-1026A
yùqī 御期 3-1028B
yùqī 預期 12-276B
yùqī 豫期 10-40B
yùqī 鬱栖 3-1141A
yùqī 鬱棲 3-1142A
yùqí 玉琪 4-510A
yùqí 預蘄 12-278B
yùqí 鬻奇 12-925B
yùqǐ 汩起 5-964B
yùqǐ 鬱起 3-1141A
yùqì 奧氣 2-1555A
yùqì 宛氣 3-1402A
yǔqì 雨氣 11-614A
yùqì 玉契 4-486A
yùqì 玉砌 4-487B
yùqì 玉氣 4-493A
yùqì 玉器 4-515A
yùqì 寓憩 3-1575A
yùqì 御氣 3-1027B
yùqì 御器 3-1031A
yùqì 馭氣 12-796A
yùqì 獄氣 5-105A
yùqì 欝氣 4-1373A
yùqì 鬱氣 3-1141A
yūqiǎn 迂淺 10-716B
yúqiān 逾千 10-1041B
yúqiān 餘愆 12-556A
yúqián 魚鈐 12-1194A
yúqián 榆錢 4-1188B
yúqiǎn 愚淺 7-620B
yǔqián 雨前 11-613B
yùqiān 玉籤 4-523B
yùqiān 鬱芊 3-1137B
yùqián 玉鈐 4-503A
yùqián 玉錢 4-515A
yùqián 寓錢 3-1575A
yùqián 御前 3-1027A
yùqián 御乾 3-1028A
yùqián 預前 12-276A
yùqián 預錢 12-278A
yùqián 鬻錢 12-926A
yùqiǎn 遇譴 10-1032A
yùqiàn 御槧 3-1030B
yúqiáng 禺彊 7-1315B
yúqiáng 禺强 7-1315B
yúqiáng 逾牆 10-1046A
yùqiāng 寓鏹 3-1575B
yúqiángāo 榆錢糕 4-1188B
yúqiángkuīxì 逾牆窺隙 10-1046A
yúqiángzuānxì 逾牆鑽隙 10-1046B
yúqiángzuānxué 逾牆鑽穴 10-1046A
yùqiánhuìyì 御前會議 3-1027A
yúqiānlǐ 魚千里 12-1183B
yúqiānyuèwàn 逾千越萬 10-1041B
yúqiáo 魚樵 12-1198A
yúqiáo 漁樵 6-97A
yúqiǎo 諛巧 11-283B
yúqiǎo 餘巧 12-546B
yúqiào 魚鞘 12-1198A
yúqiào 餘竅 12-559B
yùqiáo 玉橋 4-514B
yùqiǎo 遇巧 10-1030B
yǔqìcí 語氣詞 11-223B
yúqiē 餘切 12-546A
yúqiè 愚怯 7-619B
yùqiè 玉篋 4-511B
yùqiè 鬻妾 12-925B
yùqiè 鬱切 3-1137B
yǔqièyúnjiāo 雨怯雲嬌 11-613A
yùqílín 玉麒麟 4-521A
yúqīn 娛親 4-361A
yúqīn 漁侵 6-94B
yúqín 魚魿 12-1197B
yùqín 玉琴 4-499B
yùqín 浴禽 5-1237B
yùqǐn 豫寢 10-41B
yūqīng 紆青 9-700B
yūqǐng 籲請 8-1287B
yúqīng 餘清 12-553B
yúqíng 娛情 4-360A
yúqíng 愚情 7-620B
yúqíng 餘情 12-553B
yúqíng 輿情 9-1310B
yúqìng 餘慶 12-558A
yǔqíng 雨情 11-615A
yǔqìng 羽磬 9-640B
yùqīng 玉卿 4-493B
yùqīng 玉清 4-499A
yùqíng 寓情 3-1574B
yùqíng 獄情 5-105A
yùqíng 慾情 7-694A
yùqìng 玉磬 4-513B
yùqīngbīngjié 玉清冰潔 4-499A
yūqīngpèizǐ 紆青佩紫 9-700B
yùqīngrén 玉清人 4-499A
yūqīngtuōzǐ 紆青拕紫 9-700B
yūqīngtuōzǐ 紆青拖紫 9-700B
yùqínggùzòng 欲擒故縱 6-1443B
yúqīnòngzǐ 娛妻弄子 4-359B
yǔqióng 宇穹 3-1295A
yùqióng 玉瓊 4-518A
yùqióng 御窮 3-1030B
yūqiú 籲求 8-1287B
yúqiū 吾丘 3-201A
yúqiū 余丘 1-1222A
yúqiū 逾秋 10-1043B
yúqiū 餘秋 12-550B
yùqiú 玉虬 4-480A
yùqiú 玉虯 4-483A
yùqiú 欲求 6-1442B
yùqiú 獄囚 5-103B
yǔqíyuè 雨騎月 11-618A
yǔqìyúnchóu 雨泣雲愁 11-613A
yūqū 迂曲 10-715A
yūqū 迂屈 10-716A
yūqū 紆曲 9-700A
yúqū 隅曲 11-1076B
yúqū 魚驅 12-1201B
yúqǔ 漁取 6-94A
yúqǔ 餘曲 12-547B
yúqù 歈趣 6-1462A
yúqù 餘趣 12-557A
yǔqū 寙曲 8-474B
yǔqǔ 嫗媀 4-403A
yùqū 玉蛆 4-497A
yùqū 隩區 11-1112A
yùqū 欝屈 4-1373A
yùqū 鬱屈 3-1140A
yùqú 芋渠 9-274A
yúquán 吳泉 3-190A
yúquán 雩泉 11-619B
yúquán 魚筌 12-1194A
yúquán 虞泉 8-847B
yúquán 餘泉 12-550B
yǔquǎn 羽畎 9-637B
yǔquǎn 羽甽 9-637B
yùquán 玉泉 4-488B
yùquán 鬻權 12-926B
yùquán 粥權 4-149B
yùquǎn 玉犬 4-474A
yùquǎn 遇犬 10-1030B
yùquàn 諭勸 11-346B
yùquánchuíhóng 玉泉垂虹 4-489A
yùquánjiān 玉泉箋 4-489A
yùquánmò 玉泉墨 4-489A
yùquánshān 玉泉山 4-489A
yùquánzōng 玉泉宗 4-489A
yúquē 逾闕 10-1046B
yúquè 愚慤 7-622A
yúquè 愚愨 7-622A
yùquè 玉闕 4-519B
yùquè 鬱確 3-1143B
yúqún 逾羣 10-1045B
yǔqún 羽羣 9-639B
yúqǔyúduó 予取予奪 1-769A

yúqǔyúqiú 予取予求 1-769A
yúqǔyúxié 予取予攜 1-769A
yūrán 于然 1-260A
yúrán 于然 1-260A
yúrán 俞然 1-1359A
yǔrán 瞴然 7-1238B
yǔrán 嫗然 4-403A
yùrán 玉髯 4-510A
yùrán 郁然 10-610B
yùrán 裕然 9-95B
yùrán 豫然 10-41A
yùrán 諭然 11-346A
yùrán 蔚然 4-1373B
yùrán 鬱然 3-1142A
yúráng 雩禳 11-620A
yúrǎng 腴壤 6-1332B
yúràng 餘讓 12-560B
yùrǎng 隩壤 11-1112A
yùràng 豫讓 10-42A
yùràngqiáo 豫讓橋 10-42A
yūrào 迂繞 10-718A
yūrào 紆繞 9-701B
yúráo 餘饒 12-560A
yùráo 裕饒 9-95B
yùráo 飫饒 12-497A
yùrǎo 鬱擾 3-1144B
yúrè 餘熱 12-557A
yùrè 燠熱 7-259A
yùrè 鬱熱 3-1143B
yúrén 歈人 5-526A
yúrén 舁人 8-1288A
yúrén 娛人 4-359B
yúrén 魚人 12-1183B
yúrén 愚人 7-617B
yúrén 虞人 8-847A
yúrén 漁人 6-93A
yúrén 餘人 12-545B
yúrén 輿人 9-1309A
yúrèn 餘刃 12-546A
yǔrén 羽人 9-635B
yǔrén 圄人 3-630A
yǔrén 與人 2-160B
yùrén 或人 5-214A
yùrén 玉人 4-471B
yùrén 寓人 3-1573A
yùrén 御人 3-1022B
yùrén 遇人 10-1030B
yùrén 馭人 12-795B
yùrén 鬻人 7-951A
yùrén 鬱人 3-1137B
yùrèn 玉韌 4-492B
yùrèn 鬱刃 3-1137B
yùrénbùshū 遇人不淑
10-1030B
yùrénchuīxiāo 玉人吹簫
4-471B
yúréndélì 漁人得利 6-93A
yúrénjié 愚人節 7-617B
yǔrénwéishàn 與人爲善
2-160B
yùrénwùzhī…
欲人勿知,莫若勿爲
6-1442A
yúrénzhīlì 漁人之利 6-93A
yúrì 逾日 10-1041B
yúrì 餘日 12-546B
yǔrì 雨日 11-611B
yùrì 昱日 5-682B
yùrì 浴日 5-1236B
yùrì 預日 12-274A
yùrì 燠日 7-258B
yǔrìjùzēng 與日俱增
2-160B
yúróng 餘容 12-552B
yúróng 餘榮 12-556B
yúrǒng 愚冗 7-618A
yǔróng 羽絨 9-639B
yùróng 玉容 4-494B
yùróng 玉榮 4-509B
yùróng 御戎 3-1024B
yùróng 御容 3-1028A
yùróng 馭戎 12-795B
yùróng 鬻容 12-925B
yúróngwáng 猧狨王 5-85B
yūròu 瘀肉 8-334A
yúróu 愚柔 7-620A
yúròu 魚肉 12-1186A
yúròu 餘肉 12-547B
yùróu 玉柔 4-491A
yùròulòufǔ 鬱肉漏脯
3-1137B
yūrú 迂儒 10-717B
yūrù 淤洳 5-1413A
yúrú 愚儒 7-622B
yúrú 諛儒 11-284B
yǔrú 雨濡 11-618A
yùrú 裕如 9-95A
yùrǔ 玉乳 4-484B
yùrù 燠溽 7-259A
yùruǎn 玉軟 4-495B
yúruì 虞芮 8-847A
yùruí 玉蕤 4-510A
yùruǐ 玉蕊 4-510B
yùruǐ 玉蕋 4-510B
yùruǐ 玉蘂 4-519B
yùruì 玉瑞 4-504A
yùruì 玉銳 4-512B
yùruǐhuā 玉蕊花 4-510B
yùruǐhuā 玉蘂花 4-519B
yúrùn 腴潤 6-1332B
yúrùn 餘閏 12-555A
yúrùn 餘潤 12-558A
yǔrùn 雨潤 11-617B
yùrùn 玉潤 4-513A
yùrùn 鬱潤 3-1144A
yùrùnbīngqīng 玉潤冰清
4-513A
yǔrùnyúnníng 雨潤雲凝
11-617B
yǔrùnyúnwēn 雨潤雲温
11-617B
yūruò 迂弱 10-716B
yúruò 逾弱 10-1044A
yúruò 愚弱 7-620B
yǔruò 窳弱 8-474B
yùruò 燠若 7-259A
yúsāi 于腮 1-260A
yúsāi 于思 1-259A
yúsāi 魚腮 12-1196A
yúsāi 魚顋 12-1200B
yúsāi 魚鰓 12-1201B
yúsài 魚塞 12-1196A
yúsài 榆塞 4-1188B
yǔsāi 語塞 11-225A
yùsāi 蔚塞 4-1373B
yùsāi 鬱塞 3-1143A
yùsài 玉塞 4-507B
yùsài 預賽 12-278B
yūsǎn 迂散 10-716B
yúsǎn 魚糝 12-1197A
yǔsǎn 雨傘 11-616A
yǔsǎn 雨繖 11-618B
yǔsàn 雨散 11-615A
yùsǎn 玉散 4-500B
yùsǎn 玉糝 4-517B
yùsǎn 御傘 3-1029A
yǔsànfēngliú 雨散風流
11-615A
yúsāng 餘喪 12-554A
yùsǎngēng 玉糝羹 4-517B
yǔsànyúnfēi 雨散雲飛
11-615B
yǔsànyúnshōu 雨散雲收
11-615A
yùsāo 玉搔 4-500B
yùsāotóu 玉搔頭 4-500B
yūsè 淤塞 5-1413B
yūsè 淤澀 5-1413B
yúsè 愉色 7-666A
yúsè 愚色 7-618B
yúsè 漁色 6-94A
yǔsè 雨色 11-612A
yǔsè 語澀 11-226A
yǔsè 雨色 11-612A
yùsè 玉色 4-477B
yùsè 鬻色 12-925A
yùsè 鬱轖 3-1144B
yúshǎ 愚傻 7-621B
yǔshā 羽紗 9-638B
yǔshà 羽翣 9-640A
yùshā 玉沙 4-481A
yúshān 吴山 3-187B
yúshān 吾山 3-200B
yúshān 魚山 12-1183B
yǔshān 羽山 9-636A
yǔshàn 羽扇 9-638A
yǔshàn 禹膳 1-666A
yùshān 玉山 4-472B
yùshān 愈扇 7-631A
yùshàn 玉膳 4-515B
yùshàn 御膳 3-1031A
yùshàn 飫膳 12-497A
yùshāncén 玉山岑 4-472B
yùshāndǎo 玉山倒 4-472B
yūshāng 淤傷 5-1413B
yūshāng 瘀傷 8-334B
yúshāng 漁商 6-95B
yǔshāng 羽觴 9-641B
yùshāng 玉觴 4-519A
yùshāng 御觴 3-1032A
yùshǎng 寓賞 3-1575A
yùshǎng 預賞 12-278A
yúshàngbīng 魚上冰
12-1183B
yúshànggān 魚上竿 12-1183B
yǔshāngsuíbō 羽觴隨波
9-641B
yǔshànguānjīn 羽扇綸巾
9-638B
yùshānguì 玉山桂 4-472B
yùshānguǒ 玉山果 4-472B
yùshānhé 玉山禾 4-472A
yǔshànhuàshuǐ 羽扇畫水
9-638B
yǔshànhuībīng 羽扇揮兵
9-638B
yǔshànhuījūn 羽扇揮軍
9-638B
yúshànnà 逾繕那 10-1046B
yùshānqiáorén 玉山樵人
4-472B
yùshānqīng 玉山傾 4-472B
yùshāntuí 玉山頹 4-472B
yùshānxiānshēng 玉山先生
4-472A
yúshānyuèhǎi 逾山越海
10-1041B
yúsháo 虞韶 8-848B
yùshāo 玉梢 4-495B
yùsháo 玉杓 4-479B
yúshāyìmò 逾沙軼漠
10-1042B
yúshé 諛舌 11-283B
yúshè 雩社 11-619A
yúshè 逾涉 10-1044A
yúshè 榆社 4-1187A
yúshè 漁舍 6-94B
yúshè 漁涉 6-95A
yǔshè 雨射 11-614A
yùshè 寓舍 3-1573B
yùshè 遇赦 10-1031B
yùshè 馭射 12-796B
yùshè 獄舍 5-104B
yùshè 蜮射 8-913A
yùshè 豫設 10-40A
yūshēn 迂深 10-716B
yūshēn 紆身 9-700B
yúshén 娛神 4-360A
yúshěn 魚瀋 12-1193A
yúshěn 榆沉 4-1187A
yúshěn 榆沈 4-1187A
yúshěn 餘瀋 12-559B
yúshèn 逾甚 10-1043B
yúshèn 愚昚 7-620A
yǔshēn 傴伸 1-1630A
yùshēn 獄深 5-105A
yùshén 浴神 5-1237B
yùshèn 豫慎 10-41A
yùshéncí 獄神祠 5-105A
yūshēng 迂生 10-715A
yúshēng 魚生 12-1185B
yúshēng 魚牲 12-1189B
yúshēng 餘生 12-547A
yúshēng 餘牲 12-550B
yúshēng 餘聲 12-558B
yúshèng 予聖 1-769B

yúshèng 餘剩 12-554B
yúshèng 餘賸 12-559A
yǔshēng 語聲 11-226A
yùshēng 玉笙 4-497B
yùshēng 玉聲 4-516A
yùshēng 馭生 12-795B
yùshēng 鬱生 3-1137B
yùshéng 玉繩 4-521B
yùshèng 玉乘 4-493A
yùshèng 玉勝 4-503A
yùshèng 毓聖 7-828B
yùshèng 鬱盛 3-1141B
yùshēngdiàoshì 鬻聲釣世 12-926A
yúshēngkōngfǔ 魚生空釜 12-1185B
yúshēnglóngmén 魚升龍門 12-1184B
yúshēngsānrì 餘聲三日 12-558B
yúshéngyuèqì 逾繩越契 10-1046B
yùshénmiào 獄神廟 5-105A
yūshì 迂士 10-714B
yúshī 魚師 12-1190B
yúshī 魚蝨 12-1198A
yúshī 魚陣 12-1188A
yúshī 虞師 8-848A
yúshī 漁師 6-95A
yúshī 餘師 12-552B
yúshī 輿尸 9-1309A
yúshī 輿屍 9-1310A
yúshī 輿師 9-1310A
yúshí 硢石 7-1082B
yúshí 媮食 4-389A
yúshí 于時 1-259B
yúshí 於時 6-1575A
yúshí 魚石 12-1185A
yúshí 魚食 12-1190A
yúshí 逾時 10-1044A
yúshí 漁食 6-94B
yúshí 餘食 12-551A
yúshǐ 魚豕 12-1186B
yúshǐ 諛史 11-283B
yúshì 于是 1-259A
yúshì 於氏 6-1574A
yúshì 於是 6-1574B
yúshì 禺氏 7-1315A
yúshì 娛侍 4-360A
yúshì 娛適 4-360B
yúshì 隅室 11-1076B
yúshì 魚市 12-1185B
yúshì 魚室 12-1190A
yúshì 逾世 10-1042A
yúshì 愚士 7-617B
yúshì 虞侍 8-847A
yúshì 漁市 6-93B
yúshì 漁事 6-94A
yúshì 餘事 12-549A
yúshì 餘勢 12-555B
yúshì 輿士 9-1309A
yǔshī 雨施 11-613B
yǔshī 雨師 11-614A
yǔshī 雨溼 11-617A
yǔshī 雨濕 11-618A
yǔshī 圉師 3-630B
yǔshí 雨石 11-611B
yǔshí 與時 2-161B
yǔshǐ 雨矢 11-611B
yǔshì 宇室 3-1295B
yǔshì 羽士 9-636A
yǔshì 雨勢 11-616A
yǔshì 語勢 11-224B
yùshī 玉筓 4-493A
yùshī 御師 3-1027B
yùshí 玉石 4-475A
yùshí 玉食 4-489A
yùshí 寓食 3-1574A
yùshí 御食 3-1026B
yùshí 遇時 10-1031B
yùshí 礜石 7-1115A
yùshǐ 御史 3-1023B
yùshǐ 獄史 5-103B
yùshì 玉室 4-490A
yùshì 浴室 5-1237B
yùshì 寓士 3-1573A
yùshì 寓世 3-1573A
yùshì 寓視 3-1574B
yùshì 寓試 3-1574B
yùshì 御士 3-1022B
yùshì 御世 3-1023B
yùshì 御事 3-1026A
yùshì 御侍 3-1026A
yùshì 御試 3-1029B
yùshì 遇事 10-1031A
yùshì 馭世 12-795B
yùshì 預示 12-274A
yùshì 預事 12-275A
yùshì 獄市 5-104A
yùshì 獄事 5-104B
yùshì 獄室 5-104B
yùshì 隩室 11-1112A
yùshì 慾事 7-694A
yùshì 豫事 10-39B
yùshì 豫視 10-40B
yùshì 燠室 7-259A
yùshì 諭示 11-345B
yùshì 鬻室 12-925B
yùshíbùfēn 玉石不分 4-475B
yǔshìchángcí 與世長辭 2-161A
yǔshìchénfú 與世沈浮 2-161A
yùshǐchuáng 御史床 3-1023B
yùshǐchuáng 御史牀 3-1023B
yùshǐcōng 御史驄 3-1024A
yùshǐdàfū 御史大夫 3-1023B
yǔshìfúchén 與世浮沉 2-161A
yǔshìfǔyǎng 與世俯仰 2-161A
yùshìgōngzhǔ 寓氏公主 3-1573A
yúshìhū 于是乎 1-259A
yúshìhū 於是乎 6-1575A
yúshìhū 於是虖 6-1575A
yùshíhùnxiáo 玉石混淆 4-475B
yùshíjiēsuì 玉石皆碎 4-475B
yùshíjǐnyī 玉食錦衣 4-489B
yùshíjùcuī 玉石俱摧 4-475B
yùshíjùfén 玉石俱焚 4-475B
yùshíjùsuì 玉石俱碎 4-475B
yùshǐniáng 御史娘 3-1024A
yǔshīqiè 雨師妾 11-614A
yùshìshēngduān 遇事生端 10-1031A
yùshìshēngfēng 遇事生風 10-1031A
yùshǐtái 御史臺 3-1024A
yùshítāng 礜石湯 7-1115A
yùshítóngchén 玉石同沉 4-475B
yùshítóngsuì 玉石同碎 4-475B
yǔshítuīyí 與時推移 2-162A
yǔshìtuīyí 與世推移 2-161A
yùshíxiàngróu 玉石相揉 4-475B
yǔshíxiāoxī 與時消息 2-161B
yǔshíxiéxíng 與時偕行 2-162A
yúshìyān 於是焉 6-1575A
yǔshìyǎnyǎng 與世偃仰 2-161A
yùshǐyǔ 御史雨 3-1023B
yùshízáróu 玉石雜糅 4-475B
yúshízhī 魚石脂 12-1185A
yùshǐzhōngchéng 御史中丞 3-1023B
yúshòu 娛獸 4-361A
yúshòu 魚獸 12-1201A
yǔshǒu 宇守 3-1294B
yǔshǒu 與手 2-160B
yǔshòu 羽獸 9-642A
yùshǒu 玉手 4-474B
yùshǒu 玉首 4-490A
yùshǒu 御手 3-1023A
yùshǒu 御守 3-1025A
yùshǒu 馭手 12-795B
yùshǒu 禦守 7-951B
yùshǒu 鬻手 12-925A
yùshòu 玉壽 4-508A
yùshòu 玉瘦 4-509A
yùshòu 預售 12-276B
yǔshòutóngkē 與受同科 2-161B
yǔshōuyúnsàn 雨收雲散 11-612A
yūshū 迂疎 10-717A
yūshū 迂疏 10-717A
yūshū 迂踈 10-717B
yúshū 魚書 12-1191B
yúshū 魚蔬 12-1197A
yúshū 餘蔬 12-557A
yúshǔ 餘暑 12-554A
yúshù 魚豎 12-1197A
yúshù 漁墅 6-97A
yúshù 餘束 12-548B
yúshù 餘數 12-557B
yǔshū 羽書 9-638B
yǔshū 禹書 1-665A
yǔshǔ 與屬 2-162B
yùshū 玉姝 4-490B
yùshū 玉書 4-494B
yùshū 玉梳 4-495B
yùshū 玉疏 4-504A
yùshu 玉蔬 4-510B
yùshū 寓書 3-1574B
yùshū 御書 3-1028A
yùshǔ 玉署 4-505A
yùshǔ 玉鼠 4-505B
yùshǔ 寓屬 3-1575B
yùshǔ 御屬 3-1032B
yùshǔ 燠暑 7-259A
yùshù 玉樹 4-514A
yùshù 豫數 10-41B
yùshù 鬱述 3-1139A
yùshù 鬱術 3-1141B
yúshuài 輿帥 9-1310A
yùshuāng 玉霜 4-516B
yùshùhòutínghuā 玉樹後庭花 4-514A
yùshùhuā 玉樹花 4-514A
yúshuǐ 杅水 4-746B
yúshuǐ 俞水 1-1358B
yúshuǐ 魚水 12-1184B
yúshuì 魚稅 12-1194A
yúshuì 餘稅 12-554B
yúshuì 餘睡 12-555B
yǔshuǐ 雨水 11-611B
yùshuǐ 玉水 4-474B
yùshuǐ 浴水 5-1236B
yùshuǐ 御水 3-1023A
yùshuǐ 禦水 7-951A
yùshuì 諭說 11-346A
yùshuǐdiéqiáo 遇水疊橋 10-1030B
yǔshuǐguǎn 雨水管 11-611B
yúshuǐhéxié 魚水和諧 12-1184B
yùshuǐjiàqiáo 遇水架橋 10-1030B
yǔshuǐkǒu 雨水口 11-611B
yúshuǐqíng 魚水情 12-1184B
yúshuǐxiānghuān 魚水相懽 12-1184B
yúshuǐxiāngtóu 魚水相投 12-1184B
yúshùn 逾瞬 10-1046A
yúshùn 虞舜 8-848A
yúshùn 諛順 11-284A
yùshùn 豫順 10-41A
yùshùnà 玉束納 4-480A
yǔshùnfēngtiáo 雨順風調

11-615B
yǔshuō 語説 11-225A
yǔshuò 語數 11-225B
yùshuō 馭説 12-796B
yùshuō 譽説 11-449A
yùshuò 玉槊 4-509B
yùshūqián 御書錢 3-1028A
yùshùqióngzhī 玉樹瓊枝 4-514B
yùshǔshū 諭蜀書 11-346A
yùshùtínghuā 玉樹庭花 4-514B
yùshǔwén 諭蜀文 11-346A
yúshūyànbó 魚書鴈帛 12-1191B
yúshūyàntiě 魚書雁帖 12-1191B
yúshūyànxìn 魚書鴈信 12-1191B
yúshūzhīdiàn 魚菽之奠 12-1191B
yúshūzhījì 魚菽之祭 12-1191B
yúsī 於斯 6-1575B
yúsī 餘思 12-550B
yúsī 輿廝 9-1311B
yúsì 雩祀 11-619B
yúsì 逾肆 10-1045A
yǔsī 雨絲 11-616A
yǔsī 庾司 3-1239B
yǔsǐ 瘐死 8-333A
yǔsì 雨泗 11-613A
yùsī 聿斯 9-244A
yùsī 寓思 3-1574A
yùsī 獄司 5-104A
yùsī 鬻私 12-925B
yùsī 鷸斯 12-1165A
yùsì 玉笥 4-498A
yùsì 浴肆 5-1237B
yùsì 欲似 6-1442B
yǔsīfēngpiàn 雨絲風片 11-616A
yúsǐfúshāng 輿死扶傷 9-1309B
yúsīmǎ 輿司馬 9-1309B
yùsīpí 玉絲皮 4-504A
yúsǐwǎngpò 魚死網破 12-1186A
yǔsìyánsān 語四言三 11-221A
yúsōng 魚鬆 12-1200A
yúsòng 諛頌 11-284A
yúsòng 輿訟 9-1310B
yúsòng 輿頌 9-1311A
yúsòng 輿誦 9-1311B
yùsòng 獄訟 5-105A
yūsǒu 迂叟 10-716A
yúsǒu 于叟 1-259A
yúsǒu 愚叟 7-620A
yúsǒu 漁叟 6-94B
yúsú 愚俗 7-620A
yúsú 餘俗 12-550B
yúsù 魚素 12-1190A
yúsù 魚蔌 12-1196A
yúsù 魚餔 12-1203B
yúsù 愚愫 7-622A
yǔsù 語素 11-223B
yùsū 玉酥 4-501B
yùsú 馭俗 12-796A
yùsù 玉粟 4-501B
yùsù 寓宿 3-1574B
yùsù 御宿 3-1028B
yùsù 獄訴 5-105B
yùsù 籞宿 8-1282A
yùsuàn 預算 12-277B
yùsuàn 豫算 10-41B
yùsuānní 玉狻猊 4-493B
yǔsùfēngcān 雨宿風餐 11-615A
yūsuì 迂邃 10-718A
yúsuì 燭歲 7-197A
yúsuì 逾歲 10-1045A
yúsuì 餘燧 12-557A
yùsuǐ 玉髓 4-522B
yùsuì 玉碎 4-504B
yùsuìxiāngxiāo 玉碎香銷 4-504B
yùsuìzhūchén 玉碎珠沉 4-504B
yúsūn 魚孫 12-1191B
yǔsūn 禹孫 1-665A
yùsǔn 玉笋 4-493A
yùsǔn 玉筍 4-502B
yùsǔnbān 玉笋班 4-493A
yùsǔnbān 玉筍班 4-502B
yúsuō 漁蓑 6-96B
yúsuō 漁簑 6-97B
yúsuǒ 魚鎖 12-1200B
yúsuǒ 魚鑠 12-1201A
yǔsuō 雨蓑 11-616B
yùsuō 玉梭 4-495B
yùsuō 郁縮 10-611A
yùsuǒ 繂索 9-850B
yùsuǒ 玉鎖 4-519A
yùsuǒ 寓所 3-1573B
yùsuǒ 馭索 12-796A
yǔsuōfēnglì 雨簑風笠 11-618A
yǔsuōyānlì 雨蓑煙笠 11-616B
yǔsuōyānlì 雨簑烟笠 11-618A
yùsùzébùdá 欲速則不達 6-1442B
yútǎ 魚獺 12-1201A
yǔtà 雨篛 11-618A
yùtǎ 玉塔 4-500A
yùtà 玉闥 4-522B
yùtà 御榻 3-1030A
yútái 雩臺 11-619B
yútái 輿臺 9-1311A
yútái 輿儓 9-1312A
yútài 餘態 12-557A
yǔtài 語態 11-225B
yùtái 玉臺 4-507B
yùtáitǐ 玉臺體 4-508A
yǔtàiyúnzōng 雨態雲踪 11-617A
yūtān 淤灘 5-1413B
yūtán 迂談 10-717B
yútán 娛談 4-360B
yútán 雩壇 11-619B
yútán 魚潭 12-1197B
yútán 餘談 12-558A
yútán 輿談 9-1311B
yútàn 餘歎 12-557A
yùtán 玉潭 4-512B
yùtán 玉壇 4-513B
yùtán 鬻彈 12-926A
yùtàn 譽歎 11-449A
yútāng 魚湯 12-1194B
yútáng 魚塘 12-1195A
yútáng 漁塘 6-96B
yútǎng 榆欓 4-1189A
yǔtāng 禹湯 1-665B
yǔtáng 雨堂 11-614B
yùtāng 御湯 3-1029A
yùtáng 玉堂 4-496B
yùtáng 浴堂 5-1237B
yùtángjīnmǎ 玉堂金馬 4-497A
yùtángkè 玉堂客 4-497A
yùtángmá 玉堂麻 4-497A
yùtángrénwù 玉堂人物 4-496B
yùtángshǒu 玉堂手 4-497A
yùtángtǐ 玉堂體 4-497A
yùtángxiān 玉堂仙 4-497A
yùtángxuébù 玉堂學步 4-497A
yūtánkuòlùn 迂談闊論 10-717B
yútáo 餘桃 12-552A
yùtáo 玉桃 4-492B
yùtáo 御桃 3-1027B
yùtáo 欝陶 4-1373A
yùtāohuán 玉縧環 4-516A
yúténg 魚藤 12-1200A
yútī 魚梯 12-1192A
yǔtǐ 語體 11-226B
yùtī 玉梯 4-495B
yùtí 玉啼 4-502A
yùtí 玉題 4-518A
yùtí 御題 3-1032A
yùtí 鬻題 12-926B
yùtǐ 玉體 4-523A
yùtì 雨涕 11-614B
yūtiān 籲天 8-1287B
yūtián 淤田 5-1413A
yútián 于寘 1-260B
yútián 于闐 1-260B
yútián 魚田 12-1185B
yútián 腴田 6-1332A
yútián 漁畋 6-94B
yǔtiān 與天 2-160B
yùtiān 玉天 4-474A
yùtiān 御天 3-1023A
yùtiān 馭天 12-795B
yùtián 玉田 4-475B
yùtián 玉瑱 4-507B
yútiáncǎihuā 于闐採花 1-260B
yǔtiānsānmèi 雨天三昧 11-611A
yùtiānxiān 玉天仙 4-474A
yútiāo 愚佻 7-619B
yǔtiáo 雨條 11-614A
yǔtiào 禹跳 1-665B
yùtiáo 玉苕 4-481B
yùtiáo 玉條 4-493A
yùtiáotuō 玉條脱 4-493A
yǔtiáoyānyè 雨條煙葉 11-614A
yùtiē 蔚貼 9-543A
yùtiē 蔚帖 9-543A
yùtiē 玉帖 4-483A
yùtiē 熨帖 7-230B
yùtiě 浴鐵 5-1238A
yùtiě 諭帖 11-345B
yùtiēdèng 玉帖鐙 4-483A
yūtíng 淤渟 5-1413A
yútíng 虞廷 8-847A
yútíng 虞庭 8-847B
yútǐng 魚艇 12-1194A
yútǐng 漁艇 6-96B
yǔtíng 宇庭 3-1295A
yùtīng 飫聽 12-497B
yùtíng 玉亭 4-489B
yùtíng 玉庭 4-489B
yùtíng 玉珽 4-491A
yùtíng 御亭 3-1027A
yùtíng 獄庭 5-104B
yùtíngtíng 玉亭亭 4-489B
yǔtǐshī 語體詩 11-226B
yǔtǐwén 語體文 11-226B
yútóng 愚侗 7-619B
yútóng 漁童 6-96B
yútóng 輿童 9-1311A
yútǒng 魚筒 12-1194A
yútǒng 窬桶 8-455B
yútǒng 餘桶 12-553A
yútòng 餘痛 12-554B
yútòng 餘慟 12-556B
yǔtóng 與同 2-161A
yùtóng 玉童 4-503B
yùtóng 浴童 5-1237B
yùtǒng 浴桶 5-1237B
yútóu 隅頭 11-1077B
yútóu 魚頭 12-1198A
yǔtōu 語偷 11-224A
yǔtóu 雨頭 11-617B
yùtóu 玉頭 4-514B
yùtóu 芋頭 9-274A
yùtóu 浴頭 5-1238A
yútóucānzhèng 魚頭參政 12-1198A
yùtóufēng 愈頭風 7-631A
yútóugōng 魚頭公 12-1198A
yùtóujiàn 玉頭劍 4-514B
yūtú 迂涂 10-716B
yūtú 迂途 10-716B
yūtú 迂塗 10-717B
yūtǔ 淤土 5-1413A
yútú 輿徒 9-1310B
yútú 輿圖 9-1311A
yǔtú 羽徒 9-638A

yǔtú 與徒 2-162A
yùtú 預圖 12-277B
yùtú 豫圖 10-41A
yùtù 玉兔 4-484B
yútuán 隅團 11-1077A
yùtuán 玉團 4-508B
yùtùháo 玉兔毫 4-484B
yùtùhú 玉吐鶻 4-477A
yùtùhú 玉兔鶻 4-484B
yùtùhú 玉兔胡 4-484B
yútuì 迂退 10-716A
yùtuí 玉頹 4-515A
yútuò 餘唾 12-553A
yùtuō 寓託 3-1574B
yùtuò 玉唾 4-497B
yùtuòhú 玉唾壺 4-497B
yúwā 餘哇 12-550B
yúwá 魚娃 12-1190A
yǔwā 雨蛙 11-615B
yùwā 玉洼 4-490A
yùwā 玉窪 4-510A
yúwài 餘外 12-547A
yùwài 域外 2-1114A
yùwài 馭外 12-795B
yúwān 漁灣 6-98A
yúwán 娛玩 4-359B
yúwán 娛翫 4-360B
yúwán 魚丸 12-1184A
yúwán 愚頑 7-621A
yúwǎn 愉婉 7-666A
yùwàn 興鋺 9-1311B
yùwán 玉玩 4-481A
yùwǎn 玉盌 4-493B
yùwǎn 玉椀 4-501A
yùwǎn 玉碗 4-504B
yùwàn 玉掔 4-504B
yùwàn 玉腕 4-503A
yùwàng 迂妄 10-715A
yúwáng 魚王 12-1184A
yúwǎng 魚網 12-1197A
yúwǎng 愚惘 7-620B
yúwǎng 榆罔 4-1187B
yúwǎng 漁網 6-97A
yúwàng 逾望 10-1044B
yùwàng 愚妄 7-618A
yùwàng 興望 9-1310B
yǔwàng 語忘 11-222A
yùwǎng 玉輞 4-511A
yùwàng 欲望 6-1443A
yùwàng 寓望 3-1574B
yùwàng 譽望 11-449A
yùwànliú 玉腕騮 4-503A
yúwánzi 魚丸子 12-1184A
yúwēi 迂威 10-716A
yúwěi 萮荽 9-450A
yúwei 隅隈 11-1077A
yúwēi 餘威 12-550A
yúwěi 于蔿 1-260A
yúwěi 魚尾 12-1187B
yúwěi 魚鮪 12-1199B
yúwěi 魚箟 12-1195B
yúwěi 嵎崾 3-854A
yúwèi 娛慰 4-360B
yúwèi 愉慰 7-666B

yúwèi 餘味 12-549A
yúwèi 興尉 9-1310B
yúwèi 興衛 9-1312A
yǔwéi 雨帷 11-614B
yǔwěi 語尾 11-222A
yǔwèi 羽衛 9-640B
yùwéi 御圍 3-1028B
yùwéi 御闈 3-1031B
yùwéi 國闈 12-123A
yùwěi 玉緯 4-513B
yùwěi 煜煒 7-197B
yùwèi 彧蔚 5-226A
yùwèi 御衛 3-1030B
yùwèi 諭慰 11-346B
yùwèi 禦衛 7-951B
yúwěicǎo 魚尾草 12-1187B
yúwěicè 魚尾冊 12-1187B
yúwěichì 魚尾赤 12-1187B
yúwěihóng 魚尾紅 12-1187B
yúwěirǔbì 予違汝弼 1-769A
yúwěiwén 魚尾紋 12-1187B
yúwěixiá 魚尾霞 12-1187B
yúwěiyànháng 魚尾雁行 12-1187B
yúwěiyú 于蔿于 1-260A
yúwén 魚文 12-1185A
yúwén 魚紋 12-1191B
yúwén 諛聞 11-284A
yúwén 餘文 12-546B
yùwén 宇文 3-1294B
yǔwén 語文 11-221A
yùwēn 玉溫 4-503B
yùwén 興聞 2-162B
yùwén 玉文 4-474B
yùwén 飫聞 12-497A
yùwén 馭文 12-795B
yùwén 預聞 12-278A
yùwén 獄文 5-103B
yùwén 豫聞 10-41B
yùwén 譽聞 11-449A
yúwén 鬻文 12-925A
yùwèn 譽問 11-449A
yúwēng 漁翁 6-95A
yùwēng 鬱瀚 3-1143A
yùwěng 鬱蓊 3-1143B
yùwěng 灪瀚 6-225B
yùwèng 玉甕 4-517B
yùwèng 玉罋 4-521B
yùwèngchūn 玉甕春 4-517B
yúwēngdélì 漁翁得利 6-95A
yúwēngzhīlì 漁翁之利 6-95A
yǔwénshì 宇文氏 3-1294B
yǔwénxué 語文學 11-221A
yùwénzhōu 宇文周 3-1294B
yúwò 腴沃 6-1332A
yùwò 飫沃 12-496B
yùwò 鬱渥 3-1142B
yǔwòfēngcān 雨卧風餐 11-612B
yúwū 愚汙 7-618B
yúwū 愚污 7-618B
yúwū 愚誣 7-622A
yúwū 漁屋 6-95A

yúwǔ 渝舞 5-1493B
yúwǔ 愉舞 7-666B
yúwǔ 逾午 10-1041B
yúwǔ 餘武 12-549A
yúwù 餘物 12-549A
yúwù 餘務 12-553A
yǔwǔ 羽舞 9-640A
yǔwǔ 傴僂 1-1630B
yǔwǔ 羽物 9-637B
yǔwù 雨霧 11-618A
yǔwù 語誤 11-225A
yùwù 寓屋 3-1574B
yùwǔ 御舞 3-1030A
yùwǔ 禦侮 7-951B
yùwù 寓物 3-1573B
yùwù 御物 3-1026A
yùwù 遇物 10-1031A
yùwù 鬱杌 3-1138A
yùwù 鬱霧 3-1144A
yǔwūbǒxí 傴巫跛擊 1-1630A
yùwùchípíng 遇物持平 10-1031A
yǔwúlúncì 語無倫次 11-224A
yǔwúquáncì 語無詮次 11-224A
yǔwùwújìng 與物無競 2-161B
yǔwùwúwǔ 與物無忤 2-161B
yúxī 娛昔 4-359B
yúxī 娛嬉 4-360B
yúxī 娛喜 4-360A
yúxī 魚腊 12-1194A
yúxī 魚犀 12-1194B
yúxī 逾夕 10-1041B
yúxī 愚溪 7-622A
yúxī 榆溪 4-1188B
yúxī 榆谿 4-1189A
yúxī 餘息 12-552B
yúxí 隅席 11-1077A
yúxí 魚檄 12-1199B
yúxí 餘習 12-553B
yúxǐ 餘喜 12-554A
yúxì 娛戲 4-360B
yúxì 娛戲 4-361A
yúxì 隅隙 11-1077A
yúxì 餘隙 12-556B
yǔxī 雨栖 11-616A
yǔxǐ 羽檄 9-641A
yǔxì 語系 11-222A
yǔxì 語戲 11-226A
yùxì 泪淢 5-965A
yùxì 泪㵽 5-965B
yùxī 玉溪 4-507A
yùxī 玉觿 4-524B
yùxī 寓息 3-1574A
yùxī 寓錫 3-1575A
yùxí 玉席 4-493B
yùxí 御席 3-1027B
yùxí 預席 12-276B
yùxí 預習 12-276B
yùxí 豫席 10-40A
yùxí 諭檄 11-346A
yùxǐ 玉璽 4-519B

yùxǐ 浴洗 5-1237A
yùxǐ 御璽 3-1032B
yùxǐ 遇喜 10-1031B
yùxì 玉舄 4-502B
yùxì 玉烏 4-503A
yùxì 玉戲 4-516B
yùxì 玉磶 4-516B
yùxì 獄繫 5-105B
yúxiá 迂狹 10-716B
yúxiā 魚蝦 12-1197A
yúxiā 魚鰕 12-1201B
yúxiá 愚黠 7-623A
yúxiá 瑜瑕 4-609B
yúxiá 餘暇 12-555B
yúxiá 餘霞 12-559A
yúxià 愚下 7-617B
yúxià 虞夏 8-848A
yúxià 餘下 12-545B
yúxià 宇下 3-1294B
yúxià 窳下 8-474A
yùxiá 玉匣 4-479B
yùxiá 玉柙 4-487A
yùxiá 玉瑕 4-504A
yùxiá 豫暇 10-41A
yùxià 馭下 12-795B
yúxiǎn 紆險 9-701B
yúxiān 魚鮮 12-1200A
yúxián 逾閑 10-1045A
yúxián 愚賢 7-622A
yúxián 虞絃 8-848A
yúxián 餘閒 12-555A
yúxián 餘弦 12-550A
yúxián 餘絃 12-553B
yúxián 餘閑 12-555A
yúxián 逾限 10-1043A
yúxiàn 餘羨 12-554B
yúxiàn 餘羡 12-556A
yùxiàn 宇縣 3-1295B
yùxiàn 宇竄 3-1295B
yǔxiàn 雨綫 11-617A
yǔxiàn 雨線 11-617B
yǔxiàn 雨霰 11-618A
yùxiān 玉仙 4-476A
yùxiān 玉纖 4-524A
yùxiān 預先 12-274B
yùxiān 豫先 10-38B
yùxián 玉銜 4-508B
yùxián 寓賢 3-1575A
yùxián 御閑 3-1029A
yùxián 豫閑 10-41A
yùxián 玉薜 4-521B
yùxiàn 遇險 10-1032A
yùxiàn 玉線 4-513A
yùxiàn 玉獻 4-522A
yùxiàn 豫見 10-39A
yùxiāndài 御仙帶 3-1024A
yùxiāndài 遇仙帶 10-1030B
yúxiándàngjiǎn 逾閑蕩檢 10-1045A
yúxiāng 魚鄉 12-1193A
yúxiāng 漁鄉 6-96A
yúxiāng 餘香 12-550B
yúxiáng 虞庠 8-847B
yúxiāng 魚飷 12-1196B

yúxiǎng 魚鯗 12-1200A
yúxiǎng 餘想 12-555B
yúxiǎng 餘響 12-560B
yúxiàng 愚相 7-619B
yúxiàng 餘象 12-553A
yǔxiāng 羽鄉 9-639A
yǔxiáng 羽翔 9-639B
yùxiāng 玉廂 4-503A
yùxiāng 玉箱 4-511B
yùxiāng 玉瓖 4-522B
yùxiáng 蜮祥 8-913A
yùxiǎng 預想 12-277A
yùxiǎng 豫想 10-41A
yùxiàng 玉相 4-487A
yùxiàng 玉像 4-506A
yùxiàng 御像 3-1029B
yùxiàng 遇巷 10-1031A
yùxiàngpái 玉項牌 4-500A
yùxiǎngqióngsī 玉想瓊思 4-504A
yúxiǎngràoliáng 餘響遶梁 12-560B
yúxiǎngràoliáng 餘響繞梁 12-560B
yùxiānhuā 御仙花 3-1024A
yùxiānhuā 御僊花 3-1030A
yùxiānjǐng 玉仙井 4-476A
yùxiānxiān 玉纖纖 4-524A
yūxiǎo 迂小 10-714B
yūxiào 迂笑 10-716A
yúxiāo 魚鴞 12-1200A
yúxiào 娛笑 4-360A
yúxiào 愚効 7-619B
yúxiào 餘效 12-552B
yúxiào 餘笑 12-552B
yǔxiào 語笑 11-224A
yùxiāo 玉消 4-494A
yùxiāo 玉霄 4-511A
yùxiāo 玉簫 4-520A
yùxiǎo 諭曉 11-346B
yùxiāofēng 玉霄峰 4-511A
yùxiāojīnguǎn 玉簫金琯 4-520A
yùxiāojīnguǎn 玉簫金管 4-520A
yǔxiàoxuānhū 語笑喧呼 11-224A
yǔxiàoxuānhuá 語笑喧嘩 11-224A
yǔxiàoxuāntián 語笑喧闐 11-224A
yùxiāoyáo 玉逍遥 4-492B
yǔxiāoyúnsàn 雨消雲散 11-614B
yúxiǎozi 愚小子 7-617B
yúxiǎozǐ 予小子 1-768B
yúxiǎozǐ 余小子 1-1222A
yùxiázhūrú 玉匣珠襦 4-480A
yǔxīcùnyīn 禹惜寸陰 1-665B
yùxīdōng 玉西東 4-477A
yūxié 迂邪 10-715A
yúxié 魚鮭 12-1199B
yúxié 魚頡 12-1197A
yúxiè 魚蟹 12-1201A
yúxiè 輿械 9-1310B
yǔxié 雨鞋 11-617A
yǔxiè 禹契 1-665A
yǔxiè 語泄 11-223A
yùxié 鬻邪 12-925A
yùxiè 奧渫 2-1555B
yùxiè 玉屑 4-495A
yùxiè 玉薤 4-514A
yùxiè 玉瀣 4-521A
yùxiè 玉燮 4-521A
yùxiè 玉躞 4-524A
yùxiè 玉燮 4-522B
yùxiè 玉䪥 4-523B
yùxièfàn 玉屑飯 4-495A
yǔxiēyúnshōu 雨歇雲收 11-616B
yūxīn 迂辛 10-715B
yúxīn 娛心 4-359B
yúxīn 愉心 7-666A
yúxīn 愚心 7-618A
yúxīn 虞心 8-847A
yúxīn 餘馨 12-560A
yúxīn 覦心 10-339B
yúxīn 輿薪 9-1311B
yúxìn 魚信 12-1190A
yúxìn 餘釁 12-560B
yǔxīn 語心 11-221A
yǔxìn 雨信 11-613B
yùxīn 玉心 4-475A
yùxīn 欲心 6-1442B
yùxīn 慾心 7-694A
yūxíng 汙行 5-911A
yūxíng 紆行 9-700B
yúxīng 魚腥 12-1196A
yúxīng 魚鯹 12-1201B
yúxíng 逾行 10-1042B
yúxíng 諛行 11-283B
yúxíng 餘行 12-548A
yúxǐng 餘醒 12-558A
yúxìng 愚婞 7-620B
yúxìng 餘興 12-558B
yǔxīng 雨星 11-613B
yǔxíng 禹刑 1-664B
yùxīng 雨星 11-613B
yùxīng 玉星 4-488A
yùxīng 鬱興 3-1144A
yùxíng 寓形 3-1573B
yùxíng 預行 12-274B
yùxíng 獄刑 5-104A
yùxíng 豫形 10-39A
yùxǐng 御省 3-1026B
yùxìng 玉性 4-485B
yùxìng 寓興 3-1575A
yùxìng 寓姓 3-1574A
yùxìng 御幸 3-1025B
yúxīngcánhuì 餘腥殘穢 12-556A
yúxīngcǎo 魚腥草 12-1196A
yǔxíngshùnqū 禹行舜趨 1-664B
yúxiōng 愚兄 7-618B
yúxióng 予雄 1-769A
yùxiōng 預凶 12-274A
yùxiōng 禦凶 7-951A
yùxīshēng 玉溪生 4-507A
yùxīshēng 玉谿生 4-517A
yúxiū 餘休 12-548A
yúxiǔ 逾宿 10-1044B
yúxiǔ 愚朽 7-618B
yúxiù 餘宿 12-553B
yúxiù 餘秀 12-548B
yǔxiǔ 窳朽 8-474B
yǔxiù 雨岫 11-613A
yùxiū 懊休 7-739A
yùxiū 玉羞 4-494A
yùxiū 聿修 9-243B
yùxiū 聿脩 9-244A
yùxiū 御羞 3-1027B
yùxiū 燠休 7-258B
yùxiū 燠咻 7-259A
yùxiū 燠烋 7-259A
yùxiǔ 御朽 3-1024B
yùxiǔ 馭朽 12-795B
yùxiù 玉岫 4-483A
yùxiù 玉袖 4-494B
yùxiù 鬱秀 3-1138A
yùxiǔsuǒ 馭朽索 12-795B
yǔxiūyúnkùn 雨羞雲困 11-614B
yǔxíyúnchuáng 雨席雲床 11-614A
yūxú 迂徐 10-716B
yūxú 紆徐 9-701A
yúxū 于胥 1-259B
yúxū 隅墟 11-1077A
yúxū 魚須 12-1194A
yúxū 魚鬚 12-1202B
yúxū 餘胥 12-551B
yúxū 輿謣 9-1312A
yúxú 于徐 1-259B
yúxǔ 餘糈 12-558A
yúxù 逾序 10-1042B
yúxù 餘煦 12-555B
yúxù 餘蓄 12-555B
yúxù 餘緒 12-557A
yǔxū 嫗姁 4-403A
yǔxú 庾徐 3-1240A
yǔxǔ 噢休 3-511A
yǔxǔ 噢咻 3-511A
yǔxù 嫗詡 4-403A
yǔxù 語序 11-222A
yǔxù 嫗煦 4-403A
yùxū 玉虛 4-496B
yùxǔ 玉醑 4-514B
yùxǔ 預許 12-276B
yùxù 翻[illegible] 9-692B
yùxù 玉絮 4-504A
yùxù 玉漵 4-509B
yùxù 御敘 3-1026B
yúxuān 魚軒 12-1190A
yúxuán 魚懸 12-1201B
yúxuàn 餘絢 12-555A
yǔxuán 寓縣 3-1575B
yùxuān 玉軒 4-492B
yùxuán 玉鏇 4-520B
yùxuǎn 預選 12-278A
yùxuàn 玉鉉 4-506B
yùxuàn 鬻衒 12-925B
yúxuánniǎocuàn 魚縣鳥竄 12-1198A
yùxuǎnsài 預選賽 12-278A
yūxuè 淤血 5-1413A
yūxuè 瘀血 8-334B
yúxué 愚學 7-622B
yúxuè 娛謔 4-361A
yǔxuē 雨靴 11-616A
yǔxué 禹穴 1-664B
yǔxué 語學 11-225B
yùxuě 玉雪 4-496A
yùxuě 矞雪 8-587B
yùxuè 浴血 5-1236B
yùxuè 鬱血 3-1138A
yúxuéjiā 輿學家 9-1312A
yùxūfàn 玉虛飯 4-496B
yúxūhù 魚須笏 12-1194A
yúxūn 餘薰 12-559A
yúxūn 餘醺 12-560B
yúxún 逾旬 10-1042B
yúxùn 魚汛 12-1186B
yúxùn 魚訊 12-1191A
yúxùn 漁汛 6-94A
yǔxùn 雨汛 11-612A
yùxùn 玉訓 4-493B
yùxùn 玉蕈 4-510A
yúyá 魚牙 12-1184A
yúyá 逾涯 10-1044B
yúyá 漁牙 6-93B
yǔyá 雨牙 11-611B
yǔyà 窳圔 8-475A
yùyā 玉押 4-481B
yùyā 玉鴨 4-515A
yùyā 御押 3-1025B
yùyá 玉牙 4-474A
yùyá 玉芽 4-479A
yùyāchā 玉丫叉 4-473A
yùyāchā 玉鴉叉 4-511A
yùyāchāi 玉鴉釵 4-511A
yúyáháng 魚牙行 12-1184A
yūyán 迂言 10-715B
yúyān 于焉 1-259B
yúyān 於焉 6-1575B
yúyān 餘煙 12-556A
yúyán 渝言 5-1493A
yúyán 魚鹽 12-1203B
yúyán 逾延 10-1042B
yúyán 逾言 10-1042B
yúyán 愚言 7-619A
yúyán 諛言 11-283B
yúyán 餘妍 12-549A
yúyán 餘言 12-548B
yúyán 餘炎 12-549B
yúyán 輿言 9-1310A
yúyán 謣言 11-401A
yúyǎn 魚眼 12-1192A
yúyǎn 餘衍 12-551A
yúyàn 魚研 12-1189B
yúyàn 魚硯 12-1193B
yúyàn 魚雁 12-1193B
yúyàn 魚鴈 12-1197A
yúyàn 愉艷 7-666B

yúyàn 榆鴈 4-1188B
yǔyán 語言 11-222A
yǔyǎn 嫗掩 4-403A
yǔyàn 雨燕 11-617B
yǔyàn 語燕 11-225B
yùyān 玉煙 4-507A
yùyān 欝湮 4-1373B
yùyān 鬱湮 3-1142B
yùyán 語言 11-222A
yùyán 玉延 4-477A
yùyán 玉言 4-480B
yùyán 玉筵 4-502B
yùyán 玉顏 4-519B
yùyán 寓言 3-1573B
yùyán 御筵 3-1029A
yùyán 御顏 3-1032A
yùyán 預言 12-275A
yùyán 豫言 10-39B
yùyán 豫嚴 10-42A
yùyán 燠炎 7-259A
yùyán 譽言 11-448B
yùyán 鬻言 12-925B
yùyǎn 飫眼 12-496B
yùyǎn 預演 12-277B
yùyǎn 鴥眼 12-1116A
yùyàn 玉硯 4-501B
yùyàn 玉雁 4-501B
yùyàn 玉燕 4-513B
yùyàn 玉豔 4-524B
yùyàn 玉灩 4-525A
yùyàn 御宴 3-1028A
yùyàn 遇艷 10-1032B
yùyàn 飫宴 12-496B
yùyàn 預宴 12-276A
yùyàn 獄讞 5-105B
yùyàn 醧讌 9-1438A
yùyàn 鴥研 12-1116A
yǔyānbùxiáng 語焉不詳 11-224B
yùyànchāi 玉燕釵 4-513B
yúyāng 魚秧 12-1190B
yúyāng 餘殃 12-550B
yúyáng 揄揚 6-770A
yúyáng 漁洋 6-94B
yúyáng 漁陽 6-95B
yǔyáng 雨暘 11-616B
yùyāng 鬱泱 3-1139B
yùyāng 鬱鞅 3-1143A
yùyáng 玉羊 4-478A
yùyáng 玉陽 4-499B
yùyáng 燠陽 7-259A
yùyáng 歈揚 12-1088B
yùyáng 譽揚 11-449A
yùyáng 欝揚 4-1373A
yùyǎng 育養 6-1186B
yùyǎng 預養 12-277B
yùyǎng 毓養 7-828B
yùyǎng 豫養 10-41B
yùyàng 鬱怏 3-1139B
yúyángcàn 漁陽摻 6-96A
yúyángcànzhuā 漁陽參撾 6-96A
yúyángcànzhuā 漁陽摻撾 6-96A
yúyángcāo 漁陽操 6-96A
yùyánggōng 棫陽宮 4-1090B
yúyánggǔ 漁陽鼓 6-96A
yúyángpígǔ 漁陽鞞鼓 6-96A
yúyángpígǔ 漁陽鼙鼓 6-96A
yùyǎngqiǎngshú 鬱養强孰 3-1143A
yúyángqǔ 漁陽曲 6-96A
yúyángsāndié 漁陽三疊 6-96A
yúyángsānnòng 漁陽三弄 6-96A
yǔyángshíruò 雨暘時若 11-616B
yùyàntóuhuái 玉燕投懷 4-513B
yùyàntóuhuái 玉鷰投懷 4-523B
yǔyánwúwèi 語言無味 11-222A
yǔyánxué 語言學 11-222A
yúyáo 餘謡 12-559A
yúyáo 輿謡 9-1312A
yúyào 魚鷂 12-1202A
yúyào 餘耀 12-560A
yùyāo 玉腰 4-506B
yùyáo 玉珧 4-491A
yùyáo 玉蜐 4-502A
yùyáo 御窑 3-1028B
yùyáo 御窯 3-1030B
yùyáo 鬱陶 3-1141B
yùyáo 鬱摇 3-1142B
yùyào 玉曜 4-518A
yùyào 玉耀 4-522A
yùyào 昱耀 5-683A
yùyào 御藥 3-1031B
yùyào 煜燿 7-197B
yùyāonú 玉腰奴 4-507A
yùyàoyuàn 御藥院 3-1032A
yúyázi 魚伢子 12-1186A
yúyé 揄揶 6-769B
yúyě 愚野 7-620B
yúyè 臾曳 8-1288A
yúyè 逾曳 10-1042A
yúyè 榆葉 4-1188A
yúyè 漁業 6-97A
yúyè 餘業 12-555B
yùyè 燠暍 7-259A
yùyē 鬱噎 3-1143B
yùyě 鬱埜 3-1141B
yùyè 玉液 4-499A
yùyè 玉葉 4-500B
yùyè 玉饁 4-523B
yùyè 御液 3-1028B
yùyè 御葉 3-1028B
yùyè 鬻業 12-926A
yùyègēng 玉葉羹 4-501A
yùyèguān 玉葉冠 4-501A
yùyèguàn 玉葉冠 4-501A
yùyèjīnbō 玉液金波 4-499A
yùyèjīnjiāng 玉液金漿 4-499A
yùyèjīnzhī 玉葉金枝 4-501A
yúyèméi 榆葉梅 4-1188A
yùyèqióngjiāng 玉液瓊漿 4-499A
yúyéyǒuguǐ 揄揶有鬼 6-769B
yūyì 菸邑 9-450A
yūyì 菸莒 9-450A
yūyì 紆意 9-701B
yúyī 魚衣 12-1186A
yúyī 愚依 7-619B
yúyī 褕衣 9-117A
yúyī 餘衣 12-548A
yúyí 渝移 5-1493A
yúyí 隅夷 11-1076B
yúyí 堣夷 2-1150B
yúyí 嵎夷 3-854A
yúyí 愉怡 7-666A
yúyí 愚移 7-620B
yúyǐ 于以 1-258B
yúyǐ 於以 6-1574A
yúyǐ 魚乙 12-1183A
yúyì 渝溢 5-1493A
yúyì 于役 1-259A
yúyì 娛佚 4-359B
yúyì 娛逸 4-360A
yúyì 娛意 4-360B
yúyì 娛懌 4-361A
yúyì 魚弋 12-1183B
yúyì 魚翼 12-1200A
yúyì 愉佚 7-666A
yúyì 愉易 7-666A
yúyì 愉逸 7-666A
yúyì 愉懌 7-666B
yúyì 逾跇 10-1045A
yúyì 逾溢 10-1045B
yúyì 愚意 7-622A
yúyì 漁弋 6-93A
yúyì 漁栧 6-94B
yúyì 褕袘 9-117A
yúyì 褕絏 9-117A
yúyì 褕袣 9-117A
yúyì 褕褈 9-117A
yúyì 餘邑 12-548B
yúyì 餘意 12-556A
yúyì 餘義 12-556A
yúyì 餘裔 12-556A
yúyì 餘憶 12-558B
yúyì 餘議 12-560A
yúyì 輿議 9-1312A
yǔyī 羽衣 9-636B
yǔyī 雨衣 11-612A
yǔyí 羽儀 9-640A
yǔyǐ 予以 1-768B
yǔyì 羽翼 9-641B
yǔyì 羽鷁 9-642A
yǔyì 庾億 3-1240A
yǔyì 傴翼 1-1630B
yǔyì 語意 11-224B
yǔyì 語議 11-226B
yùyī 懊咿 7-739A
yùyī 玉衣 4-478A
yùyī 郁伊 10-610A
yùyī 郁呷 10-610A
yùyī 郁咿 10-610B
yùyī 浴衣 5-1236B
yùyī 御衣 3-1024B
yùyī 御醫 3-1032A
yùyī 欝伊 4-1373A
yùyī 欝壹 4-1373A
yùyī 鬱伊 3-1138A
yùyī 鬱猗 3-1142A
yùyī 鬱壹 3-1142A
yùyí 玉儀 4-512A
yùyí 玉粭 4-498B
yùyí 育遺 6-1186B
yùyí 郁銕 10-610B
yùyí 郁夷 10-610A
yùyí 浴沂 5-1237A
yùyí 鬱儀 3-1143B
yùyǐ 玉扆 4-494B
yùyǐ 玉螘 4-515A
yùyǐ 玉蟻 4-520A
yùyì 聿役 9-243B
yùyì 昱奕 5-683A
yùyì 喻意 3-434A
yùyì 寓意 3-1574B
yùyì 愈益 7-631A
yùyì 煜熠 7-197B
yùyì 預議 12-279A
yùyì 隩隔 11-1112A
yùyì 豫議 10-42A
yùyì 諭意 11-346A
yùyì 諭義 11-346A
yùyì 欝浥 4-1370B
yùyì 鬻義 12-926A
yùyì 鬱抑 3-1138A
yùyì 鬱邑 3-1138A
yùyì 鬱悒 3-1141B
yùyì 鬱浥 3-1141B
yùyì 鬱裛 3-1143A
yùyì 鬱殪 3-1144A
yùyìchánjuān 玉翼蟬娟 4-517B
yùyìfǎnbì 欲益反弊 6-1443A
yùyìfǎnsǔn 欲益反損 6-1443A
yùyīhuáng 御衣黄 3-1024B
yǔyìjìchéng 羽翼既成 9-641B
yúyīn 俞音 1-1359A
yúyīn 魚陰 12-1191B
yúyīn 愉殷 7-666A
yúyīn 餘音 12-551B
yúyīn 餘陰 12-553A
yúyín 魚蟫 12-1200A
yúyín 逾垠 10-1043B
yúyín 愚嚚 7-623A
yúyìn 餘蔭 12-555B
yúyìn 餘印 12-547A
yúyìn 餘胤 12-551A
yǔyīn 語音 11-223B
yǔyǐn 芋尹 9-273B
yǔyìn 宇蔭 3-1295B
yǔyìn 宇廕 3-1295B
yùyīn 玉音 4-489B
yùyīn 鬱陰 3-1141B
yùyīn 鬱堙 3-1142A

yùyǐn 飫飲 12-496B
yùyìn 玉印 4-476A
yùyìnfú 玉印符 4-476A
yūyíng 紆縈 9-701B
yúyīng 魚英 12-1188A
yúyīng 魚鷹 12-1203B
yúyīng 榆英 4-1187A
yúyīng 餘英 12-549A
yúyíng 腴瑩 6-1332B
yúyíng 餘贏 12-560A
yúyǐng 餘影 12-557B
yúyìng 魚媵 12-1196A
yúyìng 餘映 12-550B
yúyìng 餘暎 12-554A
yǔyīng 雨纓 11-619A
yǔyǐng 雨影 11-617A
yùyīng 玉英 4-481B
yùyīng 玉瑛 4-499B
yùyīng 玉霙 4-515A
yùyīng 玉嬰 4-516B
yùyīng 玉罌 4-522A
yùyīng 玉纓 4-524A
yùyíng 玉瑩 4-512B
yùyíng 御營 3-1031B
yùyǐng 玉景 4-502A
yùyǐng 玉影 4-511B
yùyìng 鬱映 3-1140A
yùyíngshǐ 御營使 3-1031B
yùyīngtáng 育嬰堂 6-1186B
yùyīngyuàn 育嬰院 6-1186B
yúyīnràoliáng 餘音繞梁 12-551B
yǔyīnxué 語音學 11-223B
yúyīrén 予一人 1-768B
yúyīrén 余一人 1-1222A
yǔyìxué 語義學 11-225A
yǔyìyǐchéng 羽翼已成 9-641B
yǔyìyúnqíng 雨意雲情 11-617A
yúyīyúsān 餘一餘三 12-545B
yǔyìzhéxué 語義哲學 11-225A
yūyǒng 淤涌 5-1413A
yúyōng 愚庸 7-620B
yúyōng 愚慵 7-622A
yúyōng 鯛鱅 12-1247A
yúyóng 蜩蛹 8-928A
yúyǒng 雩祭 11-619B
yúyǒng 魚踊 12-1196A
yúyǒng 愚勇 7-620A
yúyǒng 餘勇 12-551B
yùyōng 玉饔 4-523B
yùyǒng 汩湧 5-965A
yùyòng 御用 3-1024A
yúyǒngkěgǔ 餘勇可賈 12-552A
yǔyòngxué 語用學 11-221B
yúyōu 娛憂 4-360B
yúyōu 娛優 4-361A
yúyōu 諛優 11-284B
yúyóu 娛游 4-360B
yúyóu 娛遊 4-360A
yúyóu 魚油 12-1189A
yúyóu 魚魷 12-1197B
yúyòu 娛侑 4-360A
yùyōu 郁攸 10-610A
yùyōu 鬱攸 3-1138A
yùyōu 鬱悠 3-1141B
yùyōu 鬱憂 3-1143B
yùyóu 玉猷 4-507A
yùyóu 寓遊 3-1574B
yùyóu 豫遊 10-41A
yùyǒu 玉友 4-474A
yùyǒu 玉牖 4-512A
yùyòu 籞囿 8-1282A
yúyóufèidǐng 魚游沸鼎 12-1194B
yúyóufèidǐng 魚遊沸鼎 12-1194B
yúyóufèifǔ 魚游沸釜 12-1194B
yúyóufǔdǐ 魚游釜底 12-1194B
yúyóufǔnèi 魚遊釜内 12-1194B
yúyóufǔzhōng 魚遊釜中 12-1194B
yúyóuháoshàng 魚遊濠上 12-1194B
yúyóujiāofǔ 魚游燋釜 12-1194B
yùyǒujīnkūn 玉友金昆 4-474A
yūyú 迂愚 10-717A
yūyú 紆餘 9-701B
yūyǔ 迂語 10-717B
yūyù 紆鬱 9-702A
yúyú 偶偶 7-657B
yúyú 婾娛 4-389B
yúyú 吾吾 3-201A
yúyú 俉俉 1-1369A
yúyú 鷽鷽 12-911A
yúyú 衙衙 3-1049A
yúyú 喁喁 3-415A
yúyú 于于 1-258B
yúyú 杅杅 4-746B
yúyú 於于 6-1574A
yúyú 於於 6-1574B
yúyú 俞俞 1-1359A
yúyú 娛娛 4-360A
yúyú 嵎嵎 3-854A
yúyú 愉娛 7-666A
yúyú 愉愉 7-666A
yúyú 睮睮 7-1238B
yúyú 輿輿 9-1312A
yúyú 旟旟 6-1619B
yúyǔ 魚嶼 12-1198B
yúyǔ 諛語 11-284A
yúyǔ 餘語 12-556B
yúyǔ 逾閾 10-1046A
yúyù 瑜玉 4-609B
yúyù 餘裕 12-555A
yúyù 餘鬱 12-560B
yǔyǔ 慈慈 7-747A
yǔyǔ 傴傴 1-1632A
yǔyǔ 俁俁 1-1385A
yǔyǔ 偊偊 1-1551B
yǔyǔ 圄圄 3-630B
yǔyǔ 傴宇 1-1630A
yǔyǔ 傴傴 1-1630B
yǔyǔ 瑀瑀 4-609A
yǔyǔ 瘐瘐 8-333B
yǔyǔ 語語 11-225A
yǔyǔ 噳噳 3-520B
yǔyǔ 麌麌 12-1292B
yǔyǔ 嫗嫗 4-403A
yǔyù 禹域 1-665A
yǔyù 語諭 11-226A
yǔyù 嫗育 4-403A
yùyū 鬱紆 4-1373A
yùyū 鬱紆 3-1140B
yùyú 玉魚 4-498A
yùyú 玉腴 4-503A
yùyú 玉輿 4-517A
yùyú 玉轝 4-522A
yùyú 愈愚 7-631A
yùyú 譽諛 11-449A
yùyǔ 鬩與 12-128B
yùyǔ 玉宇 4-478B
yùyǔ 玉羽 4-479A
yùyǔ 御宇 3-1024B
yùyǔ 御寓 3-1029A
yùyǔ 喬宇 8-587B
yùyǔ 馭宇 12-796A
yùyǔ 馭寓 12-796B
yùyǔ 獄圄 5-105A
yùyù 颶颶 12-652B
yùyù 汩汩 5-964A
yùyù 汩淢 5-965A
yùyù 菀菀 9-453A
yùyù 蔚蔚 9-543A
yùyù 與與 2-162A
yùyù 玉裕 4-503B
yùyù 玉譽 4-522A
yùyù 育育 6-1186A
yùyù 郁郁 10-610A
yùyù 郁毓 10-610B
yùyù 彧彧 5-226A
yùyù 昱昱 5-682B
yùyù 域域 2-1114A
yùyù 淢汩 5-1348A
yùyù 喬喬 8-588A
yùyù 裕裕 9-95B
yùyù 馭御 12-796B
yùyù 愈愈 7-631A
yùyù 煜煜 7-197B
yùyù 馘汩 5-236A
yùyù 豫禦 10-41B
yùyù 燠煜 7-259A
yùyù 譽譽 11-449A
yùyù 鬻獄 12-926A
yùyù 鷸鷸 12-1163B
yùyù 鬱鬱 4-1373B
yùyù 驈驈 10-713B
yùyù 鬱燠 3-1143B
yùyù 鬱聿 3-1138A
yùyù 鬱郁 3-1139A
yùyù 鬱燠 3-1144A
yùyù 鬱鬱 3-1145A
yùyù 粥粥 4-149B
yùyù 稢稢 12-442A
yūyuān 迂遠 10-717A
yúyuān 禺淵 7-1315B
yúyuān 魚鳶 12-1196A
yúyuān 虞淵 8-848B
yúyuán 魚圓 12-1195B
yúyuán 魚黿 12-1199B
yúyuán 逾垣 10-1043A
yúyuǎn 逾遠 10-1045A
yúyuàn 餘怨 12-551A
yúyuàn 輿願 9-1312A
yǔyuān 羽淵 9-639B
yǔyuán 庾園 3-1240A
yǔyuán 語源 11-225A
yùyuān 玉淵 4-503B
yùyuān 鬱淵 3-1142B
yùyuán 御園 3-1029B
yùyuán 御圓 3-1029B
yùyuán 遇緣 10-1032A
yùyuán 豫園 10-41A
yùyuǎn 馭遠 12-796B
yùyuàn 玉苑 4-481B
yùyuàn 浴院 5-1237B
yùyuàn 喻願 3-434A
yùyuàn 御苑 3-1025B
yùyuàn 獄掾 5-105B
yùyuàn 鬱怨 3-1140B
yúyuánmù 魚緣木 12-1198A
yǔyuánxué 語源學 11-225A
yùyùbānbān 郁郁斑斑 10-610B
yùyùbīnbīn 郁郁彬彬 10-610A
yùyùbùlè 鬱鬱不樂 3-1145B
yùyùcāngcāng 鬱鬱蒼蒼 3-1145B
yùyùchénchén 鬱鬱沉沉 3-1145B
yùyùcōngcōng 鬱鬱葱葱 3-1145B
yúyuē 渝約 5-1493A
yúyuē 逾約 10-1043B
yúyuè 于越 1-259B
yúyuè 於越 6-1575B
yúyuè 娛悅 4-360A
yúyuè 隃越 11-1079A
yúyuè 雩兑 11-619A
yúyuè 魚鑰 12-1204A
yúyuè 魚躍 12-1202A
yúyuè 愉悅 7-666A
yúyuè 逾趯 10-1046B
yúyuè 逾月 10-1042A
yúyuè 逾越 10-1044B
yúyuè 虞說 8-848B
yúyuè 諛說 11-284A
yúyuè 諛悅 11-284A
yúyuè 餘月 12-546B
yúyuè 騟騟 12-859B
yǔyuè 予樂 1-769B
yǔyuè 羽籥 9-642A
yùyuē 預約 12-276A
yùyuē 豫約 10-40A
yùyuè 汩越 5-965A
yùyuè 玉鑰 4-524B

yùyuè 玉鉞 4-506A
yùyuè 玉籥 4-523B
yùyuè 聿越 9-244A
yùyuè 熉爚 7-95B
yùyuè 煜爚 7-197B
yùyuè 豫悅 10-40A
yùyuè 鬱悅 3-1141B
yúyuèlóngmén 魚躍龍門 12-1202A
yúyuèyuānfēi 魚躍鳶飛 12-1202A
yǔyuēyúnqī 雨約雲期 11-614A
yùyùfēifēi 郁郁菲菲 10-610A
yùyùfēnfēn 郁郁紛紛 10-610A
yùyùguǎhuān 鬱鬱寡歡 3-1145B
yùyùhuánhuán 郁郁桓桓 10-610A
yùyùléiléi 鬱鬱纍纍 3-1145B
yǔyúliáng 禹餘糧 1-666A
yúyún 魚雲 12-1193B
yúyǔn 俞允 1-1358B
yúyùn 餘運 12-555A
yúyùn 餘韵 12-556A
yúyùn 餘蘊 12-559A
yúyùn 餘韻 12-559B
yǔyún 雨雲 11-615B
yùyún 御雲 3-1028B
yùyún 矞雲 8-587B
yùyún 鬱雲 3-1142A
yùyǔn 玉殞 4-508A
yùyùn 玉醞 4-514B
yùyùn 玉韻 4-521A
yùyùn 育孕 6-1186A
yúyùnliúfēng 餘韻流風 12-560A
yúyúnóngnóng 喁喁噥噥 3-415A
yǔyúnqiáng 雨雲牆 11-615B
yǔyúnxiāng 雨雲鄉 11-615B
yùyùqiānqiān 鬱鬱芊芊 3-1145B
yùyùqīngqīng 郁郁青青 10-610A
yùyǔqiónglóu 玉宇瓊樓 4-478B
yúyǔxióngzhǎng 魚與熊掌 12-1195B
yúyúyāyā 魚魚雅雅 12-1192B
yúzá 餘雜 12-559A
yúzāi 魚栽 12-1190A
yúzǎi 逾載 10-1045A
yúzàn 諛贊 11-284B
yúzàn 餘贊 12-559B
yùzān 玉篸 4-517A
yùzān 玉簪 4-518B
yùzàn 玉瓚 4-523B
yùzānbàng'er 玉簪棒兒 4-518B
yúzāng 餘贓 12-560B
yúzàng 魚葬 12-1193B
yùzàng 寓葬 3-1574B
yùzānhuā 玉簪花 4-518B
yúzǎo 魚藻 12-1200B
yúzào 輿皁 9-1309B
yúzào 輿皂 9-1309B
yùzāo 遇遭 10-1032A
yùzǎo 玉蚤 4-491A
yùzǎo 玉藻 4-519B
yùzǎo 預早 12-274B
yùzǎo 豫早 10-38B
yùzǎo 豫蚤 10-40A
yùzào 玉竈 4-523A
yúzǎochí 魚藻池 12-1200B
yúzé 於則 6-1575A
yúzé 漁澤 6-97B
yúzé 餘責 12-553A
yúzé 餘澤 12-558B
yǔzé 雨澤 11-618A
yùzé 玉澤 4-516A
yúzéi 愚賊 7-621B
yùzémǎ 玉澤馬 4-516A
yúzēng 魚罾 12-1199B
yúzēng 漁罾 6-97B
yūzhā 淤渣 5-1413A
yúzhǎ 魚鮺 12-1201B
yúzhǎ 魚鮓 12-1198B
yúzhà 雩蜡 11-619B
yúzhà 魚柵 12-1189B
yǔzhà 齬齚 12-1455B
yùzhá 玉札 4-475A
yùzhá 御劄 3-1030A
yùzhá 御札 3-1023B
yùzhá 煜霅 7-197B
yùzhà 玉柵 4-487A
yúzhài 魚寨 12-1196B
yúzhài 餘債 12-556A
yùzhāi 寓齋 3-1575A
yùzhài 御寨 3-1030B
yúzhàn 餘棧 12-554A
yǔzhān 雨霑 11-618A
yùzhān 預霑 12-278A
yùzhān 預占 12-274B
yùzhǎn 玉展 4-495A
yùzhǎn 玉琖 4-500A
yùzhǎn 玉盞 4-504B
yùzhǎn 玉醆 4-511A
yùzhǎn 預展 12-276B
yùzhàn 遇戰 10-1032A
yùzhàn 禦戰 7-951B
yúzhāng 于張 1-259B
yúzhāng 魚章 12-1193A
yúzhǎng 隅長 11-1076B
yúzhǎng 餘漲 12-556B
yúzhàng 輿仗 9-1309B
yǔzhàng 羽仗 9-636B
yǔzhàng 羽帳 9-638B
yùzhāng 玉章 4-498B
yùzhāng 豫章 10-40A
yùzhāng 豫樟 10-41B
yùzhǎng 玉掌 4-501B
yùzhǎng 鬱長 3-1138B
yùzhàng 玉杖 4-479B
yùzhàng 玉帳 4-497B
yùzhàng 玉嶂 4-508B
yùzhàng 御仗 3-1024A
yùzhàng 御帳 3-1028A
yùzhàng 慾鄣 7-694A
yùzhàng 慾障 7-694A
yǔzhànglǐ 禹帳里 1-665B
yùzhàngshù 玉帳術 4-497B
yùzhāngxíng 豫章行 10-40B
yùzhāngyóu 豫章郵 10-40B
yǔzhàngyúnpíng 雨帳雲屏 11-614B
yǔzhānyúnrě 雨沾雲惹 11-613A
yúzhào 魚罩 12-1195B
yúzhào 餘照 12-555B
yúzhào 旟旐 6-1619B
yǔzhào 羽櫂 9-641B
yǔzhào 雨棹 11-615B
yùzhāo 諭招 11-345B
yùzhǎo 玉沼 4-485B
yùzhǎo 玉爪 4-474B
yùzhào 玉兆 4-477B
yùzhào 玉棹 4-501A
yùzhào 玉詔 4-503A
yùzhào 玉照 4-504B
yùzhào 域兆 2-1114A
yùzhào 預兆 12-274B
yùzhào 預詔 12-277A
yùzhào 豫兆 10-39A
yùzhǎojùn 玉爪駿 4-474B
yūzhé 迂折 10-715A
yūzhé 紆折 9-700B
yúzhē 于遮 1-260A
yúzhé 餘轍 12-559B
yǔzhē 雨遮 11-617A
yùzhé 玉折 4-479A
yùzhě 御者 3-1025B
yūzhěn 紆軫 9-701A
yúzhēn 魚砧 12-1190B
yúzhēn 虞箴 8-848B
yúzhēn 餘珍 12-550A
yúzhěn 魚鱵 12-1197B
yúzhěn 魚枕 12-1188A
yúzhěn 輿軫 9-1311A
yúzhèn 隅鎮 11-1077B
yúzhèn 魚陣 12-1190A
yúzhèn 餘震 12-557A
yǔzhèn 雨陣 11-613B
yùzhēn 玉真 4-492A
yùzhēn 玉砧 4-492B
yùzhěn 玉枕 4-482B
yùzhěn 玉軫 4-501B
yùzhěn 御胗 3-1027A
yùzhěn 御診 3-1029A
yùzhěn 欝軫 4-1373B
yùzhèn 玉瑱 4-507B
yùzhèn 玉振 4-491B
yùzhèn 玉鎮 4-519A
yùzhèn 豫震 10-41B
yūzhèng 迂政 10-716A
yúzhēng 于征 1-259A
yúzhēng 漁征 6-94B
yǔzhèng 禹政 1-665A
yùzhēng 玉筝 4-502B
yùzhēng 預徵 12-278A
yùzhēng 燠蒸 7-259A
yùzhēng 鬱蒸 3-1143A
yùzhèng 御正 3-1023B
yùzhèng 御政 3-1026B
yùzhèng 馭政 12-796A
yùzhèng 預政 12-275B
yùzhèng 豫政 10-39B
yùzhěngǔ 玉枕骨 4-482B
yúzhěnguān 魚鱵冠 12-1197B
yúzhěnguān 魚枕冠 12-1188A
yùzhènjīnshēng 玉振金聲 4-491B
yùzhěnlántíng 玉枕蘭亭 4-482B
yùzhěnshǔ 玉枕藷 4-482B
yùzhěnxué 玉枕穴 4-482B
yùzhènzhǐ 玉鎮紙 4-519A
yùzhēnzǐ 玉真子 4-492B
yúzhěqiānlǜ… 愚者千慮,必有一得 7-619A
yúzhěqiānlǜ… 愚者千慮,或有一得 7-619A
yúzhěqiānlǜ… 愚者千慮,亦有一得 7-619A
yūzhí 迂直 10-715B
yūzhí 迂執 10-716B
yūzhí 紆直 9-700B
yūzhì 迂滯 10-717B
yūzhì 淤滯 5-1413B
yūzhì 埁滯 2-1131A
yúzhī 魚汁 12-1185B
yúzhī 魚脂 12-1191A
yúzhí 魚蹠 12-1202A
yúzhí 愚直 7-619A
yúzhǐ 俞旨 1-1358B
yúzhǐ 餘旨 12-548A
yúzhǐ 餘址 12-548A
yúzhǐ 餘祉 12-550A
yúzhǐ 餘趾 12-553A
yúzhì 予知 1-769A
yúzhì 娛志 4-359B
yúzhì 隅雉 11-1077A
yúzhì 魚炙 12-1188B
yúzhì 魚蛭 12-1193B
yúzhì 魚擲 12-1199B
yúzhì 魚醬 12-1197A
yúzhì 逾制 10-1042B
yúzhì 逾陟 10-1043B
yúzhì 愚知 7-619B
yúzhì 愚志 7-619A
yúzhì 愚智 7-621A
yúzhì 愚滯 7-622A
yúzhì 愚質 7-622B
yúzhì 餘帙 12-549B
yúzhì 餘致 12-552A
yúzhì 餘智 12-554B
yúzhì 餘製 12-556B

yúzhì 餘質 12-557B
yǔzhī 羽巵 9-637A
yǔzhī 雨汁 11-611B
yǔzhī 語支 11-221A
yǔzhì 語致 11-223B
yùzhī 與知 2-161B
yùzhī 玉巵 4-476A
yùzhī 玉芝 4-476B
yùzhī 玉卮 4-480B
yùzhī 遇知 10-1031A
yùzhī 預支 12-274A
yùzhī 預知 12-275A
yùzhī 豫知 10-39B
yùzhī 諭知 11-345B
yùzhí 寓直 3-1573B
yùzhí 寓職 3-1575A
yùzhǐ 玉旨 4-477B
yùzhǐ 玉指 4-486B
yùzhǐ 玉趾 4-497A
yùzhǐ 喻旨 3-434A
yùzhǐ 喻指 3-434A
yùzhǐ 寓止 3-1573A
yùzhǐ 御旨 3-1024B
yùzhǐ 諭旨 11-345B
yùzhǐ 諭指 11-345B
yùzhì 玉質 4-512A
yùzhì 郁滯 10-610B
yùzhì 寓治 3-1574A
yùzhì 御製 3-1030A
yùzhì 馭制 12-796A
yùzhì 預置 12-277B
yùzhì 預製 12-277B
yùzhì 燠質 7-259A
yùzhì 鬱滯 3-1143A
yùzhìgòujiàn 預製構件 12-277B
yùzhījia 玉指甲 4-486B
yùzhìjīnxiàng 玉質金相 4-512A
yúzhìlóngwén 魚質龍文 12-1197A
yùzhīwúdàng 玉巵無當 4-476A
yùzhīwúdàng 玉卮無當 4-480B
yúzhìyúxióng 予智予雄 1-769A
yùzhīzhī 玉脂芝 4-493B
yùzhīzǐ 預知子 12-275B
yūzhòng 迂重 10-716A
yúzhōng 禺中 7-1315A
yúzhōng 隅中 11-1076A
yúzhōng 愚忠 7-619B
yúzhōng 愚衷 7-620A
yúzhōng 榆中 4-1187A
yúzhǒng 魚種 12-1196B
yúzhòng 愚衆 7-621A
yúzhòng 餘衆 12-554B
yǔzhǒng 語種 11-225A
yùzhōng 玉鍾 4-517A
yùzhōng 域中 2-1114A
yùzhǒng 玉種 4-508B
yùzhǒng 育種 6-1186B
yǔzhòngqíngshēn 語重情深 11-223B
yúzhōngsù 魚中素 12-1184B
yǔzhòngxīncháng 語重心長 11-223A
yǔzhòngxīnchén 語重心沉 11-223A
yúzhōu 魚舟 12-1186A
yúzhōu 漁舟 6-94A
yúzhóu 餘軸 12-554A
yúzhòu 魚冑 12-1189B
yǔzhòu 宇宙 3-1295A
yǔzhòu 雨驟 11-619A
yǔzhòu 寓宙 3-1575B
yùzhōu 玉舟 4-477A
yùzhōu 御舟 3-1024B
yùzhōu 豫州 10-39A
yùzhóu 玉軸 4-501B
yùzhǒu 鱊鯞 12-1265A
yùzhòu 玉甃 4-505A
yǔzhòufēichuán 宇宙飛船 3-1295A
yǔzhòufēngchán 雨僽風僝 11-617A
yǔzhòuguān 宇宙觀 3-1295A
yǔzhòuhángxíng 宇宙航行 3-1295A
yǔzhòuhuǒjiàn 宇宙火箭 3-1295A
yǔzhòukōngjiān 宇宙空間 3-1295A
yǔzhòusùdù 宇宙速度 3-1295A
yǔzhòutōngxìn 宇宙通信 3-1295A
yúzhū 于諸 1-260A
yúzhū 餘朱 12-548A
yúzhú 魚燭 12-1200A
yúzhú 漁竹 6-94A
yúzhú 餘躅 12-560A
yúzhǔ 魚渚 12-1193A
yúzhǔ 愚主 7-618B
yúzhǔ 虞主 8-847A
yúzhù 雩祝 11-619B
yúzhù 餘貯 12-554A
yǔzhū 雨珠 11-614A
yǔzhù 與助 2-161A
yǔzhù 語助 11-221B
yùzhū 玉朱 4-477A
yùzhū 玉珠 4-491A
yùzhū 遇誅 10-1032A
yùzhú 玉竹 4-477A
yùzhú 玉燭 4-517B
yùzhú 馭竹 12-796A
yùzhú 預燭 12-278B
yùzhǔ 玉麈 4-515B
yùzhǔ 浴主 5-1236B
yùzhǔ 獄主 5-103B
yùzhù 玉柱 4-487A
yùzhù 玉筯 4-505A
yùzhù 玉箸 4-508B
yùzhù 御注 3-1026B
yùzhù 預祝 12-276A
yǔzhuǎn 語轉 11-226A
yùzhuān 玉塼 4-507B
yùzhuān 玉磚 4-514B
yùzhuàn 玉轉 4-518A
yùzhuàn 玉篆 4-512A
yùzhuàn 玉饌 4-522A
yùzhuàn 御饌 3-1032A
yúzhuāng 漁莊 6-95A
yúzhuàng 逾壯 10-1042B
yúzhuàng 愚贛 7-623B
yúzhuàng 愚戇 7-623B
yúzhuàng 愚戅 7-623B
yúzhuàng 餘壯 12-549A
yǔzhuàng 羽幢 9-640A
yùzhuàng 御狀 3-1026B
yǔzhùcí 語助詞 11-221B
yūzhūhuáijīn 紆朱懷金 9-700B
yùzhuī 聿追 9-244A
yùzhuī 遹追 10-1246A
yúzhūn 愚屯 7-618A
yùzhūn 遇屯 10-1030B
yūzhuō 迂拙 10-715B
yūzhuó 淤濁 5-1413B
yúzhuō 愚拙 7-619A
yúzhuō 餘拙 12-549A
yúzhuó 魚酌 12-1190B
yúzhuó 愚濁 7-623A
yùzhuó 玉琢 4-500A
yùzhuó 鬱灼 3-1138B
yùzhùqíngtiān 玉柱擎天 4-487B
yūzhūtuōzǐ 紆朱拖紫 9-700A
yùzhǔwěi 玉麈尾 4-515B
yūzhūyèzǐ 紆朱曳紫 9-700A
yūzǐ 紆紫 9-701A
yúzǐ 榆子 4-1186B
yúzī 于茲 1-259A
yúzī 於茲 6-1574B
yúzī 魚鯔 12-1201B
yúzī 畬菑 7-1358B
yúzī 餘姿 12-551A
yúzī 餘貲 12-555B
yúzī 餘資 12-556A
yúzǐ 魚子 12-1184A
yúzǐ 魚姊 12-1188A
yúzǐ 漁子 6-93A
yúzǐ 餘子 12-546A
yúzǐ 餘滓 12-556A
yúzì 娛恣 4-360A
yúzì 隅眥 11-1077A
yúzì 隅眦 11-1077A
yúzì 餘胔 12-554A
yǔzǐ 雨子 11-611A
yǔzǐ 窳呰 8-474B
yǔzǐ 窳訾 8-475A
yùzǐ 諭子 11-345A
yùzī 俞咨 1-1359A
yùzī 玉姿 4-489B
yùzī 玉齍 4-521A
yùzī 諭咨 11-345B
yùzǐ 玉子 4-473A
yùzǐ 玉紫 4-501B
yùzǐ 芋子 9-273B
yùzǐ 獄子 5-103B
yùzǐ 鬻子 12-925A
yùzì 玉字 4-478B
yúzǐjiān 魚子牋 12-1184A
yúzǐlán 魚子蘭 12-1184A
yúzǐlùlù 餘子碌碌 12-546A
yúzǐxié 魚子纈 12-1184A
yùzǐyuànjiā 獄子院家 5-103B
yùzǐyùnsūn 毓子孕孫 7-828A
yúzōng 雩宗 11-619B
yúzǒng 隅總 11-1077B
yúzòng 餘蹤 12-559A
yúzòng 餘縱 12-559A
yǔzòngyúnjì 雨蹤雲蹟 11-618B
yúzōu 隅陬 11-1077A
yǔzòu 羽奏 9-637B
yùzǒu 預走 12-274B
yùzǒujīnfēi 玉走金飛 4-479A
yūzǔ 紆組 9-701A
yúzū 魚租 12-1190B
yúzū 魚菹 12-1191B
yúzú 魚族 12-1193A
yúzú 虞卒 8-847B
yúzú 餘足 12-548B
yúzú 輿卒 9-1310A
yúzǔ 魚俎 12-1190A
yǔzú 羽族 9-639A
yǔzú 羽鏃 9-642A
yǔzú 雨足 11-612B
yǔzú 雨鏃 11-618B
yǔzú 語族 11-224B
yùzú 玉鏃 4-520B
yùzú 飫足 12-496B
yùzú 獄卒 5-104B
yùzǔ 玉俎 4-489A
yǔzuān 羽鑽 9-642A
yùzuǎn 御纂 3-1032A
yúzuǐ 魚嘴 12-1198B
yúzuì 餘罪 12-556A
yúzuì 餘醉 12-557A
yūzūn 紆尊 9-701A
yúzūn 萸尊 9-444A
yúzūn 餘尊 12-555A
yùzūn 玉尊 4-503B
yùzūn 玉樽 4-514B
yùzūn 玉罇 4-518B
yùzūn 鬱尊 3-1142B
yūzūnjiàngguì 紆尊降貴 9-701A
yúzuò 隅坐 11-1076B
yúzuò 魚蘁 12-1201B
yúzuò 餘祚 12-551B
yúzuò 餘胙 12-551A
yùzuǒ 御佐 3-1025A
yùzuò 玉作 4-480A
yùzuò 玉座 4-493B
yùzuò 御坐 3-1025B
yùzuò 御座 3-1027B
yùzuò 預坐 12-275A

Z

zābā 咂巴 3-257B
zābǎ 扎把 6-307B
zábā 砸巴 7-1017B
zábà 雜霸 11-881A
zábān 雜班 11-873B
zábàn 雜扮 11-871A
zábàn 雜拌 11-871B
zábàn 雜辦 11-879B
zábǎnlìng 雜板令 11-872A
zābāo 扎包 6-307A
zábǎo 雜寶 11-881A
zābī 拶逼 6-595B
zábǐ 雜筆 11-876A
zábiàn 雜變 11-881A
zábīn 雜賓 11-878B
zábìng 雜病 11-874A
zábó 雜帛 11-872B
zábó 雜博 11-875B
zábó 雜駁 11-877B
zābù 紮布 9-777A
zábù 雜布 11-869B
zábùlà 雜不剌 11-869A
zácǎi 雜采 11-872B
zácǎi 雜彩 11-875B
zácǎi 雜綵 11-878B
zácài 雜菜 11-875A
zácǎo 雜草 11-873A
zácè 雜厠 11-875A
zácè 雜廁 11-876B
záchā 雜臿 11-873A
zāchāi 拶拆 6-595A
záchāi 雜差 11-873B
zácháng 雜裳 11-877B
záchāo 雜抄 11-871A
záchāo 雜鈔 11-876A
záchén 雜陳 11-874B
záchèn 雜趁 11-875B
záchǔ 雜處 11-875A
záchuī 雜吹 11-871A
záchūshēn 雜出身 11-870A
zácì 雜次 11-870B
zácòu 雜湊 11-875B
zácuàn 雜爨 11-881A
zácuò 雜厝 11-874A
zácuò 雜錯 11-879B
zádài 雜帶 11-875A
zādàn 咂啖 3-258A
zádàn 砸蛋 7-1017B
zádàng 雜當 11-877A
zādì 匝地 1-958A
zādiān 扎掂 6-308A
zādiàn 扎墊 6-308B
zádiào 雜調 11-879A
zādié 匝疊 1-958B
zádìng 雜定 11-872B
záduì 砸兌 7-1017B
zā'ér 咂兒 3-258A
záfǎn 雜反 11-869A
záfàn 雜犯 11-869B
záfàn 雜汎 11-870B
záfàn 雜泛 11-871B
záfànchāiyáo 雜泛差徭
11-871B
záfànchāiyì 雜泛差役
11-871B
záfànwǎn 砸飯碗 7-1017B
zāfázi 紮筏子 9-777A
zāfázi 扎伐子 6-307B
zāfázi 扎筏子 6-308A
zāfázi 扎罰子 6-308B
záféi 雜肥 11-872B
záfèi 雜費 11-876B
zāfù 紮縛 9-777B
zāfù 扎縛 6-309A
záfú 雜服 11-872B
záfù 雜賦 11-878B
zágǎn 雜秆 11-872A
zágǎn 雜感 11-876B
zágē 雜歌 11-877B
zǎgè 咱個 3-329B
zǎgè 咋個 3-263B
zágēng 雜耕 11-873B
zágēyáocí 雜歌謠辭
11-877B
zágōng 雜工 11-868B
zágǔdǒng 雜骨董 11-873A
zāguǒ 紮裹 9-777A
záguō 砸鍋 7-1017B
záguōmàitiě 砸鍋賣鐵
7-1017B
záhé 雜合 11-870A
záhémiàn 雜合麵 11-870A
záhú 雜胡 11-873A
záhù 雜户 11-869A
záhuà 雜話 11-877B
záhuì 雜會 11-877A
záhuì 雜燴 11-880A
záhuì 雜穢 11-880B
záhuìcài 雜燴菜 11-880A
záhuìtāng 雜會湯 11-877A
záhūn 雜婚 11-875B
záhùn 雜溷 11-877B
záhuó 雜活 11-873B
záhuò 雜和 11-872A
záhuò 雜貨 11-875A
záhuòpù 雜貨鋪 11-875A
zāhuǒtún 紮火囤 9-777A
zāhuǒtún 扎火囤 6-307A
zài'àn 在案 2-1012B
zàibài 再拜 1-518A
zàibàiqǐshǒu 再拜稽首
1-518A
zàibǎn 再版 1-517B
zāibàng 災謗 7-35A
zàibāng 在幫 2-1014A
zāibáo 災雹 7-34B
zāibào 災暴 7-35A
zǎibǎshǒu 宰把手 3-1498B
zàibèi 再倍 1-518B
zǎibǐ 載筆 9-1245A
zǎibì 宰弼 3-1500A
zàibǐ 載筆 9-1245A
zàibì 載璧 9-1246A
zāibiàn 災變 7-35B
zàibìn 在殯 2-1014A
zāibīng 災兵 7-32B
zǎibǐng 宰柄 3-1499A
zàibō 載波 9-1244B
zàibu 再不 1-516A
zàibùdào 再不道 1-516A
zàibuqírán 再不其然 1-516A
zàibùrán 再不然 1-516A
zàibùxiǎng 再不想 1-516B
zàicǎo 在草 2-1012A
zāichā 栽插 4-963A
zāichán 災纏 7-35B
zāichán 災躔 7-35B
zāichǎn 災燀 7-35A
zàichǎn 再闡 1-520B
zàicháng 載常 9-1245A
zàichǎng 在場 2-1013B
zàicháo 在朝 2-1013B
zàicháodǎng 在朝黨 2-1013B
zāichèn 災疢 7-33B
zāichèn 災疹 7-33B
zǎichén 宰臣 3-1498A
zàichén 在陳 2-1012B
zàichénzàifú 載沉載浮
9-1244A
zàichénzhī'è 在陳之厄
2-1012B
zàichízàiqū 載馳載驅
9-1245B
zāichōng 災衝 7-35A
zàichǔ 再處 1-519A
zàichù 在處 2-1013A
zǎicí 載詞 9-1245B
zǎicí 載辭 9-1246A
zǎicì 宰賜 3-1500A
zàicì 再刺 1-517B
zāidǎo 栽倒 4-962B
zàidào 載幬 9-1246A
zàidào 載道 9-1245B
zàidào 載燾 9-1246A
zàidào 在道 2-1013B
zǎide 宰地 3-1530B
zǎidé 載德 9-1246A
zàidé 載德 9-1245B
zàidé 在得 2-1013B
zǎidì 宰地 3-1530B
zàidì 載地 9-1244A
zǎidiǎn 宰典 3-1498B
zàidìhù 在地户 2-1010A
zǎidòng 宰棟 3-1499B
zàidòng 在棟 2-1013B
zāidú 災毒 7-33A
zāidù 災蠹 7-35B
zàidù 再度 1-518A
zāi'è 災厄 7-32A
zāi'è 災戹 7-32B
zāi'è 災阨 7-33A
zǎi'er 崽兒 3-854B
zài'èr 再二 1-516A
zāifán 災燔 7-35A
zàifàn 再犯 1-517A
zǎiféiyā 宰肥鴨 3-1498B
zāifēn 災氛 7-33A
zàifēn 再分 1-516B
zāifú 災符 7-34A
zāifú 災福 7-34B
zǎifū 宰夫 3-1497B
zǎifǔ 宰府 3-1498B
zǎifǔ 宰輔 3-1500A
zǎifù 宰父 3-1497B
zàifú 載福 9-1245B
zàifú 在服 2-1011B
zàifù 載負 9-1244B
zàifù 載覆 9-1246A
zàifù 儎負 1-1688A
zǎifūyá 宰夫衙 3-1497B
zàigào 在告 2-1010B
zǎigē 宰割 3-1499B
zàigē 載歌 9-1245B
zāigēngtou 栽更頭 4-962B
zāigēntou 栽跟頭 4-963A
zàigēqiěwǔ 載歌且舞
9-1245B
zàigēzàiwǔ 載歌載舞
9-1245B
zǎigōng 宰公 3-1498A
zàigōng 在公 2-1009B
zāigōu 災勾 7-32B
zāigù 災故 7-33A
zàigù 再顧 1-520B
zāiguài 災怪 7-33A
zǎiguān 宰官 3-1498B
zàiguān 在官 2-1011B
zàiguàn 載果 9-1244B
zàiguānyánguān 在官言官
2-1011B
zǎiguì 宰貴 3-1499B
zàiguī 載歸 9-1246A
zàiguǐ 載鬼 9-1244B
zàiguǐyīchē 載鬼一車
9-1244B
zàigǔmǎngǔ 在谷滿谷
2-1011A
zāihài 熘害 7-96A
zāihài 災害 7-33B
zāihài 栽害 4-962B
zāihài 菑害 9-455A
zāihàn 災旱 7-32B
zàiháng 在行 2-1010B
zàihè 載荷 9-1245A
zāihèng 災横 7-35A
zǎihéng 宰衡 3-1500A
zàihòu 在後 2-1012A
zàihu 在乎 2-1010A
zāihuā 栽花 4-962B
zāihuà 栽劃 4-963A
zàihuāchuán 載花船 9-1244A
zāihuài 災壞 7-35A
zāihuàn 災患 7-34A
zàihuān 載驩 9-1246B
zāihuāng 災荒 7-33A
zāihuáng 災蝗 7-35A
zàihuānzàixiào 載懽載笑
9-1246B

zāihuāxiānsheng 栽花先生 4-962B
zāihuǐ 災悔 7-33B
zāihuì 災晦 7-34A
zàihuī 再麾 1-520A
zàihuì 再會 1-519B
zāihuǒ 災火 7-32B
zāihuò 災禍 7-34B
zāijí 災疾 7-33B
zǎijí 載籍 9-1246A
zǎijì 宰祭 3-1499B
zǎijì 載紀 9-1244B
zǎijì 載記 9-1245A
zàijī 再朞 1-519B
zàijī 再期 1-519A
zàijí 再籍 1-520B
zàijí 在即 2-1011A
zàijí 在籍 2-1014A
zàijì 再計 1-518A
zàijiā 在家 2-1012B
zàijià 再駕 1-520A
zàijià 在假 2-1013A
zàijiāchūjiā 在家出家 2-1012B
zāijiǎn 災儉 7-35A
zàijiàn 再見 1-517A
zàijiàn 在建 2-1011B
zǎijiàng 宰匠 3-1498A
zǎijiāng 截漿 9-1402A
zāijiāo 栽跤 4-963A
zàijiào 再醮 1-520A
zàijiào 在教 2-1013A
zàijiārén 在家人 2-1012B
zàijiāsēng 在家僧 2-1012B
zāijiē 栽接 4-963A
zàijiénántáo 在劫難逃 2-1010B
zàijiēzàilì 再接再厲 1-519A
zàijiēzàilì 再接再礪 1-519A
zǎijījiàohóu 宰鷄教猴 3-1500B
zāijǐn 災饉 7-35B
zāijìn 災祲 7-34B
zāijīndǒu 栽觔斗 4-962B
zāijiù 災咎 7-33A
zāijiù 災疚 7-33A
zàijiù 再就 1-519B
zàijiù 在疚 2-1011B
zàijiǔwènqízì 載酒問奇字 9-1245A
zàijǔ 再舉 1-520A
zàijǔ 在莒 2-1012A
zǎijué 宰爵 3-1500A
zǎijūn 宰君 3-1498B
zàikāng 再康 1-519A
zàilái 再來 1-517B
zàiláirén 再來人 1-517B
zāilào 災潦 7-35A
zāilào 災澇 7-35A
zàiláo 載醪 9-1246A
zāilí 災梨 7-34A
zāilí 災黎 7-35A
zāilì 災戾 7-33A
zāilì 災沴 7-33A
zāilì 災厲 7-34B
zāilì 災癘 7-35A
zāilì 菑沴 9-455A
zǎilǐ 宰理 3-1499B
zàilǐ 在理 2-1013A
zàilì 載力 9-1243B
zàiliè 載列 9-1244A
zàiliè 在列 2-1010B
zàilǐhuì 在理會 2-1013A
zàilǐjiào 在禮教 2-1014A
zǎilù 宰路 3-1500A
zǎilù 宰録 3-1500A
zàilù 載録 9-1246A
zàilù 載路 9-1245B
zǎilǚ 宰旅 3-1499B
zāimái 栽埋 4-962B
zàimián 再眠 1-518B
zāimín 災民 7-32B
zāimín 菑民 9-454B
zǎimín 宰民 3-1498A
zàimín 載民 9-1244A
zàimìng 再命 1-517B
zāimó 災魔 7-35B
zāimóu 災繆 7-35A
zāimù 災木 7-32A
zǎimù 宰木 3-1497B
zǎimù 宰牧 3-1498B
zàimù 在目 2-1010A
zāinàn 災難 7-35B
zāinián 災年 7-32B
zāiniè 災孽 7-35B
zāiniè 栽蘖 4-963A
zàinòng 載弄 9-1244A
zāinüè 災虐 7-33A
zāipái 栽排 4-962B
zāipài 栽派 4-962B
zàipàn 在泮 2-1011B
zāipéi 栽培 4-962B
zāipén 栽盆 4-962B
zāipǐ 災否 7-32B
zǎipǐ 宰嚭 3-1500B
zàipìn 再聘 1-519B
zàipò 載魄 9-1245B
zàiqí 在旗 2-1014A
zàiqǐ 再起 1-518A
zāiqiān 災愆 7-34B
zāiqiǎn 災譴 7-35B
zāiqiàn 災歉 7-35A
zāiqíng 災情 7-34B
zāiqū 災區 7-34A
zàiqūzàichí 載驅載馳 9-1246B
zāirén 栽人 4-962B
zǎirén 宰人 3-1497B
zàirěn 再稔 1-519B
zàirèn 載任 9-1244A
zàirèn 在任 2-1010B
zàirì 在日 2-1009B
zāiróng 栽絨 4-963A
zǎiròu 宰肉 3-1498A
zàirǔ 再辱 1-518B
zàirù 在蓐 2-1014A
zàirùn 再閏 1-519B
zàisān 再三 1-516A
zàisān 在三 2-1009B
zǎisāng 宰桑 3-1499B
zàisāng 在喪 2-1013B
zàisānzàisì 再三再四 1-516A
zàisèzhījiè 在色之戒 2-1010B
zāishā 災殺 7-33B
zāishā 災煞 7-34B
zǎishā 宰殺 3-1499A
zāishàn 災扇 7-33B
zàishān 在苫 2-1011A
zāishāng 災傷 7-34B
zàishàng 在上 2-1009B
zǎishāwù 宰殺務 3-1499B
zǎishè 宰攝 3-1500B
zàishè 載社 9-1244A
zàishè 再赦 1-518B
zàishěn 再審 1-520A
zāishěng 災眚 7-33B
zàishēng 載生 9-1244A
zàishēng 載牲 9-1244B
zàishēng 再生 1-516B
zàishēng 在生 2-1010A
zàishēngchǎn 再生產 1-516B
zàishēngdān 再生丹 1-516B
zàishēngfùmǔ 再生父母 1-516B
zǎishēngjié 宰牲節 3-1499A
zàishēnglǐ 再生禮 1-516B
zāishēngmíng 哉生明 3-317B
zāishēngpò 哉生魄 3-317B
zàishēngpò 載生魄 9-1244A
zàishēnguān 在身官 2-1011A
zàishēngyé 再生爺 1-516B
zāishí 災時 7-33B
zāishí 災蝕 7-35A
zāishì 栽蒔 4-963A
zǎishì 宰士 3-1497B
zǎishì 宰世 3-1498A
zàishī 載師 9-1245A
zàishí 載時 9-1245A
zàishí 再食 1-518A
zàishí 再實 1-520A
zàishì 載世 9-1243B
zàishì 再世 1-516B
zàishì 再適 1-519B
zàishì 在世 2-1010A
zàishì 在事 2-1011A
zàishì 在侍 2-1011A
zàishì 在室 2-1012A
zàishì 在勢 2-1014A
zàishìjiāo 再世交 1-516B
zàishízhīmù… 再實之木，其根必傷 1-520A
zāishòu 災獸 7-35B
zǎishǒu 宰守 3-1498A
zāishù 災數 7-35A
zǎishū 載書 9-1245A
zǎishǔ 宰屬 3-1500B
zǎishù 宰樹 3-1500A
zǎishù 載述 9-1244B
zàishú 再熟 1-520A
zàishù 在數 2-1014A
zàishuāisānhé 再衰三涸 1-518B
zàishuāisānjié 再衰三竭 1-518B
zàishuō 再説 1-519B
zǎisī 宰司 3-1498A
zǎisī 宰思 3-1499A
zàisì 載祀 9-1244A
zàisī 再思 1-518A
zàisī 在斯 2-1013B
zàisì 再四 1-516B
zàisòng 載送 9-1244B
zàisù 再宿 1-519A
zāisuì 災祟 7-34A
zǎisuì 宰隧 3-1500A
zàisuǒ 在所 2-1011A
zàitáng 在堂 2-1013A
zàitáo 在逃 2-1012A
zàitiānzhīlíng 在天之靈 2-1009B
zǎitíng 宰庭 3-1499A
zàitíng 在廷 2-1010B
zàitú 載塗 9-1245B
zàitú 在塗 2-1014A
zàitǔ 再吐 1-517A
zàiwáng 在亡 2-1009B
zàiwàng 在望 2-1013B
zāiwēi 災危 7-32B
zàiwèi 在位 2-1011A
zàiwò 在握 2-1013B
zāiwū 栽誣 4-963A
zǎiwù 宰物 3-1498B
zǎiwù 宰務 3-1499B
zǎixī 窣窸 3-1530B
zǎixí 宰席 3-1499B
zàixī 在昔 2-1011A
zàixià 在下 2-1009B
zàixiān 在先 2-1010B
zàixiàn 再見 1-517A
zàixiàn 再現 1-518B
zàixiàn 再獻 1-520B
zāixiáng 災祥 7-33B
zāixiàng 災象 7-34B
zǎixiàng 宰相 3-1499A
zàixiáng 在庠 2-1012A
zǎixiàngdùlǐ… 宰相肚裏好撑船 3-1499A
zǎixiàngqì 宰相器 3-1499A
zāixìn 災舋 7-35B
zāixìn 災釁 7-35B
zàixīn 載心 9-1243B
zàixīn 在心 2-1009B
zāixīng 災星 7-33B
zāixǐng 災省 7-33B
zàixīng 再興 1-520A
zàixíng 再行 1-517A
zàixíng 在行 2-1010B
zāixiōng 災凶 7-32B
zāixiū 栽修 4-962B
zàixiǔ 再宿 1-519A

zǎixū 宰胥 3-1499A
zǎixù 載叙 9-1244B
zǎixuē 載削 9-1244B
zàixuě 載雪 9-1245A
zàixùn 再薰 1-520A
zàiyā 在押 2-1011A
zāiyán 栽巖 4-963B
zǎiyán 載言 9-1244A
zāiyāng 災殃 7-33A
zāiyāng 栽秧 4-962B
zāiyàng 災恙 7-33B
zāiyāngpāo 栽秧藨 4-962B
zāiyāo 災妖 7-33A
zàiyě 再也 1-516A
zàiyě 在野 2-1013A
zàiyědǎng 在野黨 2-1013A
zàiyěnèigé 在野內閣 2-1013A
zāiyì 災疫 7-33B
zāiyì 災異 7-34A
zàiyì 再易 1-517B
zàiyì 在意 2-1014A
zàiyībàosù 載一抱素 9-1243B
zǎiyǐn 宰尹 3-1498A
zàiyìn 再酳 1-519B
zàiyíngbàopò 載營抱魄 9-1246A
zàiyíngpò 載營魄 9-1246A
zàiyòu 再宥 1-518A
zàiyòu 在宥 2-1012A
zāiyú 災虞 7-34B
zàiyú 再虞 1-519B
zàiyú 在于 2-1009B
zàiyú 在於 2-1011B
zàiyuán 在原 2-1012A
zàiyuè 再刖 1-517A
zàiyùn 載運 9-1245B
zǎizǎi 宰宰 3-1530B
zǎizǎi 仔仔 1-1154A
zàizài 再再 1-517A
zàizài 在在 2-1010A
zāizāng 栽贓 4-963A
zàizǎo 在早 2-1010B
zàizào 再造 1-518B
zàizé 再則 1-518A
zāizhàng 災障 7-34B
zāizhàng 災瘴 7-35A
zāizhào 哉兆 3-317B
zàizhě 再者 1-517B
zāizhěn 災軫 7-34B
zǎizhèng 宰政 3-1499A
zāizhí 栽植 4-963A
zāizhǐ 災紙 7-34A
zǎizhí 宰執 3-1499B
zǎizhí 宰職 3-1500B
zǎizhì 宰制 3-1498B
zǎizhì 宰治 3-1498B
zàizhī 載脂 9-1245A
zàizhí 在職 2-1014A
zàizhì 載質 9-1245B
zàizhì 載贄 9-1246A
zàizhì 在治 2-1011B
zàizhìpǐn 在製品 2-1014A
zāizhòng 栽種 4-963A
zàizhǒng 載種 9-1246A
zàizhòng 載重 9-1244B
zàizhōu 載舟 9-1244A
zàizhōu 在舟 2-1010B
zàizhòu 再晝 1-519A
zàizhōufùzhōu 載舟覆舟 9-1244A
zǎizhǔ 宰主 3-1498A
zǎizhù 宰祝 3-1499A
zāizhūn 災屯 7-32B
zāizhūn 災迍 7-32B
zāizǐ 災梓 7-34A
zǎizi 崽子 3-854B
zǎizǐ 崽子 3-854B
zàizi 載子 9-1243B
zàizì 再字 1-517A
zǎizǒng 宰總 3-1500B
zàizòng 再從 1-519A
zàizòngbó 再從伯 1-519A
zàizòngdì 再從弟 1-519A
zàizòngfù 再從父 1-519A
zàizòngxiōng 再從兄 1-519A
zàizòngzhí 再從姪 1-519A
zàizuò 在坐 2-1011A
zàizuò 在座 2-1012B
zàizuòdàoli 再作道理 1-517B
zàizuòdàoli 再做道理 1-519A
zàizuòféngfù 再作馮婦 1-517A
zájí 雥集 11-908B
zájì 雜伎 11-870A
zájì 雜技 11-870B
zájì 雜紀 11-873B
zájì 雜記 11-874A
zájiā 雜家 11-874B
zájiā 咱家 3-330A
zájiàn 雜見 11-871A
zájiāngmósuàn 砸薑磨蒜 7-1017B
zājiǎo 扎脚 6-308A
zájiāo 雜交 11-870B
zájiǎo 雜脚 11-875B
zájiàojiǔliú 雜教九流 11-874B
zājiǎolèshǒu 扎脚勒手 6-308A
zájīng 雜經 11-877B
zájiù 雜就 11-876B
zájū 雜居 11-872B
zájū 雜鞠 11-880A
zájǔ 雜舉 11-879B
zájù 雜聚 11-877B
zájù 雜劇 11-878B
zájuān 雜捐 11-874A
zākào 扎靠 6-309A
zákǎo 雜考 11-870A
zákē 雜科 11-873A
zákè 雜課 11-879A
zākě 乍可 1-646A
zākǒulàshé 扎口辣舌 6-307A
zákuài 雜膾 11-880A
zālán 匝欄 1-958B
zálǎn 雜覽 11-881A
zálàn 雜濫 11-880A
zālǎonǚfén 扎老女墳 6-307A
zálěi 雜累 11-875A
zálèi 雜類 11-880B
zálǐ 雜理 11-874B
zálǐ 雜禮 11-880A
záliáng 雜糧 11-880B
záliào 雜料 11-874A
záliú 雜流 11-874A
zálǔ 雜虜 11-876B
zálù 雜録 11-879B
záluàn 雜亂 11-877A
záluànwúzhāng 雜亂無章 11-877A
zálùn 雜論 11-879A
zálǜ 雜慮 11-878B
zálǜshī 雜律詩 11-873B
zámài 雜賣 11-878B
zámàichǎng 雜賣場 11-878B
zámǎiwù 雜買務 11-875B
zāmángmáng 紮盲盲 9-777A
zāmángmáng 扎盲盲 6-307B
zāméng 扎朦 6-309A
zámiàn 雜麪 11-878B
zámiàn 雜麵 11-880B
zámín 雜民 11-870A
zámíng 雜名 11-870A
zámínghuǒ 砸明火 7-1017B
zāmō 咂摸 3-258A
zámù 雜木 11-869A
zánàn 雜難 11-880B
zānbā 糌粑 9-233B
zànbài 贊拜 10-295A
zànbài 贊唄 10-295B
zànbài 讚拜 11-475B
zànbài 讚唄 11-475B
zānbáibǐ 簪白筆 8-1242A
zànbàibùmíng 贊拜不名 10-295B
zǎnbàn 儹辦 1-1742B
zǎnbàn 攢辦 6-988A
zānbǐ 簪筆 8-1243A
zǎnbī 趲逼 9-1155B
zànbǐ 酇鄙 10-698B
zànbì 贊弼 10-297A
zànbì 贊幣 10-297B
zānbiàn 簪弁 8-1242A
zánbǐgè 咱彼各 3-329B
zānbǐqìngzhé 簪筆磬折 8-1243A
zànbùjuékǒu 贊不絕口 10-293B
zàncǎi 贊采 10-295A
zàncè 贊册 10-294A
zàncè 贊策 10-296B
zànchá 贊茶 10-295A
zāncháng 簪裳 8-1243B
zànchàng 贊唱 10-296A
zànchè 贊徹 10-298A
zǎnchéng 趲程 9-1155B
zànchēng 贊稱 10-297B
zànchéng 贊成 10-294A
zànchéng 讚成 11-475B
zǎnchí 趲馳 9-1155B
zàncí 贊詞 10-296B
zàncí 贊辭 10-298B
zàncí 讚辭 11-476A
zǎncuī 儹催 1-1742A
zāndài 簪帶 8-1243A
zāndài 簪戴 8-1243B
zāndǎo 簪導 8-1243B
zàndāo 鏨刀 11-1376A
zàndǎo 贊導 10-298A
zàndào 贊道 10-297A
zàndào 讚悼 11-476A
zàndiàn 贊奠 10-297A
zàndú 贊讀 10-299A
zànduǎn 暫短 5-831B
zānduǒ 簪朵 8-1242B
zánéng 雜能 11-874B
zān'er 簪兒 8-1242B
zān'ěr 簪珥 8-1242B
zàn'ér 暫而 5-831B
zàn'ěr 暫爾 5-832A
zàn'èr 贊貳 10-296B
zànfàn 讚梵 11-476A
zànfàn 饡飯 12-589B
zǎnfēng 攢風 6-986A
zànfó 讚佛 11-475B
zānfú 簪紱 8-1243A
zànfú 讚服 11-475B
zànfǔ 贊府 10-295A
zàngài 贊溉 10-297A
zāngbì 贓婢 10-306A
zāngbiǎn 臧貶 5-237B
zāngcāng 臧倉 5-237B
zàngcuī 藏摧 9-593A
zàngcuī 蠨崔 8-998B
zāngdào 贓盜 10-306A
zāngdībùbiàn 牂羝不辨 7-805A
zángè 咱各 3-329B
zàngē 贊歌 10-297B
zāngfá 贓罰 10-306B
zāngfàn 贓犯 10-305A
zǎngfàn 駔販 12-813B
zāngfù 贓負 10-306A
zàngfǔ 藏府 9-592A
zàngfǔ 臟腑 6-1417A
zānggē 牂,戕 2-1585A
zānggòng 贓供 10-305B
zǎnggōng 駔工 12-813A
zānggū 贓估 10-305B
zānggù 臧錮 5-238A
zāngguān 贓官 10-305B
zāngguanwuli 贓官汚吏 10-305B
zǎnggùn 駔棍 12-813B
zānggǔwángyáng 臧穀亡羊 5-238A
zānghài 贓害 10-306A
zànghónghuā 藏紅花 9-592B
zànghù 藏户 9-591A
zānghuà 髒話 12-410A

zǎnghuá 駔華 12-813B
zǎnghuá 駔猾 12-813B
zānghuì 臧會 5-237B
zānghuì 臧賄 5-237B
zānghuì 臧穢 5-238A
zānghuì 贓賄 10-306A
zānghuì 贓穢 10-306B
zānghuìlángjí 贓賄狼籍 10-306B
zānghuìlángjí 贓賄狼藉 10-306B
zānghuìlángjí 贓穢狼藉 10-306B
zānghuò 臧獲 5-238A
zānghuò 贓貨 10-306A
zānghuòlángjí 贓貨狼藉 10-306A
zǎngjí 駔疾 12-813B
zǎngjì 駔驥 12-814A
zàngjiā 葬家 9-459A
zāngjīn 贓金 10-305B
zāngjù 臧聚 5-237B
zāngjù 贓據 10-306B
zǎngjùn 駔駿 12-814A
zāngkē 牂柯 7-805A
zāngkē 牂牁 7-805A
zǎngkù 駔酷 12-813B
zǎngkuài 駔會 12-813B
zǎngkuài 駔闠 12-814A
zǎngkuài 駔儈 12-813B
zǎngkuài 駔獪 12-813B
zǎngkuài 駔驓 12-814A
zāngkuǎn 贓款 10-306A
zānglàn 贓濫 10-306B
zànglán 藏藍 9-594A
zānglèi 贓累 10-306A
zānglì 贓吏 10-305A
zānglì 贓利 10-305B
zànglǐ 葬禮 9-459A
zànglì 藏曆 9-593B
zānglù 臧路 5-237B
zāngmái 贓埋 10-306A
zàngmái 藏埋 9-592B
zàngmái 葬埋 9-458B
zàngmái 葬薶 9-459A
zāngmò 贓墨 10-306B
zǎngōng 趲工 9-1155B
zàngōng 贊公 10-293B
zàngōng 贊功 10-294A
zāngpài 贓派 10-306A
zāngpǐ 藏否 9-591B
zāngpǐ 臧不 5-237A
zāngpǐ 臧否 5-237A
zāngpǐn 贓品 10-306A
zāngpú 臧僕 5-238A
zàngqì 臟器 6-1417A
zàngqīng 藏青 9-592A
zāngqiú 贓賕 10-306B
zǎngshāng 駔商 12-813B
zàngshī 葬師 9-459A
zàngshí 藏識 9-594A
zàngshì 葬式 9-458B
zāngshú 贓贖 10-307A
zǎngshù 駔豎 12-813B
zàngshù 葬術 9-459A
zāngsī 贓私 10-305B
zāngsīlángjí 贓私狼籍 10-305B
zāngsīlángjí 贓私狼藉 10-305B
zàngsòng 葬送 9-458B
zāngsūn 臧孫 5-237B
zāngtān 贓貪 10-306A
zānguà 簪挂 8-1242B
zānguān 簪冠 8-1242B
zànguàn 贊冠 10-295B
zānguī 簪珪 8-1242B
zànguǐ 贊軌 10-295A
zāngwū 臧汙 5-237A
zāngwū 贓汙 10-305A
zāngwū 贓污 10-305A
zāngwū 贓誣 10-306B
zāngwū 髒污 12-410A
zāngwù 臧物 5-237B
zāngwù 贓物 10-305B
zàngwū 葬巫 9-458B
zāngwūlángjí 贓汙狼藉 10-305A
zāngwūlángjí 贓污狼籍 10-305B
zāngwūlángjí 贓污狼藉 10-305B
zàngxì 藏戲 9-594A
zǎngxiá 駔俠 12-813B
zǎngxiá 駔黠 12-814A
zàngxiāng 藏香 9-592A
zàngxiàng 臟象 6-1417A
zāngxiè 贓械 10-306A
zāngxìn 臧釁 5-238A
zǎngyá 駔牙 12-813A
zāngyàn 贓驗 10-307A
zāngyáng 牂羊 7-805A
zāngyáo 臧窰 5-238A
zàngyí 葬儀 9-459A
zāngyín 贓銀 10-306B
zāngyíng'èguàn 贓盈惡貫 10-306A
zàngyú 葬虞 9-459A
zāngyún 牂雲 7-805A
zāngzāng 牂牂 7-805A
zàngzàozhèng 臟躁症 6-1417A
zǎngzhà 駔詐 12-813B
zāngzhàng 臧丈 5-237A
zāngzhàng 贓仗 10-305A
zāngzhèng 贓證 10-306B
zāngzhuàng 贓狀 10-305B
zǎngzhuàng 駔壯 12-813A
zǎngzú 駔卒 12-813A
zàngzú 藏族 9-592B
zāngzuì 臧罪 5-237B
zāngzuì 贓罪 10-306B
zānhāoxícǎo 簪蒿席草 8-1243B
zānhé 簪盍 8-1242B
zànhē 贊喝 10-296B
zànhè 贊和 10-294B
zànhè 贊賀 10-297A
zànhè 讚和 11-475B
zānhù 簪笏 8-1243A
zānhuā 簪花 8-1242B
zànhuà 贊化 10-293B
zànhuà 贊畫 10-297A
zānhuāgé 簪花格 8-1242B
zānhuán 簪環 8-1243B
zànhuān 暫歡 5-832A
zànhuǎn 暫緩 5-832A
zānhuī 簪徽 8-1243B
zánǐ 雜擬 11-879B
zānián 匝年 1-958A
zániàn 雜念 11-872B
zāniè 咂齧 3-258A
zāniè 咂囓 3-258A
zānjī 簪笄 8-1243A
zǎnjī 儹積 1-1742B
zǎnjī 攢積 6-988A
zànjī 贊稽 10-297B
zànjī 贊激 10-298B
zànjì 贊祭 10-296A
zánjiā 咱家 3-434B
zǎnjiā 拶夾 6-595A
zànjiàn 贊見 10-294A
zānjū 簪裾 8-1243B
zānjú 簪菊 8-1243A
zānjù 簪屨 8-1244A
zǎnjū 拶鞠 6-595B
zànjǔ 蹔舉 10-538B
zànjué 贊決 10-294B
zànkě 贊可 10-294A
zànkè 暫刻 5-831B
zànkǒubùjué 贊口不絕 10-293B
zànkǒu'er 鏨口兒 11-1376A
zǎnkuài 趲快 9-1155B
zànlái 暫來 5-831B
zànláo 暫勞 5-832A
zànláo 贊勞 10-297A
zànláoyǒngyì 暫勞永逸 5-832A
zànlǎozi 贊老子 10-294A
zànléi 瓚罍 4-656B
zànlǐ 贊理 10-296A
zànlǐ 贊禮 10-298B
zànliǎn 贊斂 10-298B
zǎnlù 趲路 9-1155B
zànlù 讚路 11-476A
zànlùn 贊論 10-298A
zànlùn 讚論 11-476A
zānlǚ 簪履 8-1243B
zánměi 咱每 3-329B
zànměi 贊美 10-295B
zànměi 讚美 11-475B
zànměishī 贊美詩 10-295B
zánmen 咱們 3-330A
zānmiǎn 簪冕 8-1243A
zànmiàn 暫面 5-831B
zànmíng 贊名 10-294A
zànmíng 讚明 11-475B
zànmìng 贊命 10-295A
zànmóu 贊謀 10-298A
zǎnnà 趲那 9-1155B
zànniàn 噆唸 3-566B
zānniǎo 簪裊 8-1243B
zānniǎo 簪褭 8-1243B
zǎnnuó 儹那 1-1742A
zānpèi 簪佩 8-1242B
zānpèi 簪珮 8-1242B
zànpèi 贊佩 10-295A
zànpíng 贊評 10-296B
zànpú 贊僕 10-297B
zànpǔ 贊普 10-297A
zànqī 讚期 11-476A
zànqì 贊契 10-295A
zǎnqián 儹錢 1-1742B
zǎnqián 趲前 9-1155B
zànqiě 暫且 5-831B
zànqìng 贊慶 10-298A
zànquē 蹔闕 10-538B
zànráng 贊勷 10-298B
zánrén 喒人 3-434B
zànróng 贊戎 10-294A
zànshàn 贊善 10-296B
zànshǎng 贊賞 10-297B
zānshēn 簪紳 8-1243A
zànshí 暫時 5-831B
zànshí 蹔時 10-538B
zànshì 贊世 10-294A
zànshū 贊書 10-295B
zànshù 贊述 10-294B
zànshù 讚述 11-475B
zànshuǐ 贊水 10-293B
zànshùn 暫瞬 5-832A
zànshuō 贊說 10-297B
zànshuō 讚說 11-476A
zànsī 贊私 10-294B
zànsì 贊祀 10-294B
zànsòng 贊頌 10-297A
zànsòng 贊誦 10-297B
zànsòng 讚誦 11-476A
zànsuī 贊隋 10-296A
zàntàn 贊嘆 10-297B
zàntàn 贊歎 10-297B
zàntàn 讚嘆 11-476A
zàntàn 讚歎 11-476A
zāntì 簪剃 8-1242B
zàntíng 暫停 5-831B
zàntóng 贊同 10-294A
zāntóu 簪頭 8-1243B
zāntuó 簪橐 8-1243B
zànwǎng 暫往 5-831B
zànwèi 贊衛 10-298A
zànwén 贊文 10-293B
zànwù 贊務 10-296A
zànxǐ 贊喜 10-296B
zànxiàn 贊羨 10-297B
zànxiàn 贊憲 10-298B
zànxiàn 贊獻 10-298B
zànxiāng 贊襄 10-298B
zànxiǎng 贊饗 10-299A
zànxiàng 贊相 10-295A
zànxiǎo 暫曉 5-832A
zànxié 贊協 10-294B
zǎnxíng 趲行 9-1155B
zànxīng 贊興 10-298A
zànxíng 暫行 5-831B
zānxīngyèyuè 簪星曳月

8-1242B
zànxiū 贊羞 10-295B
zànxǔ 贊許 10-296A
zànxù 贊序 10-294B
zānxuān 簪軒 8-1243A
zànyáng 贊陽 10-296A
zànyáng 贊揚 10-296B
zànyáng 贊敭 10-297A
zànyáng 讚揚 11-476A
zànyǎng 贊仰 10-294A
zànyè 贊業 10-297A
zànyè 贊謁 10-298A
zànyí 贊儀 10-298A
zànyì 贊益 10-295B
zànyì 贊翊 10-296A
zànyì 贊義 10-297A
zànyì 贊翼 10-298B
zànyì 贊議 10-298B
zànyǐn 贊引 10-293B
zànyìn 鏨印 11-1376A
zānyīng 簪纓 8-1244A
zānyīngméndì 簪纓門第
8-1244A
zànyōng 贊庸 10-296A
zànyǒng 贊咏 10-294B
zànyǒng 贊詠 10-296B
zànyǒng 讚詠 11-476A
zànyòu 贊佑 10-294B
zànyòu 讚祐 11-475B
zànyú 贊諛 10-298A
zànyǔ 贊語 10-297B
zànyǔ 讚語 11-476A
zànyù 暫寓 5-832A
zànyù 贊諭 10-298A
zànyù 贊譽 10-298B
zànyuán 贊元 10-293B
zànyuè 贊閱 10-298A
zànyuè 讚悦 11-475B
zǎnyùn 儹運 1-1742A
zànyún 暫雲 5-831B
zānzān 簪簪 8-1244A
zǎnzǎn 趲趲 9-1156A
zànzàn 贊贊 10-298B
zǎnzào 儹造 1-1742A
zǎnzào 攢造 6-986B
zànzáo 鏨鑿 11-1376A
zànzhě 贊者 10-294B
zànzhèng 贊正 10-294A
zǎnzhǐ 拶指 6-595A
zǎnzhǐ 桚指 4-1027A
zànzhì 贊治 10-295A
zànzhù 贊助 10-294B
zànzhù 贊祝 10-295B
zānzi 簪子 8-1242A
zǎnzi 桚子 4-1027A
zǎnzi 拶子 6-595A
zànzi 鏨子 11-1376A
zānzǔ 簪組 8-1243A
zànzuǒ 贊佐 10-294B
zào'ài 造愛 10-905B
zǎo'ān 早安 5-559A
zǎobá 藻拔 9-624A
zǎobābèizi 早八輩子 5-558B
zàobái 皂白 8-247B
zàobáibùfēn 皂白不分
8-248A
zàobáigōufēn 皂白溝分
8-248A
zàobáinánfēn 皂白難分
8-248A
zǎobān 早班 5-560A
zàobān 皂班 8-248B
zāobàng 遭謗 10-1152B
zàobāng 造邦 10-901A
zàobàng 造謗 10-907B
zàobǎngtiān 造榜天 10-906B
zàobǎngtiān 造膀天 10-906B
zāobào 遭報 10-1151A
zàobào 造報 10-904B
zàobào 燥暴 7-302B
zàobào 躁暴 10-561A
zǎobèi 棗糒 4-1110A
zàobèi 皂褙 8-249B
zǎoběn 棗本 4-1108A
záobì 鑿壁 11-1441A
zàobǐ 燥筆 7-302A
zàobì 竈婢 8-489A
zāobiàn 遭變 10-1153A
zǎobiàn 藻抃 9-624A
zàobiǎn 躁褊 10-561A
zàobiàn 造變 10-908A
zàobiàn 譟變 11-446A
zàobiàn 躁卞 10-559A
zàobiējī 竈鱉雞 8-489B
zàobīng 造冰 10-901B
zàobīng 造兵 10-902A
zàobìng 造病 10-904A
záobìshēng 鑿壁生 11-1441A
záobìtōuguāng 鑿壁偷光
11-1441A
zàobō 造播 10-907A
zàobó 皂帛 8-248B
zàobó 躁薄 10-561B
zǎocǎi 藻采 9-624A
zǎocài 棗菜 4-1109A
zǎocān 早參 5-561A
zǎocāo 早操 5-561B
zàocè 造册 10-901A
zǎochá 早茶 5-559B
zāochán 遭讒 10-1153A
zǎochǎn 早産 5-560B
zàochǎn 造産 10-904B
zǎochǎng 早場 5-561A
zàochǎng 竈場 8-489A
zǎocháo 早朝 5-561A
zàocháo 造朝 10-904B
zǎocháoyànbà 早朝晏罷
5-561A
zǎocháoyànbà 蚤朝晏罷
8-863B
zǎocháoyàntuì 蚤朝晏退
8-863B
zàochè 燥坼 7-301B
zàochēhézhé 造車合轍
10-902A
zāochēn 遭嗔 10-1151B
zǎochén 早辰 5-559A
zǎochén 早晨 5-560B
zǎochén 蚤晨 8-863B
zǎochéng 早成 5-559A
zǎochéng 蚤成 8-862B
zàochéng 造成 10-901A
záochǐ 鑿齒 11-1440B
zǎochí 早遲 5-561B
záochǐjùyá 鑿齒鋸牙
11-1441A
záochǐmóyá 鑿齒磨牙
11-1441A
zāochù 遭觸 10-1153A
záochǔ 鑿楮 11-1440B
zàochú 造厨 10-904B
záochuān 鑿穿 11-1440A
zāochuáng 糟床 9-236A
zāochuáng 糟牀 9-236A
zāochuáng 醩床 9-1438A
zàochuàng 造創 10-905A
zǎochūmùguī 早出暮歸
5-559A
zǎochūmùrù 蚤出莫入
8-862A
zǎochūn 早春 5-559B
zǎochūwǎnguī 早出晚歸
5-558B
zǎochūyèrù 蚤出夜入
8-862A
zàocí 造詞 10-905A
zàocí 造辭 10-908A
zàocí 躁辭 10-561B
zàocí 竈詞 8-489A
zàocǐ 造此 10-901A
zàocì 造次 10-901B
zàocìdiānpèi 造次顛沛
10-902A
zàocù 躁蹙 10-561B
zǎodá 早達 5-561A
zǎodá 蚤達 8-863B
zàodài 皂帶 8-249A
zāodàn 糟蛋 9-236B
zǎodàn 早旦 5-558B
zǎodàng 澡蕩 6-165A
zǎodào 早稻 5-561B
zàodào 皂纛 8-250B
zàodào 造道 10-905A
zāodī 糟隄 9-236B
zǎodí 澡滌 6-164B
zàodì 皂地 8-248A
zàodì 竈地 8-488A
záodiān 鑿顛 11-1441B
zǎodiǎn 早點 5-561B
zǎodiǎnpù 早點舖 5-562A
zàodiāo 皂貂 8-249A
zàodiāo 皂雕 8-250A
zàodiāo 皂鵰 8-250A
zàodiāoqí 皂雕旗 8-250A
zàodiāoqí 皂鵰旗 8-250B
zàodīng 竈丁 8-487B
zàodǐng 皂頂 8-249A
zàodòng 躁動 10-560A
zǎodòu 澡豆 6-164A
zàodǒu 草斗 9-367A
zàodǒu 皂斗 8-247B
zàodù 竈肚 8-488A
zàoduān 造耑 10-903B
zàoduān 造端 10-906B
zàoduānchàngshǐ 造端倡始
10-907A
zàoduāntuōshǐ 造端託始
10-907A
zāo'è 遭厄 10-1149A
zāo'è 遭阨 10-1149B
zào'é 竈額 8-489B
zào'è 造惡 10-904B
zào'èbùquān 造惡不悛
10-904B
zào'erbāhè 噪兒巴喝
3-526A
zǎo'erhóng 棗兒紅 4-1108B
zàofá 簉乏 8-1231A
zàofà 燥髮 7-302B
zǎofàn 早飯 5-561A
zàofān 皂幡 8-250A
zàofán 躁煩 10-561A
zàofǎn 造反 10-900B
zàofàn 造飯 10-905A
zāofāng 糟坊 9-236A
zàofáng 竈房 8-488A
zàofǎng 造訪 10-904B
zàofǎng 簉訪 8-1231A
zāofēn 遭紛 10-1150B
zàofèn 躁忿 10-559B
zàofèn 躁憤 10-561A
zāofēng 遭風 10-1150A
zāoféng 遭逢 10-1150B
zāoféngbù'ǒu 遭逢不偶
10-1150B
zāofénghuìyù 遭逢會遇
10-1150B
zāoféngjìhuì 遭逢際會
10-1150B
zāoféngshíhuì 遭逢時會
10-1150B
zǎofú 蚤服 8-862B
zǎofú 澡祓 6-164B
zǎofǔ 棗脯 4-1109A
zàofú 皂服 8-248B
zàofú 造福 10-906A
zàofǔ 造府 10-903A
zàofǔ 竈釜 8-489A
zàofù 造父 10-900B
záogài 鑿漑 11-1440B
zǎogài 澡漑 6-164B
zǎogài 澡槩 6-164B
zàogài 皂蓋 8-249B
zàogāng 燥剛 7-302A
zāogāo 糟糕 9-237A
zǎogāo 棗糕 4-1110A
zǎogāohūndùn 棗膏昏鈍
4-1109B
zàogēng 造羹 10-908A
zàogōng 草工 9-366B
zàogōng 竈公 8-487B
zàogòu 造搆 10-905B
zàogòu 造構 10-906B
zǎogòusuǒcī 澡垢索疵
6-164B
zǎogū 蚤孤 8-863A

zàogū 竈觚 8-489A
zǎoguā 棗瓜 4-1108B
zǎoguǎ 早寡 5-561B
zǎoguǎ 蚤寡 8-863B
zǎoguàn 澡盥 6-165A
zǎoguàn 澡罐 6-165A
záogǔdǎosuǐ 鑿骨搗髓 11-1440A
zàoguǐ 竈鬼 8-488B
záoguīshǔcè 鑿龜數筴 11-1441A
zàoguō 噪聒 3-526A
zàoguó 造國 10-904A
zàoguóshǒu 造國手 10-904A
zāohài 遭害 10-1150B
zāohài 糟害 9-236B
zāohài 蹧害 10-538B
zàohài 造害 10-904A
zāohàn 遭旱 10-1149B
zǎohàn 藻翰 9-624B
zàohàn 躁悍 10-560A
zāoháng 糟行 9-236A
zàoháo 躁豪 10-561A
zàohào 造耗 10-904A
zāohē 遭呵 10-1150A
zǎohé 棗核 4-1108B
zàohé 燥涸 7-302A
zǎohébǐ 棗核筆 4-1108B
zǎohédīng 棗核釘 4-1108B
zǎohésuān 早禾酸 5-558B
zǎohóng 棗紅 4-1108B
zǎohú 棗餬 4-1109B
zàohū 噪呼 3-526A
zàohū 譟謼 11-446A
zàohù 竈户 8-488A
zǎohuā 棗花 4-1108B
zǎohuā 棗華 4-1108B
zàohuā 譟譁 11-445B
zàohuá 躁猾 10-560B
zàohuà 造化 10-900A
zàohuà'ér 造化兒 10-900B
zāohuài 遭壞 10-1152B
zàohuái 造懷 10-908A
zàohuàlú 造化鑪 10-900B
zāohuàn 遭患 10-1151A
zàohuān 譟讙 11-446A
zāohuāng 遭荒 10-1150A
zàohuàxiǎo'ér 造化小兒 10-900B
zàohuàzhǔ 造化主 10-900B
zāohuǐ 蹧毀 10-538B
zāohuì 遭會 10-1151B
zǎohuì 早惠 5-561A
zǎohuì 早慧 5-561B
zǎohuì 藻繢 9-624B
zǎohuì 藻繪 9-625A
zǎohūn 早昏 5-560A
zǎohūn 早婚 5-560B
zǎohūn 棗昏 4-1108B
zāohuǒ 遭火 10-1149B
zāohuò 遭禍 10-1151B
zǎohuǒ 藻火 9-623B
zàohuǒ 燥火 7-301B
zàohuǒ 竈火 8-487B
zàohuò 造禍 10-905B
zàohuǒkēng 竈火坑 8-487B
zāojí 遭疾 10-1150B
zāojì 遭忌 10-1149B
zāojì 遭際 10-1151B
zāojì 遭濟 10-1152B
zǎojì 早計 5-560A
zǎojì 蚤計 8-863A
zǎojì 蚤濟 8-864A
zàojī 躁激 10-561B
zàojī 竈雞 8-489B
zàojí 造極 10-904B
zàojí 簉集 8-1231A
zàojí 燥急 7-301B
zàojí 趮疾 9-1154B
zàojí 躁急 10-560A
zàojí 躁疾 10-560A
zàojí 躁極 10-560B
zàojí 竈籍 8-489B
zàojiá 皂莢 8-248B
zàojiǎ 造假 10-904A
zàojià 造價 10-907A
zāojiābùzào 遭家不造 10-1150B
zāojiān 遭艱 10-1152B
zāojiàn 遭踐 10-1152A
zāojiàn 糟踐 9-236B
zāojiàn 蹧踐 10-538B
zǎojiān 早尖 5-559A
zǎojiān 早間 5-561A
zǎojiān 藻兼 9-624A
zǎojiàn 蚤見 8-862B
zǎojiàn 藻鑑 9-625A
zǎojiàn 藻鑒 9-625A
zàojiān 燥堅 7-302A
zàojiān 竈間 8-489A
zàojiàn 造見 10-902A
zàojiàn 躁健 10-560A
zāojiàng 糟漿 9-236B
zàojiǎnzìfù 造繭自縛 10-907B
zǎojiǎo 早角 5-559A
zàojiǎo 皂角 8-248A
zàojiào 譟叫 11-445B
zāojìbù'ǒu 遭際不偶 10-1152A
zàojídēngfēng 造極登峯 10-904B
zāojié 遭劫 10-1149B
zāojié 遭刼 10-1149B
zǎojiè 繅藉 9-1033A
zǎojiè 繅藉 9-1014B
zǎojiè 藻藉 9-624B
zàojiè 竈界 8-488B
zāojiézàishù 遭劫在數 10-1149B
zǎojiézhàng 棗節杖 4-1109B
záojīn 鑿巾 11-1439A
zàojīn 皂巾 8-247B
zàojìn 躁進 10-560B
zǎojīng 早經 5-561B
zǎojǐng 藻井 9-623B
zǎojìng 棗徑 4-1109A
zǎojìng 棗逕 4-1109A
zǎojìng 藻鏡 9-625A
zàojǐng 造景 10-905A
zàojìng 燥勁 7-301B
zàojìng 躁勁 10-560A
zàojìng 躁静 10-561A
zàojìng 躁競 10-561B
záojǐngdétóng… 鑿井得銅奴得翁 11-1439A
zǎojiōng 藻扃 9-624A
zāojìshíhuì 遭際時會 10-1152A
zǎojiù 早就 5-561A
zàojiù 造就 10-905A
zàojiù 造就 10-905A
zàojù 造句 10-901A
zàojù 造具 10-903A
zàojù 譟聚 11-445B
zàojù 躁遽 10-561B
zàojuàn 躁狷 10-560A
záojué 鑿掘 11-1440A
zàojūn 皂君 8-248B
zàojūn 竈君 8-488A
zāokāng 糟穅 9-237A
zāokāng 糟糠 9-237A
záokè 鑿客 11-1440A
zàokě 燥渴 7-302A
zàokēng 竈坑 8-488A
záokōng 鑿空 11-1439B
záokòngqǔbàn 鑿空取辦 11-1440A
záokòngtóuxì 鑿空投隙 11-1440A
zàokǒu 譟口 11-445B
zàokòu 造寇 10-904B
zàokǒuniè 造口孽 10-900A
zàokǒuyè 造口業 10-900A
zàokù 皂絝 8-249B
zàokuài 皂快 8-248B
zàokuáng 躁狂 10-559B
zāokùn 遭困 10-1149B
zǎolái 早來 5-559A
zàolālā 噪剌剌 3-526A
zàolán 皂襴 8-250B
zàolán 竈欄 8-489B
zǎolǎng 藻朗 9-624A
zàoláo 皂牢 8-248B
zāolěi 遭累 10-1151A
zāolí 遭罹 10-1152B
zāolí 遭離 10-1152B
zāolí 糟醨 9-237A
zāolì 遭歷 10-1152A
záolì 鑿栗 11-1440A
zǎolí 棗梨 4-1109A
zǎolì 棗栗 4-1109A
zǎolì 藻厲 9-624B
zǎolì 藻麗 9-624B
zàolǐ 皂李 8-248A
zàolǐ 造理 10-904A
zàolì 皂吏 8-248A
zàolì 皂歷 8-250A
zàolì 皂隸 8-250A
zàolì 皂櫪 8-250B
zàolì 皂隷 8-250A
zàolì 造立 10-901A
zàolì 造曆 10-907A
zàolì 造歷 10-907A
zàolì 躁戾 10-559B
zǎoliàn 澡練 6-165A
zǎoliàn 藻練 9-624B
zàolián 皂鏈 8-250B
zàoliáo 竈燎 8-489B
zàoliè 燥烈 7-301B
zàoliè 躁烈 10-560A
zàolìlǎoguān 皂隸老官 8-250A
zǎolín 蚤臨 8-864A
zǎolín 棗林 4-1108B
zàolín 造林 10-902B
zàolín 竈廩 8-489B
zàolǐng 皂領 8-249B
zàoliú 皂游 8-249B
záolóng 鑿龍 11-1441A
zǎolòu 早漏 5-561B
zāolù 遭戮 10-1152A
zàolù 簉鷺 8-1231A
zàolù 躁露 10-561B
zāoluàn 遭亂 10-1151B
zàoluàn 造亂 10-906A
zàoluàn 躁亂 10-561A
zàolúnchē 皂輪車 8-250A
zàoluó 皂羅 8-250A
zàolùyùndòng 造陸運動 10-904A
zǎolǜ 早律 5-560A
zǎolǜ 蚤慮 8-863B
zǎolǜ 藻繂 9-624B
zàolǚ 皂履 8-250A
zàolǜ 造律 10-903B
zàomǎ 竈馬 8-488B
zàomǎng 燥莽 7-301B
zǎomāo 棗貓 4-1109B
zǎomào 早茂 5-559A
zàomào 皂帽 8-249A
zàoméi 竈眉 8-488B
zàoméi 竈煤 8-489A
zàomèi 造昧 10-903B
záomén 鑿門 11-1440A
zàomén 造門 10-903A
zàomén 竈門 8-488B
zàomèn 躁悶 10-560B
zàoměng 躁猛 10-560B
zǎomǐ 早米 5-559A
zǎomì 藻密 9-624A
zàomiào 造妙 10-902B
zāomìng 遭命 10-1150A
zàomíng 喿名 3-464B
zàomìng 造命 10-903A
zǎomò 蚤没 8-862B
zǎomò 蚤歿 8-862B
zàomó 造模 10-906B
zàomó 造魔 10-908A
zàomò 竈墨 8-489A
zàomóu 造謀 10-907A
zàomóubùjǐng 造謀布穽 10-907B
zǎomóuxiāndìng 蚤謀先定 8-864A

zǎomù 早暮 5-561B
zǎomù 蚤莫 8-863A
zǎomù 蚤暮 8-863B
zǎomù 棗木 4-1108A
zāonán 遭難 10-1152B
zāonàn 遭難 10-1152B
zàonàn 造難 10-908A
zǎonándào 早難道 5-562A
zàonáng 皂囊 8-250B
zàonáo 躁撓 10-561A
zàonǎo 躁惱 10-560B
záonǎofǔ 鑿腦斧 11-1441A
zàonèi 造内 10-900A
zǎoní 棗呢 4-1108B
zǎoní 棗泥 4-1108B
zàonì 造逆 10-903B
zǎonián 早年 5-559A
zǎonián 蚤年 8-862B
zàoniàng 造釀 10-908A
zāoniè 遭孽 10-1153A
zàoniè 造孽 10-908A
zǎonísū 棗泥酥 4-1108B
zàonòng 簉弄 8-1231A
zàonù 造怒 10-904A
zàonù 躁怒 10-560A
zàonüè 躁虐 10-560A
zàopài 造派 10-903B
zǎopán 澡盤 6-165A
zàopáo 皂袍 8-249A
zàopào 竈泡 8-488A
záopēi 鑿坏 11-1439B
záopéi 鑿培 11-1440A
záopēi'érdùn 鑿坏而遁 11-1439B
záopēiyǐdùn 鑿坏以遁 11-1439B
záopī 鑿坯 11-1439B
záopī 鑿紕 11-1440A
zàopī 竈披 8-488A
zàopí 皂皮 8-248A
zàopí 噪脾 3-526A
zàopí 燥皮 7-301B
zàopí 燥脾 7-302A
zàopiāo 躁剽 10-560B
záopi'érdùn 鑿坯而遁 11-1439B
zàopijiān 竈披間 8-488A
zàopilóu 竈披樓 8-488A
zǎopín 藻蘋 9-624B
zǎopíng 澡瓶 6-164B
zàopíwèi 燥脾胃 7-302A
zāopò 糟粕 9-236B
zāopò 糟魄 9-236B
zāopò 酒魄 9-523A
zàopò 躁迫 10-559B
zǎopǔ 棗圃 4-1109A
zǎoqī 早期 5-561A
zǎoqǐ 早起 5-560A
zǎoqǐ 蚤起 8-863A
zàoqī 躁戚 10-560A
zàoqí 皂旗 8-249B
zàoqí 造奇 10-903A
zàoqì 燥氣 7-302A
zàoqì 躁氣 10-560A
záoqián 鑿乾 11-1440A
zǎoqián 早前 5-560A
zàoqián 皂錢 8-250A
zǎoqiáng 早牆 5-562A
zàoqiánlǎohǔ 竈前老虎 8-488B
záoqiào 鑿竅 11-1441A
zǎoqībáihuà 早期白話 5-561A
zàoqiè 躁切 10-559A
zàoqiè 躁怯 10-559B
zàoqiè 竈妾 8-488A
zàoqīng 造清 10-904B
zàoqīng 躁輕 10-561A
zàoqǐng 造請 10-907A
zaoqīngyùhuò 遭傾遇禍 10-1151B
zǎoqǐnyànqǐ 蚤寢晏起 8-863B
zāoqiū 糟丘 9-236A
zāoqiú 遭囚 10-1149B
zǎoqiū 早秋 5-560A
zǎoqiǔ 棗糗 4-1110A
zàoqiú 皂裘 8-249B
zàoqiú 躁求 10-559B
zāoqū 糟麴 9-237A
zàoqū 躁趍 10-560B
zǎoquān 棗圈 4-1109A
zàoquē 造闕 10-907B
zàoqún 皂裙 8-249B
zàorán 造然 10-905A
zàorǎng 噪嚷 3-526B
zǎorángjīn 棗穰金 4-1110A
zāorǎo 遭擾 10-1152B
zāorǎo 蹧擾 10-538B
zàorǎo 譟擾 11-445B
zàorǎo 躁擾 10-561B
zàorè 燥熱 7-302B
zàorè 躁熱 10-561A
zǎorén 棗仁 4-1108A
zàorén 皂人 8-247B
zàorén 造人 10-900A
zàorén 躁人 10-559A
zàorén 竈人 8-487B
zǎorì 早日 5-558B
zǎorì 蚤日 8-862A
zàorì 造日 10-900A
zàoróu 造揉 10-904B
zāorǔ 遭辱 10-1150A
zǎorù 藻縟 9-624B
zàorù 造入 10-900A
zàoruì 鑿内 11-1439A
zàoruì 鑿枘 11-1439B
zàoruì 躁鋭 10-561A
zǎorùyànchū 蚤入晏出 8-862A
zǎosǎ 澡灑 6-165A
zāosāng 遭喪 10-1151A
zàosè 燥澀 7-302B
zàoshā 皂紗 8-249A
zǎoshàn 早膳 5-561B
zǎoshàn 蚤膳 8-864A
zàoshān 皂衫 8-248B
zàoshàn 造訕 10-904A
zàoshàn 造善 10-905A
zàoshàn 造膳 10-907A
zāoshāng 遭傷 10-1151B
zǎoshang 早上 5-558B
zǎoshǎng 早晌 5-560A
zàoshàngsǎochú 竈上騷除 8-487B
zàoshānyùndòng 造山運動 10-900A
zàoshé 造舌 10-901B
zàoshè 造設 10-904A
zàoshè 躁舍 10-559B
zǎoshēn 澡身 6-164A
zàoshén 竈神 8-488B
zàoshēng 造生 10-901A
zàoshēng 譟聲 11-445B
zàoshèng 造勝 10-905A
zàoshèng 躁盛 10-560A
zǎoshēnyùdé 澡身浴德 6-164B
zāoshí 遭時 10-1150A
zāoshí 糟食 9-236B
zāoshì 遭事 10-1150A
záoshì 鑿室 11-1440A
zǎoshī 蚤虱 8-863A
zǎoshī 蚤蝨 8-863B
zǎoshī 蚤蝨 8-863A
zǎoshí 早時 5-560A
zǎoshí 蚤食 8-863A
zǎoshí 蚤實 8-863B
zǎoshí 棗實 4-1109B
zǎoshì 早世 5-558B
zǎoshì 早市 5-558B
zǎoshì 早是 5-559B
zǎoshì 蚤世 8-862A
zǎoshì 藻飾 9-624B
zàoshī 造施 10-903B
zàoshī 燥溼 7-302A
zàoshī 燥濕 7-302B
zàoshī 竈尸 8-487B
zàoshí 造食 10-903B
zàoshí 造實 10-907A
zàoshǐ 造始 10-903B
zàoshǐ 燥屎 7-301B
zàoshì 造士 10-900A
zàoshì 造式 10-901A
zàoshì 造事 10-902B
zàoshì 造飾 10-906A
zàoshì 造適 10-907A
zàoshì 簉室 8-1231A
zàoshì 躁釋 10-561B
zāoshíbù'ǒu 遭時不偶 10-1150A
zāoshídìngzhì 遭時定制 10-1150A
zāoshízhìyí 遭時制宜 10-1150B
zāoshìzhìyí 遭事制宜 10-1150A
zāoshòu 遭受 10-1150A
zǎoshū 棗蔬 4-1109B
zǎoshú 早熟 5-561B
zǎoshù 澡漱 6-165A
zǎoshù 澡潄 6-165A
zàoshù 造述 10-902B
zǎoshuā 澡刷 6-164B
zǎoshuāi 早衰 5-560A
zǎoshuāi 蚤衰 8-863B
zǎoshuài 藻率 9-624A
zàoshuài 躁率 10-560B
zǎoshuāng 早霜 5-561B
zǎoshuǐ 早水 5-558B
zàoshuì 竈税 8-489A
zǎoshújiǔ 早秫酒 5-560A
záoshuō 鑿説 11-1440B
zǎoshuò 棗槊 4-1109B
zàoshuō 造説 10-906B
zǎosī 藻思 9-624A
zǎosǐ 蚤死 8-862A
zàosī 造思 10-903B
zàosī 造思 10-903B
záosìfāngyǎn'er 鑿四方眼兒 11-1439A
zàosīmáxiàn 皂絲麻綫 8-249B
zàosīmáxiàn 皂絲麻線 8-249B
zàosòng 造訟 10-904A
zàosǒu 噪嗾 3-526A
zàosù 躁速 10-560A
zāosuí 遭隨 10-1152A
zǎosuì 早歲 5-561A
zǎosuì 蚤歲 8-863B
zāotā 遭塌 10-1151B
zāotā 糟塌 9-236B
zāotǎ 遭獺 10-1153A
zāotà 糟踏 9-236B
zāotà 糟蹋 9-237A
zāotà 蹧踏 10-538B
zāotà 蹧蹋 10-538B
zǎotǎ 棗塔 4-1109A
záotái 鑿臺 11-1440B
zàotái 竈臺 8-489A
zāotán 糟壇 9-237A
zǎotáng 早堂 5-560B
zǎotáng 澡堂 6-164B
zǎotáng 澡塘 6-164B
zàotāng 皂湯 8-249A
zàotáng 竈堂 8-489A
zàotáng 竈膛 8-489A
zàotāo 皂絛 8-249A
záotí 鑿蹄 11-1441A
zàotí 皂綈 8-249B
zǎotiān 早天 5-558B
zàotiān 噪天 3-526A
zàotián 造田 10-901A
zāotóu 糟頭 9-237A
zàotou 竈頭 8-489B
zàotóu 皂頭 8-250A
zāotú 遭徒 10-1150B
zāotú 遭荼 10-1150A
zǎotú 蚤圖 8-863B
zàotū 竈突 8-488B
zàotuán 竈欄 8-489B
zǎotuì 早退 5-560A
zǎotuì 蚤退 8-863A
záotuō 鑿脱 11-1440A
zàotuō 造託 10-904A

zàotuō 躁脱 10-560B
zǎowǎn 早晚 5-560B
zǎowǎn 蚤晚 8-863B
zāowǎng 遭枉 10-1149B
zǎowáng 蚤亡 8-862A
zàowáng 竈王 8-487B
zàowàng 躁妄 10-559B
zàowàng 躁望 10-560B
zàowánglǎoye 皂王老爺 8-247B
zàowángyé 竈王爺 8-487B
zǎowéi 早爲 5-561A
zǎowèi 藻蔚 9-624B
zàowēi 造微 10-905B
zàowéi 造爲 10-905A
zàowēirùmiào 造微入妙 10-905B
zāowēn 遭瘟 10-1152A
zǎowén 蚤蚊 8-863A
zàowěn 燥吻 7-301B
zàowō 竈窩 8-489A
zāowū 遭誣 10-1152A
zàowū 造誣 10-906B
zàowū 竈屋 8-488B
zàowù 皂物 8-248B
zàowù 造物 10-903A
zàowùzhě 造物者 10-903A
zàowùzhǔ 造物主 10-903A
zǎoxí 繅席 9-1014A
zǎoxǐ 澡洗 6-164B
zàoxī 造郗 10-905B
zàoxī 造膝 10-907A
zàoxí 造席 10-904A
zàoxì 皂舄 8-249A
zǎoxiá 早霞 5-561B
zǎoxià 早夏 5-560A
zǎoxià 棗下 4-1108A
zàoxiàbì 竈下婢 8-487B
zāoxiǎn 遭險 10-1152A
zǎoxiān 早先 5-559A
zǎoxián 蚤閑 8-863B
zàoxiǎn 譟險 11-445B
zàoxiǎn 躁險 10-561A
zàoxiǎng 造想 10-905B
zàoxiǎng 造餉 10-906B
zàoxiàng 造象 10-904A
zàoxiàng 造像 10-905B
záoxiǎnzhuìyōu 鑿險縋幽 11-1441A
zàoxiàyǎng 竈下養 8-487B
zàoxiē 鑿楔 11-1440B
zàoxiè 鑿契 11-1440A
zàoxiè 造謝 10-907B
zāoxīn 遭心 10-1149B
zāoxīn 糟心 9-236A
zǎoxīn 澡心 6-164A
zàoxīn 造心 10-901A
zàoxīn 躁心 10-559A
zàoxìn 造釁 10-908A
zǎoxīnbǐ 棗心筆 4-1108A
záoxíng 鑿行 11-1439B
zǎoxíng 棗行 4-1108B
zǎoxíng 澡行 6-164A
zǎoxíng 澡形 6-164A
zǎoxíng 藻行 9-624A
zàoxíng 造刑 10-901A
zàoxíng 造行 10-901B
zàoxíng 造形 10-902A
zàoxíng 造型 10-903B
zàoxíng 竈陘 8-488B
záoxìngfǔshēn 鑿性斧身 11-1439B
zǎoxīngyèmèi 蚤興夜寐 8-864A
zàoxíngyìshù 造型藝術 10-903B
zāoxiōng 遭凶 10-1149B
zāoxiǔ 糟朽 9-236A
zǎoxiū 蚤休 8-862B
zǎoxiū 棗脩 4-1109A
zàoxiū 造修 10-903B
zàoxiù 造秀 10-902A
záoxū 鑿虛 11-1440A
zàoxuān 造諼 10-907B
zàoxuān 噪喧 3-526A
zàoxuán 造玄 10-901A
záoxué 鑿穴 11-1439A
zǎoxuě 澡雪 6-164B
zàoxuē 皂靴 8-249B
zàoxuē 皂鞾 8-250A
zǎoyá 早衙 5-561B
zǎoyǎ 藻雅 9-624B
zāoyān 糟淹 9-236B
zāoyān 糟腌 9-236B
zāoyān 糟醃 9-236B
záoyán 鑿言 11-1439B
záoyǎn 鑿眼 11-1440A
zǎoyàn 蚤晏 8-863A
zàoyān 竈煙 8-489A
zàoyán 造言 10-902B
zàoyán 譟言 11-445B
zàoyánchǒujù 躁言醜句 10-559B
zāoyāng 遭殃 10-1150A
zàoyāng 造殃 10-903B
zàoyǎng 竈養 8-489A
záoyánjī 鑿巖機 11-1441B
zàoyánniēcí 造言揑詞 10-902B
záoyánpī 鑿顏坏 11-1441A
zàoyánshēngshì 造言生事 10-902B
zǎoyāo 早夭 5-558B
zǎoyāo 蚤夭 8-862A
zàoyāo 竈囮 8-488A
zàoyáo 造謡 10-907B
zàoyào 躁藥 10-561B
zàoyáohuòzhòng 造謡惑衆 10-907B
zàoyáoshēngfēi 造謡生非 10-907B
zàoyáoshēngshì 造謡生事 10-907B
zǎoyē 棗椰 4-1109A
zǎoyè 早夜 5-559B
zǎoyè 蚤夜 8-863A
zàoyé 竈爺 8-489A
zàoyě 造冶 10-902B
zàoyè 造業 10-905B
zàoyè 造謁 10-907B
zàoyè 燥葉 7-302A
záoyì 鑿意 11-1440B
zǎoyǐ 早已 5-558B
zǎoyǐ 蚤已 8-862A
zǎoyì 棗醃 4-1109B
zàoyī 皂衣 8-248A
zàoyì 皂役 8-248A
zàoyì 造意 10-906A
zàoyì 造詣 10-906A
zàoyì 造誼 10-907A
zàoyì 躁易 10-559B
záoyǐn 鑿飲 11-1440B
záoyìn 鑿印 11-1439A
zàoyīn 造因 10-901A
zàoyīn 噪音 3-526A
zàoyín 噪吟 3-526A
zàoyīndéguǒ 造因得果 10-901A
záoyíng 鑿楹 11-1440B
zàoyǐng 造影 10-907A
záoyǐngēngshí 鑿飲耕食 11-1440B
záoyíngnàshū 鑿楹納書 11-1440B
zàoyīnjiéguǒ 造因結果 10-901B
zāoyòng 遭用 10-1149B
zǎoyǒng 藻詠 9-624B
zǎoyòng 澡用 6-164A
zàoyǒng 竈甬 8-488A
zāoyōu 遭憂 10-1152A
zǎoyóu 棗油 4-1108B
zāoyù 遭遇 10-1151A
zǎoyù 早譽 5-562A
zǎoyù 蚤豫 8-864A
zǎoyù 澡浴 6-164B
zǎoyù 藻玉 9-623B
zàoyú 皂輿 8-250A
zàoyǔ 造語 10-906B
zàoyǔ 箌羽 8-1231A
zàoyù 造獄 10-906B
zàoyù 躁欲 10-560B
zāoyuān 遭寃 10-1151A
zāoyuàn 遭怨 10-1150A
zǎoyuán 棗園 4-1109B
zàoyuàn 造怨 10-903B
zāoyùbù'ǒu 遭遇不偶 10-1151A
zǎoyuè 早月 5-558B
zǎoyuè 澡瀹 6-165A
zàoyuè 躁越 10-560B
zāoyùjìhuì 遭遇際會 10-1151A
zāoyùn 遭運 10-1151B
zǎoyǔn 早實 5-562A
zǎoyùn 澡熨 6-165A
zāoyùyùnhuì 遭遇運會 10-1151A
zāoyùzhàn 遭遇戰 10-1151A
zàozá 噪雜 3-526B
zāozāi 遭災 10-1149B
zǎozǎo 早早 5-559A
zǎozǎo 蚤蚤 8-863A
zǎozào 早造 5-560A
zàozáo 造鑿 10-908A
zàozào 慥慥 7-679B
zàozào 噪噪 3-526A
zàozàoqièqiè 噪噪切切 3-526A
zǎozé 早則 5-559B
zàozhà 譟詐 11-445B
zàozhàn 皂棧 8-249A
zàozhàn 燥戰 7-302B
zāozhàng 遭杖 10-1149B
zǎozhàng 藻仗 9-624A
zàozhàng 皂帳 8-249A
zàozhàng 造帳 10-904A
záozhào 鑿照 11-1440B
zǎozhāo 早朝 5-561A
zǎozhǎo 蚤爪 8-864A
zǎozhēn 棗榛 4-1109B
zàozhēn 造真 10-904A
zǎozhèng 蚤正 8-862A
zāozhí 遭值 10-1150B
zāozhí 遭執 10-1151A
zāozhì 遭躓 10-1153A
záozhì 鑿窒 11-1440B
zǎozhī 蚤知 8-862B
zǎozhì 早智 5-561A
zàozhī 皂脂 8-249A
zàozhì 皂製 8-249B
zàozhì 造制 10-903A
zǎozhījīnrì… 早知今日,悔不當初 5-559B
zāozhōu 遭週 10-1151A
zǎozhōu 藻舟 9-624A
zàozhōu 造舟 10-901B
zāozhū 遭誅 10-1151B
zàozhú 造築 10-907A
zàozhú 噪逐 3-526A
zàozhú 竈瘃 8-489A
zàozhù 造鑄 10-908A
zāozhūn 遭屯 10-1149A
zāozhūn 遭迍 10-1149B
zǎozhuō 藻棁 9-624A
zǎozhuó 澡濯 6-165A
zàozhuó 燥灼 7-301B
záozhùqǔshū 鑿柱取書 11-1440A
záozi 鑿子 11-1439A
zǎozi 棗子 4-1108A
zǎozǐ 早子 5-558B
zàozǐ 造子 10-900A
zàozì 造字 10-902A
zàozì 躁恣 10-560A
záozijiàn 鑿子箭 11-1439A
zàozōu 皂騶 8-250B
zàozú 躁足 10-559B
zāozuì 遭罪 10-1151B
zàozuǐ 噪嘴 3-526A
zàozuì 造罪 10-905B
zǎozuò 早作 5-559A
zǎozuò 蚤作 8-862B
zàozuò 造作 10-902A
zàozuò 躁作 10-559B

zàozuòjiáoróu 造作矯揉 10-902B
zápái 雜牌 11-876A
zápài 雜派 11-873B
zápáijūn 雜牌軍 11-876A
zápáizi 砸牌子 7-1017B
zápèi 雜佩 11-872A
zápèi 雜珮 11-874A
zápǐn 雜品 11-873A
zápíng 雜評 11-876A
záqì 雜砌 11-873A
záqì 雜器 11-879B
zāqià 帀洽 3-674B
zāqià 匝洽 1-958A
záqià 雜洽 11-873B
záqījiábā 雜七夾八 11-868B
záqīmábā 雜七麻八 11-868B
záqíng 雜情 11-875B
záqīzábā 雜七雜八 11-868B
záqǔ 雜曲 11-870A
zárán 雜然 11-876A
zárǎo 雜擾 11-880A
zárén 雜人 11-868B
zárǒng 雜冗 11-869B
záróu 雜揉 11-875B
záróu 雜糅 11-879A
záróu 雜蹂 11-879A
zárù 雜入 11-868B
zásǎn 雜散 11-875B
zásǎn 雜糝 11-880A
zásè 雜色 11-870A
záshā 砸殺 7-1017B
zāshāo 扎捎 6-307B
zāshí 匝時 1-958B
záshī 雜詩 11-877B
záshí 雜食 11-873B
záshǐ 雜史 11-869B
záshì 雜識 11-880B
záshì 雜事 11-872A
záshǒuyì 雜手藝 11-869A
záshū 雜書 11-874B
záshù 雜術 11-875A
záshuǎ 雜耍 11-873A
záshuì 雜稅 11-876A
zāshǔn 咂吮 3-257B
záshuō 雜說 11-878A
záshùshī 雜數詩 11-878B
zásòu 雜嗽 11-877B
zású 雜俗 11-873A
zāsuì 匝歲 1-958B
zásuì 雜碎 11-876B
zátà 雜沓 11-872A
zátà 雜遝 11-877A
zátà 雜踏 11-879A
zátán 雜談 11-879A
zátǐ 雜體 11-881A
zátǐshī 雜體詩 11-881A
zátú 雜途 11-874A
záwán 雜玩 11-871B
záwàng 雜旺 11-872A
záwěi 雜猥 11-876A
záwěi 雜僞 11-878A
záwén 雜文 11-869A
záwèn 雜問 11-875B
zāwù 扎霧 6-309A
záwū 雜汙 11-870B
záwǔ 雜舞 11-877B
záwù 雜物 11-872A
záwù 雜務 11-874B
záxí 雜襲 11-881A
záxì 雜戲 11-880A
záxiàn 雜縣 11-879A
záxiàng 雜項 11-875B
záxìng 雜興 11-879B
záxìng 雜姓 11-873A
záxué 雜學 11-879B
zāxún 匝旬 1-958A
zāyán 帀筵 3-674B
zāyǎn 匝眼 1-958B
záyán 雜言 11-871B
záyánshī 雜言詩 11-871B
zāyāo 紮腰 9-777A
záyáo 雜徭 11-877A
záyè 磼礏 7-1111B
záyè 雜業 11-877A
záyǐ 雜蟻 11-880B
záyì 雜役 11-871A
záyì 雜異 11-875A
záyì 雜藝 11-880A
záyì 雜議 11-880B
záyīn 雜音 11-873B
záyǐn 雜引 11-869B
zāyíng 匝營 1-958B
zāyìng 扎硬 6-308A
záyīng 雜英 11-871B
záyǒng 雜咏 11-872A
záyǒng 雜詠 11-876B
záyòng 雜用 11-869B
záyóu 雜游 11-876B
záyóu 雜遊 11-876B
záyǔ 雜語 11-878A
záyuàn 雜院 11-873B
zāyuè 帀月 3-674B
zāyuè 匝月 1-958A
záyuè 雜樂 11-879A
záyuè 雜越 11-875B
zāzā 咂咂 3-257B
zāzā 拶拶 6-595B
zázá 雜雜 11-880B
zázácáocáo 雜雜嘈嘈 11-880B
zázàn 雜贊 11-880B
zāzhà 拶榨 6-595B
zāzhà 紮詐 9-777A
zázhá 嚃喋 3-536B
zázhān 雜占 11-869B
zázhèng 雜症 11-874A
zázhèng 雜證 11-880B
zázhī 雜支 11-869A
zázhí 雜職 11-880A
zázhì 雜識 11-880B
zázhì 雜志 11-871A
zázhì 雜治 11-872B
zázhì 雜誌 11-878A
zázhì 雜質 11-879A
zázhǒng 雜種 11-878A
zázhù 雜著 11-875A
zázhuàn 雜傳 11-877A
zāzhuó 咂啄 3-258A
zázì 雜字 11-870B
zázòu 雜奏 11-873A
zázǔ 雜俎 11-873B
zázuǎn 雜纂 11-880B
zāzuǐ 匝嘴 1-958B
zāzuǐ 咂嘴 3-258A
zāzuǐnòngchún 咂嘴弄唇 3-258A
zāzuǐnòngshé 咂嘴弄舌 3-258A
zāzuǐtiǎnchún 咂嘴舔唇 3-258A
zázuǐtiǎnchún 砸嘴舔唇 7-1017B
zāzuǐzāshé 咂嘴咂舌 3-258A
zázuǐzi 雜嘴子 11-879A
zāzuō 咂嘬 3-258A
zázuò 雜作 11-871A
zázuò 雜坐 11-871B
zé'ài 迮隘 10-760A
zè'ài 仄隘 1-1071B
zébā 嘖巴 3-473A
zébǎi 則百 2-697A
zébàn 責辦 10-95B
zébàn 責辨 10-95B
zébàn 責辯 10-96A
zébào 責報 10-93B
zébēi 澤陂 6-166A
zébèi 責備 10-94A
zébèiqiúquán 責備求全 10-94A
zébǐ 責比 10-90B
zébǐ 咋筆 3-263B
zébiǎn 責貶 10-93B
zébīng 擇兵 6-918B
zébū 責逋 10-93A
zébù 則不 2-697A
zèbù 仄步 1-1071A
zèbùléng 仄不楞 1-1071A
zécháng 責償 10-95B
zéchē 擇車 6-918B
zéchē 澤車 6-166A
zéchéng 責成 10-91A
zéchéng 責承 10-92A
zéchéng 責誠 10-94B
zéchéng 責懲 10-95B
zéchì 責斥 10-90B
zéchú 則除 2-697B
zéchǔ 責楚 10-94B
zéchǔ 責處 10-93B
zéchǔ 擇處 6-919A
zéchù 責黜 10-95B
zéchù 擇處 6-919A
zéchuáng 簀牀 8-1236A
zécí 責詞 10-94A
zédǎ 責打 10-90B
zédāo 則刀 2-697A
zèdào 仄道 1-1071B
zédì 擇地 6-918B
zèdiào 側調 1-1545A
zédì'érdǎo 擇地而蹈 6-918B
zédìng 擇定 6-919A
zédū 責督 10-94B
zédǔ 責篤 10-95A
zédù 則度 2-697B
zéduàn 責斷 10-95B
zéduì 擇對 6-919B
zè'è 仄崿 1-1071B
zéfā 責發 10-94B
zéfá 責伐 10-91A
zéfá 責罰 10-94B
zéféi'érshì 擇肥而噬 6-919A
zéfēn 澤芬 6-166A
zéfēng 澤風 6-166B
zéfú 鸅鴮 12 1164B
zéfù 責付 10-90B
zéfù 責負 10-92B
zéfù 責賦 10-95A
zéfù 擇婦 6-919B
zéfúyízhòng 擇福宜重 6-919B
zégāo 澤皋 6-166B
zégào 責告 10-91B
zégé 責革 10-92B
zégè 則個 2-697B
zégè 則箇 2-698A
zégōng 責功 10-90B
zégōng 責躬 10-93A
zégōng 澤宮 6-166B
zégòng 責貢 10-93A
zégǒu 澤狗 6-166B
zégòu 責詬 10-94B
zégǔ 澤骨 6-166B
zégù 則故 2-697A
zéguài 責怪 10-92A
zéguān 責官 10-92A
zéguān 擇官 6-919A
zèguǐ 昃晷 5-586A
zèguǐ 昦晷 5-583B
zéguó 澤國 6-166B
zéguò 責過 10-93B
zéhuǐ 責悔 10-93A
zéhuì 責賄 10-94B
zéhuì 澤惠 6-167A
zéhuò 啧嚄 3-375B
zéhuò 責貨 10-93B
zéhuò 責禍 10-94A
zéibàn 賊伴 10-185B
zéibào 賊暴 10-189B
zéibèi 賊輩 10-189B
zéiběn 賊本 10-184A
zéibīng 賊兵 10-185B
zéibǔ 賊捕 10-186B
zéibǔyuàn 賊捕掾 10-186B
zéicái 賊材 10-185B
zéicán 賊殘 10-188A
zéicáo 賊曹 10-187A
zéichǎng 賊場 10-188A
zéichén 賊臣 10-185A
zéichén 賊塵 10-189A
zéichénluànzǐ 賊臣亂子 10-185A
zéichénnìzǐ 賊臣逆子

10-185A
zéichǒushēng 賊丑生 10-184A
zéichǒushēng 賊醜生 10-189B
zéidǎng 賊黨 10-190A
zéidào 賊盜 10-188B
zéidào 賊道 10-188A
zéidié 賊諜 10-190A
zéidòu 賊鬭 10-190B
zéidù 賊蠹 10-190B
zéi'é 賊囮 10-185B
zéifàn 賊犯 10-184B
zéifěi 賊匪 10-187A
zéifēn 賊氛 10-185B
zéifēng 賊風 10-186B
zéifēng 賊烽 10-187B
zéifēng 賊鋒 10-189B
zéifū 賊夫 10-184A
zéifù 賊副 10-187B
zéigǔ 賊鵠 10-190A
zéiguān 賊官 10-186A
zéiguǐ 賊鬼 10-186A
zéigǔtou 賊骨頭 10-186A
zéigǔzǐ 賊古子 10-184A
zéigǔzǐ 賊牯子 10-186A
zéihài 賊害 10-187A
zéihàn 賊悍 10-187A
zéihàn 賊漢 10-189A
zéihǎnzhuōzéi 賊喊捉賊 10-188A
zéiháo 賊毫 10-187B
zéihǔ 賊虎 10-185B
zéihuá 賊滑 10-188B
zéihuá 賊猾 10-188A
zéihuī 賊隳 10-190A
zéihúntún 賊餛飩 10-190A
zéihuǒ 賊火 10-184A
zéihuǒ 賊伙 10-185A
zéihuǒ 賊夥 10-189A
zéihuò 賊禍 10-188B
zéijì 賊計 10-186B
zéijiān 賊姦 10-186B
zéijiān 賊奸 10-186B
zéijiān 賊堅 10-187B
zéijiàn 賊賤 10-189B
zéijiǎo 賊脚 10-187B
zéijié 賊劫 10-185A
zéijīng 賊精 10-189A
zéijǐng 賊警 10-190A
zéikòu 賊寇 10-188A
zéikū 賊窟 10-189A
zéikūn 賊髡 10-188B
zéilǎo 賊佬 10-185B
zéilì 賊吏 10-185A
zéilì 賊戾 10-186A
zéilì 賊盭 10-190A
zéiliàng 賊亮 10-186B
zéiliūliū 賊溜溜 10-189A
zéilǔ 賊虜 10-188B
zéiluàn 賊亂 10-188B
zéilún 賊倫 10-187A
zéilǘ 賊驢 10-190B
zéimáo 蝥蟊 8-976B
zéimáo 賊蟊 10-190A
zéimeíshǔyǎn 賊眉鼠眼 10-186B
zéimeízéiyǎn 賊眉賊眼 10-186B
zéimiè 賊滅 10-189A
zéimín 賊民 10-184B
zéimù 賊目 10-184B
zéinàn 賊難 10-190A
zéiniè 賊孽 10-190A
zéinú 賊奴 10-184B
zéinüe 賊虐 10-186A
zéipēi 賊胚 10-186B
zéipízéigǔ 賊皮賊骨 10-184B
zéiqì 賊氣 10-187A
zéiqì 賊器 10-190A
zéiqiāng 賊腔 10-188A
zéiqiè 賊竊 10-190B
zéiqíng 賊情 10-187B
zéiqiú 賊囚 10-184B
zéiqùguānmén 賊去關門 10-184A
zéirén 賊人 10-183B
zéirén 賊仁 10-184A
zéirěn 賊忍 10-185B
zéiréndǎnxū 賊人膽虛 10-183B
zéirénxīnxū 賊人心虛 10-183B
zéishā 賊殺 10-187A
zéishāng 賊傷 10-188B
zéishēn 賊深 10-187B
zéishí 賊蝕 10-189A
zéishǒu 賊手 10-184A
zéishǒu 賊首 10-186B
zéishǒuzéijiāo 賊手賊脚 10-184A
zéishǔ 賊屬 10-190A
zéishù 賊豎 10-189A
zéishuài 賊率 10-187B
zéishuài 賊帥 10-186B
zéishǔshǔ 賊鼠鼠 10-188B
zéitètè 賊忒忒 10-185B
zéitèxīxī 賊忒嘻嘻 10-185B
zéitèxīxī 賊忒嬉嬉 10-185B
zéitóu 賊頭 10-189B
zéitóugǒunǎo 賊頭狗腦 10-189B
zéitóuguǐnǎo 賊頭鬼腦 10-189B
zéitóushǔnǎo 賊頭鼠腦 10-189B
zéitóuzéinǎo 賊頭賊腦 10-189B
zéitū 賊禿 10-185B
zéitú 賊徒 10-187A
zéitūtū 賊禿禿 10-185B
zéiwáng 賊王 10-184A
zéiwángbā 賊亡八 10-183B
zéiwángbā 賊王八 10-184A
zéiwángbā 賊忘八 10-185B
zéiwázi 賊娃子 10-186B
zéiwǔ 賊伍 10-185A
zéiwù 賊霧 10-190A
zéixià 賊下 10-183B
zéixiàn 賊線 10-189B
zéixiàng 賊相 10-186A
zéixīn 賊心 10-184A
zéixīng 賊星 10-186A
zéixíng 賊刑 10-185A
zéixíng 賊形 10-185A
zéixìng 賊性 10-186A
zéixué 賊穴 10-184B
zéiyǎn 賊眼 10-187B
zéiyàn 賊焰 10-188A
zéiyàn 賊餤 10-190A
zéiyāng 賊殃 10-186A
zéiyǎnnǎo 賊眼腦 10-187B
zéiyì 賊義 10-189A
zéiyuán 賊元 10-184A
zéizāng 賊贓 10-190A
zéizhì 賊知 10-185B
zéizhì 賊智 10-188A
zéizhǒng 賊種 10-189A
zéizhòng 賊衆 10-188A
zéizhū 賊誅 10-189A
zéizhǔ 賊主 10-184B
zéizǐ 賊子 10-183B
zéizǐluànchén 賊子亂臣 10-183B
zéjí 擇吉 6-918A
zéjiàng 責降 10-92B
zéjiāo 擇交 6-918B
zéjié 責詰 10-94B
zéjiè 責戒 10-91B
zéjíkūgǔ 澤及枯骨 6-166A
zéjīn 幘巾 3-756B
zéjǐng 責儆 10-94B
zéjìng 迮徑 10-760A
zèjìng 側徑 1-1543B
zèjìng 仄徑 1-1071A
zéjiū 責究 10-91B
zéjiù 責咎 10-92A
zéjū 責居 10-92A
zéjù 則劇 2-698A
zéjué 擇決 6-918B
zéjùhái'ér 則劇孩兒 2-698A
zéjùqián 則劇錢 2-698A
zékè 責課 10-95A
zékǒu 嘖口 3-473A
zékū 澤枯 6-166B
zékuí 澤葵 6-166B
zélán 澤蘭 6-167B
zélì 則例 2-697A
zélì 責詈 10-94A
zélì 責厲 10-94B
zélì 責勵 10-95A
zèlì 昃劣 3-853B
zéliáng 幘梁 3-756B
zéliáng 澤梁 6-166B
zélín 擇鄰 6-919B
zélíng 賾靈 10-291B
zélìng 責令 10-90B
zèlòu 仄陋 1-1071A
zèlòu 仄陋 3-1208A
zélǔ 澤鹵 6-166B
zélù 責祿 10-94A
zélù 責賂 10-94B
zémǎ 澤馬 6-166B
zémà 責罵 10-95A
zémǎi 責買 10-94A
zémáo 責茅 10-92A
zémáo'er 擇毛兒 6-918A
zèmèi 仄媚 1-1071B
zéměng 舴艋 9-6B
zémiǎn 責免 10-91B
zémín 澤民 6-166A
zémìng 責命 10-92A
zémó 則麼 2-698A
zémù 擇木 6-918A
zèmù 仄目 1-1071A
zénán 責難 10-95B
zénàn 責難 10-95B
zénào 澤淖 6-166B
zènbàng 譖謗 11-419B
zěndāng 怎當 7-446B
zěndāngde 怎當得 7-446B
zěnde 怎得 7-446B
zěnde 怎的 7-446B
zěnde 怎地 7-446B
zěndé 怎得 7-446B
zèndù 譖妒 11-419A
zènduǎn 譖短 11-419B
zēng'ài 憎愛 7-743A
zèngbǎodāo 贈寶刀 10-302A
zèngbì 甑箄 5-296B
zèngbiān 贈鞭 10-301B
zèngbié 贈別 10-299B
zēngbō 矰碆 7-1554B
zēngbó 繒帛 9-1022B
zēngbǔ 增補 2-1223B
zēngbù 罾布 8-1046A
zēngbù 繒布 9-1022B
zēngcǎi 繒采 9-1022B
zēngcǎi 繒綵 9-1023A
zèngcǎi 贈彩 10-300B
zèngcè 贈策 10-301A
zēngchǎn 增産 2-1223A
zēngcháo 曾巢 5-780A
zēngcháo 增巢 2-1223B
zēngcháo 橧巢 4-1319B
zēngchén 曾臣 5-779A
zèngchén 甑塵 5-296B
zèngchénfǔyú 甑塵釜魚 5-296B
zēngchéng 增成 2-1222A
zēngchéng 增城 2-1222B
zēngchǒu 憎醜 7-743A
zèngchóu 贈酧 10-301A
zēngchǔ 繒楮 9-1023A
zèngchǔ 贈處 10-300B
zēngchuán 罾船 8-1046A
zēngchuán 繒船 9-1023A
zèngcì 贈賜 10-301B
zēngdà 增大 2-1222A
zèngdá 贈答 10-301A
zēngdàfù 曾大父 5-778B
zèngdài 甑帶 5-296B

zèngdāo 贈刀 10-299A
zēngdèng 磳磴 7-1113A
zèngdiǎn 贈典 10-300A
zēngdìng 增訂 2-1223A
zēngdú 憎毒 7-742B
zēngdù 憎妒 7-742B
zēngdù 憎妬 7-742B
zēngduō 增多 2-1222B
zèngduò 甑墮 5-296B
zēngfán 憎煩 7-743A
zēngfáng 增防 2-1222B
zèngfāng 贈芳 10-299B
zēngfànzhīshì 繒販之士 9-1023A
zēngfèn 憎憤 7-743A
zēngfēng 憎風 7-742B
zēngfèng 增奉 2-1222B
zèngfēng 贈封 10-300A
zèngfèng 贈賵 10-301B
zēngfú 增幅 2-1223B
zēngfù 曾父 5-779A
zèngfù 贈賻 10-301B
zēnggāo 增高 2-1223A
zènggào 贈告 10-299B
zènggōng 贈公 10-299B
zēnggǒu 罾笱 8-1046A
zēnggū 罾罛 8-1046A
zēnggǔ 罾罟 8-1046A
zèngguān 贈官 10-300A
zēngguāng 增光 2-1222A
zēngguǎng 增廣 2-1224A
zēngguǎngshēng 增廣生 2-1224A
zèngguāngwǎliàng 鋥光瓦亮 11-1299A
zèngguī 甑窐 5-296B
zènghào 贈耗 10-300B
zènghào 贈號 10-301A
zēnghèn 憎恨 7-742B
zènghèn 贈恨 10-300A
zēnghuī 增輝 2-1224A
zēnghuǐ 憎毀 7-743A
zēnghuì 憎恚 7-742B
zènghuì 贈賄 10-301A
zēngjí 憎疾 7-742B
zēngjí 憎嫉 7-743A
zēngjì 憎忌 7-742B
zēngjiā 增加 2-1222A
zèngjià 贈嫁 10-301A
zēngjiān 繒縑 9-1023A
zèngjiàn 贈餞 10-301B
zēngjǐn 繒錦 9-1023A
zēngjìn 增進 2-1223A
zèngjìn 贈贐 10-302A
zēngjù 增劇 2-1224A
zèngjūn 贈君 10-300A
zēngkān 增刊 2-1222A
zēngkēng 曾坑 5-779A
zēngkuàng 繒纊 9-1023B
zèngkuàng 贈貺 10-300B
zèngkuì 贈饋 10-302A
zènglài 贈賚 10-301B
zènglào 贈勞 10-301A
zēngléi 罾罍 8-1046A
zēnglěi 增累 2-1223A
zènglǐ 贈鯉 10-302A
zēnglián 憎憐 7-743A
zēngliàn 繒練 9-1023A
zèngliàng 鋥亮 11-1299A
zēnglíng 繒綾 9-1023A
zēnglù 罾麗 8-1046A
zènglù 贈賂 10-301A
zēnglún 繒綸 9-1023A
zēngluó 矰羅 7-1554B
zēnglǜ 繒綷 9-1023A
zēngmén 曾門 5-779B
zèngměng 甑甏 5-296B
zèngmǐ 贈米 10-299B
zēngmǐn 曾閔 5-780A
zēngmìng 憎命 7-742B
zèngmíngchèliàng 鋥明徹亮 11-1299A
zèngmíngfāliàng 鋥明發亮 11-1299A
zēngnáo 曾撓 5-780B
zēngnián 增年 2-1222A
zèngnuó 贈儺 10-302A
zèngòu 譖搆 11-419B
zèngòu 譖構 11-419B
zèngpèi 贈珮 10-300B
zèngpǐn 贈品 10-300A
zèngqiándāo 贈虔刀 10-300B
zēngqiáng 增强 2-1223B
zēngquán 增泉 2-1223A
zēngrén 憎人 7-742B
zēngrén 罾人 8-1046A
zèngshàn 贈扇 10-300B
zēngshāng 增傷 2-1223B
zèngsháo 贈芍 10-299B
zēngshè 增設 2-1223A
zēngshēng 增生 2-1222A
zèngshēngchén 甑生塵 5-296B
zēngshēnshārén 曾參殺人 5-780A
zēngshǐ 曾史 5-779A
zēngshǐ 矰矢 7-1554A
zēngshì 翻逝 9-692B
zēngshì 增逝 2-1223A
zēngshì 增飾 2-1224A
zèngshī 贈施 10-300A
zèngshì 贈飾 10-301A
zèngshì 贈諡 10-301B
zèngshì 贈謚 10-301B
zēngshōujiézhī 增收節支 2-1222B
zēngsī 曾思 5-779B
zēngsī 綜絲 9-912A
zèngsǐ 贈死 10-299B
zèngsòng 贈送 10-300A
zēngsǒu 增藪 2-1224A
zèngsù 贈粟 10-300B
zèngsuì 贈襚 10-301B
zēngsūn 曾孫 5-779B
zēngsǔn 增損 2-1223B
zēngtiān 增添 2-1223B
zēngtián 磳田 7-1113A
zèngtiē 贈貼 10-300B
zēngtuò 增拓 2-1222B
zēngwǎng 罾網 8-1046A
zēngwǎng 罾罔 8-1046A
zēngwángfù 曾王父 5-778B
zēngwěi 磳硊 7-1113A
zēngwèi 憎畏 7-742B
zēngwèi 矰罻 7-1554B
zēngwèi 罾罻 8-1046A
zèngwěi 綜緯 9-912B
zèngwèi 贈遺 10-301B
zèngwèn 贈問 10-300B
zēngwēng 曾翁 5-779B
zēngwǔ 憎忤 7-742B
zēngwù 憎惡 7-742B
zēngxī 增息 2-1223A
zēngxì 增欷 2-1223A
zèngxī 贈錫 10-301B
zēngxián 憎嫌 7-743A
zēngxiàn 增羨 2-1223B
zèngxiàn 綜綫 9-912A
zèngxiàn 綜線 9-912B
zēngxiāo 繒綃 9-1023A
zèngxiào 贈孝 10-299B
zèngxíng 贈行 10-299B
zēngxiū 橧庥 4-1319B
zēngxiù 繒繡 9-1023A
zēngxù 繒絮 9-1023A
zèngxù 贈序 10-299B
zèngxù 贈卹 10-300A
zèngxù 贈恤 10-300A
zēngxuán 曾玄 5-779A
zēngyán 曾顏 5-780B
zēngyàn 憎厭 7-743A
zèngyán 贈言 10-299B
zèngyāo 甑腰 5-296B
zèngyào 贈藥 10-302A
zēngyì 增益 2-1223A
zēngyì 矰弋 7-1554A
zēngyì 矰惟 7-1554B
zèngyí 贈貽 10-300B
zèngyìn 贈蔭 10-301A
zēngyíng 增盈 2-1223A
zèngyǔ 贈予 10-299B
zèngyǔ 贈與 10-301A
zèngyǔ 贈語 10-301B
zèngyù 贈玉 10-299B
zēngyuán 增援 2-1223B
zēngyuàn 憎怨 7-742B
zèngyuǎn 贈遠 10-301A
zèngyuè 贈閱 10-301B
zēngzēng 增增 2-1224A
zēngzēng 磳磳 7-1113A
zèngzèng 鋥鋥 11-1299A
zēngzhǎng 增長 2-1222B
zēngzhǎngtiānwáng 增長天王 2-1222B
zēngzhǎngzhǔ 增長主 2-1222B
zēngzhào 罾罩 8-1046A
zēngzhé 曾折 5-779A
zèngzhěn 贈枕 10-300A
zēngzhí 增殖 2-1223B
zēngzhì 增秩 2-1223A
zēngzhì 增置 2-1223B
zēngzhòng 增重 2-1222B
zēngzhù 曾祝 5-779B
zèngzhù 贈助 10-299B
zēngzhuāntiānwǎ 增磚添瓦 2-1224A
zēngzhuó 矰繳 7-1554B
zēngzhuó 矰繳 7-1554B
zēngzhuó 罾繳 8-1046A
zēngzhuó 繒繳 9-1023A
zēngzǔ 曾祖 5-779B
zēngzǔbǐ 曾祖妣 5-779B
zēngzǔfù 曾祖父 5-779B
zēngzǔmǔ 曾祖母 5-779B
zēngzǔwángfù 曾祖王父 5-779B
zēngzǔwángmǔ 曾祖王母 5-779B
zènhài 譖害 11-419A
zènhuǐ 譖毀 11-419B
zènì 仄慝 3-1208A
zènì 崱嶷 3-853B
zéniè 齚齧 12-1452A
zéniè 齰齧 12-1456A
zéniè 咋囓 3-263B
zènjiàn 譖間 11-419B
zěnjiàndé 怎見得 7-446B
zěnjie 怎價 7-447A
zěnme 怎麼 7-446B
zěnmeyàng 怎麼樣 7-447A
zěnmezhe 怎麼着 7-447A
zěnnài 怎奈 7-446B
zěnnàixiàng 怎奈向 7-446B
zènnüè 譖虐 11-419A
zénóng 澤農 6-167A
zènrén 譖人 11-419A
zènrùn 譖潤 11-419B
zènshā 譖殺 11-419A
zěnshēng 怎生 7-446A
zěnshēngxiàng 怎生向 7-446B
zěnshuō 怎説 7-446B
zènshuō 譖説 11-419B
zènsòng 譖訟 11-419B
zènsù 譖訴 11-419B
zènsù 譖愬 11-419B
zèntè 譖慝 11-419B
zénù 責怒 10-92B
zénuò 責諾 10-95A
zènwù 譖惡 11-419B
zènxiàmánshàng 譖下謾上 11-419A
zěnxiàng 怎向 7-446B
zěnxǔ 怎許 7-446B
zènyán 譖言 11-419A
zěnyàng 怎樣 7-447A
zěnyàngzhe 怎樣着 7-447A
zépànyín 澤畔吟 6-166B
zépèi 擇配 6-919A
zépèi 澤霈 6-167A
zépì 責譬 10-95B
zépò 責迫 10-92A
zépū 責撲 10-95A
zéqī 責期 10-94A
zéqì 則氣 2-697B

zéqì 澤器 6-167A
zèqǐ 仄起 1-1071A
zéqiǎn 責譴 10-95B
zéqiàn 責欠 10-90B
zéqiào 責誚 10-94B
zéqíng 則情 2-697B
zéqiú 責求 10-91B
zéqiú 責賕 10-94B
zéqǔ 責取 10-91B
zéqǔ 擇取 6-919A
zéquàn 責券 10-92A
zéquàn 責勸 10-95B
zérǎng 責嚷 10-95B
zéràng 責讓 10-96A
zérén 擇人 6-918A
zérén 澤人 6-166A
zérèn 責任 10-91A
zérèngǎn 責任感 10-91B
zérènshìgù 責任事故 10-91B
zérènxīn 責任心 10-91A
zérènzhì 責任制 10-91B
zérì 擇日 6-918A
zèrì 昃日 5-586A
zéròu 擇肉 6-918B
zèróu 仄輮 1-1071B
zérǔ 責辱 10-93A
zérùn 澤潤 6-167A
zèsè 側塞 1-1545A
zéshàn 責善 10-94A
zéshàn'ércóng 擇善而從 6-919B
zéshàn'érxíng 擇善而行 6-919B
zéshàngùzhí 擇善固執 6-919B
zéshé 䶦舌 12-1458A
zéshé 齚舌 12-1452A
zéshé 齰舌 12-1456A
zéshé 咋舌 3-263A
zéshéjiānchún 齰舌緘唇 12-1456A
zéshèn 則甚 2-697A
zèshēn 仄身 1-1071A
zéshēng 則聲 2-698A
zéshēng 嘖聲 3-473B
zèshēng 側聲 1-1545B
zèshēng 仄聲 1-1071B
zéshī 責失 10-90B
zéshí 責實 10-95A
zéshì 責仕 10-90B
zéshì 嘖室 3-473A
zéshì 咋噬 3-263B
zéshì 柞氏 4-914B
zèshí 昃食 5-586A
zèshí 昗食 5-583B
zèshì 仄室 1-1071A
zéshíxúnmíng 責實循名 10-95A
zéshǒu 責守 10-91B
zéshǒu 澤手 6-166A
zéshòu 責授 10-93A
zéshū 責書 10-93A
zéshū 責疏 10-94B
zéshǔ 笮鼠 8-1121A
zéshù 責數 10-95A
zéshuài 責率 10-93B
zéshuài 責帥 10-92B
zéshuì 責稅 10-94A
zéshǔn 唶吮 3-375A
zésǐ 齰死 12-1456A
zésì 擇嗣 6-919B
zèsǒng 仄悚 1-1071B
zésǒu 澤藪 6-167A
zésuǒ 則索 2-697B
zétàn 責賧 10-95A
zétànyǐnsuǒ 賾探隱索 10-291B
zètè 仄慝 1-1071B
zétiān 則天 2-697A
zètiǎo 昃朓 5-586A
zèwāi 仄歪 1-1071A
zéwàng 責望 10-93B
zéwēi 則微 2-697B
zèwēi 仄微 1-1071B
zéwèn 責問 10-93B
zéwěnmóyá 澤吻磨牙 6-166A
zéwù 澤物 6-166B
zèwū 仄兀 1-1070B
zéwúpángdài 責無旁貸 10-94A
zéxī 則溪 2-698A
zéxī 責息 10-93A
zéxǐ 責徙 10-93B
zèxí 仄席 1-1071B
zéxiá 迮狹 10-760A
zéxiá 迮陿 10-760A
zéxiá 柞狹 4-914B
zéxià 責下 10-90A
zèxiá 仄狹 1-1071A
zéxián 責嫌 10-94B
zéxiàn 責限 10-92B
zéxiàng 則象 2-697B
zéxiáo 賾殽 10-291B
zéxiǎo 迮小 10-759B
zéxiào 則效 2-697B
zéxiào 則傚 2-697B
zéxiào 責效 10-93A
zèxiǎo 仄小 1-1071A
zéxiè 澤瀉 6-167A
zéxìn 責信 10-92B
zéxíng 擇行 6-918B
zéxiū 責修 10-92B
zéxù 擇壻 6-919B
zéxù 擇婿 6-919B
zéxuǎn 擇選 6-920A
zéxùchē 擇壻車 6-919B
zéxùn 責訊 10-93A
zéyā 責押 10-91B
zéyán 責言 10-91B
zéyán 嘖言 3-473A
zéyán 擇言 6-918B
zéyàn 澤燕 6-167A
zéyào 責要 10-92B
zéyào 擇要 6-919A
zéyì 責義 10-94B
zéyīn 責陰 10-93A
zéyīn 擇音 6-919A
zéyǐn 賾隱 10-291B
zéyǐng 責景 10-94A
zèyǐng 仄影 1-1071B
zèyǐng 昃景 5-586A
zéyōng 齰癰 12-1456A
zéyóu 擇尤 6-918A
zéyǒu 責有 10-91A
zéyòu 責誘 10-95A
zéyǒufányán 嘖有煩言 3-473A
zéyǒusuǒguī 責有所歸 10-91A
zéyǒuyōuguī 責有攸歸 10-91A
zéyú 澤虞 6-167A
zéyǔ 澤雨 6-166A
zéyù 溭淢 6-13B
zéyuàn 責怨 10-92B
zèyùn 仄韻 1-1071B
zèyùnshī 仄韻詩 1-1071B
zézā 咋咂 3-263A
zézāng 責贓 10-95B
zézé 迮迮 10-759B
zézé 則則 2-697B
zézé 唶唶 3-375A
zézé 責責 10-93A
zézé 嘖嘖 3-473A
zézé 瞔瞔 8-274B
zézé 咋唶 3-263B
zézé 咋咋 3-263A
zèzè 仄仄 1-1071A
zèzè 崱崱 3-853B
zézhài 責債 10-94B
zézhàn 責戰 10-95A
zézhàng 責杖 10-91B
zézhé 迮牒 10-760A
zézhé 則哲 2-697B
zézhī 責知 10-92A
zézhī 澤芝 6-166A
zézhí 擇執 6-919A
zézhǐ 睪茝 8-1023B
zézhǐ 睪芷 8-1023B
zézhǐ 齚指 12-1452A
zézhǐ 咋指 3-263B
zézhì 責治 10-92A
zézhì 澤雉 6-167A
zézhǐtùshé 咋指吐舌 3-263B
zézhuàng 責狀 10-92A
zèzhùguān 仄注冠 1-1071A
zézhuó 澤濁 6-167A
zézǐ 則子 2-697A
zèzú 仄足 1-1071A
zézuǐ 擇嘴 6-920A
zézuì 責罪 10-94B
zhábà 閘把 12-99A
zhǎba 眨巴 7-1189B
zhǎbā 眣巴 7-1221B
zhǎbā 扎巴 6-307A
zhàbài 詐敗 11-107A
zhàbàiyángshū 詐敗佯輸 11-107B
zhābàn 扎扮 6-307B
zhábǎn 牐板 6-1049A
zhábǎn 牐版 6-1049B
zhábǎn 閘板 12-99A
zhábàn 閘辦 12-99B
zhābǎn'er 扎板兒 6-307B
zhābào 齇皰 12-1424B
zhàbào 詐暴 11-108B
zhǎbayǎn 眨巴眼 7-1189B
zhābí 齇鼻 12-1424B
zhābǐ 揸筆 6-738B
zhàbī 詐逼 11-107B
zhàbiǎo 詐表 11-106A
zhàbīn 蜡賓 8-912A
zhàbìng 詐病 11-107A
zhàbǔ 詐卜 11-105A
zhàbù 詐怖 11-106A
zhǎcài 鮓菜 12-1215A
zhàcái 詐財 11-107A
zhàcài 榨菜 4-1234A
zhácǎo 閘草 12-99A
zhǎcǎo 苲草 9-349A
zhácèng 扎蹭 6-309A
zhàchā 吒叉 3-136A
zhàchán 蚱蟬 8-876B
zhácháo 閘朝 12-99A
zhāchè 齰掣 12-1456B
zhāchèn 扎稱 6-308B
zhàchén 詐臣 11-105B
zhàchēng 詐稱 11-108A
zháchì 札飭 4-722B
zhàchì 咤叱 3-347B
zhàchībùdiān 詐痴不顛 11-108A
zhàchīyángdāi 詐痴佯呆 11-108A
zhàchóng 蚱蟲 8-876B
zhāchǒu 齇醜 12-1424B
zháchuān 霅川 11-699B
zháchuán 札船 4-722A
zhàchuáng 榨牀 4-1234A
zháchuō 札瘥 4-722B
zhàcí 蜡祠 8-912A
zhàcí 詐辭 11-109A
zhàcì 奓刺 2-1540B
zhàcì 炸刺 7-52B
zhádà 炸大 7-52A
zhǎdá 鮓荅 12-1215A
zhǎdá 鮓答 12-1215A
zhǎdá 鮓鰭 12-1215A
zhàdài 詐紿 11-107B
zhàdài 醡袋 9-1437B
zhàdàn 炸彈 7-52B
zhàdàn 詐誕 11-108A
zhádāo 鍘刀 11-1349B
zhàdào 乍到 1-646B
zhàdào 詐道 11-107B
zhàde 乍地 1-646A
zhādì 劄地 2-741B
zhádié 閘喋 12-99A
zhǎdòng 眨動 7-1190A
zhàdǒu 榨斗 4-1234A
zhádú 札牘 4-723A
zhàduān 詐端 11-108B
zhádùhuīxiāo 札蠹徽銷 4-723A

zhádui 扎堆 6-308A
zhàduō 咤咄 3-348A
zhàduó 詐奪 11-108A
zhá'ěr 札爾 4-722B
zhā'ěrduo 扎耳朵 6-307A
zhàfǎn 詐反 11-105B
zháfèi 札費 4-722B
zhàfēng 詐風 11-106B
zháfū 閘夫 12-99A
zháfù 劄付 2-741A
zháfù 札付 4-721B
zhǎfǔ 鮓脯 12-1215A
zhàfǔ 詐腐 11-108B
zhàfùrén 乍富人 1-646B
zhágāng 軋鋼 9-1200A
zhágāngjī 軋鋼機 9-1200A
zhāgāo 楂糕 4-1148A
zhāgāo 樝餻 4-1272A
zhágāo 炸糕 7-52B
zhágǎo 札稿 4-723A
zhāgé 担格 6-452A
zhàgé 乍閣 1-646B
zhāgēn 扎根 6-307B
zhāgēnchuànlián 扎根串連 6-307B
zhǎgēng 鮓羹 12-1215A
zhágōng 札工 4-721B
zhágòng 炸供 7-52B
zhàgōng 蜡宮 8-912A
zhāgōu 扎鈎 6-308A
zhāgū 扎姑 6-307B
zhāgǔ 扎古 6-307A
zhāgù 扎固 6-307B
zhāgù 扎顧 6-309A
zhágǔ 札鼓 4-722B
zhàgù 詐故 11-106A
zháguān 閘官 12-99A
zháguān 閘關 12-99B
zhàguān 詐官 11-106A
zhāgǔdīng 扎古丁 6-307A
zhāguì 渣櫃 5-1447A
zhàguǐ 詐詭 11-108A
zhágǔn 軋輥 9-1200A
zhāguǒ 查果 4-906B
zhāguǒ 查裹 4-909A
zhāguǒ 扎裹 6-308B
zhàguō 炸鍋 7-52B
zhàgǔyánglóng 詐瞽徉聾 11-109A
zhǎhǎi 鮓醢 12-1215A
zhàhài 詐害 11-107A
zháhàn 扎翰 6-309A
zháhàn 札翰 4-723A
zhàhàn 詐悍 11-107A
zháhé 札合 4-722A
zháhé 閘河 12-99A
zháhé 閘盒 12-99A
zhàhǒng 詐哄 11-106B
zhāhū 咋乎 3-263A
zhāhū 咋呼 3-263B
zhāhū 喳呼 3-413A
zhāhū 扎呼 6-307B
zhāhū 乍呼 1-646B
zhāhǔ 囃唬 3-562B
zhāhǔ 咋唬 3-263B
zhàhū 咤呼 3-347B
zhàhū 炸呼 7-52B
zhàhú 詐湖 11-107B
zhàhǔ 詐唬 11-107B
zhāhuā 扎花 6-307B
zhàhuàn 詐幻 11-105B
zháhuāng 札荒 4-722A
zhāhǔhǔ 乍唬唬 1-646B
zhāhuì 查穢 4-910A
zháhuì 札誨 4-722B
zhàhuì 乍會 1-646B
zhàhuì 詐慧 11-108B
zhāhúshì 查胡勢 4-907A
zhāi'ài 窄隘 8-440A
zhài'áo 砦嶅 7-1043A
zhǎibā 窄巴 8-439B
zhǎibābā 窄巴巴 8-439B
zhāibāléng 側巴楞 1-1541A
zhāibǎng 齋榜 12-1441A
zhàibǎo 砦堡 7-1043A
zhàibǎo 寨堡 4-1233B
zhǎibī 窄逼 8-440A
zhāibiàn 摘遍 6-842B
zhǎibiēbiē 窄鼈鼈 8-440A
zhāibō 摘撥 6-843A
zhāibō 齋鉢 12-1441A
zhāibùkāi 摘不開 6-841B
zháibùkāi 擇不開 6-918A
zhāibùléng 側不棱 1-1541A
zhāibùléng 側不楞 1-1541A
zháicài 擇菜 6-919A
zhàichá 柴楂 4-970B
zhāichǎng 齋場 12-1440B
zhāichāo 摘抄 6-842A
zhāichāo 摘鈔 6-842B
zhāichē 齊車 12-1429A
zhāichē 齋車 12-1438B
zhāichéng 齋誠 12-1441A
zhāichú 摘除 6-842A
zhāichú 齋厨 12-1440B
zhāichú 齋廚 12-1441B
zhāichuán 齋船 12-1440B
zhāicí 齊祠 12-1431A
zhāicí 齋祠 12-1439B
zhāicí 齋詞 12-1440B
zhāidǎo 齋禱 12-1442A
zháidào 宅道 3-1311B
zhàidào 柴道 4-970B
zhāidéxīn 摘得新 6-842B
zháidì 宅第 3-1311B
zhàiduàn 柴斷 4-971B
zhāiduō 摘掇 6-842B
zhàiduò 寨垛 4-1233B
zhái'ē 磼硣 7-1115A
zhāifā 摘發 6-842B
zhāifá 擿罰 6-940B
zhāifàn 齋飯 12-1440B
zhāifáng 齊房 12-1430B
zhāifáng 齋房 12-1439A
zhāifǎng 齋舫 12-1440A
zhāifū 齋夫 12-1438A
zhāifú 齊服 12-1430A
zhāifú 摘伏 6-841B
zhāifú 齋袚 12-1439B
zhàifù 債負 1-1614A
zhāigàn 齋幹 12-1441A
zhāigào 齋告 12-1438B
zhāigé 齋閣 12-1441B
zhāigé 齋閤 12-1441B
zhāigě 齋舸 12-1440B
zhāigōng 齊宮 12-1430A
zhāigōng 齋公 12-1438A
zhāigōng 齋宮 12-1439B
zhāigòng 齋供 12-1438B
zhàigōng 祭公 7-910B
zhǎigōnggōng 窄弓弓 8-439B
zháigōngkè 翟公客 9-657B
zháigōngzhīmén 翟公之門 9-657B
zhàigǔ 瘵蠱 8-353A
zhāiguābàowàn 摘瓜抱蔓 6-841B
zhāiguān 齊冠 12-1431A
zhāiguān 齋官 12-1439A
zhāiguān 齋冠 12-1439B
zhāiguǎn 齋館 12-1441B
zhàiguǐ 瘵鬼 8-352B
zhàiháo 寨壕 4-1233B
zhàihù 柴護 4-971B
zhàihù 責户 10-90B
zhàihù 債户 1-1613B
zhāihuì 齋會 12-1441A
zhāihuò 齋鑊 12-1442A
zhāijì 摘記 6-842B
zhāijì 齋祭 12-1440B
zháijī 宅基 3-1311B
zháijí 檡棘 4-1337A
zhàijí 瘵疾 8-353A
zháijiā 宅家 3-1311B
zhàijiā 責家 10-93A
zhàijiā 債家 1-1614A
zhàijià 債價 1-1614A
zhāijiàn 齋艦 12-1442A
zhāijiǎng 齋講 12-1441B
zhāijiào 齋醮 12-1442A
zhāijiào 摘校 6-940A
zhāijié 齊潔 12-1435B
zhāijié 齊絜 12-1433A
zhāijié 齋潔 12-1441B
zhāijié 齋絜 12-1440B
zhāijiè 齊戒 12-1429A
zhāijiè 摘借 6-842A
zhāijiè 齋戒 12-1438B
zhǎijiě 獬獬 5-128A
zhāijìn 齋禁 12-1441A
zhāijīng 齋經 12-1441A
zhāijīng 齋精 12-1441B
zhāijìng 齊敬 12-1433A
zhāijiǔ 齊酒 12-1432A
zhāijū 齋居 12-1439A
zhāijù 摘句 6-841B
zháijū 宅居 3-1311A
zháijuàn 宅眷 3-1311B
zhāijùxúnzhāng 摘句尋章 6-841B
zhāikē 齋科 12-1439A
zhāikè 齋客 12-1439B
zhāikù 齋庫 12-1440A
zháikù 宅庫 3-1311B
zháikuí 宅揆 3-1311B
zhāiláng 齋郎 12-1439A
zháiláo 鵮鷯 12-1106B
zhāiléng 側棱 1-1544B
zhāilí 摘離 6-843A
zhāilì 齊栗 12-1431B
zhāilì 齊慄 12-1434B
zhāilì 齋栗 12-1440A
zhāilì 齋慄 12-1441A
zháilǐ 宅里 3-1310B
zhàilì 柴籬 4-971B
zhàilì 債利 1-1613B
zhāiliáng 齋糧 12-1442A
zhàiliáng 寨糧 4-1233B
zhāiliào 齋料 12-1440A
zhāiliè 摘裂 6-842B
zhāiliè 擿裂 6-940B
zhāilíng 齋舲 12-1440B
zhǎilóng 窄隆 8-440A
zhǎilòu 窄陋 8-439B
zhāilú 齋廬 12-1442A
zhāilù 摘録 6-843A
zhàilù 柴路 4-970B
zhàiluò 寨落 4-1233B
zhāilǜ 齋慮 12-1441B
zhāimǎ 齋馬 12-1440A
zhāimào 摘帽 6-842B
zháimén 宅門 3-1311A
zháimén 翟門 9-657B
zhàimén 柴門 4-969A
zhǎiménzhǎihù 窄門窄户 8-439B
zhāimí 齋糜 12-1441B
zhāimí 齋麋 12-1442A
zhāimíng 齊明 12-1429B
zhāimíng 齋明 12-1438B
zhàimò 瘵瘼 8-353A
zhāimù 齋沐 12-1438B
zhāinán 齊難 12-1436B
zhāiniáng 齋娘 12-1440B
zhāiniàng 齋釀 12-1442A
zhāiniú 齊牛 12-1427B
zhāinuó 摘那 6-841B
zhāipáo 齋庖 12-1439A
zhāipǐ 摘擗 6-843A
zhāipì 摘僻 6-843A
zhāipíng 齋屏 12-1440A
zhāipó 齋婆 12-1440B
zhāipú 齋僕 12-1441A
zhāiqī 齋七 12-1438A
zhāiqī 齋期 12-1440B
zhāiqí 齋祈 12-1439A
zháiqì 宅氣 3-1311A
zhǎiqiǎ 窄卡 8-439B
zhāiqiánshù 齋前樹 12-1439B
zhāiqǐn 齋寢 12-1441B
zhāiqīng 摘青 6-842A
zháiquàn 宅券 3-1311A
zhàiquán 債權 1-1614A
zhàiquàn 責券 10-92A
zhàiquàn 債券 1-1613B

zhàiquánrén 債權人 1-1614A
zhāirì 齋日 12-1438A
zhāirú 齋如 12-1429A
zhàisāi 柴塞 4-970B
zhāisǎwēngxié 摣靸鞰鞋 6-595B
zhāisè 齊色 12-1428B
zhāisēng 齋僧 12-1441A
zhàishān 砦柵 7-1043A
zháishàng 宅上 3-1310A
zhāishè 齊舍 12-1430A
zhāishè 齋舍 12-1439A
zháishè 宅舍 3-1310B
zhāishēn 齋身 12-1438B
zháishēn 宅身 3-1310B
zháishén 宅神 3-1311A
zhāishēng 齋生 12-1438A
zháishēng 宅生 3-1310B
zhǎishēngshēng 窄生生 8-439B
zhāishí 齋食 12-1439B
zhāishí 齋時 12-1440A
zhāishì 齊事 12-1429B
zhāishì 齋事 12-1438B
zhāishì 齋室 12-1439B
zhǎishù 窄束 8-439B
zhāishuài 齋帥 12-1439B
zhàishuài 債帥 1-1613B
zhāisù 齊速 12-1431B
zhāisù 齊宿 12-1433A
zhāisù 齊肅 12-1434B
zhāisù 齋素 12-1440A
zhāisù 齋速 12-1440A
zhāisù 齋宿 12-1440B
zhāisù 齋肅 12-1441A
zhāisuǒ 摘索 6-842A
zhāisuǒ 齋所 12-1439A
zhāisuǒ 擿索 6-940B
zhǎisuǒ 窄索 8-439B
zhàitái 債臺 1-1614A
zhàitáigāozhù 債臺高築 1-1614A
zhāitán 齋壇 12-1441B
zhāitáng 齋堂 12-1440B
zhāitáozi 摘桃子 6-842A
zhāitǐ 齊醍 12-1436A
zháitián 宅田 3-1310B
zhāitíng 齋亭 12-1439B
zhāitíng 齋庭 12-1439B
zhāitóng 齋童 12-1441A
zhāitóu 摘頭 6-843A
zhāitóu 齋頭 12-1441B
zháitǔ 宅土 3-1310A
zhāituō 摘脱 6-842B
zhāiwai 側歪 1-1543A
zhàiwéi 寨圩 4-1233B
zhāiwén 齋文 12-1438A
zhāiwèn 擿問 6-940B
zhāiwò 齋幄 12-1440B
zhāiwū 齋屋 12-1439B
zháiwū 宅屋 3-1311A
zhàiwū 寨屋 4-1233B
zhàiwù 債務 1-1614A
zhàiwùrén 債務人 1-1614A
zhāixī 齊犧 12-1437A
zháixí 擇席 6-919A
zhāixià 齊夏 12-1432A
zhǎixiá 窄狹 8-439B
zháixiàng 宅相 3-1311A
zhǎixiǎo 窄小 8-439B
zhāixiè 徳徶 3-1105B
zhāixīn 摘心 6-841B
zhāixīn 齋心 12-1438A
zháixīn 宅心 3-1310A
zhāixīndílǜ 齊心滌慮 12-1427B
zhāixīndílǜ 齋心滌慮 12-1438A
zhāixīnglóu 摘星樓 6-842A
zhǎixīngxīng 窄星星 8-439B
zhāixiū 齋修 12-1439A
zhāixuán 齊玄 12-1428A
zhāixūn 齋薰 12-1441B
zhāiyán 齊嚴 12-1437A
zhāiyán 齋筵 12-1440B
zhāiyán 齋嚴 12-1442A
zhāiyào 摘要 6-842A
zhāiyī 齋衣 12-1438B
zhāiyìn 摘印 6-841B
zháiyǐn 宅引 3-1310B
zhāiyīng 摘纓 6-843A
zhàiyíng 柴營 4-971B
zhàiyǒng 寨勇 4-1233B
zhāiyóu 摘由 6-841B
zháiyōu 宅憂 3-1311B
zhāiyǔ 摘語 6-842B
zhāiyǔ 齋宇 12-1438B
zháiyǔ 宅宇 3-1310B
zhàiyǔ 砦窳 7-1043A
zhāiyuàn 齋院 12-1440A
zháiyuàn 宅院 3-1311A
zhàiyuán 柴楥 4-970B
zhāiyuè 齋月 12-1438A
zhǎiyùn 窄韻 8-440A
zhāizāng 齋臧 12-1441A
zhǎizè 窄仄 8-439B
zhàizhà 柴柵 4-969B
zhāizhāi 齊齊 12-1435A
zhǎizhǎi 窄窄 8-440A
zhǎizhǎibiébié 窄窄別別 8-440A
zhǎizhǎigōnggōng 窄窄弓弓 8-440A
zhǎizhǎiqīngqīng 窄窄輕輕 8-440A
zhāizhǎng 齋長 12-1438B
zhāizhàng 齋仗 12-1438A
zhàizhǎng 寨長 4-1233B
zháizhào 宅兆 3-1310B
zháizhě 宅者 3-1310B
zhāizhí 擿埴 6-940B
zhāizhì 齊制 12-1430A
zhāizhísuǒtú 摘埴索塗 6-842B
zhāizhísuǒtú 擿埴索途 6-940B
zhāizhísuǒtú 擿埴索塗 6-940B
zhāizhísuǒtú 擿植索塗 6-940B
zhāizhōngjiǔ 齋中酒 12-1438A
zháizhōngtúdà 宅中圖大 3-1310A
zhāizhōngyágǔ 齋鐘衙鼓 12-1442A
zhāizhōu 齋粥 12-1441A
zhāizhòu 齊酎 12-1432A
zhāizhòu 齋酎 12-1440A
zhāizhǔ 齋主 12-1438B
zhàizhǔ 責主 10-91A
zhàizhǔ 債主 1-1613B
zhàizhǔ 寨主 4-1233B
zhāizhuàn 齋饌 12-1442A
zhāizhuāng 齊莊 12-1431B
zhāizhuāng 齋莊 12-1440A
zhāizī 摘髭 6-843A
zháizi 宅子 3-1310A
zhàizi 寨子 4-1233B
zháizōng 度宗 3-1225B
zhàizǒng 寨總 4-1233B
zhāizuò 齋坐 12-1438B
zhájì 劄記 2-741B
zhájì 扎記 6-308A
zhájì 札記 4-722A
zhàjī 詐擊 11-109A
zhàjí 詐疾 11-107A
zhàjì 蜡祭 8-912A
zhàjì 詐計 11-106B
zhàjì 褡祭 7-934A
zhàjiàn 乍見 1-646A
zhàjiānbùjí 詐奸不及 11-105B
zhǎjiàng 鮓醬 12-1215A
zhájiàng 炸醬 7-52B
zhájiē 扎揭 6-308A
zhàjiē 咤嗟 3-348A
zhàjié 蜡節 8-912A
zhàjìng 詐競 11-109B
zhàjú 詐局 11-106A
zhàjué 詐譎 11-109A
zhákàn 閘看 12-99A
zhākè 劄客 2-741B
zhàkě 乍可 1-646A
zhàkè 詐刻 11-106A
zhàkēng 炸坑 7-52B
zhàkǒng 柵孔 4-922A
zhākōngqiāng 扎空槍 6-307B
zhákǒu 軋口 9-1198B
zhákǒu 閘口 12-99A
zhàkuáng 詐狂 11-105B
zhàkuì 詐愧 11-108A
zhākuò 扎括 6-307B
zhàlà 蜡臘 8-912A
zhàlài 詐賴 11-109A
zhàlán 柵欄 4-922A
zhàlázi 柵剌子 4-922A
zhàlè 詐勒 11-107A
zhàléi 炸雷 7-52B
zhàlěi 柵壘 4-922A
zhálì 札吏 4-722A
zhálì 札厲 4-722B
zhálì 札癘 4-723A
zhàlǐ 褡禮 7-934A
zhàlì 詐力 11-105A
zhàlì 詐戾 11-106A
zhàliángzǎliáng 乍涼咋涼 1-646B
zháliáo 蚻蟧 8-874A
zhàlièdàn 炸裂彈 7-52B
zháliù 炸餾 7-52B
zhàliǔzhī 褡柳枝 7-933B
zhālíxiàng 查梨相 4-908A
zhàlǒng 炸壠 7-52B
zhālù 譇娽 11-401A
zhǎlǔ 鮓滷 12-1215A
zhàluàn 詐亂 11-108A
zhàlùn 詐論 11-108B
zhāluò 扎落 6-308A
zhàlüè 詐略 11-107B
zhàmǎ 詐馬 11-106B
zhàmáo 炸毛 7-52B
zhàmào 詐冒 11-106B
zhàmáobiànsè 乍毛變色 1-646A
zhàmǎyán 詐馬筵 11-106B
zhǎméi 眨眉 7-1189B
zhāmén 查門 4-906B
zhámén 閘門 12-99A
zhàmén 柵門 4-922A
zhàměng 蚱蜢 8-876A
zhàměngde 乍猛的 1-646B
zhàměngzhú 蚱蜢竹 8-876A
zhāměngzi 扎猛子 6-308A
zhǎmī 映瞇 7-1221B
zhàmíng 詐名 11-105B
zhàmiù 詐謬 11-109A
zhámò 札抹 4-722A
zhǎmó 眨摩 7-1190A
zhàmò 吒蛨 3-136A
zhàmóu 詐謀 11-109A
zhān'ài 沾礙 5-1069A
zhān'àn 氈案 6-1018B
zhǎn'àn 斬岸 6-1060A
zhānáo 譫詉
zhàn'áotóu 占鰲頭 1-993B
zhānbā 饘粑 12-586A
zhǎnbá 展拔 4-44A
zhānbài 瞻拜 7-1263B
zhǎnbài 展拜 4-44B
zhànbài 占拜 1-991A
zhànbài 戰敗 5-243B
zhǎnbǎn 斬板 6-1060A
zhǎnbǎn 斬版 6-1060A
zhànbān 跕班 10-442B
zhànbān 站班 8-380A
zhànbān 戰瘢 5-246A
zhànbǎn 占板 1-990B
zhànbǎn 棧板 4-1097B
zhānbāo 沾包 5-1066A
zhānbāo 氈包 6-1018A
zhǎnbào 展報 4-45B
zhànbào 戰報 5-244B
zhānbèi 沾被 5-1067B
zhānbèi 霑被 11-706A
zhànbèi 戰備 5-245A

zhānbǐ 氈筆 6-1019A
zhānbì 瞻避 7-1266A
zhànbǐ 戰筆 5-244B
zhànbì 占畢 1-991B
zhànbì 湛碧 5-1443A
zhànbì 戰篦 5-247A
zhānbiān 沾邊 5-1068B
zhǎnbiàn 展辯 4-47B
zhǎnbiàn 展變 4-47B
zhǎnbiāo 斬標 6-1062A
zhǎnbiāo 颭颷 12-637B
zhànbiǎo 戰表 5-241B
zhànbiǎozi 占表子 1-990B
zhǎnbīng 斬冰 6-1059B
zhànbīng 戰兵 5-241B
zhānbo 瞻匐 7-1265B
zhānbó 旃帛 6-1591A
zhānbó 瞻博 7-1265A
zhǎnbō 展鉢 4-46A
zhànbō 湛波 5-1441B
zhànbó 棧箔 4-1098A
zhànbó 湛泊 5-1441B
zhànbó 戰駁 5-245B
zhānbóhuā 瞻博花 7-1265A
zhānbojiā 瞻匐加 7-1265B
zhānbójiāhuā 瞻博迦花 7-1265A
zhānbǔ 沾補 5-1068A
zhānbǔ 蒼匐 9-566A
zhānbǔ 占卜 1-989B
zhānbù 氈布 6-1018A
zhānbù 瞻部 7-1264B
zhānbù 占不 1-990A
zhānbù 占步 1-990B
zhǎnbǔ 斬捕 6-1060B
zhǎnbù 展布 4-43B
zhǎnbù 展佈 4-44A
zhǎnbù 搌布 6-820B
zhǎnbù 踬步 10-537A
zhànbù 戰怖 5-242B
zhànbù 戰簿 5-247B
zhǎncǎi 展采 4-44A
zhāncǎo 詹草 11-187A
zhǎncǎo 展草 4-44B
zhàncǎo 驏草 12-872A
zhǎncǎochúgēn 斬草除根 6-1060A
zhānchá 瞻察 7-1265B
zhānchá 占察 1-993A
zhānchài 蛅蠆 8-874B
zhǎnchán 嶄巉 3-862A
zhànchǎn 棧鏟 4-1098A
zhànchǎn 棧嵼 3-865A
zhànchàn 戰顫 5-247B
zhànchǎng 戰場 5-244A
zhànchǎng'er 占場兒 1-992A
zhānchē 旃車 6-1591A
zhānchē 氈車 6-1018A
zhānchě 沾扯 5-1066A
zhànchè 占拆 1-990B
zhànchē 棧車 4-1097A
zhànchē 戰車 5-241B
zhànchè 湛澈 5-1443A
zhànchè 戰掣 5-244B
zhǎnchén 展陳 4-45A
zhànchén 戰塵 5-246A
zhānchéng 氈城 6-1018A
zhānchéng 占城 1-991A
zhǎnchéng 展成 4-43B
zhànchēpìnmǎ 棧車牝馬 4-1097A
zhānchí 瞻馳 7-1265A
zhānchì 怗懘 7-475A
zhānchì 惉懘 7-576A
zhǎnchì 展翅 4-45A
zhànchì 站赤 8-379B
zhǎnchū 展出 4-43B
zhǎnchú 斬除 6-1060B
zhànchuán 站船 8-380A
zhànchuán 戰舡 5-242B
zhànchuán 戰船 5-244A
zhānchún 沾唇 5-1067A
zhāncí 占辭 1-993B
zhāncì 霑賜 11-706B
zhàncí 占辭 1-993B
zhǎncù 展促 4-44B
zhāncuì 旃毳 6-1591A
zhāncuì 氈毳 6-1019A
zhǎncuī 斬縗 6-1062B
zhǎncuī 斬衰 6-1061A
zhǎncuīguān 斬衰冠 6-1061A
zhǎncuò 展錯 4-46B
zhǎncuò 斬剉 6-1060A
zhāndài 霑逮 11-706A
zhāndài 沾帶 5-1067B
zhāndài 沾逮 5-1067B
zhāndài 霑貸 11-706A
zhāndài 瞻戴 7-1266A
zhǎndài 展待 4-45A
zhàndài 戰代 5-240B
zhàndài 戰帶 5-243B
zhàndān 棧單 4-1097B
zhàndàn 湛淡 5-1442A
zhàndàn 湛澹 5-1443B
zhàndāo 戰刀 5-239B
zhàndǎo 戰禱 5-247B
zhàndào 棧道 4-1098A
zhàndào 戰道 5-245A
zhāndí 瞻覿 7-1267A
zhāndǐ 氈邸 6-1018A
zhāndì 瞻睇 7-1265A
zhāndì 瞻諦 7-1266A
zhāndì 占地 1-990A
zhǎndí 展覿 4-47B
zhǎndì 踬地 10-537A
zhàndì 占地 1-990A
zhàndì 戰地 5-240B
zhǎndiào 展吊 4-43B
zhàndiào 戰掉 5-243B
zhǎndié 盞碟 7-1441A
zhàndié 單至 3-420A
zhǎndīngjiétiě 斬釘截鐵 6-1060B
zhǎndīngqiētiě 斬釘切鐵 6-1060B
zhāndìzhě 瞻地者 7-1262B
zhǎndòng 展動 4-45B
zhǎndòng 颭動 12-637B
zhǎndòng 輾動 9-1313A
zhàndòng 戰動 5-243B
zhàndǒu 戰抖 5-241A
zhàndòu 棧豆 4-1097A
zhàndòu 戰鬭 5-247B
zhàndǒudǒu 戰抖抖 5-241A
zhàndòujī 戰鬭機 5-248A
zhàndòulì 戰鬭力 5-248A
zhàndòuyīngxióng 戰鬭英雄 5-248A
zhàndòuyuán 戰鬭員 5-248A
zhāndǔ 瞻睹 7-1265B
zhāndǔ 瞻覩 7-1266A
zhǎndú 展讀 4-47B
zhǎndú 斬毒 6-1060A
zhānduān 詹端 11-187B
zhǎnduàn 斬斷 6-1062B
zhànduān 戰端 5-246A
zhànduàn 占斷 1-993B
zhàndǔdǔ 戰篤篤 5-247A
zhānduì 瞻對 7-1265B
zhànduì 占對 1-992B
zhànduì 湛霸 5-1444A
zhànduō 戰多 5-241A
zhàndūsù 戰都速 5-242B
zhàndǔsù 戰篤速 5-246B
zhàndǔsuǒ 戰篤索 5-246B
zhān'è 邅厄 10-1267A
zhān'ēn 霑恩 11-706A
zhàn'ēn 湛恩 5-1441B
zhànéng 乍能 1-646B
zhàn'ēnwānghuì 湛恩汪濊 5-1441B
zhān'ěr 餰餌 12-571B
zhānfǎ 占法 1-990B
zhǎnfá 斬伐 6-1059B
zhànfá 戰伐 5-240B
zhànfá 戰閥 5-246A
zhànfǎ 戰法 5-242A
zhǎnfān 輾翻 9-1313B
zhǎnfàn 斬犯 6-1059B
zhànfān 戰帆 5-240B
zhànfàn 戰犯 5-240B
zhānfáng 氈房 6-1018A
zhǎnfàng 展放 4-44B
zhànfáng 占房 1-990B
zhànfáng 棧房 4-1097B
zhànfèi 占費 1-992B
zhǎnfèn 展分 4-43B
zhānfèng 瞻奉 7-1263A
zhānfèng 占鳳 1-993A
zhǎnfèng 展奉 4-44A
zhānfēngduó 占風鐸 1-991B
zhānfēngrěcǎo 沾風惹草 5-1066B
zhānfēngshǐfān 占風使帆 1-991A
zhānfēngwàngqì 占風望氣 1-991A
zhānfù 占覆 1-993B
zhǎnfú 颭拂 12-637B
zhànfū 站夫 8-379B
zhànfū 戰夫 5-240A
zhànfú 戰俘 5-242B
zhāngài 沾丐 5-1066A
zhāngài 沾溉 5-1067B
zhāngài 霑丐 11-705B
zhāngài 氈蓋 6-1019A
zhǎng'ài 長艾 11-581B
zhàng'ài 障礙 11-1101B
zhāngān 沾乾 5-1067B
zhāngān 粘竿 9-205A
zhǎngān 斬竿 6-1060A
zhǎng'àn 掌案 6-632A
zhàngāng 蘸鋼 9-633A
zhàngǎng 站崗 8-380A
zhǎngāngjiétiě 斬鋼截鐵 6-1062B
zhǎngānjiēmù 斬竿揭木 6-1060A
zhǎng'ào 長傲 11-600A
zhǎng'àoshìfēi 長傲飾非 11-600A
zhāngbā 張巴 4-124A
zhǎngbǎ 掌把 6-631A
zhāngbài 彰敗 3-1132A
zhǎngbān 掌班 6-631B
zhāngbǎng 張榜 4-129B
zhāngbǎng 張膀 4-129B
zhàngbǎng 漲膀 6-113B
zhàngbàng 杖棒 4-770B
zhāngbào 章報 8-384A
zhàngbǎo 障堡 11-1100B
zhàngbāshémáo 丈八蛇矛 1-334B
zhǎngbèi 長輩 11-604B
zhāngběn 張本 4-124A
zhāngběn 章本 8-382A
zhàngběn 賬本 10-222B
zhāngběnjìmò 張本繼末 4-124A
zhāngbì 張辟 4-129B
zhàngbì 鄣閉 10-682B
zhàngbì 鄣蔽 10-682B
zhàngbì 杖斃 4-772B
zhàngbì 障庇 11-1100A
zhàngbì 障閉 11-1100B
zhàngbì 障蔽 11-1101A
zhàngbì 障壁 11-1101B
zhàngbì 幛蔽 3-757B
zhǎngbiānde 掌鞭的 6-634A
zhāngbiǎo 章表 8-382B
zhàngbiǎo 嶂表 3-863A
zhāngbīn 章斌 8-384B
zhāngbīn 漳濱 6-99B
zhǎngbīn 長賓 11-603B
zhāngbǐng 張邴 4-125A
zhàngbīng 帳兵 3-727B
zhǎngbó 長伯 11-587A
zhàngbō 杖鉢 4-771B
zhāngbǔ 張捕 4-127A
zhāngbù 張布 4-124A
zhāngbù 章部 8-383B
zhāngbù 章蔀 8-384B
zhàngbù 帳簿 3-728B
zhàngbù 賬簿 10-223A
zhāngbùbīng 張步兵 4-125A
zhāngcǎi 張睬 4-129B

zhāngcǎi 章采 8-382B
zhāngcài 張蔡 4-129B
zhāngcán 樟蠶 4-1280B
zhāngcáo 張曹 4-128A
zhāngcǎo 章草 8-383A
zhàngcè 仗策 1-1130A
zhàngcè 杖策 4-771A
zhàngcè 杖筴 4-771B
zhàngcè 帳册 3-727B
zhàngcè 賬册 10-223A
zhàngchā 杖臿 4-770A
zhàngcháng 帳裳 3-728A
zhāngcháo 張朝 4-128B
zhǎngcháo 漲潮 6-114A
zhàngcháo 杖朝 4-770B
zhāngchè 章徹 8-385A
zhàngchē 障車 11-1099B
zhāngchén 張陳 4-127B
zhàngchén 鄣塵 10-682B
zhāngchéng 章程 8-384A
zhǎngchéng 長成 11-584A
zhāngchéngshū 章程書 8-384A
zhàngchēwén 障車文 11-1100A
zhāngchì 張熾 4-130B
zhàngchī 杖笞 4-770B
zhàngchǐ 丈尺 1-335A
zhāngchǔ 張楚 4-129A
zhǎngchú 掌厨 6-633A
zhàngchǔ 杖楚 4-771A
zhàngchuāng 杖瘡 4-772A
zhàngchuānhuā 瘴川花 8-353A
zhàngchuí 杖棰 4-771A
zhàngchuí 杖箠 4-771B
zhāngchúnzhízī 張唇植髭 4-127B
zhǎngcī 長差 11-593B
zhàngcí 帳詞 3-728A
zhàngcí 幛詞 3-757A
zhāngdǎ 張打 4-124A
zhāngdà 張大 4-122B
zhǎngdà 長大 11-579B
zhǎngdàfū 長大夫 11-579B
zhāngdān 章丹 8-381B
zhāngdǎn 張膽 4-130B
zhāngdàn 彰癉 3-1132B
zhàngdān 帳單 3-728A
zhàngdān 賬單 10-223A
zhàngdǎn 仗膽 1-1131A
zhāngdào 張道 4-128B
zhàngdāo 鄣刀 10-682A
zhǎngdé 長德 11-605A
zhǎngdēng 掌燈 6-633B
zhāngdēngjiécǎi 張燈結彩 4-130B
zhāngdēngjiécǎi 張燈結綵 4-130B
zhǎngdí 長嫡 11-604A
zhǎngdì 長弟 11-587A
zhàngdī 障隄 11-1100B
zhàngdǐ 賬底 10-223A
zhāngdiān 張顛 4-130B
zhǎngdiǎn 掌典 6-631A
zhàngdiàn 帳殿 3-728A
zhàngdié 杖絰 4-771A
zhāngdòng 張動 4-128A
zhàngdòng 張動 4-128A
zhāngdú 張獨 4-130A
zhāngdú 章牘 8-385B
zhāngdù 章度 8-383B
zhàngdū 杖督 4-771B
zhàngdú 障毒 11-1100A
zhàngdú 瘴毒 8-353A
zhāngduàn 漳緞 6-99B
zhàngduàn 杖斷 4-773A
zhàngduì 仗隊 1-1130A
zhāngduó 章度 8-383B
zhǎngduò 掌舵 6-632B
zhàngdùzǎixiàng 杖杜宰相 4-769B
zhāngé 瞻葛 7-1265A
zhǎngē 展歌 4-46B
zhàngē 戰歌 5-245B
zhàngé 棧閣 4-1098A
zhàngé 戰格 5-243A
zhàng'é 帳額 3-728B
zhàng'è 障遏 11-1100B
zhāngēn 氈根 6-1018B
zhàngēng 戰耕 5-242B
zhǎng'èr 長貳 11-598A
zhàng'èr 丈二 1-333B
zhāng'ěrxìxīn 獐耳細辛 5-106A
zhāngfǎ 章法 8-383A
zhàngfá 杖罰 4-771B
zhāngfàn 張范 4-125B
zhāngfáng 漳防 6-99B
zhǎngfáng 長房 11-591A
zhàngfáng 鄣防 10-682A
zhàngfáng 帳房 3-727B
zhàngfáng 障防 11-1099B
zhàngfáng 賬房 10-223A
zhàngfángjiān 賬房間 10-223A
zhàngfēn 瘴氛 8-353A
zhāngfēng 張風 4-126B
zhāngféng 章逢 8-383B
zhāngféng 章縫 8-385B
zhǎngfēng 漲風 6-113B
zhāngfú 章服 8-383A
zhāngfú 章紱 8-384A
zhāngfú 章黻 8-385B
zhāngfǔ 章甫 8-382B
zhāngfǔ 章黼 8-385B
zhāngfǔ 章父 8-381B
zhāngfǔ 漳滏 6-99B
zhǎngfū 長夫 11-580B
zhǎngfǔ 掌拊 6-631A
zhàngfū 丈夫 1-334B
zhàngfú 帳幅 3-728A
zhàngfǔ 仗斧 1-1129B
zhàngfǔ 杖斧 4-769B
zhàngfǔ 杖父 4-769A
zhàngfù 障覆 11-1101B
zhàngfu'ér 丈夫兒 1-334B
zhāngfǔféngyē 章甫縫掖 8-382B
zhàngfuguó 丈夫國 1-334B
zhàngfuhàn 丈夫漢 1-335A
zhāngfǔjiànjù 章父薦屨 8-381B
zhāngfǔjiànlǚ 章甫薦履 8-382B
zhàngfunǚ 丈夫女 1-334B
zhàngfǔzhīchén 杖斧之臣 4-769B
zhàngfūzǐ 丈夫子 1-334B
zhānggài 張蓋 4-129A
zhànggài 障蓋 11-1101A
zhànggàn 帳幹 3-728A
zhànggé 鄣隔 10-682B
zhànggé 杖革 4-770A
zhànggé 杖格 4-770A
zhànggé 障隔 11-1101A
zhànggěng 鄣梗 10-682B
zhānggōng 張弓 4-123A
zhānggōng 樟宮 4-1280B
zhānggǒng 張拱 4-126A
zhānggòng 章貢 8-383B
zhǎnggōng 長公 11-581A
zhǎnggōng 掌功 6-630B
zhānggōngchījiǔ… 張公吃酒李公醉 4-123B
zhānggōngchījiǔ… 張公喫酒李公顛 4-123B
zhānggōngchījiǔ… 張公喫酒李公醉 4-123B
zhǎnggōngzhǔ 長公主 11-581B
zhānggōu 章溝 8-384B
zhànggōu 帳鏵 3-728B
zhànggōu 帳鈎 3-728A
zhānggū 章估 8-382B
zhānggù 張顧 4-131A
zhǎnggǔ 掌股 6-631A
zhǎnggù 掌固 6-631A
zhǎnggù 掌故 6-631B
zhànggǔ 杖鼓 4-771A
zhànggǔ 障骨 11-1100A
zhànggù 障固 11-1100A
zhànggù 障故 11-1100A
zhāngguà 張挂 4-126A
zhāngguà 張掛 4-128A
zhāngguāi 張乖 4-125B
zhāngguān 張官 4-126A
zhǎngguān 長官 11-591A
zhǎngguǎn 掌管 6-633A
zhàngguǎn 障管 11-1101A
zhāngguānlǐdài 張冠李戴 4-127A
zhànggǔgǔ 脹鼓鼓 6-1305A
zhǎngguì 掌櫃 6-634A
zhǎngguìde 掌櫃的 6-634A
zhāngguǒ 張果 4-125B
zhàngguó 杖國 4-770B
zhāngguǒlǎo 張果老 4-125B
zhànggǔqǔ 杖鼓曲 4-771A
zhānghǎi 漲海 6-113B
zhānghài 章亥 8-382A
zhànghǎi 障海 11-1100B
zhànghǎi 瘴海 8-353B
zhànghài 障害 11-1100B
zhānghán 張韓 4-130B
zhànghàn 障扞 11-1099B
zhànghàn 障汗 11-1099B
zhàngháng 丈行 1-335A
zhǎnghào 掌號 6-633A
zhànghào 賬號 10-223A
zhānghè 彰赫 3-1132A
zhànghé 障閡 11-1101A
zhànghè 鄣壑 10-683A
zhǎnghén 漲痕 6-113B
zhǎnghóu 長侯 11-593A
zhǎnghòu 長厚 11-592B
zhànghòu 鄣候 10-682B
zhānghóulùn 張侯論 4-126A
zhānghú 張弧 4-126A
zhānghù 張護 4-131A
zhànghù 鄣護 10-683A
zhànghù 帳户 3-727A
zhànghù 障互 11-1099B
zhànghù 障護 11-1102A
zhànghù 賬户 10-222B
zhānghuá 章華 8-383B
zhànghuà 杖化 4-769A
zhànghuàlóng 杖化龍 4-769A
zhānghuán 張桓 4-127B
zhānghuáng 張皇 4-126A
zhānghuáng 張黄 4-128A
zhānghuáng 張惶 4-129A
zhānghuáng 章皇 8-383B
zhānghuáng 章惶 8-384B
zhānghuáng 傽偟 1-1658A
zhānghuáng 傽遑 1-1658A
zhānghuáng 彰偟 3-1132A
zhānghuáng 慞偟 7-712B
zhānghuáng 慞惶 7-712B
zhānghuáng 獐皇 5-106A
zhānghuáng 獐徨 5-106A
zhānghuáng 獐猩 5-106A
zhānghuáng 餦餭 12-562B
zhānghuángshīcuò 張皇失措 4-126B
zhānghuángshīcuò 張徨失措 4-128B
zhānghuángshīcuò 張惶失措 4-129A
zhānghuátái 章華臺 8-383B
zhānghuí 章回 8-382A
zhǎnghuǐchéngshé 長虺成蛇 11-592B
zhānghuítǐ 章回體 8-382A
zhānghuíxiǎoshuō 章回小說 8-382A
zhānghún 餦餛 12-562A
zhānghuò 張霍 4-130A
zhǎnghuó 長活 11-594A
zhǎnghuǒ 掌火 6-630B
zhànghuǒ 仗火 1-1129B
zhāngjí 張急 4-126B
zhǎngjī 長機 11-606A
zhǎngjī 掌稽 6-633B
zhǎngjí 漲級 6-113B
zhǎngjì 掌計 6-631B

zhǎngjì 掌記 6-632A
zhàngjī 杖机 4-769B
zhàngjī 杖几 4-769A
zhàngjī 杖期 4-770B
zhàngjī 障積 11-1101B
zhàngjī 杖檝 4-772A
zhàngjí 帳籍 3-728B
zhàngjǐ 杖脊 4-770A
zhàngjì 杖記 4-770A
zhǎngjiā 長家 11-596A
zhǎngjiā 掌家 6-632A
zhǎngjià 長價 11-605A
zhǎngjià 漲價 6-114A
zhàngjiā 仗家 1-1130A
zhàngjiā 杖家 4-770B
zhàngjiǎ 鄣假 10-682B
zhàngjià 杖架 4-770A
zhāngjiācháng…
張家長,李家短 4-127B
zhāngjiǎlǐyǐ 張甲李乙
4-124B
zhāngjiàn 張見 4-125A
zhǎngjiān 長兼 11-595B
zhàngjiàn 仗劍 1-1131A
zhàngjiàn 杖劍 4-772A
zhàngjiàn 杖劒 4-772B
zhàngjiàn 帳餞 3-728B
zhāngjiānglíng 張江陵
4-124B
zhāngjiào 章醮 8-385B
zhāngjiào 彰較 3-1132A
zhǎngjiào 掌窌 6-632A
zhǎngjiào 掌教 6-632B
zhàngjiǎo 鄣徼 10-683A
zhàngjiǎo 障徼 11-1101B
zhāngjiē 章街 8-384B
zhāngjié 章節 8-384B
zhāngjiě 張解 4-129B
zhǎngjié 長傑 11-600A
zhǎngjié 掌節 6-633A
zhàngjié 仗節 1-1130B
zhàngjié 杖節 4-771B
zhàngjiésiyì 仗節死義
1-1130B
zhǎngjìn 長進 11-597B
zhǎngjìn 漲進 6-113B
zhàngjìn 障禁 11-1101A
zhāngjīng 張睛 4-129A
zhāngjīng 張精 4-129B
zhāngjīng 章京 8-383A
zhǎngjìng 長敬 11-598B
zhāngjīngzhào 張京兆
4-125B
zhǎngjiù 長舊 11-607A
zhāngjú 漳橘 6-99B
zhāngjǔ 章舉 8-385A
zhāngjù 章句 8-382A
zhàngjù 張具 4-125B
zhàngjù 杖屨 4-772B
zhàngjù 帳具 3-727B
zhàngjù 障距 11-1100B
zhǎngjué 長爵 11-607B
zhāngjūn 張軍 4-127A
zhǎngjūn 長君 11-587B
zhǎngjùn 長俊 11-593B
zhāngjūnmǎlù 麞麕馬鹿
12-1302A
zhāngjùrú 章句儒 8-382A
zhàngjùwǎnghuán 杖屨往還
4-772B
zhāngjùxiǎorú 章句小儒
8-382A
zhāngjùxué 章句學 8-382A
zhāngjùzhītú 章句之徒
8-382A
zhāngkǎi 章楷 8-384B
zhāngkàn 張看 4-126A
zhāngkǒu 張口 4-122B
zhāngkǒudiàoshé 張口掉舌
4-122B
zhāngkǒuhuò 張口貨 4-123A
zhāngkǒujiéshé 張口結舌
4-123A
zhāngkuáng 張狂 4-125A
zhāngkuáng 章狂 8-382B
zhāngkuáng 獐狂 5-106A
zhāngkuáng 麞狂 12-1302A
zhàngkuáng 障狂 11-1100A
zhǎngkuì 漲潰 6-114A
zhànglài 仗賴 1-1131A
zhāngláng 蟑螂 8-959A
zhǎngláng 長郎 11-591A
zhānglǎo 張老 4-124B
zhǎnglǎo 長老 11-583B
zhǎnglǎo 漲潦 6-114A
zhānglǎolè 張老樂 4-124B
zhāngléi 張雷 4-129A
zhànglěi 障累 11-1100B
zhānglǐ 張理 4-127B
zhānglǐ 章理 8-383B
zhānglì 張力 4-122A
zhǎnglǐ 長理 11-596B
zhǎnglǐ 掌理 6-632B
zhǎnglǐ 掌禮 6-633B
zhǎnglì 長立 11-583A
zhǎnglì 長吏 11-583B
zhànglí 杖藜 4-772B
zhànglǐ 賬理 10-223A
zhànglì 鄣癘 10-683A
zhànglì 杖力 4-769A
zhànglì 障癘 11-1101B
zhànglì 嶂癘 3-863A
zhànglì 賬歷 10-223A
zhànglì 瘴厲 8-353B
zhànglì 瘴癘 8-353B
zhǎngliàn 掌練 6-633B
zhàngliáng 丈量 1-335B
zhāngliángchuí 張良椎
4-125B
zhāngliè 張列 4-124B
zhànglín 杖林 4-769B
zhànglìn 障吝 11-1100A
zhànglìn 障悋 11-1100A
zhǎnglǐng 掌領 6-633A
zhāngliǔ 張柳 4-126A
zhàngliú 杖流 4-770B
zhàngliù 丈六 1-335A
zhàngliùjīnshēn 丈六金身
1-335A
zhāngliǔshén 樟柳神
4-1280B
zhàngliùxiān 丈六仙 1-335A
zhānglù 張祿 4-129A
zhānglù 章露 8-385B
zhānglù 彰露 3-1132B
zhànglüè 帳略 3-727B
zhǎnglún 掌綸 6-633A
zhāngluó 張羅 4-130B
zhǎngluò 漲落 6-113B
zhàngluò 鄣落 10-682B
zhàngluò 帳落 3-728A
zhǎnglǜ 漲綠 6-113B
zhànglǚ 杖履 4-772A
zhǎnglǜ 漲綠 6-113B
zhànglǚxiāngcóng
杖履相從 4-772A
zhànglǚzònghéng 杖履縱橫
4-772A
zhǎngmǎ 長馬 11-594B
zhàngmā 丈媽 1-335B
zhàngmǎ 仗馬 1-1130A
zhàngmǎchuí 杖馬箠 4-770A
zhàngmǎhánchán 仗馬寒蟬
1-1130A
zhāngmài 張賣 4-130A
zhàngmàifènxīng 張脈僨興
4-127B
zhāngmǎn 張滿 4-129B
zhàngmán 瘴蠻 8-353B
zhàngmǎn 脹滿 6-1305A
zhàngmàn 帳幔 3-728A
zhāngmǎngōngchē 章滿公車
8-385A
zhàngmáo 瘴茅 8-353A
zhāngméi 張眉 4-127A
zhàngméi 帳眉 3-727B
zhàngmèi 障袂 11-1100A
zhāngmèichéngwéi
張袂成帷 4-127A
zhāngmèichéngyīn
張袂成陰 4-127A
zhāngméinǔmù 張眉努目
4-127A
zhāngméinǔyǎn 張眉努眼
4-127A
zhāngméizhāngyǎn
張眉張眼 4-127A
zhāngmén 章門 8-383A
zhǎngmén 掌門 6-631B
zhàngmēn 漲悶 6-113B
zhàngmén 帳門 3-727B
zhàngmèn 脹悶 6-1305A
zhǎngmèng 掌寢 6-634A
zhǎngmèng 掌夢 6-633A
zhàngmiàn 障面 11-1100A
zhàngmiàn 賬面 10-223A
zhǎngmín 長民 11-583A
zhāngmíng 章明 8-382B
zhāngmíng 彰明 3-1131B
zhāngmíngjiàozhù
彰明較著 3-1131B
zhāngmíngzhāozhù
彰明昭著 3-1131B
zhǎngmò 長没 11-587B
zhāngmóu 張謀 4-130A
zhāngmù 張目 4-124A
zhāngmù 張幕 4-129A
zhǎngmú 掌模 6-633A
zhàngmu 丈母 1-335A
zhàngmǔ 瘴母 8-353A
zhàngmù 帳目 3-727A
zhàngmù 帳幕 3-728A
zhàngmù 障幕 11-1101A
zhàngmù 賬目 10-222B
zhàngmǔniáng 丈母娘
1-335A
zhǎngnán 長男 11-586B
zhàngnàn 障難 11-1101B
zhāngnǎo 樟腦 4-1280B
zhāngnǎo 障惱 11-1100B
zhàngnǎo 障腦 11-1101A
zhāngnǎowán 樟腦丸
4-1280B
zhāngnǎoyóu 樟腦油 4-1280B
zhàngnèi 帳内 3-727A
zhàngní 鄣泥 10-682B
zhàngní 障泥 11-1100A
zhǎngnián 長年 11-584B
zhǎngniánsānlǎo 長年三老
11-584B
zhàngniú 杖牛 4-769A
zhàngnú 杖拏 4-770A
zhāngnǚ 張女 4-123A
zhǎngnǚ 長女 11-580B
zhāngnǚtán 張女彈 4-123A
zhāngōng 詹公 11-187A
zhāngōng 占工 1-989B
zhàngōng 僐功 1-1586B
zhàngōng 戰功 5-240A
zhàngōng 戰攻 5-241A
zhǎngpán 掌盤 6-633B
zhǎngpàn 掌判 6-631A
zhǎngpánzi 掌盤子 6-633B
zhāngpānzuǒlù 張潘左陸
4-130A
zhàngpéng 帳篷 3-728B
zhàngpiān 賬篇 10-223A
zhǎngpíng 掌平 6-631A
zhàngpíng 障屏 11-1100A
zhāngpǔ 漳浦 6-99B
zhāngpù 彰暴 3-1132B
zhǎngpú 長僕 11-603A
zhàngpū 杖扑 4-769A
zhāngqí 章旗 8-385A
zhàngqì 鄣氣 10-682B
zhàngqì 仗氣 1-1130A
zhàngqì 杖氣 4-770A
zhàngqì 障氣 11-1100B
zhàngqì 嶂氣 3-863A
zhàngqì 瘴氣 8-353A
zhǎngqián 長錢 11-607A
zhàngqián 杖錢 4-772B
zhàngqiǎn 杖遣 4-771B
zhàngqiánlì 帳前吏 3-727B
zhǎngqiè 長妾 11-590B
zhǎngqīn 長親 11-607A

zhǎngqīng 長卿 11-595B
zhàngqióng 杖筇 4-770B
zhàngqìshǐjiǔ 仗氣使酒 1-1130A
zhāngqiú 章仇 8-381B
zhāngqú 章渠 8-384A
zhāngqù 張覷 4-130B
zhǎngquán 掌權 6-634A
zhāngqǔjiāng 張曲江 4-124B
zhāngrán 章然 8-384B
zhàngrǎn 障染 11-1100A
zhǎngrén 長人 11-579A
zhàngrén 丈人 1-334A
zhàngrén 杖仁 4-769A
zhàngrèn 杖任 4-769B
zhàngrénfēng 丈人峯 1-334A
zhàngrénguàn 丈人觀 1-334A
zhàngrénháng 丈人行 1-334A
zhàngrénshān 丈人山 1-334A
zhàngrì 障日 11-1099B
zhāngróng 章榮 8-385A
zhāngróng 漳絨 6-99B
zhǎngróng 掌戎 6-631A
zhàngróng 張容 4-127B
zhāngrǔ 漳汝 6-99B
zhàngsài 鄣塞 10-682B
zhàngsài 障塞 11-1101A
zhāngsān 張三 4-122A
zhāngsānlǐsì 張三李四 4-122A
zhāngsānyǐng 張三影 4-122B
zhāngsānzhōng 張三中 4-122A
zhāngsè 張瑟 4-129A
zhàngsè 障塞 11-1101A
zhàngsè 瘴色 8-353A
zhàngshā 杖殺 4-770A
zhāngshàn 張單 4-128B
zhǎngshàn 長善 11-600B
zhǎngshàn 掌扇 6-632A
zhàngshàn 鄣扇 10-682B
zhàngshàn 障扇 11-1100B
zhāngshàndàn'è 彰善癉惡 3-1132A
zhǎngshāng 長殤 11-604B
zhǎngshàng 長上 11-579B
zhǎngshàng 掌上 6-630A
zhǎngshàngguānwén 掌上觀文 6-630A
zhǎngshàngguānwén 掌上觀紋 6-630A
zhǎngshàngmíngzhū 掌上明珠 6-630A
zhǎngshàngshēn 掌上身 6-630A
zhǎngshàngwǔ 掌上舞 6-630A
zhǎngshàngwǔ 掌上儛 6-630A
zhǎngshàngzhēn 掌上珍 6-630A
zhǎngshàngzhū 掌上珠 6-630A
zhǎngsháo 掌勺 6-630A
zhǎngshào 長少 11-581A
zhāngshè 張設 4-128A
zhǎngshè 掌舍 6-631A
zhàngshè 仗舍 1-1129B
zhàngshēn 仗身 1-1129B
zhāngshēng 張聲 4-130B
zhǎngshēng 掌聲 6-633B
zhàngshèng 杖聖 4-771A
zhāngshī 張施 4-126B
zhāngshī 章施 8-383B
zhāngshī 彰施 3-1132A
zhāngshí 章什 8-381B
zhāngshǐ 張弛 4-125A
zhāngshǐ 張弛 4-126A
zhāngshǐ 張施 4-126B
zhāngshì 張示 4-124A
zhāngshì 張事 4-125B
zhāngshì 張勢 4-129A
zhāngshì 張飾 4-129B
zhāngshì 章示 8-382A
zhāngshì 章視 8-384A
zhǎngshǐ 長史 11-582A
zhǎngshǐ 長使 11-589A
zhǎngshì 長世 11-581B
zhǎngshì 長勢 11-601A
zhǎngshì 掌事 6-631A
zhàngshǐ 帳史 3-727B
zhàngshì 長飾 11-601B
zhàngshì 丈室 1-335A
zhàngshì 仗士 1-1129B
zhàngshì 仗恃 1-1129B
zhàngshì 仗勢 1-1130A
zhàngshì 杖式 4-769A
zhàngshì 障溢 11-1101B
zhàngshìqīrén 仗勢欺人 1-1130B
zhāngshòu 章綬 8-385A
zhāngshū 章書 8-383B
zhāngshū 章疏 8-384B
zhǎngshū 掌書 6-632B
zhǎngshǔ 長屬 11-609A
zhǎngshù 長庶 11-597B
zhàngshu 丈數 1-335B
zhǎngshuài 長率 11-598A
zhǎngshuài 長帥 11-593A
zhǎngshūjì 掌書記 6-632B
zhàngshùn 仗順 1-1130A
zhàngshùn 杖順 4-771A
zhǎngshùnán 長庶男 11-597B
zhǎngsū 長蘇 11-608A
zhǎngsù 長宿 11-598A
zhāngsuì 章歲 8-384B
zhǎngsuì 長遂 11-600B
zhàngsuì 鄣隧 10-682B
zhàngsuì 障隧 11-1101B
zhāngsuīyángchǐ 張睢陽齒 4-129B
zhǎngsūn 長孫 11-596B
zhàngtà 杖撻 4-771B
zhāngtái 章臺 8-385A
zhāngtáiliǔ 章臺柳 8-385A
zhǎngtān 漲灘 6-114A
zhǎngtí 掌蹄 6-633B
zhǎngtì 長弟 11-587A
zhǎngtì 長悌 11-596A
zhāngtiān 張天 4-123A
zhàngtiān 帳天 3-727A
zhāngtiānshī 張天師 4-123B
zhāngtiáo 章條 8-383B
zhāngtiē 張貼 4-128B
zhāngtíng 樟亭 4-1280B
zhǎngtǒng 掌統 6-633A
zhǎngtóu 長頭 11-606B
zhàngtóu 長頭 11-606B
zhàngtóu 杖頭 4-772A
zhàngtóu 賬頭 10-223A
zhàngtóukuǐlěi 杖頭傀儡 4-772A
zhàngtóumù'ǒu 杖頭木偶 4-772A
zhàngtóuqián 杖頭錢 4-772B
zhāngtóushǔmù 獐頭鼠目 5-106A
zhāngtóushǔmù 麞頭鼠目 12-1302A
zhāngtóutànnǎo 張頭探腦 4-130A
zhàngtóuzī 杖頭資 4-772A
zhāngtù 麞兔 12-1302A
zhǎngtú 掌徒 6-632A
zhǎngtǔ 掌土 6-630A
zhāngtuò 張拓 4-125B
zhàngtuō 仗托 1-1129B
zhāngù 瞻顧 7-1266B
zhǎngù 輾顧 9-1313B
zhàngǔ 棧谷 4-1097B
zhàngǔ 戰骨 5-242B
zhàngǔ 戰鼓 5-245B
zhàngù 占固 1-990B
zhānguà 占卦 1-990B
zhǎnguǎ 斬剮 6-1060B
zhānguān 氈冠 6-1018A
zhānguān 瞻觀 7-1267A
zhǎnguān 斬關 6-1062B
zhǎnguānduó'ài 斬關奪隘 6-1062B
zhānguāng 沾光 5-1066A
zhānguāng 占光 1-990A
zhānguī 占龜 1-993A
zhànguǐ 戰鬼 5-242B
zhànguìtái 站櫃臺 8-380A
zhǎnguó 斬馘 6-1062B
zhǎnguǒ 展裹 4-46B
zhànguó 戰國 5-243B
zhànguǒ 戰果 5-242A
zhānqiánhòu 瞻顧前後 7-1267A
zhāngwáng 張王 4-123A
zhāngwǎng 張罔 4-125B
zhāngwàng 張望 4-128A
zhàngwàng 張王 4-123A
zhāngwǎngkǎolái 彰往考來 3-1132A
zhāngwánglǐzhào 張王李趙 4-123A
zhàngwēi 杖威 4-770A
zhàngwéi 帳帷 3-727B
zhàngwèi 鄣衛 10-683A
zhàngwèi 仗衛 1-1130B
zhàngwèi 仗衞 1-1131A
zhāngwén 章聞 8-385A
zhāngwén 彰聞 3-1132B
zhāngwèn 章問 8-384A
zhǎngwén 掌文 6-630B
zhǎngwò 掌握 6-633A
zhàngwò 帳幄 3-728A
zhāngwǔ 章武 8-382B
zhǎngwǔ 掌武 6-631A
zhàngwù 長物 11-589A
zhàngwù 瘴霧 8-353B
zhāngwújūn 張吾軍 4-125A
zhāngxī 張翕 4-128B
zhāngxī 張歙 4-130A
zhāngxí 章檄 8-385B
zhàngxī 仗錫 1-1131A
zhàngxī 杖錫 4-772B
zhàngxī 障谿 11-1101B
zhàngxí 丈席 1-335B
zhàngxí 障習 11-1100B
zhàngxì 杖舄 4-771A
zhāngxià 章夏 8-383B
zhàngxià 仗下 1-1129B
zhàngxià 帳下 3-726B
zhàngxiàdū 帳下督 3-727A
zhàngxià'ér 帳下兒 3-727A
zhàngxiàlì 帳下吏 3-727A
zhāngxiān 張仙 4-124B
zhāngxián 張弦 4-126A
zhāngxiǎn 章顯 8-385B
zhāngxiǎn 彰顯 3-1132B
zhāngxiàn 張見 4-125A
zhāngxiàn 章憲 8-385B
zhǎngxián 長賢 11-604A
zhǎngxiàn 掌憲 6-633B
zhàngxián 杖咸 4-770A
zhàngxián 杖賢 4-771B
zhàngxiǎn 嶂嶮 3-863A
zhàngxiàn 杖限 4-769B
zhǎngxiàng 長相 11-592A
zhàngxiāng 杖鄉 4-770B
zhàngxiāng 帳箱 3-728B
zhàngxiāng 瘴鄉 8-353B
zhàngxiànwénshū 杖限文書 4-769B
zhǎngxiāo 長消 11-595B
zhàngxiāo 瘴歊 8-353B
zhǎngxié 掌鞋 6-633B
zhàngxīkè 杖錫客 4-772B
zhāngxīn 張心 4-123B
zhǎngxīn 長心 11-581B
zhǎngxīn 掌心 6-630B
zhàngxìn 杖信 4-770A
zhāngxíng 餦餳 12-562A
zhǎngxíng 掌行 6-631A
zhàngxíng 杖刑 4-769A
zhǎngxīnléi 掌心雷 6-630B
zhǎngxiōng 長兄 11-582A
zhǎngxióng 長雄 11-598B
zhàngxīsēng 杖錫僧 4-772B
zhāngxiù 張宿 4-128A
zhāngxiù 章繡 8-385B
zhàngxiù 鄣袖 10-682B

zhàngxiù 障袖 11-1100B
zhāngxǔ 張許 4-128A
zhǎngxū 長胥 11-594A
zhāngxuān 彰宣 3-1132A
zhǎngxuǎn 掌選 6-633B
zhāngyá 張牙 4-123B
zhāngyádào 麞牙稻 12-1302A
zhāngyán 張言 4-125A
zhāngyán 張筵 4-128B
zhāngyàn 張錟 4-130A
zhāngyàn 彰驗 3-1132B
zhǎngyǎn 長眼 11-597A
zhǎngyǎn 掌眼 6-632B
zhàngyán 帳簷 3-728B
zhàngyǎnfǎ 障眼法 11-1100B
zhāngyáng 張揚 4-128B
zhangyáng 張楊 4-129A
zhāngyáng 彰揚 3-1132A
zhǎngyǎng 長養 11-603B
zhàngyáng 杖洋 4-770A
zhāngyǎnlòujīng 張眼露睛 4-128A
zhāngyáo 章窰 8-385A
zhàngyāo 仗腰 1-1130B
zhāngyáwǔzhǎo 張牙舞爪 4-123B
zhàngyē 瘴暍 8-353B
zhàngyè 障業 11-1101A
zhāngyí 張疑 4-129B
zhǎngyì 長益 11-595B
zhǎngyì 漲溢 6-113B
zhàngyī 杖揖 4-770B
zhàngyī 障翳 11-1101B
zhàngyì 鄣翳 10-683A
zhàngyì 漲溢 6-113B
zhàngyì 仗義 1-1130B
zhàngyì 杖義 4-771B
zhàngyì 帳帟 3-727B
zhàngyì 障翳 11-1101B
zhāngyìn 章印 8-382A
zhǎngyìn 掌印 6-631A
zhàngyǐn 張飲 4-128B
zhàngyǐn 鄣隱 10-683A
zhàngyǐn 帳飲 3-728A
zhàngyīnzi 帳蔭子 3-728A
zhāngyíshé 張儀舌 4-130A
zhàngyìshūcái 仗義疎財 1-1130B
zhàngyìshūcái 仗義疏財 1-1130B
zhàngyìzhíyán 仗義執言 1-1130B
zhàngyōng 鄣壅 10-683A
zhàngyōng 鄣壅 10-683A
zhàngyōng 障壅 11-1101B
zhāngyóu 樟油 4-1280B
zhǎngyóu 長游 11-600B
zhǎngyòu 長幼 11-583B
zhāngyú 章魚 8-384A
zhāngyù 章譽 8-385B
zhǎngyǔ 掌庾 6-632B
zhǎngyù 長育 11-590B
zhǎngyù 長御 11-600B
zhàngyú 長餘 11-605A
zhàngyǔ 長語 11-603B
zhàngyǔ 瘴雨 8-353A
zhàngyù 張御 4-128B
zhàngyù 帳御 3-728A
zhǎngyuàn 掌院 6-631B
zhǎngyuànxuéshì 掌院學士 6-631B
zhāngyuè 張樂 4-130A
zhāngyuè 章月 8-381B
zhàngyuè 仗鉞 1-1130B
zhàngyuè 杖鉞 4-771B
zhàngyǔmányān 瘴雨蠻煙 8-353A
zhàngyún 瘴雲 8-353B
zhāngzàn 璋瓚 4-630A
zhǎngzàng 掌藏 6-633B
zhǎngzào 掌竈 6-634A
zhāngzé 章則 8-383A
zhàngzé 杖責 4-770B
zhàngzé 障澤 11-1101B
zhāngzhān 張旃 4-127B
zhāngzhān 張旜 4-131A
zhāngzhǎn 張展 4-127B
zhāngzhāng 章章 8-384A
zhāngzhāng 傽傽 1-1658A
zhāngzhāng 彰彰 3-1132A
zhǎngzhǎng 長長 11-588A
zhàngzhàng 丈丈 1-334B
zhāngzhāngbābā 張張巴巴 4-128A
zhāngzhāngqūqū 張張屈屈 4-128A
zhāngzhào 張趙 4-129B
zhāngzhé 張磔 4-130A
zhǎngzhě 長者 11-588A
zhàngzhě 杖者 4-769B
zhǎngzhěchē 長者車 11-588A
zhǎngzhějiā'ér 長者家兒 11-588A
zhǎngzhēn 掌珍 6-631B
zhàngzhèng 仗正 1-1129B
zhǎngzhězhé 長者轍 11-588A
zhāngzhī 張支 4-123B
zhāngzhí 張職 4-130B
zhāngzhǐ 章旨 8-382A
zhāngzhǐ 章指 8-383A
zhāngzhì 張志 4-125A
zhāngzhì 張致 4-127B
zhāngzhì 張智 4-128B
zhāngzhì 張跱 4-129B
zhāngzhì 張緻 4-130B
zhāngzhì 獐智 5-106A
zhǎngzhí 掌執 6-632B
zhàngzhì 杖制 4-769B
zhàngzhì 杖治 4-769B
zhǎngzhōng 掌中 6-630B
zhàngzhōnggē 帳中歌 3-727A
zhǎngzhōngjiè 掌中芥 6-630B
zhǎngzhōngléi 掌中雷 6-630B
zhǎngzhōngrén 掌中人 6-630B
zhǎngzhōngwǔ 掌中舞 6-630B
zhǎngzhōngzhū 掌中珠 6-630B
zhāngzhōu 張譸 4-131A
zhàngzhōu 杖周 4-769B
zhāngzhǔ 張主 4-124B
zhāngzhù 章著 8-383B
zhāngzhù 彰著 3-1132A
zhǎngzhū 掌珠 6-631B
zhǎngzhǔ 長主 11-583A
zhàngzhú 杖竹 4-769B
zhāngzhuó 章灼 8-382B
zhāngzhuó 彰灼 3-1131B
zhàngzhuō 賬桌 10-223A
zhàngzhǔzi 帳主子 3-727B
zhàngzhǔzi 賬主子 10-223A
zhangzi 獐子 5-106A
zhāngzi 麞子 12-1302A
zhāngzì 張字 4-125A
zhǎngzi 掌子 6-630A
zhǎngzǐ 長子 11-580A
zhǎngzǐ 掌子 6-630A
zhàngzi 杖子 4-769A
zhàngzi 帳子 3-727A
zhàngzi 幛子 3-757A
zhàngzǐ 障子 11-1099B
zhàngzitóu 杖子頭 4-769A
zhāngzòu 張奏 4-126A
zhāngzòu 章奏 8-383A
zhāngzǔ 章組 8-384A
zhǎngzǔ 長祖 11-594A
zhàngzú 帳族 3-727B
zhāngzuǐ 張嘴 4-130A
zhǎngzuǐ 掌嘴 6-633B
zhàngzuì 杖罪 4-771B
zhāngzuǐjiǎoshé 張嘴撟舌 4-130A
zhāngzuǒ 章左 8-382A
zhānhán 沾寒 5-1068A
zhānhán 瞻韓 7-1266A
zhànhān 戰酣 5-244B
zhànhàn 戰汗 5-241A
zhànháo 戰壕 5-247A
zhānhé 粘合 9-205A
zhānhé 氈毼 6-1019B
zhānhé 氈毼 6-1019B
zhānhè 旃褐 6-1591B
zhānhè 氈褐 6-1019B
zhànhè 戰荷 5-242B
zhànhòng 戰鬨 5-246A
zhānhòu 占候 1-991B
zhǎnhòujué 斬候決 6-1060B
zhānhù 瞻笏 7-1264A
zhānhù 瞻護 7-1266B
zhànhù 占護 1-993B
zhànhù 站户 8-379B
zhānhuà 沾化 5-1066A
zhānhuà 霑化 11-705B
zhānhuái 瞻懷 7-1266B
zhǎnhuái 展懷 4-47B
zhǎnhuǎn 展緩 4-46B
zhànhuáng 戰惶 5-245A
zhānhuārěcǎo 沾花惹草 5-1066B
zhānhuí 邅徊 10-1267A
zhānhuí 邅回 10-1267A
zhānhuí 邅回 10-1267A
zhānhuí 邅囬 10-1267A
zhānhuí 邅廻 10-1267A
zhānhuí 邅迴 10-1267A
zhànhuì 湛濊 5-1443B
zhānhuò 饘矐 12-586B
zhǎnhuò 斬獲 6-1062B
zhànhuǒ 棧伙 4-1097A
zhànhuǒ 戰火 5-240A
zhànhuò 棧貨 4-1097B
zhànhuò 戰禍 5-245B
zhànhuò 戰獲 5-247A
zhànhuǒfēnfēi 戰火紛飛 5-240A
zhànì 詐逆 11-106B
zhàniáng 蚱娘 8-876A
zhàniè 槎枿 4-1194B
zhàniè 槎蘖 4-1195A
zhàning 詐佞 11-105B
zhānjí 薝棘 9-566A
zhānjǐ 瞻給 7-1265A
zhānjì 沾濟 5-1068B
zhānjì 旃罽 6-1591B
zhānjì 氈罽 6-1019B
zhānjì 氈罽 6-1019B
zhǎnjí 斬級 6-1060B
zhǎnjì 展季 4-44A
zhǎnjì 展驥 4-47B
zhànjī 戰機 5-246A
zhànjī 戰擊 5-247A
zhànjì 戰績 5-247A
zhànjí 占籍 1-993B
zhànjí 戰籍 5-247B
zhànjì 戰悸 5-244A
zhānjiā 沾浹 5-1067B
zhānjiā 占家 1-992A
zhǎnjiǎ 盞斝 7-1441A
zhǎnjiǎ 醆斝 9-1418A
zhànjiǎ 戰甲 5-240B
zhànjiǎ 蘸甲 9-633A
zhānjiān 沾漸 5-1068A
zhānjiǎn 邅蹇 10-1267B
zhānjiàn 瞻見 7-1263A
zhànjiān 占姦 1-991B
zhànjiàn 戰艦 5-247B
zhànjiàng 戰將 5-244A
zhǎnjiàngqiānqí 斬將搴旗 6-1061B
zhǎnjiàngyìqí 斬將刈旗 6-1061B
zhǎnjiānhòu 斬監候 6-1062A
zhǎnjiāo 斬蛟 6-1061B
zhǎnjiǎo 展角 4-44A
zhànjiǎo 戰角 5-241B
zhànjiào 戰叫 5-240B
zhǎnjiǎoshēnyāo 展脚伸腰 4-45B
zhǎnjiǎshí 斬假石 6-1061B
zhānjiē 沾接 5-1067B
zhānjiē 霑接 11-706A
zhǎnjié 展竭 4-46B
zhǎnjié 斬截 6-1062A

zhǎnjié 斬截 6-1062A
zhǎnjié 嶄截 3-861B
zhǎnjié 嶄巀 3-862A
zhànjiè 戰介 5-240A
zhānjìhǔ 邅跡虎 10-1267B
zhānjīn 沾巾 5-1066A
zhānjīn 沾衿 5-1067A
zhānjīn 沾襟 5-1068B
zhānjīn 氈巾 6-1017B
zhānjìn 瞻覲 7-1266B
zhǎnjìn 展覲 4-47A
zhǎnjìn 嶄勁 3-861A
zhànjīn 戰金 5-242A
zhānjīng 旃旌 6-1591A
zhānjìng 詹敬 11-187B
zhānjìng 瞻敬 7-1265A
zhǎnjìng 展敬 4-45B
zhànjīng 戰驚 5-247B
zhànjìng 棧徑 4-1097B
zhànjìng 戰兢 5-245B
zhànjīngjīng 戰兢兢 5-245B
zhànjǐngpán 占景盤 1-992B
zhǎnjīngpījí 斬荆披棘
6-1060A
zhǎnjìnshājué 斬盡殺絶
6-1062A
zhǎnjiǔ 醆酒 9-1418A
zhànjū 棧駒 4-1098A
zhànjú 戰局 5-241B
zhànjù 占據 1-993A
zhànjù 佔踞 1-1238B
zhànjù 戰具 5-242A
zhànjù 戰懼 5-247B
zhǎnjuǎn 展卷 4-44B
zhǎnjuàn 展卷 4-44B
zhānjué 占決 1-990B
zhǎnjué 斬決 6-1059B
zhǎnjué 斬決 6-1059B
zhǎnjué 斬絶 6-1061B
zhǎnjué 嶄絶 3-861B
zhànjué 嵁絶 3-852A
zhànjūn 戰軍 5-242B
zhǎnkāi 展開 4-46A
zhǎnkān 斬勘 6-1061A
zhānkě 瞻渴 7-1265A
zhànkè 占課 1-993A
zhànkè 戰克 5-241A
zhànkè 戰剋 5-242B
zhànkǒng 戰恐 5-242B
zhànkǒu'er 綻口兒 9-913A
zhǎnkuān 展寬 4-46A
zhànkuàng 戰況 5-242A
zhānkuī 瞻窺 7-1266A
zhānkuí 瞻揆 7-1265A
zhànkuí 占魁 1-992B
zhānlài 沾賚 5-1068A
zhānlài 霑賚 11-706A
zhānlài 瞻賴 7-1266A
zhǎnlài 展賴 4-46B
zhānlǎn 瞻覽 7-1266B
zhǎnlǎn 展覽 4-47B
zhànlán 湛藍 5-1443B
zhǎnlǎnhuì 展覽會 4-47B
zhǎnlǎnpǐn 展覽品 4-47B
zhànlěi 戰壘 5-247A
zhānlǐ 瞻禮 7-1266A
zhānlì 氈笠 6-1018B
zhǎnlǐ 展禮 4-47A
zhǎnlì 展力 4-43B
zhǎnlì 嶄立 3-861A
zhànlì 跕立 10-442B
zhànlì 站立 8-379B
zhànlì 戰力 5-240A
zhànlì 戰例 5-242A
zhànlì 戰栗 5-243A
zhànlì 戰慄 5-245B
zhànlì 蘸立 9-633A
zhānlián 沾連 5-1067A
zhānlián 粘連 9-205B
zhānlián 氈簾 6-1019B
zhānliàn 沾戀 5-1069A
zhānliàn 瞻戀 7-1267A
zhànliàn 棧戀 4-1098A
zhǎnliàng 嶄亮 3-861A
zhànliáng 湛涼 5-1442A
zhànliè 湛洌 5-1441B
zhànliè 綻裂 9-913A
zhǎnlìjué 斬立決 6-1059B
zhǎnlìjué 斬立決 6-1059B
zhànlìn 占悋 1-991B
zhǎnlíng 展軨 4-46A
zhànlǐng 占領 1-993A
zhànlìpǐn 戰利品 5-241B
zhānlǐrì 瞻禮日 7-1266B
zhànliú 占留 1-992A
zhànlóng 站籠 8-380A
zhānlú 氈廬 6-1020A
zhānlú 氈爐 6-1020A
zhānlù 沾漉 5-1068A
zhānlù 霑露 11-706B
zhǎnlù 斬戮 6-1062B
zhànlú 湛盧 5-1443B
zhànlú 湛爐 5-1444A
zhànlù 棧鹿 4-1097B
zhànlù 棧路 4-1098A
zhànlù 湛露 5-1444A
zhànlù 綻露 9-913A
zhànlù 輚路 9-1284A
zhànlù 輚輅 9-1284A
zhànluàn 戰亂 5-245B
zhànlúdāo 湛盧刀 5-1443B
zhānlúhuì 氈爐會 6-1020A
zhǎnlún 展輪 4-46B
zhānluóhán 旃羅含 6-1591B
zhànlúqiāng 湛盧槍 5-1443B
zhǎnlùtóujiǎo 嶄露頭角
3-862A
zhǎnlǚ 蹍履 10-537A
zhànlüè 戰略 5-243B
zhànlüèwùzī 戰略物資
5-243B
zhǎnmǎ 斬馬 6-1060B
zhànmǎ 戰馬 5-242B
zhànmǎ 驏馬 12-906B
zhǎnmǎdāo 斬馬刀 6-1060B
zhānmài 占賣 1-993A
zhǎnmǎjiàn 斬馬劍 6-1060B
zhǎnmǎjiàn 斬馬劒 6-1060B
zhānmàn 邅漫 10-1267B
zhānmào 氈帽 6-1019A
zhànmāo 戲貓 8-850B
zhànmào 占冒 1-991A
zhǎnméi 展眉 4-45A
zhǎnmèi 斬袂 6-1060B
zhǎnméiduōsuōyǎn
斬眉多梭眼 6-1060B
zhānméng 旃蒙 6-1591B
zhānmèng 占夢 1-992B
zhānmí 饘糜 12-586B
zhānmiǎn 旃冕 6-1591A
zhānmiǎn 瞻眄 7-1263B
zhǎnmiàn 盞面 7-1441A
zhǎnmiè 斬滅 6-1062A
zhànmín 戰民 5-240B
zhānmíng 瞻明 7-1263B
zhānmìng 霑命 11-705B
zhànmíng 湛明 5-1441B
zhānmò 氈墨 6-1019B
zhànmò 戰歿 5-242A
zhānmù 詹慕 11-187B
zhānmù 霑沐 11-705B
zhānmù 氈幕 6-1019A
zhānmù 瞻慕 7-1265B
zhānmù 占墓 1-992B
zhǎnmù 展目 4-43B
zhǎnmù 展墓 4-46A
zhànmù 占募 1-992B
zhànmù 棧木 4-1097A
zhànmù 戰幕 5-245B
zhǎnmùjiēgān 斬木揭竿
6-1059A
zhānnián 沾黏 5-1068B
zhānnián 沾粘 5-1067B
zhānnián 霑黏 11-706B
zhānnián 占年 1-990A
zhānniàn 瞻念 7-1263B
zhānnídàishuǐ 沾泥帶水
5-1066B
zhānníng 霑凝 11-706B
zhànniú 驏牛 12-906B
zhānníxù 沾泥絮 5-1066B
zhānnòng 瞻弄 7-1263A
zhànpáichǎng 占排場 1-992A
zhānpáo 沾袍 5-1067B
zhànpáo 戰袍 5-243A
zhānpèi 沾霈 5-1068A
zhānpèi 旃旆 6-1591A
zhānpèi 霑沛 11-705B
zhānpèi 霑霈 11-706A
zhànpéng 戰棚 5-244B
zhànpí 戰鞞 5-247A
zhànpí 戰鼙 5-247B
zhànpián 齸齖 12-1456B
zhànpiàn 占騙 1-993B
zhànpiányi 占便宜 1-991A
zhànpiào 站票 8-380A
zhānpídàigǔ 粘皮帶骨
9-205A
zhǎnpǐn 展品 4-44B
zhǎnpíng 展平 4-43B
zhǎnpíng 斬平 6-1059B
zhānpízhuógǔ 粘皮著骨
9-205A
zhànpò 占破 1-991B
zhànpò 蘸破 9-633A
zhānpú 詹匍 11-187B
zhānpúquànsè 瞻蒲勸穡
7-1265B
zhānqí 瞻跂 7-1264B
zhānqǐ 瞻企 7-1263A
zhānqì 沾泣 5-1066B
zhānqì 占氣 1-991B
zhǎnqí 展期 4-45B
zhǎnqí 斬旗 6-1062A
zhǎnqí 斬齊 6-1062A
zhǎnqí 嶄齊 3-862A
zhànqí 戰旗 5-246A
zhànqí 戰騎 5-247A
zhànqí 驏騎 12-906B
zhànqì 戰氣 5-243A
zhànqì 戰器 5-246B
zhānqià 沾洽 5-1067A
zhānqià 霑洽 11-705B
zhǎnqiàn 嶄嵌 3-861A
zhānqiáng 氈牆 6-1019B
zhànqiáng 占強 1-992B
zhānqiángùhòu 瞻前顧後
7-1264A
zhānqiánhūhòu 瞻前忽後
7-1264A
zhānqiánsīhòu 瞻前思後
7-1264A
zhànqiáo 棧橋 4-1098A
zhànqiǎo 占巧 1-990A
zhànqiáomǎtou 棧橋碼頭
4-1098A
zhānqiè 霑竊 11-706B
zhǎnqiè 斬切 6-1059A
zhānqīn 沾親 5-1068B
zhǎnqīn 展親 4-46B
zhànqín 戰勤 5-245B
zhānqīndàigù 沾親帶故
5-1068B
zhānqīndàiyǒu 沾親帶友
5-1068B
zhǎnqìng 展慶 4-46B
zhànqīng 湛清 5-1442A
zhānqíngguyì 瞻情顧意
7-1264B
zhānqīnguàguǎi 沾親挂拐
5-1068B
zhànqīnqīn 戰欽欽 5-245A
zhānqióng 邅窮 10-1267B
zhānqiú 旃裘 6-1591B
zhānqiú 氈裘 6-1019B
zhǎnqū 展鞠 4-47A
zhǎnqū 斬祛 6-1061A
zhànqū 戰區 5-243B
zhànqǔ 占取 1-990B
zhànqǔ 戰取 5-242A
zhànquǎn 戰犬 5-240A
zhānquè 鸇雀 12-1165B
zhànqún 戰裙 5-245A
zhānrǎn 沾染 5-1067A
zhǎnrán 斬然 6-1061B
zhǎnrán 嶄然 3-861B

zhǎnrán 蹍然 10-537A
zhǎnrán 輾然 9-1313A
zhànrán 湛然 5-1442A
zhānrě 沾惹 5-1067B
zhānrě 霑惹 11-706A
zhānrén 占人 1-989B
zhànrényáng 站人洋 8-379B
zhānrì 占日 1-990A
zhǎnrì 展日 4-43A
zhānróng 旃戎 6-1591A
zhànróng 戰容 5-243A
zhānrú 沾濡 5-1068B
zhānrú 霑濡 11-706B
zhānrǔ 沾辱 5-1067A
zhānrù 氈褥 6-1019B
zhǎnrú 展如 4-43B
zhànrú 湛如 5-1441A
zhànruǐ 綻蕊 9-913A
zhānrùn 沾潤 5-1068A
zhānrùn 霑潤 11-706B
zhānruò 旃蒻 6-1591B
zhānsǎ 沾洒 5-1067A
zhānsǎ 沾灑 5-1069A
zhānsǎ 霑洒 11-705B
zhānsǎ 霑灑 11-706B
zhānsè 占色 1-990A
zhànsè 戰色 5-241A
zhānshà 旃廈 6-1591A
zhānshà 氈廈 6-1019B
zhǎnshā 斬殺 6-1061A
zhānshān 氈衫 6-1018A
zhǎnshān 斬刪 6-1059B
zhǎnshān 斬芟 6-1059B
zhǎnshǎn 颭閃 12-637B
zhànshān 棧山 4-1097A
zhànshān 戰扇 5-243A
zhānshǎng 沾賞 5-1068A
zhānshǎng 霑賞 11-706B
zhànshàngfēng 占上風
1-989B
zhǎnshànggōng 展上公
4-43A
zhānshàngtuōmáo 氈上拖毛
6-1017B
zhànshānhánghǎi 棧山航海
4-1097A
zhānshè 瞻涉 7-1264B
zhānshè 占射 1-992A
zhǎnshé 斬蛇 6-1061B
zhànshè 占射 1-992A
zhànshè 戰射 5-243A
zhànshè 戰慴 5-246A
zhànshè 戰懾 5-247B
zhànshèng 戰勝 5-245A
zhānshī 沾溼 5-1068A
zhānshī 沾濕 5-1068B
zhānshī 占蓍 1-992B
zhānshí 沾識 5-1069A
zhānshí 饘食 12-586A
zhānshì 詹事 11-187A
zhānshì 霑飾 11-706A
zhānshì 瞻侍 7-1263B
zhānshì 瞻視 7-1264B
zhānshì 占視 1-992A
zhānshì 占筮 1-992B
zhǎnshī 展施 4-45A
zhǎnshī 展詩 4-46A
zhǎnshì 展示 4-43A
zhǎnshì 展事 4-44A
zhǎnshì 展視 4-45B
zhànshī 棧師 4-1097B
zhànshī 戰詩 5-245B
zhànshí 戰時 5-243A
zhànshǐ 戰史 5-240B
zhànshì 戰士 5-240A
zhànshì 戰事 5-242A
zhànshì 戰勢 5-245B
zhànshì 戰埶 5-243B
zhānshìlánggù 鸇視狼顧
12-1165B
zhānshǒu 沾手 5-1066A
zhǎnshǒu 展手 4-43A
zhǎnshǒu 斬首 6-1060A
zhànshǒu 戰守 5-241A
zhànshòu 占授 1-992A
zhānshū 氈毹 6-1019B
zhānshū 饘蔬 12-586B
zhānshū 占書 1-992A
zhānshù 占術 1-992A
zhǎnshū 展舒 4-46A
zhànshū 戰書 5-243A
zhànshù 占數 1-993A
zhànshù 戰術 5-244A
zhǎnshuǐ 蹍水 10-537A
zhānshùn 瞻瞬 7-1266A
zhānsī 蛅斯 8-874B
zhānsī 蛅蟖 8-874B
zhānsī 蛅蟴 8-874B
zhānsī 瞻思 7-1263B
zhǎnsī 展思 4-44B
zhǎnsì 斬祀 6-1059B
zhānsīfáng 蛅蟖房 8-874B
zhānsǒng 瞻聳 7-1266A
zhānsòng 瞻送 7-1264A
zhānsòng 瞻頌 7-1265B
zhǎnsòng 展誦 4-46B
zhànsǒng 戰悚 5-243A
zhànsǒng 戰竦 5-245A
zhànsòng 戰訟 5-244A
zhànsù 戰簌 5-247A
zhānsuàn 占算 1-993A
zhānsuì 占歲 1-992B
zhǎnsuō 展縮 4-47A
zhànsùsù 戰簌簌 5-247A
zhǎntà 斬撻 6-1062A
zhǎntà 蹍踏 10-537A
zhàntái 站臺 8-380A
zhàntáipiào 站臺票 8-380A
zhāntán 趲趕 9-1154B
zhāntán 旃檀 6-1591B
zhāntán 栴檀 4-977A
zhāntǎn 氈毯 6-1019A
zhāntánfóxiàng 旃檀佛像
6-1591B
zhāntáng 詹唐 11-187B
zhāntáng 詹糖 11-187B
zhāntáng 氈堂 6-1018B
zhàntáng 站堂 8-380A
zhāntánruìxiàng 旃檀瑞像
6-1591B
zhāntǎo 瞻討 7-1264B
zhàntǎo 戰討 5-243A
zhǎntì 斬薙 6-1062B
zhàntì 戰惕 5-244A
zhāntiān 占天 1-989B
zhǎntiǎn 斬殄 6-1060A
zhāntiáo 氈條 6-1018B
zhāntiào 瞻眺 7-1264B
zhāntiē 粘貼 9-205B
zhāntīng 瞻聽 7-1267A
zhāntǐtúzú 霑體塗足
11-706B
zhǎntǒng 展筩 4-46A
zhǎntóulìxuè 斬頭瀝血
6-1062B
zhāntú 邅途 10-1267B
zhāntú 邅塗 10-1267B
zhàntú 戰圖 5-246A
zhàntǔ 占吐 1-990A
zhàntuán 戰團 5-246A
zhāntúluó 旃荼羅 6-1591A
zhǎntuō 展脱 4-45B
zhǎntuō 盞托 7-1441A
zhǎntuò 展拓 4-44A
zhānú 鱸奴 12-1424B
zhànuǎnháihán 乍暖還寒
1-646B
zhànüè 詐虐 11-106A
zhānwà 氈襪 6-1020A
zhānwàguǒjiǎoxuē
氈襪裹脚靴 6-1020A
zhānwán 詹翫 11-187B
zhānwán 瞻玩 7-1263A
zhānwán 瞻翫 7-1266A
zhǎnwán 展玩 4-44A
zhǎnwán 展翫 4-46B
zhānwàng 詹望 11-187B
zhānwàng 瞻望 7-1264B
zhānwàng 譫妄 11-449B
zhānwàng 讝妄 11-475A
zhǎnwàng 展望 4-45B
zhānwēi 邅危 10-1267A
zhānwéi 氈韋 6-1018B
zhànwèi 戰位 5-241B
zhànwēiwēi 戰巍巍 5-247B
zhānwén 瞻聞 7-1265B
zhānwèn 占問 1-992A
zhǎnwèn 展問 4-45B
zhànwén 戰文 5-240A
zhānwō 氈窩 6-1019B
zhānwò 沾渥 5-1068A
zhānwò 霑涴 11-706A
zhānwò 霑渥 11-706A
zhānwò 氈幄 6-1019A
zhànwō 戰蝸 5-246A
zhānwū 沾汙 5-1066A
zhānwū 沾汚 5-1066A
zhānwū 沾污 5-1066A
zhānwū 沾洿 5-1067A
zhānwū 霑汙 11-705B
zhānwū 霑污 11-705B
zhānwū 氈屋 6-1018A
zhānwū 瞻烏 7-1264A
zhānwù 瞻晤 7-1264B
zhǎnwū 展汙 4-43B
zhǎnwū 展污 4-43B
zhǎnwù 展晤 4-45A
zhǎnwù 嶄阢 3-861A
zhànwū 戰屋 5-242B
zhànwúbùkè 戰無不克
5-244B
zhànwúbùshèng 戰無不勝
5-244B
zhànwúbùshèng…
戰無不勝,攻無不克
5-244B
zhànwúbùshèng…
戰無不勝,攻無不取
5-244B
zhānxī 沾錫 5-1068B
zhānxí 旃廗 6-1591B
zhānxí 旃席 6-1591A
zhānxí 氈席 6-1018B
zhānxǐ 霑洗 11-705B
zhānxì 瞻繫 7-1266B
zhānxì 瞻係 7-1264A
zhānxì 饘餼 12-586B
zhànxì 占繫 1-993B
zhānxiàn 瞻羨 7-1265B
zhǎnxiàn 展見 4-44A
zhǎnxiàn 展限 4-44B
zhǎnxiàn 展現 4-45A
zhànxiān 占先 1-990A
zhànxiàn 戰綫 5-246A
zhānxiāng 詹香 11-187B
zhānxiāng 氈鄉 6-1018B
zhānxiàng 瞻相 7-1263B
zhānxiàng 占相 1-991A
zhànxiāng 籤香 8-1241A
zhànxiāng 棧香 4-1097B
zhànxiàng 戰象 5-244A
zhǎnxiāo 展銷 4-46B
zhǎnxiāo 斬梟 6-1061B
zhǎnxiào 展効 4-44B
zhǎnxiào 展效 4-45A
zhǎnxiào 展笑 4-45A
zhānxiè 瞻謝 7-1266A
zhǎnxiè 展洩 4-45A
zhǎnxiè 展謝 4-47A
zhànxiè 占謝 1-993A
zhànxiè 戰械 5-243B
zhānxīn 占辛 1-990B
zhǎnxīn 斬新 6-1062A
zhǎnxīn 嶄新 3-861B
zhànxīn 戰心 5-240A
zhànxìn 戰釁 5-248A
zhānxīng 占星 1-991A
zhānxǐng 瞻省 7-1263B
zhǎnxìng 展性 4-44B
zhānxīngkuídì 瞻星揆地
7-1263B
zhānxīngshù 占星術 1-991A
zhānxiù 鱣岫 12-1268A
zhānxù 沾卹 5-1066B
zhǎnxù 展叙 4-45A
zhànxuàn 戰眩 5-243A

zhānxuě 氈雪 6-1018B
zhànxuē 戰靴 5-245B
zhānxún 瞻巡 7-1263A
zhānxùn 瞻徇 7-1264A
zhānxùn 瞻狥 7-1264A
zhànxūn 戰勳 5-246B
zhànxùn 戰訊 5-243A
zhānyá 沾牙 5-1066A
zhǎnyá 嶄崖 3-861A
zhǎnyà 展迓 4-43B
zhānyán 瞻言 7-1263A
zhānyán 譫言 11-449B
zhānyàn 占諺 1-993B
zhānyàn 占驗 1-993B
zhǎnyān 斬焉 6-1061A
zhǎnyán 展延 4-43B
zhǎnyǎn 𥈲眼 7-1250A
zhǎnyǎn 展眼 4-45A
zhǎnyǎn 斬眼 6-1061A
zhǎnyàn 颭艷 12-637B
zhǎnyàn 颭灔 12-637B
zhǎnyàn 颭灩 12-637B
zhànyǎn 𪗾齴 12-1456B
zhànyǎn 棧齴 4-1098A
zhànyǎn 嶘嵃 3-865A
zhānyǎng 瞻卬 7-1262B
zhānyǎng 瞻仰 7-1263A
zhānyǎng 瞻養 7-1265B
zhǎnyāng 斬殃 6-1060A
zhǎnyǎng 展養 4-46B
zhǎnyàng 展樣 4-46B
zhànyáng 棧羊 4-1097A
zhǎnyǎnjiān 𥈲眼間 7-1250A
zhānyánqūshuō 詹言曲說 11-187A
zhǎnyǎnshūméi 展眼舒眉 4-45B
zhànyáo 戰搖 5-245B
zhānyè 瞻謁 7-1266A
zhǎnyè 展業 4-46A
zhǎnyè 展謁 4-46B
zhānyī 旃衣 6-1591A
zhānyī 瞻依 7-1263B
zhānyí 瞻儀 7-1266A
zhānyǐ 饘酏 12-586A
zhānyǐ 饘餙 12-586B
zhānyì 沾浥 5-1067B
zhānyì 沾臆 5-1068B
zhānyì 瞻逸 7-1264B
zhānyì 譫囈 11-450A
zhǎnyī 展衣 4-43B
zhǎnyí 展儀 4-46B
zhǎnyí 輾移 9-1313A
zhǎnyì 展義 4-46A
zhǎnyì 展詣 4-46A
zhǎnyì 斬艾 6-1059B
zhǎnyì 斬刈 6-1059A
zhànyī 襢衣 9-144A
zhànyí 站眙 8-380A
zhànyì 占役 1-990B
zhànyì 站驛 8-380A
zhànyì 戰役 5-241B
zhànyì 戰藝 5-247A
zhànyì 戰鷁 5-247B
zhānyīn 旃茵 6-1591A
zhānyǐn 詹尹 11-187A
zhānyǐn 饘飲 12-586A
zhānyīng 沾膺 5-1068B
zhānyīng 沾纓 5-1069A
zhānyíng 瞻迎 7-1263A
zhānyìng 占應 1-993A
zhànyōng 戰庸 5-244A
zhànyòng 占用 1-990A
zhànyǒu 占有 1-990A
zhànyǒu 佔有 1-1238A
zhànyǒu 戰友 5-240A
zhànyǒuquán 占有權 1-990A
zhānyǔ 譫語 11-450A
zhānyǔ 讝語 11-475A
zhānyù 鬻鬻 12-926B
zhānyù 鸇芋 12-1165B
zhànyú 棧輿 4-1098A
zhànyù 戰獄 5-246A
zhānyuè 占月 1-990A
zhǎnyuè 展樂 4-46B
zhǎnyuè 展閱 4-46B
zhànyuè 戰越 5-244A
zhānyún 占雲 1-992B
zhànyún 棧雲 4-1097B
zhànyún 戰雲 5-244B
zhānyúnjiùrì 瞻雲就日 7-1265A
zhānyúnzhìqǐ 瞻雲陟屺 7-1265A
zhānzàn 餰饜 12-571B
zhǎnzào 展皂 4-44A
zhǎnzè 嶄崱 3-861A
zhànzhà 戰柵 5-242B
zhānzhān 沾沾 5-1066B
zhānzhān 詀詀 11-102A
zhānzhān 詹詹 11-187B
zhānzhān 噡噡 3-529B
zhānzhān 瞻瞻 7-1266B
zhǎnzhǎn 獑獑 9-657A
zhǎnzhǎn 展展 4-45A
zhǎnzhǎn 斬斬 6-1061A
zhǎnzhǎn 嶄嶄 3-861B
zhǎnzhǎn 颭颭 12-637B
zhànzhàn 戰戰 3-535A
zhànzhàn 湛湛 5-1442B
zhànzhàn 戰戰 5-246B
zhānzhàng 旃帳 6-1591A
zhānzhàng 氈帳 6-1018B
zhǎnzhāng 展張 4-45B
zhànzhànhuánghuáng 戰戰惶惶 5-246B
zhànzhànjīngjīng 戰戰兢兢 5-246B
zhànzhànlìlì 戰戰栗栗 5-246B
zhànzhànlìlì 戰戰慄慄 5-246B
zhànzhànxīn 湛湛新 5-1442B
zhānzhānyányán 詹詹炎炎 11-187B
zhànzhànyèyè 戰戰業業 5-246B
zhānzhānzìhào 沾沾自好 5-1066B
zhānzhānzìmǎn 沾沾自滿 5-1066B
zhānzhānzìxǐ 沾沾自喜 5-1066B
zhānzhānzìxuàn 沾沾自衒 5-1066B
zhānzhào 占兆 1-990A
zhǎnzhǎo 展爪 4-43A
zhànzhào 戰棹 5-244B
zhànzhào 戰櫂 5-247A
zhānzhě 占者 1-990B
zhànzhé 戰讋 5-247B
zhānzhēn 氈針 6-1018B
zhǎnzhèn 展賑 4-46B
zhànzhěn 棧軫 4-1097B
zhànzhèn 戰陳 5-243A
zhànzhèn 戰陣 5-242B
zhǎnzhèng 展掙 4-44B
zhànzhēng 戰爭 5-240B
zhànzhēng 戰征 5-242A
zhànzhēngzhuàngtài 戰爭狀態 5-241A
zhānzhì 沾滯 5-1068A
zhānzhì 霑滯 11-706A
zhānzhì 瞻遲 7-1266A
zhǎnzhí 展直 4-44A
zhǎnzhǐ 展指 4-44B
zhānzhòng 瞻重 7-1264A
zhǎnzhōng 棧鍾 4-1098A
zhānzhōu 餰鬻 12-572A
zhānzhōu 餰粥 12-571B
zhānzhōu 鬻鬻 12-926B
zhānzhōu 饘鬻 12-586B
zhānzhōu 饘粥 12-586B
zhānzhòu 饘酎 12-586A
zhānzhòu 占繇 1-993B
zhānzhòu 占繇 1-993A
zhànzhōu 戰舟 5-240B
zhānzhū 詹諸 11-187B
zhānzhū 瞻諸 7-1266A
zhānzhǔ 瞻矚 7-1267A
zhānzhù 霑霔 11-706B
zhànzhù 占著 1-992A
zhànzhù 站住 8-380A
zhǎnzhuǎn 展轉 4-47A
zhǎnzhuǎn 輾轉 9-1313B
zhǎnzhuǎnfǎncè 輾轉反側 9-1313B
zhānzhuàng 占狀 1-991A
zhānzhūn 邅屯 10-1267A
zhānzhūn 邅迍 10-1267A
zhānzhūn 譫諄 11-450A
zhānzhǔn 瞻準 7-1265B
zhānzhuó 粘着 9-205B
zhǎnzhuó 斬斫 6-1060A
zhǎnzhuó 斬斮 6-1061B
zhànzhuó 戰灼 5-241B
zhānzi 氈子 6-1018A
zhānzǐ 詹子 11-187A
zhānzì 霑漬 11-706A
zhǎnzǐ 展紫 4-46A
zhānzōu 䶣齺 12-1458B
zhànzòu 占奏 1-991A
zhānzú 沾足 5-1066B
zhānzú 霑足 11-705B
zhǎnzú 嶄崒 3-861A
zhǎnzú 嶄崪 3-861A
zhǎnzú 蹍足 10-537A
zhànzū 占租 1-991B
zhànzū 棧租 4-1097B
zhànzú 戰卒 5-242A
zhānzuì 沾醉 5-1068A
zhānzuì 霑醉 11-706A
zhǎnzuì 斬罪 6-1062A
zhǎnzuò 嶄鑿 3-862A
zhāo'ǎi 朝靄 6-1329B
zhāo'ān 招安 6-512B
zhào'àn 召按 3-77B
zhāobá 招拔 6-513A
zhàobài 召拜 3-77B
zhàobān 照搬 7-207B
zhàobǎn 詔板 11-130B
zhàobǎn 詔版 11-130B
zhàobàn 照辦 7-209A
zhàobǎng 詔榜 11-132A
zhàobǎng 詔牓 11-132A
zhàobǎo 召保 3-77B
zhāobèi 昭備 5-689A
zhàobēi 照杯 7-205A
zhàobēi 照桮 7-205B
zhāobèi 昭被 5-687B
zhàoběnxuānkē 照本宣科 7-204B
zhāobì 招辟 6-518B
zhàobì 炤壁 7-57A
zhàobì 召辟 3-78A
zhàobì 詔蹕 11-132B
zhàobì 照庇 7-205A
zhàobì 照壁 7-209A
zhàobì 趙辟 9-1136A
zhàobì 趙壁 9-1136B
zhàobì 趙璧 9-1136B
zhāobiān 着邊 9-172B
zhāobiāo 招標 6-519A
zhàobiǎo 詔表 11-130B
zhāobīng 招兵 6-513A
zhàobìngjìng 照病鏡 7-206B
zhāobīngmǎimǎ 招兵買馬 6-513A
zhāobū 朝晡 6-1322A
zhāobū 朝餔 6-1326B
zhāobǔ 招捕 6-515A
zhāobù 昭布 5-685A
zhǎobu 找補 6-364B
zhàobǔ 照補 7-207B
zhāobùbǎomù 朝不保暮 6-1313A
zhāobùbǎoxī 朝不保夕 6-1313A
zhāobūgǔ 朝晡鼓 6-1322A
zhāobùjíxī 朝不及夕 6-1313A
zhāobùjíxī 鼂不及夕 12-1401B
zhāobùlǜxī 朝不慮夕 6-1313B
zhāobùmóuxī 朝不謀夕

6-1313B
zhāocǎi 晁采 5-711A
zhāocǎi 朝采 6-1317B
zhāocǎi 朝彩 6-1322A
zhāocǎi 鼂采 12-1401B
zhāocān 朝參 6-1323A
zhāocān 朝餐 6-1327A
zhāocān 朝飧 6-1324A
zhāocáo 啁嘈 3-389B
zhàocǎo 詔草 11-130B
zhàocǎo 趙草 9-1135A
zhāocè 招册 6-512A
zhàocè 詔册 11-130A
zhàocè 詔策 11-131B
zhàocè 趙廁 9-1135B
zhāochá 昭察 5-689B
zhāochá 炤察 7-57A
zhǎochá 找茬 6-364B
zhǎochá 找碴 6-364B
zhàochá 照察 7-208B
zhǎochà'er 找岔兒 6-364A
zhāochàng 昭暢 5-689B
zhàochāng 肇昌 9-251A
zhàocháng 照常 7-207A
zhàochàng 棹唱 4-1103B
zhāocháo 招潮 6-519B
zhàochāo 照抄 7-204B
zhàochāo 照鈔 7-207B
zhǎochàzi 找岔子 6-364A
zhāochè 朝徹 6-1326A
zhāochè 昭徹 5-690A
zhàochē 照車 7-204B
zhàochè 照徹 7-208B
zhāochén 朝晨 6-1322A
zhǎochén 爪臣 6-1102B
zhāochēng 招稱 6-518B
zhāochéng 朝醒 6-1325B
zhāochéng 招成 6-512B
zhāochéng 招承 6-514A
zhàochēng 肇稱 9-252A
zhàochéng 照澄 7-208B
zhāochéngmùbiàn 朝成暮徧
6-1315B
zhāochéngmùhuǐ 朝成暮毀
6-1315B
zhāochéngxīhuǐ 朝成夕毀
6-1315A
zhāochènmùshí 朝趁暮食
6-1323A
zhǎochí 沼池 5-1115B
zhàochì 詔勑 11-131A
zhàochì 詔敕 11-131B
zhàochú 詔除 11-131A
zhàochuán 棹船 4-1103B
zhàochuàng 肇創 9-252A
zhàochuánláng 棹船郎
4-1103B
zhāochuí 昭垂 5-686B
zhàocí 詔辭 11-132B
zhāocuì 招萃 6-516A
zhāodá 昭答 5-689A
zhāodá 昭達 5-689A
zhāodài 招待 6-514B
zhāodài 昭代 5-685A
zhàodài 照袋 7-207A
zhàodài 趙帶 9-1135B
zhāodàisuǒ 招待所 6-514B
zhàodàláng 趙大郎 9-1132B
zhāodān 招擔 6-520A
zhāodàn 朝旦 6-1314A
zhāodàn 昭旦 5-685A
zhàodǎn 昭膽 5-690B
zhàodǎn 照膽 7-209A
zhàodàn 肇旦 9-251A
zhàodǎo 詔導 11-132A
zháodào'er 着道兒 9-171A
zhāodé 昭德 5-690A
zhàodé 照得 7-207A
zhāodēng 昭登 5-689B
zhàodēng 照登 7-207B
zhāodésèwéi 昭德塞違
5-690A
zhāodí 朝覿 6-1329A
zhàodiàn 召佃 3-77A
zhàodiànhóng 照殿紅 7-208A
zhàodié 照牒 7-207B
zhàodìng 肇定 9-251A
zhāodòng 招動 6-516A
zhàodǒng 趙董 9-1136A
zhàodù 照度 7-206B
zhàoduān 兆端 2-253B
zhàoduān 肇端 9-252A
zhāoduì 招對 6-518B
zhàoduì 召對 3-78B
zhàoduì 照對 7-208A
zhàodùn 趙盾 9-1135A
zhàodùnrì 趙盾日 9-1135A
zhāo'è 昭惡 5-689A
zhào'ēn 詔恩 11-131A
zhāo'er 招兒 6-513B
zhāofā 昭發 5-689B
zhāofǎ 着法 9-169B
zhàofā 召發 3-78A
zhàofǎ 趙法 9-1134B
zhāofāmùzhì 朝發暮至
6-1324B
zhāofàn 朝飯 6-1324A
zhāofāxīzhì 朝發夕至
6-1324B
zhàofèi 啅吠 3-378A
zhàofēn 肇分 9-251A
zhāofēng 招風 6-514B
zhàofèng 詔鳳 11-132A
zhāofēnglǎnhuǒ 招風攬火
6-515A
zhāofēngqí 招風旗 6-514B
zhāofēngrěcǎo 招風惹草
6-514B
zhāofēngrědié 招蜂惹蝶
6-518B
zhāofēngrěyǔ 招風惹雨
6-514B
zhāofēngyǐndié 招蜂引蝶
6-518B
zhāofú 招伏 6-512B
zhāofú 招拂 6-513A
zhāofú 招服 6-514A
zhāofú 啁咈 3-389B
zhāofǔ 招撫 6-519A
zhāofù 招附 6-513A
zhāofù 招復 6-517B
zhāofù 昭副 5-688A
zhàofū 棹夫 4-1103B
zhàofú 召符 3-77B
zhàofú 照拂 7-205A
zhàofú 趙服 9-1134B
zhàofù 照覆 7-209B
zhàofūzǐ 趙夫子 9-1133A
zhāogàn 朝旰 6-1316A
zhāogǎo 招稿 6-519B
zhāogào 昭告 5-685B
zhàogǎo 詔稿 11-132A
zhàogǎo 詔藁 11-132B
zhàogào 詔告 11-130A
zhàogào 詔誥 11-132A
zhàogǎosòngcéng'āi
趙杲送曾哀 9-1134B
zhàogǎosòngdēngtái
趙杲送燈臺 9-1134B
zhāogé 昭隔 5-689B
zhàogē 棹歌 4-1104A
zhàogé 詔格 11-131A
zhāogēmùxián 朝歌暮弦
6-1325B
zhàogēxíng 棹歌行 4-1104A
zhāogēyèxián 朝歌夜弦
6-1325B
zhāogōng 招工 6-511B
zhāogōng 昭宫 5-687A
zhāogòng 招供 6-513B
zhàogōng 詔工 11-129B
zhàogòng 召貢 3-77B
zhàogōngmíng 趙公明
9-1133B
zhàogōngyuánshuài
趙公元帥 9-1133B
zhāogǔ 朝鼓 6-1324B
zhàogū 趙孤 9-1135A
zhàogǔ 兆古 2-252A
zhàogǔ 照骨 7-206A
zhàogù 炤顧 7-57B
zhàogù 召雇 3-78A
zhàogù 照顧 7-210A
zhàoguà 兆卦 2-252B
zhàoguà 罩褂 8-1033A
zhāoguài 招怪 6-514A
zhāoguān 昭關 5-691A
zhàoguǎn 炤管 7-57A
zhàoguǎn 照管 7-208A
zhāoguāng 朝光 6-1315B
zhāoguāng 昭光 5-685A
zhàoguǎng 兆廣 2-253B
zhàoguānjiā 趙官家 9-1135A
zhàogǔbǎo 照骨寶 7-206A
zhàoguī 炤龜 7-57A
zhàoguī 兆龜 2-253B
zhàoguó 肇國 9-251B
zhāoguòxīgǎi 朝過夕改
6-1322A
zhàogùzhǔ'er 照顧主兒
7-210A
zhàohǎi 棹海 4-1103B
zhāohán 朝寒 6-1324A
zhāohàn 招捍 6-515A
zhàohán 詔函 11-130B
zhāohàng 朝沆 6-1316B
zhāohào 招號 6-518B
zhàohào 召號 3-78A
zhàohào 詔號 11-131B
zhāohé 招合 6-512B
zhāohōng 嘲轟 3-506B
zhàohòu 趙后 9-1134A
zhāohū 招呼 6-513B
zhāohù 招護 6-520B
zhàohū 召呼 3-77A
zhàohū 照呼 7-205A
zhàohù 照護 7-210A
zhāohuā 朝花 6-1316A
zhāohuā 朝華 6-1320A
zhāohuá 昭華 5-687A
zhāohuái 招懷 6-520B
zhāohuàn 招喚 6-515B
zhāohuàn 昭煥 5-688B
zhàohuàn 召喚 3-77B
zhàohuàn 照煥 7-207A
zháohuāng 着慌 9-171B
zhàohuáng 詔黄 11-131B
zhāohuānmùlè 朝懽暮樂
6-1329A
zhāohuānmùlè 朝歡暮樂
6-1329A
zhāohuārěcǎo 招花惹草
6-512B
zhāohuī 朝暉 6-1324B
zhāohuī 招揮 6-517A
zhāohuī 招麾 6-519B
zhāohuí 昭回 5-685A
zhāohuǐ 招毀 6-518B
zhāohuì 招會 6-518B
zhàohuí 召回 3-77A
zhàohuì 詔誨 11-132A
zhàohuì 照會 7-207B
zhàohúlúhuàpiáo
照葫蘆畫瓢 7-207A
zhāohūn 朝昏 6-1317B
zhāohún 招魂 6-517B
zhāohún 招寃 6-518A
zhāohúnzàng 招魂葬 6-518A
zháohuǒ 着火 9-169B
zhàohuò 肇禍 9-252A
zháohuǒdiǎn 着火點 9-169B
zhāojī 朝飢 6-1320B
zhāojī 朝隮 6-1327B
zhāojī 朝饑 6-1328B
zhāojī 招緝 6-520A
zhāojí 招集 6-517B
zhāojí 招輯 6-520A
zháojí 著急 9-432B
zháojí 着急 9-170A
zháojí 着極 9-171A
zhàojī 召箕 3-78B
zhàojī 兆基 2-253A
zhàojī 兆積 2-253B
zhàojī 肇基 9-251B
zhàojí 召集 3-78A
zhàojí 棹楫 4-1104A

zhàojì 詔記 11-131A
zhàojì 照記 7-206B
zhàojì 照誋 7-208B
zhàojì 肇迹 9-251B
zhàojì 肇跡 9-252A
zhāojiǎ 昭假 5-688B
zhāojià 朝駕 6-1327A
zhāojià 招架 6-515A
zhāojià 招嫁 6-518B
zhǎojiǎ 蚤甲 8-862A
zhǎojiǎ 爪甲 6-1102A
zhǎojià 找價 6-364B
zhàojiā 詔家 11-131A
zhàojiǎ 罩甲 8-1033A
zhāojiān 昭姦 5-687A
zhāojiàn 招箭 6-519B
zhāojiàn 招諫 6-520A
zhāojiàn 昭見 5-685B
zhāojiàn 昭薦 5-690A
zhāojiàn 昭鑒 5-691A
zhǎojiǎn 蚤揃 8-863B
zhǎojiǎn 爪翦 6-1102B
zhǎojiǎn 爪鬋 6-1102B
zhàojiān 兆姦 2-252B
zhàojiān 照姦 7-206B
zhàojiǎn 詔檢 11-132B
zhàojiàn 召見 3-77A
zhàojiàn 兆見 2-252B
zhàojiàn 照鑒 7-210A
zhàojiàn 肇建 9-251A
zhāojiǎng 朝講 6-1327B
zhàojiāng 照將 7-207A
zhàojiǎng 棹槳 4-1104A
zhàojiǎng 照講 7-209B
zhāojiànguǐ 招諫匭 6-520A
zhàojiāokēngròu 趙郊坑肉 9-1134B
zhàojiāyíng 趙家營 9-1135B
zhàojiāzǐmèi 趙家姊妹 9-1135B
zhāojiē 招接 6-516A
zhāojiē 昭揭 5-689A
zhāojié 招結 6-517B
zhāojiè 招解 6-518B
zhāojiè 昭戒 5-685B
zhāojīmùyán 朝虀暮鹽 6-1329A
zhāojīmùyán 朝齏暮鹽 6-1329B
zhāojǐn 朝槿 6-1326A
zhāojìn 招進 6-516B
zháojīng 着驚 9-172B
zháojǐng 着警 9-172B
zhàojīng 旐旌 6-1613A
zhàojǐng 照景 7-207B
zhàojìng 照鏡 7-209B
zhàojīngē 趙津歌 9-1135B
zhāojiū 嘲啾 3-505A
zhāojiù 昭舊 5-690B
zhàojiù 照舊 7-209A
zhāojǔ 招舉 6-520A
zhāojù 招具 6-513B
zhāojù 招聚 6-518B
zhàojǔ 詔舉 11-132B
zhāojuàn 招卷 6-514A
zhàojuàn 詔卷 11-130B
zhāojué 招蹷 6-520A
zhàojué 詔爵 11-132B
zhāojūn 朝菌 6-1321A
zhāojūn 招軍 6-515A
zhāojūn 昭君 5-685B
zhāojūnbǎng 招軍榜 6-515A
zhāojūncūn 昭君村 5-685B
zhāojūnmǎimǎ 招軍買馬 6-515A
zhāojūntào 昭君套 5-686A
zhāojūnyuàn 昭君怨 5-685B
zhàokāi 召開 3-78A
zhàokāi 肇開 9-252A
zhāokāimùluòhuā 朝開暮落花 6-1324B
zhàokān 照勘 7-206B
zhàokàn 照看 7-206A
zhāokǎo 招考 6-512A
zhàokè 趙客 9-1135B
zhàokēng 趙坑 9-1134B
zhāokuǎn 招款 6-516B
zhāokuàng 昭曠 5-690B
zhàokuàng 照曠 7-209B
zhàokuànggé 照曠閣 7-209B
zhàokuò 趙括 9-1135A
zhāolái 朝來 6-1317A
zhāolái 招來 6-513B
zhāolái 招倈 6-515B
zhāolái 招徠 6-516B
zhǎolāmào 爪拉帽 6-1102B
zhāolán 朝嵐 6-1324A
zhāolǎn 招攬 6-521A
zhāolàn 昭爛 5-691A
zhāolàn 炤爛 7-57B
zhàolǎn 照覽 7-210A
zhàolàn 照爛 7-210A
zhāolǎng 昭朗 5-687B
zhàoláng 棹郎 4-1103B
zhàolǎng 照朗 7-206B
zhǎolǎo 爪老 6-1102B
zhàolǎosòngdēngtái 趙老送燈臺 9-1134A
zhàolèi 兆類 2-253B
zhāolǐ 招理 6-516A
zhāolǐ 招禮 6-520A
zhǎolí 找籬 6-364B
zhǎolí 爪籬 6-1102B
zhàolí 兆黎 2-253B
zhàolí 笊籬 8-1115A
zhàolǐ 照理 7-206B
zhàolǐ 罩叕 8-1033A
zhàolǐ 趙李 9-1134B
zhàolì 棹力 4-1103A
zhàolì 照例 7-205B
zhāoliáng 招涼 6-515B
zhāoliáng 招湶 6-516B
zhāoliàng 昭亮 5-686B
zháoliáng 着涼 9-170B
zháoliáng 着凉 9-170B
zhàoliàng 炤亮 7-57A
zhàoliàng 照亮 7-206A
zhàoliàng 照量 7-207B
zhāoliángmùchén 朝梁暮陳 6-1322B
zhāoliángmùjìn 朝梁暮晉 6-1322B
zhāoliángmùzhōu 朝梁暮周 6-1322B
zhàoliǎo 炤燎 7-57A
zhàoliǎo 照燎 7-209A
zhàoliǎo 照了 7-204A
zhàoliào 照料 7-206B
zhāoliè 昭列 5-685A
zhāoliè 昭烈 5-687A
zhāolín 昭臨 5-690B
zhàolín 照鄰 7-208B
zhàolín 照臨 7-209A
zhàolìn 召賃 3-78A
zhāolíng 昭陵 5-687B
zhāolíng 昭靈 5-691A
zhāolǐng 招領 6-518B
zhàolíng 兆靈 2-253B
zhàolìng 詔令 11-130A
zhāolíngliùjùn 昭陵六駿 5-687B
zhāolìngmùgǎi 朝令暮改 6-1314B
zhāolìngxīgǎi 朝令夕改 6-1314B
zhàolìràngféi 趙禮讓肥 9-1136B
zhāoliú 招留 6-515B
zhāolǒng 招攏 6-520A
zhàolóng 罩籠 8-1033A
zhàolǒng 罩籠 8-1033A
zhāolóngfākuì 昭聾發瞶 5-691A
zhāolù 朝露 6-1329A
zhāolù 昭露 5-691A
zhàolù 詔禄 11-131B
zhàolù 照録 7-208B
zhàolù 趙録 9-1136B
zhàoluàn 兆亂 2-253B
zhàoluàn 肇亂 9-252A
zhàolún 詔綸 11-132A
zhāoluó 招羅 6-520B
zhàoluó 罩羅 8-1033A
zhǎomáfan 找麻煩 6-364B
zhāomǎi 招買 6-517A
zháománg 着忙 9-169B
zhāomào 昭楙 5-690B
zhàomǎo 兆昴 2-252B
zhàomāohuàhǔ 照猫畫虎 7-207A
zhāoměi 昭美 5-686B
zhāomèi 昭昧 5-686B
zhàomén 照門 7-205B
zhàomēng 兆蒙 2-253B
zhàoméng 兆萌 2-253A
zhàoméng 詔盟 11-131B
zhàoměng 召勐 3-77B
zhàoměng 召猛 3-77B
zhàomèng 兆夢 2-253B
zhàomèng 趙孟 9-1135A
zhāoménnàxù 招門納婿 6-514A
zhāomǐ 招弭 6-515A
zháomí 着迷 9-170A
zhàomiàn 照面 7-206A
zhàomiàn 趙面 9-1135A
zhàomiào 召廟 3-78B
zhàomín 兆民 2-252A
zhàomǐn 肇敏 9-251B
zhāomíng 昭名 5-685B
zhāomíng 昭明 5-686A
zhāomíng 昭銘 5-689B
zhāomíng 炤明 7-57A
zhàomíng 照明 7-205A
zhàomíng 照冥 7-206B
zhàomìng 召命 3-77B
zhàomìng 詔命 11-130B
zhàomíngdàn 照明彈 7-205A
zháomó 着魔 9-172B
zhàomó 照磨 7-208B
zhàomò 詔墨 11-132A
zhàomò 照磨 7-208B
zhàomóu 兆謀 2-253B
zhāomù 朝莫 6-1320A
zhāomù 朝暮 6-1325A
zhāomù 佋穆 1-1294B
zhāomù 招募 6-517A
zhāomù 昭繆 5-690B
zhāomù 昭穆 5-690A
zhǎomù 爪幕 6-1102B
zhàomǔ 趙母 9-1133B
zhàomù 召募 3-77B
zhàomúzhàoyàng 照模照樣 7-208A
zhāonà 招納 6-516A
zhàonáng 趙囊 9-1136B
zháonǎo 着惱 9-171B
zhàonǚ 棹女 4-1103A
zhàonǚ 趙女 9-1132B
zhāonǚxu 招女婿 6-511B
zhào'ōu 棹謳 4-1104A
zhào'ōu 趙謳 9-1136B
zhāopai 招牌 6-517A
zhàopán 召盤 3-78B
zhàopàn 肇判 9-251A
zhāopānmùzhé 朝攀暮折 6-1328A
zhàopáo 罩袍 8-1033A
zhāopèi 昭配 5-687A
zhàopén 照盆 7-206A
zhàopéng 罩棚 8-1033A
zhàopì 肇闢 9-252B
zhàopiàn 照片 7-204B
zhāopìn 招聘 6-518A
zhǎopíng 找平 6-364A
zhàopíng 照屏 7-206B
zhàopíng 照憑 7-208B
zhàopíngyuán 趙平原 9-1133B
zhàopō 趙坡 9-1134B
zhàopú 趙僕 9-1136A
zhāoqí 招旗 6-519A
zhāoqǐ 朝起 6-1320A
zhāoqǐ 昭啓 5-688B
zhāoqì 朝氣 6-1320B
zhǎoqí 找齊 6-364B

zhǎoqì 沼氣 5-1116A
zhàoqī 詔期 11-131B
zhàoqǐ 肇啓 9-251B
zhàoqiǎn 召遣 3-78A
zhàoqiáng 照牆 7-209B
zhàoqiánsūnlǐ 趙錢孫李 9-1136B
zhāoqiánxītì 朝乾夕惕 6-1321B
zhāoqīng 昭清 5-688B
zhāoqíng 昭情 5-688B
zhāoqǐng 招請 6-519B
zhāoqínmùchǔ 朝秦暮楚 6-1319B
zhāoqiū 昭丘 5-685A
zhāoqiū 昭邱 5-685B
zhāoqiú 招求 6-513A
zhàoqiū 肇秋 9-251B
zhàoqiú 詔囚 11-130A
zhàoqiú 詔求 11-130A
zhàoqǔ 召取 3-77A
zhàoqù 炤覷 7-57B
zhàoqù 照覷 7-209B
zhàoqù 照覰 7-209B
zhāoquán 招權 6-520B
zhàoquán 召權 3-78B
zhāoquánnàhuì 招權納賄 6-520B
zhāoquánnàlù 招權納賂 6-521A
zhāoquánnàqiú 招權納賕 6-521A
zhāorán 昭然 5-689A
zhàorán 啅然 3-378A
zhāoránruòjiē 昭然若揭 5-689A
zhàoráo 趙嬈 9-1136A
zhāorě 招惹 6-517A
zhāorèn 招認 6-519A
zhàorén 兆人 2-252A
zhāoréndiàn 昭仁殿 5-684B
zhàoréngāndǎn 照人肝膽 7-204A
zhāorì 朝日 6-1313B
zhàorì 兆日 2-252A
zhàorì 照日 7-204B
zhàorì 趙日 9-1133A
zhāoróng 朝容 6-1321A
zhāoróng 朝榮 6-1325B
zhāoróng 昭容 5-687B
zhāoróng 昭融 5-690A
zhāorú 昭如 5-685B
zháosānbùzháoliǎng 着三不着兩 9-169A
zhāosānmù'èr 朝三暮二 6-1311A
zhāosānmùsì 朝三暮四 6-1311B
zhàosè 趙瑟 9-1136A
zhāoshā 昭沙 5-685B
zhàoshà 旐翣 6-1613A
zhāoshàn 朝膳 6-1327A
zhàoshān 罩衫 8-1033A
zhàoshàn 罩汕 8-1033A
zhāoshàng 朝上 6-1311B
zhāoshāngdiàn 招商店 6-516B
zhāoshāngjú 招商局 6-516B
zhàoshào 肇紹 9-252A
zhāoshè 朝涉 6-1320B
zhāoshè 招涉 6-515B
zhāoshè 昭涉 5-687B
zhāoshè 昭設 5-688B
zhàoshè 詔赦 11-131A
zhàoshè 照射 7-206B
zhàoshè 趙社 9-1134B
zhāoshēng 朝生 6-1314A
zhāoshēng 招生 6-512A
zhāoshēng 招聲 6-520A
zhāoshēng 昭升 5-684B
zhàoshēng 棹聲 4-1104A
zhàoshèng 照乘 7-206B
zhǎoshēngbùlāqì 爪聲不拉氣 6-1102B
zhāoshēngmùgě 朝升暮合 6-1314A
zhāoshēngmùluòhuā 朝生暮落花 6-1314B
zhāoshēngmùsǐ 朝生暮死 6-1314B
zhāoshēngxīsǐ 朝生夕死 6-1314B
zhàoshèngzhū 照乘珠 7-206B
zhāoshí 朝食 6-1319A
zhāoshí 招拾 6-514A
zhāoshí 昭時 5-687B
zhāoshì 朝市 6-1314B
zhāoshì 朝事 6-1317A
zhāoshì 招世 6-512A
zhāoshì 招事 6-513B
zhāoshì 昭士 5-684B
zhāoshì 昭世 5-685A
zhāoshì 昭示 5-685A
zhāoshì 昭式 5-685A
zhāoshì 昭事 5-686A
zhāoshì 昭飾 5-689B
zhǎoshì 找事 6-364B
zhǎoshì 爪士 6-1101B
zhàoshí 照石 7-204B
zhàoshí 照實 7-208B
zhàoshí 趙石 9-1133B
zhàoshǐ 兆始 2-252B
zhàoshǐ 詔使 11-130B
zhàoshǐ 肇始 9-251A
zhàoshì 召試 3-78A
zhàoshì 詔示 11-129B
zhàoshì 詔事 11-130B
zhàoshì 照世 7-204B
zhàoshì 照式 7-204B
zhàoshì 肇事 9-251A
zhāoshìbānfēi 招是搬非 6-514B
zhàoshìbēi 照世杯 7-204B
zhàoshìbì 趙氏璧 9-1133A
zhàoshìgū 趙氏孤 9-1133A
zhàoshìgū'ér 趙氏孤兒 9-1133A
zhāoshìlǎnfēi 招是攬非 6-514B
zhāoshìrěfēi 招事惹非 6-513B
zhāoshìrěfēi 招是惹非 6-514A
zhāoshìshēngfēi 招是生非 6-514A
zhāoshōu 招收 6-512B
zhāoshǒu 招手 6-512A
zháoshǒu 着手 9-169A
zhàoshǒu 兆守 2-252B
zhāoshū 招書 6-516A
zhāoshù 招數 6-519A
zhāoshù 昭述 5-686A
zhāoshù 著數 9-433B
zhāoshù 着數 9-172A
zhàoshū 詔書 11-131A
zhàoshū 詔疏 11-131B
zhàoshū 趙書 9-1135B
zhàoshù 兆庶 2-253A
zhàoshù 兆數 2-253B
zhàoshù 照數 7-208B
zhàoshuā 照刷 7-205B
zhāoshuāng 朝霜 6-1327B
zhāoshuǎng 朝爽 6-1321B
zhāoshùn 朝蕣 6-1326A
zhāoshuō 招說 6-519A
zhàoshuō 照說 7-208B
zhàoshuò 炤爍 7-57B
zhāosì 昭祀 5-685B
zhǎosǐ 找死 6-364A
zhàosì 兆祀 2-252B
zhàosìjiāngjūn 趙四將軍 9-1133B
zhāosīmùxiǎng 朝思暮想 6-1319A
zhàosòng 趙宋 9-1134B
zhāosū 昭甦 5-689A
zhāosū 昭穌 5-690B
zhāosū 昭蘇 5-691A
zhāosù 招速 6-515B
zhāosù 昭速 5-687A
zhàosuì 照歲 7-207B
zhàosuì 肇歲 9-252A
zhāotài 昭泰 5-687A
zhàotái 照臺 7-208A
zhàotái 肇台 9-251A
zhāotáigōng 昭臺宮 5-689B
zhàotàiyé 趙太爺 9-1133A
zhāotán 昭潭 5-690A
zhàotánchūn 趙談春 9-1136A
zhāotǎo 招討 6-515B
zhāotí 招提 6-516B
zhāotí 昭題 5-690B
zhàotǐ 詔體 11-132B
zhàotǐ 趙體 9-1136B
zhàotiáncán 照田蠶 7-204B
zhàotiānlàzhú 照天蠟燭 7-204A
zhàotiáo 詔條 11-131A
zhāotiē 招貼 6-517A
zhāotiē 招帖 6-513B
zhāotiēhuà 招貼畫 6-517A
zhāotíkè 招提客 6-516B
zhàotīng 照廳 7-210B
zhǎotou 找頭 6-364B
zhàotou 兆頭 2-253B
zhàotú 詔徒 11-131A
zhāotūn 朝暾 6-1327A
zhǎowāguó 爪哇國 6-1102B
zhāowǎn 朝晚 6-1322A
zhàowàng 照望 7-207A
zhàowángbì 趙王璧 9-1133A
zhāowángnàpàn 招亡納叛 6-511B
zhāowèi 招慰 6-519B
zhàowēi 照微 7-207B
zhàowèi 兆位 2-252B
zhàowèi 趙衛 9-1136A
zhāowén 昭文 5-684B
zhǎowěn 爪吻 6-1102B
zhàowén 兆文 2-252A
zhàowén 詔文 11-129B
zhāowéndài 招文袋 6-512A
zhāowéndài 昭文帶 5-684B
zhāowéndài 釗文袋 11-1203B
zhāowénguǎn 昭文館 5-684B
zhāowénxīgǎi 朝聞夕改 6-1326A
zhāowénxīsǐ 朝聞夕死 6-1326A
zhāowū 朝烏 6-1320B
zhāowǔ 招舞 6-518B
zhāowǔ 昭武 5-686A
zhǎowú 沼吳 5-1115B
zhàowǔ 趙舞 9-1136A
zhàowù 兆物 2-252B
zhàowǔniáng 趙五娘 9-1133A
zhāoxī 朝夕 6-1311B
zhāoxī 朝昔 6-1317A
zhāoxī 朝曦 6-1328B
zhāoxī 鼂夕 12-1401B
zhāoxī 昭晰 5-689A
zhāoxī 昭皙 5-689A
zhāoxī 炤晰 7-57A
zhāoxǐ 昭洒 5-686B
zhāoxǐ 昭洗 5-686B
zhàoxí 詔檄 11-132B
zhàoxí 照席 7-206B
zhāoxiá 朝霞 6-1327B
zhāoxià 昭夏 5-687A
zhāoxián 招賢 6-519A
zhāoxiǎn 招顯 6-521A
zhāoxiǎn 昭顯 5-691A
zhāoxiàn 昭見 5-685B
zhàoxián 照閒 7-207B
zhàoxiàn 兆見 2-252B
zhàoxiàn 兆獻 2-253B
zhàoxiàn 照見 7-204B
zhāoxiánbǎng 招賢榜 6-519A
zhāoxiáng 朝祥 6-1321A
zhāoxiáng 招降 6-514A
zhāoxiáng 昭詳 5-689B
zhāoxiǎng 朝餉 6-1325B
zhàoxiāng 棹舡 4-1103B
zhàoxiáng 兆祥 2-253A
zhàoxiàng 兆相 2-252B
zhàoxiàng 兆象 2-253A

zhàoxiàng 詔相 11-130B
zhàoxiàng 照相 7-205B
zhàoxiàng 照像 7-207B
zhàoxiàngbǎn 照相版 7-205B
zhàoxiàngdàn 照相彈 7-205B
zhàoxiàngjī 照相機 7-206A
zhāoxiángnàpàn 招降納叛 6-514A
zhàoxiàngqiāng 照相槍 7-205B
zhàoxiàngzhǐ 照相紙 7-205B
zhāoxiánnàshì 招賢納士 6-519A
zhāoxiǎo 昭曉 5-690A
zhāoxiào 昭孝 5-685B
zhāoxiào'er 招笑兒 6-515B
zhāoxié 招脅 6-516A
zhāoxié 招攜 6-519A
zhāoxié 招攜 6-520B
zhàoxīn 肇新 9-252A
zhàoxìn 兆釁 2-253B
zhàoxìn 肇衅 9-251B
zhàoxìn 肇釁 9-252B
zhàoxìnchéng 趙信城 9-1135A
zhāoxīng 昭星 5-686B
zhàoxīng 肇興 9-252A
zhàoxíng 兆形 2-252B
zhàoxìng 召幸 3-77A
zhàoxìng 兆姓 2-252B
zhāoxīniǎo 朝夕鳥 6-1312B
zhāoxìnjú 昭信局 5-686B
zhāoxìnpiào 昭信票 5-686B
zhāoxiù 朝秀 6-1316B
zhàoxiù 罩袖 8-1033A
zhāoxīwū 朝夕烏 6-1312B
zhāoxīxiāngchǔ 朝夕相處 6-1312B
zhāoxù 朝旭 6-1316A
zhāoxù 招壻 6-517A
zhāoxù 昭恤 5-686B
zhàoxū 照昫 7-206A
zhāoxuān 嘲喧 3-505A
zhāoxuān 昭宣 5-686B
zhāoxuǎn 招選 6-519B
zhàoxuǎn 詔選 11-132A
zhàoxuántán 趙玄壇 9-1133B
zhāoxuě 昭雪 5-688A
zhàoxuě 照雪 7-207A
zhàoxūhào 照虛耗 7-207A
zhǎoxún 找尋 6-364B
zhǎoxún 爪尋 6-1102B
zhāoyá 朝衙 6-1325A
zhǎoyá 蚤牙 8-862A
zhǎoyá 爪牙 6-1102A
zhǎoyáguān 爪牙官 6-1102A
zhǎoyálì 爪牙吏 6-1102A
zhāoyán 朝顏 6-1328A
zhāoyán 招延 6-512B
zhāoyǎn 昭衍 5-686B
zhāoyàn 招宴 6-515B
zhāoyàn 昭驗 5-691A
zhàoyān 趙燕 9-1136A
zhàoyán 詔言 11-130A
zhàoyán 詔筵 11-131B
zhàoyǎn 照眼 7-207A
zhàoyàn 照驗 7-210B
zhàoyàn 趙燕 9-1136A
zhāoyáng 朝陽 6-1323A
zhāoyáng 招揚 6-516B
zhāoyáng 昭陽 5-688B
zhāoyáng 昭揚 5-689A
zhàoyǎng 昭仰 5-685B
zhàoyàng 照様 7-208B
zhāoyángfèng 朝陽鳳 6-1323A
zhāoyángmíngfèng 朝陽鳴鳳 6-1323A
zhāoyāo 招邀 6-520A
zhāoyāo 招要 6-514A
zhāoyáo 佋僥 1-1294A
zhāoyáo 招摇 6-518A
zhāoyào 昭曜 5-690B
zhāoyào 昭燿 5-691A
zhāoyào 昭耀 5-691A
zhàoyào 炤燿 7-57B
zhàoyào 炤耀 7-57B
zhàoyào 照曜 7-209B
zhàoyào 照燿 7-209B
zhàoyào 照耀 7-210A
zhāoyáoguòshì 招摇過市 6-518A
zhàoyāojìng 照妖鏡 7-205A
zhāoyáozhuàngpiàn 招摇撞騙 6-518A
zhàoyè 照夜 7-205B
zhàoyèbái 照夜白 7-205B
zhàoyèbǎo 照夜寶 7-205B
zhàoyèjī 照夜璣 7-205B
zhàoyèqīng 照夜清 7-205B
zhāoyí 昭儀 5-689B
zhāoyì 昭懿 5-691A
zháoyí 着疑 9-172A
zhàoyī 炤依 7-57A
zhàoyī 照依 7-205B
zhàoyī 罩衣 8-1033A
zhàoyì 兆億 2-253B
zhàoyì 詔議 11-132B
zhàoyǐlóu 趙倚樓 9-1135B
zhāoyímùzhí 朝夷暮跖 6-1315B
zhāoyǐn 招引 6-512A
zhāoyǐn 招飲 6-517B
zhāoyǐn 招隱 6-520A
zhàoyīn 詔音 11-130B
zhàoyīn 肇禋 9-252A
zhàoyǐn 召引 3-77A
zhāoyíng 招迎 6-513A
zhāoyìng 招應 6-520A
zhāoyìng 昭應 5-690B
zhàoyíng 趙營 9-1136B
zhàoyǐng 棹影 4-1104A
zhàoyìng 炤映 7-57A
zhàoyìng 照應 7-209B
zhàoyìng 照映 7-206A
zhāoyōng 朝饔 6-1329A
zhāoyōng 昭庸 5-688B
zhāoyòng 招用 6-512A
zhàoyòng 詔用 11-130A
zhāoyōngxīsūn 朝饔夕飧 6-1329B
zhāoyóu 招尤 6-511B
zhāoyǒu 朝蝣 6-1325A
zhāoyòu 招誘 6-519A
zhàoyōu 兆憂 2-253B
zhàoyòu 詔侑 11-130B
zhāoyǔ 朝雨 6-1317A
zhāoyù 招喻 6-517A
zhāoyù 招諭 6-520A
zhàoyú 旐旟 6-1613A
zhàoyǔ 詔語 11-132A
zhàoyù 召諭 3-78B
zhàoyù 兆域 2-253A
zhàoyù 詔獄 11-132A
zhàoyù 詔諭 11-132B
zhàoyù 照毓 7-208B
zhàoyù 肇域 9-251B
zhàoyù 趙玉 9-1133B
zhāoyuàn 昭媛 5-689B
zhàoyuàn 趙媛 9-1136A
zhàoyuánshuài 趙元帥 9-1133A
zhāoyuè 招悦 6-515B
zhāoyún 朝雲 6-1323B
zhàoyǔn 肇允 9-251A
zhàoyùn 照運 7-207B
zhāoyúnmùyǔ 朝雲暮雨 6-1323B
zhāoyúqí 昭餘祁 5-690A
zhāozài 昭在 5-685A
zhāozāilǎnhuò 招災攬禍 6-513A
zhāozāirěhuò 招災惹禍 6-513A
zhàozǎiyǒngjié 兆載永劫 2-253B
zhàozàn 詔贊 11-132B
zhàozàng 詔葬 11-131B
zhàozào 肇造 9-251B
zhàozào 啅噪 3-378A
zhàozào 啅譟 3-378A
zhāozé 招賾 6-520A
zhǎozé 沼澤 5-1116A
zhāozhā 嘲哳 3-505A
zhāozhā 嘲哳 3-504B
zhāozhā 啁吒 3-389B
zhāozhā 啁哳 3-389B
zhāozhǎn 招展 6-516A
zhāozhǎn 招颭 6-518B
zhàozhàn 兆占 2-252A
zhāozhāng 昭章 5-688B
zhāozhāng 昭彰 5-689B
zhǎozhàng 找帳 6-364B
zhǎozhàng 爪杖 6-1102B
zhàozhāng 照章 7-207A
zhàozhāng 趙張 9-1135B
zhàozhǎng 兆長 2-252B
zhāozhāo 朝朝 6-1323B
zhāozhāo 嘲嘲 3-505B
zhāozhāo 嘲啁 3-505A
zhāozhāo 招招 6-513A
zhāozhāo 昭昭 5-686B
zhāozhāo 炤炤 7-57A
zhāozhāo 著著 9-432B
zhāozhāo 着着 9-170B
zhāozhào 招召 6-512A
zhāozhào 昭兆 5-685B
zháozháo 着着 9-170B
zhàozhào 詔召 11-130A
zhàozhào 照照 7-207B
zhàozhào 罩罩 8-1033A
zhàozhào 啅啅 3-378A
zhāozhāohánshí… 朝朝寒食,夜夜元宵 6-1323B
zhàozhàoyàyà 棹棹軋軋 4-1103B
zhāozhē 啁嗻 3-389B
zhāozhé 嘲哳 3-505B
zhāozhé 昭哲 5-688A
zhāozhé 昭晰 5-688A
zhāozhémùzhé 朝折暮折 6-1316A
zhāozhèn 招振 6-515A
zhàozhēn 趙貞 9-1135A
zhàozhèn 兆朕 2-252B
zhàozhèn 兆眹 2-253A
zhāozhēng 趙趙 9-1145B
zhāozhěng 昭整 5-690A
zhāozhèng 招證 6-520B
zhàozhēng 詔徵 11-132A
zhàozhèng 照証 7-207B
zhàozhèng 照證 7-209B
zhàozhēnnǚ 趙貞女 9-1135A
zhāozhī 昭知 5-686B
zhāozhǐ 招指 6-514A
zhāozhǐ 招紙 6-516A
zhāozhǐ 昭祉 5-686B
zhāozhì 招致 6-515B
zhāozhì 招置 6-518B
zhāozhì 招幟 6-519A
zhāozhì 招質 6-519B
zhāozhì 昭質 5-689B
zhǎozhǐ 沼沚 5-1115B
zhàozhī 照知 7-205B
zhàozhí 照直 7-205A
zhàozhǐ 詔旨 11-130A
zhàozhǐ 詔紙 11-131A
zhàozhì 召致 3-77B
zhàozhì 召寘 3-78A
zhàozhì 召置 3-78A
zhàozhì 詔志 11-130A
zhàozhì 詔制 11-130B
zhàozhì 肇制 9-251A
zhāozhōng 昭忠 5-686A
zhàozhòng 兆衆 2-253A
zhāozhōngcuò 朝中措 6-1313B
zhàozhōngguì 趙中貴 9-1133A
zhāozhōngmùgǔ 朝鐘暮鼓 6-1327B
zhāozhōngmùgǔ 朝鐘暮鼓 6-1328B
zhāozhōngmùgǔ 朝鐘暮皷 6-1328B

zhāozhòngmùhuò 朝種暮穫 6-1325B
zhāozhōu 嘲哢 3-505A
zhāozhòu 朝晝 6-1322B
zhàozhōu 兆周 2-252B
zhàozhōu 棹舟 4-1103B
zhàozhōu 趙州 9-1134A
zhàozhōuchá 趙州茶 9-1134A
zhàozhōuqiáo 趙州橋 9-1134A
zhàozhú 照燭 7-209B
zhàozhǔ 照矚 7-210B
zhàozhù 詔祝 11-131A
zhāozhuàn 朝饌 6-1328B
zhāozhuàng 招狀 6-514A
zhāozhuì 招贅 6-520A
zhàozhǔn 照準 7-208A
zhāozhuō 招捉 6-515A
zhāozhuō 昭焯 5-689B
zhāozhuó 招擢 6-520A
zhāozhuó 昭灼 5-685B
zhāozhuó 炤灼 7-57A
zhàozhuó 炤灼 7-57A
zhàozhuó 召擢 3-78B
zhàozhuó 照灼 7-205A
zhāozi 招子 6-511B
zhàozi 照子 7-204A
zhàozi 罩子 8-1033A
zhàozì 肇自 9-251A
zhàozì 趙字 9-1134A
zhàozǐlóng 趙子龍 9-1132B
zhàozòng 趙從 9-1135B
zhāozòumùzhào 朝奏暮召 6-1318B
zhāozòuxīzhào 朝奏夕召 6-1318B
zhāozū 招租 6-515B
zhāozǔ 昭祖 5-687A
zhàozū 召租 3-77B
zhàozú 棹卒 4-1103B
zhàozǔ 肇祖 9-251B
zhǎozuǐ 爪觜 6-1102B
zhāozūn 招尊 6-517B
zhàozuò 兆祚 2-252B
zhápáizi 閘牌子 12-99A
zhàpán 榨盤 4-1234A
zhàpàn 詐叛 11-106B
zhàpiàn 詐騙 11-109A
zhǎpiànjiàng 鮓片醬 12-1215A
zhāpǔ 查浦 4-907B
zhàpú 蜡酺 8-912A
zhàqī 詐欺 11-107B
zhàqì 詐泣 11-106A
zhàqián 詐錢 11-109A
zhāqiāng 扎槍 6-308B
zhàqiáng 栅墻 4-922A
zhàqiǎo 詐巧 11-105B
zhāqīng 劄青 2-741B
zhàqíng 詐晴 11-107B
zhàqǐng 詐請 11-108B
zhàqióng 詐窮 11-108B
zhàqǐshǒu 乍起首 1-646B
zhàqǔ 詐取 11-106A
zhàqǔ 榨取 4-1234A
zhāquán 查拳 4-907B
zhàquán 詐權 11-109B
zhàqún 炸群 7-52B
zhàrán 乍然 1-646B
zhàrǎo 詐擾 11-109A
zhàrén 詐人 11-105A
zhàrèn 詐認 11-108B
zhàrì 蜡日 8-911B
zhāsā 扎撒 6-309A
zhāsǎ 扎撒 6-309A
zhásā 札撒 4-722B
zhásà 札薩 4-723A
zhàsāi 炸腮 7-52B
zhàsāi 痄腮 8-306A
zhásàkè 札薩克 4-723A
zhásàng 札喪 4-722A
zhāsè 扎塞 6-308B
zhāshā 查沙 4-906B
zhāshā 挓抄 6-587B
zhāshā 挓挲 6-587B
zhāshā 渣沙 5-1447A
zhāshā 鰆沙 10-1382A
zhāshā 扎煞 6-308B
zhàshā 吒沙 3-136A
zhàshā 奓沙 2-1540B
zhàshā 詐殺 11-107A
zhǎshǎn 眏閃 7-1221B
zhǎshǎn 眨閃 7-1189B
zhàshān 槎山 4-1194A
zhàshǎn 詐閃 11-107A
zhàshàn 詐善 11-107B
zháshāng 札傷 4-722B
zháshàng 霅上 11-699B
zhàshè 蜡社 8-911B
zhàshè 乍設 1-646B
zhàshēngzǐ 乍生子 1-646A
zhāshi 扎實 6-308B
zháshí 札實 4-722B
zháshí 軋實 9-1200A
zháshì 霅氏 11-699B
zhàshī 詐尸 11-105B
zhàshī 詐施 11-106B
zhàshí 咤食 3-348A
zhàshì 炸市 7-52B
zhāshǒu 扎手 6-307A
záshǒufēng 札手風 4-721B
zhāshǒuwǔjiǎo 查手舞脚 4-906A
záshǒuwǔjiǎo 札手舞脚 4-721B
zháshū 札書 4-722A
zhàshū 詐輸 11-108B
zhàshú 詐熟 11-108B
zhàshù 詐術 11-107B
zhàshú'ér 乍熟兒 1-646B
zháshuǐ 霅水 11-699B
zhàshuì 詐説 11-108B
zhàshuō 詐説 11-108B
zhàsǐ 詐死 11-105B
zhàsuàn 詐筭 11-108A
zhāsuō 鬖髿 12-749B
zhàsuǒ 蜡索 8-912A
zhàsuǒ 栅鎖 4-922A
zhàsuǒ 詐索 11-107A
zhátàhóngxiū 札闥洪休 4-723A
zhàtài 詐態 11-108B
zhātán 查談 4-909A
zhàtán 蜡壇 8-912A
zhàtàn 咤歎 3-348A
zhàtáng 栅塘 4-922A
zhàtè 詐慝 11-108A
zhātiáo 查條 4-907A
zhátóu 閘頭 12-99B
zhāwā 查哇 4-907A
zhàwán 炸丸 7-52A
zhāwáng 鰆王 12-1424B
zhàwǎng 詐罔 11-106A
zhàwàng 詐妄 11-105B
zháwánzi 炸丸子 7-52A
záwěi 札委 4-722A
zhàwěi 詐僞 11-108A
zháwén 劄文 2-741A
zhǎwèng 鮓甕 12-1215A
zhāwō 扎窩 6-308B
zhàwō 炸窩 7-52B
zhàwū 詐誣 11-108B
zhàwǔ 乍午 1-646A
zháxí 喋噏 3-407A
zháxí 霅溪 11-699B
zhǎxī 鮓腊 12-1215A
zhāxià 查下 4-905B
zháxiā 喋呷 3-406B
zháxiǎ 閘閜 12-99A
zhàxiā 吒呀 3-136A
zhàxiá 吒暇 3-136A
zhàxià 詐嚇 11-109A
zhàxiàn 乍見 1-646A
zhàxiàn 詐現 11-107A
zhàxiáng 詐降 11-106A
zhàxiǎng 蜡享 8-911B
zhàxiǎng 蜡饗 8-912A
zhàxiǎng 炸響 7-53A
zhàxiāzhuānglóng 詐瞎裝聾 11-108B
zhāxīn 扎心 6-307A
zhàxīn 詐心 11-105B
zhǎxǐng 展省 4-44B
zhàxū 詐譎 11-109A
zhàxuān 詐諼 11-109A
zháxuè 喋血 3-406B
zhāyā 咋呀 3-263A
zhāyá 齇齖 12-1458B
zhāyá 齟齖 12-1456B
zhǎyǎ 厏厊 1-918B
zhǎyǎ 庝房 3-1213B
zhàyā 榨壓 4-1234A
zhàyá 齚齖 12-1452A
zhàyá 炸牙 7-52B
zhàyá 痄痄 8-306A
zhāyǎn 扎眼 6-308A
zháyǎn 劄眼 2-741B
zhǎyǎn 眏眼 7-1221B
zhǎyǎn 扎眼 6-308A
zhǎyǎn 眨眼 7-1189B
zhàyán 詐言 11-105B
zhàyǎn 炸眼 7-52B
zhàyǎn'er 詐眼兒 11-107B
zhǎyǎnjiān 眨眼間 7-1190A
zhàyào 炸藥 7-52B
zhāyě 扎也 6-307A
zhāyě 扎野 6-308A
zháyè 閘夜 12-99A
zhàyī 咤噫 3-348A
zhāyíng 紮營 9-777A
zhāyíng 扎營 6-309A
zhàyòu 詐誘 11-108B
zhàyóuláng 榨油郎 4-1234A
zhāyǔ 查語 4-909A
zháyù 霅煜 11-699B
zhàyú 詐愚 11-108A
zhàyú 詐虞 11-108A
zhàyǔ 詐語 11-108B
zhàyuè 蜡月 8-911B
zhàyuè 栅鑰 4-922A
zhàzā 詐紮 11-107A
zhàzāng 詐贓 11-109B
zhàzào 詐造 11-107A
zhāzhā 查查 4-907A
zhāzhā 喳喳 3-413A
zhāzhā 渣渣 5-1447A
zhāzhā 楂楂 4-1148A
zhāzhā 扎扎 6-307A
zházhá 泧泧 5-1053A
zházhá 札札 4-721B
zházhà 扎詐 6-308B
zhǎzhǎ 眏眏 7-1221B
zhǎzhǎ 眨眨 7-1189B
zhàzhà 吒吒 3-136A
zhàzhà 詐詐 11-107B
zhàzhàde 乍乍的 1-646A
zházhágūoguō 泧泧活活 5-944A
zhāzhāhúhú 查查胡胡 4-907A
zhāzhài 紮寨 9-777A
zhāzhài 扎寨 6-308B
zhāzhàifūrén 扎寨夫人 6-308B
zhàzhàn 詐戰 11-109A
zhāzhēn 扎針 6-308A
zházhēng 揸掙 6-738B
zházhēng 扎掙 6-307B
zházhēng 閘掙 12-99A
zházhēng 拃掙 6-463A
zházhèng 閘閘 12-99B
zházhì 札帙 4-722A
zhàzhōng 詐忠 11-106A
zhāzhù 紮住 9-777A
zházhù 札住 4-722A
zhàzhù 詐注 11-106A
zhàzhuāng 詐粧 11-107B
zhāzi 渣子 5-1447A
zhāzǐ 查子 4-905B
zhāzǐ 查滓 4-908B
zhāzǐ 渣滓 5-1447A
zhāzǐ 樝子 4-1272A
zházi 劄子 2-741A
zházi 扎子 6-307A
zházi 札子 4-721B
zházì 札字 4-722A

zhàzi 砟子 7-1020A
zhàzi 栅子 4-922A
zhàzǐ 炸子 7-52A
zhāzǐzhàng 查子帳 4-905B
zházú 札足 4-722A
zhǎzū 鮓菹 12-1215A
zhǎzū 鮓葅 12-1215A
zházuǐ 札嘴 4-723A
zhāzuò 扎作 6-307B
zhē'ài 遮礙 10-1159B
zhé'ài 哲艾 3-351A
zhě'àn 赭案 9-1183B
zhě'àn 赭黯 9-1184B
zhē'áo 遮嶅 10-1160A
zhé'ào 折拗 6-378A
zhébái 哲白 5-729A
zhěbái 赭白 9-1183A
zhěbáimǎ 赭白馬 9-1183A
zhēbān 遮般 10-1156A
zhébàn 折半 6-376B
zhěbān 者般 8-645A
zhèbān 這般 10-918B
zhèbān 鷓斑 12-1158A
zhèbāngè 這般個 10-918B
zhèbānyàng 這般樣 10-918B
zhébào 磔暴 7-1092A
zhēbēi 遮草 10-1156B
zhéběi 折北 6-376B
zhéběn 摺本 6-847A
zhèběn 浙本 5-1194A
zhēbí 蜇鼻 8-896A
zhēbì 遮庇 10-1155A
zhēbì 遮蔽 10-1158A
zhèbì 這壁 10-920A
zhēbiān 遮邊 10-1159B
zhēbiàn 遮辯 10-1160A
zhébiǎn 謫貶 11-405B
zhébiàn 折辨 6-384B
zhébiàn 折辯 6-386A
zhébiàn 折變 6-386A
zhébiàn 輒便 9-1253A
zhěbiān 者邊 8-645A
zhěbiān 赭鞭 9-1184A
zhèbiān 這邊 10-920A
zhèbiānxiāng 這邊厢 10-920A
zhěbié 者别 8-644B
zhébìsāngōng 折臂三公 6-385A
zhèbìxiāng 這壁廂 10-920A
zhēbō 遮撥 10-1158B
zhébó 折帛 6-378A
zhébó 折博 6-381B
zhěbō 者波 8-644B
zhébózi 折脖子 6-381A
zhēbù 遮不 10-1154B
zhébù 折步 6-377B
zhébù 讋怖 11-464A
zhècán 柘蠶 4-904B
zhēcáng 遮藏 10-1159A
zhécáng 蟄藏 8-951B
zhécáo 折漕 6-383A
zhéchāi 折釵 6-381A
zhéchāigǔ 折釵股 6-381A
zhéchángbǔduǎn 折長補短 6-378A
zhēchē 遮車 10-1155A
zhēchē 嗻嗻 3-494A
zhéchén 謫臣 11-405A
zhēchéng 折澄 6-384B
zhéchēng 折鐺 6-386A
zhéchéngbù 哲陳部 3-351B
zhèchéngzi 這程子 10-919A
zhéchǐ 折齒 6-383B
zhéchǐ 摺尺 6-847A
zhéchì 謫斥 11-405A
zhěchì 赭赤 9-1183A
zhéchōng 折充 6-377A
zhéchōng 折衝 6-384A
zhéchóng 蟄蟲 8-951B
zhèchóng 䗪蟲 8-958B
zhéchōngyànnán 折衝厭難 6-384A
zhéchōngyùwǔ 折衝御侮 6-384A
zhéchōngzhīchén 折衝之臣 6-384A
zhéchōngzūnzǔ 折衝尊俎 6-384A
zhéchōngzūnzǔ 折衝樽俎 6-384A
zhēchǒu 遮醜 10-1159A
zhéchú 折除 6-379A
zhéchǔ 哲儲 3-352A
zhéchǔ 蟄處 8-951B
zhéchù 謫黜 11-406B
zhèchǔ 柘杵 4-904A
zhéchuáng 折牀 6-378B
zhéchuí 折捶 6-380B
zhéchuí 折箠 6-383A
zhēcù 遮簇 10-1159A
zhécuàn 謫竄 11-406B
zhécuò 折剉 6-379A
zhécuò 折挫 6-379A
zhécuò 折措 6-380B
zhécuò 折銼 6-384A
zhécuò 磔剉 7-1091B
zhèda 這搭 10-919A
zhèdá 這荅 10-918B
zhédài 輒代 9-1253A
zhédàicūn 折帶皴 6-381A
zhèdalǐ 這搭裏 10-919A
zhédān 折丹 6-376A
zhédàn 讋憚 11-464A
zhèdàn 柘彈 4-904B
zhēdāng 遮當 10-1157B
zhēdǎng 遮擋 10-1158B
zhédàng 折當 6-382A
zhèdāng'er 這當兒 10-919A
zhēdào 遮道 10-1157A
zhēdǎo 折倒 6-380A
zhédǎo 折倒 6-380A
zhédào 折到 6-378A
zhède 這的 10-918A
zhēdēng 折登 6-381B
zhēdēng 折蹬 6-385B
zhèděng 這等 10-919A
zhèděngyàng 這等樣 10-919A
zhèdeshì 這的是 10-918A
zhēdǐ 遮抵 10-1155B
zhédí 讋敵 11-464A
zhédì 蟄地 8-951A
zhèdiǎn 這點 10-920A
zhédiào 謫調 11-406A
zhēdié 遮迭 10-1155B
zhédié 折疊 6-386A
zhédié 摺疊 6-847A
zhědié 襵疊 9-153A
zhědié 褶疊 9-136B
zhédiéshàn 摺疊扇 6-847A
zhēdìgàitiān 遮地蓋天 10-1154B
zhēdìmàntiān 遮地漫天 10-1155A
zhédǐng 折鼎 6-381B
zhédǐngfùsù 折鼎覆餗 6-381B
zhēdōng 遮冬 10-1154B
zhédòng 輒動 9-1253A
zhèdōngxuépài 浙東學派 5-1194A
zhēduàn 遮斷 10-1159B
zhéduǎn 折短 6-381B
zhéduì 折兑 6-378A
zhéduì 折對 6-383A
zhéduō 折掇 6-380B
zhéduò 謫墮 11-406A
zhē'è 遮扼 10-1155A
zhē'è 遮遏 10-1157A
zhé'è 蟄惡 8-951B
zhě'è 赭堊 9-1183B
zhé'er 摺兒 6-847A
zhé'ěr 輒爾 9-1253A
zhě'er 褶兒 9-136B
zhè'er 這兒 10-918A
zhéfā 謫發 11-406A
zhéfá 適罰 10-1167A
zhéfá 折乏 6-376A
zhéfá 折伐 6-377A
zhéfá 折罰 6-383A
zhéfá 謫罰 11-406A
zhěfān 者番 8-645A
zhēfáng 遮防 10-1155A
zhéfàng 謫放 11-405A
zhéfēng 折風 6-379A
zhēfū 遮敷 10-1158B
zhēfù 遮覆 10-1159B
zhéfū 哲夫 3-351A
zhéfú 折伏 6-377A
zhéfú 折服 6-378B
zhéfú 折福 6-383A
zhéfú 哲符 3-351B
zhéfú 蟄伏 8-951A
zhéfú 讋伏 11-464A
zhéfú 讋服 11-464A
zhéfǔ 哲輔 3-352A
zhéfù 哲婦 3-351B
zhéfù 轍鮒 9-1333B
zhěfú 赭服 9-1183B
zhēgài 遮盖 10-1157A
zhēgài 遮蓋 10-1157A
zhégān 折乾 6-380B
zhègān 這干 10-917B
zhègāng 柘岡 4-904A
zhègāo 櫜皋 4-1307B
zhégǎozhènluò 折槁振落 6-383A
zhēgé 遮隔 10-1157A
zhēgè 遮箇 10-1158A
zhégē 磔格 7-1091B
zhěgè 者箇 8-645A
zhège 這個 10-918B
zhège 這箇 10-919B
zhègēda 這疙疸 10-918B
zhégōng 折肱 6-378B
zhégōng 折躬 6-380A
zhègōng 柘弓 4-903B
zhégōu 折勾 6-376B
zhēgū 遮姑 10-1155B
zhēgù 遮錮 10-1159A
zhégǔ 折骨 6-379A
zhègū 鷓鴣 12-1158A
zhéguān 折關 6-385B
zhéguān 謫官 11-405A
zhèguǎn 柘舘 4-904B
zhèguǎn 柘館 4-904B
zhéguāng 折光 6-376B
zhègūbān 鷓鴣斑 12-1158B
zhègūcài 鷓鴣菜 12-1158B
zhègūchén 鷓鴣沉 12-1158B
zhègūcí 鷓鴣詞 12-1158B
zhègūcí 鷓鴣辭 12-1159A
zhéguī 攝龜 6-975B
zhéguī 謫歸 11-406B
zhéguǐ 轍軌 9-1333A
zhéguì 折桂 6-379B
zhéguìlìng 折桂令 6-379B
zhéguìzhī 折桂枝 6-379B
zhègūmíng 鷓鴣名 12-1158B
zhéguó 折馘 6-385A
zhéguò 適過 10-1165B
zhéguò 折過 6-381A
zhéguò 謫過 11-405B
zhèguō'er 這埚兒 10-919A
zhèguō'erlǐ 這埚兒裏 10-919A
zhèguōlǐ 這埚裏 10-919A
zhègūtiān 鷓鴣天 12-1158B
zhègūzhěn 鷓鴣枕 12-1158B
zhéhài 讋駭 11-464B
zhēhàn 遮扞 10-1154B
zhěhàn 赭汗 9-1183A
zhéháng 折行 6-377A
zhēhé 遮閡 10-1158B
zhéhé 折合 6-377A
zhěhè 赭褐 9-1184A
zhèhé 浙河 5-1194A
zhéhéjīchén 轍涸羈臣 9-1333B
zhéhén 折痕 6-381A
zhěhén 褶痕 9-136B
zhěhóng 赭紅 9-1183B
zhéhòu 哲后 3-351B
zhēhú 遮糊 10-1158B
zhēhù 遮護 10-1160A
zhéhù 蟄户 8-951A

zhéhuā 蜇花 8-896A
zhèhuā 柘花 4-903B
zhéhuán 折還 6-384B
zhéhuán 轍環 9-1333B
zhéhuán 轍轘 9-1333B
zhéhuàn 讁宦 11-405B
zhěhuáng 赭黄 9-1183B
zhèhuáng 柘黄 4-904A
zhěhuángpáo 赭黄袍
9-1184A
zhèhuángpáo 柘黄袍 4-904A
zhèhuángshān 柘黄衫 4-904A
zhěhuángyī 赭黄衣 9-1184A
zhēhuí 遮回 10-1155A
zhéhuī 折墮 6-383B
zhéhuí 折回 6-376B
zhéhuǐ 輒悔 9-1253A
zhéhuǐ 蟄虺 8-951A
zhěhuí 者回 8-644B
zhèhuì 這會 10-919A
zhèhuì'er 這會兒 10-919B
zhèhuìzi 這會子 10-919B
zhēhuò 遮獲 10-1159A
zhèhuǒ 柘火 4-903B
zhējī 遮擊 10-1159A
zhéjī 折屐 6-380B
zhéjī 折笄 6-380A
zhéjī 磔雞 7-1092A
zhéjí 鷙擊 12-1156A
zhéjí 讁籍 11-406B
zhéjí 讁藉 11-406B
zhéjǐ 折戟 6-381B
zhéjì 轍迹 9-1333A
zhéjì 轍跡 9-1333B
zhéjì 讋忌 11-464A
zhéjì 讋悸 11-464A
zhējià 遮架 10-1156A
zhéjiá 讘詼 11-475A
zhéjiǎ 乇甲 1-628B
zhéjià 折價 6-383B
zhéjiǎn 折柬 6-379A
zhéjiǎn 折減 6-381B
zhéjiǎn 折簡 6-385A
zhéjiàn 折箭 6-383B
zhéjiàn 折檻 6-385A
zhéjiàn 蟄劍 8-951B
zhéjiàng 哲匠 3-351A
zhéjiàng 讁降 11-405B
zhèjiāng 柘漿 4-904B
zhèjiāng 浙江 5-1194A
zhèjiāng 蔗漿 9-539A
zhējiànpái 遮箭牌 10-1158B
zhéjiāo 折膠 6-384A
zhéjiǎo 折角 6-377B
zhéjiǎo 折脚 6-381A
zhéjiǎo 折腳 6-383A
zhéjiào 讁校 11-405B
zhéjiǎochēng 折脚鐺 6-381A
zhéjiāoduòzhǐ 折膠墮指
6-384B
zhéjiǎojīn 折角巾 6-378A
zhéjǐchénshā 折戟沉沙
6-381B
zhējié 遮刧 10-1155A
zhējié 遮截 10-1158A
zhējié 遮戳 10-1158B
zhéjié 折節 6-382A
zhějié 赭羯 9-1184A
zhējìn 遮禁 10-1157B
zhéjīn 折巾 6-375B
zhějìn 赭盡 9-1184A
zhējīndǒu 折斤斗 6-376A
zhèjìng 蔗境 9-539A
zhéjīnguō 折巾郭 6-375B
zhéjiù 折舊 6-385A
zhéjiù 哲舅 3-352A
zhéjiù 讁咎 11-405A
zhéjū 蟄居 8-951A
zhéjū 讁居 11-405A
zhéjù 折句 6-376B
zhéjù 折拒 6-377A
zhéjù 讋懼 11-464B
zhějū 赭裾 9-1184A
zhējué 遮絶 10-1157A
zhéjǔzhōuguī 折矩周規
6-379A
zhékè 讁客 11-405B
zhēkōngbìrì 遮空蔽日
10-1155B
zhékǒu 折口 6-375B
zhékǒu 轍口 9-1333A
zhékòu 折扣 6-376B
zhěkòu 赭寇 9-1184A
zhékǒufú 折口福 6-375B
zhèkuài 這塊 10-919A
zhékuì 折愧 6-381B
zhěkuí 赭魁 9-1184A
zhékūn 哲昆 3-351B
zhékùn 折困 6-377B
zhékuò 摺括 6-666A
zhēlà 遮剌 10-1155B
zhēlán 遮闌 10-1159B
zhēlán 遮攔 10-1159B
zhēlán 遮蘭 10-1160A
zhēlán 遮欄 10-1160A
zhēlán 摭攔 6-840B
zhéléi 蟄雷 8-951B
zheli 着哩 9-170B
zhēlǐ 遮裏 10-1157B
zhēlì 遮厲 10-1158A
zhélǐ 哲理 3-351B
zhélì 磔礫 7-1092A
zhélì 讁吏 11-405A
zhélì 讋栗 11-464A
zhélì 讋慄 11-464A
zhělǐ 者裏 8-645A
zhèlǐ 這裡 10-919A
zhèlǐ 這裏 10-919B
zhēliàn 遮戀 10-1160B
zhēliè 遮列 10-1155A
zhēliè 遮迾 10-1155B
zhéliè 磔裂 7-1091B
zhéliè 蟄裂 8-951B
zhélín 蟄鱗 8-952A
zhēliú 遮留 10-1156A
zhéliǔ 折柳 6-378B
zhěliú 者流 8-645A
zhèliù'er 這溜兒 10-919B
zhēlǒng 遮籠 10-1160A
zhélóng 蟄龍 8-951B
zhēlù 遮路 10-1157B
zhéluànqímǐ 轍亂旂靡
9-1333B
zhéluànqímǐ 轍亂旗靡
9-1333B
zhēluó 遮羅 10-1159B
zhēluó 遮邏 10-1160A
zhéluó 折羅 6-385B
zhéluò 讁落 11-406A
zhēlüè 遮略 10-1156B
zhémá 折麻 6-381A
zhémà 讁罵 11-406A
zhēmán 遮瞞 10-1159A
zhēmàn 遮漫 10-1158B
zhémànchuáng 折幔幢
6-383B
zhēmào 遮冒 10-1155B
zhémáo 哲髦 3-352A
zhémào 哲茂 3-351B
zhēme 遮麽 10-1158A
zhème 這麽 10-919B
zhème 這末 10-917B
zhèmediǎn 這麽點 10-919B
zhèmegè 這麽個 10-919B
zhèměi 這每 10-917B
zhèmen 這們 10-918B
zhēmēng 遮幪 10-1159A
zhēmēng 遮蒙 10-1157B
zhéméng 驕騾 12-881A
zhéméng 驕驟 12-881A
zhéměng 虴蜢 8-860B
zhèměng 䗪蜢 8-958B
zhèmeshuō 這麽説 10-919B
zhèmexiē 這麽些 10-919B
zhèmeyàng 這麽樣 10-919B
zhèmezhe 這麽着 10-919B
zhémián 折綿 6-383B
zhěmiàn 赭面 9-1183B
zhēmiànzi 遮面子 10-1155B
zhémiǎo 哲眇 5-729A
zhémín 適民 10-1163B
zhémín 哲民 3-351A
zhémín 讁民 11-405A
zhémíng 哲明 5-729A
zhémìng 哲命 3-351B
zhémìng 讁命 11-405A
zhēmò 遮没 10-1155A
zhēmò 遮抹 10-1155B
zhēmò 遮末 10-1154B
zhēmò 遮莫 10-1156A
zhémó 折麽 6-383A
zhémó 折磨 6-384B
zhémò 馲駋 12-798A
zhémò 折末 6-376B
zhémò 折莫 6-379B
zhémò 虴蛨 8-860B
zhémò 輒莫 9-1253A
zhěmó 者麽 8-645A
zhěmò 者磨 8-645A
zhěmò 者末 8-644B
zhěmò 者莫 8-644B
zhěmò 赭沫 9-1183B
zhěmò 赭墨 9-1184A
zhémóu 折謀 6-384B
zhémǔ 哲母 3-351A
zhémù 輒沐 9-1253A
zhēnà 遮捺 10-1156B
zhénà 折納 6-380B
zhénàhuán 哲那環 3-351B
zhēn'ǎi 貞藹 10-61B
zhēn'ài 珍愛 4-538B
zhēn'ài 針艾 11-1198A
zhēn'ài 榛礙 4-1203A
zhēn'ān 貞安 10-51A
zhénàn 折難 6-385B
zhèn'ān 填安 2-1168B
zhèn'ān 鎮安 11-1362A
zhénáng 輒囊 9-1253A
zhénáo 讋撓 11-464A
zhēnbá 甄拔 5-291B
zhènbá 振拔 6-599B
zhēnbái 貞白 10-50A
zhēnbái 真白 2-141B
zhēnbǎi 貞柏 10-53A
zhēnbài 真拜 2-145B
zhènbǎi 振擺 6-603B
zhènbài 陣敗 11-979A
zhēnbǎn 椹板 4-1147A
zhēnbǎn 砧板 7-1019B
zhēnbǎo 珍琣 4-536B
zhēnbǎo 珍寶 4-540A
zhēnbào 貞抱 10-52A
zhēnbào 偵報 1-1540A
zhěnbào 抮抱 6-474B
zhènbǎo 鎮寶 11-1365A
zhènbào 震爆 11-696A
zhēnbēi 貞碑 10-58A
zhēnbèi 珍貝 4-535A
zhēnbèi 真貝 2-142B
zhēnbèi 甄被 5-292B
zhēnbèi 臻備 8-800B
zhēnběn 珍本 4-534B
zhēnběn 真本 2-141B
zhēnbí 針鼻 11-1200A
zhēnbì 珍閟 4-538B
zhēnbì 珍幣 4-538B
zhēnbǐ 真筆 2-149B
zhēnbì 楨弼 4-1165B
zhènbǐ 振筆 6-601B
zhènbì 陣斃 11-980A
zhènbì 振臂 6-603B
zhēnbiān 針砭 11-1199B
zhēnbiān 箴砭 8-1211A
zhēnbiàn 甄辨 5-293A
zhěnbiānlíng 枕邊靈 4-885A
zhēnbiāo 貞標 10-59B
zhēnbiǎo 貞表 10-52A
zhēnbiǎo 甄表 5-291B
zhènbiāo 鎮標 11-1364B
zhēnbié 甄別 5-291B
zhěnbìn 鬒鬢 12-752A
zhěnbìn 鬒鬓 12-752A
zhēnbǐng 貞秉 10-52B
zhěnbìng 診病 11-112A
zhènbīng 振兵 6-599B
zhènbīngshìlǚ 振兵釋旅

6-599B
zhènbīngzélǚ 振兵澤旅 6-599B
zhēnbó 真伯 2-143A
zhēnbó 榛薄 4-1203A
zhènbō 震波 11-692A
zhènbó 震襮 11-696B
zhēnbǔ 貞卜 10-48B
zhēnbǔ 箴補 8-1211B
zhēnbù 甄部 5-292A
zhènbù 振怖 6-599B
zhènbù 震怖 11-692A
zhēnbùjuésú 貞不絶俗 10-49B
zhēncái 真才 2-140B
zhēncái 真材 2-142B
zhēncái 斟裁 7-340A
zhēncái 楨材 4-1165B
zhēncǎi 甄采 5-292A
zhēncáishíxué 真才實學 2-140B
zhèncán 震慙 11-695A
zhēncáng 珍藏 4-539B
zhēncāo 貞操 10-60B
zhēncǎo 珍草 4-536A
zhēncǎo 真艸 2-142B
zhēncǎo 真草 2-144B
zhēncǎo 榛草 4-1201B
zhěncǎo 枕草 4-882B
zhēncè 真册 2-141B
zhěncè 枕側 4-884A
zhěncè 軫惻 9-1239B
zhèncè 振策 6-601B
zhēnchá 真茶 2-145A
zhēnchá 偵查 1-1539B
zhēnchá 偵察 1-1540A
zhēnchá 甄察 5-293A
zhěnchá 診察 11-112B
zhènchà 震詫 11-694A
zhēnchábīng 偵察兵 1-1540A
zhēnchájī 偵察機 1-1540A
zhēnchān 偵覘 1-1540A
zhēnchǎn 珍産 4-537B
zhènchàn 振顫 6-604A
zhènchàn 震顫 11-696B
zhēncháng 真常 2-148B
zhèncháng 鎮長 11-1362B
zhèncháng 鎮常 11-1363B
zhènchǎng 陣場 11-979A
zhēncháo 榛巢 4-1202A
zhēncháwèixīng 偵察衛星 1-1540A
zhēncháyuán 偵察員 1-1540A
zhēnchē 珍車 4-535A
zhènchē 陣車 11-978A
zhēnchén 貞臣 10-50B
zhēnchén 貞辰 10-51B
zhēnchén 真忱 2-143A
zhēnchén 斟忱 7-340A
zhēnchén 斟愖 7-340B
zhēnchén 楨臣 4-1165B
zhènchén 鎮臣 11-1362A
zhēnchēng 貞稱 10-59A
zhēnchēng 甄稱 5-292B
zhēnchéng 貞乘 10-55A
zhēnchéng 貞誠 10-58B
zhēnchéng 真成 2-142A
zhēnchéng 真乘 2-147B
zhēnchéng 真誠 2-150A
zhènchéng 鎮城 11-1363A
zhēnchí 珍池 4-535A
zhēnchǐ 珍侈 4-535B
zhēnchì 甄飭 5-292B
zhènchǐ 振耻 6-600B
zhènchǐ 鎮尺 11-1361B
zhènchì 振飭 6-601B
zhēnchóng 貞蟲 10-61B
zhēnchǒng 珍寵 4-540A
zhēnchóu 珍疇 4-539B
zhēnchóu 甄酬 5-292B
zhēnchū 真初 2-143A
zhēnchú 真除 2-146A
zhēnchǔ 砧杵 7-1019A
zhēnchǔ 榛楚 4-1202B
zhènchú 振除 6-600A
zhènchǔ 震儲 11-695B
zhēnchuán 真傳 2-150A
zhěnchuāng 鮝窗 12-1212B
zhēnchún 貞純 10-55B
zhēnchún 貞淳 10-56B
zhēnchún 貞醇 10-60A
zhēnchún 真純 2-148A
zhēnchún 真淳 2-149A
zhènchuō 震踔 11-695A
zhēncī 箴疵 8-1211B
zhēncí 鸗鳩 12-1171A
zhēncí 貞祠 10-54A
zhēncí 貞詞 10-57B
zhēncí 貞辭 10-61B
zhēncí 真祠 2-146A
zhēncí 針磁 11-1200A
zhēncì 珍賜 4-539A
zhēncì 針刺 11-1199A
zhēncì 偵刺 1-1539B
zhēncì 榛刺 4-1201B
zhēncì 箴刺 8-1211A
zhèncì 賑賜 10-210A
zhēncóng 珍從 4-537B
zhēncóng 珍叢 4-539B
zhēncóng 榛藂 4-1203A
zhēncóng 榛叢 4-1203A
zhēncòu 臻湊 8-800B
zhēncuì 貞脆 10-55A
zhēncuì 貞脃 10-55A
zhēncuì 貞粹 10-59A
zhēncuì 貞顇 10-61A
zhēncuì 真粹 2-151A
zhēncuì 臻萃 8-800B
zhēncuò 珍錯 4-539A
zhěndǎ 診打 11-111B
zhèndá 震怛 11-692A
zhěndài 枕帶 4-883B
zhèndài 振貸 6-601B
zhèndài 賑貸 10-210A
zhēndān 真丹 2-141A
zhēndàn 貞淡 10-56B
zhēndàn 真澹 2-152B
zhèndǎn 震膽 11-695B
zhèndǎn 鎮膽 11-1365A
zhèndàn 振旦 6-599A
zhèndàn 賑澹 10-210A
zhèndàn 震旦 11-691B
zhèndàn 震澹 11-695B
zhēndàng 真當 2-150A
zhèndàng 振蕩 6-602B
zhèndàng 振盪 6-603A
zhèndàng 震蕩 11-695A
zhèndàng 震盪 11-696A
zhēndào 貞道 10-57B
zhēndào 真道 2-149B
zhēndào 臻到 8-800B
zhěndào 軫悼 9-1239B
zhèndào 陣纛 11-980A
zhèndào 震悼 11-693B
zhēndāozhēnqiāng 真刀真槍 2-140A
zhèndǎzhèn 陣打陣 11-977B
zhēndé 貞德 10-60A
zhèndé 震德 11-695A
zhěndēng 鮝燈 12-1212B
zhēndí 真的 2-143B
zhēndì 真諦 2-152B
zhèndí 陣敵 11-979B
zhèndì 陣地 11-977B
zhēndiàn 珍殿 4-538B
zhēndiàn 珍簟 4-539B
zhěndiàn 枕簟 4-885A
zhèndiàn 震電 11-694A
zhèndiàn 鎮店 11-1362B
zhèndiànjiāngjūn 鎮殿將軍 11-1364A
zhěndiǎnxíwén 枕典席文 4-882B
zhèndiào 振掉 6-601A
zhèndiào 震掉 11-693A
zhēndié 偵諜 1-1688A
zhēndié 偵諜 1-1540B
zhèndié 振疊 6-604A
zhèndié 震疊 11-696A
zhèndié 震疊 11-696B
zhēndǐng 真鼎 2-149B
zhēndìng 貞定 10-52B
zhěndǐng 枕頂 4-883B
zhèndìng 鎮定 11-1362B
zhèndìzhàn 陣地戰 11-978A
zhēndòng 真洞 2-146A
zhèndǒng 振董 6-601B
zhèndòng 振動 6-601A
zhèndòng 震動 11-693A
zhēndú 貞獨 10-61A
zhēndǔ 真篤 2-152A
zhēndǔ 箴睹 8-1212A
zhēndù 貞度 10-53B
zhěndù 診度 11-112A
zhèndú 酖毒 9-1396A
zhèndú 鴆毒 12-1075B
zhēnduān 貞端 10-59A
zhěnduàn 診斷 11-112B
zhēnduì 針對 11-1200A
zhēndújiǎnguì 真獨簡貴 2-152B
zhēndùn 貞遁 10-57A
zhēndùn 貞遯 10-59A
zhèndùn 振頓 6-602A
zhènduō 震咄 11-692A
zhènduó 振鐸 6-603B
zhene 着呢 9-169B
zhěn'ē 枕痾 4-884A
zhèn'è 震戹 11-691B
zhèn'è 震愕 11-693B
zhèn'è 鎮扼 11-1362B
zhèn'è 鎮遏 11-1363B
zhēn'ěr 針餌 11-1200B
zhēnfā 偵發 1-1540A
zhēnfǎ 真法 2-144A
zhěnfǎ 診法 11-112A
zhěnfà 縝髮 9-960B
zhěnfà 鬒髮 12-752A
zhěnfà 黰髮 12-1375A
zhènfā 振發 6-602A
zhènfā 震發 11-694A
zhènfǎ 陣法 11-978B
zhēnfàn 貞範 10-60A
zhēnfàn 真犯 2-141B
zhènfǎn 鎮反 11-1361B
zhēnfāng 貞方 10-49B
zhēnfāng 貞坊 10-51A
zhēnfāng 貞芳 10-51A
zhēnfǎng 甄訪 5-292B
zhěnfāng 軫方 9-1239A
zhènfāng 震方 11-691B
zhěnfāngqǐnshéng 枕方寢繩 4-882A
zhēnfēi 貞妃 10-51A
zhēnfēi 真妃 2-142B
zhēnféi 珍肥 4-536A
zhēnfèi 珍費 4-538A
zhènfèi 震沸 11-692A
zhěnfēn 縝紛 9-960B
zhènfèn 振奮 6-603A
zhènfèn 震憤 11-695A
zhènfèn 震奮 11-695A
zhēnfēng 貞風 10-53B
zhēnfēng 真風 2-145B
zhēnfēng 針鋒 11-1200B
zhēnfěng 箴諷 8-1212A
zhēnfèng 針縫 11-1201A
zhěnfēng 瘮風 8-356A
zhěnfēng 畛封 7-1323B
zhènfēng 陣風 11-978B
zhènfēng 振風 6-600A
zhēnfēngliàngjié 貞風亮節 10-53B
zhēnfēngxiāngduì 針鋒相對 11-1200B
zhēnfū 貞夫 10-49A
zhēnfū 砧鈇 7-1019B
zhēnfú 珍符 4-537A
zhēnfú 貞孚 10-51B
zhēnfú 貞符 10-56A
zhēnfú 禎符 7-948B
zhēnfǔ 椹斧 4-1147A
zhēnfǔ 珍府 4-536A
zhēnfǔ 砧斧 7-1019B
zhēnfǔ 榛脯 4-1202A
zhēnfù 貞婦 10-56B

zhēnfù 針婦 11-1200A
zhēnfù 甄復 5-292B
zhènfú 填服 2-1168B
zhènfú 陣俘 11-978B
zhènfú 振幅 6-601B
zhènfú 震服 11-692A
zhènfú 鎮服 11-1362B
zhènfú 鎮浮 11-1363B
zhènfǔ 填拊 2-1168B
zhènfǔ 填撫 2-1171A
zhènfǔ 鎮撫 11-1364B
zhēngài 貞概 10-58A
zhēngài 貞槩 10-58B
zhèngāi 陣陔 11-978B
zhēngān 珍甘 4-534B
zhēngān 真柑 2-145A
zhēng'ān 征鞍 3-932A
zhēngǎn 珍感 4-538A
zhēngàn 貞幹 10-57B
zhēngàn 貞榦 10-59A
zhēngàn 楨幹 4-1165B
zhēngàn 楨榦 4-1165B
zhěngān 枕干 4-880B
zhèng'àn 正案 5-320A
zhèng'àn 證按 11-431A
zhèng'àn 證案 11-431A
zhēngāng 貞剛 10-54B
zhēngāng 真剛 2-147A
zhēngāng 真鋼 2-152A
zhěngānzhīchóu 枕干之讎 4-880B
zhēngāo 貞高 10-55A
zhēngāo 針膏 11-1200B
zhēng'áo 烝熬 7-79B
zhèngǎo 振槁 6-602A
zhēngbá 徵拔 3-1079A
zhēngbà 争霸 2-602A
zhēngbà 争伯 2-597A
zhěngbá 拯拔 6-594B
zhēngbài 徵拜 3-1079B
zhèngbái 正白 5-308A
zhèngbái 鄭白 10-688B
zhèngbài 正拜 5-316A
zhèngbài 正敗 5-321A
zhēngbàn 徵辦 3-1082B
zhěngbàn 整扮 5-515A
zhěngbàn 整辦 5-518B
zhěngbàn 整辨 5-518B
zhèngbǎn 正板 5-312A
zhèngbàn 正辦 5-328A
zhèngbǎng 正榜 5-326A
zhēngbào 烝報 7-79A
zhēngbào 蒸報 9-531B
zhēngbèi 征備 3-931A
zhěngbèi 整備 5-516B
zhèngbèi 正備 5-323A
zhèngbèiqī 正被妻 5-320A
zhèngběn 掙本 6-586A
zhèngběn 正本 5-307B
zhèngběn 政本 5-423B
zhèngběn 證本 11-429B
zhèngběnchéngyuán 正本澄源 5-307B
zhěngběndàtào 整本大套 5-514B
zhèngběnqīngyuán 正本清源 5-307B
zhēngbǐ 徵比 3-1077B
zhēngbì 争辟 2-600A
zhēngbì 蒸畀 9-531A
zhēngbì 徵賁 3-1081A
zhēngbì 徵辟 3-1082A
zhēngbì 徵幣 3-1082A
zhěngbǐ 整比 5-514B
zhěngbǐ 整蹕 5-518B
zhèngbǐ 正比 5-306A
zhèngbǐ 正筆 5-323A
zhèngbì 正幣 5-326B
zhèngbì 正壁 5-328A
zhēngbian 征鞭 3-933A
zhēngbiàn 争辨 2-601B
zhēngbiàn 争辯 2-602A
zhěngbiān 整編 5-518B
zhěngbiàn 整弁 5-514B
zhèngbiàn 正變 5-330A
zhèngbiàn 政變 5-427B
zhèngbiàn 證辯 11-432A
zhēngbiāo 争標 2-600B
zhēngbiǎo 徵表 3-1079A
zhèngbīn 正賓 5-326B
zhēngbīng 徵兵 3-1078B
zhēngbǐng 蒸餅 9-532A
zhěngbīng 整兵 5-515A
zhèngbīng 正兵 5-311A
zhèngbǐng 政柄 5-425A
zhèngbìng 政病 5-425B
zhēngbǐngyū 蒸餅淤 9-532A
zhèngbǐzì 正筆字 5-323A
zhēngbō 徵剝 3-1080B
zhèngbó 正駁 5-326A
zhèngbóqiáo 正伯僑 5-311A
zhēngbǔ 徵捕 3-1080A
zhēngbù 争不 2-595A
zhēngbù 征布 3-929A
zhēngbù 蒸布 9-531A
zhěngbǔ 整補 5-517A
zhěngbù 整布 5-514B
zhèngbù 正步 5-310B
zhēngcái 徵材 3-1078B
zhēngcǎi 徵採 3-1080B
zhěngcái 整裁 5-516B
zhèngcái 正才 5-305A
zhèngcǎi 正采 5-313A
zhēngcān 征驂 3-933A
zhēngcáo 徵漕 3-1082A
zhèngcǎo 鄭草 10-689A
zhèngcè 掙側 6-586A
zhèngcè 正册 5-308B
zhèngcè 政策 5-426A
zhēngchā 争差 2-598A
zhēngchā 睜叉 7-1204B
zhēngchá 睜察 7-1205A
zhèngchá 政察 5-426B
zhèngchá 證察 11-432A
zhēngchán 征廛 3-932B
zhèngchán 證禪 11-432A
zhèngchǎn 證闡 11-432A
zhēngcháng 征裳 3-931B
zhēngcháng 烝嘗 7-79B
zhēngcháng 蒸嘗 9-532A
zhèngcháng 正常 5-321A
zhèngchǎng 正場 5-322B
zhēngchángjìngduǎn 争長競短 2-597A
zhēngcháo 徵朝 3-1081A
zhēngchǎo 争吵 2-596B
zhèngchāo 正鈔 5-323A
zhèngcháo 正朝 5-322B
zhèngcháo 政潮 5-427A
zhēngchē 征車 3-929B
zhēngchē 徵車 3-1078B
zhēngchén 征塵 3-932A
zhèngchén 争臣 2-595B
zhèngchén 正臣 5-309A
zhèngchén 正辰 5-310B
zhèngchén 諍臣 11-198B
zhēngchēng 錚鎗 11-1273B
zhēngchéng 征程 3-931A
zhèngchéng 正誠 5-325A
zhēngchí 争持 2-597B
zhēngchí 争馳 2-600A
zhěngchì 整敕 5-516B
zhěngchì 整飭 5-517A
zhèngchī 掙癡 6-586B
zhèngchí 掙持 6-586A
zhèngchì 正赤 5-310B
zhèngchì 正敕 5-321A
zhēngchōng 征忡 3-929B
zhēngchōng 怔忡 7-469B
zhēngchǒng 争寵 2-601B
zhēngchóu 争籌 2-601B
zhēngchóu 征儔 3-932B
zhěngchú 整除 5-515B
zhèngchū 正出 5-308B
zhèngchū 正初 5-312A
zhèngchú 正除 5-318A
zhèngchǔ 正儲 5-328B
zhèngchǔ 正處 5-321A
zhèngchù 正處 5-321A
zhēngchuài 闖闔 12-115B
zhèngchuài 掙揣 6-586B
zhēngchuán 征船 3-930B
zhèngchuán 正傳 5-324B
zhēngchuāng 崢摐 3-814B
zhēngchuāng 掙摐 6-586B
zhēngchuāng 錚摐 11-1273B
zhēngchuāng 錚鏦 11-1273B
zhèngchūduōmén 政出多門 5-423B
zhēngchuī 烝炊 7-78B
zhēngchūn 争春 2-597B
zhěngchuò 整娖 5-516A
zhěngchuò 整擉 5-518B
zhěngchuò 整齪 5-519A
zhēngcí 徵辭 3-1083A
zhēngcí 諍辭 11-199A
zhěngcì 整次 5-515A
zhèngcí 正辭 5-329A
zhèngcí 證詞 11-431B
zhèngcì 正次 5-310A
zhèngcì 正刺 5-312B
zhēngcóng 錚淙 11-1273A
zhēngcuī 徵催 3-1081B
zhēngcuò 踭跴 10-479B
zhèngcuō 掙搓 6-586B
zhèngcuò 掙挫 6-586A
zhèngcuò 掙闒 6-586B
zhèngcuò 正錯 5-328A
zhèngdá 掙達 6-586B
zhèngdà 正大 5-305A
zhèngdàguāngmíng 正大光明 5-305B
zhèngdǎi 證逮 11-431B
zhēngdàn 正旦 5-308A
zhèngdàn 正旦 5-307B
zhèngdàn 鄭旦 10-688B
zhèngdāng 正當 5-324A
zhèngdǎng 政黨 5-427A
zhèngdàng 正當 5-324A
zhèngdàngfángwèi 正當防衛 5-324B
zhèngdāngnián 正當年 5-324B
zhèngdāngshí 正當時 5-324B
zhèngdànhǎotiāo··· 正擔好挑，偏擔兒難挨 5-327B
zhēngdāo 征舠 3-929B
zhēngdào 争道 2-600A
zhèngdào 正道 5-323A
zhèngdào 政道 5-426A
zhèngdào 證道 11-431B
zhèngdàtánghuáng 正大堂皇 5-305B
zhèngdàtánghuáng 正大堂煌 5-305B
zhēngdé 争得 2-599B
zhèngdé 正德 5-327A
zhèngdé 政德 5-426B
zhèngdēng 正燈 5-328A
zhèngděng 正等 5-323A
zhēngdí 政適 5-426B
zhēngdì 争地 2-595B
zhěngdì 整地 5-514B
zhèngdí 正嫡 5-326B
zhèngdí 正適 5-326A
zhèngdí 政敵 5-427A
zhèngdì 争弟 2-597A
zhèngdì 政地 5-423B
zhēngdiǎn 争點 2-601B
zhěngdiǎn 整點 5-518B
zhèngdiǎn 正攧 5-329B
zhèngdiǎn 正典 5-312B
zhèngdiǎn 正點 5-328B
zhèngdiǎn 政典 5-424A
zhèngdiàn 正殿 5-325B
zhèngdiǎnbèihuà 正點背畫 5-328B
zhēngdiào 征調 3-932B
zhēngdiào 徵調 3-1082B
zhěngdié 整疊 5-517B
zhēngdìng 徵訂 3-1079B
zhèngdìng 正定 5-314A
zhèngdìng 正丁 5-305A
zhèngdìng 正訂 5-316B
zhèngdìng 證定 11-431A

zhèngdōng 正冬 5-308B
zhēngdòu 争鬥 2-598A
zhěngdǒu 整抖 5-515A
zhēngdù 争妒 2-597B
zhēngdù 正度 5-317A
zhèngdú 正讀 5-330A
zhèngdù 正度 5-316B
zhèngdù 政蠹 5-427B
zhēngduān 争端 2-600B
zhēngduǎnlùncháng
争短論長 2-599B
zhèngduì 正兑 5-312A
zhèngduì 正對 5-326A
zhěngdùn 整頓 5-517A
zhèngdùn 政頓 5-426A
zhēngduó 争敚 2-599B
zhēngduó 争奪 2-600B
zhēngduó 征鐸 3-933A
zhēngé 真格 2-147A
zhēngè 真個 2-147B
zhēngè 真箇 2-151A
zhēng'è 争惡 2-599B
zhěngē 枕戈 4-881A
zhěngé 枕格 4-883A
zhèng'é 正額 5-329A
zhěngēchángdǎn 枕戈嘗膽
4-881B
zhěngēdádàn 枕戈達旦
4-881B
zhěngēdàidàn 枕戈待旦
4-881B
zhěngēdàidí 枕戈待敵
4-881B
zhěngēdàimìng 枕戈待命
4-881B
zhēngéde 真格的 2-147A
zhěngēhànmǎ 枕戈汗馬
4-881A
zhěngējījí 枕戈擊楫
4-881B
zhēngēn 貞根 10-54B
zhēngěng 貞綆 10-59A
zhēngěng 貞鯁 10-61B
zhēngěng 榛梗 4-1202A
zhěngēpījiǎ 枕戈披甲
4-881B
zhěngēqǐnjiǎ 枕戈寢甲
4-881B
zhěngēqìxuè 枕戈泣血
4-881B
zhèng'ěr 政爾 5-426B
zhèng'èrbābǎi 正二八擺
5-305A
zhèng'erbājīng 正兒八經
5-313A
zhèng'erbājīng 正兒巴經
5-313A
zhěngēyǐdài 枕戈以待
4-881A
zhěngēyǐndǎn 枕戈飲膽
4-881B
zhěngēyǐnxuè 枕戈飲血
4-881B
zhěngēzìrèn 枕戈剚刃
4-881B
zhěngēzuòjiǎ 枕戈坐甲
4-881A
zhēngfā 蒸發 9-531B
zhēngfā 徵發 3-1081B
zhēngfá 征伐 3-929A
zhēngfá 征罰 3-932A
zhèngfǎ 正法 5-313B
zhèngfǎ 政法 5-424B
zhèngfǎ 證法 11-430B
zhēngfān 征帆 3-929A
zhèngfàn 正犯 5-308B
zhèngfāng 正方 5-307A
zhèngfáng 正房 5-314B
zhèngfāngxíng 正方形
5-307A
zhèngfǎyǎn 正法眼 5-314A
zhèngfǎyǎnzàng 正法眼藏
5-314A
zhēngfēi 征騑 3-933A
zhèngfēi 正妃 5-310A
zhèngfèi 政費 5-426A
zhēngfèn 争奮 2-601A
zhèngfēn 正分 5-306B
zhèngfèn 正分 5-306B
zhēngfēnduómiǎo 争分奪秒
2-595A
zhēngfēng 争風 2-598A
zhēngfēng 争鋒 2-601A
zhěngfēng 整風 5-515B
zhèngfēng 正封 5-315A
zhèngfēng 正風 5-316B
zhèngfēng 正鋒 5-327A
zhèngfēng 鄭風 10-689B
zhēngfēngchīcù 争風吃醋
2-598A
zhēngfēngchīcù 争風喫醋
2-598A
zhēngfēngchīcù 争鋒吃醋
2-601A
zhěngfēntīdù 整紛剔蠹
5-516B
zhēngfū 征夫 3-928B
zhēngfú 征服 3-929B
zhēngfú 徵符 3-1080B
zhēngfú 正服 5-313B
zhēngfù 争赴 2-598A
zhēngfù 征婦 3-931A
zhēngfù 征賦 3-932A
zhēngfù 徵賦 3-1082A
zhěngfú 整拂 5-515A
zhěngfǔ 拯撫 6-595A
zhèngfū 正夫 5-305B
zhèngfú 正服 5-313B
zhèngfú 鄭服 10-689A
zhèngfǔ 政府 5-424B
zhèngfù 正父 5-306B
zhèngfù 正負 5-316B
zhèngfù 正賦 5-326B
zhèngfù 政復 5-426A
zhèngfù 證父 11-429B
zhèngfùrǎngyáng 證父攘羊
11-429B
zhèngfūrén 正夫人 5-305B
zhēnggài 征蓋 3-931A
zhěnggǎi 整改 5-515A
zhēnggǎn 争敢 2-599B
zhènggàn 正幹 5-324A
zhènggāng 政綱 5-426B
zhēnggāo 烝餻 7-79B
zhēnggǎo 徵稿 3-1082A
zhènggào 正告 5-311A
zhēnggē 鉦歌 11-1225A
zhēnggē 徵歌 3-1082A
zhěnggē 整戈 5-514B
zhěnggé 整革 5-515B
zhěnggè 整個 5-516A
zhènggē 正歌 5-326A
zhènggé 正格 5-318A
zhènggéde 正格的 5-318A
zhēnggōng 争功 2-595B
zhènggōng 正公 5-306B
zhènggōng 正宫 5-317B
zhènggōng 正躬 5-319A
zhènggōng 政工 5-423A
zhènggōng 政躬 5-425B
zhènggòng 正供 5-312B
zhènggòng 正貢 5-318A
zhènggōngdiào 正宫調
5-317B
zhènggōngfēng 鄭公風
10-688A
zhènggōngjuān 鄭工捐
10-687B
zhènggōnglǐ 鄭公里 10-688A
zhènggōngquán 鄭公泉
10-688A
zhènggōngtīnglǚ 鄭公聽履
10-688A
zhènggōngxiāng 鄭公鄉
10-688A
zhēnggòu 争搆 2-600A
zhēnggòu 徵購 3-1082B
zhēnggǔ 鉦鼓 11-1225A
zhēnggǔ 正鵠 5-329A
zhēnggù 癥痼 8-366B
zhènggǔ 正骨 5-316A
zhènggǔ 鄭谷 10-689A
zhènggǔ 鄭賈 10-690B
zhēngguài 徵怪 3-1079B
zhēngguài 徵恠 3-1080A
zhèngguān 正官 5-314B
zhèngguān 正棺 5-322B
zhèngguān 政官 5-425A
zhēngguāng 争光 2-595B
zhèngguāngwǎliàng
錚光瓦亮 11-1273A
zhèngguānlǐxià 正冠李下
5-317B
zhěngguānnàlǚ 整冠納履
5-515B
zhēngguì 徵貴 3-1081A
zhěngguì 整貴 5-516B
zhèngguī 正規 5-320B
zhèngguī 正閨 5-326B
zhèngguǐ 正軌 5-315B
zhèngguīchéngbiē
證龜成鼈 11-432A
zhèngguījūn 正規軍 5-320B
zhèngguīzhàn 正規戰 5-320B
zhēngguó 争國 2-599A
zhēngguǒ 蒸裹 9-532A
zhèngguó 正國 5-321A
zhèngguǒ 正果 5-312B
zhèngguǒ 證果 11-430A
zhèngguóqú 鄭國渠 10-690A
zhèngguósānliáng
鄭國三良 10-690A
zhēnggǔyànshī 蒸骨驗屍
9-531A
zhēnghàn 征扞 3-929A
zhěnghàn 整翰 5-518B
zhènghǎo 正好 5-310B
zhènghào 正耗 5-318A
zhènghào 正號 5-324B
zhènghào 政號 5-426B
zhēnghé 徵核 3-1080A
zhěnghé 整翮 5-518B
zhènghēi 正黑 5-322B
zhēnghéng 争衡 2-601A
zhēnghōng 錚鍧 11-1273B
zhēnghóng 征鴻 3-932B
zhēnghòu 徵候 3-1080A
zhènghòu 正后 5-309B
zhènghòu 症候 8-288B
zhènghòu 證候 11-431A
zhēnghú 烝壺 7-79A
zhěnghù 拯護 6-595A
zhěnghù 整笏 5-516A
zhènghù 正户 5-307A
zhènghuā 鄭花 10-689A
zhènghuà 正化 5-306A
zhènghuà 正話 5-325A
zhènghuà 政化 5-423A
zhènghuán 鄭環 10-691B
zhēnghuáng 烝皇 7-78B
zhēnghuáng 徵黄 3-1080B
zhēnghuáng 錚鐄 11-1273B
zhēnghuī 征麾 3-932B
zhēnghuí 争迴 2-598A
zhēnghuì 烝會 7-79B
zhēnghuì 徵會 3-1081B
zhēnghuì 徵賄 3-1081B
zhēnghuì 正晦 5-321A
zhēnghuì 正會 5-325A
zhěnghuì 整會 5-517B
zhènghuì 正諱 5-328A
zhēnghúlú 烝胡盧 7-78B
zhēnghūn 徵婚 3-1081A
zhènghūn 正昏 5-318A
zhènghūn 正婚 5-322A
zhènghūn 證婚 11-431B
zhènghūnrén 證婚人 11-431B
zhēnghuò 徵貨 3-1080B
zhènghuó 正活 5-317A
zhēngjí 徵集 3-1081A
zhēngjí 正籍 5-329B
zhēngjì 争技 2-596B
zhēngjì 箏妓 8-1159A
zhēngjì 蒸祭 9-531B
zhēngjì 徵迹 3-1079B
zhěngjī 整緝 5-518B

zhěngjí 整疾 5-516A
zhěngjì 拯濟 6-595A
zhèngjì 政勣 5-426A
zhèngjī 政機 5-427A
zhèngjí 正集 5-323A
zhèngjí 正籍 5-329B
zhèngjǐ 正己 5-305B
zhèngjǐ 正脊 5-319B
zhèngjì 正計 5-316B
zhèngjì 正祭 5-321B
zhèngjì 政迹 5-425A
zhèngjì 政績 5-427A
zhèngjì 政蹟 5-427A
zhēngjiā 征笳 3-930B
zhēngjiǎ 癥瘕 8-366B
zhēngjià 征駕 3-932B
zhēngjià 徵價 3-1082A
zhěngjià 整駕 5-518A
zhèngjiā 正家 5-319B
zhèngjiā 政家 5-425B
zhèngjiǎ 鄭賈 10-690B
zhèngjiābìqiè 鄭家婢妾
10-690A
zhēngjiān 癥堅 8-366B
zhēngjiàn 徵見 3-1078B
zhēngjiàn 徵賤 3-1082A
zhěngjiàn 整健 5-516A
zhèngjiān 鄭箋 10-691A
zhèngjiàn 争諫 2-601B
zhèngjiàn 正見 5-310B
zhèngjiàn 正諫 5-328A
zhèngjiàn 政見 5-423B
zhèngjiàn 証諫 11-94B
zhèngjiàn 諍諫 11-199A
zhèngjiàn 證件 11-430A
zhèngjiàn 證見 11-430A
zhèngjiǎng 證講 11-432A
zhèngjiàng 正匠 5-309A
zhèngjiànrén 證見人
11-430A
zhēngjiāo 争交 2-596B
zhēngjiǎo 征勦 3-931B
zhēngjiǎo 錚皎 11-1273A
zhēngjiào 趟趭 9-1145B
zhēngjiào 争教 2-599A
zhēngjiào 争校 2-598B
zhèngjiào 正教 5-320B
zhèngjiào 政教 5-425B
zhèngjiàohéyī 政教合一
5-425B
zhèngjiàorén 鄭校人
10-690A
zhěngjiǎshànbīng
整甲繕兵 5-514B
zhèngjiāshībì 鄭家詩婢
10-690A
zhēngjié 癥結 8-366B
zhēngjiè 征解 3-931B
zhěngjié 整潔 5-518A
zhěngjié 整絜 5-516B
zhèngjiē 正街 5-323A
zhèngjié 正節 5-324B
zhèngjiě 正解 5-325A
zhèngjiè 正解 5-325A
zhèngjiè 正介 5-306B
zhèngjiè 政界 5-425A
zhèngjiè 諍戒 11-198B
zhēngjìn 争進 2-599A
zhēngjìn 征進 3-930B·
zhěngjìn 整襟 5-519A
zhēngjìng 諍競 11-199A
zhēngjìng 争競 2-601B
zhèngjīng 正經 5-325B
zhèngjīng 正經 5-325B
zhèngjīng 政經 5-426B
zhèngjǐng 正景 5-322B
zhèngjìng 正静 5-326A
zhèngjīngbābǎi 正經八百
5-325B
zhèngjīngbabǎn 正經八板
5-326A
zhèngjīngbāběn 正經八本
5-325B
zhěngjīnwēizuò 整襟危坐
5-519A
zhèngjīnwēizuò 正襟危坐
5-329A
zhēngjiǔ 徵酒 3-1080B
zhēngjiù 徵咎 3-1079B
zhěngjiù 抍救 6-374B
zhěngjiù 抍捄 6-374B
zhěngjiù 拯救 6-594B
zhèngjiù 正救 5-321A
zhēngjū 征駒 3-932A
zhēngjǔ 徵舉 3-1082B
zhēngjù 徵聚 3-1082A
zhēngjù 徵擄 3-1082B
zhèngjú 政局 5-424A
zhèngjǔ 正舉 5-327B
zhèngjù 正劇 5-326B
zhèngjù 證據 11-432A
zhèngjué 正角 5-311B
zhèngjué 正絶 5-323B
zhèngjué 正爵 5-328B
zhēngjūn 徵君 3-1079A
zhěngjùn 整雋 5-517A
zhěngjùn 整峻 5-516A
zhèngjūn 正軍 5-317B
zhěngjūnchìwǔ 整軍飭武
5-515B
zhèngjūnhù 正軍户 5-317B
zhěngjūnjīngwǔ 整軍經武
5-515B
zhèngkǎi 正楷 5-324A
zhēngkàn 烝衎 7-78B
zhēngkàng 争抗 2-596B
zhèngkāngchéngbì
鄭康成婢 10-690A
zhēngkǎo 徵考 3-1078A
zhèngkǎo 正考 5-309A
zhēngkē 征科 3-930A
zhēngkē 徵科 3-1079B
zhēngkě 争可 2-595B
zhēngkè 征客 3-930A
zhēngkè 征課 3-932A
zhēngkè 徵課 3-1082B
zhèngkē 正科 5-316A
zhèngkè 正客 5-317B
zhèngkè 正課 5-327A
zhèngkè 政客 5-425A
zhēngkěn 争肯 2-597B
zhèngkǒng 鄭孔 10-688B
zhēngkǒu 争口 2-595A
zhèngkǒu 鄭口 10-687B
zhēngkǒuqì 争口氣 2-595A
zhèngkù 正庫 5-319B
zhèngkuǎn 正款 5-322A
zhènglà 正臘 5-329A
zhēnglán 徵蘭 3-1083A
zhènglǎo 鄭老 10-688B
zhěnglè 整勒 5-516B
zhènglèi 正類 5-329B
zhènglèi 證類 11-432A
zhēnglí 烝黎 7-79B
zhēnglí 蒸梨 9-531B
zhēnglí 蒸黎 9-532A
zhēnglí 蒸藜 9-532B
zhēnglǐ 争理 2-599A
zhēnglǐ 徵理 3-1080B
zhēnglì 争立 2-595B
zhēnglì 争利 2-596B
zhēnglì 征利 3-929B
zhēnglì 徵吏 3-1078A
zhěnglí 整釐 5-518B
zhěnglǐ 整理 5-516B
zhěnglì 整立 5-514B
zhěnglì 整栗 5-515B
zhěnglì 整厲 5-517B
zhěnglì 整麗 5-519A
zhènglǐ 正理 5-320B
zhènglǐ 正禮 5-328B
zhènglǐ 政理 5-425B
zhènglì 正立 5-308B
zhènglì 正利 5-311A
zhènglì 正曆 5-327B
zhènglì 正歷 5-327B
zhènglì 正隸 5-328B
zhènglì 政歷 5-427A
zhēngliǎn 争臉 2-601B
zhēngliǎn 征斂 3-932B
zhēngliǎn 征歛 3-932B
zhēngliǎn 徵斂 3-1083A
zhēngliǎn 徵歛 3-1083A
zhěngliàn 整練 5-518A
zhěngliàn 整鍊 5-518B
zhēngliáng 征糧 3-933A
zhēngliáng 烝糧 7-79B
zhēngliǎng 征兩 3-929B
zhèngliáng 正梁 5-321B
zhèngliáng 正糧 5-329A
zhèngliàng 錚亮 11-1273A
zhěngliào 整料 5-516A
zhèngliào 正料 5-319B
zhēngliè 争列 2-595B
zhēngliè 争烈 2-598B
zhěngliè 整列 5-514B
zhēnglìng 徵令 3-1078A
zhěnglǐng 整領 5-518A
zhènglíng 正靈 5-330A
zhènglǐng 正領 5-326A
zhènglìng 正令 5-308A
zhènglìng 政令 5-423B
zhēngliú 争流 2-599A
zhēngliú 蒸餾 9-532B
zhèngliù 正溜 5-325B
zhèngliù 鄭六 10-688B
zhēnglóng 蒸籠 9-532B
zhēnglóng 徵龍 3-1082B
zhēnglǔ 征虜 3-931B
zhēnglù 争鹿 2-599B
zhēnglù 争路 2-600A
zhēnglù 征路 3-931B
zhěnglù 整録 5-518B
zhènglù 正路 5-324B
zhènglù 政路 5-426B
zhēngluàn 烝亂 7-79B
zhěngluàn 整亂 5-517B
zhèngluàn 政亂 5-426B
zhēnglüè 征略 3-930B
zhēnglún 征輪 3-932A
zhēnglùn 争論 2-601A
zhēnglùn 諍論 11-199A
zhènglùn 正論 5-327A
zhènglùn 政論 5-427A
zhènglùn 諍論 11-198B
zhèngluó 掙羅 6-586B
zhēnglǔtíng 征虜亭 3-931B
zhēnglǚ 征旅 3-930B
zhěnglǚ 整旅 5-516A
zhènglǚ 鄭履 10-691A
zhènglǜ 正律 5-316B
zhènglüè 政略 5-426A
zhěnglǚlìzú 整旅厲卒
5-516A
zhēngmǎ 征馬 3-930A
zhēngmài 征邁 3-932A
zhèngmài 正脈 5-319A
zhèngmàn 政慢 5-426B
zhèngmǎo 正卯 5-308B
zhěngměi 整美 5-515B
zhēngmēn 蒸悶 9-531B
zhēngmén 争門 2-597B
zhèngmén 正門 5-314B
zhēngméng 争盟 2-600A
zhēngměng 狰猛 5-46B
zhēngmèng 徵夢 3-1081B
zhèngméng 證盟 11-431B
zhèngmèng 正夢 5-324A
zhèngméngshī 證盟師
11-431B
zhěngmì 整密 5-516B
zhèngmián 鄭綿 10-691A
zhèngmiàn 正面 5-315B
zhèngmiànrénwù 正面人物
5-315B
zhēngmiànzi 争面子 2-598A
zhēngmín 征民 3-929A
zhēngmín 烝民 7-78B
zhēngmín 蒸民 9-531A
zhēngmíng 争名 2-596A
zhēngmíng 争鳴 2-600B
zhēngmìng 徵命 3-1079B
zhèngmìng 闇命 12-115B
zhèngmíng 正名 5-309B
zhèngmíng 正冥 5-320A
zhèngmíng 證明 11-430B

zhèngmìng 挣命 6-586A
zhèngmìng 正命 5-313A
zhèngmíngdìngfèn
正名定分 5-309B
zhēngmíngduólì 争名奪利
2-596A
zhèngmínggōngdào
正明公道 5-312B
zhēngmíngjìnglì 争名競利
2-596B
zhèngmíngshī 正名師 5-309B
zhèngmíngshī 正明師 5-312B
zhèngmíngshī 證明師
11-430B
zhèngmíngshū 證明書
11-430B
zhèngmíngwǎliàng
錚明瓦亮 11-1273A
zhēngmó 錚磨 11-1273B
zhèngmò 正末 5-307A
zhèngmò 政瘼 5-427A
zhēngmù 徵募 3-1081A
zhèngmù 正目 5-307B
zhēngnà 争那 2-596B
zhēngnà 徵納 3-1080B
zhēngnài 争奈 2-597B
zhēngnài 争耐 2-598A
zhēngnán 征南 3-930A
zhèngnánbāběi 正南八北
5-315A
zhèngnánbāběi 正南巴北
5-315A
zhèngnánkàoběi 正南靠北
5-315B
zhengnáo 争譊 2-601B
zhēngnáo 鉦鐃 11-1225A
zhēngnào 争閙 2-600B
zhèngnèi 正内 5-306A
zhēngnéng 争能 2-599A
zhèngnéng 政能 5-425B
zhěngnì 拯溺 6-595A
zhěngnì 撜溺 6-894B
zhēngnián 争年 2-596A
zhēngniàn 征念 3-929B
zhěngniánlěiyuè 整年累月
5-514B
zhēngniǎo 征鳥 3-930B
zhēngníng 狰獰 5-46B
zhēngníng 狰獰 5-46B
zhēngníng 鬇鬡 12-743A
zhèngniǔ 正紐 5-320B
zhèngniúchùqiáng…
鄭牛觸牆成八字
10-688A
zhèngnǚ 正女 5-305B
zhèngnǚ 鄭女 10-687B
zhèngnǚhuā 鄭女花 10-687B
zhēngōng 貞恭 10-54B
zhēngōng 真公 2-141A
zhēngōng 真宫 2-146A
zhēngōng 針工 11-1198A
zhēngōng 甄工 5-291A
zhēngōng 箴功 8-1211A
zhēngǒng 真汞 2-142B
zhēngòng 珍供 4-535B
zhēngòng 珍貢 4-536B
zhěngōng 枕弓 4-881A
zhěngōng 枕肱 4-882B
zhěngōng 朕躬 6-1257A
zhèngōng 震宫 11-692B
zhèngōngsuǒ 鎮公所
11-1361B
zhèngòu 震雊 11-694A
zhèngòu 震响 11-692A
zhēngpài 徵派 3-1080A
zhèngpái 正牌 5-323A
zhèngpài 正派 5-317A
zhèngpài 政派 5-425A
zhēngpáo 征袍 3-930B
zhēngpèi 争轡 2-602A
zhēngpèi 征旆 3-930A
zhēngpèi 征旆 3-930B
zhēngpèi 征轡 3-933A
zhěngpèi 整旆 5-516A
zhěngpèi 整轡 5-519A
zhèngpèi 正配 5-318B
zhēngpéng 征蓬 3-931B
zhēngpí 征鞞 3-933A
zhēngpí 鉦鞞 11-1225A
zhēngpí 鉦鼙 11-1225A
zhēngpǐ 癥癖 8-366B
zhèngpì 争辟 2-600A
zhèngpiàn 正片 5-306A
zhěngpiào 整票 5-516B
zhēngpìn 徵聘 3-1081B
zhèngpǐn 正品 5-316A
zhèngpǐn 證品 11-431A
zhèngpìn 正聘 5-324A
zhèngpíng 正平 5-307B
zhèngpú 鄭璞 10-691A
zhèngpǔ 鄭圃 10-690B
zhēngqī 征期 3-931A
zhēngqí 争奇 2-597B
zhēngqí 争棊 2-599B
zhēngqí 争棋 2-599B
zhēngqí 征騎 3-933A
zhēngqǐ 徵乞 3-1077B
zhēngqǐ 徵起 3-1080A
zhēngqì 争氣 2-598B
zhèngqì 挣氣 6-586A
zhēngqì 蒸氣 9-531B
zhèngqì 諍氣 11-198B
zhěngqí 整齊 5-518A
zhěngqì 整葺 5-516B
zhèngqī 正妻 5-312B
zhèngqí 正奇 5-312B
zhèngqí 正齊 5-326A
zhèngqì 正氣 5-318B
zhèngqì 正器 5-327B
zhēngqián 争錢 2-601B
zhēngqián 蒸黔 9-532B
zhèngqián 挣錢 6-586B
zhèngqián 正錢 5-328A
zhēngqiáng 争彊 2-601B
zhēngqiáng 争强 2-600A
zhēngqiángdòuhěn
争强鬥狠 2-600A
zhēngqiángdòushèng
争强鬥勝 2-600A
zhēngqiánghàoshèng
争强好勝 2-600A
zhèngqiāngqián 正腔錢
5-323A
zhēngqiánkǒnghòu
争前恐後 2-598A
zhèngqiánsānjué 鄭虔三絶
10-690A
zhēngqiáo 征僑 3-932A
zhèngqiǎo 正巧 5-307A
zhèngqiào 正峭 5-318B
zhēngqín 征禽 3-931A
zhèngqín 挣勤 6-586B
zhèngqín 鄭琴 10-690B
zhèngqǐn 正寢 5-326B
zhēngqíng 争勍 2-598B
zhēngqíng 徵情 3-1081A
zhēngqǐng 徵請 3-1082B
zhèngqīng 正青 5-312A
zhèngqīng 正卿 5-319B
zhèngqīng 正清 5-321B
zhèngqíng 正情 5-321B
zhèngqīngrénhé 政清人和
5-426A
zhēngqiú 争求 2-596B
zhēngqiú 征裘 3-931B
zhēngqiú 徵求 3-1078B
zhèngqiū 正秋 5-316A
zhèngqiú 正求 5-310B
zhèngqiūshǒu 正丘首 5-308A
zhēngqū 争驅 2-602A
zhēngqǔ 争取 2-597A
zhēngqǔ 徵取 3-1079A
zhèngqū 正曲 5-309A
zhèngqú 鄭渠 10-690B
zhèngqǔ 正取 5-312A
zhèngqǔ 鄭曲 10-688B
zhèngqù 正覷 5-328B
zhèngqù 證趣 11-432A
zhēngquán 争權 2-602A
zhèngquán 正權 5-329B
zhèngquán 政權 5-427B
zhèngquàn 證券 11-430B
zhēngquánduólì 争權奪利
2-602A
zhèngquànjiāoyìsuǒ
證券交易所 11-430B
zhèngquánjīguān 政權機關
5-427B
zhēngquánrǎnglì 争權攘利
2-602A
zhēngquè 征榷 3-931B
zhèngquè 正確 5-326B
zhěngrán 整然 5-517A
zhèngrán 正然 5-323A
zhēngrǎng 蒸壤 9-532B
zhēngràng 争讓 2-602A
zhēngráo 征橈 3-932B
zhēngrè 烝熱 7-79B
zhēngrén 征人 3-928B
zhēngrén 烝人 7-78B
zhēngrén 箏人 8-1159A
zhēngrén 蒸人 9-531A
zhēngrén 鉦人 11-1225A
zhēngrěn 争忍 2-597A
zhěngrén 整人 5-514A
zhèngrén 正人 5-305A
zhèngrén 政人 5-423A
zhèngrén 諍人 11-198A
zhèngrén 證人 11-429B
zhèngrèn 正任 5-309A
zhèngrénjūnzǐ 正人君子
5-305A
zhēngrì 正日 5-306A
zhěngrì 整日 5-514B
zhèngrì 正日 5-306A
zhēngróng 巆嶸 3-868A
zhēngróng 峥嶸 3-814B
zhēngróng 峥嶒 3-815A
zhēngróng 崝嶸 3-828A
zhěngróng 整容 5-516A
zhèngróng 正容 5-320A
zhèngróngkàngsè 正容亢色
5-320A
zhēngrú 争如 2-596B
zhēngrú 烝濡 7-79B
zhēngrù 征入 3-928B
zhēngrù 蒸溽 9-532A
zhèngrù 正入 5-305A
zhèngrù 證入 11-429B
zhēngruǎn 箏阮 8-1159A
zhēngruì 徵瑞 3-1081B
zhēngrùn 烝潤 7-79B
zhèngrùn 正閏 5-323B
zhēngsāng 争桑 2-599A
zhèngsānjué 鄭三絶 10-687B
zhèngsè 正色 5-309B
zhèngsèlìshēng 正色厲聲
5-310A
zhèngsèzhíshéng 正色直繩
5-310A
zhēngshāchéngfàn
蒸沙成飯 9-531A
zhēngshān 征衫 3-930A
zhēngshàn 征繕 3-933A
zhěngshàn 拯贍 6-595A
zhěngshàn 整贍 5-519A
zhēngshāng 征商 3-930B
zhèngshāng 鄭商 10-690B
zhēngshào 征哨 3-930A
zhēngshè 争涉 2-599A
zhēngshè 烝涉 7-78B
zhēngshè 徵攝 3-1083A
zhěngshè 整設 5-516B
zhèngshé 諍舌 11-198B
zhēngshén 徵神 3-1080A
zhěngshēn 整身 5-515A
zhèngshēn 正身 5-311A
zhèngshén 正神 5-317B
zhèngshěn 政審 5-427A
zhèngshěn 證審 11-432A
zhēngshēng 徵聲 3-1082B
zhēngshèng 争勝 2-599B
zhēngshèng 徵聖 3-1081B
zhèngshēng 正生 5-308A
zhèngshēng 正聲 5-328A
zhèngshēng 政聲 5-427A

zhèngshēng 鄭生 10-688B
zhèngshēng 鄭聲 10-691B
zhèngshèng 證聖 11-431B
zhèngshēnggǔ 鄭生谷 10-688B
zhèngshēngjì 正聲伎 5-328B
zhěngshēngrì 整生日 5-514B
zhēngshī 蒸濕 9-532B
zhēngshí 征實 3-932A
zhēngshí 蒸食 9-531A
zhēngshí 徵實 3-1082A
zhēngshǐ 徵使 3-1079B
zhēngshì 征士 3-928B
zhēngshì 征市 3-929A
zhēngshì 烝弒 7-79A
zhēngshì 徵士 3-1077B
zhēngshì 徵事 3-1079A
zhěngshī 整師 5-516A
zhěngshí 整拾 5-515B
zhěngshì 整事 5-515A
zhěngshì 整飾 5-517B
zhèngshī 正尸 5-305B
zhèngshí 正時 5-318B
zhèngshí 正實 5-326B
zhèngshí 證實 11-432A
zhèngshǐ 正史 5-308A
zhèngshǐ 正使 5-313A
zhèngshǐ 正始 5-314B
zhèngshì 正士 5-305A
zhèngshì 正世 5-307B
zhèngshì 正式 5-309A
zhèngshì 正事 5-312B
zhèngshì 正室 5-317B
zhèngshì 正是 5-315B
zhèngshì 正視 5-321B
zhèngshì 政事 5-424A
zhèngshì 鄭市 10-688B
zhèngshì 諍士 11-198B
zhèngshìchóng 鄭氏蟲 10-688A
zhèngshímén 鄭時門 10-690A
zhèngshìqúnhǔ 鄭氏羣虎 10-688A
zhèngshìshéngxíng 正視繩行 5-321B
zhèngshǐshíjīng 正始石經 5-315A
zhèngshìtáng 政事堂 5-424A
zhèngshǐtǐ 正始體 5-315A
zhèngshìyāhuán 鄭氏丫環 10-688A
zhèngshǐyīn 正始音 5-315A
zhèngshǐzhīyīn 正始之音 5-315A
zhēngshōu 征收 3-929A
zhēngshōu 徵收 3-1078B
zhēngshǒu 争守 2-596B
zhēngshǒu 徵守 3-1078B
zhēngshǒu 正首 5-317A
zhēngshòu 徵授 3-1080B
zhèngshǒu 正手 5-306A
zhèngshǒu 政首 5-425A
zhèngshòu 正受 5-313A
zhèngshòu 正授 5-320B
zhèngshòu 正壽 5-326A
zhēngshū 征輸 3-932B
zhēngshū 徵書 3-1080B
zhēngshū 徵舒 3-1081A
zhēngshū 徵輸 3-1082B
zhēngshǔ 烝暑 7-79A
zhēngshǔ 蒸暑 9-531B
zhēngshù 征戍 3-929A
zhēngshù 烝庶 7-79A
zhēngshù 蒸庶 9-531B
zhēngshù 徵數 3-1082A
zhěngshú 拯贖 6-595A
zhěngshù 整束 5-515A
zhěngshù 整數 5-518A
zhèngshū 正書 5-320A
zhèngshū 政樞 5-426B
zhèngshū 證書 11-431A
zhèngshǔ 正屬 5-329B
zhèngshǔ 政屬 5-427B
zhèngshǔ 鄭鼠 10-690B
zhèngshù 正術 5-321B
zhèngshù 正數 5-326B
zhèngshù 政術 5-426A
zhěngshuā 整刷 5-515B
zhēngshuì 征稅 3-931A
zhèngshuì 正稅 5-323A
zhēngshuō 争說 2-600B
zhēngshuò 正朔 5-319B
zhěngshuò 整搠 5-517A
zhèngshuō 正說 5-326A
zhèngshuō 證說 11-431B
zhēngsī 征思 3-930A
zhēngsǐ 争死 2-595B
zhēngsì 争似 2-596A
zhèngsī 正司 5-308B
zhèngsī 正思 5-316A
zhèngsì 掙四 6-586A
zhèngsīnóng 鄭司農 10-688B
zhēngsòng 争訟 2-599B
zhēngsòng 諍訟 11-198B
zhēngsōu 征艘 3-932A
zhēngsōu 徵搜 3-1081A
zhēngsǒu 諍藪 11-199A
zhēngsù 争訴 2-599B
zhēngsù 諍訴 11-198B
zhěngsù 整肅 5-517B
zhèngsú 正俗 5-316A
zhèngsú 政俗 5-425A
zhēngsuàn 征筭 3-931B
zhēngsuàn 征算 3-932A
zhēngsuì 正歲 5-324A
zhèngsuí 正綏 5-326A
zhēngsuǒ 徵索 3-1080A
zhèngsuǒ'er 正所兒 5-313A
zhèngtáng 正堂 5-321A
zhèngtǎng 正帑 5-315A
zhēngtáo 蒸陶 9-531B
zhēngtǎo 征討 3-930B
zhěngtào 整套 5-516A
zhēngténg 蒸騰 9-532B
zhěngtǐ 整體 5-519A
zhèngtí 正題 5-328B
zhèngtǐ 正體 5-329B
zhèngtǐ 政體 5-427B
zhěngtiān 整天 5-514A
zhèngtián 正田 5-308A
zhěngtiáo 承蜩 1-776A
zhèngtiáo 政條 5-425B
zhèngtiáohuá 正條劃 5-319A
zhèngtīng 正廳 5-330A
zhèngtǒng 正統 5-323B
zhèngtòng 掙痛 6-586B
zhèngtǒnglùn 正統論 5-323B
zhèngtōngrénhé 政通人和 5-425B
zhēngtóu 争頭 2-601A
zhèngtóu 正頭 5-327B
zhèngtòu 正透 5-319A
zhèngtóukēnǎo 掙頭科腦 6-586B
zhèngtóuniángzǐ 正頭娘子 5-327B
zhèngtóuqi 正頭妻 5-327B
zhēngtú 争途 2-598B
zhēngtú 争塗 2-600A
zhēngtú 征徒 3-930A
zhēngtú 征途 3-930A
zhēngtú 征塗 3-931B
zhēngtú 烝徒 7-78B
zhēngtú 蒸徒 9-531B
zhèngtú 正徒 5-319A
zhèngtú 正途 5-319A
zhèngtú 正塗 5-325B
zhèngtú 政塗 5-426B
zhèngtú 鄭圖 10-690B
zhèngtú 證徒 11-431A
zhèngtǔ 正土 5-305A
zhēngtuān 争湍 2-600A
zhēngtún 烝豚 7-79A
zhēngtún 烝豘 7-78B
zhēngtún 蒸豚 9-531B
zhēngtuó 征橐 3-931B
zhēngtuó 征槖 3-932B
zhèngtuō 掙脫 6-586A
zhēngū 貞孤 10-53A
zhēngū 針姑 11-1199A
zhēngū 針箍 11-1200A
zhēngǔ 貞古 10-50A
zhēngǔ 貞蠱 10-62A
zhēngǔ 真骨 2-145B
zhēngù 貞固 10-52B
zhēngù 楨固 4-1165B
zhēngù 榛故 4-1201B
zhěngǔ 枕骨 4-882B
zhèngǔ 振古 6-599A
zhèngǔ 振蠱 6-604A
zhēnguài 珍怪 4-536A
zhēnguài 珍恠 4-536B
zhēnguan 貞觀 10-62A
zhēnguān 真官 2-144B
zhēnguān 真關 2-153A
zhēnguān 針關 11-1201B
zhēnguǎn 真館 2-152B
zhēnguǎn 箴管 8-1211B
zhēnguàn 斟灌 7-340B
zhēnguàn 箴盥 8-1212A
zhěnguān 魫冠 12-1212B
zhěnguān 軫瘝 9-1240A
zhènguān 振冠 6-600A
zhēnguāng 貞光 10-50B
zhēnguānjǐng 甄官井 5-292A
zhēnguānzhīlǐ 貞觀之理 10-62A
zhēnguānzhīzhì 貞觀之治 10-62A
zhēnguī 珍圭 4-535A
zhēnguī 珍瑰 4-538A
zhēnguī 珍瓌 4-540A
zhēnguī 貞規 10-55B
zhēnguī 貞槼 10-59B
zhēnguī 貞龜 10-61A
zhēnguī 真歸 2-153A
zhēnguī 箴規 8-1211B
zhēnguǐ 珍庋 4-535A
zhēnguì 貞軌 10-53A
zhēnguì 珍貴 4-537B
zhēnguì 貞桂 10-54B
zhēnguì 貞貴 10-57A
zhēnguì 貞檜 10-61A
zhènguī 瑱圭 4-614A
zhènguī 鎮圭 11-1362A
zhēnguǒ 珍果 4-535B
zhēnguǒ 珍菓 4-537A
zhēnguǒ 貞果 10-52A
zhēnguǒ 真果 2-143B
zhènguó 鎮國 11-1363B
zhèngǔshuòjīn 震古鑠今 11-691B
zhěngwán 整完 5-515A
zhēngwáng 徵亡 3-1077B
zhèngwáng 鄭王 10-687B
zhèngwǎng 政網 5-426B
zhěngwèi 整蔚 5-517B
zhèngwěi 政委 5-424A
zhèngwèi 正位 5-311A
zhèngwèi 正味 5-312B
zhèngwèi 鄭衛 10-691A
zhèngwèi 證位 11-430A
zhèngwèizhīyīn 鄭衛之音 10-691A
zhēngwén 徵文 3-1077B
zhēngwèn 徵問 3-1081A
zhèngwén 正文 5-306B
zhēngwù 争鶩 2-601B
zhěngwù 拯物 6-594B
zhèngwū 正屋 5-318A
zhèngwǔ 正午 5-306A
zhèngwǔ 鄭五 10-688A
zhèngwǔ 鄭舞 10-690B
zhèngwǔ 鄭儛 10-691A
zhèngwù 正務 5-320B
zhèngwù 正誤 5-326A
zhèngwù 政務 5-425B
zhèngwù 證物 11-430B
zhèngwù 證悟 11-431A
zhèngwūbùzhèng… 正屋不正梢子斜 5-318A
zhēngwǔjiǔ 正五九 5-305B
zhèngwǔxiēhòu 鄭五歇後 10-688A
zhèngwǔxiēhòutǐ

鄭五歇後體 10-688A
zhèngwùyuàn 政務院 5-425B
zhēngxī 正息 5-319A
zhēngxí 争席 2-598B
zhēngxì 徵繫 3-1083A
zhěngxī 整析 5-515A
zhěngxī 整息 5-516A
zhèngxí 正席 5-319B
zhěngxiá 整暇 5-517B
zhēngxiān 争先 2-596A
zhěngxiān 整鮮 5-518B
zhèngxiān 證仙 11-430A
zhèngxiàn 正獻 5-329B
zhēngxiáng 徵祥 3-1080B
zhēngxiǎng 烝享 7-78B
zhēngxiàng 争向 2-596A
zhēngxiàng 徵象 3-1080B
zhèngxiāng 鄭鄉 10-690B
zhèngxiáng 正祥 5-320A
zhèngxiǎng 正響 5-329B
zhèngxiàng 正相 5-315B
zhèngxiàng 正向 5-309B
zhèngxiàng 正項 5-322A
zhèngxiàng 政象 5-426A
zhèngxiàng 症象 8-288B
zhèngxiàng 證象 11-431A
zhèngxiàng 證鼂 11-432A
zhēngxiānkǒnghòu
争先恐後 2-596A
zhēngxiánqì 争閒氣 2-600A
zhēngxiánqì 争閑氣 2-600A
zhēngxiào 徵效 3-1080A
zhèngxiátú 鄭俠圖 10-689B
zhēngxiē 争些 2-597B
zhēngxiè 烝泄 7-78B
zhèngxié 正脅 5-320A
zhèngxié 政協 5-424A
zhèngxiè 正謝 5-328B
zhēngxiē'er 争些兒 2-597B
zhēngxiēzi 争些子 2-597B
zhēngxīn 争心 2-595A
zhēngxīn 烝薪 7-79B
zhēngxīn 蒸薪 9-532A
zhēngxīn 静心 11-198B
zhēngxìn 徵信 3-1079B
zhěngxīn 整心 5-514B
zhèngxīn 正心 5-307A
zhèngxìn 正信 5-316B
zhèngxìn 證信 11-431A
zhèngxīnchéngyì 正心誠意
5-307A
zhēngxíng 征行 3-929A
zhěngxíng 整形 5-515A
zhèngxíng 正刑 5-309A
zhèngxíng 正行 5-309B
zhèngxíng 正形 5-310B
zhèngxíng 政刑 5-423B
zhèngxìng 正姓 5-314B
zhèngxìng 正性 5-314A
zhèngxìng 證性 11-430B
zhēngxìnlù 徵信録 3-1079B
zhēngxióng 争雄 2-599B
zhèngxiōng 正兇 5-309B
zhèngxióng 政雄 5-426A
zhēngxiù 征袖 3-930B
zhěngxiū 整休 5-514B
zhěngxiū 整修 5-515B
zhěngxiǔ 整宿 5-516B
zhěngxiù 整秀 5-515A
zhèngxiū 證修 11-431A
zhēngxū 徵須 3-1081A
zhēngxù 征序 3-929B
zhěngxù 拯卹 6-594B
zhěngxù 拯恤 6-594B
zhèngxù 正序 5-312A
zhèngxù 正緒 5-326B
zhèngxù 政序 5-424A
zhèngxù 證序 11-430A
zhēngxuān 征軒 3-930A
zhēngxuán 争懸 2-601B
zhēngxuǎn 徵選 3-1082B
zhěngxuǎn 整選 5-518A
zhèngxuān 正宣 5-317A
zhèngxuánjiābì 鄭玄家婢
10-688B
zhèngxué 正穴 5-308B
zhèngxué 正學 5-327B
zhèngxué 政學 5-427A
zhèngxué 鄭學 10-691A
zhēngxún 徵尋 3-1081B
zhēngxún 徵詢 3-1082A
zhēngxùn 徵訊 3-1080A
zhěngxùn 整訓 5-516A
zhèngxùn 證訊 11-431A
zhèngyá 正牙 5-305B
zhèngyá 正衙 5-325A
zhèngyǎ 正雅 5-322B
zhēngyán 争妍 2-597A
zhēngyán 争言 2-597A
zhēngyán 蒸炎 9-531A
zhēngyán 徵言 3-1079A
zhēngyán 静訙 11-198B
zhēngyǎn 睁眼 7-1204B
zhēngyàn 争豔 2-602B
zhēngyàn 征雁 3-931A
zhēngyàn 征鴈 3-932A
zhēngyàn 筝雁 8-1159A
zhēngyàn 徵驗 3-1083A
zhěngyán 整嚴 5-519A
zhèngyán 正言 5-311B
zhèngyán 正顔 5-329A
zhèngyán 正鹽 5-330A
zhèngyán 静言 11-198B
zhèngyán 證言 11-430A
zhèngyǎn 正眼 5-321A
zhèngyǎn 證衍 11-431A
zhèngyàn 正論 5-329B
zhèngyàn 静厭 11-199A
zhèngyàn 静厭 11-198B
zhèngyàn 證驗 11-432A
zhēngyándòuyàn 争妍鬥豔
2-597A
zhēngyāng 征鞅 3-931B
zhèngyáng 正陽 5-321B
zhèngyáng 證羊 11-430A
zhèngyángmén 正陽門
5-322A
zhèngyánlìsè 正言厲色
5-312A
zhèngyánlìsè 正顔厲色
5-329A
zhèngyánlìyán 正言厲顔
5-312A
zhēngyǎnshānméi 睁眼苫眉
7-1205A
zhēngyǎnxiā 睁眼瞎 7-1205A
zhēngyǎnxiāzi 睁眼瞎子
7-1205A
zhēngyāo 徵要 3-1079B
zhēngyáo 征軺 3-931A
zhēngyáo 征徭 3-931B
zhēngyáo 征繇 3-932B
zhēngyáo 徵徭 3-1081B
zhèngyào 正要 5-315B
zhèngyào 政要 5-425A
zhēngyē 癥噎 8-366B
zhèngyè 正業 5-324A
zhèngyè 證業 11-431B
zhēngyī 征衣 3-929A
zhēngyí 烝夷 7-78B
zhēngyí 烝彝 7-79B
zhēngyì 争議 2-601B
zhēngyì 征役 3-929B
zhēngyì 徵役 3-1078B
zhēngyì 徵詣 3-1081B
zhēngyì 政役 5-424A
zhěngyī 整一 5-514A
zhěngyī 整衣 5-514B
zhěngyí 整儀 5-518A
zhèngyī 正一 5-304B
zhèngyí 正儀 5-327A
zhèngyí 證移 11-431A
zhèngyì 正役 5-311B
zhèngyì 正意 5-325A
zhèngyì 正義 5-325A
zhèngyì 正誼 5-327A
zhèngyì 正議 5-329B
zhèngyì 政役 5-423B
zhèngyì 政議 5-427A
zhèngyì 鄭義 10-690B
zhèngyì 鄭驛 10-691B
zhèngyǐhuìchéng 政以賄成
5-423B
zhēngyīkǒuqì 争一口氣
2-595A
zhěngyīliǎnróng 整衣斂容
5-514B
zhēngyīn 蒸裡 9-532A
zhēngyín 征吟 3-929B
zhēngyín 烝淫 7-79A
zhēngyǐn 徵引 3-1078A
zhèngyīn 正音 5-317A
zhèngyīn 鄭音 10-689B
zhèngyīn 證因 11-430A
zhèngyǐn 争引 2-595B
zhèngyǐn 静引 11-198B
zhèngyǐn 證引 11-429B
zhèngyìn 正印 5-308B
zhèngyīnfǎ 正音法 5-317A
zhēngyīng 征纓 3-933A
zhēngyíng 峥嵘 3-334B
zhēngyíng 争瀯 2-601B
zhēngyíng 征營 3-932B
zhēngyíng 怔營 7-469B
zhēngyíng 正營 5-328A
zhēngyìng 徵應 3-1083A
zhèngyīngtáo 鄭櫻桃
10-691B
zhēngyīyǎnbìyīyǎn
睁一眼閉一眼 7-1204B
zhēngyōng 徵庸 3-1081A
zhēngyòng 徵用 3-1078A
zhèngyǒng 正勇 5-318A
zhèngyòng 正用 5-308B
zhèngyǒu 争友 2-595A
zhèngyǒu 正友 5-305B
zhèngyǒu 静友 11-198B
zhèngyóujǐchū 政由己出
5-423B
zhēngyǔ 争語 2-600B
zhēngyǔ 筝語 8-1159B
zhēngyù 蒸鬱 9-532B
zhēngyù 蒸鬱 9-532B
zhēngyù 徵喻 3-1081A
zhēngyù 徵儥 3-1083A
zhěngyú 整輿 5-518B
zhèngyù 正域 5-320B
zhèngyù 正御 5-323A
zhēngyuán 征轅 3-932B
zhēngyuàn 徵怨 3-1079B
zhěngyuán 拯援 6-595A
zhèngyuán 正員 5-318B
zhèngyuán 政源 5-426B
zhèngyuàn 正院 5-318A
zhēngyuè 烝礿 7-78B
zhēngyuè 正樂 5-327B
zhēngyuè 正月 5-306B
zhèngyuè 正月 5-306B
zhēngyuèjié 正月節 5-306B
zhēngyún 征雲 3-931A
zhēngyún 烝雲 7-79A
zhēngyùn 征運 3-931A
zhèngyùn 正韵 5-325A
zhēngzā 挣扎 6-586A
zhèngzā 挣扎 6-585B
zhèngzài 正在 5-309A
zhèngzǎn 挣趲 6-586B
zhèngzàng 正藏 5-328B
zhēngzàngshǐ 徵藏史
3-1082B
zhèngzé 正則 5-316A
zhèngzéi 正賊 5-324B
zhēngzhǎ 鯖鮓 12-1237B
zhēngzhài 徵債 3-1081B
zhèngzhái 正宅 5-310A
zhēngzhàn 争戰 2-601A
zhēngzhàn 征戰 3-932B
zhèngzhān 證占 11-430A
zhèngzhàn 正站 5-319B
zhēngzhāng 争張 2-599B
zhēngzhǎng 争長 2-597A
zhèngzhāng 證章 11-431B
zhèngzhǎng 正長 5-312A
zhèngzhǎng 政長 5-424A
zhèngzhàng 正仗 5-308A
zhēngzhāo 趟趙 9-1145B

zhēngzhāo 徵招 3-1079A
zhēngzhāo 正朝 5-322B
zhēngzhào 征棹 3-931A
zhēngzhào 征櫂 3-933A
zhēngzhào 烝罩 7-79A
zhēngzhào 徵召 3-1078A
zhēngzhào 徵兆 3-1078A
zhěngzhào 整棹 5-516B
zhèngzháo 正著 5-321A
zhèngzháo 正着 5-321B
zhèngzhāosònglóng 鄭昭宋聾 10-689A
zhēngzhāoxī 争朝夕 2-599B
zhēngzhèn 征陣 3-930A
zhēngzhèn 征鎮 3-933A
zhèngzhēn 正真 5-318A
zhèngzhèn 正賑 5-326A
zhēngzhēng 丁丁 1-141B
zhēngzhēng 怔怔 7-469B
zhēngzhēng 峥峥 3-814B
zhēngzhēng 烝烝 7-79A
zhēngzhēng 眐眐 7-1196A
zhēngzhēng 睁睁 7-1204B
zhēngzhēng 蒸蒸 9-531B
zhēngzhēng 錚錚 11-1273B
zhēngzhèng 争政 2-598A
zhěngzhěng 整整 5-518B
zhěngzhèng 整正 5-514B
zhèngzhēng 政争 5-423B
zhèngzhèng 町町 7-1302A
zhèngzhèng 圢圢 2-1005A
zhèngzhèng 掙掙 6-586A
zhèngzhèng 正正 5-307A
zhēngzhēngjiǎojiǎo 錚錚佼佼 11-1273B
zhěngzhěngjiéjié 整整截截 5-518B
zhèngzhèngjīngjīng 正正經經 5-307B
zhèngzhèngqìqì 正正氣氣 5-307A
zhēngzhēngrìjìn 蒸蒸日進 9-532A
zhēngzhēngrìshàng 蒸蒸日上 9-532A
zhēngzhēngrìshèng 蒸蒸日盛 9-532A
zhèngzhèngtángtáng 正正堂堂 5-307A
zhēngzhēngtiěgǔ 錚錚鐵骨 11-1273B
zhēngzhēngtiěhàn 錚錚鐵漢 11-1273B
zhengzheyǎntiàohuánghé 睁着眼跳黄河 7-1205A
zhēngzheyǎnzuò… 睁着眼做，合着眼受 7-1205A
zhēngzhī 争知 2-597B
zhēngzhī 徵知 3-1079A
zhēngzhí 争執 2-599A
zhēngzhí 争職 2-601B
zhēngzhí 政職 5-427A
zhēngzhì 争秩 2-598B
zhēngzhì 諍治 11-198B
zhěngzhī 整枝 5-515A
zhěngzhì 拯治 6-594B
zhěngzhì 整治 5-515B
zhěngzhì 整置 5-517B
zhèngzhī 正支 5-305B
zhèngzhī 證知 11-430B
zhèngzhí 争職 2-601B
zhèngzhí 正直 5-312A
zhèngzhí 正值 5-319A
zhèngzhí 正職 5-328B
zhèngzhì 正志 5-310B
zhèngzhì 正治 5-314A
zhèngzhì 政制 5-424A
zhèngzhì 政治 5-424B
zhèngzhìbìhù 政治庇護 5-424B
zhèngzhìbìnàn 政治避難 5-425A
zhèngzhìfàn 政治犯 5-424B
zhèngzhìjiā 政治家 5-424B
zhèngzhìjiàodǎoyuán 政治教導員 5-424B
zhèngzhìjīngjìxué 政治經濟學 5-425A
zhèngzhìquánlì 政治權利 5-425A
zhèngzhìwěiyuán 政治委員 5-424B
zhèngzhìxiéshānghuìyì 政治協商會議 5-424B
zhèngzhìxué 政治學 5-425A
zhēngzhīyǎnbìzhīyǎn 睁隻眼閉隻眼 7-1204B
zhēngzhīyǎnhézhīyǎn 睁隻眼闔隻眼 7-1204B
zhèngzhìyùndòng 政治運動 5-424B
zhēngzhōng 征伀 1-1223B
zhēngzhōng 征忪 3-929B
zhēngzhōng 征伀 3-929A
zhēngzhōng 征彸 3-929B
zhēngzhōng 征鐘 3-933A
zhēngzhōng 怔忪 7-469B
zhēngzhòng 争重 2-598A
zhěngzhòng 整重 5-515B
zhěngzhòng 整衆 5-517A
zhèngzhōng 正中 5-306A
zhèngzhōng 正終 5-322A
zhèngzhòng 鄭重 10-689A
zhèngzhòngqící 鄭重其辭 10-689B
zhèngzhòngqíshì 鄭重其事 10-689B
zhèngzhongxiàhuái 正中下懷 5-306A
zhēngzhóu 征軸 3-931A
zhèngzhòu 正晝 5-321B
zhèngzhōulí 鄭州梨 10-689A
zhēngzhū 征誅 3-931B
zhēngzhú 争逐 2-598B
zhēngzhú 烝燭 7-79B
zhēngzhú 蒸燭 9-532B
zhēngzhú 徵逐 3-1080A
zhēngzhù 箏柱 8-1159A
zhěngzhù 整駐 5-518A
zhèngzhǔ 正主 5-308B
zhèngzhǔ 政主 5-423B
zhēngzhuàn 征傳 3-931B
zhèngzhuàn 正傳 5-324B
zhēngzhuāng 征裝 3-931B
zhěngzhuāng 整粧 5-517A
zhěngzhuāng 整裝 5-517B
zhèngzhuàng 正狀 5-314B
zhèngzhuàng 症狀 8-288B
zhěngzhuāngdàifā 整裝待發 5-517B
zhèngzhuānghàokè 鄭莊好客 10-689B
zhèngzhuāngyì 鄭莊驛 10-689B
zhěngzhù'er 整注兒 5-515A
zhěngzhuì 整綴 5-518A
zhēngzhuó 綪繳 9-876A
zhěngzhuó 拯擢 6-595A
zhèngzhuō 政拙 5-424A
zhēngzǐ 争子 2-595A
zhèngzǐ 諍子 11-198B
zhèngzì 正字 5-310A
zhèngzì 正自 5-309A
zhèngzōng 正宗 5-314A
zhēngzōu 争趣 2-600B
zhèngzòu 正奏 5-315A
zhèngzòu 鄭奏 10-689A
zhēngzū 徵租 3-1080A
zhèngzú 正卒 5-313B
zhēngzuǐ 争嘴 2-601A
zhèngzuì 正罪 5-324B
zhěngzuò 整作 5-515A
zhèngzuǒ 正佐 5-311A
zhèngzuǒ 證左 11-430A
zhèngzuǒ 證佐 11-430A
zhèngzuò 掙作 6-586A
zhèngzuò 正坐 5-311B
zhèngzuò 正座 5-319B
zhēngzuòpù 蒸作鋪 9-531A
zhěnhái 枕骸 4-884B
zhènhài 振駭 6-603A
zhènhài 震駭 11-695A
zhènhài 震駴 11-695B
zhēnhán 珍函 4-536A
zhēnhán 真函 2-144B
zhēnhàn 珍翰 4-539A
zhěnhán 枕函 4-882B
zhènhàn 振撼 6-603A
zhènhàn 震汗 11-691B
zhènhàn 震憾 11-695B
zhènhàn 鎮扞 11-1362A
zhènhàn 鎮捍 11-1363A
zhènháng 陣行 11-978A
zhěnhánhuā 枕函花 4-882B
zhěnhánshū 枕函書 4-882B
zhēnhǎo 珍好 4-535A
zhēnhǎo 貞好 10-51A
zhēnhào 貞好 10-51A
zhēnhào 貞皜 10-60A
zhènháo 振豪 6-602B
zhēnhé 珍禾 4-535A
zhēnhé 珍荷 4-537A
zhēnhé 貞和 10-52B
zhěnhé 枕河 4-882B
zhènhé 振覈 6-603B
zhènhè 震赫 11-694A
zhěnhēi 鬒黑 12-751B
zhěnhēi 黰黑 12-1375A
zhěnhén 枕痕 4-884A
zhēnhēng 貞亨 10-51B
zhēnhéng 貞恒 10-54A
zhēnhóng 真紅 2-146A
zhènhōng 震訇 11-692B
zhēnhòu 偵候 1-1539B
zhěnhòu 診候 11-112A
zhènhóu 振喉 6-601B
zhènhǒu 震吼 11-692A
zhēnhú 偵壺 1-1540A
zhēnhù 榛楛 4-1202A
zhènhú 震湖 11-693B
zhènhǔ 鎮唬 11-1363B
zhènhù 賑護 10-210B
zhēnhuá 珍華 4-537A
zhēnhuá 貞華 10-54A
zhēnhuà 真話 2-150A
zhěnhuái 軫懷 9-1240A
zhěnhuài 黰壞 12-1373A
zhēnhuāng 榛荒 4-1201B
zhēnhuáng 珍黄 4-537A
zhènhuāng 賑荒 10-209B
zhènhuáng 震惶 11-693B
zhènhuáng 震遑 11-693B
zhēnhuī 貞暉 10-58A
zhēnhuī 貞輝 10-60A
zhēnhuī 貞徽 10-61A
zhēnhuǐ 貞悔 10-55A
zhēnhuì 珍卉 4-534B
zhēnhuì 珍惠 4-537B
zhēnhuì 珍會 4-538B
zhēnhuì 珍賄 4-538B
zhēnhuì 貞晦 10-56A
zhēnhuì 貞惠 10-57A
zhēnhuì 斟誨 7-340B
zhēnhuì 榛卉 4-1201A
zhēnhuì 榛薈 4-1203A
zhēnhuì 榛薉 4-1203A
zhēnhuì 榛穢 4-1203A
zhēnhuì 箴誨 8-1211B
zhènhuì 賑惠 10-209B
zhènhuì 震恚 11-692B
zhēnhún 貞魂 10-57B
zhēnhún 真魂 2-150A
zhēnhuǒ 真火 2-141A
zhēnhuǒ 針火 11-1198A
zhēnhuò 珍貨 4-537B
zhènhuò 震惑 11-693B
zhēnjī 珍積 4-539A
zhēnjī 貞姬 10-55B
zhēnjī 貞機 10-60B
zhēnjī 真機 2-152A
zhēnjī 真積 2-152A
zhēnjī 砧基 7-1019B
zhēnjī 砧几 7-1019A
zhēnjī 偵緝 1-1540A
zhēnjī 榛笄 4-1202A

zhēnjí 珍籍 4-540A
zhēnjí 貞吉 10-50B
zhēnjí 貞疾 10-55A
zhēnjí 真籍 2-153A
zhēnjí 榛棘 4-1202B
zhēnjì 貞紀 10-54A
zhēnjì 貞濟 10-61A
zhēnjì 真迹 2-146A
zhēnjì 真寂 2-149A
zhēnjì 真跡 2-150A
zhēnjì 真際 2-150B
zhēnjì 真蹟 2-153A
zhēnjì 針劑 11-1201A
zhēnjì 斟劑 7-340B
zhēnjì 甄紀 5-292A
zhěnjī 枕雞 4-885A
zhěnjí 枕疾 4-883B
zhěnjí 診疾 11-112A
zhěnjí 診籍 11-112B
zhěnjí 診藉 11-112B
zhěnjì 鬒髻 12-752A
zhènjī 賑飢 10-209B
zhènjī 賑饑 10-210B
zhènjī 震激 11-695B
zhènjī 震擊 11-695B
zhènjī 鎮畿 11-1364B
zhènjí 賑籍 10-210B
zhènjí 震級 11-692B
zhènjí 鎮集 11-1363B
zhènjí 鎮輯 11-1365A
zhènjǐ 賑給 10-210A
zhènjì 振祭 6-601A
zhènjì 振濟 6-603B
zhènjì 朕迹 6-1257A
zhènjì 朕蹟 6-1257B
zhènjì 賑濟 10-210A
zhènjì 震悸 11-693B
zhēnjiǎ 珍甲 4-535A
zhěnjiǎ 枕甲 4-882A
zhènjiā 鎮家 11-1363B
zhēnjiān 貞堅 10-56A
zhēnjiān 貞艱 10-61A
zhēnjiān 針尖 11-1198B
zhēnjiān 蓁菅 9-494A
zhēnjiān 榛菅 4-1202A
zhēnjiǎn 貞儉 10-60A
zhēnjiǎn 貞簡 10-61B
zhēnjiàn 真踐 2-151B
zhēnjiàn 箴諫 8-1212A
zhēnjiàn 箴鑑 8-1212A
zhènjiān 鎮監 11-1364B
zhēnjiānbùdǎo 針尖不倒 11-1198B
zhēnjiānduìmàimáng 針尖對麥芒 11-1198B
zhēnjiāng 貞姜 10-53B
zhēnjiǎng 甄獎 5-293A
zhēnjiàng 針匠 11-1198B
zhěnjiāng 枕江 4-882B
zhēnjiǎo 貞皦 10-61B
zhēnjiǎo 針脚 11-1199B
zhēnjiào 貞教 10-55B
zhēnjiào 真教 2-148A
zhēnjiào 箴教 8-1211B
zhènjiǎo 陣角 11-978B
zhènjiǎo 陣脚 11-979A
zhěnjiǎoguānzi 魫角冠子 12-1212B
zhēnjībù 砧基簿 7-1019B
zhēnjīduì 偵緝隊 1-1540B
zhēnjié 貞節 10-58A
zhēnjié 貞碣 10-59A
zhēnjié 貞潔 10-60A
zhēnjié 貞絜 10-56B
zhēnjié 真偈 2-148B
zhēnjié 真節 2-150A
zhēnjié 真潔 2-152A
zhēnjiě 真解 2-150A
zhēnjiè 貞介 10-49B
zhēnjiè 真界 2-145B
zhēnjiè 針芥 11-1198B
zhēnjiè 箴戒 8-1211A
zhēnjiè 箴誡 8-1211B
zhěnjiè 枕籍 4-885A
zhěnjiè 枕藉 4-884B
zhěnjiè 畛畍 7-1323B
zhēnjiéfāng 貞節坊 10-58A
zhěnjièjīngshǐ 枕籍經史 4-885A
zhēnjiépáifāng 貞節牌坊 10-58A
zhēnjièxiāngtóu 針芥相投 11-1199A
zhēnjièzhīhé 針芥之合 11-1199A
zhēnjièzhīqì 針芥之契 11-1199A
zhēnjièzhītóu 針芥之投 11-1199A
zhēnjīn 貞金 10-52B
zhēnjīn 貞襟 10-61B
zhēnjīn 真金 2-144A
zhēnjǐn 貞謹 10-61B
zhēnjǐn 真謹 2-153A
zhēnjìn 珍費 4-539B
zhēnjìn 甄進 5-292B
zhěnjīn 枕巾 4-881A
zhěnjīn 診金 11-112A
zhěnjìn 枕近 4-882B
zhènjīn 振矜 6-600A
zhènjīn 震矜 11-692B
zhēnjīnbùpàhuǒ 真金不怕火 2-144A
zhēnjīnbùpàhuǒliàn 真金不怕火煉 2-144A
zhēnjīng 貞精 10-59A
zhēnjīng 真經 2-150B
zhēnjīng 榛荆 4-1201B
zhēnjǐng 甄井 5-291A
zhēnjǐng 箴儆 8-1211B
zhēnjǐng 箴警 8-1212A
zhēnjìng 貞勁 10-53A
zhēnjìng 貞浄 10-54A
zhēnjìng 貞静 10-59A
zhēnjìng 貞靚 10-59B
zhēnjìng 真境 2-151A
zhēnjìng 真静 2-151A
zhènjīng 振驚 6-604A
zhènjīng 震兢 11-694B
zhènjīng 震驚 11-696B
zhènjìng 振敬 6-601B
zhènjìng 鎮痙 11-1364A
zhènjìng 鎮靖 11-1364A
zhènjìng 鎮静 11-1364A
zhènjìngjì 鎮静劑 11-1364A
zhěnjīngjièshū 枕經籍書 4-884B
zhēnjīnlièhuǒ 真金烈火 2-144A
zhēnjiǔ 針灸 11-1199A
zhēnjiù 砧臼 7-1019A
zhěnjiù 軫救 9-1239B
zhènjiǔ 酖酒 9-1396A
zhènjiǔ 梎酒 4-1056A
zhènjiǔ 鴆酒 12-1075B
zhènjiù 振救 6-601A
zhènjiù 振捄 6-600A
zhènjiù 賑救 10-209B
zhènjiù 賑捄 10-209B
zhēnjū 貞居 10-52B
zhēnjǔ 珍弆 4-535B
zhēnjǔ 甄舉 5-293A
zhēnjù 珍具 4-535B
zhènjú 震跼 11-694B
zhènjǔ 振舉 6-603A
zhènjù 震懼 11-696B
zhènjù 鎮據 11-1365A
zhènjuān 賑捐 10-209B
zhēnjué 真决 2-142A
zhēnjué 真決 2-143A
zhēnjué 真訣 2-148B
zhēnjué 針絶 11-1200A
zhēnjūn 貞筠 10-58A
zhēnjūn 真君 2-143A
zhēnjūn 真菌 2-148B
zhēnjùn 貞峻 10-54B
zhènjūn 鎮軍 11-1363A
zhēnkǎi 真楷 2-150A
zhěnkǎi 軫慨 9-1239B
zhēnkē 貞柯 10-53A
zhēnkē 針科 11-1199B
zhēnkè 貞刻 10-52B
zhēnkè 貞恪 10-54A
zhēnkè 真刻 2-144A
zhēnkè 真客 2-146A
zhēnkěn 真懇 2-153A
zhēnkōng 真空 2-144B
zhēnkǒng 針孔 11-1198A
zhènkǒng 振恐 6-600B
zhènkǒng 震恐 11-692B
zhènkòng 鎮控 11-1363B
zhēnkōngdìdài 真空地帶 2-144B
zhēnkōngguǎn 真空管 2-144B
zhēnkǔ 貞苦 10-52A
zhěnkuà 枕胯 4-884A
zhēnkuài 榛蒯 4-1202B
zhěnkuài 枕凷 4-882A
zhěnkuài 枕塊 4-884A
zhènkuǎn 賑款 10-209B
zhēnkuàng 珍貺 4-537B
zhēnkuàng 榛曠 4-1203A
zhēnkǔn 真悃 2-147B
zhēnlā 針喇 11-1200A
zhēnlà 真臘 2-153A
zhēnlái 真來 2-143B
zhēnlái 榛萊 4-1202A
zhēnlàn 真濫 2-153A
zhēnlǎng 貞朗 10-55B
zhēnlèi 貞類 10-61B
zhènléi 震雷 11-694B
zhěnléng 枕稜 4-884A
zhěnlěngqīnhán 枕冷衾寒 4-882B
zhēnlí 貞嫠 10-59A
zhēnlǐ 貞理 10-55B
zhēnlǐ 真理 2-148A
zhēnlì 珍麗 4-539B
zhēnlì 貞立 10-50A
zhēnlì 貞利 10-51B
zhēnlì 貞栗 10-54B
zhēnlì 貞厲 10-59A
zhēnlì 貞麗 10-61B
zhēnlì 貞礫 10-61B
zhēnlì 真力 2-140A
zhēnlì 榪栗 4-1320A
zhěnlì 紾戾 9-792A
zhěnlì 診例 11-112A
zhěnlì 縝栗 9-960B
zhěnlǐ 振理 6-601A
zhěnlǐ 鴆醴 12-1076A
zhènlì 振慄 6-602A
zhènlì 振厲 6-602B
zhènlì 振勵 6-603A
zhènlì 震慄 11-694A
zhènlì 震栗 11-692B
zhènlì 震慄 11-694A
zhènlì 震厲 11-694B
zhènlì 震轢 11-696B
zhēnlián 貞廉 10-58B
zhēnliàn 珍練 4-539A
zhěnlián 震憐 11-695A
zhēnliáng 貞良 10-51B
zhēnliáng 偵量 1-1540A
zhēnliáng 斟量 7-340A
zhēnliàng 貞亮 10-53B
zhēnliàng 貞量 10-57A
zhēnliàng 貞諒 10-60A
zhēnliàng 真亮 2-146A
zhènliáng 賑糧 10-210A
zhěnliáo 診療 11-112B
zhēnliè 貞列 10-50B
zhēnliè 貞烈 10-54B
zhēnliè 真烈 2-147A
zhēnliè 針列 11-1198B
zhēnliè 針鬣 11-1201B
zhènliè 陣列 11-978A
zhēnlín 珍林 4-535B
zhēnlín 貞林 10-52A
zhēnlín 榛林 4-1201B
zhēnlín 珍悋 4-536B
zhēnlìn 貞吝 10-51B
zhènlín 填臨 2-1172A
zhènlín 震鱗 11-697A
zhènlín 鎮臨 11-1365A
zhènlǐn 振廩 6-603A

zhènlǐn 賑稟 10-210A
zhènlǐn 賑廩 10-210A
zhēnlíng 真泠 2-144A
zhēnlíng 真靈 2-153B
zhēnlíng 榛苓 4-1201B
zhēnlìng 貞令 10-50A
zhènlíng 震凌 11-693A
zhènlǐngtígāng 振領提綱 6-602B
zhěnliú 枕流 4-883B
zhěnliú'ěr 枕流耳 4-883B
zhěnliúshùshí 枕流漱石 4-883B
zhēnlóng 真龍 2-152B
zhènlóngfākuì 振聾發聵 6-604A
zhènlóngfākuì 震聾發聵 11-697A
zhēnlónghuóxiàn 真龍活現 2-152B
zhēnlóngtiānzǐ 真龍天子 2-152B
zhēnlóu 針樓 11-1200B
zhēnlù 珍路 4-538B
zhēnlù 真録 2-152B
zhēnlù 針路 11-1200A
zhēnlù 甄録 5-293A
zhēnlù 榛路 4-1202B
zhēnlù 振鷺 6-604A
zhènlù 鷙鷺 12-1136B
zhēnlùn 甄論 5-293A
zhēnluó 偵羅 1-1540B
zhēnluó 偵邏 1-1540B
zhènluò 振落 6-601B
zhēnlùshì 甄録試 5-293A
zhēnlǚ 貞履 10-60B
zhēnlǚ 真侶 2-143B
zhēnlǚ 真履 2-152A
zhēnlǚ 針縷 11-1201B
zhēnlǚ 箴縷 8-1212A
zhěnlǜ 軫慮 9-1240B
zhěnlǜ 軫慮 9-1240A
zhènlǚ 振旅 6-600B
zhènlǚ 振履 6-603A
zhěnlüè 畛略 7-1324A
zhènmǎ 陣馬 11-978B
zhēnmài 真脉 2-145B
zhēnmài 真脈 2-147B
zhěnmài 胗脈 6-1235A
zhěnmài 診脉 11-112A
zhěnmài 診脈 11-112A
zhènmài 振邁 6-602B
zhēnmáng 針芒 11-1198B
zhēnmǎng 蓁莽 9-494A
zhēnmǎng 榛莽 4-1201B
zhēnméi 真眉 2-146A
zhēnměi 珍美 4-536B
zhēnměi 貞美 10-53B
zhēnměi 真美 2-146A
zhěnměi 鬒美 12-751B
zhènméi 鴆媒 12-1075B
zhènmèi 振袂 6-600A
zhēnmén 真門 2-144B
zhènmén 陣門 11-978B
zhēnmèng 貞夢 10-57B
zhēnmí 榛迷 4-1201B
zhēnmì 珍祕 4-536B
zhēnmì 珍秘 4-537A
zhēnmì 榛密 4-1202A
zhěnmì 枕祕 4-883A
zhěnmì 縝密 9-960B
zhènmí 震靡 11-696A
zhēnmiǎn 甄免 5-291B
zhēnmiànmù 真面目 2-145A
zhēnmín 貞岷 10-52B
zhēnmín 貞珉 10-53A
zhēnmín 貞碈 10-59A
zhēnmǐn 貞敏 10-56A
zhěnmǐn 軫憫 9-1240A
zhēnmíng 貞名 10-51A
zhēnmíng 貞明 10-52A
zhēnmíng 貞銘 10-59A
zhēnmíng 甄明 5-292A
zhēnmíng 箴銘 8-1211B
zhēnmìng 真命 2-144A
zhēnmìng 禎命 7-948B
zhēnmìngtiānzǐ 真命天子 2-144A
zhēnmò 貞默 10-60B
zhēnmò 箴末 8-1211A
zhěnmò 畛陌 7-1323B
zhènmò 陣没 11-978B
zhènmò 陣歿 11-978B
zhēnmóshèngbiǎo 貞模聖表 10-59A
zhēnmǔ 貞母 10-50A
zhēnmǔ 真母 2-142A
zhēnmù 珍木 4-534B
zhēnmù 貞木 10-49B
zhēnmù 貞穆 10-60B
zhēnmù 甄沐 5-291B
zhěnmù 枕木 4-881A
zhěnmù 軫慕 9-1239B
zhēnnà 珍納 4-537A
zhènnán 震男 11-692A
zhěnnáng 枕囊 4-885A
zhēnnánzǐ 真男子 2-142B
zhènnáo 振撓 6-602B
zhēnnéng 真能 2-148A
zhēnniàn 真念 2-144A
zhěnniàn 軫念 9-1239A
zhēnniáng 貞娘 10-55B
zhēnniáng 真娘 2-148A
zhēnniáng 真孃 2-153A
zhēnniángmù 真娘墓 2-148A
zhēnniángmù 真孃墓 2-153A
zhēnniǎo 貞鳥 10-56B
zhēnníng 貞凝 10-61A
zhènníng 震凝 11-695B
zhènníng 鎮寧 11-1364B
zhēnnòu 針耨 11-1201A
zhènnù 振怒 6-600A
zhènnù 震怒 11-692B
zhēnnǚ 貞女 10-48B
zhēnnǚ 針女 11-1198A
zhēnnǚ 甄女 5-291A
zhènnǚ 振女 6-599A
zhēnnǚjiāng 貞女江 10-49A
zhēnnǚxiá 貞女峽 10-49A
zhēnnǚyǐn 貞女引 10-49A
zhēn'ǒu 珍偶 4-537B
zhēnpán 珍盤 4-539A
zhēnpán 針盤 11-1200B
zhěnpàn 枕畔 4-883A
zhěnpàn 畛畔 7-1324A
zhēnpáo 珍庖 4-536A
zhēnpéng 真朋 2-144A
zhēnpī 獉狉 5-97B
zhēnpī 榛狉 4-1201B
zhēnpǐn 珍品 4-536A
zhēnpǐn 真品 2-145B
zhēnpǐn 甄品 5-292A
zhènpíndàifá 賑貧貸乏 10-209B
zhěnpíng 枕屏 4 883A
zhēnpíngshíjù 真憑實據 2-152B
zhēnpò 珍魄 4-538B
zhēnpò 貞魄 10-59A
zhēnpò 偵破 1-1539B
zhēnpǔ 真樸 2-152A
zhènpū 震撲 11-694B
zhènpù 振暴 6-602B
zhēnqī 貞栖 10-54B
zhēnqī 貞妻 10-56A
zhēnqī 貞期 10-57A
zhēnqī 真期 2-149A
zhēnqí 珍奇 4-535B
zhēnqí 偵騎 1-1540B
zhēnqí 禎祺 7-948B
zhēnqǐ 榛杞 4-1201B
zhēnqì 珍器 4-539A
zhēnqì 貞氣 10-54B
zhēnqì 貞器 10-60B
zhēnqì 真炁 2-143B
zhēnqì 真契 2-144B
zhēnqì 真氣 2-147A
zhěnqī 黰漆 12-1375A
zhěnqí 畛畦 7-1324A
zhènqí 振奇 6-599B
zhènqí 鎮圻 11-1362B
zhènqǐ 振起 6-600B
zhènqì 陣氣 11-978B
zhènqì 震氣 11-693A
zhènqì 震器 11-695A
zhēnqián 貞錢 10-61A
zhènqiān 震愆 11-694B
zhēnqiāngshídàn 真槍實彈 2-151A
zhēnqiǎo 針巧 11-1198A
zhēnqiè 真切 2-140B
zhēnqiè 箴切 8-1211A
zhěnqiè 畛挈 7-1323B
zhěnqiè 診切 11-111B
zhēnqílùyì 甄奇録異 5-292A
zhēnqín 珍禽 4-538A
zhēnqín 貞勤 10-57B
zhěnqīn 枕衾 4-883A
zhěnqín 枕琴 4-884A
zhěnqín 軫琴 9-1239B
zhēnqīng 貞清 10-56B
zhēnqíng 貞情 10-56B
zhēnqíng 真情 2-149A
zhēnqìng 珍慶 4-539A
zhēnqíngshígǎn 真情實感 2-149A
zhēnqíngshíyì 真情實意 2-149A
zhēnqīnjiǔ 真欽酒 2-149B
zhènqióng 振窮 6-602B
zhènqióng 賑窮 10-210A
zhènqióngxùguǎ 振窮恤寡 6-602B
zhènqióngxùpín 振窮恤貧 6-602B
zhènqírén 振奇人 6-599B
zhēnqiú 珍裘 4-538A
zhěnqiū 軫丘 9-1239A
zhènqiúchílǐng 振裘持領 6-602A
zhēnqū 真趨 2-152B
zhēnqū 榛曲 4-1201B
zhēnqù 貞趣 10-59B
zhēnqù 真趣 2-151B
zhěnqǔ 枕麯 4-884B
zhěnqǔ 枕麴 4-885A
zhènqū 震區 11-693A
zhēnquán 貞詮 10-58B
zhēnquán 真筌 2-149B
zhēnquán 真詮 2-150B
zhēnquē 箴闕 8-1212A
zhēnquè 貞慤 10-59B
zhēnquè 貞確 10-60A
zhēnquè 真慤 2-151B
zhēnquè 真確 2-151B
zhěnqūgōng 枕曲肱 4-882A
zhěnqūjièzāo 枕麴藉糟 4-885A
zhēnqún 珍羣 4-538B
zhēnrán 真然 2-149B
zhěnrán 䚯然 10-11B
zhěnrán 鬒髯 12-752A
zhēnráng 榛穰 4-1203A
zhènrǎo 震擾 11-696A
zhēnrén 貞人 10-48B
zhēnrén 貞仁 10-49B
zhēnrén 真人 2-139B
zhēnrèn 針紉 11-1199B
zhēnrénbùlòuxiàng 真人不露相 2-140A
zhēnrénmiànqián… 真人面前不説假話 2-140A
zhènrì 鎮日 11-1361B
zhènrìjiā 鎮日家 11-1361B
zhènrìjià 鎮日價 11-1361B
zhènrìzhènyè 鎮日鎮夜 11-1361B
zhēnróng 貞容 10-55B
zhēnróng 真容 2-147B
zhènróng 陣容 11-979A
zhènróng 振容 6-601A
zhēnróu 貞柔 10-54A
zhènròu 鎮肉 11-1362A
zhēnrú 真如 2-142B

zhēnrú 真儒 2-152A
zhēnruí 貞甤 10-57A
zhēnruí 貞蕤 10-59B
zhēnruì 珍瑞 4-538A
zhēnruì 貞瑞 10-57B
zhēnruì 禎瑞 7-948B
zhēnrùn 貞潤 10-60B
zhěnrùn 縝潤 9-960B
zhènsǎ 震灑 11-697A
zhènsāo 震騷 11-696A
zhēnsè 珍嗇 4-538A
zhēnsè 貞色 10-51A
zhēnsè 真色 2-142A
zhēnsè 榛塞 4-1202B
zhènsè 陣色 11-978A
zhènsè 振色 6-599A
zhēnsēng 真僧 2-151A
zhēnshà 珍箑 4-538B
zhènshā 酖殺 9-1396A
zhènshā 陣殺 11-978B
zhènshā 鴆殺 12-1075B
zhēnshàn 珍善 4-538A
zhēnshàn 珍膳 4-539A
zhēnshàn 貞善 10-57B
zhēnshàn 真善 2-149B
zhěnshān 枕山 4-881A
zhènshān 鎮山 11-1361B
zhènshàn 賑贍 10-210A
zhěnshānbìjiāng 枕山臂江
4-881A
zhěnshàn'érjū 枕善而居
4-884A
zhěnshānfùhǎi 枕山負海
4-881A
zhēnshǎng 珍賞 4-539A
zhēnshǎng 真賞 2-151B
zhēnshǎng 甄賞 5-293A
zhěnshàng 枕上 4-881A
zhěnshānjīnhǎi 枕山襟海
4-881A
zhēnshànměi 真善美 2-149B
zhěnshānqīgǔ 枕山棲谷
4-881A
zhènshāntàisuì 鎮山太歲
11-1361B
zhēnshānzhēnshuǐ
真山真水 2-140B
zhēnshào 偵哨 1-1539B
zhènshāo 陣梢 11-979A
zhēnshè 珍攝 4-540A
zhēnshè 針射 11-1199B
zhènshè 振慴 6-602B
zhènshè 振懾 6-603B
zhènshè 震慴 11-694B
zhènshè 震懾 11-696B
zhènshè 震攝 11-696B
zhènshè 鎮懾 11-1365B
zhènshè 鎮攝 11-1365A
zhēnshēn 真身 2-143A
zhēnshén 貞神 10-54A
zhēnshén 真神 2-146A
zhēnshén 針神 11-1199B
zhēnshén 甄神 5-292A
zhēnshěn 貞審 10-60B
zhēnshěn 真審 2-152A
zhēnshèn 貞慎 10-58B
zhēnshēn 陣身 11-978A
zhēnshēng 貞聲 10-61A
zhēnshēng 真聲 2-152B
zhēnshēng 砧聲 7-1019B
zhēnshēng 針生 11-1198B
zhēnshēng 甄升 5-291A
zhēnshēng 甄昇 5-292A
zhēnshēng 甄陞 5-292A
zhēnshèng 貞勝 10-57B
zhēnshèng 真勝 2-149B
zhēnshèng 真聖 2-150A
zhěnshèngqīnyú 枕剩衾餘
4-884A
zhēnshèngzhǔ 真聖主 2-150A
zhènshéntóu 鎮神頭
11-1363A
zhènshéntóushì 鎮神頭勢
11-1363A
zhēnshi 真是 2-145A
zhēnshī 貞師 10-55A
zhēnshī 針虱 11-1199A
zhēnshī 針師 11-1199B
zhēnshí 珍石 4-535A
zhēnshí 貞石 10-50A
zhēnshí 貞實 10-59B
zhēnshí 真食 2-145B
zhēnshí 真實 2-151A
zhēnshí 真識 2-153A
zhēnshí 砧石 7-1019A
zhēnshí 針石 11-1198A
zhēnshí 甄識 5-293B
zhēnshí 榛實 4-1202B
zhēnshí 箴石 8-1211A
zhēnshǐ 貞史 10-50A
zhēnshǐ 貞矢 10-50A
zhēnshǐ 針史 11-1198B
zhēnshì 珍視 4-537B
zhēnshì 珍飾 4-538B
zhēnshì 貞士 10-48B
zhēnshì 真士 2-140B
zhēnshì 真是 2-145A
zhēnshì 針視 11-1199B
zhēnshì 偵視 1-1540A
zhēnshì 甄事 5-292A
zhěnshī 枕屍 4-883A
zhěnshí 枕石 4-882A
zhěnshí 軫石 9-1239A
zhěnshì 胗視 6-1235A
zhěnshì 診室 11-112A
zhěnshì 診視 11-112A
zhènshī 朕師 6-1257A
zhènshī 賑施 10-209B
zhènshí 震食 11-692B
zhènshí 震蝕 11-694B
zhènshí 鎮石 11-1361B
zhènshì 陣士 11-977B
zhènshì 陣式 11-977B
zhènshì 陣勢 11-979A
zhènshì 振飾 6-602A
zhènshì 鴆弒 12-1075B
zhènshì 鎮市 11-1361B
zhēnshide 真是的 2-145B
zhěnshíqǐnshéng 枕石寢繩
4-882A
zhěnshíshùliú 枕石漱流
4-882A
zhěnshíshùliú 枕石嗽流
4-882A
zhēnshíxìng 真實性 2-151B
zhēnshōu 甄收 5-291B
zhēnshǒu 貞守 10-51A
zhēnshòu 珍獸 4-539B
zhènshǒu 填守 2-1168B
zhènshǒu 陣首 11-978B
zhènshǒu 鎮守 11-1362A
zhēnshū 貞淑 10-56B
zhēnshū 真書 2-148A
zhēnshù 真數 2-151B
zhēnshù 針術 11-1199B
zhēnshù 甄述 5-292A
zhěnshū 枕書 4-883B
zhènshù 鎮戍 11-1362A
zhènshuā 振刷 6-600A
zhēnshuài 真率 2-148B
zhènshuài 鎮率 11-1363B
zhēnshuàihuì 真率會 2-149A
zhēnshuàishè 真率社 2-149A
zhēnshuàng 貞爽 10-56A
zhēnshuǐ 真水 2-141A
zhēnshuǐ 針水 11-1198A
zhěnshuǐ 枕水 4-882A
zhēnshùn 貞順 10-57A
zhēnshuō 真說 2-151A
zhènshuò 震爍 11-696A
zhènshuò 震鑠 11-697A
zhēnsì 真似 2-142A
zhēnsì 真嗣 2-150A
zhēnsì 偵伺 1-1539B
zhěnsì 枕笥 4-883B
zhènsī 鎮思 11-1363A
zhènsǐ 鴆死 12-1075B
zhēnsōng 貞松 10-52A
zhēnsòng 箴誦 8-1212A
zhènsǒng 振悚 6-601A
zhènsǒng 振竦 6-602A
zhènsǒng 震悚 11-693A
zhènsǒng 震竦 11-693B
zhènsǒng 震聳 11-695B
zhēnsōngjìngbǎi 貞松勁柏
10-52A
zhēnsōu 甄搜 5-292B
zhēnsǒu 真叟 2-145B
zhēnsǒu 蓁藪 9-494A
zhēnsǒu 榛藪 4-1203A
zhēnsú 真俗 2-145B
zhēnsù 貞素 10-54A
zhēnsù 貞肅 10-58B
zhēnsù 真素 2-146B
zhěnsù 疹粟 8-306A
zhěnsù 軫粟 9-1239B
zhènsú 鎮俗 11-1363A
zhènsù 振素 6-600A
zhènsù 振肅 6-602A
zhènsù 賑粟 10-210A
zhènsù 震肅 11-694A
zhēnsuǐ 真髓 2-153B
zhēnsuì 貞邃 10-61A
zhènsuí 鎮綏 11-1364A
zhěnsuǒ 診所 11-112A
zhènsuǒ 鎮鎖 11-1365A
zhēntǎ 珍墖 4-538B
zhèntà 振沓 6-601B
zhēntái 珍臺 4-538B
zhēntài 真態 2-151B
zhēntài 禎泰 7-948B
zhèntái 鎮台 11-1362A
zhèntái 鎮臺 11-1364A
zhēntán 真壇 2-152A
zhēntán 真檀 2-153A
zhēntàn 偵探 1-1539B
zhěntán 枕檀 4-884B
zhěntàn 軫歎 9-1239B
zhēntáng 真堂 2-148B
zhèntāng 鴆湯 12-1075B
zhēntànxiǎoshuō 偵探小說
1-1540A
zhēntáo 甄陶 5-292B
zhěntào 枕套 4-883A
zhèntǎo 鎮討 11-1363B
zhēntè 貞特 10-55A
zhènténg 震騰 11-696A
zhēntǐ 真體 2-153B
zhēntì 珍髢 4-538A
zhěntì 鬒髢 12-752A
zhèntì 震惕 11-693B
zhēntiān 真天 2-140B
zhēntián 貞恬 10-54A
zhēntiàn 箴瑱 8-1211B
zhèntián 賑田 10-209A
zhèntiānléi 震天雷 11-691B
zhēntiáo 珍調 4-539A
zhèntiào 賑糶 10-210B
zhēntiě 針帖 11-1199A
zhēntiè 真帖 2-143B
zhēntīng 偵聽 1-1540B
zhēntíng 真庭 2-146A
zhèntíng 震霆 11-694B
zhēntóng 貞桐 10-54B
zhēntǒng 針筒 11-1200A
zhěntòng 軫慟 9-1239B
zhèntōng 振恫 6-602A
zhèntóng 侲童 1-1369A
zhèntóng 侲僮 1-1369A
zhèntǒng 鎮統 11-1364A
zhèntòng 陣痛 11-979A
zhèntòng 震慟 11-694B
zhēntóu 珍投 4-535A
zhēntóu 砧頭 7-1019B
zhēntóu 針頭 11-1201A
zhěntou 枕頭 4-884B
zhèntóu 陣頭 11-979B
zhěntoufēng 枕頭風 4-884B
zhèntóufēng 陣頭風 11-979B
zhēntóuxiànnǎo 針頭綫腦
11-1201A
zhēntóuxiànnǎo 針頭線腦
11-1201A
zhēntóuxiànwěi 針頭線尾
11-1201A
zhēntóuxuētiě 針頭削鐵

11-1201A
zhěntouyī 枕頭衣 4-884B
zhèntóuyǔ 陣頭雨 11-979B
zhēntú 珍圖 4-538B
zhēntú 貞途 10-55A
zhēntǔ 真土 2-140A
zhēntǔ 甄土 5-291A
zhèntú 陣圖 11-979B
zhēntuì 貞退 10-54A
zhèntuǒ 鎮妥 11-1362B
zhēntuóluó 甄陀羅 5-291B
zhénǔ 折衄 6-379A
zhènwǎ 震瓦 11-691B
zhēnwán 珍玩 4-535A
zhēnwán 珍翫 4-539A
zhēnwán 貞完 10-51B
zhēnwǎn 貞婉 10-56B
zhēnwǎn 貞晼 10-57A
zhēnwǎn 貞琬 10-56B
zhěnwàn 枕腕 4-884A
zhènwàn 振萬 6-601B
zhěnwàng 軫望 9-1239B
zhènwáng 陣亡 11-977B
zhēnwěi 溱洧 6-1B
zhēnwěi 珍瑋 4-538A
zhēnwěi 真僞 2-151A
zhēnwèi 珍味 4-535B
zhēnwèi 珍衛 4-539A
zhēnwèi 貞蔚 10-59A
zhēnwèi 真味 2-143B
zhěnwéi 枕幃 4-884A
zhènwēi 震威 11-692A
zhènwéi 朕違 6-1257B
zhènwéi 震維 11-694B
zhènwèi 填衛 2-1171A
zhènwèi 震位 11-692A
zhènwèi 震畏 11-692B
zhènwèi 鎮慰 11-1364B
zhènwèi 鎮衛 11-1364B
zhènwéixī 鎮帷犀 11-1363B
zhènwéixī 鎮幃犀 11-1363B
zhēnwén 珍聞 4-539A
zhēnwén 真文 2-141A
zhēnwén 真紋 2-148A
zhēnwèn 偵問 1-1540A
zhěnwén 枕紋 4-883B
zhěnwěnqīnwēn 枕穩衾温 4-885A
zhēnwō 真窩 2-150B
zhēnwǒ 真我 2-142B
zhēnwú 真吾 2-142B
zhēnwú 真無 2-149B
zhēnwú 蓁蕪 9-494A
zhēnwú 榛蕪 4-1202B
zhēnwǔ 真武 2-143A
zhēnwù 珍物 4-535B
zhēnwù 貞悟 10-55A
zhēnwù 甄物 5-292A
zhènwǔ 陣伍 11-978A
zhènwǔ 振武 6-599B
zhènwù 賑物 10-209B
zhènwù 賑務 10-209B
zhènwù 鎮物 11-1362B
zhēnxī 珍惜 4-537B
zhēnxī 珍錫 4-539A
zhēnxī 真息 2-147B
zhēnxī 真錫 2-152A
zhēnxī 甄晰 5-292B
zhēnxí 珍襲 4-540A
zhěnxī 枕膝 4-884B
zhěnxī 軫惜 9-1239B
zhěnxí 枕席 4-883A
zhěnxí 畛隰 7-1324B
zhènxī 振肸 6-599B
zhènxī 振錫 6-603A
zhènxī 賑錫 10-210A
zhènxī 鎮息 11-1363B
zhènxī 鎮犀 11-1364A
zhènxì 震虩 11-696A
zhěnxiá 枕匣 4-882B
zhènxià 震嚇 11-695B
zhēnxiān 珍鮮 4-539B
zhēnxiān 貞鮮 10-61A
zhēnxiān 真仙 2-141B
zhēnxián 貞閒 10-57B
zhēnxián 貞咸 10-53A
zhēnxián 貞絃 10-56B
zhēnxián 貞閑 10-57B
zhēnxián 貞嫻 10-60B
zhēnxián 貞賢 10-59B
zhēnxiǎn 甄顯 5-293B
zhēnxiàn 珍獻 4-540A
zhēnxiàn 針綫 11-1200B
zhēnxiàn 針線 11-1200B
zhēnxiàn 針綖 11-1200A
zhènxiǎn 震攇 11-696A
zhènxiàn 陣綫 11-979B
zhēnxiànbāo 針綫包 11-1200B
zhēnxiāng 貞香 10-53B
zhēnxiāng 真香 2-145B
zhēnxiáng 珍祥 4-537A
zhēnxiáng 貞祥 10-55B
zhēnxiáng 禎祥 7-948B
zhēnxiǎng 真想 2-150A
zhēnxiǎng 砧響 7-1019B
zhēnxiàng 珍象 4-537B
zhēnxiàng 貞向 10-50B
zhēnxiàng 真相 2-145A
zhēnxiàng 真象 2-148B
zhěnxiāng 枕箱 4-884B
zhènxiǎng 振響 6-603B
zhènxiǎng 賑餉 10-210A
zhènxiǎng 震響 11-696B
zhènxiàng 震象 11-693A
zhēnxiàngdàbái 真相大白 2-145A
zhēnxiāngmíng 真香茗 2-145B
zhēnxiànniáng 針線娘 11-1201A
zhēnxiànrén 針線人 11-1201A
zhēnxiāo 真霄 2-151B
zhēnxiǎo 貞篠 10-60B
zhēnxiào 貞孝 10-51A
zhēnxiǎorén 真小人 2-140B
zhēnxiàqǐyuán 貞下起元 10-48B
zhēnxié 珍鮭 4-539B
zhēnxiè 斟瀉 7-340B
zhěnxíguòshī 枕席過師 4-883B
zhěnxíhuánshī 枕席還師 4-883B
zhēnxīn 珍新 4-538B
zhēnxīn 貞心 10-49B
zhēnxīn 真心 2-141A
zhēnxìn 貞信 10-53B
zhēnxìn 真信 2-145B
zhěnxīn 枕心 4-882A
zhěnxīn 軫心 9-1239A
zhènxīn 振廞 6-602B
zhènxīn 鎮心 11-1361B
zhēnxīndòngjù 甄心動懼 5-291A
zhēnxíng 貞行 10-50B
zhēnxíng 真刑 2-142A
zhēnxíng 真行 2-142A
zhēnxíng 真形 2-142B
zhēnxìng 貞性 10-52B
zhēnxìng 真性 2-144A
zhènxīng 填星 2-1169A
zhènxīng 振興 6-603A
zhènxīng 震興 11-695B
zhènxīng 鎮星 11-1363A
zhènxíng 陣形 11-978A
zhènxíng 振行 6-599A
zhēnxīnshíyì 真心實意 2-141A
zhēnxīnzhēnyì 真心真意 2-141A
zhēnxiòng 偵詗 1-1540A
zhēnxiōngshífàn 真兇實犯 2-142A
zhēnxiū 珍羞 4-537A
zhēnxiū 珍饈 4-539B
zhēnxiū 貞休 10-50B
zhēnxiū 貞修 10-53B
zhēnxiū 貞脩 10-55A
zhēnxiū 真修 2-145B
zhēnxiū 禎休 7-948B
zhēnxiù 貞秀 10-51B
zhēnxiù 針繡 11-1201B
zhēnxiùcái 真秀才 2-142B
zhěnxíwèi'ān 枕席未安 4-883B
zhěnxízhī'ài 枕席之愛 4-883B
zhěnxízhīhuān 枕席之歡 4-883B
zhěnxízhīshì 枕席之事 4-883A
zhēnxū 貞虛 10-56A
zhēnxū 榛墟 4-1202B
zhēnxù 珍勗 4-537A
zhēnxù 甄序 5-291B
zhēnxù 甄敍 5-292B
zhěnxù 軫卹 9-1239A
zhěnxù 軫恤 9-1239B
zhènxù 振卹 6-599B
zhènxù 振恤 6-600A
zhènxù 賑卹 10-209B
zhènxù 賑恤 10-209B
zhēnxuán 真玄 2-142A
zhēnxuǎn 真選 2-152A
zhēnxuǎn 甄選 5-293A
zhěnxuán 袗玄 9-52A
zhènxuān 震諠 11-695B
zhènxuàn 震炫 11-692B
zhènxuàn 震眩 11-692B
zhēnxué 針穴 11-1198B
zhēnxún 貞循 10-57A
zhēnxún 偵巡 1-1539B
zhēnxún 斟尋 7-340B
zhēnxún 斟鄩 7-340B
zhēnxùn 貞遜 10-58B
zhēnxùn 箴訓 8-1211A
zhènxùn 振迅 6-599A
zhènxùn 振訊 6-600B
zhènxùn 震迅 11-692A
zhènxùn 震巽 11-693B
zhēnyá 真牙 2-140B
zhěnyá 畛崖 7-1324B
zhènyā 填壓 2-1172A
zhènyā 鎮壓 11-1365A
zhènyā 鎮厭 11-1364B
zhēnyān 榛烟 4-1202A
zhēnyán 貞嚴 10-61B
zhēnyán 真言 2-143A
zhēnyán 真鹽 2-153B
zhēnyán 箴言 8-1211A
zhēnyǎn 貞琰 10-56B
zhēnyǎn 針眼 11-1199B
zhēnyàn 珍彥 4-536B
zhēnyàn 貞燕 10-60B
zhēnyàn 貞豔 10-62A
zhēnyàn 真贋 2-153A
zhēnyàn 真贗 2-153B
zhěnyǎn 眕眼 7-1197B
zhěnyàn 診驗 11-112B
zhènyān 振淹 6-601A
zhènyán 震筵 11-693B
zhēnyáng 真陽 2-149A
zhènyáng 振揚 6-601B
zhènyáng 震揚 11-693B
zhěnyánshùliú 枕嵒漱流 4-884A
zhēnyánzōng 真言宗 2-143A
zhēnyáo 珍肴 4-535B
zhēnyáo 珍餚 4-539A
zhēnyào 貞曜 10-61A
zhēnyào 貞耀 10-61B
zhēnyào 真要 2-145A
zhēnyào 針藥 11-1201B
zhènyáo 震搖 11-694A
zhènyào 振燿 6-603B
zhènyào 振耀 6-603B
zhènyào 震曜 11-696A
zhènyào 震燿 11-696A
zhènyào 震耀 11-696A
zhēnyě 甄冶 5-291B
zhēnyè 貞葉 10-57A
zhēnyè 針葉 11-1200A
zhènyè 振業 6-602A
zhènyè 震業 11-694A

zhènyè 鎮夜 11-1362B
zhēnyī 貞一 10-48B
zhēnyī 真一 2-139B
zhēnyī 針衣 11-1198B
zhēnyí 珍宜 4-536A
zhēnyí 貞夷 10-50B
zhēnyí 貞怡 10-52B
zhēnyí 真儀 2-152A
zhēnyì 珍異 4-537A
zhēnyì 貞異 10-56A
zhēnyì 貞意 10-58B
zhēnyì 貞義 10-58B
zhēnyì 貞嫕 10-59B
zhēnyì 貞毅 10-60A
zhēnyì 貞懿 10-61B
zhēnyì 真意 2-150B
zhēnyì 真義 2-150B
zhēnyì 真詣 2-150B
zhēnyì 甄異 5-292B
zhēnyì 禎異 7-948B
zhěnyī 枕衣 4-882A
zhěnyī 袗衣 9-52A
zhěnyǐ 枕倚 4-883A
zhěnyǐ 枕輢 4-884B
zhěnyì 軫翼 9-1240A
zhènyī 振衣 6-599A
zhènyí 震儀 11-695A
zhènyì 賑益 10-209B
zhènyì 鴆翼 12-1076A
zhēnyījiǔ 真一酒 2-139B
zhēnyīn 真陰 2-148A
zhēnyǐn 貞隱 10-61A
zhēnyǐn 真隱 2-152B
zhēnyǐn 甄引 5-291A
zhēnyǐn 箴尹 8-1211A
zhēnyìn 真印 2-141B
zhěnyīn 枕茵 4-882B
zhènyín 朕埜 6-1257B
zhènyín 朕垠 6-1257A
zhènyǐn 震隱 11-695B
zhēnyǐng 貞穎 10-61A
zhēnyǐng 真影 2-151B
zhēnyǐng 針穎 11-1201A
zhěnyíng 畛誉 7-1324B
zhènyīng 振纓 6-604A
zhènyíng 陣營 11-980A
zhènyǐng 陣影 11-979B
zhènyǐngbájì 振景拔迹
6-601B
zhēnyìnǚ 貞義女 10-58B
zhēnyōng 貞庸 10-56B
zhēnyòng 珍用 4-535A
zhēnyòng 貞用 10-50A
zhēnyōu 貞幽 10-53B
zhēnyóu 貞猷 10-58B
zhēnyóu 真游 2-150A
zhēnyǒu 貞友 10-49B
zhēnyǒu 榛莠 4-1202A
zhěnyōu 軫憂 9-1239B
zhēnyú 珍腴 4-538A
zhēnyú 真腴 2-149B
zhēnyú 箴魚 8-1211B
zhēnyǔ 珍宇 4-535A
zhēnyǔ 珍羽 4-535A
zhēnyǔ 真宇 2-142A
zhēnyǔ 真語 2-151A
zhēnyù 珍玉 4-534B
zhēnyù 珍御 4-538A
zhēnyù 貞玉 10-50A
zhēnyù 真玉 2-141A
zhēnyù 甄育 5-292A
zhěnyù 畛域 7-1324A
zhěnyù 軫玉 9-1239A
zhěnyù 軫域 9-1239B
zhènyú 朕虞 6-1257B
zhènyǔ 陣雨 11-978B
zhènyǔ 振羽 6-599A
zhènyǔ 鴆羽 12-1075B
zhènyù 振玉 6-599A
zhènyù 鎮御 11-1364A
zhènyù 鎮禦 11-1365A
zhēnyuán 貞元 10-49A
zhēnyuán 貞媛 10-57B
zhēnyuán 真元 2-140B
zhēnyuán 真原 2-147A
zhēnyuán 真源 2-150B
zhēnyuǎn 貞遠 10-57B
zhěnyuān 枕鴛 4-884B
zhēnyuáncháoshì 貞元朝士
10-49A
zhēnyuánhuìhé 貞元會合
10-49A
zhēnyuánjiùpǔ 貞元舊譜
10-49B
zhēnyuè 貞悅 10-55B
zhēnyuè 貞越 10-57A
zhēnyuè 榛樾 4-1203A
zhěnyuè 枕月 4-882A
zhènyuè 震越 11-693B
zhēnyún 貞筠 10-57A
zhēnyùn 貞運 10-57B
zhēnyùn 貞韻 10-61B
zhēnyùn 砧韻 7-1019B
zhēnyùn 針熨 11-1200B
zhěnyún 鬒雲 12-751B
zhènyún 陣雲 11-979A
zhěnyùzhījiàn 畛域之見
7-1324A
zhēnzā 針扎 11-1198A
zhēnzá 珍雜 4-539B
zhěnzā 縝匝 9-960B
zhēnzǎi 真宰 2-147B
zhēnzǎi 甄載 5-292B
zhènzāi 賑災 10-209A
zhènzāi 賑灾 10-209A
zhènzāi 震災 11-692A
zhēnzǎixiàng 真宰相 2-147B
zhēnzàn 真贊 2-153A
zhēnzāng 真贓 2-153A
zhēnzàng 珍藏 4-539B
zhēnzāngshífàn 真贓實犯
2-153A
zhēnzǎo 甄藻 5-293B
zhènzǎo 振藻 6-603B
zhēnzé 貞則 10-53A
zhēnzé 真則 2-145B
zhēnzé 甄擇 5-293A
zhěnzé 鬒澤 12-752A
zhènzé 震澤 11-695B
zhènzé 鎮迮 11-1362B
zhènzé 鎮笮 11-1363B
zhēnzhāi 甄摘 5-293A
zhēnzhái 真宅 2-142A
zhènzhái 鎮宅 11-1362A
zhēnzhān 針氈 11-1201A
zhēnzhān 針氊 11-1201A
zhènzhǎn 陣斬 11-979A
zhènzhàn 陣戰 11-980A
zhēnzhāng 真章 2-148B
zhěnzhàng 枕障 4-884A
zhènzhàng 陣仗 11-977B
zhēnzhào 貞兆 10-50B
zhěnzhào 枕櫂 4-885A
zhènzhào 朕兆 6-1257A
zhènzhào 眹兆 7-1205B
zhēnzhě 偵者 1-1539B
zhēnzhě 甄者 5-291B
zhēnzhè 貞柘 10-53A
zhěnzhé 軫轍 9-1240A
zhènzhé 振讋 6-604A
zhènzhé 震讋 11-697A
zhēnzhēn 溱溱 6-1B
zhēnzhēn 硶硶 7-1020A
zhēnzhēn 貞貞 10-53A
zhēnzhēn 貞真 10-54B
zhēnzhēn 真真 2-147A
zhēnzhēn 甄甄 5-292B
zhēnzhēn 蓁蓁 9-494A
zhēnzhēn 榛榛 4-1202B
zhēnzhēn 臻臻 8-800B
zhēnzhēn 振振 6-600A
zhěnzhěn 畛畛 7-1324A
zhěnzhěn 眕眕 7-1197B
zhěnzhěn 軫軫 9-1239B
zhènzhèn 填填 2-1170B
zhènzhèn 陣陣 11-978B
zhènzhèn 震震 11-695A
zhēnzhēncùcù 臻臻簇簇
8-800B
zhēnzhěng 貞整 10-60B
zhēnzhèng 貞正 10-50A
zhēnzhèng 真正 2-141A
zhēnzhèng 甄正 5-291B
zhēnzhēnjiǎjiǎ 真真假假
2-147A
zhēnzhēnpīpī 猿猿狉狉
5-97B
zhènzhènyǒucí 振振有詞
6-600B
zhènzhènyǒucí 振振有辭
6-600B
zhēnzhēnzhìzhì 臻臻至至
8-800B
zhēnzhī 真知 2-143B
zhēnzhī 針織 11-1201B
zhēnzhī 偵知 1-1539B
zhēnzhí 貞直 10-52A
zhēnzhǐ 珍旨 4-535A
zhēnzhǐ 針指 11-1199A
zhēnzhǐ 針黹 11-1200A
zhēnzhǐ 榛枳 4-1201B
zhēnzhì 椹質 4-1147A
zhēnzhì 貞至 10-50B
zhēnzhì 貞志 10-51A
zhēnzhì 貞忮 10-51B
zhēnzhì 貞質 10-60A
zhēnzhì 真至 2-142A
zhēnzhì 真智 2-149B
zhēnzhì 真摯 2-151B
zhēnzhì 真質 2-152A
zhēnzhì 砧礩 7-1019B
zhēnzhì 砧鑕 7-1019B
zhēnzhì 針治 11-1199A
zhēnzhì 斟雉 7-340B
zhēnzhì 臻至 8-800B
zhěnzhì 胗治 6-1235A
zhěnzhì 診治 11-112A
zhěnzhì 縝緻 9-960B
zhènzhí 振職 6-603B
zhènzhǐ 鎮止 11-1361B
zhènzhǐ 鎮紙 11-1363B
zhènzhì 振滯 6-602B
zhēnzhīpǐn 針織品 11-1201B
zhēnzhīshù 珍枝樹 4-535B
zhēnzhīzhuójiàn 真知卓見
2-143B
zhēnzhīzhuójiàn 真知灼見
2-143B
zhēnzhǒng 真種 2-151A
zhēnzhòng 珍重 4-536A
zhènzhōng 震中 11-691B
zhènzhòng 鎮重 11-1363A
zhěnzhōngbiān 枕中編
4-882A
zhěnzhōngdān 枕中丹 4-881B
zhěnzhōnghóngbǎo
枕中鴻寶 4-882A
zhěnzhōngmèng 枕中夢
4-882A
zhěnzhōngmì 枕中祕 4-882A
zhěnzhōngshù 枕中術 4-882A
zhènzhōu 賑鬻 10-210B
zhènzhōu 賑粥 10-210A
zhēnzhū 珍珠 4-536B
zhēnzhū 真珠 2-146A
zhēnzhū 榛株 4-1202A
zhēnzhú 貞竹 10-50B
zhēnzhǔ 真主 2-141B
zhènzhǔ 振主 6-599A
zhènzhù 賑助 10-209A
zhènzhù 鎮駐 11-1364B
zhēnzhuān 貞專 10-56A
zhēnzhuàn 珍饌 4-540A
zhěnzhuǎn 軫轉 9-1240A
zhēnzhuāng 貞莊 10-54B
zhēnzhuàng 貞壯 10-52A
zhēnzhūcài 真珠菜 2-146B
zhēnzhūchuán 真珠船 2-146B
zhēnzhūdāng 真珠璫 2-146B
zhēnzhūhóng 珍珠紅 4-536B
zhēnzhūhóng 真珠紅 2-146B
zhēnzhuì 針綴 11-1200B
zhěnzhuì 畛畷 7-1324B
zhēnzhūjī 真珠雞 2-146B
zhēnzhūlián 真珠簾 2-146B
zhēnzhūmǐ 珍珠米 4-536B

zhēnzhūmǔ 真珠母 2-146B
zhēnzhūmǔ 真珠牡 2-146B
zhēnzhuó 真著 2-148B
zhēnzhuó 真着 2-149A
zhēnzhuó 斟酌 9-1395B
zhēnzhuó 斟勺 7-340A
zhēnzhuó 斟汋 7-340A
zhēnzhuó 斟酌 7-340A
zhēnzhuó 甄擢 5-293A
zhènzhuó 震灼 11-692A
zhēnzhūsǔn 珍珠筍 4-536B
zhēnzhūzhà 真珠榨 2-146B
zhènzhǔzhīwēi 震主之威
11-691B
zhēnzi 蓁子 9-494A
zhēnzi 榛子 4-1201A
zhēnzī 珍滋 4-538A
zhēnzī 珍貲 4-538B
zhēnzī 貞姿 10-53B
zhēnzī 貞資 10-58B
zhēnzǐ 貞子 10-48B
zhēnzǐ 真子 2-140B
zhēnzǐ 楨子 4-1165B
zhēnzì 真字 2-142B
zhěnzi 疹子 8-306A
zhěnzī 診資 11-112B
zhènzi 陣子 11-977B
zhènzi 鎮子 11-1361B
zhènzǐ 侲子 1-1369A
zhènzǐ 振子 6-599A
zhènzǐ 鴆子 12-1075B
zhènzì 陣字 11-978A
zhēnzōng 貞宗 10-52B
zhēnzōng 真宗 2-144B
zhēnzōng 甄綜 5-293A
zhēnzú 偵卒 1-1539B
zhēnzǔ 針組 11-1200A
zhènzú 陣卒 11-978B
zhēnzuǒ 貞佐 10-51B
zhěnzuò 枕胙 4-884A
zhènzuò 振作 6-599B
zhépán 折盤 6-384A
zhèpàn 這畔 10-918B
zhěpáo 赭袍 9-1183B
zhèpáo 柘袍 4-904A
zhépèi 謫配 11-405B
zhēpéng 遮篷 10-1159A
zhépiàn 摺片 6-846B
zhépú 折蒲 6-382A
zhēqí 遮齊 10-1158A
zhéqì 折契 6-378B
zhéqì 折氣 6-380A
zhéqì 蟄氣 8-951A
zhéqì 謫棄 11-406A
zhéqì 讋氣 11-464A
zhěqí 赭圻 9-1183A
zhéqiǎn 謫遣 11-406A
zhéqiǎn 謫譴 11-406B
zhéqiāng 折戧 6-383A
zhéqiāng 折搶 6-381B
zhēqiányǎnhòu 遮前掩後
10-1155B
zhèqiáo 柘橋 4-904B
zhéqiē 聶切 8-707B
zhèqíjiān 這其間 10-918A
zhēqú 遮渠 10-1157A
zhéqū 謫屈 11-405B
zhēquán 遮詮 10-1157B
zhéquàn 折券 6-378B
zhérán 輒然 9-1253A
zhéráng 磔禳 7-1092A
zhéráng 磔攘 7-1092A
zhērào 遮繞 10-1159B
zhérén 哲人 3-350B
zhērén'ěrmù 遮人耳目
10-1154A
zhérénqíwěi 哲人其萎
3-350B
zhérénwěi 哲人萎 3-351A
zhērényǎnmù 遮人眼目
10-1154A
zhérǔ 折辱 6-379B
zhérù 輒入 9-1253A
zhèsāng 柘桑 4-904A
zhēsānmánsì 遮三瞞四
10-1154A
zhésè 折色 6-377A
zhéshā 折殺 6-380A
zhéshā 折煞 6-383A
zhéshā 磔殺 7-1091B
zhéshàn 摺扇 6-847A
zhěshān 赭山 9-1182B
zhéshàngjīn 折上巾 6-375B
zhésháo 折苕 6-378A
zhèsháo 柘杓 4-903B
zhēshē 遮奢 10-1156B
zhéshè 折射 6-380A
zhéshēn 折身 6-377B
zhéshēng 折聲 6-384B
zhéshèng 哲聖 3-352A
zhěshéng 赭繩 9-1184B
zhéshèxiàn 折射綫 6-380A
zhēshì 蜇螫 8-896A
zhēshì 遮飾 10-1157B
zhéshī 磔尸 7-1091A
zhéshī 磔屍 7-1091B
zhéshí 折實 6-383B
zhéshì 哲士 3-351A
zhéshì 輒試 9-1253A
zhěshí 赭石 9-1183A
zhěshí 赭時 9-1183B
zhēshǒu 遮手 10-1154B
zhéshǒu 折首 6-379A
zhéshǒu 謫守 11-405A
zhéshòu 折受 6-378B
zhéshòu 折壽 6-383A
zhéshòu 蟄獸 8-952A
zhéshù 適戍 10-1163B
zhéshù 折數 6-383B
zhéshù 謫戍 11-405A
zhèshuāng 蔗霜 9-539A
zhéshuǐ 折水 6-376A
zhèshuǐ 浙水 5-1194A
zhēshuō 遮説 10-1158A
zhēshuō 摭説 6-840B
zhésī 哲思 3-351B
zhésǐ 折死 6-376B
zhésì 哲嗣 3-352A
zhésì 輒肆 9-1253A
zhèsī 柘絲 4-904B
zhésòng 折訟 6-381A
zhésuàn 折算 6-383A
zhèsuìhuǒ 柘燧火 4-904B
zhésuǒ 磔索 7-1091B
zhésuǒ 謫所 11-405A
zhētáng 遮堂 10-1156B
zhēténg 折騰 6-385B
zhétì 讋惕 11-464A
zhētiān 遮天 10-1154A
zhētiānbìrì 遮天蔽日
10-1154B
zhētiāngàidì 遮天蓋地
10-1154B
zhetiāngàirì 遮天蓋日
10-1154B
zhētiānmídì 遮天迷地
10-1154B
zhētiānyìngrì 遮天映日
10-1154B
zhētiānzǐ 遮天子 10-1154B
zhétíngjiàn 折庭檻 6-379A
zhétou 折頭 6-384B
zhētóu'ānjiǎo 遮頭安脚
10-1158B
zhětú 赭徒 9-1183B
zhètuó'er 這陀兒 10-918A
zhètuó'er 這坨兒 10-918A
zhéwài 謫外 11-405A
zhēwǎn 遮挽 10-1156A
zhéwǎn 折碗 6-382A
zhēwǎng 遮罔 10-1155B
zhéwáng 哲王 3-351A
zhēwèi 遮衛 10-1158B
zhéwěi 哲萎 3-351B
zhèwěi 蔗尾 9-539A
zhéwèn 哲問 3-351B
zhěwén 摺紋 6-847A
zhěwén 褶紋 9-136B
zhěwū 赭汙 9-1183A
zhěwǔ 褚五 9-104B
zhěwǔ 褚伍 9-105A
zhèwǔ 柘舞 4-904B
zhéwūjīn 折烏巾 6-380A
zhéxī 讋息 11-464A
zhéxí 折席 6-380A
zhéxǐ 適徙 10-1165B
zhéxǐ 謫徙 11-405B
zhèxià 這下 10-917B
zhéxiān 謫仙 11-404B
zhéxiān 謫僊 11-406A
zhéxiàn 蟄陷 8-951A
zhéxiàn 謫見 11-405A
zhéxiàn 謫限 11-405B
zhéxiàng 哲相 3-351B
zhèxiāng 這廂 10-919A
zhèxiàng 這向 10-917B
zhéxiānyuàn 謫仙怨 11-404B
zhéxiāo 折消 6-380B
zhěxiāo 者囂 8-645A
zhèxiàzi 這下子 10-917B
zhēxiē 蠻蠢 11-1442B
zhéxié 折脅 6-380B
zhèxiē 這些 10-918A
zhèxiē'er 這些兒 10-918A
zhèxiēge 這些個 10-918A
zhèxiēzi 這些子 10-918A
zhēxíng 遮行 10-1155A
zhéxíng 折行 6-377A
zhéxíng 輒行 9-1253A
zhéxíng 磔刑 7-1091B
zhéxiōng 哲兄 3-351A
zhēxiū 遮羞 10-1156A
zhèxiù 柘袖 4-904A
zhēxiūbù 遮羞布 10-1156A
zhéxū 磔砉 7-1091B
zhéxuán 折還 6-384B
zhéxuán 折旋 6-381A
zhéxué 哲學 3-352A
zhēxūguó 遮須國 10-1157A
zhēyán 遮沿 10-1155B
zhēyán 遮檐 10-1159A
zhēyǎn 遮掩 10-1156B
zhēyǎn 遮眼 10-1156B
zhéyàn 哲彥 3-351B
zhéyàn 蟄燕 8-951B
zhěyán 赭顏 9-1184B
zhèyàn 柘硯 4-904B
zhēyǎn'ěrmù 遮掩耳目
10-1156B
zhēyǎnfǎ 遮眼法 10-1156B
zhēyáng 遮洋 10-1155B
zhēyáng 遮陽 10-1157A
zhéyáng 折揚 6-381B
zhéyáng 折楊 6-382A
zhèyàng 這樣 10-919B
zhéyángliǔ 折楊柳 6-382A
zhēyángmào 遮陽帽
10-1157A
zhēyāo 遮邀 10-1158A
zhēyāo 遮邀 10-1159A
zhēyào 遮要 10-1155B
zhéyāo 折腰 6-382A
zhéyāo 折要 6-378B
zhéyáo 折摇 6-382A
zhéyào 哲耀 5-729B
zhéyāobù 折腰步 6-382B
zhéyāobù 折要步 6-379A
zhéyāojù 折腰句 6-382B
zhéyāolì 折腰吏 6-382B
zhéyāolíng 折腰菱 6-382B
zhéyāolù 折腰祿 6-382B
zhéyè 攝葉 6-974B
zhéyè 攝僷 6-975A
zhèyè 柘葉 4-904B
zhěyězhīhū 者也之乎
8-644B
zhēyì 遮抑 10-1155A
zhēyì 遮翳 10-1159A
zhéyí 哲嶷 3-352A
zhéyì 折易 6-378A
zhéyì 折意 6-383A
zhéyì 折翼 6-385A
zhěyī 赭衣 9-1183A
zhēyīn 遮陰 10-1156B
zhēyīn 遮蔭 10-1157B
zhēyǐn 遮隱 10-1159A

zhēyìn 遮廕 10-1157B
zhéyìn 轍印 9-1333A
zhēyǐng 遮影 10-1158B
zhēyìng 遮映 10-1155B
zhēyìng 遮暎 10-1157A
zhéyíng 蟄螢 8-951B
zhēyōng 遮壅 10-1159A
zhēyōng 遮擁 10-1158B
zhéyòng 輒用 9-1253A
zhēyǔ 遮語 10-1158A
zhéyǔ 輒與 9-1253A
zhéyù 折獄 6-383A
zhéyù 哲獄 3-352A
zhéyuán 折轅 6-385A
zhéyuàn 謫掾 11-406A
zhéyúlìnuò 讋諛立懦 11-464A
zhéyùn 謫運 11-406A
zhěyūn 赭暈 9-1184A
zhēzā 遮匝 10-1154B
zhèzán 這咱 10-918B
zhèzǎowǎn 這早晚 10-917B
zhèzǎowǎn 這蚤晚 10-918B
zhézhá 折札 6-376B
zhēzhài 遮寨 10-1158B
zhēzhàjiāniǎo 遮吒迦鳥 10-1155A
zhēzhàn 遮占 10-1154B
zhēzhàng 遮障 10-1157B
zhézhàng 折杖 6-377B
zhézhàng 折賬 6-383B
zhèzhàng 蔗杖 9-539A
zhēzhé 遮轍 10-1159B
zhézhé 啁啁 5-761B
zhézhé 折折 6-377A
zhézhé 哲哲 5-729A
zhézhé 磔磔 7-1092A
zhézhé 蟄蟄 8-951B
zhězhě 鍺鍺 12-1259A
zhězhě 者者 8-644B
zhězhě 褶褶 9-136B
zhèzhèn'er 這陣兒 10-918B
zhézhēng 折徵 6-384A
zhézhèng 折正 6-376B
zhézhèng 折證 6-385B
zhèzhènzi 這陣子 10-918B
zhězhěqiānqiān 者者謙謙 8-644B
zhēzhēwǔwǔ 遮遮捂捂 10-1158A
zhēzhēyǎnyǎn 遮遮掩掩 10-1158A
zhēzhǐ 遮止 10-1154B
zhēzhì 遮泄 10-1155B
zhézhī 折支 6-376A
zhézhī 折枝 6-378A
zhézhí 讋跖 11-464A
zhézhǐ 摺紙 6-847A
zhézhì 謫治 11-405A
zhézhì 謫置 11-406A
zhězhī 赭支 9-1183A
zhězhì 褶袿 9-136B
zhèzhī 柘枝 4-903B
zhèzhīcí 柘枝詞 4-904A
zhèzhīdiān 柘枝顛 4-904A
zhèzhīduì 柘枝隊 4-903B
zhèzhīgǔ 柘枝鼓 4-904A
zhèzhīhuāmào 柘枝花帽 4-903B
zhèzhījì 柘枝妓 4-903B
zhèzhīniáng 柘枝娘 4-903B
zhèzhīwǔ 柘枝舞 4-904A
zhèzhīyǐn 柘枝引 4-903B
zhézhōng 折中 6-376A
zhézhōng 折衷 6-380A
zhézhōu 讋盩 12-1156A
zhězhòu 摺皺 6-847A
zhězhòu 褶皺 9-136B
zhězhòu 褶縐 9-136B
zhēzhǔ 遮囑 10-1160B
zhézhū 磔誅 7-1091B
zhézhū 蛰蛛 8-960B
zhézhú 謫逐 11-405B
zhézhuǎn 折轉 6-385A
zhézhuì 謫墜 11-406A
zhézhūn 讋諄 11-464A
zhézhǔn 折准 6-380B
zhézhuō 折桌 6-379B
zhézhuō 磔卓 7-1091B
zhézi 摺子 6-846B
zhézǐ 剘子 2-721A
zhézǐ 哲子 3-351A
zhězi 褶子 9-136A
zhézishū 折子書 6-376A
zhézixì 折子戲 6-376A
zhézōng 折葼 6-381B
zhézòu 摺奏 6-847A
zhézú 適卒 10-1164B
zhézú 折足 6-377B
zhézú 謫卒 11-405A
zhézǔ 折俎 6-379A
zhézúchēng 折足鐺 6-377B
zhézúchēng 折足鎗 6-377B
zhézúfùsù 折足覆餗 6-377B
zhézuì 折罪 6-382A
zhī'ài 芝艾 9-278B
zhī'ài 知愛 7-1534B
zhǐ'ài 止礙 5-302B
zhì'āi 致哀 8-794B
zhì'āi 誌哀 11-215B
zhì'ài 窒礙 8-443B
zhì'ài 稚艾 8-99A
zhì'ài 滯礙 6-83A
zhì'ài 摯愛 6-822A
zhì'ài 質礙 10-273B
zhì'ài 躓硋 10-567A
zhì'ài 躓礙 10-567B
zhī'àibìngfén 芝艾并焚 9-278B
zhī'àigòngfén 芝艾共焚 9-278B
zhì'ān 治安 5-1124B
zhì'àn 智黯 5-767A
zhì'àn 滯案 6-81A
zhì'àn 滯暗 6-82A
zhì'àn 滯黯 6-83A
zhì'àn 質闇 10-273B
zhì'ānrén 擲安仁 6-942B
zhí'ào 直抝 1-856B
zhí'ào 直拗 1-858A
zhí'ào 直傲 1-863A
zhǐ'ǎo 紙襖 9-772A
zhǐ'ào 旨奥 5-576A
zhì'ào 質奥 10-271B
zhì'ào 鷙鶩 12-1156B
zhíbá 直拔 1-858A
zhíbǎ 執把 2-1133B
zhìbá 疐跋 8-511A
zhíbābā 直巴巴 1-855B
zhíbái 直白 1-855B
zhìbǎi 稚柏 8-99B
zhíbǎiqián 直百錢 1-856A
zhībáishǒuhēi 知白守黑 7-1527B
zhíbǎiwǔzhū 直百五銖 1-856A
zhībān 知班 7-1531B
zhíbān 值班 1-1455A
zhíbǎn 執板 2-1134A
zhíbàn 職辦 8-712B
zhǐbān 指扳 6-576A
zhǐbǎn 紙板 9-769A
zhǐbǎn 紙版 9-769A
zhǐbàn 指辦 6-584A
zhìbàn 趾絆 10-438A
zhìbān 豸班 10-1326B
zhìbǎn 製版 9-102B
zhìbàn 治辦 5-1129A
zhìbàn 治辨 5-1128B
zhìbàn 置辦 8-1027A
zhìbàn 製辦 9-103A
zhǐbàng 止謗 5-302B
zhǐbànzhāng 紙半張 9-768B
zhíbǎo 植保 4-1083A
zhǐbǎo 紙寶 9-772A
zhǐbào 止暴 5-302B
zhìbǎo 至寶 8-792A
zhìbǎo 治保 5-1126A
zhìbǎo 贄寶 10-291A
zhìbào 志抱 7-399A
zhìbào 鷙暴 12-1156A
zhǐbāobúzhùhuǒ 紙包不住火 9-768B
zhìbǎodān 至寶丹 8-792A
zhíbèi 直襬 1-868B
zhíběi 直北 1-855B
zhíbèi 執備 2-1138A
zhíbèi 植被 4-1083A
zhǐbèi 紙背 9-769A
zhǐbèi 紙被 9-769B
zhìbēi 製碑 9-103A
zhìbèi 織貝 9-1019B
zhìbèi 制備 2-666A
zhìbèi 治備 5-1127B
zhìbèi 炙背 7-39B
zhìbèi 置備 8-1026B
zhìbèi 製備 9-102B
zhìbēijiào 擲杯珓 6-943A
zhǐběizhēn 指北針 6-575A
zhíběn 執本 2-1132B
zhǐběn 紙本 9-768A
zhìběn 治本 5-1124A
zhìbèn 滯夯 6-80A
zhībēng 支繃 4-1383B
zhìbēng 陁崩 11-947A
zhìbēng 陁崩 11-911A
zhíbēngbēng 直繃繃 1-865B
zhíbǐ 直筆 1-863A
zhíbǐ 執筆 2-1137B
zhíbì 直愎 1-863B
zhíbì 直臂 1-867B
zhíbì 職幣 8-712A
zhǐbǐ 紙筆 9-770B
zhǐbì 抵璧 6-479B
zhǐbì 止壁 5-302B
zhǐbì 止蹕 5-302B
zhǐbì 指臂 6-584B
zhǐbì 紙幣 9-771A
zhìbǐ 遲比 10-1233A
zhìbǐ 制鄙 2-666A
zhìbǐ 智鄙 5-765B
zhìbǐ 稚筆 8-100A
zhìbǐ 櫛比 4-1337A
zhìbì 制幣 2-667A
zhìbì 治蹕 5-1129A
zhìbì 摯幣 6-822A
zhìbì 質幣 10-272B
zhìbì 贄幣 10-291A
zhìbì 躓弊 10-567A
zhìbì 鷙愎 12-1156A
zhībiān 支邊 4-1385B
zhībiān 梔鞭 4-1055B
zhíbiān 執鞭 2-1140A
zhíbiàn 直辯 1-868B
zhíbiàn 執辨 2-1139B
zhìbiān 制鞭 2-667B
zhībiàn 知辯 7-1536B
zhìbiàn 至辨 8-791B
zhìbiàn 忮辯 7-431B
zhìbiàn 制變 2-667B
zhìbiàn 治辯 5-1129B
zhìbiàn 治變 5-1130A
zhìbiàn 智辨 5-766B
zhìbiàn 智辯 5-767A
zhìbiàn 智變 5-767A
zhìbiàn 置辨 8-1027A
zhìbiàn 置辯 8-1027B
zhìbiàn 疐便 8-511A
zhìbiàn 質辨 10-273A
zhìbiàn 質辯 10-274A
zhìbiàn 質變 10-274A
zhíbiānsuídèng 執鞭隨鐙 2-1140B
zhíbiānzhuìdèng 執鞭墜鐙 2-1140B
zhībiāo 脂膘 6-1250B
zhībiāo 脂臕 6-1250B
zhībiào 支俵 4-1380A
zhíbiāo 植標 4-1084A
zhíbiǎo 植表 4-1082B
zhǐbiāo 指標 6-583A
zhìbiāo 治標 5-1128B
zhìbiǎo 誌表 11-215A
zhǐbiāo'er 紙標兒 9-771A
zhíbǐbǐ 直筆筆 1-863A
zhībié 支別 4-1377A

zhíbié 執别 2-1133B
zhíbié 職别 8-710A
zhìbié 識别 11-423A
zhībiétiáoyì 枝别條異 4-806B
zhíbǐfǎ 執筆法 2-1138A
zhǐbǐhóushé 紙筆喉舌 9-770B
zhìbǐlíncī 櫛比鱗差 4-1337B
zhìbǐlíncì 櫛比鱗次 4-1337A
zhìbǐlínzhēn 櫛比鱗臻 4-1337B
zhībīn 支賓 4-1383B
zhībīn 知賓 7-1534B
zhībīng 支兵 4-1377A
zhībīng 知兵 7-1529A
zhíbīng 直兵 1-856B
zhíbǐng 執柄 2-1136A
zhìbīng 至兵 8-786B
zhìbīng 制兵 2-663A
zhìbīng 治兵 5-1125A
zhìbìng 痔病 8-311B
zhìbìng 滯病 6-81A
zhìbìngjiùrén 治病救人 5-1126B
zhìbīngshǐzào 炙冰使燥 7-39A
zhībǐzhījǐ 知彼知己 7-1530A
zhībō 支撥 4-1384A
zhībō 枝剥 4-808A
zhībó 支伯 4-1377A
zhībó 織帛 9-1019B
zhíbō 直播 1-865B
zhíbó 直薄 1-866A
zhíbó 直鎛 1-867B
zhíbó 執帛 2-1134B
zhíbó 執搏 2-1138A
zhǐbō 指撥 6-583A
zhǐbó 止泊 5-301A
zhǐbó 指駁 6-582A
zhǐbó 指駮 6-583B
zhǐbó 紙帛 9-769A
zhìbó 炙煿 7-39B
zhìbó 擲博 6-943A
zhìbó 躓踣 10-567B
zhìbóchǐ 擲博齒 6-943B
zhìbójiāo 炙勃焦 7-39B
zhíbóméngqiú 直鎛蒙璆 1-867B
zhībǔ 織補 9-1020B
zhībù 支部 4-1380B
zhībù 織布 9-1019B
zhǐbù 咫步 3-350A
zhìbǔ 豸補 10-1326B
zhìbǔ 治捕 5-1126A
zhìbù 治步 5-1125A
zhìbù 質布 10-267B
zhíbùdàng 值不當 1-1454B
zhībùdào 知不道 7-1526B
zhìbùjì 至不濟 8-784B
zhíbùlōngtǒng 直不隆統 1-855A
zhíbùlǒngtǒng 直不籠統 1-855A
zhǐbùshènglóu 指不勝僂 6-573B
zhǐbùshèngqū 指不勝屈 6-573B
zhībùyèfēn 枝布葉分 4-806A
zhícái 殖財 5-167A
zhícǎi 摭採 6-840B
zhǐcái 只才 3-45B
zhǐcái 指裁 6-580A
zhìcái 躓財 10-542A
zhìcái 至材 8-786B
zhìcái 制裁 2-665B
zhìcái 智才 5-762A
zhìcái 滯才 6-80A
zhìcái 製裁 9-102B
zhìcǎi 擲采 6-943A
zhìcǎi 擲彩 6-943A
zhìcān 致飧 8-795A
zhìcān 致飱 8-795B
zhìcáng 治藏 5-1129A
zhìcángguānzài 智藏瘝在 5-766B
zhīcánhuìfén 芝殘蕙焚 9-279B
zhīcǎo 芝草 9-279A
zhícāo 執操 2-1139B
zhícāo 植操 4-1084A
zhícǎo 直草 1-859B
zhìcāo 至操 8-791A
zhìcāo 志操 7-401A
zhìcáo 智曹 5-764B
zhìcǎo 制草 2-664B
zhīcè 枝策 4-809A
zhícè 執策 2-1137B
zhìcè 至策 8-789A
zhìcè 制策 2-666A
zhìcè 智策 5-765A
zhìcè 置廁 8-1026B
zhìcè 質測 10-271B
zhīcèjùwú 支策據梧 4-1381B
zhīchá 支查 4-1379A
zhīchà 枝杈 4-806B
zhìchā 智差 5-764A
zhìchá 至察 8-790B
zhìchá 炙茶 7-39B
zhīchāi 支差 4-1379B
zhīchāi 支拆 4-1377B
zhīchán 支纏 4-1386B
zhíchǎn 直諂 1-866A
zhíchǎn 殖產 5-167A
zhìchǎn 治產 5-1127B
zhìchǎn 置產 8-1026A
zhīcháng 知常 7-1532B
zhícháng 直腸 1-864B
zhǐchàng 旨暢 5-576B
zhìcháng 質償 10-273B
zhìchǎng 雉場 11-836B
zhíchángzhídù 直腸直肚 1-864B
zhíchángzi 直腸子 1-864B
zhìcháo 治朝 5-1127B
zhīchē 芝車 9-278B
zhīchē 脂車 6-1249A
zhǐchè 抵徹 6-479A
zhìchē 雉車 11-835B
zhíchén 直臣 1-856A
zhíchén 直陳 1-861A
zhǐchén 指辰 6-576A
zhǐchén 指陳 6-579A
zhìchén 至臣 8-786A
zhìchén 智臣 5-762B
zhīchēng 支撐 4-1383B
zhīchēng 支撐 4-1383B
zhīchēng 枝樘 4-809A
zhīchēng 枝撐 4-810A
zhīchēng 搘撐 6-793A
zhīchēng 搘撐 6-793A
zhīchéng 祇承 7-898B
zhīchéng 織成 9-1019B
zhíchēng 直稱 1-865A
zhíchēng 職稱 8-712A
zhíchéng 直城 1-859A
zhíchéng 直誠 1-864B
zhíchéng 植成 4-1082A
zhǐchēng 指稱 6-582B
zhǐchéng 指誠 6-582A
zhìchéng 至誠 8-790A
zhìchéng 志誠 7-400B
zhìchéng 治成 5-1124B
zhìchéng 致誠 8-795B
zhìchéng 雉城 11-836B
zhìchéng 摯誠 6-822A
zhìchéng 質成 10-267B
zhìchéng 質誠 10-272A
zhīchēngdiǎn 支撐點 4-1384A
zhīchéngrén 祇承人 7-898B
zhīchénmòruòjūn 知臣莫若君 7-1527B
zhīchí 支持 4-1378B
zhīchí 枝持 4-807B
zhīchí 搘持 6-792B
zhīchí 榰持 4-1207A
zhīchǐ 知恥 7-1532A
zhīchì 祇飭 7-899B
zhíchí 執持 2-1135B
zhíchí 植持 4-1083A
zhíchì 執抶 2-1134A
zhǐchī 紙鴟 9-772A
zhǐchǐ 只尺 3-46A
zhǐchǐ 咫尺 3-349B
zhǐchǐ 指尺 6-574B
zhǐchì 只赤 3-46B
zhǐchì 指斥 6-575B
zhǐchì 指㡿 6-578A
zhìchí 制持 2-664A
zhìchǐ 智齒 5-766A
zhìchǐ 稚齒 8-100A
zhìchǐ 滯恥 6-80B
zhìchǐ 櫛齒 4-1338A
zhìchì 制勑 2-665A
zhìchì 制勅 2-664B
zhìchì 制敕 2-665B
zhǐchǐqiānlǐ 咫尺千里 3-349B
zhǐchǐshū 咫尺書 3-350A
zhǐchǐtiānyá 咫尺天涯 3-349B
zhǐchǐtiānyán 咫尺天顏 3-349B
zhǐchǐwànlǐ 咫尺萬里 3-350A
zhǐchǐwēiyán 咫尺威顏 3-349B
zhǐchǐyán 咫尺顏 3-350A
zhǐchǐzhīshū 咫尺之書 3-349B
zhǐchǐzī 咫尺姿 3-349B
zhíchōng 直衝 1-866A
zhíchòng 直衝 1-866A
zhìchóng 智蟲 5-766B
zhìchóng 鷙蟲 12-1156A
zhíchóu 執仇 2-1132A
zhíchóu 執籌 2-1140B
zhíchóu 執讎 2-1141A
zhīchū 支出 4-1376A
zhīchǔ 芝楮 9-279B
zhīchù 支絀 4-1381B
zhíchǔ 植楮 4-1083B
zhǐchū 指出 6-575B
zhǐchú 只除 3-47B
zhìchú 制除 2-665A
zhìchú 秩芻 8-71A
zhìchú 置蒭 8-1026B
zhìchú 跱𨇤 10-457B
zhìchú 跱躕 10-457B
zhìchù 陟黜 11-983B
zhīchuān 支川 4-1374B
zhīchuān 枝川 4-806A
zhìchuān 稚川 8-98B
zhīchuáng 支牀 4-1378A
zhīchuáng 搘牀 6-792B
zhǐchuāng 紙窗 9-770B
zhǐchuāng 紙牕 9-771B
zhìchuāng 痔瘡 8-311B
zhíchuǎngchuǎng 直闖闖 1-867B
zhīchuángdiéwū 支牀疊屋 4-1378B
zhīchuángguī 支牀龜 4-1378B
zhīchuángguī 搘牀龜 6-792B
zhīchuángguī 榰牀龜 4-1207A
zhīchuángyǒuguī 支牀有龜 4-1378B
zhīchǔchéngmén 織楚成門 9-1020B
zhíchùchù 直矗矗 1-868B
zhíchuī 執炊 2-1135A
zhǐchuī 紙吹 9-769A
zhìchún 摯醇 6-822A
zhìchún 質淳 10-271A
zhǐchuō 指戳 6-584B
zhíchūzhírù 直出直入 1-856A
zhīcí 支詞 4-1381B

zhīcí 支辭 4-1386A
zhīcí 巵詞 1-918B
zhīcí 巵辭 1-918B
zhīcí 枝詞 4-809A
zhīcí 枝辭 4-810B
zhīcì 支賜 4-1384A
zhící 直詞 1-863A
zhící 直辭 1-867B
zhící 執詞 2-1138A
zhící 執雌 2-1139A
zhící 執辭 2-1140B
zhícì 直庛 1-860A
zhícì 執刺 2-1134B
zhícì 職次 8-709B
zhǐcī 指疵 6-580A
zhǐcǐ 只此 3-46A
zhǐcì 止次 5-300B
zhǐcì 指刺 6-576B
zhìcí 制詞 2-666A
zhìcí 制辭 2-667B
zhìcí 致詞 8-795B
zhìcí 致辭 8-796B
zhìcí 置詞 8-1026B
zhìcí 置辭 8-1027A
zhìcí 質詞 10-271B
zhìcí 質辭 10-273B
zhìcì 秩次 8-70B
zhīcíhuìjù 絺辭繪句 9-872B
zhīcímànshuō 枝詞蔓說 4-809B
zhīcímànyǔ 枝詞蔓語 4-809A
zhīcímànyǔ 枝辭蔓語 4-810B
zhǐcǐyījiā…
只此一家,別無分店 3-46A
zhīcóng 祇從 7-899A
zhǐcóng 只從 3-47B
zhìcóng 制從 2-665B
zhícòu 直湊 1-863B
zhǐcòu 指湊 6-581B
zhícuàn 執爨 2-1141A
zhìcuàn 炙爨 7-40A
zhìcuàn 雉竄 11-837B
zhícūjǐngzào 執粗井竈 2-1137A
zhīcuò 支措 4-1380B
zhǐcuò 止措 5-301B
zhǐcuò 趾錯 10-438A
zhìcuò 置措 8-1026A
zhídá 直達 1-862B
zhìdá 知達 7-1533A
zhìdá 治達 5-1127B
zhìdá 智達 5-765A
zhìdá 置答 8-1026A
zhìdàcáishū 志大才疏 7-398B
zhídágāng 直達綱 1-863A
zhīdài 支待 4-1379A
zhīdài 知待 7-1531A
zhídài 直待 1-860A
zhǐdài 指代 6-575B
zhìdāi 滯呆 6-80A
zhìdài 質貸 10-271B
zhídāidāi 直呆呆 1-856B
zhīdān 知單 7-1533B
zhǐdàn 旨淡 5-576A
zhìdǎn 志膽 7-401B
zhìdàn 遲旦 10-1233A
zhìdàn 炙啖 7-39B
zhìdàn 質旦 10-267B
zhīdāng 支當 4-1382B
zhīdǎng 支黨 4-1386B
zhīdǎng 枝黨 4-810B
zhídāng 直當 1-864B
zhídāng 職當 8-712A
zhídǎng 植黨 4-1084A
zhídàng 值當 1-1455B
zhìdàng 至當 8-790A
zhìdàng 至碭 8-790B
zhìdàng 質當 10-271B
zhídàngdàng 直蕩蕩 1-866A
zhídǎngyíngsī 植黨營私 4-1084A
zhídǎngzìsī 植黨自私 4-1084A
zhīdào 知道 7-1533B
zhídǎo 直擣 1-867A
zhídǎo 直勢 1-864A
zhídào 直到 1-858B
zhídào 直道 1-863A
zhídào 執道 2-1138A
zhǐdǎo 指導 6-583B
zhǐdào 指道 6-581B
zhǐdào 止道 5-301B
zhǐdào 只道 3-48A
zhǐdào 枳道 4-912B
zhǐdào 軹道 9-1236B
zhìdǎo 至禱 8-791B
zhìdǎo 制導 2-667A
zhìdǎo 致禱 8-796B
zhìdào 至到 8-787A
zhìdào 至道 8-789B
zhìdào 志道 7-400B
zhìdào 治道 5-1127B
zhìdào 擲倒 6-943A
zhídào'érxíng 直道而行 1-863B
zhǐdǎoyuán 指導員 6-583B
zhīdàyúběn 枝大於本 4-806A
zhídāzhí 直搭直 1-862B
zhídázhí 直達直 1-863A
zhídǎzhí 直打直 1-855B
zhìdàzhìgāng 至大至剛 8-784B
zhīdé 知得 7-1532B
zhīdé 知德 7-1535A
zhíde 值得 1-1455A
zhídé 直得 1-862A
zhídé 執德 2-1139B
zhídé 植德 4-1084A
zhǐdé 只得 3-47B
zhìdé 知德 7-1535A
zhìdé 至德 8-791A
zhìdé 致得 8-795A
zhìdēng 炙燈 7-40A
zhìdēng 智燈 5-766B
zhìděng 至等 8-789A
zhídèngdèng 直瞪瞪 1-867A
zhìdéqìyíng 志得氣盈 7-400A
zhìdéyàodào 至德要道 8-791A
zhìdéyìmǎn 志得意滿 7-400A
zhīdí 支敵 4-1384B
zhīdǐ 知底 7-1530B
zhīdì 支地 4-1376B
zhídí 執靮 2-1137B
zhídǐ 直抵 1-858A
zhídì 姪娣 4-340A
zhídì 蹠地 10-545A
zhǐdì 指的 6-577A
zhìdí 致敵 8-796A
zhìdǐ 滯底 6-80B
zhìdì 制地 2-662B
zhìdì 治地 5-1124B
zhìdì 治弟 5-1125A
zhìdì 智地 5-762B
zhìdì 稚弟 8-99A
zhìdì 置遞 8-1026B
zhìdì 質的 10-269A
zhìdì 質地 10-267B
zhìdì 擲地 6-942B
zhīdiǎn 支點 4-1385A
zhīdiàn 支嗁 4-1381B
zhídiǎn 職典 8-710B
zhǐdiǎn 指點 6-584B
zhìdiān 擲攧 6-944A
zhìdiǎn 躓顛 10-567B
zhìdiǎn 治典 5-1125B
zhìdiǎn 治點 5-1129A
zhìdiǎn 質典 10-269A
zhìdiǎn 質點 10-273B
zhìdiàn 滯澱 6-82B
zhìdiǎnkù 質典庫 10-269A
zhīdiào 支調 4-1384B
zhǐdiào 徵調 3-1082B
zhìdiào 袟簡 7-897A
zhìdiào 智調 5-766A
zhìdiào 擲掉 6-943A
zhídiàoquēdīng 直釣缺丁 1-862A
zhìdié 稚耋 8-100A
zhìdié 雉堞 11-836B
zhìdié 躓垤 10-567A
zhìdìfùshēng 擲地賦聲 6-942B
zhìdìjīnshēng 擲地金聲 6-942B
zhìdìmián 炙地眠 7-39A
zhídìng 執定 2-1135A
zhǐdìng 耆定 8-641A
zhǐdìng 指定 6-577B
zhǐdìng 紙錠 9-771B
zhǐdìng 紙鋌 9-771A
zhìdìng 制定 2-664A
zhìdìng 制訂 2-664B
zhìdìng 治定 5-1126A
zhìdìng 滯定 6-80B
zhìdìng 質定 10-269A
zhídīngdīng 直盯盯 1-856B
zhìdìwò 炙地臥 7-39A
zhìdìyǒushēng 擲地有聲 6-942B
zhǐdòng 指動 6-579B
zhìdòng 制動 2-665B
zhìdòng 痔衕 8-311B
zhǐdōnghuáxī 指東劃西 6-576B
zhǐdōnghuàxī 指東畫西 6-576B
zhǐdōnghuàxī 指東話西 6-576B
zhìdòngqì 制動器 2-665B
zhǐdōngshuōxī 指東說西 6-576B
zhìdòu 痓鬪 8-296B
zhīdú 枝瀆 4-810B
zhídú 直獨 1-866B
zhídǔ 植睹 4-1083B
zhǐdū 指督 6-581B
zhìdū 置都 8-1025B
zhìdú 鷙毒 12-1155B
zhìdǔ 陁堵 11-947A
zhìdù 志度 7-399B
zhìdù 制度 2-664B
zhìdù 治度 5-1126A
zhìdù 致度 8-794B
zhìdù 智度 5-764A
zhìdù 製度 9-102B
zhíduān 直端 1-865B
zhìduǎn 智短 5-765A
zhìduàn 制斷 2-667B
zhìduǎnhàn 智短漢 5-765A
zhídùcháng 直肚腸 1-857A
zhīduì 支隊 4-1381A
zhīduì 支對 4-1383B
zhìduì 置對 8-1026B
zhìduì 質對 10-272A
zhīduìyèbǐ 枝對葉比 4-810A
zhǐdùn 止頓 5-302A
zhìdùn 置頓 8-1026B
zhìdùn 滯鈍 6-81B
zhìdùn 擲楯 6-943B
zhìdùn 躓頓 10-567A
zhīduó 支度 4-1379B
zhíduō 直敠 1-864A
zhíduō 直裰 1-865A
zhíduó 直掇 1-861B
zhìduō 至多 8-786A
zhìduó 志度 7-399B
zhìduò 陁陊 11-947A
zhīduōluó 質多羅 10-268A
zhīduóshǐ 支度使 4-1379B
zhìduōxīng 智多星 5-763A
zhìdūyīng 郅都鷹 10-611B
zhī'è 枝萼 4-810A
zhǐ'è 止遏 5-301B
zhì'ē 治阿 5-1125A
zhì'è 忮惡 7-431B
zhì'è 制遏 2-665B

zhì'è 鷙鶚 12-1156B
zhī'ér 之而 1-677B
zhī'ér 芝荋 9-279A
zhī'ér 芝栭 9-279A
zhí'ér 侄兒 1-1336A
zhí'ér 姪兒 4-340A
zhí'ěr 直爾 1-865A
zhí'ěr 執耳 2-1133A
zhí'ěr 植耳 4-1082A
zhì'ér 猘兒 5-78B
zhì'ér 稚兒 8-99B
zhì'ěr 櫛珥 4-1337B
zhí'érbùhuà 執而不化 2-1133A
zhí'érxífu 姪兒媳婦 4-340A
zhí'érzi 侄兒子 1-1336A
zhīfā 支發 4-1382A
zhífá 執伐 2-1133A
zhífǎ 執法 2-1135A
zhífà 植髮 4-1083B
zhǐfǎ 止法 5-300B
zhǐfǎ 指法 6-577A
zhǐfà 指髮 6-583A
zhìfā 鷙發 12-1156A
zhìfá 制罰 2-666B
zhìfá 致罰 8-795B
zhìfǎ 至法 8-787B
zhìfǎ 致法 8-794B
zhìfǎ 智法 5-763B
zhìfǎ 置法 8-1025B
zhìfà 炙髮 7-39B
zhìfà 櫛髮 4-1338A
zhífàchōngguān 植髮衝冠 4-1083B
zhífàchuānguān 植髮穿冠 4-1083B
zhīfǎfànfǎ 知法犯法 7-1530B
zhīfàfūrén 織髮夫人 9-1020B
zhīfán 枝繁 4-810B
zhífān 執幡 2-1139B
zhífán 執膰 2-1139B
zhǐfān 紙幡 9-771B
zhìfán 治凡 5-1123B
zhìfán 窒煩 8-443B
zhìfàn 秩飯 8-71B
zhīfāng 知方 7-1527A
zhīfāng 織坊 9-1019B
zhīfáng 芝房 9-279A
zhīfáng 知房 7-1530B
zhīfáng 脂肪 6-1249A
zhīfàng 支放 4-1378A
zhífāng 直方 1-855A
zhífāng 執方 2-1132A
zhífāng 職方 8-709A
zhífāng 軄方 10-713B
zhífáng 直房 1-859A
zhífàng 直放 1-859A
zhìfāng 治方 5-1123B
zhìfāng 陟方 11-982B
zhìfáng 制防 2-663A
zhìfáng 智防 5-763A
zhìfáng 質房 10-269B
zhífāngdà 直方大 1-855B
zhīfánggē 芝房歌 9-279A
zhǐfānghuàyuán 指方畫圓 6-574B
zhífāngshì 職方氏 8-709A
zhífǎrúshān 執法如山 2-1135A
zhìfázāngpǐ 陟罰臧否 11-983B
zhīfēi 知非 7-1530A
zhīfèi 支費 4-1382A
zhìfèi 陁廢 11-911A
zhìfeiwénshì 質非文是 10-268B
zhǐfèiyìxīn 止沸益薪 5-301A
zhīfēizǐ 知非子 7-1530A
zhīfēn 支分 4-1375B
zhīfēn 枝分 4-806A
zhīfén 芝焚 9-279B
zhīfěn 脂粉 6-1249B
zhífén 埴墳 2-1113B
zhífèn 職分 8-709A
zhǐfēn 指分 6-574B
zhìfèn 志分 7-398B
zhìfèn 秩分 8-70B
zhìfèn 滯憤 6-82B
zhìfèn 質分 10-267A
zhìfèn 鷙忿 12-1155A
zhīfēng 知風 7-1531A
zhīfèng 祇奉 7-898B
zhīfèng 隻鳳 11-794A
zhífēng 職蜂 8-712A
zhífèng 直縫 1-867A
zhǐfèng 指縫 6-584A
zhìfēng 稚蜂 8-100A
zhìfèng 秩俸 8-71A
zhìfēngmùyǔ 櫛風沐雨 4-1337B
zhìfēngshīyǔ 櫛風釃雨 4-1337B
zhīfénhuìtàn 芝焚蕙歎 9-279B
zhīfēnjiéjiě 支分節解 4-1375B
zhīfēnjiéjiě 支紛節解 4-1380B
zhīfěnkè 脂粉客 6-1249B
zhīfēnlǚjiě 枝分縷解 4-806A
zhīfěnqì 脂粉氣 6-1249B
zhīfěnqián 脂粉錢 6-1250A
zhīfěntáng 脂粉塘 6-1250A
zhífèntián 職分田 8-709A
zhīfēnyèsàn 枝分葉散 4-806A
zhīfēnzújiě 支分族解 4-1375B
zhìfǒu 質缶 10-267B
zhīfū 祇敷 7-899B
zhīfú 之罘 1-678A
zhīfú 祇服 7-898B
zhīfú 祇祓 7-899A
zhīfú 禔福 7-948B
zhīfǔ 支甫 4-1376B
zhīfǔ 支輔 4-1383B
zhīfǔ 支父 4-1375A
zhīfǔ 枝輔 4-810A
zhīfǔ 知府 7-1530B
zhīfù 支付 4-1376A
zhīfù 支附 4-1377B
zhīfù 枝附 4-806B
zhīfù 織婦 9-1020A
zhífú 直符 1-862A
zhífú 直幅 1-863A
zhífú 執服 2-1135A
zhífú 執符 2-1137A
zhífú 執紼 2-1137B
zhífú 執綍 2-1139A
zhífú 植福 4-1083B
zhífú 慹服 7-685B
zhífù 侄婦 1-1336A
zhífù 執縛 2-1140A
zhífù 馽縛 12-808A
zhífù 縶縛 9-977B
zhǐfú 旨符 5-576A
zhǐfú 祉福 7-838A
zhǐfù 指付 6-575A
zhǐfù 指腹 6-582A
zhìfū 質鈇 10-271B
zhìfú 制伏 2-663A
zhìfú 制服 2-663B
zhìfú 治服 5-1125B
zhìfú 秩服 8-71A
zhìfú 致福 8-795B
zhìfú 雉伏 11-835B
zhìfú 滯伏 6-80A
zhīfǔ 知府 7-1530B
zhìfǔ 豸黼 10-1326B
zhìfǔ 制府 2-664A
zhìfǔ 制撫 2-667A
zhìfǔ 治撫 5-1128B
zhìfǔ 智府 5-763B
zhìfǔ 鑕鈇 11-1428A
zhìfǔ 鑕斧 11-1428A
zhìfù 制縛 2-667B
zhìfù 陟阜 11-983A
zhìfù 質付 10-267B
zhìfù 贄賦 10-291A
zhǐfùcáijīn 指腹裁襟 6-582A
zhǐfùgējīn 指腹割衿 6-582A
zhìfūjūnzú 炙膚皸足 7-40A
zhìfúmào 制服帽 2-664A
zhìfúní 制服呢 2-664A
zhìfúshǔcuàn 雉伏鼠竄 11-835B
zhǐfùwéihūn 指腹爲婚 6-582A
zhǐfùwéiqīn 指腹爲親 6-582A
zhīfùyècóng 枝附葉從 4-806B
zhīfùyèlián 枝附葉連 4-806B
zhīfùyèzhuó 枝附葉著 4-806B
zhīfùyǐngcóng 枝附影從 4-807A
zhīgài 支蓋 4-1382A
zhīgài 芝蓋 9-279B
zhígài 直蓋 1-864A
zhígài 執蓋 2-1138B
zhǐgāi 只該 3-48A
zhìgǎi 制改 2-663B
zhìgǎi 治改 5-1125A
zhìgài 至概 8-790A
zhìgài 志概 7-400B
zhìgài 志槩 7-401A
zhīgān 支干 4-1374B
zhīgàn 支幹 4-1382B
zhīgǎn 知感 7-1534A
zhīgàn 枝幹 4-809B
zhígān 執竿 2-1136A
zhígǎn 直感 1-864A
zhígàn 直幹 1-864A
zhígàn 直榦 1-865A
zhígàn 執幹 2-1138B
zhǐgān 旨甘 5-575B
zhìgǎn 至感 8-790A
zhìgǎn 質感 10-271B
zhìgàn 志幹 7-400B
zhìgàn 志榦 7-401A
zhìgàn 治幹 5-1128A
zhìgàn 質幹 10-271B
zhígāng 直剛 1-860B
zhígāng 執剛 2-1136B
zhígǎng 值崗 1-1455A
zhígàng 直戇 1-868B
zhìgāng 陟岡 11-983A
zhìgāng 摯剛 6-822A
zhígànggàng 直槓槓 1-865A
zhīgànxiāngchí 枝幹相持 4-809B
zhīgāo 脂膏 6-1250A
zhǐgào 旨告 5-575B
zhǐgào 指告 6-576A
zhìgāo 滍臯 6-45A
zhìgāo 雉膏 11-837A
zhìgào 制誥 2-667A
zhīgāobùrùn 脂膏不潤 6-1250A
zhìgāodiǎn 制高點 2-665A
zhīgāomòrùn 脂膏莫潤 6-1250B
zhǐgāoqìyáng 趾高氣揚 10-437B
zhìgāoqìyáng 志高氣揚 7-400A
zhīgāoshídī 知高識低 7-1532A
zhìgāowúshàng 至高無上 8-788A
zhīgé 支革 4-1379A
zhīgé 枝格 4-808A
zhīgé 知閣 7-1534B
zhīgè 之箇 1-678B
zhígē 侄哥 1-1336A
zhígé 直閣 1-865B
zhígé 直閣 1-865B

zhǐgē 止戈 5-300A
zhǐgé 紙閣 9-771A
zhǐgè 只個 3-47B
zhǐgè 只箇 3-48A
zhìgē 制割 2-666A
zhìgé 志格 7-399B
zhìgé 製革 9-102B
zhīgéménshì 知閤門事 7-1535A
zhígēn 植根 4-1083A
zhǐgèn 止艮 5-300B
zhìgēn 稚根 8-99B
zhīgēn'er 知根兒 7-1532A
zhīgēng 支更 4-1376B
zhīgēng 知更 7-1528A
zhígēng 直更 1-856B
zhígēng 值更 1-1455A
zhígěng 直梗 1-861B
zhígěng 直鯁 1-867B
zhígěnggěng 直梗梗 1-861B
zhīgēngquè 知更雀 7-1528A
zhǐgēsànmǎ 止戈散馬 5-300A
zhǐgēwéiwǔ 止戈爲武 5-300A
zhīgōng 支公 4-1375B
zhīgōng 祇宮 7-899A
zhīgōng 禔躬 7-948B
zhīgòng 支供 4-1378A
zhígōng 直躬 1-861A
zhígōng 執共 2-1133A
zhígōng 植躬 4-1083A
zhígōng 職工 8-708B
zhígòng 職貢 8-710B
zhígòng 軄貢 10-713B
zhìgōng 至公 8-785A
zhìgōng 志功 7-398B
zhìgōng 治公 5-1123B
zhìgōng 治功 5-1123B
zhìgōng 治躬 5-1126B
zhìgōng 致功 8-793B
zhìgōng 誌公 11-215A
zhìgōng 質宮 10-270A
zhìgōng 櫛工 4-1337A
zhìgǒng 桎拲 4-967A
zhìgòng 質供 10-269A
zhīgōnghào 支公好 4-1376A
zhīgòngjǔ 知貢舉 7-1531B
zhīgōngjùnmǎ 支公駿馬 4-1376A
zhìgōnglóu 至公樓 8-785A
zhìgōngtáng 至公堂 8-785A
zhìgōngwúsī 至公無私 8-785A
zhìgōngwúwǒ 至公無我 8-785A
zhīgǒu 支苟 4-1377B
zhígōu 直鉤 1-863A
zhígōu 直鉤 1-864B
zhǐgōu 枳句 4-912A
zhìgǒu 猘狗 5-78B
zhìgǒu 瘈狗 8-335B
zhìgòu 雉雊 11-837A
zhígǒufèiyáo 蹠狗吠堯 10-545A
zhígōugōu 直勾勾 1-855A
zhígōugōu 直鉤鉤 1-863A
zhìgòupáyǎng 櫛垢爬癢 4-1337B
zhīgū 吱咕 3-203A
zhīgǔ 支骨 4-1379A
zhīgǔ 稙穀 8-97B
zhīgù 知故 7-1531A
zhígū 職孤 8-710B
zhígǔ 執古 2-1132B
zhígù 埴固 2-1113B
zhígù 執固 2-1134B
zhígù 植固 4-1082B
zhígǔ 跖股 10-437B
zhǐgù 只顧 3-48B
zhǐgù 指顧 6-585A
zhìgǔ 志古 7-398B
zhìgǔ 治古 5-1123B
zhìgǔ 炙轂 7-40A
zhìgǔ 智骨 5-764A
zhìgǔ 質古 10-267B
zhìgù 知故 7-1531A
zhìgù 桎梏 4-967A
zhìgù 智故 5-763B
zhìgù 滯固 6-80B
zhìgù 滯痼 6-82A
zhīguà 之卦 1-678A
zhǐguǎ 指寡 6-582B
zhìguà 擲卦 6-943A
zhìguài 志怪 7-399B
zhìguài 誌怪 11-215A
zhīguān 之官 1-678A
zhīguān 枝官 4-807A
zhīguǎn 秖管 8-72A
zhīguàn 知觀 7-1537A
zhíguān 直官 1-859A
zhíguān 直觀 1-868B
zhíguān 職官 8-710B
zhíguǎn 直館 1-866B
zhíguǎn 職管 8-712A
zhíguàn 湞灌 5-1344B
zhíguàn 直貫 1-862B
zhǐguān 止觀 5-302B
zhǐguān 指冠 6-578B
zhǐguān 枳關 4-913A
zhǐguān 紙冠 9-769B
zhǐguǎn 只管 3-48A
zhìguān 豸冠 10-1326B
zhìguān 治官 5-1126A
zhìguān 秩官 8-71A
zhìguǎn 質館 10-273A
zhìguàn 櫛冠 4-1337B
zhìguāng 智光 5-762B
zhìguǎngcáishū 志廣才疎 7-401A
zhígǔgǔ 直鼓鼓 1-864A
zhìgǔhuò 炙轂過 7-40A
zhīguī 知歸 7-1535B
zhīguī 搘龜 6-793A
zhíguī 執圭 2-1132B
zhíguī 執珪 2-1136B
zhíguī 職規 8-711A
zhǐguī 指歸 6-584B
zhǐguǐ 抵陒 6-477A
zhǐguǐ 指鬼 6-578A
zhǐguì 紙貴 9-770A
zhìguì 致襘 8-796A
zhǐguìluòchéng 紙貴洛城 9-770A
zhǐguìluòyáng 紙貴洛陽 9-770A
zhīgǔjīn 知古今 7-1527B
zhǐgǔlǐ 只古裏 3-46A
zhīguó 之國 1-678B
zhīguò 知過 7-1532B
zhíguó 戴國 8-796B
zhíguó 執馘 2-1140A
zhìguó 制國 2-665B
zhìguó 治國 5-1127A
zhìguó 致國 8-795A
zhìguǒ 炙輠 7-40A
zhìguǒ 致果 8-794A
zhìguǒ 擲果 6-943A
zhìguǒ 擲菓 6-943A
zhìguō'ānbāng 治郭安邦 5-1126B
zhìguó'ānbāng 治國安邦 5-1127A
zhīguòbìgǎi 知過必改 7-1532B
zhìguǒchē 擲果車 6-943A
zhíguò'er 直過兒 1-862A
zhìguǒpān'ān 擲果潘安 6-943A
zhìguǒpānláng 擲果潘郎 6-943A
zhīhái 支骸 4-1384A
zhīhái 肢骸 6-1176A
zhìhài 忮害 7-431B
zhìhài 治害 5-1126B
zhìhài 鷙害 12-1155B
zhìhǎiquán 制海權 2-665A
zhīhàn 枝扞 4-806B
zhìhàn 忮悍 7-431B
zhìhàn 忮睅 7-431B
zhìhàn 鷙扞 12-1155A
zhìhàn 鷙悍 12-1155B
zhīhǎo 祇好 7-898B
zhǐhǎo 只好 3-46B
zhìháo 彘豪 3-1658B
zhìhǎo 至好 8-786A
zhìhào 志好 7-399A
zhìhào 制號 2-666A
zhìhào 治號 5-1128A
zhīhǎodǎi 知好歹 7-1528A
zhīhé 支閡 4-1383B
zhīhé 枝河 4-807A
zhīhé 稙禾 8-97B
zhíhé 直覈 1-867B
zhǐhé 只合 3-46B
zhìhé 至和 8-787B
zhìhé 致和 8-794A
zhìhé 窒閡 8-443B
zhìhé 稚荷 8-99B
zhìhé 滯涸 6-81B
zhìhé 滯閡 6-82B
zhìhé 躓閡 10-567A
zhìhè 至荷 8-788A
zhìhén 指痕 6-580A
zhìhěn 忮佷 7-431B
zhìhěn 忮很 7-431B
zhìhéng 忮橫 7-431B
zhìhéng 跱衡 10-457B
zhìhèng 鷙橫 12-1156A
zhìhěnlánglì 鷙狠狼戾 12-1155B
zhíhóng 直虹 1-859B
zhìhóng 滯洪 6-80B
zhīhòu 之後 1-678B
zhīhòu 祇候 7-899A
zhīhòu 秖候 8-72A
zhíhòu 直後 1-860A
zhìhòu 致候 8-794B
zhìhòu 置後 8-1025B
zhìhòu 質厚 10-269B
zhìhòubáqián 疐後跋前 8-511A
zhīhòurén 祇候人 7-899A
zhīhú 支糊 4-1384B
zhíhú 執壺 2-1137B
zhíhù 執笏 2-1136B
zhíhù 植笏 4-1083A
zhǐhū 指呼 6-577A
zhǐhǔ 紙虎 9-769A
zhìhū 至乎 8-785B
zhìhū 治忽 5-1125B
zhìhū 治曶 5-1125B
zhìhù 治護 5-1129B
zhìhù 陟岵 11-983A
zhīhuā 織花 9-1019B
zhīhuà 支劃 4-1383B
zhīhuà 知化 7-1527A
zhīhuà 織畫 9-1020B
zhíhuá 摭華 6-840B
zhíhuá 蹠鏵 10-545A
zhǐhuā 枳花 4-912A
zhǐhuā 紙花 9-769A
zhǐhuá 指劃 6-583A
zhǐhuà 指化 6-574A
zhǐhuà 指畫 6-581B
zhìhuà 至化 8-785A
zhìhuà 志畫 7-400B
zhìhuà 制化 2-662B
zhìhuà 治化 5-1123B
zhìhuà 致化 8-793A
zhìhuái 致懷 8-796B
zhìhuái 實懷 3-1577A
zhìhuái 滯懷 6-83A
zhìhuài 陒壞 11-911B
zhǐhuán 指環 6-584A
zhǐhuán 指鐶 6-585A
zhìhuān 至驩 8-792A
zhìhuán 質桓 10-270A
zhìhuán 擲還 6-943B
zhìhuǎn 滯緩 6-82B
zhìhuàn 置換 8-1025B
zhīhuáng 梔黃 4-1055B
zhīhuǎng 支謊 4-1384B
zhìhuáng 炙簧 7-40A
zhīhuī 脂灰 6-1249A
zhīhuí 祇回 7-898B

zhīhuì 支會 4-1383A
zhīhuì 知會 7-1534A
zhǐhuī 旨揮 5-576A
zhǐhuī 旨麾 5-576B
zhǐhuī 指揮 6-580A
zhǐhuī 指撝 6-583A
zhǐhuī 指麾 6-583B
zhǐhuī 紙灰 9-768B
zhǐhuì 軹虺 9-1236B
zhǐhuì 絺繪 9-872B
zhǐhuì 指會 6-582A
zhǐhuì 指誨 6-582B
zhìhuí 滯迴 6-80B
zhìhuì 知惠 7-1533A
zhìhuì 知慧 7-1535A
zhìhuì 至會 8-790A
zhìhuì 志晦 7-400A
zhìhuì 智惠 5-765A
zhìhuì 智慧 5-765B
zhìhuì 置喙 8-1026A
zhìhuì 滯晦 6-81A
zhìhuì 誌惠 11-215B
zhǐhuībàng 指揮棒 6-581A
zhǐhuīdāo 指揮刀 6-580B
zhìhuìguāng 智慧光 5-766A
zhìhuìhǎi 智慧海 5-766A
zhìhuìhuǒ 智慧火 5-766A
zhìhuìjiàn 智慧劍 5-766A
zhǐhuīkědìng 指揮可定 6-580B
zhǐhuīkědìng 指麾可定 6-583B
zhǐhuīruòdìng 指揮若定 6-581A
zhǐhuīsuǒ 指揮所 6-581A
zhǐhuīyuán 指揮員 6-581A
zhǐhuìzhāngjù 絺繪章句 9-873A
zhǐhūn 指婚 6-580A
zhìhūn 智昏 5-763B
zhìhūn 智惛 5-765A
zhìhūnshūmài 智昏菽麥 5-763B
zhíhuǒ 執火 2-1132B
zhíhuò 執獲 2-1139B
zhíhuò 殖貨 5-167A
zhǐhuǒ 紙火 9-768A
zhìhuǒ 智火 5-762B
zhìhuò 滯貨 6-81A
zhìhuǒwànlǐ 擲火萬里 6-942B
zhīhūzhěyě 之乎者也 1-677B
zhíhǔzǐ 執虎子 2-1134B
zhījī 芪箕 9-348B
zhījī 支機 4-1384B
zhījī 知機 7-1535A
zhījī 知幾 7-1534B
zhījī 隻雞 11-794B
zhījī 織機 9-1020B
zhījì 織績 9-1021A
zhījǐ 支給 4-1382A
zhījǐ 知己 7-1526B
zhījì 支計 4-1379B
zhījì 支濟 4-1385A
zhījī 䍐饑 12-808A
zhījī 䍐羈 12-808A
zhíjǐ 直己 1-855A
zhíjǐ 執戟 2-1137B
zhíjì 直祭 1-862A
zhíjì 職計 8-710B
zhǐjī 抵璣 6-479A
zhǐjí 止極 5-301B
zhǐjí 指極 6-581A
zhǐjí 枳棘 4-912B
zhǐjì 趾跡 10-438A
zhìjī 至機 8-791A
zhìjī 炙雞 7-40A
zhìjī 峙積 3-813A
zhìjī 雉雞 11-837B
zhìjī 墆積 2-1188A
zhìjī 滯積 6-82B
zhìjī 製緝 9-103A
zhìjī 櫛笄 4-1337B
zhìjí 至極 8-789A
zhìjí 忮嫉 7-431B
zhìjí 致極 8-795A
zhìjí 致詰 8-795B
zhìjí 痔疾 8-311B
zhìjí 置籍 8-1027B
zhìjí 滯疾 6-81A
zhìjǐ 蛭蟣 8-889B
zhìjì 至計 8-788A
zhìjì 志計 7-399B
zhìjì 忮忌 7-431A
zhìjì 治迹 5-1126A
zhìjì 治績 5-1129A
zhìjì 智計 5-764A
zhìjì 雉妓 11-836A
zhìjì 滯寂 6-81B
zhìjì 製芰 9-102A
zhìjì 製劑 9-103A
zhìjì 誌記 11-215B
zhìjì 質劑 10-273A
zhǐjia 指甲 6-575A
zhījià 支架 4-1380A
zhījià 芝駕 9-280A
zhījià 脂駕 6-1250B
zhíjià 值價 1-1455B
zhǐjiā 旨嘉 5-576B
zhǐjiá 止戛 5-301B
zhǐjiǎ 紙甲 9-768B
zhìjiā 治家 5-1126B
zhìjiā 置家 8-1026A
zhìjiā 質家 10-270B
zhìjiā 蹠跲 10-563A
zhìjiā 躓跲 10-567A
zhìjià 稚稼 8-100A
zhǐjiacǎo 指甲草 6-575A
zhǐjiagài 指甲蓋 6-575A
zhǐjiahuā 指甲花 6-575A
zhījiān 織縑 9-1021A
zhījiǎn 胝趼 6-1235B
zhījiàn 知見 7-1528A
zhíjiǎn 執簡 2-1140B
zhíjiàn 直諫 1-866B
zhíjiàn 執見 2-1133B
zhǐjiān 指尖 6-575B
zhǐjiàn 止監 5-302A
zhǐjiàn 止鑑 5-302B
zhǐjiàn 只見 3-46B
zhǐjiàn 咫見 3-350A
zhǐjiàn 指諫 6-584A
zhìjiān 彘肩 3-1658B
zhìjiǎn 質儉 10-272B
zhìjiǎn 質檢 10-273B
zhìjiǎn 質簡 10-273B
zhìjiàn 至諫 8-791A
zhìjiàn 至鑒 8-792A
zhìjiàn 陟健 11-983B
zhìjiàn 桎檻 4-967A
zhìjiàn 智見 5-763A
zhìjiàn 智劍 5-766A
zhìjiàn 智鑒 5-767A
zhìjiàn 雉澗 11-837A
zhìjiàn 製件 9-102A
zhìjiàn 贄見 10-290B
zhìjiāndǒujiǔ 彘肩斗酒 3-1658B
zhījiāng 之江 1-678A
zhījiāng 支疆 4-1386B
zhījiǎng 知獎 7-1535A
zhíjiǎng 直講 1-867A
zhíjiàng 執將 2-1137A
zhǐjiāng 紙漿 9-771B
zhìjiàng 制匠 2-662B
zhìjiàng 陟降 11-983A
zhìjiàng 智將 5-765A
zhíjiāngjiāng 直僵僵 1-866A
zhījiānjiǎnzú 胝肩繭足 6-1235B
zhìjiànlǐ 贄見禮 10-290B
zhǐjiànshùmù… 只見樹木，不見森林 3-46B
zhījiāo 知交 7-1528A
zhījiāo 脂膠 6-1250B
zhíjiǎo 直角 1-857A
zhíjiǎo 直脚 1-862A
zhíjiào 執教 2-1137A
zhǐjiào 只教 3-47B
zhǐjiào 指教 6-579B
zhìjiāo 至交 8-786A
zhìjiāo 稚交 8-99A
zhìjiāo 擲茭 6-943B
zhìjiǎo 豸角 10-1326A
zhìjiǎo 智狡 5-764A
zhìjiào 至教 8-788B
zhìjiào 制教 2-665B
zhìjiào 治教 5-1127A
zhìjiào 智教 5-764B
zhíjiàobiān 執教鞭 2-1137A
zhǐjiǎocānjū 咫角驂駒 3-350A
zhìjiǎoguān 豸角冠 10-1326B
zhìjiāoqìyíng 志驕氣盈 7-401B
zhìjiāoyìmǎn 志驕意滿 7-401B
zhǐjiāozǐ 紙交子 9-768B
zhījīdǒujiǔ 隻雞斗酒 11-794B
zhījiē 枝接 4-808A
zhījié 支結 4-1382A
zhījié 支節 4-1382B
zhījié 枝節 4-809B
zhījié 肢節 6-1176A
zhījiě 支解 4-1383A
zhījiě 枝解 4-810A
zhījiě 知解 7-1534B
zhījiě 肢解 6-1176A
zhījiè 支解 4-1383A
zhījiè 支借 4-1380A
zhījiè 枝借 4-808A
zhījiè 祇戒 7-898B
zhíjiē 直接 1-861B
zhíjié 執結 2-1138A
zhíjié 直捷 1-861B
zhíjié 直節 1-864B
zhíjié 直截 1-865A
zhíjié 執劫 2-1133B
zhíjié 執節 2-1138B
zhíjiě 直解 1-864B
zhíjié 蹠詰 11-159A
zhǐjié 抵節 6-478B
zhǐjié 止結 5-302A
zhǐjié 止節 5-302A
zhǐjié 指訐 6-579A
zhǐjié 指節 6-581B
zhǐjiě 指解 6-582A
zhìjié 至節 8-790A
zhìjié 志節 7-400B
zhìjié 制劫 2-663A
zhìjié 制節 2-666B
zhìjié 郅偈 10-611B
zhìjié 稚節 8-100A
zhìjié 置楬 8-1026B
zhìjié 滯結 6-82A
zhìjié 質劫 10-268A
zhìjié 質詰 10-272A
zhìjiè 至戒 8-786B
zhìjiè 至誡 8-790B
zhìjiè 志介 7-398B
zhìjiè 治癬 5-1129B
zhījiéhéngshēng 枝節横生 4-809B
zhíjiēliǎodàng 直接了當 1-861B
zhíjiéliǎodàng 直捷了當 1-861B
zhíjiéliǎodàng 直截了當 1-865A
zhìjìfǎ 質劑法 10-273A
zhìjīlángshì 鷙擊狼噬 12-1156A
zhìjīmàgǒu 指鷄罵狗 6-585A
zhījīn 枝津 4-807B
zhījīn 知津 7-1531B
zhījīn 祗今 7-898A
zhījīn 秖今 8-72A
zhījīn 織金 9-1019B
zhījǐn 織錦 9-1021A
zhíjīn 職金 8-710B

zhíjǐn 直謹 1-867B
zhíjìn 直勁 1-859B
zhíjìn 直進 1-862A
zhíjìn 執禁 2-1138B
zhǐjīn 只今 3-45B
zhǐjīn 指津 6-578B
zhǐjìn 止禁 5-302A
zhǐjìn 指盡 6-583A
zhìjīn 至今 8-785A
zhìjīn 擲金 6-943A
zhìjǐn 製錦 9-103A
zhìjǐn 質謹 10-273B
zhìjìn 秩進 8-71A
zhìjìn 置堇 8-1026A
zhījǐnduàn 織綿緞 9-1021A
zhījīng 知經 7-1534B
zhījǐng 知警 7-1536A
zhījìng 祗敬 7-899B
zhíjīng 執經 2-1139A
zhíjìng 直徑 1-861A
zhíjìng 執競 2-1140B
zhíjìng 職競 8-712B
zhǐjǐng 指景 6-581A
zhǐjìng 止竟 5-301B
zhǐjìng 止境 5-302A
zhǐjìng 只竟 3-48A
zhìjīng 至精 8-790B
zhìjīng 治經 5-1128A
zhìjīng 致精 8-796A
zhìjīng 雉經 11-837A
zhìjìng 至竟 8-788B
zhìjìng 至敬 8-789A
zhìjìng 致敬 8-795A
zhìjìng 贄敬 10-291A
zhíjīngwènnàn 執經問難
2-1139A
zhījǐnhù 織錦户 9-1021A
zhījǐnhuíwén 織錦回文
9-1021A
zhījǐnhuíwén 織錦迴文
9-1021A
zhìjìnnéngsuǒ 智盡能索
5-765B
zhìjīnshēng 擲金聲 6-943A
zhījīnǚ 支機女 4-1384B
zhíjīnzhì 執巾櫛 2-1131B
zhíjìnzhíchū 直進直出
1-862A
zhījīshí 支機石 4-1384B
zhījīshí 楮機石 4-1207A
zhījiǔ 支酒 4-1380B
zhījiǔ 卮酒 2-512B
zhījiù 知舊 7-1535B
zhíjiù 執咎 2-1135A
zhǐjiǔ 止酒 5-301B
zhǐjiǔ 旨酒 5-576A
zhìjiū 質究 10-268B
zhìjiǔ 治酒 5-1126B
zhìjiǔ 秩酒 8-71A
zhìjiǔ 稚酒 8-99B
zhìjiǔ 置酒 8-1026A
zhījīxùjiǔ 隻雞絮酒
11-794B
zhījǐzhībǐ 知己知彼
7-1526B
zhíjīzhǒu 執箕帚 2-1139A
zhíjīzhǒu 執箕箒 2-1139A
zhìjīzìjiǔ 炙雞漬酒 7-40A
zhījīzūnjiǔ 隻雞樽酒
11-795A
zhíjjiāo 蹠蹻 10-545A
zhījū 枝拘 4-807A
zhījú 知局 7-1529A
zhījǔ 吱咀 3-203A
zhījǔ 枝舉 4-810B
zhījǔ 知舉 7-1535B
zhījù 枝拒 4-806B
zhījù 祗懼 7-900A
zhījù 脂炬 6-1249A
zhījù 隻句 11-794A
zhījù 織屨 9-1021A
zhíjū 執拘 2-1134A
zhíjū 縶拘 9-977B
zhíjú 植局 4-1082B
zhíjú 躑躅 10-564B
zhíjù 執據 2-1139B
zhíjù 蹠距 10-545A
zhǐjū 止居 5-301A
zhǐjǔ 只且 3-46A
zhǐjǔ 稭椈 8-107A
zhǐjǔ 枳枸 4-912A
zhǐjǔ 枳柜 4-912A
zhǐjǔ 枳椇 4-912B
zhǐjù 指據 6-583B
zhìjū 雉腒 11-836B
zhìjú 知局 7-1529A
zhìjú 志局 7-399A
zhìjú 制局 2-663B
zhìjú 智局 5-763A
zhìjú 置局 8-1025B
zhìjú 製局 9-102B
zhìjú 質局 10-268B
zhìjǔ 制舉 2-667A
zhìjǔ 窒沮 8-443A
zhìjù 治具 5-1125A
zhìjù 治劇 5-1128B
zhìjù 智炬 5-763B
zhìjù 贄具 10-291A
zhìjù 鷙距 12-1155B
zhìjuàn 贄卷 10-291A
zhījuànniáng 織絹娘
9-1020B
zhǐjuǎnyān 紙捲烟 9-770A
zhījué 知覺 7-1536B
zhíjué 直覺 1-868A
zhǐjué 止絶 5-302A
zhǐjué 指抉 6-576A
zhǐjué 指決 6-576B
zhǐjué 指訣 6-579B
zhìjué 制決 2-663B
zhìjué 質轂 10-273A
zhìjué 質桷 10-270B
zhìjué 躓蹶 10-567B
zhíjuē'er 直撅兒 1-865B
zhíjuéjué 直橛橛 1-866B
zhíjuéjué 直蹶蹶 1-867B
zhījùhuìzhāng 絺句繪章
9-872A
zhìjújiàn 制局監 2-663B
zhījūn 支軍 4-1379B
zhījūn 芝菌 9-279A
zhījùn 支郡 4-1379B
zhījùn 枝郡 4-808A
zhíjūn 執鈞 2-1138A
zhǐjūn 止軍 5-301A
zhìjūn 制軍 2-665A
zhìjūn 致君 8-794A
zhìjùn 至駿 8-791B
zhìjùn 陟峻 11-983B
zhìjǔyè 制舉業 2-667A
zhìjǔyì 制舉藝 2-667A
zhīkāi 支開 4-1382A
zhǐkǎi 紙鎧 9-772A
zhìkān 制勘 2-665B
zhìkān 質勘 10-270B
zhīkàng 支抗 4-1376B
zhìkāng 治康 5-1127B
zhīkào 支犒 4-1383B
zhǐkào 指靠 6-583B
zhìkǎo 識考 11-422B
zhīkē 枝柯 4-807B
zhīkè 知客 7-1531B
zhīkè 祗恪 7-899A
zhíkē 執柯 2-1135B
zhǐkě 止渴 5-302A
zhǐkě 枳殼 4-912B
zhǐkè 指尅 6-578B
zhǐkè 紙錁 9-771B
zhìkè 忮克 7-431A
zhìkè 忮刻 7-431B
zhìkè 陟恪 11-983A
zhìkè 滯客 6-80B
zhìkè 鷙刻 12-1155A
zhīkèliáo 知客寮 7-1531B
zhìkērén 制科人 2-664B
zhǐkěsīméi 止渴思梅
5-302A
zhǐkěwàngméi 止渴望梅
5-302A
zhǐkěyìhuì…
只可意會，不可言傳
3-46A
zhíkēzuòfá 執柯作伐
2-1136A
zhíkōng 蹠空 10-545A
zhíkòng 執鞚 2-1140A
zhǐkòng 指控 6-579B
zhǐkōnghuàkōng 指空話空
6-577B
zhìkōngquán 制空權 2-664A
zhìkǒu 滯口 6-80A
zhíkǒuwúyán 直口無言
1-855A
zhǐkū 止哭 5-301A
zhìkù 雉庫 11-836B
zhìkù 質庫 10-270A
zhíkuài 直快 1-858A
zhìkuài 炙膾 7-40A
zhǐkuāng 只誆 3-48A
zhǐkuāng 指誆 6-582A
zhìkuáng 猘狂 5-78B
zhìkuàng 志況 7-399A
zhìkuàng 誌壙 11-215B
zhíkuī 直闚 1-868A
zhìkǔn 制閫 2-667A
zhīlā 吱啦 3-203A
zhīlà 支剌 4-1379A
zhīlà 梔蠟 4-1055B
zhílái 直來 1-858B
zhìlài 摭賴 6-840B
zhīláicángwǎng 知來藏往
7-1529B
zhīláiniǎo 知來鳥 7-1529B
zhíláizhíqù 直來直去
1-858B
zhīlán 支蘭 4-1386B
zhīlán 芝蘭 9-280A
zhílǎn 植纜 4-1084B
zhǐlán 芷蘭 9-284B
zhìlàn 痯爛 8-296B
zhīlándānglù…
芝蘭當路，不得不鋤
9-280A
zhīláng 支郎 4-1378A
zhìlàng 炙浪 7-39B
zhīlánshì 芝蘭室 9-280A
zhīlányùshù 芝蘭玉樹
9-280A
zhíláo 執勞 2-1138A
zhíláo 職勞 8-711B
zhìláo 彘牢 3-1658B
zhìlǎo 稚老 8-99A
zhǐlǎochī 紙老鴟 9-768B
zhǐlǎohǔ 紙老虎 9-768B
zhìlǎoyáng 擲老羊 6-942B
zhìlè 至樂 8-791A
zhìlè 致樂 8-796A
zhīlèi 支類 4-1386B
zhīlèi 知類 7-1536B
zhílèi 植類 4-1084A
zhǐlèi 指類 6-585A
zhìlèi 滯累 6-81A
zhìlèi 質累 10-271A
zhīléng 支棱 4-1381B
zhīléng 支楞 4-1382B
zhīléng 枝楞 4-809B
zhílèng 直楞 1-864A
zhìlěng 制冷 2-663B
zhìlěng 製冷 9-102B
zhīléngbāchā 支楞八叉
4-1382B
zhīléngléng 支楞楞 4-1382B
zhílènglèng 直楞楞 1-864A
zhílènglèng 直愣愣 1-863B
zhīléngléngzhēng
支楞楞争 4-1382B
zhīlí 支離 4-1385B
zhīlí 枝離 4-810B
zhīlǐ 支理 4-1380B
zhīlì 支厲 4-1383B
zhīlì 祗力 7-898A
zhīlì 祗栗 7-899A
zhīlì 祗慄 7-899B
zhīlì 祗勵 7-899B
zhīlì 隻立 11-794A
zhílǐ 直理 1-861A

zhílǐ 值理 1-1455A
zhílǐ 執禮 2-1140A
zhílǐ 植禮 4-1084A
zhílì 直立 1-855B
zhílì 直隸 1-867A
zhílì 殖利 5-167A
zhílì 職吏 8-709B
zhílì 蹠戾 10-545A
zhílì 蹠盭 10-545B
zhǐlí 枳籬 4-913A
zhǐlí 趾離 10-438A
zhǐlǐ 軹里 9-1236B
zhǐlì 止戾 5-301A
zhìlì 陟盭 11-983B
zhìlǐ 至理 8-788A
zhìlǐ 至禮 8-791B
zhìlǐ 制理 2-665A
zhìlǐ 治理 5-1126B
zhìlǐ 治禮 5-1129A
zhìlǐ 陟里 11-982B
zhìlǐ 秩禮 8-71B
zhìlǐ 致理 8-795A
zhìlǐ 置醴 8-1027B
zhìlǐ 質俚 10-269B
zhìlǐ 質理 10-270B
zhìlǐ 櫛理 4-1337B
zhìlǐ 贄禮 10-291A
zhìlì 知力 7-1526A
zhìlì 志力 7-398A
zhìlì 制立 2-662B
zhìlì 治曆 5-1128B
zhìlì 治歷 5-1128B
zhìlì 峙立 3-813A
zhìlì 致力 8-793B
zhìlì 窒戾 8-443A
zhìlì 智力 5-762A
zhìlì 寘力 3-1577A
zhìlì 置立 8-1025A
zhìlì 滯例 6-80B
zhìlì 質力 10-267A
zhìlì 騺戾 12-832A
zhìlì 鷙戾 12-1155B
zhīlián 知憐 7-1535A
zhíliàng 直亮 1-860A
zhíliàng 直諒 1-866A
zhìliáng 質良 10-268B
zhìliàng 志量 7-400B
zhìliàng 智量 5-765A
zhìliàng 質量 10-271A
zhíliàngduōwén 直諒多聞 1-866A
zhìliángzhī 致良知 8-793B
zhīliánjūshì 織簾居士 9-1021B
zhīliáo 支繚 4-1386A
zhīliáo 蜘蟟 8-917B
zhīliǎo 知了 7-1526A
zhíliáo 職僚 8-712A
zhíliào 直料 1-861A
zhíliào 執料 2-1137A
zhǐliào 指料 6-579A
zhìliáo 治療 5-1129A
zhìliào 質料 10-270A
zhǐlǐbāobúzhùhuǒ 紙裏包不住火 9-770B
zhīliè 支裂 4-1381B
zhíliè 直烈 1-860B
zhíliè 直獵 1-867B
zhíliè 摭裂 6-840B
zhǐliè 指列 6-575B
zhìlìláodong 智力勞動 5-762A
zhìlǐmíngyán 至理名言 8-788B
zhīlǐn 祗懍 7-899B
zhílín 植林 4-1082B
zhílìn 執吝 2-1134A
zhìlín 至臨 8-791B
zhīlǐng 支領 4-1383B
zhīlǐng 祗領 7-899B
zhīlìng 祗令 7-841A
zhílǐng 直領 1-865A
zhǐlìng 指令 6-575B
zhìlíng 至靈 8-792A
zhìlíng 稚齡 8-100B
zhìlǐng 制領 2-666B
zhìlìng 制令 2-662B
zhìlìng 治令 5-1124A
zhīlípòsuì 支離破碎 4-1386A
zhīlíshū 支離疏 4-1386A
zhīlísǒu 支離叟 4-1386A
zhìlìtóuzī 智力投資 5-762A
zhǐlǐtuīzhāng 指李推張 6-576A
zhīliū 吱溜 3-203A
zhīliú 支流 4-1380B
zhīliú 枝流 4-808A
zhíliu 直溜 1-865A
zhíliǔ 植柳 4-1083A
zhǐliú 止留 5-301B
zhìliú 滯留 6-80B
zhìliú 質留 10-270A
zhíliūliū 直溜溜 1-865A
zhīliúyèbù 枝流葉布 4-808A
zhíliúzhīlà 直留支剌 1-861A
zhǐliúzhīlà 只留支剌 3-47B
zhíliùzi 摭溜子 6-840B
zhīlīwālā 吱哩哇啦 3-203A
zhīlíyì 支離益 4-1386A
zhìlízhǐ 陟盭紙 11-983B
zhílǒng 鼅襱 12-808A
zhìlóng 治聾 5-1130A
zhìlóng 郅隆 10-611B
zhìlóng 稚龍 8-100B
zhìlóngjiǔ 治聾酒 5-1130A
zhílǒngtǒng 直籠桶 1-868B
zhīlóu 吱嘍 3-203A
zhìlóu 雉樓 11-837A
zhìlòu 痔漏 8-311B
zhìlòu 痔瘻 8-311B
zhìlòu 質陋 10-269B
zhīlóulóu 吱嘍嘍 3-203A
zhīlù 芝露 9-280A
zhīlù 枝路 4-809B
zhīlù 知錄 7-1535B
zhīlù 脂盝 6-1250A
zhīlù 織路 9-1020B
zhílú 直廬 1-868A
zhílú 埴壚 2-1113B
zhílù 執錄 2-1139B
zhǐlù 祉祿 7-838A
zhǐlù 指鹿 6-580A
zhǐlù 指路 6-581B
zhìlú 彘盧 3-1658B
zhìlú 彘顱 3-1658B
zhìlú 雉盧 11-837B
zhìlú 擲盧 6-943B
zhìlǔ 質魯 10-272B
zhìlù 秩祿 8-71B
zhìlù 致祿 8-795B
zhìlù 質錄 10-273A
zhīluán 胝攣 6-1235B
zhìluán 炙臠 7-40A
zhìluàn 治亂 5-1128A
zhílùn 執論 2-1139B
zhǐlùn 指論 6-583B
zhìlùn 至論 8-791A
zhìlùn 置論 8-1027A
zhìlùn 質論 10-272B
zhīlúnbùfǎn 隻輪不反 11-794B
zhīlúnwúfǎn 隻輪無反 11-794B
zhīluó 織羅 9-1021A
zhīluò 織絡 9-1020B
zhíluó 摭羅 6-840B
zhíluò 直落 1-863A
zhǐluò 枳落 4-912B
zhìluò 梔落 4-915A
zhīluófú 支羅服 4-1386A
zhǐluòyúnyān 紙落雲烟 9-770A
zhǐlùwéimǎ 指鹿爲馬 6-580A
zhǐlùzuòmǎ 指鹿作馬 6-580A
zhīlǚ 隻履 11-794B
zhīlǚ 織縷 9-1021A
zhílǚ 直縷 1-867B
zhílǚ 執履 2-1139B
zhǐlǘ 紙驢 9-772A
zhìlǜ 知慮 7-1535A
zhìlǜ 至慮 8-790B
zhìlǜ 志慮 7-401A
zhìlǜ 智慮 5-766A
zhìlǜ 稚綠 8-100A
zhìlǜ 質律 10-270A
zhílüè 執略 2-1137A
zhǐlüè 指略 6-579B
zhìlüè 知略 7-1532B
zhìlüè 志略 7-400A
zhìlüè 治略 5-1127A
zhìlüè 智略 5-764B
zhìlüe 質略 10-270B
zhìlüe 質畧 10-271A
zhìlüè 櫛掠 4-1337B
zhílǚlǚ 直屢屢 1-865B
zhīmá 芝麻 9-279B
zhīmá 脂麻 6-1250A
zhīmá 脂蔴 6-1250A
zhǐmǎ 指馬 6-578B
zhǐmǎ 紙馬 9-769B
zhìmá 制麻 2-665B
zhìmǎ 秩馬 8-71A
zhīmài 支脉 4-1379A
zhīmài 支脈 4-1380B
zhīmài 肢脈 6-1176A
zhìmǎi 置買 8-1026A
zhìmǎi 質買 10-271B
zhìmài 質賣 10-272B
zhīmájiàng 芝麻醬 9-279B
zhīmàn 支蔓 4-1383A
zhīmàn 枝蔓 4-810A
zhìmǎn 秩滿 8-71B
zhìmàn 鷙曼 12-1155B
zhìmǎnqìdé 志滿氣得 7-401A
zhìmǎnqìjiāo 志滿氣驕 7-401A
zhīmào 梔貌 4-1055B
zhìmào 制帽 2-665B
zhìmào 質貌 10-272A
zhīmàolàyán 梔貌蠟言 4-1055B
zhǐmǎpù 紙馬鋪 9-769B
zhīmáyóu 芝麻油 9-279B
zhǐme 只麼 3-48A
zhīméi 芝眉 9-279A
zhímèi 執袂 2-1136B
zhǐméi 紙枚 9-769A
zhǐméi 紙媒 9-770B
zhǐméi 紙煤 9-770B
zhǐměi 趾美 10-437B
zhǐmèi 耆昧 8-641A
zhìméi 雉媒 11-836B
zhìmèi 稚昧 8-99B
zhìmèi 質昧 10-269B
zhíméidèngyǎn 直眉瞪眼 1-860B
zhíméilèngyǎn 直眉楞眼 1-860B
zhíméilèngyǎn 直眉睖眼 1-860B
zhíméinùmù 直眉怒目 1-860A
zhìmén 雉門 11-836A
zhìmèn 窒悶 8-443B
zhìmèn 滯悶 6-81B
zhìmèn 滯懣 6-83A
zhìménchē 雉門車 11-836B
zhíméng 執盟 2-1138B
zhímèng 直夢 1-864A
zhìméng 質盟 10-272A
zhìměng 鷙猛 12-1156A
zhìmèng 稚夢 8-100A
zhímí 執迷 2-1136A
zhǐmí 指迷 6-578A
zhìmǐ 秩米 8-70B
zhìmǐ 擲米 6-942B
zhìmì 致密 8-795A
zhìmì 緻密 9-962A

zhìmì 櫛密 4-1338A
zhímiàn 直面 1-859B
zhǐmiǎn 絺冕 9-872B
zhǐmiǎn 襧冕 9-137B
zhìmiàn 痣面 8-296B
zhìmiǎn 稚免 8-99A
zhìmiàn 炙面 7-39B
zhīmiáo 枝苗 4-807A
zhīmiǎo 枝杪 4-807A
zhímiáo 植苗 4-1082B
zhìmiǎo 至眇 8-788A
zhìmiǎo 稚藐 8-100B
zhímiáomiáo 直苗苗 1-858B
zhímíbùfǎn 執迷不反 2-1136A
zhímíbùfǎn 執迷不返 2-1136A
zhímíbùwù 執迷不悟 2-1136A
zhímíbùxǐng 執迷不醒 2-1136B
zhímín 殖民 5-166B
zhìmǐn 智敏 5-764B
zhìmǐn 質敏 10-271A
zhímíndì 植民地 4-1082A
zhímíndì 殖民地 5-167A
zhīmíng 知名 7-1528A
zhīmìng 知命 7-1530A
zhīmìng 祗命 7-898B
zhímíng 直名 1-856B
zhímíng 職名 8-709B
zhímìng 直命 1-859A
zhímìng 執命 2-1134B
zhímíng 職命 8-710B
zhǐmíng 指名 6-575B
zhǐmíng 指明 6-576B
zhìmíng 遲明 10-1234A
zhìmíng 至明 8-787A
zhìmíng 治名 5-1124B
zhìmíng 陟明 11-983A
zhìmíng 智名 5-763A
zhìmíng 製名 9-102A
zhìmíng 誌名 11-215A
zhìmíng 誌銘 11-215B
zhìmíng 質明 10-268B
zhìmìng 遲命 10-1234A
zhìmìng 制命 2-663B
zhìmìng 治命 5-1125B
zhìmìng 秩命 8-70B
zhìmìng 致命 8-794A
zhīmìngbùyōu 知命不憂 7-1530B
zhīmíngdāngshì 知名當世 7-1528A
zhǐmíngdàoxìng 指名道姓 6-576A
zhīmìnglètiān 知命樂天 7-1530B
zhìmìngshāng 致命傷 8-794B
zhīmìngzhīnián 知命之年 7-1530B
zhímínzhǔyì 殖民主義 5-166B
zhīmò 支末 4-1376A
zhīmò 枝末 4-806A
zhímò 職墨 8-712B
zhímò 蟙蠌 8-974B
zhǐmó 只磨 3-48B
zhǐmó 指摹 6-582B
zhǐmò 只没 3-46B
zhǐmò 紙墨 9-771B
zhīmòshēnggēn 枝末生根 4-806A
zhīmóu 知謀 7-1535B
zhìmóu 至謀 8-791A
zhìmóu 智謀 5-766A
zhǐmù 指目 6-575A
zhìmù 治目 5-1124A
zhìmù 治牧 5-1125B
zhìmù 質木 10-267A
zhìmù 擲目 6-942B
zhìmù 櫛沐 4-1337B
zhìmùfēngyǔ 櫛沐風雨 4-1337B
zhīmùzhīguān 枝木之冠 4-806A
zhīnà 支那 4-1376B
zhīnà 脂那 6-1249A
zhínà 職內 8-709A
zhǐná 指拏 6-578B
zhìnǎi 至乃 8-784A
zhìnàjīn 滯納金 6-81A
zhínán 直南 1-859B
zhínán 姪男 4-340A
zhǐnán 指南 6-577B
zhǐnàn 指難 6-584B
zhìnàn 質難 10-273B
zhǐnánchē 指南車 6-578A
zhīnán'érjìn 知難而進 7-1536A
zhīnán'értuì 知難而退 7-1536A
zhìnáng 智囊 5-767A
zhǐnángōngběi 指南攻北 6-577B
zhìnángtuán 智囊團 5-767A
zhǐnánzhēn 指南針 6-578A
zhìnè 質訥 10-271A
zhínèi 直內 1-855A
zhínèifāngwài 直內方外 1-855A
zhìnèn 稚嫩 8-100A
zhínéng 職能 8-711A
zhīnéng 知能 7-1532B
zhìnéng 智能 5-764B
zhīní 芝泥 9-279A
zhīnǐ 支擬 4-1385A
zhīnì 枝昵 4-807B
zhīnì 脂膩 6-1250B
zhīnì 脏膩 6-1310A
zhínì 執泥 2-1135A
zhǐnǐ 止疑 5-302A
zhǐnǐ 指儗 6-584B
zhǐnǐ 指擬 6-584A
zhìnì 滯泥 6-80B
zhínián 值年 1-1455A
zhíniàn 執念 2-1135A
zhǐniǎn 紙捻 9-769B
zhǐniǎn 紙撚 9-771B
zhìnián 稚年 8-99A
zhìniǎn 滯碾 6-82B
zhìniàn 識念 11-423B
zhìniàn 志念 7-399A
zhìniàn 寘念 3-1577A
zhìniàn 置念 8-1025B
zhìniàn 滯念 6-80B
zhíniángde 直娘的 1-861A
zhíniángzéi 直娘賊 1-861A
zhìniǎo 志鳥 7-400A
zhìniǎo 鷙鳥 12-1155B
zhìniǎojiāngjī… 鷙鳥將擊,卑飛斂翼 12-1155B
zhìniǎolěibǎi… 鷙鳥累百,不如一鶚 12-1155B
zhìniǎolèibǎi… 鷙鳥絫百,不如一鶚 12-1156A
zhìniǎoyīng 摯鳥膺 6-822A
zhīniè 支孽 4-1386A
zhìniè 置臬 8-1026A
zhìniè 置槷 8-1027A
zhǐnìng 指佞 6-576A
zhìníng 至寧 8-790B
zhìníng 滯凝 6-82B
zhǐnìngcǎo 指佞草 6-576A
zhīnìqì 脂膩氣 6-1250B
zhīniū 吱妞 3-203A
zhīniǔ 吱扭 3-202B
zhíniǔ 執扭 2-1133B
zhí'niù 直抝 1-856B
zhí'niù 直拗 1-858A
zhíniù 執抝 2-1133B
zhíniù 執拗 2-1134A
zhìniǔ 制鈕 2-666A
zhíniú'ěr 執牛耳 2-1132A
zhīnóng 支農 4-1382B
zhǐnù 指怒 6-578B
zhìnù 滯怒 6-80B
zhīnuó 支挪 4-1379A
zhīnuògāo 支諾皋 4-1384B
zhīnǚ 織女 9-1019A
zhínǚ 侄女 1-1335B
zhínǚ 姪女 4-340A
zhìnǚ 致女 8-793A
zhìnǚ 稚女 8-99A
zhínǚ'er 姪女兒 4-340A
zhīnǚhé 織女河 9-1019A
zhīnǚjīn 織女津 9-1019A
zhīnǚxīng 織女星 9-1019A
zhínǚxu 侄女婿 1-1336A
zhínǚxu 姪女壻 4-340A
zhī'ǒu 隻偶 11-794A
zhī'ǒu 隻耦 11-794B
zhǐpà 只怕 3-47A
zhǐpà 紙帕 9-769A
zhīpái 支排 4-1380B
zhīpài 支派 4-1379B
zhīpài 枝派 4-807B
zhípài 直派 1-860A
zhǐpái 紙牌 9-770B
zhǐpài 指派 6-578A
zhǐpān 指攀 6-584B
zhìpàn 質判 10-268B
zhìpáo 豸袍 10-1326B
zhìpáo 炙炰 7-39B
zhīpéi 支陪 4-1380B
zhīpèi 支配 4-1380A
zhípèi 執轡 2-1140B
zhǐpèi 指配 6-578B
zhìpèi 豸佩 10-1326B
zhìpèi 陟配 11-983B
zhìpèi 櫛佩 4-1337B
zhīpèijiējí 支配階級 4-1380A
zhīpī 脂批 6-1249A
zhīpí 織皮 9-1019B
zhípī 直劈 1-866A
zhípī 執披 2-1134A
zhípí 植皮 4-1082A
zhípì 直辟 1-865A
zhǐpì 旨譬 5-576B
zhìpí 至罷 8-791A
zhìpì 雉埤 11-836B
zhīpián 支駢 4-1384B
zhīpiào 支票 4-1380B
zhǐpiào 紙票 9-770A
zhìpiào 質票 10-270B
zhípǐn 植品 4-1083A
zhìpǐn 製品 9-102B
zhìpìn 致聘 8-795B
zhīpíng 脂瓶 6-1249B
zhípíng 執憑 2-1139B
zhìpíng 至平 8-785B
zhìpíng 治平 5-1124A
zhìpíng 致平 8-793B
zhìpíng 質憑 10-273A
zhīpó 支婆 4-1381A
zhīpò 支破 4-1380A
zhípò 直迫 1-859A
zhǐpō 指潑 6-583B
zhǐpò 指破 6-578B
zhìpó 質婆 10-271A
zhìpò 滯魄 6-82A
zhǐpòmítuán 指破迷團 6-578B
zhīpú 織蒲 9-1020B
zhīpǔ 芝圃 9-279A
zhípǔ 直樸 1-866B
zhìpú 躓仆 10-567A
zhìpǔ 至朴 8-785B
zhìpǔ 至樸 8-791A
zhìpǔ 治譜 5-1129B
zhìpǔ 質朴 10-267B
zhìpǔ 質樸 10-272B
zhìpù 質鋪 10-272B
zhípǔwúhuá 直樸無華 1-866B
zhīqī 枝戚 4-808B
zhīqī 枝棲 4-809A
zhīqí 支祁 4-1376B
zhīqí 支祈 4-1378A
zhīqí 枝岐 4-806B
zhīqǐ 知啓 7-1533A
zhīqì 知契 7-1530B

zhīqì 知器 7-1535B
zhíqí 植鰭 4-1084B
zhíqì 直氣 1-860B
zhíqì 執契 2-1135B
zhǐqī 指期 6-581A
zhǐqí 止齊 5-302A
zhǐqì 抵棄 6-478A
zhǐqì 止憩 5-302B
zhìqī 至戚 8-788B
zhìqī 稚妻 8-99A
zhìqí 時畦 7-1341B
zhìqí 踶跂 10-517B
zhìqǐ 陟屺 11-982B
zhìqǐ 贄啟 10-291A
zhìqì 至契 8-787B
zhìqì 志氣 7-399B
zhìqì 制氣 2-665A
zhìqì 治氣 5-1126B
zhìqì 治葺 5-1127B
zhìqì 治器 5-1128B
zhìqì 智器 5-766A
zhìqì 稚氣 8-99B
zhìqì 滯氣 6-80B
zhìqì 滯器 6-82B
zhìqì 質契 10-269B
zhìqì 擲弃 6-943A
zhìqì 擲棄 6-943B
zhìqì 擿棄 6-940B
zhīqián 之前 1-678B
zhīqián 支前 4-1379B
zhīqián 祗虔 7-899A
zhīqiǎn 支遣 4-1382B
zhíqiān 執謙 2-1140A
zhíqián 直前 1-860A
zhíqián 直錢 1-866B
zhíqián 值錢 1-1455B
zhíqián 職錢 8-712B
zhíqiàn 直塹 1-867B
zhǐqiān 紙簽 9-772A
zhǐqiān 紙籤 9-772A
zhǐqián 紙錢 9-771B
zhǐqiǎn 旨遣 5-576A
zhìqiān 置鉛 8-1026B
zhìqián 制錢 2-667B
zhìqián 稚錢 8-100B
zhìqián 質錢 10-273A
zhìqián 擲錢 6-943B
zhǐqiāng 紙鏹 9-772A
zhìqiáng 治彊 5-1129A
zhìqiáng 治強 5-1127B
zhìqiáng 治牆 5-1129A
zhìqiáng 治薔 5-1129B
zhìqiáng 質強 10-271B
zhìqiáng 鷙彊 12-1156A
zhīqiāngǔ 隻千古 11-793B
zhīqiào 知竅 7-1536A
zhǐqiáo 指橋 6-583B
zhìqiáo 雉翹 11-837B
zhìqiǎo 知巧 7-1527A
zhìqiǎo 智巧 5-762B
zhìqíbùdìng 置棋不定 8-1026A
zhīqíbùfǎn 隻騎不反 11-794B
zhíqiē 直切 1-855A
zhǐqiè 指切 6-573B
zhìqiè 摯切 6-822A
zhīqīn 支親 4-1385A
zhīqín 祗勤 7-899B
zhíqín 值勤 1-1455B
zhíqín 執勤 2-1138A
zhǐqīn 紙衾 9-769B
zhìqīn 至親 8-791B
zhìqīn 治親 5-1129A
zhìqín 智禽 5-765A
zhìqín 鷙禽 12-1156A
zhīqīng 支青 4-1377B
zhīqīng 知青 7-1529A
zhīqíng 支情 4-1381A
zhīqíng 知情 7-1533A
zhíqīng 直清 1-862A
zhíqíng 直情 1-862A
zhǐqíng 只情 3-48A
zhìqīng 至清 8-788B
zhìqíng 至情 8-789A
zhìqíng 志情 7-400A
zhìqíng 滯情 6-81B
zhìqíng 質請 10-273A
zhīqíngdálǐ 知情達理 7-1533A
zhíqíngjìngxíng 直情徑行 1-862B
zhīqíngshíqù 知情識趣 7-1533A
zhìqīngǔròu 至親骨肉 8-791B
zhǐqīntuōgù 指親托故 6-584A
zhìqióng 智瓊 5-766B
zhìqióng 滯窮 6-82B
zhīqiū 知丘 7-1527B
zhíqiú 執囚 2-1132B
zhíqiú 縶囚 9-977B
zhìqiū 稚秋 8-99B
zhìqiú 忮求 7-431A
zhìqiú 雉裘 11-836B
zhìqiú 滯囚 6-80A
zhīqíyībùzhīqí'èr 知其一不知其二 7-1529A
zhīqíyīwèidǔqí'èr 知其一未睹其二 7-1529B
zhīqíyīwèizhīqí'èr 知其一未知其二 7-1529B
zhīqū 支詘 4-1381B
zhīqú 支渠 4-1381A
zhīqú 枝渠 4-808B
zhīqǔ 支取 4-1377B
zhīqù 知趣 7-1535A
zhíqū 直趨 1-867A
zhíqū 摭詘 6-840B
zhíqǔ 直取 1-858A
zhǐqū 指屈 6-577B
zhǐqū 指趨 6-584A
zhǐqū 指趣 6-583A
zhǐqǔ 指取 6-576B
zhǐqù 旨趣 5-576B
zhǐqù 恉趣 7-527A
zhǐqù 指趣 6-583A
zhìqū 志趨 7-401B
zhìqū 制屈 2-664A
zhìqū 滯屈 6-80B
zhìqǔ 製曲 9-102A
zhìqù 志趣 7-401B
zhīquán 知權 7-1536B
zhíquán 直泉 1-859B
zhíquán 執權 2-1140B
zhíquán 職權 8-712B
zhìquán 治權 5-1129B
zhìquán 銍權 11-1251A
zhìquǎn 猘犬 5-78B
zhìquǎn 稚犬 8-99A
zhìquàn 陟勸 11-983B
zhìquàn 質券 10-269A
zhíquǎnshìyáo 蹠犬噬堯 10-545A
zhīquē 芝闕 9-280A
zhīquè 枝鵲 4-810B
zhīquè 鳷鵲 12-1070A
zhǐquè 抵鵲 6-480A
zhìquè 質确 10-271A
zhìquè 質慤 10-272B
zhìquè 擲鵲 6-944A
zhǐquèjuānjīn 抵雀捐金 6-477B
zhǐqūn 指囷 6-577A
zhíqùzhílái 直去直來 1-855B
zhírán 直然 1-863A
zhìrán 贄然 10-291A
zhìrán 秩然 8-71B
zhìrán 櫛然 4-1338A
zhìrǎng 治穰 5-1129B
zhìràng 質讓 10-274A
zhíráo 直饒 1-868A
zhírè 執熱 2-1139A
zhìrè 炙熱 7-39B
zhìrè 滯熱 6-82B
zhìrè 摯熱 6-822A
zhīrén 知人 7-1525B
zhīrèn 之任 1-678A
zhīrèn 支任 4-1376B
zhīrèn 枝刃 4-806A
zhīrèn 織紝 9-1020A
zhīrèn 織紅 9-1020B
zhírén 直人 1-854A
zhírén 職人 8-708B
zhírèn 直恁 1-860B
zhírèn 植刃 4-1082A
zhírèn 職任 8-709B
zhǐrèn 只恁 3-47B
zhǐrèn 指任 6-575B
zhìrén 櫛人 4-1069B
zhìrén 知人 7-1525B
zhìrén 至人 8-784A
zhìrén 至仁 8-785A
zhìrén 志人 7-398A
zhìrén 治人 5-1123A
zhìrén 致人 8-793A
zhìrén 智人 5-761B
zhìrén 質人 10-266B
zhìrén 質仁 10-267A
zhìrěn 忮忍 7-431B
zhìrěn 鷙忍 12-1155A
zhìrèn 至任 8-786A
zhìrèn 至紉 8-788A
zhìrèn 治任 5-1124B
zhìrèn 智刃 5-762A
zhìrèn 誌認 11-215B
zhìrèn 質任 10-267B
zhírènbùhuì 直認不諱 1-865B
zhīrénlùnshì 知人論世 7-1526A
zhīrénshànrèn 知人善任 7-1526A
zhìrényǒng 智仁勇 5-762B
zhīrénzézhé 知人則哲 7-1526A
zhīrénzhījiàn 知人之鑒 7-1525B
zhīrénzhīmiànbùzhīxīn 知人知面不知心 7-1526A
zhīrénzhīmíng 知人之明 7-1525B
zhīrì 隻日 11-794A
zhírì 直日 1-855A
zhírì 值日 1-1454B
zhǐrì 指日 6-573B
zhìrì 遲日 10-1233A
zhìrì 至日 8-785A
zhǐrìchénggōng 指日成功 6-574A
zhǐrì'érdài 指日而待 6-574A
zhǐrìgāoshēng 指日高升 6-574A
zhǐrìgāoshēng 指日高陞 6-574A
zhǐrìkědài 指日可待 6-574A
zhǐrìmán 指日鬘 6-574A
zhǐrìshìxīn 指日誓心 6-574A
zhíróng 直容 1-861A
zhìróng 治戎 5-1124B
zhìróng 致戎 8-793B
zhīróngshǒurǔ 知榮守辱 7-1534B
zhíróu 直柔 1-860B
zhíróu 執柔 2-1136B
zhìróu 蛭蝚 8-889B
zhìròu 炙肉 7-39A
zhīrú 之如 1-678A
zhīrú 枝如 4-806B
zhǐrú 只如 3-46B
zhìrú 至如 8-786A
zhìrú 秩如 8-70B
zhìrú 稚孺 8-100B
zhìrǔ 稚乳 8-99B
zhìrǔ 雉乳 11-836A
zhīruǎn 芝檽 9-280A
zhírùgōngtáng 直入公堂 1-854A
zhìruǐ 稚蕊 8-100A
zhìruì 知睿 7-1534B

zhìruì 智睿 5-765B
zhìrùn 置閏 8-1026B
zhīruò 祗若 7-898B
zhǐruò 茝若 9-411A
zhǐruò 芷若 9-284B
zhìruò 至若 8-787A
zhìruò 稚弱 8-99B
zhìruòwǎngwén 置若罔聞 8-1025B
zhírúxián 直如弦 1-856B
zhīsàn 支散 4-1381B
zhísǎn 直傘 1-863A
zhìsàn 置散 8-1026A
zhísāng 執喪 2-1137B
zhísāng 職喪 8-711B
zhìsāng 治喪 5-1127B
zhìsāng 致喪 8-795A
zhìsāng 稚桑 8-100A
zhǐsāngmàhuái 指桑罵槐 6-579A
zhǐsāngshùmàhuáishù 指桑樹罵槐樹 6-579A
zhǐsāngshuōhuái 指桑説槐 6-579A
zhísè 執色 2-1133A
zhǐsè 止塞 5-302A
zhìsè 窒塞 8-443B
zhìsè 滯塞 6-82A
zhìsè 滯澁 6-82B
zhìsè 滯澀 6-82B
zhìsè 質色 10-268A
zhìsè 質澀 10-273B
zhīshā 支沙 4-1377B
zhīshā 支殺 4-1380B
zhīshā 支煞 4-1383A
zhìshā 質沙 10-268B
zhìshǎi 擲色 6-942B
zhìshài 炙晒 7-39B
zhìshài 炙曬 7-40A
zhìshài 炙曬 7-40A
zhǐshàn 止善 5-301B
zhǐshàn 指訕 6-579A
zhìshān 智山 5-762A
zhìshān 稚杉 8-99A
zhìshàn 至善 8-789A
zhìshàn 治繕 5-1129A
zhìshàn 秩膳 8-71B
zhìshàn 雉扇 11-836B
zhīshǎng 知賞 7-1535A
zhíshàng 直上 1-854B
zhìshāng 智商 5-764B
zhìshǎng 至賞 8-790B
zhìshǎng 致賞 8-796A
zhìshǎng 滯賞 6-82B
zhìshàng 志尚 7-399A
zhǐshàngkōngtán 紙上空談 9-768A
zhíshàngqīngyún 直上青雲 1-854B
zhǐshàngtánbīng 紙上談兵 9-768A
zhǐshàngtánbīng 紙上譚兵 9-768A
zhǐshàngyǔ 紙上語 9-768A
zhíshàngzhíxià 直上直下 1-854B
zhǐshānmàimò 指山賣磨 6-573B
zhíshànqīng'è 植善傾惡 4-1083B
zhǐshānshuōmò 指山説磨 6-573B
zhīshāo 枝梢 4-808B
zhīshāo 枝稍 4-809A
zhíshāo 執梢 2-1137A
zhǐsháo 徵招 3-1079A
zhìshāo 秩稍 8-71B
zhìshǎo 至少 8-784B
zhíshàoye 侄少爺 1-1336A
zhíshè 直舍 1-859A
zhǐshè 止舍 5-300B
zhǐshè 指舍 6-577A
zhǐshè 指射 6-579A
zhìshè 陟涉 11-983B
zhìshè 置社 8-1025A
zhìshè 置設 8-1026A
zhìshè 質舍 10-269A
zhīshēn 隻身 11-794A
zhīshēn 禔身 7-948B
zhīshèn 祗慎 7-899B
zhíshēn 直身 1-856B
zhǐshēn 指申 6-575A
zhìshēn 治身 5-1125A
zhìshēn 致身 8-793B
zhìshēn 寘身 3-1577A
zhìshēn 置身 8-1025A
zhìshēn 質身 10-268A
zhìshēn 擲身 6-942B
zhìshěn 質審 10-272B
zhíshēng 直聲 1-867A
zhíshēng 執生 2-1132B
zhíshéng 直繩 1-868A
zhǐshēng 徵聲 3-1082B
zhǐshěng 指省 6-578A
zhìshēng 治生 5-1124A
zhìshēng 治聲 5-1129A
zhìshēng 陟升 11-982B
zhìshēng 陟陞 11-983B
zhìshéng 擲繩 6-944A
zhìshěng 雉省 11-836B
zhìshěng 質省 10-269B
zhìshèng 至聖 8-789B
zhìshèng 志乘 7-399B
zhìshèng 制勝 2-666A
zhīshēngshēng 支生生 4-1376A
zhìshèngwénxuānwáng 至聖文宣王 8-789B
zhìshèngxiānshī 至聖先師 8-789B
zhǐshēnjǐng 軹深井 9-1236B
zhǐshēnjǐnglǐ 軹深井里 9-1236B
zhíshēnshēn 直伸伸 1-856B
zhìshēnshìwài 置身事外 8-1025A
zhīshi 知識 7-1536A
zhīshí 支石 4-1376A
zhīshí 知識 7-1536A
zhīshǐ 支使 4-1378A
zhīshì 之適 1-678B
zhīshì 支飾 4-1383A
zhīshì 芝室 9-279A
zhīshì 知事 7-1529B
zhīshì 肢勢 6-1176A
zhīshì 祗事 7-898B
zhīshì 織室 9-1020A
zhíshī 執失 2-1132B
zhíshí 摭拾 6-840A
zhíshí 摭實 6-840B
zhíshí 蹠實 10-545A
zhíshǐ 直史 1-855B
zhíshǐ 直使 1-859A
zhíshì 直搗 1-864A
zhíshì 直士 1-854B
zhíshì 直事 1-858B
zhíshì 直侍 1-859A
zhíshì 直視 1-862B
zhíshì 值事 1-1455A
zhíshì 執事 2-1134A
zhíshì 執勢 2-1138A
zhíshì 職事 8-710A
zhíshì 職勢 8-711B
zhǐshí 指食 6-578A
zhǐshí 指實 6-582B
zhǐshí 指識 6-584B
zhǐshí 枳實 4-913A
zhǐshǐ 只使 3-47A
zhǐshǐ 指使 6-577A
zhǐshì 止是 5-301A
zhǐshì 只是 3-47A
zhǐshì 旨示 5-575B
zhǐshì 指示 6-574B
zhǐshì 指事 6-576B
zhǐshì 指視 6-580A
zhǐshì 指適 6-582B
zhìshī 致師 8-794B
zhìshí 至識 8-792A
zhìshí 志石 7-398B
zhìshí 志識 7-401B
zhìshí 治實 5-1128B
zhìshí 致食 8-794B
zhìshí 致實 8-796A
zhìshí 智識 5-766B
zhìshí 誌石 11-215A
zhìshí 質實 10-272B
zhìshǐ 至使 8-787B
zhìshǐ 志矢 7-398B
zhìshǐ 制使 2-663B
zhìshǐ 質使 10-269A
zhìshǐ 櫛纚 4-1338A
zhìshì 知士 7-1526A
zhìshì 至事 8-787A
zhìshì 志士 7-398A
zhìshì 志事 7-399A
zhìshì 制世 2-662B
zhìshì 制事 2-663B
zhìshì 治世 5-1123B
zhìshì 治市 5-1124B
zhìshì 治室 5-1126A
zhìshì 治飾 5-1128A
zhìshì 治釋 5-1129B
zhìshì 致士 8-793A
zhìshì 致仕 8-793B
zhìshì 致事 8-794A
zhìshì 窒士 8-443B
zhìshì 智士 5-762A
zhìshì 滯事 6-80A
zhìshì 製飾 9-103A
zhìshì 質士 10-267A
zhìshì 質誓 10-272A
zhìshì 躓士 10-567A
zhìshì 鷙視 12-1156A
zhīshifènzi 知識分子 7-1536A
zhìshífènzi 智識分子 5-766B
zhíshìguān 職事官 8-710B
zhìshìguān 致仕官 8-793B
zhīshíhè 知時鶴 7-1532A
zhīshijiējí 知識階級 7-1536B
zhìshíjiējí 智識階級 5-766B
zhǐshìlèiqíng 指事類情 6-576B
zhīshiqīngnián 知識青年 7-1536B
zhíshìrén 執事人 2-1134B
zhìshìrénrén 志士仁人 7-398A
zhīshìsēng 知事僧 7-1529B
zhíshìsēng 職事僧 8-710B
zhǐshǐtiānrì 指矢天日 6-575A
zhìshíyù 智識欲 5-766B
zhìshízhě 智識者 5-766B
zhīshǒu 隻手 11-794A
zhǐshǒu 枳首 4-912B
zhīshòu 祗受 7-898B
zhíshǒu 執手 2-1132A
zhíshǒu 執守 2-1133A
zhíshǒu 職守 8-710A
zhíshǒu 軄守 10-713B
zhíshòu 侄獸 1-1336A
zhǐshǒu 止守 5-300B
zhǐshǒu 只手 3-45B
zhǐshǒu 只首 3-47A
zhǐshǒu 抵手 6-391A
zhǐshǒu 指首 6-578A
zhǐshòu 指受 6-577A
zhǐshòu 指授 6-579B
zhìshǒu 炙手 7-39A
zhìshǒu 彘首 3-1658B
zhìshǒu 置手 8-1025A
zhìshòu 制授 2-665A
zhìshòu 制壽 2-666B
zhìshòu 鷙獸 12-1156A
zhǐshǒudiǎnjiǎo 指手點脚 6-574A
zhǐshǒuhuàjiǎo 指手畫脚 6-574A
zhǐshǒuhuàjiǎo 指手劃脚 6-574A
zhìshǒukěrè 炙手可熱 7-39A

zhíshǒulǐ 執手禮 2-1132A
zhīshǒushé 枳首蛇 4-912B
zhīshǒuwǔjiǎo 支手舞脚 4-1375A
zhīshū 支書 4-1380B
zhīshǔ 支屬 4-1386B
zhīshǔ 枝屬 4-811A
zhīshù 支庶 4-1381A
zhīshù 芝朮 9-278B
zhīshù 枝庶 4-808B
zhíshū 直抒 1-856B
zhíshū 直書 1-861A
zhíshū 直疏 1-864A
zhíshū 執殳 2-1132A
zhíshǔ 直屬 1-868B
zhíshù 直豎 1-866A
zhíshù 植樹 4-1084A
zhǐshū 咫書 3-350A
zhǐshū 指書 6-579A
zhǐshǔ 指數 6-583A
zhǐshǔ 指屬 6-585A
zhǐshù 指數 6-583A
zhìshū 志書 7-400A
zhìshū 制書 2-665A
zhìshū 櫛梳 4-1337B
zhìshú 至孰 8-788B
zhìshú 至熟 8-791A
zhìshǔ 遲曙 10-1237B
zhìshǔ 治署 5-1128A
zhìshǔ 炙鼠 7-39B
zhìshǔ 擲鼠 6-943B
zhìshù 知術 7-1532B
zhìshù 至術 8-788B
zhìshù 至數 8-790B
zhìshù 制數 2-667A
zhìshù 治術 5-1127A
zhìshù 治數 5-1128B
zhìshù 智術 5-764B
zhìshù 智數 5-766A
zhìshù 製述 9-102B
zhìshù 質數 10-272B
zhìshù 櫛束 4-1337B
zhíshuài 直率 1-862A
zhìshuài 制帥 2-664B
zhìshuài 質率 10-271A
zhíshuǎng 直爽 1-861B
zhìshuāngmùlù 櫛霜沐露 4-1338A
zhíshuāngshuāng 直雙雙 1-867B
zhīshūdálǐ 知書達禮 7-1532A
zhīshuǐ 汁水 5-903B
zhīshuǐ 枝水 4-806A
zhīshuǐ 脂水 6-1249A
zhǐshuǐ 沢水 5-1082B
zhǐshuǐ 止水 5-300B
zhìshuǐ 智水 5-762A
zhìshuǐ 稚水 8-99A
zhìshuǐbùlòu 置水不漏 8-1025A
zhìshuǐzhīqīng 置水之清 8-1025A
zhìshuǐzhīqíng 置水之情 8-1025A
zhíshùjié 植樹節 4-1084A
zhìshǔjìqì 擲鼠忌器 6-943B
zhīshūmínglǐ 知書明理 7-1532A
zhīshùn 祇順 7-899B
zhíshùn 直順 1-863A
zhìshūnú 治書奴 5-1126B
zhīshuō 枝説 4-810A
zhíshuō 直説 1-865B
zhǐshuō 指説 6-582B
zhìshuō 滯説 6-82A
zhīshūshílǐ 知書識禮 7-1532A
zhīshūshízì 知書識字 7-1532A
zhíshùshù 直豎豎 1-866A
zhīshūtōnglǐ 知書通禮 7-1532A
zhǐshùwéixìng 指樹爲姓 6-583B
zhíshūxiōngyì 直抒胸臆 1-856B
zhìshūyóu 致書郵 8-795A
zhìshūyóu 置書郵 8-1026A
zhíshùzàolín 植樹造林 4-1084A
zhīshūzhīlǐ 知書知禮 7-1532A
zhīsī 枝斯 4-808B
zhīsì 枝嗣 4-809B
zhīsì 知寺 7-1527B
zhísī 殖私 5-167A
zhísī 職司 8-709B
zhísī 軄司 10-713B
zhísì 直似 1-856A
zhǐsì 指似 6-575B
zhìsī 志思 7-399B
zhìsī 致思 8-794B
zhìsī 智思 5-764A
zhìsī 滯思 6-80B
zhìsì 秩祀 8-70B
zhìsì 質肆 10-271B
zhìsǐbù'èr 至死不二 8-786A
zhīsǐbùyú 之死不渝 1-678A
zhìsī'érfén 治絲而棼 5-1128A
zhīsīmǎjì 蜘絲馬跡 8-917B
zhīsǐmǐ'èr 之死靡二 1-678A
zhīsǐmǐtā 之死靡他 1-678A
zhīsǐmǐtā 之死靡它 1-678A
zhīsōng 脂松 6-1249A
zhīsǒng 祗竦 7-899B
zhīsǒng 祗聳 7-899B
zhísǒng 直聳 1-867A
zhìsōng 稚松 8-99A
zhìsòng 治訟 5-1127A
zhìsòng 滯訟 6-81B
zhìsǒu 指嗾 6-582B
zhìsǒu 智叟 5-764A
zhīsù 祇肅 7-899B
zhīsù 織素 9-1020A
zhísù 直宿 1-862B
zhísù 值宿 1-1455B
zhísù 職素 8-710B
zhǐsù 止宿 5-301B
zhǐsù 紙素 9-769B
zhìsú 稚俗 8-99B
zhìsù 秩粟 8-71B
zhìsù 質素 10-270A
zhísuàn 直算 1-865A
zhìsuàn 智筭 5-765B
zhìsuàn 智算 5-765B
zhīsuǐ 脂髓 6-1250B
zhīsuì 枝碎 4-809B
zhísuí 執綏 2-1139A
zhísuì 直遂 1-863B
zhísuì 直歲 1-864A
zhísuì 職歲 8-711B
zhìsuí 雉隨 11-837A
zhìsuì 稚歲 8-100A
zhīsūn 枝孫 4-808A
zhísūn 侄孫 1-1336A
zhísūn 姪孫 4-340A
zhǐsūn 只孫 3-47B
zhìsūn 稚孫 8-99B
zhìsūn 質孫 10-270B
zhìsǔn 稚筍 8-100A
zhísūnfù 姪孫婦 4-340A
zhísūnnǚ 侄孫女 1-1336A
zhīsuō 汁莎 5-903B
zhīsuō 汁獻 5-903B
zhísuǒ 執索 2-1136B
zhǐsuǒ 只索 3-47B
zhǐsuǒ 指索 6-578B
zhìsuō 擲梭 6-943A
zhìsuǒ 治所 5-1125B
zhítà 蹠踏 10-564B
zhítà 蹠蹋 10-564B
zhìtà 座沓 3-1227B
zhìtà 稚榻 8-100A
zhìtà 置榻 8-1026B
zhǐtài 旨態 5-576B
zhìtái 制臺 2-666B
zhìtài 稚態 8-100A
zhǐtán 指彈 6-583B
zhìtán 雉壇 11-837A
zhǐtánfēngyuè 止談風月 5-302B
zhītāng 支湯 4-1381B
zhítáng 值堂 1-1455A
zhǐtāngpíng 紙湯瓶 9-770B
zhítǎntǎn 直坦坦 1-858A
zhítào 直套 1-860B
zhìtēi 忮忒 7-431A
zhīténg 支騰 4-1386B
zhíténg 蹠騰 10-564B
zhìténg 鷙騰 12-1156B
zhīténgténg 支騰騰 4-1386B
zhīténgzháorè 知疼着熱 7-1532A
zhīténgzháoyǎng 知疼着癢 7-1532A
zhītí 支提 4-1381B
zhītǐ 支體 4-1386B
zhītǐ 枝體 4-811A
zhītǐ 知體 7-1536B
zhītǐ 肢體 6-1176A
zhītì 祇惕 7-899B
zhítí 拓提 6-440B
zhǐtì 指擿 6-584A
zhìtī 櫛剔 4-1337B
zhìtǐ 治體 5-1129B
zhìtǐ 質體 10-274A
zhìtì 至弟 8-786B
zhìtì 窒惕 8-443A
zhìtì 滯疐 6-82A
zhìtì 櫛薙 4-1338A
zhītián 支填 4-1382A
zhītián 芝田 9-278B
zhítián 職田 8-709B
zhǐtián 紙田 9-768B
zhìtián 制田 2-662B
zhìtián 治田 5-1124A
zhǐtiānhuàdì 指天畫地 6-573B
zhǐtiānshìrì 指天誓日 6-573B
zhǐtiānwéishì 指天爲誓 6-573B
zhītiáo 支條 4-1380A
zhītiáo 枝條 4-808A
zhǐtiáo 紙條 9-769B
zhìtiáo 制條 2-665A
zhītiě 支帖 4-1378A
zhítiě 直帖 1-858B
zhítīng 直廳 1-868B
zhítǐng 直挺 1-859B
zhítǐng 執梃 2-1136B
zhìtíng 置亭 8-1025B
zhítǐngtǐng 直挺挺 1-859B
zhǐtítiáo 紙提條 9-770A
zhītōng 知通 7-1532B
zhītóng 芝童 9-279B
zhítǒng 職統 8-711B
zhǐtōng 旨通 5-576A
zhǐtǒng 旨統 5-576A
zhìtōng 知通 7-1532B
zhìtōng 治通 5-1126B
zhìtōng 智通 5-764B
zhìtóng 稚童 8-100A
zhìtǒng 治統 5-1128A
zhìtóngdàohé 志同道合 7-398B
zhǐtóngqián 紙銅錢 9-771A
zhítōngtōng 直通通 1-861A
zhítǒngtǒng 直桶桶 1-861B
zhítǒngtǒng 直統統 1-864A
zhītóu 枝頭 4-810B
zhítou 指頭 6-584A
zhítóu 直頭 1-866A
zhǐtóu 紙頭 9-771B
zhìtóu 摘頭 6-843A
zhìtóu 雉頭 11-837A
zhìtóu 擲骰 6-943B
zhītóugān 枝頭乾 4-810B
zhítouhuà 指頭畫 6-584A
zhìtóuhúyè 雉頭狐腋 11-837A

zhítóulǎohǔ 直頭老虎 1-866B
zhìtóuqiú 雉頭裘 11-837A
zhítóuzhínǎo 直頭直腦 1-866B
zhītóuzi 擲骰子 6-943B
zhítū 直突 1-860A
zhítū 直堗 1-863A
zhítú 蹠徒 10-545A
zhìtú 馶駼 12-1080B
zhǐtú 指途 6-579A
zhǐtú 指塗 6-582A
zhǐtú 軹塗 9-1236B
zhìtú 志圖 7-401A
zhìtú 治徒 5-1126B
zhìtú 製圖 9-103A
zhìtú 擲塗 6-943B
zhìtǔ 制土 2-662B
zhìtù 雉兔 11-836A
zhǐtuí 抵頹 6-391A
zhǐtuí 抵穨 6-391A
zhǐtún 黹屯 12-1311A
zhītuō 支托 4-1376B
zhītuō 支託 4-1380B
zhǐtuō 止託 5-301B
zhǐtuò 止唾 5-301B
zhìtuō 志託 7-399B
zhīwā 吱哇 3-203A
zhìwǎ 擲瓦 6-942A
zhìwàifǎquán 治外法權 5-1124B
zhīwàishēngzhī 枝外生枝 4-806B
zhīwǎn 芝畹 9-280A
zhíwán 執玩 2-1134A
zhìwán 滯頑 6-82A
zhìwán 擲丸 6-942A
zhìwǎn 治晚 5-1127A
zhīwǎng 之往 1-678A
zhǐwang 指望 6-580A
zhìwǎng 忮罔 7-431B
zhìwàng 至望 8-788B
zhìwàng 志望 7-400A
zhìwàng 秩望 8-71B
zhīwēi 知微 7-1534A
zhīwéi 脂韋 6-1249B
zhīwěi 支委 4-1378A
zhīwěi 枝尾 4-806B
zhīwěi 知委 7-1530A
zhīwèi 支位 4-1377A
zhīwèi 祇畏 7-899A
zhíwēi 執威 2-1136A
zhíwéi 縶維 9-977B
zhíwèi 直衛 1-866A
zhíwèi 職位 8-710A
zhíwèi 軄位 10-713B
zhìwěi 痓痏 8-296B
zhǐwěi 紙尾 9-769A
zhǐwèi 旨味 5-575B
zhìwēi 至微 8-790A
zhìwēi 志微 7-400B
zhìwēi 制威 2-664B
zhìwéi 至爲 8-789A
zhìwéi 帙帷 3-702B
zhìwěi 智僞 5-765B
zhìwěi 雉尾 11-835B
zhìwěi 質委 10-269A
zhìwèi 至味 8-787A
zhìwèi 秩位 8-70B
zhìwèi 致位 8-793B
zhìwèi 致味 8-794A
zhìwèi 贄遺 10-291A
zhìwěicáng 雉尾藏 11-836A
zhìwěichún 雉尾蓴 11-836A
zhīwěihuì 支委會 4-1378A
zhìwěijù 雉尾炬 11-836A
zhìwěishàn 雉尾扇 11-836A
zhīwēizhīzhāng 知微知章 7-1534A
zhīwēizhīzhāng 知微知彰 7-1534A
zhīwén 知聞 7-1534B
zhíwēn 直温 1-863B
zhíwèn 執問 2-1137A
zhǐwén 指紋 6-579B
zhǐwèn 旨問 5-576A
zhīwén 織文 9-1019A
zhìwén 至文 8-785A
zhìwén 製文 9-102A
zhìwén 誌文 11-215A
zhìwén 質文 10-267A
zhìwén 贄文 10-290B
zhìwèn 治問 5-1127B
zhìwèn 置問 8-1026A
zhìwèn 質問 10-271A
zhīwéndálǐ 知文達禮 7-1527A
zhíwénhàiyì 執文害意 2-1132A
zhīwǒ 知我 7-1528B
zhīwǒzuìwǒ 知我罪我 7-1528B
zhīwū 織烏 9-1020A
zhīwú 之無 1-678B
zhīwú 支吾 4-1376B
zhīwú 支梧 4-1380B
zhīwú 支捂 4-1380A
zhīwú 吱唔 3-203A
zhīwú 枝梧 4-808A
zhǐwǔ 搘捂 6-792B
zhīwù 知務 7-1532B
zhīwù 織物 9-1019B
zhíwù 執務 2-1137A
zhíwù 植物 4-1082B
zhíwù 殖物 5-167A
zhíwù 職務 8-711A
zhǐwù 指物 6-577A
zhìwú 至無 8-789A
zhìwǔ 致武 8-794B
zhìwù 至物 8-787A
zhìwù 至務 8-788A
zhìwù 制物 2-663B
zhìwù 治務 5-1126B
zhìwù 滯務 6-81A
zhìwù 質物 10-269A
zhīwúbùjìn 知無不盡 7-1533B
zhīwúbùwéi 知無不爲 7-1533B
zhīwúbùyán 知無不言 7-1533B
zhīwúbùyán… 知無不言，言無不盡 7-1533B
zhīwūlìng 支兀另 4-1374B
zhíwùxiānwéi 植物纖維 4-1083A
zhíwùxìngshénjīng 植物性神經 4-1082B
zhíwùxué 植物學 4-1083A
zhíwùyóu 植物油 4-1082B
zhíwùyuán 植物園 4-1083A
zhīxī 支析 4-1377B
zhīxī 知希 7-1529A
zhīxī 知悉 7-1533A
zhíxī 直西 1-856A
zhíxī 植錫 4-1084A
zhíxí 縶習 6-45B
zhíxì 直繫 1-867B
zhíxì 直系 1-857A
zhǐxī 抵攕 6-480A
zhǐxī 抵巇 6-480A
zhǐxī 觝巇 10-1358B
zhǐxī 止息 5-301A
zhǐxì 抵隙 6-478A
zhìxī 窒息 8-443A
zhìxī 滯欷 6-81A
zhìxī 擲錫 6-943B
zhìxǐ 誌喜 11-215B
zhìxǐ 櫛縰 4-1338A
zhìxì 緻細 9-962A
zhīxiá 脂轄 6-1250B
zhíxiá 直轄 1-867A
zhíxià 直下 1-854B
zhǐxiá 抵瑕 6-478A
zhǐxiá 指瑕 6-581B
zhìxiá 陟遐 11-983B
zhìxiá 桎鎋 4-967A
zhìxiá 滯瑕 6-82A
zhìxià 治下 5-1123A
zhìxià 滯下 6-80A
zhìxià 擲下 6-942A
zhīxiàn 知縣 7-1535A
zhíxián 直弦 1-859A
zhíxián 職銜 8-712A
zhíxiàn 直綫 1-865B
zhíxiàn 執憲 2-1140A
zhìxián 至賢 8-790B
zhìxián 至諴 8-791B
zhìxiàn 制限 2-664A
zhìxiàn 贄獻 10-291A
zhíxiàng 直項 1-862B
zhíxiàng 執相 2-1136A
zhǐxiáng 祉祥 7-838A
zhǐxiàng 指向 6-575B
zhǐxiàng 指象 6-579B
zhìxiang 志鄉 7-400B
zhìxiǎng 致饗 8-796B
zhìxiǎng 置想 8-1026B
zhìxiǎng 滯想 6-82A
zhìxiàng 志嚮 7-401B
zhìxiàng 志向 7-399A
zhìxiàng 制象 2-665B
zhìxiàng 治象 5-1127A
zhìxiàng 質象 10-271A
zhìxiàng 質像 10-272A
zhīxiànshì 知縣事 7-1535B
zhìxiānzhìxì 至纖至悉 8-792A
zhīxiāo 支消 4-1380B
zhīxiāo 支銷 4-1384A
zhīxiǎo 知曉 7-1535B
zhǐxiāo 只消 3-47B
zhǐxiào 指笑 6-578B
zhìxiāo 滯銷 6-82B
zhìxiāo 鷙梟 12-1155B
zhìxiǎo 稚小 8-98B
zhìxiào 至孝 8-786B
zhìxiào 致效 8-795A
zhìxiào 智効 5-763B
zhìxiào 智效 5-764B
zhīxiǎomóudà 知小謀大 7-1526A
zhìxiǎomóudà 智小謀大 5-762A
zhīxiǎoyándà 知小言大 7-1526A
zhìxiǎoyándà 智小言大 5-762A
zhǐxiázàoxì 指瑕造隙 6-581B
zhīxiè 支泄 4-1378A
zhīxiè 知謝 7-1535B
zhìxiè 致謝 8-796A
zhìxiè 質讎 10-274A
zhíxífu 侄媳婦 1-1336A
zhīxīn 知心 7-1527A
zhíxīn 直心 1-855B
zhíxīn 執心 2-1132B
zhíxīn 執薪 2-1139B
zhíxīn 植心 4-1082A
zhíxìn 直信 1-859B
zhíxìn 執信 2-1136A
zhǐxìn 旨信 5-575B
zhìxīn 遲昕 10-1234A
zhìxīn 知心 7-1527A
zhìxīn 至心 8-785B
zhìxīn 志心 7-398B
zhìxīn 忮心 7-431A
zhìxīn 治心 5-1123B
zhìxīn 秩薪 8-71B
zhìxīn 致心 8-793B
zhìxīn 鷙心 12-1155A
zhìxìn 至信 8-788A
zhìxìn 置信 8-1025B
zhìxìn 質信 10-269B
zhíxīncháng 直心腸 1-855B
zhìxīncháolǐ 至心朝禮 8-785B
zhīxíng 支硎 4-1380B
zhīxíng 知行 7-1527B
zhīxǐng 知省 7-1531A
zhīxìng 知性 7-1530B
zhíxīng 值星 1-1455A
zhíxíng 直刑 1-856A
zhíxíng 直行 1-856A

zhíxíng 執行 2-1133A
zhíxíng 植行 4-1082A
zhíxìng 直性 1-859A
zhíxìng 執性 2-1135A
zhíxìng 植性 4-1083A
zhíxìng 職性 8-710B
zhǐxíng 紙型 9-769A
zhīxíng 知行 7-1527B
zhìxíng 至刑 8-785B
zhìxíng 至行 8-786A
zhìxíng 志行 7-399A
zhìxíng 制行 2-663A
zhìxíng 治行 5-1124B
zhìxíng 製形 9-102A
zhìxíng 質行 10-268A
zhìxíng 質形 10-268A
zhīxìng 知性 7-1530B
zhìxìng 至性 8-787B
zhìxìng 志性 7-399B
zhìxìng 治性 5-1125B
zhìxìng 智性 5-763B
zhìxìng 質性 10-269A
zhīxínghéyī 知行合一 7-1527B
zhíxíngzhǔxí 執行主席 2-1133A
zhíxìngzi 直性子 1-859A
zhīxīnhuà 知心話 7-1527A
zhīxīnkěfù 知心可腹 7-1527A
zhǐxīnliànmǔ 指心戀母 6-574B
zhìxīnmàiyǎn 擲心賣眼 6-942B
zhíxīnyǎn 直心眼 1-855B
zhīxīnzháoyì 知心着意 7-1527A
zhīxīnzhīyì 知心知意 7-1527A
zhíxiōng 直兄 1-855B
zhīxióngshǒucí 知雄守雌 7-1533A
zhíxìqīnshǔ 直系親屬 1-857A
zhīxiū 祗修 7-899A
zhíxiū 執脩 2-1136B
zhíxiù 植秀 4-1082B
zhǐxiù 絺繡 9-873A
zhìxiù 豸繡 10-1327A
zhìxiù 稚秀 8-99A
zhìxiùqiú 擲繡毬 6-944A
zhíxìxuèqīn 直系血親 1-857A
zhīxǔ 支許 4-1381A
zhíxū 直須 1-863A
zhíxú 執徐 2-1136B
zhíxù 直叙 1-860A
zhíxù 植緒 4-1083B
zhǐxū 抵虛 6-477B
zhǐxù 止畜 5-301B
zhǐxù 旨蓄 5-576A
zhìxū 至虛 8-788B
zhìxū 智諝 5-766A
zhìxǔ 雉姁 11-836B
zhìxù 治序 5-1125A
zhìxù 治敘 5-1127A
zhìxù 秩序 8-70B
zhìxù 秩敘 8-71A
zhìxù 袠叙 9-46B
zhìxù 跱蓄 10-457B
zhíxuán 直縣 1-866B
zhíxuán 植懸 4-1084A
zhìxuān 輊軒 9-1247A
zhìxuǎn 炙鏇 7-40A
zhíxué 直學 1-866B
zhíxué 植學 4-1084A
zhìxué 志學 7-401A
zhìxué 治學 5-1128B
zhìxué 智學 5-766A
zhìxué 質學 10-273A
zhìxuè 滯血 6-80A
zhíxuéshì 直學士 1-866B
zhíxùn 執訊 2-1136B
zhǐxùn 只遜 3-48A
zhìxún 質詢 10-272A
zhìxùn 至訓 8-788A
zhìxùn 雉馴 11-836B
zhìxùn 質訊 10-270A
zhǐxúnhú 指巡胡 6-576A
zhǐxǔzhōuguānfànghuǒ… 只許州官放火，不許百姓點燈 3-48A
zhīyā 枝丫 4-806A
zhǐyā 紙鴉 9-771B
zhìyā 制壓 2-667B
zhìyā 治押 5-1125A
zhìyā 質押 10-268B
zhìyā 質壓 10-273B
zhìyá 智牙 5-762A
zhìyá'er 跐牙兒 10-462A
zhìyálièzuǐ 跐牙裂嘴 10-462A
zhīyán 支言 4-1377B
zhīyán 卮言 2-512B
zhīyán 巵言 1-918B
zhīyán 知言 7-1529A
zhīyán 祇嚴 7-900A
zhīyǎn 支衍 4-1379A
zhīyǎn 隻眼 11-794B
zhíyán 直言 1-857A
zhíyán 執言 2-1134A
zhíyán 植言 4-1082B
zhíyán 蹠顏 10-545A
zhǐyān 紙烟 9-769B
zhǐyán 指言 6-576A
zhìyān 滯淹 6-81B
zhìyán 至言 8-786B
zhìyán 治嚴 5-1129B
zhìyán 稚顏 8-100B
zhìyán 置言 8-1025A
zhìyán 質言 10-268A
zhìyàn 治驗 5-1130A
zhìyàn 稚黶 8-100B
zhìyàn 質驗 10-274A
zhíyánbùhuì 直言不諱 1-857B
zhīyǎng 支仰 4-1376B
zhīyǎng 祇仰 7-898B
zhíyǎng 植養 4-1083B
zhìyáng 至陽 8-789A
zhìyáng 炙羊 7-39A
zhìyáng 炙陽 7-39B
zhìyǎng 至養 8-790B
zhìyǎng 治養 5-1128B
zhìyǎng 致養 8-796A
zhìyàng 制様 2-667A
zhíyángǔhuò 直言賈禍 1-858A
zhíyánjíjiàn 直言極諫 1-857B
zhíyánjíjiànkē 直言極諫科 1-857B
zhīyánlàmào 梔言蠟貌 4-1055B
zhíyánpànduàn 直言判斷 1-857B
zhíyánqièjiàn 直言切諫 1-857B
zhíyánsānduànlùn 直言三段論 1-857B
zhǐyànwéigēng 指雁爲羹 6-581A
zhíyánwúhuì 直言無諱 1-858A
zhíyánwúyǐn 直言無隱 1-858A
zhíyánzhèngjiàn 直言正諫 1-857B
zhíyánzhèngsè 直言正色 1-857B
zhīyào 芝藥 9-280A
zhíyào 執要 2-1136A
zhǐyáo 旨肴 5-575B
zhǐyào 茝葯 9-411A
zhǐyào 只要 3-47A
zhǐyào 旨要 5-575B
zhǐyào 指要 7-527A
zhǐyào 指要 6-578A
zhǐyào 紙鷂 9-772A
zhìyāo 質要 10-269B
zhìyào 至要 8-787B
zhìyào 至藥 8-791B
zhìyào 治要 5-1126A
zhǐyàogōngfushēn… 只要工夫深，鐵杵磨成針 3-47A
zhǐyàogōngfushēn… 只要功夫深，鐵杵磨成針 3-47A
zhīyè 支葉 4-1381B
zhīyè 支拽 4-1378B
zhīyè 汁液 5-903B
zhīyè 枝葉 4-808B
zhīyè 祇謁 7-899B
zhīyè 脂夜 6-1249A
zhíyè 直夜 1-859A
zhíyè 值夜 1-1455A
zhíyè 執業 2-1138B
zhíyè 植業 4-1083B
zhíyè 職業 8-711B
zhǐyè 趾業 10-438A
zhìyě 質野 10-270B
zhìyè 志業 7-400B
zhíyèbìng 職業病 8-712A
zhíyèdàodé 職業道德 8-712A
zhīyèfúshū 枝葉扶疏 4-809A
zhīyèfúsū 枝葉扶蘇 4-809A
zhíyèjiàoyù 職業教育 8-712A
zhíyèjièshàosuǒ 職業介紹所 8-712A
zhīyèpángdié 枝葉旁牒 4-809A
zhīyèxiāngchí 枝葉相持 4-809A
zhíyèxuéxiào 職業學校 8-712A
zhǐyèzi 紙葉子 9-770A
zhīyí 支揖 4-1381B
zhīyī 祇揖 7-899B
zhīyí 支移 4-1381A
zhīyí 支頤 4-1384B
zhīyí 搘頤 6-793A
zhīyí 榰頤 4-1207A
zhīyì 支裔 4-1383A
zhīyì 枝裦 4-810A
zhīyì 祇役 7-898B
zhīyì 祇翼 7-900A
zhīyì 隻翼 11-794B
zhíyī 執一 2-1131B
zhíyī 執衣 2-1133A
zhíyí 執夷 2-1133A
zhíyí 植移 4-1083B
zhíyì 直意 1-865A
zhíyì 直義 1-865A
zhíyì 直譯 1-868A
zhíyì 直議 1-868B
zhíyì 執役 2-1133B
zhíyì 執異 2-1137A
zhíyì 執意 2-1138B
zhíyì 執義 2-1139A
zhíyì 執議 2-1140B
zhíyì 植意 4-1083B
zhíyì 植義 4-1083B
zhíyì 植藝 4-1084A
zhíyì 職役 8-710A
zhǐyī 絺衣 9-872B
zhǐyī 紙衣 9-768B
zhǐyí 指宜 6-577B
zhǐyǐ 軹輢 9-1236B
zhǐyì 旨意 5-576B
zhǐyì 旨義 5-576B
zhǐyì 旨詣 5-576A
zhǐyì 恉誼 7-527A
zhǐyì 指役 6-576A
zhǐyì 指意 6-582A
zhǐyì 指議 6-585A
zhìyī 翄衣 9-645A
zhìyī 至一 8-784A
zhìyī 豸衣 10-1326A
zhìyī 制一 2-662A
zhìyī 致一 8-793A
zhìyī 紩衣 9-791B
zhìyī 雉噫 11-837B

zhìyí 制宜 2-664A
zhìyí 治宜 5-1126A
zhìyí 置疑 8-1027A
zhìyí 滯疑 6-82A
zhìyí 質疑 10-272A
zhìyí 贄儀 10-291A
zhìyì 至意 8-790A
zhìyì 至藝 8-791B
zhìyì 志意 7-401A
zhìyì 志義 7-401A
zhìyì 制抑 2-663A
zhìyì 制義 2-666B
zhìyì 制藝 2-667B
zhìyì 制議 2-667B
zhìyì 致意 8-795B
zhìyì 窒抑 8-443A
zhìyì 智意 5-765B
zhìyì 智鷁 5-767A
zhìyì 置議 8-1027B
zhìyì 置驛 8-1027B
zhìyì 滯役 6-80A
zhìyì 滯抑 6-80A
zhìyì 滯義 6-82A
zhìyì 誌異 11-215B
zhìyì 銍艾 11-1251A
zhìyì 質役 10-268A
zhìyì 質易 10-269A
zhìyì 贄藝 10-291A
zhìyíbiànhuò 質疑辨惑 10-272A
zhīyī'érbùzhī'èr 知一而不知二 7-1525B
zhīyī'érbùzhīshí 知一而不知十 7-1525B
zhìyījīngsǔnyījīng 治一經損一經 5-1123A
zhìyǐjìnyǐ 至矣盡矣 8-786B
zhīyīn 知音 7-1531A
zhīyǐn 支飲 4-1381B
zhīyìn 支胤 4-1379A
zhīyìn 枝胤 4-807B
zhīyìn 知印 7-1527B
zhíyīn 直音 1-860A
zhíyǐn 執引 2-1132B
zhǐyīn 徵音 3-1079B
zhǐyǐn 指引 6-574B
zhǐyǐn 紙引 9-768A
zhǐyìn 指印 6-575B
zhìyīn 至音 8-788A
zhìyīn 至陰 8-788A
zhìyín 滯淫 6-81B
zhìyǐn 至隱 8-791B
zhìyǐn 蛭螾 8-889B
zhìyìn 治印 5-1124A
zhīyīnài 脂衣柰 6-1249A
zhīyīng 芝英 9-278B
zhīyīng 祇膺 7-900A
zhīyǐng 隻影 11-794B
zhīyìng 支應 4-1385A
zhīyìng 祇應 7-900A
zhīyìng 秖應 8-72A
zhíyíng 直贏 1-868B
zhíyìng 蹠硬 10-545A
zhìyīng 鷙膺 12-1156A
zhīyìngjú 支應局 4-1385A
zhīyìngrén 祇應人 7-900A
zhīyīngshū 芝英書 9-279A
zhǐyǐngxì 紙影戲 9-771B
zhìyíngxīnmǎn 志盈心滿 7-399B
zhíyìngyìng 直硬硬 1-863A
zhīyīnshíqù 知音識趣 7-1531B
zhīyīwànbì 知一萬畢 7-1525B
zhìyíwènnàn 質疑問難 10-272A
zhīyìxíngnán 知易行難 7-1530A
zhīyōng 祇庸 7-899A
zhīyòng 支用 4-1376A
zhíyǒng 執勇 2-1136B
zhíyòng 執用 2-1132B
zhìyōng 致饔 8-796B
zhìyōng 滯壅 6-82B
zhìyǒng 智勇 5-764A
zhìyǒng 鷙勇 12-1155B
zhìyòng 志用 7-398B
zhìyòng 致用 8-793B
zhìyòng 智用 5-762B
zhìyòng 滯用 6-80A
zhìyòng 質用 10-267B
zhìyǒngjiānquán 智勇兼全 5-764A
zhìyǒngshuāngquán 智勇雙全 5-764B
zhīyóu 枝遊 4-809B
zhīyóu 知遊 7-1533B
zhīyóu 脂油 6-1249B
zhīyǒu 知友 7-1526B
zhīyòu 知誘 7-1534B
zhíyǒu 執友 2-1132A
zhǐyǒu 只有 3-46A
zhǐyòu 祉祐 7-838A
zhìyóu 至游 8-789B
zhìyóu 痣疣 8-317A
zhìyóu 置郵 8-1025B
zhìyóu 滯遊 6-81B
zhìyǒu 識有 11-422B
zhìyǒu 至友 8-784B
zhìyǒu 摯友 6-822A
zhìyòu 稚幼 8-99A
zhīyóudiǎndēng 脂油點燈 6-1249B
zhīyú 脂腴 6-1250A
zhīyǔ 芝宇 9-278B
zhīyǔ 隻語 11-794B
zhīyù 支禦 4-1385A
zhīyù 知遇 7-1533A
zhīyù 祇遹 7-899B
zhíyú 執輿 2-1140A
zhíyǔ 直語 1-865B
zhíyù 直喻 1-863A
zhíyù 值遇 1-1455B
zhíyù 執玉 2-1132B
zhíyù 執御 2-1138A
zhíyù 執馭 2-1137B
zhíyù 執獄 2-1139A
zhǐyú 紙魚 9-770A
zhǐyǔ 止雨 5-300B
zhǐyǔ 指語 6-582B
zhǐyù 抵玉 6-475B
zhǐyù 旨喻 5-576A
zhǐyù 指喻 6-581B
zhìyú 觶俞 10-1383B
zhìyú 至于 8-784B
zhìyú 至於 8-787B
zhìyú 炙魚 7-39B
zhìyú 滯隅 6-81B
zhìyǔ 致語 8-796A
zhìyǔ 稚語 8-100A
zhìyǔ 雉宇 11-835B
zhìyǔ 雉羽 11-835B
zhìyǔ 滯羽 6-80A
zhìyǔ 幟羽 3-762B
zhìyù 志欲 7-400A
zhìyù 制御 2-666A
zhìyù 制馭 2-665B
zhìyù 制獄 2-666B
zhìyù 制禦 2-667B
zhìyù 治馭 5-1127B
zhìyù 治獄 5-1128A
zhìyù 窒郁 8-443A
zhìyù 窒欲 8-443A
zhìyù 窒慾 8-443B
zhìyù 智育 5-763B
zhìyù 墆鬻 2-1188B
zhìyù 滯獄 6-82A
zhìyù 滯鬱 6-83A
zhìyù 質鬻 10-274A
zhìyù 瀄汩 6-169B
zhìyù 贄御 10-291A
zhīyuán 支援 4-1381B
zhīyuán 枝援 4-808B
zhīyuàn 芝苑 9-279A
zhīyuàn 知院 7-1531B
zhíyuān 直冤 1-861A
zhíyuán 直轅 1-867A
zhíyuán 植援 4-1083B
zhíyuán 職員 8-711A
zhíyuàn 直院 1-860B
zhíyuàn 執怨 2-1136A
zhíyuàn 植怨 4-1083A
zhǐyuān 紙鳶 9-771A
zhǐyuán 只緣 3-48A
zhǐyuán 枳園 4-913A
zhǐyuǎn 旨遠 5-576A
zhìyuàn 至願 8-792A
zhìyuàn 志願 7-401B
zhìyuàn 制院 2-665A
zhǐyuánbǎo 紙元寶 9-768A
zhìyuànbīng 志願兵 7-401B
zhìyuànjūn 志願軍 7-401B
zhīyuánpàiběn 枝源派本 4-810A
zhìyuǎnrènzhòng 致遠任重 8-795B
zhìyuànshū 志願書 7-401B
zhìyuánxíngfāng 智圓行方 5-765B
zhíyuē 職約 8-710B
zhíyuè 直月 1-855A
zhíyuè 值月 1-1454B
zhíyuè 執籥 2-1141A
zhǐyuē 止約 5-301A
zhǐyuē 指約 6-578B
zhǐyuè 指月 6-574B
zhìyuē 制約 2-665A
zhìyuē 質約 10-270A
zhìyuè 至樂 8-791A
zhìyuè 致樂 8-796A
zhìyuè 智鑰 5-767A
zhìyuè 滯越 6-81B
zhīyǔliúyì 支與流裔 4-1383A
zhīyùn 支運 4-1382A
zhìyùn 炙熨 7-40A
zhìyǔyǐngqū 質傴影曲 10-272A
zhǐyūzhìshàn 止於至善 5-300B
zhīzá 枝雜 4-810B
zhǐzā 紙紮 9-769B
zhǐzài 只在 3-46A
zhìzài 治載 5-1128A
zhìzàiqiānlǐ 志在千里 7-398B
zhìzàisìfāng 志在四方 7-398B
zhìzàisìhǎi 志在四海 7-398B
zhìzàizhìsān 至再至三 8-785B
zhìzān 豸簪 10-1326B
zhīzào 織造 9-1020A
zhìzào 制造 2-665A
zhìzào 治造 5-1126B
zhìzào 置造 8-1026A
zhìzào 製造 9-102B
zhǐzàowéibái 指皂爲白 6-576A
zhīzé 脂澤 6-1250B
zhízé 職責 8-711A
zhǐzé 指責 6-579B
zhìzé 至賾 8-791B
zhìzé 制則 2-664B
zhìzé 治擇 5-1128B
zhìzé 質責 10-270B
zhìzéi 至賊 8-790A
zhǐzēng 紙繒 9-772A
zhīzétián 脂澤田 6-1250B
zhīzhā 吱喳 3-203A
zhǐzhá 紙劄 9-771A
zhǐzhá 紙札 9-768B
zhìzhà 智詐 5-765A
zhízhāi 直齋 1-867B
zhǐzhāi 抵摘 6-478B
zhǐzhāi 指摘 6-582B
zhìzhāi 致齊 8-796A
zhìzhài 質債 10-272A
zhǐzhàn 指占 6-575A
zhìzhān 鷙鸇 12-1156B
zhīzhāng 知章 7-1533A
zhīzhǎng 支掌 4-1381B
zhīzhàng 支仗 4-1376A

zhízhǎng 執掌 2-1137B
zhízhǎng 職掌 8-711B
zhízhàng 執丈 2-1131B
zhízhàng 執杖 2-1133B
zhízhàng 植杖 4-1082B
zhǐzhāng 紙張 9-770A
zhǐzhǎng 抵掌 6-478A
zhǐzhǎng 扺掌 6-391A
zhǐzhǎng 指掌 6-581A
zhǐzhàng 指仗 6-575A
zhǐzhàng 紙帳 9-770A
zhìzhǎng 治掌 5-1127B
zhìzhàng 制杖 2-663A
zhīzhāngbākè 知章八客 7-1533A
zhìzhàngchénglóng 擲杖成龍 6-942B
zhǐzhānghuìjù 絺章繪句 9-872B
zhǐzhàngméihuā 紙帳梅花 9-770A
zhǐzhāngshìjù 絺章飾句 9-872B
zhīzhāngzhīwēi 知章知微 7-1533A
zhǐzhànyuán 指戰員 6-584A
zhīzhào 知照 7-1534A
zhīzhào 祇召 7-898B
zhízhào 執照 2-1138B
zhízhào 植棹 4-1083B
zhǐzhǎo 指爪 6-574A
zhǐzhǎo 趾爪 10-437B
zhìzhào 制詔 2-666A
zhìzhào 智照 5-765B
zhìzhào 質照 10-272A
zhīzhǎo'er 支着兒 4-1381A
zhǐzhāo'er 紙招兒 9-769A
zhīzhē 吱嗻 3-203A
zhīzhé 支磔 4-1384A
zhīzhě 之者 1-678A
zhīzhě 知者 7-1529A
zhīzhè 吱嗻 3-203A
zhǐzhé 指謫 6-584B
zhìzhé 至哲 8-788A
zhìzhě 智者 5-763A
zhìzhějiànzhì… 智者見智,仁者見仁 5-763A
zhízhēn 執鍼 2-1140A
zhízhèn 執紖 2-1137A
zhǐzhēn 指針 6-579A
zhǐzhèn 紙鎮 9-772A
zhìzhēn 至貞 8-787B
zhīzhèng 知政 7-1531A
zhīzhèng 知證 7-1536B
zhízhēng 執争 2-1133A
zhízhèng 執掙 2-1135B
zhízhèng 執正 2-1132B
zhízhèng 執政 2-1135B
zhízhèng 執證 2-1140B
zhǐzhèng 指正 6-574B
zhǐzhèng 指証 6-581B
zhǐzhèng 指證 6-585A
zhìzhěng 治整 5-1128B
zhìzhèng 至正 8-785B
zhìzhèng 至政 8-787B
zhìzhèng 致政 8-794B
zhìzhèng 質正 10-267A
zhìzhèng 質證 10-273B
zhìzhèngdàfū 致政大夫 8-794B
zhízhèngdǎng 執政黨 2-1135B
zhǐzhēngdànxī 只争旦夕 3-46B
zhǐzhēngzhāoxī 只争朝夕 3-46B
zhízhēngzhēng 直争争 1-856B
zhízhèngzhèng 直怔怔 1-859A
zhìzhěqiānlǜ… 智者千慮,必有一失 5-763A
zhìzhěqiānlǜ… 智者千慮,或有一失 5-763A
zhīzhī 支支 4-1375A
zhīzhī 吱吱 3-202B
zhīzhī 祇祇 7-899A
zhīzhí 支值 4-1380A
zhīzhí 祇直 7-898B
zhīzhǐ 支指 4-1378B
zhīzhǐ 枝涛 4-807B
zhīzhǐ 知止 7-1526B
zhīzhì 知至 7-1527B
zhízhī 膱脂 6-1380B
zhízhí 直直 1-858A
zhízhí 直值 1-860B
zhízhí 執職 2-1140A
zhízhí 植植 4-1083B
zhízhí 殖殖 5-167A
zhízhí 縶縶 6-45B
zhízhí 樴樴 4-1318B
zhízhí 職職 8-712B
zhízhǐ 直指 1-859B
zhízhì 直至 1-856A
zhízhì 直致 1-860B
zhízhì 直置 1-864B
zhízhì 直質 1-866A
zhízhì 執志 2-1133B
zhízhì 執秩 2-1136B
zhízhì 執滯 2-1139A
zhízhì 執摯 2-1139A
zhízhì 執質 2-1139B
zhízhì 執贄 2-1140A
zhízhì 植志 4-1082B
zhízhì 植治 4-1083A
zhízhì 職志 8-710A
zhízhì 職秩 8-711A
zhǐzhī 指支 6-573B
zhǐzhí 指執 6-579B
zhǐzhí 指摭 6-582A
zhǐzhǐ 止止 5-300B
zhǐzhǐ 泜泜 5-977A
zhǐzhǐ 趾趾 10-438A
zhǐzhì 抵擲 6-479B
zhǐzhì 指摘 6-584A
zhǐzhì 黹紩 12-1311B
zhìzhī 郅支 10-611A
zhìzhī 致知 8-794A
zhìzhí 治職 5-1129A
zhìzhí 跱蹠 10-457B
zhìzhí 滯執 6-81A
zhìzhí 摯執 6-822A
zhìzhí 質直 10-268B
zhìzhǐ 制止 2-662B
zhìzhǐ 制指 2-664B
zhìzhǐ 滯止 6-80A
zhìzhī 至知 8-787A
zhìzhì 至至 8-786A
zhìzhì 至治 8-787B
zhìzhì 志治 7-399A
zhìzhì 志致 7-399B
zhìzhì 豸豸 10-1326A
zhìzhì 制治 2-664A
zhìzhì 制置 2-666A
zhìzhì 治制 5-1125B
zhìzhì 郅治 10-611A
zhìzhì 挃挃 6-558A
zhìzhì 秩秩 8-71A
zhìzhì 致志 8-793B
zhìzhì 致治 8-794B
zhìzhì 窒滯 8-443B
zhìzhì 豑豑 9-645A
zhìzhì 稚質 8-100B
zhìzhì 置質 8-1027A
zhìzhì 雉埶 11-837A
zhìzhì 雉雉 11-836B
zhìzhì 雉贄 11-837B
zhìzhì 幟志 3-762B
zhìzhì 緻緻 9-962B
zhìzhì 擲置 6-943B
zhìzhì 櫛櫛 4-1338A
zhìzhì 礩滯 7-1120B
zhízhībìbì 直直愎愎 1-858B
zhīzhǐbùdài 知止不殆 7-1526B
zhìzhībùgù 置之不顧 8-1024B
zhìzhībùlǐ 置之不理 8-1024B
zhìzhībùlùn 置之不論 8-1024B
zhīzhǐbùrǔ 知止不辱 7-1527A
zhìzhībùwèn 置之不問 8-1024B
zhǐzhǐchuōchuō 指指戳戳 6-577B
zhìzhīdùwài 致之度外 8-793A
zhìzhīdùwài 置之度外 8-1024B
zhìzhīfúlùn 置之弗論 8-1024B
zhīzhīgāgā 吱吱嘎嘎 3-202B
zhīzhìgào 知制誥 7-1530A
zhìzhīgāogé 置之高閣 8-1025A
zhīzhīgēgē 吱吱格格 3-202B
zhīzhīgēgē 吱吱咯咯 3-202B
zhīzhījiéjié 支支節節 4-1375A
zhīzhījiéjié 枝枝節節 4-807A
zhīzhīlílí 支支離離 4-1375A
zhízhíliūliū 直直溜溜 1-858B
zhízhíluòluò 直直落落 1-858B
zhìzhìnìnì 滯滯泥泥 6-82B
zhízhípīpī 直直劈劈 1-858B
zhǐzhīqíyī… 只知其一,不知其二 3-46B
zhǐzhīqíyī… 只知其一,未知其二 3-47A
zhìzhìshǐ 制置使 2-666B
zhǐzhǐshuòshuò 指指搠搠 6-577B
zhìzhīsǐdì'érhòushēng 致之死地而後生 8-793A
zhìzhīsǐdì'érhòushēng 置之死地而後生 8-1024B
zhīzhīwúwú 支支吾吾 4-1375A
zhīzhīwúwú 支支梧梧 4-1375A
zhīzhīwúwú 枝枝梧梧 4-807A
zhīzhīzhāzhā 支支查查 4-1375A
zhīzhīzhāzhā 支支喳喳 4-1375A
zhǐzhīzìhuà 紙織字畫 9-772A
zhīzhǐzú 知止足 7-1527A
zhīzhòng 知重 7-1531A
zhīzhòng 祇重 7-899A
zhízhōng 執中 2-1132A
zhízhǒng 植種 4-1083B
zhízhòng 值重 1-1455A
zhízhòng 殖種 5-167A
zhǐzhǒng 趾踵 10-438A
zhìzhōng 制中 2-662B
zhìzhōng 治中 5-1123B
zhìzhǒng 豸種 10-1326B
zhìzhǒng 陟踵 11-983B
zhìzhòng 置重 8-1025B
zhìzhòng 滯重 6-80B
zhìzhòng 質重 10-269B
zhǐzhǒngxiāngcuò 趾踵相錯 10-438A
zhízhǒngxiāngjiē 趾踵相接 10-438A
zhīzhòngyīshān… 祇重衣衫不重人 7-841B
zhīzhōu 知州 7-1528A

zhīzhòu 支胄 4-1379A
zhīzhòu 枝胄 4-807B
zhīzhōu 胑臅 6-1235B
zhízhòu 直紂 1-860B
zhìzhōuwànwù 智周萬物 5-763A
zhīzhū 蜘蛛 8-917B
zhīzhú 脂燭 6-1250B
zhīzhǔ 支拄 4-1377B
zhīzhǔ 枝主 4-806B
zhīzhǔ 枝拄 4-807A
zhīzhǔ 搘拄 6-792B
zhīzhǔ 搘柱 6-792B
zhīzhù 支助 4-1377A
zhīzhù 支柱 4-1379A
zhīzhù 枝柱 4-807B
zhīzhù 榰柱 4-1207A
zhízhū 鼅鼄 12-1402A
zhízhū 植株 4-1083A
zhízhú 蹢躅 10-545B
zhízhú 蹢躅 10-545B
zhízhú 躑躅 10-564B
zhízhú 躑躅 10-564B
zhízhǔ 職主 8-709B
zhǐzhú 紙燭 9-772A
zhǐzhǔ 黹黈 12-1370B
zhǐzhù 止筯 5-302A
zhǐzhù 止駐 5-302A
zhǐzhù 指注 6-577A
zhìzhū 智珠 5-764B
zhìzhú 智燭 5-766B
zhìzhú 稚竹 8-99A
zhìzhú 躓躅 10-567B
zhìzhǔ 至囑 8-792A
zhìzhǔ 致主 8-793B
zhīzhuǎn 支轉 4-1385A
zhízhuān 職專 8-711A
zhìzhuàn 制撰 2-667A
zhìzhuàn 置傳 8-1026B
zhìzhuàn 製撰 9-103A
zhìzhuàn 誌傳 11-215B
zhīzhuāng 祗莊 7-899B
zhǐzhuàng 指狀 6-577B
zhìzhuāng 治裝 5-1128A
zhìzhuāng 誌樁 11-215B
zhìzhuàng 治狀 5-1126A
zhìzhuàng 誌狀 11-215B
zhìzhuàng 質狀 10-269B
zhízhuànghéngchōng 直撞橫衝 1-866A
zhìzhūdùwài 置諸度外 8-1027A
zhìzhūgāogé 置諸高閣 8-1027A
zhīzhuì 支綴 4-1383B
zhīzhuì 枝贅 4-810B
zhìzhuī 置錐 8-1027A
zhìzhuì 誌贅 11-215B
zhìzhuīzhīdì 置錐之地 8-1027A
zhǐzhūmàgǒu 指猪駡狗 6-579B
zhízhǔn 直準 1-865A
zhǐzhǔn 指準 6-582A
zhízhuó 執著 2-1137A
zhízhuó 執着 2-1137A
zhízhuó 執斵 2-1139B
zhìzhuō 稚拙 8-99A
zhìzhuō 滯拙 6-80A
zhìzhuō 質拙 10-268B
zhìzhuó 炙灼 7-39A
zhìzhuó 陟卓 11-983A
zhìzhuó 滯著 6-81B
zhìzhuó 製琢 9-102B
zhìzhuó 櫛濯 4-1338A
zhízhuōzhuō 直捉捉 1-860B
zhīzi 汁子 5-903A
zhīzi 枝子 4-806A
zhīzi 梔子 4-1055B
zhīzǐ 之子 1-677B
zhīzǐ 支子 4-1374B
zhīzì 汁滓 5-903B
zhīzǐ 枝子 4-806A
zhīzì 之字 1-678A
zhīzì 隻字 11-794A
zhízi 侄子 1-1335B
zhízi 樴子 4-1318B
zhízī 殖貲 5-167A
zhízi 姪子 4-340A
zhízī 職胾 8-711A
zhǐzī 指訾 6-581B
zhǐzì 只自 3-46B
zhìzī 秩訾 8-71B
zhìzǐ 制子 2-662B
zhìzi 猘子 5-78B
zhìzǐ 稚子 8-98B
zhìzǐ 雉子 11-835B
zhìzǐ 質子 10-267A
zhìzì 炙胾 7-39B
zhìzì 製字 9-102A
zhìzì 躓字 10-567A
zhìzǐjūn 質子軍 10-267A
zhīzìlù 之字路 1-678A
zhīzǐmòruòfù 知子莫若父 7-1526B
zhìzǐshù 稚子術 8-98B
zhīzōng 織綜 9-1020B
zhīzòng 知從 7-1532B
zhīzòng 知縱 7-1535B
zhǐzōng 指蹤 6-584B
zhǐzòng 指縱 6-584B
zhìzōng 秩宗 8-71A
zhízòu 執奏 2-1135B
zhǐzòu 指奏 6-577B
zhīzú 枝族 4-808B
zhīzú 知足 7-1528B
zhīzǔ 織組 9-1020B
zhízū 職租 8-711A
zhízú 植足 4-1082B
zhízǔ 執組 2-1137B
zhǐzú 止足 5-300B
zhìzú 至足 8-786B
zhīzúbùdài 知足不殆 7-1528B
zhīzúbùrǔ 知足不辱 7-1528B
zhīzúchánglè 知足常樂 7-1528B
zhìzuì 治罪 5-1128A
zhìzuì 致罪 8-795B
zhīzuǐ'er 支嘴兒 4-1384B
zhǐzuìjīnmí 紙醉金迷 9-771A
zhīzūn 祗遵 7-899B
zhìzūn 至尊 8-789A
zhīzuò 織作 9-1019B
zhízuò 執作 2-1133B
zhǐzuò 祉祚 7-838A
zhìzuó 鑕笮 11-1428A
zhìzuò 制作 2-663A
zhìzuò 致胙 8-794A
zhìzuò 製作 9-102A
zhìzuò 質作 10-268A
zhīzuǒqūyòu 支左屈右 4-1376A
zhīzuǒqūyòu 支左詘右 4-1376A
zhìzúyìmǎn 志足意滿 7-399A
zhōng'ài 忠愛 7-419A
zhōng'ài 鍾愛 11-1353B
zhòng'ài 重愛 10-393A
zhòng'àn 重犴 10-377A
zhòng'àn 重案 10-386B
zhōngbà 中罷 1-616B
zhōngbái 中白 1-586B
zhōngbǎi 鐘擺 11-1396B
zhōngbài 鍾唄 11-1352B
zhōngbài 鐘唄 11-1395B
zhōngbǎilùn 中百論 1-588B
zhōngbān 中班 1-599A
zhōngbǎn 中阪 1-590A
zhōngbǎn 中坂 1-590B
zhōngbǎn 鍾板 11-1351B
zhōngbàn 中半 1-587B
zhòngbàn 重辦 10-398B
zhōngbāng 中邦 1-587B
zhòngbǎng 中榜 1-615A
zhòngbàng 衆謗 8-1360A
zhōngbǎo 中保 1-597A
zhōngbǎo 中飽 1-613B
zhōngbào 中抱 1-592B
zhōngbào 中報 1-608B
zhōngbào 忠報 7-418A
zhòngbǎo 重寶 10-402A
zhōngběi 終北 9-793A
zhǒngbèi 種輩 8-111A
zhòngběn 重本 10-375A
zhòngběn 衆本 8-1352B
zhòngbèn 重笨 10-388A
zhòngběnqīngmò 重本輕末 10-375A
zhòngběnyìmò 重本抑末 10-375A
zhōngbǐ 中比 1-583B
zhōngbì 中婢 1-608A
zhōngbì 中幣 1-615A
zhōngbì 忠弼 7-418B
zhǒngbì 冢嬖 2-448A
zhòngbǐ 重比 10-374A
zhòngbì 重狴 10-386A
zhòngbì 重閉 10-389A
zhòngbì 重幣 10-395A
zhòngbì 重碧 10-394A
zhòngbì 重臂 10-400A
zhōngbiān 中邊 1-621A
zhōngbiàn 中變 1-622B
zhōngbiàn 中輪 1-618A
zhòngbiàn 衆變 8-1360B
zhōngbiāo 鐘鏢 11-1397A
zhōngbiǎo 中表 1-592A
zhōngbiǎo 鐘表 11-1395A
zhōngbiǎo 鐘錶 11-1396B
zhǒngbié 種別 8-109A
zhòngbīn 衆賓 8-1359A
zhōngbīng 中兵 1-591A
zhǒngbīng 踵兵 10-519B
zhǒngbìng 腫病 6-1349B
zhǒngbìng 種病 8-109B
zhòngbīng 重冰 10-377A
zhòngbīng 重兵 10-378B
zhòngbǐng 重柄 10-383A
zhòngbìng 中病 1-602A
zhōngbō 中波 1-594B
zhōngbó 終薄 9-795B
zhōngbó 鍾鎛 11-1354B
zhōngbó 鐘鎛 11-1396B
zhòngbō 種播 8-111A
zhōngbū 中晡 1-606A
zhōngbù 中布 1-585B
zhōngbù 中部 1-602A
zhǒngbù 踵步 10-519B
zhòngbù 重布 10-375A
zhōngbùchéng 終不成 9-792B
zhōngbuliū 中不溜 1-583B
zhōngbùrán 終不然 9-793A
zhōngcái 中才 1-581B
zhōngcái 中材 1-590B
zhòngcái 中才 1-581B
zhòngcái 仲裁 1-1194B
zhòngcái 重才 10-374A
zhòngcái 衆材 8-1354A
zhòngcǎi 中彩 1-606B
zhòngcài 種菜 8-109B
zhòngcǎihào 重彩號 10-388A
zhòngcáiqīngyì 重財輕義 10-385B
zhōngcáirén 中才人 1-581B
zhōngcān 中參 1-608A
zhōngcān 中餐 1-618A
zhōngcāng 中倉 1-601B
zhōngcáng 衷藏 9-37B
zhōngcāo 中操 1-618A
zhǒngcǎo 種草 8-109A
zhòngcǎo 衆草 8-1355B
zhōngcǎoyào 中草藥 1-595B
zhōngcè 中策 1-610A
zhòngcè 中策 1-610A
zhōngcéng 中層 1-617B
zhòngchā 種插 8-110A
zhōngchǎn 中產 1-607A
zhōngcháng 中長 1-592A
zhōngcháng 中常 1-606A
zhōngcháng 中腸 1-613B
zhōngcháng 衷腸 9-37A
zhōngchǎng 中場 1-608B

zhōngchǎng 終場 9-794B
zhòngcháng 仲長 1-1193A
zhōngchánghuà 衷腸話 9-37A
zhōngchángpǎo 中長跑 1-592A
zhōngchángxiānwéi 中長纖維 1-592A
zhōngchǎnjiējí 中產階級 1-607B
zhōngchāo 中鈔 1-610A
zhōngcháo 中朝 1-609A
zhōngcháo 中潮 1-617B
zhòngchē 重車 10-377B
zhōngchén 中臣 1-588B
zhōngchén 中宸 1-603A
zhōngchén 忠臣 7-415A
zhōngchén 忠忱 7-416A
zhǒngchén 冢臣 2-447A
zhòngchén 重臣 10-376A
zhòngchén 衆臣 8-1353B
zhōngchéng 中丞 1-590B
zhōngchéng 中城 1-595B
zhōngchéng 中乘 1-601A
zhōngchéng 中程 1-610A
zhōngchéng 中盛 1-605B
zhōngchéng 忠誠 7-419A
zhōngchéng 衷誠 9-37B
zhǒngchéng 踵成 10-519A
zhòngchēng 重稱 10-395A
zhòngchéng 中呈 1-590B
zhòngchéng 中程 1-610A
zhòngchéng 中誠 1-613B
zhòngchéng 中酲 1-615A
zhòngchéng 重城 10-382B
zhòngchèng 重秤 10-386A
zhōngchī 中吃 1-589A
zhōngchí 中池 1-590A
zhōngchì 忠赤 7-415A
zhōngchì 衷赤 9-36B
zhòngchī 中喫 1-609A
zhòngchí 重遲 10-397A
zhòngchǐ 種齒 8-111A
zhòngchǐ 衆尺 8-1352B
zhōngchóng 螽蟲 8-930B
zhōngchóu 中疇 1-621A
zhòngchóu 重裯 10-394A
zhòngchóu 重讎 10-402B
zhōngchú 中除 1-599A
zhōngchú 中芻 1-601B
zhōngchú 中廚 1-617A
zhōngchǔ 中處 1-605B
zhōngchù 中處 1-605B
zhǒngchù 種畜 8-109B
zhòngchú 衆雛 8-1360A
zhòngchú 衆鶵 8-1360B
zhòngchǔ 重處 10-387B
zhòngchù 重畜 10-386B
zhōngchuān 中川 1-582B
zhōngchuāng 衷創 9-37A
zhòngchuāng 重瘡 10-397A
zhòngchuāng 重創 10-391A
zhōngchūn 中春 1-595B
zhōngchún 忠純 7-417B
zhōngchūn 中春 1-595B
zhòngchūn 仲春 1-1193A
zhòngchúnyīn 重脣音 10-385B
zhòngchúnyuè 重脣籥 10-387B
zhōngchuò 中輟 1-616A
zhòngchǔqúnxiū 衆楚羣咻 8-1358B
zhòngchǔxiū 衆楚咻 8-1358B
zhōngcí 中詞 1-610B
zhōngcì 中次 1-589B
zhǒngcí 種祠 8-109B
zhòngcì 重賜 10-396A
zhōngcōng 鍾聰 11-1354B
zhōngcuì 忠粹 7-419B
zhōngcuì 鍾萃 11-1353A
zhǒngcuì 冢竁 2-448A
zhōngdà 中大 1-581B
zhòngdá 仲達 1-1194B
zhòngdà 重大 10-374A
zhōngdàfū 中大夫 1-582A
zhōngdài 中代 1-586B
zhōngdài 中岱 1-594A
zhōngdài 中怠 1-599A
zhōngdài 中帶 1-605B
zhōngdài 鍾帶 11-1353A
zhōngdān 中單 1-609B
zhōngdān 中禪 1-620A
zhōngdàn 鍾石 11-1351B
zhòngdàn 神禫 9-41B
zhòngdàn 重擔 10-397B
zhōngdāng 中璫 1-619A
zhōngdǎng 忠讜 7-421A
zhōngdāntián 中丹田 1-584A
zhōngdào 中道 1-610B
zhōngdào 中稻 1-616B
zhǒngdào 踵道 10-520A
zhòngdǎo 中倒 1-601A
zhòngdǎo 重倒 10-386A
zhòngdào 中道 1-611A
zhōngdàrén 中大人 1-581B
zhōngdé 中德 1-617A
zhōngdé 忠德 7-420A
zhòngdé 中得 1-606B
zhòngdé 種德 8-111A
zhòngdé 重德 10-396B
zhōngděng 中等 1-610A
zhōngděngjiàoyù 中等教育 1-610A
zhōngdì 中地 1-588A
zhōngdì 中弟 1-591B
zhōngdì 中第 1-606B
zhǒngdí 冢嫡 2-448A
zhǒngdí 冢適 2-448A
zhǒngdì 冢地 2-447A
zhǒngdì 冢弟 2-447B
zhòngdí 重嫡 10-395B
zhòngdí 重適 10-395A
zhòngdí 衆覿 8-1360B
zhòngdì 中的 1-594A
zhòngdì 中地 1-588A
zhòngdì 中第 1-606B
zhòngdì 種地 8-109A
zhòngdì 仲弟 1-1193A
zhòngdì 重地 10-376A
zhòngdì 衆地 8-1353B
zhōngdiǎn 中典 1-593A
zhōngdiǎn 中點 1-619B
zhōngdiǎn 終點 9-795B
zhōngdiǎn 鐘點 11-1396B
zhōngdiàn 中甸 1-591B
zhōngdiàn 中殿 1-614A
zhòngdiǎn 重典 10-380A
zhòngdiǎn 重點 10-399B
zhòngdiàn 中電 1-612A
zhòngdiàn 種佃 8-109A
zhòngdiàndiàn 重甸甸 10-378B
zhòngdiàndiàn 重厭厭 10-397A
zhōngdiào 中調 1-617A
zhòngdié 衆垤 8-1355B
zhōngdīng 中丁 1-580B
zhōngdǐng 鍾鼎 11-1353B
zhōngdǐng 鐘鼎 11-1395B
zhōngdìng 鐘定 11-1395A
zhǒngdǐng 踵頂 10-520A
zhōngdǐngrénjiā 鐘鼎人家 11-1395B
zhōngdǐngshānlín 鍾鼎山林 11-1353B
zhōngdǐngwén 鍾鼎文 11-1353B
zhōngdǐngwén 鐘鼎文 11-1395B
zhōngdǐngzhījiā 鐘鼎之家 11-1395B
zhōngdōng 中東 1-592B
zhōngdòng 中棟 1-609A
zhòngdōng 中冬 1-587A
zhòngdōng 仲冬 1-1192B
zhòngdòu 種痘 8-110B
zhòngdòu 衆鬭 8-1360B
zhōngdū 中都 1-599B
zhōngdǔ 忠篤 7-420B
zhōngdù 中蠹 1-622B
zhǒngdú 腫毒 6-1349B
zhòngdū 仲都 1-1193B
zhòngdú 中毒 1-595B
zhòngdú 種毒 8-109A
zhòngdú 重讀 10-402B
zhòngdú 衆毒 8-1355B
zhòngdù 中度 1-597B
zhōngduān 終端 9-795A
zhōngduàn 中段 1-596B
zhōngduàn 中斷 1-621A
zhòngduān 衆端 8-1359A
zhōngdūchéng 中都城 1-599B
zhōngdūguān 中都官 1-599B
zhōngduì 中隊 1-608A
zhōngdūn 忠敦 7-418A
zhòngdùn 中頓 1-612A
zhòngduō 衆多 8-1353B
zhòngduōfēiyī 衆多非一 8-1354A
zhōng'ē 中阿 1-592A
zhōng'è 忠諤 7-420B
zhōng'é 中額 1-621A
zhōng'è 中惡 1-608B
zhòng'è 衆惡 8-1357B
zhōng'ěr 中耳 1-588A
zhòng'ěr 重餌 10-395A
zhōng'érfùshǐ 終而復始 9-793A
zhōng'èrqiāndàn 中二千石 1-580B
zhōng'ěryán 中耳炎 1-588A
zhōngfá 中罰 1-615A
zhǒngfà 種髮 8-111A
zhòngfá 重罰 10-395A
zhòngfá 重罸 10-396B
zhòngfǎ 中法 1-594B
zhòngfǎ 重法 10-381B
zhōngfān 中幡 1-616B
zhōngfán 中煩 1-614A
zhōngfàn 中飯 1-610B
zhōngfàn 鍾梵 11-1353A
zhōngfàn 鐘梵 11-1395B
zhòngfān 重藩 10-400B
zhòngfán 重煩 10-393B
zhòngfán 重繁 10-399B
zhòngfàn 重犯 10-375B
zhōngfāng 中方 1-584A
zhōngfāng 忠方 7-414B
zhōngfàng 忠放 7-416B
zhòngfāng 衆芳 8-1354A
zhōngfēi 中非 1-592B
zhōngfèi 中廢 1-617A
zhòngfēi 衆非 8-1354B
zhòngfèi 衆費 8-1358A
zhōngfēifàn 鐘非飯 11-1395A
zhōngfēn 中分 1-584A
zhōngfèn 中分 1-584A
zhōngfèn 忠憤 7-420A
zhòngfèn 衆憤 8-1359B
zhōngfēng 中封 1-595B
zhōngfēng 中風 1-597A
zhōngfēng 中峯 1-600B
zhōngfēng 中鋒 1-617A
zhōngfēng 終風 9-794A
zhōngfèng 中縫 1-619A
zhòngfēng 中風 1-597A
zhòngfēng 重風 10-384A
zhòngfēng 衆風 8-1356A
zhòngfēng 衆峯 8-1356B
zhōngfénghuā 中逢花 1-601B
zhòngfēngkuángzǒu 中風狂走 1-597B
zhōngfú 中伏 1-589A
zhōngfú 中孚 1-591B
zhōngfú 中服 1-594A
zhōngfú 忠孚 7-415B
zhōngfú 衷服 9-37A
zhōngfú 終服 9-794A
zhōngfǔ 中府 1-594B
zhōngfǔ 忠甫 7-415B
zhōngfù 中父 1-584A
zhōngfù 中婦 1-608A
zhōngfù 中覆 1-620B
zhōngfù 忠附 7-416A

zhōngfù 終傅 9-795A
zhōngfù 終復 9-795A
zhōngfù 鍾阜 11-1352A
zhǒngfù 冢婦 2-447B
zhòngfū 衆夫 8-1351B
zhòngfú 種福 8-110B
zhòngfú 重拂 10-379B
zhòngfú 重服 10-381A
zhòngfǔ 衆甫 8-1354A
zhòngfǔ 衆輔 8-1358B
zhòngfù 中父 1-584A
zhòngfù 仲父 1-1192A
zhòngfù 重負 10-384A
zhòngfù 重賦 10-396A
zhòngfù 衆父 8-1352A
zhòngfù 衆婦 8-1357B
zhòngfùfù 衆父父 8-1352A
zhōngfùzhūzǐ 中婦諸子 1-608A
zhōnggài 忠概 7-418B
zhōnggài 忠槩 7-419A
zhōnggān 中干 1-581A
zhōnggān 忠肝 7-415B
zhōnggàn 忠幹 7-418B
zhōnggāng 忠剛 7-417A
zhōnggānyìdǎn 忠肝義膽 7-415B
zhōnggāo 中皋 1-601B
zhōnggào 忠告 7-415B
zhōnggē 中割 1-611A
zhōnggé 中閤 1-615B
zhōnggé 中格 1-599B
zhōnggé 中膈 1-615A
zhònggé 中格 1-600A
zhōnggēn 中根 1-600A
zhōnggēng 中更 1-590B
zhōnggēng 中耕 1-599A
zhōnggěng 中梗 1-605A
zhōnggěng 中鯁 1-621A
zhōnggěng 忠耿 7-417A
zhōnggěng 忠梗 7-417B
zhōnggěng 忠鯁 7-420B
zhōnggōng 中功 1-584B
zhōnggōng 中宮 1-598A
zhōnggōng 忠公 7-414B
zhōnggōng 忠功 7-415A
zhōnggòng 中共 1-588A
zhònggōng 中功 1-585A
zhònggōng 中宮 1-598A
zhònggōng 仲弓 1-1192A
zhònggōng 重工 10-373B
zhònggōng 衆工 8-1350B
zhònggōng 衆功 8-1352B
zhōnggōngshǐ 中宮史 1-598A
zhònggōngyè 重工業 10-374A
zhōnggòngyīdà 中共一大 1-588A
zhōnggòu 中垢 1-595B
zhōnggòu 中冓 1-599A
zhōnggòu 中搆 1-612A
zhōnggòu 中遘 1-611B
zhōnggōu 中鉤 1-613A
zhònggòu 重購 10-399A
zhōnggǔ 中古 1-585A
zhōnggǔ 中谷 1-591B
zhōnggǔ 忠骨 7-416B
zhōnggǔ 終古 9-793A
zhōnggǔ 鍾鼓 11-1353B
zhōnggǔ 鍾皷 11-1353B
zhōnggǔ 鐘鼓 11-1395B
zhōnggù 中顧 1-622A
zhōnggù 忠固 7-416A
zhǒnggǔ 瘇蠱 8-337B
zhǒnggǔ 踵古 10-519A
zhònggū 重辜 10-390A
zhònggǔ 中鵠 1-620B
zhònggù 重固 10-380A
zhònggù 重痼 10-393B
zhòngguā 種瓜 8-108B
zhòngguǎ 衆寡 8-1359A
zhòngguǎbùdí 衆寡不敵 8-1359B
zhòngguādéguā… 種瓜得瓜,種豆得豆 8-108B
zhòngguādéguā… 種瓜得瓜,種李得李 8-108B
zhōngguǎi 中罫 1-612B
zhōngguān 中官 1-595A
zhōngguān 鍾官 11-1352A
zhōngguān 鐘官 11-1395A
zhòngguān 重官 10-381B
zhòngguān 重關 10-401B
zhòngguǎn 衆管 8-1359A
zhōngguànbáirì 忠貫白日 7-418A
zhòngguǎng 衆廣 8-1359A
zhōngguànrìyuè 忠貫日月 7-418A
zhòngguārén 種瓜人 8-108B
zhòngguǎxuánjué 衆寡懸絶 8-1359B
zhòngguǎxuánshū 衆寡懸殊 8-1359B
zhònggǔdégǔ… 種穀得穀,種麥得麥 8-111A
zhōngguī 中閨 1-615B
zhōngguī 忠規 7-417B
zhōngguī 終歸 9-795B
zhōngguǐ 中晷 1-609B
zhōngguǐ 終晷 9-795A
zhòngguì 中貴 1-609B
zhòngguī 中規 1-604A
zhōngguìrén 中貴人 1-609B
zhōnggǔlóu 鐘鼓樓 11-1396A
zhōnggǔlóu 鐘皷樓 11-1396A
zhōngguó 中國 1-606A
zhōngguǒ 忠果 7-416A
zhòngguó 重國 10-388A
zhòngguò 衆過 8-1357B
zhōngguógōngnónghóngjūn 中國工農紅軍 1-606A
zhōngguóhuà 中國畫 1-606B
zhōngguǒpí 中果皮 1-593A
zhōngguótōng 中國通 1-606B
zhōngguóxiàngqí 中國象棋 1-606B
zhōngguóyuánrén 中國猿人 1-606B
zhōngguózì 中國字 1-606B
zhōnggǔsī 鐘鼓司 11-1396A
zhōnggǔwén 中古文 1-585B
zhōnggǔzhīsè 鐘鼓之色 11-1395B
zhōnggǔzhīsè 鐘皷之色 11-1396A
zhōnggǔzhuànyù 鐘鼓饌玉 11-1396A
zhōnghái 忠骸 7-420A
zhōnghài 中害 1-603A
zhònghài 中害 1-603A
zhònghàipéngyí 衆駭朋疑 8-1360A
zhōnghán 中函 1-595B
zhōnghàn 中漢 1-615A
zhōnghàn 中翰 1-618A
zhònghán 中寒 1-611A
zhōngháng 中行 1-589A
zhōnghào 中昊 1-593A
zhōnghào 中號 1-612B
zhǒngháo 種豪 8-110B
zhǒnghào 種號 8-110B
zhònghàozhòngwù 衆好衆惡 8-1354A
zhōnghé 中和 1-593A
zhōnghé 中河 1-594B
zhōnghé 中龢 1-622B
zhōnghé 忠和 7-416A
zhōnghè 中賀 1-611B
zhǒnghè 踵賀 10-520A
zhònghé 重劾 10-381B
zhònghé 衆合 8-1353B
zhònghé 衆和 8-1355A
zhònghè 重荷 10-385B
zhōnghédiàn 中和殿 1-593B
zhōnghéjié 中和節 1-593B
zhònghèn 重恨 10-384B
zhōnghéng 中衡 1-618B
zhōnghéshàoyuè 中和韶樂 1-593B
zhōnghéyuè 中和樂 1-593B
zhōnghéyuèwǔ 中和樂舞 1-593B
zhōnghòu 忠厚 7-416B
zhònghòu 重厚 10-383A
zhōnghú 中壺 1-612A
zhōnghú 鍾胡 11-1352B
zhōnghú 鍾斛 11-1353A
zhōnghù 中户 1-584A
zhǒnghū 踵呼 10-519B
zhònghū 仲忽 1-1193A
zhònghù 種户 8-108A
zhònghù 衆户 8-1352A
zhōnghuá 中華 1-599B
zhōnghuà 中畫 1-611A
zhònghuà 重話 10-393B
zhōnghuái 中懷 1-621B
zhònghuái 重懷 10-401A
zhōnghuámínzú 中華民族 1-599B
zhōnghuàn 中宦 1-598A
zhōnghuàn 中浣 1-603A
zhōnghuàn 中澣 1-619A
zhònghuān 衆讙 8-1360B
zhònghuàn 衆患 8-1357B
zhōnghuāng 中荒 1-595B
zhōnghuáng 中皇 1-597A
zhōnghuáng 中黄 1-604B
zhōnghuáng 螽蝗 8-958B
zhōnghuángbó 中黄伯 1-605A
zhōnghuángjiéshì 中黄節士 1-605A
zhōnghuángmén 中黄門 1-605A
zhōnghuángzàngfǔ 中黄藏府 1-605A
zhònghǔcuányáng 衆虎攢羊 8-1355A
zhōnghuī 中徽 1-619B
zhōnghuǐ 中悔 1-603A
zhōnghuì 忠惠 7-418A
zhōnghuì 忠誨 7-419B
zhònghuì 中藹 1-622A
zhònghuì 中藹 1-622A
zhònghuǐ 重悔 10-386B
zhònghuǐ 衆毁 8-1358B
zhònghuì 中會 1-613B
zhònghuì 種惠 8-110A
zhònghuì 重惠 10-390A
zhònghuì 重賄 10-392A
zhònghuì 衆卉 8-1352B
zhònghuì 衆喙 8-1358A
zhònghuǐxiāogǔ 衆毁銷骨 8-1358B
zhōnghún 忠魂 7-418B
zhōnghuǒ 中火 1-584A
zhōnghuǒ 中伙 1-589A
zhōnghuò 鍾禍 11-1353B
zhǒnghuǒ 種火 8-108A
zhònghuó 重活 10-384B
zhònghuǒ 衆夥 8-1358B
zhònghuò 種禍 8-110B
zhònghuò 重貨 10-388A
zhònghuò 重惑 10-390A
zhònghuò 重禍 10-391B
zhònghuò 衆惑 8-1358A
zhōnghuǒpù 中火舖 1-584A
zhōngjī 中飢 1-601B
zhōngjī 中畿 1-617B
zhōngjí 中級 1-599A
zhōngjí 中極 1-609A
zhōngjí 終極 9-795A
zhōngjǐ 中濟 1-620A
zhōngjǐ 終已 9-792B
zhōngjì 中計 1-597B
zhōngjì 中祭 1-607A
zhōngjì 中際 1-614B
zhōngjì 中冀 1-618A
zhōngjì 終既 9-794A
zhǒngjì 踵迹 10-519B
zhǒngjì 踵跡 10-520A
zhǒngjì 踵繼 10-520B

zhòngjī 重齎 10-402A
zhōngjí 中疾 1-602A
zhōngjí 中極 1-609A
zhòngjí 衆疾 8-1356B
zhòngjì 中季 1-593B
zhòngjì 中計 1-597B
zhòngjì 重計 10-384A
zhòngjì 重寄 10-388B
zhòngjì 重祭 10-388B
zhòngjì 衆技 8-1354A
zhōngjiā 中家 1-603A
zhōngjiā 忠嘉 7-419B
zhōngjiǎ 中甲 1-585B
zhōngjiǎ 衷甲 9-36B
zhōngjiǎ 終賈 9-795A
zhōngjià 中駕 1-617B
zhòngjiā 仲家 1-1194A
zhòngjiā 狆家 5-25B
zhòngjiā 衆家 8-1357A
zhòngjiǎ 中甲 1-585B
zhòngjiǎ 重甲 10-375A
zhòngjià 重價 10-396B
zhōngjiān 中堅 1-605A
zhōngjiān 中間 1-611A
zhōngjiān 忠堅 7-417B
zhōngjiǎn 忠儉 7-420A
zhōngjiǎn 忠謇 7-420B
zhōngjiǎn 忠蹇 7-420B
zhōngjiàn 中間 1-611A
zhōngjiàn 中見 1-591A
zhōngjiàn 中諫 1-618B
zhōngjiàn 忠諫 7-420B
zhōngjiàn 衷鑑 9-37B
zhōngjiàn 鍾箭 11-1354A
zhōngjiàn 鐘箭 11-1396B
zhǒngjiàn 踵見 10-519B
zhòngjiān 重監 10-395A
zhòngjiàn 重薦 10-397B
zhōngjiāng 中江 1-590A
zhōngjiǎng 中講 1-619B
zhōngjiàng 中將 1-608A
zhōngjiǎng 中獎 1-615B
zhòngjiàng 重將 10-389A
zhōngjiānpài 中間派 1-611B
zhōngjiānrén 中間人 1-611B
zhōngjiānrén 中見人 1-591A
zhōngjiānshāng 中間商 1-611B
zhōngjiānǚ 鍾家女 11-1352B
zhōngjiāo 中交 1-589B
zhōngjiāo 中郊 1-594B
zhōngjiāo 中焦 1-610A
zhōngjiào 中教 1-604B
zhōngjiào 中轎 1-621A
zhōngjiào 中覺 1-621B
zhǒngjiāo 種教 8-109B
zhòngjiāo 中交 1-589B
zhòngjiào 中教 1-604B
zhòngjiào 重校 10-385B
zhōngjiāopiào 中交票 1-589B
zhōngjiē 中階 1-608A
zhōngjiē 中街 1-610A
zhōngjié 中劫 1-590B
zhōngjié 中結 1-611B
zhōngjié 中節 1-613A
zhōngjié 忠節 7-418B
zhōngjié 忠潔 7-420A
zhōngjié 終結 9-795A
zhōngjié 螽結 8-958B
zhōngjiè 中介 1-583B
zhōngjiè 中界 1-596A
zhōngjiè 忠介 7-414B
zhǒngjiē 踵接 10-520A
zhǒngjiè 種界 8-109B
zhòngjié 中節 1-613A
zhòngjiè 重戒 10-377B
zhòngjiè 衆介 8-1352A
zhǒngjiējiānmó 踵接肩摩 10-520A
zhōngjīn 中金 1-594A
zhōngjīn 中襟 1-621A
zhōngjīn 衷襟 9-37B
zhōngjǐn 忠謹 7-420B
zhōngjìn 中晉 1-600B
zhōngjìn 中禁 1-612A
zhōngjìn 忠藎 7-420B
zhòngjīn 重金 10-380B
zhòngjìn 重禁 10-392A
zhōngjīng 中京 1-594A
zhōngjīng 中經 1-614B
zhōngjīng 忠精 7-419B
zhōngjīng 鐘鯨 11-1397A
zhōngjǐng 中穽 1-598A
zhōngjǐng 中景 1-609B
zhōngjìng 中浄 1-598A
zhōngjìng 中徑 1-601B
zhōngjìng 中境 1-614B
zhōngjìng 忠勁 7-416B
zhōngjìng 忠敬 7-418A
zhōngjìng 終竟 9-794B
zhòngjǐng 仲景 1-1194B
zhòngjìng 重敬 10-390A
zhōngjìngfú 忠靜服 7-419A
zhōngjìngguān 忠靖冠 7-419A
zhōngjìngguān 忠靜冠 7-419B
zhòngjīngshí 重晶石 10-390A
zhōngjìngyī 忠靖衣 7-419A
zhōngjìngyī 忠靜衣 7-419A
zhòngjīnshǔ 重金屬 10-381A
zhōngjiōng 中扃 1-598B
zhòngjīqiāng 重機槍 10-397B
zhōngjìshì 中記室 1-601B
zhōngjiū 終究 9-793B
zhōngjiǔ 中九 1-581A
zhōngjiǔ 中酒 1-602A
zhōngjiǔ 終久 9-792B
zhōngjiù 中廄 1-610B
zhōngjiù 中廐 1-610B
zhǒngjiù 踵臼 10-519A
zhòngjiū 重究 10-379A
zhòngjiǔ 中酒 1-602A
zhòngjiǔ 重酒 10-386B
zhòngjiù 仲舅 1-1194B
zhòngjiù 重咎 10-381A
zhōngjìxiàn 中繼綫 1-622A
zhǒngjìxiāngjiē 踵跡相接 10-520A
zhōngjìzhàn 中繼站 1-622A
zhōngjú 中局 1-592A
zhōngjú 終局 9-793B
zhōngjù 中據 1-617B
zhōngjù 衷據 9-37B
zhōngjù 終具 9-793B
zhōngjù 終窶 9-795B
zhōngjù 鍾虡 11-1353B
zhōngjù 鍾聚 11-1353B
zhōngjù 鍾簴 11-1354B
zhōngjù 鍾鐻 11-1355A
zhōngjù 鍾簾 11-1354B
zhōngjù 鐘虡 11-1396A
zhōngjù 鐘簴 11-1396B
zhōngjù 鐘鐻 11-1397A
zhòngjū 重居 10-382A
zhòngjū 衆狙 8-1355A
zhòngjǔ 中矩 1-596B
zhòngjǔ 中舉 1-618A
zhòngjǔ 重舉 10-398A
zhòngjù 重鉅 10-390B
zhòngjù 衆劇 8-1359B
zhōngjuān 中捐 1-599B
zhōngjuān 中涓 1-602B
zhōngjué 中絶 1-611B
zhōngjué 中譎 1-621B
zhǒngjué 種覺 8-111B
zhǒngjué 踵決 10-519A
zhǒngjué 踵決 10-519B
zhòngjué 重爵 10-399B
zhōngjūn 中君 1-592A
zhōngjūn 中軍 1-598B
zhǒngjūn 冢君 2-447B
zhǒngjūn 踵軍 10-520A
zhòngjūn 衆軍 8-1356B
zhòngjùn 中儁 1-615A
zhòngjùn 衆俊 8-1356A
zhōngjūnguān 中軍官 1-598B
zhōngjūnjiāngjūn 中軍將軍 1-598B
zhōngjūnzhàng 中軍帳 1-598B
zhōngkǎi 忠慨 7-418B
zhōngkàn 中看 1-596B
zhòngkān 仲堪 1-1194A
zhōngkē 中科 1-596B
zhōngkè 忠客 7-417A
zhōngkè 忠恪 7-417A
zhòngkē 中科 1-596B
zhòngkē 重科 10-383A
zhòngkè 重刻 10-381B
zhòngkè 重客 10-384B
zhōngkěn 忠懇 7-420B
zhōngkěn 衷懇 9-37B
zhòngkěn 中肯 1-593A
zhòngkǒu 衆口 8-1351A
zhòngkǒufēnyún 衆口紛紜 8-1351A
zhòngkǒujiāochuán 衆口交傳 8-1351A
zhòngkǒujiāolì 衆口交詈 8-1351A
zhòngkǒujiāozàn 衆口交贊 8-1351A
zhòngkǒujíjí 衆口籍籍 8-1351B
zhòngkǒunántiáo 衆口難調 8-1351B
zhòngkǒurúyī 衆口如一 8-1351A
zhòngkǒushuòjīn 衆口鑠金 8-1351B
zhòngkǒutóngshēng 衆口同聲 8-1351A
zhòngkǒuxiāngchuán 衆口相傳 8-1351A
zhòngkǒuxiāojīn 衆口銷金 8-1351B
zhòngkǒuxiāoxiāo 衆口嘵嘵 8-1351B
zhòngkǒuxiāoxiāo 衆口囂囂 8-1351B
zhòngkǒuxūntiān 衆口熏天 8-1351A
zhòngkǒuyīcí 衆口一詞 8-1351A
zhòngkǒuyīcí 衆口一辭 8-1351A
zhòngkǔ 衆苦 8-1354B
zhōngkuǎn 中款 1-608B
zhōngkuǎn 忠款 7-418A
zhōngkuǎn 衷款 9-37A
zhòngkuǎn 中款 1-608B
zhòngkuǎn 中窾 1-620A
zhōngkuāng 中匡 1-587B
zhǒngkuàng 冢壙 2-448A
zhòngkuàng 重貺 10-390A
zhōngkuī 中虧 1-619B
zhōngkuí 中逵 1-604A
zhōngkuí 中馗 1-607A
zhōngkuí 柊楑 4-931B
zhōngkuí 終葵 9-795A
zhōngkuí 蔠葵 9-544B
zhōngkuí 鍾馗 11-1353A
zhōngkuí 鍾葵 11-1353B
zhōngkuí 鍾夔 11-1355A
zhōngkuì 中匱 1-615A
zhōngkuì 中餽 1-619B
zhōngkuì 中饋 1-621B
zhōngkǔn 中閫 1-617B
zhōngkǔn 忠悃 7-417B
zhòngkùn 重困 10-378A
zhǒngkuò 腫噲 6-1350A
zhōnglán 中欄 1-622A
zhōngláng 中郎 1-595A
zhōnglángjiàng 中郎將 1-595A
zhōngláo 中牢 1-592A
zhōngláo 忠勞 7-418B
zhōnglǎo 終老 9-793A
zhōnglào 螽澇 8-958B
zhòngláo 重勞 10-391A
zhònglào 重酪 10-392A
zhōnglěi 中壘 1-620B

zhǒnglèi 種類 8-111A
zhòngléi 重累 10-388A
zhōnglí 終黎 9-795A
zhōnglí 鍾離 11-1354B
zhōnglǐ 中里 1-590B
zhōnglǐ 中理 1-604A
zhōnglǐ 中禮 1-620A
zhōnglì 中立 1-587A
zhōnglì 中曆 1-618A
zhōnglì 忠力 7-414B
zhōnglì 忠利 7-415B
zhōnglì 鍾隸 11-1354B
zhǒnglí 種蠡 8-111B
zhǒnglì 種粒 8-110A
zhònglí 重蔾 10-395B
zhònglí 重黎 10-396B
zhònglǐ 中理 1-604A
zhònglǐ 中禮 1-620A
zhònglǐ 仲理 1-1194A
zhònglǐ 重禮 10-400A
zhònglǐ 衆理 8-1357A
zhònglì 中利 1-591A
zhònglì 重力 10-373B
zhònglì 重利 10-378B
zhònglì 重戾 10-381B
zhònglì 衆力 8-1350B
zhònglì 衆利 8-1354A
zhònglì 衆隸 8-1360A
zhōnglián 中聯 1-619A
zhōnglián 忠廉 7-419A
zhōnglián 鍾憐 11-1354A
zhōngliàn 中練 1-617B
zhònglián 仲連 1-1193B
zhòngliǎn 重斂 10-399B
zhòngliàn 重練 10-397B
zhōngliáng 中梁 1-607B
zhōngliáng 忠良 7-416A
zhōngliàng 忠亮 7-416B
zhōngliàng 忠諒 7-420A
zhǒngliáng 種糧 8-111A
zhòngliáng 仲梁 1-1194A
zhòngliàng 重量 10-390A
zhòngliángshì 仲良氏 1-1193A
zhòngliángshì 仲梁氏 1-1194A
zhōngliǎo 終了 9-792B
zhòngliáo 衆僚 8-1359A
zhōnglíchūn 鍾離春 11-1354B
zhōnglìdìdài 中立地帶 1-587A
zhōngliè 忠烈 7-417A
zhòngliè 重列 10-376B
zhōnglìguó 中立國 1-587A
zhōnglín 中林 1-592B
zhōnglíng 中泠 1-594B
zhōnglíng 中陵 1-603B
zhōnglíng 中澪 1-622A
zhōnglíng 忠靈 7-421A
zhōnglíng 鍾陵 11-1352B
zhōnglíng 鍾靈 11-1355A
zhōnglìng 中令 1-586B
zhònglíng 衆靈 8-1360B
zhōnglíngyùxiù 鍾靈毓秀 11-1355A
zhōnglínshì 中林士 1-592B
zhònglìpánbō 重利盤剝 10-378B
zhōnglíquán 鍾離權 11-1354B
zhōngliū 中溜 1-614A
zhōngliú 中流 1-602B
zhōngliù 中溜 1-614A
zhōngliù 中廇 1-613B
zhōngliù 中霤 1-620B
zhǒngliú 腫瘤 6-1350A
zhòngliú 重流 10-386B
zhòngliú 衆流 8-1356B
zhōngliúdǐzhù 中流底柱 1-602B
zhōngliúdǐzhù 中流砥柱 1-602B
zhòngliúguīhǎi 衆流歸海 8-1357A
zhōngliújījí 中流擊楫 1-602B
zhōngliújīyì 中流擊枻 1-602B
zhòngliǔrén 種柳人 8-109B
zhōngliúyīhú 中流一壺 1-602B
zhōnglǐyī 衷裏衣 9-37B
zhōnglìzhǔyì 中立主義 1-587A
zhōnglóng 終隆 9-794B
zhōnglóng 鍾龍 11-1354B
zhōnglóng 蹱躘 10-554B
zhōnglóng 鐘龍 8-1282A
zhōnglóng 鐘籠 8-1282A
zhōnglóu 鍾樓 11-1354A
zhōnglóu 鐘樓 11-1396B
zhōnglòu 鍾漏 11-1354A
zhōnglòu 鐘漏 11-1396A
zhōnglòubìngxiē 鐘漏並歇 11-1396B
zhōnglù 中路 1-612B
zhǒnglú 冢廬 2-448A
zhǒnglù 踵路 10-520A
zhònglù 重祿 10-391B
zhònglù 重賂 10-392B
zhònglù 重路 10-392B
zhònglù 重戮 10-397B
zhōnglùbāngzi 中路梆子 1-612B
zhōnglùn 忠論 7-420A
zhōnglún 中倫 1-601A
zhònglùn 衆論 8-1359B
zhònglùnuò 仲路諾 1-1194B
zhōngluó 鐘螺 11-1396B
zhōngluò 中洛 1-598A
zhōngluò 中落 1-608B
zhǒngluò 種落 8-110A
zhōnglǚ 中呂 1-588B
zhōnglǚ 鍾呂 11-1351B
zhōnglǚ 鐘呂 11-1395A
zhōnglǜ 忠慮 7-420A
zhōnglǜ 鍾律 11-1352B
zhōnglǜ 鐘律 11-1395A
zhònglǚ 仲呂 1-1192B
zhònglǜ 中律 1-597A
zhònglǜ 中率 1-607B
zhònglǜ 衆慮 8-1359B
zhōnglǚdiào 中呂調 1-588B
zhōnglüè 忠略 7-417B
zhōnglǚgōng 中呂宮 1-588B
zhōngmǎ 中馬 1-599A
zhǒngmǎ 種馬 8-109B
zhòngmǎ 重馬 10-385A
zhōngmài 中賣 1-616A
zhòngmǎirén 仲買人 1-1194B
zhòngmáofēigǔ 衆毛飛骨 8-1352A
zhōngměi 鍾美 11-1352B
zhǒngměi 踵美 10-519B
zhòngméi 中眉 1-598B
zhòngměi 衆美 8-1356A
zhōngměihézuòsuǒ 中美合作所 1-597B
zhōngměizhōu 中美洲 1-597B
zhōngmén 中門 1-595A
zhǒngmén 踵門 10-519B
zhòngmén 衆門 8-1355A
zhōngmēng 忪懞 7-434B
zhōngmēng 忪蒙 7-434B
zhōngméng 中矇 1-620B
zhōngméng 伀矇 1-1208A
zhòngméng 衆萌 8-1357A
zhōngmì 中祕 1-598B
zhōngmì 中秘 1-601A
zhōngmì 忠密 7-418A
zhòngmì 重密 10-389A
zhōngmiàn 中面 1-596A
zhòngmiáo 狆苗 5-25B
zhòngmiào 衆妙 8-1354B
zhōngmín 中民 1-587B
zhōngmǐn 忠敏 7-417B
zhǒngmín 種民 8-109A
zhòngmín 重民 10-375B
zhòngmín 衆民 8-1353B
zhōngmíng 中冥 1-603A
zhōngmíng 中鳴 1-615A
zhōngmíng 螽螟 8-958B
zhōngmíng 鐘銘 11-1396A
zhòngmíng 仲明 1-1193A
zhòngmíng 重名 10-377A
zhòngmíng 衆名 8-1353B
zhòngmíng 衆明 8-1355A
zhòngmìng 重命 10-381A
zhōngmíngdǐngliè 鐘鳴鼎列 11-1396A
zhōngmíngdǐngshí 鍾鳴鼎食 11-1354A
zhōngmíngdǐngshí 鐘鳴鼎食 11-1396A
zhōngmíngdǐngzhòng 鐘鳴鼎重 11-1396A
zhōngmíngfàn 鐘鳴飯 11-1396A
zhōngmínglòujìn 鍾鳴漏盡 11-1354A
zhōngmínglòujìn 鐘鳴漏盡 11-1396A
zhǒngmíntiān 種民天 8-109A
zhōngmìshū 中祕書 1-598B
zhōngmìshū 中秘書 1-601A
zhǒngmiù 踵謬 10-520B
zhōngmó 忠謨 7-420B
zhōngmò 終没 9-793B
zhōngmò 終歿 9-793B
zhǒngmò 種末 8-108B
zhòngmò 中墨 1-616B
zhōngmóu 忠謀 7-420B
zhōngmǔ 終畝 9-794B
zhǒngmù 冢墓 2-448A
zhòngmù 中目 1-585B
zhòngmù 重募 10-390A
zhòngmù 衆目 8-1352B
zhòngmù 衆募 8-1358A
zhòngmùkuíkuí 衆目睽睽 8-1352B
zhǒngmùyǐgǒng 冢木已拱 2-447A
zhòngmùzhāozhāng 衆目昭彰 8-1352B
zhōngnà 中納 1-604A
zhōngnán 中男 1-591A
zhōngnán 中南 1-596A
zhòngnán 重難 10-400B
zhōngnánhǎi 中南海 1-596A
zhōngnánjiéjìng 終南捷徑 9-794A
zhòngnánqián 重難錢 10-401A
zhòngnánqúnyí 衆難羣疑 8-1360B
zhōngnánshān 終南山 9-794A
zhōngnǎo 中腦 1-613B
zhōngněi 中餒 1-617A
zhòngnèi 衆内 8-1352A
zhōngnéng 忠能 7-417B
zhòngnéng 仲能 1-1194A
zhòngnéng 衆能 8-1357A
zhōngnì 鍾溺 11-1353B
zhòngní 仲尼 1-1192B
zhòngnì 重逆 10-384A
zhōngnián 中年 1-589A
zhōngnián 終年 9-793B
zhōngniàn 鍾念 11-1352A
zhòngnián 仲年 1-1193A
zhòngnián 重年 10-376B
zhòngniàn 衆念 8-1355A
zhǒngniè 種孽 8-111A
zhǒngniè 踵躡 10-520B
zhōngnìng 忠佞 7-415B
zhǒngniú 種牛 8-108A
zhòngniúdòu 種牛痘 8-108A
zhòngnìwúdào 重逆無道 10-384B
zhōngnóng 中農 1-612B
zhòngnóng 重農 10-392B
zhòngnóngqīngmò 重農輕末 10-392B
zhòngnóngqīngshāng 重農輕商 10-392B
zhòngnú 衆奴 8-1353B

zhòngnù 重怒 10-385A
zhòngnù 衆怒 8-1356B
zhòngnùnánfàn 衆怒難犯 8-1356B
zhòngnùnánrèn 衆怒難任 8-1356B
zhòngnuò 重諾 10-397A
zhōngnǚ 中女 1-583A
zhōngnǜ 中衄 1-600A
zhòngnǚ 中女 1-583A
zhòngnǚ 衆女 8-1351B
zhōng'ōu 中歐 1-616A
zhòngpā 衆葩 8-1358A
zhōngpán 中盤 1-617A
zhōngpàn 中判 1-591B
zhòngpànqīnlí 衆叛親離 8-1356A
zhōngpáo 中庖 1-594B
zhòngpào 重炮 10-384B
zhōngpī 中批 1-590B
zhōngpǐ 中否 1-590B
zhōngpǐ 中圮 1-587B
zhòngpǐ 衆匹 8-1352A
zhòngpì 重辟 10-394A
zhòngpì 衆辟 8-1358B
zhōngpiān 中篇 1-616B
zhōngpiān 終篇 9-795B
zhōngpiānxiǎoshuō 中篇小説 1-616B
zhōngpín 中頻 1-618A
zhōngpǐn 中品 1-596B
zhòngpín 中貧 1-606B
zhòngpìn 重聘 10-392A
zhōngpíng 中平 1-585B
zhōngpíng 忠平 7-415A
zhōngpú 中酺 1-615A
zhōngpú 忠僕 7-419B
zhōngpǔ 忠朴 7-415A
zhōngpǔ 忠樸 7-420A
zhōngqī 中期 1-608B
zhōngqī 鍾期 11-1353B
zhōngqì 中氣 1-600B
zhōngqì 鍾氣 11-1352B
zhǒngqǐ 踵起 10-520A
zhǒngqì 種氣 8-109B
zhòngqī 衆戚 8-1357A
zhòngqī 衆慼 8-1359B
zhòngqǐ 仲起 1-1193B
zhòngqì 重氣 10-386A
zhòngqì 重器 10-397B
zhòngqì 衆氣 8-1356B
zhōngqián 忠虔 7-417A
zhòngqiān 中簽 1-621B
zhòngqiān 重遷 10-396A
zhòngqián 重錢 10-398A
zhòngqiáng 衆彊 8-1360A
zhòngqiáng 衆强 8-1358B
zhōngqiānshìjiè 中千世界 1-582B
zhōngqiǎo 中巧 1-584B
zhòngqiáo 仲橋 1-1195A
zhòngqiǎo 衆巧 8-1352B
zhòngqiào 中竅 1-621A
zhòngqiào 衆竅 8-1360A
zhōngqiè 忠切 7-414B
zhǒngqiè 種切 8-108A
zhōngqín 忠勤 7-418B
zhōngqín 忠懃 7-420B
zhōngqǐn 中寢 1-615B
zhòngqín 重勤 10-392A
zhòngqín 衆禽 8-1358A
zhōngqīng 中卿 1-601B
zhōngqīng 忠清 7-417B
zhōngqíng 中情 1-607B
zhōngqíng 忠情 7-418A
zhōngqíng 衷情 9-37A
zhōngqíng 鍾情 11-1353A
zhōngqìng 鍾慶 11-1354A
zhōngqìng 鍾磬 11-1354A
zhōngqìng 鐘磬 11-1396B
zhǒngqīng 冢卿 2-447B
zhòngqīng 中清 1-607B
zhòngqīng 重輕 10-394B
zhòngqíng 衆情 8-1357B
zhòngqíngyìjǔ 衆擎易舉 8-1360A
zhōngqióng 終窮 9-795B
zhòngqìqīngmìng 重氣輕命 10-386A
zhòngqìqīngshēng 重氣輕生 10-386A
zhōngqiū 中丘 1-586A
zhōngqiū 中秋 1-596B
zhòngqiū 中秋 1-596B
zhòngqiū 仲秋 1-1193B
zhòngqiú 重囚 10-375A
zhòngqiú 重裘 10-392A
zhōngqiūjié 中秋節 1-596B
zhōngqiūtiè 中秋帖 1-596B
zhòngqìxùnmíng 重氣狥名 10-386A
zhōngqū 中曲 1-588B
zhōngqū 中區 1-605A
zhōngqū 衷曲 9-36B
zhōngqú 中衢 1-622B
zhòngqǔ 中曲 1-588B
zhòngqū 重軀 10-400B
zhòngqū 衆曲 8-1353B
zhòngqǔ 蚛齲 8-867B
zhòngqǔ 衆曲 8-1353B
zhōngquán 中泉 1-597A
zhōngquán 中銓 1-615A
zhōngquán 中權 1-622A
zhōngquán 忠泉 7-416B
zhòngquán 中權 1-622A
zhòngquán 重權 10-402A
zhòngquǎnfèishēng 衆犬吠聲 8-1351B
zhōngquē 中缺 1-600B
zhōngquē 中闕 1-621A
zhōngquè 忠慤 7-419B
zhōngquè 忠確 7-420A
zhòngquè 中雀 1-605B
zhōngqún 中帬 1-603B
zhōngqún 中裙 1-611A
zhōngqún 中裠 1-614A
zhōngqūyìgǎn 忠驅義感 7-421A
zhòngrán 衆然 8-1358A
zhōngrǎng 中壤 1-621B
zhǒngráng 種穰 8-111B
zhòngrǎo 重擾 10-400A
zhōngrè 中熱 1-616A
zhōngrén 中人 1-581A
zhōngrén 忠人 7-414B
zhōngrén 鍾人 11-1351A
zhōngrěn 中稔 1-613A
zhǒngrén 冢人 2-447A
zhǒngrén 種人 8-107B
zhòngrén 中人 1-581A
zhòngrén 重人 10-373B
zhòngrén 衆人 8-1350B
zhòngrèn 重任 10-376B
zhòngrénguǎngzuò 衆人廣坐 8-1350B
zhòngrénguóshì 衆人國士 8-1350B
zhòngrénpěngchái… 衆人捧柴火焰高 8-1350B
zhòngrénshíchái… 衆人拾柴火焰高 8-1350B
zhōngrì 中日 1-583B
zhōngrì 衷衵 9-37A
zhōngrì 終日 9-793A
zhōngróng 潼溶 6-145A
zhōngróng 中容 1-603A
zhòngróng 仲容 1-1194A
zhòngróng 衆戎 8-1353B
zhōngrú 衷襦 9-37B
zhōngrǔ 鍾乳 11-1352A
zhòngrǔ 衆辱 8-1356B
zhōngrǔdòng 鐘乳洞 11-1395A
zhòngruì 中瑞 1-611B
zhòngruò 衆弱 8-1357A
zhōngrǔshí 鍾乳石 11-1352A
zhōngrǔzhōu 鍾乳粥 11-1352A
zhōngsǎn 中散 1-608B
zhòngsān 中参 1-608A
zhōngsāng 終喪 9-794B
zhōngsè 中色 1-589B
zhòngsè 重塞 10-394A
zhòngsè 重色 10-377A
zhòngsè 重澀 10-400A
zhòngsè 衆色 8-1354A
zhòngshā 中殺 1-601B
zhōngshān 中山 1-582A
zhōngshān 鍾山 11-1351A
zhōngshàn 忠善 7-418A
zhǒngshān 種山 8-108A
zhòngshān 仲山 1-1192A
zhòngshàn 重善 10-391A
zhòngshàn 衆善 8-1358A
zhōngshang 中上 1-582A
zhōngshāng 中殤 1-616A
zhōngshāng 中觴 1-621A
zhōngshǎng 中晌 1-600B
zhōngshǎng 中賞 1-616B
zhōngshàng 中上 1-582A
zhòngshāng 中傷 1-613A
zhòngshāng 仲商 1-1194A
zhòngshāng 重傷 10-393A
zhòngshǎng 重賞 10-396A
zhōngshàngfāng 中尚方 1-593A
zhòngshāngfēng 重傷風 10-393A
zhòngshǎngzhīxià… 重賞之下,必有死夫 10-396A
zhòngshǎngzhīxià… 重賞之下,必有勇夫 10-396A
zhōngshānháo 中山毫 1-582B
zhōngshānjiǔ 中山酒 1-582A
zhōngshānláng 中山狼 1-582A
zhōngshānlíng 中山陵 1-582B
zhōngshānyùtùháo 中山玉兔毫 1-582A
zhōngshānzhuāng 中山裝 1-582B
zhòngshǎo 衆少 8-1352A
zhòngshǎochéngduō 衆少成多 8-1352A
zhōngshāqúndǎo 中沙羣島 1-592A
zhōngshé 忠舌 7-415A
zhōngshè 中舍 1-594A
zhǒngshè 冢舍 2-447B
zhǒngshè 冢社 2-447B
zhǒngshè 塚舍 2-1185A
zhòngshè 重射 10-386A
zhòngshè 重設 10-388B
zhōngshēn 中身 1-591A
zhōngshēn 終身 9-793B
zhōngshěn 終審 9-795B
zhōngshèn 忠慎 7-419A
zhòngshēn 重身 10-378B
zhòngshèn 重慎 10-394A
zhōngshēndàshì 終身大事 9-793B
zhōngshēng 中聲 1-619A
zhōngshēng 終生 9-793A
zhōngshēng 鍾笙 11-1353A
zhōngshěng 中省 1-596A
zhōngshèng 中乘 1-601A
zhōngshèng 忠聖 7-418B
zhōngshèng 衷乘 9-37A
zhōngshèng 衷甸 9-36B
zhǒngshēng 種生 8-108B
zhòngshēng 重生 10-375A
zhòngshēng 衆生 8-1353A
zhòngshéng 中繩 1-621B
zhòngshèng 中聖 1-612A
zhòngshèng 衆盛 8-1357A
zhòngshèng 衆勝 8-1358A
zhòngshèng 衆聖 8-1358B
zhōngshēngdài 中生代 1-586A
zhòngshēnghǎodù… 衆生好度人難度 8-1353A
zhōngshèngrén 中聖人

1-612A
zhòngshēngxiàng 衆生相 8-1353A
zhōngshèrén 中舍人 1-594A
zhōngshī 中師 1-601B
zhōngshī 鍾師 11-1352B
zhōngshí 中食 1-597A
zhōngshí 中時 1-600B
zhōngshí 中實 1-615B
zhōngshí 忠實 7-419B
zhōngshí 鍾石 11-1351B
zhōngshí 鐘石 11-1395A
zhōngshǐ 中使 1-593B
zhōngshǐ 終始 9-794A
zhōngshì 中士 1-581A
zhōngshì 中世 1-585A
zhōngshì 中式 1-587B
zhōngshì 中事 1-592B
zhōngshì 中侍 1-593B
zhōngshì 中室 1-598A
zhōngshì 中適 1-615A
zhōngshì 忠士 7-414B
zhōngshì 終世 9-793A
zhōngshì 鍾氏 11-1351B
zhōngshì 鍾室 11-1352B
zhǒngshí 種食 8-109B
zhǒngshí 種實 8-110B
zhǒngshì 冢室 2-447B
zhòngshī 中失 1-586A
zhòngshī 中溼 1-614A
zhòngshī 重施 10-384A
zhòngshí 種石 8-108B
zhòngshí 種蒔 8-110B
zhòngshí 重實 10-395B
zhòngshǐ 中使 1-594A
zhòngshǐ 重使 10-380B
zhòngshǐ 重始 10-382A
zhòngshǐ 衆史 8-1353A
zhòngshǐ 衆豕 8-1354A
zhòngshì 中式 1-587B
zhòngshì 中事 1-592B
zhòngshì 中試 1-613B
zhòngshì 仲氏 1-1192B
zhòngshì 重事 10-379B
zhòngshì 重室 10-384B
zhòngshì 重視 10-389A
zhòngshì 重勢 10-391B
zhòngshì 重誓 10-394B
zhòngshì 衆士 8-1350B
zhòngshì 衆世 8-1352B
zhòngshì 衆事 8-1354B
zhòngshì 衆視 8-1357B
zhòngshì 衆適 8-1359A
zhōngshǐbùyú 終始不渝 9-794A
zhōngshìjì 中世紀 1-585A
zhōngshǐruòyī 終始若一 9-794A
zhòngshíyǐnyǔ 中石飲羽 1-585B
zhǒngshìzēnghuá 踵事增華 10-519B
zhòngshǐzhīdì 衆矢之的 8-1353A
zhōngshìzhīhuò 鐘室之禍 11-1395A
zhòngshìzǐ 重室子 10-384B
zhōngshǒu 中手 1-583B
zhōngshòu 中壽 1-614B
zhòngshòu 中壽 1-614B
zhōngshū 中書 1-603A
zhōngshū 中樞 1-616A
zhōngshú 中孰 1-607A
zhōngshú 中熟 1-617A
zhōngshǔ 中署 1-612B
zhōngshù 中數 1-616B
zhōngshù 忠恕 7-417B
zhòngshū 中叔 1-593A
zhòngshū 仲叔 1-1193A
zhòngshū 仲舒 1-1194B
zhòngshū 衆書 8-1357A
zhòngshǔ 中暑 1-609B
zhòngshù 種樹 8-111A
zhòngshù 重戍 10-376A
zhòngshù 衆庶 8-1357B
zhōngshuāi 中衰 1-601B
zhōngshuāng 中霜 1-619B
zhōngshūfáng 中書房 1-603B
zhōngshūgé 中書格 1-603B
zhōngshuǐ 中水 1-583B
zhōngshuǐ 螽水 8-958A
zhòngshuǐ 中水 1-583B
zhòngshuǐ 重水 10-374B
zhòngshuì 重税 10-390B
zhōngshuǐqī 中水期 1-583B
zhōngshūjiǎnzhèng 中書檢正 1-603B
zhōngshūjūn 中書君 1-603B
zhōngshùn 忠順 7-418A
zhōngshuō 中說 1-615A
zhōngshuò 中朔 1-602A
zhòngshuō 衆說 8-1359A
zhòngshuò 重數 10-396B
zhòngshuò 衆鑠 8-1360B
zhòngshuōfēnróu 衆說紛揉 8-1359A
zhòngshuōfēnyún 衆說紛紜 8-1359A
zhòngshuōfú 衆說郛 8-1359A
zhōngshūshénjīng 中樞神經 1-616A
zhòngshùshū 種樹書 8-111A
zhōngshūtáng 中書堂 1-603B
zhōngshūxué 中書學 1-603B
zhōngshùzǐ 中庶子 1-607A
zhōngsī 中司 1-587B
zhōngsī 中私 1-591A
zhōngsī 衷私 9-36B
zhōngsī 螽斯 8-958A
zhōngsì 中祀 1-592A
zhōngsì 中駟 1-616A
zhǒngsī 冢司 2-447A
zhǒngsì 冢祀 2-447B
zhǒngsì 冢嗣 2-448A
zhòngsì 種祀 8-109A
zhòngsī 衆司 8-1353B
zhòngsī 衆思 8-1356A
zhòngsǐ 重死 10-376A
zhòngsīzǎo 仲思棗 1-1193A
zhōngsīzhènyǔ 螽斯振羽 8-958B
zhōngsīzhīdé 螽斯之德 8-958A
zhōngsù 中素 1-599A
zhōngsù 中宿 1-607B
zhōngsù 中愫 1-614A
zhōngsù 忠素 7-417A
zhōngsù 忠肅 7-419A
zhōngsù 衷素 9-37A
zhōngsù 衷愫 9-37B
zhòngsú 衆俗 8-1356A
zhōngsuì 中歲 1-612A
zhōngsuì 終歲 9-795A
zhǒngsuì 冢遂 2-447B
zhǒngsūn 冢孫 2-447B
zhòngsūn 仲孫 1-1194A
zhòngsuǒgòngzhī 衆所共知 8-1355A
zhòngsuǒzhōuzhī 衆所周知 8-1355A
zhòngsuǒzhǔmù 衆所矚目 8-1355A
zhōngtái 中台 1-587B
zhōngtái 中臺 1-614B
zhōngtán 中壇 1-617B
zhōngtán 鍾譚 11-1354B
zhōngtáng 中唐 1-602A
zhōngtáng 中堂 1-605B
zhōngtǎng 中帑 1-595B
zhǒngtáng 冢堂 2-447B
zhòngtǎng 重帑 10-382A
zhōngtàngāng 中碳鋼 1-615A
zhōngtáo 鐘鼗 11-1397A
zhòngtáohuākǎnzhúzhī 種桃花砍竹枝 8-109B
zhòngtè 衆慝 8-1356B
zhōngténg 鍾藤 11-1354B
zhòngtǐ 重體 10-402B
zhōngtiān 中天 1-583A
zhōngtiān 終天 9-792B
zhōngtián 中田 1-585B
zhōngtián 中畋 1-596A
zhǒngtián 冢田 2-447A
zhòngtián 種田 8-108B
zhōngtiānzhú 中天竺 1-583A
zhōngtiáo 中調 1-617A
zhōngtiáo 中條 1-601A
zhòngtiáo 重條 10-386A
zhòngtiào 衆覜 8-1358B
zhòngtiào 衆頫 8-1359B
zhōngtīng 中聽 1-622A
zhōngtīng 中廳 1-622B
zhōngtíng 中庭 1-597B
zhōngtíng 中停 1-606B
zhòngtīng 重聽 10-402A
zhōngtíngmài 中庭麥 1-597B
zhōngtíqín 中提琴 1-608B
zhōngtōng 中通 1-604A
zhōngtóng 終童 9-795A
zhōngtǒng 中統 1-611B
zhǒngtòng 腫痛 6-1349B
zhōngtǒngchāo 中統鈔 1-611B
zhòngtóngfēn 衆同分 8-1353B
zhōngtóu 中投 1-590B
zhōngtóu 鐘頭 11-1396B
zhòngtóuxì 重頭戲 10-397B
zhōngtú 中途 1-601B
zhōngtú 中塗 1-614A
zhōngtǔ 中土 1-581B
zhǒngtǔ 冢土 2-447A
zhòngtuī 重推 10-387B
zhòngtuō 重托 10-376A
zhòngtuō 重託 10-386A
zhōngwài 中外 1-586B
zhōngwàihébì 中外合璧 1-587A
zhōngwàisūn 中外孫 1-587A
zhōngwǎn 中脘 1-607A
zhòngwàn 衆萬 8-1358A
zhōngwáng 鍾王 11-1351A
zhōngwǎng 中網 1-615B
zhòngwǎng 衆枉 8-1354B
zhòngwàng 重望 10-388B
zhòngwàng 衆望 8-1357B
zhòngwànggāomíng 重望高名 10-388B
zhòngwàngsuǒguī 衆望所歸 8-1357B
zhòngwàngyōuguī 衆望攸歸 8-1357B
zhōngwēi 中微 1-613A
zhōngwéi 中帷 1-606B
zhōngwéi 中幃 1-609B
zhōngwéi 中闈 1-620A
zhōngwèi 中位 1-591A
zhōngwèi 中尉 1-607B
zhōngwèi 中衛 1-617A
zhòngwēi 中微 1-613A
zhòngwéi 重違 10-391B
zhòngwěi 衆偽 8-1359A
zhòngwèi 重位 10-378B
zhòngwèi 重畏 10-383A
zhòngwèi 衆位 8-1354B
zhōngwěidù 中緯度 1-617B
zhōngwén 中文 1-584A
zhòngwén 重文 10-374B
zhòngwèn 重問 10-389A
zhòngwénqīngwǔ 重文輕武 10-374B
zhòngwò 重幄 10-390B
zhōngwū 鍾巫 11-1351B
zhōngwú 中吳 1-590B
zhōngwǔ 中五 1-583A
zhōngwǔ 中午 1-583B
zhōngwǔ 中武 1-592A
zhōngwǔ 忠武 7-416A
zhǒngwǔ 踵武 10-519B
zhǒngwù 腫物 6-1349B
zhòngwǔ 中忤 1-592A
zhòngwù 中務 1-604A
zhòngwù 種物 8-109A
zhòngwù 重惡 10-389B
zhòngwù 重物 10-380B
zhòngwù 重務 10-387A

zhòngwù 衆物 8-1355A
zhòngwù 衆務 8-1357A
zhòngwǔqì 重武器 10-379A
zhòngwǔshēng 種五生 8-108A
zhǒngwǔxiāngjiē 踵武相接 10-519B
zhōngxī 中夕 1-582B
zhōngxī 中西 1-588B
zhōngxī 中息 1-601B
zhōngxī 終夕 9-792B
zhōngxí 中席 1-602A
zhōngxí 終席 9-794B
zhǒngxī 冢息 2-447B
zhǒngxī 腫膝 6-1350A
zhǒngxī 踵息 10-520A
zhǒngxí 踵襲 10-520B
zhǒngxì 踵係 10-519B
zhòngxī 重息 10-386A
zhòngxī 重惜 10-388B
zhōngxiá 中狹 1-601B
zhōngxià 中下 1-581B
zhōngxià 中夏 1-600A
zhōngxià 鍾下 11-1351A
zhòngxià 中夏 1-600A
zhòngxià 仲夏 1-1194A
zhòngxià 衆下 8-1351A
zhōngxián 中賢 1-616A
zhōngxián 忠賢 7-419B
zhōngxiàn 中羨 1-614A
zhōngxiàn 中線 1-617B
zhōngxiàn 中憲 1-619A
zhōngxiàn 中縣 1-618A
zhōngxiàn 終獻 9-795B
zhòngxián 衆賢 8-1359B
zhòngxiàn 中陷 1-604A
zhōngxiàndàfū 中憲大夫 1-619A
zhōngxiāng 中鄉 1-608A
zhōngxiáng 鍾祥 11-1352B
zhōngxiàng 中項 1-608B
zhǒngxiǎng 種餉 8-110B
zhǒngxiǎng 種饟 8-111B
zhǒngxiǎng 種[illegible] 8-111A
zhòngxiāng 衆香 8-1356A
zhòngxiáng 重詳 10-393B
zhòngxiáng 衆祥 8-1357A
zhòngxiàng 衆相 8-1355B
zhòngxiāngguó 衆香國 8-1356A
zhōngxiāo 中宵 1-603A
zhōngxiāo 中霄 1-616B
zhōngxiāo 終宵 9-794B
zhōngxiào 中校 1-600A
zhōngxiào 忠孝 7-415A
zhōngxiào 忠效 7-417A
zhòngxiǎo 衆小 8-1351A
zhòngxiào 重孝 10-377B
zhòngxiào 衆效 8-1356B
zhōngxiàodài 忠孝帶 7-415B
zhōngxiàojūn 忠孝軍 7-415A
zhōngxiāowǔ 中宵舞 1-603A
zhōngxié 忠邪 7-415A
zhōngxiè 中謝 1-619B
zhōngxiè 鍾洩 11-1352B
zhǒngxiè 腫泄 6-1349B
zhǒngxiè 踵謝 10-520B
zhōngxié 中邪 1-588B
zhòngxié 衆邪 8-1353B
zhòngxiè 重械 10-387B
zhòngxiè 衆謝 8-1360A
zhōngxīhébì 中西合璧 1-588B
zhōngxīn 中心 1-584B
zhōngxīn 忠心 7-414B
zhōngxīn 衷心 9-36B
zhōngxīn 鍾心 11-1351B
zhōngxìn 中釁 1-622B
zhōngxìn 忠信 7-416B
zhōngxìn 鍾信 11-1352B
zhòngxīn 中心 1-584B
zhòngxīn 重心 10-374B
zhòngxīn 衆心 8-1352A
zhòngxìn 衆信 8-1356A
zhòngxīnchéngchéng 衆心成城 8-1352A
zhōngxīnchìdǎn 忠心赤膽 7-414B
zhōngxīng 中星 1-596A
zhōngxīng 中興 1-618A
zhōngxíng 中刑 1-587B
zhōngxíng 中行 1-589A
zhōngxíng 中型 1-595B
zhōngxǐng 中省 1-596A
zhōngxìng 中性 1-595A
zhǒngxīng 踵興 10-520B
zhǒngxíng 種型 8-109A
zhǒngxíng 踵行 10-519A
zhǒngxìng 種姓 8-109A
zhǒngxìng 種性 8-109A
zhòngxīng 重星 10-383A
zhòngxīng 衆星 8-1355B
zhòngxíng 重刑 10-376A
zhòngxíng 重行 10-377A
zhòngxíng 重型 10-382A
zhòngxíng 衆行 8-1353B
zhòngxíng 衆形 8-1354A
zhòngxìng 重姓 10-382A
zhòngxìng 衆性 8-1355A
zhòngxīngcuányuè 衆星攢月 8-1355B
zhōngxīngěnggěng 忠心耿耿 7-414B
zhòngxīnggǒngjí 衆星拱極 8-1355B
zhòngxīnggǒngyuè 衆星拱月 8-1355B
zhòngxīnghuánjí 衆星環極 8-1355B
zhòngxīngpěngyuè 衆星捧月 8-1355B
zhōngxíngpíngbó 中行評博 1-589B
zhòngxīngqígǔ 重興旗鼓 10-398A
zhōngxīngsānmíng 中興三明 1-618B
zhōngxīngsòng 中興頌 1-618B
zhōngxīnguànrì 忠心貫日 7-414B
zhōngxīnjiǎo 中心角 1-584B
zhōngxīnsīxiǎng 中心思想 1-584B
zhōngxiōng 中兄 1-585B
zhōngxiòng 中訩 1-610B
zhòngxiōng 中兄 1-585B
zhòngxiōng 仲兄 1-1192B
zhòngxióng 仲雄 1-1194B
zhòngxióng 仲熊 1-1194B
zhōngxiū 中休 1-589A
zhōngxiǔ 中宿 1-607B
zhōngxiù 中宿 1-607B
zhōngxiù 鍾秀 11-1351B
zhòngxiū 重修 10-383B
zhōngxū 中虛 1-605B
zhōngxǔ 忠許 7-417B
zhōngxù 中序 1-591B
zhǒngxù 踵續 10-520B
zhòngxù 重畜 10-386B
zhōngxuān 中軒 1-600A
zhōngxuàn 中鉉 1-613B
zhòngxuān 仲宣 1-1193B
zhòngxuán 中縣 1-618A
zhòngxuǎn 中選 1-617B
zhòngxuānlóu 仲宣樓 1-1193B
zhōngxué 中學 1-618B
zhǒngxué 種學 8-111A
zhòngxué 重學 10-398A
zhòngxué 衆學 8-1360A
zhòngxuéjìwén 種學績文 8-111A
zhòngxuézhīwén 種學織文 8-111A
zhōngxūn 忠勳 7-420A
zhōngxún 中廵 1-587B
zhōngxún 中旬 1-589B
zhòngxūn 重勳 10-398A
zhòngxūpiāoshān 衆噓漂山 8-1358B
zhòngxùpiāoshān 衆呴漂山 8-1358A
zhòngxùpiāoshān 衆呴飃山 8-1358A
zhòngxùpiāoshān 衆呴飄山 8-1358A
zhōngxúqiū 鍾徐丘 11-1352B
zhòngxùshāndòng 衆呴山動 8-1358A
zhōngyá 鍾牙 11-1351B
zhōngyǎ 中雅 1-609A
zhōngyà 中亞 1-592B
zhòngyā 重壓 10-399A
zhǒngyá 種牙 8-108A
zhòngyǎ 中雅 1-609A
zhòngyǎ 仲雅 1-1194B
zhōngyán 中筵 1-610A
zhōngyán 中嚴 1-621B
zhōngyán 中巖 1-622B
zhōngyán 忠言 7-415B
zhōngyán 衷言 9-36B
zhōngyán 鍾巖 11-1355A
zhōngyǎn 中眼 1-606A
zhǒngyán 種鹽 8-111B
zhòngyán 重言 10-378B
zhòngyán 衆言 8-1354B
zhòngyǎn 仲衍 1-1193B
zhōngyāng 中央 1-586A
zhōngyǎng 忠養 7-419B
zhōngyǎng 終養 9-795A
zhōngyàng 中樣 1-616A
zhǒngyáng 腫瘍 6-1349B
zhòngyāng 衆鞅 8-1358B
zhòngyáng 仲陽 1-1194A
zhòngyáng 衆陽 8-1357B
zhōngyānghóngjūn 中央紅軍 1-586A
zhōngyāngjūn 中央軍 1-586A
zhōngyāngpiào 中央票 1-586A
zhōngyāngshè 中央社 1-586A
zhōngyāngshì 中央氏 1-586A
zhōngyánnì'ěr 忠言逆耳 7-415B
zhōngyānzhīzhì 終焉之志 9-794B
zhōngyāo 中夭 1-583B
zhōngyāo 中腰 1-613B
zhōngyào 中要 1-596A
zhōngyào 中藥 1-620A
zhōngyào 中耀 1-621B
zhòngyāo 中腰 1-613B
zhòngyào 重要 10-383A
zhōngyàorén 中要人 1-596A
zhòngyāzhǐ 重壓紙 10-399A
zhōngyē 中掖 1-604B
zhōngyě 中野 1-606A
zhōngyě 中壄 1-618A
zhōngyè 中射 1-601A
zhōngyè 中夜 1-594A
zhōngyè 中葉 1-608B
zhōngyè 柊葉 4-931B
zhōngyè 終夜 9-794A
zhòngyē 中暍 1-612B
zhōngyèshì 中射士 1-601B
zhōngyèwǔ 中夜舞 1-594A
zhōngyèzhě 中謁者 1-618B
zhōngyī 中衣 1-589B
zhōngyī 中醫 1-620B
zhōngyī 忠一 7-414B
zhōngyī 衷衣 9-36B
zhōngyí 中儀 1-616B
zhōngyí 鍾儀 11-1354A
zhōngyí 鍾彝 11-1354B
zhōngyí 鐘彝 11-1396B
zhōngyǐ 中扆 1-603A
zhōngyì 中乂 1-581A
zhōngyì 中意 1-614A
zhōngyì 中臆 1-619B
zhōngyì 忠益 7-417A
zhōngyì 忠義 7-419A
zhōngyì 忠毅 7-420A
zhōngyì 忠誼 7-420A
zhōngyì 忠懿 7-421A
zhōngyì 衷臆 9-37B

zhòngyī 中醫 1-620B
zhòngyī 衆揖 8-1357B
zhòngyī 衆醫 8-1360A
zhōngyí 中儀 1-617A
zhòngyí 重移 10-388A
zhòngyí 衆宜 8-1355A
zhōngyì 中意 1-614A
zhòngyì 種藝 8-111A
zhòngyì 重意 10-393B
zhòngyì 重義 10-393B
zhòngyì 重毅 10-397A
zhòngyì 重誼 10-397A
zhòngyì 重議 10-402A
zhòngyì 衆異 8-1357A
zhòngyì 衆藝 8-1360A
zhòngyì 衆議 8-1360B
zhòngyìchénglín 衆議成林 8-1360B
zhōngyīn 中音 1-597B
zhōngyīn 中陰 1-604A
zhōngyǐn 中飲 1-610B
zhōngyǐn 中隱 1-619A
zhōngyǐn 鍾隱 11-1354B
zhōngyìn 中印 1-586B
zhòngyīn 中音 1-597B
zhòngyīn 衷音 9-37A
zhòngyīn 重音 10-384A
zhòngyìn 重印 10-375B
zhōngyīng 鍾英 11-1351B
zhōngyíng 中營 1-618B
zhǒngyíng 冢塋 2-448A
zhòngyīng 衆英 8-1354B
zhōngyìnguó 中印國 1-586B
zhòngyìqīngcái 重義輕財 10-393B
zhòngyìqīngshēng 重義輕生 10-393B
zhòngyìyuàn 衆議院 8-1360B
zhōngyōng 中庸 1-607A
zhōngyōng 鐘鏞 11-1397A
zhōngyǒng 中勇 1-599A
zhōngyǒng 忠勇 7-417A
zhōngyòng 中用 1-586B
zhǒngyǒng 喠嗈 3-428B
zhōngyóu 中油 1-594B
zhōngyóu 中游 1-611A
zhōngyóu 忠猷 7-419A
zhōngyǒu 中有 1-588B
zhōngyǒu 忠友 7-414B
zhōngyòu 中囿 1-596B
zhòngyóu 仲由 1-1192B
zhòngyóu 重油 10-381B
zhòngyǒu 衆有 8-1353B
zhōngyú 衷愚 9-37A
zhōngyú 終于 9-792B
zhōngyú 鍾魚 11-1353A
zhōngyú 鐘魚 11-1395B
zhōngyǔ 中宇 1-590A
zhōngyǔ 中語 1-615A
zhōngyǔ 螽羽 8-958A
zhōngyǔ 鍾庾 11-1353A
zhōngyù 中域 1-604A
zhōngyù 中欲 1-606B
zhōngyù 鍾毓 11-1354A
zhòngyú 種魚 8-109B
zhòngyǔ 衆雨 8-1354B
zhòngyù 種玉 8-108A
zhòngyù 仲豫 1-1195A
zhòngyù 重遇 10-390B
zhòngyù 重譽 10-401B
zhòngyù 衆譽 8-1360B
zhōngyuán 中元 1-583A
zhōngyuán 中原 1-600A
zhōngyuán 中園 1-612B
zhōngyuàn 鐘院 11-1395A
zhǒngyuán 冢園 2-448A
zhòngyuán 中元 1-583A
zhòngyuàn 重怨 10-384A
zhòngyuàn 衆怨 8-1356A
zhòngyuàn 衆院 8-1356B
zhōngyuánlínfèng 中原麟鳳 1-600B
zhòngyuánsù 重元素 10-374A
zhòngyuànzhīdì 衆怨之的 8-1356A
zhōngyuánzhúlù 中原逐鹿 1-600A
zhōngyuè 中月 1-584A
zhōngyuè 中岳 1-593B
zhōngyuè 中嶽 1-619B
zhòngyuē 重約 10-385A
zhòngyuè 仲月 1-1192B
zhòngyùlántián 種玉藍田 8-108B
zhōngyǔn 中盾 1-597A
zhōngyǔn 中允 1-584B
zhōngyǔn 忠允 7-415A
zhōngyùn 中蘊 1-620A
zhòngyún 仲雲 1-1194B
zhōngyǔshēnshēn 螽羽詵詵 8-958A
zhòngyútàishān 重於泰山 10-381B
zhǒngzǎi 冢宰 2-447B
zhòngzāi 種栽 8-109B
zhòngzài 重載 10-391B
zhōngzàn 中贊 1-621B
zhōngzàng 中藏 1-619A
zhǒngzàng 冢藏 2-448A
zhōngzàngfǔ 中藏府 1-619B
zhōngzàngfǔ 中臧府 1-615A
zhōngzào 中竈 1-622A
zhòngzǎo 重棗 10-390A
zhōngzé 中澤 1-619A
zhōngzè 中昃 1-593A
zhòngzé 重責 10-387A
zhōngzhāi 中齋 1-620A
zhǒngzhái 冢宅 2-447A
zhōngzhǎn 中斬 1-605A
zhōngzhǎn 終斬 9-794B
zhòngzhān 衆占 8-1352B
zhōngzhāng 中璋 1-615B
zhōngzhāng 鍾張 11-1353A
zhōngzhàng 中仗 1-586A
zhǒngzhàng 腫脹 6-1349B
zhōngzhāo 終朝 9-794B
zhōngzhào 中兆 1-589B
zhōngzhào 中詔 1-610B
zhòngzhào 衆兆 8-1353B
zhōngzhé 中折 1-590B
zhòngzhé 衆哲 8-1356B
zhōngzhēn 忠貞 7-416B
zhōngzhēn 忠箴 7-420A
zhōngzhèn 中陳 1-604A
zhōngzhèn 中陣 1-598B
zhòngzhēn 衆珍 8-1355B
zhòngzhèn 重鎮 10-400B
zhōngzhènfǔ 中鎮撫 1-621A
zhōngzhèng 中正 1-585A
zhōngzhèng 中證 1-621B
zhōngzhèng 忠正 7-415A
zhōngzhèng 衷正 9-36B
zhòngzhēng 重徵 10-396B
zhòngzhèng 衆正 8-1352B
zhōngzhí 中直 1-592B
zhōngzhí 忠直 7-416A
zhōngzhí 鍾值 11-1352B
zhōngzhǐ 中止 1-583B
zhōngzhǐ 中旨 1-589B
zhōngzhǐ 中沚 1-591B
zhōngzhǐ 中指 1-595B
zhōngzhǐ 終止 9-793A
zhōngzhǐ 終紙 9-794B
zhōngzhì 中知 1-593A
zhōngzhì 中制 1-593A
zhōngzhì 中峙 1-596B
zhōngzhì 中秩 1-601A
zhōngzhì 中智 1-609B
zhōngzhì 中置 1-612B
zhōngzhì 忠至 7-415A
zhōngzhì 忠志 7-415B
zhōngzhì 忠智 7-418A
zhōngzhì 終制 9-793B
zhǒngzhí 踵跖 10-520A
zhǒngzhì 種智 8-110A
zhǒngzhì 踵至 10-519A
zhòngzhī 中支 1-583B
zhòngzhī 重知 10-380B
zhòngzhī 衆支 8-1351B
zhòngzhī 衆枝 8-1354B
zhòngzhí 種植 8-110A
zhòngzhí 種殖 8-110A
zhòngzhí 重直 10-379B
zhòngzhí 重職 10-400A
zhòngzhí 衆殖 8-1358A
zhòngzhǐ 中旨 1-589B
zhòngzhǐ 種祉 8-109A
zhòngzhǐ 衆止 8-1352A
zhòngzhì 重治 10-381B
zhòngzhì 重滯 10-395B
zhòngzhì 重質 10-396B
zhòngzhì 衆志 8-1354A
zhòngzhì 衆制 8-1355A
zhòngzhì 衆治 8-1355A
zhòngzhì 衆彘 8-1358B
zhòngzhì 衆智 8-1358A
zhōngzhíbīng 中直兵 1-592B
zhòngzhìchéngchéng 衆志成城 8-1354A
zhōngzhífǎ 中執法 1-604B
zhǒngzhǐxiāngjiē 踵趾相接 10-520A
zhōngzhōng 忪忪 7-434B
zhōngzhōng 中中 1-583B
zhǒngzhǒng 種種 8-110B
zhǒngzhǒng 踵踵 10-520A
zhǒngzhòng 種衆 8-110A
zhòngzhōng 重終 10-389B
zhòngzhōng 衆中 8-1352A
zhòngzhòng 重重 10-383A
zhòngzhòng 衆衆 8-1358A
zhòngzhòng 憧憧 7-661A
zhǒngzhǒngdiēdiē 踵踵跌跌 10-520B
zhǒngzhōngkūgǔ 冢中枯骨 2-447A
zhǒngzhǒngshìshì 種種式式 8-110B
zhōngzhōu 中州 1-590A
zhōngzhōu 中洲 1-598A
zhòngzhòutóngyīn 衆啄同音 8-1357A
zhōngzhōuyùn 中州韻 1-590A
zhōngzhū 中珠 1-599A
zhōngzhǔ 中主 1-587A
zhōngzhǔ 中渚 1-607B
zhōngzhù 中助 1-591A
zhōngzhù 中注 1-594B
zhǒngzhū 種誅 8-110B
zhǒngzhú 踵躅 10-520B
zhòngzhū 重誅 10-393A
zhòngzhū 衆諸 8-1359B
zhòngzhù 衆著 8-1357A
zhòngzhù 衆箸 8-1358B
zhōngzhuān 中專 1-605A
zhōngzhuǎn 中轉 1-620A
zhōngzhuāng 中裝 1-614B
zhōngzhuàng 忠壯 7-416A
zhòngzhuāng 重裝 10-394A
zhōngzhuǎnzhàn 中轉站 1-620A
zhòngzhuì 重膇 10-393A
zhòngzhuì 重贅 10-399A
zhòngzhuì 重[illegible] 10-395A
zhōngzhǔn 中准 1-601B
zhōngzhǔn 中準 1-614A
zhòngzhǔn 中準 1-614A
zhōngzhuō 中拙 1-592B
zhòngzhuō 重拙 10-379B
zhòngzhuó 重濁 10-398B
zhōngzī 中資 1-613B
zhōngzǐ 中子 1-582B
zhōngzǐ 鍾子 11-1351A
zhǒngzi 種籽 8-109B
zhǒngzi 種子 8-108A
zhǒngzǐ 冢子 2-447A
zhòngzī 中貲 1-612A
zhòngzī 中訾 1-612A
zhòngzī 重貲 10-392A
zhòngzī 重資 10-393B
zhòngzǐ 種子 8-108A
zhòngzǐ 仲子 1-1192A
zhòngzǐ 重子 10-374A
zhòngzǐ 衆子 8-1351B

zhōngzǐdàn 中子彈 1-582B
zhǒngziduì 種子隊 8-108A
zhōngziqī 鍾子期 11-1351A
zhǒngzitián 種子田 8-108A
zhǒngzōng 踵蹤 10-520B
zhōngzōu 中騶 1-621B
zhōngzú 中足 1-591A
zhōngzú 中卒 1-594B
zhǒngzú 種族 8-109B
zhòngzú 衆卒 8-1355A
zhǒngzúgémìng 種族革命 8-110A
zhōngzuì 中罪 1-612B
zhòngzuì 重罪 10-393A
zhōngzūn 中尊 1-611A
zhōngzūn 中樽 1-618A
zhōngzūn 中罇 1-620B
zhòngzūn 重尊 10-391A
zhōngzuǒ 中佐 1-591A
zhōngzuò 中作 1-591A
zhōngzuò 中坐 1-591A
zhōngzuò 中祚 1-598B
zhōngzuò 中座 1-602A
zhōngzuò 中坐 1-591B
zhòngzuò 種作 8-109A
zhòngzuò 重坐 10-378B
zhòngzuò 衆作 8-1354B
zhòngzuò 衆座 8-1356B
zhǒngzúqíshì 種族歧視 8-110A
zhǒngzúxiāngjiē 踵足相接 10-519B
zhòubābā 皺巴巴 8-525B
zhòubābā 縐巴巴 9-971A
zhòubái 皺白 8-525B
zhōubān 周班 3-301A
zhōubāng 周邦 3-296B
zhōubào 周抱 3-298B
zhōubào 周報 3-303B
zhōubèi 周備 3-304A
zhōubèi 週備 10-1001A
zhōubǐ 周比 3-295A
zhōubì 周庇 3-298A
zhōubì 周閉 3-303A
zhōubì 周髀 3-307B
zhōubì 週庇 10-1001A
zhǒubì 肘臂 6-1172B
zhōubiān 周邊 3-307B
zhōubiàn 周弁 3-296A
zhōubiàn 周徧 3-304B
zhōubiàn 周遍 3-305A
zhōubiàn 週遍 10-1001A
zhòubiàn 驟變 12-915A
zhōubiē 惆憋 7-681B
zhòubié 僽憋 1-1606B
zhōubiēbiē 惆憋憋 7-681B
zhòubiēbiē 僽憋憋 1-1606B
zhōubīng 州兵 1-718A
zhōubīng 舟兵 9-1B
zhōubō 周波 3-299A
zhōubó 州伯 1-718A
zhōubó 周伯 3-297B
zhōubó 周博 3-303B
zhǒubó 肘膊 6-1172B
zhōubù 州部 1-718B
zhōubù 周布 3-296A
zhǒubǔ 箒卜 8-1207A
zhòubū 晝餔 5-752A
zhòubù 縐布 9-971A
zhòubù 驟步 12-913B
zhòubùjífáng 驟不及防 12-913B
zhōucái 周才 3-294B
zhōucái 周材 3-297B
zhōucáng 周藏 3-307B
zhōuchāng 倜倡 1-1511A
zhōucháng 洲場 5-1189A
zhōuchǎng 粥廠 4-149B
zhōuchē 舟車 9-1B
zhōuchě 周尺 3-295B
zhōuchè 周徹 3-306B
zhóuchē 軸車 9-1236A
zhǒuchè 肘掣 6-1172A
zhóuchèn 軸襯 9-1236A
zhōuchéng 州城 1-718B
zhōuchéng 周成 3-296B
zhōuchéng 周城 3-299B
zhóuchéng 軸承 9-1236A
zhòuchéng 甃城 5-294A
zhōuchí 周池 3-297B
zhōuchí 周馳 3-305A
zhōuchǐ 周尺 3-295B
zhòuchī 縐絺 9-971A
zhōuchóng 周重 3-300A
zhòuchóu 縐綢 9-971A
zhōuchú 周除 3-300B
zhōuchǔ 州處 1-719A
zhōuchǔ 周儲 3-307B
zhōuchuán 周傳 3-305B
zhōuchuí 周垂 3-299A
zhōucì 舟次 9-1A
zhōucì 賙賜 10-274B
zhòucí 繇詞 9-1007B
zhòucí 繇辭 9-1007B
zhōucuì 州倅 1-718B
zhōudá 周達 3-303B
zhóudài 軸帶 9-1236A
zhōudāng 周當 3-305A
zhōudǎng 州黨 1-719B
zhōudǎng 周黨 3-308A
zhōudao 週到 10-1001A
zhōudǎo 洲島 5-1189A
zhōudào 州道 1-719A
zhōudào 周到 3-298B
zhōudào 周道 3-304B
zhōudé 周德 3-306B
zhòudì 甃地 5-294A
zhōudiǎn 周典 3-298B
zhòudiàn 盩電 7-1473B
zhōudǐng 周鼎 3-304A
zhōudìng 周定 3-299A
zhōudū 州都 1-718B
zhōudǔ 周堵 3-302A
zhōudǔ 周篤 3-307A
zhòudú 籀讀 8-1261A
zhòudú 驟讀 12-915A
zhōuduān 州端 1-719A
zhòuduàn 驟斷 12-914B
zhóuduìchèn 軸對稱 9-1236A
zhòuduóyèsī 晝度夜思 5-751A
zhōu'ē 周阿 3-298A
zhōu'é 鵃鵝 12-1091A
zhōu'érfùshǐ 周而復始 3-296B
zhōu'érfùshǐ 週而復始 10-1000B
zhōufǎ 周法 3-299A
zhòufā 驟發 12-914B
zhòufá 呪罰 3-262A
zhòufá 冑閥 6-1233B
zhòufǎ 咒法 3-426B
zhòufàn 晝飯 5-751B
zhòufān'er 呪旛兒 3-262A
zhōufāng 周方 3-295B
zhōufáng 周防 3-297B
zhōufànsēng 粥飯僧 4-149A
zhōufěi 周斐 3-304A
zhòufēn 晝分 5-750A
zhōufēng 周風 3-300A
zhōufèng 周奉 3-298B
zhòufēngbàoyǔ 驟風暴雨 12-914A
zhōufǔ 州府 1-718A
zhōufǔ 周府 3-299A
zhōufù 周複 3-306A
zhōufù 周復 3-304B
zhòufú 晝伏 5-750A
zhòufù 驟富 12-914B
zhòufúyèdòng 晝伏夜動 5-750B
zhòufúyèxíng 晝伏夜行 5-750A
zhòufúyèyóu 晝伏夜游 5-750B
zhōugāng 州綱 1-719B
zhōugāng 周綱 3-306A
zhōugào 周誥 3-306A
zhōugé 周閣 3-306A
zhòugé 驟革 12-914A
zhōugèn 周亙 3-296B
zhōugōng 周公 3-295B
zhōugōng 周宮 3-300B
zhōugōngguǎn 周公館 3-295B
zhōugōngtǔbǔ 周公吐哺 3-295B
zhōugǒu 周狗 3-299A
zhōugǔ 周鼓 3-305A
zhōugǔ 粥鼓 4-149B
zhōugù 周固 3-298B
zhōugù 周顧 3-308B
zhǒugū 帚姑 3-704A
zhǒuguǎi 肘拐 6-1172A
zhōuguān 州官 1-718B
zhōuguān 周觀 3-308B
zhōuguī 周圭 3-296B
zhòuguǐ 晝晷 5-751B
zhòuguì 驟貴 12-914A
zhōuguīzhéjǔ 周規折矩 3-302A
zhōuguīzhéjǔ 週規折矩 10-1001A
zhòugùn 鞧棍 12-210B
zhòugùn 紂棍 9-719B
zhōuguō 周郭 3-301B
zhōuguó 州國 1-719A
zhōuhán 周涵 3-303A
zhōuhàn 周漢 3-306A
zhòuhán 驟寒 12-914B
zhōuháng 舟杭 9-1B
zhōuháng 舟航 9-1B
zhōuháng 周行 3-297A
zhōuhào 周鎬 3-308A
zhóuhào 軸號 9-1236A
zhōuhé 周合 3-297B
zhōuhé 周和 3-299A
zhōuhè 舟壑 9-2A
zhòuhé 宙合 3-1376A
zhòuhé 驟合 12-913B
zhōuhòu 周后 3-297A
zhōuhòu 周厚 3-300A
zhǒuhòu 肘後 6-1172A
zhǒuhòufāng 肘後方 6-1172A
zhōuhù 周護 3-308A
zhòuhū 驟忽 12-914A
zhòuhú 皺縠 8-525B
zhòuhuà 驟化 12-913B
zhōuhuán 週環 10-1001B
zhōuhuàn 譸幻 11-458A
zhǒuhuán 帚貆 3-704A
zhōuhuāng 賙荒 10-274B
zhōuhuáng 周惶 3-305A
zhōuhuáng 周遑 3-304B
zhōuhuǎng 譸謊 11-384A
zhōuhuí 周回 3-296B
zhōuhuí 周迴 3-300A
zhōuhuí 週回 10-1000B
zhōuhuí 週廻 10-1001A
zhōuhuí 週迴 10-1001A
zhōuhuì 周惠 3-303B
zhǒuhuì 箒篲 8-1207A
zhòuhuì 晝晦 5-751B
zhòuhuì 晝會 5-751B
zhòuhūn 晝昏 5-750B
zhòuhūn 晝昬 5-751A
zhōujī 調飢 11-304B
zhōujī 調饑 11-313B
zhōujī 啁唧 3-389B
zhōujī 周期 3-303B
zhōují 舟楫 9-2A
zhōují 舟檝 9-2A
zhōují 舟艥 9-2B
zhōují 周亟 3-299B
zhōují 周急 3-300A
zhōují 賙急 10-274B
zhōujǐ 周給 3-305A
zhōujǐ 賙給 10-274B
zhōujì 周忌 3-298A
zhōujì 周祭 3-302A
zhōujì 周濟 3-307B
zhōujì 週濟 10-1001B
zhōujì 賙濟 10-274B
zhòujī 晝雞 5-752A
zhòujī 驟躋 12-914B
zhòují 驟急 12-914A
zhòujì 驟驥 12-915A

zhōujiā 州家 1-718B
zhōujiā 周浹 3-301B
zhōujiǎ 週甲 10-1000B
zhōujiāhóng 周家紅 3-301B
zhōujiàn 舟艦 9-2B
zhòujiàn 冑監 6-1233B
zhòujiàn 晝見 5-750B
zhòujiàn 驟諫 12-914B
zhōujiāng 周姜 3-300B
zhòujiàng 驟降 12-914A
zhōujiāo 舟鮫 9-2B
zhōujiào 啁噍 3-389B
zhōujiào 周徼 3-307A
zhōujìdǎodàn 洲際導彈 5-1189A
zhōujiē 周接 3-302A
zhōujiè 周借 3-301A
zhòujiē 晝接 5-751B
zhōujǐn 周謹 3-308A
zhōujìn 周盡 3-306A
zhóujīn 軸金 9-1236A
zhòujīn 酎金 9-1371A
zhòujǐn 晝錦 5-752A
zhòujìn 呪禁 3-262A
zhòujìn 晝進 5-751B
zhòujìn 驟進 12-914A
zhōujīng 周京 3-299A
zhōujīng 周經 3-305B
zhōujìng 周徑 3-301B
zhòujǐng 晝景 5-751B
zhòujǐngxītì 晝警夕惕 5-752A
zhòujìnshī 呪禁師 3-262A
zhòujiōng 晝扃 5-751A
zhōujiū 啁啾 3-389B
zhōujiù 賙救 10-274B
zhōujù 州聚 1-719A
zhòujū 晝居 5-751A
zhòujù 驟劇 12-914B
zhòujué 呪訣 3-261B
zhòujué 晝攫 5-752A
zhòujuéyīn 紂絕陰 9-719B
zhòujuéyīntiāngōng 紂絕陰天宮 9-719B
zhōujūn 舟軍 9-1B
zhōujùn 州郡 1-718B
zhōukān 周刊 3-296A
zhōukān 週刊 10-1000B
zhòukē 冑科 6-1233B
zhōukǒng 周孔 3-295B
zhōukǒudiànyízhǐ 周口店遺址 3-294B
zhōukuǎn 周款 3-303B
zhōukuáng 侜誑 1-1339A
zhōulǎn 周覽 3-308B
zhōuláng 周郎 3-299A
zhōulánggù 周郎顧 3-299B
zhōulǐ 州里 1-718A
zhōulǐ 周禮 3-307B
zhōulǐ 週理 10-1001A
zhōulì 周利 3-297B
zhōulì 周歷 3-307A
zhōulì 盩庡 7-1473B
zhóulǐ 妯娌 4-321A
zhòulǐ 甃理 5-294A
zhòulì 呪詈 3-262A
zhōuliáng 舟梁 9-2A
zhōulǐkù 周禮庫 3-307B
zhōulín 周鄰 3-306A
zhòulìng 驟令 12-913B
zhōuliú 周留 3-301B
zhòulòu 晝漏 5-751B
zhōulú 周廬 3-308A
zhōulù 周露 3-308B
zhóulú 軸轤 9-1236A
zhóulù 碡碌 7-1077A
zhóulúchē 軸轤車 9-1236A
zhōulún 周輪 3-306B
zhōuluó 周羅 3-308A
zhōuluò 周絡 3-305A
zhōuluò 周落 3-303B
zhōulǘ 州閭 1-719A
zhōulǜ 周律 3-300A
zhōulǜ 周慮 3-306B
zhōumá 周麻 3-302A
zhòumǎ 驟馬 12-914A
zhòumà 呪罵 3-262A
zhōumài 周邁 3-306B
zhòumǎi 酎買 9-1371A
zhòumáng 晝盲 5-751A
zhòumànmàn 縐漫漫 9-971A
zhōumào 周袤 3-303A
zhòuméi 皺眉 8-525B
zhōumí 粥糜 4-149B
zhōumì 周密 3-303A
zhōumì 週密 10-1001A
zhōumián 周緜 3-306B
zhōumiǎn 周眄 3-300A
zhōumiàn 粥面 4-149A
zhòumián 晝眠 5-751A
zhòumián 晝瞑 5-752A
zhòumiàn 驟面 12-914A
zhòumiànhuándān 皺面還丹 8-525B
zhōumiào 周廟 3-306B
zhōumǐn 周敏 3-302A
zhòumíng 晝冥 5-751A
zhōumó 周摩 3-306B
zhōumò 周末 3-296A
zhōumò 週末 10-1000B
zhōumóu 周謀 3-307A
zhōumǔ 周姥 3-300B
zhōumù 州牧 1-718A
zhōumù 舟牧 9-1B
zhōumù 周穆 3-307A
zhòumù 晝暮 5-751B
zhōunà 周內 3-295A
zhōunà 周納 3-302A
zhōunán 周南 3-299B
zhōunián 周年 3-296B
zhōunián 週年 10-1000B
zhòuniàn 呪念 3-261B
zhōuniǎo 啁鳥 3-527A
zhōunìng 侜佞 1-1339A
zhòunuǎn 驟暖 12-914B
zhòupì 甃甓 5-294A
zhōupǔ 周普 3-304B
zhōupǔ 周溥 3-305B
zhōupǔ 周譜 3-308A
zhōupǔ 洲浦 5-1189A
zhōuqī 周朞 3-303B
zhōuqī 周期 3-303B
zhōuqī 週期 10-1001A
zhōuqī 譸欺 11-458B
zhōuqì 周器 3-307A
zhòuqì 甃砌 5-294A
zhōuqià 周洽 3-300B
zhòuqiān 驟遷 12-914B
zhòuqiánxītì 晝乾夕惕 5-751B
zhōuqiáo 舟橋 9-2A
zhōuqīhéròu 周妻何肉 3-298B
zhōuqīn 周親 3-307A
zhōuqín 周秦 3-301A
zhòuqǐn 晝寢 5-751B
zhōuqíngkǒngsī 周情孔思 3-303A
zhōuqióngxùkuì 賙窮卹匱 10-274B
zhōuqiú 周求 3-297B
zhōuqū 周曲 3-296B
zhōuqū 周陆 3-298A
zhōuqū 周屈 3-299B
zhōuquán 周全 3-297A
zhōuquán 週全 10-1000B
zhōuquán 賙全 10-274A
zhòurán 驟然 12-914A
zhōurǎng 州壤 1-719B
zhōuráo 周饒 3-308B
zhōurào 週繞 10-1001B
zhōurǎo 儔擾 1-1606B
zhōurén 州人 1-717B
zhōurén 舟人 9-1A
zhōurén 周仁 3-295B
zhōurén 輈人 9-1247B
zhōurèn 周任 3-297A
zhōurì 周日 3-295A
zhōurì 週日 10-1000B
zhòurì 晝日 5-750A
zhòurìsānjiē 晝日三接 5-750A
zhòurìzhòuyè 晝日晝夜 5-750A
zhōuróng 周容 3-301B
zhòuróng 晝榮 5-751B
zhòurú 咮濡 3-328B
zhōusānjìngyī 周三徑一 3-294B
zhòusè 晝色 5-750B
zhòushā 縐紗 9-971A
zhōushàn 周贍 3-308A
zhōushàn 賙贍 10-275A
zhōushāng 周觴 3-308A
zhōushào 周邵 3-298B
zhōushào 周召 3-296A
zhōushǎosēngduō 粥少僧多 4-149A
zhōushè 周社 3-298A
zhōushēn 周身 3-298A
zhōushēn 週身 10-1000B
zhōushèn 周慎 3-305B
zhōushēng 周生 3-296A
zhòushèng 驟盛 12-914B
zhòushèng 驟勝 12-914A
zhǒushēngliǔ 肘生柳 6-1171B
zhōushēngmá 周升麻 3-295A
zhōushēnjù 周身具 3-298A
zhōushī 舟師 9-1B
zhōushī 周施 3-300B
zhōushī 周師 3-301A
zhōushī 周詩 3-305B
zhōushī 賙施 10-274B
zhōushī 譸詩 11-384A
zhōushí 周時 3-301A
zhōushǐ 周史 3-296A
zhōushì 周氏 3-295B
zhōushì 周事 3-298B
zhōushì 周室 3-300B
zhōushì 周視 3-303A
zhóushī 軸詩 9-1236A
zhòushī 呪師 3-261B
zhòushí 晝食 5-751A
zhòushí 晝時 5-751A
zhòushí 甃石 5-294A
zhòushǐ 宙始 3-1376A
zhòushì 呪誓 3-262A
zhōushǒu 州手 1-717B
zhǒushǒuliànzú 肘手鍊足 6-1171B
zhōushū 周疏 3-305A
zhòushū 籀書 8-1260B
zhòushǔ 晝暑 5-751B
zhòushǔ 驟暑 12-914A
zhòushù 呪術 3-261B
zhòushuǐ 呪水 3-261B
zhòushuō 呪說 3-262A
zhōusī 州司 1-717B
zhòusī 籀斯 8-1260B
zhòusì 冑嗣 6-1233B
zhōusòng 周頌 3-305B
zhòusòng 籀誦 8-1260B
zhōusōu 騶颼 12-834A
zhōusōu 惆搜 7-681A
zhōusù 周粟 3-303B
zhōusuàn 舟算 9-2A
zhōusuì 周歲 3-305A
zhōusuì 週歲 10-1001B
zhōusuǒ 周索 3-301A
zhōutà 周沓 3-298B
zhōutáng 周堂 3-302A
zhōutiān 周天 3-295A
zhōutīng 周聽 3-308B
zhōutōng 周通 3-301B
zhōutōng 週通 10-1001A
zhōutóng 州同 1-717B
zhōutóu 周頭 3-307A
zhóutóu 軸頭 9-1236A
zhōutú 州涂 1-718B
zhōutǔ 州土 1-717B
zhòutuì 晝退 5-751A
zhōutuǒ 周妥 3-298A
zhóuwǎ 軸瓦 9-1235B
zhòuwài 宙外 3-1376A
zhōuwán 周翫 3-306B

zhǒuwān 肘彎 6-1172B
zhǒuwàn 肘腕 6-1172B
zhōuwǎng 周網 3-306A
zhōuwàng 周望 3-303A
zhōuwēi 周薇 3-306B
zhōuwéi 周帷 3-302A
zhōuwéi 周圍 3-304A
zhōuwéi 週圍 10-1001A
zhōuwěi 盩蜼 7-1469B
zhōuwěi 周委 3-299A
zhōuwěi 賙委 10-274B
zhōuwèi 周畏 3-300A
zhōuwèi 周衛 3-307A
zhōuwén 周文 3-295B
zhōuwén 周聞 3-306A
zhòuwén 軸文 9-1235B
zhòuwén 繇文 9-1007A
zhòuwén 呪文 3-261B
zhòuwén 皺文 8-525B
zhòuwén 皺紋 8-525B
zhòuwén 縐紋 9-971A
zhòuwén 籀文 8-1260B
zhòuwén 驟聞 12-914B
zhōuwò 周渥 3-304B
zhōuwǔ 周武 3-298B
zhōuwù 周務 3-301B
zhòuwù 㑳物 3-426B
zhōuxī 周息 3-301A
zhōuxī 周悉 3-302A
zhōuxì 周細 3-303B
zhōuxì 賙餼 10-275A
zhǒuxī 肘膝 6-1172B
zhòuxī 晝夕 5-750A
zhòuxǐ 驟徙 12-914A
zhóuxiá 軸轄 9-1236A
zhōuxiàn 州縣 1-719B
zhòuxiàn 晝見 5-750B
zhōuxiāng 州鄉 1-719A
zhōuxiáng 周庠 3-300A
zhōuxiáng 周詳 3-305B
zhōuxiàng 州巷 1-718B
zhòuxiǎngyèmèng 晝想夜夢 5-751B
zhōuxiāo 譸囂 11-458B
zhòuxiāo 晝宵 5-751A
zhōuxié 周協 3-298B
zhōuxiè 州廨 1-719B
zhǒuxiézhīhuàn 肘脇之患 6-1172B
zhóuxīn 軸心 9-1235B
zhōuxīng 周星 3-300A
zhōuxíng 周行 3-297A
zhōuxíng 粥餳 4-149B
zhōuxǐng 周省 3-300A
zhǒuxīng 帚星 3-704A
zhǒuxíng 肘行 6-1172A
zhòuxīng 晝星 5-751A
zhòuxīng 驟興 12-914B
zhòuxíng 晝行 5-750B
zhòuxíng 驟行 12-913B
zhóuxīnguójiā 軸心國家 9-1236A
zhǒuxíngxībù 肘行膝步 6-1172A
zhòuxiù 晝繡 5-752A
zhōuxù 州序 1-718A
zhōuxù 周卹 3-299A
zhōuxù 周恤 3-300B
zhōuxù 洲溆 5-1189A
zhōuxù 賙卹 10-274B
zhōuxù 賙恤 10-274B
zhòuxù 胄序 6-1233B
zhòuxù 胄緒 6-1233B
zhōuxuān 周宣 3-300B
zhōuxuān 周軒 3-301A
zhōuxuán 舟旋 9-2A
zhōuxuán 周還 3-307A
zhōuxuán 周旋 3-302B
zhōuxuán 週旋 10-1001A
zhōuxuánrén 周旋人 3-303A
zhōuxué 州學 1-719B
zhōuxún 周循 3-304B
zhōuxún 週巡 10-1000B
zhōuxùn 周訓 3-301B
zhōuyǎ 周雅 3-304A
zhǒuyā 肘押 6-1172A
zhòuyā 呪厭 3-262A
zhōuyán 周埏 3-299B
zhōuyán 周延 3-297A
zhōuyán 周言 3-298A
zhōuyán 周嚴 3-308A
zhōuyàn 周燕 3-306B
zhòuyān 驟淹 12-914A
zhòuyán 呪延 3-261B
zhòuyǎn 籀演 8-1260B
zhōuyáng 周陽 3-303B
zhōuyǎng 周養 3-306A
zhōuyǎng 賙養 10-274B
zhōuyè 周謁 3-307A
zhǒuyè 肘腋 6-1172A
zhòuyè 晝夜 5-750B
zhǒuyèzhīhuàn 肘腋之患 6-1172A
zhōuyí 周遺 3-306B
zhǒuyì 肘翼 6-1172B
zhòuyì 胄裔 6-1233B
zhòuyì 籀繹 8-1261A
zhōuyìn 周印 3-296A
zhòuyīn 晝陰 5-751A
zhòuyǐn 酎飲 9-1371A
zhòuyìn 胄胤 6-1233B
zhōuyíng 周盈 3-300B
zhòuyínxiāokū 晝吟宵哭 5-750B
zhòuyīnyèyáng 晝陰夜陽 5-751A
zhōuyōng 周墉 3-305B
zhōuyòng 周用 3-296A
zhòuyǒng 晝永 5-750A
zhōuyóu 周游 3-304B
zhōuyóu 周遊 3-304B
zhōuyóu 週游 10-1001A
zhōuyóu 週遊 10-1001A
zhòuyóu 晝游 5-751B
zhōuyū 洲淤 5-1189A
zhōuyú 舟虞 9-2A
zhōuyú 舟輿 9-2B
zhōuyú 粥魚 4-149A
zhōuyǔ 舟敘 9-2A
zhōuyǔ 洲嶼 5-1189A
zhōuyù 州域 1-719A
zhōuyù 周御 3-304B
zhòuyǔ 呪語 3-262A
zhòuyǔ 驟雨 12-913B
zhōuyuán 周垣 3-299B
zhōuyuán 周原 3-301A
zhōuyuán 周員 3-301A
zhōuyuán 周圓 3-305B
zhōuyuán 周緣 3-306B
zhōuyuán 周圜 3-307A
zhōuyuàn 州院 1-718B
zhòuyuàn 呪愿 3-262A
zhòuyuàn 呪願 3-262A
zhòuyǔbàofēng 驟雨暴風 12-913B
zhōuyuè 周樂 3-306B
zhōuyuè 周月 3-295B
zhòuyǔkuángfēng 驟雨狂風 12-913B
zhōuyún 周雲 3-303B
zhòuyùxīngqiú 皺玉星球 8-525B
zhōuzā 㑳帀 6-1141A
zhōuzā 周帀 3-295A
zhōuzā 周匝 3-296A
zhōuzā 周紮 3-301A
zhōuzā 週匝 10-1000B
zhōuzǎi 州宰 1-718B
zhōuzāo 周遭 3-305B
zhōuzāo 週遭 10-1001B
zhòuzǎo 呪棗 3-261B
zhōuzé 周澤 3-307A
zhòuzè 晝昃 5-750B
zhōuzhá 謅札 11-384A
zhōuzhà 謅吒 11-384A
zhōuzhān 粥饘 4-149B
zhōuzhàn 舟戰 9-2A
zhòuzhàn 驟戰 12-914B
zhōuzhāng 舟張 9-2A
zhōuzhāng 侜張 1-1339A
zhōuzhāng 周張 3-303A
zhōuzhāng 周章 3-302B
zhōuzhāng 周彰 3-306A
zhōuzhāng 輈張 9-1247B
zhōuzhāng 譸張 11-458A
zhoūzhāng 侏張 1-1337B
zhōuzhǎng 州長 1-718A
zhōuzhàng 周杖 3-297B
zhòuzhǎng 驟漲 12-914B
zhōuzhāngbiànxuàn 譸張變眩 11-458B
zhōuzhāngchéngzhū 周張程朱 3-303A
zhōuzhāngwéihuàn 侜張爲幻 1-1339A
zhōuzhāngwéihuàn 譸張爲幻 11-458B
zhōuzhē 周遮 3-306A
zhōuzhē 週遮 10-1001B
zhōuzhé 周折 3-297B
zhōuzhé 週折 10-1000B
zhōuzhé 週摺 10-1001B
zhòuzhé 縐折 9-971A
zhòuzhě 皺褶 8-525B
zhòuzhě 縐褶 9-971A
zhōuzhèn 州鎮 1-719B
zhōuzhèn 周賑 3-306A
zhōuzhèn 賙賑 10-274B
zhōuzhēng 周正 3-296A
zhōuzhěng 周整 3-307A
zhōuzhèng 周正 3-296A
zhōuzhèng 周政 3-299B
zhōuzhī 周知 3-298B
zhōuzhī 週知 10-1001A
zhōuzhí 州職 1-719B
zhōuzhǐ 洲沚 5-1189A
zhōuzhì 州治 1-718A
zhōuzhì 周至 3-296B
zhouzhì 周志 3-297B
zhōuzhì 周制 3-298B
zhōuzhì 周置 3-305B
zhōuzhì 周摯 3-306A
zhōuzhì 周緻 3-307A
zhōuzhì 盩厔 7-1473B
zhòuzhǐ 縐紙 9-971A
zhòuzhì 驟至 12-913B
zhōuzhōngdíguó 舟中敵國 9-1A
zhōuzhōngnú 洲中奴 5-1189A
zhōuzhōu 翢翢 9-658A
zhōuzhōu 鵃鵃 12-926B
zhōuzhōu 啁啁 3-389B
zhōuzhōu 周周 3-299A
zhōuzhōu 㑳㑳 3-426B
zhōuzhōu 粥粥 4-149A
zhǒuzhǒu 睭睭 7-1234A
zhòuzhòubābā 皺皺巴巴 8-525B
zhōuzhū 倜侏 1-1511A
zhōuzhǔ 舟渚 9-2A
zhōuzhǔ 洲渚 5-1189A
zhōuzhù 賙助 10-274A
zhóuzhù 軸杼 9-1236A
zhòuzhù 呪祝 3-261B
zhōuzhuǎn 周轉 3-307B
zhōuzhuǎn 輈轉 9-1247B
zhòuzhuàn 晝饌 5-752A
zhòuzhuàn 籀篆 8-1261A
zhōuzhūn 周諄 3-306B
zhōuzhùshǐ 周柱史 3-300A
zhōuzhùxià 周柱下 3-299B
zhōuzī 周咨 3-300A
zhōuzī 周諮 3-307A
zhōuzǐ 舟子 9-1A
zhóuzi 軸子 9-1235B
zhǒuzi 肘子 6-1171B
zhòuzi 軸子 9-1235B
zhòuzǐ 育子 6-1186A
zhòuzǐ 胄子 6-1233A
zhōuzōng 周宗 3-299A
zhōuzú 周足 3-297B
zhǒuzú 肘足 6-1172A
zhòuzú 胄族 6-1233B
zhòuzǔ 呪詛 3-262A
zhòuzǔ 祝禱 7-895B

zhòuzǔ 祝詛 7-894B
zhòuzǔ 祝謯 7-896B
zhōuzūchǔjì 周菹楚芰 3-303B
zhōuzuì 周晬 3-304A
zhōuzūn 州尊 1-719A
zhuābiànzi 抓辮子 6-388A
zhuābiāo 抓膘 6-388A
zhuāchá'er 抓茬兒 6-387A
zhuāchāi 抓差 6-387A
zhuāchāo 撾鈔 6-839A
zhuāchuí 撾捶 6-839A
zhuāchuí 檛捶 4-1276B
zhuādǎ 撾打 6-839A
zhuādīng 抓丁 6-386B
zhuādǒu 抓斗 6-386B
zhuā'ěrnáosāi 抓耳撓腮 6-386B
zhuā'ěrsāosāi 抓耳搔腮 6-386B
zhuāfà 髽髮 12-743A
zhuāfàn 抓飯 6-387B
zhuāfū 抓夫 6-386B
zhuāfū 抓伕 6-387A
zhuāfù 抓縛 6-388A
zhuāfù 髽婦 12-743A
zhuāfùwēng 撾婦翁 6-839A
zhuāgén 抓哏 6-387A
zhuāgōngfu 抓工夫 6-386B
zhuāgǔ 撾鼓 6-839A
zhuāguāi 撾乖 6-839A
zhuāguāimàiqiào 抓乖賣俏 6-387A
zhuāguāinòngqiào 抓乖弄俏 6-387A
zhuāguó 髽幗 12-743A
zhuāhé 撾闔 6-839B
zhuāhuì 抓會 6-387B
zhū'āi 朱靄 4-744B
zhuāidàquán 拽大拳 6-558A
zhuǎiwén 跩文 10-462A
zhuǎiwén 轉文 9-1316A
zhuàiwén 拽文 6-558A
zhuājì 抓髻 6-388A
zhuājì 髽髻 12-743B
zhuājiān'er 抓尖兒 6-387A
zhuājiānmàiguāi 抓尖賣乖 6-387A
zhuājiānyàoqiáng 抓尖要强 6-387A
zhuājiǎo 抓角 6-387A
zhuājiǎo 髽角 12-743A
zhuājīhǔ 抓雞虎 6-388A
zhuājǐn 抓緊 6-387B
zhuājiū 抓鬮 6-388A
zhuājǔ 抓舉 6-388A
zhuājué 抓攫 6-388A
zhuālǎn 抓攬 6-388A
zhuālezhīma… 抓了芝麻,丢掉西瓜 6-386B
zhuālí 抓籬 6-388A
zhuāmádàidié 髽麻戴絰 12-743A
zhuāmō 抓摸 6-387B
zhù'ān 駐鞍 12-821B
zhuāná 抓拏 6-387A
zhuāná 抓拿 6-387A
zhuān'ài 耑愛 8-778B
zhuān'ài 專愛 2-1276B
zhuàn'ǎi 篆靄 8-1220B
zhuān'àn 專案 2-1275A
zhuàn'ān 撰安 6-893A
zhuǎn'ānjīméi 轉氨基酶 9-1320B
zhuānao 抓撓 6-387B
zhuānáo 撾撓 6-839A
zhuǎnbàiwéichéng 轉敗爲成 9-1321A
zhuǎnbàiwéigōng 轉敗爲功 9-1321A
zhuǎnbān 轉般 9-1320B
zhuǎnbāncāng 轉般倉 9-1320B
zhuǎnbānfǎ 轉般法 9-1320B
zhuǎnbāo 轉胞 9-1320A
zhuǎnbào 轉報 9-1322B
zhuǎnbēi 轉杯 9-1318B
zhuǎnbèi 轉背 9-1319B
zhuànbēi 撰碑 6-894A
zhuànbèi 撰備 6-894A
zhuānbī 專偪 2-1275B
zhuānbì 專必 2-1271B
zhuānbì 專愎 2-1276A
zhuǎnbí 轉鼻 9-1324B
zhuǎnbǐ 轉筆 9-1323A
zhuànbǐ 篆筆 8-1220A
zhuànbì 瑑璧 4-613A
zhuǎnbiàn 轉變 9-1329A
zhuànbīn 饌賓 12-583A
zhuànbīn 饌賔 12-583A
zhuānbīng 專兵 2-1272B
zhuānbīng 顓兵 12-334B
zhuānbǐng 專柄 2-1274A
zhuǎnbìng 轉病 9-1320B
zhuǎnbō 轉播 9-1325A
zhuǎnbó 轉薄 9-1326A
zhuǎnbǔ 轉補 9-1323A
zhuǎnbù 轉布 9-1316B
zhuǎnbù 轉步 9-1318A
zhuànbū 饌餔 12-583A
zhuǎncáo 轉漕 9-1325A
zhuāncè 專策 2-1276A
zhuǎncè 轉側 9-1321B
zhuānchá 磚茶 7-1099A
zhuānchāi 專差 2-1274A
zhuǎnchǎn 轉産 9-1322A
zhuāncháng 專長 2-1272B
zhuāncháng 專常 2-1275B
zhuānchǎng 專場 2-1275B
zhuǎnchǎng 轉場 9-1322B
zhuāncháo 專朝 2-1276A
zhuǎnchāo 轉抄 9-1317B
zhuānchē 剸車 2-736A
zhuānchē 專車 2-1272A
zhuǎnchē 轉車 9-1318A
zhuànchē 傳車 1-1618A
zhuānchén 專臣 2-1271B
zhuānchéng 耑誠 8-778B
zhuānchéng 專城 2-1273B
zhuānchéng 專程 2-1276A
zhuānchéng 專誠 2-1276B
zhuānchéngbó 專城伯 2-1273B
zhuānchǒng 專寵 2-1278B
zhuānchǒng 顓寵 12-336A
zhuànchóng 篆蟲 8-1220B
zhuǎnchóu 轉籌 9-1328A
zhuànchóujūn 篆愁君 8-1220A
zhuànchú 傳芻 1-1622A
zhuānchún 顓醇 12-336A
zhuànchūn 腞楯 6-1356A
zhuāncí 專祠 2-1274B
zhuāncí 專辭 2-1278B
zhuāncí 顓辭 12-336A
zhuāncǐ 耑此 8-778A
zhuǎncí 轉辭 9-1327B
zhuàncí 撰詞 6-894A
zhuàncí 撰辭 6-894B
zhuàncì 撰次 6-893A
zhuàncì 譔次 11-429A
zhuàncóng 瑑琮 4-613A
zhuāndá 專達 2-1275B
zhuǎndá 轉達 9-1322B
zhuāndào 專道 2-1276A
zhuǎndào 轉道 9-1323A
zhuàndé 賺得 10-288A
zhuǎndēng 轉登 9-1323B
zhuàndēng 轉燈 9-1326B
zhuāndì 專地 2-1271B
zhuǎndì 轉地 9-1317A
zhuǎndì 轉遞 9-1324A
zhuàndì 傳遞 1-1625B
zhuāndiàn 專電 2-1276A
zhuǎndiǎn 轉點 9-1327A
zhuāndiāo 磚雕 7-1099B
zhuǎndiào 轉調 9-1326A
zhuǎndié 轉牒 9-1324A
zhuàndié 轉碟 9-1324B
zhuāndìlì 顓帝曆 12-335A
zhuàndǐng 篆鼎 8-1220A
zhuàndìng 撰定 6-893B
zhuǎndòng 轉動 9-1321B
zhuàndòng 轉動 9-1321B
zhuǎndōngguòxī 轉東過西 9-1318B
zhuǎndǒu 轉斗 9-1316A
zhuǎndòu 轉鬪 9-1329A
zhuǎndòuqiānlǐ 轉鬭千里 9-1328A
zhuǎndòuqiānlǐ 轉鬪千里 9-1329A
zhuāndú 專獨 2-1278A
zhuāndǔ 顓篤 12-336A
zhuǎndú 轉讀 9-1328B
zhuānduàn 專斷 2-1278B
zhuānduàn 顓斷 12-336A
zhuānduàn 顓斷 12-336A
zhuānduì 專對 2-1277A
zhuānduì 顓對 12-335B
zhuǎnduì 轉對 9-1324B
zhuǎnduò 轉舵 9-1322A
zhuǎnduò 轉柁 9-1319B
zhuǎnduò 轉柂 9-1319B
zhuàn'é 篆額 8-1220B
zhuǎnfā 轉發 9-1323B
zhuànfǎ 篆法 8-1219B
zhuǎnfān 轉帆 9-1317A
zhuǎnfàn 轉販 9-1321A
zhuānfáng 專房 2-1273A
zhuānfáng 顓房 12-334B
zhuǎnfáng 轉房 9-1319A
zhuānfēng 專封 2-1273B
zhuǎnfěng 轉諷 9-1326B
zhuǎnfēngqián 轉風錢 9-1320A
zhuǎnfó 轉佛 9-1318A
zhuānfū 專膚 2-1277B
zhuǎnfù 轉附 9-1318B
zhuànfú 傳符 1-1623B
zhuàng'ái 戇騃 7-802B
zhuàngài 篆蓋 8-1220A
zhuàng'àn 戇闇 7-802B
zhuǎngào 轉告 9-1318A
zhuàngǎo 撰稿 6-894A
zhuāngbàn 妝扮 4-313A
zhuāngbàn 粧扮 9-212B
zhuāngbàn 裝扮 9-81B
zhuāngbàn 樁辦 4-1238A
zhuāngbèi 裝背 9-82A
zhuāngbèi 裝備 9-83B
zhuàngbèi 壯貝 2-1067B
zhuàngbì 撞捸 6-886B
zhuāngbiǎo 裝表 9-82A
zhuāngbiǎo 裝裱 9-84B
zhuāngbiǎo 裝褾 9-86A
zhuāngbiāoduò 裝標垛 9-85B
zhuāngbīn 莊賓 9-427A
zhuàngbīng 壯冰 2-1067B
zhuàngbù 壯布 2-1067A
zhuàngcǎi 壯采 2-1068A
zhuāngchē 裝車 9-81B
zhuàngchē 撞車 6-886B
zhuāngchèn 裝襯 9-86B
zhuāngchéng 莊誠 9-427A
zhuàngchéng 壯城 2-1068A
zhuàngchéng 狀呈 5-12A
zhuàngchéng 撞城 6-887A
zhuāngchí 裝池 9-81A
zhuāngchì 裝褫 9-85B
zhuāngchì 莊飭 9-426B
zhuàngchǐ 壯齒 2-1070B
zhuāngchīmàishǎ 裝痴賣傻 9-84A
zhuāngchīzuòshǎ 裝痴作傻 9-84A
zhuāngchīzuòtài 裝癡作態 9-86A
zhuàngchōng 撞舂 6-887B
zhuàngchōng 撞衝 6-888A
zhuàngchóu 撞籌 6-888A
zhuāngchū 莊樗 9-427B
zhuāngchuán 裝船 9-83A
zhuāngchūn 莊椿 9-426B
zhuāngcí 莊詞 9-426B

zhuāngcì 妝次 4-313A
zhuāngcì 粧次 9-212B
zhuàngcí 壯辭 2-1071B
zhuàngcí 狀詞 5-12B
zhuāngcōngmàisuàn 裝葱賣蒜 9-83A
zhuàngcuàn 壯竄 2-1071A
zhuāngdà 粧大 9-212B
zhuàngdà 壯大 2-1067A
zhuāngdāi 妝呆 4-313A
zhuāngdāi 裝呆 9-81B
zhuāngdāizhuānglán 粧呆粧婪 9-212B
zhuāngdāizhuānglán 粧呆粧倸 9-212B
zhuāngdàn 裝旦 9-81A
zhuàngdǎn 壯膽 2-1070B
zhuāngdànsè 粧旦色 9-212B
zhuàngdǎo 撞擣 6-888A
zhuāngdì 莊地 9-425B
zhuāngdiǎn 妝點 4-314A
zhuāngdiǎn 粧點 9-213B
zhuāngdiǎn 裝點 9-86A
zhuāngdiàn 妝殿 4-313B
zhuāngdié 莊蝶 9-427B
zhuàngdiē 撞跌 6-887B
zhuàngdié 狀牒 5-12B
zhuāngdìng 裝釘 9-82B
zhuāngdìng 裝訂 9-82B
zhuàngdīng 壯丁 2-1066A
zhuàngdīngzi 撞釘子 6-887B
zhuàngdòng 撞挏 6-887A
zhuàngdòngyǔzú 壯侗語族 2-1067B
zhuàng'er 狀兒 5-12A
zhuàng'ér 壯兒 2-1067B
zhuàngfà 壯髮 2-1070B
zhuàngfàchōngguān 壯髮衝冠 2-1070B
zhuāngfàng 裝放 9-82A
zhuāngfēng 裝風 9-82B
zhuāngfēng 裝瘋 9-85A
zhuāngfēngmàiqiào 裝瘋賣俏 9-85A
zhuāngfēngmàishǎ 裝瘋賣傻 9-85A
zhuāngfēngzuòshǎ 裝瘋作傻 9-85A
zhuāngfǒu 莊缶 9-425B
zhuāngfù 莊鮒 9-428A
zhuàngfū 壯夫 2-1067A
zhuàngfù 狀副 5-12B
zhuàngfǔchōngzhōu 撞府衝州 6-887A
zhuānggānshī 裝乾濕 9-83A
zhuànggào 狀告 5-12A
zhuānggē 樁歌 4-1237B
zhuānggé 妝閣 4-314A
zhuānggé 妝閣 4-314A
zhuànggōng 壯工 2-1066B
zhuānggū 粧孤 9-212B
zhuānggū 裝孤 9-82A
zhuànggù 壯固 2-1067B
zhuànggù 狀故 5-12B
zhuāngguǎn 樁管 4-1237B
zhuàngguān 壯觀 2-1071B
zhuāngguāng 妝光 4-313A
zhuāngguǒ 粧裹 9-213A
zhuāngguǒ 裝槨 9-84B
zhuāngguǒ 裝裹 9-85A
zhuānghā 粧哈 9-212B
zhuànghàn 壯悍 2-1069A
zhuànghàn 壯漢 2-1070A
zhuānghé 妝盒 4-313B
zhuānghé 粧盒 9-213A
zhuānghé 裝合 9-81A
zhuānghè 粧喝 9-213A
zhuànghòu 狀候 5-12B
zhuānghù 莊户 9-425A
zhuànghuái 壯懷 2-1071B
zhuànghuài 撞壞 6-888A
zhuānghuáng 裝潢 9-85A
zhuānghuáng 裝璜 9-85B
zhuānghuǎng 妝晃 4-313A
zhuānghuǎng 裝幌 9-84A
zhuānghuángjiàng 裝潢匠 9-85B
zhuānghuángzi 裝潢子 9-85B
zhuānghuǎngzi 粧謊子 9-213B
zhuānghuǎngzi 裝幌子 9-84A
zhuānghuì 裝繪 9-86A
zhuānghùn 粧溷 9-213A
zhuànghuò 撞禍 6-887B
zhuānghùrén 莊户人 9-425A
zhuānghúyáng 裝胡羊 9-82A
zhuāngjī 裝緝 9-85B
zhuāngjī 裝齎 9-86A
zhuāngjī 樁積 4-1238A
zhuāngjí 裝輯 9-86A
zhuàngjī 贛激 10-310B
zhuàngjī 戇激 7-802B
zhuàngjī 撞擊 6-888A
zhuàngjì 狀跡 5-12B
zhuāngjiā 莊家 9-426A
zhuāngjiā 樁家 4-1237B
zhuāngjiǎ 裝甲 9-81A
zhuāngjia 莊稼 9-427B
zhuāngjiàdì 莊稼地 9-427B
zhuāngjiāhàn 莊家漢 9-426A
zhuāngjiàhàn 莊稼漢 9-427B
zhuāngjiàhuó 莊稼活 9-427B
zhuāngjiǎn 裝翦 9-85B
zhuàngjiàn 壯健 2-1068B
zhuàngjiàn 撞見 6-886B
zhuàngjiāo 壯佼 2-1068A
zhuàngjiāo 壯狡 2-1068A
zhuāngjiārén 莊家人 9-426A
zhuāngjiàrén 莊稼人 9-427B
zhuāngjiàzhǔ 莊稼主 9-427B
zhuāngjiè 裝界 9-82B
zhuàngjiē 狀結 5-12B
zhuàngjié 壯節 2-1069B
zhuàngjǐn 僮錦 1-1681B
zhuàngjǐn 壯錦 2-1070B
zhuāngjìng 莊敬 9-426B
zhuāngjìng 莊靜 9-427A
zhuāngjìng 粧鏡 9-213B
zhuāngjiù 粧就 9-213A
zhuāngjú 妝局 4-313A
zhuāngjù 粧具 9-212B
zhuāngjù 裝具 9-82A
zhuàngjǔ 壯舉 2-1070B
zhuàngjù 壯劇 2-1070B
zhuàngjué 樁橛 4-1238A
zhuàngjùn 壯郡 2-1068A
zhuāngkē 莊科 9-425B
zhuāngkē 莊窠 9-427A
zhuāngkē 樁科 4-1237B
zhuāngkè 莊客 9-426A
zhuāngkè 莊課 9-427B
zhuàngkē 撞磕 6-887B
zhuàngkè 撞客 6-887A
zhuāngkézi 裝殼子 9-83A
zhuāngkǒu 莊口 9-425A
zhuàngkuàng 狀況 5-12A
zhuāngkuí 莊馗 9-426B
zhuàngkuò 壯闊 2-1071A
zhuàngláng 撞郎 6-887A
zhuànglàng 壯浪 2-1069A
zhuānglǎo 莊老 9-425B
zhuānglèi 妝淚 4-313B
zhuànglèi 狀類 5-13A
zhuānglǐ 裝理 9-83A
zhuānglì 莊吏 9-425B
zhuānglì 莊栗 9-426A
zhuānglì 莊慄 9-427A
zhuānglì 莊麗 9-428A
zhuànglì 壯厲 2-1070A
zhuànglì 壯麗 2-1071A
zhuānglián 妝奩 4-313B
zhuānglián 妝匳 4-314A
zhuānglián 粧奩 9-213A
zhuānglián 裝奩 9-85A
zhuānglián 裝殮 9-86A
zhuàngliǎn 壯臉 2-1070B
zhuāngliè 莊列 9-425B
zhuàngliè 壯烈 2-1068B
zhuànglíng 壯齡 2-1071B
zhuānglìnzhuāngdāi 粧啉粧呆 9-213A
zhuàngliùshì 撞六市 6-886B
zhuānglóng 裝聾 9-86B
zhuānglóngmàishǎ 裝聾賣傻 9-86B
zhuānglóngzhuāngtǔn 粧聾粧吞 9-213B
zhuānglóngzhuāngyǎ 裝聾裝啞 9-86B
zhuānglóngzuòyǎ 妝聾做啞 4-314A
zhuānglóngzuòyǎ 粧聾作啞 9-213B
zhuānglóngzuòyǎ 裝聾作啞 9-86B
zhuānglóngzuòyǎ 裝聾做啞 9-86B
zhuānglóu 妝樓 4-314A
zhuānglóu 粧樓 9-213B
zhuànglù 撞鹿 6-887B
zhuāngluán 粧鑾 9-213B
zhuāngluán 裝鑾 9-86B
zhuānglùn 莊論 9-427B
zhuàngluò 幢絡 3-761B
zhuānglüè 妝掠 4-313B
zhuànglüè 狀略 5-12B
zhuāngmǎngchīxiàng 裝蟒吃象 9-86A
zhuàngmào 狀皃 5-12A
zhuàngmào 狀貌 5-12B
zhuàngměi 壯美 2-1068A
zhuāngméng 莊蒙 9-426B
zhuàngměng 壯猛 2-1069B
zhuàngměngzi 撞蠓子 6-888A
zhuàngménhóng 撞門紅 6-887A
zhuàngménjiǔ 撞門酒 6-887A
zhuāngménmiàn 裝門面 9-82A
zhuàngményáng 撞門羊 6-887A
zhuāngmiàn 裝面 9-82A
zhuàngmiáo 壯苗 2-1067B
zhuàngmìngláng 撞命郎 6-886B
zhuāngmózuòdà 裝麽做大 9-85A
zhuàngmù 撞木 6-886A
zhuàngmùhóu 壯繆侯 2-1071A
zhuàngmùzhōng 撞木鐘 6-886A
zhuāngmúzhuāngyàng 裝模裝樣 9-84B
zhuāngmúzuòyàng 妝模作樣 4-313B
zhuāngmúzuòyàng 粧模作樣 9-213A
zhuāngmúzuòyàng 裝模作樣 9-84B
zhuāngmúzuòyàng 裝模做樣 9-84B
zhuāngnáng 裝囊 9-86B
zhuàngnì 狀匿 5-12B
zhuàngnián 壯年 2-1067B
zhuāngniē 裝揑 9-83A
zhuāngnóng 莊農 9-427A
zhuāngnú 莊奴 9-425B
zhuāngōng 專功 2-1271A
zhuāngōng 專攻 2-1272A
zhuàngōng 僎工 1-1687A
zhuàngōng 僎功 1-1687A
zhuāngpái 裝排 9-83A
zhuāngpàng 裝胖 9-82B
zhuāngpèi 裝配 9-82B
zhuāngpèi 樁配 4-1237B
zhuàngpiàn 撞騙 6-888A
zhuāngpiào 莊票 9-426A
zhuàngpò 撞破 6-887A
zhuàngpòyānlóu 撞破煙樓 6-887A
zhuàngpù 狀鋪 5-13A
zhuāngqì 裝砌 9-82A
zhuàngqí 壯騎 2-1071A
zhuàngqǐ 幢棨 3-761B
zhuàngqì 壯氣 2-1068B

zhuāngqián 裝錢 9-86A
zhuāngqiǎn 裝遣 9-83B
zhuàngqián 壯錢 2-1070B
zhuāngqiāng 裝腔 9-83B
zhuàngqiáng 壯强 2-1069B
zhuāngqiāngzuòshì
装腔作勢 9-83B
zhuāngqiāngzuòtài
装腔作態 9-83B
zhuāngqiáo 粧喬 9-213A
zhuàngqìlíngyún 壯氣凌雲
2-1068B
zhuàngqíng 壯情 2-1069B
zhuāngqiū 莊丘 9-425B
zhuāngqiú 莊馗 9-426B
zhuàngquán 壯泉 2-1068A
zhuàngrǎo 撞擾 6-888A
zhuàngrè 壯熱 2-1070B
zhuàngróng 壯容 2-1069A
zhuàngróng 狀容 5-12B
zhuàngróng 幢容 3-761B
zhuàngrǔ 壯乳 2-1068A
zhuàngsāng 撞喪 6-887B
zhuàngsàng 撞喪 6-887B
zhuāngsàofū 樁埽夫 4-1237B
zhuāngsè 莊色 9-425B
zhuàngshè 漴射 6-92A
zhuāngshēn 裝身 9-81B
zhuāngshēng 莊生 9-425A
zhuàngshèng 壯盛 2-1069A
zhuāngshénnòngguǐ
裝神弄鬼 9-82B
zhuāngshì 妝飾 4-313B
zhuāngshì 莊士 9-425A
zhuāngshì 莊飾 9-427A
zhuāngshì 粧飾 9-213A
zhuāngshì 裝飾 9-84A
zhuàngshi 壯實 2-1070A
zhuàngshì 壯士 2-1066B
zhuàngshì 壯事 2-1067B
zhuàngshì 壯室 2-1068A
zhuàngshì 狀式 5-12A
zhuàngshìduànwàn
壯士斷腕 2-1067A
zhuàngshìgē 壯士歌 2-1066B
zhuàngshìjiěwàn 壯士解腕
2-1066B
zhuāngshìpǐn 裝飾品 9-84A
zhuàngshìshēng 壯士聲
2-1066B
zhuàngshīyóuhún 撞屍遊魂
6-887A
zhuāngshǒu 樁手 4-1237B
zhuàngshǒu 狀首 5-12B
zhuāngshū 妝梳 4-313B
zhuāngshū 莊姝 9-426A
zhuāngshū 粧梳 9-212B
zhuāngshū 裝梳 9-83A
zhuāngshù 妝束 4-313A
zhuāngshù 粧束 9-212B
zhuāngshù 裝束 9-81B
zhuāngshùn 莊順 9-426B
zhuàngshuò 壯碩 2-1070A
zhuàngsī 壯思 2-1068A
zhuāngsòng 裝送 9-82B
zhuāngsù 莊肅 9-427A
zhuāngsù 裝塐 9-83B
zhuāngsù 裝塑 9-84B
zhuāngsuàn 裝蒜 9-83B
zhuàngsuì 壯歲 2-1069B
zhuàngsuì 撞歲 6-887B
zhuāngsūnzi 裝孫子 9-83A
zhuàngtà 撞蹋 6-888A
zhuāngtái 妝臺 4-313B
zhuāngtái 粧臺 9-213A
zhuàngtài 狀態 5-13A
zhuàngtàisuì 撞太歲 6-886B
zhuāngtáng 裝堂 9-83A
zhuàngtáng 撞搪 6-887B
zhuāngtánghuā 裝堂花 9-83A
zhuāngtián 莊田 9-425A
zhuàngtiānhūn 撞天婚
6-886A
zhuàngtiānqū 撞天屈 6-886A
zhuāngtiē 裝貼 9-83B
zhuàngtíng 撞筳 6-887B
zhuàngtǐng 撞挺 6-887A
zhuāngtóu 莊頭 9-427B
zhuāngtóu 裝頭 9-86A
zhuàngtóu 狀頭 5-13A
zhuàngtòu 撞透 6-887B
zhuàngtóukēnǎo 撞頭搕腦
6-888A
zhuàngtū 撞突 6-887A
zhuàngtú 壯圖 2-1070A
zhuāngtún 莊屯 9-425A
zhuāngtuó 裝槖 9-84B
zhuāngù 專固 2-1272B
zhuāngù 顓固 12-334B
zhuǎngǔ 轉轂 9-1326B
zhuǎngù 轉顧 9-1328B
zhuàngǔ 傳詁 1-1624B
zhuǎnguǎi 轉拐 9-1318B
zhuānguǎn 耑管 8-778B
zhuǎnguān 轉官 9-1319A
zhuǎnguān 轉關 9-1328A
zhuànguǎn 傳館 1-1628A
zhuǎnguānchuáng 轉關牀
9-1328A
zhuǎnguānliùyāo 轉關六幺
9-1328A
zhuǎnguānlǜyāo 轉關綠腰
9-1328A
zhuǎnguānqiáo 轉關橋
9-1328A
zhuǎnguānxì 轉關係 9-1328A
zhuānguì 專貴 2-1276A
zhuānguì 專櫃 2-1278A
zhuǎnguī 轉規 9-1321A
zhuàngǔn 轉滾 9-1324A
zhuānguó 專國 2-1275B
zhuānguó 顓國 12-335A
zhuāngwài 裝外 9-81A
zhuàngwàng 壯旺 2-1067B
zhuàngwěi 壯偉 2-1069A
zhuàngwén 壯文 2-1067A
zhuāngwū 粧誣 9-213A
zhuāngwū 裝誣 9-85A
zhuàngwǔ 壯武 2-1067B
zhuàngwù 狀物 5-12A
zhuàngxí 撞席 6-887B
zhuàngxì 壯戲 2-1070B
zhuāngxiā 粧鰕 9-213B
zhuāngxiá 妝匣 4-313A
zhuàngxià 撞嚇 6-888A
zhuàngxiàn 壯縣 2-1070B
zhuāngxiàng 裝相 9-82A
zhuāngxiè 裝卸 9-82B
zhuàngxiě 狀寫 5-13A
zhuāngxiègōng 裝卸工 9-82B
zhuāngxīn 妝新 4-313B
zhuāngxīn 裝新 9-84B
zhuàngxīn 壯心 2-1067A
zhuàngxīnquán 撞心拳
6-886B
zhuāngxióng 裝熊 9-85B
zhuāngxiū 裝修 9-82B
zhuāngxiùcái 裝秀才 9-81B
zhuāngxìyín 莊舄吟 9-426B
zhuāngxìyuèyín 莊舄越吟
9-426B
zhuāngxuān 粧儇 9-213B
zhuāngxūzuòjiǎ 裝虛作假
9-83A
zhuāngyǎ 莊雅 9-426B
zhuāngyǎ 裝啞 9-83A
zhuāngyán 莊言 9-425B
zhuāngyán 莊嚴 9-428A
zhuāngyán 粧嚴 9-213B
zhuāngyán 裝嚴 9-86A
zhuāngyǎn 裝演 9-85B
zhuàngyán 壯顏 2-1071A
zhuàngyán 壯嚴 2-1071A
zhuāngyáng 裝佯 9-82A
zhuāngyàng 妝樣 4-314A
zhuàngyáng 壯陽 2-1069B
zhuàngyàng 狀樣 5-13A
zhuāngyángchīxiàng
裝佯吃象 9-82A
zhuāngyángchīxiàng
裝洋吃相 9-82B
zhuāngyàngzi 裝樣子 9-85B
zhuāngyāo 粧么 9-212B
zhuāngyāo 粧幺 9-212B
zhuāngyāo 裝幺 9-81A
zhuāngyāozuòguài
裝妖作怪 9-81B
zhuāngyì 莊毅 9-427B
zhuàngyì 壯意 2-1070A
zhuàngyì 壯毅 2-1070B
zhuàngyì 壯翼 2-1071A
zhuàngyì 幢翳 3-762A
zhuāngyìn 裝印 9-81A
zhuàngyǒng 壯勇 2-1068B
zhuàngyóu 壯遊 2-1069B
zhuàngyóu 壯猷 2-1070A
zhuāngyǔ 莊語 9-427A
zhuāngyù 妝域 4-313A
zhuàngyú 憧愚 7-740B
zhuàngyú 贛愚 10-310B
zhuàngyǔ 壯語 2-1070A
zhuàngyǔ 狀語 5-13A
zhuàngyù 撞遇 6-887B
zhuāngyuán 莊園 9-426B
zhuāngyuàn 莊院 9-426A
zhuàngyuán 狀元 5-11B
zhuàngyuánchóu 狀元籌
5-12A
zhuàngyuánhóng 狀元紅
5-12A
zhuàngyuánhuā 狀元花
5-12A
zhuàngyuánlìng 狀元令
5-11B
zhuàngyuányǔ 狀元雨 5-12A
zhuàngyuè 壯月 2-1067A
zhuāngyùn 裝運 9-83B
zhuàngyūnjī 撞暈鷄 6-887B
zhuāngzài 裝載 9-83B
zhuāngzào 裝造 9-82B
zhuàngzhǎng 壯長 2-1067B
zhuàngzhāo 狀招 5-12A
zhuāngzhé 莊摺 9-427A
zhuāngzhé 裝摺 9-84B
zhuàngzhēn 撞針 6-887B
zhuāngzhèng 裝幀 9-83B
zhuāngzhì 妝治 4-313A
zhuāngzhì 莊櫛 9-428A
zhuāngzhì 裝治 9-82A
zhuāngzhì 裝置 9-84A
zhuāngzhì 裝製 9-85A
zhuàngzhí 戇直 7-802A
zhuàngzhǐ 狀紙 5-12B
zhuàngzhì 戇騺 7-802B
zhuàngzhì 壯志 2-1067B
zhuàngzhì 壯制 2-1067B
zhuàngzhìlíngyún
壯志凌雲 2-1067B
zhuāngzhòng 莊重 9-425B
zhuàngzhōng 撞鍾 6-888A
zhuàngzhōng 撞鐘 6-888A
zhuàngzhōngwǔnǚ 撞鍾舞女
6-888A
zhuàngzhōngwǔnǚ 撞鐘舞女
6-888A
zhuāngzhóu 裝軸 9-83A
zhuāngzhōudié 莊周蝶
9-425B
zhuāngzhōumèng 莊周夢
9-425B
zhuāngzhǔ 樁主 4-1237B
zhuāngzhù 粧助 9-212B
zhuàngzhù 撞住 6-886B
zhuāngzhuàn 裝撰 9-85B
zhuāngzhuāng 莊莊 9-426A
zhuàngzhuàng 憧憧
7-740B♯7-741A
zhuāngzhuì 裝綴 9-85B
zhuāngzi 莊子 9-425A
zhuāngzi 樁子 4-1237B
zhuāngzī 裝資 9-84B
zhuāngzǐ 莊子 9-425A
zhuàngzi 狀子 5-11B
zhuàngzì 狀字 5-12A
zhuàngzú 僮族 1-1681B
zhuàngzú 壯卒 2-1068A

zhuàngzú 壯族 2-1069B
zhuāngzuò 裝作 9-81B
zhuàngzuó 撞捽 6-887B
zhuǎnhǎi 轉海 9-1321A
zhuǎnhǎihuítiān 轉海回天 9-1321A
zhuānhán 耑函 8-778B
zhuānhàn 專悍 2-1275A
zhuǎnháng 轉行 9-1317B
zhuānhào 專號 2-1276B
zhuānhè 磚褐 7-1099B
zhuǎnhé 轉合 9-1317B
zhuānhěn 專狠 2-1274A
zhuānhěn 顓很 12-335A
zhuānhèng 專橫 2-1277B
zhuānhèngbáhù 專橫跋扈 2-1277B
zhuānhòu 耑候 8-778B
zhuǎnhóu 轉喉 9-1322B
zhuànhóu 囀喉 3-558B
zhuǎnhóuchùhuì 轉喉觸諱 9-1322B
zhuǎnhuà 轉化 9-1316A
zhuǎnhuà 轉話 9-1324A
zhuànhuà 轉輠 9-1325A
zhuǎnhuán 轉圜 9-1326B
zhuǎnhuàn 轉換 9-1320A
zhuànhuán 轉圜 9-1326B
zhuànhuǎng 轉晃 9-1320A
zhuǎnhuàtáng 轉化糖 9-1316A
zhuǎnhuí 轉回 9-1317A
zhuǎnhuì 轉滙 9-1324A
zhuǎnhuò 轉貨 9-1322A
zhuǎnhuòwéifú 轉禍爲福 9-1323B
zhuānjī 專機 2-1278A
zhuānjī 甎墼 5-294B
zhuānjí 專集 2-1276A
zhuānjí 專輯 2-1278A
zhuānjǐ 專己 2-1270B
zhuānjǐ 顓己 12-334A
zhuǎnjī 轉機 9-1326A
zhuǎnjì 轉計 9-1320A
zhuǎnjì 轉寄 9-1322B
zhuànjí 撰集 6-894A
zhuànjí 撰輯 6-894A
zhuànjì 傳紀 1-1621B
zhuànjì 傳記 1-1622A
zhuànjì 篆記 8-1220A
zhuānjiā 耑家 8-778B
zhuānjiā 專家 2-1275A
zhuānjiā 顓家 12-335A
zhuǎnjià 轉嫁 9-1324A
zhuanjiàn 專僭 2-1277A
zhuǎnjiān 轉肩 9-1319A
zhuànjiān 傳箋 1-1626B
zhuānjiàng 磚匠 7-1099A
zhuǎnjiāo 轉交 9-1317B
zhuǎnjiǎo 轉角 9-1318A
zhuǎnjiǎotou 轉角頭 9-1318A
zhuǎnjiǎozi 轉角子 9-1318A
zhuānjié 專節 2-1276B
zhuǎnjiē 轉接 9-1321A
zhuǎnjié 轉劫 9-1318A
zhuǎnjié 轉睫 9-1323B
zhuǎnjié 轉節 9-1324A
zhuǎnjiè 轉解 9-1324A
zhuǎnjiè 轉借 9-1320B
zhuànjiē 轉街 9-1323A
zhuànjié 傳節 1-1625B
zhuānjǐn 專謹 2-1278B
zhuànjīn 轉筋 9-1323A
zhuānjīng 摶精 6-829A
zhuānjīng 專經 2-1277A
zhuānjīng 專精 2-1277A
zhuānjìng 專敬 2-1275B
zhuānjìng 專靜 2-1277A
zhuānjìng 磚鏡 7-1099B
zhuǎnjīng 轉睛 9-1323B
zhuǎnjīng 轉經 9-1324B
zhuānjù 專據 2-1278A
zhuǎnjū 轉居 9-1319B
zhuǎnjú 轉局 9-1318B
zhuǎnjù 轉句 9-1317A
zhuànjù 傳遽 1-1627B
zhuànjù 撰具 6-893B
zhuànjù 饌具 12-582B
zhuānjué 剸決 2-736A
zhuānjué 專決 2-1272B
zhuānjué 顓決 12-334B
zhuǎnjué 轉角 9-1318A
zhuānjuézi 磚橛子 7-1099B
zhuānjūn 專君 2-1272B
zhuānjūn 顓君 12-334B
zhuānkān 專刊 2-1271A
zhuānkē 專科 2-1274A
zhuǎnkē 轉科 9-1319B
zhuànkē 篆科 8-1219B
zhuànkè 瑑刻 4-613A
zhuànkè 撰刻 6-893B
zhuànkè 篆刻 8-1219B
zhuànkèchóngdiāo 篆刻蟲雕 8-1219B
zhuānkēcídiǎn 專科辭典 2-1274A
zhuānkēxuéxiào 專科學校 2-1274A
zhuānkǒu 磚口 7-1099A
zhuǎnkǒu 轉口 9-1315B
zhuānkuài 磚塊 7-1099B
zhuānkuǎn 專款 2-1275B
zhuǎnkuì 轉饋 9-1328A
zhuànkuì 饌饋 12-583A
zhuānkǔn 專閫 2-1277B
zhuānkǔn 顓閫 12-336A
zhuǎnlái 轉來 9-1318B
zhuǎnlài 轉睞 9-1323B
zhuànláizhuànqù 轉來轉去 9-1318B
zhuānlán 專欄 2-1278B
zhuānlánzuòjiā 專欄作家 2-1278B
zhuānlè 耑泐 8-778B
zhuānlè 耑勒 8-778B
zhuànlè 瑑勒 4-613A
zhuànlè 撰勒 6-894A
zhuǎnléi 轉雷 9-1323B
zhuànlěi 傳誄 1-1626A
zhuànlěng 篆冷 8-1219B
zhuānlì 專力 2-1270B
zhuānlì 專吏 2-1271B
zhuānlì 專利 2-1272A
zhuānlì 專厲 2-1277A
zhuānlì 顓利 12-334B
zhuǎnlǐ 轉理 9-1321A
zhuǎnlì 竱力 8-402B
zhuǎnlì 轉立 9-1317A
zhuǎnlì 轉曆 9-1326A
zhuǎnlì 轉歷 9-1326A
zhuànlì 傳吏 1-1617A
zhuànlì 撰利 6-893B
zhuànlì 篆隸 8-1220B
zhuǎnliǎn 轉臉 9-1327A
zhuǎnliàn 轉鍊 9-1327A
zhuǎnliáng 轉糧 9-1327B
zhuànliánhuā 轉蓮花 9-1323B
zhuānliè 專列 2-1271B
zhuǎnliè 轉捩 9-1321A
zhuǎnlièdiǎn 轉捩點 9-1321A
zhuànlìlì 囀嚦嚦 3-559A
zhuǎnlín 轉鄰 9-1325A
zhuànlín 轉轔 9-1327B
zhuānlìquán 專利權 2-1272A
zhuǎnliú 轉流 9-1321A
zhuānlòu 專陋 2-1273B
zhuǎnlòu 轉漏 9-1325A
zhuānlǔ 專魯 2-1277B
zhuānlù 專戮 2-1278A
zhuānlù 專録 2-1278A
zhuǎnlú 轉爐 9-1328B
zhuànlù 撰録 6-894A
zhuànlù 篆輅 8-1220A
zhuànlù 譔録 11-429A
zhuānluàn 專亂 2-1276B
zhuānlùn 專論 2-1277B
zhuǎnlún 轉輪 9-1325A
zhuànlún 轉輪 9-1325A
zhuànlúnshèngwáng 轉輪聖王 9-1325B
zhuànlúnshǒuqiāng 轉輪手槍 9-1325B
zhuànlúnwáng 轉輪王 9-1325B
zhuànlúnzàng 轉輪藏 9-1325B
zhuànlüè 傳略 1-1623A
zhuǎnmǎ 轉馬 9-1320A
zhuànmǎ 傳馬 1-1621B
zhuānmài 專賣 2-1277B
zhuǎnmài 轉賣 9-1325A
zhuānměi 專美 2-1274A
zhuānměi 顓美 12-335A
zhuānmén 耑門 8-778B
zhuānmén 專門 2-1273A
zhuānmén 顓門 12-335A
zhuānméng 專蒙 2-1276A
zhuānméng 顓甿 12-334B
zhuānméng 顓蒙 12-335B
zhuānménjiā 專門家 2-1273B
zhuānménmíngjiā 專門名家 2-1273B
zhuānménrénmín… 專門人民檢察院 2-1273B
zhuānménrénmínfǎyuàn 專門人民法院 2-1273A
zhuānménxuéxiào 專門學校 2-1273B
zhuānmiàn 顓面 12-335A
zhuǎnmiǎn 轉眄 9-1319B
zhuǎnmiàn 轉面 9-1319B
zhuānmíng 專名 2-1272A
zhuānmíng 顓名 12-334B
zhuānmìng 專命 2-1273A
zhuānmìng 顓命 12-334B
zhuànmíng 篆銘 8-1220A
zhuànmíng 譔名 11-429A
zhuānmínghào 專名號 2-1272A
zhuànmó 轉磨 9-1326B
zhuànmò 轉磨 9-1326B
zhuǎnmù 轉目 9-1316B
zhuànnǐ 撰擬 6-894A
zhuǎnnián 轉年 9-1317A
zhuǎnniàn 轉念 9-1319A
zhuānnìng 專佞 2-1272B
zhuānnòng 專弄 2-1272A
zhuànnòng 轉弄 9-1317B
zhuānòng 抓弄 6-387A
zhuǎnpàn 轉盼 9-1319B
zhuǎnpàn 轉盻 9-1319B
zhuànpán 轉盤 9-1325B
zhuànpán 篆盤 8-1220B
zhuǎnpéng 轉蓬 9-1323B
zhuǎnpéng 轉篷 9-1326B
zhuǎnpéngshēn 轉蓬身 9-1323B
zhuānpì 塼甓 2-1188A
zhuānpì 磚甓 7-1099B
zhuànpì 傳癖 1-1629A
zhuǎnpǐn 轉品 9-1319B
zhuānpíng 專平 2-1271A
zhuǎnpíng 轉萍 9-1321A
zhuǎnpò 轉魄 9-1324B
zhuānqǐ 耑啓 8-778B
zhuānqì 摶氣 6-828B
zhuānqì 專氣 2-1274B
zhuǎnqí 轉旗 9-1325A
zhuànqí 傳騎 1-1628B
zhuànqí 轉臍 9-1327B
zhuànqí 撰祺 6-894A
zhuànqì 饌器 12-572B
zhuǎnqiān 轉遷 9-1325B
zhuǎnqián 轉錢 9-1326B
zhuànqián 撰錢 6-894A
zhuànqián 賺錢 10-288A
zhuānqiè 專切 2-1270B
zhuānqǐn 顓寢 12-335B
zhuānqìzhìróu 專氣致柔 2-1274B
zhuānqū 專區 2-1275B
zhuǎnqù 轉去 9-1316B
zhuānquán 專權 2-1278B
zhuānquán 顓權 12-336A

zhuànquān 轉圈 9-1321B
zhuānquè 專愨 2-1277B
zhuànqūn 摶囷 6-828A
zhuǎnràng 轉讓 9-1329A
zhuānrén 耑人 8-778A
zhuānrén 專人 2-1270B
zhuānrèn 專任 2-1271B
zhuǎnrèn 轉任 9-1317A
zhuànrén 撰人 6-893A
zhuǎnrìhuítiān 轉日回天 9-1316A
zhuǎnrìhuítiān 轉日迴天 9-1316A
zhuànrìlián 轉日蓮 9-1316A
zhuǎnrù 轉入 9-1315B
zhuànruì 傳瑞 1-1625A
zhuǎnsānqiáo 轉三橋 9-1315B
zhuànsè 賺色 10-287B
zhuānshā 專殺 2-1274B
zhuànshā 賺殺 10-288A
zhuànshā 賺煞 10-288A
zhuānshàn 專擅 2-1278A
zhuānshàn 顓擅 12-336A
zhuǎnshāng 轉商 9-1322A
zhuānshè 專赦 2-1275A
zhuànshè 傳舍 1-1619A
zhuǎnshēn 轉伸 9-1318A
zhuǎnshēn 轉身 9-1318A
zhuǎnshēng 轉生 9-1316B
zhuànshèng 傳乘 1-1622A
zhuānshǐ 專史 2-1271A
zhuānshǐ 專使 2-1273A
zhuānshì 專室 2-1274B
zhuānshì 專勢 2-1276A
zhuānshì 顓事 12-334B
zhuǎnshī 轉尸 9-1315B
zhuǎnshī 轉屍 9-1320A
zhuǎnshī 轉師 9-1320B
zhuǎnshí 轉食 9-1319B
zhuǎnshì 轉世 9-1316B
zhuǎnshì 轉軾 9-1323B
zhuànshí 轉石 9-1316B
zhuànshí 饌食 12-583A
zhuànshì 僎事 1-1687A
zhuànshì 轉式 9-1317A
zhuànshì 瑑飾 4-613A
zhuànshì 篆勢 8-1220A
zhuǎnshǐqì 轉矢氣 9-1316B
zhuānshòu 專授 2-1275A
zhuǎnshǒu 轉手 9-1316A
zhuǎnshǒu 轉首 9-1320A
zhuànshǒu 轉手 9-1316A
zhuànshǒu 賺手 10-287B
zhuānshū 專書 2-1275A
zhuānshǔ 專署 2-1276B
zhuǎnshū 轉輸 9-1326A
zhuǎnshù 轉述 9-1318B
zhuànshū 傳疏 1-1625A
zhuànshū 篆書 8-1220A
zhuànshù 撰述 6-893B
zhuànshù 譔述 11-429A
zhuànshuǎ 轉耍 9-1319B
zhuànshuǐ 轉水 9-1316A
zhuǎnshùn 轉瞬 9-1327A
zhuǎnshùn 轉眴 9-1321B
zhuànshuō 傳説 1-1626B
zhuānshǔyúqū 專屬漁區 2-1278B
zhuānsī 專司 2-1271B
zhuānsì 專肆 2-1276A
zhuǎnsǐ 轉死 9-1317A
zhuànsī 撰思 6-893B
zhuànsī 篆絲 8-1220A
zhuǎnsǐgōuhè 轉死溝壑 9-1317A
zhuǎnsǐgōuqú 轉死溝渠 9-1317A
zhuǎnsòng 轉送 9-1320A
zhuǎnsù 轉粟 9-1322B
zhuànsù 轉速 9-1320A
zhuànsù 篆素 8-1219B
zhuànsùbǐ 轉速比 9-1320A
zhuānsūn 顓孫 12-335A
zhuànsuǒ 饌所 12-582B
zhuāntǎ 磚塔 7-1099A
zhuǎntà 轉踏 9-1325B
zhuàntái 轉臺 9-1324B
zhuàntáng 譔堂 11-429A
zhuànténg 轉騰 9-1328A
zhuāntí 專題 2-1278A
zhuàntí 篆題 8-1220B
zhuàntǐ 轉體 9-1328B
zhuàntǐ 篆體 8-1220B
zhuǎntiān 轉天 9-1315B
zhuāntiáo 專條 2-1274B
zhuǎntiě 轉帖 9-1319A
zhuǎntīng 轉廳 9-1329A
zhuāntóng 顓童 12-335B
zhuāntóu 磚頭 7-1099B
zhuǎntóu 轉頭 9-1326A
zhuàntóu 賺頭 10-288A
zhuàntuǎnxúncūn 轉曈尋村 9-1327A
zhuǎntuō 轉托 9-1317A
zhuǎntuō 轉脱 9-1322A
zhuǎnwān 轉彎 9-1328B
zhuǎnwān 轉灣 9-1329A
zhuǎnwán 轉丸 9-1315B
zhuǎnwānmòjiāo 轉彎磨角 9-1329A
zhuǎnwānmòjiǎo 轉彎抹角 9-1328B
zhuǎnwānmòjiǎo 轉灣抹角 9-1329A
zhuānwēi 專威 2-1274A
zhuānwěi 諯諉 11-344A
zhuānwèi 甎位 5-294B
zhuānwèi 磚位 7-1099A
zhuǎnwēiwéi'ān 轉危爲安 9-1317B
zhuànwén 撰文 6-893A
zhuànwén 篆文 8-1219A
zhuànwō 篆蝸 8-1220A
zhuānwū 專屋 2-1274B
zhuānwù 專務 2-1275A
zhuǎnwǔ 轉午 9-1316A
zhuǎnwù 轉物 9-1319A
zhuànwù 篆務 8-1220A
zhuānxí 專席 2-1274B
zhuānxí 專習 2-1275B
zhuǎnxí 轉席 9-1320B
zhuǎnxǐ 轉徙 9-1322A
zhuǎnxì 轉系 9-1318B
zhuànxì 饌餼 12-583A
zhuānxiàn 專綫 2-1277B
zhuānxiàn 磚線 7-1099B
zhuǎnxián 轉絃 9-1322B
zhuǎnxián 轉銜 9-1324B
zhuǎnxiàn 轉限 9-1319B
zhuǎnxiáng 轉詳 9-1324A
zhuǎnxiǎng 轉餉 9-1324B
zhuǎnxiǎng 轉饟 9-1329A
zhuǎnxiàng 轉鄉 9-1322B
zhuǎnxiàng 轉向 9-1317B
zhuànxiāng 篆香 8-1219B
zhuànxiàng 轉向 9-1317B
zhuànxiě 撰寫 6-894A
zhuānxīn 專心 2-1270B
zhuānxìn 專信 2-1274A
zhuǎnxīn 竱心 8-402B
zhuànxìn 傳信 1-1620B
zhuānxíng 剸行 2-736A
zhuānxíng 專刑 2-1271B
zhuānxíng 專行 2-1271B
zhuǎnxíng 轉行 9-1317B
zhuànxíng 篆形 8-1219B
zhuānxīnyīyì 專心一意 2-1271A
zhuānxīnyīzhì 摶心壹志 6-828A
zhuānxīnyīzhì 摶心揖志 6-828A
zhuānxīnyīzhì 專心一志 2-1271A
zhuānxīnzhìzhì 專心致志 2-1271A
zhuānxiū 專修 2-1274A
zhuǎnxiù 轉銹 9-1326A
zhuànxiū 撰修 6-893B
zhuànxiū 撰脩 6-894A
zhuànxiū 饌羞 12-583A
zhuānxū 顓頊 12-335B
zhuānxǔ 專許 2-1275B
zhuǎnxù 轉叙 9-1319B
zhuǎnxù 轉續 9-1328B
zhuànxù 傳叙 1-1620B
zhuànxù 撰序 6-893B
zhuànxù 撰續 6-894B
zhuǎnxuán 轉縣 9-1326A
zhuǎnxuán 轉旋 9-1322A
zhuànxuán 轉旋 9-1322A
zhuānxué 顓學 12-336A
zhuǎnxué 轉踅 9-1324B
zhuǎnxué 轉學 9-1326B
zhuànxuē 瑑削 4-613A
zhuānxūlì 顓頊曆 12-335B
zhuānxūn 專勳 2-1278A
zhuǎnxùn 轉訓 9-1320B
zhuānxūshù 顓頊術 12-335B
zhuānxūzhīxū 顓頊之虛 12-335B
zhuānyàn 磚硯 7-1099B
zhuǎnyán 轉延 9-1317A
zhuǎnyǎn 轉眼 9-1321B
zhuànyān 篆烟 8-1220A
zhuǎnyáng 轉陽 9-1322B
zhuānyáo 磚窑 7-1099A
zhuǎnyāo 轉腰 9-1324A
zhuǎnyào 轉藥 9-1327B
zhuànyáo 饌殽 12-583A
zhuānyè 專夜 2-1273A
zhuānyè 專頁 2-1274A
zhuānyè 專業 2-1276A
zhuǎnyè 轉業 9-1323B
zhuānyècūn 專業村 2-1276B
zhuānyèhù 專業户 2-1276B
zhuānyèjiàoyù 專業教育 2-1276B
zhuānyèkè 專業課 2-1276B
zhuānyī 專一 2-1270A
zhuānyī 專壹 2-1275B
zhuānyī 嫥壹 4-401B
zhuānyì 耑意 8-778B
zhuānyì 專意 2-1277A
zhuānyì 顓意 12-335B
zhuǎnyí 轉移 9-1321B
zhuǎnyì 轉易 9-1319A
zhuǎnyì 轉益 9-1321A
zhuǎnyì 轉義 9-1324A
zhuǎnyì 轉譯 9-1328A
zhuànyǐ 轉椅 9-1322B
zhuànyì 傳役 1-1618A
zhuànyì 傳驛 1-1629B
zhuànyì 篆意 8-1220A
zhuǎnyīn 轉音 9-1320A
zhuànyǐn 饌飲 12-583A
zhuǎnyíng 轉營 9-1326B
zhuānyōng 顓庸 12-335A
zhuānyóng 專顒 2-1278A
zhuānyòng 專用 2-1271A
zhuānyǒu 專有 2-1271B
zhuǎnyóu 轉游 9-1323A
zhuànyōu 轉悠 9-1321B
zhuànyóu 傳郵 1-1622A
zhuànyóu 轉游 9-1323A
zhuānyú 專愚 2-1276B
zhuānyú 顓臾 12-334B
zhuānyú 顓愚 12-335B
zhuǎnyǔ 轉語 9-1324B
zhuǎnyù 轉鬻 9-1328B
zhuànyù 饌玉 12-582B
zhuānyuán 專員 2-1274B
zhuǎnyuán 轉員 9-1320A
zhuǎnyuán 轉圓 9-1324A
zhuānyuángōngshǔ 專員公署 2-1274B
zhuànyùchuījīn 饌玉炊金 12-582B
zhuànyùchuīzhū 饌玉炊珠 12-582B
zhuànyuē 瑑約 4-613A
zhuànyuè 轉躍 9-1328B
zhuǎnyùn 轉運 9-1323A
zhuǎnyùn 轉餫 9-1327A
zhuǎnyùn 轉韻 9-1327B

zhuānyùnánchéng 專欲難成 2-1275B
zhuǎnzǎi 轉載 9-1323B
zhuǎnzài 轉載 9-1323B
zhuànzǎi 傳宰 1-1622B
zhuǎnzāiwéifú 轉災爲福 9-1318B
zhuànzàn 傳贊 1-1629A
zhuǎnzàng 轉藏 9-1327A
zhuànzào 撰造 6-893B
zhuānzé 專責 2-1275A
zhuǎnzè 轉仄 9-1315B
zhuǎnzèng 轉贈 9-1327B
zhuǎnzhài 轉責 9-1321A
zhuǎnzhǎn 轉展 9-1321A
zhuǎnzhǎn 轉輾 9-1327A
zhuǎnzhàn 轉戰 9-1326A
zhuǎnzhǎnfǎncè 轉輾反側 9-1327A
zhuānzhǎng 專掌 2-1276A
zhuǎnzhàng 轉帳 9-1321B
zhuànzhāng 篆章 8-1220A
zhuànzhàng 撰杖 6-893A
zhuànzhàngpěngjù 撰杖捧屨 6-893B
zhuǎnzhànqiānlǐ 轉戰千里 9-1326B
zhuānzhé 專摺 2-1277A
zhuānzhé 專輒 2-1277A
zhuǎnzhé 轉折 9-1317B
zhuǎnzhé 轉摺 9-1324B
zhuǎnzhé 轉轍 9-1327B
zhuǎnzhédiǎn 轉折點 9-1318A
zhuǎnzhěn 轉診 9-1323A
zhuànzhēn 饌珍 12-583A
zhuānzhēng 專征 2-1273A
zhuānzhēng 顓征 12-334B
zhuānzhèng 專政 2-1273B
zhuānzhèng 顓政 12-335A
zhuǎnzhèng 轉正 9-1316B
zhuānzhī 專知 2-1273A
zhuānzhí 專直 2-1272B
zhuānzhí 專執 2-1275A
zhuānzhí 專職 2-1278A
zhuānzhì 剸志 2-736A
zhuānzhì 專至 2-1271B
zhuānzhì 專志 2-1272A
zhuānzhì 專制 2-1272B
zhuānzhì 顓制 12-334B
zhuǎnzhí 轉職 9-1327B
zhuǎnzhì 轉致 9-1320A
zhuǎnzhì 轉置 9-1324A
zhuǎnzhì 轉質 9-1325B
zhuànzhì 傳志 1-1617B
zhuànzhì 傳置 1-1625B
zhuànzhì 傳誌 1-1626B
zhuànzhì 饌炙 12-582B
zhuǎnzhīhuā 轉枝花 9-1318B
zhuānzhōu 專州 2-1272A
zhuǎnzhóu 轉軸 9-1322B
zhuànzhóu 轉軸 9-1322B
zhuànzhòu 篆籀 8-1220B
zhuànzhòubǐ 篆籀筆 8-1220B
zhuānzhū 剸諸 2-736B
zhuānzhū 專誅 2-1276B
zhuānzhū 專諸 2-1277B
zhuānzhú 剸逐 2-736B
zhuānzhǔ 專主 2-1271B
zhuānzhù 專注 2-1273A
zhuānzhù 專著 2-1275A
zhuǎnzhú 轉燭 9-1327B
zhuǎnzhù 轉注 9-1319A
zhuànzhù 傳注 1-1619B
zhuànzhù 傳註 1-1624B
zhuànzhù 撰著 6-894A
zhuànzhù 篆注 8-1219B
zhuànzhù 譔著 11-429A
zhuānzhuān 耑耑 8-778B
zhuānzhuan 專專 2-1275A
zhuānzhuān 顓顓 12-336A
zhuǎnzhuǎn 轉轉 9-1327B
zhuànzhuàn 轉轉 9-1327B
zhuànzhuàng 傳狀 1-1619B
zhuǎnzhuǎnwǎnwǎn 轉轉宛宛 9-1327B
zhuǎnzhuó 轉擢 9-1326B
zhuānzì 專恣 2-1274B
zhuānzì 顓恣 12-335A
zhuǎnzī 轉資 9-1324A
zhuànzi 轉子 9-1315B
zhuànzì 篆字 8-1219B
zhuǎnzǐlián 轉子蓮 9-1315B
zhuānzōng 專綜 2-1277B
zhuānzǒng 專總 2-1278A
zhuānzú 專足 2-1272A
zhuǎnzū 轉租 9-1320B
zhuànzuò 撰作 6-893B
zhuāpòliǎnpí 抓破臉皮 6-387A
zhuāpòliǎnzi 抓破臉子 6-387A
zhuāpòmiànpí 抓破面皮 6-387A
zhuāquán 抓權 6-388A
zhuāshízi 抓石子 6-386B
zhuāshǒu 髽首 12-743A
zhuātà 撾撻 6-839B
zhuātóubùshìwěi 抓頭不是尾 6-388A
zhuāxiā 抓瞎 6-388A
zhuāxiān 抓掀 6-387B
zhuāxīn 抓心 6-386B
zhuāxún 抓尋 6-387B
zhuāyào 抓藥 6-388A
zhuāzā 抓劄 6-387B
zhuāzā 抓扎 6-386B
zhuāzhǐjuǎn'er 抓紙捲兒 6-387B
zhuāzhōu 抓周 6-387A
zhuāzhōu 抓週 6-387B
zhuāzhú 撾築 6-839B
zhuǎzhuā 蛆蛆 2-1153B
zhuāzi 髽子 12-743A
zhuǎzi 爪子 6-1101B
zhuāzǐ'er 抓子兒 6-386B
zhūbá 誅拔 11-172A
zhúbā 竹笆 8-1095B
zhúbá 燭跋 7-304B
zhúbà 逐罷 10-892A
zhùbà 住罷 1-1278B
zhūbái 朱白 4-730A
zhūbái 諸白 11-267B
zhúbái 竹白 8-1090A
zhúbǎi 竹柏 8-1093B
zhùbái 祝白 7-892B
zhùbái 著白 9-431A
zhǔbáishí 煮白石 7-96A
zhúbǎiyìxīn 竹柏異心 8-1093B
zhūbājiè 猪八戒 5-71A
zhúbāmiè 竹笆篾 8-1095B
zhūbān 朱班 4-733B
zhūbān 朱斑 4-737A
zhūbān 諸般 11-270B
zhúbān 竹斑 8-1097B
zhúbǎn 竹板 8-1092B
zhǔbān 嘱扳 3-567B
zhǔbàn 主辦 1-705B
zhùbǎn 祝板 7-893A
zhùbǎn 祝版 7-893B
zhùbǎn 築版 8-1226B
zhūbàng 珠蚌 4-548B
zhǔbāng 屬邦 4-65A
zhūbānzhí 諸班直 11-270A
zhūbāo 猪胞 5-71B
zhūbǎo 珠寶 4-553B
zhūbào 誅暴 11-174B
zhúbào 竹爆 8-1104A
zhùbǎo 鑄寶 11-1423B
zhùbào 祝報 7-894B
zhúbàopíng'ān 竹報平安 8-1097B
zhúbāosōngmào 竹苞松茂 8-1091B
zhūbèi 朱貝 4-731B
zhūbèi 珠貝 4-547A
zhūbèi 珠被 4-549A
zhūbèi 珠琲 4-550A
zhūbèi 誅悖 11-173A
zhúbēi 竹杯 8-1092B
zhúběi 逐北 10-888A
zhùbèi 貯備 10-173A
zhūbēn 諸賁 11-271B
zhúbēn 逐奔 10-889A
zhùběn 注本 5-1095A
zhùběn 註本 11-116A
zhūbí 猪鼻 5-72B
zhūbǐ 朱筆 4-738A
zhūbǐ 硃筆 7-1044A
zhūbǐ 諸比 11-266B
zhūbì 朱陛 4-733B
zhūbì 朱碧 4-739A
zhūbì 朱韠 4-743B
zhūbì 珠碧 4-551A
zhūbì 珠璧 4-553A
zhūbì 誅斃 11-175A
zhúbì 竹箄 8-1098B
zhúbì 竹柲 8-1094A
zhúbì 竹閉 8-1097B
zhúbì 竹篦 8-1102A
zhúbì 竹韠 8-1101A
zhúbì 竹箄 8-1100B
zhúbì 竹筂 8-1095B
zhǔbǐ 主筆 1-703A
zhǔbǐ 屬筆 4-67B
zhǔbǐ 屬辟 4-68B
zhǔbì 屬棹 4-67B
zhùbǐ 箸匕 8-1186B
zhùbì 助臂 2-784B
zhùbì 祝庇 7-893A
zhùbì 祝幣 7-895A
zhùbì 駐蹕 12-821B
zhùbì 駐驆 12-822A
zhùbì 築壁 8-1228A
zhūbiān 諸邊 11-273A
zhūbiǎn 誅貶 11-173B
zhúbiān 竹簻 8-1101B
zhúbiān 竹編 8-1101B
zhúbiān 竹邊 8-1103B
zhúbiān 竹鞭 8-1103A
zhúbiàn 逐便 10-889B
zhǔbiān 主編 1-705B
zhùbiān 助編 2-784B
zhùbiān 助邊 2-784B
zhūbiāo 朱飈 4-744A
zhūbiāo 朱鑣 4-744A
zhūbiāo 猪膘 5-72B
zhūbiǎo 諸表 11-268B
zhūbiē 朱鼈 4-744B
zhūbiē 珠鱉 4-554B
zhūbiē 珠蟞 4-553A
zhūbǐguānpiào 硃筆官票 7-1044A
zhūbìjiāohuī 珠璧交輝 4-553B
zhūbìliánhuī 珠璧聯輝 4-553B
zhúbīn 筑賓 8-1143A
zhúbìn 逐擯 10-892B
zhǔbīn 主賓 1-705A
zhùbīn 築賓 8-1227B
zhúbīng 竹兵 8-1091B
zhǔbīng 主兵 1-697B
zhǔbīng 屬兵 4-65B
zhǔbǐng 煮餅 7-96B
zhǔbǐng 麈柄 12-1290A
zhǔbìng 屬病 4-67A
zhùbīng 駐兵 12-820A
zhùbīng 鑄兵 11-1422A
zhùbìng 注病 5-1096B
zhūbǐpiào 硃筆票 7-1044B
zhùbìshǐcí 祝幣史辭 7-895A
zhūbǐtiáozi 硃筆條子 7-1044B
zhūbǐtiě 硃筆帖 7-1044B
zhūbō 朱波 4-732B
zhūbō 朱袯 4-734B
zhūbō 誅剥 11-173A
zhūbó 朱箔 4-739B
zhūbó 朱駁 4-741B
zhūbó 朱襮 4-744A
zhūbó 珠箔 4-551A
zhúbó 竹帛 8-1093A
zhúbó 竹箔 8-1100B

zhúbó 竹薄 8-1102A
zhǔbó 主伯 1-697B
zhùbó 祝伯 7-893A
zhùbó 駐泊 12-820A
zhūbù 諸布 11-267A
zhúbǔ 竹卜 8-1089A
zhúbǔ 逐捕 10-890A
zhúbù 竹布 8-1090A
zhúbù 竹簿 8-1102B
zhúbù 逐步 10-889A
zhǔbù 主部 1-701A
zhǔbù 主簿 1-706A
zhùbǔ 築補 8-1227B
zhùbù 紵布 9-798A
zhùbù 駐步 12-819B
zhǔbùchóng 主簿蟲 1-706A
zhùbùshèngzǔ 祝不勝詛 7-892B
zhūcǎi 珠彩 4-549B
zhúcài 竹菜 8-1096B
zhǔcái 主裁 1-703A
zhǔcài 主菜 1-701B
zhùcǎi 駐彩 12-820B
zhùcǎi 駐綵 12-821A
zhūcán 誅殘 11-173B
zhùcáng 貯藏 10-173A
zhūcáo 諸曹 11-271A
zhūcǎo 朱草 4-733A
zhūcǎo 朱屮 4-729A
zhǔcǎo 屬草 4-66B
zhùcāo 駐操 12-821B
zhǔcǎogǎo 屬草稾 4-66B
zhúcè 竹册 8-1090A
zhúcè 竹策 8-1098A
zhùcè 注册 5-1095B
zhùcè 祝册 7-893A
zhùcè 註册 11-116A
zhúchá 竹垞 8-1093B
zhúchá 竹茬 8-1093B
zhúchá 燭察 7-305B
zhùchā 築臿 8-1227A
zhùchā 築鍤 8-1228A
zhúchán 竹纏 8-1104A
zhūcháng 朱裳 4-739B
zhūchàng 珠唱 4-549B
zhǔchàng 主鬯 1-700B
zhǔchàng 主唱 1-701B
zhùchǎng 住場 1-1278A
zhùchǎng 築場 8-1227B
zhūchángfěn 猪腸粉 5-72A
zhùchángwǎnduǎn 箸長碗短 8-1187A
zhùchǎnpó 助産婆 2-784A
zhùchǎnshì 助産士 2-784A
zhūchāo 朱鈔 4-738A
zhūcháo 蛛巢 8-890A
zhǔcháo 主潮 1-705B
zhūcháocuò 誅晁錯 11-173A
zhūcháocuò 誅鼂錯 11-175A
zhūchē 朱車 4-731B
zhūchē 珠車 4-547A
zhúchē 燭車 7-303B
zhǔchē 主車 1-697B
zhùchē 駐車 12-819B
zhùchè 柱徹 4-934A
zhūchén 朱辰 4-731B
zhūchén 朱陳 4-734B
zhūchén 朱塵 4-739B
zhūchén 珠塵 4-551A
zhūchén 蛛塵 8-890B
zhūchén 諸塵 11-272B
zhúchén 逐臣 10-888B
zhǔchén 主臣 1-697A
zhùchén 柱臣 4-933A
zhūchénbìsuì 珠沉璧碎 4-547A
zhūchēng 銖稱 11-1264B
zhūchéng 朱城 4-733A
zhūchéng 誅懲 11-175A
zhūchèng 銖秤 11-1264A
zhúchéng 燭乘 7-304B
zhǔchēng 拄撐 6-496A
zhùchēng 著稱 9-433B
zhùchéng 助成 2-783A
zhùchéng 注誠 5-1097B
zhùchéng 築城 8-1226B
zhùchéngbì 築城壁 8-1227A
zhūchēngcùnliáng 銖稱寸量 11-1264B
zhùchéngdàcuò 鑄成大錯 11-1422A
zhùchéngqǔ 築城曲 8-1226B
zhùchéngsuīyángqǔ 築城睢陽曲 8-1227A
zhūchényùsuì 珠沉玉碎 4-547A
zhūchényùyǔn 珠沉玉磒 4-547A
zhūchénzhīhǎo 朱陳之好 4-734B
zhūchénzhīmù 朱陳之睦 4-734B
zhūchì 誅斥 11-171B
zhúchì 逐斥 10-888A
zhǔchí 主持 1-699A
zhǔchí 柱持 4-933B
zhùchí 佇遲 1-1282B
zhùchí 住持 1-1277B
zhùchǐ 蛀齒 8-878A
zhùchì 佇眙 1-1282B
zhùchì 竚眙 8-380B
zhūchóng 諸重 11-269B
zhùchóng 蛀蟲 8-878A
zhúchòu 逐臭 10-890B
zhùchóu 貯愁 10-173A
zhúchòufū 逐臭夫 10-890B
zhúchòuzhīfū 逐臭之夫 10-890B
zhūchú 誅除 11-172B
zhūchú 誅鉏 11-174A
zhūchú 誅鋤 11-174B
zhūchù 誅黜 11-175A
zhūchù 諸處 11-271A
zhúchú 逐除 10-890A
zhúchù 逐處 10-891A
zhùchú 祝除 7-894A
zhùchǔ 柱礎 4-934A
zhùchǔ 貯儲 10-173A
zhùchǔ 築礎 8-1228A
zhùchù 住處 1-1278A
zhūchuàn 珠串 4-547A
zhúchuán 竹船 8-1097A
zhúchuán 竹椽 8-1099A
zhùchuán 蛀船 8-878A
zhúchuáng 竹床 8-1091B
zhúchuáng 竹牀 8-1093B
zhūchuāngwǎnghù 珠窗網户 4-550A
zhūchún 朱唇 4-734A
zhūchún 朱脣 4-735A
zhūchún 猪蓴 5-72B
zhūchún 豬蓴 10-37B
zhùchūn 駐春 12-820A
zhūchúnfěnmiàn 朱脣粉面 4-735A
zhūchúnhàochǐ 朱脣皓齒 4-735A
zhūchúnyùmiàn 朱脣玉面 4-735A
zhūcì 諸次 11-268A
zhúcì 竹刺 8-1093A
zhúcì 逐次 10-888A
zhǔcí 主祠 1-700B
zhǔcí 主詞 1-703B
zhǔcí 屬茨 4-66B
zhǔcí 屬詞 4-67B
zhǔcí 屬辭 4-69A
zhǔcì 主次 1-697B
zhùcí 助詞 2-784A
zhùcí 助辭 2-785A
zhùcí 祝祠 7-893B
zhùcí 祝詞 7-894B
zhùcí 祝辭 7-896B
zhùcí 鑄詞 11-1422B
zhùcí 鑄辭 11-1423B
zhǔcíbǐshì 屬詞比事 4-68A
zhǔcíbǐshì 屬辭比事 4-69A
zhǔcóng 主從 1-702A
zhūcuàn 誅竄 11-175A
zhūcuì 珠翠 4-551A
zhūcùn 銖寸 11-1263B
zhúcūn 竹邨 8-1090B
zhúcūn 竹村 8-1091A
zhùcún 注存 5-1095B
zhùcún 貯存 10-172B
zhūcùnlěijī 銖寸累積 11-1263B
zhūcuò 誅錯 11-175A
zhúcuō 竹簅 8-1101B
zhùcuò 注措 5-1096B
zhùcuò 注錯 5-1098A
zhùcuò 鑄錯 11-1423A
zhūdà 侏大 1-1337B
zhúdá 竹笪 8-1096B
zhūdài 株待 4-975B
zhūdài 珠玳 4-548A
zhùdài 注代 5-1095B
zhūdān 朱丹 4-729B
zhūdàn 珠彈 4-552A
zhúdàn 竹擔 8-1101B
zhúdàn 竹檐 8-1102B
zhūdāng 珠璫 4-553A
zhūdàng 誅蕩 11-174B
zhǔdāng 主當 1-703B
zhǔdāng 屬當 4-68A
zhǔdǎng 主黨 1-706B
zhúdàngshīfǎn 逐宕失返 10-889B
zhūdāo 銖刀 11-1263B
zhūdào 朱道 4-738A
zhúdāo 竹刀 8-1089A
zhúdāo 燭刀 7-303A
zhǔdāo 主刀 1-694B
zhǔdǎo 主導 1-705B
zhǔdào 主道 1-703B
zhùdǎo 祝禱 7-896B
zhùdǎo 築蹈 8-1228A
zhùdào 助道 2-784B
zhùdào 祝盜 7-894B
zhùdàofāng 祝盜方 7-894B
zhūdēng 朱燈 4-742A
zhūdēng 珠燈 4-552B
zhūdǐ 朱邸 4-731B
zhūdǐ 株柢 4-975B
zhūdì 諸弟 11-268B
zhūdì 諸娣 11-271A
zhúdí 竹笛 8-1096B
zhúdí 竹籊 8-1103B
zhúdì 劚地 2-759B
zhǔdì 主的 1-699A
zhǔdì 主第 1-702A
zhǔdì 屬地 4-65A
zhǔdì 柱地 4-933A
zhùdí 駐敵 12-821B
zhùdǐ 築邸 8-1226B
zhùdǐ 築底 8-1226B
zhùdì 注睇 5-1097A
zhùdì 駐地 12-819B
zhùdì 築第 8-1227A
zhūdiǎn 朱點 4-742B
zhūdiǎn 硃點 7-1044B
zhūdiàn 朱殿 4-739A
zhūdiàn 珠殿 4-550B
zhūdiàn 珠鈿 4-550B
zhúdiǎn 竺典 8-1105A
zhúdiàn 竹殿 8-1100A
zhúdiàn 竹簟 8-1103B
zhúdiàn 逐電 10-891B
zhùdiǎn 祝典 7-893A
zhùdiǎn 駐點 12-821B
zhùdiàn 住店 1-1277B
zhūdiānfēng 猪顛風 5-73A
zhūdiānfēng 猪癲瘋 5-73A
zhúdiànzhuīfēng 逐電追風 10-892A
zhūdiào 誅弔 11-171B
zhúdiāo 竹雕 8-1102B
zhǔdiào 屬調 4-69A
zhúdié 竹牒 8-1099B
zhūdǐng 珠頂 4-549A
zhūdìng 硃錠 7-1044B
zhǔdìng 主定 1-699A
zhùdǐng 鑄鼎 11-1422B
zhùdìng 注定 5-1096A
zhùdìng 著定 9-432A
zhùdìng 註定 11-116A

zhùdìng 鑄定 11-1422A
zhūdǐnghè 朱頂鶴 4-735A
zhùdǐnghóng 祝頂紅 7-894A
zhùdǐngshí 柱頂石 4-933B
zhùdǐngxiàngwù 鑄鼎象物 11-1422B
zhùdǐxiàng 築底巷 8-1226B
zhúdòng 竹洞 8-1094B
zhǔdòng 主動 1-701B
zhùdòng 柱棟 4-934A
zhùdòngcí 助動詞 2-784A
zhǔdònglì 主動力 1-701B
zhǔdòngmài 主動脈 1-702A
zhǔdòngquán 主動權 1-702A
zhūdǒu 珠斗 4-546A
zhúdōu 竹兜 8-1097A
zhūdōupào 猪兜炮 5-72A
zhǔdòuránqí 煮豆燃萁 7-96A
zhūdū 猪都 5-71B
zhūdū 諸都 11-270A
zhūdū 豬都 10-37B
zhǔdú 屬讀 4-69B
zhùdú 住讀 1-1278B
zhùdú 祝讀 7-897A
zhūduàn 誅斷 11-175A
zhǔduàn 主斷 1-706A
zhùduàn 鑄鍛 11-1423A
zhúduì 逐隊 10-891B
zhǔduì 主對 1-704B
zhǔduì 屬對 4-68B
zhúduìchéngqún 逐隊成羣 10-891B
zhūdùn 朱頓 4-738B
zhūdùn 銖鈍 11-1264B
zhúdùn 逐遁 10-891B
zhūduō 諸多 11-268A
zhúduò 瘃墮 8-330B
zhū'è 朱萼 4-737A
zhū'è 朱蕚 4-740B
zhū'è 誅惡 11-173B
zhū'è 諸惡 11-271B
zhú'é 燭蛾 7-305A
zhū'ér 朱兒 4-732B
zhū'ér 珠兒 4-547B
zhū'ěr 珠珥 4-548B
zhǔ'er 主兒 1-698B
zhǔ'ěr 屬耳 4-65A
zhù'ěr 注耳 5-1095B
zhù'ěr 駐耳 12-819B
zhǔ'ěrmù 屬耳目 4-65A
zhūfá 誅伐 11-171B
zhūfá 誅罰 11-174A
zhūfà 銖髮 11-1264B
zhúfá 竹筏 8-1098B
zhúfǎ 竺法 8-1105A
zhǔfǎ 主法 1-699A
zhùfǎ 助法 2-783B
zhùfà 祝髮 7-895B
zhùfà 駐髮 12-821B
zhùfàkōngmén 祝髮空門 7-895B
zhūfān 朱幡 4-741A
zhūfān 朱旛 4-743A
zhūfān 朱轓 4-743B
zhūfān 珠幡 4-551B
zhūfān 諸番 11-272A
zhūfān 諸蕃 11-272B
zhūfán 朱礬 4-744A
zhūfán 珠璠 4-552A
zhūfán 諸凡 11-266A
zhǔfàn 主犯 1-696A
zhùfān 住蕃 1-1278A
zhùfàn 鑄範 11-1423A
zhūfāng 朱方 4-729B
zhūfāng 諸方 11-267A
zhūfāng 諸坊 11-268B
zhūfàng 誅放 11-172B
zhúfáng 燭房 7-304A
zhúfàng 逐放 10-889B
zhǔfāng 主方 1-696A
zhùfáng 住房 1-1277B
zhùfáng 駐防 12-819B
zhùfàng 貯放 10-172B
zhūfānzàogài 朱轓皂蓋 4-743B
zhùfàwénshēn 祝髮文身 7-895B
zhūfēi 朱扉 4-738A
zhūfèi 誅廢 11-174B
zhúfēi 竹妃 8-1091A
zhúfēi 竹扉 8-1098B
zhūfēn 銖分 11-1263B
zhūfén 朱幩 4-740B
zhūfěn 朱粉 4-734B
zhūfěn 珠粉 4-548B
zhūfěn 硃粉 7-1044A
zhúfěn 竹粉 8-1096A
zhūfēng 珠峰 4-548B
zhūfēng 硃封 7-1043B
zhūféng 諸馮 11-272A
zhūfèng 朱鳳 4-739B
zhúfēng 竹風 8-1094A
zhúfèng 竹鳳 8-1100B
zhǔfēng 主峰 1-700B
zhǔfēngshén 主風神 1-700A
zhùfèngxiángluán 翥鳳翔鸞 9-656B
zhúfēngzhuīdiàn 逐風追電 10-889B
zhūfēnháoxī 銖分毫析 11-1264A
zhúfózi 竹佛子 8-1091B
zhūfū 朱跗 4-737B
zhūfú 朱芾 4-731B
zhūfú 朱服 4-732B
zhūfú 朱茀 4-732A
zhūfú 朱符 4-736A
zhūfú 朱紱 4-736B
zhūfú 朱紼 4-737A
zhūfú 朱韍 4-740A
zhūfú 朱黻 4-742A
zhūfú 珠服 4-547B
zhūfú 硃符 7-1044A
zhūfú 誅服 11-172B
zhūfǔ 朱府 4-732B
zhūfù 諸父 11-267A
zhūfù 諸婦 11-271A
zhúfū 竹膚 8-1101A
zhúfū 逐夫 10-887B
zhúfú 竹拂 8-1091B
zhúfú 竹符 8-1097A
zhúfú 竹箙 8-1100B
zhúfǔ 瘃脯 8-330B
zhǔfū 柱夫 4-933A
zhǔfú 麈拂 12-1290A
zhǔfù 主父 1-695B
zhǔfù 主婦 1-703A
zhǔfù 主傅 1-703B
zhǔfù 屬付 4-65A
zhǔfù 囑付 3-567A
zhǔfù 囑咐 3-567B
zhùfú 祝祓 7-893B
zhùfú 祝福 7-895A
zhùfǔ 柱斧 4-933B
zhùfù 注傅 5-1097A
zhùfù 祝付 7-892B
zhúfūrén 竹夫人 8-1089B
zhúfúyú 竹孚俞 8-1091B
zhūfūzǐ 朱夫子 4-729B
zhūgài 朱蓋 4-738B
zhūgài 瀦漑 6-200B
zhúgài 竹蓋 8-1099A
zhùgài 注漑 5-1097A
zhùgài 駐蓋 12-821A
zhùgài 築蓋 8-1227B
zhūgān 朱干 4-729A
zhūgān 朱柑 4-733A
zhūgān 朱竿 4-733B
zhūgān 豬肝 10-37A
zhúgān 竹竿 8-1094A
zhúgàn 竹幹 8-1099A
zhǔgàn 主幹 1-703B
zhùgàn 柱幹 4-934A
zhúgāng 竹岡 8-1093A
zhúgāng 竹杠 8-1091A
zhúgàng 竹杠 8-1091A
zhúgānshào 竹竿哨 8-1094A
zhūgānyùqī 朱干玉戚 4-729A
zhūgāo 猪膏 5-72B
zhūgāo 豬膏 10-37B
zhúgāo 竹膏 8-1100B
zhúgāo 竹篙 8-1102B
zhǔgǎo 主稿 1-705A
zhǔgǎo 屬稾 4-69A
zhǔgǎo 屬稿 4-68B
zhǔgǎo 屬藳 4-69A
zhǔgào 囑告 3-567B
zhùgǎo 紵縞 9-798A
zhùgǎo 著稿 9-434A
zhùgǎo 著藁 9-434A
zhùgào 祝告 7-893A
zhǔgǎoguān 主稿官 1-705A
zhūgé 朱閣 4-740A
zhūgé 珠蛤 4-550A
zhūgé 珠閣 4-551B
zhūgé 猪革 5-71B
zhūgé 諸葛 11-271B
zhúgé 竹閣 8-1101A
zhúgè 逐個 10-890B
zhùgé 著格 9-432B
zhūgěbǐ 諸葛筆 11-271B
zhūgěcài 諸葛菜 11-271B
zhūgēcuìwǔ 珠歌翠舞 4-551A
zhūgědēng 諸葛燈 11-271B
zhūgěgǔ 諸葛鼓 11-271B
zhūgějīn 諸葛巾 11-271B
zhūgělěi 諸葛壘 11-272A
zhūgěliàng 諸葛亮 11-271B
zhūgělú 諸葛廬 11-272A
zhūgēn 諸根 11-270A
zhúgēn 竹根 8-1095A
zhùgēn 柱根 4-933B
zhúgēndiāo 竹根雕 8-1095B
zhúgēng 术羹 4-720B
zhúgēng 竹絙 8-1099A
zhùgēng 助耕 2-783B
zhùgěng 祝鯁 7-896B
zhùgěngzhùyē 祝哽祝噎 7-894A
zhùgěngzhùyē 祝鯁祝噎 7-896B
zhùgěngzhùyē 祝鯁祝饐 7-896B
zhúgēnhuáng 竹根黄 8-1095A
zhúgēnqīn 竹根親 8-1095B
zhúgēnshé 竹根蛇 8-1095A
zhūgěnǔ 諸葛弩 11-271B
zhūgětónggǔ 諸葛銅鼓 11-271B
zhūgōng 朱公 4-729B
zhūgōng 朱宮 4-733B
zhūgōng 珠宮 4-548A
zhūgōng 諸工 11-266A
zhūgōng 諸公 11-267A
zhūgǒng 硃汞 7-1043B
zhúgōng 竹工 8-1089A
zhúgōng 竹宮 8-1094B
zhǔgōng 主公 1-695B
zhǔgōng 主攻 1-697B
zhǔgōng 渚宮 5-1341A
zhùgōng 助工 2-783A
zhùgōng 助攻 2-783A
zhùgōng 柱工 4-932B
zhùgōng 鑄工 11-1421B
zhūgōngdiào 諸公調 11-267A
zhūgōngdiào 諸宮調 11-270A
zhūgōu 諸鉤 11-272A
zhūgǒu 珠珣 4-548A
zhūgǒu 猪狗 5-71B
zhúgǒu 竹笱 8-1097A
zhùgòu 築構 8-1227B
zhùgōuchē 祝篝車 7-896A
zhūgū 朱姑 4-733A
zhūgū 諸姑 11-269A
zhūgū 諸孤 11-269A
zhūgǔ 朱轂 4-742A
zhūgǔ 株榾 4-976A
zhūgǔ 猪牯 5-71B
zhúgū 竹菇 8-1096B
zhúgū 竹菰 8-1096B
zhǔgù 主故 1-699B
zhǔgù 主顧 1-706B

zhùgǔ 庶蠱 3-1239A
zhùgǔ 祝詛 7-895A
zhùgǔ 駐轂 12-821B
zhūguān 朱冠 4-733B
zhūguān 珠官 4-547B
zhūguān 珠冠 4-548B
zhūguān 猪倌 5-72A
zhūguǎn 珠館 4-552B
zhūguàn 珠貫 4-550A
zhúguān 竹冠 8-1094B
zhúguān 竹關 8-1104A
zhúguān 逐官 10-889B
zhúguān 逐觀 10-892B
zhúguǎn 竹管 8-1100B
zhúguǎn 竹館 8-1102B
zhǔguān 主觀 1-707A
zhǔguān 屬棺 4-67B
zhǔguān 屬觀 4-69B
zhǔguǎn 主管 1-704B
zhùguān 注官 5-1096A
zhùguān 祝官 7-893B
zhùguān 註官 11-116A
zhùguǎn 築館 8-1227B
zhùguàn 築觀 8-1228A
zhūguāng 朱光 4-730B
zhūguāng 珠光 4-546B
zhúguāng 竹光 8-1090B
zhúguāng 燭光 7-303B
zhūguāngbǎoqì 珠光寶氣 4-546B
zhǔguānnéngdòngxìng 主觀能動性 1-707A
zhǔguānwéixīnzhǔyì 主觀唯心主義 1-707A
zhǔguānzhǔyì 主觀主義 1-707A
zhúguǎnzi 竹管子 8-1100B
zhūguī 珠龜 4-553A
zhūguì 朱桂 4-734A
zhūguì 珠桂 4-548B
zhūguì 諸劌 11-272B
zhùguī 祝規 7-894A
zhùguì 祝襘 7-896A
zhúguǐfāng 竹簋方 8-1103A
zhūguīyùjǔ 珠規玉矩 4-549A
zhūgǔlǜ 朱古律 4-730A
zhūgǔn 袾裷 9-74B
zhūguó 誅國 11-173B
zhūguǒ 朱果 4-732A
zhúguó 竺國 8-1105B
zhǔguó 主國 1-701B
zhǔguó 屬國 4-67A
zhùguó 柱國 4-933B
zhúguójīng 竺國經 8-1105B
zhūgùshìwù 誅故貰誤 11-172B
zhūhǎi 珠海 4-549A
zhūhǎi 誅醢 11-175A
zhūhài 朱亥 4-731A
zhūhài 誅害 11-173A
zhǔhǎi 煮海 7-96B
zhǔhǎijīndān 煮海金丹 7-96B
zhūhān 珠蚶 4-549B
zhūhàn 朱汗 4-731A
zhūhàn 珠汗 4-547A
zhùhǎn 駐罕 12-820A
zhūháng 諸行 11-268A
zhúháng 竹行 8-1090B
zhǔháng 屬行 4-65B
zhǔhǎo 屬好 4-65B
zhùhào 祝號 7-894B
zhùhào 著號 9-433A
zhūhē 誅訶 11-173B
zhūhé 珠河 4-547B
zhǔhè 屬和 4-66A
zhùhé 祝龢 7-897A
zhùhè 祝賀 7-894B
zhǔhèfénqín 煮鶴焚琴 7-96B
zhūhéng 珠衡 4-552B
zhǔhèshāoqín 煮鶴燒琴 7-97A
zhūhóng 朱紅 4-733B
zhūhóng 朱紘 4-735A
zhūhóng 朱閎 4-738A
zhūhóng 硃紅 7-1044A
zhūhóng 豬紅 10-37B
zhúhóng 燭紅 7-304B
zhūhóngbiāopàn 硃紅標判 7-1044A
zhùhóngquèbái 駐紅却白 12-820A
zhūhóu 珠喉 4-550A
zhūhóu 諸侯 11-269B
zhǔhòu 主后 1-697A
zhǔhòu 主後 1-699B
zhùhòu 佇候 1-1282B
zhùhòu 住後 1-1277B
zhùhòu 柱後 4-933B
zhùhòuhuìwén 柱後惠文 4-933B
zhùhòushǐ 柱後史 4-933B
zhūhóuwáng 諸侯王 11-269B
zhūhóuzhǎng 諸侯長 11-270A
zhūhú 諸胡 11-269A
zhūhù 朱户 4-730A
zhūhù 珠户 4-546A
zhúhù 竹户 8-1089B
zhúhù 竹笏 8-1095B
zhǔhù 主户 1-696A
zhǔhù 拄笏 6-496A
zhùhù 住户 1-1277A
zhūhuā 朱華 4-733B
zhūhuā 珠花 4-547A
zhūhuá 諸華 11-270A
zhúhuā 竹花 8-1091A
zhúhuā 燭花 7-303B
zhúhuā 燭華 7-304B
zhúhuá 竹華 8-1095A
zhǔhuà 主畫 1-703B
zhùhuà 助化 2-783A
zhùhuà 注畫 5-1097A
zhùhuà 貯畫 10-173A
zhūhuái 諸懷 11-273A
zhǔhuái 屬懷 4-69A
zhūhuān 猪貛 5-73A
zhūhuān 豬貛 10-37B
zhūhuán 珠還 4-552B
zhūhuán 珠環 4-553A
zhúhuān 逐歡 10-892B
zhúhuǎn 燭晥 7-304B
zhūhuáng 朱黄 4-735A
zhūhuǎng 珠幌 4-550B
zhúhuáng 竹黄 8-1096B
zhúhuáng 竹篁 8-1101B
zhúhuáng 竹蝗 8-1101A
zhúhuáng 竹簧 8-1102B
zhūhuánhépǔ 珠還合浦 4-552B
zhūhǔcán 朱虎殘 4-732A
zhūhuī 珠暉 4-550B
zhūhuī 珠徽 4-553A
zhǔhuì 拄喙 6-496A
zhùhuí 祝回 7-893A
zhùhuì 注喙 5-1097A
zhūhuīyùlì 珠輝玉麗 4-551B
zhǔhùkànshān 拄笏看山 6-496A
zhūhùn 猪溷 5-72B
zhǔhūn 主婚 1-702B
zhùhún 駐魂 12-821A
zhūhuǒ 朱火 4-730A
zhúhuǒ 燭火 7-303A
zhúhuǒlóng 竹火籠 8-1089B
zhūhuòluàn 猪霍亂 5-72B
zhǔhùxīshān 拄笏西山 6-496A
zhùhǔyuàn 祝虎院 7-893A
zhuī'àn 追案 10-787A
zhuì'àn 墜岸 2-1209B
zhuībài 追拜 10-784B
zhuībān 追班 10-785B
zhuībào 追報 10-788B
zhuīběi 追北 10-781B
zhuībēn 追奔 10-783A
zhuībēn 追犇 10-788B
zhuīběn 追本 10-781B
zhuīběnqióngyuán 追本窮源 10-781B
zhuīběnsùyuán 追本溯源 10-781B
zhuībēnzhúběi 追奔逐北 10-783A
zhuībī 追逼 10-788B
zhuībǐ 追比 10-781B
zhuībǐ 錐匕 11-1330B
zhuībì 追賁 10-788B
zhuìbǐ 贅筆 10-284A
zhuībiǎn 追貶 10-787B
zhuībīng 追兵 10-782B
zhuībǔ 追捕 10-785B
zhuībǔ 追補 10-789A
zhuībù 追步 10-782B
zhuīcān 追參 10-788A
zhuīcè 追册 10-781B
zhuīcè 追策 10-788B
zhuìcè 錣筴 11-1346A
zhuīchá 追查 10-784A
zhuīcháng 追償 10-793A
zhuīchàng 追悵 10-788A
zhuīchèn 追趂 10-788B
zhuìchén 贅陳 10-283B
zhuīchēng 追稱 10-791A
zhuīchéng 追程 10-788B
zhuìchéng 縋城 9-944A
zhuīchǐ 追褫 10-792B
zhuīchóng 追崇 10-787B
zhuīchǔnángzhōng 錐處囊中 11-1331A
zhuīcì 追賜 10-792A
zhuìcí 綴辭 9-927B
zhuìcí 贅詞 10-284A
zhuìcí 贅辭 10-284B
zhuīcóng 追從 10-787B
zhuīcù 追蹙 10-793B
zhuīcuī 追催 10-790B
zhuīcuī 追摧 10-791A
zhuīcǔn 追忖 10-782A
zhuīcuò 揣挫 6-761A
zhuīdǎi 追逮 10-788A
zhuìdàn 惴憚 7-660A
zhuīdāo 錐刀 11-1330B
zhuīdào 追悼 10-788A
zhuīdào 追道 10-789A
zhuìdǎo 醊禱 9-1429B
zhuīdāozhīmò 錐刀之末 11-1330B
zhuìdèng 墜蹬 2-1210B
zhuìdèng 墜凳 2-1210A
zhuìdèng 墜鐙 2-1210B
zhuìdì 墜地 2-1209B
zhuīdiàn 追電 10-790A
zhuìdiǎn 隊典 11-1087A
zhuìdiǎn 墜典 2-1209B
zhuìdiàn 醊奠 9-1429A
zhuìdiào 贅調 10-284B
zhuīdié 追牒 10-790B
zhuīdù 錐度 11-1331A
zhuìdú 贅瀆 10-284B
zhuìdú 贅瀆 10-284B
zhuīduì 追隊 10-788A
zhuīduì 追對 10-791A
zhuīduó 追奪 10-791A
zhuì'ēn 綴恩 9-926B
zhuì'èr 贅貳 10-283B
zhuīfǎ 追法 10-784A
zhuīfāng 追芳 10-782B
zhuīfǎng 追仿 10-782A
zhuīfǎng 追訪 10-787B
zhuīfàng 追放 10-784A
zhuīfēi 追非 10-783A
zhuīfēi 追飛 10-785B
zhuīféi 追肥 10-783B
zhuīfèi 追廢 10-792B
zhuīfèn 追忿 10-783B
zhuīfēng 追封 10-784A
zhuīfēng 追風 10-784B
zhuīfēng 追鋒 10-792A
zhuīfēngchē 追鋒車 10-792A
zhuīfēngchèdiàn 追風掣電 10-785A
zhuīfēngnièyǐng 追風躡景

10-785A
zhuīfēngnièyǐng 追風躡影 10-785A
zhuīfēngshèyǐng 追風攝景 10-785A
zhuīfēngshǐ 追風使 10-784B
zhuīfēngzhúdiàn 追風逐電 10-785A
zhuīfēngzhúrì 追風逐日 10-784B
zhuīfēngzhúyǐng 追風逐影 10-785A
zhuīfú 追服 10-783B
zhuīfú 追福 10-790B
zhuīfù 追復 10-789A
zhuìfù 贅複 10-284A
zhuìfù 贅附 10-282B
zhuìfù 贅婦 10-283B
zhuīfùfǔ 追復脯 10-789A
zhuīgǎi 追改 10-783A
zhuīgǎn 追感 10-790A
zhuīgǎn 追趕 10-791A
zhuīgēn 追根 10-785B
zhuīgēn 追跟 10-790A
zhuìgèn 追亘 10-782A
zhuīgēncháyuán 追根查源 10-786A
zhuīgēnjiūdǐ 追根究底 10-785B
zhuīgēnjiūdì 追根究蒂 10-786A
zhuīgēnqióngyuán 追根窮源 10-786A
zhuīgēnqiúyuán 追根求源 10-785B
zhuīgēnsùyuán 追根溯源 10-786A
zhuīgēnwèndǐ 追根問底 10-786A
zhuīgēnxúndǐ 追根尋底 10-786A
zhuīgēnzi 追根子 10-785B
zhuīgòu 追購 10-793A
zhuīgǔ 椎骨 4-1114B
zhuīgǔ 錐股 11-1331A
zhuīguān 追觀 10-795A
zhuìguàn 錣鑵 11-1330A
zhuīguāng 追光 10-782A
zhuīguānlètíng 追官勒停 10-784A
zhuīguǐ 追軌 10-784A
zhuìhài 惴駭 7-660A
zhuīhàn 追憾 10-793A
zhuìháng 綴行 9-926A
zhuīhángcuī 錐行衰 11-1331A
zhuīhángzhīzhèn 錐行之陳 11-1331A
zhuīhào 追號 10-790A
zhuīhé 追合 10-782A
zhuīhé 追劾 10-784A
zhuīhè 追和 10-783A
zhuìhé 綴合 9-926A
zhuīhèn 追恨 10-785B
zhuīhū 追呼 10-783A
zhuìhù 萑蘆 9-445A
zhuìhú 墜胡 2-1209B
zhuīhuā 錐花 11-1331A
zhuìhuà 贅話 10-284A
zhuīhuái 追懷 10-794A
zhuīhuān 追歡 10-794B
zhuīhuān 追驩 10-795A
zhuīhuán 追還 10-792B
zhuìhuān 墜歡 2-1210B
zhuīhuānmǎixiào 追歡買笑 10-794B
zhuīhuānmàixiào 追懽賣笑 10-794A
zhuīhuānmàixiào 追歡賣笑 10-794B
zhuīhuānqǔlè 追歡取樂 10-794B
zhuīhuānzuòlè 追歡作樂 10-794B
zhuīhuàshā 錐畫沙 11-1331A
zhuīhuǐ 追悔 10-787A
zhuīhuì 追會 10-790B
zhuìhuǐ 墜毀 2-1210A
zhuīhún 追魂 10-789B
zhuīhúnduómìng 追魂奪命 10-789B
zhuīhúnduópò 追魂奪魄 10-789B
zhuìhùnpiāoyīn 墜溷飄茵 2-1210A
zhuīhúnshèpò 追魂攝魄 10-789B
zhuīhuò 追獲 10-793A
zhuījī 追緝 10-792B
zhuījī 追擊 10-793A
zhuījí 追集 10-788B
zhuījí 追詰 10-790B
zhuījǐ 追給 10-789B
zhuījì 追迹 10-785A
zhuījì 追計 10-785A
zhuījì 追記 10-786B
zhuījì 追跡 10-790A
zhuìjī 綴緝 9-927B
zhuìjí 綴集 9-927A
zhuìjí 綴輯 9-927B
zhuìjì 惴悸 7-660A
zhuìjì 墜髻 2-1210B
zhuījiā 追加 10-781B
zhuījià 追駕 10-792B
zhuījiān 追殲 10-794B
zhuījiǎn 追減 10-789A
zhuījiǎn 追檢 10-793A
zhuījiàn 追薦 10-792B
zhuījiàn 追餞 10-793A
zhuījiàn 追鑒 10-795A
zhuìjiǎn 贅簡 10-284B
zhuījiǎo 追剿 10-791A
zhuījiǎo 追勦 10-791A
zhuījiǎo 追繳 10-794A
zhuìjiǎo 墜脚 2-1210A
zhuìjiǎo 贅脚 10-283B
zhuījiē 追接 10-787B
zhuījié 追節 10-790A
zhuījié 追截 10-791A
zhuījiě 追解 10-790B
zhuìjiē 綴接 9-926B
zhuìjié 墜睫 2-1210A
zhuìjié 贅結 10-284A
zhuījiéqián 追節錢 10-790A
zhuījīn 錐金 11-1331A
zhuījǐng 錐井 11-1331A
zhuìjǐng 墜景 2-1210A
zhuījiū 追究 10-782B
zhuījiǔ 追酒 10-787A
zhuījiù 追咎 10-783B
zhuījiù 追救 10-787B
zhuījiù 追舊 10-793A
zhuījù 追懼 10-794B
zhuìjū 贅居 10-282B
zhuìjū 贅疽 10-283B
zhuìjù 惴懼 7-660A
zhuìjù 墜屨 2-1210B
zhuìjù 贅句 10-282A
zhuìjù 贅聚 10-284A
zhuījué 追爵 10-793B
zhuījūn 追軍 10-785B
zhuīkān 追勘 10-787B
zhuīkǎo 追考 10-782A
zhuīkǎo 追拷 10-784A
zhuīkē 追科 10-784B
zhuīkè 追課 10-792B
zhuìkè 贅客 10-283A
zhuìkǒng 惴恐 7-659B
zhuīkuì 追愧 10-789A
zhuìkuī 贅虧 10-284B
zhuīlǎn 追覽 10-794B
zhuīlèi 追淚 10-788A
zhuìlěi 贅累 10-283B
zhuìlèi 餟酹 12-568A
zhuīlǐ 追理 10-787A
zhuīlǐ 雛禮 12-1123A
zhuìlì 惴栗 7-659B
zhuìlì 惴慄 7-660A
zhuìlì 墜曆 2-1210B
zhuīliǎn 追斂 10-793B
zhuīliàn 追戀 10-795A
zhuìlián 綴連 9-926B
zhuīliáng 追凉 10-787A
zhuīliáng 追涼 10-788A
zhuīliáng 追糧 10-793B
zhuìliú 綴旒 9-927A
zhuìliú 綴斿 9-926B
zhuìliú 綴游 9-927A
zhuìliú 贅流 10-283B
zhuìliú 贅旒 10-284A
zhuìliú 贅瘤 10-284B
zhuìliú 贅游 10-284A
zhuìlóu 墜樓 2-1210B
zhuīlù 追路 10-790A
zhuīlù 追戮 10-792B
zhuīlù 追錄 10-793A
zhuìlù 綴輅 9-927A
zhuīlùn 追論 10-792B
zhuìlùn 贅論 10-284B
zhuìluò 墜落 2-1210A
zhuīlǚ 追侶 10-783A
zhuìlǚ 墜履 2-1210B
zhuìlǜ 綴慮 9-927B
zhuīmǎ 騅馬 12-857B
zhuìmǎjì 墜馬髻 2-1210A
zhuīmáo 錐毛 11-1331A
zhuìmǎzhuāng 墜馬妝 2-1210A
zhuīměi 追美 10-785A
zhuīmǐn 追愍 10-790B
zhuīmìng 追命 10-783B
zhuìmíng 贅名 10-282B
zhuìmìng 隊命 11-1087A
zhuīmó 追摹 10-791A
zhuīmò 追没 10-782B
zhuīmù 追慕 10-791A
zhuìmù 贅木 10-282A
zhuīná 追拿 10-786B
zhuīnà 追納 10-787A
zhuīnàn 追難 10-793B
zhuīnáng 錐囊 11-1331B
zhuīniàn 追念 10-783B
zhuīniè 追躡 10-795A
zhuīpān 追攀 10-793B
zhuìpáng 贅厖 10-283A
zhuìpáng 贅龐 10-285A
zhuīpéi 追陪 10-787A
zhuīpéi 追賠 10-792A
zhuīpèi 追配 10-786A
zhuīpǐ 追匹 10-781B
zhuīpì 追媲 10-791A
zhuīpò 追迫 10-783B
zhuīqí 追騎 10-793B
zhuīqǐ 追企 10-782A
zhuīqì 追葺 10-788B
zhuìqì 綴葺 9-927A
zhuīqiān 追牽 10-788A
zhuīqiǎn 追遣 10-790A
zhuīqiàn 追欠 10-781B
zhuìqiè 惴怯 7-659B
zhuīqín 追禽 10-789A
zhuīqín 追擒 10-791B
zhuīqǐn 追寢 10-791B
zhuìqìn 贅親 10-284B
zhuìqín 墜琴 2-1210A
zhuìqíng 贅情 10-283B
zhuīqiú 追求 10-782B
zhuīqiú 追賕 10-791A
zhuīqū 追曲 10-782A
zhuīqǔ 追取 10-783A
zhuìqǔ 贅娶 10-283B
zhuīqūzhúshì 追趨逐耆 10-793A
zhuīrǎo 追擾 10-793B
zhuīrèn 追認 10-791B
zhuīrèn 錐刃 11-1331A
zhuìrén 綃人 9-944A
zhuìrén 贅人 10-281B
zhuīrì 追日 10-781B
zhuīróng 追榮 10-791B
zhuìrǒng 贅冗 10-282A
zhuìròu 贅肉 10-282A
zhuīrù 追蓐 10-789B
zhuìrù 贅入 10-281B
zhuīshā 錐沙 11-1331A
zhuīshāng 追傷 10-790B

zhuīshǎng 追賞 10-792A
zhuìshǎng 綴賞 9-927B
zhuīshào 追紹 10-788B
zhuīshè 追攝 10-794A
zhuīshèng 追勝 10-789A
zhuìshèng 贅賸 10-284B
zhuìshǐ 錐矢 11-1331A
zhuīshì 追謚 10-793A
zhuīshì 追諡 10-793B
zhuìshī 隊失 11-1086B
zhuìshī 墜失 2-1209B
zhuìshí 綴拾 9-926B
zhuìshí 餟食 12-568A
zhuìshì 綴飾 9-927A
zhuìshì 贅事 10-282B
zhuīshímáo 追時髦 10-786B
zhuìshítàicāng 贅食太倉 10-283A
zhuìshìwēng 贅世翁 10-282A
zhuīshōu 追收 10-782A
zhuīshǒu 追首 10-785A
zhuīshòu 追授 10-787A
zhuīshū 追書 10-787A
zhuīshū 錐書 11-1331A
zhuīshǔ 追數 10-792A
zhuīshù 追述 10-783A
zhuìshù 綴述 9-926B
zhuìshù 綴術 9-926B
zhuìshù 贅述 10-282B
zhuìshuài 贅率 10-283B
zhuīshùn 追順 10-788B
zhuìshuō 贅説 10-284A
zhuīsī 追思 10-784B
zhuīsì 追嗣 10-790A
zhuìsī 綴思 9-926B
zhuīsòng 追送 10-785A
zhuīsòng 追誦 10-791B
zhuīsōu 追搜 10-788B
zhuìsǒu 贅叟 10-283A
zhuīsú 追俗 10-784B
zhuīsù 追訴 10-789A
zhuīsù 追溯 10-790B
zhuīsù 追遡 10-790B
zhuīsuàn 追算 10-791B
zhuīsuí 追隨 10-791B
zhuīsuǒ 追索 10-786A
zhuìsuō 惴縮 7-660A
zhuìtāi 墜胎 2-1210A
zhuītán 追覃 10-788B
zhuītàn 追探 10-787B
zhuītàn 追歎 10-792A
zhuītàn 錐探 11-1331A
zhuītǎo 追討 10-786B
zhuìtǐ 墜體 2-1211A
zhuìtì 惴惕 7-660A
zhuītíng 追停 10-787B
zhuìtóu 鬌頭 12-741A
zhuìtǔ 贅土 10-282A
zhuìtù 墜兔 2-1209B
zhuīwǎn 追挽 10-785B
zhuīwáng 追亡 10-781A
zhuīwǎng 追往 10-783B
zhuīwàng 追王 10-781B
zhuīwàng 追望 10-788A
zhuìwáng 墜亡 2-1209A
zhuīwángzhúběi 追亡逐北 10-781B
zhuīwángzhúdùn 追亡逐遁 10-781B
zhuīwéi 追惟 10-788A
zhuīwéi 追維 10-791B
zhuīwěi 追尾 10-782B
zhuìwěi 諈諉 11-282B
zhuìwèi 惴畏 7-659B
zhuīwèn 追問 10-788A
zhuìwén 綴文 9-926A
zhuìwén 贅文 10-282A
zhuìwēng 贅翁 10-283B
zhuīwù 追悟 10-787A
zhuīwù 追誤 10-791B
zhuìwù 贅物 10-282B
zhuīxī 追惜 10-788A
zhuīxī 追睎 10-788B
zhuīxī 追錫 10-792B
zhuīxí 追襲 10-795A
zhuìxī 惴息 7-659B
zhuìxì 綴繫 9-927B
zhuìxià 贅下 10-282A
zhuìxiǎn 縋險 9-944A
zhuīxiǎng 追享 10-783B
zhuīxiǎng 追想 10-789B
zhuīxiǎng 追響 10-794A
zhuīxiǎng 追饗 10-794A
zhuīxiào 追孝 10-782A
zhuīxiào 追效 10-786B
zhuīxié 追脅 10-787A
zhuìxīn 墜心 2-1209A
zhuīxíng 追刑 10-782A
zhuīxǐng 追省 10-784B
zhuìxīng 墜星 2-1209B
zhuìxíng 贅行 10-282B
zhuīxiū 追修 10-784B
zhuīxiū 追脩 10-786B
zhuīxū 追胥 10-785B
zhuīxù 追敘 10-784B
zhuīxù 追恤 10-785A
zhuīxù 追敍 10-787B
zhuīxù 追敘 10-787B
zhuīxù 追郵 10-783B
zhuìxù 墜緒 2-1210B
zhuìxù 綴敘 9-926B
zhuìxù 綴續 9-928A
zhuìxù 贅敘 10-283A
zhuìxù 贅壻 10-283B
zhuìxù 贅婿 10-284A
zhuìxùdéniú 贅壻得牛 10-283B
zhuīxuē 追削 10-784B
zhuìxué 綴學 9-927B
zhuīxún 追巡 10-782A
zhuīxún 追尋 10-789A
zhuīxún 追詢 10-790B
zhuīyǎn 追掩 10-787A
zhuìyān 墜湮 2-1210A
zhuìyán 墜言 2-1209B
zhuìyán 綴言 9-926B
zhuìyán 贅言 10-282B
zhuīyǎng 追仰 10-782A
zhuīyǎng 追養 10-791B
zhuìyānyíchǒu 贅閹遺醜 10-284B
zhuīyì 追憶 10-793A
zhuīyì 追議 10-794A
zhuìyī 綴衣 9-926A
zhuìyī 贅衣 10-282B
zhuìyí 墜遺 2-1210B
zhuìyì 墜逸 2-1210A
zhuìyì 綴意 9-927A
zhuìyìn 錐印 11-1331A
zhuìyīn 贅姻 10-283A
zhuīyǐng 追影 10-792A
zhuīyìng 追媵 10-790B
zhuìyìng 綴映 9-926B
zhuìyīnluòhùn 墜茵落溷 2-1209B
zhuìyōng 贅癰 10-285A
zhuīyóu 追游 10-789A
zhuīyóu 追遊 10-789A
zhuìyōu 縋幽 9-944A
zhuìyóu 綴疣 9-926B
zhuìyóu 贅肬 10-282B
zhuìyóu 贅斿 10-283A
zhuìyóu 贅疣 10-283A
zhuìyú 贅餘 10-284A
zhuìyǔ 贅語 10-284A
zhuīyuán 追原 10-786A
zhuīyuǎn 追遠 10-789B
zhuìyuān 墜淵 2-1210A
zhuìyuán 贅員 10-283A
zhuīyuǎnshènzhōng 追遠慎終 10-789B
zhuìyùliánzhū 綴玉聯珠 9-926A
zhuīyún 追雲 10-788B
zhuīyúnzhúdiàn 追雲逐電 10-788B
zhuīzāng 追贓 10-794B
zhuīzé 追責 10-787A
zhuīzēng 追增 10-791B
zhuīzèng 追贈 10-794A
zhuìzèng 墜甑 2-1210B
zhuīzhāi 追齋 10-793B
zhuìzhái 綴宅 9-926A
zhuīzhào 追召 10-782A
zhuīzhào 追詔 10-789A
zhuìzhào 綴兆 9-926A
zhuīzhēn 追甄 10-790A
zhuīzhēng 追征 10-783B
zhuīzhēng 追徵 10-792A
zhuīzhèng 追正 10-781B
zhuīzhèng 追證 10-794A
zhuīzhǐ 錐指 11-1331A
zhuīzhì 追制 10-783A
zhuīzhì 追治 10-784A
zhuìzhǐ 硾紙 7-1056A
zhuìzhǐ 贅指 10-283A
zhuìzhì 綴識 9-927B
zhuīzhōng 追終 10-788A
zhuīzhǒng 追踵 10-792B
zhuīzhū 錐鰆 12-1241B
zhuīzhū 追誅 10-790B
zhuīzhú 追逐 10-786A
zhuìzhǔ 綴屬 9-928A
zhuìzhuì 揣揣 6-761A
zhuìzhuì 惴惴 7-660A
zhuìzhuì 綴綴 9-927B
zhuìzhuìbù'ān 惴惴不安 7-660A
zhuìzhǔn 綴純 9-926B
zhuīzhuō 追捉 10-785B
zhuīzhuó 追躅 10-794A
zhuìzhuó 硾琢 7-1082B
zhuīzi 錐子 11-1330B
zhuìzi 墜子 2-1209A
zhuìzǐ 墜子 2-1209A
zhuìzǐ 贅子 10-282A
zhuīzōng 追宗 10-784A
zhuīzōng 追踪 10-792A
zhuīzōng 追蹤 10-793B
zhuīzōng 追蹤 10-791B
zhuīzū 追租 10-786B
zhuìzǔ 綴組 9-927A
zhuīzuì 追罪 10-790A
zhuīzūn 追尊 10-789A
zhuīzuò 追坐 10-782B
zhūjī 珠璣 4-552A
zhūjì 硃跡 7-1044B
zhūjī 銖積 11-1264B
zhūjī 諸姬 11-270B
zhūjī 諸稽 11-272B
zhūjí 朱極 4-737A
zhūjí 誅殛 11-173B
zhūjí 誅詰 11-174A
zhūjǐ 朱戟 4-737A
zhūjì 朱記 4-734A
zhūjì 朱鯽 4-743A
zhūjì 珠妓 4-547B
zhūjì 珠髻 4-552A
zhújī 竹姬 8-1096A
zhújī 竹箕 8-1100B
zhújī 竹雞 8-1103B
zhújī 竹鷄 8-1104B
zhújī 竹几 8-1089A
zhújí 逐急 10-889B
zhújí 躅踖 10-562A
zhújì 逐跡 10-892A
zhǔjī 主機 1-705B
zhǔjí 主籍 1-706B
zhǔjí 屬疾 4-67A
zhǔjí 屬籍 4-69B
zhǔjì 主計 1-700A
zhǔjì 主記 1-700B
zhǔjì 主寄 1-702B
zhǔjì 主祭 1-702A
zhǔjì 囑寄 3-567B
zhùjī 住跡 1-1278A
zhùjī 杼機 4-887A
zhùjī 祝雞 7-896B
zhùjī 著積 9-434A
zhùjì 著績 9-434A
zhùjì 貯積 10-173A
zhùjì 駐屐 12-820B
zhùjì 築墍 8-1227B
zhùjí 注集 5-1097A
zhùjí 注籍 5-1098B
zhùjí 柱極 4-934A

zhùjí 祝籍 7-897A
zhùjí 著籍 9-434A
zhùjí 註籍 11-116B
zhùjì 助祭 2-784A
zhùjì 注記 5-1096B
zhùjì 祝祭 7-894A
zhūjiā 朱家 4-734B
zhūjiā 諸加 11-267B
zhūjiā 諸家 11-270B
zhūjiā 豬加 10-37A
zhūjià 硃價 7-1044B
zhújiā 竹枷 8-1096B
zhújiá 竹夾 8-1091A
zhǔjiā 主家 1-701A
zhǔjiá 拄頰 6-496B
zhǔjiǎ 主甲 1-696A
zhǔjià 主駕 1-705B
zhùjiā 住家 1-1278A
zhùjiā 注家 5-1096B
zhùjiā 註家 11-116A
zhǔjiákànshān 拄頰看山 6-496B
zhūjiān 珠韉 4-554B
zhūjiān 硃箋 7-1044B
zhūjiān 諸尖 11-268A
zhūjiān 諸犍 11-272A
zhūjiǎn 株翦 4-976A
zhūjiǎn 誅剪 11-173B
zhūjiǎn 誅揃 11-173B
zhūjiǎn 誅翦 11-174B
zhūjiàn 朱檻 4-742B
zhújiān 朮煎 4-720B
zhújiǎn 竹筧 8-1099B
zhújiǎn 竹簡 8-1103B
zhújiǎn 燭剪 7-304B
zhújiàn 竹楗 8-1098A
zhújiàn 竹澗 8-1101B
zhújiàn 竹箭 8-1101B
zhújiàn 竹磵 8-1102B
zhújiàn 竹檻 8-1103B
zhújiàn 逐件 10-888B
zhújiàn 逐漸 10-892A
zhújiàn 燭鑑 7-306B
zhǔjiàn 主監 1-704B
zhǔjiàn 主見 1-697B
zhǔjiàn 主鑒 1-706B
zhùjiǎn 駐蹇 12-821B
zhùjiàn 築建 8-1226B
zhùjiàn 鑄件 11-1422A
zhùjiàn 鑄劍 11-1423A
zhūjiāng 珠江 4-547A
zhújiàng 竹匠 8-1090B
zhǔjiǎng 主講 1-706A
zhǔjiàng 主將 1-702B
zhújiǎnjīn 竹簡巾 8-1103B
zhùjiànwéilí 鑄劍爲犁 11-1423A
zhūjiānzhǐ 硃箋紙 7-1044B
zhūjiāo 朱蕉 4-740B
zhūjiǎo 珠角 4-547A
zhūjiǎo 誅剿 11-174A
zhūjiào 朱校 4-734A
zhūjiào 諸校 11-270A
zhújiāo 竹茭 8-1093B
zhújiǎo 竹脚 8-1097A
zhújiào 竹踋 8-1100B
zhújiào 竹轎 8-1104A
zhújiào 竺教 8-1105A
zhǔjiāo 煮膠 7-96B
zhǔjiào 主教 1-701B
zhǔjiào 麈教 12-1290A
zhùjiǎo 住脚 1-1278A
zhùjiǎo 注脚 5-1097A
zhùjiǎo 注腳 5-1097B
zhùjiǎo 柱脚 4-934A
zhùjiǎo 註脚 11-116B
zhùjiǎo 駐脚 12-820B
zhùjiǎo 貯脚 10-454B
zhùjiào 助教 2-784A
zhùjiào 蛀轎 8-878A
zhǔjiāpó 主家婆 1-701A
zhùjiāshēng 祝家聲 7-894A
zhùjiàwǔ 駐駕廡 12-821B
zhújiáxī 竹夾膝 8-1091B
zhùjiǎxiāogē 鑄甲銷戈 11-1421B
zhújīcǎo 竹雞草 8-1104A
zhūjīcùnlěi 銖積寸累 11-1264B
zhūjīdàxiān 朱姬大仙 4-735A
zhūjié 珠祓 4-548A
zhūjié 諸劫 11-268B
zhūjiè 朱介 4-729B
zhūjiè 朱界 4-733B
zhújié 竹節 8-1099B
zhǔjiè 屬界 4-66B
zhùjié 佇結 1-1282B
zhùjié 住節 1-1278A
zhùjié 助桀 2-783B
zhùjié 祝捷 7-894A
zhùjié 著節 9-433A
zhùjié 駐節 12-821A
zhùjiě 注解 5-1097B
zhùjiě 註解 11-116B
zhùjiè 註解 11-116B
zhújiégāng 竹節鋼 8-1099B
zhújiégāo 竹節糕 8-1099B
zhújiégǔ 竹節骨 8-1099B
zhújiéhuā 竹節花 8-1099B
zhùjiéwéibào 助桀爲暴 2-784A
zhùjiéwéi'è 助桀爲惡 2-784A
zhùjiéwéinüè 助桀爲虐 2-783B
zhújiéxū 竹節鬚 8-1099B
zhùjīgōng 祝雞公 7-896B
zhūjǐn 朱槿 4-740B
zhūjǐn 朱錦 4-742A
zhújīn 竹巾 8-1089A
zhújīn 竹筋 8-1098A
zhújìn 逐進 10-891A
zhújìn 燭盡 7-305B
zhújìn 燭燼 7-306A
zhùjīn 築金 8-1226B
zhùjīn 鑄金 11-1422A
zhūjīng 誅鯨 11-175A
zhújīng 朮精 4-720B
zhújīng 竺經 8-1105B
zhújǐng 逐景 10-891B
zhújìng 竹徑 8-1095B
zhújìng 竹逕 8-1095B
zhújìng 逐静 10-892A
zhǔjǐng 煮井 7-96A
zhǔjìng 主静 1-704B
zhùjīng 駐旌 12-821A
zhùjǐng 駐景 12-821A
zhǔjìngcúnchéng 主敬存誠 1-703A
zhújìnqìyuǎn 逐近棄遠 10-889A
zhūjìnshājué 誅盡殺絶 11-174B
zhūjiōng 朱扃 4-733B
zhújiǒng 逐窘 10-891B
zhūjīsīlěi 銖積絲纍 11-1264B
zhūjiù 諸舅 11-272A
zhǔjiǔ 煮酒 7-96A
zhùjiū 祝鳩 7-895A
zhùjiǔ 注灸 5-1095B
zhùjiǔ 祝酒 7-894A
zhùjīwēng 祝鷄翁 7-897A
zhújīyìngbiàn 逐機應變 10-892B
zhūjīzīlěi 銖積錙累 11-1264B
zhūjū 株拘 4-975B
zhūjū 株駒 4-976A
zhūjú 朱橘 4-741B
zhūjǔ 邾莒 10-611B
zhūjǔ 株枸 4-975B
zhūjù 株距 4-976A
zhújǔ 竹筥 8-1098B
zhújù 逐句 10-888A
zhújù 燭炬 7-304A
zhǔjú 主局 1-698B
zhǔjù 屬句 4-65A
zhǔjù 屬聚 4-68B
zhùjū 住居 1-1277B
zhùjù 貯聚 10-173A
zhūjuàn 豬圈 5-72A
zhūjuàn 硃卷 7-1043B
zhùjuàn 佇眷 1-1282B
zhūjué 朱桷 4-735A
zhūjué 株橜 4-976A
zhūjué 誅抉 11-172A
zhūjué 誅絶 11-173B
zhūjué 誅攫 11-175B
zhújué 劚掘 2-759B
zhújué 斸掘 6-1101B
zhǔjué 主角 1-698A
zhǔjué 主脚 1-702A
zhǔjué 主爵 1-706A
zhùjué 柱桷 4-933B
zhūjūn 諸君 11-268B
zhújùn 竹箘 8-1100B
zhǔjūn 主君 1-698A
zhùjūn 駐軍 12-820A
zhújùzhúzì 逐句逐字 10-888B
zhùkàn 佇看 1-1282A
zhǔkǎo 主考 1-696B
zhǔkào 主靠 1-705A
zhùkǎo 助考 2-783A
zhūkē 朱柯 4-733A
zhūkē 珠顆 4-553A
zhūkē 蛛窠 8-890B
zhūkē 諸科 11-269B
zhūkè 珠課 4-552A
zhúkē 竹窠 8-1100A
zhúkè 竹刻 8-1093B
zhúkè 逐客 10-890A
zhǔkè 主客 1-700A
zhǔkè 屬客 4-66B
zhùkē 柱科 4-933B
zhùkè 鑄客 11-1422A
zhúkèlìng 逐客令 10-890A
zhūkòng 朱鞚 4-742A
zhùkǒng 蛀孔 8-877B
zhūkǒu 朱口 4-729A
zhùkǒu 住口 1-1277A
zhùkǒu 注口 5-1095A
zhùkū 助哭 2-783B
zhūkuài 邾鄶 10-612A
zhūkuài 株塊 4-976A
zhǔkuài 主儈 1-705A
zhúkuāng 竹筐 8-1098A
zhǔkuàng 屬纊 4-69B
zhǔkuì 主饋 1-706B
zhǔkǔn 主閫 1-705B
zhūkuò 朱鞹 4-743B
zhúlà 瘃臘 8-330B
zhūlái 朱來 4-732A
zhúlài 竹籟 8-1104B
zhǔlài 屬賴 4-69A
zhūlán 朱藍 4-742A
zhūlán 朱闌 4-742B
zhūlán 朱蘭 4-744A
zhūlán 朱欄 4-744A
zhūlán 珠蘭 4-554A
zhūlán 豬闌 5-73A
zhūlán 豬欄 5-73A
zhúlán 竹籃 8-1104A
zhúlǎn 竹纜 8-1105A
zhǔlǎn 矚覽 7-1269B
zhúlándǎshuǐ 竹籃打水 8-1104A
zhūlánfēng 豬欄瘋 5-73A
zhūláng 諸郎 11-269A
zhūlǎng 珠朗 4-549A
zhúláng 竹郎 8-1093B
zhǔláng 主廊 1-702A
zhùláng 祝郎 7-893B
zhùláng 貯廊 10-172B
zhúlàngsuíbō 逐浪隨波 10-891A
zhūláo 豬牢 5-71A
zhūlǎo 瀦潦 6-200B
zhūlè 珠勒 4-549A
zhúlè 逐樂 10-892A
zhùlè 駐勒 12-820B
zhūlěi 株累 4-976A
zhūlěi 珠蕾 4-552A
zhūlěi 銖絫 11-1264B

zhūlèi 珠淚 4-549B
zhúlèi 竹淚 8-1097A
zhúlèi 燭泪 7-304A
zhúlèi 燭淚 7-304B
zhǔlěi 屬累 4-67A
zhùlěi 築壘 8-1228A
zhùlèi 祝酹 7-895A
zhūlěicùnjī 銖累寸積 11-1264A
zhūlí 朝離 6-1328A
zhūlí 咮嚟 3-328A
zhūlí 朱離 4-743A
zhūlí 侏離 1-1338B
zhūlí 侏儷 1-1338B
zhūlí 侏傄 1-1337B
zhūlí 株離 4-976A
zhūlǐ 朱李 4-731B
zhūlǐ 朱裏 4-739A
zhūlǐ 朱鯉 4-743A
zhūlì 珠礫 4-554A
zhūlì 銖粒 11-1264A
zhúlí 竹籬 8-1104B
zhúlǐ 燭理 7-304B
zhúlì 竹笠 8-1097A
zhúlì 竹瀝 8-1104A
zhúlì 逐利 10-889A
zhúlì 燭力 7-303A
zhǔlì 主力 1-695A
zhǔlì 主吏 1-697A
zhǔlì 屬吏 4-65A
zhùlí 祝犁 7-894A
zhùlí 祝黎 7-895B
zhùlí 祝釐 7-896A
zhùlǐ 助理 2-784A
zhùlǐ 築娌 8-1227A
zhùlì 佇立 1-1282A
zhùlì 助力 2-783A
zhùlì 竚立 8-380B
zhùlì 貯立 10-172B
zhùlì 駐立 12-819A
zhūlián 朱簾 4-743B
zhūlián 株連 4-975B
zhūlián 株聯 4-976A
zhūlián 珠簾 4-553B
zhūliǎn 朱臉 4-742B
zhūliǎn 誅斂 11-175A
zhúlián 竹聯 8-1102B
zhúlián 竹簾 8-1104A
zhǔlián 渚蓮 5-1341A
zhǔlián 屬連 4-66B
zhǔlián 屬聯 4-69A
zhǔliàn 煮練 7-96B
zhǔliàn 煮鍊 7-96B
zhùlián 注連 5-1096B
zhùliàn 鑄煉 11-1423A
zhūliánbìhé 珠連璧合 4-548B
zhūliánbìhé 珠聯璧合 4-553A
zhúliànbù 竹練布 8-1101B
zhūliáng 朱梁 4-736B
zhūliǎng 銖兩 11-1264A
zhúliáng 逐涼 10-891A
zhúliáng 逐涼 10-891B
zhǔliáng 主糧 1-706A
zhùliáng 柱梁 4-934A
zhūliángcùnduó 銖量寸度 11-1264B
zhūliǎngxiāngchèn 銖兩相稱 11-1264A
zhūliǎngxīchèn 銖兩悉稱 11-1264A
zhūliánmànyǐn 株連蔓引 4-975B
zhūliányùyìng 珠聯玉映 4-553A
zhūliáo 諸僚 11-272A
zhúliáo 燭燎 7-306A
zhúliào 燭燎 7-306A
zhùliáo 宁僚 3-1290A
zhūliè 朱鬣 4-744B
zhūliè 猪鬣 5-73A
zhúliè 竹籦 8-1104B
zhǔlìjiàn 主力艦 1-695A
zhūlíjìnmài 侏儷僸佅 1-1338B
zhǔlìjūn 主力軍 1-695A
zhúlímáoshè 竹籬茅舍 8-1104B
zhūlín 株林 4-975B
zhūlín 珠林 4-547B
zhúlín 竹林 8-1091B
zhúlín 燭臨 7-306A
zhūlíng 朱陵 4-734B
zhūlíng 朱櫺 4-744A
zhūlíng 朱靈 4-744B
zhūlíng 猪苓 5-71B
zhūlíng 豬苓 10-37A
zhúlíng 竹苓 8-1091B
zhúlíng 逐凌 10-890B
zhǔlǐng 主領 1-705A
zhǔlìng 主令 1-696A
zhǔlìng 屬令 4-65A
zhùlíng 佇聆 1-1282B
zhùlìng 著令 9-431A
zhúlíngchūn 竹陵春 8-1096A
zhūlíngjǐncàn 珠零錦粲 4-550B
zhūlíngyùluò 珠零玉落 4-550B
zhúlínjīngshè 竹林精舍 8-1092A
zhúlínmíngshì 竹林名士 8-1092A
zhúlínqīxián 竹林七賢 8-1092A
zhúlínqīzǐ 竹林七子 8-1092A
zhúlínxián 竹林賢 8-1092A
zhúlínyóu 竹林遊 8-1092A
zhúlínyuán 竹林園 8-1092A
zhúlínzhīyóu 竹林之遊 8-1092A
zhūliū 珠溜 4-550B
zhūliú 珠流 4-549A
zhūliú 珠旒 4-550B
zhūliú 珠榴 4-551A
zhūliú 誅流 11-173A
zhúliú 竹𧳜 8-1103A
zhúliǔ 竹𪕑 8-1104B
zhúliǔ 竹𪕋 8-1103B
zhúliù 竹溜 8-1100A
zhǔliú 主流 1-701A
zhùliú 澍流 6-123A
zhùliú 貯留 10-172B
zhùliú 駐留 12-820B
zhùliù 注溜 5-1098A
zhùliù 祝橊 7-895B
zhūliúbìzhuàn 珠流璧轉 4-549A
zhúliúwàngfǎn 逐流忘返 10-891A
zhūlóng 朱櫳 4-744A
zhūlóng 珠櫳 4-554A
zhūlóng 猪龍 5-72B
zhūlóng 豬龍 10-37B
zhūlǒng 珠籠 4-554B
zhúlóng 竹龍 8-1102B
zhúlóng 竹籠 8-1104B
zhúlóng 燭龍 7-306A
zhúlǒng 燭籠 7-306B
zhūlóngcōng 珠瓏璁 4-554A
zhūlǒngjīn 珠籠巾 4-554B
zhūlóu 朱樓 4-740B
zhūlóu 邾婁 10-611B
zhūlóu 珠樓 4-551B
zhūlòu 諸漏 11-272B
zhúlóu 竹樓 8-1101A
zhúlǒu 竹簍 8-1103A
zhúlòu 躅蹥 10-562A
zhǔlóu 屬婁 4-67A
zhǔlòu 屬鏤 4-69A
zhūlóubìwǎ 朱樓碧瓦 4-740B
zhūlóuqǐhù 朱樓綺户 4-740B
zhūlù 朱陸 4-734B
zhūlù 朱鹿 4-736B
zhūlù 朱路 4-738B
zhūlù 朱輅 4-738B
zhūlù 朱鷺 4-744B
zhūlù 株戮 4-976A
zhūlù 珠露 4-554A
zhūlù 誅僇 11-174A
zhūlù 誅戮 11-174B
zhúlú 竹爐 8-1104B
zhúlú 竹罏 8-1104B
zhúlú 舳艫 9-6B
zhúlù 竹露 8-1104B
zhúlù 竹路 8-1099A
zhúlù 逐鹿 10-891A
zhúlù 逐祿 10-891B
zhúlù 躅陸 10-562A
zhǔlú 屬盧 4-69A
zhǔlù 主籙 1-707A
zhǔlù 屬路 4-68A
zhùlù 注録 5-1098A
zhùlù 著録 9-434A
zhùlù 貯録 10-173A
zhùlù 箸録 8-1187A
zhūluán 朱欒 4-744B
zhūluán 朱鸞 4-745A
zhūluàn 誅亂 11-174A
zhùluán 駐鑾 12-822A
zhūlún 朱輪 4-740B
zhūlún 珠輪 4-551B
zhūlùn 誅論 11-174B
zhǔlùn 麈論 12-1290B
zhùlún 駐輪 12-821B
zhùlùn 箸論 8-1187A
zhūlúnhuágǔ 朱輪華轂 4-740B
zhūluó 猪玀 5-73A
zhūluó 蛛羅 8-890B
zhūluó 諸羅 11-273A
zhūluó 鼄羅 12-1402A
zhūluò 朱絡 4-738A
zhūluò 珠珞 4-548B
zhūluò 珠絡 4-550A
zhúluò 竹絡 8-1099A
zhúluò 竹落 8-1098A
zhùluó 苧蘿 9-356B
zhūlùqǔ 朱鷺曲 4-744B
zhúlùzhōngyuán 逐鹿中原 10-891A
zhūlǚ 朱履 4-741B
zhūlǚ 珠履 4-552A
zhūlǚ 諸吕 11-268A
zhūlǜ 朱律 4-733B
zhūlǜ 朱緑 4-740A
zhúlǚ 竹縷 8-1103A
zhúlǜ 逐律 10-1014A
zhúlǜ 竹律 8-1094A
zhǔlǜ 屬慮 4-68B
zhūlǚkè 朱履客 4-741B
zhūlǚkè 珠履客 4-552A
zhūmǎ 朱馬 4-733B
zhūmà 朱鬘 4-744A
zhúmǎ 竹馬 8-1095A
zhǔmá 主麻 1-702A
zhùmá 苧麻 9-356B
zhùmá 紵麻 9-798A
zhùmǎ 注碼 5-1098A
zhùmǎ 駐馬 12-820A
zhúmǎdēng 竹馬燈 8-1095A
zhǔmài 主脈 1-700A
zhùmái 築埋 8-1227A
zhūmán 諸蠻 11-273A
zhūmàn 朱幔 4-739B
zhūmàn 株蔓 4-976A
zhùmáng 助忙 2-783A
zhūmáo 蝨蝨 8-970B
zhūmáo 朱旄 4-734A
zhūmáo 朱髦 4-739A
zhūmáo 珠毛 4-546A
zhūmáo 誅茅 11-172A
zhūmáo 誅茆 11-172A
zhūmáo 諸毛 11-267A
zhúmáo 竹矛 8-1090A
zhúmǎzhīhǎo 竹馬之好 8-1095A
zhúmǎzhījiāo 竹馬之交 8-1095A
zhúmǎzhīyǒu 竹馬之友 8-1095A
zhúmǎzi 竹馬子 8-1095A

zhūméi 朱梅 4-735A
zhūméi 蛛煤 8-890B
zhúméi 竹楣 8-1099A
zhùméi 柱楣 4-934A
zhūmén 朱門 4-732B
zhúmén 竹門 8-1093B
zhūméng 朱甍 4-739A
zhúméng 竹萌 8-1096B
zhǔméng 主盟 1-703B
zhǔmèng 主孟 1-699A
zhūméngbìwǎ 朱甍碧瓦 4-739B
zhūmǐ 珠米 4-547A
zhūmì 朱蜜 4-740A
zhúmí 竹迷 8-1094B
zhúmí 逐靡 10-892B
zhúmǐ 竹米 8-1091A
zhūmián 銖棉 11-1264A
zhūmiǎn 珠冕 4-549B
zhǔmiàn 煮麪 7-96B
zhūmiǎo 銖秒 11-1264A
zhúmiǎo 竹杪 8-1092B
zhūmiè 誅滅 11-174A
zhúmiè 竹篾 8-1103A
zhǔmín 屬民 4-65A
zhūmíng 朱明 4-732A
zhūmíng 朱冥 4-734B
zhūmíng 誅名 11-171B
zhúmíng 燭明 7-304A
zhǔmíng 主名 1-697A
zhǔmìng 主命 1-699A
zhǔmìng 屬命 4-66A
zhùmíng 著名 9-431A
zhùmíng 著明 9-432A
zhùmíng 註名 11-116A
zhùmíng 註明 11-116A
zhùmìng 駐命 12-820A
zhūmíngjié 朱明節 4-732B
zhúmíngqūshì 逐名趨勢 10-888B
zhúmírì 竹迷日 8-1094B
zhūmò 朱墨 4-741A
zhūmò 硃墨 7-1044B
zhúmò 逐末 10-888A
zhūmòběn 朱墨本 4-741A
zhūmòbǐ 朱墨筆 4-741A
zhúmòqìběn 逐末棄本 10-888A
zhúmòshěběn 逐末捨本 10-888A
zhǔmóu 主謀 1-705B
zhùmóu 注眸 5-1097A
zhúmòwàngběn 逐末忘本 10-888A
zhúmózhǐ 竹膜紙 8-1100B
zhūmǔ 珠母 4-546B
zhūmǔ 諸母 11-267B
zhūmù 朱木 4-729B
zhūmù 朱目 4-730A
zhūmù 株木 4-975B
zhūmù 諸牧 11-269A
zhúmǔ 竹母 8-1090A
zhúmù 竹木 8-1089B
zhúmù 竹幕 8-1099A
zhǔmǔ 主母 1-696B
zhǔmù 褚幕 9-105A
zhǔmù 屬目 4-64B
zhǔmù 矚目 7-1269B
zhùmú 鑄模 11-1423A
zhùmù 注目 5-1095A
zhùmù 注慕 5-1098A
zhùmù 眝目 7-1200A
zhùmù 貯目 10-172B
zhùmù 駐目 12-819A
zhūmǔbǎiwěilì 猪姆擺尾利 5-71B
zhùmùlǐ 注目禮 5-1095B
zhùmùlòubīng 鑄木鏤冰 11-1421B
zhūnà 誅納 11-173A
zhùnà 築捺 8-1227A
zhūnáng 茱囊 9-379B
zhūnáng 珠囊 4-554A
zhǔnáng 褚囊 9-105A
zhūn'áo 淳熬 5-1410A
zhǔnǎo 主腦 1-704A
zhúnǎoké 竹腦殼 8-1100A
zhūnbài 迍敗 10-729A
zhǔnbǎo 準保 6-19B
zhǔnbèi 准備 2-428A
zhǔnbèi 準備 6-20A
zhūnbì 屯詖 1-487A
zhūnbì 屯弊 1-487B
zhūnbiǎn 窀窆 8-436B
zhūnbiàn 屯變 1-489A
zhūnbō 屯剝 1-486B
zhūnbō 迍剝 10-729A
zhǔncái 準裁 6-20A
zhūncè 肫惻 6-1177A
zhūnchéng 忳誠 7-432A
zhūnchéng 肫誠 6-1177A
zhūnchéng 諄誠 11-317B
zhǔnchéng 准承 2-427B
zhǔnchéng 准程 2-428A
zhǔnchéng 準成 6-18B
zhǔnchéng 準程 6-20A
zhǔncǐ 准此 2-427A
zhūncuì 屯悴 1-486B
zhǔndàng 準當 6-20A
zhǔndì 准的 2-427B
zhǔndì 埻的 2-1130A
zhǔndì 準的 6-19A
zhǔndiǎn 準點 6-21A
zhǔndìng 准定 2-427B
zhūndǔ 肫篤 6-1177A
zhūndǔ 諄篤 11-318A
zhǔndù 準度 6-19B
zhūndùn 屯鈍 1-487A
zhūndùn 准頓 2-428A
zhūnduó 啍啍 3-391A
zhǔnduó 準度 6-19B
zhūn'è 屯厄 1-484A
zhūn'è 屯阨 1-485A
zhūn'è 迍厄 10-728B
zhūn'è 迍阨 10-728B
zhǔnéng 主能 1-701B
zhǔnfǎ 準法 6-19A
zhūnfù 諄複 11-317B
zhūnfù 諄復 11-317B
zhǔnfū 準夫 6-18B
zhǔnfú 准伏 2-427A
zhǔngá'ěr 準噶爾 6-20B
zhūngāo 屯膏 1-487B
zhǔngé 准格 2-428A
zhǔngé 準格 6-19B
zhūngòu 迍遘 10-729A
zhǔngǔ 準鵠 6-21A
zhūnhēng 屯亨 1-485B
zhǔnhéng 準衡 6-20B
zhūnhóng 肫宏 6-1177A
zhūnhòu 忳厚 7-432A
zhūnhuì 諄誨 11-317B
zhǔnhuò 準獲 6-21A
zhūní 朱泥 4-732B
zhūnì 誅逆 11-172B
zhùnǐ 注擬 5-1098A
zhūnián 猪年 5-71A
zhūniǎn 朱輦 4-740A
zhúnián 逐年 10-888B
zhǔniàn 屬念 4-66A
zhùnián 駐年 12-819B
zhùniǎn 注輦 5-1098A
zhùniǎn 駐輦 12-821A
zhùniàn 注念 5-1096A
zhùniàn 駐念 12-820A
zhūniáng 珠娘 4-549A
zhūniǎo 朱鳥 4-736A
zhúniǎo 逐鳥 10-891A
zhūniǎochuāng 朱鳥窗 4-736A
zhūniǎofān 朱鳥幡 4-736B
zhūniǎomén 朱鳥門 4-736A
zhūniǎoyǒu 朱鳥牖 4-736B
zhūniè 株枿 4-975B
zhūniè 株蘖 4-976A
zhūnìng 誅佞 11-172A
zhùníng 鑄凝 11-1423A
zhúniú 竹牛 8-1089B
zhūnjī 屯奇 1-485B
zhūnjī 迍羈 10-729B
zhūnjí 屯疾 1-486B
zhūnjí 屯棘 1-486B
zhūnjí 窀堲 8-436B
zhǔnjiā 準家 6-19B
zhūnjiān 屯艱 1-488B
zhūnjiān 屯謇 1-488B
zhūnjiān 屯蹇 1-488B
zhūnjiān 迍蹇 10-729A
zhūnjiàn 迍賤 10-729A
zhūnjiè 諄戒 11-317A
zhūnjù 屯窶 1-488B
zhǔnjú 準局 6-19A
zhǔnjù 准據 2-428A
zhǔnjù 準據 6-20B
zhūnjué 屯蹶 1-488B
zhūnjué 屯蹷 1-488B
zhūnjué 迍蹶 10-729B
zhūnjuépǐsāi 屯蹷否塞 1-488B
zhūnkǎn 屯坎 1-485A
zhūnkǎn 迍轗 10-729B
zhūnkěn 肫懇 6-1177B
zhūnkěn 諄懇 11-318A
zhūnkǔ 屯苦 1-485B
zhūnkuǎn 諄款 11-317B
zhǔnkuàng 准況 2-427B
zhǔnkuàng 准況 2-427B
zhǔnkuí 準揆 6-20A
zhūnkùn 屯困 1-485B
zhūnléi 屯雷 1-487A
zhūnlì 屯沴 1-485B
zhǔnliáng 准量 2-428A
zhǔnliáng 準量 6-20A
zhūnluàn 屯亂 1-487A
zhǔnlǜ 准律 2-427B
zhūnmáng 諄芒 11-317A
zhūnméng 屯蒙 1-487A
zhūnmǐn 屯閔 1-487A
zhǔnmó 準模 6-20A
zhūnmǔ 淳母 5-1408B
zhūnnán 屯難 1-488B
zhūnnàn 迍難 10-729A
zhǔnnǐ 准擬 2-428A
zhǔnnǐ 準擬 6-20B
zhūnòng 諸弄 11-268B
zhúnòng 逐弄 10-888B
zhūnpí 迍否 10-728B
zhūnpǐ 屯否 1-485A
zhūnpǐ 屯圮 1-484B
zhūnpíng 屯平 1-484B
zhǔnpíng 準平 6-18B
zhūnpǔ 諄樸 11-318A
zhǔnpǔ'er 準譜兒 6-21A
zhūnqiè 肫切 6-1177A
zhūnqiè 諄切 11-317A
zhūnqín 諄勤 11-317B
zhūnqǐng 諄請 11-317B
zhūnqióng 屯窮 1-488A
zhūnqióng 迍窮 10-729A
zhǔnquè 準確 6-20A
zhūnrán 肫然 6-1177A
zhūnrán 諄然 11-317B
zhǔnrén 準人 6-18B
zhūnrú 屯如 1-485A
zhūnsè 迍塞 10-729A
zhǔnshéng 准繩 2-428B
zhǔnshéng 準繩 6-21A
zhǔnshí 準時 6-19B
zhǔnshì 准式 2-427A
zhǔnshì 準式 6-18B
zhūnshú 諄熟 11-318A
zhǔnsuàn 准算 2-428A
zhūntà 諄沓 11-317A
zhūntài 屯泰 1-486A
zhǔntí 準提 6-20A
zhǔntou 准頭 2-428A
zhǔntou 準頭 6-20B
zhǔntóu 准頭 2-428A
zhǔntóu 準頭 6-20B
zhūntuō 諄託 11-317A
zhúnú 竹奴 8-1090A
zhúnú 燭奴 7-303B
zhúnǔ 竹弩 8-1093B
zhǔnú 主奴 1-696B
zhǔnuò 主諾 1-705A
zhùnù 祝衄 7-894A

zhùnǜ 祝衄 7-893B
zhūnüè 誅虐 11-172B
zhùnüè 助虐 2-783B
zhǔnwàng 準望 6-19B
zhūnwēi 屯危 1-485A
zhūnwèn 諄問 11-317B
zhūnxī 窀夕 8-436B
zhūnxī 窀穸 8-436B
zhūnxī 諄悉 11-317B
zhūnxiǎn 屯險 1-488A
zhǔnxiàn 準限 6-19A
zhūnxiáng 諄詳 11-317B
zhǔnxiáng 准詳 2-428A
zhūnxiǎo 諄曉 11-318A
zhǔnxìn 准信 2-427B
zhǔnxìn 準信 6-19B
zhǔnxīng 準星 6-19A
zhǔnxíng 准行 2-427A
zhǔnxǔ 准許 2-428A
zhǔnyàn 準驗 6-21A
zhūnyāng 迍殃 10-729A
zhūnyí 屯夷 1-485A
zhūnyù 諄諭 11-318A
zhǔnyǔ 准予 2-427A
zhūnzāi 迍災 10-729A
zhūnzāi 迍灾 10-729A
zhǔnzé 准則 2-427B
zhǔnzé 準則 6-19A
zhūnzhān 屯亶 1-487A
zhūnzhān 屯邅 1-488A
zhūnzhān 迍邅 10-729A
zhǔnzhé 准折 2-427B
zhǔnzhé 準折 6-19A
zhǔnzhèng 準正 6-18B
zhūnzhì 屯窒 1-486B
zhūnzhì 屯滯 1-487B
zhūnzhì 屯躓 1-488B
zhūnzhì 忳摯 7-432A
zhūnzhì 迍滯 10-729A
zhūnzhì 迍躓 10-729B
zhūnzhì 肫摯 6-1177A
zhūnzhì 諄摯 11-317B
zhǔnzhí 準直 6-19A
zhǔnzhí 準執 6-19B
zhǔnzhì 淳制 5-1408B
zhǔnzhì 綧制 9-910B
zhūnzhǔ 諄囑 11-318A
zhūnzhūn 純純 9-754A
zhūnzhūn 盹盹 7-1167A
zhūnzhūn 啍啍 3-391A
zhūnzhūn 屯屯 1-484B
zhūnzhūn 忳忳 7-432A
zhūnzhūn 迍迍 10-729A
zhūnzhūn 肫肫 6-1177A
zhūnzhūn 諄諄 11-317B
zhūnzhūn 訰訰 11-67A
zhǔnzhǔn 準準 6-20A
zhùnzhùn 訰訰 11-66B
zhūnzhūnbùjuàn 諄諄不倦 11-318A
zhūnzhūngàojiè 諄諄告戒 11-318A
zhūnzhūngàojiè 諄諄告誡 11-318A
zhūnzhūngàojiè 諄諄誥誡 11-318A
zhūnzhūnxīxī 諄諄翕翕 11-318A
zhūnzhūnxùxù 肫肫煦煦 6-1177A
zhūnzhuó 淳濯 5-1411A
zhǔnzòu 准奏 2-427B
zhǔnzūn 準遵 6-20B
zhuó'ài 灼艾 7-29B
zhuō'àn 卓案 1-851A
zhuō'àn 桌案 4-972A
zhuōbá 卓拔 1-850B
zhuóbá 擢拔 6-948A
zhuōbài 捉敗 6-612A
zhuóbái 斫白 6-1058A
zhuóbài 斲敗 6-1083B
zhuóbài 擢拜 6-948B
zhuóbàn 酌辦 9-1373A
zhuóbàn 着絆 9-170B
zhuōbānzuòshì 捉班做勢 6-612A
zhuóbào 啄菢 3-377A
zhuóbēi 酌杯 9-1372A
zhuóbèi 濯貝 6-197B
zhuōbèiluóxiāng 拙貝羅香 6-508B
zhuóbèishāodǐng 灼背燒頂 7-30A
zhuōbèn 拙笨 6-510A
zhuóběn 擢本 6-948A
zhuōbí 捉鼻 6-612B
zhuōbǐ 卓筆 1-851B
zhuōbǐ 拙筆 6-510A
zhuōbǐ 捉筆 6-612A
zhuóbí 斲鼻 6-1084A
zhuóbǐ 著筆 9-433A
zhuóbǐ 着筆 9-171A
zhuóbì 椓壁 4-1092A
zhuóbiān 著鞭 9-434A
zhuóbiān 箸鞭 8-1187A
zhuóbiān 着鞭 9-172B
zhuóbiàn 着便 9-170A
zhuóbìluòfà 灼臂落髮 7-31A
zhuōbīng 捉兵 6-611A
zhuóbīng 斲冰 6-1083A
zhuóbìng 灼病 7-30B
zhuōbó 拙薄 6-510B
zhuóbō 灼剝 7-30B
zhuōbǔ 捉捕 6-612A
zhuōbù 桌布 4-972A
zhuōbùliáng 捉不良 6-611A
zhuócái 酌裁 9-1372B
zhuócáiliào 濁才料 6-168A
zhuócàn 灼粲 7-30B
zhuōcángmāo 捉藏猫 6-613A
zhuócāo 濁操 6-169B
zhuōchàn 捉顫 6-613A
zhuóchǎn 斫剗 6-1058A
zhuōchéng 拙誠 6-510B
zhuóchìrén 著翅人 9-432B
zhuōchū 卓出 1-850A
zhuóchú 啄鋤 3-377A
zhuóchǔ 酌處 9-1372B
zhuóchù 著處 9-432B
zhuóchù 着處 9-170B
zhuōchuán 捉船 6-612A
zhuóchuán 椓船 4-1092A
zhuōchuáng 卓床 1-850B
zhuóchuāng 斲窗 6-1083B
zhuóchǔn 濁蠢 6-169B
zhuōchuō 卓踔 1-852A
zhuócì 斫刺 6-1058A
zhuócuò 斫剉 6-1058A
zhuódá 灼怛 7-30A
zhuódá 灼炟 7-30B
zhuódài 濁代 6-168A
zhuōdāo 捉刀 6-610B
zhuōdāorén 捉刀人 6-610B
zhuōdēng 桌燈 4-972A
zhuódēng 擢登 6-949A
zhuōdì 卓地 1-850A
zhuódì 灼地 7-29B
zhuódì 斫地 6-1058A
zhuódì 擢第 6-948B
zhuōdiàn 捉店 6-611B
zhuódiàn 酌奠 9-1372B
zhuódiāo 琢琱 4-591B
zhuódiāo 琢雕 4-591B
zhuódiāo 斲雕 6-1084A
zhuódiāowéipǔ 斲彫爲樸 6-1083B
zhuódiāowéipǔ 斲琱爲樸 6-1083B
zhuódiāowéipǔ 斲雕爲朴 6-1084A
zhuódīng 琢釘 4-591B
zhuódìng 酌定 9-1372A
zhuódīngxì 琢釘戲 4-591B
zhuóduàn 斫斷 6-1058B
zhuóduàn 斲斷 6-1084A
zhuōduì 捉對 6-612B
zhuóduì 擢對 6-949A
zhuōdùn 拙鈍 6-510B
zhuōduó 卓奪 1-852A
zhuóduó 酌度 9-1372A
zhuóduó 酌奪 9-1373A
zhuóduòcūn 斫硃皴 6-1058B
zhuō'è 拙惡 6-510A
zhuō'ěr 卓爾 1-852A
zhuō'ěr 倬爾 1-1478B
zhuó'ěr 灼爾 7-30B
zhuó'ěrbùqún 卓爾不羣 1-852A
zhuō'ěrdúxíng 卓爾獨行 1-852A
zhuó'èshì 濁惡世 6-169A
zhuó'èshǒu 斲堊手 6-1083B
zhuō'étóu 捉鵝頭 6-613A
zhuōfà 捉髮 6-612B
zhuófá 斫伐 6-1058A
zhuófà 擢髮 6-949A
zhuōfān 捉翻 6-613A
zhuófànánshǔ 擢髮難數 6-949A
zhuófēi 著緋 9-433B
zhuóféi 茁肥 9-357B
zhuōfèn 拙分 6-508A
zhuófén 灼熉 7-31A
zhuōfēngbǔyǐng 捉風捕影 6-611B
zhuōfēngbǔyuè 捉風捕月 6-611B
zhuōfū 拙夫 6-508A
zhuōfù 拙婦 6-510A
zhuófú 斫拂 6-1058A
zhuófǔ 斫父 6-1058A
zhuófù 濁富 6-169A
zhuógài 濯摡 6-198A
zhuógài 濯漑 6-198A
zhuógàn 擢幹 6-949A
zhuógǎo 鐯鎬 11-1375B
zhuógē 擢歌 6-949A
zhuógěng 焳鯁 7-258A
zhuógōng 酌觥 9-1373A
zhuógōu 鐯鉤 11-1375B
zhuógū 酌估 9-1372A
zhuógǔ 灼骨 7-30A
zhuōguàn 卓冠 1-850B
zhuóguān 斲棺 6-1083B
zhuóguān 濁官 6-168B
zhuóguǎn 濁管 6-169A
zhuóguàn 擢冠 6-948B
zhuóguàn 濯盥 6-198A
zhuógǔcānjīn 酌古參今 9-1371B
zhuógǔfántāi 濁骨凡胎 6-168B
zhuōguǐ 卓軌 1-850B
zhuōguǐ 卓詭 1-851B
zhuōguǐ 倬詭 1-1478B
zhuóguī 灼龜 7-31A
zhuóguì 擢桂 6-948B
zhuóguó 斫馘 6-1058B
zhuōgǔyáng 拙骨羊 6-509B
zhuógǔyánjīn 酌古沿今 9-1371B
zhuógǔyùjīn 酌古御今 9-1371B
zhuógǔzhēnjīn 酌古斟今 9-1371B
zhuógǔzhǔnjīn 酌古准今 9-1371B
zhuógǔzhǔnjīn 酌古準今 9-1371B
zhuóhái 灼骸 7-30B
zhuóhǎi 酌海 9-1372A
zhuóhé 酌和 9-1372A
zhuóhé 酌核 9-1372A
zhuóhé 酌覈 9-1373A
zhuóhé 濁河 6-168B
zhuóhú 椓斛 4-1092A
zhuóhù 斲户 6-1083A
zhuóhuā 著花 9-431B
zhuóhuā 着花 9-169B
zhuóhuà 濁化 6-168A
zhuōhuàn 拙宦 6-509B
zhuóhuàn 灼煥 7-30B
zhuóhuàn 濯浣 6-198A
zhuóhuàn 濯澣 6-198B
zhuóhuāniǎo 啄花鳥 3-377A

zhuōhūbùqún 卓乎不羣 1-850A
zhuōhuī 焯煇 7-92A
zhuóhuǐ 椓毀 4-1092A
zhuóhuǐ 斲毀 6-1083B
zhuóhuì 濁晦 6-169A
zhuóhuì 濁穢 6-169B
zhuóhuì 濁濊 6-169B
zhuōhūn 捉婚 6-612A
zhuóhùn 濁溷 6-169A
zhuōhuò 拙惑 6-510A
zhuōhuò 捉獲 6-613A
zhuóhuǒ 灼火 7-29B
zhuóhuǒ 琢火 4-591A
zhuóhuò 濁貨 6-169A
zhuōjī 捉雞 6-613A
zhuōjí 拙疾 6-509B
zhuōjì 拙計 6-509B
zhuójī 斫擊 6-1058B
zhuójī 擢躋 6-949A
zhuójí 灼急 7-30A
zhuójǐ 着己 9-169A
zhuójì 著跡 9-433A
zhuójì 酌劑 9-1373A
zhuójì 着迹 9-170A
zhuójiǎ 擢假 6-948B
zhuōjiān 拙艱 6-510B
zhuōjiān 捉奸 6-611A
zhuōjiān 捉姦 6-612A
zhuōjiàn 卓見 1-850B
zhuōjiàn 卓薦 1-852B
zhuōjiàn 拙見 6-508B
zhuójiàn 灼見 7-29B
zhuójiànzhēnzhī 灼見真知 7-30A
zhuójiāo 灼焦 7-30B
zhuójiǎo 著脚 9-433A
zhuójiǎo 着脚 9-170B
zhuójié 濁劫 6-168B
zhuójié 濁刼 6-168B
zhuójiè 灼戒 7-29B
zhuójiè 濁界 6-168B
zhuójiè 擢解 6-949A
zhuōjīmàgǒu 捉雞駡狗 6-613A
zhuōjīn 捉衿 6-611B
zhuōjīn 桌巾 4-971B
zhuójīn 斮筋 6-1065A
zhuójīn 斲金 6-1083A
zhuójǐn 著緊 9-433B
zhuójǐn 着緊 9-171B
zhuójǐn 濯錦 6-198A
zhuójìn 着勁 9-170A
zhuójìn 擢進 6-948B
zhuójīnbōfū 擢筋剥膚 6-948B
zhuōjīng 拙荆 6-509A
zhuójìng 斮脛 6-1064B
zhuójīngēgǔ 擢筋割骨 6-948B
zhuójīngqīngwèi 濁涇清渭 6-169A
zhuójǐnjiāng 濯錦江 6-198A
zhuōjīnlùzhǒu 捉衿露肘 6-612A
zhuōjīnlùzhǒu 捉襟露肘 6-613A
zhuōjīnxiànzhǒu 捉衿見肘 6-611B
zhuōjīnxiànzhǒu 捉襟見肘 6-613A
zhuōjīnzhǒuxiàn 捉衿肘見 6-612A
zhuōjīnzhǒuxiàn 捉襟肘見 6-613A
zhuójīnzhuànyù 酌金饌玉 9-1372A
zhuōjiū 拙鳩 6-510B
zhuójiǔ 濁酒 6-169A
zhuōjū 捉裾 6-612B
zhuōjù 拙句 6-508B
zhuójǔ 擢舉 6-949A
zhuójù 灼據 7-30B
zhuójù 琢句 4-591A
zhuōjué 踔絶 10-496A
zhuōjué 卓絶 1-851B
zhuōjué 卓譎 1-852B
zhuójué 斲掘 6-1083B
zhuókāi 斫開 6-1058B
zhuókǎo 灼烤 7-30B
zhuókē 擢科 6-948B
zhuókè 琢刻 4-591A
zhuókè 琢尅 4-591B
zhuōkōng 捉空 6-611B
zhuōkǒubènsāi 拙口笨腮 6-508A
zhuōkǒudùnsāi 拙口鈍腮 6-508A
zhuókuài 斫膾 6-1058B
zhuókuài 斫鱠 6-1058B
zhuókuì 灼潰 7-30B
zhuōkuò 卓闊 1-852B
zhuólàn 灼爛 7-31A
zhuólàn 濁濫 6-169B
zhuōlǎng 卓朗 1-851A
zhuóláo 濁醪 6-169B
zhuōlè 捉勒 6-612A
zhuōlì 踔躒 10-496B
zhuōlì 卓立 1-850A
zhuōlì 卓厲 1-851B
zhuōlì 倬立 1-1478B
zhuólǐ 酌理 9-1372A
zhuólǐ 酌醴 9-1373A
zhuólì 著力 9-430B
zhuólì 着力 9-169A
zhuóliàn 琢煉 4-591B
zhuóliáng 酌量 9-1372B
zhuóliàng 灼亮 7-30A
zhuōliàng 酌量 9-1372B
zhuóliāo 灼燎 7-31A
zhuōliè 拙劣 6-508A
zhuólìng 著令 9-431A
zhuólìng 着令 9-169B
zhuóliú 濁流 6-169A
zhuōlóng 捉龍 6-613A
zhuólóng 斲礱 6-1084A
zhuólóng 斲礲 6-1084A
zhuólóng 濯龍 6-198B
zhuólóngwēnchí 焯龍温池 7-258A
zhuōlòu 拙陋 6-509A
zhuōlǔ 卓魯 1-852A
zhuōlù 拙路 6-510B
zhuōlù 涿鹿 5-1356B
zhuólǔ 酌魯 9-1373A
zhuólù 躅路 10-562A
zhuólù 斫路 6-1058B
zhuólù 着陸 9-170B
zhuólù 斮戮 6-1065A
zhuóluàn 濁亂 6-169A
zhuóluè 彴略 3-925A
zhuólún 斲輪 6-1084A
zhuólúnshǒu 斲輪手 6-1084A
zhuōluò 卓礫 1-852B
zhuōluò 卓躒 1-852B
zhuōluò 卓落 1-851B
zhuōluò 卓犖 1-852A
zhuóluò 椓蠡 4-1092A
zhuóluò 逴犖 9-1144B
zhuóluò 著落 9-433A
zhuóluò 着落 9-171A
zhuōluòbùjī 卓犖不羈 1-852A
zhuólǘ 鐲鏤 11-1420B
zhuólǜ 著緑 9-433B
zhuōmài 捉脉 6-611B
zhuōmángmáng 捉盲盲 6-611B
zhuómào 茁茂 9-357B
zhuōmèi 拙昧 6-509B
zhuōmiàn 桌面 4-972A
zhuōmiànshàng 桌面上 4-972A
zhuōmícáng 捉迷藏 6-611B
zhuōmō 捉摸 6-612B
zhuómō 著摸 9-433A
zhuómō 着摸 9-171B
zhuómó 涿摩 5-1356B
zhuómó 着麽 9-172A
zhuómó 琢磨 4-591B
zhuómó 斲模 6-1083B
zhuómó 濯摩 6-198A
zhuómó 濯磨 6-198B
zhuómǒ 著抹 9-432A
zhuómò 著莫 9-432B
zhuómò 着末 9-169B
zhuómò 着莫 9-170A
zhuómò 着墨 9-172B
zhuōmóu 蚰蝥 8-885B
zhuōmóu 拙謀 6-510B
zhuōmù 拙木 6-508A
zhuōmù 拙目 6-508B
zhuómù 斫木 6-1058A
zhuómù 啄木 3-377A
zhuómù 椓木 4-1092A
zhuómù 斲木 6-1083A
zhuómù 斲目 6-1083A
zhuómù 濯沐 6-198A
zhuómùniǎo 啄木鳥 3-377A
zhuōná 捉拿 6-612A
zhuōná 捉挐 6-612A
zhuōnà 拙吶 6-508B
zhuónáo 蠗蝚 8-990B
zhuónào 濯淖 6-198A
zhuōnè 拙訥 6-510A
zhuóní 斲泥 6-1083A
zhuóní 酌擬 9-1373A
zhuōniǎo 拙鳥 6-510A
zhuóníshǒu 斲泥手 6-1083A
zhuōnòng 捉弄 6-611A
zhuōnuò 捉搦 6-612B
zhuōnuògē 捉搦歌 6-612B
zhuōnǚ 卓女 1-850A
zhuónüè 灼虐 7-30A
zhuōpíng 桌屏 4-972A
zhuópíng 啄評 3-377A
zhuōpò 捉破 6-612A
zhuópò 椓破 4-1092A
zhuōpǔ 拙朴 6-508B
zhuōpǔ 拙樸 6-510B
zhuōqǐ 踔起 10-496A
zhuóqí 着棋 9-171A
zhuóqí 擢奇 6-948B
zhuóqì 着氣 9-170B
zhuóqì 濁氣 6-168B
zhuōqiā 捉掐 6-612A
zhuōqián 捉錢 6-613A
zhuōqiǎn 拙淺 6-510A
zhuóqiǎn 著淺 9-433A
zhuóqiǎn 着淺 9-170B
zhuóqiào 倬峭 1-1478B
zhuóqiào 椓竅 4-1092A
zhuóqiè 琢切 4-591A
zhuóqín 斲琴 6-1083B
zhuóqíng 灼黥 7-31A
zhuóqíng 酌情 9-1372B
zhuōqǔ 捉取 6-611B
zhuóqǔ 酌取 9-1372A
zhuóqù 着趣 9-172A
zhuóquán 酌泉 9-1372A
zhuōqún 桌裙 4-972A
zhuōrán 焯然 7-92A
zhuōrán 踔然 10-496A
zhuōrán 卓然 1-851B
zhuórán 灼然 7-30B
zhuórán 酌然 9-1372B
zhuórán 着然 9-171A
zhuōránbùqún 卓然不羣 1-851B
zhuórǎo 濁擾 6-169B
zhuórè 燋熱 7-258A
zhuórè 灼熱 7-30B
zhuórén 着人 9-169A
zhuórén 濁人 6-168A
zhuórèn 擢任 6-948A
zhuóròu 着肉 9-169B
zhuōrú 棳儒 4-1145A
zhuórú 獨如 5-131A
zhuórú 灼如 7-29B
zhuōsǎ 桌撒 4-972A
zhuósàng 斫喪 6-1058B
zhuósàng 椓喪 4-1092A
zhuósàng 斲喪 6-1083B
zhuōsè 拙澁 6-510B
zhuōsè 拙澀 6-510B
zhuósè 著色 9-431B

zhuósè 着色 9-169B
zhuóshā 斫殺 6-1058A
zhuōshàn 踔善 10-496A
zhuōshàng 卓上 1-849B
zhuóshāng 酌商 9-1372B
zhuōsháo 卓勺 1-850A
zhuóshāo 灼燒 7-30B
zhuóshē 斫畲 6-1058B
zhuóshè 斮涉 6-1064B
zhuōshēn 捉身 6-611A
zhuóshèn 著甚 9-432A
zhuóshèn 着甚 9-169B
zhuōshēng 拙生 6-508B
zhuōshēng 捉生 6-611A
zhuóshēng 着生 9-169B
zhuóshēng 擢升 6-948A
zhuóshēng 擢昇 6-948B
zhuóshēng 擢陞 6-948B
zhuōshēngtìsǐ 捉生替死 6-611A
zhuōshí 卓識 1-852B
zhuōshì 拙室 6-509B
zhuóshí 著實 9-433B
zhuóshí 茁實 9-358A
zhuóshí 啄食 3-377A
zhuóshí 着實 9-172A
zhuóshí 斲石 6-1083A
zhuóshì 琢飾 4-591B
zhuóshì 濁世 6-168A
zhuóshì 擢世 6-948A
zhuōshìrén 捉事人 6-611B
zhuōshǒu 拙守 6-508B
zhuōshǒu 捉手 6-611A
zhuóshǒu 著手 9-430B
zhuóshǒu 着手 9-169A
zhuóshǒu 擢首 6-948B
zhuóshòu 擢授 6-948B
zhuóshǒuchéngchūn 著手成春 9-430B
zhuóshǒuchéngchūn 着手成春 9-169B
zhuōshǒudùnjiǎo 拙手鈍脚 6-508A
zhuóshǒushēngchūn 著手生春 9-430B
zhuōshū 卓殊 1-850B
zhuōshū 拙踈 6-510B
zhuōshū 拙疏 6-510B
zhuóshǔ 擢數 6-949A
zhuóshù 酌數 9-1373A
zhuóshù 着數 9-172A
zhuóshù 斲束 6-1083A
zhuóshù 濯漱 6-198A
zhuōshuài 拙率 6-510A
zhuóshuǐ 酌水 9-1371B
zhuóshuǐzhīyuán 酌水知源 9-1371B
zhuōshuò 焯爍 7-92A
zhuōshuò 卓朔 1-850B
zhuōshuò 卓爍 1-852B
zhuōshuò 卓鑠 1-852B
zhuóshuò 燋鑠 7-258B
zhuóshuò 勺藻 2-171B
zhuóshuò 灼爍 7-31A
zhuóshuò 灼藥 7-31A
zhuóshuò 焥爍 7-60A
zhuósī 斲思 6-1083B
zhuósì 酌兕 9-1371B
zhuōsú 拙俗 6-509B
zhuōsù 拙速 6-509B
zhuósú 濁俗 6-168B
zhuósuì 濁碎 6-169A
zhuósǔn 酌損 9-1372B
zhuótān 酌貪 9-1372B
zhuótānquán 酌貪泉 9-1372B
zhuōtè 卓特 1-850B
zhuótí 著題 9-434A
zhuótí 着題 9-172B
zhuótǐ 著體 9-434B
zhuótǐ 灼體 7-31A
zhuótǐ 着體 9-172B
zhuótiān 灼天 7-29B
zhuótǐyī 著體衣 9-434B
zhuōtóu 捉頭 6-613A
zhuótóu 鐲頭 11-1420B
zhuótū 燋秃 7-257B
zhuótǔfùjí 箸土傅籍 8-1186B
zhuōwàng 卓望 1-851A
zhuōwéi 卓圍 1-851B
zhuōwéi 桌帷 4-972A
zhuōwéi 桌圍 4-972A
zhuōwéi 桌幃 4-972A
zhuōwěi 卓偉 1-851A
zhuōwénjūn 卓文君 1-850A
zhuōwú 蠗蝥 8-925A
zhuōwǔ 卓午 1-850A
zhuówū 濁汙 6-168A
zhuówū 濁污 6-168A
zhuówù 濁物 6-168B
zhuōxī 卓錫 1-852B
zhuōxí 桌席 4-972A
zhuóxǐ 濯洗 6-198A
zhuóxì 濯禊 6-198A
zhuōxiá 捉狹 6-612A
zhuóxiá 酌霞 9-1373A
zhuóxiān 斫鮮 6-1058B
zhuóxiàn 酌獻 9-1373A
zhuóxiānbiān 著先鞭 9-431A
zhuóxiǎng 着想 9-171B
zhuóxiàng 着相 9-170A
zhuōxiē 棹楔 4-1103B
zhuóxīn 著心 9-431A
zhuōxíng 卓行 1-850A
zhuōxíng 拙行 6-508B
zhuōxiù 拙袖 6-509B
zhuóxiù 擢秀 6-948A
zhuóxiù 濯秀 6-198A
zhuóxū 斫胥 6-1058A
zhuóxù 擢序 6-948A
zhuóxù 擢敍 6-948B
zhuóxuǎn 灼烜 7-30B
zhuóxuē 琢削 4-591B
zhuóxuē 斲削 6-1083A
zhuóxuē 擢削 6-948B
zhuóxūn 濯薰 6-198B
zhuóyá 茁芽 9-357B
zhuóyà 茁軋 9-357B
zhuōyǎn 拙眼 6-509B
zhuóyān 燋煙 7-258A
zhuóyán 酌言 9-1372A
zhuóyǎn 著眼 9-432B
zhuóyǎn 着眼 9-170B
zhuóyānchén 濁烟塵 6-168B
zhuóyǎndiǎn 著眼點 9-432B
zhuóyǎndiǎn 着眼點 9-170B
zhuōyào 焯燿 7-92A
zhuóyáo 諑謠 11-275A
zhuóyào 勺藥 2-171A
zhuóyào 灼燿 7-31A
zhuóyào 灼耀 7-31A
zhuóyào 着要 9-170A
zhuóyàoluó 濯曜羅 6-199A
zhuōyě 拙野 6-509B
zhuóyè 著業 9-433A
zhuóyè 灼夜 7-30A
zhuóyè 着業 9-171B
zhuōyéshān 涿涂山 5-1356B
zhuōyī 卓衣 1-850B
zhuōyǐ 卓倚 1-850B
zhuōyì 卓異 1-851A
zhuōyì 卓逸 1-851A
zhuōyì 拙易 6-509A
zhuōyì 捉驛 6-613A
zhuōyì 涿弋 5-1356B
zhuóyī 著衣 9-431B
zhuóyī 鷟衣 12-1122A
zhuōyì 著意 9-433A
zhuóyì 斫刈 6-1058A
zhuóyì 浞豷 5-1211A
zhuōyì 酌議 9-1373A
zhuóyì 着意 9-171B
zhuōyì 椓弋 4-1092A
zhuóyì 椓杙 4-1092A
zhuōyǐbǎndèng 桌椅板凳 4-972A
zhuóyīn 椓陰 4-1092A
zhuóyīn 濁音 6-168B
zhuóyǐn 啄飲 3-377A
zhuóyǐn 擢引 6-948A
zhuōyǐng 捉影 6-612B
zhuóyīng 濯纓 6-199A
zhuóyíng 斫營 6-1058B
zhuóyǐng 擢穎 6-949A
zhuōyǐngbǔfēng 捉影捕風 6-612B
zhuóyíngjìxū 酌盈劑虛 9-1372A
zhuóyíngzhùxū 酌盈注虛 9-1372A
zhuóyòng 擢用 6-948A
zhuóyǒuchéngxiào 卓有成效 1-850A
zhuōyú 拙魚 6-510A
zhuōyù 卓遹 1-852A
zhuóyǔ 酌羽 9-1371B
zhuōyuǎn 踔遠 10-496A
zhuōyuǎn 卓遠 1-851B
zhuōyuē 卓約 1-850B
zhuōyuè 踔越 10-496A
zhuōyuè 卓越 1-851A
zhuōyuè 捉月 6-611A
zhuóyuè 趠踚 9-1144B
zhuóyuè 汋櫟 5-927A
zhuóyuè 灼爚 7-31A
zhuóyuè 鷟鸑 12-1159A
zhuóyuègū 椓月姑 4-1092A
zhuōzǎo 棁藻 4-1061A
zhuózǎo 濯澡 6-198B
zhuózào 啄噪 3-377A
zhuózào 濁躁 6-169B
zhuózé 濁澤 6-169B
zhuózèn 椓譖 4-1092A
zhuózèn 諑譖 11-275A
zhuōzhān 桌氈 4-972A
zhuózhān 灼占 7-29B
zhuózhǎn 斫斬 6-1058B
zhuózhàng 著帳 9-432B
zhuózhànghù 著帳户 9-432B
zhuózhànglángjūn 著帳郎君 9-432B
zhuózhēn 酌斟 9-1372B
zhuózhēn 酌斟 9-1373A
zhuōzhèng 卓鄭 1-852A
zhuōzhèng 拙政 6-509A
zhuōzhèngyuán 拙政園 6-509A
zhuōzhī 棹汁 4-1103B
zhuōzhí 拙直 6-508B
zhuōzhì 卓峙 1-850B
zhuōzhì 卓鷙 1-852B
zhuōzhì 拙滯 6-510B
zhuózhī 灼知 7-30A
zhuózhī 濯枝 6-198A
zhuózhí 斲植 6-1084B
zhuózhǐ 斮趾 6-1064B
zhuózhì 斫治 6-1058A
zhuózhì 着志 9-169B
zhuózhì 琢治 4-591A
zhuózhì 斲摯 6-1084A
zhuózhì 濁志 6-168B
zhuózhì 濁質 6-169A
zhuózhì 鷟雉 12-1122A
zhuózhì 踔躓 10-515A
zhuózhìfánzī 濁質凡姿 6-169B
zhuózhīyǔ 濯枝雨 6-198A
zhuózhōng 酌中 9-1371B
zhuózhòng 著重 9-432A
zhuózhòng 着重 9-170A
zhuózhònghào 着重號 9-170A
zhuōzhù 焯著 7-92A
zhuōzhù 卓著 1-851A
zhuōzhù 拙著 6-509B
zhuózhuāng 着裝 9-171B
zhuózhuàng 朏壯 6-1240B
zhuózhuàng 茁壯 9-357B
zhuōzhuī 卓錐 1-852B
zhuōzhuō 焯焯 7-92A
zhuōzhuō 踔踔 10-496B
zhuōzhuō 卓卓 1-850B
zhuózhuó 灼灼 7-30A
zhuózhuó 茁茁 9-357B
zhuózhuó 浞浞 5-1211A
zhuózhuó 啄啄 3-377A
zhuózhuó 晫晫 5-760A

zhuózhuó 斲琢 6-1083B
zhuózhuó 擢擢 6-949A
zhuózhuó 濯濯 6-198B
zhuózhuó 濁濁 6-215A
zhuózhuóhuīhuī 灼灼輝輝 7-30A
zhuōzi 棹子 4-1103A
zhuōzi 卓子 1-850A
zhuōzi 桌子 4-972A
zhuózi 鐲子 11-1420A
zhuózǐ 斲梓 6-1083B
zhuózǐ 濁子 6-168A
zhuózīlìsī 浞訾栗斯 5-1211A
zhuózú 濯足 6-198A
zhuózuàn 灼鑽 7-31A
zhuōzuǐbènsāi 拙嘴笨腮 6-510B
zhuōzuǐbènshé 拙嘴笨舌 6-510B
zhuōzuò 拙作 6-508B
zhuózuǒ 擢佐 6-948A
zhúpá 竹杷 8-1093A
zhūpái 猪排 5-72A
zhúpái 竹排 8-1096A
zhúpái 竹牌 8-1098B
zhúpái 竹簰 8-1103B
zhǔpái 主牌 1-703B
zhūpán 朱盤 4-741A
zhūpán 珠槃 4-551A
zhūpán 珠盤 4-551B
zhūpàn 硃判 7-1043B
zhūpàn 誅叛 11-172B
zhúpán 竹爿 8-1089B
zhúpán 燭盤 7-305B
zhǔpàn 主判 1-698A
zhǔpàn 矚盼 7-1269B
zhùpàn 佇盼 1-1282A
zhùpàn 注盼 5-1096A
zhūpányùduì 珠槃玉敦 4-551A
zhūpányùduì 珠盤玉敦 4-552A
zhūpāo 猪脬 5-72A
zhūpāo 豬胞 10-37A
zhūpáo 珠袍 4-549A
zhúpào 竹炮 8-1094B
zhùpǎo 助跑 2-784A
zhūpèi 朱旆 4-734A
zhūpèi 珠佩 4-547B
zhūpèi 珠旆 4-548B
zhūpèi 珠珮 4-548B
zhùpèi 駐旆 12-820B
zhúpéng 竹棚 8-1098A
zhūpénggǒuyǒu 猪朋狗友 5-71B
zhūpī 朱批 4-731B
zhūpī 硃批 7-1043B
zhūpí 諸毗 11-270B
zhūpì 誅辟 11-174A
zhúpī 竹批 8-1091A
zhúpí 竹皮 8-1090A
zhúpí 竹埤 8-1096A
zhǔpí 主皮 1-696B
zhǔpiān 屬篇 4-69A
zhūpiào 硃票 7-1044A
zhúpídiànhú 竹皮電壺 8-1090A
zhúpī'ěr 竹批耳 8-1091A
zhúpíguān 竹皮冠 8-1090A
zhúpíjīn 竹皮巾 8-1090A
zhūpín 珠蠙 4-554A
zhūpǐn 諸品 11-269B
zhúpín 逐貧 10-891A
zhūpíng 硃評 7-1044B
zhúpīshuāng'ěr 竹批雙耳 8-1091A
zhūpīyùzhǐ 硃批諭旨 7-1043B
zhūpō 豬濼 6-200B
zhūpó 猪婆 5-72A
zhǔpó 主婆 1-702A
zhùpō 注坡 5-1095B
zhūpólóng 猪婆龍 5-72A
zhūpólóng 豬婆龍 10-37B
zhūpózi 猪婆子 5-72A
zhúpǔ 竹圃 8-1095B
zhúpǔ 竹浦 8-1096A
zhǔpú 主僕 1-705A
zhùpú 苧蒲 9-356B
zhūqī 朱漆 4-739B
zhūqí 朱軝 4-735A
zhūqí 朱旗 4-739B
zhūqí 朱鬐 4-743B
zhūqí 珠旂 4-548B
zhūqí 珠旗 4-551A
zhūqí 豬鬐 10-37B
zhūqì 誅棄 11-173B
zhúqí 逐奇 10-889A
zhúqì 竹器 8-1102A
zhúqì 逐棄 10-891B
zhǔqì 主器 1-705B
zhǔqì 煮器 7-96B
zhùqí 祝其 7-893A
zhùqì 駐氣 12-820B
zhūqiān 朱鉛 4-739A
zhūqiān 朱簽 4-743B
zhūqiān 硃簽 7-1044B
zhūqiān 硃籤 7-1044B
zhūqián 珠鈐 4-550A
zhūqiǎn 誅遣 11-174A
zhūqiǎn 誅譴 11-175A
zhūqiàn 諸倩 11-270B
zhúqiān 竹扦 8-1090B
zhúqiān 竹簽 8-1104A
zhúqiān 竹籤 8-1104B
zhúqiān 逐遷 10-892A
zhúqiān 燭簽 7-306B
zhúqián 竺乾 8-1105B
zhúqiàn 竹塹 8-1100A
zhúqiàn 竹槧 8-1101A
zhúqiánfú 竺乾服 8-1105B
zhúqiāng 竹槍 8-1100A
zhúqiāng 竹鎗 8-1103B
zhúqiáng 竹牆 8-1103A
zhǔqiáng 拄牆 6-496B
zhúqiángōng 竺乾公 8-1105B
zhúqiánshì 竺乾氏 8-1105B
zhúqiánxué 竺乾學 8-1105B
zhūqiáo 朱翹 4-742B
zhūqiáo 珠翹 4-553A
zhúqiáo 竹橋 8-1102A
zhúqiè 竹篋 8-1101B
zhǔqiè 主妾 1-699A
zhūqīn 朱綅 4-739A
zhúqín 竹琴 8-1097B
zhǔqīn 主親 1-705B
zhǔqín 屬禽 4-67B
zhùqín 祝禽 7-894B
zhūqīng 諸卿 11-270B
zhúqīng 竹青 8-1091B
zhúqíng 逐情 10-891B
zhǔqíng 屬情 4-67B
zhǔqǐng 屬請 4-69A
zhǔqǐng 囑請 3-567B
zhùqìng 祝慶 7-895B
zhúqìngnánshān 竹罄南山 8-1102B
zhúqīngsōngshòu 竹清松瘦 8-1097A
zhǔqíngzàoyì 主情造意 1-702A
zhūqīnhǎoyǒu 諸親好友 11-273A
zhūqīnliùjuàn 諸親六眷 11-273A
zhūqiū 珠丘 4-546B
zhūqiú 珠球 4-549A
zhūqiú 誅求 11-172A
zhūqiú 諸逑 11-270A
zhúqiū 竹秋 8-1094A
zhùqiú 築毬 8-1227A
zhūqiúbùyǐ 誅求不已 11-172A
zhūqiúwúdù 誅求無度 11-172A
zhūqiúwúyǐ 誅求無已 11-172A
zhūqú 諸渠 11-271A
zhūqǔ 誅取 11-172A
zhūqù 諸趣 11-272B
zhùqù 助趣 2-784B
zhūquán 珠泉 4-548A
zhúquán 竹泉 8-1094A
zhǔquán 主權 1-706B
zhǔquàn 主券 1-699A
zhùquān 柱卷 4-933B
zhǔquánguó 主權國 1-706B
zhūquè 朱爵 4-742B
zhūquè 朱雀 4-735B
zhūquè 朱闕 4-743B
zhūquè 誅卻 11-172B
zhūquèháng 朱雀航 4-735B
zhūquèháng 朱雀桁 4-735B
zhūquèmén 朱雀門 4-735B
zhūquèqiáo 朱雀橋 4-735B
zhūquèyǒu 朱雀牖 4-735B
zhúquèzhàn 竹雀戰 8-1096B
zhúqún 逐羣 10-892A
zhùrán 助燃 2-784B
zhùrán 注然 5-1097A
zhùrán 柱然 4-934A
zhùrán 著然 9-433A
zhūràng 誅讓 11-175B
zhùrǎnmèngbǎng 祝染夢榜 7-893B
zhūrén 諸人 11-266A
zhúrén 竹人 8-1089A
zhǔrén 主人 1-694A
zhǔrèn 主任 1-697A
zhǔrèn 屬任 4-65B
zhùrén 祝人 7-892A
zhùrén 鑄人 11-1421B
zhǔréngōng 主人公 1-694B
zhǔrénjiā 主人家 1-694B
zhǔrénmǔ 主人母 1-694B
zhǔrénpó 主人婆 1-694B
zhùrénwéilè 助人爲樂 2-783A
zhǔrénwēng 主人翁 1-694B
zhùrénxiàshí 助人下石 2-783A
zhúrì 逐日 10-887B
zhǔrì 主日 1-695B
zhùrì 除日 11-986B
zhùrì 駐日 12-819A
zhúrìjiā 逐日家 10-888A
zhūróng 朱榮 4-739B
zhūróng 誅彤 11-172A
zhūróng 諸戎 11-267B
zhùróng 祝融 7-895B
zhùróng 鑄鎔 11-1423A
zhùróngshì 祝融氏 7-896A
zhúròu 竹肉 8-1090B
zhúròu 逐宍 10-889A
zhúròusī 竹肉絲 8-1090B
zhūrú 猪獳 5-45A
zhūrú 朱獳 4-742B
zhūrú 朱儒 4-741B
zhūrú 朱襦 4-743B
zhūrú 侏儒 1-1337B
zhūrú 侏儒 1-1337B
zhūrú 珠襦 4-553B
zhūrú 諸如 11-268A
zhūrú 鮢鱬 12-1221A
zhúrú 竹茹 8-1093B
zhúrǔ 竹乳 8-1093A
zhúrù 竹蓐 8-1099A
zhùrù 注入 5-1094B
zhūruǎn 株檽 4-976A
zhūrúcǐbǐ 諸如此比 11-268A
zhūrúcǐlèi 諸如此類 11-268B
zhūrúguānxì 侏儒觀戲 1-1338A
zhūruí 朱蕤 4-740A
zhūrúmǐ 侏儒米 1-1338A
zhūruòcǐlèi 諸若此類 11-268B
zhūrúsù 侏儒粟 1-1338A
zhūrúyījié 侏儒一節 1-1338A
zhūrúyùxiá 珠襦玉匣 4-553B
zhūrúyùxiá 珠襦玉柙

4-553B
zhūrúzhèng 侏儒症 1-1338A
zhūsān 朱三 4-729A
zhúsǎn 术散 4-720B
zhúsǎn 竹傘 8-1098B
zhǔsǎn 煮散 7-96B
zhūsāng 朱桑 4-735A
zhǔsāng 主喪 1-703A
zhúsào 竹掃 8-1096A
zhūsè 諸色 11-268A
zhúsè 竹色 8-1091A
zhùsè 注色 5-1095B
zhùsè 駐色 12-819B
zhùsèjiǔ 駐色酒 12-819B
zhúsēng 竺僧 8-1105B
zhǔsēng 主僧 1-705A
zhūsèrénděng 諸色人等
11-268A
zhūshā 朱沙 4-732A
zhūshā 朱砂 4-733A
zhūshā 硃沙 7-1043B
zhūshā 硃砂 7-1043B
zhūshā 誅殺 11-173A
zhūshābān 硃砂斑 7-1044A
zhūshābǐ 朱砂筆 4-733B
zhūshāhǎitáng 朱砂海棠
4-733B
zhūshāhóng 朱砂紅 4-733B
zhúshāi 竹篩 8-1102A
zhūshājì 硃砂記 7-1044A
zhūshālǐ 朱砂鯉 4-733B
zhúshān 竹笘 8-1096B
zhǔshān 主山 1-695A
zhùshān 鑄山 11-1421B
zhūshāng 誅傷 11-174A
zhūshǎng 誅賞 11-174B
zhǔshàng 主上 1-695A
zhúshānmìyù 斸山覓玉
2-759A
zhùshānzhǔhǎi 鑄山煑海
11-1421B
zhūshào 諸少 11-266B
zhúshāo 竹筲 8-1099B
zhǔshàoguóyí 主少國疑
1-695B
zhūshāpàn 硃砂判 7-1044A
zhūshāquán 朱砂泉 4-733A
zhūshāzhì 硃砂痣 7-1044A
zhūshè 誅赦 11-173A
zhúshé 竹蛇 8-1096B
zhúshè 逐射 10-890B
zhǔshè 主社 1-698A
zhùshè 注射 5-1096B
zhùshèdàopáng 築舍道傍
8-1226B
zhūshēn 珠申 4-546B
zhūshēn 諸申 11-267A
zhūshén 豬神 10-37A
zhǔshén 屬神 4-66B
zhùshén 注神 5-1096B
zhùshén 祝神 7-893B
zhūshēng 諸生 11-267B
zhūshéng 朱繩 4-743B
zhūshéng 蛛繩 8-890B
zhūshéng 諸繩 11-273A
zhūshèng 珠乘 4-548B
zhúshèng 逐勝 10-891B
zhùshēng 祝聲 7-896A
zhùshēng 著聲 9-434A
zhūshéngyíngshè 朱繩縈社
4-743B
zhūshí 朱實 4-740A
zhūshí 珠實 4-551B
zhūshǐ 諸史 11-267A
zhūshǐ 諸使 11-269A
zhūshì 朱柹 4-732A
zhūshì 珠市 4-546B
zhūshì 誅事 11-172A
zhūshì 諸事 11-269A
zhúshí 竹蝨 8-1101B
zhúshí 竹石 8-1089B
zhúshí 竹實 8-1100B
zhúshí 逐食 10-889B
zhúshí 逐時 10-890B
zhúshǐ 竹矢 8-1090A
zhúshǐ 竹使 8-1093A
zhúshì 逐世 10-888A
zhúshì 逐勢 10-891B
zhúshì 逐釋 10-892B
zhǔshī 褚師 9-105A
zhǔshī 主師 1-700B
zhǔshī 屬詩 4-68A
zhǔshí 主祏 1-700B
zhǔshí 主食 1-699B
zhǔshí 煮石 7-96A
zhǔshǐ 主使 1-698B
zhǔshì 主事 1-698B
zhǔshì 主視 1-702B
zhǔshì 主試 1-704A
zhǔshì 矚視 7-1269B
zhùshī 祝尸 7-892A
zhùshī 祝師 7-894A
zhùshī 駐師 12-820B
zhùshí 柱石 4-933A
zhùshí 蛀食 8-877B
zhùshí 蛀蝕 8-878A
zhùshí 鑄石 11-1421B
zhùshǐ 注矢 5-1095B
zhùshǐ 柱史 4-933A
zhùshǐ 祝史 7-892B
zhùshǐ 駐使 12-820A
zhùshì 庶氏 3-1235A
zhùshì 住世 1-1277A
zhùshì 住室 1-1277B
zhùshì 注視 5-1097A
zhùshì 注釋 5-1098B
zhùshì 祝誓 7-895A
zhùshì 著式 9-431A
zhùshì 註釋 11-116B
zhùshì 駐世 12-819A
zhùshì 築室 8-1227A
zhùshíchén 柱石臣 4-933A
zhùshìdàomóu 築室道謀
8-1227A
zhùshìfǎngēng 築室反耕
8-1227A
zhúshǐfú 竹使符 8-1093A
zhūshīliǎngjiào 銖施兩較
11-1264A
zhūshǒu 株守 4-975B
zhūshǒu 誅首 11-172B
zhūshòu 朱綬 4-740A
zhúshǒu 竹手 8-1089B
zhǔshǒu 主守 1-697B
zhǔshǒu 主首 1-700A
zhǔshòu 囑授 3-567B
zhùshǒu 住手 1-1277A
zhùshǒu 助手 2-783A
zhùshǒu 杼首 4-886B
zhùshǒu 駐守 12-819B
zhùshòu 注授 5-1096B
zhùshòu 祝壽 7-895A
zhùshòu 駐壽 12-821A
zhūshòuzhīqì 朱壽之器
4-739A
zhūshū 朱書 4-734B
zhūshū 硃書 7-1044A
zhūshū 諸書 11-270B
zhūshǔ 朱藷 4-742B
zhūshǔ 銖黍 11-1264B
zhūshù 珠樹 4-552B
zhúshū 竹書 8-1096A
zhúshū 竺書 8-1105A
zhúshú 逐熟 10-892A
zhúshǔ 竹鼠 8-1099B
zhǔshū 主書 1-701B
zhǔshū 屬書 4-67A
zhǔshù 主術 1-702A
zhùshū 注疏 5-1097B
zhùshū 著書 9-432B
zhùshū 註疏 11-116B
zhùshù 注述 5-1095B
zhùshù 著述 9-432A
zhùshù 註述 11-116A
zhùshù 箸述 8-1187A
zhùshù 駐戍 12-819B
zhūshuài 誅率 11-173B
zhūshuài 諸率 11-271A
zhǔshuài 主帥 1-699B
zhùshuāi 住衰 1-1277B
zhùshuāi 駐衰 12-820B
zhúshūbù 竹疏布 8-1098B
zhùshūchóng 蛀書蟲 8-878A
zhùshūdù 蛀書蠹 8-878A
zhūshuǐ 諸水 11-267A
zhūshuǐ 豬水 10-37A
zhūshuǐ 瀦水 6-200A
zhùshuǐ 駐水 12-819A
zhùshuì 住稅 1-1278A
zhùshuō 註說 11-116B
zhùshuò 鑄爍 11-1423B
zhúshūyī 竹疏衣 8-1099A
zhūsī 朱絲 4-738A
zhūsī 蛛絲 8-890A
zhūsī 諸司 11-267B
zhūsǐ 珠死 4-546B
zhūsǐ 誅死 11-171B
zhūsì 朱汜 4-731B
zhūsì 洙泗 5-1150B
zhúsī 竹絲 8-1099A
zhúsì 竹寺 8-1090B
zhúsì 竹笥 8-1097A
zhǔsī 主司 1-696B
zhǔsī 屬思 4-66B
zhǔsī 屬絲 4-68A
zhùsī 佇思 1-1282A
zhùsī 杼思 4-886B
zhùsī 注思 5-1096A
zhùsì 住寺 1-1277A
zhùsì 跓竢 10-454A
zhūsībǔqiǎo 蛛絲卜巧
8-890A
zhūsīcáiqiǎo 蛛絲才巧
8-890A
zhūsīlán 朱絲欄 4-738B
zhúsīlì 竹絲笠 8-1099A
zhūsīliànxián 朱絲練絃
4-738A
zhūsīmǎjì 蛛絲馬迹 8-890A
zhūsīmǎjì 蛛絲馬跡 8-890A
zhūsīméiwěi 蛛絲煤尾
8-890B
zhūsīshéng 朱絲繩 4-738B
zhūsīxián 朱絲弦 4-738A
zhūsīxián 朱絲絃 4-738A
zhǔsīyán 屬絲言 4-68A
zhūsīyíngshè 朱絲縈社
4-738B
zhūsīyíngshè 朱絲縈社
4-738B
zhūsōng 珠松 4-547B
zhùsòng 祝誦 7-895A
zhūsòngtú 株送徒 4-975B
zhūsǒu 瀦藪 6-200B
zhúsǒu 竹藪 8-1103A
zhúsù 竹素 8-1094B
zhùsù 住宿 1-1278A
zhùsù 駐宿 12-821A
zhūsuàn 朱蒜 4-738B
zhūsuàn 珠算 4-551A
zhúsuàn 竹筭 8-1099B
zhūsuí 朱綏 4-739A
zhūsuì 珠碎 4-550B
zhúsuì 燭穗 7-306A
zhùsuì 除歲 11-990A
zhūsuīpāo 猪尿脬 5-71B
zhūsuīpāo 猪尿泡 5-71A
zhūsūn 諸孫 11-270B
zhúsūn 竹孫 8-1096A
zhúsǔn 竹笋 8-1095B
zhúsǔn 竹筍 8-1098B
zhūsuǒ 朱索 4-734B
zhūsuǒ 誅索 11-172B
zhúsuǒ 竹所 8-1093A
zhùsuō 杼梭 4-887A
zhùsuǒ 住所 1-1277B
zhùsuǒ 駐所 12-820A
zhúsùyuán 竹素園 8-1095A
zhūtà 朱搨 4-738B
zhútà 竹榻 8-1100A
zhūtāi 珠胎 4-548A
zhútāi 竹胎 8-1094A
zhútái 燭臺 7-305A
zhùtái 築臺 8-1227B
zhùtáimùshì 築臺募士
8-1227B

zhūtán 珠談 4-552A
zhútán 竹彈 8-1101B
zhútán 竹壇 8-1102A
zhútàn 竹炭 8-1094A
zhǔtán 麈談 12-1290B
zhùtán 築壇 8-1227B
zhùtánbàijiàng 築壇拜將 8-1227B
zhūtáng 朱堂 4-735B
zhútáng 竹堂 8-1096B
zhǔtāng 煮湯 7-96B
zhùtáng 住唐 1-1277B
zhūtáo 朱桃 4-734A
zhūtǎo 誅討 11-173A
zhùtáo 鑄陶 11-1422B
zhūténg 朱藤 4-742B
zhūténgzhàng 朱藤杖 4-742B
zhūtí 朱蹄 4-741B
zhūtì 誅薙 11-175A
zhǔtí 主題 1-706A
zhǔtǐ 主體 1-706B
zhūtiān 朱天 4-729B
zhūtiān 諸天 11-266B
zhūtiǎn 誅殄 11-172B
zhūtiàn 珠瑱 4-551A
zhútiān 燭天 7-303A
zhútiān 躅天 10-562A
zhútián 劚田 2-759B
zhǔtiān 柱天 4-933A
zhǔtián 渚田 5-1341A
zhǔtiāntàdì 柱天踏地 4-933A
zhùtiānwéinüè 助天爲虐 2-783A
zhútiānzhúdì 竹天竹地 8-1089B
zhùtiě 鑄鐵 11-1423B
zhùtiè 柱帖 4-933B
zhǔtígē 主題歌 1-706A
zhūtíng 珠庭 4-548A
zhútíng 竹亭 8-1094B
zhútíng 竹筳 8-1098B
zhútǐng 竹町 8-1091B
zhǔtīng 屬聽 4-69B
zhùtīng 佇聽 1-1282B
zhùtīngqì 助聽器 2-785A
zhūtóng 朱彤 4-731B
zhútǒng 竹筒 8-1098B
zhútǒng 竹筩 8-1099B
zhǔtōng 屬通 4-67A
zhǔtǒng 屬統 4-68A
zhùtóng 注同 5-1095B
zhùtóng 鑄銅 11-1423A
zhútǒngdàodòuzi 竹筒倒豆子 8-1098B
zhūtóu 諸頭 11-272B
zhùtóu 注頭 5-1098A
zhūtóubìdǐ 珠投璧抵 4-547A
zhútóumùxiè 竹頭木屑 8-1102A
zhūtóusān 猪頭三 5-72B
zhūtóusānshēng 猪頭三牲 5-72B
zhūtū 豬突 10-37A
zhūtú 誅屠 11-173B
zhūtù 珠吐 4-546B
zhútǔ 竺土 8-1105A
zhútù 竹兔 8-1093A
zhútù 逐兔 10-889B
zhǔtǔ 主土 1-695A
zhūtuánshàn 朱團扇 4-739B
zhútuì 逐退 10-890A
zhūtún 珠豚 4-549B
zhùtún 駐屯 12-819A
zhūtuò 珠唾 4-549B
zhútuō 逐脱 10-891A
zhútuò 竹籜 8-1104B
zhǔtuō 屬托 4-65A
zhǔtuō 屬託 4-67A
zhǔtuō 囑托 3-567B
zhǔtuō 囑託 3-567B
zhǔtuó 褚橐 9-105A
zhùtuózhīnìng 祝鮀之佞 7-896A
zhūtūxīyǒng 豬突狶勇 10-37A
zhūwá 猪娃 5-71B
zhūwà 朱韈 4-744A
zhùwài 駐外 12-819A
zhūwán 珠丸 4-546A
zhūwán 珠玩 4-547B
zhùwǎn 注碗 5-1097B
zhūwáng 諸王 11-266B
zhūwáng 豬王 10-37A
zhūwǎng 朱網 4-740A
zhūwǎng 珠網 4-551B
zhūwǎng 蛛罔 8-890A
zhūwǎng 蛛網 8-890B
zhūwàng 諸妄 11-268A
zhúwáng 竹王 8-1089A
zhǔwáng 主王 1-695A
zhǔwàng 屬望 4-67B
zhǔwàng 矚望 7-1269B
zhùwǎng 祝網 7-895B
zhùwàng 佇望 1-1282B
zhùwàng 注望 5-1097A
zhùwàng 祝望 7-894A
zhùwàng 竚望 8-380B
zhúwánglù 逐亡鹿 10-887B
zhùwǎngrén 祝網人 7-895B
zhūwànjuàn 朱萬卷 4-737A
zhūwázi 猪娃子 5-71B
zhūwéi 朱帷 4-736A
zhūwéi 朱幃 4-738A
zhūwéi 珠帷 4-549B
zhūwéi 諸惟 11-271A
zhūwěi 珠緯 4-552A
zhūwěi 諸緯 11-272B
zhuwei 諸位 11-268B
zhūwèi 諸衞 11-272B
zhúwēi 燭微 7-305A
zhǔwéi 主維 1-705A
zhǔwěi 麈尾 12-1290A
zhǔwèi 主位 1-697B
zhùwēi 助威 2-783B
zhùwěi 注委 5-1096A
zhùwèi 宁位 3-1289B
zhùwèi 著位 9-431B
zhūwéicuìrào 珠圍翠繞 4-550A
zhūwéicuìyōng 珠圍翠擁 4-550A
zhǔwěizhīhuì 麈尾之誨 12-1290A
zhūwēn 猪瘟 5-72B
zhūwén 朱文 4-729B
zhūwèn 諸問 11-271A
zhúwén 竺文 8-1105A
zhúwén 逐文 10-888A
zhúwèn 逐問 10-891B
zhǔwén 主文 1-695B
zhǔwén 屬文 4-64B
zhùwén 佇聞 1-1282B
zhùwén 注文 5-1095A
zhùwén 祝文 7-892B
zhùwén 著聞 9-433B
zhùwén 註文 11-116A
zhǔwēng 主翁 1-700B
zhūwéngōng 朱文公 4-729B
zhǔwénjuéjiàn 主文譎諫 1-696A
zhúwēntóu 逐瘟頭 10-892A
zhūwō 朱窩 4-739A
zhūwū 朱屋 4-733B
zhūwū 朱烏 4-734A
zhūwú 蛛蝥 8-890B
zhūwù 諸務 11-271A
zhúwū 竹屋 8-1094B
zhúwǔ 燭武 7-304A
zhúwù 竹塢 8-1099A
zhúwù 逐物 10-889A
zhúwù 燭物 7-304A
zhùwú 注吾 5-1095B
zhùwǔ 疰忤 8-307A
zhùwù 祝物 7-893B
zhúwùbùhuán 逐物不還 10-889B
zhūxī 朱羲 4-742A
zhūxī 朱曦 4-744A
zhūxī 朱曦 4-744A
zhūxī 珠犀 4-550A
zhūxǐ 朱屣 4-740A
zhūxǐ 誅徙 11-173B
zhúxī 竹西 8-1090B
zhúxī 竹溪 8-1100A
zhúxī 竹谿 8-1103A
zhúxí 竹席 8-1096A
zhúxì 逐細 10-891B
zhǔxī 屬昔 4-66A
zhǔxí 主席 1-701A
zhùxī 除夕 11-986B
zhùxī 佇錫 1-1282B
zhùxī 住錫 1-1278B
zhùxī 駐息 12-820B
zhùxī 駐錫 12-821B
zhùxǐ 祝禧 7-896A
zhùxì 駐隙 12-821A
zhūxiá 朱霞 4-742A
zhūxiá 珠柙 4-548A
zhūxià 朱夏 4-734A
zhūxià 諸下 11-266A
zhūxià 諸夏 11-270A
zhùxià 柱下 4-932B
zhùxià 疰夏 8-307A
zhùxià 蛀夏 8-877B
zhūxián 朱弦 4-733A
zhūxián 朱絃 4-737A
zhūxiàn 猪莧 5-72A
zhǔxiàn 主綫 1-705A
zhùxiǎn 駐幰 12-822A
zhūxiāng 朱緗 4-741A
zhūxiāng 朱襄 4-742B
zhūxiàng 朱象 4-736B
zhūxiàng 諸相 11-269B
zhúxiāng 竹箱 8-1101B
zhúxiàng 竹巷 8-1093B
zhǔxiǎng 屬想 4-68A
zhǔxiàng 主相 1-699B
zhùxiāng 駐想 12-821A
zhùxiǎng 佇想 1-1282B
zhùxiǎng 助餉 2-784B
zhùxiǎng 注想 5-1097B
zhùxiàng 著相 9-432A
zhūxiánsāntàn 朱絃三嘆 4-737A
zhūxiānzhèn 朱仙鎮 4-730A
zhūxiāo 朱綃 4-739A
zhūxiāo 朱銷 4-741B
zhūxiāo 硃銷 7-1044B
zhúxiǎo 竹篠 8-1102A
zhúxiào 竹笑 8-1095B
zhùxiāo 注消 5-1096B
zhùxiāo 注銷 5-1098A
zhùxiāo 註銷 11-116B
zhùxiāo 鑄消 11-1422B
zhùxiàogǔcí 祝孝嘏慈 7-893A
zhùxiǎoqīngdà 柱小傾大 4-932B
zhūxiāowénbù 朱銷文簿 4-741B
zhùxiàshǐ 柱下史 4-932B
zhūxié 誅脇 11-173A
zhūxiè 諸謝 11-273A
zhūxiè 瀦泄 6-200B
zhúxiè 燭灺 7-304A
zhùxiě 鑄鎬 11-1423B
zhùxiè 注泄 5-1096A
zhùxiè 注瀉 5-1098B
zhùxiè 祝謝 7-896A
zhùxièwù 鑄瀉務 11-1423B
zhúxīliùyì 竹溪六逸 8-1100A
zhūxīn 誅心 11-171B
zhúxīn 燭心 7-303B
zhúxīn 燭芯 7-303B
zhǔxīn 屬心 4-64B
zhǔxìn 主信 1-699B
zhùxīn 注心 5-1095A
zhùxīn 駐心 12-819A
zhùxīnchóng 蛀心蟲 8-877B
zhūxīng 珠星 4-548A
zhūxíng 誅刑 11-171B
zhūxíng 諸行 11-268A
zhūxìng 諸姓 11-269A

zhúxīng 燭星 7-304A
zhúxíng 竹刑 8-1090B
zhǔxíng 主刑 1-696B
zhùxíng 駐形 12-819B
zhùxíng 鑄型 11-1422A
zhùxìng 佇興 1-1282B
zhùxìng 助興 2-784B
zhùxìng 注興 5-1098A
zhùxìng 著姓 9-432A
zhùxíngshū 鑄刑書 11-1422A
zhǔxīngǔ 主心骨 1-696A
zhùxíngyún 駐行雲 12-819B
zhǔxīnhúntún 主心餛飩
1-696A
zhúxīnqūyì 逐新趣異
10-892A
zhùxīntáojiù 鑄新淘舊
11-1423A
zhūxīnzhīlùn 誅心之論
11-171B
zhūxiōng 諸兄 11-267B
zhūxióng 猪熊 5-72B
zhǔxítuán 主席團 1-701A
zhūxiū 朱糅 4-741B
zhūxiù 朱繡 4-743B
zhúxiù 蠋繡 8-979B
zhūxǐzhūhuán 珠徙珠還
4-549B
zhūxū 朱虛 4-735A
zhūxǔ 諸許 11-271A
zhūxù 瀦畜 6-200B
zhūxù 瀦蓄 6-200B
zhǔxù 主壻 1-703A
zhǔxù 屬續 4-69B
zhùxù 貯蓄 10-173A
zhūxuān 朱宣 4-733B
zhūxuān 朱軒 4-734A
zhūxuān 珠軒 4-548B
zhūxuán 朱玄 4-730A
zhūxuǎn 株選 4-976A
zhúxuān 竹軒 8-1095B
zhúxuàn 逐旋 10-891A
zhùxuān 駐軒 12-820B
zhùxuǎn 注選 5-1098A
zhùxuǎn 註選 11-116B
zhǔxuánlǜ 主旋律 1-702A
zhùxuánshàngbái 注玄尚白
5-1095B
zhūxuē 誅削 11-172B
zhūxué 朱學 4-742A
zhúxué 竺學 8-1105B
zhǔxuě 煮雪 7-96B
zhùxué 助學 2-784B
zhùxuéjīn 助學金 2-784B
zhúxùn 竹蕈 8-1101A
zhùxùn 注訓 5-1096B
zhūyā 硃押 7-1043B
zhūyá 朱崖 4-736A
zhūyá 珠芽 4-547A
zhūyá 珠厓 4-547B
zhūyá 珠崖 4-549B
zhúyá 竹牙 8-1089B
zhúyá 竹芽 8-1091A
zhǔyá 渚牙 5-1341A
zhǔyá 渚芽 5-1341A
zhùyá 蛀牙 8-877B
zhùyá 駐牙 12-819A
zhūyān 朱殷 4-734A
zhūyán 朱炎 4-732B
zhūyán 朱顏 4-743A
zhūyán 珠妍 4-547B
zhūyán 諸嚴 11-273A
zhūyàn 朱爓 4-744A
zhūyàn 朱硯 4-737B
zhūyàn 朱雁 4-737B
zhūyàn 朱厭 4-739B
zhūyàn 朱鴈 4-740B
zhūyàn 諸彥 11-270A
zhúyān 竹煙 8-1100A
zhúyàn 燭燄 7-306A
zhǔyān 渚煙 5-1341B
zhǔyán 主言 1-698A
zhǔyán 煮鹽 7-97A
zhǔyán 麈言 12-1290A
zhǔyán 屬言 4-66A
zhǔyǎn 主眼 1-701B
zhǔyǎn 主演 1-705A
zhǔyàn 屬厭 4-68B
zhǔyàn 屬饜 4-69B
zhùyán 助研 2-783B
zhùyán 祝延 7-893A
zhùyán 貯顏 10-173A
zhùyán 駐顏 12-822A
zhùyán 鑄顏 11-1423A
zhùyán 跓延 10-454B
zhùyǎn 注眼 5-1097A
zhùyǎn 駐眼 12-820B
zhúyānbōyuè 竹煙波月
8-1100A
zhūyáncuìfà 朱顏翠髮
4-743A
zhùyándiàowèi 築岩釣渭
8-1226B
zhùyándiàowèi 築巖釣渭
8-1228A
zhūyáng 朱陽 4-736B
zhūyáng 朱楊 4-738B
zhúyāng 逐殃 10-889B
zhúyǎng 竹養 8-1100B
zhúyàng 竹瀁 8-1103A
zhǔyǎng 屬仰 4-65B
zhùyǎng 注仰 5-1095B
zhúyángxiān 竹揚杴 8-1097B
zhūyánlǜfà 朱顏綠髮
4-743B
zhùyányìshòu 駐顏益壽
12-822A
zhūyánzǐ 朱顏子 4-743A
zhūyào 諸要 11-269B
zhúyào 燭曜 7-306A
zhúyào 燭燿 7-306B
zhúyào 燭耀 7-306B
zhǔyāo 主腰 1-704A
zhǔyào 主要 1-699B
zhùyào 祝藥 7-896B
zhùyáolíng 祝堯齡 7-894A
zhūyázi 猪牙子 5-71A
zhūyé 朱邪 4-730B
zhūyé 朱耶 4-732A
zhūyě 豬野 10-37B
zhūyě 豬壄 10-37B
zhúyè 竹葉 8-1097B
zhúyè 燭夜 7-304A
zhǔyè 主業 1-703B
zhùyē 祝噎 7-895B
zhùyě 鑄冶 11-1422A
zhùyè 除夜 11-988A
zhùyè 住夜 1-1277B
zhúyècài 竹葉菜 8-1098A
zhúyècǎo 竹葉草 8-1098A
zhúyèguān 竹葉冠 8-1098A
zhúyèhuā 燭夜花 7-304A
zhúyèjǐn 竹葉錦 8-1098A
zhúyèqiāng 竹葉槍 8-1098A
zhúyèqīng 竹葉青 8-1097B
zhúyèqīng 竹葉清 8-1098A
zhúyèzhǐ 竹葉紙 8-1098A
zhúyèzhōu 竹葉舟 8-1097B
zhùyēzhùgěng 祝餲祝鯁
7-896A
zhùyēzhùgěng 祝咽祝哽
7-893B
zhūyī 朱衣 4-731A
zhūyī 銖衣 11-1264A
zhūyí 猪胰 5-72A
zhūyí 誅戹 11-171B
zhūyí 誅夷 11-171B
zhūyí 諸宜 11-269A
zhūyì 誅刈 11-171B
zhūyì 誅意 11-174A
zhúyī 逐一 10-887B
zhúyí 蝪蛦 8-945B
zhúyí 逐夷 10-888B
zhúyí 鱁鮧 12-1252B
zhúyì 竹義 8-1100A
zhúyì 竹驛 8-1104B
zhúyì 逐疫 10-890A
zhúyì 逐意 10-892A
zhǔyì 主意 1-704A
zhǔyī 褚衣 9-105A
zhǔyī 主一 1-694A
zhǔyī 主衣 1-697B
zhǔyí 拄頤 6-496B
zhǔyì 主義 1-704B
zhǔyì 主議 1-706B
zhǔyì 屬役 4-66A
zhǔyì 屬意 4-68A
zhùyì 注挹 5-1096B
zhùyī 柱衣 4-933A
zhùyī 紵衣 9-798A
zhùyí 駐疑 12-821A
zhùyǐ 注倚 5-1096B
zhùyì 澍意 6-123A
zhùyì 助翊 2-784A
zhùyì 注易 5-1096A
zhùyì 注意 5-1097B
zhùyì 祝意 7-895A
zhūyīdiǎntóu 朱衣點頭
4-731A
zhùyì'er 助意兒 2-784B
zhūyīguān 朱衣官 4-731A
zhūyīláng 朱衣郎 4-731A
zhūyīlì 朱衣吏 4-731A
zhùyìlì 注意力 5-1098A
zhūyín 朱垠 4-733A
zhūyǐn 株引 4-975B
zhūyìn 硃印 7-1043A
zhúyīn 竹陰 8-1096A
zhúyīn 燭陰 7-304B
zhúyín 燭銀 7-305B
zhǔyīn 主因 1-697A
zhǔyīn 主音 1-700A
zhǔyǐn 屬引 4-64B
zhǔyìn 主印 1-696A
zhùyīn 注音 5-1096A
zhùyīn 築堙 8-1227B
zhùyìn 鑄印 11-1422A
zhūyīng 朱英 4-732A
zhūyīng 朱櫻 4-744A
zhūyīng 珠櫻 4-554A
zhūyīng 珠瓔 4-554A
zhūyīng 珠纓 4-554B
zhūyíng 朱嬴 4-742A
zhūyíng 株楹 4-976A
zhūyìng 珠映 4-548A
zhúyíng 燭營 7-306A
zhúyǐng 逐影 10-892A
zhúyǐng 燭影 7-305B
zhǔyīng 屬膺 4-69A
zhùyíng 注熒 5-1098A
zhùyíng 注螢 5-1098A
zhùyíng 駐營 12-821B
zhùyíng 築營 8-1228A
zhùyǐng 駐影 12-821B
zhúyǐngfèishēng 逐影吠聲
10-892A
zhúyǐngfǔshēng 燭影斧聲
7-305B
zhúyǐngsuíbō 逐影隨波
10-892A
zhùyīngtái 祝英臺 7-893A
zhùyīngtáijìn 祝英臺近
7-893A
zhúyǐngxúnshēng 逐影尋聲
10-892A
zhūyīngyàn 珠櫻宴 4-554A
zhúyǐngyáohóng 燭影搖紅
7-305B
zhūyīniǎo 朱衣鳥 4-731A
zhùyìqián 助役錢 2-783A
zhūyīshǐzhě 朱衣使者
4-731A
zhǔyīwúshì 主一無適
1-694A
zhǔyǒng 屬詠 4-67B
zhùyōng 著庸 9-433A
zhūyōu 侏優 1-1338B
zhūyǒu 諸有 11-268A
zhúyōu 燭幽 7-304B
zhúyóu 燭油 7-304A
zhǔyóu 屬遊 4-68A
zhǔyǒu 主友 1-695A
zhǔyǒu 主有 1-697A
zhùyóu 祝由 7-892B
zhūyǒucǐlèi 諸有此類
11-268A

zhūyóuhuòyào 朱游和藥 4-738A
zhùyóukē 祝由科 7-892B
zhūyóutiáohuà 蛛遊蜩化 8-890A
zhūyū 潴淤 6-200B
zhūyú 朱于 4-729A
zhūyú 朱魚 4-736B
zhūyú 朱愚 4-738B
zhūyú 茱萸 9-379A
zhūyú 諸于 11-266A
zhūyú 諸衧 11-269A
zhūyú 諸餘 11-272B
zhūyǔ 朱羽 4-731B
zhūyǔ 朱語 4-739B
zhūyǔ 珠雨 4-547B
zhūyǔ 硃語 7-1044B
zhūyǔ 誅語 11-174B
zhūyù 珠玉 4-546A
zhūyù 硃諭 7-1044B
zhūyù 諸御 11-272A
zhúyú 竹魚 8-1097A
zhúyú 竹輿 8-1103A
zhúyú 瘃魚 8-330B
zhúyú 蠋蝓 8-1015B
zhúyǔ 竹雨 8-1093A
zhúyǔ 竹嶼 8-1102A
zhúyù 鸀鳿 12-1165A
zhúyù 鸀鳿 12-1165A
zhúyù 竺域 8-1105A
zhǔyú 屬臾 4-66A
zhǔyú 屬寓 4-68A
zhǔyǔ 主語 1-705A
zhǔyù 屬玉 4-64B
zhùyú 祝予 7-892B
zhùyú 祝余 7-893A
zhùyǔ 助語 2-784B
zhùyǔ 注雨 5-1095B
zhùyǔ 柷圄 4-913A
zhùyǔ 柷圉 4-913B
zhùyǔ 柷敔 4-913B
zhùyǔ 祝圄 7-894A
zhùyǔ 祝圉 7-894A
zhùyǔ 祝敔 7-894A
zhùyǔ 紵嶼 9-798A
zhùyǔ 註語 11-116B
zhùyǔ 霔雨 11-707A
zhùyǔ 鑄語 11-1423A
zhùyù 築鬻 8-1228A
zhūyuán 諸緣 11-272B
zhūyuǎn 誅遠 11-174A
zhúyuán 竹園 8-1099A
zhúyuǎn 燭遠 7-305A
zhúyuàn 竹院 8-1094B
zhǔyuán 屬垣 4-66B
zhǔyuàn 屬怨 4-66B
zhùyuàn 住院 1-1277B
zhùyuàn 祝願 7-896B
zhúyuánjīngshè 竹園精舍 8-1099A
zhǔyuányǒu'ěr 屬垣有耳 4-66B
zhūyuányùjié 珠圓玉潔 4-550B
zhūyuányùrùn 珠圓玉潤 4-550B
zhūyuè 朱鉞 4-739A
zhūyuè 銖龠 11-1264B
zhūyuè 諸越 11-271A
zhúyuè 竹月 8-1089B
zhúyuè 逐月 10-888A
zhǔyùguàn 屬玉觀 4-64B
zhūyúhuì 茱萸會 9-379B
zhūyújié 茱萸節 9-379B
zhūyújǐn 茱萸錦 9-379B
zhūyún 朱雲 4-737B
zhúyún 竹筠 8-1099B
zhúyùn 竹韻 8-1104A
zhúyùn 逐韻 10-892B
zhùyún 杼雲 4-887A
zhùyún 駐雲 12-821A
zhūyúnáng 茱萸囊 9-379B
zhùyúnhánwù 貯雲含霧 10-173A
zhūyúnjiàn 朱雲檻 4-737B
zhūyúnǚ 茱萸女 9-379B
zhūyúnzhéjiàn 朱雲折檻 4-737B
zhúyùrúní 劚玉如泥 2-759A
zhùzā 住紮 1-1277B
zhùzā 住劄 1-1278A
zhūzǎi 猪仔 5-71A
zhūzǎi 豬崽 10-37B
zhūzǎi 豬仔 10-37A
zhǔzǎi 主宰 1-701A
zhùzǎi 祝宰 7-894A
zhùzàidì 駐在地 12-819B
zhùzàiguó 駐在國 12-819B
zhūzǎiguóhuì 猪仔國會 5-71A
zhūzǎiyìyuán 猪仔議員 5-71A
zhūzān 珠簪 4-553A
zhǔzàn 囑贊 3-567B
zhùzàn 祝贊 7-896B
zhùzàn 祝讚 7-897A
zhùzàn 註贊 11-116B
zhǔzàng 主藏 1-705B
zhǔzàng 主葬 1-703A
zhùzàng 助葬 2-784A
zhùzào 築造 8-1227A
zhùzào 鑄造 11-1422B
zhūzé 珠澤 4-552B
zhūzé 誅責 11-173A
zhúzé 竹簀 8-1102B
zhǔzé 主則 1-699B
zhǔzé 渚澤 5-1341B
zhúzhà 竹柵 8-1094B
zhúzhà 窋窡 8-441A
zhùzhā 駐劄 12-820B
zhùzhā 駐紮 12-820A
zhùzhā 駐紥 12-820B
zhùzhā 駐劄 12-821A
zhùzhā 駐扎 12-819A
zhùzhá 駐札 12-819A
zhúzhāi 竹齋 8-1103A
zhùzhái 住宅 1-1277A
zhùzháiqū 住宅區 1-1277A
zhūzhǎn 朱盞 4-738B
zhūzhǎn 誅斬 11-173A
zhūzhàn 朱棧 4-737A
zhúzhàn 竹棧 8-1098A
zhúzhàn 逐戰 10-892B
zhūzhǎng 豬漲 6-200B
zhūzhàng 朱杖 4-731B
zhūzhàng 珠帳 4-549B
zhúzhàng 竹杖 8-1091A
zhǔzhāng 主張 1-702B
zhǔzhāng 主章 1-702A
zhǔzhāng 屬章 4-67B
zhǔzhǎng 主長 1-698B
zhǔzhǎng 主掌 1-703A
zhǔzhàng 主仗 1-696A
zhǔzhàng 拄杖 6-496A
zhǔzhàng 柱杖 4-933B
zhùzhǎng 助長 2-783B
zhùzhàng 築障 8-1227B
zhūzhào 朱櫂 4-742B
zhúzhāo 逐朝 10-891B
zhúzhào 燭炤 7-304B
zhúzhào 燭照 7-305A
zhúzhào 燭罩 7-305A
zhúzhàolí 竹笊籬 8-1095B
zhúzhàoshùjì 燭照數計 7-305A
zhūzhé 誅磔 11-174B
zhūzhé 誅謫 11-175A
zhūzhé 諸蟄 11-273A
zhūzhè 藷蔗 9-605B
zhūzhè 諸柘 11-269B
zhūzhè 諸蔗 11-272A
zhúzhè 竹蔗 8-1100A
zhǔzhě 主者 1-698B
zhǔzhě 屬者 4-66A
zhùzhé 駐轍 12-822A
zhùzhě 著者 9-432A
zhūzhēn 珠珍 4-548A
zhūzhēn 諸真 11-270A
zhūzhèn 誅震 11-174B
zhúzhěn 竹枕 8-1093A
zhúzhèn 竹陣 8-1094B
zhúzhèn 逐陣 10-890A
zhùzhěn 駐軫 12-821A
zhùzhèn 助陣 2-783B
zhùzhèn 助賑 2-784B
zhūzhèng 諸正 11-267A
zhúzhēng 逐争 10-888B
zhǔzhèng 主政 1-699B
zhūzhēntìgěng 誅榛薙梗 11-174A
zhúzhēnyǎn 竹針眼 8-1096A
zhǔzhěshīxíng 主者施行 1-698B
zhūzhī 猪脂 5-72A
zhūzhī 蛛蜘 8-890B
zhūzhī 豬脂 10-37B
zhūzhì 豬彘 10-37B
zhúzhī 竹枝 8-1092B
zhúzhī 燭知 7-304A
zhúzhí 躅蹢 10-562A
zhúzhí 躅躑 10-562A
zhúzhǐ 竹紙 8-1096A
zhǔzhī 煮汁 7-96A
zhǔzhí 主執 1-701B
zhǔzhǐ 主旨 1-697A
zhǔzhǐ 主指 1-699B
zhǔzhì 主治 1-699A
zhǔzhì 屬志 4-65B
zhǔzhì 囑致 3-567B
zhùzhǐ 住止 1-1277A
zhùzhǐ 住址 1-1277A
zhùzhǐ 駐止 12-819A
zhùzhì 住滯 1-1278A
zhùzhì 柱質 4-934A
zhùzhì 貯滯 10-173A
zhùzhì 築治 8-1226B
zhúzhīcí 竹枝詞 8-1092B
zhúzhīgē 竹枝歌 8-1092B
zhúzhīniáng 竹枝娘 8-1092B
zhúzhīqǔ 竹枝曲 8-1092B
zhúzhīshāng 竹枝觴 8-1092B
zhūzhǒng 諸種 11-272A
zhūzhòng 朱仲 4-730B
zhūzhòng 諸衆 11-272A
zhùzhòng 注重 5-1096A
zhúzhōnggāoshì 竹中高士 8-1089B
zhūzhòu 朱噣 4-741B
zhúzhōu 竹舟 8-1090B
zhǔzhóu 主軸 1-703A
zhùzhōu 柱州 4-933B
zhùzhōu 駐輈 12-821A
zhùzhóu 佇軸 1-1282B
zhùzhóu 杼柚 4-886B
zhùzhóu 杼軸 4-887A
zhùzhóu 駐軸 12-821A
zhǔzhōufénxū 煮粥焚鬚 7-96B
zhùzhóukōngxū 杼柚空虚 4-886B
zhùzhóukùn 杼軸困 4-887A
zhùzhóuqíkōng 杼柚其空 4-886B
zhùzhòuwéinüè 助紂爲虐 2-783B
zhùzhóuzhīkōng 杼柚之空 4-886B
zhūzhū 咮咮 3-328A
zhūzhū 朱朱 4-730B
zhūzhū 朱茱 4-733A
zhūzhū 侏侏 1-1337B
zhūzhū 蛛蛛 8-890A
zhūzhū 跦跦 10-462B
zhūzhú 朱竹 4-730B
zhūzhú 誅逐 11-173A
zhūzhú 諸逐 11-270B
zhūzhǔ 諸主 11-267B
zhūzhù 珠柱 4-548A
zhúzhú 竹燭 8-1103A
zhúzhú 浀浀 5-1115B
zhúzhú 逐逐 10-890B
zhúzhú 燭竹 7-303B
zhúzhú 燭燭 7-306A
zhúzhú 躅躅 10-562A
zhúzhú 灟灟 6-223B
zhúzhú 筑筑 8-1143A

zhúzhù 竹筯 8-1099B
zhúzhù 竹箸 8-1100B
zhǔzhǔ 主主 1-696A
zhǔzhǔ 屬屬 4-69B
zhǔzhù 屬著 4-67A
zhùzhù 庶庶 3-1237B
zhùzhù 祝祝 7-893B
zhùzhù 築築 8-1227B
zhūzhuàn 朱篆 4-741A
zhúzhuàn 竹篆 8-1101B
zhùzhuàn 著撰 9-433B
zhùzhuàn 箸撰 8-1187A
zhúzhuàng 竹撞 8-1101A
zhùzhuàng 柱壯 4-933B
zhūzhūbáibái 朱朱白白 4-730B
zhūzhūfěnfěn 朱朱粉粉 4-730B
zhūzhuì 朱綴 4-740A
zhūzhuì 珠綴 4-551B
zhúzhuī 竹錐 8-1102B
zhúzhuī 逐追 10-889B
zhúzhuì 瘃墜 8-330B
zhǔzhuì 屬綴 4-68B
zhūzhūjiàoliáng 銖銖較量 11-1264B
zhúzhuó 窋窡 8-441A
zhùzhuó 住著 1-1278A
zhūzi 珠子 4-546A
zhūzī 銖錙 11-1264B
zhūzī 諸資 11-272A
zhūzǐ 朱子 4-729A
zhūzǐ 朱紫 4-737B
zhūzǐ 諸子 11-266B
zhūzǐ 櫧子 4-1356B
zhūzì 朱字 4-731B
zhúzi 竹子 8-1089A
zhúzì 逐字 10-888B
zhǔzi 主子 1-695A
zhùzi 注子 5-1095A
zhùzi 柱子 4-932B
zhùzi 箸子 8-1186B
zhùzǐ 袾子 7-914A
zhùzì 助字 2-783A
zhùzì 鑄字 11-1422A
zhūzǐbǎijiā 諸子百家 11-266B
zhūzidēng 珠子燈 4-546A
zhūzihè 珠子褐 4-546A
zhūzihuā'er 珠子花兒 4-546A
zhūzǐjiāojìng 朱紫交競 4-737B
zhūzijú 珠子菊 4-546A
zhūzǐxiāngduó 朱紫相奪 4-737B
zhūzìzhào 硃字詔 7-1043A
zhúzìzhújù 逐字逐句 10-888B
zhūzōng 猪鬃 5-73A
zhūzōng 諸宗 11-269A
zhūzǒng 朱總 4-742B
zhùzōng 祝宗 7-893B
zhùzòng 駐蹤 12-821B
zhúzǒu 逐走 10-888B
zhūzú 誅族 11-173B
zhūzǔ 朱組 4-736B
zhúzú 躅足 10-562A
zhúzǔ 竹祖 8-1094B
zhùzú 佇足 1-1282A
zhùzú 駐足 12-819B
zhūzǔgū 諸祖姑 11-270A
zhūzuì 誅罪 11-174A
zhúzuì 竹醉 8-1101A
zhùzuǐ 住嘴 1-1278B
zhūzuǐguān 猪觜關 5-72A
zhūzuǐlitùbùchūxiàngyá 猪嘴裏吐不出象牙 5-72B
zhúzuìrì 竹醉日 8-1101A
zhūzuǐwēn 猪嘴瘟 5-72B
zhúzūnzhě 竹尊者 8-1098B
zhūzuò 株坐 4-975B
zhūzuò 誅坐 11-172A
zhūzuò 諸作 11-268B
zhúzuó 竹笮 8-1097A
zhúzuò 竹作 8-1091B
zhǔzuò 主坐 1-698A
zhǔzuò 主胙 1-700A
zhùzuò 住坐 1-1277A
zhùzuò 著作 9-431B
zhùzuò 箸作 8-1187A
zhùzuò 築作 8-1226B
zhùzuò 鑄作 11-1422A
zhùzuòláng 著作郎 9-431B
zhùzuòquán 著作權 9-431B
zhúzuòrén 逐坐人 10-889A
zī'ài 資愛 10-205B
zǐ'ài 子愛 4-174A
zǐ'ài 紫艾 9-814A
zì'ài 字愛 4-195A
zì'ài 自愛 8-1331B
zǐ'àishòu 紫艾綬 9-814A
zǐ'ān 子安 4-168A
zì'ān 自安 8-1312B
zī'áo 呰嗷 11-170A
zī'áo 呰謷 11-170A
zī'áo 呰警 11-170B
zì'ào 恣驁 7-506B
zìbá 自拔 8-1315B
zībái 玆白 2-138B
zībái 咨白 3-344B
zībái 兹白 2-370A
zībái 緇白 9-928A
zībái 諮白 11-349B
zǐbài 呰敗 3-414B
zìbái 自白 8-1309B
zībàng 資傍 10-204B
zǐbàng 呰謗 11-170B
zībǎo 貲寶 10-197B
zībào 咨報 3-345B
zībào 諮報 11-350A
zìbào 恣暴 7-506B
zìbàogōngyì 自報公議 8-1327B
zìbàojiāmén 自報家門 8-1327B
zìbàoqì 自暴棄 8-1334B
zìbàozìqì 自暴自弃 8-1334B
zìbàozìqì 自暴自棄 8-1334B
zībèi 資備 10-204B
zǐbèi 紫貝 9-815B
zìbēi 自卑 8-1317B
zīběn 貲本 10-196A
zīběn 資本 10-200B
zǐběn 子本 4-166B
zǐběng 仔琫 1-1154B
zīběnjiā 資本家 10-201A
zīběnzhǔyì 資本主義 10-201A
zībì 貲幣 10-197A
zībì 資幣 10-206A
zǐbì 梓椑 4-1058B
zǐbì 滓敝 6-41A
zìbì 自必 8-1310B
zìbì 自蔽 8-1332B
zìbì 自斃 8-1337A
zībiàn 資辨 10-207A
zībiàn 資辯 10-207B
zìbiàn 自便 8-1321A
zībiǎo 姿表 4-345B
zǐbiāo 紫摽 9-820B
zǐbiāo 紫幖 9-822A
zǐbiǎo 紫檦 9-822B
zìbiāo 自標 8-1334B
zìbiǎo 自表 8-1315B
zǐbiē 紫鼈 9-823A
zībìn 髭鬢 12-741A
zībìn 髭頻 12-741A
zībǐng 咨稟 3-345B
zībǐng 姿稟 4-346B
zībǐng 資稟 10-205B
zībǐng 諮稟 11-350B
zǐbǐng 紫餅 9-820B
zǐbìng 呰病 11-169B
zìbìng 自并 8-1312B
zìbìng 漬病 6-47A
zībó 貲帛 10-196A
zǐbó 呰薄 11-170B
zìbó 自搏 8-1331A
zībǔ 滋補 5-1516A
zībǔ 資哺 10-203B
zībǔ 資補 10-205A
zībù 帗布 3-705B
zībù 貲布 10-196A
zībù 貲簿 10-197B
zībù 資簿 10-207B
zībù 緇布 9-928A
zǐbù 子部 4-171B
zìbǔ 自卜 8-1306B
zībùguān 緇布冠 9-928A
zìbùliàngli 自不量力 8-1307B
zǐbùyǔ 子不語 4-165B
zīcái 齎材 12-1443A
zīcái 姿才 4-345A
zīcái 貲財 10-196B
zīcái 資材 10-201B
zīcái 資財 10-203B
zīcǎi 姿采 4-345B
zīcǎi 姿彩 4-346A
zǐcái 梓材 4-1058A
zǐcài 紫菜 9-818A
zìcái 自財 8-1324A
zìcái 自裁 8-1327A
zīcān 諮參 11-350A
zìcán 自殘 8-1328A
zìcán 自慚 8-1333B
zìcán 自慙 8-1334B
zīcáng 貲藏 10-197B
zīcáng 資藏 10-207A
zìcáng 自藏 8-1336B
zìcánxínghuì 自慚形穢 8-1334A
zīcāo 姿操 4-347A
zǐcǎo 茈草 9-365B
zìcāojǐngjiù 自操井臼 8-1335B
zīchán 諮禪 11-351A
zīchán 髭蟾 12-741A
zīchǎn 滋產 5-1516A
zīchǎn 貲產 10-196B
zīchǎn 資產 10-204A
zǐchǎn 呰產 11-169B
zǐchǎn 子產 4-172B
zǐchǎng 子廠 4-174B
zīchǎnjiējí 資產階級 10-204A
zīchǎnjiējígémìng 資產階級革命 10-204A
zìchánzìzhòu 自僝自僽 8-1333A
zìcháo 自嘲 8-1334B
zīchē 輜車 9-1296B
zǐchē 子車 4-168A
zīchén 緇塵 9-929A
zǐchén 紫宸 9-817B
zǐchén 滓塵 6-41B
zìchén 自陳 8-1325A
zìchén 自塵 8-1333B
zìchèn 自稱 8-1333A
zīchéng 齊盛 12-1432B
zīchéng 咨呈 3-344B
zīchéng 粢盛 9-214A
zīchéng 資承 10-203A
zīchéng 諮承 11-350A
zīchéng 齍盛 12-1442B
zǐchéng 呰程 11-169B
zǐchéng 子城 4-170A
zìchēng 自稱 8-1333A
zìchéng 自乘 8-1324A
zìchéng 自程 8-1328A
zìchěng 自逞 8-1323B
zìchěng 自騁 8-1336B
zīchéngguān 諮呈官 11-349B
zìchéngyīgé 自成一格 8-1311B
zìchéngyījiā 自成一家 8-1311B
zǐchí 紫墀 9-821B
zǐchì 呰叱 11-168B
zìchí 自持 8-1319B
zìchǐ 自侈 8-1317B
zìchì 自勅 8-1323B

zìchì 自飭 8-1328B
zǐchìbō 紫叱撥 9-814B
zǐchōng 子充 4-168A
zīchóu 諮疇 11-351A
zīchǔ 貲儲 10-197B
zīchǔ 資儲 10-207A
zīchù 孳畜 4-238B
zǐchù 仔畜 1-1154A
zǐchù 子畜 4-171B
zìchū 自出 8-1310B
zìchǔ 自處 8-1325B
zǐchuán 梓傳 4-1058B
zīchuí 錙錘 11-1346B
zìchuī 自炊 8-1318B
zìchuīzìléi 自吹自擂 8-1313B
zìchuīzìpěng 自吹自捧 8-1313B
zìchūjīzhóu 自出機軸 8-1310B
zìchūjīzhù 自出機杼 8-1310B
zìchūxīncái 自出心裁 8-1310B
zìchūxīncái 自出新裁 8-1310B
zīcì 資次 10-201B
zīcóng 資從 10-204A
zìcóng 自從 8-1326B
zīcū 資麤 10-208A
zīcuī 齋縗 12-1442B
zīcuī 齊縗 12-1436B
zīcuī 齊衰 12-1432A
zīcuī 縝縗 9-1042B
zīcuī 資衰 10-204A
zìcún 自存 8-1311A
zīcuō 緇撮 9-929B
zìcuòtóngyì 自厝同異 8-1323B
zìdá 自達 8-1327B
zìdà 自大 8-1307A
zǐdàfū 子大夫 4-165A
zīdài 咨逮 3-345B
zīdài 資代 10-201A
zīdài 資待 10-203A
zīdài 資貸 10-204B
zǐdài 紫軑 9-817B
zìdài 自待 8-1321A
zìdàkuáng 自大狂 8-1307A
zǐdǎn 紫膽 9-822A
zǐdàn 子彈 4-174B
zǐdǎng 子黨 4-175B
zìdāng 自當 8-1331B
zìdàng 恣蕩 7-506B
zǐdào 子道 4-173B
zīdé 資德 10-206B
zìdé 自得 8-1326A
zìdéqílè 自得其樂 8-1326A
zīdí 資敵 10-206B
zīdì 資地 10-201A
zǐdī 子堤 4-173A
zǐdǐ 訾詆 11-169B
zǐdì 子地 4-168A
zǐdì 子弟 4-168B
zǐdì 姊弟 4-310A
zǐdì 姊娣 4-310B
zǐdì 紫的 9-815B
zǐdì 紫菂 9-818A
zīdiǎn 緇點 9-929B
zǐdiàn 子店 4-169B
zǐdiàn 紫殿 9-820B
zǐdiàn 紫電 9-820A
zìdiǎn 字典 4-193A
zìdiǎn 自點 8-1336B
zìdiǎnzhǐ 字典紙 4-193A
zīdiào 姿調 4-347A
zīdiào 資調 10-206B
zǐdiāo 紫貂 9-819B
zìdiào 字調 4-195B
zǐdìbīng 子弟兵 4-168B
zǐdìjūn 子弟軍 4-169A
zìdìng 自定 8-1319A
zǐdìshū 子弟書 4-169A
zīdōng 資東 10-202A
zīdòng 滋動 5-1516A
zìdòng 自動 8-1326A
zìdòngcí 自動詞 8-1326A
zìdònghuà 自動化 8-1326A
zìdòngqiāng 自動槍 8-1326A
zīdù 姿度 4-345B
zīdù 淄蠹 5-1438A
zīdù 資度 10-203B
zǐdū 子都 4-171A
zǐdū 紫都 9-817A
zìdú 恣毒 7-505B
zìdù 自度 8-1322A
zīduàn 諮斷 11-351A
zǐduǎn 訾短 11-169B
zīduì 咨對 3-346A
zīduō 嗞咄 3-449B
zīduó 咨度 3-345A
zīduó 諮度 11-350A
zǐduó 訾度 11-169A
zìduō 自多 8-1312B
zìduó 自度 8-1322A
zìdùqǔ 自度曲 8-1322A
zǐ'é 子鵝 4-175B
zī'ér 錙兒 12-1245B
zī'ěr 咨爾 3-346A
zǐ'er 姊兒 4-310A
zì'ěr 自爾 8-1332B
zì'èr 自貳 8-1327A
zīfā 齋發 12-1444A
zīfà 髭髮 12-740B
zīfà 頿髮 12-336B
zìfā 自發 8-1330B
zìfá 自伐 8-1311B
zīfān 孳蕃 4-239A
zīfān 滋蕃 5-1516B
zīfán 滋繁 5-1517A
zǐfán 子煩 4-174A
zìfǎn 自反 8-1307B
zīfāng 資方 10-200B
zīfǎng 咨訪 3-345A
zīfǎng 諮訪 11-350A
zǐfāng 蚟蚄 8-861B
zǐfāng 紫芳 9-815B
zǐfāng 滓方 6-41A
zǐfáng 子房 4-170A
zǐfáng 紫房 9-816A
zìfàng 自放 8-1318A
zìfàng 恣放 7-505B
zǐfāngguǎn 紫方館 9-814A
zǐfāngxīn 紫芳心 9-815B
zǐfāngzhì 紫芳志 9-815B
zìfāshìlì 自發勢力 8-1330B
zīfēi 兹非 2-139A
zīfēi 兹飛 2-139A
zīfèi 貲費 10-196B
zīfèi 資屝 10-204B
zīfèi 資費 10-205A
zìfēi 自非 8-1316B
zìféi 自肥 8-1318A
zìfén 自焚 8-1328A
zìfèn 自分 8-1308A
zìfèn 自奮 8-1335B
zīfèng 資奉 10-202A
zīfèng 資俸 10-204A
zǐfèng 紫鳳 9-821A
zìfēng 自封 8-1319B
zìfèng 自奉 8-1315B
zǐfēngliú 紫風流 9-817A
zīfū 資鈇 10-205A
zīfú 純服 9-753B
zīfú 咨服 3-345A
zīfú 資福 10-205B
zīfú 緇服 9-928B
zīfǔ 齊斧 12-1430A
zīfǔ 資斧 10-202B
zīfǔ 資釜 10-204A
zīfǔ 資輔 10-206A
zīfù 孳阜 4-238A
zīfù 滋阜 5-1515A
zīfù 資父 10-200B
zīfù 資賦 10-206A
zǐfù 訾富 11-169B
zǐfū 姊夫 4-310A
zǐfú 子服 4-169B
zǐfú 紫服 9-815B
zǐfú 紫紱 9-819A
zǐfǔ 紫府 9-815B
zǐfù 子父 4-166A
zǐfù 子婦 4-173A
zìfú 自服 8-1318A
zìfǔ 胔腐 8-1067B
zìfù 自負 8-1321B
zìfù 自偩 8-1326A
zìfù 自副 8-1325B
zìfù 剚腹 2-699B
zìfùbùfán 自負不凡 8-1322A
zǐgài 紫蓋 9-819B
zǐgàihuángqí 紫蓋黃旗 9-819B
zīgàn 資幹 10-205A
zǐgàn 紫紺 9-819A
zìgān 自甘 8-1308B
zìgānbàoqì 自甘暴棄 8-1308B
zǐgànqián 子紺錢 4-173A
zīgāo 滋膏 5-1516B
zǐgāo 紫羔 9-817B
zǐgào 紫誥 9-821A
zìgāo 自高 8-1324B
zìgào 自告 8-1313B
zìgàofènyǒng 自告奮勇 8-1313B
zìgāozìdà 自高自大 8-1324B
zīgé 姿格 4-346A
zīgé 資格 10-203B
zǐgé 紫閣 9-821A
zǐgè 子箇 4-174A
zìgē 自割 8-1329B
zìgé 字格 4-193B
zìgé 胔骼 8-1067B
zìgè'er 自個兒 8-1324A
zīgēn 髭根 12 740B
zìgēng 胾羹 8-1067A
zìgēngnóng 自耕農 8-1323B
zīgōng 資供 10-202B
zǐgōng 子公 4-166B
zǐgōng 子宮 4-170B
zǐgōng 梓宮 4-1058A
zǐgōng 紫宮 9-817A
zìgōng 自公 8-1308A
zìgōng 自功 8-1308B
zìgōng 自宮 8-1322B
zìgōng 自躬 8-1324A
zìgòng 自供 8-1317B
zìgòngzhuàng 自供狀 8-1317B
zīgòu 咨覯 3-346A
zīgòu 滋垢 5-1515B
zǐgòu 滓垢 6-41A
zǐgòu 訾詬 11-170A
zǐgòu 訾垢 7-1202B
zǐgū 子姑 4-170A
zǐgū 紫姑 9-816B
zǐgǔ 子穀 4-174B
zìgū 字孤 4-193A
zìgǔ 自古 8-1308B
zìgù 自固 8-1317A
zìgù 自顧 8-1337B
zǐguān 梓棺 4-1058B
zìguǎng 自廣 8-1333B
zǐguānggé 紫光閣 9-815A
zǐguǎnlǐ 子管裹 4-174A
zìgùbùxiá 自顧不暇 8-1338A
zǐguī 子鳺 4-175B
zǐguī 子巂 4-175B
zǐguī 子規 4-172A
zǐguī 子嶲 4-175B
zǐguī 子堆 4-173A
zǐguī 子龜 4-175A
zǐguī 姊歸 4-310B
zǐguī 秭鳺 8-34A
zǐguī 紫龜 9-822A
zìguī 自歸 8-1337A
zìguǐ 自詭 8-1332A
zìguǐ 恣詭 7-506B
zìgùzì 自顧自 8-1338A
zǐhǎi 紫海 9-817B
zìhái 胔骸 8-1067B

zìhài 自害 8-1324B
zǐhán 子韓 4-175A
zǐhàn 紫漢 9-821A
zìhàn 自汗 8-1312B
zīháo 錙毫 11-1346A
zìhào 齋號 12-1442B
zǐháo 紫毫 9-818B
zìhao 字號 4-194B
zìháo 自豪 8-1333B
zìhǎo 自好 8-1313A
zìhào 字號 4-194B
zìhào 自好 8-1313A
zīhè 緇褐 9-929A
zīhē 訾呵 11-168B
zǐhé 紫荷 9-817A
zìhé 自合 8-1312A
zìhé 自劾 8-1318B
zǐhéchē 紫河車 9-816A
zìhén 漬痕 6-47A
zǐhénáng 紫荷囊 9-817B
zìhèng 恣横 7-506B
zǐhétuó 紫荷橐 9-817A
zìhòu 咨候 3-345A
zìhòu 自厚 8-1320B
zìhòu 自後 8-1321B
zīhū 咨虖 3-345A
zīhú 髭胡 12-740B
zīhù 貲户 10-196A
zīhù 資户 10-200B
zǐhú 紫狐 9-815B
zǐhù 子户 4-166B
zìhū 自呼 8-1317A
zìhǔ 牸虎 6-268A
zīhuá 滋滑 5-1516A
zīhuà 咨畫 3-345B
zīhuà 資畫 10-205A
zìhuà 字畫 4-194B
zìhuà 自化 8-1307B
zìhuà 自畫 8-1330A
zīhuàn 資宦 10-203B
zǐhuàn 紫渙 9-817B
zìhuán 自環 8-1336B
zīhuáng 緇黄 9-929A
zǐhuáng 紫皇 9-817A
zǐhuáng 訾黄 11-169B
zǐhuángdì 子皇帝 4-170B
zīhuì 姿慧 4-346B
zīhuì 滋穢 5-1517A
zīhuì 貲賄 10-197A
zīhuì 資賄 10-205B
zǐhuǐ 訾毀 11-170A
zǐhuǐ 訾詯 11-170B
zǐhuì 子惠 4-173B
zǐhuì 滓薉 6-41B
zǐhuì 滓穢 6-41B
zìhuī 姿媠 4-346A
zìhuì 字彙 4-195B
zìhuì 自晦 8-1326A
zīhùn 滋溷 5-1516A
zīhuǒ 孳夥 4-239A
zīhuò 貲貨 10-196B
zīhuò 資貨 10-204A
zīhuò 錙貨 11-1358B
zìhuó 自活 8-1322B
zìhuǒ 自火 8-1308A
zìhuǒtáolǐ 自伙淘裏 8-1311B
zǐgǎn 仔敢 1-1154A
zījī 玆基 2-139A
zījī 玆其 2-138B
zījī 貲積 10-197B
zījī 鎡錤 11-1358B
zījī 鎡基 11-1358B
zījī 鎡錤 11-1358B
zījí 資級 10-203B
zījí 資籍 10-207B
zījí 資藉 10-207A
zījǐ 貲給 10-196B
zījǐ 資給 10-205A
zījǐ 訾給 11-170A
zījì 貲計 10-196B
zǐjì 訾計 11-169A
zǐjī 仔雞 1-1154B
zǐjī 子鷄 4-175B
zǐjī 紫機 9-822A
zǐjí 紫極 9-819A
zǐjí 柴輯 4-971A
zìjí 自及 8-1307A
zìjǐ 自給 8-1331A
zìjǐ 自己 8-1307A
zìjǐ 傳戟 1-1455B
zìjì 字迹 4-193B
zìjì 字跡 4-195A
zìjì 字蹟 4-196A
zìjì 自計 8-1322A
zìjì 自濟 8-1337A
zījià 輜駕 9-1297A
zìjiā 自家 8-1325A
zǐjiān 仔肩 1-1154A
zǐjiān 孜煎 4-204A
zǐjiǎn 梱翦 4-1145A
zījiàn 資薦 10-206B
zījiàn 資鑒 10-207B
zǐjiàn 滓賤 6-41B
zìjiān 自堅 8-1325B
zìjiǎn 自檢 8-1336B
zìjiàn 自見 8-1313B
zìjiàn 自薦 8-1335B
zìjiàn 自鑒 8-1338A
zìjiàn 漬漸 6-47B
zījiāng 茈薑 9-365B
zǐjiāng 子薑 4-174B
zǐjiāng 紫韁 9-823A
zǐjiàng 子將 4-173B
zǐjiàng 杍匠 4-788B
zǐjiàng 梓匠 4-1057B
zǐjiàng 紫降 9-816B
zìjiāng 自將 8-1327A
zìjiàng 自將 8-1327A
zǐjiànglúnyú 梓匠輪輿 4-1058A
zǐjiǎo 梓角 4-1058A
zǐjiǎo 紫徼 9-822A
zǐjiǎo 滓脚 6-41A
zìjiǎo 字腳 4-194B
zìjiǎo 自矯 8-1336B
zìjiǎo 牸角 6-268A
zìjiārén 自家人 8-1325A
zījiē 咨嗟 3-345B
zījiè 資籍 10-207B
zījiè 資借 10-204A
zījiè 資藉 10-207A
zījiè 錙介 11-1346A
zǐjié 訾訐 11-169A
zìjié 自結 8-1330B
zìjié 自潔 8-1335A
zìjié 自絜 8-1327A
zìjiě 自解 8-1332A
zìjiè 自戒 8-1313A
zījīn 資金 10-202B
zījìn 資盡 10-206A
zǐjīn 子金 4-169A
zǐjīn 子衿 4-170B
zǐjīn 紫金 9-815B
zǐjìn 子晉 4-171A
zǐjìn 紫禁 9-820A
zìjīn 自矜 8-1323A
zìjìn 自盡 8-1334A
zìjìn 自進 8-1326A
zìjìn 自禁 8-1331A
zìjìn 漬浸 6-47A
zǐjìnchéng 紫禁城 9-820A
zǐjīndān 紫金丹 9-815B
zījǐng 嵫景 3-857B
zījìng 資敬 10-204B
zǐjīng 紫荆 9-816B
zìjīng 自經 8-1332B
zìjǐng 自剄 8-1320B
zìjìng 自靖 8-1332A
zìjìng 自鏡 8-1337B
zìjīngōngfá 自矜功伐 8-1323A
zìjīngsānxiě… 字經三寫，烏焉成馬 4-195A
zǐjīngshān 紫荆山 9-816B
zǐjīngzōushǐ 諮經諏史 11-350B
zǐjīnshān 紫金山 9-815B
zìjírén 自己人 8-1307A
zījiǔ 滋久 5-1514B
zījiǔ 諮酒 11-350A
zǐjiù 訾咎 11-169A
zìjiǔ 漬酒 6-47A
zìjiù 自咎 8-1318A
zìjiù 自疚 8-1318A
zìjiù 自救 8-1325A
zìjǐzìzú 自給自足 8-1331A
zījū 次雎 6-1437B
zījū 次且 6-1435B
zījū 咨趄 3-345B
zījū 咨且 3-344B
zījū 趑趄 9-1131B
zījū 趑雎 9-1132A
zījū 趑且 9-1131B
zījù 資具 10-202A
zījù 資聚 10-206A
zījù 資據 10-206B
zìjū 自居 8-1319A
zìjū 自拘 8-1315B
zìjū 恣狙 7-505B
zìjǔ 自沮 8-1318B
zìjǔ 自舉 8-1336A
zìjù 字句 4-192B
zìjù 字據 4-195B
zìjù 自具 8-1316B
zǐjuān 子鵑 4-175B
zǐjuàn 子卷 4-169B
zījué 咨決 3-344B
zījué 諮決 11-349B
zǐjué 子爵 4-175A
zìjué 自決 8-1315A
zìjué 自絕 8-1331A
zìjué 自覺 8-1337B
zǐjué 訾決 7-1202B
zìjuézìyuàn 自覺自願 8-1337B
zījūnièrú 趑趄囁嚅 9-1132A
zìkān 自堪 8-1327A
zīkǎo 咨考 3-344B
zīkǎo 資考 10-201A
zīkè 貲課 10-197A
zīkè 資課 10-206B
zǐkē 子窠 4-174A
zǐkē 呰苛 3-414B
zǐkè 子客 4-170B
zǐkè 梓刻 4-1058A
zìkě 自可 8-1308B
zìkè 自克 8-1313A
zìkè 自刻 8-1318B
zìkè 自課 8-1335A
zīkèqián 資課錢 10-206B
zīkòu 咨叩 3-344B
zǐkou 子口 4-165B
zǐkǒu 子口 4-165B
zǐkǒushuì 子口稅 4-165B
zìkǔ 自苦 8-1316A
zìkuā 自誇 8-1332A
zìkuā 恣夸 7-505B
zìkuài 字塊 4-194A
zìkuài 自快 8-1315A
zìkuài 自鄶 8-1334B
zìkuài'érxià 自鄶而下 8-1335A
zìkuàiwújì 自鄶無譏 8-1335A
zìkuàiyǐxià 自鄶以下 8-1334B
zìkuān 自寬 8-1334A
zǐkuáng 訾誑 11-170A
zǐkuàng 紫鑛 9-823A
zǐkuàng 紫鉚 9-820B
zìkuàng 自況 8-1318B
zīkuì 資饋 10-207B
zìkuìfúrú 自愧弗如 8-1329B
zīlā 嗞啦 3-449B
zǐlá 子剌 4-170A
zīlài 資賴 10-206B
zǐlái 子來 4-169A
zìlái 自來 8-1316B
zìláihuǒ 自來火 8-1316B
zìláishí 自來食 8-1316B
zìláishuǐ 自來水 8-1316B
zīláng 貲郎 10-196B

zīláng 資郎 10-203A
zīláng 緇郎 9-928B
zīláo 資勞 10-205A
zìláo 自牢 8-1315B
zìlǎo 自老 8-1311A
zǐlàzǐ 紫辣子 9-821A
zìlèi 滓累 6-41A
zìlěi 自累 8-1326A
zìlèi 眥淚 7-1203A
zīlí 嵫釐 3-857B
zīlǐ 資禮 10-207A
zīlì 滋瀝 5-1517A
zīlì 粢糲 9-214A
zīlì 貲力 10-196A
zīlì 資力 10-200B
zīlì 資利 10-202A
zīlì 資歷 10-207A
zīlì 髭髴 12-740B
zǐlǐ 梓里 4-1058A
zǐlì 甾莀 9-365B
zǐlì 籽粒 9-198B
zǐlì 子利 4-168A
zǐlì 子粒 4-172B
zǐlì 紫栗 9-817B
zǐlì 紫曆 9-822A
zìlǐ 自理 8-1325A
zìlì 菑栗 9-455A
zìlì 字例 4-193A
zìlì 自力 8-1306B
zìlì 自立 8-1310A
zìlì 自利 8-1314A
zìlì 自厲 8-1332B
zìlì 自勵 8-1335B
zīlián 資奩 10-206A
zìlián 自怜 8-1319A
zìlián 自憐 8-1335A
zīliáng 貲粮 10-197A
zīliáng 貲糧 10-197B
zīliáng 資粮 10-205B
zīliáng 資糧 10-207A
zīliáng 諮量 11-350A
zǐliàng 子諒 4-174B
zìliàng 自量 8-1328A
zīliào 資料 10-204A
zìliáo 自憀 8-1334A
zìliǎo 自了 8-1306B
zìliào 自料 8-1324B
zìliǎohàn 自了漢 8-1306B
zìliè 自列 8-1311B
zìliè 眥裂 7-1203A
zìlìgēngshēng 自力更生 8-1306B
zìlǐhángjiān 字裏行間 4-195A
zìlìménhù 自立門户 8-1310A
zīlín 緇林 9-928B
zīlín 緇磷 9-929B
zīlǐn 資稟 10-205B
zīlìn 淄磷 5-1438A
zīlíng 資靈 10-207B
zǐlíng 子陵 4-171B
zǐlínglài 子陵瀨 4-171B
zǐlíngtái 子陵臺 4-171B
zǐlíngtān 子陵灘 4-171B
zǐlíngxī 子陵溪 4-171B
zǐlínyú 紫琳腴 9-819A
zīliū 滋溜 5-1516A
zīliú 淄流 5-1438A
zīliú 緇流 9-929A
zǐliú 紫騮 9-823A
zìliú 自流 8-1324B
zìliúdì 自留地 8-1324A
zīlóng 髭龍 12-741A
zīlǔ 貲虜 10-197A
zǐlù 子路 4-173B
zǐlù 紫鹿 9-818B
zǐluán 紫鸞 9-823A
zīlùn 咨論 3-346A
zīlùn 諮論 11-350B
zǐluólán 紫羅蘭 9-822B
zǐluólán 紫羅襴 9-823A
zǐluónáng 紫羅囊 9-822B
zīlǚ 資履 10-206B
zīlǚ 緇侶 9-928B
zìlǜ 自律 8-1321B
zīlüè 資略 10-204A
zīmá 貲麻 10-196B
zǐmá 子麻 4-172B
zìmǎ 字馬 4-193B
zìmǎ 牸馬 6-268A
zìmàizìkuā 自賣自誇 8-1334A
zīmàn 孳蔓 4-239A
zīmàn 滋曼 5-1515B
zīmàn 滋漫 5-1516B
zīmàn 滋蔓 5-1516A
zīmàn 滋蕄 5-1517A
zǐmǎn 子滿 4-174B
zìmǎn 自滿 8-1333B
zīmáo 髭毛 12-740B
zīmào 姿貌 4-346B
zīmào 孳茂 4-238A
zīmào 滋茂 5-1515A
zǐmǎo 子卯 4-166B
zǐme 仔麽 1-1154B
zǐme 子麽 4-174B
zīměi 咨美 3-345A
zīměi 姿美 4-346A
zīměi 滋美 5-1515B
zīmèi 姿媚 4-346B
zǐměi 訾美 11-169A
zǐmèi 姊妹 4-310B
zìméi 自媒 8-1330B
zìměi 自美 8-1322A
zìmèi 自媚 8-1330B
zǐmèipiān 姊妹篇 4-310B
zǐmèirénjiā 姊妹人家 4-310B
zìméizìxuàn 自媒自衒 8-1330B
zīmén 緇門 9-928B
zīméng 孳萌 4-238B
zīméng 滋萌 5-1515B
zìméng 字氓 4-193A
zìméng 字萌 4-194A
zìméng 字甿 4-193B
zǐmì 仔密 1-1154A
zìmí 字謎 4-196A
zì'mǐ 自弭 8-1323A
zìmǐ 漬米 6-47A
zìmì 自祕 8-1323A
zǐmián 籽棉 9-198B
zǐmián 子棉 4-173B
zìmiǎn 自免 8-1315A
zìmiǎn 自勉 8-1322A
zìmiàn 字面 4-193B
zìmiè 眥搣 7-1203A
zīmǐn 咨閔 3-345B
zǐmín 子民 4-167A
zìmín 字民 4-192B
zīmíng 齊明 12-1430A
zīmíng 資名 10-201B
zīmíng 齍明 12-1442B
zīmìng 咨命 3-345A
zīmìng 資命 10-202B
zǐmíng 子明 4-169A
zǐmíng 紫冥 9-818A
zìmíng 自名 8-1312A
zìmíng 自明 8-1316B
zìmíng 自鳴 8-1333A
zìmìng 自命 8-1317B
zìmìngbùfán 自命不凡 8-1317B
zìmíngdéyì 自鳴得意 8-1333A
zǐmínggòngfèng 紫明供奉 9-815B
zìmíngzhōng 自鳴鐘 8-1333A
zīmó 咨謨 3-346A
zīmó 諮謨 11-351A
zǐmó 紫磨 9-822A
zǐmò 子墨 4-174B
zǐmò 紫陌 9-816B
zìmò 字墨 4-195B
zìmò 漬墨 6-47B
zīmóu 咨謀 3-346A
zīmóu 諮謀 11-350B
zǐmóu 子牟 4-168A
zīmóubùjiá 資侔卜郟 10-202B
zīmǔ 菑畝 9-455A
zīmǔ 孳母 4-238A
zīmù 孳牧 4-238A
zīmù 諮目 11-349B
zǐmǔ 子母 4-167A
zǐmù 子目 4-166B
zìmú 字模 4-195B
zìmǔ 字母 4-192B
zìmù 字幕 4-194B
zìmù 自牧 8-1317B
zǐmǔdàn 子母彈 4-167B
zǐmǔhuán 子母環 4-167B
zǐmǔjiān 子母箋 4-167B
zǐmǔkòu 子母扣 4-167B
zǐmǔléi 子母雷 4-167B
zǐmǔniú 子母牛 4-167B
zǐmǔqián 子母錢 4-167B
zǐmǔtǒng 子母筒 4-167B
zǐmǔxiāngquán 子母相權 4-167B
zǐmǔyìn 子母印 4-167B
zǐmǔzhōng 子母鐘 4-168A
zǐmǔzhōu 子母舟 4-167B
zǐmǔzhú 子母竹 4-167B
zīnà 緇衲 9-928B
zǐnán 子男 4-168A
zīnáng 貲囊 10-197B
zīnáng 資囊 10-207B
zīnáng 輜囊 9-1297B
zǐnáng 子囊 4-175B
zīnào 滋鬧 5-1516B
zìnào 漬淖 6-47A
zìněi 自餒 8-1335A
zīní 滋泥 5-1515B
zīnǐ 資擬 10-207A
zǐní 紫泥 9-816A
zīnián 姿年 4-345B
zīniǎn 輜輦 9-1297A
zīniǎn 髭撚 12-741A
zǐniàn 子埝 4-172A
zīniè 淄涅 5-1438A
zīniè 緇涅 9-929A
zīniè 緇湼 9-929A
zǐniè 滓涅 6-41A
zǐnífēng 紫泥封 9-816A
zǐníhǎi 紫泥海 9-816A
zǐníshū 紫泥書 9-816A
zǐniú 梓牛 4-1057B
zìniú 牸牛 6-268A
zǐnízhào 紫泥詔 9-816A
zǐnǚ 子女 4-165B
zìnüè 恣虐 7-505B
zǐpái 訾排 11-169B
zīpàn 咨判 3-344B
zīpáo 緇袍 9-929A
zǐpáo 紫袍 9-818A
zǐpáojīndài 紫袍金帶 9-818A
zīpéi 滋培 5-1515B
zīpì 緇辟 9-929A
zǐpí 子皮 4-167A
zǐpí 子脾 4-173B
zīpǐn 資品 10-203A
zìpìn 字牝 4-193A
zìpìn 牸牝 6-268A
zīpíng 輜軿 9-1297A
zǐpíng 子平 4-166B
zìpíng 自屏 8-1323A
zīpíngchē 輜軿車 9-1297A
zìpōu 自剖 8-1324B
zīpǔ 資朴 10-201A
zīqí 輜騎 9-1297B
zīqǐ 咨啓 3-345B
zīqì 姿器 4-347A
zīqì 資器 10-207A
zǐqí 子期 4-173B
zǐqī 梓漆 4-1058B
zǐqí 茈萁 9-365B
zǐqí 子奇 4-169A
zǐqì 子氣 4-171A
zǐqì 梓器 4-1058B
zǐqì 紫氣 9-817B
zìqī 自期 8-1327B
zìqī 自欺 8-1327B
zìqí 自奇 8-1316A

zìqì 自弃 8-1315A
zìqì 自棄 8-1329B
zīqián 貲錢 10-197B
zīqián 資錢 10-207A
zīqiǎn 貲遣 10-197A
zīqiǎn 資遣 10-205B
zǐqián 子錢 4-175A
zǐqián 紫錢 9-822A
zìqiān 自謙 8-1336B
zìqiǎn 自遣 8-1331B
zīqiǎng 貲鏹 10-197B
zīqiǎng 資鏹 10-207B
zǐqiáng 子牆 4-175A
zìqiāng 自戕 8-1319B
zìqiáng 自彊 8-1336A
zìqiáng 自强 8-1330A
zìqiángbùxī 自彊不息
8-1336A
zìqiángbùxī 自强不息
8-1330A
zǐqiánjiā 子錢家 4-175A
zǐqiáo 子喬 4-173B
zǐqiáo 子僑 4-174A
zīqiào 訾誚 11-170A
zǐqìdōnglái 紫氣東來
9-817B
zīqiè 貲篋 10-197A
zìqiè 自慊 8-1332B
zīqīn 齊衾 12-1432A
zīqīng 淄青 5-1438A
zīqǐng 咨請 3-346A
zīqǐng 諮請 11-350B
zǐqīng 紫青 9-815B
zǐqīng 紫清 9-818B
zìqíng 姿情 4-346A
zìqíng 恣情 7-506A
zìqǐng 自頃 8-1325B
zìqìng 自罄 8-1335B
zìqìng 自磬 8-1336B
zìqíngzòngyù 恣情縱欲
7-506A
zǐqióng 紫穹 9-816A
zìqīqīrén 自欺欺人
8-1327B
zīqiú 咨求 3-344B
zīqiú 諮求 11-349B
zìqiúduōfú 自求多福
8-1313A
zìqìzìbào 自棄自暴
8-1329B
zīqǔ 資取 10-202A
zīqù 趑趣 9-1132A
zīqū 訾屈 11-169A
zìqū 自屈 8-1319B
zìqǔ 自取 8-1315B
zīquán 兹泉 2-139A
zīquán 資全 10-201B
zǐquán 紫泉 9-817A
zìquán 自全 8-1312A
zìquàn 自勸 8-1337A
zǐquē 紫闕 9-822B
zìqǔjiùlì 自取咎戾
8-1316A
zìqǔqíjiù 自取其咎
8-1316A
zìqǔzuìlì 自取罪戾
8-1316A
zīrán 髭髯 12-740B
zīrán 髭頫 12-740B
zīrán 頿頿 12-336B
zīrǎn 緇染 9-928B
zìrán 自然 8-1328B
zìrǎn 漬染 6-47A
zìráncūn 自然村 8-1329A
zìrán'érrán 自然而然
8-1328B
zīrǎng 菑攘 9-455A
zīrǎng 貲壤 10-197B
zìránguīlǜ 自然規律
8-1329A
zìránjiè 自然界 8-1329A
zìránjīngjì 自然經濟
8-1329A
zìránkēxué 自然科學
8-1329A
zìránlì 自然力 8-1328B
zìránwù 自然物 8-1329A
zìránxiànxiàng 自然現象
8-1329A
zīrāo 滋擾 5-1517A
zìrāo 自擾 8-1337A
zīrén 緇人 9-928A
zīrèn 資任 10-201A
zǐrén 子人 4-165A
zǐrén 梓人 4-1057B
zìrén 字人 4-192B
zìrèn 事刃 1-545B
zìrèn 自刃 8-1307B
zìrèn 自任 8-1311B
zìrèn 自恁 8-1324A
zìrèn 傳刃 1-1455B
zìrèn 剚刃 2-699B
zīróng 姿容 4-346A
zīróng 滋榮 5-1516B
zǐróng 紫茸 9-816B
zǐrǒng 子氄 4-175A
zìróng 自容 8-1325A
zīrú 滋濡 5-1517A
zīrǔ 孳乳 4-238A
zīrǔ 滋乳 5-1515A
zīrǔ 訾辱 11-169A
zìrú 自如 8-1312B
zìrǔ 字乳 4-193A
zīrùn 滋潤 5-1516B
zìrùn 自潤 8-1335A
zìruò 自若 8-1316A
zǐsài 紫塞 9-820B
zǐsāng 子桑 4-172A
zǐsāng 梓桑 4-1058A
zìsǎoménqiánxuě
自掃門前雪 8-1325A
zīsè 姿色 4-345B
zǐsè 梓瑟 4-1058B
zǐsèwāshēng 紫色鼃聲
9-815A
zìshā 自殺 8-1324A
zīshàn 咨訕 3-345A
zīshàn 滋膳 5-1517A
zīshàn 資善 10-205B
zīshàn 資贍 10-207B
zǐshān 紫衫 9-816B
zìshàn 自善 8-1329B
zìshàn 自擅 8-1335B
zìshàn 恣擅 7-506B
zīshǎng 咨賞 3-346A
zīshǎng 資賞 10-206A
zìshāng 自傷 8-1331B
zìshàng 自尚 8-1316B
zǐshē 子奢 4-172B
zǐshé 紫舌 9-815A
zǐshè 子舍 4-169B
zìshè 自攝 8-1337B
zīshēn 資身 10-202A
zīshēn 資深 10-204B
zīshén 姿神 4-346A
zīshěn 諮審 11-350B
zìshēn 自身 8-1315A
zìshén 自神 8-1323A
zīshēng 吱聲 3-203A
zīshēng 孖生 4-196A
zīshēng 孳生 4-238A
zīshēng 滋生 5-1514B
zīshēng 資生 10-201A
zīshéng 淄澠 5-1438A
zīshèng 滋盛 5-1515B
zīshèng 輜乘 9-1297A
zīshèng 髭聖 12-740B
zǐshēng 子聲 4-175A
zìshéng 自繩 8-1337B
zìshèng 自勝 8-1328B
zīshí 粢食 9-214A
zīshí 資食 10-203B
zīshí 資實 10-206A
zīshí 資識 10-207B
zīshǐ 資始 10-203A
zīshì 姿式 4-345B
zīshì 姿勢 4-346B
zīshì 滋事 5-1515A
zīshì 資世 10-200B
zīshì 諮式 11-349B
zīshì 諮事 11-350A
zīshī 梓師 4-1058A
zǐshí 子石 4-166B
zǐshí 子時 4-171A
zǐshí 子實 4-174B
zǐshí 紫石 9-814A
zǐshí 訾食 11-169A
zǐshǐ 子使 4-169A
zǐshì 子室 4-170B
zìshī 自失 8-1309B
zìshí 自食 8-1321B
zìshí 自實 8-1334A
zìshí 自識 8-1337B
zìshǐ 字史 4-192B
zìshǐ 自矢 8-1309B
zìshì 字勢 4-194A
zìshì 自恃 8-1322B
zìshì 自是 8-1320B
zìshì 自視 8-1326B
zìshì 自試 8-1332A
zìshì 自飾 8-1331B
zìshì 自誓 8-1332B
zìshì 自適 8-1333B
zìshì 自釋 8-1337B
zìshíqíguǒ 自食其果
8-1321B
zìshíqílì 自食其力
8-1321B
zìshíqíyán 自食其言
8-1321B
zīshìtǐdà 兹事體大 2-139A
zǐshíyàn 子石硯 4-166B
zǐshíyīng 紫石英 9-814A
zǐshíyīng 紫石瑛 9-814B
zīshǒu 姿首 4-346A
zīshòu 諮受 11-350A
zǐshòu 仔獸 1-1154B
zǐshòu 紫綬 9-821A
zìshǒu 自守 8-1312B
zìshǒu 自首 8-1322B
zìshòu 自壽 8-1332B
zǐshòujīnzhāng 紫綬金章
9-821A
zīshū 齊疏 12-1434A
zīshǔ 蚩鼠 8-889B
zīshǔ 緇屬 9-929B
zīshù 咨述 3-345A
zīshù 訾數 11-170B
zǐshū 子叔 4-169A
zǐshū 子書 4-171B
zǐshū 紫書 9-818A
zǐshū 紫樞 9-821B
zìshū 字書 4-193B
zìshū 自疏 8-1330A
zìshú 自贖 8-1338A
zìshù 自述 8-1316A
zìshù 自樹 8-1335B
zǐshuān 子檈 4-175B
zīshuì 資稅 10-204B
zǐshuǐjīng 紫水晶 9-814A
zǐshuǐjīng 紫水精 9-814A
zìshùnwéncóng 字順文從
4-194A
zīshuō 資說 10-206A
zīshuò 滋碩 5-1516B
zìshuōzìhuà 自說自話
8-1333B
zǐshùxiāng 紫述香 9-815B
zìshùyīzhì 自樹一幟
8-1335B
zǐsī 子司 4-167A
zǐsì 子姒 4-169A
zǐsì 子嗣 4-174A
zìsī 自私 8-1314A
zìsì 姿肆 4-346B
zìsì 自肆 8-1331A
zìsì 傳耜 1-1455B
zìsì 恣肆 7-506A
zìsīzìlì 自私自利 8-1314B
zīsòng 咨送 3-345A
zīsòng 資送 10-203B
zìsòng 自訟 8-1326B
zīsǒu 緇叟 9-928B
zǐsòu 子嗽 4-174A
zīsù 淄素 5-1438A
zīsù 緇素 9-928B

zīsù 諮訴 11-350A
zīsù 訾粟 11-169B
zǐsū 紫蘇 9-822B
zìsù 自訴 8-1329A
zìsù 自愬 8-1333B
zīsuàn 貲算 10-197A
zīsuàn 訾算 11-170A
zìsuī 恣睢 7-506A
zìsuí 自隨 8-1334A
zīsūn 子孫 4-171B
zǐsǔn 紫筍 9-819B
zǐsūnbōbō 子孫餑餑 4-172A
zǐsūnfàn 子孫飯 4-172A
zǐsūnjiǎozi 子孫餃子 4-172A
zǐsūnruì 子孫瑞 4-172A
zǐsūntǒng 子孫桶 4-171B
zǐsuǒ 子索 4-171A
zìsùrén 自訴人 8-1329B
zītǎ 髭塔 12-740B
zǐtà 紫闥 9-823A
zìtā 自他 8-1309B
zìtā 自它 8-1310B
zītài 姿態 4-346B
zǐtái 紫臺 9-820B
zītàn 咨歎 3-346A
zǐtán 紫壇 9-821B
zǐtán 紫檀 9-822A
zītánzhīgōng 錙壇之宮 11-1346B
zìtǎo 自討 8-1324A
zìtǎokǔchī 自討苦吃 8-1324A
zǐténg 紫藤 9-822B
zītǐ 姿體 4-347A
zìtǐ 字體 4-196A
zìtì 自替 8-1327A
zìtiáo 字條 4-193B
zītiě 資帖 10-202A
zìtiě 字帖 4-193A
zìtiè 字帖 4-193A
zǐtíng 子亭 4-170B
zǐtíng 紫庭 9-817A
zìtīng 恣聽 7-506B
zǐtóng 子童 4-173B
zǐtóng 梓童 4-1058B
zǐtóngdìjūn 梓潼帝君 4-1058B
zìtónghánchán 自同寒蟬 8-1311B
zǐtōu 呰媮 3-414B
zǐtóu 子頭 4-174B
zìtóu 自投 8-1313A
zìtóuluówǎng 自投羅網 8-1313A
zìtóuwǎngluó 自投網羅 8-1313A
zītú 資塗 10-205B
zītú 緇徒 9-929A
zītú 錙徒 11-1346A
zǐtuī 子推 4-172A
zītuó 貲橐 10-197A
zītuó 貲橐 10-197B
zītuó 資橐 10-206B
zǐtuō 紫脱 9-818B
zǐtuó 紫駝 9-821A
zǐtuò 紫蘀 9-822B
zǐtuò 紫籜 9-823A
zìtuō 自托 8-1311A
zìtuō 自託 8-1324A
zìtuō 自脱 8-1326B
zǐtuófēng 紫駝峯 9-821B
zǐtuófēng 紫馳峯 9-821A
zǐtuóní 紫陀尼 9-815B
zǐtuóní 紫駝尼 9-821A
zǐtuóní 紫馳尼 9-821A
zìwài 自外 8-1310A
zǐwàixiàn 紫外綫 9-814B
zīwán 咨玩 3-345A
zīwǎn 咨惋 3-345B
zǐwǎn 紫菀 9-818A
zìwán 自完 8-1315A
zīwáng 頿王 12-336B
zīwàng 姿望 4-346A
zīwàng 資望 10-204B
zǐwàng 仔望 1-1154A
zìwàng 恣妄 7-505B
zīwéi 緇帷 9-929A
zǐwěi 孳尾 4-238A
zǐwěi 訾娓 11-169B
zīwèi 滋味 5-1515A
zīwèi 資位 10-202A
zǐwēi 紫葳 9-819A
zǐwēi 紫微 9-820A
zǐwēi 紫薇 9-821B
zǐwéi 紫闈 9-822A
zǐwèi 訾譽 11-170B
zìwēi 字微 4-195A
zìwēi 自危 8-1312A
zìwéi 自爲 8-1328A
zìwěi 字尾 4-193A
zìwèi 自爲 8-1328A
zìwèi 自慰 8-1335B
zìwèi 自衛 8-1334B
zìwèiduì 自衛隊 8-1334B
zǐwēigōng 紫微宮 9-820B
zìwèijiējí 自爲階級 8-1328B
zìwèijūn 自衛軍 8-1334B
zǐwēiláng 紫微郎 9-820A
zǐwēiláng 紫薇郎 9-822A
zǐwēilìng 紫微令 9-820A
zǐwēishěng 紫微省 9-820B
zǐwēishěng 紫薇省 9-822A
zǐwēishèrén 紫微舍人 9-820A
zǐwēiyuán 紫微垣 9-820B
zīwén 咨文 3-344B
zīwèn 咨問 3-345B
zīwèn 資問 10-204B
zīwèn 諮問 11-350A
zīwèn 訾問 11-169B
zìwén 自文 8-1308A
zìwěn 自刎 8-1312A
zìwèn 自問 8-1326B
zìwǒ 自我 8-1314A
zìwǒbiǎoxiàn 自我表現 8-1314A
zìwǒjiàoyù 自我教育 8-1314A
zìwǒjiěcháo 自我解嘲 8-1314A
zìwǒpīpíng 自我批評 8-1314A
zìwǒtáozuì 自我陶醉 8-1314A
zìwǒzuògǔ 自我作古 8-1314A
zìwǒzuògù 自我作故 8-1314A
zīwū 鯔鴮 12-1245B
zīwù 貲物 10-196A
zīwù 資物 10-202A
zǐwū 滓汙 6-41A
zǐwū 滓污 6-41A
zǐwǔ 子午 4-166A
zìwū 自誣 8-1333A
zìwū 漬污 6-47A
zìwǔ 字舞 4-195B
zìwù 自寤 8-1334A
zǐwǔdào 子午道 4-166A
zǐwǔgǔ 子午谷 4-166A
zǐwǔhuā 子午花 4-166A
zìwújìdàn 恣無忌憚 7-506A
zǐwǔlián 子午蓮 4-166A
zǐwǔshā 子午痧 4-166A
zǐwǔxiàn 子午綫 4-166A
zǐwǔyí 子午儀 4-166A
zīxī 咨欷 3-345A
zīxī 孳息 4-238B
zīxī 滋息 5-1515B
zīxī 滋熙 5-1516B
zīxī 觜巂 10-1359B
zīxī 觜蠵 10-1359B
zīxī 觜蠵 10-1359B
zīxī 觜觿 10-1359B
zīxī 緇錫 9-929B
zīxī 諮析 11-350A
zīxí 觜巂 10-1359B
zǐxǐ 緇纚 9-929B
zīxì 資餼 10-207A
zǐxī 子兮 4-166A
zǐxī 子息 4-171A
zǐxī 訾嗋 11-170B
zǐxī 訾諭 11-170B
zǐxì 仔細 1-1154A
zǐxì 子細 4-173A
zìxī 自昔 8-1316A
zìxī 自熹 8-1335B
zìxī 牸犀 6-268A
zìxí 自習 8-1327A
zìxǐ 自喜 8-1327A
zìxǐ 自憙 8-1335B
zìxì 自繫 8-1337A
zīxiá 資暇 10-205B
zǐxiá 紫霞 9-822A
zìxià 自下 8-1307A
zǐxián 子弦 4-170A
zǐxián 子癎 4-175A
zǐxiàn 紫縣 9-822A
zìxián 自閒 8-1330A
zìxián 自閑 8-1330A
zìxián 自嫌 8-1332B
zìxiàn 自見 8-1313B
zīxiáng 諮詳 11-350B
zīxiǎng 資饟 10-207B
zīxiàng 姿相 4-345B
zīxiàng 訾相 11-169A
zǐxiāng 梓鄉 4-1058A
zìxiāng 自相 8-1320A
zìxiàng 自相 8-1320A
zìxiāngcánshā 自相殘殺 8-1320A
zìxiāngmáodùn 自相矛盾 8-1320A
zìxiāngyúròu 自相魚肉 8-1320A
zǐxiāo 紫霄 9-821B
zǐxiào 紫笑 9-817B
zǐxiào 訾笑 11-169A
zìxiào 自効 8-1318A
zìxiào 自效 8-1324B
zīxiè 貲械 10-196B
zīxiè 輜械 9-1297A
zìxié 自挾 8-1323B
zìxīn 自新 8-1332A
zìxīn 恣心 7-505B
zìxìn 自信 8-1321A
zīxíng 姿形 4-345B
zīxíng 資行 10-201B
zīxíng 資形 10-201B
zīxǐng 訾省 11-169A
zīxìng 姿性 4-345B
zīxìng 資性 10-202B
zǐxīng 子星 4-170A
zǐxíng 紫騂 9-822A
zǐxíng 梓行 4-1058A
zǐxíng 訾行 11-168B
zǐxìng 子姓 4-170A
zìxíng 字形 4-193A
zìxíng 自刑 8-1310B
zìxíng 自行 8-1312A
zìxíng 恣行 7-505B
zìxǐng 自省 8-1320B
zìxǐng 訾省 7-1202B
zìxìng 自性 8-1319A
zìxìng 恣性 7-505B
zìxíngchē 自行車 8-1312A
zìxíngqíshì 自行其是 8-1312A
zìxìnxīn 自信心 8-1321A
zìxīnzòngyù 恣心縱欲 7-505B
zìxióng 自雄 8-1328A
zìxiōngrěn'è 恣兇稔惡 7-505B
zìxiū 自休 8-1311B
zìxiū 自修 8-1321A
zìxiū 自脩 8-1324A
zīxū 資須 10-204B
zīxū 髭鬚 12-741A
zīxū 髭鬚 12-741A
zǐxǔ 桼稰 9-214A
zīxù 貲蓄 10-196B
zīxù 資序 10-202A
zīxù 資敘 10-203A

zīxù 資畜 10-204A
zīxù 資敍 10-204A
zīxù 資蓄 10-205A
zǐxū 子胥 4-170B
zǐxū 子虛 4-172B
zǐxū 紫虛 9-818B
zǐxù 子弨 4-172B
zǐxù 子壻 4-173A
zǐxù 子婿 4-173B
zǐxù 姊壻 4-310B
zìxǔ 自許 8-1326B
zìxǔ 自詡 8-1332A
zìxù 自序 8-1315A
zìxù 自敍 8-1326B
zīxuǎn 貲選 10-197A
zǐxuān 紫萱 9-819A
zìxuān 自宣 8-1322B
zìxuàn 自炫 8-1322B
zìxuàn 自眩 8-1324A
zìxuàn 自衒 8-1326B
zìxuànzìméi 自衒自媒 8-1326B
zīxué 滋穴 5-1515A
zīxué 資學 10-207A
zīxuè 資血 10-201B
zǐxué 子學 4-175A
zǐxuě 紫雪 9-818A
zìxué 字學 4-195B
zìxué 自學 8-1336A
zìxuè 眥血 7-1202B
zǐxuědān 紫雪丹 9-818A
zīxún 咨詢 3-345B
zīxún 諮詢 11-350A
zīxùn 諮訓 11-350A
zīxùn 諮遜 11-350B
zìxúnduǎnjiàn 自尋短見 8-1330A
zìxúnduǎnzhì 自尋短志 8-1330A
zìxùshì 自叙式 8-1321B
zǐxūwūyǒu 子虛烏有 4-172B
zìxùzhuàn 自叙傳 8-1321B
zīyá 呲牙 3-320B
zīyá 淄牙 5-1438A
zīyá 滋芽 5-1515A
zīyā 子鴨 4-175A
zìyá 眥睚 7-1203A
zīyáláizuǐ 咨牙俫嘴 3-344B
zīyáliězuǐ 呲牙咧嘴 3-320B
zīyáliězuǐ 齜牙咧嘴 12-1454A
zīyáliězuǐ 齜牙裂嘴 12-1454B
zīyálùzuǐ 咨牙露嘴 3-344B
zīyán 姿顏 4-347A
zīyǎn 孳衍 4-238B
zīyǎn 滋衍 5-1515B
zīyǎn 滋演 5-1516B
zǐyān 紫烟 9-817B
zǐyān 紫煙 9-820B
zǐyán 紫巖 9-823A
zìyán 眥言 11-168B
zǐyàn 紫燕 9-821B
zǐyàn 紫鷰 9-823A
zìyǎn 字眼 4-194A
zīyǎng 孳養 4-239A
zīyǎng 滋養 5-1516B
zīyǎng 資仰 10-201B
zīyǎng 資養 10-206A
zīyǎng 眥養 11-170B
zǐyáng 紫陽 9-818B
zǐyǎng 子養 4-174B
zìyǎng 字養 4-195B
zìyǎng 自養 8-1333B
zìyàng 字樣 4-195B
zǐyángguàn 紫陽觀 9-819A
zǐyánghuā 紫陽花 9-818B
zīyǎngpǐn 滋養品 5-1516B
zīyángrén 資陽人 10-204B
zǐyángshūfǎ 紫陽書法 9-819A
zǐyángshūyuàn 紫陽書院 9-819A
zǐyángzhēnrén 紫陽真人 9-818B
zǐyànliú 紫鷰騮 9-823A
zìyánzìyǔ 自言自語 8-1315A
zǐyào 子藥 4-175B
zìyāo 自要 8-1320A
zìyào 自要 8-1320A
zǐyàoshuǐ 紫藥水 9-822B
zīyè 滋液 5-1516A
zīyè 貲業 10-197A
zīyè 資業 10-205A
zǐyě 子野 4-172B
zǐyè 子夜 4-169B
zǐyè 子葉 4-173B
zìyè 自業 8-1331A
zǐyègē 子夜歌 4-169B
zīyī 緇衣 9-928A
zīyí 菑嶷 3-852A
zīyí 兹夷 2-138B
zīyí 咨疑 3-346A
zīyí 姿儀 4-347A
zīyí 玆夷 2-370A
zīyí 諮疑 11-350B
zīyì 椔翳 4-1201A
zīyì 咨議 3-346A
zīyì 椔翳 4-1145A
zīyì 滋益 5-1515B
zīyì 滋議 5-1517A
zīyì 資役 10-202A
zīyì 資益 10-204A
zīyì 諮議 11-351A
zǐyī 子衣 4-168A
zǐyī 紫衣 9-815A
zǐyì 訾弋 11-168B
zǐyì 訾抑 11-168B
zǐyì 訾議 11-170B
zìyí 自怡 8-1319A
zìyí 自頤 8-1335B
zìyǐ 自已 8-1307B
zìyì 菑翳 9-455A
zìyì 姿意 4-346B
zìyì 字義 4-195A
zìyì 自艾 8-1308B
zìyì 自佚 8-1314B
zìyì 自逸 8-1326B
zìyì 自意 8-1332B
zìyì 自縊 8-1336A
zìyì 恣逸 7-506A
zìyì 恣意 7-506B
zìyì 恣臆 7-506B
zìyì 眥溢 7-1203A
zīyìjú 諮議局 11-351A
zīyīn 滋陰 5-1515B
zīyìn 滋胤 5-1515B
zīyīn 資蔭 10-205A
zīyìn 資廕 10-205B
zīyìn 諮印 11-349B
zǐyīn 子因 4-170B
zǐyīn 子音 4-170B
zǐyìn 子胤 4-170B
zìyīn 字音 4-193B
zìyǐn 自引 8-1308A
zìyǐn 自隱 8-1336A
zìyǐn 恣飲 7-506A
zìyìn 字印 4-192B
zīyǐng 姿影 4-347A
zǐyīng 紫英 9-815B
zǐyīng 紫纓 9-823A
zìyíng 自營 8-1336A
zìyìwàngwéi 恣意妄爲 7-506B
zìyǐwéishì 自以爲是 8-1308A
zìyíyījiù 自貽伊咎 8-1328A
zìyíyīqī 自詒伊戚 8-1329B
zìyíyīqī 自詒伊慼 8-1329B
zìyíyīqī 自貽伊戚 8-1328A
zīyīzhàngfū 緇衣丈夫 9-928B
zīyòng 齋用 12-1443A
zīyòng 貲用 10-196A
zīyòng 資用 10-201A
zǐyòng 眥用 11-168B
zìyòng 自用 8-1309B
zīyóu 資猷 10-205B
zǐyóu 子猷 4-174A
zìyóu 自繇 8-1336B
zìyóu 自由 8-1308B
zìyóu 恣遊 7-506A
zìyǒu 自囿 8-1320B
zìyóuchē 自由車 8-1309A
zìyóugǎng 自由港 8-1309A
zìyóujìngzhēng 自由競爭 8-1309B
zìyóumín 自由民 8-1309A
zìyóurén 自由人 8-1308B
zìyóushēn 自由身 8-1309A
zìyóushī 自由詩 8-1309A
zìyóushìchǎng 自由市場 8-1309A
zìyóutǐcāo 自由體操 8-1309B
zìyóuwángguó 自由王國 8-1309A
zìyóuzhíyèzhě 自由職業者 8-1309B
zìyóuzhǔyì 自由主義 8-1309A
zìyóuzìzài 自繇自在 8-1336B
zìyóuzìzài 自由自在 8-1309A
zīyú 菑畬 9-455A
zīyú 滋腴 5-1516A
zīyú 資予 10-200B
zīyǔ 姿宇 4-345B
zīyǔ 姿語 4-346B
zīyù 孳育 4-238A
zīyù 滋育 5-1515B
zīyù 資育 10-202B
zīyū 滓淤 6-41A
zǐyú 呰魚 9-365B
zǐyú 子魚 4-172B
zǐyú 梓榆 4-1058B
zǐyǔ 子羽 4-168A
zǐyǔ 呰窳 3-320B
zǐyǔ 呰窳 3-414B
zǐyǔ 滓窳 6-41B
zǐyù 子育 4-169B
zǐyù 紫玉 9-814A
zìyú 自娛 8-1325A
zìyú 自虞 8-1331A
zìyú 自餘 8-1335A
zìyù 字育 4-193A
zìyù 自玉 8-1308A
zìyù 自喻 8-1328A
zìyù 自鬻 8-1338A
zìyù 自粥 8-1330A
zìyù 恣欲 7-506A
zīyuán 貲員 10-196B
zīyuán 資援 10-204B
zīyuán 資源 10-205B
zīyuán 資緣 10-206B
zīyuàn 咨怨 3-345A
zǐyuān 紫淵 9-819B
zǐyuán 紫垣 9-816B
zǐyuàn 訾怨 11-169A
zìyuánqíshuō 自圓其說 8-1331B
zìyuànzìyì 自怨自艾 8-1322A
zīyuè 齊鉞 12-1434B
zǐyuè 子月 4-166B
zìyuē 字約 4-193B
zìyuē 自約 8-1323A
zǐyuēháng 子曰行 4-165B
zǐyuēshīyún 子曰詩云 4-166A
zǐyùhán 紫玉函 9-814A
zīyùn 姿韻 4-347A
zīyùn 孳孕 4-238A
zīyùn 資運 10-205A
zǐyún 紫雲 9-819A
zǐyùn 滓韻 6-41B
zìyùn 字孕 4-192B
zìyùn 恣韻 7-506B
zǐyúntíng 子雲亭 4-173B
zǐyúnyīng 紫雲英 9-819B
zǐzá 滓雜 6-41B

zīzài 貲載 10-196B
zìzài 自在 8-1311A
zìzàifàn 自在飯 8-1311A
zìzàijiējí 自在階級 8-1311A
zìzàishēn 自在身 8-1311A
zìzàiwáng 自在王 8-1311A
zìzàn 自贊 8-1337B
zìzāng 自藏 8-1336B
zīzé 訾笮 11-169B
zǐzé 梓澤 4-1058B
zǐzé 訾責 11-169B
zìzéi 自賊 8-1331B
zìzhá 字札 4-192B
zīzhái 資宅 10-201B
zīzhài 鍿牆 12-568A
zìzhài 字債 4-195A
zīzhǎn 齊斬 12-1432B
zǐzhàn 子占 4-166B
zìzhān 自占 8-1308B
zìzhān 眥占 7-1202B
zīzhǎng 滋長 5-1515A
zīzhàng 資仗 10-201A
zǐzhàng 姊丈 4-310A
zǐzhānyàng 子瞻樣 4-175B
zǐzhào 紫詔 9-819B
zìzhāo 自招 8-1315B
zìzhào 牸羘 6-268A
zīzhēn 資箴 10-206A
zǐzhēn 子真 4-171A
zìzhēn 自珍 8-1319B
zìzhēn 自斟 8-1331A
zìzhèn 自振 8-1323B
zìzhèn 自鎮 8-1337A
zīzhèng 資政 10-203A
zīzhèngyuàn 資政院 10-203A
zìzhēnjùzhuó 字斟句酌 4-194B
zīzhí 孶植 4-238B
zīzhí 孶殖 4-238B
zīzhí 滋植 5-1516A
zīzhí 滋殖 5-1516A
zīzhí 資直 10-202A
zīzhǐ 滋旨 5-1515A
zīzhì 咨質 3-346A
zīzhì 姿制 4-345B
zīzhì 姿致 4-346A
zīzhì 姿製 4-346B
zīzhì 姿質 4-347A
zīzhì 資治 10-202B
zīzhì 資秩 10-203B
zīzhì 資致 10-203B
zīzhì 資質 10-206A
zīzhì 諮質 11-350B
zīzhì 鶅雉 12-1131A
zǐzhī 紫芝 9-814B
zǐzhí 子姪 4-170A
zǐzhí 子姪 4-170B
zǐzhí 子職 4-175A
zǐzhì 秭雉 8-34A
zìzhī 自知 8-1317A
zìzhí 自直 8-1316A
zìzhǐ 字指 4-193B
zìzhǐ 字紙 4-193B
zìzhì 自識 8-1337B
zìzhì 自制 8-1317A
zìzhì 自治 8-1318B
zìzhì 自致 8-1323B
zìzhì 自置 8-1331B
zìzhì 恣志 7-505B
zǐzhīgē 紫芝歌 9-815A
zǐzhīkè 紫芝客 9-814B
zìzhǐlán 字紙籃 4-194A
zìzhìlì 自制力 8-1317A
zìzhǐlǒu 字紙簍 4-194A
zìzhǐlù 字紙簏 4-194A
zǐzhīméiyǔ 紫芝眉宇 9-814B
zǐzhīqǔ 紫芝曲 9-814B
zǐzhīshū 紫芝書 9-814B
zǐzhīsǒu 紫芝叟 9-814B
zǐzhīwēng 紫芝翁 9-814B
zǐzhīxīn 紫芝心 9-814B
zǐzhīyáo 紫芝謠 9-815A
zìzhīzhīmíng 自知之明 8-1317B
zīzhōng 資忠 10-202A
zīzhòng 貲重 10-196B
zīzhòng 資重 10-203A
zīzhòng 輜重 9-1297A
zǐzhǒng 籽種 9-198B
zǐzhǒng 子腫 4-174A
zìzhòng 自重 8-1320B
zǐzhōu 子州 4-168A
zǐzhòu 紫宙 9-816A
zīzhōuyàn 淄州硯 5-1438A
zǐzhōuzhīfù 子州支父 4-168A
zīzhū 輜銖 9-1297A
zīzhū 錙銖 11-1346A
zīzhù 咨注 3-345A
zīzhù 滋助 5-1515A
zīzhù 貲貯 10-196B
zīzhù 資助 10-201B
zīzhū 仔猪 1-1154A
zǐzhū 紫朱 9-815A
zǐzhú 紫竹 9-815A
zǐzhù 子注 4-169B
zǐzhù 梓柱 4-1058A
zìzhū 自諸 8-1335A
zìzhǔ 自主 8-1310A
zìzhù 自助 8-1313B
zìzhù 自注 8-1318B
zìzhuān 自專 8-1325B
zìzhuàn 自傳 8-1331B
zìzhuàn 自轉 8-1337A
zīzhuāng 貲裝 10-197A
zīzhuāng 資粧 10-205A
zīzhuāng 資裝 10-205B
zīzhuang 輜裝 9-1297A
zīzhuàng 姿狀 4-345B
zīzhuàng 資狀 10-203A
zìzhuàng 自狀 8-1319B
zīzhūbìjiào 錙銖必較 11-1346B
zīzhūbùshuǎng 錙銖不爽 11-1346B
zīzhūjiàoliàng 錙銖較量 11-1346B
zǐzhuó 子濯 4-175A
zǐzhuó 滓濁 6-41B
zìzhuó 自酌 8-1323B
zīzī 次次 6-1435B
zīzī 孜孜 4-202B
zīzī 兹兹 2-139A
zīzī 咨咨 3-345A
zīzī 娄娄 4-340B
zīzī 嗞嗞 3-449B
zīzī 孶孜 4-238A
zīzī 孶孶 4-238B
zīzī 滋滋 5-1516A
zīzī 趑趑 9-1132A
zīzī 諮諮 11-351A
zīzī 髭髭 12-741A
zīzī 訾訾 11-170A
zǐzǐ 姊姊 4-310A
zǐzǐ 呰呰 3-320B
zìzī 自資 8-1332A
zìzì 自恣 8-1324B
zìzì 漬漬 6-47A
zīzībùchuò 孜孜不輟 4-203B
zīzībùdài 孜孜不怠 4-203B
zīzībùjuàn 孜孜不倦 4-203B
zīzībùjuàn 孶孶不倦 4-238B
zīzībùxiè 孜孜不懈 4-203B
zīzībùyǐ 孜孜不已 4-203B
zīzījíjí 孜孜汲汲 4-203B
zīzījíjí 孶孶汲汲 4-238B
zīzīkūkū 孜孜矻矻 4-203B
zīzīkūkū 孶孶矻矻 4-239A
zīzīmèimèi 姿姿媚媚 4-346A
zǐzǐsūnsūn 子子孫孫 4-165B
zīzīwúdài 孜孜無怠 4-203B
zīzīwújuàn 孜孜無倦 4-204A
zǐzǐxiāoxiāo 訾訾囂囂 11-170A
zǐzǐxìxì 訾訾潝潝 11-170A
zīzòng 資縱 10-207A
zìzòng 自縱 8-1337A
zìzòng 恣縱 7-506B
zīzōu 咨諏 3-346A
zīzōu 觜陬 10-1359B
zīzōu 諮諏 11-350B
zīzōu 訾娵 11-169B
zīzū 貲租 10-196B
zìzú 自足 8-1313B
zìzūn 自尊 8-1329B
zìzūnxīn 自尊心 8-1329B
zìzuòcōngmíng 自作聰明 8-1314B
zìzuòménhù 自作門户 8-1314B
zìzuòniè 自作孽 8-1314B
zìzuòzhǔzhāng 自作主張 8-1314B
zìzuòzìshòu 自作自受 8-1314B
zòng'áojiāngjūn 粽熬將軍 9-232B
zōngbà 宗霸 3-1358B
zǒngbǎ 總把 9-993B
zōngbàn 宗伴 3-1351A
zǒngbàn 總辦 9-999B
zōngbāng 宗邦 3-1350A
zòngbào 縱暴 9-1005B
zōngběn 宗本 3-1349B
zōngbēng 宗祊 3-1352B
zōngbēng 椶綳 4-1190B
zòngbǐ 縱筆 9-1004A
zōngbiān 椶編 4-1190B
zǒngbiān 總編 9-999B
zǒngbiānjí 總編輯 9-999B
zōngbiǎo 宗表 3-1351B
zōngbīng 宗兵 3-1351A
zǒngbīng 總兵 9-993B
zòngbīng 縱兵 9-1002A
zōngbó 宗伯 3-1351A
zōngbó 綜博 9-912A
zòngbó 縱博 9-1004A
zōngbù 宗布 3-1349B
zǒngbù 總布 9-993A
zǒngbù 總部 9-995B
zòngbù 縱步 9-1002A
zōngcǎi 綜採 9-912A
zǒngcái 總裁 9-996B
zǒngcáo 總漕 9-999A
zǒngchǎnzhí 總産值 9-996B
zōngchē 椶車 4-1190A
zōngchén 宗臣 3-1350A
zōngchén 蹤塵 10-544A
zōngchéng 宗承 3-1353A
zōngchéng 宗城 3-1353A
zǒngchēng 總稱 9-998B
zǒngchéng 惣成 7-575B
zǒngchéng 總成 9-993B
zǒngchéng 總承 9-994B
zǒngchí 總持 9-994B
zòngchí 縱弛 9-1001B
zòngchí 縱弛 9-1002B
zòngchǐ 縱侈 9-1002B
zòngchì 瘲瘛 8-352B
zōngchóng 宗崇 3-1356A
zòngchū 縱出 9-1001B
zōngchuán 宗傳 3-1357A
zōngchuáng 椶牀 4-1190A
zōngcí 宗祠 3-1354B
zōngcóng 宗從 3-1356A
zǒngcuī 總催 9-998A
zǒngcuì 總萃 9-996A
zōngcuò 綜錯 9-912B
zōngdá 綜達 9-912A
zòngdàn 縱誕 9-1004A
zōngdǎng 宗黨 3-1358B
zōngdǎng 宗鄗 3-1354B
zòngdàng 縱宕 9-1002B
zòngdàng 縱蕩 9-1004B
zōngdànzi 椶檐子 4-1191A
zōngdào 宗道 3-1356B
zòngdé 縱得 9-1003B
zǒngděi 總得 9-996A

zōngdì 宗弟 3-1351A
zòngdí 縱敵 9-1005B
zōngdiǎn 綜典 9-911B
zōngdiàn 椶殿 4-1190B
zōngdiàn 椶墊 4-1190B
zōngdié 宗牒 3-1357A
zǒngdòng 偬恫 1-1556A
zǒngdòngyuán 總動員 9-996A
zǒngdū 總督 9-997B
zòngdú 縱毒 9-1002B
zòngduì 縱隊 9-1004A
zǒng'é 總額 9-1000A
zòng'è 縱惡 9-1004A
zǒng'éryánzhī 總而言之 9-993B
zōngfǎ 宗法 3-1352A
zōngfà 鬃髮 12-748B
zǒngfà 總髮 9-999A
zòngfǎ 縱法 9-1002B
zōngfān 宗藩 3-1358A
zōngfān 宗蕃 3-1357B
zǒngfán 總凡 9-992B
zǒngfāng 總坊 9-993B
zòngfàng 從放 3-1008A
zòngfàng 縱放 9-1002B
zōngfǎshèhuì 宗法社會 3-1352B
zōngfǎzhì 宗法制 3-1352B
zōngfǎzhìdù 宗法制度 3-1352B
zōngfēng 宗風 3-1353B
zōngfèng 宗奉 3-1351B
zòngfēngzhǐliáo 縱風止燎 9-1003A
zōngfú 椶拂 4-1190A
zōngfù 宗父 3-1349A
zōngfù 宗附 3-1351B
zōngfù 宗婦 3-1356A
zōngfù 綜覆 9-912B
zǒngfú 輟輻 9-1306A
zǒnggāi 總該 9-998A
zōnggàn 宗幹 3-1357A
zōnggàn 宗榦 3-1357B
zǒnggān 總干 9-992B
zǒnggāng 總綱 9-999A
zǒnggānglǐng 總綱領 9-999A
zōnggé 鬷假 12-924A
zǒnggēchénglín 總戈成林 9-993A
zōnggōng 宗工 3-1348B
zōnggōng 宗公 3-1349A
zōnggōng 騣工 12-859B
zǒnggōng 總攻 9-993B
zǒnggòng 總共 9-993A
zōnggǔ 緵罟 9-946B
zōnggǔ 鬷嘏 12-924A
zōngguān 宗官 3-1352B
zōngguān 椶冠 4-1190A
zōngguān 綜觀 9-912B
zōngguǎn 綜管 9-912A
zōngguàn 宗貫 3-1356A
zōngguàn 綜貫 9-912A
zǒngguǎn 總管 9-998B
zǒngguàn 總丱 9-993A
zòngguān 縱觀 9-1006A
zòngguǎng 從廣 3-1013B
zòngguǎng 縱廣 9-1004B
zōngguī 宗歸 3-1358A
zōngguǐ 宗軌 3-1353A
zǒngguī 總歸 9-1000A
zǒngguī 總龜 9-1000A
zōnggǔn 宗袞 3-1356A
zōngguó 宗國 3-1355B
zǒngháng 總行 9-993B
zōngháo 宗豪 3-1357B
zǒnghào 總號 9-998A
zōnghé 綜合 9-911A
zōnghé 綜核 9-911B
zōnghé 綜覈 9-912B
zǒnghé 總合 9-993B
zǒnghé 總和 9-994B
zǒnghé 總河 9-994B
zǒnghé 總核 9-995B
zǒnghé 總覈 9-1000A
zōnghédàxué 綜合大學 9-911A
zònghèfàngguī 縱鶴放龜 9-1006A
zōnghélìyòng 綜合利用 9-911A
zōnghémíngshí 綜核名實 9-911B
zōnghémíngshí 綜覈名實 9-912B
zònghéng 從橫 3-1014A
zònghéng 從衡 3-1015A
zònghéng 縱橫 9-1004B
zònghéng 縱衡 9-1005B
zònghéngbǒhé 縱橫捭闔 9-1005A
zònghéngchíchěng 縱橫馳騁 9-1005A
zònghéngjiā 從橫家 3-1014A
zònghéngjiā 縱橫家 9-1005A
zònghéngjiāocuò 縱橫交錯 9-1005A
zònghéngkāihé 縱橫開合 9-1005A
zònghéngkāihé 縱橫開闔 9-1005A
zònghéngshù 縱橫術 9-1005A
zōnghéyìshù 綜合藝術 9-911B
zònghèyú 縱壑魚 9-1005B
zōnghòu 宗後 3-1353B
zǒnghòufāng 總後方 9-995B
zǒnghù 總護 9-1000A
zōnghuā 椶花 4-1190A
zōnghuà 綜畫 9-912A
zònghuǎn 縱緩 9-1005B
zōnghuáng 宗潢 3-1357B
zònghǔchūxiá 縱虎出匣 9-1002A
zònghǔchūxiá 縱虎出柙 9-1002A
zònghǔguīshān 縱虎歸山 9-1002A
zōnghuì 宗會 3-1357A
zōnghuì 綜會 9-912A
zǒnghuì 總匯 9-997B
zǒnghuì 總會 9-998A
zònghuǒ 縱火 9-1001B
zōngjī 宗姬 3-1355B
zōngjí 綜緝 9-912B
zōngjí 宗極 3-1356B
zōngjí 宗籍 3-1358B
zōngjí 宗揖 3-1356B
zōngjì 從迹 3-1009A
zōngjì 從跡 3-1013A
zōngjì 蹤迹 9-1294B
zōngjì 蹤跡 9-1294B
zōngjì 宗稷 3-1357B
zōngjì 綜計 9-911B
zōngjì 蹤迹 10-543B
zōngjì 蹤跡 10-544A
zōngjì 蹤蹟 10-544B
zǒngjī 總笄 9-995B
zǒngjí 總緝 9-999B
zǒngjí 總集 9-997A
zǒngjì 總己 9-992B
zǒngjì 總計 9-995B
zǒngjì 總髻 9-999B
zòngjī 縱擊 9-1005B
zòngjì 縱迹 9-1003A
zòngjì 縱跡 9-1004A
zōngjiā 宗家 3-1355A
zōngjiá 椶莢 4-1190A
zōngjiǎ 鬷嘏 12-924A
zōngjiǎ 鬷假 12-924A
zǒngjiǎ 總甲 9-993A
zǒngjià 總駕 9-999B
zōngjiàn 椶薦 4-1191A
zǒngjiān 總監 9-998B
zōngjiàng 宗匠 3-1350B
zōngjiàng 椶匠 4-1189B
zōngjiāngjūn 椶將軍 4-1190B
zōngjiǎo 鬃角 12-748B
zōngjiào 宗教 3-1355B
zōngjiào 椶轎 4-1191B
zōngjiào 綜校 9-911B
zǒngjiǎo 鬉角 12-750B
zǒngjiǎo 總角 9-994A
zǒngjiào 總校 9-995B
zǒngjiǎojiāo 總角交 9-994A
zōngjié 宗傑 3-1356B
zǒngjié 總結 9-997B
zǒngjiēzhītíng 總街之庭 9-997A
zǒngjìjiāo 總髻交 9-999B
zōngjīng 鬃晶 12-748B
zōngjìng 宗敬 3-1356B
zǒngjīnglǐ 總經理 9-998A
zòngjiǔ 從酒 3-1010B
zòngjiǔ 縱酒 9-1003A
zòngjū 從狙 3-1008A
zǒngjù 總聚 9-998A
zōngjuē 椶屩 4-1191A
zòngjūn 縱君 9-1002A
zòngkǒu 縱口 9-1001A
zǒngkuí 總揆 9-996B
zǒngkǔn 總閫 9-999B
zōngkuò 綜括 9-911B
zǒngkuò 總括 9-994B
zōnglán 椶籃 4-1191B
zōnglǎn 綜覽 9-912B
zōnglǎn 綜攬 9-912B
zǒnglǎn 總擥 9-1000A
zǒnglǎn 總覽 9-1000B
zǒnglǎn 總攬 9-1000B
zǒnglǎn 總擥 9-1000A
zònglǎn 縱覽 9-1006A
zònglàng 縱浪 9-1003A
zōnglǎo 宗老 3-1350A
zōnglèi 宗類 3-1358B
zōnglí 綜釐 9-912B
zōnglǐ 宗禮 3-1358A
zōnglǐ 綜理 9-912A
zōnglì 椶笠 4-1190A
zǒnglǐ 總理 9-995B
zǒnglǐ 總裏 9-998A
zǒnglì 總曆 9-999B
zōngliàn 綜練 9-912A
zōngliànmíngshí 綜練名實 9-912B
zǒngliànmíngshí 總練名實 9-999B
zōngliè 鬃鬣 12-748B
zǒnglǐgèguó… 總理各國事務衙門 9-996A
zònglín 縱鱗 9-1006A
zōnglíng 宗靈 3-1359A
zōnglìng 宗令 3-1349B
zǒnglǐng 總領 9-998B
zònglìng 縱令 9-1001B
zǒnglǐngshì 總領事 9-999A
zònglǐrùkǒu 從理入口 3-1011B
zònglǐrùkǒu 縱理入口 9-1003B
zǒnglǐyámén 總理衙門 9-996A
zōnglóng 㧻龍 3-863A
zōnglú 椶鑪 4-1191B
zōnglù 宗祿 3-1356B
zǒnglù 總録 9-999B
zǒngluàn 總亂 9-998A
zǒnglùn 總論 9-999A
zònglùn 縱論 9-1005B
zǒnglùxiàn 總路綫 9-998A
zōnglǘ 椶閭 4-1190B
zōnglǘ 椶櫚 4-1191A
zōnglǚ 宗侶 3-1352A
zōnglǜ 椶綠 4-1190B
zǒnglüè 總略 9-996A
zònglüè 縱掠 9-1003B
zōnglǘwū 椶櫚屋 4-1191A
zōngmài 鬷邁 12-924A
zōngmáo 椶毛 4-1189B
zōngmáo 鬃毛 12-748B
zōngmáo 鬉毛 12-750B
zōngmào 騌帽 12-858A
zōngmào 鬃帽 12-748B

zōngmén 宗門 3-1353A
zōngméng 宗盟 3-1357A
zōngmiào 宗廟 3-1357B
zǒngmíng 總名 9-993B
zǒngmíngguàn 總明觀 9-994A
zōngmǔ 宗母 3-1350A
zǒngmù 總目 9-993A
zòngmù 從目 3-1004B
zòngmù 縱目 9-1001B
zòngní 縱麑 9-1005B
zōngniè 宗孽 3-1358B
zōngnǚ 宗女 3-1349A
zōngpài 宗派 3-1353B
zōngpàizhǔyì 宗派主義 3-1353B
zǒngpèi 總轡 9-1000B
zòngpèi 縱轡 9-1006A
zōngpéng 椶棚 4-1190B
zōngpí 椶皮 4-1189B
zǒngpī 總批 9-993B
zōngpiàn 椶片 4-1189B
zōngpǔ 宗譜 3-1358B
zǒngpù 總鋪 9-999A
zōngqī 宗戚 3-1355B
zōngqí 椶綦 4-1190B
zōngqì 宗器 3-1358A
zǒngqī 總期 9-996B
zǒngqí 總旗 9-999A
zǒngqí 總齊 9-999A
zòngqiǎn 縱遣 9-1004A
zǒngqiè 總挈 9-995B
zōngqīn 宗親 3-1358A
zòngqīn 從親 3-1015A
zōngqīng 宗卿 3-1355A
zòngqíng 縱情 9-1003B
zōngqīngshī 宗卿師 3-1355A
zòngqiú 縱囚 9-1001B
zǒngrán 總然 9-997A
zòngrán 縱然 9-1004A
zōngrǎng 椶壤 4-1191B
zōngràng 宗讓 3-1359A
zǒngráo 總饒 9-1000A
zòngráo 縱饒 9-1006A
zōngrén 宗人 3-1348A
zōngrén 椶人 4-1189B
zòngrén 從人 3-1003A
zòngrèn 縱任 9-1001B
zōngrénfǔ 宗人府 3-1348A
zōngrénlìng 宗人令 3-1348A
zǒngróng 總戎 9-993A
zòngróng 縱容 9-1003B
zōngsǎ 椶靸 4-1190B
zǒngsā 總撒 9-999A
zōngsè 椶色 4-1189B
zōngsēn 捴森 3-863A
zōngsèrénzhǒng 椶色人種 4-1189B
zōngshàn 椶扇 4-1190A
zōngshàng 宗尚 3-1352A
zǒngshāng 總商 9-996B
zōngshè 宗社 3-1351A
zōngshè 綜攝 9-912B
zǒngshè 總攝 9-1000A
zòngshě 縱舍 9-1002B
zòngshě 縱捨 9-1003B
zōngshèdǎng 宗社黨 3-1351B
zōngshén 宗神 3-1354A
zòngshēn 縱深 9-1003B
zōngshēng 宗生 3-1349B
zōngshèng 宗聖 3-1357A
zòngshēng 從生 3-1004B
zōngshènggōng 宗聖公 3-1357A
zōngshènghóu 宗聖侯 3-1357A
zōngshī 宗師 3-1354B
zōngshí 宗祏 3-1354A
zōngshí 綜實 9-912A
zōngshì 宗士 3-1348B
zōngshì 宗氏 3-1349A
zōngshì 宗事 3-1352A
zōngshì 宗室 3-1353B
zōngshì 綜事 9-911B
zǒngshǐ 總使 9-994B
zǒngshì 總是 9-995A
zòngshǐ 從使 3-1007B
zòngshǐ 縱使 9-1002A
zòngshì 縱適 9-1004B
zòngshì 縱釋 9-1006A
zōngshǒu 宗守 3-1351A
zǒngshōu 總收 9-993B
zǒngshǒu 總首 9-995B
zōngshú 宗塾 3-1357B
zōngshǔ 宗屬 3-1359A
zōngshù 宗庶 3-1356A
zōngshù 椶樹 4-1191A
zōngshù 綜述 9-911B
zǒngshǔ 總署 9-998A
zǒngshǔ 總數 9-999A
zǒngshù 總數 9-999A
zōngshuā 鬃刷 12-748B
zǒngshuài 總率 9-996B
zǒngshuài 總帥 9-995A
zòngshǔchǐ 縱黍尺 9-1004A
zǒngshuìwùsī 總稅務司 9-997A
zōngsī 宗司 3-1350A
zōngsī 椶絲 4-1190B
zōngsī 綜絲 9-912A
zōngsì 宗祀 3-1351B
zōngsì 宗嗣 3-1357A
zòngsì 從肆 3-1013A
zòngsì 縱肆 9-1004A
zǒngsīlìng 總司令 9-993A
zòngsòng 縱送 9-1003A
zǒngsuàn 總算 9-998B
zòngsuí 縱綏 9-1004B
zōngsūn 宗孫 3-1355B
zōngsǔn 椶筍 4-1190A
zōngsǔn 椶筍 4-1190B
zōngtà 椶榻 4-1190B
zòngtài 縱汰 9-1002A
zōngtǎn 椶毯 4-1190B
zòngtán 縱談 9-1005B
zòngtán 縱譚 9-1005B
zōngtì 鬉髢 12-750B
zǒngtǐ 總體 9-1000B
zòngtǐ 縱體 9-1006A
zòngtì 縱替 9-1004A
zōngtiāo 宗祧 3-1355B
zōngtǒng 宗統 3-1356B
zǒngtǒng 總統 9-997B
zǒngtǒngzhì 總統制 9-997B
zōngtóu 鬃頭 12-748B
zōngtú 宗徒 3-1355A
zòngtú 從徒 3-1010B
zōngtuī 宗推 3-1355B
zòngtuō 縱脫 9-1003B
zōngwáng 宗王 3-1349A
zǒngwēi 總微 9-998A
zǒngwěi 總猥 9-997A
zōngwù 綜物 9-911B
zōngwù 綜務 9-912A
zǒngwù 總務 9-995B
zōngxī 綜析 9-911B
zōngxī 綜悉 9-912A
zōngxī 蹤蹊 10-544B
zōngxì 宗系 3-1351A
zǒngxī 總悉 9-996A
zǒngxiá 總轄 9-1000A
zǒngxiàn 總憲 9-999B
zōngxiāng 椶箱 4-1190B
zōngxiǎng 蹤響 10-544B
zōngxiàng 宗相 3-1353A
zōngxiàng 宗向 3-1350B
zǒngxiàng 總相 9-995A
zǒngxiào 總校 9-995B
zōngxié 椶鞋 4-1190B
zōngxié 椶鞵 4-1191A
zòngxié 從斜 3-1011B
zōngxīn 宗心 3-1349A
zōngxìn 宗信 3-1353B
zòngxīn 從心 3-1004A
zòngxīn 縱心 9-1001B
zòngxīncǎo 粽心草 9-232A
zōngxíng 蹤行 10-543B
zōngxìng 宗姓 3-1353A
zòngxìng 從性 3-1008A
zòngxìng 縱性 9-1002B
zōngxiōng 宗兄 3-1349B
zōngxióng 椶熊 4-1190B
zōngxù 宗壻 3-1356B
zōngxù 宗緒 3-1357B
zōngxù 蹤緒 10-544A
zōngxué 宗學 3-1358A
zōngxué 綜學 9-912B
zōngyà 宗婭 3-1356A
zòngyán 縱言 9-1002A
zōngyǎng 宗仰 3-1350B
zōngyào 宗要 3-1353A
zǒngyào 總要 9-995A
zòngyāo 從要 3-1008B
zōngyé 宗爺 3-1356B
zǒngyé 總爺 9-997A
zōngyéye 宗爺爺 3-1356B
zōngyī 椶衣 4-1190A
zōngyí 宗儀 3-1357B
zōngyí 宗彝 3-1358A
zōngyí 鬷夷 12-924A
zōngyì 宗邑 3-1351A
zǒngyī 總一 9-992B
zòngyì 從逸 3-1012A
zòngyì 縱佚 9-1002A
zòngyì 縱逸 9-1003B
zòngyì 縱意 9-1004B
zòngyì 縱溢 9-1004B
zōngyīn 宗因 3-1350B
zōngyīn 宗姻 3-1354B
zōngyīn 宗禋 3-1357B
zōngyìn 宗蔭 3-1357A
zōngyīng 宗英 3-1351B
zōngyǐng 蹤影 10-544B
zǒngyǒng 縱踴 9-1005B
zǒngyǒng 縱臾 9-1002B
zōngyóu 宗猷 3-1357A
zōngyóu 蹤繇 10-544B
zōngyóu 蹤由 10-543B
zǒngyǒu 總有 9-993A
zōngyú 椶魚 4-1190A
zōngyú 椶輿 4-1191A
zōngyù 宗遇 3-1356B
zōngyù 宗諭 3-1358A
zǒngyù 總御 9-997A
zǒngyù 總馭 9-996B
zòngyù 從欲 3-1012A
zòngyù 縱欲 9-1003B
zòngyù 縱慾 9-1005B
zōngyuán 宗原 3-1354B
zōngyuán 宗援 3-1356B
zòngyuē 從約 3-1010A
zòngyuēzhǎng 從約長 3-1010A
zǒngzá 總雜 9-1000A
zǒngzé 總則 9-995A
zōngzéi 宗賊 3-1357A
zōngzēng 猣猙 9-669A
zōngzhǎng 宗長 3-1351B
zōngzhàng 宗丈 3-1348B
zǒngzhāng 總章 9-996A
zǒngzhǎng 總長 9-994A
zǒngzhàng 總帳 9-996A
zòngzhǎng 從長 3-1006B
zōngzhào 蹤兆 10-543B
zòngzhào 縱棹 9-1004A
zòngzhào 縱櫂 9-1005B
zōngzhé 宗哲 3-1354B
zōngzhé 蹤轍 10-544B
zòngzhě 從者 3-1006B
zǒngzhèn 總鎮 9-1000A
zōngzhèng 宗正 3-1349A
zōngzhèng 宗政 3-1353A
zǒngzhèng 總政 9-994B
zōngzhī 宗支 3-1349A
zōngzhī 宗枝 3-1352A
zōngzhí 宗侄 3-1352A
zōngzhí 宗姪 3-1354B
zōngzhí 宗職 3-1358A
zōngzhǐ 宗旨 3-1350B
zōngzhǐ 宗指 3-1353A
zōngzhì 宗致 3-1354B
zōngzhì 綜制 9-911B
zōngzhì 綜治 9-911B
zǒngzhī 總之 9-992B
zǒngzhī 總支 9-992B
zǒngzhì 總制 9-994A

zǒngzhǐhuī 總指揮 9-995A
zǒngzhìqián 總制錢 9-994B
zǒngzhìsī 總制司 9-994B
zōngzhǒng 宗種 3-1357B
zōngzhōu 宗周 3-1352A
zōngzhǒu 椶帚 4-1190A
zōngzhú 椶竹 4-1189B
zōngzhǔ 宗主 3-1349B
zōngzhù 宗祝 3-1354A
zōngzhǔguó 宗主國 3-1350A
zōngzhǔquán 宗主權 3-1350A
zōngzhǔyé 宗主爺 3-1350A
zōngzǐ 宗子 3-1348B
zòngzi 粽子 9-232A
zòngzī 縱姿 9-1003A
zòngzì 從恣 3-1010B
zòngzì 縱恣 9-1003A
zōngzǐshì 宗子試 3-1349A
zǒngzǒng 從從 3-1011B
zǒngzǒng 稯稯 8-119B
zǒngzǒng 總總 9-1000A
zǒngzǒng 縱縱 9-1005B
zǒngzǒnglínlín 總總林林 9-1000A
zōngzú 宗族 3-1356A
zōngzǔ 宗祖 3-1354A
zǒngzuò 總做 9-996A
zòu'àn 奏案 2-1537A
zòubái 奏白 2-1536A
zǒubǎibìng 走百病 9-1069A
zǒubān 走班 9-1072B
zǒubǎn 走坂 9-1069B
zǒubǎn 走板 9-1070A
zǒubàn 走辦 9-1079A
zòubǎn 奏版 2-1536B
zǒubào 走報 9-1076A
zòubào 奏報 2-1537B
zǒuběi 走北 9-1068B
zǒubèizì 走背字 9-1071B
zǒubēn 走奔 9-1070A
zòuběn 奏本 2-1536A
zǒubēng 走伻 9-1070A
zǒubǐ 走筆 9-1076B
zǒubì 走幣 9-1078A
zǒubì 走避 9-1079A
zòubì 奏辟 2-1538A
zōubiàn 鄒辯 10-674A
zǒubiān 走邊 9-1079B
zǒubiàn 走變 9-1080A
zǒubiānfēng 走邊風 9-1079B
zǒubiànmén 走便門 9-1071B
zǒubiāo 走鏢 9-1079B
zǒubiāo 走鑣 9-1080A
zòubiǎo 奏表 2-1536A
zǒubìfēiyán 走壁飛檐 9-1079A
zǒubìfēiyán 走壁飛簷 9-1079A
zòubǐng 奏稟 2-1538A
zǒubù 走步 9-1069B
zòubǔ 奏補 2-1538A
zòucái 奏裁 2-1537B
zòucān 奏參 2-1537B
zǒucáng 走藏 9-1079A
zǒucǎo 走草 9-1071A
zòucǎo 奏草 2-1536B
zǒucè 奏廁 2-1538A
zōuchá 鄒查 10-673B
zǒuchāi 走差 9-1072A
zòuchāi 奏差 2-1536B
zǒuchǎng 走場 9-1076A
zòuchāo 奏鈔 2-1537B
zǒuchē 走車 9-1069B
zōuchén 諏辰 11-273B
zòuchén 奏陳 2-1537A
zòuchéng 奏呈 2-1536A
zǒuchóu 走籌 9-1080A
zòuchuáng 奏牀 2-1536B
zǒuchuí 走箠 9-1078A
zōucóng 騶從 12-869B
zǒucóng 走從 9-1075A
zǒucuàn 走竄 9-1079B
zǒudài 走袋 9-1075A
zǒudānbāng 走單幫 9-1076A
zòudāng 奏當 2-1538A
zōudǎo 騶導 12-870A
zǒudào 走道 9-1076B
zòudāo 奏刀 2-1535B
zǒudéqǐ 走得起 9-1075A
zōudiàn 騶殿 12-870A
zǒudiàn 走電 9-1077A
zǒudiào 走調 9-1078B
zōudìng 諏定 11-273B
zǒudòng 走動 9-1075A
zǒudú 走讀 9-1080A
zòudú 奏牘 2-1539A
zǒuduì 走隊 9-1075B
zòuduì 奏對 2-1538A
zōuduó 諏度 11-273B
zōufā 騶發 12-869B
zǒufā 走發 9-1077A
zōufǎng 諏訪 11-273B
zǒufāng 走方 9-1068A
zǒufǎng 走訪 9-1075B
zǒufāngbù 走方步 9-1068A
zǒufānglángzhōng 走方郎中 9-1068A
zǒufēi 走飛 9-1072B
zǒufēng 走風 9-1072A
zǒufēngyǔ 走風雨 9-1072A
zǒufēngzǒushuǐ 走風走水 9-1072A
zōufú 騶輻 12-870A
zǒufú 走伏 9-1069A
zòufù 奏覆 2-1539A
zǒugān 走竿 9-1071B
zǒugāngsī 走鋼絲 9-1078B
zòugǎo 奏稿 2-1538B
zòugǎo 奏藁 2-1539A
zòugào 奏告 2-1536A
zǒugě 走舸 9-1075A
zòugē 奏歌 2-1538A
zòugé 奏假 2-1537B
zǒugēng 走更 9-1069B
zǒugǒng 走拱 9-1071A
zòugōng 奏工 2-1535B
zòugōng 奏公 2-1535B
zòugōng 奏功 2-1535B
zǒugǒu 走狗 9-1070B
zǒugǒupēng 走狗烹 9-1070B
zǒugǔn 走衮 9-1074A
zǒugǔn 走滾 9-1078A
zǒugǔn 走輥 9-1078A
zǒuguòchǎng 走過場 9-1075A
zǒugǔxíngshī 走骨行尸 9-1071B
zǒuhǎi 走海 9-1074A
zōuhàn 掫扞 6-638A
zǒuhán 走函 9-1071A
zōuhè 騶喝 12-869B
zòuhé 奏劾 2-1536B
zōuhōng 騶哄 12-869B
zǒuhóng 走紅 9-1072B
zǒuhòumén 走後門 9-1071B
zǒuhuà 走話 9-1077B
zǒuhuādào 走花道 9-1069B
zǒuhuāliūshuǐ 走花溜水 9-1069B
zǒuhuáng 走黃 9-1074B
zǒuhuì 走會 9-1077B
zǒuhún 走魂 9-1077A
zǒuhuǒ 走火 9-1068B
zǒuhuò 走貨 9-1075A
zǒuhuò 走禍 9-1077A
zǒuhúzǒuyuè 走胡走越 9-1071A
zōují 諏吉 11-273B
zǒují 走集 9-1076B
zǒujǐ 走戟 9-1076A
zòujì 奏績 2-1539A
zòujì 奏伎 2-1536A
zòujì 奏技 2-1536A
zòujì 奏計 2-1536B
zòujì 奏記 2-1537A
zōujiā 鄒夾 10-673B
zōujiā 鄒家 10-674A
zōujià 騶駕 12-870A
zǒujiǎ 丟斝 1-664A
zòujià 奏假 2-1537B
zǒujiǎchuánshāng 走斝傳觴 9-1076A
zǒujiǎfēishāng 走斝飛觴 9-1076A
zōujiàn 陬見 11-1007A
zǒujiǎn 走柬 9-1071B
zòujiàn 奏牋 2-1537B
zòujiàn 奏薦 2-1539A
zòujiǎng 奏獎 2-1538B
zǒujiānghú 走江湖 9-1069B
zǒujiāo 走教 9-1074B
zǒujiǎo 走脚 9-1075B
zǒujiē 走街 9-1076B
zǒujiè 走价 9-1069A
zǒujiè 走介 9-1068A
zǒujiè 走繲 9-1080A
zòujié 奏訐 2-1537A
zòujié 奏捷 2-1537A
zōujù 掫聚 6-638A
zǒujú 走局 9-1070A
zòujué 奏決 2-1536A
zòukǎi 奏凱 2-1537B
zōukē 騶珂 12-869B
zǒukè 走客 9-1072A
zòukě 奏可 2-1536A
zòukè 奏課 2-1538B
zǒukōng 走空 9-1071A
zǒukǒu 走口 9-1067B
zǒuláng 走廊 9-1075B
zǒulángzhōng 走郎中 9-1071A
zǒulehéshàng… 走了和尚走不了廟 9-1067B
zǒulehéshàng… 走了和尚走不了寺 9-1067B
zōulǐ 鄒里 10-695A
zōulì 騶吏 12-869A
zōulì 騶隸 12-870A
zǒulǐ 走禮 9-1079B
zǒulì 走吏 9-1069A
zǒulì 走利 9-1069B
zǒulì 走歷 9-1078B
zǒulì 走隸 9-1079A
zōuliè 騶列 12-869A
zǒulìgōngrén 走立公人 9-1068B
zōulín 鯫鱗 12-1238B
zǒulìng 走令 9-1068B
zǒuliū 走溜 9-1077B
zǒuliù 走溜 9-1077B
zǒuliùliù 走蹓蹓 9-1079A
zǒulǒng 走攏 9-1079B
zǒulóngshé 走龍蛇 9-1079A
zǒulóu 走樓 9-1078A
zǒulòu 走漏 9-1078A
zǒulòu 走露 9-1080A
zōulǔ 鄒魯 10-674A
zǒulú 走爐 9-1080A
zǒulǔ 走鹵 9-1074B
zǒulǔ 走滷 9-1078A
zǒulù 走路 9-1077B
zōulùn 鯫論 12-1238B
zōuluò 陬落 11-1007B
zǒuluó 走騾 9-1080A
zǒulùzi 走路子 9-1077B
zōulǜ 鄒律 10-673B
zōulǜ 諏律 11-273B
zǒulǘ 走驢 9-1080B
zōumǎ 鄒馬 10-673B
zǒumǎ 走馬 9-1072B
zǒumǎbào 丟馬報 1-664A
zǒumǎbào 走馬報 9-1073A
zǒumǎchéngshòu 走馬承受 9-1073A
zǒumǎdàorèn 走馬到任 9-1073A
zǒumǎdēng 走馬燈 9-1073B
zǒumǎdòujī 走馬鬭雞 9-1073B
zǒumǎfùrèn 走馬赴任 9-1073A
zǒumǎguānhuā 走馬觀花 9-1073B
zǒumàichéng 走麥城 9-1074B

zǒumǎkànhuā 走馬看花 9-1073A
zǒumǎlóu 走馬樓 9-1073B
zōumáng 陬芒 11-1007A
zǒumǎshàngrèn 走馬上任 9-1072B
zǒumǎtou 走碼頭 9-1078B
zǒumǎzhāngtái 走馬章臺 9-1073A
zǒumǎzhèntóuyǔ 走馬陣頭雨 9-1073A
zōuméi 鄒枚 10-673B
zǒumén 走門 9-1071A
zōumèng 鄒孟 10-673B
zǒuménlù 走門路 9-1071A
zǒuménzi 走門子 9-1071A
zǒumiǎn 走免 9-1070A
zǒumìng 走命 9-1070B
zòumíng 奏名 2-1536A
zòumíng 奏明 2-1536B
zōumóu 諏謀 11-273B
zòumù 奏目 2-1536A
zǒunàn 走難 9-1079B
zǒunánchuǎngběi 走南闖北 9-1071B
zǒunì 走匿 9-1072B
zǒuniǎn 走輾 9-1079A
zōunú 騶奴 12-869A
zōu'ōu 鯫鷗 12-1455B
zōupèi 騶轡 12-870B
zǒupiānfēng 走偏鋒 9-1075A
zǒupiào 走票 9-1074B
zǒupiàoqí 走驃騎 9-1080A
zōupú 騶僕 12-870A
zōuqí 騶騎 12-870B
zǒuqí 走棋 9-1076A
zǒuqǐ 走起 9-1073B
zǒuqì 走氣 9-1074A
zōuqiǎn 鯫淺 12-1238B
zōuqiàn 騶傔 12-869B
zǒuqiáo 走橋 9-1078B
zǒuqīn 走親 9-1079A
zǒuqín 走禽 9-1076B
zǒuqìng 走卿 9-1074A
zòuqǐng 奏請 2-1538B
zǒuqīnqì 走親戚 9-1079A
zǒuqū 走趍 9-1077A
zǒuqū 走趨 9-1079A
zòuqǔ 奏曲 2-1536A
zǒuquǎn 走犬 9-1067B
zǒuquǎnpēng 走犬亨 9-1067B
zōuquē 鄹闕 10-695A
zòuquè 奏闋 2-1539A
zōurén 騶人 12-869A
zǒurén 走人 9-1067A
zǒurénhù 走人户 9-1067A
zǒurénjiā 走人家 9-1067A
zǒurénqíng 走人情 9-1067B
zōurì 諏日 11-273B
zǒuròuxíngshī 走肉行尸 9-1069A
zōurú 鯫儒 12-1238B
zǒuruǎnsuǒ 走軟索 9-1074B
zǒusàn 走散 9-1076A
zǒusānqiáo 走三橋 9-1067B
zǒusè 走色 9-1069B
zǒushǎi 走色 9-1069B
zǒushàn 搊扇 6-815A
zǒushàn 走扇 9-1074A
zòushàng 奏上 2-1535B
zǒushè 走射 9-1074A
zǒushén 走神 9-1072A
zòushěn 奏審 2-1538B
zōushēng 鄒生 10-673B
zōushēng 鯫生 12-1238B
zǒushéng 走繩 9-1079B
zǒushéngsuǒ 走繩索 9-1080A
zǒushéngzi 走繩子 9-1080A
zǒushēnwúlù 走身無路 9-1070A
zōushǐ 菆矢 9-435B
zōushǐ 騶矢 12-869A
zōushì 陬澨 11-1007B
zōushì 鯫士 12-1238B
zōushì 騶士 12-869A
zōushì 騶寺 12-869A
zǒushī 走失 9-1068B
zǒushī 走屍 9-1072A
zǒushí 走石 9-1068B
zǒushí 走時 9-1074A
zǒushǐ 走史 9-1068B
zǒushǐ 走使 9-1070B
zòushì 奏事 2-1536B
zǒushífēishā 走石飛沙 9-1068B
zòushìguān 奏事官 2-1536B
zōushìlǜ 鄒氏律 10-673B
zǒushíqì 走時氣 9-1074A
zǒushòu 走獸 9-1079B
zōushū 鄒書 10-674A
zōushù 騶豎 12-870A
zǒushū 走書 9-1074A
zǒushù 走庶 9-1075B
zòushū 奏書 2-1537A
zòushū 奏疏 2-1538A
zǒushuǐ 走水 9-1067B
zǒushuǐshí 走水石 9-1068A
zǒusī 走私 9-1069B
zǒusǐ 走死 9-1069A
zǒusòng 走送 9-1072A
zōusōu 鄒搜 10-674A
zǒusú 走俗 9-1071B
zōusuì 陬隧 11-1007B
zǒusuǒ 走索 9-1073B
zōután 鄒談 10-674A
zōután 鄒譚 10-674A
zòután 奏彈 2-1538B
zǒutáng 走堂 9-1074B
zǒutáng 走塘 9-1077A
zǒutàng 走趟 9-1078A
zǒutáo 走逃 9-1071B
zǒutí 走題 9-1079B
zǒutiào 走跳 9-1077A
zòutiě 奏帖 2-1536B
zōutóng 騶僮 12-870A
zōutóu 鯫頭 12-1238B
zǒutòu 走透 9-1074A
zǒutóuméilù 走投沒路 9-1069B
zǒutóuméilù 走頭沒路 9-1078B
zǒutóuwújì 走投無計 9-1069B
zǒutóuwúlù 走投無路 9-1069B
zǒutóuwúlù 走頭無路 9-1078B
zōutú 鄒屠 10-674A
zōutú 騶徒 12-869B
zǒutù 走兔 9-1070B
zǒutuō 走脱 9-1075B
zǒuwán 走丸 9-1067B
zǒuwáng 走亡 9-1067B
zǒuwàng 走望 9-1075B
zǒuwánnìbǎn 走丸逆坂 9-1067B
zōuwéi 陬維 11-1007B
zǒuwèi 走味 9-1070B
zǒuwéishàngcè 走爲上策 9-1076B
zǒuwéishàngjì 走爲上計 9-1076B
zǒuwéishàngzhāo 走爲上着 9-1076B
zǒuwén 走文 9-1068A
zòuwén 奏聞 2-1538B
zōuwú 騶吾 12-869A
zōuwǔ 騶伍 12-869A
zǒuwù 走晤 9-1074B
zòuwǔ 奏舞 2-1538B
zǒuwúcháng 走無常 9-1076A
zǒuxí 走檄 9-1079A
zōuxiān 鯫鱻 12-1238B
zǒuxiǎn 走險 9-1078B
zǒuxiàn 走綫 9-1078A
zǒuxiàn 走線 9-1078B
zōuxiǎng 騶響 12-870B
zǒuxiàng 走相 9-1071B
zǒuxiàng 走向 9-1069A
zǒuxiàng 走巷 9-1071A
zǒuxiàng 走像 9-1077B
zòuxiāo 奏銷 2-1538B
zòuxiào 奏效 2-1537A
zǒuxiè 走解 9-1077B
zǒuxiè 走泄 9-1071A
zǒuxiè 走洩 9-1072A
zǒuxiè 走謝 9-1079A
zǒuxīkǒu 走西口 9-1069A
zǒuxīn 走心 9-1068B
zǒuxū 走胥 9-1072B
zǒuxué 走穴 9-1069A
zǒuxué 走學 9-1078B
zòuxuē 奏削 2-1536B
zōuxún 諏詢 11-273B
zōuyá 騶牙 12-869A
zǒuyǎn 走眼 9-1074B
zòuyán 奏言 2-1536A
zòuyǎn 奏剡 2-1537A
zòuyàn 奏讞 2-1539A
zǒuyáng 走洋 9-1072A
zǒuyáng 走陽 9-1075B
zǒuyǎng 走養 9-1078A
zǒuyàng 走樣 9-1078A
zǒuyángjiǎo 走洋脚 9-1072A
zōuyǎntántiān 鄒衍談天 10-673B
zǒuyě 走野 9-1075A
zǒuyè 走謁 9-1078B
zōuyì 陬邑 11-1007A
zōuyì 諏議 11-274A
zǒuyí 走移 9-1075A
zǒuyì 走役 9-1070A
zǒuyì 走逸 9-1075B
zòuyì 奏議 2-1539A
zǒuyīn 走音 9-1072A
zǒuyīn 走陰 9-1074A
zòuyìn 奏蔭 2-1538A
zòuyìn 奏廕 2-1538A
zǒuyīnchai 走陰差 9-1074B
zǒuyǐng 走影 9-1078B
zōuyīngqízǐ 鄒纓齊紫 10-674A
zǒuyǐnjīngshé 走蚓驚蛇 9-1074A
zǒuyīnsī 走陰司 9-1074A
zòuyōng 奏庸 2-1537B
zǒuyóu 走油 9-1071A
zōuyú 陬喁 11-1007B
zōuyú 陬隅 11-1007A
zōuyú 鄒虞 10-674A
zōuyú 鯫愚 12-1238B
zōuyú 騶騟 12-870B
zōuyú 騶虞 12-869B
zōuyú 騶輿 12-870B
zōuyù 騶御 12-869B
zōuyù 騶馭 12-869B
zǒuyù 走譽 9-1080A
zòuyù 奏御 2-1537B
zǒuyuán 走圓 9-1077B
zōuyuè 陬月 11-1007A
zǒuyuè 走躍 9-1080A
zòuyuè 奏樂 2-1539A
zǒuyuèliàng 走月亮 9-1068A
zōuyúfān 騶虞幡 12-870A
zōuyúfú 騶虞符 12-870A
zōuyújù 陬隅句 11-1007B
zǒuyùn 走運 9-1077A
zǒuyùn 走韵 9-1077B
zǒuyùn 走韻 9-1079B
zōuyúzhuàng 騶虞幢 12-870A
zōuzào 騶皂 12-869A
zòuzhá 奏劄 2-1538B
zòuzhá 奏札 2-1536A
zǒuzhàn 走綻 9-1078A
zǒuzhāng 走章 9-1075B
zòuzhāng 奏章 2-1537B
zǒuzhāngtái 走章臺 9-1075B
zòuzhé 奏摺 2-1538A
zǒuzhekàn 走着看 9-1075B
zōuzhēng 廠蒸 12-1281A
zòuzhèng 奏正 2-1535B
zǒuzheqiáo 走着瞧 9-1075B
zōuzhì 諏治 11-273B
zǒuzhǐ 走指 9-1071A
zǒuzhì 走智 9-1076B
zǒuzhòu 走驟 9-1080B

zǒuzhū 走珠 9-1072B
zǒuzhú 走逐 9-1073B
zǒuzhuǎn 走轉 9-1079B
zǒuzhuàn 走轉 9-1079B
zòuzhuàng 奏狀 2-1536B
zōuzī 陬觜 11-1007B
zōuzī 陬訾 11-1007B
zōuzī 諏咨 11-273B
zōuzī 諏諮 11-274A
zōuzī 諏訾 11-273B
zōuzǐ 鄒子 10-673B
zōuzǐ 騶子 12-869A
zōuzǐlǜ 鄒子律 10-673B
zōuzú 騶卒 12-869B
zǒuzú 走卒 9-1070B
zòuzuì 奏最 2-1537B
zǒuzuò 走作 9-1070A
zǒuzuò 走做 9-1075A
zǔ'ài 阻隘 11-945A
zǔ'ài 阻礙 11-946B
zuānbīngqiúhuǒ 鑽冰求火 11-1435A
zuānbīngqǔhuǒ 鑽冰取火 11-1435A
zuǎnbǔ 纂補 9-1041B
zuǎncǎi 纂采 9-1040B
zuǎnchéng 纂成 9-1040B
zuǎnchéng 纂承 9-1040B
zuǎnchéng 纘承 9-1065A
zuānchōng 鑽充 11-1435A
zuànchuài 賺啜 10-288A
zuànchuáng 鑽床 11-1435B
zuāncì 鑽刺 11-1435B
zuǎncì 纂次 9-1040B
zuǎndài 纂代 9-1040A
zuāndāo 鑽刀 11-1434A
zuàndé 賺得 10-288A
zuāndēngpéng 鑽燈棚 11-1437A
zuǎndiāo 纂雕 9-1041B
zuǎndìng 纂訂 9-1041A
zuāndòng 鑽動 11-1436B
zuāndòngmìfèng 鑽洞覓縫 11-1436A
zuān'er 攢兒 6-985B
zuānfà 劗髮 2-758B
zuānfà 鑽髮 11-1436B
zuànfǎ 賺法 10-287B
zuānfǎng 鑽訪 11-1436B
zuānfēng 攛風 6-870B
zuānfèng'er 鑽縫兒 11-1437A
zuǎnfú 纂服 9-1040B
zuǎnfú 纘服 9-1065A
zuāngàn 鑽幹 11-1436B
zuāngōng 鑽攻 11-1435A
zuāngǒudòng 鑽狗洞 11-1435B
zuānguī 鑽龜 11-1437A
zuāngùzhǐ 鑽故紙 11-1435B
zuānhé 鑽核 11-1436A
zuànhǒng 賺哄 10-287B
zuānhuī 鑽灰 11-1435A
zuānhuǒ 鑽火 11-1434B
zuānhuǒdébīng 鑽火得冰 11-1434B
zuānjí 鑽疾 11-1436A
zuǎnjí 纂緝 9-1041B
zuǎnjí 纘緝 9-1065B
zuǎnjí 篡輯 8-1237B
zuǎnjí 纂極 9-1041A
zuǎnjí 纂集 9-1041A
zuǎnjí 纂輯 9-1041B
zuǎnjì 纂紀 9-1041A
zuǎnjì 纂繼 9-1042A
zuǎnjì 纘繼 9-1065B
zuànjī 鑽機 11-1436B
zuānjiǎn 劗翦 2-758B
zuānjiānyánwēi 鑽堅研微 11-1436A
zuànjiè 鑽戒 11-1435A
zuānjìn 鑽勁 11-1436A
zuānjǐng 鑽井 11-1434A
zuǎnjiù 纂就 9-1041B
zuānjù 劗跙 2-758B
zuānjù 鑽具 11-1435B
zuǎnkè 纂刻 9-1040B
zuānkòngzi 鑽空子 11-1435B
zuānkuī 鑽窺 11-1437A
zuǎnkuò 纂括 9-1040B
zuānlǎn 鑽嬾 11-1437B
zuānlǎnbāngxián 鑽懶幫閒 11-1437B
zuǎnlè 纂勒 9-1041A
zuǎnlèi 纂類 9-1042A
zuānlì 鑽礌 11-1436A
zuānlì 鑽厲 11-1436B
zuānlì 鑽礪 11-1437A
zuǎnlì 纂曆 9-1041B
zuǎnlì 纂歷 9-1041B
zuǎnlì 纘曆 9-1065B
zuānliàn 鑽鍊 11-1437A
zuānlícài 鑽籬菜 11-1437B
zuǎnlín 纂臨 9-1042A
zuānlínchá 闖林茶 12-118B
zuǎnlóng 纂隆 9-1041A
zuànlòu 賺漏 10-288A
zuānlù 躦路 10-575B
zuǎnlù 纂録 9-1041B
zuǎnlùn 纂論 9-1041B
zuǎnlüè 纂略 9-1041A
zuānménchūhù 鑽門出户 11-1435B
zuānménzi 鑽門子 11-1435B
zuǎnmíng 纘明 9-1065A
zuānmó 鑽摩 11-1436B
zuānmó 鑽磨 11-1437A
zuānmóu 鑽謀 11-1437A
zuānmù 鑽木 11-1434B
zuānmùdéhuǒ 鑽木得火 11-1434B
zuānmùqǔhuǒ 鑽木取火 11-1434B
zuǎnnǐ 纂擬 9-1042A
zuānniújiǎo 鑽牛角 11-1434B
zuānniújiǎojiān 鑽牛角尖 11-1434B
zuānnòng 鑽弄 11-1435A
zuānpí 鑽皮 11-1435A
zuànpiàn 賺騙 10-288B
zuānpíchūyǔ 鑽皮出羽 11-1435A
zuànqián 賺錢 10-288A
zuānqiú 鑽求 11-1435B
zuānrénqíng 鑽人情 11-1434A
zuǎnróng 纂戎 9-1040A
zuǎnróng 纘戎 9-1064B
zuānsāi 鑽腮 11-1436B
zuānshā 鑽沙 11-1435B
zuànshā 賺殺 10-288A
zuānshān 鑽山 11-1434A
zuānshānsèhǎi 鑽山塞海 11-1434A
zuǎnshào 纂紹 9-1041A
zuǎnshào 纘紹 9-1065A
zuànshí 鑽石 11-1434B
zuànshì 鑽飾 11-1436B
zuǎnshù 纂述 9-1040B
zuǎnshù 纘述 9-1065A
zuānsī 鑽思 11-1436A
zuǎnsì 纘嗣 9-1065A
zuānsuì 鑽燧 11-1437A
zuānsuì 鑽鐩 11-1437B
zuānsuìgǎihuǒ 鑽燧改火 11-1437A
zuānsuìyìhuǒ 鑽燧易火 11-1437A
zuàntǎ 鑽塔 11-1436B
zuāntàn 鑽探 11-1436A
zuāntànjī 鑽探機 11-1436A
zuāntiāndǎdòng 鑽天打洞 11-1434A
zuāntiānléi 鑽天雷 11-1434A
zuāntiānlìng 鑽天令 11-1434A
zuāntiānliǔ 鑽天柳 11-1434A
zuāntiānmìfèng 鑽天覓縫 11-1434A
zuāntiānmòdì 鑽天驀地 11-1434B
zuāntiānyáng 鑽天楊 11-1434A
zuǎntǒng 纂統 9-1041B
zuāntóu 攢頭 6-987B
zuàntóu 鑽頭 11-1436B
zuāntóujiùsuǒ 鑽頭就鎖 11-1436B
zuāntóumìfèng 鑽頭覓縫 11-1436B
zuǎntú 纘圖 9-1065A
zuàntuō 賺脱 10-288A
zuānwǎ 鑽瓦 11-1434B
zuānwèi 鑽味 11-1435B
zuǎnwèi 纂位 9-1040B
zuānxī 攢犀 6-987A
zuǎnxí 纂襲 9-1042A
zuǎnxí 纘襲 9-1065B
zuǎnxì 纂系 9-1040B
zuānxīn 鑽心 11-1434B
zuǎnxīn 纂心 9-1040A
zuānxīnchóng 鑽心蟲 11-1434B
zuānxīncìgǔ 鑽心刺骨 11-1434B
zuānxíng 躦行 10-575B
zuānxiū 鑽修 11-1436A
zuǎnxiū 纂修 9-1040B
zuǎnxiū 纘修 9-1065A
zuǎnxiù 纂繡 9-1042A
zuānxìyúqiáng 鑽隙踰牆 11-1436B
zuǎnxù 纂敘 9-1041A
zuǎnxù 纂緒 9-1041B
zuǎnxù 纘緒 9-1065A
zuǎnxù 纘續 9-1065B
zuānxuán 鑽玄 11-1435A
zuānxué 鑽穴 11-1435A
zuānxuéyúqiáng 鑽穴踰墻 11-1435A
zuānxuéyúqiáng 鑽穴踰牆 11-1435A
zuānxuéyúxì 鑽穴踰隙 11-1435A
zuānxuéyúyuán 鑽穴踰垣 11-1435A
zuǎnxùn 纂訓 9-1041A
zuānyán 鑽研 11-1436A
zuānyán 鑽䂩 11-1436B
zuǎnyán 纂言 9-1040B
zuǎnyán 纂嚴 9-1042A
zuǎnyǎn 纘衍 9-1065A
zuānyǎng 鑽仰 11-1435A
zuǎnyè 纂業 9-1041B
zuǎnyè 纘業 9-1065A
zuānyíng 鑽營 11-1437A
zuǎnyīng 纘膺 9-1065B
zuānyǒng 鑽咏 11-1435B
zuànyòu 賺誘 10-288A
zuānyú 鑽踰 11-1436B
zuānyuán 鑽緣 11-1436B
zuānyuè 鑽閱 11-1436B
zuānzáo 鑽鑿 11-1437B
zuānzhǐyíng 鑽紙蠅 11-1436A
zuǎnzhòu 纂胄 9-1040B
zuǎnzhù 纂著 9-1041A
zuànzhū 鑽珠 11-1436A
zuǎnzhuàn 纂撰 9-1041B
zuānzhuó 鑽灼 11-1435B
zuǎnzōng 纂綜 9-1041B
zuǎnzǔ 纂組 9-1041A
zuānzuān 鑽鑽 11-1437B
zuǎnzuǎn 纂纂 9-1042A
zuǎnzuò 纂作 9-1040B
zuànzuó 鑽筰 11-1436B
zǔ'ào 阻拗 11-944A
zǔ'ào 阻奥 11-945A
zǔbá 祖軷 7-852A
zúbābā 足巴巴 10-425A
zúbǎichángqián 足百長錢 10-425A
zúbǎiqián 足佰錢 10-426B

zúbǎn 足板 10-426B
zúbàn 足辦 10-429A
zǔbāng 祖邦 7-846B
zúbèi 足備 10-428A
zǔbèi 祖輩 7-853B
zúběn 足本 10-425A
zǔběn 祖本 7-846A
zúbēng 崒崩 3-842A
zǔbǐ 祖妣 7-847B
zǔbiān 祖鞭 7-854B
zǔbié 祖别 7-847A
zúbīng 足兵 10-426A
zúbīng 卒兵 1-877A
zǔbīng 阻兵 11-943B
zǔbǐng 阻并 11-943B
zǔbǐng 祖炳 7-849B
zúbīngzúshí 足兵足食 10-426A
zūbù 租布 8-68A
zūbù 租簿 8-69B
zúbù 足布 10-425A
zúbù 足步 10-426A
zǔbǔ 阻卜 11-943A
zúbùchūhù 足不出户 10-424B
zúbùchūmén 足不出門 10-424B
zúbùkuīhù 足不窺户 10-424B
zúbùlǚyǐng 足不履影 10-424B
zúbùyúhù 足不踰户 10-424B
zúcái 足財 10-427A
zúchán 足纏 10-429B
zǔchǎn 祖産 7-851B
zǔcháng 阻長 11-943B
zǔcháng 祖嘗 7-853B
zǔchàng 祖鬯 7-851A
zūchē 租車 8-68A
zǔchèn 祖櫬 7-855A
zúchēng 足稱 10-428B
zǔchéng 組成 9-778A
zúchì 足赤 10-425B
zǔchí 阻遲 11-946A
zúchōng 足充 10-425B
zūchú 租芻 8-68B
zǔchǔ 詛楚 11-103A
zūchuán 租船 8-69A
zúchuàn 足串 10-426A
zǔchuán 祖傳 7-853A
zúchuáng 足牀 10-426B
zǔchǔwén 詛楚文 11-103A
zǔcí 祖祠 7-850A
zúcóng 族從 6-1606B
zǔcóng 駔琮 12-813B
zúcuò 蹴踖 10-553B
zǔcuò 阻挫 11-944A
zúdà 足大 10-424A
zǔdài 阻帶 11-944B
zǔdài 祖代 7-846B
zǔdài 組帶 9-778B
zúdǎng 族黨 6-1607B
zúdǎng 族鄗 6-1606A
zǔdāng 阻當 11-945A
zǔdǎng 阻擋 11-946A
zǔdǎng 阻攩 11-946B
zūdào 租稻 8-69B
zǔdào 祖道 7-852B
zúdǎoshǒuwǔ 足蹈手舞 10-429A
zǔdé 祖德 7-854A
zúdǐ 足底 10-426B
zúdì 族地 6-1605A
zúdì 族弟 6-1605A
zǔdì 祖第 7-851B
zūdiàn 租佃 8-68B
zǔdiān 阻顛 11-946B
zǔdiàn 祖奠 7-852B
zūdiào 租調 8-69B
zǔdiào 祖調 7-854A
zúdiuméiluàn 足丢没亂 10-425B
zǔdòu 俎豆 1-1359B
zúdú 卒讀 1-878B
zúdǔbō 崒堵波 3-842A
zúduō 足多 10-425B
zū'é 租額 8-69B
zú'é 足額 10-429B
zǔ'e 阻遏 11-945A
zǔ'è 阻阨 11-943B
zǔ'è 阻扼 11-943B
zǔ'è 阻隑 11-943B
zúfá 族閥 6-1607A
zúfǎ 族法 6-1605B
zǔfá 阻乏 11-943B
zǔfǎ 祖法 7-848A
zúfān 足帆 10-425B
zǔfáng 阻防 11-943B
zǔfáng 祖房 7-849A
zūfèi 租費 8-69A
zúfèn 族分 6-1604B
zǔfén 祖墳 7-853B
zūfèng 租奉 8-68B
zúfēng 搣鋒 6-843A
zǔfēng 阻風 11-944A
zǔfēng 祖風 7-849B
zūfù 租賦 8-69B
zúfū 足趺 10-427B
zúfū 足跗 10-428A
zúfù 族父 6-1604B
zǔfú 祖服 7-848A
zǔfú 組紱 9-778B
zǔfù 祖父 7-845B
zúfùmǔ 族父母 6-1604B
zǔfùmǔ 祖父母 7-845B
zúgān 足杆 10-426A
zúgàn 足幹 10-428A
zúgāo 足高 10-427A
zǔgǎo 組稿 9-779A
zúgāoqìqiáng 足高氣强 10-427A
zúgāoqìyáng 足高氣揚 10-427A
zǔgē 組歌 9-778B
zǔgé 阻格 11-944A
zǔgé 阻隔 11-945A
zǔgé 組閣 9-778B
zǔgēn 祖根 7-850A
zūgēng 租更 8-68B
zúgēng 卒更 1-877A
zǔgěng 阻梗 11-944B
zūgòng 租貢 8-68B
zúgōng 足弓 10-424A
zǔgōng 祖公 7-845B
zǔgōnggōng 祖公公 7-846A
zǔgōngzōngdé 祖功宗德 7-846A
zúgòu 足勾 10-424B
zúgòu 足够 10-427B
zúgòu 足彀 10-428A
zǔgòu 祖搆 7-852B
zǔgòu 祖構 7-853B
zūgǔ 租穀 8-69B
zǔgū 祖姑 7-849A
zǔgǔ 岨谷 3-807A
zǔgù 岨固 3-807A
zǔgù 阻固 11-944A
zūguǎn 蒩館 9-503A
zúguān 足觀 10-429B
zúguǎn 搣管 6-843A
zúguàn 族貫 6-1606B
zǔguàn 祖貫 7-852A
zúguī 族規 6-1606A
zúguǐ 族鬼 6-1605B
zǔguī 組圭 9-778A
zǔguī 組珪 9-778A
zǔguǐ 俎簋 1-1360A
zùguǐ 魌鬼 12-468A
zǔguó 祖國 7-851B
zúgǔwēng 足穀翁 10-428B
zūhǎi 菹醢 9-451B
zǔhǎi 俎醢 1-1360A
zǔhài 阻害 11-944B
zǔhé 阻閡 11-945B
zǔhé 組合 9-778A
zǔhèn 詛恨 11-102B
zūhù 租户 8-68A
zǔhuā 祖花 7-847A
zǔhuà 組畫 9-778B
zǔhuài 阻壞 11-946A
zúhuī 族徽 6-1607A
zǔhuì 組繢 9-779A
zuì'ái 醉騃 9-1428A
zuì'àn 罪案 8-1030B
zuì'àng 晬盎 5-774B
zuǐbā 嘴巴 3-517B
zuǐbāgǔzi 嘴巴骨子 3-518A
zuìbái 醉白 9-1423A
zuìbàn 醉伴 9-1423B
zuìbàng 罪謗 8-1032A
zuìbǎo 醉飽 9-1427A
zuìbào 罪報 8-1031A
zuìbào 醉酕 9-1426B
zuìbēngténg 醉崩騰 9-1426A
zuìbí 觜鼻 10-1359B
zuìbǐ 醉筆 9-1426B
zuìbiān 醉鞭 9-1428A
zuìbù 醉步 9-1423B
zuìbùróngzhū 罪不容誅 8-1028B
zuìbùshèngzhū 罪不勝誅 8-1028B
zuìcán 蕞殘 9-548A
zuìcǎo 醉草 9-1424A
zuǐchà 嘴岔 3-518A
zuǐchán 嘴饞 3-520A
zuǐchǎng 嘴敞 3-519A
zuìchénchén 醉沉沉 9-1424A
zuǐchī 嘴吃 3-518A
zuìchī 醉癡 9-1428B
zuǐchīshǐ 嘴吃屎 3-518A
zuìchū 最初 5-757B
zuìchù 罪黜 8-1032A
zuìchuíbiān 醉垂鞭 9-1424A
zuǐchún 嘴唇 3-518B
zuìchún 醉醇 9-1428A
zuìchūnfēng 醉春風 9-1424A
zuǐchúnpí 嘴脣皮 3-518B
zuìdà'èjí 罪大惡極 8-1028B
zuìdàgōngyuēshù 最大公約數 5-757B
zuìdǎn 醉膽 9-1428A
zuìdǎng 罪黨 8-1032B
zuìdāngwànsǐ 罪當萬死 8-1031B
zuǐdào'er 嘴道兒 3-519A
zuìdǎomǎsháo 醉倒馬杓 9-1425A
zuìdǎoshāngōng 醉倒山公 9-1425A
zuǐdǎrén 嘴打人 3-518A
zuǐdàshécháng 嘴大舌長 3-517B
zuìdé 醉德 9-1428A
zuìdiàn 最殿 5-758A
zuìdīqìwēn 最低氣温 5-757B
zuìdōngfēng 醉東風 9-1424A
zuìdú 罪瀆 8-1032B
zuìdù 罪度 8-1030A
zuǐduǎn 嘴短 3-519A
zuǐdùn 嘴鈍 3-519A
zuì'è 罪惡 8-1031A
zuì'è 辠惡 11-482A
zuì'èguànyíng 罪惡貫盈 8-1031A
zuì'ěr 蕞爾 9-548A
zuì'ěrdànwán 蕞爾彈丸 9-548A
zuì'èrúshān 罪惡如山 8-1031A
zuì'ètāotiān 罪惡滔天 8-1031A
zuì'èzhāozhù 罪惡昭著 8-1031A
zuìfá 罪罰 8-1032A
zuìfǎ 罪法 8-1029B
zuìfǎ 辠法 11-482A
zuìfán 最凡 5-757B
zuìfàn 罪犯 8-1029A
zuìfàng 罪放 8-1029B
zuìfù 罪負 8-1030A
zuìfúguī 醉扶歸 9-1423B
zuìgāiwànsǐ 罪該萬死 8-1032A

zuìgāogē 醉高歌 9-1425B
zuìgāoqìwēn 最高氣温 5-758A
zuìgōngzǐ 醉公子 9-1422B
zuìgòu 罪垢 8-1029B
zuìgòu 罪詬 8-1031B
zuìgū 罪辜 8-1031B
zuìgǔ 罪罟 8-1030A
zuìgǔ 醉骨 9-1424B
zuǐguā 嘴瓜 3-518A
zuǐguāi 嘴乖 3-518B
zuìguān 最觀 5-758A
zuǐgūdū 嘴骨都 3-518B
zuǐgǔdū 觜骨都 10-1359A
zuìguǐ 醉鬼 9-1424B
zuìgūlōngdōng 醉咕隆咚 9-1424A
zuǐgūnòng 嘴骨弄 3-518B
zuìguò 罪過 8-1030B
zuìguò 辠過 11-482A
zuìhàn 醉漢 9-1427B
zuìháo 醉毫 9-1426A
zuìháo 醉豪 9-1427B
zuìhǎo 最好 5-757B
zuìhóng 醉紅 9-1424B
zuìhóngzhuāng 醉紅妝 9-1424B
zuìhóu 醉侯 9-1424B
zuìhòu 最後 5-758A
zuìhòutōngdié 最後通牒 5-758A
zuìhuà 醉話 9-1427A
zuìhuāchūn 醉花春 9-1423B
zuìhuājiān 醉花間 9-1423B
zuìhuāyīn 醉花陰 9-1423B
zuìhuǐ 罪悔 8-1030B
zuìhuì 醉會 9-1427A
zuìhuìguódàiyù 最惠國待遇 5-758A
zuìhūn 醉昏 9-1424A
zuìhún 醉魂 9-1426B
zuìhūnhūn 醉昏昏 9-1424A
zuìhuò 罪禍 8-1031B
zuìjí 罪疾 8-1030B
zuìjí 罪籍 8-1032B
zuìjǐ 罪己 8-1028B
zuǐjiān 嘴尖 3-518A
zuìjiàn 罪賤 8-1032A
zuǐjiàng 嘴强 3-519A
zuǐjiǎo 嘴角 3-518A
zuǐjījiǎo 嘴犄角 3-519A
zuìjìn 最近 5-757B
zuìjīng 醉經 9-1427B
zuìjiù 罪咎 8-1029B
zuìjiǔbǎodé 醉酒飽德 9-1425B
zuìjǐzhào 罪己詔 8-1028B
zuǐjù 觜距 10-1359B
zuìjuàn 醉倦 9-1425A
zuìkē 罪科 8-1030A
zuìkè 最課 5-758A
zuìkè 醉客 9-1424B
zuǐkěndì 嘴啃地 3-518B
zuǐkěnní 嘴啃泥 3-518B
zuǐkézi 嘴殼子 3-519A
zuìkǔ 罪苦 8-1029B
zuǐkuài 嘴快 3-518B
zuǐkuàishécháng 嘴快舌長 3-518B
zuìkuǎn 罪款 8-1031A
zuìkuáng 醉狂 9-1424A
zuìkuí 罪魁 8-1031B
zuìkuíhuòshǒu 罪魁禍首 8-1031B
zuìkùn 醉困 9-1423B
zuìlěi 罪累 8-1030B
zuǐlěng 嘴冷 3-518A
zuìlǐ 雋李 11-831B
zuìlǐ 檇李 4-1315A
zuìlì 最吏 5-757B
zuìlì 罪例 8-1029B
zuìlì 罪戾 8-1029B
zuìlì 罪隸 8-1032A
zuìlì 辠戾 11-482A
zuìlì 辠隸 11-482A
zuǐliǎn 咀臉 3-260A
zuǐliǎn 嘴臉 3-519B
zuìliǎn 醉臉 9-1428A
zuìliúlíng 醉劉伶 9-1428A
zuìlòu 蕞陋 9-548A
zuìlù 罪戮 8-1032A
zuǐlúdū 嘴盧都 3-519B
zuǐlùdū 嘴碌都 3-519B
zuìluòpò 醉落魄 9-1426B
zuìluòtuò 醉落拓 9-1426B
zuìlǚ 醉侶 9-1424A
zuìlǜ 罪律 8-1030A
zuìmǎcǎo 醉馬草 9-1424B
zuìmāo 醉貓 9-1428A
zuìmào 醉帽 9-1426B
zuìmào 醉貌 9-1427B
zuìméihuā 醉梅花 9-1425B
zuìměirén 醉美人 9-1424B
zuìmén 罪門 8-1029B
zuìmèng 醉夢 9-1427A
zuìmèng 醉夣 9-1427B
zuìmèngmí 醉夢迷 9-1427A
zuìméngtēng 醉朦騰 9-1428A
zuìméngténg 醉瞢騰 9-1427B
zuìmí 醉迷 9-1424B
zuǐmiàn 嘴面 3-518B
zuìmiàn 醉面 9-1424A
zuìmiàn'àngbèi 晬面盎背 5-774B
zuìmiǎo 蕞眇 9-548A
zuìmíng 罪名 8-1029A
zuìmìng 醉命 9-1424A
zuìmò 醉墨 9-1428A
zuǐmǒ'er 嘴抹兒 3-518B
zuìmógūdōng 醉魔咕咚 9-1428B
zuìmóu 醉眸 9-1426A
zuìmù 晬穆 5-775A
zuìmù 最目 5-757B
zuìmù 罪目 8-1029A
zuìmù 醉目 9-1423A
zuìmùxī 醉木犀 9-1422A
zuìnǎo 罪惱 8-1031B
zuìnǎo 罪腦 8-1031B
zuìnào 醉鬧 9-1427B
zuǐnè 嘴吶 3-518A
zuìnéng 最能 5-758A
zuìní 醉泥 9-1424A
zuìnì 罪逆 8-1030A
zuìniángzǐ 醉娘子 9-1425B
zuìniè 罪孽 8-1032B
zuìnièshēnzhòng 罪孽深重 8-1032B
zuìnìshēnzhòng 罪逆深重 8-1030A
zuìnú 罪孥 8-1029B
zuìnuǎn 醉暖 9-1427A
zuìnuǎn 醉煖 9-1427A
zuìpái 罪俳 8-1030A
zuìpán 晬盤 5-774B
zuìpénglái 醉蓬萊 9-1427A
zuǐpí 嘴皮 3-518A
zuìpì 罪辟 8-1032A
zuǐpiànzi 嘴片子 3-517B
zuìpǐn 最品 5-758A
zuǐpízi 嘴皮子 3-518A
zuìpò 醉魄 9-1427B
zuìqǐ 最啓 5-758A
zuìqì 醉氣 9-1425A
zuìqiān 罪僁 8-1032A
zuìqiān 罪愆 8-1031B
zuìqiǎn 罪譴 8-1032B
zuǐqiáng 嘴强 3-519A
zuǐqiāngdì 嘴搶地 3-519B
zuǐqiǎo 嘴巧 3-518A
zuìqīn 醉衾 9-1425A
zuìqīng 晬清 5-774B
zuìqíng 罪情 8-1031A
zuǐqīngshébái 嘴清舌白 3-519A
zuìqióngzhī 醉瓊枝 9-1428A
zuìqiú 罪囚 8-1029A
zuìqù 醉趣 9-1427B
zuìquán 醉拳 9-1425B
zuìrán 晬然 5-774B
zuìrén 罪人 8-1028B
zuìrén 辠人 11-482A
zuìrén 醉人 9-1422A
zuìrénbùnú 罪人不孥 8-1028B
zuìrénbùnú 罪人不帑 8-1028B
zuìrì 晬日 5-774B
zuìróng 晬容 5-774B
zuìróng 醉容 9-1425B
zuìrǔ 罪辱 8-1030A
zuǐruǎn 嘴軟 3-518B
zuìruì 蕞芮 9-548A
zuìrúní 醉如泥 9-1423B
zuìsēng 醉僧 9-1427B
zuìshā 罪殺 8-1030B
zuìshàngchéng 最上乘 5-757B
zuìshàngméimáo… 嘴上没毛,辦事不牢 3-517B
zuìshàngwúmáo… 嘴上無毛,辦事不牢 3-517B
zuìshāntuídǎo 醉山頹倒 9-1422A
zuǐshé 嘴舌 3-518A
zuìshēn 罪身 8-1029B
zuìshěn 醉瀋 9-1428B
zuìshěng 罪眚 8-1030A
zuìshèng 醉聖 9-1426B
zuìshēngmèngsǐ 醉生夢死 9-1423A
zuìshī 罪失 8-1029A
zuìshí 晬時 5-774B
zuìshí 醉石 9-1422B
zuìshì 醉士 9-1422A
zuìshǒu 罪首 8-1030A
zuìshū 醉書 9-1425B
zuìsǐ 罪死 8-1029A
zuìsīfán 醉思凡 9-1424A
zuìsǐmèngshēng 醉死夢生 9-1423A
zuìsīmìng 醉司命 9-1423A
zuìsīxiān 醉思仙 9-1424B
zuìsǒu 罪藪 8-1032B
zuìsù 醉素 9-1424B
zuǐsuì 嘴碎 3-519B
zuìsuì 罪歲 8-1031B
zuǐsǔn 嘴損 3-519B
zuìtài 醉態 9-1427B
zuìtàibái 醉太白 9-1422B
zuìtàiménglóng 醉態矇朧 9-1427B
zuìtàipíng 醉太平 9-1422A
zuìtàishī 醉太師 9-1422B
zuìtáotáo 醉陶陶 9-1425B
zuìtáotáo 醉淘淘 9-1426B
zuìtáotáo 醉醄醄 9-1427B
zuìtáoyuán 醉桃園 9-1425A
zuìtáoyuán 醉桃源 9-1425A
zuìtè 罪慝 8-1032A
zuìtēngtēng 醉騰騰 9-1428B
zuìtī 罪梯 8-1030B
zuǐtián 嘴甜 3-519A
zuǐtiánxīnkǔ 嘴甜心苦 3-519A
zuìtiè 醉帖 9-1424A
zuǐtǒng 嘴筒 3-519A
zuǐtóu 觜頭 10-1359B
zuǐtóu 嘴頭 3-519B
zuìtú 罪徒 8-1030B
zuìtùchēyīn 醉吐車裀 9-1423A
zuìtuó 醉酡 9-1426B
zuìtúsīmìng 醉塗司命 9-1427A
zuìtùxiàngyīn 醉吐相茵 9-1423A
zuìtùyīn 醉吐茵 9-1423A
zuìwēi 厜㕒 1-927A
zuìwěi 摧嵬 3-860B
zuìwěi 摧崣 3-860B
zuìwēi 崒巍 3-869A
zuìwéi 崒隗 3-869A
zuìwěi 嶵隗 3-869B

zuìwěi 皐嵬 3-869A
zuìwěi 皐嵬 3-869A
zuìwěi 罪骫 8-1031A
zuìwěi 蕞猥 9-548A
zuìwèi 醉尉 9-1426B
zuìwēixiāng 醉偎香 9-1426A
zuìwěn 觜吻 10-1359A
zuìwěn 嘴穩 3-520A
zuìwén 罪文 8-1029A
zuìwēng 醉翁 9-1425A
zuìwēngcāo 醉翁操 9-1425B
zuìwēngchuáng 醉翁牀 9-1425A
zuìwēngtíng 醉翁亭 9-1425A
zuìwēngyǐ 醉翁椅 9-1425A
zuìwēngzhīyìbùzàijiǔ 醉翁之意不在酒 9-1425A
zuìwū 醉兀 9-1422A
zuìwǔ 醉舞 9-1427B
zuìwǔkuánggē 醉舞狂歌 9-1427B
zuǐwūmùtǔ 嘴烏目吐 3-518B
zuìwūwu 醉兀兀 9-1422A
zuìxì 罪繫 8-1032B
zuìxì 罪隙 8-1031B
zuìxiā 醉蝦 9-1428A
zuìxiá 罪瑕 8-1031B
zuìxiá 醉霞 9-1428A
zuìxiāng 醉鄉 9-1426B
zuìxiāng 醉鄉 9-1426B
zuìxiàng 醉象 9-1426A
zuìxiāngchūn 醉鄉春 9-1426B
zuìxiānghóu 醉鄉侯 9-1426B
zuìxiǎogōngbèishù 最小公倍數 5-757B
zuìxié 稡擷 8-107A
zuìxié 醉纈 9-1428B
zuìxiè 醉蟹 9-1428B
zuìxīn 醉心 9-1422B
zuìxìn 罪釁 8-1032B
zuìxíng 罪刑 8-1029A
zuìxíng 罪行 8-1029A
zuìxīshī 醉西施 9-1423A
zuìxù 醉酗 9-1426B
zuìxù 醉旭 9-1423B
zuìxù 醉酗 9-1425B
zuìxūn 醉醺 9-1428B
zuìxūnxūn 醉薰薰 9-1428A
zuìxūnxūn 醉醺醺 9-1428B
zuìxùnxùn 醉熏熏 9-1427B
zuìyán 嘴嚴 3-520A
zuìyán 晬顏 5-775A
zuìyán 罪言 8-1029B
zuìyán 醉顏 9-1428A
zuìyǎn 醉眼 9-1426A
zuǐyǎng 嘴癢 3-520A
zuìyāng 罪殃 8-1030A
zuìyángfēi 醉楊妃 9-1427A
zuìyángfēisè 醉楊妃色 9-1427A
zuìyǎnménglóng 醉眼朦朧 9-1426A
zuìyǎnménglóng 醉眼矇矓 9-1426A
zuìyǎnméngténg 醉眼朦騰 9-1426A
zuìyǎnxié 醉眼纈 9-1426A
zuìyānyān 醉懨懨 9-1428A
zuìyànyàn 醉厭厭 9-1427B
zuìyáosè 醉瑶瑟 9-1427B
zuìyè 罪業 8-1031B
zuīyí 蟕蠵 8-976B
zuīyí 蟕蛦 8-976B
zuìyì 醉意 9-1427A
zuìyì 醉囈 9-1428B
zuìyīn 罪因 8-1029A
zuǐyìng 嘴硬 3-519A
zuǐyìnggútousū 嘴硬骨頭酥 3-519A
zuìyīngwànsǐ 罪應萬死 8-1032B
zuìyínshāng 醉吟商 9-1423B
zuìyínxiānshēng 醉吟先生 9-1423B
zuìyóu 最尤 5-757B
zuìyóu 罪尤 8-1029A
zuìyóu 罪郵 8-1030A
zuìyóu 辠尤 11-482A
zuìyǒuyīngdé 罪有應得 8-1029A
zuìyú 醉魚 9-1426A
zuìyú 醉輿 9-1428A
zuìyǔ 醉語 9-1427B
zuìyù 罪獄 8-1032A
zuìyù 醉玉 9-1422B
zuìyúcǎo 醉魚草 9-1426A
zuìyuè 醉月 9-1422B
zuìyuè 醉悦 9-1425B
zuìyūn 醉暈 9-1427A
zuìyùtuíshān 醉玉頹山 9-1422B
zuìzāng 罪臧 8-1032A
zuìzé 罪責 8-1030B
zuìzhàng 罪障 8-1032A
zuǐzhāzhā 嘴喳喳 3-519A
zuìzhé 罪謫 8-1032B
zuìzhěn 醉枕 9-1424A
zuìzhēng 辠徵 11-482A
zuìzhèng 罪證 8-1032B
zuǐzhí 嘴直 3-518B
zuìzhì 蕞質 9-548A
zuìzhōng 最終 5-758A
zuìzhōngtiān 醉中天 9-1422B
zuìzhōngzhēn 醉中真 9-1422B
zuìzhū 罪誅 8-1031B
zuìzhǔ 罪主 8-1029A
zuìzhuāng 醉妝 9-1424A
zuìzhuāng 醉粧 9-1426B
zuìzhuàng 罪狀 8-1029B
zuìzhuāngcí 醉妝詞 9-1424A
zuǐzuǐ 摧嶉 3-861A
zuǐzuǐshéshé 嘴嘴舌舌 3-519B
zuìzuò 罪坐 8-1029B
zūjí 租籍 8-69B
zújī 族姬 6-1606A
zújǐ 足己 10-424B
zújì 足迹 10-427A
zújì 足跡 10-428A
zújì 足蹟 10-429A
zǔjī 阻飢 11-944A
zǔjī 阻積 11-946A
zǔjī 阻擊 11-946A
zǔjī 阻饑 11-946B
zǔjī 阻羈 11-946B
zǔjī 俎机 1-1359B
zǔjī 俎几 1-1359B
zǔjī 祖基 7-851B
zǔjī 祖蹟 7-854B
zǔjí 阻疾 11-944B
zǔjí 阻詰 11-945B
zǔjí 祖籍 7-855A
zǔjì 祖寄 7-852A
zǔjì 祖祭 7-851B
zūjià 租價 8-69B
zújià 足價 10-429A
zǔjiā 祖家 7-851A
zǔjiǎ 阻甲 11-943B
zǔjiǎ 組甲 9-778A
zǔjià 祖駕 7-854A
zújiǎn 足趼 10-427B
zújiǎn 足繭 10-429A
zújiǎn 足璽 10-429B
zújiàn 足見 10-426A
zǔjiān 阻艱 11-946A
zǔjiàn 阻間 11-945A
zǔjiàn 祖餞 7-854A
zǔjiàn 組件 9-778A
zǔjiàn 組建 9-778A
zūjiàng 菹醬 9-451B
zǔjiāng 祖江 7-847A
zújiǎnshébì 足趼舌敝 10-427B
zújiǎnshǒuzhī 足繭手胝 10-429A
zújiāzi 族家子 6-1606A
zūjiē 苴稭 9-337A
zūjiē 菹稭 9-451B
zūjiè 租界 8-68B
zūjiè 租借 8-68B
zújié 足節 10-428B
zǔjié 阻節 11-945B
zǔjié 阻截 11-945B
zǔjiè 阻藉 11-946A
zūjièdì 租借地 8-68B
zūjīn 租金 8-68B
zújīn 足金 10-426B
zújìn 足盡 10-428B
zújìng 足脛 10-427B
zújìng 足踁 10-428B
zǔjiù 祖舅 7-853A
zǔjiù 祖舊 7-854B
zǔjiù 組就 9-778B
zǔjīzhàn 阻擊戰 11-946A
zújū 族居 6-1605B
zújǔ 族舉 6-1607A
zújù 族聚 6-1607A
zǔjū 祖居 7-849A
zǔjǔ 阻沮 11-944A
zǔjù 阻拒 11-943B
zǔjù 俎拒 1-1359B
zūjuàn 租絹 8-69A
zújué 卒爵 1-878B
zújué 崒崫 3-842A
zǔjué 阻絶 11-945A
zǔjūn 祖君 7-847B
zǔjùn 岨峻 3-807A
zǔjùn 阻峻 11-944A
zǔkàng 阻抗 11-943B
zǔkǎo 祖考 7-846B
zǔkào 祖犒 7-853B
zǔkǎomiào 祖考廟 7-847A
zūkè 租課 8-69B
zǔkè 祖刻 7-848A
zúkū 卒哭 1-877B
zūkuài 菹膾 9-451B
zǔkuàng 阻曠 11-946A
zǔkuí 阻睽 11-945B
zǔkuì 祖饋 7-855A
zúkūndì 族昆弟 6-1605A
zúkūndì 族晜弟 6-1606A
zǔkuò 阻闊 11-946A
zǔlà 祖臘 7-855A
zǔlán 阻攔 11-946B
zúlěi 族絫 6-1606B
zúlèi 族類 6-1607B
zūlì 菹笠 9-451B
zúlǐ 足禮 10-429A
zúlì 足力 10-424A
zúlì 卒隸 1-878B
zúlì 族厲 6-1607A
zúlì 鏃礪 11-1387A
zǔlí 祖離 7-854B
zǔlí 組纚 9-779B
zǔlǐ 祖禮 7-854B
zǔlì 阻力 11-943A
zǔlì 組麗 9-779B
zǔlì 詛詈 11-102B
zūliǎn 租斂 8-69B
zǔliàn 組練 9-779A
zūliáng 租糧 8-69B
zǔliáo 阻遼 11-946A
zúliè 卒列 1-877A
zǔliè 祖烈 7-850B
zúlìkuòyǔ 鏃礪括羽 11-1387A
zūlìn 租賃 8-69A
zúlìn 足吝 10-426A
zúlìn 足悋 10-425B
zǔlíng 祖靈 7-855B
zǔliú 阻留 11-944B
zǔlóng 祖龍 7-854A
zǔlǒng 祖壠 7-855A
zǔlóngfúhǎi 祖龍浮海 7-854B
zǔlóngzhīnüè 祖龍之虐 7-854B
zúlòu 鏃鏤 11-1387A
zūlù 租禄 8-69A
zūlù 菹戮 9-451B
zúlù 崒嵂 3-842A
zǔlù 阻路 11-945A
zǔlù 祖路 7-853A

zǔlù 祖録 7-854A
zǔluàn 阻亂 11-945B
zúlún 足輪 10-428B
zúluǒ 族蠡 6-1607B
zúluò 鑿絡 11-1440B
zúluò 鑿落 11-1440B
zúluò 族落 6-1606B
zúlǚ 足履 10-429A
zúlǜ 崒嵂 3-842B
zǔlǜ 祖率 7-851B
zúlǜjíliú 足律即留 10-426B
zúlǜlǜ 足律律 10-426B
zúlǜlǜ 崒律律 3-842A
zúlǜlǜ 崒嵂嵂 3-842B
zǔmā 祖媽 7-853B
zǔmǎ 祖馬 7-850A
zǔmà 詛罵 11-103A
zǔméng 詛盟 11-103A
zūmǐ 租米 8-68A
zǔmǐ 祖禰 7-855A
zǔmiǎn 組冕 9-778B
zǔmiào 祖廟 7-854A
zúmiè 族滅 6-1607A
zǔmǐmiào 祖禰廟 7-855A
zūmín 租民 8-68A
zǔmíng 祖明 7-848A
zǔmìng 阻命 11-944A
zúmò 足陌 10-426B
zúmòqián 足陌錢 10-426B
zúmǔ 族母 6-1605A
zǔmǔ 祖母 7-846B
zǔmù 祖墓 7-852B
zǔmǔlǜ 珇琈緑 4-533B
zǔmǔlǜ 祖琈琭 7-849B
zǔmǔlǜ 祖母緑 7-846B
zǔnà 祖衲 7-850A
zūn'ài 尊愛 2-1286A
zūn'ān 尊安 2-1282A
zǔnán 阻難 11-946B
zǔnàn 阻難 11-946B
zǔnáo 阻撓 11-945B
zūnbàn 遵辦 10-1232A
zūnbēi 尊卑 2-1283A
zūnběnshěmò 遵本捨末 10-1229A
zūnbì 尊閟 2-1286A
zūnbiàn 尊便 2-1283B
zūnbīn 僎賓 1-1687B
zūnbǐng 遵稟 10-1231B
zǔncái 撙裁 6-890A
zǔncǎn 噂噆 3-512A
zūnchēng 尊稱 2-1286A
zūnchéng 尊誠 2-1286A
zūnchéng 遵承 10-1230A
zūnchǐ 尊齒 2-1286B
zūnchì 遵敕 10-1230B
zūnchóng 尊崇 2-1285A
zūnchóng 遵崇 10-1230B
zūnchǒng 尊寵 2-1287B
zūnchù 繜絀 9-1022B
zǔnchù 撙絀 6-890A
zūncí 尊慈 2-1286A
zūncì 尊賜 2-1286B
zūncóng 遵從 10-1230B
zūndà 尊大 2-1280B
zūndàjūn 尊大君 2-1281A
zūndàn 尊憚 2-1286B
zǔndāng 撙當 6-890B
zūndǎo 遵蹈 10-1232A
zūndào 遵道 10-1231A
zūndàobǐngyì 遵道秉義 10-1231A
zūndàrén 尊大人 2-1280B
zūndé 遵德 10-1232A
zūndiǎn 遵典 10-1229B
zǔndù 撙度 6-890A
zǔnduǎn 噂短 3-512A
zūn'érbùshī 遵而不失 10-1229B
zūn'érwùshī 遵而勿失 10-1229B
zūnfá 尊閥 2-1286B
zūnfǎ 遵法 10-1230A
zūnfàn 尊範 2-1286B
zūnfěi 樽篚 4-1319A
zūnfèn 遵分 10-1229A
zūnfèng 尊奉 2-1282B
zūnfèng 遵奉 10-1229B
zūnfú 尊服 2-1283A
zūnfǔ 尊甫 2-1282A
zūnfǔ 尊府 2-1283A
zūnfù 遵復 10-1231A
zūnfūren 尊夫人 2-1281A
zūngāng 尊剛 2-1284A
zūngāo 尊高 2-1284B
zūngé 尊閣 2-1286B
zūngēng 尊庚 2-1283A
zūngōng 尊公 2-1281B
zūnguà 尊卦 2-1282B
zūnguān 尊官 2-1283A
zūnguì 尊貴 2-1285B
zūnguì 樽桂 4-1319A
zūnguìdǎoguī 遵柜踘規 10-1229B
zūnhǎi 遵海 10-1230B
zūnháng 尊行 2-1282A
zūnhào 尊號 2-1285B
zūnhóng 遵鴻 10-1232A
zūnhóu 尊侯 2-1283B
zūnhòu 尊厚 2-1283B
zūnhòu 尊候 2-1284A
zūnhòu 遵候 10-1230B
zūnhuá 尊華 2-1284A
zūnhuì 遵晦 10-1230B
zūní 菹虀 9-452A
zǔnì 阻泥 11-944A
zúnián 足年 10-425B
zúnián 卒年 1-877A
zūnjí 尊極 2-1285A
zūnjì 尊紀 2-1284A
zūnjì 遵迹 10-1230A
zūnjiǎ 樽斝 4-1319A
zūnjiǎ 罇斝 8-1079A
zūnjià 尊駕 2-1287A
zūnjiǎng 尊獎 2-1286B
zūnjiào 尊醮 2-1287B
zūnjiào 遵教 10-1230B
zūnjié 尊節 2-1286A
zūnjié 遵節 10-1231B
zūnjié 樽節 4-1319A
zūnjiè 尊价 2-1282A
zūnjiè 尊介 2-1281B
zǔnjié 撙節 6-890B
zūnjìn 遵禁 10-1231B
zūnjīng 尊經 2-1286A
zūnjìng 尊敬 2-1285A
zūnjìng 遵敬 10-1231A
zǔnjìng 噂競 3-512B
zūnjiǔ 尊酒 2-1284B
zūnjiǔ 樽酒 4-1319A
zūnjiǔ 罇酒 8-1079A
zūnjiù 遵舊 10-1232A
zūnjiù 鐏臼 11-1397B
zūnjiǔlùnwén 樽酒論文 4-1319A
zūnjué 尊爵 2-1287A
zūnjūn 尊君 2-1282B
zūnkē 樽榼 4-1319A
zūnkè 尊客 2-1284A
zūnkǔn 尊壼 2-1285B
zūnkǔn 尊閫 2-1286B
zūnlǎo 尊老 2-1281B
zūnléi 尊罍 2-1288A
zūnléi 樽罍 4-1319B
zūnléi 罇罍 8-1079A
zūnléi 鐏罍 11-1397B
zūnlèi 尊累 2-1285A
zūnlǐ 尊禮 2-1287B
zūnlǐ 遵理 10-1230B
zūnlǐ 遵禮 10-1232A
zūnlì 遵例 10-1230A
zūnlín 尊臨 2-1287A
zūnlìng 遵令 10-1229A
zūnlú 尊盧 2-1287A
zūnlù 遵陸 10-1230B
zūnlù 遵路 10-1231B
zūnlǚ 尊履 2-1287A
zūnlǚ 遵履 10-1232A
zǔnmǎng 蕁莽 9-555B
zūnmén 尊門 2-1283A
zūnmì 尊秘 2-1284A
zūnmíng 尊名 2-1282A
zūnmíng 尊明 2-1283A
zūnmìng 尊命 2-1283A
zūnmìng 遵命 10-1230A
zūnmù 尊慕 2-1286A
zūnnián 尊年 2-1281B
zūnpíng 遵憑 10-1232A
zūnqián 尊前 2-1284A
zūnqiányuèxià 樽前月下 4-1319A
zūnqīn 尊親 2-1287A
zūnqīn 遵欽 10-1231A
zūnqīnshǔ 尊親屬 2-1287A
zǔnqū 撙詘 6-890B
zūnquán 尊拳 2-1284B
zūnrǎng 尊攘 2-1288A
zūnràng 尊讓 2-1288A
zūnràng 遵讓 10-1232A
zūnrén 尊人 2-1280B
zūnrèn 尊任 2-1281B
zūnróng 尊容 2-1284B
zūnróng 尊榮 2-1286B
zǔnrǔ 撙辱 6-890A
zūnsǎo 尊嫂 2-1285B
zūnshàng 尊上 2-1281A
zūnshàng 尊尚 2-1282B
zūnsháo 樽杓 4-1318B
zūnshēng 遵生 10-1229A
zūnshéng 遵繩 10-1232A
zūnshèng 尊盛 2-1284B
zūnshèng 尊勝 2-1285B
zūnshī 尊師 2-1284B
zūnshí 尊食 2-1284A
zūnshí 尊實 2-1286B
zūnshí 遵時 10-1230A
zūnshǐ 尊使 2-1283A
zūnshì 尊事 2-1282B
zūnshì 遵示 10-1229A
zūnshì 遵式 10-1229B
zūnshíyǎnghuì 遵時養晦 10-1230A
zūnshīzhòngdào 尊師重道 2-1284B
zūnshǒu 遵守 10-1229B
zūnshòu 尊壽 2-1286A
zūnshǔ 尊屬 2-1288A
zūnshù 遵述 10-1229B
zūnshuài 遵率 10-1231A
zūnshuài 遵帥 10-1230A
zūnsù 尊夙 2-1282A
zūnsù 尊宿 2-1285A
zūnsù 尊肅 2-1286A
zūnsuì 尊遂 2-1285B
zūntà 嶟沓 3-867B
zǔntá 僔沓 1-1682A
zǔntà 噂嗒 3-512A
zǔntà 噂沓 3-512A
zǔntà 譐諮 11-428B
zǔntàbèizēng 噂嗒背憎 3-512A
zǔntàbèizēng 噂沓背憎 3-512A
zūntái 尊臺 2-1286A
zūntán 尊譚 2-1287B
zūntáng 尊堂 2-1284B
zūntiáo 遵條 10-1230B
zūntú 遵途 10-1230B
zūntú 遵塗 10-1231B
zúnú 卒奴 1-877A
zúnǚ 族女 6-1604B
zūnwáng 尊王 2-1281A
zūnwánglǚ 遵王履 10-1229A
zūnwángrǎngyí 尊王攘夷 2-1281A
zūnwēi 尊威 2-1283B
zūnwèi 尊位 2-1282A
zūnwèi 尊畏 2-1283B
zūnwēng 尊翁 2-1284B
zūnwú'èrshàng 尊無二上 2-1285B
zūnxí 遵習 10-1231A
zūnxián 尊賢 2-1286B
zūnxiǎn 尊顯 2-1288A
zǔnxián 撙銜 6-890B

zūnxiàng 尊向 2-1282A
zūnxiàng 尊像 2-1286A
zūnxiàng 遵向 10-1229B
zūnxiào 遵效 10-1230B
zūnxìn 尊信 2-1283B
zūnxìn 遵信 10-1230A
zūnxíng 尊行 2-1282A
zūnxíng 遵行 10-1229B
zūnxìng 尊姓 2-1283B
zūnxìng 尊幸 2-1282B
zūnxiōng 尊兄 2-1281B
zūnxiū 遵修 10-1230A
zūnxiū 遵脩 10-1230B
zūnxù 遵序 10-1229B
zūnxuān 尊萱 2-1285A
zūnxué 遵學 10-1232A
zùnxuē 捘削 6-629A
zūnxún 遵遁 10-1231A
zūnxún 遵循 10-1231A
zūnyán 尊顏 2-1287B
zūnyán 尊嚴 2-1287B
zūnyán 遵巡 10-1229B
zūnyǎng 尊仰 2-1282A
zūnyǎng 尊養 2-1286B
zūnyǎng 遵養 10-1231B
zūnyǎngdàishí 遵養待時 10-1231B
zūnyǎnghuìshí 遵養晦時 10-1232A
zūnyǎngshíhuì 遵養時晦 10-1231B
zūnyànzhàoxiáng 遵厭兆祥 10-1231B
zūnyáo 遵堯 10-1231A
zūnyào 尊要 2-1283B
zūnyè 遵業 10-1231B
zūnyí 尊儀 2-1286B
zūnyí 尊彝 2-1287B
zūnyí 樽彝 4-1319B
zūnyí 罇彝 8-1079A
zūnyì 尊異 2-1284B
zūnyì 尊意 2-1286A
zǔnyì 噂議 3-512B
zūnyòng 尊用 2-1281B
zūnyòng 遵用 10-1229B
zǔnyòng 撙用 6-890A
zūnyōu 尊優 2-1287A
zūnyù 尊寓 2-1285B
zūnyù 遵諭 10-1232A
zǔnyù 撙御 6-890A
zūnyuǎn 尊遠 2-1285B
zūnyuē 遵約 10-1230A
zūnyuē 樽約 4-1319A
zǔnyuē 撙約 6-890A
zūnzào 尊造 2-1284A
zūnzhāng 尊章 2-1285A
zūnzhāng 尊嫜 2-1286B
zūnzhǎng 尊長 2-1282B
zūnzhào 遵炤 10-1230A
zūnzhào 遵照 10-1231B
zūnzhě 尊者 2-1282B
zūnzhèng 尊正 2-1281B
zūnzhí 遵執 10-1230B
zūnzhí 遵職 10-1232A
zūnzhí 遵職 10-1232A
zūnzhǐ 尊旨 2-1282A
zūnzhǐ 遵旨 10-1229B
zūnzhì 尊觶 2-1287B
zūnzhì 遵制 10-1230A
zūnzhì 鷷雉 12-1162B
zǔnzhì 撙制 6-890A
zūnzhǒng 尊種 2-1286A
zūnzhòng 尊重 2-1283B
zūnzhōngnǔ 尊中弩 2-1281A
zūnzhōngnǔ 樽中弩 4-1318B
zūnzhóu 鐏軸 11-1397B
zūnzhǔ 遵渚 10-1231A
zūnzhuó 遵酌 10-1230A
zūnzhuó 樽酌 4-1319A
zūnzhǔzémín 尊主澤民 2-1281B
zūnzǔ 尊俎 2-1284A
zūnzǔ 樽俎 4-1319A
zūnzǔ 罇俎 8-1079A
zūnzǔ 鐏俎 11-1397B
zūnzūn 嶟嶟 3-867B
zǔnzǔn 蕁蕁 9-555B
zǔnzǔn 僔僔 1-1682A
zǔnzǔn 噂噂 3-512B
zǔnzǔn 撙撙 6-890B
zǔnzǔn 譐譐 11-428B
zùnzùn 捘捘 6-629A
zǔnzúshìlǚ 剸足適履 2-741B
zūnzǔzhéchōng 尊俎折衝 2-1284A
zūnzǔzhéchōng 樽俎折衝 4-1319A
zuò'àn 作案 1-1254A
zuóbá 捽拔 6-703A
zuòbà 作罷 1-1258B
zuòbái 坐白 2-1042B
zuòbài 坐拜 2-1047A
zuòbān 坐班 2-1047B
zuòbàn 作伴 1-1249A
zuòbàn 坐辦 2-1053A
zuòbàn 做伴 1-1528B
zuòbǎnchuāng 坐板瘡 2-1045A
zuòbānfáng 坐班房 2-1047B
zuǒbǎng 左榜 2-965A
zuóbào 作暴 1-1258B
zuòbǎo 作保 1-1251B
zuòbǎo 做保 1-1529A
zuòbào 酢報 9-1400A
zuòbǎojiàn 作保見 1-1251B
zuòbēi 作杯 1-1249B
zuòběn 作本 1-1247B
zuǒbì 左辟 2-965A
zuòbì 作弊 1-1258A
zuòbì 坐痺 2-1051B
zuòbì 坐斃 2-1053B
zuòbì 坐髀 2-1053B
zuòbì 做弊 1-1531B
zuǒbiān 左邊 2-966B
zuòbiāo 座標 3-1234A
zuòbié 作別 1-1249A
zuòbiézi 作瘪子 1-1260B
zuòbiězi 作癟子 1-1260B
zuòbīn 作賓 1-1258A
zuōbīng 作兵 1-1249A
zuòbīng 作冰 1-1248B
zuòbìng 作病 1-1253B
zuòbìng 做病 1-1530A
zuòbìshàngguān 作壁上觀 1-1259B
zuóbó 捽搏 6-703B
zuǒbózhǐ 左伯紙 2-961B
zuōbù 作部 1-1253B
zuòbù 坐部 2-1048B
zuòbù 坐簿 2-1054A
zuòbù'ānxí 坐不安席 2-1041B
zuòbùchóngxí 坐不重席 2-1041B
zuòbùchuítáng 坐不垂堂 2-1041B
zuǒbuguò 左不過 2-960A
zuòbùguò 做不過 1-1527A
zuòbùjì 坐部伎 2-1048B
zuòbùkuītáng 坐不窺堂 2-1041B
zuòbùkuītáng 坐不闚堂 2-1041B
zuǒbushi 左不是 2-960A
zuòbùshìde 做不是的 1-1527A
zuòbùtóu 做埠頭 1-1530A
zuòbùzhǔn 作不準 1-1247A
zuǒcāi 左猜 2-964A
zuòcāi 做猜 1-1530B
zuòcài 酢菜 9-1400A
zuǒcān 左驂 2-967A
zuòcán 柞蠶 4-915A
zuòcāng 坐倉 2-1048B
zuòcāng 坐艙 2-1053A
zuòcáo 坐曹 2-1049A
zuòcǎo 坐草 2-1047A
zuǒcè 左側 2-964A
zuǒcè 佐策 1-1236A
zuòcè 作册 1-1247B
zuòcènèishǐ 作册内史 1-1247B
zuòcèyǐn 作册尹 1-1248A
zuòchá 作茶 1-1251A
zuòchán 坐禪 2-1053B
zuòchǎn 坐產 2-1049B
zuòchǎn 做産 1-1530B
zuōchǎng 作場 1-1255B
zuòchāng 作倀 1-1253A
zuòchāng 作倡 1-1253A
zuòchǎng 作場 1-1255A
zuòchǎng 坐場 2-1050A
zuòchǎng 做場 1-1530B
zuòchǎng 做廠 1-1531B
zuòchàng 坐唱 2-1049B
zuòchǎnzhāofū 坐産招夫 2-1049B
zuòcháo 坐朝 2-1050B
zuǒchē 左車 2-961B
zuǒchē 佐車 1-1235A
zuòchē 坐車 2-1044B
zuòchēláng 坐車郎 2-1044B
zuòchéng 作成 1-1248A
zuòchéng 作程 1-1255B
zuòchéng 坐成 2-1043B
zuǒchī 左螭 2-966A
zuòchī 坐吃 2-1043B
zuòchí 坐馳 2-1051A
zuòchīshānbēng 坐吃山崩 2-1043B
zuòchīshānkōng 坐吃山空 2-1043B
zuǒchōng 左沖 2-962A
zuòchóu 酢酬 9-1400A
zuòchóu 柞綢 4-914B
zuòchóuwéiwò 坐籌帷幄 2-1054B
zuǒchú 左除 2-963A
zuǒchù 左黜 2-966B
zuòchǔ 做處 1-1530A
zuòchuán 座船 3-1233B
zuòchuáng 坐床 2-1045A
zuòchuáng 坐牀 2-1046B
zuòchuángsāzhàng 坐床撒帳 2-1045A
zuòchuángsāzhàng 坐牀撒帳 2-1046B
zuǒchuí 左垂 2-962A
zuòchūlái 做出來 1-1528A
zuòchūnfēng 坐春風 2-1047A
zuòchūnmèng 做春夢 1-1529A
zuòchuòwúcháng 作輟無常 1-1258B
zuǒcì 左次 2-961B
zuòcí 作辭 1-1260B
zuòcǐ 坐此 2-1043B
zuòcì 坐次 2-1044A
zuòcì 座次 3-1233B
zuǒcòu 左湊 2-964B
zuòcuī 坐催 2-1051B
zuòcún 坐存 2-1043A
zuǒcuò 左錯 2-966A
zuòdá 作答 1-1255B
zuòdá 作達 1-1255B
zuòdà 作大 1-1246B
zuòdà 坐大 2-1040B
zuòdà 做大 1-1526B
zuǒdài 左帶 2-963B
zuòdài 坐待 2-1047A
zuòdài 坐逮 2-1050A
zuòdǎiwéifēi 作歹爲非 1-1247A
zuòdàlǎo 做大老 1-1526B
zuǒdān 左擔 2-966A
zuǒdāng 左璫 2-966A
zuōdāo 作刀 1-1246B
zuǒdào 左道 2-964B
zuǒdào 左纛 2-967B
zuòdào 坐纛 2-1054B
zuòdàochǎng 做道場 1-1531A
zuòdàolǐ 做道理 1-1531A
zuòdàolù 做道路 1-1531A
zuǒdàopángmén 左道旁門 2-964B

zuòdàoqí'er 作纛旗兒 1-1260B
zuòdàoqí'er 坐纛旗兒 2-1054B
zuǒdàoshù 左道術 2-964B
zuòdàtóu 做大頭 1-1526B
zuòdé 作得 1-1255A
zuòdé 胙德 6-1234B
zuòděng 坐等 2-1050B
zuǒdì 左地 2-961B
zuòdǐ 作底 1-1250B
zuòdǐ 作抵 1-1249B
zuòdì 坐地 2-1043A
zuòdiàn 坐殿 2-1051B
zuòdiàn 坐墊 2-1051B
zuǒdiāo 左貂 2-964B
zuòdiāo 作刁 1-1246B
zuòdìfànzi 坐地販子 2-1043A
zuòdìfēnzāng 坐地分贓 2-1043A
zuòdìhù 坐地户 2-1043A
zuòdìhǔ 坐地虎 2-1043A
zuòdìng 鑿定 11-1439B
zuòdìng 坐定 2-1046B
zuòdìzìhuá 坐地自劃 2-1043A
zuòdōng 作東 1-1249B
zuòdōng 做東 1-1528B
zuòdòng 作動 1-1254B
zuòdōngdào 做東道 1-1528B
zuǒdòu 佐鬭 1-1236B
zuòdù 做肚 1-1528B
zuòduàn 坐斷 2-1054A
zuòduì 作隊 1-1255A
zuòduì 作對 1-1257B
zuòduì 做對 1-1531B
zuòduìtou 作對頭 1-1257B
zuòdūn 坐墩 2-1052A
zuòdūn 坐蹾 2-1054A
zuò'é 岝嶺 3-807B
zuò'ě 作惡 1-1255B
zuò'è 作惡 1-1255B
zuò'è 作厄 1-1247A
zuò'è 作咢 1-1251B
zuò'è 作鄂 1-1254B
zuò'è 作詻 1-1257A
zuò'è 作噩 1-1259A
zuò'è 岝峉 3-807B
zuò'è 岝崿 3-807B
zuò'è 岝崿 3-807B
zuò'è 岝嶨 3-807B
zuò'è 岝崿 3-807B
zuò'è 岝嶺 3-807B
zuò'è 怍愕 7-481A
zuò'è 柞鄂 4-914B
zuò'è 柞楞 4-914B
zuò'èduōduān 作惡多端 1-1255B
zuò'èguān 坐餓關 2-1052A
zuó'er 昨兒 5-681A
zuǒ'èr 佐貳 1-1236A
zuò'er 座兒 3-1233B
zuò'érbùjué 坐兒不覺立兒饑 2-1046A
zuò'érdàibì 坐而待弊 2-1043A
zuò'érdàibì 坐而待斃 2-1043A
zuó'ergé 昨兒格 5-681A
zuó'ergè 昨兒個 5-681A
zuò'érlùndào 坐而論道 2-1043A
zuó'érzi 昨而子 5-681A
zuòfá 作伐 1-1248B
zuòfǎ 作法 1-1250B
zuòfǎ 坐法 2-1046A
zuòfǎ 做法 1-1529A
zuǒfān 左轓 2-966B
zuòfān 做翻 1-1532B
zuòfán 作煩 1-1257A
zuòfǎn 作反 1-1247A
zuòfàn 作梵 1-1254B
zuòfàn 作範 1-1258B
zuòfàn 坐飯 2-1050B
zuōfāng 作坊 1-1249A
zuòfáng 作房 1-1251A
zuǒfāng 左方 2-960A
zuòfāngbiàn 做方便 1-1527B
zuòfázi 作筏子 1-1255B
zuòfǎzi 做法子 1-1529A
zuòfǎzìbì 作法自弊 1-1250B
zuòfǎzìbì 作法自斃 1-1250B
zuófēi 昨非 5-681A
zuǒfēi 左騑 2-966B
zuòfèi 作廢 1-1258B
zuòfèi 坐廢 2-1052B
zuòfēng 作風 1-1252A
zuòfènshàng 做分上 1-1527A
zuòfóshì 做佛事 1-1528B
zuǒfú 左符 2-964A
zuǒfǔ 左輔 2-965A
zuǒfù 左駙 2-965B
zuǒfù 佐附 1-1235A
zuòfū 作夫 1-1246B
zuòfū 做夫 1-1527A
zuòfú 作孚 1-1249B
zuòfú 作福 1-1257A
zuòfù 作覆 1-1260A
zuòfùguì 坐富貴 2-1050B
zuǒfūrén 左夫人 2-959B
zuǒfǔyòubì 左輔右弼 2-965B
zuògān 作甘 1-1247A
zuògāngzuòróu 做剛做柔 1-1530A
zuǒgè 左个 2-959B
zuǒgè 左箇 2-965B
zuògē 作歌 1-1257B
zuògē 坐歌 2-1051B
zuògé 柞格 4-914B
zuògé 做格 1-1530A
zuògēn 坐根 2-1048A
zuǒgēng 左更 2-961B
zuògēng 坐更 2-1044B
zuògěng 作梗 1-1254B
zuògěng 做梗 1-1530A
zuògōng 作工 1-1246B
zuògōng 作工 1-1246B
zuògōng 坐功 2-1042A
zuògōng 做工 1-1526B
zuògōng 做功 1-1527B
zuògōngde 做公的 1-1527A
zuògōngdé 做功德 1-1527B
zuògōngguǒ 做功果 1-1527B
zuōgōngtú 作工徒 1-1246B
zuògōngxì 做工戲 1-1526B
zuǒgōngzhěn 左宫枕 2-963A
zuǒgù 左顧 2-967A
zuògǔ 作古 1-1247B
zuògǔ 作穀 1-1258A
zuògǔ 坐賈 2-1051A
zuògù 作故 1-1251A
zuòguǎi 作罫 1-1257A
zuòguài 作怪 1-1251A
zuòguài 做怪 1-1529A
zuǒguān 左官 2-962A
zuòguān 坐關 2-1054B
zuòguān 坐觀 2-1054B
zuòguǎn 作館 1-1259B
zuòguǎn 坐館 2-1053A
zuòguǎn 做館 1-1532A
zuòguānchéngbài 坐觀成敗 2-1054B
zuòguāndānglǎoye 做官當老爺 1-1529A
zuòguāng 做光 1-1528A
zuǒgùguī 左顧龜 2-967A
zuóguǐ 昨軌 5-681A
zuòguī 作龜 1-1260A
zuòguǐ 作軌 1-1251A
zuòguǐ 做鬼 1-1529A
zuòguì 坐櫃 2-1053B
zuòguǐliǎn 做鬼臉 1-1529B
zuòguǐzuòshén 做鬼做神 1-1529B
zuōguō 鑿鍋 12-560B
zuǒguó 左國 2-964A
zuòguò 作過 1-1254B
zuògǔshénjīng 坐骨神經 2-1047A
zuǒgùyòumiǎn 左顧右眄 2-967A
zuǒgùyòupàn 左顧右盼 2-967A
zuògǔzhèngjīng 作古正經 1-1247B
zuǒhǎi 左海 2-963B
zuòhài 作害 1-1253B
zuòhài 坐害 2-1049A
zuòhàn 作翰 1-1259A
zuǒháng 左行 2-961B
zuòhǎo 作好 1-1248B
zuòhào 作耗 1-1252B
zuòhào 坐號 2-1051A
zuòhǎokàn 做好看 1-1528A
zuòhǎoshì 做好事 1-1528A
zuòhǎozuòdǎi 作好作歹 1-1248B
zuòhǎozuòdǎi 做好做歹 1-1528A
zuòhǎozuò'è 做好做惡 1-1528A
zuóhé 昨和 5-681A
zuòhé 作合 1-1248B
zuòhéng 作横 1-1258A
zuòhóngyǐzi 坐紅椅子 2-1047B
zuòhòu 坐候 2-1048B
zuòhòumén 做後門 1-1529B
zuóhú 捽胡 6-703A
zuǒhuā 左花 2-961B
zuòhuā 作花 1-1249A
zuòhuā 坐花 2-1044B
zuòhuà 作畫 1-1256A
zuòhuà 坐化 2-1042A
zuòhuái 坐懷 2-1054A
zuòhuáibùluàn 坐懷不亂 2-1054A
zuǒhuān 佐歡 1-1236B
zuǒhuàn 左宦 2-963A
zuòhuāng 作荒 1-1251A
zuòhuángméi 做黄梅 1-1530A
zuòhǔbào 做虎豹 1-1529A
zuǒhuí 左回 2-961B
zuǒhuí 左迴 2-962B
zuòhuì 作會 1-1257A
zuòhuì 作誨 1-1258A
zuòhùn 作諢 1-1259B
zuòhuó 作活 1-1252A
zuòhuó 做活 1-1529B
zuòhuǒ 作火 1-1247A
zuǒjī 左畸 2-965A
zuǒjí 佐疾 1-1235B
zuǒjí 佐棘 1-1236A
zuǒjì 左計 2-962B
zuòjī 作稽 1-1258B
zuòjí 作急 1-1252A
zuòjǐ 坐給 2-1051A
zuòjì 作伎 1-1248B
zuòjì 作妓 1-1249B
zuòjì 作計 1-1252A
zuòjì 做忌 1-1528B
zuòjì 做計 1-1529B
zuòjiā 作家 1-1253B
zuòjiā 坐家 2-1049A
zuòjiā 做家 1-1530A
zuòjiá 胙戛 10-447B
zuòjiǎ 作假 1-1254B
zuòjiǎ 坐甲 2-1042B
zuòjiǎ 做假 1-1530B
zuòjià 作嫁 1-1257B
zuòjià 作價 1-1258B
zuòjiāgē 作家歌 1-1254A
zuòjiāhǔ 坐家虎 2-1049A
zuǒjiājiāonǚ 左家嬌女 2-963B
zuójiàn 作踐 1-1258B
zuǒjiǎn 佐檢 1-1236B
zuǒjiàn 左諫 2-966A
zuòjiān 作奸 1-1248B
zuòjiān 作姦 1-1252B

zuòjiān 坐間 2-1050B
zuòjiān 坐監 2-1051B
zuòjiǎn 作繭 1-1260A
zuòjiàn 作件 1-1248B
zuòjiàn 作健 1-1253A
zuòjiàn 坐監 2-1051B
zuòjiàn 坐見 2-1044B
zuòjiānfànkē 作奸犯科 1-1248B
zuòjiānfànkē 作姦犯科 1-1252B
zuòjiānfànzuì 作姦犯罪 1-1252B
zuǒjiàng 左降 2-962B
zuǒjiàng 佐將 1-1236A
zuòjiāngshān 坐江山 2-1044A
zuòjiānǚ'ér 坐家女兒 2-1049A
zuǒjiànwàiyì 左建外易 2-962B
zuòjiǎnzìfù 作繭自縛 1-1260A
zuòjiāo 作嬌 1-1259A
zuòjiǎo 作脚 1-1255A
zuòjiǎo 做脚 1-1530B
zuòjiào 做醮 1-1532B
zuòjiāozuòchī 作嬌作癡 1-1259A
zuōjiāqì 作家氣 1-1254A
zuòjiàyīsháng 作嫁衣裳 1-1257B
zuòjiē 阼階 11-947A
zuòjiē 胙階 6-1234B
zuòjié 做節 1-1531B
zuòjiě 作解 1-1257A
zuòjièchuítáng 坐戒垂堂 2-1044A
zuǒjìn 左近 2-961B
zuòjǐn 作緊 1-1257B
zuòjìn 作勁 1-1251B
zuòjìnbì 坐禁閉 2-1051A
zuòjǐng 作景 1-1255B
zuòjǐng 坐井 2-1041A
zuòjìng 坐静 2-1051B
zuòjǐngguāntiān 坐井觀天 2-1041A
zuòjǐngkuītiān 坐井窺天 2-1041A
zuòjǐngwā 坐井蛙 2-1041A
zuǒjiǔ 佐酒 1-1235B
zuòjiù 做舊 1-1532A
zuōjù 作具 1-1250A
zuǒjù 左拒 2-961B
zuòjú 做局 1-1528B
zuòjù 作劇 1-1258B
zuòjù 坐具 2-1045B
zuòjué 酢爵 9-1400B
zuòjuésè 做脚色 1-1530B
zuǒjūn 左軍 2-963A
zuǒjùn 佐郡 1-1235B
zuòjùn 作郡 1-1252B
zuòkàn 坐看 2-1047A
zuòkàng 坐炕 2-1046A
zuōkè 作客 1-1252B
zuòkē 作科 1-1251B
zuòkē 坐科 2-1047A
zuòkè 作客 1-1252A
zuòkè 坐克 2-1044B
zuòkè 坐客 2-1047B
zuòkè 坐課 2-1052A
zuòkè 座客 3-1233B
zuòkè 做客 1-1529B
zuòkǔ 作苦 1-1249B
zuǒkuí 左揆 2-964B
zuòkùn 坐困 2-1044B
zuòkuò 做闊 1-1532B
zuòlà 坐臘 2-1054A
zuòlà 坐蠟 2-1054B
zuólái 昨來 5-681A
zuòlái 坐來 2-1045B
zuǒláiyòuqù 左來右去 2-962A
zuòlàngxīngfēng 作浪興風 1-1253B
zuòlàngyǔ 作浪語 1-1253B
zuòláo 作勞 1-1256A
zuòláo 坐牢 2-1045A
zuòlè 作樂 1-1259A
zuòlěi 作壘 1-1260A
zuòlěi 坐累 2-1049B
zuòlěngbǎndèng 坐冷板凳 2-1045A
zuòlěngbǎndèng 坐冷板櫈 2-1045A
zuòlěngfángzi 坐冷房子 2-1045A
zuǒlǐ 佐理 1-1236A
zuǒlì 佐吏 1-1235A
zuǒlì 佐隸 1-1236B
zuòlǐ 作禮 1-1260A
zuòlì 作力 1-1246B
zuòlì 作吏 1-1248A
zuòlì 作戾 1-1251A
zuòlì 作儷 1-1260B
zuòlì 坐力 2-1040B
zuòlì 柞櫟 4-915A
zuǒlián 左聯 2-966A
zuòliǎn 作斂 1-1260A
zuòliǎn 作臉 1-1260A
zuòliǎn 做臉 1-1532A
zuòliáng 坐糧 2-1054A
zuòliǎng 作兩 1-1250A
zuòliángtīng 坐糧廳 2-1054A
zuōliào 作料 1-1253B
zuóliào 作料 1-1253B
zuǒliáo 佐僚 1-1236A
zuǒliào 佐料 1-1235B
zuòlǐbài 做禮拜 1-1532B
zuòlìbù'ān 坐立不安 2-1043A
zuòliè 坐列 2-1043B
zuǒlín 左鄰 2-965B
zuòlín 作霖 1-1259A
zuǒlǐng 佐領 1-1236A
zuòlìng 坐令 2-1042B
zuǒlínyòulǐ 左鄰右里 2-965B
zuǒlínyòushè 左鄰右舍 2-965B
zuòluàn 作亂 1-1257A
zuǒlún 左輪 2-965B
zuòlùn 坐論 2-1052B
zuóluò 砟硌 7-1020A
zuòluò 作洛 1-1252A
zuòluò 坐落 2-1050A
zuòluò 岝峈 3-807B
zuòluò 座落 3-1234A
zuòluóbo 坐蘿蔔 2-1054B
zuòlǜ 坐率 2-1050A
zuōmǎ 作馬 1-1253A
zuómǎ 筰馬 8-1121A
zuómǎ 笮馬 8-1172A
zuǒmǎ 左馬 2-963A
zuòmǎ 坐馬 2-1047B
zuòmǎimài 做買賣 1-1531A
zuòmán 坐謾 2-1054A
zuòmǎnyuè 做滿月 1-1531B
zuòmǎshì 坐馬勢 2-1048A
zuòmǎyī 坐馬衣 2-1048A
zuòmǎzi 坐馬子 2-1048A
zuòme 作麽 1-1258A
zuǒmèi 左袂 2-963A
zuòméi 作眉 1-1252B
zuòméi 作梅 1-1254B
zuòméi 做媒 1-1531A
zuòměi 作美 1-1252A
zuòměi 做美 1-1529B
zuòméiyǎn 做眉眼 1-1529B
zuòmelǎng 作麽朗 1-1258A
zuòmén 坐門 2-1046B
zuòmèng 做夢 1-1531A
zuòménzhāofū 坐門招夫 2-1046B
zuòmeshēng 作麽生 1-1258A
zuǒmián 左綿 2-965B
zuǒmián 左緜 2-966A
zuǒmiàn 左面 2-962B
zuòmiǎn 坐免 2-1045A
zuòmiànpí 做面皮 1-1529A
zuòmiànzi 作面子 1-1251B
zuómiè 捽搣 6-703B
zuómiè 捽滅 6-703B
zuòmín 作民 1-1248A
zuómíng 昨暝 5-681B
zuǒmìng 佐命 1-1235A
zuòmíng 坐名 2-1044A
zuòmíng 做名 1-1528A
zuòmìng 祚命 7-897B
zuómo 琢磨 4-591B
zuǒmóu 佐謀 1-1236B
zuǒmù 佐幕 1-1236A
zuòmù 作牧 1-1250A
zuómù'ér 昨暮兒 5-681B
zuòmùtou 做木頭 1-1527A
zuòmúyàng 做模樣 1-1531B
zuòná 坐拏 2-1047B
zuònán 作難 1-1260B
zuònán 做難 1-1532B
zuònàn 作難 1-1260B
zuònào 作鬧 1-1258A
zuónì 昨伲 5-681A
zuònì 作逆 1-1252A
zuónián 昨年 5-681A
zuònián 坐年 2-1044A
zuòniàn 作念 1-1250B
zuòniángjia 坐娘家 2-1049A
zuònié 作孽 1-1260B
zuóniú 牸牛 6-259B
zuōnòng 作弄 1-1248B
zuònòng 做弄 1-1528A
zuònuò 作諾 1-1258B
zuònǚméi 做女媒 1-1526B
zuò'ǒu 作嘔 1-1257B
zuǒpài 左派 2-963A
zuòpái 作排 1-1254B
zuòpái 坐簰 2-1053B
zuòpài 作派 1-1252A
zuòpài 坐派 2-1047B
zuòpài 做派 1-1529B
zuǒpàn 左畔 2-963A
zuòpánxīng 坐盤星 2-1052A
zuòpéi 作陪 1-1254A
zuòpèi 作配 1-1253A
zuǒpǐ 左癖 2-966B
zuǒpiězi 左撇子 2-965A
zuòpǐn 作品 1-1251B
zuòpǐn 做品 1-1529A
zuǒpíngyì 左馮翊 2-964B
zuǒpíqi 左脾氣 2-964B
zuòpó 坐婆 2-1050A
zuòpù 坐鋪 2-1052A
zuǒqì 左契 2-962B
zuòqī 做七 1-1526A
zuòqí 坐騎 2-1053B
zuòqǐ 坐起 2-1048A
zuòqǐ 坐啟 2-1050A
zuòqì 作氣 1-1253A
zuòqì 作器 1-1259A
zuòqiāhǔ 做齩虎 1-1532B
zuóqián 昨前 5-681A
zuǒqiān 左遷 2-966A
zuòqián 座前 3-1233B
zuòqiāng 作腔 1-1256A
zuòqiāng 做腔 1-1531A
zuòqiáng 作强 1-1256A
zuòqiāntóu 做牽頭 1-1530B
zuǒqiānyòuqiàn 左鉛右槧 2-965A
zuóqiáo 筰橋 8-1121A
zuóqiáo 笮橋 8-1172A
zuòqiáo 作喬 1-1255B
zuòqiǎo 作巧 1-1247A
zuòqīn 做親 1-1532A
zuǒqīng 左傾 2-965A
zuòqíng 作情 1-1255A
zuòqìng 作慶 1-1258B
zuòqìng 祚慶 7-897B
zuǒqīngjīhuìzhǔyì 左傾機會主義 2-965A
zuǒqiū 左丘 2-961B
zuòqiū 坐鞧 2-1053B
zuòqǔ 作曲 1-1248A
zuǒquàn 左券 2-962A
zuǒquàn 佐券 1-1235B

zuòquǎn 坐犬 2-1041B
zuōqún 作裙 1-1256A
zuòrán 鑿然 11-1440B
zuōrén 作人 1-1246B
zuǒrén 左人 2-959B
zuǒrèn 左衽 2-964A
zuòrén 作人 1-1246A
zuòrén 做人 1-1526A
zuòrénjiā 做人家 1-1526A
zuòrénqíng 做人情 1-1526B
zuòrénzuòshì 做人做世 1-1526A
zuórì 昨日 5-681A
zuórìzi 昨日子 5-681A
zuǒróng 佐戎 1-1235A
zuòróng 坐狨 2-1047B
zuòròu 作肉 1-1248A
zuòròu 胙肉 6-1234A
zuórú 捽茹 6-703A
zuòrù 坐蓐 2-1051A
zuòrù 坐褥 2-1052B
zuòrúshìguān 作如是觀 1-1248B
zuòsǎ 柞撒 4-914B
zuǒsǎngzi 左嗓子 2-965A
zuòsānzhāo 做三朝 1-1526B
zuòsè 作色 1-1248B
zuòsè 柞色 7-481A
zuò'shà 做嗄 1-1531B
zuòshàn 作善 1-1256A
zuòshāndiāo 坐山雕 2-1041A
zuǒshāng 佐觴 1-1236B
zuòshāng 坐商 2-1049B
zuòshāng 座商 3-1233B
zuòshàng 坐上 2-1040B
zuòshàngkè 坐上客 2-1041A
zuòshàngkè 座上客 3-1233A
zuòshàngqínxīn 坐上琴心 2-1041A
zuòshānguānhǔdòu 坐山觀虎鬭 2-1041A
zuòshànjiàngxiáng 作善降祥 1-1256A
zuòshānzhāofū 坐山招夫 2-1041A
zuǒshào 左哨 2-963A
zuǒshè 左射 2-963A
zuòshèdàobiān 作舍道邊 1-1250A
zuòshén 作甚 1-1251A
zuòshén 做甚 1-1529A
zuǒshěng 左省 2-962B
zuǒshèng 佐乘 1-1235B
zuòshēng 作聲 1-1259B
zuòshēng 做生 1-1527B
zuòshēng 做聲 1-1532A
zuòshēngfèn 做聲分 1-1532A
zuòshēnghuó 做生活 1-1527B
zuòshēnglǐ 做生理 1-1527B
zuòshēngri 做生日 1-1527B
zuòshēngyi 做生意 1-1527B
zuòshénma 做甚麽 1-1529A
zuòshénma 做什麽 1-1527A
zuòshénzuòguǐ 做神做鬼 1-1529B
zuōshī 作師 1-1253B
zuōshì 作士 1-1246B
zuōshì 作室 1-1252A
zuǒshí 佐食 1-1235B
zuǒshí 佐時 1-1235B
zuǒshǐ 左史 2-961A
zuǒshǐ 左使 2-962A
zuǒshǐ 佐史 1-1234B
zuǒshǐ 佐使 1-1235A
zuǒshì 左事 2-962A
zuǒshì 佐事 1-1235A
zuòshī 作師 1-1253B
zuòshī 坐尸 2-1041A
zuòshī 坐失 2-1042B
zuòshī 坐師 2-1048B
zuòshī 座師 3-1233B
zuòshí 坐食 2-1047B
zuòshí 坐實 2-1052A
zuòshí 菲實 9-477A
zuòshì 作士 1-1246B
zuòshì 作事 1-1250A
zuòshì 作勢 1-1256B
zuòshì 作誓 1-1257B
zuòshì 作適 1-1258A
zuòshì 坐市 2-1043A
zuòshì 坐事 2-1045B
zuòshì 坐侍 2-1046A
zuòshì 坐是 2-1047A
zuòshì 坐視 2-1050A
zuòshì 做市 1-1528A
zuòshì 做事 1-1528B
zuòshì 做勢 1-1531A
zuòshìchéngbài 坐視成敗 2-1050A
zuòshījīyí 坐失機宜 2-1042B
zuòshīliángjī 坐失良機 2-1042B
zuǒshìpǐ 左氏癖 2-960A
zuòshíshānkōng 坐食山空 2-1047B
zuòshīshìjī 坐失事機 2-1042B
zuóshǒu 捽手 6-703A
zuǒshǒu 左手 2-960A
zuǒshǒu 左首 2-963A
zuǒshòu 左授 2-963B
zuòshōu 坐收 2-1044A
zuòshǒu 作手 1-1247A
zuòshǒu 坐守 2-1044A
zuòshǒu 坐首 2-1047B
zuòshǒu 做手 1-1527A
zuòshòu 坐受 2-1046A
zuòshòu 做壽 1-1531B
zuòshǒujiǎo 做手脚 1-1527A
zuòshǒushì 作手勢 1-1247A
zuòshōuyúlì 坐收漁利 2-1044A
zuǒshū 左書 2-963B
zuǒshū 佐書 1-1236A
zuǒshǔ 佐屬 1-1236B
zuòshū 作書 1-1254A
zuòshǔ 作黍 1-1255B
zuòshù 作述 1-1249B
zuòshù 作數 1-1258B
zuòshù 坐戍 2-1043B
zuòshù 坐樹 2-1053A
zuòshuǎ 作耍 1-1251B
zuòshùbùyán 坐樹不言 2-1053A
zuòshùwúyán 坐樹無言 2-1053A
zuǒshūyòuxī 左書右息 2-963B
zuōsǐ 作死 1-1248A
zuòsī 作司 1-1248A
zuòsī 坐思 2-1047A
zuòsǐ 坐死 2-1043B
zuòsīchóu 柞絲綢 4-914B
zuòsīshānggōudàng 做私商勾當 1-1528A
zuǒsīyòuxiǎng 左思右想 2-962B
zuòsòng 作誦 1-1258A
zuòsù 作速 1-1253A
zuòsuān 作酸 1-1257B
zuòsuì 作祟 1-1254A
zuōsuǒ 作所 1-1250A
zuósuǒ 作索 1-1253A
zuòsuǒ 坐索 2-1048A
zuótā 作塌 1-1256B
zuótǎ 作獺 1-1260B
zuótà 作撻 1-1258A
zuótà 作踏 1-1258B
zuótà 作蹋 1-1260A
zuòtài 作態 1-1258A
zuǒtǎn 左袒 2-963B
zuǒtǎn 左襢 2-966B
zuòtán 坐談 2-1052B
zuòtán 座談 3-1234A
zuòtàn 坐探 2-1049A
zuòtāng 坐湯 2-1050B
zuòtáng 坐堂 2-1049A
zuòtáng 坐棠 2-1050B
zuòtángshuǐ 坐堂水 2-1049B
zuòtángzi 坐堂子 2-1049B
zuòtánkè 坐談客 2-1052B
zuòtè 作慝 1-1257B
zuòtí 坐提 2-1050A
zuótiān 昨天 5-680B
zuòtián 作田 1-1247B
zuòtián 做田 1-1527B
zuòtǐng 作挺 1-1251A
zuǒtíyòuqiè 左提右挈 2-964B
zuǒtóngyú 左銅魚 2-965B
zuōtóu 作頭 1-1259A
zuǒtóu 左頭 2-966A
zuòtou 坐頭 2-1053A
zuòtóu 作頭 1-1259A
zuòtóu 坐頭 2-1053A
zuòtóu 座頭 3-1234A
zuòtóufà 做頭髮 1-1532A
zuòtóufàn 座頭飯 3-1234A
zuōtú 作徒 1-1253B
zuǒtú 左徒 2-963B
zuòtǔ 作土 1-1246B
zuòtǔ 祚土 7-897A
zuòtǔ 胙土 6-1234A
zuǒtuì 左退 2-963A
zuòtuì 坐蛻 2-1051A
zuótuō 捽脱 6-703A
zuòtuō 坐脱 2-1049B
zuǒtúyòushǐ 左圖右史 2-965B
zuǒtúyòushū 左圖右書 2-965B
zuòwài 作外 1-1248A
zuówǎn 昨晚 5-681B
zuówǎn 捽挽 6-703A
zuòwán 作玩 1-1249B
zuòwán 作翫 1-1259A
zuòwáng 坐亡 2-1041A
zuòwàng 坐亡 2-1041A
zuòwàng 坐忘 2-1045A
zuòwēi 作威 1-1251A
zuòwéi 作爲 1-1256A
zuòwěi 酢僞 9-1400A
zuòwěi 作爲 1-1256A
zuòwěi 作僞 1-1257B
zuòwèi 坐位 2-1045A
zuòwèi 座位 3-1233B
zuòwēifú 作威福 1-1251B
zuòwēizuòfú 作威作福 1-1251A
zuǒwén 左文 2-960A
zuòwén 作文 1-1247A
zuòwèn 作問 1-1255A
zuòwénzhāng 做文章 1-1527B
zuòwō 坐窩 2-1051B
zuòwò 坐卧 2-1045B
zuòwòbù'ān 坐卧不安 2-1045B
zuòwòbùlí 坐卧不離 2-1045B
zuòwòbùníng 坐卧不寧 2-1045B
zuòwòzhēnzhān 坐卧針氈 2-1045B
zuòwōzi 坐窩子 2-1051B
zuōwū 作屋 1-1252B
zuówū 捽兀 6-703A
zuòwū 坐誣 2-1051B
zuòwǔ 作武 1-1249B
zuòwù 作惡 1-1255B
zuòwù 作物 1-1250A
zuòwù 作務 1-1254B
zuòwù 坐誤 2-1052A
zuòwǔxíngsān 坐五行三 2-1041B
zuòwúxūxí 坐無虛席 2-1050B
zuòwúxūxí 座無虛席 3-1234A
zuóxí 昨席 5-681A
zuǒxí 左席 2-963B
zuòxī 作息 1-1253A
zuòxī 作惜 1-1255A
zuòxī 坐息 2-1048B
zuòxí 坐席 2-1048B
zuòxí 阼席 11-947A

zuòxí 胙席 6-1234B
zuòxí 座席 3-1233B
zuòxǐ 作喜 1-1255A
zuòxǐ 坐喜 2-1050A
zuòxì 作戲 1-1259B
zuòxì 坐繫 2-1054A
zuòxì 做細 1-1530B
zuòxì 做戲 1-1532A
zuǒxiá 左轄 2-966B
zuòxià 作下 1-1246B
zuòxià 坐夏 2-1048A
zuòxià 座下 3-1233A
zuóxiān 昨先 5-681A
zuǒxián 左賢 2-965B
zuòxián 坐弦 2-1046B
zuòxiàn 作見 1-1249A
zuòxiàn 作憲 1-1259B
zuòxiàn 做線 1-1531B
zuǒxiǎng 佐享 1-1235A
zuǒxiàng 左相 2-962B
zuǒxiàng 佐相 1-1235B
zuòxiǎng 作想 1-1256B
zuòxiǎng 作響 1-1260B
zuòxiǎng 坐享 2-1046A
zuòxiǎngqíchéng 坐享其成
2-1046A
zuòxiǎngqígōng 坐享其功
2-1046A
zuòxiàngshí 做相識 1-1529A
zuǒxiánwáng 左賢王 2-965B
zuóxiāo 昨宵 5-681B
zuòxiāo 作驍 1-1260B
zuòxiǎo 作小 1-1246B
zuòxiǎo 做小 1-1526B
zuòxiào 作孝 1-1249A
zuòxiào 坐嘯 2-1053A
zuòxiào 坐歗 2-1053B
zuòxiǎodòngzuò 做小動作
1-1526B
zuòxiǎofúdī 作小服低
1-1246B
zuòxiǎofúdī 做小伏低
1-1526B
zuòxié 作協 1-1250A
zuòxiè 作謝 1-1260A
zuòxīn 作新 1-1257A
zuòxīn 柞薪 4-914B
zuòxìn 作釁 1-1260B
zuòxīnchángdǎn 坐薪嘗膽
2-1052B
zuòxīn'er 做心兒 1-1527B
zuòxing 作興 1-1259B
zuǒxíng 左行 2-961B
zuǒxìng 左性 2-962A
zuòxīng 作興 1-1259B
zuòxíng 作刑 1-1248A
zuòxíng 坐行 2-1044A
zuòxìng 作興 1-1259B
zuòxìng 作性 1-1251A
zuòxìng 坐性 2-1046B
zuòxīnxuándǎn 坐薪懸膽
2-1053A
zuòxìwén 做戲文 1-1532A
zuǒxù 左序 2-962A
zuòxǔ 作許 1-1255A
zuǒxuǎn 左選 2-966A
zuòxuān 作喧 1-1255B
zuòxuǎn 坐選 2-1052B
zuǒxuē 左削 2-962B
zuǒxué 左學 2-966A
zuòxué 做學 1-1532A
zuòxuě 作雪 1-1254B
zuòxùn 作訓 1-1253B
zuòxūzhàng 坐虛帳 2-1049A
zuòyá 坐衙 2-1051B
zuǒyán 左言 2-961B
zuǒyàn 左驗 2-967A
zuǒyàn 左讞 2-967B
zuòyán 坐筵 2-1050B
zuòyǎn 作眼 1-1254B
zuòyǎn 做眼 1-1530A
zuòyáng 坐羊 2-1044A
zuòyǎng 作養 1-1258A
zuòyǎnsè 做眼色 1-1530B
zuòyánzàoyǔ 作言造語
1-1249B
zuòyào 坐藥 2-1053B
zuòyāosāyāo 做妖撒妖
1-1528B
zuóyè 昨夜 5-681A
zuóyè 捽拽 6-703A
zuǒyē 左掖 2-963B
zuòyè 作業 1-1256B
zuòyè 坐夜 2-1046A
zuòyè 柞葉 4-914B
zuóyèhé 昨葉何 5-681B
zuòyī 作揖 1-1255A
zuòyī 作役 1-1249A
zuóyì 捽抑 6-703A
zuǒyǐ 左乙 2-959B
zuǒyì 左弋 2-959B
zuǒyì 左翼 2-966B
zuòyì 佐弋 1-1234B
zuòyī 作一 1-1246A
zuòyī 作壹 1-1255B
zuòyì 作邑 1-1249A
zuòyì 作翊 1-1255A
zuòyì 作意 1-1257A
zuòyì 作藝 1-1260A
zuòyì 坐議 2-1054B
zuòyì 做意 1-1531B
zuòyǐdàibì 坐以待斃
2-1042A
zuòyǐdàidàn 坐以待旦
2-1042A
zuòyīlù 做一路 1-1526A
zuóyǐn 捽引 6-703A
zuòyǐn 坐飲 2-1050B
zuòyǐn 坐隱 2-1053B
zuòyìn 祚胤 7-897B
zuòyìn 胙胤 6-1234B
zuǒyìng 左媵 2-965A
zuòyíng 坐營 2-1053B
zuǒyíngyòufú 左縈右拂
2-966A
zuòyīnshòu 做陰壽 1-1530A
zuòyītiānhéshang…
做一天和尚撞一天鐘
1-1526A
zuǒyíyòuyí 左宜右宜
2-962A
zuǒyíyòuyǒu 左宜右有
2-962A
zuòyōng 坐擁 2-1052B
zuòyǒng 作俑 1-1251B
zuòyǒng 作勇 1-1252B
zuòyòng 作用 1-1247B
zuòyòng 做用 1-1527B
zuòyōngbǎichéng 坐擁百城
2-1052B
zuǒyōngdécháng 佐饔得嘗
1-1236B
zuòyōngshūchéng 坐擁書城
2-1052B
zuǒyòu 左右 2-960A
zuǒyòu 佐佑 1-1235A
zuòyóu 作游 1-1256A
zuòyòu 坐右 2-1042A
zuòyòu 胙侑 6-1234B
zuòyòu 座右 3-1233A
zuǒyòuféngyuán 左右逢原
2-961A
zuǒyòuféngyuán 左右逢源
2-961A
zuǒyòukāigōng 左右開弓
2-961A
zuǒyòuliǎngnán 左右兩難
2-960B
zuòyòumíng 坐右銘 2-1042B
zuòyòumíng 座右銘 3-1233A
zuǒyòurén 左右人 2-960B
zuǒyòushìzuǒyòu
左右是左右 2-960B
zuǒyòushǒu 左右手 2-960B
zuǒyòutǎn 左右袒 2-961A
zuǒyòutúshǐ 左右圖史
2-961A
zuǒyòuwéinán 左右爲難
2-961A
zuǒyòuxuǎn 左右選 2-961A
zuǒyòuyì 左右翼 2-961A
zuǒyú 左盂 2-962A
zuǒyú 左魚 2-964A
zuǒyú 佐輿 1-1236B
zuǒyú 佐轝 1-1236B
zuǒyǔ 左語 2-965B
zuǒyù 左馭 2-964A
zuòyú 坐隅 2-1050A
zuòyú 坐魚 2-1049B
zuòyú 胙餘 6-1234B
zuòyú 座隅 3-1234A
zuòyǔ 坐語 2-1052A
zuòyù 作育 1-1250B
zuòyù 作寓 1-1256A
zuòyù 坐獄 2-1051B
zuòyù 柞棫 4-914B
zuòyù 做寓 1-1531A
zuōyuàn 作院 1-1252B
zuòyuān 作冤 1-1255A
zuòyuán 作緣 1-1259A
zuòyuán 座元 3-1233A
zuòyuánhuó 做圓活 1-1531B
zuòyǔ'ānjū 坐雨安居
2-1045B
zuòyuè 作樂 1-1259A
zuòyuè 坐月 2-1042A
zuòyuèzi 坐月子 2-1042A
zuǒyúfú 左魚符 2-964A
zuòyùnchóucè 坐運籌策
2-1050B
zuǒzá 佐雜 1-1236B
zuǒzàng 左藏 2-966A
zuòzāng 坐臧 2-1051B
zuòzāng 坐贓 2-1054B
zuǒzàngkù 左藏庫 2-966B
zuòzào 做造 1-1530A
zuǒzé 左則 2-962B
zuòzé 作則 1-1251B
zuòzéi 作賊 1-1256B
zuòzéixīnxū 作賊心虛
1-1256B
zuòzéixīnxū 做賊心虛
1-1531A
zuòzhāi 做齋 1-1532B
zuòzhàn 作戰 1-1259A
zuōzhàng 作仗 1-1247B
zuòzhàng 作瘴 1-1259B
zuòzhàng 坐帳 2-1049B
zuòzhàng 做賬 1-1531B
zuòzhàngwúhè 坐帳無鶴
2-1049B
zuòzhāngzhì 做張致 1-1530B
zuòzhāngzuòshì 做張做勢
1-1530B
zuòzhāngzuòzhì 作張作致
1-1255A
zuòzhāngzuòzhì 做張做致
1-1530B
zuòzhāngzuòzhì 做張做智
1-1530B
zuózhāo 昨朝 5-681B
zuǒzhāo 佐釗 1-1235B
zuòzhāo 做朝 1-1530B
zuòzhào 坐照 2-1051A
zuōzhě 作者 1-1249B
zuózhě 昨者 5-681A
zuòzhé 作哲 1-1253A
zuòzhé 坐謫 2-1054A
zuòzhě 作者 1-1249B
zuǒzhēn 左甄 2-965A
zuòzhēn 挫鍼 6-619B
zuòzhēn 作真 1-1253A
zuòzhèn 作陣 1-1252B
zuòzhèn 作鎮 1-1260A
zuòzhèn 坐陳 2-1049A
zuòzhèn 坐鎮 2-1053B
zuǒzhèng 左證 2-967A
zuǒzhèng 佐證 1-1236B
zuòzhēng 坐徵 2-1052A
zuòzhèng 作證 1-1260B
zuǒzhì 左秩 2-963A
zuǒzhì 佐治 1-1235B
zuòzhī 坐支 2-1041B
zuòzhí 作直 1-1249B
zuòzhǐ 作止 1-1247A
zuòzhì 作制 1-1250A

zuòzhì 作治 1-1250B
zuòzhì 作置 1-1257A
zuòzhì 坐制 2-1045B
zuòzhì 坐致 2-1048A
zuǒzhīyòuchù 左支右絀 2-960A
zuǒzhīyòutiáo 左支右調 2-959B
zuǒzhīyòuwú 左支右吾 2-959B
zuǒzhīyòuwú 左枝右梧 2-962A
zuòzhǐyǔmò 作止語默 1-1247A
zuòzhōng 作忠 1-1250A
zuòzhōng 坐中 2-1041B
zuòzhōng 坐鐘 2-1054B
zuòzhōng 做中 1-1527A
zuòzhōngmíng 座中銘 3-1233A
zuòzhōngyuán 做中元 1-1527A
zuǒzhōu 佐州 1-1235A
zuòzhōunián 做周年 1-1529A
zuózhú 筰竹 8-1172A
zuǒzhù 佐助 1-1235A
zuòzhǔ 作主 1-1248A
zuòzhǔ 坐主 2-1042B
zuòzhǔ 座主 3-1233A
zuòzhǔ 做主 1-1527B
zuòzhù 做住 1-1528B
zuǒzhuǎn 左轉 2-966B
zuòzhuāng 坐莊 2-1048A
zuòzhuāng 做莊 1-1529B
zuòzhuāng 做樁 1-1531B
zuòzhuàng 坐狀 2-1047A
zuǒzhuànpǐ 左傳癖 2-965A
zuòzhuì 作贅 1-1259B
zuòzhǔn 作準 1-1257A
zuòzhuō 坐拙 2-1045A
zuòzhǔyi 作主意 1-1248A
zuǒzǐ 左紫 2-964B
zuǒzì 左字 2-961B
zuòzi 作子 1-1246B
zuòzǐ 柞子 4-914B
zuǒzōu 左騶 2-967A
zuózú 笮足 8-1121A
zuózǔ 作祖 1-1252B
zuòzǔ 阼俎 11-947A
zuòzǔ 胙俎 6-1234B
zuòzuǐ 做嘴 1-1532A
zuòzuì 坐罪 2-1051A
zuòzuǐliǎn 做嘴臉 1-1532A
zuòzuò 鑿鑿 11-1441B
zuòzuò 作作 1-1249A
zuòzuò 作做 1-1254B
zuòzuò 坐作 2-1044B
zuòzuò 做作 1-1528A
zúpáo 族庖 6-1605B
zǔpéi 阻陪 11-944B
zǔpèi 祖配 7-850A
zǔpèi 組佩 9-778A
zǔpèi 組珮 9-778B
zǔpèi 組轡 9-779B
zǔpó 祖婆 7-852A
zúpǔ 族譜 6-1607A
zūqì 租契 8-68B
zúqī 族戚 6-1606A
zǔqī 阻期 11-944B
zǔqī 祖期 7-852A
zǔqì 阻棄 11-945A
zǔqì 祖泣 7-848B
zǔqì 祖氣 7-850B
zǔqià 祖洽 7-849B
zūqián 租錢 8-69B
zúqián 足錢 10-429A
zǔqiǎn 阻淺 11-944B
zúqiāng 踧蹌 10-518B
zǔqiào 阻峭 11-944A
zúqīn 族親 6-1607A
zǔqīn 祖親 7-854A
zúqīng 足青 10-426B
zǔqíng 阻情 11-944B
zǔqíng 祖情 7-852A
zūqiū 菹丘 9-451B
zúqiú 足球 10-427B
zǔqǔ 組曲 9-778A
zúquán 族權 6-1607B
zúrán 蹴然 10-553A
zúrán 卒然 1-878A
zúrán 崒然 3-842B
zǔràng 詛讓 11-103A
zǔrǎo 阻擾 11-946A
zūrén 菹人 9-451B
zúrén 族人 6-1604B
zúrénchuī 族人炊 6-1604B
zǔrì 祖日 7-845B
zúrìzúyè 足日足夜 10-424B
zúróng 足容 10-427B
zūrù 租入 8-68A
zǔruì 阻銳 11-946A
zǔsài 阻塞 11-945B
zúsāng 卒喪 1-878A
zǔsāng 祖喪 7-852A
zǔsàng 阻喪 11-945A
zúsè 足色 10-425B
zúshā 族殺 6-1606A
zǔshān 阻山 11-943A
zǔshān 祖山 7-845B
zǔshāndàihé 阻山帶河 11-943B
zǔshàng 祖上 7-845B
zǔshàng 祖尚 7-848A
zǔshàngròu 俎上肉 1-1359B
zǔshānlǜ 珇珊綠 4-533A
zúshēn 族紳 6-1606B
zǔshēn 岨深 3-807A
zǔshēn 阻深 11-944B
zǔshén 祖神 7-850A
zúshēng 族生 6-1605A
zúshèng 卒乘 1-877B
zǔshēng 祖生 7-846A
zǔshēngbiān 祖生鞭 7-846B
zúshī 族師 6-1606A
zúshí 足食 10-426B
zúshí 足實 10-428B
zúshí 卒時 1-877B
zúshí 族食 6-1605B
zúshǐ 卒史 1-877A
zúshǐ 卒使 1-877B
zúshǐ 鏃矢 11-1387A
zúshì 卒士 1-876B
zúshì 族氏 6-1604B
zúshì 族世 6-1604B
zǔshī 祖師 7-850B
zǔshī 組詩 9-778B
zǔshī 詛師 11-102B
zǔshí 俎實 1-1360A
zǔshí 祖識 7-855A
zǔshǐ 祖始 7-849B
zǔshì 阻恃 11-944A
zǔshì 祖世 7-846A
zǔshì 祖式 7-846B
zǔshì 詛誓 11-103A
zǔshīchán 祖師禪 7-851A
zúshífēngyī 足食豐衣 10-427A
zǔshītáng 祖師堂 7-850B
zǔshīyé 祖師爺 7-850B
zúshízúbīng 足食足兵 10-427A
zǔshòu 組綬 9-778B
zūshū 租輸 8-69B
zúshū 族叔 6-1605A
zúshǔ 族屬 6-1607B
zúshù 足數 10-429A
zǔshū 詛書 11-102B
zǔshù 祖述 7-847B
zūshuì 租稅 8-69A
zǔshùmǔ 祖庶母 7-851B
zúsǐ 族死 6-1605A
zúsì 族嗣 6-1606B
zǔsī 祖思 7-849B
zǔsì 祖寺 7-846B
zǔsì 祖祀 7-847B
zǔsòng 祖送 7-849B
zúsuàn 足算 10-428B
zúsuì 足歲 10-428A
zúsuì 卒歲 1-878A
zúsūn 族孫 6-1606A
zǔsūn 祖孫 7-851A
zútà 足踏 10-428B
zǔtǎ 祖塔 7-852A
zǔtái 祖臺 7-853B
zūtàn 租賧 8-69B
zútán 族談 6-1607A
zǔtáng 祖堂 7-851B
zútántuó 足彈陀 10-429A
zútàshídì 足踏實地 10-429A
zúténg 崒騰 3-842B
zǔtí 詛啼 11-102B
zútián 族田 6-1604B
zǔtìbiān 祖逖鞭 7-851A
zǔtiè 祖帖 7-848A
zǔtíng 祖庭 7-849B
zǔtǒng 祖統 7-852B
zūtóu 租頭 8-69B
zútú 卒徒 1-878A
zúwàng 族望 6-1606B
zǔwángfù 祖王父 7-845B
zūwěi 租委 8-68B
zúwèi 族位 6-1605A
zúwèi 族味 6-1605A
zǔwéi 組帷 9-778B
zǔwèi 俎味 1-1359B
zǔwèi 祖位 7-847B
zúwén 足紋 10-427B
zǔwēng 祖翁 7-851A
zúwō'er 足窩兒 10-428B
zúwū 崒兀 3-842A
zúwǔ 卒伍 1-877A
zúwù 崒岉 3-842A
zúwù 崒屼 3-842A
zǔwū 祖屋 7-850A
zǔwǔ 祖武 7-847B
zǔwǔzōngwén 祖武宗文 7-847B
zúxì 族系 6-1605A
zǔxí 祖席 7-851A
zǔxí 祖習 7-852A
zǔxí 祖襲 7-855A
zǔxì 祖系 7-847B
zúxià 足下 10-424A
zúxià 族夏 6-1606A
zǔxiá 阻陿 11-944B
zūxiàn 租限 8-68B
zǔxiān 祖先 7-847A
zǔxiǎn 岨險 3-807A
zǔxiǎn 岨嶮 3-807A
zǔxiǎn 阻險 11-946A
zǔxiǎn 阻嶮 11-946A
zǔxiàn 阻限 11-944A
zǔxiāng 祖鄉 7-852A
zǔxiàng 祖像 7-853A
zǔxiào 祖效 7-851A
zūxīn 菹薪 9-451B
zúxīn 足心 10-424B
zǔxīn 阻心 11-943B
zǔxīn 祖心 7-846A
zúxìng 足興 10-429A
zúxìng 族姓 6-1605B
zǔxíng 祖行 7-847A
zǔxìng 祖性 7-848B
zúxiōng 族兄 6-1604B
zǔxiòng 阻敻 11-945B
zúxiōngdì 族兄弟 6-1605A
zǔxìtú 祖系圖 7-847B
zǔxiū 阻修 11-944A
zǔxiū 阻脩 11-944A
zǔxiū 俎羞 1-1360A
zǔxiù 組繡 9-779B
zǔxún 阻尋 11-945A
zǔxún 組紃 9-778A
zǔxùn 祖訓 7-851A
zúyán 族鹽 6-1607B
zúyàn 足厭 10-428B
zǔyán 祖言 7-847B
zǔyán 祖筵 7-852A
zǔyǎn 詛魘 11-103A
zǔyàn 祖宴 7-851A
zǔyàn 祖讌 7-855B
zūyáo 租徭 8-69A
zúyé 族爺 6-1606B
zúyè 卒業 1-878A
zǔyé 祖爺 7-852B

zǔyè 祖業 7-853A
zúyèshēng 卒業生 1-878B
zǔyéyé 祖爺爺 7-852B
zúyī 足衣 10-425B
zúyí 族夷 6-1605A
zúyǐ 足以 10-425A
zúyì 足意 10-428B
zúyì 族裔 6-1607A
zǔyī 祖衣 7-847A
zǔyí 阻疑 11-945B
zǔyí 祖遺 7-854A
zǔyì 阻抑 11-943B
zǔyì 阻異 11-944B
zǔyì 祖意 7-853A
zūyín 租銀 8-69A
zúyīn 足音 10-427A
zúyīn 族姻 6-1605B
zúyīn 族媔 6-1606B
zúyín 足銀 10-428B
zúyìn 足印 10-425A
zúyìn 族胤 6-1605B
zǔyǐn 祖飲 7-852B
zǔyìn 祖蔭 7-853A
zǔyìn 祖印 7-846B
zúyíng 族嬴 6-1607A
zǔyīng 組纓 9-779B
zǔyíng 祖塋 7-853A
zúyīnkōnggǔ 足音空谷 10-427A
zúyīzúshí 足衣足食 10-425B
zūyōng 租庸 8-69A
zūyòng 租用 8-68A
zúyòng 足用 10-425A
zǔyòng 祖用 7-846B
zūyōngdiào 租庸調 8-69A
zǔyū 阻紆 11-944A
zǔyǔ 祖語 7-853B
zǔyù 阻禦 11-946A
zǔyù 阻鬱 11-946B
zǔyuán 祖源 7-853B
zǔyuǎn 阻遠 11-945A
zūyuē 租約 8-68B
zúyuē 族約 6-1606A
zúyuè 足月 10-424B
zǔyuè 阻越 11-944B
zǔyuè 祖岳 7-848A
zūyùn 租運 8-69A
zúyún 族雲 6-1606B
zǔzài 祖載 7-852B
zúzàng 族葬 6-1606B
zǔzàng 祖葬 7-852A
zǔzé 祖則 7-849B
zǔzé 祖澤 7-854B
zǔzèng 祖贈 7-855A
zúzengwángfù 族曾王父 6-1606B
zúzēngwángmǔ 族曾王母 6-1606B
zúzēngzǔfù 族曾祖父 6-1606B
zúzēngzǔmǔ 族曾祖母 6-1606B
zūzhài 租責 8-68B
zǔzhái 祖宅 7-847A
zǔzhàn 阻戰 11-946A
zúzhāng 卒章 1-878A
zúzhǎng 倅長 1-1514B
zúzhǎng 卒長 1-877A
zúzhǎng 族長 6-1605A
zúzhàng 族帳 6-1606A
zǔzhàng 阻障 11-945B
zǔzhàng 祖帳 7-851B
zǔzhàng 組帳 9-778B
zúzhǎo 足爪 10-424B
zūzhé 租摺 8-69A
zǔzhé 阻折 11-943B
zúzhèng 足證 10-429B
zúzhèng 族正 6-1604B
zūzhì 租秩 8-68B
zúzhí 足跖 10-428A
zúzhí 族姪 6-1605B
zúzhǐ 足止 10-424B
zúzhǐ 足指 10-426B
zúzhǐ 足趾 10-427B
zúzhì 足智 10-428A
zǔzhī 組織 9-779A
zǔzhí 祖執 7-851B
zǔzhí 祖職 7-854B
zǔzhǐ 阻止 11-943B
zǔzhì 阻窒 11-944B
zǔzhì 阻滯 11-945B
zǔzhì 祖制 7-848A
zúzhìduōmóu 足智多謀 10-428A
zǔzhīfǎ 組織法 9-779B
zǔzhīshēnghuó 組織生活 9-779B
zǔzhīxué 組織學 9-779B
zǔzhīyè 組織液 9-779B
zūzhòng 租種 8-69A
zúzhǒng 足踵 10-429A
zǔzhòng 阻衆 11-945A
zǔzhōu 祖洲 7-849B
zǔzhòu 詛呪 11-102B
zǔzhòu 詛咒 11-102B
zūzhū 租銖 8-69A
zúzhū 族誅 6-1607A
zǔzhú 祖竹 7-847A
zǔzhù 詛祝 11-102B
zúzhuàng 足壯 10-426A
zǔzhuāng 組裝 9-778B
zǔzhuàngzhīshī 祖狀之尸 7-849A
zǔzhuó 祖酌 7-850A
zúzhuòtóngshí 啐啄同時 3-391B
zūzi 租子 8-68A
zúzǐ 足訾 10-428A
zúzǐ 卒子 1-876B
zúzǐ 族子 6-1604B
zǔzī 呢訾 3-363A
zǔzǐ 祖子 7-845B
zǔzōng 祖宗 7-848B
zǔzōngbādài 祖宗八代 7-848B
zǔzōngcháo 祖宗朝 7-849A
zǔzōngchéngfǎ 祖宗成法 7-848B
zǔzōngfǎdù 祖宗法度 7-849A
zǔzōnggùshi 祖宗故事 7-849A
zǔzōngjiāfǎ 祖宗家法 7-849A
zǔzōngsāndài 祖宗三代 7-848B
zǔzōngshén 祖宗神 7-849A
zǔzōngyǐngshén 祖宗影神 7-849A
zúzú 足足 10-426A
zúzú 崒崒 3-842A
zúzú 鏃鏃 11-1387A
zúzǔ 族祖 6-1605B
zǔzǔ 祖祖 7-850A
zǔzǔbèibèi 祖祖輩輩 7-850A
zúzǔfù 族祖父 6-1605B
zúzǔfùmǔ 族祖父母 6-1605B
zúzuì 族罪 6-1607A
zúzǔmǔ 族祖母 6-1605B
zúzūn 族尊 6-1606B
zǔzūnzhéchōng 俎樽折衝 1-1360A
zǔzǔsūnsūn 祖祖孫孫 7-850A
zúzúyǒuyú 足足有餘 10-426A